岩波
日中辞典

第二版

倉石武四郎 編
折敷瀬 興

岩波書店

序 (第一版)

日本的著名的汉语学者仓石武四郎教授用了十多年时间编成的《岩波中国语辞典》，出版已经有二十年了。仓石先生原来的计划是要接下去编一本用汉语解释日语的《日中辞典》，跟《中国语辞典》配套，并且已经着手编写。只是由于他晚年多病，不能坚持工作，以致一直到他在1975年去世的时候，尚未完稿。幸而有先生的高足弟子折敷瀬君继承先生的遗志，继续编写，现在已经全部完成。回忆仓石先生编写《中国语辞典》的时候，把编成的初稿分批寄到中国科学院语言研究所来征求意见，后来又在1954年亲自来中国访问，我有幸在范文澜先生的客厅里与仓石先生会见，此情此景犹历历在目。现在折敷瀬又携带《日中辞典》的全稿来到北京，征求中国专家们的意见，并且希望我给这本辞典写个序。我有感于仓石先生后继有人，而折敷瀬君也和他的老师同样虚怀若谷，不远千里来到北京，广咨博访，因而乐于写下我的感想，作为本书的序言。

吕 叔 湘

日本の高名な中国語学者倉石武四郎教授が10数年の時間を費やして完成せられた「岩波中国語辞典」は、刊行以来はや20年になる．先生本来の計画は、ひきつづき、中国語で日本語を解釈する「日中辞典」を編み、「中国語辞典」と併せて一組となそうとするもので、実際の編纂作業もつとに着手せられていたのであった．しかしながら、先生は晩年とかく病みがちとなられたため、仕事の継続に困難を来たして、1975年に世を去られるに及んでも、稿はなお成るに至らなかった．幸い高足の折敷瀬君が先生の遺志を継いで、ひきつづき編纂に当たることとなり、今やその全部が完成した．想いおこせば、倉石先生が「中国語辞典」の編纂に際し、出来あがった初稿を次々と中国科学院語言研究所に送りつけては意見を徴せられたこと、また1954年には自ら中国を訪ねてこられ、私も范文瀾先生の客室でお目に掛かるを得たことなどが、今にありありと甦ってくる．そして此の度は、折敷瀬君が「日中辞典」の全稿を北京に携えてきて、中国の専門家たちの意見を徴し、かたがた私にこの辞典のために序文を寄せるように求めたのである．私は、倉石先生が然るべき後継者を得られ、折敷瀬君また老師と同じく大いなる謙虚さを以てはるばる北京まで衆知を集めにきたことに感じ、勇んでここに感想を誌し、本書の序言とする次第である．

吕 叔 湘

第二版まえがき

　社会の発展過程においては，ことばも変化する．20世紀80〜90年代，日本語も中国語も大きな変化をとげた．ことばの変化は，激動する現代社会の一種の鏡であると言えるだろう．中国語と日本語の変わりようを比較すると，中国語のそれは更に大きく感動的ですらあった．この20年来，中国が改革開放を堅持し，国民経済が発展し続け，12億の人々の生活に天と地が逆転する程の大きな変貌をもたらしたことの反映である．中国の科学技術文化の躍進をあらわす，『漢語大詞典』，『中国大百科全書』等に代表される数多くの辞書・百科事典が相次いで出版されたのは，まことに喜ばしいことであった．それによって，我々は初めて一定のレベルと質を持つ中国語にかかわる辞典を編纂する可能性を得たのである．

　中国は新しい時代の潮流・事物を反映した新しい概念やことばを，様々な領域において数え切れないほど生み出した．それに応じて，この日中辞典の改訂にあたっては，見出し語あるいは用例に対置させていた中国語の訳語・訳文の全面的な見直しと，それにともなう中国語の追加・変更・削除を行った．初版に掲げていた中国語について，その意味と用法の範囲に変動があり，拡大または縮小したものすべてにできるかぎりの調整と変更を加えた．新しい語に代わったもの，あるいは時代遅れになった古い語は削除した．これがこの辞典を改訂するにあたって最初に行った作業であった．

　日本語の変動を反映させるために，日常の言語生活に必要不可欠の，安定した，頻度の高い語を見出しとして1500余り増補した．既に収載していたことばについても，意味・用法上に変化を生じ，使用範囲が拡大・縮小した見出し語やそれと相対する用例にはそれぞれに調整・変更を加えた．これが第二の作業であった．

　見出し語（日本語）に対置する訳語（中国語）には拡大を図り，従来訳語を掲げなかった見出し語にも可能なかぎり訳語を新たに提示した．それによって語義の守備範囲の違いをはっきりさせ，より多くの情報を提供することで，読者の方々の必要に応じて選択できる余地を広げた．用例に対応する訳文は，口語には口語，文語には文語の原則にのっとりながらも，まとまった概念，含蓄の深い意味内容をもつ異なる表現方法，異なる切り口からの描写，異なる雰囲気の訳例を増やし，訳例の持つニュアンスの幅を更に豊かにし，生活感を深めた．特に訳語のつけられない見出し語については，様々な角度から多くの用例を挙げた．これが第三の作業であった．

第二版まえがき

　現代の日常生活において広範囲に使用されているという原則の下に，外来語を500余り増やした．日本語ではその意味を表現できない，外来語によってしかその概念を表しようがない語を，中国語に訳し表現することは，編者にとって困難きわまりないことであった．読者の要求に応えるため，最大の努力をはらって読者の参考に供した．これが第四の作業であった．

　この辞典の第一版を編纂した時期は，現代中国語をピンイン(ローマ字表記)で表す正書法の基本規則が無く，中国語のピンインに関する正書法の文献資料を収集し，唯一の『漢語拼音詞滙(増訂稿)』を参照しながら分かち書きの規則を作り使用した．しかし，この規則は所期の目的を充分に果たすことができなかった．改訂の第五の作業として，中国が正式に公布施行した『漢語拼音正詞法基本規則』に従いつつそれに修正を加えて適用することとした．この調整は，この辞書の目的と必要に基づき，読者に中国語のことばの構造を理解しやすくし，ことばの実際の使用情況を如実に反映させることを念頭に置いてのものであった．

　以上，増補・削減・変更・調整を通じ，旧版に全面的な改訂を行い，新版には現代の言語生活の実態を反映させた．語義の解釈・分類，訳語・訳文を更に簡明にし，増補の部分に特に吟味を重ね，語と語，句と句の関係を融和させ，読者の使い勝手に工夫した．

　独自の体系，独自の文化，民族性を持つ日中両国のことばは，対置させる，あるいは接点を見出すことはできても，越えることのできない壁，相互に通じ合えない壁があると思い込んでいたが，この度の改訂を通じ，新たな思いを懐いた．テレビの走査線のように，一本一本増やして密にしていけば，不明瞭な白黒テレビから鮮明なハイビジョンテレビに到達したように，日中間の相互理解を深め，胸襟をひらき，わだかまりがとければ，ことばも相通じる日が訪れるのも夢ではない，必ずや実現できるものだと期待する．

　数年にわたって誠心誠意，全力を持って改訂に取り組み，精根を尽くして，ここまで漕ぎつけた．力の及ばぬ不十分な点については，読者の方々からご教示・ご意見を賜るよう切にお願いするものである．

　この辞典が読者の方々の学習や仕事において多少なりとも助けになることができれば，そして日中両国の交流において，少しでも役に立ちうるならば，私にとってこれにまさる喜びはない．

　　2000年12月

　　　　　　　　　　　　　　　　　　　　　折敷瀬　興

まえがき（第一版）

　倉石武四郎先生の著『岩波中国語辞典』が出版されたのは 1963 年の初秋であった．先生は引き続き日中辞典編纂の想を練られ，1965 年の夏，その作業に着手された．しばらくして私は先生の命を受け，善隣学生会館内にあった先生の研究室に毎日のように通うこととなった．研究室では終日，日中辞典の原稿を中にして先生と対座し，あらゆる角度から子細に検討を加え，討論を重ねた．この討論をとおして，私は先生の学問に対する真摯な態度，中国語と中国語教育に対する激しい情熱に強く心を動かされ，わずかながらでも先生のお役に立てればとひそかに誓い，全力を傾けた．図らずも 1975 年，先生が業半ばにして不帰の客となられた時，私が若輩にもかかわらず，その御遺業を継承したのも，同じ思いからである．

　倉石先生は，1972 年日中国交正常化の年に，「これはわたくしの日本に対する遺書ともいえよう」と自ら述懐しておられる最後の著書『中国語五十年』（岩波新書）に，「ただ一つ，いまだに残念なのは『日中辞典』がまだ完成していないことです．『日漢辞典』は 1959 年に北京で出ましたが，これは中国人のためにつくったものです．わたくしは日本人のための『日中辞典』を早く完成させたいと願っております．」と記しておられる．

　日本人のための『日中辞典』とはいかなるものであろうか．それは，土台をあくまでも日本に置き，われわれが日々使用していることばが表す日本人の感じ方・考え方を，中国人の感じ方・考え方を表す中国語でどのように表現すべきか，あるいは表現しうるか，を端的に示すものでなくてはなるまい．そのことはまた，日本語と中国語の共通点，相異点を明確に提示することでもあり，それぞれの言語の奥に秘められている日本人と中国人のものの感じ方・考え方や生活習慣の対比を浮き彫りにすることでもある．倉石先生との討論の核心はまさにこのことに関してであった．先生は「中国語の機微をさぐる」（『中国語学』第 204 号，1970 年 11 月）という一文において，この討論の模様を次のように述べておられる．「何と，おびただしい問題が続々と発掘された——多少は予期していたのですが，その予期に数倍するほどの問題が続出した．それは，いわば"嬉しい悲鳴"であり，しかも何より驚いたことは——あるいは当然ともいえますが，それがほとんど全部，中国人と日本人との考えかたの相違に根ざしており，つまり中国人独特の考えかたを示しているのです．これを話しあっているあいだに，日本の中国語の研究に今も大きな穴があり，自然その教育にも重大な欠点——あるいは致命的といわ

れるほどの欠点があることをさとりました.」日本語と中国語の相異点をはっきり弁別し,その差異の質を深く認識してはじめて,日本語を中国語に置き換えるということが可能になるのではなかろうか.

『岩波日中辞典』編纂における最も重要な基礎作業は,日本語の個々の単語の意味や用法が実際にそこに息づいている的確な文例を選び出すことであった.このような文例を得てこそ,対応する中国語を探求することの意味が生きてくるのである.しかしながら,前述のように,相異なる発想のもとに表現され,それぞれに独自の文化を担う二つの言語の接点をつきとめること,これはまことに至難の業である.申すまでもなく,この辞典編纂の中心は,そのことに真向から取り組み,一字一句,日本語から中国語へ,中国語から日本語へ,と往復を繰り返し,血の通った無理のない日本語と中国語を対置することにあった.

見出し語に対する訳語は,その日本語に最も近い中国語を厳選して掲げた.意味・用法に日本語とずれのあるものは,用例をあげてその意味・用法を明らかにしつつ示した.

ことばはそれが使われる具体的な場や文脈の中に置かれてはじめて生きたものとなる.ことばに対するこのような認識にもとづいて,各項目とも必要な用例はスペースを惜しまず掲げ,しかもそのほとんどを文例とした.とりわけ,基本的と思われる語については精密な語義分類をほどこし,そのおのおのに豊富な用例をあげた.

中国語は Hànyǔ pīnyīn fāng'àn(汉语拼音方案)によるローマ字表記と漢字表記とを並べて示した.ローマ字表記によって発音を知ることができるばかりでなく,その分ち書きは,ことばの構造を理解する助けとなると考えるからである.

十数年の悪戦苦闘の末,ようやく今日のものが出来上がった.果してどれだけ倉石先生が心に描かれたものに近づくことができたかを危ぶむ.力及ばなかった点については,読者の方々の御教示を切にお願いするものである.

この辞典が,日中両国の人々の心と心の対話に少しでも役立つものになれば,私にとってこれにまさる喜びはない.

1982年12月

折敷瀬 興

凡　　　例

見　出　し

1　見出しは，和語・漢語は平仮名，外来語は片仮名を用い，現代仮名づかいで示した．
2　活用語は原則として終止形で掲げ，語幹と語尾との区別が立つものは，その間に中黒（・）を入れた．
3　接頭語・接尾語・助詞・助動詞および複合語の要素として用いられる語には，他の語がつく位置にハイフン（‐）を付した．

　　　　えせ‐【似非】　　　‐ら・れる（助動詞）
　　　　‐おき【置き】　　　どう‐【同】
　　　　‐へ（助詞）　　　**‐か【下】**

4　【　】の中に見出し語の漢字による書き表し方を示した．送り仮名は，読み間違えるおそれのない場合は省略した．

見出しの並べ方

1　見出しの配列は五十音順とした．
2　五十音順で順序のきまらないものは，次のように定めた．
　イ　清音・濁音・半濁音の順とする．
　　　　とくせん【特選】　　　ほんぶ【本部】
　　　　どくせん【独占】　　　ほんぷ【凡夫】
　　　　どくぜん【独善】　　　ポンプ
　ロ　促音・拗音および外来語の小字は，それぞれ普通の仮名のあとに置く．
　　　　しよう【試用】　　　ふあん【不安】
　　　　しょう【小】　　　　ファン
　ハ　長音符（ー）で表す外来語の長音は，その発音がア・イ・ウ・エ・オのいずれであるかによって，それぞれの音を表す仮名と同じものと見なし，その位置に置く．
　　　　コーヒー　は　コオヒイ　の位置に置く
　　　　メーカー　は　メエカア　の位置に置く
3　見出しの，仮名で書いた形が全く同じである場合には，次の4段階の基準に基づいて並べた．
　イ　ハイフンが付かないもの，ハイフンが後ろに付くもの，ハイフンが前に付くもの，の順序．
　　　　そう【層】
　　　　そう‐【総】
　　　　‐そう【艘】
　ロ　ハイフンが付かないものは文法的性質の上から，動詞・形容詞・名詞・代名詞・形容動詞語幹・副詞・連体詞・接続詞・感動詞の順序．
　ハ　和語・漢語の順序．
　ニ　イ・ロ・ハで決定できない場合は，その見出しの表記形により次の順序．
　　a　表記形のないもの．
　　b　表記形の1字目が仮名であるもの．
　　c　表記形が漢字のもの．漢字のもの相互間は字数・画数の少ないものを先にする．
　　　ただし，意味に関連のある語は，字数・画数にかかわらず，続けて並べる．
4　外来語は，同音の見出しが続く場合には，その最後に置いた．

凡　　例　　　　　　　　　　　viii

　　　　　フル　は　ふる【古】　のあとに置く
　　　仮名で書いた形が同一である場合は，別語であっても一つの見出しのもとに収めた．
　　　　　コート　1〔外套〕…　2〔球技場〕…

語義の分類
1　見出し語にいくつかの異なる語義がある場合は，1，2，3…の記号を用いて分類し，原則としてそれぞれの語義を〔　〕内に示した．ただし，語義の差が小さい場合，もしくは訳語・用例の数が少ない場合には，この語義分類を省略した．
2　用例の多い項目の中には，使用上の便宜を考え，語義による分類のほか，見出し語につづく助詞や見出し語を含む慣用句等によって用例の整理を行ったものもある．
　　　　　ひ【火】　1〔火が〕…　　3〔火に〕…
　　　　　　　　　　2〔火の〕…　　4〔火を〕…
　　　　　やく【役】　1〔任務〕…
　　　　　　　　　　　2〔劇などの〕…
　　　　　　　　　　　3〔役に立つ，役に立てる〕…

訳　　語
1　訳語はすべて先ずピンイン(拼音)で表記し，次に(　)内に漢字による表記を示した．
2　訳語の語尾に付した[r][ル]は，その語が"儿化"しうることを示す．
　　　　　dào[r]（道[ル]）　　　　yǎnjìng[r]（眼镜[ル]）
3　複数の漢字表記がある場合は，中黒(・)で区切って併記した．
　　　　　zhēnzhū（珍珠・真珠）
4　訳語を併記する場合は，一般にはコンマ(，)で区切り，ニュアンスや意味・用法に差異があるものはセミコロン(；)で区切った．注記を必要とする際は，語義や分野に関するものは〔　〕で囲って訳語の前に，補足的な説明は〈　〉で囲って訳語の後に記した．
　　　　　さら【皿】〔小皿〕diér（碟ル），diézi（碟子）；〔大皿〕pánzi（盘子）．
　　　　　あし【足・脚】1〔人，動物の〕tuǐ（腿）〈足首から上〉；jiǎo（脚）〈足首から先〉．
5　日本に特有な事物を表す語で，それに対応する訳語をあげられない場合は，《説明》の標示の後に中国語(漢字のみ)による説明を加えた．
　　　　　なとり【名取】《説明》继承技艺，取得艺名的人．

用例・複合語
1　用例・複合語の訳文・訳語は先ずピンイン(拼音)で表記し，次に(　)内に漢字による表記を示した．
2　用例・複合語の中の，見出しに当る部分は〜で示した．ただし，語幹と語尾に分れる活用語は語幹のみを〜とし，語幹と語尾に分れない活用語は〜を用いない．
　　　　　いけん【意見】…¶〜を述べる
　　　　　さむ・い【寒い】…¶今日は〜い
　　　　　にる【似る】…¶あの親子はよく似ている
　　　見出し語が用例・複合語の中で濁音・半濁音に変化する場合も〜を使用した．
　　　　　-たり…¶飛ん〜跳ね〜大喜びだった
　　　　　-ひき【匹】…¶鰯6〜
3　用例は，一般的・基礎的なものを先に，特殊なもの，慣用句，ことわざなどを後ろに配列した．多くの用例をあげる際には，〜が，〜の，〜に，〜を，〜から等の順に並べた場合もある．

4 一つの用例・複合語に中国語訳が二つ以上ある場合は／で区切って併記した．
5 用例の中国語訳の一部が別の中国語と交換可能な場合には，その部分の起点に（▼）を付し，別の中国語を［ ］で囲って併記した．文頭が交換の起点になるものは（▼）を略した．交換可能な別の中国語が二つ以上あるときは／で区切った．

いどころ【居所】¶〜がわからない bù zhī ▼qùxiàng[xiàluò／zhùchù]（不知▼去向［下落／住処］）．

たんきゅう【探求・探究】…¶真理を〜する tànqiú[xúnqiú] zhēnlǐ（探求［寻求］真理）．

6 用例のあとにまとめて掲げた複合語は，原則として見出し語が前に付くものを先に，後ろに付くものをあとに並べ，その語順は概ね五十音順とした．

ピンイン（拼音＝ローマ字表記）

1 ピンイン表記は主として《汉语拼音正词法基本规则》に拠った．
2 ピンインの分ち書きは，語の性質および文中での文法的役割に応じて定めた．
3 声調変化については，yī（一）とbù（不）は実際の発音に即して変調させた．
    yìshēng（一生）　yì huí（一回）　yìqǐ（一起）　yí cì（一次）
    bú gòu（不够）
4 固有名詞およびそれに準ずるものは語頭を大文字にした．
5 行末における分綴は音節ごとに行うことを原則としたが，声母（音節の頭に現れる子音）がzh・ch・shで5字・6字のローマ字によって表記される音節は，その子音の後ろで分綴した．
    ch-ang　sh-eng　zh-ong　sh-uai　zh-uan　sh-uang
アポストロフィ（'）は行末においては省略した．
    hǎi'àn→hǎi-àn　fāng'àn→fāng-àn
6 zuòliào[r]・zuóliào[r]（作料［儿］）など複数のピンインを掲げた場合は，原則として，前が正音であり，後ろが口語音である．

あ

ああ nàme・nème(那么), nàyàng[r]・nèiyàng[r](那样). ¶〜忙しくしては本を読む暇もないだろう nàme máng, kàn shū de gōngfu dōu méiyǒu ba(那么忙,看书的工夫都没有吧). ¶〜なってはもう駄目だ chéngle nàyàng, kě jiù méi bànfǎ le(成了那样,可就没办法了). ¶彼は〜いう人間なのだ tā jiùshì nà zhǒng rén(他就是那种人). ¶父が〜まで頑固だとは思わなかった méi xiǎngdào fùqin jìngrán nàme gùzhi(没想到父亲竟那么固执). ¶彼女も昔は〜ではなかったのだが tā cóngqián yě bìng bú shì nàyàng(她从前也并不是那样). ¶〜は言っても彼はやはり来てくれた tā zuǐshang suīrán nàme shuō, kě háishi lái le(他嘴上虽然那么说,可还是来了). ¶〜でもないこうでもないと不平ばかり言う zhè yě bú shì nà yě bú shì de jìng fā láosāo(这也不是那也不是地净发牢骚).

ああ 1 ¶〜危ない ā! wēixiǎn!(啊!危险!). ¶〜大変だ āiyā! bùdéliǎo(哎呀!不得了). ¶〜嬉しい zhēn jiào rén gāoxìng(真叫人高兴). ¶〜びっくりした āiyā! zhēn xiàsǐ rén la(哎呀!真吓死人啦). ¶〜いやだ āi, fánsǐ le(唉,烦死了)/ zhēn tǎoyàn!(真讨厌!). ¶〜そうか ò, shì nàme yì huí shì(哦,是那么一回事). ¶〜腹がへった āi, èsǐ wǒ le(唉,饿死我了). ¶〜またしくじった ài, yòu shībài le(唉,又失败了).
2 ¶〜いいよ è[èi], xíng! (欸,行!)/ à, hǎo ba(啊,好吧). ¶〜そうしよう è[èi], jiù nàme bàn ba(欸,就那么办吧). ¶〜, 就那么办吧). dé, jiù zhèmezhe(得,就这么着).

アーク diànhú(电弧), húguāng(弧光). ¶〜放電 húguāng fàngdiàn(弧光放电). 〜灯 húguāngdēng(弧光灯)/ tànjīngdēng(炭精灯). 〜溶接 diànhú hànjiē(电弧焊接). 〜炉 diànhúlú(电弧炉).

アーケード gǒngláng(拱廊). ¶〜の商店街 liánhuán gǒngláng shāngyèjiē(连环拱廊商业街).

アース jiēdì(接地). ¶〜線 dìxiàn(地线)/ jiēdìxiàn(接地线).

アーチ 1 gǒng(拱), gǒngxíng(拱形). ¶〜型の門 gǒngmén(拱门). ¶〜ダム liángǒngbà(连拱坝)/ gǒngbà(拱坝). 〜橋 gǒngqiáo(拱桥)/ gǒngxíngqiáo(拱形桥). 2 [緑門] cǎipáilou(彩牌楼), páilou(牌楼).

アーチスト yìshùjiā(艺术家); měishùjiā(美术家); huàjiā(画家).

アート yìshù(艺术), měishù(美术).

アーモンド biǎntáo(扁桃), bādànxìng(巴旦杏);[種子] biǎntáorénr(扁桃仁ㇽ).

アール [面積の単位] gōngmǔ(公亩).

あい【藍】 [植物] liǎolán(蓼蓝), lán(蓝);[染料] diànlán(靛蓝), lándiàn(蓝靛), diànqīng(靛青);[色] shēnlánsè(深蓝色), diànqīng(靛青). ¶青は〜より出でて〜より青し qīng chūyú lán ér shèngyú lán(青出于蓝而胜于蓝)/ qīng chūyú lán(青出于蓝).

あい【愛】 ài(爱), àixīn(爱心), àiqíng(爱情). ¶子を思う母の〜ほど強いものはない zài yě méiyǒu bǐ mǔqin duì háizi de ài gèng shēn de le(再也没有比母亲对孩子的爱更深的了). ¶親のない子供たちに〜の手を差しのべる xiàng shīqù fùmǔ de háizimen shēnchū ài zhī shǒu(向失去父母的孩子们伸出爱之手). ¶〜を告白する qīngtǔ àimù zhī qíng(倾吐爱慕之情). ¶〜のない結婚は不幸だ méiyǒu àiqíng de hūnyīn shì búxìng de(没有爱情的婚姻是不幸的). ¶神の〜 shàngdì zhī ài(上帝之爱). ¶人類〜 duì rénlèi de ài(对人类的爱). 祖国〜 duì zǔguó de ài(对祖国的爱).

あいいれな・い【相容れない】 bù xiāngróng(不相容). ¶両者の利害は〜 liǎngzhě de lìhài bù xiāngróng(两者的利害不相容). ¶氷炭〜い bīngtàn[shuǐhuǒ] bù xiāngróng(冰炭[水火]不相容).

あいうち【相討ち】 ¶〜になる shuāngfāng bù fēn shèngfù(双方不分胜负). ¶〜に終わる shuāngfāng dǎchéng píngjú(双方打成平局).

あいえんか【愛煙家】 ¶彼は大の〜だ tā shì ge fēicháng hào xī yān de rén(他是个非常好吸烟的人)/ tā nàge rén yān yǐn dà(他那个人烟瘾大)/ tā shì ge yānguǐ(他是个烟鬼).

あいか【哀歌】 āigē(哀歌).

あいかぎ【合鍵】 ¶〜でドアをあける ná bèiyòng de yàoshi kāi mén(拿备用的钥匙开门). ¶〜をつくる pèi yì bǎ tóngyàng de yàoshi(配一把同样的钥匙).

あいがも【合鴨】 zájiāoyā(杂交鸭).

あいかわらず【相変らず】 réngrán(仍然), réngjiù(仍旧), yīrán(依然), yījiù(依旧). ¶仕事は〜で何も変ったことはない gōngzuò 'háishi zhàoyàngr[yīrán-rúgù], méiyǒu shénme biànhuà(工作'还是照样ㇽ[依然如故],没有什么变化). ¶この辺りは〜昔のままだ zhè yídài réngrán háishi guòqù de lǎoyàngzi(这一带仍然还是过去的老样子)/ cǐdì fēngwù yījiù(此地风物依旧). ¶父は〜元気です wǒ fùqin yìzhí hěn jiànkāng(我父亲一直很健康). ¶今後とも〜よろしくお願いいたします yǐhòu réng qǐng duōduō zhǐjiào(以后仍请多多指教).

あいかん【哀感】 ¶〜をそそる shǐ rén bēitòng

あいかん【哀歓】 ¶人生の〜 rénshēng de bēihuān líhé（人生的悲欢离合）. ¶〜を共にする tónglè gòngyōu（同乐共忧）/ tóng huānlè, gòng yōuhuàn（同欢乐，共忧患）.

あいがん【哀願】 āiqiú（哀求）, qǐqiú（乞求）. ¶彼女は人々に子供を助けてくれと〜した tā xiàng rénmen āiqiú jiùjiu háizi（她向人们哀求救救孩子）.

あいがん【愛玩】 àiwán（爱玩）, shǎngwán（赏玩）, wánshǎng（玩赏）. ¶父の〜のパイプ fùqin bǎwán de yāndǒu（父亲把玩的烟斗）. ¶〜動物 chǒngwù（宠物）.

あいきどう【合気道】 héqìdào（合气道）.

あいきゃく【相客】 ¶旅館では商人ふうの男と〜になった zài lǚdiàn hé shāngrén múyàngr de nánkè tóng fáng（在旅店和商人模样儿的男客同房）. ¶汽車の中で〜となった zài huǒchē shang ǒurán gēn tā tóngzuò（在火车上偶然跟他同坐）.

あいきょう【愛嬌】 ¶あの娘はきれいだが〜がない nà gūniang zhǎngde dào piàoliang, dàn bù zěnme zhāo rén xǐhuan（那姑娘长得倒漂亮，但不怎么招人喜欢）. ¶彼女は〜のある器量をしている tā zhǎngde zhēn jiào rén ài（她长得真叫人爱）. ¶彼女は客に〜を振りまいた tā duì gùkè xiàoróng mǎnmiàn, hěn rèqíng（她对顾客笑容满面，很热情）. ¶これはほんのご〜です zhè zhǐshì zhùzhu xìng bàle（这只是助助兴罢了）. ¶この小猿は〜者だ zhè xiǎohóur tǎo rén xǐhuan（这小猴儿讨人喜欢）.

あいくち【匕首】 bǐshǒu（匕首）, nǎngzi（攮子）. ¶懐に〜をのんでいる huáili chuāizhe bǐshǒu（怀里揣着匕首）.

あいけん【愛犬】 ¶〜をつれて散歩する dàizhe xīn'ài de gǒu sànbù qù（带着心爱的狗散步去）. ¶彼は〜家だ tā xǐhuan gǒu（他喜欢狗）.

あいこ ¶勝負は〜になった bǐsài bù fēn shèngfù（比赛不分胜负）/ dǎchéng píngjú le（打成平局了）. ¶これでおあ〜だ zhè jiù shuí yě bù gāi shuí le（这就谁也不该谁了）. ¶じゃんけんぼん，〜でしょ bāo, jiǎn, chuí! bāo, jiǎn, chuí!（包，剪，锤！包，剪，锤！）.

あいこ【愛顧】 guānggù（光顾）, huìgù（惠顾）. ¶平素御〜をたまわり感謝にたえません chéngméng jīngcháng guānggù, fēicháng gǎnxiè（承蒙经常光顾，非常感谢）. ¶相変らず御〜のほどお願い致します jìng qǐng zhàojiù huìgù（敬请照旧惠顾）.

あいご【愛護】 àihù（爱护）. ¶動物一週間 àihù dòngwù zhōu（爱护动物周）.

あいこう【愛好】 àihào（爱好）. ¶古典音楽を〜する àihào gǔdiǎn yīnyuè（爱好古典音乐）. ¶写真〜家 shèyǐng àihàozhě（摄影爱好者）.

あいこく【愛国】 àiguó（爱国）. ¶胸にあふれる〜の熱情 mǎnqiāng de àiguó rèqíng（满腔的爱国热情）. ¶〜者 àiguózhě（爱国者）. 〜心 àiguóxīn（爱国心）.

あいことば【合言葉】 1〔合図の言葉〕 kǒulìng（口令）. ¶"山"と"川"を味方の〜とする bǎ "shān" gēn "hé" liǎng ge zì zuòwéi wǒfāng de kǒulìng（把"山"跟"河"两个字作为我方的口令）.

2〔標語〕 kǒuhào（口号）. ¶"世界に平和を"を〜にする bǎ "zhēngqǔ shìjiè hépíng" zuòwéi kǒuhào（把"争取世界和平"作为口号）.

アイコン túfú（图符）, túbiāo（图标）, túxiàng（图像）.

あいさい【愛妻】 àiqī（爱妻）. ¶あの人がAさんの〜だ tā shì Lǎo A àiqī（她是老A爱妻）. ¶彼はたいへんな〜家だ tā fēicháng ài tā de àiren（他非常爱他的爱人）.

あいさつ【挨拶】 1 zhāohu（招呼）, hánxuān（寒暄）, wènhòu（问候）, zhìyì（致意）. ¶子供たちは"おはよう"と元気よく〜した háizimen jīngshen bǎomǎn de zhāohu: "nǐ zǎo!"（孩子们精神饱满地招呼："你早！"）. ¶彼はちょっと頭を下げて私に〜した tā xiàng wǒ diǎntóu zhìyì（他向我点头致意）. ¶父は二言三言客に出て行った fùqin gēn kèren hánxuānle jǐ jù jiù chūqu le（父亲跟客人寒暄了几句就出去了）. ¶帽子をとって〜する tuōmào xínglǐ（脱帽行礼）. ¶2人は初対面の〜を交した liǎng ge rén chūcì jiànmiàn hùxiāng zhìyì wènhǎo（两个人初次见面互相致意问好）. ¶堅苦しい〜はぬきにしましょう miǎnle zhè fān kètào ba（免了这番客套吧）. ¶時候の〜をする zhì yìngshí dānglìng de wènhòu（致应时当令的问候）. ¶彼は〜もせずに帰った tā lián ge zhāohu yě méi dǎ jiù huíqu le（他连个招呼也没打就回去了）.

2〔儀式，会合などでの〕 zhìcí（致辞·致词）. ¶開会の〜をする zhì kāimùcí（致开幕词）. ¶一言御〜を申し上げます qǐng yǔnxǔ wǒ shuō jǐ jù huà（请允许我说几句话）. ¶就任の〜に伺いました wǒ jiùrèn dàozhí, bàifǎng nín lái le（我就任到职，拜访您来了）.

3〔通知，応対〕 ¶来ないのなら一言〜ぐらいあってもよさそうなものだ rúguǒ bù lái yě gāi shuō[zhāohu] yīshēng（说不来也该说[招呼]一声）. ¶引越の〜状を出す fā bānjiā de tōngzhī（发搬家的通知）. ¶知らせたのに何の〜もない suīrán tōngzhīle tā, tā què méiyǒu rènhé huíyīn（虽然通知了他，他却没有任何回音）.

あいじ【愛児】 ¶彼は交通事故で〜を失った tā yīn jiāotōng shìgù shīqùle xīn'ài de háizi（他因交通事故失去了心爱的孩子）.

アイシー〔IC〕 jíchéng diànlù（集成电路）.

アイシャドー yǎnyǐng（眼影）, yǎnyǐngfěn（眼影粉）, yǎnyǐnggāo（眼影膏）.

あいしゅう【哀愁】 ¶秋の夕暮に〜を感ずる qiūtiān de mùsè lìng rén shānggǎn（秋天的暮色令人伤感）. ¶〜を帯びたメロディーが流れてきた bēi'āi de xuánlǜ suí fēng chuánlái（悲哀的旋律随风传来）.

あいしょう【相性】 ¶彼等は〜が良い tāmen hěn xiāngtóu（他们很相投）/ tā liǎ xìngqíng hěn tóuhé（他俩性情很投合）/ tā liǎ hěn duì-

jìnr(他俩很对劲ㄦ).¶2人は～が悪いのか喧嘩じゃないりしている tāmen liǎ huòxǔ ˇxìnggé bùlái[bú duìjìnr/gégé·búrú], jìng chǎojià(他们俩也许ˇ性格合不来[不对劲ㄦ/格格不入], 净吵架).

あいしょう【愛称】 àichēng(爱称)、nìchēng(昵称).

あいしょう 1【愛唱】¶皆に～される歌 dàjiā ˇài[xǐhuan] chàng de gēr(大家ˇ爱[喜欢]唱的歌ㄦ).¶～歌 xǐhào de gēqǔ(喜好的歌曲).
2【愛誦】¶李白の詩を～する xǐhuan yínyǒng[xǐyín] Lǐ Bái de shī(喜欢吟咏[喜吟]李白的诗).

あいじょう【愛情】 ài(爱)、àixīn(爱心)、àiqíng(爱情).¶彼は両親の～を一身に受けて成長した tā zài shuāngqīn de téng'ài xià zhǎngdà chéngrén(他在双亲的疼爱下长大成人).¶仕事に～を持つ duì gōngzuò yǒu shēnhòu de gǎnqíng(对工作有深厚的感情).¶彼にほのかな～を抱く duì tā huáiyǒu yìdiǎnr àiliàn zhī qíng(对他怀有一点ㄦ爱恋之情).

あいじん【愛人】 àirén(情人)、xiānghǎo(相好)、xīnhuān(新欢)、dìsānzhě(第三者).

あいず【合図】 xìnhào(信号).¶手まねで～をする zhāoshǒu shìyì(招手示意)/dǎ shǒushì(打手势).¶ひそかに目で～する àn ˇshí[diū/dì] ˇyǎnsè(暗ˇ使[丢/递]眼色).¶ピストルの～で皆いっせいにスタートした dàjiā yǐ qiāngshēng wéi xìnhào yīqǐ qǐpǎo le(大家以枪声为信号一齐起跑了).¶～の狼煙(のろし) zuòwéi xìnhào de fēngyān(作为信号的烽烟).

アイスキャンデー bīnggùnr(冰棍ㄦ)、bīngbàng(冰棒)、bàngbīng(棒冰)、bīnggāo(冰糕)、xuěgāo(雪糕)、xuětiáo(雪条).

アイスクリーム bīngjīlíng(冰激凌)、bīngqílín(冰淇淋)、bīnggāo(冰糕)、bīngzhuān(冰砖)、xuěgāo(雪糕).

アイスコーヒー bīngzhèn kāfēi(冰镇咖啡)、jiā bīngkuài kāfēi(加冰块咖啡).

アイスティー bīngzhèn hóngchá(冰镇红茶)、jiā bīngkuài hóngchá(加冰块红茶).

アイスバーン bīngdòng de xuědì(冰冻的雪地)、bīngxuěpō(冰雪坡).

アイスボックス shǒutí bǎolěngxiāng(手提保冷箱).

アイスホッケー bīngqiú(冰球).¶～をする dǎ bīngqiú(打冰球).

あい·する【愛する】 ài(爱).¶動物を～する心のやさしい子供 xīndì shànliáng, ài dòngwù de háizi(心地善良、爱动物的孩子).¶祖国を～する ài zǔguó(爱祖国).¶心から平和を～する zhōngxīn de rè'ài hépíng(衷心地热爱和平).¶美術を～する àihào měishù(爱好美术).¶彼はこよなく故郷を～している tā duì gùxiāng huáiyǒu ˇwújìn de àiqíng[zhī'ài zhī qíng](他对故乡怀有ˇ无尽的爱情[挚爱之情]).¶彼は友人の誰からも～されている péngyou zhōng wúlùn shuí dōu xǐhuan tā(朋友之中无论谁都喜欢他).¶彼はすべき人間だ tā shì ge kě'ài de rén(他是个可爱的人).¶お前を～すればこそ叱るのだ téng nǐ cái shuō nǐ ne(疼你才说你呢) dǎ shì téng, mà shì ài, nǐ dǒng ma?(打是疼、骂是爱、你懂吗?).¶彼女は～する夫を失った tā shīqùle xīn'ài de zhàngfu(她失去了心爱的丈夫).¶2人は互いに～し合っている tāmen liǎ xiāng'àizhe(他们俩相爱着).

あいせき【愛惜】 àixī(爱惜)、liánxī(怜惜)、zhēn'ài(珍爱).¶～の念 àixī zhī niàn(爱惜之念).¶父の～している品 fùqin suǒ zhēn'ài de dōngxi(父亲所珍爱的东西).

アイゼン bīngzhuǎ(冰爪).

あいそ【愛想】 **1**¶彼は誰にでも～がよい tā duì shuí dōu héhé-qìqi(他对谁都和和气气).¶あの店は～がない nà jiā pùzi fúwù tàidu bù hǎo(那家铺子服务态度不好).¶何のお～もなくて失礼しました zhāodài bùzhōu, hěn duìbuqǐ(招待不周、很对不起)/jiǎnmànde hěn(简慢得很)/tài dàimàn le(太怠慢了).
2【親しみ、好意】¶彼のだらしなさにはすっかり～がつきた tā nà diào'erlángdāng de jìnr, wǒ yǐjing gòu le(他那吊儿郎当的劲ㄦ、我已经够了).¶彼は女房にまで～をつかされた lǎopo dōu ˇxiánqì[yànqì] tā le(连老婆都ˇ嫌弃[厌弃]他了).
3【世辞】¶お～を言う shuō ˇgōngweihuà[fèngchenghuà](说ˇ恭维话[奉承话]).
4【勘定】¶ねえさん、お～ xiǎojie, qǐng suànzhàng!(小姐、算账!).

あいぞう【愛憎】 àizēng(爱憎).¶彼は～の念が甚だしい tā àizēng zhī niàn shènwéi qiángliè[fēnmíng](他爱憎ˇ之念甚为强烈[分明]).

アイソトープ tóngwèisù(同位素).

あいだ【間】 **1**【中間、なか】 jiān(间)、zhī jiān(之间)、zhōngjiān(中间).¶新宿と渋谷の～に駅がいくつありますか Xīnsù hé Sègǔ zhī jiān yǒu jǐ zhàn?(新宿和涩谷之间有几站?).¶重さは15キロから20キロの～だろう zhòngliàng zài shíwǔ zhì èrshí gōngjīn zhī jiān ba(重量在十五至二十公斤之间吧).¶9時から10時の～においで下さい qǐng zài jiǔ diǎn zhì shí diǎn zhī jiān lái(请在九点至十点之间来).¶授業と授業の～に10分間休憩する kèjiān xiūxi shí fēnzhōng(课间休息十分钟).¶あの先生は学生の～に人気がある nà wèi lǎoshī zài xuésheng zhōngjiān hěn shòu huānyíng(那位老师在学生中间很受欢迎).¶この問題は我々の～で解決しようzhège wèntí yóu wǒmen zìjǐ lái jiějué ba(这个问题由我们自己来解决吧).¶～に入ってまるく収める cóngzhōng[jūjiān] shuōhe(从中[居间]说和).

2【ひと続きの時間・空間】jiān(间)、zhī jiān(之间).¶3日の～高熱が続いた yìlián fāle sān tiān gāoshāo(一连发了三天高烧).¶私は長い～彼に会っていない hěn jiǔ méi jiàn tā le(我好久没见他了).¶わずか3年の～に生産高が3倍になった duǎnduǎn de sān nián shíjiān, chǎnliàng jiù zēngjiāle liǎng bèi(短短的三年时间、产量就增加了两倍)/jǐnjǐn sān nián jiān chǎnliàng fānle liǎng fān(仅仅三年间产

あいたい・する【相対する】 miàn duì miàn(面对面), xiāngduì(相对), xiāngchí(相持). ¶長方形の～する二辺 chángfāngxíng xiāngduì de liǎng biān(长方形相对的两边). ¶両軍が～して陣をしいた liǎngjūn miàn duì miàn bùzhèn duìzhì(两军面对面布阵对峙). ¶双方～してゆずらない shuāngfāng xiāngchí búxià(双方相持不下).

あいだがら【間柄】 guānxi(关系). ¶私と彼とは叔父、甥の～です wǒ gēn tā shì shūzhí guānxi(我跟他是叔侄关系). ¶2人はふつう親しい～だ liǎng ge rén fēicháng qīnmì(两个人非常亲密)/ tā liǎ sùlái gǎnqíng hěn hǎo(他俩素来感情很好).

あいちゃく【愛着】 ¶私はこの仕事に深い～を持っている wǒ duì zhè xiàng gōngzuò yǒu hěn shēn de gǎnqíng(我对这项工作有很深的感情). ¶故郷に強い～を抱く duì gùxiāng wúxiàn liúliàn(对故乡无限留恋).

あいつ nà jiāhuo(那家伙), nà xiǎozi(那小子). ¶～はいやな奴だ nà jiāhuo zhēn tǎoyàn(那家伙真讨厌).

あいつ・ぐ【相次ぐ】 xiāngjì(相继), liánxù(连续), jiēlián(接连), jiē èr lián sān(接二连三). ¶～ぐ事故に関係者は頭を悩ましている jiē-èr-liánsān(接二连三) de shìgù shǐ yǒuguān dānwèi shāngtòule nǎojīn(接二连三[一连串]的事故使有关单位伤透了脑筋). ¶この数日火災が～いだ zhè jǐ tiān jiēlián fāshēngle huǒzāi(这几天接连发生了火灾). ¶彼の両親は～いで世を去った tā fùmǔ xiāngjì qùshì le(他父母相继去世了).

あいづち【相槌】 ¶～を打つ diǎntóu chēng shì(点头称是)/ dāqiāng(搭腔). ¶彼は私の話をいちいち～を打ちながら聞いた tā pínpín diǎntóu tīngzhe wǒ de huà(他频频点头听着我的话).

あいて【相手】 **1**[相棒、仲間] bànr(伴儿), huǒbànr(伙伴儿), tóngbànr(同伴儿). ¶ダンスの～をする zuò wǔbànr(做舞伴儿). ¶A氏の碁の～をする péi A xiānsheng xià wéiqí(陪A先生下围棋). ¶息子によいあそび～が出来た érzi yǒule wánshuǎ de hǎo huǒbàn(儿子有了玩耍的好伙伴). ¶彼は誰からも～にされない shuí dōu bù lǐ tā(谁都不理他). ¶私がお～を致します gěi nín zuòbàn(给您做伴)/wǒ lái péi nín(我来陪您). ¶私には相談の～になっていただける方がない wǒ méiyǒu kěyǐ shāngliang de rén(我没有可以商量的人).

2[対象] ¶彼女にはもう決った～がいる tā yǐjing yǒu ˇduìxiàng[zhǔr] le(她已经有ˇ对象[主儿]了). ¶彼は～構わずずけずけとものを言う tā búguǎn duì shuí dōu zhíyán-búhuì(他不管对谁都直言不讳). ¶学生に食堂を始める kāibàn yǐ xuésheng wéi zhǔgù de shítáng(开办以学生为主顾的食堂).

3[対抗者] duìfāng(对方), duìshǒu(对手), duìjiā(对家), duìtou(对头). ¶～の要求は不当だ duìfāng de yāoqiú shì bù hélǐ de(对方的要求是不合理的). ¶腕力で彼の～になる者はない lùn lìqi shuí yě bú shì tā de duìshǒu(论力气谁也不是他的对手). ¶彼なら～に取って不足はない yàoshi tā zuò wǒ de duìshǒu de huà, nà méiyǒu shénme kě shuō de le(要是他做我的对手的话,那没有什么可说的了). ¶どんな態度で臨むかは～次第だ wǒmen cǎiqǔ shénme tàidu qǔjuéyú duìfāng(我们采取什么态度取决于对方). ¶政府を～に交渉をする gēn zhèngfǔ jìnxíng jiāoshè(跟政府进行交涉). ¶製薬会社を～に訴訟を起こす hé zhìyào gōngsī dǎ guānsi(和制药公司打官司).

アイデア zhǔyi(主意), gòusī(构思), yìjiàng(意匠), jiàngxīn(匠心). ¶何かいい～はないだろうか yǒu shénme hǎo zhǔyi méiyǒu?(有什么好主意没有?). ¶作品の～が浮んだ nǎozili fúxiànchū zuòpǐn de gòusī(脑子里浮现出作品的构思). ¶このポスターは～が面白い zhè zhāng xuānchuánhuà ˇbiéjù-jiàngxīn[biéchū-xīncái](这张宣传画)别具匠心[别出心裁]).

アイディーカード【IDカード】 ID kǎ(ID卡), biāozhìkǎ(标识卡), shēnfènkǎ(身份卡).

アイデンティティー zìwǒ tóngyīxìng(自我同一性), běntǐxìng(本体性). ¶自分の～を主張する qiángdiào zìwǒ de zhǔtǐxìng(强调自我的主体性). ¶自己の～を喪失する shīqù zìjǐ de gèxìng tèdiǎn(失去自己的个性特点).

あいとう【哀悼】 āidào(哀悼). ¶～の辞を述べる zhì ˇāidào zhī cí[dàocí](致ˇ哀悼之辞[悼词]). ¶謹んで～の意を表します jǐn zhì āidào zhī yì(谨致哀悼之意)/ shēn biǎo āidào(深表哀悼).

あいどく【愛読】 ¶この本は学生に～されている xuéshengmen dōu ˈài[xǐhuan] dú zhè běn shū (学生们都˙爱[喜欢]读这本书)/ zhè běn shū hěn shòu xuéshengmen de huānyíng (这本书很受学生们的欢迎). ¶彼は魯迅を～している tā dāndú Lǔ Xùn de shū (他耽读鲁迅的书). ¶これが私の一番よく読む本だ zhè shì wǒ cháng dú de shū (这是我常读的书).

アイドリング kōngzhuàn (空转).

あいにく【生憎】 bùcòuqiǎo (不凑巧), bú còuqiǎo (不凑巧), piānqiǎo (偏巧), piānpiān (偏偏). ¶わざわざ訪ねたのに～彼は不在だった wǒ tèyì qù bàifǎng tā, kěshì ˈbùcòuqiǎo[còuqiǎo/gǎnqiǎo] tā búzài (我特意去拜访他,可是˙不凑巧[凑巧/赶巧]他不在). ¶～の雨で遠足が中止になった piānqiǎo gǎnshàng xiàyǔ jiāoyóu qǔxiāo le (偏巧赶上下雨郊游取消了)/ tiāngōng bù zuòměi yuǎnzú zhōngzhǐ le (天公不作美远足中止了). ¶～ですが売れ切れです duìbuqǐ, màiguāng le (对不起,卖光了). ¶お～さま zhēn duìbuqǐ (真对不起)/ zhēn bú còuqiǎo (真不凑巧).

アイヌ Āyīnǔrén (阿伊努人).

あいのり【相乗り】 ¶自転車の～は危ない qí zìxíngchē dài rén yǒu wēixiǎn (骑自行车带人有危险). ¶タクシーに～する dāhuǒ chéng chūzū qìchē (搭伙乘出租汽车).

あいば【愛馬】 ¶～にまたがる qíshàng xīnˈài de mǎ (骑上心爱的马).

あいびき【合い挽き】 zhūniú hùnhé jiǎoròu (猪牛混合绞肉).

あいびき【逢引】 yōuhuì (幽会).

あいぶ【愛撫】 àifǔ (爱抚); fǔmó (抚摩). ¶赤ん坊を～する àifǔ wáwa (爱抚娃娃). ¶子猫を膝にのせて～する bǎ xiǎomāo fàngzài xīshang fǔmó (把小猫放在膝上抚摩).

あいべや【相部屋】 tóngfáng (同房). ¶満室で,2人連れの客と～になった yóuyú kèmǎn gēn liǎng gè rén de kèrén tóngfáng (由于客满跟两个人的客人同房).

あいぼ【愛慕】 àimù (爱慕). ¶～の情 àimù zhī qíng (爱慕之情).

あいぼう【相棒】 bànr (伴儿), huǒbàn (伙伴), dādàng (搭档), lǎodādàng (老搭档). ¶この2人はいい～だ tāmen liǎ zhēn shì yí duì hǎohuǒbàn (他们俩真是一对好伙伴). ¶彼と～になる gēn tā zuò dādàng (跟他做搭档).

アイボリー rǔbái (乳白), yásè (牙色).

あいま【合間】 jiànxì (间隙), kòngxì (空隙), kòngdāng[r] (空当儿), kòngdāngzi (空当子). ¶仕事の～に一服する zài gōngzuò jiànxì chōu zhī yān xiēxie (在工作间隙抽支烟歇歇). ¶勉強の～を見て絵を描く lìyòng xuéxí de kòngxì huà huàr (利用学习的空隙画画儿).

あいまい【曖昧】 àimèi (暧昧), hánhu (含糊·含胡), móhu (模糊·模胡), hánhùn (含混). ¶彼の言うことは～だ tā shuō de huà hěn àimèi (他说的很暧昧)/ tā de huà hěn hánhu (他的话很含糊). ¶～な返事をしてごまかした móléng-liǎngkě de zuòle huídá yìngfule guòqù (模棱两可地做了回答应付了过去)/ hánhú-qící de tángsèle guòqù (含糊其辞地搪塞了过去). ¶事態は～模糊としている shìtài móhu bù qīng (事态模糊不清).

あいまって【相俟って】 ¶両々～いっそう効果があった xiāngdé-yìzhāng, xiàoguǒ xiǎnzhù (相得益彰,效果显著). ¶好天気と～この日曜日は行楽客が多かった zhè xīngqīrì zhèng gǎnshàng hǎotiānqì, yóukè tèbié duō (这星期日正赶上好天气,游客特别多).

あいみたがい【相身互い】 ¶困った時は～だ yǒu kùnnan shí yào hùxiāng bāngzhù (有困难时要互相帮助). ¶武士は～だ tóng bìng xiāng lián (同病相怜).

あいよう【愛用】 ài yòng (爱用). ¶これは死んだ友人の～の品です zhè shì wángyǒu zhēnˈài de dōngxi (这是亡友珍爱的东西). ¶私は国産品を～している wǒ ài yòng guóchǎnpǐn (我爱用国产品).

あいよく【愛欲】 qíngyù (情欲). ¶～に溺れる chénnì yú qíngyù (沉溺于情欲).

あいらし・い【愛らしい】 kěˈài (可爱), àirénr (爱人儿). ¶小さい口もとが～い xiǎo zuǐchún zhēn kěˈài (小嘴唇真可爱).

あいろ【隘路】 àilù (隘路), àidào (隘道), zhàngˈài (障碍). ¶生産の～を打開する xiāochú shēngchǎnshang de zhàngˈài (消除生产上的障碍).

アイロン diànyùndǒu (电熨斗); yùndǒu (熨斗), làotie (烙铁). ¶ズボンに～をかける yùn yi yùn kùzi (熨一熨裤子). ¶～台 yùnyībǎn (熨衣板).

あ・う【会う・遭う】 **1** [対面する] jiàn (见), huì (会), jiànmiàn (见面), huìmiàn (会面), pèngtóu (碰头). ¶今日私は友達に～いに行く jīntiān wǒ huì péngyou qù (今天我会朋友去). ¶明日7時に新宿で～いたい wǒ xiǎng míngtiān qī diǎn zài Xīnsù hé nǐ jiànjian miàn (我想明天七点在新宿和你见见面). ¶両親とは1年も～っていない gēn fùmǔ yǒu yì nián méi jiàn le (跟父母有一年没见了). ¶彼は部屋に閉じこもって誰とも～わなかった tā bìmén bù chū, jiù bú jiàn rén (他闭门不出,拒不见人). ¶彼に～えなかったらどうしよう yàoshi ˈjiàn[huì]buzháo tā, kě zěnme bàn ne? (要是˙见[会]不着他,可怎么办呢?). ¶あの人とは一度も～ったことがない méi yǒu yí cì yě méi jiànguo (那个人我一次也没见过). ¶大臣は今日の午後代表団と～うことになっている dàchén jiāng zài jīntiān xiàwǔ ˈhuìjiàn[huìwù] dàibiǎotuán (大臣将在今天下午˙会见[会晤]代表团). ¶またお～いしましょう xiàcì zàijiàn! (下次再见!)/ zàihuì! (再会!).

2 [人などに出会う] pèngjiàn (碰见), pèngshàng (碰上), pèngdào (碰到), zhuàngjiàn (撞见), zhuàngshàng (撞上), yùjiàn (遇见), yùshàng (遇上), yùdào (遇到), xiāngyù (相遇), xiāngféng (相逢). ¶妙なところで～ったものだ méi xiǎngdào zài zhème ge dìfang hé nǐ xiāngféng (没想到在这么个地方和你相逢).

¶道でばったり旧友に〜った zài lùshang pèngdàole lǎo péngyou（在路上碰到了老朋友）．¶目と目が〜う shìxiàn xiāngyù（视线相遇）．
3〔物事に出会う〕yù（遇），yùshàng（遇上），yùdào（遇到），gǎnshàng（赶上），pèngshàng（碰上），pèngdào（碰到）；zāodào（遭到），zāoyù（遭遇）．¶途中で雨に〜った bànlù shang gǎnshàngle yì cháng yǔ（半路上赶上了一场雨）/ túzhōng yù yǔ（途中遇雨）．¶交通事故に〜って1か月も入院した zāoyù chēhuò, zhùle yí ge yuè yīyuàn（遭遇车祸,住了一个月医院）．¶まったくひどい目に〜った kě zhēn dǎole méi le（可真倒了霉了）/ kě chīle kǔtou（可吃了苦头）．

あ・う【合う】**1**〔適合する，調和する〕hé（合），duì（对）．¶服が体にぴったりと〜う yīfu bù féi bú shòu, zhèng ˇhéshēn［héti̅ / chènshēn］（衣服不肥不瘦,正ˇ合身［合体 / 称身］）．¶寸法が〜わない bù hé chǐcùn（不合尺寸）/ chǐcùn bú duì（尺寸不对）．¶このネクタイは洋服によく〜っている zhè tiáo lǐngdài hěn pèi zhè tào xīfú（这条领带很配这套西服）．¶赤は私には〜わない hóng yánsè yǔ wǒ bù xiāngchèn（红颜色与我不相称）．¶この料理は お口に〜いますか zhège cài kě hé bu hé nín de kǒuwèi?（这个菜合不合您的口味?）/ zhè cài xiān chīzhe ˇhékǒu［duìkǒu / shìkǒu］ma?（这菜您吃着ˇ合口［对口 / 适口］吗?）．¶眼鏡の度が〜わなくなった yǎnjìng de dùshu bù héshì le（眼镜的度数不合适了）．¶それは私の趣味に〜わない nà bù hé wǒ de píwèi（那不合我的脾气）/ nà bú duì wǒ de wèikǒu（那不对我的胃口）．¶この仕事は私の性に〜っている zhège gōngzuò duì wǒ de jìnr（这个工作对我的劲儿）．¶当地の気候は私に〜わない zhèli de qìhòu wǒ bú shìyìng（这里的气候我不适应）．
2〔一致する〕¶2人の供述がぴったり〜った liǎng ge rén de kǒugòng xiāng wěnhé（两个人的口供相吻合）．¶このニュースは事実と〜わない zhè tiáo xīnwén ˇbù fúhé shìshí［yǔ shìshí bù xiāngfú］（这条新闻ˇ不符合事实［与事实不相符］）．¶双方の意見が一 致 shuāngfāng de yìjiàn ˇxiānghé［yīzhì］（双方的意见ˇ相合［一致］）．¶彼とはよく話が〜う wǒ hé tā hěn ˇtándelái［tóuhé］（我和他很ˇ谈得来［投合］）．¶彼の話はつじつまが〜わない tā de huà qiányán bù dā hòuyǔ（他的话前言不搭后语）．
3〔正確である〕duì（对）．¶計算が〜っている jìsuànde duì（计算得对）．¶あなたの時計は〜っていない nǐ de biǎo bú duì（你的表不对）．
4〔引き合う〕hésuàn（合算），shàngsuàn（上算），huásuàn（划算），hédezháo（合得着）．¶1000円に下げても〜う jiǎnjià dào yìqiān rìyuán yě hésuàn（减价到一千日元也合算）．¶元手がかかりすぎて〜わない zhè huór jìng kuīběn bù húsuàn（这活儿净亏本不合算）．¶好意でしたのに恨まれたのでは〜わない yì fān hǎoyì fǎn zhāole yuànhèn, zhēn ˇhuábúlái（一番好意反招了怨恨,真ˇ犯不着［划不来］）．
5〔互いにする〕¶互いに腹を探り〜う xiāng-

hù chuǎiduó duìfāng de xīnlǐ（相互揣度对方的心理）．¶分からないところを教え〜う bù míngbai de dìfang hù jiāo hù xué（不明白的地方互教互学）．

アウタルキー zìjǐ zìzú（自给自足）．
アウト 〔野球で〕chūjú（出局）；〔テニスなどで〕chūjiè（出界）．
アウトサイダー júwàirén（局外人）；wàiháng（外行）．
アウトプット shūchū（输出）．
アウトライン lúnkuò（轮廓），gàikuàng（概况），gěnggài（梗概）．¶事件の〜を説明する shuōmíng shìjiàn de gàikuàng（说明事件的概况）．
アウフヘーベン àofúhèbiàn（奥伏赫变），yángqì（扬弃）．
あうん【阿吽】¶〜の呼吸 hūxī xiāngyìng（呼吸相应）/ yì hū yí yìng（一呼一应）．
あえ・ぐ【喘ぐ】chuǎn（喘）．¶彼は〜ぎながら"火事だ"と言った tā shàngqì bù jiē xiàqì de shuō: "zháohuǒ la!"（他上气不接下气地说:"着火啦!"）．¶〜ぎ〜ぎ山道を登る chuǎnxūxū de pá shānpō（喘吁吁地爬山坡）．¶中小企业は不況に〜いでいる zhōngxiǎo qǐyè yóuyú bùjǐngqì ér chuǎn bu guò qì lai（中小企业由于不景气而喘不过气来）．
あえて【敢えて】¶冒険だとは思うが〜この手段をとるのだ suī zhī màoxiǎn yìngshì cǎiqǔ zhège shǒuduàn（虽知冒险硬是采取这个手段）．¶〜一言いわせてもらえば… wǒ dǒudǎn shuō yí jù huà…（我斗胆说一句话…）．¶〜反対はしない wǒ bìng bù yídìng fǎnduì（我并不一定反对）．
あえな・い【敢えない】¶〜い最期をとげる bēicǎn de sǐqu le（悲惨地死去了）．
あえもの【和物】liángbàncài（凉拌菜），liángbàn（凉拌）．
あ・える【和える】bàn（拌），liángbàn（凉拌）．¶ほうれん草を胡麻で〜える yòng zhīmajiàng bàn bōcài（用芝麻酱拌菠菜）．
あえん【亜鉛】xīn（锌），báiqiān（白铅）．¶〜華 yǎnghuàxīn（氧化锌）/ xīnyǎngfěn（锌氧粉）/ xīnbái（锌白）．
あお【青】lán（蓝），qīng（青），lù（绿）．¶〜は藍より出でて藍より青し qīng chūyú lán ér shèngyú lán（青出于蓝而胜于蓝）．¶空がいっそう〜みを増した tiānkōng gèngjiā fālán le（天空更加发蓝了）．
¶〜信号 lùdēng（绿灯）．
あおあお【青青】wèilán（蔚蓝），bìlán（碧蓝），lánlán（蓝蓝），lányīngyīng（蓝莹莹）；lùyōuyōu（绿油油）．¶〜とした空 lánlán de tiānkōng（蓝蓝的天空）/ tiānkōng bìlán de（天空碧蓝的）．¶木々が〜としてきた shùmù biànde lùyōuyōu de le（树木变得绿油油的了）/ shùcóng chōuqīng le（树丛抽青了）．
あお・い【青い】**1** lán（蓝），qīng（青），lù（绿）．¶空がどこまでも〜い qíngkōng wànlǐ（晴空万里）/ bìkōng rú xǐ（碧空如洗）．¶〜く澄んでいる大海 wèilán ér qīngchè（大海蔚蓝而清澈）．¶〜い野菜は体によい chī lùsè de shū-

cài duì shēntǐ yǒuyì(吃绿色的蔬菜对身体有益). ¶柿の実はまだ～い shìzi hái ˈshēng[qīng](柿子还ˈ生[青]). ¶屋根を～く塗る bǎ wūdǐng túchéng lánsè(把屋顶涂成蓝色). ¶～い目 lányǎnzhū(蓝眼珠)・bìyǎn(碧眼).

2〔顔色が〕qīng(青), cāngbái(苍白), tiěqīng(铁青). ¶顔色が～い liǎnsè cāngbái(脸色苍白). ¶彼はそれを聞くと～い顔して tā yì tīng zhè huà liǎn jiù shuàbái le(他一听这话脸就刷白了).

あおい【葵】shǔkuí(蜀葵), yízhànghóng(一丈红).

あおいきといき【青息吐息】cháng xū duǎn tàn(长吁短叹). ¶不景気で業者は～だ yóuyú bùjǐngqì yèzhěmen dōu chángxū-duǎntàn(由于不景气业主们都长吁短叹).

あおうめ【青梅】qīngméi(青梅).
あおかび【青黴】qīngméi(青霉).
あおぎり【青桐】wútóng(梧桐).

あお・ぐ【仰ぐ】**1**〔上を向く〕yǎng(仰), yǎngwàng(仰望), yǎngshì(仰视). ¶天を～いで大笑する yǎngtiān dà xiào(仰天大笑). ¶空を～ぐと一面の星空だった yǎngwàng tiānkōng, mǎntiān de xīngkōng(仰望天空, 满天星斗).

2〔敬う〕yǎngmù(仰慕), jìngyǎng(敬仰), yǎngwàng(仰望). ¶師と～ぐ yǎngmù wéi shī(仰慕为师). ¶人民の指導者と～がれる zuòwéi rénmín de lǐngxiù shòudào jìngyǎng(作为人民的领袖受到敬仰).

3〔求める〕yǎngzhàng(仰仗). ¶教えを～ぐ qǐngjiào(请教)/qiújiào(求教)/yí zēn jiù jiào(移樽就教). ¶中央に指示を～ぐ xiàng zhōngyāng qǐngshì(向中央请示). ¶ほとんどすべての原料を外国に～いでいる jīhū suǒyǒu de yuánliào dōu yǎngzhàng wàiguó(几乎所有的原料都仰仗外国).

4〔毒を〕fú dú(服毒)/yǎng dú(仰毒).

あお・ぐ【扇ぐ】shān(扇), hūshān(呼扇・唿扇). ¶扇子で～ぐ shān shànzi(扇扇子). ¶うちわで火を～ぐ yòng tuánshàn shān huǒ(用团扇扇火).

あおくさ【青草】qīngcǎo(青草).
あおくさ・い【青臭い】¶野菜ジュースは～い shūcàizhīr yǒu shēngcài wèir(蔬菜汁ᵕ有生菜味ᵕ). ¶彼はまだ～い若者だ tā hái shì ge rǔxiù wèi gān de xiǎozǐ(他还是个乳臭未干的小子).

あおざ・める【青ざめる】fāqīng(发青). ¶その知らせを受けて彼の顔は急に～めた yì tīng nà xiāoxi, tā de liǎn lìkè biànde ˈshuàbái[tiěqīng] le(一听那消息, 他的脸立刻变得ˈ刷白[铁青]了). ¶病人のような～めた顔をしている liǎnsè cāngbáide xiàng bìngrén yíyàng(脸色苍白得像病人一样).

あおじゃしん【青写真】lántú(蓝图). ¶設計図を～にとる bǎ shèjìtú shàichéng lántú(把设计图晒成蓝图). ¶未来都市の～ wèilái dūshì de lántú(未来都市的蓝图).

あおじろ・い【青白い】cāngbái(苍白), huībái(灰白), làbái(蜡白), shuàbái(刷白), shàbái(煞白). ¶病みあがりの～い顔 bìng gāng hǎo cāngbái de liǎnsè(病刚好苍白的脸色). ¶～い月の光 yínbáisè de yuèguāng(银白色的月光). ¶～きインテリ báimiàn shūshēng(白面书生).

あおすじ【青筋】qīngjīn(青筋). ¶～をたてて怒る qīngjīn bàotū, dà fā léitíng(青筋暴突, 大发雷霆)/dōu tóushang de qīngjīn dōu bàochulai le(气得头上的青筋都暴出来了).

あおぞら【青空】lántiān(蓝天), qīngtiān(青天), bìkōng(碧空), qīngkōng(晴空). ¶～に白い雲が浮んでいる lántiān fúzhe báiyún(蓝天浮着白云)/qíngkōng wànlǐ, báiyún piànpiàn(晴空万里, 白云片片).
¶～教室 lùtiān jiàoshì(露天教室).

あおだいしょう【青大将】jǐnshé(锦蛇), hēiméi jǐnshé(黑眉锦蛇), huánghànshé(黄颔蛇).

あおだけ【青竹】qīngzhú(青竹).

あおな【青菜】qīngcài(青菜). ¶～に塩 qīngcài bàn yán, niān le(青菜拌盐, 蔫了).

あおにさい【青二才】máoháizi(毛孩子), máoxiǎozi(毛小子), huángkǒu xiǎo'ér(黄口小儿), huángkǒu rúzǐ(黄口孺子), rǔxiù xiǎo'ér(乳臭小儿). ¶～のくせに生意気いうな máoxiǎozi shuōhuà bù zhīdào tiāngāo-dìhòu(毛小子说话不知道天高地厚)/huángzuǐ yázi wèi tuō, jìng gǎn shuō dàhuà(黄嘴牙子未脱, 竟敢说大话). ¶この～め nǐ zhè xiǎo máoháizi!(你这小毛孩子!)/rǔxiù wèi gān de jiāhuo!(乳臭未干的家伙!).

あおのり【青海苔】hǔtái(浒苔).
あおば【青葉】nènyè(嫩叶), lǜyè(绿叶).
あおぶくれ【青膨れ】qīngzhǒng(青肿).
あおみどろ【水綿】shuǐmián(水绵).

あおむ・く【仰向く】yǎng(仰). ¶～いて天井を眺めた yǎngliǎn kànle kàn tiānhuābǎn(仰脸看了看天花板). ¶寝返りをうって～く fānshēn yǎngwò(翻身仰卧).

あおむけ【仰向け】¶顔を～にして見る yǎngqǐ tóu kàn(仰起头看). ¶～に寝る yǎngzhe shēnzi tǎngzhe(仰着身子躺着)/yǎngwò(仰卧).
¶～に倒れた shuāile ge ˈyǎngbachā[yǎngbajiǎor/yǎngmiàn cháo tiān/liǎncháotiān/dàoyǎngr](摔了个ˈ仰八叉[仰八脚ᵕ/仰面朝天/脸朝天/倒仰ᵕ]).

あおむし【青虫】càiqīngchóng(菜青虫).
あおもの【青物】cài(菜), qīngcài(青菜), shūcài(蔬菜), càishū(菜蔬). ¶～市場 shūcài pīfā shìchǎng(蔬菜批发市场).

あおり【煽り】¶爆風の～をくって倒れた bèi bàozhà de qìlàng xiāndǎo le(被爆炸的气浪掀倒了). ¶恐慌の～で倒産した shòu jīngjì kǒnghuāng de dǎjī ér dǎobì le(受经济恐慌的打击而倒闭了).

あお・る【呷る】¶酒をぐいぐい～る yígèjìnr de yǎngbór guàn jiǔ(一个劲ᵕ地仰脖ᵕ灌酒).

あお・る【煽る】**1**〔あおぐ〕炉の火を～る shān lúhuǒ(扇炉火)/gǔfēng chuīwàng lúzi(鼓风吹旺炉子).

2〔吹き動かす〕¶風に～られてカーテンがゆれ

ている chuānglián bèi fēng chuīdòng (窗帘被风吹动). ¶火は強風に～られて燃え広がった huǒ bèi kuángfēng chuīde mànyán kāilai (火被狂风吹得蔓延开来).

3 shāndòng (煽动), gǔdòng (鼓动). ¶学生を～って事を起す shāndòng xuésheng nàoshi (煽动学生闹事). ¶敵愾心を～り立てる jīfāqǐ duì dí de chóuhèn (激发起对敌的仇恨). ¶彼の勢いに～られてつい働きすぎた shòu tā nà gǔ jìntóu de yǐngxiǎng, bùzhī-bùjué de gànguòle tóu (受他那股劲头的影响,不知不觉地干过了头). ¶誰かが相場を～っているらしい hǎoxiàng yǒu rén hōngtái hángshi (好像有人哄抬行市).

あか【赤】 **1** hóng (红), hóngsè (红色), chìhóng (赤红). ¶子供は～が好きだ xiǎoháizi xǐhuan hóng yánsè (小孩子喜欢红颜色). ¶～勝て,白勝て hóngduì jiāyóu! báiduì jiāyóu! (红队加油! 白队加油!) ¶～みがかった紫色 dài hóng de zǐsè (带红的紫色). ¶顔に～みがさしてきた liǎnshang xiǎnchū diǎnr xuèsè le (脸上显出点儿血色了).
2【全くの】 ¶～の他人 háobù xiānggān de rén (毫不相干的人). ¶～はだか chìshēn-lùtǐ (赤身露体)/ chìtiáo-jīngguāng (赤条精光).

あか【垢】 wūgòu (污垢), gòuwū (垢污), nígòu (泥垢);【油の】yóugòu (油垢), yóuwū (油污), yóuní (油泥), yóuzì (油渍);【水の】shuǐgòu (水垢), shuǐxiù (水锈), shuǐjiǎn (水碱). ¶風呂に入って～を落す xǐ ge zǎo qù wūgòu (洗个澡去污垢).

あかあかと【赤赤と】 xióngxióng (熊熊), hóngtōngtōng (红彤彤・红通通). ¶～燃える火 xióngxióng de lièhuǒ (熊熊的烈火). ¶夕日が～さす xīyáng zhàode hóngtōngtōng de (夕阳照得红通通的).

あかあかと【明明と】 liàngtāngtāng (亮堂堂). ¶～灯をともす liàngtāngtāng de diǎnzhe dēng (亮堂堂地点着灯). ¶ホールには～明りが輝いていた dàtīnglǐ dēnghuǒ tōngmíng, liàngtāngtāng de (大厅里灯火通明,亮堂堂的).

あか・い【赤い】 hóng (红). ¶～い椿の花 hóng shāncháhuā (红山茶花). ¶夕焼けで空が～い wǎnxiá shāode mǎntiān hóng (晚霞烧得满天红). ¶恥しくて耳まで～くなった xiūde miànhóng-ěrchì (羞得面红耳赤)/ xiūde liǎn ěrgēnzi dōu hóngqǐlai le (羞得连耳根子都红起来了). ¶顔を～くして怒る qìde liǎn hóng bózi cū (气得脸红脖子粗).

あかぎ【足掻】 zhēngzhá (挣扎). ¶彼は借金でどうにも～がとれない tā fùle yìshēn zhài, zǒutóu-wúlù (他负了一身债,走投无路). ¶最後の～ zuìhòu de zhēngzhá (最后的挣扎)/ chuísǐ zhēngzhá (垂死挣扎).

あかぎれ【皲】 cūnliè (皴裂), jūnliè (皲裂・龟裂). ¶手に～が切れた shǒu cūn le (手皴了). ¶母の手は～だらけだ māma de shǒu jìngshì jūnliè (妈妈的手净是皲裂).

あか・く【足搔く】 zhēngzhá (挣扎), zhèngchuài (挣揣). ¶彼は縛られた縄を外そうと必死に～いた tā sǐmìng yào bǎ kǔnbǎng de shéngzi zhèngkāi (他死命要把捆绑的绳子挣开). ¶今更いくら～いても追いつかない dào zhè bù tiándì zěnme zhēngzhá yě wújìyúshì (到这步田地怎么挣扎也无济于事).

あかご【赤子】 chìzǐ (赤子), yīng'ér (婴儿). ¶～の腕をねじるようなものだ yì rú fǎn zhǎng (易如反掌)/ bú fèi chuīhuī zhī lì (不费吹灰之力).

あかざ【藜】 lí (藜).

あかざとう【赤砂糖】 hóngtáng (红糖), hēitáng (黑糖), huángtáng (黄糖).

あかさび【赤錆】 hóngxiù (红锈).

あかし【証】 ¶これで身の～がたった zhè cái zhèngshíle zìjǐ de qīngbái (这才证实了自己的清白).

あかじ【赤字】 **1** chìzì (赤字), kuīkong (亏空). ¶今月は～になった běnyuè chūxiànle chìzì (本月出现了赤字). ¶営業不振で50万円の～を出した yóuyú shēngyi qīngdàn, kuīkongle wǔshí wàn rìyuán (由于生意清淡,亏空了五十万日元).
¶～公債 chìzì gōngzhài (赤字公债).
2【校正の】 hóngzì (红字). ¶～を入れる jiā hóngzì (加红字).

アカシア jīnhéhuān (金合欢);【にせアカシア】 yánghuái (洋槐), cìhuái (刺槐), huáishù (槐树).

あかしお【赤潮】 chìcháo (赤潮), hóngcháo (红潮).

あかしんごう【赤信号】 hóngdēng (红灯), wēixiǎn xìnhào (危险信号), tíngzhǐ xìnhào (停止信号). ¶～の時は横断してはいけない hóngdēng de shíhou, bùdé guò mǎlù (红灯的时候,不得过马路). ¶食糧事情には～だ yǒu liánghuang de wēixiǎn (有粮荒的危险).

あか・す【明かす】 **1**【秘密,身の上などを】 ¶手品の種を～す dōu xifār de dǐr (兜戏法儿的底儿). ¶この秘密は誰にも～すな zhège mìmì gēn shuí dōu bùzhǔn xièlòu (这个秘密跟谁都不准泄漏). ¶彼は身の上を～した tā shuōchū zìjǐ de shēnshì (他说出自己的身世).
2【夜を】 ¶テントで一夜を～した zài zhàngpenglǐ guòle yí yè (在帐篷里过了一夜). ¶看病で夜を～した zhàokàn bìngrén áole yí yè (照看病人熬了一夜).

あか・す【飽かす】 ¶金に～して書画を買い集める bùxī huāqián sōují shūhuà (不惜花钱搜集书画). ¶暇に～して映画を見て歩く xiánde dàochù qù kàn diànyǐng (闲到处去看电影).

あかちゃ・ける【赤茶ける】 ¶～けた写真 fāhuángle de zhàopiàn (发黄了的照片). ¶～けた髪の毛 fāhóng de tóufa (发红的头发).

あかちゃん【赤ちゃん】 wáwa (娃娃), xiǎowáwa (小娃娃), yīng'ér (婴儿); bǎobao (宝宝), xiǎobǎobǎo (小宝宝).

あかつき【暁】 fúxiǎo (拂晓). ¶鶏が～を告げる chénjī bàoxiǎo (晨鸡报晓). ¶当選の～にはきっと公約を実行します dāngxuǎn zhī shí yídìng lǚxíng nuòyán (当选之时一定履行诺言). ¶成功の～には御恩返しをさせて頂きます dài

chénggōng zhī jì, yídìng bào'ēn xièyì(待成功之际,一定报恩谢意).

あがったり【上がったり】¶商売は〜だ mǎimai yào huáng le(买卖要黄了).

あかつち【赤土】hóngtǔ(红土), hóngrǎng(红壤).

アカデミー kēxuéyuàn(科学院), xuéhuì(学会).

アカデミック xuéshùxìng de(学术性的); xuéjiūshì de(学究式的).¶〜な研究 xuéshùxìng de yánjiū(学术性的研究).

あかとんぼ【赤蜻蛉】hóngqīngtíng(红蜻蜓).

あかな・う【購う】¶一死もって罪を〜う yǐ sǐ shú zuì(以死赎罪).

あかぬけ【垢抜け】¶彼女は〜している tā dǎbande ˈhěn biānshi[zhēn qiào](她打扮得ˈ很边式[真俏]).¶それはいかにも〜したやりかただ nà gànde miào(那干得妙).

あかね【茜】qiàn(茜), qiàncǎo(茜草).

あかはじ【赤恥】¶人前で〜をかいた zài dàjiā miànqián kě chūle chǒu le(在大家面前可出了丑了).

あかはた【赤旗】hóngqí(红旗).

あかぼう【赤帽】hóngmàozi(红帽子).

あかまつ【赤松】chìsōng(赤松).

あかみ【赤身】shòuròu(瘦肉), jīngròu(精肉).¶肉は〜のところをください gěi wǒ chēng diǎnr shòuròu(给我称点ㄦ瘦肉)/ gěi wǒ qiē kuài shòu diǎnr de(给我切块瘦点ㄦ的).

あが・める【崇める】zūn(尊), chóng(崇), zūnchóng(尊崇), chóngfèng(崇奉), jìngfèng(敬奉).¶先祖を〜める jìngfèng zǔxiān(敬奉祖先).¶彼は死後英雄と〜められた tā sǐhòu bèi zūnwéi yīngxióng(他死后被尊为英雄).

あからがお【赤ら顔】¶〜の男 dàhóng liǎnpánr de hànzi(大红脸盘ㄦ的汉子).

あからさま lùgǔ(露骨).¶〜に言う lùgǔ de shuō(露骨地说).¶〜に敵意を示す lùgǔ de biǎoshì èyì(露骨地表示恶意).

あから・める【赤らめる】hóngcháo(红潮), hóngyùn(红晕), hóngpūpū(红扑扑), hóngyún(红云), hóngliǎn(红脸), xiūnǎn(羞赧).¶彼女は恥じそうに顔を〜めた tā hàixiūde hóngle liǎn(她害羞得红了脸)/ tā xiū de liǎngjiá fànqǐ hóngyún(她羞得两颊泛起红云).

あかり【明り】1〔光〕guāng(光), liàngr(亮ㄦ), liàngguāng[r](亮光[ㄦ]).¶ろうそくの〜 zhúguāng(烛光).¶カーテンの隙間から〜がもれている cóng chuānglián fèngr li lòuchū liàngguāng(从窗帘缝ㄦ里漏出亮光).¶〜とり liàngchuāng(亮窗)/ tiānchuāng(天窗).

2〔灯火〕liàngr(亮ㄦ), dēnghuǒ(灯火), dēngguāng(灯光), dēng(灯), dēngliàngr(灯亮ㄦ).¶〜をつける diǎn ge liàngr(点个亮ㄦ)/ diǎn dēng(点灯)/ kāi dēng(开灯).¶〜を消す miè[xī] dēng(灭[熄]灯)/ guān dēng(关灯).¶〜が消えた dēng miè le(灯灭了).¶遠くに町の〜が見える yuǎnchù kěyǐ kànjian chénglǐ de dēnghuǒ(远处可以看见城里的灯火).

あがり【上がり】1〔仕上り〕¶仕事の〜がきれいだ zuò de huór hěn piàoliang(做的活ㄦ很漂亮).¶染めの〜が良い rǎnde hěn hǎo(染得很好).

2〔収入, 収穫〕jìnxiang(进项), shōuyì(收益).¶店の〜が少ない pùzi de zhuàntou shǎo(铺子的赚头少).¶月10万の〜がある yí ge yuè yǒu shíwàn rìyuán de shōuyì(一个月有十万日元的收益).¶今年は畑の〜が多かった jīnnián zhuāngjia shōucheng hǎo(今年庄稼收成好).

3〔ゲームの〕¶今度3が出れば〜だ zhè cì zhīchū sān lái wǒ jiù yíng le(这次掷出三来我就赢了).¶私は六万が出たら〜だ chūle liùwàn wǒ jiù hú le(出了六万我就和了).

4〔出身〕役人〜 guānlì chūshēn(官吏出身).

あがりくち【上がり口】¶階段の〜 lóutīkǒur(楼梯口ㄦ).¶〜で靴を脱ぐ zài ménkǒu tuō xié(在门口脱鞋).

あがりさがり【上がり下がり】¶階段の〜が大変だ shàngxià lóutī hěn chīlì(上下楼梯很吃力).¶気温の〜が激しい qìwēn shēngjiàng jùliè(气温升降剧烈).¶相場の〜に注意する zhùyì hángqíng de zhǎngluò(注意行情的涨落).

あがりめ【上がり目】1 diàojiǎoyǎn(吊角眼).

2〔物価などの〕¶物価は〜にある wùjià yǒu shàngzhǎng de qūshì(物价有上涨的趋势).

あが・る【上がる】1〔登る〕shàng(上), dēng(登).¶階段を〜るとすぐで shàngle lóutī jiùshì(上了楼梯就是).¶屋上に〜ってもいいですか kěyǐ shàng wūdǐng ma?(可以上屋顶吗?).¶演壇に〜って話をする dēngtái jiǎnghuà(登台讲话).

2〔体の一部が〕jǔ(举), tái(抬).¶いっせいに手が〜った shǒu yìqí jǔle qǐlái(手一齐举了起来).¶痛くて足が〜らない tuǐ téngde tái bu qǐlái(腿疼得抬不起来).¶彼は頭が〜らない zài tā miànqián tái bu qǐ tóu lai(在他面前抬不起头来).

3〔空中に〕shēng(升).¶国旗が〜っている shēngzhe guóqí(升着国旗)/ xuánguàzhe guóqí(悬挂着国旗).¶夜空に花火が〜った yèkōngli téngqǐle yānhuo(夜空里腾起了烟火).¶のろしが〜った shēngqǐle fēnghuǒ(升起了烽火).¶月が〜った yuèliang guàzài tiānshang(月亮挂在天上).

4〔陸上に〕¶船荷が桟橋に〜った chuáncāng de huò xièdào zhànqiáo shang le(船舱的货卸到栈桥上了).¶岸に〜る shàng'àn(上岸)/ dēng'àn(登岸).¶死体はまだ〜らない shītǐ hái méi lāoshanglai(尸体还没捞上来).

5〔風呂などから〕¶風呂から〜ってビールを飲む xǐwán zǎo hē píjiǔ(洗完澡喝啤酒).¶プールから〜る cóng yóuyǒngchí shànglai(从游泳池上来).

6〔座敷などに〕¶足をふいてから〜りなさい cāgānjìng jiǎo zài shànglai ba(擦干净脚再上来吧).¶よくいらっしゃいました, どうぞお〜り

下さい nín lái le, qǐng jìn wū zuòzuo ba(您来了,请进屋坐坐吧).
7〔学校に〕 shàng(上). ¶この子は来年学校に〜ります zhè háizi míngnián shàngxué(这孩子明年上学).
8〔のぼせる〕 ¶試験場で〜った wǒ zài kǎochǎng shang fāmēng le(我在考场上发蒙了). ¶演壇に登ったら〜ってしまった wǒ yī dēngshàng jiǎngtái jiù qièle chǎng le(我一登上讲台就怯了场了).
9〔利益,効果などが〕 ¶だいぶ利益が〜った zhuànle bùshǎo(赚了不少)/ déle bùshǎo yínglì(得了不少盈利). ¶研究の実(み)が〜った yánjiū yǒule chéngguǒ(研究有了成果). ¶効果が〜った yǒule xiàoguǒ(有了效果)/ jiànxiào le(见效了).
10〔勢いが〕 ¶スピードがぐんぐん〜る sùdù búduàn jiākuài(速度不断加快). ¶気勢が〜る qíngxù gāo'áng(情绪高昂)/ jīngshén dǒusǒu(精神抖擞).
11〔価格が〕 zhǎng(涨), shàngzhǎng(上涨). ¶物価は〜る一方だ wùjià yígèjìnr de zhǎng(物价一个劲儿地涨). ¶給料が〜って生活が少し楽になった zhǎngle xīn, shēnghuó kuānyù diǎnr le(涨了薪,生活宽裕点儿了). ¶家賃がまた〜った fángzū yòu zhǎng le(房租又涨了).
12〔度数などが〕 shēng(升), shàngshēng(上升). ¶気温が〜った qìwēn shēngāo le(气温升高了). ¶熱が40度に〜った fāshāo fādào sìshí dù le(发烧发到四十度了). ¶メーターが〜る dùshu shàngshēng le(度数上升).
13〔良くなる〕 tígāo(提高). ¶能率が少しも〜らない xiàolǜ yìdiǎnr yě bújiàn tígāo(效率一点儿也不见提高). ¶今学期は成績がだいぶ〜った zhè xuéqí chéngjì tígāole bùshǎo(这学期成绩提高了不少). ¶腕がめっきり〜った běnlǐng dàdà tígāo le(本领大大提高了). ¶風采が〜らない qí mào bù yáng(其貌不扬). ¶彼は地位が〜った tā dìwèi shēnggāo le(他地位升高了).
14〔声が〕 ¶歓声が〜った xiǎngqǐle huānhūshēng(响起了欢呼声). ¶方々から反対の声が〜った fǎnduì de hūshēng sìqǐ(反对的呼声四起).
15〔仕上がる〕 ¶この仕事は今月中に〜る zhè jiàn gōngzuò yuènèi wánchéng(这件工作月内完成). ¶基礎課程が〜った jīchǔ kèchéng yǐ xuéwán(基础课程已学完). ¶ポスターが刷り〜る xuānchuánhuà yìnhǎo le(宣传画印好了).
16〔…の費用で済む〕 ¶雑費は1万円では〜るまい záfèi yíwàn rìyuán pà bú gòu(杂费一万日元怕不够). ¶建築費は2000万円で〜た jiànzhùfèi zhǐ yòngle liǎngqiān wàn rìyuán(建筑费只用了两千万日元). ¶旅費は思ったよりずっと安く〜った lǚfèi bǐ yùxiǎng de shěngle bùshǎo(旅费比预想的省了不少).
17〔晴れる〕 ¶雨が〜った yǔ zhù le(雨住了). ¶早く梅雨が〜らないかな zhēn xīwàng méiyǔ jìjié zǎorì guòqu(真希望梅雨季节早日过去).
18〔供えられる〕 ¶墓前に花が〜っている fénmù qián gòngzhe xiānhuā(坟墓前供着鲜花).
19〔食べる,飲む〕 yòng(用). ¶お酒を〜りますか nín yòng jiǔ ma?(您用酒吗?). ¶どうぞお菓子をお〜り下さい qǐng yòng diǎnxin ba(请用点心吧).
20〔行く〕 ¶明日いただきに〜ります míngtiān shàng nín nàr qù qǔ(明天上您那儿去取). ¶こちらからお迎えに〜ります yóu wǒ qù yíngjiē(由我去迎接).

あが・る【挙る】 **1** ¶にわかに彼の名声が〜った tā yíxiàzi yángmíng le(他一下子扬名了). ¶証拠はすでに〜っている yǐjing yǒule rénzhèng wùzhèng(已经有了人证物证).
2〔検挙される〕 ¶殺人犯人が〜った shārénfàn bèi zhuāzhù le(杀人犯被抓住了). ¶一味は捕まったが主犯がまだ〜らない bāngquán yǐ luòwǎng, dàn zhǔfàn hái méi zhuāzhù(帮凶全已落网,但主犯还没抓住).

あが・る【揚る】 ¶海老が〜った xiā zhádé le(虾炸得了).

あかる・い【明るい】 **1**〔光が〕 liàng(亮), míngliàng(明亮), guāngliàng(光亮), huòliàng(豁亮), mínglǎng(明朗), liàngtang(亮堂). ¶外はまだ〜い wàitou hái liàngzhe ne(外头还亮着呢). ¶今夜は月が〜い jīnwǎn yuèsè mínglǎng(今晚月色明朗). ¶電灯がついて室内は〜くなった diàndēng yì kāi, wūzili jiù huòliàng le(电灯一开,屋子里就豁亮). ¶目が悪くなるから〜くして〜 yǎnjing bù hǎo, zài nòngliàng xiē(对眼睛不好,再弄亮些). ¶あたりが〜くなってきた tiān fābái le(天发白了)/ tiān mēngmēngliàng le(天蒙蒙亮了). ¶〜いうちに仕上げてしまおう chèn liàng bǎ tā gànwán ba(趁亮把它干完吧).
2〔色が〕 xiānmíng(鲜明), xiānliàng(鲜亮). ¶〜い黄色 xiānmíng de huángsè(鲜明的黄色). ¶この絵は色調が〜い zhè zhāng huà sèdiào xiānmíng(这张画色调鲜明).
3〔明朗だ〕 míngliàng(明亮), kāilǎng(开朗), liàngtang(亮堂). ¶彼は性格が〜い tā xìnggé kāilǎng(他性格开朗). ¶2人で力を合せて〜い家庭を築く liǎng ge rén qíxīn hélì jiànlì kuàilè de jiātíng(两个人齐心合力建立快乐的家庭). ¶それを聞いて気持ちが〜くなった tīngle nà jù huà, wǒ xīnli ▼liàngtang[huòliàng / mínglǎng / chǎnglàng] le(听了那句话,我心里▼亮堂[豁朗 / 明朗 / 敞亮]了). ¶彼がいるだけで一座が〜くなる zhǐyào tā zàizuò, dàjiā jiù xiǎnde hěn kuàihuo(只要他在座,大家就显得很快活). ¶彼等の前途は〜い tāmen qiántú hěn guāngmíng(他们前途很光明). ¶〜い音楽 míngkuài de yīnyuè(明快的音乐).
4〔詳しい〕 shú・xī(熟), shúxī(熟悉), shúzhī(熟知), shúxí(熟习). ¶彼はこの辺の地理に〜い tā duì zhège dìfang hěn shúxī(他对这个地方很熟悉). ¶これは内部の事情に〜からぬ人のしわざだ zhè shì shúzhī nèiqíng de rén gàn de(这是熟知内情的人干的). ¶彼は法律に〜

い tā hěn dǒng fǎlù(他很懂法律). ¶彼は中国の風俗習慣に〜い tā hěn shúxī Zhōngguó de fēngsú xíguàn(他熟悉中国的风俗习惯).

あかるみ【明るみ】 ¶収賄の事実が〜に出た shòuhuì de shìshí "bàoli[jiēlù] chulai le(受贿的事实"暴露[揭露]出来了).

あかんたい【亜寒帯】 yàhándài(亚寒带).

あかんぼう【赤ん坊】 wáwa(娃娃), xiǎowáwa(小娃娃), máomao(毛毛), yīng'ér(婴儿). ¶彼のところに〜が生れた tā jiāli tiānle ge wáwa(他家里添了个娃娃). ¶親はいつまでも私を〜扱いする fùmǔ zǒng bǎ wǒ dàng háizi kàndài(父母总把我当孩子看待).

あき【秋】 qiūtiān(秋天), qiūjì(秋季), jīnqiū(金秋). ¶今や〜もたけなわだ qiūyì zhèng nóng(秋意正浓). ¶ようやく〜めいてきた jiànjiàn xiǎnchū qiūsè(渐渐显出秋色). ¶〜に咲く花 qiūtiān kāi de huā(秋天开的花). ¶一葉落ちて天下の〜を知る yí yè luò zhī tiānxià qiū(一叶落知天下秋)/ yí yè zhī qiū(一叶知秋).

あき【空き・明き】 1【すき間】kòngxì(空隙), jiànxì(间隙), kòngr(空儿), kòngdāngzi(空当子). ¶〜をひろくとる hángjiān de kòngr liú dà diǎnr(行间的空儿留大点儿). ¶箱にはまだ〜がある xiāngzili hái yǒu kòngr(箱子里还有空儿).

2【暇】kòng[r](空[儿]), kòngxián(空闲), kòngxì(空隙), jiànxì(间隙), kòngdāngzi(空当子). ¶〜がない時間 chōubuchū kòng(抽不出空)/ yúnbuchū kòngr(匀不出空儿)/ méiyǒu xiángōngfu(没有闲工夫).

3【欠員、空席】kòng'é(空额), kòngquē(空缺); kòngwèi(空位). ¶君の会社に〜はないかね nǐ de gōngsī yǒu méiyǒu kòng'é?(你的公司有没有空额?). ¶朝の便には〜はひとつもありません zǎoshang de bānjī yí ge kòngwèi yě méiyǒu le(早上的班机一个空位也没有了).

あき【飽き】 ¶いつも同じでは〜がくる lǎoshi yí ge yàngr, jiù "nǐ[nǐfan] le(老是一个样儿, 就"腻[腻烦]了). ¶いつまでも〜のこない服装 zǒng jiào rén xǐ'ài de yīfu(总叫人喜爱的衣服).

あきあき・する【飽き飽きする】 yànfán(厌烦), yànjuàn(厌倦), nìfan(腻烦), nìwèi(腻味). ¶雨にはもう〜した yǔ xiàde gòu nìfan le(雨下得够腻烦了). ¶長々しい祝辞には〜した méiyǎn-méiliǎo de zhùcí zhēn jiào rén yànfántòu le(没完没了的祝词真叫人厌烦透了).

あきかぜ【秋風】 qiūfēng(秋风).

あきかん【空缶】 kōngguànzi(空罐子).

あきぐち【秋口】 rùqiū(入秋), chūqiū(初秋).

あきさめ【秋雨】 qiūyǔ(秋雨). ¶〜前線 qiūlín fēngmiàn(秋霖锋面).

あきす【空巣】 liūménzéi(溜门贼), liūménzide(溜门子的), báirìzhuàng(白日撞). ¶〜に入られた jiāli jìnle liūménzéi(家里进了溜门贼).

あきたりな・い【飽き足りない】 bù mǎnyì(不满意). ¶そんな説明では〜い nàyàng de shuōmíng bùnéng lìng rén mǎnyì(那样的说明不能令人满意). ¶自分自身を〜く思う duì zìjǐ bù mǎnyì(对自己不满意). ¶殺しても〜い奴だ shāle tā yě bù jiěhèn(杀了他也不解恨)/ zhēn shì ge sǐ yǒu yú gū de jiāhuo(真是个死有余辜的家伙).

あきち【空地】 kòngdì(空地), chǎngdì(场地).

あきっぽ・い【飽きっぽい】 ¶彼のように〜くては何もできない xiàng tā zhèyàng méi "nàixìng[chángxīng / héngxīn], shénme yě gǎobuchéng(像他这样没"耐性[常性/ 恒心], 什么也搞不成)/ xiàng tā zhème sāntiān-dǎyú liǎngtiān-shàiwǎng, shénme yě gànbuchéng(像他这么三天打鱼两天晒网, 什么也干不成).

あきない【商い】【商売】shēngyi(生意), mǎimai(买卖); 【売上げ】màixiàng(卖项), yíngyè'é(营业额). ¶彼は〜がうまい tā hěn huì zuò shēngyi(他很会做生意). ¶今日は〜がだいぶ多い jīntiān màiqián xiāngdāng duō(今天卖钱相当多).

あきな・う【商う】 jīngshāng(经商), mǎimài(买卖).

あきばこ【空箱】 kōnghér(空盒儿), kōngxiázi(空匣子), kōngxiāngzi(空箱子).

あきばれ【秋晴】 ¶今日は素晴らしい〜だ jīntiān shì ge qiūgāo-qìshuǎng de hǎotiānqì(今天是个秋高气爽的好天气).

あきびん【空瓶】 kōngpíng(空瓶).

あきま【空間】 kōngfángjiān(空房间).

あきめくら【明き盲】 zhēngyǎn xiāzi(睁眼瞎子), zhēngyǎnxiā(睁眼瞎).

あきや【空家】 kōngfáng(空房), xiánfáng(闲房).

あきらか【明らか】 fēnmíng(分明), qīngchu(清楚), míngxiǎn(明显), xiǎnrán(显然), míngbǎizhe(明摆着). ¶黒白は自ずから〜だ hēibái zìrán fēnmíng(黑白自然分明). ¶金の使途は〜でない qián de yòngtú bùmíng(钱的用途不明). ¶事の真相が〜になった shìqíng zhēnxiàng dàbái(事情真相大白). ¶自己の立場を〜にする biǎomíng zìjǐ de lìchǎng(表明自己的立场)/ míngquè biǎoshì zìjǐ de tàidu(明确表示自己的态度). ¶事実を〜にする chéngqīng shìshí(澄清事实). ¶理非曲直を〜にする nòngqīng shìfēi-qūzhí(弄清是非曲直). ¶〜な証拠が見つかった zhǎodàole quèzáo de zhèngjù(找到了确凿的证据). ¶それは〜に君の責任だ nà "xiǎnrán[míngbǎizhe] shì nǐ de zérèn(那"显然[明摆着] 是你的责任). ¶〜に間違っているのに自分が正しいと言い張る míngmíng[míngbǎizhe shì] bú duì, yìng shuō zìjǐ duì(明明[明摆着是]不对, 硬说自己对). ¶ひとつ間違えば大惨事になることは火を見るより〜だ chū yí ge chācuò jiù huì yǐnqǐ dà shìgù, shì míngbǎizhe de(出一个差错就会引起大事故, 是明摆着的).

あきらめ【諦め】 ¶彼は〜がいい tā kě zhēn xiǎngdekāi(他可真想得开). ¶どうにも〜がつかない zěnme yě xiǎngbukāi(怎么也想不开)/ zǒngshì sǐbùliǎo xīn(总是死不了心). ¶何事も〜が肝心だ fánshì yào xiǎngdekāi(凡事要想

あきらめる

得开).

あきら・める【諦める】 sǐxīn(死心). ¶～めるのはまだ早い nǐ sǐ zhè fènr xīn kě tài zǎo le(你死这份儿心可太早了)/ hái dà yǒu xīwàng, búyào fàngqì(还大有希望,不要放弃). ¶この病気は治らないものと～めている wǒ yǐjing sǐxīn le, zhè zhǒng bìng shì zhìbuhǎo de(我已经死心了,这种病是治不好的). ¶失くしたと思って～めなさい nǐ dàng tā diūle jiù suànle(你当它丢了就算了). ¶我々は登頂を～めてはいない wǒmen hái méi fàngqì pāndēng shāndǐng de niàntou(我们还没放弃攀登山顶的念头). ¶こればかりは～めきれない zhè jiàn shì wǒ zěnme yě ˇsǐbuliǎo xīn[xiǎngbukāi](这件事我怎么也˘死不了心[想不开]). ¶これも運命と～めた zhè wǒ suàn rènmìng le(这我算认命了).

あ・きる【飽きる】 nì(腻), fān(发腻), nìfan(腻烦), nìwei(腻味), nìwai(腻歪), yànjuàn(厌倦), yànfán(厌烦). ¶この子は何をしてもすぐ～きる zhè háizi zuò shénme dōu sān tiān bàn de xīnxiān(这孩子做什么都是三天半的新鲜). ¶いくら好きでもこうたびたび食べると～きてしまう lǎo chī zhè dōngxi, zài xǐhuan yě chīnì le(老吃这东西,再喜欢也吃腻了). ¶あの映画なら何度見ても～きない nà bù diànyǐng jiùshì kàn duōshao biàn yě bú yàn(那部电影就是看多少遍也不厌). ¶彼は始めから終りまで聴衆を～きさせなかった tā zìshǐ-zhìzhōng méi ràng tīngzhòng juéde nìfan(他自始至终没让听众觉得腻烦). ¶流行歌はすぐ～きられる liúxíng gēqǔ hěn kuài jiù huì ràng rén yànjuàn(流行歌曲很快就会让人厌倦). ¶彼の探偵小説はもう読み～きた tā de zhēntàn xiǎoshuō yǐjing kànnì le(他的侦探小说已经看腻了).

アキレスけん【アキレス腱】 gēnjiàn(跟腱). ¶ここが彼の～だ zhè yìdiǎn zhèngshì tā de Ākālíusī de jiǎozhǒng ——zhìmìng ruòdiǎn(这一点正是他的阿喀琉斯的脚踵——致命弱点).

あき・れる【呆れる】 ¶我ながらそそっかしいのに～れる wǒ zhè lǔmǎngjìnr lián zìjǐ dōu méi bànfǎ(我这鲁莽劲儿连自己都没办法). ¶あの男にはほとほと～れはてた tā nàge rén jiǎnzhí bùkě-jiùyào(他那个人简直不可救药)/ duì tā nà jiāhuo zhēn méizhé le(对他那家伙真没辙了). ¶その光景を見て皆～れかえった kàndào nà qíngjǐng dàjiā mùdèng-kǒudāi shuō bu chū huà lai(看到那情景大家目瞪口呆说不出话来). ¶彼は皆が～れるほど食べた tā chīde jiǎnzhí xià rén(他吃得简直吓人).

あきんど【商人】 mǎimàirén(买卖人), shāngrén(商人).

あ・く【空く・明く】 1〔穴が〕 ¶ポケットに穴が～いている dōurbuyǎng pòle ge kūlong(兜儿上破了个窟窿). ¶弾が当って壁に穴が～いた zǐdàn dǎde qiángshang zuānle ge kǒng(子弹打得墙上钻了个孔). ¶虫に～かれてセーターに穴が～いた máoyī ràng chóng zhùle ge kūlongyǎnr(毛衣让虫蛀了个窟窿眼儿).

2〔間隔が〕 ¶行間が～きすぎた hángjiān kòngxì tài dà(行间空隙太大). ¶前の人との間が広く～いている hé qiánbian de rén jiàngé tài dà(和前边的人间隔太大).

3〔空になる, 使わない〕 ¶混んでいて～いた席はひとつもない yǒngjǐde méiyǒu yí ge kòngzuòr(拥挤得没有一个空座儿). ¶この部屋は来月～きます zhè jiān wūzi xiàyuè téng de chūlái(这间屋子下月腾得出来). ¶酒瓶が～いた jiǔpíng kōng le(酒瓶空了). ¶課長のポストが～いた kēzhǎng de wèizhì kòngchulai le(科长的位置空出来了). ¶明日になれば多少時間が～くでしょう dàole míngtiān duōshǎo néng ˇténg[jǐ/chōu/yún]chū xiē shíjiān lai(到了明天多少能˘腾[挤/抽/匀]出些时间来). ¶ピアノは今～いています gāngqín xiànzài zhèng xiánzhe méi rén yòng(钢琴现在正闲着没人用). ¶土曜日の午後は体が～きます xīngqīliù xiàwǔ wǒ néng téngchū shēnzi lai(星期六下午我能腾出身子来).

あ・く【開く】 1〔戸, 引出し, 蓋などが〕 kāi(开). ¶風で入口の扉が～いた fēng bǎ mén guākāi le(风把门刮开了). ¶窓が～いている chuānghu kāizhe(窗户开着). ¶戸が～かない mén ˇkāibukāi[lābukāi / tuībukāi](门]开不开[拉不开/推不开]). ¶電車のドアが左右に～いた diànchē de mén wǎng zuǒyòu kāi le(电车的门往左右开了). ¶その窓は上下に～くように出来ている nà chuānghu shì wǎng shàngxià kāi de(那窗户是往上下开的). ¶この錠前はこの鍵でなおどうか zhè suǒ yòng zhè bǎ yàoshi néng kāi ma?(这锁用这把钥匙能开吗?). ¶瓶の蓋が～かない píngzigàir nǐngbukāi(瓶子盖儿拧不开). ¶この引出しはなかなか～かない zhège chōuti bù hǎo ˇkāi[lākai](这个抽屉不好˘开[拉开]).

2〔店, 芝居などが〕 kāi(开), kāimén(开门), xiàbānr(下班儿). ¶店は～いたばかりだ shāngdiàn gāng kāimén(商店刚开门). ¶デパートは6時まで～いている bǎihuò gōngsī kāimén dào liù diǎn(百货公司开门到六点). ¶芝居の幕が～いた xì kāimù le(戏开幕了).

3〔目が〕 zhēng(睁), zhēngkāi(睁开); 〔口が〕 zhāng(张), zhāngkāi(张开). ¶目が～かない zhēngbukāi yǎnjing(睁不开眼睛). ¶開いた口がふさがらない jiǎnzhí wú huà kě shuō(简直无话可说).

あく【灰汁】 ¶昔は～で洗濯をしたものだ cóngqián yòng mùhuīshuǐ xǐ yīfu(从前用木灰水洗衣服). ¶蕨の～を抜く qù juécài de sèwèi(去蕨菜的涩味). ¶～をすくう piē mòr(撇沫儿). ¶彼の文章は～が強い tā de wénzhāng gèxìng qiáng(他的文章个性强). ¶～の抜けた人 tuōle súqi de rén(脱了俗气的人).

あく【悪】 è(恶). ¶善と～ shàn yǔ è(善与恶). ¶～の道に踏み込む zǒushàng ˇxiédào[xiélù / wāidào](走上˘邪道[邪路/歪道]).

あくい【悪意】 èyì(恶意), èdú(歹意). ¶彼の言葉には少しも～はない tā de huà li yìdiǎnr yě méiyǒu èyì(他的话里一点儿也没有恶意). ¶

それは～があってやったことではない nà bú shì èyì gàn de (那不是恶意干的)／ nà bìng bú shì cúnxīn gàn de (那并不是存心干的). ¶彼は私の言う事をすべて～にとる tā bǎ wǒ suǒ shuō de dōu dàngzuò èyì (他把我所说的都当做恶意).

あくうん【悪運】　zéiyùn (贼运), èyùn (恶运). ¶彼もついに～がつきた tā de zéiyùn zhōngyú dàotóur le (他的贼运终于到头儿了). ¶お前は～の強いやつだ nǐ zhè jiāhuo zhēn zéiyùn hěngtōng (你这家伙真贼运亨通).

あくえき【悪疫】　wēnyì (瘟疫). ¶～が流行する wēnyì liúxíng (瘟疫流行).

あくかんじょう【悪感情】　ègǎn (恶感). ¶相手に～を抱く duì duìfāng bào ègǎn (对对方抱恶感).

あくぎゃく【悪逆】　¶～無道 cǎn wú réndào (惨无人道)／ qióng xiōng jí è (穷凶极恶).

あくさい【悪妻】　hànqī (悍妻), huàilǎopo (坏老婆).

あくじ【悪事】　huàishì (坏事), chǒushì (丑事), èxíng (恶行), chǒuxíng (丑行). ¶～を働く zuò huàishì (做坏事)／ zuò è (作恶)／ wéifēizuòdǎi (为非作歹)／ zuò jiān fàn kē (作奸犯科). ¶～を重ねる lǚcì zuò'è (屡次作恶). ¶～の限りを尽す jí jìn zuò'è zhī néngshì (极尽作恶之能事)／ wú è bú zuò (无恶不作)／ zuò'è duōduān (作恶多端). ¶～千里を走る èshì chuán qiānlǐ (恶事传千里).

あくしつ【悪質】　**1**【行為など】èliè (恶劣). ¶その行為 èliè de xíngwéi (恶劣的行为). ¶～な業者を取り締る qǔdì jiānshāng (取缔奸商). **2**【品物など】¶～の紙 zhìliàng dīliè de zhǐ (质量低劣的纸／劣等纸).

アクシデント　¶思わぬ～に見舞われる zāoyù yìwài de 「shìqing[shìgù／zāinàn] (遭遇意外的「事情［事故／灾难］)／ yù búcè zhī yōu (遇不测之忧).

あくしゅ【握手】　wòshǒu (握手). ¶再会を喜んで2人は固く～した tāmen liǎ wèi chóngféng ér gāoxìng, jǐnjǐn de wòshǒu (他们俩为重逢而高兴,紧紧地握手). ¶彼は団員のひとりひとりと～を交した tā hé tuányuán yīyī wòshǒu (他和团员一一握手).

あくしゅう【悪臭】　èchòu (恶臭). ¶～が鼻をつく èchòu chòng bí (恶臭冲鼻). ¶あたりには～が漂っている zhōuwéi chōngmǎnle èchòu (周围充满了恶臭). ¶悪くなった魚が～を放っている huàile de yú fāchū èchòu (坏了的鱼发出恶臭)／ chòuyú xūn rén (臭鱼熏人).

あくしゅう【悪習】　èxí (恶习). ¶～に染まる rǎnshàng èxí (染上恶习).

あくしゅみ【悪趣味】　yōngsú qùwèi (庸俗趣味), dījí qùwèi (低级趣味).

あくじゅんかん【悪循環】　èxìng xúnhuán (恶性循环). ¶～を断つ zhōngzhǐ èxìng xúnhuán (中止恶性循环).

あくじょ【悪女】　¶～の深情け chǒulòu zhī nǚ qíngyì shēn—jiào rén wéinán (丑陋之女情谊深—叫人为难).

アクション　dòngzuò (动作), dǎdòu (打斗). ¶～が大きい dòngzuò dà (动作大). ¶～映画 dòngzuòpiān (动作片). ～ドラマ dǎdòujù (打斗剧).

あくしん【悪心】　èxīn (恶心), hēixīn (黑心), dǎixīn (歹心), xiéxīn (邪心), èniàn (恶念), xiéniàn (邪念). ¶ふと～を起した hūrán qǐle dǎixīn (忽然起了歹心).

あくせい【悪声】　**1**【評判】¶～が立つ èmíng sì qǐ (恶名四起). ¶～を放つ sànbù huàimíngshēng (散布坏名声)／ fàng lěngfēng (放冷风)／ fàng lěngjiàn (放冷箭). **2**【声】¶美貌が～で割り引かれる měimào zhě chǒusǎng (美貌遮丑嗓).

あくせい【悪性】　èxìng (恶性). ¶～のインフルエンザ èxìng liúxíngxìng gǎnmào (恶性流行性感冒). ¶～インフレ èxìng tōnghuò péngzhàng (恶性通货膨胀). ～腫瘍 èxìng zhǒngliú (恶性肿瘤), dúliú (毒瘤).

あくせい【悪政】　bìzhèng (弊政), kēzhèng (苛政), bàozhèng (暴政), bǐzhèng (秕政). ¶～にあえぐ kǔyú kēzhèng (苦于苛政).

あくせく【齷齪】　¶生活のために～と働く wèi shēnghuó ér 「láolù[bēnbō] (为生活而「劳碌［奔波］).

アクセサリー　[付属品] fùshǔpǐn (附属品), fùjiàn (附件)； [装身具] shìpǐn (饰品), shìwù (饰物), shǒushi (首饰), zhuāngshìpǐn (装饰品), fúshì yòngpǐn (服饰用品).

アクセス　**1**【交通】liánjiē (连接), liántōng (连通), liánguàn (连贯). ¶地下鉄との～がよい hé dìtiě liántōng fāngbiàn (和地铁连通方便). **2**【情報】fǎngwèn (访问), cúnqǔ (存取).

アクセル　jiāsùqì (加速器), jiāsù tàbǎn (加速踏板), yóumén[r] (油门)[儿].

あくせん【悪銭】　hēiqián (黑钱), hèngcái (横财), xiécái (邪财), èxīnqián (恶心钱). ¶～を身につかず búyìzhīcái liúbuzhù (不义之财留不住)／ bèi rù bèi chū (悖入悖出).

あくせんくとう【悪戦苦闘】　¶～のすえ相手を下した jīngguò yì cháng 「èdòu[yìngzhàn kǔdòu] zhōngyú bǎ duìfāng dǎbài le (经过一场「恶斗［硬战苦斗］终于把对方打败了). ¶暴風雨に～する hé bàofēngyǔ kǔzhàn (和暴风雨苦战).

アクセント　**1**　zhòngyīn (重音)； gāoyīn (高音)； yīndiào (音调). ¶この語は第1音節に～がある zhège cí zhòngyīn zài dìyī yīnjié shang (这个词重音在第一音节上)／ zhège cí dìyī yīnjié zhòngdú (这个词第一音节重读). ¶彼は～がおかしい tā yīndiào yǒudiǎnr tèbié (他音调有点儿特别). **2**【強調】¶住宅問題に～を置いて講演する bǎ zhùzhái wèntí zuòwéi zhòngdiǎn lái jiǎngyǎn (把住宅问题为重点来讲演). ¶ポケットに～をつける yòng yīdōur diǎnzhuì (用衣兜儿点缀).

あくたい【悪態】　¶～をつく èyǔ shāngrén (恶语伤人).

あくだま【悪玉】 huàirén(坏人), huàidōngxi(坏东西), huàidàn(坏蛋).
あくてんこう【悪天候】 ¶〜にも拘らず人々は続々と集まってきた bùgù tiānqì èliè, rénmen lùxù de gǎnlai(不顾天气恶劣, 人们陆续地赶来).
あくど・い 【悪い】 èliè(恶劣), èdú(恶毒), hěndú(狠毒), dúlà(毒辣), hěnlà(狠辣). ¶〜い色のおもちゃ yánsè hěn zhāyǎn de wánjù(颜色很扎眼的玩具). ¶〜い悪戯 èzuòjù(恶作剧). ¶〜い宣伝 èliè de xuānchuán(恶劣的宣传). ¶彼等のやりくちは〜い tāmen "shǒuduàn lǎolà [xīnhěn-shǒulà / xīnhěn-shǒuhēi](他们"手段老辣[心狠手辣/心狠手黑]).
あくとう【悪党】 ètú(恶徒), ègùn(恶棍), huàidàn(坏蛋), huàirén(坏人). ¶この〜め nǐ zhège huàidàn!(你这个坏蛋!). ¶あいつはいかにも〜づらをしている nà jiāhuo zéiméi-shǔyǎn de(那家伙贼眉鼠眼的).
あくどう【悪童】 wántóng(顽童), huàiháizi(坏孩子). ¶うちの子は〜い仲間のおかげですっかり悪くなった wǒ jiā de háizi quán shì gēn nà bāng huàiháizi xuéhuài de(我家的孩子全是跟那帮坏孩子学坏的).
あくとく【悪徳】 ¶〜の栄える世の中 jiānxié dāngdào(奸邪当道).
 ¶〜商人 jiānshāng(奸商).
あくなき【飽く無き】 wú zhǐjìng(无止境), wú zhǐxī(无止息), wú jìn wú xiū(无尽无休). ¶〜探求心 yǒng wú zhǐxī de tànqiúxīn(永无止息的探求心).
あくにん【悪人】 èrén(恶人), huàirén(坏人), dǎitú(歹徒), dǎirén(歹人), chǒulèi(丑类), huàidàn(坏蛋), ègùn(恶棍).
あくば【悪罵】 èmà(恶骂), tòngmà(痛骂), chòumà(臭骂), rǔmà(辱骂), gòumà(诟骂). ¶〜をあびせる tòngmà yí dùn(痛骂一顿)/ pòkǒu dàmà(破口大骂).
あくび【欠伸】 hāqian(哈欠), hēqian(呵欠).
 ¶〜をする dǎ hāqian(打哈欠). ¶〜をかみころしながら聞いていた rěnzhù hāqian tīngzhe(忍住哈欠听着).
あくひつ【悪筆】 ¶〜なのでつい筆無精になる yóuyú zì xiěde bù hǎo zǒng lǎnde ná bǐ(由于字写得不好总懒得拿笔).
あくひょう【悪評】 ¶今度の作品はさんざんの〜を受けた zhè cì zuòpǐn zāodào gè fāngmiàn de pīpíng(这次作品遭到各方面的批评). ¶彼は〜の高い人物だ tā shì ge míngshēng jí huài de rén(他是个名声极坏的人)/ tā shì chòumíng "yuǎnyáng[zhāozhù] de rénwù(他是臭名"远扬[昭著]的人物).
あくふう【悪風】 wāifēng(歪风), huàifēngqì(坏风气), 〜を一掃する sǎochú wāifēng xiéqì(扫除歪风邪气).
あくぶん【悪文】 ¶この文章は〜だ zhè wénzhāng zāotòu le(这文章糟透了)/ zhè piān wénzhāng wénbǐ zhuōliè(这篇文章文笔拙劣).
あくへい【悪弊】 èxí(恶习), lòuxí(陋习). 社会の〜を除く chǎnchú shèhuì de lòuxí(铲除社会的陋习).
あくへき【悪癖】 èpǐ(恶癖).
あくま【悪魔】 èmó(恶魔), móguǐ(魔鬼). ¶天人ともに許さざる〜の所業 tiān rén suǒ bù róng de èmó xíngjìng(天人所不容的恶魔行径). ¶〜のような男 èmó shìde nánrén(恶魔似的男人).
あくまで【飽くまで】 jiānjué(坚决). ¶〜反対する jiānjué fǎnduì(坚决反对). ¶勝利をめざして〜戦う wèile shènglì dòuzhēng dào dǐ(为了胜利斗争到底). ¶何事があろうと〜やるつもりだ bùlùn fāshēng rènhé shì yě yào jiānchí dào dǐ(不论发生任何事也要坚持到底). ¶〜非を認めない jù bú rèncuò(拒不认错).
あくむ【悪夢】 èmèng(噩梦·恶梦). ¶〜にうなされる bèi èmèng yǎnzhù le(被噩梦魇住了).
 ¶〜のような出来事 èmèng bānde shìjiàn(噩梦般的事件).
あぐ・む【倦む】 ¶考え〜む zuǒsī-yòuxiǎng, xiǎngbuchū bànfǎ(左思右想, 想不出办法). ¶固い守りに攻め〜む jiāngù, nányǐ gōngpò(守备坚固, 难以攻破).
あくめい【悪名】 èmíng(恶名), chòumíng(臭名). ¶〜高い治安維持法 chòumíng "yuǎnyáng[zhāozhù] de zhì'ān wéichífǎ(臭名"远扬[昭著]的治安维持法).
あくやく【悪役】 fǎnpài juésè(反派角色).
あくゆう【悪友】 huàipéngyou(坏朋友), jiǔròu péngyou(酒肉朋友), hú péng gǒu yǒu(狐朋狗友). ¶〜に誘われて賭事を覚えた shòu huàipéngyou de gōuyǐn xuéhuìle dǔbó(受坏朋友的勾引学会了赌博).
あくよう【悪用】 ¶地位を〜して私腹をこやす lìyòng dìwèi zhōngbǎo sīnáng(利用地位中饱私囊). ¶せっかくの発明を〜された kǔxīn de fāmíng bèi rén lìyòng zuò huàishì(苦心的发明被人利用作坏事).
あぐら【胡座】 pántuǐ(盘腿), pánjiǎo(盘脚).
 ¶〜をかく pántuǐ(盘腿)/ pánxī ér zuò(盘膝而坐). ¶名声の上に〜をかく yǐzhàng míngshēng, gāogāo zài shàng(倚仗名声, 高高在上).
あくらつ【悪辣】 dúlà(毒辣), hěndú(狠毒), èdú(恶毒), dǎidú(歹毒), yīndú(阴毒). ¶やりくちがますます〜になってきた shǒuduàn yuèláiyuè dúlà(手段越来越毒辣).
あくりょう【悪霊】 yuānhún(冤魂), èguǐ(恶鬼), xiémó(邪魔). ¶〜にたたられる yuānhún zuòsuì(冤魂作祟). ¶〜がのりうつる xiémó fùtǐ(邪魔附体).
あくりょく【握力】 wòlì(握力). ¶〜計 wòlìqì(握力器).
アクリル bǐngxī(丙烯), bǐngxī shùzhī(丙烯树脂). ¶〜ガラス bǐngxī shùzhī bōli(丙烯树脂玻璃), 〜酸 bǐngxīsuān(丙烯酸), 〜樹脂 bǐngxī shùzhī(丙烯树脂). ¶〜繊維 bǐngxī xiānwéi(丙烯纤维).
あくる-【明くる】 ¶この列車が向うに着くのは〜朝になる zhè tàng lièchē dì'èr tiān zǎoshang dào nàbiān(这趟列车第二天早上到那边). ¶

～年 dì'èr nián(第二年)/ yìnián(翌年)/ cìnián(次年). ¶～日 dì'èr tiān(第二天)/ yìrì(翌日)/ cìrì(次日).

アグレマン ¶～を求める zhēngqiú zhùzàiguó duì pàiqiǎn dàshǐ, gōngshǐ de tóngyì(征求驻在国对派遣大使,公使的同意).

アクロバット zájì(杂技); zájì yǎnyuán(杂技演员). ¶～飛行 tèjì fēixíng(特技飞行)/ kōngzhōng biǎoyǎn(空中表演).

-あけ【明け】 ¶休み～にすぐ試験がある jiàqī yì jiéshù jiù kǎoshì(假期一结束就考试). ¶忌み～ fúmǎn(服满). ¶梅雨～ chūméi(出梅). ¶年季～ mǎnshī(满师)/ chūshī(出师).

あげあし【揚足】 人の～をとる zhuā rénjia de "huàbǐng[huàbàr]"(抓人家的「话柄儿」).

あげおろし【上げ下ろし】 ¶荷物の～が大変だ huòwù de zhuāngxiè hěn fèijìn(货物的装卸很费劲). ¶彼女は箸の～にもやかましい yì jǔ-yídòng tā dōu yào guǎn(一举一动她都要管).

あけがた【明け方】 mēngmēngliàng(蒙蒙亮), bàngliàngr(傍亮ㄦ), yìhēizǎor(一黑早), língchén(凌晨), qīngchén(清晨), qīnchén(侵晨), qīnzǎo(侵早), líming(黎明), fúxiǎo(拂晓). ¶～近くまどろんだ tiān mēngmēngliàng cái shuìzhǎo le(天蒙蒙亮才睡着了).

あげく【挙句】 jiéguǒ(结果), zuìhòu(最后), mòliǎo[r](末了[ㄦ]). ¶口論の～取っ組み合いになった chǎolai-chǎoqu, zuìhòu dǎle qǐlai(吵来吵去,最后打了起来). ¶長くわずらった～とうとう死んだ wòbìng duōnián zhōngyú qùshì le(卧病多年终于去世了). ¶その～に身上(しんしょう)をつぶした jiéguǒ nòngde qīngjiā-dàngchǎn(结果弄得倾家荡产). ¶～の果ては免職になった nòngdào mòliǎo bèi gézhí le(弄到末了被革职了).

あけくれ【明け暮れ】 ¶当地に来てからは心静かな～で laidào cǐdì měitiān ānxián de guòzhe(来到此地每天安闲地过着). ¶～子供のことばかり考えている yìtiān-dàowǎn jìng diànjìzhe háizi(一天到晚都在静念记着孩子).

あけ・れる【明け暮れる】 ¶この1年は受験勉強に～れた zhè yì nián wèile yìngkǎo yìtiān-dàowǎn máitóu dúshū(这一年为了应考一天到晚埋头读书).

あげしお【上潮】 zhǎngcháo(涨潮). ¶～ムードにのって勝ち進む chéngshì liánzhàn liánjié(乘势连战连捷).

あけすけ ¶彼を～にものを言う tā shuōhuà zhíyán-búhuì(他说话直言不讳)/ tā zuǐ hěn zhí(他嘴很直).

あげぜんすえぜん【上げ膳据え膳】 fàn lái zhāngkǒu, shuǐ lái shīshǒu(饭来张口,水来湿手), zuò kǎng qí chéng(坐享其成).

あけたて【開け閉て】 ¶戸の～は静かにしなさい kāimén guānmén yào qīng xiē(开门关门要轻些).

あけっぱなし【開けっ放し】 1 ¶窓を～にする chuānghu chǎngkāizhe(窗户敞开着). ¶瓶の栓が～になっていた píngsāir méi sāi(瓶塞ㄦ没塞).

2 [あけすけ] zhíshuài(直率), tǎnshuài(坦率). ¶～の性分 wéirén zhíshuài(为人直率)/ zhíxìngzi(直性子).

あげて【挙げて】 jǔ(举). ¶国を～祝う jǔguó qìngzhù(举国庆祝). ¶全力を～事にあたる quánlì yǐ fù(全力以赴).

あけのみょうじょう【明けの明星】 chénxīng(晨星), qǐmíng(启明).

あげはちょう【揚羽蝶】 fèngdié(凤蝶).

あけび【木通】 mùtōng(木通), yěmùguā(野木瓜).

あけぼの【曙】 líming(黎明), fúxiǎo(拂晓).

あげもの【揚物】 yóuzhá shípǐn(油炸食品).

あ・ける【明ける】 1 ¶明(み)明(み), liàng(亮). ¶夜が～けた tiān liàng le(天亮了)/ tiānsè pòxiǎo(天色破晓). ¶その日は雪に～け雪に暮れた nà tiān, xuě cóng tiānliàng yìzhí xiàdào bàngwǎn(那天,雪从天亮一直下到傍晚). ¶彼がいなくては夜も日も～けない méiyǒu tā jiǎnzhí huó bu xiàqù(没有他简直活不下去).

2 [年が] ¶～けて数えで30になる guòle nián jiù xūsuì sānshí le(过了年虚岁三十了). ¶～けましておめでとう guònián hǎo(过年好)/ xīnnián hǎo(新年好)/ gōnghè xīnxǐ(恭贺新禧).

3 [期間が] chū(出), mǎn(满). ¶年季が～る chūshī(出师)/ mǎnshī(满师). ¶どうやら梅雨が～けたらしい kànlai yǐjing chūméi le(看来已经出梅了). ¶もうじき休暇が～ける jiàqī jiāng mǎn(假期将满).

あ・ける【空ける・明ける】 1 [穴を] ¶鼠が壁をかじって穴を～けた hàozi bǎ qiáng yǎole ge dòng(耗子把墙咬了个洞). ¶爆弾が落ちて地面に大きな穴を～けた zhàdàn luòxialai, zài dìshang zhàle ge dàkēng(炸弹落下来,在地上炸了个大坑). ¶錐で板に穴を～ける yòng zhuīzi zài mùbǎn shang zuānkǒng(用锥子在木板上钻孔). ¶帳簿に穴を～けた zhàngmiànshang chūle kuīkōng(账面上出了亏空).

2 [間隔を] kòng(空), kòngkāi(空开). ¶1行～けて書きなさい kòng yì háng xiě(空一行写). ¶椅子と椅子の間はもっと～けたほうがいい yǐzi hé yǐzi zhī jiān zuìhǎo zài kòngkāi diǎnr(椅子和椅子之间最好再空开点ㄦ).

3 [空にする、使わなくする] téng(腾), kòng(空). ¶早く場所を～けなさい kuài bǎ dìfang téngchulai(快把地方腾出来). ¶2人でウイスキーを1本～けた liǎng ge rén bǎ yì píng wēishìjì hējié le(两个人把一瓶威士忌喝干了). ¶大きな部屋を～けておいた kòngchūle yì jiān dà fángjiān(空出了一间大房间). ¶登山の時は荷を背負って手を～けておくこと páshān shí, xínglǐ bēizhe, bǎ shǒu kòngchulai(爬山时,行李背着,把手空出来). ¶その日は体を～けておいて下さい nà yì tiān qǐng gěi téngchū shēnzi lai a!(那一天请给腾出身子来啊!). ¶6時以降に時間を～けましょう liù diǎn yǐhòu wǒ téngchū kòngr lai(六点以后我腾出空ㄦ来).

あける

¶ちょっと道を～けて下さい qǐng ràng yi ràng lù(请让一让路).
4〔他に移す〕 ¶バケツの水を～ける bǎ tǒngli de shuǐ dàodiào(把桶里的水倒掉). ¶鍋のものを皿に～ける bǎ guōli de dōngxi dàozài pánzili(把锅里的东西倒在盘子里).
5〔留守にする〕 ¶数日家を～けますからよろしく wǒ yào chū jǐ tiān ménr, qǐng duō zhàokàn diǎnr(我要出几天门儿, 请多照看点儿). ¶彼はしょっちゅう席を～けている tā shícháng líkai tā de zuòwèi(他时常离开他的坐位).

あ・ける【開ける】 1〔戸, 鞄, 蓋などを〕 kāi(开), dǎkāi(打开), chǎngkāi(敞开). ¶ドアを勢いよく～けた měnglì tuīkāile mén(猛力推开了门). ¶入口の戸を～けておく chǎngzhe mén(敞着门)/ mén chǎngkāizhe(门敞开着). ¶暑いから窓を～けて下さい rède huāng, qǐng kāikai chuānghu(热得慌, 请开开窗户). ¶目がさめるとすぐカーテンを～けた yì xǐnglai jiù lākaile chuānglián(一醒来就拉开了窗帘). ¶勝手に鍵を～けて部屋に入る suíbiàn kāi suǒ jìn wūli(随便开锁进屋里). ¶力を入れてようやく引出しを～けた shǐjìn hǎoróngyì cái lākaile chōuti(使劲儿好容易才拉开了抽屉). ¶鞄を～けて書類を取り出す dǎkāi píbāo náchū wénjiàn(打开皮包拿出文件). ¶缶詰を～ける kāi guàntou(开罐头). ¶瓶の蓋を～ける nǐngkāi píngggàir(拧开瓶盖儿). ¶教科書の10ページを～けなさい dǎkāi[xiānkāi] kèběn dìshí yè(打开[掀开]课本第十页)/ bǎ kèběn fāndào dìshí yè(把课本翻到第十页). ¶手紙を～ける dǎkāi[chāikāi] xìn(打开[拆开]信).
2〔店, 芝居などを〕 kāi(开). ¶そろそろ店を～けよう gāi kāimén le ba(该开门了吧). ¶あの薬屋は来週から店を～ける nà jiā yàopù xiàxīngqī ʼkāishǐ yíngyè[kāiyè / kāizhāng](那家药铺下星期ʼ开始营业[开业/开张]). ¶早く幕を～ける kuài ʼkāimù[kāichǎng]!(快ʼ开幕[开场]!).
3〔目, 口を〕 zhēng(睁), zhēngkāi(睁开), zhāng(张), zhāngkāi(张开). ¶目を～ける zhēngkāi yǎnjing(睁开眼睛). ¶口を大きく～けて歌いなさい zhāngdà zuǐ chàng(张大嘴唱)/ bǎ zuǐ zhāngdà diǎnr chàng(把嘴张大点儿唱). ¶彼は口をぽかんと～けて見ていた tā zhāngzhe zuǐ dāidāi de kànzhe(他张着嘴呆呆地看着).

あ・げる【上げる】 1〔上に移す〕 ¶荷物を棚に～げて下さい qǐng bǎ xíngli gēzài jiàzi shang(请把行李搁在架子上). ¶2人の前途を祝して杯を～げよう jǔbēi zhùhè èr wèi qiántú wúliàng(举杯祝贺二位前途无量). ¶幕を～げる kāimù(开幕). ¶旗を～げる shēng qí(升旗). ¶帆を～げる chěqǐ fān(扯起帆)/ yáng fān(扬帆). ¶錨を～げる bá máo(拔锚)/ qǐ máo(起锚).
2〔体の一部を〕 jǔ(举), tái(抬). ¶意見のある人は手を～げて下さい yǒu yìjiàn de rén, qǐng jǔshǒu(有意见的人, 请举手). ¶手を～げろ jǔshǒu!(举手!)/ jǔqǐ shǒu lai!(举起手来!). ¶恥しくて顔が～げられない hàixiūde tái bu qǐ tóu lai(害羞得抬不起头来). ¶彼は頭を～げて客の方を見た tā táitóu kànle kàn kèrén(他抬头看了看客人). ¶彼はやっと重い腰を～げた tā hǎoróngyì táiqǐ pìgu lai le(他好容易抬起屁股来了).
3〔空中に〕 fàng(放). ¶原っぱで凧を～げる zài cǎodì fàng fēngzheng(在草地放风筝). ¶気球を～げて観測する fàng qìqiú guāncè(放气球观测). ¶花火を～げる fàng yānhuo(放烟火).
4〔陸上に〕 ¶桟橋に荷を～げる bǎ huò xièdào zhànqiáo(把货卸到栈桥). ¶船を浜に～げる bǎ chuán lāshàng shātān(把船拉上沙滩).
5〔吐く〕 ¶船酔いで食べたものをすっかり～げてしまった yùnchuán yùnde bǎ chī de dōngxi quán tùchulai le(晕船晕得把吃的东西全吐出来了).
6〔座敷などに〕 ¶友人を書斎に～げる bǎ péngyou ràngdào shūfáng(把朋友让到书房). ¶お客様をお～げしなさい qǐng kèrén jìnlai ba(请客人进来吧).
7〔学校に〕 ¶長男を医科大学に～げる ràng zhǎngzǐ jìn yīxuéyuàn xuéxí(让长子进医学院学习).
8〔利益, 効果などに〕 dé(得), qǔdé(取得), huòdé(获得), dédào(得到). ¶1年間で500万円の利益を～げた yì nián huòdéle wǔbǎi wàn rìyuán de lìrùn(一年获得了五百万日元的利润). ¶前半で3点を～げた zài qiánbànchǎng déle sān fēn(在前半场得了三分). ¶大きな成果を～げた qǔdéle hěn dà de chéngguǒ(取得了很大的成果).
9〔勢いを〕 ¶これ以上スピードを～げてはいけない búkè zài jiākuài sùdù le(不可再加快速度了). ¶学生が気勢を～げた xuéshengmen dà zhāng shēngshì(学生们大张声势).
10〔価格を〕 tígāo(提高), tái(抬), táigāo(抬高). ¶米価を～げる tígāo mǐjià(提高米价). ¶料金を～げないでやっていこう bù ʼtáijià[zhǎngjià] zuòxiaqu(不ʼ抬价[涨价]做下去). ¶生活が苦しいので賃金を～げてもらいたい shēnghuó kùnnan, xīwàng gěi zhǎng gōngzī(生活困难, 希望给涨工资).
11〔度数などを〕 tígāo(提高). ¶室内の温度を～げる tígāo shìnèi wēndù(提高室内温度). ¶水温を24度に～げる bǎ shuǐwēn tígāo dào èrshísì dù(把水温提高到二十四度). ¶クーラーの目盛を～げる bǎ lěngqì kāidà(把冷气开大).
12〔良くする〕 tígāo(提高). ¶機械化によって生産を～げる tōngguò jīxièhuà tígāo chǎnliàng(通过机械化提高产量). ¶もっと仕事の能率を～げなさい jìnyíbù tígāo gōngzuò xiàolǜ ba(进一步提高工作效率吧). ¶ここ1年彼はめっきり腕を～げた zhè yì nián lái tā de běnlǐng dàwéi tígāo le(这一年来他的本领大为提高了). ¶この子で彼は男を～げた zhè jiàn shì zhǎngle tā de liǎn(这件事长了他的脸). ¶人を～げたり下げたりする bǎ rén yòu pěng

you biǎn de(把人又捧又贬的).
13［声を］¶思わず大声を～げた bùjīnshēng hǎnjiào(不禁大声喊叫)/ bùyóude dàshēng jiàoqilai(不由得大声叫起来).¶凱旋する勇士を迎えて皆が歓呼の声を～げた yíngjiē shènglì guīlai de yǒngshì, dàjiā huānhū qilai(迎接胜利归来的勇士,大家欢呼起来).¶彼はとうとう音を～げた tā zhōngyú jiàokǔ le(他终于叫苦了).
14［仕上げる］¶今日中にこの仕事を～げるつもりだ dǎsuàn zài jīntiān zhī nèi gànwán zhè gōngzuò(打算在今天之内干完这工作).¶入門編を～げた niànwánle rùménpiān(念完了入门篇).¶夏休み中に全巻を読み～げた zài shǔjià zhōng bǎ yī tào shū quán kànwán le(在暑假中把一套书全看完了).
15［…の費用で済ます］¶生活費を安く～げる jiénliàng jiéshěng shēnghuófèi(尽量节省生活费)/ shěngchī-jiǎnyòng yādī shēnghuófèi(省吃俭用压低生活费).¶旅費を3万円で～げようと思う xiǎng bǎ lǚfèi yāzài sānwàn rìyuán yǐnèi(想把旅费压在三万日元以内).
16［供える］gòng(供).¶神棚にお水を～げる gěi shénkān gòng shuǐ(给神龛供水).
17［与える］¶気に入ったら君にこの絵を～げよう yàoshi nǐ xǐhuan, zhè fú huà jiù sònggěi nǐ ba(要是你喜欢,这幅画就送给你吧).¶お客様にお茶を～げなさい gěi kèrén qīchá(给客人沏茶).¶あとで手紙を～げます suíhòu gěi nǐ xiě xìn(随后给你写信).
18［…してあげる］¶この本を貸して～げる zhè běn shū jiègěi nǐ(这本书借给你).¶家で送って～げましょう wǒ sòng nǐ huíjiā(我送你回家).

あ・げる【挙げる】1 jǔ(举).¶彼は優勝して名を～げた tā huòdé guànjūn yángle míng le(他获得冠军扬了名了).¶結婚式を～げる jǔxíng jiéhūn diǎnlǐ(举行结婚典礼).¶例を～げて説明する jǔlì shuōmíng(举例说明).¶当選者の名前を全部～げる lièjǔ suǒyǒu dāngxuǎnzhě de xìngmíng(列举所有当选者的姓名).¶証拠を～げて自白を迫る lièjǔ zhèngjù shǐ zhī zhāogòng(列举证据使之招供).¶彼は委員に～げられた tā bèi 'jǔ[tuījǔ] wéi wěiyuán(他被'举[推举]为委员).
2［出し挙げる］jǔ(举).¶全力を～げて問題の解決に取り組む jìn quánlì jiějué wèntí(尽全力解决问题).¶国を～げてメーデーを祝う jǔguó qìngzhù Wǔyī Láodòngjié(举国庆祝五一劳动节).
3［検挙する］zhuā(抓), zhuō(捉).¶犯人を～げる zhuā fànrén(抓犯人).¶強盗の一味が警察に～げられた yì bāng qiángdào bèi jǐngchá zhuāzhù le(一帮强盗被警察抓住了).

あ・げる【揚げる】 zhá(炸).¶肉団子を～げる zhá ròuwánzi(炸肉丸子).

あけわた・す【明け渡す】¶城を～す kāi chéng tóuxiáng(开城投降).¶借家人がなかなか家を～さない fángkè lǎo bùkěn téngchū fángzi(房客老不肯腾出房子).

あご【顎】 hé(颌) ；［おとがい］xiàba(下巴), xiàbakēr(下巴颏儿), xiàhé(下颌), kē(颏), xià'è(下颚).¶長時間しゃべり続けて～がくたびれた jiǎngle bàntiān huà, xiàbakēr fāsuān le(讲了半天话,下巴颏儿发酸了).¶あまり笑ったので～が外れた xiàode xiàbakēr diàoxialai le(笑得下巴颏儿掉下来了).¶～のとがった顔 jiānxiàba de liǎn(尖下巴的脸).¶得意そうに～をなでる déyì yángyáng de mōzhe xiàba(得意扬扬地摸着下巴).¶人を～でこき使う yìzhǐ-qìshǐ luàn shǐhuan rén(颐指气使乱使唤人).¶彼は張り切りすぎて～を出した tā gàndé tài chòng, lèipāxia le(他干得太冲,累趴下了).¶働かないと～が上がらる bú gànhuór jiù děi hē xīběifēng le(不干活儿就得喝西北风了).
¶上～ shànghé(上颌)/ shàng'è(上颚). 下～ xiàhé(下颌)/ xià'è(下颚). 二重～ shuāngxiàba(双下巴).

アコーデオン shǒufēngqín(手风琴).¶～をひく lā shǒufēngqín(拉手风琴).

あこが・れる【憧れる】 xiàngwǎng(向往), chōngjǐng(憧憬).¶彼は海に～れて船乗りになった tā xiàngwǎng hǎiyáng dāngle hǎiyuán(他向往海洋当了海员).¶少女は海に～れていた shàonǚ xiàngwǎngzhe dāng ge bālěiwǔ yǎnyuán(少女向往着当个芭蕾舞演员).¶～れのパリを訪れる fǎngwèn xiàngwǎng yǐ jiǔ de Bālí(访问向往已久的巴黎).¶彼女は我々の～れの人だ tā shì wǒmen suǒ xiàngwǎng de rén(她是我们所向往的人).

あこぎ【阿漕】¶～なやり方 bàolì zìsuī de zuòfǎ(暴戾恣睢的做法).¶～なまねをするな bù xǔ húzuò fēiwéi(不许胡作非为).¶～な仕打ち bàonüè wúdào de bàofù(暴虐无道的报复).

あごひげ【顎鬚】 xū(须); shānyáng húzi(山羊胡子).

アコヤがい【阿古屋貝】 zhūmǔbèi(珠母贝).

あさ【麻】 má(麻), dàmá(大麻), xiànmá(线麻), báimá(白麻).¶～のハンカチ mázhī shǒujuànr(麻织手绢儿).¶～布 mábù(麻布).¶～縄 máshéng(麻绳).

あさ【朝】 zǎoshang(早上), zǎochén(早晨), zǎoqi(早起), tiānguāng(天光).¶もう～になった dàole zǎochén le(到了早晨了).¶早い～だ tiān yǐ liàng le(天已亮了).¶今日は～早くから客があった jīntiān yìzǎo jiù láile kèrén(今天一早来了客人).¶～の内に洗濯をすませる zài zǎoshang xǐwán yīfu(在早上洗完衣服).¶明日は～が早いからもう寝よう míngtiān děi zǎoqǐ [míngr yào gǎnzǎo], gāi shuì le(明天得早起[明儿要赶早],该睡了).¶～から晩まで汗水たらして働く cóng zǎo dào wǎn[qǐzǎo-dāhēi] hànliú-jiābèi de gànhuó(从早到晚[起早搭黑]汗流浃背地干活).¶翌～6時に出発する dì'èr tiān zǎochen liù diǎn dòngshēn(第二天早上六点动身).

あざ【痣】［生来の］jì(记), zhì(痣);［打撲の］qīngzhǒng(青肿), xiěyùn(血晕).¶ひどくなぐられて全身～だらけになった bèi dúdǎde qīng yí kuài zǐ yí kuài de(被毒打得青一块紫一块

あさ・い【浅い】 1 qiǎn(浅). ¶～い海 qiǎnhǎi(浅海). ¶～い皿 qiǎndǐ pánzi(浅底盘子). ¶～いところで泳ぎなさい zài qiǎn de dìfang yóu ba(在浅的地方游吧). ¶この池は底が～い zhè chízi shuǐ qiǎn(这池子水浅). ¶椅子に～くかける zuòzài yǐzi biānshang(坐在椅子边上). ¶傷は～い, がんばれ shāng bú zhòng, tǐngzhe diǎnr(伤不重, 挺着点儿).
2 [時期, 時間が] qiǎn(浅). ¶春はまだ～い chūnsè shàng qiǎn(春色尚浅). ¶知りあってから日が～い rènshi de rìzi hái qiǎn(认识的日子还浅).
3 [色が] qiǎn(浅), dàn(淡), nèn(嫩). ¶～い緑色 qiǎnlǜ(浅绿)/ dànlǜ(淡绿)/ nènlǜ(嫩绿).
4 [関係が] qiǎn(浅). ¶2人は～からぬ仲だ liǎ rén de jiāoqing bù qiǎn(俩人的交情不浅). ¶両者の間には～からぬ関係がある liǎngzhě zhī jiān bú shì yìbān de guānxi(两者之间不是一般的关系).
5 [思慮, 学識などが] qiǎn(浅), fúqiǎn(浮浅), fūqiǎn(肤浅), yǎnqiǎn(眼浅). ¶彼は思慮が～い tā xiǎngde hěn fūqiǎn(他想得很肤浅). ¶そのことについてまだ～い理解しかない duì nàge lǐjiěde hái fúqiǎn(对那个理解得还浮浅).
6 [十分でない] 「教師としての経験が～い zuòwéi jiàoshī 'jīngyàn bú gòu[quēfá jīngyàn](作为教师'经验不够[缺乏经验]). ¶眠りが～いのですぐ目がさめる shuìde bù shú róngyì xǐng(睡得不熟容易醒).
あさいち【朝市】 zǎoshì(早市).
あさがえり【朝帰り】 ¶隣のご主人は今日も～だ línjū dāngjiāde yòu wàisù wánlè, jīnzǎor cái huílai(邻居当家的又外宿玩乐, 今早儿才回来).
あさがお【朝顔】 qiānniúhuā(牵牛花), lǎbahuā(喇叭花).
あさぐろ・い【浅黒い】 ¶～い顔 wēi hēi de liǎn(微黑的脸).
あざけ・る【嘲る】 cháofěng(嘲讽), jīcháo(讥嘲), jīcì(讥刺), jīfěng(讥讽), cháoxiào(嘲笑), jīxiào(讥笑), chīxiào(耻笑), chīxiào(嗤笑).
あさせ【浅瀬】 qiǎntān(浅滩). ¶～を渡る tāngguò qiǎntān(蹚过浅滩). ¶船が～に乗りあげた chuán gēqiǎn le(船搁浅了).
あさぢえ【浅知恵】 qiǎnlǜ(浅虑).
あさつき【浅葱】 xìxiāngcōng(细香葱), sìjìcōng(四季葱), húcōng(胡葱).
あさって【明後日】 hòutiān(后天), hòur(后儿), hòurge(后儿个).
あさっぱら【朝っぱら】 yídàzǎo[r](一大早[儿]), yíqīngzǎo[r](一清早[儿]). ¶～から何の用だ zhème yídàzǎo, yǒu shénme shì?(这么一大早儿, 有什么事?).
あさつゆ【朝露】 zhāolù(朝露).
あさね【朝寝】 ¶休みの日にはいつもより～をする jiàrì bǐ píngcháng qǐde wǎn(假日比平常起得晚). ¶～をして遅刻した shuìguòle tóu, chídào le(睡过了头, 迟到了). ¶彼は～坊だ tā ài shuì zǎojiào(他爱睡早觉).

あさはか【浅はか】 qiǎnbó(浅薄). ¶君の考えはあまりにも～だ nǐ de xiǎngfa wèimiǎn tài jiǎndān la(你的想法未免太简单啦). ¶～な奴だ nàge jiāhuo tài qiǎnbó(那个家伙太浅薄). ¶～な了見 pífū zhī jiàn(皮肤之见)/ duǎnqiǎn zhī jiàn(短浅之见)/ qiǎnjiàn(浅见)/ duǎnjiàn(短见).
あさはん【朝飯】 zǎofàn(早饭), zǎocān(早餐), zǎodiǎn(早点), zǎochá(早茶).
あさばん【朝晩】 zǎowǎn(早晚), zhāoxī(朝夕). ¶～はめっきり涼しくなった zǎowǎn liángkuai duō le(早晚凉快多了). ¶～あなたがたのことを考えています shícháng xiǎngniàn nǐmen(时常想念你们).
あさひ【朝日】 zhāoyáng(朝阳), zhāorì(朝日), xùrì(旭日), zhāoxù(朝旭). ¶～がのぼった xùrì dōng shēng(旭日东升)/ tàiyáng shēngqilai le(太阳升起来了).
あさまし・い【浅ましい】 bēibǐ(卑鄙), wúchǐ(无耻) ¶どうしてそんな～い料簡をおこしたのだ wèishénme qǐle nà zhǒng bēibǐ de niàntou?(为什么起了那种卑鄙的念头?). ¶人の物に手を出すとは～い tōu rénjia de dōngxi, zhēn búyàoliǎn(偷人家的东西, 真不要脸). ¶落ちぶれて～い姿の老人 luòde yí fù kěliánxiàng de lǎoren(落得一副可怜相的老人). ¶そこが畜生の～さ nà jiùshì chùsheng de xíxìng(那就是畜生的习性).
あざみ【薊】 jì(蓟), dàjì(大蓟).
あさみどり【浅緑】 qiǎnlǜ(浅绿), dànlǜ(淡绿).
あざむ・く【欺く】 piàn(骗), qīpiàn(欺骗), qīhǒng(欺哄), kuāngpiàn(诓骗), hǒngpiàn(哄骗). ¶人を～いて金をとる piànrén zhà qián(骗人诈钱). ¶昼を～く明るさ shèngsì báizhòu zhī liàng(胜似白昼之亮). ¶花を～く姿 bì yuè xiū huā zhī mào(闭月羞花之貌).
あさめし【朝飯】 zǎofàn(早饭), zǎocān(早餐), zǎodiǎn(早点), zǎochá(早茶). ¶そんなことは～前だ nà róngyìde hěn(那容易得很) / zhè hái bú xiànchéng(这还不现成) / nàyàng de shì 'yì rú fǎnzhǎng[qīng ér yì jǔ](那样的事 '易如反掌[轻而易举]).
あざやか【鮮やか】 1 [鮮明] xiānmíng(鲜明), xiānyàn(鲜艳), xiānyán(鲜妍), xiānlì(鲜丽), yànlì(艳丽), xiānliàng(鲜亮). ¶～な色 xiānyàn de yánsè(鲜艳的颜色). ¶南国の風景が～にスクリーンに写し出された nánguó fēngguāng zài yínmù shang hěn xiānmíngde yìngxiànle chūlái(南国风光在银幕上很鲜明地映现了出来). ¶その時の印象は今も～だ dāngshí de yìnxiàng zhìjīn réng hěn xiānmíng(当时印象至今仍很鲜明).
2 [見事] piàoliang(漂亮), jīngcǎi(精彩). ¶～な手並みだ shǒufǎ zhēn piàoliang(手法真漂亮); shǒuyì gāochāo jīngrén(手艺高超惊人). ¶～なシュート jīngcǎi de shè mén(精彩的射门). ¶彼の答弁はまったく～なものだ tā de dá-

biàn jīngcǎi jíle(他的答辩精彩极了).
あさやけ【朝焼け】 zhāoxiá(朝霞), huǒshāoyún(火烧云).
あさゆう【朝夕】 →あさばん.
あざらし【海豹】 hǎibào(海豹).
あさり【浅蜊】 gézǐ(蛤仔), xuángé(玄蛤).
あさ・る【漁る】 ¶雛が餌を～る xiǎojī ˇzhǎo[dǎ] shír(小鸡ˇ找[打]食ㄦ). ¶野良犬がごみ箱を～っている yěgǒu zài lājīxiāng zhǎo shír(野狗在垃圾箱找食ㄦ). ¶資料を～る sōují zīliào(搜集资料).
あざわら・う【嘲笑う】 cháoxiào(嘲笑), jīxiào(讥笑), chǐxiào(耻笑), chīxiào(嗤笑), lěngxiào(冷笑), shànxiào(讪笑), shěnxiào(哂笑). ¶彼は鼻先で～った tā hēngde lěngxiàole yì shēng(他哼的冷笑了一声)/ tā chī zhī yǐ bí(他嗤之以鼻).
あし【足・脚】 **1**【人, 動物の】 tuǐ(腿)〈足首から上〉; jiǎo(脚), jiǎoyāzi(脚丫子・脚鸭子)〈足首から先〉. ¶～の甲 jiǎomiàn(脚面)/ jiǎobèi(脚背)/ fūmiàn(跗面). ¶～の裏 jiǎozhǎng(脚掌)/ jiǎobǎn(脚板)/ jiǎodǐ(脚底)/ jiǎodǐbǎn(脚底板). ¶～の指 jiǎozhǐ(脚趾)/ jiǎozhǐtou(脚指头)/ jiǎozhǐ(脚指头)/ jiǎozhǐ(脚指头). ¶たこは8本の～がある zhāngyú yǒu bā tiáo wànzǐ(章鱼有八条腕足). ¶彼は～が長い[短い] tā tuǐˇcháng[duǎn](他腿ˇ长[短]). ¶長く座っていたので～がしびれた zuòde guòjiǔ tuǐ má le(坐得过久腿麻了). ¶一歩一歩～を踏みしめて歩く yí bù yí ge jiǎoyìnr de zǒu(一步一个脚印ㄦ地走). ¶階段から～を踏み外した zài lóutī shang ˇcǎile kōng[shīle zú] shuāixialai le(在楼梯上ˇ踩了空[失了足]摔下来了). ¶砂に～をとられて歩きにくい jiǎo xiàn shādì bù hǎozǒu(脚陷沙地不好走). ¶～にまかせて散歩する xìnbù ér xíng(信步而行). ¶～を棒にして歩きまわった dōngbēn-xīpǎo tuǐ dōu pǎozhí le(东奔西跑腿都跑直了). ¶年をとるとまず～が弱る rén yì lǎo tuǐjiǎo xiān ruò(人一老腿脚先弱). ¶おじいさんは～が悪い yéye tuǐ bù hǎo(爷爷腿脚不好). ¶部屋中ちらかっていて～の踏み場もない wūzili língluàn bùkān, lián xiàjiǎo de dìfang yě méiyǒu(屋子里凌乱不堪, 连下脚的地方也没有). ¶地に～をつけて生きていく jiǎo tà shídì de shēnghuó xiaqu(脚踏实地地生活下去). ¶人の～を引っぱる lā[chě/ tuō] rénjia hòutuǐ(拉[扯/ 拖]人家后腿). ¶こういう仕事からもう～を洗いたい zhè zhǒng shì wǒ xiǎng xǐshǒu bú gàn le(这种事我想洗手不干了).
2【物の】 tuǐ(腿), jiǎo(脚). ¶机の～ zhuōzituǐ(桌子腿). ¶かんざしの～ zānjiǎo(簪脚)/ zānzijiānr(簪子尖ㄦ). ¶山の～ shānjiǎo(山脚)/ shānlù(山麓)/ shāngēn(山根). ¶垂線の～ chuíxiànzú(垂线足). ¶～つきのグラス gāojiǎobēi(高脚杯).
3【歩み】 tuǐ(腿), jiǎo(脚), tuǐjiǎo(腿脚). ¶彼は～が早い[遅い] tā tuǐˇkuài[màn](他腿ˇ快[慢])/ tā zǒude ˇkuài[màn](他走得ˇ快[慢]). ¶なまものは～が早い shēng de dōngxi yì huài(生的东西易坏). ¶～を早めて家路を急ぐ jiākuài jiǎobù gǎnzhe huíjiā(加快脚步赶着回家). ¶君の～なら10分で行ける yàoshi nǐ, shí fēnzhōng jiù néng dào(要是你, 十分钟就能到). ¶一時客の～が途絶えた yǒu yízhèn gùkè bú shàngmén le(有一阵顾客不上门了). ¶友達の～が遠のいた péngyou bù cháng lái le(朋友不常来了). ¶～で書いた記事 shíchù bēnzǒu xiěchéng de xīnwén gǎozi(四处奔走写成的新闻稿子). ¶その～で買物にまわる shùnlù mǎi dōngxi qù(顺路买东西去). ¶図書館へ～しげく通う qín qù túshūguǎn(勤去图书馆). ¶ついでに九州まで～を伸した shùnlù dào Jiǔzhōu qù le(顺路到九州去了). ¶盗品から～がついた yóu zāngwù lòule mǎjiǎo(由赃物露了马脚).

4【乗り物】 ¶彼の家は～の便が悪い tā zhù de dìfang jiāotōng bùbiàn(他住的地方交通不便). ¶交通ストで多くの人の～が奪われた yóuyú jiāotōng bàgōng, xǔduō rén cùnbù nánxíng(由于交通罢工, 许多人寸步难行).

5 ¶今月は2万円～を出した zhège yuè chūxiànle liǎngwàn rìyuán de chìzì(这个月出现了两万日元的赤字). ¶デパートで買物をしたら～が出た zài bǎihuò gōngsī mǎile dōngxi, qián bú gòu yòng le(在百货公司买了东西, 钱不够用了).

あし【葦】 lúwěi(芦苇), wěizi(苇子).
あじ【味】 **1**【飲食物の】 wèi[r](味[ㄦ]), wèidao(味道), kǒuwèi[r](口味[ㄦ]), zīwèi[r](滋味[ㄦ]). ¶これは～が良い[悪い] zhè wèidao ˇhǎo[bù hǎo](这味道ˇ好[不好]). ¶このスープは～が薄い[濃い] zhè tāng ˇkǒuqīng[kǒuzhòng](这汤ˇ口轻[口重]). ¶砂糖と醤油で～をつける yòng báitáng hé jiàngyóu tiáowèi(用白糖和酱油调味). ¶ちょっと～をみてみよう qǐ lái chángchang ba(我来尝尝吧). ¶私はあの酒の～が忘れられない wǒ wàngbuliǎo nà jiǔ de zīwèir(我忘不了那酒的滋味ㄦ). ¶～の素 wèijīng(味精)/ wèisù(味素).

2【趣】 wèi[r](味[ㄦ]). ¶～のある絵 hěn yǒu qíngqù de huà(很有情趣的画). ¶彼の話しぶりには一種独得の～がある tā shuōhuà yǒu dútè de ˇqùwèi[qíngwèi](他说话有独特的ˇ趣味[情味]). ¶あの役者は年をとるにつれて～が出てきた nàge yǎnyuán suízhe niánjì de zēngzhǎng zhújiàn fēnggé(那个演员随着年纪的增长有了风格). ¶これは～もそっけもない手紙だ zhè shì yì fēng kūzào wúwèi de xìn(这是一封枯燥无味的信). ¶あいつはなかなか～なことを言う tā shuōde kě zhēn gòuwèir(他说得可真够味儿). ¶～なまねをする gàndé piàoliang(干得漂亮)/ zhēn yǒu liǎngxiàzi(真有两下子).

3【体験】 zīwèi[r](滋味[ㄦ]). ¶子供たちは貧乏の～を知らない háizimen bù zhīdào pínqióng de zīwèir(孩子们不知道贫穷的滋味ㄦ). ¶若くして賭事の～を覚えた niánjì qīngqīng de rǎnshàngle dǔqián de yǐn(年纪轻轻的染上了赌钱的瘾). ¶一度～を占めるとなかなかやめ

られない chángle yí cì tiántour jiù bù róngyì duàn le (尝了一次甜头儿就不容易断了).

あじ【鯵】 shēn (鯵); zhújìyú (竹䇲鱼), bālàng (巴浪), cìbà (刺鲅), shāntáiyú (山鲐鱼).

アジ gǔdòng (鼓动), shāndòng (扇动). ¶～演説 shāndòngxìng de yǎnjiǎng (扇动性的演讲). ～びら gǔdòngxìng de chuándān (鼓动性的传单).

アジア Yàzhōu (亚洲), Yàxìyà (亚细亚).

あしあと【足跡】 zújì (足迹), jiǎojì (脚迹), jiǎoyìn[r] (脚印[儿]). ¶～を雪の上に残す zài xuědìshang liúxià jiǎoyìnr (在雪地上留下了脚印儿). ¶熊の～をたどって行く shùnzhe gǒuxióng de zújì zhuīzōng (顺着狗熊的足迹追踪).

あしおと【足音】 jiǎobùshēng (脚步声). ¶誰かの～がした tīngdào rén de jiǎobùshēng (听到人的脚步声). ¶～を忍ばせて出て行った nièshǒu-nièjiǎo de zǒuchuqu le (蹑手蹑脚地走出去) ¶～高く行進する tàzhe xiǎngliàng de jiǎobùshēng xíngjìn (踏着响亮的脚步声行进).

あしか【海驢】 hǎishī (海狮), běihǎishī (北海狮), nánhǎishī (南海狮), jiāzhōu hǎishī (加州海狮).

あしがかり【足掛かり】 1【足場】jiǎoshǒujià (脚手架). ¶この崖には～がない zhè xuányá méiyǒu dēng jiǎo de dìfang (这悬崖没有登脚的地方).

2【糸口】xiànsuǒ (线索), tóuxù (头绪). ¶事件解決の～をつかんだ zhuādàole pò'àn de xiànsuǒ le (抓到了破案的线索了). ¶研究を進める～が出来た yǒule bǎ yánjiū xiàng qián tuījìn de tūpòkǒu (有了把研究向前推进的突破口).

あしかけ【足掛け】 ¶大学を卒業して～10年になる dàxué bìyè hòu yǐjīng shí ge niántóur le (大学毕业后已经十个年头儿了).

あしかせ【足枷】 jiǎoliào (脚镣). ¶罪人は～をはめられていた fànrén dàizhe jiǎoliào (犯人带着脚镣). ¶因習が改革の～となっている chénguī-lòuxí chéngle gǎigé de zhìgù (陈规陋习成了改革的桎梏).

あしがため【足固め】 ¶政権獲得への～をする wèi huòdé zhèngquán zuòhǎo zhǔnbèi (为获得政权做好准备).

あしからず【悪しからず】 ¶どうか～ qǐng búyào jiànguài (请不要见怪) / qǐng yuánliàng (请原谅).

あしきり【足切り】【説明】筛下不足标准分数者.

あしくび【足首】 jiǎowànzi (脚腕子), jiǎowànr (脚腕儿), jiǎobózi (脚脖子), wànzi (腕子). ¶～をくじいた jiǎobózi niǔshāng le (脚脖子扭伤了).

あしげ【足蹴】 ¶弟は父の大事な品を～にした dìdi yòng fùqīn de bǎobèi tī le (弟弟用脚踢了父亲的宝贝) / 恩人を～にする ēn jiāng chóu bào (恩将仇报) / wàng ēn fù yì (忘恩负义).

あじけな・い【味気ない】 fáwèi (乏味), guǎwèi (寡味), wúwèi (无味), méiqù[r] (没趣[儿]). ¶～い毎日を送る měitiān guòzhe wúliáo de shēnghuó (每天过着无聊的生活). ¶つくづく人生の～さを感じた shēn gǎn rénshēng fáwèi (深感人生乏味).

あしこし【足腰】 yāotuǐ (腰腿). ¶～が立たなくなるまで打ちのめされた bèi dǎde yāotuǐr zhí bu qǐlái (被打得腰腿儿直不起来). ¶～が弱る tuǐjiǎo bú lìluo (腿脚不利落) / yāobǎnr ruǎnruò (腰板儿软弱).

あじさい【紫陽花】 xiùqiúhuā (绣球花), fěntuán (粉团), bāxiānhuā (八仙花).

あしざま【悪様】 ¶人を～に言う shuō sǔnrénhuà (说损人话) / èyán shāngrén (恶言伤人) / bǎ rén shuōde yì wú shì chù (把人说得一无是处).

アシスタント zhùshǒu (助手), fùshǒu (副手), アシレト (助理).

あした【明日】 míngtiān (明天), míngr (明儿), míngrge (明儿个), míngzǎo (明早), míngzhāo (明朝). ¶～は～の風が吹く míngtiān yǒu míngtiān de lùzi (明天有明天的路子) / jīnzhāo yǒu jiǔ jīnzhāo zuì (今朝有酒今朝醉). ¶～に道を聞かば夕べに死すとも可なり zhāo wén dào xī sǐ kě yǐ (朝闻道夕死可矣). ¶～に夕べを謀らず zhāo bù bǎo xī (朝不保夕).

あしだい【足代】 chēfèi (车费), chēqian (车钱), chēmǎfèi (车马费). ¶近頃は電車賃が高くなって～がかさむ jìnlái chēpiào zhǎng le, fèi chēqian (近来车票涨了, 费车钱).

あしだまり【足溜り】 ¶キャンプを～にして周囲の山の地質調査を行う yǐ lùyíngdì zuòwéi jīdì duì zhōuwéi de shān jìnxíng dìzhì kānchá (以露营地作为基地对周围的山进行地质勘察). ¶ここは学生たちの～だ zhèli shì xuéshengmen luòjiǎo còu rènao de dìfang (这里是学生们落脚凑热闹的地方).

あしつき【足つき】 ¶彼はよろよろとした～でむこうへ行った tā màizhe pánshān de bùzi xiàng nàbian zǒuqu (他迈着蹒跚的步子向那边走去).

あじつけ【味付け】 tiáowèi (调味). ¶彼女は～が上手だ tā hěn huì tiáowèir (她很会调味儿).

あしでまとい【足手纏い】 léizhuì (累赘·累坠). ¶子供が～になって思うように働けない háizi chéngle léizhui, bùnéng hǎohāor gōngzuò (孩子成了累赘, 不能好好儿工作).

アシドーシス suānzhòngdú (酸中毒), suānxuèzhèng (酸血症).

あしどめ【足留め】 ¶3日間の～をくった kùnzhùle sān tiān (困住了三天). ¶濃霧のため飛行場に～された yóuyú nóngwù bèi kùnzài jīchǎng le (由于浓雾被困在机场了).

あしどり【足取り】 1【歩調】bùzi (步子), jiǎobù (脚步), bùfá (步伐), bùdiào (步调). ¶元気な～で歩く màizhe jiǎojiàn de bùfá [tāshi de bùzi] zǒulù (迈着矫健的步伐[踏实的步子]走路). ¶～も軽く出掛けていった jiǎobù qīngkuài[bùlǚ qīngyíng] de chūqu le (脚步轻快[步履轻盈]地出去了).

2【足跡】zōngjì (踪迹). ¶犯人の～がつかめない zhuīxún bu dào zuìfàn de zōngjì (追寻不到罪犯的踪迹).

あしなみ【足並】 bùzi(步子), jiǎobù(脚步), bùfá(步伐), bùdiào(步调), zhènjiǎo(阵脚). ¶～を揃えて歩く qíbù zǒu(齐步走). ¶隊列の～が乱れた duìwu de jiǎobù luàn le(队伍的脚步乱了). ¶ストライキを前に労働者側の～が揃わない lìndǎo bàgōng, gōngrén fāngmiàn de bùdiào bù yízhì(临到罢工, 工人方面的步调不一致).

あしならし【足慣し】 ¶病後の～をする bìng hòu liànxí zǒulù(病后练习走路). ¶登山の～にハイキングに行く wèile dēngshān, xiān qù jiāoyóu liànlian tuǐjiǎo(为了登山, 先去郊游练练腿脚).

あしば【足場】 1〔足掛り〕jiǎoshǒujià(脚手架). ¶～を組む dā jiǎoshǒujià(搭脚手架). ¶新体制の～を固める gǒnggù xīn tǐzhì de jīchǔ(巩固新体制的基础).
2 ¶ぬかるみで～が悪い dàolù níníng jiǎo zhànbuwěn(道路泥泞脚站不稳). ¶そこは駅に近くて～がいい nàr lí chēzhàn jìn, jiāotōng hěn fāngbiàn(那儿离车站近, 交通很方便).

あしばや【足早】 ¶彼は～に立ち去った tā kuàibù zǒukāi le(他快步走开了).

あしぶみ【足踏み】 tàbù(踏步), tàjiǎo(踏脚). ¶～して暖を取る tàjiǎo qǔnuǎn(踏脚取暖). ¶～始め tàbù zǒu!(踏步走!) ¶世界経済の変動で輸出が～している yóuyú shìjiè jīngjì de biàndòng, chūkǒu tíngzhì le(由于世界经济的变动, 出口停滞了). ¶交渉は～状態にある jiāoshè chǔyú tíngzhì bù qián de zhuàngtài(交涉处于停滞不前的状态).

あしへん【足偏】 zúzìpángr(足字旁儿).

あしまめ【足まめ】 ¶～に歩いて取材する tuǐjiǎo qínkuài de dào gèchù cǎifǎng(腿脚勤快地到各处采访).

あじみ【味見】 ¶～をする cháng wèidao(尝道)/cháng xiándàn(尝咸淡)/pǐnwèi(品味)/pǐncháng(品尝).

あしもと【足下】 1〔足の下〕jiǎoxià(脚下), jiǎodǐxia(脚底下). ¶～に御用心 liúshén jiǎoxià(留神脚下). ¶倉庫の中は暗いから～に気をつけなさい cāngkùli hěn hēi, xiǎoxīn jiǎodǐxia(仓库里很黑, 小心脚底下). ¶～の明るいうちに消え失せろ nǐ chèn jiǎodǐxià liàng gěi wǒ gǔnchuqu(你趁脚底下亮给我滚出去). ¶取引先が倒産して彼の～に火がついた jiāoyì de zhǔgù pòle chǎn, huǒ shāodàole tā de jiǎogēn dǐxia(交易的主顾破了产, 火烧到了他的脚跟底下). ¶中国語では彼の～にも及ばない Zhōngwén wǒ kě yuǎnyuǎn bùjí tā(中文我可远远不及他)/tā de Zhōngwén wǒ kě wàngchén-mòjí(他的中文我可望尘莫及).
2〔歩きかた〕jiǎobù(脚步). ¶酒に酔って～がふらつく zuìde "jiǎobù liàngqiàng[jiǎoxià piāopiāorán](醉得"脚步踉跄[脚下飘飘然]). ¶老人なので～が危ない yīnwei nián lǎo, zǒulù pánshān(因为年老, 走路蹒跚).
3〔立場〕 kàn rén xiǎng mǎi jiù yào dàjià(看人想买就要大价). ¶～につけこんで承諾させた zhuāzhù xiǎobiànzi, yìng yào rén chéngnuò xiàlai(抓住小辫子, 硬要人承诺下来).

あしら・う 1〔扱う〕 ¶相手を適当に～っておく suíbiàn fūyan duìfāng(随便敷衍对方). ¶あいつは人を犬猫のように～う nà jiāhuo bǎ rén dàng māogǒu kàndài(那家伙把人当猫狗看待). ¶彼に軽く～われた tā gēnběn bù bǎ wǒ fàngzài yǎnli(他根本不把我放在眼里). ¶人を鼻の先で～う yòng bíjiānr yīngfu rén(用鼻尖儿应付人). ¶客の～いが良い dàike zhōudào(待客周到).
2〔配する〕 ¶料理の彩りにグリンピースを～う yòng wāndòu gěi cài zuò diǎnzhuì(用豌豆给菜作点缀). ¶池の周りにつつじを～う chízi zhōuwéi zāi dùjuān zuò péichèn(池子周围栽杜鹃作陪衬).

あじわい【味わい】 wèi[r](味[儿]), zīwèi(滋味), fēngwèi(风味). ¶日本料理の独得な～ Rìběncài dútè de fēngwèi(日本菜独特的风味). ¶この書には～はつきせぬ～がある zhège shūfǎ zhēnshi qùwèi wúqióng(这个书法真是趣味无穷). ¶彼の話は～深かった tā de huà yìwèi shēncháng(他的话意味深长).

あじわ・う【味わう】 1〔飲食物を〕cháng(尝), pǐncháng(品尝), pǐnwèi(品味), zāmo(咂摸). ¶よく～って食べて下さい qǐng hǎohāor chángchang(请好好儿尝尝). ¶酒を～う cháng jiǔ(尝酒).
2〔玩味する〕xīnshǎng(欣赏), wánwèi(玩味), pǐnwèi(品味), tǐwèi(体味), xúnwèi(寻味), huíwèi(回味). ¶詩を～う xīnshǎng shījù(欣赏诗句). ¶この本はじっくり～って読むだけの値打がある zhè běn shū zhíde zǐxì yuèdú yì fān(这本书值得仔细阅读一番). ¶先人の残した～うべき言葉 qiánrén liúxià de zhíde wánwèi de huà(前人留下的值得玩味的话).
3〔体験する〕cháng(尝), tǐcháng(体尝) ¶人生の苦労をつぶさに～う bǎocháng rénshēng de xīnsuān(饱尝人生的辛酸). ¶今度の旅行では大変なスリルを～った zhè cì lǚxíng chángdàole shǐ rén jīngxīn-dòngpò de zīwèir(这次旅行尝到了使人惊心动魄的滋味儿).

あす【明日】 míngtiān(明天), míngr(明儿), míngrge(明儿个). ¶～をも知れない命 lián míngtiān yě bǎobuzhù de shēngmìng(连明天也保不住的生命)/mìng zài dàn xī(命在旦夕). ¶～に備える yǐ bèi rìhòu(以备日后).

あずかり【預り】 ¶これは人さまの～のです zhè shì rénjia jìcún de dōngxi(这是人家寄存的东西). ¶この勝負は～とする zhè chǎng bǐsài shuǎngfú wèijué(这场比赛胜负未决).
¶～所 bǎoguǎnchù(保管处)/jìfàngchù(寄放处)/cúnfàngchù(存放处). ～証 cúndān(存单)/cúntiáo(存条).

あずか・る【与る】 1〔関与する〕cānyù(参与). ¶立案に～る cānyù zhìdìng jìhuà(参与制定计划). ¶私は相談に～らなかった méi gēn wǒ shāngliangguo(没跟我商量过). ¶それは私の～り知らぬことだ nà gēn wǒ háo bù xiānggān(那跟我毫不相干). ¶今度の成功には彼も～っ

あずかる

力があった zhè cì chénggōng, tā yě yǒu suǒ gòngxiàn(这次成功,他也有所贡献).
2〔受ける〕chéng(承), méng(蒙), chéngméng(承蒙). ¶おほめに～り恐縮です chéng nín kuājiǎng, shízài bùgǎndāng(承您夸奖,实在不敢当). ¶お招きに～りまして光栄に思います méng nín yāoqǐng, shífēn róngxìng(蒙您邀请,十分荣幸). ¶一行は茶菓の供応に～った tāmen yīxíng shòudào chádiǎn kuǎndài(他们一行受到茶点款待).

あずか・る【預かる】 ¶友達の荷物を～る tì péngyou bǎoguǎn xíngli(替朋友保管行李). ¶その書類は私が～っておく wǒ tì nǐ bǎocún nàge wénjiàn ba(我替你保存那个文件吧). ¶彼が帳場を～っている tā zhǎoguǎnzhe zhàngfáng(他照管着账房). ¶友人の旅行のあいだ子供を～った zài péngyou lǚxíng qījiān, zhàokàn háizi(在朋友旅行期间,照看孩子). ¶留守を～る tì rén kānjiā(替人看家). ¶パイロットは多くの人命を～っている fēijī jiàshǐyuán jiānfùzhe xǔduō chéngkè shēngmìng ānquán de zhòngrèn(飞机驾驶员肩负着许多乘客生命安全的重任).

あずき【小豆】 chìxiǎodòu(赤小豆), chìdòu(赤豆), xiǎodòu(小豆), hóngxiǎodòu(红小豆). ¶～色 ànhóngsè(暗红色).

あず・ける【預ける】 cún(存), cúnfàng(存放), jìcún(寄存), jìfàng(寄放), jìtuō(寄托). ¶金を銀行に～ける bǎ qián cún yínháng(把钱存银行). ¶銀行に100万円～けてある zài yínhánglǐ cúnzhe yìbǎi wàn rìyuán(在银行里存着一百万日元). ¶荷物は駅に～けるとよい xíngli zuìhǎo cúnfàng zài chēzhàn(行李最好存放在车站). ¶コートはクロークにお～けください qǐng bǎ dàyī jìcún zài yīmàojiān(请把大衣寄存在衣帽间). ¶子供を託児所に～けてから出勤する bǎ háizi sòngdào tuō'érsuǒ hòu qù shàngbān(把孩子送到托儿所后去上班). ¶番頭に帳場を～ける tuōfù zhǎngguì zhǎoguǎn zhàngfáng(托付掌柜照管账房).

あすなろ【翌檜】 luóhànbǎi(罗汉柏).

アスパラガス lúsǔn(芦笋), lóngxūcài(龙须菜), shídiāobǎi(石刁柏).

アスピリン āsīpǐlín(阿司匹林), yǐxiān shuǐyángsuān(乙酰水杨酸).

アスファルト lìqīng(沥青), bǎiyóu(柏油). ¶～で舗装する yòng lìqīng pū lù(用沥青铺路). ¶～の道路 bǎiyóulù(柏油路).

アスベスト shímián(石棉).

あずまや【四阿】 tíngzi(亭子), liángtíng(凉亭).

アスレチッククラブ jiànshēnjùlèbù(健身俱乐部).

あせ【汗】 hàn(汗), hànshuǐ(汗水). ¶暑くて～をかく rède ˈchūˈ[mào] hàn(热得ˈ出ˈ[冒]汗). ¶額の～をぬぐう cā nǎoménr shang de hàn(擦脑门儿上的汗). ¶シャワーを浴びて～を流す xǐ línyù chōngchong hàn(洗淋浴冲冲汗). ¶一汗～かいて下がった fāle yìshēn hàn, shāo jiù tuì le(发了一身汗,烧就退了). ¶駆けてきたので全身～びっしょりだ pǎozhe lái

de, nòngde húnshēn hànlínlín de(跑着来的,弄得浑身汗淋淋的). ¶ランニングでしょりだ hànshuǐ shītòule bèixīn(汗水湿透了背心). ¶しばらく風呂に入っていないので体が～臭い hǎojiǔ méi xǐzǎo, shēnshang yǒu hànchòuwèir(好久没洗澡,身上有汗臭味儿). ¶～ばむような陽気だ tiān rède qìnchū hàn lai(天热得沁出汗来). ¶手に～を握って成行きを見守る niēzhe yì bǎ hàn zhùshìzhe dòngxiàng(捏着一把汗注视着动向). ¶若いうちは額に～して働くべきだ niánqīng shí děi yào zìjǐ liú hàn, xīnqín gōngzuò(年轻时得要自己流汗,辛勤工作). ¶選手達は～みずくになって練習に励んでいた yùndòngyuánmen dàhàn-línlí de liànxízhe(运动员们大汗淋漓地练习着). ¶警官は交通整理に～だくだ jǐngchá wèile wéichí jiāotōng zhìxù nòngde ˈmǎntóu dàhànˈ[hànliú-jiābèi](警察为了维持交通秩序弄得ˈ满头大汗ˈ[汗流浃背]). ¶壁を～をかいた qiáng fǎncháo le(墙返潮了).

あぜ【畔】 gěng[r](埂), gěngzi(埂子), tiángěng[r](田埂〔儿〕), tiánlǒng(田垄), tiánkǎn(田坎), dìgěng[r](地埂〔儿〕), tǔgěng(土埂), tǔgěngzi(土埂子), dìgěngzi(地埂子), tiánchéng(田塍).

あせしらず【汗知らず】 shuǎngshēnfěn(爽身粉), fèizifěn(痱子粉).

アセスメント ¶環境～ huánjìng yǐngxiǎng ˈpíngjiàˈ[fēnxī/bàogào](环境影响ˈ评价ˈ[分析/报告]).

あせだく【汗だく】 ¶～になって畑を耕す húnshēn hànlínlín de gēngdì(浑身汗淋淋地耕地).

アセチレン yǐquē(乙炔), diànshíqì(电石气).
¶～ランプ diànshídēng(电石灯).

アセテート cùsuān xiānwéi(醋酸纤维), cùxiān(醋纤).

あせば・む【汗ばむ】 ¶～陽気 wēiwēi chūhàn de tiānqì(微微出汗的天气). ¶ちょっと歩くと～んできた zǒule yìdiǎnr lù liǎnshang jiù juéde hànjīnjīn de(走了一点儿路脸上就觉得汗津津的).

あせび【馬酔木】 mǎzuìmù(马醉木), qīnmù(椹木).

あせみず【汗水】 hàn(汗), hànshuǐ(汗水). ¶～たらして働く hànliú-jiābèi de láodòng(汗流浃背地劳动).

あぜみち【畔道】 qíjìng(畦径), tiánjiān xiǎolù(田间小路).

あせも【汗疹】 fèizi(痱子). ¶～ができる qǐ fèizi(起痱子).

あせ・る【焦る】 zháojí(着急), zháománg(着忙), zháohuǒng(着慌), jí(急), jiāojí(焦急), jiāozào(焦躁). ¶そう～るな bié nàme zháojí(别那么着急)/búyào cāo zhī guò jí(不要操之过急). ¶勝negoに～ってとんだ失敗をした jíyú qǔshèng chuǎngle huò(急于取胜闯了祸). ¶～らずに機会を待つ nàixīn de děngdài jīhuì(耐心地等待机会). ¶彼等には～りの色が見える tāmen xiǎnchū jiāojí de shénsè(他们显出焦急的神色).

あ・せる【褪せる】 tuìshǎi(褪色・退色), shàoshǎi(捎色), zǒushǎi(走色).¶色の～せた洋服 shàole shǎi de xīfú(捎了色的西服).¶この布地は色が～せない zhè zhǒng liàozi bù zǒushǎi(这种料子不走色).¶色香が～せぬ nǜsè shuāituì(女色衰退)/fēngyùn yǐ jiǎn(风韵已减).

あぜん【啞然】 yǎrán(哑然).¶意外な成行きに一同～とした shì chū yìwài, dàjiā wèi zhī *yǎrán[mùdèng-kǒudāi](事出意外,大家为之*哑然[目瞪口呆]).

あそこ nàr(那儿), nàli(那里).¶～まで行ったら一休みしよう dàole nàli zán jiù xiē yíhuǐr(到了那里咱就歇会儿).¶事が～まで進んでは手の施しようもない shìqing jìrán fāzhǎn dào nà zhǒng dìbù, jiù háo wú bànfǎ le(事情既然发展到那种地步,就毫无办法了).

あそび【遊び】 yóuxì(游戏), wánr(玩儿).¶釣れても釣れなくても釣は面白い～だ bùguǎn néng bu néng diàozháo, diàoyú shì hěn yǒuqù de(不管能不能钓着,钓鱼是很有趣的).¶週末に友人と日光に行く zhōumò hé péngyou yìqǐ dào Rìguāng wánr qù(周末和朋友一起到日光玩儿去).¶子供たちは～に夢中でご飯も食べない háizimen wánrde zháole mí, lián fàn yě gùbude chī(孩子们玩儿得着了迷,连饭也顾不得吃).¶～においで! lái wánr ba!(来玩儿吧!).¶一度ぜひわが家に～においで下さい qǐng yídìng dào wǒ jiā lái chuànménr(请一定到我家来串门儿).¶彼は悪い～を覚えたらしい kànlai tā xuéhuài le(看来他学坏了).¶子供の～相手をする hǒng háizi wánr(哄孩子玩儿).¶あの子は健ちゃんの～友達だ nàge háizi shì Xiǎo Jiàn de hǎohuǒbànr(那个孩子是小健的好伙伴儿).¶都会には子供の～の場がない zài chéngshìli méiyǒu xiǎoháizi wánshuǎ de dìfang(在城市里没有小孩子玩耍的地方).¶～半分に仕事をするならやめてほしい yàoshi ná gōngzuò dàng éryì jiù búyào gàn le(要是拿工作当儿戏就不要干了).¶名人の芸には～がある míngshǒu zhī jì, yóurén-yǒuyú(名手之技,游刃有余).¶ハンドルの～ fāngxiàngpán de yóuxì(方向盘的游隙).

あそびにん【遊び人】 yóushǒu-hàoxián de rén(游手好闲的人), yóuxián zhī tú(游闲之徒); huāhuā-gōngzǐ(花花公子), yóugùnr(游棍儿).

あそ・ぶ【遊ぶ】 **1**[楽しむ] wánr(玩儿), wánshuǎ(玩耍), yóuxì(游戏)(戏耍), yóuwán(游玩).¶何か面白いことをして～ zhǎo ge hǎowánr de shì wánr ba(找个好玩儿的事儿玩儿吧).¶皆でトランプをして～んだ dàjiā yíkuàir dǎ pūkèpái wánr le(大家一块儿打扑克牌玩儿了).¶道路で～んではいけません búyào zài lùshang wánshuǎ(不要在路上玩耍).¶子供を砂場で～ばせる jiào xiǎoháizi zài shākēngli wánr(叫小孩子在沙坑里玩儿).¶あの人も若い時には随分～んだらしい nàge rén niánqīng shí wánr shì huāngtangguo yízhèn(那个人年轻时像是荒唐过一阵).

2[仕事をしない] xián(闲), fùxián(赋闲).¶彼は～んで暮している tā xiánsǎn de guòzhe rìzi(他闲散地过着日子)/tā yóushǒu-hàoxián, zhěngtiān chīhē-wánlè(他游手好闲,整天吃喝玩乐).¶～んでばかりいては飯が食えない lǎo xiánzhe jiù bùnéng húkǒu(老闲着就不能糊口).¶彼を～ばせておくのはもったいない jiào tā xiánzhe shízài kěxī(叫他闲着实在可惜).¶彼はもう1年余りも仕事がなくて～んでいる tā yǐjing fùxián yì nián duō le(他已经赋闲一年多了).

3[使用されない] xián(闲), xiánzhì(闲置), xiánsǎn(闲散).¶不況で機械が～んでいる yóuyú bùjǐngqì jīqì dōu xiánzhìzhe(由于不景气机器都闲置着).¶こんな広い土地を～ばせておくのはもったいない jiào zhème guǎngkuò de tǔdì xiánzhe, tài kěxī(叫这么广阔的土地闲着,太可惜).¶～んでいる金なんか一銭もない yí ge xiánqián yě méiyǒu(一个闲钱也没有).

4 yóuxué(游学); yóuwán(游玩), yóuguàng(游逛).¶宣長の門に～ぶ yóuxué yú Xuāncháng zhī mén(游学于宣长之门).¶かつて杭州に～んだことがある céng yóuguàngguo Hángzhōu(曾游逛过杭州).

あだ【仇】 chóu(仇・雠).¶～を討つ bào chóu(报仇).¶そのことを～に思う wèi nà jiàn shì ér yuànhèn(为那件事而怨恨).¶恩を～でかえす ēn jiāng chóu bào(恩将仇报)/yǒu ēn bú bào, fǎn lái wéi chóu(有恩不报,反来为仇).¶親切心がかえって～になった yì fān hǎoyì dào zhāole èguǒ(一番好意倒招了恶果).

あたい【価・値】 **1**[値段] jià(价), jiàqian(价钱).

2[値打] jiàzhí(价值).¶これには10万円の～がある zhège yǒu shíwàn rìyuán de jiàzhí(这个有十万日元的价值)/zhège zhí shíwàn rìyuán(这个值十万日元).¶あんなもの一見の～もない nà zhǒng dōngxi bù zhí yí kàn(那种东西不值一看).

3[数学の] zhí(值).¶xの～を求めよ qiú x zhí(求x值).

あたい・する【値する】 zhí(值), zhíde(值得).¶一文にも～しない yì wén yě bù zhí(一文也不值).¶その行為はまさに称贊に～する nà xíngwéi běn zhíde chēngzàn(那行为很值得得称赞).¶この作品は一読に～する zhège zuòpǐn zhíde yì dú(这个作品值得一读).¶彼等の境遇は同情に～する tāmen de jìngyù shízài lìng rén tóngqíng(他们的境遇实在令人同情).

あだうち【仇討】 bàochóu(报仇).¶父の～をする wèi fù bàochóu-xuěhèn(为父报仇雪恨).

あた・える【与える】 **1**[やる, 授ける] gěi(给), sònggěi(送给), jǐyǔ(给予), shòuyǔ(授予).¶犬に餌を～える gěi gǒu chī de(给狗吃的)/wèi gǒu(喂狗).¶子供に菓子を買って～える gěi háizi mǎi diǎnxin chī(给孩子买点心吃).¶解答のヒントを～える tíshì jiědá de xiànsuǒ(提示解答的线索).¶彼はその研究で博士号を～えられた tā yīn gāi xiàng yánjiū, bèi shòuyǔ bóshì xuéwèi(他因该项研究,被授予博士学位).¶今一度私に弁明の機会を～えて下さい qǐng

zài gěi wǒ yí cì biànbái de jīhuì (请再给我一次辩白的机会). ¶彼に便宜を～えてやって欲しい qǐng nǐ gěi tā xíng ge fāngbian ba (请你给他行个方便吧).

2〔あてがう〕 ¶学生に課題を～える gěi xuésheng tíchū kètí (给学生提出课题). ¶やっと～えられた仕事を終えた hǎoróngyì cái wánchéngle zhǐdìng de gōngzuò (好容易才完成了指定的工作). ¶問題が多くて～えられた時間では出来なかった tí tài duō, zài guīdìng de shíjiān nèi méi néng zuòwán (题太多,在规定的时间内没能做完).

3〔こうむらせる〕 ¶敵に損害を～える shǐ dírén zāoshòu sǔnshī (使敌人遭受损失). ¶そのしらせは一同にショックを～えた nàge xiāoxi shǐ dàjiā shòule hěn dà de zhèndòng (那个消息使大家受了很大的震动).

あたかも【恰も】 1〔まるで〕 xiàng (像)、hǎoxiàng (好像)、yóurú (犹如)、fǎngfú (仿佛). ¶過ぎ去った事が～昨日の事のように思い出される wǎngshì wǎnrú zuórì, jìyì yóu xīn (往事犹如昨日,记忆犹新). ¶彼は～父親を亡くしたかのように嘆き悲しんだ tā yóurú shīqùle qīnshēng fùqin shìde bēitòng bùyǐ (他犹如失去了亲生父亲似的悲痛不已).

2〔ちょうどその時〕 zhènghǎo (正好)、zhèngshì (正是). ¶時～スキーのシーズン zhènghǎo shì huáxuě de jìjié (正好是滑雪的季节).

あたたか・い【暖かい・温かい】 1〔温度が〕 nuǎn (暖)、nuǎnhuo (暖和)、hénuǎn (和暖)、rèhuo (热和)、rèhu (热乎・热呼)、nuǎnhuo (温和)、wēnhuo (温乎). ¶今年の冬は～い jīnnián de dōngtiān hěn nuǎnhuo (今年的冬天很暖和). ¶3月にもなるとだんだん～くなる dàole sānyuè jiù jiànjiàn nuǎnhuo le (到了三月就渐渐暖和了). ¶～い布団にもぐり込む zuānjìn nuǎnhuohuo de bèiwōli (钻进暖和和的被窝里).
¶ストーブをたいて部屋を～くする shēng lúzi nuǎnnuan fángjiān (生炉子暖暖房间). ¶～い飲み物を～く gěi wǒ wǎn'rè de hē [rèyǐn] (给我碗'热的喝[热饮]). ¶スープはまだ～い tāng hái tǐng rèhuo (汤还挺热和).

2〔心が〕 ¶あの人は心の～い人だ tā shì ge `rèxīncháng de [hòudao] rén (他是个`热心肠的[厚道]人). ¶～い言葉をかけられて思わずほろりとした tīngdào qīnqiè wēnnuǎn de huà, bùyóude bízi fāle suān (听到亲切温暖的话,不由得鼻子发了酸). ¶ああいう子には～い思いやりが必要だ duì nàyàng de háizi yào wēnróu tǐtiē (对那样的孩子要温柔体贴). ¶彼等は～くもてなされた tāmen shòudào rèqíng zhāodài (他们受到热情招待).

3〔懷が〕～い shǒutóu kuānyù (手头宽裕).

**あたたま・る【暖まる・温まる】 nuǎn (暖)、nuǎnhuo (暖和). ¶スープが～る tāng rè le (汤热了). ¶ストーブにあたって～る zài lúbiān kǎohuǒ qǔnuǎn (在炉边烤火取暖). ¶風呂に入って体が～った xǐle ge zǎo, shēntǐ nuǎnhuo le (洗了个澡,身体暖和了). ¶忙しくて席の～るひまがない mángde xí bù xiá nuǎn (忙得席不暇暖)/ mángde lián zuò yíhuìr de gōngfu dōu méiyǒu (忙得连坐一会儿的工夫都没有). ¶心～る話を聞いた tīngdào nuǎn rén xīnfáng de gùshi (听到暖人心房的故事).

**あたた・める【暖める・温める】 nuǎn (暖)、wù (焐)、wēn (温)、rè (热). ¶ストーブをたいて部屋を～める shēng huǒlú nuǎn wūzi (生火炉暖屋子). ¶湯たんぽで足を～める yòng tānghú wù jiǎo (用汤壶焐脚). ¶御飯を～める rè fàn (热饭). ¶めんどりが卵を～める mǔjī bàowō (母鸡抱窝). ¶旧交を～める chóngwēn jiùhǎo (重温旧好). ¶長いこと～めておいたテーマ yùnniàng yǐ jiǔ de zhǔtí (酝酿已久的主题).

アタック jìnjī (进击)、chōngjī (冲击)、tūjī (突击)、tǎozhàn (讨战)、tiǎozhàn (挑战). ¶冬山の穂高を～する xiàng dōngjì de Suìgāo Shān tiǎozhàn (向冬季的穗高山挑战).
¶～キャンプ tūjī yíngdì (突击营地).

アタッシェケース shǒutíxiāng (手提箱)、gōngwénbāo (公文包).

あだな【渾名】 wàihào[r] (外号[儿])、chuòhào (绰号)、yǎhào (雅号)、hùnhào (诨号)、hùnmíng (诨名). ¶～をつける qǐ wàihào (起外号).

あたふた jímáng (急忙)、cōngmáng (匆忙)、jícōngcōng (急匆匆)、huāngmáng (慌忙). ¶彼は～と家に駆け込んだ tā cōngcōng-mángmáng de pǎojìn jiālǐ qu le (他匆匆忙忙地跑进家里去了).

アダプター shìpèiqì (适配器)、jiēhéqì (接合器)、jiētóu (接头)、zhuǎnjiēqì (转接器)、fùjiāqì (附加器).

あたま【頭】 1 tóu (头)、nǎodai (脑袋)、nǎodai guāzi (脑袋瓜子)、nǎoguāzi (脑瓜子)、nǎoguār (脑瓜儿)、nǎoké (脑壳). ¶軽く～を下げて挨拶する qīngqīng diǎntóu xínglǐ (轻轻点头行礼). ¶彼は皆に深々と～を下げた tā xiàng dàjiā shēnshēn de jūle yí ge gōng (他向大家深深地鞠了一个躬). ¶彼は照れて～をかいた tā bù hǎoyìsi de náole náo tóu (他不好意思地挠了挠头). ¶ぶつかって～に怪我をした pèngshāngle tóu (碰伤了头). ¶～が割れるように痛い nǎodai téngde jīhū yào lièkāi le (脑袋疼得几乎要裂开了). ¶～の～から爪先までじろじろと眺めまわす cóng tóu dào jiǎo zǐxì de dǎliangle yì fān (从头到脚仔细地打量了一番)/ cóng tóudǐng dào jiǎo jiānduān xiángle yì fān (从头顶到脚尖端详了一番). ¶"僕が悪かった"と彼は～を下げた "wǒ de búshì" tā dītóu rènle cuò ("我的不是"他低头认认了错). ¶彼の努力には全く～が下がる tā de nǔlì zhēn lìng rén pèifú (他的努力真令人佩服). ¶あの人には～が上がらない zài tā miànqián tái bu qǐ tóu lai (在他面前抬不起头来). ¶彼は何事にもやたらに～をつっこむ shénme shì tā dōu yào wǎng lǐ zuān (什么事他都要往里钻). ¶中傷されて～にきた shòudào zhòngshāng qìde tāmāde qìsǐ rén (受到中伤真他妈的气死人). ¶～を冷やして考えなさい nǐ tóunǎo lěngjìng yìdiǎnr hǎohāor xiǎngxiang (你头脑冷静一点

ﾙ好好ﾙ想想).¶疑惑の念が～をもたげた qǐle yíxīn (起了疑心).¶社長は金策がうまくかないので～をかかえている yóuyú chóubudào qián, zǒngjīnglǐ shāngtòu nǎojīn (由于筹不到钱,总经理伤透脑筋).¶～を丸める tìguāng tóu (剃光头).¶～隠して尻隠さず cáng tóu lù wěi (藏头露尾)/ gù tóu bùgù wěi (顾头不顾尾).

2〔頭髪〕tóufa (头发).¶～を刈る lǐfà (理发)/ jiǎnfà (剪发).¶彼は～を七三に分けている tā liú piānfēntóu (他留偏分头).¶彼は近頃だいぶ～が白くなった tā jìnlái tóufa bái duō le (他近来头发白多了).

3〔頭脳〕nǎo (脑), nǎozi (脑子), nǎojīn (脑筋), tóunǎo (头脑), nǎohǎi (脑海).¶～がいい〔悪い〕 nǎojīn ˇhǎo[huài] (脑筋ˇ好[坏]).¶彼は～がいい tā nǎojīn líng (他脑筋灵).¶すてきな思いつきが～に浮んだ xiǎngchūle yí ge miào zhǔyi (想出了一个妙主意).¶そのあたりの地理をよく～に入れておく bǎ nà yídài de dìlǐ hǎohāor jìzài nǎozili (把那一带的地理好好ﾙ记在脑子里).¶難しい問題に～をひねる wèi nántí ˇkǔsī-kǔxiǎng[náotóu] (为难题ˇ苦思苦想[挠头]).¶これは非常に～を使う仕事だ zhè shì fēicháng fèi nǎojīn de gōngzuò (这是非常费脑筋的工作).¶そのことが一時も～を離れない nà jiàn shì yìzhí zài nǎozili pánxuán (那件事一直在脑子里盘旋).¶彼女は子供のことで～を悩ましている tā wèi háizi de shìr ˇshāng nǎojīn[náotóu] (她为孩子的事ﾙ ˇ伤脑筋[挠头]).¶彼は～が古い tā nǎojīn jiù (他脑筋旧)/ tā shì ge lǎonǎojīn (他是个老脑筋).¶～の痛い問題 lìng rén tóuténg de wèntí (令人头疼的问题).

4〔物の上部〕tóu (头).¶釘の～ dīngmào (钉帽).¶鼻の～に汗をかく bíjiānr màohàn (鼻尖ﾙ冒汗).¶富士山が雲の上に～を出す Fùshì Shān cóng yúnli lùchūle shāntóu (富士山从云里露出了山头).

5〔…あたり〕¶1人～1万円 yí ge rén yíwàn rìyuán (一个人一万日元).

あたまうち【頭打】dàotóu[r] (到头[ﾙ]), dàodǐng (到顶).¶輸出が～になった chūkǒu dàotóur le (出口到头ﾙ了).

あたまかず【頭数】rénshù (人数).¶～をそろえる còu rénshù (凑人数).

あたまかぶ【頭株】tóunǎo (头脑), tóutour (头ﾙ头).

あたまから【頭から】¶子供だというので～相手にされない jiù yīnwei shì xiǎoháizi, gēnběn bú bèi lǐcǎi (就因为是小孩子,根本不被理睬).¶～犯行を否認する yàgēnr jiù bù chéngrèn zìjǐ de zuìxíng (压根ﾙ就不承认自己的罪行).¶～どなりつける pītóu-gàiliǎn de pòkǒu dàmà (劈头盖脸地破口大骂).

あたまきん【頭金】dìngqián (定钱), dìngjīn (订金), dìngjīn (定金).

あたまごし【頭越し】¶～に覗きこむ yuèguò biérén de tóudǐng kànguoqu (越过别人的头顶看过去).¶～の交渉 yuèjí jiāoshè (越级交涉).

あたまごなし【頭ごなし】¶～に叱りとばす pītóu-gàiliǎn de dà mà (劈头盖脸地大骂).¶お前が悪いと～に決めつけられた bù fēn qīng hóng zào bái de shuō wǒ bú duì (不分青红皂白地说我不对).

あたまでっかち【頭でっかち】¶この花瓶は～だ zhè huāpíng kǒu dà dǐ xiǎo (这花瓶口大底小).¶A社は役員ばかり多くて～だ A gōngsī jìngshì dǒngshì, jīnglǐ, tóu zhòng jiǎo qīng (A公司净是董事,经理,头重脚轻).¶～の学者先生 wǔgǔ bù fēn de xuézhě xiānsheng (五谷不分的学者先生).¶～尻窄(ｽﾎﾞ)まり hǔtóushéwěi (虎头蛇尾).

あたまわり【頭割】jūntān (均摊).¶費用は～にしよう fèiyòng jūntān ba (费用均摊吧).

あたらし・い【新しい】xīn (新), xīnxiān (新鲜).¶～い服で出掛ける chuān xīn yīfu chūqu (穿新衣服出去).¶何か～いニュースはありませんか yǒu shénme xīnxiān de xiāoxi méiyǒu? (有什么新鲜的消息没有?).¶～い企画を考える kǎolǜ xīn de jìhuà (考虑新的计划).¶～い住所を友人に知らせる bǎ xīn dìzhǐ tōngzhī péngyou (把新地址通知朋友).¶この魚は～い zhè tiáo yú hěn xīnxiān (这条鱼很新鲜).¶それは今なお記憶に～い nà jiàn shì zhìjīn jìyì yóu xīn (那件事至今记忆犹新).¶～く入社した人 xīn jìn gōngsī de rén (新入公司的人).¶ソファーのカバーを～くする bǎ shāfā tàozi huànchéng xīn de (把沙发套子换成新的).¶気持を～くする shǐ jīngshen huànrán-yìxīn (使精神焕然一新).¶彼は～い物好きだ tā hào gǎn shímáo (他好赶时髦).

あたらずさわらず【当らず障らず】¶～の返事をする zuò ˇwú kě wú bùkě[wúguān tòngyǎng] de dáfù (作ˇ无可无不可[无关痛痒]的答复).

あたり【辺り】**1**〔付近〕fùjìn (附近), sìjìn (四近), sìpáng (四旁), zhōuwéi (周围), yídài (一带), sìzhōu (四周), sìchù (四处), sìxià (四下), sìwéi (四围), yíliùr (一溜ﾙ).¶出たばかりだからまだその～にいるだろう gāng chūqu, dàgài hái zài zhè fùjìn ba (刚出去,大概还在这附近吧).¶～には誰もいなかった zhōuwéi yí ge rényǐng yě méiyǒu (周围一个人影也没有).¶～を見回したのに誰も気付いた様子がなかった sìxià zhāngwàng, xiàng shì méiyǒu rén chájué (四下张望,像是没有人察觉).¶～一面焼野原になった zhōuwéi chéngle yípiàn jiāotǔ (周围成了一片焦土).¶～構わず騒ぐ páng ruò wú rén de luàn nào (旁若无人地乱闹).¶この～には本屋が多い zhè yídài shūdiàn hěn duō (这一带书店很多).¶襟首の～がすうすうする bógěngr juéde liángsīsī de (脖颈ﾙ觉得凉丝丝的).

2〔見当〕¶一昨年～1度来たことがある dàyuē shì zài qiánnián láiguo yí tàng (大约是在前年来过一趟).¶明日～彼から電話があることになっている dàgài míngtiān tā gěi wǒ dǎ diànhuà (大概明天他给我打电话).¶まあその～がいいところだろう jiùshì nà zhǒng shuǐpíng

あたり

ba(就是那种水平吧).¶その~の事になると私には決定権がない dào nà céng, wǒ kě jiù méiyǒu juédìngquán le(到那层,我可就没有决定权了).

あたり【当り】 1 ¶彼は~が柔らかい tā rén hěn suíhe(他人很随和).¶犯人の~がついた zuìfàn yǒule xiànsuǒ(罪犯有了线索).¶この辺だろうと~をつけて探す tuīcè dàgàiqí zài zhè fùjìn xúnzhǎo(推测大概齐在这附近寻找).¶今度の企画は~をとった zhè cì jìhuà huòdéle hěn dà de chénggōng(这次计划获得了很大的成功).¶《由良之助》は彼の一役だ《Yóuliángzhīzhù》shì tā jiàozuòr de náshǒu juésè(《由良之助》是他叫座ㄦ的拿手角色).¶~くじ zhòngcǎiqiānr(中彩签ㄦ).
2[…につき] ¶予算は1人~5000円です yùsuàn yí ge rén wǔqiān rìyuán(预算一个人五千日元).¶1ヘクタールの収穫高 měi gōngqǐng de dānwèi miànjī chǎnliàng(每公顷的单位面积产量).¶キロの単価 měi gōngjīn de dānjià(每公斤的单价).

あたりさわり【当り障り】 ¶こんな事を言うと~があるかもしれない shuō zhè zhǒng huà, kǒngpà yǒu dézuì rén(说这种话,恐怕要得罪人).¶彼は~のないことを言ってごまかした tā zhǐshǐ shuōle bù guān tòngyǎng de huà tángsèle guòqu(他只是说了不关痛痒的话搪塞了过去).¶~のない受け答えをする zuò móléng liǎngkě de huídá(做模棱两可的回答).

あたりちら・す【当り散らす】 nào píqi(闹脾气),shuǎ píqi(耍脾气),chūqì(出气),shāqì(杀气),sāqì(撒气).¶彼はにかというと女房に~す tā dòngbudòng jiù ná lǎopo chūqì(他动不动就拿老婆出气).

あたりどし【当り年】 ¶今年はりんごの~だ jīnnián de píngguǒ shì dànián(今年的苹果是大年).¶今年は彼の~だった jīnnián tā kě zǒu hóngyùn le(今年他可走红运了).

あたりはずれ【当り外れ】 ¶近頃の天気予報は~がはなはだしい jìnlái de tiānqì yùbào tài bù zhǔn le(近来的天气预报太不准了).¶この商売は~がない zhège mǎimai zhǔn méi ge péi(这个买卖准没个赔).

あたりまえ【当り前】 1[当然] dāngrán(当然),yīnggāi(应该),yīngdāng(应当),yīngfèn(应分).¶君がそんな目にあうのは~だ nǐ pèng yí bízi huī shì dāngrán de(你碰一鼻子灰是当然的)/ nà shì zìzuò-zìshòu(你碰一鼻子灰是咎由自取).¶人間として~の事をしたまでだ zhǐ búguò shì zuòle wéi rén yīngdāng zuò de shìqing(只不过是做了作为人应当做的事情)."君怒ったのか" "~だ" "nǐ shēngqì le?" "dāngrán"("你生气了？" "当然").
2[普通] pǔtōng(普通),píngcháng(平常),tōngcháng(通常),píngfán(平凡).¶私はごく~の人間だ wǒ zhǐshì ge píngpíng-fánfán de rén(我只是个平平凡凡的人).¶~のやり方では勝ち目がない yòng tōngcháng de shǒuduàn shì wúfǎ qǔshèng de(用通常的手段是无法取胜的).¶そうかしこまってなくていい,~にしてい

なさい búyòng nàme jūshù, àn píngcháng de yàngzi jiù xíng le(不用那么拘束,按平常的样子就行了).¶~ならとっくに帰っている頃だ píngcháng de huà, tā zǎojiù gāi huílái le(平常的话,他早就该回来了).

あた・る【当る】 1[ぶつかる,ふれる] pèng(碰),dǎ(打),zhuàng(撞),jī(击),chōng(冲).¶ボールが顔に~った qiú dǎzháole liǎn(球打着了脸).¶暗闇の中で足に~ったものがある hēigulōngdōng de bùzhī tīle shénme yì jiǎo(黑咕隆咚的不知踢了什么一脚).¶波が岩に~って砕ける bōlàng dǎ zài yánshí shang jiànqǐle lànghuā(波浪打在岩石上溅起了浪花).¶làng jī yánshí, shuǐhuā sìjiàn(浪击岩石,水花四溅).¶~って砕けろ huòchū mìng qù gàn!(豁出命去干!).
2[命中する,適中する] zhòng(中),duì(对).¶矢が的に~る jiàn zhòng bǎ(箭中靶)/ jiàn shèzhòng bǎzi(箭射中靶子).¶弾が~って死んだ zhòng dàn sǐ le(中弹死了)/ yǐdàn shēnwáng(中弹身亡).¶抽選で1等が~った chōuqiān chōuzhòngle tóujiǎng(抽签抽中了头奖).¶今日の天気予報は~らなかった jīntiān de tiānqì yùbào méi bàozhǔn(今天的天气预报没报准).¶彼の予測が~った tā cāiduì le(他猜对了).¶予言が~った yùyán yìngyàn le(预言应验了).¶そうした非難が~らない nà zhǒng zénàn shì bù duì de(那种责难是不对的).¶あの易者はよく~る nàge suànmìngde suànde hěn líng(那个算命的算得很灵).¶~らずと雖も遠からず suī bù zhòng bù yuǎn yǐ(虽不中不远矣)/ bājiǔ bùlí shí(八九不离十).¶新製品が~って大もうけした xīn chǎnpǐn chàngxiāo fāle dàcài(新产品畅销发了大财).¶今度の芝居は~って zhè chū xì hěn màizuòr(这出戏很卖座ㄦ).
3[光,雨,風など] ¶隣にビルが建って日が~らなくなった pángbiān gàiqǐle dàlóu, bèi guāng le(旁边盖起了大楼,背光了).¶雨が~らぬようシートで覆いをする yòng fángshuǐbù gàishàng yǐmiǎn línyǔ(用防水布盖上以免淋雨).¶霜に~って野菜がだめになった shūcài shòule shuāngdòng, quán wán le(蔬菜受了霜冻,全完了).¶風に~って酔をを醒ます chūchui fēng lái xǐngjiǔ(吹吹风来醒酒).¶焚火に~る wéi gōuhuǒ qǔnuǎnr(围篝火取暖).
4[中毒する,障る] zhòng(中).¶ふぐに~って死んだ chī hétún zhòngdú shēn sǐ(吃河豚中毒而死).¶暑さに~った zhòngshǔ(中暑).
5[対抗する] ¶全力をあげて敵に~る quánlì duì dí(全力对敌).¶総力を結集して難局に~る jízhōng quánlì kèfú kùnnan júmiàn(集中全力克服困难局面).¶~るべからざる勢い ruì bùkě dāng zhī shì(锐不可当之势)/ shì bùkě dāng(势不可当).
6[調べる,交渉する] ¶脈があるかどうかそれとなく~ってみる tàntan duìfāng kàn yǒu méiyǒu xīwàng(探探对方看有没有希望).¶方々~ってみたが値段は同じだ dǎtīngguo hǎo jǐ jiā, jiàqian dōu yíyàng(打听过好几家,价钱都一

様).　¶原本に～る cháduì yuánběn(查对原本).　¶直接本人に～ってみなさい zhíjiē xiàng běnrén dǎtīng dǎtīng kàn(直接向本人打听打听看).

7〔相当する〕hé(合), xiāngdāngyú(相当于).　¶1元は日本円のいくらに～りますか rénmínbì yí kuài qián hé duōshao rìyuán?(人民币一块钱合多少日元?).　¶中国の省は日本の県に～る Zhōngguó de shěng xiāngdāngyú Rìběn de xiàn(中国的省相当于日本的县).　¶その日はちょうど父の命日に～る nà tiān zhèngshì wǒ fùqin de jìchén(那天正是我父亲的忌辰).　¶彼は私の母方のおじに～る tā shì wǒ jiùfu(他是我舅父).　¶日光は東京の北に～る Rìguāng wèiyú Dōngjīng zhī běi(日光位于东京之北).　¶そんな事は驚くには～らない nà zhǒng shì bù zhíde dàjīng-xiǎoguài(那种事不值得大惊小怪).

8〔直面する〕¶開会に～り一言御挨拶いたします zài kāihuì zhī jì, qǐng yǔnxǔ wǒ shuō jǐ jù huà(在开会之际, 请允许我说几句话).　¶新年に～って決意を新たにする zài xīnnián zhī jì chóng biǎo juéxīn(在新年之际重表决心).

9〔従事する, 指名される〕¶会長の任に～る rèn huìzhǎng zhī zhí(任会长之职).　¶代表団が交渉に～ることになった juédìng yóu dàibiǎotuán jìnxíng jiāoshè(决定由代表团进行交涉).　¶農村で農民の診療に～る zài nóngcūn cóngshì yīliáo gōngzuò(在农村从事医疗工作).　¶予習してあるので～っても大丈夫だ wǒ yǐ zuòhǎo yùxí, jiùshì bèi diǎnmíng yě bú yàojǐn(我已做好预习, 就是被点名也不要紧).

10〔意地悪く接する〕chūqì(出气), shāqì(杀气), sāqì(撒气).　¶彼は私にばかりつらく～る tā jìng ná wǒ chūqì(他净拿我出气).　¶彼は仕事がうまくいかないと家族に～る tā gōngzuò yì bú shùnlì, jiù ná jiālírén sāqì(他工作一不顺利, 就拿家里人撒气).

アダルト chéngrén(成人), dàrén(大人).　¶～ビデオ chéngrén lùyǐngdài(成人录影带).

あちこち chùchù(处处), dàochù(到处), gèchù(各处), gè dì(各地).　¶庭の～に花が咲いている yuànzili dàochù dōu kāizhe huā(院子里到处开着花).　¶中国を～旅行してまわる zài Zhōngguó gè dì lǚxíng(在中国各地旅行).　¶そんな例は～にある nà zhǒng lìzi nǎr dōu yǒu(那种例子哪ㄦ都有).　¶話が～して要領を得ない shuōhuà dōnglā-xīchě, bù dé yàolǐng(说话东拉西扯, 不得要领).

あちら　**1**〔方向, 場所〕nàbiān[r](那边ㄦ), nàr(那ㄦ).　¶～に見えるのが浅間山です zài nàbiānr kàndào de jiùshì Qiǎnjiān Shān(在那边ㄦ看到的就是浅间山).　¶～を見てごらん cháo nàbianr kànkan(朝那ㄦ看看).　¶～からもこちらからも祝電が寄せられた hèdiàn cóng ˇgè fāngmiàn[sìmiàn-bāfāng] fēnfēn ér lái(贺电从ˇ各方面[四面八方]纷纷而来).　¶～はもう梅雨に入ったそうです tīngshuō nàbiān yǐ jìnrù méiyǔ jìjié le(听说那边已进入梅雨季节了).

2〔物〕nàge・nèige(那个).　¶～をお求めになりますか nín yào nàge ma?(您要那个吗?).　¶こちらのより～がよく似合う bǐqǐ zhège, nàge gèng xiāngpèi(比起这个, 那个更相配).

3〔人〕nà wèi(那位).　¶～がAさんです nà wèi jiùshì A xiānsheng(那位就是A先生).　¶～さまはどなたですか nà wèi shì shuí?(那位是谁?).　¶～を立てればこちらが立たぬ bùnéng liǎngquán qí měi(不能两全其美)/ Zhōu Cāng xíng yǔ(周仓行雨).

あっ ああ(嗚呼), あっと.

あつあつ【熱々】　¶～のご飯 rè téngténg de mǐfàn(热腾腾的米饭).　¶ご両人は～の仲だ tāliǎ gǎnqíng huǒrè(他俩感情火热).

あつ・い【厚い・篤い】　**1**〔厚さ〕hòu(厚).　¶～い板 hòu mùbǎn(厚木板).　¶～い辞典 yí bù hěn hòu[dà bùtóur] de cídiǎn(一部很厚[大部头ㄦ]的词典).　¶間に～い壁がある zhōngjiān yǒu yì dǔ hěn hòu de qiáng(中间有一堵很厚的墙).　¶綿を～く入れた布団 xùde hòudūndūn de bèirù(絮得厚墩墩的被褥).　¶パンはあまり～く切らないで下さい miànbāo qǐng búyào qiē tài hòu le(面包请不要切太厚了).　¶空は一面～い雲におおわれていた hòuhòu de wūyún zhēbìzhe tiānkōng(厚厚的乌云遮蔽着整个天空).　¶あいつは面の皮が～い tā nàge rén zhēn liǎnpí hòu(他那个人真脸皮厚).

2〔情などが〕hòu(厚), shēnhòu(深厚), dǔhòu(笃厚).　¶この村の人は人情が～い zhège cūnzhuāng de rén ˇqíngyì shèn dǔ[qíngyì hòu](这个村庄的人ˇ情爱甚笃[情意厚]).　¶孤児に～い同情を寄せる duì gū'ér jìyǔ shēnhòu de tóngqíng(对孤儿寄予深厚的同情).　¶彼は友情に～い tā qíngyì shēnhòu(他情谊深厚)/ tā wéirén gǔdǎo rècháng(他为人古道热肠).　¶彼女は信仰心に～い tā shì qiánchéng de xìntú(她是虔诚的信徒).　¶～いもてなしがなされた tāmen yìxíng shòudàole rèqíng zhāodài(他们一行受到了热情招待).　¶～く礼を述べる shēn zhì xièyì(深致谢意)/ biǎoshì shēnshēn de gǎnxiè(表示深深的感谢).

3〔病が〕¶病が～い bìngdǔ(病笃)/ bìngwēi(病危)/ bìngshì wēidǔ(病势危笃).

あつ・い【暑い】　rè(热), yánrè(炎热), shǔrè(暑热).　¶今日はとても～い jīntiān tèbié rè(今天特别热)/ jīnrge shǔrè nánkān(今ㄦ个暑热难堪).　¶～い日が続く liánrì shǔrè[tiānrè yánrè](连日天气炎热)/ fúshǔ[fútiān/ shǔtiān]liánrì(伏暑[伏天/暑天]连日).　¶この部屋は西日がさして～くてやりきれない zhè wūzi xīshài rède yàomìng(这屋子西晒热得要命).　¶今頃は～くも寒くもない良い季節だ zhège shíhou bù lěng yě bú rè, shì zuì hǎo de jìjié(这个时候不冷也不热, 是最好的季节).　¶彼は～がりだ tā pà rè(他怕热).

あつ・い【熱い】　**1**〔温度が〕rè(热), tàng(烫), gǔnrè(滚热), gǔntàng(滚烫), huǒtàng(火烫).　¶鉄は～いうちに打て chèn rè dǎtiě(趁热打铁).　¶あっ, ～い hǎo tàng a!(好烫啊!).　¶

～いお茶が飲みたい xiǎng hē bēi gǔnrè de chá(想喝杯滚热的茶)/ xiǎng hē yì bēi rè chá(想喝一杯热茶). ¶お燗を～くして下さい bǎ jiǔ gěi tàngrè yìdiǎnr(把酒给烫热一点儿). ¶熱で体がとても～い fāshāo fāde húnshēn gǔntàng(发烧发得浑身滚烫).
2〔熱烈だ〕¶祖国に～い思いを寄せる rèliè de huáiniàn zǔguó(热烈地怀念祖国). ¶感動して～い涙を流す jīdòngde rèlèi yíngkuàng(激动得热泪盈眶). ¶2人はお～い仲だ tāmen liǎ rèhūhū de(他们俩热呼呼的).

あつえん【圧延】yāyán(压延), zházhì(轧制). ¶～機 zhágāngjī(轧钢机). ～工場 zhágāngchǎng(轧钢厂).

あっか【悪化】èhuà(恶化). ¶母の病状が～した mǔqin de bìngshì èhuà(母亲的病势恶化). ¶事態は～の一途をたどっている shìtài yìzhí qūyú èhuà(事态一直趋于恶化)/ měi kuàng yù xià(每况愈下).

あつかい【扱い】**1** cāozuò(操作). ¶私はまだこの機械に～に馴れていない zhè bù jīqì wǒ hái bùnéng shúliàn de cāozuò(这部机器我还不能熟练地操作). ¶彼女は品物の～が乱暴された tā duì wùpǐn hěn bú àixī(她对物品很不爱惜).
2〔待遇〕¶この旅館は客の～が悪い zhè fàndiàn fúwù tàidu hěn bù hǎo(这饭店服务态度很不好). ¶君だけ特別～はできない bùnéng zhǐ duì nǐ tèbié zhàogù(不能只对你特别照顾). ¶いつまでも子供～にするのはやめてくれ bié lǎo ná wǒ dàng xiǎoháizi(别老拿我当小孩子). ¶警察が犯人～された gōng'ānjú bǎ wǒ dàng fànrén duìdài(公安局把我当犯人对待).

あつか•う【扱う】**1**〔操作する〕cāozuò(操作). ¶こわれ易いから大切に～って下さい zhège dōngxi yì huài, qǐng yòng diǎnr xīn(这个东西易坏,请用点儿心). ¶この機械は～いにくい zhè jià jīqì nányú cāozuò(这架机器难于操作). ¶この道具の～い方が分らない zhège gōngjù bù zhīdào zěnme yòng(这个工具不知道怎么用).
2〔処理する〕¶彼は会社で事務を～っている tā zài gōngsī zuò shìwù gōngzuò(他在公司做事务工作). ¶当店ではその品は～っておりません běn diàn bù jīngshòu nà zhǒng shāngpǐn(本店不经售那种商品). ¶ここでは外国電報は～わない zhèlǐ bú bànlǐ guójì diànbào(这里不办理国际电报). ¶中国問題を～った本 guānyú Zhōngguó wèntí de shū(关于中国问题的书).
3〔遇する〕dài(待), duìdài(对待). ¶客を大切に～う dàikè zhōudào(待客周到)/ yīnqín zhāodài kèrén(殷勤招待客人). ¶店員にそっけなく～われた diànyuán duì wǒ àilǐ-bùlǐ(店员对我爱理不理). ¶彼は私を大人として～ってくれる tā bǎ wǒ dàngzuò dàrén kàndài(他把我当大人看待). ¶あの人は～いにくい tā nàge rén hěn nán duìfu(他那个人很难对付).

あつかまし•い【厚かましい】liǎnpí hòu(脸皮厚), búyàoliǎn(不要脸). ¶あいつ～にも程がある nà jiāhuo tài búyàoliǎn le(那家伙太不要脸了)/ nà jiāhuo jìng hòuyán-wúchǐ dào zhèbān dìbù(那家伙竟厚颜无耻到这般地步). ¶～くも部屋に入りこんできた tā jìngrán bú kèqi de chuǎngjìn fángjiānli lái le(他竟然不客气地闯进房间里来了). ¶～いお願いですがまた金を貸して下さい zhēn bù hǎoyìsi, xiàng nín zài jiè diǎnr qián(真不好意思,向您再借点儿钱).

あつがみ【厚紙】hòuzhǐ(厚纸);〔ボール紙〕zhǐbǎn(纸板), huángzhǐbǎn(黄纸板), mǎfènzhǐ(马粪纸).

あつかん【熱燗】¶～にしてくれ bǎ jiǔ gěi tàngrè yìdiǎnr(把酒给烫热一点儿).

あっかん【圧巻】yājuàn(压卷). ¶この映画の～は舞踏会のシーンだ zhège piànzi zuì jīngcǎi de jìngtóu shì wǔhuì de chǎngmiàn(这个片子最精彩的镜头是舞会的场面). ¶この小説は現代小説の～と言える zhè bù xiǎoshuō kě chēng zhī wéi xiàndài xiǎoshuō de yājuàn zhī zuò(这部小说可称之为现代小说的压卷之作).

あっかん【悪漢】ègùn(恶棍), wúlài(无赖), huàidàn(坏蛋).

あつぎ【厚着】¶彼は寒がりでいつも～をしている tā hěn pà lěng, zǒngshì chuānde hěn duō(他很怕冷,总是穿得很多). ¶子供にあまり～をさせてはいけない bié ràng xiǎoháizi chuānde tài hòu(别让小孩子穿得太厚).

あつくるし•い【暑苦しい】mēnrè(闷热). ¶～いから窓を開けよう mēnrède hěn, kāikai chuānghu ba(闷热得很,开开窗户吧).

あっけ【呆気】mù dèng kǒu dāi(目瞪口呆), fālèng(发愣), fādāi(发呆), lèngzheng(睖睁・愣怔), chà'è(诧愕). ¶人々は～にとられて口もきけなかった dàjiā dōu mùdèng-kǒudāi de shuō bu chū huà lai(大家都目瞪口呆地说不出话来). ¶あの男が1等になったと聞いて皆～にとられた tīngshuō tā déle dìyīmíng, dàjiā dōu lèngzhengzhe yǎnjing(听说他得了第一名,大家都睖睁着眼睛).

あっけな•い【呆気ない】¶たった一晩泊りではあまりに～い zhǐ zhù yì wǎn, tài bú guòyǐn le(只住一晚,太不过瘾了). ¶～い試合だった jiéjú tài bú jìnxìng le(结局太不尽兴了). ¶勝負は～く終った yíxiàzi dìngle shèngfù(一下子定了胜负).

あっけらかんと 1〔けろりと〕¶へまをやらかしても～している tǒngle lóuzi yě ruò wú qí shì(捅了娄子也若无其事). ¶しかられても～している áile mà yě mǎn búzàihu(挨了骂也满不在乎).
2〔こだわりのない〕¶～した態度 shéntài zìruò(神态自若)/ wújū-wúshù de tàidù(无拘无束的态度).

あっこう【悪口】èkǒu(恶口), èyán(恶言), èyǔ(恶语). ¶～雑言を投げつける èyǔ èyán(恶语恶言).

あつさ【厚さ】hòu(厚), hòubó(厚薄), hòudù(厚度). ¶この板は～が2センチある zhè kuài mùbǎn yǒu liǎng límǐ hòu(这块木板有两厘米厚).

あつさ【暑さ】 rè(热), shǔ(暑). ¶この～は近年にないことだ zhème de jìnniánlái shǎoyǒu (这么热近年来少有). ¶焼けつくような～だ rè-de xiàng huǒ kǎo shìde (热得像火烤似的)/ tàiyáng huǒlālā de (太阳火辣辣的). ¶私は南国生れで～に強い wǒ shēngzhǎng zài nánfāng, bú pà rè (我生长在南方,不怕热). ¶～しのぎに１杯やろう zánmen hē bēi jiǔ jiějie shǔ ba (咱们喝杯酒解解暑吧). ¶～寒さも彼岸まで rè dào qiūfēn, lěng dào chūnfēn (热到秋分,冷到春分).

あっさく【圧搾】 yāzhà(压榨), yāsuō(压缩). ¶～機 yāzhàjī(压榨机). ～空气 yāsuō kōngqì(压缩空气).

あっさつ【圧殺】 èshā(扼杀). ¶反对派の意見を～する èshā fǎnduìpài de yìjiàn (扼杀反对派的意见).

あっさり １[さっぱり] ¶～した人 hěn ˇtǎnshuài[shuǎngkuai/chǎngkuai] de rén (很ˇ坦率[爽快/敞快]的人). ¶～した料理 qīngdàn[sùdàn] de cài (清淡[素淡]的菜). ¶～した服装 yīzhuó ˇsùjing[sùdàn] (衣着ˇ素净[素淡])/ dànyǎ de zhuāngshù (淡雅的装束)/ sùzhuāng (素装).

２[簡単に] ¶彼は～承知してくれた tā méi èrhuà jiù dāying xialai le (他没二话就答应下来了). ¶～と断られた yìkǒu bèi jùjué le (一口被拒绝了). ¶～あきらめた gāncuì sǐxīn le (干脆死心了). ¶～優勝をさらった bú fèi chuīhuī zhī lì qǔdéle guànjūn (不费吹灰之力取得了冠军). ¶一回戦で～負けた zài dìyī lún sài jiù shū le (在第一轮赛就输了).

あっし【圧死】 yāsǐ(压死). ¶崩れた石垣の下敷になって～した shíqiáng dǎotā, rén bèi yāsǐ le (石墙倒塌,人被压死了).

あっしゅく【圧縮】 yāsuō(压缩). ¶原稿を半分に～する bǎ yuángǎo yāsuō yíbàn (把原稿压缩一半). ～空气 yāsuō kōngqì (压缩空气).

あっしょう【圧勝】 ¶選挙は与党の～に終った xuǎnjǔ yǐ zhízhèngdǎng yādǎoxìng de shènglì gàozhōng(选举以执政党压倒性的胜利告终).

あっ・する【圧する】 yādǎo(压倒). ¶威風堂々辺りを～する wēifēng lǐnlǐn, zhènshè sìfāng (威風凛凛,震慑四方). ¶我がチームは攻撃力において断然他を～していた wǒ duì zài gōngjī fāngmiàn yuǎnyuǎn yādǎo tā duì (我队在攻击方面远远压倒他队).

あっせい【圧制】 yāzhì(压制), yāpò(压迫). ¶人々は王の～に苦しんでいた rénmen kǔyú guówáng de yāpò (人们苦于国王的压迫).

あっせい【圧政】 kēzhèng(苛政), zhuānzhèng (专政), bàozhèng(暴政).

あっせん【斡旋】 jièshào(介绍), wòxuán(斡旋). ¶友人の～でＡ氏と会見した jīng péngyou de jièshào huìjiànle A xiānsheng (经朋友的介绍会见了Ａ先生). ¶彼は種々～の労をとってくれた tā jìnle zhǒngzhǒng wòxuán zhī láo (他尽了种种斡旋之劳). ¶タイピストを１人～して下さい qǐng gěi wǒ jièshào yí ge dǎzì-yuán (请给我介绍一个打字员).

あつで【厚手】 ¶～の紙 hòushi de zhǐ (厚实的纸). ¶～のコート hòushi de dàyī (厚实的大衣).

あっと ¶彼の行動は世間を～言わせた tā de xíngdòng shǐ shìrén dàwéi chījīng (他的行动使世人大为吃惊). ¶事故は～言う間の出来事だった shìgù shì zài chànàjiān fāshēng de (事故是在刹那间发生的).

あっとう【圧倒】 yādǎo(压倒). ¶我が軍は緒戦において敵を～した wǒ jūn zài chūzhàn zhōng yādǎole díjūn (我军在初战中压倒了敌军). ¶彼女の見幕に～されて何も言えなかった bèi tā qìshì xiōngxiōng de yàngzi suǒ yādǎo shuō bu chū yí jù huà lai (被她气势汹汹的样子所压倒说不出一句话来). ¶観衆は女性が～的に多かった guānzhòng juédà duōshù dōu shì fùnǚ (观众绝大多数都是妇女). ¶我がチームは～的勝利を収めた wǒ duì huò dàjié (我队获大捷). ¶彼は～的多数で当選した tā yǐ yādǎo duōshù dāngxuǎn le (他以压倒多数当选了).

アットホーム ¶～な雰囲気 xiàng zài jiāli shìde shūshì zìzài de qìfēn (像在家里似的舒适自在的气氛).

アッパーカット shànggōuquán(上钩拳).

あっぱく【圧迫】 yāpò(压迫). ¶彼は権力者のいかなる～にも屈しなかった tā bù qūfú yú dāngquánzhě de rènhé yāpò (他不屈服于当权者的任何压迫). ¶言論を～する yāzhì yánlùn (压制言论). ¶胸部に～感がある xiōngbù yǒu yāpògǎn (胸部有压迫感).

あっぱれ【天晴】 ¶～なできばえだ zuòde zhēn ˇpiàoliang[chūsè] (做得真ˇ漂亮[出色]). ¶敵ながら～と言わざるを得ない zhēn bùkuì shì ge hǎo díshǒu (真不愧是个好敌手).

アップ １[高める] ¶出力を～する jiādà shūchū gōnglǜ (加大输出功率). ¶レベルが～する shuǐpíng tígāo (水平提高).

２[女性の髪形] shànglüè fàxíng (上掠发型), shànglüè fàxíng (上梳发型).

３[クローズアップ] tèxiě jìngtóu (特写镜头). ¶～で撮る pāi tèxiě jìngtóu (拍特写镜头).

あっぷあっぷ ¶子供が川に落ちて～している háizi diào héli húshāng-húxià zhēngzházhe (孩子掉河里忽上忽下挣扎着). ¶テストの連続で～だ kǎoshì yí ge jiē yí ge jiǎnzhí chuǎn bu guò qi lai (考试一个接一个简直喘不过气来).

アップリケ bǔhuā (补花).

アップルパイ píngguǒbǐng (苹果饼).

あつまり【集り】 １[集合] ¶今日は人の～がよい jīntiān rén láide duō (今天人来得多). ¶会費の～が悪い huìfèi jiǎonà de qíngkuàng bù hǎo (会费缴纳的情况不好).

２[集会] jíhuì(集会), huì(会). ¶今日の～は午後１時からです jīntiān de huì cóng xiàwǔ yī diǎnzhōng kāishǐ (今天的会从下午一点钟开始).

３[集団] ¶この会は文学の好きな人の～だ

zhège huì shì wénxué àihàozhě de tuántǐ(这个会是文学爱好者的团体). ¶まるでごろつきの～だ jiǎnzhí shì yì ˈqún[huǒ/ bāng] liúmáng(简直是一ˈ群[伙/ 帮]流氓).

あつま・る【集まる】 jù(聚), jí(集), jùjí(聚集), jíjù(集聚), jílǒng(集拢), jùhé(聚合), huìjù(会聚·汇聚), huìqí(会齐), jùqí(聚齐), jùhuì(聚会), jíhé(集合), huìhé(汇合). ¶焚火のまわりに～る jùdào gōuhuǒ zhōuwéi(聚到篝火周围). ¶人が大勢～って騒いでいる xǔduō rén jùzài yìqǐ chǎonào(许多人聚在一起吵闹). ¶明日～って相談することにした juédìng míngtiān pèngtóu shāngliang(决定明天碰头商量). ¶1時に会議室に～って下さい yì diǎnzhōng qǐng zài huìyìshì jíhé(一点钟请在会议室集合). ¶人手がなかなか～らない rénshǒu lǎo còubuqí(人手老凑不齐). ¶多くの寄付金が～った mùjié hěn duō juānkuǎn(募捐了很多钱款). ¶5万人の署名が～った shōujíle wǔwàn rén de qiānmíng(收集了五万人的签名). ¶全国から～った情報を分析する fēnxī cóng quánguó gè dì huìjí ér lái de qíngbào(分析从全国各地汇集而来的情报). ¶霞ヶ関一帯には官庁が～っている xíngzhèng jīguān jízhōng zài Xiáguān yídài(行政机关集中在霞关一带). ¶皆の視線が彼の上に～った dàjiā de shìxiàn ˈjízhōng zài[tóudào] tā de shēnshang(大家的视线ˈ集中在[投到]他的身上). ¶人々の同情がその子に～った rénmen de tóngqíng dōu jíyú nàge háizi shēnshang(人们的同情都集于那个孩子身上). ¶～れ! jíhé!(集合!).

あつ・める【集める】 **1**[人を] zhàojí(召集), zhāojí(招集). ¶生徒を講堂に～める bǎ xuésheng zhàojí dào lǐtánglí lái(把学生召集到礼堂里来). ¶式典は多数の列席者を～めて盛大に行われた zài xǔduō lièxízhě cānjiā xià jǔxíngle lóngzhòng de diǎnlǐ(在许多列席者参加下举行了隆重的典礼). ¶あの研究所は優秀なスタッフを～めている nàge yánjiūsuǒ luózhìle yōuxiù de réncái(那个研究所罗致了优秀的人材). ¶人手不足で店員を～めるのに苦労している yóuyú rénshǒu bùzú, wèi zhāomù diànyuán dà shāng nǎojīn(由于人手不足, 为招募店员大伤脑筋).

2[物などを] jí(集), shōují(收集), sōují(搜集), huìjí(汇集·会集). ¶切手を～める jíyóu(集邮)/ shōují yóupiào(收集邮票). ¶証拠を～める shōují zhèngjù(搜集证据). ¶骨董を～める sōují gǔwán(搜集古玩). ¶データを1ヵ所に～める bǎ zīliào jízhōng dào yí chù(把资料集中到一处). ¶短編を～めて本にする bǎ duǎnpiān huìjí chéng shū(把短篇汇集成书). ¶会費を～める zhēngshōu huìfèi(征收会费). ¶資金を～めるために奔走する wèile chóucuò zījīn bēnbō(为了筹措资金奔波). ¶皆の金を～めても1万円しかない bǎ dàjiā de qián còuzài yìqǐ yě zhǐ yǒu yíwàn rìyuán(把大家的钱凑在一起也只有一万日元). ¶額を～めて商談する jùtóu shāngyí(聚头商议). ¶人望を一身に～める jí zhòngwàng yú yìshēn(集众望于一身). ¶彼の言動は人々の注目を～めた tā de yánxíng yǐn rén zhùmù(他的言行引人注目).

あつもの【羹】 gēng(羹), gēngtāng(羹汤). ¶～に懲りてなますを吹く chéng gēng chuī jī(惩羹吹齑).

あつらえ【誂】 dìng(定), dìngzuò(定做). ¶特別の～の本棚 tèbié dìngzuò de shūjià(特别定做的书架).

あつらえむき【誂向き】 héshì(合适), shìhé(适合). ¶これは彼女に～のプレゼントだ zhè zuò tā de lǐwù zài qiàdàng búguò le(这件她的礼物再恰当不过了). ¶この仕事は彼にお～だ zhège gōngzuò duì tā zhèng héshì(这个工作对他正合适).

あつら・える【誂える】 dìng(定), dìngzuò(定做). ¶スーツを1着～える dìngzuò yí tào xīfú(定做一套西服). ¶料理を～える dìng cài(定菜)/ diǎn cài(点菜).

あつりょく【圧力】 yālì(压力). ¶～を加える jiā yālì(加压力). ¶財界が政府に～をかける cáijiè yàoqiú zhèngfǔ ˈshī[shījiā] yālì(财界向政府ˈ施[施加]压力).

¶～計 yālìbiǎo(压力表)/ yālìjì(压力计). ～鍋 yālìguō(压力锅)/ gāoyāguō(高压锅). ～団体 yālì jítuán(压力集团).

あつれき【軋轢】 qīngyà(倾轧). ¶両派のあいだには～が絶えない liǎngpài zhī jiān búduàn de xiānghù qīngyà(两派之间不断地相互倾轧).

あて【当】 **1**[目当て] mùdì(目的). ¶これといっ～もなしに街に出た màn wú mùdì de shàng jiē le(漫无目的地上街了). ¶山の中を～もなく何日もさまよった zài shānli xiāzǒule hǎo jǐ tiān(在山里瞎走了好几天).

2[見込み] zhuó(着), zhuóluò(着落) ¶就職の～がない jiùyè wúzhuó(就业无着). ¶彼は返せる～もないのに借金した tā méiyǒu chánghuán de bǎwò, què jièle qián(他没有偿还的把握, 却借了钱). ¶ボーナスが出ると思ったのに～が外れた wǒ yǐwéi yǒu jiǎngjīn, jiéguǒ què luòle kōng le(我以为有奖金, 结果却落了空了).

3[頼り] ¶いつまでも親を～にするな bié lǎo zhǐwàng fùmǔ(别老指望父母). ¶あいつの言う事は～にならない tā nàge rén shuō de ˈkàobuzhù[méi zhǔn shétou](他那个人说的ˈ靠不住[没准舌头]). ¶彼は～になる男だ tā shì ˈkàodezhù[kěkào] de rén(他是ˈ靠得住[可靠]的人). ¶山の天気は～にならない shānshang de tiānqì kàobuzhù(山上的天气靠不住).

-あて【宛】 **1**[…あたり] ¶みかんを1人～3個くばる júzi yí ge rén fēn sān ge(橘子一个人分三个).

2[名宛] ¶御注文は営業部～にお願いします qǐng xiàng yíngyèbù dìnggòu(请向营业部订购). ¶私～の手紙は来ていませんか yǒu méiyǒu wǒ de xìn?(有没有我的信?)

あてが・う **1**[与える] ¶子供に絵本を～う gěi háizi huàcè kàn(给孩子画册看). ¶それぞ

れに仕事を〜う gěi měige rén ānpái gōngzuò(给每个人安排工作). ¶日当りの悪い部屋を〜われた gěile wǒ yì jiān bèiyīn de fángjiān(给了我一间背阴的房间). ¶家畜に餌を〜う gěi shēngkou wèi sìliào(给牲口喂饲料)/ wèi shēngkou(喂牲口).

2〔当てる〕 ¶腕にそえ木を〜う wǎng gēbo shang gùdìng xiǎojiābǎn(往胳膊上固定小夹板). ¶受話器を耳に〜う bǎ tīngtǒng tiēzài ěrbiān(把听筒贴在耳边).

あてこす・る【当て擦る】 ¶彼は私のことをいろいろと〜って tā zhǐ sāng mà huáizhǐ jī mà gǒu] de shǔluò wǒ(他指桑骂槐[指鸡骂狗]地数落我). ¶それは私への〜りですか zhè shì zhǐ wǒ shuō de ma?(这是指我说的吗?).

あてこ・む【当て込む】 zhǐwàng(指望) ¶週末の行楽客を〜んでひともうけしようとした zhǐwàng zhōumò de yóukè, qǐtú duō zhuàn yì bǐ qián(指望周末的游客,企图多赚一笔钱).

あてさき【宛先】 shōujiànrén dìzhǐ(收件人地址), shōujiànrén xìngmíng(收件人姓名).

あてじ【当て字】 yīnyìzì(音译字), jièyòngzì(借用字).

あてずいりょう【当て推量】 xiācāi(瞎猜), húcāi(胡猜) ¶それはとんでもない〜だ nà jiǎnzhí shì húcāi(那简直是胡猜).

あてずっぽう【当てずっぽう】 xiācāi(瞎猜), húcāi(胡猜) ¶言ったら当った xiācāi jìng cāizhòng le(瞎猜竟猜中了).

あてど【当て所】 ¶難民達は〜もなくさまよった nànmín méiyǒu guīsù, dàochù liúlàng(难民没有归宿,到处流浪).

あてな【宛名】 ¶〜ははっきり書いて下さい qǐng bǎ shōujiànrén de xìngmíng, zhùzhǐ xiěqīngchu(请把收件人的姓名,住址写清楚).

アデノイド xiànyàngtǐ zēngzhí(腺样体增殖).

あてはま・る【当て嵌る】 ¶彼女の場合はこの規則に〜る zài tā de qíngkuàng, shìyòng yú zhège guīzé(就她的情况,适用于这个规则). ¶彼こそ天才という言葉が〜る tā kě shuō shì ge tiāncái(他可说是个天才)/ tā cái pèi chēngwéi tiāncái(他才配称为天才). ¶これは君にも〜ることなのだ nǐ yě bú shì lìwài de(你也不是例外的).

あては・める【当て嵌める】 shìyòng(适用), yìngyòng(应用) ¶規則に〜めて処理する shìyòng guīzé lái chǔlǐ(适用规则来处理). ¶この公式を〜める tào[tàoyòng] zhège gōngshì(套[套用]这个公式). ¶いろいろな訳語を〜めてみたがどうもしっくりしない yòng zhǒngzhǒng cíyǔ fānyì zǒng juéde bú shùn(用种种词语翻译总觉得不顺).

あでやか【艶やか】 jiāoyàn(娇艳), jiāoráo(娇娆), yāoráo(妖娆), ēnuó(婀娜), niǎonuó(袅娜), wǔmèi(妩媚), jiāomèi(娇媚), xiùmèi(秀媚) ¶〜な女性 jiāoyàn de nǚxìng(娇艳的女性). ¶〜な装い fúshí huálì(服饰华丽)/ huāzhī zhāozhǎn de dǎbàn(花枝招展的打扮).

あてどれる【当てられる】 ¶あの2人には〜すっかり〜れた kàndào tā liǎ nà gǔ rèhūjìnr zhēn jiào rén xiànmù(看到他俩那股热乎劲ㄦ真叫人羨慕).

あ・てる【当てる】 **1**〔ぶつける〕dǎ(打), jī(击). ¶ボールにバットをうまく〜てた yòng qiúbàng qiǎo jīle qiú(用球棒巧击了球). ¶馬に鞭を〜てる huī biān qū mǎ(挥鞭驱马).

2〔命中させる,適中させる〕 ¶矢を的に〜てる yòng jiàn shè bǎzi(用箭射靶子). ¶くじで特等を〜てた chōuzhòngle tèděngjiǎng(抽中了特等奖). ¶中に何が入っているか〜ててごらん lǐtou yǒu shénme, nǐ cāicai kàn(里头有什么,你猜猜). ¶競馬で大穴を〜てた sàimǎ zhòngle dàlěngmén(赛马中了大冷门). ¶彼は株で〜てた tā mǎimài gǔpiào fāle dàcái(他买卖股票发了大财).

3〔さらす〕¶布団を日に〜てる shài bèizi(晒被子). ¶光に〜てぬよう注意して下さい qǐng bìmiǎn yángguāng zhàoshè(请避免阳光照射). ¶主役にスポットライトを〜てる yòng jùguāngdēng zhàoshè zhǔjué(用聚光灯照射主角). ¶風に〜てて乾かす chuīfēng liànggān(吹风晾干). ¶折角のドレスを雨に〜てて台無しにした hǎohāo de lǐfú gěi yǔ líndé yìtāhútú(好好的礼服给雨淋得一塌糊涂).

4〔あてがう〕¶手を額に〜てる bǎ shǒu fàngzài nǎomen shang(把手放在脑门上). ¶耳に手を〜てて聞く shǒu fúzhe ěrduo tīng(手扶着耳朵听). ¶両手を腰に〜てて立っている liǎngshǒu chāzhe yāo zhànzhe(两手叉着腰站着). ¶座布団をお〜て下さい qǐng nǐ diànshàng diànzi(请你垫上垫子)/ qǐng yòng zuòdiànr ba(请用坐垫ㄦ吧). ¶頭を枕に〜てるとすぐ眠ってしまった tóu yī āi zhěntou, jiù shuìzháo le(头一挨枕头,就睡着了). ¶ズボンにつぎを〜てる gěi kùzi bǔ bǔdīng(给裤子补补丁). ¶定規を〜てて線を引く yòng chǐzi huà xiàn(用尺子画线). ¶受話器を耳に〜てる bǎ tīngtǒng tiēzài ěrduo(把听筒贴着耳朵).

5〔指名する〕¶生徒に〜てて答えさせる jiào xuéshēng huídá(叫学生回答). ¶先生に〜てられた bèi lǎoshī diǎnle míng(被老师点了名).

6〔充当する〕 chōngwéi(充为), dàngzuò(当做), chōngdàng(充当), chōngrèn(充任) ¶収入の2割を借金の返済に〜てる bǎ shōurù de liǎng chéng nálái huánzhài(把收入的两成拿来还债). ¶これを急場の用に〜てて下さい qǐng bǎ zhège zuòwéi yìngjí zhī yòng(请把这个作为应急之用). ¶1日8時間を睡眠に〜てる yì tiān bā xiǎoshí zuòwéi shuìmián de shíjiān(一天八小时作为睡眠的时间). ¶毎週水曜の午前を面会日に〜てる měi xīngqīsān shàngwǔ zhuōwéi huìkèrì(每星期三上午定为会客日). ¶2階を住いに〜てている lóushàng dàngzuò jūzhù de dìfang(楼上当做居住的地方). ¶2名を連絡係に〜てる pài liǎng ge rén dānrèn liánluò(派两个人担任联络). ¶ハムレットにはAを〜てよう ràng A chōngdàng[bànyǎn] Hànmǔléitè(让A充当[扮演]汉姆雷特).

あ・てる【宛てる】 ¶母に〜てて手紙を書く gěi mǔqin xiě xìn(给母亲写信).

あと【後】 1〔うしろ〕hòu（后），hòubian[r]（后边[儿]），hòumian[r]（后面[儿]），hòutou（后头）．¶犬が~からついて来る gǒu zài hòubian gēnzhe（狗在后边跟着）．¶客が忘れ物をしたのに気づいて~を追った fāxiàn kèrén wàngle dōngxi jǐnzhuīle qù（发现客人忘了东西紧追了去）．¶次の電車がすぐ~に来ています xià tàng che 'yǐngēnzhe jiù lái[gēn zài hòubian ne]（下趟车'紧跟着就来[跟在后边呢]）．¶これ以上は一歩も~へ引けない yí bù yě bùnéng zài ràng（一步也不能再让）．¶故郷を~にして10年になる líkāi gùxiāng yǐjīng yǒu shí nián le（离开故乡已经有十年了）．¶~に心を残して立ち去った yīyī-bùshě de zǒu le（依依不舍地走了）．

2〔のち〕hòu（后），yǐhòu（以后），hòulái（后来），ránhòu（然后）．¶詳しいことは~でお知らせします xiángqíng huítóu gàosu nǐ（详情回头告诉你）．¶食事の~で相談しよう fàn hòu zàishuō ba（饭后再说吧）．¶また~で huítóu jiàn!（回头见!）．¶君の出たすぐ~で李君が来た nǐ chūqu bù yíhuìr Xiǎo Lǐ jiù lái le（你出去不一会儿小李就来了）．¶難しい問題は~に回そう nánti gē yi gē zàishuō ba（难题搁一搁再说吧）．¶飯は~にして先に風呂に入ろう fàn nuóhòu chī, xiān xǐzǎo（饭挪后吃,先洗澡）．¶~から考えてみるとやはり彼の誤りだった hòulái yì xiǎng, háishi tā cuò le（后来一想,还是他错了）．¶私はすぐ~から行きます wǒ suíhòu jiù lái（我随后就来）．¶彼が一番~からやって来たのは是 tā shì zuìhòu yí ge lái de（他是最后一个来的）/ tā láide zuì wǎn（他来得最晚）．¶~1か月で卒業だ zài guò yí ge yuè jiù bìyè le（再过一个月就毕业了）．¶そんな事をすると~が恐いぞ nǐ nàyàng gàn, kě yào dāngxīn hòuguǒ ya（你那样干,可要当心后果呀）．¶もう~がないのだから失敗は許されない zài yě méiyǒu 'dì'èr cì[hòulù] le, jué bùnéng shībài（再也没有'第二次[后路]了,决不能失败）．¶この問題は~を引きそうだ zhège wèntí kànlai yào tuō ge wěiba（这个问题看来要拖个尾巴）．¶その失敗が~~まで響いた nà cì shībài yìzhí yǐngxiǎng dào yǐhòu（那次失败一直影响到以后）．¶あそこへ行ったのは~にも先にもそれ一度きりだ nàge dìfang jǐnjǐn qùguo yí tàng（那个地方仅仅去过一趟）．¶~は野となれ山となれ hòushì yǔ wǒ hégān!（后事与我何干!）/ guān bù xiū yá, kè bù xiū diàn（官不修衙,客不修店）．

3〔次〕xià（下）．¶~はどなたですか xià yí wèi shì shuí?（下一位是谁?）．¶~から注文の電話が殺到した dìngòu de diànhuà jiēlián ér lái（订购的电话接连而来）．¶~から~から人が詰め掛ける rénmen jiēzhǒng ér lái（人们接踵而来）．

4〔残り, ほか〕qítā（其他），cǐwài（此外）．¶~は皆さんで分けて下さい shèngxia de qǐng dàjiā fēn ba（剩下的请大家分吧）．¶発車まで~いくらもない lí kāichē méi duōshao shíjiān le（离开车没多少时间了）．¶悪いのはこのここだけで~申し分ない bù hǎo de jiù zhè yí chù, qítā dōu hěn hǎo（不好的就这一处,其他都很好）．¶~意見はありませんか hái yǒu qítā yìjiàn ma?（还有其他意见吗?）．¶~は想像にまかせる qí hòu suí nǐ xiǎngxiàng le（其后随你想像了）．

5〔後事〕¶~を妻に託して国を出た tā bǎ hòu de shìqing tuōfù gěi qīzi jiù chūguó le（他把以后的事情托付给妻子就出国了）．¶"~を頼む"と言い残して死んだ tā shuōle jù "hòushì bàituō" jiù sǐ le（他说了句"后事拜托"就死了）．¶~の事は安心して下さい yǐhòu de shìqing qǐng fàngxīn ba（以后的事情请放心吧）．

6〔子孫〕¶その家は彼の代で~が絶えた tā jiā dào tā nà yí dài jiù juéhòu le（他家到他那一代就绝后了）．

あと【跡】 1〔痕跡〕hénjì（痕迹），hén（痕），jì（迹），yìn[r]（印[儿]），yìnzi（印子）．¶道路にタイヤの~がついている lùshàng yǒu chēlún de hénjì（路上有车轮的痕迹）．¶人の通った~が残っている yǒu rén zǒuguò de jiǎoyìn（有人走过的脚印）．¶床に血を拭った~がある dìbǎn shang yǒu cāguo xiě de hénjì（地板上有擦过血的痕迹）．¶ももに手術の~がある dàtuǐ shang yǒu dòngguo shǒushù de bānhén（大腿上有动过手术的瘢痕）．¶努力の~が認められる kěyǐ kànchū nǔlì de jiéguǒ（可以看出努力的结果）．¶巨大な石垣がかつての栄華の~をとどめていた jùdà de chéngyuán liúzhe dāngnián de fánhuá jìxiàng（巨大的城垣留着当年的繁华迹象）．

2〔行方〕zōngjì（踪迹），zōngyǐng（踪影）．¶彼は公金を横領して~をくらました tā dàoyòng gōngkuǎn hòu xiāoshēng-nìjì le（他盗用公款后销声匿迹了）．¶猟犬が獣の~を追って行く liègǒu zhuīzōng yěshòu（猎狗追踪野兽）．¶遂に~を見失ってしまった zhōngyú shīqùle zōngyǐng（终于失去了踪影）．

3〔跡目〕¶私はこの子に~を取らせるつもりだ wǒ dǎsuàn ràng zhège háizi jìchéng jiāyè（我打算让这个孩子继承家业）．¶父の~をついで医者になる jìchéng fùyè dāng yīshēng（继承父业当医生）．

4 ¶会場へ向かう人が~を絶たない dào huìchǎng qù de rén luòyì bùjué（到会场去的人络绎不绝）．¶選挙違反が~を絶たない wéifǎn xuǎnjǔfǎ de 'céngchū-bùqióng[céngjiàn-diéchū]（违反选举法的'层出不穷[层见迭出]）．

あとあし【後足】 hòuzhī（后肢），hòutuǐ（后腿），hòutí（后蹄）．¶~で砂をかけるようなことをするな bù xǔ zuò gōnghé chāiqiáo nà zhǒng quēdé de shì（不许做过河拆桥那种缺德的事）．

あとあじ【後味】 huíwèi（回味）．¶口に酸っぱい~が残った chī hòu huíwèi yǒuxiē suān（吃后回味有些酸）．¶考えれば考えるほど~が悪い yuè xiǎng yuè bú shì 'wèir[zīwèir]（越想越不是'味儿[滋味儿]）．

あとおし【後押し】 1 ¶坂道で荷車の~をする zài pōdào shang bāng rén tuī bǎnchē（在坡道上帮人推板车）．

2〔後援〕chēngyāo(撑腰); kàoshān(靠山), hòutái(后台), hòudùn(后盾), zhīyuánzhě(支援者), zhīchízhě(支持者). ¶私が君の～をする wǒ zhīyuán nǐ(我支援你)/ wǒ gěi nǐ chēngyāo(我给你撑腰). ¶彼には強力な～がついている tā yǒu qiángyǒulì de kàoshān(他有强有力的靠山).

あとがき【後書】hòujì(后记); báyú(跋语).
あとかた【跡形】hénjì(痕迹), jìhén(迹痕). ¶その城壁は今～もない nà zuò chéngqiáng xiànzài liánge hénjì dōu méiyǒu le(那座城墙现在连个痕迹都没有了). ¶金庫の金～もなく消え失せていた bǎoxiǎnxiāng li de qián bú yì ér fēi le(保险箱里的钱不翼而飞).
あとかたづけ【跡片付け】shōushi(收拾), shíduo(拾掇), guīzhe(归着), guīzhì(归置). ¶焼跡の～をする shōushi huǒchǎng(收拾火场). ¶食事のあとの～ fànhòu shōushi shuāxǐ wǎnkuài(饭后收拾刷洗碗筷). ¶遊んだらちゃんと～をしなさい wánrwánle yào guīzhe hǎo(玩儿完了要归着好).
あとがま【後釜】¶B氏がA社長の～にすわった B xiānsheng jìrèn A zǒngjīnglǐ dāngshàngle dìyībǎshǒu(B先生继任A总经理当上了第一把手). ¶～が決った jìhòu quèdìng le(继后确定了).
あとくされ【後腐れ】¶～のないように片を付ける chèdǐ jiějué, bù liú huògēn(彻底解决,不留祸根).
あとくち【後口】1→あとあじ.
2〔後の分〕¶その仕事は～にしよう bǎ nàge gōngzuò nuóhòu ba(把那个工作挪后吧).
あどけな・い ¶子供の～い寝顔 xiǎoháizi de tiānzhēn wúxié de shuìliǎn(小孩子的天真无邪的睡脸). ¶顔にまだ～さが残っている liǎnshang hái liúzhe wáwaxiàng(脸上还留着娃娃相).
あとさき【後先】qiánhòu(前后), xiānhòu(先后). ¶話の～が合わない shuōde qiánhòu bùfú(说得前后不符)/ qiányán bù dā hòuyǔ(前言不搭后语). ¶話は～になりますが～ huà qiánhòu búdìng …(话前后不定…)/ huà huòxǔ xiānhòu diāndǎo …(话或许先后颠倒…). ¶～の考えもなく会社をやめた búgù qiánhòu, cíqùle gōngsī de zhíwù(不顾前后,辞去了公司的职务).
あとしまつ【跡始末】1→あとかたづけ.
2〔事後処理〕shànhòu(善后). ¶戦争の～がまだついていない zhànzhēng de shànhòu shìyí hái méi wán(战争的善后事宜还没完). ¶父が借金の～をしてくれた fùqin bǎ zhàiwù tì wǒ huánqīng le(父亲把债务替我还清了).
あとずさり【後退り】dàotuì(倒退), hòutuì(后退). ¶私は思わず2,3歩～した wǒ bùyóude wǎng hòu dàotuìle jǐ bù(我不由自主往后倒退了几步).
あとち【跡地】¶工場の～ gōngchǎng chāichú hòu de chǎngdì(工厂拆除后的场地). ¶基地の～利用 jīdì chèchú hòu de lìyòng(基地撤除后的利用).

あとつぎ【跡継ぎ】hòusì(后嗣), jìzǐ(继子), chéngrén(继承人), hòujìzhě(后继者), jiēbānrén(接班人). ¶兄の子供を養子にして～にする bǎ gēge de érzi guòjì lái zuòwéi jìchéngrén(把哥哥的儿子过继来为继承人). ¶師匠の～が決った shīfu de hòujìzhě quèdìng le(师父的后继者确定了).
あとどり【跡取り】→あとつぎ.
あとのまつり【後の祭】mǎhòupào(马后炮), zéi zǒu guān mén(贼走关门). ¶今更悔やんでも～だ xiànzài hòuhuǐ yě wǎn le(现在后悔也晚了)/ shì dào rújīn, hòuhuǐ mò jí(事到如今,后悔莫及)/ zǎo zhī jīnrì, hébì dāngchū(早知今日,何必当初).
アドバイス zhōnggào(忠告), zhōngyán(忠言), quàngào(劝告), jìnyán(进言), jiànyì(建议), yìjiàn(意见).
あとばらい【後払い】hòufù(后付). ¶代金は～で結構です huòkuǎn hòufù yě xíng(货款后付也行).
アドバルーン guǎnggào qìqiú(广告气球).
アトピー yíchuánxìng tèyì guòmǐnzhèng(遗传性特异过敏症). ¶～性皮膚炎 yíchuán guòmǐnxìng píyán(遗传过敏性皮炎).
あとまわし【後回し】¶厄介なことは～にしよう máfan de shìqing gē hòutou ba(麻烦的事情搁后头吧). ¶呼ばれた時いなかったので～にされた jiàodào wǒ shí wǒ méi zài, gěi gē dào hòumian qù le(叫到我时我没在,给搁到后面去了).
アトム yuánzǐ(原子).
あとめ【跡目】¶家の～をつぐ jìchéng jiāmén(继承家门). ¶～を定める dìng jìchéng[hòujì]rén(定[继承]继承人).
あともどり【後戻り】¶物を落したのに気付いてすぐ～した fājué diàole dōngxi jiù fǎnhuíqu le(发觉掉了东西就返回去了). ¶技術が～した jìshù tuìbù[dàotuì] le(技术退步[倒退/后退]了). ¶病気が～した bìng yòu chóngluo le(病又重落了). ¶歴史を～させることはできない lìshǐ kāi bù lǐshǐ de dǎochē(决不能开历史的倒车)/ lìshǐ de chēlún bùnéng dàozhuàn(历史的车轮不能倒转)/ jué bù néng zài zǒu huítóulù(决不能再走回头路).
アトラクション yúlè huódòng(娱乐活动). ¶集会の～に映画を上映する wèile xīyǐn rén cānjiā jìhuì, tèbié fàngyìng diànyǐng(为了吸引人参加集会,特别放映电影).
アトリエ gōngzuòshì(工作室); huàshì(画室), diāokèshì(雕刻室), shèyǐngshì(摄影室).
アドリブ jíxìng biǎoyǎn(即兴表演).
アドレス 1〔住所〕dìzhǐ(地址), zhùzhǐ(住址).
2〔ゴルフ〕zhǔnbèi jīqiú zīshì(准备击球姿势), āiqiúshì(挨球式).
アドレナリン shènshàngxiànsù(肾上腺素).
あな【穴】1 kēng(坑), xué(穴), dòng(洞), kūlong(窟窿), yǎnr(眼儿), kūlongyǎnr(窟窿眼儿), kǒng(孔), kǒngyǎn(孔眼), kǒngxì(孔隙), kǒngxué(孔穴). ¶地面に～を掘る zài dì-

shang wā yí ge kēng(在地上挖一个坑). ¶道は〜だらけだ lùshàng ˇmǎn shì kēng[kēngkeng wāwā de](路上˙满是坑[坑坑注注的]). ¶靴下に〜があいた wàzi pòle ge dòng(袜子破了个洞)/ 〜を磨かた kūlongyǎnr(袜子磨了个窟窿眼ㄦ). ¶胃壁に〜があいた wèibì chuānle ge kǒng(胃壁穿了个孔). ¶虫が書物に〜をあけた shūdù shàng shūshang zhùle kǒng(书蠹在书上蛀了孔). ¶氷に〜をあけて魚を釣る zài bīngshang záo yí ge kūlong diàoyú(在冰上凿一个窟窿钓鱼). ¶鼠が壁に〜をあけた lǎoshǔ zài qiángshang yǎole yí ge kūlong(老鼠在墙上咬了一个窟窿). ¶錐で板に〜をあけるんだ ná zhuīzi zài mùbǎn shang zuān ge yǎnr(拿锥子在木板上钻个眼ㄦ). ¶虫歯の〜を詰める tiánbǔ chóngyá zhùdòng(填补虫牙蛀洞). ¶鼻の〜 bíkǒng(鼻孔)/ bíziyǎnr(鼻子眼ㄦ). ¶耳の〜 ěrkǒng(耳孔)/ ěrduoyǎnr(耳朵眼ㄦ). ¶私は〜があれば入りたかった wǒ xiūde hěnbude zhǎo ge dìfeng zuānjìnqu(我羞得恨不得找个地缝钻进去). ¶〜のあくほど顔を見つめる zhí dīngzhe liǎn(直盯着脸).

2[獣の巣] **dòng**(洞), **xué**(穴). ¶狐が〜にもぐりこんだ húli zuānjìn dòngli qù le(狐狸钻进洞里去了). ¶春になって熊が〜から出て来た dàole chūntiān, gǒuxióng cóng dòngli páchulai le(到了春天, 狗熊从洞里爬出来了).

3[欠損, 欠員, 弱点] ¶帳簿に 100 万円の〜をあけた zhàngbùshang chūxiànle yìbǎi wàn rìyuán de kuīkong(账簿上出现了一百万日元的亏空). ¶貯金をおろして〜を埋める tíqǔ cúnkuǎn míbǔ kuīkong(提取存款弥补亏空). ¶委員に〜があいた wěiyuán yǒule kòngquē(委员有了空缺). ¶警戒網に〜があいた jǐngjièwǎng jìngshì lòudòng(警戒网净是漏洞).

4[競馬などの] ¶一発を狙う yā lěngménr xiǎng dà lāo yì bǐ(压冷门ㄦ想大捞一笔). ¶〜を当てた yāzhòngle lěngmén(压中了冷门).

アナーキー wúzhèngfǔ zhuàngtài(无政府状态), wúzhìxù(无秩序).

アナーキズム wúzhèngfǔzhǔyì(无政府主义), ānnàqízhǔyì(安那其主义).

あなうめ【穴埋め】 míbǔ(弥补), tiánbǔ(填补). ¶借金して赤字の〜をする jièzhài míbǔ chìzì(借债弥补赤字).

アナウンサー guǎngbōyuán(广播员), bōyīnyuán(播音员).

アナウンス guǎngbō(广播). ¶飛行機の到着が〜された guǎngbōle fēijī dàodá de xiāoxi(广播了飞机到达的消息).

あながち bù yídìng(不一定), wèibì(未必). ¶彼の話も〜嘘ではなさそうだ kànlai tā shuō de wèibì shì huǎnghuà(看来他说的未必是谎话). ¶彼のしたことは〜悪いとは言えない tā zuò de bújiàn de shì bú duì(他做的不见得是不对).

あなかんむり【穴冠】 xuébǎogàir(穴宝盖ㄦ).

あなぐま【穴熊】 huān(獾), gǒuhuān(狗獾), zhūhuān(猪獾), shāhuān(沙獾).

あなぐら【穴蔵】 dìjiào(地窖), dìyìnzi(地窨子).

あなご【穴子】 xīngmán(星鳗), fěnpíyú(粉皮鱼), bōlíyú(玻璃鱼).

あなた【貴方】 nín(您), nǐ(你), nǎi(傢), nóng(侬), 〜がた nǐmen(你们)/ gè wèi(各位), zhūwèi(诸位).

あなたまかせ【貴方任せ】 ¶彼女は何事も〜だ tā shénme shì dōu kào rén zuòzhǔ(她什么事都靠人做主). ¶〜で自主性のない生き方 suíbō-zhúliú, méiyǒu zhǔjiàn de shēnghuó tàidu(随波逐流, 没有主见的生活态度).

あなど・る【侮る】 kànbuqǐ(看不起), qiáobuqǐ(瞧不起), xiǎokàn(小看). ¶相手を若輩とみて〜る kàn duìfāng niánqīng ér qiáobuqǐ(看对方年轻而瞧不起). ¶敵を〜ってはいけない bùkě qīng dí(不可轻敌). ¶なかなか〜り難い腕前だ tā de běnlǐng bùkě xiǎokàn(他的本领不可小看).

あなば【穴場】 ¶釣の〜 diàoyú bù wéi rén zhī de hǎo chǎngsuǒ(钓鱼不为人知的好场所). ¶秋の行楽の〜 qiūyóu bù wéi zhòngrén suǒ zhī de hǎo dìfang(秋游不为众人所知的好地方).

アナログ mónǐ(模拟). ¶〜コンピューター mónǐ jìsuànjī(模拟计算机). 〜データ mónǐ shùjù(模拟数据).

あに【兄】 **1** gēge(哥哥), xiōngzhǎng(兄长); jiāxiōng(家兄). ¶1 番上の〜 dàgē(大哥). ¶1 番下の〜 zuì xiǎo de gēge(最小的哥哥)/ xiǎogēge(小哥哥). **2** →ぎけい.

あにでし【兄弟子】 shīxiōng(师兄), shīgē(师哥).

アニミズム wànwùyǒulínglùn(万物有灵论).

アニメーション dònghuàpiàn(动画片), dònghuàpiānr(动画片ㄦ).

あによめ【兄嫁】 sǎozi(嫂子), sǎosao(嫂嫂).

アニリン běn'àn(苯胺), ānílín(阿尼林). ¶〜染料 běn'àn rǎnliào(苯胺染料).

あね【姉】 **1** jiějie(姐姐). ¶1 番上の〜 dàjiě(大姐). ¶1 番下の〜 zuì xiǎo de jiějie(最小的姐姐)/ xiǎojiějie(小姐姐). **2** →ぎし(義姉).

あねったい【亜熱帯】 yàrèdài(亚热带), fùrèdài(副热带).

あの nà・nèi(那), nàge・nèige(那个). ¶〜建物が私達の学校です nà zuò jiànzhùwù shì wǒmen xuéxiào(那座建筑物是我们学校). ¶〜件はどうなりましたか nà jiàn shì zěnmeyàng le?(那件事怎么样了?). ¶〜時はああするよりほかなかった nà shí zhǐhǎo nàme zuò, bié wú tā fǎ(那时只好那么做, 别无他法). ¶〜頃は 2 人ともまだ若かった nà shí[nà shíhou/ nà huìr] wǒmen dōu hái niánqīng(那时[那时候/那会ㄦ] 我们都还年轻).

あのよ【彼の世】 huángquán(黄泉), jiǔquán(九泉); bǐ'àn(彼岸); láishì(来世). ¶彼もついに〜に行った tā zhōngyú ˇmìng fù huángquán[shàng xītiān/ huí lǎojiā]le(他终于˙命赴黄泉[上西天/回老家]了).

アノラック dēngshānfú(登山服), fēngxuěyī

(风雪衣), huáxuěshān (滑雪衫).

アパート gōngyù (公寓), gōnggòng zhùzhái (公共住宅).

アバウト ¶ あまりにも〜な話で呆れた méitóuméinǎo de huà jiǎnzhí jiào rén wú huà kě shuō le (没头没脑的话简直叫人无话可说了). ¶ 〜な人 cūxīn mǎhu de rén (粗心马虎的人).

あば・く【暴く】 **1**【暴露する】jiēlù (揭露), jiēfā (揭发), jiēchuān (揭穿), chāichuān (拆穿), chuōchuān (戳穿). ¶ 他人の秘密を〜く jiēlù tārén de mìmì (揭露他人的秘密). ¶ 陰謀を〜く jiēchuān yīnmóu (揭穿阴谋). ¶ 正体を〜く jiēchuān zhēnmiànmù (揭穿真面目). ¶ 罪を〜く jiēfā zuìxíng (揭发罪行).
2 ¶ 墓を〜く páo fén (刨坟)/ jué mù (掘墓)/ dào mù (盗墓).

あばずれ【阿婆擦れ】 diāofù (刁妇), pōfù (泼妇).

あばた【痘痕】 mázi (麻子). ¶ 〜づら máliǎn (麻脸). ¶ 〜もえくぼ qíngrén yǎnli chū Xīshī (情人眼里出西施).

あばら【肋】 lèigǔ (肋骨), lèibǎgǔ (肋巴骨), lèitiao (肋条). ¶ やせて〜が出てきた shòude lèigǔ dōu lùchulai le (瘦得肋骨都露出来了). ¶ 〜骨を折った duànle lèigǔ (断了肋骨).

あばらや【あばら家】 máowū (茅屋), máoshè (茅舍). ¶ 住む人もない〜 méi rén zhù de pòfángzi (没人住的破房子).

アパルトヘイト zhǒngzú gélí (种族隔离).

あば・れる【暴れる】 nào (闹). ¶ 注射を怖がって子供が〜れる háizi pà dǎzhēn dàjiào dànào (孩子怕打针大叫大闹). ¶ 酒に酔って〜れる sā jiǔfēngr (撒酒疯儿). ¶ 暴徒が町中で〜れまわっている bàotú dàochù húzuò-fēiwéi (暴徒到处胡作非为). ¶ 台風が大暴れした〜れた táifēng guāde tiānfān-dìfù (台风刮得天翻地覆). ¶ 彼は若い頃政界で大いに〜れた tā niánqīng shí céng zài zhèngjiè dà xiǎn shēnshǒu (他年轻时曾在政界大显身手).

アパレル chéngyī (成衣), chéngfú (成服). ¶ 〜産業 chéngyī chǎnyè (成衣产业).

あばれんぼう【暴れん坊】 ¶ 彼は小さい頃大変な〜だった tā xiǎoshíhour fēicháng wánpí (他小时候儿非常顽皮). ¶ 財界の〜 gōngshāngjiè de hǔjiàng (工商界的虎将).

アピール **1**【呼びかけ】hūyù (呼吁). ¶ 原水爆禁止の〜 hūyù jìnzhǐ héwǔqì (呼吁禁止核武器). ¶ 世界平和への〜 hūyù shìjiè hépíng (呼吁世界和平).
2【魅力】¶ セックス〜がある fùyǒu xìngmèilì (富有性魅力). ¶ この絵は〜するものがある zhè fú huà dòng rén xīnxián (这幅画动人心弦).
3【スポーツ】¶ 審判に〜する xiàng cáipàn tíchū yìyì (向裁判提出异议).

あびきょうかん【阿鼻叫喚】 ¶ 事故現場は〜の巷(ちまた)と化した shìgù xiànchǎng jiǎnzhí xiàng shì rénjiān dìyù (事故现场简直像是人间地狱).

あひさん【亜砒酸】 yàshēnsuān (亚砷酸).

あび・せる【浴びせる】 pō (泼). ¶ 頭から水を〜せる wǎng tóushang pō lěngshuǐ (往头上泼冷水). ¶ 冷水を〜せられたように背筋がぞっとした jiāole yìshēn lěngshuǐ shìde dǎle ge lěngzhan (浇了一身冷水似的打了个冷战). ¶ 敵に集中砲火を〜せる xiàng dírén fāchū měngliè pàohuǒ (向敌人发出猛烈炮火). ¶ 悪口雑言を〜せる pōkǒu dàmà (破口大骂)/ dà shēng mànmà (大声漫骂). ¶ 記者達は質問を〜せかけた jìzhěmen lǐ'ěr-liánsān de tíchū wèntí (记者接二连三地提出问题).

あひる【家鴨】 yāzi (鸭子), jiāyā (家鸭). ¶ 〜が鳴いている yāzi ˇgāgā[guāguā] de jiàozhe (鸭子ˇ嘎嘎[呱呱]地叫着). ¶ 〜の子 xiǎoyā (小鸭)/ chúyā (雏鸭)/ yāhuáng (鸭黄). ¶ 〜の卵 yādàn (鸭蛋)/ yāzǐr (鸭子儿). ¶ 〜の丸焼き kǎoyā (烤鸭).

あ・びる【浴びる】 lín (淋), yù (浴); shài (晒). ¶ シャワーを〜びる xǐ línyù (洗淋浴). ¶ ひと風呂〜びる xǐ ge zǎo (洗个澡). ¶ 水を〜びる chōng liáng (冲凉). ¶ 朝日を〜びて露が輝く zhāoyáng yìngshè, lùzhū shǎnshǎn fāguāng (朝阳映射, 露珠闪闪发光). ¶ ほこりを〜びて髪が真白になった tóufa zhānmǎnle chéntǔ dōu biàn bái le (头发沾满了尘土都变白了). ¶ 敵の砲火を〜びる zāodào dírén de pàohuǒ (遭到敌人的炮火). ¶ 嵐のような拍手を〜びる bódé bàofēngyǔ bānde zhǎngshēng (博得暴风雨般的掌声). ¶ 彼の行為はごうごうたる非難を〜びた tā de xíngwéi shòudào qiángliè de qiǎnzé (他的行为受到强烈的谴责).

あぶ【虻】 méng (虻), niúméng (牛虻).

アフガニスタン Āfùhàn (阿富汗).

あぶく【泡】 →あわ (泡).

あぶくぜに【泡銭】 ¶ ばくちで儲けた〜 dǔqián fā de hèngcái (赌钱发的横财).

アブサン kǔ'àijiǔ (苦艾酒), yāxiānjiǔ (鸭先酒).

アフターケア bìnghòu tiáoyǎng (病后调养), shùhòu tiáoyǎng (术后疗养).

アフターサービス shòuhòu fúwù (售后服务).

あぶな・い【危ない】 **1**【危険だ】wēixiǎn (危险), xuán (悬). ¶ 〜い! ā, wēixiǎn! (啊, 危险!). ¶ そんな所に登っては〜い pāndēng nàyàng de dìfang kě wēixiǎn (攀登那样的地方可危险). ¶ あの病人はもう〜い nàge bìngrén kànlai shēngmìng nánbǎo le (那个病人看来生命难保了). ¶ 彼の命が〜い tā shēngmìng yǒu wēixiǎn (他生命有危险). ¶ あの会社は〜いらしい tīngshuō nà jiā gōngsī yào huáng le (听说那家公司要黄了). ¶ 〜いところを助かった qiānjūn-yīfà xìngmiǎn yú nàn (千钧一发幸免于难)/ chà yìdiǎnr sàngle mìng (差一点儿丧了命). ¶ 彼は数々の〜い橋を渡ってきた tā shì lǚ jīng fēngxiǎn de guòláirén (他是屡经风险的过来人).
2【怪しい】kàobuzhù (靠不住), bù kěkào (不可靠). ¶ その話はどうも〜い nà huà kě kàobuzhù (那话可靠不住). ¶ 彼の中国語はどうか〜いものだ tā de Zhōngguóhuà tōng bu tōng dōu hěn nánshuō (他的中国话通不通都很难说).

あぶなげ【危なげ】 ¶ あの人のやることは〜がない

アブノーマル　yìcháng de（异常的）, biàntài de（变态的）, bìngtài de（病态的）.

あぶはちとらず【虻蜂取らず】　jīfēi-dàndǎ（鸡飞蛋打）, liǎngtóu luòkōng（两头落空）. ¶欲ばって～になる yàoshi tān duō le, jiù yào tōu jī bù zháo shí bǎ mǐ le（要是贪多了, 就要偷鸡不着蚀把米了）.

あぶみ【鐙】　dèng（镫）, dèngzi（镫子）, mǎdèng（马镫）.

あぶら【油・脂】　yóu（油）. ¶ミシンに～をさす gěi féngrènjī shàng yóu（给缝纫机上油）. ¶～が切れてきしむ méi yóu le, gēzhī-gēzhī de xiǎng（没油了, 咯吱咯吱地响）. ¶にらを～で炒める yòng yóu chǎo jiǔcài（用油炒韭菜）. ¶この牛肉は～が多い zhè niúròu hěn 'féi[fēi-shi]（这牛肉很'肥[肥实]）. ¶鯛(ﾀｲ)の～がのっていてうまい shādīngyú féishi fēicháng hǎochī（沙丁鱼肥实非常好吃）. ¶彼は今仕事に～がのっている tā gōngzuò xiànzài zhèngdāng déxīn-yìngshǒu（他工作现在正当得心应手）. ¶土日返上で働こうという～が切れた lǐbàiliù, lǐbàitiān yě bù xiūxi liánrì gōngzuò, zhōngyú 'lèipā[kuǎ/chēngbuzhù] le（礼拜六, 礼拜天也不休息连日工作, 终于'累趴[垮/撑不住]了）. ¶海は～を流したように静かだ hǎimiàn bō píng rú jìng（海面波平如镜）. ¶おやじに散々～をしぼられた bèi fùqin gěi hěnhěn de zhěngle yí dùn（被父亲给狠狠地整了一顿）. ¶それでは火に～を注ぐようなものだ yàoshi nàyàng, děngyú huǒshàng jiāo yóu le（要是那样, 等于火上浇油了）. ¶おおかた途中で～を売っているのだろう dàgài yòu zài lùshang móceng le（大概又在路上磨蹭了）.

あぶらあし【脂足】　hànjiǎo（汗脚）.

あぶらあせ【脂汗】　xūhàn（虚汗）. ¶額に～がにじむ éshang shènchū xūhàn（额上渗出虚汗）.

あぶらえ【油絵】　yóuhuà（油画）.

あぶらかす【油粕】　yóubǐng（油饼）, kūbǐng（枯饼）, yóukū（油枯）, dòubǐng（豆饼）.

あぶらがみ【油紙】　yóuzhǐ（油纸）.

あぶらぎ・る【脂ぎる】　～った四十男 féitóu yóuliǎn sìshí kāiwài de nánrén（肥头油脸四十开外的男人）.

あぶらけ【油気・脂気】　¶～のないさばさばした髪 méiyǒu yóuxìng, péngsōng de tóufa（没有油性, 蓬松的头发）.

あぶらげ【油揚】　zhádòufu（炸豆腐）.

あぶらしょう【脂性】　¶～の肌 zhīyóuxìng de pífū（脂油性的皮肤）.

あぶらぜみ【油蟬】　dàhètiáo（大褐蜩）.

あぶらっこ・い【脂っこい】　yóunì（油腻）. ¶～いものは嫌いだ wǒ bù xǐhuan chī yóunì de dōngxi（我不喜欢吃油腻的东西）. ¶～い料理 yóuxìng dà de cài（油性大的菜）.

あぶらで【脂手】　hànshǒu（汗手）.

あぶらな【油菜】　yóucài（油菜）, yúntái（芸薹）.

あぶらみ【脂身】　féiròu（肥肉）. ¶豚の～ féiròu（肥肉）/ bǎnyóu（板油）/ zhīyóu（脂油）.

あぶらむし【油虫】　【ありまき】yá（蚜）, yáchóng（蚜虫）, nìchóng（膩虫）;［ごきぶり］zhāngláng（蟑螂）, fěilián（蜚蠊）.

アフリカ　Fēizhōu（非洲）. ¶～象 Fēizhōuxiàng（非洲象）.

アプリケーションソフト　yìngyòng ruǎnjiàn（应用软件）.

あぶりだし【炙り出し】　kǎomòzhǐ（烤墨纸）.

あぶ・る【炙る】　kǎo（烤）, hōng（烘）, bèi（焙）, hōnggāo（烘烤）. ¶餅を～って食べる kǎo niángāo chī（烤年糕吃）. ¶着物を火に～って乾かす bǎ yīfu 'kǎogān[hōnggān]（把衣服'烤干[烘干]）. ¶火鉢で手を～る zài huǒpén shang 'hōng[nuǎn] shǒu（在火盆上'烘[暖]手）.

あふ・れる【溢れる】　yìchū（溢出）, yàngchū（漾出）, mànchū（漫出）, mànyì（漫溢）, mànliú（漫流）, héngyì（横溢）, héngliú（横流）. ¶風呂の水が～れた xǐzǎoshuǐ yàngchulai le（洗澡水漾出来了）. ¶大雨で川が～れた dàyǔ xiàde héshuǐ mànchulai le（大雨下得河水漫出来了）. ¶グラスに～れるほど酒をつぐ wǎng bēizi mǎnmǎn zhēn yì bēi jiǔ（往杯子满满斟一杯酒）. ¶彼女の目から涙が～れた cóng tā de yǎn li yǒngchūle lèishuǐ（从她的眼里涌出了泪水）/ tā yǎnlèi 'duó kuàng ér chū[wāngwāng]（她眼泪'夺眶而出[汪汪]）. ¶道路には車が～れている lùshang jǐmǎnle hěn duō chē（路上挤满了很多车）. ¶会場には人が～れている huìchǎng shang rénshān-rénhǎi de（会场上人山人海的）. ¶若者達の元気～る歌声 qīngniánmen zhāoqì péngbó de gēshēng（青年们朝气蓬勃的歌声）. ¶魅力～れる人物 chōngmǎn mèilì de rénwù（充满魅力的人物）.

あふ・れる　¶仕事に～れた láobudào huór gàn（捞不到活儿干）.

アプローチ　1【研究】　¶歴史的な観点から～する yóu lìshǐxìng de guāndiǎn rùshǒu（由历史性的观点入手）.
2【建築】guòdào（过道）.
3【ゴルフ】dǎ jiējìnqiú（打接近球）.
4【スキー】zhùhuápō（助滑坡）.
5【登山】dēngshān xíngchéng（登山行程）, dēngshān xíngjìn lùxiàn（登山行进路线）.

あべこべ　fǎn（反）, xiāngfǎn（相反）, diāndǎo（颠倒）, dàoguòr（倒过儿）; fǎn（反）, dào（倒）, fǎndào（反倒）, fǎn'ér（反而）. ¶それでは順序が～だ nàyàng cìxù kě diāndǎo le（那样次序可颠倒了）. ¶～の方向の電車に乗ってしまった zuòle fāngxiàng xiāngfǎn de diànchē（坐了方向相反的电车）. ¶靴を～にはく bǎ xié chuānfǎn le（把鞋穿反了）. ¶彼の言う事は事実と～だ tā suǒ shuō de wánquán diāndǎole hēibái（他所说的完全颠倒了黑白）. ¶ほめられるつもりが～に叱られた yǐwéi huì dédào kuājiǎng fǎndào áile yí dùn mà（以为会得到奖反倒挨了一顿骂）.

アベック　qínglǚ（情侣）. ¶たくさんの～が散歩している hěn duō nánnǚ shuāngshuāng sànzhe bù（很多男女双双散着步）.

アベレージ　**1** píngjūn(平均), biāozhǔn(标准).
　2〖打率〗jīqiúlǜ(击球率).
あへん【阿片】　yāpiàn(鸦片・雅片), dàyān(大烟), āpiàn(阿片), āfúróng(阿芙蓉); yāntǔ(烟土). ¶~を吸う chōu dàyān(抽大烟).
　¶~窟 yāpiànyānguǎn(鸦片烟馆) / dàyānguǎn(大烟馆). ~戦争 Yāpiàn Zhànzhēng(鸦片战争). ~中毒 yāpiàn zhòngdú(鸦片中毒).
あほう【阿呆】　dāizi(呆子), shǎzi(傻子), shǎguā(傻瓜), húndàn(浑蛋), chǔncài(蠢材), chǔnhuò(蠢货), bèndàn(笨蛋). ¶あいつは~だ nà jiāhuo shì ge shǎguā(那家伙是个傻瓜) / tā zhēn hún(他真浑). ¶この~! nǐ zhège chǔnhuò!(你这个蠢货!).
あほうどり【信天翁】　xìntiānwēng(信天翁).
あほらし・い【阿呆らしい】　¶~くて聞いてられないよ! húnhuà! shuí tīng!(浑话! 谁听!)/ jiǎnzhí shì wújí zhī tán!(简直是无稽之谈!).
あま【尼】　**1**〖比丘尼〗nígū(尼姑), gūzi(姑子); 〖修道女〗xiūnǚ(修女).
　2¶この~出てうせろ nǐ zhège chòu niángrmen, gěi wǒ gǔnchuqu(你这个臭娘ㄦ们, 给我滚出去).
あま【海女】　hǎinǚ(海女).
あま【亜麻】　yàmá(亚麻). ¶~仁油 yàmáyóu(亚麻油).
あまあし【雨脚】　yǔjiǎo(雨脚). ¶~が激しい yǔjiǎo rú má(雨脚如麻).
あま・い【甘い】　**1**〖甘味がある〗tián(甜). ¶この柿はとびきり~い zhège shìzi gàngkǒurtián(这个柿子岗口ㄦ甜). ¶私は~い物が好きだ wǒ ài chī tián de dōngxi(我爱吃甜的东西). ¶もう少し~くした方がおいしい zài nòngtián xiē jiù hǎochī le(再弄甜些就好吃了). ¶彼1人で~い汁を吸う tā yí ge rén chī tiántou(他一个人吃甜头).
　2〖塩気が少ない〗dàn(淡). ¶このスープは~い zhè tāng kǒuqīng(这汤口轻). ¶~ければ塩を足して下さい yàoshi dàn zài gē diǎnr yán(要是淡再掬点ㄦ盐).
　3〖甘美だ〗¶~い声で歌う yòng tiánměi róuhe de sǎngyīn chànggē(用甜美柔和的嗓音唱歌). ¶ジャスミンの~い香り xiānglíng[fēnfāng]de'fāngxiāng[fēnfāng](茉莉花的芳香[芬芳]). ¶~い言葉にだまされた shàngle'tiányán-mìyǔ[huāyán-qiǎoyǔ] de dàng(上了甜言蜜语[花言巧语]的当). ¶青春の~い思い出にひたる chénjìn zài qīngchūn de 'tiánmì [tiánměi]huíyì zhōng(沉浸在青春的甜蜜[甜美]回忆中).
　4〖厳しくない〗¶あの先生は点が~い nà wèi lǎoshī gěi fēn gěide kuān(那位老师给分给得宽). ¶父は末の妹には~い fùqin zuì chǒng'ài xiǎomèimei(父亲最宠爱小妹妹). ¶彼は女に~い tā duì nǚxìng hěn kuāndà(他对女性很宽大). ¶君の考えは~い nǐ de xiǎngfa tài'dānchún[tiānzhēn](你的想法太单纯[天真]). ¶身内には~くなりやすい duì zìjǐrén róngyì kuānzòng(对自己人容易宽纵). ¶君は世間を~く見ている nǐ bǎ shèhuì kànde tài jiǎndān le(你把社会看得太简单了). ¶俺を~く見るなよ nǐ bié xiǎokàn wǒ(你别小看我).
　5〖鈍い〗dùn(钝). ¶このナイフは刃が~い zhè dāozi tài dùn le(这刀子太钝了).
　6〖緩い〗sōng(松). ¶栓が~くすぐ抜けてしまう sāizi sōng róngyì diào(塞子松容易掉).
あま・える【甘える】　sājiāo(撒娇). ¶子供が母親に~える háizi gēn māma sājiāo(孩子跟妈妈撒娇). ¶犬が主人に~える gǒu xiàng zhǔrén yáowěi-tǎo'ài(狗向主人摇尾讨爱). ¶御好意に~えてそうさせていただきます chéng nín shèngqíng hòuyì, nàme wǒ jiù zūnmìng le(承您盛情厚意, 那么我就遵命了). ¶いつまでも人の親切に~えてはいられない bùnéng lǎo lái me yīlài rénjia de hòuyì(不能老那么依赖人家的厚意).
あまがえる【雨蛙】　yǔwā(雨蛙).
あまがさ【雨傘】　yǔsǎn(雨伞).
あまガッパ【雨合羽】　yǔyī(雨衣), yǔpī(雨披), yǔdǒupeng(雨斗篷).
あまから・い【甘辛い】　xiántián(咸甜). ¶山芋を~く煮つける xiántián wēi shānyao(咸甜煨山药).
あまぐ【雨具】　yǔjù(雨具).
あまくだり【天下り】　¶A取締役は大蔵省からの~だ A dǒngshì shì yóu cáizhèngbù "xiàfán" ér lái de(A董事是由财政部"下凡"而来的).
あまくち【甘口】　¶この酒は~だ zhè jiǔ shì tiánkǒu de(这酒是甜口的).
あまぐつ【雨靴】　yǔxuē(雨靴), yǔxié(雨鞋).
あまぐも【雨雲】　yǔyún(雨云). ¶~が低く垂れこめている wūyún chénchén(乌云低垂).
あまぐり【甘栗】　tángchǎo lìzi(糖炒栗子).
あまごい【雨乞い】　qiúyǔ(求雨).
あまざけ【甘酒】　jiāngmǐjiǔ(江米酒), jiǔniàng(酒酿), jiǔniángzi(酒娘子), láozāo[r](醪糟[ㄦ]).
あまざらし【雨曝し】　¶洗濯物が~になっている xǐ de yīfu zài yǔ lǐnzhe(洗的衣服叫雨淋着).
あまじお【甘塩】　¶~の鮭 wēixián de dàmǎhǎyú(微咸的大麻哈鱼).
あま・す【余す】　yú(余), yúxià(余下), shèng(剩), shèngxia(剩下). ¶試験まで2日を~のみとなった lí kǎoshì zhǐ shèngxia liǎng tiān le(离考试只剩下两天了). ¶日本中を~すところなく歩きまわった zhěngge Rìběn yí chù bú lòu quándōu pǎobiàn le(整个日本一处不漏全都跑遍了). ¶彼は自分の力を~すところなく発揮した tā bùyí-yúlì de chōngfèn fāhuīchūle zìjǐ de lìliang(他不遗余力地发挥出了自己的力量).
あまずっぱ・い【甘酸っぱい】　¶この実は~い味がする zhège guǒzi yòu suān yòu tián(这个果子又酸又甜).
あまぞら【雨空】　yǔsè(雨色); yǔmù(雨幕).
あまだい【甘鯛】　fāngtóuyú(方头鱼), mǎtóuyú(马头鱼).
あまだれ【雨垂れ】　yánliù(檐溜). ¶軒から~が落ちる cóng wūyán wǎng xià dīda shuǐ(从屋

檐往下滴答水). ¶～石を穿つ shuǐ dī shí chuān(水滴石穿)/ dī shuǐ chuān shí(滴水穿石).

アマチュア àiměidé(爱美的), yèyú àihàozhě(业余爱好者). ¶～カメラマン yèyú shèyǐngshī(业余摄影师). ～劇団 yèyú jùtuán(业余剧团).

あまったる・い【甘ったるい】 ¶～い菓子 tiánlābājī de diǎnxin(甜拉八咭的点心). ¶～い声で話す diǎshēng diǎqì de shuō(嗲声嗲气地说).

あまったれ【甘ったれ】 ¶この子は～で困ります zhè háizi jiāoqìde hěn, zhēn méi bànfǎ(这孩子娇气得很, 真没办法).

あまった・れる【甘ったれる】 →あまえる.

あまっちょろ・い【甘っちょろい】 ¶こんな～い考え方では駄目だ zhè zhǒng guòyú tiānzhēn de xiǎngfǎ, gēnběn xíngbutōng(这种过于天真的想法, 根本行不通)/ xiǎngde yě tài róngyì yě tài jiǎndān le, bù xíng(想得也太容易也太简单了, 不行).

あまでら【尼寺】 nígū'ān(尼姑庵), ní'ān(尼庵), āntáng(庵堂), ānzi(庵子);[修道院] nǚxiūdàoyuàn(女修道院).

あまど【雨戸】 mùbǎn tàochuāng(木板套窗), chuāngbǎn(窗板), fángyǔbǎn(防雨板).

あまどい【雨樋】 jiǎn(笕), yánggōu(檐沟), wūjiǎn(屋笕), shuǐluò(水落), shuǐliù(水溜); shuǐluòguǎn(水落管), shuǐshuǐguǎn(水霤管).

あまとう【甘党】 ¶私は～です wǒ hào chī tián de dōngxi(我好吃甜的东西).

あまねく【遍く】 ¶彼の名声は～知れ渡っている tā de míngshēng chuánbiàn tiānxià(他的名声传遍天下). ¶日本中を～旅した zǒubiànle Rìběn měi yíge jiǎoluò(走遍了日本每一个角落).

あまのがわ【天の川】 Tiānhé(天河), Xīnghé(星河), Yínhé(银河).

あまのじゃく【天の邪鬼】 ¶あの人は～だ tà nàge rén píqi hěn niù(他那个人脾气很拗)/ tā shì ge niúpíqi(他是个牛脾气).

あまみ【甘み】 tiánwèir(甜味ㄦ). ¶この蜜柑は～が足りない zhège júzi bùgòu tián(这个橘子不够甜). ¶～をつける jiā tiánwèir(加甜味ㄦ).

あまみず【雨水】 yǔshuǐ(雨水).

あまもよう【雨模様】 yǔyì(雨意). ¶～の空 fǎngfú yào xiàyǔ de tiānkōng(仿佛要下雨的天空)/ yǔyì zhèng nóng(雨意正浓).

あまもり【雨漏り】 ¶家が古くて～がする lǎofángzi 'lòu yǔ[zǒu huǐ](老房子'漏雨[走潰]).

あまやか・す【甘やかす】 chǒng(宠), jiāo(娇), guàn(惯), jiāochǒng(娇宠), jiāoguàn(娇惯), jiāoyǎng(娇养), jiāozòng(娇纵), guànzòng(惯纵). ¶子供を～す jiāoyǎng háizi(娇养孩子). ¶自分を～す kuānzòng[kuānfàng] zìjǐ(宽纵[宽放]自己). ¶彼は小さい頃から～されて育った tā jiāoshēng guànyǎng zhǎngdà de(他娇生惯养长大的). ¶子供を～してはいけない bié bǎ háizi 'chǒng[jiāo/guàn]huài le(别

把孩子'宠[娇/惯]坏了).

あまやどり【雨宿り】 bìyǔ(避雨). ¶小降りになるまでどこかで～しよう zhǎo ge dìfang bìbi yǔ, děng yǔ xià xiǎo diǎnr zài zǒu(找个地方避避雨, 等雨下小点ㄦ再走).

あまり【余り】 1[残り] yú(余), shèng(剩), shèngyú(剩余), yúshèng(余剩). ¶食事の～を犬にやる ná shèngfàn wèi gǒu(拿剩饭喂狗). ¶会費の～は次回へまわそう shèngyú de huìfèi xià huì yong ba(剩余的会费下回用吧). ¶セーターを編んだ～で靴下を編む yòng zhī máoyī shèngxia de máoxiàn zhī wàzi(用织毛衣剩下的毛线织袜子). ¶全部使ってしまってもう～はない quán yòngguāng le, méiyǒu shèngxia de le(全用光了, 没有剩下的了). ¶10を3で割ると3が立って～は1 shí chú yǐ sān, lì sān yú yī(十除以三, 立三余一).

2[度を過ぎて] ¶～つまらないので読むのをやめた tài méiyǒu yìsi, bú kàn le(太没有意思, 不看了). ¶～食べるとおなかをこわす chīduōle kě huì nào dùzi(吃多了会闹肚子) ¶それは～にもひどい nà tài lìhai le(那太厉害了). ¶彼の言葉は～と言えばあんまりだ tā shuō de huà 'tài kèbó le(他说的话太刻薄了). ¶驚きの～腰をぬかした xiàde tuǐ dōu fāruǎn le(吓得腿都发软了). ¶嬉しさの～泣き出した gāoxìngde kūle qǐlai(高兴得哭了起来).

3[さほど] ¶このおかずは～おいしくない zhège cài 'bú tài[búdà] hǎochī(这个菜'不太[不大]好吃). ¶彼の発音は～良いとは思わない tā de fāyīn wǒ juéde bìng bù zěnmeyàng(他的发音我觉得并不怎么样). ¶これとあれは～違わない zhège hé nàge méiyǒu duōdà qūbié(这个和那个没有多大区别) / zhè hé nà chàbuduō(这和那差不多). ¶ああいう人とは～付き合うな gēn nà zhǒng rén shǎo láiwang(跟那种人少来往).

-あまり【余り】 duō(多), yú(余); yǒulíng(有零), guàlíng(挂零). ¶彼は3週間～入院した tā zhùle sān ge duō xīngqī de yīyuàn(他住了三个多星期的医院). ¶中国で10年～過した zài Zhōngguó shēnghuóle shí yú nián(在中国生活了十余年). ¶30～の女性 sānshí 'kāiwài[guàlíng] de fùnǚ(三十'开外[挂零]的妇女).

あまりあ・る【余り有る】 ¶彼の長所は短所を補って～る tā de chángchu zú néng míbǔ tā de duǎnchu ér yǒuyú(他的长处足能弥补他的短处而有余). ¶その悲惨さは想像に～る qí bēicǎn shì bùkān shèxiǎng de(其悲惨是不堪设想的).

アマリリス zhūdǐnglán(朱顶兰).

あま・る【余る】 1[残る] shèng(剩), shèngxia(剩下), yú(余), yúxià(余下), xiàshèng(下剩). ¶旅費が～ったので貯金した lǚfèi yǒule 'shèngyú[yúshèng], bǎ tā chǔxù qilai le(旅费有了'剩余[余剩], 把它储蓄起来了). ¶作りすぎて料理が～ってしまった zuòde guòduō, cài shèngxia le(做得过多, 菜剩下了). ¶部屋が1つ～っている yǒu yì jiān wūzi xiánzhe ne(有

一間屋子閑着呢). ¶～った品を皆で分配した shèngyú de dōngxi yóu dàjiā fēn le (剩余的东西由大家分了). ¶6人に3つずつ分けて2つ～る liù ge rén měi rén fēn sān ge shèng liǎng ge (六个人每人分三个剩两个).
2【限度を越える】 ¶この仕事は私の力に～ります zhè xiàng gōngzuò wǒ bùnéng shèngrèn (这项工作我不能胜任). ¶勢いっって蓋をこわしてしまった yònglì guòměng bǎ gàir nònghuài le (用力过猛把盖儿弄坏了). ¶近頃の青少年の non行はまったく目に～る jìnlái qīngshàonián de liúmáng xíngwéi zhēn lìng rén bùnéng róngrěn (近来青少年的流氓行为真令人不能容忍). ¶思案に～って友人に相談した wǒ zěnme ye nábuding zhǔyi, suǒyǐ zhǎo péngyou shāngliang le (我怎么也拿不定主意,所以找朋友商量了). ¶身に～る光栄です zhēn shì wúshàng guāngróng (真是无上光荣).

アマルガム gǒngqí (汞齐), gǒnghéjīn (汞合金).
あまん·ずる【甘んずる】 gānxīn (甘心), xīngān (心甘), gānyuàn (甘愿), qíngyuàn (情愿), gānxīn qíngyuàn (甘心情愿), xīngān qíngyuàn (心甘情愿). ¶～じて罰せられる gānyú shòufá (甘于受罚). ¶現状に～ずる ānyú xiànzhuàng (安于现状).
あみ【網】 wǎng (网). ¶～を打って魚をとる sā wǎng dǎ yú (撒网打鱼). ¶～をはって犯人を待伏せする bùxià luówǎng fújī zuìfàn (布下罗网伏击罪犯). ¶～にかかった魚も同然だ jiù hǎobǐ shì luòwǎng de yú (就好比是落网的鱼). ¶法の～をくぐる táotuō fǎwǎng (逃脱法网). ¶交通網が～の目のようにはりめぐらされている jiāotōngwǎng xiàng zhīzhūwǎng shìde zònghéng jiāocuò (交通网像蜘蛛网似的纵横交错).
あみ【醤蝦】 kāngxiā (糠虾).
あみあげぐつ【編上げ靴】 gāoyāoxuēzi (高勒靴子).
あみだ【阿弥陀】 Ēmítuófó (阿弥陀佛). ¶帽子を～にかぶる bǎ màozi dàizài hòunǎosháor shang (把帽子戴在后脑勺儿上). ¶～をひく zhuā[niān]jiūr (抓[拈]阄儿).
あみだ·す【編み出す】 ¶新戦術を～す chuàngnǐ xīn zhànshù (创拟新战术).
あみだな【網棚】 xínglijià (行李架).
あみど【網戸】 shāchuāng (纱窗).
アミノさん【アミノ酸】 ānjīsuān (氨基酸).
あみはん【網版】 wǎngmù tóngbǎn (网目铜版).
あみぼう【編棒】 bàngzhēn (棒针); zhīzhēn (织针).
あみめ 1【編目】 ¶このセーターは～が細かい zhè máoyī zhīde hěn mì (这毛衣织得很密).
2【網目】 wǎngyǎn[r] (网眼[儿]), wǎngmù (网目). ¶～から魚が逃げた yú cóng wǎngyǎnli pǎo le (鱼从网眼里跑了).
あみもと【網元】 yúháng (渔行), yúchuánzhǔ (渔船主).
あみもの【編物】 私は～が好きです wǒ xǐhuan zhī máoxiànhuór (我喜欢织毛线活儿). ¶～をほどく chāi máoxiànyī (拆毛线衣).
あ·む【編む】 **1** biān (编), zhī (织), dǎ (打), jié (结), biānjié (编结), biānzhī (编织). ¶毛糸のセーターを～ yòng máoxiàn [zhī[dǎ] máoyī (用毛线[织[打]毛衣). ¶竹かごを～む biān[biānzhì] zhúlán (编[编制]竹篮). ¶むしろを～む biān cǎoxí (编草席). ¶髪をおさげに～む biān[dǎ/biàn] biànzi (编[打/辫]辫子).
2【編集する】 biān (编), biānjí (编辑), biānzuǎn (编纂), biānzhuàn (编撰). ¶社史を～む biānzuǎn gōngsīshǐ (编纂公司史). ¶文集を～む biān wénjí (编文集).
あめ【雨】 yǔ (雨). ¶～が下りて[下降了]/diàodiǎnr le (掉点儿了). ¶～が降る xiàyǔ (下雨)/jiàngyǔ (降雨). ¶～が降りそうだ kànlai yào xiàyǔ le (看来要下雨了). ¶～がやんだ yǔ ['zhù[tíng] le (雨'住[停]了). ¶～がったりやんだりする yǔ xiàxià tíngtíng (雨下下停停). ¶～はやみそうにない kànlai yǔ tíngbuliǎo (看来雨停不了). ¶このところ～っていない jìnlái yīnyǔ liánmián (近来阴雨连绵). ¶この夏は～が多かった zhège xiàtiān yǔshuǐ duō (这个夏天雨水多). ¶大粒の～が窓ガラスを打った dà yǔdiǎnr dǎzài bōlichuāng shang (大雨点儿打在玻璃窗上). ¶途中で～に遭った lùshang zhuàngshang yǔ le (路上遇上雨了). ¶～にぬれて風邪を引いた ái lín zháoliáng le (挨淋着凉了). ¶運動会は～で中止になった yùndònghuì yīn yǔ zhōngzhǐ le (运动会因雨中止了). ¶～のち晴 yǔ hòu zhuǎn qíng (雨后转晴)/yǔ guò tiān qíng (雨过天晴). ¶～に降って地固まる dǎ bù xiāngxìn (不打不相信). ¶涙の～が降る lèi rú yǔ xià (泪如雨下). ¶拳骨の～を降らせた quán xià rú yǔ (拳下如雨)/bǎo le lǎoquán (饱以老拳). ¶弾丸が～あられと降り注ぐ qiāng lín dàn yǔ (枪林弹雨).
あめ【飴】 táng (糖), tángguǒ (糖果). ¶子供が～をしゃぶっている xiǎoháizi zuǐli hánzhe táng (小孩子嘴里含着糖). ¶～をしゃぶらせる gěi diǎnr tiántou chángchang (给点儿甜头尝尝). ¶～細工 tángrénr (糖人儿).
あめあがり【雨上り】 ¶～の空に虹がかかった yǔ hòu tiānkōng chūxiànle cǎihóng (雨后天空出现了彩虹).
あめいろ【飴色】 hǔpòsè (琥珀色).
アメーバ āmǐbā (阿米巴), biànxíngchóng (变形虫). ¶～赤痢 biànxíngchóng[āmǐbā] lìji (变形虫[阿米巴]痢疾).
あめかんむり【雨冠】 yǔzìtóur (雨字头儿).
あめだま【飴玉】 tángqiú (糖球).
アメリカ Měiguó (美国). ¶生活様式が～ナイズされた shēnghuó fāngshì Měiguóhuà le (生活方式美国化了).
¶～英語 Měiguóshì Yīngyǔ (美国式英语). 北～ Běi Měi (北美)/ Běi Měizhōu (北美洲). 南～ Nán Měi (南美)/ Nán Měizhōu (南美洲).
あめんぼ【水黽】 shuǐmǐn (水黾), shuǐmǎ (水马), mǐnchūn (黾蝽), màiyóuláng (卖油郎).
あや【文】 ¶それは言葉の～というものだ nà zhǐshì ge hǎotīng de shuōfa (那只是个好听的说法).

あやうく【危うく】 xiǎnxiē[r]（险些ル）, chàdiǎnr（差点ル）, chà yìdiǎnr（差一点ル）, jīhū（几乎）, jījīhū（几几乎）. ¶～命を落とすところだった xiǎnxiē sòngle mìng（险些送了命）/ chà yìdiǎnr méi sǐ（差一点ル没死）. ¶～川に落ちそうになった xiǎnxiē diào héli（险些掉河里）. ¶～難を逃れた chà yìdiǎnr zāole nàn（差一点ル遭了难）. ¶～列車に間に合った hǎoróngyì gǎnshàngle lièchē（好容易赶上了列车）/ chàdiǎnr méi gǎnshàng lièchē（差点ル没赶上列车）. ¶言ってもらわなければ～忘れるところだった bú shì nǐ tíxǐng wǒ, wǒ jīhū wàng le（不是你提醒我, 我几乎忘了）.

あやおり【綾織】 xiéwén（斜纹）;〔布〕xiéwénbù（斜纹布）.

あやか・る tuōfú（托福）, zhānguāng（沾光）. ¶私は君に～りたい wǒ zhēn xiǎng ˇtuō nǐ de fú [zhān nǐ de guāng]（我真想 ˇ托你的福 [沾 ˇ你的光]）.

あやし・い【怪しい】 **1**〔異様だ〕yìcháng（异常）, qíyì（奇异）. ¶隣の部屋でへんな物音がする cóng gébì fángjiān tīngdàole yìcháng de shēngyīn（从隔壁房间听到了异常的声音）. ¶どことなく～しい雰囲気が漂っている yǒu yì zhǒng shǐ rén juéde yìyàng de qìfēn（有一种使人觉得异样的气氛）.
2〔疑わしい〕kěyí（可疑）. ¶挙動のへんい男がうろついている xíngjì kěyí de nánrén zài páihuáizhe（形迹可疑的男人在徘徊着）. ¶どうも彼が～い kànlai tā hěn kěyí（看来他很可疑）. ¶その情報は～い nàge xiāoxi kàobuzhù（那个消息靠不住）. ¶2人の仲は～い nà liǎng ge rén de guānxi àimèi kěyí（那两个人的关系暧昧可疑）. ¶あいつの英語はどうも～げだ tā de yīngwén kě yǒudiǎnr kàobuzhù（他的英文可有点ル靠不住）.
3〔おぼつかない〕¶彼にできるかどうか～いものだ tā néngfǒu zuòdedào hěn zhíde huáiyí（他能否做得到很值得怀疑）. ¶天気が～くなってきた tiānqì kàobuzhù le（天气靠不住了）.

あやし・む【怪しむ】 huáiyí（怀疑）. ¶夜遅くうろついていて警官に～まれた bànyè zài jiētóu páihuái jiào jǐngchá huáiyí le（半夜在街头徘徊叫警察怀疑了）. ¶誰も私を～まなかった shuí dōu méi huáiyí wǒ（谁都没怀疑我）. ¶彼が成功したことは～むにたりない tā de chénggōng shì bùzú wéi qí de（他的成功是不足为奇的）.

あや・す hǒng（哄）, dòu（逗）, hǒngdòu（哄逗）. ¶赤ん坊を抱いて～す bàozhe wáwa hǒngzhe wánr（抱着娃娃哄着玩ル）. ¶どう～しても泣きやまない zuǒhǒng-yòuhǒng, háishi kū ge bùtíng（左哄右哄, 还是哭个不停）.

あやつりにんぎょう【操り人形】 mù'ǒu（木偶）, kuǐlěi（傀儡）; tíxiàn mù'ǒu（提线木偶）;〔芝居〕mù'ǒuxì（木偶戏）, kuǐlěixì（傀儡戏）. ¶彼は単なる～に過ぎない tā zhǐ búguò shì ge kuǐlěi bàle（他只不过是个傀儡罢了）.

あやつ・る【操る】 **1**〔うまく扱う〕cāo（操）. ¶その子は巧みに櫓を～った nàge háizi shúliàn de yáozhe lǔ（那个孩子熟练地摇着橹）. ¶彼は中国語を自由に～る tā néng ˇshuō[cāo] yì kǒu liúlì de Zhōngguóhuà（他能 ˇ说[操]一口流利的中国话）.
2〔陰から動かす〕cāozòng（操纵）. ¶人形を～る cāozòng mù'ǒu（操纵木偶）. ¶誰かが陰で彼を～っているに違いない yídìng yǒu rén zài bèihòu cāozòngzhe tā（一定有人在背后操纵着他）.

あやとり【綾取り】 fānhuāgǔ（翻花鼓）, fānhuāyàngr（翻花样ル）. ¶～をして遊ぶ fānhuāgǔ wánr（翻花鼓玩ル）.

あやぶ・む【危ぶむ】 ¶実験の成功を～む声が大きくなった huáiyí shíyàn chénggōng de shēngyīn yuèláiyuè dà le（怀疑实验成功的声音越来越大了）. ¶乗客の生命が～まれる chéngkè de shēngmìng hěn lìng rén yōulǜ（乘客的生命很令人忧虑）.

あやふや hánhu（含糊·含胡）, móhu（模糊·模胡）, hánhùn（含混）, móléng liǎngkě（模棱两可）. ¶私は決して～な事は言わない wǒ jué bù shuō móléng liǎngkě de huà（我决不说模棱两可的话）. ¶～な返事をするばかりで埒（ち）があかない tā zǒngshì hánhú qí cí, jiào rén mōbuzháo tóuxù（他总是含胡其辞, 叫人摸不着头绪）. ¶そんな～な気持ではいけない nàme sānxīn-èryì kě bùxíng（那么三心二意可不行）.

あやまち【過ち】 cuò（ル）（错ル）, cuòchu（错处）, guòcuò（过错）, cuòwù（错误）. ¶誰にでも～はあるものだ shuí dōu nánmiǎn yǒu ge cuòwù（谁都难免有个错误）. ¶～をおかす fàn cuòwù（犯错误）. ¶～を悔い改める huǐgǎi（悔改）/ gǎihuǐ（改悔）/ huǐguò（悔过）. ¶～を改むるにはばかることなかれ guò zé wù dàn gǎi（过则勿惮改）.

あやまり【誤り】 cuò[r]（错ル）, cuòwù（错误）, cuòmiù（错谬）, chuǎnwù（舛误）, cuò'é（错讹）, chuǎn'é（舛讹）, chuǎnwù（舛误）, pīmiù（纰缪）. ¶あの人の判断には～がない tā de pànduàn ˇbú huì yǒu cuò[ˇzhǔnquè wú wù]（他的判断 ˇ不会有错[准确无误]）. ¶私の記憶に～がなければ… rúguǒ wǒ méi jìcuò de huà…（如果我没记错的话…）. ¶重大な～を犯した fànle yánzhòng cuòwù（犯了严重错误）. ¶次の文の～を正せ gǎizhèng xiàliè bìngjù（改正下列病句）. ¶彼が～なく伝えたかどうか心配だ wǒ dānxīn tā shìfǒu wúwù de gěi chuándádào le（我担心他是否无误地给传达到了）. ¶智法にも筆の～ zhìzhě qiān lǜ, bì yǒu yì shī（智者千虑, 必有一失）.

あやま・る【誤る】 cuò（错）, wù（误）. ¶私は人生の方向を～った wǒ xuǎncuòle rénshēng de fāngxiàng（我选错了人生的方向）. ¶人選を～った cuòxuǎnle rén（错选了人）. ¶是非の判断を～る shìfēi pànduàn cuò le（是非判断错了）. ¶～って足を滑らした bù xiǎoxīn huále yì jiǎo（不小心滑了一脚）. ¶酒で身を～る zòngjiǔ shāngshēn shīzú（纵酒伤身失足）. ¶これは後世を～る説だ zhè shì yì zhǒng yíwù hòushì de xuéshuō（这是一种贻误后世的学

説).
あやま・る【謝る】 dàoqiàn(道歉), péi búshi(赔不是), péilǐ(赔礼), péizuì(赔罪), xièzuì(谢罪). ¶君は彼に〜るべきだ nǐ yīnggāi xiàng tā péi búshi(你应该向他赔不是). ¶私が悪かった, 〜る shì wǒ bú duì, qǐng yuánliàng(是我不对, 请原谅). ¶これは〜ってすむことではない zhè bú shì dàoqiàn jiù néng liǎoshì de(这不是道歉就能了事的).
あやめ【菖蒲】 huāchāngpú(花菖蒲).
あや・める【危める】 ¶人を〜る shāhàirén(杀害人), shārén(杀人).
あゆ【鮎】 xiāngyú(香鱼).
あゆみ【歩み】 1 [歩行] bù(步), jiǎobù(脚步), bùfá(步伐). ¶彼は〜をとめてあたりの景色を眺めた tā tíngzhù jiǎobù tiàowàng zhōuwéi de fēngjǐng(他停住脚步眺望周围的风景). ¶牛の〜にも似て遅々たるものであった yóurú lǎoniú-pòchē mànman-tēngtēng de(犹如老牛破车慢慢腾腾的).
2 [進行] lìchéng(历程), jìnchéng(进程). ¶戦後 50 年の〜を振り返る huígù zhànhòu wǔshí nián de lìchéng(回顾战后五十年的历程). ¶日本経済の〜 Rìběn jīngjì de jìnchéng(日本经济的进程).
あゆみよ・る【歩み寄る】 ¶彼は彼女の方に 2, 3 歩〜った tā xiàng tā nàr kàojìnle liǎng、sān bù(他向她那儿靠近了两,三步). ¶双方〜って紛争は解決した shuāngfāng xiānghù ràngbù, fēnzhēng jiějué le(双方相互让步, 纷争解决了).
あゆ・む【歩む】 zǒu(走). ¶いばらの道を〜む zǒu jiānkǔ de dàolù(走艰苦的道路). ¶事態は解決に向かって〜み出した shìtài xiàng jiějué de fāngxiàng qiánjìnle yí bù(事态向解决的方向前进了一步).
あら【粗】 1 [欠点] máobing(毛病), quēdiǎn(缺点). ¶〜をさがす tiāo máobing(挑毛病)/ tiāocìr(挑刺儿)/ zhǎochár(找茬儿)/ chuī máo qiú cī(吹毛求疵)/ tiāo máo jiǎn cì(挑毛拣刺)/ héngtiāo bízi shùtiāo yǎn(横挑鼻子竖挑眼). ¶どうも彼の〜ばかりが目につく jiào wǒ kàn, tā shēnshang jìngshì máobìng(叫我看,他身上净是毛病).
2 [魚の] yú gǔtou(鱼骨头).
あら →おや.
アラー Zhēnzhǔ(真主), Ānlā(安拉).
あらあらし・い【荒荒しい】 cūbào(粗暴), cūyě(粗野), cūlǔ(粗鲁). ¶〜い声でどなりつけた yòng cūlǔ de shēngyīn mà rén(用粗鲁的声音骂人). ¶憲兵は〜く彼女を引っ立てていった xiànbīng xiōnghěnhěn de bǎ tā zhuàizǒu le(宪兵凶狠狠地把她拽走了).
あら・い【荒い】 1 [激しい] ¶波が〜い làng dà(浪大)/ bōtāo xiōngyǒng péngpài(波涛汹涌澎湃). ¶息づかいが〜い hūxī jícù(呼吸急促)/ chuǎnxī cūzhòng(喘息粗重).
2 [粗暴だ] cūbào(粗暴), cūyě(粗野), cūlǔ(粗鲁). ¶あの地方は気風が〜い nà dìfang de rén qìxìng cūguǎng(那地方的人气性粗犷).

¶彼女は言葉づかいが〜い tā shuōhuà hěn cūyě(她说话很粗野).
3 [節度がない] ¶彼は金づかいが〜い tā huāqián dàshǒu-dàjiǎo(他花钱大手大脚)/ tā huīhuò wúdù(他挥霍无度). ¶人づかいが〜い shǐhuan rén hěn lìhai(使唤人很厉害)/ yòngrén fēicháng hěn(用人非常狠), ¶zhēn néng shǐhuan rén!(真能使唤人!).
あら・い【粗い】 1 [細かくない] cū(粗). ¶粒が〜い lìr cū(粒儿粗). ¶コーヒーを〜くひく cū mò kāfēi(粗磨咖啡).
2 [まばらの] dà(大), xī(稀). ¶網の目が〜い wǎngyǎn dà(网眼大). ¶〜い縞 cūtiáowén(粗条纹). ¶種の播き方が〜い zhǒngzi bōde xī(种子播得稀).
3 [ざらざらしている] cū(粗), cūcāo(粗糙), máocao(毛糙). ¶きめの〜い肌 cūcāo de pífū(粗糙的皮肤). ¶〜い布 zhìdì cū de bù(质地粗的布)/ cūbù(粗布).
4 [大ざっぱだ] cū(粗), cūcāo(粗糙), máocao(毛糙), máogu(毛估), cūlüè(粗略), cūgōng(粗工), jiǎngōng(简工). ¶工芸が〜い gōngyì cūcāo(工艺粗糙). ¶ごく〜い計算ですが shì ge jí cūlüè de jìsuàn(是个极粗略的计算).
あらいぐま【洗熊】 huànxióng(浣熊).
あらいざらい【洗い浚い】 ¶〜言ってしまう quán dǒuchulai(全抖出来). ¶金目の物は〜持って行かれた wūzili de dōngxi tōngtōng bèi názǒu le(屋子里的东西通通被拿走了)/ xíjuǎn ér táo(席卷而逃).
あらいざらし【洗い晒し】 ¶〜のうわっぱり xǐde tuìle shǎi de zhàoshān(洗得退了色的罩衫).
あらいた・てる【洗い立てる】 jiēchuān(揭穿), jiēfā(揭发). ¶旧悪を〜てる jiēchuān jiù'è(揭穿旧恶).
あらいもの【洗い物】 yào xǐ de dōngxi(要洗的东西); xǐ dōngxi(洗东西).
あら・う【洗う】 1 xǐ(洗), xǐshuā(洗刷), chōngshuā(冲刷), chōngxǐ(冲洗), qīngxǐ(清洗), shuāxǐ(刷洗). ¶石鹸で手を〜う yòng féizào xǐ shǒu(用肥皂洗手). ¶食器を〜に〜う bǎ wǎnkuài xǐshuā gānjìng(把碗筷洗刷干净). ¶車を〜う chōngshuā qìchē(冲刷汽车). ¶こんな仕事からきっぱり足を〜うことにした zhè zhǒng shì wǒ xià juéxīn xǐshǒu bù gàn le(这种事我下决心洗手不干了). ¶波が甲板を〜う bōlàng chōngxǐ jiǎbǎn(波浪冲洗甲板).
2 [調べる] chámíng(查明), cháqīng(查清). ¶容疑者の身元を〜う cháqīng xiányífàn de jīnglì chūshēn(查清嫌疑犯的经历出身).
あらうま【荒馬】 lièmǎ(烈马), hànmǎ(悍马).
あらうみ【荒海】 ¶〜に船を漕ぎ出す bǎ chuán shǐrù xiōngyǒng péngpài de dàhǎi(把船驶入汹涌澎湃的大海).
あらかじめ【予め】 yùxiān(预先), shìxiān(事先), shìqián(事前). ¶〜通知する yùxiān tōngzhī(预先通知). ¶〜準備をする shì xiān zhǔnbèihǎo(事先准备好). ¶〜許可を受けなければならない xū shìxiān qǔdé xǔkě(须事先

取得许可).

あらかせぎ【荒稼ぎ】¶株で〜をした gǎo gǔpiào tóujī lāole yí dà bǐ qián(搞股票投机捞了一大笔钱).

あらかた【粗方】 dàduō(大多), dàbàn(大半), duōbàn(多半), dàbùfen(大部分), dàduōshù(大多数); dàzhì(大致), dàtǐ(大体), chàbuduō(差不多). ¶着いた時はへの人は帰ったのだった gǎndào shí, dàbùfen rén dōu yǐ huíqu le(赶到时,大部分人都已回去了). ¶彼の報告で〜のことは分った tīngle tā de bàogào, shàngshang míngbai le(听了他的报告,大体上明白了). ¶会費はへ集まった huìfèi dàzhì shōuqí le(会费大致收齐了). ¶工事はへ完成した gōngchéng chàbuduō wánchéng le(工程差不多完成了).

あらかべ【粗壁】 ¶〜のままでまだ上塗りがしてない qiángbì cū mǒle yìxià, hái méiyǒu fěnshuā(墙壁粗抹了一下,还没有粉刷).

アラカルト dāndiǎncài(单点菜).

あらくれ【荒くれ】 cūguǎng(粗犷), cūyě(粗野)【人】cūguǎng hànzi(粗犷汉子).

あらけずり【粗削り】 ¶〜の柱 cū bào de zhùzi(粗刨的柱子). ¶この絵は〜だがタッチは強いzhè zhāng huà suī cū, dàn bǐshì yǒulì(这张画虽粗,但笔势有力). ¶この文章にはまだ〜のところがある zhè piān wénzhāng yǒu de dìfang tuīqiāode hái bú gòu(这篇文章有的地方推敲得还不够).

あらさがし【粗捜し】 ¶彼は人の〜ばかりしている tā hào tiāotī rén(他好挑剔人); tā ài tiāoyǎn[tiāocìr](他爱挑眼[挑刺儿]) / tā jīng tiāomáo-jiǎncī[chuīmáo-qiúcī]/jīdànlī tiāo gǔtou](他净挑毛拣刺[吹毛求疵/鸡蛋里挑骨头]).

あらし【嵐】 bàofēng(暴风), bàofēngyǔ(暴风雨), fēngbào(风暴). ¶〜が吹きすさぶ fēngbào nàode hěn lìhai(风暴刮得很厉害). ¶〜のような拍手が起った xiǎngqǐle bàofēngyǔbānde zhǎngshēng(响起了暴风雨般的掌声). ¶革命の〜が巻き起こった xiānqǐle gémìng de fēngbào(掀起了革命的风暴). ¶これは〜の前ぶれだ shānyǔ yù lái fēng mǎn lóu(山雨欲来风满楼). ¶〜の前の静けさ bàofēngyǔ qián de jìjìng(暴风雨前的寂静).

あらしごと【荒仕事】 zhònghuó[r](重活[儿]), cūhuó[r](粗活[儿]), lìqihuó[r](力气活[儿]), bènhuór(笨活儿). ¶君にこんな〜は無理だ nǐ gànbuliǎo zhè zhǒng cūhuór(你干不了这种粗活儿).

あら・す【荒らす】 zāota(糟蹋・糟踏), zuòjian(作践), zāojian(糟践), huǐhai(毁害), zāohai(糟害). ¶犬が花壇をめちゃめちゃに〜した gǒu bǎ huātán jiàntàde yìtāhútú(狗把花坛践踏得一塌糊涂). ¶作物は台風に〜されて全滅したzhuāngjia quán jiào táifēng gěi zāota le(庄稼全叫台风给糟蹋了). ¶トラックが道を〜してしまった kǎchē bǎ mǎlù nòngde kēngkeng wāwā de(卡车把马路弄得坑坑洼洼的). ¶外国資本に市場を〜された shìchǎng bèi wàiguó zīběn suǒ bàzhàn(市场被外国资本所霸占). ¶犯人はアパート専門に〜しまわった zuìfàn zhuān jiǎn gōngyù xíngqiè zuò'àn(罪犯专捡公寓行窃作案).

あらすじ【粗筋】 dàgāng(大纲), gàikuàng(概况), gàilüè(概略), gěnggài(梗概). ¶計画の〜をたてる nǐ jìhuà de dàgāng(拟计划的大纲). ¶事件の〜を説明する shuōmíng shìjiàn de gàikuàng(说明事件的概况). ¶前回までの〜 jiézhì shànghuí de gěnggài(截至上回的梗概).

あらそい【争い】 jiūfēn(纠纷), jiūgé(纠葛), fēnzhēng(纷争), zhēngzhí(争执), dòuzhēng(斗争). ¶境界をめぐって両家の間には〜が絶えない wèile dìjiè, liǎngjiā yìzhí nào jiūfēn(为了地界,两家一直闹纠纷). ¶党内の派閥の〜が激化した dǎngnèi pàixì dòuzhēng rìyì jīhuà(党内派系斗争日益激化). ¶2人は激しいトップ〜を演じた liǎng ge rén jīliè de zhēngduó dìyī(两个人激烈地争夺第一).

あらそ・う【争う】 dòu(斗), zhēng(争), zhēngduó(争夺). ¶遺産をめぐって兄弟が〜 wèi yíchǎn xiōngdì xiāng dòu(为遗产兄弟相斗). ¶かくなる上は法廷で〜うしかない shì dào rújīn zhǐ hǎo dǎ guānsi(事到如今只好打官司). ¶これは〜うべからざる事実だ zhè shì wúkě zhēngbiàn de shìshí(这是无可争辩的事实). ¶優勝を〜う duóqǔ guànjūn(争夺冠军). ¶5人の立候補者が1議席を〜う wǔ ge hòuxuǎnrén zhēng yí ge yìxí(五个候选人争一个议席). ¶学内で1,2を〜う秀才 xiàolǐ shǔyī-shǔ'èr de gāocáishēng(校里数一数二的高才生). ¶手術は一刻を〜う shǒushù kè bù róng huǎn(手术刻不容缓). ¶人々は〜って逃げた rénmen zhēngxiān-kǒnghòu de táopǎo le(人们争先恐后地逃跑了).

あらそわれな・い【争われない】 ¶元気なようでも年は〜い jiùshì duōme yìngshi yě bùnéng bù fúlǎo(就是多么硬实也不能不服老). ¶さすが血は〜いものだ jiūjìng shì xuèmài xiāngtōng, yǒu qí fù bì yǒu qí zǐ(究竟是血脉相通,有其父必有其子).

あらた【新た】 xīn(新), chóngxīn(重新), cóngxīn(从新). ¶日中関係史に〜一頁が書き加えられた zài Rì-Zhōng guānxìshǐ shang zēngtiānle xīn de yí yè(在日中关系史上增添了新的一页). ¶人生の〜な出発を祝う qìnghè rénshēng de xīn de kāiduān(庆贺人生的新的开端). ¶〜に発見された元素 xīn fāxiàn de yuánsù(新发现的元素). ¶〜に会員を募集する chóngxīn zhāomù huìyuán(重新招募会员). ¶装いも〜に開店する chóngxīn gǎizhuāng kāizhāng(重新改装开张) / chóngzhāng(重张). ¶決意を〜にする chóng xià juéxīn(重下决心).

あらたか ¶霊験〜 língyàn fēifán(灵验非凡).

あらだ・つ【荒立つ】 ¶波が〜つ làngtāo gǔngǔn(浪涛滚滚), bōtāo xiōngyǒng(波涛汹涌). ¶事が〜つと困る shìqing nàodà kě bù hǎo bàn(事情闹大可不好办).

あらだ・てる【荒立てる】 ¶思わず声を〜てた bù-

yóude tígāole sǎngmén(不由得提高了嗓门）．¶事を～てない方が得策だ zuìhǎo háishi búyào bǎ wèntí nàodà le(最好还是不要把问题闹大了).

あらたま・る【改まる】 **1**〔新しくなる，改善される〕gǎi(改)，gǎibiàn(改变)．¶年が～った xīn de yì nián kāishǐ le(新的一年开始了)/suìxù gēngxīn(岁序更新).¶今年から規則が～った cóng jīnnián qǐ guīzhāng gǎi le(从今年起规章改了).¶町の面目が～った shìzhèn de miànmào huànrán yìxīn(市镇的面貌焕然一新).¶その悪習は一向に～らない nà zhǒng èxí lǎo gǎibudiào(那种恶习老改不掉).
2〔儀式ばる〕kèqi(客气)，zhèngjīng(正经)，zhèngzhòng(郑重)．他人行儀に～る kèqiè xiàng wàirén shìde(客气得像外人似的).¶彼は～った口調で切り出した tā zhèngjing-bābǎi de shuōle qǐlai(他正经八百地说了起来).¶～った席で話すのは苦手だ bú shànyú zài zhèngshì de chǎnghé jiǎnghuà(不善于在正式的场合讲话).
3〔病気が〕¶病勢が～った bìngqíng èhuà le(病情恶化了).

あらためて【改めて】 ¶後日～御挨拶にあがります gǎiri[gǎitiān] zài lái bàifǎng(改日〔改天〕再来拜访).¶～申し上げることはございません zài méiyǒu shénme tèbié yào shuō de(再没有什么特别要说的).¶その必要性を～痛感した zàicì shēnshēn de gǎndào yǒu qí bìyàoxìng(再次深深地感到其必要性).

あらた・める【改める】 **1**〔新しくする，改善する〕gǎi(改)，gǎibiàn(改变)，gǎizhèng(改正)，jiūzhèng(纠正).¶交通法規を～める xiūgǎi jiāotōng guīzé(修改交通规则).¶会社に移って名前を～めた tā rèzhōng yú zhānbǔ gǎile míng(他热中于占卜改了名).¶誤りを～める gǎizhèng cuòwù(改正错误).¶私はもうすっかり考えを～めた wǒ yǐjīng wánquán gǎibiànle xiǎngfa(我已经完全改变了想法).¶悪習を～めるよう努力する nǔlì gǎidiào èxí(努力改掉恶习).¶彼はかたえりを～めて礼を述べた tā zhèngjīn zhìle xiè(他正襟致了谢).¶日を～めて相談しましょう gǎitiān zàishuō ba(改天再说吧).
2〔調べる〕chá(查)，jiǎnchá(检查)，chádiǎn(查点).¶中身を～めたが異状はなかった bǎ lǐmian de dōngxi chále yíxià, bìng méiyǒu yìcháng(把里面的东西查了一下,并没有异常).¶どうぞ数をお～め下さい qǐng nín diǎn yi diǎn ba(请您点一点吧).

あらて【新手】 **1**〔軍勢，人〕shēnglìjūn(生力军), xīnshǒu(新手).¶敵軍は～を次々に繰り出して来た díjūn jiē'èr-liánsān de zēngtiānle shēnglìjūn(敌军接二连三地增添了生力军).
2〔手段〕xīnzhāor(新招儿), xīnhuāyàng(新花样), xīnshǒufǎ(新手法).¶～の詐欺が現れた chūxiànle xīnzhāor(出现了新的诈骗的新招儿).¶～の商法を編み出す xiǎngchū xīn tuīxiāo fāngfǎ(想出新推销方法).

あらなみ【荒波】 jīlàng(激浪), èlàng(恶浪), nùtāo(怒涛).¶船は～に木の葉のようにもてあそばれた chuán xiàng yèzi shìde bèi nùtāo suíyì bǎinòng(船像叶子似的被怒涛随意摆弄).¶世の～にもまれる jīngshòu rénshēng zhōng "kuángfēng-èlàng"[dàfēng-dàlàng] de móliàn(经受人生中"狂风恶浪〔大风大浪〕的磨练).

あらなわ【荒縄】 cǎoshéng(草绳).

あらぬ ¶～疑いをかけられて大変迷惑した wúduān de bèi huáiyí, jiǎnzhí shì méngnàn(无端地被怀疑,简直是蒙难).¶呆然として～方を見ている lěngzhe chūshén(愣着出神)/mángrán ruò shī(茫然若失).

アラビア Ālābó(阿拉伯).¶～馬 ālābómǎ(阿拉伯马).¶～語 Ālābóyǔ(阿拉伯语).¶～ゴム ālābójiāo(阿拉伯胶).¶～数字 ālābó shùzì(阿拉伯数字)/yángmǎzi(洋码子).¶～のり jiāoshuǐ(胶水).

あらまし gàiyào(概要), gàikuàng(概况), gàilüè(概略), gěnggài(梗概), dàlüè(大略), dàzhì(大致), dàgài(大概), dàtǐ(大体), chàbuduō(差不多).¶計画の～は次の通りです jìhuà de gěnggài dàzhì rúxià(计划的梗概大致如下).¶仕事は～終った gōngzuò chàbuduō zuòwán le(工作差不多做完了).

あらもの【荒物】 xiǎobǎihuò(小百货), záhuò(杂货).

あらゆる suǒyǒu(所有), yíqiè(一切).¶～手段を尽す jìn yíqiè fāngfǎ(尽一切方法).¶～困難を乗り越えて進む kèfú yíqiè kùnnan xiàng qián jìn(克服一切困难向前进).¶ありと～機会を利用して公害の実情を訴える qiānfāng-bǎijì lìyòng suǒyǒu yíqiè de jīhuì sùshuō gōnghài de shíqíng(千方百计利用所有一切的机会诉说公害的实情).

あらら・げる【荒らげる】 ¶彼は声を～げて詰め寄った tā shēngsè-jùlì de zhuībī(他声色俱厉地追逼).

あらりょうじ【荒療治】 ¶あの医者は実に～だ nàge yīshēng zhìliáo zhēn cū(那个医生治疗真粗).¶財政を建て直すには思いきった～が必要だ yào shǐ cáizhèng jiànkāng jiù děi jìnxíng dàdāo-kuòfǔ de gǎigé(要使财政健全就得进行大刀阔斧的改革).

あられ【霰】 **1** xiàn(霰), xuěshēn[r](雪糁[儿]), xuěshēnzi(雪糁子), xuězǐ[r](雪子[儿]).¶～が降る xià xiàn(下霰).¶弾丸が雨～と降り注ぐ中を突撃する màozhe qiānglín-dànyǔ chōngfēng(冒着枪林弹雨冲锋).
2〔食品〕xiǎo fāngkuài nuòmǐgāo(小方块糯米糕).¶大根を～に切る bǎ luóbo qiēchéng dīngr(把萝卜切成丁儿).

あられもな・い ¶～い寝姿 bù chéng yàngzi de shuìtài(不成样子的睡态).

あらわ【露】 ¶嫌悪の情を～にする lùgǔ de biǎoshì xiánwù zhī gǎn(露骨地表示嫌恶之感).¶肌も～な若い娘 jīfū "luǒlù[chìlù]" de niánqīng gūniang(肌肤"裸露〔赤露〕的年轻姑娘).

あらわ・す【現す・表す】 **1**〔見せる〕xiànchū(现出), chéngxiàn(呈现), xiǎnxiàn(显现).¶タンカーが港に巨体を～した yóuchuán zài mǎtou

xiànchūle tā nà jùdà de chuánshēn (油船在码头现出了它那巨大的船身). ¶その日遂に彼は会場に姿を～さなかった nà tiān tā zhōngyú méi chūxiàn zài huìchǎng (那天他终于没出现在会场). ¶彼は本性を～した tā xiànchūle běnxìng (他现出了本性)/ tā yuánxíng bìlù (他原形毕露). ¶病人は危険な症状を～していた bìngrén chéngxiànchū wēixiǎn de zhènghou (病人呈现出危险的症候).

2〔表現する〕biǎodá (表达); xiǎnshì (显示). ¶この喜びはとても言葉では～せない zhè zhǒng xǐyuè nányǐ yòng yányǔ biǎodá chulai (这种喜悦难以用言语表达出来). ¶それは彼の決意の並々ならぬことを～していた nà xiǎnshìle tā bùtóng xúncháng de juéxīn (那显示了他的不同寻常的决心). ¶彼女はなかなか感情を表に～さない tā bù qīngyì biǎolù gǎnqíng (她不轻易表露感情). ¶この著作は彼の世界観を～している zhè bù zhùzuò jiēshìle tā de shìjièguān (这部著作揭示了他的世界观). ¶田園風景を音楽に～す bǎ tiányuán fēngguāng biǎoxiàn yú yīnyuè zhī zhōng (把田园风光表现于音乐之中).

3〔意味する〕biǎoshì (表示). ¶この記号は晴れを～す zhège fúhào biǎoshì qíngtiān (这个符号表示晴天). ¶この一事が彼の善良さを～している zhè jiàn shì shuōmíngle tā xīndì shànliáng (这件事说明了他心地善良).

あらわ・す【著】zhù (著). ¶山田博士の～した本 Shāntián bóshì suǒ zhù de shū (山田博士所著的书). ¶彼は多くの書物を～した tā zhùle hěn duō shū (他著了很多书).

あらわれ【現れ】¶この成功は彼の平素の努力の～だ zhège chénggōng shì tā píngsù nǔlì de jiéguǒ (这个成功是他平素努力的结果). ¶これは両国間の矛盾の～だ zhè shì liǎngguó máodùn de biǎoxiàn (这是两国矛盾的表现). ¶この選挙結果は国民の要求の～だ zhège xuǎnjǔ de jiéguǒ fǎnyìngle guómín de yāoqiú (这个选举的结果反映了国民的要求).

あらわ・れる【現れる】chūxiàn (出现), chéngxiàn (呈现), biǎolù (表露), chénglù (呈露). ¶西の空に黒雲が～れた xīfāng de tiānkōng chūxiànle yípiàn wūyún (西方的天空出现了一片乌云). ¶噂をしていたところに彼女が～れた zhèng shuōzhe tā, tā jiù lái le (正说着她，她就来了). ¶乱世には英雄が～れる luànshì chū yīngxióng (乱世出英雄). ¶景気回復のきざしが～れた jǐngqì chéngxiànchū hǎozhuǎn de zhēnghòu (经济呈现出好转的征候). ¶努力の結果が成績にはっきりと～れた nǔlì de jiéguǒ zài chéngjīshang xiǎnshìle chūlai (努力的结果在成绩上显示了出来). ¶新事実が次々に～れた xīn qíngkuàng yī gè yí gè de chūlai le (新情况一个接一个地出来了). ¶飲んだらすぐ効き目が～れた chīxiaqu dāngjí jiànle xiào (吃下去当即见了效). ¶酔うと本性が～れる yí zuì jiù bàolùle běnxìng (一醉就暴露了本性). ¶隠しても自ずから態度に～れるものだ jiùshì zěnme yǐncáng yě huì biǎolù zài tàidushang de (就是怎么隐藏也会表露在态度上的). ¶苦悩の色が彼の顔に～れていた zài tā de liǎnshang xiǎnlùchū kǔnǎo de shénsè (在他的脸上显露出苦恼的神色). ¶中国文学に～れた農民の生活 Zhōngguó wénxué li suǒ miáohuì de nóngmín shēnghuó (中国文学里所描绘的农民生活). ¶悪事が～れる huàishì bàilù (坏事败露).

あらんかぎり【有らん限り】¶～の力を尽す jìn yíqiè lìliang (尽一切力量)/ jiéjìn quánlì (竭尽全力). ¶～の知恵を絞る jiǎojìn nǎozhī (绞尽脑汁). ¶～の声で"火事だ"と叫んだ shēngsī-lìjié de dà hǎn: "zháohuǒ le!" (声嘶力竭地大喊："着火了!").

あり【蟻】yǐ (蚁), mǎyǐ (蚂蚁). ¶～のはい出る隙もない xiàbiǎo tiānluó-dìwǎng, chāchì-nánfēi (布下天罗地网, 插翅难飞). ¶～の穴から堤も崩れる qiānlǐ zhī dī, kuìyú yǐxué (千里之堤, 溃于蚁穴).

¶～塚 yǐdié (蚁垤). 女王～ yǐhòu (蚁后). 働き～ gōngyǐ (工蚁). 兵隊～ bīngyǐ (兵蚁).

アリア yǒngtàndiào (咏叹调).

ありあま・る【有り余る】¶彼は～るほどの才能に恵まれている tā yǒuzhe fāhuī bu jìn de cáinéng (他有着发挥不尽的才能).

ありあり【有り有り】¶当時の情景が～と目に浮ぶ dāngshí de qíngjǐng lìlì zài mù (当时的情景历历在目). ¶亡くなった母の姿を～と思い出す wángmǔ de miànróng huóxiàn yǎnqián (亡母的面容活现在眼前). ¶彼の顔には～と狼狽の色が現れた tā de liǎnshang míngxiǎn de lùchū lángbèi de shénqíng (他的脸上明显地露出狼狈的神情).

ありあわせ【有合せ】xiànchéng (现成), xiànyǒu (现有). ¶～ですが召し上がって下さい xiànchéng de dōngxi, qǐng yòng ba (现成的东西, 请用吧). ¶～の材料でつくる yòng xiànyǒu de cáiliào zuò (用现有的材料做). ¶～の金はこれしかない shǒutóu [xiànyǒu] de qián zhǐ yǒu zhèxiē (手头[现有]的钱只有这些).

ありか【在処】xiàluò (下落). ¶犯人の～が知れない zuìfàn de xiàluò bùmíng (罪犯的下落不明). ¶とうとう金の～を白状した zhōngyú zhāochūle qián de cángchù (终于招出了钱的藏处).

ありかた【在り方】¶大学の～を考える tànsuǒ dàxué yīng yǒu de fāngxiàng (探索大学应有的方向).

ありがた・い【有難い】¶君が手伝ってくれると～い nǐ lái bāngmáng, wǒ qiú zhī bù dé (你来帮忙, 我求之不得). ¶そんな事をしてもらっても少しも～くない bù zuò nà zhǒng shì, wǒ yìdiǎnr yě bù gǎnxiè (你做那种事, 我一点儿也不感谢). ¶飯が食えるだけでも～いと思え néng chīshàng fàn, nǐ děi yào gǎnxiè le (能吃上饭, 你得要感谢了). ¶御厚意に甘えて～く頂戴致します xièxie nǐ de hòuyì, wǒ jiù bú kèqi de shōuxià le (谢谢你的厚意, 我就不客气地收下了). ¶親とは～いものだ duìyú fùmǔ zhēn shì gǎn'ēn bú jìn (对于父母真是感恩不尽). ¶これは～い雨だ zhè cháng yǔ xiàde hǎo

(这场雨下得好)/ zhè zhēn shì yì cháng xǐyǔ (这真是一场喜雨). ¶ いいことに風がおさまった xìnghǎo fēng zhù le (幸好风住了). ¶〜い，明日は祭日だ tài hǎo le, míngtiān shì jiérì (太好了,明天是节日). ¶〜い説教 gǎn rén fèifǔ de xùnyán (感人肺腑的训言).

ありがたが・る【有難がる】 ¶ 戦争中はこんなものでも〜ったものだ zhànzhēng niándài, zhèyàng de dōngxi yě shì bǎobèi (战争年代,这样的东西也是宝贝). ¶ 肩書を〜る zhòng tóuxián (重头衔).

ありがたなみだ【有難涙】 ¶ 思わず〜をこぼした bùyóude gǎnjī-tìlíng (不由得感激涕零).

ありがたみ【有難み】 ¶ 病気になって初めて健康の〜が分った déle bìng cái zhīdao jiànkāng de bǎoguì (得了病才知道健康的宝贵). ¶ そう恩に着せられると〜が薄くなる yào rén nàme gǎnēn-dàidé, hái yǒu shénme zhíde gǎnxiè de ne? (要人那么感恩戴德,还有什么值得感谢的呢?).

ありがためいわく【有難迷惑】 ¶ こんな物を貰ってかえって〜だ sòng wǒ zhè zhǒng dōngxi, fǎndào jiào wǒ wéinán (送我这种东西,反倒叫我为难).

ありがち【有り勝ち】 ¶ そういう失敗は初心者に〜だ zhè zhǒng shībài shì chūxuézhě chángyǒu de shì (这种失败是初学者常有的事). ¶ これは子供に〜な病気だ zhè bìng shì xiǎoháizi chángjiàn de (这种病是小孩子常见的).

ありがとう【有難う】 xièxie (谢谢), duōxiè (多谢). ¶ 毎度〜ございます cháng méng guānggù, duōxiè duōxiè (常蒙光顾,多谢多谢). ¶ お招きにあずかり〜存じます chéngméng zhāodài fēicháng gǎnxiè (承蒙招待非常感谢). ¶ お手紙〜ございました xiè nǐ de láixìn (谢谢你的来信).

ありがね【有り金】 ¶ 〜全部はたいても足りない bǎ shēnshang suǒyǒu de qián dōu tāochulai yě bú gòu (把身上所有的钱都掏出来也不够). ¶ 〜残らず使ってしまった bǎ shǒutóu de qián quán huāguāng le (把手头的钱全花光了). ¶ 〜残らず巻き上げられた suǒyǒu de qián quán bèi qiǎngzǒu le (所有的钱全被抢走了).

ありきたり【在り来り】 chángjiàn (常见), tōngcháng (通常), pǔtōng (普通), yìbān (一般). ¶ 〜のやり方では解決できない yòng tōngchángde bànfǎ jiějué bu liǎo (用通常的办法解决不了). ¶ 〜のお世辞なんか聞きたくない bù xiǎng tīng nà yí tào zhàolì de kètàohuà (不想听那一套照例的客套话).

ありくい【蟻食】 shíyǐshòu (食蚁兽).

ありげ【有りげ】 ¶ いわく〜に言う shuōde fǎngfú yǒu shénme shìde (说得仿佛有什么似的)/ huà zhōng yǒu huà (话中有话). ¶ 意味〜に笑う yǒu yìwèi de xiào (有意味地笑). ¶ 由緒〜な寺 yǒu shénme yóulái de sìyuàn (似乎有什么由来的寺院).

ありさま【有様】 yàngzi (样子). ¶ そんな〜では合格は難しい zhǎo nà yàngzi hěn nán kǎoshàng (照那样子很难考上). ¶ その〜を一目も見ず思わず息をのんだ yì qiáo nà guāngjǐng bùjīn

yànxiàle yì kǒu qì (一瞧那光景不禁咽下了一口气). ¶ 彼女は食事も喉も通らぬ〜だった jiǎnzhí lián fàn dōu tūn bu xiàqù (她简直连饭都吞不下去).

ありじごく【蟻地獄】 yǐshī (蚁狮).

ありつ・く ¶ やっと職に〜いた hǎobù róngyi cái ˇzhǎodàole gōngzuò [hùnshàng shì le] (好不容易才 ˇ找到了工作[混上事了]). ¶ 〜く飯に〜いた hǎoróngyi cái lāozháo fàn chī (好容易才捞着饭吃)/ hǎobù róngyi cái chīshàng fàn le (好不容易才吃上饭了).

ありったけ ¶ 彼は〜の金を使い果した tā bǎ suǒyǒu de qián dōu huāguāng le (他把所有的钱都花光了)/ tā qīngjiā-dàngchǎn le (他倾家荡产了). ¶ 日頃のうっぷんを〜ぶちまけた tā fāxièle píngcháng jīyā xīnzhōng de suǒyǒu qìfèn (她发泄了平常积压心中的所有气愤). ¶ 彼は〜の財産を投げうって,子供を大学に進学させた tā záguō màitiě bǎ háizi sòngjìnle dàxué (他砸锅卖铁把孩子送进了大学).

ありてい【有体】 ¶ 〜に言えば shuō shízài de (说实在的)/ shíhuà shíshuō (实话实说). ¶ 〜の礼儀を述べて fànfàn biǎoshì xièyì (泛泛表示谢意).

ありのまま【有りの儘】 zhàoshí (照实), jùshí (据实), rúshí (如实), cóngshí (从实). ¶ 〜の自分をさらけ出す chèdǐ de bàolù zìjǐ (彻底地暴露自己). ¶ 事実を〜に話す jùshí de shuō (据实地说) / shíhuà-shíshuō (实话实说). ¶ その情景を〜に描く rúshí de miáohuì qí qíngjǐng (如实地描绘其情景).

アリバイ búzài xiànchǎng de zhèngmíng (不在现场的证明). ¶ 私には〜がある wǒ néng zhèngmíng wǒ dāngshí méi zài xiànchǎng (我能证明我当时没在现场). ¶ 彼の〜が崩れた tā búzài fànzuì xiànchǎng de zhèngjù bèi tuīfān le (他不在犯罪现场的证据被推翻了).

ありふ・れる【有り触れた】 chángjiàn (常见), chángyǒu (常有); píngcháng (平常), pǔtōng (普通), yìbān (一般), píngdàn wúqí (平淡无奇). ¶ ごく〜れた品で珍しくも何ともない shì ge jí pǔtōng de dōngxi, bìng bù xīhan (是个极普通的东西,并不希罕). ¶ それは世の中に〜れた話だ nà shì shìshàng chángyǒu de shì (那是世上常有的事).

ありゅう【亜流】 ¶ 彼はピカソの〜に過ぎない tā zhǐ búguò shì fǎngxiào Bijiāsuǒ bàle (他只不过是仿效毕加索罢了).

ありゅうさん【亜硫酸】 yàliúsuān (亚硫酸). ¶ 〜ガス èryǎnghuàliú (二氧化硫)/ yàliúgān (亚硫酐)/ yàliúsuāngān (亚硫酸酐). 〜ソーダ yàliúsuānnà (亚硫酸钠).

あ・る【有る・在る】 **1**【存在する】yǒu (有). ¶ 机の上に本が〜る zhuōzi shang yǒu běn shū (桌子上有本书). ¶ それはデパートに行けば〜るだろう nàge dōngxi, bǎihuò gōngsī yǒu mài de ba (那个东西,百货公司有卖的吧). ¶ 彼はとかく噂の〜る人物だ guānyú tā zǒng yǒu zhèyàng nàyàng de liúyán-fēiyǔ (关于他总有这样那样的流言蜚语). ¶ 彼の言葉の裏には何かが

ある

～る tā huàli yǒu huà(他话里有话). ¶～りもしないことを言い触らす dàochù sànbō wúzhōngshēngyǒu de shì(到处散播无中生有的事). ¶手に火傷のあとが～る shǒushang yǒu shāoshāng de bāhén(手上有烧伤的疤痕). ¶この焼物には傷が～る zhè táoqì yǒu ge bā(这陶器有个疤). ¶賛成の人も～れば反対の人も～る yǒu zànchéng de, yě yǒu fǎnduì de(有赞成的, 也有反对的). ¶昔々ある所にお爺さんとお婆さんが～りました hěn zǎo hěn zǎo yǐqián zài mǒu ge dìfang zhùzhe yí wèi lǎoyéye hé yí wèi lǎonǎinai(很早很早以前在某个地方住着一位老爷爷和一位老奶奶).
2〔位置する〕zài(在). ¶本は机の上に～る shū zài zhuōzi shang(书在桌子上). ¶本社は大阪に～る zǒnggōngsī zài Dàbǎn(总公司在大阪). ¶天津は北京の東南 120 キロのところに～る Tiānjīn wèiyú Běijīng dōngnán yìbǎi èrshí gōnglǐ de dìfang(天津位于北京东南一百二十公里的地方). ¶使ったらもとへ～った場所に戻しなさい yòngwánle fànghuí yuánchù(用完了放回原处). ¶彼は今会長の職に～る tā xiànzài rèn huìzhǎng zhī zhí(他现在任会长之职). ¶すべての責任は私に～る yí suǒyǒu de zérèn dōu zài wǒ shēnshang(所有的责任都在我身上). ¶一番の難点はそこに～る zuì dà de kùnnan jiù zài cǐ(最大的困难就在此).
3〔所有する〕yǒu(有). ¶2人の子供が～る liǎngkǒuzi yǒu sān ge háizi(两口子有三个孩子). ¶彼の家には広い庭が～る tā jiā yǒu hěn dà de yuànzi(他家有很大的院子). ¶1万円なら～る yàoshi yíwàn rìyuán, wǒ yǒu(要是一万日元,我有). ¶彼女には看護婦の経験が～る tā céng zuòguo hùshi(她曾做过护士). ¶彼には語学の才能が～る tā yǒu wàiyǔ de cáinéng(他有外语的才能). ¶その気は～るのだが時間がない wǒ yǒu nàge xiǎngfa, kěshì méiyǒu shíjiān(我有那个想法,可是没有时间).
4〔数量が〕yǒu(有). ¶ミシシッピ河は約 6530 キロ～る Mìxīxībǐ Hé yuē yǒu liùqiān wǔbǎi sānshí gōnglǐ cháng(密西西比河约有六千五百三十公里长). ¶建坪は 300 平方メートル～る dìjī miànjī yǒu sānbǎi píngfāngmǐ(地基面积有三百平方米). ¶120 キロはありそうな巨漢 kànlai yǒu yìbǎi èrshí gōngjīn zhòng de dàhàn(看来有一百二十公斤重的大汉). ¶今月は祭日が2日～る2度 yuè yǒu liǎng tiān jiérì(这个月有两天节日). ¶あと 10 分～れば解けたのに zài yǒu shí fēnzhōng jiù néng jiědá chulai le(再有十分钟就能解答出来了).
5〔起る〕¶今朝地震が～った jīnchén fāshēngle dìzhèn(今晨发生了地震). ¶これは初心者によく～るミスだ zhè shì chūxuézhě de rén yì fàn de cuòr(这是初学者的人易犯的错儿). ¶2人の間に何が～ったのか私は知らない tāmen liǎ zhī jiān yǒule shénme wǒ bù zhīdào(他们俩之间有了什么我不知道). ¶やり抜く決心だ jiùshì yǒu tiāndà de kùnnan yě yào gàndǐ dǐ(就是有天大的困难也要干到底). ¶2度～ることは3度～る yǒu liǎng cì bì yǒu sān cì(有两次必有三次)/ huò bù dān xíng(祸不单行).
6〔行われる〕¶午後は会議が～る xiàwǔ yǒu ge huìyì(下午有个会议). ¶入学式は講堂で～る rùxué diǎnlǐ zài lǐtáng jǔxíng(入学典礼在礼堂举行). ¶1964年には東京でオリンピックが～った yī jiǔ liù sì nián zài Dōngjīng bànle Àoyùnhuì(一九六四年在东京举办了奥运会).
7〔…にかかっている〕¶成功は本人の努力いかんに～る chéngbài quán zàiyú tā běnrén de nǔlì(成败全在于他本人的努力).
8〔…してある〕¶壁に絵がかけて～る qiángshang guàzhe huàr(墙上挂着画ル). ¶お菓子が買って～るから食べなさい mǎile diǎnxīn, chī ba(买了点心,吃吧). ¶予習してあるから安心だ yùxí zuòhǎo le, xīnli tāshi(预习好了,心里踏实). ¶そのことは彼に頼んで～る nà shì tuōfù tā le(那事托付他了).
9¶これは石で～る zhè shì shítou(这是石头). ¶彼の家までそう遠くは～るまい tā jiā lí zhèr bú huì tài yuǎn ba(他家离这ル不会太远吧).

ある〔或〕yǒu(有), mǒu(某). ¶それは～日のことだった nà shì mǒu tiān fāshēng de shì(那是某天发生的事). ¶～所でこんな話を耳にした zài yí ge dìfang tīngdàole zhèyàng de shì(在一个地方听到了这样的事). ¶～仕事で北京に行くことになった wǒ yīn gōngshì yào dào Běijīng qù(有件事我要到北京去). ¶～程度までは回復するが全快は無理だ kěyǐ huīfù dào yídìng de chéngdù, dànshì bùnéng quányù(可以恢复到一定的程度,但是不能痊愈). ¶～意味では彼は成功者と言える jiù mǒu yì fāngmiàn shuō, tā kěyǐ suàn shì chénggōngzhě(就某一方面说,他可以算是成功者). ¶～者は歌い～者は踊った yǒude chàng, yǒude tiào(有的唱,有的跳).

あるいは〔或いは〕**1**〔または〕huò(或), huòzhě(或者), huòshì(或是). ¶万年筆～ボールペン使用のこと wùxū shǐyòng gāngbǐ huò yuánzhūbǐ(务须使用钢笔或圆珠笔). ¶君が行くか, ～私が行くかどちらでもいい nǐ qù huòzhě wǒ qù dōu xíng(你去或者我去都行). ¶木々は～赤く～黄色く色づいている shùyè yǒu de fāhóng, yǒu de fāhuáng(树叶有的发红,有的发黄).
2〔もしかすると〕huò(或), xǔ(许), huòzhě(或者), huòxǔ(或许), yěxǔ(也许), xīngxǔ(兴许). ¶彼は～明日あたり来るかもしれない tā huòxǔ míngtiān lái(他或许明天来). ¶すぐ行けば～間に合うかもしれない mǎshàng qù xīngxǔ gǎndeshàng(马上去兴许赶得上). ¶～そんなことがあったかもしれない huòxǔ céng yǒuguo nàyàng de shì(或许曾有过那样的事).

アルカリ jiǎn(碱). ～血症～血xuèzhèng(碱血症). ～性土壤 jiǎntǔ(碱土)/ yántǔ(盐土). ～性反応 jiǎnxìng fǎnyìng(碱性反应).
アルカロイド shēngwùjiǎn(生物碱).
アルカローシス jiǎnzhòngdú(碱中毒).
あるきまわ・る〔歩き回る〕 zǒudòng(走动). ¶

部屋の中をぐるぐる～る zài wūzili ˈláihuí zǒudòng[duólai-duóqu](在屋子里ˈ来回走动[踱来踱去]). ¶足を棒にして～ったが職にありつけなかった dàochù bēnzǒu, háishi méi néng zhǎozháo gōngzuò(到处奔走,还是没能找着工作). ¶調査のため国中を～った wèile diàochá zǒubiànle quánguó gè dì(为了调查走遍了全国各地).

アルギンさん【アルギン酸】 hèzǎosuān(褐藻酸).

ある・く【歩く】 zǒu(走), zǒulù(走路), zǒudàor(走道ル), zǒudòng(走动), bùxíng(步行). ¶私は毎日１時間～くことにしている wǒ měitiān zǒng yào ˈzǒu[bùxíng] yì xiǎoshí(我每天总要ˈ走[步行]一小时). ¶足の向くままに～く xìnbù ér xíng(信步而行). ¶４キロの道を～いて通学する zǒu sì gōnglǐ lù qù shàngxué(走四公里路去上学). ¶急いで～けば１０分もかからない kuàibù zǒu yòngbuliǎo shí fēnzhōng(快步走用不了十分钟). ¶うちの子はまだ～けません wǒ háizi hái bú huì ˈzǒulù[zǒudàor](我孩子还不会ˈ走路[走道ル]). ¶病人がやっと～けるようになった bìngrén hǎoróngyì néng xiàchuáng zǒudòng le(病人好容易能下床走动了). ¶疲れちゃう～けない lèide zài yě zǒubudòng le(累得再也走不动了). ¶足をくじいて～けなくなった niǔshāngle jiǎo zǒubuliǎo le(扭伤了脚走不了了). ¶今日は一日一きづめだった jīntiān yòng liǎng tiáo tuǐ zhěngzhěng zǒule yìtiān(今天用两条腿整整走了一天). ¶～いても～いても目的地は見えない zǒu a, zǒu a, zǒng bú jiàn mùdìdì de yǐngzi(走啊,走啊,总不见目的地的影子). ¶方々の桜を見て～く guānshǎng gèchù de yīnghuā(观赏各处的樱花). ¶新宿を飲み～く zài Xīnsù chuàn jiǔguǎn(在新宿串酒馆).

アルコール jiǔjīng(酒精), yǐchún(乙醇), huǒjiǔ(火酒); [酒] jiǔ(酒). ¶～で消毒する yòng jiǔjīng xiāodú(用酒精消毒). ¶私は～類は一切口にしない jiǔlèi wǒ shì yígài bù zhān(酒类我是一概不沾)/ wǒ dī jiǔ bù zhān(我滴酒不沾). ¶～中毒 jiǔjīng zhòngdú(酒精中毒)/ yǐchún zhòngdú(乙醇中毒). ～ランプ jiǔjīngdēng(酒精灯).

アルゴン　yà(氩).

あるじ【主】 **1**【家の】 dāngjiāde(当家的), jiāzhǎng(家长), jiāzhǔ(家主). ¶一家の～ yì jiā zhī zhǔ(一家之主).
2【店の】 lǎobǎn(老板), dōngjia(东家), zhǎngguì(掌柜), zhǎngguìde(掌柜的), diàndōng(店东), diànjiā(店家). ¶宿の～ lǚguǎn de lǎobǎn(旅馆的老板).

アルジェリア　Āˈěrjílìyà(阿尔及利亚).

アルゼンチン　Āgēntíng(阿根廷).

アルちゅう【アル中】 jiǔjīng zhòngdú(酒精中毒).

アルト　nǚdīyīn(女低音).

アルバイト　dǎgōng(打工), chǎogēng(炒更), gōngdú(工读); fùyè(副业), sīhuó[r](私活[ル]). ¶私は～をしながら学校を卒業した wǒ bàngōng-bàndú de zài xuéxiào bìle yè(我半工半读地在学校毕了业). ¶彼女は～に家庭教師をしている tā de fùyè shì dāng jiātíng jiàoshī(她的副业是当家庭教师).

アルパカ yángtuó(羊驼); yángtuómáo(羊驼毛).

アルバニア Āˈěrbāníyà(阿尔巴尼亚).

アルバム zhàoxiàngbù(照相簿), xiàngpiàn cèzi(相片册子), xiàngcè(相册), yǐngjí(影集). ¶～に写真を貼る bǎ zhàopiàn tiēzài xiàngcè shang(把照片贴在相册上).
¶卒業記念～ bìyè jìniàn yǐngjí(毕业纪念影集).

アルピニスト dēngshān yùndòngyuán(登山运动员).

アルファ āˈěrfǎ(阿尔法). ¶ボーナスは３か月プラス～だった jiǎngjīn shì sān ge yuè gōngzī wàijiā jīntiē(奖金是三个月工资外加津贴).
¶～線 jiǎzhǒng shèxiàn(甲种射线)/ āˈěrfǎ shèxiàn(阿尔法射线・α射线).

アルファベット Lādīng zìmǔ(拉丁字母). ¶～順に並べる ànzhe Lādīng zìmǔ de shùnxù lái páiliè(按着拉丁字母的顺序排列).

アルプス Āˈěrbēisī Shānmài(阿尔卑斯山脉).

アルマイト nàisuānlǚ(耐酸铝), fángshílǚ(防食铝).

アルマジロ qiúyú(犰狳).

アルミ lǚ(铝). ¶～サッシ lǚzhì chuāngkuàng(铝制窗框). ¶～ホイル bāozhuāng lǚbó(包装铝箔)/ píngbó(平箔)/ yìnhuābó(印花箔).

アルミニウム lǚ(铝). ¶～鋼种(钢种). ¶～製品 lǚzhìpǐn(铝制品).

あれ →おや.

あれ na・ne・nèi(那), nàge・nèige・nèige(那个).
¶～は何だろう nà shì shénme?(那是什么?).
¶彼女は～もこれもと欲ばりすぎる tā yào zhè yào nà de, tài tānxīn le(她要这要那的,太贪心了). ¶～はもう読みましたか nà běn shū nǐ yǐjing kànwánle ma?(那本书你已经看完了吗?). ¶～以来酒はやめた cóng nà yǐhòu jiù jièle jiǔ le(从那以后就戒了酒了). ¶彼と会ったのは～が最後だった nà cì jiàndào tā shì zuìhòu yí miàn(那次见到他是最后一面). ¶～の言うことはあてにならない nà rén shuō de kàobuzhù(那人说的靠不住).

あれ【荒れ】 ¶海はひどい～だ hǎishang fēng kuáng làng dà(海上风狂浪大). ¶会議は～～だった huìyì nàode tiānfān-dìfù(会议闹得天翻地覆). ¶肌の～を防ぐ yùfáng pífū cūcāo(预防皮肤粗糙).

あれいれい【亜鈴】 yǎlíng(哑铃).

あれくる・う【荒れ狂う】 ¶台風は九州を縦断して～った táifēng zòngguàn Jiǔzhōu sìntuè shīwēi(台风纵贯九州肆虐施威). ¶～は略奪をほしいままにした kuángbào de bàotú wéifēi-zuòdǎi sìyì lüèduó(狂暴的暴徒为非作歹肆意掠夺).

アレゴリー bǐyù(比喻), yùyì(寓意), yùyán(寓言).

あれこれ ¶～考えて一晩中眠れなかった xiǎng

あれしき なàmediǎnr・nèmediǎnr(那么点ル). ¶〜の事にくよくよするな búyào wèi nàmediǎnr shìr huīxīn-sàngqì(不要为那么点ル事ル灰心丧气).

あれしょう【荒れ性】 ¶〜の肌 hào jūnliè de pífū(好皲裂的皮肤).

あれち【荒れ地】 huāngdì(荒地). ¶〜を開く kāikěn huāngdì(开垦荒地)/ kāihuāng(开荒)/ kěnhuāng(垦荒).

あれの【荒れ野】 huāngyě(荒野), huāngyuán(荒原).

あれは・てる【荒れ果てる】 ¶戦火に〜てた国土を再興する chóngjiàn bèi zhànhuǒ pòhuàile de guótǔ(重建被战火破坏了的国土). ¶〜てた人の心をいやす zhìyù tuífèile de rénxīn(治愈颓废了的人心). ¶田んぼは〜てて見る影もない dàotián huāngwúde jiǎnzhí bú xiàng yàngzi(稻田荒芜得简直不像样子).

あれほど nàme(那么), nàyàng(那样). ¶彼が〜分らず屋だとは思わなかった méi xiǎngdào tā jìngshì nàme yí ge sǐnǎojīn(没想到他竟是那么一个死脑筋). ¶〜まで言わなくともよさそうなものど hébì shuōdào nà zhǒng dìbù ne(何必说到那种地步呢). ¶〜の人材は少ない nàyàng de réncái shì shǎoyǒu(那样的人材是少有).

あれもよう【荒れ模様】 ¶天気は〜だ kànlai yào biàntiān le(看来要变天了). ¶会議はどうやら〜だ kàn yàngzi huìyì yào dà luàn(看样子会议要大乱).

あれよあれよ ¶〜と言う間にトップに立った hèrán zhī jiān lǐngxiān zài qián(赫然之间领先在前).

あ・れる【荒れる】 **1**〔荒々しくなる〕 ¶今夜か山は〜れそうだ kànlai jīnwǎn qī shānqū yào ▽biàntiān[nào tiānqì](看来今晚起山区要▽变天[闹天气]). ¶〜れて船は出せない hǎishang fēng kuáng làng dà chūbuliǎo chuán(海上风狂浪大出不了船). ¶明日の会議は〜れそうだ míngtiān de huìyì kànlai yào ▽dà luàn[chū luànzi](明天的会议看来要▽大乱[出乱子]).

2〔荒廃する〕 huāng(荒), huāngfèi(荒废), huāngwú(荒芜). ¶住む人のいないその家はすっかり〜れていた wú rén zhù de nà suǒ fángzi huāngfèide pòlàn bùkān le(无人住的那所房子荒废得破烂不堪了). ¶貴重な文化財が〜るにまかされている guìzhòng de wénwù rèn qí huāngfèi(贵重的文物任其荒废). ¶畑はすっかり〜れてしまった tiándì quán huāng le(田地全荒了). ¶庭は草ぼうぼうだ yuànzili huāngwúde zácǎo cóngshēng(院子里荒芜得杂草丛生). ¶あの事件以来彼の生活はすっかり〜れてしまった zìcóng nà jiàn shì yǐlái, tā de shēnghuó jiù fàngdàng le(自从那件事以来,他的生活就放荡了). ¶最近彼は芸が〜れている zuìjìn tā yǎnjì huāngshū le(最近他演技荒疏了).

3〔皮膚が〕 ¶水仕事で手が〜れた zuò xǐshuāhuór, shǒu jūnliè le(做洗刷活ル,手皲裂了)/ xǐ yīfu zuò fàn, shǒu biàn cūcāo le(洗衣服做饭,手变粗糙了). ¶彼女は肌が〜れている tā pífū cūcāo(她皮肤粗糙).

アレルギー biàntài fǎnyìng(变态反应), guòmǐnxìng fǎnyìng(过敏性反应). ¶〜反応を起す yǐnqǐ biàntài fǎnyìng(引起变态反应). ¶〜体質 guòmǐnxìng tǐzhì(过敏性体质).

アレンジ **1**〔並べる〕 páiliè(排列), zhěnglǐ(整理).

2〔手はず〕 zhǔnbèi(准备), ānpái(安排), bùzhì(布置).

3〔編曲、脚色〕 gǎibiān(改编).

アロハシャツ Xiàwēiyíshān(夏威夷衫).

あわ【泡】 pàomò(泡沫), pào[r](泡ル), mò[r](沫ル), mòzi(沫子). ¶この石鹸は〜がよく立つ zhè féizào ài qī pàomò(这肥皂爱起泡沫). ¶〜が消えた pào yǐ xiāo le(泡ル已消了). ¶蟹は〜を吹く pángxiè tǔ pàomò(螃蟹吐泡沫). ¶折角の苦労も水の〜だ shà fèi de kǔxīn yě huàwéi pàoyǐng le(煞费的苦心也化为泡影了)/ qián gōng jìn qì(前功尽弃). ¶口角〜を飛ばして議論する biànlùnde zuǐli zhí pēn tuòmo xīngzi(辩论得嘴里直喷唾沫星子). ¶彼は〜をくって逃げ出した tā jīnghuāng shīcuò de táozǒu le(他惊慌失措地逃走了).

¶〜立器 qǐpàoqì(起泡器).

あわ【粟】 xiǎomǐ[r](小米[ル]); sù(粟), sùzi(粟子), gǔzi(谷子). ¶上から見ると一つぶのように小さく見える cóng shàng wǎng xià kàn, zhǐ yǒu xiǎomǐlìr nàme xiǎo(从上往下看,只有小米粒ル那么小).

あわ・い【淡い】 dàn(淡). ¶〜い緑 dànlù(淡绿), qiǎnlǜ(浅绿)/ húlǜ(湖绿)/ nènlǜ(嫩绿). ¶〜い月影 wēiruò de yuèguāng(微弱的月光). ¶〜い望みをかける bào yīxiàn xīwàng(抱一线希望). ¶〜い恋心を抱く wēi huái àimù zhī xīn(微怀爱慕之心).

あわせ【袷】 jiáyī(夹衣).

あわせて【併せて】 bìng(并), yíbìng(一并), yìfā(一发). ¶いままでの御厚誼を謝し、〜御健康をお祈りいたします gǎnxiè nín zhìjīn de shēngqíng hòuyì, bìng zhù nín shēntǐ jiànkāng(感谢您至今的深情厚谊,并祝您身体健康).

あわ・せる【会わせる・遭わせる】 ¶旅先でばったり顔を〜せた zài lǚtú yíngmiàn pèngshàng le(在旅途迎面碰上了). ¶ここで2人を〜せてはまずい zài zhèli ràng tāmen zhuàngshàng kě bùmiào(在这里让他们撞上可不妙). ¶君に〜せる顔がない wǒ méiyǒu liǎn jiàn nǐ(我没有脸见你). ¶彼には散々な目に〜された chīle tā xǔduō kǔtou(吃了他许多苦头).

あわ・せる【合せる】 **1**〔一つにする〕 hé(合), jiā

(加)，**còu**(凑)，**bìng**(并)，**hébìng**(合并)，**yìzǒng**[r](一总[儿])，**chéngzǒng**[r](成总[儿])，**gòngzǒng**(共总).¶それはこれら2つを～せてより大きいnàge bǐ zhè liǎng ge jiāzài yìqǐ hái dà(那个比这两个加在一起还大).¶表と裏を～せて張る bǎ biǎolǐ hézài yìqǐ tiē(把表里合在一起貼).¶2人の金を～せても全部で350円しかなかった liǎng ge rén de qián còu yíkuàir yě zhǐ yǒu sānbǎi wǔshí rìyuán(两个人的钱凑一块儿也只有三百五十日元).¶年収は夫婦～せて1000万円になるyì nián de shōurù fūfù liǎ gòngzǒng yìqiān wàn rìyuán(一年的收入夫妇俩共总一千万日元).¶手を～せて頼む hé zhǎng yāngqiú(合掌央求).¶声を～せて歌いましょう dàjiā qíshēng lái chàng ba(大家齐声来唱吧).¶皆で心を～せて働く dàjiā **tóngxīn-xiélì**[qíxīn-hélì] gōngzuò(大家**同心协力**[齐心合力]工作).¶5つの市を～せて北九州市とした wǔ ge shì hébìng chéngwéi Běijiǔzhōu Shì(五个市合并成为北九州市).
2[一致させる] **duì**(对)，**xīfú pèi lǐngdài**(照西服配领带).¶靴を足に～せて作らせる àn jiǎo de chǐcun dìngzuò xié(按脚的尺寸定做鞋).¶時計を～せる duì biǎo(对表).¶目覚しを6時に～せておく bǎ nàozhōng bōdào liù diǎn(把闹钟拨到六点).¶眼鏡の度を～せる pèi yǎnjìng(配眼镜).¶ピントを～せる duì jiāojù(对焦距).¶ラジオのダイヤルを～せる bōdù shōuyīnjī(拨对收音机).¶バイオリンの音を～せる tiáozhǔn xiǎotíqín de xián(调准小提琴的弦).¶ピアノに～せて歌う hézhe gāngqín chàng(合着钢琴唱).¶帳尻を～せる shǐ zhàngmù shōuzhī xiāngfú(使账目收支相符).¶口裏を～せる zài sīxià shāngliánghǎo shǐ shuōfǎ yízhì(在私下商量好使说法一致).¶彼の話に調子を～せる fùhè tā de huà(附和他的话).
3[照合する] **duì**(对)，**duìzhào**(对照).¶答を～せてみたら1問だけ違っていた duì dá'àn de jiéguǒ zhǐ cuòle yí dào tí(对对答案的结果只错了一道题).¶訳文を原文と～せて確かめる bǎ yìwén hé yuánwén héduì yí biàn(把译文和原文核对一遍).

あわただし・い【慌しい】 **huāngcù**(慌促)，**cāngcù**(仓促·仓猝·仓卒)，**cōngcù**(匆促·匆猝·匆卒)，**cōngmáng**(匆忙)，**cōngcōng**(匆匆)，**cōngcōng-mángmáng**(匆匆忙忙).¶何ともな～い旅行だった zhēn shì yí cì cāngcù de lǚxíng(真是一次仓促的旅行).¶～い年の瀬 cōngmáng de niándǐ(匆忙的年底).¶今日もな～く過ごしてしまった jīntiān yě cōngcōng de guòqu le(今天也匆匆地过去了).¶1人の男が～く駆け込んできた yǒu ge nánrén cōngcōng-mángmáng de pǎole jìnlai(有个男人匆匆忙忙地跑了进来).¶政界の動きが～くなった zhèngjiè de huódòng jiājǐn le(政界的活动加紧了).

あわだ・つ【泡立つ】 **qǐmòzi**[r](起泡[儿])，**qǐ mòzi**(起沫子).¶この石鹼はよく～つ zhè zhǒng féizào ài qǐ mòzi(这种肥皂爱起沫子).

あわてふためく【慌てふためく】 **cānghuáng**(仓皇·仓惶·仓黄·苍黄·苍惶)，**huānghuāngzhāngzhāng**(慌慌张张)，**jīnghuāng shīcuò**(惊慌失措)，**zhānghuáng shīcuò**(张皇失措)，**cānghuáng shīcuò**(仓皇失措).¶敵は～いて逃げ出した díjūn cānghuáng táocuàn(敌军仓皇逃窜).

あわてもの【慌て者】 **màoshīguǐ**(冒失鬼).

あわ・てる【慌てる】 **huāng**(慌)，**zháohuāng**(着慌)，**zháománg**(着忙)，**zhuāxiā**(抓瞎)，**fāhuāng**(发慌)，**huāngzhāng**(慌张)，**huāngmáng**(慌忙).¶書類をなくしたのに気づいて～てた fāxiàn diūle wénjiàn zháole huāng(发现丢了文件着了慌).¶彼はその場に臨んでも少しも～てなかった tā miànlín nàge chǎngmiàn yìdiǎnr yě méi zháohuāng(他面临那个场面一点儿也没着慌).¶試験まぎわになって～てても遅い lín kǎoshí zháománg[zhāojí] yě láibují(临考试着忙[着急]也来不及).¶～てて降りたので電車に傘を忘れてきた huāngmáng xià chē, bǎ yǔsǎn làzài chēli le(慌忙下车,把雨伞落在车里了).¶"火事だ"の声に～てて外に飛び出した tīngdào yǒu rén hǎn: "zháohuǒ le!", jiù jīnghuāng-shīcuò de pǎole chūqù(听到有人喊："着火了!",就惊慌失措地跑了出去).

あわび【鮑】 **bàoyú**(鲍鱼)，**fùyú**(鳆鱼).¶磯の～の片思い tìtóu tiāozi yìtóur rè(剃头挑子一头儿热) / **dānxiāngsī**(单相思).

あわもり【泡盛り】 **Chōngshéng shāojiǔ**(冲绳烧酒).

あわや **chàdiǎnr**(差点儿)，**xiǎnxiēr**(险些儿).¶～衝突かと思った chàdiǎnr méi zhuàngshàng(差点儿没撞上) / xiǎnxiēr jiù yào zhuàngshàng le(险些儿就要撞上了).¶～というところで助かった zài qiānjūn-yìfà zhī jì déjiù le(在千钧一发之际得救了).

あわよくば **pèngqiǎo**(碰巧)，**pèng yùnqi**(碰运气).¶～この試合に勝てるかもしれない zhè chǎng bǐsài pèngqiǎo xīngxǔ néng yíng(这场比赛碰巧兴许能赢).¶～と思っていたがやはり駄目だった xiǎng pèngpeng yùnqi, dàn jiéguǒ háishi bùxíng(想碰碰运气,但结果还是不行).

あわれ【哀れ】 **1**【かわいそう】 **kělián**(可怜)，**liánmǐn**(怜悯).¶何も知らずに眠っているその子が～でならなかった shénme yě bù zhīdào de shuìzhe de háizi, zhēn juéde kělián(什么也不知道地睡着的孩子,真觉得可怜).¶彼等の姿は人々の～を誘った tāmen de yàngzi yǐnqǐle rénmen de liánmǐn(他们的样子引起了人们的怜悯).¶～にも彼女は自ら命を絶った kěliánde hěn, tā jìng zìshā le(可怜得很,她竟自杀了).¶聞くも～な物語 tīngzhe yě jiào rén guài kělián de(听着也叫人怪可怜的).

2【みじめ】 **bēicǎn**(悲惨).¶彼は見るも～な姿でやって来た tā yǐ lìng rén bùrěn mùdǔ de yàngzi chūxiàn zài wǒmen miànqián(他以令人不忍目睹的样子出现在我们面前).¶物乞いをやっな～な毎日 kào qǐtǎo wéichí shēngmìng de bēicǎn rìzi(靠乞讨维持生命的悲惨日子).

3〔情趣〕¶雨は旅の〜を増した yǔ zēngtiānle jīlǚ de chóuchàng（雨增添了羁旅的惆怅）.

あわれみ【哀れみ】 liánmǐn（怜悯）. ¶人に〜を請う qiú rén liánmǐn（求人怜悯）/ qǐlián yú rén（乞怜于人）. ¶〜深い人 fùyǒu liánmǐnxīn de rén（富有怜悯心的人）.

あわれ・む【哀れむ】 liánmǐn（怜悯）, kělián（可怜）. ¶彼女はその子の身の上を〜んで泣いた tā wèi nàge háizi de shēnshì kělián ér kū（她为那个孩子的身世可怜而哭）. ¶同病相〜む tóng bìng xiāng lián（同病相怜）. ¶あいつは人の心の分らぬ〜むべき男だ nàge jiāhuo shì bù dǒng rénqíng shìgù de kěliánchóng（那个家伙是不懂人情世故的可怜虫）.

あん【案】 àn, tí'àn（提案）, fāng'àn（方案）. ¶機關紙を出そうという〜がある yǒu fāxíng jīguānbào de tí'àn（有发行机关报的提案）. ¶記念行事の〜を立てる nǐdìng jìniàn huódòng de jìhuà（拟订纪念活动的计划）. ¶講演の〜を練る cǎonǐ jiǎnggǎo（草拟讲稿）. ¶政府〜は否決された zhèngfǔ yì'àn bèi fǒujué le（政府议案被否决了）. ¶〜に相違して1人もこなかった gēn suǒ yùxiǎng de xiāngfǎn jìng méiyǒu yí ge rén lái（跟所预想的相反竟没有一个人来）.

¶修正〜 xiūzhèng'àn（修正案）. 不信任〜 búxìnrèn'àn（不信任案）.

あん【餡】 xiànr（馅儿）. ¶こし〜 dòushāxiànr（豆沙馅儿）/ dèngshā（澄沙）. ¶つぶし〜 xiǎodòuxiànr（小豆馅儿）.

あんあんり【暗暗裏】 àn'àn（暗暗）, àndìli（暗地里）, ànzhōng（暗中）. ¶〜に事を運ぶ àndìli xíngshì（暗地里行事）.

あんい【安易】 róngyì（容易）, jiǎndān（简单）, qīngyì（轻易）. ¶君はあまりにも問題を〜に考えている nǐ bǎ wèntí kànde tài ˇróngyì[jiǎndān]（你把问题看得太ˇ容易[简单]）. ¶〜な道を選ぶ xuǎnzé ānyì de dàolù（选择安逸的道路）. ¶〜な日々を送る xūdù gǒu'ān de rìzi（虚度苟安的日子）.

あんいつ【安逸】 ānyì（安逸）. ¶〜をむさぼる tāntú ānyì（贪图安逸）.

あんうん【暗雲】 wūyún（乌云）, yīnyún（阴云）. ¶前途を〜がおおう qiántú lǒngzhàozhe yí piàn wūyún（前途笼罩着一片乌云）.

あんえい【暗影】 ànyǐng（暗影）. ¶その出来事は前途に〜を投じた gāi shìjiàn gěi qiántú tóushàng ànyǐng（该事件给前途投上了暗影）.

あんか【行火】 jiǎolú（脚炉）.

あんか【安価】 1〔廉価〕liánjià（廉价）; piányi（便宜）. ¶思ったよりも〜に仕上がった jiàguan bǐ xiǎngxiàng de hái piányi jiù zuòdé le（价钱比想像的还便宜就做得了）. ¶〜な物ばかり探す jìng xúnzhǎo ˇpiányi[liánjià]huò（净寻找ˇ便宜[廉价]货）.

2〔安っぽい〕¶〜な娯楽に走る xúnqiú dījí de yúlè（寻求低级的娱乐）. ¶そんな〜な同情は受けたくない bú yuànyì jiēshòu nà zhǒng xūqíng-jiǎyì de tóngqíng（不愿意接受那种虚情假意的同情）.

アンカー 1〔錨〕máo（锚）.

2〔リレー競技〕dìsìbàng[jiēlì sàipǎo] yùndòngyuán（第四棒[接力赛跑]运动员）; dìsìge[jiēlì yóuyǒng] yùndòngyuán（第四个[接力游泳]运动员）.

3〔テレビ, ラジオ〕guǎngbō[diànshì/xīnwén] zhǔchírén（广播[电视/新闻]主持人）.

あんがい【案外】 ¶〜うまくいった chūhū-yìwài de chénggōng le（出乎意外地成功了）. ¶このテストは〜難しい zhège kǎoshì xiāngdāng nán（这个考试相当难）. ¶〜な結果になってしまった xiǎngbudào jìng luòde zhèyàng yí ge jiéguǒ（想不到竟落得这样一个结果）. ¶強いと思ったが彼は〜簡単に負けてしまった wǒ yǐwéi tā hěn qiáng, méi xiǎngdào tā bèi dǎbài le（我以为他很强, 没想到竟那么轻易地被打败了）. ¶君は〜力があるんだね nǐ lìqi hái zhēn bù xiǎo a!（你力气还真不小啊!）.

あんかけ【餡掛け】 ¶〜豆腐 jiāoqiàn dòufu（浇芡豆腐）.

あんかん【安閑】 ānxián（安闲）, yōuxián（悠闲）. ¶〜として暮せる身分ではない wǒ kě bú shì néng ānxián shēnghuó de shēnfen（我可不是能安闲生活的身分）. ¶今や〜としている時ではない xiànzài kě bú shì ānzhěn-wúyōu de shíhou（现在可不是安枕无忧的时候）.

あんき【安危】 ānwēi（安危）. ¶事は一国の〜にかかわる shì guān guójiā ānwēi（事关国家安危）.

あんき【暗記】 bèi（背）, mòjì（默记）. ¶単語を〜する bèi dāncí（背单词）. ¶私は〜は苦手だ wǒ zuì pà mòjì（我最怕默记）.

あんぎゃ【行脚】 yúnyóu（云游）, xíngjiǎo（行脚）. ¶諸国〜の旅情 yúnyóu sìhǎi de yóufāngsēng（云游四海的游方僧）.

あんきょ【暗渠】 àngōu（暗沟）, yīngōu（阴沟）.

あんぐ【暗愚】 ¶〜な君主 hūnyōng wúnéng de jūnzhǔ（昏庸无能的君主）/ hūnjūn（昏君）.

あんぐり ¶驚いて口を〜あけたままだった xiàde mùdèng-kǒudāi（吓得目瞪口呆）.

アングル【角】 jiǎo（角）, jiǎodù（角度）. ¶カメラの〜 shèyǐng jiǎodù（摄影角度）.

アングロサクソン Ànggélǔ-Sākèxùnrén（盎格鲁撒克逊人）.

アンケート wènjuàn（问卷）. ¶会員から〜をとる xiàng huìyuán jìnxíng wènjuàn diàochá（向会员进行问卷调查）.

¶〜用紙 wènjuàn（问卷）/ diàochábiǎo（调查表）; zhēngqiú yìjiàn biǎo（征求意见表）.

あんけん【案件】 1¶調査すべき〜 xū diàochá de shìxiàng（须调查的事项）. ¶重要な〜はすべて国会を通過した zhòngyào yì'àn quán yóu guóhuì tōngguò le（重要议案全由国会通过了）.

2〔訴訟事件〕ànjiàn（案件）.

あんこう【鮟鱇】 ānkāng（鮟鱇）, lǎotóuryú（老头儿鱼）.

あんごう【暗号】 ànhào（暗号）, ànyǔ（暗语）, miyǔ（暗语）, mìmǎ（密码）. ¶〜を解読する yì mǐmǎ（译密码）.

¶〜電報 mìmǎ diànbào（密码电报）.

あんごう【暗合】ànhé(暗合), ǒuhé(偶合), bù móu ér hé(不谋而合), bù yuē ér tóng(不约而同).¶彼の考えと期せずして～した hé tā de xiǎngfa bù móu ér hé(和他的想法不谋而合).

アンコール ¶～にこたえて1曲歌を yìng hè cǎi, zài chàng yì shǒu(应喝彩,再唱一首).¶演奏が終って"～"という声があがった yǎnzòu yì wán jiù qǐle"zài lái yí ge"de jiàohǎoshēng(演奏一完就起了"再来一个"的叫好声).

あんこく【暗黒】hēi'àn(黑暗).¶社会の一面 shèhuì de "hēi'ànmiàn[yīn'ànmiàn](社会的"黑暗面[阴暗面]).¶～の街の顔役 hēishèhuì de tóuzi(黑社会的头子).

アンゴラ ¶～兎 Ān'gēlàtù(安哥拉兔).¶～山羊 Ān'gēlā shānyáng(安哥拉山羊).

あんさつ【暗殺】ànshā(暗杀), ànhài(暗害), cìshā(刺杀), xíngcì(行刺).¶大統領が～された zǒngtǒng "cǎnzāo ànshā[bèi cìshā/yùcì]le(总统"惨遭暗杀[被刺杀/遇刺]了).¶～者 cìkè(刺客)/ shāshǒu(杀手)/ ànshāzhě(暗杀者).

あんざん【安産】shùnchǎn(顺产).¶～で母子ともに元気です shì shùnchǎn, mǔzǐ dōu hěn jiànkāng(是顺产,母子都很健康).

あんざん【暗算】xīnsuàn(心算), mòsuàn(默算).¶～で計算する yòng xīnsuàn jìsuàn(用心算计算).¶買物の合計を～する bǎ suǒ mǎi de dōngxi de zǒngshù xīnsuàn yíxià(把所买的东西的总数心算一下).

アンサンブル hézòu(合奏), héchàng(合唱); hézòu yuètuán(合奏乐团), héchàngtuán(合唱团).

あんじ【暗示】ànshì(暗示).¶相手に～を与える ànshì duìfāng(暗示对方).¶その出来事は彼の運命を～しているかのようであった nàge shìjiàn xiàng shì ànshìzhe tā de mìngyùn shìde(那个事件像是暗示着他的命运似的).¶自己～ zìwǒ ànshì(自我暗示).

あんしつ【暗室】ànshì(暗室), ànfáng(暗房).

あんじゅう【安住】ānjū(安居), ānshēn(安身).¶～の地を求めてさすらう wèile xúnzhǎo "ānjū zhī dì[ānshēn zhī chù]dàochù liúlàng(为了寻找"安居之地[安身之处]到处流浪).¶現在の地位に～する ānjū yú xiànzài de dìwèi(安居于现在的地位).

あんしゅつ【案出】¶新しい装置を～する shèjichū xīn de zhuāngzhì(设计出新的装置).

あんしょう【暗唱】bèi(背), bèisòng(背诵), jìsòng(记诵).¶詩を～する bèisòng shī(背诵诗).

あんしょう【暗礁】ànjiāo(暗礁).¶船が～に乗り上げた chuán chùjiāo gēqiǎn(船触礁搁浅).¶交渉は～に乗り上げた tánpàn gēqiǎn le(谈判搁浅了).

あんしょうばんごう【暗証番号】mìmǎ(密码).

あんしょく【暗色】ànsè(暗色).

あん・じる【案じる】→あんずる.

あんしん【安心】ānxīn(安心), fàngxīn(放心).¶彼が来ればもう～だ tā láile, jiù méi wèntí le(他来了,就没问题了).¶元気でおりますのでどうか御～下さい wǒ shēntǐ hěn hǎo, qǐng fàngxīn(我身体很好,请放心).¶彼の顔を見るまで～できない zài méi kàndào tā yǐqián fàngxīn búxià(在没看到他以前放心不下).¶こう事故が多くては～して車に乗れない shìgù zhème duō, bùnéng fàngxīn de zuò qìchē(事故这么多,不能放心地坐汽车).¶彼なら～して仕事を任せられる yàoshi bǎ gōngzuò tuōfù gěi tā, wǒ fàngdexià xīn(要是把工作托付给他,我放得下心).

あんず【杏子】 [樹] xìng(杏), xìngshù(杏树); [実] xìng[r](杏[ル]), xìngzi(杏子).

あん・ずる【案ずる】 **1** [心配する] dānxīn(担心).¶事の成行きを～ている dānxīn shìtài de fāzhǎn(担心事态的发展).¶彼の身の上が～ぜられる tā de ānwēi lìng rén dānxīn(他的安危令人担心).¶～ずるより産むがやすし chē dào shān qián bì yǒu lù(车到山前必有路). **2** [考え出す] ¶一計を～ずる xiǎngchū yí ge bànfǎ(想出一个办法).

あんせい【安静】 ¶しばらく～にしていなさい shāo tǎng yíhuìr(稍躺一会ㄦ).¶医者は絶対～を命じた yīshēng fēnfu yào juéduì jìngwò(医生吩咐要绝对静卧).

あんぜん【安全】ānquán(安全); bǎoxiǎn(保险).¶生命財産の～を保障する bǎozhàng shēngmìng cáichǎn de ānquán(保障生命财产的安全).¶書留にした方が～だ jì guàhàoxìn, bǐjiào bǎoxiǎn(寄挂号信,比较保险).¶～な場所に避難する bìnàn dào ānquán de dìfang(避难到安全的地方).¶～運転を励行する jiānchí ānquán jiàshǐ(坚持安全驾驶).¶～かみそり bǎoxiǎndāo(保险刀)/ ānquán tìdāo(安全剃刀).¶ガラス製の～ ānquán bōli(安全玻璃).~器 bǎoxiǎnhé(保险盒).~装置 bǎoxiǎn zhuāngzhì(保险装置).~係数 ānquán xìshù(安全系数).~地帯 ānquándǎo(安全岛).~灯 ānquándēng(安全灯).~ピン biézhēn(别针).~ベルト ānquándài(安全带).~弁 ānquánfá(安全阀).~保障条約 ānquán bǎozhàng tiáoyuē(安全保障条约).~保障理事会 ānlǐhuì(安理会).

あんそく【安息】ānxī(安息).¶～香 ānxīxiāng(安息香).~日 ānxīrì(安息日)/ zhǔrì(主日).

アンソロジー shīwén xuǎncuì(诗文选粹), shīcí jīnghuá(诗词菁华).

あんだ【安打】ānquándǎ(安全打).¶みごとな～を放った dǎle yí ge piàoliang de ānquándǎ(打了一个漂亮的安全打).

アンダーシャツ hànshān(汗衫), nèiyī(内衣), bèixīn(背心), hànbèixīn(汗背心), hànyī(汗衣), hànguàr(汗褂ㄦ).

アンダーライン gànggàng(杠杠), gàngzi(杠子), pángxiàn(旁线).¶～を引く dǎ gànggàng(打杠杠).

あんたい【安泰】āntài(安泰).¶おかげで私の地位は～だ xìngkuī wǒ de dìwèi ānwěn le(幸亏我的地位安稳了).¶国家の～ jiāguó āntài(家国安泰)/ guó tài mín ān(国泰民安).

あんたん【暗澹】 àndàn (暗淡), huī'àn (灰暗). ¶前途は～たるものだ qiántú àndàn (前途暗淡). ¶彼は～とした気持になった tā xīnqíng ànrán (他心情黯然).

あんち【安置】 ānfàng (安放); tíngfàng (停放). ¶仏像を～する ānfàng fóxiàng (安放佛像). ¶柩を～する tíngfàng língjiù (停放灵柩).

アンチテーゼ duìlì mìngtí (对立命题), fǎntí (反题).

アンチモン tī (锑).

あんちゃく【安着】 āndǐ (安抵). ¶一行は上海に～した tāmen yīxíng "āndǐ[píng'ān dǐdá] Shànghǎi (他们一行"安抵[平安抵达]上海).

あんちゅうもさく【暗中模索】 ànzhōng mōsuo (暗中摸索). ¶解決の方法を～する wèile xúnzhǎo jiějué bànfǎ ànzhōng mōsuo (为了寻找解决办法暗中摸索).

あんちょく【安直】 ¶昼飯は～にすました wǔfàn suíbiàn tiánle dùzi (午饭随便填了肚子). ¶この仕事をそう～に考えられては困る bǎ zhège gōngzuò kànde nàme jiǎndān kě bùxíng (把这个工作看得那么简单不可行).

あんちょこ xiǎochāor (小抄ㄦ).

アンツーカー qíngyǔ liǎngyòng yùndòngchǎng (晴雨两用运动场).

あんてい【安定】 āndìng (安定), wěndìng (稳定). ¶この花瓶は～が悪い zhè huāpíng bù "wěn[wěndang] (这花瓶不"稳[稳当]). ¶生活の～をはかる móuqiú shēnghuó āndìng (谋求生活安定). ¶政局は～している zhèngjú hěn wěndìng (政局很稳定). ¶物価を～させる wěndìng wùjià (稳定物价). ¶彼は情緒が～していない tā qíngxù bù wěndìng (他情绪不稳定).
¶精神～剤 kàngjiāolǜyào (抗焦虑药).

アンティーク gǔwán (古玩), gǔdǒng (古董).

アンテナ tiānxiàn (天线). ¶～を立てる shù tiānxiàn (竖天线). ¶～を張って情報を集める bùxià ěrmù sōují qíngbào (布下耳目搜集情报).

あんてん【暗転】 ànzhuǎn (暗转).

あんど【安堵】 shíluo (实落). ¶～の胸をなでおろした sōngle yì kǒu qì le (松了一口气了). ¶顔に～の色が浮んだ liǎnshang liúlùchū ānxīn de shénsè (脸上流露出安心的神色).

あんとう【暗闘】 ¶～をくりひろげる gōuxīn dòujiǎo (钩[勾]心斗角)/ míngzhēng àndòu (明争暗斗).

アンドロメダ ¶～座 Xiānnǚzuò (仙女座)/ ～星雲 Xiānnǚzuò xīngyún (仙女座星云).

あんどん【行灯】 héshì zuòdēng (和式座灯).

あんな nàme・nème (那么), nàyang・nèiyang・nèyang (那样); nà zhǒng・nèi zhǒng (那种). ¶～船で外国へ行きたい wǒ xiǎng zuò nàyàng de chuán dào wàiguó qù (我想坐那样的船到外国去). ¶～悪い奴はめったにいない nà zhǒng huàidàn shǎoyǒu (那种坏蛋少有)/ nà jiānguo nà zhǒng hēixīn de jiāhuo (没见过那种黑心的家伙). ¶～事ばかりしていたらしまいには体をこわしてしまう jìng zuò nà zhǒng shì, zuìhòu huì bǎ shēntǐ gǎokuǎ de (净做那种事, 最后会把身体搞垮的). ¶彼が～に怒るとは思わなかった méi xiǎngdào tā huì shēng nàme dà de qì (没想到他会生那么大的气).

あんない【案内】 1【手導】xiàngdǎo (向导), yǐndǎo (引导), yǐnlǐng (引领), dàilù (带路), lǐnglù (领路), yǐnlù (引路). ¶私が途中まで～しましょう wǒ gěi nǐ dàilù dào zhōngtú ba (我给你带路到中途吧). ¶応接間に～された bèi ràngdào kètīng (被让到客厅). ¶彼は名所をあちこち～してくれた tā dài wǒ yóulǎnle gèchù de míngshèng gǔjì (他带我游览了各处的名胜古迹). ¶彼の～で博物館を見学した yóu tā zuò cānguānle bówùguǎn (由他作向导参观了博物馆).
¶～係 fúwùyuán (服务员). ～所 fúwùchù (服务处)/ wènxùnchù (问讯处). 水先～人 yǐnshuǐyuán (引水员). 旅行～ lǚxíng zhǐnán (旅行指南).
2【通知, 招待】tōngzhī (通知). ¶友人から転居の～が来た yǒu yí ge péngyou jìlaile qiānjū tōngzhī (有一个朋友寄来了迁居通知). ¶パーティーに御出席いただきたく御～申し上げます jìng bèi yànhuì, wǔ qǐng guānglín (敬备宴会, 务请光临). ¶結婚式の～状を出す fā hūnlǐ de qǐngtiě (发婚礼的请帖).
3【取次】¶受付で～を請う zài chuándáshì qǐng zhǎorén (在传达室请找人).

あんに【暗に】 ¶彼は話の中で～A氏を非難した tā zài huàli ànzhōng fēinànle A xiānsheng (他在话里暗中非难了 A 先生). ¶～辞意をもらす ànshì yào cízhí (暗示要辞职).

あんねい【安寧】 ānníng (安宁). ¶社会の～秩序を乱す rǎoluàn shèhuì de ānníng hé zhìxù (扰乱社会的安宁和秩序).

あんのじょう【案の定】 guǒrán (果然), guǒzhēn (果真). ¶～またやって来た guǒbuqírán yòu lái le (果不其然又来了). ¶～そうだった guǒrán rúcǐ (果然如此)/ guǒ bù chū suǒ liào (果不出所料).

あんおん【安穏】 ānshì (安适), ānxián (安闲), ānyì (安逸). ¶～に日を送る guò ānshì de shēnghuó (过安适的生活).

あんのん【按排・按配・案配】 ānpái (安排). ¶時間をうまく～する bǎ shíjiān ānpáihǎo (把时间安排好). ¶仕事を～する ānpái gōngzuò (安排工作).

あんばい【塩梅・按配】 ¶いい～に天気になった zhèng gǎnshàng hǎotiānqì le (正赶上好天气了)/ zhènghǎo tiān qíng le (正好天晴了). ¶この～では今日中に終えまい kàn zhè qíngkuàng jīntiān wánbuliǎo (看这情况今天完不了). ¶～が悪くて仕事を休んだ shēntǐ bù shūfu xiēle bān (身体不舒服歇了班).

アンパイア cáipàn (裁判), cáipànyuán (裁判员).

アンバランス bùpínghéng (不平衡), bùjūnhéng (不均衡), bùpíngjūn (不平均).

あんぴ【安否】 ānwēi (安危). ¶息子の～を気遣う dānxīnzhe érzi de ānwēi (担心着儿子的

安危).
あんぷ【暗譜】 ānjì yuèpǔ(谙记乐谱).
アンプ fàngdàqì(放大器).
アンプル ānbù(安瓿).
あんぶん【案分】 ¶利益を〜する àn bǐlì fēnpèi lìyì(按比例分配利益).
あんぶん【案文】 ¶〜を作成する qǐ cǎogǎo(起草稿).
アンペア ānpéi(安培), ān(安).
あんぽう【罨法】 ¶温〜 rèfūfǎ(热敷法). 冷〜 lěngfūfǎ(冷敷法).
あんま【按摩】 ànmó(按摩), tuīná(推拿); [人] ànmóshī(按摩师).
あんまく【暗幕】 zhēguāng chuānglián(遮光窗帘). ¶〜をはりめぐらす zhōuwéi guàshàng zhēguāng chuānglián(周围挂上遮光窗帘).
あんまり →あまり 2.3. ¶それは〜だ nà tài guòhuǒ le(那太过火了).
あんみつ【餡蜜】 dòushā tángmì yángfěn(豆沙糖蜜洋粉).
あんみん【安眠】 ānmián(安眠). ¶昨夜は蒸し暑くて〜できなかった zuóyè mēnrède bù dé ānmián(昨夜闷热得不得安眠). ¶〜妨害だからラジオを消してくれ fáng'ài ānmián, guānle shōuyīnjī ba(妨碍安眠,关了收音机吧).
あんもく【暗黙】 ¶〜の了解を得る dédào mòxǔ(得到默许).
アンモニア ān(氨), ānqì(氨气), āmóníyà(阿摩尼亚). ¶〜水 ānshuǐ(氨水).
アンモニウム ǎn(铵).
あんや【暗夜】 hēiyè(黑夜).
あんやく【暗躍】 ¶舞台裏で〜する zài mùhòu cèdòng(在幕后策动). ¶スパイが〜する tèwu ànzhōng huódòng(特务暗中活动).
あんらく【安楽】 ānlè(安乐). ¶彼も今では〜に暮している tā xiànzài guòzhe ānlè de shēnghuó(他现在过着安乐的生活).
¶〜椅子 ānlèyǐ(安乐椅). ¶〜死 ānlèsǐ(安乐死).
あんるい【暗涙】 ¶〜にむせぶ ànzì liúlèi(暗自流泪)/ ànqì(暗泣).

い

い【亥】 hài(亥).
い【医】 ¶〜は仁術なり yī zhě rénshù yě(医者仁术也).
い【威】 ¶〜ありて猛からず wēi ér bù měng(威而不猛). ¶虎の〜を借る狐 hú jiǎ hǔ wēi(狐假虎威). ¶大いに〜を示す dà xiǎn wēifēng(大显威风).
い【胃】 wèi(胃). ¶近頃〜の調子がよくない jìnlái wèi búdà hǎo(近来胃不大好). ¶この薬は〜に悪い zhège yào shāng wèi(这个药伤胃). ¶酒で〜をこわした hējiǔ hēde shāngle wèi(喝酒喝得伤了胃). ¶〜がもたれて何も食べたくない dǎo wèikou, shénme yě bù xiǎng chī(倒胃口,什么也不想吃).
い【異】 yì(异). ¶〜を立てる lìyì(立异). ¶あえて〜とするに足りない bùzú wéi "qí[guài]"(不足为"奇[怪]"). ¶縁は〜なもの qiānlǐ yīnyuán yí xiàn qiān(千里姻缘一线牵).
¶〜民族 yìzú(异族)/ wàizú(外族).
い【意】 yì(意), xīnyì(心意). ¶〜余って言たらず yán bú jìn yì(言不尽意). ¶〜のままに人を動かす suíyì zhǐshǐ rén(随意指使人). ¶自分の〜のままに振舞う suí xīn suǒ yù(随心所欲)/ ài zěnmeyàng jiù zěnmeyàng(爱怎么样就怎么样). ¶〜のあるところを汲んで下さい qǐng tǐliang wǒ de xīnyì(请体谅我的心意). ¶彼はそんなことは全然〜に介しない nà zhǒng shì tā háo bú jièyì(那种事他毫不介意). ¶一向〜に満たない gēnběn bùnéng jiào rén mǎnyì(根本不能叫人满意). ¶大いにわが〜を得た hěn "hé[zhòng]" wǒ yì(很"合[中]"我意)/ hěn chèn wǒ de xīn(很称我的心)/ chènxīn-rúyì(称心如意). ¶〜を決する juéyì(决意)/ xià juéxīn(下决心). ¶人の〜を迎える yíngé rényì(迎合人意)/ féngyíng(逢迎). ¶〜を強くした zēngqiángle xìnxīn(增强了信心). ¶感謝の〜をあらわす biǎoshì gǎnxiè(表示感谢).
-い【位】 wèi(位). ¶上〜を占める zhàn tóu jǐ míng(占头几名). ¶第1〜 dìyī míng(第一名). ¶小数第5〜 xiǎoshù dìwǔ wèi(小数第五位).
いあつ【威圧】 wēishè(威慑). ¶軍事力で相手を〜する yòng jūnshì lìliang wēishè duìfāng(用军事力量威慑对方). ¶〜的な態度で人に接する yǐ shèngqì líng rén de tàidu duìdài biéren(以盛气凌人的态度对待别人).
いあわ・せる【居合せる】 zàichǎng(在场). ¶私はその場に〜せなかった dāngshí wǒ méi zàichǎng(当时我没在场).
いあん【慰安】 ānwèi(安慰). ¶音楽に〜を求める cóng yīnyuèli xúnqiú ānwèi(从音乐里寻求安慰).
い・い【良い】 →よい(良い).
いい【惟唯】 ¶〜として従う wéi mìng shì cóng(惟命是从)/ wéiwěinuònuò(唯唯诺诺).
いいあい【言い合い】 chěpí(扯皮), zhēngchǎo(争吵), kǒujué(口角), chǎozuǐ(吵嘴), dòuzuǐ(斗嘴), bànzuǐ(拌嘴), chǎojià(吵架), zhēngzuǐ(争嘴), dǐnggàng(顶杠), dǐnggàngzi(顶杠子). ¶つまらん〜はよそう bié zhèyàng wúwèi

いいあ・う【言い合う】1[話し合う]¶互いに腹蔵なく意見を～う hùxiāng chǎngkāi sīxiǎng tí yìjiàn(互相敞开思想提意见)/ zhíyán-búhuì de hùxiāng jiāohuàn yìjiàn(直言不讳地互相交换意见).
2[口論する]→いいあい.

いいあらわ・す【言い表す】biǎodá(表达), míngzhuàng(名状). ¶この気持を～す言葉が見付からない zhǎobudào shìdàng de huà lái biǎodá wǒ zhè zhǒng xīnqíng(找不到适当的话来表达我这种心情)/ wǒ zhè yóuzhōng zhī xīn, bùkě míngzhuàng(我这由衷之心, 不可名状). ¶その風景の美しさは～せない程だ nà fēngjǐng zhī měi jiǎnzhí méifǎ xíngróng[nányǐ míngzhuàng](那风景之美简直没法形容[难以名状]).

いいえ bù(不), bú shì(不是). ¶"あなたは中国人ですか""～日本人です" "nǐ shì Zhōngguórén ma?" "bú shì, wǒ shì Rìběnrén"("你是中国人吗?""不是, 我是日本人"). ¶"お父さんはいますか""～出掛けました" "nǐ fùqin zàijiā ma?" "bú zàijiā, chūqu le" ("你父亲在家吗?""不在家, 出去了"). ¶"これはあなたの本ではありませんね""～私の本です" "zhè bú shì nǐ de shū ba"(这本书不是你的书吧)"bù, shì wǒ de shū"(这不是你的书吧"不, 是我的书"). ¶"大変お世話になりまして""～どういたしまして" "gěi nín tiānle xǔduō máfan, zhēn xièxie nín" "méi shénme[nǎli, nǎli], búyòng kèqi"("给您添了许多麻烦, 真谢谢您""没什么[哪里, 哪里], 不用客气").

いいお・く【言い置く】liú huà(留话). ¶何か～くことはないか méiyǒu yào liúxià de huà ma?(没有要留下的话吗?)/ yǒu shénme yào guānzhào de ma?(有什么要关照的吗?).

いいおと・す【言い落す】¶肝心なことを～してしまった bǎ yàojǐn de shì wàngle shuō le(把要紧的事忘了说了).

いいかえ・す【言い返す】huánkǒu(还口), huánzuǐ(还嘴), huízuǐ(回嘴), dǐngzuǐ(顶嘴). ¶相手も負けずに～した duìfāng yě bù fúshū de huánle zuǐ(对方也不服输地还了嘴).

いいか・える【言い換える】huàn jù huà shuō(换句话说), huàn yán zhī(换言之). ¶～えるとつまりこうだ huàn jù huà shuō jiùshì zhèyàng(换句话说就是这样). ¶易しい言葉に～える huànchéng tōngsú yì dǒng de shuōfa(换成通俗易懂的说法). ¶ただ…えただけで内容に変りはない zhǐshì huànle ge shuōfa, yìsi háishi yíyàng(只是换了个说法, 意思还是一样).

いいかかり【言い掛り】zhǎochár(找茬儿·找碴儿), zīshi(滋事), xúnshì(寻事). ¶～をつける jièduān zīshi(借端滋事)/ zhǎo chár(找碴儿)/ zhǎo shì(找事). ¶わずかな事を～にし て脅迫する ná zhīma dà de shì zuòwéi jièkǒu lái é rén(拿芝麻大的事做为借口来讹人). ¶それはとんだ～だ nà chúncuì shì xúnshì tiǎoxìn[zhǎoxun rén/ nánie rén](那纯粹是寻事挑衅[找寻人/拿耗人]).

いいかげん【いい加減】1[適度]¶ちょうど～の温度だ wēndù zhèng héshì(温度正合适). ¶～なところで止めておきなさい shìkě ér zhǐ, búyào guòtóu(适可而止, 不要过头). ¶冗談も～にしろ bié jìng kāi wánxiào(别净开玩笑).
2[無責任, なまぬるい] mǎhu(马虎), lāta(邋遢), lāhu(拉忽), hùnong(糊弄), xīlimǎhu(稀里马虎). ¶仕事を～にする gōngzuò mǎhu(工作马虎)/ bànshì lāta(办事邋遢)/ fūyan sèzé(敷衍塞责). ¶～なことでは片付かない fūyan liǎoshì shì jiějué bu liǎo de(敷衍了事是解决不了的). ¶～な男 kàobuzhù de nánrén(靠不住的男人)/ lātaguǐ(邋遢鬼).
3[かなり]¶～暑いな zhēn gòu rè de(真够热的)/ rèsǐ rén le(热死人了). ¶～遊びだからもう帰るとしよう wánde chàbuduō le, zánmen gāi zǒu le(玩儿得差不多了, 咱们该走了). ¶こんな生活は～嫌になった zhè zhǒng shēnghuó kě zhēn guògòu le(这种生活可真过够了).

いいかた【言い方】shuōfa(说法). ¶もっと他に～がありそうなものだ hái yǒu gèng héshì de shuōfa ba(还有更合适的说法吧). ¶あの男は物の～を知らない tā nàge rén lián zěnme shuōhuà yě bù dǒng(他那个人连怎么说话也不懂).

いいか・ねる【言い兼ねる】àikǒu(碍口). ¶私の口からは～ねます cóng wǒ zuǐli bù hǎo shuō(从我嘴里不好说)/ wǒ àikǒu(我口碍口). ¶今はまだなんとも～ねる xiànzài hái hěn nánshuō(现在还很难说).

いいかわ・す【言い交す】¶互いに別れの挨拶を～す hùxiāng dàobié(互相道别). ¶彼女には～した相手がある tā yǐjing yǒu xiāngxǔ de rén(她已经有相许的人). ¶2人は固く～した仲だ tā liǎ shì hǎishì-shānméng de yí duì(他俩是海誓山盟的一对).

いいき【いい気】¶あまり～になるな nǐ bié nàme déyì(你别那么得意[臭美])! ¶それくらいで～になっているとは wèi nà diǎnr chéngjì jiù zhānzhān-zìxǐ ya![zìmíng déyì](为那点儿成绩就沾沾自喜呀[自鸣得意]).

いいきか・せる【言い聞かせる】shuō(说), zhǔfu(嘱咐), dīngzhǔ(叮嘱), dīngníng(丁宁·叮咛). ¶私からよく～せます yóu wǒ hǎohāor shuō[zhǔfu] tā(由我好好儿说[嘱咐]他). ¶行儀を良くするように～せる dīngzhǔ tā yào zhùyǐ lǐmào(叮嘱他要注意礼貌). ¶噛んでふくめるように息子に～せる kǔkǒu-póxīn de quàndǎo érzi(苦口婆心地劝导儿子).

いいきみ【いい気味】huógāi(活该), gāi(该), jiěhèn(解恨). ¶やあい, ～だ nà shì huógāi!(那是活该!)/ zhēn dàkuài rénxīn!(真大快人心!).

いいき・る【言い切る】1[断言する] duànyán(断言), yǎodìng(咬定). ¶どちらが正しいとも～れない bùnéng duànyán shì nǎge duì(不能

断言是哪个对). ¶絶対に間違いないと〜れる wǒ gǎn duànyán juéduì méi cuòr(我敢断言绝对没错ﾉL). ¶彼はあいつが犯人だと〜った tā yìkǒu yǎodìng shuō nà jiāhuo shì zuìfàn(他一口咬定说那家伙是罪犯).
2〔言い終える〕shuōwán(说完). ¶まだ〜ないうちに電話を切られてしまった hái méi shuōwán huà diànhuà jiù bèi guàduàn le(还没说完话电话就被挂断了).

いいぐさ【言い草】 shuōfa(说法); shuōcí(说辞). ¶彼の〜がしゃくにさわる tā nà zhǒng shuōfa zhēn qì rén(他那种说法真气人). ¶これがあいつの〜だ zhè jiùshì nà jiāhuo de shuōcí(这就是那家伙的说辞). ¶何という〜だ！〜だ nǐ zhè shì shénme huà!(你这是什么话!).

いいくる・める【言いくるめる】 うまいこと〜められた huāyán qiǎoyǔ 'ménghǒng[hǒngpiàn] guoqu le(被花言巧语﹑蒙哄[哄骗]过去了).

いいこ・める【言い込める】 ¶相手をすっかり〜た bǎ duìfāng bódé wú yán dá duì(把对方驳得无言答对)/shuōde duìfāng yǎ kǒu wú yán(说得对方哑口无言).

イージー **1**〔簡単〕róngyì(容易), jiǎnyì(简易), jiǎnbiàn(简便).
2〔いいかげん〕 ¶〜な考え xiǎngde tài 'róngyì[jiǎndàn](想得太﹑容易[简单]的). ¶やり方 qǔqiǎo tú shěngshì de zuòfǎ(取巧图省事的做法).
¶〜オーダー àn dìngxíng kànyàng dìngzuò(按定型看样订做). ¶〜リスニング tōngsú yīnyuè(通俗音乐)/tōngsú gēqǔ(通俗歌曲). ¶〜ゴーイング déguò-qiěguò(得过且过)/gǒuqiě-tōu'ān(苟且偷安).

いいしぶ・る【言い渋る】 ¶先を〜る tūntuntǔtǔ de bù wǎng xià shuō(吞吞吐吐地不往下说). ¶さんざん〜っていたがとうとう話し出した zhī-wule bàntiān hǎoróngyì cái kāikǒu le(支吾了半天好容易才开口了).

いいしれぬ【言い知れぬ】 shuōbuchū(说不出), bùkě míngzhuàng(不可名状), nányǐ yánzhuàng(难以言状), bùkě yánshuō(不可言说), nányǐ yányù(难以言喻). ¶〜恐ろしさを感じた gǎndào shuōbuchū de kǒngbù(感到说不出的恐怖). ¶彼は〜喜びに浸った tā gāoxìngde bùkě míngzhuàng(他高兴得不可名状)/tā chénjìn zài nányǐ yányù de xǐyuè zhī zhōng(他沉浸在难以言喻的喜悦之中).

いいす・ぎる【言い過ぎる】 shuōguòfēn(说过分), shuōguòhuǒ(说过火), shuōguòtóu[r](说过头ﾉL), zǒuhuǒr(走火), yánzhòng(言重). ¶あまり腹がたったのでつい〜ぎてしまった qìde wǒ bùyóude shuōguòhuǒ le(气我不由得说过火了). ¶〜ぎたとは〜ぎだ shuōdào nàyíbù jiù tài guòfèn le(说到那一步就太过分了). ¶彼は今世紀最大の文豪と言っても〜ぎではない chēng tā wéi běnshìjì zuìdà de wénháo yě jué fēi yán guò qí shí(称他为本世纪最大的文豪也决非言过其实).

イースター Fùhuójié(复活节).

いいす・てる【言い捨てる】 ¶勝手にしろと〜てて彼は立ち去った tā shuō bù guān wǒ shì jiù zǒu le(他说不关我事就走了).

イースト jiàomǔ(酵母), jiàomǔjūn(酵母菌), niàngmǔjūn(酿母菌), jiàozi(酵子).

イーゼル huàjià(画架).

いいそこな・う【言い損なう】 **1**〔言いあやまる〕shuōcuò(说错). ¶せりふを〜う shuōcuòle táicí(说错了台词). ¶〜ったではすまされぬ問題だ zhè kě bú shì shuō yí jù "shuōcuò le" jiù néng liǎoshì de wèntí(这可不是说一句"说错了"就能了事的问题).
2〔言いそびれる〕 ¶父の機嫌が悪いのでその事を〜った fùqīn bù gāoxìng, nà jiàn shì méi néng shuōchulai(父亲不高兴,那件事没能说出来).

いいそび・れる【言いそびれる】 ¶金の事は〜れしまった qián de shì méi néng shuōchū kǒu lái(钱的事没能说出口来).

いいだこ【飯蛸】 fànxiāo(饭蛸), duǎnxiāo(短蛸).

いいだしっぺ【言い出しっぺ】 ¶〜は君だから,君が責任を持てよ zhǔyì shì nǐ tíchū de, chūle shìr nǐ kě chībuliǎo, dōuzhe zǒu a!(主意是你提出的,出了事ﾉL你可吃不了,兜着走啊!). ¶〜は損をする shéi shuō de jiù yóu shéi lái xiāngàn, zhēn bù huásuàn(谁说的就由谁来先干,真不划算).

いいだ・す【言い出す】 shuōchū(说出). ¶その事はなかなか〜せない nà jiàn shì zǒng shuō bu chū kǒu lai(那件事总说不出口来). ¶その場ではちょっと〜しかねた dāngchǎng yìshí méi gǎn 'shuō[tí]chulai(当场一时没敢'说[提]出来)/dāngshí nányǐ kāikǒu(当时难以开口). ¶〜しっぺがやれば shuí shuō de shuí dòngshǒu(谁说的谁动手).

いいた・てる【言い立てる】 ¶反対だとさかんに〜てる jílì fǎnduì(极力反对). ¶人の落度を〜てる shǔluo rénjia de búshì(数落人家的不是).

いいちが・える【言い違える】 shuōcuò(说错), kǒuwù(口误). ¶時間を〜えた shuōcuòle shíjiān(说错了时间). ¶〜えは誰にでもある shuí dōu nánmiǎn yǒushí shuōcuò(谁都难免有时说错).

いいつか・る【言い付かる】 ¶母からこれをあなたに渡すようにと〜ています mǔqīn fēnfù wǒ bǎ zhège jiāogěi nín(母亲吩咐我把这个交给您).

いいつく・す【言い尽くす】 ¶言葉には〜せぬ苦労をした chīguo shuōbujìn de kǔ(吃过说不尽的苦). ¶一言では到底〜すことができない zhēn shì yìyán-nánjìn(真是一言难尽).

いいつくろ・う【言い繕う】 ¶その場はなんとか〜った dāngshí zǒngsuàn ná huà yǎnshì guoqu le(当时总算拿话掩饰过去了).

いいつけ【言い付け】 fēnfù(吩咐). ¶医者の〜を守る zūnzhào yīshēng de zhǔfù(遵照医生的嘱咐)/tīng yīshēng de huà(听医生的话).

いいつ・ける【言い付ける】 **1**〔命令する〕fēnfù(吩咐). ¶ご用はなんでも私に〜けて下さい yǒu

しゃнеме shì zhǐguǎn fēnfu wǒ hǎo le(有什么事只管吩咐我好了). ¶～けられた通りにします fēnfu wǒ zěnme zuò jiù zěnme zuò(吩咐我怎么做就怎么做).
2【告げ口をする】gào(告). ¶先生に～けてやるから fēi gěi nǐ gào lǎoshī bùkě(非给你告老师不可).
3【言い慣れる】cháng shuō(常说). ¶堅苦しい挨拶は～けないのでつかえてしまった jūjǐn de kètàohuà *bù cháng shuō[shuōbuguàn], zuǐ jiēba le(拘谨的客套话*不常说[说不惯], 嘴结巴了).

いいつたえ【言伝え】chuánshuō(传说). ¶昔からの～ zì gǔ yǐlái de chuánshuō(自古以来的传说).

いいつた・える【言い伝える】chuánshuō(传说), chuánshù(传述), xiāngchuán(相传). ¶この湖には竜がいると～えられている xiāngchuán zhè húli yǒu yì tiáo lóng(相传这湖里有一条龙). ¶人から人へと～えられて皆に知られるようになった yì chuán shí, shí chuán bǎi, jiànjiàn de rénrén dōu zhīdao le(一传十, 十传百, 渐渐地人人都知道了).

いいとお・す【言い通す】¶あくまでも知らぬと～す yìkǒu yǎodìng shuō bù zhīdào(一口咬定说不知道)/ kǒukoushēngshēng shuō bù zhīdào(口口声声说不知道).

いいなお・す【言い直す】gǎikǒu(改口), gǎizuǐ(改嘴); chóng shuō(重说). ¶急いで～したがもう遅かった liánmáng gǎikǒu kě yǐjīng láibují le(连忙改口可已经来不及了). ¶もう1度～しなさい nǐ zài chóng shuō yí biàn(你再重说一遍).

いいなか【いい仲】¶あの2人は～だ tāmen liǎ xiāngqīng-xiāng'ài(他们俩相亲相爱).

いいなずけ【許嫁】【男】wèihūnfū(未婚夫); 【女】wèihūnqī(未婚妻). ¶2人は幼い時から～であった tāmen liǎ cóngxiǎo jiù xǔle hūn(他们俩从小就许了婚).

いいならわ・す【言い習わす】¶昔から…と～されている zì gǔ xiāngchuán…(自古相传…). ¶北陸地方には"冬の雷は雪を呼ぶ"という～しがある zài Běilù dìfāng liúchuánzhe "dōngléi zhāo xuě" de yànyǔ(在北陆地方流传着"冬雷招雪"的谚语).

いいなり【言いなり】wéi mìng shì tīng(惟命是听), wéi mìng shì cóng(惟命是从), wěiwěi-nuònuò(唯唯诺诺), fǔ shǒu tiē ěr(俯首帖耳), fǔ shǒu tīng mìng(俯首听命), bǎi yī bǎi shùn(百依百顺). ¶私は絶対に人の～にはならない wǒ jué bù wěiwěinuònuò tīng rén zhǐshǐ(我绝不唯唯诺诺听人指使). ¶まるで～放題に ji ǎnzhí shì wéimìng-shìtīng(简直是惟命是听). ¶彼は奥さんの～になっている tā duì tā àiren bǎiyī-bǎishùn(他对他爱人百依百顺).

いいぬ・ける【言い抜ける】zhīwu(支吾). ¶今度の場合は～けた dāngshí zǒngsuàn zhīwu guoqu le(当时总算支吾过去了). ¶今度こそは彼も～けられまい zhè cì tā kě ná huà *fūyán[tángsè] bu guòqu le ba(这次他可拿话*敷衍[搪塞]不过去了吧). ¶そんな～けは底が割れている nà zhǒng *tuōcí[dùncí] shì mánbuzhù rén de(那种*托词[遁词]是瞒不住人的).

いいね【言い値】yàojià(要价), kāijià[r](开价[儿]). ¶～で買う zhào yàojià mǎi(照要价买).

いいのが・れる【言い逃れる】zhīwu(支吾). ¶今更～れようとしてもそうはいかない shì dào rújīn, nǐ zài xiǎng fūyán *sèzé[liǎozhí] kě méi nàme róngyì(事到如今, 你再想敷衍*塞责[了事]可没那么容易). ¶そんなことは～れにすぎない nà zhǐ búguò shì zhīwu qí cí bàle(那只不过是支吾其词罢了). ¶証拠がそろっているから～れはできないで tiězhèng rú shān, wúfǎ dǐlài(铁证如山, 无法抵赖)/ shìshí jù zài, lài shì làibudiào de(事实俱在, 赖是赖不掉的). ¶その場かぎりの～ yìshí de *tuōcí[dùncí](一时的*托词[遁词]).

いいのこ・す【言い残す】liú huà(留话). ¶なにか～すことはないか yǒu shénme yào liúxià de huà méiyǒu?(有什么要留下的话没有?)/ yǒu shénme yízhǔ ma?(有什么遗嘱吗?).

いいはな・つ【言い放つ】¶"今度の試合では優勝してみせる"と～った tā hěn gāncuì de shuō: "zhè cì bǐsài yídìng huòdé guànjūn"(他很干脆地说: "这次比赛一定获得冠军").

いいは・る【言い張る】yìng shuō(硬说). ¶彼は責任は自分にあると～った tā jiānchí shuō zérèn zàiyú zìjǐ(他坚持说责任在于自己). ¶彼女は疲れていないと～った tā yìng shuō tā bú lèi(他硬说她不累).

いいひらき【言い開き】biànbái(辩白・辨白), fēnbiàn(分辩), biànjiě(辩解). ¶～が立たない méifǎ biànbái(没法辩白)/ wúfǎ jiāodài(无法交代)/ bǎi kǒu mò biàn(百口莫辩).

いいふく・める【言い含める】¶彼には事情を十分～めてある bǎ qíngkuàng bǎimíng quán gěi tā shuōqīngchu le(把情况摆明全给他说清楚了).

いいふら・す【言い触らす】zhāngyáng(张扬), xuānyáng(宣扬), wàiyáng(外扬), sànbù(散布), sànbō(散播). ¶根も葉もないことを～す dàochù sànbō háo wú gēnjù de yáoyán(到处散播毫无根据的谣言).

いいふる・す【言い古す】¶それは～された言葉だ nà shì lǎoshēng-chángtán(那是老生常谈). ¶そんなのは～された洒落にすぎない nà zhǐ búguò shì jí chénfǔ de qiàopíhuà(那只不过是极陈腐的俏皮话).

いいぶん【言い分】**1**【主張】zhǔzhāng(主张), yìjiàn(意见), shuōfa(说法). ¶双方の～をよく聽く tīngqǔ shuāngfāng de zhǔzhāng(听取双方的主张). ¶～は言わせてやれ yǒu shénme yìjiàn ràng tā tí ba(有什么意见让他提吧)/ yǒu huà ràng tā shuō ba(有话让他说吧). ¶これはもっともな～だ zhè huà hěn yǒu dàoli(这话很有道理)/ yán zhī yǒu lǐ(言之有理).

2【文句】¶これなら～はあるまい zhèyàng jiù méi shénme bù mǎnyì de le ba(这样就没什么不满意的了吧)/ nàmezhe jiù méi shénme kě

shuō de le ba(那么着就没什么可说的了吧).　¶君にも~はあろうが我慢したまえ jíshǐ nǐ yǒu huà yào shuō yě rěnnài xiē ba(即使你有话要说也忍耐些吧).
イーブン【平局】　píngjú(平局), héjú(和局).　¶~パーmǎnjīshù(满击数).
いいまか・す【言い負かす】　shuōdǎo(说倒), bódǎo(驳倒).　¶今度こそあいつを~してやる zhè cì wǒ fēi bódǎo tā bùkě(这次我非驳倒他不可).　¶誰でも彼には~されてしまう shuí dōu shuōbuguò[biànbuguò]/bóbudǎo] tā(谁都"说不过[辩不过]/驳不倒"他).
いいまわし【言回し】　shuōfa(说法), cuòcí(措词).　¶これは日本語特有の~である zhè shì Rìběnhuà tèyǒu de shuōfa(这是日本话特有的说法).　¶~がうまい[まずい]　cuòcí "miào[qiàntuǒ](措词"妙[欠妥]).
イーメール【Ｅメール】　diànzǐ yóujiàn(电子邮件); diànzǐ xìnxiāng(电子信箱).　¶~を送る chuánsòng diànzǐ yóujiàn(传送电子邮件).　¶~のアドレス diànzǐ xìnxiāng de dìzhǐ(电子信箱的地址).
いいもら・す【言い漏らす】　shuōlòu(说漏).　¶大事なことを~した bǎ yàojǐn de shì shuōlòu le(把要紧的事说漏了).
イーユー【EU】　Ōuméng(欧盟).
いいよう【言い様】　shuōfa(说法).　¶ほかに~もあろうに nándào méiyǒu bié de shuōfa le?(难道没有别的说法了?).　¶あまりに哀れで何とも~がない kěliánde jiǎnzhí bù zhīdào zěnme shuō cái hǎo(可怜得简直不知道怎么说才好).　¶ものは~だ huà shì kàn zěnme shuō le(话是看怎么说了).　¶ものも~で角がたつ huà shuōde bù détǐ huì "shāng héqi[dézuì rén](话说得不得体会"伤和气[得罪人).
いいよど・む【言い淀む】　tūntǔ(吞吐).　¶彼は話の途中でちょっと~んだ tā shuōdào bànjiér yǒudiǎnr tūntǔ le(他说到半截儿有点儿吞吐了).
いいよ・る【言い寄る】　¶女に~ってふられた xiàng nǚrén qiú'ài bèi jùjué le(向女人求爱被拒绝了).
いいわけ【言訳】　biànbái(辩白·辩白), biànjiě(辩解), fēnbiàn(分辨).　¶欠席の苦しい~をする wèi zìjǐ de quēxí miǎnqiǎng biànjiě(为自己的缺席勉强辩解).　¶なんと~しても通らない wúlùn zěnme fēnbiàn yě shuō bu guòqù(无论怎么分辨也说不过去).　¶今更~がましいことを言うつもりはない shì dào zhè bù tiándì yě bù xiǎng biànbái le(事到这步田地也不想辩白了).　¶借金を返せず~で頭が痛い huán-bulǐao zhài de biànbái ér shāng nǎojīn(还不了债的辩白而伤脑筋).
いいわた・し【言渡し】　¶本日判決の~がある jīnrì xuānpàn(今日宣判).
いいわた・す【言い渡す】　¶無罪を~す xuānpàn wúzuì(宣判无罪).　¶医者から絶対安静を~された yīshēng fēnfù tā yào juéduì jìngwò(医生吩咐他要绝对静卧).
いいん【医院】　sīrén yīyuàn(私人医院), sīrén zhěnliáosuǒ(私人诊疗所), zhěnsuǒ(诊所).
いいん【委員】　wěiyuán(委员).　¶常任~を2期つとめた dāngle liǎng qī chángwù wěiyuán(当了两期常务委员).　¶~会を召集する zhàojí wěiyuánhuì(召集委员会).
い・う【言う】　**1**〔話す，語る〕　shuō(说), jiǎng(讲), shuōhuà(说话), yányu(言语), yánshēngr(言声儿), yún(云).　¶もう一遍~って下さい qǐng zài shuō yí biàn(请再说一遍).　¶もっとわかりやすく~って下さい qǐng zài jiǎng tōngsú yìdiǎnr(请再讲通俗一点儿).　¶心からお礼を~います zhōngxīn biǎoshì gǎnxiè(衷心表示感谢).　¶他人のことをとやかく~うな búyào shuō rén cháng dào rén duǎn de(不要说人长道人短的).　¶馬鹿を~え bié húshuō-bādào(别胡说八道).　¶今はまだ~うべき時ではない xiànzài hái bú dào gāi shuō de shíhou(现在还不到该说的时候).　¶この子はまだものが~えない zhè háizi hái bú huì shuōhuà(这孩子还不会说话).　¶ものも~わずに飛び出した yí jù huà bù shuō jiù pǎochuqu le(一句话不说就跑出去了).　¶どうも~いづらい zhēn nán kāikǒu(真难开口).　¶口から出任せを~う xìn kǒu xiā hé(信口开河).　¶彼は誰にも~ちょと~った tā shuō búyào gēn rènhé rén shuō(他说不要跟任何人说).　¶ひとこと~ってくれたら何とかしたのに yàoshi gēn wǒ shuō yìshēng, wǒ huì xiǎng ge bànfǎ de(要是跟我说一声，我会想个办法的).　¶そう~っても過言ではない nàme shuō yě búsuàn "guòhuǒ[yán guò qí shí](那么说也不算"过火[言过其实]).　¶今後の見通しについては何とも~えない guānyú jīnhòu de zhǎnwàng hěn nánshuō(关于今后的展望很难说).　¶彼は酒さえ飲まなければ他に何も~うことはない zhǐyào tā bù hējiǔ, méiyǒu kě shuō de le(只要他不喝酒，没有可说的了).　¶私に~~わせれば彼だけが悪いのではない yī wǒ shuō, bìng bú shì tā yí ge rén de guòcuò(依我说，并不是他一个人的过错).　¶とりたてて~う程の事ではない bú shì xiānsheng zhíde yì tí de shì(不是值得一提的事).　¶そんな事は今更~うまでもない nà zhǒng shì xiànzài "búyòng[bùxiāo] shuō le(那种事现在"不用[不消]说了).　¶~う通りにしなさい zhào wǒ shuō de qù zuò ba(照我说的去做吧).　¶この文は何を~わんとしているのか分らない zhè piān wénzhāng shǐ rén kànle bù zhī suǒ yún(这篇文章使人看了不知所云).　¶年をとって体が~うことをきかなくなった niánjì dà le, shēntǐ bù tīng shǐhuan le(年纪大了，身体不听使唤了).　¶~うは易く行うは難し shuōlai róngyì, zuòqilai nán(说来容易，做起来难).

2〔名づける〕　jiào(叫).　¶木村と~う人に会った jiànle yí ge xìng Mùcūn de rén(见了一个姓木村的人).　¶その花は中国語で何と~いますか zhège huā Zhōngguóhuà "zěnme shuō[jiào shénme]?(这个花中国话"怎么说[叫什么]?).　¶彼が書いたのは何と~う本ですか tā xiě de nà yì běn shū míng jiào shénme?(他写的那一本书名叫什么?).　¶今日の新聞には

"日中問題について"と~う社説が出ている jīntiān de bàozhǐ shang dēngzhe yì piān tí wéi "guānyú Rì-Zhōng wèntí" de shèlùn (今天的报纸上登着一篇题为"关于日中问题"的社论). ¶彼のような男を秀才と~う xiàng tā nàyàng de rén jiàozuò[chēng zhī wéi] cáizǐ (像他那样的人叫做[称之为]才子). ¶それでこそ男と~うものだ zhè cái jiàozuò nánzǐhàn (这才叫做男子汉)/ zhè cái chēngdeqǐ dàzhàngfu (这才称得起大丈夫).
3〔噂される〕tīngshuō (听说), jùshuō (据说), jùchēng (据称), jùchuán (据传).¶火事は放火と~うことだ tīngshuō nà cì huǒzāi shì yǒu rén fàng de huǒ (听说那次火灾是有人放的火).¶彼は中国語ができると~う話だ jùshuō tā huì Zhōngwén (据说他会中文).¶天下第一と~われている bèi chēng zhī wéi tiānxià dìyī (被称之为天下第一).
4〔音をたてる〕¶戸ががたがた~っている mén gēdēng-gēdēng de xiǎng (门咯噔咯噔地响).¶風に吹かれて木がざわざわと~う fēng chuīde shùzhī sàsà de xiǎng (风吹得树枝飒飒地响).
5〔貧乏と~うものは何としてもつらい pínqióng zhège wányìr kě bú shì zīwèir (贫穷这个玩艺ㄦ可不是滋味ㄦ).¶出掛けようと~う時に邪魔がはいった gāng yào dòngshēn zǒu, láile ge lánlùhǔ (刚要动身走, 来了个拦路虎).¶これと~う荷物はない bìng méiyǒu shénme xíngli (并没有什么行李).¶私には道楽と~えるほどのものはない wǒ tánbudào yǒu shénme shìhào (我谈不到有什么嗜好).¶男と~う男はすべて戦争にかりだされた suǒyǒu de nánrén dōu bèi zhēngbīng dǎzhàng qù le (所有的男人都被征兵打仗去了).¶彼は人物と~い学問と~い申し分ない lùn réngé lùn xuéwen tā dōu méiyǒu shénme kě shuō de (论人格论学问他都没有什么可说的).¶頭と~わず腹と~わずめちゃくちゃに殴りつける méitóu-méinǎo de luàn dǎ (没头没脑地乱打).¶出て行けと~えんばかりの口ぶりで shuōde jiǎnzhíj iù jiào wǒ gǔnchuqu shìde (说得简直就叫我滚出去似的).¶神田と~うと古本屋を思い出す yì tíqǐ Shéntián jiù liánxiǎngqǐ jiùshūpù (一提起神田就联想起旧书铺).¶春とは~うもののまだ寒い shuō shì chūntiān kě hái hěn lěng (说是春天可还很冷).¶どちらかと~えばこの方がいい yào shuō nǎge hǎo de huà, háishi zhège hǎo (要说哪个好的话, 还是这个好).¶寒いと~ったらない kě zhēn lěngde gòuqiàng (可真冷得够呛).

いえ【家】 **1**〔家屋〕fáng (房), fángzi (房子), fángwū (房屋).¶2階建ての~ liǎng céng de lóufáng (两层的楼房).¶~を建てる gài fángzi (盖房子).¶~を貸す chūzū fángzi (出租房子).¶~を借りる zū fángzi (租房子).¶私の~は手狭で一家3人が住むのがやっとです wǒ jiā fángwū xiázhǎi, yìjiā sān kǒu rén miǎnqiǎng zhùdexià (我家房屋狭窄, 一家三口人勉强住得下).¶~の窓から灯の光がもれている cóng jiājiāhùhù de chuānghuli tòuchū dēngguāng (从家家户户的窗户里透出灯光).
2〔自宅, 家庭〕jiā (家).¶~に帰る huíjiā (回家).¶毎朝8時に~を出る měitiān zǎoshang bā diǎn chūmén (每天早上八点出门).¶彼はいつも~を空けている tā zǒngshí bú zàijiā (他总是不在家).¶~の者に知られたくない bú yuànyì ràng jiālirén zhīdao (不愿意让家里人知道).¶~の中の者がテニス気違いだ quánjiārén dōu shì wǎngqiúmí (全家人都是网球迷).¶故郷の~には老母がひとり残っている lǎomǔqin yí rén gūshǒu zài lǎojiā (老母亲一人孤守在老家).¶遠く~を離れて出稼ぎに来ている yuǎnlí jiāxiāng, zài wàibian zuò duǎngōng (远离家乡, 在外边做短工).¶結婚して~を持つ jiéhūn chéngjiā (结婚成家).¶彼は~の中がうまくいっていない tā jiātíng bú tài hémù (他家庭不太和睦).
3〔家系〕¶次男が~を継いだ cìzǐ chéng tiāo (次子承祧).¶彼の~は代々医者です tā jiā shìdài shì yīshēng (他家世代是医生).¶彼は由緒ある~の出だ tā shì míngmén chūshēn (他是名门出身).

いえい【遺影】yíxiàng (遗像), yízhào (遗照), yíróng (遗容).
いえがら【家柄】jiāshì (家世), méndì (门第), jiāmén (家门).¶~が良い jiāshì hǎo (家世好)/ chūshēn hǎo (出身好).¶良い~の出 chū zì míngmén shìjiā (出自名门世家).¶~が釣り合う mén dāng hù duì (门当户对)/ méndì xiāngdāng (门第相当).
いえき【胃液】wèiyè (胃液).
いえじ【家路】¶~につく dòngshēn huíjiā (动身回家)/ tàshàng guītú (踏上归途).¶~を急ぐ gǎnzhe huíjiā (赶着回家).
イエス shì (是), duì (对).¶~かノーか二つに一つだ dāying háishi bù dāying, zhǐ yǒu yí ge xuǎnzé (答应还是不答应, 只有一个选择).¶彼は~ マンだ tā shì ge wéimìng-shìtīng de rén (他是个惟命是听的人).
いえだに【家蜱】jiāshǔmǎn (家鼠螨).
いえつき【家付き】¶~の土地 dài fángzi de tǔdì (带房子的土地).¶~の娘 zhāoxù rùzhuì de nǚ'ér (招婿入赘的女儿).
いえで【家出】chūzǒu (出走), chūbēn (出奔).¶娘が~した nǚ'ér lí jiā chūzǒu le (女儿离家出走了).
いえども【雖も】¶老いたりと~意気なお衰えず rén lǎo xīn bù lǎo (人老心不老)/ lǎo dāng yì zhuàng (老当益壮).¶春とは~まだ寒い chūnhán liàoqiào (春寒料峭).¶3歳の子供と~知っている jíshǐ shì ge sān suì de xiǎoháir yě zhīdao (即使是个三岁的小孩ㄦ也知道).¶当らずと~遠からず suīrán méiyǒu shuōzhòng, dànshí yě chàbuduō (虽然没有说中, 但是也差不多)/ suī bú zhòng yì bù yuǎn yǐ (虽不中亦不远矣).
いえもと【家元】¶茶道の~ chádào shìjiā (茶道世家).
いえやしき【家屋敷】fángchǎn (房产).¶~を売り払って借金を返済する biànmài fángchǎn

huánzhài(变卖房产还债).

い・える【癒える】 yù(愈), quányù(痊愈). ¶傷はすっかり〜えた shāng quányù le(伤痊愈了)/ shāng wánquán hǎo le(伤完全好了). ¶心の傷はまだ〜えない xīnlíngshang de chuāngshāng zhìjīn wèi yù(心灵上的创伤至今未愈).

イエローカード huángpí jiǎnyìkǎ(黄皮检疫卡)/ guójì yùfáng jiēzhòng zhèngmíngshū(国际预防接种证明书)；[サッカー] huángpái(黄牌).

いえん【胃炎】 wèiyán(胃炎).

いおう【硫黄】 liúhuáng(硫磺). ¶〜泉 liúhuángquán(硫磺泉).

いおり【庵】 ān(庵), lú(庐).

イオン lízǐ(离子). ¶〜化する lízǐhuà(离子化). ¶〜結合 lízǐjiàn(离子键)/ diànjiàjiàn(电价键). 水素〜 qīnglízǐ(氢离子). 陽〜 zhènglízǐ(正离子)/ yánglízǐ(阳离子).

いか【烏賊】 wūzéi(乌贼·乌鲗), mòyú(墨鱼), mòdǒuyú(墨斗鱼). するめ〜 qiāngwūzéi(枪乌贼)/ yóuyú(鱿鱼).

いか【以下】 **1**[数量，程度などが] yǐxià(以下). ¶10人〜5人まで shí rén yǐxià wǔ rén wéizhǐ(十人以下五人为止). ¶小数点〜四捨五入 xiǎoshùdiǎn yǐxià shèshě-wǔrù(小数点以下四舍五入). ¶作柄は去年〜だった shōuchéng bùrú qùnián(收成不如去年). ¶船長〜乗組員全員が犠牲になった chuánzhǎng jí quántǐ chuányuán dōu xīshēng le(船长及全体船员都牺牲了).
2[それよりあと] yǐxià(以下). ¶〜簡単に説明します xiàmian jiǎndān de shuōmíng yíxià(下面简单地说明一下). ¶〜はこれに準ずる yǐxià jǐ cǐ wéi zhǔn(以下以此为准). ¶詳細は〜の通り xiángqíng rú xià suǒ shù(详情如下所述)/ xiáng jiàn xiàshù(详见下述). ¶〜同じ xià tóng(下同). ¶〜省略 yǐxià cónglüè(以下从略). ¶次号 xiàqī xù dēng(下期续登).

いが【毬】 ¶栗の〜 lìzi de cìké(栗子的刺壳). ¶〜栗頭 cìrtóu(刺儿头).

いがい【以外】 yǐwài(以外). ¶私〜にはこのことは誰も知らない zhè jiàn shì chúle wǒ yǐwài shuí yě bù zhīdào(这件事除了我以外谁也不知道). ¶こうした〜に他に方法はない chú cǐ ér wài, zài yě méiyǒu qítā de bànfǎ(除此以外,再也没有其他的办法). ¶この点に誤りがあるだけそれ〜は申し分ない jiù zhè yì diǎn yǒu cuò, qítā dōu hěn hǎo(就这一点有错,其他都很好). ¶関係者〜立入りを禁ず chúle yǒuguān rényuán yǐwài jìnzhǐ jìnchū(除了有关人员以外禁止进出)/ xiánrén miǎn jìn(闲人免进). ¶学生〜の利用はお断り xuésheng yǐwài bú shǐyòng(学生以外不使用).

いがい【意外】 yìwài(意外). ¶こんなことになろうとは実に〜だ méi xiǎngdào[liàoxiǎng bu dào]huì zhè zhǒng jiéguǒ(没想到[料想不到]会成为这种结果). ¶用件は〜にあっさり片付いた méi xiǎngdào shìqing zhème jiǎndān de jiějué le(没想到事情这么简单地解决了). ¶わがチームに〜にも大きくなかった wǒmen duì yìwài de méiyǒu dǎchū shuǐpíng lái(我们队意外地没有打出水平来). ¶反響は〜なほど大きかった fǎnxiǎng chūhū yìliào de dà(反响出乎意料地大)/ fǎnyìng nàyàng de dà, chū rén yìbiǎo(反应那样地大,出人意表). ¶〜な所で彼に会った zài yìwài bu dào de dìfang yùjiànle tā(在意想不到的地方遇见了他). ¶事の〜さに驚いた shì chū yìwài, dàchī yìjīng(事出意外,大吃一惊).

いがい【遺骸】 yíhái(遗骸). ¶〜を手厚く葬る zhèngzhòng de máizàng yíhái(郑重地埋葬遗骸).

いかいよう【胃潰瘍】 wèikuìyáng(胃溃疡).

いかが【如何】 zěnme(怎么), zěnyàng(怎样), zěnmeyàng(怎么样), rúhé(如何). ¶ご気分は〜ですか nín juéde zěnyàng, hǎo xiē le ma?(您觉得怎样,好些了吗?). ¶あなたは〜お考えですか nín shì zěnme xiǎng de?(您是怎么想的?)/ nín yǐwéi rúhé?(您以为如何?). ¶この件は〜致しましょうか zhè jiàn shì nín kàn zěnme bàn hǎo?(这件事您看怎么办好?)/ cǐ shì gāi rúhé chǔlǐ?(此事该如何处理?). ¶それは〜なものかと思います zhè wǒ kàn yǒu xiē wèntí(这我看有些问题). ¶もうひとつ〜ですか zài lái yí ge, zěnmeyàng?(再来一个,怎么样?).

いかがわしい【如何わしい】 **1**[疑わしい] kěyí(可疑). ¶〜い男 xíngjī kěyí[láilì bùmíng] de nánrén(行迹可疑[来历不明]的男人).
2[みだらな] bù sān bú sì(不三不四). ¶〜い場所に出入りする zài bùsān-búsì de dìfang chūrù(在不三不四的地方出入). ¶〜い写真 huángsè zhàopiàn(黄色照片)/ chūngōng zhàopiàn(春宫照片).

いかく【威嚇】 wēixié(威胁), wēihè(威吓), dònghè(恫吓), kǒnghè(恐吓). ¶いかなる〜の前にも我々は屈服しない zài rènhé wēixié miànqián wǒmen dōu jué bú huì qūfú(在任何威胁面前我们都决不会屈服)/ wēiwǔ bùnéng qū(威武不能屈). ¶〜射撃をする kāiqiāng dònghè(开枪恫吓).

いかく【医学】 yīxué(医学). ¶〜の力も及ばない yīxué wú lì bùnéng jí(医学力也不能及). ¶〜書 yīxué shūjí(医学书)/ yīshū(医书). 予防〜 yùfáng yīxué(预防医学).

いかくちょう【胃拡張】 wèikuòzhāng(胃扩张).

いかけ【鋳掛】 hàn(焊), hànbǔ(焊补). ¶鉄瓶の〜をする hànbǔ tiěhú(焊补铁壶). ¶〜屋 hànguōjiàng(焊锅匠).

いかさま【如何様】 piànjú(骗局), piànshù(骗术), huāzhāo[r](花招儿·花着儿). ¶この試合は〜だ zhè chǎng bǐsài shì piànjú(这场比赛是骗局). ¶トランプで〜をする dǎ pūkè shí shuǎ huāzhāor[zuòguǐ](打扑克时耍花招儿[做鬼]). ¶〜物をつかまされた shòupiàn mǎile jiǎhuò(受骗买了假货).

いかさま【如何様】 piànzi(骗子), piànzishǒu(骗子手).

いか・す【生かす・活かす】 **1**[生きながらえさせる] ¶この鯉は〜しておきなさい nà tiáo lǐyú

ràng tā huózhe ba(那条鲤鱼让它活着吧). ¶ あいつは～しておけない bùnéng ràng tā huómìng(不能让他活命). ¶ ～すも殺すも俺の胸三寸だ shì huó shì sǐ zài wǒ yí jù huà(是活是死在我一句话).

2〔活用する〕 ¶ 金は～して使え qián yào huā*de shì dìfang[zài dāokǒu shang](钱要花得是地方〔在刀口上〕). ¶ 時間を～して使う yǒuxiào de lìyòng shíjiān(有效地利用时间). ¶ 特技を～して暮しをたてる lìyòng tèshū jìnéng móushēng(利用特殊技能谋生).

3〔生きをきとさせる〕 ¶ この線がこの絵を～している zhè tiáo xiàn shǐ zhè fú huà xǔxǔ rú shēng(这条线使这幅画栩栩如生).

いかすい〔胃下垂〕 wèixiàchuí(胃下垂).

いかだ〔筏〕 fázi(筏子), mùfá(木筏), mùfázi(木筏子), páifá(排筏), mùpái(木排), zhúpái(竹排). ¶ ～を組む biān mùfázi(编木筏子). ¶ ～師 chēng fázi shīfu(撑筏子师傅)/ fágōng(筏工). ～流し fàng mùpái(放木排).

いかた〔鋳型〕 múzi(模子), zhùxíng(铸型), shāxíng(砂型). ¶ ～に流し込む wǎng múzili dào(往模子里倒)/ fānshā(翻砂). ¶ ～をとる zuò múzi(做模子). ¶ 子供を～にはめこもうとする xiǎng bǎ háizi xiànzhì zài yí ge kuàngkuanglǐ(想把孩子限制在一个框框里).

いかつ・い〔厳つい〕 ¶ ～い顔つき cūguǎng de róngmào(粗犷的容貌)/ yì zhāng yánwángliǎn(一张阎王脸). ¶ 大きな～い手 cūcāo de dà shǒu(粗糙的大手).

いかなご yùjīnyú(玉筋鱼), miàntiáoyú(面条鱼).

いかなる〔如何なる〕 rènhé(任何). ¶ ～迫害にも屈しない bù qūfú yú rènhé pòhài(不屈服于任何迫害). ¶ ～理由があろうとも許せない bùguǎn yǒu shénme lǐyóu dōu jué bù yǔnxǔ(不管有什么理由都决不允许). ¶ ～結果になっても covered したない bùguǎn hū zǎochéng shénmeyàng de jiéguǒ yě méi bànfǎ(不管会造成什么样的结果也没办法).

いかに〔如何に〕 **1**〔どんなふうに〕 zěnme(怎么), zěnyàng(怎样), rúhé(如何). ¶ 人は～生くべきか rén yīnggāi zěnyàng huózhe(人应该怎样活着). ¶ ～して難関をきりぬけるべきか zěnyàng tūpò zhège nánguān(怎样突破这个难关).

2〔どれほど〕 zěnme(怎么), zěnyàng(怎样), duōme(多么). ¶ ～苦しくとも私はこの仕事をやりとげたい jiùshì zěnme[wúlùn duōme] kùnnan wǒ yě yào bǎ zhège gōngzuò gǎodàodǐ(就是怎么[无论多么]困难我也要把这个工作搞到底). ¶ 相手が～強くても私は恐れない bùguǎn duìfāng zěnme qiáng wǒ yě bú pà(不管对方怎么强我也不怕).

いかにも〔如何にも〕 ¶ ～ごもっともです nín shuō de díquè yǒu dàolǐ(您说的确有道理). ¶ ～残念だ zhēn yíhàn(真遗憾)/ guài kěxī de(怪可惜的). ¶ ～彼らしい huàihuà(到底还是他!). ¶ 彼は～困ったような様子をしていた tā xiǎnchū hěn wéinán de yàngzi(他显出很为难的样子).

いかみ・あ・う〔啀み合う〕 ¶ あの兄弟はいつも～っている tāmen xiōngdì zǒngshì gōuxīn-dòujiǎo zhēngchǎo bùxiū(他们兄弟总是勾心斗角争吵不休). ¶ 彼等の間には～いが絶えない tāmen zhī jiān zhēngzhí bùxiū(他们之间争执不休).

いかめし・い〔厳しい〕 yánsù(严肃), wēiyán(威严). ¶ 彼はいつも～い顔をしている tā zǒngshì běngzhe yí fù yánsù de miànkǒng(他总是绷着一副严肃的面孔). ¶ ～い軍服姿 shēn chuān jūnzhuāng wēifēng lǐnlǐn(身穿军装威风凛凛). ¶ ～い建物 zhuāngyán de jiànzhùwù(庄严的建筑物).

いかメラ〔胃カメラ〕 xiānwéi wèijìng(纤维胃镜). ¶ ～を検査 wèijìng jiǎnchá(胃镜检查).

いかものぐい〔如何物食い〕 ¶ あの人は～だ tā hào chī gǔliǎoguài de dōngxi(他好吃古里古怪的东西).

いから・す〔怒らす〕 **1**〔おこらせる〕 ¶ 人を～す rě rén shēngqì(惹人生气)/ chùnù rén(触怒人).

2〔角立たせる〕 ¶ 肩を～せて歩く sǒng jiānbǎngr zǒu(耸肩膀儿走). ¶ 目を～す dèng yǎn(瞪眼)/ nùmù(怒目).

いかり〔錨〕 máo(锚). ¶ 港に～を下ろす zài gǎngnèi *pāomáo[xiàdìng](在港内*抛锚[下碇]). ¶ ～を上げて出帆する qǐmáo[qǐdìng] chūháng(起锚[起碇]出航).

いかり〔怒り〕 qì(气), huǒ(火), huǒqì(火气), nùqì(怒气), qìfèn(气愤), fènnù(愤怒), nùhuǒ(怒火). ¶ 彼はついに～を爆発させた tā zhōngyú *bórán-dànù[dàfā-léitíng](他终于*勃然大怒[大发雷霆]). ¶ 無責任な言葉が彼の～を招いた bù fù zérèn de huà shǐ tā dàwéi qìfèn(不负责任的话使他大为气愤). ¶ 努めて～をおさえて話す nǔlì yìzhìzhù xīnzhōng de qì shuōhuà(努力抑制住心中的气说话). ¶ 心の底から～がこみあげてくる mǎnqiāng nùhuǒ yǒngshàng xīntóu(满腔怒火涌上心头)/ wúmíng huǒ qǐ(无名火起).

いかりがた〔怒り肩〕 píngjiān(平肩).

いか・る〔怒る〕 **1**〔おこる〕 fānù(发怒), nǎonù(恼怒), chēnnù(嗔怒). ¶ 父はそれを聞いて烈火のごとく～った fùqin tīngle nà shì *nùhuǒ zhōngshāo[nù bù kě è/bàotiào rú léi](父亲听了那事*怒火中烧[怒不可遏/暴跳如雷]).

2〔角張る〕 ¶ 肩の～った人 jiānbǎng sǒngqǐ de rén(肩膀耸起的人).

いか・れる ¶ あいつは頭が～れている tā zhēn shì ge èrbǎiwǔ(他真是个二百五). ¶ ～れたスタイル qízhuāng-yìfú(奇装异服). ¶ すっかり彼女に～れている wánquán jiào tā mízhule xīnqiào(完全叫他迷住了心窍). ¶ この靴はそろそろ～れてきた zhè shuāng xié yào bàoxiào le(这双鞋要报销了). ¶ 機械が～れてしまった jīqì huài le(机器坏了).

いかん〔如何〕 ¶ 要は君の態度～だ guānjiàn zàiyú nǐ de tàidu rúhé(关键在于你的态度如何). ¶ 理由の～によっては再考す

る kàn qí lǐyóu rúhé zài jiā kǎolǜ(看其理由如何再加考虑). ¶もはや～ともしがたい wéishí yǐ wǎn, zài wúfǎ wǎnhuí le(为时已晚,再无法挽回了). ¶その運命や～ qí mìngyùn rúhé?(其命运如何?).

いかん【尉官】 wèiguān(尉官).

いかん【移管】 yíjiāo(移交). ¶事務を他の部に～する bǎ shìwù yíjiāo tā bù(把事务移交他部).

いかん【遺憾】 yíhàn(遗憾). ¶～の意を表する biǎoshì yíhàn(表示遗憾)/ shēn zhì qiànyì(深致歉意). ¶まことに～に存じます bùshèng yíhàn(不胜遗憾). ¶それは～ながら事実です hěn yíhàn, zhè shì shìshí(很遗憾,这是事实). ¶～ながら私は参加できません kěxī[bàoqiàn] wǒ bùnéng cānjiā(可惜[抱歉]我不能参加). ¶この作品には彼のよさが～なく発揮されている tā de chángchu chōngfèn biǎoxiàn zài cǐ zuòpǐn zhōng(他的长处充分表现在此作品中).

いかん【胃癌】 wèi'ái(胃癌).

いかんせん ¶～、人材が足りない wúnài, réncái quēfá(无奈,人材缺乏). ¶～、金がない nàihé bude, méiyǒu qián(奈何不得,没有钱). ¶～、もはや力が尽きた wúkě nàihé, yǐjīng jìn xīn jìn lì le(无可奈何,已经尽心尽力了).

いき【粋】 qiào(俏), qiàopí(俏皮), jùnqiào(俊俏). ¶～な女 qiào nǚrén(俏女人). ¶～なりをしている dǎbande hěn xiāosǎ(打扮得很潇洒).

いき【息】 qì(气), qìxī(气息). ¶～を吸う xī qì(吸气). ¶～を吐く hū qì(呼气)/ tǔ qì(吐气). ¶～を吹きかける hā qì(哈气). ¶～をする hūxī(呼吸). ¶荒い～をする chuǎn cūqì(喘粗气). ¶～を切らして駆けつけた chuǎn[qì]xūxū de pǎolai le(喘[气]吁吁地跑来了). ¶はっとして～をのんだ xiàde dàochōu yì kǒu qì(吓得倒抽一口气). ¶じっと～を殺して聞いている bǐ[bǐng]zhù qì tīngzhe(屏[屏]住气听着)/ bǐngxī jìngtīng(屏息静听). ¶～つく暇もない lián'chuǎnxī[huǎnqì] de gōngfu dōu méiyǒu(连'喘息[缓气]的工夫都没有). ¶～もつかずに飲みほした yìkǒuqì hēgān le(一口气喝干了). ¶この歌はどこで～をつぐのですか zhè shǒu gē zài shénme dìfang huàn qì ne?(这首歌在什么地方换气呢?). ¶人事不省に陥った病人が～をふきかえした bùxǐng-rénshì de bìngrén sūxǐng guolai le(不省人事的病人苏醒过来了). ¶まだ～がある(还有点ㄦ气). ¶大先生のお相手は～が詰まる shìhòu nà wèi dàjiā zhēn jiào rén chuǎn bu guò qì lái(侍候那位大家真叫人喘不过气来). ¶～も絶え絶えである qìxī yǎnyān(气息奄奄)/ yǎnyān yì xī(奄奄一息). ¶～が絶える yànqì(咽气)/ duànqì(断气). ¶～を殺して寝ない子を見張ってた再也坚持不下去了). ¶ぴたりと～の合ったチーム pèihéde hěn hǎo de qiúduì(配合得很好的球队). ¶辞書を作るのは～の長い仕事だ biānzuǎn cídiǎn kě shì ge rìjī-yuèlěi de gōngzuò(编纂词典可是日积月累的工作). ¶彼には社長の～がかかっ

ている tā yǒu zǒngjīnglǐ zuò kàoshān(他有总经理做靠山).

いき【生き】 ¶～のいい魚 huóxiān(活鲜)/ xiānyú(鲜鱼)/ shēngměng yúxiān(生猛鱼鲜). ¶～のいいあんちゃん shēnglóng-huóhǔ[shēngqì bóbó] de xiǎohuǒzi(生龙活虎[生气勃勃]的小伙子).

いき【行き】 →ゆき(行き).

いき【域】 jìngyù(境域), jìngjiè(境界), fànwéi(范围). ¶名人の～に達する dádào shèngshǒu de jìngjiè(达到圣手的境界). ¶試作の出ない hái bù chū shìzhì de fànwéi(还不出试制的范围). ¶素人の～を出ない jiūjìng shì ge ˇwàihángrén[lìbātóur](究意是个ˇ外行人[力巴头ㄦ]).

いき【意気】 yìqì(意气). ¶味方は～盛んである wǒfāng ˇyìqì fēngfā[jīngshen dǒusǒu](我方ˇ意气风发[精神抖擞]). ¶～消沈する yìqì xiāochén(意气消沉)/ xīn huī yì lǎn(心灰意懒)/ chuí tóu sàng qì(垂头丧气). ¶その～だ jiùshì nà gǔ jìnr!(就是那股劲ㄦ!). ¶～を つく qì chōng xiāohàn(气冲霄汉)/ qì guàn chánghóng(气贯长虹)/ gànjìn chōngtiān(干劲冲天). ¶～あたるべからず勢 shì bùkě dǎng(势不可当). ¶～揚々と凱旋した yìqì-fēiyáng zòukǎi ér guī(意气飞扬奏凯而归). ¶～投合する yìqì xiāngtóu(意气相投).

¶～軒昂 qìyǔ xuān'áng(气宇轩昂)/ qìshì áng'áng(气势昂昂).

いき【遺棄】 yíqì(遗弃). ¶死体を～する yíqì shītǐ(遗弃尸体).

いぎ【威儀】 wēiyí(威仪). ¶～を正す zhèngjīn wēi zuò(正襟危坐).

いぎ【異議】 yìyì(异议). ¶～あり wǒ yǒu ˇyìyì[yìjiàn](我有ˇ异议[意见]). ¶議長提案に～を唱える duì zhǔxí de tí'àn tíchū yìyì(对主席的提案提出异议). ¶満場～なく採択となった quánchǎng wú yìyì tōngguò le(全场无异议通过了).

いぎ【意義】 yìyì(意义). ¶彼は～ある生涯を送った tā dùguòle yǒu yìyì de yīshēng(他度过了有意义的一生). ¶それは大きな～を持つ nà jùyǒu zhòngdà de yìyì(那具有重大的意义).

いきあたりばったり【行き当りばったり】 →ゆきあたりばったり.

いきいき【生き生き】 huóshēngshēng(活生生), huóxiàn(活现), shēngqì bóbó(生气勃勃), shēngdòng(生动). ¶水をやったら花が～としてきた jiāole diǎnr shuǐ, huā yòu yǒu shēngqì le(浇了点ㄦ水,花又有生气了). ¶あの人はいつも～としている tā zǒngshì nàme yǒu jīngshen(他总是很有精神)/ tā zǒngshì nàme ˇshéncǎi yìyì[zhāoqì-péngbó](他总是那么ˇ神采奕奕[朝气蓬勃]). ¶目が～と輝いている yǎnjing jiǒngjiǒng yǒu shén(眼睛炯炯有神). ¶人々の生活が～と描かれている rénmen de shēnghuó miáoxiěde ˇhūzhī yùchū[fēihuáng-téngdòng/ huólíng-huóxiàn/ huìshēng-huìsè/ yǒushēng-yǒusè](人们的生活描写得ˇ呼之欲出[非常生动/ 活灵活现/ 绘声绘色/ 有声有色]).

いきうつし【生き写し】 huóxiàng(活像), huótuōr(活脱儿). ¶この子は母親に～だ zhège háizi huóxiàng tā mǔqin (这个孩子活像他母亲)/ zhè háizi zhǎngde gēn tā mǔqin yìmú-yíyàng (这孩子长得跟他母亲一模一样).

いきうま【生き馬】 ¶東京は～の目を抜くところだ Dōngjīng shì yàngguò-bámáo de dìfang (东京是雁过拔毛的地方).

いきうめ【生き埋め】 huómái (活埋).

いきえ【生き餌】 huóshí[r] (活食儿).

いきおい【勢い】 1[力, 威勢] ¶筆の～ bǐshì (笔势)/ bǐlì (笔力). ¶火の～が弱まった huǒshì ruò le (火势弱了). ¶破竹の～で勝ち進む shì rú pò zhú shènglì qiánjìn (势如破竹胜利前进). ¶すごい～で走ってきた hěn měng de pǎole guòlai (很猛地跑了过来). ¶～あまって尻もちをついた yòngli guò měng, shuāile ge pìgudūnr (用力过猛, 摔了个屁股蹲儿). ¶水が～よく流れる shuǐ liúde hěn chòng (水流得很冲)/ shuǐ gǔngǔn ér liú (水滚滚而流). ¶緒戦に勝利して皆大変～づいた tóuchǎngzhàn huòshèng, dàjiā gèng láijìnr le (头场赛获胜, 大家更来劲儿了). ¶始めの～はどこへやら kāitóu de nà gǔ chòngjìnr bù zhī wǎng nǎli qù le (开头的那股冲劲儿不知往哪里去了). ¶敵は～を盛り返した díjūn huīfùle shìtóu (敌军恢复了势头).

2[はずみ, 成行き] jìntóu[r] (劲头儿), jìn[r] (劲儿). ¶走った～で飛び越した chéng pǎo de chōnglì tiàoguoqu (乘跑的冲力跳过去). ¶酒の～でけんかをした chéngzhe jiǔjìnr dǎle jià (乘着酒劲儿打了架). ¶～にのって深追いしすぎた chéngshì zhuīde tài shēnrù le (乘势追得太深入了). ¶～の赴くところ致し方ない shì suǒ bìrán [dàshì suǒ qū], wú kě nàihé (势所必然[大势所趋], 无可奈何). ¶あまり金が入ると～使いたくなる zhuànqián tài duō, shìbì xiǎng huā (赚钱太多, 势必想花). ¶騎虎の～ qí hǔ nán xià (骑虎难下).

いきおいこ・む【勢い込む】 ¶～んでしゃべり出した xìngchōngchōng de kāiqǐ huàxiázi lái le (兴冲冲地开起话匣子来了).

いきがい【生き甲斐】 zuòwéi (作为), huótou[r] (活头儿). ¶～を感ずる juéde dà yǒu zuòwéi (觉得大有作为). ¶毎日の生活に何の～ない guò yì tiān suàn yì tiān méiyǒu shénme huótour (过一天算一天没有什么活头儿). ¶教師の仕事を～とする duì jiàoshī zhège gōngzuò gǎndào dà yǒu kě wéi (对教师这个工作感到大有可为).

いきかえり【行き帰り】 →ゆきかえり.

いきかえ・る【生き返る】 huánhún (还魂), huóguolai (活过来); huǎnguolai (缓过来). ¶死んだと思った人が～った yǐwéi sǐle de rén, yòu huóguolai le (以为死了的人, 又活过来了). ¶久しぶりの雨で庭の草木が～った hǎojiǔ méi xiàyǔ, yǔ le zhè yì cháng yǔ yuànzili de cǎomù dōu huǎnguolai le (好久没下雨, 这一场雨把院子里的草木都缓过来了).

いきかかり【行き掛かり】 →ゆきがかり.

いきがけ【行き掛け】 →ゆきがけ.

いきぎれ【息切れ】 qìchuǎn (气喘), dáoqìr (倒气儿), qìduǎn (气短), qìjí (气急). ¶階段の上り下りさえも～がする shàngxià lóutī dōu qìchuǎn [chuǎn bu guò qì lai/shàngqì bù jiē xiàqì] (上下楼梯都气喘[喘不过气来/上气不接下气]). ¶辞典の編纂は息の長い仕事なので途中で～しないように biānzuǎn cídiǎn kě shì ge rìjī-yuèlěi de gōngzuò, búyào bàntú ér fèi (编纂词典可是个日积月累的工作, 不要半途而废).

いきぐるし・い【息苦しい】 mēn (闷), biē (憋), biēqì (憋气), biēmen (憋闷). ¶～くて眠れなかった mēnde méi shuìzháo jiào (闷得没睡着觉). ¶窓が閉め切ってあって～い chuāngquán guānzhe, zhēn biēqì (窗户全关着, 真憋气). ¶～い沈黙が続いた chénmò jìxùzhe (令人窒息的沉默继续着).

いきごみ【意気込み】 gànjìn[r] (干劲儿), jìntóu[r] (劲头儿), chòngjìnr (冲劲儿), chuǎngjìn[r] (闯劲儿). ¶～やでやり出した měngzhe jìnr gànle qǐlái (猛着劲儿干了起来). ¶始めから～が違う dǎ yì kāishǐ nà gǔ chòngjìnr jiù yǔ zhòng bùtóng (打一开始那股冲劲儿就与众不同)/ dǎ kāitóu gànjìnr jiù shízú (打开头干劲儿就十足).

いきご・む【意気込む】 ¶彼は非常に～んで話し出した tā xìnggāo-cǎiliè de tánqǐlai (他兴高采烈地谈起来). ¶彼はこの仕事を最後までやり通すと～んでいる tā gànjìn shízú yídìng yào bǎ zhège gōngzuò gàndàodǐ (他干劲十足一定要把这个工作干到底).

いきさつ【経緯】 yuánwěi (原委). ¶これまでの～を説明する shuōmíng shìqing de yuánwěi (说明事情的原委). ¶～がどうあろうと私には関係がない qiányīn-hòuguǒ rúhé, gēn wǒ bù xiāngguān (前因后果如何, 跟我不相干).

いきじごく【生き地獄】 huódìyù (活地狱), rénjiān dìyù (人间地狱), huǒkēng (火坑).

いきじびき【生き字引】 huózìdiǎn (活字典), wànshìtōng (万事通), bǎishìtōng (百事通).

いきす・ぎる【行き過ぎる】 →ゆきすぎる.

いきせきき・る【息せき切る】 qìxūxū (气吁吁), qìxiūxiū (气咻咻), chuǎnxūxū (喘吁吁). ¶発車まぎわに～って駅に駆けつけた jiù yào kāichē shí qìxūxū de gǎndàole chēzhàn (就要开车时吁吁地赶到了车站).

いきだおれ【行き倒れ】 →ゆきだおれ.

いきち【生き血】 ¶人の～を吸う shǔn rén gāoxuè [zhīgāo] (吮人膏血[脂膏]).

いきちがい【行き違い】 →ゆきちがい.

いきづかい【息遣い】 ¶～が荒い hūxī jiézòu jícù (呼吸节奏急促); chuǎn dàqì (喘大气).

いきづま・る【息詰まる】 ¶～った激戦 jīliè jǐnzhāng de bǐsài (激烈紧张的比赛). ¶～ような場面が続いた liánxù chūxiànle jiào rén jǐnzhāngde chuǎn bu guò qì lai de chǎngmiàn (连续出现了叫人紧张得喘不过气来的场面).

いきどお・る【憤る】 qìfèn (气愤), fènkǎi (愤慨), fènhèn (愤恨). ¶不公平な扱いを～る duì bù

gōngpíng de dàiyù gǎndào fènkǎi(对不公平的待遇感到愤慨). ¶政治の腐败に～りを覚える duì zhèngzhì de fǔbài jíwéi fènhèn(对政治的腐败极为愤恨).

いきどまり【行き止り】→ゆきどまり.

いきながら・える【生き長らえる】 ¶こんな状態で～えるより死んだ方がましだ zhèyàng tōushēng gǒuhuó cánchuǎn bùrú sǐle dào hǎo(这样偷生苟活[苟延残喘]不如死了倒好). ¶妻の死後彼は10年～えた qīzi sǐhòu tā huóle shí nián(妻子死后他活了十年).

いきなり tūrán(突然), lěngbùfáng(冷不防), lěngbudīng(冷不丁), lěngdīng(冷丁), chōulěngzi(抽冷子), pīliǎn(劈脸), pīmiàn(劈面), pīshǒu(劈手). ¶彼は～彼女の手をとった tā tūrán zhuāzhùle tā de shǒu(他突然抓住了她的手). ¶私は～頬をなぐられた wǒ lěngbufáng áile yí ge zuǐba(我冷不防挨了一个嘴巴).

いきぬき【息抜き】 **1** chuǎnqì(喘气), xiēqì(歇气), xiēxi(歇息). ¶仕事の～に散歩する gōngjiān sànsan bù chuǎnchuan qìr(工间散散步喘喘气ル). ¶たまには～も必要だ yǒushí yě děi yào sōng[huǎn] kǒu qì(有时也得要松[缓]口气). ¶旅行して～をする qù lǚxíng sànsan xīn(去旅行散散心).
2〔換気孔〕fēngdǒu(风斗), tōngqìkǒng(通气孔).

いきぬ・く【生き抜く】 ¶激動の時代を～いた chuǎngguò dòngdàng shíqī huóle xiàlai(闯过动荡时期活了下来). ¶不幸を乗り越えて～こう tāguò búxìng huóxiaqu(踏过不幸活下去).

いきのこ・る【生き残る】 xìngcún(幸存). ¶やっと10人あまりが～った zhǐ yǒu shí lái ge rén xìngcún xialai(只有十来个人幸存下来). ¶～りの兵士 xìngcún de zhànshì(幸存的战士).

いきのね【息の根】 ¶苦しくて～がとまりそうだ biēde jiǎnzhí tòu bu guò qì lai(憋得简直透不过气来). ¶あいつの～をとめてやる gàndiào nà jiāhuo(干掉那家伙)/ yídìng yào jiéguōle tā(一定要结果了他)/ bú yào tā de mìng cái guài(不要他的命才怪).

いきの・びる【生き延びる】 ¶1度は諦めたがそれから2年～びた yuán yǐwéi zài yě bǎobuzhù le, què yòu duō huóle liǎng nián(原以为再也保不住了, 却又多活了两年). ¶1人だけおめおめと～びた jǐn yí ge rén tián bù zhī chǐ de huóle xiàlái(仅一个人恬不知耻地活了下来).

いきはじ【生き恥】 ¶～をさらすよりむしろ死んだ方がましだ yǔqí huózhe shòurǔ bùrú sǐ le(与其活着受辱不如死了)/ rěnrǔ tōushēng bùrú yì sǐ(忍辱偷生不如一死).

いきぼとけ【活仏】 huópúsa(活菩萨), huófó(活佛).

いきま・く【息巻く】 ¶彼は私など問題ではないと～いている tā yángyán wǒ zhèyàng de rén gēnběn búzài huàxià(他扬言我这样的人根本不在话下). ¶ただではおかないと～く qióngxiōng-jí'è[qìshì-xiōngxiōng] de shuō jué bù ráo rén(穷凶极恶[气势汹汹]地说决不饶人).

いきむ【息む】nǔzé(努责).

いきもの【生き物】 dòngwù(动物); shēngwù(生物). ¶～を飼う wèiyǎng dòngwù(喂养动物). ¶～を殺してはいけない búyào shāhài dòngwù(不要杀害动物)/ bùkě shāshēng(不可杀生). ¶言葉は～である yǔyán shì yǒu shēngmìng de(语言是有生命的).

いきょう【異教】 yìjiào(异教). ¶～徒 yìjiàotú(异教徒).

いきょう【異郷】 yìxiāng(异乡), yìdì(异地), tāxiāng(他乡), wàixiāng(外乡). ¶～にさすらう liúlàng zài yìxiāng(流浪在异乡)/ liúluò yìdì(流落异地)/ piāobó zài wài(漂泊在外). ¶～にあって故国を懐かしむ shēn zài yìyù huáiniàn zǔguó(身在异域怀念祖国).

いぎょう【偉業】 wěiyè(伟业). ¶～を成し遂げる wánchéng wěiyè(完成伟业).

いぎょう【遺業】 yíyè(遗业). ¶父の～を継ぐ jìchéng fùyè(继承父业).

いきょく【委曲】 yuánwěi(原委), xiángqíng(详情), wěiqū(委曲). ¶～を尽くして説明する xiángxì shuōmíng yuánwěi(详细说明原委)/ gàozhī wěiqū(告知委曲).

イギリス Yīngguó(英国).

いきりた・つ fènnù(愤怒), fènjī(愤激), jīfèn(激愤·激忿). ¶皆～っている dàjiā dōu fēicháng fènnù(大家都非常愤怒)/ qúnqíng jīfèn(群情激愤).

い・きる【生きる・活きる】 **1**〔生存する, 生活する〕 huó(活), huómìng(活命), dùmìng(度命). ¶100歳まで～きる huódào yìbǎi suì(活到一百岁). ¶私はもう長くは～きられない wǒ kǒngpà huóbuchǎng le(我恐怕活不长了). ¶彼は～きている間はあまり世に知られていなかった tā zàishì shí bú tài wéi rén suǒ zhī[mòmò-wúwén](他在世时不太为人所知[默默无闻]). ¶～きて行くあてがない shēnghuó méiyǒu zhǐwàng(生活没有指望). ¶私にとってはこれは～きるか死ぬかの大問題だ duì wǒ lái shuō zhè shì shēngsǐ yōuguān de dà wèntí(对我来说这是生死攸关的大问题). ¶こう物価が高くては～きて行くのも大変だ wùjià zhème ángguì, huóxiaqu kě yě zhēn bù róngyì(物价这么昂贵, 活下去可也真不容易). ¶その日その日を やっと～きている bǎo yí dùn è yí dùn de guò rìzi(饱一顿饿一顿地过日子). ¶芸の道に～きる xiànshēn yú yìshù(献身于艺术). ¶人はパンのみにて～きるものに非ず rén bú shì dān kào miànbāo ér huózhe(人不是单靠面包而活着). ¶～きとし生けるもの fánshì yǒu shēngmìng de dōngxi(凡是有生命的东西).
2〔役に立つ〕 ¶この法律はいまだに～きている zhè tiáo fǎlǜ hái réngrán yǒuxiào(这条法律还仍然有效). ¶～きた金を使う bǎ qián yòng zài dāorèn shang(把钱用在刀刃上). ¶それでこそ故人の遺志も～きるというものだ zhèyàng cái bù gūfù sǐzhě de yízhì(这样才不辜负死者的遗志).
3〔生き生きする〕 shēngdòng(生动), huóxiàn(活现). ¶文章が～きている wénzhāng xiěde hěn shēngdòng(文章写得很生动). ¶この1句

いきわかれ【生き別れ】 ¶両親とは戦争中に〜となった hé fùmǔ zài zhànzhēng zhōng shēngbié le(和父母在战争中生别了).

いく【行く・逝く】 →ゆく(行く・逝く).

いく-【幾】 jǐ(几), duōshao(多少). ¶生徒は〜人いますか xuésheng yǒu duōshao rén?(学生有多少人？). ¶〜時間も待った děngle hǎo jǐ ge zhōngtóu(等了好几个钟头). ¶〜たびなく交渉した jiāoshèle hǎo jǐ cì(交涉了好几次)/ jiāoshèle bù zhī yǒu duōshǎo cì(交涉了不知有多少次). ¶もうあと〜日もない shèngxia bù jǐ tiān le(剩下不几天了).

いくえ【幾重】 ¶紙で〜にも包む yòng zhǐ bāo hǎo jǐ céng(用纸包好几层). ¶〜にも重なりあう山々 céngceng-diédié de shānlǐng(层层叠叠的山岭)/ shānluán chóngdié(山峦重叠)/ céng luán dié zhàng(层峦叠嶂). ¶〜にもお詫びします shēnshēn biǎoshì qiànyì(深深表示歉意)/ wànfēn bàoqiàn(万分抱歉).

いくえい【育英】 yùcái(育才). ¶〜事業に力を注ぐ zhìlì yú péiyǎng jiàoyù qīngshàonián de shìyè(致力于培养教育青少年的事业). ¶〜資金 zhùxuéjīn(助学金)/ jiǎngxuéjīn(奖学金).

いくさ【戦】 bīnggē(兵戈), bīngróng(兵戎), zhànzhēng(战争), dǎzhàng(打仗).

いぐさ【藺草】 lìn(藺), dēngxīncǎo(灯心草).

いくじ【育児】 yùyīng(育婴). ¶〜にいそしむ jīngxīn fǔyù yīng'ér(精心抚育婴儿).

いくじ【意気地】 ¶あいつは〜がない nà jiāhuo méi zhìqì(那家伙没志气)/ nà rén kě bù zhēngqì(那人可不争气). ¶このごろはからきし〜がなくなった jìnlái jiǎnzhí méiyǒu jìntóur le(近来简直没有劲头儿了). ¶この〜なし！ nǐ zhège wōnángfèi![náozhǒng](你这个窝囊废[孬种]!).

いくせい【育成】 péiyǎng(培养), zàojiù(造就), péizhí(培植), péiyù(培育), fúzhí(扶植). ¶後継者を〜する péiyǎng jiēbānrén(培养接班人). ¶人材を〜する zàojiù réncái(造就人才)/ yùcái(育才). ¶事業を〜する fúzhí shìyè(扶植事业).

いくた【幾多】 ¶〜の困難を克服してきた kèfúle chóngchóng kùnnan(克服了重重困难).

いくつ【幾つ】 **1**【数】jǐ(几), duōshao(多少). ¶あと〜ありますか hái yǒu jǐ ge?(还有几个?). ¶もう〜も残っていない méi shèngxia jǐ ge(没剩下几个)/ shèng bù diǎnr la(剩不点儿啦). ¶〜でも欲しいだけあげます yào duōshao gěi duōshao(要多少给多少).

2【年齢】¶坊や〜 xiǎodìdi nǐ jǐ suì le?(小弟弟你几岁了?). ¶君は今年〜ですか nǐ jīnnián duōdà le?(你今年多大了?). ¶大爺、〜にお〜 dàyé, nín ˈgāoshòu[guìgēng]?(大爷，您ˈ高寿[贵庚]?). ¶あの子は〜になってもやんちゃだ nà háizi zhǎng duōdà yě háishi nàme táoqì(那孩子长多大也还是那么淘气).

いくど【幾度】 jǐ cì(几次), jǐ huí(几回), jǐ biàn(几遍). ¶そこへは〜か行ったことがある dào nàli qùguo jǐˈcì[tàng](到那里去过几次[趟]). ¶〜も書き直した chóng xiěle hǎo jǐ biàn(重写了好几遍). ¶〜も繰り返す fǎnfù hǎo jǐ huí(反复好几回). ¶〜となくやってみたが成功しなかった gǎole hǎo jǐ cì dōu méi chénggōng(搞了好几次都没成功).

いくどうおん【異口同音】 yì kǒu tóng shēng(异口同声). ¶みんなは〜に賛成した dàjiā yìkǒu-tóngshēng de zànchéng le(大家异口同声地赞成了).

いくばく【幾許】 wújǐ(无几), wèijǐ(未几). ¶余命〜もない yúshēng wújǐ(余生无几)/ xíngjiāng jiù mù(行将就木). ¶〜かの金を与えて追い返した gěile xiē qián bǎ tā gǎnzǒu le(给了些钱把他赶走了).

いくび【猪首】 duǎn cū bózi(短粗脖子).

いくひさしく【幾久しく】 ¶〜ごひいきの程をお願いいたします jīnhòu qǐng cháng huìgù(今后请常惠顾). ¶〜お幸せに zhù nǐmen yǒngyuǎn xìngfú(祝你们永远幸福).

いくぶん【幾分】 **1**【少し】duōshǎo(多少). ¶〜そういう傾向がある kànlai duōshǎo yǒu nà zhǒng qīngxiàng(看来多少有那种倾向). ¶〜か効果があるようだ hǎoxiàng duōshǎo yǒu xiē xiàoguǒ(好像多少有些效果). ¶〜かはお引きします gěi nín shǎo suàn yìdiǎnr(给您少算一点儿).

2【ある部分】¶経費の〜かを負担する fùdān bùfen fèiyong(负担部分费用)/ fēndān yìxiē fèiyong(分担一些费用). ¶財産の〜かを分けて fēnchū yíbùfen cáichǎn(分出一部分财产).

いくら【幾ら】 **1**【どれほど】duōshao(多少). ¶残りは〜ありますか shèngxia yǒu duōshao?(剩下有多少?). ¶時間は〜あっても足りない shíjiān yǒu duōshao dōu bú gòu yòng(时间有多少都不够用). ¶1ダースで売りますか àn dá mài duōshao qián?(按打卖多少钱?). ¶お〜ぐらいの物にいたしましょうか nín yào nǎge jià de dōngxi?(您要哪个价的东西?). ¶まだ〜でもある hái yǒudeshi(还有的是). ¶残りは〜〜もない shèngxia bù ˈduō[dīngdiǎnr] le(剩下不ˈ多[丁点儿]了)/ suǒ shèng wújǐ le(所剩无几了). ¶駅まで〜もない lí chēzhàn méiyǒu duōyuǎn le(离车站没有多远了). ¶そんなことは世間に〜でもあることです nàyàng de shì shèhuìshang duōdeshì(那样的事社会上多的是). ¶泣きたければ〜でも泣くがよい nǐ xiǎng kū jiù jǐnguǎn kū ba(你想哭就尽管哭吧). ¶彼女が出て行って〜もたたないうちに彼が来た tā zǒu hòu bù duōdà gōngfu tā jiù lái le(她走后没多大工夫他就来了).

2【どんなに、たとえ】¶〜呼んでも返事がない zěnme jiào yě méi rén dāying(怎么叫也没人答应). ¶〜働いても食うのがやっとだ jiùshì zěnme pīnmìng gàn yě gāng gòu húkǒu de

(就是怎么拼命干也刚够糊口的). ¶～お世辞を言っても駄目だ bùguǎn zěnme shuō hǎohuà yě shì méiyòng (不管怎么说好话也是没用). ¶～遅くとも一両日中にはできあがる zhìchí zài yì-liǎng tiān zhī nèi kěyǐ zuòhǎo (至迟在一两天之内可以做好). ¶～泣いても知らないよ nǐ jiùshì zěnme kū yě bù guān wǒ de shì (你就是怎么哭也不关我的事). ¶～子供だといってもそれくらいのことは分るはずだ jiù shuō shì ge háizi yě huì dǒng nà diǎnr shì de (就说是个孩子也会懂那点儿事的). ¶～なんでも手の打ちようがあったろうに wúlùn zěnmeyàng zhǔn huì yǒu xiē bànfǎ de ba (无论怎么样准会有些办法的吧).

イクラ xián guīyúzǐ (咸鲑鱼子), xián zūnyúzǐ (咸鳟鱼子).

いくらか【幾らか】 duōshǎo (多少), yǒuxiē (有些), yǒudiǎnr (有点儿), yìxiē (一些), yìdiǎnr (一点儿). ¶～薬が効いたようだ yào hǎoxiàng duōshǎo yǒu diǎnr xiàoyàn le (药好像多少有点儿效验了). ¶ここを～修正した zhèr shāo xiūgǎile yìxiē (这儿稍修改了一些). ¶彼は中国語が～話せる tā huì shuō jǐ jù Zhōngguóhuà (他会说几句中国话). ¶今日は昨日より～気分が よい jīntiān bǐ zuótiān shūfu xiē (今天比作天舒服些). ¶この方が～ましだ zhège duōshǎo qiáng yìdiǎnr (这个多少强一点儿). ¶～でもお役に立てば幸いです yàoshì néng duì nín duōshǎo yǒu xiē bāngzhù, wǒ hěn gāoxìng (要是能对您多少有些帮助, 我很高兴).

いくん【遺訓】 yíxùn (遗训).

いけ【池】 chízi (池子), chítáng (池塘), shuǐtáng (水塘), shuǐchí (水池).

いけい【畏敬】 jìngwèi (敬畏). ¶～すべき人物 kě jìngwèi de rén (可敬畏的人). ¶～の念をおさえがたい bùjīn sùrán qǐ jìng (不禁肃然起敬).

いけいれん【胃痙攣】 wèijìngluán (胃痉挛), wèijiǎotòng (胃绞痛).

いけがき【生垣】 shùlí (树篱), lùlí (绿篱), shùzhàngzi (树障子). ¶～をめぐらした家 shùzhàngzi huánrào de fángzi (树障子环绕的房子).

いけす【生簀】 yútáng (鱼塘), yǎngyúchí (养鱼池), yǎngyútáng (养鱼塘), yǎngyúcáo (养鱼槽).

いけづくり【生け作り】 huóxiān quányú shēngyúpiàn (活鲜全鱼生鱼片), huóxiān shēngyúpiàn (活鲜生鱼片).

いけど・る【生け捕る】 shēngqín (生擒), huózhuō (活捉). ¶猪を～る shēngqín yězhū (生擒野猪). ¶敵を～りにする huózhuō dírén (活捉敌人).

いけな・い 1〔よくない, 望ましくない〕 bù hǎo (不好), bù duì (不对), bù gāi (不该), bù gāi (不该). ¶～子は zhēn shì ge huàiháizi (真是个坏孩子)/ huàidōngxi! (坏东西!). ¶彼のどこが～いのか tā shénme dìfang ~ bú hǎo [bú duì] (他什么地方~不好[不对]). ¶君に知らせておかなかったのは私が～かった jiù guài wǒ shìxiān méi gàosu nǐ (就怪我事先没告诉你). ¶風邪か, それは～いね gǎnmào le, nà kě bù hǎo wa! (感冒了, 那可不好哇!). ¶～と知りながらやってしまった míngmíng zhīdao bù gāi zhèyàng, yòu fànle lǎomáobìng (明明知道不该这样, 又犯了老毛病). ¶遅刻すると～, 急ごう chídàole kě bù hǎo, zán kuài zǒu ba (迟到了可不好, 咱快走吧). ¶雨になると～から傘を持って行きなさい xiàyǔ jiù máfan le, dài yǔsǎn qù ba (下雨就麻烦了, 带雨伞去吧). ¶～い, また遅れた zāo[huài] le, yòu chídào le (糟[坏]了, 又迟到了).

2〔ならない〕 bùxíng (不行), bù kěyǐ (不可以), búyào (不要), bùchéng (不成), bùxǔ (不许), bùzhǔn (不准). ¶行っては～い bùzhǔn [bùxǔ] qù (不准[不许]去). ¶～と言われるとなおさらしたくなる yuè shuō bùzhǔn zuò, jiù yuè xiǎng qù zuò (越说不准做, 就越想去做). ¶10時迄には帰宅しなければ～い děi zài shí diǎnzhōng yǐqián dào jiā (得在十点钟以前到家).

3〔助からない〕 bùxíng (不行), bù hǎo (不好), bùchéng (不成). ¶病人はもう～い bìngrén yǐjing bùxíng le (病人已经不行了). ¶あの店もとうとう～くなってきた tīngshuō nà jiā pùzi yǐjing dǎobì le (听说那家铺子已经倒闭了).

いけにえ【生贄】 xīshēng (牺牲), xīshēngpǐn (牺牲品). ¶神前に～を供える zài shén qián xiàn xīshēng (在神前献牺牲).

いけばな【生花】 chāhuā (插花).

い・ける 1〔相当によい〕 búcuò (不错), búlài (不赖), bú huài (不坏). ¶これは～る zhè kě búcuò (这可不错). ¶彼はスポーツも～ける tā tǐyù yě yǒu liǎngxiàzi (他体育也有两下子).

2〔飲める〕 ¶彼は～る口だ tā jiǔliàng kě xiāngdāng dà (他酒量可相当大). ¶ビールなら少しは～ける píjiǔ duōshǎo néng hē diǎnr (啤酒多少能喝点儿).

い・ける【生ける】 ¶花を花瓶に～ける bǎ huār chāzài huāpínglǐ (把花儿插在花瓶里). ¶鉢に～ける zāizài huāpénrli (栽在花盆儿里).

い・ける【埋ける】 fēng (封); mái (埋). ¶炭火を～ける bǎ tànhuǒ ▼fēngzhù [yāzhù] (把炭火 ▼封住[压住]). ¶葱を土に～けておく bǎ cōng máizài tǔzhōng bèiyòng (把葱埋在土中备用).

いけん【意見】 1〔考え〕 yìjiàn (意见). ¶～を述べる chénshù[fābiǎo] yìjiàn (陈述[发表]意见). ¶彼女とは～が合わない hé tā yìjiàn bùhé (和她意见不合). ¶どこまでも自分の～を通す jiānchí zìjǐ de yìjiàn (坚持自己的意见)/ gùzhí jǐjiàn (固执己见).

2〔忠告〕 quàn (劝), shuō (说), quàngào (劝告), quànjiè (劝戒), guīquàn (规劝). ¶いくら～をしても効目がない zěnme quàn yě quàn bu guòlái (怎么劝也劝不过来)/ zěnme shuō yě méiyòng (怎么说也没用). ¶酒を飲まぬように医者に～された yīshēng quànjiè búyào hējiǔ guòdù (医生劝戒不要喝酒过度).

いけん【違憲】 ¶この判決は明らかに～だ zhège pànjué hěn míngxiǎn wéifǎn xiànfǎ (这个判决很明显违反宪法).

いげん【威厳】 wēiyán (威严). ¶〜が備わる jùyǒu wēiyán (具有威严).

いご【以後】 yǐhòu (以后); jīnhòu (今后), rìhòu (日后), wǎnghòu (往后). ¶〜気を付けます cóngjīn yǐhòu [wǎnghòu] yídìng duō jiā zhùyì (从今以后[往后]一定多加注意). ¶〜のいましめとする zuòwéi jīnhòu de jiàoxun (作为今后的教训). ¶あれ〜彼に会っていない zìcóng nà yǐhòu, wǒ méi jiànguo tā (自从那以后,我没见过他). ¶午後6時〜は自宅にいる xiàwǔ liù diǎn yǐhòu zàijiā (下午六点以后在家).

いご【囲碁】 wéiqí (围棋), shǒután (手谈).

いこい【憩】 xiūqì (休憩), xiūxi (休息), xiēxi (歇息). ¶〜の場 xiēxi de dìfang (歇息的地方).

いこ・う【憩う】 xiūqì (休憩), xiūxi (休息), xiēxi (歇息). ¶木陰で〜う zài shùyīn xià xiūxi (在树阴下休息) / xiēyīn (歇阴).

いこう【以降】 yǐhòu (以后). ¶8月〜の集金日は20日とする bāyuè yǐhòu de shōukuǎnrì dìngwéi èrshí rì (八月以后的收款日定为二十日).

いこう【威光】 wēiguāng (威光), wēiwàng (威望), wēiquán (威权), wēishì (威势). ¶親の〜を笠にきて威張っている yǐzhàng fùqin de quánshì chěng wēifēng (倚仗父亲的权势逞威风) / zhàngzhe fùqin de wēishì dà bǎi jiàzi (仗着他父亲的威势大摆架子).

いこう【意向】 yìxiàng (意向). ¶相手の〜を確かめる tànwèn míngbai duìfāng de yìxiàng (探询明白对方的意向) / wènqīng duìfāng de yìsi (问清对方的意思). ¶彼の〜を打診する tàntīng tā de yìxiàng (探听他的意向). ¶政府はこの法律を改正する〜である zhèngfǔ dǎsuàn xiūgǎi zhège fǎlǜ (政府打算修改这个法律).

いこう【遺稿】 yígǎo (遗稿).

いこう【移行】 ¶〜措置 guòdù cuòshī (过渡措施). ¶新制度に〜する gǎixíng xīn zhìdù (改行新制度).

イコール děngyú (等于); děnghào (等号). ¶3プラス3＝6 sān jiā sān děngyú liù (三加三等于六).

いこく【異国】 yìguó (异国), yìbāng (异邦). ¶〜情緒を味わう xīnshǎng yìguó qíngdiào (欣赏异国情调).

いごこち【居心地】 ¶君のところは〜がよくてつい長居をしてしまった zài nǐ zhèr xīnqíng shūchàng, bùzhī-bùjué de zuòjiǔle (在你这儿心情舒畅,不知不觉地坐久了). ¶この職場はどうも〜が悪い zhège gōngzuò dānwèi zǒng shǐ rén juéde xīnqíng bù shūchàng (这个工作单位总使人觉得心情不舒畅).

いこじ【依怙地】 gùzhí (固执), zhíniù (执拗). ¶僕は〜になってとかえって〜な zǔlán, tā fǎn'ér huì zhíniù (我阻拦,他反而会执拗). ¶〜な人 tā píqi hěn niù (他脾气很拗) / jiàng píqi (犟脾气).

いこつ【遺骨】 yígǔ (遗骨).

いこ・む【鋳込む】 jiāo (浇), zhù (铸), jiāozhù (浇铸), zhùzào (铸造). ¶活字を〜む jiāo qiānzì (浇铅字) / zhù zì (铸字).

いこん【遺恨】 yíhèn (遗恨), sùyuàn (宿怨).

いざ ¶〜売るとなると惜しくなる líndào mài shí jiù shěbude mài le (临到卖时就舍不得卖了). ¶〜という時にあわてないようにしなきゃ kě búyào 'línshí zhuāxiā[línzhèn móqiāng] a (可不要'临时抓瞎[临阵磨枪]啊). ¶〜となればなんでも出来る dàole wúlù kězǒu shí, shénme dōu néng zuò (到了无路可走时,什么都能做). ¶〜鎌倉 yídàn yǒu shì (一旦有事).

いさい【委細】 ¶事の〜を述べる shùshuō xiángqíng (述说详情). ¶お手紙の件は〜承知いたしました láihán bèi xī (来函备悉). ¶彼は〜構わずさっさと出て行った tā bù guǎn sān qī èrshíyī, shuǎishǒu jiù zǒu le (他不管三七二十一,甩手就走了).

¶〜面談 xiángqíng miàntán (详情面谈).

いさい【異彩】 yìcǎi (异彩). ¶彼の絵は場内で〜を放っている tā de huà zài huìchǎng dà fàng yìcǎi (他的画在会场大放异彩). ¶彼は文壇で〜を放っている tā zài wéntán 'chāoqún-juélún[chūlèi-bácuì] (他在文坛'超群绝伦[出类拔萃]).

いさお【勲】 gōng (功), gōngláo (功劳), gōngxūn (功勋). ¶〜をたてる lìgōng (立功).

いさかい【諍】 zhēnglùn (争论), zhēngzhí (争执), jiūfēn (纠纷), zhēngchǎo (争吵), chǎojià (吵架), chǎozuǐ (吵嘴), zhēngzuǐ (争嘴). ¶兄と〜をする gēn gēge chǎojià (跟哥哥吵架). ¶家の中で〜が絶えない jiālǐ lǎo nào jiūfēn (家里老闹纠纷).

いざかや【居酒屋】 xiǎojiǔguǎn (小酒馆), jiǔguǎnr (酒馆儿).

いさぎよ・い【潔い】 ¶〜く敗北を認める wǒ gāncuì rènshū le (我干脆认输了). ¶〜く辞任する háo bù liúliàn de cízhí (毫不留恋地辞职). ¶〜い最期をとげる yīngyǒng jiùyì (英勇就义). ¶降伏を〜しとせず自決した bùgān tóuxiáng ér zìjǐn le (不甘投降而自尽了). ¶彼はこの事をするのを〜しとしない tā bù yǔnxǔ zìjǐ zuò zhè zhǒng shì (他不允许自己做这种事).

いさく【遺作】 yízuò (遗作).

いざこざ jiūfēn (纠纷), zhēngduān (争端). ¶〜が絶えない jiūfēn jiēlián búduàn (纠纷接连不断). ¶〜を起こしたくない bú yuànyì yǐnqǐ zhēngduān (不愿意引起争端) / búyuàn rě shìfēi (不愿惹是非).

いささか【些か】 yǒudiǎnr (有点儿), yǒuxiē (有些), yìdiǎnr (一点儿), yìxiē (一些), lüèwēi (略微), xiēwēi (些微). ¶〜なりとお役にたてば満足です yǐduì nín yǒuxiē bāngzhù, wǒ jiù xīnmǎn-yìzú le (只要对您有些帮助,我就心满意足了). ¶その言葉には〜の偽りもない nà huà bàndiǎnr xūjiǎ yě méiyǒu (那话半点儿虚假也没有). ¶彼は〜困った人 tā shízài jiào wǒ yǒudiǎnr wéinán (他实在叫我有点儿为难). ¶〜も相違ありません háo wú chācuò (毫无差错) / sīháo bù jiā (丝毫不差) / yìsī bù chā (一丝不差). ¶2人の意見は〜異なる liǎng ge rén de yìjiàn shāo yǒu bùtóng (两个人的意

見稍有不同).　¶～謝意を表す liáo biǎo xièyì(聊表謝意).
いさまし・い【勇ましい】　xióngzhuàng(雄壮), háozhuàng(豪壮).　¶～い歌声 xióngzhuàng de gēshēng(雄壮的歌声).　¶見るからに～い-xiǎnde xióngjiūjiū qì'áng'áng de(显得雄赳赳气昂昂的).　¶～く戦う yǒnggǎn zuòzhàn(勇敢作战)/ fènyǒng zhàndòu(奋勇战斗)/ yīngyǒng shā dí(英勇杀敌).
いさみあし【勇み足】　¶それは君の～だ nà shì nǐ cāo zhī guò jí le(那是你操之过急了).
いさみはだ【勇み肌】　¶～の男 hào dǎ bàobùpíng de hǎohàn(好打抱不平的好汉)/ háoxiá zhī shì(豪侠之士).
いさ・む【勇む】　zhènzuò(振作), zhènfèn(振奋).　¶勝利の報せに人々は～みたった shènglì de xiāoxi shǐ dàjiā zhènzuò qǐlai(胜利的消息使大家振作起来).　¶喜び～んで出掛けた gāogāoxìngxìng de chūqu le(高高兴兴地出去了).
いさめ【諌め】　quàngào(劝告), guīquàn(规劝), quànjiè(劝戒), guījiè(规诫·规戒), guījiàn(规谏).　¶他人の～をきかない bùkěn tīng biéren de quàngào(不肯听别人的劝告).
いさ・める【諌める】　quàn(劝), quàngào(劝告), guīquàn(规劝), quànjiè(劝诫), guījiè(规诫·规戒), guījiàn(规谏).　¶～めて思い止まらせる quànzǔ tā(劝阻他).　¶たびたび～めたが聞き入れられなかった guīquàn le hǎo jǐ cì zǒng bùkěn tīng(规劝了好几次总不肯听).
いさりび【漁火】　yúhuǒ(渔火).
いざ・る【躄る】　¶～りょって命乞いをする guìzhe qián qù qǐqiú ráomìng(跪着前去乞求饶命)/ xī xíng qǐ mìng(膝行乞命).
いさん【胃散】　jiànwèisǎn(健胃散).
いさん【胃酸】　wèisuān(胃酸).　¶～過多症 wèisuān guòduōzhèng(胃酸过多症).
いさん【遺産】　yíchǎn(遗产).　¶～を相続する jìchéng yíchǎn(继承遗产).　¶～の文化～を残した yíliúxià xǔduō wénhuà yíchǎn(留下许多文化遗产).
いし【石】　1 shítou(石头).　¶～につまずいて転んだ bèi shítou bàndǎo le(被石头绊倒了).　¶山から～を切り出す kāi shān cǎi shí(开山采石).　¶～にかじりついてもやり通す bùguǎn zěnme jiānkǔ, yě yào gàndàodǐ(不管怎么艰苦, 也要干到底).　¶～の上にも3年 tiěchǔ móchéng zhēn(铁杵磨成针).
2 [宝石]　¶指輪の～ jièzhi de bǎoshí(戒指的宝石).　¶ライターの～ dǎhuǒjī huǒshí(打火机火石).
3 [碁石] zǐ[r](子[儿]), qízǐ[r](棋子[儿]).
4 [じゃんけん]　¶～を出す huáquán chū shítou(划拳出石头).
いし【医師】　yīshī(医师).
いし【意志·意思】　1 yìzhì(意志).　¶彼は～が強い tā yìzhì jiānqiáng(他意志坚强).　¶自分の～を貫く guànchè zìjǐ de yìzhì(贯彻自己的意志).
¶～薄弱 yìzhì bóruò(意志薄弱).
2 [考え] yìsi(意思).　¶私は進学する～は毛頭ない wǒ háo wú shēngxué de ‸yìsi[niàntou](我毫无升学的‸意思[念头])/ wǒ wúyì shēngxué(我无意升学).　¶手紙ではなかなか～が通じない jǐn kào xìnhán hěn nán gōutōng yìsi(仅靠信函很难沟通意思).　¶互いに～の疎通を欠く shuāngfāng de yìsi qiàn shūtōng(双方的意思欠疏通).　¶～の統一をはかる tǒngyī ‸sīxiǎng[rènshi](统一‸思想[认识]).　¶～表示をする biǎomíng tàidu(表明态度).
いし【遺志】　yízhì(遗志), yíyuàn(遗愿).　¶先人の～を継ぐ jìchéng xiānrén de yízhì(继承先人的遗志).
いじ【意地】　1 [意気地]　¶いくら困っても私だって～はある wúlùn duōme kùnnan, wǒ yě yǒu diǎnr gǔqì(无论多么困难, 我也有点儿骨气).　¶～になって他人の邪魔をする tā zhíyì zhǎo rén máfan(他执意找人麻烦).　¶こうなれば～でもやりとげる dàole zhège dìbù, dǔ zhè yì kǒu qì yě děi bǎ tā gànwán(到了这个地步, 赌这一口气也得把它干完).　¶そう～を張らなくてもいいじゃないか hébì nàme ‸nào yìqì[dòuqì/ dǔqì](何必那么‸闹意气[斗气/ 赌气]).
2 [物欲, 食欲]　¶あいつは～が汚い tā nà jiāhuo tāndé·wúyàn(他那家伙贪得无厌).　¶彼はひどく食い～が張っている tā zuǐ chánde yàomìng(他嘴馋得要命).
3 [根性]　¶彼は～が悪い tā ‸xīnyǎnr hěn huài[xīnshù bú zhèng](他‸心眼儿很坏[心术不正]).　¶～の悪い質問をする wèn gùyì diāonàn rén de wèntí(问故意刁难人的问题).
いじ【維持】　wéichí(维持).　¶現状を～する wéichí xiànzhuàng(维持现状).　¶やっと一家の生活を～する miǎnqiǎng wéichí yìjiā de shēnghuó(勉强维持一家的生活).　¶世界の平和を～する wéihù shìjiè hépíng(维护世界和平).　¶会の～費 huì de wéichífèi(会的维持费).
いじ【遺児】　yígū(遗孤).
いしあたま【石頭】　¶あいつは～だ nà jiāhuo nǎokě kě yìng jíle(那家伙脑壳可硬极了)/ tā shì ge huāgāngyán nǎodai(他是个花岗岩脑袋).　¶あの～にはとても分るまい nàge sǐnǎojīn zěnme néng dǒng!(那个死脑筋怎么能懂!).
いじいじ　¶～とした態度 yóuyù-búdìng de tàidu(犹豫不定的态度)/ wěi shǒu wěi wěi(畏首畏尾)/ suō tóu suō nǎo(缩头缩脑).
いしうす【石臼】　shímò(石磨).　¶～で小麦をひく yòng shímò mò xiǎomài(用石磨磨小麦).
いしがき【石垣】　shítouqiáng(石头墙).
いしき【意識】　zhījué(知觉), shénzhì(神志), yìshí(意识).　¶～を失う zhījué(失去知觉).　¶～を取り戻す huīfù zhījué(恢复知觉)/ xǐng[huǎn]guolai(醒[缓]过来).　¶まだ～がぼんやりしている shénzhì hái ‸bù qīngchu[hūnmí](神志还‸不清楚[昏迷]).　¶彼が～のあるうちに聞いておきたい wǒ xiǎng zài tā hái yǒu shénzhì de shíhou wèn tā(我想在他还有神志的时候问他).　¶彼等には何ら罪の～がない tāmen duì zìjǐ de zuì'è háo wú rènshi(他们对自己的罪恶毫无认识).　¶他人の目を

~する yìshí biéren de shìxiàn(意识别人的视线). ¶~しないでやったことだ shì wúyìshí zuò de(是无意识做的). ¶~的にそこを避けて通る yǒuyìshí de bìkāi nàli zǒu(有意识地避开那里走). ¶彼の政治…は非常に高い tā de zhèngzhì juéwù hěn gāo(他的政治觉悟很高). ¶~不明 bù xǐng rénshì(不省人事)/ hūnmí bù xǐng(昏迷不醒).

いじきたな・い【意地汚い】 ¶彼は食べることにかけては~い tā zuǐ hěn chán(他嘴很馋)/ tā hěn tānzuǐ(他很贪嘴). ¶金に~い duì qián tāndé-wúyàn(对钱贪得无厌).

いしきりば【石切場】 cǎishíchǎng(采石场).

いしく【石工】 shígōng(石工), shíjiang(石匠).

いじく・る →いじる.

いしけり【石蹴り】 tiàofángzi(跳房子), tiàojiān(跳间).

いじ・ける 1〔ちぢこまる〕 jiāng(僵). ¶寒くて体が~けてしまう lěngde shēnzi dōu jiāng le(冷得身子都僵了). ¶~けた手足を暖める bǎ dòngjiāngle de shǒujiǎo wǔ yi wǔ(把冻僵了的手脚捂一捂). ¶あの子は父親の前にでるとどうしても~けてしまう nàge háizi yí dào bàba gēnqián jiù wèiwèi-suōsuō de(那个孩子一到爸爸跟前就畏畏缩缩的).
2〔ひねくれる〕 guāipì(乖僻). ¶のびのびさせておけば~けた性格もなおるだろう rèn qí zìyóu-zìzài, nà guāipì de xìnggé yěxǔ huì jiǎozhèng guolai de(任其自由自在,那乖僻的性格也许会矫正过来的). ¶この子はすっかり~けてしまった zhè háizi biànde xìnggé guāipì le(这孩子变得性格乖僻了).

いしころ【石ころ】 shítou(石头), shítouzǐr(石头子儿). ¶~だらけの道だ lùshàng jìngshì shítou(路上净是石头).

いしずえ【礎】 1〔土台石〕 chǔshí(础石), jīshí(基石), zhùshí(柱石). ¶城の~だけが残っている zhǐ shèngxia chénglóu de chǔshí(只剩下城楼的础石).
2〔基礎〕 chǔshí(础石), jīshí(基石), zhùshí(柱石), jīchǔ(柱础), jīchǔ(基础). ¶国の~を築いた人々 diàndìng guójiā jīchǔ de rén(奠定国家基础的人).

いしだい【石鯛】 shídiāo(石鯛), yǒubān shídiāo(有斑石鯛), tiáowèishídiāo(条石鯛).

いしだたみ【石畳】 ¶道は~になっている lùmiàn shì yòng shíbǎn pū de(路面是用石板铺的).

いしだん【石段】 shíjí(石级), shíjiē(石阶), shídèng(石磴).

いしつ【異質】 ¶~の文化 bùtóng de wénhuà(不同的文化).

いしつ【遺失】 yíshī(遗失). ¶~物 yíshī wùpǐn(遗失物品)/ shīwù(失物). ~物預り所 yíshī wùpǐn zhāolǐngchù(遗失物品招领处).

いじっぱり【意地っ張り】 wángù(頑固), gùzhí(固执). ¶君は~だなあ nǐ kě tài wángù(你可太顽固)/ nǐ kě zhēn gùzhí(你可真固执).
¶~もいい加減にしなさい kě bié tài gùzhí jǐjiàn le(可别太固执己见了).

いしどうろう【石灯籠】 shídēng(石灯).

いしばい【石灰】 shíhuī(石灰). ¶~を焼く shāo shíhuī(烧石灰).

いしばし【石橋】 shíqiáo(石桥). ¶彼は~をたたいて渡るような人間だ tā shì guòfèn jǐnshèn de rén(他是过分谨慎的人).

いしへん【石偏】 shízìbángr(石字旁儿).

いじめ【苛め】 qīrǔ(欺侮), qīlíng(欺凌). ¶~事件 qīrǔ shìjiàn(欺侮事件). ¶学校から~をなくす cóng xuéxiào li xiāochú xuésheng jiān qīlíng zhī shì(从学校里消除学生间欺凌之事).

いじ・める【苛める】 qīfu(欺负), qīwǔ(欺侮). ¶いたずらっ子に~められて泣いて帰った jiào táoqìbāor qīfude kūzhe huíqu le(叫淘气包儿欺负得哭着回去了). ¶みんなが来たら~をやろう nà jiāhuo láile zhěng tā yí dùn(那家伙来了整他一顿). ¶あの先生には数学で散々~められた shàng shùxuékè wǒ kě shòujìnle na wèi lǎoshī de zuì(上数学课我可受尽了那位老师的罪). ¶犬を~めてはいけない búyào nüèdài gǒu(不要虐待狗).

いしもち【石持・石首魚】 xiǎohuángyú(小黄鱼), huánghuāyú(黄花鱼), huángyú(黄鱼).

いしゃ【医者】 yīshēng(医生), dàifu(大夫). ¶早く~に見てもらった方がいい háishi zǎo zhǎor qǐng yīshēng kànkan hǎo(还是早点儿请医生看看好). ¶毎日~に通う měitiān kàn yīshēng(每天看医生). ¶~も見放されてしまった yīshēng yě shuǎishǒu le(医生也甩手了). ¶~を呼びにやる pài rén qù qǐng yīshēng(派人去请医生).

いしゃりょう【慰謝料】 péichángfèi(赔偿费), shànyǎngfèi(赡养费), fǔxùjīn(抚恤金). ¶莫大な~を請求する yāoqiú yì bǐ jù'é de péichángfèi(要求一笔巨额的赔偿费).

いしゅ【異種】 yìzhǒng(异种). ¶~交配 yìzhǒng jiāopèi(异种交配)/ zájiāo(杂交).

いしゅ【意趣】 ¶~返しをする bàochóu(报仇).

いしゅう【異臭】 ¶あたりに~がただよっている sìchù mímànzhe chòuqì(四处弥漫着臭气).

いしゅう【遺習】 yíxí(遗习), yísú(遗俗), yífēng(遗风), yúxí(遗习).

いじゅう【移住】 yíjū(移居). ¶海外へ~する yíjū hǎiwài(移居海外).

いしゅく【畏縮】 wèisuō(畏缩), fāchù(发憷). ¶審査員の前に出て~してしまった yí dào píngpànyuán miànqián jiù wèisuō le(一到评判员面前就畏缩了). ¶~して口もきけないfāchùde lián huà dōu shuō bu chūlái(发憷得连话都说不出来).

いしゅく【萎縮】 wěisuō(萎缩). ¶寒いのですっかり~している dòngde suōchéng yì tuán(冻得缩成一团).

いしゅつ【移出】 yùnchū(运出). ¶産地から米を~する yóu chǎndì yùnchū dàmǐ(由产地运出大米).

いじゅつ【医術】 yīshù(医术), yīdào(医道).

いしょ【遺書】 yíshū(遗书).

いしょう【衣装】 yīfu(衣服), yīshang(衣裳).
¶~に凝る jiǎngjiu yīzhuó chuāndài(讲究衣

着穿戴)．¶彼女は～持ちだ tā yǒu hěn duō yīfu(她有很多衣服)．¶馬子にも～ mǎ shì ān(人是衣裳马是鞍)/ rén yào yīzhuāng fó shì jīnzhuāng(人要衣装佛是金装)．
¶～掛け yījià(衣架)．～戸棚 yīchú(衣橱)/ yīguì(衣柜)．花嫁～ xīnniáng lǐfú(新娘礼服)．舞台～ xìyī(戏衣)/ wǔtái fúzhuāng(舞台服装)．

いしょう【意匠】 1〔趣向〕yìjiàng(意匠)，jiàngxīn(匠心)，gòusī(构思)．¶～を凝らす jīngxīn gòusī(精心构思)．
2〔デザイン〕shìyàng(式样)，yàngshì(样式)，tú'àn(图案)．¶斬新な～を開発する shèjì ˇzhǎnxīn[biéchū-xīncái] de shìyàng(设计崭新[别出心裁]的式样)．
¶～登録 wàiguān shèjì zhuānlì dēngjì(外观设计专利登记)/ tú'àn shèjì zhuānlì zhùcè(图案设计专利注册)．

いしょう【異称】 yìmíng(异名)，biéchēng(别称)，biémíng(别名)．

いじょう【以上】 1〔数量，程度などが〕yǐshàng(以上)．¶もう1時間～歩いた yǐjing zǒule yí ge duō xiǎoshí le(已经走了一个多小时了)．¶6歳～12歳未満 liù suì yǐshàng, shí'èr suì yǐxià(六岁以上，十二岁以下)．¶3分の2～の賛成が必要である bìxū yǒu sān fēn zhī èr yǐshàng de rén zànchéng(必须有三分之二以上的人赞成)．¶これ～言う必要はない wúxū zài duō shuō(无须再多说)/ búbì zài duō jiǎng le(不必再多讲了)．¶それ～のことは知らない bié de zài yě bù zhīdào le(别的再也不知道了)．¶収穫は予想～であった shōuhuò chāoguòle yùliào(收获超过了预料)．
2〔そこまで〕yǐshàng(以上)．¶～を要約すると次のようになる bǎ yǐshàng suǒ shùshuō de guīnà qilai rúxià(把以上所述说的归纳起来如下)．¶～は最近の調査による報告である yǐshàng shì gēnjù zuìjìn diàochá de jiéguǒ(以上是根据最近调查的结果)．¶～で私の報告を終ります wǒ de bàogào dào cǐ wéizhǐ(我的报告到此为止)．
3〔…からには〕yàrù…yào hǎohāor gàndàodǐ(要干就要好好儿干到底)．¶一旦決めた～は変えられない yídàn juédìng jiù bùnéng biàngēng(一旦决定就不能变更)．¶約束した～は守らなければならない jìrán shuōdìng le, jiù yīnggāi shǒuyuē(既然说定了，就应该守约)．

いじょう【異常・異状】 yìcháng(异常)，fǎncháng(反常)，shīcháng(失常)，xiéménr(邪门儿)，yì hū xún cháng(异乎寻常)．¶彼はちょっと～な点が有る tā yǒudiǎnr yìcháng(他有点儿异常)．¶～なまでに熟意を燃やしている bàozhe yì-hū-xúncháng de rèqíng(抱着异乎寻常的热情)．¶～な緊張状をする xiǎnchū jǐnzhāng de jǐnzhāng(显出异常的紧张)．¶精神に～をきたす jīngshén shīcháng(精神失常)．¶脈搏に～がない(脉搏正常)．
¶～気象 fǎncháng qìxiàng(反常气象)．

いじょう【委譲】 yíjiāo(移交)，zhuǎnràng(转让)．¶権限の～ quánxiàn de yíjiāo(权限的移交)．

いじょうふ【偉丈夫】 kuíwěi nánzǐ(魁伟男子)，kuíwú nán'ér(魁梧男儿)．

いしょく【衣食】 yīshí(衣食)．¶～には事欠かない bù chóu chīchuān(不愁吃穿)/ yīshí fēngzú(衣食丰足)．¶～のために働く wèi yīshí mài lìqi(为衣食卖力气)．¶～に奔走する bēnzǒu yīshí(奔走衣食)．¶～足りて礼節を知る yīshí zú zé zhī lǐjié(衣食足则知礼节)．
¶～住 yī shí zhù(衣食住)．

いしょく【委嘱】 wěituō(委托)，zhǔtuō(嘱托)．¶調査を～する wěituō diàochá(委托调查)．

いしょく【異色】 yìsè(异色)．¶彼は作家の中でも～ある存在だ tā zài zuòjiā zhī zhōng dúshù-yízhí(他在作家之中独树一帜)．

いしょく【移植】 yízhí(移植)．¶苗木を～する yízhí shùyāngr(移植树秧儿)．

いじらし・い 泣きながら眠ってしまった子供の姿が～い kūzhe shuìzháole de háizi zhēn jiào rén àilián(哭着睡着了的孩子真叫人爱怜)．¶なんて～い子だろう zhēn shì lìng rén liánmǐn de háizi(真是令人怜悯的孩子)．

いじ・る【弄る】 nòng(弄)，bǎinòng(摆弄)，gǔnong(鼓弄)，dǎogu(鼓捣)，bǎihua(摆划)．¶子供が火を～るはあぶない xiǎoháir wánhuǒ kě wēixiǎn na(小孩儿玩火可危险哪)．¶大事なものを～るな bǎ bǎoguì de dōngxi, kě bùxǔ dòng!(宝贵的东西，可不许动!)．¶人の文章を勝手に～るな rénjiā xiě de dōngxi bùxǔ suíyì túgǎi!(人家写的东西不许随意涂改!)．¶彼は機械を～るのが好きだ tā ài gǔdao jīqì(他爱鼓捣机器)．¶庭木を～るのが私の趣味です bǎinòng yuànzi de shùmù shì wǒ de shìhào(摆弄院子的树木是我的嗜好)．¶骨董を～って暮す wánr gǔdǒng guò rìzi(玩儿古董过日子)．

いしわた【石綿】 shímián(石棉)．

いじわる【意地悪】 ¶あいつは～だ nà jiāhuo ˇxīnyǎnr huài[xīnshù bú zhèng](那家伙心眼儿坏[心术不正])．¶なんて～な雨だろう duōme tǎoyàn de yǔ ya!(多么讨厌的雨呀!)．¶人に～をする shǐhuài(使坏)．¶なによ，～! gàn shénme zhème shǐhuài!(干什么这么使坏!)/ gànmá? zhēn huài!(干吗? 真坏!)．

いしん【威信】 wēixìn(威信)．¶～を傷つけられた sǔnhàile wēixìn(损害了威信)．¶～は地におちた wēixìn sǎodì(威信扫地)．

いしん【維新】 wéixīn(维新)．¶明治～ Míngzhì Wéixīn(明治维新)．

いじん【偉人】 wěirén(伟人)．

いしんでんしん【以心伝心】 xīn lǐng shén huì(心领神会)，xīn xīn xiāng yìn(心心相印)．¶お互いの気持は～ですぐわかる xīn zhào bù xuān(心照不宣)．

いす【椅子】 1〔腰掛〕yǐzi(椅子)．¶～の背にもたれる kàozài yǐbèi(靠在椅背)．¶安楽～ ānlèyǐ(安乐椅)．折たたみ～ zhéyǐ(折椅)．寝～ tǎngyǐ(躺椅)．肘掛～ fúshǒuyǐ(扶手椅)/ quānyǐ(圈椅)．

いすく・める【射すくめる】¶彼のまなざしに~られた yùdào tā de yǎnguāng, dòngtan bude le(遇到他的眼光,动弹不得了).

いずまい【居住い】¶~を正して先生の話を聞く duānzuò qīngtīng[zhèngjīn-wēizuò dìtīng] lǎoshī de huà(端坐倾听[正襟危坐谛听]老师的话).

いずみ【泉】quán(泉), quánshuǐ(泉水). ¶こんこんと~が湧き出る quánshuǐ gǔngǔn yǒngchū(泉水滚滚涌出). ¶知識の~ zhīshi de quányuán(知识的泉源).

イスラエル Yǐsèliè(以色列).

イスラムきょう【イスラム教】 Yīsīlánjiào(伊斯兰教), Qīngzhēnjiào(清真教), Huíjiào(回教).

いずれ【何れ】 **1**〔どちら、どれ〕nǎ·něi(哪), nǎge·něige(哪个), nǎ yí ge(哪一个). ¶~の道をとるべきか gāi xuǎnzé nǎ yì tiáo lù ne?(该选择哪一条路呢?). ¶二つのうち~かを選びなさい liǎngzhě zhī zhōng xuǎnzé qí yī(两者之中选择其一). ¶甲乙ヘも捨てがたい jiǎ yǐ nǎ ge yě shěbude(甲乙哪个也舍不得). ¶~の場合にも慎重にしなければならない wúlùn zài nǎ zhǒng qíngkuàng xià dōu yīngdāng shènzhòng(无论在哪种情况下都应当慎重). ¶~劣らぬ勇者ぞろい dōu shì yí ge sàiguò yí ge de yīngxióng hǎohàn(都是一个赛过一个的英雄好汉).
2〔そのうち、やがて〕zǎowǎn(早晚), chízǎo(迟早). ¶~は分ってくれるだろう zǒng yǒu yì tiān huì lǐjiě wǒ de(总有一天会理解我的)/ zǎowǎn huì míngbai guolai de(早晚会明白过来的). ¶~また参ります gǎitiān zài lái(改天再来).
3〔どのみち、どうせ〕zǒngzhī(总之), héngshù(横竖), hǎodǎi(好歹), fǎnzheng(反正). ¶~にしてもそう難しいことではない zǒng ér yán zhī bú shì nàme tài nán de shì(总而言之不是那么太难的事). ¶~にせよ私は反対だ bùguǎn zěnyàng, wǒ shì fǎnduì de(不管怎样,我是反对的). ¶~そんなことだろう fǎnzheng shì name huí shì(反正是那么回事). ¶彼が来るにせよ、私が行くにせよ、明日は~にしても会って話をしなければならない yàome tā lái, yàome wǒ qù, míngtiān zǒngděi dāngmiàn tán yi tán(要么他来,要么我去,明天总得当面谈一谈).

いすわ・る【居座る】¶自動車セールスマンにられて困った qìchē tuīxiāoyuán làizài ménkǒu bù zǒu, zhēn jiào rén wéinán(汽车推销员赖在门口不走,真叫人为难). ¶図々しくも元の地位に~ búyào liǎn de làizài yuánlái de dìwèi bú dòng(不要脸地赖在原来的地位上不动). ¶多くの幹部は~りとなった duōshù gànbù yuánzhí bú dòng(多数干部原职不动).

いせい【威勢】 **1**〔威力〕wēishì(威势), wēifēng(威风). ¶~にけおされる bèi wēishì suǒ yādǎo(被威势所压倒). ¶~を振う dà fā wēifēng(大发威风)/ chěngwēi(逞威).
2〔元気〕¶~のいい若者 hǔhǔ yǒu shēngqì de xiǎohuǒzi(虎虎有生气的小伙子). ¶~のいいかけ声をかける dàijìnr de dàshēng hǎnhè(带劲儿地吆喝). ¶いつも~のいいことばかり言っている jìng shuō dàhuà(净说大话).

いせい【異性】 yìxìng(异性). ¶~体 tóngfēn yìgòutǐ(同分异构体).

いせいしゃ【為政者】 zhízhèngzhě(执政者).

いせえび【伊勢蝦】 lóngxiā(龙虾).

いせき【移籍】¶本籍を居住地に~する bǎ hùkǒu qiānyí dào jūzhùdì(把户口迁移到居住地). ¶彼は去年Ａ球団に~した tā qùnián zhuǎn jí dào A qiúduì(他去年转籍到A球队).

いせき【遺跡】 yíjì(遗迹). ¶~を発掘する fājué yíjì(发掘遗迹).

いせつ【異説】¶今までの学説を不満として~を立てる duì xiànyǒu de xuéshuō bùmǎn, tíchū bùtóng de xuéshuō(对现有的学说不满,提出不同的学说).

いせん【緯線】 wěixiàn(纬线).

いぜん【以前】 yǐqián(以前), tóuqián(头前), xiānqián(先前), tóuxiān(头先), cóngqián(从前), zàixiān(在先), zǎoxiān(早先), zǎonián(早年), yǐwǎng(已往), guòqù(过去). ¶彼は~とはまるで別人のように変わった tā gēn yǐqián wánquán biàn le(他跟以前完全变了)/ tā yǔ xiānqián pàn ruò liǎng rén(他与先前判若两人). ¶彼は~よりも勉強するようになった tā bǐ cóngqián yònggōng le(他比从前用功了). ¶~はここらは田んぼだった guòqù zhè yídài shì shuǐtián(过去这一带是水田). ¶私たちは~からの知合いです wǒmen dā yǐqián jiù rènshi(我们从以前就认识)/ wǒmen shì lǎoxiāngshí(我们是老相识). ¶4月1日~に生れた人 zài sìyuè yī rì yǐqián chūshēng de rén(在四月一日以前出生的人).

いぜん【依然】 yīrán(依然), réngrán(仍然), yījiù(依旧), réngjiù(仍旧), zhàojiù(照旧). ¶交渉は~として進展しない jiāoshè yīrán méiyǒu jìnzhǎn(交涉依然没有进展). ¶旧態~としている réngrán shì lǎoyàngzi(仍然是老样子)/ yī rán rú gù(依然如故).

いそ【磯】 hǎibīn(海滨), hǎibiānr(海边ㇽ); húbīn(湖滨), húbiānr(湖边ㇽ).

いそいそ¶2人は~と出掛けて行った liǎng ge rén gāogāoxìngxìng de chūqu le(两个人高高兴兴地出去了).

いそう【位相】 **1**〔物理〕xiàng(相), xiàngwèi(相位), wèixiàng(位相).
2〔語学〕¶~語 yǔyán chāyì(语言差异).
3〔数学〕¶~幾何学 jǐhé tuòpūxué(几何拓扑学).

いそうがい【意想外】 yìwài(意外), yìxiǎng bu dào(意想不到). ¶~の結果を得た dédàole yìwài de jiéguǒ(得到了意外的结果). ¶~の事故が起った fāshēngle yìxiǎng bu dào de shìgù(发生了意想不到的事故). ¶彼の驚きは~

った tā de jīngyà chūhū wǒ de yìliào（他的惊讶出乎我的意料）．

いそうろう【居候】 chībáifànde（吃白饭的）．¶兄の家に～している wǒ zài gēge jiāli chī báifàn（我在哥哥家里吃白饭）．

いそがし・い【忙しい】 máng（忙），mánglù（忙碌），mánghu（忙乎），mánghuó（忙活）；cōngmáng（匆忙），mángdao（忙叨）．¶仕事をも～い gōngzuò hěn máng[fánmáng]（工作很忙[繁忙]）．¶目がまわるほど～い mángde yàomìng[bùkě kāijiāo]（忙得要命[不可开交]）．¶目下試験勉強に～い xiànzài zhèng mángzhe zhǔnbèi kǎoshì（现在正忙着准备考试）．¶今日は～い一日だった jīntiān zhēn shì mánglù de yì tiān（今天真是忙碌的一天）．¶今度は～い旅だった zhè cì lǚxíng kě zhēn cōngmáng（这次旅行可真匆忙）．¶お～い中をわざわざご出席いただきましてありがとうございました zài bǎimáng zhī zhōng guānglín shízái gǎnxiè bú jìn（在百忙之中光临实在感谢不尽）．¶彼は～い男だ tā zhēn shì ge máng rén（他真是个忙人）．

いそが・せる【急がせる】 cuī（催），cuīcù（催促）．¶仕事を～せる cuī huór（催活儿）/ cuīcù gōngzuò（催促工作）．¶出発を～せる cuī tā zǎo dòngshēn（催他早动身）．

いそぎ【急ぎ】 jí（急）．¶～の手紙 jíjiàn（急件）/ jíxìn（急信）．¶～の用を片付けるchǔlǐ jíshì（处理急事）．¶この仕事はお～ですか zhège gōngzuò jí bu jí?（这个工作急不急?）．¶お～のところ申訳ありません zài nín shífēn mánglù de shíhou lái dǎjiǎo, shízài duìbuqǐ（在您十分忙碌的时候来打搅，实在对不起）．

いそぎあし【急ぎ足】 kuàibù（快步）．¶彼は～で立ち去った tā kuàibù zǒu le（他快步走了）．

いそぎんちゃく【磯巾着】 hǎikuí（海葵）．

いそ・ぐ【急ぐ】 gǎn（赶）．¶～げ jiākuài!（加快!）/ kuài!（快!）．¶そう～な bié jí!（别急!）/ bié máng!（别忙!）．¶この仕事は別に～がない zhège huór bù jí（这个活儿不急）．¶帰りを～ぐ gǎnlù（赶回路）/ jíyú huíqu（急于回去）．¶工事を～ぐ gǎngōng（赶工）．¶～いで書く gǎnzhe[jǐnzhe] xiě（赶着[紧着]写）．¶～いで歩こう kuàibù zǒu（快步走）/ jiākuài jiǎobù zǒu（加快脚步走）．¶～いで飯を食べる jíjí-mángmáng de chīfàn（急急忙忙地吃饭）．¶あまり～いで忘れ物をしてしまった mángde bǎ dōngxi gěi làxia le（忙得把东西给落下了）．¶慌てず～がず bùhuāng-búmáng（不慌不忙）．¶～がば回れ yù sù zé bù dá（欲速则不达）．

いぞく【遺族】 yízú（遗族），yíshǔ（遗属）．

いそし・む【勤しむ】 qínmiǎn（勤勉），qínfèn（勤奋）．¶勉学に～む qínmiǎn de xuéxí（勤勉地学习）/ máitóu yònggōng（埋头用功）．¶毎日の仕事に～む měitiān qínqín-kěnkěn de gōngzuò（每天勤勤恳恳地工作）．

いそづり【磯釣り】 hǎibīn chuídiào（海滨垂钓），zài jiāoshí hǎibiānr diàoyú（在礁石海边儿钓鱼）．

いそべ【磯辺】 hǎibīn（海滨）．¶～の松原 hǎibīn sōngshùlín（海滨松树林）．

いそん【依存】 yīlài（依赖），yǎnglài（仰赖）．¶我が国は石油をほとんど外国からの輸入に～している wǒguó shíyóu jīhū quán yīlài cóng wàiguó jìnkǒu（我国石油几乎全依赖从外国进口）．

いぞん【異存】 ¶その決定には～がある duì nàge juédìng yǒu yìyì（对那个决定有异议）．

いた【板】 bǎn[r]（板[儿]），bǎnzi（板子），mùbǎn（木板）．¶鉄の～ tiěbǎn（铁板）．¶かんなで～を削る yòng bàozi bào mùbǎn（用刨子刨木板）．¶彼女も先生に～についてきた tā yě xiàng lǎoshīr le（她也像老师了）．¶彼の接客態度も～についてきた tā de fúwù tàidu zìrán détǐ le（他的服务态度自然得体了）．
¶～紙 zhǐbǎn（纸板）/ huángzhǐbǎn（黄纸板）．

いた・い【痛い】 téng（疼），tòng（痛），téngtòng（疼痛）．¶頭が～い tóuténg（头疼）/ tóutòng（头痛）．¶腹が～くてたまらない dùzi tòngde yàomìng（肚子痛得要命）/ fù tòng rú jiǎo（腹痛如绞）．¶体中が～い húnshēn téngtòng（浑身疼痛）．¶おお～い，ái, hǎo téng!（哎, 好疼!）．¶～い目にあわせてやるぞ bú jiào nǐ chángchang wǒ de lìhai, nà cái gùai ne（不叫你尝尝我的厉害，那才怪呢）．¶何とも頭の～い問題だ shízài shì ge tóuténg de wèntí[shāngnǎojīn de shì]（实在是个头疼的问题[伤脑筋的事]）．¶～くもない腹を探られる píngbái-wúgù de shòu rén huáiyí（平白无故地受人怀疑）．¶人の～い所にふれる jiē rén duǎn（揭人短）/ chù rén tòngchù（触人痛处）．¶耳の～い話 zhā xīnwōr de huà（扎心窝儿的话）．¶そんな事は～くもかゆくもない nà shì bù guān wǒ de tòngyǎng（那事不关我的痛痒）．¶10万円の出費はちょっと～い shíwàn rìyuán de zhīchū kě yǒudiǎnr chībuxiāo（十万日元的支出可有点儿吃不消）．

いたい【遺体】 yítǐ（遗体），yíshī（遗尸）．

いだい【偉大】 wěidà（伟大）．¶～な事業を成し遂げる wánchéng wěidà de shìyè（完成伟大的事业）．¶～な功績を残す liúxia wěidà de gōngjì（留下伟大的功绩）/ liúxià fēnggōng-wěijì（留下丰功伟绩）．

イタイイタイびょう【イタイイタイ病】 tòngtòngbìng（痛痛病），mànxìng gé zhòngdú（慢性镉中毒）．

いたいけ kělián（可怜）．¶～なおさな子 kělián de yòu'ér（可怜的幼儿）．

いたいたし・い【痛痛しい】 ¶彼女は～いほどやせてしまった tā shòude zhēn kělián（她瘦得真可怜）．

いたく【委託・依托】 wěituō（委托）．¶すべてを彼に～する bǎ yíqiè tuōfù gěi tā（把一切托付给他）．¶商品の販売を～する wěituō dàishòu shāngpǐn（委托代售商品）．
¶～加工 wěituō jiāgōng（委托加工）．～販売 jìshòu（寄售）/ jìmài（寄卖）．

いたく【痛く】 shèn（甚），jí（极）．¶父上も～お喜びでした nín fùqin yě shènwéi gāoxìng（您父亲也甚为高兴）．¶～満足する jíwéi mǎnyì

(极为满意). ¶その事を～後悔している duì nà shì hěn tònghuǐ (对那事很痛悔).

いだ・く【抱く】 bào (抱), huái (怀), huáibào (怀抱). ¶おさな子を胸に～く bǎ yīng'ér bàozài huáili (把婴儿抱在怀里)/ huáibào yīng'ér (怀抱婴儿). ¶大自然の懐に～かれる zhìshēn zài dàzìrán de huáibàoli (置身在大自然的怀抱里). ¶大志を～いて上京した xiōng huái dàzhì láidào Dōngjīng (胸怀大志来到东京). ¶希望を～く huáizhe xīwàng (怀着希望). ¶高い理想を～いて大学に入る huáibàozhe hěn gāo de lǐxiǎng jìn dàxué (怀抱着很高的理想进大学).

いたけだか【居丈高】 ¶～になる shèng qì líng rén (盛气凌人).

いたしかた【致し方】 ¶残念だが～ない hěn kěxī dàn méi bànfǎ (很可惜但没办法).

いたしかゆし【痛し痒し】 ¶彼に手伝ってもらうのも～だ jiào tā lái bāngmáng zhēn shì yǒulì yě yǒubì (叫他来帮忙真是有利也有弊).

いた・す【致す】 1 →する (為る).
2 [もたらす] ¶私の不徳の～すところです zhè wánquán shì wǒ wú déwàng suǒ zhì (这完全是我无德望所致).

いたずら【悪戯】 táoqì (淘气), wánpí (顽皮), tiáopí (调皮), dǎodàn (捣蛋). ¶この子はほんとに～だ zhège háizi zhēn 'wánpí [táo]! (这个孩子真'顽皮 [淘]!). ¶あの子は～ばかりする nàge háizi jìng táoqì (那个孩子净淘气). ¶～してはいけません kě bié táoqì (可别淘气)/ búyào táoqipí dǎodàn (不要调皮捣蛋). ¶～して叱られた táoqì áile cīr (淘气挨了呲ㄦ)/ gǎo èzuòjù bèi màle yí dùn (搞恶作剧被骂了一顿). ¶～にしてはちょっとひどい xiào shì nàozhe wánr kě yě tài guòhuǒ le (说是闹着玩儿可也太过火了). ¶壁に～書きをする zài qiángshang húxiě luànhuà (在墙上胡写乱画). ¶今が～ざかりの時候だ zhèngshì zuì ài táoqì de shíhou (正是最爱淘气的时候).
¶～っ子 wántóng (顽童)/ táoqìguǐ (淘气鬼).

いたずらに【徒に】 bái (白), báibái (白白), túrán (徒然), wǎngzì (枉自), wǎngrán (枉然). ¶～時間を費やす báifèi shíjiān (白费时间)/ wǎngfèi gōngfu (枉费工夫). ¶～苦労を重ねる túrán hàofèi jīnglì (徒然耗费精力). ¶～年を重ねる xūdù niánhuá (虚度年华).

いただき【頂】 dǐng (顶). ¶山の～から麓まで真白だ cóng shāndǐng dào shānlù dōu shì báimángmáng yípiàn (从山顶到山麓都是白茫茫一片).

いただ・く【頂く】 1 [頭にのせる] ¶雪を～いた富士山 báixuě fùgài de Fùshì Shān (白雪覆盖的富士山). ¶星を～いて帰る pīxīng-dàiyuè ér guī (披星戴月而归).
2 [仰ぐ] tuīdài (推戴). ¶松本氏を会長に～いている tuīdài Sōngběn xiānsheng wéi huìzhǎng (推戴松本先生为会长).
3 [もらう] ¶ありがたく～きます nàme bú kèqi de shōuxià le (那么不客气地收下了). ¶お返事を～きました huíxìn shōudào le (回信收到了). ¶写真を1枚～けませんか kě bu kěyǐ gěn nín yào yì zhāng xiàngpiàn? (可不可以跟您要一张相片?). ¶原稿を～きにあがります dào nín nàli bàilǐng gǎozi (到您那里拜领稿子). ¶これは～き物です zhè shì rénjia sòng de dōngxi (这是人家送的东西).
4 […してもらう] ¶そうして～ければ大変ありがたい yàoshi néng nàyàng, shízài gǎnxiè bú jìn (要是能那样, 实在感谢不尽). ¶もう1度説明して～けないでしょうか néngfǒu qiú nín zài gěi jiǎng yí biàn (能否求您再给讲一遍).
5 [食う, 飲む] ¶もう～けっこうですこれ以上は何も～けません wǒ yǐjing shífēn bǎo le, zài yě chībuxià le (我已经十分饱了, 再也吃不下了). ¶私は酒も煙草も～きません wǒ yānjiǔ dōu bú huì (我烟酒都不会).

いただ・ける【頂ける】 yàodé (要得). ¶その考えは～けない nà zhǒng xiǎngfa kě yàobude (那种想法可要不得).

いたたまれな・い【居たたまれない】 ¶暑くて～いので外へ出てしまった rède dàibuzhù, pǎochuqu le (热得待不住, 跑出去了). ¶恥しくてその場に～かった xiūde zhēn gǎndào wúdì-zìróng (羞得真感到无地自容).

いたち【鼬】 huángyòu (黄鼬), huángshǔláng (黄鼠狼), huángpízi (黄皮子), pízi (貔子). ¶～の最後っ屁 zuìhòu yì zhāor (最后一招ㄦ). ¶～ごっこ dǎ quānzi (打圈子).

いたって【至って】 jí (极), jíqí (极其), jíwéi (极为), shènwéi (甚为). ¶体は～達者です shēntǐ jíqí jiànkāng (身体极其健康). ¶この子は～気が弱い zhè háizi jíwéi qiènuò (这孩子极为怯懦).

いたで【痛手】 1 [深手] zhòngshāng (重伤). ¶～を負う fù zhòngshāng (负重伤).
2 [打撃] zhòngchuāng (重创). ¶不況で～を受けた yóuyú jīngjì xiāotiáo méngshòu zhòngchuāng (由于经济萧条蒙受重创). ¶心の～が今も癒えない xīnlíngshang de chuāngshāng zhìjīn wèi yù (心灵上的创伤至今未愈).

いたでん【韋駄天】 fēimáotuǐ (飞毛腿). ¶～走り fēipǎo (飞跑).

いたどり【虎杖】 hǔzhàng (虎杖).

いたのま【板の間】 ¶～の台所 pūzhe dìbǎn de chúfáng (铺着地板的厨房).

いたばさみ【板挟み】 ¶2人の間で～になる jiāzài liǎngrén zhōngjiān zuǒyòu-wéinán (夹在两人中间左右为难).

いたばり【板張】 ¶天井を～にする dǐngpéng xiāng mùbǎn (顶棚镶木板).

いたべい【板塀】 bǎnqiáng (板墙).

いたまえ【板前】 hécān chúshī (和餐厨师), Rìběncài chúshī (日本菜厨师).

いたまし・い【痛ましい】 ¶～い子供の死亡事故が相ついだ lìng rén tòngxīn de értóng sǐwáng shìgù xiāngjì fāshēng (令人痛心的儿童死亡事故相继发生). ¶見るも～い光景 shāngxīn-cǎnmù (cǎn bù rěn dǔ) de qíngjǐng (伤心惨目 [惨不忍睹] 的情景).

いたみ【痛み・傷み】 1 [身心の] téngtòng (疼

痛), tòng (痛), téng (疼), tònggǎn (痛感), chuāngtòng (创痛). ¶この薬を飲めば~はすぐ止る chī zhè yào, téngtòng mǎshàng jiù huì zhǐ de (吃这药, 疼痛马上就会止的). ¶傷の~がひどい shāngkǒu téngde "yàomìng[zuānxīn] (伤口疼得"要命[钻心]). ¶心の~を感ずる juéde tòngxīn (觉得痛心).

2〔物の〕sǔnshāng (损伤), sǔnhài (损害); shāng (伤). ¶荷物の~は思ったより軽かった huòwù de sǔnshāng bǐ xiǎngxiàng de yào qīng (货物的损伤比想像的要轻). ¶このりんごは~がひどい zhè píngguǒ shānghuài tài lìhai (这苹果伤坏太厉害).

いたみ・いる【痛み入る】¶御丁重なことで~ります nín zhème kèqi, shízài bùgǎndāng (您这么客气, 实在不敢当). ¶御手数をかけまして誠に~ります gěi nín tiānle máfan, shízài tài guòyìbùqù le (给您添了麻烦, 实在太过意不去了).

いた・む【悼む】 āidào (哀悼), dàoniàn (悼念), zhuīdào (追悼), shāngdào (伤悼), bēidào (悲悼), tòngdào (痛悼). ¶友の死を~む āidào péngyou de shìshì (哀悼朋友的逝世).

いた・む【痛む・傷む】 **1**〔体が〕téng (疼), tòng (痛), téngtòng (疼痛), tònggǎn (痛感). ¶歯がずきずき~む yá téngde lìhai (牙疼得厉害). ¶傷がひりひり~む shāngkǒu huǒlàlà de téng (伤口火辣辣地疼). ¶体のふしぶしが~む húnshēn de guānjié téng (浑身的关节疼) / zhōushēn de jīngǔ yǐnyǐn zuòtòng (周身的筋骨隐隐作痛). ¶どこが~みますか nǐ nǎr tòng? (你哪儿疼?).

2〔心などが〕¶思い出すと胸が~む yì xiǎngqilai "jiù shāngxīn [xīnli jiù nánguò] (一想起来"就伤心[心里就难过]). ¶自分のふところが~むのをいやがる huāqián xīnténg (花钱心疼) / shěbude tāo yāobāo (舍不得掏腰包).

3〔物が〕 sǔnhuài (损坏), sǔnshāng (损伤), nònghuài (弄坏); fǔ (腐), làn (烂); shútang (熟烫). ¶~んだ部品を取り替える huàn sǔnhuàile de língjiàn (换损坏了的零件). ¶運んで来る時に~んだらしい kànlai, yùnlai de shíhou "nònghuài[huài] de (看来, 运来的时候"弄坏[坏]的). ¶家がだいぶ~んできた zhè fángzi tài lǎo le (这房子太老了). ¶このかんは~んでいる zhège júzi yǐjing "huài[làn] le (这个橘子已经"坏[烂]了). ¶生魚は~みやすい shēngyú yì huài (生鱼易坏).

いためつ・ける【痛め付ける】 zhěng (整), zhěngzhì (整治), tòngjī (痛击). ¶さんざん~けてやる hěnhěn de "zòule tā yí dùn[zhěngle tā yíxià] (狠狠地"揍了他一顿[整了他一下]). ¶敵を~ける tòngjī díren (痛击敌人). ¶水害に~けられたので今年の稲の出来はあまりよくない yóuyú zāodàoshì shuǐhài, jīnnián dàozi de shōucheng búdà hǎo (由于遭到了水灾, 今年稻子的收成不大好).

いた・める【炒める】 chǎo (炒). ¶キャベツを~める chǎo yángbáicài (炒洋白菜).
¶~めもの chǎocài (炒菜).

いた・める【痛める・傷める】 **1**〔体を〕shāng (伤), sǔnshāng (损伤), shānghài (伤害), sǔnhài (损害). ¶目を~める shāng yǎnjing (伤眼睛). ¶転んで足を~めた shuāile yí ge gēntou bǎ jiǎo niǔshāng le (摔了一个跟头把脚扭伤了). ¶無理をして体を~めないようにしなさい bié miǎnqiǎng zuò, yǐmiǎn "shāngle[sǔnhài] shēntǐ (别勉强做, 以免"伤了[损害]身体). ¶自分のおなかを~めた子 qīnshēng de háizi (亲生的孩子) / yóu wǒ shēnshang diàoxiàlai de ròu (由我身上掉下来的肉).

2〔心などを〕shāng (伤). ¶心を~める shāngxīn (伤心). ¶子供のことで頭を~める wèi háizi de shì ér shāng nǎojīn (为孩子的事而伤脑筋). ¶彼女はひそかに胸を~めている tā yí ge rén yōuxīn chōngchōng (她一个人忧心忡忡). ¶自分のふところを~めるのはいやだ wǒ bú yuànyì tāo zìjǐ de yāobāo (我不愿意掏自己的腰包).

3〔物を〕nònghuài (弄坏). ¶運搬の際に椅子を~めてしまった bānyùn de shíhou bǎ yǐzi nònghuài le (搬运的时候把椅子弄坏了).

いたらな・い【至らない】¶~いところはお許し下さい bù zhōudào de dìfang, qǐng duōduō yuánliàng (不周到的地方, 请多多原谅). ¶~い娘ですがどうぞよろしく wǒ zhè nǚ'ér hái bù dǒngshì, qǐng nín duō guānzhào (我这女儿还不懂事, 请您多关照).

いたり【至り】¶誠にもって感激の~です shízài búshèng gǎnjī (实在不胜感激). ¶若気の~でした事は shì yóuyú niánqīng suǒ zhì (那是由于年轻所致).

イタリア Yìdàlì (意大利). ¶~人 Yìdàlìrén (意大利人). ~語 Yìdàlìyǔ (意大利语).

イタリック xiétǐzì (斜体字).

いた・る【至る】 zhì (至), dào (到). ¶この道は名古屋を経て神戸に~る zhè tiáo lù jīng Mínggǔwū tōng dào Shénhù (这条路经名古屋通到神户). ¶国中彼の足跡の~らぬ所はない tā de zújì biàn quánguó (他的足迹遍全国). ¶4月から7月に至る4か月間 sìyuè zhì qīyuè de sì ge yuè jiān (四月至七月的四个月间). ¶事ここに~っては策の施しようもない shì dào zhè bù tiándì [shì yǐ zhì], zài yě wú jì kě shī (事到这步田地[事已至此], 再也无计可施). ¶発見がはやくて大事に~らなかった fāxiànde zǎo, méiyǒu nàochū dàshì (发现得早, 没有闹出大事). ¶残念ながら中止のやむなきに~った hěn yíhàn búdé bù zhōngzhǐ le (很遗憾不得不中止了). ¶今日に~るまで彼から何の連絡もない zhíjīn cóng tā nàli shénme liánxì yě méiyǒu (至今从他那里什么联系也没有). ¶徵細な点に~るまで説明を加える duì xìwēi de dìfang yě dōu jiāyǐ shuōmíng (对细微的地方也都加以说明). ¶親兄弟に~るまで彼の意見に反対した lián fùmǔ dìxiong dōu fǎnduì tā de yìjiàn (连父母弟兄都反对他的意见). ¶好機に~り shíjī dàolái (时机到来). ¶悲喜こも~る bēi xǐ jiāo jí (悲喜交集).

いたるところ【至る所】 dàochù (到处), chùchù

(処処), sìchù (四处), suíchù (随处). ¶~で熱狂的な歓迎を受けた dàochù shòudàole rèliè huānyíng (到处受到了热烈欢迎). ¶人間~に青山あり rénjiān chùchù yǒu qīngshān (人间处处有青山).

いたれりつくせり【至れり尽せり】 tǐtiē rùwēi (体贴入微), zhōudào (周到). ¶~のもてなしを受けた shòudàole tǐtiē rùwēi de kuǎndài (受到体贴入微的款待). ¶この旅館のサービスは~だ zhè jiā lǚguǎn de fúwù hěn zhōudào (这家旅馆的服务很周到).

いたわし・い【労しい】 本当にお~いことです zhēn shì lìng rén bēitòng de shì (真是令人悲痛的事).

いたわ・る【労る】 tǐtiē (体贴), guānxīn (关心), zhàogù (照顾), tǐxù (体恤). ¶年寄を~る tǐtiē àihù lǎorén (体贴爱护老人). ¶病人を~る zhàogù bìngrén (照顾病人). ¶互いに~り励ましあう hùxiāng guānxīn, hùxiāng gǔlì (互相关心, 互相鼓励).

いたん【異端】 yìduān (异端). ¶当時彼の学説は~視された dāngshí tā de xuéshuō bèi rènwéi shì yìduān xiéshuō (当时他的学说被认为是异端邪说). ¶~者 yìjǐ fènzǐ (异己分子).

いち【一】 yī (一·壹), yāo (幺); [第一] dìyī (第一). ¶~に2をたすと3になる yī jiā èr dé sān (一加二得三). ¶彼は東北の一寒村に生れた tā shēng zài Dōngběi yí ge pínqióng de cūnzi li (他生在东北一个贫穷的村子里). ¶世界~長い橋 shìjiè dìyī de chángqiáo (世界第一的长桥)/ shìjièshang zuì cháng de qiáo (世界上最长的桥). ¶これでは~からやりなおしだ zhèyàng zhǐhǎo chóngxīn zuòqǐ (这样只好重新做起). ¶彼は~も二もなく承知した tā èrhuà bù shuō jiù dāying le (他二话不说就答应了). ¶~にも二にも健康が大切だ jiànkāng bǐ shénme dōu zhòngyào (健康比什么都重要). ¶~か八かやってみよう gūzhù-yìzhí huōchuqu (孤注一掷豁出去). ¶~を聞いて十を知る wén yī zhī shí (闻一知十). ¶彼の言う事は~から十まで嘘だ tā shuō de cóng tóu dào wěi dōu shì jiǎhuà (他说的从头到尾都是假话)/ tā shuō de shì chètóu-chèwěi de huǎngyán (他说的是彻头彻尾的谎言).

いち【市】 jí (集), shì (市), jíshì (集市), shìjí (市集). ¶毎月 15 日に~がたつ měiyuè shíwǔ ʼfēngjí[wéi jírì] (每月十五 ʼ逢集[为集日]). ¶~に行く shàng shì (上市)/ gǎn jí (赶集). ¶門前~をなす méntíng ruò shì (门庭若市). ¶朝~ xiǎoshì (晓市). 植木~ huāshì (花市).

いち【位置】 1[場所] wèizhi (位置). ¶この~からよく見える cóng zhège wèizhi kànde hěn qīngchu (从这个位置看得很清楚). ¶所定の~に置く fàngzài suǒ dìng de dìfang (放在所定的地方). ¶現在の~を知らせよ bàogào nǐ suǒ zài de wèizhi (报告你所在的位置). ¶その公園は市の中央に~する nàge gōngyuán wèiyú shì zhōngxīn (那个公园位于市中心). ¶彼の作品をレジスタンス文学の傑作として~づける bǎ tā de zuòpǐn lièwéi fǎnkàng wénxué de jiézuò (把他的作品列为反抗文学的杰作). ¶~について! gè jiù gè wèi! (各就各位!)/ gè jiù wèi! (各就位!).

2[地位] dìwèi (地位). ¶彼は社会的に重要な~を占めている tā zài shèhuìshang zhànyǒu zhòngyào de dìwèi (他在社会上占有重要的地位). ¶会長の~を退く cíqù huìzhǎng de zhíwù (辞去会长的职务).

いちい【櫟】 hóngdòushān (红豆杉).

いちいせんしん【一意専心】 yì xīn yí yì (一心一意), yì mén xīnsi (一门心思), zhuān xīn zhì zhì (专心致志), quán xīn quán yì (全心全意). ¶~学問に精通する yìxīn-yíyì de zuànyán xuéwen (一心一意地钻研学问).

いちいたいすい【一衣帯水】 yì yīdài shuǐ (一衣带水). ¶日本と中国とは~の隣国だ Rì-Zhōng liǎngguó shì yìyīdàishuǐ de línbāng (日中两国是一衣带水的邻邦).

いちいち【一一】 yīyī (一一), yí ge yí ge (一个一个), yígègè (一个个). ¶~説明するまでもない yòngbuzháo yīyī shuōmíng (用不着一一说明). ¶品物を~手にとってみる bǎ dōngxi yí ge yí ge názài shǒushang kàn (把东西一个一个拿在手上看). ¶そんなことなど~気にしていられない nàxiē shì nǎr néng yīyī dōu fàngzài xīnshang ne (那些事哪儿能一一都放在心上呢). ¶~文句をつける chùchù tiāo máobing (处处挑毛病). ¶そう~干渉されてはたまらない shìshì shòu guǎnshù, shízài chībuxiāo (事事受管束, 实在吃不消).

いちいん【一因】 ¶これが成功の~といえる kěyǐ shuō zhè shì chénggōng de yí ge yuányīn (可以说这是成功的一个原因)/ zhè yě shì chénggōng de yuányīn zhī yī (这也是成功的原因之一).

いちいん【一員】 yìyuán (一员). ¶社会の~ shèhuì de yìyuán (社会的一员). ¶団の~として責任ある行動をとる zuòwéi tuán de yí ge chéngyuán shìshì yào jǐnyán-shènxíng (作为团的一个成员凡事要谨言慎行).

いちえん【一円】 yídài (一带). ¶関東~にわたって地震があった Guāndōng yídài fāshēngle dìzhèn (关东一带发生了地震).

いちおう【一応】 ¶~調べてみよう chá yíxià kànkan (查一下看看). ¶~当人の意向をあたってからにしよう xiān wèn yí wèn běnrén de yìxiàng zàishuō (先问一问本人的意向再说). ¶彼の言うことは~もっともだ tā shuō de yě yǒu yí fān dàoli (他说的也有一番道理). ¶レポートは~出来あがった bàogàoshū jīběnshàng xiěhǎo le (报告书基本上写好了). ¶~そういうことに決めておきましょう zànqiě nàme juédìng ba (暂且那么决定吧). ¶努力すれば誰でも~のところまではいける zhǐyào nǔlì shuí dōu néng dádào yídìng de shuǐpíng (只要努力谁都能达到一定的水平).

いちがいに【一概に】 yígài (一概). ¶~は論じられない bùkě yígài ér lùn (不可一概而论). ¶

～彼が悪いとは言えない bùnéng yígài shuō tā bù hǎo(不能一概说他不好).
いちがん【一丸】 ¶全員～となって困難にあたる dàjiā tuánjié yízhì kèfú kùnnan(大家团结一致克服困难).
いちがんレフ【一眼レフ】 dānjìngtóu fǎnguāng zhàoxiàngjī(单镜头反光照相机).
いちぐう【一隅】 yìjiǎo (一角), yìyú (一隅). ¶会場の～に売店を設けた zài huìchǎng de yìjiǎo shèle yí ge xiǎomàibù(在会场的一角设了一个小卖部).
いちげい【一芸】 ¶～に秀でる yǒu yí jì zhī cháng(有一技之长).
いちげき【一撃】 yì jī (一击). ¶後頭部に～をくらった hòunǎoshàor áile "yí gùnzi[yì quán]"(后脑勺ル挨了"一棍子[一拳]"). ¶我が軍の～で敵は潰走した zài wǒ jūn yì jī zhī xià dírén jiù kuìsàn le(在我军一击之下敌人就溃散了).
いちげん【一元】 yīyuán (一元). ¶～化 yīyuánhuà (一元化). ¶～論 yīyuánlùn (一元论). ¶～2次方程式 yīyuán èrcì fāngchéngshì(一元二次方程式).
いちげんいっこう【一言一行】 yì yán yì xíng (一言一行). ¶～を慎むる yì yán yì xíng xiǎoxīn-jǐnshèn(一言一行小心谨慎)/ jǐn yán shèn xíng (谨言慎行).
いちご【苺】 cǎoméi(草莓).
いちご【一語】 yìyǔ (一语). ¶素晴らしいの～に尽きる yí jù huà, hǎode hěn (一句话,好得很). ¶～も聞きもらすまいと耳を傾けている yí zì bú lòu de qīngtīngzhe(一字不漏地倾听着).
いちころ ¶あんな大男と喧嘩にでもなったら～だ yàoshi gēn nàge biāoxíng dàhàn dǎjià, yì zhǎng jiù wánr wán(要是跟那个彪形大汉打架,一掌就玩儿完). ¶彼女がちょっとニッコリすれば,彼はもう～だ zhǐyào tā yānrán yí xiào, tā yíxiàzi jiù ˈshénhún diāndǎo le[méile húnr la](只要她嫣然一笑,他一下子就ˈ神魂颠倒了[没了魂ル啦]).
いちごん【一言】 yìyán (一言). ¶彼の要求を～のもとにはねつけた tā de yāoqiú wǒ yìkǒu jùjué le(他的要求我一口拒绝了). ¶そう言われては～もない nàme shuō wǒ wúfǎ-zhēngbiàn (那么说我无可争辩). ¶～の挨拶もなく行ってしまった méi zhāohu yìshēng jiù zǒu le(没招呼一声就走了). ¶彼は会議で～も発しなかった zài huìshang yìyán-bùfā(他在会上一言不发). ¶彼の語る～一句が胸に響いた tā de yì yán yì yǔ gǎn rén fèifǔ(他的一言一语感人肺腑). ¶男子の一金鉄のごとし dàzhàngfu yì yán jì chū, sìmǎ-nánzhuī (大丈夫一言既出,驷马难追).
いちごんはんく【一言半句】 yì yán bàn jù (一言半句), yì yán bàn yǔ (一言半语), zhī yán piàn yǔ (只言片语). ¶～もゆるがせにしない zhīyán-piànyǔ yě bùsī-bùgǒu(只言片语也一丝不苟).
いちざ【一座】 1[興行団] xìbān[r] (戏班[ル]), xìbānzi (戏班子). ¶～の花形 xìbān de míngjué(戏班的名角).
2[満座] ¶～の人々はみな感心した suǒyǒu zàizuò de rén dōu zàntàn bùyǐ(所有在座的人都赞叹不已). ¶彼がいるだけで～が明るくなる zhǐyào tā zàichǎng, dàjiā jiù gǎndào kuàilè(只要他在场,大家就感到快乐).
いちじ【一次】 ¶～方式式 yīcì fāngchéng (一次方程). ¶～線性 xiànxìng fāngchéng (线性方程). ¶～試験 chūshì (初试).
いちじ【一事】 ¶彼は～が万事この調子だ tā zuò shénme dōu shì zhège yàngr(他做什么都是这个样儿).
いちじ【一時】 1[かつて] yìshí (一时). ¶彼は～この町に滞在していた tā céngjīng zài zhège chéngzhèn dòuliúguo yí ge shíqí(他曾经在这个城镇逗留过一个时期). ¶～はどうなる事かと心配した dāngshí bù zhī huì zěnyàng kě zhēn dān dānxīnsǐ le (当时不知会怎样可真叫人担心死了). ¶彼は～えらい人気だった tā céngjīng hóngguo yìshí(他曾经红过一时).
2[当座] yìshí (一时). ¶～の出来心からしたことだ yīn yìshí de xiénìan suǒ gàn de(因一时的邪念所干的). ¶それは～の間に合せに過ぎない nà zhǐ búguò shì ˈjiāngjiù yìshí[quányí zhī jì] bale(那只不过是ˈ将就一时[权宜之计]罢了). ¶この金があれば～はしのげる zhè bǐ qián jiù néng duìfu yí ge shíhou(有了这笔钱就能对付一个时候).
3[暂時] zànshí (暂时), yìshí (一时). ¶不景気のため～操業を停止することにした yóuyú bùjǐngqì juédìng gōngchǎng zànshí tínggōng(由于不景气决定工厂暂时停工). ¶この流行も～の現象に過ぎない zhè zhǒng shíxīng zhǐ búguò shì ˈzànshí[yìshí] de xiànxiàng(这种时兴不过是ˈ暂时[一时]的现象). ¶晴～曇 qíng, yǒushí yīn(晴,有时阴).
¶～預り所 xínglǐ jìcúnchù (行李寄存处). ～帰休 xiàgǎng (下岗).
4[一度] ¶そう何もかも～にはできない zhège nàge nǎr néng yíxiàzi dōu bàndeliǎo?(这个那个哪儿能一下子都办得了了?). ¶～に乗客が殺到した chéngkè tóngshí fēngyōng ér lái(乘客同时蜂拥而来).
¶～金 jīntiē(津贴). ～払い yí cì ˈfùkuǎn[fùqīng](一次ˈ付款[付清]).
いちじき【一時期】 yí ge shíqī (一个时期). ¶あの～が私の最も幸福な時でした nà yí ge shíqí shì wǒ zuì xìngfú de shíhou(那一个时期是我最幸福的时候). ¶ある～私もそのように考えていました yǒu yí ge shíqí wǒ yě nàyàng xiǎng de (有一个时期我也那样想的).
いちじく【無花果】 wúhuāguǒ(无花果).
いちじしのぎ【一時凌ぎ】 ¶これは～のやりかたに過ぎない zhè búguò shì yìngfu yìshí de zuòfǎ bale(这不过是应付一时的做法罢了).
いちじつ【一日】 yírì (一日). ¶語学では彼に～の長がある lùn wàiyǔ tā yǒu yí rì zhī cháng(论外语他有一日之长). ¶～千秋の思い yǒu yí rì sān qiū zhī gǎn(有一日三秋之感).
いちじてき【一時的】 zànshí (暂时), yìshí (一

いちじのがれ【一時逃れ】 ¶～のでたらめを言う wèile fúyan-sèzé húshuō-bādào(为了敷衍塞责胡说八道).

いちじゅういっさい【一汁一菜】 yí cài yì tāng (一菜一汤).

いちじゅん【一巡】 ¶当番で～した zhíbān lúnle yì quānr(值班轮了一圈ル). ¶展示会場を～する zài zhǎnlǎnhuì huìchǎng "rào[zhuǎn]-le yì quānr(在展览会会场"绕〔转〕了一圈ル).

いちじょ【一助】 ¶教育振興の～となれば幸いです wèi fāzhǎn jiàoyù néng zhù yíbì zhī lì shènwéi róngxìng(为发展教育能助一臂之力甚为荣幸).

いちじょう【一条】 1〔ひとすじ〕 yí dào (一道), yì tiáo (一条). ¶～の光 yí dào guāng(一道光). ¶～の川 yì tiáo hé(一条河).
2〔一条項〕 yì tiáo (一条), yí xiàng (一项). ¶法案を～毎に審議する yì tiáo yì tiáo de shěnyí fǎ'àn(一条一条地审议法案).

いちじょう【一場】 1〔一席〕yì xí (一席). ¶～の挨拶を述べる jiǎng yì xí huà(讲一席话).
2〔その場限り〕yì cháng (一场). ¶～の夢と化した chéngle yì cháng mèng(成了一场梦).

いちじるし・い【著しい】 xiǎnzhù (显著), xiǎnmíng (显明). ¶彼女のピアノは進歩の跡が～い tā de gāngqín yǒu xiǎnzhù de jìnbù(她的钢琴有显著的进步). ¶両者は～い対照をなしている xiǎnzhě chéngle xiǎnmíng de duìzhào(两者成了显明的对照). ¶2人の考え方は～く異なっている liǎng ge rén de xiǎngfa jiérán bùtóng(两个人的想法截然不同).

いちじん【一陣】 yízhèn (一阵). ¶～の風が起こった guāqǐle yízhèn fēng(刮起了一阵风).

いちず【一途】 yìxīn (一心), yì xīn yí yì (一心一意). ¶～に慕う yìxīn sīniàn(一心思念). ¶～に仕事に打ち込む yìxīn-yíyì de gōngzuò(一心一意地工作). ¶彼は自分が正いと～に思いこんでいる tā yìzhí yǐwéi zìjǐ zuòde duì(他一直以为自己做得对).

いちぞく【一族】 ¶平氏の～はここで滅亡した Píngshì yìzú zài zhèli mièwáng de(平氏一族在这里灭亡的). ¶あの～には優秀な人間が多い nà yìjiā réncái bèichū(那一家人才辈出).

いちぞん【一存】 ¶私の～では決めかねる dān yóu wǒ gèrén de xiǎngfa juédìng bu liǎo(单由我个人的想法决定不了).

いちだい【一大】 ¶～発見 yí ge zhòngdà fāxiàn(一个重大发现). ¶～事件 yí ge zhòngdà shìjiàn(一个重大事件). ¶～痛恨事 zuì dà de tònghuǐ zhī shì(最大的痛悔之事).

いちだい【一代】 yí dài (一代), yíshì (一世). ¶～の英雄 yí dài yīngxióng(一代英雄), yíshì zhī xióng(一世之雄). ¶彼は～で莫大な富を築いた tā yí dài jīxiàle jù'é de cáifù(他一代积下了巨额的财富).

いちだいき【一代記】 zhuànjì (传记), zhuàn (传).

いちだいじ【一大事】 ¶～が起こった fāshēngle zhòngdà shìjiàn(发生了重大事件). ¶それは～だ nà kě shì guān zhòngdà(那可事关重大)/zhè hái liǎode!(这还了得!).

いちだん【一団】 yí duì (一队), yì pī (一批), yì qún (一群). ¶～となって歩いて行く xǔduō rén chéngqún-jiéduì de zǒuzhe(许多人成群结队地走着). ¶観光客の～が来日した yì pī yóukè lái Rìběn le(一批游客来日本了). ¶～となって包囲網を突破した jiéchéng yí duì tūpòle bāowéiquān(结成一队突破了包围圈).

いちだん【一段】 1〔階段, 段階などの〕yì jí (一级), yì jiē (一阶), yí dèng (一磴). ¶階段を～～のぼる yí dèng yí dèng de shàng lóutī(一磴一磴地上楼梯). ¶彼の方が地位が～上だ tā dìwèi gāo yì jí ne(他地位高一级呢). ¶あちらの方が君より～上手だ tā bǐ nǐ gāo yìshǒu(他比你高一手).
2〔文章などの〕yí duàn (一段), yì jié (一节). ¶この～の大意を述べると… jiǎng zhè yí duàn de dàyì…(讲这一段的大意…).
3〔いっそう〕 ¶最近彼の技術は～と進歩した zuìjìn tā de jìshù dà yǒu jìnbù(最近他的技术大有进步). ¶山頂は～とよい眺めだ shāndǐng jǐngjiā gèngjiā měilì(山顶景致更加美丽). ¶～と声を張りあげて歌う tígāo sǎngménr chànggē(提高嗓门ル唱歌). ¶あの子も～と立派になった nàge háizi yuèfā yǒu chūxi le(那个孩子越发有出息了).

いちだんらく【一段落】 yíduànluò (一段落). ¶仕事が～ついた gōngzuò gào yíduànluò le(工作告一段落了).

いちど【一度】 yí cì (一次), yì huí (一回), yí biàn (一遍), yí dù (一度). ¶彼とはまだ～も会ったことがない gēn tā hái méi jiànguo yí cì miàn(跟他还没见过一次面). ¶前に～行ったことがある yǐqián qùguo yì huí(以前去过一回). ¶もう～やってみて下さい qǐng zài gěi wǒ zuò yí biàn kànkan(请再给我做一遍看看). ¶彼は～来たきりです tā zhǐ láiguo yí tàng(他只来过一趟). ¶～お試し下さい qǐng shì yíxià kàn(请试一下看). ¶彼は～言いだしたあとに引かない tā yídàn chūkǒu, jiù jué bù tīng biéren de(他一旦出口,就决不听别人的). ¶そのうちに一度お遊びにお出で下さい nǎ tiān yǒu kòngr qǐng lái wánr a(哪天有空ル请来玩ル啊). ¶～にどっと疲れが出た píláojìnr yíxiàzi jiù shànglai le(疲劳劲ル一下子就上来了). ¶こんなにたくさん～に運べない zhème duō dōngxi, yí cì bānbuliǎo(这么多东西,一次搬不了). ¶彼等は～に帰ってきた tāmen tóngshí huílai le(他们同时回来了). ¶みんな～に笑いだした dàjiā yìqí xiàoqǐlai le(大家一齐笑起来了).

いちどう【一同】 ¶～そろって花見に出掛けた dàjiā yìqǐ kàn yīnghuā qù le(大家一起看樱花去了). ¶家内～無事に過しております yijiārén [quánjiā] dōu guòde hěn hǎo(一家人〔全家〕都过得很好). ¶出席者～の同意を得た dédàole quántǐ yùhuìzhě de yízhì tóngyì(得到了全体与会者的一致同意).

いちどう【一堂】 ¶全員～に会する quántǐ rényuán huìjù yì táng(全体人员会聚一堂).

いちどく【一読】 ¶この本は～に値する zhè běn shū zhíde yì dú(这本书值得一读).

いちなん【一難】 ¶～去ってまた～ guòle yì guān yòu yì guān(过了一关又一关)/ yì bō wèi píng, yì bō yòu qǐ(一波未平,一波又起).

いち【一二】 1〔ひとつふたつ〕yī-èr(一二), yì-liǎng(一两). ¶～尋ねたいことがある wǒ yǒu yì-liǎng jiàn shì xiǎng yào wèn nǐ(我有一两件事想要问你). ¶～度行ったことがある qùguo yì-liǎng cì(去过一两次).
2〔第一第二〕shǔ yī shǔ èr(数一数二). ¶彼は日本で～を争う富豪だ tā shì Rìběn shǔyī-shǔ'èr de dàcáizhu(他是日本数一数二的大财主).

いちにち【一日】 1 yì tiān(一天), yí rì(一日). ¶～8時間働く yì tiān gōngzuò bā xiǎoshí(一天工作八小时). ¶～も欠かさずランニングをする tiāntiān pǎobù(天天跑步)/ měitiān jiānchí pǎobù(每天坚持跑步). ¶～も早く元気になられますよう zhù nín zǎorì huīfù jiànkāng(祝您早日恢复健康). ¶～おきに通院する měi gé yì tiān qù yí cì yīyuàn(每隔一天去一次医院). ¶延事を～のばしにしている bǎ dàfù yì tiān yì tiān de tuōxiaqu(把答复一天一天地拖下去). ¶皆で楽しい～を過した dàjiā yíkuàir dùguòle yúkuài de yì tiān(大家一块儿度过了愉快的一天).
2〔終日〕zhěngtiān(整天), yìzhěngtiān(一整天), chéngtiān(成天), chéngrì(成日). ¶～がかりで部屋の掃除をした fèile yìzhěngtiān dǎsǎole wūzi(费了一整天打扫了屋子). ¶昨日は～君を待っていた zuótiān děngle nǐ zhěngzhěng yìtiān(昨天等了你整整一天). ¶朝から晩まで～忙しかった cóng zǎo dào wǎn mángle yìtiān(从早到晚忙了一天)/ chéngtiān mánglù(成天忙碌).

いちにん【一任】 ¶その件は君に～しよう nà shì jiù zéchéng nǐ yìshǒu chǔlǐ(那事就责成你一手处理).

いちにんしょう【一人称】 dìyīrénchēng(第一人称).

いちにんまえ【一人前】 1〔1人分〕yí fènr(一份儿). ¶1人増えるので料理を～を追加する tiānle yí ge rén zài jiào yí fènr cài(添了一个人再叫一份儿菜).
2〔大人なみ, 人なみ〕¶息子もやっと～になった érzi yě hǎoróngyì "zhǎngdà chéng rén[zìshí-qílì] le(儿子也好容易"长大成人[自食其力]了). ¶何をやらせても～の仕事ができない ràng tā zuò shénme yě dǐngbuliǎo yí ge rén(让他做什么什么也不了一个人).

いちねん【一年】 1〔年月の〕yì nián(一年), chéngnián(成年), zhōngnián(终年). ¶～の計は元旦にあり yìnián zhī jì zàiyú chūn(一年之计在于春). ¶中国に来て丁度～になる láidào Zhōngguó yǐ mǎn yì nián le(来到中国已满一年了). ¶～～と年をとる yì nián yì nián de shàngle suìshu(一年一年地上了岁数). ¶～ごしの懸案が解決した yì nián lái de xuán'àn jiějué le(一年来的悬案解决了). ¶～中で今が一番よい季節だ yìnián lǐtóu xiànzài shì zuì hǎo de jìjié(一年里头现在是最好的季节). ¶富士山の頂上には～中雪がある Fùshì Shān shāndǐng "yìnián sìjì[zhōngnián] jīxuě bú huà(富士山山顶"一年四季[终年]积雪不化).
¶～生植物 yīniánshēng zhíwù(一年生植物).
2〔学校の〕yī niánjí(一年级). ¶うちの子は今中学～です wǒ jiā de háizi xiànzài shì "chūzhōng yī niánjí[chū yī](我家的孩子现在是▼初中一年级[初一]). ¶私はこの仕事ではまだ～生です duì zhège gōngzuò wǒ hái shì ge xiǎoxuéshēng(对这个工作我还是个小学生).

いちねん【一念】 ¶母の～の病気がなおった quán píng mǔqin de jīngxīn hùlǐ, háizi de bìng hǎo le(全凭母亲的精心护理,孩子的病好了). ¶～発起して中国語を始めた hěn xià juéxīn kāishǐ xué Zhōngguóhuà(狠下决心开始学中国话).

いちば【市場】 càishì(菜市), càichǎng(菜场), shìchǎng(市场). ¶～へ買出しに行く shàng càishì mǎi dōngxi qù(上菜市买东西去).
¶青物～ shūcài pīfā shìchǎng(蔬菜批发市场).

いちばい【一倍】 yí bèi(一倍). ¶彼は人～努力する tā bǐ biérén jiābèi nǔlì(他比别人加倍努力). ¶～半 yí bèi bàn(一倍半).

いちはつ【鳶尾】 yuānwěi(鸢尾).

いちばつひゃっかい【一罰百戒】 fá yī jǐng bǎi(罚一警百), fá yī jiè bǎi(罚一戒百).

いちはやく【逸早く】 ¶知らせを聞いて～駆け付けた wén xùn lìjí gǎnlai(闻讯立即赶来). ¶～情報をキャッチした qiǎng zài biérén qiánmian dédàole qíngbào(抢在别人前面得到了情报).

いちばん【一番】 1〔第1〕dìyī(第一), tóuyī(头一). ¶クラスで～になる chéngwéi bānjí de dìyīmíng(成为班级的第一名). ¶～電車はもう出た dìyī[tóu]bān diànchē yǐjing kāizǒu le(第一[头]班电车已经开走了). ¶電車は～ホームに到着します lièchē jìn yī hào yuètái(列车进一号月台). ¶プログラムの～はソプラノの独唱です dìyī ge jiémù shì nǚgāoyīn dúchàng(第一个节目是女高音独唱).
2〔最上, 最も〕zuì(最), zuì hǎo(最好). ¶風邪は寝ているのが～だ déle gǎnmào zuìhǎo tǎngzhe xiūxi(得了感冒最好躺着休息). ¶北京の気候は秋が～だ Běijīng de qìhòu shǔ qiūtiān zuì hǎo(北京的气候数秋天最好). ¶～最初にしなくてはならないのは教育の普及だ dāng wù zhī jí zàiyú jiàoyù de pǔjí(当务之急在于教育的普及). ¶私は赤が～好きだ wǒ zuì xǐhuan hóngsè(我最喜欢红色). ¶～左の棚にしまってある dōngxi zài zuì zuǒbian de gēbǎn shang(那个东西在最左边的搁板上). ¶彼は～奥に座っていた tā zuòzài jìn lǐtou(他坐在尽里头). ¶その事は彼が～よく知っている nà jiàn shì tā "zuì qīngchu[bǐ shuí dōu qīngchu](那件事他"最清楚[比谁都清

楚]).¶彼女は~の働き者だ tā bǐ rènhé rén dōu qínkuai(她比任何人都勤快).
3[ひと勝負]¶将棋を~さす xià yì pán qí(下一盘棋).

いちばんどり【一番鶏】¶~が鳴いた chénjī bàoxiǎo le(晨鸡报晓了).

いちばんのり【一番乗り】¶開催地に~したのは日本選手団だった shǒuxiān dàodá zhège jǔbàndì de shì Rìběn dàibiǎoduì(首先到达举办地的是日本代表队).¶~を目差して早朝から駆け付けた xiǎng zhēngqǔ tóuyīge dàodá, yídàzǎo jiù gǎnlai le(想争取头一个到达,一大早就起来了).

いちひめにたろう【一姫二太郎】 tóu tāi shēng nǚ èr tāi shēng nán zuì lǐxiǎng(头胎生女二胎生男最理想), yì nǚ èr zǐ xìngwàng yuánmǎn(一女二子兴旺圆满).

いちぶ【一分】¶彼は~のすきもない tā wú xì kě chéng(他无隙可乘).

いちぶ【一部】**1**[一部分] yíbùfen(一部分).¶この計画は~手直しの必要がある zhège jìhuà yǒu yíbùfen xū jiā xiūgǎi(这个计画有一部分须加修改).¶反対はほんの~の人に過ぎない fǎnduì de zhǐ búguò shì yì xiǎo bùfen rén(反对的只不过是一小部分人).
2[一冊] yì běn(一本); yí fèn(一份).¶このパンフレットは~200円です zhège xiǎocèzi èrbǎi kuài qián yì běn(这个小册子二百块钱一本).¶新聞を~下さい gěi wǒ yí fèn bàozhǐ(给我一份报纸).

いちぶいちりん【一分一厘】 fēnháo(分毫), sīháo(丝毫).¶~の狂いもない sīháo bú chà(丝毫不差).

いちぶしじゅう【一部始終】 yì wǔ yì shí(一五一十), yuányuán-běnběn(原原本本・源源本本), shǐmò gēnyóu(始末根由), qiányīn hòuguǒ(前因后果).¶~を物語った yìwǔ-yìshí de dōu jiǎng le(一五一十地都讲了)/ yuányuán-běnběn dōu shuō le(原原本本都说了).

いちぶぶん【一部分】 yíbùfen(一部分).

いちべつ【一瞥】 yìpiē(一瞥), yìyǎn(一眼).¶~も与えず通り過ぎた yíyǎn bù piē jiù zǒuguoqu le(一眼不瞥就走过去了).¶その絵は~して偽物とわかった nà fú huà, yìyǎn jiù kànchū shì jiǎhuò(那幅画,一眼就看出是假货).

いちべついらい【一別以来】¶~もう5年になる fēnbié yǐlái yǐjing yǒu wǔ nián le(分别以来已经有五年了).

いちぼう【一望】¶町が~のうちに見渡せる quán zhèn kěyǐ yìyǎn wàngdào(全镇可以一眼望到).¶千里の原野 yíwàng-wújì de yuányě(一望无际的原野).

いちまい【一枚】 yì zhāng(一张), yí kuài(一块).¶紙を~ yì zhāng zhǐ(一张纸).¶板を~ yí kuài mùbǎn(一块木板).¶その計画には彼も~加わっている nàge jìhuà yě yǒu tā yífèn(那个计划也有他一份儿).¶彼の方が君より役者が~上だ tā kě bǐ nǐ gāo yì zhāor(他可比你高一筹儿).

いちまいかんばん【一枚看板】¶彼女は一座の~だ tā shì zhège jùtuán de táizhùzi(她是这个剧团的台柱子).¶減税を党の~にする bǎ shuìshōu jiǎnmiǎn zuòwéi dǎng de tǒngyī kǒuhào(把税收减免作为党的统一口号).

いちまつ【一抹】¶この計画には~の不安がある zhège jìhuà hái yǒudiǎnr kàobuzhù(这个计划还有点儿靠不住).

いちまつもよう【市松模様】 fānggé huāwén(方格花纹).

いちみ【一味】 yìhuǒ(一伙), yìbāng(一帮).¶これは彼等の陰謀だ zhè shì tāmen yìhuǒ de yīnmóu(这是他们一伙的阴谋).

いちみゃく【一脈】 yìmài(一脉).¶彼の考え方は私と~相通ずるものがある tā de xiǎngfa hé wǒ yǒu yìmài xiāngtōng zhī chù(他的想法和我有一脉相通之处).

いちめい【一名】**1**[1人] yì míng(一名).¶欠席者は~だけ qùexí de zhǐ yǒu yì míng(缺席的只有一名).¶費用は~につき5000円かかった fèiyong yí ge rén huāle wǔqiān rìyuán(费用一个人花了五千日元).
2[別名]¶故宮は~紫禁城と呼ばれる Gùgōng yòu ⸢jiàozuò⸥ [chēng zhī wéi] Zǐjìnchéng(故宫又⸢叫做[称之为]紫禁城).

いちめい【一命】 shēngmìng(生命), xìngmìng(性命).¶~にかかわる病気 yǒu shēngmìng wēixiǎn de jíbìng(有生命危险的疾病).¶危ういところで~をとりとめた xìng'ér bǎozhùle xìngmìng(幸而保住了性命)/ xiǎnxiē sàngle yì tiáo mìng(险些丧了一条命).

いちめん【一面】**1**[1つの面][一面]¶物事は~だけでなく全体をとらえなければならない bù gāi zhǐ kàn wèntí de yímiàn, yīnggāi kàndào quánmiàn(不该只看问题的一面,应该看到全面)/ kàn wèntí yào quánmiàn, bù gāi piànmiàn(看问题应该全面,不该片面).¶彼の言う事にも~の真理がある tā shuō de yě yǒu yímiàn zhī lǐ(他说的也有一面之理).¶彼女には~気の弱いところもある tā yě yǒu xīnruǎn de yímiàn(她也有心软的一面).
2[全面] yípiàn(一片).¶街は~火の海と化した shìjiè chéngle yípiàn huǒhǎi(市街成了一片火海).¶外は~の雪だ wàimian shì yípiàn xuěhuā(外面是一片雪花).
3[新聞の] dìyī bǎn(第一版), tóubǎn(头版).¶その事件は新聞の~にのった nàge shìjiàn dēngzài bàozhǐ de tóubǎn shang(那个事件登在报纸的头版上).

いちめんしき【一面識】 yímiàn zhī shí(一面之识), yímiàn zhī jiāo(一面之交), yímiàn zhī yǎ(一面之雅).¶彼とは~もない hé tā ⸢yímiàn zhī jiāo yě méiyǒu⸥ [wèicháng móumiàn/sù bù xiāngshí](和他⸢一面之交也没有⸥[未尝谋面/素不相识]).

いちめんてき【一面的】 piànmiàn(片面).¶問題を~にしか見ない zhǐshì piànmiàn de kàn wèntí(只是片面地看问题)/ kàn wèntí zǒngshì kàn qí yímiàn(看问题总是看其一面).

いちもうさく【一毛作】 yì nián yì shú(一年一熟).

いちもうだじん【一網打尽】 yì wǎng dǎ jìn(一网打尽). ¶～に検挙された yìwǎng-dǎjìn quán bèi dàibǔ le(一网打尽全被逮捕了).

いちもく【一目】 ¶～の差で勝った yǐ yí mù zhī chā yíng le(以一目之差赢了). ¶あの人には皆が～置いている duì tā dàjiā dōu língyǎn-xiāngkàn(对他大家都另眼相看).

いちもくさん【一目散】 yíliùyān[r](一溜烟[儿]), yíliùfēng(一溜风). ¶～に逃げだした yíliùyān pǎo le(一溜烟跑了)/ sātuǐ jiù pǎo le(撒腿就跑了).

いちもくりょうぜん【一目瞭然】 yí mù liǎorán(一目了然).

いちもつ【一物】 ¶腹に～ある人 xīn huái guǐtāi[bié yǒu yòngxīn] de rén (心怀鬼胎[别有用心]的人).

いちもん【一文】 yì wén(一文), fēnwén(分文). ¶～残らずはたいてしまった fēnwén bú shèng quándōu huāguāng le(分文不剩全都花光了)/ huāde yìgān-èrjìng(花得一干二净). ¶～の値打ちもない yìwén[yìqián/bèngzǐr]-bùzhí (一文[一钱/镚子儿]不值)/ bù zhí yí ge dàqián(不值一个大钱). ¶そんな事をしても～にもならない gàn nà zhǒng shì yě túláo-wúyì(干那种事也徒劳无益).
¶～なし shǒu wú fēn wén(手无分文)/ yì wén bù míng(一文不名)/ yì wú suǒ yǒu(一无所有).

いちもん【一門】 1【一族】 yìzú(一族). ¶平家の～ Píngshì yìzú(平氏一族).
2【同門】 ¶彼等は漱石の～だ tāmen shì Shùshí de tóngmén dìzǐ(他们是漱石的同门弟子).

いちもんいっとう【一問一答】 yí wèn yì dá(一问一答). ¶記者と～を交す gēn jìzhě yí wèn yì dá(跟记者一问一答).

いちもんじ【一文字】 ¶口を～に結ぶ jǐnbì zuǐ(紧闭嘴).

いちや【一夜】 yí yè(一夜), yì xiǔ(一宿). ¶～の宿を請う qǐqiú zhù yì xiǔ(乞求住一宿). ¶まんじりともせず～を明かした yì xiǔ méi héyǎn, guòle yí yè(一宿没合眼, 过了一夜). ¶秋の友と歓談した qiūtiān de yí ge yèwǎn hé péngyou chàngtán(秋天的一个夜晚和朋友畅谈). ¶～のうちに頭が真っ白になった yí yè jiān tóufa quán bái le(一夜之间头发全白了).

いちやく【一躍】 yí yuè(一跃). ¶～大スターになる yí yuè chéngwéi dàmíngxīng(一跃成为大明星).

いちゃつ・く tiáoqíng(调情). ¶人目もはばからず～く dāngzhe rén qián tiáoqíng(当着人前调情).

いちやづけ【一夜漬】 ¶胡瓜の～ yān yí yè de huángguā(腌一夜的黄瓜). ¶～の勉強では役に立たない línzhèn-mó qiāng yě wú jì yú shì (临阵磨枪也无济于事).

いちゃもん ¶～をつける zhǎo chár(找茬儿), chuī máo qiú cī(吹毛求疵)/ jīdànlǐ tiāo gǔtou(鸡蛋里挑骨头).

いちゅう【意中】 xīnyì(心意). ¶相手の～をさぐる shìtan duìfāng de xīnyì(试探对方的心意)/ tàntīng duìfāng de kǒuqì(探听对方的口气). ¶～を打ち明ける tǔlù zhēnqíng(吐露真情). ¶～の人 yìzhōngrén(意中人)/ xīnshàngrén(心上人).

いちよう【一様】 yíyàng(一样), tóngyàng(同样). ¶皆～の扱いを受けた dàjiā dōu shòudào tóngyàng de dàiyù(大家都受到同样的待遇). ¶大きさが～でない dàxiǎo bù yíyàng(大小不一样). ¶会員は～に反対した huìyuán yízhì fǎnduì(会员一致反对).

いちょう【銀杏】 yínxìng(银杏), gōngsūnshù(公孙树), báiguǒ(白果).

いちょう【医長】 zhǔrèn yīshī(主任医师).

いちょう【胃腸】 chángwèi(肠胃). ¶～をこわす shāng chángwèi(伤肠胃). ¶～が弱い chángwèi ruò(肠胃弱).
¶～病 chángwèibìng(肠胃病).

いちょう【移調】 yídiào(移调).

いちようらいふく【一陽来復】 pǐ jí tài lái(否极泰来).

いちらん【一覧】 1【一見】 ¶読者の～に供する gōng dúzhě yuèlǎn(供读者阅览). ¶この報告書を御～下さい zhège bàogào qǐng guò yíxià mù(这个报告请过一下目).
¶～払い jíqí fùkuǎn(即期付款)/ jiàn piào jí fù(见票即付).
2【一覧表】 yìlǎnbiǎo(一览表). ¶大学～ gāoděng yuànxiào yìlǎnbiǎo(高等院校一览表).

いちらんせいそうせいじ【一卵性双生児】 tóngluǎn'shuāngshēng[shuāngtāi](同卵双生[双胎]).

いちり【一利】 ¶百害あって～なし zhǐ yǒu bǎi hài ér wú yí lì(只有百害而无一利).
¶一害一～ yí lì yí bì(一利一弊).

いちり【一理】 ¶彼の言う事にも～ある tā suǒ shuō de yě yǒu yì lǐ(他所说的也有一理)/ tā de huà yě yǒu yì fān dàoli(他的话也有一番道理).

いちりつ【一律】 yílǜ(一律), yílì(一例), yígài(一概). ¶料金は～に1割値上げされた fèiyong yílǜ tígāole yì chéng(费用一律提高了一成). ¶それらは～には論じられない nà bùnéng yígài ér lùn(那不能一概而论).

いちりづか【一里塚】 lǐchéngbēi(里程碑).

いちりゅう【一流】 1【第一級】 yìliú(一流), dìyīliú(第一流). ¶彼は～のピアニストだ tā shì dìyīliú de gāngqínjiā(他是第一流的钢琴家).
¶～品 tóuděng[shàngděng] huòsè(头等[上等]货色)/ yìliúhuò(一流货)/ míngyōu(名优). ～ホテル dìyīliú fàndiàn(第一流饭店). ～大学 míngpái dàxué(名牌大学).
2【独特】 ¶彼の～の文体 tā dútè de wéntǐ(他独特的文体). ¶彼の～の論理で相手を煙にまいた tā yòng nà tào dàolǐ bǎ duìfāng nòngmíhu le(用他那套道理把对方弄迷糊了).

いちりょうじつ【一両日】 yìliǎngtiān(一两天), yíbàntiān(一半天). ¶～中に伺います yìliǎng-

tiān nèi qù bàifǎng(一两天内去拜访).
- **いちりん**【一輪】 yì duǒ(一朵). ¶梅の花が~咲いた kāile yì duǒ méihuā(开了一朵梅花). ¶~ざし xiǎohuāpíng(小花瓶).
- **いちりんしゃ**【一輪車】 dúlúnchē(独轮车).
- **いちる**【一縷】 yíxiàn(一线). ¶~の望みを抱く bàozhe yíxiàn xīwàng(抱着一线希望).
- **いちれい**【一礼】 gōnggōng-jìngjìng de xínglegelǐ(恭恭敬敬地行了个礼).
- **いちれい**【一例】 ¶~を挙げると… jǔ yí ge lìzi lái shuō…(举一个例子来说…). ¶これはほんの~に過ぎない zhè jǐn shì yí ge lìzi(这仅是一个例子).
- **いちれん**【一連】 yíxìliè(一系列), yìliánchuàn(一连串). ¶~の措置 yíxìliè de cuòshī(一系列的措施). ¶彼はあの~の事件に関係している tā tóng nà yìliánchuàn de shìjiàn yǒu guānxi(他同那一连串的事件有关系). ¶~番号を打つ zài kǎpiàn shang dǎ liánhào(在卡片上打连号).
- **いちれんたくしょう**【一蓮托生】 ¶こうなったら~だ dàole zhè dìbù, **tóng guī yú jìn le**[yì tiáo shéng shuān liǎ màzha, shuí yě pǎobuliǎo](到了这地步,「一条绳拴俩蚂蚱,谁也跑不了」). ¶私と彼女とは一つ運命だ wǒ hé tā xiūqī yǔ gòng(我和她休戚与共).
- **いちろ**【一路】 jìng(径), jìngzhí(径直). ¶~目的に向かって邁進する cháozhe mùbiāo yǒngwǎng-zhíqián(朝着目标勇往直前). ¶~北京に向けて飛びたった jìngzhí fēiwǎng Běijīng(径直飞往北京). ¶~帰国の途についた zhí tàshàng guīguó zhī tú(直踏上归国之途).
- **いつ**【何時】 shénme shíhou(什么时候), jǐshí(几时), nǎhuìr(哪会儿), nǎhuìr(哪会儿?), duōhuìr(多会儿), duōzán(多咱), duōzaowǎn(多早晚). ¶あなたは~東京に来ましたか nǐ 'shénme shíhou[nǎ' yì tiān / jǐr] dào Dōngjīng lái de?(你「什么时候[哪一天/几儿]到东京来的?). ¶夏休は~から~までですか shǔjià cóng jǐshí qǐ dào jǐshí zhǐ a?(暑假从几时起到几时止呢?). ¶~頃行ったか覚えていない shénme shíhou qù de wǒ wàng le(什么时候去的我忘了). ¶彼は~行っても家にいない duōzan qù tā yě bú zàijiā(多咱去他也不在家). ¶~まで待たせる気だろう jiūjìng jiào wǒ děngdào 'shénme shíhou[jǐshí] a(究竟叫我等到「什么时候[几时]啊).
- **いつ**【何時か】 1〔かつて〕 céng(曾), céngjīng(曾经), yǐqián(以前). ¶~お願いした件はどうなりましたか céngjīng[shàngcì] bàituō nǐ de shì zěnmeyàng le ne?(曾经[上次]拜托你的事怎么样了呢?). ¶~彼とその件について話したことがある yǒu yì tiān wǒ céng gēn tā tánguo nà jiàn shì(有一天我曾跟他谈过那件事).
2〔いずれ〕 shénme shíhou(什么时候). ¶~またお目にかかりましょう gǎitiān jiàn ba(改天见吧). ¶~1度皆で集まろう dàjiā huìjù yí cì ba(什么时候大家聚一堂吧). ¶~1度中国へ行ってみたい wǒ xīwàng yǒu yì tiān néng dào Zhōngguó qù(我希望有一天能到中国去). ¶そんな嘘は~きっとばれる nà zhǒng huǎngyán zǎowǎn huì lòuchū mǎjiǎo lái(那种谎言早晚会露出马脚来).
3〔いつしか〕 ¶~日も暮れていた bùzhī héshí yǐ mùsè cāngmáng(不知何时已暮色苍茫).
- **いっか**【一家】 1〔一家族〕 yìjiā(一家), yìjiāzi(一家子), yìjiārén(一家人), quánjiā(全家), quánjiārén(全家人), héjiā(合家). ¶~そろってピクニックに行く yìjiā dàxiǎo qù jiāoyóu(一家大小去郊游). ¶~をあげて南米に移住する jǔjiā yíjū Nán Měizhōu(举家移居南美洲). ¶彼は結婚して東京に~を構えた tā yǐ jiéhūn zài Dōngjīng chénglejiā(他已结婚在东京成了家).
2〔一権威〕 ¶小説家として~をなす zuòwéi xiǎoshuōjiā zì chéng yì jiā[dú shù yí zhì](作为小说家自成一家[独树一帜]).
- **いっか**【一過】 ¶台風~爽やかな秋が訪れた táifēng yí guò, shuǎnglǎng de qiūtiān láilín le(台风一过,爽朗的秋天来临了).
- **いっかい**【一介】 yí jiè(一介). ¶私は~の絵かきに過ぎない wǒ zhǐ búguò shì yí ge huàjiā(我只不过是一个画家). ¶~の書生 yí jiè shūshēng(一介书生).
- **いっかい**【一階】 yī lóu(一楼).
- **いっかく**【一角】 yìjiǎo(一角), yí ge jiǎoluò(一个角落). ¶これは氷山の~に過ぎない zhè zhǐ búguò shì bīngshān de yí jiǎo(这只不过是冰山的一角). ¶事務所は銀座の~にある bànshìchù zài Yínzuò de yí ge jiǎoluò(办事处在银座的一个角落).
- **いっかくせんきん**【一攫千金】 ¶~の夢がはずれた fā dàcái de měimèng luòkōng le(发大财的美梦落空了).
- **いっかげん**【一家言】 yì jiā zhī yán(一家之言), yījiāyán(一家言). ¶彼は文学について~を持っている tā zài wénxué shang zì chéng yì jiā zhī yán(他在文学上自成一家之言).
- **いっかつ**【一括】 ¶法案を~して議会に上程する bǎ fǎ'àn yìbǐng tíjiāo yìhuì(把法案一并提交议会). ¶~購入したほうが得だ zhěng pī mǎi jiào piányi(整批买较便宜).
- **いっかつ**【一喝】 ¶~されて彼は縮みあがった jiào rén dà hè yìshēng, tā jiù xiàzhù le(叫人大喝一声,他就吓住了).
- **いっかん**【一貫】 yíguàn(一贯). ¶彼は~してこの方針を堅持してきた tā 'yíguàn[shǐzhōng rú yī] jiānchízhe zhège fāngzhēn(他「一贯[始终如一]坚持着这个方针). ¶彼の主張には~性がない tā de zhǔzhāng méiyǒu yíguànxìng(他的主张没有一贯性).
- **いっかん**【一環】 yì huán(一环). ¶5か年計画の~として… zuòwéi wǔ nián jìhuà de yì huán…(作为五年计划的一环…).
- **いっき**【一気】 yìqì[r](一气[儿]), yìkǒuqì[r](一口气[儿]). ¶ビールを~に飲みほした bǎ yì bēi píjiǔ 'yìkǒu hēgān le[yì yǐn ér jìn](把一杯啤酒「一口喝干了[一饮而尽]). ¶~に頂上まで駆けのぼった yìkǒuqì pǎoshàng shāndǐng(一口气跑上山顶). ¶たまっていた仕事を~に

いっき【一揆】 ¶全国に続々と農民~が起こった quánguó gèdì jiēlián bàofāle nóngmín qǐyì(全国各地接连爆发了农民起义).

いっきいちゆう【一喜一憂】 ¶そんなことで~するな bié wèi nà zhǒng shì nòngde xǐ yízhèn yōu yízhèn de(别为那种事弄得喜一阵忧一阵的). ¶人々は~しながら選挙速報に聞き入っていた rénmen yìxǐ-yìyōu de qīngtīngzhe xuǎnjǔ de kāipiào sùbào(人们一喜一忧地倾听着选举的开票速报).

いっきうち【一騎打】 ¶~なら彼には負けない rúguǒ yí ge duì yí ge de huà, jiù bú huì shūgěi tā(如果一个对一个的话,就不会输给他). ¶今回の選挙は新人同士の~だ zhè cì xuǎnjǔ shì liǎng ge xīn chūmǎ de rén yìjué cíxióng(这次选举是两个新出马的人一决雌雄).

いっきとうせん【一騎当千】 ¶~のつわものぞろい dōu shì yì qí dāng qiān de měngjiàng(都是一骑当千的猛将).

いっきゅう【一級】 1【一学年】yī niánjí(一年级). ¶彼は私より~上だ tā bǐ wǒ gāo yī ˇniánjí[bān](他比我高一ˇ年级[班]).
2【一流】yījí(一级), tóuděng(头等). ¶~品 tóuděnghuò(头等货), dìyīliú huò(第一流货).

いっきょいちどう【一挙一動】 yìjǔ-yídòng(一举一动). ¶~に注目する zhùshì yìjǔ-yídòng(注视一举一动).

いっきょう【一興】 ¶それも~だ nà yě yǒuqùr(那也有趣ㄦ).

いっきょしゅいっとうそく【一挙手一投足】 ¶~の労を惜しむ bùkěn jǐn jǔshǒu zhī láo(不肯尽举手之劳). ¶~を見守る zhùyì yìjǔ-yídòng(注意一举一动).

いっきょに【一挙に】 yìjǔ(一举). ¶敵を~粉砕する yìjǔ fěnsuì dírén(一举粉碎敌人). ¶~退勢を挽回する yíxiàzi wǎnhuí tuíshì(一下子挽回颓势).

いっきょりょうとく【一挙両得】 yì jǔ liǎng dé(一举两得), yí jiàn shuāng diāo(一箭双雕).

いつ・く【居着く】 luòhù(落户). ¶今ではそこに~いている tā xiànzài zài nàr luòhù le(他现在在那ㄦ落户了). ¶あの店は店員が~かない nà jiā pùzi dǎoyuán dōu dāibucháng(那家铺子店员都呆不长).

いつくし・む【慈しむ】 lián'ài(怜爱), téngài(疼爱). ¶我が子のように~む xiàng qīnshēng de háizi yíyàng shíféng téng'ài(像亲生的孩子一样十分疼爱).

いっけい【一計】 ¶~を案ずる jì shàng xīn lái(计上心来).

いっけん【一件】 ¶例の~は片付いた nà yí jiàn shì yǐjing jiějué le(那一件事已经解决了).

いっけん【一看】 ¶~して偽物とわかった yíkàn jiù kànchū shì jiǎ de(一看就看出是假的). ¶あの映画は~の価値がある nàge diànyǐng zhíde yíkàn(那个电影值得一看). ¶その男は~紳士風だった nàge rén zhà yíkàn xiàng ge shēnshì shìde(那个人乍一看像个绅士似的). ¶百聞は~に如かず bǎiwén bùrú yíjiàn(百闻不如一见).

いっけんや【一軒家】 ¶村はずれに~がある cūnbiānr shàng yǒu yì jiān gūlínglíng de fángzi(村边ㄦ上有一间孤零零的房子). ¶マンションではなく~に住みたい bú shì gōngyù ér shì xiǎng zhù dúmén dúyuàn de yí zuò fángzi(不是公寓而是想住独门独院的一座房子).

いっこ【一己】 yìjǐ(一己). ¶これは私~の考えに過ぎない zhè zhǐ búguò shì ˇyìjǐ zhī jiàn [wǒ gèrén de xiǎngfa](这只不过是ˇ一己之见 [我个人的想法]).

いっこ【一顧】 yí gù(一顾). ¶その意見は~だに価しない nà zhǒng yìjiàn búxiè-yígù(那种意见不屑一顾). ¶彼は私の忠告など~だにしなかった wǒ de zhōnggào tā rú dōngfēng chuī mǎěr, quánrán bù tīng(我的忠告他如东风吹马耳,全然不听).

いっこう【一向】 quánrán(全然). ¶私は~に平気だ wǒ quánrán búzàihu(我全然不在乎)/ wǒ gēnběn méi dàng huí shì(我根本没当回事). ¶彼から~に便りがない tā yǎo wú yīnxìn(他杳无音信). ¶病気は~よくならない bìng ˇyìzhí[lǎo/zǒng] bú jiànhǎo(病ˇ一直[老/总]不见好). ¶この本は~に面白くない zhè běn shū yìdiǎnr yìsi yě méiyǒu(这本书一点ㄦ意思也没有).

いっこう【一考】 ¶これは~を要する問題だ zhè shì ge zhíde kǎolǜ de wèntí(这是个值得考虑的问题).

いっこう【一行】 yìxíng(一行). ¶~10人は全員無事帰国した yìxíng shí rén ānrán wúshì de huíguó le(一行十人安然无事地回国了).

いっこく【一刻】 1【わずかな時間】yíkè(一刻), piànkè(片刻), fēnmiǎo(分秒). ¶~を惜しんで勉強する zhēnxī fēnmiǎo yònggōng xuéxí(珍惜分秒用功学习). ¶これは~を争う問題だ zhè shì kè bù róng huǎn de shìqing(这是刻不容缓的事情). ¶~も早く手術しなければならない yào jǐnkuài de dòng shǒushù(要尽快地动手术). ¶~千金の春の宵 chūnxiāo yíkè zhí qiānjīn(春宵一刻值千金).
2【頑固】wángù(顽固), zhíniù(执拗). ¶そんな~な事を言わずに人の言うことも聞け búyào nàme zhíniù yě gāi tīngting rénjia de huà(不要那么执拗也该听听人家的话).
¶~者 wángù de rén(顽固的人)/ píqi niù de rén(脾气拗的人).

いっこだて【一戸建】 dúmén dúyuàn(独门独院).

いっこん【一献】 ¶~差し上げたい xiǎng shè biànyàn zhāodài nín(想设便宴招待您).

いつざい【逸材】 yìcái(逸材・逸オ・轶材). ¶あたら~を失った kěxī shīqùle yícái(可惜失去了逸材).

いっさい【一切】 1【すべて】yíqiè(一切), suǒyǒu(所有), quánbù(全部), zhěngge(整个).

いっさいがっさい

¶～の責任は私が負う yíqiè zérèn yóu wǒ chéngdān（一切责任由我承担）．¶この仕事の～を君にまかせる zhè xiàng gōngzuò quándōu jiāogěi nǐ le（这项工作全部交给你了）．¶火事で～の財産を失ってしまった yóuyú huǒzāi shīqùle suǒyǒu de cáichǎn（由于火灾失去了所有的财产）．¶費用は～で1万円です fèiyong zǒnggòng shì yíwàn rìyuán（费用总共是一万日元）．¶事の真相は～秘密にされている shìqing de zhēnxiàng quán bèi yǎngài le（事情的真相全被掩盖了）．

2〔全く〕yígài（一概），wánquán（完全），gēnběn（根本），yàgēnr（压根ル）．¶謝礼は～いただきません xièlǐ yígài bù shōu（谢礼一概不收）．¶掛売りは～いたしません gài bù shēqiàn（概不赊欠）．¶私は本件に～関係ありません wǒ yǔ cǐ shì wánquán wúguān（我与此事完全无关）．¶君の言うことは～信用しない nǐ shuō de wǒ ▽háo bù xiāngxìn［quán bú xìn］（你说的我▽毫不相信［全不信］）．¶酒は～飲みません jiǔ yìdiǎnr yě bù hē（酒一点ル不喝）/ dī jiǔ bù zhān（滴酒不沾）．

いっさいがっさい【一切合切】 ¶～株につぎこんだ bǎ suǒyǒu de yíqiè dōu tóujìn gǔpiào zhōng le（把所有的一切都投进股票中了）．¶戦争によって財産の～を失った yóuyú zhànzhēng shīqùle yíqiè cáichǎn（由于战争失去了一切财产）．

いっさく【一策】 ¶～を案ずる xiǎngchū yí ge jìcè（想出一个计策）．¶窮余の～ pòbùdéyǐ zhī jì（不得已之计）．

いっさく-【一昨】 ¶～日 qiánrì（前日）/ qiántiān（前天）．¶～夜 qiántiān wǎnshang（前天晚上）．¶～年 qiánnián（前年）．¶～4日 qiántiān sì hào（前天四号）．¶～昨日 dàqiántiān（大前天）/ dàqiánr（大前ル）．¶～昨年 dàqiánnián（大前年）．

いっさつ【一札】 ¶念のために～とる yǐ bèi wànyī, yāoqiú xiě yì zhāng zìjù（以备万一，要求写一张字据）/ kǒng hòu wú píng, lì zì wéi zhèng（恐后无凭, 立字为证）．

いっさん【一散】 →いちもくさん．

いっさんかたんそ【一酸化炭素】 yìyǎnghuàtàn（一氧化碳），méiqì（煤气）．¶～中毒で意識不明になった zhòngle ▽méiqì［méidú］, hūnmí bù xǐng le（中了▽煤气［煤毒］, 昏迷不醒了）．

いっし【一子】 ¶～をもうける shēng yì zǐ（生一子）/ tiān yí ge háizi（添一个孩子）．

いっし【一矢】 yì shǐ（一矢）．¶～を報いる bào zhī yì shǐ（报之一矢）．¶いわれのない非難に～を報いた duì wú zhōng shēng yǒu de fěibàng huíle yì jī（对无中生有的诽谤回了一击）．

いっし【一糸】 yìsī（一丝）．¶～もまとわぬ姿 yìsī-búguà de luǒtǐ（一丝不挂的裸体）/ chìshēn-lùtǐ（赤身露体）．¶～乱れず行進する yìsī-búluàn de xíngjìn（一丝不乱地行进）．

いっし【一指】 ¶あんな奴には～も触れさせない nà jiāhuo jiùshì yí ge shǒuzhǐtou yě bù zhǔn tā pèng（那种家伙就是一个手指头也不准他碰）．

いつしか【何時しか】 ¶～東の空が白んできた bùzhī shénme shíhou dōngfāng fābái le（不知什么时候东方发白了）．

いっしき【一式】 yí tào（一套）．¶大工道具～ yí tào mùgōng gōngjù（一套木工工具）．

いっしどうじん【一視同仁】 yí shì tóng rén（一视同仁）．

いっしゃせんり【一瀉千里】 yí xiè qiānlǐ（一泻千里）．

いっしゅ【一種】 yì zhǒng（一种）．¶菊科の～ júkē de yì zhǒng（菊科的一种）．¶これも～の愛情表現だ zhè yě shì yì zhǒng àiqíng de biǎoxiàn（这也是一种爱情的表现）．¶～独特のにおいがする yǒu yì zhǒng dútè de qìwèi（有一种独特的气味）．

いっしゅう【一周】 yì zhōu（一周），yì quān（一圈）．¶このトラックは～400メートルだ zhège pǎodào yì quānr yǒu sìbǎi mǐ（这个跑道一圈ル有四百米）．¶場内を～する rào chǎng yì zhōu（绕场一周）．
¶世界～旅行 huánqiú lǚxíng（环球旅行）．

いっしゅう【一蹴】 ¶我々の要求は～された wǒmen de yāoqiú bèi yíjiǎo tīkāi le（我们的要求被一脚踢开了）．¶相手を軽く～した bú fèi chuīhuī zhī lì de jībàile duìfāng（不费吹灰之力地击败了对方）．

いっしゅうき【一周忌】 yì zhōunián jìrì（一周年忌日），yì zhōunián jìchén（一周年忌辰）．

いっしゅうねん【一周年】 yì zhōunián（一周年）．¶～記念日 yì zhōunián jìniànrì（一周年纪念日）．

いっしゅん【一瞬】 yíshùn（一瞬），yíchànà（一刹那），yíshà（一霎）．¶それは～の出来事だった nà shì yíshùnjiān de shì（那是一瞬间的事）．¶この作業には～のゆるみも許されない zhè zhǒng zuòyè bù róngxǔ yǒu piànkè de shūhu（这种作业不容许有片刻的疏忽）．¶～思い出せなかった yíxiàzi xiǎng bu qǐlái（一下子想不起来）．¶街は～のうちに火の海と化した jiēshì ▽zhuǎnyǎn zhī jiān［shàshí］jiù chéngle yípiàn huǒhǎi（街市▽转眼之间［霎时］就成了一片火海）．

いっしょ【一緒】 yìtóng（一同），yìqǐ（一起），yíkuàir（一块ル），yídào[r]（一道［ル］），yílù（一路），¶～に歌いましょう dàjiā yìqǐ chànggēr ba（大家一起唱歌ル吧）．¶両親と～に暮している hé fùmǔ yìqǐ shēnghuó（和父母一起生活）．¶私達は小学校から～でした wǒmen céng shàngguo tóng yí ge xiǎoxué（我们曾上过同一个小学）．¶そう皆が～にしゃべってはわからない dàhuǒr zhèyàng qīzuǐ-bāshé yìqǐ jiǎng, tīng bu qīngchu（大伙ル这样七嘴八舌一齐讲，听不清楚）．¶これも～に包んで下さい qǐng bǎ zhège yíkuàir bāoqǐlai（请把这个一块ル也包好）．¶該国相当于四和九州加在一起的大きさです gāi guó xiāngdāngyú Sìguó hé Jiǔzhōu jiāzài yìqǐ nàme dà（该国相当于四和九州加在一起那么大）．¶あの人と～になっても10年になる gēn tā jiéhūn yǐjing yǒu shí nián le（跟他结婚已经有十年了）．¶あんな

連中と～くたにされてはたまらない bǎ wǒ gēn nà zhǒng rén hùnwéi-yìtán, zhè hái liǎode(把我跟那种人混为一谈,这还了得). ¶ ではそこまで御～しましょう nàme péi nín yí duàn lù ba(那么陪您一段路吧).

いっしょう【一生】 yìshēng(一生), yíshì(一世), yíbèizi(一辈子), zhōngshēn(终身), mòshì(没世), zhōngshēng(终生), bìshēng(毕生). ¶ 彼女は～独身で通した tā guòle yíbèizi dúshēn shēnghuó(她过了一辈子独身生活). ¶ 御恩は～忘れません wǒ yíbèizi yě wàngbuliǎo nín de dà'ēn(我一辈子也忘不了您的大恩)/ wǒ mòshì gǎn'ēn bú wàng(我没世感恩不忘). ¶ これは私の～をかけた仕事になるでしょう zhè jiāng chéngwéi wǒ de "bìshēng gōngzuò [zhōngshēng shìyè] (这将成为我的"毕生工作[终生事业]). ¶ 彼は革命に～を捧げた tā wèi gémìng "xiànchūle yìshēng [jūgōng-jìncuì, sǐ ér hòu yǐ] (他为革命"献出了一生[鞠躬尽瘁,死而后已]). ¶ 九死に～を得る jiǔ sǐ yì shēng (九死一生)/ hǔ kǒu yú shēng(虎口余生)/ jué lù féng shēng(绝路逢生)/ sǐ lǐ táo shēng(死里逃生).

いっしょう【一笑】 yíxiào(一笑). ¶ 彼は私の頼みを～に付した tā bǎ wǒ de kěnqiú "fù zhī yíxiào[yíxiào zhì zhī](他把我的恳求"付之一笑[一笑置之]). ¶ 破顔～する pòyán yíxiào (破颜一笑).

いっしょうけんめい【一生懸命】 →いっしょけんめい.

いっしょくそくはつ【一触即発】 yíchù jífā (一触即发). ¶ 両国の関係は～の状態にある liǎngguó de guānxi yǒu yíchù-jífā zhī shì(两国的关系一触即发之势).

いっしょけんめい【一所懸命】 yìxīn(一心), zhuānxīn(专心), pīnmìng(拼命). ¶ ～勉強する yòngxīn[nǔlì] xuéxí(用心[努力]学习) / yòngōng(用功). ¶ 彼は何をするにも～だ bùguǎn zuò shénme, tā dōu "máitóu kǔgàn [yīxīn-yíyì](不管做什么,他都"埋头苦干[一心一意]). ¶ どんなに～やっても認めてもらえない jiùshì zěnme "pīnmìng gàn[màimìng] yě débudào píngjià (就是怎么"拼命干[卖命]也得不到评价).

いっしん【一心】 yìxīn(一心), zhuānxīn(专心). ¶ 買いたい～で金をためた yìxīn xiǎng mǎi, jīzǎnle qián(一心想买,积攒了钱). ¶ ～こめて描き上げた絵 jīngxīn suǒ huà de huàr(精心所画的画ㄦ). ¶ ～に勉強する zhuānxīn de xuéxí(专心地学习).

いっしん【一身】 yìshēn(一身), zìshēn(自身). ¶ 全責任を～に引き受ける quánbù zérèn yìshēn chéngdān xialai(全部责任一身承担下来). ¶ 衆望を～に集める jí zhòngwàng yú yìshēn(集众望于一身)/ zhòngwàng suǒ guī(众望所归). ¶ ～の栄達を図る móuqiú zìjǐ shēngguān fācái(谋求自己升官发财). ¶ ～上の都合で退職する yóuyú gèrén de wèntí tuìzhí (由于个人的问题退职).

いっしん【一新】 yì xīn(一新). ¶ 面目を～する miànmù yì xīn(面目一新)/ huànrán yì xīn (焕然一新). ¶ 人心～をはかる shǐ rén de jīngshén miànmào huànrán-yìxīn(使人的精神面貌焕然一新).

いっしん【一審】 dìyīshěn(第一审), yīshěn(一审). ¶ ～では無罪になった dìyīshěn bèi pàn wúzuì(第一审被判无罪).

いっしんいったい【一進一退】 ¶ 病状は～だ bìngqíng hū hǎo hū huài(病情忽好忽坏).

いっしんきょう【一神教】 yīshénjiào(一神教).

いっしんどうたい【一心同体】 tóng xīn tóng dé (同心同德), yì xīn yì dé(一心一德). ¶ 我々は～だ wǒmen shì yì tiáo xīn(我们是一条心).

いっしんふらん【一心不乱】 quán shén guàn zhù(全神贯注), zhuān xīn zhì zhì(专心致志), jù jīng huì shén (聚精会神). ¶ ～に勉強する zhuānxīn-zhìzhì de xuéxí(专心致志地学习).

いっすい【一睡】 ¶ 昨夜は～もしなかった zuówǎn "yìxiǔ méi héyǎn[yí jiào méi shuì]/mù bù jiāo jié](昨晚一宿没合眼[一觉没睡/目不交睫]).

いっ・する【逸する】 1〔逃がす〕shīqù(失去), cuòguò(错过). ¶ 好機を～する shīqù hǎojīhui(失去好机会)/ shī zhī jiāo bì(失之交臂). 2〔それる〕¶ 常軌を～した行動 yuèchū chángguǐ de xíngwéi(越出常轨的行为).

いっすん【一寸】 yí cùn(一寸). ¶ 暗くて～先も見えない hēide shēnshǒu bú jiàn wǔzhǐ(黑得伸手不见五指). ¶ ～先は闇 qiántú mò cè (前途莫测). ¶ ～の虫にも五分の魂 pǐfū yěbù duó qí zhì(匹夫不可夺其志). ¶ ～の光陰軽んずべからず yí cùn guāngyīn búkě qīng(一寸光阴不可轻)/ cùn yīn cùn bì(寸阴尺璧). ¶ ～逃れを言う zhīwú tángsè(支吾搪塞).

いっすんぼうし【一寸法師】 ǎizi(矮子), cuózi (矬子), cuógèr(矬个ㄦ).

いっせい【一世】 yíshì(一世). ¶ ～を風靡した 彼の名は～を風靡した tā de míngshēng fēngmǐ "yìshì[yíshì](他的名声风靡"一时[一世]). ¶ ～の英雄 yí dài yīngxióng(一代英雄)/ yíshì zhī xióng(一世之雄). 2〔第一代〕dìyī dài(第一代), yīshì(一世). ¶ 日系米人の～ Měijí Rìběnrén dìyī dài(美籍日本人第一代). ¶ ナポレオン～ Nápólún yīshì(拿破仑一世).

いっせい【一斉】 yìqí(一齐). ¶ 選手達は～にスタートを切った yùndòngyuán yìqí qǐpǎo le (运动员一齐起跑了). ¶ ～射撃 qíshè(齐射).

いっせいいちだい【一世一代】 ¶ ～の名演説 yìshēng-yíshì de míngyǎnshuō(一生一世的名演说).

いっせき【一石】 ¶ ～を投ずる pāoshí yǐnqǐ yízhèn fēngbō(抛石引起一阵风波). ¶ ～二鳥 yì shí èr niǎo (一石二鸟)/ yí jiàn shuāng diāo(一箭双雕).

いっせき【一席】 yì xí(一席). ¶ ～ぶつ jiǎng yì xí huà(讲一席话). ¶ ～設ける shè yàn(设宴).

いっせつ【一説】 ¶～によれば… jù yì shuō …(据一说…).

いっせん【一戦】 ¶～を交える dǎ yí zhàng(打一仗)/ jiāo yí cì fēng(交一次锋).

いっせん【一線】 ¶彼等とは～を画する hé tāmen huàqīng jièxiàn(和他们划清界线).

いっそ suǒxìng(索性), shuàixìng(率性), shuǎngxìng(爽性), gāncuì(干脆). ¶～思い切って彼に打ち明けようか suǒxìng gēn tā quán shuō le ba(索性跟他全说了吧). ¶～のことやめてしまおう gāncuì lādǎo ba(干脆拉倒吧). ¶屈服するぐらいなら～死んだほうがましだ yǔqí qūfú, bùrú sǐqù(与其屈服,不如死去).

いっそう【一掃】 sǎochú(扫除), qīngchú(清除), dàngchú(荡除), díchú(涤除), kuòqīng(廓清), sùqīng(肃清). ¶繁風を～する kuòqīng huàifēngqì(廓清坏风气). ¶文盲を～する sǎochú wénmáng(扫除文盲)/ sǎománg(扫盲). ¶残党は～された yúdǎng yǐ bèi sùqīng(余党已被肃清).

いっそう【一層】 gèng(更), gèngjiā(更加), yuèfā(越发), yìfā(益发), yùjiā(愈加), yùyì(愈益). ¶2月になって～寒くなった jìnrù èryuè gèng lěng le(进入二月更冷了). ¶物価があがって生活は～苦しくなった wùjià shàngzhǎng, shēnghuó gèngjiā kùnnan le(物价上涨,生活更加困难了). ¶彼の病気も～悪くなった tā de bìng yuèfā èhuà le(他的病越发恶化了). ¶今後とも～の御支援を願います qǐng jīnhòu jǐyǔ gèng jìnyíbù de zhīyuán(请今后给与更进一步的支援). ¶両国関係を～発展させる jìnyíbù fāzhǎn liǎngguó guānxì(进一步发展两国关系).

いっそくとび【一足飛び】 ¶平社員から～に課長になった cóng yí ge xiǎo zhíyuán ゛yí yuè[yíbù-dēngtiān]゛chéngle kēzhǎng(从一个小职员゛一跃[一步登天]゛成了科长). ¶～に冬が来た yíxiàzi dōngtiān jiù lái le(一下子冬天就来了).

いつぞや【何時ぞや】 shàngcì(上次), shànghuí(上回), nà tiān(那天), qián xiē rìzi(前些日子). ¶～は失礼しました nà tiān shīlǐde hěn(那天失礼得很). ¶～はお世話になりました shàngcì duō méng zhàogù, xièxie nín(上次多蒙照顾,谢谢您).

いったい【一体】 1【同体】 ¶全員～となって働く dàjiā ゛qíxīn-xiélì[tóngxīn-héli/ hézhōnggòngjì]゛de gōngzuò(大家゛齐心协力[同心合力/ 和衷共济]地工作).

2【概して】 ¶今年の冬は～に寒い jīnnián dōngtiān zǒngde lái shuō bǐjiào lěng(今年冬天总的来说比较冷). ¶日本人は～によく働く Rìběnrén yìbān lái jiǎng gōngzuò dōu hěn qínkěn(日本人一般来讲工作都很勤恳).

3【一体全体】 dàodǐ(到底), jiūjìng(究竟). ¶君は～誰だ nǐ dàodǐ shì shuí?(你到底是谁?). ¶～全体どうするつもりだ nǐ jiūjìng xiǎng zěnmezhe?(你究竟想怎么着?).

いったい【一帯】 yídài(一带), yíliùr(一溜儿). ¶この辺～は湿地です zhè yídài shì zhǎozédì(这一带是沼泽地). ¶日光～に初雪が降った Rìguāng yídài xiàle chūxuě(日光一带下了初雪).

いつだつ【逸脱】 ¶それは本来の目的から～している nà bèilí běnlái de mùdì(那背离本来的目的). ¶常軌を～する yuèchū chángguǐ(越出常轨).

いったん【一旦】 yídàn(一旦). ¶～引き受けた以上は最後までやり通すべきだ jìrán dāying le, jiù gāi gǎodàodǐ(既然答应了,就该搞到底). ¶～緩急あらば… yídàn yǒu shì …(一旦有事…). ¶～家に帰ってから出掛けよう xiān huí yí tàng jiā, ránhòu zài qù(先回一趟家,然后再去). ¶会談は～打ち切られた huìtán zànqiě tíngzhǐ le(会谈暂且停止了).

いったん【一端】 yìduān(一端). ¶縄の～を杭に結びつける shéngzi de ゛yìduān[yìtóur] jìzài zhuāngshang(绳子的一端[一头儿]系在桩上). ¶見解の～を述べる chénshù qí jiànjiě de yìduān(陈述其见解的一端). ¶これで彼の性格の～がわかる yóu cǐ kě zhī tā xìnggé de yìduān(由此可知他性格的一端).

いっち【一致】 yízhì(一致). ¶この点で意見の完全な～をみた guānyú zhè yì diǎn yìjiàn wánquán qǔdéle yízhì(关于这一点意见完全取得了一致). ¶彼は言行が～しない tā yánxíng bù yízhì(他言行不一致). ¶満場～で採択された quánchǎng yízhì tōngguò(全场一致通过). ¶それはまったく偶然の～だ nà zhēn shì ǒurán de qiǎohé(那真是偶然的巧合). ¶～協力 qí xīn hé lì(齐心合力)/ tóng xīn xié lì(同心协力)/ hé zhōng gòng jì(和衷共济). ¶～団結 tuánjié yízhì(团结一致).

いっちはんかい【一知半解】 yì zhī bàn jiě(一知半解).

いっちょう【一朝】 yìzhāo(一朝), yídàn(一旦). ¶～事ある時は… yídàn yǒushì zhī jì …(一旦有事之际…).

いっちょういっせき【一朝一夕】 yì zhāo yì xī(一朝一夕). ¶すぐれた研究は～になるものではない zhuóyuè de yánjiū bìng bú shì yìzhāo-yìxī kěyǐ chénggōng de(卓越的研究并不是一朝一夕可以成功的).

いっちょういったん【一長一短】 ¶～があって決めかねる gè yǒu qí lìbì nányǐ juédìng(各有其利弊难于决定).

いっちょうら【一張羅】 ¶よそゆきの～を着て出掛ける chuānshàng wéiyī de hǎoyīfu chūqu(穿上唯一的好衣服出去). ¶～を盗まれて着る物がない jǐn yǒu de yí jiàn yīfu bèi tōu le, méiyǒu yīfu chuān(仅有的一件衣服被偷了,没有衣服穿).

いっちょくせん【一直線】 1【直線】 yì tiáo zhíxiàn(一条直线).

2【まっすぐ】 yìzhí(一直), bǐzhí(笔直). ¶東へ～に進む wǎng dōng yìzhí zǒu(往东一直走). ¶道路が～に駅まで続いている dàolù bǐzhí de tōngdào chēzhàn(道路笔直地通到车站).

いって【一手】 1〔ひとり〕 yìshǒu(一手). ¶仕事を～に引き受ける bǎ gōngzuò yìshǒu chéng-

bāo xialai(把工作一手承包下来).¶敌を〜に引き受ける dú dāng dírén(独当敌人).
2〔将棋などの〕yì zhāo[r]（一着［儿］),yí bù（一步).¶次ので勝敗が決る xià ˈyì zhāo[yí bù qí] jiù kě jué shèngfù（下ˈ一着［一步棋］就可决胜负).
3〔一方法〕yì zhāo[r]（一着［儿］).¶もうこの〜しかない zhǐ shèngxia zhè zuìhòu yì zhāo le(只剩下这最后一着儿了).¶押しの〜で相手を承諾させた yìng ràng duìfāng dāyingle xiàlái(硬让对方答应了来的).

いってい【一定】yídìng（一定).¶毎月〜の金額を積み立てる měiyuè cún yídìng de kuǎn'é(每月存一定的款额).¶〜の速度で飛行する àn yídìng de sùdù fēixíng(按一定的速度飞行).¶室内の温度は常に〜している shìnèi jīngcháng bǎochí yídìng de wēndù(室内经常保持一定的温度).¶収入が〜していない shōurù bú gùdìng(收入不固定).

いってつ【一徹】¶〜な老人 wángù de lǎorén(顽固的老人).

いつでも【何時でも】¶困った事があったら〜来なさい yǒu shénme kùnnan suíshí lái zhǎo wǒ ba(有什么困难随时来找我吧).¶東京へ行くと〜このホテルに泊る wǒ měi cì dào Dōngjīng zǒng zài zhè jiā fàndiàn zhù(我每次到东京总在这家饭店住).¶結構です shénme shíhou dōu kěyǐ(什么时候都可以)／duōzan dōu xíng(多咱都行)／nǎ tiān dōu méi guānxi(哪天都没关系).

いってん【一天】¶〜にわかにかき曇る tūrán mǎntiān wūyún mìbù(突然满天乌云密布).

いってん【一点】yì diǎn(一点);yì fēn(一分).¶問題をこの〜に絞って考えよう bǎ wèntí jízhōng zài zhè yì diǎn shang lái kǎolǜ ba(把问题集中在这一点上来考虑吧).¶全日本が〜先取した Rìběn guójiā dàibiǎoduì xiān dé yì fēn(日本国家代表队先得了一分).¶空は晴れ渡って〜の雲もない qíngkōng wànlǐ, yìdiǎnr yúncai yě méiyǒu(晴空万里,一点儿云彩也没有).¶心に〜の曇もない xīn wú dúchén(心无点尘).¶この論文は〜の非の打ちどころもない zhè piān lùnwén jiǎnzhí shì wúxièkějī(这篇论文简直是无懈可击).

いってん【一転】¶心機〜して勉学に励む zhènzuò qǐ jīngshen lái, nǔlì xuéxí(振作起精神来,努力学习).¶情勢が〜した xíngshì fāshēngle ge yìbǎi bāshí dù de dà zhuǎnbiàn(形势发生了个一百八十度的大转变).

いってんばり【一点張り】¶知らぬ存ぜぬの〜で押し通した yìkǒu-yǎodìng shuō bù zhīdào(一口咬定说不知道).¶規則〜 àn sǐ guīdìng bànshì(按死规定办事).

いっと【一途】¶病状は悪化の〜をたどった bìngqíng yìtiān bǐ yìtiān èhuà(病情一天比一天恶化).¶人口は増加の〜をたどっている rénkǒu búduàn de zēngjiā(人口不断地增加).

いっとう【一刀】yìdāo（一刀).¶〜のもとに切り捨てる yìdāo kǎnsǐ(一刀砍死).¶〜両断にたちまち解決した dāngjī-lìduàn yíxiàzi jiějué le (当机立断一下子解决了).

いっとう【一等】**1**〔等級の〕yīděng（一等),tóuděng（头等).¶100メートル競走で〜になった bǎimǐsài déle ˈdì［tóu］yīmíng(百米赛得了ˈ第［头］一名).¶〜車で行く dā tóuděngchē qù(搭头等车去)／zuò ruǎnxí qù(坐软席去).¶〜賞 yīděngjiǎng（一等奖)／tóuděngjiǎng（头等奖)／jiǎděngjiǎng（甲等奖)／jīnjiǎng（金奖).¶〜星 yīděngxīng（一等星).
2〔最も〕zuì（最).¶これが〜いい zhège zuì hǎo(这个最好).¶彼女が〜よく知っている tā zuì shúxī(她最熟悉).

いっとう【一頭】**1**〔一匹〕¶牛〜 yì tóu niú（一头牛).¶豚〜 yì tóu zhū(一口猪).¶ライオン〜 yì zhī shīzi(一只狮子).¶馬〜 yì pǐ mǎ(一匹马).
2¶〜を抜く chū lèi bá cuì(出类拔萃)／chū rén tóu dì(出人头地)／chāo qún jué lún(超群绝伦).

いっとき【一時】yìshí（一时), yíkè（一刻); yíhuìr（一会儿),yìhūr（一忽儿).¶苦しいのも〜のことだ kǔ yě zhǐshì yìshí de(苦也只是一时的).¶〜も油断できない yìshí-bànkè yě bùnéng shūhu dàyi(一时半刻也不能疏忽大意).

いつに【一に】¶今日の成功は〜君の努力によるものだ jīntiān de chénggōng wánquán guīgōng yú nǐ de nǔlì(今天的成功完全归功于你的努力).

いつになく【何時になく】¶彼は〜機嫌が悪かった tā bùtóng wǎngcháng qíngxù bù hǎo(他不同往常情绪不好).

いつのま【何時の間】¶〜にか彼の話に引き込まれていた bùzhī-bùjué de bèi tā de huà xīyǐnzhù le(不知不觉地被他的话吸引住了).¶彼女は〜にか部屋に入ってきていた shén bù zhī guǐ bù jué[bùzhī shénme shíhou] tā yǐ jìndào wūli lái le(神不知鬼不觉[不知什么时候]她已进到屋里来了).¶彼は〜にかいなくなっただろう tā bù zhīdào shénme shíhòu zǒu le(他不知道什么时候走了).

いっぱ【一派】¶〜をたてる dú shù yí zhì(独树一帜).¶それは彼等〜のしわざに違いない zhè yídìng shì tāmen yìhuǒ gàn de(这一定是他们一伙干的).

いっぱい【一杯】**1**〔分量〕yì bēi(一杯),yì wǎn(一碗),yì zhōng(一盅).¶水を〜下さい qǐng gěi wǒ yì bēi shuǐ(请给我一杯水).¶杯〜の酒で真赤になる hē yì zhōng jiǔ jiù shàngliǎn(喝一盅酒就上脸).¶塩をスプーン〜入れる gē yì chízi yán(搁一匙子盐).¶どこかでお茶でも〜飲みましょう zhǎo ge dìfang hē bēi chá ba(找个地方喝杯茶吧).¶いか〜 yì tiáo mòyú(一条墨鱼).
2〔飲酒〕¶〜やりながら話そう hējiǔ tán ba(喝酒谈吧).¶〜機嫌で冗談を言う chèn jiǔxìng kāi wánxiào(趁酒兴开玩笑).
3〔充満〕¶箱〜（満),mǎn（满), chōngmǎn（充满).¶箱〜の古本 mǎnxiāngzi de jiùshū(满箱子的旧书).¶部屋〜の人 yìwūzi rén(一屋子人).¶会場は人で〜だった huìchǎngli rén dōu

mǎn le(会场里人都满了). ¶喜びで胸が〜になった xīnli chōngmǎnle xǐyuè(心里充满了喜悦). ¶目に〜涙をためている yǎnli chōngmǎnle lèishuǐ(眼里充满了泪水)/ 熱涙盈眶(热泪盈眶). ¶腹一杯食べた chīde bǎobāor de(吃得饱饱儿的)/ bǎocānle yí dùn(饱餐了一顿). ¶ガソリンタンクを〜にする guànmǎn yóuxiāng(灌满油箱). ¶彼は仕事のことで頭が〜だ tā mǎnnǎozi shì gōngzuò de shì(他满脑子是工作的事).

4〔全部〕¶窓を〜にあける dà chǎng chuānghu(大敞窗户). ¶時間〜使って書いた yòngjìn suǒ gěi de shíjiān xiěchulai de(用尽所给的时间写出来的). ¶私は今月〜ここにいる wǒ yào zài zhèr dāidào zhège yuèdǐ(我要在这儿呆到这个月底). ¶力〜押したが戸は開かなかった shǐjìnr tuī yě méi bǎ mén tuīkāi(使劲儿推也没把门推开).

5¶まんまと〜食わされた yǎnzhēngzhēng de shòupiàn shàngle dàng(眼睁睁地受骗上了当).

いっぱい【一敗】¶5勝一〜 wǔ shèng yí bài(五胜一败). ¶〜を喫する chīle yì cháng bàizhàng(吃了一场败仗). ¶〜地にまみれる yí bài tú dì(一败涂地).

いっぱく【一泊】¶大阪で〜する zài Dàbǎn zhù yì xiǔ(在大阪住一宿). ¶1万5000円 〜 zhù yì wǎn yíwàn wǔqiān rìyuán(住一晚一万五千日元).

いっぱし【一端】¶子供のくせに〜の大人のような口をきく yí ge máoháizi jìng shuō dàrenhuà(一个毛孩子竟说大人话). ¶〜役にたつ mǎn zhōngyòng(满中用).

いっぱつ【一発】yì kē(一颗), yì fā(一发), yí lì(一粒). ¶〜の銃弾 yì fā zǐdàn(一发子弹). ¶〜の爆弾 yì kē zhàdàn(一颗炸弹). ¶号砲〜いっせいに飛び出した qiāngshēng yì xiǎng, dàjiā jiù yìqí qǐpǎo le(枪声一响,大家就一齐起跑了). ¶〜で仕留める yì qiāng dǎsǐ(一枪打死). ¶〜お見舞いするぞ jiào nǐ chángcháng wǒ de quántou(叫你尝尝我的拳头).

いっぱん【一半】yíbàn(一半). ¶君にも〜の責任がある nǐ yě yǒu yíbàn zérèn(你也有一半责任).

いっぱん【一般】yìbān(一般), pǔtōng(普通). ¶今年の作柄は〜に良好だ jīnnián de shōucheng yìbān dōu hěn hǎo(今年的收成一般都很好). ¶この傾向はまだ〜のになっていない zhè zhǒng qīngxiàng hái bù yìbān(这种倾向还不一般). ¶彼の名は〜の人には知られていない tā de míngzi yìbānrén bù zhīdào(他的名字一般人不知道). ¶〜に公開する xiàng gōngzhòng kāifàng(向公众开放). ¶〜会計 yìbān kuàijì(一般会计)/ pǔtōng kuàijì(普通会计). 〜大衆 yìbān qúnzhòng(一般群众).

いっぱん【一斑】yìbān(一斑). ¶〜を見て全豹を卜(ぼく)する guǎn zhōng kuī bào, kě jiàn yìbān(管中窥豹,可见一斑).

いっぴき【一匹】¶魚〜 yì tiáo yú(一条鱼). ¶犬〜 yì ˇtiáo[zhī] gǒu(一 ˇ条[只]狗). ¶猫〜 yì zhī māo(一只猫). ¶虫〜 yì zhī chóng(一只虫). ¶男〜なんというざまだ yí ge nánzǐhàn zhè chéng ge shénme yàngzi!(一个男子汉这成个什么样子!). ¶政界の〜狼 zhèngjiè de yì tiáo yěláng(政界的一条野狼).

いっぴつ【一筆】¶〜揮う huī bǐ(挥笔)/ huīháo(挥毫). ¶〜したためる xiě yì fēng xìn(写一封信).
¶〜啓上 jìng qǐ zhě(敬启者).

いっぴん【一品】¶彼女の歌は天下〜だ tā chàng de gē 'tiānxià dúyī-wú'èr[chāoqún-juélún](她唱的歌'天下独一无二[超群绝伦]).
¶〜料理 dāndiǎncài(单点菜)/ jīngjì xiǎocài(经济小菜).

いっぴん【逸品】jípǐn(极品), jīngpǐn(精品), shàngpǐn(上品), juépǐn(绝品). ¶氏の絵画のコレクションは〜ぞろいだ tā suǒ shōují de huìhuà dōu shì jípǐn(他所收集的绘画都是极品).

いっぷいっさいせい【一夫一婦制】yìfū-yíqīzhì (一夫一妻制).

いっぷう【一風】¶彼は〜変っている tā píqi yǒudiǎnr tèbié(他脾气有点儿特别). ¶〜変ったデザイン biéchū-xīncái de shèjì(别出心裁的设计).

いっぷく【一服】¶〜どうぞ qǐng hē yì bēi chá(请喝一杯茶). ¶1日3回〜ずつ服用のこと yì tiān sān cì, měi cì yí fù(一天三次,每次一服). ¶〜盛る fàng dú(放毒)/ xià dú(下毒). ¶食後に〜する fànhòu chōu zhī yān(饭后抽支烟). ¶どうぞ〜して下さい qǐng xiē yi xiē(请歇一歇).

いつぶ・す【鋳潰す】huílú(回炉). ¶鐘を〜して大砲にする bǎ zhōng huílú zhùchéng dàpào(把钟回炉铸成大炮).

いっぺん【一片】yí piàn(一片). ¶〜の肉 yí piàn ròu(一片肉). ¶〜の紙切れで解雇された jǐn píng yì zhāng tōngzhī jiù bèi jiěgù le(仅凭一张通知就被解雇了). ¶空には〜の雲もない tiānshang yì sī yúncai yě méiyǒu(天上一丝云彩也没有). ¶彼には〜の良心もない tā háo wú liángxīn(他毫无良心).

いっぺん【一変】¶それを聞くと彼はたちまち態度を〜した yì tīng nà, tā tūrán biànle tàidu(一听那,他突然变了态度). ¶形勢が〜した xíngshì dà biàn(形势大变).

いっぺん【一遍】yí biàn(一遍), yí cì(一次), yì huí(一回). ¶この本は〜読んだことがある zhè běn shū wǒ kàngguo yí biàn(这本书我看过一遍). ¶週に〜出掛ける měi xīngqī chūqu yí cì(每星期出去一次). ¶もう〜行ってみよう zài qù yí tàng kànkan(再去一趟看看). ¶〜に片づけるのは無理だ yí cì shì shōushi bu liǎo de(一次是收拾不了的). ¶そんなにたくさん〜には覚えきれない nàme duō yíxiàzi jìbuzhù(那么多一下子记不住).

いっぺんとう【一辺倒】yìbiāndǎo(一边倒). ¶アメリカへの外交政策 xiàng Měiguó yìbiāndǎo de wàijiāo zhèngcè(向美国一边倒的外交政策).

いっぽ【一歩】yí bù(一步). ¶疲れて〜も歩け

ない lèide yí bù yě zǒubudòng le(累得一步也走不动了). ¶ 自説を主張して～もゆずらない jiānchí zìjǐ de yìjiàn cùnbù bú ràng(坚持自己的意见寸步不让). ¶ ～誤ればとんでもない事になる cuòzǒu yí bù[yǒu ge shūlòu], jiù liǎobude le(错走一步[有个疏漏], 就了不得了). ¶ 凍死の～手前で救出された jíjiāng dòngsǐ zhī jì huòjiù le(即将冻死之际获救了). ¶ 着実に歩む yí bù yí bù[yí bù yí ge jiǎoyìnr] wěnbù qiánjìn(一步一步[一步一个脚印儿]稳步前进).

いっぽう【一方】 1 [一方面, 一方向] yìfāng(一方), yìfāngmiàn(一方面), yímiàn(一面), dānfāngmiàn(单方面). ¶ ～から言えばそれもやむを得ない cóng yìfāngmiàn lái jiǎng, nà yě shì bùdéyǐ de(从一方面来讲, 那也是不得已的). ¶ ～の言い分だけ聞いたのでは公平を欠く zhǐ tīng yìmiàn zhī cí wèimiǎn bù gōngpíng(只听一面之词未免不公平). ¶ それは～に片寄った意見だ nà shì piānxiàng yìfāng de yìjiàn(那是偏向一方的意见). ¶ 工業を発展させる～農業も発展させなければならない yìfāngmiàn yào fāzhǎn gōngyè, yìfāngmiàn yě yào fāzhǎn nóngyè(一方面要发展工业, 一方面也要发展农业).
¶ ～通行 dānxíngxiàn(单行线)/ dānxíngdào(单行道).
2 [ばかり] ¶ 物価は上がる～だ wùjià yígèjìnr de wǎng shàng zhǎng(物价一个劲儿地往上涨). ¶ 病気は悪くなる～です bìng yuèfā zhòng(病越发重). ¶ 彼は食い気～だ tā zhǐgù kǒufù zhī yù(她只顾口腹之欲).

いっぽう【一報】 ¶ 御一下さればいつでもお迎えにあがります zhǐyào tōngzhī yìshēng, suíshí qiánwǎng yíngjiē(只要通知一声, 随时前往迎接).

いっぽうてき【一方的】 dānfāngmiàn(单方面). ¶ ～に協定を破棄する dānfāngmiàn sīhuǐ xiédìng(单方面撕毁协定). ¶ それは～な意見だ nà shì piànmiàn de yìjiàn(那是片面的意见). ¶ A チームは～に戦いぬくしくっちゃった A duì shǐzhì-zhōng zhàn yōushì(A 队自始至终占优势).

いっぽん【一本】 ¶ ～の桜の木 yì kē yīnghuāshù(一棵樱花树). ¶ 鉛筆～ yì zhī qiānbǐ(一枝铅笔). ¶ 傘～ yì bǎ sǎn(一把伞). ¶ ～つけましょうか gěi nǐ tàng yì hú jiǔ ba(给你烫一壶酒吧). ¶ 腕～でこの世を渡る píng zìjǐ de yìshēn shǒuyì chuǎng jiānghu(凭自己的一身手艺闯江湖).

いっぽんぎ【一本気】 zhíxìng[r](直性儿), zhíxìngzi(直性子), zhíxīnyǎnr(直心眼儿), zhíchángzi(直肠子), zhítǒngzi(直筒子), gāngzhí(刚直), gāngzhèng(刚正). ¶ ～な若者 zhíxīnyǎnr de xiǎohuǒzi(直心眼儿的小伙子) / gāngzhèng bù'ē de qīngnián(刚正不阿的青年).

いっぽんだち【一本立ち】 zìlì(自立), dúlì(独立). ¶ やっと～しました hǎobù róngyi cái zìshí-qílì le(好不容易才自食其力了). ¶ 彼はまだ～ではやっていけない tā hái bùnéng dú-

dāng-yímiàn(他还不能独当一面).

いっぽんぢょうし【一本調子】 dāndiào(单调). ¶ 彼の話は～で面白くない tā de huà dāndiào fáwèi(他的话单调乏味).

いっぽんばし【一本橋】 dúmùqiáo(独木桥).

いっぽんやり【一本槍】 ¶ あの先生は文法～だ nà wèi lǎoshī jìng jiǎng yǔfǎ(那位老师净讲语法). ¶ 彼は正直～で通してきた tā yíxiàng wéirén zhèngzhí(他一向为人正直).

いつまでも【何時までも】 yǒngyuǎn(永远), jīngjiǔ(经久). ¶ ご恩は～忘れません nín de ēnhuì yǒngyuǎn yě wàngbuliǎo[yǒngshì bú wàng](您的恩惠永远也忘不了[永世不忘]). ¶ ～お元気で zhù nín yǒngyuǎn jiànkāng(祝永远健康). ¶ 嵐のような拍手が～鳴りやまなかった bàofēngyǔ bānde zhǎngshēng ˇjīngjiǔ[jiǔjiǔ] bùxī(暴风雨般的掌声ˇ经久[久久]不息). ¶ その場面の～目に焼きついて離れない zhège chǎngmiàn yìzhí yìnzài yǎndǐ bú huì xiāoshī(那场面一直印在眼底不会消失). ¶ そう～待っていられくはにいかない bùnéng lǎo zhème děngdàizhe(不能老这么等待着).

いつも【何時も】 jīngcháng(经常), shícháng(时常), chángcháng(常常), shíbùshí(时不时), lǎo(老), zǒng(总); píngcháng(平常), tōngcháng(通常), wǎngcháng(往常). ¶ 私は～7時に起きる wǒ jīngcháng qī diǎnzhōng qǐchuáng(我平常七点钟起床). ¶ 彼女は～部屋に閉じこもっている tā zǒng guānzài wūzili bù chūlai(她总关在屋子里不出来). ¶ 母は～あなたのことを心配しています wǒ mǔqin lǎo diànniànzhe nǐ(我母亲老惦念着你). ¶ 今日は～より1時間早く出掛けた jīntiān bǐ píngcháng zǎo yí ge zhōngtóu chūqu le(今天比平常早一个钟头出去了). ¶ 彼女は今日は～と様子が違う tā jīntiān yǒudiǎnr bùtóng wǎngcháng(她今天有点儿不同往常). ¶ ～ならば桜が咲く頃だ píngcháng zhè shíhou yǐ kāi yīnghuā le(通常这时候已开樱花了). ¶ 彼の遅刻は～のことだ tā chídào shì ˇjīngcháng de shì[jiāchāng biànfàn](他迟到是ˇ经常的事[家常便饭]).

いつわ【逸話】 yìwén(轶闻·逸闻), yìshì(轶事·逸事).

いつわり【偽り】 jiǎ(假), xūjiǎ(虚假), xūwěi(虚伪). ¶ 私の言う事に～はない wǒ shuō de huà méiyǒu bàndiǎnr xūjiǎ(我说的话没有半点儿虚假). ¶ ～の証言をする zuò jiǎzhèngyán(作假证言). ¶ ～を言う shuō jiǎhuà(说假话)/ shuōhuǎng(说谎)/ sāhuǎng(撒谎)/ yángyán(佯言). ¶ ～あり guà yángtóu, mài gǒuròu(挂羊头, 卖狗肉).

いつわ・る【偽る】 1 [うそを言う] jiǎmào(假冒), màochōng(冒充). ¶ 病気と～って学校を休む zhuāng bìng kuàngkè(装病旷课). ¶ 名を～る màomíng(冒名)/ huàmíng(化名).
2 [だます] piàn(骗), qīpiàn(欺骗), kuāngpiàn(诓骗), hǒngpiàn(哄骗). ¶ 人を～る piàn rén(骗人).

イデア lǐxiǎng(理想); lǐniàn(理念).

イディオム xíyòngyǔ (习用语), chéngyǔ (成语).

イデオロギー sīxiǎng tǐxì (思想体系), yìshí xíngtài (意识形态), sīxiǎng yìshí (思想意识), guānniàn xíngtài (观念形态).

いてざ【射手座】 rénmǎzuò (人马座).

いでたち【出立】 dǎban (打扮), zhuāngshù (装束), zhuāngbàn (装扮). ¶旅の～ lǚxíng de dǎban (旅行的打扮).

いてん【移転】 qiānyí (迁移). ¶～先を知らせる tōngzhī qiānyí dìzhǐ (通知迁移地址). ¶事務所を～する qiānyí bàngōngshì (迁移办公室). ¶Bに権利を～する bǎ quánlì zhuǎnràng gěi B (把权利转让给B).

いでん【遗传】 yíchuán (遗传). ¶色盲は～する sèmáng shì huì yíchuán de (色盲是会遗传的). ¶～学 yíchuánxué (遗传学). ～子 yíchuán yīnzǐ (遗传因子)/ jīyīn (基因). ～子情報 yíchuán xìnxī (遗传信息)/ jīyīn xìnxī (基因信息). ～子操作 yíchuán cāozuò (遗传操作). ～子組替え chóngzǔ DNA (重组DNA)/ yíchuán gōngchéng (遗传工程)/ jīyīn chóngzǔ jìshù (基因重组技术). ～工学 yíchuán gōngchéng (遗传工程)/ jīyīn gōngchéng (基因工程).

いと【糸】 xiàn[r] (线[儿]);〖弦〗xián (弦). ¶～を紡ぐ fǎng ˇxiàn[shā] (纺ˇ线[纱]). ¶針に～を通す chuānzhēn (穿针)/ rèn zhēn (纫针). ¶～を抜く chāi xiàn (拆线). ¶誰かが陰で～を引いているに違いない yídìng yǒu rén zài ànzhōng qiānxiàn (一定有人在暗中牵线). ¶絹～ sīxiàn (丝线). ¶琴の～ qínxián (琴弦). ¶蜘蛛の～ zhīzhūsī (蜘蛛丝)/ zhūwǎngsī (蛛网丝).

いと【意図】 yìtú (意图). ¶君の～する所は一体何なのだ nǐ de yìtú jiūjìng shì shénme? (你的意图究竟是什么?). ¶こちらの～に反している gēn wǒmen de yìtú xiāngfǎn (跟我们的意图相反). ¶敵の～をくじく fěnsuì dírén de qǐtú (粉碎敌人的企图).

いど【井戸】 jǐng (井), shuǐjǐng (水井). ¶～を掘る wā jǐng (挖井)/ dǎ jǐng (打井)/ záo jǐng (凿井). ¶～がかれた jǐng gānhé le (井干涸了). ¶～をさらう táo jǐng (淘井). ¶～端会議をする còu jǐngtáir liáotiānr (凑井台儿聊天儿).

¶～車 lùlu (辘轳). ～水 jǐngshuǐ (井水).

いど【緯度】 wěidù (纬度).

いと・う【厭う】 1〖いやがる〗¶世を～う yànwù chénshì (厌恶尘世)/ yànshì (厌世). ¶労を～わず働く bùcí xīnkǔ de gōngzuò (不辞辛苦地工作).

2〖大事にする〗bǎozhòng (保重). ¶時節柄御体お～い下さい shíling bú zhèng qǐng duō bǎozhòng (时令不正请多保重).

いどう【異同】 yìtóng (异同). ¶中国医学と西洋医学との～ Zhōng-Xīyī zhī yìtóng (中西医之异同). ¶両者に～らしい～もない liǎngzhě háo wú chāyì (两者毫无差异).

いどう【異動】 biàndòng (变动), diàodòng (调动). ¶毎年春に人事～がある měinián chūnjì yǒu rénshì biàndòng (每年春季有人事变动).

いどう【移動】 yídòng (移动), qiānyí (迁移), zhuǎnyí (转移). ¶都市は人は～が激しい dūshì rénkǒu yídòngde jiào lìhai (都市人口移动得较厉害). ¶部隊が～した bùduì zhuǎnyí le (部队转移了).

¶～図書館 xúnhuí[liúdòng] túshūguǎn (巡回[流动]图书馆). ～大使 xúnhuí dàshǐ (巡回大使).

いときりば【糸切り歯】 quǎnyá (犬牙), quǎnchǐ (犬齿).

いとくず【糸屑】 xiàntóu (线头), shātóu (纱头).

いとぐち【緒】 xiànsuǒ (线索), tóuxù (头绪), tóulù (头路). ¶事件解決の～が見つからない zhǎobudào pò'àn de xiànsuǒ (找不到破案的线索). ¶それが彼の成功の～となった nà jiàn shì chéngle tā fājī de kāiduān (那件事成了他发迹的开端).

いとぐるま【糸車】 fǎngchē (纺车).

いとこ 1〖従兄弟〗[父の兄弟の子] tángfáng dixiong (堂房弟兄), tángxiōngdì (堂兄弟), tángxiōng (堂兄), tángdì (堂弟);[父の姉妹の子, 母の兄弟姉妹の子] biǎoxiōngdì (表兄弟), biǎoxiōng (表兄), biǎogē (表哥), biǎodì (表弟).

2〖従姉妹〗[父の兄弟の子] tángfáng jiěmèi (堂房姐妹), tángjiěmèi (堂姐妹), tángjiě (堂姐), tángmèi (堂妹);[父の姉妹の子, 母の兄弟姉妹の子] biǎojiěmèi (表姐妹), biǎojiě (表姐), biǎomèi (表妹).

いどころ【居所】 ¶～がわからない bù zhī ˇqùxiàng[xiàluò/ zhùchù] (不知ˇ去向[下落/ 住处]). ¶虫の～が悪い qíngxù bù hǎo (情绪不好).

いとし・い xīn'ài (心爱), kě'ài (可爱);〖かわいそうだ〗kělián (可怜). ¶～い我が子 wǒ xīn'ài de háizi (我心爱的孩子)/ jiāo'ér (娇儿). ¶みなしごを～く思う wǒ juéde gū'ér hěn kělián (我觉得孤儿很可怜).

いとな・む【営む】 bàn (办), jīngyíng (经营). ¶事業を～む jīngyíng shìyè (经营事业). ¶独立して生計を～む dúlì ˇmóushēng[yíngshēng] (独立ˇ谋生[营生]). ¶農業を～む cóngshì nóngyè (从事农业). ¶仏事を～む bàn fóshì (办佛事).

いとのこ【糸鋸】 gāngsījù (钢丝锯), sōugōngzī (镂弓子).

いとへん【糸偏】 jiǎosīpángr (绞丝旁儿), luànjiǎosīr (乱绞丝儿).

いとま【暇】 1〖ひま〗xiá (暇), xiánxiá (闲暇). ¶席の暖まる～もない nuǎnge xí bù xiá nuǎn (忙得席不暇暖). ¶客が次々と来て応接に～がない kèrén fēnzhì-tàlái, mángde yìngjiē-bùxiá (客人纷至沓来, 忙得应接不暇). ¶同じような例は枚挙に～がない tóngyàng de lìzi bùshèng-méijǔ (同样的例子不胜枚举).

2〖辞去〗¶もうお～しなくては wǒ gāi gàocí le (我该告辞了).

いとまき【糸巻】 ràoxiànbǎn (绕线板), xiànzhóur (线轴儿), xiànguǎnzi (线桄子).

いとまごい【暇乞い】 cíxíng (辞行), gàocí (告辞), gàobié (告别), cíbié (辞别). ¶お〜にあがりました wǒ xiǎng nín cíxíng lái le (我向您辞行来了).

いど・む【挑む】 tiǎo (挑), tiǎozhàn (挑战). ¶戦いを〜む tiǎozhàn (挑战). ¶論争を〜む tiǎoqǐ zhēnglùn (挑起争论). ¶世界記録に〜む xiàng shìjiè jìlù tiǎozhàn (向世界纪录挑战).

いとめ【糸目】 ¶金に〜をつけない bùxī huāfèi (不惜花费).

いと・める【射止める】 **1**〔撃ち止める〕dǎzhòng (打中), shèzhòng (射中). ¶1発で熊を〜めた yì qiāng bǎ xióng dǎsǐ le (一枪把熊打死了). **2**〔獲得する〕dédào (得到), huòdé (获得), yíngdé (赢得). ¶賞金を〜めた huòdé jiǎngjīn (获得奖金). ¶彼女の心を〜めた yíngdéle tā de àiqíng (赢得了她的爱情).

いとも hěn (很), jí (极), fēicháng (非常). ¶式は〜厳に行われた diǎnlǐ jǔxíngde fēicháng lóngzhòng (典礼举行得非常隆重). ¶それは彼には〜たやすいことだ nà duì tā lái shuō "yì rú fǎnzhǎng[qīng ér yì jǔ/ jǔ shǒu zhī láo]" (对他来说 "易如反掌 [轻而易举/ 举手之劳]").

いな【否】 ¶彼が成功するか〜かはひとえに彼の努力にかかっている tā chénggōng yǔ fǒu quán zàiyú tā de nǔlì (他成功与否全在于他的努力). ¶財産のあると〜とを問わない bú wèn yǒu wú cáichǎn (不问有无财产).

いな【異な】 ¶まことに〜事があるものだ zhēn shì yí jiàn guàishì (真是一件怪事). ¶これは〜ことを承る qí yán guài zāi! (其言怪哉!).

いない【以内】 yǐnèi (以内), zhī nèi (之内). ¶10日〜にお返事します zài shí tiān zhī nèi dáfù nǐ (在十天之内答复你). ¶投稿は800字〜に限る tóugǎo xiàn bābǎi ge zì yǐnèi (投稿限八百个字以内). ¶費用は3万円〜であげること fèiyong búdé chāoguò sānwàn rìyuán (费用不得超过三万日元).

いなお・る【居直る】 ¶こそ泥が〜った qièzéi fānliǎn xíngxiōng (窃贼翻脸行凶).

いなか【田舎】 **1** xiāngxià (乡下), xiāngjiān (乡间). ¶私は〜で生れた wǒ zài xiāngxià chūshēng de (我在乡下出生的). ¶ここは東京でも〜でガスも来ていない zhèr suī shì Dōngjīng, dàn hěn piānpì hái méi tōng méiqì (这儿虽是东京, 但很偏僻还没通煤气). ¶〜くさい格好をしている dǎban yǒuxiē tǔqi (打扮有些土气). ¶〜風の料理 yǒu xiāngtǔ fēngwèi de cài (有乡土风味的菜). ¶彼は〜言葉まるだしだ tā mǎnkǒu xiāngxiàhuà (他满口乡下话). ¶〜者 xiāngxiàrén (乡下人)/ tǔbāozi (土包子)/ lǎogǎn (老赶)/ lǎomàor (老帽儿)/ xiāngbalǎor (乡巴佬儿)/ nítuǐ (泥腿)/ nítuǐzi (泥腿子). **2**〔郷里〕gùxiāng (故乡), jiāxiāng (家乡), lǎojiā (老家). ¶私の〜は長野県です wǒ de gùxiāng shì Chángyě Xiàn (我的老家是长野县). ¶〜の母に東京見物をさせる ràng lǎojiā de mǔqin lái Dōngjīng yóuwán (让老家的母亲来东京游玩).

いながら【居ながら】 ¶マスメディアの発達で〜にして世界中の出来事を知ることができる yóuyú tōngxùn bàodào de fādá, "bù chū jiāmén [zuòzài jiālǐ]" jiù kěyǐ zhīdao shìjiè dàshì (由于通讯报道的发达, "不出门门 [坐在家里] 就可以知道世界大事).

いなご【蝗】 huángchóng (蝗虫), fēihuáng (飞蝗), zhàhuáng (蚱蝗), màzha (蚂蚱).

いなさく【稲作】 dàozuò (稻作). ¶今年の〜は良好だ jīnnián dàozi "shōucheng[zhǎngshì] fēicháng hǎo (今年稻子"收成[长势] 非常好). ¶〜地帯 dàozuò dìdài (稻作地带).

いなずま【稲妻】 shǎn (闪), shǎndiàn (闪电), huòshǎn (霍闪). ¶ぴかっと〜が光った dǎle yí ge shǎn (打了一个闪)/ shǎnle yí ge diànguāng (闪了一个电光).

いなせ ¶〜な若衆 dǎban jùnqiào shénqi de xiǎohuǒzi (打扮俊俏神气的小伙子).

いなだ【稲田】 dàotián (稻田).

いなな・く【嘶く】 sīmíng (嘶鸣), sīxiào (嘶啸). ¶馬が〜く mǎ míng xiāoxiāo (马鸣萧萧)/ huīhuīr mǎ sī (灰儿 灰 马嘶).

いなびかり【稲光】 →いなずま.

いなほ【稲穂】 dàosuì[r] (稻穗儿).

いなめな・い【否めない】 ¶これは〜い事実だ zhè shì wúkě fǒurèn de shìshí (这是无可否认的事实).

いなや【否や】 ¶彼は私を見るや〜逃げ出した tā yí jiàn wǒ sātuǐ jiù pǎo le (他一见我撒腿就跑了). ¶彼は入って来るや〜仕事にかかった tā yí jìn wū jiù zhuóshǒu gōngzuò le (他一进屋就着手工作了).

いなら・ぶ【居並ぶ】 ¶〜ぶ人々をあっと言わせた shǐ zàizuò de rén dàchī-yìjīng (使在座的人大吃一惊). ¶〜ぶ審査員の前で独唱する zài bìngpái zuòzhe de píngpànyuán miànqián dúchàng (在并排坐着的评判员面前独唱).

いなりずし【稲荷鮨】 yóuzhá dòufu shòusī (油炸豆腐寿司).

イニシアチブ zhǔdòng (主动), zhǔdǎoquán (主导权). ¶〜をとる zhǎngwò zhǔdòng (掌握主动).

イニシアル shǒuzìmǔ (首字母). ¶自分の〜を上着にぬいとる bǎ zìjǐ xìngmíng de dìyī ge zìmǔ xiùzài shàngyī shang (把自己姓名的第一个字母绣在上衣上).

いにゅう【移入】 ¶生産県から米を〜する yóu shēngchǎnxiàn yùnrù dàmǐ (由生产县运入大米). ¶感情〜 gǎnqíng tóurù (感情投入).

いにょう【遺尿】 yíniào (遗尿).

いにん【委任】 wěituō (委托), wěirèn (委任). ¶A氏に全権を〜した bǎ quánquán wěituōle A xiānsheng (把全权委托了A 先生). ¶〜状 wěirènzhuàng (委任状). ¶〜統治 wěirèn tǒngzhì (委任统治).

いぬ【犬】 **1** gǒu (狗). ¶〜を飼う yǎng gǒu (养狗). ¶〜が吠える gǒu jiào (狗叫). ¶〜に運動させる liù gǒu (遛狗). ¶〜も歩けば棒にあたる xiā-

mão pèng sǐhàozi (瞎猫碰死耗子). ¶ ～の子 xiǎogǒu (小狗), gǒuzǎizi (狗崽子).
¶ ～小屋 gǒuwō (狗窝).
2【回し者】zǒugǒu (走狗), gǒutuǐzi (狗腿子), tuǐzi (腿子); jiānxi (奸细), zhǎoyá (爪牙). ¶ あいつは資本家の～だ tā shì zīběnjiā de zǒugǒu (他是资本家的走狗). ¶ 警察の～ jǐngchá de gǒutuǐzi (警察的狗腿子).

いぬ【戌】 xū (戌).

いぬかき【犬搔き】 gǒupáor (狗刨儿), gǒupár (狗爬儿).

いぬくぎ【犬釘】 dàodīng (道钉).

いぬじに【犬死】 báisòngsǐ (白送死), báisǐ (白死).

いね【稲】 dào (稻), dàozi (稻子). ¶ ～刈をする gē dàozi (割稻子).

いねむり【居眠り】 dǔnr (盹儿), kēshuì (瞌睡), kēchòng (瞌铳); xiǎoshuì (小睡). ¶ いつの間にか～していた bùzhī-bùjué dǎle kēshuì (不知不觉打了瞌睡). ¶ ～運転で事故を起した dǎ [chòng] dǔnr kāichē chuǎngle huò (打〔冲〕盹儿开车闯了祸).

いのいちばん【いの一番】 ¶ ～に駆けつけた zuìxiān [dìyī ge] gǎndào (最先〔第一个〕赶到).

いのこずち【牛膝】 niúxī (牛膝).

いのこ・る【居残る】 ¶ 今日は～って仕事をしなければならない jīntiān děi jiābān-jiādiǎn (今天得加班加点). ¶ 宿題を忘れたので放課後～りさせられた wàngle zuò zuòyè bèi fá, kèhòu liúxià le (忘了做作业被罚, 课后留下了).

いのしし【猪】 yězhū (野猪).

いのち【命】 mìng (命), shēngmìng (生命), xìngmìng (性命), huómìng (活命). ¶ 交通事故で～をおとす yīn jiāotōng shìgù ér sàngmìng (因交通事故而丧命). ¶ 民族解放のために～を捧げる wèi mínzú jiěfàng xiànchū shēngmìng (为民族解放献出生命). ¶ 危うく～を取り留めた xiǎnxiēr diūle yì tiáo mìng (险些儿丢了一条命). ¶ ～ばかりはお助け下さい qǐng ráo wǒ zhè yì tiáo mìng ba (请饶我这一条命吧). ¶ 彼は～の恩人だ tā shì wǒ de jiùmìng ēnrén (他是我的救命恩人). ¶ ～から2番目に大切なものを無くした shīqùle jǐn cìyú shēngmìng de zhòngyào dōngxi (失去了仅次于生命的重要东西). ¶ 別状はない shēngmìng méiyǒu shénme wēixiǎn (生命没有什么危险). ¶ ～の瀬戸際にのぞむ miànlín shēngsǐ guāntóu (面临生死关头). ¶ ～のある限り働く zhǐyào huózhe jiù gōngzuò dào zuìhòu yì tiān (只要活着就工作到最后一天)/ yìxī-shàngcún, jué bù xièdài (一息尚存, 决不懈怠). ¶ ～あっての物種 liúdé qīngshān zài, bú pà méi chái shāo (留得青山在, 不怕没柴烧). ¶ 過労が彼の～を縮めた suōduǎnle tā de shòumìng (过度劳累缩短了他的寿命). ¶ 商人は信用が～だ xìnyòng shì shāngrén de mìnggēnzi (信用是商人的命根子).

いのちがけ【命懸け】 pīnmìng (拼命), shěmìng (舍命), huōmìng (豁命), sǐmìng (死命). ¶ ～でやる pīnmìng de gàn (拼命地干). ¶ テスト パイロットは～の仕事だ shìfēiyuán shì mào shēngmìng wēixiǎn de gōngzuò (试飞员是冒生命危险的工作).

いのちからがら【命からがら】 ¶ ～逃げ出した hǎoróngyì cái táochū mìng lái le (好容易才逃出命来了)/ táotuō xiǎnjìng, pǎole chūlai (逃脱险境, 跑了出来)/ sǐ lǐ táo shēng (死里逃生).

いのちごい【命乞い】 ¶ ～をする qǐqiú ráomìng (乞求饶命).

いのちしらず【命知らず】 ¶ ～の乱暴者 búyàomìng de wúlài (不要命的无赖)/ wángmìng zhī tú (亡命之徒)/ wángmìngtú (亡命徒).

いのちづな【命綱】 ānquándài (安全带), bǎoxiǎnsuǒ (保险索), jiùshēngsuǒ (救生索).

いのちとり【命取り】 ¶ ～の病気 zhìmìng de jíbìng (致命的疾病). ¶ あの失敗が彼の～となった nà cì shībài chéngle tā de zhìmìngshāng (那次失败成了他的致命伤).

いのちびろい【命拾い】 ¶ 危ういところで～した zài wēixiǎn guāntóu jiǎnle yì tiáo mìng (在危险关头捡了一条命)/ xiǎnxiēr sòngle mìng (险些儿送了命)/ jiǔ sǐ yì shēng (九死一生)/ sǐ lǐ táo shēng (死里逃生)/ jué lù féng shēng (绝路逢生).

いのちみょうが【命冥加】 ¶ ～な男だ tā zhēn shì mìng dà (他真是命大). ¶ ～にも助かった dé tiān bǎoyòu, jiǎnle yì tiáo mìng (得天保佑, 拣了一条命).

いのなかのかわず【井の中の蛙】 jǐngdǐ zhī wā (井底之蛙).

イノベーション jìshù géxīn (技术革新), jìshù gǎigé (技术改革).

いのり【祈り】 dǎogào (祷告), qídǎo (祈祷). ¶ 神に～を捧げる xiàng shén zuò dǎogào (向神做祷告).

いの・る【祈る】 **1**【神仏に願う】qídǎo (祈祷), dǎogào (祷告), dǎoniàn (祷念), zhùgào (祝告), qíqiú (祈求). ¶ 病気全快を神に～ xiàng shén qídǎo zǎorì bìngyù (向神祈祷早日病愈).
2【望む】zhù (祝), zhùyuàn (祝愿), dǎozhù (祷祝), zhùdǎo (祝祷), zhùgào (祝告). ¶ 御成功を～ります zhù [zhùyuàn] nǐ chénggōng (祝〔祝愿〕你成功). ¶ 旅の無事を～る zhù yílù píng'ān (祝一路平安).

いはい【位牌】 páiwèi (牌位), língpái (灵牌), língwèi (灵位), shénzhǔ (神主).

いばしょ【居場所】 ¶ 僕の～がない méiyǒu wǒ dāi de dìfang (没有我待的地方)/ wǒ méi chù dāi (我没处待).

いはつ【衣鉢】 yībō (衣钵). ¶ 師の～を継ぐ jìchéng lǎoshī de yībō (继承老师的衣钵).

いはつ【遺髪】 sǐzhě yíxià de tóufa (死者遗下的头发).

いばら【茨】 jīngjí (荆棘). ¶ ～の道を切り開いて進む pī jīng zhǎn jí (披荆斩棘). ¶ ～の道を歩んで来た lìjīng jiānnán xiǎnzǔ (历经艰难险阻).

いば・る【威張る】 bǎi jiàzi (摆架子), chēngdà (称大), bǎikuǎnr (摆款儿), bǎifènr (摆份儿), bǎipǔr (摆谱儿); chěng wēifēng (逞威风),

shuǎ wēifēng(耍威风). ¶彼は家が金持だといって～っている tā kuāyào jiālǐ yǒuqián(他夸耀家里有钱). ¶部下に～りちらす duì bùxià ˇyīwèi de bǎi jiàzi[dà chěng wēifēng/hūyāo-hè-liù de](对部下一味地摆架子[大逞威风/呼幺喝六的]). ¶～って歩く dàyáo-dàbǎi de zǒu(大摇大摆地走).
- **いはん【違反・違犯】** wéifǎn(违反); wéifàn(违犯). ¶それでは契約～だ nà shì wéifǎn hétong de(那是违反合同的). ¶～交通～でつかまった wéifǎn jiāotōng guīzé bèi zhuā le(违反交通规则被抓了). ¶国法に～する wéifǎn guófǎ(违犯国法).
¶～者 wéifǎzhě(违法者)/ wéizhāngzhě(违章者).
- **いびき【鼾】** hūlu(呼噜)、hānshēng(鼾声)、hōushēng(鼾声)、bíxī(鼻息). ¶～をかく dǎ hūlu(打呼噜)/ dǎ hān(打鼾). ¶彼の～はすごい tā hānshēng[bíxī] rú léi(他ˇ鼾声[鼻息]如雷).
- **いびつ【歪】** wāi(歪)、wāixié(歪斜). ¶～な箱 biànxíng de hézi(变形的盒子). ¶～な字 wāixié de zì(歪斜的字).
- **いひょう【意表】** yìbiǎo(意表)、yìliào(意料). ¶人の～をつく chū rén yìliào(出人意料)/ chū rén yìbiǎo(出人意表)/ chū qí búyì(出其不意).
- **いびょう【胃病】** wèibìng(胃病).
- **いび・る** 嫁を～る zhémo érxífur(折磨儿媳妇ル).
- **いひん【遺品】** yíwù(遺物).
- **いふ【異父】** yìfù(异父). ¶～兄弟 yìfù xiōngdì(异父兄弟).
- **いふう【威風】** wēifēng(威风). ¶～堂々と行進する wēifēng-lǐnlǐn de xíngjìn(威风凛凛地行进). ¶～あたりを払う wēifēng yā sìfāng(威风压四方)/ bāmiàn wēifēng(八面威风).
- **いふう【遺風】** yífēng(遺风)、yúfēng(余风). ¶封建の～ fēngjiàn shídài de yífēng(封建时代的遺风).
- **いぶかし・い【訝しい】** chàyì(诧异)、kěyí(可疑). ¶彼女は～げに私を見た tā yǐ chàyì de yǎnguāng kànle wǒ yì yǎn(她以诧异的眼光看了看我). ¶彼の態度に～い点は見られなかった tā de tàidu háo wú kěyí de dìfang(他的态度毫无可疑的地方).
- **いぶか・る【訝る】** chàyì(诧异)、nàhǎn(纳罕)、nàmèn[r](纳闷[ル]). ¶彼はなぜ私が来たのかと～った tā chàyì wǒ wèishénme lái le(他诧异我为什么来了).
- **いぶき【息吹】** qìxī(气息). ¶春の～を感ずる yǐjīng gǎnjuédào chūntiān de qìxī(已经感觉到春天的气息).
- **いふく【衣服】** yīfu(衣服)、yīshang(衣裳)、yīshān(衣衫).
- **いぶくろ【胃袋】** wèináng(胃囊)、wèi(胃); [食用としての] dǔzi(肚子)、dǔr(肚ル). ¶豚の～ zhūdǔr(猪肚ル)/ zhūdǔzi(猪肚子).
- **いぶしぎん【燻し銀】** yínxūnsè(银熏色). ¶～の演技 jīngzhàn de yǎnyì(精湛的演技).
- **いぶ・す【燻す】** xūn(熏)、ǒu(炝). ¶蚊を～す xūn wénzi(熏蚊子). ¶松葉を～して狐を追い出す yòng sōngyè xūngǎn húli(用松叶熏赶狐狸).
- **いぶつ【異物】** yìwù(异物).
- **いぶつ【遺物】** yíwù(遺物). ¶古代の～ gǔdài de yíwù(古代的遺物).
- **いぶ・る【燻る】** ¶なかなか燃えつかずに～ってばかりいる lǎo bù zháo jìng màoyān(老不着净冒烟).
- **いぶんし【異分子】** yìjǐ fènzǐ(异己分子)、yìjǐ(异己). ¶～を排除する páichú yìjǐ(排除异己).
- **いへき【胃壁】** wèibì(胃壁).
- **いへん【異変】** ¶彼女の身に何か～があったのではあるまいか huòxǔ zài tā shēnshang fāshēngle shénme yìwài(或许在她身上发生了什么意外). ¶何の～も起らなかった bìng méi fāshēng shénme yìcháng(并没发生什么异常).
¶～天候～ tiānqì fǎncháng(天气反常).
- **イベント** ¶年末には様々な～が行われる niándǐ jǔxíng gèzhǒng-gèyàng de wéntǐ huódòng(年底举行各种各样的文体活动).
- **いぼ【疣】** yóu(疣)、zhuǐyóu(赘疣)、hóuzi(瘊子)、ròuzhuǐ(肉赘). ¶～ができた zhǎngle hóuzi(长了瘊子). ¶がまの～ làiháma de gēda(癞蛤蟆的圪瘩).
- **いぼ【異母】** yìmǔ(异母). ¶～兄弟 yìmǔ xiōngdì(异母兄弟).
- **いほう【違法】** wéifǎ(违法). ¶～行為 wéifǎ xíngwéi(违法行为)/ fànfǎ xíngwéi(犯法行为).
- **いぼじ【疣痔】** zhìhé(痔核).
- **いま【今】** 1 [現在] xiànzài(现在)、xiànjīn(现今)、rújīn(如今)、mùjīn(目前)、dāngqián(当前)、yǎnqián(眼前)、yǎnxià(眼下)、yǎnshí(眼时). ¶～何時ですか xiànzài jǐ diǎnzhōng?(现在几点钟?). ¶～がチャンスだ xiànzài shì ge jīhuì(现在是个机会). ¶～のうちに片付けておこう chènzhe zhège shíhour dōu ˇshíduohǎo[ˇbànwán] le ba(趁着这个时候ル都ˇ拾掇好[ˇ办完]了吧). ¶～のところそれは不可能だ mùqián[dāngqián] nà shì bù kěnéng de(目前[当前]那是不可能的). ¶～の若者は幸福だ xiànzài de niánqīngrén dōu hěn xìngfú(现在的年轻人都很幸福). ¶～の～まで私は知らなかった zhídào xiànzài wǒ cái zhīdao(直到现在我才知道). ¶～にして思えばあの時の彼の様子は変だった xiànzài huíxiǎng qǐlai, dāngshí tā de tàidu shì yǒudiǎnr bù xúncháng(现在回想起来,当时他的态度是有点ル不寻常). ¶～から30分後に出発します dǎ xiànzài qǐ sānshí fēnzhōng hòu chūfā(打现在起三十分钟后出发). ¶この建物は～から500年前に建てられたものだ zhège jiànzhù shì jù jīn wǔbǎi nián yǐqián suǒ jiàn de(这个建筑是距今五百年以前所建的). ¶～こそ皆が立ち上がる時だ xiànzài zhèngshì dàjiā gāi zhàn qǐlai de shíhou le(现在正是大家该站起来的时候了). ¶～でもあの日の事をはっきりと覚え

ている zhídào jīntiān[zhìjīn] nà tiān de shì hái jìyì yóu xīn (直到今天[至今]那天的事还记忆犹新). ¶～となってはもう仕方がない shì dào rújīn yǐjing méi bànfǎ le (事到如今已经没办法了). ¶～なうまだ终電車に間に合う xiànzài hái gǎndeshàng mòbān diànchē (现在还赶得上末班电车). ¶～もって彼からは何の報告もない zhídào xiànzài yě méiyǒu dédào tā de rènhé bàogào (直到现在也没有得到他的任何报告).

2〔今すぐ〕jiù (就), mǎshàng (马上), lìkè (立刻). ¶～すぐ出来ます mǎshàng jiù néng dé (马上就能得)/ bù yíhuìr jiù néng zuòhǎo (不一会儿就能做好). ¶～帰ります zhè jiù huíqu (这就回去). ¶～出掛けるところです wǒ zhèng yào chūmén ne (我正要出门呢). ¶～か～かと彼の来るのを待ち構えている wàngyǎnyùchuān [pòbùjídài] de děngdàizhe tā lái (望眼欲穿[迫不及待]地等待着他来).

3〔今しがた〕gāng (刚), gānggāng (刚刚), gāngcái (刚才), fāngcái (方才), shìcái (适才). ¶～3時の時報が鳴ったばかりだ gāng bàole sān diǎnzhōng (刚报了三点钟). ¶会議は始まった huìyì gāng kāishǐ (会议刚开始). ¶～の人は誰ですか gāngcái nàge rén shì shuí? (刚才那个人是谁?). ¶～そう言ったないか nǐ bú shì gānggāng nàme shuō de ma? (你不是刚刚那么说的吗?).

4〔さらに〕¶～しばらくお待ち下さい qǐng zài shāowēi děng yíxià (请再稍微等一下). ¶～1度試してみよう zài shìshi kàn (再试试看). ¶～ひと息というところで負けた jiù chà nàme yìdiǎnr shūgěi rénjia le (就差那么一点儿输给人家了). ¶～ひとつ努力が足りない nǔ nǔlì de bú gòu (努力得不够). ¶～会場の盛り上りは～ひとつだ chǎngshang de qìfēn hái chà yìdiǎnr (场上的气氛还差一点儿).

いま【居間】qǐzuòjiān (起坐间).

いまいましい【忌忌しい】kěhèn (可恨), kěqì (可气), kěwù (可恶), kězēng (可憎), gāisǐ (该死). ¶全く～い奴だ zhēn shì ge kěhèn de jiāhuo (真是个可恨的家伙). ¶～げに彼をにらんだ ěhěnhěn de dèngle tā yìyǎn (恶狠狠地瞪了他一眼). ¶くそ～い zhēn kěwù! (真可恶!).

いまごろ【今頃】zhè shíhou (这时候), zhèhuìr (这会儿), zhèhuìzi (这会子); xiànzài (现在). ¶明日の～伺います míngtiān zhè shíhou qù bàifǎng nín (明天这时候去拜访您). ¶～になると燕がやってくる měinián yí dào zhè shíhou, yànzi jiù fēilái (每年一到这时候, 燕子就飞来). ¶～そんな事を言ってももう駄目だ xiànzài shuō nà zhǒng huà yě bùxíng le (到现在说那种话也不行了). ¶～まで何をしていたのか nǐ gàn shénme qù le, xiànzài cái huílái?! (你干什么去了, 现在才回来?!).

いまさら【今更】¶～何を言っても追い付かない shì dào rújīn shuō shénme yě wú jì yú shì (事到如今说什么也无济于事). ¶～始まらない xiànzài hòuhuǐ yě láibují le (现在后悔也来不及了). ¶～言うまでもない事だが zhè 'wúxū [yòngbuzháo] zài shuō (这无须[用不着]再说). ¶～のように研究の必要性を感じた xiànzài gèng wéi qiángliè de gǎndào yǒu yánjiū de bìyào (现在更为强烈地感到有研究的必要).

いましがた【今し方】gāng (刚), gānggāng (刚刚), gāngcái (刚才), fāngcái (方才). ¶彼は～着いたばかりだ tā shì gāng dào de (他是刚到的). ¶彼等は～までここにいた tāmen fāngcái hái zài zhèli ne (他们方才还在这里呢).

いまじぶん【今時分】¶去年の～のことだった qùnián zhège shíhou de shì (去年这个时候的事). ¶～何の用だ zhè shíhour hái yǒu shénme shì a? (这时候还有什么事啊?).

いましめ【戒め】**1**〔教訓〕jiàoxùn (鉴训). ¶この失敗を今後の～とする bǎ zhè cì shībài zuòwéi 'jīnhòu de jiànjiè [qián chē zhī jiàn] (把这次失败作为今后的鉴戒[前车之鉴]).

2〔懲戒〕chéngjiè (惩戒). ¶～のために謹慎させる wèile chéngjiè, bùzhǔn wàichū (为了惩戒, 不准外出).

いましめ【縛め】¶～を解く sōng bǎng (松绑).

いまし・める【戒める】xùnjiè (训诫・训戒), gàojiè (告诫・告戒). ¶不心得を～める xùnjiè qí bùliáng xíngwéi (训诫其不良行为).

いまだ【未だ】wèicéng (未曾). ¶史上～かつてその例をみない lìshǐshang wèicéng jiànguo nàyàng de lìzi (历史上未曾见过那样的例子)/ shǐ wú qián lì (史无前例). ¶革命～成らず gémìng shàng wèi chénggōng (革命尚未成功). ¶～に彼の行方は分からない xiànzài tā réng xiàluò bùmíng (至今他仍下落不明).

いまどき【今時】**1**〔当世〕xiànzài (现在), xiànjīn (现今), rújīn (如今), mùjīn (目今), xiànshí (现时), xiànrújīn (现如今). ¶～そんな考えは古い xiànzài nà zhǒng xiǎngfa yǐjing guòshí le (现在那种想法已经过时了). ¶彼は～珍しい男だ tā shì ge rújīn shǎoyǒu de rén (他是个如今少有的人).

2〔今頃〕zhè shíhou (这时候), zhèhuìr (这会儿), zhèhuìzi (这会子). ¶～来てちょう遅いよ zhè shíhou lái yǐjing wǎn le (这时候来已经晚了).

いまに【今に】¶そんな事をしていると～罰があたるぞ nǐ gàn nà zhǒng shì, zǎowǎn de bàoyìng (你干那种事, 早晚得报应). ¶～なんとかなるさ dào shíhour zǒng huì yǒu bànfǎ de (到时候, 总会有办法的). ¶～成功してみせる wǒ yídìng yào chénggōng de (瞧着吧, 我一定要成功的). ¶～みていろ zǒuzhe qiáo ba! (走着瞧吧!).

いまにも【今にも】yǎnkàn (眼看), yǎnjiàn (眼见). ¶～雨が降り出しそうだ yǎnkàn jiù yào xiàyǔ le (眼看就要下雨了). ¶船は～沈みそうだった chuán yǎnkàn jiù yào chénxiaqu le (船眼看就要沉下去了).

いまわ【今は】¶～の際 míliú zhī jì (弥留之际)/ línzhōng (临终)/ línsǐ (临死).

いまふう【今風】¶若者の～の考え方にはついていけない niánqīngrén xiànjīn de xiǎngfa kě

gēnbushàng(年轻人现今的想法可跟不上).¶～の服装と髪型 shífēn de fúzhuāng hé shímáo de fàxíng(时新的服装和时髦的发型).

いままで【今まで】 cónglái(从来); yǐwǎng(已往).¶こんな面白い小説は～読んだことがない zhème yǒu yìsi de xiǎoshuō wǒ cónglái méiyǒu dúguo(这么有意思的小说我从来没有读过).¶大会は～にない盛り上がりを見せた dàhuì cónglái méiyǒu chéngxiànguo zhème rèliè de qìfēn(大会从来没有呈现过这么热烈的气氛).¶～の生活を反省する fǎnxǐng yǐwǎng de shēnghuó(反省已往的生活).¶彼がいたとは～気がつかなかった tā zàichǎng, wǒ yìzhí méiyǒu liúyì(他在场,我一直没有留意).¶～のところ何の異状もない dào mùqián wéizhǐ, méiyǒu shénme yìcháng(到目前为止,没有什么异常).¶～通りに学生を募集する zhàojiù zhāoshēng(照旧招生).¶～にない豊作 qián suǒ wèi yǒu de dàfēngshōu(前所未有的大丰收).

いまや【今や】 ¶～決断すべき時だ xiànzài zhèngshì xià juéduàn de shíhou le(现在正是下决断的时候了).¶～遅しと待ち構えている pòbùjídài de děngdàizhe(迫不及待地等待着) ／ bābude kuài xiē dàolái(巴不得快些到来).

いまわし・い【忌わしい】 ¶～い思い出 lìng rén zuò'ǒu de wǎngshì(令人作呕的往事).¶～い夢を見る zuò bùxiáng zhī mèng(做不祥之梦).

いみ【意味】 **1**[わけ] yìsi(意思), yìwèi(意味).¶辞書で言葉の～を調べる fān cídiǎn chá cíyì(翻辞典查词义).¶ある～で彼は天才と言える zài mǒu zhǒng yìyì shang tā kěyǐ shuō shì tiāncái(在某种意义上他可以说是天才).¶私は別にそんな～で言ったのではない wǒ shuō de kě bú shì nà zhǒng yìsi(我说的可不是那种意思).¶～深長な言葉を吐く shēncháng[nài rén xún wèi] de huà(意味深长[耐人寻味]的话).¶この事件の～するものは何か zhège shìjiàn yìwèizhe shénme?(这个事件意味着什么?)¶この際黙っているのは同意を～する zài zhè zhǒng chǎnghé mò bú zuòshēng jiù yìwèizhe zànchéng(在这种场合合默不作声就意味着赞成).¶彼女は～ありげに私を見た tā xiàng yǒu shénme yòngyì shìde xiàng wǒ dìle ge yǎnsè(她像有什么用意似的向我递了个眼色).¶術語の～ shùyǔ de hányì(术语的含义).

2[価値] yìyì(意义).¶君が出席しなければ会を開く～がない(xiàng nǐ bù cānjiā, jiù méiyǒu bìyào kāihuì le(要是你不参加,就没有必要开会了).¶これ以上議論を続けても～がない zài jìxù zhēnglùn xiaqu yě háo wú yìyì(再继续争论下去也毫无意义).

いみきら・う【忌み嫌う】 yànwù(厌恶), xiánwù(嫌恶), yànhèn(厌恨), jìhuì(忌讳).¶彼は蛇蝎のごとく～われている tā yóuyú shéxiē jiào rén xiánwù(他犹如蛇蝎叫人嫌恶).

イミグレーション rùjìng jiǎnchá(入境检查).
いみじくも yīyǔ dàopòle zhēnlǐ(一语道破了真理).¶～言い表している shuōde qià rú qí fēn, miào bù kě yán(说得恰如其分,妙不可言).

イミテーション fǎngzhìpǐn(仿制品), fǎngzàopǐn(仿造品), yànpǐn(赝品).¶～の真珠 jiǎ zhēnzhū(假珍珠).

いみょう【異名】 wàihào(外号), chuòhào(绰号), biémíng(别名).¶鉄人の～をとる bèi rén chēngwéi tiěrén(被人称为铁人).

いみん【移民】 yímín(移民).¶ブラジルに～する yímín dào Bāxī(移民到巴西).

い・む【忌む】 **1**[避ける] jì(忌), jìhuì(忌讳), bìhuì(避讳).¶肉食を～む jì hūn(忌荤). **2**[憎む] ¶～むべき迷信 kěwù de míxìn(可恶的迷信).

いむ【医務】 yīwù(医务).¶～室 yīwùshì(医务室).

イメージ xíngxiàng(形象); xīnxiàng(心象).¶～が浮ぶ xíngxiàng fúxiàn yú nǎohǎi(形象浮现于脑海).

いも【芋】 [さつまいも] gānshǔ(甘薯), báishǔ(白薯), dìguā(地瓜), hóngshǔ(红薯); [じゃがいも] mǎlíngshǔ(马铃薯), tǔdòur(土豆儿), yángyù(洋芋); [さといも] yùtou(芋头); [やまのいも] shǔyù(薯蓣), shānyao(山药).¶～を洗うような混雑 yōngjǐ bùkān(拥挤不堪).

いもうと【妹】 mèimei(妹妹).

いもちびょう【稲熱病】 dàowēnbìng(稻瘟病), dàorèbìng(稻热病).

いもづる【芋蔓】 shǔyāng(薯秧).¶犯人一味は～式に検挙された zuìfàn yìhuǒ xiàng shǔyāng shìde yìliánchuàn de bèi dàibǔ le(罪犯一伙像薯秧似的一连串地被逮捕了).

いもの【鋳物】 zhùjiàn(铸件).¶～工場 zhùzàochǎng(铸造厂).

いもむし【芋虫】 zhú(蠋), zhúchóng(蠋虫).

いもり【井守】 róngyuán(蝾螈).

いもん【慰問】 wèiwèn(慰问).¶罹災者を～する wèiwèn zāimín(慰问灾民).¶～の手紙 wèiwènxìn(慰问信).

いや【嫌】 tǎoyàn(讨厌).¶～なお天気ですね zhēn shì lìng rén tǎoyàn de tiānqì a(真是令人讨厌的天气).¶～な感じの男 tǎorénxián de jiāhuo(讨人嫌的家伙).¶それを見ても気持がした kànle nà juéde búkuài(看了那觉得不快).¶～な臭いがする yǒu yì zhǒng nánwén de qìwèi(有一种难闻的气味).¶何となく～な予感がする zǒng juéde yǒudiǎnr bùxiáng de yùgǎn(总觉得有点儿不祥的预感).¶～なら～と最初から言えばよいのに jìrán bù yuànyì, dāngchū shuō bú yuànyì bú jiù hǎo le ma?(既然不愿意,当初说不愿意不就好了吗?)¶彼女は～な顔ひとつせずに貸してくれた tā yìdiǎnr yě bù xián máfan jiègěile wǒ(她一点儿也不嫌麻烦借给了我).¶あいつの顔を見るのも～だ tā de liǎn wǒ lián kàn dōu bù xiǎng kàn(他的脸我连看都不想看).¶この仕事が～になった zhège gōngzuò bù xiǎng gàn le(这个工作不想干了).¶もう生きるのが～になった yǐjing huónì le(已经活腻了).¶お前はもう～れになったのか nǐ yǐjing nìfán wǒ le?(你已经腻烦我了?).

いや【否】 bù (不), bú shì (不是). ¶"これはあなたの傘ですか?""~これは私のではありません" "zhè shì nǐ de yǔsǎn ma?" "bú shì, zhè shì wǒ de" ("这是你的雨伞吗?" "不是,这不是我的"). ¶"君は行かないのですか?" "~行きます" "nǐ bú qù ma?" "bù, wǒ qù" ("你不去吗?" "不,我去"). ¶~でも応でも連れて来い bùguǎn tā yuàn bu yuànyì, bǎ tā gěi wǒ lālai (不管他愿不愿意,把他给我拉来).

いやいや【嫌嫌】 miǎnqiǎng (勉强), miǎnmiǎn-qiǎngqiǎng (勉勉强强). ¶彼女は~ながら引き受けた tā miǎnmiǎn-qiǎngqiǎng dāyingle xiàlái (她勉勉强强答应了下来).

いやおう【否応】 ¶全然私に~を言わせない bùróng wǒ shuō yí ge zì (不容我说一个字). ¶~なしに連れて行かれた bùróng fēnshuō yìngbèi zhuàizǒu le (不容分说硬被拽走了).

いやがうえに ¶選手達は~も奮い立った xuǎnshǒumen yuèfā zhènzuò qilai le (选手们越发振作起来了).

いやがらせ【嫌がらせ】 ¶~をする gùyì zhǎo rén máfan (故意找人麻烦)/ dǎo máfan (捣麻烦). ¶~を言う shuō ˇqìhuà [fēngliánghuà] (说ˇ气话[风凉话]).

いやがる・嫌がる】 ¶皆が~ってやらないことをやる zuò tārén bú yuànyì zuò de shì (做他人不愿意做的事). ¶~る子供に薬を飲ませる gěi nàozhe bùkěn chī yào de háizi guàn yào (给闹着不肯吃药的孩子灌药). ¶そんな事を人に~られる zuò nàyang de shì huì tǎorénxián de (做那样的事会让人嫌的).

いやく【医薬】 yīyào (医药). ¶~品 yīyàopǐn (医药品).

いやく【意訳】 yìyì (意译). ¶このくだりを~すると次のようになる bǎ zhè yí duàn yìyì de huà, jiùshì zhèyàng (把这一段意译的话,就是这样).

いやく【違約】 wéiyuē (违约), bèiyuē (背约). ¶~金 wéiyuē fákuǎn (违约罚款).

いやけ【嫌気】 yàn (厌), yànfán (厌烦), nìfán (腻烦), yànjuàn (厌倦). ¶仕事に~がさしてきた duì gōngzuò gǎndào yànfán le (对工作感到厌烦了).

いやし・い【卑しい】 **1**[身分が低い] dījiàn (低贱), xiàjiàn (下贱), bēijiàn (卑贱), wēijiàn (微贱), hánwéi (寒微). ¶~い家柄の出 chūshēn wēijiàn (出身微贱).

2[下品だ] xiàjiàn (下贱), xiàliú (下流). ¶品性の~い人間 pǐnxìng xiàliú de rén (品性下贱的人). ¶言葉遣いが~い shuōhuà xiàliú (说话下流).

3[貧乏らしい] hánchen (寒碜・寒伧), hánsuān (寒酸). ¶~い身なりの男 chuānde hánsuān de nánrén (穿得寒酸的男人).

4[意地汚い] ¶お前は~いからお腹をこわすのだ nǐ ˇzuǐ ˇchán [cái chīhuàile dùzi (你ˇ贪嘴[嘴馋]才吃坏了肚子). ¶あいつは金に~い nà jiāhuo tāncái (那家伙贪财).

いやしくも【苟も】 ¶~良識ある者のなすべき事ではない jué bú shì míngzhì de rén yīng yǒu de xíngwéi (决不是明智的人应有的行为). ¶~専門家ならそれぐらいわかっていいはずだ jìrán shì ge zhuānjiā lǐyīng zhīdao (既然是个专家理应知道).

いやし・む【卑しむ】 ¶~むべき行為 kěbǐ de xíngwéi (可鄙的行为).

いやし・める【卑しめる】 bǐshì (鄙视). ¶それこそ自分自身を~める行為 nà cái shì biǎndǐ zìshēn de xíngwéi (那才是贬低自身的行为). ¶他人を~めてはならない bùdé bǐshì biérén (不得鄙视别人).

いや・す【癒す】 yī (医), zhì (治). ¶病を~す yī bìng (医病). ¶傷を~す yǎng shāng (养伤). ¶喉の渇きを~す jiě kě (解渴).

いやに【嫌に】 gòushòu (够受), gòuqiàng (够呛), yàomìng (要命), yàosǐ (要死), xiéhu (邪乎). ¶~冷えるね lěngde xiéhu! (冷得邪乎!). ¶今日は~ご機嫌がいいね jīntiān nǐ kě zhēn gāoxìng a! (今天你可真高兴啊!).

いやはや ¶~困ったものだ āiyā, zhēn jiào rén méi bànfǎ (哎呀,真叫人没办法). ¶~あきれたことだ āiyō, zhè shì jiào rén zěnme shuō ne? (哎哟,这事叫人怎么说呢?). ¶~まったく驚き入った āyā, zhè zěnme bú jiào rén chī jīng ya! (啊呀,这怎么不叫人吃惊呀!).

イヤホーン ěrjī (耳机), ěrjīzi (耳机子), tīngtǒng (听筒).

いやみ【嫌味】 ¶彼はさんざん~を並べたてた tā shuǐluóde yì duī wāku rén de huà (他数落了一大堆挖苦人的话). ¶彼は~たっぷりな言い方をした tā shuōde zhēn sǔn (他说得真损).

いやらし・い ¶1年寄のくせに厚化粧して~い ge lǎotàipó túzhe hòuhòu de zhīfěn zhēn ròumá! (一个老太婆涂着厚厚的脂粉真肉麻!). ¶彼のやり方は実に~ tā de zuòfǎ shízài yīnxiǎn (他的作法实在阴险). ¶上役におべっかを使う~い奴 xiàng shàngsi pāi mǎpì de jiàngǔtou (向上司拍马屁的贱骨头). ¶人を~い目付きで見る yòng yíndàng de yǎnguāng kàn rén (用淫荡的眼光看人). ¶まあ、~い zhēn déxing! (真德行!)/ hāi! zhēn xiàliú! (咳! 真下流!).

イヤリング ěrhuán (耳环), ěrzhuì[r] (耳坠[儿]), ěrzhuìzi (耳坠子). ¶~をつける dài ěrhuán (戴耳环).

いゆう【畏友】 wèiyǒu (畏友).

いよいよ【愈】 **1**[ますます] yuè…yuè… (越…越…), yù…yù… (愈…愈…), yuèfā (越发), yìfā (益发), yùjiā (愈加), gèngjiā (更加). ¶風が~激しくなってきた fēng guāde yuèláiyuè dà (风刮得越来越大). ¶問題の解決は~難しくなってきた wèntí yùjiā bù hǎo jiějué le (问题愈加不好解决了).

2[ついに] ¶~試合が始まる bǐsài zhè jiù yào kāishǐ le (比赛这就要开始了). ¶この万年筆も~寿命がきたようだ kànlai zhè zhī gāngbǐ zhōngyú yào bàofèi le (看来这枝钢笔终于要报废了). ¶彼は~駄目らしい tā dàodǐ bùxíngle (他到底不行了). ¶お別れですね zhōngyú yào fēnbié le (终于要分别了).

3[まさしく] ¶~それに違いない yídìng shì

なようだ, méiyǒu cuò(一定是那样、没有错).

いよう【異様】 qíyì(奇异), guàiyì(怪异). ¶~な風体の男 qízhuāng-yìfú de nánrén(奇装异服的男人). ¶一種~な恐怖の念に襲われた bèi yì zhǒng guàiyì de kǒngbù suǒ xí(被一种怪异的恐怖所袭). ¶彼の目は~した tā de yǎnjing xiǎnchū qíyì shénmì de guāngcǎi(他的眼睛显出奇异神秘的光彩). ¶部屋は~な雰囲気につつまれた wūzili chōngmǎnle qíyì de qìfēn(屋子里充满了奇异的气氛).

いよく【意欲】 rèqíng(热情). ¶学習への~を高める tígāo xuéxí rèqíng(提高学习热情). ¶~が足りない jìnqǔxīn bù qiáng(进取心不强). ¶~的に仕事に取り組む chōngmǎn rèqíng jījí de cóngshì gōngzuò(充满热情积极地从事工作). ¶労働者の生産~はとても高い gōngrén de shēngchǎn qíngxù[jījíxìng] hěn gāo(工人的生产情绪[积极性]很高).

いらい【以来】 yǐlái(以来), yǐhòu(以后). ¶明治~の変化が一目でわかる Míngzhì yǐlái de biànhuà yìmù-liǎorán(明治以来的变化一目了然). ¶あれ~何の連絡もない cóng nà yǐhòu, yǎo wú yīnxìn(从那以后, 杳无音信)/ yìcóng bié hòu, yīnxìn yǎorán(一从别后, 音信杳然).

いらい【依頼】 **1**〔たのむこと〕 qǐng(请), tuō(托), wěituō(委托). ¶訴訟事件の弁護をする qǐng rén zuò sùsòng ànjiàn de biànhù(请人做诉讼案件的辩护). ¶調査を~する wěituō rén jìnxíng diàochá(委托人进行调查). ¶講演を~された bèi yāoqǐng zuò jiǎngyǎn(被邀请作讲演).
 2〔たよること〕 yīlài(依赖), yīkào(依靠). ¶あの子は~心が強い nàge háizi yīlàixīn qiáng(那个孩子依赖心强).

いらいら【苛苛】 jízào(急躁), jiāojí(焦急), jiāozào(焦躁), fánzao(烦躁), cuō shǒu dùn jiǎo(搓手顿脚). ¶~しながら待っている fánzào de děngzhe(烦躁地等着). ¶~して落ち着かない xīnli jiāojí bù'ān(心里焦急不安).

いらか【甍】 ¶大廈高楼が~を並べている gāolóu dàshà líncì-zhìbǐ(高楼大厦鳞次栉比).

イラク Yīlākè(伊拉克).

イラストレーション chātú(插图), chāhuà(插画).

イラストレーター chātú huàjiā(插图画家).

いらだ・つ【苛立つ】 jízào(急躁), jiāozào(焦躁), fánzào(烦躁). ¶気が~つ xīnli fánzào(心里烦躁). ¶彼の言葉は僕の神経を~たせる tā shuō de měi yí jù huà dōu cìjī wǒ de shénjīng(他说的每一句话都刺激我的神经). ¶~ちを抑えて言った yìzhì jiāozào shuō(抑制焦躁说).

いらっしゃ・る **1**〔来る〕 ¶先生が~った lǎoshī lái le(老师来了). ¶明日遊びに~い míngtiān lái wánr ba(明天来玩儿吧). ¶よく~いました nín kě lái le(您可来了)/ huānyíng huānyíng(欢迎欢迎).
 2〔行く〕 ¶あなたも~るのですか nín yě qù ma?(您也去吗?).
 3〔居る, ある〕 ¶明日お宅に~いますか míngtiān nín zàijiā ma?(明天您在家吗?). ¶先生は本を読んで~います lǎoshī zài kàn shū ne(老师在看书呢). ¶李さんの奥さんで~いますか qǐng wèn, nín shì Lǐ fūrén ma?(请问, 您是李夫人吗?). ¶いつもお若くて~る duōzan jiàn háishi nàme niánqīng(多咱见还是那么年轻).

イラン Yīlǎng(伊朗).

いり【入り】 **1**〔入場者数〕 shàngzuòr(上座儿), màizuò(卖座). ¶あの映画は大変な~だ nàge diànyǐng tèbié 'jiàozuò[shàngzuòr](那个电影特别'叫座[上座儿]). ¶八分の~だ shàngzuòr dào bā chéng(上座儿到八成). ¶客の~が悪い bú shàngzuòr(不上座儿)/ bú màizuò(不卖座).
 2〔容量〕 ¶1リットル~の容器 zhuāng yì gōngshēng de róngqì(装一公升的容器).
 3〔収入〕 jìnxiàng(进项); 〔支出〕 chūxiàng(出项). ¶~が少ない jìnxiàng shǎo(进项少). ¶~がかさむ chūxiàng dà(出项大).
 4〔はいること〕 ¶日の~ rìmò(日没)/ rìluò(日落). ¶梅雨の~ méiyǔ de láilín(梅雨的来临), rù méi(入梅). ¶政界に~をもくろむ qǐtú jìnrù zhèngjiè(企图进入政界). ¶楽屋~する jìn hòutái(进后台). ¶空路北京~した zuò fēijī dǐdá Běijīng(坐飞机抵达北京).
 5〔はいっていること〕 ¶ミルク~のコーヒー jiā niúnǎi de kāfēi(加牛奶的咖啡). ¶模様~の皿 dài huāwén de diézi(带花纹的碟子). ¶ケース~の万年筆 hézhuāng de jīnbǐ(盒装的金笔).

いりえ【入江】 wān(湾), hǎiwān(海湾), húchà(湖岔).

いりぐち【入口】 rùkǒu(入口), jìnkǒu(进口). ¶展覧会場は~と出口が違っている zhǎnlǎnhuì huìchǎng rùkǒu hé chūkǒu bùtóng(展览会会场入口和出口不同). ¶動物園の~で待ち合せる zài dòngwùyuán de ménkǒu pèngtóu(在动物园的门口碰头). ¶路地の~ hútòngkǒur(胡同口儿).

いりく・む【入り組む】 gòuzào fùzá(构造复杂); 〔事が〕 shìqing tài cuòzōng-fùzá(事情太错综复杂).

イリジウム yī(铱).

いりびた・る【入り浸る】 pào(泡). ¶彼は毎日酒場に~っている tā tiāntiān zài jiǔguǎnli pàozhe(他天天在酒馆里泡着).

いりまじ・る【入り雑じる】 jiāzá(夹杂), cuòzá(错杂), jiànzá(间杂). ¶赤や青が~っている hónglánsè jiāzázhe(红蓝色夹杂着). ¶複雑な感情が~る fùzá de gǎnqíng jiāozhī zài yìqǐ(复杂的感情交织在一起). ¶驚きと喜びが~る jīngxǐ jiāojí(惊喜交集).

いりみだ・れる【入り乱れる】 ¶敵味方~れて戦う dífwǒ hùnzhàn(敌我混战).

いりむこ【入婿】 rùzhuì(入赘), zhuìxù(赘婿), dàochāmén[r](倒插门)[儿].

いりゅう【慰留】 wǎnliú(挽留). ¶~されて辞任を思い止まった shòudào wǎnliú dǎxiāole cízhí de niàntou(受到挽留打消了辞职的念头).

いりゅうひん【遺留品】 yíwù(遗物).
いりよう【入用】 xūyào(需要). ¶お～の品は何なりとおっしゃって下さい nín xūyào xiē shénme, qǐng gàosu wǒ yìshēng(您需要些什么，请告诉我一声). ¶いくらご～ですか nín yào yòng duōshao qián?(您要用多少钱?)
いりょう【衣料】 yīliào(衣料), yīfu(衣服). ¶～品店 yīliào fúzhuāng shāngdiàn(衣料服装商店).
いりょう【医療】 yīliáo(医疗). ¶～器械 yīliáo qìxiè(医疗器械). ¶～施設 yīliáo shèshī(医疗设施). ¶～費 yīliáofèi(医疗费). ¶～保険 gōngfèi yīliáo(公费医疗).
いりょく【威力】 wēilì(威力). ¶新しい農薬は害虫の駆除に大きな～を発揮した xīn nóngyào duì qūchú hàichóng fāhuīle jùdà de wēilì(新农药对驱除害虫发挥了巨大的威力). ¶金の～を思い知らされた tònggǎndào jīnqián de wēilì(痛感到金钱的威力).
いる【入る】 →はいる.
いる【炒る】 chǎo(炒). ¶卵を～る chǎo jīdàn(炒鸡蛋). ¶栗を～る chǎo lìzi(炒栗子). ¶～り付けられるような暑さだ rède hǎoxiàng zài yóuguōli jiān shìde(热得好像在油锅里煎似的).
いる【居る】 1〔存在する〕zài(在); yǒu(有). ¶あの家には大きな犬がいる nà jiā yǒu yì zhī hěn dà de gǒu(那家有一只很大的狗). ¶父は今書斎にいる fùqin zhèng zài shūfángli(父亲正在书房里). ¶あたりには誰もいなかった fùjin méiyǒu yí ge rén(附近没有一个人). ¶彼のいる前であの事を言ってはいけない dāng tā miàn kě búyào tí nà jiàn shì(当他面可不要提那件事). ¶彼女がいないと家の中が寂しい yàoshi tā bú zài, jiāli jiù xiǎnde lěnglěng-qīngqīng de(要是她不在，家里就显得冷冷清清的). ¶彼ほど真面目な人はいない zài méiyǒu xiàng tā nàme rènzhēn de rén le(再没有像他那么认真的人了). ¶私にはよい友人がいる wǒ yǒu hǎo péngyou(我有好朋友). ¶彼はもうこの世にいない tā yǐ bú zài rénshì le(他已不在人世了). ¶私は以前 A 社にいた wǒ yǐqián zài A gōngsī gōngzuò(我以前在 A 公司工作).
2〔居住する, 滞在する〕zài(在). ¶私は10歳まで大阪にいた wǒ yìzhí dào shí suì dōu zài Dàbǎn(我一直到十岁都在大阪). ¶私は中国にいたことがある wǒ céng zài Zhōngguó dāiguo(我曾在中国呆过). ¶いつまで東京にいますか nǐ zài Dōngjīng dòuliú dào shénme shíhou?(你在东京逗留到什么时候?) ¶今日は7時まで事務所にいます jīntiān zài shìwùsuǒ dāidào qī diǎn(今天在事务所待到七点).
3〔座る〕¶心配でいても立ってもいられない dānxīnde zuòlì-bù'ān(担心得坐立不安)/dānyōude yóujiān-huǒliǎo de(担忧得油煎火燎的)/yōu xīn rú fén(忧心如焚).
4〔…している〕¶彼は講演をしている tā zhèngzài jiǎo bàogào ne(他正在做报告呢). ¶子供達は庭で遊んでいる háizimen zài yuànzili wánrzhe ne(孩子们在院子里玩儿着呢). ¶表は雨が降っている wàimian xiàzhe yǔ ne(外面下着雨呢). ¶見ているうちに空が曇ってきた yǎnkànzhe tiān yīnxialai le(眼看天阴下来了). ¶私はその時眠っていた nà shíhou wǒ zhèng shuìjiào ne(那时候我正睡觉呢). ¶昨日はずっとあなたを待っていた zuótiān wǒ yìzhí děngzhe nǐ ne(昨天我一直等着你呢). ¶何を探しているの nǐ zài zhǎo shénme?(你在找什么?). ¶柱時計が止っている guàzhōng tíngzhe(挂钟停着). ¶もう黙ってはいられない zài yě bùnéng bù shuōhuà le(再也不能不说话了). ¶それを見て笑わではいられなかった kànle bù rěnbuzhù xiào le(看了那忍不住笑了). ¶うっかりしていて名前を聞かなかった yìshí shūhu wàngle wèn míngzi(一时疏忽忘了问名字). ¶のんびりしている場合ではない xiànzài kě bú shì yōuxián zìzài de shíhou(现在可不是悠闲自在的时候). ¶まだ薬がきいている yàoli hái méiyǒu xiāo(药力还没有消). ¶窓が開いている chuānghu chǎngzhe(窗户敞着). ¶部屋には鍵がかかっていた wūzi shàngzhe suǒ(屋子上着锁). ¶このコップにはひびが入っている zhège bēizi yǒu lièfèng(这个杯子有裂缝).

いる【要る】 yào(要), xūyào(需要). ¶旅行をするには金が～る lǚxíng xūyào qián(旅行需要钱). ¶この仕事にはかなりの人手が～る zhège gōngzuò kě yào xiāngdāng duō de rénshǒu(这个工作可要相当多的人手). ¶～るだけあげる yào duōshao gěi duōshao(要多少给多少). ¶～らない物は捨てなさい bú yào de dōngxi rēng le ba(不要的东西扔了吧). ¶そんな心配はいりません yòngbuzháo nàme dānxīn(用不着那么担心). ¶～らぬお世話だ bié duō guǎn xiánshì(别多管闲事).

いる【射る】 shè(射). ¶矢を射る shè[fàng] jiàn(射[放]箭). ¶的を射る shè bǎzi(射靶子)/dǎ bǎ(打靶). ¶的を射た意見 zhèng zhòng yàohài de yìjiàn(正中要害的意见). ¶眼光人を射る mùguāng jiǒngjiǒng bīrén(目光炯炯逼人).

いる【鋳る】 zhù(铸), zhùzào(铸造). ¶硬貨を鋳る zhùzào yìngbì(铸造硬币).

いるい【衣類】 fúzhuāng jīnwà(服装巾袜), yīfu(衣服), yīshang(衣裳).

いるか【海豚】 hǎitún(海豚), hǎizhū(海猪).

いるす【居留守】 ¶～を使う zhuāng bú zàijiā(装不在家).

イルミネーション dēngcǎi(灯彩), dēngshì(灯饰), dēngguāng zhuāngshì(灯光装饰).

いれあ・げる【入れ揚げる】 ¶女に～げる wèi nǚrén ér qīngnáng(为女人而倾囊).

いれい【威令】 lìngxíng-jìnzhǐ, wú rén gǎn wéi(令行禁止,无人敢违). ¶～に服さない者はない méiyǒu yí ge bù zūncóng mìnglìng de(没有一个不遵从命令的).

いれい【異例】 pòlì(破例), pògé(破格). ¶これは～の措置だ zhè shì pòlì de cuòshī(这是破例的措施). ¶彼は～の抜擢を受けた tā pògé de bèi tíbá(他破格地被提拔).

いれい【慰霊】 ¶～祭をとり行う jǔxíng zhuīdàohuì(举行追悼会).

いれかえ【入替え】 ¶部品の～をする gēnghuàn pèijiàn(更换配件)/ huàn língjiàn(换零件). ¶この劇場の～は5時です zhè jiā jùchǎng wǔ diǎn huàn chǎng(这家剧场五点换场). ¶列車の～作業 lièchē de diàodù zuòyè(列车的调度作业).

いれか・える【入れ替える】 huàn(换), duìhuàn(对换), duìdiào(对调). ¶部屋の空気を～える huànhuan wūli de kōngqì(换换屋里的空气). ¶お茶を～える cóngxīn qīchá(从新沏茶). ¶順序を～える dǎohuàn cìxù(倒换次序). ¶大きい箱に～える gǎizhuāng dà hézi li(改装在大盒子里). ¶心を～える gǎiguò zìxīn(改过自新)/ gǎi xié guī zhèng(改邪归正)/ xǐ xīn gé miàn(洗心革面).

いれかわりたちかわり【入れ替り立ち替り】 ¶～人が訪ねて来る jiēlián-búduàn de yǒu rén láifǎng(接连不断地有人来访)/ kèrén luòyì-bùjué(客人络绎不绝).

いれかわ・る【入れ替る】 ¶中身がいつの間にか～っていた lǐmian de dōngxi bùzhī shénme shíhou gěi diàohuàn le(里面的东西不知什么时候给掉换了). ¶5時間毎に彼と～って見張りをした měi gé wǔ xiǎoshí hé tā jiāotì kānshǒu(每隔五小时和他交替看守).

いれずみ【入墨】 wénshēn(文身), cìzì(刺字). ¶背中に～をする zài bèi shang cì huāwén(在背上刺花纹).

いれぢえ【入れ知恵】 ¶人に～をする cóng páng gěi rén chū diǎnzi(从旁给人出点子). ¶誰かに～されたにちがいない yídìng shì yǒu rén gěi chū de zhǔyi(一定是有人给出的主意).

いれちがい【入れ違い】 ¶催促の手紙と～に送金が届いた gāng fā cuīkuǎnxìn huìkuǎn jiù shōudào le(刚发催款信汇款就收到了). ¶父が出掛けたのと～に客が訪ねて来た fùqin qiánjiǎo chūmén, kèrén hòujiǎo láifǎng zǒuchà le(父亲前脚出门,客人后脚来访走岔了).

いれちが・える【入れ違える】 zhuāngcuò(装错). ¶うっかり中の品物を～えた bù xiǎoxīn bǎ lǐmian de dōngxi zhuāngcuò le(不小心把里面的东西装错了).

いれば【入歯】 jiǎyá(假牙), yìchǐ(义齿). ¶～をする ān jiǎyá(安假牙)/ xiāng yá(镶牙). ¶～をはずす náxia jiǎyá(拿下假牙).

いれもの【入れ物】 qìmǐn(器皿), chéngqì(盛器), róngqì(容器). ¶何かを探してあげよう gěi nǐ zhǎo ge shénme chéng[zhuāng] de dōngxi ba(给你找个什么盛[装]的东西吧).

い・れる【入れる】 1[中にはいらせる] fàngjìn(放进). ¶窓を開けて新鮮な空気を～える dǎkāi chuānghu fàngjìn xīnxiān kōngqì(打开窗子放进新鲜空气). ¶誰も中に～れるな búyào bǎ rén fàngjìnlai(不要把人放进来). ¶5分遅れたために会場に～れてもらえなかった chídàole wǔ fēnzhōng, méi néng jìn huìchǎng(迟到了五分钟,没能进会场里). ¶牛を小屋に～れる bǎ niú lā[gǎn]jìn niúpéngli(把牛拉[赶]进牛棚里).

2[収める、納める] zhuāng(装), fàng(放). ¶トランクに服を～れる wǎng píxiángli zhuāng yīfu(往皮箱里装衣服). ¶びんに水を～れる wǎng píngli guàn shuǐ(往瓶里灌水). ¶書類を金庫に～れる bǎ wénjiàn fàngjìn bǎoxiǎnguì li(把文件放进保险柜里). ¶カメラにフィルムを～れる wǎng zhàoxiàngjī li zhuāng jiāojuǎnr(往照相机里装胶卷儿). ¶車を車庫に～れる bǎ chē fàng chēkùli(把车放车库里). ¶タイヤに空気を～れる gěi chētāi dǎ qì(给车胎打气). ¶毎月家に3万円～れる měige yuè gěi jiāli sānwàn rìyuán(每个月给家里三万日元).

3[差し込む] ¶ポケットに手を～れる bǎ shǒu chā[chuāi] zài kǒudaili(把手插[揣]在口袋里). ¶挿絵を～れる jiājìn chātú(加进插图). ¶横から口を～れるな búyào cóng páng chāzuǐ(不要从旁插嘴). ¶疑いを～れる余地がない bù róng zhì yí(不容置疑).

4[学校などに] ¶子供を幼稚園に～れる ràng háizi jìn yòu'éryuán(让孩子进幼儿园). ¶娘を大学に～れる jiào nǚ'ér shàng dàxué(叫女儿上大学). ¶早く病院に～れた方がいい kuài diǎnr rùyuàn cái hǎo(快点儿入院才好).

5[含める] ¶それは数に～れてない nà méi suàn zài nèi(那没算在内). ¶交通費も～れて5万円かかる bǎ chēfèi suàn zài lǐtou xūyào wǔwàn rìyuán(把车费算在里头需要五万日元). ¶参加者は私を～れて10人だった cānjiā de rén suànshàng wǒ yígòng shí ge rén(参加的人算上我一共十个人).

6[加える] fàng(放), gē(搁). ¶砂糖を3匙～れる gē sān xiǎo chí táng(搁三小匙糖). ¶コーヒーにミルクを～れる wǎng kāfēi li fàng diǎnr niúnǎi(往咖啡里放点儿牛奶). ¶薬味を～れる fàng zuòliao(放作料). ¶彼女も仲間に～れよう bǎ tā yě lājìnlai ba(把她也拉进来吧). ¶新しく店員を3人～れた xīn tiānle sān ge diànyuán(新添了三个店员). ¶新型の機械を～れる tiān xīnxíng jīqì(添新型机器).

7[頭、耳などに] ¶この事を頭に～れておいて下さい zhè shì nǐ kě jìzài nǎozili(这事你可记在脑子里). ¶この事も考慮に～れてある zhè shì yě kǎolǜ jìnqu le(这事也考虑进去了). ¶音楽会の切符をやっと手に～れた yīnyuèhuì de piào hǎoróngyì nòngdàoshǒu(音乐会的票好容易弄到了手). ¶お耳に～れることがあります xiǎng gàosu nǐ yí jiàn shì(想告诉你一件事).

8[こめる] ¶念を～れて作る jīngxīn zhìzuò(精心制作). ¶力を～れて引っ張る shǐjìnr lā(使劲儿拉)/ yònglì zhuài(用力拽).

9[茶などを] ¶茶を～れる qī[pào/chōng/pēng] chá(沏[泡/冲/烹]茶). ¶コーヒーを～れる zhǔ[chōng] kāfēi(煮[冲]咖啡).

10 ¶スイッチを～れる kāi diànmén(开电门). ¶溶鉱炉に火を～れる gěi gāolú diǎnhuǒ(给高炉点火). ¶庭木に鋏を～れる xiūjiǎn yuànzili de shùmù(修剪院子里的树木). ¶文章に

手を～れる xiūgǎi wénzhāng(修改文章).
い・れる【容れる】 **1**〔収容する〕róng(容), róngnà(容纳). ¶5000人を～れる大ホール néng róngnà wǔqiān rén de dàlǐtáng(能容纳五千人的大礼堂).
2〔許容する〕róng(容), róngnà(容纳). ¶彼には人を～れる度量がある tā yǒu róngrén de dùliàng(他有容人的度量). ¶人の忠告を～ようとしない bùkěn tīng biéren de quàngào(不肯听别人的劝告). ¶組合の要求は直ちに～れられた gōnghuì de yāoqiú jíkè bèi jiēshòu le(工会的要求即刻被接受了).

いろ【色】 **1**〔色彩〕yánsè(颜色), shǎir(色儿), sècǎi(色彩), sèdiào(色调). ¶濃い[薄い]～ shēn[qiǎn] yánsè(深[浅]颜色). ¶明るい[暗い]～ xiānmíng[huì'àn] de yánsè(鲜明[晦暗]的颜色). ¶～をぼかす bǎ sècǎi nòng móhu yìdiǎnr(把色彩弄模胡一点儿吧). ¶～がさめやすい róngyì zǒu[tuì]shǎi(容易走[退]色). ¶この布は～が落ちない zhè zhǒng bù bú diàoshǎi(这种布不掉色).
2〔肌の色, 顔色〕liǎnsè(脸色), miànsè(面色). ¶～が白い[黒い] pífū xuěbái[yǒuhēi](皮肤雪白[黝黑]). ¶彼は悩ましげに眉を～を失った tā tīngle nà xiāoxi shīsè le(他听了那消息失色了). ¶喜びの～を隠せない xǐ xíng yú sè(喜形于色). ¶～を正して忠告する zhèngyán-lìsè de jìnxíng zhōnggào(正颜厉色地进行忠告). ¶憤然として～をなす fènrán zuòsè(愤然作色)/ bórán biànsè(勃然变色).
3〔おもむき〕¶秋の～が深くなった qiūsè yǐ shēn(秋色已深).
4〔情事〕¶～を漁る yú sè(渔色). ¶～に溺れる chénní yú nǚsè(沉溺于女色). ¶～気違い sègǔi(色鬼)/ sèqíngkuáng(色情狂).
5〔種類〕¶大通りは～とりどりの飾り付けを施された jiēdào zhuāngshìde wǔcǎi-bīnfēn[wǔguāng-shísè](街道装饰得 五彩缤纷[五光十色]).
6¶もう少し～をつけて下さい qǐng zài duō gěi yìdiǎnr ba(请再多给一点儿吧).
いろあい【色合】 ¶着物の～がとてもよい yīfu de yánsè pèide fēicháng hǎo(衣服的颜色配得非常好).
いろいろ【色色】 gèzhǒng(各种), gèyàng(各样), gèshì(各式), zhǒngzhǒng(种种), gèzhǒnggèyàng(各种各样), gèshì-gèyàng(各式各样), gèsè-gèyàng(各色各样), xíngxíng-sèsè(形形色色). ¶公園には～な花が咲いている gōngyuán li kāizhe gèsè-gèyàng de huā(公园里开着各色各样的花). ¶辞書にも～ある cídiǎn yě yǒu hěn duō zhǒng(词典也有很多种). ¶世の中には～事がある tiānxià wú qí bù yǒu(天下无奇不有). ¶～の研究がある zhège yánjiūshǒu yǒu gèzhǒng-gèyàng de rén(这个研究所有各种各样的人). ¶～あなたに話したい事がある yǒu zhǒngzhǒng[xǔduō] shìqing xiǎng gēn nǐ shuō(有[种种[许多]事情想跟你说). ¶～考えたがいい案が浮ばない zuǒsī-yòuxiǎng yě xiǎngbuchū hǎo bànfǎ

(左思右想也想不出好办法). ¶～と手を尽したが助からなかった qiānfāng-bǎijì qiǎngjiù yě méi néng jiùhuó(千方百计抢救也没能救活). ¶結果は～に考えられる jiéguǒ yǒu zhǒngzhǒng kěnéng(结果有种种可能). ¶～お世話になりました duō méng nín fèixīn(多蒙您费心)/ gěi nín tiān máfan le(给您添麻烦了).
いろう【慰労】 chóuláo(酬劳), wèiláo(慰劳), kàoláo(犒劳). ¶～のため3日間休暇を与える wèile chóuláo gěi sān tiān jià(为了酬劳给三天假).
いろう【遺漏】 yílòu(遗漏). ¶急いで編集したので～がないともかぎらない biānde cāngcù, nánmiǎn yǒu yílòu(编得仓卒, 难免有遗漏). ¶万事～のないよう準備する zhǔnbèi wàn wú yì shī(准备万无一失).
いろえんぴつ【色鉛筆】 cǎisè qiānbǐ(彩色铅笔), yánsè qiānbǐ(颜色铅笔).
いろおとこ【色男】 měinánzǐ(美男子), xiǎobáiliǎn[r](小白脸儿); 〔情夫〕qíngfū(情夫).
いろか【色香】 nǚsè(女色). ¶～に迷う míyú nǚsè(迷于女色).
いろがみ【色紙】 cǎizhǐ(彩纸).
いろけ【色気】 **1**¶～たっぷりの女 yāomèi[fēngsāo] de nǚrén(妖媚[风骚]的女人). ¶あの娘もだいぶ～づいてきた nàge gūniang xiāngdāng jiāomèi le(那个姑娘相当娇媚了). ¶～抜きの会合 wú nǚrén péijiǔ de yànxí(无女人陪酒的宴席). ¶全く～のない話だ háo wú fēngqù de huà(毫无风趣的话).
2〔野心〕¶彼はそのポストに～たっぷりだ tā duì nàge dìwèi chuíxián-sānchǐ(他对那个地位垂涎三尺).
いろこい【色恋】 ¶～にうき身をやつす chénnì yú tánqíng-shuō'ài(沉溺于谈情说爱).
いろじかけ【色仕掛け】 měirénjì(美人计). ¶～で大金を巻き上げる liyòng sèxiàng piànqǔ jùkuǎn(利用色相骗取巨款).
いろじろ【色白】 báijìng(白净), báixī(白皙).
いろずり【色刷り】 tàoshǎi(套色); tàoyìn(套印). ¶口絵を～にする tàoshǎi yìnshuā juǎnshǒu chāhuà(套色印刷卷首插画). ¶～の木版画 tàoshǎi mùbǎnhuà(套色木版画).
いろづ・く【色付く】 ¶木の葉が～く shùyè fā hóng[huáng] le(树叶发红[黄]了). ¶柿の実が～いた shìzi biàn hóng le(柿子变红了).
いろっぽ・い【色っぽい】 qiào(俏), yāomèi(妖媚), yāoyàn(妖艳), yāoráo(妖娆). ¶～い女 yāomèi de nǚrén(妖媚的女人). ¶～い目つきをする duō mèiyǎn(多媚眼).
いろつや【色艶】 sèzé(色泽). ¶顔の～がよい liǎnshang qìsè hǎo(脸上气色好). ¶～のよい真珠 sèzé hǎo de zhēnzhū(色泽好的珍珠).
いろどり【彩】 yánsè(颜色), sècǎi(色彩), cǎisè(彩色), pèisè(配色), wǔcǎi(五彩), wǔsè(五色). ¶～鮮やかな民族衣裳 sècǎi xiānyàn[wǔguāng-shísè] de mínzú fúzhuāng(色彩鲜艳[五光十色]的民族服装). ¶この料理は～がよい zhège cài yánsè pèide hǎo(这个菜颜色配

いろ・る【彩る】 ¶西の空が夕日に赤く～られている xīyáng rǎnhóngle xībian de tiānkōng(夕阳染红了西边的天空). ¶野も山も緑一色に～られている mànshān-biànyě shì yípiàn xīnlǜ(漫山遍野是一片新绿).

いろは chūbù(初步), jīběn(基本). ¶中国語を～から学ぶ cóng Zhōngguóhuà de dìyī bù xuéqǐ(从中国话的第一步学起). ¶彼は経済学の～も知らない tā lián jīngjìxué de zuì qǐmǎ de zhīshi dōu bù zhīdào(他连经济学的最起码的知识都不知道).

いろまち【色町】 huājiē liǔxiàng(花街柳巷), běilǐ(北里), xiáxié(狭邪), táohuāxiàng(桃花巷), yānhuāxiàng(烟花巷).

いろめ【色目】 ¶男に～をつかう xiàng nánrén sòng qiūbō(向男人送秋波).

いろめがね【色眼鏡】 zhēguāngjìng(遮光镜), mòjìng(墨镜), tàiyángjìng(太阳镜). ¶～で物事を見る dài yǒusè yǎnjìng kàn shìqing(戴有色眼镜看事情).

いろめ・く【色めく】 ¶事件発生の報に記者達はにわかに～きたった jiēdào fāshēng shìjiàn de xiāoxi, jìzhěmen líkè jǐnzhāng qǐlai(接到发生事件的消息, 记者们立刻紧张起来).

いろもの【色物】 ¶～は別に洗濯する dài yánsè de lìng xǐ(带颜色的另洗).

いろよい【色よい】 ¶～返事を聞かせて下さい xīwàng nín dāying wǒ de yāoqiú(希望您答应我的要求)/ xīwàng néng gěi wǒ yí ge hǎo xiāoxi(希望给我一个好消息).

いろり【囲炉裏】 dìlú(地炉).

いろわけ【色分け】 1 ¶地図を国別に～する yòng yánsè qūfēn dìtú shang de guójiā(用颜色区分地图上的国家). 2〔分類〕fēnlèi(分类), fēnbié(分别), fēn mén bié lèi(分门别类). ¶右派と左派に～する àn zuǒpài yòupài lái fēnlèi(按左派右派来分类).

いろん【異論】 yìyán(异言), yìcí(异词). ¶～を唱える tíchū bùtóng de yìjiàn(提出不同的意见). ¶それについて～はない duì cǐ bìng wú yìyán(对此并无异言).

いわ【岩】 yánshí(岩石).

いわい【祝】 ¶お～を言う hèxǐ(贺喜)/ dàoxǐ(道喜)/ dàohè(道贺)/ chēnghè(称贺). ¶～の品を贈る zèngsòng hèlǐ(赠送贺礼). ¶家に～事がある jiāli yǒu xǐshì(家里有喜事). ¶～酒をふるまう qǐng dàjiā hē xǐjiǔ(请大家喝喜酒). ¶誕生の会をする zuò shēngri(做生日)/ guò shēngri(过生日)/ zuòshòu(做寿)/ guòshòu(过寿).

いわ・う【祝う】 zhùhè(祝贺), qìngzhù(庆祝), qìnghè(庆贺). ¶新年を～う qìnghè xīnnián(庆贺新年)/ hènián(贺年). ¶君の成功を～って乾杯しよう wèile zhùhè nǐ de chénggōng, gānbēi!(为了祝贺你的成功, 干杯!). ¶メーデーを～う qìngzhù Wǔyī Láodòngjié(庆祝五一劳动节).

いわお【巌】 pánshí(磐石・盘石).

いわかん【違和感】 ¶～を覚える juéde búduìjìnr(觉得不对劲ㄦ).

いわく【曰く】 1〔言うのには〕dào(道), yuē(曰). ¶諺に～ chángyán dào(常言道)/ súyǔ shuō(俗语说). ¶古人～ gǔrén yuē(古人曰). ¶～言い難し yì yán nán jìn(一言难尽). 2〔わけ〕¶これには何か～があるにちがいない wǒ kàn zhèli yídìng yǒu shénme wénzhāng(我看这里一定有什么文章).

いわくつき【曰く付き】 ¶～の代物 pō yǒu láilì de dōngxi(颇有来历的东西). ¶～の人物 láilì kěyǐ de rén(来历可疑的人)/ yǒu lìshǐ wèntí de rén(有历史问题的人).

いわし【鰯】 shādīngyú(沙丁鱼). ¶～雲 juǎnjīyún(卷积云).

いわずかたらず【言わず語らず】 ¶～のうちに互いの気持が通じあった wúxū yányǔ, yǐ xīn chuán xīn(无须言语, 以心传心)/ xīn zhào bù xuān(心照不宣).

いわずもがなな【言わずもがな】 ¶～のことを言う shuō duōyú de huà(说多余的话). ¶子供は～とおとなすで騒ぎ出した xiǎoháizi búyòng shuō, jiù lián dàren yě nàoqilai le(小孩子不用说, 就连大人也闹起来了).

いわば【岩場】 ¶～を登る pāndēng yánbì(攀登岩壁).

いわば【言わば】 kěyǐ shuō(可以说). ¶ここは～私の第二のふるさとだ zhège dìfang kěyǐ shuō shì[cǐdì kě chēng zhī wéi] wǒ de dì'èr gùxiāng(这个地方可以说是[此地可称之为]我的第二故乡).

いわや【岩屋】〔住居〕yáodòng(窑洞); 〔洞穴〕shíyáo(石窑), shíkū(石窟), shídòng(石洞).

いわゆる【所謂】 suǒwèi(所谓). ¶あれが～ヒッピーだ nà jiùshì suǒwèi xībǐpài(那就是所谓希比派).

いわれ【謂れ】 yóulái(由来), láiyóu(来由), gēnyóu(根由). ¶このお寺の名の～をきかせて下さい qǐng gěi jiǎngjiang zhè sìyuànmíng de yóulái ba(请给讲讲这寺院名的由来吧). ¶～のない金は受け取れない méi láiyou[píngbái wúgù] de qián bùnéng jiēshōu(没来由[平白无故]的钱不能接受). ¶～のない罪を着せられる méngshòu mòxūyǒu de zuìmíng(蒙受莫须有的罪名).

いん【印】 yìn(印), zhāng(章), túzhāng(图章), chuò[r](戳ㄦ), chuōzi(戳子), zhāngzi(章子), shǒuchuò[r](手戳ㄦ). ¶～を押す gài yìn(盖印).

いん【陰】 yīn(阴). ¶彼は～に陽に私を助けてくれた tā zài míngli ànli bāngzhùle wǒ(他在明里暗里都帮助了我). ¶彼女は～にこもりやすい tā de xìnggé yìyù duō chóu(她的性格抑郁多愁). ¶～にこもった鐘の音 yīnchén de zhōngshēng(阴沉的钟声).

いん【韻】 yùn(韵), yùnmǔ(韵母). ¶～をふむ yāyùn(押韵).

イン 1〔球技〕jiènèi(界内). 2〔ゴルフ〕hòubànchǎng(后半场); hòujiǔxué(后九穴).

いんうつ【陰鬱】 yīnyù(阴郁), yīnchén(阴沉),

yīn'àn(阴暗). ¶～な顔をしている bǎizhe yí fù yīnyù de miànkǒng(摆着一副阴郁的面孔). ¶～な空模様 tiānsè yīnchén(天色阴沉).

いんえい【陰影】 yīnyǐng(阴影). ¶絵に～をつける gěi huàr jiā yīnyǐng(给画儿加阴影).

いんか【引火】 yǐnhuǒ(引火). ¶ガソリンは～しやすい qìyóu róngyì yǐnhuǒ(汽油容易引火). ¶煙草の火がガソリンに～した yāntóur de huǒ bǎ qìyóu yǐnzháo le(烟头儿的火把汽油引着了).

¶～性 yìránxìng(易燃性). ～点 shǎndiǎn(闪点)/ shǎnhuǒdiǎn(闪火点).

いんが【因果】 yīnguǒ(因果). ¶～関係を明らかにする nòngqīng yīnguǒ guānxi(弄清因果关系). ¶これは～応報だ zhè shì yīnguǒ bàoyìng(这是因果报应). ¶なんと～な商売だろう zhēn shì zàonié de yíngshēng!(真是造孽的营生!) ¶～を含めてあきらめさせた jiǎngmíng yuányóu ràng tā xiǎngkāi le(讲明缘由让他想开了).

¶～律 yīnguǒlǜ(因果律).

いんが【陰画】 dǐpiàn(底片), dǐbǎn(底版), fùpiàn(负片).

いんがし【印画紙】 yìnxiàngzhǐ(印相纸), zhàoxiàngzhǐ(照相纸), gǎnguāngzhǐ(感光纸).

いんかしょくぶつ【隠花植物】 yǐnhuā zhíwù(隐花植物).

いんかん【印鑑】 yìn(印), zhāng(章), yìnzhāng(印章), túzhāng(图章), chuōr(戳儿), chuōzi(戳子), zhāngzi(章子); yìnjiàn(印鉴).

いんき【陰気】 yīnchén(阴沉), yīn'àn(阴暗), yīnyù(阴郁), yùmèn(郁闷). ¶～な空模様になってきた tiānsè biàn yīnchén le(天色变阴沉了). ¶日当たりの悪い～な部屋 bèiyīn yīn'àn de fángjiān(背阴儿阴暗的房间). ¶あんまり～な顔をするな bié nàme 'yùyù[mènmèn]-búlè(别那么'郁郁[闷闷]不乐). ¶こんな～くさい話はもうやめよう zhè zhǒng huīxīn-sàngqì de huà búyào jiǎng le(这种灰心丧气的话不要讲了).

いんきょ【隠居】 ¶子供に家督を譲って～する bǎ jiāyè rànggěi háizi ér tuìyǐn(把家业让给孩子而退隐). ¶隣の～ línjū de fùxián lǎorén(邻居的赋闲老人).

いんきょく【陰極】 yīnjí(阴极), fùjí(负极). ¶～管 yīnjíguǎn(阴极管). ～線 yīnjí shèxiàn(阴极射线).

いんぎん【慇懃】 yīnqín(殷勤), gōngjìng(恭敬). ¶～に挨拶する gōngjìng wènhòu(恭敬问候). ¶とても～な物腰だ dàirén gōngjìng(待人恭敬). ¶ああいうのを～無礼というのだ xiàng nàyàng de jiàozuò biǎomiànshang bīnbīn-yǒulǐ, dùzili wéiwǒ-dúzūn(像那样的叫做表面上彬彬有礼, 肚子里唯我独尊).

インク mòshuǐ[r](墨水儿). ¶～で書く yòng mòshuǐ xiě(用墨水写).

¶～消し xiāozìlíng(消字灵). 青～ lánmòshuǐ(蓝墨水). 印刷用～ yóumò(油墨).

いんけん【引見】 jiējiàn(接见). ¶国王が使節を～する guówáng jiējiàn shǐjié(国王接见使节).

いんけん【陰険】 yīnxiǎn(阴险). ¶～な手段を弄する wánnòng yīnxiǎn de shǒuduàn(玩弄阴险的手段). ¶あれは～な男だ tā nàge rén 'yīn[yīnxiǎn]de hěn(他那个人'阴[阴险]得很)/ nà jiāhuo xiàolǐ-cángdāo(那家伙笑里藏刀).

いんげんまめ【隠元豆】 càidòu(菜豆), yúndòu(芸豆·云豆), biǎndòu(扁豆).

いんこ【鸚哥】 yīnggē(鹦哥), yīngwǔ(鹦鹉).

いんご【隠語】 yǐnyǔ(隐语), hánghuà(行话), hēihuà(黑话), ànyǔ(暗语), qièkǒu(切口), kǎnr(侃儿). ¶～で話す shuō hánghuà(说行话)/ diào kǎnr(调侃儿).

いんこう【咽喉】 yānhóu(咽喉).

いんこう【陰口】 ¶人の～な事をするな nǐ bié tài zuòniè le(你别太作孽了). ¶～おやじ zàoniè de lǎojiāhuo(造孽的老家伙).

いんこく【印刻】 kèzì(刻字). ¶～師 kèzìjiàng(刻字匠).

インサイダーとりひき【インサイダー取引】 nèibù rényuán jiāoyì(内部人员交易), zhīqíngrén jiāoyì(知情人交易).

いんさつ【印刷】 yìnshuā(印刷). ¶ポスターを～する yìnshuā xuānchuánhuà(印刷宣传画). ¶この本は～がいい zhè shū yìnshuā hěn hǎo(这书印刷很好).

¶～機 yìnshuājī(印刷机). ～所 yìnshuāchǎng(印刷厂). ～物 yìnshuāpǐn(印刷品).

いんさん【陰惨】 qīcǎn(凄惨). ¶目をおおいたくなるような～な光景 cǎn bù rěn dǔ de qíngjǐng(惨不忍睹的情景).

いんし【印紙】 yìnhuā(印花), yìnhuā shuìpiào(印花税票). ¶～をはる tiē yìnhuā(贴印花). ¶～税 yìnhuāshuì(印花税).

いんし【因子】 yīnzǐ(因子). ¶遺伝～ yíchuán yīnzǐ(遗传因子)/ jīyīn(基因).

いんしつ【陰湿】 ¶～ないじめに苦しむ kǔyú yīnxiǎn hěndú de qīfu(苦于阴险狠毒的欺辱). ¶～な嫌がらせを受ける shòudào xiǎn'è de zhòngshāng(受到险恶的中伤).

いんじゃ【隠者】 yǐnshì(隐士), yǐnyì(隐逸).

いんしゅ【飲酒】 yǐnjiǔ(饮酒). ¶～にふける chénmiǎn yú jiǔ(沉湎于酒).

いんしゅう【因習】 ¶～を打破する dǎpò jiùxísú(打破旧习俗). ¶～にとらわれる yīnxí chénguī(因袭陈规)/ yīnxún shǒujiù(因循守旧).

インシュリン yídǎosù(胰岛素).

いんじゅん【因循】 yīnxún(因循). ¶～姑息 yīnxún gūxī(因循姑息).

いんしょう【印象】 yìnxiàng(印象). ¶人によい～を与える gěi rén hǎo yìnxiàng(给人好印象). ¶彼は我々に強い～を残した tā gěi wǒmen liúxiàle shēnkè de yìnxiàng(他给我们留下了深刻的印象). ¶あの人は第一～がとてもよかった nàge rén gěi wǒ de dìyī ge yìnxiàng hěn hǎo(那个人给我的第一个印象很好). ¶～深い光景だった nà shì fēicháng gǎn rén de qíngjǐng(那是非常感人的情景).

いんしょく【飲食】 yǐnshí(饮食). ¶～店 yǐn-

shídiàn(饮食店).

いんすう【因数】 yīnshì(因式), yīnzǐ(因子). ¶~分解 yīnshì fēnjiě(因式分解).

いんずう【員数】 éshù(额数); yuán'é(员额), míng'é(名额). ¶~をそろえる còuzú éshù(凑足额数). ¶あの人は~外だ tāmen shì yuán'é zhī wài de(他是员额之外的).

インスタント ¶~コーヒー sùróng kāfēi(速溶咖啡). ~ラーメン fāngbiànmiàn(方便面)/ sùshímiàn(速食面).

インストール ānzhuāng(安装). ¶新しいソフトを~する ānzhuāng xīn de ruǎnjiàn(安装新的软件).

インストラクター zhǐdǎoyuán(指导员), jiàoliànyuán(教练员), xùnliànyuán(训练员).

インスピレーション línggǎn(灵感).

いんせい【陰性】 yīnxìng(阴性). ¶検査の結果は~だった jiǎnchá de jiéguǒ shì yīnxìng de(检查的结果是阴性的). ¶~反応 yīnxìng fǎnyìng(阴性反应).

いんぜい【印税】 bǎnshuì(版税).

いんせき【引責】 yǐnjiù(引咎). ¶彼はその事件で~辞職した tā yīn nà yí ànjiàn yǐnjiù cízhí le(他因那一案件引咎辞职了).

いんせき【姻戚】 yīnqīn(姻亲). ¶両家は~関係を結んだ liǎngjiā ˈjié wéi yīnqīn[zuò qīn] (两家ˈ结为 姻亲[做亲])/ liǎngjiā chéngle qīngjia(两家成了亲家).

いんせき【隕石】 yǔnshí(陨石), yǔnxīng(陨星).

いんぜん【隠然】 ¶彼は政界に~たる勢力を持っている tā zài zhèngjiè yǒngyǒu qiánzài de wēishì(他在政界拥有潜在的威势).

いんそつ【引率】 shuài(率), lǐng(领), dài(带), dàilǐng(带领), shuàilǐng(率领). ¶生徒を~して旅行に行く dàilǐng xuésheng qù lǚxíng (带领学生去旅行). ¶~者 lǐngduì(领队).

インターチェンジ gāosù gōnglù chūrùkǒu(高速公路出入口).

インターナショナル Yīngtènàixióngnà'ěr(英特耐雄纳尔), guójì(国际). ¶[歌] guójìgē(国际歌). ¶第1~ Dìyī Guójì(第一国际).

インターネット yīntèwǎng(因特网), guójì hùliánwǎng(国际互联网).

インターバル 1 jiàngé(间隔), jiànxì(间隙). ¶~トレーニング biànsùpǎo xùnliàn(变速跑训练).
2 mùjiān(幕间); mùjiān xiūxi(幕间休息).

インターフェース 1 jiēkǒu(接口); jiēkǒu shèbèi(接口设备). 2 jiēkǒu ruǎnjiàn(接口软件).

インターフェロン gānrǎosù(干扰素).

インターホン ménhuàjī(门话机).

インターン xiànchǎng shíxí(现场实习); shíxíshēng(实习生).

いんたい【引退】 yǐntuì(引退), tuìzhí(退职); [スポーツ選手の] guàxié(挂鞋) guàxuē(挂靴); [卓球・テニス選手の] guàpāi[r](挂拍[儿]). ¶政界から~する yǐntuì zhèngjiè(引退政界).

インタビュー cǎifǎng(采访), zǒufǎng(走访). ¶受賞者に~する cǎifǎng huòjiǎngzhě(采访获奖者).

インチ yīngcùn(英寸), cùn(吋).

いんちき zuòbì(作弊), zuòjiǎ(作假). ¶~にひっかかる shòu piàn(受骗)/ shàng dàng(上当). ¶あいつは~ばかりしている nà jiāhuo jìng ˈzuòbì[nòngxū zuòjiǎ](那家伙净ˈ作弊[弄虚作假]). ¶~商品 màopáihuò(冒牌货).

いんちょう【院長】 yuànzhǎng(院长).

インディアペーパー cídiǎnzhǐ(辞典纸), báotūbǎnzhǐ(薄凸版纸), shèngjīngzhǐ(圣经纸).

インディアン Yìndì'ānrén(印第安人).

インデックス yǐndé(引得), suǒyǐn(索引).

インテリ zhīshi fènzǐ(知识分子). ¶青白き~ báimiàn shūshēng(白面书生).

インテリア shìnèi ˈshèjì[zhuāngshì](室内ˈ设计[装饰]).

いんでんき【陰電気】 yīndiàn(阴电), fùdiàn(负电).

インド【印度】 Yìndù(印度). ¶~哲学 Yìndù zhéxué(印度哲学). ~洋 Yìndùyáng(印度洋).

インドア shìnèi(室内). ¶~スポーツ shìnèi yùndòng(室内运动).

いんとう【咽頭】 yāntóu(咽头).

いんとう【淫蕩】 yíndàng(淫荡), huāngyín(荒淫). ¶~な生活にふける chénni yú yíndàng de shēnghuó(沉溺于淫荡的生活).

いんどう【引導】 ¶この件については先方に~を渡してある zhè jiàn shì yǐ xiàng duìfāng xiàle zuìhòu tōngdié(这件事已向对方下了最后通牒).

いんとく【陰徳】 yīndé(阴德), yīngōng(阴功), yīnzhì(阴骘). ¶~を積む jī yīndé(积阴德).

いんとく【隠匿】 yǐnnì(隐匿), nìcáng(匿藏). ¶~物資 yǐnnì wùzī(隐匿物资).

インドシナ【印度シナ】 Yìndùzhīnà(印度支那).

イントネーション yǔdiào(语调), shēngdiào(声调), yángdùn(抑扬顿挫).

インドネシア Yìndùníxīyà(印度尼西亚), Yìnní(印尼).

イントロダクション qiányán(前言), xùyán(序言), xùlùn(绪论); zhǐnán(指南), rùmén(入门); yǐnzi(引子), qiánzòu(前奏).

いんとん【隠遁】 yǐndùn(隐遁). ¶深山で~生活をおくる zài shēnshān guò yǐndùn shēnghuó(在深山过隐遁生活).

いんにく【印肉】 yìnní(印泥), yìnsè(印色). ¶~をつける dǎ yìnsè(打印色).

いんにん【隠忍】 yǐnrěn(隐忍). ¶~自重して再起を期する yǐnrěn zìzhòng yǐ tú zàiqǐ(隐忍自重以图再起).

いんねん【因縁】 1 [宿命] yīnyuán(因缘). ¶こうなったのも何かの~だろう zhè huòshì shénme yīnyuán ba(这或是什么因缘吧). ¶前世からの~とあきらめる dàngshì qiánshì yīnyuán sǐxīn le(当是前世因缘死心了). ¶彼とは浅からぬ~がある gēn tā yīnyuán bù qiǎn(跟他因缘不浅).

2〔言いがかり〕¶～をつける zhǎoshì (找事)/ xúnshì (寻事)/ xúnxìn (寻衅).

インバーター fǎnyòng huànliúqì (反用换流器).

いんばい【淫売】 màiyín (卖淫). ¶～婦 jìnǚ (妓女)/ chāngjì (娼妓)/ chāngfù (娼妇).

インパクト chōngjī (冲击); chōngjī shùnjiān (冲击瞬间).

インビテーション yāoqǐng (邀请), pìnqǐng (聘请); yāoqǐngxìn (邀请信), qǐngtiě (请帖), pìnshū (聘书).

いんぶ【陰部】 yīnbù (阴部), xiàshēn (下身).

インフォームドコンセント zhīqíng tóngyì (知情同意).

インフォメーション xìnxī (信息), qíngbào (情报). ¶～センター qíngbào zhōngxīn (情报中心)/ xīnwén zhōngxīn (新闻中心).

インプット shūrù (输入).

インフラストラクチャー shèhuì jiégòu de jīchǔ (社会结构的基础), chǎnyè fāzhǎn jīchǔ (产业发展基础), chéngshì jīchǔ jiégòu (城市基础结构), jīběn shèshī (基本设施).

インフルエンザ liúxíngxìng gǎnmào (流行性感冒), liúgǎn (流感).

インフレ tōnghuò péngzhàng (通货膨胀).

インプレッション yìnxiàng (印象), gǎnshòu (感受). ¶ファースト～ dìyī yìnxiàng (第一印象).

いんぶん【韻文】 yùnwén (韵文).

いんぺい【隠蔽】 yǐnmán (隐瞒), zhēyǎn (遮掩), zhēgài (遮盖), yǎngài (掩盖). ¶事実を～する yǎngài shìshí (掩盖事实).

インボイス fāpiào (发票), fādān (发单), fāhuòdān (发货单), shāngyè fāpiào (商业发票), zhuānghuò qīngdān (装货清单).

いんぼう【陰謀】 yīnmóu (阴谋). ¶首相暗殺の～を企てる yīnmóu ànshā shǒuxiàng (阴谋暗杀首相). ¶相手の～を見破る jiēchuān duìfāng de yīnmóu guǐjì (揭穿对方的阴谋诡计).

インポテンツ yángwěi (阳痿).

いんぽん【淫奔】 ¶～な女 yíndàng de nǚrén (淫荡的女人).

いんめつ【湮滅】 xiāohuǐ (销毁). ¶証拠を～する xiāohuǐ zhèngjù (销毁证据).

いんゆ【隠喩】 yǐnyù (隐喻), ànyù (暗喻).

いんよう【引用】 yǐnyòng (引用), yuányǐn (援引). ¶小説の一節を～する yǐnyòng xiǎoshuō de yí jié (引用小说的一节). ¶《資本論》から～した文章 yǐn zì《Zīběnlùn》de yí duàn wénzhāng (引自«资本论»的一段文章). ¶この文章には～が多すぎる zhè piān wénzhāng ˇyǐnyǔ[yǐnwén] tài duō (这篇文章ˇ引语[引文]太多).

¶～符 yǐnhào (引号).

いんよう【陰陽】 yīnyáng (阴阳).

いんよう【飲用】 yǐnyòng (饮用). ¶この水は～に適さない zhè shuǐ bú shìyú yǐnyòng (这水不适于饮用).

¶～水 yǐnyòngshuǐ (饮用水).

いんらん【淫乱】 yínluàn (淫乱).

いんりつ【韻律】 yùnlǜ (韵律).

いんりょう【飲料】 yǐnliào (饮料). ¶～水 yǐnyòngshuǐ (饮用水)/ yǐnshuǐ (饮水).

いんりょく【引力】 yǐnlì (引力).

いんれき【陰暦】 nónglì (农历), yīnlì (阴历), jiùlì (旧历), tàiyīnlì (太阴历), xiàlì (夏历). ¶～の正月 nónglì zhēngyuè (农历正月).

いんわい【淫猥】 yínwěi (淫猥), yínhuì (淫秽), yínxiè (淫亵), wěixiè (猥亵).

う

う【卯】 mǎo (卯).

う【鵜】 lúcí (鸬鹚), yúyīng (鱼鹰), mòyā (墨鸦). ¶～のまねする烏水におぼれる Dōngshīxiàopín (东施效颦).

ウイークエンド zhōumò (周末).

ウイークデー píngrì (平日).

ウイークポイント ruòdiǎn (弱点); yàohài (要害). ¶相手の～をつく zhuāzhù duìfāng de ruòdiǎn (抓住对方的弱点).

ウイークリー zhōukān (周刊), zhōubào (周报).

ういういしい【初初しい】 ¶～い乙女 chúnzhēn wúxié de shàonǚ (纯真无邪的少女).

ういき【雨域】 jiàngshuǐqū (降水区), jiàngyǔ qūyù (降雨区域).

ういきょう【茴香】 huíxiāng (茴香).

ウイグル Wéiwú'ěr (维吾尔). ¶～族 Wéiwú'ěrzú (维吾尔族)/ Wéizú (维族). 新疆～自治区 Xīnjiāng Wéiwú'ěr Zìzhìqū (新疆维吾尔自治区).

ういざん【初産】 tóushēng (头生), tóutāi (头胎).

ウイスキー wēishìjì (威士忌).

ウイット ¶彼の話は～に富んでいる tā shuōhuà hěn yǒu fēngqù (他说话很有风趣).

ういまご【初孫】 ¶～はとりわけ可愛い tóu yī ge sūnzi tèbié jiào rén ài (头一个孙子特别叫人爱).

ウイルス 1 bìngdú (病毒).

2〔コンピュータの〕jìsuànjī bìngdú (计算机病毒), diànnǎo bìngdú (电脑病毒).

ウインカー shǎnguāngshì zhuǎnxiàng xìnhàodēng (闪光式转向信号灯), fāngxiàngdēng (方向灯).

ウインク jǐyǎnr (挤眼ㄦ), jǐguyǎn (挤咕眼). ¶彼は私に～した tā cháo wǒ jǐgule yì yǎn (他

朝我挤咕了一眼).

ウインタースポーツ dōngjì yùndòng(冬季运动).

ウインチ juǎnyángjī(卷扬机), jiǎochē(绞车), jiǎopán(绞盘).

ウインドー 1［ショー～］chúchuāng(橱窗). ～ショッピング liúlǎn shāngdiàn(浏览商店). 2［コンピュータの］¶～を開く kāi chuāngkǒu(开窗口).

ウインドブレーカー fángfēng wàiyī(防风外衣), fēngxuěyī(风雪衣), fángfēng yùndòngyī(防风运动衣).

ウインナーソーセージ wéiyènà xiāngcháng(维也纳香肠).

ウール máo(毛), yángmáo(羊毛); máozhīpǐn(毛织品). ¶～のズボン máoliào kùzi(毛料裤子).

ウーロンちゃ【ウーロン茶】 wūlóngchá(乌龙茶).

うえ【上】 1［高部,上方］shàng(上), shàngbian(上边), shàngmian(上面), shàngtou(上头). ¶～の方を探してごらん wǎng shàng zhǎo yì zhǎo(往上找一找). ¶一番の階に住んでいる zhùzài zuì shàng yì céng lóu(住在最上一层楼). ¶はるかの方にも人家がある yáo yuǎn de gāochù hái yǒu rénjiā(远在高处还有人家). ¶この～は物置になっている zhè shàngmianr shì duīfang(这上面儿是堆房). ¶～へ～へと積み重ねる yì céng yi céng de wǎng shàngbian duī(一层一层地往上堆). ¶屋根の～からまっさかさまに落ちた cóng wūdǐng shang dào zāixialai(从屋顶上倒栽下来). ¶105ページから7行目にある言葉 yìbǎi líng wǔ yè cóng shàng shǔ dìqī háng de cíjù(一百零五页从上数第七行的词句). ¶～から押してぎゅうぎゅうにつめこんだ yóu shàng wǎng xià yā, zhuāngde gǔgǔ de(由上往下压,装得鼓鼓的). ¶～から順にとって下さい yóu shàngbianr shùnzhe ná(由上边儿顺着拿). ¶～から下までずぶぬれだ cóng tóu dào jiǎo quán línshī le(从头到脚全淋湿了). ¶2人は～になり下になって取っ組み合っている liǎng ge rén dǎde ge shàngxià fāngǔn(两个人打得个上下翻滚). ¶月は山の～にあった yuèliang guà zài shān shàng(月亮挂在山上). ¶～を向いてごらん tái[yǎng]qǐ tóu lái kànkan(抬[仰]起头来看看). ¶～を下への大騒ぎ nàode ge tiānfān-dìfù(闹得个天翻地覆). 2［表面］shàng(上), shàngbian(上边), shàngmian(上面), shàngtou(上头). ¶机の～の本をとって下さい qǐng bǎ zhuōzi shang de shū dì gěi wǒ(请把桌子上的书递给我). ¶山が湖面の～に影を落としている shānyǐngr yìngzài húmiàn shang(山影儿映在湖面上). ¶今頃は海の～にしょう дейhuìr gāi zài hǎishang le ba(这会儿该在海上了吧). ¶鉛筆で下書きをして～からペンでなぞる xiān yòng qiānbǐ dǎ dǐzi, zài shàngmian yòng gāngbǐ miáo(先用铅笔打底子,再在上面用钢笔描). ¶ふろしきの～からさわってみる gézhe bāofúpír mōmo(隔着包袱皮儿摸摸). ¶～に外套を重ねる wàimian

zài tàoshàng dàyī(外面再套上大衣).
3［年齢が］dà(大). ¶彼は私より年が2つ～だ tā bǐ wǒ dà liǎng suì(他比我大两岁). ¶いちばん～の兄は30歳です wǒ dàgē sānshí suì(我大哥三十岁). ¶～の子は高校で下の子は小学校です dà háizi[dà de] zài gāozhōng, ▼xiǎo háizi[xiǎo de] shàng xiǎoxué(大孩子[大的]在高中, ▼小孩子[小的]上小学).
4［地位, 程度などが］shàng(上), gāo(高). ¶彼は人の～に立つ人間ではない tā kě bú shì jūyú rén shàng de yí kuài liào(他可不是居于人上的一块料). ¶腕前は彼の方がずっと～ shǒuyì tā gāode duō(手艺他高得多)/ lùn běnshi tā qiángde duō(论本事他强得多). ¶中国語の実力は彼女の方が私より～だ lùn Zhōngwén shuǐpíng tā bǐ wǒ gāo(论中文水平她比我高). ¶君より彼の方が役者が一枚～だ tā kě bǐ nǐ gāo yì chóu(他可比你高一筹). ¶～の学校に行きたい wǒ xiǎng shēngxué(我想升学). ¶ひとつ～のクラス gāo yì bān(高一班). ¶～を見ればきりがなく下を見れば bǐ shàng bùzú, bǐ xià yǒuyú(比上不足,比下有余). ¶～には～がある rén shàng yǒu rén, tiān wài yǒu tiān(人上有人,天外有天)/ qiáng zhōng gèng yǒu qiáng zhōng shǒu(强中更有强中手)/ yí wù xiáng yí wù(一物降一物).
5［…に関すること］shàng(上). ¶帳面の～は収支はとんとんだ zhàngmiàn shang kàn shōuzhī xiāngdǐ(从账面上看收支相抵). ¶文法の～では間違いはない zài yǔfǎ shang méiyǒu cuòwù(在语法上没有错误). ¶酒の～での失敗 hējiǔ suǒ chuǎng de huò(喝酒所闯的祸).
6［…に加えて］¶その～こんな事もあった lìngwài hái yǒu zhème jiàn shìr(另外还有这么件事儿). ¶もうこの～申し上げることはありません zài méiyǒu kě fènggào de le(再没有可奉告的了). ¶あの店は品物が悪いへ～に値段が高い nà jiā shāngdiàn dōngxi yòu bù hǎo, jiàqian yòu guì(那家商店东西又不好,价钱又贵). ¶日が暮れた～に雨まで降り出した tiān hēi le, yòu xiàqǐ yǔ lái le(天黑了,又下起雨来了).
7［…したのち］¶厳重審査の～決定した jīngguò yángé shěnchá zuòle juédìng(经过严格审查做了决定). ¶詳細はお目にかかった～お話します jiànmiàn hòu zài xiángtán(见面后再详谈). ¶一度見た～で買うかどうか決めます kànle zhī hòu zài juédìng mǎi bu mǎi(看了之后再决定买不买). ¶互いに承知の～でやったことだ shì zài bǐcǐ tóngyì zhī xià zuò de(是在彼此同意之下做的).
8［…からには］¶かくなる～は是非もない jìshì[jìrán] rúcǐ, nà jiù wúkě-nàihé le(既是[既然]如此,那就无可奈何了).

うえ【飢え】 è(饿), jī'è(饥饿). ¶水を飲んで～をしのぐ yǐ shuǐ chōngjī(以水充饥). ¶～と寒さに苦しむ ái'è shòu dòng(挨饿受冻)/ dòng'è jiāojiā(冻饿交加)/ jīhán jiāopò(饥寒交迫).

ウエーター nánfúwùyuán(男服务员).

ウエート 1［重量］zhòngliàng(重量); tǐzhòng

(体重). ¶～リフティング jǔzhòng(举重).

2〔重点〕 ¶ 問題のこの面に～をおく zhuózhòng wèntí de zhè yì fāngmiàn(着重问题的这一方面).

ウエートレス nǚfúwùyuán(女服务员).

ウエーブ ¶ 髪に～をかける lěng tàng bōlàngshì(冷烫波浪式).

うえき【植木】 ¶ 庭に～を植える zài yuànzili zāi shù(在院子里栽树). ¶～の手入れをする xiūjiǎn huāmù(修剪花木).
¶～鋏 cǎihuājiǎn(采花剪). ～鉢 huāpén(花盆). ～屋 huājiàng(花匠).

うえこみ【植込み】 ¶～の陰に隠れる cángzài shùcóng hòutou(藏在树丛后头).

うえした【上下】 **1**〔上と下〕shàngxià(上下).
¶～1センチのばす shàngxià fàng yì límǐ(上下放一厘米).

2〔さかさ〕diāndǎo(颠倒). ¶ 運搬のあいだに～になった bānyùn shí nòng diāndǎo le(搬运时弄颠倒了). ¶ この包を～にしないように zhège bāoguǒ bié shàngxià diāndǎo(这个包裹别上下颠倒).

うえじに【飢死】 èsǐ(饿死). ¶ 危うく～するところだった chà yìdiǎnr méi èsǐ(差一点儿没饿死).

ウエスト yāowéi(腰围), yāoshēn(腰身). ¶～をはかる liáng yāowéi(量腰围). ¶ 彼女は～が太い〔細い〕tā yāoshēn cū〔xì〕(她腰身粗〔细〕).

うえつけ【植付け】 yízhí(移植); chāyāng(插秧). ¶ 今年の～も無事にすんだ jīnnián de chāyāng yě shùnlì wánchéng le(今年的插秧也顺利完成了).

うえつ・ける【植え付ける】 **1**〔作物などを〕zhòng(种), zāi(栽), zāizhí(栽植), zāizhòng(栽种).
¶ 稲を～ける chāyāng(插秧).

2〔思想などを〕guànshū(灌输). ¶ 社会主義思想を～ける guànshū shèhuìzhǔyì sīxiǎng(灌输社会主义思想).

ウエット yìshānggǎn(易伤感), shàngǎn(善感).
¶～な性格 duōqíng shàngǎn de xìnggé(多情善感的性格).

ウエディング hūnlǐ(婚礼), jiéhūn yíshì(结婚仪式), jiéhūn diǎnlǐ(结婚典礼). ¶～ケーキ hūnlǐ dàngāo(婚礼蛋糕). ～ドレス xīnniángshù(新娘礼服)/ hūnshā(婚纱). ～マーチ hūnlǐ jìnxíngqǔ(婚礼进行曲).

う・える【飢える】 **1**〔食物に〕è(饿), jī'è(饥饿).
¶～えた狼の群におそわれた zāo yì qún èláng xíjī(遭一群饿狼袭击). ¶ 妻子を～えさせることはできない bùnéng jiào qīzǐ ái'è(不能叫妻子挨饿). ¶～えた者は食を選ばず jī bù zé shí(饥不择食).

2〔知識, 愛などに〕 ¶～えたように新しい知識を求める rújī-sìkě de xúnqiú xīn zhīshi(如饥似渴地寻求新知识). ¶ 親の愛に～えている kěwàng dédào fùmǔ de ài(渴望得到父母的爱).

う・える【植える】 zhòng(种), zāi(栽), zhòngzhí(种植), zāizhòng(栽种), zāizhí(栽植). ¶ 木を～える zhòng〔zāi〕shù(种〔栽〕树). ¶ 畑に野菜を～える zài tiándìli zhòng cài(在田地里种菜). ¶ 種痘を～える zhòng dòu(种痘).
¶ 皮膚を～える zhí pí(植皮).

ウエルターきゅう【ウエルター級】cìzhōngliàngjí(次中量级).

うえん【迂遠】 yūyuǎn(迂远). ¶～な計画 yūyuǎn de jìhuà(迂远的计划).

うお【魚】 yú(鱼). ¶ 水を得た～のようだ rú yú dé shuǐ(如鱼得水). ¶ 木に縁(ょ)りて～を求む yuán mù qiú yú(缘木求鱼). ¶ 水清ければ～棲まず shuǐ zhì qīng zé wú yú(水至清则无鱼)/ shuǐ qīng wú yú(水清无鱼). ¶～心あれば水心 rénxīn zhǎng zài xīn shang(人心长在人心上)/ nǐ yǒu xīn wǒ jiù yǒu yì(你有心我就有意).
¶～市場 yúshì(鱼市).

うおうさおう【右往左往】 ¶ 人々は～するばかりだった rénmen zhǐshì zhānghuáng-shīcuò de dōngpǎo-xīcuàn(人们只是张皇失措地东跑西窜).

ウオーミングアップ rèshēn(热身), rèshēn xùnliàn(热身训练), zhǔnbèi huódòng(准备活动).

ウオツカ fútèjiājiǔ(伏特加酒).

うおのめ【魚の目】jīyǎn(鸡眼), ròucì(肉刺).

うおへん【魚偏】yúzìpángr(鱼字旁ル).

ウォン【元】hánguóyuán(韩国元).

うか【羽化】 yǔhuà(羽化). ¶ あげは蝶が～した fèngdié yǔhuà le(凤蝶羽化了).

うかい【鵜飼い】 yúyīng bǔyú(鱼鹰捕鱼); yúyīng yújiā(鱼鹰渔家).

うかい【迂回】 yūhuí(迂回); ràoyuǎnr(绕远ル), ràodào〔r〕(绕道〔ル〕). ¶ 通行止めのため車は～した yóuyú jìnzhǐ tōngxíng chēzi ràole dào(由于禁止通行车子绕了道). ¶～して前進する yūhuí qiánjìn(迂回前进).
¶～路 yūhuílù(迂回路).

うがい【嗽】 shùkǒu(漱口). ¶ 外から帰ったら必ず～をすること cóng wàitou huílai yídìng yào shùkǒu(从外头回来一定要漱口).
¶～薬 shùkǒuyào(漱口药)/ hánshùjì(含漱剂).

うかうか ¶ 仕事もしないで～日を送った yóushǒu-hàoxián dǎfā rìzi(游手好闲打发日子).
¶～と口車に乗ってしまった húli-hútú de tīngxìnle huāyán-qiǎoyǔ(糊里糊涂地听信了花言巧语). ¶～してはいられない bùnéng yōuxiánzìzài le(不能悠闲自在了).

うかがい【伺い】 qǐngshì(请示). ¶ 上司に～をたてる xiàng shàngjí qǐngshì(向上级请示).
¶ 進退を出す qǐngshì qùjiù(请示去就). ¶ 御機嫌～にまいりました qiánlái qǐng'ān(前来请安).

うかが・う【伺う】 **1**〔聞く〕 ¶ この事についてあなたの御意見を～いたい duì zhège wèntí xiǎng tīngting nín de yìjiàn(对这个问题想听听您的意见). ¶ 忌憚のないところを～わせて下さい qǐng zhíyán-búhuì de gěi wǒ tí yìjiàn ba(请直言不讳地给我提意见吧). ¶ 御病気と～いま

したがいかがですか tīngshuō nín bìng le, zěnmeyàng? (听说您病了,怎么样?). ¶ちょっと～いますが… qǐngwèn …(请问…)/ xiàng nín dǎtīng yíxià …(向您打听一下…).

2〔訪ねる〕bàifǎng (拜访). ¶会社の方に～いましょう dào gōngsī zhǎo nín qù ba (到公司找您去吧). ¶何時に～いましょうか jǐ diǎnzhōng qù bàifǎng nín hǎo ne? (几点钟去拜访您好呢?).

うかが・う【窺う】tōukàn (偷看); kuītàn (窥探), kuīshì (窥视), kuīsī (窥伺), kuījiàn (窥见). ¶鍵穴から中を～う cóng yàoshiyǎnr tōukàn (从钥匙眼儿偷看). ¶敵の動静を～う kuītàn dírén de dòngjìng (窥探敌人的动静). ¶相手の顔色を～う kuītàn duìfāng de liǎnsè (窥探对方的脸色)/ chá yán guān sè (察言观色). ¶人の鼻息を～う yǎng rén bíxī (仰人鼻息). ¶この一事からも彼女の人柄が～える cóng zhè yí shì yě kě kànchū tā de wéirén (从这一事也可看出她的为人). ¶敵の隙を～って攻撃する sìxì jìnjī dírén (伺隙进击敌人). ¶復讐の機会を～う sìjī bàochóu (伺机报仇).

うかさ・れる【浮かされる】¶熱に～れてうわごとを言う fāshāo shāode shuō húhuà (发烧烧得说胡话). ¶彼はゴルフ熱に～れている tā duì gāo'ěrfūqiú zháole mí (他对高尔夫球着了迷).

うか・す【浮かす】**1**→うかべる1.

2〔残す〕fúchū (浮出), yúchū (余出), shěngchū (省出). ¶出張旅費を2万円～した chūchāifèi jiéyúchū liǎngwàn rìyuán (出差费节余出两万日元).

うかつ【迂闊】cūxīn (粗心), dàyi (大意), shūhu (疏忽), hútu (胡涂). ¶まったく～な事をした wǒ tài shūhu dàyi le (我太疏忽大意了). ¶彼に～な事は言えない gēn tā shuōhuà kě bùnéng dàyi (跟他说话可不能大意). ¶それに気がつかないとは～でした jìng méi zhùyìdào nàge, tài shūhu le (竟没注意到那个, 太疏忽了). ¶～に手出しはできない bùnéng qīngyì dòngshǒu (不能轻易动手). ¶～にも承諾してしまった yìshí hútu yìngchéngle xiàlái (一时胡涂应承了下来).

うか・つ【穿つ】**1**〔掘る〕záo (凿), kāizáo (开凿). ¶トンネルを～つ záo suìdào (凿隧道). ¶山を～って道をつくる záo shān zhù lù (凿山筑路). ¶点滴石を～つ dī shuǐ chuān shí (滴水穿石)/ shuǐ dī shí chuān (水滴石穿).

2¶なかなか～った事を言う shuōde yìzhēn-jiànxiě (说得一针见血). ¶その見方はいささか～ちすぎだ nà zhǒng kànfǎ wèimiǎn yǒudiǎnr chuānzáo-fùhuì (那种看法未免有点儿穿凿附会).

うかぬかお【うかぬ顔】chóuróng (愁容), chóu méi kǔ liǎn (愁眉苦脸), chóuméi bùzhǎn (愁眉不展). ¶～をしているのだ zěnme chóuróng mǎnmiàn a? (怎么愁容满面啊?)/ wèishénme nàme mǎnliǎn bù gāoxìng? (为什么那么满脸不高兴?).

うかば・れる【浮ばれる】¶これで仏も～れるだろう zhèyàng, sǐ de rén yě jiù néng míngmù le ba (这样, 死的人也就能瞑目了吧). ¶彼はこれでもう一生～れないだろう zhè yǐlái, tā zhè bèizi zài yě fānbuliǎo shēn le (这一来, 他这辈子再也翻不了身了).

うかびあが・る【浮び上がる】fúshanglai (浮上来). ¶潜水艦が～ってきた qiánshuǐtǐng fúshanglai le (潜水艇浮上来了). ¶捜査線上に彼の名前が～った zài sōuchá de guòchéng zhōng chūxiànle tā de míngzi (在搜查的过程中出现了他的名字). ¶長い間の下積みからやっと～った jiǔ jū rén xià hǎoróngyì cái chūle tóu (久居人下好容易才出了头).

うか・ぶ【浮ぶ】**1**〔浮く〕piāo (漂), fú (浮), piāofú (漂浮·飘浮). ¶木の葉が水に～っている shùye zài shuǐmiàn shang piāozhe (树叶在水面上漂着). ¶材木が川に～んでいる héli fúzhe mùcái (河里浮着木材). ¶ヨットが海に～んでいる fānchuán zài hǎishang piāofúzhe (帆船在海上漂浮着). ¶雲が空に～んでいる yúncai zài tiānkōng piāofú (云彩在天空飘浮).

2〔あらわれる〕fú (浮), fàn (泛), fú (漾), fúfàn (浮泛), fúxiàn (浮现), piāofú (漂浮). ¶不快の色が顔に～んだ liǎnshang xiǎnlùchū búyuè zhī sè (脸上显露出不悦之色). ¶彼女の口許に微笑が～んだ tā de zuǐjiǎo lùchū wēixiào (她的嘴角露出微笑). ¶その時の情景が今でもありありと目に～ぶ dāngshí de fúxiàn [huóxiàn] zài yǎnqián (当时的情景现在也ˇ清楚地浮现[活现]在眼前).

3〔思いつく〕¶ふと名案が～んだ hūrán zài nǎozili shǎnguò yí ge hǎozhǔyi (忽然在脑子里闪过一个好主意); língjī-yídòng, jì shàng xīn lái (灵机一动, 计上心来). ¶適当な言葉が～んでこない xiǎngbuchū shìdàng de cír (想不出适当的词儿).

うか・べる【浮べる】**1**〔浮かす〕¶おもちゃの船を池に～べる bǎ wánjùchuán fúzài chímiàn shang (把玩具船浮在池面上).

2〔あらわす〕¶満面に喜色を～べる mǎnmiàn xǐsè (满面喜色). ¶口許にほほえみを～べる zuǐjiǎo shang dàizhe yì sī wēixiào (嘴角上带着一丝微笑). ¶目に一杯涙を～べて言った lèiwāngwāng de shuō (泪汪汪地说).

3〔思い出す〕¶母の面影を胸に～べる xiǎngqǐ mǔqin de miànyǐng (想起母亲的面影).

うか・る【受かる】kǎoshàng (考上), kǎozhòng (考中), kǎoqǔ (考取). ¶大学に～る kǎoshàng dàxué (考上大学). ¶試験に～る tōngguò kǎoshì (通过考试)/ kǎoshì jígé (考试及格).

うか・れる【浮かれる】¶酒に～れて踊り出す jiǔxìng fāng hān, piāorán qǐ wǔ (酒兴方酣, 飘然起舞). ¶仲のおけない友達が集まって～れて騒いだ yàohǎo de péngyou jùzài yìqǐ nàotengle yì fān (要好的朋友聚在一起闹腾了一番).

うがん【右岸】yòu'àn (右岸).

うかんむり【ウ冠】bǎogàir (宝盖儿), bǎogàitóu (宝盖头).

うき【浮き】yúpiāo[r] (鱼漂[儿]), piāor (漂儿),

fúzi(浮子).

うき【雨季】yǔjì(雨季). ¶～に入った jìnrù yǔjì(进入雨季).

うきあが・る【浮き上がる】 1〔浮び上がる〕fúshanglai(浮上来). ¶～ったと思ったらまた沈んだ gāng yì fúshanglai, jiù yòu chénle xiàqù(刚一浮上来, 就又沉了下去).
2〔離れる〕¶家が古くなって土台が～った fángzi lǎo le, fángzhù bù zhāndì le(房子老了, 房柱不沾地了). ¶あの幹部は一般組合員から～っている nàge gànbù tuōlí huìyuán qúnzhòng(那个工会干部脱离会员群众).

うきあしだ・つ【浮足立つ】¶敵は不意を突かれて～った dírén cù bù jí fáng, cānghuáng yù táo(敌人猝不及防, 仓皇欲逃).

うきうき【浮き浮き】gāoxìng(高兴), xǐqì yángyáng(喜气洋洋). ¶気も～と旅に出る mǎnxīn huānxǐ qù lǚxíng(满心欢喜去旅行). ¶何かいいことがあったらしく彼は～した顔をしている tā *méifēi-sèwǔ de[xǐxíng yú sè], xiàngshì yǒu shénme hǎoshì(他*眉飞色舞的[喜形于色], 像是有了什么好事).

うきくさ【浮草】fúpíng(浮萍), shuǐpíng(水萍), zǐpíng(紫萍). ¶～のような生活をする guòzhe piāobó búdìng de shēnghuó(过着漂泊不定的生活).

うきぐも【浮雲】fúyún(浮云).

うきしずみ【浮き沈み】fúchén(浮沉), chénfú(沉浮). ¶～しながら流れていった yìfú-yìchén de shùn shuǐ liúqù(一浮一沉地顺水流去). ¶人間の一生には～があるはずだ zài rén de yìshēng zhī zhōng zǒng huì yǒu fúchén de(在人的一生之中总会有浮沉的).

うきで・す【浮き出す】¶油が水面に～した yóu fúchū shuǐmiàn(油浮出水面). ¶模様を～にする bǎ huāyang tūxiàn chulai(把花样凸现出来). ¶青空に富士山がくっきりと～して見える Fùshì Shān lúnkuò míngxī de fúxiàn zài wànlǐ qíngkōng(富士山轮廓明晰地浮现在万里晴空).

うきた・つ【浮き立つ】¶春は人の心を～たせる chūntiān shǐ rén kuàihuo(春天使人快活).

うきな【浮名】¶～を流す yànwén yuǎn yáng(艳闻远扬).

うきぶくろ【浮袋】〔水泳用の〕xiàngpíquān(橡皮圈);〔救命用の〕jiùshēngquān(救生圈); 〔魚の〕biào(鳔), yúbiào(鱼鳔), yúbái(鱼白).

うきぼり【浮彫】fúdiāo(浮雕). ¶それは当時の世相を～にした事件だった nàge shìjiàn zhèng fǎnyìngchūle dāngshí shèhuì qíngkuàng(那个事件正反映出了当时社会情况)/ nà yí shìjiàn zhèngshí dāngshí shìfēng de shēngdòng xiěhuàr(那一事件正是当时世风的生动写照).

うきみ【憂身】¶恋に～をやつす wèi liàn'ài ér qiáocuì bùkān(为恋爱而憔悴不堪). ¶おしゃれに～をやつす chénnì yú dǎban(沉溺于打扮).

うきめ【憂き目】¶親さえ生きていたらこんな～は見なかったろうに yàoshì fùmǔ zàishì, nǎ huì shòu zhè zhǒng kǔ?(要是父母在世, 哪会受这种苦?).

うきよ【浮世】chénshì(尘世), hóngchén(红尘), chénhuán(尘寰), rénhuán(人寰), shìjiān(世间), fúshì(浮世), fúshēng(浮生). ¶～離れのした人 chāotuō chénshì de rén(超脱尘世的人). ¶つくづく～がいやになった wǒ duì chénshì yànfán fùkān(我对尘世厌烦不堪). ¶ままならぬは～の習い rénshēng bù rúyì shì cháng bājiǔ(人生不如意事常八九)/ rénshēng kǎnkě(人生坎坷). ¶これが～の常だ zhè jiùshì rénshì zhī cháng(这就是人世之常). ¶～は夢 fúshēng ruò mèng(浮生若梦).

うきよえ【浮世絵】fúshìhuì(浮世绘).

う・く【浮く】 1〔浮かぶ〕piāo(漂), piāofú(漂浮)・飘浮). ¶体が水に～くようになった shēntǐ zài shuǐlǐ néng fúqilai le(身体在水里能浮起来了). ¶海に浮いている hǎimiàn fúzhe yì céng yóu(海面浮着一层油). ¶白い雲が空に～いている báiyún zài tiānkōng piāofú(白云在天空漂浮).
2〔ゆるむ, 離れる〕¶釘が～く dīngzi sōng le(钉子松了). ¶酸っぱいものを食べると歯が～く yì chī suān de jiù dǎoyá(一吃酸的就倒牙). ¶歯の～くようなお世辞を並べ立てる shuō lìng rén gǎndào ròumá de fèngchenghuà(说令人感到肉麻的奉承话). ¶幹部が大衆から～いている gànbù tuōlí qúnzhòng(干部脱离群众).
3〔浮き浮きする〕彼女は～かぬ顔をしている tā wújīng-dǎcǎi(她无精打采)/ tā mènmèn-búlè(她闷闷不乐). ¶どうも気分が～かない jīngshen lái(怎么也打不起精神来).
4〔軽薄だ〕fú(浮), qīngfú(轻浮), qīngtiāo(轻佻). ¶彼女には～いたところはみじんもない tā méiyǒu yìdiǎnr qīngfú de dìfang(她没有一点儿轻浮的地方). ¶あの人には～いた噂が絶えない nàge rén yànwén búduàn(那个人艳闻不断).
5〔残る〕yúchū(余出), shěngchū(省出), fúchū(浮出). ¶酒をやめると月1万円は～く bǎ jiǔ jiè le, yí ge yuè kěyǐ shěngchū yíwàn rìyuán(把酒戒了, 一个月可以省出一万日元). ¶費用が5000円～いた fèiyong fùyuchū wǔqiān rìyuán(费用富余出五千日元). ¶～いた時間で絵をかく lìyòng yúchū de shíjiān huàhuàr(利用余出的时间画画儿).

うぐいす【鶯】shùyīng(树莺), gàochūnniǎo(告春鸟).

ウクレレ wūkèliēliē(乌克咧咧).

うけ【受け】 1〔守り〕¶彼の将棋は～の将棋だ tā de qí shì shǒushìqí(他的棋是守势棋).
2〔評判〕¶世間の～がよい rényuánr hǎo(人缘儿好)/ yǒu rényuánr(有人缘儿). ¶彼の出る芝居は～がよい tā chūchǎng de xì hěn shòu huānyíng(他出场的戏很受欢迎).

うけ【有卦】¶～に入る jiāoyùn(交运)/ zǒuyùn(走运).

うけあい【請合い】¶この品は10年間はもつこと

〜です zhè huò bāo yòng shí nián (这货包用十年). ¶彼の当選は〜だ guǎnbǎo tā dāngxuǎn (管保他当选). ¶あんな調子では失敗すること〜だ zhào nàge yàngzi wǒ dānbǎo yídìng chénggōng bu liǎo (照那个样子我担保不成功了)/zhào nà jiàshi zhǔn zāigēntou (照那架势准栽跟头). ¶品質は〜います zhìliàng guǎnbǎo méi cuò (质量管保没错). ¶彼は必ず行くと〜った tā bǎozhèng yídìng qù (他保证一定去). ¶彼女の身元は私が〜う tā de shēnfen wǒ bǎo (她的身分我保). ¶うまくいくかどうかが〜いかねる néng bu néng chénggōng dānbǎo bu liǎo (能不能成功担保不了).

うけい【右傾】 yòuqīng (右倾).

うけいれ【受入れ】 ¶〜態勢がまだ整わない jiēnà[yíngjiē] de zhǔnbèi hái méiyǒu zuòhǎo (接纳[迎接]的准备还没有做好).

うけい・れる【受け入れる】 1〔迎え入れる〕jiēnà (接纳). ¶失業者を〜れる用意がある yǒu jiēnà shīyèzhě de zhǔnbèi (有接纳失业者的准备). ¶難民を〜れる shōuróng nànmín (收容难民).
2〔聞き入れる〕jiēshòu (接受). ¶人の忠告を素直に〜れる xūxīn jiēshòu rénjia de zhōnggào (虚心接受人家的忠告). ¶皆の要求を〜れることは困難だ mǎnzú dàjiā de yāoqiú shì yǒu kùnnan de (满足大家的要求是有困难的).

うけうり【受売り】 xiàn dǔn xiàn mài (现趸现卖), xiàn mǎi xiàn mài (现买现卖). ¶あの教授は外国の学者の〜をして得意になっている nàge jiàoshou ná wàiguó xuézhě de dōngxi xiàndǔn-xiànmài, zìmíng-déyì (那个教授拿外国学者的东西现趸现卖,自鸣得意). ¶彼の説は単なる〜に過ぎない tā de xuéshuō zhǐ búguò shí shí rén yáhuì bàle (他的学说只不过是拾人牙慧罢了).

うけおい【請負】 bāo (包), chéngbāo (承包), chéngbàn (承办). ¶校舎の建築をA建築会社に〜でやらせる xiàoshè de jiànzhù gōngchéng ràng A jiànzhù gōngsī ˮchéngbāo[chéngjiàn]ˮ(校舍的建筑工程让A建筑公司ˮ承包[承建]ˮ).
¶〜契約 bāogōng[chéngbāo] hétong (包工[承包]合同). ¶〜仕事 bāogōng huór (包工活儿). 〜人 bāogōng (包工)/chéngbāorén (承包人)/chéngbànrén (承办人).

うけお・う【請け負う】 bāo (包), chéngbāo (承包), chéngbàn (承办), yíngbàn (营办), chénglǎn (承揽), lǎnchéng (揽承), dōu (兜), dōulǎn (兜揽). ¶道路工事を〜う chéngbāo xiūlù gōngchéng (承包修路工程). ¶1人で〜が大変な事になる yí ge rén chénglǎn xialai kě búdéliǎo (一个人承揽下来可不得了).

うけこたえ【受け答え】 huídá (回答), duìdá (对答), dádui (对对), yìngdá (应答), yìngduì (应对). ¶〜がうまい shànyú yìngduì (善于应对).

¶どんな質問にもてきぱきと〜する duì shénme tíwèn dōu yìngdá rú liú (对什么提问都应答如流).

うけざら【受皿】 ¶油入れの〜 diàn yóuguàn de diézi (垫油罐的碟子). ¶醬油壺の〜 jiàngyóuhú diàndié (酱油壶垫碟). ¶失業者の〜となる産業がない méiyǒu jiēnà shīyèzhě de chǎnyè (没有接纳失业者的产业).

うけだ・す【請け出す】 shúhuí (赎回), shúchū (赎出), huíshú (回赎). ¶質草を〜す shúhuí dàng de dōngxi (赎回当的东西)/shúdàng (赎当).

うけだち【受け太刀】 ¶敵のするどい切っ先にともすれば〜になる yú dí ruìlì dāofēng wǎngwǎng chéng zhāojià zhī shì (遇敌锐利刀锋往往成招架之势).

うけたまわ・る【承る】 1〔聞く〕¶ひとつあなたの御意見を〜りたい xiǎng tīngtīng nín de yìjiàn (想听听您的意见). ¶まだお名前を〜っておりませんが hái méiyǒu qǐngjiào nín guìxìng? (还没有请教您贵姓?). ¶御高名はかねてより〜っております nín de dàmíng wǒ zǎojiù tīngshuōguo le (您的大名我早就听说过了)/jiǔyǎng dàmíng (久仰大名).
2〔うける〕¶御用命を〜ります nín yǒu shénme fēnfu ma? (您有什么吩咐吗?). ¶委細〜りました nín de yāoqiú quán míngbai le (您的要求全明白了).

うけつ・ぐ【受け継ぐ】 jìchéng (继承), chéngshòu (承受), jiētì (接替). ¶父の事業を〜ぐ jìchéng fùyè (继承父业). ¶故人の遺志を〜ぐ jìchéng yízhì (继承遗志). ¶母親の性格をそっくり〜いでいる gēn tā mǔqin de xìnggé yìmúyíyàng (跟他母亲的性格一模一样). ¶前任者の仕事を〜ぐ jiētì qiánrèn de gōngzuò (接替前任的工作).

うけつけ【受付】〔所〕shōufāshì (收发室), chuándáshì (传达室);〔人〕shōufā (收发). ¶〜時間は9時から3時までです shòulǐ shíjiān shì cóng jiǔ diǎn dào shíwǔ diǎn (受理时间是从九点到十五点). ¶診察を受ける方は先に〜を済ませてください kànbìng de rén qǐng xiān guàhǎo hào (看病的人请先挂好号). ¶玄関を入って右側に〜があります jìnle zhèngmén yòubian yǒu wènxùnchù (进了正门右边有问讯处). ¶私は会社の〜をしています wǒ zài gōngsī de jiēdàichù gōngzuò (我在公司的接待处工作).
¶〜番号 shòulǐ hàomǎ (受理号码).

うけつ・ける【受け付ける】 1〔申込みなどを〕shòulǐ (受理). ¶申込みは10日から〜るsb-shēnmíng yóu shí rì kāishǐ shòulǐ (报名由十日开始受理). ¶それは郵便局の窓口で〜ています nà zài yóujú de chuāngkǒu bànlǐ (那在邮局的窗口办理). ¶彼は私が何を言っても〜ない wǒ shuō shénme tā yě bùkěn tīng (我说什么他也不肯听).
2〔食物などを〕¶水も〜けない jiù lián shuǐ yě ˮfǎn[fān]ˮ wèi (就连水也ˮ反[翻]ˮ胃). ¶病人は薬も〜けなくなった bìngrén lián yào yě bù-

うけとめる

néng chī le(病人连药也不能吃了).

うけと・める【受け止める】jiēzhù (接住), jiàzhù (架住). ¶ボールを片手で〜める yòng yì zhī shǒu jiēzhù qiú (用一只手接住球). ¶鋭く打ち込んでくる刀をはっしと〜めた bǎ měng kǎnguòlái de dàdāo dāng de yíxià jiàzhù le(把猛砍过来的大刀铛地一下架住了). ¶彼はその言葉をじゅうぶん〜めた tā bǎ nà huà míngkè zài xīnli(他把那话铭刻在心里).

うけとり【受取】shōujù (收据), shōutiáo[r] (收条[儿]); huídān[r] (回单[儿]), huítiáo[r] (回条[儿]). ¶〜を書く kāi shōujù(开收据)/ dǎ shōutiáo(打收条). ¶〜手形 yīngshōu piàojù (应收票据).

うけと・る【受け取る】1 shōu (收), jiē (接), lǐng (领). ¶手紙を〜る jiē[shōu]dào xìn(接[收]到信). ¶給料を〜る lǐngdào gōngzī(领到工资). ¶金5万円正にお〜りました 正[收][领]到五万日元整). ¶どうぞお〜り下さい qǐng shōuxià ba(请收下吧).
2〔解釈する〕¶私の言葉がそういう意味に〜られたとは心外だ nàme lǐjiě wǒ de huà shènwéi yíhàn(那么理解我的话甚为遗憾). ¶お世辞をまともに〜める bǎ fèngchenghuà dàngzhēn (把奉承话当真). ¶彼はこの沈黙を同意と〜った tā bǎ zhè chénmò kànzuò zànchéng de biǎoshì(他把这沉默看作赞成的表示).

うけなが・す【受け流す】¶するどい切っ先を〜す jiàkāi ruìlì de dāo(架开锐利的刀). ¶追及を軽く〜す qīngqīng duǒshǎn zhuījiū (轻轻躲闪追究). ¶母の小言を柳に風と〜す bǎ mǔqin de xùnhuà dàng ěrbiānfēng (把母亲的训话当耳边风).

うけみ【受身】bèidòng (被动), shǒushì (守势). ¶敵の攻撃が激しくて我方は〜になってしまった dírén de jìngōng měngliè, wǒfāng ˈbèidòng[zhuǎnwéi shǒushì] le (敌人的进攻猛烈, 我方ˈ被动[转为守势]了). ¶次の文を〜の形になおしなさい bǎ xiàliè jùzi gǎiwéi bèidòngshì(把下列句子改为被动式).

うけもち【受持】jírèn (级任), bānzhǔrèn (班主任); dānrènzhě (担任者). ¶〜の先生が替った bānzhǔrén lǎoshī huàn le(班主任老师换了). ¶この仕事は私の〜です zhège gōngzuò shì wǒ dānrèn de (这个工作是我担任的). ¶〜区域をパトロールする xúnshì suǒ fùzé de dìqū (巡视所负责的地区).

うけも・つ【受け持つ】dānrèn (担任), dānfù (担负), dāndāng (担当), chéngdāng (承当), fùzé (负责). ¶1週5時間〜っている yí ge xīngqí dānrèn wǔ ge kèshí (一个星期担任五个课时). ¶A地区への発送は僕が〜とう wǒ lái fùzé A dìqū de fāsòng ba (我来负责 A 地区的发送吧). ¶1人で2役〜っている yí ge rén dāndāng liǎng xiàng gōngzuò (一个人担当两项工作).

う・ける【受ける】1〔受けとめる〕jiē (接). ¶しずくを茶碗に〜ける yòng cháwǎn jiē shuǐdī (用茶碗接水滴). ¶ボールをミットで〜ける yòng shǒutào jiē qiú(用手套接球).
2〔授かる〕shòu (受). ¶大学教育を〜ける人が多くなった shòu gāoděng jiàoyù de rén yuèláiyuè duō le (受高等教育的人越来越多了). ¶学位を〜ける bèi shòuyǔ xuéwèi (被授予学位). ¶入会の許可を〜ける bèi pīzhǔn rù huì (被批准入会). ¶人の世に生を〜ける jiàngshēng dào rénshì (降生到人世).
3〔引き継ぐ〕jì (继), jìchéng (继承). ¶父のあとを〜けて商売をする jìchéng fùyè zuò mǎimai (继承父业做买卖). ¶第1次5か年計画のあとを〜けて引き続き製鉄業の発展を図る jì dìyī ge wǔ nián jìhuà zhī hòu jìxù fāzhǎn gāngtiě gōngyè (继第一个五年计划之后继续发展钢铁工业).
4〔応ずる〕jiē (接), jiēshòu (接受). ¶人の挑戦を〜けて立つ jiēshòu biérén de tiǎozhàn (接受别人的挑战). ¶お招きを喜んでお〜け致します xīnrán jiēshòu nín de yāoqǐng (欣然接受您的邀请). ¶この電話を〜けたのは誰ですか zhège diànhuà shì shuí jiē de? (这个电话是谁接的?). ¶A大学を〜けるつもりで xiǎng tóukǎo A dàxué (想投考 A 大学). ¶入社試験を〜ける cānjiā gōngsī lùyòng kǎoshì (参加公司录用考试).
5〔こうむる, 接する〕shòu (受), shòudào (受到); zāo (遭), zāoshòu (遭受). ¶人々の尊敬を〜ける shòu rénmen de zūnjìng (受人们的尊敬). ¶大きなショックを〜けた shòudào hěn dà de zhèndòng (受到很大的震动). ¶この画法は中国の山水画の影響を〜けている zhè huàfǎ shòu Zhōngguó shānshuǐhuà de yǐngxiǎng (这画法受中国山水画的影响). ¶警察の取調べを〜けた shòu jǐngchá de cháwèn (受警察的查问). ¶大波を〜けてボートが転覆した shòudào dàlàng chōngjī xiǎochuán fān le (受到大浪冲击小船翻了). ¶社長の命を〜けて出張する fèng shèzhǎng zhī mìng chūchāi (奉社长之命出差). ¶手厚い看護を〜ける dédào tǐtiē rùwēi de hùlǐ (得到体贴入微的护理). ¶敵の激しい攻撃を〜ける zāo dírén měngliè gōngjī (遭敌人猛烈攻击). ¶台風で農作物は大きな被害を〜けた yóuyú táifēng zhuāngjia zāoshòu hěn dà de sǔnshī (由于台风庄稼遭受很大的损失). ¶私は胃の手術を〜けた wǒ dòngle wèi de shǒushù (我动了胃的手术). ¶知らせを〜けて駆けつけた dédào xiāoxi gǎnlái (得到消息赶来). ¶友人から結婚について相談を〜けた jiù jiéhūn de wèntí péngyou zhēngqiú wǒ de yìjiàn (就结婚的问题朋友征求我的意见). ¶朝日を〜けて野山は生気を取り戻した shānyě mùyù zhāoyáng yòu yǒu shēngqì le (山野沐浴朝阳又有生气了).
6〔好評を得る〕¶この小説はきっと〜けるに違いない zhè bù xiǎoshuō yídìng huì shòu huānyíng (这部小说一定会受欢迎). ¶彼がこの歌をうたえば必ず〜ける tā chàng zhè shǒu gē yídìng huì bódé hǎopíng (他唱这首歌一定会博得好评).

うけわたし【受渡し】¶品物の〜は全部すんだ

jiāohuò yǐ wánbì(交货已完毕).
¶～期日 jiāohuò rìqī(交货日期).

うげん【右舷】 yòuxián(右舷).

うごう【烏合】 ¶～の衆 wū hé zhī zhòng(乌合之众).

うごか・す【動かす】 **1**〔移す〕dòng(动), nuó(挪), bān(搬), yí(移), nuódòng(挪动), téngnuó(腾挪), bāndòng(搬动), yídòng(移动). ¶本箱の位置を～す bǎ shūjià nuó yi nuó(把书架挪一挪). ¶机の上の物は～さないで下さい zhuōzi shang de dōngxi qǐng búyào dòng(桌子上的东西请不要动). ¶一人では～せない 1 ge rén bānbudòng(一个人搬不动). ¶病人はしばらく～さないでおいた方がよい bìngrén háishi zànqiě bù yídòng wéi hǎo(病人还是暂且不移动为好). ¶彼は眉ひとつ～さずにそれを聞いた tā méishāo bú dòng de tīngle nà huà(他眉梢不动地听了那话).

2〔変化させる〕dòng(动), tuīdòng(推动), dǎdòng(打动). ¶世の中を～すのは民衆の力だ tuīdòng shèhuì xiàng qián fāzhǎn de shì rénmín dàzhòng de lìliàng(推动社会向前发展的是人民大众的力量). ¶歴史を～した人々 tuīdòng lìshǐ de rénmen(推动历史的人们). ¶彼の言葉に～された tā de huà shǐ wǒ dòngle xīn(他的话使我动了心). ¶彼女の熱意に～された bèi tā de rèqíng dǎdòng le(被她的热情打动了). ¶この基本線は～せない zhège jīběn yuánzé shì gǎidòng bude de(这个基本原则是改动不得的).

3〔揺り動かす〕dòng(动), yáodòng(摇动), huódòng(活动). ¶そよ風が梢を～している wēifēng chuīdòng shùshāo(微风吹动树梢). ¶体を～す huódòng shēntǐ(活动身体).

4〔行動させる〕tuīdòng(推动). ¶首相を～して事態の早期解決をはかる tuīdòng shǒuxiàng móuqiú shìtài zǎorì jiějué(推动首相谋求事态早日解决). ¶意のままに～す suíyì qūshǐ rén(随意驱使人). ¶兵を～す diàodòng jūnduì(调动军队).

5〔作動させる, 運転する〕kāi(开), kāidòng(开动), fādòng(发动). ¶機械をフルに～しても生産が追いつかない jiùshì zhòuyè bùtíng de kāidòng suǒyǒu de jīqi shēngchǎn yě gǎnbushàng(就是昼夜不停地开动所有的机器生产也赶不上). ¶この車なら私でも～すことが出来る zhè liàng qìchē wǒ yě néng kāi(这辆汽车我也能开).

6〔動かせない…〕¶～せない証拠が発見された fāxiànle quèzáo-búyì de zhèngjù(发现了确凿不移的证据). ¶これは～し難い事実だ zhè shì tiě de shìshí(这是铁的事实).

うごき【動き】 ¶寒さで体の～が鈍った lěngde dòngzuò chídùn le(冷得动作迟钝了). ¶あまりの混雑で～がとれない yōngjǐ de dòngtan bude(拥挤得动弹不得). ¶テレビは台風の～を刻刻と伝えた diànshì búduàn de bàodàozhe táifēng de dòngxiàng(电视不断地报道着台风的动向). ¶雲の～が早い yúncai yídòngde kuài(云彩移动得快). ¶資金不足で～がとれない yóuyú zījīn bùzú, zhōuzhuǎn bu kāi(由于资金不足,周转不开). ¶金融界の～が活発になった jīnróngjiè de dòngtài huóyuèle qǐlai(金融界的动态活跃了起来). ¶今度の人事は大したへにはならしい kànlai zhè cì rénshì bú huì yǒu tài dà de diàodòng(看来这次人事不会有太大的调动). ¶物価の～が激しい wùjià de biàndòng hěn jīliè(物价的变动很激烈). ¶政界は何の～も見せない zhèngjiè méiyǒu rènhe dòngjing(政界没有任何动静). ¶世の～について行けない gēnbushàng xíngshì(跟不上形势). ¶彼の心の～が手に取るようにわかる tā de xīnlǐ huódòng wǒ liǎo rú zhǐ zhǎng(他的心理活动我了如指掌).

うご・く【動く】 **1**〔移動する〕dòng(动), yídòng(移动), dòngtan(动弹). ¶～くな, ～くと命がないぞ búxǔ dòng! dòng yíxià jiù yào nǐ de mìng!(不许动! 动一下就要你的命!). ¶しっかり押えて～かないようにする jǐnjǐn ènzhù bú ràng tā dòng(紧紧摁住不让它动). ¶私が戻るまで決してここを～かないように wǒ huílai zhī qián, qiānwàn bié líkāi zhèr(我回来之前,千万别离开这儿). ¶当分この土地を～かないつもりだ zànshí bù dǎsuàn líkāi zhèli(暂时不打算离开这里). ¶戸が～かなくなった mén tuībudòng le(门推不动了). ¶今度の選挙では多額の金が～いた zhè cì xuǎnjǔ dòngle jùkuǎn(这次选举动了巨款). ¶～歩道 zìdòng rénxíngdào(自动人行道).

2〔変化する〕biàn(变), biànhuà(变化), biàndòng(变动). ¶情勢は刻々と～いている júshì shíshí-kèkè zài biànhuà(局势时时刻刻在变化). ¶彼の決心はもう～かないだろう tā de juéxīn bú huì zài dòngyáo le ba(他的决心不会再动摇了吧).

3〔揺れ動く〕dòng(动), huàng(晃), yáodòng(摇动), bǎidòng(摆动), yáobǎi(摇摆); huó(活). ¶風で木の葉が～く shùyè yíngfēng yáobǎi(树叶迎风摇摆). ¶歯が～く yá huódòng [sōngdòng] le(牙活动[松动]了).

4〔行動する〕xíngdòng(行动), huódòng(活动). ¶彼は一日中忙しそうに～きまわっている tā yìtiān-dàowǎn dōngbēn-xīpǎo de mánglùzhe(他一天到晚东奔西跑地忙碌着). ¶上司の命のままに～いただけだ zhǐshì yīzhào shàngsi de mìnglìng xíngdòng éryǐ(只是依照上司的命令行动而已). ¶感情で～いてはいけない búyào gǎnqíng yòngshì(不要感情用事). ¶陰で黒幕が～いている mùhòurén zài ànzhōng huódòng(幕后人在暗中活动). ¶警察が～き出した jǐngchá yǒu dòngjing le(警察有动静了).

5〔作動する, 運転する〕dòng(动), kāidòng(开动), zhuàndòng(转动). ¶モーターが～く fādòngjī zhuàndòng(发动机转动). ¶機械がまだ～いている jīqì hái kāidòngzhe(机器还开动着). ¶時計が～かなくなった zhōng bù zǒu le(钟不走了). ¶停電で電車が～かない yóuyú tíngdiàn diànchē tíngshǐ(由于停电电车停驶). ¶このおもちゃは電池で～く zhège wánjù yòng diànchí dàidòng(这个玩具用电池带动).

6【動かない…】 ¶～かぬ証拠をつきつけられた báizhǐ-hēizì bèi bǎizài miànqián（白纸黑字被摆在面前）. ¶A校の優勝は～かぬところだ A xiào huò guànjūn shì quèdìng búyí le（A校获冠军是确定不移了）.

うごのたけのこ【雨後の筍】 ¶～のように現れた yóurú yǔhòu-chūnsǔn shìde yǒngxiàn chulai（犹如雨后春笋似地涌现出来）.

うごめか・す【蠢かす】 ¶得意の鼻を～す qiào wěiba（翘尾巴）/ yángyáng déyì（洋洋得意）.

うごめ・く【蠢く】 rúdòng（蠕动）, chǔndòng（蠢动）, gūrong（咕容）. ¶うじ虫が～いている qū gūrong（蛆咕容）.

うさ【憂さ】 ¶毎日酒に～をまぎらしている měitiān dōu jiè jiǔ jiāo chóu（每天都借酒浇愁）.

うさぎ【兎】 tù[r]（兔[儿]）, tùzi（兔子）. ¶野～ yětù（野兔）. ～小屋 tùziwō（兔子窝）.

うさばらし【憂さ晴らし】 páiqiǎn（排遣）, xiāoqiǎn（消遣）. ¶～に何かしないと気がおさまらない bú zuò diǎn shénme lái páiqiǎn yíxià, zhè mēnqì nán xiāo（不做点什么来排遣一下, 这闷气难消）. ¶～に釣りに行く wèile xiāoqiǎn qù diàoyú（为了消遣去钓鱼）.

うさんくさ・い【胡散臭い】 ¶～い男が門前をうろついている xíngjì kěyí de nánrén zài ménqián páihuái（形迹可疑的男人在门前徘徊）. ¶～そうな目で人を見る yòng huáiyí de yǎnshén kàn rén（用怀疑的眼神看人）.

うし【丑】 chǒu（丑）. ¶～の刻 chǒushí（丑时）.

うし【牛】 niú（牛）. ¶～を飼う fàng[yǎng] niú（放[养]牛）. ¶～のよだれのように長々としゃべった xiàng lǎoniú tǎng kǒushuǐ shìde shuōde méiwán-méiliǎo（像老牛淌口水似的说得没完没了）. ¶～の歩みは遅くとも… zòngling niúbù huǎnmàn（纵令牛步缓慢…）. ¶～を馬に乗り換える kàn fēng shǐ duò（看风使舵）/ jiàn fēng zhuǎn duò（见风转舵）.

¶牡～ gōngniú（公牛）/ mǔniú（牡牛）. 牝～ mǔniú（母牛）/ pìnniú（牝牛）. 子～ xiǎoniú（小牛）/ dúzi（犊子）. ～小屋 niúpéng（牛棚）/ niúlán（牛栏）/ niújiùan（牛圈）.

うじ【氏】 shì（氏）; méndì（门第）, jiāmén（家门）, jiāshì（家世）. ¶～より育ち jiàoyù shèngyú méndì（教育胜于门第）. ¶～も素性もわからない chūshēn lǚlì bùmíng（出身履历不明）.

うじ【蛆】 qū（蛆）, qūchóng（蛆虫）. ¶～がわく shēng qū（生蛆）.

うじうじ yóuyù bùjué（犹豫不决）, chóuchú búdìng（踌躇不定）. ¶男のくせに～している yí ge nánzǐhàn lǎo yóuyù bùjué（一个男子汉老犹豫不决）.

うしお【潮】 cháoshuǐ（潮水）, hǎicháo（海潮）. ¶怒り狂った群衆が～のごとく押し寄せて来た kuángnù de rénqún xiàng hǎicháo bān yǒngle guòlai（狂怒的人群像海潮般涌了过来）.

うしおじる【潮汁】 héshì yúbèi qīngtāng（和式鱼贝清汤）.

うじがみ【氏神】 《说明》日本宗教神道中的地方保护神.

うじこ【氏子】 《说明》居住在"氏神"保护区内而协助操持神社事务的人.

うしな・う【失う】 shī（失）, sàng（丧）, shīqù（失去）, shīdiào（失掉）, sàngshī（丧失）. ¶火事で住む家を～った fángzi shīhuǒ shāodiào le（房子失火烧掉了）. ¶怪我がもとで聴力を～った yóuyú shòushāng ér sàngshīle tīnglì（由于受伤而丧失了听力）. ¶仕事に興味を～う duì gōngzuò 'shīqù[bù gǎn] xīngqù le（对工作'失去[不感]兴趣了）. ¶彼女は生きる望みを～った tā sàngshīle huóxiaqu de xīwàng（她丧失了活下去的希望）. ¶私は精神の支えを～ってしまった wǒ shīqùle jīngshén de zhīzhù（我失去了精神的支柱）. ¶その一言が彼の信用を～わせた nà yí jù huà shǐde tā xìnyù sǎodì（那一句话使得他信誉扫地）. ¶惜しい人を～った shīqùle zhíde wǎnxī de rén（失去了值得惋惜的人）.

うしへん【牛偏】 tíniúr（提牛儿）, niúzìpángr（牛字旁儿）.

うじむし【蛆虫】 1【虫】qū（蛆）, qūchóng（蛆虫）.

2【人】qūchóng（蛆虫）, shǔbèi（鼠辈）, zhāzǐ（渣滓）. ¶この～めら nǐmen zhèxiē zhāzǐ（你们这些渣滓）.

うじゃうじゃ ¶蛆虫が～たかっている qū céng yòu yì céng gūrongzhe（蛆一层又一层咕容着）.

うしろ【後ろ】 hòu（后）, hòumian[r]（后面[儿]）, hòutou（后头）, hòubian[r]（后边[儿]）, bèihòu（背后）. ¶～を振り向く xiàng hòu kàn（向后看）/ huítóu（回头）. ¶～から見えがくれについて行く zài hòumian qiāoqiāor de gēnzōng（在后面悄悄儿地跟踪）. ¶これがたんすの～に落ちていました zhège diàozài yīchú bèihòu le（这个掉在衣橱背后了）. ¶车の～の席に乗る zuòzài chēzi de hòuzuò（坐在车子的后座）. ¶家の～を川が流れている fánghòu yǒu yì tiáo hé（房后有一条河）. ¶順々に～へ回して下さい qǐng ànzhe shùnxù wǎng hòu chuán（请按着顺序往后传）. ¶敵に～を見せるのは卑怯だ línzhèn tuōtáo shì kěchǐ de（临阵脱逃是可耻的）.

うしろあし【後足】 hòuzhī（后肢）, hòutuǐ（后腿）, hòutí（后蹄）; hòujiǎo（后脚）. ¶～で立っている yòng hòutuǐ zhànzhe（用后腿站着）.

うしろがみ【後髪】 ¶～を引かれる思いで别れた yīyī-nánshě de fēnbié le（依依难舍地分别了）.

うしろぐらい【後暗い】 ¶私には何の～ところもない wǒ méiyǒu zuò shénme kuīxīnshì（我没有做什么亏心事）/ wǒ wènxīn-wúkuì（我问心无愧）.

うしろすがた【後姿】 bèiyǐng[r]（背影[儿]）, hòuyǐng[r]（后影[儿]）, hòuliǎnr（后脸儿）. ¶彼の～はお父さんとそっくりだ tā de bèiyǐng gēn tā fùqin yìmú-yíyàng（他的背影跟他父亲一模一样）. ¶送っていく彼の～をじっと見送っている bù zhuǎn jīng de mùsòngzhe tā de hòuyǐng（不转睛地目送着他的后影）.

うしろだて【後盾】 hòudùn（后盾）, kàoshān（靠山）. ¶彼には有力な～がある tā yǒu qiángyǒulì de hòudùn（他有强有力的后盾）/ tā yāo-

gǎnzi kě yìng(他腰杆子可硬). ¶彼は大臣を〜に持っている tā yǒu dàchén gěi tā ˇchēngyāo[bǎojià](他有大臣给他ˇ撑腰[保驾]).

うしろで【後手】 fǎnjiǎn(反剪). ¶〜に縛る fǎnjiǎn shuāngshǒu(反剪双手).

うしろまえ【後前】 ¶シャツを〜に着た hànshān qiánhòu chuānfǎn le(汗衫前后穿反了).

うしろむき【後向き】 ¶〜に座る bèizhe zuò(背着坐)/ bèiguò shēnzi zuò(背过身子坐). ¶〜だったので彼の顔が見えなかった yīnwei shēn bèizhe, méiyǒu kàndào tā de liǎn(因为身背着,没有看到他的脸). ¶それは〜の意見だ nà shì dàotuì de yìjiàn(那是倒退的意见)/ nà zhǒng yìjiàn shì kāi dàochē(那种意见是开倒车).

うしろめた・い【後ろめたい】 kuīxīn(亏心). ¶何か〜いことでもあるのか yǒu shénme kuīxīnshì ma?(有什么亏心事吗?). ¶〜く思う gǎndào qiànjiù(感到歉疚)/ nèixīn yǒu kuì(内心有愧)/ nèijiù yú xīn(内疚于心).

うしろゆび【後指】 ¶私は決して人に〜を指されるようなことはしていない wǒ jué méi zuò ràng rén ˇzài bèihòu zhǐzé[chuō jǐliǎnggǔ] de shì(我绝没做让人在背后指责[戳脊梁骨]的事).

うす【臼】 jiù(臼); mò(磨). ¶〜で米をつく yòng jiù chōng mǐ(用臼舂米). ¶〜で粉をひく yòng mò mò miàn(用磨磨面).

うず【渦】 xuán[r](漩[儿]), xuánwō[r](旋涡[儿])·漩涡[儿]), wōliú(涡流). ¶川の水が〜を巻いている héshuǐ dǎzhe xuánr(河水打着漩儿). ¶〜に巻き込まれて身動きできない bèi juǎnrù rénliú de xuánwōli bùnéng dòngtan(被卷入人流的旋涡里不能动弹). ¶事件の〜に巻き込まれた bèi juǎnrù shìjiàn de xuánwōli(被卷入事件的旋涡里).

うすあかり【薄明り】 wēiguāng(微光); wēimíng(微明). ¶ろうそくの〜で探す zài làzhú de wēiguāng zhōng xúnzhǎo(在蜡烛的微光中寻找). ¶夜明けの〜 shǔsè wēimíng(曙色微明). ¶夕方の〜 mùsè hūn'àn(暮色昏暗).

うすあじ【薄味】 dàn(淡), kǒuqīng(口轻), kǒudàn(口淡). ¶母のつくる料理は全体に〜だ mǔqin zuò de cài dōu qīngdàn(母亲做的菜都清淡).

うす・い【薄い】 1〔厚みが〕báo(薄). ¶〜い板 báobǎn(薄板). ¶〜い氷が張った jiéle yì céng báobīng(结了一层薄冰). ¶レモンを〜く切って紅茶に入れる bǎ níngméng qiēchéng báopiàn gēzài hóngchálǐ(把柠檬切成薄片搁在红茶里). ¶餃子の皮はなるべく〜くした方がよい jiǎozipí gǎnde yuè báo yuè hǎo(饺子皮儿擀得越薄越好). ¶選手の層が〜い xuǎnshǒu hòubèi lìliang dānbó(选手后备力量单薄).

2〔程度, 密度が〕dàn(淡), qiǎn(浅), báo(薄). ¶〜い赤 qiǎn[dàn/nèn]hóng(浅[淡/嫩]红). ¶色を〜く塗る báobáo de shàng yánsè(薄薄地上颜色). ¶この料理は味が〜い zhè cài ˇtài dàn[kǒuqīng](这菜ˇ太淡[口轻]). ¶〜く塩をふる fàng shǎoxǔ yán(放少许盐). ¶この書類は印刷が〜い zhège wénjiàn yìnde tài qiǎn(这个文件印得太浅). ¶最近髪が〜くなってきた jìnlái tóufa jiànjiàn xīshū le(近来头发渐渐稀疏了). ¶霧が〜くなった wù jiànjiàn ˇxībó[dànbó] le(雾渐渐ˇ稀薄[淡薄了]).

3〔少ない〕báo(薄). ¶利益の〜い商売 lì báo de shēngyi(利薄的生意). ¶政治に対して関心が〜い duì zhèngzhì bútài ˇguānxīn[gǎn xìngqù](对政治不太ˇ关心[感兴趣]). ¶人情が〜い rénqíng ˇdànbáo [jiāobó](人情ˇ淡薄[浇薄]).

うすうす ¶彼がスパイだということは〜感づいていた céng yǐnyuē juéchádào tā shì ge tèwu(曾隐约觉察到他是个特务). ¶そのことは〜知っていた nà shì luèluè zhīdào yìxiē(那事略略知道一些).

うずうず ¶遊びに行きたくて〜している yìzhí xiǎng chūqu wánr, xīnli yǎngyang de(一直想出去玩儿,心里痒痒的).

うすがみ【薄紙】 báozhǐ(薄纸). ¶病気は〜をはぐようによくなっている bìng xiàng ˇjiēxiàr[yīdiǎnr de jiànhǎo le(病一点儿一点儿地见好了).

うすかわ【薄皮】 báopí(薄皮). ¶手の〜をむいた bāole shǒushang de báopí(剥了手上的薄皮). ¶牛乳に〜が張った niúnǎi jiéle yì céng báomó(牛奶结了一层薄膜).

うすぎ【薄着】 dānbó(单薄). ¶この頃は〜の人が多い jìnlái xǔduō rén chuānde hěn dānbó(近来许多人穿得很单薄). ¶〜をして風邪をひいた yīfu chuānshǎole, zháole liáng(衣服穿少了,着了凉). ¶伊達に〜 ài qiào bù chuān mián(爱俏不穿棉).

うすぎたな・い【薄汚い】 ¶彼は〜い部屋に寝ていた tā shuìzài ˇzānghūhū[huīliūliū/ huībuliūdiū]de fángjiānli(他睡在ˇ脏乎乎[灰溜溜/ 灰不溜丢]的房间里). ¶何となく〜い感じだ zǒng juéde yǒudiǎnr búdà gānjìng(总觉得有点儿不大干净).

うすきみわる・い【薄気味悪い】 ¶〜い男が家の前をうろついている yí ge lìng rén shènde huāng de nánrén zài jiāménkǒu páihuáizhe(一个令人瘆得慌的男人在家门口徘徊着). ¶彼があんなににこにこしているのは〜い tā nà mǎnmiàn xiàoróng, zhēn jiào rén yǒuxiē fāmáo(他那满面笑容,真叫人有些发毛).

うず・く【疼く】 ¶虫歯が〜いてたまらない chóngyá téngde yàomìng(虫牙疼得要命).

うすくち【薄口】 dàn(淡), kǒuqīng(口轻). ¶この料理は〜だ zhè cài kǒuqīng(这菜口轻).

うずくま・る【蹲る】 dūn(蹲). ¶道端に〜ってしまった zài lùpáng dūnle(在路旁蹲下了).

うすぐもり【薄曇り】 qíng zhuǎn wēiyīn(晴转微阴).

うすぐら・い【薄暗い】 huī'àn(灰暗), hūn'àn(昏暗), hūnhuáng(昏黄), àndàn(暗淡). ¶〜い電灯の光の下で仕事をする zài hūnhuáng de dēngguāng xià gōngzuò(在昏黄的灯光下工作). ¶あたりが〜くなってきた tiānsè jiànjiàn hūn'àn qǐlai(天色渐渐昏暗起来)/ tiān māmahēi le(天麻麻黑了). ¶朝まだ〜いうちから

起き出した tiān ˈmēngmēngliàng[māmaliàng] jiù qǐlai le(天˺蒙蒙亮[麻麻亮]就起来了).

うすげしょう【薄化粧】 ¶～のほうが美しい háishi dànzhuāng sùfěn hǎokàn(还是淡妆素粉好看). ¶初雪で富士山はうっすらと～をしている chūxuě gěi Fùshì Shān yóurú qīng shīle yì céng báobáo de zhīfěn(初雪给富士山犹如轻施了一层薄薄的脂粉).

うすじお【薄塩】 ¶～の料理 wèi dàn[kǒuqīng] de cài(味淡[口轻]的菜). ¶鯵に～をする wǎng zhújiāyú shang shǎoxǔ sǎ xiē yán(往竹荚鱼上少许撒些盐).

うすずみ【薄墨】 ¶～で書く yòng dànmò xiě(用淡墨写).

うずたか・い【堆い】 ¶部屋の隅には本が～く積んであった wūjiǎo duīzhe yí dà duī shū(屋角堆着一大堆书).

うすっぺら【薄っぺら】 1〔薄い〕¶こんな～な雑誌が1000円だとは zhème báobáo de zázhì jìng yào yìqiān kuài qián(这么薄薄的杂志竟要一千块钱).
2〔軽薄だ〕qiǎnbó(浅薄), qiǎnlòu(浅陋). ¶～な知識 fūqiǎn de zhīshi(肤浅的知识). ¶ものの見方が～だ duìyú wèntí de kànfǎ hěn qiǎnbó(对于问题的看法很浅薄).

うすで【薄手】 ¶～の生地 báo liàozi(薄料子). ¶～の茶碗 báo cíwǎn(薄瓷碗).

うすのろ【薄のろ】 dāizi(呆子), dāirén(呆人), èrbǎiwǔ(二百五).

うすばかげろう【薄羽蜉蝣】 yǐlíng(蚁蛉).

うすび【薄日】 ¶～がさしてきた shèjìnle wēiruò de yángguāng(射进了微弱的阳光).

うすべり【薄縁】 liángxí(凉席), cǎoxí(草席).

うずまき【渦巻き】 xuán[r](旋[儿]), xuánwō[r](旋涡[儿]), xuánwōhuáng[r](涡形花样)/ xuánwōzhuàng(旋涡状)/ luóxuánxíng(螺旋形). ¶海流がぶつかりあって～が起る hǎiliú xiāngyù chǎnshēng xuánwō(海流相遇产生旋涡).
¶一模様 wōxíng huāyàng(涡形花样)/ xuánwōzhuàng(旋涡状)/ luóxuánxíng(螺旋形).

うずま・く【渦巻く】 ¶急流が～く jíliúdǎxuánwō(急流打旋涡). ¶煙が～く nóngyān fāngǔn(浓烟翻滚). ¶胸の中に怒りが～いた nùhuǒ zhōng shāo(怒火中烧).

うずま・る【埋まる】 1〔地中などに〕mái(埋), máimò(埋没). ¶山くずれで家が土砂に～った yóuyú shānbēng, fángwū máizài shātǔli le(由于山崩, 房屋埋在沙土里了). ¶道が雪で～ってしまった dàolù bèi xuě máizhù le(道路被雪埋住了). ¶本に～って生活する máizài shūduīli dùrì(埋在书堆里度日).
2〔一杯になる〕jǐmǎn(挤满), zuòmǎn(坐满). ¶スタンドは観客で～った kàntái zuòmǎnle guānzhòng(看台坐满了观众).

うすめ【薄目】 1 ¶彼は～をあけて見た tā yǎnjing bànzhēng-bùzhēng de kànzhe(他眼睛半睁不睁地看着).
2〔薄い気味〕¶味を～にする bǎ wèidao nòngdàn xiē(把味道弄淡些). ¶パンを～に切る bǎ miànbāo qiēbáo xiē(把面包切薄些).

うす・める【薄める】 nòngqiǎn(弄浅), nòngdàn(弄淡), chōngdàn(冲淡), nòngxī(弄稀), xīshì(稀释). ¶水をさして液を～める duì shuǐ bǎ yètǐ nòngxī(对水把液体弄稀). ¶味を～めすぎて水っぽくなった chōngde tài dàn méiyǒu wèidao le(冲得太淡没有味道了). ¶もっと色を～めて下さい qǐng bǎ yánsè zài nòngqiǎn yìdiǎnr(请把颜色再弄浅一点儿). ¶糊を～める jiàng jiàngzi nòngxī(把糨子弄稀).

うず・める【埋める】 1〔地中などに〕mái(埋), máimò(埋没). ¶異郷に骨を～める覚悟で国をあとにした juéxīn mái gǔ yìxiāng líkāile zǔguó(决心埋骨异乡离开了祖国). ¶炭火を灰の中に～める bǎ tànhuǒ máizài huīli(把炭火埋在灰里). ¶母の膝に顔を～めて泣いた fǔzài mǔqin de xīshang dà kū(俯在母亲的膝上大哭).
2〔一杯にする〕¶道の両側は歓迎の人々で～められた dàolù liǎngpáng jǐmǎnle huānyíng de qúnzhòng(道路两旁挤满了欢迎的群众). ¶全市を花で～める quánchéng yānmò zài xiānhuā zhōng(全城淹没在鲜花中).

うすもの【薄物】 ¶～を着る shēn chuān ˈqīngluó[luóyī](身穿˺轻罗[罗衣]).

うずも・れる【埋もれる】 mái(埋), máimò(埋没), yānmái(湮埋), yānmò(湮没). ¶家々は深い雪に～れている fángwū dōu bèi fùgài zài shēnshēn de xuězhōng(房屋都被覆盖在深深的雪中). ¶地下に～れた宝を掘り出す wājué máicáng zài dìxià de cáibǎo(挖掘埋藏在地下的财宝). ¶～れた才能を発揮する fājué bèi máimò de réncái(发掘被埋没的人才).

うずら【鶉】 ānchún(鹌鹑), chún(鹑).

うすら・ぐ【薄らぐ】 ¶3月になり寒さがようやく～いだ dàole sānyuè hánlěng cái huǎnhé xiē le(到了三月寒冷才缓和些了). ¶痛みが～いできた téngtòng jiànjiàn jiǎnqīng le(疼痛渐渐减轻了). ¶延焼の心配は～いだ yánshāo de wēixiǎn jiǎnruò le(延烧的危险减少了).

うすらさむ・い【薄ら寒い】 ¶～い天気 lěngsīsī de tiānqi(冷丝丝的天气). ¶今日は～い jīntiān xiǎnde yǒu xiē lěng(今天显得有些冷).

うずらまめ【鶉豆】 bāndòu(斑豆).

うす・れる【薄れる】 dànbó(淡薄), dànmò(淡漠). ¶霧が徐々に～れてきた wù jiànjiàn dànbó le(雾渐渐淡薄了). ¶長い間には記憶も～れてしまった shíjiān cháng le, jìyì yě dànmò le(时间长了, 记忆也淡漠了). ¶政治への関心が～れてきた duì zhèngzhì jiànjiàn mò bù guānxīn le(对政治渐渐漠不关心了).

うすわらい【薄笑い】 lěngxiào(冷笑), shànxiào(讪笑). ¶唇の端に～を浮べる zuǐbiān fànzhe lěngxiào(嘴边泛着冷笑).

うせつ【右折】 yòuzhuǎn(右转). ¶車が～する qìchē xiàng yòu zhuǎnwān(汽车向右转弯). ¶～禁止 jìnzhǐ yòuzhuǎn(禁止右转).

う・せる【失せる】 diūshī(丢失), shīqù(失去). ¶昔の元気は～せてしまった shīqùle wǎngrì de yuánqì(失去了往日的元气). ¶出て～せろ gěi wǒ gǔnchuqu!(给我滚出去!).

うそ【嘘】 1〔いつわり〕huǎnghuà(谎话), xiā-

huà(瞎话), huǎngyán(谎言), jiǎhuà(假话). ¶あの人は平気で~をつく nàge rén dàyán-bùcán de ˈshuō huǎnghuà [shuōhuǎng/chěhuǎng/chěbái](那个人大言不惭地)说谎话[说谎/扯谎/扯白]). ¶彼の言う事に~だと思う wǒ xiǎng tā shuō de bú shì huǎnghuà(我想她说的不是谎话). ¶~だと思うなら聞いてみろ yàoshì nǐ bú xìn, qù wènwen(要是你不信, 去问问). ¶~を言え sāhuǎng! (撒谎!)/ húché! (胡扯!)/ chěsāo! (扯臊)/ xiā chědàn!(瞎扯淡!). ¶~から出たまこと nòng jiǎ chéng zhēn(弄假成真). ¶~も方便 shuōhuǎng yě shì quányí zhī jì(说谎也是权宜之计). ¶~八百を並べ立てる mǎnkǒu huǎngyán(满口谎言), guǐhuà sānqiān, húhuà liánpiān(鬼话三千, 胡话连篇). ¶~を教えてしまった gàosu cuò le(告诉错了).

¶~発見器 cèhuǎngqì(测谎器).

2 ¶今それを買わないのは~だ méiyǒu xiànzài bù mǎi nàge dōngxi de dàoli(没有现在不买那个东西的道理). ¶~らしくない~だ bú nàyàng cái guài ne!(不那样才怪呢!).

うぞうむぞう【有象無象】 xiābīng-xièjiàng(虾兵蟹将). ¶みんな~ばかりだ jìn shì xiē xiābīng-xièjiàng(尽是些虾兵蟹将).

うそじ【嘘字】 cuòzì(错字), biézì(别字), báizì(白字).

うそつき【嘘つき】 ¶あいつは~だ nàge jiāhuo jìng ˈsāhuǎng [shuōhuǎng/chěhuǎng](那个家伙净ˈ撒谎[说谎/扯谎]).

うそぶ・く【嘯く】 1 [とぼける] ¶僕は何も知らないと~く yángzuò-bùzhī de shuō, wǒ shénme yě bù zhīdào(佯作不知地说, 我什么也不知道).

2 [豪語する] ¶天下は俺の物だと~く dàyán-búcán de shuō tiānxià shì wǒ de(大言不惭地说天下是我的).

うた【歌】 1 gē[r](歌[儿]), gēzi(歌子), gēqǔ(歌曲). ¶彼は~がうまい tā hěn huì chànggē(他很会唱歌)/ tā chànggē chàngde hěn hǎo(他唱歌唱得很好). ¶~をうたって子供を寝かしつける chànggē hǒng háizi shuìjiào(唱歌哄孩子睡觉).

2 [短歌] duǎngē(短歌), hégē(和歌).

うたいて【歌い手】 gēshǒu(歌手), gēchàngjiā(歌唱家).

うた・う【歌う】 1 chàng(唱), gēchàng(歌唱). ¶感情をこめて歌を~う chōngmǎn gǎnqíng de chànggē(充满感情地唱歌). ¶鳥が林で~っている niǎor zài shùlínzi li gēchàng(鸟儿在树林子里歌唱).

2 [詠む] yǒng(咏). ¶海を~った詩 yǒng hǎi de shī(咏海的诗).

うた・う【謳う】 1 [強調する] ¶憲法は戦争放棄を~っている xiànfǎ míngwén guīdìng fàngqì zhànzhēng(宪法明文规定放弃战争). ¶~い文句 xuānchuán biāoyǔ(宣传标语).

2 [ほめたたえる] gēsòng(歌颂), ōugē(讴歌). ¶天子の徳を~う gēsòng tiānzǐ zhī dé(歌颂天子之德). ¶天下にその名

を~われる yángmíng tiānxià(扬名天下).

うたがい【疑い】 huáiyí(怀疑), yíwèn(疑问), yíhuò(疑惑), xiányí(嫌疑). ¶人を~の目で見る yòng yíhuò de yǎnguāng kàn rén(用疑惑的眼光看人). ¶これは~のない事実だ zhè shì wúkě-zhìyí de shìshí(这是无可置疑的事实). ¶~もなくこれは彼のミスだ háo wú yíwèn zhè shì tā de guòshī(毫无疑问这是他的过失). ¶彼にあの仕事ができるかどうか~を抱く人もある tā néng bu néng dānqǐ nàge gōngzuò yǒu rén biǎoshì huáiyí(他能不能担起那个工作有人表示怀疑). ¶彼が当選することは~ない tā dāngxuǎn shì háo wú yíwèn de(他当选是毫无疑问的). ¶肺炎の~がある yǒu fèiyán de kěnéng(有肺炎的可能). ¶あらぬ~をかけられた shòule méiyǒu gēnjù de huáiyí(受了没有根据的怀疑). ¶窃盗の~で逮捕された yǐ dàoqiè de xiányí bèi bǔ le(以盗窃的嫌疑被捕了).

うたがいぶか・い【疑い深い】 ¶~い女 yíxīn hěn zhòng de nǚrén(疑心很重的女人)/ duōyí de nǚrén(多疑的女人). ¶~そうな目でている yòng jíwéi huáiyí de yǎnguāng zhùshìzhe(用极为怀疑的眼光注视着).

うたが・う【疑う】 huáiyí(怀疑), qǐyí(起疑), yíxīn(疑心). ¶彼が犯人ではないかと~う huáiyí tā shì zuìfàn(怀疑他是罪犯). ¶私は彼が嘘をついているのではないかと~う wǒ yǐxīn tā zài sāhuǎng(我疑心他在撒谎). ¶これは~う余地のない事実だ zhè shì ˈháo wú yíyì[bùróng-zhìyí]de shìshí(这是ˈ毫无疑义[不容置疑]的事实). ¶我と我が目を~う wǒ ˈzhēn huáiyí[dōu bùgǎn xiāngxìn]zìjǐ de yǎnjing(我ˈ真怀疑[都不敢相信]自己的眼睛). ¶彼の見識をいえざるを得ない duì tā de jiànshi bùdé bù dǎ wènhào(对他的见识不得不打问号). ¶皆は彼の成功を信じて~わなかった dàjiā jiānxìn tā yídìng huì chénggōng(大家坚信他一定会成功).

うたがわし・い【疑わしい】 kěyí(可疑). ¶彼女が理解できたかどうか~い tā shìfǒu zhēn dǒngle hái shì ge yíwèn(她是否真懂了还是个疑问). ¶彼が来るかどうか~い tā lái bu lái kàobuzhù(他来不来靠不住). ¶事の真偽は~い shìqing de zhēnwěi hái lìng rén huáiyí(事情的真伪迄今令人怀疑). ¶彼の行動に~い点はない tā de jǔzhǐ méiyǒu kěyí de dìfang(他的举止没有可疑的地方). ¶~きは罰せず yǒu yí zé bú fá(有疑则不罚).

うたごえ【歌声】 gēshēng(歌声). ¶~が高らかに響き渡った gēshēng xiǎngchè yúnxiāo(歌声响彻云霄).

うたたね【転た寝】 dǔnr(盹儿), kēshuì(瞌睡), kēchòng(瞌铳). ¶~すると風邪をひくよ dǎ[chòng] dǔnr huì zháoliáng de a(打[瞌]盹儿会着凉的啊).

うだつ【梲】 ¶こんなことでは一生~が上がらない zhèyàng xiàqu yíbèizi méiyǒu chūtóu de rìzi(这样下去一辈子没有出头的日子).

うだ・る【茹だる】 1 → ゆだる.

うち

うち【内・家】 1 ¶[内部] lǐ(里), lǐbian(里边), lǐmian(里面), lǐtou(里头). ¶～から鍵をかけておく cóng lǐmian shàng suǒ(从里面上锁). ¶心の～を打ち明ける shuō[qīngtǔ]xīnlihuà(说[倾吐]心里话). ¶情熱を～に秘める bǎ rèqíng máicáng zài xīnli(把热情埋藏在心里).

2 [ある範囲内] nèi(内), zhōng(中), lǐ(里). ¶白線から～に入ってはいけない bùkě jìnrù báixiàn nèi(不可进入白线内). ¶これも仕事の～だ zhè ge shì gōngzuò(这也是工作). ¶そんな程度では中国語ができる～に入らない zhème ge chéngdù nǎ suàn huì shuō Zhōngwén?(这么个程度哪算会说中文?) ¶クラスの～で彼が一番背が高い zài bānli tā gèzi zuì gāo(在班里他个子最高).

3 [ある時間・数量内] nèi(内), zhōng(中), lǐ(里). ¶暗くならない～に帰ろう chèn tiān hái méiyǒu hēi, zán kuài huíqu(趁天还没有黑, 咱快回去). ¶一両日の～に出発する zài liǎng liǎng tiān nèi chūfā(在一两天内出发). ¶試験は3日の～に迫った kǎoshì línjìn zhǐ shèng sān tiān le(考试临近只剩三天了). ¶若い～に勉強しておくことだ yào chèn niánqīng de shíhou duō yònggōng(要趁年轻的时候多用功). ¶一生の～に1度でいいからエベレストに登ってみたい yìshēng dāngzhōng nǎpà yí cì yě hǎo, xiǎng dēngshàng Zhūmùlǎngmǎ Fēng(一生当中哪怕一次也好, 想登上珠穆朗玛峰). ¶おしゃべりをしている～に家に着いた shuōzhe shuōzhe jiù dào jiā le(说着说着就到家了). ¶1キロも行かない～に又パンクした méi zǒuchū yì gōnglǐ yòu fàngpào le(没走出一公里又放炮了). ¶10人の～9人までが反対している shí ge rén ▼lǐtou[zhī zhōng] jiù yǒu jiǔ ge rén fǎnduì(十个人▼里头[之中]就有九个人反对).

4 [家屋] fángzi(房子), fángwū(房屋). ¶～を建てる gài fángzi(盖房子). ¶2階建ての～ liǎng céng de lóufáng(两层的楼房)/ lóufáng(楼房).

5 [自分の家・会社など] jiā(家). ¶今夜は～にいます jīnwǎn zàijiā(今晚在家). ¶～に遊びに来ませんか dào wǒ jiāli lái wánr ba(到我家里来玩ル吧). ¶～の事が心配だ guànian jiāli de shì(挂念家里的事). ¶～中大騒ぎになった jiāli nàode tiānfān-dìfù(家里闹得天翻地覆). ¶～一家で食事をする quánjiārén yìqǐ chīfàn(全家人一起吃饭). ¶～の子に限ってそんな事はない wǒ jiā háizi bú huì zuò nà zhǒng shì(我家孩子不会做那种事). ¶～の人は留守です wǒ àiren bú zàijiā(我爱人不在家). ¶～の社長 wǒmen de zǒngjīnglǐ(我们的总经理).

うちあい【打ち合い・撃ち合い】 [拳銃などの] duìshè(对射); [テニスなどの] duìdǎ(对打); [ボクシングの] hùjī(互击). ¶銃の～になった kāiqiāng duìshè qilai(开枪对射起来). ¶球の～ qiú liánxù duìdǎ(球连续对打).

うちあげはなび【打ち上げ花火】 lǐhuā(礼花).

うちあ・ける【打ち明ける】 身の上を～ける shù-shuō zìjǐ de shēnshì(述说自己的身世). ¶でたらめに～けちゃおう suǒxìng jiù hépán-tuōchū ba(索性就和盘托出吧)/ nàme gēn nín quán shuōkāi le ba(那么跟您全说开了吧). ¶本心は誰にも～けたことがない zhēnxīn cóngwèi xiàng shuí tǔlùguo(真心从未向谁吐露过). ¶～けた話この商売はもう駄目です bùmán nǐ shuō[dǎkāi tiānchuāng shuō liànghuà], zhè zhǒng shēngyì méiyǒu zuòtou le(不瞒你说[打开天窗说亮话], 这种生意没有做头了).

うちあ・げる【打ち上げる】 1 ¶人工衛星を～げる fāshè rénzào wèixīng(发射人造卫星). ¶ずどんと大きな音がして花火が～げられた hōng de yìshēng jùxiǎng huāpào dǎshàngle tiānkōng(裹地一声巨响花炮打上了天空). ¶外野へフライを～げた xiàng wàichǎng jīle gāofēiqiú(向外场击了高飞球).

2 [波などが] ¶死体が海岸に～げられた shītǐ bèi làng dǎshàngle hǎi'àn(尸体被浪打上了海岸). ¶波が岸に～げている bōlàng chōngjīzhe hǎi'àn(波浪冲击着海岸).

3 [興行を] ¶今日で芝居を～げる xì yǎndào jīntiān wéizhǐ(戏演到今天为止).

うちあわせ【打ち合せ】 ¶まだ彼との～がすんでいない hái méi hé tā shāngqià(还没和他商洽). ¶～通りに全員棄権した àn jiǎnghǎole de nàyàng dàjiā dōu qìquán le(按讲好了的那样大家都弃权了). ¶～会 pèngtóuhuì(碰头会).

うちあわ・せる【打ち合せる】 1 [相談する] shāngliang(商量), qiàshāng(洽商), shāngqià(商洽), jiēqià(接洽), shāngtǎo(商讨), shāngtán(商谈), qiàtán(洽谈), cuōshāng(磋商), héjì(合计), pèngtóu(碰头). ¶今後の方針を～せる shāngtǎo jīnhòu de fāngzhēn(商讨今后的方针). ¶彼とは前もって～せてあります hé tā shìxiān yǐjīng shāngliànghǎo le(和他事先已经商量好了).

2 [ぶつけあう] ¶石と鉄を～せる shítou hé tiě xiāng ▼jī[pèng](石头和铁相▼击[碰]). ¶グラスを軽く～せて乾杯する qīng pèng jiǔbēi gānbēi(轻碰酒杯干杯).

うちうち【内内】 ¶～の相談で決めた sīxià shāngliang juédìng de(私下商量决定的). ¶結婚式は～で済ませた hūnlǐ yóu zìjiārén jǔxíng de(婚礼由自家人举行的).

うちうみ【内海】 nèihǎi(内海).

うちおと・す【打ち落とす・撃ち落とす】 dǎluò(打落), dǎdiào(打掉), jīluò(击落). ¶栗を～す dǎluò lìzi(打落栗子). ¶小鳥を～す dǎxià xiǎoniǎo(打下小鸟). ¶敵機を～す jīluò díjī(击落敌机). ¶首を～す kǎntóu(砍头)/ zhǎnshǒu(斩首).

うちかた【撃ち方】 ¶～はじめ kāiqiāng!(开枪!)/ kāipào!(开炮!)/ kāihuǒ!(开火!)/ dǎ!(打!). ¶～やめ tíngzhǐ shèjī!(停止射击!).

うちか・つ【打ち勝つ】 dǎbài(打败), dǎshèng(战胜). ¶強敵に～つ dǎbài qiángdí(打败强敌). ¶病苦に～った zhànshèngle bìngmó(战

うちかわ【内側】 ĺǐ(里), lǐmian(里面), nèicè(内側). ¶扉は~~開くようになっている mén wǎng lǐ kāi(门往里开). ¶~のコースを走る pǎo nèipǎodào(跑内跑道).

うちき【内気】 ¶~な娘 miǎntian de gūniang(腼腆的姑娘). ¶彼は~でろくに物も言えない tā tài niǎnr liǎn huà dōu búdà huì shuō(他太蔫儿连话都不大会说).

うちきず【打傷】 dǎshāng(打伤), pèngshāng(碰伤), zhuàngshāng(撞伤).

うちきり【打ち切り】 ¶事故のため列車の運行は大阪で~になった yóuyú shìgù lièchē dào Dàbǎn hòu tíngyùn(由于事故列车到大阪后停运). ¶またもや審議~動議が提出された yòu tíchūle tíngzhǐ tǎolùn de dòngyì(又提出了停止讨论的动议).

うちき・る【打ち切る】 tíngzhǐ(停止), jiézhǐ(截止). ¶審議を~って採決に移した zhōngzhǐ shěnyì jìnxíng biǎojué(中止审议进行表决). ¶これでは交渉を~るほかない zhèyàng zhǐhǎo tíngzhǐ jiāoshè(这样只好停止交涉). ¶申込みの受付は満員になり次第~ります bàomíng dá dìngyuán jiézhǐ(报名达定员截止).

うちきん【内金】 dìngqian(定钱), dìngjīn(定金), yùfukuǎn(预付款). ¶車の~として 10 万円支払った mǎi qìchē de dìngjīn fùle shíwàn rìyuán(买汽车的定金付了十万日元).

うちくだ・く【打ち砕く】 dǎsuì(打碎), zásuì(砸碎), dǎpò(打破). ¶頭を~かれて死んだ tóubù bèi zásuì ér bèimìng(头部被砸碎而毙命). ¶出世の夢は~かれた wǎnnián qīngyún de mèngxiǎng pòmiè le(平步青云的梦想破灭了).

うちけ・す【打ち消す】 fǒudìng(否定), fǒurèn(否认). ¶いくら何と言っても事実は~せない bùguǎn zěnme shuō shìshí shì fǒudìng bu liǎo de(不管怎么说事实是否定不了的). ¶彼はそんなことはないと~した tā fǒurèn shuō:"juéduì méiyǒu nà zhǒng shì"(他否认说："绝对没有那种事"). ¶この語は下に必ず~しを伴う zhège cí hòubian yídìng bànsuízhe fǒudìngcí(这个词后边一定伴随着否定词).

うちこ【打ち粉】 〔料理の〕pāifēn(拍粉);〔刀の手入れ〕pūdǎofēn(扑刀粉).

うちこ・む【打ち込む・撃ち込む】 1 dǎjìn(打进), dìngjìn(钉进), zájìn(砸进); shèjìn(射进). ¶板に釘を~む bǎ dīngzi dìngjìn mùbǎn(把钉子钉进木板). ¶強烈なスマッシュを~んだ měngliè kòushā guoqu(猛烈扣杀过去). ¶敵陣に大砲を~む dàpào shèjìn dízhèn(大炮射进敌阵).

2【熱中する】 ¶創作に~む zhuānxīn-zhìzhì cóngshì chuàngzuò(专心致志从事创作). ¶生涯研究に魂を~んだ bìshēng máitóu yú yánjiū(毕生埋头于研究). ¶仕事への~みが足りない zǒng juéde tā duì gōngzuò jìntóu bùzú(总觉得他对工作劲头不足). ¶あらゆる困難に~ってここまでやってきた zhànshèng[kèfú] le zhǒngzhǒng kùnnan, ér dádàole xiànzài de dìbù(战胜[克服]了种种困难，而达到了现在的地步).

うちころ・す【打ち殺す・撃ち殺す】 dǎsǐ(打死), qiāngshā(枪杀), jībì(击毙). ¶棍棒で~ yòng gùnbàng dǎsǐ(用棍棒打死). ¶暴徒にピストルで~された bèi bàotú qiāngshā le(被暴徒枪杀了).

うちじに【討死】 zhànsǐ(战死), zhènwáng(阵亡).

うちぜい【内税】 ¶この値段は~ですか、外税ですか zhège jiàqián xiāofèishuì bāokuò zài nèi, háishi lìngwài suàn?(这个价钱消费税包括在内,还是另外算?).

¶~方式 xiāofèi jiànèishuì(消费价内税).

うちだ・す【打ち出す】 dǎchū(打出), záchū(砸出). ¶銅板に型を~す bǎ tóngbǎn shang záchū xíngzhuàng lái(在铜板上砸出形状来). ¶所得倍増を~す dǎchū shōurù bèizēng de qíhào(打出收入倍增的旗号).

うちた・てる【打ち立てる】 gòujiàn(构建), jiànlì(建立), shùlì(树立); chuàngjiàn(创建), jiànshù(建树), dìzào(缔造). ¶新しい学問体系を~てる jiànlì xīn de xuéwén tǐxì(建立新的学问体系). ¶不滅の金字塔を~てる jiànshù bùxiǔ de jīnzìtǎ(建树不朽的金字塔).

うちつ・ける【打ち付ける】 1【ぶつける】zhuàng(撞), pèng(碰). ¶つまずいて柱に頭を~けた bànle yì jiāo bǎ tóu zhuàng zài zhùzi shang le(绊了一交把头撞在柱子上了).

2【固定する】dìng(钉), zá(砸). ¶表札を門柱に~ける bǎ míngpái dìngzài ménzhù shang(把名牌钉在门柱上). ¶箱のふたを釘でしっかり~けた bǎ mùxiāhé gàizi yòng dīngzi dìngláo le(把木箱盖子用钉子钉牢了).

うちつづ・く【打ち続く】 liánmián(连绵), jiēlián(接连). ¶長雨で田畑はすっかり水をかぶった liánrì yīnyǔ[yínyǔ liánmián], tiándì quán lào le(连日阴雨[淫雨连绵],田地全涝了). ¶~く不幸にもめげず雄々しく立ち上がった bùqūyú "jiē'èr-liánsān[yìliánchuàn] de bùxìng, yǒnggǎn de zhànqǐlai le(不屈于"接二连三[一连串]的不幸,勇敢地站起来了).

うちづら【内面】 ¶そとづらはいいが~は悪い zài wài héyì jìn rén, zài jiā xiōnghèng pàrén(在外和易近人,在家凶横怕人).

うちてし【内弟子】 ¶~をとる shōu zhùjiā túdi(收住家徒弟).

うちでのこづち【打出の小槌】 wànbǎochuí(万宝槌).

うちと・ける【打ち解ける】 ¶~けて話し合う qīnmì jiāotán(亲密交谈)／cùxī tánxīn(促膝谈心). ¶彼は初対面の人にはなかなか~けないたあいう zhè jiànmiàn de rén zǒng yǒu diǎnr "bù róngqià[gémó](他对初次见面的人总有点儿"不融洽[隔膜]).

うちどころ【打ち所】 ¶~が悪くて死んでしまった bùqiǎo zhuàngdào yàohài ér sàngmìng(不巧撞到要害而丧命). ¶この答案は非の~がない zhège dá'àn jiǎnzhí "wúkě-zhǐzhāi[wúxiē-kějī](这个答案简直"无可指摘[无懈可击]).

うちと・める【撃ち止める】 dǎsǐ(打死), dǎzhòng(打中). ¶兎を 1 発で~めた yì qiāng dǎzh-

うちぬく **òngle tùzi**(一枪打中了兔子).
うちぬ・く【打ち抜く・撃ち抜く】 **chuāntōng**(穿通), **dǎchuān**(打穿). ¶金属板に型を～く **zài jīnshǔbǎn shang dǎchū yàngzi**(在金属板上打出样子). ¶弾丸が壁を～いた **zǐdàn chuāntōngle qiángbì**(子弹穿透了墙壁).
うちのめ・す【打ちのめす】 ¶寄ってたかって一人の男を～した **nǐ yì jiǎo wǒ yì quán de bǎ yí ge nánrén dǎdǎo zài dì**(你一脚我一拳地把一个男人打倒在地). ¶度重なる不幸に～された **yóuyú jiēlián de búxìng, jīngshénshang shòudào yánzhòng de dǎjī**(由于接连的不幸,精神上受到严重的打击).
うちのり【内法】 ¶箱の～をはかる **liáng xiázi de nèicè chǐcùn**(量匣子的内侧尺寸).
うちぶところ【内懐】 ¶～を見透かされる **bèi rén kànchuān nèixīn**(被人看穿内心). ¶敵の～に入り込む **zuānrù dírén de xīnzàng**(钻入敌人的心脏).
うちべんけい【内弁慶】 **wō[r]lihèng**(窝[儿]里横). ¶弟は～だが弟は家に帰えば英雄に, chūqu shì gǒuxióng**(我弟弟在家逞英雄,出去是狗熊).
うちポケット【内ポケット】 **lǐdōur**(里兜儿), **lǐdài**(里袋).
うちまく【内幕】 **nèimù**(内幕), **hēimù**(黑幕). ¶～をあばく **jiēlù nèimù**(揭露内幕).
うちまご【内孫】 (男の子) **qīnsūnzi**(亲孙子); (女の子) **qīnsūnnǚ**(亲孙女).
うちまた【内股】 ¶～に歩く **liǎngjiǎo nèi-bāzi zǒulù**(两脚内八字走路).
¶～膏薬 **liǎngbiǎndǎo**(两边倒)/ **qíqiángpài**(骑墙派)/ **liǎngmiànpài**(两面派)/ **fēngpài**(风派).
うちみ【打身】 **nèishāng**(内伤); **dǎshāng**(打伤), **zhuàngshāng**(撞伤), **pèngshāng**(碰伤), **ōushāng**(殴伤).
うちみず【打水】 **sǎshuǐ**(洒水), **pōshuǐ**(泼水). ¶庭に～をする **yuànzili sǎshàng shuǐ**(院子里洒上水).
うちやぶ・る【打ち破る】 **dǎpò**(打破); **dǎbài**(打败), **dǎdǎo**(打倒), **dǎkuǎ**(打垮), **jībài**(击败). ¶門を～る **dǎpò ménbǎn**(打破门板). ¶敵を～る **dǎbài dírén**(打败敌人).
うちゅう【宇宙】 **yǔzhòu**(宇宙), **tàikōng**(太空).
¶～空間 **yǔzhòu kōngjiān**(宇宙空间)/ **wàicéng kōngjiān**(外层空间)/ **xīngjì kōngjiān**(星际空间)/ **chénāi yǔzhòuchén**(尘埃宇宙尘). ～船 **yǔzhòu fēichuán**(宇宙飞船). ～ステーション **kōngjiānzhàn**(空间站). ～線 **yǔzhòuxiàn**(宇宙线). ～中継衛星 **wèixīng zhuǎnbō**(卫星转播). ～飛行士 **hángtiānyuán**(航天员)/ **yǔhángyuán**(宇航员). ～遊泳 **tàikōng mànbù**(太空漫步). ～服 **hángtiānfú**(航天服). ～ロケット **yǔzhòu huǒjiàn**(宇宙火箭).
うちょうてん【有頂天】 ¶嬉しくて～になる **gāoxìngde ˇxīnxǐ ruò kuáng[shǒuwǔ-zúdǎo]**(高兴得˙欣喜若狂[手舞足蹈]). ¶大学に受かったくらいで～になるな **nǐ bié kǎoshàng dàxué**

jiù ˇ**yángyáng-déyì**[**piāopiāorán**](你别考上大学就˙洋洋得意[飘飘然]).
うちよ・せる【打ち寄せる】 ¶波が浜辺に～せている **bōlàng** ˇ**chōngjī**[**zhuàngjī**／**pāida**]**zhe hǎi'àn**(波浪˙冲击[撞击/拍打]着海岸). ¶さまざまな物が岸に～せられている **gèzhǒng-gèyàng de dōngxi bèi dǎdào ànshang lái**(各种各样的东西被打到岸上来).
うちわ【内輪】 1 [うちうち] ¶～の集まり **nèibù de jíhuì**(内部的集会). ¶～の話が外に漏れた **sīxià de huà xièlòu chuqu le**(私下的话泄漏出去了).
2 [控え目] ¶～に見積もった数字です **zhè shì liúyǒu yúdì de gūjì shùzì**(这是留有余地的估计数字). ¶～に見ても 50 万円以上になる **jiùshǐ wǎng shǎoli suàn yě děi wǔshí wàn rìyuán yǐshàng**(就是往少里算也得五十万日元以上).
うちわ【団扇】 **tuánshàn**(团扇). ¶～であおぐ **yòng tuánshàn shān**(用团扇扇).
うちわけ【内訳】 **xìmù**(细目). ¶その～は次の通り **qí xìmù rúxià**(其细目如下).
¶～書 **xìmùdān**(细目单).
うちわもめ【内輪揉め】 **wō[r]lidòu**(窝[儿]里斗), **nèihòng**(内讧・内哄), **nèizhēng**(内争), **xìqiáng**(阋墙). ¶～はよせ **búyào wōrlidòu**(不要窝儿里斗).
う・つ 1 [打ちつける, 叩く] **dǎ**(打), **jī**(击), **pāi**(拍), **zhuàng**(撞), **shān**(扇). ¶頭を強く～って倒れた **tóubù měng zhuàngle yíxià, dǎdǎoxiaqu le**(头部猛撞了一下, 倒下去了). ¶手を～って喜んだ **pāishǒu chēngkuài**(拍手称快)/ **gāoxìngde pāishǒu**(高兴得拍手). ¶平手で相手の頬を～った **dǎle tā ge zuǐbāzi**(打了他个嘴巴子)/ **shānle tā yí jì ěrguāng**(扇了他一记耳光). ¶ステッキで～ちすえる **yòng shǒuzhàng hěnhěn qiāoda**(用手杖狠狠敲打). ¶ボールを～つ **jī**[**dǎ**]**qiú**(击[打]球). ¶雨が窓を～っている **yǔdiǎn dǎzhe chuānghu**(雨点打着窗户). ¶～てばひびくように答が返ってきた **yì qiāo jiù xiǎng, shìde yǒule fǎnyìng**(一敲就响似的有了反应)/ **rú xiǎng sī yìng**(如响斯应).
2 [感動を与える] **dǎdòng**(打动). ¶彼の言葉に強く心を～たれた **tā de huà shǐ wǒ shēn shòu gǎndòng**(他的话使我深受感动). ¶胸を～たれる話だ **zhēn shì** ˇ**dǎdòng rénxīn**[**dòng rén xīnxián**] **de huà**(真是˙打动人心[动人心弦]的话).
3 [叩いてする] **dǎ**(打). ¶時計が 9 時を～った **shízhōng** ˇ**dǎle jiǔ diǎn**[**qiāole jiǔ xià**](时钟˙打了九点[敲了九下]). ¶タイプを～つ **dǎ zì**(打字). ¶刀を～つ **dǎ dāo**(打刀). ¶鉄は熱いうちに～て **chèn rè dǎ tiě**(趁热打铁). ¶鼓を～つ **dǎ gǔ**(打鼓)/ **qiāo gǔ**(敲鼓). ¶うどんを～つ **gǎn miàntiáo**(擀面条)/ **chēn miàn**(抻面). ¶古綿を～ち直す **tán jiùmiánhua**(弹旧棉花). ¶電報を～つ **dǎ**[**pāi**／**fā**] **diànbào**(打[拍/发]电报). ¶碁を～つ **xià wéiqí**(下围棋). ¶ぱっと投網を～った **sōu de bǎ wǎng sāchuqu**(嗖地把网撒出去). ¶玄関先に水を

〜つ zài ménkǒur sǎ shuǐ(在门口儿洒水). **4**【打ち込む】dǎ(打). ¶柱に釘を〜つ wǎng zhùzi shang `dìng[zá]` dīngzi(往柱子上`钉[砸]`钉子). ¶境界に杭を〜つ zài dìjiè dǎ zhuāngzi(在地界打桩子). ¶コンクリートを〜つ jiāoguàn hùnníngtǔ(浇灌混凝土). ¶注射を〜つ dǎ zhēn(打针). ¶鍼を〜つ zhā zhēn(扎针).
5【印をつける】dǎ(打). ¶点を〜つ diǎn diǎnr(点点儿)/ dǎ dòuhào(打逗号). ¶番号を〜つ dǎ hàomǎ(打号码).
6【ある行為をする】 ¶芝居を〜つ yǎn xì(演戏)/ [比喩的] shè piànjú(设骗局)/ shuǎ huāzhāo(耍花招). ¶今からではどうにも〜つ 手がない dàole zhè bù tiándì yǐ háo wú bànfǎ[wú jì kě shī](到了这步田地已`毫无办法[无计可施]`). ¶しきりに逃げを〜つ yígejìnr de xiǎng tuīcí(一个劲儿地想推辞). ¶手付金を〜つ xià dìngqian(下定钱).

う・つ【撃つ】dǎ(打), kāi(开), fàng(放). ¶空気銃で鳥を〜つ yòng qìqiāng dǎ niǎor(用气枪打鸟儿). ¶大砲を〜つ `fàng[kāi/dǎ]` pào `(放[开/打])`炮). ¶ピストルで胸を〜たれた bèi shǒuqiāng dǎzhōngle xiōngbù(被手枪打中了胸部). ¶〜て! kāihuǒ!(开火)!/ dǎ!(打!).

う・つ【討つ】tǎofá(讨伐). ¶賊を〜つ tǎofá tǔfěi(讨伐土匪). ¶父の仇を〜つ bào fùqin de chóu(报父亲的仇). ¶不意を〜たれてあわてふためいた zāodào tūrán xíjī ér zhānghuáng-shīcuò(遭到突然袭击而张皇失措).

うつうつ【鬱鬱】yùyù(郁郁). ¶〜として楽しまない yùyù-bùlè(郁郁不乐).

うっかり ¶〜口をすべらしてしまった wúyì zhōng zǒule zuǐ(无意中走了嘴). ¶彼の言うことは〜信用できない tā shuō de huà bùkě qīngxìn(他说的话不可轻信). ¶〜して乗り越してしまった méi liúshén zuòguòle zhàn(没留神坐过了站). ¶〜して聞きもらした yì bú zhùyì gěi tīnglòu le(一不注意给听漏了).
¶〜者 mǎdàhā(马大哈).

うつぎ【空木】sōushū(溲疏).

うつくし・い【美しい】 měi(美), měilì(美丽), piàoliang(漂亮), xiānliang(鲜亮), hǎokàn(好看), jùn(俊), jùnqiào de(俊俏), qiàolì(俏丽). ¶〜い景色 měilì de jǐngsè(美丽的景色)/ měijǐng(美景). ¶〜い琴の音色 měimiào yuè'ěr de qínshēng(美妙悦耳的琴声). ¶〜い友情 měihǎo de yǒuqíng(美好的友情). ¶今日の彼女はひときわ〜い jīntiān tā xiǎnde tèbié piàoliang(今天她显得特别漂亮). ¶星が〜く輝いている xīngguāng shǎnshǎn zhēn hǎokàn(星光闪闪真是好看). ¶会場は花で〜く飾られていた huìchǎng bèi xiānhuā zhuāngshìde hěn měi(会场被鲜花装饰得很美). ¶彼は〜い心の持主だ tā yǒu yì kē shànliáng de xīn(他有一颗善良的心).

うっけつ【鬱血】yùxuè(郁血), yūxuè(淤血). ¶打ったところが〜している zhuàngshāng de dìfang yūxuè le(撞伤的地方淤血了).

うつし【写】chāoběn(抄本), fùběn(副本), chāo-jiàn(抄件). ¶書類の〜 wénjiàn de fùběn(文件的副本). ¶この絵は雪舟の〜です zhè fúhuà shì línmó Xuězhōu de(这幅画是临摹雪舟的).

うつ・す【写す】 **1**【転写する，模写する】chāo(抄), téng(誊), chāoxiě(抄写), chāolù(抄录), téngxiě(誊写), shànxiě(缮写); miáo(描), miáomó(描摹). ¶詩を〜す chāo shī(抄诗). ¶友達のノートを〜す chāoxiě péngyou de bǐjì(抄写朋友的笔记). ¶手本を〜す mó zìtiè(摹字帖).
2【描写する】miáoxiě(描写), miáohuà(描画), miáohuì(描绘). ¶狩の情景を〜した音楽 miáoxiě shòuliè qíngjǐng de yīnyuè(描写狩猎情景的音乐).
3【写真に撮る】 pāi(拍), zhào(照), pāizhào(拍照). ¶記念写真を〜す pāi jìniàn zhàopiàn(拍纪念照片). ¶私を〜して下さいませんか qǐng gěi wǒ zhào ge xiàng(请给我照个像).

うつ・す【映す】 zhào(照), yìng(映). ¶鏡に姿を〜す zhàojìng(照镜). ¶梅の枝が障子に影を〜している méishùzhī yìngzài zhǐchuāng shang(梅树枝映在纸窗上). ¶富士山が湖水に姿を〜している Fùshì Shān yìngzài húshuǐ shang(富士山映在湖水上). ¶スライドを〜す fàngyìng huàndēngpiàn(放映幻灯片). ¶戦場の悲惨な有様がスクリーンの上に〜し出された zhànchǎng shang bēicǎn de qíngkuàng xiǎnxiàn zài yínmù shang(战场上悲惨的情景显现在银幕上).

うつ・す【移す】 **1**【移動させる】 yí(移), nuó(挪), qiān(迁), qiānyí(迁移). ¶机を窓際に〜す bǎ zhuōzi `yí[nuó]` dào chuānghu pángbiān(把桌子`移[挪]`到窗户旁边). ¶住居を郊外に〜す qiānjū jiāowài(迁居郊外). ¶本店から支店へ〜された yóu zǒngdiàn bèi diàodào fēndiàn(由总店被调到分店). ¶都を〜す qiāndū(迁都). ¶酒を樽から桶に〜す bǎ jiǔ yóu tǒnglǐ guànjìn jiǔhú(把酒由桶里灌进酒壶). ¶計画は直に実行に〜された jìhuà lìjí fùzhū shíshī le(计划立即付诸实施了). ¶この訴訟事件は東京地方裁判所へ〜された nà sùsòng ànjiàn yísòng dào Dōngjīng Dìfāng Fǎyuàn(那诉讼案件移送到东京地方法院). ¶ふと視線を〜すと… ǒu yì yídòng shìxiàn(偶一移动视线). ¶ほかの人に心を〜したのではない bìng bú shì biànle xīn àishangle biérén(并不是变了心爱上了别人).
2【時を過す】 ¶時を〜さず仕事にとりかかった háo bù chíyán de zhuóshǒu gōngzuò(毫不迟延地着手工作).
3【伝染させる】 rǎn(染), chuánrǎn(传染), gǎnrǎn(感染). ¶病院で風邪を〜された zài yīyuàn bèi chuánrǎn shàngle gǎnmào(在医院被传染上了感冒).

うっすら wēiwēi(微微), báobáo(薄薄). ¶〜と目を開けていた wēiwēi de zhēngzhe yǎnjing(微微地睁着眼睛). ¶〜と帆影が見える yǐnyǐng yǐnyuē kějiàn(帆影隐约可见). ¶富士山が〜と雪化粧した Fùshì Shān pīshangle báo-

báo de xuě (富士山顶上了薄薄的雪).
うっせき【鬱積】 yùjī (郁积), yùjié (郁结). ¶日頃～していた不満がいっぺんに爆発した píngrì yùjī de bùpíng yíxiàzi bàofā le (平日郁积的不平一下子爆发了).
うっそう【鬱蒼】 fánmào (繁茂), màomì (茂密), yùyùcōngcōng (郁郁葱葱). ¶樹木が～として昼なお暗い shùmù fánmào lián báitian dōu xiǎnde yīn'àn (树木繁茂连白天都显得阴暗). ¶～たる森林 yùyùcōngcōng de sēnlín (郁郁葱葱的森林).
うったえ【訴え】 **1**〔訴訟〕sùsòng (诉讼). ¶裁判所に～を起す xiàng fǎyuàn tíchū sùsòng (向法院提起诉讼)/ dǎ guānsi (打官司). **2**〔申し立て〕shēnsù (申诉). ¶人々の切実な～に耳を貸そうともしない duìyú rénmen de kǔkǔ shēnsù zhì ruò wǎng wén (对于人们的苦苦申诉置若罔闻).
うった・える【訴える】 **1**〔告訴する〕gào (告), gàosù (告诉), gàozhuàng (告状). ¶裁判所に～える gàodào fǎyuàn (告到法院)/ xiàng fǎyuàn gàozhuàng (向法院告状). ¶法律違反のかどで～えられた yǐ wéifǎ bèi gàofā le (以违法被告发了). ¶被害者達は国を相手どって～える shòuhàizhě gēn guójiā dǎ guānsi (受害者跟国家打官司). ¶お前を警察に～えてやる wǒ gào nǐ! (我告你!). **2**〔要求，不満などを〕sù (诉), sùshuō (诉说). ¶無実を～える sùyuān (诉冤). ¶不満を～える biǎoshì bùmǎn (表示不满). ¶窮状を切々と～える kǔkǔ sùshuō kùnjìng (苦苦诉说困境). ¶空腹を～える jiào dùzi è (叫肚子饿). **3**〔ある手段に頼る〕sù (诉). ¶武力に～えて解決をはかる sù zhū wǔlì jiějué (诉诸武力解决). **4**〔働きかける〕sù (诉). ¶世論に～える sù zhū yúlùn (诉诸舆论). ¶人々の良心に～えるほかない zhǐyǒu sù zhī yú rénmen de liángxīn le (只有诉之于人们的良心了). ¶このドラマは何を～えようとしているのかわからない zhè chū xì xiǎngyào biǎodá shénme gēnběn bù qīngchu (这出戏想要表达什么根本不清楚). ¶～のポスターは～える力が強い zhège xuānchuánhuà gǔdòngxìng qiáng (这个宣传画鼓动性强).
うっちゃ・る rēng (扔), pāo (抛), liào (撩). ¶あんな所に傘が～ってある nàme ge dìfang rēngzhe yì bǎ sǎn (那么个地方扔着一把伞). ¶仕事を～ってどこへ行ったんだ bǎ gōngzuò rēng yìbiān, pǎodào nǎr qù le? (把工作扔一边, 跑到哪儿去了?). ¶あんな奴～っておけ nà zhǒng jiāhuo, bié qù lǐ tā! (那种家伙, 别去理他!).
うつつ【現】 ¶夢と～の間をさまよう páihuái yú mèng yǔ xiànshí zhī jiān (徘徊于梦与现实之间). ¶彼女に～を抜かしている я bèi tā mízhu le (他被她迷住了)/ tā wèi tā shénhún diāndǎo (他为她神魂颠倒).
うってかわ・る【打って変る】 ¶昨日とは～って嵐になった gēn zuótiān jiǒngrán bùtóng, qǐle bàofēngyǔ (跟昨天迥然不同, 起了暴风雨). ¶彼の～った態度に驚いた tā nà pànrán bùtóng de tàidu [yǐfǎn-chángtài] shǐ rén dàwéi chījīng (他那判然不同的态度[一反常态]使人大为吃惊). ¶以前とは～ってよそよそしくなった gēn guòqù quánrán liǎngyàng, biànde shífēn lěngdàn (跟过去全然两样, 变得十分冷淡).
うってつけ ¶君に～の仕事がある yǒu zuì shìhé nǐ de gōngzuò (有最适合你的工作). ¶彼には～の女性だ gēn tā zhèng xiāngpèi de nǚxìng (跟他正相配的女性).
うってで・る【打って出る】 ¶社会福祉を看板に総選挙に～ dǎchū shèhuì fúlì de qíháo cānjiā dàxuǎn (打出社会福利的旗号参加大选). ¶はなばなしく文壇に～る guāngcǎi xuànmù de chū dēng wéntán (光彩炫目地初登文坛).
うっとうし・い【鬱陶しい】 yīnyù (阴郁), yùmèn (郁闷). ¶～い天気が何日も続いている jiēlián hǎo jǐ tiān tiānqì yīnyù (接连好几天天气阴郁). ¶その知らせは我々の～い気分をいっぺんに吹き飛ばした nàge xiāoxi bǎ wǒmen yùmèn de qíngxù yíxiàzi chuīsàn le (那个消息把我们郁闷的情绪一下子吹散了). ¶髪の毛が下がってきて～い tóufa dālā xialai, guài bù shūfu de (头发搭拉下来, 怪不舒服的).
うっとり chūshén (出神), táozuì (陶醉). ¶あまりの美しさに～と見とれていた piàoliangde jiào rén kànde chūle shén (漂亮得叫人看得出了神). ¶～と夢心地だった huǎng rú mèngjìng (恍如梦境). ¶彼女の話しぶりは人をせる tā de tántǔ yǐn rén rù shèng (她的谈吐引人入胜).
うつびょう【鬱病】 yōuyùzhèng (忧郁症).
うつぶせ【うつ伏せ】 fú (伏), pā (趴), fǔfú (俯伏). ¶ベッドに～に寝る fúzài chuángshang shuì (伏在床上睡).
うっぷん【鬱憤】 mènqì (闷气), yuànqì (怨气), yuànfèn (怨愤). ¶酒を飲んで～を晴らす hējiǔ jiě mènqì (喝酒解闷气). ¶積り積った～をぶちまける fāxiè yùjī zài xīntóu de yuànfèn (发泄郁结在心头的怨愤).
うつぼ【鱓】 hǎimán (海鳗); shémán (蛇鳗).
うつぼかずら【靫葛】 zhūlóngcǎo (猪笼草).
うつぼつ【鬱勃】 ¶～たる元気 shēngqì bóbó (生气勃勃). ¶～として闘志がわき起る dòuzhì ángyáng (斗志昂扬).
うつむ・く【俯く】 dītóu (低头), fǔshǒu (俯首). ¶彼女は恥ずかしそうに～いた tā hàixiū shìde dīxià tóu (她害羞似的低下头). ¶顔を～き加減にして座っている wēi dīzhe tóu zuòzhe (微低着头坐着).
うつむ・ける【俯ける】 fǔshǒu (俯首), dītóu (低头). ¶彼女は涙くんで～けた tā hánzhe yǎnlèi dīxià tóu (她含着眼泪低下了头). ¶彼は顔を～けたまま何も言わない tā dīzhe tóu yí jù huà yě bù shuō (他低着头一句话也不说).
うつらうつら →うとうと.
うつり【映り・写り】 **1** ¶このテレビは～がいい zhège diànshì huàmiàn xiānmíng (这个电视面鲜明). ¶彼女は写真～がいい tā zhàoxiàng hěn shàngxiàng [shǎngzhào] (她照相很上相

［上照］).
2［取合せ］¶この部屋にこのカーテンでは～が悪い zhè jiān wūzi yòng zhè zhǒng chuānglián kě bù xiāngchèn(这间屋子用这种窗帘可不相称).

うつりかわり【移り変り】biànhuà(变化), biànqiān(变迁). ¶季節の～ jìjié de biànhuà(季节的变化).

うつりぎ【移り気】¶彼は～で困る tā zǒngshì jiànyì-sīqiān, zhēn méi bànfǎ(他总是见异思迁,真没办法).

うつ・る【写る】zhào(照). ¶このカメラはよく～る zhège zhàoxiàngjī zhàode hǎo(这个照相机照得好). ¶ここは暗いから～らない zhèli guāng àn zhàobuliǎo(这里光暗照不了). ¶真中に～っているのが私だ xiàngpiàn zhèngzhōngjiān de shì wǒ(相片正中间的是我).

うつ・る【映る】**1** zhào(照), yìng(映). ¶鏡に庭の木が～っている jìngzili yìngzhe yuànzi de shù(镜子里映着院子的树). ¶障子に人影が～った rényǐng yìngzài zhǐchuāng shang(人影映在纸窗上). ¶緑の山々が湖に～っている cāngcuì de shānluán yìngzài húmiàn(苍翠的山峦映在湖面). ¶子供の目に～った大人の姿 zài háizi yǎnli de dàren(在孩子眼里的大人). ¶テレビに事故現場が～った diànshì píngmù shang zhàochūle shìgù xiànchǎng(电视屏幕上照出了事故现场). ¶この辺はテレビが～らない zhè yídài diànshì xiǎnxiàng bù hǎo(这一带电视显像不好).
2［似合う］pèi(配), chèn(衬). ¶このドレスはあなたによく～る zhè jiàn liányīqún nǐ chuān hěn xiāngchèn(这件连衣裙你穿很相称). ¶そのネクタイは服に～らない nà tiáo lǐngdài gēn yīfu búpèi(那条领带跟衣服不配). ¶赤い花が黒髪に～って美しい xiānhóng de huā chènzhe hēifà, zhēn hǎokàn(鲜红的花衬着黑发,真好看).

うつ・る【移る】**1**［移動する］yí(移), qiān(迁), qiānyí(迁移); diào(调). ¶いつ新しい家に～りますか shénme shíhou bānjìn xīn fángzi qù?(什么时候搬进新房子去?). ¶工場が郊外に～った gōngchǎng qiānyí dào jiāowài qù le(工厂迁移到郊外去了). ¶彼は経理部に～った tā diàodào kuàijìkē qù le(他调到会计科去了). ¶舞台は東京から長崎へ～った wǔtái yóu Dōngjīng zhuǎnyí dào Chángqí(舞台由东京转移到长崎). ¶次の議題に～ろう jìnrù xià yí ge yìtí ba(进入下一个议题吧). ¶彼女は気が～りやすい tā duì shénme dōu-jiànyì sīqiān(她对什么都见异思迁).
2［時が過ぎる］tuīyí(推移), biànqiān(变迁). ¶時は～って昭和となった shíjiān tuīyí, jìnrùle Zhāohé shídài(时间推移,进入了昭和时代). ¶時代が～につれて物の考え方も変ってきた suízhe shídài de tuīyí duì shìwù de xiǎngfa yě biàn le(随着时代的推移对事物的想法也变了); shí yí sú yí(时移俗易).
3［伝染する］rǎn(染), chuánrǎn(传染), gǎnrǎn(感染), zhānrǎn(沾染). ¶風邪が～った rǎnshàngle gǎnmào(染上了感冒). ¶彼の癖が私に～ったらしい tā nà máobing hǎoxiàng wǒ yě rǎnshàng le(他那毛病好像我也染上了).
4［色, 香などが］rǎn(染), zhān(沾), chuàn(串). ¶色が～らないように別々に洗いなさい bié chuànle shǎir, fēnkāi lái xǐ ba(别串了色ル, 分开来洗吧). ¶コーヒーの香りが缶に～った guànzili chuànshàngle kāfēiwèir(罐子里串上了咖啡味ル).

うつろ【空ろ】**1**［中空］¶中が～になっている木 zhōngjiān kōngle xīn de shù(中间空了心的树).
2［虚脱］míwǎng(迷惘). ¶～なまなざしで見る yǎnshén míwǎng de kànzhe(眼神迷惘地看着). ¶～な心をいだいて日をおくる nèixīn kōngxū de dǎfā rìzi(内心空虚地打发日子).

うつわ【器】**1**［入れ物］qìmǐn(器皿), chéngqì(盛器), róngqì(容器). ¶この料理を盛るには～は大きい方がいい yào chéng zhè cài, zuìhǎo ná dà xiē de qìmǐn(要盛这菜,最好拿大些的器皿). ¶水は方円の～に従う shuǐ suí fāngyuán zhī qì(水随方圆之器).
2［人物, 才能］qìliàng(器量), qìliàng(气量); liào[r]（料[ル])，liàozi(料子), cáiliào(材料). ¶彼はその～ではない tā méiyǒu nà zhǒng qìliàng(他没有那种器量)/ tā kě bú shì nà kuài liàor(他可不是那块料ル).

うで【腕】**1** gēbo(胳膊), gēbei(胳臂), bìbǎng(臂膀), shǒubì(手臂). ¶～を組んで歩く wǎnzhe gēbo zǒu(挽着胳膊走)/ bì wǎn bì zǒu(臂挽臂走). ¶両～にしっかり抱きかかえる yòng liǎngshǒu jǐnjǐn de bàozhe(用两手紧紧地抱着). ¶～をこまぬいて見ている xiù shǒu páng guān(袖手旁观). ¶～をさすりながら待ち受ける móquán-cāzhǎng de děngzhe(摩拳擦掌地等着). ¶明日の試合のことを思うと～が鳴る xiǎngdào míngtiān de bǐsài jiù shǒuyǎng(想到明天的比赛就手痒).
2［腕前］gōngfu(功夫), běnshi(本事), běnlǐng(本领), shǒuyì(手艺), néngnai(能耐), gōnglì(功力), yìshǒur(一手ル). ¶～を磨く liàn gōngfu(练功夫). ¶彼は～のいい大工だ tā shì yǒu bǎ hǎoshǒuyì de mùjiang(他是有把好手艺的木匠). ¶車の運転なら～に覚えがある lùn kāichē wǒ kě yǒu yìshǒur(论开车我可有一手ル). ¶あそこなら存分に～をふるうことができる yàoshi zài nàli kěyǐ dàxiǎn-shēnshǒu(要是在那里可以大显身手). ¶すべては君の～次第だ quán kàn nǐ de běnshi le(全看你的本事了). ¶彼は最近将棋の～があがった jìnlái tā de qíyì yǒu suǒ tígāo(近来他的棋艺有所提高). ¶しばらくやらなかったのですから～がにぶった hǎojiǔ méi gàn, jìyì shēngshū le(好久没干, 技艺生疏了). ¶あの話をまとめたとは彼もすごい～だ nà jiàn shì tā gěi tánchénggōng le, zhēn yǒu liǎngxiàzi(那件事他给谈成功了,真有两下子).

うでぎ【腕木】tuōjià(托架), héngjià(桁架). ¶～信号機 bìbǎn xìnhàojī(臂板信号机).

うできき【腕利き】gàncái(干才), gànliàn(干

うでぐみ【腕組】 chāoshǒu(抄手).¶～をしてしばらく考えていた bàozhe gēbo[chāozhe shǒu] chénsīle piànkè(抱着胳膊[抄着手]沉思了片刻).

うでくらべ【腕比べ】 ¶～をする bǐ běnshi(比本事)/ bǐ lìqi(比力气).

うでずく【腕ずく】 ¶～でなら負けないぞ dòngwǔ shuí yě díbuguò wǒ(动武谁也敌不过我).¶～でも取ってみせる sù zhū wǔlì yě yào duóguolai(诉诸武力也要夺过来).

うですもう【腕相撲】 bāi wànzi(掰腕子), bān shǒuwàn(扳手腕).

うでたてふせ【腕立て伏せ】 fǔwòchēng(俯卧撑).

うでだめし【腕試し】 ¶～に学力テストを受ける wèile kǎokao zìjǐ de chéngdù cānjiā xuélì cèyàn(为了考考自己的程度参加学力测验).¶失败しても、～と思ってやってみろ shībài yě méi guānxi, jiù dàng shìshi zìjǐ(失败也没关系, 就当试试自己).

うでっぷし【腕っ節】 wànlì(腕力), bìlì(臂力).¶～の強い男 wànlì dà de hànzi(腕力大的汉子).

うでどけい【腕時計】 shǒubiǎo(手表).

うでまえ【腕前】 gōngfu(功夫), běnshi(本事), běnlǐng(本领), shǒuyì(手艺), néngnai(能耐), gōnglì(工力), yìshǒur(一手儿).¶彼の釣の～は大した diàoyú de běnshi kě zhēn bù jiǎndān(他钓鱼的本事可真不简单).¶彼の～は大したことはない tā méi duōdà néngnai(他没多大能耐)/ tā nà liǎngxiàzi bù zěnmeyàng(他那两下子不怎么样).¶彼女の料理の～はなかなかのものだ tā de pēngtiáo jìshù zhēn gāomíng(她的烹调技术真高明).

うでまくり【腕捲り】 ¶～して仕事をする juǎn[wǎn]qǐ xiùzi gōngzuò(卷[挽/绾]起袖子工作).

う・でる【茹でる】 →ゆでる.

うでわ【腕輪】 shǒuzhuó(手镯), zhuózi(镯子), shǒuchuàn(手钏).¶～をする dài shǒuzhuó(戴手镯).

うてん【雨天】 yǔtiān(雨天).¶～ならば中止します yǔtiān zhōngzhǐ(雨中止).¶～決行 fēngyǔ wú zǔ(风雨无阻). ～順延 yùyǔ shùnyán(遇雨顺延).

うど【独活】 tǔdānggūi(土当归), dúhuó(独活).¶～の大木 nízú jùrén(泥足巨人)/ dàcǎobāo(大草包).

うと・い【疎い】 1〔疎遠だ〕shūyuǎn(疏远).¶卒業してからお互いに～くなってしまった bìyè yǐhòu bǐcǐ jiànjiàn shūyuǎn le(毕业以后彼此渐渐疏远了).¶去る者は日々に～し qùzhě rì yǐ shū(去者日以疏).

2〔不案内だ〕bù dǒng(不懂), bù shú(不熟), bù mōtóu(不摸头).¶彼女は世事に～い tā bù dǒng shìshì(她不懂世事)/ tā shū yú rénqíng-shìgù(她疏于人情世故).¶彼は法律に～い tā bù dǒng fǎlǜ(他不懂法律).¶私はこのあたりの地理に～い zhèr de dìlǐ wǒ bù 'shú[shúxī](这儿的地理我不'熟[熟悉]).

うとうと mímí-húhú(迷迷糊糊).¶つい～と居眠りをしてしまった bùjué mímí-húhú de dǎqǐ dǔnr lai le(不觉迷迷糊糊地打起盹儿来了).¶疲れていたので～した lèide míhuzháo le(累得迷糊着了).

うとまし・い【疎ましい】 tǎoyàn(讨厌), yànfán(厌烦).¶あいつの名前を聞くのも～い tīng nà jiāhuo de míngzi jiù juéde tǎoyàn(听那家伙的名字就觉得讨厌).

うと・む【疎む】 →うとんずる.

うどん【饂飩】 miàn(面), miàntiáo[r](面条[儿]).¶～を打つ chēn miàn(抻面)/ gǎn miàntiáo(擀面条).
¶～粉 miànfěn(面粉).

うどんげ【優曇華】 yōutánbōhuā(优昙钵花), tánhuā(昙花).

うとん・ずる【疎んずる】 shūyuǎn(疏远).¶旧友を～じてはならない búyào shūyuǎn jiùyǒu(不要疏远旧友).¶仲間から～ぜられている bèi huǒbànmen shūyuǎn le(被伙伴们疏远了).

うなが・す【促す】 cuī(催), cuīcù(催促).¶早く出発するようにと彼を～した cuī tā zǎo diǎnr dòngshēn(催他早点儿动身).¶一応注意を～しておこう tíxǐng tā zhùyì yīxià(提醒他注意一下).¶皆に～されてしぶしぶ立ち上がった zài dàjiā cuīcù zhī xià, tā miǎnqiǎng zhànle qǐlái(在大家催促之下, 他勉强站了起来).¶借金の返済を強く～す cuībī huánzhài(催逼还债).

うなぎ【鰻】 mánlí(鳗鲡), báishàn(白鳝), báimán(白鳗), mán(鳗).

うなぎのぼり【鰻上り】 ¶水銀柱が～に上がる shuǐyínzhù zhíxiàn shàngshēng[fúyáo-zhíshàng](水银柱直线上升[扶摇直上]).¶物価は～だ wùjià fēizhǎng(物价飞涨)/ wùjià yīgejìnr de zhǎng(物价一个劲儿地涨).

うなさ・れる【魘される】 yǎn(魇).¶彼は悪い夢を見て～た tā bèi èmèng yǎnzhu le(他被恶梦魇住了).¶三日間高熱に～れた yīn gāorè shēnyínle zhěngzhěng sān tiān(因高热呻吟了整整三天).

うなじ【項】 xiàng(项), jǐngxiàng(颈项).

うなず・く【頷く】 diǎntóu[r](点头[儿]), shǒukěn(首肯), hànshǒu(颔首).¶彼は私の話にしきりに～いた tā duì wǒ de huà pínpín diǎntóu(他对我的话频频点头).

うなず・ける【頷ける】 ¶彼が反対するのも～ける tā fǎnduì yě shì kěyǐ lǐjiě de(他反对也是可以理解的)/ nánguài tā fǎnduì(难怪他反对).¶その意見は私にはちょっと～けない zhège yìjiàn wǒ nányǐ tóngyì(这个意见我难以同意).

うなだ・れる【項垂れる】 chuí tóu(垂头), dītóu(低头).¶恥じるあまり～れた cánkuìde dīxiàle tóu(惭愧得低下了头).¶それを聞いてみんな～れていった tīng zhè duì huà dàjiā dōu chuíxiàle tóu(听了这话大家都垂下了头).¶何も言わずに首を～れていた yìshēng-bùkēng dāla-

うなばら【海原】 dàhǎi(大海), dàyáng(大洋). ¶果てしなく続く大～ wúbiān-wújì de dàhǎi(无边无际的大海).

うなり【唸り】 ¶矢が～をたてて飛んできた jiàn sōusōu de fēilai(箭嗖嗖地飞来). ¶犬は警戒して～声を発した gǒu jǐngjué de dī háo(狗警觉地低嗥). ¶凧に～を付ける zài fēngzheng shang guàshàng xiǎngdí(在风筝上挂上响笛).

うな·る【唸る】 1【人が】 ¶熱を出して一晩中～っていた fāshāo shāode chèyè shēnyín(发烧烧得彻夜呻吟). ¶義太夫を～る chàng Yìtàifū(唱义太夫). ¶彼の演技は大向うを～らせた tā de yǎnjì bódé mǎntáng hècǎi(他的演技博得满堂喝彩).

2【動物が】 dī hǒu(低吼), dī háo(低嗥), dī xiào(低啸). ¶檻の中のライオンが急に～りだした tiějiànli de shīzi tūrán dī xiào(铁槛里的狮子突然低啸).

3【物が】 xiǎng(响). ¶風で電線が～っている fēng guāde diànxiàn sōusōu fā xiǎng(风刮得电线嗖嗖发响). ¶モーターが～りながら激しく回っている mǎdá wēngwēng de fēikuài zhuànzhe(马达嗡嗡地飞快转着).

4【～るほど金を持っている yǒudeshì qián(有的是钱).

うに【雲丹】 hǎidǎn(海胆), hǎilìzi(海栗子);〔食品〕hǎidǎnjiàng(海胆酱).

うぬぼ·れる【己惚れる】 zìfù(自负), zìshì(自恃). ¶それは～れた考えだ nà shì zì bú liàngli de xiǎngfa(那是足不够量力的想法). ¶あのもいいかげんにしろ bié tāmāde "zìmìng-bùfán[zìmíng-déyǐ/chòuměi](别他妈的"自命不凡[自鸣得意/臭美]"). ¶彼女は自分に才能があると～れている tā zì yǐwéi yǒu cáinéng(她自以为有才能). ¶あいつは～れが強い tā nàge jiāhuo tài zìfù bùfán le(他那个家伙太自负不凡了).

うね【畝】 lǒng(垄).

うねうね wānwānqūqū(弯弯曲曲), wānyán(蜿蜒). ¶～した山道を辿って行く yánzhe wānyán qūzhé de shānlù zǒu(沿着蜿蜒曲折的山路走). ¶川が～と流れている héliú wānyán ér liú(河流蜿蜒而流).

うねり ¶台風が近づいて～が大きくなった suízhe táifēng de jiējìn, hǎishang bōlàng dàzuò(随着台风的接近, 海上波浪大作).

うね·る 1【曲りくねる】 wān(弯曲), wānyán(蜿蜒). ¶山道が～って続いている shānlù wānyán qūzhé(山路蜿蜒曲折).

2【上下する】 huǎnhuǎn qǐfú liánmián de qiūlíng(缓缓起伏连绵的丘陵). ¶波が～る bōlàng qǐfú(波浪起伏).

うのはな【卯の花】〔ウツギ〕sōushū(溲疏);〔おから〕dòufuzhā(豆腐渣), dòuzhā(豆渣).

うのみ【鵜呑み】 húlún tūn zǎo(囫囵吞枣); shēngtūn-huóbō(生吞活剥). ¶御飯を～にする bǎ fàn húlún tūnxiaqu(把饭囫囵吞下去). ¶彼は何でもすぐ～にするから困る tā duì shénme dōu shēngtūn-huóbō, zhēn méi bànfǎ(他对什么都生吞活剥, 真没办法).

うのめたかのめ【鵜の目鷹の目】 ¶～でさがす dèngzhe dàyǎn sìxià xúnzhǎo(瞪着大眼四下寻找).

うは【右派】 yòupài(右派).

うば【乳母】 rǔmǔ(乳母), nǎimā(奶妈), nǎiniáng(奶娘), nǎimā(嬷嬷).

うばいあ·う【奪い合う】 zhēngduó(争夺). ¶予算を～う zhēngduó yùsuàn(争夺预算). ¶座席を～う qiǎng zuòr(抢坐儿).

うば·う【奪う】 duó(夺), qiǎng(抢), qiǎngduó(抢夺), duóqǔ(夺取), bōduó(剥夺). ¶自由を～う bōduó zìyóu(剥夺自由). ¶陣地を～いかえす duóhuí zhèndì(夺回阵地). ¶夜道で金を～われた zǒu yèlù qián bèi qiǎng le(走夜路钱被抢了). ¶地震で何千人という人命が～われた dìzhèn duóqùle shùqiān rén de shēngmìng(地震夺去了数千人的生命). ¶彼女の美貌に皆魂を～われた tā de měimào shǐ dàjiā shénhún-diāndǎo(她的美貌使大家神魂颠倒). ¶彼は山に心を～われている tā bèi shān mízhu le(他被山迷住了).

うばぐるま【乳母車】 yīng'érchē(婴儿车), értóngchē(儿童车), tóngchē(童车), yáochē[r](摇车[儿]).

うぶ【初】 ¶彼女はほんとうに～だ tā zhēn shì "tiānzhēn yòuzhì"[bù dǒng shìgu](她真是"天真幼稚[不懂世故]").

うぶぎ【産着】 yīng'ér nèiyī(婴儿内衣), máoshānr(毛衫儿).

うぶげ【産毛】 1 tāifà(胎发), tāimáo(胎毛), nǎimáo[r](奶毛[儿]).

2〔にこ毛〕cuìmáo(毳毛), háomáo(毫毛), róngmáo(毧毛).

うぶごえ【産声】 ¶おぎゃあと～をあげる gū de yì shēng zhuìdì(呱的一声坠地). ¶彼は北京で～をあげた tā shì zài Běijīng gūgū jiàngshēng de(他是在北京呱呱降生的)/ tā zài Běijīng gū de kūchule dìyī shēng(他在北京呱呱的哭出了第一声).

うぶゆ【産湯】 ¶赤ん坊に～をつかわせる gěi gūgū zhuìdì de wáwa xǐ shēnzi(给呱呱坠地的娃娃洗身子).

うま【午】 wǔ(午). ¶～の刻 wǔshí(午时).

うま【馬】 mǎ(马), mǎpǐ(马匹). ¶～に乗る qí mǎ(骑马). ¶～から降りる xiàmǎ(下马). ¶～から落ちた cóng mǎshang shuāile xiàlai(从马上摔了下来). ¶～をつなぐ shuān mǎ(拴马). ¶馬車に～をつける bǎ mǎ tàoshang mǎchē(把马套上马车). ¶あばれ～を乗りこなす xùnfú lièmǎ(驯服烈马). ¶～に水をやる yìn mǎ(饮马). ¶～の耳に念仏 dōngfēng chuī mǎ'ěr(东风吹马耳)/ duì niú tán qín(对牛弹琴). ¶彼とは妙に～が合う bùzhī wèishénme gēn tā "hěn duìjìnr"[píwèi xiāngtóu/qíngtóu-yìhé/yìpāi-jíhé](不知为什么和他"很对劲儿[脾胃相投/情投意合/一拍即合]"). ¶～は一連れ tóng shēng xiāng yìng, tóng qì xiāng qiú(同声相应, 同气相求).

¶雄〜 gōngmǎ (公马)/ xióngmǎ (雄马)/ mǔmǎ (母马). 雌〜 mǔmǎ (母马)/ címǎ (雌马)/ pìnmǎ (牝马). 種〜 zhǒnggōngmǎ (种公马). 子〜 xiǎomǎ (小马)/ mǎjūzi (马驹子).

うま・い【甘い・旨い】 1 [上手だ，すぐれている] hǎo (好)，piàoliang (漂亮)，shuài (帅・率)，bàng (棒)，miào (妙). ¶彼は話が〜い tā néngshuō-huìdào (他能说会道)/ tā shànyú cíling (他善于辞令). ¶字が〜い zì xiěde shuài (字写得帅). ¶彼女は料理がとても〜い tā hěn huì zuò cài (她很会做菜)/ tā zuò cài kě zhēn yǒu liǎngxiàzi (她做菜可真有两下子). ¶彼はスキーが大層〜くなった tā hěn huì huáxuě le (他很会滑雪了). ¶〜い方法が見つかった zhǎozháole hǎobànfǎ (找着了好办法) / yǒule ge ˈmiào[ji]˹[gāozhāor] (有了个˹妙计˺[高招ｎ]). ¶〜いことを言ってもその手にはのらない jiǎngde zài hǎotīng [zěnme huāyán-qiǎoyǔ] wǒ yě bú shàng nǐ nàge dàng (讲得再好听[怎么花言巧语]我也不上你那个当). ¶言葉では〜く言い表せない yòng huà bùnéng hěn hǎo de biǎodá chulai (用话不能很好地表达出来). ¶話が〜くまとまった shìqing hěn shùnlì de tántuǒ le (事情很顺利地谈妥了). ¶〜い答 huídá de ˈ miào˺[hǎo] (回答得˹妙˺[好]).

2 [味がよい] xiāng (香)，hǎochī (好吃)，hǎohē (好喝). ¶これは〜い zhè zhēn hǎochī (这真好吃). ¶何か〜いものが食べたい xiǎng chī diǎnr shénme hǎochī de (想吃点ｎ什么好吃的). ¶〜そうな匂がする zhēn shì pènbír xiāng (真是喷鼻ｎ香). ¶こういう風に作ると〜く食べられる zhèyàng zuò zhè cài jiù hǎochī le (这样做这菜就好吃了). ¶〜い汁を吸う lāo yóushui (捞油水)，kāiyóu (揩油).

3 [好都合だ] ¶世の中はとかく〜くいかないものだ shìjiān bǎishì，cháng bùnéng jìn rú rén yuàn (世间百事，常不能尽如人愿). ¶万事〜くいった yíqiè jìnxíngde hěn shùnlì (一切进行得很顺利)/ wànshì-rúyì (万事如意). ¶それでは話が〜すぎる nǎli yǒu nàme ˈhǎo[měi・piányi] de shì a! (哪里有那么˹好[美・便宜]的事啊!). ¶自分だけ〜いことをする jìn gù zìjǐ ˈhéshì [piányi / qǔqiǎo] (就顾自己˹合适[便宜 / 取巧]).

うまうまと ¶〜人にのせられた tīngxìnle huāyán-qiǎoyǔ shàngle dàng (听信了花言巧语上了当).

うまかた【馬方】 gǎnjiǎode (赶脚的)，gǎn duòzi de (赶驮子的).

うまごやし【苜蓿】 mùxu (苜蓿).

うまずめ【石女】 shínǚ (石女).

うまづら【馬面】 mǎliǎn (马脸)，lúliǎn (驴脸)，chángliǎn (长脸)，cháng liǎntángr (长脸膛ｎ).

うまとび【馬跳】 tiàomǎ (跳马). ¶〜をして遊ぶ tiàomǎ wánr (跳马玩ｎ).

うまに【甘煮】 〚説明〛把肉和蔬菜等用酱油，甜料酒，糖等炖熟的菜.

うまのほね【馬の骨】 ¶あいつはどこの〜だか分らない nà jiāhuo kě bù zhīdào shì nǎr lái de yí kuài liào (那家伙可不知道是哪ｎ来的一块料).

うまのり【馬乗り】 ¶相手に〜になってぽかぽかなぐった qízái duìfāng shēnshang huīquán luàn dǎ (骑在对方身上挥拳乱打).

うまみ【甘み・旨み】 zīwèi (滋味)，miàowèi (妙味)，yóushui (油水). ¶酒の〜が分るようになった zhīdao jiǔ de zīwèi le (知道酒的滋味了). ¶ベテランの芸には何とも〜えない〜がある lǎo yǎnyuán de yǎnjì yǒu yì zhǒng nányán zhī miàowèi (老演员的演技有一种难言之妙味). ¶この商売はあまり〜がない 〜は mǎimai méi shénme yóushui (这买卖没什么油水).

うまや【馬屋】 mǎpéng (马棚)，mǎjiù (马厩)，mǎfáng (马房).

うま・る【埋る】 1 [地中などに] mái (埋). ¶地下に〜った遺跡を発掘する fājué máizài dìxià de yíjì (发掘埋在地下的遗迹). ¶爆発で坑道が〜った yóuyú bàozhà kēngdào dǔzhù le (由于爆炸坑道堵住了).

2 [一杯になる] tiánmǎn (填满)，jǐmǎn (挤满). ¶いつまでたっても空席が〜らない zuòxí yìzhí méi zuòmǎn (座席一直没坐满). ¶溝が泥で〜った gōuqú jiào nítǔ ˈtiánsǐ˺[dǔsǐ] le (沟渠叫泥土˹填死[堵死]˺了). ¶広場は野次馬で〜った guǎngchǎng jǐmǎnle kànrènaode (广场挤满了看热闹的).

3 [補われる] míbǔ (弥补)，dǐbǔ (抵补)，tiánbǔ (填补). ¶欠損が〜らず〜った kuīkong hǎobù róngyì cái míbǔshàng (亏空好不容易才弥补上). ¶欠員が〜った kòngquē bǔshàng le (空缺补上了).

うまれ【生れ】 shēng (生)，chūshēng (出生)，chūshì (出世)，shēngrén (生人). ¶私は明治〜だ wǒ shēngyú Míngzhì niándài (我生于明治年代). ¶あなたは何年〜ですか nǐ shì nǎ nián chūshēng de? (你是哪年出生的?). ¶彼は1950年〜です tā shì yī jiǔ wǔ líng nián shēngrén (他是 1950 年生人). ¶お〜はどちらですか nín shēng zài nǎli? (您生在哪里?)/ nín shì nǎli rén? (您是哪里人?). ¶私は東京の〜です wǒ shēng zài Dōngjīng (我生在东京)/ wǒ shì Dōngjīng shēngrén (我是东京生人). ¶彼は名門の〜だ tā chūshēn yú míngmén (他出身于名门).

うまれお・ちる【生れ落ちる】 luòdì (落地)，zhuìdì (坠地)，luòshēng (落生). ¶私は〜ちてこのかたこんなひどい目に遭ったことはない wǒ zì chūshēng luòdì cóng méiyǒu shòuguo zhèyàng de zuì (我自出生落地从没有受过这样的罪).

うまれかわ・る【生れ変る】 zhuǎnshēng (转生)，zhuǎnshì (转世)，tuōshēng (托生)，tóushēng (投生)，chāoshēng (超生)，tóutāi (投胎). ¶男に〜りたい yuàn zhuǎnshēng wéi nánrén (愿转生为男人). ¶この事を契機に彼はすっかり〜った yǐ nà jiàn shì wéi zhuǎnjī tā wánquán biàn hǎo le (以那件事为转机他完全变好了). ¶彼は〜って真人間になった tā ˈtuōtāi-huàngǔ˺[gǎikuòguīzhèng / huǐguò zìxīn]，chóngxīn zuòrén le (他˹脱胎换骨[改邪归正 / 悔过自新] 重新做人了). ¶仏の〜り fóye de tuōshēng

(佛爷的托生).

うまれこきょう【生れ故郷】 ¶20年ぶりで～へ帰った huídàole kuòbié èrshí nián de gùxiāng(回到了阔别二十年的故乡).

うまれつき【生れつき】 shēnglái (生来), shēngjiù (生就), shēngchéng (生成), sùxìng (素性). ¶彼の歌のうまいのは～だ tā shēngjiù yí fù hǎosǎngzi (他生就一副好嗓子). ¶彼は生れつき体が弱い tā shēnglái jiù hěn xūruò (他生来就很虚弱).

うまれながら【生れながら】 ¶～に持っている性格はなかなか変えられない shēngxìng shì hěn nán gǎi de (生性是很难改的). ¶彼は～の詩人だ tā shēnglái jiù shì ge shīrén (他生来就是个诗人).

うま・れる【生れる】 **1**〔出生する〕 shēng (生), chūshēng (出生), chūshì (出世), jiàngshēng (降生), jiàngshì (降世), xiàshēng (下生), luòshēng (落生), dànshēng (诞生). ¶私は1950年に～れた wǒ shēngyú yī jiǔ wǔ líng nián (我生于一九五〇年)/ wǒ shì yī jiǔ wǔ líng nián shēngrén (我是一九五〇年生人). ¶姉のところに来月二人目の赤ちゃんが～れる wǒ jiějie nàr xià ge yuè shēng[tiān] dì'èr ge háizi (我姐姐那儿下个月'生[添]第二个孩子). ¶犬の子が3匹～れた xiàle sān zhī gǒuzǎizi (下了三只狗崽子). ¶ひよこが～れた xiǎojī fūchulai le (小鸡孵出来了)/ ～の小馬 chū shēng[gāng shēngxialai] de mǎjūzi (初生[刚生下来]的马驹子). ¶こんなうまい物を食べたのは～れて初めてだ zhème hǎochī de dōngxi yǒu shēng yǐlái dìyī cì chángdào (这么好吃的东西有生以来第一次尝到). ¶持って～れた性分だから仕方がない shēngjiù zhège píqi, méi bànfǎ (生就这个脾气,没办法).
2〔新しく出来る〕 chūshì (出世), jiàngshēng (降生), jiàngshì (降世), dànshēng (诞生). ¶1949年に新中国が～れた yī jiǔ sì jiǔ nián xīn Zhōngguó dànshēng le (一九四九年新中国诞生了).

うみ【海】 hǎi (海). ¶～に出て漁をする chūhǎi bǔyú (出海捕鱼). ¶～が荒れ狂っている hǎi zài páoxiào (海在咆哮). ¶～を渡って外国へ行く dù hǎi dào guówài qù (渡海到国外去). ¶～を隔てて隣り合う国 gé hǎi xiānglín de guójiā (隔海相邻的国家). ¶～に臨んだホテル lín hǎi de fàndiàn (临海的饭店). ¶彼はまだ～のものとも山のものともつかない tā de jiānglái jiūjìng rúhé hái nánshuō (他的将来究竟如何还难说). ¶～の幸山の幸 shān zhēn hǎi wèi (山珍海味). ¶あたり一面火の～と化した zhōuwéi biànchéngle yípiàn huǒhǎi (周围变成一片火海). ¶血の～ xuěhǎi (血海).

うみ【膿】 nóng (脓), nóngyè (脓液), nóngjiāng (脓浆). ¶傷口から～が出る shāngkǒu chū nóng (伤口出脓). ¶長年の～を出す qīngchú jībì (清除积弊).

うみがめ【海亀】 hǎiguī (海龟), xīguī (蟢龟), léngpíguī (棱皮龟), dàimào (玳瑁).

うみせんやません【海千山千】 ¶彼は～だ tā shì ge 'lǎoyóuzi [lǎojiānghu] (他是个'老油子[老江湖]).

うみなり【海鳴り】 hǎixiǎng (海响), hǎimíng (海鸣), hǎihǒu (海吼). ¶遠くから～が聞える cóng yuǎnchù tīngdào hǎixiǎng (从远处听到海响).

うみねこ【海猫】 hēiwěi'ōu (黑尾鸥).

うみのおやべ【産みの親】 shēngshēn fùmǔ (生身父母), qīnshēng fùmǔ (亲生父母). ¶～より育ての親 yǎngyù zhī ēn shèngyú shēngyù zhī ēn (养育之恩胜于生育之恩). ¶彼は我が国郵便制度の～である tā shì wǒguó yóuzhèng zhìdù de diànjīrén (他是我国邮政制度的奠基人).

うみべ【海辺】 hǎibiān (海边). ¶～で育ったので泳ぎがうまい zài hǎibiān zhǎngdà de, hěn huì yóuyǒng (在海边长大的,很会游泳).

うみへび【海蛇】 hǎishé (海蛇).

う・む【倦む】 ¶勉強に～ことを知らない zī-zī-bújuàn de xuéxí (孜孜不倦地学习)/ bù zhī píjuàn de xuéxí (不知疲倦地学习). ¶～まずたゆまず努力する jiānchí-búxiè de nǔlì (坚持不懈地努力).

う・む【産む・生む】 **1**〔出産する〕 shēng (生), shēngchǎn (生产); xià (下). ¶彼女は男の子を～んだ tā shēngle yí ge nánháizi (她生了一个男孩子). ¶猫が子を5匹～んだ māo 'xià[shēng]le wǔ zhī xiǎomāo (猫'下[生]了五只小猫). ¶鶏が卵を～む jī 'xià[shēng] dàn (鸡'下[生]蛋)/ jī chǎnluǎn (鸡产卵). ¶案ずるより～むがやすし chē dào shānqián bì yǒu lù (车到山前必有路). ¶～みの苦しみ dànshēng de tòngkǔ (诞生的痛苦).
2〔作り出す〕 shēng (生), chǎnshēng (产生). ¶利子は利子を～む lì shēng lì (利生利). ¶意外な結果を～んだ chǎnshēngle chūhū-yìwài de jiéguǒ (产生了出乎意外的结果). ¶彼は日本が～んだ最もすぐれた音楽家である tā shì Rìběn suǒ zàojiù de zuì zhuóyuè de yīnyuèjiā (他是日本所造就的最卓越的音乐家).

う・む【膿む】 huànóng (化脓). ¶傷口が～んだ shāngkǒu huànóng le (伤口化脓了).

うむ【有無】 **1**〔有り無し〕 yǒu wú (有无). ¶在庫の～を問い合せる xúnwèn yǒu méiyǒu kùcún (询问有没有库存). ¶～相通ずる hù tōng yǒu wú (互通有无).
2〔諾否〕 shìfǒu (是否). ¶出席の～を御一報下さい qǐng tōngzhī yíxià shìfǒu chūxí (请通知一下是否出席). ¶～を言わせず引っ立てる bùyóu-fēnshuō zhuàizǒu (不由分说拽走).

うめ【梅】 méi (梅). ¶～の実 méizi (梅子). ¶～の花 méihuā (梅花)/ huákuí (花魁). ¶～酒 qīngméijiǔ (青梅酒).

うめあわ・せる【埋め合せる】 tiánbǔ (填补), míbǔ (弥补), zhuībǔ (追补), dǐbǔ (抵补), chángbu (找补), bǔcháng (补偿), dǐcháng (抵偿). ¶赤字を～せる tiánbǔ chìzì (填补赤字)/ bǔ kuīkōng (弥补亏空). ¶欠損の～をする dǐbǔ sǔnshī (抵补损失). ¶必ず今日の～せはするから勘弁してくれ wǒ yídìng míbǔ jīntiān de búshi, qǐng yuánliàng wǒ ba (我一定弥补

今天的不是, 请原谅我吧).
うめ・く【呻く】 shēnyín (呻吟), hēngheng (哼哼). ¶病人は一晩中～していた bìngrén hēnghengle yí yè (病人哼哼了一夜). ¶かすかな～き声が聞える yǐnyuē chuánlai shēnyínshēng (隐约传来呻吟声).
うめくさ【埋草】 bǔbái (补白).
うめた・てる【埋め立てる】 tiánmái (填埋), huítián (回填). ¶海を～てる tián hǎi zào dì (填海造地). ¶～て地 tiánmái chǎngdì (填埋场地).
うめぼし【梅干】 xiánméi (咸梅). ¶～ばばあ mǎnliǎn zhòuwén de lǎotàipó (满脸皱纹的老太婆).
う・める【埋める】 1 [地中などに] mái (埋), yǎnmái (掩埋). ¶死んだ小鳥を庭に～めた bǎ sǐle de xiǎoniǎo máizài yuànzili (把死了的小鸟埋在院子里). ¶地下にケーブルが～めてある dìxià máishèzhe diànlǎn (地下埋设着电缆).
2 [一杯にする] tián (填). ¶堀を～める tiánpíng hùchénghé (填平护城河). ¶虫歯の穴を～める bǔ yá (补牙). ¶空欄を～める tián [tiánxiě] kònglán (填[填写]空栏). ¶競技場は観客で～めつくされた tǐyùchǎng jǐmǎnle guānzhòng (体育场挤满了观众).
3 [補う] tiánbǔ (填补), míbǔ (弥补), dǐbǔ (抵补). ¶赤字を～める tiánbǔ chìzì (填补赤字). ¶欠員を～める tiánbǔ kòng'é (填补空额)/ tiánkòng bǔquē (填空补缺).
4 [ぬるくする] ¶熱いので少し～めて下さい tài rè le, gěi wǒ duì diǎnr shuǐ (太热了, 给我对点水).
うもう【羽毛】 yǔmáo (羽毛). ¶～布団 yǔróng bèizi (羽绒被子)/ yāróngbèi (鸭绒被).
うも・れる【埋れる】→うずもれる.
うやうやし・い【恭しい】 gōngjìng (恭敬), qiāngōng (谦恭). ¶～い態度で人に接する yǐ qiāngōng de tàidu dàirén (以谦恭的态度待人). ¶～く一礼した gōnggōng-jìngjìng de xíngle ge lǐ (恭恭敬敬地行了一个礼).
うやま・う【敬う】 zūnjìng (尊敬), àidài (爱戴). ¶神父を～う jìngfèng shénfó (敬奉神佛). ¶彼は学生からたいそう～われている tā hěn shòu xuésheng de àidài (他很受学生的爱戴). ¶人人は皆彼を～い慕っている rénmen dōu jìngmù tā (人们都敬慕他).
うやむや ¶～な返事でごまかした yòng hánhu de huídá tángsèle guòqù (用含糊的回答搪塞了过去). ¶いつまでも～にしておくわけにはいかない zǒng bùnéng lǎo zhème "bùmíng-bùbái [hánhùn-bùqīng] de gēzhì xiaqu (总不能老这么"不明不白[含混不清]地搁置下去). ¶この事は絶対～にしてはいけない zhè jiàn shì jué bùnéng huò xīní (这件事绝不能和稀泥). ¶事件を～にする shǐ ànjiàn bù liǎo liǎo zhī (使案件不了了之).
うゆう【烏有】 wūyǒu (乌有). ¶～に帰す huàwéi wūyǒu (化为乌有).
うようよ ¶虫が～している chóngzi chéngqún rúrú ér dòng (虫子成群蠕蠕而动)/ fēng tún yǐ jù (蜂屯蚁聚).
うよきょくせつ【紆余曲折】 yūhuí qūzhé (迂回曲折), yūqū (迂曲). ¶～した道 yūhuí qūzhé de dàolù (迂回曲折的道路). ¶幾多の～を経てやっと解決した jǐjīng bōzhé[jīyǐbō sānzhé], zhōngyú dédào jiějué (几经波折[经一波三折], 终于得到解决).
うよく【右翼】 1 [思想などの] yòuyì (右翼), yòupài (右派). ¶～思想 yòupài[yòuqīng] sīxiǎng (右派[右倾]思想). ¶～団体 yòuyì tuántǐ (右翼团体).
2 [右側] yòuyì (右翼), yòuyìcè (右翼侧). ¶敵の～を衝く gōngjī dírén de yòuyì (攻击敌人的右翼).
¶～手 yòuchǎngshǒu (右场手).
うら【裏】 1 [後ろ側] bèi (背), hòu (后), bèimiàn[r] (背面[儿]), hòumian[r] (后面[儿]), fǎnmiàn[r] (反面[儿]), hòulǐan[r] (后脸儿). ¶用法は～に書いてあります yòngfǎ zài bèimiàn xiězhe (用法在背面写着). ¶足の～にけがをした jiǎobǎn[jiǎodǐ]r] shòule shāng (脚板[脚底板]受了伤). ¶レコードの～をかける fàng chàngpiàn de fǎnmiàn (放唱片的反面). ¶～をかえせば彼もただの人間だ shuōdàodǐ tā yě búguò shì ge rén (说到底他也不过是个人). ¶家の～の空地 fángzi bèihòu[fánghòu] de kòngdì (房子背后[房后]的空地).
¶舞台～ hòutái (后台).
2 [衣服の] lǐzi (里子), lǐr (里儿), chènr (衬儿), chènzi (衬子). ¶着物に～をつける guà yīfu lǐzi (挂衣服里子). ¶毛皮の～をつけたコート máopílǐr dàyī (毛皮里大衣).
3 [内幕] nèimù (内幕); hēimù (黑幕). ¶政界の～をあばく jiēlù zhèngjiè de nèimù (揭露政界的内幕). ¶これには何か～があるようだ zhè lǐtou hǎoxiàng yǒu shénme nèimù shìde (这里头好像有什么内幕似的). ¶～には～がある xì zhōng yǒu xì (戏中有戏).
4 [陰, 反対] bèihòu (背后), bèimiàn (背面). ¶彼の言葉の～には何かある kànlai tā huàli yǒu "huà["wénzhāng] (看来他话里有"话[文章]). ¶あいつは～では何を言っているかわからない tā zài "bèihòu["bèidìli] bù zhī shuō xiē shénme (他在"背后[背地里]不知说些什么). ¶～から運動する zài bèihòu jìnxíng huódòng (在背后进行活动)/ zǒu hòumén (走后门). ¶誰か～で操っている zài "mùhòu["bèihòu] yǒu rén cāozòng (在"幕后[背后]有人操纵). ¶計略を～をかく jiāng jì jiù jì (将计就计).
5 [試合の] ¶7回の～に4点とった dìqī jú de xiàbànjú nále sì fēn (第七局的下半局拿了四分).
うらあみ【裏編】 shàngzhēn (上针).
うらうち【裏打】 biǎo (裱), biǎobèi (裱褙). ¶拓本の～をする bǎ tàběn yòng zhǐ biǎo (把拓本用纸裱). ¶証拠に～する yǐ wùzhèng lái zhèngshí (以物证来证实).
うらおもて【裏表】 lǐr miànr (里儿面儿). ¶布の～ liàozi de lǐr miànr (料子的里儿面儿). ¶この紙は～の見分けがつきにく

い zhè zhāng zhǐ qūbié bu chū zhèngfǎnmiàn(这张纸区别不出正反面).
2[表向きと内実] lǐwài(里外)，biǎolǐ(表里).¶社会の〜に通じている zhīxiǎo shèhuì de lǐwài(知晓社会的里外).¶物の〜に通じた人 tōngxiǎo shìgu de rén(通晓世故的人).¶彼は〜のない人間だ tā shì xīn kǒu rú yī de rén(他是心口如一的人).
3[裏返し]¶シャツを〜に着る chènyī lǐwài chuānfǎn le(衬衣里外穿反了).

うらがえ・す【裏返す】 fān(翻).¶カードを〜す fān zhǐpái(翻纸牌).¶服を〜しに着ている fǎn chuānzhe yīfu(反穿着衣服).¶洗濯物を〜しにして干す bǎ xǐ de yīfu fānguolai shài(把洗的衣服翻过来晒).¶このオーバーを〜しがたく zhè jiàn dàyī nénggòu fānxīn(这件大衣能够翻新).

うらがき【裏書】 **1**[手形などの] bèimiàn qiānzì(背面签字)，bèishū(背书).¶〜のない手形 méiyǒu bèishū de zhīpiào(没有背书的支票).¶小切手に〜をする zài zhīpiào bèimiàn qiānzì(在支票背面签字).
2[証明]¶この事実は彼の無能を〜している zhège shìshí zhèngmíng zhèngshíle tā de wúnéng(这个事实证实了他的无能).

うらかた【裏方】 hòuqín(后勤).¶舞台の〜 hòutái gōngzuò rényuán(后台工作人员)/ jiǎnchǎng(检场).

うらがね【裏金】 hǎochùfèi(好处费); hēiqián(黑钱).

うらぎり【裏切り】 bèipàn(背叛)，pànmài(叛卖).¶最も卑劣な〜行為 zuì bēiliè de "bèipàn[pànmài] xíngwéi(最卑劣的"背叛[叛卖]行为).
¶〜者 pàntú(叛徒)/ báibízi(白鼻子)/ báibítou(白鼻头).

うらぎ・る【裏切る】 **1**[味方を] bèipàn(背叛)，pànlì(叛离).¶〜ったのは誰だ shuí bèipànle zìjǐrén?(谁背叛了自己人?).¶彼はもっとも信頼していた友人に〜られた tā bèi zuì xìnlài de péngyou chūmài le(他被最信赖的朋友出卖了).
2[期待などを] gūfù(辜负).¶彼女は我々の期待を〜った tā gūfùle wǒmen de qīdài(她辜负了我们的期待).¶試合の結果はみんなの予想を〜った bǐsài de jiéguǒ chūhū rénmen yùliào(比赛的结果出乎人们预料).

うらぐち【裏口】 hòumén[r](后门[儿]).¶〜へまわってください qǐng ràodào hòumén qù(请绕到后门去).¶〜入学する zǒu hòumén rùxué(走后门入学).

うらごえ【裏声】 jiǎshēng(假声)，jiǎsǎngzi(假嗓子).

うらごし【裏漉し】 gélù(隔滤).

うらさく【裏作】 hòuzuò(后作)，hòuchá(后茬)，huíchá(回茬).

うらじ【裏地】 lǐzi(里子)，yīlǐr(衣里儿)，yīlǐzi(衣里子)，chènlǐ(衬里).

うらづけ【裏付け】 yìnzhèng(印证).¶その供述にはまったく〜がない nàge zhāogòng quánrán méiyǒu quèzhèng(那个招供全然没有确证).¶それには確固とした〜がある nà yǒu quèzáo-bùyí de zhèngjù(那有确凿不移的证据).¶〜捜査をする jìnxíng quèdìng zhèngjù de sōuchá(进行确定证据的搜查).

うらづ・ける【裏付ける】 yìnzhèng(印证)，zhèngshí(证实).¶それは彼の証言によって〜けられた nà yóu tā de zhèngyán dédàole zhèngshí(那由他的证言得到了证实).¶理論を実験によって〜ける lǐlùn yóu shíyàn jiāyǐ yìnzhèng(理论由实验加以印证).

うらて【裏手】 hòu(后)，hòubian[r](后边[儿])，hòutou(后头)，hòumian[r](后面[儿])，bèihòu(背后)，hòushēn[r](后身[儿]).¶家の〜は川になっている fáng hòumian yǒu yì tiáo hé(房后面有一条河).

うらどおり【裏通り】 bèijiē xiǎoxiàng(背街小巷)，bèijìng jiēdào(背静街道).

うらない【占】 bāzì[r](八字[儿])，bāguà(八卦);[人] suànmìng xiānsheng(算命先生)，xiàngmiàn xiānsheng(相面先生).

うらな・う【占う】 zhānbǔ(占卜)，zhāngguà(占卦)，suànguà(算卦)，dǎguà(打卦)，bǔguà(卜卦)，bǔshì(卜筮).¶運勢を〜う suànmìng(算命)/ qiúqiān wènbǔ(求签问卜).¶吉凶を〜う zhānbǔ jíxiōng(占卜吉凶).

うらなり【末成り】¶これは〜の瓜だから味がおちる zhè shì lāyānggguā, wèidao chà(这是拉秧瓜，味道差).

ウラニウム yóu(铀).

うらにわ【裏庭】 hòuyuàn[r](后院[儿]).

うらばなし【裏話】¶これには〜がある zhèli yǒu ge bù wéi rén suǒ zhī de chāqǔ(这里有个不为人所知的插曲).

うらはら【裏腹】¶彼は口と心が〜 tā xīnkǒu bù yízhì(他心口不一致)/ tā kǒushì-xīnfēi(他口是心非).¶言うこととすることが〜だ yánxíng bù yīzhì(言行不一致).

うらびょうし【裏表紙】 fēngdǐ(封底)，fēngsì(封四).

うらぶ・れる luòbó(落泊・落魄).¶〜れた生活をしている guòzhe luòbó de shēnghuó(过着落泊的生活).

うらぼん【盂蘭盆】 yúlánpénhuì(盂兰盆会).

うらまち【裏町】 lòuxiàng(陋巷).

うらみ【恨み】 hèn(恨)，yuànhèn(怨恨).¶彼に〜を抱く yuànhèn tā(怨恨他)/ duì tā huáihèn zài xīn(对他怀恨在心).¶ついに〜を晴らすときができた xuěhèn[shēnyuān] de jīhuì zhōngyú dàolái(雪恨[申冤]的机会终于到来).¶彼は人の〜をうけるような人ではない tā jué bú shì zhāo rén yuànhèn de rén(他决不是招人怨恨的人).¶〜つらみの数々を述べる sùshuō zhuāngzhuāng yuànhèn(诉说桩桩怨恨).¶〜かさなる相手 bú gòng dài tiān de duìshǒu(不共戴天的对手)/ shēnchóu-dàhèn de duìshǒu(深仇大恨的对手).¶〜骨髄に徹している hèn rù gǔsuǐ(恨入骨髓)/ hèn rù gǔ(恨之入骨).¶〜がましいことを言う shuō "mányuàn[bàoyuàn]huà(说"埋怨[抱怨]话).

うらみ【憾み】 yíhàn (遺憾). ¶品はよいが値が高すぎる～がある dōngxi hǎo shì hǎo, yíhàn de shì jià tài gāo (东西好是好,遗憾的是价太高).

うらみち【裏道】 ¶～から逃げる cóng hòumén jiāndào táopǎo (从后门间道逃跑). ¶～を通って駅へ出る chāodào dào chēzhàn qù (抄道到车站去). ¶人生の～ rénshēng de xiédào (人生的邪道).

うら・む【恨む】 yuàn (怨), hèn (恨), yuànhèn (怨恨). ¶誰を～むでもなく我が身を～むだけだ shuí yě bú yuàn, zhǐ yuàn zìjǐ (谁也不怨,只怨自己). ¶人に～まれるようなことはした覚えがない wǒ jué méi zuòguo jiào rén huáihèn de shì (我决没做过叫人怀恨的事). ¶何かあるとすぐ人を～む yì yǒu shénme jiù ˇmányuàn [bàoyuàn / guài] rén (一有什么就ˇ埋怨[抱怨/怪]人).

うら・む【憾む】 yíhàn (遺憾). ¶我が身の軽率さが～まれる huǐhèn[àohuǐ] zìjǐ de qīngshuài (悔恨[懊悔]自己的轻率). ¶～むらくは時機を失した gāng fāshòu jiù xiāoshòu yì kōng (刚发售就销售一空) の是 cuòguòle shíjī (遺憾[可惜]的是错过了时机).

うらめ【裏目】 ¶よかれと思ってやったことが～に出た hǎo xīn méi hǎo bào (好心没好报).

うらめし・い【恨めしい】 hèn (恨), kěhèn (可恨). ¶この雨はまったく～い zhè cháng yǔ shízài kěhèn (这场雨实在可恨). ¶己れの不甲斐なさが～い zhǐ hèn zìjǐ bù zhēngqì (只恨自己不争气). ¶そんな～そうな顔つきをするな búyào nàme mǎnliǎn yuànqì ma (不要那么满脸怨气嘛).

うらもん【裏門】 hòumén[r] (后门[儿]).

うらやまし・い【羨ましい】 ¶君の幸運が～い nǐ de hǎoyùn zhēn lìng rén xiànmù (你的好运真令人羡慕). ¶～くてたまらない jiǎnzhí xiànmùsǐ rén! (简直羡慕死人!) / jiǎnzhí jiào rén ˇyǎnchán [yǎnrè /yǎnhóng] (简直叫人ˇ眼馋[眼热/眼红]). ¶～げに眺めている ná xiànmù de yǎnguāng kànzhe (拿羡慕的眼光看着).

うらや・む【羨む】 xiànmù (羨慕). ¶人の成績を～むよりは自分で勉強することだ kàn rénjia de chéngjī yǎnhóng, bùrú zìjǐ hǎohǎor yònggōng (看人家的成绩眼红,不如自己好好儿用功). ¶人も～も満ち足りた生活 lìng rén xiànmù de měimǎn de shēnghuó (令人羡慕的美满的生活).

うららか【麗らか】 ¶～な春の日ざし héxù de chūntiān de yángguāng (和煦的春天的阳光). ¶～な小春日和 héfēng-lìrì de xiǎoyángchūn (和风丽日的小阳春).

ウラン yóu (铀).

うり【瓜】 guā (瓜). ¶あの姉妹は～二つだ nà jiěmèi liǎ ˇzhǎngde yìmú-yíyàng[xiàng shì yí ge múzi kèchulai de] (那姐妹俩ˇ长得一模一样[像是一个模子刻出来的]). ¶～のつるになすびはならぬ guāwànr shang jiēbuchū qiézi (瓜蔓儿上结不出茄子)/ wūyā shēng bu chū fènghuáng lai (乌鸦生不出凤凰来).

うり【売り】 ¶家屋敷を～に出す chūmài fángchǎn (出卖房产). ¶由緒ある美術品が～に出た yǒu yí jiàn zhùmíng de měishùpǐn dài shòu (有一件著名的美术品待售).

うりあげ【売上】 xiāoshòu'é (销售额), yíngyè'é (营业额), liúshuǐ (流水). ¶1日の～は10万円に満たない yì tiān de yíngyè'é bú dào shíwàn rìyuán (一天的营业额不到十万日元)/ yì tiān màibushàng shíwàn rìyuán (一天卖不上十万日元). ¶総～高が1千万円を上まわった xiāoshòu zǒng'é chāoguòle yìqiān wàn rìyuán (销售总额超过了一千万日元).
¶～帳 xiāoshòuzhàng (销售账).

うりいそ・ぐ【売り急ぐ】 ¶こっちは一向～必要はない wǒfāng háo wú jíyú chūmài de bìyào (我方毫无急于出卖的必要).

うりかけ【売掛け】 shēqiàn (赊欠), shēzhàng (赊账). ¶～金 shēqiàn'é (赊欠款).

うりき・れる【売り切れる】 màiguāng (卖光), màiwán (卖完), shòuwán (售完). ¶発売と同時に～れた gāng fāshòu jiù xiāoshòu yì kōng (刚发售就销售一空). ¶在庫の品物が全部～れた kùcúnhuò yǐ shòuguāng (库存货已售光). ¶本日の切符～れ jīntiān de piào yǐ shòuwán (今天的票已售完).

うりぐい【売食い】 ¶～して食いつなぐ kào biànmài dōngxi húkǒu (靠变卖东西糊口).

うりこ【売子】 shòuhuòyuán (售货员).

うりごえ【売声】 jiàomàishēng (叫卖声), huòshēng (货声), yāohèshēng (吆喝声).

うりことば【売言葉】 ¶～に買言葉でけんかになった dǐnglái dǐngqù dǎqǐ jià lai le (顶来顶去打起架来了).

うりこ・む【売り込む】 tuīxiāo (推销), dōuxiāo (兜销), dōushòu (兜售). ¶日本の製品を外国に～む xiàng wàiguó tuīxiāo Rìběnhuò (向外国推销日本货). ¶名前を～む xuānchuán zìjǐ de míngzi (宣传自己的名字)/ gūmíng-diàoyù (沽名钓誉). ¶餃子で～んだ店 yǐ jiǎozi chūmíng de pùzi (以饺子出名的铺子). ¶～み合戦でしのぎをけずる wèile zhēngduó gùkè jìnxíng jīliè de jìngzhēng (为了争夺顾客进行激烈的竞争).

うりざねがお【瓜実顔】 guāzǐliǎn (瓜子脸), yādànliǎn (鸭蛋脸).

うりさば・く【売り捌く】 xiāo (销), xiāoshòu (销售), tuīxiāo (推销), dōushòu (兜售), dōuxiāo (兜销). ¶在庫品を～いた kùcúnhuò tuīxiāodiào le (库存货推销掉了). ¶1000部～くのが精一杯だ dǐng duō yě zhǐ néng xiāo yìqiān fèn (顶多也只能销一千份).

うりだし【売出し】 1 〔売り始め〕 ¶切符の～はいつからですか piào shénme shíhou kāishǐ fāshòu? (票什么时候开始发售?)
2 〔大売出〕 dàjiànmài (大贱卖), dàshuǎimài (大甩卖). ¶～期間中は特別割引 dàshuǎimài qījiān tèbié jiǎnjià (大甩卖期间特别减价).
3 ¶ただ今～中の歌手 zhèngzài zǒuhóng de xīn gēshǒu (正在走红的新歌手).

うりだ・す【売り出す】 1〔売り始める〕fāshòu (发售), fāshòu (出售). ¶新製品を～ fāshòu xīn chǎnpǐn (发售新产品). ¶～してからわずか3か月で売り切れた chūshòu jǐn sān ge yuè jiù màiguāng le (出售仅三个月就卖光了). 2〔有名になる〕¶あの作家は推理小説で～した nàge zuòjiā yǐ zhēntàn xiǎoshuō ˋyángmíng yú shì[chūmíng] le (那个作家以侦探小说˝扬名于世[出名]了).

うりつ・ける【売り付ける】 ¶安物を高く～ける bǎ jiànhuò yǐ gāojià màigěi rén (把贱货以高价卖给人). ¶偽物を～けられた shòupiàn mǎile màopáihuò (受骗买了冒牌货).

うりて【売手】 màizhǔ (卖主), màifāng (卖方). ¶～市場 màifāng shìchǎng (卖方市场).

うりとば・す【売り飛ばす】 màidiào (卖掉), biànmài (变卖), zhémài (折卖). ¶家宝をただ同様の値でへった bǎ chuánjiābǎo yǐ děngyú báisòng de jiàqian màidiào le (把传家宝以等于白送的价钱卖掉了).

うりね【売値】 màijià (卖价), shòujià (售价). ¶～の3割引で買う àn màijià de qī zhé mǎi (按卖价的七折买).

うりば【売場】 guìtái (柜台), shòuhuòchù (售货处). ¶切符～ shòupiàochù (售票处). ¶～房 piàofáng (票房). おもちゃ～ wánjù guìtái (玩具柜台).

うりはら・う【売り払う】 màiguāng (卖光), màidiào (卖掉), biànmài (变卖), zhémài (折卖). ¶一切合切～う yí wù bú shèng tǒngtǒng màidiào (一切不剩统统卖掉).

うりもの【売物】 ¶この絵は～です zhè huà shì mài de (这画是卖的). ¶あの女優は美貌を～にしている nàge nǚmíngxīng yǐ zìjǐ de měimào jiāozuò (那个女明星以自己的美貌叫座).

うりや【売家】 ¶適当な～はないか yǒu héshì de chūshòu fángwū ma? (有合适的出售房屋吗?).

うりょう【雨量】 yǔliàng (雨量). ¶～計 yǔliàngjì (雨量计).

うりわた・す【売り渡す】 chūmài (出卖). ¶先祖伝来の土地を～す bǎ zǔchuán de tǔdì chūmài gěi rén (把祖传的土地出卖给人). ¶仲間を敵に～した bǎ huǒbàn chūmài gěi dírén (把伙伴出卖给敌人).
¶土地の～し証書 dìqì (地契).

う・る【売る】 1〔品物などを〕mài (卖). ¶米を～る mài mǐ (卖米). ¶土地かを～る chūmài dìchǎn (出卖地产). ¶目方で～る àn fēnliàng mài (按分量卖). ¶束で～る lùn bǎ mài (论把卖). ¶ここでは切手は～っていません zhèr bú mài yóupiào (这儿不卖邮票). ¶値段を間違えて～ってしまった màicuòle jiàqian (卖错了价钱). ¶高く～るか安く～るかは君の自由だ guì mài jiàn mài suí nǐ biàn (贵卖贱卖随你便). ¶君それを僕に～らないか nǐ nàge màigěi wǒ hǎo ma? (你那个卖给我好吗?). ¶この商品は1000円以上で～らねばならぬ zhè huò yīqiān rìyuán yǐshàng ˋmài[shòu/xiāo/xiāoshòu] bu chūqù (这货一千日元以上˝卖[售/销/销售]不出去). ¶元を切って～るようでは商いにならない kuīběn mài jiù zuòbuchéng shēngyi le (亏本卖就做不成生意了). ¶どうも～り惜しみをしているらしい xiàng shì túnjī bùshòu (像是囤积不售). 2〔世間に広める〕¶名を～る shǐ zìjǐ chūmíng (使自己出名)／yángmíng (扬名). 3〔裏切る〕mài (卖), chūmài (出卖). ¶国を～る chūmài guójiā (出卖国家)／màiguó (卖国). ¶友を～る chūmài péngyou (出卖朋友)／màiyǒu (卖友). 4〔喧嘩を〕zhǎochár[zīshì] dǎjià (找碴ル[滋事]打架). ¶媚を～る xiànmèi màiqiào (献媚卖俏). ¶恩を～る mài rénqíng (卖人情).

うる【得る】 →える.

うるう【閏】 rùn (闰). ¶～年 rùnnián (闰年). ～月 rùnyuè (闰月). ～八月 rùn bāyuè (闰八月).

うるおい【潤い】 zīrùn (滋润), rùnzé (润泽). ¶肌に～がある pífū ˋguāngrùn[zīrùn] (皮肤˝光润[滋润]). ¶～のある声 yǒu rùnzé de shēngyīn (有润泽的声音). ¶彼の文章には～がない tā de wénzhāng kūzào wúwèi (他的文章枯燥无味). ¶わずかな金額でも家計の～になる shǎoxǔ de qián ˋyě néng tiēbǔ jiāyòng[duì jiātíng yě bùwú-xiǎobǔ] (少许的钱˝也能贴补家用[对家庭也不无小补]). ¶生活に～を xiǎng shēnghuóde yǒu qíngqù (想生活得有情趣).

うるお・う【潤う】 1〔湿る〕zīrùn (滋润), rùnzé (润泽). ¶この雨で田畑が～うだろう zhè cháng yǔ yídìng huì zīrùn tiándì (这场雨一定会滋润田地). 2〔豊かになる〕¶臨時の収入でふところが～った yǒule línshí shōurù shǒutóur kuānchuo le (有了临时收入手头儿宽绰了).

うるお・す【潤す】 rùn (润), zīrùn (滋润). ¶お茶で喉を～す hēchá rùnrun sǎngzi (喝茶润润嗓子). ¶夕立が日照り続きの畑を～した yīzhèn zhòuyǔ zīrùnle jiǔ hàn de tiándì (一阵骤雨滋润了久旱的田地). 2〔富ます〕¶観光客の落す金が町を～す yóukè de huāxiao shǐ chéngzhèn fánróng (游客的花销使城镇繁荣).

うるさ・い【煩い】 1〔やかましい〕chǎo (吵), nào (闹), chǎonào (吵闹), chǎorǎng (吵嚷), xuānnào (喧闹), cáozá (嘈杂), xuānhuá (喧哗). ¶この辺も自動車がふえて～くなった zhè fùjìn yě shì qìchē zēngduō, biànde cáozá le (这附近也是汽车增多, 变得嘈杂了). ¶～くて仕事ができない chǎode jiǎnzhí méifǎr gōngzuò (吵得简直没法ル工作). ¶病人のそばで～くしてはいけません búyào zài bìngrén shēnpáng ˋchǎonào[nàohong] (不要在病人身旁˝吵闹[闹哄]). ¶～い子供だ zhēn shì ge fánrén de háizi (真是个烦人的孩子). ¶～いぞ tài chǎorén le (太吵人了). 2〔口やかましい〕¶遅くなると親が～いので失礼します huíjiā tài wǎn jiù yào ái fùmǔ shuō,

wǒ xiān zǒu le(回家太晚就要挨父母说,我先走了). ¶彼は食べ物には〜い tā duì chī de ˬài tiāoti[hěn jiǎngjiu](他对吃的˭爱挑剔[很讲究]).

3【わずらわしい】 ¶〜い蠅は tǎoyàn de cāngying!(讨厌的苍蝇!). ¶〜くつきまとう sǐ chánrén(死缠人). ¶〜いなあ, ほっておいてくれ zhēn tǎoyàn, béng guǎn wǒ(真讨厌, 甭管我). ¶〜い問題が起った fāshēngle máfan de wèntí(发生了麻烦的问题). ¶世間の口が〜くてかなわない shìjiān de fēngyán-fēngyǔ zhēn shì jiào rén méi bànfǎ(世间的风言风语真是叫人没办法). ¶いかにも〜そうに答えた jí bú nàifán de huídá(极不耐烦地回答). ¶あまり〜く頼むので仕方なく引き受けた sǐqíbàilài qiú wǒ, méi bànfǎ zhǐhǎo yìngchéngle xiàlái(死气白赖求我, 没办法只好应承了下来).

うるさがた【うるさ型】 あの人は〜だ tā hào chuīmáo-qiúcī(他好吹毛求疵).

うるし【漆】 〔樹〕qīshù(漆树);〔塗料〕qī(漆), shēngqī(生漆). ¶〜にかぶれる shēng qīfēng(生漆风)/ shàng qī yǎo le(叫漆咬了). ¶お椀に〜を塗る gěi wǎn shàng qī(给碗上漆).
¶〜細工 qīgōngyì(漆工艺).

うるち【粳】 jīngdào(粳稻). ¶〜米 jīngmǐ(粳米).

ウルトラ chāo(超), chāojí(超级); jíduān(极端), guòjí(过激). ¶〜C chāo gāonán dòngzuò(超高难动作).

うる・む【潤む】 cháorùn(潮润), shīrùn(湿润). ¶涙に〜んだ目でじっと見詰めていた yǎnjiǎo shīrùnrùn de dīngdīng níngshìzhe(眼角湿润润地凝视着). ¶声を〜ませて語りつづけた shēngbèi yùqì, gěnggengyèyè de sùshuōzhe(声悲欲泣, 哽哽咽咽地诉说着).

うるわし・い【麗しい】 ¶見目〜い女性 róngmào měilì de nǚrén(容貌美丽的女人). ¶〜い友情 chónggāo měilì de yǒuqíng(崇高美丽的友情).

うれい【憂い】 yōuchóu(忧愁), yōuyù(忧郁). ¶彼女は〜に沈んでいた tā chényú yōuyù(她沉于忧郁)/ tā yōuxīn chōngchōng, rú zuò chóuchéng(她忧心忡忡, 如坐愁城). ¶いつもと違って〜顔をしていた bùtóng wǎngcháng ˬmiàn dài chóuróng[mǎnliǎn chóuyún](不同往常˭面带愁容[满脸愁云]). ¶後顧の〜 wú hòugù zhī yōu(无后顾之忧).

うれ・える【憂える】 yōulǜ(忧虑), yōuxīn(忧心), dānyōu(担忧). ¶日本の現状を〜える wèi Rìběn de xiànzhuàng yōulǜ(为日本的现状忧虑). ¶父の病状の悪化を〜える dānyōu fùqin de bìngqíng èhuà(担忧父亲的病情恶化). ¶わが子の前途を〜える dānyōu háizi de qiántú(担忧孩子的前途)/ duì háizi de qiántú yōuxīn chōngchōng(对孩子的前途忧心忡忡).

うれくち【売れ口】 xiāolù(销路). ¶〜を探す xúnzhǎo-xiāolù(寻找销路)/ zhǎo mǎizhǔ(找买主). ¶卒業生の大半は〜が決った dàbùfen bìyèshēng yǐjing yǒule qùlù(大部分毕业生已经有了去路).

うれし・い【嬉しい】 gāoxìng(高兴), huānxǐ(欢喜). ¶君に会えて〜い jiàndào nǐ wǒ hěn gāoxìng(见到你我很高兴). ¶〜い知らせが届いた jiēdàole xǐxùn(接到了喜讯). ¶それを聞いて涙が出るほど〜かった tīngdàole nà shì gāoxìngde jīhū liúchū yǎnlèi(听到了那事高兴得几乎流出眼泪). ¶お手紙〜く拝見致しました hěn gāoxìng de kàndào nǐ de láixìn(很高兴地看到你的来信)/ láihán bàiyuè shènwéi gāoxìng(来函拜阅甚为高兴). ¶〜さを隠しきれない yǎncáng bu zhù xīnzhōng de huānxǐ(掩藏不住心中的欢喜). ¶彼は〜そうに笑った tā gāoxìngde xǐxiào-yánkāi(他高兴得喜笑颜开). ¶〜いにつけ悲しいにつけ思い出される gāoxìng shí yě hǎo, bēi'āi shí yě hǎo, zǒng shǐ rén xiǎngqǐ(高兴时也好, 悲哀时也好, 总使人想起).

うれしがらせ【嬉しがらせ】 ¶〜を言う shuō ˬhǎotīng[shùnˬěr] de huà(说˭好听[顺耳]的话).

うれしが・る【嬉しがる】 gāoxìng(高兴), huānxǐ(欢喜). ¶彼が〜とは思わなかった méi xiǎngdào tā huì nàme gāoxìng(没想到他会那么高兴). ¶うまいことを言って〜らせる shuō hǎohuà jiào rén gāoxìng(说好话叫人高兴).

うれしなき【嬉し泣き】 ¶初優勝して〜に泣く chū huò guànjūn gāoxìngde kūle qǐlái(初获冠军高兴哭了起来).

うれしなみだ【嬉し涙】 ¶思わず〜がこぼれた bùyóude liúxiàle gāoxìng de yǎnlèi(不由得流下了高兴的眼泪).

うれすじ【売れ筋】 chàngxiāo(畅销); chàngxiāohuò(畅销货), qiàohuò(俏货).

うれだか【売れ高】 xiāoshòuliàng(销售量);〔金額〕xiāoshòu'é(销售额).

ウレタン ānjī jiǎsuān yǐzhǐ(氨基甲酸乙酯), niàowán(尿烷). ¶〜フォーム rénzào xiàngjiāo(人造橡胶)/〜ゴム niàowán héchéng xiàngjiāo(尿烷合成橡胶).

うれっこ【売れっ子】 ¶彼は〜作家だ tā shì hěn hóng de zuòjiā(他是很红的作家).

うれのこ・る【売れ残る】 ¶とうとうこれだけは〜ってしまった dào mòliǎo zhǐ yǒu zhège méi màichuqu(到末了只有这个没卖出去). ¶〜りの品 shènghuò(剩货)/ zhìxiāohuò(滞销货)/ lěnghuò(冷货). ¶〜りの娘 lǎoguīnu(老闺女)/ lǎogūniang(老姑娘).

うれゆき【売行き】 xiāolù(销路). ¶〜が良い[悪い] xiāolù ˬhěn chàng[bú chàng](销路˭很畅[不畅]). ¶新製品はすばらしい〜だ xīnchǎnpǐn zǒuqiào(新产品走俏).

う・れる【売れる】 **1**〔品物などが〕zǒuqiào(走俏), chàngxiāo(畅销). ¶この品は好評でよく〜れる zhè huò shòu huānyíng, hěn chàngxiāo(这货受欢迎, 很畅销). ¶こんなに高くてはなかなか〜れないでしょう zhème guì bù róngyì màichuqu ba(这么贵不容易卖出去吧). ¶その本は100万部も〜れた nà běn shū xiāole yìbǎi wàn bù(那本书销了一百万部).
2〔世間に広まる〕zǒuhóng(走红). ¶彼は顔

が〜れている tā hěn yǒu míngqi(他很有名气)／tā yángmíng sìfāng(他扬名四方)．¶多少名が〜れるようになった duōshǎo chūle xiē míng le(多出了些名了)．

う・れる【熟れる】 shú(熟), shóu(熟)．¶よく〜れた杏子 shútòule de xìngzi(熟透了的杏子)．¶この柿は〜れすぎた zhè shìzi shúguòjìnr le(这柿子熟过劲儿了)．

うろ【空】 kūlong(窟窿)．

うろ【雨露】 yǔlù(雨露)．¶〜をしのぐ zhē fēng bì yǔ(遮风避雨)．

うろうろ ¶〜と歩き回る láihuí dǎzhuànr(来回打转儿)．¶道に迷って〜するばかりだ mílù, jíde zhí dǎzhuànzhuan(迷了路,急得直打转转)．

うろおぼえ【うろ覚え】 ¶〜だから確かではありません jìyì móhu bù hěn kěkào(记忆模糊不很可靠)．¶母のことは〜しか覚えていない duìyú mǔqin zhǐ yǒu ménglóng de yìnxiàng(对于母亲只有朦胧的印象)．

うろこ【鱗】 lín(鳞), yúlín(鱼鳞)．¶魚の〜を落す guā yúlín(刮鱼鳞), ¶目から〜が落ちる huǎng rán dà wù(恍然大悟)／měngrán xǐngwù(猛然醒悟)．

うろた・える huāng(慌), huāngzhang(慌张), jīnghuāng(惊慌), cānghuáng(仓皇)．¶証言の食い違いを突かれて〜えた zhèngyán de máodùn bèi zhǐchulai, huāngle shénr(证言的矛盾被指出来,慌了神儿)．¶地震に〜えて外へ飛び出した gěi dìzhèn zhènhuāng le, cānghuáng pǎodào hùwài(给地震震慌了,仓皇跑到户外)．¶彼はどんな時にも〜えない zài rènhé qíngxing xià tā jué bù huāngluàn(在任何情形下他决不慌乱)．

うろちょろ ¶そう〜されては邪魔になるばかりだ nǐ zài zhèr xiā dǎzhuànr kě zhēn àishì(你在这儿瞎打转儿可真碍事)．

うろつ・く ¶今までどこを〜いていたんだ dào shénme dìfang xiā zhuànyou qù le?(到什么地方瞎转悠去了?)．¶怪しげな男が表を〜いている xíngjì kěyí de nánrén zài ménkǒu zǒulai-zǒuqu(形迹可疑的男人在门口走来走去)．

うわあご【上顎】 shàng'è(上腭), shànghé(上颌)．

うわき【浮気】 ¶〜をする bèizhe ˈqīzi[zhàngfu]xún huān mì lè(背着ˈ妻子[丈夫]寻欢觅乐)／tōuxiāng(偷香)／tōuqíng(偷情)．¶夫の〜に悩む wèi zhàngfu yǒu wàiyù ér fánnǎo(为丈夫有外遇而烦恼)．¶彼は持前の〜な性分から何にでも手を出す tā jiànyì-sīqiān shénme dōu chāshǒu(他见异思迁什么都沾手)．¶〜者 niānhuā-rěcǎo de nánren(拈花惹草的男人)／shuǐxìng yánghuā de nǚren(水性杨花的女人)．

うわぎ【上着】 shàngyī(上衣), shàngshēn[r](上身儿), shàngzhuāng(上装); guàizi(褂子), guàr(褂儿)．¶背広の〜 xīzhuāng de shàngshēnr(西装的上身儿)．

うわぐすり【釉薬】 yòu(釉), yòuzi(釉子)．¶〜をかける shàng yòu(上釉)／shī yòu(施釉)．

うわくちびる【上唇】 shàngchún(上唇), shàng zuǐchún(上嘴唇)．

うわごと【うわ言】 húhuà(胡话), yìyǔ(呓语), mènghuà(梦话), mèngyì(梦呓), zhānyǔ(谵语)．¶高熱に浮かされて〜を言う fā gāoshāo shuō húhuà(发高烧说胡话)．¶何を〜言っているんだ xiāshuō shénme húhuà(瞎说什么胡话)．

うわさ【噂】 fēngshēng(风声), fēngchuán(风传), chuánwén(传闻), fēngwén(风闻), xiǎodàor xiāoxi(小道儿消息)．¶〜を気にするな xiányán xiányǔ búyòng fàngzài xīnli(闲言闲语不用放在心里)．¶あらぬ〜を立てられた bèi rén sànbù háo wú gēnjù de ˈyáoyán[liúyán](被人散布毫无根据的ˈ谣言[流言])．¶その〜はたちまち広まった nàge fēngshēng nòngde mǎnchéng-fēngyǔ(那个风声弄得满城风雨)／nàge xiǎodàor xiāoxi hěn kuài jiù hōngchuánkāi le(那个小道儿消息很快就哄传开了)．¶〜に聞けば彼は近く留学するそうだ fēngwén[chuánwén]tā yào chūguó liúxué le(风闻[传闻]他要出国留学)．¶あなたのことはよく〜したものです chángcháng ˈtídào[dāoniàn／niàndao]nǐ de shì(常常ˈ提到[叨念／念叨]你的事)．¶〜をすれば影がさすで shuōdào Cáo Cāo, Cáo Cāo jiù dào(说到曹操,曹操到)．¶人の〜も七十五日 fēngyán-fēngyǔ chángbuliǎo(风言风语长不了)．

うわすべり【上滑り】 ¶〜の知識 fūqiǎn[yìzhī-bànjiě]de zhīshi(肤浅[一知半解]的知识)．¶彼のやることはどうも〜だ tā gànshì zǒng yǒudiǎn fúpí-liǎocǎo(他干事总有点浮皮潦草)．

うわずみ【上澄み】 ¶〜をすくう piē dèngqīng de bùfen(撇澄清的部分)．

うわず・る【上擦る】 ¶彼女は興奮して声が〜った tā xīngfènde sǎngyīn biàn le(她兴奋得嗓音变了)．

うわぜい【上背】 ¶彼は〜がある tā gèzi gāo(他个子高)／tā shì ge dàgèr(他是个大个儿)．

うわつ・く【浮つく】 qīngfú(轻浮), qīngtiāo(轻佻)．¶彼には〜いたところは微塵もない tā sīháo méiyǒu qīngfú de dìfang(他丝毫没有轻浮的地方)．¶彼女は近頃気持が〜いている tā jìnlái yǒudiǎnr piāofú(她近来有点儿飘浮)．

うわっちょうし【上っ調子】 xīnfú(心浮), xūfú(虚浮), fúpiāo(浮漂), fúzào(浮躁); qīngfú(轻浮), qīngtiāo(轻佻)．¶彼は〜だ tā xīn fú qì zào(他心浮气躁)／tā pōwéi qīngfú(他颇为轻浮)．

うわづつみ【上包み】 bāopí(包皮), bāoguǒzhǐ(包裹纸)．

うわっつら【上っ面】 biǎomiàn(表面), wàibiǎo(外表), fúmiàn(浮面)．¶人間は〜だけでは分らない rén bùnéng zhǐ kàn wàibiǎo(人不能只看外表), rén bù kě mào xiàng(人不可貌相)．¶勉強をしたといってもただ〜を撫でただけだ xué shì xué le, zhǐ xuéle diǎnr pímáor éryǐ(学是学了,只是学了点儿皮毛儿而已)．

うわっぱり【上っ張り】 zhàoshān(罩衫)．

うわづみ【上積み】 ¶3000円を〜する zài jiā sānqiān kuài qián (再加三千块钱).
¶〜厳禁 yánjìn duīfàng (严禁堆放).

うわて【上手】 ¶彼は私より役者が一枚〜だ tā kě bǐ wǒ gāo yìshǒur (他可比我高一手儿). ¶相手が弱いと見ると〜に出る kàn duìfāng ruò jiù xiànchū gāo'ào de tàidu (看对方弱就现出高傲的态度).

うわぬり【上塗】 ¶仕上げにニスで〜をする zuìhòu tú yí dào qīngqī (最后涂一道清漆). ¶恥の〜をするな bié zài wǎng liǎnshang mǒhuī (别再往脸上抹灰)/ 別丑に丑を加える bié chǒu shàng jiā chǒu le (别丑上加丑了).

うわのせ【上乗せ】 ¶サービス料金の〜 éwài[fùdài/lìngwài] jiā fúwùfèi (额外[附带/另外]加服务费).

うわのそら【上の空】 xīn bú zài yān (心不在焉). ¶人の話を〜で聞く xīn bú zài yān de tīng rén shuōhuà (心不在焉地听人说话). ¶今何を言っても彼は〜だ xiànzài shuō shénme, tā yě shì xīn bú zài yān (现在说什么,他也是心不在焉).

うわばき【上履】 shìnèixié (室内鞋); tuōxié (拖鞋).

うわばみ【蟒蛇】 mǎngshé (蟒蛇), ránshé (蚺蛇); [大酒飲み] hǎiliàng (海量).

うわべ【上辺】 biǎomiàn (表面), wàibiǎo (外表). ¶〜をつくろう zhuāng ménmian[huǎngzi] (装门面[幌子]). ¶あれは〜だけの親切さだ nà zhǐshì biǎomiànshang biǎoshì guānxīn bale (那只是表面上表示关心罢了). ¶人の言うことを判断してはいけない bùnéng zhǐ cóng wàibiǎo lái pànduàn yí ge rén (不能只从外表来判断一个人)/ 人は〜だけ貌相よ (人不可貌相).

うわまえ【上前】 ¶〜をはねる cóng zhōng kèkòu (从中克扣)/ chōutóu[r] (抽头[儿])/ dǎtóu[r] (打头[儿]).

うわまわ・る【上回る】 gāoyú (高于), chāoguò (超过). ¶貿易総額は所期の目標をはるかに〜った màoyì zǒng'é dàdà chāoguò yùqī de mùbiāo (贸易总额大大超过预期的目标). ¶米の出来高は昨年を〜った dàmǐ chǎnliàng gāoyú qùnián (大米产量高于去年).

うわむき【上向き】 ¶ライトを〜にする bǎ dēng chòng shàng (把灯冲上). ¶景気がだんだん〜になってきた jǐngqì jiànjiàn hǎozhuǎn (景气渐渐好转)/ jǐngqì qiántú kànhǎo (经济前途看好).

うわむ・く【上向く】 kànhǎo (看好), kànqiào (看俏). ¶景気が〜く jǐngjì jǐngkuàng kànhǎo (经济景况看好).

うわめ【上目】 ¶〜遣いに人の顔を見る dītóu tōuyǎn kàn rén (低头偷眼看人).

うわやく【上役】 shàngsi (上司), shàngjí (上级).

うわ・る【植わる】 zhòng (种), zāi (栽). ¶庭に松が〜っている yuànzili zhòngzhe sōngshù (院子里种着松树).

うん【運】 yùn (运), mìng (命), yùnqi (运气), yùndao (运道), mìngyùn (命运). ¶いよいよ〜が向いてきた kāishǐ zǒuyùn[zhuǎnyùn] le (开始走运[转运]了)/ shí lái yùn zhuǎn (时来运转)/ jiāoshàng hǎoyùndao le (交上好运道了). ¶なんて〜のいい奴だろう zhēn shì ge yùnqi[mìng] hǎo de rén (真是个运气[命]好的人). ¶その場に居あわせたのが〜の尽きだった dāngshí zàichǎng zhèngshì wǒ bèiyùn de kāishǐ (当时在场正是我背运的开始). ¶〜を天に任せる tīng tiān yóu mìng (听天由命). ¶辛くも虎口を脱した wǒ xìng'ér táochū hǔkǒu (我幸而逃出虎口). ¶〜悪く彼は不在だった bú còuqiǎo[bùqiǎo] tā bú zàijiā (不凑巧[不巧]他不在家). ¶何事にも〜〜にはある shénme shì dōu yǒu ge yùnqi hǎohuài (什么事都有个运气好坏).

うん 分った ng, zhīdao le (嗯,知道了), āi, xíng! (唉,行!). ¶〜、承知した ò, míngbai le (哦,明白了). ¶彼はなかなか〜と言わない tā lǎo bùkěn dāying (他老不肯答应). ¶〜ともすんとも言わない yì shēng bù kēng (一声不吭). ¶痛みで〜〜うなっている téngde zhí hēngheng[áo'áo jiào] (疼得直哼哼[嗷嗷叫]).

うんえい【運営】 yùnyíng (运营), yùnzuò (运作), jīngyíng (经营). ¶会社の〜に手腕をふるう wèi gōngsī de jīngyíng guǎnlǐ shīzhǎn běnlǐng (为公司的经营管理施展本领). ¶その会は10人の委員により〜されている nàge huì yóu shí míng wěiyuán zhǔchí gōngzuò (那个会由十名委员主持工作).

うんか【浮塵子】 fēishī (飞虱).

うんか【雲霞】 yúnxiá (云霞). ¶敵は〜のごとく押し寄せた dírén xiàng wūyún bānde yāguolai (敌人像乌云般的压过来). ¶〜のごとき大軍 dàjūn yúnjí (大军云集).

うんが【運河】 yùnhé (运河). ¶〜を開削する kāizáo yùnhé (开凿运河).
¶パナマ〜 Bānámǎ yùnhé (巴拿马运河). スエズ〜 Sūyīshì yùnhé (苏伊士运河).

うんかい【雲海】 yúnhǎi (云海).

うんきゅう【運休】 ¶ストのため始発から〜する yóuyú bàgōng cóng tóubānchē qǐ tíngzhǐ yùnxíng (由于罢工从头班车起停止运行).

うんこう【運行】 yùnxíng (运行). ¶天体の〜を観測する guāncè tiāntǐ de yùnxíng (观测天体的运行). ¶大雪で列車の〜が狂った lièchē yùnxíng yīn dàxuě ér hùnluàn (列车运行因大雪而混乱).

うんこう【運航】 ¶上海・横浜間を毎月1回〜する zài Shànghǎi hé Héngbīn zhī jiān měiyuè hángxíng yí cì (在上海和横滨之间每月航行一次).

うんざり yàn (厌), fán (烦), nì (腻), yànfán (厌烦), yànjuàn (厌倦), nìfan (腻烦), nìwei (腻味), nìwai (腻歪). ¶見ただけで〜する kànle yíxià jiù juéde yànfán (看了一下就觉得厌烦). ¶君の話にはいい加減にもう〜だ nǐ de huà jiǎnzhí jiào rén tīngde dǎo wèikǒu (你的话简直叫人听得倒胃口). ¶〜するほど長い祝辞 chángde jiào rén nìfan de hècí (长得叫人腻烦的贺词).

うんざん【運算】 yǎnsuàn (演算), yùnsuàn (运

算).

うんさんむしょう【雲散霧消】 yān xiāo yún sàn(烟消云散), yún xiāo wù sàn(云消雾散). ¶長い間の疑念が～した yóulái yǐ jiǔ de yílǜ yúnxiāo-wùsàn(由来已久的疑虑云消雾散).

うんせい【運勢】 mìngxiàng(命相), mìng(命), bāzì[r](八字[儿]). ¶～を見る suànmìng(算命).

うんそう【運送】 yùnshū(运输), yùnsòng(运送), bānyùn(搬运). ¶～中に紛失した zài bānyùn zhōng diūshī le(在搬运中丢失了). ¶～業 bānyùnyè(搬运业). ～屋 bānyùndiàn(搬运店)/yùnshū gōngsī(运输公司)/jiǎoháng(脚行). 旅客～ lǚkè yùnshū(旅客运输).

うんだめし【運試し】 ¶～だと思ってやってみる pèngpeng yùnqi shìshi kàn(碰碰运气试试看).

うんちく【蘊蓄】 ¶～を傾けて講演する qīng qí quánbù xuéshí yùnjiè jiǎngyǎn(倾其全部学识蕴藉讲演).

うんちん【運賃】〔旅客〕chēfèi(车费), chēqián(车钱), chēzī(车资);〔荷物の〕yùnfèi(运费), yùnjiǎo(运脚). ¶～は当方で負担いたします yùnfèi yóu wǒfāng fùdān(运费由我方负担). ¶～を払い戻す tuìhuán chēfèi(退还车费). ¶～前払い yùnfèi yùfù(运费预付).

うんでい【雲泥】 ¶できあがりに～の差がある zuòchulai de chéngsè yǒu "yúnní[xiāorǎng/tiānrǎng/tiānyuān] zhī bié(做出来的成色有"云泥[霄壤/天壤/天渊]之别).

うんてん【運転】 1〔自転車, 電車などの〕kāi(开), jiàshǐ(驾驶);〔汽車を〕kāi huǒchē(开火车). ¶彼は自動車の～がうまい tā qìchē kāide hěn hǎo(他汽车开得很好)/tā hěn huì kāichē(他很会开车). ¶事故のため～中止になった yīn shìgù tíngzhǐ yùnxíng(因事故停止运行). ¶酔払い～で大事故を起した jiǔ hòu kāichē chuǎngle dàhuò(酒后开车闯了大祸). ¶大みそかには電車は終夜～だ dàniányè diànchē tōngxiāo tōngchē(大年夜电车通宵通车).
¶～手 sījī(司机)/jiàshǐyuán(驾驶员). ～免許証 jiàshǐ zhízhào(驾驶执照).
2〔機械の〕kāi(开), cāozuò(操作), kāidòng(开动), fādòng(发动). ¶機械の～を開始する kāidòng jīqì(开动机器)/kāi chē(开车). ¶このエレベーターは～中です zhè diàntī zhèngzài yùnzhuǎn zhōng(这电梯正在运转中).
3〔運用〕yùnyòng(运用). ¶資金が窮屈だ缺乏周転资金(缺乏周转资金). ¶資金をうまく～する hǎohǎo yùnyòng zījīn(好好运用资金).

うんと ¶金が～ある qián yǒudeshì(钱有的是)/qián duōde kě lǎobízi le(钱多得可老鼻子了). ¶～力を入れて押してみた shǐjìnr tuīle tuī(使劲儿推了推). ¶これからは一勉強のするぞ yǐhòu yídìng yào hǎohǎo yònggōng le(以后一定要好好用功了). ¶あいつが帰ってきたら～叱ってやる tā huílai le, fēi dà mà tā yí dùn bùkě(他回来了, 非大骂他一顿不可).

うんどう【運動】 1〔物体の〕yùndòng(运动). ¶振子の～ bǎi de yùndòng(摆的运动). ¶～量保存の法則 dòngliàng shǒuhéng dìnglǜ(动量守恒定律).
2〔身体の〕yùndòng(运动). ¶適当に～することが大切だ zuò shìdàng de yùndòng shì hěn zhòngyào de(做适当的运动是很重要的). ¶水泳は非常によい～だ yóuyǒng shì hěn hǎo de yùndòng(游泳是很好的运动). ¶近頃は～不足だ jìnlái yùndòng bùzú(近来运动不足). ¶彼は～神経がにぶい tā yùndòng shénjīng chídùn(他运动神经迟钝).
¶～会 yùndònghuì(运动会). ～着 yùndòngyī(运动衣), ～靴 yùndòngxié(运动鞋)/qiúxié(球鞋). ～場 cāochǎng(操场)/yùndòngchǎng(运动场)/tǐyùchǎng(体育场). ～量 yùndòngliàng(运动量).
3〔奔走, 行動〕yùndòng(运动), huódòng(活动). ¶選挙の事前の～ jìnxíng xuǎnjǔ de shìqián huódòng(进行选举的事前活动). ¶生産増強の～をおこす xiānqǐ zēngchǎn yùndòng(掀起增产运动).
¶五四～ Wǔsì Yùndòng(五四运动). 交通安全～ jiāotōng ānquán yùndòng(交通安全运动).

うんぬん【云云】 1〔とやかく言うこと〕¶人の私生活を～するものではない duì tārén de sīshēnghuó bù gāi shuōsān-dàosì(对他人的私生活不该说三道四).
2〔しかじか〕yúnyún(云云). ¶彼が死亡した～は全くの誤報である tā xiànzài yǐ sǐ yúnyún wánquán shì wùchuán(他现在已死云云完全是误传).

うんのう【蘊奥】 ¶芸術の～をきわめる tànjiū yìshù de àomì(探究艺术的奥秘).

うんぱん【運搬】 bānyùn(搬运), pányùn(盘运). ¶木材をトラックで～する mùcái yòng kǎchē bānyùn(木材用卡车搬运).
¶～費 yùnfèi(运费)/bānyùnfèi(搬运费).

うんぴつ【運筆】 yùnbǐ(运笔).

うんめい【運命】 mìng(命), mìngyùn(命运), mìngshù(命数). ¶数奇な～に翻弄される bèi qíyì de mìngyùn suǒ wánnòng(被奇异的命运所玩弄). ¶こうなったのも～の悪戯だろう chéngle zhèyàng huòxǔ shì mìngyùn zài zuòguài(成了这样或许是命运在作怪). ¶いよいよ～を決する時がきた juédìng mìngyùn de shíkè zhōngyú dào le(决定命运的时刻终于到了). ¶彼は我々と～を共にした tā yǔ wǒmen gòng mìngyùn(他与我们共命运). ¶これも～とあきらめた zhè yě shì mìngdìng de, wǒ sǐxīn le(这也是命定的, 我死心了). ¶早く親に別れるように～づけられていた mìnglǐ zhùdìng zǎo yào yǔ shuāngqīn líbié(命里注定自幼要与双亲离别). ¶会社の～はどうなるのか gōngsī de "mìnglái[jiānglái] rúhé?(公司的"命运[将来]如何?).
¶～論 sùmìnglùn(宿命论). ～論者 sùmìnglùnzhě(宿命论者).

うんも【雲母】 yúnmǔ(云母).

うんゆ【運輸】 yùnshū(运输). ¶～業 yùnshūyè(运输业). ～省 yùnshūshěng(运输省)/jiāo-

tōngbù(交通部). ~大臣 yùnshū dàchén(运输大臣)/ jiāotōng bùzhǎng(交通部长).

うんよう【運用】 yùnyòng(运用). ¶資金を有効に~する yǒuxiào de yùnyòng zījīn(有效地运用资金). ¶規則の~を誤る guīzé yùnyòng cuò le(规则运用错了).

え

え【柄】 bàr(把ル), bàzi(把子), bǐng(柄). ¶~の長いひしゃく cháng bàr de yǎozi(长把ル的舀子). ¶包丁の~ càidāo bàr(菜刀把ル). ¶傘の~ sǎnbàr(伞把ル). ¶鍬の~ chúbǐng(锄柄).

え【餌】 →えさ.

え【絵】 huà[r](画[ル]), túhuà(图画), huàtú(画图), huìhuà(绘画), huàfú(画幅). ¶~をかく huà huàr(画画ル). ¶あの子は~が上手だ nàge háizi hěn huì huà huàr(那个孩子很会画画ル)/ nà háizi chángyú huìhuà(那孩子长于绘画). ¶~のように美しい景色 fēngjǐng yōuměi yóurú yì fú huàr(风景优美犹如一幅画ル)/ jǐngsè zhī měi kěyǐ rùhuà(景色之美可以入画). ¶~にかいた餅 huà bǐng chōng jī(画饼充饥). ¶~入りの本 dài túhuà de shū(带图画的书).

-え【重】 céng(层), chóng(重). ¶花びらが八~になっている huābàn shì ˇfù[chóng]bàn de (花瓣是 ˇ复[重]瓣的). ¶幾~にも重なって倒れた luòyā dǎofú(擢压倒伏). ¶十~二十~に取り囲む chóngchóng bāowéi(重重包围).

エア qì(气), kōngqì(空气). ¶~コン kōngtiáo(空调). ~ゾール qìróngjiāo(气溶胶)/ qìwùjì(气雾剂). ~バス kuānjīshēn kèjī(宽机身客机). ~バッグ bǎohù xìng qìdài(保护性气袋). ~ブレーキ qìyā zhìdòng(气压制动)/ kōngqì zhìdòng zhuāngzhì(空气制动装置)/ fēngzhá(风闸). ~クッション qìdiàn(气垫). ~ポケット kōngzhōng xiànjǐng(空中陷阱). ~ポンプ qìbèng(气泵)/ fēngbèng(风泵). ~メール hángkōngxìn(航空信).

えい【鱏】 yáo(鳐), fèn(鲼), hóng(魟), pū(鯆).

えい【栄】 ¶当選の~をになう dédào dāngxuǎn róngyù(得到当选荣誉).

えい【嬰】 ¶~記号 shēnghào(升号)/ shēng bànyīn jìhào(升半音记号). ~ハ長調 shēng F dàdiào(升 F 大调).

えい ~やっとえい! (欸)!/ shā! shā!(杀! 杀!). ¶~ととかけ声もろとも飛び下りた èi de yì shēng tiàoxiaqu le(欸的一声跳下去了). ¶~どうとでもなれ ài! guǎn tā ne!(唉! 管它呢!)/ ài! qù tāmade, suí tā biàn!(唉! 去他妈的,随它便!).

えいい【鋭意】 ruìyì(锐意). ¶~研究に努める ruìyì yánjiū(锐意研究).

えいえい【営営】 ¶毎日~と働く tiāntiān ˇzī-zī-bùxī[qínqín-kěnkěn] de gōngzuò(天天 ˇ孜孜不息[勤勤恳恳]地工作). ¶~として築きあ

げた財産 xīnxīn-kǔkǔ jīzǎn de cáichǎn(辛辛苦苦积攒的财产).

えいえん【永遠】 yǒngyuǎn(永远), yǒnghéng(永恒), yǒngshì(永世). ¶~の真理 yǒnghéng de zhēnlǐ(永恒的真理). ¶日中友好は~に続く Rì-Zhōng yǒuhǎo shì wàngǔ-chángqīng de(日中友好是万古长青的). ¶その精神は~に受けつがれていくだろう qí jīngshén yídìng huì yǒngyuǎn jìchéng xiaqu de(其精神一定会永远继承下去的). ¶~に変らぬ愛を誓う yǒngyuǎn xiāng'ài, shì bú biànxīn(永远相爱,誓不变心)/ shān méng hǎi shì(山盟海誓). ¶彼は~に帰らぬ人となった tā hé wǒmen yǒngbié le(他和我们永别了). ¶それが~の別れになろうとは shuí xiǎngdào nà chéngle yǒngbié(谁想到那成了永别)/ qǐ liào nà jìng chéng yǒngjué(岂料那竟成永诀).

えいが【映画】 diànyǐng[r](电影[ル]), yǐngpiàn(影片), yǐngpiānr(影片ル), piānzi(片子). ¶~を見に行く kàn diànyǐng qù(看电影去). ¶~を上映する fàngyìng diànyǐng(放映电影). ¶~を撮影する pāi diànyǐng(拍电影)/ shèzhì yǐngpiàn(摄制影片). ¶小説を~化する bǎ xiǎoshuō shèchéng diànyǐng(把小说摄成电影).

¶~館 diànyǐngyuàn(电影院)/ yǐngyuàn(影院). ~監督 diànyǐng dǎoyǎn(电影导演). ~スター diànyǐng míngxīng(电影明星)/ yǐngxīng(影星). 記録~ jìlùpiàn(记录片)/ jìlùpiānr(记录片ル). 劇~ gùshipiàn(故事片)/ gùshi yǐngpiàn(故事影片). ニュース~ xīnwénpiàn(新闻片).

えいが【栄華】 rónghuá(荣华). ¶~を極める jíwéi fánshèng(极为繁盛). ¶栄耀~ rónghuá fùguì(荣华富贵).

えいかく【鋭角】 ruìjiǎo(锐角). ¶~3角形 ruìjiǎo sānjiǎoxíng(锐角三角形).

えいかん【栄冠】 ¶勝利の~に輝く rónghuò shènglì zhī guān(荣获胜利之冠).

えいき【英気】 yīngqì(英气). ¶~を養う yǎng jīng xù ruì(养精蓄锐). ¶~あふれる青年 yīngqì bóbó de qīngnián(英气勃勃的青年).

えいき【鋭気】 ruìqì(锐气). ¶~をくじく cuò ruìqi(挫锐气). ¶~当るべからず ruì bù kě dāng(锐不可当).

えいきゅう【永久】 yǒngjiǔ(永久), yǒngyuǎn(永远), héngjiǔ(恒久), yǒnghéng(永恒). ¶~に忘れられない yǒngyuǎn wàngbuliǎo(永远

忘不了)/ yǒngshì nán wàng (永世难忘). ¶ ～に变らない yǒnghéng búbiàn (永恒不变)/ wàngǔ cháng qīng (万古长青).

¶ ～歯 héngchǐ (恒齿)/ héngyá (恒牙). ～磁石 yǒngjiǔ cítiě (永久磁铁).

えいきょう【影響】 yǐngxiǎng (影响). ¶ 異常な天候が～して収穫が減った shòu fǎncháng qìhòu yǐngxiǎng qiànshōu (受反常气候影响歉收). ¶ 彼の初期の作品には魯迅の～が見られる zài tā de zǎoqī zuòpǐn zhōng kěyǐ kànchū Lǔ Xùn gěi tā de yǐngxiǎng (在他的早期作品中可以看出鲁迅给他的影响). ¶ 兄の～で中国語を学び始めた shòule gēge de yǐngxiǎng kāishǐ xuéxí Zhōngguóhuà (受了哥哥的影响开始学习中国话). ¶ 子供達に悪い～を及ぼすおそれがある kǒngpà duì háizimen chǎnshēng huài yǐngxiǎng (恐怕对孩子们产生坏影响). ¶ 彼がいなくても仕事には～がない jiùshì méiyǒu tā yě bù yǐngxiǎng gōngzuò (就是没有他也不影响工作). ¶ 彼は強い～力をもっている tā yǒu hěn dà de yǐngxiǎnglì (他有很大的影响力).

えいぎょう【営業】 yíngyè (营业). ¶ 午後6時まで～しています yíngyè dào xiàwǔ liù diǎn (营业到下午六点). ¶ ただいま～中 zhèngzài yíngyè zhōng (正在营业中).

¶ ～許可証 yíngyè zhízhào (营业执照). ～時間 yíngyè shíjiān (营业时间). ～所 yíngyèsuǒ (营业所). ～停止 yíngyè tíngzhǐ yíngyè (禁止营业). ～部 yíngyèbù (营业部). ～妨害 fáng'ài yíngyè (妨碍营业).

えいこ【栄枯】 róngkū (荣枯). ¶ ～盛衰は世の習い róngkū shèngshuāi rénshì zhī cháng (荣枯盛衰人世之常).

えいご【英語】 Yīngyǔ (英语), Yīngguóhuà (英国话), Yīngwén (英文). ¶ 彼は～ができる tā huì Yīngyǔ (他会英语). ¶ ～に訳す yìchéng Yīngwén (译成英文). ¶ ～で書く yòng Yīngwén xiě (用英文写).

えいこう【曳航】 ¶ 新造船を横浜港に～する bǎ xīnzào de chuán tuōdào Héngbīngǎng (把新造的船拖到横滨港).

えいこう【栄光】 róngguāng (荣光), guāngróng (光荣), róngyù (荣誉). ¶ 勝利の～に輝く huòdé shènglì de guāngróng (获得胜利的光荣).

えいこうだん【曳光弾】 yèguāngdàn (曳光弹).

えいさい【英才】 yīngcái (英才). ¶ ～教育 yīngcái jiàoyù (英才教育)/ jiānzi jiàoyù (尖子教育).

えいし【英姿】 yīngzī (英姿). ¶ さっそうたる～を壇上にあらわした sàshuǎng yīngzī chūxiàn zài táishang (飒爽英姿出现在台上).

えいじ【英字】 Yīngwén zìmǔ (英文字母); Yīngwén (英文). ¶ ～新聞 Yīngwén bàozhǐ (英文报纸).

えいじ【嬰児】 yīng'ér (婴儿), yīnghái (婴孩).

えいしゃ【映写】 fàngyìng (放映). ¶ 記録映画を～する fàngyìng jìlùpiàn (放映记录片).

¶ ～機 fàngyìngjī (放映机). ～室 fàngyìngshì (放映室). ～幕 yínmù (银幕).

えいじゅう【永住】 ¶ ～の地 yǒng jū zhī dì (永居之地). ¶ 南米に～することにした juéxīn yǒng jū Nán Měi (决心永居南美).

えいしょう【詠唱】 yǒngtàndiào (咏叹调).

えいしん【栄進】 gāoshēng (高升), jìnshēng (晋升). ¶ たちまち局長に～した xùnsù de jìnshēng wéi júzhǎng (迅速地晋升为局长).

エイズ【AIDS】 àizībìng (艾滋病・爱滋病).

えいすうじ【英数字】 shùzì yīngwén zìmǔ (数字英文字母).

えい・ずる【映ずる】 **1**〔反映する〕yìng (映), yìngshè (映射), yìngzhào (映照). ¶ 紅葉が湖面に～じて美しい hóngyè yìngzài húmiàn shang xiǎnde hěn měilì (红叶映在湖面上显得很美丽). ¶ 朝日が雲に～る zhāoyáng zài yúnzhōng yìngshè (朝阳在云中映射).

2〔目にうつる〕 ¶ 日本人の目に～じた中国 Rìběnrén yǎnlǐ de Zhōngguó (日本人眼里的中国).

えいせい【永世】 yǒngjiǔ (永久), yǒngshì (永世). ¶ ～中立国 yǒngjiǔ zhōnglìguó (永久中立国).

えいせい【衛生】 wèishēng (卫生). ¶ ～に気をつける zhùyì wèishēng (注意卫生)/ jiǎng wèishēng (讲卫生). ¶ ～によろしくない xīnlǐ fánzào duì jīngshén jiànkāng bù hǎo (心里烦躁对精神健康不好). ¶ この包装は～的だ zhè zhǒng bāozhuāng hěn wèishēng (这种包装很卫生).

¶ 環境～ huánjìng wèishēng (环境卫生). 公衆～ gōnggòng wèishēng (公共卫生).

えいせい【衛星】 wèixīng (卫星). ¶ ～通信 wèixīng tōngxùn (卫星通信)/ kōngjiān tōngxìn (空间通信). 通信～ tōngxìn wèixīng (通信卫星). ～船 fēichuán (宇宙飞船). ～放送 wèixīng guǎngbō (卫星广播). ～中継 wèixīng diànshì zhuǎnbō (卫星电视转播). ～都市 wèixīng chéngshì (卫星城市)/ wèixīngchéng (卫星城). 気象～ qìxiàng wèixīng (气象卫星). 人工～ rénzào wèixīng (人造卫星)/ wèixīng (卫星).

えいぜん【営繕】 yíngjiàn yǔ xiūshàn (营建与修缮), yíngshàn (营缮).

えいぞう【映像】 huàmiàn (画面), yǐngxiàng (影像), túxiàng (图像), yǐngxiàng (映像). ¶ テレビの～がぶれている diànshì de yǐngxiàng yáohuang búdìng (电视的影像摇晃不定). ¶ 記憶に残っている母親の～ liúzài jìyì lǐ de mǔqin de xíngxiàng (留在记忆里的母亲的形象).

えいぞう【営造】 yíngzào (营造), yíngjiàn (营建). ¶ ～物 suǒ yíngzào de jiànzhù (所营造的建筑).

えいぞく【永続】 chíjiǔ (持久). ¶ 平和が～することを願う xīwàng chíjiǔ hépíng (希望持久和平). ¶ インフレ政策による好況は～しない kào tōnghuò péngzhàng de zhèngcè, jǐngqì shì bùnéng chíjiǔ de (靠通货膨胀的政策, 景气是不能持久的).

えいたつ【栄達】 ¶ 一身の～のみをはかる zhǐ móu zìjǐ fēihuáng-téngdá (只谋自己飞黄腾达).

えいたん【詠嘆】 ¶ 素晴らしさに思わず～の声を

あげた duì qí měi bùjué fāchū zàntàn zhī shēng(对其美不觉发出赞叹之声).

えいだん【英断】 ¶～を下す guǒduàn de zuòchū juédìng(果断地做出决定)/ dāng jī lì duàn(当机立断). ¶～をもって改革する yīngmíng guǒduàn jìnxíng gǎigé(英明果断进行改革).

えいち【英知】 ruìzhì(睿智). ¶人類の～を集めて平和を守らねばならない yào jùjí rénlèi ruìzhì wéihù shìjiè hépíng(要集人类睿智维护世界和平).

えいてん【栄転】 shēngqiān(升迁). ¶本社の営業部長に～した shēngqiān wéi zǒnggōngsī de yíngyè bùzhǎng le(升迁为总公司的营业部长了).

えいびん【鋭敏】 mǐnruì(敏锐). ¶彼は感覚が～だ tā gǎnjué hěn mǐnruì(他感觉很敏锐). ¶～な頭脳の持主 tóunǎo mǐnruì de rén(头脑敏锐的人).

えいぶん【英文】 Yīngwén(英文). ¶～タイプライター Yīngwén dǎzìjī(英文打字机). ~和訳 Yīngwén yìchéng Rìwén(文译成日文).

えいへい【衛兵】 wèibīng(卫兵).

えいべつ【永別】 yǒngbié(永别), yǒngjué(永诀), yǒngshì(永逝), chángshì(长逝), chángcí(长辞). ¶父と～する gēn fùqin yǒngbié(跟父亲永别).

えいほう【鋭鋒】 fēngmáng(锋芒). ¶敵の～をくじく cuò dírén de ruìqì(挫敌人的锐气). ¶非難の～をかわす bìkāi fēinàn de fēngmáng(避开非难的锋芒).

えいみん【永眠】 yǒngmián(永眠), chángmián(长眠), chángshì(长逝). ¶薬石効なく～いたしました yàoshí wúxiào zhōngyú chángshì(药石无效终于长逝).

えいめい【英明】 yīngmíng(英明). ¶～な君主 yīngmíng jūnzhǔ(英明君主).

えいやく【英訳】 ¶《紅楼夢》を～する bǎ《Hónglóumèng》yìchéng Yīngwén(把《红楼梦》译成英文).

えいゆう【英雄】 yīngxióng(英雄). ¶～的行為 yīngxióng de xíngdòng(英勇的行动). ¶～主義 yīngxióng zhǔyì(英雄主义).

えいよ【栄誉】 róngyù(荣誉). ¶入選の～をになう huòdé rùxuǎn de róngyù(获得入选的荣誉).

えいよう【栄養】 yíngyǎng(营养), zīyǎng(滋养). ¶これはとても～がある zhè fēicháng yǒu yíngyǎng(这非常有营养). ¶～をとる shèqǔ yíngyǎng(摄取营养). ¶～がいいのでよくふとっている yíngyǎng hǎo, zhǎngde hǎo pàng(营养好, 长得好胖). ¶～価 yíngyǎng jiàzhí(营养价值). ~士 yíngyǎngshī(营养师). ~失調 yíngyǎng quēfábìng(营养缺乏病). ~素 yíngyǎngsù(营养素). ~不良 yíngyǎng bùliáng(营养不良).

えいり【営利】 yínglì(营利). ¶この事業は～を目的としたものではない zhège shìyè bú shì yǐ yínglì wéi mùdì de(这个事业不是以营利为目的的). ¶～主義の学校 yínglìzhǔyì de xuéxiào(营利主义的学校).

¶～事業 yíngyè shìyè(营利事业).

えいり【鋭利】 ruìlì(锐利), fēnglì(锋利). ¶～な刃物で突く yòng fēnglì de dāozi cì(用锋利的刀子刺). ¶～な筆鋒 ruìlì de bǐfēng(锐利的笔锋)/ wénbǐ fēnglì(文笔锋利).

エイリアン yǔzhòurén(宇宙人), wàixīngrén(外星人).

えいりん【映倫】 〖説明〗日本电影伦理规定管理委员会之简称.

えいりん【営林】 sēnlín de bǎohù yǔ jīngyíng guǎnlǐ(森林的保护与经营管理). ¶～局 línyèjú(林业局). ~署 sēnlín guǎnlǐchù(森林管理处).

えいれい【英霊】 yīnglíng(英灵), yīnghún(英魂). ¶～を祭る jìsì yīnglíng(祭祀英灵).

えいわ【英和】 ¶～辞典 Yīng-Rì cídiǎn(英日词典).

ええ 1〔肯定〕āi(唉), à(啊), ǹg(嗯), èi(欸). ¶～そうです à, shì de(啊, 是的)/ shì a(是啊). ¶～よろしゅうございます à, kěyǐ(啊, 可以)/ hǎo a(好啊)/ hǎo de(好的). ¶～すぐ行きます āi, wǒ zhè jiù qù(唉, 我这就去). ¶～～そうでしょうとも duì, duì, zhēn gāi nà yàngzi(对, 对, 真该那样).

2〔驚き, 疑問〕á・ǎ(啊), ńg・ňg(嗯), éi・è・ěi・è(欸). ¶～そんなことをしてもいいんですか ě, kěyǐ nàme zuò ma?(欸, 可以那么做吗?). ¶～それはどういう意味ですか éi, nà shì shénme yìsi a?(欸, 那是什么意思啊?).

エーアイ【AI】 réngōng zhìnéng(人工智能).

エーカー 〔面積の単位〕yīngmǔ(英亩), mǔ(畝).

エージェント dàilǐ(代理), dàilǐrén(代理人), dàilǐshāng(代理商).

エース 〔カード〕A pái(A 牌), yāo(幺), yī(一);〔テニス〕fāqiú défēn(发球得分);〔人材〕dìyīliú(第一流), wángpái(王牌), zhǔlì(主力).

エーティーエス【ATS】 lièchē zìdòng tíngzhǐ zhuāngzhì(列车自动停止装置).

エーティーエム【ATM】 zìdòng qǔkuǎnjī(自动取款机).

エーテル yǐtài(以太);〔化学〕mí(醚), yǐmí(乙醚).

エーデルワイス xīyáng báoxuěcǎo(西洋薄雪草).

ええと ¶～なんだったかな ńg, shénme láizhe?(嗯, 什么来着?)/ ńg, ràng wǒ xiǎngxiang(嗯, 让我想想). ¶～～ ńg, ńg(嗯, 嗯)/ zhège(这个, 这个).

エーブイ【AV】 shìjué yǔ tīngjué(视觉与听觉). ¶～機器 shìtīng diànqì(视听电器).

エープリルフール yúrénjié(愚人节), wànyújié(万愚节).

エール ¶～を交換する hùxiāng nàhǎn zhùwēi(互相呐喊助威).

えがお【笑顔】 xiàoróng(笑容), xiàoliǎn(笑脸), xiàoyán(笑颜), xiàomào(笑貌). ¶彼女は少しも～を見せない tā yìdiǎnr yě bù lù xiàoróng(她一点儿也不露笑容). ¶子供はほめられて～になった háizi shòudào biǎoyáng xiào zhú yán

かい(孩子受到表扬笑逐颜开). ¶母は我々を~で迎えてくれた mǔqin xiàoróng mǎnmiàn yíngjiēle wǒmen(母亲笑容满面迎接了我们).

えかき【絵かき】 huàjiā(画家), huàshī(画师); huàjiàng(画匠).

えが・く【描く】 1〔絵にかく〕 huà(画), miáohuà(描画), miáohuì(描绘), gōumiáo(勾描), gōuhuà(勾画). ¶カンバスに美しい風景を~いた zài huàbù shang huàle yì fú měilì de fēngjǐng(在画布上画了一幅美丽的风景). ¶小石は弧を~いて飛んでいった shítóuzǐr zài kōngzhōng huàle ge húxiàn fēiqu le(石头子儿在空中划了个弧线飞去了). ¶心に大きな夢を~く zài xīnli miáohuà yuǎndà de lǐxiǎng(在心里描画远大的理想).
2〔表現する〕miáoxiě(描写), miáomó(描摹), miáohuà(描画), miáohuì(描绘), gōuhuà(勾画). ¶当時の民衆の生活を~いた小説 miáoxiě dāngshí mínzhòng shēnghuó de xiǎoshuō(描写当时民众生活的小说). ¶音楽に~かれた田園風景 yīnyuè suǒ miáohuì de tiányuán fēngguāng(音乐所描绘的田园风光). ¶登場人物の心理を巧みに~き出している dēngchǎng rénwù de xīnlǐ miáomóde hěn qiǎomiào(登场人物的心理描摹得很巧妙).

えかた・い【得難い】 nándé(难得). ¶彼のように有能な人物はなかなか~い xiàng tā nàme yǒu cáinéng de rén shízài nándé(像他那么有才能的人实在难得). ¶2度と~い好機だ zhè shì qiānzǎi-nánféng de hǎo jīhuì(这是千载难逢的好机会).

えがら【絵柄】 huāwén(花纹), huāyàng(花样), huāshì(花饰), tú'àn(图案).

えき【易】 ¶～学 zhānbǔxué(占卜学). ～経 Yìjīng(易经)／Zhōuyì(周易).

えき【益】 yìchu(益处), bǔyì(补益), bìyì(裨益), hǎochu(好处). ¶それは害あって～なしだ nà shì yǒuhài wúyì de(那是有害无益的). ¶そんなことをして～になるのか gàn nà zhǒng shì yòu yǒu shénme hǎochu?(干那种事又有什么好处?).

えき【液】 zhīyè(汁液), yètǐ(液体).

えき【駅】 zhàn(站), chēzhàn(车站). ¶列車が～に着いた lièchē dào zhàn le(列车到站了). ¶次の～で急行の通過を待ちあわせる zài xià yí zhàn děnghòu kuàichē tōngguò(在下一站等候快车通过). ¶ひと～乗り越した zuòguòle yí zhàn(坐过了一站). ¶東京~に迎えに行く dào Dōngjīngzhàn qù jiē rén(到东京站去接人).
¶～員 chēzhàn gōngzuò rényuán(车站工作人员). ～長 zhànzhǎng(站长). ～前広場 zhànqián guǎngchǎng(站前广场). 貨物～ huòyùnzhàn(货运站). 始発～ shǐfāzhàn(始发站). 終着～ zhōngdiǎnzhàn(终点站). 乗換え～ zhōngzhuǎnzhàn(中转站).

えきか【液化】 yèhuà(液化). ¶気体を～する yèhuà(液化).
¶～石油ガス yèhuà shíyóuqì(液化石油气).

えきがく【疫学】 liúxíngbìngxué(流行病学).

えきぎゅう【役牛】 gēngniú(耕牛), líniú(犁牛).

エキサイト ¶観客が～する guānzhòng gāoáng xīngfèn qilai(观众高昂兴奋起来).

エキジビション ¶～ゲーム biǎoyǎnsài(表演赛).

えきしゃ【易者】 suànmìng xiānsheng(算命先生), fēngshuǐ xiānsheng(风水先生).

えきしょう【液晶】 yèjīng(液晶). ¶～画面 yèjīng píngmù(液晶屏幕).

エキス jīng(精), jìngāo(净膏), jìngāo(浸膏). ¶朝鮮人参の～ rénshēnjīng(人参精).

エキストラ línshí yǎnyuán(临时演员).

エキスパート zhuānjiā(专家), nèiháng(内行), hángjia(行家). ¶彼はその道の～だ tā shì nà fāngmiàn de zhuānjiā(他是那方面的专家).

えき・する【益する】 ¶社会に～する仕事をしたい xiǎng zuò yǒuyìyú shèhuì de gōngzuò(想做有益于社会的工作).

エキセントリック fǎncháng(反常), gǔguài(古怪), piānzhí(偏执). ¶～な行動 fǎncháng de xíngdòng(反常的行动).

エキゾチック yìguó qíngdiào(异国情调), yìyù fēngwèi(异域风味).

えきたい【液体】 yètǐ(液体). ¶固体がとけて～になる gùtǐ rónghuà chéngwéi yètǐ(固体溶化成为液体).
¶～空気 yètài kōngqì(液态空气). ～酸素 yèyǎng(液氧)／yètàiyǎng(液态氧). ～燃料 yètǐ ránliào(液体燃料).

えきちく【役畜】 yìchù(役畜), lìchù(力畜).

えきちゅう【益虫】 yìchóng(益虫).

えきちょう【益鳥】 yìniǎo(益鸟).

えきでん【駅伝】 chángpǎo jiēlìsài(长跑接力赛).

えきびょう【疫病】 yìbìng(疫病), bìngyì(病疫), wēnyì(瘟疫). ¶～が蔓延する yìbìng mànyán(疫病蔓延).

えきべん【駅弁】 huǒchē héshì kèfàn(火车盒式客饭).

えきり【疫痢】 zhòngdúxìng lìji(中毒性痢疾), dúlì(毒痢).

エグゼクティブ gāojí guǎnlǐ zhíyuán(高级管理职员).

えくぼ【靨】 jiǔwō[r](酒窝[儿]・酒涡[儿]), xiàowō[r](笑窝[儿]・笑涡[儿]), jiǔyè(酒靥), xiàoyè(笑靥). ¶笑うと頬に～がでる yí xiào miànjiá shang jiù xiànchū jiǔwōr(一笑面颊上就现出酒窝儿).

えぐ・る【抉る】 wān(剜), wā(挖). ¶目を～る wān yǎn(剜眼). ¶りんごの腐ったところをナイフで～り取る yòng xiǎodāor bǎ píngguǒ làn de dìfang wāndiào(用小刀把苹果烂的地方剜掉). ¶肺腑を～る言葉 gǎn rén fèifǔ de huà(感人肺腑的话). ¶問題の核心を～る qièzhòng wèntí de yàohài(切中问题的要害).

えげつな・い ¶～いことを言うな bié shuō xiàliúhuà!(别说下流话!). ¶あいつのやり方はまったく～い tā nàge jiāhuo *zuòfǎ zhēn sǔn[zuòde yě tài juéménr la!](他那个家伙做法真损

[做得也太绝门儿啦！］).
エゴイスト lìjǐzhǔyìzhě(利己主义者), zìsī-zìlì de rén(自私自利的人), sǔnrén-lìjǐ de rén(损人利己的人).
エゴイズム lìjǐzhǔyì(利己主义).
えこう【回向】 ¶死者を～する wèi sǐzhě niànfó shāoxiāng(为逝者念佛烧香).
エコー huíbō(回波).
えごころ【絵心】 ¶彼には～がある tā tōng huìshì(他通绘事)/ tā dǒng huà(他懂画). ¶この美しい風景を見ていたら自然と～がわいてきた kànzhe zhè yōuměi de fēngjǐng zìrán ér rán de qǐle huàxìng(看着这优美的风景自然而然地起了画兴).
えこじ【依怙地】 →いこじ.
エコノミークラス jīngjìcāng(经济舱).
えこひいき【依怙贔屓】 piān'ài(偏爱), piānhù(偏护), piāntǎn(偏袒), piānxiàng(偏向), piānxīn(偏心). ¶先生は生徒に対して～をしてはいけない jiàoshī duì xuésheng bù gāi piān'ài(教师对学生不该偏爱). ¶彼は誰にも～しない tā bù piānhù rènhé rén(他不偏护任何人)/ tā bú huì hòucǐ-bóbǐ(他不会厚此薄彼)/ tā duì shuí dōu bùpiān-búyǐ(他对谁都不偏不倚).
えごま【荏胡麻】 sūzǐ(苏子), rěn(荏), báisū(白苏).
エコロジー shēngtàixué(生态学).
えさ【餌】 **1** shí[r](食[儿]), chīshí[r](吃食[儿]). ¶豚の～ zhūshí(猪食). ¶馬の～ mǎliào(马料). ¶小鳥に～をやる wèi xiǎoniǎo(喂小鸟). ¶鶏が～をついばむ jī zhuóshí(鸡啄食)/ jī qiān shír(鸡鹐食儿). ¶獣が麓まで～をあさりに来た yěshòu dào shānjiǎo lái mìshí[zhǎoshí/dǎshí](野兽到山脚来觅食[找食/打食]).
2[捕えるための] yòu'ěr(诱饵), diào'ěr(钓饵); [釣の] diào'ěr(钓饵), shí'ěr(食饵), yú'ěr(鱼饵). ¶釣針に～をつける yúgōu shang ānshàng yú'ěr(鱼钩上安上鱼饵). ¶景品を～に客寄せをする yǐ zèngpǐn wéi yòu'ěr yǐnyōu gùkè(以赠品为诱饵引诱顾客).
えし【壊死】 huàisǐ(坏死).
えじき【餌食】 ¶羊が狼の～になった yáng chéngle láng de chīshí(羊成了狼的吃食)/ yáng bèi láng chīdiào le(羊被狼吃掉了). ¶悪人の～にされた bèi èrén qiāogǔ-xīsuǐ(被恶人敲骨吸髓).
エジプト Āijí(埃及). ¶～文字 Āijí zìmǔ(埃及字母).
えしゃく【会釈】 diǎntóu(点头), dǎ zhāohu(打招呼). ¶軽く～する qīngqīng diǎntóu(轻轻点头). ¶2人は互いに～をかわす程度だ tāmen liǎ zhǐ búguò shì miànshú, dǎda zhāohū bale(他们俩只不过是面熟, 打打招呼罢了).
エスアイ【SI】 guójì dānwèizhì(国际单位制), guójìzhì(国际制).
エスエスティ【SST】 chāoyīnsù fēijī(超音速飞机).
エスエフ【SF】 kēhuàn(科幻), kēhuàn xiǎoshuō(科幻小说).
エスエル【SL】 zhēngqì jīchē(蒸气机车).
エスオーエス【SOS】 yùxiǎn xìnhào(遇险信号), hǎinàn xìnhào(海难信号), hūjiù xìnhào(呼救信号). ¶船は～を発したまま消息を絶った nà tiáo chuán fāle SOS hòu jiù duànle yīnxùn(那条船发了SOS后就断了音讯).
エスカレーター zìdòng fútī(自动扶梯).
エスカレート shēngjí(升级). ¶戦争は～していった zhànzhēng zhúbù shēngjí le(战争逐步升级了).
エスキモー Àisījīmórén(爱斯基摩人).
エスケープキー huànmǎjiàn(换码键).
エスコート péitóng(陪同), bànsuí(伴随).
エステティック quánshēn měiróng(全身美容). ¶～サロン quánshēn měiróngyuàn(全身美容院).
エスニック mínzú fēnggé(民族风格). ¶～料理 mínzú fēngwèicài(民族风味菜).
エスプリ **1**[精神] jīngshen(精神).
2[魂] línghún(灵魂); jīngsuǐ(精髓).
3[才覚] cáizhì(才智).
4[機知] jīzhì(机智).
エスペラント Shìjièyǔ(世界语).
えせ‐【似非】 wěi(伪), jiǎ(假); màopái(冒牌). ¶～君子 wěijūnzǐ(伪君子)/ ～経済学者 màopái jīngjì xuézhě(冒牌经济学者).
えそ【壊疽】 huàijū(坏疽).
えぞぎく【蝦夷菊】 cuìjú(翠菊), jiāngxīlà(江西腊).
えそらごと【絵空事】 ¶そんな～を言ってもしかたがない nà shì wújī zhī tán bàle(那是无稽之谈罢了).
えだ【枝】 shùzhī(树枝), zhīzi(枝子), zhītiáo(枝条), zhījie(枝节); [树の] zhījiā(枝桠). ¶～を広げている sōngshù shēnkāile zhīzi(松树伸开了枝子). ¶～をおろす bǎ shùzhī kǎnxiàlai(把树枝砍下来).
えたい【得体】 ¶あの人物は～が知れない nàge rénwù bùkě zhuómō(那个人物不可捉摸). ¶～の知れないものを食べさせられた gěi chīle mòmíng-qímiào de dōngxi(给吃了莫名其妙的东西).
えだは【枝葉】 zhīyè(枝叶); zhījié(枝节). ¶～のことはあとにして本論に戻ろう zhījié wèntí zànqiě bù tí, huídào běntíshang ba(枝节问题暂且不提, 回到本题上吧).
えだぶり【枝振り】 ¶この松はなかなか～がいい zhè kē sōngshù shùzhī měiguān yúnchèn(这棵松树树枝美观匀称).
えだまめ【枝豆】 máodòu(毛豆).
えだみち【枝道】 pángchàr(旁岔儿), chàdào(岔道). ¶議論が～に入っていっこうに進展しない yìlùn rù pángchàr, zǒng bújiàn jìnzhǎn(议论入旁岔儿, 总不见进展).
えたり【得たり】 ¶～かしこしと敵の虚をついた zhèngzhòng-xiàhuái, gōng dí zhī xū(正中下怀, 攻敌之虚).
えだわかれ【枝分かれ】 fēnchà(分岔). ¶～した道 chàlù(岔路)/ chàdàor(岔道儿).

エチオピア Āisāi'ébǐyà(埃塞俄比亚).
エチケット lǐmào(礼貌), lǐjié(礼节).
エチルアルコール yǐchún(乙醇), jiǔjīng(酒精).
エチレン yǐxī(乙烯), chéngyóuqì(成油气).
えつ【悦】 ¶思いどおりになって～に入る rú yuàn yǐ cháng, mǎnxīn xǐyuè(如愿以偿, 满心喜悦).
えっ é(欸), yí(咦). ¶～本当ですか é, zhēn de ma?(欸,真的吗?).
えっきょう【越境】 yuèjìng(越境), yuèjiè(越界). ¶敵の軍隊が～してきた díjūn yuèjìng ér lái(敌军越境而来).
エックスせん【エックス線】 àikèsī shèxiàn(爱克斯射线), àikèsīguāng(爱克斯光), X shèxiàn(X 射线).
えづけ【餌付け】 ¶野鳥を～する bǎ yěniǎo wèishú(把野鸟喂熟).
えっけん【越権】 yuèquán(越权). ¶～行為 yuèquán xíngwéi(越权行为)/ jiànquán yuèwèi(僭权越位).
えっけん【謁見】 yèjiàn(谒见). ¶主席に～する yèjiàn zhǔxí(谒见主席).
¶～室 yèjiànshì(谒见室).
エッセイ suíbǐ(随笔), xiǎopǐnwén(小品文), mànbǐ(漫笔).
エッセンス 1〔精髄〕jīngsuǐ(精髓), jīnghuá(精华), jīngcuì(精粹). ¶日本文化の～ Rìběn wénhuà de jīngsuǐ(日本文化的精髓).
2〔香料〕xiāngjīng(香精). ¶バニラ～ xiāngcǎo xiāngjīng(香草香精).
エッチ sèmí(色迷), sèguǐ(色鬼). ¶～な話 sèyù de xiàohuà(色欲的笑话).
エッチング shíkè(蚀刻).
えっとう【越冬】 yuèdōng(越冬), guòdōng(过冬). ¶日本で～するつばめ zài Rìběn yuèdōng de yànzi(在日本越冬的燕子).
¶南極～隊 nánjí yuèdōngduì(南极越冬队).
えつどく【閲読】 cháyuè(查阅); yuèdú(阅读).
えつねん【越年】 guònián(过年). ¶～資金を要求する yāoqiú guònián jīntiē(要求过年津贴).
えっぺい【閲兵】 yuèbīng(阅兵), jiǎnyuè(检阅). ¶国王の～をうける jiēshòu guówáng de jiǎnyuè(接受国王的检阅).
¶～式 yuèbīngshì(阅兵式).
えつらん【閲覧】 yuèlǎn(阅览). ¶～室で～する zài yuèlǎnshì lǐ yuèlǎn(在阅览室里阅览).
えつれき【閲歴】 yuèlì(阅历).
えて【得手】 zhuāncháng(专长), shàncháng(擅长), náshǒu(拿手). ¶それが彼の～なのだ nà jiùshì tā de zhuāncháng(那就是他的专长)/ nà shì tā zuì náshǒu de(那是他最拿手的).
¶誰にでも～不～はあるものだ shuí dōu yǒu shàncháng hé bú shàncháng de(谁都有擅长和不擅长的). ¶～に帆を揚げる chèn fēng qǐ fān(趁风起帆).
えてかって【得手勝手】 ¶そんな～は許さない bù yǔnxǔ xiǎng zěnme jiù zěnme(不允许想怎么就怎么).

えてして【得てして】 wǎngwǎng(往往). ¶あわてると～失敗するものだ jíyú qiú chéng wǎngwǎng huì shībài de(急于求成往往会失败的). ¶夏は～睡眠不足になりがちだ xiàtiān róngyì shuìmián bùzú(夏天容易睡眠不足).
エデン Yīdiànyuán(伊甸园).
えと【干支】 gānzhī(干支); shēngxiào(生肖), shǔxiàng(属相).
えとく【会得】 lǐnghuì(领会), lǐnglüè(领略); zhǎngwò(掌握). ¶原理を～してしまえばあとは楽です zhǎngwòle yuánlǐ yǐhòu jiù qīngsōng le(掌握了原理以后就轻松了). ¶剣道の極意を～した lǐnglüèle jiànshù de àomì(领略了剑术的奥秘).
エトセトラ děngděng(等等), yǐjí qítā děngděng(以及其他等等).
えどっこ【江戸っ子】 Jiānghùrén(江户人), Dōngjīngrén(东京人). ¶彼はちゃきちゃきの～だ tā shì dìdào de lǎo Dōngjīng(他是地道的老东京).
えどまえ【江戸前】 Jiānghù nèihǎi(江户内海), Dōngjīngwān(东京湾). ¶～の料理 Jiānghù fēngwèi de cài(江户风味的菜). ¶～のはぜ Dōngjīngwān de xiāhǔyú(东京湾的虾虎鱼).
えな【胞衣】 bāoyī(胞衣), yībāo(衣胞), tāiyī(胎衣).
エナメル【珐瑯】fàláng(珐琅); [エナメルペイント] cíqī(瓷漆). ¶～を塗る tú cíqī(涂瓷漆).
エニシダ【金雀児】 jīnquèhuā(金雀花), jǐnjīr(锦鸡儿).
エネルギー néng(能), néngliàng(能量). ¶～不滅の法則 néngliàng shǒuhéng dìnglǜ(能量守恒定律). ¶彼はこの仕事に全～を注いだ tā bǎ suǒyǒu de jīnglì qīngzhù zài zhè gōngzuò shàng(他把所有的精力倾注在这工作上).
¶～源 néngyuán(能源). 運動～ dòngnéng(动能). 原子～ yuánzǐnéng(原子能). 太陽～ tàiyángnéng(太阳能). 熱～ rènéng(热能).
エネルギッシュ jīnglì wàngshèng(精力旺盛), jīnglì chōngpèi(精力充沛). ¶彼はまったく～な男だ tā shízài shì ge jīnglì chōngpèi de rén(他实在是个精力充沛的人). ¶～に仕事を片付けていく jīnglì chōngpèi de chǔlǐ yígègè gōngzuò(精力充沛地处理一个个工作).
えのき【榎】 pòshù(朴树).
えのぐ【絵具】 yánliào(颜料), yánshai(颜色). ¶～をとかす tiáohe yánliào(调和颜料). ¶～を塗る tú yánliào(涂颜料); shàng yánshai(上颜色).
¶油～ yóuhuà yánliào(油画颜料).
えのころぐさ【狗尾草】 gǒuwěicǎo(狗尾草).
えはがき【絵葉書】 měishù míngxìnpiàn(美术明信片), huàpiàn(画片), huàpiānr(画片ル).
えび【蝦・海老】 xiā(虾); xiāmǐ(虾米)〈小形の〉. ¶～で鯛をつる xiǎoběn zhuàn dàlì(小本赚大利)/ yī běn wàn lì(一本万利).
¶伊勢～ lóngxiā(龙虾). 車～ duìxiā(对虾)/ míngxiā(明虾)/ bānjiéxiā(斑节虾). 干～ xiāmi(虾米)/ xiāpí(虾皮). むき～ xiārénr(虾仁ル). ～フライ zháxiā(炸虾).

えびすがお【恵比須顔】 ¶いつもにこにこ～をしている zǒngshì xiàoróng mǎnmiàn (总是笑容满面)/ xiàoyán cháng kāi (笑颜常开).

エピソード chāhuà (插话), chāqǔ (插曲). ¶彼の学生時代には数々の～がある tā de xuésheng shídài yǒuguo xǔduō chāqǔ (他的学生时代有过许多插曲).

えびちゃ【海老茶】 zǎohóngsè (枣红色), jiàngzǐ (绛紫).

エフェドリン máhuángjiǎn (麻黄碱), máhuángsù (麻黄素).

エフエムほうそう【FM放送】 tiáopín guǎngbō (调频广播).

エプロン wéiqún (围裙), yóuqun (油裙); [飛行場の] tíngjīpíng (停机坪). ¶～をする jì wéiqún (系围裙). ¶～ステージ qiánwǔtái (前舞台)/ táikǒu (台口).

エベレスト Zhūmùlǎngmǎ Fēng (珠穆朗玛峰).

エポック ¶～を画する huàshídài (划时代)/ kāi xīnjìyuán (开新纪元).

エボナイト yìngxiàngjiāo (硬橡胶), yìngzhì xiàngjiāo (硬质橡胶).

えほん【絵本】 túhuàshū (图书); liánhuán túhuà (连环图画), liánhuánhuà (连环画), xiǎorénrshū (小人ㄦ书).

えみ【笑み】 xiàoyì (笑意), xiàoróng (笑容), wēixiào (微笑). ¶口もとに浮べる kǒujiǎo guàzhe wēixiào (口角挂着微笑). ¶満面に～をたたえて近づいてきた mǎnmiàn xiàoróng zǒule guòlái (满面笑容走了过来).

エメラルド zǔmǔlǜ (祖母绿), chúnlǜ bǎoshí (纯绿宝石). ¶～色 xiānlǜsè (鲜绿色)/ cuìlǜ (翠绿)/ bìlǜ (碧绿).

えもいわれぬ【えも言われぬ】 ¶～風情 nányǐ miáohuì [wúfǎ xíngróng] de fēngzhì (难以描绘[无法形容]的风致). ¶～香り miàobùkěyán de xiāngqì (妙不可言的香气).

えもじ【絵文字】 túhuà wénzì (图画文字); tújì (图记).

えもの【得物】 wǔqì (武器), jiāhuo (家伙). ¶人々は手に手に～をひっつかんで駆け出した rénmen shǒu zhí wǔqì [zhuāqǐ jiāhuo] xiàng qián pǎo (人们手执武器[抓起家伙]向前跑).

えもの【獲物】 lièwù (猎物); yěwèi (野味). ¶～を追って山野を駆けめぐる zhuīgǎn niǎoshòu pǎobiàn shānyě (追赶鸟兽跑遍山野). ¶釣りに行ったがこれといった～はなかった qù diàoyú, kěshì méiyǒu shénme dà de shōuhuò (去钓鱼, 可是没有什么大的收获).

えもんかけ【衣紋掛】 yījià (衣架).

えら【鰓】 sāi (鰓).

エラー shīwù (失误), shīcè (失策). ¶ショートが～をした yóuyíshǒu shīwùle qiú (游击手失误了球).

えら・い【偉い】 1 [すぐれた, 立派だ] wěidà (伟大). ¶あの人は本当に～い人だ tā shízài shì ge wěirén (他实在是个伟人). ¶それがの～いところだ zhè jiùshì tā liǎobuqǐ de dìfang (这就是他了不起的地方). ¶死んでからやっと彼の～さがわかった sǐhòu cái míngbaile tā de wěidà (死后才明白了他的伟大). ¶～い, よく最後までがんばったね hǎoyàngr de, jiānchí xialai le a! (好样ㄦ的, 坚持下来了啊!). ¶～そうな口を利くな bié kuā hǎikǒu (别夸海口).
2 [地位が高い] ¶ここは～い人の座る席だ zhèr shì shǒuzhǎng zuò de dìfang (这ㄦ是首长坐的地方). ¶今にあの男は～くなる jiānglái tā yídìng hěn yǒu chūxi (将来他一定很有出息). ¶～そうに構える zhuāngchū liǎobude de yàngzi (装出了不得的样子)/ bǎi dàjiàzi (摆大架子)/ zhuāng qiāng zuò shì (装腔作势)/ shèng qì líng rén (盛气凌人).
3 [甚だしい, 大変な] lìhai (厉害), gòuqiàng (够呛), liǎobude (了不得), bùdéliǎo (不得了), xiéhu (邪乎). ¶町中どこもかしこも～い騒ぎだ mǎnjiē nàode tiānfān-dìfù (满街闹得天翻地覆). ¶今夜は～く冷えこむ jīnwǎn lěngde *lìhai [xiéhu] (今晚冷得*厉害[邪乎]). ¶～い損失だ sǔnshī kě zhēn dà (损失可真大). ¶ここ数日～く忙しい zhè jǐ tiān mángde *bùkě kāijiāo [zhēn gòuqiàng] (这几天忙得*不可开交[真够呛]). ¶～いことになった zhè kě *zāo [zāogāo] le (这可*糟[糟糕]). ¶～いことをしてしまった wǒ kě chuǎnghuò le (我可闯祸了)/ wǒ gànle wúfǎ wǎnjiù de shì (我干了无法挽救的事). ¶そんなことをすると～い目にあうぞ zuò nà zhǒng shì kě yào chī kǔtou a (做那种事可要吃苦头啊).

えら・ぶ【選ぶ】 xuǎn (选), zhái (择), tiāo (挑), jiǎn (拣), tíxuǎn (提选), xuǎnzé (选择), tiāoxuǎn (挑选), jiǎnxuǎn (拣选), jiǎnzé (拣择), tiāojiǎn (挑拣), juézé (抉择). ¶皆は私を代表に～んだ dàjiā ràng wǒ dàng dàibiǎo (大家选我当代表). ¶彼は学生自治会の委員長に～ばれた tā bèi xuǎnwéi xuéshenghuì zhǔxí (他被选为学生会主席). ¶次の文の中から正しいと思うものを～びなさい cóng xiàliè jùzi zhōng xuǎnchū rènwéi zhèngquè de (从下列句子中选出认为正确的). ¶3万枚のカードの中から1枚を～びだす cóng sānwàn zhāng kǎpiàn zhōng tiāochū yì zhāng (从三万张卡片中挑出一张). ¶吉日を～んで挙式する zhái hǎorìzi [zéjí] jǔxíng hūnlǐ (择好日子[择吉]举行婚礼). ¶友は～ぶべきは友である jiāoyǒu bùkě bù zé (交友不可不择). ¶目的のためには手段を～ばず wèile dádào mùdì bù zé shǒuduàn (为了达到目的不择手段). ¶お好きな物をお～びください nǐ yào shénme tiāo shénme ba (你要什么挑什么吧). ¶両者の間には何ら～ぶところがない chàbuduō, méiyǒu shénme kě tiāo de (两者差不多, 没有什么可挑的)/ liǎngzhě wú suǒ zé (两者无所择).

えらぶつ【偉物】 ¶あの男はなかなかの～だ nàge rén kě shì ge xiāngdāng liǎobuqǐ de rénwù (那个人可是个相当了不起的人物).

えり【襟】 1 [衣服の] lǐng[r] (领[ㄦ]), lǐngzi (领子), bólǐng[r] (脖领[ㄦ]), bólǐngzi (脖领子), lǐngkǒu (领口). ¶外套の～をたてる shù-

qǐ wàitào de lǐngzi(竖起外套的领子). ¶～を正して聞く zhèngjīn-wēizuò qīngtīng(正襟危坐倾听).

2〔うなじ〕bógěngr(脖颈儿・脖梗儿), bógěngzi(脖颈子・脖梗子).

えりあし【襟足】bógěngr shang de fàjì(脖颈儿上的发际).

エリート jīngyīng(精英). ¶～意識 gāo rén yì děng de yōuyuègǎn(高人一等的优越感).

えりくび【襟首】bógěngzi(脖颈子・脖梗子), bógěngr(脖颈儿・脖梗儿). ¶～をつかんで相手を引き倒す zhuāzhù bógěngzi shuāidǎo duìshǒu(抓住脖颈子摔倒对手).

えりごのみ【選り好み】¶あれこれと～する dōng tiāo xī jiǎn(东挑西拣)/ tiāo sān jiǎn sì(挑三拣四)/ tiāo féi jiǎn shòu(挑肥拣瘦). ¶彼女は食べ物の～がはげしい tā chī dōngxi hào tiāotiāo jiǎnjiǎn(她吃东西好挑挑拣拣).

えりしょう【襟章】lǐngzhāng(领章).

えりすぐ・る【選りすぐる】xuǎnbá(选拔). ¶全国から精鋭を～って代表チームを編成する yóu quánguó gèdì xuǎnbáchū yōuxiù yùndòngyuán zǔchéng dàibiǎoduì(由全国各地选拔出优秀运动员组成代表队).

えりぬき【選り抜き】¶全国大会には各校の～の選手達が集まった quányùnhuì jùjíle cóng gè xiào xuǎnbá chulai de xuǎnshǒu(全运会聚集了从各校选拔出来的选手). ¶当店への品 wǒ diàn jīngxuǎnchū de shāngpǐn(我店精选出的商品).

えりまき【襟巻】wéijīn(围巾), wéibór(围脖儿). ¶～をする wéi wéijīn(围围巾).

えりもと【襟元】lǐngkǒu(领口), lǐngzi(领子). ¶ワイシャツの～がよごれている chènshān de lǐngzi zāng le(衬衫的领子脏了). ¶～からしゃれたスカーフをのぞかせている cóng lǐngkǒu lùchū piàoliang de wéijīn(从领口露出漂亮的围巾). ¶～が寒い bógěngr hěn lěng(脖颈儿很冷).

えりわ・ける【選り分ける】¶りんごを大きさで～ける bǎ píngguǒ àn dàxiǎo fēnjì(把苹果按大小分级).

え・る【得る】**1**〔手に入れる〕dé(得), dédào(得到), huòdé(获得), qǔdé(取得), bódé(博得), yíngdé(赢得). ¶賞をえる dé jiǎng(得奖)/ huò jiǎng(获奖). ¶職をえる zhǎodào gōngzuò(找到工作). ¶本からえた知識 tōngguò shūběn huòdé de zhīshí(通过书本获得的知识). ¶やっと親の許しをえることができた hǎoróngyì dédào fùmǔ de xǔkě(好容易得到父母的许可). ¶大きな成果をえた qǔdéle hěn dà de chéngguǒ(取得了很大的成果). ¶彼はよい伴侶をえた tā zhǎodàole hǎo bànlǚ(他找到了好伴侣). ¶又とられない好機を逸した cuòguòle zài yě bú huì yǒu de hǎo jīhuì(错过了再也不会有的好机会). ¶この経験から大いにえるところがあった cóng zhège jīngyàn shòule hěn dà de qǐfā(从这个经验受到很大的启发). ¶その論文からは何もえるところが無かった cóng nà piān lùnwén, yì wú suǒ huò(从那篇论文,一无所获). ¶病をえて職を辞した yóuyú huànbìng, cíle zhí(由于患病,辞了职). ¶我が意をえたりと膝を叩く zhèngzhòng-xiàhuái, pāi tuǐ jiàohǎo(正中下怀,拍腿叫好). ¶彼の話は一向に要領をえない tīng tā huà zěnme yě bù dé yàolǐng(听他的话怎么也不得要领).

2〔…できる〕¶ついに実力を発揮しえなかった zhōngyú méi néng fāhuīchū qí shílì(终于没能发挥出其实力). ¶賛成せざるをえない bùdé bú zàncháng(不得不赞成). ¶彼女は戦慄を禁じえなかった tā bùjīn zhànlì(她不禁战栗). ¶そういうこともありえる nà yě shì yǒu kěnéng de(那也是有可能的)/ nà yě shì huì yǒu de(那也是会有的).

エルエスアイ【LSI】dàguīmó jíchéng diànlù(大规模集成电路).

エルエル【LL】yǔyán diànjiào jiàoshì(语言电教教室), yǔyán diànjiào liànxíshì(语言电教练习室).

エルディー【LD】jīguāng shìpán(激光视盘).

エルピーレコード【LPレコード】mìwén chàngpiàn(密纹唱片).

エレガント yōuyǎ(优雅), gāoyǎ(高雅).

エレクトロニクス diànzǐxué(电子学).

エレクトロン diànzǐ(电子), āiléikètèlóng(挨雷克特龙).

エレジー bēigē(悲歌), āigē(哀歌).

エレベーター diàntī(电梯), zìdòng diàntī(自动电梯), shēngjiàngjī(升降机). ¶～に乗る dā diàntī(搭电梯). ¶～で降りる zuò diàntī xiàqu(坐电梯下去).

エロ sèqíng(色情), huángsè(黄色). ¶～映画 huángsè diànyǐng(黄色电影). ～本 yínshū(淫书)/ huángsè shūkān(黄色书刊).

エロス Èluòsī(厄洛斯).

エロチシズム qíng'ài(情爱); xìng'ài(性爱).

エロチック sèqíng(色情), sèmí(色迷), ròugǎn mírén(肉感迷人). ¶～なシーン sèqíng jìngtou(色情镜头).

えん【円】**1**〔円形〕yuán(圆), quānr(圈儿), yuánquān(圆圈), xuán[r](旋[儿]), xuánzi(旋子). ¶コンパスで～をかく yòng liǎngjiǎoguī huà yuán(用两脚规画圆). ¶とんびが～を描いて飛んでいる yì zhī lǎoyīng zài kōngzhōng dǎxuánr(一只老鹰在空中打旋儿).

2〔貨幣の単位〕rìyuán(日元・日圆)〈日本円〉; kuài(块). ¶この本は500～です zhè běn shū shì wǔbǎi rìyuán(这本书是五百日元). ¶100～硬貨 yìbǎi rìyuán yìngbì(一百日元硬币).

えん【宴】yànhuì(宴会), jiǔhuì(酒会), jiǔxí(酒席). ¶月見の～を張る shèyàn shǎngyuè(设宴赏月). ¶今や～たけなわである xiànzài yànhuì zhèngshì gāocháo(现在宴会正是高潮). ¶私のために送別の～を開いてくれた wèi wǒ jǔxíng jiànxíng jiǔhuì(为我举行了饯行酒会).

えん【塩】yán(盐). ¶～類 yánlèi(盐类). 硫酸～ liúsuānyán(硫酸盐).

えん【縁】**1** yuán(缘), yuánfèn(缘分), yīn-

yuán(因缘), guānxi(关系). ¶～あって2人は夫婦になった liǎngrén yǒu yuán jiéwéi fūqī (两人有缘结为夫妻). ¶不思議な～で知合いになった yóuyú qíyuán chéngle xiāngshí (由于奇缘成了相识). ¶あの人とは～がなかったのでしょう yěxǔ hé tā méiyǒu yuánfèn (也许和他没有缘分). ¶道連れになったのも何かの～でしょうj jiéwéi lǚbàn yěxǔ shì ge shénme yuánfèn ba (结为旅伴也许是个什么缘分吧). ¶～は異なもの味なもの qiānlǐ yīnyuán yí xiàn qiān (千里姻缘一线牵). ¶～なき衆生は度し難し wúyuán de zhòngshēng nányú dùhuà (无缘的众生难于度化)/ fófǎ nán dù wúyuán rén (佛法难度无缘人). ¶夫婦の～を結ぶ jiéwéi fūqī (结为夫妻). ¶兄弟の～を切る duànjué xiōngdì guānxi (断绝兄弟关系). ¶私とあの人とは切っても切れない～がある wǒ hé tā yǒu gē yě gēbuduàn de guānxi (我和他有割不断的关系). ¶そのことと私とは～もゆかりもない nà jiàn shì gēn wǒ háo bù xiānggān (那件事跟我毫不相干). ¶彼はおよそ学問には～のない男だ tā yǔ xuéwen háo bù zhānbiānr (他与学问毫不沾边儿). ¶僕は正月から酒ときっぱり～を切った wǒ dǎ guònián jiù jiècle jiǔ le (我打过年就戒了酒了). ¶金の切れ目が～の切れ目 qián jìn yuán jìn (钱尽缘尽). ¶これを御～によろしく xīwàng yǐhòu duōduō guānzhào (希望以后多多关照). ¶～があったら又会いましょう ni wǒ yǒu yuán, dāng kě chóngféng (你我有缘, 当可重逢).

2[縁側] ¶～の下の力持ち wúmíng yīngxióng (无名英雄).

えんいん【遠因】 yuǎnyīn (远因). ¶それが戦争の～をしている nà jiùshì dǎozhì zhànzhēng de yuǎnyīn (那就是导致战争的远因).

えんえい【遠泳】 ¶～大会を行う jǔxíng yuǎnjùlí yóuyǒng yùndòng dàhuì (举行远距离游泳运动大会).

えんえき【演繹】 yǎnyì (演绎). ¶～的に結論を導き出す yòng yǎnyì tuīlǐ tuīchū jiélùn (用演绎推理推出结论).
¶～法 yǎnyìfǎ (演绎法).

えんえん【延延】 ¶会議は～10時間も続いた huìyì jìng yánxùle shí ge xiǎoshí (会议竟延续了十个小时).

えんえん【炎炎】 yányán (炎炎), xióngxióng (熊熊). ¶～たる猛火が天を焦がしている xióngxióng lièhuǒ chōngtiān (熊熊烈火冲天). ¶火が～と燃えさかる huǒ xióngxióng ránshāozhe (火熊熊燃烧着).

えんえん【蜿蜒】 wānyán (蜿蜒). ¶～長蛇の列をなしている páichéng wānyán chángshézhèn (排成蜿蜒长蛇阵). ¶～と続く一本道 yì tiáo wānyán búduàn de lù (一条蜿蜒不断的路).

えんか【塩化】 lùhuà (氯化). ¶～ナトリウム lùhuànà (氯化钠). ～ビニール lùyǐxī (氯乙烯)/ lùhuàyǐxī (氯化乙烯). ～物 lùhuàwù (氯化物).

えんか【演歌】 《说明》日本情调的流行歌曲.

えんかい【沿海】 yánhǎi (沿海). ¶～漁業 yán'àn yúyè (沿岸渔业). ～工業地帯 yánhǎi gōngyè dìqū (沿海工业地区).

えんかい【遠海】 yuǎnhǎi (远海). ¶～魚 yuǎnhǎiyú (远海鱼).

えんかい【宴会】 yànhuì (宴会), jiǔhuì (酒会). ¶～を開く jǔxíng yànhuì (举行宴会). ¶～の席上で挨拶する zài yànxí shang zhìcí (在宴席上致词).
¶～場 yànhuìchǎng (宴会场).

えんがい【塩害】 yánhài (盐害).

えんがい【煙害】 yānhài (烟害).

えんかく【沿革】 yángé (沿革). ¶東京の～を記した文献 jìzǎi Dōngjīng yángé de wénxiàn (记载东京沿革的文献).

えんかく【遠隔】 ¶～の地 yáoyuǎn de dìfang (遥远的地方).
¶～操作 yáokòng (遥控)/ yuǎnjùlí cāozuò (远距离操纵).

えんかつ【円滑】 shùnlì (顺利); yuánmǎn (圆满). ¶仕事は～に運んでいる gōngzuò zài shùnlì jìnzhǎn (工作在顺利进展). ¶2人の仲は～にいっている liǎng ge rén de guānxi hěn yuánmǎn (两个人的关系很圆满).

えんがわ【縁側】 ¶お婆さんが～でひなたぼっこをしている lǎotàitai zài lángyán xià shàinuǎnr (老太太在廊檐下晒暖儿).

えんかん【鉛管】 qiānguǎn (铅管). ¶～工 qiānguǎngōng (铅管工)/ guǎnzigōng (管子工).

えんがん【沿岸】 yán'àn (沿岸), yánhǎi (沿海). ¶直江津は日本海の～にある Zhíjiāngjīn zài Rìběnhǎi de yán'àn (直江津在日本海的沿岸). ¶瀬戸内海～を航行する yán Làinèihǎihǎi'àn hángxíng (沿濑户内海海岸航行).
¶～漁業 yán'àn yúyè (沿岸渔业). ～警備隊 yán'àn jǐngwèiduì (沿岸警卫队). ～航路 yánhǎi hánglù (沿海航路). ～地方 yánhǎi dìqū (沿海地区).

えんき【延期】 yánqī (延期); zhǎnqī (展期). ¶会議は来月5日まで～する huìqī zhǎnqīdào xiàyuè wǔ hào (会期展期到下月五号). ¶雨天の際は運動会は翌日に～する xiàyǔ shí, yùndònghuì yánqí dào dì'èr tiān jǔxíng (下雨时, 运动会延期到第二天举行). ¶会議の～を通知する tōngzhī huìyì zhǎnqī (通知会议展期). ¶债権者は返済の1年～を承諾した zhàiquánrén dāyingle bǎ huánzhài "yánhuǎn[zhǎnhuǎn/zànhuǎn] yì nián (债权人答应了把还债"延缓[展缓/ 暂缓]一年).

えんき【塩基】 yánjī (盐基). ¶～性染料 jiǎnxìng rǎnliào (碱性染料).

えんぎ【演技】 yǎnjì (演技). ¶今度の舞台での彼女の～は素晴らしい zhè cì gōngyǎn, tā de yǎnjì jīngzhàn (这次公演, 她的演技精湛). ¶～が気にせまっている yǎnjì bīzhēn (演技逼真). ¶彼女はこの頃～力がついた tā jìnlái yǎnjì dà yǒu jìnbù (她近来演技大有进步). ¶彼のあれは～にすぎない tā nà shì zhuāngzhuang yàngzi bàle (他那是装装样子罢了).

えんぎ【縁起】 **1**〔由来〕yuánqǐ (缘起), yóulái

(由来). ¶神社の～ shénshè de yóulái (神社的由来).

2〔前兆〕¶こいつは～がいい zhè kě jílì (这可吉利). ¶～でもないことを言うな bié shuō bù jílì de huà (别说不吉利的话). ¶彼はよく～をかつぐ tā hào qǔ jílì (他好取吉利). ¶一直に一杯飲もう wèile qūxié, hē bēi jiǔ qù! (为了驱邪,喝杯酒去!).

えんきょく【婉曲】wǎnzhuǎn (婉转), wěiwǎn (委婉). ¶～な言い回しをする shuōhuà hěn wǎnzhuǎn (说话很婉转); cuòcí wěiwǎn (措词委婉). ¶～に断る wǎnyán xièjué (婉言谢绝) / wǎncí (婉辞) / wǎnxiè (婉谢).

えんきり【縁切り】duànjué guānxi (断绝关系).

えんきん【遠近】yuǎnjìn (远近). ¶片目では～が分りにくい yì zhī yǎn nányú tuīcè jùlí yuǎnjìn (一只眼难于推测距离远近). ¶お買上げ品は～にかかわらずお届けします bùguǎn jùlí yuǎnjìn, sònghuò shàngmén (不管距离远近, 送货上门).

¶～法 tòushì huàfǎ (透视画法).

えんぐみ【縁組】〔夫婦の〕chéngqīn (成亲), zuòqīn (做亲), jiéqīn (结亲); 〔養子の〕guòjì (过继), guòfáng (过房).

えんぐん【援軍】yuánjūn (援军), yuánbīng (援兵), jiùbīng (救兵). ¶～をおくる pàiqiǎn yuánjūn (派遣援军).

えんけい【円形】yuánxíng (圆形). ¶～の花壇 yuánxíng huātán (圆形花坛). ¶～劇場 yuánxíng jùchǎng (圆形剧场). ～脱毛症 bāntū (斑秃) / guǐtìtóu (鬼剃头).

えんけい【遠景】yuǎnjǐng (远景). ¶～に山を描く huà zuò shān dāng yuǎnjǐng (画座山当远景).

えんげい【園芸】yuányì (园艺). ¶～家 yuányìshī (园艺师).

えんげい【演芸】qǔyì (曲艺). ¶～会 qǔyìhuì (曲艺会) / wényúhuì (文娱会). ¶～場 qǔyì jùchǎng (曲艺剧场).

エンゲージリング dìnghūn jièzhi (订婚戒指).

えんげき【演劇】jù (剧), xì (戏), xìjù (戏剧). ¶～界 xìjùjiè (戏剧界).

エンゲルけいすう【エンゲル係数】Engé'ěr xìshù (恩格尔系数).

えんこ【縁故】¶京都には～がありません zài Jīngdū wú qīn wú gù (在京都无亲无故). ¶～を頼って職を探す tóuqīn kàoyǒu zhǎo gōngzuò (投亲靠友找工作). ¶何の～もない土地で商売を始める zài réndì shēngshū de dìfang zuò mǎimai (在人地生疏的地方做买卖).

えんご【掩護】yǎnhù (掩护). ¶部隊の撤退を～する yǎnhù bùduì chètuì (掩护部队撤退).

¶～射撃 yǎnhù shèjī (掩护射击).

えんご【援護】jiùyuán (救援), jiùjì (救济). ¶被災者を～する jiùjì zāimín (救济灾民).

えんこん【怨恨】yuànhèn (怨恨), yuānchóu (冤仇). ¶～から起きた殺人事件 yóu yuānchóu suǒ yǐnqǐ de shārén'àn (由冤仇所引起的杀人案).

えんさ【怨嗟】¶～の的となる chéngwéi yuàn-

fǔ (成为怨府). ¶国中に～の声が満ちていた quánguó yuànshēng-zàidào (全国怨声载道).

えんざい【冤罪】¶それは～だ nà shì ˇyuānwang [yuānqū] rén (那是ˇ冤枉 [冤屈] 人). ¶～をこうむる méngshòu bù bái zhī yuān (蒙受不白之冤) / méng yuān (蒙冤). ¶～をすすぐ xǐ [xuě] yuān (洗 [雪] 冤) / xǐxuě yuānqū (洗雪冤屈). ¶～を訴える shēnsù yuānqíng (申诉冤情) / sùyuān (诉冤) / hǎnyuān (喊冤) / míngyuān jiàoqū (鸣冤叫屈).

¶～事件 yuān'àn (冤案) / yuānyù (冤狱).

エンサイクロペディア bǎikē quánshū (百科全书).

えんさき【縁先】¶～に腰をおろす zuò zài fángxià shang (坐在房檐下上).

えんさん【塩酸】yánsuān (盐酸), qīnglǜsuān (氢氯酸).

えんさん【演算】yǎnsuàn (演算), yùnsuàn (运算). ¶～装置 yùnsuànqì (运算器).

えんし【遠視】yuǎnshì (远视), yuǎnshìyǎn (远视眼). ¶彼は軽い～だ tā shì qīngdù yuǎnshìyǎn (他是轻度远视眼). ¶～用の眼鏡 yuǎnshìjìng (远视镜).

えんじ【臙脂】¶～色 ànhóngsè (暗红色).

えんじつてん【遠日点】yuǎnrìdiǎn (远日点).

エンジニア jìshī (技师), gōngchéngshī (工程师).

えんじゃ【縁者】¶親類～が一堂に集まった jìnqīn yuǎnqīn dōu jùjí zài yìtáng (近亲远亲都聚集一堂).

えんじゅ【槐】huái (槐), huáishù (槐树).

えんしゅう【円周】yuánzhōu (圆周), yuán (圆). ¶～角 yuánzhōujiǎo (圆周角). ～率 yuánzhōulǜ (圆周率).

えんしゅう【演習】**1**〔訓練〕yǎnxí (演习). ¶射撃～ shèjī xùnliàn (射击训练). 水防～ fánghóng xùnliàn (防洪训练). 陸海空軍合同～ lù hǎi kōng sānjūn liánhé yǎnxí (陆海空三军联合演习).

2〔ゼミナール〕xímíngnà'ěr (习明纳尔), kètáng tǎolùn (课堂讨论), yǎnxí (演习).

えんじゅく【円熟】yuánshú (圆熟). ¶彼の芸はすでに～の域に達している tā de yǎnjì yǐ dá 'jīngzhàn yuánshú [lúhuǒ-chúnqīng] de jìngdì (他的演技已达ˇ精湛圆熟 [炉火纯青] 的境地). ¶彼の人柄は近来ますます～味を加えて来た tā wéirén jìnlái yuèfā lǎochéng le (他为人近来越发老成了).

えんしゅつ【演出】dǎoyǎn (导演), zhídǎo (执导). ¶A氏の～による《マクベス》が上演された yóu A xiānsheng dǎoyǎn de 《Màikèbèisī》shàngyǎn le (由A先生导演的《麦克佩斯》上演了).

¶～家 dǎoyǎn (导演).

えんしょ【炎暑】shǔrè (暑热), kùrè (酷热). ¶～のおりからお体にお気をつけください shǔrè zhèng shèng, qǐng qiānwàn bǎozhòng (暑热正盛,请千万保重).

えんじょ【援助】yuánzhù (援助), zhīyuán (支援), zīzhù (资助), jiējì (接济), jìzhù (济助);

エンジョイ

wàiyuán(外援). ¶〜を受ける jiēshòu yuánzhù(接受援助). ¶友人の事業を〜する yuánzhù péngyou de shìyè(援助朋友的事业). ¶暖かい〜の手をさしのべる shēnchū wēnnuǎn de zhīyuán zhī shǒu(伸出温暖的支援之手).

エンジョイ ¶独身生活を〜する xiǎngshòu dúshēn shēnghuó de lèqù(享受独身生活的乐趣).

えんしょう【延焼】 yánshāo(延烧). ¶付近の住宅5棟を〜した fùjìn de mínfáng yánshāole wǔ jiā(附近的民房延烧了五家). ¶風向きが変って〜をまぬかれた fēngxiàng biàn le, bìmiǎnle yánshāo(风向变了,避免了延烧). ¶〜を防ぐ fángzhǐ ˇyánshāo[huǒzāi mànyán](防止ˇ延烧[火灾蔓延]).

えんしょう【炎症】 yánzhèng(炎症). ¶〜を起す yǐnqǐ yánzhèng(引起炎症)/ fāyán(发炎).

えんじょう【炎上】 ¶金閣寺が〜した Jīngésì qǐle dàhuǒ(金阁寺起了大火).

えん・じる【演じる】 → えんずる.

えんしん【円心】 yuánxīn(圆心).

えんしん【遠心】 líxīn(离心). ¶〜脱水機 líxīn tuōshuǐjī(离心脱水机). ¶〜分離機 líxīnjī(离心机). ¶〜力 líxīnlì(离心力).

えんじん【円陣】 ¶〜をつくって座る wéichéng yí ge yuánquān zuòxià(围成一个圆圈ル坐下).

えんじん【猿人】 yuánrén(猿人).

エンジン yǐnqíng(引擎), fādòngjī(发动机). ¶〜をかける fādòng yǐnqíng(发动引擎)/ kāidòng fādòngjī(开动发动机). ¶〜を止める bǎ yǐnqíng tíngxialai(把引擎停下来).

えんすい【円錐】 yuánzhuī(圆锥). ¶〜曲線 yuánzhuī qūxiàn(圆锥曲线). 〜形 yuánzhuīxíng(圆锥形). 〜台 yuántái(圆台)/ yuánzhuītái(圆锥台).

えんすい【塩水】 yánshuǐ(盐水). ¶〜選 yánshuǐ xuǎnzhǒng(盐水选种).

えんずい【延髄】 yánsuǐ(延髓).

エンスト pāomáo(抛锚).

えん・ずる【演ずる】 yǎn(演), bànyǎn(扮演), biǎoyǎn(表演), yǎnchū(演出). ¶我々は《白毛女》を〜じた wǒmen yǎnchūle《Báimáonǚ》(我们演出了《白毛女》). ¶主役を〜ずる yǎn[bànyǎn/ dǎbàn] zhǔjué(演[扮演/ 唱]主角). ¶彼は交渉にあたって大きな役割を〜じた zài jiāoshè shang tā qǐle hěn dà de zuòyòng(在交涉上他起了很大的作用). ¶惨劇を〜ずる zàochéng cǎnjù(造成惨剧). ¶醜態を〜ずる zuòchū chǒushì(做出丑事)/ chūchǒu(出丑).

えんせい【延性】 yánxìng(延性). ¶この金属は〜に富む[乏しい] zhè zhǒng jīnshǔ ˇfùyǒu[quēfá] yánxìng(这种金属ˇ富有[缺乏]延性).

えんせい【遠征】 yuǎnzhēng(远征). ¶アレクサンドロス大王はインドに〜した Yàlìshāndà dàdì yuǎnzhēng Yìndù(亚历山大大帝远征印度). ¶〜軍 yuǎnzhēngjūn(远征军). 〜チーム yuǎnzhēngduì(远征队).

えんせい【厭世】 yànshì(厌世). ¶最近彼は〜的なようだ jìnlái tā sìhū yànshì le (近来他似乎厌世了). ¶〜家 yànshìzhě(厌世者)/ yànshìzhǔyìzhě(厌世主义者). 〜主義 yànshìzhǔyì(厌世主义).

えんぜつ【演説】 yǎnshuō(演说), yǎnjiǎng(演讲). ¶憲法問題について〜する jiù xiànfǎ wèntí jìnxíng yǎnjiǎng(就宪法问题进行演讲). ¶施政方針を〜する zuò shīzhèng fāngzhēn yǎnshuō(做施政方针演说). ¶あの〜口調はまっぴらだ nà zhǒng yǎnshuōqiāng wǒ cái bú ài tīng(那种演说腔我才不爱听). ¶〜会 yǎnjiǎnghuì(演讲会).

エンゼル ānqí'ér(安琪儿), tiānshǐ(天使). ¶〜フィッシュ tiānshǐyú(天使鱼).

えんせん【沿線】 yánxiàn(沿线). ¶中央線〜に住んでいる wǒ zhùzài Zhōngyāngxiàn de yánxiàn(我住在中央线的沿线).

えんせん【厭戦】 yànzhàn(厌战). ¶国中に〜気分がみなぎっている quánguó mímànzhe yànzhàn qíngxù(全国弥漫着厌战情绪).

えんそ【塩素】 lǜ(氯), lǜqì(氯气). ¶〜酸 lǜsuān(氯酸).

えんそう【演奏】 yǎnzòu(演奏), zòuyuè(奏乐), zuòyuè(作乐). ¶ピアノソナタを〜する yǎnzòu gāngqín zòumíngqǔ(演奏钢琴奏鸣曲). ¶〜会を開く jǔxíng yǎnzòuhuì(举行演奏会). ¶〜者 yǎnzòuzhě(演奏者).

えんそく【遠足】 yuǎnzú(远足), jiāoyóu(郊游). ¶鎌倉へ〜に行く dào Liáncāng qù yuǎnzú(到镰仓去远足).

エンターテイナー yìrén(艺人), yǎnyuán(演员).

えんたい【延滞】 ¶家賃の支払いが3か月〜している fángzū tuōqiànle sān ge yuè(房租拖欠了三个月). ¶納税期限がすぎていたので〜金を取られた yīnwei guòle nàshuì qīxiàn, bèi zhēngshōule zhìnàjīn(因为过了纳税期限,被征收了滞纳金).

えんだい【遠大】 yuǎndà(远大). ¶〜な計画を立てる dìng yuǎndà jìhuà(订远大计划)/ dà zhǎn hóngtú(大展鸿图). ¶〜な志を抱く huái yuǎndà de zhìxiàng(怀远大的志向)/ xiōnghuái hóngyuàn(胸怀宏愿).

えんだい【演題】 yǎnjiǎng tímù(演讲题目), jiǎngtí(讲题).

えんだか【円高】 rìyuán shēngzhí(日元升值), rìyuán jiāntǐng(日元坚挺).

えんたく【円卓】 yuánzhuō(圆桌). ¶〜会議 yuánzhuō huìyì(圆桌会议).

えんだん【演壇】 jiǎngtán(讲坛), jiǎngtái(讲台). ¶〜に上がる zǒushàng jiǎngtái(走上讲台)/ dēngshàng jiǎngtán(登上讲坛).

えんだん【縁談】 qīnshì(亲事), hūnshì(婚事). ¶娘に〜がもちあがった wǒ jiā nǚ'ér yǒu rén lái ˇshuōqīn[tíqīn](我家女儿有人来ˇ说亲[提亲]). ¶息子の〜がまとまった érzi de qīnshì dìngtuǒ le(儿子的亲事订妥了). ¶〜がこわれた hūnshì pòliè le(婚事破裂了).

えんちゃく【延着】 wǎndiǎn(晚点), wùdiǎn(误点), tuōbān(脱班). ¶大雪のため列車は2

時間～した yóuyú dàxuě, lièchē ˇwùle[wùdiǎn] liǎng ge xiǎoshí(由于大雪,列车ˇ误了[误点]两个小时).

えんちゅう【円柱】 yuánzhù(圆柱).

えんちょう【延長】 yáncháng(延长). ¶線路を3キロ～する bǎ xiànlù yáncháng sān gōnglǐ(把线路延长三公里). ¶国会は2週間の会期～を決めた guóhuì juédìng bǎ huìqī yáncháng liǎng ge xīngqī(国会决定把会期延长两个星期). ¶展覧会は来月まで期間を～する zhǎnlǎnhuì bǎ zhǎnqī yáncháng dào xiàyuè(展览会把展期延长到下月). ¶今日の野球は～戦になった jīntiān de bàngqiú dǎchéng píngjú, bǐsài yánxù le(今天的棒球打成平局,比赛继续).

えんちょう【園長】 yuánzhǎng(园长). ¶幼稚園の～ yòu'éryuán yuánzhǎng(幼儿园园长). ¶動物園の～ dòngwùyuán yuánzhǎng(动物园园长).

えんちょく【鉛直】 qiānzhí(铅直). ¶～線 qiānchuíxiàn(铅垂线).

えんづ・く【縁付く】 ¶娘は2人とももう～いた liǎng ge nǚ'ér dōu yǐjing chūjià le(两个女儿都已经出嫁了).

えんづ・ける【縁付ける】 ¶娘を商家に～ける bǎ nǚ'ér jiàdào shāngrénjiā(把女儿嫁到商人家).

えんつづき【縁続き】 ¶彼は私と～です wǒ gēn tā shì qīnqi(我跟他是亲戚).

えんてい【園丁】 yuándīng(园丁).

えんてん【炎天】 yántiān(炎天), yánrì(炎日), lièrì(烈日). ¶～下若人達が熱戦をくりひろげた lièrì dāngkōng niánqīngrén zhǎnkāile jīliè de bǐsài(烈日当空年轻人展开了激烈的比赛).

えんでん【塩田】 yántián(盐田).

えんとう【円筒】 yuántǒng(圆筒).

えんどう【沿道】 yánlù(沿路), yántú(沿途). ¶～には草花が植えてある yánlù dōu zhòngzhe cǎohuā(沿路都种着草花). ¶～は歓迎の人々でうずまった yántú dōu jǐmǎnle huānyíng de rénmen(沿途都挤满了欢迎的人们).

えんどう【豌豆】 wāndòu(豌豆).

えんどお・い【縁遠い】 ¶私には哲学は～い存在だ wǒ gēn zhéxué kě shì háo wú yuánfèn(我跟哲学可是毫无缘分). ¶学問とは～い生活を送っている wǒ guòzhe hé xuéwen xiānggé shíwàn bāqiān lǐ de shēnghuó(我过着和学问相隔十万八千里的生活). ¶～い娘 méiyǒu yuánfèn de gūniang(没有缘分的姑娘).

えんとつ【煙突】 yāntong(烟筒), yāncōng(烟囱). ¶高い～が林立している gāogāo de yāncōng línlìzhe(高高的烟囱林立着). ¶～がつまった yāntong dǔzhù le(烟筒堵住了). ¶～掃除人 sǎo yāncōng gōngrén(扫烟囱工人).

エンドユーザー zuìzhōng yònghù(最终用户), zhōngduān yònghù(终端用户), duāndiǎn yònghù(端点用户), duānyònghù(端用户).

エントリー shēnqǐng cānjiā(申请参加), bàomíng cānjiā(报名参加).

エントロピー shāng(熵).

えんにち【縁日】 miàohuì(庙会). ¶5日は水天宮の～です wǔ hào shì Shuǐtiāngōng de miàohuì(五号是水天宫的庙会).

えんにょう【廴繞】 jiànzhīpángr(建之旁儿).

えんねつ【炎熱】 yánrè(炎热). ¶～のもとで草取りをする tóu dǐng lièrì bá cǎo(头顶烈日拔草). ¶～焼くが如し yánrè rú huǒ shāo(炎热如火烧).

えんのう【延納】 ¶授業料の～を願い出る shēnqǐng xuéfèi huǎnqī jiǎonà(申请学费缓期缴纳).

えんばく【燕麦】 yànmài(燕麦).

えんばん【円盤】 yuánpán(圆盘);[競技の] tiěbǐng(铁饼). ¶～投げ zhìtiěbǐng(掷铁饼).

えんばん【鉛版】 qiānbǎn(铅版).

えんぴつ【鉛筆】 qiānbǐ(铅笔). ¶～を削る xiāo qiānbǐ(削铅笔). ¶～の芯 qiānbǐxīn(铅笔心). ¶硬い～ yìng qiānbǐ(硬铅笔). ¶～画 qiānbǐhuà(铅笔画). ～削り qiānbǐdāo(铅笔刀)/juǎnbǐdāo(卷笔刀). 赤～ hóngqiānbǐ(红铅笔).

えんびふく【燕尾服】 yànwěifú(燕尾服).

えんぶきょく【円舞曲】 yuánwǔqǔ(圆舞曲), huá'ěrzīwǔ(华尔兹舞).

えんぶん【塩分】 yánfèn(盐分). ¶この井戸水は～を含んでいる zhè kǒu jǐng de shuǐ hányǒu yánfèn(这口井的水含有盐分). ¶～が多い[少ない] yánfèn ˇduō[shǎo](盐分ˇ多[少]).

えんぶん【艶聞】 ¶～が広まる fēngliú yùnshì sì chuán(风流韵事四传).

えんぺい【掩蔽】 yǎnbì(掩蔽); yǎngài(掩盖). ¶煙幕で砲台を～する yòng yānmù yǎnbì pàotái(用烟幕掩蔽炮台). ¶真の目的を～する yǎngài zhēnshí yìtú(掩盖真实意图).

えんぽう【遠望】 yuǎnwàng(远望), yuǎntiào(远眺), tiàowàng(眺望), liàowàng(瞭望). ¶山頂は～がきく shāndǐng kěyǐ yuǎntiào(山顶可以远眺). ¶～するとアルプスの山並みが～できる yuǎnyuǎn de kěyǐ liàowàng Ā'ěrbēisī de shānmài(远远地可以瞭望阿尔卑斯的山脉).

えんぼう【遠謀】 yuǎnmóu(远谋). ¶深慮～に富む人 fùyǒu shēnmóu-yuǎnlǜ de rén(富有深谋远虑的人).

えんぽう【遠方】 yuǎnfāng(远方), yuǎndì(远地). ¶～からはるばる訪ねて来た cóng yuǎnfāng qiānlǐ-tiáotiáo láifǎng(从远方千里迢迢来访). ¶息子は～に働きに行っている érzi zài wàidì dǎgōng(儿子在外地工作). ¶～に島が見えてきた yuǎnyuǎn de xiǎnxiànchū yí ge hǎidǎo(远远地显现出一个海岛).

えんま【閻魔】 Yánluó(阎罗), Yánluówáng(阎罗王), Yánwang(阎王), Yánwangyé(阎王爷). ¶～帳 jiàoshī jìfēncè(教师记分册).

えんまく【煙幕】 yānmù(烟幕). ¶～を張る fàng yānmù(放烟幕)〈比喩的にも〉.

えんまん【円満】 yuánmǎn(圆满), měimǎn(美满). ¶彼はとても～な人物だ tā wéirén hěn wēnhòu(他为人很温厚). ¶～な家庭 měimǎn de jiātíng(和睦美满的家庭). ¶彼等は至極～に暮している tāmen guòzhe měimǎn

de shēnghuó (他们过着美满的生活). ¶ 紛争は～に解決した jiūfēn "yuánfēn[wánmǎn] de jiějué le (纠纷‹圆满[完满]地解决了).

えんむすび【縁結び】 ¶ ～の神 yuèxià lǎorén (月下老人)/ yuèxià bīngrén (月下冰人)/ yuèlǎo (月老).

えんめい【延命】 ¶ 必死に～策を講ずる qiānfāng-bǎijì de bǎoquán dìwèi (千方百计地保全地位).

えんやす【円安】 rìyuán biǎnzhí (日元贬值), rìyuán píruǎn (日元疲软).

えんゆうかい【園遊会】 yóuyuánhuì (游园会).

えんよう【援用】 yuányòng (援用), yuányǐn (援引), yǐnyòng (引用). ¶ 先人の説を～する yǐnyòng qiánrén zhī shuō (引用前人之说).

えんよう【遠洋】 yuǎnyáng (远洋). ¶ ～漁業 yuǎnyáng yúyè (远洋渔业). ～航海 yuǎnyáng hángxíng (远洋航行).

えんらい【遠来】 ¶ ～の客をもてなす kuǎndài yuǎnfāng de láikè (款待远方的来客)/ wèi yuǎnkè jiēfēng xǐchén (为远客接风洗尘).

えんらい【遠雷】 ¶ ～が聞える tīngjian yuǎnchù de léishēng (听见远处的雷声).

えんりょ【遠慮】 1【気がね】 kèqi (客气). ¶ ここにあるものは～をしないで使って下さい zhèr de dōngxi, búyào kèqi, qǐng suíbiàn yòng (这儿的东西,不要客气,请随便用). ¶ ～はいりません,どうぞお入り下さい bié[yòngbuzháo] kèqi, qǐng jìnlai ba (别[用不着]客气,请进来吧).

¶ 私は～して言いたいことの半分も言わなかった wǒ xīnli yǒuxiē gùjì, zhǐ shuōle xiǎng shuō de yíbàn huà (我心里有些顾忌,只说了想说的一半话). ¶ ここなら誰にも～せずにのんびりできる zài zhèr duì shuí yě wúxū gùjì, kěyǐ zìyóu-zìzài (在这儿对谁也无须顾忌,可以自由自在). ¶ 分らない点があったら～なく聞いて下さい rúguǒ yǒu bù dǒng de dìfang, qǐng suíbiàn wèn ba (如果有不懂的地方,请随便问吧). ¶ 私と彼とは全然～のない間柄だ wǒ hé tā bùfēn-bǐcǐ (我和他不分彼此). ¶ 彼は～がちに口を開いた tā bù hǎoyìsi de kāile kǒu (他不好意思地开了口). ¶ ～を会釈なくあがりこんで来た háo bú kèqi de chuǎngle jìnlái (毫不客气地闯了进来). ¶ ～深い人 qiānxū yǒu lǐmào de rén (谦虚有礼貌的人).

2【差し控え，辞退】 ¶ 煙草は御～下さい qǐng wù xīyān (请勿吸烟)/ qǐng búyào chōuyān (请不要抽烟). ¶ 内緒話のようだったのでその場を～した tāmen hǎoxiàng zài shuō sīhuà, wǒ jiù líkāi nàr (他们好像在说私话,我就离开那儿). ¶ せっかくのお招きですが今回は御～いたします suīrán chéngméng yāoqǐng, dàn zhè cì zhǐhǎo cíxiè (虽然承蒙邀请,但这次只好辞谢).

えんろ【遠路】 yuǎnlù (远路), yuǎndào (远道). ¶ ～はるばるお越し下さいましてありがとうございます chéng nín yuǎndào ér lái shízài gǎnxiè bú jìn (承您远道而来实在感谢不尽).

お

お【尾】 wěiba (尾巴). ¶ 小犬が～を振ってついて来た xiǎogǒu yáozhe wěiba gēnlai le (小狗摇着尾巴跟来了). ¶ あの事がいつまでも～を引いている nà jiàn shì lǎo tuōzhe ge wěiba (那件事老拖着个尾巴). ¶ 凧の～ fēngzheng wěiba (风筝尾巴). ¶ 彗星の～ huìxīng wěiba (彗星尾巴).

お【緒】 ¶ 下駄の～が切れた mùjī de dàizi duàn le (木屐的带子断了). ¶ 堪忍袋の～が切れる rěn wú kě rěn (忍无可忍)/ zài yě búnéng róngrěn (再也不能容忍). ¶ 勝って兜の～を締めよ shèng bù jiāo, bài bù něi (胜不骄,败不馁)/ shèng bù xiè kuī (胜不卸盔).

おあいそ【御愛想】 1 gōngweihuà (恭维话), fèngchenghuà (奉承话), yìngchouhuà (应酬话). ¶ ～を言う shuō gōngweihuà (说恭维话). 2 zhàngdān (账单). ¶ ～を頼むよ,おねえさん xiǎojie, gěi wǒ suànzhàng (小姐,给我算帐)/ xiǎojie, mǎidān! (小姐,买单!).

オアシス lǜzhōu (绿洲).

おあずけ【お預け】 ¶ 結婚は卒業まで～だ jiéhūn gēdào bìyè yǐhòu zài shuō le (结婚搁到毕业以后再说了). ¶ 不景気のためボーナスは当分～になった yóuyú bùjǐngqì yìnián-bànzǎi nábudào jiǎngjīn le (由于不景气一年半载拿不到奖金了).

おい【甥】【兄弟の息子】 zhír (侄儿), zhízi (侄子);【姉妹の息子】 wàisheng (外甥).

おい【老い】 lǎo (老), lǎonián (老年), niánmài (年迈). ¶ ～を忘れて一日を楽しんだ wàngle niánlǎo kuàilè de dùguòle yì tiān (忘了年老快乐地度过了一天). ¶ ～の身に鞭打ってひたすら働く pīnzhe lǎomìng yígèjìnr de gōngzuò (拼着老命一个劲儿地工作). ¶ ～の一徹 lǎoniánrén de gùzhí (老年人的固执). ¶ ～の繰り言 lǎorén de dāolao (老人的叨唠). ¶ ～も若きもそのゲームに熱中した lǎolǎoshàoshào quándōu rèzhōng yú nàge yóuxì (老老少少全都热中于那个游戏).

おい wèi (喂), āi (哎), ēi (欸). ¶ ～,君 wèi! tóngzhì! (喂! 同志!). ¶ ～, そこで何をしているんだ wèi, nǐ zài nàr gàn shénme? (喂, 你在那儿干什么?). ¶ ～, ちょっと見て来い āi, nǐ qù kànkan! (哎, 你去看看!). ¶ ～, 早く来い

よ ēi, nǐ kuài lái ya!(欸,你快来呀!).

おいうち【追討ち】 zhuījī(追击). ¶敗走する敵に～をかける zhuījī bàituì de dírén(追击败退的敌人). ¶その不幸に～をかけるように第 2 の災難がふりかかった lián zāo búxìng, dì'èr ge zāinàn yòu líntóu le(连遭不幸,第二个灾难又临头了)/ huò bù dān xíng(祸不单行).

おいえげい【お家芸】 ¶～を披露する biǎoyǎn jiāchuán juéjì(表演家传绝技). ¶これは彼の～だ zhè shì tā de náshǒu hǎoxì(这是他的拿手好戏).

おいおい【追追】 jiànjiàn(渐渐), zhújiàn(逐渐), zhúbù(逐步). ¶病人は～快方に向かっています bìngrén jiànjiānr jiànhǎo le(病人渐渐ル见好了). ¶～改善していく zhúbù jiāyǐ gǎishàn(逐步加以改善). ¶これから～日が長くなる hòuyóu jiànjiàn de tiān jiù cháng le(往后渐渐地天就长了).

おいおい wūwū(呜呜). ¶～と泣く wūwū de kū(呜呜地哭).

おいかえ・す【追い返す】 gǎnhuí(赶回), niǎnhuí(撵回). ¶敵を～す bǎ dírén gǎnhuíqu(把敌人赶回去). ¶セールスマンを～す gǎnzǒu tuīxiāoyuán(赶走推销员). ¶あいつが来たら～せ yàoshi nà jiāhuo lái le, jiù gěi wǒ ˈniǎnhuíqu[hōngchuqu](要是那家伙来了,就给我ˈ撵回去[轰出去]).

おいか・ける【追い掛ける】 gǎn(赶), zhuī(追), zhuīgǎn(追赶). ¶泥棒を～ける zhuīgǎn xiǎotōur(追赶小偷ル). ¶急いで後から～けたが間にあわなかった jǐnzhe zhuī yě méi zhuīshàng(紧着追也没追上). ¶～けて訂正の手紙を出した zhuījìle dìngzhèng de xìn(追寄了订正的信).

おいかぜ【追い風】 shùnfēng(顺风). ¶ヨットは～にのって疾走する fānchuán shùnfēng jíchí(帆船顺风疾驰).

おいごえ【追肥】 zhuīféi(追肥). ¶～を施す shàng zhuīféi(上追肥).

おいこ・す【追い越す】 gǎnguò(赶过), chāoguò(超过), zhuīguò(追过). ¶先頭の人を～して一番前へ出た zhuīguòle zuì qiántou de rén lǐngxiān le(追过了最前头的人领先了). ¶～し禁止 jìnzhǐ chāochē(禁止超车). ¶僕のほうが早く習い始めたのだが今では彼に～されてしまった wǒ bǐ tā zǎo xué de, kěshì xiànzài yǐ bèi tā gǎnguoqu le(我比他早学的,可是现在已被他赶过去了). ¶息子の背丈が父親を～した érzi de shēncái ˈgǎn[chāo]guòle fùqin(儿子的身材ˈ赶[超]过了父亲).

おいこみ【追込み】 ¶ゴール前で最後の～をかける kuài dào zhōngdiǎn shí jìnxíng zuìhòu chōngcì(快到终点时进行最后冲刺). ¶仕事もいよいよ～にはいった gōngzuò jìnrùle zuìhòu de jǐnzhāng jiēduàn(工作进入了最后的紧张阶段).

おいこ・む【追い込む】 **1** gǎnjìn(赶进), hōngjìn(轰进). ¶逃げる犯人を路地へ～む bǎ táopǎo de zuìfàn gǎnjìn xiǎohútòng li(把逃跑的罪犯赶进小胡同里). ¶魚を網に～む bǎ yú hōng-

jìn wǎngli(把鱼轰进网里).

2 〔窮地などに〕 ¶窮地に～まれた xiànrù jiǒngjìng(陷入窘境). ¶彼を自殺にまで～んだのは会社の責任だ tā bèipò zìshā, gōngsī yīng fù zérèn(他被迫自杀,公司应负责任).

おいこ・む【老い込む】 ¶彼はこの頃めっきり～んだ tā jìnlái lǎo duō le(他近来老多了).

おいさき【生い先】 qiántú(前途), qiánchéng(前程). ¶～頼もしい若者 qiánchéng yuǎndà de niánqīngrén(前程远大的年轻人).

おいさき【老い先】 cánnián(残年), yúnián(余年), yúshēng(余生). ¶～短い老人 yúshēng wú jǐ de lǎorén(余生无几的老人).

おいし・い hǎochī(好吃), kěkǒu(可口), xiāng(香). ¶この料理はとても～い zhège cài fēicháng hǎochī(这个菜非常好吃). ¶なかなか～いスープだ zhè tāng xiānměi kěkǒu(这汤鲜美可口). ¶～そうな匂いがしている zhēn shì xiāngwèi pūbí(真是香味扑鼻). ¶散歩の後はご飯が～く食べられる sànbù hòu, chīfàn tèbié xiāng(散步后,吃饭特别香). ¶～い水だ zhè shuǐ zhēn ˈhǎohē[tiánměi](这水真ˈ好喝[甜美]).

おいしげ・る【生い茂る】 cóngshēng(丛生), héngshēng(横生); fánmào(繁茂), màoshèng(茂盛). ¶庭に雑草が～っている yuànzili zácǎo cóngshēng(院子里杂草丛生).

おいすが・る【追い縋る】 ¶～る相手を振り切る bǎ dīngzhù bú fàng de rén shuǎidiào(把钉住不放的人甩掉). ¶子供が母親に～って泣く xiǎoháizi jǐnzhuīzhe mǔqin kū(小孩子紧追着母亲哭).

おいそれと jiǎndān(简单), qīngyì(轻易). ¶この仕事はそう～できるものじゃない zhège gōngzuò kě bú shì nàme ˈjiǎndān[qīng ér yì jǔ] de(这个工作可不是那么ˈ简单[轻而易举]的). ¶彼は～は引き受けないだろう tā bú huì qīngyì dāying ba(他不会轻易答应吧).

おいだ・す【追い出す】 gǎnchū(赶出), niǎnchū(撵出), hōngchū(轰出), gǎnzǒu(赶走), niǎnzǒu(撵走), hōngzǒu(轰走), zhúchū(逐出). ¶家に入ってきた野良猫を～した bǎ pǎojìn wūzili de yěmāo gǎnchuqu le(把跑进屋子里的野猫赶出去了). ¶家賃を払えず～された jiāobuqǐ fángzū, bèi niǎnchulai le(缴不起房租,被撵出来了). ¶異分子を～す bǎ yìjǐ fènzǐ qūzhú chuqu(把异己分子驱逐出去).

おいたち【生い立ち】 chéngzhǎng(成长); shēnshì(身世). ¶子供の～を見守る guānhuái háizi de chéngzhǎng(关怀孩子的成长). ¶自分の～を語る xùshù zìjǐ de shēnshì(叙述自己的身世).

おいた・てる【追い立てる】 niǎn(撵), gǎn(赶), hōng(轰). ¶猟犬で兎を～てる yòng liègǒu niǎn tùzi(用猎狗撵兔子). ¶嫌がる子供を～てるようにして学校にやる bǎ bú yuànyì qù de háizi yìng niǎnzhào xuéxiào qù(把不愿意去的孩子硬撵到学校去). ¶家主から～てを食って困っている fángdōng niǎnzhe bānjiā, zhēn wéinán(房东撵着搬家,真为难).

おいちら・す【追い散らす】 qūsàn(驱散). ¶野次馬を～した bǎ qíhōng de qúnzhòng qūsàn le(把起哄的群众驱散了). ¶敵は我が軍の攻撃にひとたまりもなく～された dírén dǐkàng bu zhù wǒ jūn gōngjī yíchù-jíkuì le(敌人抵抗不住我军攻击一触即溃了).

おいつ・く【追い付く】 gǎnshàng(赶上), zhuīshàng(追上), niǎnshàng(撵上), gēntāngr(跟趟儿). ¶先発の人に～いた gǎnshàngle xiān chūfā de rén(赶上了先出发的人). ¶どんなに急いでも～けない zěnme zhuī yě gǎnbushàng(怎么追也赶不上). ¶外国の水準に～く gǎnshàng wàiguó de shuǐpíng(赶上外国的水平). ¶欧米先進国に～き追い越せで頑張ってきた wèile gǎnchāo Ōu-Měi xiānjìn guójiā yìzhí fèndòu(为了赶超欧美先进国家一直奋斗). ¶今さら後悔しても～かない xiànzài hòuhuǐ yě láibují le(现在后悔也来不及了).

おいつ・める【追い詰める】 zhuībī(追逼). ¶強盗を袋小路に～めた bǎ qiángdào zhuībī dào sǐhútong li(把强盗追逼到死胡同里). ¶借金に～められた bèi bīzhài bīde zǒutóu wú lù(被逼债逼得走投无路).

おいて【追風】→おいかぜ.

おいて【於て】 zài(在), yú(于). ¶本年の大会に～決定された事項 zài běnniándù dàhuì shang suǒ juédìng de shìxiàng(在本年度大会上所决定的事项). ¶次の会議は東京に～開催する xiàcì huìyì zài Dōngjīng zhàokāi(下次会议在东京召开). ¶古代に～はその例をみない gǔdài bújiàn qí lì(古代不见其例). ¶議長の名に～開会を宣する yǐ zhǔxí de míngyì xuānbù kāihuì(以主席的名义宣布开会).

おいて【措いて】 ¶これを～他に道はない chú cǐ zhī wài, bié wú chūlù(除此之外, 别无出路). ¶彼を～適任者はない chúle tā yǐwài, méiyǒu gèng ▾héshì[néng shèngrèn] de le(除了他以外, 没有更[合适[能胜任]的了).

おいで【お出で】 ¶よく～下さいました nín lái le[chéng wǎngjià/méng wǎnggù], huānyíng huānyíng(您它可来了[承枉驾/蒙枉顾], 欢迎欢迎). ¶～をお待ちしております děnghòu nín de láilín(等候您的来临)/gōnghòu jiàlín(恭候驾临). ¶こっちへ～ dào zhèbian lái(到这边来)/guòlai(过来). ¶どちらへ～になるのですか nín dào nǎr qù?(您到哪儿去?). ¶お父様はお宅に～ですか nín fùqin zàijiā ma?(您父亲在家吗?). ¶ここに座って～ zài zhèlǐ gěi wǒ hǎohāor zuòzhe(在这里给我好好儿坐着).

おいてきぼり【置いてきぼり】 ¶皆先に行ってしまって私だけ～を食った dàjiā dōu xiān zǒu le, bǎ wǒ yí ge rén ▾diū[piē]xià le(大家都先走了, 把我一个人▾丢[撇]下了).

おいぬ・く【追い抜く】 gǎnguò(赶过), zhuīguò(追过). ¶ゴール前を～いて1着になった zài jíjiāng dào zhōngdiǎn shí zhuīshangqu déle dìyīmíng(在即将到终点时追上去得了第一名). ¶今度の試験では彼を～いてみせる zhè cì kǎoshì yídìng yào ▾gǎn[chāo]guò tā(这次考试一定要▾赶[超]过他).

おいはぎ【追剥】 lùjié(路劫), xíngjié(行劫).

おいはら・う【追い払う】 hōng(轰), niǎn(撵), gǎn(赶), hōnggǎn(轰赶), qūgǎn(驱赶), hōngzǒu(轰走), niǎnzǒu(撵走), gǎnzǒu(赶走), qūzhú(驱逐); dǎfa(打发). ¶猫を～う bǎ māo hōngchuqu(把猫轰出去). ¶蠅がいくら～ってもまたすぐにたかってくる bùguǎn zěnme hōng, cāngying háishi mǎshàng yòu jùle guòlai(不管怎么轰, 苍蝇还是马上又聚了过来). ¶つまらない考えは頭から～いなさい wùyì de niàntou děi cóng nǎozili qūzhú chuqu(无益的念头得从脑子里驱逐出去).

おいぼれ【老耄】 lǎotóuzi(老头子), lǎojiāhuo(老家伙), lǎobàngzi(老梆子), lǎodōngxi(老东西), lǎogǔtou(老骨头). ¶私のような～に何ができましょう xiàng wǒ zhèyàng de lǎotóuzi yě néng zuò shénme?(像我这样的老头子又能做什么?). ¶この～め nǐ zhège lǎodōngxi!(你这个老东西!).

おいまく・る【追い捲る】 zhuīgǎn(追赶), zhuībī(追逼). ¶スケジュールに～られる bèi gōngzuò rìchéng gǎnde yàomìng(被工作日程赶得要命). ¶生活に～られる bèi shēnghuó bīde yàosǐ(被生活逼得要死).

おいまわ・す【追い回す】 zhuī(追), gǎn(赶). ¶女の尻を～す zhuī nǚrén(追女人). ¶一日中仕事に～されています yìtiān-dàowǎn bèi gōngzuò gǎnzhe(一天到晚被工作赶着).

おいめ【負目】 ¶彼には～を感じている wǒ gǎndào yǒu fù yú tā(我感到有负于他). ¶生涯～を負わされる yìshēng fùjiù(一生负疚).

お・いる【老いる】 lǎo(老), nián lǎo(年老). ¶年～いた母 lǎomǔ(老母). ¶～てますます盛んである lǎo dāng yì zhuàng(老当益壮). ¶～いたりといえども若い者にはひけをとらない wǒ suī nián lǎo, jué bú luòhòu yú niánqīngrén(我虽年老, 决不落后于年轻人). ¶～ては子に従え lǎo zé cóng zǐ(老则从子). ¶少年～いやすく学成りがたし shàonián yì lǎo xué nán chéng(少年易老学难成).

オイル yóu(油). ¶サラダ～ sèlāyóu(色拉油)/shēng càiyóu(生菜油). エンジン～ qìyóu(汽油)/cháiyóu(柴油). オリーブ～ gǎnlǎnyóu(橄榄油).

お・う【負う】 **1**[背負う] bēi(背), bēifù(背负). ¶赤ん坊を～う bēi wáwa(背娃娃). ¶～うた子に教えられる shòu rúzǐ zhī jiào(受孺子之教). ¶彼は生れながらにして盲目という十字架を～っている tā shēnglái jiù shēn bēi shīmíng zhège shízìjià(他生来就背负失明这个十字架). **2**[責任などを] fù(负), fùdān(负担), dānfù(担负), dāndāng(担当), dāndài(担待), chéngdān(承担), chéngdàn(承当), dǐngchéng(顶承). ¶そのような責任は～いかねる nàge zérèn ▾fù[bēi/dān]buqǐ(那个责任▾负[背/担]不起). ¶納税の義務を～う fù nàshuì yìwù(负纳税义务). ¶罪を～う chéngdāng zuìzé(承当罪责)/chīzuì(吃罪). ¶罪を人に～わせる bǎ zuìxíng zhuǎnjià tārén shēnshang(把罪行

転嫁他人身上)/ jiàhuò yú rén(嫁祸于人)/ wěizuì yú rén(委罪于人). ¶この子はもはや私の手に～えない zhège háizi wǒ yǐjīng guǎnbuliǎo le(这个孩子我已经管不了了).
3【負を】fù(负), shòu(受). ¶頭部に重傷を～った tóubù shòule zhòngshāng(头部受了重伤). ¶手傷を～う fùshāng(负伤)/ guàcǎi(挂彩)/ guàhuā(挂花).
4【おかげを】¶私が今日あるのはＡ先生に～うところが大である wǒ yǒu jīnrì duōkuī Ａ xiānsheng de bāngzhù(我有今日多亏Ａ先生的帮助).

お・う【追う】**1**【追いかける】zhuī(追), gǎn(赶), zhuīgǎn(追赶). ¶弟が後ろから～ってきた dìdi cóng hòumian zhuīlai le(弟弟从后面追来了). ¶彼は警察に～われる身で tā bèi jǐngchá ˇzhuījī[zhuībǔ](他被警察追缉[追捕]). ¶流行を～う gǎn shímáo(赶时髦). ¶理想を～う zhuīqiú lǐxiǎng(追求理想). ¶母のあとを～って自殺した suí mǔqīn zhī hòu zìshā le(随母亲之后自杀了). ¶家の雑用に～われている bèi jiātínglǐ de záwù chánshēn(被家庭里的杂务缠身). ¶時間に～われて余裕がない shíjiān jǐnde yàomìng(时间紧得要命).
2【従う】¶先例を～って許可する yīzhào xiānlì pīzhǔn(依照先例批准)/ yuánlì pīzhǔn(援例批准). ¶日を～って病状が悪化する bìngqíng rìqù èhuà(病情日趋恶化). ¶両国間の貿易額は年を～って増加している liǎngguó jiān de màoyì'é zhúnián zēngjiā(两国间的贸易额逐年增加). ¶順を～って話す àn xiānhòu shùnxù jiǎng(按先后顺序讲).
3【追い払う】hōng(轰), niǎn(撵), gǎn(赶), hōngzǒu(轰走), niǎnzǒu(撵走), gǎnzǒu(赶走), qūzhú(驱逐). ¶蝿を～う hōng cāngying(轰苍蝇). ¶彼はその地位を～われた tā bèi cóng nàge dìwèi gǎnxiaqu le(他被从那个地位赶下去了).
4【駆り立てる】gǎn(赶). ¶牛を～う gǎn niú(赶牛).

おう【王】wáng(王), dàwáng(大王). ¶ライオンは百獣の～と言われる shīzi hàochēng bǎishòu zhī wáng(狮子号称百兽之王).
¶発明～ fāmíng dàwáng(发明大王).

おうい【王位】wángwèi(王位). ¶～に即く jí[dēng]wángwèi(即[登]王位).

おういつ【横溢】bǎomǎn(饱满), chōngmǎn(充满), yángyì(洋溢). ¶元気～の若者 jīngshen bǎomǎn[zhāoqì-péngbó] de niánqīngrén(精神饱满[朝气蓬勃]的年轻人). ¶波止場には活気が～している mǎtou shang chōngmǎnzhe huóqì(码头上充满着活气).

おういん【押印】gài túzhāng(盖图章), gàizhāng(盖章), dǎyìn(打印).

おういん【押韻】yāyùn(押韵).

おうえん【応援】**1**【加勢】bāngmáng(帮忙), bāngzhù(帮助), yuánzhù(援助), zhīyuán(支援). ¶引越しの～に行く bāng rén bānjiā(帮人搬家). ¶選挙の～に駆けつける qiánwǎng zhīyuán jìngxuǎn(前往支援竞选). ¶～演説をする zuò shēngyuán yǎnshuō(作声援演说).
2【声援】zhùwēi(助威). ¶母校の野球チームを～する gěi mǔxiào de bàngqiúduì zhùwēi(给母校的棒球队助威). ¶はなばなしい～合戦をくりひろげた zhǎnkāi rèliè de lālāduìzhàn(展开热烈的拉拉队战).
¶～団 lālāduì(拉拉队).

おうおう【往往】wǎngwǎng(往往), chángcháng(常常). ¶人は～にして自分の欠点には気がつかないものだ rén wǎngwǎng kànbujian zìjǐ de quēdiǎn(人往往看不见自己的缺点). ¶そんなことは子供には～ありがちだ zhèyàng de shì shì háizimen chángyǒu de(这样的事是孩子们常有的).

おうおう【怏怏】yàngyàng(怏怏). ¶～として楽しまず yàngyàng bú lè(怏怏不乐).

おうか【謳歌】ōugē(讴歌), gēsòng(歌颂). ¶青春を～する ōugē qīngchūn(讴歌青春).

おうかくまく【横隔膜】hénggémó(横膈膜), gémó(膈膜), gé(膈).

おうかん【王冠】〔かんむり〕wángguān(王冠), huángguān(皇冠);〔口がね〕píngpàizi(瓶盖子).

おうぎ【扇】shànzi(扇子). ¶～であおぐ yòng shànzi shān(用扇子扇)/ shān shànzi(扇扇子). ¶～形 shànxíng(扇形). 舞～ wǔdǎo yòng de shànzi(舞蹈用的扇子).

おうきゅう【王宮】wánggōng(王宫).

おうきゅう【応急】yìngjí(应急). ¶～の処置をとる cǎiqǔ yìngjí cuòshī(采取应急措施). ¶負傷者に～手当をする duì shòushāngrén jìnxíng yìngjí zhìliáo(对受伤人进行应急治疗).

おうぎょく【黄玉】huángyù(黄玉).

おうけ【王家】wángzú(王族).

おうこう【王侯】wánghóu(王侯). ¶～も及ばぬ豪奢な生活 wánghóu dōu bù bùjí de shēchǐ shēnghuó(王侯都不及的奢侈生活).

おうこう【横行】héngxíng(横行). ¶無頼の徒が～する wúlài zhī tú héngxíng-bàdào(无赖之徒横行霸道). ¶不正取引が～している wéifǎ jiāoyì sìchù fànlàn(违法交易四处泛滥).

おうこく【王国】wángguó(王国). ¶野球～日本 bàngqiú wángguó Rìběn(棒球王国日本).

おうごん【黄金】〔金〕huángjīn(黄金);〔貨幣〕jīnqián(金钱). ¶あの頃が彼の～時代であった nà shíhou zhèngshì tā de huángjīn shídài(那时候正是他的黄金时代). ¶万能の世相 jīnqián wànnéng de shìdào(金钱万能的世道).
¶～分割 huángjīn fēngē(黄金分割).

おうざ【王座】**1** bǎozuò(宝座), yùzuò(御座). ¶～に即く dēng jī(登基).
2【第一人者】¶Ａ選手が～に即いた Ａ xuǎnshǒu dēngshàng guànjūn bǎozuò(Ａ选手登上冠军宝座). ¶金融業界の～を占める zhàn jīnróngjiè de shǒuwèi(占金融界的首位).
¶～決定戦 guànjūnsài(冠军赛).

おうし【牡牛】mǔniú(牡牛), gōngniú(公牛), gǔniú(牡牛).

おうし【横死】hèngsǐ(横死). ¶飛行機事故で

おうじ【王子】 wángzǐ(王子).

おうじ【往時】 wǎngshí(往时), wǎngxī(往昔). ¶～をしのぶ huáiniàn wǎngxī(怀念往昔).

おうしつ【王室】 wángshì(王室).

おうじゃ【王者】 dàwáng(大王). ¶水上競技の～ shuǐshàng yùndòng dàwáng(水上运动大王).

おうしゅう【応酬】 ¶相手の攻撃に負けずに～する duì duìfāng de gōngjī bú shìruò yǔyǐ huíjī(对对方的攻击不示弱予以回击). ¶激しい議論の～があった zhǎnkāile jīliè de lùnzhàn(展开了激烈的论战). ¶激しいスマッシュの～が続いた yízhènzhèn měngliè kòushā duìgōng chíxùzhe(一阵阵猛烈扣杀对攻持续着).

おうしゅう【押収】 kòuyā(扣押). ¶証拠書類を～する kòuyā zhèngjù wénjiàn(扣押证据文件).

おうしゅう【欧州】 Ōuzhōu(欧洲). ¶～共同体 Ōuzhōu Gòngtóngtǐ(欧洲共同体).

おうじょ【王女】 gōngzhǔ(公主).

おうしょう【王将】 jiàng(将), shuài(帅).

おうしょう【応召】 ¶家族を故郷に残して～する bǎ jiāshǔ liúzài gùxiāng, zìjǐ yìngzhēng rùwǔ(把家属留在故乡, 自己应征入伍).

おうじょう【往生】 **1** ¶まったく大～だった zhēn shì sǐde ānrán(真是死得安然). ¶極楽～ wǎngshēng jílè(往生极乐).
 2〔あきらめ〕 ¶じたばたせずに～しろ rènle mìng le ba(认了命了吧). ¶～際が悪いや還不死心是真的!(还不死心是真的!).
 3〔閉口〕 ¶長雨で～した jiǔ yǔ bù tíng, zhēn jiào rén méi bànfǎ(久雨不停, 真叫人没办法).

おうしょく【黄色】 huáng(黄), huángsè(黄色). ¶～人種 huángzhǒngrén(黄种人).

おう・じる【応じる】 ⇒おうずる.

おうしん【往信】 wǎnghán(往函), qùxìn(去信).

おうしん【往診】 chūzhěn(出诊), chūmǎ(出马). ¶患者を～する chūzhěn kàn huànzhě(出诊看患者).
 ¶～料 chūzhěnfèi(出诊费).

おうすい【王水】 wángshuǐ(王水).

おう・ずる【応ずる】 **1**〔こたえる〕 yìng(应), yīngxǔ(应许), yīngyǔn(应允). ¶不当な要求には～じられない wúlǐ de yāoqiú wúfǎ yìngyǔn(无理的要求无法应允). ¶挑戦に～する jiēshòu tiǎozhàn(接受挑战)/ yìngzhàn(应战). ¶講義のあとで学生の質問に～する jiǎngyì wán kè huídá xuéshengmen de tíwèn(讲完课回答学生们的提问). ¶注文が多くて～じきれない dìnghuò tài duō yìngfu bu guòlái(订货太多应付不过来).
 2〔相応する〕 ¶料理は御予算に～じて調製します fàncài àn nín de yùsuàn lái ānpái(饭菜按您的预算来安排). ¶時に～じて適当な shùn fēng zhuǎn duò(顺风转舵)/ suí jī yìng biàn(随机应变). ¶分に～じた生活をする guò yǔ shēnfen xiāngchèn de shēnghuó(过与身分相称的生活).

おうせ【逢瀬】 yōuhuì(幽会). ¶～を重ねる duōcì yōuhuì(多次幽会). ¶またの～を楽しみに pànwàng yǒu rì chóngféng(盼望有日重逢).

おうせい【王政】 wángzhèng(王政). ¶～復古 wángzhèng fùbì(王政复辟).

おうせい【旺盛】 wàngshèng(旺盛). ¶70になっても元気ますます～である nián suī qīshí, jīnglì què hěn chōngpèi(年虽七十, 精力却很充沛). ¶彼は好奇心が～だ tā hàoqíxīn hěn qiáng(他好奇心很强). ¶食欲が～だ shíyù hěn wàngshèng(食欲很旺盛).

おうせつ【応接】 yìngjiē(应接), jiēdài(接待). ¶来訪者に～する jiēdài láifǎngzhě(接待来访者). ¶来客がひっきりなしに～にいとまがない láikè jiēlián búduàn, yìngjiē bùxiá(来客接连不断, 应接不暇). ¶次から次へと事件が起きて～にいとまがない ànjiàn liánxù fāshēng, shízài yìngfu bu guòlái(案件连续发生, 实在应付不过来).
 ¶～間 huìkèshì(会客室)／ kètīng(客厅)／ kètáng(客堂).

おうせん【応戦】 yìngzhàn(应战), yíngzhàn(迎战). ¶敵の攻撃に味方は果敢に～した duì dírén de gōngjī wǒ jūn guǒgǎn de yìngle zhàn(对敌人的攻击我军果敢地应了战).

おうせん【横線】 héngxiàn(横线). ¶～小切手 huàxiàn zhīpiào(划线支票).

おうぞく【王族】 wángzú(王族).

おうだ【殴打】 ōudǎ(殴打).

おうたい【応対】 yìngduì(应对), dáduì(答对), yìngdá(应答). ¶電話の～はなかなか難しい diànhuà de yìngduì hěn nán(电话的应对很难). ¶あの窓口の～は不親切だ nàge chuāngkǒu de gōngzuò rényuán fúwù tàidu hěn bù hǎo(那个窗口的工作人员服务态度很不好). ¶てきぱきと客に～する lìluo de yìngduì kèrén(利落地应对客人).

おうたい【横隊】 héngduì(横队). ¶1列に並ぶ páichéng yí liè héngduì(排成一列横队).

おうだく【応諾】 yìngnuò(应诺), yīngxǔ(应许), yīngyǔn(应允), yīngchéng(应承). ¶彼は私の申入れを快く～してくれた tā hěn shuǎngkuai de yīngyǔnle wǒ suǒ tíchū de yāoqiú(他很爽快地应允了我所提出的要求). ¶こんな条件ではとても～できない zhè zhǒng tiáojiàn shízài shì nányǐ jiēshòu(这种条件实在是难以接受).

おうだん【黄疸】 huángdǎn(黄疸), huángbìng(黄病). ¶～になる yǐnqǐ huángdǎn(引起黄疸).

おうだん【横断】 héngdù(横渡), héngyuè(横越), héngguò(横过), héngguàn(横贯). ¶信号が青になってから～しなさい hónglǜdēng biàn lǜ zài guò mǎlù(红绿灯变绿再过马路). ¶ヨットで太平洋を～する chéng fānchuán héngdù Tàipíng Yáng(乘帆船横渡太平洋). ¶大陸～鉄道 héngguàn dàlù de tiělù(横贯大陆的铁路).

おうちゃく【横着】 tōulǎn(偷懒), shūlǎn(疏懒).¶～しないでちゃんとやりなさい búyào tōulǎn, hǎohāor de gàn(不要偷懒,好好儿地干).¶どうせ無駄だと～を決めこむ fǎnzhèng báidā, cúnxīn tōulǎn bú gàn(反正白搭,存心偷懒不干).¶彼の～な態度に腹が立つ tā nà lǎnsǎn háo bú zàihu de tàidu zhēn qìren(他那懒散毫不在乎的态度真气人).
¶～者 lǎngǔtou(懒骨头).

おうちょう【王朝】 wángcháo(王朝).

おうて【王手】 jiāngjūn(将军).¶～をかける jiāngjūn(将军)/ jiāng tā yì jūn(将他一军).

おうてっこう【黄鉄鉱】 huángtiěkuàng(黄铁矿).

おうてん【横転】¶ハンドルを切りそこなって車が～した méi zhuǎnguò fāngxiàngpán, qìchē fān le(没转过方向盘,汽车翻了).

おうと【嘔吐】 ǒutù(呕吐).¶あまりの悪臭に～を催した chòude jiào rén ˇǒutù[ěxin](臭得叫人ˇ呕吐[恶心]).¶～を催させるようなお世辞 lìng rén zuò'ǒu de gōngweihuà(令人作呕的恭维话).

おうど【黄土】 huángtǔ(黄土).

おうとう【応答】 yìngdá(应答).¶その少年はどんな質問にもはきはきと～した nàge shàonián duì rènhé xúnwèn dōu ˇyìngdáde hěn qīngchu[yìngdá rú liú](那个少年对任何询问都ˇ应答得很清楚[应答如流]).¶無線の呼出しに船からは何の～もない yòng wúxiàndiàn hūhuàn, chuánshang què háo wú yìngdá(用无线电呼唤,船上却毫无应答).¶3号車へせよ sān hào chē qǐng huídá(三号车请回答).

おうどう【王道】 wángdào(王道).

おうどう【黄銅】 huángtóng(黄铜).

おうとつ【凹凸】 āotū(凹凸).¶～のはげしい道 gāodī[kǎnkě] bù píng de lù(高低[坎坷]不平的路).
¶～レンズ āotū tòujìng(凹凸透镜).

おうなつ【押捺】 gàizhāng(盖章), dǎyìn(打印).¶指紋の～ èn shǒuyìn(摁手印).

おうねつびょう【黄熱病】 huángrèbìng(黄热病).

おうねん【往年】 wǎngnián(往年), wǎngxī(往昔), xīnián(昔年), dāngnián(当年), xīrì(昔日), wǎngrì(往日).¶彼にはすでに～の面影はない tā yǐ wú xīrì de múyàng(他已无昔日的模样)/ tā yǐ shīqùle wǎngrì de fēngcǎi(他已失去了往日的风采).¶～のスター dāngnián de míngxīng(当年的明星).

おうのう【懊悩】 àonǎo(懊恼).¶日夜～する rìyè àonǎo(日夜懊恼).

おうばい【黄梅】 yíngchūn(迎春), yíngchūnhuā(迎春花).

おうはん【凹版】 āobǎn(凹版).¶～印刷 āobǎn yìnshuā(凹版印刷).

おうばんぶるまい【椀飯振舞】 →おおばんぶるまい

おうひ【王妃】 wángfēi(王妃), wánghòu(王后).

おうふく【往復】 láihuí(来回), wǎngfù(往复), wǎngfǎn(往返), láiqù(来去).¶～に何時間かかりますか láihuí yào duōshao shíjiān?(来回要多少时间?).¶～とも飛行機です wǎngfǎn dōu zuò fēijī(往返都坐飞机).¶片道なら300円、～なら500円です dānchéng sānbǎi kuài qián, láihuí wǔbǎi kuài qián(单程三百块钱,来回五百块钱).¶船は島へ1日に2回～している chuán yì tiān liǎng cì wǎngfǎn yú gāi dǎo(船一天两次往返于该岛).¶彼とは手紙の～はあるがしばらく会っていない gēn tā yǒu ˇtōngxìn láiwǎng[shūxìn wǎnghuán], kěshi hǎojiǔ méi jiànguo miàn le(跟他有ˇ通信来往[书信往还],可是好久没见过面了).
¶～切符 láihuípiào(来回票)/ wǎngfǎnpiào(往返票).¶～葉書 wǎngfù míngxìnpiàn(往复明信片).

おうぶん【応分】¶～のことは致します wǒ yě liànglì ér wéi(我也量力而为).¶～の寄付 liànglì ér wéi de juānkuǎn(量力而为的捐款).

おうぶん【欧文】 Ōuzhōu wénzì(欧洲文字).
¶～タイプライター Lādīng zìmǔ dǎzìjī(拉丁字母打字机).

おうへい【横柄】¶～な奴だ àomàn wúlǐ de jiāhuo(傲慢无礼的家伙).¶～に構えていて私なんかとは口もきかない tā jiāo'ào zìdà gēnběn bù lǐ wǒ(他骄傲自大根本不理我)/ nà jiāhuo dàmú-dàyàng gēnběn bù dāhuà(那家伙大模大样根本不搭话).

おうべい【欧米】 Ōu-Měi(欧美).¶～各国を歴訪する lìfǎng Ōu-Měi gè guó(历访欧美各国).
¶～人 Ōu-Měirén(欧美人).

おうぼ【応募】 yìngzhēng(应征), yìngmù(应募), yìngzhāo(应招).¶懸賞小説に～する yìngzhēng xuánshǎng xiǎoshuō(应征悬赏小说).¶～資格に制限はありません yìngzhēng zīgé méiyǒu xiànzhì(应征资格没有限制).¶～方法は左記のとおり yìngmù de bànfǎ rúzuǒ(应募的办法如左).¶300人の～者の中からただ1人彼が選ばれた zài sānbǎi míng yìngzhěngzhě li wéidú tā yí ge rén bèi xuǎnshàng le(在三百名应征者里惟独他一个人被选上了).

おうほう【横暴】 hèngbào(横暴), hèngmán(横蛮), mánhèng(蛮横).¶軍部の～を許すな bù yǔnxǔ jūnbù hèngbào bùfǎ(不允许军部横暴不法).¶衆をたのんで～な振舞に出る zhàngzhe rénduō shìzhòng, wújì hèngxíng(仗着人多势众,无忌横行).

おうむ【鸚鵡】 yīngwǔ(鹦鹉), yīnggē(鹦哥).
¶～返しに答えた yīngwǔ xuéshé de huídá(鹦鹉学舌地回答).

おうめんきょう【凹面鏡】 āomiànjìng(凹面镜).

おうよう【応用】 yìngyòng(应用).¶この理論はいろいろな場合に～がきく zhège lǐlùn kěyǐ yìngyòng dào gège fāngmiàn(这个理论可以应用到各个方面).¶学習したことを実生活に

~する ba xuéxídào de dōngxi yìngyòng yú shíjì shēnghuó(把学习到的东西应用于实际生活). ¶ ～化学 yìngyòng huàxué(应用化学). ～問題 yìngyòngtí(应用题).

おうよう【鷹揚】 dàfang(大方). ¶ 彼は～にうなずいた tā dàfang de diǎnle yíxià tóu(他大方地点了一下头). ¶ 彼は人間が～だ tā wéirén dàfang(他为人大方).

おうらい【往来】 1 [ゆきき] wǎnglái(往来), láiwǎng(来往), láiqù(来去). ¶ 夜は人の～が全く絶えてしまう yèwǎn wánquán wú rén wǎnglái(夜晚完全无人往来). ¶ 自動車の～が激しい qìchē wǎnglái pínfán[chuānliú-búxī](汽车'往来频繁[川流不息]). ¶ こんな考えが脳裏に～していた zhèyàng de niàntou yìzhí zài wǒ nǎozili dǎzhuàn(这样的念头一直在我脑子里打转). 2 [道路] dàjiē(大街), mǎlù(马路). ¶ 家は～に面していてやかましい wǒ jiā chòngzhe dàjiē, chǎonàode hěn(我家冲着大街, 吵闹得很). ¶ ～の真中に止ってはいけない búyào zài mǎlù dāngzhōng tíngxiàlai(不要在马路当中停下来).

おうりょう【横領】 qīntūn(侵吞), tānwū(贪污). ¶ 会社の金を～する tānwū gōngsī de qián(贪污公司的钱). ¶ 公金～罪で訴えられる yǐ qīntūn gōngkuǎn zhī zuì bèi gàofā(以侵吞公款之罪被告发).

おうりん【黄燐】 báilín(白磷), huánglín(黄磷).

おうレンズ【凹レンズ】 āotòujìng(凹透镜).

おうろ【往路】 ¶ ～は飛行機にする wǎngchéng zuò fēijī(往程坐飞机).

おえつ【嗚咽】 wūyè(呜咽). ¶ あちこちで～の声が起った wūyèshēng sìqǐ(呜咽声四起).

おえらがた【お偉方】 shàngcéng lǐngdǎo(上层领导), shàngcéng rénwù(上层人物), dǐngjiān rénwù(顶尖人物), dàrénwù(大人物), dǐngtóu lǐngdǎo(顶头领导).

お・える【終える】 wán(完), wánliǎo(完了), zhōngliǎo(终了), jiéshù(结束), gàozhōng(告终), wánjié(完结), wánbì(完毕), wánchéng(完成). ¶ この仕事を～えれば暇になる bǎ zhè gōngzuò gànwánle jiù yǒu xiánkòngr le(把这工作干完了就有闲空儿了). ¶ 試験を～えてぐっくりした kǎoshì yì jiéshù dùn jué píbèi bùkān(考试一结束顿觉疲惫不堪). ¶ 大学4年の課程を無事に～えた shùnlì de wánchéngle dàxué sì nián de kèchéng(顺利地完成了大学四年的课程). ¶ こうして一生を～えるのか jiù zhème dùguò yíbèizi ma?(就这么渡过一辈子吗?). ¶ 読み～えたらお貸しします kànwánle jiègěi nǐ(看完了借给你).

おおあじ【大味】 ¶ この料理は～だ zhège cài wèidao píngcháng(这个菜味道平常).

おおあせ【大汗】 dàhàn(大汗). ¶ すっかり～をかいた chūle mǎnshēn dàhàn(出了满身大汗).

おおあたり【大当り】 tóucǎi(头彩). ¶ 宝くじで～をとった zhòngle tóucǎi(中了头彩). ¶ 今回の興行は～だった zhè cì yǎnchū dà huò chénggōng(这次演出大获成功).

おおあな【大穴】 1 [欠損] dà kuīkong(大亏空). ¶ 使込みをして～をあけた dàoyòng gōngkuǎn nòngchūle dà kuīkong(盗用公款弄出了大亏空). 2 [番狂わせ] dàlěngménr(大冷门儿). ¶ 競馬で～をあてる sàimǎ zhòng dàlěngménr(赛马中大冷门儿). ¶ ～をねらって失敗した yā dàlěngménr jiéguǒ shībài le(压大冷门儿结果失败了).

おおあめ【大雨】 dàyǔ(大雨). ¶ 山岳地帯は～のおそれがある shānyuè dìqū yǒu xià dàyǔ de wēixiǎn(山岳地区有下大雨的危险).

おおあり【大有り】 yǒudeshì(有的是). ¶ 理由は～だ lǐyóu yǒudeshì(理由有的是).

おおあれ【大荒れ】 ¶ 海は～だ hǎishang kuángfēng jùlàng nàode lìhai(海上狂风巨浪闹得厉害). ¶ 大会は～に荒れた dàhuì nàotengde hǎo lìhai(大会闹腾得好厉害).

おおあわて【大慌て】 ¶ ～にあわてて逃げていった huānghuāng-zhāngzhāng[zhānghuáng-shīcuò] de pǎozǒu le(慌慌张张[张皇失措]地跑走了).

おお・い【多い】 duō(多). ¶ 水分の～い果物 shuǐfèn duō de shuǐguǒ(水分多的水果). ¶ 中国は世界一人口が～い Zhōngguó zài shìjiè shang rénkǒu zuì duō(中国在世界上人口最多). ¶ 今年は雨が非常に～い jīnnián yǔshuǐ fēicháng duō(今年雨水非常多). ¶ 彼は僕より給料が1万円～い tā bǐ wǒ gōngzī duō yíwàn rìyuán(他比我工资多一万日元). ¶ 出席者は～くても100人にはならない chūxízhě zhìduō bú guò yìbǎi rén(出席者至多不过一百人). ¶ ～ければ～いほど良い yuè duō yuè hǎo(越多越好)/ duō duō yì shàn(多多益善). ¶ 人数が～ければ～いで問題も～くなる rén duō shì duō(人多事多)/ rén duō zuǐ zá(人多嘴杂). ¶ A国の貿易量は近年とみに～くなった A guó de màoyìliàng jìnnián jí[měng]zēng(A国的贸易量近年急[猛]增). ¶ 酒量はそう～い方ではない jiǔliàng bìng búsuàn dà(酒量并不大). ¶ この仕事には危険が～い zhège gōngzuò wēixiǎnxìng dà(这个工作危险性大). ¶ この場所では交通事故が～い zhège dìfang jiāotōng shìgù duō(这个地方交通事故多). ¶ 近頃は家にいることが～い jìnlái zài jiā dāizhe de shíhou duō(近来在家待着的时候多). ¶ 彼は口数が～いので皆に嫌われている tā huà duō[zuǐsuì], dàjiā dōu tǎoyàn(他'话多[嘴碎], 大家都讨厌). ¶ あいつは気が～い nàge jiāhuo zǒngshì jiànyì-sīqiān[zhēn méi chángxìng](那个家伙'总是见异思迁[真没常性]). ¶ 文句の～い奴だ zhēn shì ài chuīmáo-qiúcī de rén(真是爱吹毛求疵的人)/ zhēn shì hào tiāotì de jiāhuo(真是好挑剔的家伙).

おお・い【覆い】 zhàozi(罩子), zhào[r](罩[儿]), tàozi(套子), tào[r](套[儿]). ¶ 霜よけのためビニールで～をかける wèile fángshuāng yòng sùliào báomó zhàoqǐlai(为了防霜用塑料薄膜罩起来). ¶ 本に～をかける bāo shūpí(包书皮).

¶ ベッドの~をとる qǔxià chuángzhào(取下床罩).

おおい ¶~、ここだ、ここだ wèi, zài zhèr!(喂,在这ル!)/ hāi, dào zhèr lái!(咳,到这ル来!). ¶~、林君来いよ、Xiǎo Lín!(喂,小林!)/ē, nǐ kuài lái ya!(欸,你快来呀!).

おおいそぎ【大急ぎ】 ¶~でこれをやってしまおう gǎnjǐn[gǎnkuài] bǎ zhè shì bànwán(赶紧[赶快]把这事办完). ¶~で追いかけたがとうとう追いつけなかった jímáng gǎnle qù, kě háishi méi gǎnshàng(急忙赶了去,可还是没赶上). ¶彼は汽車に遅れると言って~で出掛けた tā shuō pà gǎnbushàng huǒchē jiù cōngcōngmángmáng de zǒu le(他说怕赶不上火车就匆匆忙忙地走了). ¶~で怪我人を病院へ運んだ huǒsù bǎ shòushāng de rén sòngjìn yīyuàn(火速把受伤的人送进医院).

おおいに【大いに】 dà(大), tài(太), hěn(很), shèn(甚), pō(颇), jí(极). ¶それは結構だ、~やりたまえ nà hěn hǎo, dàdǎn gàn ba(那很好,大胆干吧). ¶それには~興味がある duì wà dà yǒu xìngqù(对那大有兴趣). ¶この仕事なら~自信があります yàoshi zhège gōngzuò, wǒ dào "bù yòu bǎwò[yǒu xìnxīn](要是这个工作,我倒"满有把握[颇有信心]). ¶久しぶりだから今夜は~飲もう zánmen hǎojiǔ méi jiàn, jīnwǎn tòngyǐn yì fān(咱们好久没见,今晚痛饮一番).

おおいばり【大威張り】 ¶彼は~で話し始めた tā déyì-yángyáng de kāile qiāng(他得意洋洋地开了腔).

おおいり【大入】 ¶この映画はきっと~になる zhège piānzi yídìng jiàozuò(这个片子一定叫座). ¶劇場は連日~満員だ jùchǎng liánrì bàomǎn(剧场连日爆满).

おお・う【覆う】 1〔かぶせる〕gài(盖), méng(蒙), fùgài(覆盖), yǎngài(掩盖), zhēgài(遮盖), zhēyǎn(遮掩). ¶むしろで死体を~う yòng cǎoxí gàishàng shītǐ(用草席盖上尸体). ¶苔に~われた岩 shēngmǎn qīngtái de yánshí(生满青苔的岩石). ¶厚い雲が空一面を~っている tiānkōng bùmǎnle wūyún(天空布满了乌云). ¶山頂は一年中雪と氷に~われている shāndǐng zhōngnián bèi bīngxuě fùgàizhe(山顶终年被冰雪覆盖着). ¶両手で顔を~って泣く liǎngshǒu wǔzhe liǎn dà kū(两手捂着脸大哭). ¶耳を~いたくなるような話 jiào rén yǎn ěr bù yuàn tīng de huà(叫人掩耳不想听的话)/ cǎn bù rěn wén de shì(惨不忍闻的事). ¶目を~う惨状 lìng rén bùrěn mùdǔ de cǎnjǐng(令人不忍目睹的惨景)/ cǎn bù rěn dǔ(惨不忍睹).

2〔隠す〕yǎnshì(掩饰), yǎngài(掩盖), zhēyǎn(遮掩). ¶非を~う yǎnshì cuòwù(掩饰错误). ¶これは~うべくもない事実だ zhè shì yǎngài bu liǎo de shìshí(这是掩盖不了的事实).

3〔行き渡る〕¶熱気が会場を~っていた rèqíng yángyì de qìfēn chōngmǎnle huìchǎng(热情洋溢的气氛充满了会场).

おおうつし【大写し】 tèxiě(特写). ¶スクリーンに花が~になった yínmù shang chūxiànle yì duǒ xiānhuā de tèxiě jìngtóu(银幕上出现了一朵鲜花的特写镜头).

おおうりだし【大売り出し】 dàjiànmài(大贱卖), dàshuǐmài(大甩卖), shuǎishòu(甩售). ¶もう歳末の~が始まった niánmò de dàshuǎimài yǐjīng kāishǐ le(年末的大甩卖已经开始了).

オーエー【OA】 bàngōng zìdònghuà(办公自动化). ¶~機器 bàngōng zìdònghuà jīqì(办公自动化机器).

オーエス【OS】 cāozuò xìtǒng(操作系统).

オーエル【OL】 nǚbànshìyuán(女办事员).

おおおじ【大伯父・大叔父】〔父の父の兄〕bózǔ(伯祖);〔父の父の弟〕shūzǔ(叔祖).

おおおとこ【大男】 dàhàn(大汉), dàgèzi(大个子), dàkuàitóu(大块头). ¶見上げるような~ biāoxíng dàhàn(彪形大汉).

おおおば【大伯母・大叔母】〔父の父の姉妹〕zǔgū(祖姑).

おおがかり【大掛り】 dàguīmó(大规模). ¶~な捜査が行われた jìnxíng dàguīmó de sōuchá(进行了大规模的搜查). ¶~な調査研究を行う jìnxíng guǎngfàn de diàochá yánjiū(进行广泛的调查研究). ¶~な仕掛け dàguīmó de zhuāngzhì(大规模的装置).

オーガズム xìnggāocháo(性高潮).

おおかぜ【大風】 dàfēng(大风).

おおかた【大方】 1〔おそらく〕dàgài(大概), dàyuē(大约), dàyuēmō(大约摸). ¶彼は~知らないんだろう tā dàgài hái bù zhīdào ba(他大概还不知道吧). ¶~そんなことだろう dàgài jiùshì nàme huí shì ba(大概就是那么回事吧). ¶~彼は来られないだろう kǒngpà tā láibuliǎo ba(恐怕他来不了吧).

2〔あらかた〕duōbàn(多半), dàbàn(大半), dàzhì(大致), dàtǐ(大体), dàbùfen(大部分), dàduōshù(大多数). ¶仕事は~出来上がった gōngzuò dàbùfen yǐjīng zuòhǎo le(工作大部分已经做好了). ¶彼の蔵書は~中国語の本である tā de cángshū dàbàn shì Zhōngwén de(他的藏书大半是中文的). ¶出席者の~は男だ chūxízhě duōbàn shì nánrén(出席者多半是男人). ¶~のところは察しがついていた dàzhì de qíngxing zǎoyǐ zhīdao le(大致的情形早已知道了).

3〔世間一般〕¶~の評判は良い shèhuì dàtǐshang de pínglùn hěn hǎo(社会大体上的评论很好). ¶~の教示を請う zhēngqiú dàjiā de yìjiàn(征求大家的意见).

おおがた【大形・大型】 dàxíng(大型), jùxíng(巨型), zhòngxíng(重型). ¶~の台風が接近している jùxíng[qiáng] táifēng pòjìn(巨型[强]台风逼近). ¶~貨物船 dàxíng huòlún(大型货轮). ~トラック dàxíng kǎchē(大型卡车).

おおがねもち【大金持】 dàcáizhǔ(大财主), dàfùwēng(大富翁), dàkuǎn(大款).

おおかみ【狼】 láng(狼), ¶~の群 lángqún(狼群).

おおがら【大柄】 1〔体格が〕¶バレーボールの選手は皆〜だ páiqiú yùndòngyuán dōu shēncái gāodà(排球运动员都身材高大).¶〜な娘 dàshēnliàng de gūniang(大身量的姑娘).
2〔模様などが〕¶彼女は〜のワンピースがよく似合う dàhuā de liányīqún tā chuānzhe hěn xiāngchèn(大花的连衣裙她穿着很相称).

おおかれすくなかれ【多かれ少なかれ】 duōshǎo(多少), huòduō-huòshǎo(或多或少), duōduō-shǎoshǎo(多多少少).¶このことについては〜皆に責任がある zhè jiàn shì dàjiā duōshǎo dōu yǒu zérèn(这件事大家多少都有责任).

おおき・い【大きい】 dà(大).¶彼は手に〜いトランクを下げているtā shǒulí tízhe ge dà píxiāng(他手里提着个大皮箱).¶壁に〜い穴があいている qiángbì shang yǒu ge dà kūlong(墙壁上有个大窟窿).¶あの〜い建物が工場です nàge gāodà de jiànzhùwù shì gōngchǎng(那个高大的建筑物是工厂).¶この帽子は私には〜い zhè dǐng màozi wǒ dài dà yìxiē(这顶帽子我戴大一些).¶この子は人一倍からだが〜い zhè háizi rén xiǎo gèr kě dà(这孩子人小个儿大).¶口を〜くあけて歌う bǎ zuǐ zhāngdà chàng(把嘴张大唱).¶5は3より〜い wǔ bǐ sān dà(五比三大).¶テレビの音が〜すぎる diànshì de shēngyīn tài dà le(电视的声音太大了).¶係員の不手際が騒ぎを〜くした yóuyú gōngzuò rényuán chǔlǐ búdàng, shǐ shìqing nào ʼdàʼdàfaʼ le(由于工作人员处理不当,使事情闹ʼ大〔大发〕了).¶〜くなったら機関士になりたい wǒ zhǎngdàle xiǎng dāng huǒchē de sījī(我长大了想当火车的司机).¶彼は私より3つ〜い tā bǐ wǒ dà sān suì(他比我大三岁).¶10億円の〜な取引 shíyì rìyuán de dà mǎimai(十亿日元的大买卖).¶A氏は器量が〜い A xiānsheng qìliàng dà(A先生器量大).¶〜な事を言うな bié shuō dàhuà(别说大话).¶あいつは初めから〜く出た nà jiāhuo yì kāitóu jiù bǎichūle jiàzi(那家伙一开头就摆出了架子).¶〜なお世話だ yòngbuzháo nǐ duō guǎn xiánshì!(用不着你多管闲事!).

おおきさ【大きさ】 dàxiǎo[r](大小〔儿〕), chǐcun(尺寸), chǐmǎ[r](尺码〔儿〕), chǐtóur(尺寸儿).¶適当な〜に切る qiēchéng shìdàng de dàxiǎo(切成适当的大小).¶その部屋はどのくらいの〜ですか nà jiān wūzi yǒu duōkuān?(那间屋子有多宽?).¶こぶしくらいの〜 yǒu quántou nàme dà(有拳头那么大).¶各種とりそろえてあります gè zhǒng ʼchǐmǎʼchǐcun〕 dōu yǒu(各种ʼ尺码〔尺寸〕都有).

おおく【多く】 1〔たくさん〕duō(多), xǔduō(许多).¶より〜の人に聞いてもらいたい xīwàng gěi gèng duō de rén tīng(希望给更多的人听).¶戦争は〜の人を不幸にする zhànzhēng shǐ xǔduō rén zāoshòu búxìng(战争使许多人遭受不幸).¶彼はそれについて〜を語ろうとしなかった guānyú nà jiàn shì tā búyuàn duō shuō(关于那件事他不愿多说).¶あまり〜は期待できない bùnéng bào tài dà de xīwàng(不能抱太大的希望).

2〔おおかた〕dàduōshù(大多数), dàbùfen(大部分), dàduō(大多), dàbàn(大半), duōbàn(多半).¶日本人の〜はそのことに全く関心を持っていない dàduōshù Rìběnrén duì nà jiàn shì mò bù guānxīn(大多数日本人对那件事漠不关心).¶参加者の〜は学生です cānjiā de duōbàn shì xuésheng(参加的多半是学生).¶問題点の〜は解決された wèntí de dàbàn dōu yǐ jiějué(问题的大半都已解决).

おおぐち【大口】 1〔大きい口〕dàzuǐ(大嘴).¶〜を開けて笑う zhāngzhe dàzuǐ xiào(张着大嘴笑).
2〔大言〕dàhuà(大话).¶〜をたたく shuō dàhuà(说大话) /chuī niúpí(吹牛皮).
3〔多額〕dàpī(大批), dàzōng(大宗).¶〜の取引が成立した chéngjiāole dàzōng jiāoyì(成交了大宗交易).¶〜の寄付をする juānle yì bǐ jùkuǎn(捐了一笔巨款).

おおぐまざ【大熊座】 dàxióngzuò(大熊座).

おおくら【大蔵】 ¶〜省 dàzàngshěng(大藏省) /cáizhèngbù(财政部).¶〜大臣 dàzàng dàchén(大藏大臣) /cáizhèng bùzhǎng(财政部长).

オーケー hǎo(好), xíng(行), kěyǐ(可以).¶"ちょっと手伝ってくれ" "〜" "bāng wǒ diǎnr máng" "hǎo"(“帮我点儿忙”“好”).¶彼から〜をとった dédàole tā de tóngyì(得到了他的同意).¶これで万事〜だ zhè jiù wànshì dàjí le(这就万事大吉了)/zhè jiù yíqiè tíngdang le(这就一切停当了).

おおげさ【大袈裟】 kuādà(夸大), zhāngdà(张大).¶彼の話はいつも〜だ tā shuōhuà zǒngshì ʼkuādà-qícíʼ〔zhāngdà-qíshíʼyán guò qí shí〕(他说话总是ʼ夸大其词〔张大其事/言过其实〕).¶ささいなことで〜に騒ぐな wèi jīmáo-suànpí de shì dàchǎo-dànào shénme?(为鸡毛蒜皮的事大吵大闹什么?).¶ちっぽけな傷に〜な包帯を巻いている bùdǐngdiǎnr de shāng, chán nàme duō bēngdài, zhēn shì xiǎotí-dàzuò(不丁点儿的伤,缠那么多绷带,真是小题大做).

オーケストラ guǎnxiányuèduì(管弦乐队), jiāoxiǎngyuèduì(交响乐队).¶〜ボックス yuèchí(乐池).

おおごえ【大声】 dàshēng(大声).¶2人は〜で言い合っている tā liǎ dàshēng zhēngchǎozhe(他俩大声争吵着).¶〜をあげて助けを求める dàshēng hǎn jiùmìng(大声喊救命).

おおごしょ【大御所】 ¶文壇の〜 wéntán de tàidǒu(文坛的泰斗).

おおごと【大事】 ¶それは〜だ zhè kě shì jiàn dàshì(这可是件大事).¶これを全部書きかえるのは〜だ bǎ zhè quánbù chóng xiě, kě jiù bùdéliǎo le(把这全部重写,可就不得了了).¶どうやら〜にならずにすんだ zǒngsuàn méiyǒu ʼnòngchū dàluànziʼ〔chū dàhuò〕(总算没有ʼ弄出大乱子〔惹出大祸〕).¶失敗したら〜だ rúguǒ shībài le, nà jiù liǎobude la(如果失败了,那就了不得啦).

おおざけのみ【大酒飲み】 jiǔguǐ(酒鬼), jiǔtú(酒徒).

おおざっぱ【大雑把】 cūxīn(粗心), cūshū(粗疏); dàgàiqí(大概其・大概齐). ¶～な考え方 lǒngtǒng cūshū de xiǎngfa(笼统粗疏的想法). ¶彼は～な人間だ tā shì cūxīn-dàyì de rén(他是粗心大意的人). ¶～に見積っても3年はかかる cūluè gūjì[cūgū] yě děi yào sān nián(粗略估计[粗估]也得要三年). ¶～に言うとこうだ shuō ge dàgàiqí jiùshì zhèyàng(说个大概其就是这样).

おおざと【阝】 yòu'ěrdāor(右耳刀儿).

おおさわぎ【大騒ぎ】 dà nào(大闹), dà luàn(大乱). ¶会場は蜂の巣をつついたような～になった huìchǎng xiàng tǒngle mǎfēngwō shìde dà luànqilai(会场像捅了马蜂窝似的大乱起来). ¶何を～することはない hébì nàme dàjīng-xiǎoguài(何必那么大惊小怪). ¶家の中は上を下への～だ jiā li nàode tiānfān-dìfù(家里闹得天翻地覆). ¶飲めや歌えの～になった dàjiā yòu hē yòu chàng, dà nào yìtōng(大家又喝又唱,大闹一通).

おおし・い【雄雄しい】 ¶人々は彼の～い振舞に感動した rénmen duì tā nà yǒnggǎn de xíngdòng dōu fēicháng gǎndòng(人们对他那勇敢的行动都非常感动). ¶彼は～くも従軍を志願した tā yǒnggǎn de zhìyuàn cānjūn(他勇敢地志愿参军).

おおしお【大潮】 dàcháo(大潮).

おおじかけ【大仕掛】 ¶見た目は～だが金はかかっていない kànzhe guīmó hěn dà, dàn qián huāde bù duō(看着规模很大,但钱花得不多).

おおじだい【大時代】 gǔdiào gǔqiāng gǔdiào de yǎnjìng(古腔古调的演讲).

おおすじ【大筋】 gěnggài(梗概), gàiluè(概略), gàikuàng(概况). ¶～を述べる gàishù(概述). ¶～で一致する zài zhǔyào wèntí shang shì yízhì de(在主要问题上是一致的).

オーストラリア Àodàlìyà(澳大利亚), Àozhōu(澳洲).

オーストリア Àodìlì(奥地利).

おおせ【仰せ】 fēnfu(吩咐). ¶～とあらば致し方もございません nín de fēnfu, nà jiù méiyǒu fǎzi le(要是您的吩咐,那就没有法子了)/jìshì mìnglìng, bùkě wéikàng(既是命令,不可违抗). ¶～の通りです nín shuōde 'shì[duì](您说得*是[对]) / zhèngrú nín suǒ shuō de(正如您所说的).

おおぜい【大勢】 xǔduō rén(许多人), hěn duō rén(很多人), zhòngrén(众人), chóurén-guǎngzhòng(稠人广众), chóurén-guǎngzuò(稠人广坐). ¶中国に行きたい人は～いる xiǎng qù Zhōngguó de rén hěn duō(想去中国的人很多). ¶彼は～の志願者の中から選ばれた tā shì cóng hěn duō zhìyuànzhě lǐtou bèi xuǎnchulai de(他是从很多志愿者里头被选出来的). ¶～の前に立つとあがってしまう zhànzài zhòngrén miànqián jiù xīnhuāng(站在众人面前就心慌).

オーソドックス zhèngtǒng(正统).

オーソリティー quánwēi(权威). ¶中国文学の～ Zhōngguó wénxué de quánwēi(中国文学的权威).

オーダー **1**〔注文〕dìng(定). ¶背広を～する dìngzuò xīfú(定做西服). ¶料理を～する diǎn[jiào]cài(点[叫]菜). ¶～メイドの洋服 dìngzuò de xīfú(定做的西服). **2**〔順序〕cìxù(次序), shùnxù(顺序). ¶～順に並べる àn xù páiliè(按序排列). ¶バッティング～ jīqiú shùnxù(击球顺序).

おおだい【大台】 dàguān(大关). ¶株価が2万円の～を割った gǔpiào hángshi diēluò dào liǎngwàn rìyuán yǐxià le(股票行市跌落到两万日元以下了). ¶予算が80兆円の～を越えた yùsuàn tūpòle bāshí zhào rìyuán de dàguān(预算突破了八十兆日元的大关).

おおだすかり【大助かり】 ¶子供が手伝ってくれるので～だ yǒu háizi bāngmáng, shěngshì duō le(有孩子帮忙,省事多了). ¶そうしてもらえれば～だ rúguǒ néng nàme bàn, jiù qiúzhī-búdé le(如果能那么办,就求之不得了).

おおだてもの【大立者】 dàhēng(大亨), jùbò(巨擘). ¶政界の～ zhèngjiè de yàorén(政界的要人).

おおちがい【大違い】 dà bù xiāngtóng(大不相同), dà xiāng jìngtíng(大相径庭), tiānrǎng zhī bié(天壤之别). ¶見ると聞くとは～だ ěrwén hé mùdǔ xiāngchà shíwàn bāqiān lǐ(耳闻和目睹相差十万八千里).

おおづかみ【大攫み】 èyào(扼要), jiǎnyào(简要), gàikuò(概括). ¶～に言えばこうだ èyào de shuō shì zhèyàng(扼要地说是这样). ¶～な説明 gàikuò de shuōmíng(概括的说明).

おおっぴら ¶～に政府を批判する gōngkāi de pīpàn zhèngfǔ(公开地批判政府). ¶事が～になった shìjian zhòng suǒ zhōu zhī le(事件众所周知了). ¶彼は少しも憚りが～にふるまっている tā mǎn bú zàihu de dàyáo-dàbǎi(他满不在乎地大摇大摆).

おおづめ【大詰】 ¶～で悪人は成敗される zài zuìhòu yí mù huàirén shòudào chéngfá(在最后一幕坏人受到惩罚). ¶審議もいよいよ～に近づいた shěnyì jíjiāng jìnrù zuìhòu de jiēduàn le(审议即将进入最后的阶段了).

おおて【大手】 ¶～のメーカー dàchǎngshāng(大厂商). ¶私鉄～15社 shíwǔ dà sīyíng tiělù gōngsī(十五大私营铁路公司).

おおで【大手】 ¶～を広げて立ちはだかる zhāngkāi shuāngshǒu zài qiánmian zǔdǎng(张开双手在前面阻挡). ¶不良品が～を振ってまかり通る lièděnghuò gōngrán zài shìmiàn shang fànlàn(劣等货公然在市面上泛滥).

オーディーエー【ODA】 zhèngfǔ duìwài kāifā yuánzhù(政府对外开发援助).

オーディオ yīnxiǎng(音响), yīnxiǎng zhuāngzhì(音响装置). ¶～コンポ zǔhé yīnxiǎng(组合音响).

オーディション ¶～を受ける yìngkǎo *shìtīng[shìyàn](应考*试听[试演).

おおでき【大出来】 ¶60点取れれば～だ néng nádào liùshí fēn jiù hén bú cuò le(能拿到六十分就很不错了).

オーデコロン　huālùshuǐ(花露水)，Kēlóng xiāngshuǐ(科隆香水).
おおどうぐ【大道具】dàdàojù(大道具).
おおどおり【大通り】dàdào(大道)，dàmǎlù(大马路)，dàlù(大路)，dàjiē(大街).
オートさんりん【オート三輪】sānlún qìchē(三轮汽车)，sānlún zàihuò qìchē(三轮载货汽车).
オートバイ　mótuōchē(摩托车)，diànlǚzi(电驴子)，jīqì jiǎotàchē(机器脚踏车). ¶～に乗る qí[kāi] mótuōchē(骑[开]摩托车).
オードブル　lěnghūn(冷荤)，liángcài(凉菜)，lěngpán[r](冷盘[儿])，liángdié[r](凉碟[儿])，lěngdié[r](冷碟[儿]).
オートマチック　zìdòng(自动)，zìkòng(自控). ¶～車 zìdòng biànsùchē(自动变速车)，zìdòng huàndǎng jiàochē(自动换档轿车).
オートミール　màipiànzhōu(麦片粥)，yànmàizhōu(燕麦粥).
オートメーション　zìdònghuà(自动化)；zìdòng zhuāngzhì(自动装置)，zìdòng kòngzhì(自动控制). ¶生産過程を～化する shǐ shēngchǎn guòchéng zìdònghuà(使生产过程自动化). ¶～工場 zìdònghuà gōngchǎng(自动化工厂).
オーナー　suǒyǒurén(所有人)，zhǔrén(主人)，yèzhǔ(业主). ¶～ドライバー jiàshǐ zìyòng qìchē de rén(驾驶自用汽车的人). ¶球団の～ qiúduì jīngyíngzhě(球队经营者).
おおなた【大鉈】¶～を振るって人員を整理する dàdāo-kuòfǔ de cáijiǎn rényuán(大刀阔斧地裁减人员).
オーバー　1〔オーバーコート〕dàyī(大衣)，dàchǎng(大氅)，wàiyī(外衣)，wàitào(外套).
2〔越えること〕chāoguò(超过)，yuèguò(越过). ¶費用は1万円を～した fèiyong chāoguòle yíwàn rìyuán(费用超过了一万日元). ¶ボールがグラウンドの塀を～した qiú fēichūle qiúchǎng de wéiqiáng(球飞出了球场的围墙). ¶～ネット guòwǎng(过网).
3〔大げさ〕guòfèn(过分)，kuāzhāng(夸张). ¶彼のしぐさは～だ tā de dòngzuò tài zuòzuo(他的动作太做作). ¶彼の演技は～で不自然だ tā biǎoyǎnde tài kuāzhāng, bú zìran(他表演得太夸张,不自然).
オーバーシューズ　tàoxié(套鞋).
オーバーホール　chāixiū(拆修)，jiǎnxiū(检修)，dàxiū(大修). ¶自動車を～にだす bǎ qìchē náqu jiǎnxiū(把汽车拿去检修). ¶時計を～する chāixiū zhōngbiǎo(拆修钟表).
オーバーラップ　diéyìn(叠印). ¶目を閉じるとふるさとの風景に母のやさしい顔が～して現れた yí bìshàng yǎnjing, mǔqin cíxiáng de miànróng jiù bànsuízhe gùxiāng de fēngjǐng diéyìn chulai(一闭上眼睛,母亲慈祥的面容就伴随着故乡的风景叠印出来).
オーバーワーク　¶～にならないように zhùyì búyào guòdù láolèi(注意不要过度劳累)/ gōngzuò búyào guòdù(工作不要过度).
おおばこ【車前草】chēqián(车前).
おおはば【大幅】dàfúdù(大幅度)，dàdà(大大). ¶米の生産量は～に増えた dàmǐ chǎnliàng dàfúdù zēngzhǎng(大米产量大幅度增长). ¶工事は～に遅れた gōngchéng de jìnzhǎn dàdà tuīchí(工程的进展大大推迟). ¶学費の～値上げ反対 fǎnduì dàfúdù zēngxuéfèi(反对大幅度增加学费).
おおばん【大判】dàhào[r](大号[儿]). ¶～のノート dàhào de bǐjìběn(大号的笔记本).
おおばんぶるまい【大盤振舞】¶～をする dà qǐngkè(大请客).
おおぶね【大船】¶～に乗ったつもりで安心していたまえ nǐ jiù wěn zuò diàoyúchuán fàngxīn hǎo le(你就稳坐钓鱼船放心好了).
おおぶろしき【大風呂敷】dàbāofupír(大包袱皮儿). ¶～をひろげる shuō dàhuà(说大话)/ dà chuī fǎluó(大吹法螺)/ dà chuī dà léi(大吹大擂)/ kuā hǎikǒu(夸海口).
オーブン　kǎolú(烤炉)，kǎoxiāng(烤箱).
オープンカー　chǎngpéngchē(敞篷车)，chǎngchē(敞车).
オープンセット　chǎngdìjǐng(场地景).
オーボエ　shuānghuángguǎn(双簧管).
おおまか【大まか】cūlüè(粗略)，dàlüè(大略)，dàpūr(大谱儿). ¶費用を～に見積る dàlüè de jìsuàn[gàisuàn] fèiyong(粗略地计算[概算]费用). ¶彼は仕事が～すぎる tā gōngzuò tài ˇcǎoshuài[cūxīn](他工作太ˇ草率[粗心]). ¶彼は～な人間だ tā shì bùjū xiǎojié de rén(他是不拘小节的人).
おおまた【大股】dàbù(大步). ¶～に歩く mài dàbù[kuòbù/dàtàbù] zǒu(迈大步[阔步/大踏步]走).
おおまちがい【大間違い】¶1人で出来ると思ったら～だ nǐ yàoshi yǐwéi yí ge rén néng zuòdelái, nà jiù dàcuò-tècuò le(你要是以为一个人能做得来,那就大错特错了).
おおまわり【大回り】ràoyuǎnr(绕远儿). ¶～をしたので遅くなった ràole yuǎnr, láiwǎn le(绕了远儿,来晚了).
おおみえ【大見得】¶彼は"そんなことは簡単に出来る"と～を切った tā kuāxià hǎikǒu shuō: "nà zhǒng shì yì rú fǎnzhǎng"(他夸下海口说: "那种事易如反掌").
おおみず【大水】dàshuǐ(大水)，shuǐzāi(水灾). ¶～が出る fā dàshuǐ(发大水). ¶堤防が決壊して～になった dībà kuìjué nàochéng shuǐzāi(堤坝溃决闹成水灾).
おおみそか【大晦日】chúxī(除夕)，suìchú(岁除);［旧暦の］chúrì(除日)，làyuè sānshír(腊月三十儿)，dànián sānshír(大年三十儿)，dàniányè(大年夜).
オーム　［電気抵抗の単位］ōumǔ(欧姆)，ōu(欧).
おおむかし【大昔】yuǎngǔ(远古)，tàigǔ(太古)，shànggǔ(上古). ¶昔々の～ hěn zǎo hěn zǎo yǐqián(很早很早以前).
おおむぎ【大麦】dàmài(大麦).
おおむこう【大向う】¶～をうならせる演技 bódé mǎntáng hècǎi de yǎnjì(博得满堂喝彩的演技). ¶～から声がかかる cóng guānzhòngxí

shang xiǎngqǐle jiàohǎo de shēngyīn(从观众席上响起了叫好的声音).

おおむね【概ね】 dàgài(大概), dàtǐ(大体). ¶事の～を知る zhīdaole shìqing de dàgài(知道了事情的大概). ¶～良好だ dàtǐshang liánghǎo(大体上良好).

おおめ【大目】 ¶子供だから～に見てやってください tā shì ge xiǎoháizi, qǐng nín duō bāohanzhe diǎnr ba(他是个小孩子,请您多包涵着点儿吧). ¶どうか今度だけは～に見てください qǐng nín ráo wǒ zhè yí cì ba(请您饶我这一次吧)/ zhè huí qǐng nín gāotái guìshǒu ba(这回请您高抬贵手吧). ¶あやまちを～に見る duì suǒ fàn de cuòwù cóngkuān chǔlǐ(对所犯的错误从宽处理).

おおめだま【大目玉】 ¶～を食う áile yí dùn mà[pīpíng](挨了一顿骂[批评]).

おおもじ【大文字】 dàxiě zìmǔ(大写字母).

おおもて【大持て】 ¶彼は近頃女子学生に～だ tā jìnlái dà shòu nǚxuéshēng de huānyíng(他近来大受女学生的欢迎). ¶海外でも日本製バイクは～だそうだ tīngshuō zài hǎiwài Rìběn zhì mótuōchē bódé hǎopíng(听说在海外日本制摩托车博得好评).

おおもと【大本】 jīběn(基本), gēnběn(根本), gēnjī(根基), gēndǐ(根底). ¶～をしっかりつかむ zhuāzhù gēnběn(抓住根本). ¶～さえしっかりしていれば良い zhǐyào gēnjī wěngù jiù xíng(只要根基巩固就行)/ zhǐyào yǒu gēndǐ jiù xíng(只要有根底就行).

おおもの【大物】 dàrénwù(大人物), dàhēng(大亨). ¶あいつは将来～になるぞ tā jiānglái kě huì chéng ge dàrénwù(他将来会成个大人物). ¶政界の～ zhèngjiè de dàhēng(政界的大亨).

おおもり【大盛】 ¶～のカレーライスをぺろりとたいらげた yí dà dié gālífàn, tā yì kǒu jiù xiàdù le(一大碟咖喱饭,他一口就下肚了). ¶御飯は～にして下さい qǐng gěi wǒ chéng yí dà wǎn mǐfàn(请给我盛一大碗米饭).

おおや【大家】 fángdōng(房东).

おおやけ【公】 1〔政府、国家〕gōngjiā(公家). ¶～の費用を私する bǎ gōngkuǎn jù wéi jǐ yǒu(把公款据为己有). ¶～の機関 zhèngfǔ jīguān(政府机关).

2〔公共〕gōnggòng(公共), gōngyòng(公用). ¶～のために尽す wèi gōng xiàolì(为公效力)/ gōng ér wàng sī(公而忘私). ¶公園は～のものだ gōngyuán shì gōnggòng de(公园是公共的).

3〔公然〕gōngkāi(公开). ¶事件が～になった shìjiàn gōng zhī yú shì le(事件公之于世了). ¶真相を～にする bǎ zhēnxiàng 'bǎizài zhuōmiànr shang[gōng zhī yú zhòng](把真相「摆在桌面儿上[公之于众]). ¶まだ～にする段階ではない hái bú dào gōngkāi de jiēduàn(还不到公开的阶段). ¶彼の著作は生前には～にされなかった tā de zhùzuò shēngqián wèicéng fābiǎo(他的著作生前未曾发表).

おおやすうり【大安売り】 dàjiànmài(大贱卖), dàshuǎimài(大甩卖).

おおよう【大様】 →おうよう(鷹揚).

おおよそ【大凡】 →およそ.

おおよろこび【大喜び】 gāogāo-xìngxìng(高高兴兴), huān tiān xǐ dì(欢天喜地), xìng gāo cǎi liè(兴高采烈). ¶子供達はお土産をもらって～だ háizimen nádào lǐwù huānxǐde bùdéliǎo(孩子们拿到礼物欢喜得不得了). ¶～で出掛けた gāogāo-xìngxìng de chūqu le(高高兴兴地出去了).

オーライ hǎo(好). ¶発車～ hǎo! kāichē!(好!开车!). ¶バック～ dào! dào!(倒! 倒!).

おおらか dàfang(大方). ¶～な態度で人に接する yòng kuānhòu de tàidu dàirén(用宽厚的态度待人). ¶彼は～な心の持主だ tā shì xīnxiōng kāikuò de rén(他是心胸开阔的人).

オール jiǎng(桨). ¶～をこぐ huá jiǎng(划桨).

オールバック bēitóu(背头). ¶髪を～にする liú bēitóu(留背头).

オールマイティー wànnéng(万能), quánnéng(全能);〔トランプの〕wángpái(王牌). ¶彼は～だ tā wú suǒ bùnéng(他无所不能).

オーロラ jíguāng(极光).

おおわらい【大笑い】 dàxiào(大笑). ¶腹をかかえて～する pěngfù dàxiào(捧腹大笑). ¶彼の話に皆～した tā de huà dòude dàjiā hāhā dàxiào(他的话逗得大家哈哈大笑).

おおわらわ【大童】 ¶新製品の売りこみに～ pīnmìng de tuīxiāo xīn zhǎnpǐn(拼命地推销新制品). ¶試験の採点に～だ wèile kàn juànzi 'mángde bùkě-kāijiāo [shǒumáng-jiǎoluàn](为了看卷子忙得不可开交[手忙脚乱]).

おか【丘】 shāngǎngzi(山岗子), shāngāng(山冈).

おか【陸】 lùdì(陆地). ¶今度～に上がるのは3ヶ月後だ xiàcì shàng'àn shì zài sān ge yuè yǐhòu(下次上岸是在三个月以后).

おかあさん【お母さん】 mǔqin(母亲), māma(妈妈), mā(妈), niáng(娘), mǔmā(姆妈). ¶～によろしくお伝え下さい xiàng nǐ mǔqin wènhǎo!(向你母亲问好!). ¶～, おなかがすいた mā, wǒ dùzi è le(妈, 我肚子饿了).

おかえし【お返し】 huílǐ(回礼), huánlǐ(还礼). ¶～に何をあげたらよいだろう huílǐ sòng xiē shénme hǎo ne?(回礼送些什么好呢?)/ sòng shénme dōngxi huíjìng hǎo ne?(用什么东西回敬好呢?). ¶～に一発くらわした huíjìngle yì quán(回敬了一拳).

おかくず【おが屑】 jùmò(锯末).

おかげ【お陰】 kuī(亏), xìngkuī(幸亏), duōkuī(多亏), tuōfú(托福), jièguāng(借光), zhānguāng(沾光), tāoguāng(叨光). ¶仕事が旨くいったのは君の～だ gōngzuò shùnlì wánchéng duōkuīle nǐ(工作顺利完成多亏了你). ¶あなたの～で本当に助かりました duōkuī nǐ de bāngzhù, shízài gǎnxiè(多亏你的帮助,实在感谢). ¶君の～で私まで鼻が高い zhān nǐ de guāng, wǒ yě juéde tǐmiàn(沾你的光,我也觉得体面). ¶～さまで元気です tuō nín de fú, wǒ hěn jiànkāng(托您的福,我很健康). ¶あんなこと

おかしい

を言った～でひどい目にあった yīnwei shuōle nàyàng de huà, cái chīle kǔtou le(因为说了那样的话,可吃了苦头了). ¶誰か～で飯が食えると思っているんだ nǐ kào shuí chīshàng zhè dùn fàn de? (你靠谁吃上这顿饭的?).

おかし・い 1 [こっけいだ] kěxiào (可笑), hǎoxiào (好笑), huájī (滑稽). ¶何が～いのか彼女は笑ってばかりいる bù zhī yǒu shénme kěxiào de, tā jìng shǎxiào (不知有什么可笑的,她净傻笑). ¶彼は～な事を言っては人を笑わせる tā ài shuō xiàohuà dòu rén xiào (他爱说笑话逗人笑). ¶～くてたまらない jiǎnzhí yào xiàosǐ rén (简直要笑死人). ¶あれで一人前のつもりなんだから～いよ tā nàyàng hái zì yǐwéi dúdāngyímiàn, "kě zhēn huájī[bié xiàohua rén le] (他那样还自以为独当一面,"可真滑稽[别笑话人了]).

2[変だ] guài (怪), qíguài (奇怪), gǔguài (古怪), jiànguǐ (见鬼). ¶彼は最近ようすが～い tā zuìjìn jǔzhǐ yìhū-xúncháng (他最近举止异乎寻常). ¶あいつは少し頭が～い nàge jiāhuǒ yǒudiǎnr èrbǎiwǔ (那个家伙有点儿二百五). ¶君の考えは～い nǐ de xiǎngfa "yǒu wèntí[bú duìtóu](你的想法"有问题[不对头]). ¶君の話を聞いていると こっちが～くなる tīng nǐ shuō wǒ kě yào shénjīng cuòluàn le (听你说我可要神经错乱了). ¶今日は体の調子が～い jīntiān shēntǐ yǒudiǎnr bù "shūfu[déjìn] (今天身体有点儿不"舒服[得劲]). ¶エンジンの具合が～い yǐnqíng yǒu diǎnr máobing (引擎有点儿毛病). ¶～なまねをするとただではおかないぞ nǐ yào dǎo shénme guǐ, wǒ kě jué bù ráo nǐ (你要搞什么鬼,我可决不饶你). ¶世の中には～な話もあるものだ shìshàng kě yě jiān yǒu lǐqí gǔguài de shì (世上可也真有离奇古怪的事). ¶～なことに彼はそれについて何も言わない qíguài de shì tā duì nà shì háo bù yányu (奇怪的是他对那事毫不言语). ¶彼はまだ来ていないとは～い tā hái méi lái, zhēn guài (她还没来,真怪).

3[怪しい] kěyí (可疑). ¶彼のそぶりはどうも～い tā de jǔzhǐ xíngdòng zǒng juéde yǒudiǎnr kěyí (他的举止行动总觉得有点儿可疑). ¶彼があんなに金を持っているのは～い tā yǒu nàme duō de qián, zhēn kěyí (他有那么多的钱,真可疑).

おかしさ ¶じっと～をこらえていた yìzhí rěnzhù xiào (一直忍住笑).

おかしらつき【尾頭付き】¶鯛の～ tóuwěi jùquán de zhēndiāo (头尾俱全的真鲷) / zhěngtiáo zhēndiāo (整条真鲷).

おか・す【犯す】 1 [法律, 道徳などを] fàn (犯). ¶罪を～す fàn zuì (犯罪). ¶人は誰でも過ちを～すものだ rén shuí yě nánmiǎn fàn cuòwù (人谁也难免犯错误).

2[女を] jiānwū (奸污), qiángjiān (强奸). ¶女を～す jiānwū fùnǚ (奸污妇女).

おか・す【侵す】 qīnfàn (侵犯), gānfàn (干犯). ¶国境を～す qīnfàn guójìng (侵犯国境). ¶領海を～す qīnfàn lǐnghǎi (侵犯领海). ¶基本的人権を～す qīnfàn jīběn rénquán (侵犯基本人权).

おか・す【冒す】 1 [押し切る] mào (冒). ¶風雨を～して出発した màozhe fēngyǔ chūfā le (冒着风雨出发了). ¶生命の危険を～して遭難者を救助する màozhe shēngmìng wēixiǎn jiù yùnànzhě (冒着生命危险救遇难者).

2 [害を与える] qīnshí (侵蚀). ¶肺が結核菌に～されている fèi bèi jiéhéjūn suǒ qīnshí (肺被结核菌所侵蚀). ¶脳神経を～された nǎoshénjīng yǐ shòu sǔnhài le (脑神经已受损害了).

おかず cài (菜), fàncài (饭菜), càiyáo (菜肴). ¶～をつくる zuò cài (做菜). ¶漬物を～に飯を食う yòng xiáncài "jiù[xià] fàn (用咸菜"就[下]饭).

おかっぱ【お河童】 duǎnfà (短发), liúhǎiér (刘海儿). ¶髪を～にする jiǎnchéng duǎnfà (剪成短发).

おかどちがい【お門違い】 ¶私を責めるのは～だ guàizuì wǒ jiǎnzhí shì guàicuòle rén (怪罪我简直是怪错了人).

おかぶ【お株】 ¶彼にすっかり～を奪われた wǒ de zhuāncháng jìyì yóu quán bèi tā qiǎngle qù (我的专长技艺全被他抢了去).

おかぼ【陆稲】 lùdào (陆稻), hàndào (旱稻).

おかまい【お構い】 1 [もてなし] zhāodài (招待), zhāngluo (张罗). ¶どうぞ～なく qǐng búyào zhāngluo (请不要张罗). ¶何の～も致しませんで zhāodài bù zhōudào, hěn duìbuqǐ (招待不周到,很对不起) / dàimàn, dàimàn! (怠慢,怠慢!).

2 ¶周りの事など～なしに大声で歌の練習をする quánrán bùgù zhōuwéi, fàngkāi sǎngzi liàn gē (全然不顾周围,放开嗓子练歌).

おかみ【お上】 1 [天皇] huángshang (皇上), zhǔshang (主上).

2 [政府,当局] guānfǔ (官府), yámen (衙门).

おかみ【女将】 nǚzhǔrén (女主人), nǚdōngjia (女东家), lǎobǎnniáng (老板娘); nèizhǎngguì (内掌柜).

おがみたお・す【拝み倒す】¶友人を～してやっと金を借りた xiàng péngyou kǔkǔ āiqiú, hǎoróngyì cái jièzhaóle qián (向朋友苦苦哀求,好容易才借着了钱).

おが・む【拝む】 bài (拜), kòubài (叩拜). ¶手を合せて仏を～む héshí bài fó (合十拜佛). ¶～まんばかりにして頼み込む kòubài āiqiú (叩拜哀求). ¶秘蔵の宝物を～ませてもらう bàiguān zhēncáng de bǎowù (拜观珍藏的宝物).

おかめはちもく【岡目八目】 páng guān zhě qīng (旁观者清).

おから dòuzhā (豆渣), dòufuzhā (豆腐渣).

オカリナ xiǎo'édí (小鹅笛), yángtáoxūn (洋陶埙).

オカルト shényì (神异), shénguài (神怪). ¶～映画 shénguài yǐngpiàn (神怪影片).

おがわ【小川】 xiǎohé (小河). ¶～のほとりを散歩する zài xiǎohépàn sànbù (在小河畔散步).

おかわり【お代り】 ¶御飯の～をどうぞ qǐng zài

lái yì wǎn fàn ba(请再来一碗饭吧).
おかん【悪寒】 hánzhàn(寒战).¶熱があるのか～がする huòxǔ fāshāo le, juéde fāléng(或许发烧了,觉得发冷).
おかんむり【お冠】 shēngqì(生气), shànghuǒ(上火).¶親父は大変な～だ lǎotóuzi dàwéi shēngqì(老头子大为生气).
おき【沖】 ¶毎日～に出て漁をする měitiān chūhǎi dǎyú(每天出海打鱼).¶紀州で暴風雨にあった zài Jìzhōu hǎimiàn shang yùdào bàofēngyǔ(在纪州海面上遇到暴风雨).¶はるか～あいに船影が見える kàndàole zài yáoyuǎn hǎimiàn shang yǒu ge chuányǐng(看到了在遥远海面上有个船影).
-おき【置き】 gé(隔).¶1日～に出勤する měi gé yì tiān shàng yí cì bān(每隔一天上一次班).¶1行～に書く gé háng xiě(隔行写).¶道路には5メートル～に木を植えてある lùpáng měi gé wǔ mǐ zhòngzhe yì kē shù(在路旁每隔五米种着一棵树).
おきあがりこぼし【起上り小法師】 bùdǎowēng(不倒翁), bāndǎodǎo(扳不倒ㄦ).
おきあが・る【起き上がる】 qǐlai(起来).¶やっと～たと思ったらまた転んでしまった hǎoróngyì páqilai yòu huádǎo le(好容易爬起来又滑倒了).¶彼はベッドの上に～って私を迎えた tā zài chuángshang zuòqǐ yíngjiēle wǒ(他在床上坐起迎接了我).
おきか・える【置き換える】 ¶机を窓際に～える bǎ zhuōzi nuódào chuāngbiānr shang(把桌子挪到窗边儿上).¶xをyに～える x yǔ y zhìhuàn(x与y置换).
おきざり【置き去り】 ¶朝寝坊をして～にされた zǎoshang shuìguòle tóu, tāmen pāoxià wǒ dōu zǒudiào le(早上睡过了头,他们抛下我都走掉了).¶妻子を～にして家出した pāoqì[yíqì] lǎopo háizi chūzǒu le(抛弃[遗弃]老婆孩子出走了).
オキシダント yǎnghuàjì hǔnhéwù(氧化剂混合物).
おきて【掟】 ¶世間の～に従う zūnshǒu shìshàng de guījǔ(遵守世上的规矩).¶仲間の～を破る wéibèile huǒbàn de yuēfǎ-sānzhāng(违背了伙伴的约法三章).¶国の～によって裁く yī guófǎ chéngbàn(依国法惩办).
おきてがみ【置手紙】 ¶机の上に～があった zhuōzi shang yǒu yí ge zìtiáor(桌子上有一个字条ㄦ).¶留守だったので～をしてきた rén bú zàijiā, liúle ge biàntiáor(人不在家,留了个便条ㄦ).
おきどけい【置時計】 zuòzhōng(座钟), táizhōng(台钟).
おぎな・う【補う】 bǔ(补), míbǔ(弥补), tiánbǔ(填补).¶欠員を～う tiánbǔ quē'é[bǔquē(补缺)/ bǔquēé(补缺额)].¶家計の不足を内職で～う gǎo diǎnr fùyè tiēbǔ jiāyòng(搞点ㄦ副业贴补家用).¶この計画の長所は短所を～ってあまりある zhège jìhuà chángchu míbǔle duǎnchu hái yǒuyú(这个计划长处弥补了短处还有余).¶欠損の～いをつける tiánbǔ kuīkōng(填补亏

空).
おきなかし【沖仲仕】 mǎtou gōngrén(码头工人).
おきにいり【お気に入り】 hóngrén[r](红人[ㄦ]).¶弟は祖母の～だ dìdi shì zǔmǔ zuì chǒng'ài de(弟弟是祖母最宠爱的).¶～の金時計 ài bú shì shǒu de jīnbiǎo(爱不释手的金表).
おきぬけ【起き抜け】 ¶～に散歩する yì qǐchuáng jiù qù sànbù(一起床就去散步).
おきば【置場】 ¶材木～ duīfāng mùcái de chǎngdi(堆放木材的场地).¶自転車～ zìxíngchē cúnfàngchù(自行车存放处)/ cúnchēchù(存车处)/ chēpéng(车棚).¶恥しくて身の～がない xiūde wúdì zìróng(羞得无地自容).
おきびき【置き引き】 diàobāo[r](掉包[ㄦ]); diàobāo[r]de(掉包[ㄦ]的).
おきまり【お決り】 lǎoyítào(老一套).¶それが彼の～の手さ nà zhǒng shǒufǎ shì tā de lǎoyítào(那种手法是他的老一套).¶～の文句が始まった nà lǎoyítào yòu lái le(那老一套又来了)/ yòu chàngqǐ lǎodiào lái le(又唱起老调来了).
おきみやげ【置土産】 ¶長年世話になったので掛時計を～に置いて来た duōniàn méngshòu zhàogù, bǎ guàzhōng liúxià zuò ge jìniàn(多年蒙受照顾,把挂钟留下做个纪念).¶借金を～にして行ってしまった liúxià yì bǐ zhài, rén què zǒu le(留下一笔债,人却走了).
おきもの【置物】 bǎijiàn(摆件), bǎishe[r](摆设[ㄦ]), chénshèpǐn(陈设品), zhuāngshìpǐn(装饰品).
お・きる【起きる】 1〔立ち上がる〕qǐlai(起来).¶転んだがすぐ～きて又走り出した shuāidǎole páqilai, yòu xiàng qián pǎo le(摔倒了爬起来,又向前跑了).¶熱が下がって～きられるようになった tuìle shāo hǎoróngyì néng ˇqǐlai[xià chuáng] le(退了烧好容易能ˇ起来[下床]了).

2〔起床する〕qǐlai(起来), qǐchuáng(起床).¶毎朝6時に～きる měitiān zǎochén liù diǎn qǐlai(每天早晨六点起来).¶冬は寒くて～きるのが辛い dōngtiān tài lěng, qǐbulái(冬天太冷,起不来).¶早く～きなさい kuài qǐlai!(快起来!).

3〔目をさます〕¶この子はめざとくてすぐ～きてしまう zhège háizi yì yǒu diǎnr shénme dòngjing jiù xǐng(这个孩子一有点ㄦ什么动静就醒).¶毎晩12時まで～きています měitiān wǎnshang dào shí'er diǎnzhōng cái shuì(每天晚上到十二点钟才睡).¶昨夜は遅くまで～きて仕事をしていた zuówǎn gōngzuò dào hěn wǎn(昨晚工作到很晚).

4 →おこる(起る).
お・きる【熾きる】 →おこる(熾る).
おきわす・れる【置き忘れる】 là(落), wàng(忘).¶傘をどこに～れたのか思い出せない bǎ yǔsǎn làzài nǎli, wǒ xiǎng bu qǐlái(把雨伞落在哪里,我想不起来了).¶鞄を網棚に～れた bǎ píbāo làzài xínglijià shang le(把皮包落在行李架上了).

お・く【措く】 fàng(放), gē(搁). ¶何を～いてもまず乾杯といこう bié de fàngzài yìbiānr, xiān gānbēi!(别的放在一边儿,先干杯!). ¶これができるのは彼を～いて他にない néng bàn zhè jiàn shì de, chúle tā zài yě méiyǒu dì'èr ge rén le(能办这件事的,除了他再也没有第二个人了). ¶この件はひとまず～いて次へ進もう zhè jiàn shìqing xiān ▼fàng yí fàng[piēkāi], wǎng xià tán ba(这件事情先▼放一放[撇开],往下谈吧). ¶感嘆～くあたわず zàntàn bùyǐ(赞叹不已).

お・く【置く】 1〔物を〕fàng(放), gē(搁). ¶私はその手紙を机の上に～いた wǒ bǎ nà fēng xìn fàngzài zhuōzi shang le(我把那封信放在桌子上了). ¶ピアノを～く場所がない méiyǒu dìfang fàng gāngqín(没有地方放钢琴). ¶この店には酒は～いていない zhè jiā pùzi bú mài jiǔ(这家铺子不卖酒).

2〔人を〕 ¶彼等は極めて困難な状況に～かれている tāmen chǔyú jíqí kùnnan de jìngdì(他们处于极其困难的境地)/ tāmen de chǔjìng hěn kùnnan(他们的处境很困难). ¶別荘に留守番を～く zài biéshù gù ge kānjiā de(在别墅雇个看房客). ¶下宿人を～く shōu fángkè(收房客).

3〔設ける〕 ¶駅前に事務所を～く zài chēzhàn gēnqián shè ge shìwùsuǒ(在车站跟前设个事务所). ¶北京に大使館を～く zài Běijīng shèlì dàshǐguǎn(在北京设立大使馆).

4〔間を隔てる〕 ¶1軒～いた隣が彼の家です gé yí ge yuànzi jiùshì tā jiā(隔一个院子就是他家). ¶2日～いてから訪ねる gé liǎng tiān zài qù bàifǎng(隔两天再去拜访).

5〔残す、放置する〕 ¶妻を～いて単身赴任する liúxià qīzi dānshēn dào wàidì gōngzuò(留下妻子单身到外地工作). ¶留守なのでメモを～いてきた tā bú zàijiā, wǒ liúle ge tiáozi(他不在家,我留了个条子). ¶彼のような人物をこのままで～くのは惜しい xiàng tā nàyàng de rénwù zhèyàng xiàqu kě jiù tài kěxī le(像他那样的人物这样下去可就太可惜了). ¶ただでは～かないぞ jué bù ráo nǐ!(决不饶你!).

6〔…したままにする〕 ¶電灯をつけて～く bǎ diàndēng kāizhe(把电灯开着)/ kāizhe dēng(开着灯). ¶ここに置いて～いた傘がない fàngzài zhèli de sǎn bújiàn le(放在这里的伞不见了). ¶心配するので知らせないで～く bú gàosu tā, miǎnde dānxīn(不告诉他,免得担心). ¶この仕事はやりとげずには～かない zhège gōngzuò fēiděi wánchéng bùkě(这个工作非得完成不可). ¶好きなように言わせて～け jiào tā suíbiàn shuō ba(叫他随便说吧). ¶まあ聞くだけは聞いて～く gūqiě tīng nǐ shuō de ba(姑且听听你说的吧).

7〔あらかじめ…する〕 ¶今のうちに読んで～う chèn zhège shíhour xiān kàn yí biàn(趁这个时候儿先看一遍). ¶前もって断って～く shìxiān shuōmíngbai(事先说明白). ¶約束して～いたのに A 氏は不在だった yuēdìnghǎo le, A xiānsheng què búzài(约定好了,A 先生却不在). ¶今のうちに話して～こう chéng xiànzài quán shuōle ba!(乘现在全说了吧!).

おく【奥】 lǐtou(里头), lǐbian(里边), lǐmian(里面); jìntóu(尽头), jìnlǐ(尽里), shēnchù(深处). ¶洞窟の～に何者かがひそんでいる shāndòng lǐtou yǒu rén cángzhe(山洞里头有人藏着). ¶引出しの～につっこんでおいた sāizài chōuti jìnlǐtou le(塞在抽屉尽里头了). ¶この鳥は森の～に住んでいる zhè zhǒng niǎo zài sēnlín shēnchù dā wō(这种鸟在森林深处搭窝). ¶喉の～がはれている hóulonglǐ zhǒng le(喉咙里肿了). ¶胸の～に秘めておく cángzài xīnlíng shēnchù(藏在心灵深处). ¶お客様を～へお通ししなさい bǎ kèren ràngdào lǐwū qù(把客人让到里屋去).

おく【億】 yì(亿), wànwàn(万万).

おくがい【屋外】 shìwài(室外), hùwài(户外). ¶～スポーツ shìwài yùndòng(室外运动).

おくぎ【奥義】 àoyì(奥义). ¶太極拳の～を授ける chuánshòu tàijíquán àoyì(传授太极拳奥义).

おくさま【奥様】 1〔他人の妻〕tàitai(太太), fūren(夫人). ¶～によろしくお伝え下さい qǐng tì wǒ xiàng fūren wènhǎo(请替我向夫人问好).

2〔女あるじ〕tàitai(太太). ¶～はただいまお留守です tàitai xiànzài bú zàijiā(太太现在不在家).

3〔年輩の女性〕tàitai(太太). ¶～何を差し上げましょうか tàitai, nín yào mǎi xiē shénme?(太太,您要买些什么?).

おくじょう【屋上】 wūdǐng(屋顶). ¶～屋を架す wū shàng jià wū(屋上架屋)/ dié chuáng jià wū(叠床架屋)/ chuáng shàng ān chuáng(床上安床).

おく・する【臆する】 ¶彼は～する色もなく所信を述べた tā háo wú jùsè de shēnshùle zìjǐ de xìnniàn(他毫无惧色地陈述了自己的信念).

おくせつ【臆説】 yìshuō(臆说).

おくそく【臆測】 yìcè(臆测), chuǎicè(揣测), cāicè(猜测), yǐduó(臆度). ¶それは単なる～に過ぎない nà zhǐ búguò shì yìcè éryǐ(那只不过是臆测而已).

おくそこ【奥底】 shēnchù(深处). ¶心の～にはまだ疑いの気持があった zài nèixīn shēnchù hái cúnyǒu huáiyí(在内心深处还存有怀疑).

オクターブ bā yīndù(八音度). ¶～上のド gāo bā dù de C(高八度的 C).

おくだん【臆断】 yìduàn(臆断).

オクタンか【オクタン価】 xīnwánzhí(辛烷值).

おくち【奥地】 nèidì(内地), fùdì(腹地). ¶アフリカの～を探検する shēnrù Fēizhōu fùdì tànxiǎn(深入非洲腹地探险).

おくづけ【奥付】 bǎnquányè(版权页).

おくて【晩手】 1〔晩稲〕wǎndào(晚稻).

2〔奥手・晩生〕 wǎnshú(晚熟), wǎnzào(晚造). ¶～の梨が出回りはじめた wǎnshú de lí shàngshì le (晚熟的梨上市了). ¶あの娘は～だ nàge nǚháizi chéngshúde wǎn(那个女孩子成熟得晚).

おくない【屋内】 wūnèi(屋内), shìnèi(室内). ¶～で仕事をする zài wūnèi gōngzuò(在屋内工作). ¶～競技場 shìnèi yùndòngchǎng(室内运动场). ～プール shìnèi yóuyǒngchí(室内游泳池).

おくに【お国】 guìguó(贵国); jiāxiāng(家乡). ¶～はどちらですか nǐ jiāxiāng shì nǎr?(你家乡是哪儿?)/ nǐ shì nǎ guó rén?(你是哪国人?). ¶～の選挙制度を話して下さい qǐng nǐ jièshào jièshào guìguó de xuǎnjǔ zhìdù(请你介绍介绍贵国的选举制度). ¶～自慢の花を咲かせる rénrén zhēngkuā zìjǐ de jiāxiāng, rènao fēifán(人人争夸自己的家乡, 热闹非凡).
¶～ことば xiāngtán(乡谈). ～訛 xiāngyīn(乡音).

おくのて【奥の手】 juézhāo[r](绝招[儿]・绝着[儿]), wángpái(王牌). ¶いよいよ～を出してきた zhōngyú shǐchū juézhāo lái le(终于使出绝招来了).

おくば【奥歯】 cáoyá(槽牙), jiùchǐ(臼齿). ¶～に物のはさまったような言い方をする shuōhuà tūntūn-tǔtǔ de(说话吞吞吐吐的)/ shuōhuà bù gāncuì(说话不干脆).

おくび【噯気】 ǎiqi(嗳气), gé'r(嗝[儿]). ¶～が出る dǎ gér(打嗝儿)/ chū ǎiqi(出嗳气). ¶彼は自分が困っていることなど～にも出さなかった tā zhīzì-bùtí zìjǐ de kùnnan(他只字不提自己的困难).

おくびょう【臆病】 dǎnxiǎo(胆小), dǎnqiè(胆怯), qiènuò(怯懦). ¶なんと～な奴だ shízài shì ge dǎnxiǎo rú shǔ de jiāhuo(实在是个胆小如鼠的家伙)/ zhēn shì ge nāozhǐmao!(真是个孬种!). ¶～風に吹かれる dǎnqiè qilai(胆怯起来).
¶～者 nuòfū(懦夫)/ dǎnxiǎoguǐ(胆小鬼).

おくぶか・い【奥深い】 **1**〔場所が〕shēn(深). ¶森の～く入って行った zǒurù sēnlín shēnchù(走入森林深处). ¶この動物は～い山中に住む zhè zhǒng dòngwù shēngxī zài shēnshān lǎolín li(这种动物生息在深山老林里).
2〔意味が〕shēn(深), shēn'ào(深奥). ¶表現はやさしいが～い意味を含んでいる xiěde hěn qiǎnxiǎn, dàn hányì hěn shēn(写得很浅显, 但含义很深).

おくま・る【奥まる】 ¶～った部屋に案内された bèi ràngdào jìn lǐmian de fángjiān li(被让到尽里面的房间里).

おくまん【億万】 yìwàn(亿万). ¶～長者 yìwàn fùwēng(亿万富翁).

おくめん【臆面】 ¶またぞろ～もなく頼みに来た yòu 'hòuzhe liǎnpí[méipíér] qiúrén lái le(又'厚着脸皮[没皮没脸]求人来了). ¶～もなくよくあんなことが言えたものだ jìng hòuyán-wúchǐ jìngrán néng shuōchū nà zhǒng huà lái(竟厚颜无耻到能说出那种话来).

おくやま【奥山】 shēnshān(深山), yōugǔ(幽谷). ¶～に踏み入る tàjìn shēnshān yōugǔ(踏进深山幽谷).

おくゆかし・い【奥床しい】 ¶～い人柄 rénpǐn gāoshàng(人品高尚).

おくゆき【奥行】 jìnshen(进深). ¶この部屋は～3メートルある zhè jiān wūzi jìnshen yǒu sān mǐ(这间屋子进深有三米). ¶彼の学問は間口は広いが～は浅い tā de xuéwen miànr hěn guǎng, dànshì méiyǒu shēndù(他的学问面儿很广, 但是没有深度).

おくら・せる【遅らせる】 huǎn(缓), yánhuǎn(延缓), yánchí(延迟), tuīchí(推迟), chíyán(迟延), tuōyán(拖延). ¶返事をできるだけ～せる jǐn kěnéng yánhuǎn dáfù(尽可能延缓答复). ¶開会を15分～せましょう kāihuì shíjiān zài huǎn shíwǔ fēnzhōng ba(开会时间再缓十五分钟吧). ¶柱時計を10分～せて下さい qǐng bǎ guàzhōng bōmàn shí fēnzhōng(请把挂钟拨慢十分钟).

おくりかえ・す【送り返す】 jìhuí(寄回), sònghuí(送回). ¶小包を封も切らずに～す bǎ bāoguǒ yuánfēng-búdòng jìhuíqu le(把包裹原封不动寄回去了). ¶子供を～す sònghuí háizi(送回孩子). ¶捕虜を～す qiǎnfǎn fúlǔ(遣返俘虏).

おくりこ・む【送り込む】 sòngdào(送到), sòngjìn(送进), sòngrù(送入). ¶一行を宿屋へ～む bǎ yìxíng rén sòngdào lǚguǎn(把一行人送到旅馆).

おくりさき【送り先】 ¶荷物の～をここに書いて下さい qǐng bǎ xíngli de jìsòng dìzhǐ xiězài zhèli(请把行李的寄送地址写在这里).

おくりじょう【送り状】 yùndān(运单), fādān(发单), fāhuòdān(发货单), huòdān(货单), fāhuòpiào(发货票).

おくりだ・す【送り出す】 sòngchū(送出), shūchū(输出). ¶あの学校は年々優秀な卒業生を～している nàge xuéxiào měinián dōu shūsòngchū yōuxiù de bìyèshēng(那个学校每年都输送出优秀的毕业生). ¶夫を～してから買物に行った bǎ zhàngfu sòngchuqu hòu mǎi dōngxi qù le(把丈夫送出去后买东西去了).

おくりな【贈名】 shìhào(谥号).

おくりむかえ【送り迎え】 jiēsòng(接送), yíngsòng(迎送). ¶保育園に行く子供の～をする jiēsòng shàng tuō'érsuǒ de háizi(接送上托儿所的孩子).

おくりもの【贈物】 lǐwù(礼物), lǐpǐn(礼品), zèngpǐn(赠品). ¶誕生日の～をする sòng shēngri de lǐwù(送生日的礼物).

おく・る【送る】 **1**〔届けようにする〕jì(寄), sòng(送). ¶本を小包で～る yòng bāoguǒ jì shū(用包裹寄书). ¶田舎から餅を～ってきた cóng jiāxiāng jìlaile niángāo(从家乡寄来了年糕). ¶息子に金を～ってやった gěi érzi huìle qián(给儿子汇了钱). ¶車でお宅まで～りしましょう yòng qìchē sòng nín huíqu ba(用汽车送您回去吧). ¶捜査書類は検察庁へ～られた sōuchá bàogào sòngjiāo jiǎncháyuàn(搜查报告送交检察院). ¶会議に代表を～る pài dàibiǎo cānjiā huìyì(派代表参加会议). ¶ランナーにサインを～る xiàng pǎolěiyuán fāchū ànhào(向跑垒员发出暗号).

おくる

2〖見送る〗sòng(送).¶友人を駅まで〜って行く sòng péngyou dào chēzhàn(送朋友到车站).¶玄関で客を〜る bǎ kèrén sòngdào ménkǒu(把客人送到门口).¶用事があって君を〜って行けません wǒ hái yǒushì, sòngbuliǎo nǐ(我还有事,送不了你).

3〖過す〗dù(度), guò(过), dùguò(度过).¶夏休みを海辺の村で〜る zài hǎibiān de cūnzi dù shǔjià(在海边的村子度暑假).¶悲惨な生活を〜っている guòzhe bēicǎn de shēnghuó(过着悲惨的生活).

4〖順に移す〗¶バケツを手から手へと〜る dàjiā yīcì chuándì shuǐtǒng(大家依次传递水桶).¶1字次の行に〜る wǎng xià yì háng nuó yí zì(往下一行挪一字).

おく・る【贈る】sòng(送), zèng(赠), zèngsòng(赠送), zèngyǔ(赠与), kuìsòng(馈送), kuìzèng(馈赠), shòuyǔ(授与).¶結婚祝いを〜る sòng jiéhūn lǐwù(送结婚礼物).¶入賞者に賞状と賞品を〜る xiàng huòjiǎngzhě zèng jiǎngzhuàng hé jiǎngpǐn(向获奖者赠奖状和奖品).¶彼は市長から名誉市民の称号を〜れた tā yóu shìzhǎng shòuyǔle míngyù shìmín de chēnghào(他由市长授与了名誉市民的称号).

おくれ【遅れ・後れ】¶飛行機は1時間〜で離陸した fēijī wǎn yí ge zhōngtóu qǐfēi le(飞机晚一个钟头起飞了).¶列車は5分〜で到着した lièchē wùdiǎn wǔ fēnzhōng dǐdá(列车误点五分钟抵达).¶勉強の〜を取り戻す gǎn suǒ dānwu de gōngkè(赶所耽误的功课).¶人に〜をとる luòhòu yú rén(落后于人).¶外国に〜をとらない bú yàyú wàiguó(不亚于外国).¶流行〜の洋服を着ている chuānzhe bù shíxīng de xīfú(穿着不时兴的西服).

おくればせ【遅れ馳せ】¶〜ながら政府は対策を講じた suīrán wéi shí yǐ wǎn, dàn zhèngfǔ cǎiqǔle cuòshī(虽然为时已晚,但政府采取了措施).

おく・れる【遅れる・後れる】**1**〖定刻に〗wǎn(晚), wù(误), chí(迟).¶早く行かないと学校に〜れるよ kuài shàngxué qù! kě yào chídào le(快上学去！可要迟到了).¶バスの事故で集合時間に〜れた gōnggòng qìchē chūle shìgù, wùle jíhé de shíjiān(公共汽车出了事故,误了集合时间).¶〜れて来た人のためにもう1度説明します wèile chídào de rén zài shuōmíng yí biàn(为了迟到的人再说明一遍).¶列車は20分〜れて到着した lièchē 〖wùdiǎn〗〖wǎndiǎn〗 èrshí fēnzhōng dàodá le(列车〖误点〗〖晚点〗二十分钟到达了).¶賃金の支払が〜れる gōngzī wǎn fā(工资晚发).

2〖進み方が〗màn(慢), luòhòu(落后), chà(差).¶先頭から5メートル〜れた bǐ qiántou de luòhòule wǔ mǐ(比前头的落后了五米).¶そんなことでは時勢に〜れる nàyàng jiù luòhòu yú xíngshì(那样就落后于形势).¶この地方は産業の発達が〜れている zhège dìfang chǎnyè bù fādá(这个地方产业不发达).¶工事が計画より〜れている yánwùle yùdìng de gōngqī(延误了预定的工期).¶病気で休んだので勉強が〜れた yīn bìng qǐngle jià, dānwule xuéxí(因病请了假,耽误了学习).¶私は数学が一番〜れている wǒ shùxué zuì chà(我数学最差).¶この子は知能の発達が〜れている zhège háizi zhìlì fāyù 〖chíhuǎn〗〖luòhòu〗(这个孩子智力发育〖迟缓〗〖落后〗).¶ここはファッションが東京より半年〜れている zhèlǐ shízhuāng de liúxíng bǐ Dōngjīng yào màn bànnián(这里时装的流行比东京要慢半年).¶この時計は1日に3分〜れる zhège biǎo yì tiān màn sān fēnzhōng(这个表一天慢三分钟).

おけ【桶】tǒng(桶), mùtǒng(木桶).

おける【於ける】zài(在), yú(于).¶家庭に〜彼は実に夫である zài jiātínglǐ tā zhēn shì ge hǎo zhàngfu(在家庭里他真是个好丈夫).

おこえがかり【お声掛り】¶社長の〜で彼は異例の昇進をした yóuyú zǒngjīnglǐ de tuījiàn tā pòge tíshēng le(由于总经理的推荐他破格提升了).

おこがまし・い【烏滸がましい】bùzìliàng(不自量), bú zì liànglì(不自量力).¶〜いようですが私にその役をやらせて下さい huòxǔ tài bù zhī zìliàng, bǎ nàge rènwù jiāogěi wǒ ba(或许太不知自量,把那个任务交给我吧).¶あんな奴が社長になりたいなんて全く〜い tā nà zhǒng jiāhuo jìng xiǎng dāng zǒngjīnglǐ, shízài tài kuángwàng le(他那种家伙竟想当总经理,实在太狂妄了).

おこげ【お焦げ】guōbā(锅巴).

おこし jiāngmǐtáng(江米糖).

おこ・す【起す・興す】**1**〖立たせる〗fúqǐ(扶起).¶台風で倒れた木を〜す fú〖zhí〗qǐ bèi táifēng guādǎo de shùmù(扶〖支〗起被台风刮倒的树木).¶ころんだ子供を〜す bǎ diēdǎo de háizi 〖fú〗〖chān/chánfú〗qilai(把跌倒的孩子〖扶〗〖搀/搀扶〗起来).

2〖目をさまさせる〗jiàoxǐng(叫醒), huànxǐng(唤醒).¶明朝7時に〜して下さい qǐng míngzǎo qī diǎnzhōng jiào wǒ qǐlai(请明早七点钟叫我起来).¶赤ん坊を〜さないように búyào nòngxǐng wáwa(不要弄醒娃娃).

3〖掘り返す〗¶畑を〜す fāndì(翻地)/ gēng dì(耕地).¶荒地を〜す kāihuāng(开荒)/ kāikěn huāngdì(开垦荒地).

4〖始める〗¶事業を〜す chuàngbàn〖xīngbàn〗shìyè(创办〖兴办〗事业)/ qǐ jiā(起家).¶訴訟を〜す tí sùsòng(提起诉讼)/ dǎ guānsi(打官司).¶抗議運動を〜す zhǎnkāi kàngyì yùndòng(展开抗议运动).

5〖生じさせる〗¶交通事故を〜してしまった rěchule jiāotōng shìgù(惹出了交通事故).¶彼はあちこちで騒ぎを〜してまわる tā dàochù 〖rěshì〗〖zhāoshì/zhāofēng-rěhuò〗(他到处惹事〖招事/招风惹祸〗).¶兵を〜す qǐbīng(起兵)/ xīngbīng(兴兵)/ xīngshī(兴师).¶クーデターを〜す fādòng zhèngbiàn(发动政变)/ qǐshì(起事).¶水の力で電気を〜す yòng shuǐlì fādiàn(用水力发电).¶彼女はまたヒステリーを〜している tā xiēsīdǐlǐ yòu fāzuò le(她歇斯

底里又发作了）．¶ 腹痛を～す nào dùzi téng（闹肚子疼）．¶ 彼女はやる気を～したようだ kànlai tā gǔqǐ jìnr lái le（看来她鼓起劲儿来了）．¶ 好奇心を～す yǐnqǐ hàoqíxīn（引起好奇心）．

6〔盛んにする〕¶ 産業を～す zhènxīng chǎnyè（振兴产业）．¶ 没落した家を～す chóngjiàn mòluò de jiāyè（重建没落的家业）．¶ 彼はー国を～した英雄だ tā shì shǐ guójiā xīngshèng de yīngxióng（他是使国家兴盛的英雄）．

おこ・す【熾す】 shēng（生），shāo（烧）．¶ 火を～す shāo[shēng]huǒ（烧[生]火）．

おこぜ【虎魚】 yóu（鮋），téng（䲢），zhānxīngyú（瞻星鱼）．

おごそか【厳か】 zhuāngzhòng（庄重），zhèngzhòng（郑重），yánsù（严肃），zhuāngyán（庄严）．¶ 彼は～な口調で開会を宣言した tā zhuāngyán de xuānbù kāimù（他庄严地宣布开幕）．¶ 式は～に執り行われた yíshì lóngzhòng jǔxíng le（仪式隆重举行了）．

おこた・る【怠る】 shūhu（疏忽），wánhū（玩忽）．¶ 彼は職務を～たために解雇された tā yīn wánhū zhíshǒu bèi jiěgù le（他因玩忽职守被解雇了）．¶ ～らずに勉強すれば必ず進歩する zhǐyào jiānchí búxiè de xuéxí, yídìng huì jìnbù de（只要坚持不懈地学习，一定会进步的）．¶ ほんの一瞬注意を～ったばかりに事故を起こしてしまった yóuyú yìshí de shūhu rěchūle shìgù（由于一时的疏忽惹出了事故）．

おこない【行い】 xíngdòng（行动），xíngwéi（行为），xíngjìng（行径），zuòwéi（作为）．¶ ～を見ればその人が分る kàn qí xíngdòng, jiù zhī qí wéirén（看其行动，就知其为人）．¶ ～を改める duānzhèng ˇpǐnxíng[zuòfēng]（端正品行[作风]）．¶ ～を慎む jǐn yán shèn xíng（谨言慎行）．

おこな・う【行う】 jìnxíng（进行），shíxíng（实行），jǔxíng（举行）．¶ 入学式は４月８日に～われることになっている rùxué diǎnlǐ yùdìng yú sì yuè bā rì jǔxíng（入学典礼预定于四月八日举行）．¶ 熱心な討論が～われた jìnxíngle rèliè de tǎolùn（进行了热烈的讨论）．¶ 思い切った改革を～う jìnxíng dàdǎn de gǎigé（进行大胆的改革）．¶ 公正な裁判が～われることを望む xīwàng jìnxíng gōngzhèng de shěnpàn（希望进行公正的审判）．¶ 午後１時から会議を～います yóu xiàwǔ yì diǎn kāihuì（由下午一点开会）．¶ 命令通りに～う àn mìnglìng shíxíng（按命令实行）．¶ 言うは易く～うは難し shuō róngyì zuò nán（说容易做难）．¶ この風習は今では世に～われていない zhè fēngsú xiànzài yǐ méiyǒu le（这种风俗现在已没有了）．

おこり【起り】〔起源〕qǐyuán（起源），láiyóu（来由）；〔原因〕qǐyīn（起因），yuányīn（原因）．¶ これがこの地名の～である zhè jiùshì nàge dìmíng de láiyóu（这就是那个地名的来由）．¶ 喧嘩のそもそもの～はこうだ chǎojià de zuìchū qǐyīn shì zhème yì huí shì（吵架最初的起因是这么一回事）．

おごり【驕り・奢り】 jiāo'ào（骄傲），jiāomàn（骄慢），àomàn（傲慢）．¶ ～をきわめる shífēn àomàn（十分傲慢）/ àoqì shízú（傲气十足）/ shénqi huóxiàn（神气活现）．¶ それは君の～だ nà shì nǐ de àomàn（那是你的傲慢）．

おこりっぽ・い【怒りっぽい】 ¶ 年をとるにつれて～くなった shàngle niánjì yuèfā ˇài shēngqì [yì shànghuǒ] le（上了年纪越发爱生气[易上火]了）．¶ ～い人 hào fā píqi de rén（好发脾气的人）/ hào dòng gānhuǒ de rén（好动肝火的人）．

おこ・る【怒る】 **1**〔腹をたてる〕qì（气），huǒr（火儿），nǎo（恼），shēngqì（生气），láihuǒ（来火），màohuǒ[r]（冒火儿），shànghuǒ（上火），fāhuǒ（发火），nàohuǒ（闹火），dònghuǒ（动火），dònggānhuǒ（动肝火），guàhuǒ（挂火），jíyǎn（急眼），fānù（发怒），nǎonù（恼怒），qīnǎo（气恼），dòngqì（动气），dòngnù（动怒），chēnnù（嗔怒）．¶ あまり馬鹿にしているのでつい～ってしまった tāmāde tài xiǎokàn rén, bùyóude fāle huǒ（他妈的太小看人，不由得发了火）．¶ つまらぬ事でそう～るな bié wèi nà diǎnr zhīma dà de shì shēngqì（别为那种芝麻大的事生气）．¶ ここで～ってしまったら負だ xiànzài qīnǎole jiù suàn shū le（现在气恼了就算输了）．¶ 真赤になって～っている qìde liǎn hóng bózi cū（气得脸红脖子粗）．¶ 彼は烈火の如く～った tā qìde zhí màohuǒ（他气得直冒火）．¶ 彼女はぷんぷん～って帰って行った tā qìfēnfēn de huíqu le（她气忿忿地回去了）．¶ 社長がかんかんに～っていたぞ zǒnglǐngˇ kě dà fā léitíng le（总经理可大发雷霆了）．

2〔叱る〕mà（骂），shuō（说），xùn（训）．¶ 娘をうんと～ってやった hěnhěn de xùnle nǚ'ér yí dùn（狠狠地训了女儿一顿）．¶ いたずらをして母に～られた wánpí shǐhuài áile māma yí dùn mà（顽皮使坏挨了妈妈一顿骂）．

おこ・る【起る】 fāshēng（发生），chǎnshēng（产生）．¶ 工場で爆発事故が～った zài gōngchǎng fāshēngle bàozhà shìgù（在工厂发生了爆炸事故）．¶ 水害が～る nào shuǐzāi（闹水灾）/ fā shuǐ（发水）．¶ このような事態は～るべくして～ったのだ zhè zhǒng shìtài shì suǒ bìrán（这种事态势所必然）．¶ 彼の身に何か～ったのではないか shìfǒu zài tā shēnshang fāshēngle shénme yìwài?（是否在他身上发生了什么意外?）．¶ 両国の間に紛争が～った liǎngguó zhī jiān fāshēngle fēnzhēng（两国之间发生了纷争）．¶ 万雷の拍手が～った xiǎngqǐle léimíng bān de zhǎngshēng（响起了雷鸣般的掌声）．¶ 彼女の心にふと疑念が～った tā xīnli húrán ˇfàn[yǐ] yí (她心里忽然ˇ犯[起]疑念）．¶ 持病のぜんそくが～ると大変だ qìchuǎn de lǎobìng fāzuò kě bùdéliǎo（气喘的老病发作可不得了）．¶ 静電気は摩擦によって～る jìngdiàn shì yóu mócā ér chǎnshēng de（静电是由摩擦而产生的）．

おこ・る【興る】 xīngqǐ（兴起）．¶ 国が～るのは人の力による guójiā ˇxīngshèng[xīngwàng] shì kào rén de lìliang（国家ˇ兴盛[兴旺]是靠人的力量）．¶ 新しい産業が～った xīngqǐle

xīn chǎnyè(兴起了新产业).

おこ・る【熾る】¶炭火がまっかに~っている tànhuǒ shāode tōnghóng(炭火烧得通红).

おご・る【奢る】1〔ぜいたくをする〕shēhuá(奢华), shēchǐ(奢侈). ¶彼は口が~っている tā chīguànle měiwèi jiāyáo(他吃惯了美味佳肴). ¶彼の暮しは~りを極めている tā de shēnghuó ˈjíqí shēhuá[shēchǐ zhì jí](他的生活ˈ极其奢华[奢侈至极]).
2〔御馳走する〕¶今日は僕が~るよ jīntiān wǒ zuòˈdōng[dōngdào](今天我做ˈ东[东道]). ¶今晩の御馳走は彼の~りだ jīnwǎn de yànxí shì tā deˈdōngdào[dōngdàozhǔ](今晚的宴席是他的ˈ东道[东道主]).

おご・る【驕る】jiāo'ào(骄傲), jiāo'ào(骄傲). ¶勝って~らず負けて悔やまず shèng bù jiāo, bài bù něi(胜不骄, 败不馁). ¶~る平家は久しからず jiāo bīng bì bài(骄兵必败).

おこわ nuòmǐfàn(糯米饭), hóngxiǎodòu nuòmǐfàn(红小豆糯米饭).

おさえ【押え】yā(压). ¶書類の~に文鎮を置く gēshàng zhènzhǐ yāzhù wénjiàn(搁上镇纸压住文件). ¶あの人では~がきかない tā nàge rén kěˈyābuzhù[zhènbuzhù] chǎng(他那个人可ˈ压不住[镇不住]场).

おさえつ・ける【押え付ける】1 ànzhu(按住), ènzhù(摁住). ¶やっとのことで賊を~けた hǎobù róngyì cái bǎ zéi gěi ànzhu le(好不容易才把贼给按住了). ¶上から~けられて動けない cóng shàngmian bèi jǐnjǐn ànzhù, bùnéng dòngtan(从上面被紧紧摁住, 不能动弹).
2〔抑圧する〕yāzhù(压住), yàxià(压下), yāzhì(压制), yāfú(压服・压伏). ¶彼は大勢の反対をすべて~けてしまった tā bǎ zhòngduō de fǎnduì yìjiàn dōu gěi yāxiaqu le(他把众多的反对意见都给压下去了). ¶頭から~けようとしても駄目だ bùyóu-fēnshuō zhèn rén shì xíngbutōng de(不由分说压制人是行不通的).

おさ・える【押える】1 àn(按), èn(摁), yā(压), nà(捺), qīn(揿). ¶地図が飛ばないように~て下さい nǐ gěi ànzhù dìtú, búyào jiào fēng guāle qù(你给摁住地图, 不要叫风刮了去). ¶相手の首根っこを~えてぐうの音も出させない ànzhu duìfāng de bógěngzi jiào tā zǐbuliǎo shēng(按住对方的脖颈子叫他吱不了声). ¶口を~えて笑った wǔzhe zuǐ xiào(捂着嘴笑)/yǎn kǒu ér xiào(掩口而笑). ¶耳を~えて聞こうとしない yǎn ěr bù tīng(掩耳不听). ¶腕を~えて離さない ènzhù gēbo bú fàng(摁住胳膊不放).
2〔押しとどめる〕zǔzhǐ(阻止), zhǐzhù(止住), yāzhù(压住), yìzhì(抑制). ¶流感の広がるを~える zǔzhǐ liúgǎn de mànyán(阻止流感的蔓延). ¶噂の広まるを~える yāzhù fēngshēng liúchuán(压住风声流传). ¶薬で痛みを~える yòng yào zhèntòng(用药镇痛). ¶支出を最小限に~える bǎ kāizhī yāzài zuìdī xiàndù(把开支压在最低限度). ¶物価の高騰を~える yìzhì wùjià de fēizhǎng(抑制物价的飞涨). ¶暴動はただちに~えられた bàodòng hěn kuài bèi zhènyā le(暴动很快被镇压了). ¶少数意見を~える yāzhì shǎoshù yìjiàn(压制少数意见). ¶現物は~えてあります xiànhuò yǐjing quèbǎo le(现货已经确保了).
3〔自制する〕yìzhì(抑制), yāzhù(压住), nàzhu(捺住), rěnzhù(忍住), ànzhu(按住), ànnà(按捺・按纳), ànyā(按压). ¶嬉しさを~えきれない yìzhì bu zhù nèixīn de xǐyuè(抑制不住内心的喜悦)/gāoxìngde bùnéng zìyǐ(高兴得不能自己). ¶いらだつ心を~える nàzhu xīnli de jiāojí(捺住心里的焦急). ¶彼は怒りを~えることができなかった tā nàbuzhù qì(他捺不住气)/tā yìzhì bu zhù xīnli de nùhuǒ(他抑制不住心里的怒火). ¶涙を~えて言った rěnzhù lèizhū shuō(忍住眼泪说).
4〔とらえる〕zhuāzhù(抓住), kòuzhù(扣住), yāzhù(押住), ènzhù(摁住). ¶要点を~えて話す zhuāzhù yàodiǎn shuō(抓住要点说)/kòu de shuō(扣要地说). ¶証拠を~える kòuyā zhèngjù(扣押证据). ¶彼等は麻薬取引の現場を~えられた tāmen zài dúpǐn jiāoyì de xiànchǎng bèi zhuāzhù le(他们在毒品交易的现场被抓住了).

おさおさ ¶準備~怠りなし zhǔnbèide wàn yī shī(准备万无一失).

おさがり【お下がり】¶この洋服は姉さんの~だ zhè jiàn yīfu shì jiěje de(这件衣服是捡姐姐的).

おさき【お先】xiān(先). ¶~に失礼します xiān zǒu yí bù, shīpéi le(先走一步, 失陪了). ¶どうぞ~に召し上がってください qǐng xiān yòng(请先用). ¶この調子では一真暗だ yàoshi zhème xiàqu, háo wú chūlù(要是这么下去, 毫无出路).

おさきぼう【お先棒】¶人の~をかつぐ chōngdāng mǎqiánzú(充当马前卒)/zhù rén zhāngmù(助人张目)/zuò gǒutuǐzi(做狗腿子).

おさげ【お下げ】biànzi(辫子), xiǎobiànr(小辫ㄦ), xiǎobiànzi(小辫子). ¶~にする shū[dǎ/biàn] biànzi(梳[打/辫]辫子).

おさと【お里】¶~が知れる lòule xiànr le(露了馅ㄦ了)/lòuxiàngr(露相ㄦ).

おさな・い【幼い】1〔小さい〕xiǎo(小), yòuxiǎo(幼小), niányòu(年幼). ¶彼の子供はまだ~い tā de háizi hái xiǎo(他的孩子还小). ¶~い時から利発だった cóngxiǎo[zì yòu] jiù cōngming língli(从小[自幼]就聪明伶俐). ¶あの子は~が気概がある biékàn ta rén xiǎo, kě yǒu zhìqì(别看他人小, 可有志气).
2〔未熟だ〕yòuzhì(幼稚). ¶彼はする事が~い tā zuò shì hěn yòuzhì(他做事很幼稚).

おさながお【幼顔】¶~が残っている hái yǒu xiē tóngnián shí de múyàngr(还有些童年时的模样ㄦ).

おさなごころ【幼心】¶~にも分っていたらしい zài nà yòuxiǎo de xīnlínglǐ yě sìhū míngbai le(在那幼小的心灵里也似乎明白了).

おさななじみ【幼馴染】¶2人が~だ tā liǎ shìˈyòu shí de péngyou[qīngméi-zhúmǎ](他俩是ˈ幼时的朋友[青梅竹马])/tā liǎ shì zǒng-

jiǎo zhī jiāo(他俩是总角之交).

おざなり【お座なり】 ¶あの計画は～だ nàge jìhuà shì fūyǎn liǎoshì de(那个计划是敷衍了事的). ¶あの男は～ばかり言っている tā jìng shuō tángsè de huà(他净说搪塞的话). ¶～の挨拶などやめた方がよい xūtàozi gāncuì suànle ba(虚套子干脆算了吧).

おさま・る【収まる・納まる】 ¶本が本棚にうまく～った shū zhěnghǎo fàngjìn shūjiàli(书正好放进书架里). ¶この原稿はとても1ページでは～らない zhè gǎozi yí yè lǐ zěnme yě ˇróngnà bu liǎo[pái bu jìnqù](这稿子一页里怎么也`容纳不了[排不进去]). ¶2人は元の鞘に～った liǎ rén yán guī yú hǎo le(俩人言归于好了)/ 破鏡重ねて円かに～った pò jìng chóng yuán(破镜重圆). ¶彼は今では校長に～っている tā rújīn shì yí xiào zhī zhǎng le(他如今是一校之长了).

おさま・る【治まる・収まる】 1〔平和になる〕¶天下が～る tiānxià dà zhì(天下大治).
2〔しずまる〕píngxī(平息), píngjìng(平静), píngfu(平复). ¶騒ぎがやっと～った luànzi hǎoróngyì cái píngxī le(乱子好容易才平息了). ¶これでは血を見なくては～るまい kàn zhè yàngzi bú liúxuè bú huì liǎoshì le(看这样子恐怕不流血不会了事了). ¶火勢が～った huǒshì píngxī xialai le(火势平息下来了). ¶荒れ狂う風波も次第に～った kuángfēng jù làng yě jiànjiàn ˇpíngjìng[píngfu] xialai le(狂风巨浪也渐渐ˇ平静[平复]下来了). ¶流感がやっと～った liúgǎn hǎoróngyì cái kòngzhìzhù(流感好容易才控制住). ¶こうな～らないのは彼の方だ zhème yìlái, tā xīnli kě bù fú ya(这么一来,他心里可不服呀); zhèyàng, tā xīnli de qì píngfú bu liǎo(这样,他心里的气平服不了). ¶咳が～った bù késou le(不咳嗽了). ¶腹痛が～った dùzi bù téng le(肚子不疼了).

おさま・る【修まる】 ¶彼は一向に素行が～らない tā lǎo bù gǎixié-guīzhèng(他老不改邪归正).

おさむ・い【お寒い】 ¶論文の内容は～い限りだ lùnwén de nèiróng yě tài pínfá le(论文的内容也太贫乏了)/ zhè piān lùnwén jiǎnzhí kōngdòng-wúwù(这篇论文简直空洞无物). ¶福祉の現状は～限りだ fúlì shìyè de xiànzhuàng, zhēn jiào rén xīnhán(福利事业的现状,真叫人心寒).

おさ・める【収める・納める】 1〔しまう, 入れる〕shōu(收), shōucún(收存). ¶書類を金庫に～める bǎ wénjiàn fàngjìn bǎoxiǎnguì li(把文件放进保险柜里). ¶この論文は選集に～められている zhè piān lùnwén shōulù zài xuǎnjí zhōng(这篇论文收录在选集中). ¶この事は胸に～めておいて下さい zhè jiàn shì jiù gézài nǐ xīnli ba(这件事就搁在你心里吧). ¶矛を～める shōubīng(收兵).
2〔自分の物にする〕dédào(得到), qǔdé(取得), huòdé(获得). ¶粗品ですがお納め下さい dōngxi suī bù hǎo, qǐng nín shōuxià ba(东西虽不好,请您收下吧). ¶彼は莫大な利益を～めた tā huòdéle jù'é de lìrùn(他获得了巨额的利润). ¶権力を手中に～める bǎ quánlì zhǎngwò zài shǒuli(把权力掌握在手里). ¶一定の成果を～めた qǔdéle yídìng de chéngguǒ(取得了一定的成果).
3〔納入する〕jiāo(交), nà(纳), jiāonà(交纳), jiǎonà(缴纳). ¶月謝を～める jiāo xuéfèi(交学费). ¶税金を～める jiǎonà shuìjīn(缴纳税金)/ nàshuì(纳税). ¶注文の品は全部～めた dìnghuò dōu yǐjing jiāoqí le(定货都已经交齐了).

おさ・める【治める・収める】 1〔統治する〕zhì(治), zhìlǐ(治理). ¶国を～める zhì guó(治国)/ zhìlǐ guójiā(治理国家).
2〔しずめる〕píngdìng(平定), píngxī(平息), píngjìng(平靖). ¶紛争を～める píngdìng fēnzhēng(平定纷争). ¶ひそかに事を～めようとした qǐtú ˇsīxià liǎojié[sīliǎo](企图ˇ私下了结[私了]).

おさ・める【修める】 ¶医学を～める xué yī(学医). ¶身を～める xiūshēn(修身).

おさらい 1〔復習〕wēnxí(温习), fùxí(复习). ¶今日習ったところをよく～しなさい bǎ jīntiān xué de hǎohāor fùxí yí biàn(把今天学的好好儿复习一遍).
2〔温習会〕¶明日踊の～がある míngtiān yǒu Rìběn wǔdǎo de liànxíhuì(明天有日本舞蹈的练习会).

おさん【お産】 shēngchǎn(生产). ¶妻は国に帰って～をした wǒ àiren huíxiāng shēngle háizi(我爱人回乡生了孩子). ¶～が近づいた kuài dào yuèzi le(快到月子了).

おし【啞】 yǎba(哑吧), yǎzi(哑子).

おし【押し】 ¶～の一手でいくより仕方がない zhǐhǎo yìng chuǎng, bié wú tā fǎ(只好硬闯, 别无他法). ¶あいつは～が強い nà jiāhuo ˇzuòshì qiángyìng[yǒu pòlì](那家伙ˇ做事强硬[有魄力]). ¶仲間に～がきく duì huǒbàn yǒu wēiyán(对伙伴有威严). ¶漬物に～をする yòng zhòng dōngxi yā xiáncài(用重东西压咸菜).

おじ【伯父・叔父】 〔父の兄〕bófù(伯父), bóbo(伯伯), dàbó(大伯), dàye(大爷); 〔父の弟〕shūfù(叔父), shūshu(叔叔); 〔父の姉妹の夫〕gūfu(姑父), gūfu(姑夫), gūzhàng(姑丈); 〔母の兄弟〕jiùfù(舅父), jiùjiu(舅舅); 〔母の姉妹の夫〕yífu(姨父), yífu(姨夫), yízhàng(姨丈).

おしあいへしあい【押し合いへし合い】 ¶人々は～しながら会場へなだれこんだ rénmen nǐtuī-wǒzhuàng yōngjìnle huìchǎng(人们你推我撞拥进了会场).

おしあ・う【押し合う】 jǐ(挤), tuījǐ(推挤), yōngjǐ(拥挤). ¶～わないで下さい qǐng búyào jǐ(请不要挤). ¶入口でひどい～いになった rù ménkǒu nǐtuī-wǒzhuàng luànchéng yì tuán(在门口你推我撞乱成一团).

おしあげポンプ【押し上げポンプ】 yālìbèng(压力泵), yāshuǐbèng(压水泵), yāqìbèng(压气泵).

おし・い【惜しい】 1〔もったいない〕kěxī(可惜),

おじいさん

shěbude(舍不得). ¶一刻も惜しい yíkè gōngfu yě shěbude(一刻工夫也舍不得)/ xī cùnyīn(惜寸阴). ¶その靴は捨てるにはまだ～い nà shuāng xié hái shěbude rēng(那双鞋还舍不得扔). ¶こんな天気のよい日に家にいるのは～い zhème hǎo de tiānqì mēnzài jiāli tài kěxī le(这么好的天气闷在家里太可惜了). ¶～い人を亡くした shīquē zhíde wǎnxī de rén(失去了值得惋惜的人). ¶誰しも命は～い shuí bùxī mìng(谁不惜命). ¶この研究のためならいくら金を使っても～くない wèile zhège yánjiū jiùshì huā duōshao qián yě zài suǒ bùxī(为了这个研究就是花多少钱也在所不惜). ¶あんな事をさせておくには～い男だ ràng tā zuò nà zhǒng shì, zhēn yǒudiǎnr kěxī(让他做那种事, 真有点儿可惜).

2〔残念だ〕kěxī(可惜). ¶～いところで時間ぎれになった zhēn kěxī, shíjiān bú gòu le(真可惜, 时间不够了). ¶～いチャンスを逃してしまった cuòguòle nándé de hǎo jīhuì(错过了难得的好机会). ¶～くも2着にとどまった kěxī de hěn, zhǐ huòdéle dì'èr míng(可惜得很, 只获得了第二名). ¶～くも失敗に終った kěxī wèinéng chénggōng(可惜未能成功).

おじいさん 1〔お祖父さん〕〔父方の〕yéye(爷爷), zǔfù(祖父);〔母方の〕wàigōng(外公), lǎoye(老爷·姥爷), wàizǔfù(外祖父).

2〔お爺さん〕lǎogōnggong(老公公), lǎoyéye(老爷爷), lǎodàye(老大爷). ¶～は山へ柴刈りに行きました lǎogōnggong shàng shān kǎn chái qù le(老公公上山砍柴去了). ¶～, ここへお掛け下さい lǎoyéye, qǐng zuòzài zhèli ba(老爷爷, 请坐在这里吧).

おしいる【押し入る】¶強盗が～った qiángdào chuǎngjìnlai le(强盗闯进来了).

おしいれ【押入】bìchú(壁橱).

おしうり【押売】¶～おことわり xièjué kòumén tuīxiāo(谢绝叩门推销). ¶～を撃退する bǎ qiángxíng mài dōngxi de rén gǎnzǒu(把强行卖东西的人赶走).

おしえ【教え】 **1**〔教育〕jiào(教), jiàodǎo(教导), zhǐjiào(指教). ¶Y先生に小学校で～を受けた zài xiǎoxué shí Y lǎoshī céng jiāoguo wǒ(在小学时Y老师曾教过我). ¶ひとつ～を請いたいのですが qǐng xiàng nín[qǐngjiào / tǎojiào / lǐngjiào / tāojiào](想向您*[请教 / 讨教 / 领教 / 叨教])/ yǒu jiàn shì qǐng nín zhǐjiào(有件事请您指教).

2〔教訓〕jiàodǎo(教导), jiàohuì(教诲), xùnhuì(训诲). ¶父母の～を守る zūnshǒu fùmǔ de xùnhuì(遵守父母的训诲).

3〔教義〕jiào(教), jiàoyì(教义). ¶仏陀の～ Fótuó zhī jiào(佛陀之教).

おしえご【教え子】ménshēng(门生), dìzǐ(弟子), xuéshēng(学生).

おし・える【教える】 **1**〔教育する〕jiāo(教). ¶中国語を～える jiāo Zhōngguóhuà(教中国话). ¶小学校で～えた経験がある zài xiǎoxué li céng jiāoguo shū(在小学里曾教过书).

2〔知らせる〕gàosu(告诉). ¶駅へ行く道を～えて下さい qǐngwèn, wǎng chēzhàn zěnme zǒu?(请问, 往车站怎么走?). ¶この秘密は人には～えられない zhège mìmì bùnéng gàosu biéren(这个秘密不能告诉别人).

3〔導く〕tā gěi wǒ de qǐfā hěn dà(他给我的启发很大). ¶"おごれる者久しからず"は歴史の～えるところだ"jiāo bīng bì bài" shì lìshǐshang de jiàoxun("骄兵必败"是历史上的教训).

おしかえ・す【押し返す】dǐng(顶), dǐnghuí(顶回). ¶舟は強い風に岸へ～された chuán bèi dàfēng dǐnghuí lái(船被大风顶回岸来).

おしか・ける【押し掛ける】 ¶百貨店の大安売りに客がどっと～ける bǎihuò shāngdiàn dàjiǎnjià, gùkè fēngyōng ér lái(百货商店大减价, 顾客蜂拥而来). ¶大勢で友人の家に～ける dàhuǒ yìqǐ dào péngyou jiā zuòkè(大伙儿一起到朋友家做客).

おじぎ【お辞儀】jūgōng(鞠躬), xínglǐ(行礼), zuòyī·zuǒyī(作揖). ¶ありがとうといって～をした tā shuō xièxie, jūle yì gōng(他说谢谢, 鞠了一躬). ¶帽子をとって丁寧に～する zhāixià màozi gōnggōng-jìngjìng de jūgōng(摘下帽子恭恭敬敬地鞠躬).

おじぎそう【含羞草】hánxiūcǎo(含羞草).

おしき・る【押し切る】¶両親の反対を～って結婚した búgù fùmǔ de fǎnduì jiéle hūn(不顾父母的反对结了婚). ¶彼の意見は多数派に～られた tā de yìjiàn bèi duōshùpài qiángxíng fǒujué le(他的意见被多数派强行否决了).

おしげ【惜し気】¶彼はそれを～もなく捨ててしまった tā háo bù wǎnxī de bǎ tā rēngdiào le(他毫不惋惜地把它扔掉了).

おじけ【怖じ気】¶彼は～をふるって逃げ出したtā hàipà qilai táopǎo le(他害怕起来逃跑了). ¶いざとなったらやっぱり～づいてしまった dàole yào xíngdòng de guāntóu háishi dǎnqiè le(到了要行动的关头还是胆怯了).

おじ・ける【怖じける】pà(怕), hàipà(害怕), dǎnqiè(胆怯), qièzhèn(怯阵). ¶彼女は～けてものも言えないでいた tā hàipà lián yí jù huà yě shuō bu chūlái(她怕得连一句话也说不出来).

おしこ・む【押し込む】 **1**〔押し入る〕chuǎngjìn(闯进), chuǎngrù(闯入). ¶白昼銀行に3人組の強盗が～んだ zài dàbáitian yǒu sān ge qiángdào chuǎngjìnle nà jiā yínháng(在大白天有三个强盗闯进了那家银行).

2〔詰め込む〕sāi(塞), sāijìn(塞进), sāirù(塞入). ¶あわてて飯を口に～んで飛び出した jíjímángmáng bǎ fàn sāijìn zuǐli pǎole chūqù(急急忙忙把饭塞进嘴里跑了出去). ¶むりやりに～んだら底が抜けてしまった yìng wǎng lǐ sāi, bǎ dǐr gěi chēngpò le(硬往里塞, 把底儿给撑破了). ¶～めばもう5人ぐらいは入れる wǎng lǐ jǐ hái néng róngdexià wǔ ge rén(往里挤还能容得下五个人).

おしこ・める【押し込める】guān(关), guānjìn(关进). ¶地下室に～める guānzài dìxiàshì li(关在地下室里).

おじさん 1〔小父さん〕shūshu(叔叔), dàshū

(大叔)，bóbo(伯伯)，dàbó(大伯)，dàye(大爷)．¶隣の～と縄跳びをした hé gébì de shūshu tiàoshéng le(和隔壁的叔叔跳绳了)．¶～，これいくらですか dàshū, zhège duōshao qián?(大叔，这个多少钱?)．
2【伯父さん・叔父さん】→おじ．

おしすす・める【推し進める】 tuīxíng(推行), tuījìn(推进), tuīdòng(推动)．¶計画を～める tuīxíng jìhuà(推行计划).

おしたお・す【押し倒す】 tuīdǎo(推倒)．¶床に～された bèi tuīdǎo zài dìbǎn shang(被推倒在地板上).

おしだし【押し出し】 ¶～が堂々としている hěn yǒu fēngdù(很有风度)/yíbiǎo tángtáng(仪表堂堂).

おしだ・す【押し出す】 tuīchū(推出), jǐchū(挤出), dǐngchū(顶出)．¶警官隊に門の外に～された bèi jǐngcháduì dǐngchū ménwài(被警察队顶出门外)．¶知らないうちに会場から～されていた bùzhī-bùjué de cóng huìchǎng gěi jǐle chūlái(不知不觉地从会场给挤了出来)．¶歯磨を～す jǐ yágāo(挤牙膏).

おした・てる【押し立てる】 ¶軍勢が旗を～てて進む jūnduì gāojǔzhe qízhì xiàng qián jìn(军队高举着旗帜向前进).

おしだま・る【押し黙る】 ¶彼は～ったきり一言もしゃべらない tā "mò bú zuòshēng[yì yán bù fā](默不作声[一言不发]).

おしつけがまし・い【押し付けがましい】 ¶～い態度 qiǎngjiā yú rén de tàidu(强加于人的态度).

おしつ・ける【押し付ける】 1【おさえつける】 ¶ぐいぐいと壁に～けた yígèjìnr de wǎng qiángshang tuī(一个劲儿地往墙上推)．**2【無理じいする】** ¶めんどうな仕事を～けられた bǎ máfan de gōngzuò tuīdào wǒ shēnshang le(把麻烦的工作推到我身上了)．¶役員を～けられた dàjiā bǎ gànshì yì zhí yìng tuīgěile wǒ(大家把干事一职硬推给了我)．¶自分の意見を人に～けるな bié bǎ zìjǐ de yìjian qiǎngjiā yú rén(别把自己的意见强加于人).

おしつぶ・す【押し潰す】 ¶満員電車で～されそうになった zài yōngjǐ de diànchē shang chàdiǎnr gěi jǐbiǎn le(在拥挤的电车上差点儿给挤扁了)．¶崖がくずれて下の家を～した shānyá tāntā, xiàmian de fángzi bèi yātān le(山崖坍塌，下面的房子被压塌了)．¶数を頼んで少数意見を～す yǐzhàng duōshù lái yāzhì shǎoshù yìjian(倚仗多数来压制少数意见).

おしつま・る【押し詰る】 ¶期日が～って徹夜の状態だ qīxiàn pòjìn mángde chèyè bù mián(期限迫近忙得彻夜不眠)．¶今年もいよいよ～った jīnnián yǎnkàn jiùyào dào niándǐ le(今年眼看就要到年底了).

おしとお・す【押し通す】 ¶知らぬ存ぜぬで～した yìkǒu-yǎodìng[kǒukoushēngshēng] shuō bù zhīdào(一口咬定[口口声声]说不知道)．¶彼は自分の意見をあくまでも～した tā qiángxíng tōngguòle zìjǐ de yìjian(他强行通过了自己的意见).

おしどり【鴛鴦】 yuānyang(鸳鸯)．¶あの夫婦は～夫婦だ nà duì fūqī yǒurú yuānyang yìbān, xíngyǐng-bùlí(那对夫妻犹如鸳鸯一般，形影不离).

おしなべて【押並べて】 ¶今年の稲作は～悪い jīnnián de shuǐdào yìbān shuōlai dōu bù hǎo(今年的水稻一般说来都不好)．¶ここの人たちは～親切だ zhèli de rén dōu hěn qīnqiè(这里的人都很亲切).

おしの・ける【押し退ける】 tuīkāi(推开)．¶人を押けて前へ出る tuīkāi rén wǎng qián qù(推开人往前去)．¶同僚を～けて局長の地位についた bǎ tóngshì shuǎizài hòumian dāngle júzhǎng(把同事甩在后面当了局长).

おしのび【お忍び】 wēixíng(微行), wēifú(微服)．¶～で観劇に出掛ける wēixíng kànxì(微行看戏).

おしはか・る【推し量る】 tuīcè(推测), tuīxiǎng(推想), chuǎicè(揣测), chuǎixiǎng(揣想), tuīduó(推度), chuǎiduó(揣度), cǔnduó(忖度), cǔnliàng(忖量), gūliang(估量), kuíduó(揆度)．¶この事からだけでは全体を～れない dān cóng zhè jiàn shì bùnéng tuīcè quánjú(单从这件事不能推测全局)．¶相手の胸中を～る chuǎicè duìfāng de xīnfù(揣测对方的心腹).

おしべ【雄蕊】 xióngruǐ(雄蕊).

おしボタン【押しボタン】 ànniǔ(按钮), diànniǔ(电钮).

おしぼり【お絞り】 shǒujīnbǎr(手巾把儿).

おしまい【お仕舞・お終い】→しまい(仕舞・终い).

おし・む【惜しむ】 1【大切にする】 àixī(爱惜), zhēnxī(珍惜)．¶寸暇を～んで勉強する zhēnxī shíjiān nǔlì yònggōng(珍惜时间努力用功)．¶名をも gùxī míngyù(顾惜名誉)．**2【残念がる】** liánxī(怜惜), wǎnxī(惋惜), kěxī(可惜), tòngxī(痛惜)．¶友との別れを～む gēn péngyou xībié(跟朋友惜别)．¶彼は皆に～まれつつ日本を去った tā shēn wéi rénmen suǒ wǎnxī, líkāile Rìběn(他深为人们所惋惜，离开了日本)．¶人々は彼の死を心から～んだ rénmen zhōngxīn wǎnxī tā de shìshì(人们衷心悒惜他的逝世)．¶その事を私は彼のために～む cǐ shì wǒ wèi tā wǎnxī(此事我为他惋惜)．¶～むらくは少し大き過ぎる kěxī de shì tài dàle diǎnr(可惜的是太大了点儿)．**3【出し惜しむ】** ¶費用を～まずつくったホール bùxī fèiyong jiànzào qǐlai de dàtīng(不惜费用建造起来的大厅)．¶人々は彼に～みない賛辞をおくった rénmen jǐyǔ tā zuìdà de zànyǔ(人们给予他最大的赞语)．¶骨身を～まず働く bù xīnkǔ wàngwǒ láodòng(不辞辛苦忘我劳动)/gànhuó bù xīlì(干活不惜力).

おしむぎ【押麦】 màipiàn(麦片).

おしめ【襁褓】 niàobù(尿布), jièzi(褯子).

おしめり【お湿り】 ¶ちょうどよい～だ zhēn shì yì cháng hǎo yǔ(真是一场好雨).

おしもんどう【押し問答】 ¶守衛に呼びとめられて～になった bèi ménwèi jiàozhù, fāshēngle yì cháng kǒujué(被门卫叫住，发生了一场口角)．¶～を繰り返すばかりで何の進展もない nǐ yì

おじや　zhōu(粥), càizhōu(菜粥).
おしゃく【お酌】　zhēn(斟), zhēn jiǔ(斟酒). ¶お客様に～をしてすさしあげなさい gěi kèrén dào jiǔ ba(给客人斟酒吧). ¶さあ，～しましょう lái, jìng nín yì bēi(来，敬您一杯).
おしゃぶり　jiǎzār(假嘴儿), nǎizuǐr(奶嘴儿), nǎitóur(奶头儿).
おしゃべり【お喋り】　1【多弁】ráoshé(饶舌), duōzuǐ(多嘴); [人] huàxiázi(话匣子), kuàizuǐ(快嘴). ¶彼女の～にも困ったものだ duì tā nà duōzuǐ-duōshé zhēn méi bànfǎ(对她那多嘴多舌真没办法). ¶彼女は～だ tā shì ge huàxiázi(她是个话匣子).
2【雑談】liáotiānr(聊天儿), tántiān[r](谈天[儿]), xiántán(闲谈), xiánchě(闲扯), lāche(拉扯). ¶～に時間をつぶした liáotiānr dǎfā shíjiān(聊天儿打发时间). ¶少し～しましょう zánmen liáo huìr tiānr ba(咱们聊会儿天儿吧).
おしゃま　¶なんて～な子なんだろう zhēn shì ge ˇdǒngshì zǎo[zuǐguāi] de nǚháizi a!(真是个ˇ懂事早[嘴乖]的女孩子啊!).
おしゃ・る【押し遣る】　¶いつのまにか端の方へ～られていた bùzhī shénme shíhour bèi tuīdào yìbiānr le(不知什么时候儿被推到一边儿了). ¶その問題は片隅に～られてしまった nàge wèntí bèi gēzhì yìpáng le(那个问题被搁置一旁了).
おしゃれ【お洒落】　¶～をして出掛ける dǎbanhǎo chūmén(打扮好出门). ¶彼女はとても～だ tā hěn ài dǎban(她很爱打扮)/ tā chuāndài hěn jiǎngjiu(她穿戴很讲究).
おじゃん　¶もう何もかも～だ quánˇpàotāng[chuī] le(全ˇ泡汤[吹]了)/ shénme dōu zá le(什么都砸了). ¶せっかくの計画もこれで～になった shàfèi-kǔxīn dìng de jìhuà, zhème yìlái chéngle pàoyǐng le(煞费苦心定的计划，这么一来成了泡影了).
おしょう【和尚】　héshang(和尚), dàshīfu(大师傅).
おじょうさん【お嬢さん】　1【他人の娘】lìng'ài(令爱·令媛), nǚgōngzǐ(女公子). ¶お宅の～はおいくつですか lìng'ài yǒu duōdà le?(令爱有多大了?)/ nín jiā gūniang jǐ suì le?(您家姑娘几岁了?)
2【若い娘】gūniang(姑娘), xiǎogūniang(小姑娘). ¶～，傘をお忘れですよ gūniang, nǐ bǎ sǎn làxia le(姑娘，你把伞落下了!).
3　¶～育ちで苦労を知らない qiānjīn xiǎojiě bù zhī kǔ(千金小姐不知苦).
おしょく【汚職】　tānwū(贪污), tānhuì(贪贿).
おしょう【汚辱】　wūrǔ(污辱).
おしよ・せる【押し寄せる】　1【人間などが】yōng(拥), fēngyōng(蜂拥). ¶敵が～せてきた dírén fēngyōng ér lái(敌人蜂拥而来). ¶一目彼の姿を見ようと大勢の人が～せた wèile xiǎng kàn tā yì yǎn hěn duō rén yōngshanglai le(为了想看一眼很多人拥上来了).
2　¶津波が～せてきた hǎixiào xíjī ér lái(海啸袭击而来).
おしろい【白粉】　fěn(粉), báifěn(白粉), xiāngfěn(香粉), yānfěn(胭粉), zhīfěn(脂粉). ¶～をつける cā[mǒ] fěn(擦[抹]粉).
おしろいばな【白粉花】　zǐmòli(紫茉莉), yānzhīhuā(胭脂花).
オシログラフ　shìbōqì(示波器).
おしわ・ける【押し分ける】　bōkāi(拨开), bākāi(扒开). ¶やぶを～けて進む bākāi cǎocóng xiàng qián zǒu(扒开草丛向前走). ¶人波を～けて前に出る bōkāi rénqún xiàng qián jǐchuqu(拨开人群向前挤出去).
おしんこ【お新香】　xiáncài(咸菜), xiǎocài(小菜), jiàngcài(酱菜).
お・す【押す】　1 tuī(推), jǐ(挤). ¶戸を～してみたがびくともしない tuīle tuī mén, yí dòng yě bú dòng(推了推门，一动也不动). ¶車を～す tuī chē(推车). ¶そんなに～さないで下さい bié nàme tuī(别那么推). ¶店の前は～す～の人だかりだ pùzi qián rén jǐde shuǐxiè-bùtōng(铺子前人挤得水泄不通). ¶もう一押し～してよい回答を出させよう zài jiā diǎnr yālì, yāchū ge mǎnyì de huídá lái(再加点儿压力，压出个满意的回答来). ¶彼は～しも～されぬ斯界の権威だ tā shì zhòng suǒ gòng rèn de gāi jiè de quánwēi(他是众所公认的该界的权威).
2 [指で] àn(按), èn(摁), nà(捺), yā(压), kòu(扣), qìn(揿). ¶御用の折にはベルを～して下さい rú yǒu shì, qǐng àn diànlíng(如有事，请摁电铃). ¶そのボタンを～すと扉が開きます àn nàge diànniǔ, mén jiù kāi(按那个电钮，门就开). ¶～を～す ànyā xuéwèi(按压穴位).
3 [はんこを] gài(盖), èn(摁), dǎ(打). ¶受取りにはんこを～して下さい qǐng zài shōutiáo shang gàizhāng(请在收条上盖章).
4【圧倒】yādǎo(压倒). ¶雰囲気に～されて一言も言えなかった bèi zhōuwéi de qìfēn suǒ yādǎo yí jù huà dōu méi néng shuōchulai(被周围的气氛所压倒一句话都没能说出来). ¶我が方は終始～しまくった wǒfāng shǐzhōng zhànˇshàngfēng[yōushì](我方始终占ˇ上风[优势]).
5【確かめる】　¶もう一遍を～しておこう zài qiángdiào yí biàn(再强调一遍).
6【無理にする】　¶病を～して出席する bàobìng chūxí(抱病出席).
お・す【推す】　1【推薦する】tuī(推), tuījǔ(推举), tuījiàn(推荐), tíxuǎn(提选). ¶A氏を会長に～す A xiānsheng zuò huìzhǎng(推举A先生做会长).
2【推量する】tuīcè(推测), tuīxiǎng(推想). ¶これらの事情から～て… zhèige qíngkuàng lái tuīcè …(根据这些情况来推测…). ¶他は～して知るべしだ qítā de jiù kě xiǎng ér zhī le(其他的就可想而知了).
おす【雄・牡】　gōng(公), xióng(雄), mǔ(牡). ¶～の牛 mǔniú(牡牛) / mǎngniú(牤牛). ¶～の羊 gōngyáng(公羊). ¶～の鷲鳥 xióng'é

（雄鵜）．

おすい【汚水】 wūshuǐ（污水）．¶～処理場 wūshuǐ chǔlǐchǎng（污水处理场）．

おずおず qièshēngshēng（怯生生）．¶～とたずねた qièshēngshēng de wènle yíxià（怯生生地问了一下）．¶～しながら入って来た tā zhànzhanjīngjīng de zǒule jìnlái（他战战兢兢地走了进来）．

おすそわけ【お裾分け】 ¶少しですが～します zhè shì rénjia sòng wǒ de, yě fēngěi nǐ yìdiǎnr（这是人家送我的，也分给你一点儿）．

おせおせ【押せ押せ】 ¶ストライキのおかげで予定が～になる yóuyú nào bàgōng, yuánlái de ānpái yígègè wǎnghòu jǐ（由于闹罢工，原来的安排一个个往后挤）．¶～ムード hòulàng tuī qiánlàng de qìfēn（后浪推前浪的气氛）．

おせじ【お世辞】 gōngwei（恭维·恭惟）, fèngcheng（奉承）, gōngweihuà（恭维话）, fèngchenghuà（奉承话）, yìngchouhuà（应酬话）, yúcí（谀辞·谀词）．彼は～がうまい tā hěn huì ▼gōngwei[pěng] rén（他很会▼恭维[捧]人）．¶～にもよい出来だとは言えない zěnme wǎng hǎoli shuō, yě bùnéng shuō shì zuòde hǎo（怎么往好里说，他不能说是做得好）．¶～抜きで本当にすばらしい bù shì gōngweihuà, shízài tài hǎo le（不是恭维话，实在太好了）．¶～がお上手ですね nǐ zhēn huì kuā rén na（你真会夸人哪）．

おせち【お節】 niáncài（年菜），niánfàn（年饭），suìshí shèngzhuàn（岁时盛馔）．

おせっかい【お節介】 ¶余計な～だ gǒu ná hàozi, duō guǎn xiánshì（狗拿耗子，多管闲事!）．¶彼女はすぐ～をやきたがる tā ài guǎn xiánshì（她爱管闲事）．

おせん【汚染】 wūrǎn（污染）．¶排気ガスで大気が～されている yīnwei páichulai de fèiqì, dàqì bèi wūrǎn le（因为排出来的废气，大气被污染了）．¶放射能で～される bèi fàngshèxiàn suǒ wūrǎn（被放射能所污染）．

おぜんだて【お膳立て】 ¶～はちゃんとできている quán zhǔnbèi tíngdang le（全准备停当了）．¶会議の～をする zuò huìyì de chóubèi gōngzuò（做会议的筹备工作）．

おそ・い【遅い】 **1**[速度が遅い] màn（慢）．¶この電車は～い zhè diànchē hěn màn（这电车很慢）．¶彼女は歩くのが～い tā zǒude màn（她走得慢）．¶仕事は～いが着実です gōngzuò suī màn, kě kào shíshi（工作虽慢，可很踏实）．¶理解が～い lǐnghuìde màn（领会得慢）．**2**[時刻, 時期が] wǎn（晩），chí（迟）．¶～い時間だと電車はすいています wǎn yìdiǎnr, diànchē jiù bù jǐ（晩一点儿，电车就不挤）．¶今夜は帰りが～くなる jīnwǎn wǒ huílaide wǎn（今晚我回来得晚）．¶もう～いから失礼します yǐ bù zǎo le, wǒ gāi gàocí le（已不早了，我该告辞了）．¶あの店は～くまで開いている nà jiā shāngdiàn yíngyè dào hěn wǎn（那家商店营业到很晚）．¶一足～かった, もういっぽ～ wǎn láile yí bù, yǐjīng méiyǒu le（你晚来了一步，已经没有了）．¶～くとも月曜日には帰りま

す zuì wǎn xīngqīyī gǎnhuílai（最晚星期一赶回来）．**3**[間に合わない] wǎn（晚），láibují（来不及）．¶後悔してももう～い hòuhuǐ yě láibují le（后悔也来不及了）．¶今からでも～くない xiànzài kāishǐ yě ▼bù wǎn[láideji]（现在开始也▼不晚[来得及]）．¶種をまくのはもう～い bōzhǒng yǐjīng wùshí le（播种已经误时了）．

おそ・う【襲う】 xí（袭），xíjī（袭击）．¶夜道で暴漢に～われた zài hēidào shang shòudàole dǎitú de xíjī（在黑道上受到了歹徒的袭击）．¶敵の拠点を～う xíjī dírén de jùdiǎn（袭击敌人的据点）/ xí dí yàosài（袭敌要塞）．¶突然大きな熊に～いかかってきた tūrán yǒu yì zhī dàxióng pūle guòlai（突然有一只大熊扑了过来）．¶東海地方は激しい暴風雨に～われた Dōnghǎi dìqū zāodàole jīliè de bàofēngyǔ de ▼xíjī[qīnxí]（东海地区遭到了激烈的暴风雨的▼袭击[侵袭]）．¶眠気が突然～ってきた tūrán bèi shuìmó suǒ xí（突然被睡魔所袭）．彼女は死の恐怖に～われた tā wéi sǐ de kǒngbù suǒ xí（她为死的恐怖所袭）．¶大挙して友人の家を～った chéngqún jiéhuǒ yǒngdàole péngyou jiā zuòkè（成群结伙拥到了朋友家做客）．

おそうまれ【遅生まれ】 ¶彼は～です tā shì sìyuè èr rì zhì shíèryuèmò de shēngrén（他是四月二日至十二月末的生人）．

おそかれはやかれ【遅かれ早かれ】 huòzǎo-huòwǎn（或早或晚），zǎowǎn（早晚），chízǎo（迟早）．¶それは～実現するはずだ nà zǎowǎn huì shíxiàn de（那早晚会实现的）．

おそざき【遅咲き】 ¶～の梅 wǎn kāi de méihuā（晚开的梅花）．

おそなえ【お供え】 gòngpǐn（供品），qīnggòng（清供）．

おそばん【遅番】 wǎnbān（晚班）．¶今日は～だから帰りは10時過ぎになる jīntiān shì wǎnbān, huílai yào guò shí diǎn（今天是晚班，回来要过十点）．

おそまき【遅蒔き】 wǎn bō（晚播），wǎn zhòng（晚种）．¶～のきゅうり wǎn huángguā（晚黄瓜）．¶～ながらやってみましょう wéi shí suī wǎn, shìshi kàn（为时虽晚，试试看）．

おそまつ【お粗末】 ¶～な演技 gāo bù chéng, dī bú jiù de yǎnjì（高不成，低不就的演技）．¶何とも我ながら～な話だ zhēnshì lián duì zìjǐ yě shuō bu guòqù de shì（真是连对自己也说不过去的事）．¶まったく～なことをお見せしました zhè kě ràng nín jiànxiào le（这可让您见笑了）．¶まことに行き届かず～様でございました zhàogù bù zhōu, tài jiǎnmàn nín le（照顾不周，太简慢您了）．¶政策とも言えないような政策でつじつまを合わせようとする jiǎnzhí shì ná bùnéng chéngwéi zhèngcè de zhèngcè lái jiānyú-chōngshù（简直是拿不能称为政策的政策来滥竽充数）．

おそらく【恐らく】 kǒngpà（恐怕），pà（怕），dàgài（大概），dàyuē（大约），dàyuēmo（大约摸）．¶この計画は～失敗に終るだろう zhège jìhuà kǒngpà yào shībài de ba（这个计划恐怕要失

敗的吧). ¶～そんな事にはなるまい dàgài bú zhìyú nàyàng ba (大概不至于那样吧). ¶これは～20キロはあるだろう zhè yǒu èrshí lái gōngjīn zhòng ba (这有二十来公斤重吧). ¶～彼は風邪をひいたのだろう pà shì tā zháoliáng le ba (怕是他着凉了吧).

おそるおそる【恐る恐る】 chéng huáng chéng kǒng (诚惶诚恐), zhànzhanjīngjīng (战战兢兢), tí xīn diào dǎn (提心吊胆). ¶～意見を述べた chénghuáng-chéngkǒng de chénshùle yìjiàn (诚惶诚恐地陈述了意见). ¶遅刻して～教室に入った chídào le, zhànzhanjīngjīng de zǒujìnle jiàoshì (迟到了,战战兢兢地走进了教室). ¶～さわってみた suōshǒu-suōjiǎo de mōle mō (缩手缩脚地摸了摸).

おそるべき【恐るべき】 kěpà (可怕), jīngrén (惊人). ¶彼等は～陰謀をたくらんでいる tāmen cèhuàzhe kěpà de yīnmóu (他们策划着可怕的阴谋). ¶爆弾は～威力を発揮した zhàdàn fāhuīle jīngrén de wēilì (炸弹发挥了惊人的威力). ¶伝染病は～速度でひろがった chuánrǎnbìng yǐ jīngrén de sùdù mànyán kāi le (传染病以惊人的速度蔓延开了).

おそれ【恐怖】 ¶人々は彼の見幕に～をなして退散した rénmen jiàn tā nà nùqì chōngchōng de yàngzi xiàpǎo le (人们见他那怒气冲冲的样子吓跑了). ¶彼は～を知らぬ男だ tā tiān bú pà dì bú pà (他天不怕地不怕).

2〔心配〕 pà (怕), kǒngpà (恐怕). ¶大雨の降る～がある kǒngpà huì xià dàyǔ (恐怕会下大雨). ¶伝染病の蔓延する～がある chuánrǎnbìng yǒu mànyán de wēixiǎn (传染病有蔓延的危险). ¶君の態度は皆の誤解をまねく～があるね nǐ de tàidu kǒngpà huì yǐnqǐ dàjiā de wùjiě (你的态度恐怕会引起大家的误解).

おそれい・る【恐れ入る】 **1**〔恐縮する〕 ¶～ますがもうしばらくお待ち下さい duìbuqǐ, qǐng zài shāo děng yíxià (对不起,请再稍等一下). ¶お手数をかけて～ります gěi nín tiānle máfan, zhēn bù hǎoyìsi (给您添了麻烦,真不好意思). ¶わざわざおいで下さいまして誠に～ります nín tèyì láifǎng, zhēn bùgǎndāng (您特意来访,真不敢当)/ ràng nín tèdì pǎo yí tàng, zhēnshi zuìguo (让您特地跑一趟,真是罪过).

2〔参る〕 ¶～りました、仰せの通りです nín shuōde shì, wǒ suàn fúle nín le (您说的是,我算服了您了). ¶君の記憶力のいいのには～った nǐ jìxìng zhēn hǎo, méiyǒu shuō de (你记性真好,没有说的).

3〔あきれる〕 ¶彼の図々しいのには～った tā nà liǎnpí hòude jiào rén shuō bu chū huà lai (他那脸皮厚得叫人说不出话来). ¶あれで学者とは～った話だ nà zhǒng rén shì xuézhě, zhēn bù gǎn jiào rén gōngwei (那种人是学者,真不敢叫人恭维).

おそれおお・い【恐れ多い】 ¶御配慮を賜り～い事でございます duō méng zhàogù, búshèng gǎnjī (多蒙照顾,不胜感激). ¶そんな事は口にするのも～い nà zhǒng shì wǒ shuō yě bù gǎn shuō (那种事我说也不敢说).

おそれおのの・く【恐れ戦く】 ¶自然の猛威に対してただ～くばかりだった miànduìzhe zìránjiè de xiōngměng, zhǐ néng zhànlì shīsè, shùshǒuwúcè (面对着自然界的凶猛,只能战栗失色,束手无策).

おそれながら【恐れながら】 ¶～申し上げます bùchuǎi màomèi de fènggào (不揣冒昧地奉告).

おそ・れる【恐れる】 **1**〔こわがる〕 pà (怕), hàipà (害怕), jùpà (惧怕), wèijù (畏惧), kǒngjù (恐惧). ¶人々は彼を～れて近づこうとしない rén dōu pà tā, bù gǎn gēn tā jiējìn (人都怕他,不敢跟他接近). ¶敵を～れて逃げ出した jùpà dírén táopǎo le (惧怕敌人逃跑了). ¶自分が正しければ何も～れることはない zhǐyào zìjǐ zhèngquè, jiù méiyǒu shénme kě wèijù de (只要自己正确,就没有什么可畏惧的). ¶私は死をも～れぬ jiùshi sǐ wǒ yě bú pà (就是死我也不怕).

2〔心配する〕 pà (怕), dānxīn (担心), dānyōu (担忧). ¶彼は失敗を～れて手を出さなかった tā pà shībài, méiyǒu zhānshǒu (他怕失败,没有沾手). ¶私の～れていた事が遂に現実となった wǒ suǒ dānxīn de shì zhōngyú chéngle xiànshí (我所担心的事终于成了现实). ¶農民達は冷害の発生を～れている nóngmín dānyōu fāshēng lěnghài (农民担忧发生冷害). ¶後難を～れて何も言わない jù hòunàn shénme dōu bùkěn jiǎng (惧后患什么都不肯讲).

3〔はばかる〕 ¶神をも～れぬ所業 wúfǎ-wútiān de xíngjìng (无法无天的行径).

おそろし・い【恐ろしい】 **1**〔こわい〕 kěpà (可怕), pà (怕). ¶今でもあの～い光景は忘れることができきない xiànzài yě wàngbuliǎo dāngshí nà kěpà de qíngjǐng (现在也忘不了当时那可怕的情景). ¶あまりの～さに身の毛のよだつ思いがした kǒngjù wànfēn, máogǔ-sǒngrán (恐惧万分,毛骨悚然). ¶途中で～くなって逃げ帰った zài bànlù shang hàile pà pǎole huílai (在半路上害了怕跑了回来). ¶～い顔をして私をにらんだ hěnhěn de dèngle wǒ yìyǎn (恶狠狠地瞪了我一眼). ¶執念とは～いものでとうとう彼はそれをやり遂げた shìqing jiù pà jiānchí, tā zhōngyú bǎ nà shì gǎochénggōng le (事情就怕坚持,他终于把那事搞成功了).

2〔はなはだしい〕 jīngrén (惊人), xiàrén (吓人). ¶～い勢いで川の水かさが増した héshuǐ yǐ jīngrén de sùdù měngzhǎng (河水以惊人的速度猛涨). ¶今日は～く暑い jīntiān kě zhēn rèsǐ rén! (今天可真热死人!). ¶～く物価が高い wùjià guìde xiàrén (物价贵得吓人). ¶今朝は～く混むね jīnzǎo jǐde kě zhēn lìhai (今早挤得可真厉害).

おそわ・る【教わる】 ¶山田先生から中国語を～った gēn Shāntián lǎoshī xué de Zhōngguóhuà (跟山田老师学的中国话). ¶分らないところは彼女に～りなさい bù dǒng de dìfang xiàng tā qǐngjiào ba (不懂的地方向她请教吧). ¶場所が分らなかったら彼に～るとよい yàoshi dìfang bùmíng, xiàng tā dǎtīng hǎo le (要是地方不

おそん【汚損】wūsǔn(污损).¶展示品を〜しないように注意して下さい xiǎoxīn búyào wūsǔn zhǎnlǎnpǐn(小心不要污损展览品).

オゾン chòuyǎng(臭氧).¶〜層 chòuyǎngcéng(臭氧层).

おたがいさま【お互い様】¶苦しいのは〜です shuō kùnnan bǐcǐ dōu yíyàng(说困难彼此都一样).

おたかく【お高く】¶彼女は〜とまって口もきいてくれない tā qiào wěiba bù dāli rén(她翘尾巴不答理人).

おたく【お宅】1〔相手の家〕fǔshang(府上).¶〜までお送りしましょう sòng nín huí fǔshang qù ba(送您回府上去吧).¶〜は御家族は何人ですか nín jiāli yǒu jǐ kǒu rén?(您家里有几口人?).
2〔あなた〕nǐ(你),nín(您).¶〜の御意見を伺わせて下さい xiǎng tīngting nín de yìjiàn(想听听您的意见).¶〜の景気はいかがですか nín nàli mǎimai zěnmeyàng?(您那里买卖怎么样?).

おたけび【雄叫び】¶〜をあげる gāoshēng nàhǎn(高声呐喊).

おたずねもの【お尋ね者】táofàn(逃犯),tōngjīfàn(通缉犯).

おだて【煽て】gōngweihuà(恭维话),fèngchenghuà(奉承话).¶そんな〜には乗らないよ wǒ kě bù tīng nà zhǒng fèngchenghuà(我可不听那种奉承话)/wǒ kě bú shàng nà zhǒng tiányán-mìyǔ de dàng(我可不上那种甜言蜜语的当).

おだ・てる【煽てる】pěng(捧),fèngcheng(奉承),gōngwei(恭维).¶少し〜てられるとすぐいい気になる shāo bèi chuīpěng jiù piāopiāorán(稍被吹捧就飘飘然).¶そんなに〜てるものじゃない nǐ bié zhème gōngwei(你别这么恭维).

おたふくかぜ【お多福風邪】zhàisāi(痄腮),liúxíngxìng sāixiànyán(流行性腮腺炎).

おだぶつ【お陀仏】wūhū-āizāi(呜呼哀哉),yí mìng wūhū(一命呜呼),wándàn(完蛋),qiāobiànzi(翘辫子),wánwán(玩儿完).¶とうとう彼は〜になった tā zhōngyú wūhū-āizāi le(他终于呜呼哀哉了).¶計画はこれで〜だ jìhuà suàn shì ˈwándàn[chū] le(计划算是ˈ完蛋[吹]了).

おたまじゃくし【お玉杓子】kēdǒu(蝌蚪),kēzi(蝌子),háma kēzi(蛤蟆蝌子),háma gǔduor(蛤蟆骨朵儿).

おためごかし【お為かし】¶〜の意見など聞きたくもない bù xiǎng tīng nà zhǒng kǒushì-xīnfēi de màizuǐˈ(不想听那种口是心非的卖嘴).¶そんな〜を言わないでくれ bié jiǎng nàxiē ˈkōngtóu rénqíng[jiǎrén-jiǎyì] de huà(别讲那些ˈ空头人情[假仁假义]的话).

おだやか【穏やか】1〔平穏〕píngjìng(平静),pínghé(平和),píng'ān(平安).¶ここ数日〜な日和が続きそうな zhè jǐ tiān tiānqì qínghé(这几天天气晴和)/rìlái ˈfēnghé-rìnuǎn[tiān lǎng qì qīng](日来ˈ风和日暖[天朗气清]).

¶今日も一日〜に暮れた jīntiān yě píng'ān wúshì de guòqu le(今天也平安无事地过去了).¶嵐が去って海は再び〜になった bàofēngyǔ yí guò, hǎimiàn yòu huīfùle píngjìng(暴风雨一过,海面又恢复了平静).¶彼は心中〜ならぬものがあった tā xīnli hěn bù píngjìng(他心里很不平静).

2〔穏健〕píngwěn(平稳),wěntuǒ(稳妥),wěndang(稳当).¶彼は何とかして〜に事を運ぼうとした tā jìnlì shèfǎ píngwěn de jiějué nà shì(他尽力设法平稳地解决那事).¶彼女は〜ならぬ事を言った tā jiǎngle xiē bù wěntuǒ de huà(她讲了些不稳妥的话).

3〔温和〕wēnhé(温和),shùnhé(顺和),hé'ǎi(和蔼),pínghé(平和).¶〜な人柄 wéirén wēnhé(为人温和).¶〜に言ってきかせる yǔqì wēnhé[yǔdiào pínghuǎn] de jiāyǐ gàojiè(语气温和[语调平缓]地加以告诫).

おだわらひょうじょう【小田原評定】¶〜に日を過す bǎ shíjiān xiāomó zài yì ér bù jué de huìyì shang(把时间消磨在议而不决的会议上).

おち【落ち】1〔漏れ,手落ち〕yílòu(遗漏),lòudòng(漏洞),lòuzi(漏子).¶帳簿の〜を見つけた fāxiànle zhàngbùshang de yílòu(发现了帐簿上的遗漏).¶手続に〜がある shǒuxùshang yǒu ˈlòudòng[bù wánběi de dìfang](手续上有ˈ漏洞[不完备的地方]).
2〔結末〕¶せいぜい笑い物にされるのが〜だ zhǐ huì luò yì chǎng xiàohua(只会落一场笑话).

おちあ・う【落ち合う】pèngtóu(碰头);huìhé(会合).¶9時に駅で〜う約束をした yuēdìng jiǔ diǎn zài chēzhàn pèngtóu(约定九点在车站碰头).¶2つの川が〜う所に村がある zài liǎng tiáo hé huìhé de dìfang yǒu ge cūnzhuāng(在两条河会合的地方有个村庄).

おちい・る【陥る】xiànrù(陷入),xiànrù(陷入),xiànjìn(陷进).¶困難な立場に〜った xiànyú kùnjìng(陷于困境).¶病人は昏睡状態に〜った bìngrén xiànrù hūnmí zhuàngtài(病人陷入昏迷状态).

おちおち¶心配で夜も〜眠れない dānxīnde wǎnshang yě dōu bù dé ānmián(担心得晚上也都不得安眠).¶忙しくて〜本を読む暇もない mángde tātashíshí kàn shū de gōngfu yě méiyǒu(忙得踏踏实实看书的工夫也没有).

おちこぼれ【落ち零れ】¶〜の生徒 gēnbushàng kè[diàoduì] de xuésheng(跟不上课[掉队]的学生).

おちこ・む【落ち込む】1〔穴などに〕xiàn(陷),xiànjìn(陷进),xiànrù(陷入),diàojìn(掉进).¶穴に〜む xiàn kēngli(陷坑里).¶タイヤが溝に〜んだ lúnzi xiànjìn shuǐgōuli le(轮子陷进水沟里了).
2〔くぼむ〕āoxiàn(凹陷),wāxiàn(洼陷).¶衰弱して目が〜んだ shuāiruòde yǎnjing dōu ˈxiàn[kōu]jinqu le(衰弱得眼睛都ˈ陷[抠]进去了).¶道路の一部が〜んだ dàolù de yíbùfen wāxiàn le(道路的一部分洼陷了).

3〔よくない状態に〕xiànrù(陷入).¶貧乏のどん底に~む xiànrù pínkùn de shēnyuān(陷入困苦的深渊).¶最近彼はひどく~んでいるらしい tīngshuō tā zhè zhènzi xiǎnde huīliūliū de(听说他这阵子显得灰溜溜的).

おちつき【落着き】¶どんな困難に直面しても彼は決して~を失わない miànduì rènhé kùnnan, tā dōu shéntài zìruò[神态自若]/ pèngdào shénme kùnnan, tā yě búdòng-shēngsè(碰到什么困难,他也不动声色).¶彼は~を取り戻したようだ tā hǎoxiàng huīfùle píngjìng(他好像恢复了平静).¶~のない子だね zhēn shì ge xīnshén-búdìng de háizi(真是个心神不定的孩子).¶この机は~が悪い zhè zhāng zhuōzi bù wěn[wěndìng](这张桌子不稳[稳定]).

おちつきはら・う【落着き払う】¶彼は何を言われても~っていた bùguǎn rénjia shuō tā shénme, tā dōu shífēn zhènjìng(不管人家说他什么,他都十分镇静).¶彼は~れて演壇に登った tā cóngróng-búpò de dēngshàngle jiǎngtái(他从容不迫地登上了讲台).

おちつ・く【落ち着く】**1**〔一定の場所・職業などに〕ひとまず友人の家に~くことにした zànshí xiān zài péngyou jiā luòjiǎo(暂时先在朋友家落脚).¶いろいろやったが結局教師の職に~いた cóngshìguo gè zhǒng zhíyè, zuìhòu dāngle jiàoyuán(从事过各种职业,最后当了教员).

2〔安定する〕wěndìng(稳定), píngdìng(平定), zhèndìng(镇定).¶騒ぎは3日目に~いた luànzi dào dìsān tiān cái píngdìng xialai(乱子到第三天才平定下来).¶今のところ物価は~いている xiànzài wùjià hái wěndìng(现在物价还稳定).¶容態が少し~いてきた bìngqíng shāo wěndìng xialai(病情稍稳定下来).¶この部屋はどうも気分が~かない zhè ge fángjiān zǒng jiào rén dìng bu xià xīn lai(这个房间总叫人定不下心来).¶この2,3日天気が~かない zhè liǎng, sān tiān tiānqì bù wěndìng(这两,三天天气不稳定).

3〔帰結する〕¶2人の意見は~くところは同じだ tāmen liǎng ge rén de yìjiàn guījié-jiédǐ shì yíyàng de(他们两个人的意见归根结底是一样的).¶公演は続行することに話が~いた gōngyǎn jìxù jìnxíng yí shì tántuǒ le(公演继续进行一事谈妥了).

4〔動じない〕¶~いて考えてごらん nǐ píngxīn-jìngqì de xiǎng yi xiǎng(你平心静气地想一想).¶君達~いて行動するように nǐmen xíngdòng yào chénzhuó(你们行动要沉着).¶彼は~いた態度で質問に答えた tā cóngróng-búpò de huídále wèntí(他从容不迫地回答了问题).

5〔けばけばしくない〕¶彼女は~いた服装をしている tā chuāndài hěn wsùjìng[sùyǎ/yǎzhì](她穿戴很素净[素雅/雅致]).

6〔しっくりする〕¶この家具はこの部屋には~かない zhè jiājù gēn zhè jiān wūzi bú tài xiāngchèn[tiáohe](这家具跟这间屋子不太相称[调和]).

おちつ・ける【落ち着ける】chénxià(沉下), dìngxià(定下).¶気を~けてもう1度考えてごらん chénxià xīn lai[chénzhù qì] zài xiǎng yi xiǎng(沉下心来[沉住气] 再想一想).¶腰を~けて勉強しなさい dìngxià xīn lai dúshū ba(定下心来读书吧).¶心を~けるために深呼吸をした wèile shǐ xīnqíng zhèndìng xialai, zuòle shēnhūxī(为了使心情镇定下来,做了深呼吸).

おちど【落度】cuò(错), guòcuò(过错), guòshī(过失), búshì(不是), cuòwù(错误).¶こちらにも~がある wǒfāng yě yǒu cuò(我方也有错).¶何でも人の~にする bǎ shénme guòcuò dōu tuīdào biéren shēnshang(把什么过错都推到别人身上).

おちば【落葉】luòyè(落叶).

おちぶ・れる【落魄れる】¶乞食にまで~れた lúnwéi qǐgài(沦为乞丐)/ lúnluò jiētóu chéngle qǐgài(沦落街头成了乞丐).¶彼は~れはてた姿で現れた tā luòbóde bùchéng yàngzi chūxiàn yú rénqián(他落泊得不成样子出现于人前).

おちぼ【落穂】luòsuì(落穗).¶~を拾う jiǎn luòsuì(捡落穗).

おちめ【落ち目】¶彼もすっかり~になった tā yǐjing luòrùle liáodǎo de(他已经穷途潦倒了).¶商売が~になった shēngyi yìtiān bùrú yìtiān[zǒu xiàpōlù](生意一天不如一天[走下坡路]).

おちゃ【お茶】chá(茶), cháyè(茶叶).¶~をいれる qī chá(沏茶)/ chōng chá(冲茶)/ pào chá(泡茶).¶~にしよう hē bēi chá, xiēxie ba!(喝杯茶,歇歇吧!).¶~を濁す zǒu guòcháng(走过场)/ tángsè guoqu(搪塞过去)/ fūyan liǎo shì(敷衍了事).

おちゃのこ【お茶の子】¶こんな試験問題など~だ zhè zhǒng shìtí bú fèi chuīhuī zhī lì(这种试题不费吹灰之力).¶あんな奴を負かすのは~さいさいだ dǎbài tā yì rú fǎnzhǎng[qīng ér yì jǔ](打败他易如反掌[轻而易举]).

おちょうしもの【お調子者】¶あの男は~だ tā shì ge qīngtiāo fúbó[suíshēng-fùhè/shùngānr pá] de rén(他是个轻佻浮薄[随声附和/顺杆儿爬]的人)/ tā shì ge mǎdàhā(他是个马大哈).

お・ちる【落ちる】**1**〔落下する〕diào(掉), luò(落).¶本が机から~ちた shū cóng zhuōzi shang diàoxialai le(书从桌子上掉下来了).¶椿の花が1輪~ちた yǒu yì duǒ shāncháhuā diàoxialai le(有一朵山茶花掉下来了).¶こんな物が道に~ちていました zhèyàng de dōngxi diàozài lùshang(这样的东西掉在路上).¶木から~ちた cóng shùshang shuāile xiàlái(从树上摔了下来).¶飛行機が海に~ちた fēijī zhuìluò[duòrù] hǎizhōng(飞机坠落[堕入]海中).¶子供が川に~ちた háizi diào héli le(孩子掉河里了).¶穴に~ちた xiànjìn kēngli(陷进坑里).¶日が~ちて辺りは暗くなった rìluò tiān hēi le(日落天黑了).¶雨がぽつぽつ

～ちてきた yǔdiǎnr diàoxialai le(雨点ㄦ掉下来了)/ diàodiǎnr le(掉点ㄦ了). ¶雷が～った léi pīxialai le(雷劈下来了).

2〔くずれる〕tā(塌), tān(坍), dǎotā(倒塌), tāntā(坍塌). ¶地震で壁が～ちた yóuyú dìzhèn qiáng tān le(由于地震墙坍了). ¶桟敷が～ちて怪我人がでた kàntái dǎotā shāngle rén(看台倒塌伤了人). ¶大水で橋が～ちた nào dàshuǐ qiáo tāntā le(闹大水桥塌了).

3〔取れる〕diào(掉). ¶色が～ちる diàoshǎi(掉色)/ tuìshǎi(退色), làoshǎi(落色). ¶この汚れはなかなか～ちない zhè wūní hěn nán diào(这污泥很难掉). ¶つきものが～ちたように気持がすっきりした tòngkuaide xiàng fùtǐ de xiémó líle shēn shìde(痛快得像附体的邪魔离了身似的).

4〔漏れる〕diào(掉), là(落), lòu(漏). ¶この文は 1 字～ちている zhège jùzi lòule yí ge zì(这个句子漏了一个字). ¶名簿に彼の名前が～ちている zài míngcèshang tā de míngzi lòudiào le(在名册上他的名字漏掉了). ¶帳簿に～ちているところがある zhàngbù shang yǒu yílòu de dìfang(在账簿上有遗漏的地方).

5〔落第する, 落選する〕¶A 大学に～ちた méi kǎoshàng A dàxué(没考上 A 大学)/ kǎo A dàxué luòle bǎng(考 A 大学落了榜). ¶今度の選挙に～ちた zhè cì xuǎnjǔ luòxuǎn le(这次选举落选了).

6〔程度が下がる〕xiàjiàng(下降), jiàngdī(降低). ¶この品はちょっと～ちる zhège dōngxi ˇchà[cì] yìdiǎnr(这个东西ˇ差[次]一点ㄦ). ¶成績が去年より～ちている chéngjì bǐ qùnián ˇchà[huài] (成绩比去年ˇ差[坏]). ¶夏は仕事の能率が～ちる xiàtiān gōngzuò xiàolǜ xiàjiàng(夏天工作效率下降). ¶彼女の名声は～ちて行く一方だ tā de míngqi yìzhí wǎng xiàjiàng(她的名气一直往下降). ¶稲の収穫高は昨年よりずっと～ちた dàomǐ de chǎnliàng bǐ qùnián jiàngdīle hěn duō(稻米的产量比去年降低了很多). ¶車の速力が～ちた qìchē de sùdù jiàngxialai le(汽车的速度降下来了). ¶夕方になって風が～ちた dào bàngwǎn fēngshì jiǎnruò le(到傍晚风势减弱了). ¶君たちが寄ると話が～ちるね nǐmen jǐ ge còuzài yìqǐ, shuō de jiù chàjìnr le(你们几个凑在一起,说的就差劲ㄦ了).

7〔手に入る, 陥落する〕¶家は人手に～ちた fángwū luòdào rénjia shǒuli(房屋落到人家手里). ¶ついに城が～ちた chéngchí zhōngyú xiànluò le(城池终于陷落了).

8〔陥る〕xiàn(陷), xiànluò(陷落), xiànjìn(陷进), xiànrù(陷入). ¶敵の罠に～ちた xiànrùle dírén de quāntào(陷入了敌人的圈套). ¶恋に～ちた xiànrù qíngwǎng(陷入情网).

おつ【乙】 **1** yǐ(乙).

2〔しゃれていること〕¶なかなか～なことを言う shuōde hěn yǒu fēngqù(说得很有风趣). ¶～な味がする bié yǒu fēngwèi(别有风味). ¶～ななりをしている dǎbande tǐng biézhì(打扮得挺别致).

おっかなびっくり tí xīn diào dǎn(提心吊胆), zhànzhanjīngjīng(战战兢兢). ¶～近寄っていった tíxīn-diàodǎn de còushàng qián qù(提心吊胆地凑上前去).

おっかぶ·せる〔責任を人に～せて知らん顔をしている bǎ zérèn tuīdào biérén shēnshang ér yángzuò-bùzhī(把责任推到别人身上而佯作不知). ¶～せるような態度で命令すよ yǐ shèngqì língrén de tàidu xià mìnglìng(以盛气凌人的态度下命令). ¶彼は私の言葉に～せて言った tā qiǎngguò wǒ de huàchár jiù shuōqilai le(他抢过我的话茬ㄦ就说起来了).

おっくう【億劫】 lǎnde(懒得), lǎndai(懒怠). ¶疲れて何をするのも～だ lèide shénme shì dōu lǎnde zuò(累得什么事都懒得做). ¶そんなに～がらずにやってみなさい bié nàme xiánmáfan, shìshi kàn(别那么嫌麻烦, 试试看).

おつげ【お告】 shényù(神谕), tiānqǐ(天启).

おっちょこちょい máo shǒu máo jiǎo(毛手毛脚), máomao-tēngtēng(毛毛腾腾). ¶あいつの～にも困ったものだ tā nà máoshǒu-máojiǎo de, shízài méiyǒu bànfǎ(他那毛手毛脚的,实在没有办法). ¶彼女はほんとに～だ tā zhēn shì ge màoshiguǐ(她真是个冒失鬼).

おっつかっつ chàbuduō(差不多), chàbulí(差不离), bù fēn shàngxià(不分上下). ¶2人の成績は～だ liǎng ge rén de chéngjì bùfēn-shàngxià(两个人的成绩不分上下).

おっつけ〔追い付け〕¶～帰ってくるから待っていなさい bù yíhuìr jiù huílai, nǐ shāo děngdeng(不一会ㄦ就回来,你稍等等). ¶～便りがあるだろう suíhòu jiù huì yǒu xìn lái ba(随后就会有信来吧).

おって〔追手〕¶みるみる～が迫って来た yǎnkànzhe zhuīgǎn de rén yào zhuīshanglai le(眼看着追赶的人要追上来了)/ yǎnkànzhe zhuībīng jiù yào bījìn le(眼看着追兵就要逼近了). ¶早く～をかけろ gǎnjǐn dǎfā rén zhuī!(赶紧打发人追!).

おって〔追って〕suíhòu(随后). ¶詳細は～通知する xiángqíng suíhòu tōngzhī(详情随后通知).

おっと〔夫〕zhàngfu(丈夫), àiren(爱人), nánren(男人), xiānsheng(先生), wàizǐ(外子), dāngjiāde(当家的), lǎogōng(老公), hànzi(汉子), lǎoyémenr(老爷们ㄦ), yémen(爷们), zhǎngguì(掌柜).

おっと ¶～危ない āiyā, hǎo wēixiǎn!(哎呀, 好危险!). ¶～どっこい, その手はくわない qièmàn, wǒ kě bú shàng nǐ de dàng(且慢, 我可不上你的当).

おっとせい【膃肭臍】 hǎigǒu(海狗), hǎixióng(海熊), wànàshòu(膃肭兽).

おっとり ¶彼女は～した人柄だ tā wéirén dàfang(她为人大方).

おつむ nǎodaiguā(脑袋瓜), nǎoguār(脑瓜ㄦ), nǎoguāzi(脑瓜子). ¶～てんてん pāi nǎoguār(拍脑瓜ㄦ), pāi pāi nǎoguār(拍拍脑瓜ㄦ). ¶～がいい nǎoguār hǎo(脑瓜ㄦ好).

おつり【お釣り】 →つり2.

おてあげ【お手上げ】 shù shǒu wú cè(束手无策).¶こう忙しくては私も〜だ zhème máng, wǒ jiǎnzhí méizhé le(这么忙,我简直没辙了).¶こう不景気では私も〜だ mǎimai zhème qīngdàn, wǒ jiǎnzhí shùshǒu-wúcè le(买卖这么清淡,我简直束手无策了).

おでき gēda(疙瘩).¶顔に〜ができた liǎnshang zhǎngle ge gēda(脸上长了个疙瘩).

おでこ 1【ひたい】nǎoménr(脑门儿),nǎoménzi(脑门子),qián'é(前额).¶〜を柱にぶつけた nǎoménr pèng zài zhùzi shang le(脑门儿碰在柱子上了).
2 ¶この子は〜だ zhè háizi shì ge dànǎoménr(这孩子是个大脑门儿).

おてのもの【お手の物】náshǒu(拿手),shàncháng(擅长);náshǒuxì(拿手戏),náshǒu hǎoxì(拿手好戏).¶彼は暗算なら〜だ xīnsuàn tā hěn náshǒu(心算他很拿手)/xīnsuàn kě shì tā de náshǒuxì(心算可是他的拿手戏).

おてもり【お手盛】¶議員が〜で歳費の値上げを決定した yìyuán wèi zìjǐ dǎsuàn, juédìng tígāo xīnjīn(议员为自己打算,决定提高薪金).

おてやわらかに【お手柔らかに】shǒuxià liúqíng(手下留情),gāo tái guì shǒu(高抬贵手).¶どうぞ〜願います qǐng shǒuxià liúqíng!(请手下留情!).

おてん【汚点】wūdiǎn(污点).¶議会史上に〜を残した yìhuìshǐ shang liúxiàle wūdiǎn(在议会史上留下了污点).

おでん rìshì dùn[yúgǎo càishū] shíjǐn(日式炖[鱼糕菜蔬]什锦).

おてんきや【お天気屋】¶彼は〜だ tā méi ge zhǔnpíqi[zhǔnxìngzi](他没个准脾气[准性子]).

おてんとさま【お天道様】lǎotiānyé(老天爷),tiānlǎoye(天老爷).

おてんば【お転婆】¶うちの娘は〜で困る wǒ jiā de guīnü wánpíde zhēn méi bànfǎ(我家的闺女淘皮得真没办法).
¶〜娘 yěyātou(野丫头).

おと【音】1 shēngyīn(声音),xiǎngshēng(响声),shēng(声),yīn(音),xiǎngr(响儿).¶家の前で車の止まる〜がした tīngdào jiāménkǒu shāchē de shēngyīn(听到家门口刹车的声音).¶波の〜が耳について眠れない bōtāoshēng zài ěrbiān huíxiǎng shǐ rén nányǐ rùshuì(波涛声在耳边回响使人难以入睡).¶このステレオは〜がいい zhè ge yīnxiǎng shēngyīn hěn hǎo(这个音响声音很好).¶ラジオの〜を大きくして下さい qǐng bǎ shōuyīnjī de shēngyīn kāidà yīdiǎnr(请把收音机的声音开大一点儿).¶大きな〜を立てて列車が鉄橋を渡った lièchē hōnglōng hōnglōng de xiǎng, kāiguòle tiěqiáo(列车轰隆轰隆地响,开过了铁桥).¶〜もなくドアが開いた mén yīshēng-bùxiǎng de kāi le(门一声不响地开了).
2【評判】¶〜に聞えた剛の者 dàmíng dǐngdǐng[xiǎngdāngdāng] de yǒngshì(大名鼎鼎[响当当]的勇士).

おとうさん【お父さん】fùqin(父亲),bàba(爸爸),diē(爹).¶〜は元気ですか nǐ fùqin hǎo ma?(你父亲好吗?).¶〜、御飯ですよ bàba, chīfàn le a!(爸爸,吃饭了啊!).

おとうと【弟】dìdi(弟弟),xiōngdi(兄弟).

おとうとでし【弟弟子】shīdì(师弟).

おとうとぶん【弟分】méngdì(盟弟),bǎidì(把弟),rúdì(如弟).

おとおし【お通し】xiàjiǔ xiǎocài(下酒小菜),fànqián xiǎodiér(饭前小碟儿).

おどおど qièshēngshēng(怯生生).¶何を聞かれても〜するばかりであった wèn shénme tā yě zhànzhanjīngjīng de shuō bu chū huà lai(问什么他也战战兢兢地说不出话来).¶その子は〜した目付きで私を見た nàge háizi qièshēngshēng de kànle wǒ yīyǎn(那个孩子怯生生地看了我一眼).

おどかす【脅かす】1→おどす.
2【びっくりさせる】xià(吓),hǔ(唬).¶あんまり〜すなよ nǐ kě bié xià rén(你可别吓人).

おとぎばなし【お伽噺】¶子供に〜をしてやる gěi háizi jiǎng gùshi tīng(给孩子讲故事听).

おど・ける¶〜けて人を笑わせる huájī zuòzuo dòu rén xiào(滑稽做作逗人笑).¶〜けた顔をする zuò guǐliǎn(做鬼脸).
¶〜け者 huájī de rén(滑稽的人)/huóbǎo(活宝).

おとこ【男】1 nánrén(男人),nánzǐ(男子),nánzǐhàn(男子汉),nán'ér(男儿),hànzi(汉子),yémen(爷们).¶日本は〜より女の方が多い zài Rìběn nǚrén bǐ nánrén duō(在日本女人比男人多).¶〜の子が生れた shēngle ge nánháir(生了个男孩儿).¶彼の家には〜の子が3人いる tā jiāli yǒu sān ge nánháizi(他家里有三个男孩子).¶あんな〜の言う事を気にするな nà jiāhuo de huà búbì gēzài xīnshang(那家伙的话不必搁在心上).¶息子も一人前の〜になった érzi yě yǐ chéngrén le(儿子也已成人了).¶〜なら泣きごとを言うな nánzǐhàn bù gāi shuō xièqìhuà(男子汉不该说泄气话).¶これは〜と〜の約束だ zhè shì nánzǐhàn dàzhàngfu zhī jiān de nuòyán(这是男子汉大丈夫之间的诺言).
2【男の面目】¶彼は今度の一件ですっかり〜をあげた zhè yī jiàn shì shǐ tā yàozǔ-xiānqín le(这一件事使他耀祖显宗了).¶そんな事をしては〜がすたる zuò nà zhǒng shì kě diū miànzi le(做那种事可丢面子了).
3【情夫】¶彼女は〜ができたらしい tā hǎoxiàng yǒule qíngfu(她好像有了情夫).

おとこぎ【男気】zhàngfūqì(丈夫气),nánzǐqì(男子气).¶彼は〜がある tā yǒu zhàngfūqì(他有丈夫气)/tā jiǎng yìqì(他讲义气).¶〜を出して助けてやる náchū nánzǐhàn dàzhàngfu de qìgài xiāngzhù(拿出男子汉大丈夫的气概襄助).

おとこざかり【男盛り】¶彼は今が〜だ tā xiànzài zhèngshì zhuàngnián shíqī[shēnqiáng-lìzhuàng, jīngli chōngpèi de shíqī](他现在正是'壮年时期[身强力壮,精力充沛的时期]).

おとこずき【男好き】¶〜のする顔 zhāo nán-

rén xǐhuan de liǎn(招男人喜欢的脸).¶彼女は～だ tā xǐhuan nánrén(她喜欢男人).
おとこだて【男伊達】 xiákè(侠客), xiáshì(侠士).
おとこで【男手】 ¶～が足りなくて困っている nán de rénshǒu bú gòu, zhèng juéde wéinán(男的人手不够, 正觉得为难).
おとこっぷり【男振り】 ¶堂々とした～だ yíbiǎo tángtáng[fēngmào fēifán] de nánzǐ(仪表堂堂[风貌非凡]的男子).¶散髪したら一段と～があがった lǐle fà xiǎnde gèngjiā jùnqiào le(理了发显得更加俊俏了).¶その一件で彼は一躍～をあげた yīn nà jiàn shì, tā shēngjià yí yuè tígāo le(因那件事, 他声价一跃提高了).
おとこまさり【男勝り】 jiǎxiǎozi(假小子).¶彼女は仕事をさせたら～だ tā zuòqǐ gōngzuò lai, sàiguò nánzǐhàn(她做起工作来, 赛过男子汉).
おとこもの【男物】 nányòng(男用).¶～の時計 nányòng shǒubiǎo(男用手表).
おとこやもめ【男鰥】 guānfū(鳏夫).
おとこゆ【男湯】 nánzǎotáng(男澡堂), nányùchí(男浴池).
おとこらし・い【男らしい】 ¶～く謝りなさい hǎohǎo de hàohàn dāng, gānculì péi ge búshi(好汉做事好汉当, 干脆赔不是).¶そんな事にいつまでもこだわっているのは～くない lǎo jūnǐ yú nà zhǒng shì er, kě bú xiàng ge nánzǐhàn dàzhàngfu(老拘泥于那种事, 可不像个男子汉大丈夫).¶～い顔つき nóngméi-dàyǎn de liǎntángr(浓眉大眼的脸膛儿).
おとさた【音沙汰】 xiāoxi(消息), yīnxìn(音信), xìnxī(信息).¶彼女からはその後何の～もない cǐ hòu tā nàr shénme yīnxìn yě méiyǒu(此后她那儿什么音信也没有).
おどし【脅し】 xiàhu(吓唬), wēixié(威胁), wēihè(威吓), kǒnghè(恐吓).¶あれは単なる～に過ぎない nà zhǐ búguò shì xiàrén bàle(那只不过是吓人罢了).¶そんな～にはびくともしない duì nà zhǒng kǒnghè háo bú zàiyì(对那种恐吓毫不在意).¶武力による～には決して屈しない jué bù qūfú yú wǔlì de wēixié(决不屈服于武力的威胁).¶～文句を並べたてる shuō yí dà tào kǒnghè rén de huà(说一大套恐吓人的话).
おとしあな【落し穴】 **1**〔穴〕 xiànjǐng(陷阱), xiànkēng(陷坑).¶～を作る wā xiànjǐng(挖陷阱).¶～に落ちる diàojìn xiànjǐng(掉进陷阱).
2〔策略〕 xiànjǐng(陷阱), quāntào(圈套), guǐjì(诡计).¶その問題には～がある nàge tílì yǒu tí(那个题里有题).¶～にひっかかった shàngle quāntào(上了圈套).
おとしい・れる【陥れる】 gòuxiàn(构陷・搆陷), xiànhài(陷害), kēnghài(坑害), suànjì(算计).¶彼は私を苦境に～れようとした tā xiǎng hàiwǒ xiànrù kùnjìng(他想使我陷入困境).¶人を～れようとして自ら陥る xiǎng hàihài rénjia fǎn hàile zìjǐ(想陷害人家反害了自己)/ hài[kēng] rén fǎn hài jǐ(害[坑]人反害己).
おとしだま【お年玉】 yāsuìqián(压岁钱).

おとしぬし【落し主】 shīzhǔ(失主).¶何日たっても～が現れない guòle hǎo jǐ tiān yě bú jiàn shīzhǔ(过了好几天也不见失主).
おとしもの【落し物】 shīwù(失物).¶道で～を拾った zài lùshang jiǎndàole shīwù(在路上拣到了失物).¶大変な～をした diūle hěn zhòngyào de dōngxi(丢了很重要的东西).
おと・す【落す】 **1**〔落下させる〕 rēng(扔), tóu(投), shuāi(摔).¶橋の上から石を～す cóng qiáoshang rēng shítou(从桥上扔石头).¶爆弾を～す tóu[rēng] zhàdàn(投[扔]炸弹).¶木をゆすって実を～す bǎ guǒshí cóng shùshang yáoxialai(把果实从树上摇下来).¶茶碗を落として割ってしまった bǎ cháwǎn shuāi le(把茶碗摔了).¶湖に月が影を～している yuèguāng yìngshè zài húmiàn shang(月光映射在湖面上).
2〔取り除く〕 diàoxia(掉下), nòngdiào(弄掉), qùdiào(去掉), chúdiào(除掉).¶靴の泥を～してから入って下さい qǐng qùdiào xiéshang de ní zài jìnlai(请去掉鞋上的泥再进来).¶湯に入って旅の垢を～す xǐ ge zǎo, qùdiào lǚchén(洗个澡,去掉旅尘).¶ひげを～したので誰かと思った nǐ guādiàole húzi, wǒ yǐwéi shì shuí ne?(你刮掉了胡子,我以为是谁呢?).¶この件は記録から～そう bǎ zhè xiàng cóng jìlù zhōng shāndiào(把这项从记录中删掉).
3〔漏らす〕 là(落), lòu(漏).¶うっかりして1字を～した yìshí shūhu diàole yí ge zì(一时疏忽掉了一个字).¶数える時1人を～した shǔ de shíhou shǔlòule yí ge rén(数的时候数漏了一个人).
4〔無くす〕 diào(掉), diū(丢), diūdiào(丢掉), diūshī(丢失).¶万年筆をどこかで～してしまった bù xiǎodé zài shénme dìfāng bǎ gāngbǐ gěi diào le(不晓得在什么地方把钢笔给掉了).¶すんでのことで命を～すところだった chà yìdiǎnr 'diū[sàng]le mìng(差一点儿'丢[丧]了命).
5〔不合格にする〕 ¶50点以下は～す wǔshí fēn yǐxià bù yǔ jígé(五十分以下不予及格).¶1次試験で半分を～す dì yī cì kǎoshì táotài yíbàn(第一次考试淘汰一半).¶製品検査で～された zài chéngpǐn jiǎnyàn shí tīdiào le(在成品检验时剔掉了).
6〔程度を下げる〕 jiàngdī(降低), jiǎndī(减低).¶値段をあげずに品質を～す bù táijià ér jiàngdī zhìliàng(不抬价而降低质量).¶部下に対する威信を～した zài bùxià zhōng wēixìn jiàngdī le(在部下中威信降低了).¶その事件ですっかり信用を～してしまった yóuyú gāi shìjiàn xìnyòng wánquán sàngshī le(由于该事件信用完全丧失了).¶乞食に身を～す lúnwéi qǐgài(沦为乞丐).¶汽車はスピードを～した huǒchē jiǎndī sùdù le(火车减低速度了)/ huǒchē bǎ sùdù fàngmàn le(火车把速度放慢了).¶私は声を～して言った wǒ fàngdī shēngyīn shuō(我放低声音说).
7〔入手する,陥落させる〕 ¶この品はせりで～した zhè huò zài pāimài shí mǎixià de(这货在拍卖时买下的).¶敵陣を～す gōngxià

[náxià/dǎxià/gōngkè] dízhèn (攻下[拿下/打下/攻克]敌阵). ¶ 8 ¶ 経費で～す suànrù jīngfèi zhī zhōng (算入经费之中).

おど・す【脅す】 xiàhu (吓唬), kǒnghè (恐吓), dònghè (恫吓), zhàhu (诈唬), wēixié (威胁), wēihè (威吓), wēibī (威逼), wēipò (威迫). ¶ 刃物で～して金を奪う bádāo wēixié qiǎng qián (拔刀威胁抢钱). ¶ ～したりすかしたりしてやっと言う事をきかせた liánhǔ-dàihǒng hǎoróngyì cái jiào tā tīngle huà (连哄带吓好容易才叫他听了话).

おとずれ【訪れ】 láilín (来临), dàolái (到来). ¶ 春の～を待つ děngdài chūntiān de láilín (等待春天的来临).

おとず・れる【訪れる】 fǎngwèn (访问), bàifǎng (拜访), láifǎng (来访), láilín (来临). ¶ 1989年に彼は中国を～れた yī jiǔ bā jiǔ nián tā fǎngwènle Zhōngguó (一九八九年他访问了中国).

おととい【一昨日】 qiántiān (前天), qiánr (前儿), qiánrge (前儿个).

おととし【一昨年】 qiánnián (前年).

おとな【大人】 dàren (大人). ¶ うちの息子は体だけは～だが精神的にはまるで子供です wǒ érzi gèzi dào xiàng dàren, kě nǎoguār jiǎnzhí shì ge xiǎoháir (我儿子个子倒像大人,可脑瓜儿简直是个小孩儿). ¶ ～になったら何になるのか nǐ zhǎngdàle xiǎng zuò shénme? (你长大了想做什么?). ¶ 君の方が僕より～だ nǐ kě bǐ wǒ dǒngshì míngli (你可比我懂事明理).

おとなげな・い【大人気ない】 ¶ そんな事でけんかするとは～い wèi nà zhǒng shì dǎjià, zhēn bú xiàng yí ge dàren (为那种事打架,真不像一个大人).

おとなし・い 1〔性質や態度が〕guāi (乖), lǎoshi (老实), wēnhé (温和), wēnshùn (温顺); xùn (驯), wēnxùn (温驯). ¶ あの子は行儀がよくて～い nàge háizi yòu yǒu lǐmào yòu lǎoshi (那个孩子又有礼貌又老实). ¶ ～く座っていなさい gěi wǒ guāiguāi de zuòzhe (给我乖乖地坐着). ¶ 彼は普段はとても～い学生です tā píngshí shì ge lǎolǎoshíshí de xuésheng (他平时是个老老实实的学生). ¶ こちらが～くすればむ向うは図に乗ってくる wǒfāng biǎoshì gōngshùn, duìfāng jiù décùn-jìnchǐ le (我方表示恭顺,对方就得寸进尺了). ¶ 牛は～い動物だ niú shì xùnliáng de dòngwù (牛是驯良的动物).

2〔色や柄が〕sù (素), sùqì (素气), sùjìng (素净). ¶ ～い色 yánsè sùjìng (颜色素净)/ wēnhé de sècǎi (温和的色彩). ¶ ～い柄 huāyàng sùqì (花样素气).

おとな・びる【大人びる】 ¶ ～びた口のきき方をする shuōhuà xiàng shì dàren shìde (说话像是大人似的).

おとめ【乙女】 shàonǚ (少女), gūniang (姑娘), guīnǚ (闺女); shì nèi shǎonǚzi (室女).

おとり【囮】 ézi (囮子), yóuzi (圞子・游子), méizi (媒子); yòu'ěr (诱饵). ¶ ～を使って鳥を捕える yòng ézi dǎi niǎor (用囮子逮鸟儿). ¶ 女を～にして金をまきあげる ná nǚrén zuò yòu'ěr lèsuǒ qián (拿女人做诱饵勒索钱).

おどり【踊】 wǔdǎo (舞蹈). ¶ ～を踊る biǎoyǎn wǔdǎo (表演舞蹈)/ wǔdǎo (舞蹈)/ tiàowǔ (跳舞). ¶ 彼は～がうまい tā tiàowǔ tiàode hěn hǎo (他跳舞跳得很好)/ tā hěn huì tiàowǔ (他很会跳舞).

おどりあが・る【躍り上がる】 tiàoqǐlai (跳起来), bèngqǐlai (蹦起来). ¶ 我が方の勝と聞いて～って喜んだ tīngdào wǒfāng yíng le, gāoxìngde tiàole qǐlái (听到我方赢了,高兴得跳了起来).

おどりかか・る【躍り掛る】 pū (扑). ¶ ライオンは縞馬に～った shīzi xiàng bānmǎ pūqu (狮子向斑马扑去).

おどりこ【踊り子】 wǔnǚ (舞女); nǚ wǔdǎo yǎnyuán (女舞蹈演员).

おどりこ・む【躍り込む】 chuǎngjìn (闯进). ¶ 武器を持った男たちが家の中に～んできた shǒu ná wǔqì de hànzi chuǎngjìn wū lai (手拿武器的汉子闯进屋来).

おどりば【踊場】 lóutī píngtái (楼梯平台), tītái (梯台).

おど・る【踊る】 tiào (跳), tiàowǔ (跳舞). ¶ 音楽のリズムに乗って～る suízhe yīnyuè de jiézòu tiàowǔ (随着音乐的节奏起舞). ¶ 一晩中～り明かす tiàowǔ tiàodào tiānliàng (跳舞跳到天亮)/ tōngxiāo-dádàn de tiàowǔ (通宵达旦地跳舞). ¶ 誰かに～らされたのだろう bèihòu yídìng ″yǒu rén zhǐshǐ″ [shòu shénme rén cāozòng] (背后一定"有人指使"[受什么人操纵]).

おど・る【躍る】 ¶ 身を～らせて飛び込む yuèqǐ [zòngshēn] tiàoshuǐ (跃起[纵身]跳水). ¶ 思わず心を～らせた qíng bú zìjīn gāoxìngle qǐlái (情不自禁高兴了起来). ¶ ～る胸を押えて結果を聞いた yìzhìzhe xīngfèn qīngtīng jiéguǒ (抑制着兴奋倾听结果). ¶ 字が～っている zì xiěde wāiwāi-niǔniǔ (字写得歪歪扭扭).

おとろえ【衰え】 shuāituì (衰退), shuāijiǎn (衰减), jiǎnruò (减弱), jiǎntuì (减退). ¶ 台風はまだ～をみせない táifēng réng bújiǎn ″shuāi″ [jiǎnruò] (台风仍不见"衰"[减弱]). ¶ 年をとるとまず足の～を感ずる shàngle niánjì shǒuxiān juéde tuǐjiǎo wúlì (上了年纪首先觉得腿脚无力).

おとろ・える【衰える】 shuāiruò (衰弱), shuāituì (衰退), jiǎnruò (减弱). ¶ 体力

が～えてきた tǐlì ˹shuāiruò[jiǎnruò] le (体力˹衰弱[减弱]了). ¶視力がひどく～えた shìlì ˹shuāituì[jiǎntuì]de lìhai (视力˹衰退[减退]得厉害). ¶年をとっても容色が～えない niánlǎo le, zīsè réng bújiàn shuāi (年老了,姿色仍不见衰). ¶記憶力が～えてしまった jìyìlì dàwéi shuāituì (记忆力大为衰退)/ jìxing chà le (记性差了). ¶反動派の勢力が～えおちた fǎndòngpài de shìlì shuāiluò le (反动派的势力衰落了). ¶敵の攻撃はいっこうに～えない dírén de gōngjī réng wèi jiǎnruò (敌人的攻击仍未减弱). ¶火勢が～えた huǒshì ˹jiǎnruò[ruò]/xiǎo] le (火势˹减弱[弱/小]了).

おどろか・す【驚かす】 xià (吓), jīngxià (惊吓). ¶その事が彼をひどく～した nà shì bǎ tā xiàhuài le (那事把他吓坏了). ¶君をあっと～すことがある kě yǒu ràng nǐ dàchī-yìjīng de shìqing (可有让你大吃一惊的事情).

おどろき【驚き】 jīngxià (惊吓), jīnghuāng (惊慌), jīngyà (惊讶), jīngyì (惊异), zhènjīng (震惊). ¶あっと～の声をあげた xiàde jiān jiàole yì shēng (吓得尖叫了一声). ¶～のあまり声も出ない xiàde shuō bu chū huà lai (吓得说不出话来). ¶～の目を見張った xiàde mùdēngkǒudāi (吓得目瞪口呆).

おどろ・く【驚く】 xià (吓), jīngxià (惊吓), chījīng (吃惊), shòujīng (受惊), jīngyà (惊讶), jīngyì (惊异), jīngyán (惊异). ¶～いたのなんって zhè fènr xīnjīng-ròutiào a, béng tí le (这份儿心惊肉跳啊,甭提了). ¶まだまだ～くべき事がたくさんある jiào rén chījīng de shì hái yǒudeshì (叫人吃惊的事还有的是). ¶彼はその情景に少しも～いた様子をみせなかった tā duì nà qíngjǐng yìdiǎnr yě bù chījīng (他对那情景一点儿也不吃惊). ¶そのことは別段～くに当らない nà shì bìng bù zhíde dàjīng-xiǎoguài (那事并不值得大惊小怪). ¶君の絵のうまいのは～いた nǐ huàde zhème hǎo, zhēn méi xiǎngdào! (你画得这么好,真没想到!).

おないどし【同い年】 tóngsuì (同岁), tónglíng (同龄), tóngnián (同年), tónggēng (同庚). ¶君と彼は～だったね nǐ gēn tā shì tóngsuì ba (你跟他是同岁吧).

おなか dùzi (肚子). ¶～が痛い dùzi téng (肚子疼). ¶～がすいた dùzi è le (肚子饿了). ¶～をこわす huàile dùzi (坏[的]肚子)/ xièdù (泻肚)/ lāxī (拉稀). ¶彼女は今～が大きい tā xiànzài dùzi dà le (她现在肚子大了).

おながれ【お流れ】 ¶その計画は～になった nàge jìhuà chuī le (那个计划吹了). ¶試合は雨で～になった bǐsài yīn yǔ zhōngzhǐ le (比赛因雨中止了).

おなぐさみ【お慰み】 うまくいったら～ chénggōngle gěi nín kāikai xīn (成功了给您开开心).

おなじ【同じ】 yíyàng (一样), tóngyàng (同样), yìbān (一般), tóng (同). ¶その 2 つのテーブルは～高さだ nà liǎng zhāng zhuōzi yíyàng gāo (那两张桌子一样高). ¶彼は僕と～位の背丈だ tā hé wǒ yìbān gāo (他和我一般高). ¶～大きさに切る qiēchéng yìbān dà (切成一般大). ¶これと～色でもっと大きいのがありますか hé zhège yánsè yíyàng, yǒu méiyǒu zài dà yìdiǎnr de? (和这个颜色一样,有没有再大一点儿的?). ¶見たところ全く～だ kànlai yìmú-yíyàng (看来一模一样). ¶～日の～時間に～ようなことが起った zài tóng yì tiān tóng yì shíjiān fāshēngle tóngyàng de shì (在同一天同一时间发生了同样的事). ¶私と彼女は～会社で働いている wǒ gēn tā zài yí ge gōngsī li gōngzuò (我跟她在一个公司里工作). ¶～誤りは二度と繰り返すな búyào chóngfàn tóngyàng de cuòwù (不要重犯同样的错误). ¶こうなれば勝ったも～だ zhè jiù děngyú yíng le (这就等于赢了). ¶そんなものあってもなくても～だ nà zhǒng dōngxi kěyǒu-kěwú (那种东西可有可无). ¶～釜の飯を食った同士 tóng chīguo yì guō fàn de huǒbàn (同吃过一锅饭的伙伴). ¶右に～ rúyòu (如右). ¶～やるなら大きな事をやれ tóngyàng gàn jiù gàn dà de shì ba! (同样干就干大的事吧!).

おなじく【同じく】 tóng (同), tóngshàng (同上). ¶医師甲,～乙の両名 yīshēng jiǎ, tóngshàng yǐ liǎngrén (医生甲,同上乙两人).

オナニー shǒuyín (手淫).

おなら pì (屁). ¶～をする fàngpì (放屁)/ chū xūgōng (出虚恭).

おに【鬼】 1 ¶桃太郎の～退治 Táotàiláng zhēng yāomó (桃太郎征妖魔). ¶～が出るか蛇が出るか jíxiōng mò cè (吉凶莫测). ¶～に金棒 rú hǔ tiān yì (如虎添翼). ¶～の居ぬ間に洗濯 chéng Yánwángyé bú zàijiā, xiǎoguǐ xiāoyáo-zìzài (乘阎王爷不在家,小鬼逍遥自在)/ Yánwang bú zài guǐ fāntiān (阎王不在鬼翻天). ¶まるで～の首でもとったように得意がる hǎoxiàng lìle dàgōng yíyàng, yángyáng-déyì (好像立了大功一样,洋洋得意). ¶～も十八,番茶も出花 shíqī shíbā wú chǒunǚ (十七十八无丑女). ¶心を～にする xià hěnxīn (下狠心)/ hěnle xīn (狠了心)/ héngle xīn (横了心). ¶彼は～検事で通っている tā shì yǐ tiěmiàn wúsī de jiǎncháguān chūmíng (他是以铁面无私的检察官出名).

2【鬼ごっこ】 ¶今度の～はだれ zhè huí shuí méng lǎoziā? (这回谁蒙老瞎?). ¶～さんこちら méngyǎn xiānsheng, dào zhèli, dào zhèli (蒙眼先生,到这里,到这里).

おにがわら【鬼瓦】 māotóuwǎ (猫头瓦), shòutóuwǎ (兽头瓦).

おにぎり【お握り】 fàntuánzi (饭团子). ¶～をにぎる tuán fàntuánzi (团饭团子).

おにごっこ【鬼ごっこ】 zhuōmícáng (捉迷藏), cángmāor (藏猫儿), cángmēnr (藏闷儿). ¶～をして遊ぶ wánr zhuōmícáng (玩儿捉迷藏).

おにばば【鬼婆】 ¶この～め nǐ zhège lǎodiāopó! (你这个老刁婆!).

おにび【鬼火】 guǐhuǒ (鬼火).

おにゆり【鬼百合】 juǎndān (卷丹).

おね【尾根】 shānjǐ (山脊), shānliáng (山梁).

¶～伝いに歩く yánzhe shānjǐ zǒu(沿着山脊走).

おねじ【雄ねじ】 luódīng(螺钉), luósīdīng(螺丝钉) luósī(螺丝).

おねしょ niàochuáng(尿床), niàokàng(尿炕).

おの【斧】 fǔzi(斧子), fǔtou(斧头). ¶～で薪を割る yòng fǔzi pī mùchái(用斧子劈木柴).

おのおの【各】 gè(各). ¶人には一長所短所がある rén gè yǒu qí chángchu hé duǎnchu (人各有其长处和短处). ¶水は～自分で用意して下さい shuǐ yào gèzì zhǔnbèi(水要各自准备). ¶赤、白～10個ずつ hóng, bái gè shí ge(红、白各十个).

おのずから【自ずから】 ¶当地は～険要の地をなしている běndì zìrán gòuchéng xiǎnyào zhī dì (本地自然构成险要之地). ¶よく読めば意味は～分るはずだ zhǐyào xìdú, yìsi zìrán'érrán huì míngbai de(只要细读,意思自然而然会明白的).

おののく【戦く】 zhàndǒu(战抖), zhànlì(战栗・颤栗). ¶彼女は不安に～いた tā huánghuáng[zhuìzhuì](父の兄の妻) bù'ān(她'惶惶[惴惴]不安). ¶恐怖に～く xiàde fādǒu(吓得发抖)/ kǒngjù zhànlì(恐惧战栗)/zhuìlì(惴栗).

おのひろしさん【お上りさん】 ¶まるで～みたいだ jiǎnzhí shì Liú lǎolao jìn Dàguānyuán (简直是刘姥姥进大观园).

おのれ【己】 jǐ(己), zìjǐ(自己). ¶～を知ることが大切だ yào yǒu zì zhī zhī míng(要有自知之明). ¶～をもって人を計るなかれ wù yǐ jǐ duó rén(勿以己度人). ¶～の欲せざる所は人に施すなかれ jǐ suǒ bú yù, wù shī yú rén(己所不欲,勿施于人).

おば【伯母・叔母】〔父の姉妹〕gūmǔ(姑母), gūgu(姑姑);〔父の兄の妻〕bómǔ(伯母), dàniáng(大娘), dàmā(大妈);〔父の弟の妻〕shūmǔ(叔母), shěnmǔ(婶母), shěnzi(婶子);〔母の姉妹〕yímǔ(姨母), yímā(姨妈), yír(姨儿);〔母の兄弟の妻〕jiùmǔ(舅母), jiùmā(舅妈).

おばあさん【お祖母さん】〔父方の〕nǎinai (奶奶), zǔmǔ(祖母);〔母方の〕lǎolao(姥姥・老老), wàipó(外婆), wàizǔmǔ(外祖母), lǎoniang(老娘).
2【お婆さん】 lǎonǎinai(老奶奶), lǎopópo(老婆婆), lǎodàniáng(老大娘), mómo(嬷嬷). ¶～は川へ洗濯に行きました lǎopópo dào hébiān xǐ yīfu qù le(老婆婆到河边洗衣服去了). ¶～,誰をお探しですか lǎodàniáng, nín zhǎo shuí ne?(老大娘,您找谁呢?).

オパール dànbáishí(蛋白石).

おはうちからす【尾羽打ち枯らす】 ¶～した姿になって現れた yǐ luòbó de yàngzi chūxiàn le (以落泊的样子出现了).

おばけ【お化け】 guǐ(鬼), guǐwù(鬼物), guǐguài(鬼怪), guǐjing(鬼精), guǐguài(鬼怪), guǐyù(鬼蜮), guǐmèi(鬼魅). ¶～屋敷 xiōngzhái(凶宅).

おはこ náshǒu(拿手), náshǒuxì(拿手戏), kānjiāxì(看家戏), náshǒuxì(拿手好戏). ¶余興に～の手品をする zuòwéi yúxìng, biǎoyǎn náshǒu de xìfǎr(作为余兴,表演拿手的戏法儿).

おばさん 1【小母さん】 dàshěnr(大婶儿), āyí (阿姨), dàniáng(大娘). ¶隣の～がお菓子を下さった gébì de dàshěnr gěile wǒ diǎnxin (隔壁的大婶儿给了我点心). ¶～, 500円にまけてよ dàniáng, suàn wǒ wǔbǎi kuài qián ba (大娘,算我五百块钱吧).
2【伯母さん・叔母さん】 →おば.

おはち【お鉢】 fàntǒng(饭桶). ¶彼が断ったので私に～が回ってきた yóuyú tā bú gàn jiù lúndào wǒ tóushang le(由于他不干就轮到我头上了).

おはつ【お初】 ¶～にお目にかかります chūcì jiànmiàn(初次见面).

おばな【雄花】 xiónghuā(雄花).

おはよう【お早う】 zǎo'ān(早安). ¶先生～ございます lǎoshī, nín zǎo!(老师,您早!). ¶皆さん～ dàjiā zǎo!(大家早!).

おはらいばこ【お払い箱】 ¶彼は～になった tā bèi jiěgù le (他被解雇了). ¶古くなったセーターを～にする bǎ chuānjiùle de máoyī rēngdiào (把穿旧了的毛衣扔掉).

おはりこ【お針子】 féngrèn nǚgōng (缝纫女工).

おび【帯】 dàizi (带子), yāodài (腰带). ¶～を締める zā yāodài (扎腰带). ¶～を解く jiě yāodài (解腰带). ¶～に短し襷(⸚)に長し gāo bù chéng dī bú jiù (高不成低不就)/ chǐ duǎn cùn cháng (尺短寸长).

おびえる【脅える】 hàipà(害怕), jùpà(惧怕). ¶～えて物も言えない tā hàipàde shuō bu chū huà lai (害怕得说不出话来). ¶何かに～えて馬が跳ねた mǎ bù zhī wèishénme shòujīng tiàoqilai le (马不知为什么受惊跳起来了).

おびきだ・す【誘き出す】 ¶犯人を隠れ家から～す bǎ zuìfàn cóng wōjiā yǐnyòu chulai (把罪犯从窝家引诱出来).

おびきよ・せる【誘き寄せる】 ¶敵を近くまで～せる bǎ dírén yǐnyòu dào fùjìn (把敌人引诱到附近)/ yòu dí dào jìnchù (诱敌到近处).

おひたし rìshì chāobàn qīngcài (日式焯拌青菜).

おびただし・い【夥しい】**1**〔多い〕¶～い数の人間が集まった jùjíle shǔbujìn de rén (聚集了数不尽的人). ¶～い金(⸚)が海外へ流出した xiàng wài liúchū dàliàng huángjīn (向外流出大量黄金).
¶〔甚だしい〕¶今日の講演はつまらないこと～い jīntiān de bàogào zhēn wúliáode hěn (今天的报告真无聊得很). ¶あの男は頼りにならないこと～い nàge nánrén tài kàobuzhù le (那个男人太靠不住了).

おひとよし【お人好し】 lǎohǎorén(老好人), hǎorén (好人), lǎoshírén (老实人), hǎohǎo xiānsheng (好好先生), āmǎlín (阿木林). ¶～もいいかげんにしろ nǐ zhège lǎohǎorén xiǎng dāngdào nǎ bèizi qù! (你这个老好人想当到哪辈子去!). ¶〔いくら～でももう黙ってはいられない zài lǎoshi de rén yě bùnéng rěnshòu le (再老实的人也不能忍受了).

おびふう【帯封】 fēngpí(封皮).
おひや【お冷】 liángshuǐ(凉水), lěngshuǐ(冷水).
おびやか・す【脅かす】 wēixié(威胁). ¶国家の安全は〜される guójiā de ānquán shòudào wēixié(国家的安全受到威胁).
おひゃくど【お百度】 ¶病気平癒を祈願して〜を踏む qíqiú bìng quányù, qù bǎi bǎi huí miào(祈求病痊愈,去拜百回庙). ¶金を借りようと伯父の家に〜を踏んだがだめだった qù bófù jiā jiè qián, bǎibān yāngqiú yě méi jièdào(去伯父家借钱,百般央求,也没借到).
おひらき【お開き】 sànhuì(散会). ¶今日はこれで〜にしましょう jīntiān jiù dào cǐ sànhuì le(今天就到此散会了).
お・びる【帯びる】 1〔身につける〕 dài(带), pèi(佩), pèidài(佩带). ¶剣を〜びる pèi jiàn(佩剑).
2〔任務などを〕 jiānfù(肩负), shēn fù(身负). ¶重大任務を〜びて出発する shēn fù zhòngrèn chūfā(身负重任出发).
3〔含む〕 dài(带), tòu(透). ¶赤みを〜びた紫 tòu hóng de zǐsè(透红的紫色). ¶酒気を〜びて入って来た jiǔqì xūn rén zǒule jìnlái(酒气熏人走了进来).
おひれ【尾鰭】 ¶〜をつけてしゃべる tiānzhī-jiāyè de shuō(添枝加叶地说). ¶噂というものは〜がついて広がる xiǎodàor xiāoxi zǒngshì tiānyóu-jiācù wǎng sìchù chuán(小道儿消息总是添油加醋往四处传).
オフィス bàngōngshì(办公室), xiězìjiān(写字间).
おぶ・う bēi(背). ¶彼女は赤ん坊を〜っていた tā bēizhe yīng'ér(她背着婴儿).
おふくろ【お袋】 mǔqin(母亲), niáng(娘). ¶〜の作った料理 wǒ mǔqin zuò de cài(我母亲做的菜).
オブザーバー guāncháyuán(观察员). ¶〜として会議に出席する yǐ guāncháyuán de shēnfen chūxí huìyì(以观察员的身分出席会议).
オフサイド yuèwèi(越位).
おぶさ・る 1〔背負われる〕 ¶子供は母に〜っぱ眠ってしまった háizi jiào mǔqin bēizhe shuìzháo le(孩子叫母亲背着睡着了).
2〔頼る〕 ¶生活費を兄に〜る shēnghuófèi yīkào gēge(生活费依靠哥哥).
オプション xuǎnzé(选择), rènxuǎn(任选). ¶カーステレオは〜です chēnèi de yīnxiǎng shèbèi zìfèi rènxuǎn(车内的音响设备自费任选).
おふせ【お布施】 bùshī(布施).
オフセット jiāoyìn(胶印).
おふだ【お札】 hùfú(护符), hùshēnfú(护身符).
おぶつ【汚物】 wūwù(污物), wūhuì(污秽).
オブラート nuòmǐzhǐ(糯米纸), jiāngmǐzhǐ(江米纸).
オフライン tuōjī(脱机), líxiàn(离线).
おふる【お古】 ¶私は姉さんの〜ばかり着せられるんだ jìng ràng wǒ chuān jiějie de jiù yīfu(净让我穿姐姐的旧衣服).
おふれ【お触れ】 gàoshi(告示), bùgào(布告).

オフレコ bù zhǔn gōngkāi fābiǎo de(不准公开发表的), fēizhèngshì de(非正式的), sīxià de(私下的).
おべっか ¶〜を使う xiàn yīnqín(献殷勤)/ pāi mǎpì(拍马屁)/ mǎihǎo tǎoqiǎo(卖好讨俏)/ liūxū pāimǎ(溜须拍马).
おべんちゃら huāyán-qiǎoyǔ(花言巧语), huāshuō-liǔshuō(花说柳说), ēyú-fèngchéng(阿谀奉承). ¶〜を言う shuǎ huāqiāng(耍花腔).
オペラ gējù(歌剧).
オペレーション cāozuò(操作), yùnsuàn(运算); jīnróng shìchǎng cāozòng(金融市场操纵); shǒushù(手术); zuòzhàn(作战).
オペレーター cāozuòyuán(操作员). ¶電話局の〜 diànhuàjú de huàwùyuán(电话局的话务员).
オペレッタ xiǎo gējù(小歌剧).
おぼえ【覚え】 1〔記憶〕 jìxing(记性). ¶どこで落としたか少しも〜がない zài nǎr diū de yìdiǎnr yě bú jìde(在哪儿丢的一点儿也不记得). ¶あの人はどこかで会った〜がある nàge rén hǎoxiàng zài nǎli jiànguo(那个人好像在哪里见过). ¶彼は身に〜があるものだから青くなった tā 'xīnli yǒu guǐ'(zuòle kuīxīnshì), liǎn fāqīng le(他'心里有鬼'[作了亏心事], 脸发青了). ¶君は〜がいいね nǐ jìxing zhēn hǎo(你记性真好).
2〔自信〕 ¶テニスなら腕に〜がある dǎ wǎngqiú wǒ hái yǒu yìshǒur(打网球我还有一手儿).
3〔信任〕 ¶主人の〜がめでたい hěn shòu dōngjia de qìzhòng(很受东家的器重).
おぼえがき【覚書】 1〔メモ〕 jìlù(记录). ¶話を聞きながら〜をとる biān tīng biān zuò jìlù(边听边做记录).
2〔外交上の〕 bèiwànglù(备忘录), huànwén(换文). ¶貿易に関する〜を取り交す jiāohuàn màoyì bèiwànglù(交换贸易备忘录).
おぼえず【覚えず】 →おもわず
おぼ・える【覚える】 1〔感ずる〕 juéde(觉得), juézhe(觉着), gǎndào(感到), gǎnjué(感觉). ¶夕方になって急に寒さを〜えた dào bàngwǎn tūrán juézhe lěng le(到傍晚突然觉着冷了). ¶野の草花にも愛着を〜える shānyě de cǎohuā yě dōu juéde kě'ài(山野的草花也都觉得可爱).
2〔記憶する〕 jì(记), jìde(记得), jìzhu(记住). ¶それから後の事は何ひとつ〜えていない yǐhòu de shì quánrán jìbude(那以后的事全然记不得). ¶せりふを〜えるのが難しい jì táicí hěn bù róngyi(记台词很不容易)/ táicí hěn nán jì(台词很难记). ¶あの人の名前は〜えやすい tā nàge rén de míngzi hǎo jì(他那个人的名字好记). ¶〜えていろ qiáoqiáo!(瞧瞧!)/ děngzhe!(等着瞧!).
3〔習得する〕 xuéhuì(学会). ¶自動車の運転を〜えた xuéhuìle kāi qìchē(学会了开汽车). ¶書物だけでは会話は〜えられない zhǐ kào shūběn, huìhuà shì xuébuhǎo de(只靠书本,会话是学不好的). ¶仕事のこつを早く〜えるように心がける jǐnkuài de yòngxīn zhǎngwò zuòhuó

おぼしい・い【思しい】 ¶A氏と～い人物を見たkànjianle xiàng shì A xiānsheng shìde rén(看见了像是A先生似的人). ¶50歳ぐらいと～き男 yǒu wǔshí lái suì múyàng de nánren(有五十来岁模样的男人).

おぼしめし【思召】 ¶何事もあなたの～のままに致します yíqiè dōu zūnzhào nín de yìsi lái bàn(一切都遵照您的意思来办). ¶折角の～ですから有難くいただきます chéngméng hǎoyì, bú kèqi de shōuxià le(承蒙好意,不客气地收下了). ¶彼は彼女に～があるらしい tā sìhū duì tā yǒu yìsi(他似乎对她有意思).

オポチュニスト jīhuìzhǔyìzhě(机会主义者).

おぼつかな・い【覚束ない】 ¶彼の保証では～い dān píng tā zuòbǎo kàobuzhù(单凭他作保靠不住). ¶明日の天気は～い míngtiān de tiānqì kě kàobuzhù(明天的天气可靠不住). ¶こんな調子では勝利は～い kàn zhè yàngzi méiyǒu huòshèng de xīwàng(看这样子没有获胜的希望). ¶～い返事をする méi bǎwò de huídá(没把握地回答). ¶～い足どりで歩いて行った lièliè-qièqiè de zǒuqu le(趔趔趄趄地走去了). ¶～い手つきで果物の皮をむく shǒu bèn hěn xuánhu de xiāo guǒpí(手笨很悬乎地削果皮).

おぼ・れる【溺れる】 **1** nìshuǐ(溺水); nìsǐ(溺死), yānsǐ(淹死). ¶危うく～れそうになった chàdiǎnr méi yānsǐ(差点儿没淹死). ¶～れた子を救い上げた jiùle nìshuǐ de háizi(救了溺水的孩子). ¶～れる者は藁をも摑む luòshuǐ qín shuǐpào(落水擒水泡).
2〖ふける〗 chénnì(沉溺), chénmí(沉迷), chénzuì(沉醉). ¶酒色に～れる nìyú jiǔsè(溺于酒色). ¶情に～れて判断を誤った bèi qíng suǒ mí, wùle pànduàn(被情所迷,误了判断).

おぼろ【朧】 ménglóng(朦胧), yǐnyuē(隐约), wēimáng(微茫). ¶霧の中に船の影が～に見える zài wùzhōng chuányǐng yǐnyǐn-yuēyuē kějiàn(在雾中船影隐隐约约可见).
¶～月夜 ménglóng yuèyè(朦胧月夜).

おぼろげ【朧げ】 móhu(模糊). ¶幼い時のことは～ながら覚えている yòunián shí de shìqing hái mómó-húhú de jìde(幼年时的事情还模糊糊地记得).

おまいり【お参り】 cānbài(参拜).

おまえ【お前】 nǐ(你), nín(您), nóng(侬). ¶～手伝っておやり wèi, nǐ bāngbang tā(喂,你帮帮他)/ nǐ bāng tā yì bǎ(你帮他一把).

おまけ **1**〖値引き〗 ¶100円～する shǎo suàn yìbǎi kuài qián(给你少算一百块钱).
2〖付録、景品〗 ráotou(饶头), dātou[r](搭头[儿]). ¶蜜柑を一つ～にくれた báiráole wǒ yí ge júzi(白饶了我一个橘子). ¶このグラスはウイスキーの～だ zhège bōlibēi shì mǎi wēishìjì de ráotou(这个玻璃杯是买威士忌的饶头).
¶～をつけて話すものだから困る shuōhuà tiānzhī-jiāyè zhēn méi bànfǎ(说话添枝加叶真没办法).

おまけに ¶彼は中国語ができる、～フランス語もしゃべれる tā bùjǐn huì shuō Zhōngwén, hái huì shuō Fǎwén(他不仅会说中文,还会说法文). ¶彼女は頭がよくて～美人だ tā jì cōngming yòu piàoliang(她既聪明又漂亮). ¶～借金まで背負い込んだ shènzhì lián zhàiwù yě bēishàng le(甚至连债务也背上了).

おまちどおさま【お待ち遠様】 ¶～,さあ参りましょう ràng nín ˈshòuděng[jiǔděng] le, zǒu ba(让您ˈ受等[久等]了,走吧).

おまつりさわぎ【お祭騒ぎ】 ¶勝利を祝って～を繰り広げる qìngzhù shènglì nàode rèhuǒ cháotiān(庆祝胜利闹得热火朝天).

おまもり【お守】 hùfú(护符), hùshēnfú(护身符).

おまる biànpén(便盆).

おみき【お神酒】 ¶～を供える gòngshàng shénjiǔ(供上神酒). ¶～が少し入っている guànle diǎnr jiǔ(灌了点儿酒).

おみくじ【お神籤】 qiān(签), qiānzi(签子); qiānshū(签书). ¶～をひく qiú qiān(求签)/ chōu qiān(抽签).

おみそれ【お見逸れ】 yǎnzhuō(眼拙). うっかり～する所でした, chà yìdiǎnr méi rènchū nín lai(对不起,差一点儿没认出您来). ¶～いたしました shù wǒ yǎnzhuō(恕我眼拙).

おみなえし【女郎花】 bàijiàng(败酱), huánghuā lóngyá(黄花龙牙).

おむすび fàntuánzi(饭团子).

おむつ niàobù(尿布), jièzi(褯子). ¶～をあてる diàn niàobù(垫尿布).
¶～カバー niàobù wàitào(尿布外套). 紙～ yícìxìng de zhǐniàobù(一次性的纸尿布)/ zhǐniàobù(纸尿裤).

オムレツ ruǎnjiāndàn(软煎蛋).

おめい【汚名】 wūmíng(污名), chòumíng(臭名), èmíng(恶名). ¶汚職の～を着せられた tā bèi jiāshàng tānwū de wūmíng(他被加上贪污的污名). ¶裏切者の～をすすぐ xǐshuā pàntú de wūmíng(洗刷叛徒的污名).

おめおめ ¶今更～と引き下がるわけにはいかない dào zhè dìbù ˈnǎ néng xiàtái a!ˈ[qí hǔ nán xià](到这地步ˈ哪能下台啊!ˈ[骑虎难下]). ¶こうふがされては～故郷に帰るなどできないこんなこんなようだ のろぼそれ 、nǎr yǒu liǎn huí jiāxiāng qù?(这样地落泊了,哪儿有脸回家女去?).

おめかし ¶～をしてどちらへお出掛けですか nǐ dǎbande zhème piàoliang, yào shàng nǎr qù a?(你打扮得这么漂亮,要上哪儿去啊?).

おめがね【お眼鏡】 ¶彼は大いに社長の～にかなった tā jí shòu zǒngjīnglǐ de ˈshǎngshí[qīngyǎn/qīnglài](他极受总经理的ˈ赏识[青眼/青睐]).

おめずおくせず【怖めず臆せず】 ¶～意見を述べる háo bú wèijù de chénshù yìjiàn(毫不畏惧地陈述意见).

おめだま【お目玉】 ¶遅刻して先生から～を食った yīn chídào, áile lǎoshī yí dùn pīpíng(因迟到,挨了老师一顿批评).

おめでた xǐshì(喜事), dàxǐ(大喜); yǒuxǐ(有喜).¶お宅ではーがおありそうですね tīngshuō nín jiālǐ yǒu xǐshì a!(听说您家里有喜事啊!).¶彼の奥さんはそうだそうだ tīngshuō tā àiren yǒuxǐ le(听说他爱人有喜了).

おめでた・い 1→めでたい.
2 ¶あの男は少しーい tā nàge rén yǒudiǎnr shǎ(他那个人有点儿傻). ¶それを知らないとは君もよほどーいね lián nàge dōu bù zhīdào, nǐ kě yě zhēn gòu tiānzhēn de le(连那个都不知道,你可也真够天真的了).

おめでとう gōngxǐ(恭喜). ¶新年～ gōnghè xīnxǐ(恭贺新禧)/ xīnnián hǎo!(新年好!). ¶御結婚～ nǐ jiéhūn le, xiàng nǐ ˇhèxǐ[dàoxǐ](你结婚了,向你ˇ贺喜[道喜]). ¶合格されたそうで～ tīngshuō nǐ kǎoshàng le, zhùhè nǐ(听说你考上了,祝贺你). ¶お子さんのお誕生～ gōngxǐ nín tiānle háizi(恭喜您添了孩子). ¶人々は口々に～と言いあった rénmen dōu liánshēng dàohè(人们都连声道贺).

おも・い【重い】 zhòng(重), chén, chénzhòng(沉重). ¶あの包は～い nàge bāoguǒ hěn chén(那个包很沉). ¶しばらくの間にこの子は随分ーくなったね bù jǐ ge yuè, zhè háizi zhòng duō le a(不几个月,这孩子重多了啊). ¶疲れて足が～い lèide tuǐ chénde huāng(累得腿沉得慌). ¶油が切れてペダルが～い yóu méi le, tàbǎn zhòng le(油没了,踏板重了). ¶寝不足で瞼が～い shuìmián bùzú yǎnpí fāsè(睡眠不足眼皮儿发涩). ¶あの件は気が～い nà jiàn shì jiào rén xīnli lǎoshi chéndiàndiàn de(那件事叫人心里老是沉甸甸的). ¶彼は口が～い tā chénmò-guǎyán(他沉默寡言)/ tā shì ge bú ài shuōhuà de rén(他是个不爱说话的人). ¶責任が～い zérèn zhòngdà(责任重大)/ hěn chīzhòng(很吃重). ¶私には荷がーすぎる duì wǒ lái shuō ˇdànzi tài zhòng[shì hěn chīzhòng de shì](对我来说ˇ担子太重[是很吃重的事]). ¶彼の病気は～い tā de bìng hěn zhòng(他的病很重). ¶～い罰を受ける shòudào yánzhòng de chǔfá(受到严重的处罚). ¶税金が一層ーくなった shuì yuèfā zhòng le(税越发重了).

おもい【思い】 1 [考え,感じ] ¶～を凝らして書きあげた jiǎojìn nǎozhī xiěle chūlái(绞尽脑汁写了出来). ¶死ぬほどつらい～をした shòule bǐ sǐ hái tòngkǔ de zhémó(受了比死还痛苦的折磨). ¶本当に恥ずかしい～をした rén zhēn shì xiūsǐle rén(真是羞死了人). ¶今日は一日楽しい～をした jīntiān yìtiān zhēn shì kuàilè jíle(今天一天真是快乐了). ¶やっとの～で頂上にたどりついた hǎobù róngyi cái pádào shāndǐng(好不容易才爬到山顶). ¶人に嫌な～をさせる shǐ rén gǎndào búkuài(使人感到不快).
2 [推量] ¶その時～のほかの出来事が起こった nà shí fāshēngle yìxiǎng bu dào de shì(那时发生了意想不到的事). ¶～もよらない結果に終った chéngle chūhū yìwài de jiéguǒ(成了出乎意外的结果). ¶～半ばに過ぎる sī guò bàn yǐ(思过半矣)/ kě xiǎng ér zhī(可想而知).

3 [願い, もくろみ] ¶これで～がかなった zhè zhōngyú ˇsuì wǒ de xīnyuàn le[rú yuàn yǐ cháng](这终于ˇ遂我的心愿了[如愿以偿]). ¶すべてが自分の～のままになると思うな búyào yǐwéi shénme dōu néng suí zìjǐ de yì(不要以为什么都能随自己的意).

4 [愛情] ¶彼は妹～のお兄さんだ tā shì hěn tǐtiē, guānhuái mèimei de gēge(他是很体贴, 关怀妹妹的哥哥). ¶胸の～を打ち明ける tǔlù qíngsī(吐露情思)/ qīngsù zhōngqíng(倾诉衷情). ¶～を故郷の妻子に馳せる huáiniàn zài gùxiāng de qīzǐ(怀念在故乡的妻子).

おもいあが・る【思い上がる】 zì gāo zì dà(自高自大), zì màng bù fán(自命不凡), jiāo'ào zìmǎn(骄傲自满), qiàowěiba(翘尾巴). ¶どこまで～っているのだ bié nàme ˇzìmìng-bùfán[chòuměi] le(别那么ˇ自命不凡[臭美]了). ¶それは君の～りだ nǐ bié zì bú liànglì le(你别自不量力了).

おもいあた・る【思い当る】 ¶自殺の動機については少しも～るふしがない tā zìshā de lǐyóu, wǒ jiǎnzhí xiǎng bu chūlái(他自杀的理由,我简直想不出来). ¶私の言うことに今に～るに違いない wǒ suǒ shuō de huà, zǒng yǒu yì tiān nǐ huì míngbai de(我所说的话,总有一天你会明白的).

おもいあま・る【思い余る】 ¶～って彼に相談した yóuyú nábuding zhǔyi, hé tā shāngliang le(由于拿不定主意, 和他商量了).

おもいあわ・せる【思い合せる】 ¶この2つのことを～せてみると原因がはっきりするだろう zhè liǎng jiàn shì liánxì qilai xiǎng, yuányīn jiù huì hěn qīngchu(把这两件事联系起来想,原因就会很清楚).

おもいうか・べる【思い浮べる】 xiǎngqǐ(想起). ¶それを聞いて私はふと少年時代のことを～べた tīngdào nàge, wǒ nǎozili hūrán fúxiànle shàonián shídài de shì(听到那个,我脑子里忽然浮现了少年时代的事).

おもいおこ・す【思い起す】 xiǎngqǐ(想起). ¶これまでの出来事をいろいろ～してみた xiǎngqǐ guòqù de zhǒngzhǒng shì(想起过去的种种事).

おもいおもい【思い思い】 ¶兄弟はそれぞれ～に自分の道を歩んだ dìxiong ˇgè zǒu gè de dàolù[gè bèn qiánchéng](弟兄)ˇ各走各的道路[各奔前程]). ¶みんな～の服装でやって来た dàjiā chuānzhe gèzì xǐhuan de yīfu lái le(大家穿着各自喜欢的衣服来了). ¶めいめいが～のことを言う gè shū jǐjiàn, chàng suǒ yù yán(各抒己见,畅所欲言).

おもいかえ・す【思い返す】 1 [回想する] huíxiǎng(回想), huíyì(回忆), huígù(回顾). ¶今～してみるとあの頃は楽しかった xiànzài huíxiǎng qilai, dāngshí zhēn yúkuài(现在回想起来,当时真愉快).
2 [思い直す] ¶行こうと思った～してやめた běnlái xiǎng qù, kěshì yì xiǎng háishi bú qù hǎo(本来想去,可是一想还是不去好)/ běnlái xiǎng qù, dàn yì zhuǎnniàn, yòu bú qù le(本

来想去，但一转念，又不去了）．

おもいがけな・い【思い掛けない】 xiǎngbudào（想不到），méi xiǎngdào（没想到），yìwài（意外），chūhū-yìliào（出乎意料）．¶～い事件にまきこまれた bèi qiānliándào yìwài de shìjiàn shang qù le（被牵连到意外的事件上去了）．¶～い収穫だった zhēn shì yìxiǎng bu dào de shōuhuò（真是意想不到的收获）．¶まさかここで君に会おうとは～かった xiǎngbudào jìng huì zài zhèli yùjiàn nǐ（想不到竟会在这里遇见你）．

おもいき・り【思い切り】 **1**〔あきらめ〕¶彼は～が悪い tā hěn bù yì xiǎngkāi（他很不易想开）／tā nàge rén hěn bù gāncuì（他那个人很不干脆）．¶～よくあきらめなさい xiǎngkāi diǎnr sǐ le xīn ba（想开点儿死了心吧）／gǎncuì duànle nàge niàntour ba（干脆断了那个念头儿吧）．
2〔存分に〕zòngqíng（纵情），jìnqíng（尽情），jìnxìng（尽兴）．¶～歌う zòngqíng gēchàng（纵情歌唱）．¶～どなりつけてやった hěnhěn de màle yí dùn（狠狠地骂了一顿）．¶夏休みは～遊ぼう shǔjià wánr ge tòngkuai（暑假玩儿个痛快．

おもいき・る【思い切る】 **1**〔断念する〕sǐxīn（死心）．¶私はどうしても留学のことが～れない liúxué de shì wǒ zěnme yě sǐbuliǎo xīn（留学的事我怎么也死不了心）．
2〔思い切って…〕xià juéxīn（下决心），hěnxīn（狠心），héngxīn（横心）．¶～って受験することにした xià juéxīn tóukǎo（下决心投考）．¶～ってやってごらん，ものは試しだ chuǎngchuang kàn，fánshì dōu yào shì yi shì（闯闯看，凡事都要试一试）．
3〔思い切った…〕¶～った値下げを行う duànránjiàngjià（断然降价）．¶彼は～ったことをする男だ tā shì ge gǎn xiǎng gǎn gàn de rén（他是个敢想敢干的人）．

おもいこ・む【思い込む】 ¶こうと～んだら彼は梃子でも動かない tā yì nádìng zhǔyi，jiù juébù gǎibiàn（他一拿定主意，就决不改变）．¶あの男は～んだら命がけだ tā yídàn xiàdìng juéxīn jiù huōmìng gàn（他一旦下定决心就豁命干）．¶あの嘘を本当だと～むとは nà zhǒng huǎnghuà jìng xìn yǐwéi zhēn a!（那种谎话竟信以为真啊!）．

おもいし・る【思い知る】 ¶自分の無力さをいやというほど～った tònggǎn zìjǐ de lìliang bùzú（痛感自己的力量不足）．¶きっと～らせてやるぞ yídìng ràng tā zhīdao wǒ de lìhai（一定让他知道我的厉害）．¶日ごろの恨みを～ったか wǒ píngsù de yuànhèn nǐ kě chángdào le!（我平素的怨恨你可尝到了!）．

おもいすごし【思い過し】 guòlǜ（过虑）．¶私は～をしていたようだ kànlai shì wǒ guòlǜ le（看来是我过虑了）．

おもいだ・す【思い出す】 xiǎngqǐ（想起），xiǎngdào（想到），xiǎngchū（想出）．¶君にそう言われて～した jīng nǐ nàme shì wǒ xiǎngqǐlai le（经你那么一说我想起来了）．¶ぴったりした言葉が私にはちょっと～せない wǒ yìshí xiǎngbuchū quèqiè de cí（我一时想不出确切的词）．

¶当時を～とぞっとする yì xiǎngqǐ dāngshí de qíngxing jiù máogǔ sǒngrán（一想起当时的情形就毛骨悚然）．¶～したように雨が降ってくる yǔ shí xià shí tíng（雨时下时停）．

おもいた・つ【思い立つ】 ¶～いすぐ実行に移す yì xiǎngdào jiù fù zhī xíngdòng（一想到就付之行动）．¶～った以上ぜひともやり遂げますjì yǐxiǎng jiù yídìng yào gàndàoǐ（既要干就一定要干到底）．¶～ったが吉日 nǎ tiān xiǎng zuò, nǎ tiān jiùshì jírì（哪天想做，哪天就是吉日）．

おもいちがい【思い違い】 wùjiě（误解），wùhuì（误会）．¶それは君の～だ nà shì nǐ de wùjiě（那是你的误解）．¶私はタンカーを島と～したのです wǒ bǎ yóuchuán wùdàngzuò shì xiǎodǎo（我把油船误当做是小岛）．

おもいつき【思い付き】 ¶それはよい～だ nà dào shì ge hǎozhǔyi（那倒是个好主意）．¶彼はその場の～をべらべらしゃべった tā bǎ dāngchǎng suíyì xiǎng de shuōde diédié-bùxiū（他把当场随意想的说得喋喋不休）．¶単なる～ではだめだ dān píng língjī yídòng shì bùxíng de（单凭灵机一动是不行的）．

おもいつ・く【思い付く】 xiǎngdào（想到），xiǎngchū（想出）．¶新しい案を～いた xiǎngchūle xīn de bànfǎ（想出了新的办法）．¶～いたことを2，3申し上げます wǒ bǎ jǐ jiàn línshí xiǎngdào de shì shuō yi shuō（我把几件临时想到的事说一说）．¶それはついぞ～かなかった nà gēnběn méi xiǎngdàoguo（那根本没想到过）．

おもいつ・める【思い詰める】 ¶彼女は～めて自殺した tā xiǎngbukāi xúnle duǎnjiàn（她想不开寻了短见）．

おもいで【思い出】 huíyì（回忆），huíxiǎng（回想），miǎnxiǎng（缅想），miǎnhuái（缅怀）．¶あの時の苦しかったことも今では懐かしい～だ dāngshí suǒ shòu de kǔnàn, xiànzài què lìng rén miǎnhuái（当时所受的苦难，现在却令人缅怀）．¶学生時代の～にひたる chénjìn zài xuésheng shídài de huíyì zhōng（沉浸在学生时代的回忆中）．¶北京の～をつづる xiě Běijīng de huíyì（写北京的回忆）．¶久し振りに会って～話に花が咲いた jiǔbié chóngféng, shuōqǐ wǎngshì jīnjīn-yǒuwèi（久别重逢，说起往事津津有味）．

おもいどおり【思い通り】 rúyì（如意），rúyuàn（如愿），suìyì（遂意），suìyuàn（遂愿），suíxīn（遂心），shùnxīn（顺心）．¶万事～になった yíqiè dōu rú yuàn yǐ cháng le（一切都如愿以偿了）／zhūshì shùnxīn（诸事顺心）／wànshì hēngtōng（万事亨通）／yíqiè shùnsuì（一切顺遂）．¶あなたの～にやりなさい àn nǐ suǒ xiǎng de dàdǎn gàn ba（按你所想的大胆干吧）．¶～の場所がみつかった zhǎodàole lǐxiǎng de dìfang（找到了理想的地方）．

おもいとどま・る【思い止まる】 ¶彼は言おうとしたが～った tā xiǎng shuōchulai, yòu bǎ huà yànxiaqu le（他想说出来，又把话咽下去了）．¶みんなで止めたので彼はやっと～った dàjiā quànzǔ, tā cái dǎxiāole nàge niàntou（大家劝

おもう

阻，他才打消了那个念头）．

おもいなお・す【思い直す】 ¶一時は辞職しようと思ったが～した yìshí céng xiǎng cízhí, dàn hòulái gǎibiànle zhǔyì（一时曾想辞职，但后来改变了主意）．¶もう一度～して下さい qǐng nín zài gěi kǎolǜ yíxià（请您再给考虑一下）．

おもいなし【思いなし】 ¶彼女は最近～か痩せたようだ tā jìnlái sìhū yǒudiǎnr shòu le（她近来似乎有点儿瘦了．

おもいのこ・す【思い残す】 liúliàn（留恋）．¶やりたい事はやったし～す事は何もない xiǎng gàn de shì dōu gàn le, méiyǒu shénme yíhàn de le（想干的事都干了，没有什么遗憾的了）．¶死んでも～す事はない sǐ bù zú xī（死不足惜）/ sǐ yě gānxīn（死也甘心）．

おもいのたけ【思いの丈】 ¶～を打ち明ける qīngtǔ àiqíng（倾吐爱情）．

おもいのほか【思いの外】 xiǎngbudào（想不到），méi xiǎngdào（没想到），búliào（不料），méi liàodào（没料到），chūhū-yìliào（出乎意料）．¶芝居は～上出来であった chūhū yìliào zhī wài, xì yǎnde fēicháng chūsè（出乎意料之外，戏演得非常出色）．¶～金がかかった búliào huāle zhème duō qián（不料花了这么多钱）．

おもいもよら・ない【思いも寄らない】 méi xiǎngdào（没想到），xiǎngbudào（想不到），méi liàodào（没料到），chūhū-yìliào（出乎意料）．¶彼が辞任しようとは～なかった wànwàn xiǎngbudào tā jìngrán huì cízhí（万没想到他竟然会辞职）．¶～ぬひどい罰を受けた wànwàn xiǎngbudào shòule zhème yánzhòng de chǔfen（万万想不到受了这么严重的处分）．¶～ず我一人だけ生き残った wánquán yìxiǎng bu dào zhǐ yǒu wǒ yíge rén shēngcún xialai le（完全意想不到只有我一个人生存下来了）．

おもいやり【思い遣り】 tǐliang（体谅），tǐtiē（体贴）．¶そんなことを言うとは彼も～がない jìng shuō nà zhǒng huà, tā yě tài bù tǐliang rén le（竟说那种话，他也太不体谅人了）．¶なんと～のある人だろう tā zhēn néng tǐliang rén（他真能体谅人）/ tā zhēnneng "tuī jǐ jí rén [zhī téng-zháorè]（他真能"推己及人〔知疼着热〕）．

おもいや・る【思い遣る】 tǐliang（体谅），tǐtiē（体念），tǐniàn（体念）．¶彼女は彼の心中を～て黙っていた tā tǐliang tā de xīnqíng, méiyǒu zuòshēng（她体谅他的心情，没有作声）．¶彼の落胆は十分～られる tā chuítóu-sàngqì, wǒ wánquán kěyǐ xiǎngxiàng de dào de（他垂头丧气，我完全可以想像得到的）．¶今からそんなことでは行く末が～られる xiànzài jiù zhèyàng de huà, jiānglái zhēn jiào rén dānyōu（现在就这样的话，将来真叫人担忧）．

おもいわずら・う【思い煩う】 fánnǎo（烦恼），yōuchóu（忧愁）．¶何もそう～う事はない yòngbuzháo nàme fāchóu（用不着那么发愁）．¶この先どうなることかと～う wèi jiānglái ér yōuxīn-chōngchōng（为将来而忧心忡忡）．

おも・う【思う】 **1**［考える，感ずる］ xiǎng（想），juéde（觉得），rènwéi（认为），yǐwéi（以为），kàn（看），dàng（当）．¶あれは何だと～いますか nǐ ˇxiǎng[kàn] nà shì shénme?（你ˇ想[看]那是什么?）．¶そんなことは～ってみなかった nàyàng de shì lián xiǎng dōu méi xiǎngguo（那样的事连想都没想过）．¶～っていることの半分も言えない xīnli xiǎng de lián yíbàn yě shuō bu chūlái（心里想的连一半也说不出来）．¶あの時のことは～っただけで身震いがする dāngshí de shì zhǐyào yì xiǎng jiù bù hán ér lì（当时的事只要一想就不寒而栗）．¶悪く～わないでくれ kě bié jiànguài a（可别见怪啊）．¶僕には自分が間違っていたとは～えない wǒ juéde bú shì zìjǐ de cuòr（我觉得不是自己的错儿）．¶紛失したと～った物が出てきた yǐwéi shì diūle de dōngxi, yòu chūlai le（以为是丢了的东西，又出来了）．¶飛行機の爆音かと～ったら雷の音だった yǐwéi shì fēijī wēngwēng xiǎng, yuánlái shì léixiǎng（以为是飞机嗡嗡响，原来是雷响）．¶初め彼女を外国人だと～った qǐxiān wǒ dàng tā shì wàiguórén ne（起先我当她是外国人呢）．¶いつかそんなことがあったように～う jìde hǎoxiàng yǐqián yǒuguo nàyàng de shì（记得好像以前有过那样的事）．¶あの人をどう～いますか nǐ ˇrènwéi[kàn] tā zěnmeyàng?（你ˇ认为[看]他怎么样?）．¶道理で彼の様子が変だと～った guàibude tā de yàngzi yǒuxiē bú duìtou（怪不得他的样子有些不对头）．¶僕は君を気の毒だと～う wǒ juéde nǐ tài kělián le（我觉得你太可怜了）．¶痛いと～う間もなく意識を失った gāng juéde téng jiù hūnguoqu le（刚觉得疼就昏过去了）．¶来たと～ったらもう帰ってしまった jiàn tā gāng lái jiù zǒu le（见他刚来就走了）．

2［推量する］ xiǎng（想），xiǎngxiàng（想像）．¶明日は晴れると～う wǒ xiǎng míngtiān tiān huì qíng（我想明天天会晴）．¶費用は～ったよりかからなかった fèiyong bǐ xiǎngxiàng de piányide duō（费用比想像的便宜得多）．¶結果は～った通りだ qí jiéguǒ zhèngshì wǒ suǒ xiǎngxiàng de（其结果正是我所想像的）．¶～わぬ収穫があった huòdé yìxiǎng bu dào de shōuhuò（获得意想不到的收获）．¶重さ１トンはあろうかと～われる岩が落ちてきた dàyuē yǒu yì dūn zhòng de yánshí diàole xiàlái（大约有一吨重的岩石掉了下来）．¶彼は私の～っていたような人ではなかった tā bìng bú shì wǒ suǒ xiǎngxiàng de nà zhǒng rén（他并不是我所想像的那种人）．

3［願望する，…つもりだ］ xiǎng（想），dǎsuàn（打算）．¶仕事が～ようにはかどらない gōngzuò bùnéng àn yùqī de nàyàng jìnzhǎn（工作不能按预期的那样进展）．¶中国に行きたいと～っている xiǎng dào Zhōngguó qù（想到中国去）．¶私は明日出発しようと～う wǒ ˇxiǎng[dǎsuàn/ zhǔnbèi] míngtiān chūfā（我ˇ想[打算/准备]明天出发）．¶両親は私を学者にしようと～っている fùmǔ xiǎng yào wǒ dāng xuézhě（父母想要我当学者）．¶大きくなったら何になろうと～いますか zhǎngdàle nǐ xiǎng zuò shénme?（长大了你想做什么?）．

4［懸念する］ ¶戦場にいる我が子を～う guà-

おもうぞんぶん

nián[diànniàn] zhànchǎng shang de érzi (挂念[惦念]战场上的儿子). ¶子供の行く末を～うと夜も眠れない yì xiǎngdào háizi de jiānglái, jiù bùnéng rùshuì (一想到孩子的将来，就不能入睡).

5【慕う】xiǎngniàn (想念), huáiniàn (怀念). ¶亡き母を～う xiǎngniàn qùshì de mǔqin (想念去世的母亲). ¶異郷で母国を～う zài yìxiāng huáiniàn zǔguó (在异乡怀念祖国). ¶2人は～い～われる仲だ tāmen liǎ shì xiāngsī xiāng'ài de qínglǚ (他们俩是相思相爱的情侣).

おもうぞんぶん【思う存分】jìnqíng (尽情), jìnxìng (尽兴), tòngkuai (痛快), chǎngkāir (敞开儿). ¶～遊ぼう wǒmen tòngkuai de wánr ba (我们痛快地玩儿吧). ¶～食べた tòngtòngkuàikuài de chīle yí dùn (痛痛快快地吃了一顿). ¶～腕をふるう dàxiǎn-shēnshǒu (大显身手). ¶～泣けば心も晴れるだろう kū ge tòngkuai, xīnlǐ yě huì shūfu xiē (哭个痛快，心里也会舒服些).

おもうつぼ【思う壺】¶彼が腹を立てればこちらの～だ yàoshi tā shēngqì, nà jiù zhèng zhòng wǒ jì (要是他生气，那就正中我计). ¶うまと相手の～にはまってしまった zhèng rù qí gòuzhōng (正入其彀中).

おもおもし・い【重重しい】zhuāngzhòng (庄重), níngzhòng (凝重), hòuzhòng (厚重). ¶～い口調で話す yòng yánsù de kǒuqì shuō (用严肃的口气说).

おもかげ【面影】miànyǐng (面影). ¶村は荒れ果てて昔の～はない cūnzhuāng huānglángde yǐ wú xīrì de jìxiàng (村庄荒凉得已无昔日的迹象). ¶彼女の～が目に浮ぶ tā de miànyǐng fúxiàn zài yǎnqián (她的面影浮现在眼前). ¶妹の顔には亡き母の～がある mèimei de zhǎngxiàng yǒuxiē xiàng sǐqu de mǔqin de miànyǐng (妹妹的长相有些像死去的母亲的面影).

おもかじ【面舵】¶～いっぱい yòu duò! (右舵).

おもき【重き】¶我々のグループで彼は～をなしている zài wǒmen xiǎozǔ, tā hěn shòu zhòngshì (在我们小组,他很受重视). ¶私は彼女の言うことには～を置かない wǒ bú zhòngshì tā suǒ shuō de huà (我不重视她所说的话).

おもくるし・い【重苦しい】chénzhòng (沉重), chénmèn (沉闷), chényù (沉郁), yīnchén (阴沉), yīnyù (阴郁). ¶何となく気分が～い zǒng juéde xīnqíng chénzhòng (总觉得心情沉重). ¶～い空気を破って彼が発言した dǎpòle chénmèn de qìfēn tā fāle yán (打破了沉闷的气氛他发了言). ¶～い空模様 yīnchén de tiānqì (阴沉的天气).

おもさ【重さ】zhòng (重), fènliang (分量), zhòngliàng (重量), qīngzhòng (轻重). ¶～が20キロある yǒu èrshí gōngjīn zhòng (有二十公斤重). ¶～をはかる chēng zhòngliàng (称重量). ¶～で分ける àn zhòngliàng fēnkǎi (按轻重分开). ¶40キロの荷物といえばかなりの～だ xíngli yǒu sìshí gōngjīn, nà kě gòu zhòng le (行李有四十公斤,那可够重了).

おもざし【面差し】miànpáng (面庞), xiàngmào (相貌), róngmào (容貌). ¶～が祖父によく似ている miànpáng hěn xiàng zǔfù (面庞很像祖父).

おもし【重し】¶漬物の～ yā xiáncài yòng de zhènshí (压咸菜用的镇石).

おもしろ・い【面白い】**1**【楽しい, 愉快だ】¶一日～く遊んだ tòngkuai de wánrle yì tiān (痛快地玩儿了一天). ¶一生～い目にもあわずに死んだ yíbèizi méiyǒu pèngdào shénme hǎoshì jiù sǐqu le (一辈子没有碰到什么好事就死去了).

2【興味をそそられる】yǒuqù[r] (有趣[儿]), yǒu yìsi (有意思), dàijìn[r] (带劲[儿]). ¶これはとても～い本だ zhè shì yì běn hěn yǒu yìsi de shū (这是一本很有意思的书). ¶この著者の考え方はなかなか～い zhège zhùzhě de xiǎngfa hěn yǒu yìsi (这个著者的想法很有意思). ¶A先生の授業はちっとも～くない A lǎoshī de kè shízài méijìnr[zhēn jiào rén xìngwèi suǒrán] (A老师的课实在没劲儿[真叫人兴味索然]). ¶物理がますます～くなった wùlǐ yuèláiyuè juéde yǒu yìsi le (物理越来越觉得有意思了). ¶将棋なんて～くない, 釣りに行こう xià xiàngqí bú dàijìnr, háishi diàoyú qù ba (下象棋不带劲儿,还是钓鱼去吧). ¶ちょっと～い物を見せよう gěi nǐ kàn yí kàn hǎowánr de dōngxi (给你看一看好玩儿的东西).

3【滑稽だ】¶彼は～い仕草で皆を笑わせた tā yǐ huájī de dòngzuò dòu rén xiào (他以滑稽的动作逗人笑). ¶彼はその話を～く話した tā bǎ nà jiàn shì shuōde hěn dòurén (他把那件事说得很逗人).

4【好ましい】¶彼に関して～くない評判が立った guānyú tā yǒu bùmiào de fēngshēng (关于他有不妙的风声). ¶互いに～からぬ感情を抱いている bǐcǐ bàozhe bù yúkuài de gǎnqíng (彼此抱着不愉快的感情).

おもしろが・る【面白がる】¶子供たちはその玩具を～った háizimen gāoxìng[xìngzhì-bóbó] de wánrzhe nàge wánjù (孩子们高兴[兴致勃勃]地玩儿着那个玩具). ¶彼はよく人をからかって～る tā ài ná biéren kāixīn (他爱拿别人开心).

おもしろはんぶん【面白半分】¶～に言った事が彼女を傷つけた nàozhe wánr shuō de huà shāngle tā de xīn (闹着玩儿说的话伤了她的心).

おもしろみ【面白み】qù[r] (趣[儿]), qùwèi (趣味), fēngqù (风趣). ¶彼には囲碁の～が分らない tā bù xiǎode xià wéiqí de lèqù (他不晓得下围棋的乐趣). ¶少しも～のない人 háo wú fēngqù de rén (毫无风趣的人).

おもた・い【重たい】→おもい(重い).

おもだった【主立った】zhǔyào (主要). ¶メンバーが皆そろった zhǔyào de chéngyuán dōu láiqí le (主要的成员都来齐了).

おもちゃ【玩具】wánjù (玩具), wányìr (玩艺儿). ¶～で遊ぶ wánr wánjù (玩儿玩具). ¶刃物を～にしてはいけない búyào ná dāozi dàng

wánjù) wánr(不要拿刀子当玩具玩ㄦ). ¶人を~にする wánnòng rén(玩弄人)/ bǎ rén dàng wánjù(把人当玩具).

¶~屋 wánjùdiàn(玩具店).

おもて【表】 1〔表面〕biǎomiàn(表面), zhèngmiàn(正面). ¶封筒の~に宛名を書く bǎ shōujiànrén xìngmíng xiězài fēngpí zhèngmiàn(把收件人姓名写在封皮正面). ¶この紙はすべすべした方が~です zhè zhāng zhǐ guānghuá de nà yí miàn shì zhèngmiàn(这张纸光滑的那一面是正面). ¶~を出してたたむ biǎomiàn cháo wài dié(表面朝外叠). ¶海の~は油を流したように静かだ hǎimiàn bō píng rú jìng(海面波平如镜).

2〔外見〕wàibiǎo(外表), wàiguān(外观), wàimào(外貌). ¶人は~から見ただけでは分らない rén dān cóng wàibiǎo shì kàn bu chūlái de(人单从外表是看不出来的)/ rén bùkě màoxiàng(人不可貌相). ¶彼は感情を~に表さない人だ tā shì gǎnqíng bú wài lù de rén(他是感情不外露的人).

3〔正面〕 ¶~の入口 zhèngmiàn ménkǒu(正面门口)/ zhèngmén(正门)/ dàmén(大门).

4〔屋外〕wàibian(外边), wàimian(外面), wàitou(外头). ¶はだしで~に飛び出した guāngzhe jiǎo pǎodào wàimian qù le(光着脚跑到外面去了). ¶天気がよいから~で遊びなさい zhème hǎo tiānqi, dào wàibianr wánr qù ba(这么好天气,到外边ㄦ玩ㄦ去吧). ¶~は暑そうだ wàitou hǎoxiàng hěn rè(外头好像很热).

5〔試合の〕 ¶3回の~に先取点をあげた zài dìsān jú de shàngbànjú xiān déle fēn(在第三局的上半局先得了分).

おもて【面】 liǎn(脸). ¶恥しさに~を伏せる hàixiūde dīxià tóu(害羞得低下头). ¶~をあげよ táiqǐ tóu lai(抬起头来).

おもてあみ【表編】 xiàzhēn(下针).

おもてかんばん【表看板】 zhāopai(招牌), huǎngzi(幌子). ¶~は貿易会社だが実は密輸業だ zhāopai shì màoyì gōngsī, qíshí yǐ zǒusīwéi yè(招牌是贸易公司,其实以走私为业).

おもてぐち【表口】 ménkǒu(门口), dàmén(大门), qiánmén(前门), zhèngmén(正门).

おもてさく【表作】 qiánzuò(前作), qiánchá(前茬). ¶~は水稲で裏作は大麦だ qiánchá zhòng shuǐdào, hòuchá zhòng dàmài(前茬种水稻,后茬种大麦).

おもてざた【表沙汰】 ¶これが~になると大変だ zhè jiàn shì rúguǒ gōngkāile nà jiù bùdéliǎo(这件事如果公开了那就不得了). ¶先方があくまで譲らなければこの件は~にするしかない duìfāng jué bú ràngbù de huà, zhè jiàn shì zhǐhǎo dǎ guānsī le(对方决不让步的话,这件事只好打官司了).

おもてだ・つ【表立つ】 gōngkāi(公开). ¶今のところ~った動きは見られない xiànzài hái kànbudào shénme rě rén zhùmù de dòngjìng(现在还看不到引人注目的动静). ¶~って反対はしない bù gōngkāi fǎnduì(不公开反对).

¶こんな服装では~った場所へは出られない chuān zhèyàng de yīfu, wúfǎ dào zhèngshì de chǎngsuǒ qù(穿这样的衣服,无法到正式的场所去).

おもてどおり【表通り】 dàjiē(大街), dàmǎlù(大马路).

おもてむき【表向き】 ¶~の理由は病気であった biǎomiànshang de lǐyóu shì huànbìng(表面上的理由是患病). ¶彼も~は異議を唱えなかった tā yě méi gōngrán tíchū yìyì(他也没公然提出异议).

おもてもん【表門】 dàmén(大门), qiánmén(前门), zhèngmén(正门).

おもと【万年青】 wànniánqīng(万年青).

おもな【主な】 zhǔyào(主要). ¶今年の~事件 jīnnián de zhǔyào shìjiàn(今年的主要事件). ¶大豆は蛋白質が~成分だ dàdòu yǐ dànbáizhì wéi zhǔyào chéngfèn(大豆以蛋白质为主要成分).

おもなが【面長】 ¶彼女は~だ tā shì ˊyuáncháng liǎn˴[yādànliǎnr](她是圆长脸[鸭蛋脸ㄦ]).

おもに【重荷】 zhòngdàn(重担), fùdān(负担), zhòngfù(重负). ¶この仕事がだんだん~になってきた zhège gōngzuò jiànjiàn chéngwéi fùdān(这个工作渐渐成为负担). ¶仕事を終えてやっと~をおろした wánchéngle rènwu ˊhǎoróngyì xièxiàle zhòngdàn˴[rú shì zhòng fù](完成了任务ˊ好容易卸下了重担˴[如释重负]).

おもに【主に】 zhǔyào(主要); dàbùfen(大部分), duōbàn(多半). ¶生徒は~外国人だ xuésheng dàbùfen shì wàiguórén(学生大部分是外国人). ¶~中国と取引をしている zhǔyào shì gēn Zhōngguó jiāoyì(主要是跟中国交易). ¶夏は~田舎で暮します xiàtiān chàbuduō zài xiāngxià guò(夏天差不多在乡下过).

おもね・る【阿る】 ēyú(阿谀), ěfu(阿附), qūfú(趋附), qūféng(趋奉), féngyíng(逢迎), fèngyíng(奉迎), fèngcheng(奉承), bājie(巴结). ¶権力者に~る ěfu quánguì(阿附权贵)/ qūyán fù shì(趋炎附势). ¶世俗に~る qūfú shìsú(趋附世俗)/ 上司に~る fèngyíng shàngsi(奉迎上司)/ pāi shàngsi de mǎpì(拍上司的马屁).

おもはゆ・い【面映ゆい】 ¶あまり褒められたので~い shòudào guòfèn kuājiǎng, juéde hěn bù hǎoyìsi(受到过分夸奖,觉得很不好意思).

おもみ【重み】 zhòngliàng(重量), fēnliang(分量). ¶荷物の~が腕にこたえる xíngli chéndé shǒuwàn yǒudiǎnr chījìnr(行李沉得手腕有点ㄦ吃劲ㄦ). ¶雪の~で家がつぶれた jīxuě yā de fángzi tā le(积雪压得房子塌了). ¶彼の言葉には~がある tā de huà hěn yǒu ˊfēnliang˴[jīnliàng](他的话很有ˊ分量[斤两]˴). ¶社長としては~が足りない zuòwéi zǒngjīnglǐ hái búgòu wēiyán(作为总经理还不够威严).

おもむき【趣】 1〔味わい〕yǎzhì(雅致), qíngqù(情趣), qíngzhì(情致). ¶実に~のある庭だ shízài shì ge yǎzhì de tíngyuán(实在是个雅致的庭园). ¶~のない文章 háo wú qíngqù

おもむく

de wénzhāng(毫无情趣的文章).

2〔感じ，様子〕zhìqù(志趣). ¶以前の作品とは〜を異にしている gēn yǐqián de zuòpǐn zhìqù bùtóng(跟以前的作品志趣不同). ¶この庭は木が多くて深山の〜がある zhège tíngyuán shù duōde yóurú zài shēnshānli(这个庭园树多得犹如在深山里).

3〔主旨〕¶お手紙の〜承知いたしました guì hán zhī yǐ jiē xī(贵函之意皆悉).

おもむ・く【赴く】 fù (赴), qiánwǎng (前往), zǒuxiàng(走向). ¶単身任地に〜く zhīshēn fùrèn(只身赴任). ¶泰然として死地に〜く tàirán jiùyì(泰然就义). ¶大勢の〜く所いかんともしがたい dàshì suǒ qū, wúfǎ zǔdǎng(大势所趋,无法阻挡). ¶病気が快方に〜く `rìjiàn〔rìqū〕hǎozhuǎn(病`日见〔日趋〕好转).

おもむろに〔徐に〕 ¶委員長は〜立ち上がった wěiyuánzhǎng 'cóngróng-búpò〔bùmáng〕de zhànle qǐlái(委员长`从容不迫〔不慌不忙〕地站了起来).

おももち【面持】 shénsè(神色), shénqíng(神情), biǎoqíng(表情). ¶けげんな〜で私を見た yǐ chàyì de biǎoqíng kànle wǒ yìyǎn(以诧异的表情看了我一眼).

おもや【母屋】 zhèngfáng(正房), zhèngwū(正屋), shàngfáng(上房).

おもゆ【重湯】 mǐtang(米汤).

おもり【お守】 kān(看), zhàokàn(照看), zhàoguǎn(照管). ¶子供の〜をする kān háizi(看孩子).

おもり【錘】 〔釣の〕chénzi(沉子), qiānzhuì(铅坠); 〔秤の〕chèngtuó(秤砣), chèngchuí(秤锤). ¶釣糸に〜をつける gěi diàosī ānshàng qiānzhuì(给钓丝安上铅坠).

おもわく【思惑】 **1**〔意図〕xiǎngfa(想法), dǎsuàn(打算), yìtú(意图), qǐtú(企图). ¶自分の〜で行動した àn zìjǐ de dǎsuàn xíngdòng(按自己的打算行动). ¶彼には何か〜があるらしい tā sìhū yǒu shénme yìtú(他似乎有什么意图). ¶〜がはずれた suǒ qīdài de luòkōng le(所期待的落空了)/ shì yǔ yuàn wéi(事与愿违).

2〔評判〕¶彼女は世間の〜を気にしすぎる tā guòyú gùlǜ shèhuìshang de fǎnyìng(她过于顾虑社会上的反应). ¶他人の〜などどうでもいい biéren zěnme xiǎng dōu wúsuǒwèi(别人怎么想都无所谓).

3〔相場の〕¶〜買いをする kànzhǎng mǎijìn(看涨买进).

おもわし・い【思わしい】 rúyì(如意), zhòngyì(中意). ¶〜い仕事にありつけない zhǎobuzháo rúyì de gōngzuò(找不着如意的工作). ¶〜い物がありませんでした méiyǒu zhòngyì de dōngxi(没有中意的东西). ¶友人の病気が〜くない péngyou de bìng bù zěnme hǎo(朋友的病不怎么好). ¶結果が〜くない jiéguǒ bú tài lìng rén mǎnyì(结果不太令人满意).

おもわず【思わず】 bùyóude(不由得), bùjué(不觉), bùjīn(不禁), jīnbuzhù(禁不住). ¶びっくりして〜大声で叫んだ xiàle yí tiào, bùyóude

dàshēng hǎnjiàole qǐlái(吓了一跳,不由得大声喊叫了起来). ¶先生の言葉に〜涙ぐんだ tīngle lǎoshī de huà, qíngbúzìjīn de liúchū lèi lai(听了老师的话,情不自禁地流出泪来).

おもわせぶり【思わせ振り】 ¶彼は何か〜な口のききかたをした tā hǎoxiàng huà zhōng yǒu huà shìde(他好像话中有话似的). ¶〜な女 màiqiào de nǚrén(卖俏的女人).

おもん・ずる【重んずる】 zhòng(重), zhùzhòng(注重), zhòngshì(重视), kànzhòng(看重). ¶礼儀を〜ずる hěn zhùzhòng lǐjié(很注重礼节). ¶調査研究を〜ずる zhòng diàochá yánjiū(重调查研究).

おや【親】 **1** fùmǔ(父母), shuāngqīn(双亲); fùqin(父亲), mǔqin(母亲). ¶〜の身にもなってみなさい yě yào shèshēn-chǔdì wèi fùmǔ xiǎng yi xiǎng(也要设身处地为父母想一想). ¶〜の威光をかさに着る yǐzhàng fùmǔ de quánshì bǎi wēifēng(倚仗父母的权势摆威风). ¶〜の心子知らず érnǚ bù zhī fùmǔ xīn(儿女不知父母心). ¶この〜にしてこの子あり yǒu qí fù bì yǒu qí zǐ(有其父必有其子). ¶子を持って知る〜の恩 yǎng'ér fāng zhī fùmǔ ēn(养儿方知父母恩). ¶生みの〜より育ての〜 qīnshēng fùmǔ bùrú yǎngyù de fùmǔ(亲生父母不如养育的父母). ¶〜兄弟にも見放された jiù lián fùmǔ dìxiong yě bù lǐcǎi le(就连父母弟兄也不理睬了). ¶彼女も今は 2 人の子の〜だ tā xiànzài yǐ chéngle liǎng ge háizi de mǔqin le(她现在已成了两个孩子的母亲了).

2〔植物の〕¶里芋の〜 yùtou de zhǔgēn(芋头的主根).

3〔トランプなどの〕zhuāngjia(庄家), zhuāng(庄). ¶今度は私が〜だ zhè cì gāi wǒ zuòzhuāng le(这次该我坐庄了).

おや yō(唷·哟), āiyō(哎唷·哎哟), āiyā(哎呀). ¶〜、何だろう yō, shì shénme?(唷,是什么?). ¶〜、あなたでしたか āiyō, gǎnqing shì nǐ ya!(哎唷,敢情是你呀!).

おやおもい【親思い】 ¶彼は大変〜だ tā duì fùmǔ hěn xiàoshùn(他对父母很孝顺).

おやがいしゃ【親会社】 mǔgōngsī(母公司).

おやがかり【親掛り】 ¶まだ〜の身だ hái yīkào fùmǔ shēnghuó(还依靠父母生活).

おやかた【親方】 shīfu(师傅). ¶大工の〜 mùjiang shīfu(木匠师傅). ¶〜日の丸 chī dàguófàn(吃大锅饭)/ chī huángliáng(吃皇粮), tiěfànwǎn(铁饭碗).

おやがわり【親代り】 ¶私はこの子の〜だ wǒ shì dàitì tā fùmǔ zhàogù zhège háizi de(我是代替他父母照顾这个孩子的).

おやくごめん【お役御免】 ¶仕事に穴を開けて〜になった yīn gěi gōngzuò zàochéngle sǔnshī bèi jiěchú le(因给工作造成了损失被解职了). ¶定年で〜だ yóuyú tuìxiū lízhí le(由于退休离职了). ¶子供が成長しても親はなかなか〜にならない háizi zhǎngdà chéngrén, zuò fùmǔde réng débudào xiūxián(孩子长大成人,做父母的仍得不到休闲).

おやこ【親子】 qīnzǐ(亲子), fùmǔ zǐnǚ(父母子女

女), fùzǐ (父子), mǔzǐ (母子), fùnǚ (父女), mǔnǚ (母女). ¶やっぱり~だ,よく似ているdàodǐ shì ˈfùzǐ[mǔzǐ], shízài xiàng (到底是˥父子[母子],实在像). ¶~の縁を切る duànjué fùzǐ guānxi (断绝父子关系). ¶夏休みになると~連れの行楽客が増える yí fàng shǔjià fùmǔ xiédài háizi de yóukè jiù zēngduō (一放暑假父母携带孩子的游客就增多). ¶~どんぶりdàndǎ jīròu gàijiàofàn (蛋打鸡肉盖浇饭).

おやこうこう【親孝行】 xiàoqīn (孝亲). ¶彼は本当に~だ tā zhēn xiàoshùn fùmǔ (他真孝顺父母)/ tā zhēnshi yíge xiàozǐ (他真是一个孝子).

おやごころ【親心】 ¶子供を叱るのも~なればこそだ shēnchì háizi wánquán shì chūyú fùmǔ zhī ài (申斥孩子完全是出于父母之爱).

おやじ【親父・親爺】 1〔父親〕lǎozi (老子), lǎoyézi (老爷子). ¶田舎から出てきた~ xiānglǐ de lǎoyézi lái le (乡里的老爷子来了).
2〔あるじ〕lǎobǎn (老板), zhǎngguì (掌柜). ¶床屋さんは頑固者だ títou de zhǎngguì shì ge lǎowángu (剃头的掌柜是个老顽固).

おやしらず【親知らず】 jǐngēnyá (尽根牙), dìsān héngmóyá (第三恒磨牙), zhìchǐ (智齿), zhìyá (智牙). ¶~が生えてきた zhǎngchū jǐngēnyá lai le (长出尽根牙来了).

おやす・い【お安い】 ¶それは~い御用です nà suànbuliǎo shénme (那算不了什么)/ nà shì xiànchéng de shi (那是现成的事). ¶彼等は~くない仲だ nà liǎngrén dǎde huǒrè (那两人打得火热)/ tā tā de guānxi bùtóng xúncháng (他俩的关系不同寻常).

おやだま【親玉】 tóuzi (头子), tóumù (头目).
おやつ【お八つ】 língshí (零食), diǎnxin (点心).
おやばか【親馬鹿】 ¶こんな高価な物を買ってやるとは全く~だ gěi háizi mǎi zhème guì de dōngxi, fùmǔ tài nì'ài la (给孩子买这么贵的东西,父母太溺爱啦).

おやふこう【親不孝】 búxiào (不孝), wǔnì (忤逆). ¶この~者め zhège wǔnǐ búxiào de dōngxi! (这个忤逆不孝的东西!).

おやぶん【親分】 tóuzi (头子), zhǔzi (主子), tóumù (头目), shǒulǐng (首领).

おやま【女形】 nánbàn dànjué (男扮旦角儿). ¶当代一の名~ dāngdài shǒuqū-yìzhǐ de nánbàn míngdàn (当代首屈一指的男旦名旦).

おやもと【親元】 lǎojiā (老家). ¶初めて~を離れて東京に行く chūcì lí jiā dào Dōngjīng qù (初次离家到东京去). ¶病気になったので~に帰って療養する huànle bìng huí lǎojiā yǎngbìng (患了病回老家养病).

おやゆずり【親譲り】 ¶~の財産を使い果した bǎ fùmǔ suǒ liú de cáichǎn huādé yìgān-èrjìng (把父母所留的财产花得一干二净). ¶彼女のせっかちは~だ tā jíxìngzi xiàng tā ˈfùqin[mǔqin](她那急性子像她˥父亲[母亲]).

おやゆび【親指】 mǔzhǐ (拇指), dàmuzhǐ (大拇指), dàzhǐ (大指), dàmugē (大拇哥), jiàngzhǐ (将指).

およぎ【泳ぎ】 fúshuǐ (浮水), fùshuǐ (洑水),yóushuǐ (游水), yóuyǒng (游泳). ¶~がうまい hěn huì fúshuǐ (很会浮水)/ shuǐxìng hěn hǎo (水性很好). ¶川に~に行く dào hébiānr qù yóuyǒng (到河边儿去游泳).

およ・ぐ【泳ぐ】 yóu (游), fú (浮), fù (洑), yóushuǐ (游水), yóushuǐ (游水), fúshuǐ (浮水), fùshuǐ (洑水). ¶私は何キロ~いでも平気だ wǒ yóu duōshao gōnglǐ yě búzàihu (我游多少公里也不在乎). ¶やっと岸に~ぎついた hǎoróngyì cái yóudào ànshang (好容易才游到岸上). ¶私は少しも~げない wǒ yìdiǎnr yě bú huì fúshuǐ (我一点儿也不会浮水). ¶鯉が池で~いでいる lǐyú zài chízili yóulai yóuqu (鲤鱼在池子里游来游去). ¶つまずいて体を~いだ bànle yì jiǎo xiàng qián zāiqu (绊了一脚向前栽去). ¶巧みに政界を~ぎまわる qiǎomiàode zài zhèngjiè zuānyíng (巧妙地在政界钻营).

およそ【凡そ】 1〔おおかた〕dàgài (大概), dàtǐ (大体), dàzhì (大致), dàluè (大略), dàyuē (大约), yuēluè (约略), yuēmo (约莫・约摸), chàbuduō (差不多), dàyuēmo (大约莫). ¶人数は~どの位ですか rénshù yuēmo yǒu duōshao? (人数约莫有多少?) ¶身長は~180センチです shēncháng dàyuē yǒu yìbǎi bāshí límǐ (身长大约有一百八十厘米). ¶仕事は~片付いた gōngzuò jīběnshang wán le (工作基本上完了). ¶事件の~は聞いている yǐ jiànle de gàikuàng yǐ tīngshuō le (事件的概况已听说了). ¶~の計画は出来ているが細かいところは決っていない dàtǐ de jìhuà yǒu le, xìjié hái méi dìngxiàlai (大体的计划有了,细节还没定下来).

2〔総じて〕fánshì (凡是), dàfán (大凡). ¶~人として子を思わぬものはない fánshì rén méiyǒu bú diànniàn zìjǐ háizi de (凡是人没有不惦念自己孩子的). ¶~酒飲みというものはいやしいものだ dàfán hējiǔ de dōu zuǐchán (大凡,喝酒的都嘴馋).

3〔まったく〕jiǎnzhí (简直), shízài (实在). ¶その本は~つまらない nà shū shízài méiyǒu yìsi (那书实在没有意思). ¶そんな計画は~馬鹿げている nà zhǒng jìhuà jiǎnzhí huāngtáng (那种计划简直荒唐). ¶金とは~縁の遠い人間だ gēn qián kěyǐ shuō shì háo wú yuánfēn de rén (跟钱可以说是毫无缘分的人).

およばずながら【及ばずながら】 ¶~私もお力になりましょう suī bù dǐngyòng, wǒ yě yuàn jìn wēibó zhī lì (虽不顶用,我也愿尽微薄之力).

および【及び】 jí (及), yǔ (与), hé (和), yǐjí (以及). ¶中学校~高等学校の生徒 chūzhōng hé gāozhōng de xuésheng (初中和高中的学生). ¶東京, 横浜~大阪の3大都市 Dōngjīng, Héngbīn jí Dàbǎn sān dà dūshì (东京,横滨及大阪三大都市).

およびごし【及び腰】 hāyāo (哈腰), máoyāo (毛腰・猫腰). ¶~で物を取る máoyāo ná dōngxi (毛腰拿东西). ¶そんな~ではうまくいくはずがない nàyàng suōshǒu-suōjiǎo zěnme néng zuòhǎo? (那样缩手缩脚怎么能做好?).

およびたて【お呼び立て】 ¶~してすみません jiào nín lái yí tàng zhēn duìbuqǐ (叫您来一趟

およぶ

真矛不起).

およ・ぶ【及ぶ】 1〔届く, 達する〕dá (达), dádào (达到); jí (及), jízhì (及至). ¶汚職事件の追及は上層にまで～んだ tānwū shìjiàn de zhuījiū bōjí dào shàngbian (贪污事件的追究波及到上边). ¶参観者は10万人に～んだ cānguānzhě dá shíwàn rén (参观者达十万人). ¶災難が身に～ぶのを恐れて誰も口を開かない pà zāinàn jiàngdào zìjǐ shēnshang shuí yě bù kāikǒu (怕灾难降到自己身上谁也不开口). ¶この期に～んでまだそんな事を言っているのか dào zhè zhǒng shíhou hái shuō nà zhǒng huà (到这种时候还说那种话).

2〔かなう〕¶中国語では彼に～ぶ者はいない Zhōngguóhuà méiyǒu rén néng bǐdeshàng tā de (中国话没有人能比得上他的). ¶私の力には～ばない shì wǒ de nénglì suǒ bùjí de (是我的能力所不及的). ¶～ば限り努力する jìnlì ér wéi (尽力而为). ¶そんな事があろうとは想像も～ばなかった shìshàng huì yǒu nà zhǒng shì gēnběn 'wúfǎ[bùkě] xiǎngxiàng (世上会有那种事根本'无法[不可]想像). ¶彼の蔵書には～びもつかない gēn tā de cángshū jiānzhí wúfǎ bǐnǐ (跟他的藏书简直无法比拟). ¶後悔しても～ばない hòuhuǐ bùjí (后悔不及).

3〔必要だ〕¶わざわざ来るには～ばない yòngbuzháo tèyì lái (用不着特意来). ¶急ぐには～ばない búyòng máng (不用忙)/ búbì zháojí (不必着急). ¶いえ, それには～びません bù, nà búbì le (不, 那不必了).

およぼ・す【及ぼす】 ¶台風は農作物に大きな被害を～した táifēng shǐ zhuāngjia shòudào hěn dà de sǔnshī (台风使庄稼受到很大的损失).

オラトリオ qīngchàngjù (清唱剧).

オランウータン xīngxing (猩猩).

オランダ Hélán (荷兰).

おり【折】 1〔折箱〕hé[r] (盒[儿]), hézi (盒子). ¶菓子を持ってお礼に行く dài yì hé diǎnxin qù zhìxiè (带一盒点心去致谢). ¶お菜を～に詰める bǎ cài zhuāngjìn hézili (把菜装进盒子里).

2〔時〕shí (时), shíjié (时节), shífen (时分), shílìng (时令); shíjī (时机), jīhuì (机会). ¶仙台に行った～に彼女を訪問した qù Xiāntái qù de shíhou bàifǎngle tā (到仙台去的时候拜访了她). ¶寒さの～どうぞお大事に zhèngdāng hánlěng shíjié, qǐng duō bǎozhòng (正当寒冷时节, 请多保重). ¶～にふれて彼のことを思い出す pèngdào shénme, zǒng xiǎngqǐ tā lai (碰到什么, 总想起他来). ¶～も～彼がやって来た shí bù còuqiǎo tā lái le (时不凑巧他来了). ¶何時か～を見てお話ししましょう gǎitiān zhǎo ge jīhuì tántan ba (改天找个机会谈谈吧). ¶丁度よい～と思って切り出した wǒ xiǎng shíjī zhènghǎo, bǎ shìqing tíle chūlái (我想时机正好, 把事情提了出来).

おり【澱】 chéndiàn (沉淀), chénzhā (沉渣), zhāzǐ (渣滓).

おり【檻】 tiějiàn (铁槛), shòujiàn (兽槛), shòulán (兽栏). ¶ライオンを～に入れる bǎ shīzi guānjìn tiějiànli (把狮子关进铁槛里).

おりあい【折り合い】 érxífur hé pópo de guānxi bù hǎo (儿媳妇儿和婆婆的关系不好). ¶どうしても日取りの～がつかない rìzi zěnme yě tánbutuǒ (日子怎么也谈不妥).

おりあ・う【折り合う】 ¶誰とでも～っていく gēn shuí dōu chǔdelái (跟谁都处得来). ¶値段がやっと～った jiàqian hǎoróngyì jiǎngtuǒ le (价钱好容易讲妥了).

おりあしく【折悪しく】 piānpiān (偏偏), piānqiǎo (偏巧), bú còuqiǎo (不凑巧), bùqiǎo (不巧). ¶～留守であった bú còuqiǎo méi zàijiā (不凑巧没在家). ¶出掛けようとしたら～雨が振り出した zhèng xiǎng chūqu bùqiǎo xiàqǐ yǔ lai le (正想出去不巧下起雨来了).

おりいって【折り入って】 ¶～あなたにお願いがある yǒu jiàn shì xiǎng qiú nín (有件事想求您). ¶御相談したいことがあります tèbié yǒu yí jiàn shì xiǎng gēn nín shāngliang (特别有一件事想跟您商量).

オリーブ yóugǎnlǎn (油橄榄), yóulǎn (油榄), qídūnguǒ (齐墩果), gǎnlǎn (橄榄), yánggǎnlǎn (洋橄榄). ¶～色 gǎnlǎnlǜ (橄榄绿). ～油 gǎnlǎnyóu (橄榄油).

おりえい【折襟】 fānlǐng[r] (翻领[儿]).

オリエンタル dōngfāng de (东方的), dōngfāng fēngqíng (东方风情).

オリエンテーリング yuèyě shítú bǐsài (越野识途比赛).

オリエント dōngfāng (东方); xīyà (西亚). ¶古代～文明 gǔdài Āijí・Měisuǒbùdámǐyà wénmíng (古代埃及・美索不达米亚文明).

おりおり【折折】 1〔その時その時〕¶四季～の花 sìjì dānglìng de huā (四季当令的花).

2〔時々〕shí'ér (时而), yǒushí (有时). ¶彼の姿は～見かける shí'ér kàndào tā (时而看到他).

オリオンざ【オリオン座】 lièhùzuò (猎户座).

おりかえし【折り返し】 1〔衣服の〕¶ズボンの～が折れていません kùjiǎobiān méiyǒu zhéhǎo a (裤脚边没有折好啊).

2〔引返し〕zhéfǎn (折返). ¶列車はAB間を～運転している lièchē zài AB jiān láihuí yùnxíng (列车在AB间来回运行). ¶3番線に～電車がまいります sān hào zhàntái huítóu de diànchē jíjiāng jìn zhàn (三号站台回头的电车即将进站). ¶マラソンの～地点 mǎlāsōng sàipǎo zhéhuí dìdiǎn (马拉松赛跑折回地点).

3〔すぐに〕¶～御返事下さい qǐng jiàn xìn hòu huíxìn (请见信后回信)/ qǐng lìjí hánfù (请立即函复). ¶～お電話を下さい lìjí qǐng huí diànhuà (立即请回电话).

おりかえ・す【折り返す】 1 zhé (折). ¶袖口を～す zhé xiùkǒu (折袖口).

2〔引き返す〕¶この電車は当駅から～します zhè tàng diànchē yóu běn zhàn wǎng huí kāi (这趟电车由本站往回开).

おりかさな・る【折り重なる】 chóngdié (重叠). ¶建物の下で人々は～って死んでいた zài fáng

zi dǐxià, rén yígègè duīdié zài yìqǐ sǐ le(在房子底下,人一个个堆叠在一起死了).

おりがみ【折紙】 **1** zhézhǐ(折纸). ¶～をして遊ぶ zhézhǐ wánr(折纸玩儿). ¶～で鶴を折る yòng zhézhǐ zhé hè(用折纸叠鹤).
 2【保証】 ¶彼なら私が～をつけます yàoshi tā, wǒ dǎ bǎopiào(要是他,我打保票). ¶うまいことでは一つきの chénfāngxiāng chúnhòu, yǒukǒu-jiēbēi de hǎojiǔ(芳香醇厚,有口皆碑的好酒). ¶～つきの詐欺師 shì ge èmíng zhāozhù de piànzishǒu(是个恶名昭著的骗子手).

おりから【折から】 ¶～祭日で町はにぎわっていた zhèng féng jiérì jiētóu-xiàngwěi shífēn rènao(正逢节日街头巷尾十分热闹). ¶～の強風に火はまたたく間に広がった zhèng gǎn fēng dà, bù yíhuìr huǒshì jiù mànyán le(正赶风大,不一会儿火势就蔓延了). ¶暑さきびしい～いかがお過しですか zhèng zhí kùshǔ shíjié, nín jìnkuàng rúhé?(正值酷暑时节,您近况如何?).

おりこみ【折込み】 ¶新聞の～広告 jiāzài bàozhǐli de guǎnggào(夹在报纸里的广告).

おりこ・む【折り込む】 **1**【内側に折る】zhérù(折入), zhéjìn(折进). ¶袖口を5センチ～む bǎ xiùkǒu zhéjìn wǔ gōngfēn(把袖口折进五公分).
 2【挟み込む】jiārù(夹入), jiājìn(夹进). ¶びらを新聞に～む bǎ chuándān jiārù bàozhǐli(把传单夹入报纸里).

おりこ・む【織り込む】 ¶その事を適当に～んで話します bǎ nà shì shìdàng de chuānchā zài huà zhōng tán(把那事适当地穿插在话中谈).

オリジナリティー dúchuàngxìng(独创性).

オリジナル 1【独創的】 ¶当店の～製品 wǒ diàn dúchuàng de chǎnpǐn(我店独创的产品).
 2【原作】 ¶この絵の～はルーブル美術館にある zhè zhāng huà de yuánhuà zài Lúfú Měishùgōng(这张画的原画在卢浮美术宫).

おりたた・む【折り畳む】 zhédié(折叠). ¶～んで運ぶ zhédié qilai bān(折叠起来搬). ¶～み傘 zhédiésǎn(折叠伞). ¶このベッドは～み式になっている zhè zhāng chuáng shì zhédiéshì de(这床床是折叠式的).

おりま・げる【折り曲げる】 wān(弯). ¶針金を～げて鈎をつくる wān tiěsī zuò gōur(弯铁丝做钩儿). ¶腹痛に体を～げて苦しむ dùzi téngde zhíbuqǐ yāo(肚子疼得直不起腰).

おりめ【折目】 **1**【たたみ目】zhězi(褶子). ¶まだ～のない新しい紙幣 méiyǒu zhězi de xīn chāopiào(没有褶子的新钞票). ¶彼はいつもズボンを～をきちんとつけている tā zǒngshì bǎ kùxiàn nòngde bǐzhí de(他总是把裤线弄得笔直的).
 2【けじめ】 ¶彼は～正しい人です tā shì ge hěn guījǔ de rén(他是个很规矩的人).

おりめ【織目】 ¶～が粗い zhīde hěn cū(织得很粗). ¶～が詰んでいる zhīde xìmì(织得细密).

おりもと【織元】 fǎngzhī chǎngjiā(纺织厂家).

おりもの【下り物】 〔白帯〕báidài(白带);〔後産〕bāoyī(胞衣);〔月経〕yuèjīng(月经).

おりもの【織物】 zhīwù(织物), zhīpǐn(织品), fǎngzhīpǐn(纺织品). ¶～業 fǎngzhīyè(纺织业).

お・りる【降りる・下りる】 **1**【高い所から】xià(下), jiàng(降). ¶彼は2階から～りて来た tā cóng lóushàng zǒuxialai le(他从楼上走下来了). ¶階段を～りる xià lóutī(下楼梯). ¶山を～りる xià shān(下山). ¶演壇を～りる zǒuxià jiǎngtái(走下讲台). ¶エレベーターで～りる chéng diàntī xiàqu(乘电梯下去). ¶濃霧のため羽田空港には～りられない yóuyú nóngwù Yǔtián Jīchǎng wúfǎ jiàngluò(由于浓雾羽田机场无法降落). ¶拍手の中で幕が～りた zài zhǎngshēng zhōng mù xiàxialai le(在掌声中幕降下来了). ¶これで肩の荷が～りた zhè cái xièle zhòngdàn(这才卸了重担).
 2【乗物から】 ¶電車から～りる xià diànchē(下电车). ¶神戸で船を～りる zài Shénhù xià de chuán(在神户下的船).
 3【やめる】 ¶議長の任を～りた cíle yìzhǎng zhī zhí(辞了议长之职). ¶僕は～りるよ wǒ bú zuò le(我不做了). ¶この勝負は～りた zhè cháng dǔ wǒ qìquán le(这场赌我弃权了).
 4【許可などが】 xià(下), xiàlai(下来). ¶やっと建築の許可が～りた jiànzhù de shēnqǐng hǎoróngyì pīle xiàlái(建筑的申请好容易批了下来). ¶旅券が～りてすぐ行動する húzhào xialai jiù dòngshēn(护照下来就动身). ¶年金が～りるようになった yǎnglǎojīn bèi zhīfù le(养老金被支付了).
 5【霜などが】 xià(下), jiàng(降). ¶畑に真白に霜が～りている dìli shuāng jiàng yí biàn bái(地里霜降一遍白).

オリンピック Àolínpǐkè(奥林匹克), Àoyùnhuì(奥运会), Shìjiè Yùndònghuì(世界运动会).

お・る【折る】 **1**【折り曲げる】dié(叠), zhé(折). ¶真中から2つに～る cóng dāngzhōng duìdié(从当中对叠). ¶手紙を～って封筒に入れる bǎ xìn dié hǎo zhuāngjìn xìnfēngli(把信叠好装在信封里). ¶目印に紙の隅を～っておく zhé zhǐjiǎo wéi jìhao(折纸角为记号). ¶指を～って数える bāi[bān]zhe zhǐtou shǔ(掰[扳]着指头数)／qūzhǐ shǔ(屈指数).
 2【曲げて切り離す】 zhé(折), zhéduàn(折断). ¶木の枝を～る bǎ shùzhī zhéduàn(把树枝折断). ¶公園の草花を～ってはいけない búdé qiā gōngyuánli de huāhuā(不得掐公园里的花草). ¶前歯を～った dǎdiàole ménchǐ(打掉了门齿). ¶スキーで右脚の骨を～った huáxuě shí yòutuǐ gǔ zhéduàn le(滑雪时右腿骨折断了).
 3 ¶彼のために骨を～る wèi tā chūlì(为他出力). ¶人の話の腰を～る dǎduàn rénjia de huàtou(打断人家的话头). ¶とうとう我を～ru zhōngyú ràngbù le(终于让步了). ¶筆を～る bà bǐ(罢笔).

お・る【織る】 zhī(织), fǎng(纺), fǎngzhī(纺织), zhīzào(织造). ¶布を～る zhī bù(织布).

オルガナイザー zǔjiànrén(组建人).

オルガン fēngqín (风琴), huángfēngqín (簧风琴). ¶～をひく zòu fēngqín (奏风琴). ¶電子～ diànzǐqín (电子琴). パイプ～ guǎnfēngqín (管风琴).

オルグ zǔzhī (组织); [人] zǔzhīzhě (组织者), zǔzhī wěiyuán (组织委员). ¶労働者を～する zǔzhī gōngrén (组织工人).

オルゴール bāyīnhé (八音盒), bāyīnqín (八音琴), bāyīnxiázi (八音匣子).

おれ【俺】 wǒ (我), ǎn (俺), zán (咱). ¶～とお前の仲ではないか nǐ wǒ[zánliǎ] bú shì chēngxiōng-dàodì de péngyou ma? (你我[咱俩]不是称兄道弟的朋友吗?).

おれい【お礼】 [謝辞] xièci (谢词); [謝礼] xièlǐ (谢礼), chóuxiè (酬谢); [言うこと] dàoxiè (道谢). ¶～のしるしです,お受け取り下さい zhǐshì biǎoshì yìdiǎn xièyì, qǐng shōuxià ba (只是表示一点谢意,请收下吧). ¶～の申しようもありません bù xiǎode zěnyàng gǎnxiè hǎo (不晓得怎样感谢好)/ búshèng gǎnjī (不胜感激). ¶講師の～はどの位にしますか jiǎngshī de xièlǐ gěi duōshao ne? (讲师的谢礼给多少呢?). ¶暴力団の～参りがこわくて警察に届けない pà bàolìtuán bàofù, bú bàojǐng (怕暴力团报复,不报警).

おれくぎ【折れ釘】 duàntóudīng (断头钉); [折り釘] gōutóudīng (钩头钉), wāntóudīng (弯头钉).

お・れる【折れる】 **1**[折れ曲る] zhé (折), dié (叠), zhédié (折叠). ¶紙の端が～れている zhǐjiǎo zhézhe (纸角折着). ¶この椅子は足が～れるようになっている zhè yǐzi tuǐ kěyǐ zhédié (这椅子腿可以折叠).
2[曲って離れる] shé (折), duàn (断). ¶釘が～れた dīngzi shé le (钉子折了). ¶鉛筆の芯が～れた qiānbǐxīn duàn le (铅笔心断了). ¶この棒は手では～れない zhè gùnzi yòng shǒu shì zhēbuduàn de (这棍子用手是折不断的).
3[曲って進む] guǎi (拐), zhuǎn (转), wān (弯). ¶十字路を右に～れるとすぐ駅です shízì lùkǒu wǎng yòu guǎi jiùshì chēzhàn (十字路口往右拐就是车站). ¶道は一旦左に～れてまた右に～れている lù xiān xiàng zuǒ zhuǎn zài wǎng yòu wānzhe (路先向左转再往右弯着).
4 ¶当方の断固たる態度に先方が～れた wǒfāng jiāndìng-bùyí de tàidu shǐ duìfāng ràngle bù (我方坚定不移的态度使对方让了步). ¶骨は～れるがやり甲斐がある suī hěn "chīlì" [chīzhòng/chījìnr], què yǒu gàntour (虽很"吃力[吃重/吃劲儿],却有干头儿).

オレンジ tiánchéng (甜橙), chéngzi (橙子), júzi (橘子). ¶～色 chéngsè (橙色)/ chénghuáng (橙黄)/ júhuáng (橘黄). ～ジュース júzizhī (橘子汁)/ júzhī (橘汁).

おろおろ jīnghuāng (惊慌), jīnghuāng shīcuò (惊慌失措). ¶頭からどなられて～する pītóu áimà jīngdé hǎoshēng shīsè (劈头挨骂惊恐失色). ¶ただ～するばかりでどうしたらよいか分らなかった zhǐshì jīnghuāng ér bù zhī rúhé shì hǎo (只是惊慌而不知如何是好).

おろか【愚か】 hútu (糊涂·胡涂), yúchǔn (愚蠢). ¶～なことを言うものだ zhēn shuōdechū nà zhǒng yúchǔn huà (真说得出那种愚蠢话). ¶そんなことは言うも～だ nà zhǒng shì hái zhíde yì tí ma? (那种事还值得一提吗?). ¶～にも自分の間違いに気付かなかった hútude lián zìjǐ de cuò yě méi juéchulai (胡涂得连自己的错也没觉出来).
¶～者 yúrén (愚人)/ chǔnrén (蠢人)/ chǔncái (蠢才)/ yúméng (愚氓)/ bènbó (笨伯).

おろか【疎か】 ¶財産は～命まで失ってしまった mànshuō shì cáichǎn, lián mìng dōu sàng le (慢说是财产,连命都丧了). ¶彼はウイスキーは～ビールも飲めない búyòng shuō shì wēishìjì, tā lián píjiǔ dōu bùnéng hē (不用说是威忌忌,他连啤酒都不能喝).

おろし【卸】 pīfā (批发). ¶うちは～ですので小売は致しません wǒ diàn jīngyíng pīfā, bù língshòu (我店经营批发,不零售). ¶～値で売る àn pīfājià chūshòu (按批发价出售).

おろしうり【卸売】 pīfā (批发). ¶～市場 pīfā shìchǎng (批发市场). ～物価指数 pīfā wùjià zhǐshù (批发物价指数).

おろしがね【下し金】 cǎchuángr (礤床儿).

おろ・す【卸す】 pīfā (批发). ¶6掛で小売に～す xiàng língshòudiàn yǐ liù zhé pīfā (向零售店以六折批发).

おろ・す【降ろす・下ろす】 **1**[高い所から] náxia (拿下), bānxià (搬下), fàngxià (放下), xièxià (卸下). ¶網棚から荷物を～す bǎ xínglǐ cóng xíngnángjià shang náxialai (把行李从行囊架上拿下来). ¶2階から机を～す bǎ zhuōzi cóng èr lóu bānxialai (把桌子从二楼搬下来). ¶トラックから積荷を～す cóng kǎchē shang bǎ huò xièxialai (从卡车上把货卸下来). ¶鍋をガスレンジから～す bǎ guō cóng méiqìzào shang náxialai (把锅从煤气灶上拿下来). ¶手を～しなさい fàngxià shǒu lai (放下手来). ¶国旗を～す jiàng guóqí (降国旗). ¶幕を～す fàngxià mù (放下幕)/ bìmù (闭幕). ¶2階から縄ばしごを～す cóng èr lóu fàngxià shéngtī (从二楼放下绳梯). ¶やっと肩の荷を～した hǎoróngyì xièxiàle jiānshang de zhòngdàn (好容易卸下了肩上的重担).
2[乗物から] ¶乗客を～す ràng chéngkè xià chē (让乘客下车). ¶次の停留所で～して下さい qǐng zài xià yí zhàn jiào wǒ xià chē (请在下一站叫我下车).
3[やめさせる] chè (撤), chèxià (撤下). ¶彼は重役の地位から～された tā cóng dǒngshì de zhíwèi shang bèi chèxialai le (他从董事的职位上被撤下来了). ¶彼女は主役を～された tā cóng zhǔjué de wèizi shang bèi chèxialai le (她从主角的位子上被撤下来了).
4[体内から出す] dǎ (打), dǎxià (打下), dǎdiào (打掉). ¶虫を～す dǎ chóng (打虫). ¶おなかの子を～す dǎdiào dùli de háizi (打掉肚里的孩子)/ dǎtāi (打胎).
5[切り落す] ¶木の枝を～す kǎnxià shùzhī

(砍下树枝)．¶髪を〜す luòfà (落发)．
6 ¶桜の老木がしっかりと根を〜している lǎo yīnghuāshù de shùgēn zhāde hěn shēn (老樱花树的树根扎得很深)．¶ドアに錠を〜す suǒshàng mén (锁上门)．¶貯金を〜す tíqǔ cúnkuǎn (提取存款)．¶新しい靴を〜してはく náchū xīn xié chuān (拿出新鞋穿)．¶大根を〜す cāchéng luóbonī (擦成萝卜泥)．

おろそか【疎か】 mǎhu (马虎), shūhu (疏忽), hūshì (忽视)．¶仕事を〜にする gōngzuò mǎhu (工作马虎)．¶学業を〜にする huāngfèi [kuàngfèi] xuéyè (荒废[旷废]学业)．¶どんな小さな事でも〜にはできない jiùshì zài xiǎo de shì yě bùnéng shūhu dàyì (就是再小的事也不能疏忽大意)．

おわい【汚穢】 fènwū (粪污)．¶〜を汲み取る tāo fèn (掏粪)．

おわり【終り】 mòliǎo (末了), zhōngliǎo (终了), mòwěi (末尾), mòhòu (末后), wěishēng (尾声)．¶初めから〜まで zì shǐ zhì zhōng (自始至终)/ cóng tóu dào wěi (从头到尾)．¶〜になってやっと調子が出てきた dào mòliǎor cái shàngle jìnr (到末了儿才上了劲儿)．¶〜にのぞんで一言申し上げます lín jiéshù zhī jì, zài shuō yí jù huà (临结束之际, 再说一句话)．¶運動会も〜に近づいた yùndònghuì jiējìn wěishēng le (运动会接近尾声了)．¶〜まで見ていこう kàndào zuìhòu ba (看到最后吧)．¶戦争はやっと〜を告げた zhànzhēng zhōngyú jiéshù le (战争终于结束了)．¶今年ももう〜か jīnnián yě kuàiyào guòqu le (今年也快要过去了)．¶これで何もかも〜だ zhè yīlái quán [wándàn/wánrwán] le (这一来全[完蛋/玩儿完]了)．¶3月の〜 sānyuèdǐ (三月底)/ sānyuè mòshāo (三月末梢)．¶手紙の〜にこう書いてある xìn mòwěi zhèyàng xiězhe (信末尾这样写着)．

おわりね【終値】 shōupán jiàgé (收盘价格)．

おわ・る【終る】 wán (完), wánliǎo (完了), jiéshù (结束), gàozhōng (告终), wánbì (完毕)．¶会議は4時に〜る huìyì sì diǎnzhōng jiéshù (会议四点钟结束)．¶準備はすべて〜った yíqiè zhǔnbèi tíngdang (一切准备停当)．¶大会は成功裏に〜った dàhuì shènglì bìmù le (大会胜利闭幕了)．¶その試みは失敗に〜った nà chángshì yǐ shībài gàozhōng (那个尝试以失败告终)．¶この仕事は年内には〜らない zhège gōngzuò kànlai zài nián nèi wánbuliǎo (这个工作看来年内完不了)．

おん【恩】 ēn (恩), ēndé (恩德), ēnhuì (恩惠)．¶この御〜は一生忘れません zhè ēndé yíbèizi yě wàngbuliǎo (这恩德一辈子也忘不了)．¶父母の〜は山よりも高く海よりも深し fùmǔ zhī ēn bǐ shān gāo bǐ hǎi shēn (父母之恩比山高比海深)．¶〜に報いる bào'ēn (报恩)．¶人に〜を施す shī ēn yú rén (施恩于人)．¶わずかの事を〜に着せる bāngle rén yìdiǎnr xiǎo máng zì yǐwéi shīle dà'ēn (帮了人一点儿小忙自以为施了大恩)．¶〜を仇で返す ēn jiāng chóu bào (恩将仇报)/ yǐ yuàn bào dé (以怨报

德)/ quò hé chāi qiáo (过河拆桥)．

おんあい【恩愛】 ēn'ài zhī jiāngsheng (恩爱之缰绳)．

おんいき【音域】 yīnyù (音域), yīnqū (音区)．

おんいん【音韻】 yīnyùn (音韵), shēngyùn (声韵), yīnwèi (音位)．¶〜学 yīnyùnxué (音韵学)/ shēngyùnxué (声韵学)． 〜論 yīnxìxué (音系学)．

おんが【温雅】 ¶〜な風貌 wēnwén-ěryǎ de fēngmào (温文尔雅的风貌)．

おんかい【音階】 yīnjiē (音阶)．

おんがえし【恩返し】 ¶〜をする bào'ēn (报恩)/ bàodé (报德)．

おんがく【音楽】 yīnyuè (音乐)．¶〜家 yīnyuèjiā (音乐家)．〜会 yīnyuèhuì (音乐会)．〜界 yuètán (乐坛)．

おんかん【音感】 yīnyuègǎn (音乐感)．¶絶対〜 juéduì yīngǎn (绝对音感)．

おんがん【温顔】 ¶あの時の先生の〜が忘れられない lǎo wàngbuliǎo nà shí lǎoshī wēnhòu de miànróng (老忘不了那时老师温厚的面容)．

おんぎ【恩義】 ēnyì (恩义)．¶あの人には〜がある duìyú nà wèi zhēn shì gǎn'ēn bú jìn (对于那位真是感恩不尽)．¶我 rén duì wǒ ēnshēn-yìzhòng (那人对我恩深义重)．¶〜を感ずる gǎn'ēn (感恩)．¶〜にそむく wàng ēn fù yì (忘恩负义)．

おんきゅう【恩給】 yǎnglǎojīn (养老金)．

おんきゅう【温灸】 wēnjiǔ (温灸)．

おんきょう【音響】 yīnxiǎng (音响)．¶新講堂は〜の効果がよい xīn lǐtáng yīnxiǎng xiàoguǒ hǎo (新礼堂音响效果好)．¶〜学 shēngxué (声学)．

おんけい【恩恵】 ēnhuì (恩惠), ēndé (恩德)．¶あの方には多大の〜を蒙っています méngshòu tā jí dà de ēnhuì (蒙受他极大的恩惠)．¶文明の〜に浴する shòu wénmíng zhī huì (受文明之惠)．

おんけん【穏健】 wěnjiàn (稳健)．¶彼の思想は〜である tā de sīxiǎng hěn wěnjiàn (他的思想很稳健)．¶〜派 wěnjiànpài (稳健派)．

おんこ【恩顧】 ¶あの方には多大な〜を受けた dédào nà wèi xiānsheng hěn dà de ēnhuì (得到那位先生很大的恩惠)．¶御〜を蒙りありがたく存じます chéngméng huìgù, gǎnxiè bú jìn (承蒙惠顾, 感谢不尽)．

おんこう【温厚】 wēnhòu (温厚)．¶〜な人柄 wéirén wēnhòu (为人温厚)．

おんさ【音叉】 yīnchā (音叉)．

おんし【恩師】 ēnshī (恩师), yèshī (业师)．

おんしつ【音質】 yīnzhì (音质)．¶このラジオは〜が悪い zhège shōuyīnjī yīnzhì bù hǎo (这个收音机音质不好)．

おんしつ【温室】 wēnshì (温室), nuǎnfáng (暖房), huāfáng (花房), dòngzi (洞子)．¶〜咲きの花 zài huāfánglǐ kāi de huā (在花房里开的花)/ tánghuā (唐花)．¶〜育ち wēnshìlǐ zhǎngdà de (在温室里长大的)/ zài tiánshuǐlǐ pàodà de (在甜水里泡大的)/ jiāo shēng guàn yǎng

(娇生惯养).¶~効果 wēnshì xiàoyìng(温室效应).~栽培 wēnshì zāipéi(温室栽培).

おんしゃ【恩赦】 ēnshè(恩赦), dàshè(大赦).¶~によって釈放された yù dàshè ér bèi shìfàng(遇大赦而被释放).

おんじゅん【温順】 wēnshùn(温顺), héshùn(和顺).¶~な性質 xìngqíng wēnshùn(性情温顺).

おんしょう【温床】 wēnchuáng(温床).¶~できゅうりの苗を育てる zài wēnchuáng péiyù huángguāyāngr(在温床培育黄瓜秧儿).¶悪の~ zuì'è de wēnchuáng(罪恶的温床).

おんじょう【温情】 wēnqíng(温情).¶~あふれる言葉に感動した bèi chōngmǎn wēnqíng de huà suǒ gǎndòng(被充满温情的话所感动).¶~主義 wēnqíng zhǔyì(温情主义).

おんしょく【音色】 yīnsè(音色), yīnpǐn(音品).

おんしらず【恩知らず】 ¶~な行い wàng'ēn-fùyì de xíngwéi(忘恩负义的行为).¶この~めнí zhège "wàng'ēn-fùyì de jiāhuo[báiyǎnláng]!(你这个"忘恩负义的家伙[白眼狼]!).

おんしん【音信】 yīnxìn(音信), yīnxùn(音讯), yīnxī(音息), yīnhào(音耗), yīnwèn(音问).¶ぱったり~が途絶えた hūrán duànle yīnxìn(忽然断了音信)/ zì nà yǐlái yīnwèn duànjué(自那以来音问断绝).¶久しく~不通だ hǎojiǔ yǎo wú yīnxìn(好久杳无音信)/ miǎo wú yīnxī(渺无音息).

おんじん【恩人】 ēnrén(恩人).¶命の~ jiùmìng ēnrén(救命恩人)/ zàishēng fùmǔ(再生父母)/ chóngshēng fùmǔ(重生父母).

オンス àngsī(盎司), yīngliǎng(英两), liǎng(啢).

おんせい【音声】 yǔyīn(语音).¶~学 yǔyīnxué(语音学). 国際~記号 guójì yīnbiāo(国际音标).

おんせつ【音節】 yīnjié(音节), yīnzhuì(音缀).¶~文字 yīnjié wénzì(音节文字). 単一語 dānyīnjiécí(单音节词)/ dānyīnjiéyǔ(单音节语).

おんせん【温泉】 wēnquán(温泉), wēntāng(温汤).¶~に入る xǐ wēnquán(洗温泉).

おんそ【音素】 yīnsù(音素), yīnwèi(音位).¶~文字 yīnsù wénzì(音素文字).

おんぞうし【御曹司】 gōngzǐ(公子), dàshàoye(大少爷), míngmén zǐdì(名门子弟).¶彼はうちの社長の~だ tā shì wǒmen zǒngjīnglǐ de dàshàoye(他是我们总经理的大少爷).

おんそく【音速】 yīnsù(音速), shēngsù(声速).¶超~ジェット機 chāoyīnsù pēnqìshì fēijī(超音速喷气式飞机).

おんぞん【温存】 bǎocún(保存).¶主力部隊を~する bǎocún zhǔlì bùduì(保存主力部队).

おんたい【温帯】 wēndài(温带).

おんだん【温暖】 wēnnuǎn(温暖).¶気候の~な地方 qìhòu wēnnuǎn de dìfang(气候温暖的地方).¶~前線 nuǎnfēng(暖锋)/ nuǎnfēngmiàn(暖锋面).

おんち【音痴】 zuǒsǎngzi(左嗓子).¶方向~ bú biàn fāngxiàng(不辨方向).

おんちゅう【御中】 ¶A 社~ A gōngsī qǐ(A 公司启).

おんちょう【音調】 yīndiào(音调).

おんてい【音程】 yīnchéng(音程).¶~が狂う yīnchéng bù zhǔn le(音程不准了).

おんてん【恩典】 ēndiǎn(恩典).¶本会の会员には種々の~があります běn huì huìyuán yǒu gè zhǒng yōuhuì(本会会员有各种优惠).

おんど【音頭】 ¶万歳の~をとる lǐngtóu gāohū wànsuì(领头高呼万岁).¶救援運動の~をとる chàngdǎo jiùjì yùndòng(倡导救济运动).

おんど【温度】 wēndù(温度).¶室内の~は摂氏 22 度です shìnèi wēndù shì Shèshì èrshí'èr dù(室内温度是摄氏二十二度).¶~が上がる[下がる] wēndù "shàngshēng[xiàjiàng](温度"上升[下降]).¶~をはかる liáng wēndù(量温度).¶~計 wēndùjì(温度计).

おんとう【穏当】 wěntuǒ(稳妥), wěndang(稳当), tuǒdàng(妥当).¶~な意見 wěntuǒ de yìjiàn(稳妥的意见).¶そのような処置は~を欠く nàyàng chǔzhì qiàn tuǒdàng(那样处置欠妥当).

おんどく【音読】 niàn(念), dú(读); yīndú(音读).¶教科書を何回も~する fǎnfù niàn jiàokēshū(反复念教科书).

おんどり【雄鶏】 gōngjī(公鸡), xióngjī(雄鸡), jiàojī(叫鸡).¶~が時をつくる chénjī bàoxiǎo(晨鸡报晓)/ gōngjī dǎmíngr(公鸡打鸣儿).

オンドル【温突】 huǒkàng(火炕), kàng(炕).

おんな【女】 1 nǚrén(女人), nǚzǐ(女子).¶憲法では男も~も平等の権利を保障されている zài xiànfǎshang bǎozhàng nánnǚ xiǎngyǒu píngděng de quánlì(在宪法上保障男女享有平等的权利).¶~の子が生れた shēngle nǚháizi(生了女孩子).¶隣の部屋で~の声がする cóng gébì wūli chuánlái nǚrén de shēngyīn(从隔壁屋里传来女人的声音).¶娘ももう一人前の~だ nǚ'ér yě yǐ chéngrén le(女儿也已成人了).¶ほんとうにいい~だ zhēn shì ge "hǎo[shuài] nǚrén a!(真是个"好[帅]女人啊!).

2【情婦】nǚrén(女人).¶~をこしらえる jīnwū cáng jiāo(金屋藏娇)/ dā pīntóu(搭姘头).¶~を囲う ān wàijiā(安外家).

おんながた【女形】 →おやま.

おんなけ【女気】 ¶男ばかりで~が全くない jìn shì nán de, méiyǒu yìdiǎnr nǚrénwèir(尽是男的,没有一点儿女人味儿).¶彼の身の周りには~が全くない tā shēnbiān méiyǒu yìdiǎnr xiāngyàn zhī qì(他身边没有一点儿香艳之气).

おんなざかり【女盛り】 ¶彼女は今~だ tā zhèngdāng "fānglíng[fēngzī chuòyuē](她正当"芳龄[丰姿绰约]).

おんなずき【女好き】 ¶~のする顔 tǎo nǚrén xǐhuan de róngyán(讨女人喜欢的容颜)/ xiǎobáiliǎnr(小白脸儿).¶あいつは名代の~だ nà jiāhuo hào nǚsè wú rén bù zhī(那家伙好女色

无人不知)/ nà jiāhuo shì ge chūmíng de sèguǐ(那家伙是个出名的色鬼).

おんなで【女手】 ¶~ひとつで子供を育て上げた nǚrén yìshǒu bǎ háizi fǔyǎng chéng rén(女人一手把孩子抚养成人). ¶~がないので台所が散らかっている méiyǒu nǚrénjiā, chúfánglǐ nòngde luànqī bāzāo(没有女人家, 厨房里弄得乱七八糟).

おんなもの【女物】 nǚyòng(女用). ¶~の傘 nǚyòngsǎn(女用伞).

おんなゆ【女湯】 nǚzǎotáng(女澡堂), nǚyùchí(女浴池).

おんならし・い【女らしい】 ¶彼女はいかにも~い tā yántán jǔzhǐ hěn yǒu nǚxìng tèdiǎn(她言谈举止很有女性特点)/ tā kě zhēn shì ge nǚrén(她可真是个女人).

おんぱ【音波】 yīnbō(音波), shēngbō(声波).

おんびき【音引き】 yīnxù jiǎnzì(音序检字). ¶~索引 yīnjié suǒyǐn(音节索引).

おんびょうもじ【音標文字】 biǎoyīn wénzì(表音文字); yīnbiāo(音标).

おんびん【穏便】 ¶事を~にすます yòngwěntuǒ de fāngfǎ jiějué(用稳妥的方法解决). ¶~な処置をお願いしたい qǐng wěnbiàn chǔlǐ(请稳便处理).

おんぶ 1〔背負うこと〕bēi(背). ¶赤ん坊を~する bēi wáwa(背娃娃). ¶母親に~する bēizài mǔqin de bèishang(背在母亲的背上).
2〔頼ること〕kào(靠), yīlài(依赖). ¶費用の不足分は会社に~する fèiyong de bùzú bùfen yóu gōngsī dānfù(费用的不足部分由公司担负). ¶あいつはいつも~にだっこだ nà jiāhuo quándōu yīlài rénjia(那家伙全都依赖人家).

おんぷ【音符】 yīnfú(音符);〔漢字の〕shēngpáng(声旁). ¶~をよむ dú yīnfú(读音符). ¶2分~ èrfēn yīnfú(二分音符). ~記号 pǔhào(谱号).

おんぷ【音譜】 yuèpǔ(乐谱).

おんぷう【温風】 nuǎnfēng(暖风).

オンブズマン shìmín tèpàiyuán(市民特派员).

おんぼろ pòlàn(破烂). ¶この車もずいぶん~になった zhè liàng qìchē yǐjing pòlàn bùkān le(这辆汽车已经破烂不堪了).

おんみつ【隠密】 yǐnmì(隐秘), mìmì(秘密). ¶事を~のうちに運ぶ yǐnmì xíngshì(隐秘行事). ¶~の計画 mìmì de jìhuà(秘密的计划).

おんやく【音訳】 yīnyì(音译).

オンライン 1 liánjī(联机), liánxiàn(联线). ¶~システム liánjī xìtǒng(联机系统). ¶~ショッピング wǎngshang gòuwù(网上购物).
2〔球技〕yāxiànqiú(压线球).

おんりょう【怨霊】 yuānhún(冤魂). ¶~のたたり yuānhún zuòsuì(冤魂作祟). ¶~にとりつかれる yuānhún fùtǐ(冤魂附体).

おんりょう【音量】 yīnliàng(音量), xiǎngdù(响度). ¶テレビの~を調節する tiáojié diànshì de yīnliàng(调节电视的音量).

おんわ【温和】 wēnhé(温和), miánhé(绵和). ¶気候が~な地方 qìhòu wēnhé de dìfang(气候温和的地方). ¶性質の~な人 xìngqíng wēnhé de rén(性情温和的人).

か

か【香】 xiāng(香). ¶菊の～が漂う júhuā piāo xiāng(菊花飘香)/ piāolai yízhèn júhuā de xiāngwèi(飘来一阵菊花的香味). ¶木の～も新しい家 mùtou de xiāngqì pū bí de xīnfáng(木头的香气扑鼻的新房).

か【蚊】 wénzi(蚊子), wénchóng(蚊虫). ¶～に刺されてかゆい bèi wénzi dīngde fāyǎng(被蚊子叮得发痒). ¶～の鳴くような声で答えた yòng hěn xìwēi de shēngyīn[qiǎoshēng xìyǔ] huídá(用很细微的声音[悄声细语]回答).

か【可】 1〔よい〕¶本議案を～とする者多数 zànchéng běn tí'àn de jūduō(赞成本提案的居多). ¶～もなくて不～もなし búsuàn hǎo yě búsuàn huài(不算好也不算坏). ¶分売も～ fēnkāi mài yě ˝kěyǐ˝[kě](分开卖也可以[可]).
2〔評点〕jígé(及格).

か【科】 1〔生物分類の〕kē(科). ¶猫～の動物 māokē dòngwù(猫科动物). ¶ばら～の植物 qiángwēikē zhíwù(蔷薇科植物).
2〔専門, 学科などの〕kē(科); zhuānyè(专业), xì(系). ¶小児～の医者 érkē yīshēng(儿科医生). ¶数学～の学生 shùxué zhuānyè de xuésheng(数学专业的学生).

か【課】 1〔役所, 会社などの〕kē(科). ¶これはどの～の管轄ですか zhè shì shǔ nǎ yí kē guǎn de?(这是属哪一科管的?).
¶庶務～ zǒngwùkē(总务科). ～長 kēzhǎng(科长).
2〔教科書などの〕kè(课). ¶第1～から復習する cóng dìyī kè fùxí(从第一课复习).

-か 1〔疑問, 問い掛け〕¶これは何です～ zhè shì shénme?(这是什么?). ¶この印(しるし)は何の意味～分らない zhège fúhào bù zhīdào shì shénme yìsi(这个符号不知道是什么意思). ¶もうお帰りです～ nǐ yào zǒu le?(你要走了?)/ zhè jiù yào huíqu ma?(这就要回去吗?). ¶入ってもいいです～ kěyǐ jìnqu ma?(可以进去吗?).
2〔反語, 難詰〕¶そんな事があるもの～ nǎ huì yǒu nà zhǒng shì?(哪会有那种事?). ¶ここに書いてあるではない～ zhèr bú shì míngmíng xiězhe ma?(这儿不是明明写着吗?). ¶ころんだぐらいで泣く奴がある～ nǎ yǒu shuāijiè yíxià jiù kū de?(哪有摔了一下就哭的?). ¶もっと早く来なければだめじゃない～ nǐ děi zǎo diǎnr lái, zhème wǎn lái zěnme xíng?(你得早点儿来, 这么晚来怎么行?).
3〔詠嘆〕¶もう秋～ yǐjing shì qiūtiān la(已经是秋天啦). ¶そうだったの～ yuánlái shì zhème huí shì a!(原来是这么回事啊!). ¶あの男も死んだ～ tā yě sǐ le ya!(他也死了呀!).
4〔依頼, 勧誘〕¶郵便で送ってくれません～ yóujì gěi wǒ hǎo ma?(邮寄给我好吗?). ¶それを見せてくれません～ nàge gěi wǒ kàn yíxià, kěyǐ ma?(那个给我看一下, 可以吗?). ¶そろそろ出掛けよう～ wǒmen děi chūqu le ba(我们得出去了吧). ¶お茶をいかがです～ hē bēi chá ba(喝杯茶吧).
5〔不確か〕¶あそこには何回～行ったことがある nàr wǒ qùguo jǐ huí(那儿我去过几回). ¶どこから～歌声が聞えてきた bùzhī cóng nǎr chuánlaile gēshēng(不知从哪儿传来了歌声). ¶100円～ yìbǎi lái kuài qián ba(一百来块钱吧). ¶早過ぎたの～まだ誰も来ていない yěxǔ láide tài zǎo le, shuí dōu hái méi lái ne(也许来得太早了, 谁都还没来呢). ¶熱があるの～寒気がする yěxǔ fāshāo le, juéde yǒudiǎnr lěng(也许发烧了, 觉得有点儿冷).
6〔列挙〕¶私～弟が出席します wǒ huòzhě dìdi chūxí(我或者弟弟出席). ¶山～海へ行く～まだ決めていない qù páshān háishi qù hǎibiān hái méi dìng(去爬山还是去海边还没定). ¶風呂～わいた～どう～見て下さい nǐ qù kànkan xǐzǎoshuǐ rèle méiyou(你去看看洗澡水热了没有). ¶コーヒー～何～飲みま～る qánmen qù hē bēi kāfēi shénme de ba(咱们去喝杯咖啡什么的吧). ¶食う～食われる～の戦い nǐsǐ-wǒhuó de dòuzhēng(你死我活的斗争). ¶試合が始まる～始まらないうちに雨が降り出した bǐsài gāng yì kāishǐ jiù xiàqǐ yǔ lai le(比赛刚一开始就下起雨来了).

-か【日】〔日付〕hào(号), rì(日);〔日数〕tiān(天). ¶7月20～から3ヵ月休暇をとります cóng qīyuè èrshí rì qǐ, wǒ qǐng sān tiān jià(从七月二十日起, 我请三天假). ¶今日で家を出てから8ヵ目です dào jīntiān líkāi jiā bā tiān le(到今天离开家八天了).

-か【下】 xià(下). ¶アフリカは長い間帝国主義諸国の支配～にあった Fēizhōu chángqī zhìyú dìguózhǔyì gè guó de tǒngzhì zhī xià(非洲长期置于帝国主义各国的统治之下). ¶あの思いは常に私の意識～にあった nàge niàntou yìzhí cúnzài wǒ de yìshíli(那个念头一直存在我的意识里). ¶戦時～の出来事 zài zhànshí fāshēng de shì(在战时发生的事).

-か【化】 huà(化). ¶党内民主～する shǐ dǎngnèi mínzhǔhuà(使党内民主化). ¶農業は機械～するべきだ nóngyè yào jīxièhuà(农业要机械化). ¶この辺りもすっかり都会～した zhè yídài yě wánquán chéngshìhuà le(这一带也完全城市化了). ¶青少年の不良～を防止する fángzhǐ qīngshàonián de bùliáng qīngxiàng

(防止青少年的不良倾向). ¶ 小説を映画～する bǎ xiǎoshuō pāichéng diànyǐng(把小说拍成电影).

-**か**【家】 jiā(家). ¶ 彼はなかなかの読書～だ tā hěn ài dúshū(他很爱读书). ¶ 革命の道はけわしい gémìngzhě de dàolù shì bù píngtǎn de(革命者的道路是不平坦的).
建築～ jiànzhùshī(建筑师). 情熱～ rèqíng bēnfàng de rén(热情奔放的人). 政治～ zhèngzhìjiā(政治家). 理論～ lǐlùnjiā(理论家).

-**か**【箇】 ge(个). ¶ 3～月の契約 sān ge yuè de hétong(三个月的合同). ¶ 第1次5～年計画 dìyī ge wǔ nián jìhuà(第一个五年计划). ¶ 1～4分の3 yī yòu sì fēn zhī sān(一又四分之三).

が【我】 ¶ 彼女は～が強い tā píqi hěn nìng[niù](她脾气很拗[拧]). ¶ tā hěn zhíniù(她很执拗). ¶ ～を張る gùzhí jǐ jiàn(固执己见). ¶ とうとう彼も～を折った zhōngyú tā yě ràngbù le(终于他也让步了).

が【蛾】 é[r](蛾[儿]), ézi(蛾子).

-**が** 1〔主格〕¶ 春～来た chūntiān lái le(春天来了). ¶ 私～この現場の責任者です wǒ jiùshì zhège gōngdì de fùzérén(我就是这个工地的负责人). ¶ 車～欲しい wǒ xiǎng yào qìchē(我想要汽车).
2〔…けれども〕¶ 薬を飲んだ～なおらない chīle yào, dànshì hái bú jiànhǎo(吃了药,但是还不见好). ¶ 母は太っている～父はやせている wǒ mǔqin hěn pàng, fùqin què hěn shòu(我母亲很胖,父亲却很瘦). ¶ 噂には聞いていた～なるほど美人だ tīngshuō hěn piàoliang, yí kàn díquè shì ge měirén(听说很漂亮,一看的确是个美人). ¶ 明日晴れればいい～ míngtiān tiān qíng jiù hǎo le(明天天晴就好了).
3〔…とも〕¶ 泣こう～わめこう～構わん、あいつを引っ張って来い nǐ qù yě hǎo, jiào yě hǎo, bǎ nàge jiāhuo gěi wǒ lālai(哭也好,叫也好,把那个家伙给我拉来). ¶ お前が行こう～行くまい～俺の知ったことか nǐ qù bu qù gēn wǒ háo bù xiānggān(你去不去跟我毫不相干). ¶ 人が見ていよう～いまい～仕事はきちんとする rénjia kànzhe yěbà, bú kànzhe yěbà, gōngzuò yào zuòhǎo(人家看着也罢,不看着也罢,工作要做好).

カーキいろ【カーキ色】 tǔhuáng(土黄).

カーステレオ qìchē yòng lìtǐ yīnxiǎng(汽车用立体音响).

カースト Yìndù shìxí děngjí zhìdù(印度世袭等级制度).

ガーゼ shābù(纱布).

カーソル 〔コンピューターなど〕guāngbiāo(光标);〔計算尺など〕huábiāo(滑标), yóubiāo(游标).

カーディガン duìjīn máoxiànyī(对襟毛线衣).

カーテン liánzi(帘子), chuānglián[r](窗帘[儿]), mànzi(幔子);幕(幕). ¶ ～を引く lāshàng chuānglián(拉上窗帘). ¶ ～をあける lākāi chuānglián(拉开窗帘). ¶ ～コールに応え る xiè mù(谢幕).

ガーデン tíngyuán(庭园), huāyuán(花园). ¶ ～パーティー yóuyuánhuì(游园会). ビア～ píjiǔyuán(啤酒园).

カード 1 kǎpiàn(卡片). ¶ 書名を～にとる bǎ shūmíng jìzài kǎpiàn shang(把书名记在卡片上). ¶ ～で整理する yòng kǎpiàn zhěnglǐ(用卡片整理).
2〔トランプなどの〕zhǐpái(纸牌). ¶ ～をめくる fān zhǐpái(翻纸牌).

ガード jiàkōng tiělùqiáo(架空铁路桥).

ガードマン jǐngwèiyuán(警卫员).

ガードレール hùlán(护栏).

カートン ¶ タバコ1～ yì tiáo xiāngyān(一条香烟).

ガーナ Jiānà(加纳).

カーニバル kuánghuānjié(狂欢节), jiāniánhuáhuì(嘉年华会). ¶ リオの～ Lǐlú de kuánghuānjié(里卢的狂欢节).

カーネーション xiāngshízhú(香石竹), kāngnǎixīn(康乃馨).

カーバイド diànshí(电石), tànhuàgài(碳化钙).

カーブ wānqū(弯曲), qūxiàn(曲线), wānr(弯儿), wānzi(弯子). ¶ 海岸線がゆるやかに～している hǎi'ànxiàn huǎnhuǎn wānqū(海岸线缓缓弯曲). ¶ この道は～が多い zhè tiáo lù wānr hěn duō[zhèn qūliguǎiwānr de](这条路)弯儿很多[真曲里拐弯儿的]. ¶ ～を切りそこなって車は溝におちた qìchē méi néng zhuǎnguò wānr xiànjìn gōuli le(汽车没能转过弯儿,陷进沟里了). ¶ ～を投げる tóu qūxiànqiú(投曲线球).

カーペット dìtǎn(地毯).

ガーベラ fēizhōujú(非洲菊), fúlánghuā(扶郎花).

カーボン 〔炭素〕tàn(碳);〔炭酸紙〕fùxiězhǐ(复写纸);〔炭素棒〕tànjīngbàng(炭精棒).

カール juǎnfà(卷发). ¶ 髪を少し～させる bǎ tóufa shāo tàngchū juǎnr lai(把头发稍烫出卷儿来).

ガール ¶ ～スカウト nǚtóngzǐjūn(女童子军). ～フレンド nǚpéngyou(女朋友). バス～ gōnggòng qìchē nǚshòupiàoyuán(公共汽车女售票员).

かい【貝】 bèi(贝).

かい【櫂】 jiǎng(桨).

かい【甲斐】 ¶ 勉強した～があって試験に合格した dàodǐ méiyǒu bái yònggōng, kǎoshàng le(到底没有白用功,考上了). ¶ 治療の～もなく不帰の客となった yīzhì wǎngxiào, zhōngyú guīliànbu shēng(医治罔效,终于不能回生). ¶ この仕事はやり～がある zhè xiàng gōngzuò yǒu gàn[bèn/zuò]tour(这项工作有干[奔/做]头儿). ¶ 頼り～のない人 kàobuzhù de rén(靠不住的人).

かい【会】 huì(会). ¶ お別れの～を催す jǔxíng gàobiéhuì(举行告别宴会). ¶ 本～の運営は5人の委員で行う běn huì de gōngzuò yóu wǔ míng wěiyuán zhǔchí(本会的工作由五名委员主持).

¶学習～ xuéxíhuì(学习会).

かい【回】 huí(回), cì(次), biàn(遍);〔試合などの〕jú(局). ¶この集いを～重ねること30～に这个会已经开过三十次了(这个会已经开过三十次了). ¶試合は～を追って白熱してきた bǐsài yì jú bǐ yì jú jīliè le(比赛一局比一局激烈了). ¶1～目は失敗したが2～目はうまくいった dìyī huí shībài, dì-èr huí chénggōng le(第一回失败, 但第二回成功了). ¶何十～となく抗議を繰り返した bùzhī kàngyìle jǐshí cì(不知抗议了几十次). ¶まだ1～も飛行機に乗ったことがない fēijī yí cì yě méi zuòguo(飞机一次也没坐过). ¶1日3～服用 yí rì fúyòng sān cì(一日服用三次). ¶1日に3～食事をする yì tiān chī sān dùn fàn(一天吃三顿饭). ¶何～も何～も見直した wǒ fǎnfù kànle hǎo jǐ biàn(我反复看了好几遍). ¶彼の家には何～も行ったことがある tā jiā wǒ qùguo hǎo jǐ tàng(他家我去过好几趟). ¶第3～戦で惜しくも敗退した kěxī dào dìsān lún[huíhé] jiù shū le(可惜到第三轮[回合]就输了). ¶9～裏のホームランで逆転勝ちした dìjiǔ jú de xiàbànjú jīle ge běnlěidǎ jìng zhuǎn bài wéi shèng le(第九局的下半局击了个本垒打竟转败为胜了).

かい【階】 céng(层), lóu(楼), lóucéng(楼层). ¶この～に洗面所はありますか zhè céng lóu yǒu guànxǐshì ma?(这层楼有盥洗室吗?). ¶事務所は5～にある bàngōngshì zài wǔ lóu(办公室在五楼). ¶このビルは地下3～まである zhè zuò dàlóu dìxià yǒu sān céng(这座大楼地下有三层). ¶10～建てのビル shí céng lóu de dàshà(十层楼的大厦).

かい【下位】 xiàwèi(下位). ¶彼の成績はクラスで～の方だ tā de chéngjì zài bānli jū xiàděng(他的成绩在班里居下等). ¶我がチームはとうとう最～に落ちてしまった wǒ duì dàodǐ luòdàole zuì mò yì míng(我队到底落到了最末一名).

-かい【界】 jiè(界). ¶各～の名士が多数出席した yǒu xǔduō gèjiè zhīmíng rénshì chūxí(有许多各界知名人士出席). ¶文芸～の人 wényìjiè rénshì(文艺界人士).

がい【害】 hài(害), hàichu(害处), wēihài(危害). ¶過度の飲酒は健康に～がある yǐnjiǔ guòdù yǒuhài yú jiànkāng(饮酒过度有害于健康). ¶その程度なら全然～にならない nàge chéngdù quánrán wú hài(那个程度全然无害). ¶この種の鮫は人間に～を与えない zhè zhǒng shāyú bù wēihài rén(这种沙鱼不危害人). ¶そんなものは百～あって一利なしだ nà zhǒng dōngxi yǒu bǎi hài ér wú yí lì(那种东西有百害而无一利).

がい-【該】 gāi(该). ¶～事件は既に解決した gāi ànjiàn yǐjīng jiějué le(该案件已经解决了).

-がい【外】 wài(外). ¶それは予想～の出来事だった nà shì yìliào bu dào de shì(那是意料不到的事). ¶～室へ持出しを禁ず jìnzhǐ dàichū shìwài(禁止带出室外).

-がい【街】 ¶住宅～ zhùzháiqū(住宅区). 商店～ shāngyèjiē(商业街).

かいあく【改悪】 ¶憲法の～反対 fǎnduì cháo huài de fāngxiàng xiūgǎi xiànfǎ(反对朝坏的方向修改宪法).

かいあく【害悪】 hài(害), dúhài(毒害). ¶人に～を及ぼす dúhài rén(毒害人).

かいあげ【買上】 shōugòu(收购), gòumǎi(购买). ¶米の～価格 dàmǐ shōugòu jiàgé(大米收购价格). ¶1000円上お～の方に抽選券を1枚さしあげます gòumǎi yìqiān rìyuán yǐshàng de gùkè fēngsòng cǎipiào yì zhāng(购买一千日元以上的顾客奉送彩票一张).

かいあさ・る【買い漁る】 ¶美術品を～る dàochù shōuluó měishùpǐn(到处收罗美术品).

かいい【魁偉】 kuíwěi(魁伟), kuíwú(魁梧). ¶容貌～ róngmào kuíwěi(容貌魁伟)/ xiàngmào kuíwú(相貌魁梧).

かいいき【海域】 hǎiyù(海域). ¶ビキニ～ Bǐjīnídǎo hǎiyù(比基尼岛海域).

かいいぬ【飼犬】 ¶これはうちの～です zhè shì wǒ jiā yǎng de gǒu(这是我家养的狗). ¶～に手をかまれる yǎng hǔ bèi hǔ shāng(养虎被虎伤)/ yǎng hǔ shāng shēn(养虎伤身).

かいい・れる【買い入れる】 mǎijìn(买进), mǎirù(买入), gòujìn(购进). ¶冬に備えて燃料を大量に～れる wèile zhǔnbèi guòdōng mǎirù dàpī ránliào(为了准备过冬买入大批燃料). ¶古本高価～れ gāojià shōugòu jiùshū(高价收购旧书).

かいいん【会員】 huìyuán(会员). ¶～になる chéngwéi huìyuán(成为会员). ¶～証 huìyuánzhèng(会员证). ～制 huìyuánzhì(会员制). ～名簿 huìyuán míngdān(会员名单). 正～ zhèngshì huìyuán(正式会员). 名誉～ míngyù huìyuán(名誉会员).

かいいん【改印】 ¶～届を出す chéngbào gǎihuàn túzhāng(呈报改换图章).

かいいん【海員】 hǎiyuán(海员). ¶～組合 hǎiyuán gōnghuì(海员工会).

がいいん【外因】 wàiyīn(外因).

かいうん【海運】 hǎiyùn(海运). ¶～業 hǎiyùnyè(海运业).

かいえん【開演】 kāiyǎn(开演), kāichǎng(开场). ¶午後6時に～する xiàwǔ liù diǎn kāiyǎn(下午六点开演). ¶～時間が迫っている kāiyǎn shíjiān kuài dào le(开演时间快到了).

がいえん【外延】 wàiyán(外延).

かいおうせい【海王星】 hǎiwángxīng(海王星).

かいおき【買置き】 ¶なまものだから～ができない shēngxiān de bùnéng duō mǎi cúnzhe(生鲜的不能多买存着). ¶石鹸の～がなくなった bèiyòng de féizào méiyǒu le(备用的肥皂没有了).

かいか【開化】 kāihuà(开化). ¶文明～ wénmíng kāihuà(文明开化).

かいか【開花】 kāihuā(开花). ¶桜が一斉に～した yīnghuā yìqí kāifàng(樱花一齐开放). ¶稲の～期 shuǐdào de kāihuāqī(水稻的开花期).

かいが【絵画】 huìhuà(绘画). ¶～展 huìhuà zhǎnlǎn(绘画展览)/ huàzhǎn(画展).

がいか【外貨】 1〔外国の貨幣〕wàihuì(外汇),

wàibì(外币). ¶~を獲得する zhēngqǔ wàihuì(争取外汇)/ chuànghuì(创汇).
¶~準備 wàihuì chǔbèi(外汇储备).
2[外国の品物] wàihuò(外货). ¶~の輸入を制限する xiànzhì wàihuò jìnkǒu(限制外货进口).

がいか【凱歌】 kǎigē(凯歌). ¶高らかに~を上げる gāochàng kǎigē(高唱凯歌).

ガイガーけいすうかん[ガイガー計数管] Gàigé jìshùqì(盖革计数器).

かいかい【開会】 kāihuì(开会). ¶議長が~を宣する zhǔxí xuānbù kāi huì(主席宣布开会).
¶~の辞を述べる zhì kāihuìcí(致开会辞). ¶国会は明日から~する guóhuì cóng míngtiān qǐ kāi huì(国会从明天起开会).
¶~式 kāihuì yíshì(开会仪式)/ kāimù diǎnlǐ(开幕典礼).

かいがい【海外】 hǎiwài(海外), guówài(国外).
¶~に進出する xiàng hǎiwài fāzhǎn(向海外发展). ¶日本の精密機械の優秀さは~にまで知れ渡っている Rìběn jīngmì jīqì de yōuliáng chíngmíng hǎiwài(日本精密机器的优良驰名海外). ¶~旅行をする qù wàiguó lǚxíng(去外国旅行).
¶~ニュース guójì xīnwén(国际新闻). ~貿易 duìwài màoyì(对外贸易). ~放送 duìwài guǎngbō(对外广播).

がいかい【外海】 wàihǎi(外海).

がいかい【外界】 wàijiè(外界). ¶~の影響を受ける shòu wàijiè de yǐngxiǎng(受外界的影响).

かいがいし・い【甲斐甲斐しい】 ¶~いいでたちで現れた zhuāngshù lìluo chūxiàn zài rén qián(装束利落出现在人前). ¶~く立ち働く shǒujiǎo qínkuai de gōngzuò(手脚勤快地工作).

かいかく【改革】 gǎigé(改革). ¶教育制度を~する gǎigé jiàoyù zhìdù(改革教育制度).
¶宗教~ zōngjiào gǎigé(宗教改革).

がいかく【外角】 wàijiǎo(外角). ¶3角形の~の和は360度である sānjiǎoxíng wàijiǎo de hé děngyú sānbǎi liùshí dù(三角形外角的和等于三百六十度).

がいかく【外郭】 wàichéng(外城). ¶敵は城の~まで押し寄せてきた dírén gōngdào wàichéng lái le(敌人攻到外城来了).
¶~団体 wàiwéi tuántǐ(外围团体).

かいかつ【快活】 kuàihuo(快活). ¶彼女は明るくて~だ tā kāilǎng kuàihuo(她开朗快活).

がいかつ【概括】 gàikuò(概括), jiǎnkuò(简括), gàikuò(赅括). ¶~してこれを論ずれば… jiǎn ér lùn zhī(概而论之). ¶内容を~的に説明する bǎ nèiróng gàikuò shuōmíng(把内容概括说明).

かいかぶ・る【買い被る】 ¶彼は私を~っている tā bǎ wǒ gūjìde tài gāo le(他把我估计得太高了). ¶自分を~るな bié zìmíng-bùfán(别自命不凡)/ búyào shíshí-táijǔ(不要不识抬举).

かいがら【貝殻】 bèiké[r](贝壳[儿]). ¶~細工 bèidiāo(贝雕).

かいがらむし【貝殻虫】 jièqiàochóng(介壳虫).

かいかん【会館】 huìguǎn(会馆).

かいかん【快感】 kuàigǎn(快感). ¶労働したあとの~は何ものにもかえ難い láodòng hòu de kuàigǎn shì rènhé dōngxi yě bùnéng dàitì de(劳动后的快感是任何东西也不能代替的).

かいかん【開館】 kāiguǎn(开馆). ¶図書館は夏休中毎日~している túshūguǎn shǔjià zhōng měitiān kāifàng(图书馆暑假中每天开放). ¶美術館は午前10時に~する měishùguǎn shàngwǔ shí diǎn kāimén(美术馆上午十点开门).
¶近日~ jìnrì kāiguǎn(近日开馆).

かいがん【海岸】 hǎi'àn(海岸), hǎibīn(海滨), hǎibiān(海边). ¶難破船の救生圏が~に打ち上げられた yùnànchuán de jiùshēngquān bèi chōngshàng hǎitān(遇难船的救生圈被冲上海滩). ¶~で夏を過す zài hǎibīn dùguò xiàtiān(在海滨度过夏天).
¶~線 hǎi'ànxiàn(海岸线). 湘南~ Xiāngnán hǎi'àn(湘南海岸).

がいかん【外観】 wàiguān(外观). ¶~はまるでお城のようだ wàiguān jiǎnzhí xiàng ge chéngbǎo shìde(外观简直像个城堡似的).

がいかん【概観】 gàiguān(概观), gàilǎn(概览).
¶世界の歴史を~する gàiguān shìjiè de lìshǐ(概观世界的历史).

かいき【会期】 huìqī(会期). ¶国会の~を延長する yáncháng guóhuì de huìqī(延长国会的会期).

かいき【怪奇】 ¶~な事件 qíguài de shìjiàn(奇怪的事件).
¶~小説 kǒngbù xiǎoshuō(恐怖小说).

-かいき【回忌】 jìchén(忌辰). ¶3~ èr zhōunián jìchén(二周年忌辰).

かいぎ【会議】 huìyì(会议). ¶その問題で我々は何回も~を開いた wèile nàge wèntí wǒmen céng kāiguo hǎo jǐ cì huìyì(为了那个问题我们曾开过好几次会议). ¶只今~中です xiàn zhèngzài kāihuì(现正在开会).
¶~室 huìyìshì(会议室). 軍縮~ cáijūn huìyì(裁军会议).

かいぎ【懐疑】 huáiyí(怀疑). ¶~の念を抱く qǐ yíxīn(起疑心). ¶彼は何にも~的だ tā duì shénme dōu huáiyí(他对什么都怀疑).
¶~論 huáiyílùn(怀疑论).

がいき【外気】 ¶~に触れさせてはいけない bùnéng gēn wàimian de kōngqì jiēchù(不能跟外面的空气接触).

かいきしょく【皆既食】 quánshí(全食).

かいきせん【回帰線】 huíguīxiàn(回归线). 北~ běihuíguīxiàn(北回归线). 南~ nánhuíguīxiàn(南回归线).

かいきねつ【回帰熱】 huíguīrè(回归热).

かいぎゃく【諧謔】 xiéxuè(诙谑), huīxié(诙谐), yōumò(幽默). ¶~に富んだ話しぶりで聴衆を魅了した huīxié de tántǔ bǎ tīngzhòng xīyǐnzhù le(诙谐的谈吐把听众吸引住了).

かいきゅう【階級】 **1**[軍隊の] jūnjiē(军阶), jūnxián(军衔). ¶功績により2~特進する

yóuyú lìgōng liánshēng liǎng jí(由于立功连升两级).

¶~章 jūnxián pèizhāng(军衔佩章).

2〔社会の〕jiējí(阶级). ¶~意識 jiējí yìshí(阶级意识)/ jiējí juéwù(阶级觉悟). ~社会 jiējí shèhuì(阶级社会). ~闘争 jiējí dòuzhēng(阶级斗争). 下層~ xiàcéng jiējí(下层阶级). 支配~ tǒngzhì jiējí(统治阶级). 資本家~ zīchǎn jiējí(资产阶级). 上流~ shàngcéng jiējí(上层阶级). 知識~ zhīshi fènzǐ jiēcéng(知识分子阶层). 特権~ tèquán jiējí(特权阶级). 労働者~ gōngrén jiējí(工人阶级).

かいきゅう【懐旧】 huáijiù(怀旧). ¶~の思いにふける chénmiǎn yú huáijiù zhī qíng(沉湎于怀旧之情).

かいきょ【快挙】 kuàishì(快事). ¶近来の~ jìnlái de ˇkuàishì[dà kuài rénxīn de shì](近来的ˇ快事[大快人心的事]).

かいきょう【回教】 Huíjiào(回教), Qīngzhēnjiào(清真教), Yīsīlánjiào(伊斯兰教). ¶~国 Huíjiàoguó(回教国). ~徒 Huíjiàotú(回教徒).

かいきょう【海峡】 hǎixiá(海峡). ¶マラッカ~ Mǎliùjiǎ Hǎixiá(马六甲海峡).

かいぎょう【改行】 yíháng(移行), huànháng(换行). ¶段落を変えるときには~しなさい huàn duànluò shí yào lìng qǐ yì háng(换段落时要另起一行).

かいぎょう【開業】 kāiyè(开业), kāi(开), kāizhāng(开张). ¶薬局を~する kāi yàofáng(开药房).

¶~医 kāiyè yīshī(开业医师).

かいきょう【概況】 gàikuàng(概况), jiǎnkuàng(简况). ¶事業の~を報告する bàogào shìyè de gàikuàng(报告事业的概况).

¶天気~ qìxiàng gàikuàng(气象概况).

かいき・る【買い切る】 bāo(包). ¶桟敷を~って見物する bāoluózuò guānkàn(包了楼座观看).

かいきん【皆勤】 quánqín(全勤), mǎnqín(满勤). ¶3年間~で表彰された sān nián bù quēqín shòule biǎoyáng(三年不缺勤受了表扬).

¶彼女は小学校を~で通した tā xiǎoxué méi quēguo yì tiān kè(她小学没缺过一天课).

かいきん【開襟】 kāijīn(开襟). ¶~シャツ kāijīn[kāilǐng]chènshān(开襟[开领]衬衫)/ kāishān[r](开衫[儿]).

かいきん【解禁】 jiějìn(解禁). ¶鮎漁は間もなく~になる bǔ xiāngyú bùjiǔ yào jiějìn le(捕香鱼不久要解禁了).

がいきん【外勤】 wàiqín(外勤). ¶~職員 wàiqín rényuán(外勤人员).

かいぐい【買食い】 この子はよく~をする zhè háizi hào mǎi língshí chī(这孩子好买零食吃).

かいくぐる【搔い潜る】 ¶警察の目を~ bìkāi jǐngchá de yǎnjing(避开警察的眼睛). ¶猛火を~ duǒshǎn měnghuǒ(躲闪猛火). ¶法の網を~ zuān fǎlǜ de kòngzi(钻法律的空子).

かいぐん【海軍】 hǎijūn(海军). ¶世界有数の~国 shìjiè shang shǔyī-shǔ'èr de hǎijūnguó

(世界上数一数二的海军国).

¶~士官 hǎijūn jūnguān(海军军官).

かいけい【会計】 kuàijì(会计). ¶~係 kuàijì(会计). ~学 kuàijìxué(会计学). ~士 kuàijìshī(会计师). ~年度 kuàijì niándù(会计年度). ~簿 kuàijìbù(会计簿). 一般~ yìbān kuàijì(一般会计). 特別~ tèbié kuàijì(特别会计).

がいけい【外形】 wàixíng(外形);〔外見〕wàibiǎo(外表), wàiguān(外观). ¶~は豪華だが中身がいかにも貧弱だ wàiguān suī hěn háohuá, kě nèiróng tài pínfá le(外观虽很豪华,可内容太贫乏了).

かいけつ【解決】 jiějué(解决). ¶住宅問題は早急に~を迫られている zhùzhái wèntí jídài jiějué(住宅问题急待解决). ¶話合いによる~をはかる shèfǎ tōngguò shāngtán jiāyǐ jiějué(设法通过商谈加以解决). ¶事件は円満に~した shìjiàn yuánmǎn jiějué le(事件圆满解决了).

¶いずれ時が~してくれるだろう shíjiān huì bāngzhù wǒmen jiějué de(时间会帮助我们解决的). ¶未~の問題が山積している yǒudài jiějué de wèntí duījī rú shān(有待解决的问题堆积如山).

かいけつびょう【壊血病】 huàixuèbìng(坏血病).

かいけん【会見】 huìjiàn(会见), huìwù(会晤);jiējiàn(接见). ¶労働者代表は首相に~を申し込んだ gōngrén dàibiǎo yāoqiú huìjiàn shǒuxiàng(工人代表要求会见首相). ¶外交使節と~する jiējiàn wàijiāo shǐjié(接见外交使节).

¶記者~ jìzhě zhāodàihuì(记者招待会).

かいけん【懐剣】 duǎnjiàn(短剑), bǐshǒu(匕首).

かいげん【戒厳】 jièyán(戒严). ¶~令をしく xià jièyánlìng(下戒严令). ¶町は~状態におかれている shìzhèn chǔyú jièyán zhuàngtài(市镇处于戒严状态).

かいげん【開眼】 kāiyǎn(开眼), kāiguāng(开光). ¶大仏~ dàfó kāiguāng(大佛开光).

かいげん【改元】 gǎiyuán(改元). ¶日本では天皇の代が変わると~される zài Rìběn, tiānhuáng huàndàì jiù yào gǎihuàn niánhào(在日本,天皇换代就要改换年号). ¶昭和から平成に~した cóng Zhāohé gǎiyuán wéi Píngchéng(从昭和改元为平成).

がいけん【外見】 wàibiǎo(外表), wàimào(外貌), wàiguān(外观). ¶~で人を判断してはいけない búyào cóng wàibiǎo lái pànduàn rén(不要从外表来判断人)/ bù yīnggāi yǐ mào qǔ rén(不应该以貌取人)/ rén bùkě màoxiāng(人不可貌相). ¶~をつくろう zhuāng ménmian(装门面).

かいこ【蚕】 cán(蚕), jiācán(家蚕), sāngcán(桑蚕), cánbǎobao(蚕宝宝). ¶~を飼う yǎng cán(养蚕).

かいこ【回顧】 huígù(回顾), hòugù(后顾), huíniàn(回念), huíshǒu(回首), huísù(回溯). ¶往時を~する huígù guòqù(回顾过去)/ huí-

かいこ【解雇】 jiěgù(解雇); cí(辞), cítuì(辞退), cígōng(辞工), cíhuó[r](辞活[儿]), chǎo(炒), chǎo yóuyú(炒鱿鱼). ¶経営不振でたくさんの労働者が～された yóuyú jīngyíng bú shàn, gōngrén bèi dàliàng jiěgù le(由于经营不善,工人被大量解雇了).
¶～手当 jiěgù jīntiē(解雇津贴).

かいこ【懐古】 huáigǔ(怀古), huáijiù(怀旧). ¶～趣味 huáigǔ qíngqù(怀古情趣).

かいご【介護】 hùlǐ(护理). ¶寝たきり老人の～ wòbìng bù qǐ lǎorén de hùlǐ(卧病不起老人的护理). ¶老人を～する hùlǐ lǎorén(护理老人).
¶～保険 hùlǐ bǎoxiǎn(护理保险).

かいご【悔悟】 huǐwù(悔悟), huǐguò(悔过). ¶自分の罪をいたく～する chéntòng de huǐwù zìjǐ de zuìguò(沉痛地悔悟自己的罪过). ¶～の涙にくれる liúxià huǐgǎi de yǎnlèi(流下悔改的眼泪).

かいこう【回航】 ¶修理のためドックへ～する wèile xiūlǐ kāiwǎng chuánwù(为了修理开往船坞).

かいこう【海港】 hǎigǎng(海港).

かいこう【海溝】 hǎigōu(海沟). ¶日本～ Rìběn Hǎigōu(日本海沟).

かいこう【開口】 kāikǒu(开口). ¶彼は一一番政府の無能を攻撃した tā yì kāikǒu jiù gōngjīle zhèngfǔ de wúnéng(他一开口就攻击了政府的无能).

かいこう【開校】 jiànxiào(建校). ¶我が校は～以来30年になる wǒ xiào jiànxiào yǐlái yǐ yǒu sānshí nián le(我校建校以来已有三十年了).
¶～式 jiànxiào diǎnlǐ(建校典礼).

かいこう【開港】 ¶安政元年下田港が～した Ānzhèng yuánnián kāifàngle Xiàtián Gǎng(安政元年开放了下田港).
¶～場 kāifàng de gǎngkǒu(开放的港口).

かいこう【開講】 kāikè(开课). ¶新たに日本語講座を～する xīn kāi[kāishè] Rìyǔ kè(新开[开设]日语课).

かいこう【邂逅】 xièhòu(邂逅). ¶思いがけぬ～に驚く bù qī xièhòu chīle yì jīng(不期邂逅吃了一惊).

かいごう【会合】 jùhuì(聚会), jíhuì(集会). ¶月に1回～を開く měiyuè jùhuì yí cì(每月聚会一次). ¶関係者は急ぎ～して善後策を協議した yǒuguān rényuán jǐnjí huìshāng shànhòu duìcè(有关人员紧急会商善后对策).

がいこう【外交】 1 wàijiāo(外交). ¶A国と～関係を結ぶ yǔ A guó jiànlì wàijiāo guānxi(与A国建立外交关系). ¶～辞令に過ぎない nà búguò shì wàijiāo cíllìng bàle(那不过是外交辞令罢了). ¶彼はあれでなかなかの～家だ bié kàn tā nàyàng, kě shì ge wàichǎngrénr(别看他那样,可是个外场人儿).
¶～官 wàijiāoguān(外交官)/ wàijiāo rényuán(外交人员). ～使節 wàijiāo shǐjié(外交使节). ～特権 wàijiāo tèquán(外交特权). ～文書 wàijiāo wénshū(外交文书).
2 [外勤] wàiqín(外勤). ¶彼は銀行の～をしている tā zài yínháng cóngshì wàiqín gōngzuò(他在银行从事外勤工作). ¶化粧品の～員 huàzhuāngpǐn de tuīxiāoyuán(化妆品的推销员).

がいこう【外向】 wàixiàng(外向). ¶～的な人 xìnggé wàixiàng de rén(性格外向的人).

かいこく【戒告】 jǐnggào(警告). ¶再び繰り返さぬよう厳重に～する wèile shǐ qí búzài chóngfàn, yánjiā jǐnggào(为了使其不再重犯,严加警告). ¶～処分に付す jǐyǔ jǐnggào chǔfèn(给予警告处分).

かいこく【開国】 ¶ペリーは日本に対して～を迫った Péilǐ qiǎngpò Rìběn kāifàng ménhù(培理强迫日本开放门户).

がいこく【外国】 wàiguó(外国), guówài(国外). ¶～へ行って初めて自分の国のよさを知った dàole wàiguó cái zhīdào zìjǐ guójiā de hǎochu(到了外国才知道自己国家的好处). ¶最近は～旅行も簡単になった jìnlái guówài lǚxíng yě fāngbiàn le(近来国外旅行也方便了). ¶この煙草は～製だ zhè zhǒng yān shì wàiguóhuò(这种烟是外国货).
¶～為替 wàihuì(外汇). ～語 wàiguóyǔ(外国语)/ wàiyǔ(外语)/ wàiwén(外文). ～人 wàiguórén(外国人). ～電報 guójì diànbào(国际电报). ～貿易 duìwài màoyì(对外贸易). ～郵便 guójì yóujiàn(国际邮件).

がいこつ【骸骨】 háigǔ(骸骨), shīgǔ(尸骨), kūgǔ(枯骨).

かいこ・む【買い込む】 ¶食料品を山ほど～んで来た mǎilai yí dà duī shípǐn(买来一大堆食品).

かいごろし【飼い殺し】 ¶その会社ではろくな仕事をさせてもらえず,～のような状態だった zài nà jiā gōngsī débuduō xiàngyàngr de gōngzuò, bèi huóyǎngle yíbèizi(在那家公司得不到像样的工作,被活养了一辈子).

かいこん【悔恨】 huǐhèn(悔恨). ¶～の情にかられる huǐhèn bùyǐ(悔恨不已)/ xīnlǐ gǎndào shífēn hòuhuǐ(心里感到十分后悔).

かいこん【開墾】 kāikěn(开垦), kāihuāng(开荒), tuòhuāng(拓荒). ¶荒地を～して野菜を植える kāikěn huāngdì zhòngzhí shūcài(开垦荒地种植蔬菜).

かいさい【快哉】 ¶彼は心中～を叫んだ tā xīnzhōng chēngkuài(他心中称快).

かいさい【開催】 jǔbàn(举办), jǔxíng(举行). ¶展覧会は10月1日から1か月間～される zhǎnlǎnhuì cóng shíyuè yī rì jǔbàn yí ge yuè(展览会从十月一日举办一个月). ¶オリンピックの～国として立候補する zìjiàn shēngqǐng zuòwéi jǔbàn Àolínpǐkè yùndònghuì de hòuxuǎnguó(自荐申请作为举办奥林匹克运动会的候选国)/ shēnbàn Àoyùnhuì(申办奥运会).

かいざい【介在】 ¶両国間には幾つかの解決すべき問題が～している liǎngguó jiān cúnzàizhe jǐ

がいさい[外債] wàizhài(外债).

かいざい[改変] gǎixiě(改写), gǎibiān(改编). ¶戯曲の後半を〜する gǎixiě jùběn de hòubàn bùfen(改写剧本的后半部分). ¶小説を戯曲に〜する bǎ xiǎoshuō gǎibiān wéi jùběn(把小说改编为剧本).

かいさく[開削] kāizáo(开凿). ¶運河を〜する kāizáo yùnhé(开凿运河). ¶道路の〜工事 kāidào gōngchéng(开道工程).

かいさつ[改札] jiǎnpiào(剪票). ¶〜係 jiǎnpiàoyuán(剪票员). 〜口 jiǎnpiàokǒu(剪票口).

かいさん[解散] jiěsàn(解散). ¶一行は駅前で〜した tāmen yìxíng zài chēzhàn qián jiěsàn le(他们一行在车站前解散了). ¶劇団を〜する jiěsàn jùtuán(解散剧团). ¶国会を〜する jiěsàn guóhuì(解散国会).

かいざん[改竄] cuàngǎi(窜改), gǎicuàn(改窜). ¶公文書を〜する cuàngǎi gōngwén(窜改公文).

がいさん[概算] gàisuàn(概算). ¶費用を〜する gàisuàn fèiyong(概算费用).

かいさんぶつ[海産物] hǎichǎn(海产), hǎihuò(海货), hǎichǎnpǐn(海产品).

かいし[開始] kāishǐ(开始). ¶明日から営業を〜する cóng míngtiān kāishǐ yíngyè(从明天开始营业). ¶試合〜のサイレンが鳴った bǐsài kāishǐ de qìdí xiǎng le(比赛开始的汽笛响了).

かいじ[開示] kāishì(开示). ¶情報の〜を求める qǐngqiú kāishì qíngbào(请求开示情报).

がいし[外資] wàizī(外资). ¶〜を導入する yǐnjìn wàizī(引进外资).
¶〜企業 wàizī qǐyè(外资企业).

がいし[碍子] juéyuánzǐ(绝缘子), cípíng(瓷瓶).

がいじ[外字] wàibùzì(外部字), wàibù fúhào(外部符号); wàiguózì(外国字), wàiwén(外文).

がいじ[外耳] wài'ěr(外耳). ¶〜炎 wài'ěrdàoyán(外耳道炎). 〜道 wàitīngdào(外听道)/wài'ěrdào(外耳道).

かいして[概して] yìbān(一般). ¶今年の作柄は〜良好である jīnnián de shōucheng yìbān dōu hěn hǎo(今年的收成一般都很好). ¶〜言えば情勢は我が方に有利である zǒngde lái shuō, júshì duì wǒfāng shì yǒulì de(总的来说,局势对我方是有利的).

かいし・める[買い占める] ¶土地を一手に〜める yìshǒu shōumǎi dìpí(一手收买地皮). ¶米を〜める túnjī dàmǐ(囤积大米). ¶株の〜めをはかる qǐtú dúzhàn gǔfèn(企图独占股份).

かいしゃ[会社] gōngsī(公司). ¶〜を設立する kāibàn gōngsī(开办公司). ¶〜を解散する jiěsàn gōngsī(解散公司). ¶建設〜に勤めている zài jiànzhù gōngsī gōngzuò(在建筑公司工作).
¶〜員 gōngsī zhíyuán(公司职员). 株式〜 gǔfèn gōngsī(股份公司). 合資〜 liǎnghé gōngsī(两合公司). 合名〜 héhuǒ qǐyè(合伙企业). 有限〜 yǒuxiàn gōngsī(有限公司).

がいしゃ[外車] wàiguó qìchē(外国汽车).

かいしゃく[解釈] jiěshì(解释), lǐjiě(理解). ¶この文は〜のしようでどうにでもとれる zhège jùzi jiù kàn zěnme jiěshì le, zěnme lǐjiě dōu kěyǐ(这个句子就看怎么解释了,怎么理解都可以). ¶それは無理な〜だ zhè zhǒng jiěshì tài miǎnqiǎng le(这种解释太勉强了)/zhè yǒudiǎnr chuānzáo-fùhuì(这有点儿穿凿附会). ¶人の言葉を善意に〜する hǎoyì de lǐjiě rénjia de huà(好意地理解人家的话). ¶彼はそれを拒絶と〜した tā rènwéi nà shì duì tā de jùjué(他认为那是对他的拒绝).

かいしゅう[回収] shōuhuí(收回), huíshōu(回收). ¶資金の〜が不能だ shōuhuí zījīn shì bù kěnéng de(收回资金是不可能的). ¶アンケートを〜する shōuhuí diàochábiǎo(收回调查表). ¶廃品を〜する huíshōu fèipǐn(回收废品).

かいしゅう[改宗] ¶キリスト教に〜する gǎiwéi xìnyǎng Jīdūjiào(改为信仰基督教).

かいしゅう[改修] fānxiū(翻修), chóngxiū(重修), gǎijiàn(改建). ¶工場の〜工事 gōngchǎng de gǎijiàn gōngchéng(工厂的改建工程).

かいじゅう[怪獣] guàishòu(怪兽).

かいじゅう[海獣] hǎishòu(海兽).

かいじゅう[晦渋] huìsè(晦涩). ¶〜な文章 wéncí huìsè(文辞晦涩).

かいじゅう[懐柔] huáiróu(怀柔). ¶政敵を〜する lǒngluò zhèngdí(笼络政敌).
¶〜策 huáiróu zhèngcè(怀柔政策).

がいしゅつ[外出] wàichū(外出), chūmén[r](出门[儿]), chūqu(出去). ¶先週の日曜は一家そろって〜した shàng xīngqītiān quánjiā yìqǐ wàichū le(上星期天全家一起外出了). ¶雨が降ったので〜を見合せた xiàle yǔ bù chūmén le(下了雨不出门了). ¶やっと〜許可をもらった hǎoróngyì dédào wàichū xǔkě(好容易得到外出许可). ¶父は〜中です fùqin bú zàijiā(父亲不在家).

かいしゅん[改悛] gǎihuǐ(改悔), huǐgǎi(悔改), gǎiguò(改过), huǐguò(悔过). ¶〜の情が顕著である huǐgǎi de biǎoxiàn hěn xiǎnzhù(悔改的表现很显著).

かいしょ[楷書] kǎishū(楷书), zhèngkǎi(正楷), kǎitǐ(楷体), zhèngtǐ(正体).

かいじょ[解除] jiěchú(解除). ¶大雨警報は〜された dàyǔ jǐngbào jiěchú le(大雨警报解除了). ¶契約を〜する fèichú hétong(废除合同).
¶武装〜 jiěchú wǔzhuāng(解除武装).

かいしょう[甲斐性] ¶うちの女房はなかなか〜がある wǒ lǎopo hěn yǒu néngnai(我老婆很有能耐). ¶うちの亭主は〜なしだ wǒ zhàngfu ˇbù zhēngqì[méi chūxi](我丈夫ˇ不争气[没出息]).

かいしょう[快勝] ¶東軍は西軍に10対0で〜した dōngjūn yǐ shí bǐ líng dà shèng xījūn(东

軍以十比零大胜西军).
かいしょう【改称】 gǎichēng (改称).¶明治元年江戸は東京と～された Míngzhì yuánnián Jiānghù gǎichēng wéi Dōngjīng(明治元年江戸改称为东京).
かいしょう【解消】 fèichú (废除), jiěchú (解除), qǔxiāo (取消).¶契約を～する fèichú hétong (废除合同).¶婚約を～する jiěchú hūnyuē (解除婚约)/ tuìhūn (退婚)/ tuìqīn (退亲).
かいじょう【会場】 huìchǎng (会场).
かいじょう【海上】 hǎishàng (海上).¶～封鎖 hǎishàng fēngsuǒ (海上封锁).～保険 hǎishàng bǎoxiǎn (海上保险)/ shuǐxiǎn (水险).～輸送 hǎishàng yùnshū (海上运输).
かいじょう【開場】 kāichǎng (开场).¶劇場は午前10時に～する xìyuàn shàngwǔ shí diǎn rùchǎng (戏院上午十点入场).¶～前からたくさんの人が列を作っていた kāichǎng yǐqián jiù yǒu hěn duō rén zài páiduì děngzhe (开场以前就有很多人在排队等着).
がいしょう【外相】 wàizhǎng (外长), wàijiāo bùzhǎng (外交部长), wàiwù dàchén (外务大臣).¶～会議 wàizhǎng huìyì (外长会议).
かいしょう【外傷】 wàishāng (外伤).
がいしょう【街娼】 yějī (野鸡), jiētóu nǚrén (街头女人).
かいしょく【会食】 huìcān (会餐), jùcān (聚餐).
がいしょく【外食】 ¶このところ夕食はほとんど～だ zhèxiē rìzi wǎnfàn chàbuduō dōu zài ˈwàibian chī [chī guǎnzi](这些日子晚饭差不多都在ˈ外边吃[吃馆子]).
¶～産業 yǐnshíyè (饮食业).
かいしん【会心】 huìxīn (会心), huìyì (会意), déyì (得意).¶われながらの作だ zhè shì wǒ déyì zhī zuò (这是我得意之作).¶～の笑みをもらす lùchū huìxīn de wēixiào (露出会心的微笑).
かいしん【回診】 cháfáng (查房).¶院長が～する yuànzhǎng chá bìngfáng (院长查病房).
かいしん【改心】 gǎihuǐ (改悔), huǐgǎi (悔改).¶彼も今度は～したようだ kànlai tā zhè cì zhēnzhèng huǐgǎi le (看来他这次真正悔改了).¶前非を悔いて～する tònggǎi qiánfēi, gǎiguò zìxīn (痛改前非,改过自新)/ xǐxīn gémiàn, gǎixié guīzhèng (洗心革面,改邪归正).
かいじん【灰燼】 huījìn (灰烬).¶町は一夜にして～に帰した chéngzhèn yíyè zhī jiān huàwéi huījìn le (城镇一夜之间化为灰烬了).
がいしん【外信】 wàidiàn (外电).
がいじん【外人】 wàirén (外人), lǎowài (老外), yángrén (洋人).
かいず【海図】 hǎitú (海图).
かいすい【海水】 hǎishuǐ (海水).¶～着 yóuyǒngyī (游泳衣).～パンツ yóuyǒngkù (游泳裤).～帽 yóuyǒngmào (游泳帽).
かいすいよく【海水浴】 hǎishuǐyù (海水浴).
 ¶～をする xǐ hǎishuǐyù (洗海水浴).
 ¶～場 hǎibīn yùchǎng (海滨浴场).
かいすう【回数】 huíshù (回数), cìshù (次数).
 ¶～券 liánpiào (联票).
がいすう【概数】 gàishù (概数).
かい・する【介する】 1〔仲立ちとする〕tōngguò (通过).¶A氏を先方に和解を申し入れた tōngguò A xiānsheng xiàng duìfāng jiànyìle héjiě (通过A先生向对方建议了和解).2〔心にかける〕jiè (介).¶私の言う事などまるで意に～しない風だった nǎ wǒ shuō de huà gēnběn bú dàng yìhuíshì shìde (拿我说的话根本不当一回事似的).
かい・する【会する】 huìjù (会聚・汇聚), huìjí (会集・汇集), jùhuì (聚会), jùjí (聚集), jùhé (聚合); huìcuì (荟萃).¶全国の会員が一堂に～した quánguó de huìyuán jùjí yì táng (全国的会员聚集一堂).
かい・する【解する】 lǐjiě (理解), dǒng (懂).¶彼はその言葉を拒絶と～した tā bǎ nà huà lǐjiě wéi jùjué (他把那话理解为拒绝).¶彼はユーモアを～しない tā bù dǒng yōumò (他不懂幽默).¶芸術を～しない bù dǒng yìshù (不懂艺术).
がい・する【害する】 shāng (伤), hài (害), sǔn (损), sǔnhài (损害), shānghài (伤害).¶過労で健康を～した gōngzuò guòdù ˈshāngle shēntǐ [sǔnhàile jiànkāng](工作过度ˈ伤了身体[损害了健康]).¶彼の言葉に彼女は感情を～したらしい tā de huà sìhū shāngle tā de gǎnqíng (他的话似乎伤了她的感情).
かいせい【快晴】 qíngláng (晴朗).¶～に恵まれて運動会は大成功だった tiānqì shífēn qínglǎng [tiān lǎng qì qīng], yùndònghuì kāide dàwéi chénggōng (天气十分晴朗 [天朗气清],运动会开得大为成功).
かいせい【改正】 xiūgǎi (修改).¶列車ダイヤを～する gǎigé lièchē shíkèbiǎo (改订列车时刻表).¶法律の一部を～する duì fǎlǜ de yíbùfèn jiāyǐ xiūgǎi (对法律的一部分加以修改).¶～案 xiūzhèng'àn (修正案).
かいせい【改姓】 gǎixìng (改姓).
かいせき【解析】 jiěxī (解析).¶データを～する fēnxi shùjù zīliào (分析数据资料).
 ¶～学 jiěxīxué (解析学).～幾何学 jiěxī jǐhéxué (解析几何学).
かいせつ【開設】 kāishè (开设).¶支店を～する kāishè fēnhào (开设分号).¶保育園の～がのぞまれる qīwàng kāishè tuō'érsuǒ (期望开设托儿所).
かいせつ【解説】 jiěshuō (解说), píngshuō (评说), jiǎngjiě (讲解).¶魯迅の作品を～する píngjiě Lǔ Xùn de zuòpǐn (评介鲁迅的作品).
 ¶～者 píngshuōyuán (评说员).ニュース～xīnwén pínglùn (新闻评论).
がいせつ【外接】 wàijiē (外接).¶～円 wàijiēyuán (外接圆).
がいせつ【概説】 gàishù (概述).¶この本は中国文学史を～したものだ zhè běn shū shì gàishù Zhōngguó wénxuéshǐ de (这本书是概述中国文学史的).
 ¶日本史～ Rìběnshǐ gàiyào (日本史概要).
かいせん【会戦】 huìzhàn (会战).
かいせん【回線】 xiàn (线), xiànlù (线路), diàn-

かいせん【回線】 lù(电路). ¶～がふさがっていて電話が通じない yóuyú zhànxiàn, diànhuà dǎbutōng (由于占线,电话打不通). ¶通信～を増やす zēngjiā tōngxìn xiànlù(增加通信线路).

¶電話～ diànhuàxiàn(电话线). 無線～ wúxiàndiàn xiànlù(无线电线路). 専用～ zhuānxiàn(专线).

かいせん【改選】 gǎixuǎn(改选). ¶委員を～する gǎixuǎn wěiyuán(改选委员).

かいせん【海戦】 hǎizhàn(海战).

かいせん【疥癬】 jièchuāng(疥疮), jièchóng(疥虫)/ jièmǎn(疥螨)/ jièxuǎnchóng(疥癣虫).

かいせん【開戦】 kāizhàn(开战).

かいぜん【改善】 gǎishàn(改善), gǎijìn(改进). ¶生活環境を～する gǎishàn shēnghuó huánjìng(改善生活环境). ¶待遇の～を要求する yāoqiú gǎishàn dàiyù(要求改善待遇). ¶この方法はまだ～の余地がある zhège fāngfǎ shàng yǒu gǎishàn de yúdì(这个方法尚有改善的余地).

がいせん【外線】 wàixiàn(外线). ¶～工事のため停電する yóuyú jìnxíng hùwài diànxiàn gōngchéng tíngdiàn(由于进行户外电线工程停电). ¶～から電話がかかってきた yóu wàixiàn dǎlaile diànhuà(由外线打来了电话).

がいせん【凱旋】 kǎixuán(凯旋). ¶アレクサンドロス大王はインドから～した Yàlìshāndà Dàdì cóng Yìndù kǎixuán(亚历山大大帝从印度凯旋).

がいぜんせい【蓋然性】 gàiránxìng(盖然性), huòránxìng(惑然性).

かいそ【改組】 gǎizǔ(改组). ¶委員会を～する gǎizǔ wěiyuánhuì(改组委员会).

かいそ【開祖】 kāishān zǔshī(开山祖师), kāishānzǔ(开山祖), kāishān(开山).

かいそう【会葬】 ¶葬儀には多数の人々が～した zàngLǐ yǒu xǔduō rén cānjiā le(葬礼有许多人参加了).

¶～者 cānjiā zàngLǐ de rén(参加葬礼的人).

かいそう【回送】 zhuǎnjì(转寄). ¶彼女の手紙を新しい住所に～する bǎ tā de xìn zhuǎnjì dào tā de xīn dìzhǐ(把她的信转寄到她的新地址).

¶～車 huíkōngchē(回空车).

かいそう【回想】 huíxiǎng(回想), yìxiǎng(忆想), yáoxiǎng(遥想), huíyì(回忆), huíniàn(回念), huísù(回溯), yáoyì(遥忆). ¶子供の頃を～する huíxiǎng xiǎoshíhou de shì(回想小时候的事). ¶～にふける chénjìn zài huíyì zhōng(沉浸在回忆中).

¶～録 huíyìlù(回忆录).

かいそう【回漕】 ¶～業 chuánbó yùnshūyè(船舶运输业).

かいそう【快走】 ¶ゴールを目指してヨットは～した fānchuán xiàngzhe zhōngdiǎn fēichí(帆船向着终点飞驰).

かいそう【改装】 zhuāngxiū(装修). ¶店内を～する shāngdiàn nèibù jìnxíng zhuāngxiū(商店内部进行装修).

かいそう【海草・海藻】 hǎizǎo(海藻).

かいそう【階層】 jiēcéng(阶层).

かいそう【潰走】 kuìtáo(溃逃), kuìsàn(溃散). ¶敵は算をみだして～した dírén kuìbùchéngjūn táosàn le(敌人溃不成军逃散了).

かいぞう【改造】 gǎizào(改造). ¶物置を浴室に～する bǎ duīfang gǎizàochéng yùshì(把堆房改造成浴室). ¶内閣を～する gǎizǔ nèigé(改组内阁).

かいぞう【解像】 xīxiàng(析像). ¶～度の高いレンズ fēnbiànlǜ gāo de tòujìng(分辨率高的透镜).

¶～力 xīxiàng nénglì(析像能力)/ fēnbiàn nénglì(分辨能力).

かいぞえ【介添】 ¶身体障害者の～をする zài shēnbiān péibàn fúshi cánjirén(在身边陪伴服侍残疾人). 花嫁の～をつとめる gěi xīnniáng zuò bànniáng(给新娘做伴娘).

かいそく【会則】 huìzé(会则), huìzhāng(会章). ¶同窓会の～を定める zhìdìng xiàoyǒuhuì de huìzhāng(制定校友会的会章).

かいそく【快足】 jiézú(捷足), fēimáotuǐ(飞毛腿). ¶～を利して一挙に3塁に達した báqǐ fēimáotuǐ yíxiàzi pǎodào sānlěi(拔起飞毛腿一下子跑到三垒).

かいそく【快速】 kuàisù(快速). ¶～船 kuàichuán(快船). ～フェリー kuàisù dùlún(快速渡轮).

かいぞく【海賊】 hǎidào(海盗), hǎiféi(海匪). ¶～船 hǎidàochuán(海盗船). ～版 dàoyìnbǎn(盗印版)/ dàobǎn(盗版).

がいそふ【外祖父】 wàizǔfù(外祖父).

がいそぼ【外祖母】 wàizǔmǔ(外祖母).

かいたい【解体】 chāi(拆), chāichú(拆除), chāixiè(拆卸); jiětǐ(解体). ¶建物を～する chāichú jiànzhùwù(拆除建筑物). ¶自動車を～する chāixiè qìchē(拆卸汽车). ¶組織が～した zǔzhī jiětǐ le(组织解体了).

かいたい【懐胎】 huáitāi(怀胎).

かいだい【解題】 ¶～をつくる zuò jiětí(作解题).

かいたく【開拓】 kāituò(开拓), kāikěn(开垦), kāifā(开发), kāipì(开辟). ¶原野を～する kāikěn yuányě(开垦原野)/ kāifā huāngdì(开发荒地)/ kāi huāng(开荒). ¶～地に入植する qiāndào kěnqū(迁到垦区). ¶新しい販路を～する kāipì xīn de xiāolù(开辟新的销路).

¶～者精神 kāituòzhě jīngshén(开拓者精神).

かいだく【快諾】 kǎiyǔn(慨允). ¶彼は私の依頼を～してくれた tā kǎirán dāyingle wǒ de yāoqiú(他慨然答应了我的要求).

かいだし【買出し】 ¶農村へ食糧の～に行く dào nóngcūn mǎi liángshi(到农村买粮食).

かいた・す【買い足す】 ¶足りない分はあとから～せばよい bú gòu de bùfen guòhòu zài bǔmǎi hǎo le(不够的部分过后再补买好了).

かいだ・す【掻い出す】 táo(淘). ¶船底の水を～す táochū chuándǐ de shuǐ(淘出船底的水).

かいた・く【買い叩く】 shājià(杀价). ¶足もとを見て～く kàn rén jíyú shòuchū jíjlì shājià

（看人急于售出极力杀价）.

かいだめ【買溜め】 ¶缶詰の〜をする mǎi guàntou jīcún qǐlai（买罐头积存起来）. ¶安い時に〜しておく piányi shí mǎi, chǔcún xiàlai（便宜时买,储存下来）.

かいだん【会談】 huìtán（会谈）. ¶首相と〜する yǔ shǒuxiàng huìtán（与首相会谈）. ¶〜は物別れに終った huìtán bùhuān ér sàn（会谈不欢而散）.
¶日米首脳〜 Rì-Měi shǒunǎo huìtán（日美首脑会谈）.

かいだん【怪談】 guǐguài gùshi（鬼怪故事）.

かいだん【階段】 lóutī（楼梯）. ¶この〜は急だ zhè lóutī hěn dǒu（这楼梯很陡）. ¶〜を上る［下りる］ shàng［xià］lóutī（上［下］楼梯）.
¶〜教室 jiētī jiàoshì（阶梯教室）. 非常〜 tàipíngtī（太平梯）/ ānquántī（安全梯）. らせん〜 luóxuántī（螺旋梯）.

がいたん【慨嘆】 kǎitàn（慨叹）, tànxī（叹息）. ¶最近のモラルの退廃は〜に堪えない zuìjìn de dàodé tuífèi shízài ràng rén búshèng kǎitàn（最近的道德颓废实在让人不胜慨叹）.

かいだんじ【快男児】 ¶彼はなかなかの〜だ tā shì ge xiāngdāng háoshuǎng de rén（他是个相当豪爽的人）.

ガイダンス xuéxí zhǐdǎo（学习指导）.

かいちく【改築】 gǎijiàn（改建）, fānjiàn（翻建）, fānzào（翻造）, fāngài（翻盖）, fānxiū（翻修）.
¶校舎を〜する gǎijiàn xiàoshè（改建校舍）.

かいちゅう【回虫】 huíchóng（蛔虫）.

かいちゅう【改鋳】 gǎizhù（改铸）.

かいちゅう【海中】 hǎizhōng（海中）, hǎili（海里）. ¶潜水艦は〜深くその姿を没した qiánshuǐtǐng shēnshēn qiánrù hǎili（潜水艇深深潜入海里）.

かいちゅう【懐中】 ¶〜無一物になった shēnshang yí ge zǐr yě méiyǒu le（身上一个子儿也没有了）/ náng kōng rú xǐ（囊空如洗）.
¶〜電灯 shǒudiàntǒng（手电筒）/ shǒudiàn（手电）/ diàntǒng（电筒）/ diànbàng[r]（电棒[儿]）. 〜時計 huáibiǎo（怀表）.

がいちゅう【害虫】 hàichóng（害虫）.

がいちゅう【外注】 ¶部品の多くは〜に出す língjiàn de dàbùfen xiàng wàibù dìnghuò（零件的大部分向外部订货）.

かいちょう【会長】 huìzhǎng（会长）.

かいちょう【回腸】 huícháng（回肠）.

かいちょう【快調】 zhèngcháng（正常）, shùnlì（顺利）. ¶エンジンは〜だ yǐnqíng hěn zhèngcháng（引擎很正常）. ¶万事に〜に進んでいる yíqiè jìnxíngde hěn shùnlì（一切进行得很顺利）.

かいちょう【開帳】 **1**【厨子の】 kāikān（开龛）.
¶秘仏を〜する kāikān gōngkāi mìcáng de fóxiàng（开龛公开密藏的佛像）.
2〔賭博の〕 賭場を〜する kāi dǔjú（开赌局）.

がいちょう【害鳥】 hàiniǎo（害鸟）.

かいちん【開陳】 ¶意見を〜する chénshù yìjiàn（陈述意见）.

かいつう【開通】 kāitōng（开通）. ¶トンネルの〜を急ぐ gǎnzhe dǎtōng suìdào（赶着打通隧道）. ¶この地区に電話が〜した zhège dìqū tōng diànhuà le（这个地区通电话了）. ¶この道路は来年3月〜の見込みです zhè tiáo lù yùdìng zài míngnián sānyuè ᵛtōngchē[kāitōng shǐyòng]（这条路预定在明年三月ᵛ通车[开通使用]）.

かいづか【貝塚】 bèiqiū（贝丘）.

かいつ・ける【買い付ける】 **1**〔いつも買う〕 ¶いつも〜けている店 wǒ jīngcháng mǎi dōngxi de pùzi（我经常买东西的铺子）.
2〔買い入れる〕 cǎigòu（采购）, shōugòu（收购）.
¶羊毛の〜けにオーストラリアに行く dào Àodàlìyà qù cǎigòu yángmáo（到澳大利亚去采购羊毛）.

かいつま・む【掻い摘む】 jiǎnkuò（简括）, jiǎnyào（简要）. ¶〜んで言えば… jiǎnkuò de shuō …（简括地说…）/ cháng huà duǎn shuō …（长话短说…）.

かいて【買手】 mǎizhǔ（买主）, mǎifāng（买方）.
¶その絵にはすぐ〜がついた nà zhāng huà hěn kuài yǒule mǎizhǔ（那张画很快有了买主）.
¶〜市場 mǎifāng shìchǎng（买方市场）.

かいてい【改定】 xiūgǎi（修改）. ¶定価を〜する xiūgǎi dìngjià（修改定价）.

かいてい【改訂】 xiūdìng（修订）, gǎidìng（改订）, chóngxiū（重修）. ¶辞書を〜する xiūdìng cídiǎn（修订词典）.
¶〜版 xiūdìngběn（修订本）.

かいてい【海底】 hǎidǐ（海底）. ¶〜ケーブル hǎidǐ diànlǎn（海底电缆）. 〜炭田 hǎidǐ méitián（海底煤田）. 〜トンネル hǎidǐ suìdào（海底隧道）. 〜油田 hǎidǐ yóutián（海底油田）.

かいてい【開廷】 kāitíng（开庭）. ¶次回は10月25日10時に〜する xià cì yú shíyuè èrshíwǔ rì shí diǎn kāitíng（下次于十月二十五日十点开庭）.

かいてき【快適】 shūshì（舒适）, shūfu（舒服）.
¶この椅子の座り心地は〜だ zhè bǎ yǐzi zuòzhe hěn shūfu（这把椅子坐着很舒服）. ¶飛行機で〜な旅をする chéng fēijī zuò shūshì de lǚxíng（乘飞机做舒适的旅行）.

がいてき【外的】 wàizài（外在）. ¶〜原因 wàizài yuányīn（外在原因）. 〜条件 wàizài tiáojiàn（外在条件）.

がいてき【外敵】 wàidí（外敌）. ¶保護色で〜から身を守る lìyòng bǎohùsè fángyù wàidí（利用保护色防御外敌）.

かいてん【回転】 zhuàn（转）, zhuàndòng（转动）, xuánzhuǎn（旋转）; zhōuzhuǎn（周转）.
¶プロペラが〜し始めた luóxuánjiǎng kāishǐ xuánzhuǎn le（螺旋桨开始旋转了）. ¶崖から落ちた車は1〜して止った cóng xuányá diàoxià de qìchē fānle yì ge gèr tíngle xiàlai（从悬崖摔下的汽车翻了一个个儿停了下来）. ¶彼女は頭の〜がはやい tā nǎojīn hěn kuài（她脑筋很快）. ¶45〜のレコード sìshiwǔ zhuàn chàngpiàn（四十五转唱片）. ¶資金の〜をはやめる jiākuài zījīn de zhōuzhuǎn（加快资金的周转）.

かいてん

¶〜椅子 zhuǎnyǐ(转椅).〜運動 zhuàndòng (转动).〜速度 zhuànsù(转速).〜競技 huízhuǎn bǐsài(回转比赛)/huízhuǎn(回转).〜子 zhuànzǐ(转子).〜軸 zhuànzhóu(转轴).〜ドア zhuànmén(转门).〜木馬 xuánzhuǎn mùmǎ(旋转木马).〜炉 zhuànlú(转炉).

かいてん【開店】 1〔新規の〕kāi(开), kāishè (开设), kāikāizhāng(开张开业). ¶本屋を〜する kāi[kāishè]shūdiàn(开[开设]书店). ¶〜大売出し xīnzhāng dàjiànmài(新张大贱卖).
¶近日〜 jírì kāizhāng(即日开张).
2〔毎日の〕kāimén(开门), xiàbǎnr(下板儿). ¶デパートは午前10時に〜する bǎihuò gōngsī shàngwǔ shí diǎn kāimén(百货公司上午十点开门). ¶目下〜休業の状態で yǎnxià chǔyú ▼kāi diàn bù kāizhāng[kāimén méi shēngyi] de zhuàngtài(眼下处于▼开店不开张[开门没生意]的状态).

かいでん【外電】 wàidiàn(外电). ¶〜の伝えるところによれば… jù wàidiàn bàodào …(据外电报道…).

ガイド xiàngdǎo(向导), dǎoyóu(导游). ¶土地不案内なので〜を雇った réndì shēngshū, gùle ge xiàngdǎo(人地生疏,雇了个向导).
¶〜ブック lǚyóu zhǐnán(旅行指南)/dǎoyóu shǒucè(导游手册). バス〜 yóulǎn qìchē de xiàngdǎo(游览汽车的向导).

かいとう【回答】 huídá(回答), dáfù(答复), huífù(回复). ¶文書による〜を要求する yāoqiú shūmiàn dáfù(要求书面答复). ¶私の質問に対して何の〜もない duì wǒ de wèntí méiyǒu rènhé huídá(对我的问题没有任何回答).
¶至急御〜下さい qǐng jǐnsù dáfù wéi hè(请尽速答复为荷).

かいとう【快刀】 ¶〜乱麻を断つ kuàidāo zhǎn luànmá(快刀斩乱麻).

かいとう【解凍】 jiědòng(解冻), huàdòng(化冻). ¶夕飯用の肉を今のうちに〜しておこう wǎnfàn yòng de dòngròu, xiànzài bǎ tā huàkāi ba(晚饭用的冻肉,现在把它化开吧).

かいとう【解答】 jiědá(解答). ¶次の中から正しい〜を選びなさい cóng xiàmian xuǎnchū zhèngquè de dá'àn(从下面选出正确的答案).
¶2題〜できなかった liǎng dào tí jiědá bu chūlái(两道题解答不出来).
¶〜用紙 dájuàn(答卷).

かいどう【海棠】 hǎitáng(海棠).

かいどう【街道】 gōnglù(公路), dàolù(道路). ¶甲州〜 Jiǎzhōu gōnglù(甲州公路).

がいとう【外套】 wàitào[r](外套[儿]), dàyī (大衣).

がいとう【街灯】 jiēdēng(街灯), lùdēng(路灯).

がいとう【街頭】 jiētóu(街头), jiēshang(街上). ¶〜で署名を集める zài jiētóu shang zhēngjí qiānmíng(在街头上征集签名).
¶〜演説 jiētóu yǎnshuō(街头演说).〜募金 jiētóu mùjuān(街头募款).〜録音 jiētóu lùyīn(街头录音).

がいとう【該当】 fúhé(符合). ¶〜するところを丸で囲みなさい zài fúhé de dìfang huàshàng yuánquān(在符合的地方划上圆圈). ¶それは刑法第57条に〜する nà shìyòng yú xíngfǎ dìwǔshíqī tiáo(那适用于刑法第五十七条). ¶〜者なし wú fúhézhě(无符合者).

かいどく【買得】 ¶これは今買っておくと〜だ zhège xiànzài mǎi kě piányi(这个现在买可便宜). ¶これは本日のお一品です zhè shì jīntiān de piányihuò(这是今天的便宜货).

かいどく【回読】 ¶雑誌を〜する chuányuè zázhì(传阅杂志).

かいどく【解読】 jiědú(解读), yìdú(译读), yìjiě (译解), pòyì(破译). ¶楔形文字を〜する jiědú xiěxíng wénzì(解读楔形文字). ¶暗号を〜する yìdú mìmǎ(译读密码). ¶敵の暗号文を〜する pòyì dírén de mìmǎwén(破译敌人的密码文).

がいどく【害毒】 dúhài(毒害). ¶世に〜を流す xiàng shèhuì sànbù dúsù(向社会散布毒素)/liú dú yú shì(流毒于世).

ガイドライン fāngzhēn(方针), zhǐzhēn(指针), zhǔnzé(准则). ¶日米防衛〜 Rì-Měi fángwèi hézuò zhǐzhēn(日美防卫合作指针).

かいと・る【買い取る】 ¶彼はそのコレクションを5億円で〜った tā bǎ nà shōucángpǐn yòng wǔyì rìyuán mǎixià le(他把那收藏品用五亿日元买下了).

かいなん【海難】 hǎinàn(海难). ¶〜救助 hǎinàn jiùzhù(海难救助).〜事故 hǎishì(海事).〜審判 hǎinàn shěnpàn(海难审判).

かいにゅう【介入】 jièrù(介入), gānyù(干预·干与), gānshè(干涉). ¶両国間の争いに〜しない bú jièrù liǎngguó zhī jiān de zhēngduān (不介入两国之间的争端). ¶第三者の〜を許さない bù yǔnxǔ dìsānzhě de gānyù(不允许第三者的介入).

かいにん【解任】 miǎnzhí(免职), chèzhí(撤职), chǐzhí(褫职), bàmiǎn(罢免). ¶取締役を〜する jiěchú jīnglǐ de zhíwù(解除经理的职务).

かいにん【懐妊】 huáiyùn(怀孕), shēnyùn(身孕), dàdùzi(大肚子).

かいぬし【買主】 mǎizhǔ(买主), mǎifāng(买方).

かいぬし【飼主】 zhǔrén(主人). ¶この犬は〜の言うことをよく聞く zhè zhī gǒu hěn tīng zhǔrén de huà(这只狗很听主人的话).

かいね【買値】 mǎijià(买价), cǎigòu jiàgé(采购价格). ¶思ったより高い〜がついた mǎijià gěide bǐ yùliào de hái gāo(买价给得比预料的还高). ¶これでは〜を割ってしまう zhèyàng bǐ mǎijià hái dī(这样比买价还低).

がいねん【概念】 gàiniàn(概念). ¶"人"という〜 "rén" zhège gàiniàn("人"这个概念). ¶それは〜的理解に過ぎない nà zhǐshì yì zhǒng gàiniànhuà de lǐjiě bàle(那只是一种概念化的理解罢了).

かいば【飼葉】 cǎoliào(草料). ¶馬に〜をやる gěi mǎ wèi cǎoliào(给马喂草料).
¶〜桶 cáozi(槽子)/mǎcáo(马槽).

かいはい【改廃】 ¶法律の〜 fǎlǜ de xiūgǎi hé fèichú(法律的修改和废除).

がいはく【外泊】 guòyè（过夜）．¶昨夜は仕事で遅くなって～した zuówǎn gōngzuò máng dào hěn wǎn zài wàimian guòle yí yè（昨晚工作忙到很晚在外面过了一夜）．

がいはく【該博】 gāibó（赅博・该博），yuānbó（渊博）．¶～な知識 yuānbó de zhīshi（渊博的知识）．

かいばしら【貝柱】 bìkéjī（闭壳肌）；[干物] gānbèi（干贝），dàizi（带子）．

かいはつ【開発】 kāifā（开发）．¶国土を～する kāifā guótǔ（开发国土）．¶新製品の～につとめる nǔlì kāifā xīnchǎnpǐn（努力开发新产品）．¶技術～ jìshù kāifā（技术开发）．～途上国 fāzhǎnzhōng guójiā（发展中国家）．

かいばつ【海抜】 hǎibá（海拔），báhǎi（拔海），gāochéng（高程）．¶富士山は～3776メートルである Fùshì Shān hǎibá sānqiān qībǎi qīshíliù mǐ（富士山海拔三千七百七十六米）．

かいひ【会費】 huìfèi（会费）．¶同窓会の～は年額2000円で xiàoyǒuhuì de huìfèi yì nián liǎngqiān kuài qián（校友会的会费一年两千块钱）．¶～を納める jiǎo huìfèi（缴会费）．¶～5000円でダンスパーティーを開く yǐ wǔqiān kuài qián de huìfèi jǔxíng wǔhuì（以五千块钱的会费举行舞会）．

かいひ【回避】 huíbì（回避），táobì（逃避），guībì（规避）．¶互いに衝突を～する hùxiāng huíbì chōngtū（互相回避冲突）．¶責任を～する táobì zérèn（逃避责任）．

がいひ【外皮】 wàipí（外皮）

かいへき【開闢】 kāitiān-pìdì（开天辟地）．¶～以来の出来事 kāitiān-pìdì yǐlái de dàshì（开天辟地以来的大事）．

かいひょう【開票】 kāipiào（开票）．¶～の結果当選者は次のように決った gēnjù kāipiào de jiéguǒ, dāngxuǎnrén rúxià（根据开票的结果,当选人如下）．¶立会人立会いの上で～する zài jiānpiàorén jiānchǎng xià kāipiào（在监票人监场下开票）．

かいひょう【解氷】 jiědòng（解冻）．¶黒竜江が～し始めた Hēilóng Jiāng kāishǐ jiědòng le（黑龙江开始解冻了）．

かいひん【海浜】 hǎibīn（海滨）．

がいぶ【外部】 wàibù（外部），wàijiè（外界）．¶～との接触がとだえる yǔ wàibù de jiēchù duànjué le（与外部的接触断绝了）．¶秘密を～に漏らす xiàng wài xièlù mìmì（向外泄露秘密）．¶～の批評は気にしない wàibù [wàijiè] de pīpíng búzàihu（对"外部[外界]"的批评不在乎）．¶～の者立ち入るべからず wàirén miǎn jìn（外人免进）．

かいふう【開封】 1 chāifēng（拆封），qǐfēng（启封）．¶手紙を～する chāikāi xìnfēng（拆开信封）/ chāifēng（拆信）．
2 [ひらきふう] ¶～で出す yǐ chǎngkǒuxìn yóujì（以敞口信邮寄）．

かいふく【回復】 huīfù（恢复）．¶天候の～を待って出発する děng tiānqì hǎozhuǎn chūfā（等天气好转出发）．¶健康が～した huīfùle jiànkāng（恢复了健康）/ kāngfù（康复）/ píngfu（平复）/ fùyuán（复元）．¶ひと眠りしたら疲労が～した shuìle yíhuìr huīfùle píláo [jiěle fá]（睡了一会儿恢复了疲劳[解了乏]）．¶やっと意識が～した shénzhì hǎoróngyì qīngxǐng guòlai（神志好容易清醒过来）．¶景気はまだ～しない jǐngqì hái bùjiàn huīfù [qǐsè]（景气还不见恢复[起色]）．¶国交を～する huīfù bāngjiāo（恢复邦交）/ fùjiāo（复交）．¶失地を～する huīfù [shōufù] shīdì（恢复[收复]失地）．¶一度落した信用はなかなか～できない xìnyòng yídù sàngshī jiù hěn nán huīfù [wǎnhuí]（信用一度丧失就很难"恢复[挽回]"）．

かいぶつ【怪物】 guàiwu（怪物）．¶政界の～ zhèngjiè de guàiwu（政界的怪物）．

がいぶん【外聞】 ¶～が悪いからそれだけはやめてくれ tài bù tǐmiàn, zhège kě qiānwàn búyào gàn（太不体面,这个可千万不要干）．¶～を気にする gù miànzi（顾面子）．¶恥も～も気にせず通いつめる bùgù xiūchǐ hé miànzi tiāntiān dēngmén（不顾羞耻和面子天天登门）．

かいぶんしょ【怪文書】 nìmíngxìn（匿名信），hēixìn（黑信）．

かいへい【皆兵】 ¶国民～制度 quánmín jiē bīngzhì（全民皆兵制）．

かいへい【開平】 kāi píngfāng（开平方），kāifāng（开方）．¶9を～する kāi jiǔ de píngfāng（开九的平方）/ qiú jiǔ de píngfānggēn（求九的平方根）．

かいへい【開閉】 kāiguān（开关）．¶ドアの～は静かにして下さい kāiguān mén qǐng qīng yìdiǎn（开关门请轻一点）．

かいへん【改編】 gǎibiān（改编）．¶審議会の機構を～する gǎizǔ shěnyìhuì de jīgòu（改组审议会的机构）．¶教科書を～する gǎibiān jiàokēshū（改编教科书）．

かいほう【介抱】 zhàogù（照顾），fúshi（服侍・伏侍・服事），kānhù（看护），hùlǐ（护理）．¶夜も寝ずに病人の～をした chèyè bù mián zhàogù bìngrén（彻夜不眠照顾病人）．

かいほう【会報】 huìbào（会报）．

かいほう【快方】 ¶病気の～に向かった bìng jiànjiàn hǎozhuǎn [jiànhǎo] le（病渐渐好转[见好]了）/ bìngtǐ rìjiàn píngfù（病体日渐平复）．

かいほう【開放】 kāifàng（开放）．¶校庭を一般に～する xiàoyuán xiàng yìbānrén kāifàng（校园向一般人开放）．¶彼女は～的な性格だ tā de xìnggé hěn kāifàng（她的性格很开放）．¶～厳禁 yánjìn chǎngkāi（严禁敞开）．

かいほう【解放】 jiěfàng（解放）．¶政治犯を～する shìfàng zhèngzhìfàn（释放政治犯）．¶やっと仕事から～された zǒngsuàn cóng gōngzuò zhōng jiěfàng chūlai le（总算从工作中解放出来了）．¶～軍 jiěfàngjūn（解放军）．婦人～運動 fùnǚ jiěfàng yùndòng（妇女解放运动）．民族～闘争 mínzú jiěfàng dòuzhēng（民族解放斗争）．

かいほう【海防】 hǎifáng（海防）．

かいほう【解剖】 jiěpōu（解剖）．¶蛙を～する jiěpōu qīngwā（解剖青蛙）．¶死体は～に付せ

られた shītǐ bèi jiěpōu le(尸体被解剖了). ¶その時の彼女の心理を～するに… fēnxi tā dāngshí de xīnlǐ…(分析她当时的心理…). ¶～学 jiěpōuxué(解剖学).

かいぼう【外貌】 wàimào(外貌).

かいまく【開幕】 kāimù(开幕), jiēmù(揭幕). ¶～のベルが鳴った kāimùlíng xiǎng le(开幕铃响了). ¶いよいよスキーシーズンの～だ huáxuě jìjié kuàiyào láilín le(滑雪季节快要来临了).

かいま・みる【垣間見る】 kuīshì(窥视). ¶戸の透き間から～みる cóng ménfèngr kuīshì(从门缝儿窥视).

かいみょう【戒名】 〖説明〗人死后,僧侣给另起的名位.

かいむ【皆無】 ¶彼は法律の知識が～だ tā duì fǎlǜ yìwú-suǒzhī(他对法律一无所知)/ tā méiyǒu yìdiǎnr fǎlǜ zhīshi(他没有一点儿法律知识). ¶成功の見込は～だ quánrán méiyǒu chénggōng de xīwàng(全然没有成功的希望).

かいむ【外務】 wàiwù(外务), wàijiāo(外交). ¶～省 wàiwùshěng(外务省)/ wàijiāobù(外交部). ～大臣 wàiwù dàchén(外务大臣)/ wàijiāo bùzhǎng(外交部长).

かいめい【改名】 gǎimíng(改名). ¶花子と～した gǎimíng wéi Huāzǐ(改名为花子).

かいめい【解明】 ¶問題の～にあたる fùzé chámíng wèntí(负责查明问题). ¶事故の原因を～する nòngqīng shìgù de yuányīn(弄清事故的原因).

かいめつ【壊滅】 huǐmiè(毁灭). ¶地震で町は～した yóuyú dìzhèn chéngzhèn huǐmiè le(由于地震城镇毁灭了). ¶敵に～の打撃をあたえる gěi dírén yǐ huǐmièxìng de dǎjī(给敌人以毁灭性的打击).

かいめん【海面】 hǎimiàn(海面). ¶かもめが～すれすれに飛んでいる hǎi'ōu tiēzhe hǎimiàn fēixiáng(海鸥贴着海面飞翔).

かいめん【海綿】 hǎimián(海绵).

かいめん【界面】 jièmiàn(界面). ¶～活性剂 biǎomiàn[jièmiàn] huóxìngjì(表面[界面]活性剂).

かいめん【外面】 wàimian(外面), wàibiǎo(外表), biǎomiàn(表面). ¶～を飾る zhuāngshì wàibiǎo(装饰外表). ¶その見方はあまりにも～的だ nà zhǒng kànfǎ tài guòyú biǎomiàn le(那种看法太过于表面了).

かいもく【皆目】 wánquán(完全), quánrán(全然). ¶この先どうなるか～見当がつかない jiānghuì zěnmeyàng xīnzhōng wánquán wú shù(将会怎么样心中完全无数). ¶自分が今どこにいるか～分らない zìjǐ xiànzài zài nǎr quánrán bùmíng(自己现在在哪儿全然不明).

かいもど・す【買い戻す】 huígòu(回购), mǎihuí(买回). ¶手放した土地を～する bǎ chūshǒu de tǔdì mǎihuílai(把出手的土地买回来).

かいもの【買物】 1 mǎi dōngxi(买东西). ¶デパートへ～に行く dào bǎihuò gōngsī qù mǎi dōngxi(到百货公司去买东西). ¶この辺は～に不便だ zhèli mǎi dōngxi bù fāngbiàn(这里买东西不方便). ¶たくさんの～を抱えて帰って来た bàozhe xǔduō mǎi de dōngxi huílai le(抱着许多买的东西回来了). ¶高い～になった fùchū de dàijià kě bù dī a!(付出的代价可不低啊!)
¶～かご shǒutílán(手提篮), càilánzi(菜篮子).

2【買い得品】 ¶これはなかなかの～だった zhè mǎide kě zhēn piányi(这买得可真便宜).

がいや【外野】 wàichǎng(外场). ¶～手 wàichǎngshǒu(外场手).

かいやく【改訳】 chóngyì(重译). ¶《红楼梦》を～する chóngyì《Hónglóumèng》(重译《红楼梦》).

かいやく【解約】 jiěyuē(解约). ¶生命保険を～する qǔxiāo rénshòu bǎoxiǎn hétong(取消人寿保险合同). ¶～の手続をとる bànlǐ jiěyuē shǒuxù(办理解约手续).

かいゆ【快癒】 quányù(痊愈). ¶治療のかいあって傷は2か月で～した zhìliáo jiànxiào, liǎng ge yuè shāng jiù quányù le(治疗见效,两个月伤势就痊愈了).

かいゆう【回遊】 1 zhōuyóu(周游). ¶北海道～の旅に出る qǐchéng qù zhōuyóu Běihǎidào(启程去周游北海道).

2〖魚類の〗 huíyóu(洄游・回游). ¶産卵のため鯡(にしん)が～して来た wèile chǎnluǎn fēiyú huíyóu ér lái(为了产卵鲱鱼洄游而来).
¶～魚 huíyóuyú(洄游鱼).

がいゆう【外遊】 chūfǎng(出访), chūyáng(出洋). ¶～から帰って来た cóng wàiguó lǚxíng huílai le(从外国旅行回来了). ¶首相がアメリカ～から戻る shǒuxiàng chūfǎng Měiguó guīlái(首相出访美国归来).

かいよう【海洋】 hǎiyáng(海洋). ¶～学 hǎiyángxué(海洋学). ～性気候 hǎiyángxìng qìhòu(海洋性气候).

かいよう【潰瘍】 kuìyáng(溃疡). ¶胃～ wèikuìyáng(胃溃疡).

がいよう【外洋】 wàihǎi(外海), dàyáng(大洋).

がいよう【概要】 gàiyào(概要). ¶論文の～を800字にまとめる bǎ lùnwén de gàiyào yòng bābǎi ge zì gàikuò chulai(把论文的概要用八百个字概括出来).

がいようやく【外用薬】 wàiyòngyào(外用药).

かいらい【傀儡】 kuǐlěi(傀儡). ¶社長はA氏の～に過ぎない zǒngjīnglǐ zhǐ búguò shì A xiānsheng de kuǐlěi éryǐ(总经理只不过是A先生的傀儡而已).
¶～政権 kuǐlěi zhèngquán(傀儡政权).

がいらい【外来】 1 wàilái(外来). ¶～語 wàiláiyǔ(外来语). ～文化 wàilái wénhuà(外来文化).

2〖病院の〗 ménzhěn(门诊). ¶～患者 ménzhěn bìngrén(门诊病人).

かいらく【快楽】 kuàilè(快乐). ¶～にふける dānlè(耽乐).
¶～主義 xiǎnglè zhǔyì(享乐主义).

かいらん【回覧】 chuányuè(传阅). ¶書類を～する chuányuè wénjiàn(传阅文件).

かいらん【壊乱】 ¶その本は風俗～のかどで発禁になった nà shū yóuyú shāngfēng-bàisú yǐ jìnzhǐ chūshòu le(那书由于伤风败俗已禁止出售了).

かいり【乖離】 guāilí(乖离), guāibèi(乖背), bèilí(背离). ¶人心の～ rénxīn bèilí(人心背离). ¶理想と現実との～ lǐxiǎng yǔ xiànshí de guāilí(理想与现实的乖离).

かいり【海里】 hǎilǐ(海里), lǐ(浬).

かいりき【怪力】 ¶彼は～の持主だ tā lìqi dàde chūqí(他力气大得出奇). ¶～無双の豪傑 lì dà wúshuāng de háojié(力大无双的豪杰).

かいりつ【戒律】 jièlǜ(戒律), jiètiáo(戒条). ¶～を守る zūnxíng jièlǜ(遵行戒律)/ chíjiè(持戒). ¶～を破る wéifàn jièlǜ(违犯戒律)/ pòjiè(破戒)/ fànjiè(犯戒).

がいりゃく【概略】 gàilüè(概略). ¶事件の～を報告する bàogào shìjiàn de dàgài qíngkuàng(报告事件的大概情况). ¶経過は～次の通り jīngguò gàilüè rúxià(经过概略如下).

かいりゅう【海流】 yángliú(洋流), hǎiliú(海流). ¶日本～ Rìběn hǎiliú(日本海流).

かいりゅう【開立】 kāi lìfāng(开立方).

かいりょう【改良】 gǎiliáng(改良). ¶稲の品種を～する gǎiliáng dàozi de pǐnzhǒng(改良稻子的品种). ¶この機械は～の余地がある zhè jīqì hái yǒu gǎiliáng de yúdì(这机器还有改良的余地). ¶ぶどうの一種 pútao de gǎiliángzhǒng(葡萄的改良种).

がいりょく【外力】 wàilì(外力).

がいりんざん【外輪山】 èrchóng huǒshān de jiù huǒkǒubì(二重火山的旧火口壁).

かいろ【回路】 diànlù(电路), huílù(回路). ¶集積～ jíchéng diànlù(集成电路).

かいろ【海路】 hǎilù(海路). ¶～上海におもむく cóng hǎilù qiánwǎng Shànghǎi(从海路前往上海)/ yóu hǎilù fù Shànghǎi(由海路赴上海).

かいろ【懐炉】 huáilú(怀炉).

かいろ【街路】 jiēdào(街道), mǎlù(马路). ¶～樹 xíngdàoshù(行道树)/ jiēdàoshù(街道树).

かいろう【回廊】 huíláng(回廊), yóuláng(游廊), zǒuláng(走廊).

かいろうどうけつ【偕老同穴】 báitóu xiélǎo(白头偕老).

がいろん【概論】 gàilùn(概论). ¶法学～ fǎxué gàilùn(法学概论).

かいわ【会話】 huìhuà(会话). ¶英～の練習をする liànxí Yīngwén huìhuà(练习英文会话). ¶中国語で～する yòng Zhōngwén huìhuà(用中文会话). ¶～体の文章 yòng kǒuyǔtǐ xiě de wénzhāng(用口语体写的文章).

かいわい【界隈】 ¶この～では彼はちょっとした顔だ tā zài zuǒjìn yídài lǐ gěi yǒu diǎnr míngqi(他在左近一带可有点儿名气).

かいん【下院】 xiàyìyuàn(下议院), xiàyuàn(下院). ¶～議員 xiàyìyuàn yìyuán(下议院议员).

か・う【支う】 zhī(支), zhīchēng(支撑). ¶塀につっかい棒を～う yòng zhùzi zhīchēngzhe qiáng(用柱子支撑着墙).

か・う【買う】 1[購入する] mǎi(买). ¶その車をいくらで～いましたか nà liàng jiàochē nǐ duōshao qián mǎi de?(那辆轿车你多少钱买的?). ¶父に時計を～ってもらった fùqin gěi wǒ mǎile kuài shǒubiǎo(父亲给我买了块手表). ¶妹に本を～ってやった gěi mèimei mǎile yì běn shū(给妹妹买了一本书). ¶1キロ100円で～った yì gōngjīn yìbǎi kuài qián mǎi de(一公斤一百块钱买的). ¶彼は退職金で家を～った tā yòng tuìzhíjīn zhìle yì suǒ fángzi(他用退职金置了一所房子). ¶思ったより安く～った mǎide bǐ yùjì de piányí(买得比预计的便宜). ¶その値段なら私にも～える nàge jià wǒ yě néng mǎi(要是那个价我也能买). ¶私には高くてとても～えない nàme guì de dōngxi wǒ kě mǎibuqǐ(那么贵的东西我可买不起). ¶～いたかったが～う金がなかった hěn xiǎng mǎi, kě shǒutóu méi qián(很想买,可手头没钱). ¶売り切られていて～えなかった dōu màiguāng le, méi mǎidào(都卖光了,没买到). ¶1人でそんなにたくさんは～えない wǒ yí ge rén kě mǎibuliǎo nàme duō(我一个人可买不了那么多). ¶彼の絵は今～おうにも～えない tā de huàr xiànzài xiǎng mǎi yě mǎibudào(他的画儿现在想买也买不到). ¶健康は金では～えない jiànkāng yòng jīnqián shì mǎibulái de(健康用金钱是买不来的).

2[引き受ける] chéngdān(承担). ¶進んで大役を～って出る zhǔdòng de chéngdān zhòngrèn(主动地承担重任). ¶仲裁を～って出る zìgào fènyǒng chūmiàn zhòngcái(自告奋勇出面仲裁). ¶売られたけんかは～う shànglái zhǎomén lái dǎjià, zhǐhǎo fèngpéi(找上门来打架,只好奉陪).

3[招く] zhāo(招), rě(惹). ¶人の恨みを～うような事はしていない wǒ kě méi zuò zhāo rén jìchóu de shì(我可没做招人记仇的事). ¶人の歓心を～う tǎo rén huānxīn(讨人欢心)/ xiànmèi tǎohǎo(献媚讨好)/ tǎohǎo màiguāi(讨好卖乖). ¶彼女の怒りを～ってしまった rě tā shēngqì le(惹她生气了).

4[評価する] ¶彼の才能は人々に高く～われている tā de cáinéng shòudào rénmen de hěn gāo de píngjià(他的才能受到人们的很高的评价). ¶彼女の努力は大いに～うべきだ tā de nǔlì shì zhíde chōngfèn kěndìng de(她的努力是值得充分肯定的). ¶私は彼を～わない wǒ bú qìzhòng tā(我不器重他).

か・う【飼う】 yǎng(养), wèi(喂), wèiyǎng(喂养), sìyǎng(饲养), xùyǎng(畜养). ¶豚を～う yǎng zhū(养猪).

カウボーイ niúzǎi(牛仔).

かうん【家運】 ¶～が傾く jiādào zhōngluò(家道中落). ¶～を挽回する chóngzhèn jiāyùn(重振家运).

ガウン 1[部屋着] chángyī(长衣). ¶ナイト～ chángpáo shuìyī(长袍睡衣).

2[法服, 礼服] chángpáo lǐfú(长袍礼服).

カウンター 1 guìtái (柜台), lánguì (拦柜・栏柜); fúwùtái (服务台). ¶～で勘定を済ます zài guìtái suànzhàng (在柜台算账). ¶～でチケットを受け取る zài fúwùtái qǔ piào (在服务台取票). ¶～で酒を飲む zài guìtái hē jiǔ (在柜台喝酒).
2〔計数器〕jìshùqì (计数器).

カウント ¶～をとる jì fēn (记分)/ jì shù (计数)/ diǎn shù (点数). ¶～はツーストライク、スリーボールだ jìqiúshù shì èr jī sān qiú (击球数是二击三球).
¶ノー～ bú jìfēn (不记分)/ bú jìshù (不计数).～ダウン dàodúshù (倒读数).

かえうた【替歌】 ¶～をつくる gěi jiùgē tián xīncí (给旧歌填新词).

かえ・す【返す】 1〔元の状態に〕破壊された自然を元の姿に～すのは難しい bèi pòhuàile de dàzìrán hěn nán ˇhuīfù yuánzhuàng [fùyuán] (被破坏了的大自然很难ˇ恢复原状［复原］). ¶問題を白紙に～して考える cóng líng kāishǐ chóngxīn kǎolǜ zhège wèntí (从零开始重新考虑这个问题).
2〔元の持主・場所へ〕huán (还). ¶借金を～す huánzhài (还债). ¶先日お貸しした本を～して下さい qián xiē tiān jiègěi nǐ de shū qǐng huángěi wǒ (前些天借给你的书请还给我). ¶人民の物は人民に～すべきだ rénmín de dōngxi yīnggāi guīyú rénmín (人民的东西应该归于人民). ¶見本と違うの～した yīnwei gēn huòyàng bù yíyàng, bǎ huò tuì le (因为跟货样不一样,把货退了). ¶使ったらその場所に～して下さい shǐyòng hòu qǐng fànghuí yuánchù (使用后请放回原处).
3〔報いる〕bào (报). ¶恩を仇で～す ēn jiāng chóu bào (恩将仇报)/ yǐ yuàn bào dé (以怨报德).
4〔答える〕huán (还), huí (回). ¶そう言われて～す言葉もなかった bèi nàme yì shuō wú yán kě duì (被那么一说无言可对). ¶挨拶を～す huílǐ (回礼)/ huánlǐ (还礼). ¶お言葉を～すようですが… duìbuqǐ xiàng shì gēn nín huánzuǐ…(对不起像是跟您还嘴…).
5〔ひっくり返す〕fān (翻). ¶着物の裏を～して干す bǎ yīfu fānguolai shài (把衣服翻过来晒). ¶手のひらを～したように冷たくなった fānliǎn bú rèn rén le (翻脸不认人了).

かえ・す【帰す】 ¶車を先にに～した xiān dǎfā qìchē huíqu le (先打发汽车回去了). ¶台風が上陸するというので全生徒を～した shuō shì táifēng yào dēnglù, ràng xuésheng quán huíjiā le (说是台风要登陆,让学生全回家了). ¶証拠不十分で～された yīn zhèngjù bùzú bèi shìfàng le (因证据不足被释放了).

かえ・す【孵す】 fū (孵), fūyù (孵育). ¶めんどりがひなを～した mǔjī fūchū xiǎojī (母鸡孵出小鸡).

かえすがえす【返す返す】 1〔くり返し〕zàisān (再三), zàisān-zàisì (再三再四). ¶娘のことを～頼んだ bǎ nǚ'ér de shì zàisān tuōfù (把女儿的事再三托付). ¶～彼に念を押したのに wǒ dōu zàisān-zàisì zhǔfule tā (我都再三再四嘱咐了他).
2〔どう考えても〕¶あの時彼に会えなかったのは～も残念だ nà shí méi néng jiàndào tā, shízài shì tài yíhàn le (那时没能见到他,实在是太遗憾了).

かえだま【替玉】 tìshēn[r] (替身［ル］), qiāngshou (枪手). ¶～を使って入学試験を受ける qǐng qiāngshou qiāngtì (请枪手代替)/ dǎ qiāng (打枪).

かえって【却って】 fǎndào (反倒), fǎn'ér (反而), dào (倒), què (却). ¶その治療で～病気が重くなった nàme yí zhì fǎn'ér shǐ bìng gèng jiāzhòng le (那么一治反而使病更加重了). ¶もうかるどころか～損をした dào le dà kuī, gèng bié tí zhuànqián le (吃了大亏,更别提赚钱了). ¶手伝うつもりが～邪魔をしてしまった xiǎng bāngmáng dào dào le shì (想帮忙倒碍了事).

かえで【楓】 qì (槭), qìshù (槭树).

かえり【帰り】 ¶駅は～を急ぐ人で一杯だ chēzhàn jǐmǎnle gǎnzhe huíjiā de rén (车站挤满了赶着回家的人). ¶今日は～が遅くなる jīntiān huíjiā wǎn (今天回家晚). ¶～の電車で学生時代の友人と会った zài huíjiā de diànchē shang pèngdàole xuéshēng shídài de péngyou (在回家的电车上碰到了学生时代的朋友). ¶シンガポールの～に香港に寄る cóng Xīnjiāpō huílai de guītú shùnbiàn qù Xiānggǎng (从新加坡回来的归途顺便去香港). ¶～道が分らなくなってしまった zhǎobuzháo huílù le (找不着回路了).

かえりがけ【帰りがけ】 ¶会社の～に買物をする cóng gōngsī huílai de túzhōng mǎi dōngxi (从公司回来的途中买东西). ¶～にちょっと寄ってくれ huílai shí shùnbiàn lái yí tàng (回来时顺便来一趟).

かえりざき【返り咲き】 ¶業界1位への～を果たす shíxiàkè chóngfǎn yèjiè dìyī de dìwèi (实现了重返业界第一的地位).

かえりざ・く【返り咲く】 ¶政界に～く chóngfǎn zhèngjiè (重返政界)/ fùchū yú zhèngjiè (复出于政界).

かえりてん【返り点】 zhéfǎn dúyīn fúhào (折反读音符号).

かえりみ・る【顧みる・省みる】 1 →ふりむく.
2〔回顧する〕huígù (回顾), huíyì (回忆). ¶歴史を～みる huígù lìshǐ (回顾历史). ¶往事を～みれば何事も夢のようです huíyì wǎngshì yíqiè dōu rú mèng (回忆往事一切都如梦).
3〔反省する〕¶自らを～みて恥じるところがない wèn xīn wú kuì (问心无愧).
4〔顧慮する〕¶家庭を～みる暇がない gàn gōngzuò gàn de wúxiá gùjí jiātíng (赶工作赶得无暇顾及家庭). ¶身の危険も～みず消火にあたった fèn bú gù shēn de jiùhuǒ (奋不顾身地救火).

か・える【代える・換える・替える】 huàn (换), huànqǔ (换取), gǎihuàn (改换), gēnghuàn (更换), diàohuàn (掉换・调换). ¶小切手を現金に～える bǎ zhīpiào huànchéng xiànjīn (把支

票換成現金)．¶隣の人と席を～える gēn pángbiān de rén huàn zuòwèi(跟旁边的人换坐位)．¶着物を～えて出掛ける huàn yīfu chūqu(换衣服出去)．¶言葉を～えて言えば… huàn jù huà shuō …(换句话说…)/ huàn yán zhī …(换言之…)．¶局長を～える gēnghuàn júzhǎng(更换局长)．¶健康は何物にも～えられない yòng shénme dōngxi yě huànbudào jiànkāng(用什么东西也换不到健康)．¶書面をもって挨拶に～えさせていただきます yǐ shūmiàn nín zhìyì(以书面向您致意).

か・える【変える】 gǎi(改)，biàn(变)，gǎibiàn(改变)，gǎidòng(改动)，gǎihuàn(改换)，gǎiyì(改易)，diào(掉)，diàohuàn(掉换·调换)，zhuǎnbiàn(转变)，zhuǎnhuàn(转换)，zhuǎnhuàn(掉转·调换)．¶荒地を畑に～える biàn huāngdì wéi gēngdì(变荒地为耕地)．¶家具の位置を～える biànhuàn jiājū de wèizhi(变换家具的位置)．¶商売を～える gǎiyè(改业)/ gǎiháng(改行)．¶方向を～える zhuǎnxiàng[diào / diàozhuǎn] fāngxiàng(转 向[掉/掉 转]方向)．¶方針を～える gǎibiàn fāngzhēn(改变方针)．¶計画を～える biàngēng jìhuà(变更计划)．¶列車のダイヤを～える gǎidìng lièchē de shíkèbiǎo(改订列车的时刻表)．¶期日を～える gēnggǎi rìqí(更改日期)/ gǎiqī(改期)．¶話題を～える zhuǎnhuàn huàtí(转换话题)．¶急に態度を～えた tūrán gǎibiànle tàidu(突然改变了态度)．¶さっと顔色を～えた yíxiàxi liǎnsè biàn le(一下子脸色变了)．¶その事件がすっかり彼の性格を～えた nà yí jiàn shì shǐ tā de xìnggé wánquán biàn le(那一件事使他的性格完全变了)．

かえ・る【返る】 1[元に戻る] huīfù(恢复)．¶町は元の姿に～った jiēshì 'huīfù yuánzhuàng[fùyuán] le(街市'恢复原状[复原]了)．¶しばらくして正気に～った guòle yíhuìr sūxǐng guolai(过了一会儿苏醒过来)．2[手元に戻る] huí(回)．¶忘れ物が～ってきた yíshī de dōngxi huídào shǒuli(遗失的东西回到手里)．¶貸してあった金が～ってきた jiè chuqu de qián huídào shǒu le(借出去的钱回到手了)．¶郵便物が宛先不明で～ってきた yóujiàn yóuyú dìzhǐ bùmíng bèi tuìhuílai le(邮件由于地址不明被退回来了)．¶思わぬ答が～ってきた fǎnhuilaile yìxiǎng bu dào de huídá(返回来了意想不到的回答)．¶こだまが～ってくる huíshēng fǎnshè guolai(回声反射过来)．

かえ・る【帰る】 1[戻る] huí(回)，huílai(回来)，fǎnhuí(返回)．¶毎日6時半に帰って来る měitiān liù diǎnzhōng huíjiā lái(每天六点钟回家来)．¶いつ旅行からお～りになりますか shénme shíhou lǚxíng huílai?(什么时候旅行回来?)．¶お～りなさい nǐ huílai le(你回来了)．¶彼は再び元の職場に～った tā huídàole yuánlái de gǎngwèi(他回到了原来的岗位)．¶故国へ～る日を待つ děngdàizhe fǎnhuí zǔguó de rìzi(等待着返回祖国的日子)．¶古巣へ～ったような気がする juéde xiàng huí-

dào zìjǐ de lǎojiā yíyàng(觉得像回到自己的老家一样)．¶自然に～れ huídào zìrán(回到自然)．

2[去る] huíqu(回去)．¶客は皆～ってしまった kèrén dōu huíqù le(客人都回去了)．¶とっとと～れ kuài gěi wǒ ʾzǒurén[gǔnhuíqu]!(快给我ʾ走人[滚回去]!)．

かえ・る【孵る】 fū(孵)，fūhuà(孵化)．¶ひよこが5羽～った fūchū wǔ zhī xiǎojī lái le(孵出五只小鸡来了)．¶あひるの卵が～った yādàn fūhuà le(鸭蛋孵化了)．

かえる【蛙】 wā(蛙)，qīngwā(青蛙)，tiánjī(田鸡)．¶～が鳴く qīngwā guāguā jiào(青蛙呱呱叫)．¶～の子は～ yǒu qí fù bì yǒu qí zǐ(有其父必有其子)/ wūyā wōli chūbuliǎo fènghuáng(乌鸦窝里出不了凤凰)．¶彼には何を言っても～の面に水だ gēn tā shuō shénme yě bù dǐngyòngr(跟他说什么也不顶用)．

かえん【火炎】 huǒyàn(火焰)．¶城は一瞬にして～に包まれた chéngbǎo yíshùnjiān bèi huǒyàn bāowéi le(城堡一瞬间被火焰包围了)．¶～瓶 ránshāopíng(燃烧瓶)．¶～放射器 huǒyàn pēnshèqì(火焰喷射器)/ pēnhuǒqì(喷火器)．

かお【顔】 1 liǎn(脸)，liǎnmiàn(脸面)，miànkǒng(面孔)，tóuliǎn(头脸)，liǎnzi(脸子)．¶彼女の～は丸い tā miànpáng yuán(她面庞圆) / tā shì yuán liǎnpánr(她是圆脸盘儿)．¶彼の～は今でもよく覚えている tā de miànkǒng xiànzài yě jìde qīngqīng-chǔchǔ(他的面孔现在也记得清清楚楚)．¶～を洗う xǐ liǎn(洗脸)．¶窓から～を出すと危ない cóng chuāngkǒu tàntóu wēixiǎn(从窗口探头危险)．¶彼女の美しい～をうっとりながめた kànzhe tā piàoliang de liǎn chūle shén(看着她漂亮的脸出了神)．¶2人は～を見合せて笑った tāmen liǎ xiāng shì ér xiào(他们俩相视而笑)．¶あんな奴の～を見るのもいやだ nà zhǒng jiāhuo de liǎn lián kàn yě bù xiǎng kàn(那种家伙的脸连看也不想看)．¶あまりのむごたらしさに思わず～をそむけた qīcǎnde bùyóude zhuǎnliǎn qù(凄惨得不由得转过脸去)/ cǎn bù rěn dǔ(惨不忍睹)．¶彼とは久しく～を合せていない gēn tā yǒu hǎo jiǔ méi ʾjiànmiàn[zhàomiànr]le(跟他有好久没ʾ见面[照面儿]了)．¶彼は最近～を見せなくなった tā jìnlái bú ʾlòumiàn[lòutóu] le(他近来不ʾ露面[露头]了)．¶少しぐらい学問があるからといって大きな～をするな búyào yǐwéi yǒu diǎnr xuéwen jiù bǎi jiàzi(不要以为有点儿学问就摆架子)．¶～だけでも出して下さい qǐng lòu ge miànr ba(请露个面儿吧)．¶～が揃ったら始めよう rén dàoqíle jiù kāishǐ ba(人到齐了就开始吧)．¶中に見慣れぬ～がまじっていた lǐbian yě yǒu mòshēng de miànkǒng(里边也有陌生的面孔)．¶隠してもちゃんと～に書いてあるよ búyào yǐnmán, liǎnshang xiězhe ne(不要隐瞒，脸上写着呢)．¶彼は酒が全然～に出ない tā hējiǔ yìdiǎnr dōu bú shànglliǎn(他喝酒一点儿也不上脸)．¶親の～に泥を塗るような事はするな búyào zuò diū fù-

mǔ liǎn de shì (不要做丢父母脸的事). ¶～から火が出るように恥しかった xiūde liǎnshang huǒlālā de (羞得脸上火辣辣的).

2〔表情〕liǎnsè(脸色), yánsè(颜色), shénqíng(神情), shénsè(神色). ¶彼は不思議そうな～をしてこちらを見た tā yǐ chàyì de shénsè kànzhe zhèbian (他以诧异的神色看着这边). ¶彼女はいかにも嬉しそうな～をした tā mǎnmiàn chūnfēng, xiào zhú yán kāi (她满面春风，笑逐颜开). ¶皆真剣な～をして聞いていた dàjiā yánzhēn de qīngtīngzhe (大家严肃认真地倾听着). ¶それを聞いて彼女は～を曇らせた tīngdào zhège tā liǎnsè yīnchén xialai (听到这个她脸色阴沉下来). ¶それを知ったら彼だっていい～はすまい zhīdaole nà shì tā bù huì yǒu hǎoliǎnr de (知道了那事他不会有好脸儿的). ¶彼女は涼しい～をしてやって来た tā zhuāngzhe ruò wú qí shì de yàngzi zǒulai (她装着一副若无其事的样子走来). ¶彼は そ知らぬ～で通り過ぎた tā ˇzhuāngzhe méi kànjian〔yángzuò-bùzhī〕zǒuguoqu le (他ˇ装着没看见〔佯作不知〕走过去了).

3〔面目〕liǎn(脸), tóuliǎn(头脸), liǎnmiàn(脸面), yánmiàn(颜面), miànzi(面子), dàmiànr(大面儿), bómiàn(薄面). ¶彼女に合せる～がない méiyǒu liǎn jiàn tā (没有脸见她). ¶これでは私の～が丸つぶれだ zhème yìlái wǒ de ˇmiànzi[liǎnmiàn] quán diūjìn le (这一来我的ˇ面子[脸面]全丢尽了)/ zhè jiǎnzhí wú yán jiàn rén (这简直无颜见人). ¶ここはひとつ私の～を立てて下さい qǐng kànzài wǒ de ˇmiànzi[bómiàn]shang (请看在我的ˇ面子[薄面]上)/ zhèlǐ gěi wǒ ge miànzi ba (这里给我个面子吧). ¶彼の～をつぶすわけにはいかない zhè huí kě bùnéng shānglie tā de miànzi (这回可不能伤了他的面子).

4〔有名，信用〕¶彼は～が広い tā jiāojì hěn guǎng (他交际很广). ¶彼女はこの業界では～が売れている tā zài zhège hángyè li hěn yǒu míngqi (她在这个行业里很有名气). ¶彼はこの界隈ではちょっとした～だ tā zài zhè zuǒjìn yídài ˇxiāngdāng yǒu míngtou〔shìge yǒutóu-yǒuliǎn de〕(他在这左近一带ˇ相当有名头[是个有头有脸的]). ¶私はこの店では～が利く wǒ zài zhège diàn yǒu xìnyòng (我在这个店有信用).

かおあわせ【顔合せ】 ¶新役員の～をする xīn de gànbù jùhuì pèngtóu (新的干事聚会碰头). ¶強敵同士が～した jìngdí xiāngféng (劲敌相逢). ¶初～ chūcì huìmiàn (初次会面).

かおいろ【顔色】 **1**〔顔の色〕liǎnsè(脸色), miànsè (面色), qìsè(气色). ¶～がよい qìsè hǎo (气色好). ¶～が冴えないがどこか悪いのではありませんか liǎnsè bùjiā, shì bu shì yǒu shénme dìfang bù hǎo? (脸色不佳，是不是有什么地方不好?). ¶～を変えて立ち上がった biànle liǎnsè zhànle qǐlái (变了脸色站了起来).

2〔表情〕liǎnsè(脸色), yánsè(颜色), shénsè (神色), méi gāo yǎn dī (眉高眼低). ¶人の～を読む chá yán guān sè (察言观色). ¶人の～をうかがう kàn rén liǎnsè (看人脸色)/ yǎng rén bíxī (仰人鼻息).

かおう【花押】 huāyā(花押).

かおく【家屋】 fángwū (房屋), fángzi (房子). ¶台風で200戸の～が被害を受けた yóuyú táifēng èrbǎi dòng fángwū shòule sǔnhài (由于台风二百栋房屋受了损害). ¶老朽～を取り壊す chāichú pòjiù de fángwū (拆除破旧的房屋).

カオス hùndùn (混沌).

かおだち【顔立ち】 róngyán (容颜), yánróng (颜容), róngmào (容貌), xiàngmào (相貌), pǐnmào (品貌), màoxiàng (貌相), shēngxiàng (生相), zhǎngxiàng[r] (长相), múyàng[r] (模样[儿]). ¶～が母親そっくりだ zhǎngde gēn mǔqin yìmú-yíyàng (长得跟母亲一模一样). ¶上品な～の老婦人 xiàngmào duānzhuāng de lǎofūrén (相貌端庄的老妇人). ¶～が整っている wǔguān duānzhèng (五官端正)/ méimù qīngxiù (眉目清秀).

かおつき【顔付き】 **1**〔顔立ち〕xiàngmào (相貌), pǐnmào (品貌), màoxiàng (貌相), shēngxiàng (生相), zhǎngxiàng[r] (长相), múyàng[r] (模样[儿]). ¶だんだん父親に似てきた zhǎngxiàng yuèláiyuè xiàng tā fùqin le (长相越来越像他父亲了).

2〔表情〕¶人を小馬鹿にしたような～で私を見た qiáobuqǐ rén shìde piǎole wǒ yìyǎn (瞧不起人似的瞟了我一眼). ¶恐ろしい～で私をにらみつけた xiōng'è de dèngle wǒ yìyǎn (凶恶地瞪了我一眼).

かおつなぎ【顔繋ぎ】 ¶気が進まないが，～のためにパーティーに出席する suīrán bù xiǎng qù, dànshí wèile jiētóu miànjiāo chūxí yànhuì (虽然不想去，但是为了接头面交出席宴会).

かおなじみ【顔馴染】 shúrén[r] (熟人[儿]), shúshi (熟识), shúmiànkǒng (熟面孔). ¶昔からの～ lǎoxiāngshí (老相识). ¶～の店員 shúshi de diànyuán (熟识的店员).

かおぶれ【顔触れ】 ¶～がそろったら始めよう gāi lái de dōu lái le, jiù kāishǐ ba (该来的都来了，就开始吧). ¶首脳部の～が変った lǐngdǎo bānzi chéngyuán huàn le (领导班子成员换了).

かおまけ【顔負け】 ¶くろうと～の歌いっぷり lián hángjia dōu zìjué xùnsè de chàngqiāng (连行家都自觉逊色的唱腔). ¶彼女の厚さにはほとほと～した tā nà liǎnpí hòude zhēn jiào rén tì tā hàisào (她那脸皮厚得真叫人替她害臊).

かおみしり【顔見知り】 miànshú (面熟). ¶駅で～の人に会った zài chēzhàn yùshàngle miànshú de rén (在车站遇上了面熟的人).

かおむけ【顔向け】 ¶～できない méiyǒu liǎnmiàn jiàn rén (没有脸面见人)/ jiànbude rén (见不得人)/ méiliǎn jiàn rén (没脸见人).

かおやく【顔役】 tóumiàn rénwù (头面人物); dàhēng (大亨). ¶土地の～ dìfang de tóumiàn rénwù (地方的头面人物).

かおり【香り】 xiāngwèi (香味), xiāngqì (香气), fāngxiāng (芳香), fēnfāng (芬芳). ¶～の高い花 xiāngqì nóngyù de huā (香气浓郁的花). ¶ばらの～が漂ってくる piāolaile méiguihuā de fāngxiāng (飘来了玫瑰花的芳香). ¶コーヒーのよい～がする wéndào kāfēi de xiāngwèi (闻到咖啡的香味).

かお・る【薫る】 ¶菊が～る júhuā sànfāzhe fāngxiāng (菊花散发着芳香). ¶風～る5月 xūn-fēng chuī de wǔyuè (薫风吹的五月).

がか【画架】 huàjià (画架).

がか【画家】 huàjiā (画家), huàshī (画师).

かかあ【嚊】 lǎopo (老婆). ¶あの家は～天下だ nà jiā shì lǎopo dāngjiā (那家是老婆当家).

かかい【課外】 kèwài (课外). ¶この学校は～活動が盛んだ zhège xuéxiào kèwài huódòng hěn huóyuè (这个学校课外活动很活跃).

かかい【瓦解】 wǎjiě (瓦解). ¶傀儡(kuǐlěi)政権は～した kuǐlěi zhèngquán tǔbēng-wǎjiě le (傀儡政权土崩瓦解了).

かかいしゃ【加害者】 jiāhàirén (加害人). ¶交通事故の～ jiāotōng shìgù de zhàoshìzhě (交通事故的肇事者).

かかえ【抱え】 **1**〔雇うこと〕 ¶お～の運転手 zìjiā gùyòng de jiàshǐyuán (自家雇佣的驾驶员) / zìjiā sījī (自家司机).
2〔助数詞〕 bào (抱), lǒu (搂). ¶1～の薬束 yì bào dàocǎo (一抱稻草). ¶3～もある大木 sān rén hébào de dàshù (三人合抱的大树).

かかえこ・む【抱え込む】 lǎn (揽), bāolǎn (包揽). ¶厄介な仕事を～んで zhēn lǎnxiàle máfan de gōngzuò (真揽下了麻烦的工作). ¶いろいろな事を1人で～んで悩んでいる yì rén bāolǎn le xǔduō shì fànchóu (一人包揽了许多事犯愁).

かか・える【抱える】 **1**〔だく〕bào (抱), lǒu (搂), lǒubào (搂抱). ¶彼女は包を大切そうに胸に～えている tā bǎ bāofu xiǎoxīn de bàozài xiōngqián (她把包袱小心地抱在胸前). ¶本をこわきに～えて行く yèxià jiāzhe shū zǒu (腋下夹着书走). ¶頭を～えて考え込む bào tóu chénsī (抱头沉思). ¶腹を～えて笑う pěng fù dà xiào (捧腹大笑).
2〔負担になるものを持つ〕 ¶3人の子供を～えて一時は途方に暮れた dàizhe sān ge háizi, yìshí zhēn bù xiǎode zěnyàng guòhuó (带着三个孩子,一时真不晓得怎样过活). ¶巨額の借金を～えて倒産した yīn fù jù'é zhàiwù ér dǎobì (因负巨额债务而倒闭). ¶彼は1人でたくさんの仕事を～えている tā yí ge rén dānfùzhe hěn duō gōngzuò (他一个人担负着很多工作). ¶組合は解決すべき多くの問題を～えている gōnghuì yǒu hěn duō wèntí yǒudài jiějué (工会有很多问题有待解决).
3〔雇う〕 gù (雇), gùyòng (雇佣). ¶あの店は大勢の店員を～えている nà jiā shāngdiàn gùyòngzhe hěn duō diànyuán (那家商店雇佣着很多店员).

カカオ kěkěshù (可可树), kòukòu (蔻蔻).

かかく【価格】 jiàgé (价格), páijià (牌价). ¶～協定 jiàgé xiédìng (价格协定). 公定～ guānjià (官价) / fǎdìng jiàgé (法定价格). 市場～ shìchǎng jiàgé (市场价格). 統制～ tǒngzhì jiàgé (统制价格).

かがく【下顎】 xià'è (下颚). ¶～骨 xià'ègǔ (下颚骨).

かがく【化学】 huàxué (化学). ¶～記号 huàxué fúhào (化学符号). ～工業 huàxué gōngyè (化学工业) / huàgōng (化工). ～式 huàxuéshì (化学式). ～者 huàxuéjiā (化学家). ～繊維 huàxué xiānwéi (化学纤维) / huàxiān (化纤). ～反応 huàxué fǎnyìng (化学反应). ～肥料 huàxué féiliào (化学肥料) / huàféi (化肥). ～兵器 huàxué wǔqì (化学武器). ～変化 huàxué biànhuà (化学变化). ～療法 huàxué liáofǎ (化学疗法) / huàliáo (化疗). 応用～ yìngyòng huàxué (应用化学). 無機～ wújī huàxué (无机化学). 有機～ yǒujī huàxué (有机化学).

かがく【科学】 kēxué (科学). ¶～の進歩によって生活も向上した suízhe kēxué de jìnbù, shēnghuó shuǐpíng yě tígāo le (随着科学的进步,生活水平也提高了). ¶君の考え方は～的でない nǐ de xiǎngfa shì bù kēxué de (你的想法是不科学的).
¶～者 kēxuéjiā (科学家). 自然～ zìrán kēxué (自然科学). 社会～ shèhuì kēxué (社会科学). 人文～ rénwén kēxué (人文科学).

ががく【雅楽】 yǎyuè (雅乐).

かか・げる【掲げる】 **1** guà (挂), jǔ (举), xuánguà (悬挂). ¶国旗を～げる guà [shēng] guóqí (挂[升]国旗). ¶救国愛民のスローガンを～げて戦う gāojǔ jiùguó àimín de qízhì ér dòuzhēng (高举救国爱民的旗帜而斗争). ¶医者の看板を～げる guàpái xíngyī (挂牌行医).
2〔掲載する〕 ¶各紙はその記事をトップに大きく～げた gè bào dōu zài tóubǎn dàdēng-tèdēng zhè tiáo xīnwén (各报都在头版大登特登这条新闻). ¶声明文を巻頭に～げる shēngmíng kānzǎi zài shǒuyè (声明刊载在首页).

かかし【案山子】 dàocǎorén (稻草人).

かか・す【欠かす】 quē (缺), shǎo (少), quēshǎo (缺少). ¶散歩を一日も～したことはない sànbù yì tiān yě méi jiànduànguo (散步一天也没间断过). ¶雨の日も風の日も～さず毎日通った wúlùn guāfēng xiàyǔ yí rì bù quē tiāntiān qù (无论刮风下雨一日不缺天天去) / fēngyǔ wú zǔ měitiān dōu qù (风雨无阻每天都去). ¶朝の一杯のコーヒーは～せない zǎoshang yì bēi kāfēi shì 'shǎobude [quēbuliǎo] de (早上一杯咖啡是'少不得[缺不了]'的).

かかずら・う **1**〔関係する〕 ¶お前なんかに～っている暇はない wǒ kě méi xiángōngfu gēn nǐ jiūchán (我可没闲工夫跟你纠缠).
2〔こだわる〕 jū (拘), jūnì (拘泥). ¶小事に～って大事を忘れる jūnì xiǎojié, wàngjì dàshì (拘泥小节,忘记大事) / gù xiǎo shī dà (顾小失大).

かかと【踵】 **1**〔足の〕jiǎogēn (脚跟・脚根), jiǎohòugēn (脚后跟). ¶～から着地する cóng jiǎo-

hòugen zhuódì(从脚后跟着地). ¶アキレスの～ Ākāliúsī de jiǎozhǒng(阿喀琉斯的脚踵).
2〔履物の〕hòugēn[r](后跟[儿]). ¶靴下の～に穴があいた wàzi hòugēn kāile kǒu(袜子后跟开了口). ¶～の高い靴 hòugēn gāo de xié(后跟高的鞋)/ gāogēnxié(高跟鞋).

かがみ【鏡】 jìngzi(镜子). ¶湯気で～が曇った jìngzi méngshàngle yì céng shuǐqì(镜子蒙上了一层水汽). ¶～に自分の姿を映して zhào jìngzi kàn zìjǐ de shēnyǐng(照镜子看自己的身姿). ¶湖面は～のように静かだ húmiàn rú jìng(湖面如镜).

かがみ【鑑】 mófàn(模范), bǎngyàng(榜样), kǎimó(楷模), diǎnfàn(典范), yàngbǎn(样板). ¶人の～となる zuò rén de mófàn(做人的模范). ¶以て後世の～とすべし yǐ cǐ zuòwéi hòushì zhī bǎngyàng(以此作为后世之榜样).

かがみびらき【鏡開き】 《说明》一月十一日吃供神的年糕.

かがみもち【鏡餅】 《说明》供神的双层大小不一的圆形年糕.

かが・む【屈む】 ¶腰の～んだ老人 bèi tuó de lǎorén(背驼的老人). ¶低い門を～んで通り抜ける wānyāo[máoyāo / hāyāo] chuānguò ǎimén(弯腰[猫腰/哈腰]穿过矮门).

かが・める【屈める】 wānyāo(弯腰), máoyāo(猫腰), hāyāo(哈腰). ¶腰を～めて挨拶する wānyāo xínglǐ(弯腰行礼).

かがやかし・い【輝かしい】 huīhuáng(辉煌), guānghuī(光辉). ¶～い成果を収めた huòdéle guānghuī de chéngjiù(获得了光辉的成就). ¶～い業績を残す liúxià huīhuáng de gōngjì(留下辉煌的功绩).

かがやか・す【輝かす】 ¶目を～して見つめる yǎnli shǎnzhe guāng[xīngzhì-bóbó de] níngshìzhe(眼里闪着光[兴致勃勃地]凝视着). ¶彼はそれを聞いて喜びに顔を～した tā tīngle cǐ shì, gāoxìngde mǎnliǎn shēng huī(他听了此事,高兴得满面生辉). ¶彼は水泳日本の名を世界に～した tā shǐde yóuyǒng qiángguó Rìběn de míngshēng chuánbiàn shìjiè(他使得游泳强国日本的名声传遍世界).

かがやき【輝き】 guānghuī(光辉). ¶一日ごとに太陽が～を増してきた tàiyáng de guānghuī yìtiān bǐ yìtiān qiángliè le(太阳的光辉一天比一天强烈了).

かがや・く【輝く】 shǎnyào(闪耀). ¶月がこうこうと～いている yuèguāng ″jiǎojiǎo[jiǎojié]″(月光″皎皎[皎洁]″). ¶空に～く星 tiānkōng shǎnyào de xīngxing(天空闪耀的星星). ¶草の露が朝日にきらきらと～いている cǎoyè shang de lùzhū bèi zhāoyáng zhàode shǎnshǎn fāliàng(草叶上的露珠被朝阳照得闪闪发亮). ¶町にはネオンが～いている jiēshang níhóngdēng guāngyào duómù(街上霓虹灯光耀夺目). ¶シャンデリアの～く大広間 zhīxíng diàodēng huīhuáng de dàtīng(枝形吊灯辉煌的大厅). ¶彼女の顔は幸福に～く光彩 tā liǎnshang shǎnxiàn xìngfú de guāngcǎi(她脸上闪现幸福的光彩). ¶優勝の栄誉に～く huòdéle guàn-

jūn de róngyù(获得了冠军的荣誉)/ rónghuò guànjūn(荣获冠军).

かかり【係・掛】 ¶それは私の～ではない nà shì bù guī wǒ guǎn(那事不归我管). ¶その事については～の者が御説明します guānyú nàge wèntí yóu zhǔguǎn de rényuán lái shuōmíng(关于那个问题由主管的人员来说明).
¶～長 gǔzhǎng(股长). 出納～ chūnàyuán(出纳员).

かかり【掛り】 fèiyong(费用), huāfèi(花费). ¶入院の～がかさむ zhùyuàn de huāfèi hěn dà(住院的花费很大).

-かかり【掛り】 ¶4人～でやっと運んだ sì ge rén dòngshǒu cái bānzǒu(四个人动手才搬走). ¶1日～で部屋の片付けをする fèi yì tiān gōngfu zhěnglǐ fángjiān(费一天工夫整理房间).

かかりあい【掛り合い】 ¶当方には何の～もない事だ gēn wǒfāng háo wú guānxi(跟我方毫无关系). ¶皆～になるのを恐れて何も言おうとしない dàjiā pà shòu liánlěi shuí dōu bì kǒu bù shuō(大家怕受连累谁都闭口不说).

かかりあ・う【掛り合う】 chāshǒu(插手), chājiǎo(插脚), chāshēn(插身), chāzú(插足). ¶そんな事に～っている暇はない wǒ kě méi shíjiān [gù] nà zhǒng shì(我可没时间″管[顾]″那种事). ¶そんな事に～うのはごめんだ nà zhǒng shì wǒ kě bú yuànyì chājiǎo(那种事我可不愿意插脚).

かかりいん【係員】 gōngzuò rényuán(工作人员). ¶～の指示に従って下さい qǐng àn gōngzuò rényuán de zhǐshì xíngdòng(请按工作人员的指示行动).

かかりきり【掛り切り】 ¶彼は目下論文執筆に～だ tā xiànzài máitóu yú xiě lùnwén(他现在埋头于写论文). ¶彼女は赤ん坊に～だ tā zhǐgù zhàoguǎn wáwa, gùbushàng bié de(她只顾照管娃娃,顾不上别的).

かかりつけ【掛り付け】 ¶～の医者 cháng qù kànbìng de yīshēng(常去看病的医生).

かがりび【篝火】 gōuhuǒ(篝火). ¶～をたく ránqǐ gōuhuǒ(燃起篝火).

かか・る【係る】 **1**〔関係する〕 ¶国家機密に～る重大事件 shèjí guójiā jīmì de zhòngdà shìjiàn(涉及国家机密的重大事件).
2〔負う〕 ¶これはエジソンの発明に～る機械だ zhè shì yóu Àidíshēng fāmíng de jīqì(这是由爱迪生发明的机器). ¶事の成否は君の腕に～っている shìqing de chéngbài quán zài nǐ de běnshì le(事情的成败全在你的本事了).

かか・る【掛る・懸る・架る】 **1**〔吊される, 掲げられる〕 qiángshang guàzhe yì fú huàr(墙上挂着一幅画儿). ¶軒先に鳥籠が～っている zài yánxià guàzhe niǎolóngzi(在檐下挂着鸟笼子). ¶窓にカーテンが～っている chuāngshang guàzhe chuānglián(窗上挂着窗帘). ¶四川料理の看板の～った店 guàzhe Sìchuāncài zhāopai de càiguǎn(挂着四川菜招牌的饭馆).
2〔鍋などが〕 ¶やかんがこんろに～っている shuǐhú zài lúzi shang zuòzhe(水壶在炉子上

坐着).

3〔ひっかかる〕¶えりのホックがうまく～らない lǐngkòur zǒng kòubushàng (领口儿总扣不上). ¶凧が電線に～った fēngzheng guà diànxiàn shang le (风筝挂电线上了). ¶舟べりに手が～って助かった shǒu guàzài chuánbiānr shang jiǎnle yì tiáo mìng (手挂在船边儿上捡了一条命). ¶大きな魚が網に～った wǎngzhǎole yì tiáo dàyú (网着了一条大鱼). ¶敵の計略に～った shàngle dírén de quāntào (上了敌人的圈套).

4〔心，目などに〕¶どうしてもあの事が気に～って眠れない zǒng jìguàzhe nà jiàn shì shuìbuzháo jiào (总记挂着那件事睡不着觉). ¶お目に～って嬉しいです jiàndào nín wǒ fēicháng gāoxìng (见到您我非常高兴)/ xìnghuì xìnghuì! (幸会幸会!).

5〔目方が〕¶重すぎて秤に～らない tài zhòng dǎbuzhù chèngtuó (太重打不住秤砣). ¶この鮭は1匹3キロは～るだろう zhè guīyú yì tiáo zhìshǎo yǒu sān gōngjīn zhòng ba (这鲑鱼一条至少有三公斤重吧).

6〔そこ・それで処理される〕¶議題が会議に～る yìtí tíjiāo dào huìyì shang (议题提交到会议上). ¶医者に～るほどの病気ではない bú shì shénme zhíde qǐng dàifu kàn de bìng (不是什么值得请大夫看的病). ¶敵の手に～って殺された zāo dírén dúshǒu bèi shāhài le (遭敌人毒手被杀害了). ¶当社の経営に～るホテル běn gōngsī jīngyíng de fàndiàn (本公司经营的饭店). ¶あの人に～ったはかなわない pèngshàng tā nàge rén jiǎnzhí méi bànfǎ (碰上他那个人简直没办法).

7〔賞金，運命などが〕¶敵将の首に賞金が～る díjiàng zhī shǒu xuányǒu zhòngshǎng (敌将之首悬有重赏). ¶この試合に優勝が～っている shuí huò guànjūn qǔjuéyú zhè chǎng bǐsài (谁获冠军取决于这场比赛). ¶この企画に社運が～っている zhège jìhuà jiāng juédìng gōngsī de mìngyùn (这个计划将决定公司的命运).

8〔ふりかかる〕¶水しぶきが～る jiànshàngle shuǐ (溅上了水). ¶熱湯が～って火傷をした línshàng gǔnshuǐ tàngshāng le (淋上滚水烫伤了). ¶ほこりが～らないように蓋をする gàishàng gàizi miǎnde ⸢méngshàng [guà] chéntǔ (盖上盖子免得⸢蒙上[挂]尘土). ¶醤油がまだ～っていない jiàngyóu hái méi sāshàng ne (酱油还没撒上呢). ¶火の粉が雨のように体に～る huǒxīng xiàng yǔdiǎn shìde luòdào shēnshang (火星像雨点似的落到身上).

9〔かぶさる〕¶チョコレートの～ったケーキ guàle yì céng qiǎokèlì de xīshì dàngāo (挂了一层巧克力的西式蛋糕). ¶カバーの～ったソファー tàozhe tàozi de shāfā (套着套子的沙发). ¶山頂に雲が～る yún zhàozài shāndǐng shang (云罩在山顶上). ¶一面に霧が～る zhōuwéi shì yípiàn wù (周围是一片雾).

10〔負担が〕¶あなたに迷惑が～るようならもう来ません yàoshi gěi nǐ tiān máfan, wǒ zài bù lái le (要是给你添麻烦,我再不来了). ¶彼に負担の～らないようにする zhàogù búyào jiāzhòng tā de fùdàn (照顾不要加重他的负担).

11〔課せられる〕¶輸入品には関税が～る jìnkǒuhuò shàng guānshuì (进口货上关税).

12〔要する〕¶旅費はいくら～りますか lǚfèi yào huā duōshao qián? (旅费要花多少钱?). ¶この仕事は5人で10日～る zhège gōngzuò wǔ ge rén yào fèi shí tiān de gōngfu (这个工作五个人要费十天的工夫). ¶車で行けば30分も～らない zuò qìchē qù yòngbuliǎo sānshí fēnzhōng (坐汽车去用不了三十分钟). ¶これは手の～る仕事だ zhè shì fèishì de gōngzuò (这是费事的工作).

13〔加わる〕¶仕事に馬力が～った gōngzuò yuèfā dài jìntóur (工作越发带劲儿). ¶片足に体重が～る tǐzhòng luòzài yì zhī jiǎo shang (体重落在一只脚上). ¶気合の～ったけいこが続いている jīngshen chōngpèi de jìnxíngzhe liànxí (精神充沛地进行着练习). ¶芸に一層磨きが～った jìyì yuè jiā jīngzhàn (技艺越加精湛).

14〔かけわたされる〕¶川に石の橋が～っている héshang dāzhe shíqiáo (河上搭着石桥). ¶雨上がりの空に虹が～った yǔ guò tiān qíng chūle cǎihóng (雨过天晴出了彩虹). ¶赤いリボンの～った箱 zhāzhe hóng chóudàir de hézi (系着红绸带的盒子). ¶箱には縄が厳重に～っている xiāngzi yòng shéngzi kǔnde jǐnjǐn de (箱子用绳子捆得紧紧的).

15〔声，言葉などが〕¶観客席から声が～った guānzhòngxí chuánláile ⸢jiàohǎo [hècǎi] shēng (观众席传来了⸢叫好[喝彩]声). ¶どこからも電話は～ってきませんでした nǎli yě méi lái diànhuà (哪里也没来电话). ¶知人から仕事の口が～った péngyou zhāohu wǒ zuòshì (朋友招呼我做事).

16〔鍵などが〕¶金庫には鍵が～っている bǎoxiǎnguì shàngzhe suǒ (保险柜上着锁).

17〔作用が及ぶ〕¶友人から旅行の誘いが～った péngyou yuē wǒ qù lǚxíng (朋友约我去旅行). ¶彼に盗みの嫌疑が～っている tā bèi huáiyí tōule dōngxi (他被怀疑偷了东西). ¶催眠術が～らない cuīmiánshù bùnéng zòuxiào (催眠术不能奏效).

18〔道具・機械などが働く〕¶よくアイロンの～ったズボン tàng[yùn]de bǐfēng de kùzi (烫[熨]得笔挺的裤子). ¶寒いので車のエンジンが～らない yīnwei tiān lěng, qìchē de yǐnqíng fādòng bu qǐlái (因为天冷,汽车的引擎发动不起来). ¶あなたの髪はパーマが～りにくい nǐ de tóufa bù hǎo tàng (你的头发不好烫).

19〔芝居などが〕¶歌舞伎座で《四谷怪談》が～っている Gēwǔjìzuò shàngyǎnzhe《Sìgǔ Guàitán》(歌舞伎座上演着《四谷怪談》). ¶公園にサーカスの小屋が～った gōngyuán dāqǐle zájìtuán de zhàngpeng (公园搭起了杂技团的帐篷).

20〔立ち向かう〕¶さあ，束になって～ってこい

hǎo! yìqǐ chōng wǒ lái ba! (好! 一起冲我来吧!). ¶ 2人一度に〜ってきた liǎng ge rén yìqǐ xiàng wǒ pūlai (两个人一起向我扑来). ¶ 素手で〜っていく chìshǒu-kōngquán pūqu (赤手空拳扑去).

21【取り組む, 取り掛る】¶ 5人で〜ってやっとし終えた wǔ ge rén zuò, hǎoróngyì cái zuòwán (五个人做, 好容易才做完). ¶ では早速仕事に〜ろう nàme kuài diǎnr zhuóshǒu gōngzuò ba! (那么快点儿着手工作吧!). ¶ 彼は納屋で〜っていた tā dòngshǒu chāi duīfang (他动手拆堆房).

22〔ちょうど…する, …しそうになる〕¶ その時1人の男が通り〜った nà shí zhènghǎo yǒu yí ge nánrén zǒule guòlái (那时正好有一个男人走了过来). ¶ 火が消え〜っている huǒ yào miè le (火要灭了). ¶ 倒れ〜った家 yào dǎo de fángzi (要倒的房子).

かか・る【罹る】 huàn (患), rǎn (染), dé (得). ¶ 結核に〜る huàn jiéhé (患结核). ¶ 病気に〜りやすい体質 róngyì huànbìng de tǐzhí (容易患病的体质).

かか・る【掛る】 suǒ (锁). ¶ ボタン穴を〜る suǒ kòuyǎnr (锁扣眼儿).

-がか・る ¶ 芝居〜った文句 yǎnxì shìde yáncí (演戏似的言词). ¶ 不良〜った娘 yǒudiǎnr xuéhuài de nǚháizi (有点儿学坏的女孩子). ¶ 赤み〜った紫 zǐlǐ tòu hóng (紫里透红).

かかわらず【拘わらず】 **1**〔関係なく〕 búlùn (不论), bùguǎn (不管), wúlùn (无论), bùjū (不拘). ¶ 晴雨に〜っての挙行 qíng yǔ zhàocháng jǔxíng (不论晴雨照常举行). ¶ 好むと好まざるとに〜彼の勧めに従わざるを得ない bùguǎn yuàn bu yuànyì, bùdé bù tīngcóng tā de quàngào (不管愿不愿意, 不得不听从他的劝告). ¶ 年齢のいかんに〜誰でも出場できる niánlíng bùjū, shuí dōu kěyǐ chūchǎng (年龄不拘, 谁都可以出场).

2〔…であるのに〕 jǐnguǎn (尽管), suīrán (虽然), jiùshì (就是). ¶ 彼は高齢にも〜かくしゃくとしている tā niánjì suī lǎo, kě jīngshen juéshuò (他年纪虽老, 可精神矍铄). ¶ 度々催促したにも〜一向に返済しない jǐnguǎn zàisān cuīcù, tā yìzhí bù huán (尽管再三催促, 他一直不还).

かかわり【係わり・関わり】 guānxi (关系), xiāngguān (相关), xiānggān (相干), gān'ài (干碍). ¶ 私は事件とは何の〜もない hǎo bù xiānggān [hǎo wú guānxi] (我跟那个事件 "毫不相干 [毫无关系]). ¶ 私の意志に〜なく事は進展していった shìqing bù yǐ wǒ de yìzhì xiàng qián fāzhǎn xiaqu (事情不依我的意志向前发展下去). ¶ 事件との〜を否定した fǒudìngle qiānlián nàge shìjiàn (否定了牵连那个事件). ¶ あんな奴と〜を持つなよ kě bùyào gēn nà zhǒng rén ˈdǎ jiāodao [wǎnglái] (可不要跟那种人 "打交道 [往来]).

かかわ・る【係わる・関わる】 guānxi (关系), xiāngguān (相关), xiānggān (相干), gān'ài (干碍). ¶ これは命に〜る事だ zhè kě shì guānliánzhe shēngmìng ānquán de shìqing (这可是关联着生命安全的事情). ¶ 私などの〜り知る所ではない nà bù guān wǒ de shì (那不关我的事)/ nà gēn wǒ háo bù xiānggān (那跟我毫不相干).

かかん【果敢】 guǒgǎn (果敢). ¶ 勇猛〜に突撃する yǒngměng guǒgǎn wǎng qián chōng (勇猛果敢往前冲). ¶ 彼の〜な行動で多くの人命が救われた yóuyú tā de guǒgǎn xíngdòng, hěn duō rén de shēngmìng déjiù le (由于他的果敢行动, 很多人的生命得救了).

かき【垣】 líba (篱笆), zhàlan (栅栏). ¶ 家のまわりに〜をめぐらす fángzi zhōuwéi wéishàng zhàlan (房子周围围上栅栏).

かき【柿】 shì (柿), shìzi (柿子). ¶ 〜が色づいた shìzi biàn hóng le (柿子变红了). ¶ 甘〜 tián shìzi (甜柿子). 渋〜 sè shìzi (涩柿子). 干〜 shìbǐng (柿饼).

かき【牡蠣】 mǔlì (牡蛎), háo (蚝), hǎilìzi (海蛎子).

かき【下記】 xiàliè (下列), xiàshù (下述). ¶ 使用に際しては〜の点に注意すること shǐyòng shí yīng zhùyì xiàliè jǐ diǎn (使用时应注意下列几点). ¶ 細目は〜の通り xìmù rúxià (细目如下).

かき【火気】 yānhuǒ (烟火). ¶ 〜厳禁 yánjìn yānhuǒ (严禁烟火).

かき【火器】 huǒqì (火器).

かき【夏季・夏期】 xiàjì (夏季). ¶ 〜休暇 shǔjià (暑假)/ fúshǔjià (伏暑假).

かぎ【鈎】 gōu[r] (钩[儿]), gōuzi (钩子).

かぎ【鍵】 **1** yàoshi (钥匙), suǒchí (锁匙); 〔錠〕 suǒ (锁). ¶ 金庫の〜をなくした diūle bǎoxiǎnguì de yàoshi (丢了保险柜的钥匙). ¶ 〜で錠をあける yòng yàoshi kāi suǒ (用钥匙开锁). ¶ ドアは中から〜が掛っている mén yóu lǐmian suǒzhe (门由里面锁着)/ mén cóng lǐmian shàngzhe suǒ (门从里面上着锁). ¶ 〜を掛け忘れた wàngle shàng suǒ (忘了上锁). ¶ 引出しの〜があかない chōuti de suǒ kāibukāi (抽屉的锁开不开).

¶ 〜穴 suǒyǎn (锁眼) / yàoshikǒng (钥匙孔).

2〔決め手〕 suǒyuè (锁钥), yàoshi (钥匙). ¶ 彼が問題解決の〜を握っている tā zhǎngwòzhe jiějué wèntí de guānjiàn (他掌握着解决问题的关键). ¶ これが事件の謎を解く〜だ zhè jiù shì pò'àn de yì bǎ yàoshi (这就是破案的一把钥匙).

がき【餓鬼】 èguǐ (饿鬼); 〔子供〕 zǎizi (崽子), tùzǎizi (兔崽子). ¶ 〜のようにがつがつ食う xiàng èguǐ shìde lángtūn-hǔyàn (像饿鬼似的狼吞虎咽). ¶ ほんとうにうるさい〜だ zhēn shì tǎoyàn de tùzǎizi (真是讨厌的兔崽子).

¶ 〜大将 háiziwáng (孩子王) / háizitóu[r] (孩子头[儿]). ¶ 〜っ子 táoqì dàwáng (淘气大王).

かきあげ【掻き揚げ】 héshì ruǎnzhà shíjǐn (和式软炸什锦). ¶ 野菜の〜 ruǎnzhà sùshíjǐn (软炸素什锦).

かきあ・げる【書き上げる】 **1**〔書き終える〕 xiěwán (写完), xiěhǎo (写好). ¶ 短編小説を一

気に～げた bǎ duǎnpiān xiǎoshuō yìkǒuqì xiěwán le(把短篇小说一口气写完了).¶その絵は一晩で～げた nà fú huà yòng yí ge wǎnshang huàchulai de(那幅画用一个晚上画出来的).
2〔書き並べる〕xiěchū(写出), lièchū(列出).¶注意事項を一つ一つ～げる bǎ zhùyì shìxiàng yīyī lièjǔ(把注意事项一一列举).

かきあ・げる【掻き上げる】¶びんのほつれを～げる bǎ sǎnxialai de bìnfà liāoshangqu(把散下来的鬓发撩上去).

かきあつ・める【掻き集める】guīlǒng(归拢), pá(扒), pálou(扒搂), húlu(胡噜), còu(凑), còulǒng(凑拢), còují(凑集).¶落葉を～めて焚く bǎ luòyè pálái yìqǐ shāo(把落叶扒在一起烧).¶仲間を～めて野球のチームをつくった còu rén zǔzhī bàngqiúduì(凑人组织棒球队).¶資金を～める còu(凑) [chóucuó] zījīn(凑集[筹措]资金).¶人材を～める shōuluó réncái(收罗人材).

かきあらわ・す【書き表す】¶筆では～すことのできぬほどの惨状 yòng bǐmò nányǐ xíngróng de cǎnzhuàng(用笔墨难以形容的惨状).

かきあわ・せる【掻き合せる】¶コートの襟を～せる bǎ dàyī de lǐngzi ʰhé[lā]jǐn(把大衣的领子合[拉]紧).

かきいれどき【書入れ時】wàngjì(旺季), wàngyuè(旺月).¶歳末はデパートの～だ suìmò shì bǎihuò gōngsī shēngyì de wàngyuè(岁末是百货公司生意的旺月).

かきい・れる【書き入れる】tiánxiě(填写).¶括弧の中に名前を～れる zài kuòhào nèi tiánxiě míngzi(在括号内填写名字).

かきうつ・す【書き写す】chāo(抄), téng(誊), chāoxiě(抄写), chāolù(抄录), téngxiě(誊写).¶碑文を～す chāoxiě bēiwén(抄写碑文).

かきおき【書置き】**1**〔置手紙〕¶留守だったので～して帰った yīnwèi búzài, liúxiàle ge zìtiáo huíqu le(因为不在,留下了个字条回去了).
2〔遺書〕yíshū(遺書), yízhǔ(遗嘱).¶両親にあてた～が発見された fāxiànle gěi shuāngqīn de yíshū(发现了给双亲的遗书).

かきおく・る【書き送る】¶こちらの様子をこまごまと国の両親に～った bǎ zhèbian de qíngkuāng xiángxiáng-xìxì de xiě xìn gàosu zài jiāxiāng de shuāngqīn(把这边的情形详详细细地写信告诉在家乡的双亲).

かきおと・す【書き落す】¶大切な事を～した bǎ zhòngyào de shì wàngjì xiěshàng le(把重要的事忘记写上了)/ bǎ guānjiàn de dìfang xiělòu le(把关键的地方写漏了).

かきおろし【書下し】¶～の小説 xīn xiě de xiǎoshuō(新写的小说).

かきか・える【書き替える】¶契約書を～える gēnggǎi hétong(更改合同).¶名義の～えをする bàn gēngmíng shǒuxù(办更名手续)/ guòhù(过户).

かきかた【書き方】**1** xiěfǎ(写法).¶この申込用紙の～を教えて下さい qǐng gàosu wǒ zhège shēnqǐngshū de xiěfǎ(请告诉我这个申请书的写法).
2〔運筆〕bǐfǎ(笔法).¶この字は～が難しい zhège zì bǐfǎ hěn nán(这个字笔法很难).

かきことば【書き言葉】shūmiànyǔ(书面语), shūmiàn yǔyán(书面语言).

かきこみ【書き込み】¶彼の蔵書にはたくさんの～がしてある zài tā de cángshū shang yǒu hěn duō de cángshū shang yǒu hěn duō pīzhù(在他的藏书上有很多批注).

かきこ・む【書き込む】¶手帳に日程を～む bǎ rìchéng xiězài xiǎoběnzi shang(把日程写在小本子上).¶地図に予定のルートを～む bǎ yùdìng de lùxiàn huàzài dìtú shang(把预定的路线画在地图上).¶申込用紙に～む tiánxiě shēnqǐngshū(填写申请书).

かきこ・む【掻き込む】pála(扒拉).¶朝飯を～んで飛び出して行った bǎ zǎofàn pála jǐ kǒu jiù pǎochuqu le(把早饭扒拉几口就跑出去了).

かぎざき【鉤裂き】¶ズボンのおしりに～をこしらえた kùzi pìgu shang gěi gōu pòle ge sānjiǎo kǒuzi(裤子屁股上给钩破了个三角口子).

かきしる・す【書き記す】jì(记), jìlù(记录).¶後日のために～しておく wèile rìhòu jìlù xialai(为了日后记录下来).

かきそ・える【書き添える】¶手紙には一両日中に上京する旨そえてあった xìnshang fùdài xiězhe yīliǎng tiān nèi lái Jīng(信上附带写着一两天内来京).

かきぞめ【書初め】xīnchūn kāibǐ(新春开笔).

かきそんじ【書き損じ】¶～の紙も捨てないように xiěhuàile de zhǐ yě búyào rēngdiào(写坏了的纸也不要扔掉).

かきだし【書出し】¶あの小説は～が有名だ nà bù xiǎoshuō de kāitóu bùfen hěn yǒumíng(那部小说的开头部分很有名).

かきだ・す【掻き出す】tāo(掏), tāochū(掏出).¶ストーブの灰を～す tāo lúhuī(掏炉灰).

かぎだ・す【嗅ぎ出す】xiùchū(嗅出); tànchū(探出).¶猟犬が獲物を～す lièquǎn xiùchū lièwù(猎狗嗅出猎物).¶敵の秘密をうまく～した qiǎomiào de tànchūle dírén de mìmì(巧妙地探出了敌人的秘密).

かきた・てる【書き立てる】**1**〔書き並べる〕¶要求項目を一つ一つ～てる bǎ yāoqiú shìxiàng yīyī lièchulai(把要求事项一一列举出来).
2〔盛んに書く〕¶週刊誌は一斉に彼女のスキャンダルを～てた měi ge zhōukān zázhì dōu dàdēng-tèdēng tā de chǒuwén(每个周刊杂志都大登特登她的丑闻).¶各新聞は彼の壮挙を～てている gè jiā bàozhǐ jìng xiāng bàodào tā de zhuàngjǔ(各家报纸竞相报道他的壮举).

かきた・てる【掻き立てる】bō(拨), bōnong(拨弄).¶ストーブの火を～てる bǎ lúhuǒ bōwàng(把炉火拨旺).¶ますます好奇心を～てられる yìfā jīqǐle hàoqíxīn(益发激起了好奇心).

かぎタバコ【嗅ぎ煙草】bíyān(鼻烟).

かきちら・す【書き散らす】¶雑文を～す xìnshǒu xiě gǎozi(信手写稿子).¶壁に大きく落書が～してある qiángshang hú xiě luàn huà yí dà piàn(墙上胡写乱画一大片).

かきつけ【書付】〔記録〕jìlù(记录);〔メモ〕biàn-

かぎつ・ける【嗅ぎ付ける】 xiùchū(嗅出), wénchū(闻出). ¶猫が魚を～けてやってきた māo xiùchū yúwèir zhǎoguolai le(猫嗅出鱼味ル跑过来了). ¶事件を～けて新聞記者が来た xīnwén jìzhě wén fēng ér lái(新闻记者闻风而来). ¶彼は我々の秘密を～けたらしい tā sìhū juéchácchū wǒmen de mìmì le(他似乎觉察出我们的秘密了).

かきとめ【書留】 guàhào(挂号); guàhàoxìn(挂号信). ¶大切な物は～にする zhòngyào de dōngxi yòng guàhào jì(重要的东西用挂号寄). ¶～小包 guàhào bāoguǒ(挂号包裹). ～料金 guàhàofèi(挂号费).

かきと・める【書き留める】 jì(记), bǐlù(笔录). ¶住所氏名を手帳に～める bǎ dìzhǐ xìngmíng jìzài xiǎoběnzi shang(把地址姓名记在小本子上).

かきとり【書取】 tīngxiě(听写). ¶生徒に～をさせる ràng xuésheng tīngxiě(让学生听写).

かきと・る【書き取る】 jìlù(记录), jì(记). ¶読み方が早いので～れない dúde tài kuài jì bu xiàlái(读得太快记不下来).

かきなお・す【書き直す】 gǎixiě(改写); chóngxiě(重写). ¶不適当なところを～す gǎixiě bú shìdàng de dìfang(改写不适当的地方). ¶何度～しても顔がうまく書けない zhège liǎn huàle hǎo jǐ cì yě huàbuhǎo(这个脸画了好几次也画不好). ¶きちんと～してからお渡しします chóngxiě hòu zài jiāogěi nǐ(重写后再交给你).

かきなが・す【書き流す】 ¶筆にまかせて～す xìnbǐ xiělai(信笔写来).

かきなぐ・る【書きなぐる】 ¶大きな字で～ってある yòng dàzì liǎocǎo de xiězhe(用大字潦草地写着).

かきなら・す【掻き鳴らす】 ¶ギターを～す bōnong jítā(拨弄吉他).

かきぬ・く【書き抜く】 zhāilù(摘录). ¶重要なところを～く bǎ zhòngyào de dìfang zhāilù xialai(把重要的地方摘录下来).

かきね【垣根】 líba(篱笆), zhàlan(栅栏).

かきのこ・す【書き残す】 1〔書き残す〕 ¶後のために事の真相を～しておく wèile hòushì bǎ shìjiàn de zhēnxiàng xiěxialai(为了后世把事件的真相写下来). ¶遺言を～す xiěxià yíyán(写下遗言). 2〔書き尽さない〕 ¶まだ少し～した事がある hái yǒu yìdiǎnr shàng wèi xiěxià de shì(还有一点ル尚未写下的事). ¶時間がなくて2ページ分～した yīnwei méi shíjiān shèngxia liǎng yè méi xiěwán(因为没时间剩下两页没写完).

かぎのて【鉤の手】 ¶道が～になっている lù guǎi zhí wān(路拐直弯).

かぎばな【鉤鼻】 yīngbí(鹰鼻), yīnggōu bízi(鹰钩鼻子).

かぎばり【鉤針】 gōuzhēn[r](钩针[ル])・勾针[ル].

かきま・ぜる【掻き混ぜる】 jiǎobàn(搅拌), bànhuo(拌和), jiǎohuo(搅和), jiǎohun(搅混), huònong(和弄). ¶よく～ぜてお飲み下さい jiǎobànhǎo zài hē(搅拌好再喝). ¶粉に砂糖と塩を加えて～ぜる miànli jiā diǎnr táng hé yán yìqǐ bànhuo(面里加点ル糖和盐一起拌和).

かきまわ・す【掻き回す】 1〔掻き混ぜる〕 jiǎo(搅), jiǎodòng(搅动), jiǎobàn(搅拌). ¶風呂の湯を～す jiǎoyún xǐzǎoshuǐ(搅匀洗澡水). ¶引出しの中を～す luànfān chōutì de dōngxi(乱翻抽屉里的东西). 2〔掻き乱す〕 jiǎohuo(搅和), hújiǎo(胡搅), jiǎoluàn(搅乱), huònong(和弄), jiǎojú(搅局). ¶あんな奴に～されてはたまらない jiào nà zhǒng rén jiǎohuo kě zhēn shòubuliǎo(叫那种人搅和可真受不了).

かきみだ・す【掻き乱す】 jiǎoluàn(搅乱), rǎoluàn(扰乱), sāorǎo(骚扰). ¶町の平和は～された chéngzhèn de píngjìng bèi rǎoluàn le(城镇的平静被扰乱了).

かきむし・る【掻き毟る】 ¶髪の毛を～る hāo tóufa(薅头发). ¶顔を～る zhuāpò liǎn(抓破脸). ¶虫刺されのあとを～る lǎo shì zhuānao bèi chóngzi yǎo de dìfang(老是抓挠被虫子咬的地方). ¶胸を～られるような悲しい知らせ shǐ rén bēishāngde xīn rú dāo gē de xiāoxi(使人悲伤得心如刀割的消息).

かきもの【書き物】 ¶～にして残す xiěchéng wénzì liúxialai(写成文章留下来). ¶机に向かって～をする fúzài zhuōzi shang xiě dōngxi(伏在桌子上写东西).

かぎゃく【可逆】 ¶～反応 kěnì fǎnyìng(可逆反应).

かきゃくせん【貨客船】 kèhuòlún(客货轮).

かきゅう【下級】 xiàjí(下级). ¶～裁判所 xiàjí fǎyuàn(下级法院). ～生 dībānshēng(低班生).

かきゅう【火急】 huǒjí(火急), jǐnjí(紧急). ¶～の知らせ jǐnjí tōngzhī(紧急通知).

かきょう【佳境】 jiājìng(佳境). ¶物語が～に入る gùshi zhújiàn rù jiājìng(故事渐入佳境).

かきょう【架橋】 jià qiáo(架桥).

かきょう【華僑】 huáqiáo(华侨).

かぎょう【家業】 jiāyè(家业). ¶～は代々大工です wǒ jiā shìdài shì mùjiang(我家世代是木匠). ¶～を継ぐ jìchéng jiāchuán shìyè(继承家传事业). ¶～に専念する zhuānyī cóngshì jiāyè(专一从事家业).

かぎょう【稼業】 hángdang[r](行当[ル]), hángdao(行道). ¶弁護士～もなかなか大変だ lǜshī zhè yì háng yě hěn bù róngyì(律师这一行也很不容易). ¶その日暮しのしがない～ zhǐ gòu dàngtiān húkǒu de qióng shēngjì(只够当天糊口的穷生计).

かきょく【歌曲】 gēqǔ(歌曲).

かきよ・せる【掻き寄せる】 1〔掻き集める〕 pá(扒), pálou(扒搂). ¶枯葉を～せる bǎ kūyè pázài yìqǐ(把枯叶扒在一起). 2〔手元に〕 ¶流れる帽子をあわてて棒で～せた jímáng bǎ liúzǒu de màozi yòng xiǎogùnr

bōnong guolai（急忙把流走的帽子用小棍ㄦ拨弄过来）.

かぎり【限り】 1［限界］xiàn（限），xiàndù（限度）. ¶人間の力には～がある rén de lìliang shì yǒuxiàn de（人的力量是有限的）/¶欲望には～がない rén de yùwàng shì wú zhǐjìng de（人的欲望是无止境的）/ yù hè nán tián（欲壑难填）. ¶私の忍耐にも～がある wǒ de rěnnài yě shì yǒu xiàndù de（我的忍耐也是有限度的）. ¶～なく広がる大海原 yíwàng-wújì de dàhǎi（一望无际的大海）.
2［限度一杯］ ¶できる～の事はした jìnle yíqiè nǔlì（尽了一切努力）. ¶声を～に母の名を呼んだ shēngsī-lìjié de hūhǎn mǔqīn de míngzi（声嘶力竭地呼喊母亲的名字）. ¶力の～戦ったがついに負けた jiéjìnle quánlì, dàn zhōngyú bèi dǎbài le（竭尽了全力，但终于被打败了）. ¶根～働く zhǐyào zhīchí de zhù jiù gōngzuò dào dǐ（只要支持得住就工作到底）. ¶彼等は横暴の～を尽した tāmen húzuò-fēiwéi, héngxíng wú jì（他们胡作非为，横行无忌）.
3［限定，範囲内］xiàn（限），xiànyú（限于）. ¶申込みは今月～ bàomíng dào běnyuè jiézhǐ（报名到本月截止）/ bàomíng yǐ běnyuè dǐ zhǐ（报名日期截至本月底止）. ¶当日～有効 dàngrì yǒuxiào（当日有效）. ¶その場～の話に終った zhǐ búguò dāngchǎng shuōle shuō bàle（只不过当场说了说罢了）. ¶これを～にこの仕事から手を引くつもりだ dǎsuàn yǐ cǐ wéi xiàn xǐshǒu bú gàn zhè shì le（打算以此为限洗手不干这事了）. ¶君との仲も今日～だ wǒ hé nǐ de guānxi cóngjīn yīdào-liǎngduàn（我和你的关系从今一刀两断）. ¶明日～で閉店致します míngtiān yǐhòu guānmén xiēyè（明天以后关门歇业）. ¶私の知る～では彼は悪い人ではない jiù wǒ suǒ zhīdao de, tā jué bú shì ge huàirén（就我所知道的，他决不是个坏人）. ¶私に関する～そんな事はけっして kě jué méiyǒu nà zhǒng shì（我可决没有那种事）. ¶非常の場合はこの～にあらず jǐnjí chǎnghé bú zài cǐ xiàn（紧急场合不在此限）.
4［条件］ ¶君が謝らない～許さない chúfēi nǐ rèncuò, wǒ jué bù ráo nǐ（除非你认错，我决不饶你）. ¶雨でも降らない～朝のランニングは欠かさない zhǐyào bú xiàyǔ, zǎoshang yídìng pǎobù（只要不下雨，早上一定跑步）. ¶事情の許す～出席します zhǐyào qíngkuàng yǔnxǔ jǐnkěnéng de chūxí（只要情况允许尽可能地出席）.

かぎ・る【限る】 1［限定する］xiàn（限），xiànyú（限于）. ¶日を～って注文する xiànqī dìnghuò（限期订货）. ¶スピーチは1人3分に～られている zhìcǐ shíjiān yí ge rén xiàndìng wéi sān fēnzhōng（讲话时间一个人限定为三分钟）. ¶入場者は女性に～る zhǐ xiàn nǚxìng rùchǎng（只限女性入场）. ¶数が～られているので1人1個です shùmù yǒuxiàn, xiànzhì yí ge rén yí ge（数目有限，限制一个人一个一个）. ¶彼にそんな事はするはずはない tā jué bú huì zuò nà zhǒng shì de（他决不会做那种事的）. ¶その日

に～って私は行かなかった piānqiǎo nà yì tiān wǒ méiyǒu qù（偏巧那一天我没有去）. ¶誰に～らず金は欲しいものだ bùguǎn shì shuí, dōu xiǎng yào qián（不管是谁，都想要钱）. ¶これができるのは君に～らない néng zuò zhè shì de ▼bù zhǐ [bùjiàn]de shì nǐ yí ge rén（能做这事的▼不只 [不见得]是你一个人）. ¶金持必ずしも幸福とは～らない yǒu qián ▼bù yídìng [bújiàn]de jiù xìngfú（有钱▼不一定 [不见得]就幸福）/ fùyǒu jiù xìngfú, bújìnrán（富有就幸福，不尽然）.
2［最上だ］zuì hǎo（最好）. ¶疲れたら寝るに～る píjuàn shí zuìhǎo shuì yí jiào（疲倦时最好睡一觉）. ¶彼の前では黙っているに～る zài tā miànqián zuìhǎo bù kāikǒu（在他面前最好不开口）. ¶酒はビールに～る jiǔ méiyǒu bǐ píjiǔ zài hǎo de le（酒没有啤酒再好的了）.

かきわ・ける【書き分ける】 ¶名簿を男女別に～ける míngdān àn nánnǚ fēnkāi xiě（名单按男女分开写）. ¶登場人物の性格を見事に～けているchūchǎng rénwù de xìnggé dōu xiěde gè yǒu tèsè（出场人物的性格都写得各有特色）.

かきわ・ける【掻き分ける】 ¶人込みを～けてやっと入口までたどり着いた yònglì bōkāi rénqún hǎoróngyì jǐdákǎi rùkǒu（用力拨开人群好容易挤到了入口）. ¶やぶを～けながら進んで行く bōkāi cóngshēng de cǎomù qiánjìn（拨开丛生的草木前进）. ¶草の根を～けても探し出せ jiùshì dào tiānyá-hǎijiǎo yě děi gěi zhǎochulai（就是到天涯海角也得给找出来）.

かきわり【書割】 bùjǐng（布景）.
かきん【家禽】 jiāqín（家禽）.

か・く【欠く】 1［欠如する］qiàn（欠），quē（缺），quēqiàn（缺欠），quēshǎo（缺少），qiànquē（欠缺），duǎnquē（短欠），quēfá（缺乏）. ¶彼女は常識を～いている tā quēfá chángshí（她缺乏常识）. ¶彼は我々にとって～くことのできない人だ tā duì wǒmen lái shuō shì bùkě quēshǎo de rén（他对我们来说是不可缺少的人）. ¶日常生活に～くべからざるもの rìcháng shēnghuó ▼bùkě qiànquē [shǎobude/shǎobuliǎo] de dōngxi（日常生活▼不可欠缺 [少不得/少不了]的东西）. ¶それでは彼に対して義理を～くことになる nà jiù tài qiàn tā de qíng le（那就太欠他的情了）.
2［一部をそこなう］ ¶ころんで前歯を～いた diēdǎo kědiàole ményá（跌倒磕掉了门牙）. ¶取り落して茶碗を～いてしまった shīshǒu bǎ chábēi pèngle ge quēkǒur（失手把茶杯碰了个缺口ㄦ）. ¶氷を～いて氷嚢に入れる zásuì bīng fàngrù bīngdàili（砸碎冰放入冰袋里）.

か・く【書く・描く】 1［文字，文章を］xiě（写）. ¶住所と名前を～いて下さい qǐng xiěxià dìzhǐ hé xìngmíng（请写下地址和姓名）. ¶複写式になっていますからボールペンで～いて下さい shì fùxiěshì de, qǐng yòng yuánzhūbǐ xiě（是复写式的，请用圆珠笔写）. ¶黒板に～いて説明する xiězài hēibǎn shang shuōmíng（写在黑板上

说明). ¶その字はどう～きますか nàge zì zěnme xiě?(那个字怎么写?). ¶このペンはとても～きよい zhè zhī gāngbǐ hěn hǎo xiě(这枝钢笔很好写). ¶こんなにたくさんとても30分では～ききれない zhème duō sānshí fēnzhōng xiěbuliǎo(这么多三十分钟写不了). ¶手がふるえてうまく～けない shǒu dǎzhàn xiěbuhǎo(手打战写不好). ¶篆書で～いてあるので読めない yòng zhuànshū xiě de, kànbudǒng(用篆书写的, 看不懂). ¶締切りまでにはとても～けない dào jiégǎo nà tiān zěnme yě xiěbuwán(到截稿那天怎么也写不完). ¶今やっと～き終ったところだ hǎobù róngyi gāng xiěwán(好不容易刚写完). ¶手紙には彼は来られないと～いてある zài xìnshang xiězhe tā búnéng lái(在信上写着他不能来). ¶思う事の半分も～けなかった suǒ xiǎng de yíbàn yě méi xiěchulai(所想的一半也没写出来). ¶この論文はよく～けている zhè piān lùnwén xiěde hěn hǎo(这篇论文写得很好). ¶本に～いてある事と実際とは違う shūběn shàng xiě de gēn shíjì bù yíyàng(书本上写的跟实际不一样). ¶これは彼が晩年に～いた小説だ zhè shì tā zài wǎnnián xiě de xiǎoshuō(这是他在晚年写的小说). ¶この記事には彼の事が悪く～いてある zhè piān bàodào li bǎ tā xiěde hěn bù hǎo(这篇报道里把他写得很不好).

2 [絵などを] huà (画). ¶花の絵を～く huà huār(画花儿). ¶この肖像画はとてもよく～けている zhè fú xiàoxiànghuà huàde hěn búcuò(这幅肖像画画得很不错). ¶ここに略図を～いて下さい qǐng zài zhèli huà zhāng lüètú(请在这里画张略图). ¶家の設計図を～く huà fángwū de shèjìtú(画房屋的设计图).

か・く【搔く】 1 [爪などで] náo (挠), sāo (搔), kuǎi (抓), zhuānao (抓挠). ¶蚊にくわれたところを～く wénzi dīngyǎng de dìfang sāo(蚊子叮痒的地方). ¶頭を～きながら謝った náotóu rèncuò(挠头认错). ¶鶏が土を～きながら餌をあさっている jī bā tǔ zhǎo shír chī(鸡扒土找食儿吃).

2 [手, 熊手, 櫂などで] pá (扒); huá (划). ¶道路の雪を～く chǎnchú lùshàng de xuě(铲除路上的雪). ¶落葉を感じて集める bǎ luòyè pázài yìqǐ(把落叶扒在一起). ¶オールで水を～く yòng jiǎng huá shuǐ(用桨划水). ¶もっと肘を曲げて水を～いたらがいい zài qū diǎnr bì huá shuǐ hǎo(再屈点儿臂划水好).

3 [刃物で] ¶首を～く gē shǒují(割首级). ¶かつおぶしを～く bào gānzhī jiānyú(刨干制鲣鱼).

4 [かきまわして作る] huò (和). ¶からしを～く huò jièmofěn(和芥末粉). ¶そば粉を～く huò qiáomàimiàn(和荞麦面).

5 ¶全身にびっしょり汗を～く húnshēn dà hàn(浑身大汗). ¶いびきを～く dǎ hān(打鼾)/ dǎ hūlu(打呼噜). ¶瘡を～く zhǎng chuāng(长疮). ¶あぐらを～く pántuǐ(盘腿). ¶恥を～かされた jiào wǒ diūle liǎn(叫我丢了脸). ¶べそを～く kū bízi(哭鼻子). ¶まんまとあいつの裏を～いてやった jiāng jì jiù jì, gěile nà jiāhuo yí ge huímǎqiāng(将计就计, 给了那家伙一个回马枪).

かく【角】 ¶豚肉を～切りにする bǎ zhūròu qiēchéng fāngkuài(把猪肉切成方块). ¶4 寸～の柱 sì cùn jiànfāng de zhùzi(四寸见方的柱子).

かく【画】 huà (画), bǐhuà (笔画). ¶"米"は6 ～だ "mǐ" zì shì liù huà("米"字是六画). ¶～数の多い字 bǐhuà shùmù duō de zì(笔画数目多的字).

かく【格】 1 [地位] ¶あの店とこの店では～が違う nà shāngdiàn hé zhè shāngdiàn de děngcì [dàngcì/ pǐndì] wánquán bùtóng(那商店和这商店的等次 [档次/品等] 完全不同). ¶おかげで私の～も上がった zhème yìlái wǒ de shēnjià yě táigāo le(这么一来我的身价也抬高了).

2 [文法の] gé (格). ¶主～ zhǔgé(主格). 所有～ suǒyǒugé(所有格).

かく【核】 1 [果実, 細胞, 原子などの] hé (核). ¶～の傘 hé bǎohùsǎn(核保护伞). ¶～エネルギー hézīnéng(核子能)/ héneng(核能). ~実験 héshíyàn(核试验). ~戦争 hézhànzhēng(核战争). ~弾頭 hédàntóu(核弹头). ~燃料 héránliào(核燃料). ~爆発 hébàozhà(核爆炸). ~反応 héfǎnyìng(核反应). ~武装 héwǔzhuāng(核武装). ~分裂 lièbiàn(裂变). ~兵器 héwǔqì(核武器)/ yuánzǐ wǔqì(原子武器). ~融合 jùbiàn fǎnyìng(聚变反应)/ rèhé fǎnyìng(热核反应). 原子～ yuánzǐhé(原子核).

2 [かなめ] ¶運動の～としての役割を果す qǐ yùndòng héxīn de zuòyòng(起运动核心的作用).

かく【斯く】 ¶～のごとき状態では成功はおぼつかない zhèyàng xiàqù shì méiyǒu chénggōng de xīwàng(这样下去是没有成功的希望). ¶～なる上はあくまでやるしかない shì yǐ rúcǐ jiù bùdé bú gàndàodǐ(事已如此就不得不干到底). ¶～も盛大な御見送りをいただきまして感謝いたしえません yǐ zhème shèngdà de guīmó lái sòngxíng, shízài gǎnxiè bú jìn(以这么盛大的规模来送行, 实在感谢不尽).

かく-【各】 gè (各), měi (每). ¶～方面の専門家が集まった gè fāngmiàn de zhuānjiā jùjí zài yìqǐ(各方面的专家聚集在一起). ¶～種目に優秀な成績をおさめた gè xiàngmù dōu qǔdéle yōuxiù de chéngjì(各项目都取得了优秀的成绩). ¶～クラスから5人ずつ選抜する cóng měi ge bān xuǎnbá wǔ ge rén(从每个班选拔五个人). ¶次の列車は～駅停車東京行きです xià yí tàng shì kāiwǎng Dōngjīng de mànchē(下一趟是开往东京的慢车).

か・ぐ【嗅ぐ】 wén (闻), xiù (嗅). ¶犬は地面の匂を～いで獲物を探した gǒu xiùle xiù dì xúnzhǎo lièwù(狗嗅了嗅地寻找猎物). ¶悪くなっていないか匂を～いでみる wénwen kàn huàile méiyǒu(闻闻看坏了没有).

かぐ【家具】 jiāju (家具・傢具), jiāshi (家什・傢

什). ¶～付き貸間 dài jiāju de chūzūfáng(带家具的出租房).
¶～屋 jiājudiàn(家具店).
がく【学】 xué(学), xuéwen(学问). ¶彼はなかなか～がある tā hěn yǒu xuéwen(他很有学问). ¶少年老い易く～成り難し shàonián yì lǎo xué nánchéng(少年易老学难成).
がく【萼】 è(萼), huā'é(花萼).
がく【額】 **1**[量、金額] é(额), shù'é(数额). ¶工事費は莫大な～に達した gōngchéngfèi dádào jùdà de shù'é(工程费达到巨大的数额).
¶生産～ shēngchǎn'é(生产额)/chǎnzhí(产值).
2[書画などの] biǎn(匾), biǎn'é(匾额);[額縁] huàkuàng(画框), jìngkuàng(镜框). ¶壁に～を掛ける bǎ biǎn'é guàzài qiángshang(把匾额挂在墙上). ¶絵を～に入れる bǎ huà xiāngrù huàkuàng(把画镶入画框).
かくあげ【格上げ】 shēngjí(升级), shēnggé(升格). ¶正社員に～になった bèi tíshēng wéi zhèngshì zhíyuán(被提升为正式职员).
かくい【各位】 gèwèi(各位), lièwèi(列位), zhūwèi(诸位). ¶会員～の協力を願います xīwàng gèwèi huìyuán jǐyǔ xiézhù(希望各位会员给与协助).
かくい【隔意】 ¶双方は～なく意見を交換した shuāngfāng tǎnshuài de jiāohuànle yìjiàn(双方坦率地交换了意见).
かくい【学位】 xuéwèi(学位). ¶文学博士の～を取る huòdé wénxué bóshì de xuéwèi(获得文学博士的学位).
かくいつ【画一】 huàyī(划一). ¶すべてを～化する bǎ yíqiè yílùhuà(把一切一律化).
かくいん【客員】 kèzuò(客座). ¶～教授 kèzuò jiàoshòu(客座教授).
かくいん【学院】 xuéyuàn(学院).
かくう【架空】 **1**[空中の] jiàkōng(架空). ¶～ケーブル jiàkōng lǎnsuǒ(架空缆索).
2 xūgòu(虚构). ¶～の話 xūgòu de gùshi(虚构的故事). ¶～の人物 xūgòu de rénwù(虚构的人物).
かくえん【学園】 xuéyuán(学园), xiàoyuán(校园). ¶楽しい～生活を送る guò yúkuài de xuéxiào shēnghuó(过愉快的学校生活).
¶～紛争 xuécháo(学潮).
がくおん【楽音】 yuèyīn(乐音).
かくかく【斯く斯く】 ¶彼は～の次第で来られないそうだ shuō shì yóuyú rúcǐ zhèbān de yuángù tā bùnéng lái(说是由于如此这般的缘故他不能来).
がくがく 1[ぐらつくさま] huódòng(活动). ¶歯が～で抜けそうだ yáchǐ huódòng yào diào le(牙齿活动要掉了).
2[ふるえるさま] ¶疲れて膝が～する lèide liǎngxī fādǒu(累得两膝发抖).
かくかぞく【核家族】 héxīn jiātíng(核心家庭).
かくがり【角刈り】 píngtóu(平头). ¶髪を～にする bǎ tóu jiǎnchéng píngtóu(把头剪成平头).
かくぎ【閣議】 ¶～を開く kāi nèigé huìyì(开内阁会议).

がくぎょう【学業】 xuéyè(学业), kèyè(课业). ¶～にいそしむ xuéxí qínmiǎn(学习勤勉). ¶～をおろそかにしてはいけない bié huāngfèi xuéyè(别荒废学业).
¶～成績 xuéyè chéngjì(学业成绩).
がくげい【学芸】 xuéwen yǔ yìshù(学问与艺术). ¶新聞の～欄 bàozhǐ de wényìlán(报纸的文艺栏).
¶～会 wényú liánhuānhuì(文娱联欢会).
かくげつ【隔月】 géyuè(隔月). ¶雑誌を～に発行する zázhì géyuè fāxíng(杂志隔月发行).
¶～刊 shuāngyuèkān(双月刊).
かくげん【格言】 géyán(格言).
かくげん【確言】 ¶彼から今度の選挙に出馬するとの～を得た dédào tā zhè cì chūmǎ jìngxuǎn de míngquè dáfù(得到他这次出马竞选的明确答复). ¶君はそうでないと～できますか nǐ néng duàndìng shuō bú shì ma?(你能断定说不是吗?).
かくご【覚悟】 ¶船が転覆した時はもはやこれまでと～した fān chuán de shíhou wǒ jiù xiǎng měiyǒu jiù le(翻船的时候我就想没有救了).
¶どんな困難があってもやり抜く～だ bùguǎn yǒu shénme kùnnan wǒ juéxīn gàndàodǐ(不管有什么困难我决心干到底). ¶君がその気ならこっちにも～がある yàoshi nǐ xiǎng zhèyàng, wǒ yě yǒu wǒ de zhǔyi(要是你想这样, 我也有我的主意). ¶何を言われようと～はできている bùguǎn rén shuō shénme, zhǔyi shì dìngle de(不管人说什么, 主意是定了的). ¶少々の損は～の上だ duì shǎoxǔ de kuīsǔn yǐ yǒu jīngshén zhǔnbèi(对少许的亏损已有精神准备). ¶決死の～で出発した bàozhe juésǐ de juéxīn chūfā le(抱着决死的决心出发了).
かくさ【格差】 ¶大企業と零細企業の～は広がるばかりだ dà qǐyè hé língxīng qǐyè jiān de chājù yuèláiyuè dà le(大企业和零星企业间的差距越来越大了). ¶賃金～を是正する suōxiǎo gōngzī de chābié(缩小工资的差别).
かくざい【角材】 fāngmùliào(方木料), sìjiǎo mùcái(四角木材).
かくさい【学際】 ¶～的な研究 kuà xuékē de yánjiū(跨学科的研究).
かくさく【画策】 huàcè(划策·画策), cèhuà(策划), cèdòng(策动). ¶政権の奪取を～する cèhuà duóqǔ zhèngquán(策划夺取政权).
かくさげ【格下げ】 jiàngjí(降级), jiànggé(降格). ¶平社員に～された bèi jiàngwéi pǔtōng zhíyuán(被降为普通职员).
かくざとう【角砂糖】 fāngtáng(方糖), fāngkuàitáng(方块糖).
かくさん【拡散】 kuòsàn(扩散).
かくさん【核酸】 hésuān(核酸).
かくし【客死】 kèsǐ(客死). ¶彼は北京で～した tā kèsǐ yú Běijīng(他客死于北京).
かくじ【各自】 gèzì(各自). ¶昼食は～持参のこと zhōngfàn gèzì zìbèi(中饭各自自备). ¶～の自覚に待つほかはない chúle děngdài měi ge rén de zìjué yǐwài méiyǒu bié de bànfǎ(除了等待每个人的自觉以外没有别的办法).

がくし【学士】xuéshì(学士).¶経済~ jīngjì xuéshì(经济学士).
がくし【学資】xuéfèi(学费).¶息子に~を仕送りする huìgěi érzi xuéfèi(汇给儿子学费).
がくし【楽士】yuèshī(乐师).¶バンドの~ yuèduì duìyuán(乐队队员).
かくしあじ【隠し味】¶~に塩を少し入れる wèile běnwèi diàndǐr fàng diǎnr yán(为了本味垫底儿放点儿盐).
かくしき【格式】¶あの家は~が高い nà jiā méndì gāo(那家门第高).¶~を重んずる zhòngshì ménfēng jiāguī(重视门风家规).¶私は~張ったことが嫌いだ wǒ tǎoyàn fánwén-rùjié(我讨厌繁文缛节).
がくしき【学識】xuéshí(学识).¶~豊かな人 xuéshí yuānbó[yānbó] de rén(学识渊博[淹博]的人).¶~経験者に意見を聞く xiàng yǒu xuéshí,yǒu jīngyàn de rén zhēngqiú yìjiàn(向有学识,有经验的人征求意见).
かくしげい【隠し芸】¶宴会で~を披露する zài yànhuì biǎoyǎn yúxìng jiémù(在宴会表演余兴节目).
かくしごと【隠し事】¶親に~をする zuò mán fùmǔ de shì(做瞒父母的事).¶彼女は~ができないたちだ tā wéirén bú huì cángsī-zuòjiǎ(她为人不会藏私作假).
かくしだて【隠し立て】¶~をするためにならんで yǐnmán shíqíng,yǔ nǐ búlì(隐瞒实情,与你不利).¶今更何を~するのですか shì dào rújīn yǒu shénme kě˹mán[dǎ máifu]˺de?(事到如今有什么可˹瞒[打埋伏]˺的?).
かくしつ【角質】jiǎozhì(角质).
かくしつ【確執】quèzhí(争执).¶互いに~して譲らない bǐcǐ zhēngzhí bùxiū(彼此争执不休).¶2人の間に~が生じた liǎngrén zhī jiān˹fāshēng zhēngzhí[yǐnqǐ jiūfēn]˺(两人之间˹发生争执[引起纠纷]˺).
かくじつ【隔日】gérì(隔日),jiànrì(间日).¶~に出勤する gérì shàngbān(隔日上班).
かくじつ【確実】quèshí(确实),quèzáo(确凿),quèqiè(确切),kěkào(可靠).¶彼が来日するという~な情報を得た dédào tā lái Rì de quèshí de xiāoxi(得到他来日的确实的消息).¶彼女は約束した事は~に実行する tā˹dāying de shì[xǔxià de nuòyán]˺yídìng duìxiàn(她˹答应的事[许下的诺言]˺一定兑现).¶彼の当選は~だ tā dāngxuǎn shì kěndìng de(他的当选是肯定的).¶彼の身元は絶対~だ tā de chūshēn lìshǐ quèshí kěkào(他的出身历史确实可靠).
かくして【斯くして】rúcǐ(如此),zhèyàng(这样).¶~その国はついに滅亡した zhèyàng nàge guójiā zhōngyú mièwáng le(这样那个国家终于灭亡了).¶~数年が過ぎた zhèyàng guòle jǐ nián(这样过了几年).
がくしゃ【学者】xuézhě(学者).¶彼はなかなかの~だ tā shì ge hěn yǒu xuéwen de rén(他是个很有学问的人).¶彼はどこか~肌のところがある tā yǒu yì zhǒng xuézhě qìzhì(他有一种学者气质).
¶考古~ kǎogǔ˹xuézhě[xuéjiā]˺(考古˹学者[学家]˺).
かくしゃく【矍鑠】¶祖母は80を過ぎても~としている zǔmǔ suīrán nián guò bāshí,réng jīngshen juéshuò(祖母虽然年过八十,仍精神矍铄).¶~たる老人 lǎo dāng yì zhuàng de lǎorén(老当益壮的老人).
かくしゅ【各種】gè zhǒng(各种),gè sè(各色),gè yàng(各样).¶~とりそろえてあります gè zhǒng huòsè qíquán(各种货色齐全);gè sè huòwù yìyīng-jùquán(各色货物一应俱全).
かくしゅ【馘首】kāichú(开除),géchú(革除),jiěgù(解雇).
かくしゅ【鶴首】qiáoshǒu(翘首).¶吉報を~して待つ qiáoshǒu dài xǐxùn(翘首待喜讯).
かくしゅう【隔週】¶~の火曜日に研究会を開く měi gé yì zhōu de xīngqī'èr kāi yí cì yánjiūhuì(每隔一周的星期二开一次研究会).
かくじゅう【拡充】kuòchōng(扩充).¶設備を~する kuòchōng shèbèi(扩充设备).¶組織の~をはかる jìhuà kuòchōng zǔzhī(计划扩充组织).
がくしゅう【学習】xuéxí(学习).¶中国語を~する xuéxí Zhōngguóhuà(学习中国话).¶~態度がまじめだ xuéxí tàidu hěn rènzhēn(学习态度很认真).¶外国人の日本語~熱が高まった wàiguórén xué Rìyǔ de rèqíng gāozhǎng le(外国人学日语的热情高涨了).
がくじゅつ【学術】xuéshù(学术).¶史跡の~調査を行う jìnxíng lìshǐ gǔjì de xuéshù diàochá(进行历史古迹的学术调查).
¶~雑誌 xuéshù zázhì(学术杂志).~用語 xuéshù yòngyǔ(学术用语).~論文 xuéshù lùnwén(学术论文).
かくしょ【各所】gè chù(各处).¶管内~を巡回する zài guǎnxiáqū gè chù xúnhuí(在管辖区各处巡回).¶市内~に支店を設置する zài shìnèi gèchù shè fēnhào(在市内各处设分号).
かくしょう【確証】quèzhèng(确证),dízhèng(的证),xìnjù(信据).¶彼が首謀者だという~はついに得られなかった shǐzhōng méi néng dédào tā shì zhǔmóu de quèzhèng(始终没能得到他是主谋的确证).
がくしょう【楽章】yuèzhāng(乐章).¶第1~ dìyī yuèzhāng(第一乐章).
がくしょく【学殖】¶~豊かな人物 xuéshí yuānbó de rén(学识渊博的人).
かくしん【革新】géxīn(革新).¶政界~の機運が熟した zhèngjiè géxīn de shíjī chéngshú le(政界革新的时机成熟了).
¶~政党 géxīn zhèngdǎng(革新政党).技術~ jìshù géxīn(技术革新).
かくしん【核心】héxīn(核心),yàohài(要害).¶~を衝いた意見 jīzhòng yàohài de yìjiàn(击中要害的意见).¶問題の~に触れる chùjí wèntí de héxīn(触及问题的核心).
かくしん【確信】quèxìn(确信),jiānxìn(坚信).¶私は君の成功を~している wǒ quèxìn nǐ de chénggōng(我确信你的成功).¶彼の言動は

～に満ちている tā de yántán jǔzhǐ mǎnhuái xìnxīn(他的言谈举止满怀信心). ¶私は彼が無罪だという～を深めた wǒ gèngjiā quèxìn tā shì wúzuì de(我更加确信他是无罪的). ¶彼は～をもってそう答えた tā 'jiāndìng-bùyí[shífēn yǒu bǎwò]de zhèyàng huídá(他'坚定不移[十分有把握]地这样回答). ¶あいつは～犯だ nà jiāhuo míngzhī guàn'àn(那家伙明知故犯).

かくじん【各人】 gè rén(各人). ¶～各様の考え方がある gè rén yǒu gè rén[gè yǒu gè]de xiǎngfa(各人有各人[各有各]的想法).

かく・す【隠す】 1[見えなくする] cáng(藏), yǎncáng(掩藏), yǐncáng(隐藏); zhē(遮), zhēcáng(遮藏), zhēyǎn(遮掩); zhēbì(遮蔽). ¶引出しの奥深く手紙を～した bǎ xìn cángzàì chōuti jǐnlǐtou(把信藏在抽屉尽里头). ¶厚い雲が太陽を～してしまった hòu yún bǎ tàiyáng zhēzhù le(厚云把太阳遮住了). ¶彼女は恥しがって両手で顔を～した tā xiūde yòng shuāngshǒu wǔzhùle liǎn(她羞得用双手捂住了脸). ¶田舎に身を～す yǐnjū xiāngxià(隐居乡下). ¶彼女は困惑の色を～そうとしなかった tā háo bù yǎnshì kùnhuò de shénsè(她毫不掩饰困惑的神色). ¶～して尻～さず gù tóu bú gù wěi(顾头不顾尾).

2[秘密にする] mán(瞒), yǐnmán(隐瞒), zhēyǎn(遮掩), zhēgài(遮盖), yǎngài(掩盖), yǎnshì(掩饰). ¶自分の身の上を～す yǐnmán zìjǐ de shēnshì(隐瞒自己的身世)/ yǐn xìng mái míng(隐姓埋名). ¶名を～して発表する nìmíng fābiǎo(匿名发表). ¶何も～さず白状しろ búyào yǐnmán, yīwǔ-yīshí quán shuōchulai(不要隐瞒, 一五一十全说出来). ¶何を～そう, それをしたのは私です bù mán nǐ shuō, nà shì wǒ gàn de(不瞒你说,那是我干的). ¶～すより現わるyù gài mí zhāng(欲盖弥彰)/ zhǐli bāobuzhù huǒ(纸里包不住火).

かくすい【角錐】 jiǎozhuītǐ(角锥体), léngzhuī(棱锥).

かく・する【画する】 huà(划). ¶一線を～する huàqīng jièxiàn(划清界线). ¶明治維新は日本の歴史に新しい時代を～した Míngzhì Wéixīn zài Rìběn lìshǐ shang kāichuàngle xīn shídài(明治维新在日本历史上开创了新时代).

かくせい【覚醒】 juéxǐng(觉醒), juéwù(觉悟), xǐngwù(醒悟). ¶人々の～を促す cùshǐ rénmen xǐngwù(促使人们醒悟).
  ¶～剤 xīngfènjì(兴奋剂).

かくせい【隔世】 géshì(隔世). ¶往時を思うと～の感がある xiǎngqǐ dāngnián, zhēn yǒu géshì zhī gǎn(想起当年,真有隔世之感)/ huíniàn qiánchén, yǒurú[huǎng rú] géshì(回念前尘,有如[恍如]隔世).
  ¶～遺伝 géshì yíchuán(隔世遗传).

がくせい【学生】 xuésheng(学生). ¶～運動 xuésheng yùndòng(学生运动)/ xuécháo(学潮). ～時代 xuésheng shídài(学生时代). ～自治会 xuéshenghuì(学生会). ～証 xuéshengzhèng(学生证).

がくせい【学制】 xuézhì(学制). ¶～改革 xué-zhì gǎigé(学制改革).

かくせいき【拡声器】 yángshēngqì(扬声器), kuòyīnqì(扩音器); kuòyīnjī(扩音机).

がくせき【学籍】 xuéjí(学籍).

かくぜつ【隔絶】 géjué(隔绝). ¶文明社会から～した孤島 yǔ wénmíng shìjiè géjué de gūdǎo(与文明世界隔绝的孤岛).

がくせつ【学説】 xuéshuō(学说). ¶その事については～が分れている guānyú nà yì diǎn gè zhǒng xuéshuō yǒu fēnqí(关于那一点各种学说有分歧).
  ¶剰余価値～史 shèngyú jiàzhí xuéshuōshǐ(剩余价值学说史).

かくぜん【画然】 xiǎnrán(显然), jiérán(截然). ¶2つの区域は1本の道で～と仕切られている liǎng ge dìqū bèi yì tiáo lù jiérán fēnkāi(两个地区被一条路截然分开). ¶両者の間に～とした差はない liǎngzhě zhī jiān méiyǒu xiǎnrán de bùtóng(两者之间没有显然的不同).

かくぜん【愕然】 èrán(愕然). ¶その知らせを聞いて～とした tīngdào zhè jì xiāoxi bùjué wéi zhī èrán(听到这一消息不觉为之愕然).

かくそく【学則】 xiàoguī(校规).

かくだい【拡大】 kuòdà(扩大); fàngdà(放大). ¶1000倍に～する fàngdà yìqiān bèi(放大一千倍). ¶反対派が勢力を～した fǎnduìpài kuòdàle shìlì(反对派扩大了势力)/ fǎnduìpài kuòzhāngle fànwéi(反对派扩张了势力范围). ¶戦火の～を食い止める zǔzhǐ zhànhuǒ kuòdà(阻止战火扩大). ¶自分に都合のよいよう～解釈する wèi zìjǐ fāngbiàn kuòdà jiěshì(为自己方便扩大解释).
  ¶～鏡 fàngdàjìng(放大镜). ～再生産 kuòdà zàishēngchǎn(扩大再生产). ～図 fàngdàtú(放大图). ～率 fàngdàlǜ(放大率).

がくたい【楽隊】 yuèduì(乐队). ¶～を先頭に行進する yǐ yuèduì wéi xiāndǎo xíngjìn(以乐队为先导行进).

かくたる【確たる】 ¶彼が犯人だという～証拠はない méiyǒu quèzáo de zhèngjù shuō tā shì zuìfàn(没有确凿的证据说他是罪犯).

かくだん【格段】 ¶彼女のピアノはこの1年間に～の進歩を遂げた tā de gāngqín zhè yì nián lái yǒu xiǎnzhù de jìnbù(她的钢琴这一年来有显著的进步). ¶2人は実力に於ての～の相違がある liǎng ge rén de shílì tài xuánshū(两个人的实力太悬殊).

がくだん【楽団】 yuètuán(乐团).

かくち【各地】 gè dì(各地). ¶～の被害状況を調査する diàochá gè dì zāiqíng(调查各地灾情).

かくちゅう【角柱】 [数学]jiǎozhùtǐ(角柱体), léngzhùtǐ(棱柱体).

かくちょう【拡張】 kuòdà(扩大), kuòchōng(扩充), kuòzhāng(扩张). ¶学校の敷地を～する kuòdà xuéxiào de miànjī(扩大学校的面积). ¶事業を～する kuòdà shìyè(扩大事业). ¶軍備を～する kuòchōng jūnbèi(扩充军备)/ kuòjūn(扩军).

かくちょう【格調】 gédiào(格调). ¶～の高い

文章 gédiào gāoyǎ de wénzhāng(格调高雅的文章).

かくちょう【学長】 xiàozhǎng(校长).

かくづけ【格付】 ¶Aクラスに～される bèi lièwéi A jí(被列为 A 级).

かくてい【画定】 huàdìng(划定). ¶境界を～する huàdìng jìngjiè(划定境界).

かくてい【確定】 quèdìng(确定); qiāodìng(敲定). ¶期日は一次第お知らせします rìqī yí quèdìng mǎshàng jiù tōngzhī(日期一确定马上就通知). ¶方針がまだ～していない fāngzhēn hái méi quèdìng(方针还没确定). ¶彼の無罪はほぼ～的だ tā de wúzuì yǐ jīběn quèdìng(他的无罪已基本确定).

カクテル jīwěijiǔ(鸡尾酒). ¶～ドレス wǎnhuì nǚbiànfú(晚会女便服). ～パーティー jīwěijiǔhuì(鸡尾酒会).

かくど【角度】 jiǎodù(角度). ¶～をはかる liáng jiǎodù(量角度). ¶見る～によって表情が違う kàn de jiǎodù bùtóng, biǎoqíng yě bùtóng(看的角度不同,表情也不同). ¶見方を変えて話そう huàn yí ge jiǎodù lái tán ba(换一个角度来谈吧). ¶色々な～から検討を加える cóng gè zhǒng jiǎodù lái jiāyǐ yánjiū(从各种角度来加以研究).

かくと【学徒】 〔学生〕xuésheng(学生), xuézǐ(学子);〔学究〕xuézhě(学者).

かくとう【格闘】 gédòu(格斗), bódòu(搏斗). ¶～の末泥棒をつかまえた gédòu yì chǎng zhuōzhùle xiǎotōu(格斗一场捉住了小偷). ¶粗んづほぐれつの～を演じた gǔnlái-gǔnqù dǎdǎ-chūshǒu(滚来滚去大打出手).
¶～技 bódòu bǐsài(搏斗比赛)/ juédòu(角斗)/ juélì jìngjì(角力竞技).

かくとう【確答】 ¶我々は彼に～を迫った wǒmen bīpò tā gěi yí ge kěndìng de dáfù(我们逼迫他给一个肯定的答复). ¶彼は～を避けた tā bìkāile míngquè de dáfù(他避开了明确的答复).

かくどう【学童】 xuétóng(学童).

かくとく【獲得】 huòdé(获得), qǔdé(取得), huòqǔ(获取). ¶権利を～する huòdé[qǔdé] quánlì(获得[取得]权利). ¶優勝旗を～する huòdé[rónghuò] jǐnqí(获得[荣获]锦旗). ¶資金～に奔走する wèile huòdé zījīn ér bēnzǒu(为了获得资金而奔走).

かくにん【確認】 quèrèn(确认). ¶発車の前に必ず安全を～しなければならない zài kāichē qián bìxū quèrèn ānquán yǔ fǒu(在开车前必须确认安全与否). ¶相手の意思を～する quèrèn duìfāng de yìsi(确认对方的意思). ¶未～の情報によれば… jù wèi quèrèn de qíngbào(据未确认的情报).

かくねん【隔年】 génián(隔年). ¶大会を～に催す génián zhàokāi dàhuì(隔年召开大会).

かくねん【学年】 1〔修学期間〕xuénián(学年). ¶～末試験 xuénián kǎoshì(学年考试)/ niánzhōng kǎoshì(年终考试)/ dàkǎo(大考).
2〔修学段階〕niánjí(年级). ¶高～ gāoniánjí(高年级). 低～ dīniánjí(低年级).

かくのうこ【格納庫】 fēijīkù(飞机库).

かくは【学派】 xuépài(学派). ¶ケインズ～ Kǎiyīnsī xuépài(凯恩斯学派).

かくばつ【学閥】 xuéfá(学阀).

かくば・る【角張る】 1〔四角い形になる〕¶この荷物は～っていて持ちにくい zhège xíngli yǒu jiǎo yǒu léng bù hǎotí(这个行李有角有棱不好提). ¶～った顔 sìfāngliǎn(四方脸).
2〔かたくなる〕¶～らないで気楽に話しなさい bié jūshù, suíbiàn shuō(别拘束,随便说).

かくはん【撹拌】 jiǎobàn(搅拌). ¶卵黄にサラダ油,食塩,酢などを入れて～する dànhuáng jiā sèlāyóu, shíyán, cù děng hǎohǎo jiǎobàn(蛋黄加色拉油,食盐,醋等好好搅拌).
¶～器 jiǎobànqì(搅拌器).

かくひ【学費】 xuéfèi(学费).

かくひき【画引き】 ¶～索引 bǐhuà suǒyǐn(笔画索引).

かくふ【岳父】 yuèfù(岳父), yuèzhàng(岳丈), zhàngren(丈人).

かくふ【楽譜】 yuèpǔ(乐谱), qǔpǔ(曲谱), pǔzi(谱子). ¶私は～が読めない wǒ kànbudǒng yuèpǔ(我看不懂乐谱).

がくぶ【学部】 xuéyuàn(学院); xì(系). ¶本校には法～,文～,理～がある běn xiào yǒu fǎxuéyuàn, wénxuéyuàn hé lǐxuéyuàn(本校有法学院,文学院和理学院).
¶～長 xuéyuànzhǎng(学院长)/ xìzhǔrèn(系主任).

がくふう【学風】 xuéfēng(学风). ¶師の～を慕ってたくさんの弟子が集まった jìngyǎng nà wèi lǎoshī de xuéfēng, xuésheng jùjí ér lái(敬仰那位老师的学风,学生聚集而来). ¶実証的な～ shízhèngxìng de xuéfēng(实证性的学风). ¶質実剛健の～を養う péiyǎng pǔsù gāngyì de xuéfēng(培养朴素刚毅的学风).

がくぶち【額縁】 jìngkuàng(镜框), huàkuàng(画框). ¶写真を～に入れる bǎ xiàngpiàn zhuāngzài jìngkuànglǐ(把相片装在镜框里).

かくへき【隔壁】 ¶防火～ fánghuǒqiáng(防火墙).

かくべつ【格別】 1〔とりわけ〕géwài(格外), tèbié(特别). ¶今日の暑さは～だ jīntiān rède xiéxíng(今天热得邪行). ¶風呂あがりのビールは～だ yù hòu hē yì bēi píjiǔ, zīwèi tèbié měi(浴后喝一杯啤酒,滋味特别美). ¶これは又～の風味だ zhè yòu bié de wèidao(这又别有风味道). ¶～行きたいとも思わない bìng bú shì zěnme xiǎng qù(并不是怎么想去). ¶～の御配慮を賜り… méng nín tèbié de zhàogù…(蒙您特别的照顾…). ¶～に安い tèbié piányi(特别便宜).
2〔別として〕¶雨の日は～,毎日散歩することにしている měitiān dōu sànbù, yǔtiān lìng dāng bié lùn(每天都散步,雨天另当别论).

かくほ【確保】 quèbǎo(确保). ¶最低限の権利は～する zuìdī xiàndù de quánlì yào quèbǎo(最低限度的权利要确保). ¶1週間分の食料を～する quèbǎo yí ge xīngqī de liángshi(确

かくほう【確報】 事件についてまだ何の〜も得られない guānyú zhè shìjiàn hái méiyǒu dédào rènhé quèshí de xiāoxi(关于这事件还没有得到任何确实的消息).

かくま・う【匿う】 yǎnhù(掩护);wōcáng(窝藏), nìcáng(匿藏). ¶同志を〜う yǎnhù tóngzhì(掩护同志). ¶犯人を〜う wōcáng zuìfàn(窝藏罪犯).

かくまく【角膜】 jiǎomó(角膜). ¶〜移植 jiǎomó yízhíshù(角膜移植术). 〜炎 jiǎomóyán(角膜炎). 〜潰瘍 jiǎomó kuìyáng(角膜溃疡).

かくめい【革命】 gémìng(革命). ¶〜を起こす nào gémìng(闹革命). ¶〜が起こった gémìng bàofā le(革命爆发了).
¶〜家 gémìngjiā(革命家). 〜思想 gémìng sīxiǎng(革命思想). 〜政府 gémìng zhèngfǔ(革命政府). 産業〜 chǎnyè gémìng(产业革命). 反〜 fǎngémìng(反革命). フランス〜 Fǎguó Dàgémìng(法国大革命).

がくめい【学名】 xuémíng(学名).

がくめん【額面】 piàomiàn(票面), miàn'é(面额), piào'é(票额). ¶〜50円の株券 piàomiàn jiàgé wǔshí rìyuán de gǔpiào(票面价格五十日元的股票). ¶割れの株券 dīyú miànzhí de gǔpiào(低于面值的股票). ¶彼の言う事は〜通りには受け取れない tā shuō de shì bùnéng quán xìn[yào dǎ zhékòu](他说的事不能全信[要打折扣]).

がくもん【学問】 xuéwen(学问). ¶熱心に〜に励む qiánxīn zuānyán xuéwen(潜心钻研学问). ¶子供には〜をさせたい xiǎng jiào háizi zuò xuéwen(想叫孩子做学问). ¶少しばかりの〜を鼻に掛ける zì yǐwéi yǒu yìdiǎnr xuéwen jiù zìxuān qí néng(自以为有一点儿学问就自炫其能). ¶〜の自由を守れ wéihù xuéshù zìyóu(维护学术自由).

がくや【楽屋】 hòutái(后台). ¶〜に出演者を訪れる dào hòutái fǎngwèn yǎnyuán(到后台访问演员). ¶彼は政界の〜裏にくわしい tā tōngxiǎo zhèngjiè nèimù(他通晓政界内幕).

かくやく【確約】 chèxiāo chǔfēn de quèshí nuòyán(撤消处分的确实诺言). ¶処分撤回の〜を得た dédào le chèxiāo chǔfēn de quèshí nuòyán(得到了撤消处分的确实诺言). ¶施設の改善を〜する kěndìng de dáfù yào gǎishàn shèshī(肯定地答复要改善设施).

かくやす【格安】 ¶友人からカメラを〜で譲ってもらった péngyou bǎ zhàoxiàngjī tèbié piányi de màigěile wǒ(朋友把照相机特别便宜地卖给了我). ¶この品が100円とは〜だ zhè huò cái yìbǎi kuài qián, tài piányi le(这货才一百块钱,太便宜了).

がくゆう【学友】 xuéyǒu(学友), tóngchuāng(同窗), tóngxué(同学).

がくようひん【学用品】 xuéxí yòngpǐn(学习品), wénjù(文具).

かくらん【攪乱】 jiǎoluàn(搅乱), rǎoluàn(扰乱), sāorǎo(骚扰). ¶敵の後方を〜する jiǎoluàn dírén de hòufāng(搅乱敌人的后方).

かくり【隔離】 gélí(隔离). ¶伝染病患者を〜する gélí chuánrǎnbìng huànzhě(隔离传染病患者).
¶〜病棟 gélí bìngfáng(隔离病房).

がくり【学理】 xuélǐ(学理).

かくりつ【確立】 quèlì(确立). ¶方針を〜する quèlì fāngzhēn(确立方针). ¶秩序の〜に努める nǔlì yú quèlì zhìxù(努力于确立秩序).

かくりつ【確率】 gàilǜ(概率), jīlǜ(几率), huòránlǜ(或然率).

かくりょう【閣僚】 géyuán(阁员).

がくりょく【学力】 xuélì(学力). ¶高校卒業程度の〜を有する者を募る zhāoshōu jùyǒu gāozhōng bìyè chéngdù xuélì de rén(招收具有高中毕业程度学力的人).

がくれい【学齢】 xuélíng(学龄). ¶まだ〜に達しない hái méi dào xuélíng(还没到学龄).

かくれが【隠れ家】 duǒcángchù(躲藏处), qiáncángchù(潜藏处).

がくれき【学歴】 xuélì(学历). ¶〜を問わない bú wèn dǔ wú xuélì(不问有无学历). ¶〜偏重の世 de piānzhòng xuélì de shìdào(偏重学历的世道).

かくれみの【隠れ蓑】 huángzi(幌子). ¶慈善を〜にして悪事をはたらく pīzhe císhàn de wàiyī gàn huàishì(披着慈善的外衣干坏事).

かくれもな・い【隠れもない】 ¶彼の選挙違反は〜い事実だ tā wéifǎn xuǎnjǔfǎ shì rén suǒ gòng zhī de shìshí(他违反选举法是人所共知的事实).

かく・れる【隠れる】 cáng(藏), duǒ(躲), duǒcáng(躲藏), cángduǒ(藏躲), cángnì(藏匿), yǐncáng(隐藏), yǐnbì(隐蔽), yǐnnì(隐匿).
¶山頂は雲に〜れて見えない shāndǐng bèi yúncai zhēzhù kànbujiàn(山顶被云彩遮住看不见). ¶彼はうまく人込みに〜れた tā qiǎomiào de cángjìn rénqúnli qù le(他巧妙地藏进人群里去了). ¶あわててドアの陰に〜れた huāngmáng duǒdào ménhòu(慌忙躲到门后). ¶親に〜れて煙草を吸う bèizhe fùmǔ xīyān(背着父母吸烟). ¶彼の〜れた一面を見た kàndàole tā bù wéi rén suǒ zhī de yìmiàn(看到了他不为人所知的一面). ¶〜れた才能を発掘する fājué ˇmáimò[qiánzài] de cáinéng(发掘ˇ埋没[潜在]的才能).

かくれんぼう【隠れん坊】 zhuōmícáng(捉迷藏), cángmāor(藏猫儿), cángmēnr(藏闷儿). ¶〜をして遊ぶ zhuōmícáng wánr(捉迷藏玩儿).

かくろん【各論】 ¶詳しくは〜で述べる zài fēnlùn zhōng xiáng shù(在分论中详述).

かぐわし・い【香しい】 fùyù(馥郁), fāngxiāng(芳香), fēnfāng(芬芳). ¶〜い花の香り fùyù de huāxiāng(馥郁的花香).

がくんと ¶車が〜止まった qìchē gā de yì shēng shāzhù le(汽车嘎的一声刹住了). ¶急停車で首が〜なる yóuyú jíshāchē bógěngr niǔle yí xià(由于急刹车脖梗儿扭了一下).

かけ【賭】 dǔ(赌), dǔbó(赌博), dǎdǔ(打赌). ¶トランプで〜をする dǎ pūkè dǔ qián(打扑克赌钱). ¶〜に負けて文無しになった dǔqián

shūde yì wén bù míng（赌钱输得一文不名）. ¶彼が来るか来ないか君と〜をしよう tā lái bu lái, gēn nǐ dǎ ge dǔ ba（他来不来，跟你打个赌吧）.

かけ【掛】 shē（赊），shēzhàng（赊账），shēqiàn（赊欠），guàzhàng（挂账）. ¶あの店は〜で売る nà jiā shāngdiàn shēxiāo（那家商店赊销）. ¶これは〜で買った tā shì ˈshēlai[shēzhàng mǎilai] de（这是ˈ赊来[赊账买来]的）.

-かけ【掛】 ¶やり〜のまま行ってしまった gàndào bànjiér liàoxia zǒu le（干到半截ㄦ撂下走了）. ¶書き〜の手紙 xiěle bànjiér de xìn（写了半截ㄦ的信）.

かげ【陰】 1〔光などの当らない所〕yīnr（阴ㄦ），yīnyǐng（阴影）. ¶木の〜で本を読む zài shùyīn xià kàn shū（在树阴下看书）. ¶ビルの~に家がなる jiào dàlóu dǎngde fángzi bèiyīn（叫大楼挡得房子背阴）. ¶電灯の〜になって見えない bèizhe dēngguāng kànbujian（背着灯光看不见）. ¶あの人にはどこか〜がある nà ge rén zǒng shǐ rén juéde yǒu yí ge yīnyǐng（那个人总使人觉得有一个阴影）.

2〔見えない所〕hòu（后），hòumian（后面），bèihòu（背后）; bèidì（背地），bèidìli（背地里），àndì（暗地），àndìli（暗地里），ànlǐ（暗里），ànxià（暗下），ànxiàli（暗下里）. ¶カーテンの〜に隠れる cángzài chuānglián hòu（藏在窗帘后）. ¶人の〜になっていて気がつかなかった dǎngzài rén hòumian, méi kànqīngchu（挡在人后面，没看清楚）. ¶〜であざわらう zài bèidìli jīxiào（在背地里讥笑）. ¶誰か〜で操る人間がいるらしいこれ zhè yídìng yǒu rén zài bèihòu cāozòng（这一定有人在背后操纵）. ¶〜になり日向になり援助してくれた mínglǐ ànlǐ bāngzhùle wǒ（明里暗里帮助了我）.

かげ【影】 1 yǐng[r]（影[ㄦ]），yǐngzi（影子）. ¶水面に山の〜が映っている shuǐmiàn shang dàoyìngzhe shānyǐng（水面上倒映着山影）. ¶障子にうつる〜 tóuzài zhǐlāchuāng shang de yǐngzi（投在纸拉窗上的影子）. ¶行ってみたら〜も形もなかった dào nàr yí kàn háo wú xíngjì le（到那ㄦ一看毫无形迹了）. ¶自分の〜にもおびえる lián zìjǐ de yǐngzi yě pà（连自己的影子也怕）/ fēngshēng-hèlì, cǎomù-jiēbīng（风声鹤唳，草木皆兵）. ¶彼は最近何もとなく〜が薄い tā jìnlái xiǎnde méiyǒu shēngqì le（他近来显得没有生气了）. ¶幸福だった彼等の生活にふと暗い〜が差した zài tāmen xìngfú de shēnghuó li hūrán chūxiànle yīnyǐng（在他们幸福的生活里忽然出现了阴影）. ¶彼はいつも彼女のそばに〜のように寄り添っている tā shì tā shēnpáng xiàng yí ge yǐngzi shìde bù lí qí shēn（他在她身旁像一个影子似的不离其身）. 〜の内閣 yǐngzi nèigé（影子内阁）.

2〔姿〕¶年老いて昔の〜もない shàngle niánjì yǐ wú dāngnián zīróng（上了年纪已无当年姿容）. ¶見る〜もなくやつれている qiáocuìde bú xiàng yàngzi（憔悴得不像样子）.

かげ【崖】 yá（崖），shānyá（山崖）.

-かけ【掛】 1〔割〕zhé（折），kòu（扣）. ¶定価の8〜で売る àn dìngjià de bā zhé mài（按定价的八折卖）.

2〔ついで〕¶行き〜に郵便局に寄る shùnlù[shùndào] dào yóujú qù（顺路[顺道]到邮局去）.

3 ¶3人〜のソファー sān rén zuò de shāfā（三人坐的沙发）.

かけあい【掛合い】 duìkǒu（对口）. ¶〜で歌う duìchàng（对唱）. ¶〜漫才 duìkǒu xiàngsheng（对口相声）/ duōkǒu xiàngsheng（多口相声）.

かけあ・う【掛け合う】 1〔互いに掛ける〕¶川で子供が水を〜っている háizimen zài héli hùxiāng liáo shuǐ（孩子们在河里互相撩水）.

2〔交渉する〕jiāoshè（交涉）¶後払いにするよう製造元に〜う gēn chǎngjiā jiāoshè huòkuǎn hòufù（跟厂家交涉货款后付）. ¶値段を〜う jiǎng jià[r]（讲价[ㄦ]）/ jiǎng jiàqian（讲价钱）.

かけあし【駆足】 pǎobù（跑步）;〔ギャロップ〕kuàipǎo（快跑）. ¶彼は〜でやって来た tā pǎobù lái le（他跑步来了）. ¶時間がなくて展覧会を〜で見る shíjiān bú gòu, zhǎnlǎnhuì zhǐ néng zǒumǎ-kànhuā de kàn yíxià（时间不够，展览会只能走马看花地看一下）.

かけあわ・せる【掛け合せる】 1〔掛算する〕xiāng chéng（相乘）. ¶2数を〜せる liǎng shù xiāngchéng（两数相乘）.

2〔交配する〕zájiāo（杂交），jiāopèi（交配）¶朝顔の白と紫を〜せる yòng báisè hé zǐsè de qiānniúhuā jìnxíng zájiāo（用白色和紫色的牵牛花进行杂交）. ¶〜せて新種をつくる tōngguò zájiāo péiyù xīn pǐnzhǒng（通过杂交培育新品种）.

かけい【家系】 pǔxì（谱系），shìxì（世系），xuètǒng（血统）. ¶〜図 jiāpǔ（家谱）.

かけい【家計】 jiājì（家计），jiātíng shōuzhī（家庭收支）. ¶物価の値上りは~ぐに響く wùjià de shàngzhǎng zhíjiē yǐngxiǎngdào jiājì（物价的上涨直接影响到家计）. ¶〜を切りつめる shěng chī zǐjiān yòng（省吃俭用）.

¶〜簿 jiājìbù（家计簿）/ jiātíng shōuzhībù（家庭收支簿）. ¶〜調査 jiājì diàochá（家计调查）/ jūmín jiātíng shōuzhī diàochá（居民家庭收支调查）.

かけうり【掛売り】 shēxiāo（赊销），shēzhàng（赊账）. ¶〜お断り gài bù shēzhàng（概不赊账）.

かげえ【影絵】 jiǎnyǐng（剪影）. ¶〜芝居 píyǐngxì（皮影戏）/ yǐngxì（影戏）.

かけおち【駆落ち】 sībēn（私奔）. ¶娘が男と〜した nǚˊér gēn nánren sībēn le（女儿跟男人私奔了）.

かけがえ【掛替え】 ¶あの人は私にとって〜のない人ですwǒ duì wǒ lái shuō, tā shì rènhé rén yě dàitì bu liǎo de（对我来说，他是任何人也代替不了的）. ¶〜のない息子を失った shīqùle zuìwéi bǎoguì de érzi（失去了最为宝贵的儿子）.

かけがね【掛金】 méngōu（门钩），chuānggōu（窗钩）. ¶〜をかける[はずす] guàshàng

[zhāixià] ménggōu(挂上「摘下」门钩).

かげき【過激】 guòjī (过激)、piānjī (偏激). ¶ 病後は～な運動に控えなさい bìng hòu yào bìmiǎn jīliè de yùndòng (病后要避免激烈的运动). ¶ ～な言辞を弄する wánnòng guòjī de yáncí (玩弄过激的言辞).
¶ ～派 guòjīpài (过激派).

かげき【歌劇】 gējù (歌剧). ¶ ～団 gējùtuán (歌剧团).

かけきん【掛金】 ¶ 保険の～は月1万円です àn yuè tānfù de bǎoxiǎnfèi shì yíwàn kuài qián (按月摊付的保险费是一万块钱). ¶ 月賦の～を払う àn yuè fùkuǎn (按月付款).

かげぐち【陰口】 ¶ ～をたたく bèidìli shuō huàihuà [xiánhuà](背地里说坏话[闲话])/ chuī lěngfēng (吹冷风)/ tiáo zuǐ xué shé (调嘴学舌).

かけごえ【掛声】 ¶ がんばれという～がかかった yǒu rén dàshēng hūhǎn jiāyóu (有人大声呼喊加油). ¶ 彼の素晴らしい演技に観衆から～がかかった duì tā jīngcǎi de biǎoyǎn guānzhòng gāoshēng jiàohǎo [hècǎi](对他精彩的表演观众高声叫好[喝彩]). ¶ ～もろとも冬の海へ飛び込んだ suífēng yì shēng jiàohǎn tiàojìn dōngtiān de hǎi li (随着一声叫喊跳进冬天的海里). ¶ ～ばかりで一向に着手しない jìngshì kōnghǎn, cóng bù zhuóshǒu jìnxíng (净是空喊, 从不着手进行)/ gān dǎ léi, bù xià yǔ (干打雷, 不下雨). ¶ その計画もただの～に終った nà jìhuà yě zhǐ luòde yìzhǐ-kōngwén (那计划也只落得一纸空文).

かけごと【賭事】 dǔbó (赌博), dǔqián (赌钱). ¶ ～に夢中になって家庭を顧みない rèzhōng yú dǔbó, búgù jiātíng (热中于赌博, 不顾家庭).

かけことば【掛詞】 shuāngguānyǔ (双关语).

かけこ・む【駆け込む】 pǎojìn (跑进). ¶ 息せき切って家に～んで来た qìchuǎn xūxū de pǎojìn jiā li (气喘吁吁地跑进家里). ¶ 軒下に～で雨宿りをした pǎodào fángyán xià bì yǔ (跑到房檐下避雨).

かけざん【掛算】 chéngfǎ (乘法).

かけじ【掛字】 zìhuà (字画).

かけじく【掛軸】 guàzhóu[r] (挂轴[儿]).

かけずりまわ・る【駆けずり回る】 bēnpǎo (奔跑), bēnláo (奔劳), bēnmáng (奔忙). ¶ 一日中あちこち～る yìtiān-dàowǎn pǎopǎodiāndiān de (一天到晚跑跑颠颠的).

かけだし【駆出し】 xīnshǒu (新手), shēngshǒu (生手). ¶ まだ～で何も分りません hái shì ge xīnshǒu, shénme dōu bù shúxī (还是个新手, 什么都不熟悉). ¶ ～の記者 chūchū-máolú de jìzhě (初出茅庐的记者).

かけだ・す【駆け出す】 ¶ "地震だ"と叫んであわてて表に～した dà hǎn yì shēng "dìzhèn la!" jiù huāngmáng xiàng wài pǎole chūqù (大喊一声"地震啦！"就慌忙向外跑了出去).

かけちが・う【掛け違う】 ¶ あの人とはいつも～ってなかなか会えない lǎo gēn tā zǒubuzháo pèngbudào yíkuàir (老跟他走不拢碰不到一块儿). ¶ 双方の条件が～って折り合いがつかない shuāngfāng de tiáojiàn bù hé, dábuchéng xiéyì(双方的条件不合, 达不成协议).

かけつ【可決】 tōngguò (通过). ¶ 大会は満場一致で決議案を～した dàhuì quántǐ yízhì tōngguòle juéyì (大会全体一致通过了决议).

かけつ・ける【駆け付ける】 ¶ いざという時は何をおいても～ます yídàn yǒu shì, yídìng liàoxià yíqiè gǎnlái (一旦有事, 一定赶下一切赶来). ¶ 病状が悪化したと聞いて病院に～けた tīngdào bìngqíng èhuà jiù gǎndào yīyuàn lái (听到病情恶化就赶到医院来). ¶ タクシーで行けば間に合うかもしれぬ chéng chūzū qìchē qù huòxǔ gǎndeshàng (乘出租汽车去或许赶得上).

かけっこ【駆けっこ】 sàipǎo (赛跑). ¶ 子供たちと～をする gēn háizimen sàipǎo (跟孩子们赛跑).

-かけて **1**〔…にわたって〕 ¶ 夏から秋に～咲く花 cóng xiàtiān zhì qiūtiān kāi de huā (从夏天至秋天开的花). ¶ 関東から東海地方に～地震があった yóu Guāndōng zhì Dōnghǎi dìqū fāshēngle dìzhèn (由关东至东海地区发生了地震).
2〔…に関して〕 ¶ テニスに～は彼の右に出る者はない lùn dǎ wǎngqiú shuí yě yíngbuguò tā (论打网球谁也赢不过他). ¶ 私は商売に～はまるっきりの素人です zuò mǎimai wǒ kě shì ge ménwàihàn (做买卖我可是个门外汉).
3 ¶ 私の面目に～もやり遂げてみせる wèi zìjǐ de liǎnmiàn yě yào bǎ tā wánchéng (为自己的脸面也要把它完成). ¶ 神に誓う, 私は嘘はついていない xiàng lǎotiānyé qǐshì, wǒ méiyǒu shuōhuǎng (向老天爷起誓, 我没有说谎).

かけどけい【掛時計】 guàzhōng (挂钟), bìzhōng (壁钟).

かけとり【掛取り】 ¶ ～に得意先をまわる biànfǎng gùzhǔ shōuqǔ shēqiàn (遍访顾主收取赊欠). ¶ 月末には～が来る yí dào yuèdǐ jiù huì lái tǎozhàng de (一到月底就会来讨账的).

かげながら【陰ながら】 ¶ ～御成功をお祈り致します wǒ àndìli zhùyuàn nín chénggōng (我暗地里祝愿您成功).

かけぬ・ける【駆け抜ける】 ¶ その一隊は疾風のように町を～けていった nà yí duì xiàng zhèn jífēng shìde chuānguò shìzhèn (那一队像阵疾风似的穿过市镇).

かけね【掛値】 **1** huǎngjià[r] (谎价[儿]). ¶ 正札～なし bú èr jià (不二价)/ huà yī bú èr (话一不二).
2〔誇張〕 ¶ それは～のない本当のところです zhè háo bù kuāzhāng de shuō shì shízài de (这毫不夸张地说是实在的). ¶ ～なしに素晴しい háo bù kuāzhāng, hǎode hěn (毫不夸张, 好得很).

かけはし【掛橋】 **1**〔桟道〕 zhàndào (栈道). ¶ 谷の上にかかっている～を渡った zǒuguò shānggǔ jiān à de diàoqiáo (走过山谷间架的吊桥).
2〔仲だち〕 qiáoliáng (桥梁). ¶ 中国語を学んで日中友好の～になろう xuéhǎo Zhōngguóhuà

かけはなれる

wèi Rì-Zhōng yǒuhǎo qǐ qiáoliáng zuòyòng(学好中国话为日中友好架起桥梁作用).

かけはな・れる【掛け離れる】¶両者の意見はかなり〜れている shuāngfāng de yìjiàn ˇyǒu xiāngdāng dà de jùlí[xiāngchà hěn dà, xiāng jìngtíng](双方的意见ˇ有相当大的距离[相差很远／大相径庭]).¶現実と〜れた理論 tuōlí xiànshí de lǐlùn(脱离现实的理论).

かけひ【筧】jiǎn(笕), shuǐjiàn(水笕).

かけひき【駆引き】tǎo jià huán jià(讨价还价), yào jià huán jià(要价还价), jiǎngjià[r](讲价[儿]), jiǎngjiàqián(讲价钱).¶彼は商売の〜がうまい tā zuò mǎimai hěn huì tǎojià-huánjià(他做买卖很会讨价还价).¶交渉には〜を使わず誠意で当たれ búyào ˇwán shǒuwàn[shuǎhuāzhāo], kāichéng-bùgōng de hé duìfāng jìnxíng jiāoshè(不要ˇ玩手腕[要花招], 开诚布公地和对方进行交涉).

かげひなた【陰日向】¶〜なく黙々と働く bùguǎn yǒu méiyǒu rén kànzhe, mēntóur gàn(不管有没有人看着, 闷头儿干).¶〜のある人 yángfēng-yīnwéi de rén(阳奉阴违的人).

かけぶとん【掛布団】bèizi(被子).

かげぼうし【影法師】rényǐng[r](人影[儿]).¶路上に長い〜が映っていた lùshàng yìngzhe hěn cháng de rényǐng(路上映着很长的人影).

かげぼし【陰干し】liàng(晾), yīngān(阴干), fēnggān(风干).¶毛皮を〜にする liàng máopí(晾毛皮).

かけまわ・る【駆回る】**1**〔走り回る〕¶野山を思いきり〜りたい xiǎng zài shānyě jìnqíng de pǎo ge tòngkuai(想在山野尽情地跑个痛快).**2**〔奔走する〕bēnzǒu(奔走), bēnpǎo(奔跑), bēnbō(奔波).¶選挙運動であちこち〜した wèile jìngxuǎn dàochù bēnpǎo(为了竞选到处奔跑).¶方々〜ってやっと50万円こしらえた dōngbēn-xīpǎo hǎoróngyì cái nòngdào wǔshí wàn rìyuán(东奔西跑好容易才弄到五十万日元).

かげむしゃ【影武者】tìshēn(替身); [黒幕]mùhòurén(幕后人).

かけもち【掛持ち】jiān(兼), jiānrèn(兼任).¶2校を〜で教えている jiān liǎng ge xuéxiào de kè(兼两个学校的课).¶映画と舞台を〜する pāi diànyǐng hé wǔtái yǎnchū liǎngtóur pǎo(拍电影和舞台演出两头儿跑).

かけよ・る【駆け寄る】¶ころんだ子供に〜って助け起した pǎoshangqù bǎ diēdǎo de háizi fúle qǐlái(跑上去把跌倒的孩子扶了起来).

かけら suìpiàn(碎片), pòpiàn(破片), chár(碴儿).¶ガラスの〜が足に刺さった bōlichár zhājìnle jiǎoli(玻璃碴儿扎进了脚里).¶瓦の〜が一面に散らばっている sìchù sànzhe suì wǎpiànr(四处散着碎瓦片儿).¶あの男にはひと〜の誠意もない tā lián bàndiǎnr chéngyì yě méiyǒu(他连半点儿诚意也没有).

か・ける【欠ける】**1**〔こわれて取れる〕quē(缺).¶急須の口が〜った cháhú zuǐ quē le(茶壶嘴缺了).¶この茶碗は〜ている zhè cháwǎn yǒu ge quēkǒur(这茶碗有个缺口儿).¶刃の〜けた刀 bēngle rèn de dāo(崩了刃的刀).**2**〔足りない〕quē(缺), quēshǎo(缺少), quēfá(缺乏), qiànquē(欠缺), duǎnqiàn(短欠), duǎnquē(短缺).¶この全集は第3巻が〜ている zhè tào quánjí ˇduǎn[quē] dìsān juàn(这套全集ˇ短[缺]第三卷).¶定員に1名〜る dìngyuán quē yì míng(定员缺一名)／yǒu yì míng quē'é(有一名缺额).¶必要な条文が〜けている quēshǎo bìyào de tiáowén(缺少必要的条文).¶常識に〜けた発言 quēfá chángshí de fāyán(缺乏常识的发言).¶あの男に〜けているのは勇気だ tā suǒ quēfá de shì yǒngqì(他所缺乏的是勇气).**3**¶月が少し〜けた yuèliang kuī le(月亮亏了).

か・ける【掛ける・懸ける・架ける】**1**〔吊す, 掲げる〕guà(挂), xuán(悬), xuánguà(悬挂), zhāngguà(张挂), dā(搭).¶壁に絵を〜ける bǎ huàr guàzài qiángshang(把画儿挂在墙上).¶コートをハンガーに〜ける bǎ dàyī guàzài yījià shang(把大衣挂在衣架上).¶洗濯物を竿に〜ける bǎ xǐ de yīfu dāzài zhúgān shang(把洗的衣服搭在竹竿上).¶ショルダーバッグを肩に〜ける bǎ kuàbāo kuàzài jiānshang(把挎包挎在肩上).¶門に看板を〜ける zài ménshang guàshàng zhāopai(在门上挂上招牌).¶博学を鼻に〜ける yǐ bóxué zìmìng(以博学自命).**2**〔上に据える〕zuò(坐).¶鍋をこんろに〜ける bǎ guō zuòzài lúzi shang(把锅坐在炉子上).¶公園のベンチに腰を〜ける zuòzài gōngyuán de chángdèngzi shang(坐在公园的长凳子上).¶ここにお〜けなさい zuòzài zhèli ba(坐在这里吧).**3**〔ひっかける〕¶ボタンを〜ける kòu kòuzi(扣扣子).¶枝に手を〜けて登る pānzhe shùzhī wǎng shàng pá(攀着树枝往上爬).¶友人の肩に手を〜ける bǎ shǒu dāzài péngyou de jiānshang(把手搭在朋友的肩上).**4**〔心, 目などに〕¶かねがね彼の事を気に〜けていた lǎozǎo wǒ jiù ˇdiànjì[guà]zhe tā de shì(老早我就ˇ惦记[挂]着他的事).¶お目に〜けたい物があります yǒu ge dōngxi xiǎng gěi nín kànkan(有个东西想给您看看).**5**〔秤に〕chēng(称).¶米を秤に〜ける yòng chèng chēng dàmǐ(用秤称大米)／bǎ dàmǐ guòchèng(把大米过秤).**6**〔そこ・それで処理する〕¶議案を委員会に〜ける bǎ yì'àn tíjiāo wěiyuánhuì tǎolùn(把议案提交委员会讨论).¶裁判に〜ける jìnxíng shěnpàn(进行审判)／shěnpàn ànzi(审判案子).¶拷問に〜けて白状させる jìnxíng kǎowèn jiào rén zhāogòng(进行拷问叫人招供)／shàngxíng kǎodǎ bīgòng(上刑拷打逼供).¶データをコンピューターに〜けて分析する bǎ shùjù zīliào shūrù diànnǎo jìnxíng fēnxi(把数据资料输入电脑进行分析).**7**〔託する〕¶神仏に願いを〜ける xiàng shénfó xǔyuàn(向神佛许愿).¶子供に望みを〜ける bǎ xīwàng jìtuō zài háizi shēnshang(把希望寄托在孩子身上).

8〔賞金,命などを〕 ¶100万円の賞金を~する xuánjiǎng yìbǎi wàn rìyuán(悬赏一百万日元). ¶優勝を~けて戦う wèi zhēngduó guànjūn jìnxíng juésài(为争夺冠军进行决赛). ¶私はこの仕事に一生を~けている wǒ bǎ zìjǐ de yìshēng gòngxiàn zài zhège gōngzuò shang(我把自己的一生贡献在这个工作上).

9〔そそぐ,ふりかける〕 ¶jiāo(浇), sǎ(洒); sǎ(撒). ¶花に水を~ける gěi huā jiāo shuǐ(给花浇水). ¶水を~けて火を消す pō shuǐ mièhuǒ(泼水灭火). ¶味がうすようでしたら少し醤油を~けて下さい nǐ xián dàn, dào diǎnr jiàngyóu ba(你嫌淡,倒点儿酱油吧). ¶苺に砂糖を~ける wǎng cǎoméi shang sǎ báitáng(往草莓上撒白糖). ¶サラダにマヨネーズを~ける shālā shang jiāshàng dànhuángjiàng(沙拉上加上蛋黄酱).

10〔かぶせる〕 gài(盖). ¶種に土を~ける gěi zhǒngzǐ gàishàng tǔ(给种子盖上土). ¶本にカバーを~ける gěi shū bāoshàng shūpí(给书包上书皮). ¶病人に布団を~ける bìngrén gàishàng bèizi(给病人盖上被子). ¶テーブルクロスを~ける pūshàng táibù(铺上台布).

11〔蒙らせる〕 ¶親に心配を~ける jiào fùmǔ dānxīn(叫父母担心). ¶人に面倒を~ける gěi rén tiān máfan(给人添麻烦). ¶大変御迷惑をおーけ致しました hěn duìbuqǐ, shǐ nín tiānle xǔduō máfan(很对不起,给您添了许多麻烦).

12〔課する〕 ¶税を~ける kèshuì(课税). ¶罰金を~ける fákuǎn(罚款).

13〔費やす〕 huā(花), fèi(费), huāfèi(花费). ¶5000万円~けて建てた家 huā wǔqiān wàn rìyuán gài de fángzi(花五千万日元盖的房子). ¶時間をーけて考える fèi diǎnr gōngfu xiǎng yi xiǎng(费点儿工夫想一想). ¶彼は生涯を~けてこの著作を完成させた tā qīngzhùle yìshēng de xīnxuè wánchéngle zhè bù zhùzuò(他倾注了一生的心血完成了这部著作). ¶多くの人手を~けてトンネルが開通した huāfèile dàliàng rénlì, suìdào zhōngyú xiūtōng le(花费了大量人力,隧道终于修通了).

14〔加える〕 ¶大理石に磨きを~ける mó dàlǐshí(磨大理石). ¶圧力を~ける shījiā yālì(施加压力)/〈比喩的に〉. ¶馬力を~けてやろう gǔzú jìnr gàn!(鼓足劲儿干!)/ jiāyóu gàn ba!(加油干吧!).

15〔割増金を加える〕 ¶仕入れ値に5割~けて売る àn jìnhuò jiàgé jiāshàng wǔ chéng chūshòu(按进货价格加上五成出售).

16〔掛算する〕 chéng(乘). ¶3に7を~ける sān chéng qī(三乘七).

17〔交配する〕 ¶馬にろばを~ける lǘ hé mǎ jiāopèi(驴和马交配).

18〔かけわたす〕 jià(架), dā(搭). ¶川に橋を~ける wǎng héshang jià qiáo(往河上架桥). ¶荷物にひもを~ける yòng shéngzi kǔn xíngli(用绳子捆行李). ¶眼鏡を~けて新聞を読む dàishang yǎnjìng kàn bào(戴上眼镜看报).

19〔声,言葉などを〕 ¶声を~けられて振り向いた tīngjian yǒu rén zhāohu, huíguòle tóu(听见有人招呼,回过了头). ¶号令を~ける hǎn kǒulìng(喊口令). ¶コーチに気合を~けられた jiàoliàn gěi wǒmen gǔjìnr dǎle qì(教练给我们鼓劲儿打了气). ¶家に電話を~ける gěi jiāli 'dǎ[guà] diànhuà(给家里'打[挂]电话).

20〔鍵などを〕 shàng(上), guān(关), guà(挂). ¶ドアの鍵を~け忘れた mén wàngle shàng suǒ(门忘了上锁). ¶掛金(\{kakegane\})を~ける guàshàng ménggōu(挂上门钩). ¶ピストルの安全装置を~ける guānshàng shǒuqiāng de bǎoxiǎn(关上手枪的保险).

21〔作用を及ぼす〕 ¶こちらから彼に誘いを~ける yóu wǒ lái yuē tā(由我来约他). ¶盗みの疑いを~けられた bèi huáiyí tōule dōngxi(被怀疑偷了东西). ¶敵に奇襲攻撃を~ける qíxí dírén(奇袭敌人). ¶麻酔を~ける shīxíng mázuì(施行麻醉). ¶催眠術を~ける shī cuīmiánshù(施催眠术).

22〔道具・機械を働かせる〕 ¶ラジオを~ける kāi shōuyīnjī(开收音机). ¶レコードを~ける fàng chàngpiàn(放唱片). ¶目覚しを6時に~ける bǎ nàozhōng duìzài liù diǎn(把闹钟对在六点). ¶急ブレーキを~けたが間に合わなかった jíshāle chē dàn méi láidejí(急刹了车但没来得及). ¶コートにブラシを~ける yòng shuāzi shuā dàyī(用刷子刷大衣).

23〔作り設ける〕 ¶蜘蛛(\{kumo\})が枝に巣を~ける zhīzhū zài shùzhī shang jié wǎng(蜘蛛在树枝上结网). ¶広場にサーカスの小屋を~ける zài guǎngchǎng dāqǐ zájìtuán de zhàngpeng(在广场上搭杂技团的帐篷). ¶わなを~ける shè xiànjǐng(设陷阱)/ bù quāntào(布圈套).

24〔…し始める,…の途中である〕 ¶夕食を食べ~けたところへ客が来た zhèng chīzhe wǎnfàn láile kèrén(正吃着晚饭来了客人). ¶この魚は腐り~けている zhè yú yào chòu le(这鱼要臭了). ¶仕事をやり~けたままにしておく huór zuòle bànjiér liànzhe(活儿做了半截儿撂着). ¶あの本はまだ読み~けのままだ nà běn shū zhǐ kànle yíbàn(那本书只看了一半).

か・ける【賭ける】 dǔ(赌), dǎdǔ(打赌). ¶金を~けてマージャンをする dǔ qián dǎ májiàng(赌钱打麻将). ¶どちらが勝つか食事を~けよう zán dǔ dōngr, kàn nǎge yíng(咱赌东儿,看哪个赢). ¶私は彼が来るだろうに~ける wǒ dǔ tā huì lái(我赌他会来). ¶~けてもいいか,彼女は君に気がないよ wǒ gǎn gēn nǐ dǎdǔ, tā duì nǐ kě méiyǒu yìsi(我敢跟你打赌,她对你可没有意思).

か・ける【駆ける】 pǎo(跑). ¶駅まで~けて行こう zán pǎozhe qù chēzhàn(咱跑着去车站). ¶犬が子供達のあとを~けて行く gǒu gēnzhe xiǎoháizi pǎoqu(狗跟着小孩子跑去). ¶馬で草原を~ける zài cǎoyuán shang qí mǎ bēnchí(在草原上骑马奔驰)/ chíchěng zài cǎoyuán shang(驰骋在草原上).

かげ・る【陰る】 yīn(阴), yīnchén(阴沉). ¶明

るかった空が急に～った mínglǎng de tiānkōng tūrán "yīn[yīnchén]xialai le(明朗的天空突然"阴[阴沉]"下来了). ¶日が傾いてスタンドは～ってきた tàiyáng piān xī, kàntái bèiyīn le(太阳偏西,看台背阴了).

かげろう【陽炎】 ¶春の野に～が立つ chūntiān de yuányě shang yǒu lǚlǚ de rèqì zài shēngténg(春天的原野上有缕缕的热气在升腾).

かげろう【蜉蝣】 fúyóu(蜉蝣).

かげん【下弦】 xiàxián(下弦). ¶～の月 xiàxiányuè(下弦月).

かげん【下限】 xiàxiàn(下限).

かげん【加減】 1〔具合,程度〕 ¶ちょうどよい～に煮えている zhǔde zhènghǎo(煮得正好). ¶陽気の～で関節が痛む yí biàntiān guānjié jiù tòng(一变天关节就痛). ¶湯を見てから入って下さい xiān kànkan shuǐ shāode zěnyàng, zài xǐ ba(先看看水烧得怎样,再洗吧). ¶お～は如何ですか nǐ shēntǐ zěnmeyàng?(你身体怎么样?). ¶腹のへり～で時間が分る píng dù è zhīdao shì shénme shíjiān(凭肚饿就知道是什么时间). ¶あいつの馬鹿さ～には腹が立つ nà jiāhuo de hútujìnr zhēn jiào rén shànghuǒ(那家伙的胡涂劲儿真叫人上火).
2〔調節〕 tiáo(调), tiáojié(调节). ¶ガスの火を～する tiáojié méiqì lúzi de huǒ(调节煤气炉子的火). ¶少しは～して物を言いたまえ shuōhuà yào diànliàng diǎnr(说话要惦量点儿). ¶あの子には少しく～してやってくれ duì nàge háizi nǐ yāoqiú búyào tài yán(对那个孩子你要求不要严).

かこ【過去】 guòqù(过去), yǐwǎng(已往). ¶航空機は～10年間に非常な進歩をとげた fēijī zài guòqù de shí nián jiān yǒule hěn dà de fāzhǎn(飞机在过去的十年间有了很大的发展). ¶それはもう遠い～のことになってしまった nà yǐ chéngle yáoyuǎn de wǎngshì(那已成了遥远的往事). ¶彼には人に語れぬ～がある tā yǒu bùkě gàorén de guòqù(他有不可告人的过去). ¶～の事は水に流そう guòqù de shì bú qù jìjiào(过去的事不去计较)/ jì wǎng bú jiù(既往不咎).

かご【籠】 lánzi(篮子), lǒuzi(篓子), kuāngzi(筐子), lóngzi(笼子), luókuāng(箩筐), pǒlán(笸篮). ¶竹で～を編む yòng zhútiáo biān lǒuzi(用竹条编篓子). ¶～の鳥のような生活 xiàng lóngli de niǎor shìde shēnghuó(像笼里的鸟儿似的生活). ¶りんごを1～買う mǎi yì lánr píngguǒ(买一篮儿苹果).
¶買物～ shǒutílán(手提篮)/ càilánzi(菜篮子). 竹～ zhúlán(竹篮).

かご【駕籠】 Rìběnshì jiàozi(日本式轿子).

かご【加護】 bǎoyòu(保佑). ¶神仏の～を祈る qídǎo shénfó de bǎoyòu(祈祷神佛的保佑).

かこい【囲い】 zhàlan(栅栏), wéiqiáng(围墙), wéizi(围子). ¶工事現場のまわりに～をめぐらしてある gōngdì sìzhōu wéizhe zhàlan(工地四周围着栅栏). ¶花壇のまわりに竹で～をする huātán zhōuwéi yòng zhúzhà quānqilai(花坛周围用竹栅圈起来). ¶熊が～を破って家畜を襲った gǒuxióng chōngpò wéizi shānghàile jiāchù(狗熊冲破围子伤害了家畜).

かこ・う【囲う】 1〔かこむ〕 wéi(围), quān(圈). ¶牧場を柵で～う yòng zhàlan bǎ mùchǎng quānqilai(用栅栏把牧场圈起来). ¶式場を幕で～う bǎ huìchǎng yòng wéimù wéiqilai(把会场用帷幕围起来).
2〔貯蔵する〕 chǔcáng(储藏), zhùcáng(贮藏). ¶冬に備えて野菜を～う chǔcáng shūcài zhǔnbèi guòdōng(储藏蔬菜准备过冬).
3 ¶女を～う ān wàijiā(安外家)/ nà xiǎo xù qiè(纳小蓄妾).

かこう【下降】 xiàjiàng(下降). ¶飛行機がしだいに～を始めた fēijī kāishǐ jiànjiàn jiàngluò(飞机开始渐渐降落). ¶景気が～する jǐngqì xiàjiàng(景气下降). ¶新生児の死亡率は～線をたどっている xīnshēng'ér de sǐwánglǜ yìzhí wǎng xià jiàng(新生儿的死亡率一直往下降).
¶～気流 xiàjiàng qìliú(下降气流).

かこう【火口】 huǒkǒu(火口), huǒshānkǒu(火山口). ¶～湖 huǒkǒuhú(火口湖).

かこう【加工】 jiāgōng(加工). ¶みかんを缶詰に～する bǎ júzi jiāgōngchéng guàntou(把橘子加工成罐头). ¶原材料に特殊な～を施す duì yuáncáiliào jìnxíng tèshū jiāgōng(对原材料进行特殊加工). ¶～賃が高い jiāgōngfèi ánggùi(加工费昂贵).
¶～品 jiāgōng zhìpǐn(加工制品). ～貿易 jiāgōng màoyì(加工贸易).

かこう【河口】 hékǒu(河口).

かごう【化合】 huàhé(化合). ¶水素と酸素が～して水となる qīng hé yǎng huàhé chéngwéi shuǐ(氢和氧化合成为水).
¶～物 huàhéwù(化合物).

かこう【画工】 huàjiàng(画匠), huàshī(画师), huàjiā(画家).

かごう【雅号】 yǎhào(雅号).

かこうがん【花崗岩】 huāgāngyán(花岗岩), huāgāngshí(花岗石), máshí(麻石).

かこく【苛酷】 kēkè(苛刻). ¶～な取り扱い cánkù de duìdài(残酷的对待). ¶～な労働条件 kēkè de láodòng tiáojiàn(苛刻的劳动条件).

かこ・つ【託つ】 bàoyuàn(抱怨), mányuàn(埋怨). ¶我が身の不運を～つ bàoyuàn zìjǐ mìng bù hǎo(抱怨自己命不好).

かこつ・ける【託ける】 jièkǒu(借口), jiǎtuō(假托). ¶彼はよく病気に～けて仕事を休む tā hào jièkǒu shēngbìng kuànggōng(他好借口生病旷工).

かこみ【囲み】 bāowéi(包围). ¶敵の～を破って脱出した chōngpò dírén de bāowéi tuōle xiǎn(冲破敌人的包围脱了险).
¶～記事 zhuānlán(专栏)/ huābiān xīnwén(花边新闻).

かこ・む【囲む】 wéi(围), quān(圈). ¶城は堀で～まれている chéngbǎo bèi hùchénghé wéizhe(城堡被护城河围着). ¶敵を十重二十重に～む bǎ dírén chóngchóng bāowéi(把敌人

重重包囲). ¶キャンプファイアを～んで歌う wéizhe yínghuǒ chànggē(围着营火唱歌). ¶該当する項の番号を丸で～みなさい bǎ xiāngfú de shìxiàng de hàomǎ yòng quānr quānshàng(把相符的事项的号码用圈儿圈上).

かこん【禍根】 huògēn(禍根), huòtāi(禍胎). ¶後日に～を残す wèi rìhòu liúxià huògēn(为日后留下祸根). ¶～を断つ chǎnchú huògēn(铲除祸根).

かごん【過言】 yán zhī guòshèn(言之过甚), yán guò qí shí(言过其实), guòshèn qí cí(过甚其词). ¶彼は世界的の文豪といっても～ではない chēng tā wéi shìjiè shang de wénháo yě bìng fēi yán guò qí shí(称他为世界上的文豪也并非言过其实).

かさ【笠】 lì(笠), dǒulì(斗笠). ¶蓑と～ suōyī hé dǒulì(蓑衣和斗笠). ¶電灯の～ dēngsǎn(灯伞)/ dēngzhào(灯罩). ¶きのこの～が開いた jùngài zhǎnkāi le(菌盖展开了)/ mógu kāi sǎn le(蘑菇开伞了). ¶親の威光を～に着る zhàngzhe fùqīn de quánshì yàowǔ-yángwēi(仗着父亲的权势耀武扬威).

かさ【傘】 sǎn(伞). ¶～をさす dǎ sǎn(打伞)/ chēng sǎn(撑伞). ¶～をすぼめる shōu sǎn(收伞). ¶～の骨 sǎnjiàzi(伞架子)/ sǎngǔ(伞骨). ¶～の柄 sǎnbǎ(伞把).
¶～立て lìsǎnjià(立伞架). 雨～ yǔsǎn(雨伞). 折りたたみ～ zhésǎn(折伞). 唐～ yóuzhǐsǎn(油纸伞). こうもり～ yángsǎn(洋伞). 日～ hànsǎn(旱伞)/ yángsǎn(阳伞)/ liángsǎn(凉伞). 核の～ hé bǎohùsǎn de(核保护伞).

かさ【嵩】 ¶この荷物は～ばかり大きい zhè huò zhǐshì róngjī dà(这货只是容积大). ¶雨続きで水の～が急に増した liánxù xiàyǔ, shuǐwèi měngzhǎng(连续下雨, 水位猛涨). ¶～にかかってものを言う shuōhuà shèngqì-língrén(说话盛气凌人).

かさ【暈】 ¶月に～がかかっている yuèliang zhàoshàng yuèyùn le(月亮罩上月晕了).

かざあな【風穴】 tōngfēngkǒng(通风孔), tōngqìkǒng(通气孔). ¶どてっ腹に～をあけてやるぞ jiào tā bái dāozi jìnqù, hóng dāozi chūlai(叫他白刀子进去,红刀子出来).

かさい【火災】 huǒzāi(火灾). ¶～が発生した fāshēngle huǒzāi(发生了火灾).
¶～報知器 huǒzāi bàojǐngqì(火灾报警器). ～保険 huǒzāi bǎoxiǎn(火灾保险). huǒxiǎn(火险).

かざい【家財】〔道具〕jiāshi(家什・傢什), jiājù(家具・傢具);〔財産〕jiācái(家财), jiāchǎn(家产), jiāsī(家私), jiāzī(家资), jiāyè(家业), jiādàng[r](家当儿). ¶～道具を売り払う màidiào ˇjiājù shíwù (ˇ坛坛罐罐). ¶事業に失敗して～をなくした shìyè shībài ˇjiāchǎn yòngjìn(jiāzī hàojin)(事业失败ˇ家产耗尽[家资耗尽]).

がざい【画材】 1〔題材〕huàcái(画材).
2〔材料〕huàjù(画具).

かさかさ 1〔触れ合う音〕shāshā(沙沙), sùsù(簌簌). ¶落ち葉が～鳴っている luòyè shāshā zuò xiǎng(落叶沙沙作响).
2〔干からびているさま〕gānba(干巴), gānbābā(干巴巴). ¶皮膚が～になった pífū biànde gānba le(皮肤变得干巴了).

かざかみ【風上】 shàngfēng(上风). ¶ここは～だったので類焼を免れた zhèli wèiyú shàngfēngtou, déyǐ miǎn zāo yánshāo(这里位于上风头, 得以免遭延烧). ¶あいつは人間の～にもおけぬ奴だ nàge jiāhuo zhēn bú shì ge rén zòu de(那个家伙真不是个人揍的).

かさく【佳作】 jiāzuò(佳作).

かさく【家作】 ¶あの人は～持ちだ tā shì ge fángchǎnjiā(他是个房产家).

かざぐるま【風車】 fēngchē(风车).

かざごえ【風邪声】 ¶～でお聞き苦しいでしょうが qǐng yuánliàng wǒ shāngle fēng shuōhuà yǒudiǎnr nàngbír(请原谅我伤了风说话有点儿齉鼻儿).

かささぎ【鵲】 què(鹊), xǐquè(喜鹊).

かざしも【風下】 xiàfēng(下风). ¶火の粉が飛んで～の家が危ない huǒxīng fēijiàn, xiàfēngtou de fángwū hěn wēixiǎn(火星飞溅, 下风头的房屋很危险).

かざ・す【翳す】 ¶手を～して海の向うを見る shǒu dā de liángpéng[dǎ yǎnzhàor] tiàowàng dàhǎi(手搭凉棚[打眼罩儿]眺望大海). ¶火鉢に手を～して暖をとる zài huǒpén shang kǎo shǒu qǔnuǎn(在火盆上烤手取暖).

がさつ cūyě(粗野), cūlǔ(粗鲁·粗鲁), cūguǎng(粗犷). ¶あいつはやることが～だ tā zuòshì máoshǒu-máojiǎo de(他做事毛手毛脚的). ¶言葉づかいは～だが人間はなかなか親切だ bié kàn shuōhuà cūlǔ, rén dàoshi hěn hǎo(别看说话粗鲁,人倒是很好). ¶～者 cūyě[cūguǎng] de rén(粗野[粗犷]的人)/ cūmǎng hànzi(粗莽汉子)/ mǎnghàn(莽汉).

かざとおし【風通し】→かぜとおし

かさ・なる【重なる】 1〔物が〕chóngdié(重叠).
¶同じような本が何冊も～っていたので気づかなかった hǎo jǐ běn tóngyàng de shū zài yìqǐ mǎzhe, méiyǒu zhùyìdào(好几本同样的书在一起码着,没有注意到). ¶時計の針が～った shízhēn chóngdié zài yìqǐ le(时针重叠在一起了).
¶人々は～りあって倒れた rénmen chóngdié dǎoxia le(人们重叠倒下了).
2〔事が〕小さな誤解が～ってとりかえしのつかぬことになった xiǎo de wùhuì lěijī qǐlai, zàochéng búkè wǎnhuí de hòuguǒ(小的误会累积起来, 造成了不可挽回的后果). ¶不幸は～って起るものだ huò bù dān xíng(祸不单行). ¶今月は日曜と祝日が～っていて yuè de xīngqīrì hé jiérì gǎnzài yìqǐ le(本月星期日和节日赶在一起了).

かさねがさね【重ね重ね】 ¶～の御親切感謝にたえません chéngméng duōfāng guānzhào, shízài gǎnxiè bú jìn(承蒙多方关照, 实在感谢不尽). ¶～よろしくお伝え下さい qǐng zhuǎngào wǒ zhōngxīn de wènhòu(请转告我衷心的问候). ¶～諭しても改めない lǚ jiào bù gǎi(屡教不改).

かさねて【重ねて】 zài(再), zàicì(再次). ¶～お尋ねします shù wǒ zài qǐngjiào yíxià (恕我再请教一下)/ shù wǒ jiēzhe zài wèn yí ge wèntí(恕我接着再问一个问题). ¶そのことは～言うまでもない nà jiàn shì yòngbuzháo zài tí le(那件事用不着再提了)/ nà shì wúxū chóngshēn(那事无须重申). ¶～お礼を申し上げます zài yí cì zhōngxīn dàoxiè(再一次衷心道谢).

かさ・ねる【重ねる】 1 [物を] mǎ(码), luò(摞), tào(套). ¶本をきちんと～ねて置く bǎ shū zhěngzhěng-qíqí de mǎqilai(把书整整齐齐地码起来). ¶靴下を2枚～ねてはく bǎ wàzi tàozhe chuān(把袜子套着穿).
2 [事を] 好評のうちに版を～ねた dédào hǎopíng, jiēlián chóngbǎn(得到好评,接连重版). ¶何度も失敗を～ねたあげくついに成功した jīng 'sānfān-wǔcì'[lǚcì-sānfān] de shībài hòu, zhōngyú chénggōng le(经"三番五次"[屡次三番]的失败后,终于成功了). ¶年月を～ねる rì jī yuè lěi(日积月累).

かさば・る【嵩張る】 ¶荷物が～って持ちにくい xíngli tǐjī dà, bù hǎo ná(行李体积大,不好拿).

かさぶた【瘡蓋】 chuāngjiā(疮痂). ¶傷口に～ができた shāngkǒu jié jiā le(伤口结痂了).

かざみ【風見】 fēngxiàngbiāo(风向标), fēngbiāo(风标). ¶～鶏 fēngxiàngjī(风信鸡).

かさ・む【嵩む】 ¶費用が～む fèiyong zēngdà (费用增大). ¶借金が～むばかりだ zhài yuè gǔn yuè duō le(债越滚越多了).

かざむき【風向き】 1 [風の方向] fēngxiàng(风向). ¶～が南に変った fēngxiàng zhuǎn nán le(风向转南了).
2 [形勢] fēngxiàng(风向), fēngtou(风头), fēngsè(风色), fēngshì(风势). ¶彼は～が悪いと見てとるとさっさと逃げ出した tā yí kàn fēngtou bùmiào, sātuǐ jiù pǎo le(他一看风头不妙,撒腿就跑了).

かざよけ【風除け】 dǎngfēng(挡风); fēngdǎng(风挡). ¶～のために木を植える wèile 'fángfēng[dǎngfēng]' zhíshù(为了"防风[挡风]"植树).

かざり【飾り】 zhuāngshì(装饰); zhuāngshìpǐn (装饰品). ¶襟にレースの～をつける zài lǐngshang xiāng huābiān(在领上镶花边). ¶あの人は少しの～もない人だ tā shì ge háo bù zhuāng ménmian de rén(他是个毫不装潢门面的人). ¶彼の文章は～が多すぎる tā de wénzhāng tài guòyú yǎowén-jiáozì(他的文章太过于咬文嚼字).
¶～ボタン zhuāngshìkòu(装饰扣).

かざりけ【飾り気】 ¶～のない人 bù zhuāng ménmian de rén(不装门面的人); hěn suíhe de rén(很随和的人). ¶彼女の～のない態度は人々に好感を与えた tā nà háo bú zuòzuo de tàidu gěi rénmen liúxià hǎogǎn(她那毫不做作的态度给人们留下好感).

かざりた・てる【飾り立てる】 ¶ごてごてと～てた部屋 zhuāngshìde huālihúshào de wūzi(装得花里胡哨的屋子). ¶彼女は宝石で身を～てた tā yòng bǎoshí bǎ zìjǐ zhuāngshì qilai(她用宝石把自己装饰起来).

かざりつけ【飾り付け】 zhuāngshì(装饰), zhuānghuáng(装潢), diǎnzhuì(点缀), bǎishè(摆设), bǎibu(摆布), bùzhì(布置). ¶部屋の～をする zhuāngshì fángjiān(装饰房间).

かざりまど【飾り窓】 chúchuāng(橱窗), chénlièchuāng(陈列窗).

かざりもの【飾り物】 zhuāngshìpǐn(装饰品), bǎishe[r](摆设[儿]), diǎnzhuì(点缀). ¶あの会長は～にすぎない nàge huìzhǎng zhǐshì ge bǎishe(那个会长只是个摆设).

かざ・る【飾る】 1 zhuāngshì(装饰), zhuānghuáng(装潢), xiūshì(修饰), bǎishè(摆设). ¶きれいな花で部屋を～る yòng hǎokàn de huā zhuāngshì wūzi(用好看的花装饰屋子). ¶彼は身なりなど少しも～らない tā yìdiǎnr yě bù 'xiūshì[dǎban]'(他一点儿也不"修饰[打扮]"). ¶ショーウインドーに品物を～る bǎ shāngpǐn bǎizài chúchuānglǐ(把商品摆在橱窗里). ¶彼は本は～っておくだけだ tā zhǐ bǎ shū dàng zhuāngshìpǐn(他只把书当装饰品).
2 [取り繕う] ¶うわべを～る zhuāng ménmian(装门面)/ zhuāng huǎngzi(装幌子)/ bǎi yàngzi(摆样子). ¶言葉を～らずに言う dāndāo-zhírù de shuō(单刀直入地说)/ zhíyán búhuì(直言不讳).

かさん【加算】 ¶利子を～する bǎ lìxī jìsuàn jinqu(把利息计算进去)/ jiāshàng lìxī(加上利息).

かさん【家産】 jiāchǎn(家产), jiācái(家财), jiāzī(家资), jiādang(家当). ¶～を蕩尽する dàngjìn jiāchǎn(荡尽家产)/ jiāzī hàojìn(家资耗尽)/ qīng jiā dàng chǎn(倾家荡产).

かざん【火山】 huǒshān(火山). ¶～が爆発した huǒshān bàofā le(火山爆发了). ¶～活動が活発になった huǒshān huódòng zēngqiáng le (火山活动增强了).
¶～岩 huǒshānyán(火山岩). ¶～帯 huǒshāndài(火山带). ¶～弾 huǒshāndàn(火山弹). ¶～灰 huǒshānhuī(火山灰). 活～ huóhuǒshān(活火山). 死～ sǐhuǒshān(死火山). 海底～ hǎidǐ huǒshān(海底火山). 環太平洋～帯 Tàipíngyáng huǒshānhuándài(太平洋火山环).

かさんかすいそ【過酸化水素】 guòyǎnghuàqīng (过氧化氢), èryǎnghuàqīng(二氧化氢).

かし【樫】 lì(栎).

かし【河岸】 [かわぎし] hé'àn(河岸), hébiān (河边); [魚市場] yúshì(鱼市). ¶～を変えて飲みなおそう huàn ge dìfang zài hē yì zhōng (换个地方再喝一盅).

かし【貸し】 ¶彼には10万円ばかり～がある tā qiàn wǒ shíwàn lái rìyuán(他欠我十万来日元). ¶あの事については彼に～がある tā hái qiàn shìqing shang tā hái qiàn wǒ de zhài ne (在那件事情上他还欠我的债呢).
¶～事務所 chūzū de shìwùsuǒ(出租的事务所).

かし【下肢】 xiàzhī(下肢).

かし【可視】 ¶～光線 kěijiànguāng（可见光）.
かし【仮死】 jiǎsǐ（假死）. ¶助け上げた時はすでに～状態であった dàjiù shànglai shí, yǐjing shì jiǎsǐ zhuàngtài le（搭救上来时，已经是假死状态了）.
かし【華氏】 Huáshì wēndù（华氏温度）, Huáshì（华氏）. ¶～70度 Huáshì qīshí dù（华氏七十度）. ～温度計 Huáshì wēndùjì（华氏温度计）.
かし【菓子】 gāodiǎn（糕点）, diǎnxin（点心）, gāobǐng（糕饼）, tángguǒ（糖果）. ¶～器 diǎnxin hézi（点心盒子）. ～屋 gāodiǎn shāngdiàn（糕点商店）.
かし【歌詞】 gēcí（歌词）; chàngcí（唱词）.
かじ【舵】 duò（舵）. ¶～をとる zhǎng duò（掌舵）. ¶うまく～をとって分裂の危機を切り抜けた zhǎngbǐng duò bìmiǎnle fēnliè de wēijī（掌住舵避免了分裂的危机）.
かじ【火事】 huǒzāi（火灾）, huǒjǐng（火警）. ¶～だ qǐhuǒ le!（起火了!）/ zháohuǒ le!（着火了!）/ shīhuǒ le!（失火了!）. ¶火の不始末から～を出した méi jiǎndiǎnhǎo mièhuǒ, zàochéngle huǒzāi（没检点好灭火，造成了火灾）. ¶昨夜近所で～があった zuówǎn zài fùjìn fāshēngle huǒzāi（昨晚在附近发生了火灾）. ¶もう少しで～になるところだった chàdiǎnr méi shīhuǒ chéngzāi（差点儿没失火成灾）. ¶家の中はまるで～場のような騒ぎだった jiāli nàode hǎoxiàng huǒchǎng yíyàng（家里闹得好像火场一样）. ¶～場泥棒を働く chèn huǒ dǎ jié（趁火打劫）. ¶～泥棒 hún shuǐ mō yú（浑水摸鱼）.
かじ【家事】 jiāwù（家务）; jiāshì（家事）. ¶彼女は～の切り回しが上手だ tā hěn huì liàolǐ jiāwù（她很会料理家务）. ¶毎日の～に追われる měitiān bèi jiāwù chánzhù（每天被家务缠住）. ¶～の都合により退職した yóuyú jiāshì de guānxi tuìzhí le（由于家事的关系退职了）. ～労働 jiāwù láodòng（家务劳动）.
がし【餓死】 èsǐ（饿死）. ¶～寸前に追い込まれた bèi bīde kuàiyào èsǐ le（被逼得快要饿死了）. ¶打ち続く飢饉で沢山の人が～した yóuyú liánxù de jīhuang hěn duō rén èsǐ le（由于连续的饥荒很多人饿死了）.
カシオペアざ【カシオペア座】 xiānhòuzuò（仙后座）.
かしかた【貸方】 zhàizhǔ（债主）;【帳簿の】dàifāng（贷方）, fùfāng（付方）.
かじか・む【凍かむ】 dòngjiāng（冻僵）, jūluánr（拘挛儿）. ¶指が～んで物がつかめない shǒuzhǐ dòngde fājiāng, zuānbuzhù dōngxi（手指冻得发僵，攥不住东西）.
かしかり【貸し借り】 ¶お金の～はしない方がよい zuìhǎo bǐcǐ bú jiè bú qiàn（最好彼此不借不欠）. ¶これで～なしだ jiù jiù bù gāi bù qiàn le（这就不该不欠了）/ zhè jiù liǎozhàng le（这就了账了）.
かしかん【下士官】 jūnshì（军士）.
かしきり【貸切】 bāo（包）. ¶この客車は～だ zhè jié chēxiāng shì bāochē（这节车厢是包车）. ¶劇場を～にする bāochǎng（包场）.

¶～バス bāo de gōnggòng qìchē（包的公共汽车）.
かしきん【貸金】 dàikuǎn（贷款）.
かし・ぐ【傾ぐ】 qīngxié（倾斜）, qīngcè（倾侧）. ¶急に立ち上がったので舟が～いだ měng yí zhànqǐlai chuán xiàng yì biān qīngxié le（猛一站起来船向一边倾斜了）.
かし・げる【傾げる】 ¶小首を～げてけげんそうな顔をしている wāi tóu biǎoshì shífēn chàyì（歪头表示十分诧异）.
かしこ・い【賢い】 cōngming（聪明）. ¶犬はたいそう～い動物だ gǒu shì hěn cōngming de dòngwù（狗是很聪明的动物）. ¶あの少年はいかにも～そうな顔をしている nàge shàonián xiǎnzhe hěn cōngming（那个少年显着很聪明）. ¶この際黙っている方が～い zhè zhǒng shíhou chénmò shì míngzhì de（这种时候沉默是明智的）. ¶彼はいつも～く立ち回る tā chángcháng màiguāi tǎohǎo（他常常卖乖讨好）.
かしこし【貸越】 tòuzhī（透支）.
かしこま・る【畏まる】 ¶両手を膝において～っている bǎ shuāngshǒu gēzài xīshang 'gōng-gōng-jìngjìng de zuòzhe[zhèngjīn wēizuò]（把双手搁在膝上'恭恭敬敬地坐着[正襟危坐]）. ¶そんなに～らなくてもよい búyòng nàme kèqi（不用那么客气）/ búyào nàme jūshù（不要那么拘束）. ¶～りました zūnmìng（遵命）.
かしず・く cìhou（伺候）, fúshi（服侍）. ¶大勢の召使に～かれて暮す yóu xǔduō púrén cìhou dùrì（由许多仆人伺候度日）.
かしだおれ【貸倒れ】 dǎozhàng（倒账）, dāizhàng（呆账）.
かしだ・す【貸し出す】 chūjiè（出借）. ¶図書を～す chūjiè shūjí（出借书籍）. ¶住宅資金の～しを始める kāishǐ fāfàng zhùzhái zījīn de dàikuǎn（开始发放住宅资金的贷款）.
かしちん【貸賃】 zūfèi（租费）, lìnqián（赁钱）, zūjīn（租金）, zūqian（租钱）.
かしつ【過失】 guòshī（过失）, chāshī（差失）, shīwù（失误）. ¶～を犯す fàn guòshī（犯过失）. ¶こちらには何の～もない wǒfāng méi shénme guòshī（我方没什么过失）.

¶～致死罪 guòshī shārén zuì（过失杀人罪）/ guòshīshā（过失杀）.
かじつ【果実】 guǒshí（果实）, guǒzi（果子）. ¶～がなる jiēguǒ（结果）/ jiē guǒshí（结果实）.

¶～酒 guǒjiǔ（果酒）/ guǒzijiǔ（果子酒）/ shǎijiǔ（色酒）.
かじつ【過日】 rìqián（日前）.
かしつ【画室】 huàshì（画室）.
かしつき【加湿器】 jiāshīqì（加湿器）.
かしつけ【貸付】 dàikuǎn（贷款）, fàngkuǎn（放款）. ¶～金 dàikuǎn（贷款）. ～残高 dàikuǎn yú'é（贷款余额）.
かして【貸手】【物の】chūzūfāng（出租方）;【金の】zhàizhǔ（债主）.
かじとり【舵取り】 zhǎngduò（掌舵）, bǎduò（把舵）;【人】zhǎngduòrén（掌舵人）, duòshǒu（舵手）. ¶あの奥さんはご主人の～がうまい nà wèi

かじぼう

tàitai hěn huì guǎnzhe tā zhàngfu (那位太太很会管着她丈夫).

かじぼう【梶棒】 chēbǎ (车把).

かしほん【貸本】 ¶～屋 lìnshūpù (赁书铺).

かしま【貸間】 chūzū[chūlìn] de fángjiān (出租[出赁]的房间).

かしまし・い【姦しい】 ¶女3人寄れば～い sān ge nǚrén yì tái xì (三个女人一台戏)/ nǚrén còu sān chǎosǐ rén (女人凑三吵死人).

ガジマル róngshù (榕树).

カシミヤ kāisīmǐ (开司米).

かしや【貸家】 ¶～を探す zhǎo chūzū de fángzi (找出租的房子). ¶あの家は今～になっている nà yì fángwū xiàn zhèng zhāozū (那一房屋现正招租).

かしゃ【貨車】 huòchē (货车), chēpí (车皮). ¶無蓋～ chǎngchē (敞车). 有蓋～ péngchē (篷车).

かじや【鍛冶屋】 tiějiang (铁匠).

かしゃく【仮借】 ¶違反者に少しも～しない duì wéifǎnzhě yánchéng bú dài (对违反者严惩不贷). ¶～なく責め立てる háo bù liúqíng de zhuībī (毫不留情地追逼).

かしゃく【呵責】 kēzé (苛责). ¶良心の～に耐えかねて自首した shòudào liángxīn de kēzé zhōngyú zìshǒu le (受到良心的苛责终于自首了).

かしゅ【歌手】 gēshǒu (歌手), gēchàngjiā (歌唱家). ¶オペラ～ gējù yǎnchàngjiā (歌剧演唱家). 流行～ liúxíng gēshǒu (流行歌手).

かじゅ【果樹】 guǒshù (果树), guǒmù (果木), guǒmùshù (果木树). ¶～園 guǒmùyuán (果木园)/ guǒyuán (果园).

カジュアル qīngbiàn (轻便), qīngzhuāng (轻装). ¶～な装い qīngbiàn shūshì de chuāndài (轻便舒适的穿戴).

かしゅう【歌集】 gēběn[r] (歌本[儿]), gēqǔxuǎn (歌曲选).

かじゅう【加重】 jiāzhòng (加重). ¶再犯のため刑が～された yóuyú chóngfàn, xíng bèi jiāzhòng (由于重犯,刑被加重).

かじゅう【果汁】 guǒzhī (果汁).

かじゅう【荷重】 fùhè (负荷), fùzài (负载), hèzài (荷载), zàihè (载荷), chízhòng (吃重). ¶～試験 zàihè shìyàn (载荷试验). ～制限 fùhè xiànzhì (负荷限制).

かじゅう【過重】 guòzhòng (过重). ¶～な勤務に倒れた yóuyú gōngzuò guòzhòng, bìngdǎo le (由于工作过重,病倒了).

がしゅう【我執】 ¶～にとらわれては正しい判断ができない gùzhí jǐjiàn, bùnéng zhèngquè pànduàn (固执己见,不能正确判断). ¶～を捨てる pāoqì jǐjiàn (抛弃己见).

がしゅう【画集】 huàjí (画集), huàcè (画册).

かしょ【箇所】 dìfang (地方), chù (处). ¶いつも同じ～が破損する lǎoshi tóng yí ge dìfang sǔnhuài (老是同一个地方损坏). ¶台風のため東海道線は3～で不通となった yóuyú táifēng de yǐngxiǎng, Dōnghǎidàoxiàn yǒu sān chù bù tōng le (由于台风的影响,东海道线有三处不通了).

かしょう【仮称】 ¶この会をAと～する bǎ zhège huì zàn chēngwéi A (把这个会暂称为A).

かしょう【河床】 héchuáng (河床).

かしょう【過小】 guòdī (过低). ¶敵の力を～に評価する duì dírén de lìliang gūjì guòdī (对敌人的力量估计过低)/ dīgū dírén de lìliang (低估敌人的力量).

かしょう【過剰】 guòshèng (过剩). ¶人口が～だ rénkǒu guòshèng (人口过剩). ¶～防衛 fángwèi guòdàng (防卫过当). 生産～ shēngchǎn guòshèng (生产过剩).

かじょう【箇条】 tiáo (条), kuǎn (款), xiàng (项). ¶10～より成る条約 yóu shí xiàng tiáowén gòuchéng de tiáoyuē (由十项条文构成的条约). ¶問題点を～書きにする bǎ wèntí zhútiáo [zhúxiàng] lièchū (把问题逐条[逐项]列出).

がしょう【画商】 huàshāng (画商).

がしょう【賀正】 hèzhēng (贺正), qìnghè xīnnián (庆贺新年), gōnghè xīnxǐ (恭贺新禧).

がじょう【牙城】 yáchéng (牙城). ¶敵の～に迫る pòjìn dírén de jùdiǎn (迫近敌人的据点).

がじょう【賀状】 hènián (贺年), hèxìn (贺信), hèkǎ (贺卡), hèniánkǎ (贺年卡), hèniánpiàn (贺年片).

かしょく【華燭】 huāzhú (花烛). ¶～の典をあげる jǔxíng hūnlǐ (举行婚礼).

かしょく【過食】 tānshí (贪食). ¶～症 guòdù yǐnshízhèng (过度饮食症).

かしら【頭】 1 [あたま] tóu (头). ¶～を縦に振る diǎntóu tóngyì (点头同意). ¶～に霜を置く báifà cāngcāng (白发苍苍). ¶～右! xiàng yòu kàn! (向右看!).

2 [首長] tóur (头儿), tóuzi (头子), tóutour (头头儿), tóumù (头目), shǒulǐng (首领). ¶盗賊の～ dàofěi de tóumù (盗匪的头目)/ fěishǒu (匪首).

3 [一番先] ¶10歳の息子を～に3人の子供がある yǐ shí suì de érzi wéi lǎodà, gòng yǒu sān ge háizi (以十岁的儿子为老大,共有三个孩子).

-かしら ¶どうしたの～ dàodǐ zěnme le ne? (到底怎么了呢?). ¶あの人は来る～ tā huì lái ma? (他会来吗?). ¶今何時～ xiànzài jǐ diǎn le? (现在几点了?). ¶早く来てくれない～ xīwàng tā kuài diǎnr lái (希望他快点儿来).

-かしら 1 […したとたん] ¶出会い～にぶつかった pīmiàn zhuàngle ge mǎnhuái (劈面撞了个满怀).

2 [一番…した人] ¶彼は仲間内での出世～だ tā zài wǒmen tóngbàn dāngzhōng zuì yǒu chūxi (他在我们同伴当中最有出息).

かしらもじ【頭文字】 shǒuzìmǔ (首字母), kāitóu zìmǔ (开头字母), dàxiě zìmǔ (大写字母).

かじりつ・く【齧り付く】 1 [かみつく] yǎo (咬), kěn (啃). ¶とうもろこしに～く kěn yùmǐbàng chī (啃玉米棒吃).

2 [すがりつく] ¶首っ玉に～く lǒuzhù bózi bú fàng (搂住脖子不放). ¶一日中机に～いて

勉強する yìzhěngtiān sǐ pāzài zhuōzi shang yònggōng(一整天死趴在桌子上用功). ¶石に～いてもやり抜く sǐmìng de gàndàodǐ(死命地干到底).

かじ・る【齧る】 kěn(啃), yǎo(咬), niè(啮). ¶りんごを丸ごと～る zhěnggèr píngguǒ kěnzhe chī(整个儿苹果啃着吃). ¶親のすねを～る kào fùmǔ chīchuān(靠父母吃穿). ¶学生時代に中国語を少し～った xuésheng shídài zhōngwén(学生时代多少沾了点儿中文).

かしわ【柏】 húshù(槲树), qīnggāngshù(青冈树).

かしわで【柏手】 ¶～を打って拝む pāishǒu bàishén(拍手拜神).

かしん【過信】 ¶金(ǎ)の力を～する guòyú xiāngxìn jīnqián de lìliang(过于相信金钱的力量). ¶自己の能力を～して失敗した guòyú zìxìn ér shībài le(过于自信而失败了).

かじん【佳人】 jiārén(佳人). ¶～薄命 jiārén [hóngyán] bómìng(佳人[红颜]薄命).

かじん【家人】 jiārén(家人), jiālǐrén(家里人).

がしんしょうたん【臥薪嘗胆】 wò xīn cháng dǎn(卧薪尝胆).

か・す【貸す】 1[使用させる] jiè(借). ¶とても面白いからこの本を君に～そう zhè běn shū hěn yǒu yìsi, jiègěi nǐ kàn ba(这本书很有意思,借给你看吧). ¶1万円を～してほしい qǐng jiègěi wǒ yíwàn kuài qián(请借给我一万块钱). ¶金を無利子で～す wúxí [fàng][dài]kuǎn(无息放[贷]款). ¶火を～して下さい qǐng duì gè huǒ(请对个火). ¶ちょっと電話を～して下さい láojià, jiè ge diànhuà(劳驾,借个电话).

2[賃貸しする] chūzū(出租), chūlìn(出赁). ¶その家を月10万円で～している nà suǒ fángzi yuèzū shíwàn rìyuán chūlìn de(那所房子月租十万日元出赁的). ¶車を1日2万円で～す qìchē liǎngwàn rìyuán chūzū yì tiān(汽车两万日元出租一天).

3[力, 知恵などを] ¶友人に力を～す gěi péngyou chūlì(给朋友出力)/ bāng péngyou de máng(帮朋友的忙). ¶あなたの知恵を～して下さい qǐng bāng wǒ chū ge zhǔyi(请帮我出个主意). ¶人の話など～している暇はない wǒ kě méiyǒu xiánggōngfu tīng rénjia de huà(我可没有闲工夫听人家的话).

かす【滓】 zhā[r](渣[儿]), zhāzi(渣子), zhāzǐ(渣滓), zāopò(糟粕). ¶樽の底に～がたまった tǒngdǐ cúnle chénzhā le(桶底存了沉渣了). ¶～しか残っていない zhǐ shèngxià huài de le(只剩下坏的了). ¶おまえは人間の～だ nǐ shì shèhuì de zhāzǐ(你是社会的渣滓)/ nǐ shì ge rénzhāzǐ(你是个人渣子).

かず【数】 1 shù[r](数[儿]), shùmù(数目). ¶～が少ない shùmù xiǎo(数目小). ¶～をかぞえる shǔ shùr(数数儿). ¶それは～に入らなかった nà méi suànzài shùmùlǐ(那没算在数目里). ¶～の上ではかなわない zài shùliàng shang wúfǎ bǐ(在数量上无法比). ¶私はここで～多くのことを学んだ wǒ zài zhèli xuéle xǔ-duō dōngxi(我在这里学了许多东西). ¶～限りない見舞の品が寄せられた sònglaile shǔbuqīng[shǔbushèngshǔ] de wèiwènpǐn(送来了数不清[数不胜数]的慰问品).

2[ある中の一例にすぎない] zhè zhǐ búguò shì xǔduō lìzi dāngzhōng de yí ge éryǐ(这只不过是许多例子当中的一个而已). ¶～をこなして利益をあげる duō mài huò lì(多卖获利).

3[価値あるもの] ¶彼のごときは物の～ではない tā gēnběn shǔbushàng[shǔbuzháo](他根本数不上[数不着])/ tā nà zhǒng rén suànbushàng shùr(他那种人算不上数儿). ¶天才の～に入らない búsuàn shénme tiāncái(不算什么天才).

ガス 1 qìtǐ(气体); méiqì(煤气); wǎsī(瓦斯). ¶～をつける diǎn méiqì(点煤气). ¶～もれがしていた lòu méiqì láizhe(漏煤气来着). ¶坑内で～爆発が起こった kuàngjǐng nèi fāshēngle wǎsī bàozhà(矿井内发生了瓦斯爆炸).

¶～こんろ méiqìzào(煤气灶). ～ストーブ méiqì lúzi(煤气炉子). ～弾 dúqìdàn(毒气弹). ～タンク chǔqìguàn(储气罐). ～中毒 méiqì zhòngdú(煤气中毒). ～灯 wǎsīdēng(瓦斯灯). ～マスク fángdú miànjù(防毒面具). 催涙～ cuīlèi wǎsī(催泪瓦斯). 笑気～ xiàoqì(笑气). 水素～ qīngqì(氢气). 天然～ tiānránqì(天然气).

2[濃霧] ¶ひどい～で船が衝突する危険がある dà[nóng]wù mímàn, lúnchuán yǒu hùzhuàng de wēixiǎn(大[浓]雾弥漫,轮船有互撞的危险).

3[腸の] ¶腹に～がたまる dùzi fā zhàng(肚子发胀).

かすか【微か】 wēiwēi(微微), yǐnyuē(隐约), yǐnyǐn(隐隐), móhu(模糊). ¶島が～に見える yǐngyǐng-chuòchuò kànjian dǎoyǐng(影影绰绰看见岛影)/ dǎoyǐng yǐnyuē kě jiàn(岛影隐约可见). ¶戸の隙間から～な明りがもれる cóng ménfèngr tòuchu wēiruò de liàngguāng(从门缝儿透出微弱的亮光). ¶～な音が聞える tīngjian yǐnyǐn-yuēyuē de shēngxiǎng(听见隐隐约约的声响). ¶～な記憶をたよりに探す píngzhe móhu de jìyì xúnzhǎo(凭着模糊的记忆寻找).

かすがい【鎹】 jūzi(锔子), Uzìdīng(U字钉), qímǎdīng(骑马钉), mǎhuángdīng(蚂蟥钉). ¶～を打つ dǎ mǎhuángdīng(打蚂蟥钉). ¶子は～ háizi shì fūqī de liánxīnsuǒ(孩子是夫妻的连心锁).

かずかず【数数】 ¶学生時代の思い出の～ xuésheng shídài de gè zhǒng huíyì(学生时代的各种回忆). ¶苦労の～を語り合う hùxiāng shuōshuō zhǒngzhǒng láokǔ(互相说说种种劳苦). ¶あなたに言いたい事は～ある xiǎng duì nǐ shuō de shì yǒudeshì(想对你说的事有的是).

カスタード dànnǎidòng(蛋奶冻). ¶～プディング dànnǎidòng bùdīng(蛋奶冻布丁).

カスタネット xiǎngbǎn(响板).

カスタム ¶彼の服は全て～メードだ tā de fúzhuāng quán dōu shì tèbié dìngzuò de (他的服装全都是特别订做的). ¶～カー tèzhì de qìchē (特制的汽车).

かすづけ【粕漬】 jiǔzāo yānzhì shípǐn (酒糟腌制食品). ¶～の魚 zāoyú (糟鱼).

カステラ dàngāo (蛋糕), jīdàngāo (鸡蛋糕), cáogāo (槽糕), cáozīgāo (槽子糕).

かずのこ【数の子】 fēiyúzǐ (鲱鱼子).

かすみ【霞】 yúnqì (云气), yúnwù (云雾), yānwù (烟雾), yún'ǎi (云霭), yān'ǎi (烟霭). ¶遠くには～がかかっている yuǎnfāng 'yún'ǎi mímàn [yānwù mímàn] (远方'云霭弥漫[烟雾迷漫]). ¶目に～がかかったようだ yǎnjīng ménglóng kànbuqīng (眼睛蒙眬看不清). ¶まさか～を食って生きるわけにもいくまい yòu bùnéng hē xīběifēng guò rìzi (又不能喝西北风过日子).

かす・む【霞む】 ménglóng (朦胧), ménglóng (蒙眬・矇眬), móhu (模糊・模胡), hūnhuā (昏花), yǎnhuā (眼花). ¶野山が～んでいる shānyě wù'ǎi ménglóng (山野雾霭朦胧). ¶涙で目が～む lèishuǐ shǐ yǎnjing móhu le (泪水使眼睛模糊了). ¶年をとって目が～んできた shànglào niánjì 'yǎnjing huā le [lǎoyǎn hūnhuā] (上了年纪'眼睛花了[老眼昏花]).

かす・める【掠める】 **1** 〔盗む〕qiǎng (抢), duó (夺), lüèqǔ (掠取), qiǎngluè (抢掠). ¶これらの食料はあたりの部落から～めとったものだ zhèxiē liángshi shì cóng zuǒjìn de cūnzi qiǎnglai de (这些粮食是从左近的村子抢来的).
2 〔くらます〕¶親の目を～めて金を持ち出す bèizhe fùmǔ ná qián chūqu (背着父母拿钱出去).
3 〔かする〕lüè (掠), cā (擦). ¶燕が軒を～めて飛んだ yànzi lüè yán ér guò (燕子掠檐而过). ¶銃弾が耳もとを～めた qiāngdàn cāguò ěrbiān (枪弹擦过耳边). ¶ふと彼のことが脳裏を～めた nǎohǎili hū'ér lüèguò tā de shì (脑海里忽而掠过他的事).

かすり【絣】 suìbáidiǎn huāwén (碎白点花纹).

かすりきず【掠り傷】 cāshāng (擦伤). ¶～ひとつ負わなかった yìdiǎnr méi shòushāng (一点ル没受伤)/ pírou wèi pèng (皮肉未碰).

かす・る【掠る】 →かすめる 3.

か・する【化する】 huàzuò (化作). ¶あたり一面火の海と～した zhōuwéi huàzuò yípiàn huǒhǎi (周围化作一片火海).

か・する【科する】 kē (科). ¶罰金 5000 円を～せられた bèi kěyǐ wǔqiān rìyuán fájīn (被科以五千日元罚金).

か・する【課する】 kè (课). ¶輸入品に重税を～する duì jìnkǒuhuò kè yǐ zhòngshuì (对进口货课以重税). ¶毎日生徒に宿題を～する měitiān gěi xuésheng liú zuòyè (每天给学生留作业).

かす・れる【掠れる】 **1** 〔筆跡などが〕¶墨の字が～れている yòng mò xiě de zì yǒuxiē fēibái (用墨写的字有些飞白).
2 〔声が〕shā (沙), yǎ (哑), shāyǎ (沙哑), sīyǎ (嘶哑). ¶風邪をひいて声が～れた shāngle fēng, sǎngzi yǎ le (伤了风,嗓子哑了). ¶大声でどなったので声が～れてしまった dàshēng hǎnde sǎngzi dōu hǎnyǎ le (大声喊得嗓子都喊哑了)/ dà hǎn dà jiào, shēng sī lì jié le (大喊大叫,声嘶力竭了).

かせ【枷】 jiā (枷), jiāsuǒ (枷锁)〈首の〉; kào (铐)〈手の〉; liào (镣)〈足の〉. ¶～をはめる shàng shǒukào (上手铐)/ shàng jiǎoliào (上脚镣). ¶首に～をはめられて動けない bózi shang bèi tàoshàngle jiāsuǒ dòngtan bude (脖子上被套上了枷锁动弹不得).

かぜ【風】 fēng (风). ¶～が吹く guāfēng (刮风). ¶～が出てきた guāqǐ fēng lai le (刮起风来了). ¶今日はだいぶ～がある jīntiān fēng hěn dà (今天风很大). ¶強い～がやっと止んだ dàfēng hǎoróngyi zhù le (大风好容易住了). ¶この部屋は少しも～が通らない zhè jiān wūzi yìdiǎnr yě bù tōngfēng (这间屋子一点ル也不通风). ¶～に逆らって進む nì[dǐng]zhe fēng zǒu (逆[顶]着风走). ¶外に出て～にあたる dào hùwài chuīchui fēng (到户外吹吹风). ¶子供は～の子 háizi bú pà fēng chuī bú pà lěng (孩子不怕风吹不怕冷). ¶肩で～を切って歩く dàyáo-dàbǎi de zǒu (大摇大摆地走). ¶彼女のことは～の便りに聞いている cóng chuánwén zhōng tīngdào tā de xiāoxi (从传闻中听到她的消息). ¶どうした～の吹きまわしか自分からわざわざやって来た bù zhī chuī de nǎ yì gǔ fēng, tā zì tèyì pǎolai le (不知吹的哪一股风,他也特意跑来了). ¶勉強などどこ吹く～と遊んでばかりいる bǎ xuéxí shuǎizài nǎohòu jìng wánr (把学习甩在脑后净玩ル). ¶～をくらって逃げる yíliùyān de pǎo le (一溜烟地跑了). ¶臆病～に吹かれて逃げ出した wénfēng-sàngdǎn táopǎo le (闻风丧胆逃跑了). ¶学者を吹かす bǎi xuézhě de chòujiàzi (摆学者的臭架子).

かぜ【風邪】 gǎnmào (感冒), shāngfēng (伤风), zháoliáng (着凉), shòuliáng (受凉). ¶彼は昨日～をひいた tā zuótiān shàngle fēng [déle gǎnmào] (他昨天'伤了风[得了感冒]). ¶この頃は悪い～がはやっている jìnlái liúxíng èxìng gǎnmào (近来流行恶性感冒). ¶気味で気分が悪い yǒudiǎnr gǎnmào, bù shūfu (有点ル感冒,不舒服). ¶夏～はなかなかぬけない xiàtiān zháoliáng, bù róngyì hǎo (夏天着凉,不容易好). ¶～は万病の元 gǎnmào zhāozhì bǎi bìng (感冒招致百病).
¶～薬 gǎnmàoyào (感冒药).

かぜあたり【風当り】 ¶家が高台にあるので～が強い fángwū zuòluò zài gāochù, fēng dà (房屋坐落在高处,风大). ¶今そんなことをすると世間の～が強い xiànzài zuò nà zhǒng shì zài shèhuì shang kě yào zhāofēng (现在做那种事在社会上可要招风).

かせい【火星】 huǒxīng (火星).

かせい【火勢】 huǒshì (火势). ¶～が強くて近よれない huǒshì chìliè, kàojìn bude (火势炽烈,靠近不得).

かせい【加勢】 ¶彼に～したのが負けてしまった suīrán zhīyuánle tā, kě háishì shū le(虽然支援了他,可还是输了). ¶苦戦におちいって～を求める bèi duìfāng zhànle shàngfēng, xiàng rén qiúyuán(被对方占了上风,向人求援). ¶～が大勢きてくれて助かった bāngmáng de láile hěn duō, kě déjiù le(帮忙的来了很多,可得救了).

かせい【仮性】 jiǎxìng(假性). ¶～近視 jiǎxìng jìnshì(假性近视).

かせい【苛性】 kēxìng(苛性). ¶～カリ kēxìngjiǎ(苛性钾)/ qīngyǎnghuàjiǎ(氢氧化钾)/ ～ソーダ kēxìngrà(苛性钠)/ qīngyǎnghuànà(氢氧化钠)/ 火ばい huǒjiǎn(火碱)/ shāojiǎn(烧碱).

かせい【家政】 ¶～科 jiāzhèngkē(家政科). ¶家婦 liàoolǐ jiāwù de nǚyōng(料理家务的女佣)/ nǚguǎnjiā(女管家)/ guǎnjiāpó(管家婆).

かせい【課税】 kèshuì(课税). ¶所得に応じて～する àn suǒdé zhēngshuì(按所得征税). ¶累進～ lěijìn kèshuì(累进课税).

かせいがん【火成岩】 huǒchéngyán(火成岩).

カゼイン làosù(酪素), gānlàosù(干酪素).

かせき【化石】 huàshí(化石).

かせぎ【稼ぎ】 ¶東京に～に行く dào Dōngjīng qù zhèngqián(到东京去挣钱). ¶一家の手を失った shīqùle yìjiā de zhīzhù(失去了一家的支柱). ¶いい～口が見つかった hǎo zhèngqián de huór(找到了好挣钱的活儿). ¶～が悪い zhèngqián shǎo(挣钱少). ¶この仕事はよい～になる zhè gōngzuò néng zhèngqián(这工作能挣钱)/ zhè shì zhuànqián shēngyi(这可是赚钱生意). ¶ひと～する zhuàn yì bǐ(赚一笔)/ lāo yì bǎ(捞一把). ¶小遣い～ lāo wàikuài[wàicái/wàishuǐ](捞外快[外财/外水]).

かせ・ぐ【稼ぐ】 zhèng(挣); zhuàn(赚). ¶生活費を～ぎ出す zhèngchū shēnghuófèi(挣出生活费). ¶いくら～いでも物価の値上りに追いつかない zhèng duōshao yě gǎnbushàng wùjià de shàngzhǎng(挣多少也赶不上物价的上涨). ¶ひと月でだいぶ～いだ yí ge yuè kě zhuànle hěn duō(一个月可赚了很多). ¶返事を遅らせて時を～ぐ tuīchí dáfù, yǐ ˇzhēngqǔ[yíngdé] shíjiān(推迟答复,以'争取[赢得]时间). ¶あれで彼はだいぶ点数を～いだ yóuyú nà jiàn shì tā shēnjià dà zēng(由于那件事他身价大增). ¶～ぐに追いつく貧乏なし shǒu qín bù pà méi fàn chī(手勤不怕没饭吃).

かせつ【仮設】 1 ¶休憩所を～する línshí shèzhì xiūxichù(临时设置休息处). ¶～住宅 línshí zhùzhái(临时住宅).
2〔数学, 論理学〕 jiǎshè(假设).

かせつ【仮説】 jiǎshuō(假说), jiǎshè(假设). ¶～を立てる lì jiǎshè(立假说).

かせつ【架設】 jiàshè(架设). ¶電線を～する jiàshè diànxiàn(架设电线). ¶橋を～する jià qiáo(架桥)/ jiàshè qiáoliáng(架设桥梁).

カセットテープ hédài(盒带), kǎdài(卡带).

かぜとおし【風通し】 tōngfēng(通风), tòufēng(透风). ¶この家は～が悪い zhè suǒ fángzi tōngfēng bù hǎo(这所房子通风不好). ¶部屋の～をよくする shǐ wūzi tōngfēng liánghǎo(使屋子通风良好).

かぜむき【風向き】 →かざむき.
かぜよけ【風除け】 →かざよけ.
かせん【化繊】 huàxiān(化纤).

かせん【河川】 héchuān(河川). ¶台風で～が氾濫した yóuyú táifēng héshuǐ fànlàn le(由于台风河水泛滥了). ¶～改修工事 héchuān gǎixiū gōngchéng(河川改修工程).

かせん【架線】 jiàxiàn(架线). ¶～工事 jiàxiàn gōngchéng(架线工程).

かせん【寡占】 guǎtóu lǒngduàn(寡头垄断). ¶この商品は上位数社により一化されている zhè zhǒng shāngpǐn yóu jǐ jiā dàgōngsī guǎtóu lǒngduàn(这种商品由几家大公司寡头垄断).

がぜん【俄然】 hūrán(忽然), tūrán(突然).

かそ【過疎】 ¶人口の～に悩む kǔyú rénkǒu guòyú xīshǎo(苦于人口过于稀少). ¶～地帯 rénkǒu guòshū dìqū(人口过疏地区).

かそう【下層】 xiàcéng(下层); dǐcéng(低层). ¶～の空気が熱せられて上昇する xiàcéng de kōngqì bèi jiārè ér shàngshēng(下层的空气被加热而上升).
¶～雲 dīyún(低云). ～階級 xiàcéng jiējí(下层阶级). ～社会 xiàcéng shèhuì(下层社会).

かそう【火葬】 huǒzàng(火葬), huǒhuà(火化). ¶～場 huǒzàngchǎng(火葬场).

かそう【仮装】 huàzhuāng(化装). ¶～して練り歩く huàzhuāng yóuxíng(化装游行).
¶～行列 huàzhuāng yóuxíngduì(化装游行队). ～舞踏会 huàzhuāng wǔhuì(化装舞会).

かそう【仮想】 jiǎxiǎng(假想). ¶～敵 jiǎxiǎngdí(假想敌).

かそう【家相】 ¶～を見る kàn fēngshui(看风水).

かぞう【画像】 huàmiàn(画面), túxiàng(图像), yǐngxiàng(映像);〔絵姿〕huàxiàng(画像). ¶テレビの～が不鮮明である diànshì de huàmiàn bù xiānmíng(电视的画面不鲜明). ¶キリストの～ Jīdū de huàxiàng(基督的画像).

かぞえあ・げる【数え上げる】 shǔ(数), shǔqilai(数起来). ¶欠点を～げたら切りがない yào shǔ quēdiǎn ˇkě shǔbuwán[bùkě xīshǔ](要数缺点'可数不完[不可悉数]).

かぞえうた【数え歌】 shǔshùgē(数数歌).

かぞえた・てる【数え立てる】 shǔ(数), shǔluo(数落), shǔshuō(数说), shǔdao(数叨). ¶人の欠点をあれこれと～てる zhège nàge de shǔluo rénjia de quēdiǎn(这个那个地数落人家的缺点).

かぞえどし【数え年】 xūsuì(虚岁). ¶彼女は～で18 tā xūsuì shíbā(她虚岁十八).

かぞ・える【数える】 shǔ(数), suàn(算). ¶1から100まで～える cóng yī shǔ dào yìbǎi(从一数到一百). ¶出席者の人数を～えて下さい qǐng shǔ yi shǔ chūxí de rénshù(请数一数出席的人数). ¶ざっと～えて200個です shǔle yí-

xià dàyuē yǒu èrbǎi ge(数了一下大约有二百个).¶そんな例は~えるほどしかない nà zhǒng lìzi qūzhǐ zhǐ yǒu jǐ ge(那种例子屈指只有几个)/nà zhǒng shìlì dōu shì "shǔdeshang[shǔdezháo] de(那种事例都是『数得着[数得着]的).¶夏休を指折り~えて待つ bānzhe shǒuzhǐ pànwàngzhe shǔjià(扳着手指盼望着暑假).¶数学者として5本の指に~えられる tā shì qūzhǐ-kěshǔ de shùxuéjiā(他是屈指可数的数学家).¶彼は~えきれない程の作品を残した tā liúxiàle shùbùjìn de zuòpǐn(他留下了数不尽的作品)/tā yǐliúxià de zuòpǐn bùjì-qíshù(他遗留下的作品不计其数).

かそく【加速】jiāsù(加速).¶80キロに~する jiāsù dào bāshí gōnglǐ(加速到八十公里).

かぞく【家族】jiātíng(家庭);jiāshǔ(家属),jiājuàn(家眷),jiāzi(家子).¶ご~は何人ですか nǐ jiā yǒu jǐ kǒu rén?(你家有几口人?).¶~は田舎においておた bǎ jiāshǔ liúzàile xiāngxià le(把家属留在乡下了).¶~そろって夕食の食卓を囲む yìjiārén yìqǐ chī wǎnfàn(一家人一起吃晚饭).¶~づれで旅行する yìjiā lǎoshǎo yìqǐ qù lǚxíng(一家老少一起去旅行).¶大~なのでやりくりが大変だ wǒ jiā shì ge dàjiātíng, shēngjì hěn kùnnan(我家是个大家庭,生计很困难).

¶~計画 jìhuà shēngyù(计划生育).~制度 jiāzú zhìdù(家族制度).

かそくど【加速度】jiāsùdù(加速度).

ガソリン qìyóu(汽油).¶~スタンド jiāyóuzhàn(加油站).

かた【方】wèi(位).¶お客様は男の~です kèrén shì yí wèi nántóngzhì(客人是一位男同志).¶あの~はどなたですか nà wèi shì shuí?(那位是谁?).¶ご希望の~に差し上げます zèngsòng gěi xiǎng yào de rén(赠送给想要的人).¶小川さんという~がお見えです yǒu yí wèi xìng Xiǎochuān de kèrén láifǎng le(有一位姓小川的客人来访了).

かた【片】¶この件はまだ~がついていない cǐ shì shàng wèi liǎojié(此事尚未了结).¶仕事の~がつく gǎowán gōngzuò(搞完工作).¶借金の~をつける huánqīng zhàng(还清账).

かた【形】1〔かたち〕xíng(形),yàng(样),yàngzi(样子).¶この服はいつまでも~がくずれない zhè jiàn yīfu lǎo bù zǒuyàng(这件衣服老不走样).¶手の~がつく liúxià shǒuyìn(留下手印).

¶ハート~ xīnzàngxíng(心脏形).三日月~ yuèyáxíng(月牙形).

2〔抵当〕dǐyā(抵押).¶借金の~に家をとられた dǐcháng jièzhài, fángzi bèi mòshōu le(抵偿借债,房子被没收了).

かた【型】1〔原型〕móxíng(模型),múzi(模子).¶鍵の~を取る yāzhì yàoshi de múzi(压制钥匙的模子).

¶鋳~ zhùxíng(铸型).

2〔フォーム〕dòngzuò(动作),zīshì(姿势),jiàshì(架势·架式).¶踊りの~を覚える xué wǔdǎo de dòngzuò(学舞蹈的动作).¶剣道の~を示す shìfàn biǎoyǎn jiànshù de jiàshi(示范表演剑术的架式).

3〔形式〕xíngshì(形式).¶従来の~を破る dǎpò jiùyǒu de xíngshì(打破旧有的形式).¶~にとらわれずにやろう bùjū xíngshì gàn ba(不拘形式干吧).¶それでは~にはまった人間を作るばかりだ nàyàng zhǐ huì péiyǎngchū méiyǒu gèxìng de rén(那样只会培养出没有个性的人).¶~にはまった文章 guānyàng-wénzhāng(官样文章)/bāgǔwén(八股文).¶結婚式は~のごとく進行した hūnlǐ zhào yíshì chéngxù jìnxíng(婚礼照仪式程序进行).

4〔タイプ〕shì(式),xíng(型),xíngshì(型式),shìyàng(式样).¶父は古い~の人間です fùqin shì ge lǎopài de rén(父亲是个老派的人).¶これが今流行の~だ zhè shì xiànzài liúxíng de shìyàng(这是现在流行的式样).

かた【肩】jiān(肩),jiānbǎng[r](肩膀[儿]),bǎngzi(膀子).¶~がこる jiānbǎng suāntòng(肩膀酸痛)/bǎngzi jiāngbǎn(膀子僵板).¶~の力を抜きなさい sōngsong jiānbǎng de jìnr ba(松松肩膀的劲ル吧).¶これでやっと~の荷が下りた zhè cái "xièxiàle jiānshang de zhòngdàn[rú shì zhòng fù](这才"卸下了肩上的重担[如释重负]).¶~のこらない読み物 xiāo-qiǎn dúwù(消遣读物).¶荷物を~にかつぐ bǎ xíngli kángzài jiānshang(把行李扛在肩上).¶後ろから~を叩かれた yǒu rén cóng bèihòu pāi wǒ de jiānbǎng(有人从背后拍我的肩膀).¶~をすくめる sǒng jiān(耸肩).¶~をいからせる sǒngqǐ jiānbǎng(耸起肩膀).¶~を並べて歩く bìngjiān zǒulù(并肩走路).¶この分野で彼と~を並べる者はいない zài zhè yì lǐngyù zhōng méi néng gēn tā "xiāngbǐ de [bìngjià-qíqū](在这一领域中没有人能跟他"相比的[并驾齐驱]).¶母はいつも妹の~を持つ mǔqin zǒngshì "xiàngzhe[piānxiàng] mèimei(母亲总是"向着[偏向]妹妹).¶~を入れる zhùbèi(助臂),chēngyāo(撑腰).¶~で息をする hūxī jícù(呼吸急促).¶~で風を切る yào wēi yào wēi(耀武扬威)/zhǐgāo-qìyáng(趾高气扬).¶人々の~ごしにのぞき込む gézhe rénjia de jiānbǎng tànwàng(隔着人家的肩膀探望).

かた【過多】guòduō(过多).¶胃酸~症 wèisuān guòduō zhèng(胃酸过多症).

-かた【方】1〔方法,有様〕¶使い~が分らない bù zhīdao "zěnme yòng[zěnme ge yòngfǎ](不知道"怎么用[怎么个用法]).¶話し~がへた bú tài huì shuōhuà(不太会说话).¶歩き~が速い zǒulù zǒude kuài(走路走得快).

2〔…すること〕¶事件の調査~を依頼する wěituō diàochá shìjiàn(委托调查事件).¶撃ち~やめ! tíngzhǐ shèjī!(停止射击!).

3〔気付〕¶鈴木三郎~山田清二 Língmù Sānláng zhuǎnjiāo Shāntián Qīng'èr(铃木三郎転交山田清二).¶私は現在加藤さん~にいます wǒ xiànzài zhùzài Jiāténg xiānsheng jiāli(我现在寄住在加藤先生家里).

-がた【方】1〔複数〕men(们).¶あなた~はも

うお帰りなさい nǐmen gāi huíqu le ba(你们该回去了吧). ¶先生～にお会いしたい xiǎng bàijiàn lǎoshīmen(想拜见老师们).

2[…がわ] fāng(方), fāngmiàn(方面). ¶敵～ dífāng(敌方). 徳川～ Déchuān fāngmiàn(德川方面).

3[…ごろ, …ぐらい] ¶朝～に雨が降った qīngchén xiàle yì cháng yǔ(清晨下了一场雨). ¶3割～高くなった zhǎngle sān chéng zuǒyòu(涨了三成左右).

かたあし【片足】 yì zhī jiǎo(一只脚). ¶～で立つ yòng yì zhī jiǎo zhànzhe(用一只脚站着).

かたあて【肩当】 diànjiān(垫肩).

かた・い【堅い・固い・硬い】 **1** yìng(硬), jiānyìng(坚硬). ¶石は木よりも～ shítou bǐ mùtou yìng(石头比木头硬). ¶この辺は地盤が～い zhè yídài dìjī jiānyìngde hěn(这一带地基坚硬得很). ¶この牛肉は～くて食べられない zhè niúròu tài lǎo, yǎobudòng(这牛肉太老, 咬不动). ¶椅子が～くて座り心地が悪い yǐzi tài yìng, zuòzhe bù shūfu(椅子太硬, 坐着不舒服). ¶つぼみはまだ～い huāgūduo hái yìng(花骨朵还硬).

2[堅固だ, 強い] yán(严), jǐn(紧). ¶あのチームは守備が～い nàge duì fángshǒu yán(那个队防守严). ¶彼の意志は～い tā de yìzhì hěn ˇjiāngáng[jiāndìng](他的意志很ˇ坚强[坚定]). ¶口が～い zuǐ yán(嘴严)/ zuǐ jǐn(嘴紧)/ zuǐ wěn(嘴稳)/ shǒu kǒu rú píng(守口如瓶). ¶2人は～い約束を交した liǎng ge rén lìle búbiàn de shìyuē(两个人立了不变的誓约). ¶門は～く閉されている mén jǐnbìzhe(门紧闭着)/ mén yánshi de guānzhe(门严实地关着). ¶～く握手を交す jǐnjǐn de wòshǒu(紧紧地握手). ¶我が子を～く抱きしめる jǐnjǐn de lǒubào zìjǐ de háizi(紧紧地搂抱自己的孩子). ¶タオルを～くしぼる shǐjìnr níng shǒujīn(使劲儿拧手巾).

3[真面目, 頑固だ] ¶あの人は～いから安心だ nàge rén chéngshí kěkào, wǒ fàngxīn(那个人诚实可靠, 我放心). ¶～い話はこれくらいにしよう zhèngjīngshì jiù shuōdào zhèli wéizhǐ ba(正经事就说到这里为止吧). ¶それはお～いことで nín yě tài nàge le(您也太那个了). ¶あいつは頭が～い nà jiāhuo nǎoguār yìng(那家伙脑瓜儿硬)/ tā shì ge sǐnǎojīn(他是个死脑筋).

4[緊張している, ぎこちない] jǐnzhāng(紧张), jūshù(拘束). ¶そう～くなるな bié nàme ˇjūshù[jǐnzhāng](别那么ˇ拘束[紧张]). ¶彼は体を～くして坐ってる tā jǐnzhāngde yídòngbúdòng de zuòzhe(他紧张得一动不动地坐着). ¶文章が～い wénzhāng ˇshēngyìng[shēngsè](文章ˇ生硬[生涩]).

5[確かだ] ¶彼の合格は～い tā de hégé shí zhī bājiǔ méi wèntí(他的合格十之八九没问题). ¶2割の増収は～いところだ shōurù zēngjiā èr chéng shì pǎobuliǎo de(收入增加二成是跑不了的).

6[厳しい] ¶彼は～い表情をしている tā biǎo-

qíng yánjùn(他表情严峻). ¶～く自分を戒める yánjiā zìjiè(严加自戒). ¶駐車～くお断り yánjìn tíngchē(严禁停车).

かだい【過大】 guògāo(过高). ¶相手の力を～評価する duìfāng de lìliang gūjì guògāo(对对方的力量估计过高)/ gāogūle duìfāng de shílì(高估了对方的实力).

かだい【課題】 kètí(课题). ¶作文の～ zuòwén tímù(作文题目). ¶楔形文字の解明を一生の研究課題～とする bǎ jiědú xiēxíng wénzì zuòwéi yìshēng de yánjiū kètí(把解读楔形文字作为一生的研究课题). ¶労働組合の当面する～ gōnghuì suǒ miànlín de rènwu(工会所面临的任务).

-かたい【難い】 nányú(难于). ¶彼の態度は全く理解し～い tā de tàidu kě zhēn nán lǐjiě(他的态度可真难理解). ¶あの人は近寄り～い tā nàge rén bù hǎo jiējìn(他那个人不好接近). ¶甲乙つけ～い bù xiāng shàng xià(不相上下). ¶にわかには信じ～い話だ nà shì jiào rén nányǐ zhìxìn de shì(那是叫人难以置信的事).

かたいじ【片意地】 zhíniù(执拗), gāngbì(刚愎). ¶そんなに～を張るな bié nàme zhíniù(别那么执拗). ¶～な人 zhíniù de rén(执拗的人).

かたいなか【片田舎】 huāngcūn(荒村). ¶東北の～に生れた shēngzài Dōngběi huāngpì de xiāngcūnlǐ(生在东北荒僻的乡村里).

かたいれ【肩入れ】 piānhù(偏护), piāntǎn(偏袒), zuǒtǎn(左袒), zuǒyòutǎn(左右袒). ¶一方に～しすぎると, 面倒なことになるぞ guòyú piānhù yì fāng, wǎnghòu kě yào máfan le(过于偏护一方, 往后可要麻烦了).

かたうで【片腕】 **1**[片方の腕] yì zhī shǒu(一只手). ¶彼がいなくなって～をもがれたようだ tā búzài le, jiù hǎobǐ shīqùle yì zhī shǒu(他不在了, 就好比失去了一只手).

2[助力者] bǎngbì(膀臂), shǒubì(手臂), zuǒyòushǒu(左右手), délì zhùshǒu(得力助手). ¶父親の～となって働く zuòwéi fùqīn de zuǒyòushǒu gōngzuò(作为父亲的左右手工作).

かたおち【がた落ち】 **1**[急落] 売上げが～になる xiāoshòu'é měng jiàng(销售额猛降). ¶今度のことで彼の評判は～だ yóuyú zhè huí shì tā de míngshēng ˇdà jiàng[yīluò-qiānzhàng](由于这回事他的名声ˇ大降[一落千丈]).

2 ¶彼の方が腕は～だ tā de shǒuyì dà wéi xùnsè(他的手艺大为逊色).

かたおもい【片思い】 dānxiāngsī(单相思). ¶磯のあわびの～ tìtóu tiāozi yìtóur rè(剃头挑子一头儿热).

かたおや【片親】 dānqīn(单亲). ¶～のない子 shuāngqīn bù quán de háizi(双亲不全的孩子).

かたがき【肩書】 tóuxián(头衔), míngxián(名衔). ¶彼は医学博士の～を持っている tā yǒu yīxué bóshì de xuéxián(他有医学博士的学衔). ¶私には何の～もない wǒ shénme tóu-

かたかけ【肩掛】 pījiān (披肩)、pījīn (披巾). ¶～をかける pīshàng pījīn (披上披巾).

かたがた【旁】 shùnbiàn (顺便)、jiùbiàn (就便). ¶涼み・買物をする chūqu chéngliáng, shùnbiàn mǎi dōngxi (出去乘凉，顺便买东西). ¶お礼～ご報告にまいりました xiàng nín zhìxiè hé huìbào lái le (向您致谢和汇报来了).

かたがた【方方】 zhūwèi (诸位)、gèwèi (各位). ¶御協力下さった～に厚く御礼申し上げます duì yǔyǐ yuánzhù de zhūwèi xiānsheng biǎoshì zhōngxīn gǎnxiè (对予以援助的诸位先生表示衷心感谢).

かたかた ¶風で戸が～鳴る fēng guāde mén bādābādā de xiǎng (风刮得门吧嗒吧嗒地响). ¶寒くて体が～ふるえる lěngde shēnzi zhí dǎ duōsuo (冷得身子直打哆嗦). ¶～の家 pòlàn bùkān de fángzi (破烂不堪的房子). ¶年をとって体が～になってきた shàngle niánjǐ, nǎr dōu ài chū máobìng (上了年纪，哪儿都爱出毛病). ¶組織が～になる zǔzhī zhīlí-pòsuì le (组织支离破碎了).

かたかな【片仮名】 piànjiǎmíng (片假名).

かたがみ【型紙】 cáijiǎn túzhǐ (裁剪图纸).

かたがわ【片側】 1〔片面〕 yīmiàn (一面). ¶～にラバーを張ったラケット dānmiàn tiē jiāo de qiúpāi (单面贴胶的球拍).
2〔片端〕 yīpáng (一旁)、yícè (一侧). ¶道の～を歩く zǒu mǎlù de yīpáng (走马路的一旁). ¶～通行止 dàolù yícè jìnzhǐ tōngxíng (道路一侧禁止通行).

かたがわり【肩代り】 ¶友人の負債の～をする tì péngyou chéngdān zhàiwù (替朋友承担债务). ¶彼の仕事を～する bǎ tā de gōngzuò chéngdān xialai (把他的工作承担下来).

かたき【敵】 chóudí (仇敌)、yuàndí (怨敌)、chóurén (仇人)、chóujiā (仇家)、yuānjiā (冤家)、yuāntóu (冤头)、duìtou (对头). ¶～を討つ bàochóu (报仇)/ fùchóu (复仇). ¶2人は互いに～同士だ liǎngrén shì "yuānjiā duìtou [sǐduìtou]"(两人是"冤家对头[死对头]"). ¶～役を演ずる yǎn fǎnpài juésè (演反派角色). ¶碁～ xiàqí de díshǒu (下棋的敌手). 恋～ qíngdí (情敌). 商売～ mǎimai de jìngzhēng duìshǒu (买卖的竞争对手).

かたぎ【気質】 ¶昔～の老人 lǎopài de lǎorén (老派的老人). ¶職人～ jiàngrén qìzhì (匠人气质).

かたぎ【堅気】 ¶～になる zuò zhèngjīngrén (做正经人). ¶～の商売 zhèngjing de gōngzuò (正经的工作).

かたく【家宅】 zhùzhái (住宅). ¶～侵入罪 qīnrù zhùzhái zuì (侵入住宅罪). ～搜索 sōuchá zhùzhái (搜查住宅).

かたくちいわし【片口鰯】 tí (鳀)、hēibèiwēn (黑背鳀). ¶～の干し物 hǎiyán (海燕).

かたくな gùzhí (固执)、wángù (顽固). ¶～に自説を主張する gùzhí jǐjiàn (固执己见). ¶～な態度 gùzhí de tàidù (固执的态度).

かたくりこ【片栗粉】 tuánfěn (团粉)、qiànfěn (芡粉).

かたくるし・い【堅苦しい】 ¶～い挨拶はぬきにしよう lìng rén jūshù de kètào miǎn le ba (令人拘束的客套免了吧)/ búbì jūlǐ (不必拘礼)/ shǎolǐ! (少礼!). ¶～い人 yìběn-zhèngjīng de rén (一本正经的人).

かたぐるま【肩車】 ¶子供を～にする bǎ háizi jiàzài bózi shang (把孩子架在脖子上).

かたこと【片言】 1 ¶子供が～をしゃべるようになった háizi yǐjīng yáyá xuéyǔ le (孩子已经牙牙学语了). ¶～の中国語を話す huì shuō yíjù-bànjù de Zhōngguóhuà (会说一句半句的中国话).
2〔片言隻語〕 ¶彼の話を～も漏らさず書きとめた bǎ tā de huà yí zì bú lòu de jìlù xialai (把他的话一字不漏地记录下来了).

かたこり【肩凝り】 dòngjiéjiān (冻结肩)、jiānzhōuyán (肩周炎)、níngjiān (凝肩)、lòujiānfēng (漏肩风).

かたさき【肩先】 jiāntóu (肩头).

かたしき【型式】 xínghào (型号). ¶～によって部品も違う xínghào bùtóng língjiàn yě bùtóng (型号不同零件也不同).

かたじけな・い【忝ない】 ¶御厚意～く存じます méngshòu hòuyì, gǎnxiè bú jìn (蒙受厚意，感谢不尽).

かたず【固唾】 ¶～をのんで成行きを見守る bǐngxī zhùshì shìtài de fāzhǎn (屏息注视事态的发展).

かたすかし【肩透かし】 ¶～をくわせる shǎnduǒ shǐ zhī pūkōng (闪躲使之扑空).

カタストロフィー dàcǎnzhuàng (大惨状)、dàcǎnhuò (大惨祸)、cǎntòng de jiéjú (惨痛的结局).

かたすみ【片隅】 jiǎoluò (角落)、jījiǎo (犄角)、gālár (旮旯儿). ¶机を部屋の～に寄せる bǎ zhuōzi nuódào wūjiǎo (把桌子挪到屋角). ¶町の～で拾った話 zài jiētóu tīngdào de xiāoxi (在街头听到的消息).

かたち【形】 1〔格好〕 xíngzhuàng (形状)、yàngr (样儿)、yàngzi (样子)、múyàng (模样). ¶山の～がよい shān de xíngzhuàng hǎokàn (山的形状好看). ¶着古して～がくずれた chuānjiù le, zǒule yàngr (穿旧了，走了样儿). ¶屋根が出来てどうやら家らしい～になった gàishàngle fángdǐng, xiàng ge fángzi múyàngr le (盖上了房顶，像个房子模样儿了). ¶襟の～は丸ですかあるいは方ですか lǐngzi de yàngzi shì yuánlíng, háishì fānglǐng? (领子的样子是圆领，还是方领?).
2〔形式〕 xíngshì (形式). ¶～にとらわれて内容を忘れることのないように kě bié guāng gùjí xíngshì wàngle nèiróng (可别光顾及形式忘了内容). ¶～の上では出張ということになっている xíngshì shang suànshì chūchāi (形式上算是出差). ¶ほんの～ばかりですが zhǐshì yìdiǎnr xīnyì (只是一点儿心意).

かたちづく・る【形作る】 xíngchéng(形成). ¶性格は幼児期に〜られる xìnggé shì zài yòu'érqī xíngchéng de(性格是在幼儿期形成的). ¶森と湖が公園を〜っている sēnlín hé hú gòuchéng gōngyuán(森林和湖构成公园).

かたちんば【片ちんば】 **1**〔足が〕 quétuǐ(瘸腿). **2**〔物が〕 靴が〜だ xié bù chéng shuāng[duì](鞋儿不成双[对]).

かたづ・く【片付く】 **1**〔整頓される〕shōushi(收拾), shíduo(拾掇), zhěnglǐ(整理). ¶部屋はきちんと〜っている wūzili shōushide hěn qízhěng(屋子里收拾得很齐整). ¶机の上はすっかり〜いた zhuōzi shang shōushihǎo le(桌子上收拾好了).
2〔結末がつく〕 ¶宿題がやっと〜いた zuòyè hǎoróngyì cái wán le(作业好容易才完了). ¶この仕事は今日中には〜きそうもない zhè jiàn huór kǒngpà jīntiān yì tiān gǎobuwán(这件活儿恐怕今天一天搞不完). ¶事は大きくならないうちに〜いた shìr méi děng nàodà jiù jiějué le(事儿没等闹大就解决了).
3〔嫁に行く〕 ¶上の姉はすでに〜っている wǒ dàjiě yǐ chūjià le(我大姐已出嫁了).

かたづ・ける【片付ける】 **1**〔整頓する〕shōushi(收拾), shíduo(拾掇), zhěnglǐ(整理), guīzhe(归着), dǎzheng(打整). ¶引出しの中を〜る shíduo chōuti li de dōngxi(拾掇抽屉里的东西). ¶食事がすんだら早く食器を〜chīwánle fàn, kuài bǎ wǎnkuài shōushi hǎo(吃完了饭,快把碗筷收拾好).
2〔結末をつける〕 jiějué(解决), chǔlǐ(处理), liàolǐ(料理). ¶長引いた紛争をやっと〜けた hǎoróngyì cái bǎ chángqī de fēnzhēng jiějué le(好容易才把长期的纷争解决了). ¶まずこの問題から〜けよう xiān jiějué zhège wèntí ba(先解决这个问题吧). ¶たまっていた仕事をみな〜けた bǎ jīyā de gōngzuò dōu gǎowán le(把积压的工作都搞完了). ¶私の提案はあっさり〜けられてしまった wǒ de tí'àn bèi piēzài yìbiānr le(我的提案被撇在一边儿了).
3〔殺す〕 ¶あいつを〜けろ bǎ nà jiāhuo gàndiào!(把那家伙干掉!).
4〔嫁にやる〕 ¶娘を〜ける bǎ nǚ'ér jiàgěi rén(把女儿嫁给人).

かたっぱし【片っ端】 ¶〜から仕事を片付ける bǎ gōngzuò yí jiàn yí jiàn chǔlǐwán(把工作一件一件处理完). ¶どんな本でも〜から読む wúlùn jiàndào shénme shū dōu kàn(无论见到什么书都看).

かたつむり【蝸牛】 wōniú(蜗牛), shuǐniúr(水牛儿).

かたて【片手】 yì zhī shǒu(一只手). ¶〜で持たないで両手で持ちなさい búyào yòng yì zhī shǒu ná, yào yòng liǎng zhī shǒu ná(不要用一只手拿,要用两只手拿). ¶〜には鞄を，〜は傘を持つ yì shǒu tízhe shūbāo, yì shǒu názhe yǔsǎn(一手提着书包,一手拿着雨伞).
¶〜なべ chángbàguō(长把锅).

かたておち【片手落ち】 ¶双方の言い分を聞かないのは〜だ bù tīng shuāngfāng de yìjian, nà tài piànmiàn le(不听双方的意见,那太片面了).

かたてま【片手間】 ¶研究の〜に翻訳をする zài yánjiū de kòngxián gǎo fānyì(在研究的空闲搞翻译).
¶〜仕事 yèyú gōngzuò(业余工作)/ fùyè(副业).

かたどおり【型通り】 ¶〜の挨拶をする zhào lǎotàozi zhìcí(照老套子致词). ¶〜に式は終了した yíshì zhàolì wánbì(仪式照例完毕).

かたとき【片時】 piànkè(片刻), piànshí(片时), yíkè(一刻). ¶子供の写真を〜も放さず持っている háizi de zhàopiàn zǒng dàizài shēnbiān(孩子的照片总带在身边). ¶あの事は〜も忘れることができない nà jiàn shì yíkè yě wàngbuliǎo(那件事一刻也忘不了).

かたど・る【象る】 mófǎng(模仿), fǎngzhào(仿照), fǎngzào(仿造). ¶この池は西湖を〜って造られた zhège chízi shì fǎngzhào Xīhú xiūzhù de(这个池子是仿照西湖修筑的)/ zhège chízi àn Xīhú fǎngzào de(这个池子按西湖仿造的).

かたな【刀】 dāo(刀). ¶〜を抜いて切りつける bá dāo kǎnxiaqu(拔刀砍下去). ¶〜を鞘に収める bǎ dāo chāzài qiàoli(把刀插在鞘里)/ chā dāo rù qiào(插刀入鞘).
¶〜鍛冶 dāojiàng(刀匠). 〜傷 dāoshāng(刀伤).

かたなし【形なし】 ¶雨にあって折角の晴着も〜になった pèngshangle yǔ, tèyì zuò de hǎo yīshang gěi zāota le(碰上了雨,特意做的好衣裳给糟踏了). ¶彼女にかかっては大の男も〜 pèngshangle tā, yí ge dàhànzi yě wúfǎ duìfu(碰上了她,一个大汉子也无法对付).

かたは【片刃】 dānrèn(单刃). ¶〜の剃刀 dānrèn tìdāo(单刃剃刀).

かたはし【片端】 **1**〔一方の端〕yìtóur(一头儿), yìduān(一端), yìpáng(一旁). ¶机を持ち上げる táiqǐ zhuōzi de yìduān(抬起桌子的一端). ¶自動車が来たので道の〜に寄る láile qìchē, dǔdào lùpáng(来了汽车,躲到路旁).
2〔一部分〕 yìxīngr(一星儿), yìxīng-bàndiǎn(一星半点). ¶話の〜を聞きかじって知ったかぶりをする tīngdào yìxīng-bàndiǎn, bù dǒng zhuāng dǒng(听到一星半点,不懂装懂).

かたはだ【片肌】 ¶ひとつ彼のために〜脱ごう wèi tā zhù yí bì zhī lì(为他助一臂之力).

かたはば【肩幅】 ¶〜が広くすらりとした男 jiān kuān tǐ zhuàng de hànzi(肩宽体壮的汉子).

かたばみ【酢漿】 cùjiāngcǎo(酢浆草).

かたはらいた・い【片腹痛い】 ¶あんな奴がもっともらしく説教するとは〜い tā nà zhǒng rén yìběn-zhèngjīng de shuōjiào rén, tài kěxiào le(他那种人一本正经地说教人,太可笑了).

かたひざ【片膝】 ¶〜をつく dānxī xiàguì(单膝下跪).

かたひじ【片肘】 ¶〜をついて考え込む yì shǒu tuōzhe xiàba chénsī(一手托着下巴沉思).

かたひじ【肩肘】 ¶〜張る chěngqiáng(逞强).

かたびし ¶建具が～している lāmén、géshan dōu bùlíng le (拉门、隔扇都不灵了).

かたぶつ【堅物】 zhèngjing gǔbǎn de rén (正经古板的人).

かたへん【方偏】 fāngzìpángr (方字旁儿).

かたへん【片偏】 piànzìpángr (片字旁儿).

かたほう【片方】 **1**〔片側〕yícè (一侧), yímiàn (一面), yìfāng (一方). ¶屋根の～にしか雪が残っている wūdǐng de yícè yǒu jīxuě (屋顶的一侧有积雪). ¶～の言い分だけを聞く zhǐ tīng yímiàn zhī cí (只听一面之词).
2〔対の一方〕 yì zhī (一只). ¶靴下の～が見つからない yì zhī wàzi bújiàn le (一只袜子不见了). ¶～の目が見えない yì zhī yǎn xiā, kànbujiàn dōngxi (一只眼瞎,看不见东西).

かたほう【片棒】 ¶～をかつぐ dāhuǒ (搭伙)、dǎhuǒ (打伙)/ dāng bāngshǒu (当帮手).

かたまり【固まり・塊】 **1** kuài〔r〕(块), gēda (疙瘩・疙疸). ¶肉の～を飲みこんだ bǎ ròukuài tūnxiaqu le (把肉块吞下去了). ¶氷の～ bīngkuài (冰块)/ bīng gēda (冰疙瘩). ¶砂糖の～ tángkuàir (糖块儿). ¶あの人の言うことは嘘の～だ tā shuō de dōu shì xiāhuà (他说的都是瞎话). ¶彼は欲の～だ tā tān dé wú yàn (他贪得无厌).
2〔集り〕yìqún (一群), yìduī (一堆), yìtuán (一团), yìhuǒ (一伙). ¶人々がひと～になってたむろしている rén jùjí chéng yìtuán (人聚集成一团). ¶大広間には2つ3つの人間の～が出来ていた dàtīnglǐ xíngchéngle liǎng、sān ge réndūi (大厅里形成了两、三个人堆).

かたま・る【固まる】 **1**〔固くなる〕níng (凝), nínggù (凝固), níngjié (凝结), yìngjié (硬结). ¶石膏が～った shígāo yìngjié le (石膏硬结了). ¶血が～った xiě níngjié le (血凝固了). ¶油が～った yóu níngzhù le (油凝住了). ¶砂糖が～って硬い塊になった táng jiéchéng yìngkuàir le (糖结成硬块儿了). ¶雨降って地～る bù dǎ bù chéngjiāo (不打不成交)/ bù dǎ bù xiāngshí (不打不相识).
2〔集まる〕jù (聚), jùjí (聚集), jùhé (聚合). ¶大勢の人が1か所に～っている yí dà qún rén jùzài yí chù (一大群人聚在一处). ¶2,3人ずつ～って行く sānsān-liǎngliǎng de qù (三三两两地去).
3〔定まる〕gǒnggù (巩固), wěngù (稳固); quèdìng (确定). ¶会社の基礎が～った gōngsī de jīchǔ gǒnggù le (公司的基础巩固了). ¶会社が～って来た gōngsī yǒule gēndǐ (公司有了根底). ¶長編小説の構想が～った chángpiān xiǎoshuō de gòusī dìngxialai le (长篇小说的构思定下来了). ¶私の考えはまだ～らない wǒ de xiǎngfa hái méi quèdìng xialai (我的想法还没确定下来). ¶皆の意見がやっと～った dàjiā de yìjiàn hǎoróngyì yízhì le (大家的意见好容易一致了).

かたみ【形見】 yíwù (遗物). ¶母の～の首飾り zuòwéi mǔqīn de yíwù de xiàngliàn (作为母亲的遗物的项链). ¶～分けをする fēn yíwù (分遗物).

かたみ【肩身】 ¶～が広い yǒu miànzi (有面子)/ tǐmiàn (体面)/ lòuliǎn (露脸). ¶～が狭い bù tǐmiàn (不体面)/ méiyǒu miànzi (没有面子)/ liǎnshang wú guāng (脸上无光).

かたみち【片道】 dānchéng (单程). ¶京都まで～約500キロだ dào Jīngdū dānchéng dàyuē yǒu wǔbǎi gōnglǐ (到京都单程大约有五百公里).
¶～乗車券 dānchéng chēpiào (单程车票).

かたむき【傾き】 **1**〔傾斜〕qīngxié (倾斜). ¶家が古くなったので柱の～がひどい fángzi lǎo le, zhùzi qīngxiéde lìhai (房子老了,柱子倾斜得厉害).
2〔傾向〕qīngxiàng (倾向), qūxiàng (趋向). ¶勤勉を軽んずる～がある yǒu qīngshì qínmiǎn de qīngxiàng (有轻视勤勉的倾向).

かたむ・く【傾く】 **1**〔斜めになる〕qīng (倾), xié (斜), piān (偏), qīngxié (倾斜), qīngcè (倾侧). ¶地震で家が～いた yóuyú dìzhèn fángzi qīngxié le (由于地震房子倾斜了). ¶船が右へ30度～いた chuán xiàng yòu piānle sānshí dù (船向右偏了三十度). ¶日が西に～いて風が出てきた tàiyáng piān xī, guāqǐ fēng lai le (太阳偏西,刮起风来了).
2〔かたよる〕¶大勢の意見が賛成に～く dàduōshù de yìjiàn qīngxiàng yú zànchéng (大多数的意见倾向于赞成). ¶旅行に誘われて気持が～いた bèi yuē cānjiā lǚxíng, yǒuxiē xiǎng qù le (被约参加旅行,有些想去了).
3〔衰える〕¶事業に失敗して家運が～いてきた shìyè shībài, yìjiā zǒu bèiyùn le (事业失败,一家走背运了).

かたむ・ける【傾ける】 **1**〔斜めにする〕qīng (倾), piān (偏), wāi (歪). ¶首を～ける wāi tóu (歪头). ¶杯を～ける qīng bēi yǐn jiǔ (倾杯饮酒).
2〔衰えさせる〕¶瞬く間に身代を～けた zhuǎnyǎn jiān qīngjiā-dàngchǎn le (转眼间倾家荡产了).
3〔集中する〕qīng (倾), qīngzhù (倾注). ¶ラジオのニュースに耳を～ける qīngtīng xīnwén guǎngbō (倾听新闻广播). ¶病気の子供に愛情を～ける bǎ ài qīngzhù zài huànbìng de háizi shēnshang (把爱倾注在患病的孩子身上). ¶全力を～けて仕事に取り組む qīng quánlì cóngshì gōngzuò (倾全力从事工作).

かため【片目】 piānmáng (偏盲), dúyǎnlóng (独眼龙);〔片方の目〕zhīyǎn (只眼).

かため【固め】 **1**〔約束〕¶夫婦の～の杯 jiāobēijiǔ (交杯酒).
2〔防備〕fángbèi (防备), fángyù (防御), fángwèi (防卫). ¶城の～を厳重にする jiāqiáng chéngbǎo de fángwèi (加强城堡的防卫).

かた・める【固める】 **1**〔かたくする〕¶寒天を冷して～める bǎ qióngzhī nòngliáng, shǐ tā yìngjié (把琼脂弄凉,使它硬结). ¶にがりで～める yòng lǔshuǐ níngjié (用卤水凝结). ¶土を踏んで～める bǎ tǔ cǎi jiēshi (把土踩结实). ¶拳を～めて1発くらわす zuànjǐn quántou jǐyǔ yì jī (攥紧拳头给予一击). ¶嘘で～めた話 quán shì huǎnghuà (全是谎话)/ mítiān dà-

huǎng(弥天大谎).
2〔集める〕jù(聚), jízhōng(集中), guīzǒng(归总). ¶荷物を1か所に～める bǎ xíngli jízhōng zài yìqǐ(把行李集中在一起)/ bǎ xíngli guīzǒng qilai(把行李归总起来).
3〔定める〕gǒnggù(巩固). ¶仕事の基礎を～める gǒnggù gōngzuò de jīchǔ(巩固工作的基础). ¶決心を～める xià juéxīn(下定决心). ¶結婚して身を～める jiéhūn chéngjiā(结婚成家).
4〔守る〕bǎshǒu(把守), jiānshǒu(坚守), fángshǒu(防守). ¶裏門を～める bǎshǒu hòumén(把守后门). ¶鎧冑に身を～める dǐng kuī guàn jiǎ(顶盔贯甲).

かためん【片面】 yímiàn(一面). ¶このレコードは～20分です zhè zhāng chàngpiàn zhèng-fǎn miàn gè èrshí fēnzhōng(这张唱片正反面各二十分钟). ¶彼は物事の一つしか見ない tā zhǐ kàn shìwù de yímiàn(他只看事物的一面).

かたやぶり【型破り】 ¶彼は～な人間だ tā shì ge dǎpò kuāngkuang de rén(他是个打破框框的人). ¶～の結婚式 yǔ zhòng bùtóng de jiéhūn yíshì(与众不同的结婚仪式).

かたよ・せる【片寄せる】 ¶椅子を部屋の隅に～せる bǎ yǐzi nuódào wūjiǎo(把椅子挪到屋角).

かたよ・る【片寄る】 piān(偏), piānxiàng(偏向). ¶台風の進路が予想より西に～った táifēng de lùjìng bǐ yùxiǎng de piān xī le(台风的路径比预想的偏西了). ¶彼の考えは一方に～っている tā xiǎngfa tài piānyú yì fāng(他想法太偏于一方). ¶彼は那は"一偏[一隅]の見". tā nà shì "yì piān[yì yú] zhī jiàn"(他那是"一偏[一隅]之见"). ¶どちらにも～らない立場に立つ zhànzài bùpiān-bùyǐ de lìchǎng(站在不偏不倚的立场). ¶～った処分に抗議する kàngyì "bùgōngpíng[piāntǎn yì fāng] de chǔfēn(抗议"不公平[偏袒一方]的处分). ¶人口が都市に～りすぎている rénkǒu guòyú jízhōng zài chéngshì(人口过于集中在城市). ¶栄養が～っている yíngyǎng bù pínghéng(营养不平衡).

かたら・う【語らう】 **1**〔話し合う〕tánxīn(谈心). ¶親子水入らずで～う fùzǐ liǎ cùxī-tánxīn(父子俩促膝谈心).
2〔誘う〕yuē(约). ¶週末に友人を～って旅行に出掛けた zhōumò yuē péngyou yíkuàir lǚxíng qù le(周末约朋友一块儿旅行去了).

かたり【騙り】 **1** zhàpiàn(诈骗), kuāngpiàn(诓骗).
2〔人〕piànzi(骗子), piànzishǒu(骗子手). ¶～を働く kuāngpiàn rén(诓骗人).

かたりあか・す【語り明かす】 ¶友と一夜を～した gēn péngyou "tán[xùtán]le yì xiǔ(跟朋友"谈[叙谈]了一宿).

かたりぐさ【語り草】 huàbǐng(话柄), huàbàr(话把儿). ¶のちのちまでの～となった chéngle rìhòu de huàbǐng(成了日后的话柄).

かたりくち【語り口】 ¶絶妙の～で聴衆を魅了した yǐ yántán zhī miào xīyǐn le tīngzhòng(以言谈之妙吸引了听众).

かたりもの【語り物】 shuōshū(说书), shuōchàng(说唱).

かた・る【語る】 tán(谈), jiǎng(讲), jiǎngshù(讲述), shuōshuō(说说). ¶過去の体験を～る jiǎngshù guòqù de jīngyàn(讲述过去的经验). ¶～るに足る成果はまだない hái méiyǒu zhíde yì tí de chéngguǒ(还没有值得一提的成果). ¶当時は胸中を～り合う友とてなかった dāngshí méiyǒu tánxīn de péngyou(当时没有谈心的朋友). ¶古くから～り継がれた物語 zì gǔ liúchuán xialai de gùshi(自古流传下来的故事). ¶黙して～らず mò bú zuòshēng(默不作声). ¶～るに落ちる bù dǎ zì zhāo(不打自招).

かた・る【騙る】 piàn(骗), piànqǔ(骗取), kuāngpiàn(诓骗); mào(冒), màochēng(冒充). ¶慈善を看板に金を～る dǎzhe císhàn de zhāopai piànqǔ qiáncái(打着慈善的招牌骗取钱财). ¶他人の名を～る màochōng tārén xìngmíng(冒充他人姓名)/ màomíng(冒名).

カタル kǎtā(卡他), niánmóyán(黏膜炎). ¶大腸～ dàcháng kǎtā(大肠卡他).

カタログ shāngpǐn mùlù(商品目录), chǎnpǐn mùlù(产品目录), chǎnpǐn yàngběn(产品样本).

かたわ【片端】 cánfèi(残废), cánji(残疾). ¶交通事故で～になった yóuyú jiāotōng shìgù chéngle cánfèi(由于交通事故成了残废). ¶技術偏重の教育は～な人間をつくる piānzhòng jìshù de jiàoyù huì péiyǎngchū piànmiàn fāzhǎn de rén(偏重技术的教育会培养出片面发展的人).

かたわら【傍ら】 **1**〔そば〕páng(旁), pángbiān(旁边), shēnpáng(身旁). ¶親の～から離れない bù lí fùmǔ shēnpáng(不离父母身旁)/ lǎo zài fùmǔ gēnqián(老在父母跟前). ¶道の～に小さな祠があった lùpáng yǒu yí ge xiǎo cítáng(路旁有一个小祠堂).
2〔…と同時に〕yímiàn zài gōngsī gōngzuò, yímiàn shàng yèxiào xuéxí(一面在公司工作,一面上夜校学习).

かたわれ【片割れ】 ¶賊の～がつかまった qiángdào zhōng de yí ge bèi zhuā le(强盗中的一个被抓了).

かたん【荷担】 ¶陰謀に～する cānyù yīnmóu(参与阴谋).

かだん【花壇】 huātán(花坛), huāchízi(花池子), huāpǔ(花圃).

かだん【果断】 guǒduàn(果断), guǒjué(果决). ¶～な処置が多くの人命を救った guǒduàn de cuòshī jiùle xǔduō rénmìng(果断的措施救了许多人命).

かだん ¶～といって電車が止った gēdēng yì shēng diànchē tíngxialai le(咯噔一声电车停下来了). ¶売行きが～と落ちた xiāolù yíluò-qiānzhàng(销路一落千丈).

かだん【画壇】 huàtán(画坛).

カタンいと【カタン糸】 zhóurxiàn(轴儿线).

かち【勝】 shèng(胜), yíng(赢). ¶君の～だ nǐ yíng le(你赢了). ¶ついに～を制した zhōngyú

zhìshèng (终于制胜). ¶～に乗じて攻め込む chéng shèng jìngōng (乘胜进攻). ¶早いが～ xiān xiàshǒu wéi qiáng (先下手为强).

かち【価値】 jiàzhí (价值). ¶この発明は非常に～がある zhè jiàn fāmíng hěn yǒu jiàzhí (这项发明很有价值). ¶この品に10万円の～があるとは思えない wǒ kàn zhège dōngxi bù zhí shíwàn rìyuán (我看这个东西不值十万日元). ¶あの映画は一見の～がある nàge diànyǐng zhídé yí kàn (那个电影值得一看). ¶～判断を誤る jiàzhí pànduàn cuò le (价值判断错了). ¶～交換～ jiāohuàn jiàzhí (交换价值).

-がち【勝ち】 ¶仕事が遅れ～だ huór wǎngwǎng dānwu (活儿往往耽误). ¶彼は病気～だ tā cháng nàobìng (他常闹病). ¶曇り～の天気が続いている yīnchén de tiānqì chíxùzhe (阴沉的天气持续着).

かちあ・う【か ち合う】 gǎn (赶), còu (凑), chōngtū (冲突), pèng (碰). ¶日曜と祭日が～った xīngqīrì hé jiérì gǎndào yìqǐ le (星期日和节日赶到一起了). ¶会議の時間が～った huìyì de shíjiān gǎn zàiyìqǐ le (会议的时间赶在一起了)/ 两ge huì zhuàngchē le (两个会撞车了).

かちいくさ【勝ち戦】 shèngzhàng (胜仗).

かち・える【勝ち得る】 yíngdé (赢得). ¶名声を～える yíngdé míngshēng (赢得名声).

かちかち ¶置時計が～鳴る zuòzhōng dīdādīdā de xiǎng (座钟滴滴答答作响). ¶この餅は～だ zhè niángāo yìngbāngbāng de (这年糕'硬邦邦'硬邦邦'的). ¶～の石頭 bù kāiqiào de sǐnǎojīn (不开窍的死脑筋).

かちき【勝気】 hàoqiáng (好强), yàoqiáng (要强), jiàng píqi (犟脾气). ¶あの子は～だからめったに泣かない nàge háizi shì ge jiàng píqi, bù qīngyì kū (那个孩子是个犟脾气,不轻易哭). ¶～な娘 hàoqiáng de gūniang (好强的姑娘).

かちく【家畜】 jiāchù (家畜), shēngkou (牲口), shēngchù (牲畜). ¶～を飼う sìyǎng jiāchù (饲养家畜).

かちこ・す【勝ち越す】 ¶今までの対戦では彼が2回～している qìjīn wéizhǐ de duìjú tā duō shèng liǎng jú (迄今为止的对局他多胜两局).

かちどき【勝鬨】 ¶～をあげる gāohū shènglì (高呼胜利).

かちと・る【勝ち取る】 zhēngqǔ (争取), duóqǔ (夺取). ¶最後の勝利を～るまでがんばろう wèile zhēngqǔ zuìhòu shènglì fèndòu dào dǐ (为了争取最后胜利奋斗到底).

かちぬ・く【勝ち抜く】 ¶1回戦2回戦と～いたが決勝戦で惜しくもやぶれた dìyī chǎng, dì'èr chǎng suī jiēlián huòshèng, dàn kěxī zài juésài shí shū le (第一场、第二场虽接连获胜,但可惜在决赛时输了). ¶何としてでも～かねばならない zěnme yě yào yíngdàodǐ (怎么也要赢到底). ¶～き戦 táotàisài (淘汰赛).

かちほこ・る【勝ち誇る】 ¶大勝利に～って引きあげた huò dàjié, yìqì gāo'áng kǎixuán (获大捷,意气高昂凯旋).

かちまけ【勝ち負け】 shūyíng (输赢), shèngfù (胜负), shèngbài (胜败). ¶日没になっても～がつかない dào rìluò hái wèi jué shèngfù (到日落还未决胜负). ¶～を度外視して健闘する bǎ shèngfù zhì zhī dùwài, wánqiáng yíngzhàn (把胜负置之度外,顽强迎战).

かちめ【勝ち目】 ¶この勝負は私には～がない zhè chǎng bǐsài wǒ méiyǒu yíng de xīwàng (这场比赛我没有赢的希望).

がちゃがちゃ ¶～と音を立てて食器を洗う xǐwǎn shuāguō nòngde xīlihuālā de luàn xiǎng (洗碗刷锅弄的稀里哗啦地乱响).

かちゃん ¶コップが床に落ちて～と割れた pāchā yì shēng, bōlibēi diàozài dìshang suì le (啪嚓一声,玻璃杯掉在地上碎了).

かちゅう【火中】 ¶書類を～に投ずる bǎ wénjiàn tóurù huǒzhōng (把文件投入火中). ¶～の栗を拾う huǒ zhōng qǔ lì (火中取栗).

かちゅう【渦中】 ¶事件の～に巻きこまれる juǎnrù shìjiàn de xuánwō zhōng (卷入事件的旋涡中).

かちょう【家長】 jiāzhǎng (家长).

かちょう【課長】 kēzhǎng (科长).

かちょう【鵞鳥】 é (鹅).

かちん ¶～と鍵がかかった kāchā yì shēng shàngsuǒ le (喀嚓一声上锁了). ¶彼にはその言葉が～ときた nà jù huà 'chùnùle tā [shǐ tā dòngle gānhuǒ] (那句话'触怒了他[使他动了肝火]).

か・つ【勝つ】 1 [負かす] shèng (胜), yíng (赢), dǎshèng (打胜), dǎyíng (打赢), zhànshèng (战胜), huòshèng (获胜), qǔshèng (取胜). ¶戦争に～つ dǎ shèngzhàng (打胜仗). ¶試合に～った bǐsài huòshèng (比赛获胜). ¶喧嘩に～った dǎjià dǎyíng le (打架打赢了). ¶選挙に～つ xuǎnjǔ huòshèng (选举获胜). ¶訴訟に～つ yíng guānsi (打赢官司). ¶3対1でAチームに～った yǐ sān bǐ yī zhànshèngle A duì (以三比一战胜了A队). ¶相手が強いのでどうしても～てない duìfāng hěn qiáng, zěnme yě dòubuguò (对方很强,怎么也斗不过). ¶～つために手段を選ばぬ xiélè huòshèng bù zé shǒuduàn (为了获胜不择手段). ¶～てば官軍負ければ賊軍 shèng zhě wéi wáng, bài zhě wéi kòu (胜者为王,败者为寇).

2 [克服する] ¶己に～つ zhànshèng zìjǐ (战胜自己) / kèjǐ (克己). ¶意志が弱くて誘惑に～つことができない yìzhì bóruò, zhànshèng bu liǎo yòuhuò (意志薄弱,战胜不了诱惑).

3 [まさる] ¶赤みの～った紫色 hóngzǐsè (红紫色). ¶彼女は理性が～っている tā hěn yǒu lǐzhì (她很有理智).

かつ【活】 ¶死中に～を求める sǐ zhōng qiú shēng (死中求生). ¶あいつには～を入れなければ駄目だ nà jiāhuo děi yào dǎda qì cái xíng (那家伙得要打气才行).

かつ【渇】 kě (渴). ¶～をおぼえる juéde kǒu kě (觉得口渴). ¶～をいやす jiě [zhǐ] kě (解[止]渴).

かつ【且つ】 qiě (且), bìngqiě (并且), érqiě (而且). ¶必要～十分な条件 chōngfèn yòu bì-

yào de tiáojiàn(充分又必要的条件). ¶面白く～有益である búdán yǒuqù érqiě yǒu yǒuyì(不但有趣而且又有益). ¶～飲み～食らう qiě yǐn qiě chī(且饮且吃).

カツ →カツレツ.

-がつ【月】 yuè(月). ¶10～1日 shíyuè yī rì(十月一日).

かつあい【割愛】 gē'ài(割爱). ¶時間の都合により説明は～します yóuyú shíjiān de xiànzhì, shuōmíng zhǐhǎo gē'ài le(由于时间的限制, 说明只好割爱了). ¶原文の引用は紙面の都合で～せざるを得ない yuánwén de yǐnyòng yīn piānfú shang de guānxi bùdé bù gē'ài(原文引用因篇幅上的关系不得不割爱).

かつお【鰹】 jiānyú(鲣鱼).

かつおぶし【鰹節】 gānzhì jiānyú(干制鲣鱼), mùsōngyú(木松鱼).

かっか ¶炭火が～とおこった tànhuǒ hóngtōngtōng de(炭火红通通的)/ tànhuǒ hōnghōng de zháozhe(炭火烘烘地着着). ¶恥しくて頬が～とほてった xiūde liǎnshang huǒlālā de(羞得脸上火辣辣的). ¶あの人はすぐ～となる nàge rén hào ˇmàohuǒr[shànghuǒr](那个人好ˇ冒火ㄦ[上火ㄦ]).

かっか【閣下】 géxià(阁下).

がっか **1【学科】** xuékē(学科); zhuānyè(专业). ¶工学部建築～ gōngxué xì jiànzhù zhuānyè(工学系建筑专业).
2【学課】 kèchéng(课程). ¶中学の全～を修了した xuéwánle chūzhōng de quánbù kèchéng(学完了初中的全部课程).

がっかい【学会】 xuéhuì(学会).

がっかい【学界】 xuéshùjiè(学术界).

かっかく【赫赫】 hèhè(赫赫). ¶～たる名声 hèhè yǒumíng(赫赫有名).

かっかざん【活火山】 huóhuǒshān(活火山).

かつかつ ¶その日その日を～に暮らしている yītiāntiān zhǐshí húkǒu dùrì(一天天只是糊口度日). ¶時間に～間にあった shíjiān miǎnmiǎnqiǎngqiǎng de gǎnshàng le(时间勉勉强强地赶上了).

がつがつ ¶めしを～食う lángtūn-hǔyàn de chīfàn(狼吞虎咽地吃饭). ¶そう～するな bié nàme xiàng jīe'è shìde(别那么像饿死鬼似的)/ bié nàme tāndé-wúyàn(别那么贪得无厌).

がっかり huīxīn(灰心), sàngqì(丧气), xièqì(泄气), qìněi(气馁), tuísàng(颓丧), àosàng(懊丧), sǎoxìng(扫兴), bàixìng(败兴). ¶今回の旅行に彼女が来なくて～だった zhè cì lǚxíng tā méi cānjiā zhēn jiào rén ˇsǎoxìng[ˇbàixìng](这次旅行她没参加真叫人ˇ扫兴[ˇ败兴]). ¶1度くらい失敗しても～するな jiùshì shībàile yí cì yě bié huīxīn-sàngqì(就是失败了一次也别灰心丧气). ¶こんなことを言って両親を～させたくない wǒ búyuàn shuō zhèyàng de huà shǐ fùmǔ shāngxīn(我不愿说这样的话使父母伤心).

かっき【活気】 shēngqì(生气), zhāoqì(朝气), huóqì(活气), huólì(活力). ¶若い彼等は～にあふれている tāmen niánqīngrén ˇchōngmǎn-

zhe huólì[zhāoqì-péngbó/shēngqì-bóbó](他们年轻人ˇ充满着活力[朝气蓬勃/生气勃勃]). ¶通りは～に満ちていた jiēshang chōngmǎnle yípiàn huóqì(街上充满了一片活气). ¶この店には～が少ない zhè jiā shāngdiàn bútài xīngwàng(这家商店不太兴旺). ¶若い人が少なく～に乏しい niánqīngrén shǎo, quēfá shēngqì(年轻人少, 缺乏生气). ¶夏休が終って学校は～を取り戻した shǔjià jiéshù, xuéxiào yě jiù huóyuè qilai le(暑假结束, 学校也就活跃起来了). ¶商売が～づいてきた mǎimai xīngwàng qilai le(买卖兴旺起来了).

がっき【学期】 xuéqī(学期). ¶明日から新～が始まる cóng míngtiān qǐ kāishǐ xīn xuéqī(从明天起开始新学期).
¶～末試験 qīkǎo(期考)/ dàkǎo(大考).

がっき【楽器】 yuèqì(乐器).

かっきてき【画期的】 huàshídài(划时代). ¶これは～な出来事だ zhè shì huàshídài de shìjiàn(这是划时代的事件). ¶文学史上～な作品 wénxuéshǐ shang huàshídài de zuòpǐn(文学史上划时代的作品).

かつぎや【担ぎ屋】 **1【縁起の】** míxìnjiā(迷信家).
2【品物の】 xíngshāng(行商).

がっきゅう【学究】 ¶～生活に入る kāishǐ xuéshù yánjiū de shēnghuó(开始学术研究的生活). ¶～肌の人 xuézhě qìzhí de rén(学者气质的人).

がっきゅう【学級】 bān(班), bānjí(班级), xuéjí(学级). ¶～委員 bānwěiyuán(班委员)/ bānwěi(班委).

かっきょ【割拠】 gējù(割据). ¶群雄～ qúnxióng gējù(群雄割据).

かっきょう【活況】 ¶市場は～を呈している shìchǎng chéngxiàn yípiàn huóyuè(市场呈现一片活跃).

がっきょく【楽曲】 yuèqǔ(乐曲).

かっきり ¶会が始まったのは3時～だった sān diǎn zhěng kāi de huì(三点整开的会). ¶～1000円残った bùduō-bùshǎo shèngxia yìqiān kuài qián(不多不少剩下一千块钱).

かつ・ぐ【担ぐ】 **1【になう】** tiāo(挑), dān(担), káng(扛), bēi(背). ¶荷物を肩に～いで He gänbǎn huò káng jiānshang bānyùn(把货扛肩上搬运). ¶天秤棒を～ぐ tiāo biǎndan(挑扁担)/ dān dànzi(担担子). ¶リュックサックを～いで山に登る bēi bēibāo páshān(背背包爬山).
2【推戴する】 tuīdài(推戴), tuījǔ(推举). ¶A氏を会長に～ぐ tuījǔ A xiānsheng wéi huìzhǎng(推举A先生为会长). ¶とうとう議長に～ぎ出された zhōngyú bèi gōngtuī wéi yìzhǎng(终于被公推为议长).
3【だます】 shuǎ(耍), shuàn(涮). ¶彼は人を～ぐのがうまい tā hěn huì shuǎ rén(他很会耍人). ¶また～がれた yòu bèi rén shuǎ le(又被人耍了)/ yòu shàngdàng le(又上当了).
4【迷信などを】 míxìn xiángruì jízhào(迷信祥瑞吉兆). ¶そんなに御幣を～ぐなよ bié nàme míxìn le(别那么迷信了).

かっくう【滑空】 huáxiáng (滑翔). ¶グライダーが青空を～する huáxiángjī zài qínglǎng de tiānkōng huáxiáng (滑翔机在晴朗的天空滑翔).

がっくり ¶彼は落選の知らせを聞いて～と首をたれた tā tīngdào luòxuǎn de xiāoxi dālaxiàle nǎodai (他听到落选的消息耷拉下了脑袋). ¶力つきて～と膝をついた jīnpí-lìjìn guìdǎo zài dì (筋疲力尽跪倒在地). ¶彼は子供に死なれて～している háizi sǐ le, tā shāngxīn jíle (孩子死了, 他伤心极了). ¶入試に落ちて～する méi kǎoshàng dàxué, tā hěn tuísàng (没考上大学, 他很颓丧).

かっけ【脚気】 jiǎoqìbìng (脚气病), jiǎoqì (脚气).

かつげき【活劇】 wǔxì (武戏). ¶街頭で～を演ずる zài jiētóu shang dàdǎ-chūshǒu (在街头大打出手).

かっけつ【喀血】 kǎxiě (喀血). ¶突然～して倒れた tūrán kǎxiě, dǎoxiaqu le (突然喀血, 倒下去了).

かっこ【各個】 gè ge (各个), gèzì (各自). ¶～に持ち帰る gèzì dàihuí (各自带回).
¶～撃破 gè ge jīpò (各个击破).

かっこ【括弧】 kuòhào (括号), kuòhú (括弧). ¶～をつける dǎshàng kuòhào (打上括号). ¶引用文を～に入れる zài yǐnwén shang jiāshàng yǐnhào (在引文上加上引号).
¶かぎ～ yǐnhào (引号). 二重～ shuāng kuòhú (双括弧).

かっこ【確固】 jiāndìng (坚定). ¶～たる信念 jiāndìng de xìnniàn (坚定的信念). ¶～とした態度をくずさない jiāndìng de tàidu háo bú dòngyáo (坚定的态度毫不动摇).

かっこう【格好】 1〔形, 体裁〕yàngr (样ㄦ), yàngzi (样子), múyàng[r] (模样ㄦ). ¶歩く～が父親に似てきた zǒulù de yàngzi yuèláiyuè xiàng tā fùqin le (走路的样子越来越像他父亲了). ¶彼は皆にスキーですべる～をしてみせた tā zuò huáxuě de jiàshi gěi dàjiā kàn (他做滑雪的架势给大家看). ¶この洋服はなかなか～よく出来ている zhè shēn xīfu yàngshì hěn hǎokàn (这身ㄦ西服样式很好看). ¶～から判断すると彼は画家らしい cóng tā wàibiǎo lái kàn, xiàng shì ge huàjiā (从他外表来看, 像是个画家). ¶こんな～では人前に出られない zhè fù múyàng nǎr néng chūmén jiàn rén a? (这副模样ㄦ哪儿能出门见人啊?). ¶彼は～ばかり気にする tā jìng jiǎngjiu ˈchuānzhuó dǎbàn [tǐmian] (他净讲究ˈ穿着打扮[体面]). ¶この部屋も家具などを運び込んだら～がついた zhè jiān wūzi bānjìnle jiājù shénmede, xiàng ge yàngzi le (这间屋子搬进了家具什么的, 像个样子了). ¶たまに訪ねるのに手ぶらでは～が悪い jiǔ wèi bàifǎng, kōngzhe shǒu tài bù tǐmian (久未拜访, 空着手太不体面).

2〔ころあい〕héshì (合适). ¶値段も大きさも～な品だ jiàquan, dàxiǎo dōu qiàhǎo de dōngxi (价钱, 大小都恰好的东西). ¶それは私には～の条件です nà duìyú wǒ tiáojiàn zhèng héshì (那对于我条件正合适). ¶～な家が見つかった zhǎodàole héshì de fángzi (找到了合适的房子).

3〔見当〕¶40～の男の人が訪ねてきた sìshí suì ˈmúyàngr [shàngxià/zuǒyòu] de nánrén láifǎng le (四十岁ˈ模样ㄦ[上下/左右]的男人来访了).

かっこう【郭公】 bùgǔ (布谷), dùjuān (杜鹃), dùyǔ (杜宇), zǐguī (子规).

かっこう【滑降】 huájiàng (滑降). ¶急斜面を～する cóng dǒupō huáxiaqu (从陡坡滑下去).
¶～競技 huájiàng bǐsài (滑降比赛).

がっこう【学校】 xuéxiào (学校). ¶この子は来年～に上がる zhè háizi míngnián shàngxué (这孩子明年上学). ¶～は8時半に始まる xuéxiào bā diǎn bàn kāishǐ shàngkè (学校八点半开始上课). ¶バスで～に通う zuò gōnggòng qìchē qù shàngxué (坐公共汽车上学). ¶～がひけてから泳ぎに行こう fàngxué hòu qù yóuyǒng ba (放学后去游泳吧). ¶授業がつまらないので～をサボった gōngkè méiyǒu yìsi, táoxué le (功课没有意思, 逃学了). ¶私は～に通ったことがない wǒ méi ˈshàngguo xué [dúguo shū] (我没ˈ上过学[读过书]). ¶風邪を休んだ gǎnmào le, méi shàngxué (感冒了, 没上学). ¶明日は開校記念日で～は休みだ míngtiān shì xiàoqìng, xuéxiào fàngjià (明天是校庆, 学校放假).
¶～教育 xuéxiào jiàoyù (学校教育). ～新聞 xiàobào (校报). 音楽～ yīnyuè xuéxiào (音乐学校).

かっこく【各国】 gè guó (各国). ¶～の大使を招いてレセプションを行う jǔxíng zhāodàihuì, zhāodài gè guó dàshǐ (举行招待会, 招待各国大使).
¶～世界～ shìjiè gè guó (世界各国).

かっさい【喝采】 hècǎi (喝彩). ¶満場の～を博する bódé quánchǎng hècǎi (博得全场喝彩). ¶皆はその妙技に拍手～した dàjiā duì nà miàojì gǔzhǎng hècǎi (大家对那妙技鼓掌喝彩).

がっさく【合作】 hézuò (合作). ¶この模型は私達3人の～です zhège móxíng shì wǒmen sān ge rén hézuò de (这个模型是我们三个人合作的).
¶国共～ Guó-Gòng hézuò (国共合作). 日米～映画 Rì-Měi liánhé shèzhì de yǐngpiàn (日美联合摄制的影片).

がっさん【合算】 héjì (合计), gòngjì (共计). ¶～すると10万円になる héjì qilai yǒu shíwàn rìyuán (合计起来有十万日元).

かつじ【活字】 qiānzì (铅字), huózì (活字). ¶～を拾う jiǎnzì (拣字). ¶～を組む páizì (排字)/páibǎn (排版).
¶～体 yìnshuātǐ (印刷体).

かっしゃ【滑車】 huáchē (滑车), huálún (滑轮).

がっしゅく【合宿】 jíxùn (集训). ¶夏休みに～して卓球の練習をする shǔjià jíxùn jìnxíng pīngpāngqiú liànxí (暑假集训进行乒乓球练习).

かつじょう【割譲】 gēràng (割让). ¶領土を～する gēràng lǐngtǔ (割让领土).

がっしょう【合唱】 héchàng (合唱). ¶皆揃って校歌を～した dàjiā zài yìqǐ héchàngle xiàogē (大家在一起合唱了校歌). ¶～団 héchàngtuán (合唱团)/ héchàngduì (合唱队). 混声～ kūnshēng héchàng (混声合唱). 男声［女声］～ nánshēng[nǚshēng] héchàng (男声［女声］合唱). 2部～ èrbù héchàng (二部合唱).

がっしょう【合掌】 hézhǎng (合掌), héshí (合十). ¶位牌の前で～する zài língwèi qián shuāngshǒu héshí (在灵位前双手合十).

かっしょく【褐色】 hèsè (褐色), yānsè (烟色).

がっしり →がっちり1.

かっすい【渇水】 kūshuǐ (枯水), dīshuǐ (低水). ¶～期 kūshuǐqī (枯水期).

かっせい【活性】 huóhuà (活化), huóxìng (活性). ¶地域の～化をはかる cùjìn dìqū de huólì (促进地区的活力). ¶経済を～化する gǎohuó jīngjì (搞活经济).
¶～剤 huóhuàjì (活化剂). ～炭 huóxìngtàn (活性炭). ～化 huóhuà zuòyòng (活化作用).

かっせき【滑石】 huáshí (滑石).

かっせん【合戦】 huìzhàn (会战).

かつぜん【豁然】 1［広々］ huòrán (豁然). ¶眼界～と開く yǎnjiè huòrán kāilǎng (眼界豁然开朗).
2 huǎngrán (恍然). ¶～大悟する huǎngrán dà wù (恍然大悟).

かっそう【滑走】 huáxíng (滑行). ¶飛行機が～を始めた fēijī kāishǐ huáxíng (飞机开始滑行).
¶～路 pǎodào (跑道).

がっそう【合奏】 hézòu (合奏). ¶バイオリンとピアノの～ xiǎotíqín hé gāngqín hézòu (小提琴和钢琴合奏).

カッター dāojù (刀具), rènjù (刃具).

かったつ【闊達】 huòdá (豁达). ¶～な人物 huòdá dàdù de rénwù (豁达大度的人物).

かつだんそう【活断層】 huódòng duàncéng (活动断层).

がっち【合致】 héhū (合乎), fúhé (符合), wěnhé (吻合). ¶これは民主主義の原則に～する zhè héhū mínzhǔzhǔyì de yuánzé (这合乎民主主义的原则). ¶我々の利益に～する fúhé wǒmen de lìyì (符合我们的利益).

かっちゅう【甲冑】 jiǎzhòu (甲胄), kuījiǎ (盔甲).

がっちり 1［体格, 組立などが］ jiēshi (结实), cūshi (粗实), láokào (牢靠), láogù (牢固), jiāngù (坚固). ¶スポーツで鍛えた～した体格 gǎo tǐyù yùndòng duànliànchū de qiángzhuàng de shēntǐ (搞体育运动锻炼出的强壮的身体). ¶両腕で～と受け止めた yòng shuāngshǒu láoláo jiēzhù le (用双手牢牢接住了). ¶この建物の骨組は～している zhège jiànzhù gǔjià hěn láogù (这个建筑骨架很牢固). ¶～とスクラムを組む jǐnjǐn de wǎnzhe gēbei (紧紧地挽着胳膊).
2［抜目のない］ ¶彼は～屋だ tā shì ge jīngdǎ-xìsuàn de rén (他是个精打细算的人). ¶～勘定に入れてある yí ge bú là, quán suànzài lǐtou le (一个不落, 全算在里头了).

かつて【曾て】 céng (曾), céngjīng (曾经). ¶このあたりは～荒野だった zǎoxiān zhè yídài shì huāngyě (早先这一带是荒野). ¶彼に～の面影はもうない tā yǐ méiyǒu dāngnián de miànyǐng le (他已没有当年的面影了). ¶未だ～なかった大事件 wèicéng yǒuguo de dà shìjiàn (未曾有过的大事件). ¶こんな爽快なことは～なかった zhèyàng dàkuài-rénxīn de shì cóngwèi yǒuguo (这样大快人心的事从未有过).

かって【勝手】 1［事情, 様子］ qíngkuàng (情况), qíngxing (情形). ¶以前と～が違うようだ sìhū gēn yǐqián de qíngxing bùtóng le (似乎跟以前的情形不同了). ¶仕事が変ったので～が分らない huànle gōngzuò, hái bùmōtóu (换了工作, 还不摸头). ¶土地の～を知っている shúxī dìmiànr shang de qíngkuàng (熟悉地面儿上的情况). ¶～知った者の犯行に違いない zhè yídìng shì shúxī nèiqíng de rén zuò de àn (这一定是熟悉内情的人作的案).
2［便利］ ¶この部屋はどうも～が悪い zhè jiān wūzi zhēn bù fāngbiàn (这间屋子真不方便).
3［随意, わがまま］ suíbiàn (随便), suíyì (随意), rènyì (任意). ¶～にしたらいい suí[rèn] nǐ de biàn (随［任］你的便). ¶世間の人には何とでも～に言わせておくがいい shìshang de rén ài zěnme shuō jiù ràng tāmen zěnme shuō hǎo le (世上的人爱怎么说就让他们怎么说好了). ¶～に持ち出されては困る shànzì náchuqu kě bùxíng (擅自拿出去可不行). ¶いくら親しい間柄でもそれではあまり～過ぎる jiùshì zài qīnmì, nà yě tài suíbiàn le (就是再亲密, 那也太随便了). ¶お前の～次第にさせるわけにはいかない bùnéng rèn[yóu]zhe nǐ de xìngzi (不能任［由］着你的性子). ¶～放題にさせておく fàngrèn bù guǎn (放任不管). ¶自分～な理屈をつけるな búyào qiǎngcí-duólǐ! (不要强词夺理!). ¶行くも行かないも君の～だ qù bu qù, suí nǐ (去不去, 随你).
4［台所］ chúfáng (厨房). ¶～口に回って下さい qǐng ràodào chúfáng hòumén ba (请绕到厨房后门吧). ¶～道具 chúfáng yòngjù (厨房用具).

がってん【合点】 ¶"頼むよ" "おっと～だ" "bàituō nǐ la" "xíng[hǎo] le, jiāogěi wǒ ba" ("拜托你啦" "行[好]了, 交给我吧").

かっと ¶彼はそれを聞いて～なった tā yì tīng zhège jiù ˇzhà[jíyǎn] le (他一听这个就˘炸[急眼]了). ¶太陽が真上から～照りつける huǒlālā de yángguāng cóng tóudǐng shang zhàoshe xialai (火辣辣的阳光从头顶上照射下来). ¶両眼を～見開く liǎng yǎn dèngyuán (两眼瞪圆).

カット 1［切ること］ qiē (切), gē (割), duàn (断), jié (截), shān (删), jiǎn (剪). ¶プログラムの一部を～する shānqù jiémù de yíbùfen (删去节目的一部分). ¶髪を～する jiǎn tóufa (剪头发). ¶フィルムを～する shānjiǎn yǐngpiàn

(删剪影片). ¶賃金を～する kòu gōngzī(扣工资).
  2〔卓球などの〕xuē(削). ¶球を～する xuēqiú(削球).
  3〔挿絵〕wěihuā(尾花), xiǎochāhuà(小插画), xiǎochātú(小插图). ¶～を入れる jiāshàng xiǎochāhuà(加上小插画).
  4〔映画の〕jìngtóu(镜头). ¶ワン～ yí ge jìngtóu(一个镜头).
かっとう【葛藤】jiūfēn(纠纷), jiūgé(纠葛), géténg(葛藤). ¶2人の間には～が続いている liǎngrén zhī jiān de jiūfēn hái zài jìxù(两人之间的纠纷还在继续).
かつどう【活動】huódòng(活动), xíngdòng(行动). ¶調査委員会は～を開始した diàochá wěiyuánhuì kāishǐle huódòng(调查委员会开始了活动). ¶この洋服は～的でない zhè jiàn yīfu bú shìyú huódòng(这件服不适于活动). ¶火山が～中である huǒshān zài huódòng zhōng(火山在活动中). ¶組合の～家 gōnghuì de huódòngjiā(工会的活动家).
カットグラス kèhuā bōli(刻花玻璃), diāohuā bōli(雕花玻璃).
かっぱ【河童】**1**〔説明〕日本的一种想像中的动物,水陆两栖,貌似幼儿.
  2〔陸(%)に上がった～〕hǔ luò píngyáng bèi quǎn qī(虎落平阳被犬欺)/ yīngxióng wú yòng wǔ zhī dì(英雄无用武之地). ¶～の川流れ yānsǐ huìshuǐde(淹死会水的).
かっぱ【喝破】dàopò(道破), shuōpò(说破), shuōchuān(说穿), diǎnpò(点破), diǎnchuān(点穿). ¶一言のもとに～した yíyù-dàopò(一语道破).
カッパ【合羽】yǔyī(雨衣).
かっぱつ【活発】huópo(活泼), huóyuè(活跃), yǒngyuè(涌跃). ¶～な少年 huópo de shàonián(活泼的少年). ¶彼の提案は～な論議を呼んだ tā de jiànyì yǐnqǐle rèliè de tǎolùn(他的建议引起了热烈的讨论). ¶皆～に発言する dàjiā fāyán hěn yǒngyuè(大家发言很涌跃).
かっぱらい【搔っ払い】xiǎotōu[r](小偷[儿]).
かっぱら・う【搔っ払う】tōu(偷). ¶店の品を～ったのはこいつだ tōu pùzi dōngxi de jiùshì zhè xiǎozi(偷铺子东西的就是这小子).
かっぱん【活版】huóbǎn(活版), huózìbǎn(活字版), qiānbǎn(铅版). ¶～印刷 qiānbǎn yìnshuā(铅版印刷)/ huózì yìnshuā(活字印刷).
がっぴょう【合評】¶A氏の小説の～をする jítǐ pínglùn A xiānsheng de xiǎoshuō(集体评论 A 先生的小说).
カップ 1〔賞杯〕jiǎngbēi(奖杯).
  2〔茶碗〕bēi(杯). ¶～2杯の水を加えて煮る jiā liǎng bēi shuǐ zhǔ(加两杯水煮). ¶コーヒー～ kāfēibēi(咖啡杯).
かっぷく【恰幅】¶～のいい紳士 yíbiǎo tángtáng de shēnshì(仪表堂堂的绅士).
カップめん【カップ麺】bēizhuāng fāngbiànmiàn(杯装方便面).
カップル ¶似合の～ tǐng bānpèi de yí duìr (挺般配的一对儿).
がっぺい【合併】hébìng(合并), guībìng(归并). ¶2つの会社を～する hébìng liǎng ge gōngsī (合并两个公司).
  ¶～症 hébìngzhèng(合并症)/ bìngfāzhèng(并发症).
かっぽ【闊歩】kuòbù(阔步). ¶大通りを～する zài dàjiē shang kuòbù ér xíng(在大街上阔步而行).
かつぼう【渇望】kěwàng(渴望). ¶皆雨を～している dàjiā dōu pànzhe xiàyǔ(大家都盼着下雨). ¶読者の久しい書いよいよ出版 dúzhě kěwàng yǐ jiǔ de shū jíjiāng chūbǎn(读者渴望已久的书即将出版).
かっぽう【割烹】pēngrèn(烹饪), pēngtiáo(烹调). ¶～着 pēngrènfú(烹饪服).
がっぽり ¶～と儲かるうまい話はないか yǒu méiyǒu zhuàn dàqián de hǎo chāishi?(有没有赚大钱的好差事?)
がっぽん【合本】hédìng(合订); hédìngběn(合订本). ¶12冊の雑誌を～にする bǎ shí'èr běn zázhì hédìng qilai(把十二本杂志合订起来).
かつもく【刮目】¶～して見る guāmù xiāngkàn(刮目相看).
かつやく【活躍】¶彼は今政界で～している tā xiànzài huóyuè zài zhèngjiè(他现在活跃在政界). ¶今度の試合でA選手の～が期待される zài zhè cì bǐsài zhōng qídài A xuǎnshǒu de fāhuī lìliang(在这次比赛中期待A选手发挥力量). ¶この事件の解決のために彼は大～した wèile jiějué zhège ànjiàn tā dàxiǎn-shēnshǒu(为了解决这个案件他大显身手).
かつやくきん【括約筋】kuòyuējī(括约肌).
かつよう【活用】**1**〔利用〕lìyòng(利用), yùnyòng(运用), yìngyòng(应用), huóyòng(活用). ¶余暇を大いに～しよう jǐnliàng chōngfèn de lìyòng yúxiá ba(尽量充分地利用余暇吧). ¶学んだ知識を～する huóyòng suǒ xué de zhīshi(活用所学的知识).
  2〔文法〕cíwěi biànhuà(词尾变化), xíngtài biànhuà(形态变化). ¶動詞の～ dòngcí de cíwěi biànhuà(动词的词尾变化).
かつようじゅ【闊葉樹】kuòyèshù(阔叶树).
かつら【鬘】jiǎfà(假发). ¶～をかぶる dài jiǎfà(戴假发).
かつりょく【活力】huólì(活力).
カツレツ ¶チキン～ zhájīpái(炸鸡排). ビーフ～ zhániúpái(炸牛排). ポーク～ zházhūpái(炸猪排).
かつろ【活路】huólù(活路), shēnglù(生路), chūlù(出路). ¶死中に～を見出す shākāi yì tiáo shēnglù táopǎo(杀开一条生路逃跑). ¶一条の～を見出した zhǎodàole yì tiáo huólù(找到了一条活路).
かて【糧】shíliáng(食粮), liángshi(粮食). ¶日々の～にも困る měitiān chīfàn dōu chéng wèntí(每天吃饭都成问题). ¶心の～ jīngshén shíliáng(精神食粮).
かてい【仮定】jiǎdìng(假定), jiǎshè(假设). ¶この～の上に立って推論する zài zhège jiǎdìng

shang tuīlùn(在这个假定上推论). ¶あなたの言葉が正しいとしても…　jiǎdìng nǐ shuō de duì…(假定你说的对…).

かてい【家庭】 jiātíng(家庭). ¶~を持つ chéngjiā(成家). ¶~円満 jiātíng hémù(家庭和睦). ~教師 jiātíng jiàoshī(家庭教师)/ jiājiào(家教). ~訪問 jiāfǎng(家访). ~料理 jiācháng cài(家常菜)/ jiāchángfàn(家常饭).

かてい【過程】 guòchéng(过程), xíngchéng(行程). ¶発展の~を分析する fēnxi fāzhǎn de guòchéng(分析发展的过程).

かてい【課程】 kèchéng(课程). ¶博士を修了する xiūwán bóshì kèchéng(修完博士课程).

カテゴリー fànchóu(范畴).

-がてら ¶散歩~煙草を買ってきた sànbù shí shùnbiàn mǎile bāo yān(散步时顺便买了包烟).

かでん【家伝】 jiāchuán(家传). ¶~の妙薬 jiāchuán miàoyào(家传妙药)/ zǔchuán mìfāng(祖传秘方).

かでん【家電】 jiādiàn(家电). ¶~メーカー jiādiàn chǎngjiā(家电厂家).

がてん【合点】 ¶~がいかない nányǐ jiào rén xìnfú(难以叫人信服)/ bùkě lǐjiě(不可理解).

がでんいんすい【我田引水】 ¶それは~というものだ nà jiào Lǎo Wáng mài guā—zìmài-zìkuā(那叫老王卖瓜—自卖自夸).

かと【過渡】 guòdù(过渡). ¶~期 guòdù shíqī(过渡时期). ~的現象 guòdù xiànxiàng(过渡现象).

かど【角】 1〔突き出た部分〕jiǎo[r](角[儿]), léng[r](棱[儿]), léngjiǎo(棱角), jījiǎo[r](犄角[儿]). ¶~を削る xiāo jiǎor(削角儿). ¶~を丸くする bǎ léngjiǎo nòngyuán(把棱角弄圆).

2〔曲り角〕guǎijiǎo[r](拐角[儿]), guǎiwān(拐弯), bǎijiǎor(摆角儿), lùkǒu(街口), lùkǒu(路口). ¶ポストはこの通りの~にある yóutǒng jiù zài zhè tiáo jiē de guǎijiǎochù(邮筒就在这条街的拐角处). ¶~を曲って2軒目の家 zhuǎnguò guǎijiǎor dì'èr jiā fángzi(转过拐角儿第二家房子).

3〔円滑でないこと〕 ¶そんな言い方をすると~が立つ nǐ nàme shuō huì dézuì rén de(你那么说会得罪人的). ¶彼も近頃だいぶ~がとれてきた tā jìnlái biànde yuántōng le(他近来变得圆通了).

かど【廉】 ¶職務怠慢の~により罰せられた yīn wánhū zhíshǒu shòudào chéngfá(因玩忽职守受到惩罚). ¶不審の~がある yǒu kěyǐ zhī diǎn(有可疑之点).

かど【過度】 guòdù(过度), guòfèn(过分). ¶~の緊張 guòdù de jǐnzhāng(过度的紧张). ¶~の労働で体をこわした láodòng guòdù, gǎohuàile shēntǐ(劳动过度,搞坏了身体).

かど【門】 mén(门). ¶~に立つ zhànmén qián(站在门前). ¶笑う~には福きたる xiàoyán cháng kāi, fúshòu línmén(笑颜常开,福寿临门).

かとう【下等】 xiàděng(下等), xiàjiàn(下贱), dījiàn(低贱). ¶あれは~な人間だ nàge jiāhuo shì xiàděngrén(那个家伙是下等人). ¶そんな~な言葉を使うものではない búyào shuō nà zhǒng xiàjiàn de huà(不要说那种下贱的话). ¶~な酒 dījiǔ(低级酒)/ dīdàngjiǔ(低档酒). ¶~動物 dīděng dòngwù(低等动物).

かとう【果糖】 guǒtáng(果糖).

かとう【過当】 guòfèn(过分), guòdù(过度). ¶~な要求 guòfèn de yāoqiú(过分的要求). ¶~競争の結果共倒れになった jìngzhēng guòdù de jiéguǒ liǎngzhě tóng guī yú jìn le(竞争过度的结果两者同归于尽了).

かどう【花道】 huādào(花道); chāhuā yìshù(插花艺术).

かどう【稼働】 ¶いま機械は~中です xiànzài jīqì zài 'yùnzhuàn[kāidòng] zhōng(现在机器在'运转[开动]中). ¶~率を高める tígāo kāigōnglù(提高开工率).

¶~人口 láodòng rénkǒu(劳动人口). ~日数 láodòng[gōngzuò]rì(劳动[工作]日).

かとうせいじ【寡頭政治】 guǎtóu zhèngzhì(寡头政治).

かとく【家督】 ¶~相続 zōngtiāo jìchéng(宗祧继承).

かどぐち【門口】 ménkǒu[r](门口[儿]).

かどで【門出】 ¶彼の社会への~を祝して皆で乾杯しよう wèi zhù tā chūrù shèhuì, dàjiā gānbēi ba(为祝他走上社会,大家干杯吧).

カドミウム gé(镉).

かとりせんこう【蚊取線香】 wénxiāng(蚊香). ¶~をたく shāo wénxiāng(烧蚊香).

カトリック Tiānzhǔjiào(天主教);〔人〕tiānzhǔjiàotú(天主教徒). ¶~教会 tiānzhǔtáng(天主堂)/ tiānzhǔjiàotáng(天主教堂).

カトレア kǎtèlìlán(卡特利兰).

かどわかす guǎi(拐), guǎidài(拐带), guǎipiàn(拐骗), yòuguǎi(诱拐). ¶子供を~す guǎi xiǎoháizi(拐小孩子). ¶女を~す guǎidài nǚrén(拐带女人).

かとんぼ【蚊蜻蛉】 dàwén(大蚊).

かな【仮名】 jiǎmíng(假名). ¶~をふる biāozhù jiǎmíng(标注假名).

かなあみ【金網】 tiěsīwǎng(铁丝网); tiěshā(铁纱).

かない【家内】 1〔家の中〕¶~工業 jiātíng shǒugōngyè(家庭手工业).

2〔家族〕¶~に病人が絶えない jiāli bìngrén búduàn(家里病人不断). ¶~揃って食事をする yìjiāzi yìqǐ chīfàn(一家子一起吃饭). ¶~安全を祈る qídǎo héjiā píng'ān(祈祷阖家平安).

3〔自分の妻〕àiren(爱人), nèiren(内人), nèizǐ(内子), jiālǐde(家里的), wūlǐrén(屋里人), wūlǐde(屋里的).

かな・う【適う・叶う・敵う】 1〔あてはまる〕hé(合). ¶~う hé(合乎). ¶心に~う hé xīnyì(合心意)/ hé yì(合意), zhòng yì(中意), chèn xīn(称心)/ shùn xīn(顺心)/ shùn yì(顺意). ¶理想に~う héhū lǐxiǎng(合乎理想). ¶どちら

かなえ

の言い分が理に～っているのか nǎge shuō de héhū qínglǐ?（哪个说的合乎情理?）．

2〖実現する〗dádào（达到），shíxiàn（实现）．¶かねての願いがやっと～った duōniánlái de yuànwàng zhōngyú shíxiàn le（多年来的愿望终于实现了）/ sùyuàn dé cháng（宿愿得偿）．¶～ぬこととは知りながら万一を期待していた míngzhī shì nányí dádào, dàn réng bàozhe yíxiàn xīwàng（明知是难以达到,但仍抱着一线希望）．¶お目通りが～った zhōngyú nénggòu yèjiàn（终于能够谒见）．

3〖匹敵する〗¶3人でかかっても到底～う相手ではない sān ge rén yě díbuguò tā（三个人也敌不过他）．¶誰も彼の学問の深さには～わない shuí yě bùjí tā xuéwen shēn（谁也不及他学问深）．

かなえ【鼎】 dǐng（鼎）．¶～の沸くが如し rútóng dǐngfèi（如同鼎沸）．¶軽重を問う wèn dǐng zhī qīngzhòng（问鼎之轻重）．

かな・える【適える・叶える】 ¶子供たちの願いを～えてやる mǎnzú háizimen de yuànwàng（满足孩子们的愿望）．¶すべての条件を～えた住宅 tiáojiàn qíquán de zhùzhái（条件齐全的住宅）．

かなきりごえ【金切り声】 jiānjiàoshēng（尖叫声），jiānsǎngzi（尖嗓子）．¶～をたてる fāchū jiānjiàoshēng（发出尖叫声）．

かなぐ【金具】 xiǎowǔjīn（小五金）．

かなぐし【金串】 tiěqiānzi（铁扦子）．

かなくず【金屑】 tiěxiè（铁屑）．

かなくそ【金屎】 kuàngzhā（矿渣），tiězhā（铁渣）；【鏽】tiěxiù（铁锈）．

かなぐりす・てる【かなぐり捨てる】 ¶シャツを～てて川に飛び込んだ bǎ chènyī měng yì rēng jiù tiàojìn héli（把衬衣猛一扔就跳进河里）．¶仮面を～ってて本性を現した sīxià jiǎmiànjù lùchū běnxìng lai le（撕下假面具露出本性来了）．

かなけ【金気】 ¶～のある井戸水 yǒu tiěxiùwèir de jǐngshuǐ（有铁锈味儿的井水）．¶鉄瓶の～をとる qùdiào tiěhú de tiěqìwèir（去掉铁壶的铁器味儿）．

かなし・い【悲しい】 bēishāng（悲伤），shāngxīn（伤心），bēi'āi（悲哀），bēitòng（悲痛），kěbēi（可悲）．¶父に死なれてとても～い fùqin qùshì, fēicháng bēitòng（父亲去世,非常悲痛）．¶もう会えないと思うと～くなる yì xiǎngdào zài yě bùnéng xiāngjiàn jiù gǎndào bēishāng（一想到再也不能相见就感到悲伤）．¶目にあう yùdào shāngxīn de shì（遇到伤心的事）．¶～そうな顔をしている liǎnshang lùchū bēikǔ de shénqíng（脸上露出悲苦的神情）/ miàn dài bēiyù（面带悲郁）/ mǎnliǎn chóuyún（满脸愁云）．¶～いことに金がない kěxī de shì shǒutóur méi qián（可惜的是手头儿没钱）．¶～い物語 bēi'āi de gùshi（悲哀的故事）．

かなしみ【悲しみ】 bēi'āi（悲哀），bēishāng（悲伤），shāngxīn（伤心），bēitòng（悲痛），bēiqiè（悲切）．¶～の余得た病 bēiqiè zhī yú déle bìng（悲切之余得了病）．¶～に沈む chényú bēitòng zhī zhōng（沉于悲痛之中）．

～で胸が一杯です wànfēn bēitòng（万分悲痛）．¶～を乗り越えて再出発する huà bēitòng wéi lìliang, chóngxīn kāishǐ（化悲痛为力量,重新开始）．¶時がたてば～も薄らぐ shíjiān huì chōngdàn bēi'āi de（时间会冲淡悲哀的）．

かなし・む【悲しむ】 shāngxīn（伤心），tòngxīn（痛心），bēitòng（悲痛）．¶彼の死を聞いて人々はとても～んだ tīngdào tā shìshì, rénmen fēicháng bēitòng（听到他逝世,人们非常悲痛）．¶そんなに～まないで下さい qǐng bié nàme nánguò（请别那么难过）．¶彼女の手紙は彼をいたく～ませた tā de xìn lìng tā shāngtòule xīn（她的信令他伤透了心）．¶道義の退廃は～むべきである dàoyì de tuífài lìng rén yíhàn（道义的颓败令人遗憾）．

かなた【彼方】 ¶～に見えるのは富士山です nàbian kàndedào de jiùshì Fùshì Shān（那边看得到的就是富士山）．¶はるか～を眺める tiàowàng yuǎnfāng（眺望远方）．¶はるか海の～からも祝電が届いた cóng qiānlǐ tiáotiáo de hǎiwài yě dǎláile hèdiàn（从千里迢迢的海外也打来了贺电）．

カナダ Jiānádà（加拿大）．

かなだらい【金盥】 jīnshǔ liǎnpén（金属脸盆），jīnshǔ xǐyīpén（金属洗衣盆）．

かなづち【金槌】 tiěchuí（铁锤），chuízi（锤子），dīngchuí（钉锤）．¶～で釘を打つ yòng chuízi dìng dīngzi（用锤子钉钉子）．¶私は～です wǒ shì ge "tiěchèngtuó[hànyāzi]（我是个"铁秤砣[旱鸭子]）．

かなてこ【金梃】 qiàogàng（撬杠），qiàogùn（撬棍）．

かな・でる【奏でる】 zòu（奏），yǎnzòu（演奏）．¶琴を～でる tán héqín（弹和琴）．

かなとこ【鉄床】 tiězhēn（铁砧）．

かなぼう【金棒】 tiěgùn（铁棍），tiěgǎn（铁杆）．¶鬼に～ rú hǔ tiān yì（如虎添翼）．

かなめ【要】 **1**〖扇の〗shànzhóu（扇轴）．**2**〖要点〗¶肝心なのところでしくじった zài jiēguǎnr shang shībài le（在节骨眼儿上失败了）．¶彼を～として仕事を推進する yǐ tā wéi héxīn tuīdòng gōngzuò（以他为核心推动工作）．¶～の一年 guānjiàn de yì nián（关键的一年）．

かなもの【金物】 wǔjīn（五金），xiǎowǔjīn（小五金）．¶～屋 wǔjīn shāngdiàn（五金商店）．

かならず【必ず】 yídìng（一定），yìzhǔn（一准），dīngzhǔn（定准），bì yǒu（必有），bìděi（必得），bìdìng（必定），bìrán（必然），dìngrán（定然）．¶～来て下さい qǐng yídìng lái a（请一定来啊）/ qǐng nǐ wùbì lái yí cì（请你务必来一次）．¶そんな粗雑な計画では～失敗に終るだろう nàme mǎmǎhūhū de jìhuà bìdìng yào shībài de（那么马马虎虎的计划必定要失败的）．¶お前は来ると～泣き言を言うが nǐ yì lái zǒngshì sùkǔ（你一来总是诉苦）．¶君の努力は～や報いられるだろう nǐ de nǔlì zǒng yǒu yì tiān huì dédào bàocháng de（你的努力总有一天会得到报偿的）．

かならずしも【必ずしも】 wèibì（未必），wèicháng（未尝），bù yídìng（不一定），bújiàn

(不见得), bújìnrán (不尽然). ¶金があることが～幸福だとは言えない yǒu qián bìng bù yídìng xìngfú (有钱并不一定幸福). ¶私は～だとは思いません wǒ xiǎng ˇwèibì nàyàng[bújìnrán] (我想ˇ未必那样[不尽然]).

かなり xiāngdāng (相当). ¶ここからまだ～の道のりがある lí zhèr hái yǒu xiāngdāng yuǎn de lùchéng (离这儿还有相当远的路程). ¶毎日～の商いがある měitiān yǒu xiāngdāng duō de mǎimai (每天有相当多的买卖). ¶～自由に中国語を話せる Zhōngguóhuà shuōde xiāngdāng liúlì (中国话说得相当流利). ¶今日は～寒い jīntiān kě gòu lěng de (今天可够冷的). ¶～長い間待った děngle hǎo bàntiān (等了好半天).

カナリヤ jīnsīquè (金丝雀), huángniǎo (黄鸟).

がな・る朝から晩まで～りたてる zhěngtiānjié luàn rāngrang (整天家乱嚷嚷) / yìtiān-dào-wǎn jiàomà (一天到晚叫骂). ¶スピーカーがなりたてている kuòyīnqì jiàorǎngzhe (扩音器叫嚷着).

かなわな・い【敵わない】**1**【やりきれない】¶暑くて～い rède yàomìng (热得要命) / jiǎnzhí yào rè sǐ rén (简直要热死人). ¶こんな生活は～い zhèyàng de shēnghuó kě shòubùliǎo (这样的生活可受不了). ¶こんなに物が高くては～い wùjià zhème gāo, jiǎnzhí méi fǎ guò le (物价这么高, 简直没法过了).
2 → かなう 3.

かに【蟹】pángxiè (螃蟹), xiè (蟹). ¶～は甲羅に似せて穴を掘る liàng lì ér wéi (量力而为). ¶～工船 xièɡōngchuán (蟹工船).

かにく【果肉】guǒròu (果肉), ròu (肉).

がにまた【がに股】luóquāntuǐ (罗圈腿), hàbatuǐr (哈巴腿儿). ¶あの人は～だ tā shì luóquāntuǐ (他是罗圈腿). ¶～で歩く hàbazhe tuǐ zǒu (哈巴着腿走).

かにゅう【加入】jiārù (加入), cānjiā (参加). ¶労働組合に～する jiārù gōnghuì (加入工会). ¶電話の～を申し込む shēnqǐng ānzhuāng diànhuà (申请安装电话).

カヌー dúmùzhōu (独木舟); píhuátǐng (皮划艇), pítǐng (皮艇).

かね【金】**1**【金銭】qián (钱), jīnqián (金钱). ¶買いたいけれど～がない wǒ hěn xiǎng mǎi, dànshì méiyǒu qián (我很想买, 但是没有钱). ¶教育には～がかかる gǎo jiàoyù hěn fèiqián (搞教育很费钱). ¶今すぐ～が入用だ xiànzài děngzhe yòng qián (现在等着用钱). ¶～ばかり食ってしょうがない jìng fèi qián zhēn méizhé (净费钱真没辙). ¶～のある人 yǒudeshì ˇqián (钱有的是). ¶～がものを言う世の中 qián kě tōngshén de shìdào (钱可通神的世道) / jīnqián wànnéng de shìdào (金钱万能的世道) / yíqiè xiàng qián kàn (一切向钱看). ¶先立つものは～ fánshì qián dāngxiān (凡事钱当先). ¶あいにくと～の持合せがない piānqiǎo shēnshang méi dàizhe qián (偏巧身上没带着钱). ¶～の切れ目が縁の切れ目 qián jìn yuánfèn duàn (钱尽缘分断). ¶～の生る木 yáoqiánshù (摇钱树). ¶～に糸目はつけないから売って下さい bùguǎn duōshao qián, màigěi wǒ ba (不管多少钱, 卖给我吧). ¶～に目がくらむ lìyù xūn xīn (利欲熏心) / lì lìng zhì hūn (利令智昏). ¶～に困って仕出かしたことだ wéi qián suǒ kùn gànchulai de shì (为钱所困干出来的事). ¶～に縁がない gēn qián méiyǒu yuánfèn (跟钱没有缘分). ¶～に換える màiqián (卖钱), huànqián (换钱). ¶～を受け取る lǐng qián (领钱) / shōu qián (收钱). ¶～を払う fù qián (付钱). ¶～を工面する còu qián (凑钱) / chóukuǎn (筹款). ¶～をもうける zhuàn qián (赚钱). ¶～を貸す fàng kuǎn (放款) / dài kuǎn (贷款). ¶～を借りる jiè kuǎn (借款). ¶～をためる cún qián (存钱) / chǔxù (储蓄). ¶～を無心する yào qián (要钱) / qǐ qián (乞钱).
2【金属】¶～製のトランク tiěxiāng (铁箱).

かね【鐘・鉦】zhōng (钟). ¶～をつく qiāo zhōng (敲钟). ¶～が鳴る zhōng xiǎng (钟响). ¶お寺の～が聞える tīngjian sìyuàn de zhōngshēng (听见寺院的钟声). ¶～や太鼓でさがす qiāoluó-dǎgǔ dàochù xúnzhǎo (敲锣打鼓到处寻找).

かねあい【兼合い】jūnhéng (均衡). ¶～をとる bǎochí jūnhéng (保持均衡). ¶予算との～で決める kàn yùsuàn lái juédìng (看预算来决定).

かねいれ【金入れ】qiánbāo (钱包), qiándài (钱袋), qiánjiāzi (钱夹子).

かねかし【金貸】fàngzhàizhě (放债者), zhàizhǔ (债主). ¶～をする fàng yìnqián (放印子钱), fàngzhài (放债).

かねぐり【金繰り】¶～がつかない zījīn zhōuzhuǎn bu guòlái (资金周转不过来). ¶～をつける chóukuǎn (筹款) / chóují zījīn (筹集资金).

かねじゃく【曲尺】qūchǐ (曲尺), jǔchǐ (矩尺), jiǎochǐ (角尺), lǔbānchǐ (鲁班尺).

かねつ【加熱】jiārè (加热). これは～殺菌してある zhè shì jīngguò jiārè shājūn de (这是经过加热杀菌的).

かねつ【過熱】¶出火の原因はストーブの～からです qǐhuǒ de yuányīn shì lúzi shāode guò rè (起火的原因是炉子烧得过热). ¶モーターが～した diàndòngjī shāohuài le (电动机烧坏了). ¶景気は～している jǐngqì tài guòtóur (景气太过头儿).

かねづかい【金遣い】¶～があらい huāqián dàshǒu-dàjiǎo (花钱大手大脚) / shǒubǎzi dà (手把子大) / huīhuò wúdù (挥霍无度).

かねづまり【金詰り】yíngēn jǐn (银根紧). ¶今はどこも～だ xiànzài nǎr dōu yíngēn jǐn (现在哪儿都银根紧). ¶彼は近頃～だ tā jìnlái shǒutóur shífēn jǐn (他近来手头儿很紧).

かねづる【金蔓】¶～をつかむ zhuāzhù ˇyǒuqiánrén[yáoqiánshù] (抓住ˇ有钱人[摇钱树]).

かねて【予て】zǎoyǐ (早已), zǎoxiān (早先), lǎozǎo (老早), yǐqián (以前). ¶この事は～お話し申し上げてあります zhè shì wǒ zǎoyǐ gēn nín shuōguo le (这事我早已跟您说过了). ¶～か

ら一度お会いしたいと思っていました lǎozǎo jiù pànwàngzhe néng yǒu jīhuì jiàn nín ne（老早就盼望着能有机会见您呢）．¶～の計画 yùdìng de jìhuà（预定的计划）．

-かねな・い【兼ねない】 ¶こんなことが続けば戦争になりかねない zhèyàng xiàqu hěn yǒu kěnéng fāshēng zhànzhēng（这样下去很有可能发生战争）．¶あの男は目的を達するためにはどんなことでもし かねない nà jiāhuo wèile dádào mùdì ˇshénme shǒuduàn dōu kěnéng shǐde chūlái［huì bù zé shǒuduàn de］（那家伙为了达到目的ˇ什么手段都可能使得出来［会不择手段的］）．

かねばなれ【金離れ】 ¶～がいい huāqián tòngkuai（花钱痛快）／shǒusōng（手松）．¶～が悪い huāqián xiǎoqi（花钱小气）／shǒujǐn（手紧）．

かねへん【金偏】 jīnzìpángr（金字旁ル）．

かねまわり【金回り】 ¶世の中の～がよくなってきた shìshàng yíngēn sōng, biàn jǐngqì le（市上银根松，变景气了）．¶彼は近頃～がよい jìnlái shǒutóur kuānyù（近来手头ル宽裕）．

かねめ【金目】 ¶～のものはみな売り払った zhíqián de dōngxi dōu màidiào le（值钱的东西都卖掉了）．

かねもうけ【金儲け】 zhuànqián（赚钱）．¶あの男は～がうまい tā hěn huì zhuànqián（他很会赚钱）．¶この商売はたいして～にならない zhè mǎimai méi duōdà zhuàntour（这买卖没多大赚头ル）．

かねもち【金持】 yǒuqiánrén（有钱人），cáizhǔ（财主），fùrén（富人），kuòrén（阔人），kuòlǎo（阔老·阔佬），dàkuǎn（大款）．¶彼は～だ tā ˇhěn yǒu［chèn］ qián（他ˇ很有［趁］钱）．¶彼は～になった tā fāle cái le（他发了财了）．¶～喧嘩せず hǎo xì bù cǎi chòu gǒu shǐ（好niáoǒ不踩臭狗屎）／yǒu qián de pà shì（有钱的怕事）．

か・ねる【兼ねる】 1 jiān（兼）．¶首相が外相を～ねる shǒuxiàng jiānrèn wàixiàng（首相兼任外相）．¶食堂と集会室を～ねる食堂 hé huìyìshì jiānyòng de fángjiān（食堂和会议室兼用的房间）．¶大は小を～ねる dà kě jiān xiǎo（大可兼小）．¶知勇を～ね備えている zhìyǒng shuāngquán（智勇双全）．

2〔…しかねる〕 ¶その意見には賛成し～ねる nàge yìjiàn nányǐ zàntóng（那个意见难以同意）．¶私の一存では決め～ねる dān yóu wǒ gèrén de xiǎngfa juédìng bu liǎo（单由我个人的想法决定不了）／wǒ yí ge rén zuòbuliǎo zhǔ（我一个人做不了主）．¶私の口からは申し上げ～ねます yóu wǒ zuǐli bùbián shuō（由我嘴里不便说）．

かねん【可燃】 ¶～ごみ kěrán fèiwù（可燃废物）／kěrán lājī（可燃垃圾）．～性 kěránxìng（可燃性）．～物 kěránwù（可燃物）．

かのう【化膿】 huànóng（化脓）．¶傷口が～した shāngkǒu huànóng le（伤口化脓了）．

かのう【可能】 kěnéng（可能）．¶この計画の実現は～である shíxiàn zhège jìhuà shì kěnéng de（实现这个计划是可能的）．¶～の範囲内で手伝って下さい zài kěnéng de fànwéi nèi, qǐng bāng ge máng ba（在可能的范围内，请帮个忙

吧）．¶成功の～性がある yǒu chénggōng de kěnéngxìng（有成功的可能性）．

かのじょ【彼女】 1 tā（她）．
2〔愛人〕 nǚpéngyou（女朋友），duìxiàng（对象），qíngrén（情人）．

かば【河馬】 hémǎ（河马）．

カバー 1〔覆い〕 tàor（套ル），tàozi（套子），zhàor（罩ル），zhàozi（罩子）．¶椅子のカバーを新しくした yǐzi huànle xīn tàor（椅子换了新套ル）．¶機械に～をかぶせる jīqì shang gàishàng zhàobù（机器上盖上罩布）．¶ハトロン紙で本に～をする yòng niúpízhǐ bāo shū（用牛皮纸包书）．

¶ブック～ shūpí[r]（书皮［ル］）／hùfēng（护封）．

2〔補い〕 bǔcháng（补偿），dǐbǔ（抵补）；bǔ（补），bǔchōng（补充），míbǔ（弥补）．¶損失を～する bǔcháng sǔnshī（补偿损失）．¶人員の不足を皆の協力で～した dàjiā tóngxīn-xiélì míbǔ rényuán de bùzú（大家同心协力弥补人员的不足）．

かばいだて【庇い立て】 ¶～すると、おまえも同罪だ yàoshi bāobì, nǐ yě dàng tóngzuì ér lùn（要是包庇，你也当同罪而论）．

かばいろ【樺色】 zhūhuángsè（朱黄色）．

かば・う【庇う】 hù（护），huíhù（回护），hùchí（护持），hùduǎn（护短），bìhù（庇护），tǎnhù（袒护），bāobì（包庇）．¶彼女は身をもって子供を～った tā tǐngshēn hùzhe háizi（她挺身护着孩子）．¶君は彼女と仲がよいから～うのだ nǐ hé tā hǎo, jiù bìhù tā（你和她她好，就庇护她）．¶怪我をした足を～いながら歩く hùzhe shòushāng de tuǐ zǒulù（护着受伤的腿走路）．¶お互いに過失を～い合う hùxiāng bāobì guòshī（互相包庇过失）／chuān liándāngkù（穿连裆裤）．

がばがば ¶～した靴を履いて歩きづらい zhè shuāng xié chuānzhe tài kuānle, bùhǎo zǒulù（这双鞋穿着太旷了，不好走路）．¶痩せたので以前穿いていたズボンが～だ wǒ shòu le, yǐqián chuān de kùzi tài ˇkuàng［féi］ le（我瘦了，以前穿的裤子太ˇ旷［肥］了）．

がはく【画伯】 huàjiā（画家），huàshī（画师）．

かばやき【蒲焼】 ¶うなぎの～ kǎományúpiàn（烤鳗鱼片）．

かはん【河畔】 hépàn（河畔）．

かばん【鞄】〔手提げの〕tíbāo（提包），shǒutíbāo（手提包），píbāo（皮包）；〔肩掛けの〕kuàibāo［r］（挎包［ル］）；〔通学用の〕shūbāo（书包）；〔旅行用の〕píxiāng（皮箱），tíxiāng（提箱）．

かばん【画板】 huàbǎn（画板）．

かはんしん【下半身】 xiàbànshēn（下半身），xiàshēn（下身），xiàtǐ（下体）．

かはんすう【過半数】 guòbànshù（过半数）．¶その提案は～の賛成を得るに至らなかった nà jiàn tí'àn méi dédào guòbànshù de zànchéng（那件提案没得到过半数的赞成）．

かひ【可否】〔是非〕kěfǒu（可否）．¶ダム建設の～を論ずる yìlùn xiū shuǐkù de kěfǒu（议论修水库的可否）．

2〖贊否〗 ¶ 〜同数の場合は議長の决による zànchéng yǔ fǎnduì tóngshù shí yóu yìzhǎng cáijué(赞成与反对同数时由议长裁决).

かび【黴】 méi(霉), méijūn(霉菌); máo(毛), bú[r](醭[儿]). ¶ 〜が生える fā méi(发霉)/ zhǎng máo(长毛). ¶ 醤油に〜が生えた jiàngyóu shēngbú le(酱油生醭了). ¶ 〜の生えた話を蒸し返す chóngfù chéncí-làndiào(重复陈词滥调).

かび【華美】 huáměi(华美), huálì(华丽). ¶ 大層〜な服装をしている chuāndài fēicháng huálì(穿戴非常华丽).

かびくさ・い【黴臭い】 ¶ 押入れが〜い bìguìli yǒu méiwèir(壁柜里有霉味儿). ¶ 〜い話はもう聞き飽きた chéncí-làndiào yǐjīng tīngnì le (陈词滥调已经听腻了).

かひつ【加筆】 ¶ 旧版に〜訂正して出版する jiāng jiùbǎn jiāyǐ shānggǎi xiūdìng hòu chūbǎn (将旧版加以删改修订后出版). ¶ 生徒の絵に先生が〜する lǎoshī gěi xuésheng xiūgǎi huàgǎo(老师给学生修改画稿).

がひつ【画筆】 huàbǐ(画笔).

がびょう【画鋲】 túdīng[r](图钉[儿]).

かび・る【黴びる】 fā méi(发霉), zhǎng máo(长毛). ¶ 餅を長くおくと〜 niángāo fàngjiǔle jiù yào zhǎng máo(年糕放久了就要长毛).

かびん【花瓶】 huāpíng[r](花瓶[儿]), huāchā (花插), chāpíng(插瓶), dǎnpíng(胆瓶). ¶ 〜に花を挿す bǎ huār chāzài huāpíngli(把花儿插在花瓶里).

かびん【過敏】 guòmǐn(过敏). ¶ あの人は少々神経〜になっている tā yǒudiǎnr shénjīng guòmǐn(他有点儿神经过敏). ¶ 〜性の皮膚 guòmǐnxìng de pífū(过敏性的皮肤).

かふ【火夫】 huǒfū(火夫).

かふ【寡婦】 guǎfù(寡妇), shuāngfù(孀妇), bànbiānrén(半边人).

かぶ【株】 **1**〖切株〗 ¶ 木の〜につまずいた jiào shùzhuāngzi bànle yì jiāo(叫树桩子绊了一交).

2〖草木の〗 zhízhū(植株); 〔助数詞〕zhū(株), kē(棵). ¶ 花菖蒲の〜を分ける fēn huāchāngpú de zhízhū(分花菖蒲的植株). ¶ 牡丹を1 〜植える zhòng yì kē mǔdan(种一棵牡丹). ¶ 1〜の常緑樹 yī zhū chánglǜshù(一株常绿树).

3〖株式〗 gǔfèn(股份); 〖株券〗 gǔpiào(股票); 〔助数詞〕gǔ(股). ¶ 増資のため新〜を募集する wèile zēngjiā zīběn zhāo xīn gǔ(为了增加资本招新股). ¶ 自動車〜を買う gòumǎi qìchē gǔpiào(购买汽车公司的股票). ¶ 〜の配当を受ける lǐng ˇgǔxī[gǔlì](领ˇ股息[股利]). ¶ 彼は鉄鋼〜を1万〜持っている tā zhǒu yī wàn gǔ gāngtiě gōngsī de gǔpiào (他有一万股钢铁公司的股票).

4¶ 親父の〜が上がった fùqin de shēngjià tígāo le(父亲的声价提高了).

かぶ【蕪】 wújīng(芜菁), biǎnluóbo(扁萝卜).

かぶ【下部】 xiàbù(下部); xiàjí(下级), xiàcéng (下层). ¶ 上部の分裂が〜の混乱を招いた shàngcéng de fēnliè yǐnqǐle xiàcéng de hùnluàn (上层的分裂引起了下层的混乱). ¶ 〜組織 jīcéng zǔzhī(基层组织).

がふ【画布】 huàbù(画布).

かふう【家風】 ménfēng(门风), jiāguī(家规). ¶ 〜に合わない bù fúhé ménfēng(不符合门风).

がふう【画風】 ¶ 晩年の〜は一変して明るくなった tā wǎnnián de huàfēng yí biàn wéi mínglǎng(他晚年的画风一变为明朗).

カフェ kāfēi(咖啡); kāfēiguǎn(咖啡馆). ¶ 〜オーレ niúnǎi kāfēi(牛奶咖啡). 〜テラス lùtiān kāfēidiàn(露天咖啡店).

カフェイン kāfēiyīn(咖啡因), kāfēijiǎn(咖啡碱).

カフェテリア zìzhù cāntīng(自助餐厅).

かぶか【株価】 gǔpiào jiàgé(股票价格), gǔpiào hángqíng(股票行情), gǔpiào hángshì(股票行市). ¶ 〜が上がった gǔpiào shàngzhǎng le(股票上涨了). ¶ 〜が大幅に変動する gǔpiào hángqíng dàfúdù zhǎngluò(股票行情大幅度涨落).

がぶがぶ gūdūgūdū(咕嘟咕嘟). ¶ 酒を〜と飲む gūdūgūdū de dàkǒu hējiǔ(咕嘟咕嘟地大口喝酒).

かぶき【歌舞伎】 gēwǔjì(歌舞伎).

かぶく【禍福】 huò fú(祸福). ¶ 〜はあざなえる縄の如し huò fú rú jiǔ mò(祸福如纠缠)/ sài wēng huò fú wú dìng(塞翁祸福无定).

かふくぶ【下腹部】 xiǎodùzi(小肚子), xiǎofù(小腹).

かぶけん【株券】 gǔpiào(股票).

かぶさ・る【被さる】 ¶ 雲が峰に〜っている yún lǒngzhàozhe shānfēng(云笼罩着山峰). ¶ 母親が死んで家事の負担が姉婦に〜ってきた mǔqin qùshì, jiāwù yādào dànr jiānshang(母亲去世,家务压到大女儿肩上).

かぶしき【株式】 gǔfèn(股份); 〖株券〗 gǔpiào (股票). ¶ 〜を発行する fāxíng gǔpiào(发行股票).

¶ 〜会社 gǔfèn gōngsī(股份公司). 〜市場 gǔshì(股市)/ gǔpiào shìchǎng(股票市场). 〜相場 gǔpiào hángshì(股票行市). 〜取引所 gǔpiào jiāoyìsuǒ(股票交易所).

カフス xiùkǒu(袖口). ¶ 〜ボタン xiùkòur(袖扣儿)/ xiùniǔ(袖纽).

かぶ・せる【被せる】 dài(戴); gài(盖), tào(套), méng(蒙), zhào(罩). ¶ 蓋を〜せる bǎ gàir gàishàng(把盖儿盖上). ¶ 万年筆のキャップを〜せる tàoshàng gāngbǐ de bǐmào(套上钢笔的笔帽). ¶ ひよこに籠を〜せる yòng zhúlóngzi zhàozhù xiǎojī(用竹笼子罩上小鸡). ¶ 子供に帽子を〜せる gěi háizi dài màozi(给孩子戴帽子). ¶ 人に罪を〜せる wěi zuì yú rén (委罪于人)/ jiàhuò yú rén(嫁祸于人).

カプセル 〔薬の〕 jiāonáng(胶囊); 〔宇宙飛行体の〕 yǔzhòu mìbì xiǎocāng(宇宙密闭小舱), yǔzhòu róngqì(宇宙容器). ¶ 〜に入った薬 jiāonáng zhuāng de yào(胶囊装的药).

¶ タイム〜 shídài chǔfàngqì(时代储放器).

かふそく【過不足】 ¶～がない bù duō bù shǎo(不多不少)/ duōshǎo xiāngděng(多少相等).

かぶと【甲・兜・冑】 kuī(盔). ¶彼はすっかり～を脱いだ tā ˇwánquán fú[gān bài xiàfēng] le(他ˇ完全服[甘拜下风] 了). ¶勝って～の緒(お)を締めよ shènglì gèng yào jièjiāo-jièzào(胜利更要戒骄戒躁).

かぶとむし【兜虫】 dújiǎoxiān(独角仙).

かぶぬし【株主】 gǔdōng(股东). ¶～総会 gǔdōng dàhuì(股东大会).

かぶり ¶溺れかけて～と水を飲んでしまった chàdiǎnr méi yānsǐ, guànle yí dà kǒu shuǐ(差点ㄦ没淹死, 灌了一大口水). ¶犬が足に～と食いついた gǒu zài tuǐshang měng yǎole yì kǒu(狗在腿上猛咬了一口).

かぶりつ・く ¶大きな西瓜に～いて食う lángtūn-hǔyàn de chī xīguā(狼吞虎咽地吃西瓜).

かぶ・る【被る】 1〔顔, 頭などに〕dài(戴); gài(盖), méng(蒙). ¶面を～る dài jiǎmiànjù(戴假面具). ¶帽子を～る dài màozi(戴帽子). ¶布団を頭から～って寝る méngzhe bèizi shuì(蒙着被子睡)/ méng tóu shuìjiào(蒙头睡觉).

2〔浴びる〕jiāo(浇), chōng(冲). ¶私は毎朝冷たい水を～る wǒ měitiān zǎoshang wǎng shēnshang jiāo lěngshuǐ(我每天早上往身上浇冷水). ¶田畑が水を～って作物が駄目になった tiándì bèi shuǐ yān, zhuāngjia dōu wándàn le(田地被水淹, 庄稼都完蛋了). ¶船が波を～って今にも沈みそうだ chuán shòu làngtāo chōngjī, yǎnkàn jiùyào chénxiaqu le(船受浪涛冲击, 眼看就要沉下去了). ¶本がほこりを～っている shūshang méngle yì céng huīchén(书上蒙了一层灰尘). ¶彼のためなら泥を～ってもいい wèile tā jiùshì wǎng wǒ liǎnshang mǒ hēi yě qíngyuàn(为了他就是往我脸上抹黑也情愿).

3〔背負いこむ〕bēi(背). ¶人の罪を～る bēi hēiguō(背黑锅)/ dài rén shòu guò(代人受过).

4〔写真で〕pǎoguāng(跑光). ¶フィルムが～ってしまった dǐpiàn pǎoguāng le(底片跑光了).

かぶ・れる 1〔まける〕yǎo(咬). ¶漆に～れた jiào qī yǎo le(叫漆咬了)/ shēng qīfēng(生漆风).

2〔影響される〕¶演劇に～れる duì yǎnxì shàngle yǐn(对演戏上了瘾). ¶西洋～れだ tā yánglǐyángqì de(他洋里洋气的).

かふん【花粉】 huāfěn(花粉). ¶～症 huāfěnzhèng(花粉症).

かぶん【過分】 ¶～のお褒めをいただき恐縮で nín guòjiǎngle, shízài bùgǎndāng(您过奖了, 实在不敢当)/ duō chéng miùjiǎng, shízài bùgǎndāng(多承奖奖, 实在不敢当).

かぶん【寡聞】 ¶～にして存じません wǒ gūlòu-guǎwén bù zhīdào(我孤陋寡闻不知道).

かべ【壁】 qiáng(墙), qiángbì(墙壁). ¶～を塗る nì[mò]qiáng(泥[抹]墙). ¶研究は～にぶつかった yánjiū gōngzuò zhuàngle qiáng le(研究工作撞了墙了). ¶100メートル9秒8の～を破った tūpòle yìbǎi mǐ jiǔ miǎo bā de dàguān(突破了一百米九秒八的大关). ¶～に耳あり障子に目あり gé qiáng yǒu ěr, gé chuāng yǒu yǎn(隔墙有耳, 隔窗有眼)、méiyǒu bú tòufēng de qiáng(没有不透风的墙).

¶～際 qiángbiān(墙边)/ qiángjiǎor(墙角ㄦ). ¶～隣 gébì(隔壁).

かへい【貨幣】 huòbì(货币), qiánbì(钱币). ¶～価値 huòbì jiàzhí(货币价值)/ bìzhí(币值).

がへい【画餅】 ¶計画は～に帰した jìhuà luòkōng le(计划落空了).

かべかけ【壁掛け】 bìguà(壁挂); bìtǎn(壁毯), guàtǎn(挂毯).

かべがみ【壁紙】 qiángzhǐ(墙纸), bìzhǐ(壁纸). ¶～をはる húqiáng(糊墙).

かべしんぶん【壁新聞】 qiángbào(墙报), bìbào(壁报), dàzìbào(大字报).

かへん【可変】 kěbiàn(可变). ¶～コンデンサー kěbiàn diànróngqì(可变电容器). ～資本 kěbiàn zīběn(可变资本).

かべん【花弁】 huābàn(花瓣).

かほう【加法】 jiāfǎ(加法).

かほう【果報】 ¶～は寝て待て yǒu fú búyòng máng(有福不用忙).

¶～者 xìngyùnér(幸运儿).

かほう【家宝】 chuánjiābǎo(传家宝).

かほう【画報】 huàbào(画报).

かぼそ・い【か細い】 xiānruò(纤弱), xìruò(细弱). ¶～い体 xiānruò de shēnzi(纤弱的身子). ¶～い声 xìruò de shēngyīn(细弱的声音).

カボチャ【南瓜】 nánguā(南瓜), wōguā(倭瓜), lǎowōguā(老倭瓜), fānguā(番瓜), běiguā(北瓜). ¶～の種 nánguāzǐr(南瓜子ㄦ).

かま【釜】 guō(锅). ¶～を火にかける bǎ guō zuòzài huǒshang(把锅坐在火上). ¶同じ～の飯を食う chī yí ge guōli de fàn(吃一个锅里的饭).

かま【窯】 yáo(窑); lú(炉). ¶瓦を焼く～ wǎyáo(瓦窑).

¶炭焼～ mùtànyáo(木炭窑). パン焼～ miànbāolú(面包炉).

かま【罐】 qìguō(汽锅), guōlú(锅炉).

かま【鎌】 liándāo(镰刀). ¶～で麦を刈る yòng liándāo gē màizi(用镰刀割麦子). ¶～をかける tào rén de huà(套人的话)/ ná huà tào rén(拿话套人).

がま【蒲】 pú(蒲), xiāngpú(香蒲), shuǐzhú(水烛). ¶～の穂綿 púróng(蒲绒).

がま【蝦蟇】 háma(蛤蟆), làiháma(癞蛤蟆), jièháma(疥蛤蟆), chánchú(蟾蜍). ¶～の膏(ぁぶら) chánsū(蟾酥).

かま・う【構う】 1〔気にかける, 気をつかう〕guǎn(管), gù(顾). ¶そんな事にいちいち～っていられない nàxiē shì wúxiá yīyī gùjí(那些事无暇一一顾及)/ gùbují zhèxiē língsuìshìr(顾不及这些零碎事ㄦ). ¶あたり～わず大声でしゃべる dàshēng shuōhuà, páng ruò wú rén(大声说话, 旁若无人). ¶あんな奴に～うな nà zhǒng rén nǐ béng lǐcǎi(那种人你甭理睬)/ nǐ bié lǐ tā

(你别理他)．¶彼女は全く子供を～おうとしない tā yìdiǎnr yě bù guǎn [bú gù] háizi (她一点儿也)不管[不顾]孩子)．¶これ以上私に～わないでくれ zài yě búyào guǎn wǒ (再也不要管我)．¶彼は一向に服装を～わない tā duì chuāndài yìdiǎnr yě bú zàiyi (他对穿戴一点儿也不在意)．¶人が何と言おうと私は～わない rénjiā shuō shénme wǒ dōu búzàihu (人家说什么我都不在乎)．¶いくらでも～わないから要るだけ持って行きなさい duōshao dōu méi guānxi, nǐ yào duōshao jiù ná duōshao qù ba (多少都没关系,你要多少就拿多少去吧)．¶どんなに高くても～いません, 私に譲って下さい jiùshì duō guì yě méi guānxi, màigěi wǒ ba (就是多贵也没关系, 卖给我吧)．¶煙草を～いませんか kěyǐ chōu kǒu yān ma? (可以抽口烟吗?)．¶私はどちらでも～わない wǒ zěnme dōu xíng (我怎么都行)．

2〔もてなす〕zhāngluo(张罗), zhāodài(招待)．¶どうかもう何も～わないで下さい qǐng búyào zài zhāngluo le (请不要再张罗了)．¶何のお～いも致しませんで zhāodài bù zhōu, qǐng yuánliàng (招待不周, 请原谅)/ dàimàn, dàimàn (怠慢, 怠慢)．

3〔からかう〕dòu(逗), dòunong(逗弄)．¶犬を～って手をかまれた dòu gǒu dòude bèi yǎole shǒu (逗狗逗得被咬了手)．¶あまりその子を～うな bié nàme dòunong nàge háizi (别那么逗弄那个孩子)．

かまえ【構え】1〔作り〕¶堂々たる～の屋敷 tánghuáng de yuànzhái (堂皇的院宅)．

2〔用意, 身構え〕zhǔnbèi (准备); fángbèi (防备); jiàshì (架势·架式)．¶敵の攻撃に対してすでに十分な～はできている duìyú dírén de gōngjī yǐ yǒu chōngfèn de fángbèi (对于敌人的攻击已有充分的防备)．¶一戦をも辞さぬ～ bù cí yí zhàn de yàngzi (不辞一战的样子)．¶彼の～にはすかがある tā de jiàshì yǒu xì kějī (他的架式有限可击)．

かま・える【構える】1〔設ける〕¶一家を～える chéng jiā lì yè (成家立业) ¶事務所を～えた kāishèle shìwùsuǒ (开设了事务所)．

2〔身構える〕¶偉そうに～える bǎi dàjiàzi (摆大架子)．¶銃を～える zuò fàngqiāng de zīshì (作放枪的姿势)．

3〔作り事を言う〕¶事を～える zīshì (滋事); qǐxìn (启衅); shēngshì (生事); nàoshì (闹事)．¶口実を～える tuōcí (托辞)/ jiègù (借故)/ tuōgù (托故)．

かまきり【蟷螂】 tángláng(螳螂), dāolang(刀螂)．

がまぐち【蝦蟇口】 wāzuǐ shì de qiánbāo (蛙嘴式的钱包)．

かまくび【鎌首】¶蛇が～をもたげた shé yángqǐ bózi (蛇扬起脖子)．

かま・ける¶子供に～けて本も読めない zhǐgù zhàoliào háizi lián yì běn shū yě kànbuliǎo (只顾照料孩子连一本书也看不了)．

かます【叺】 cǎobāo(草包), cǎodài(草袋)．

かまたき【罐焚き】 sīlú(司炉), huǒfū(火夫)．

¶～作業をする shāo guōlú (烧锅炉)．

かまど【竃】 zào(灶), lúzào(炉灶), huǒzào (火灶), zàohuo (灶火), zàotou (灶头), lúzi (炉子), huǒlú (火炉)．¶～の火を焚く shēng zàohuo (生灶火)/ shēng lúzi (生炉子)．¶～を分ける lìng qǐ lúzào (另起灶)/ lìng lì ménhù (另立门户)/ fēn jiā (分家)．

かまとと¶彼女は～だ tā shì jiǎtiānzhēn (她是假天真)．

かまぼこ【蒲鉾】 yúgāo(鱼糕)．

かまもと【窯元】 yáohù(窑户)．¶有田焼の～zhì Yǒutián táoqì de yáohù (制有田陶器的窑户)．

かまん【我慢】 rěn (忍), rěnnài (忍耐), rěnshòu (忍受), róngrěn (容忍)．¶みんな吹き出したいのを～している dàjiā rěnzhe xiào (大家忍着笑)．¶かゆくて～できない yǎngde rěnnài bu zhù (痒得忍耐不住)．¶小便を～する biézhe yǐ pāo niào (憋着一泡尿)．¶こんな侮辱は～ができない zhèyàng de wǔrǔ wúfǎ rěnshòu (这样的侮辱无法忍受)．¶～も限界だ yì rěn zài rěn, yǐjing dàodá jíxiàn le (一忍再忍, 已经到达极限了)．¶～強い子供 hěn néng rěnnài de háizi (很能忍耐的孩子)．¶道理をわきまえない彼の行為は～がならない wǒ bùnéng róngrěn tā de wúlǐ xíngwéi (我不能容忍他的无理行为)．¶今度だけは～してやる zhǐ néng yuánliàng zhè yí cì (只能原谅这一次)．

かみ【上】¶この川の2キロに橋が新しくかかった zhè tiáo hé de shàngyóu liǎng gōnglǐ de dìfang dāle xīn qiáo (在这条河的上游两公里的地方搭了新桥)．¶～は王公より下は庶人にいたるまで shàng zì wánggōng xià zhì shùrén (上自王公下至庶人)．

かみ【神】 shén(神), shàngdì(上帝)．¶～に祈る qídǎo shàngdì (祈祷上帝)/ qiú shén bǎoyòu (求神保佑)．¶～にかけて誓う xiàng shàngdì fāshì (向上帝发誓)．¶～のみぞ知る zhǐyǒu lǎotiānyé zhīdao (只有老天爷知道)．¶～ならぬ身の知る由もなし fánrén wúfǎ suǒ zhī (凡人无法所知)．¶～も仏もあるものか shàngdì fóye dōu qù tā de (上帝佛爷都去他的)．

かみ【紙】 zhǐ(纸), zhǐzhāng(纸张), zhǐtóu(纸头)．¶～1枚 yì zhāng zhǐ (一张纸)．¶～に書く xiězài zhǐshang (写在纸上)．¶～に包む yòng zhǐ bāo (用纸包)．¶人情の如し rénqíng rú zhǐ báo (人情如纸薄)．
¶～コップ zhǐbēi (纸杯)．～テープ zhǐdài (纸带)．～ナプキン zhǐcānjīn (纸餐巾)．～吹雪 wǔcǎi zhǐxiè (五彩纸屑)．

かみ【髪】 fà, tóufa (头发)．¶～の毛 tóufa (头发)．¶～を洗う xǐ tóufa (洗头发)．¶～をおさげに結っている shūzhe biànzi (梳着辫子)．¶～を分ける liú fēntóu (留分头)．¶～をとかす lǒng tóufa (拢头发)/ shūtóu (梳头)．¶～を刈る lǐfà (理发)/ tìtóu (剃头)．¶～を伸ばす liúfà (留发)．¶～を下ろして出家する luòfà chūjiā (落发出家)/ xuěfà wéi sēng (削发为僧)．¶～が薄くなった tóufa xīshū le (头发

稀疏了). ¶柔らかい～ ruǎntóufa(软头发). ¶～型を変える gǎi fàxíng(改发型).

かみ【加味】 ¶学生の意見も～して決めた yě xīshōule xuésheng de yìjiàn juédìng de(也吸收了学生的意见决定的).

かみあ・う【噛み合う】 niēhé(啮合). ¶2つの歯車が～う liǎng ge chǐlún niēhé zài yìqǐ(两个齿轮咬合在一起). ¶両者の議論が～わない liǎngzhě de yìlùn zǒng bùnéng wěnhé(两者的议论总不能吻合).

かみがかり【神憑り】 ¶彼の言うことは～的だ tā shuōde tài shénhūqíshén le(他说得太神乎其神了).

がみがみ ¶一日中～言われる chéngtiānjiē áimà(成天家挨骂).

かみき【上期】 shàngbànnián(上半年).

かみきりむし【髪切り虫】 tiānniú(天牛).

かみき・る【噛み切る】 yǎoduàn(咬断). ¶舌を～って死んだ yǎoduàn shétou sǐ le(咬断舌头死了). ¶犬に上着をずたずたに～られた shàngyī jiào gǒu gěi yǎolàn le(上衣叫狗给咬烂了).

かみきれ【紙切れ】 zhǐpiàn(纸片), zhǐtiáo(纸条). ¶ちょっと～に書きつけておく xiān jìzài zhǐtiáo shang(先记在纸条上).

かみくず【紙屑】 fèizhǐ(废纸), lànzhǐ(烂纸); zìzhǐ(字纸). ¶～を散らさないように búyào bǎ fèizhǐ suídì luàn rēng(不要把废纸随地乱扔). ¶道路は～だらけだ lùshang jìngshì fèizhǐ(路上净是废纸). ¶株券が～同然になった gǔpiào jiǎnzhí chéngle fèizhǐ le(股票简直成了废纸了). ¶～籠 zhǐlǒu(纸篓)/zìzhǐlǒur(字纸篓儿).

かみくだ・く【噛み砕く】 ¶この薬は～いて飲んで下さい zhè yào jiáole zài yànxiaqu(这药嚼了再咽下去). ¶～いて説明してのでよく分った tōngsú yìdǒng de gěi wǒ zuòle shuōmíng, suǒyǐ quán dǒng le(通俗易懂地给我作了说明,所以全懂了).

かみころ・す【噛み殺す】 **1** yǎosǐ(咬死). ¶もう少しで虎に～されるところだった chà yìdiǎnr méi bèi lǎohǔ yǎosǐ(差一点没被老虎咬死). **2**【我慢する】 ¶笑いを～す rěnzhe xiào(忍着笑). ¶あくびを～す biēzhù hāqian(憋住哈欠).

かみざ【上座】 shàngzuò(上座). ¶どうぞ～におき下さい qǐng zuò shàngzuò(请坐上座).

かみしばい【紙芝居】 lāyángpiàn(拉洋片).

かみし・める【噛み締める】 yǎo(咬), yǎojǐn(咬紧), yǎozhù(咬住). ¶唇を～め口惜しさに耐えた yǎozhù zuǐchún biēzhe yí dùzi qì(咬住嘴唇憋着一肚子气). ¶～めれば～めるほど味が出てくる yuè jiáo yuè yǒu zīwèir(越嚼越有滋味儿). ¶彼は先生の言葉を～めていた tā jǔjuézhe lǎoshī shuō de huà(他咀嚼着老师说的话). ¶勝利の喜びを～める jǔjué shènglì de xǐyuè(咀嚼胜利的喜悦).

かみそり【剃刀】 tìdāo[r](剃刀[儿]), guāliǎndāo(刮脸刀), dāopiàn[r](刀片[儿]). ¶～でひげを剃る ná guāliǎndāo guāliǎn(拿刮脸刀刮脸). ¶～のように切れる人 jīngmíng-qiánggàn de rén(精明强干的人).

¶安全～ bǎoxiǎndāo(保险刀)/ ānquán tìdāo(安全剃刀). 電気～ diàndòng tìdāo(电动剃刀).

かみだな【神棚】 shénkān(神龛).

かみだのみ【神頼み】 ¶苦しい時の～ píngshí bù shāoxiāng, jí lái bào fójiǎo(平时不烧香,急来抱佛脚).

かみつ【過密】 ¶人口～ rénkǒu guò mì(人口过密)/rénkǒu guòfèn jízhōng(人口过分集中).

かみつ・く【噛み付く】 yǎo(咬). ¶狂犬に～かれた bèi fēnggǒu yǎole yì kǒu(被疯狗咬了一口). ¶逆に上役に～いた fǎn yǎole shàngsi yìkǒu(反咬了上司一口).

かみづつみ【紙包】 zhǐbāo(纸包).

かみつぶ・す【噛み潰す】 yǎosuì(咬碎), jiáosuì(嚼碎). ¶生米を～す jiáosuì shēngmǐ(嚼碎生米). ¶苦虫を～したような my hǎoxiàng chīle huánglián shìde(好像吃了黄连似的).

かみて【上手】 shàngshǒu(上手・上首). ¶～から登場する yóu wǔtái shàngshǒu shàngchǎng(由舞台上首上场).

かみなり【雷】 léi(雷). ¶～が鳴る dǎ léi(打雷). ¶～が落ちた léi pīxialai le(雷劈下来了). ¶～に打たれた bèi léi pī le(被雷劈了). ¶親父の～が落ちた pītóu áile lǎotóuzi yí dùn dà mà(劈头挨了老头子一顿大骂).

かみはさみ【紙挟み】 zhǐjiá(纸夹).

かみはんき【上半期】 shàngbànnián(上半年).

かみひとえ【紙一重】 ¶天才と気違いの差だ tiāncái hé fēngzi zhī chā yóuru yì zhāng báo zhǐ(天才和疯子之差犹如一张薄纸). ¶～のところで死を免れた xiǎnxiēr méi sàngmìng(险些儿没丧命).

かみぶくろ【紙袋】 zhǐdài(纸袋).

かみふぶき【紙吹雪】 ¶が宙を舞う cǎisè zhǐxiè mǎntiān piāowǔ(彩色纸屑满天飘舞).

かみやすり【紙鑢】 shāzhǐ(砂纸). ¶～でみがく yòng shāzhǐ cā(用砂纸擦).

かみわ・ける【噛み分ける】 ¶彼は酸いも甘いも～けている tā chángbiànle rénshì de tián suān kǔ là(他尝遍了人世的甜酸苦辣)/ tā bǎojīng-fēngshuāng(他饱经风霜).

かみわざ【神業】 ¶あれはまさに～だ nà jiǎnzhí shì rénlì suǒ bùnéng jí de jìyì(那简直是人力所不能及的技艺)/ zhè zhǒng jìyì jiǎnzhí shì guǐfǔ-shéngōng(这种技艺简直是鬼斧神工).

かみん【仮眠】 jiǎmèi(假寐).

かみん【夏眠】 xiàmián(夏眠), xiàzhé(夏蛰).

か・む【擤む】 xǐng(擤). ¶鼻を～む xǐng bízi(擤鼻子)/ xǐng bítì(擤鼻涕).

か・む【噛む】 **1**〔歯をたてる〕 yǎo(咬). ¶蛇に～まれた bèi shé yǎo le(被蛇咬了). ¶野犬に～まれた bèi yěgǒu yǎo le(被野狗咬了). ¶唇を～んで口惜しがる huǐhènde yǎo zuǐchún(悔恨得咬嘴唇). ¶その発音は舌を～みそうだ nàge fāyīn zhēn yàoshér[ràozuǐ/bièzuǐ](那个发音真咬舌儿[绕嘴/别嘴]). ¶怒涛岩を～む nùtāo zhuàngjī yánshí(怒涛撞击岩石).

2〔噛みくだく〕jiáo(嚼), xìjiáo(细嚼), jǔjué(咀嚼). ¶よく～んで食べなさい xìjiáo-mànyàn de chī(细嚼慢咽地吃). ¶いくら～んでも～み切れない zěnme jiáo yě jiáobùdòng(怎么嚼也嚼不动). ¶～んで含めるように言い聞かせる zhūnzhūn jiàohuì(谆谆教诲). ¶～んで吐き出すように言う lěngyán-lěngyǔ de shuō(冷言冷语地说).

3¶この事件はあいつが一枚～んでいるに違いない zhège shìjiàn nà jiāhuo zhǔn yǒu yí fènr(这个事件那家伙准有一份ㄦ).

カム tūlún(凸轮).

ガム kǒuxiāngtáng(口香糖)〈チューインガム〉. ¶風船～ pàopaotáng(泡泡糖).

がむしゃら〔～にやる mángàn(蛮干)/ héngchōng-zhízhuàng(横冲直撞). ¶～に勉強する pīnmìng yònggōng(拼命用功).

ガムテープ jiāozhān zhǐdài(胶粘纸带).

カムバック¶政界に～する chóngfǎn zhèngjiè(重返政界).

カムフラージュ wěizhuāng(伪装). ¶落し穴の上に草をのせて～する xiànjǐng gàishàng cǎo wěizhuāng(陷阱盖上草伪装).

かめ【瓶】 gāng(缸), gāngzi(缸子), tán(坛), tánzi(坛子), wèng(瓮), zèng(甑).

かめ【亀】 guī(龟), wūguī(乌龟), jīnguī(金龟), wángba(王八). ¶～の甲羅 guījiǎ(龟甲). ¶～の甲より年の功 jiāng shì lǎo de là(姜是老的辣), yí suì niánjì yí suì rén(一岁年纪一岁人).

かめい【加盟】 jiāméng(加盟). ¶国連に～する jiārù Liánhéguó(加入联合国).

かめい【仮名】 jiǎmíng(假名), huàmíng(化名). ¶～を使う huà míng(化名)/ yòng jiǎmíng(用假名). ¶文中の名はすべて～である wénzhāng zhōng suǒ yòng de dōu shì jiǎmíng(文章中所用的都是假名).

かめい【家名】¶～を汚す bàihuài ménfēng(败坏门风). ¶～をあげる shǐ méndì zēngguāng(使门第增光).

がめつ・い¶あいつは～い nà jiāhuo yìmáo-bùbá(那家伙一毛不拔).

カメラ zhàoxiàngjī(照相机), xiàngjī(相机), shèyǐngjī(摄影机);〔映画の〕shèyǐngjī(摄影机), diànyǐngjī(电影机);〔テレビの〕shèxiàngjī(摄像机). ¶～におさめる zhào xiàng(照相)/ shèyǐng(摄影).
¶～アングル shèyǐng jiǎodù(摄影角度). ～マン shèyǐngshī(摄影师)/ shèyǐngjiā(摄影家)/ shèyǐng jìzhě(摄影记者).

カメレオン biànsèlóng(变色龙).

かめん【仮面】 miànjù(面具), jiǎmiànjù(假面具), huàpí(画皮), wàiyī(外衣). ¶～を被る dài miànjù(戴面具). ¶偽善の～を剥ぐ jiēchuān wěishàn de jiǎmiànjù(揭穿伪善的假面具).

がめん【画面】 huàmiàn(画面), yǐngxiàng(影像), ¶～がはっきりしない huàmiàn bù qīngxī(画面不清晰).

かも【鴨】 yěyā(野鸭); dàtóu(大头), yuāndàtóu(冤大头). ¶～打ちに行く dǎ yěyā qù(打野鸭去). ¶いい～にされる bèi rén ná dàtóu(被人拿大头). ¶～が葱をしょって来た hǎoshì sòngshàng mén lái(好事送上门来).

かもい【鴨居】 ménméi(门楣), shàngménkànr(上门坎ㄦ).

かもく **1**【科目】 kēmù(科目). ¶勘定～ kuàijì kēmù(会计科目)/ zhàngmù(账目).
2【課目】 kè(课), xuékē(学科). ¶必修～ bìxiūkè(必修课).

かもく【寡黙】 chénmò guǎyán(沉默寡言).

かもしか língyáng(羚羊).

-かもしれな・い yěxǔ(也许), huòxǔ(或许), xīngxǔ(兴许), kěnéng(可能); shuōbudìng(说不定). ¶雨が降るかも～い yěxǔ yào xiàyǔ(也许要下雨). ¶彼は来ない～い xīngxǔ tā bù lái(兴许他不来). ¶私の記憶違い～い xǔ shì wǒ jìcuò le(许是我记错了).

かも・す【醸す】 **1**【醸造する】 niàng(酿), niàngzào(酿造). ¶酒を～す niàng jiǔ(酿酒).
2〔作り出す〕zàochéng(造成), yǐnqǐ(引起), niàngchéng(酿成). ¶友好的な雰囲気を～し出す zàochéng yǒuhǎo de qìfēn(造成友好的气氛). ¶物議を～す yǐnqǐ yìlùn(引起议论).

かもつ【貨物】 huò(货), huòwù(货物). ¶貨車に～を積む bǎ huò zhuāngzài huòchē shang(把货装在货车上).
～運賃 huòyùnfèi(货运费). ～駅 huòyùnzhàn(货运站). ～室 huòcāng(货舱). ～船 huòchuán(货船). ～列車 huòyùn lièchē(货运列车).

かものはし【鴨嘴】 yāzuǐshòu(鸭嘴兽).

かもめ【鷗】 hǎi'ōu(海鸥).

かや【茅】 máo(茅), báimáo(白茅), máocǎo(茅草); mángcǎo(芒草). ¶～で屋根をふく yòng máocǎo shàn fángdǐng(用茅草苫房顶). ¶～葺きの屋根 máocǎo fángdǐng(茅草房顶).

かや【蚊帳】 wénzhàng(蚊帐). ¶～を吊る guà wénzhàng(挂蚊帐).

がやがや jīliguālā(叽哩呱拉), jījīgāgā(叽叽嘎嘎·唧唧嘎嘎), jījicáocáo(哜哜嘈嘈), wālā(哇啦·哇啊). ¶外で～と話し声がする cóng wàimian chuánlái jīliguālā de shuōhuàshēng(从外面传来叽哩呱拉的说话声).

かやく【火薬】 huǒyào(火药), zhàyào(炸药). ¶～が爆発した huǒyào bàozhà le(火药爆炸了).
～庫 huǒyàokù(火药库). 黑色～ hēisè huǒyào(黑色火药).

かゆ【粥】 zhōu(粥), xīfàn(稀饭). ¶～を煮る áo zhōu(熬粥). ¶～をすする hē zhōu(喝粥).

かゆ・い【痒い】 yǎng(痒), yǎngyang(痒痒), fāyǎng(发痒), cīyang(刺痒). ¶蚊に刺された～い yào wénzi dīngde zhíyǎng huāng(叫蚊子叮得痒得慌). ¶ああ、～い á! yǎngsǐ rén le(啊!痒死人了). ¶いくら罵られても痛くも～くもない wúlùn zěnyàng aimà yě bù gǎn tòngyǎng(无论怎样挨骂也不感痛痒). ¶～いところに手が届く wúwēi búzhì(无微不至)/ guānhuái

かよい【通い】 1〔行き来〕wǎnglái（往来），wǎngfǎn（往返）. ¶大島～の船 wǎngfǎn yú Dàdǎo hé Běnzhōu de qìchuán（往返于大岛和本州的汽船）. ¶私は毎日病院～です wǒ měitiān shàng yīyuàn kànbìng qù（我每天上医院看病去）.

2〔通勤〕 ¶～の店員 zhùzài diànwài de diànyuán（住在店外的店员）.

かよ・う【通う】 1〔行き来する〕wǎnglái（往来），wǎngfǎn（往返）. ¶歩いて工場へ～う zǒuzhe dào gōngchǎng qù shàngbān（走着到工厂去上班）. ¶東京·大阪間をバスが～っている Dōngjīng yǔ Dàbǎn jiān yǒu gōnggòng qìchē wǎngfǎn（东京与大阪间有公共汽车往返）. ¶～いなれた道 zǒushúle de lù（走熟了的路）. ¶碁会所に～いつめる tiāntiān dào wéiqí jùlèbù lái（天天到围棋俱乐部来）. ¶鳥も～わぬ離れ島 niǎo yě fēibùdào de gūdǎo（鸟也飞不到的孤岛）.

2〔通ずる〕 ¶2人の心が～いあう liǎ rén xīnxīn-xiāngyìn（俩人心心相印）. ¶まだ息が～っている hái chuǎnzhe qì（还喘着气）/ hái yǒu qìxī（还有气息）. ¶電流が～う diànliú tōngzhe（电流通着）.

かよう【火曜】 xīngqī'èr（星期二），lǐbài'èr（礼拜二）.

かようきょく【歌謡曲】 tōngsú gēqǔ（通俗歌曲），dàzhòng liúxíng gēqǔ（大众流行歌曲）.

かようし【画用紙】 túhuàzhǐ（图画纸）.

かようせい【可溶性】 kěróngxìng（可溶性）.

かよく【我欲】 sīyù（私欲）. ¶～の強い人 sīyùxīn hěn qiáng［lìyù-xūnxīn］de rén（私欲心很强［利欲熏心］的人）.

かよわい【か弱い】 xiānruò（纤弱）. ¶～い女の身一つで子供を育て上げた yí ge xiānruò de nǚrénjiā bǎ háizi fǔyǎng chéng rén（一个纤弱的女人家把孩子抚养成人）.

かよわ・せる【通わせる】 ¶互いに心を～せる bǐcǐ jiāo xīn（彼此交心）/ xīn xīn xiāng yìn（心心相印）.

から【空】 kōng（空）. ¶～の箱 kōng hézi（空盒子）. ¶財布はすぐ～になった qiánbāo bù yíhuìr jiù kōng le（钱包不一会ɼ就空了）. ¶引出しを～にする bǎ chōutì téngkōng（把抽屉腾空）. ¶家を～にして行くのは心配だ jiāli bù liú rén, chūqu bú fàngxīn（家里不留人, 出去不放心）.

から【殻】 1 ké[r]（壳[ɼ]），qiào（壳），jièqiào（介壳），jiǎqiào（甲壳）. ¶卵の～ jīdànkér（鸡蛋壳ɼ）. ¶胡桃の～ hétaokér（核桃壳ɼ）. ¶牡蠣の～ mǔlìqiào（牡蛎壳）. ¶蝉が～から脱け出した zhīliǎo tuōle qiào le（知了脱了壳了）/ chán tuìpí le（蝉蜕皮了）. ¶古い～を破る dǎpò jiù kuāngkuang（打破旧框框）. ¶自分の～に閉じこもる duǒzài zìjǐ de xiǎo shìjiè li（躲在自己的小世界里）.

2〔空き殻〕 ¶缶詰の～ kōng guàntougu ànr（空罐头罐ɼ）.

から【幹】 gǎn[r]（秆[ɼ]），gǎnzi（秆子），jiē（秸）. ¶玉蜀黍の～ yùmǐjiē（玉米秸）. ¶芋の～ yùtouyāng（芋头秧）.

-から 1〔時間·順序の起点〕cóng（从），dǎ（打），dǎcóng（打从），zì（自），zìcóng（自从）. ¶子供の頃～彼を知っている cóngxiǎo jiù rènshi tā（从小就认识他）. ¶日本に来て～もう10年になります láidào Rìběn yǐjing yǒu shí nián le（来到日本已经有十年了）. ¶勤務時間は9時～5時までです gōngzuò shíjiān shì cóng jiǔ diǎn dào wǔ diǎn（工作时间是从九点到五点）. ¶昨日～今日にかけて北陸地方に大雪が降った cóng zuótiān dào jīntiān Běilù dìqū xiàle dàxuě（从昨天到今天北陆地区下了大雪）. ¶会社が退けて～映画に行く xiàle bān qù kàn diànyǐng（下了班去看电影）. ¶顔を洗って～朝飯を食う xiān xǐ liǎn zài chī zǎofàn（先洗脸再吃早饭）. ¶雨が止んで～出掛ける děng yǔ zhùle zài chūqu（等雨住了再出去）. ¶何～手をつけてよいか分らない bù zhīdào cóng nǎr zhuóshǒu hǎo（不知道从哪ɼ着手好）. ¶あなた～始めて下さい yóu nǐ xiān kāi ge tóu ba（由你先开个头吧）.

2〔場所の起点〕cóng（从），zì（自），yóu（由）. ¶太陽は東～昇る tàiyáng cóng dōngfāng shēngqǐ（太阳从东方升起）. ¶山の頂～見下ろす cóng shāndǐng wǎng xià wàng（从山顶往下望）. ¶前～学生がやってくる qiánmian láile ge xuésheng（前面来了个学生）. ¶階段～ころがり落ちた cóng lóutī gǔnle xiàlái（从楼梯滚了下来）. ¶家～学校まで歩いて10分です cóng jiāli dào xuéxiào zǒuzhe yào shí fēnzhōng（从家里到学校走着要十分钟）. ¶工場は駅～1キロの所で gōngchǎng lí chēzhàn yǒu yì gōnglǐ（工厂离车站有一公里）. ¶鞄～本を出す cóng shūbāoli náchū shū lai（从书包里拿出书来）.

3〔経由点〕cóng（从）; yóu（由）. ¶月の光が窓～差し込む yuèguāng cóng chuānghu shèjinlai（月光从窗户射进来）. ¶裏門～入る cóng hòumén jìnqu（从后门进去）. ¶九州～四国へ回る yóu Jiǔzhōu dào Sìguó qù（由九州到四国去）. ¶彼～彼女に伝えてくれ yóu nǐ zhuǎngào gěi tā ba（由你转告给她吧）.

4〔作用を受ける相手, 行為の起点·対象〕 ¶父～毎月5万円送ってもらっている fùqin měiyuè gěi wǒ jì wǔwàn rìyuán（父亲每月给我寄五万日元）. ¶皆～反対されて彼はあきらめた shòudào dàjiā de fǎnduì, tā sǐxīn le（受到大家的反对, 他死心了）. ¶クラス担任～説明があった yóu bānzhǔrèn zuòle shuōmíng（由班主任作了说明）. ¶友人～本を1冊借りた cóng péngyou nàli jièle yì běn shū（从朋友那里借了一本书）. ¶君の話～ヒントを得た cóng nǐ de huà zhōng dédàole qǐfā（从你的话中得到了启发）. ¶大勢の中～代表を選ぶ cóng zhòngduō de rén lǐtou xuǎn dàibiǎo（从众多的人里头选代表）. ¶束縛～解放される shùfù zhōng jiěfàng chulai（从束缚中解放出来）.

5〔判断の根拠〕cóng（从）. ¶この手紙～判断すると… cóng zhè fēng xìn lái kàn …（从这封

信来看…).¶親の目～見ればうちの一郎もまだ子供は zài fùmǔ de yǎnli, wǒ jiā de Yīláng hái shì ge xiǎoháir ne(在父母的眼里,我家的一郎还是个小孩儿呢).¶私の経験～言えば…yǐ[jù/jiù] wǒ de jīngyàn lái shuō…(以[据/就]我的经验来说…).¶我が家の経済～言ってとても家は買えない cóng wǒ jiā de jīngjì qíngkuàng lái shuō, kě mǎibuqǐ fángzi(从我家的经济情况来说,可买不起房子).

6〔理由, 原因〕yīn(因), yīnwei(因为).¶用事がある～明日の会議には出席できない yīnwei yǒu shì, míngtiān de huìyì chūxí bu liǎo(因为有事,明天的会议出席不了).¶雨が降りそうだ～行くのは止めよう kànlai yào xiàyǔ, zánmen búyào qù le(看来要下雨,咱们不要去了).¶寒い～窓を閉めて下さい hěn lěng, qǐng bǎ chuānghu guānshàng(很冷, 请把窗户关上).¶金がない～とて払わぬわけにはいかない jiùshì méi qián, yě bùnéng bú fù qián(就是没钱,也不能不付钱).¶風邪～肺炎になった yóu gǎnmào yǐnqǐle fèiyán(由感冒引起了肺炎).¶些細な事～けんかになった wèi yìdiǎnr xiǎoshì dǎqǐ jià lai le(为一点儿小事打起架来了).¶彼女は興奮～泣き出した tā xīngfèndekūqǐlai le(她兴奋得哭起来了).

7〔材料, 要素〕yòng(用), yóu(由), cóng (从).¶日本酒は米～作る rìběnjiǔ shì yòng dàmǐ zuò de(日本酒是用大米做的).¶アルコールを作る cóng shǔlèi zhōng tíliàn jiǔjīng(从薯类中提炼酒精).¶石油～色々な物が作られる yóu shíyóu kěyǐ zhìzàochū zhǒngzhǒng dōngxi(由石油可以制造出种种东西).¶水は水素と酸素～成っている shuǐ shì yóu qīng hé yǎng zǔchéng de(水是由氢和氧组成的).¶この本は上下 2 冊～成る zhè bù shū shì shàngxià liǎng cè(这部书是上下两册).

がら¶鶏の～でスープをとる yòng jīgǔtou zuò tāng(用鸡骨头做汤).

¶石炭～ méizhā(煤渣).

がら【柄】**1**〔体格〕gèr(个儿), gèzi(个子), shēncái(身材).¶～の大きい子供 shēn gāo gèr dà de háizi(身高个儿大的孩子).¶～ばかり大きくてからきし意気地がない jiù gèzi dà, yìdiǎnr yě méi zhìqi(就个子大, 一点儿也没志气).

2〔品位, 分際〕pǐnzhì(品质), pǐnxíng(品行).¶あんな～の悪い奴と付き合うな búyào hé nà zhǒng pǐnxíng bù hǎo de rén láiwang (不要和那种品行不好的人来往).¶彼はそんなことをする～ではない tā gàn nà zhǒng shì kě bù xiāngchèn(他干那种事可不相称).¶彼は学者などと言える～ではない tā búpèi chēng xuézhě(他不配称学者).¶彼は～らしくなく照れている tā xiàng tā, jìng hàiqǐ sào lai le(不像他,竟害起臊来了).

3〔模様〕huāyàng[r](花样儿), huāwén(花纹).¶派手な～ huálì de huāyàng(华丽的花样).

カラー 1〔襟〕lǐngr(领儿), lǐngzi(领子).

2〔色〕yánsè(颜色), sècǎi(色彩); cǎisè(彩色).¶それがあの大学の～だ nà zhèngshì nàge dàxué de tèsè(那正是那个大学的特色).

¶～写真 cǎisè zhàopiàn(彩色照片)/ cǎizhào(彩照). ～テレビ cǎisè diànshì(彩色电视)/ cǎidiàn(彩电). ～フィルム cǎisè jiāojuǎn (彩色胶卷)/ cǎijuǎn[r](彩卷儿). ローカル～ dìfāng sècǎi(地方色彩).

からくじ【がら空き】¶～のバス kōngdàngdàng de gōnggòng qìchē(空荡荡的公共汽车).

からあげ【空揚げ】gānzhá(干炸).¶鯉を～にする lǐ lǐyú gānzhá(把鲤鱼干炸).¶鶏の～zhábākuài(炸八块).

から・い【辛い】**1**〔舌を刺すように〕là(辣).¶このカレーライスはとても～い zhège gālífàn tài là(这个咖喱饭太辣).

2〔塩からい〕xián(咸).¶彼女の味付けは少し～い tā zuò de cài jiào xián(她做的菜较咸).

3〔厳しい〕yán(严).¶あの先生は点が～い nàge lǎoshī gěi fēn hěn yán(那个老师给分很严).

からいばり【空威張り】¶強そうなことを言っているがどうせ～だ tā chéngqiáng shuō dàhuà, nà zhǐ búguò shì xūzhāng-shēngshì bàle(他逞强说大话,那只不过是虚张声势罢了).

カラオケ kǎlā OK(卡拉 OK).¶～ボックス kǎlā' OK bāojiān(卡拉 OK 包间).

からか・う dòu(逗), dòunong(逗弄), dòuyǐn (逗引), yǐndòu(引逗), tiǎodòu(挑逗), tiáokǎn(调侃), tiáoxiào(调笑), xìnòng(戏弄), zhuōnòng(捉弄), zuònòng·zuōnòng(作弄), xìshuǎ(戏耍), shuǎxiào(耍笑); dǎqù(打趣), dǎ hāha(打哈哈).¶あの人は人を～ってばかりいる tā jìng kāi rénjia de wánxiào(他净开人家的玩笑).¶～っているうちに彼は本気で怒りだした dòulai-dòuqu, zhōngyú bǎ tā dòují le (逗来逗去,终于把他逗急了).¶人を～うのもいいかげんにしろ nǐ bié '·xìnòng[xìshuǎ / shuǎxiào] rén le(你别'戏弄[戏耍/耍笑]人了)/ nǐ bié ná wǒ dǎ hāha!(你别拿我打哈哈!).¶いつもお国訛りを～われる wǒ de xiāngyīn lǎo jiào rén xiàohua(我的乡音老叫人笑话).¶～っているんですか？ nǐ shì zuònòng wǒ a?!(你是作弄我啊?!).¶猿を～う dòunong hóuzi(逗弄猴子).

からかさ【唐傘】yóuzhǐsǎn(油纸伞).

からから¶喉が～だ sǎngzi kědé yàomìng(嗓子渴得要命).¶池が～に干上がる chízi gānhé le(池子干涸了).¶畑は～に乾いてしまった dì shàide gānbābā de(地晒得干巴巴的).

がらがら 1¶～と戸があいた huālā yì shēng kāile mén(哗啦一声开了门).¶～と荷車が通る bǎnchē hōnglōnghōnglōng de guòqu le(板车轰隆轰隆地过去了).

2〔がらあき〕¶～だ diànchē kōngdàngdàng de(电车空荡荡的).

3〔玩具〕huālāngbàngr(哗啷棒儿).

がらがらへび【がらがら蛇】xiǎngwěishé(响尾蛇).

からきし¶あいつのやる事は～なっていない tā zuòshì jiǎnzhí bù chéng tǐtǒng(他做事简直不

からくさもよう【唐草模様】 màncǎo huāwén(蔓草花纹).

からくじ【空籤】 kōngqiān(空签), kōngcǎi(空彩). ¶～を引いた chōule yí ge kōngcǎi(抽了一个空彩).

からくた pòlàn[r](破烂[儿]), fèipǐn(废品), fèiwù(废物).

からくち【辛口】 ¶日本酒には甘口と～がある rìběnjiǔ yǒu tiánkǒu de hé làkǒu de(日本酒有甜口的和辣口的). ¶～のワイン làkǒu gānpútaojiǔ(辣口干葡萄酒).

からくも【辛くも】 chàdiǎnr(差点儿), chà yìdiǎnr(差一点儿), xiǎnxiē(险些). ¶～を逃れた xiǎnxiē méi táochū hǔkǒu(险些没逃出虎口)/ hǎoróngyì táochūle hǔkǒu(好容易逃出了虎口).

からくり ¶敵の～を見破る kànpòle dírén de guǐbǎxì(看破了敌人的鬼把戏). ¶彼の言葉には何か～がある tā huàli yǒu wénzhāng(他话里有文章).

からげいき【空景気】 ¶～をつける xū zhāng shēngshì(虚张声势).

から・げる **1**【縛る】 kǔn(捆), zā(扎). ¶藁で稲を～げる yòng dàogǎnr kǔn dàozi(用稻秆儿捆稻子).
2【まくる】 liāo(撩). ¶着物の裾を～げる liāoqǐ héfu de xiàbǎi(撩起和服的下摆).

からげんき【空元気】 ¶～を出してみせる jiǎ zhènzuò(假振作)/ jiǎzhuāng jīngshén(假装精神).

カラザ luǎndài(卵带).

からさわぎ【空騒ぎ】 ¶つまらないことに～にする zhīma dà de shì yòngbuzháo dàjīng-xiǎoguài(芝麻大的事用不着大惊小怪).

からし【芥子】 jièmo(芥末), jièhuáng(芥黄). ¶この～はよく利く zhè jièmo hěn chòng(这芥末很冲).
¶～粉 jièmomiànr(芥末面儿). 練り～ jièmojiàng(芥末酱).

からしな【芥子菜】 jiècài(芥菜).

から・す【枯らす】 ¶鉢植えの花を～してしまった bǎ huāpén de huā nòngkūwěi le(把花盆的花弄枯萎了). ¶木材を～す bǎ mùcái nònggānzào(把木材弄干燥).

から・す【涸らす】 ¶汲み過ぎてとうとう井戸を～してしまった zhōngyú bǎ jǐngshuǐ jígān le(终于把井水汲干了). ¶資源を～す hàojìn zīyuán(耗尽资源).

から・す【嗄らす】 yǎ(哑), sīyǎ(嘶哑). ¶声を～して叫ぶ shēngsī-lìjié de hǎn(声嘶力竭地喊). ¶喉を～す sǎngzi sīyǎ le(嗓子嘶哑了).

からす【烏】 wūyā(乌鸦), lǎogua(老鸹), lǎoyā(老鸦). ¶～がかあかあ鳴く wūyā guāguā de jiào(乌鸦呱呱地叫). ¶～の足跡 yúwěiwén(鱼尾纹). ¶～の行水 chōngliáng kuài rú wūyā diǎn shuǐ rú yǎ(冲凉快如乌鸦点水濡羽). ¶～髪は～の濡羽色 wūyōuyōu de tóufa(乌油油的头发)/ wūhēi yóuliàng de tóufa(乌黑油亮的头发).

ガラス bōli(玻璃). ¶～が割れた bōli suì le(玻璃碎了). ¶～にひびが入る bōli yǒule lièwén(玻璃有了裂纹). ¶～をはめる xiāng bōli(镶玻璃).
¶～切り bōlidāo(玻璃刀). ～体 bōlitǐ(玻璃体). ～鉢 bōlipén(玻璃盆). ～窓 bōlichuāng(玻璃窗). ～屋 bōlidiàn(玻璃店). 板～ píngbǎn bōli(平板玻璃). 色～ cǎisè bōli(彩色玻璃). すり～ máobōli(毛玻璃)/ móshā bōli(磨砂玻璃).

からすうり【烏瓜】 guālóu(栝楼).

からすぐち【烏口】 yāzuǐbǐ(鸦嘴笔).

ガラスばり【ガラス張り】 ¶～の温室 bōli wēnshì(玻璃温室). ¶～の政治を行うべきだ yīnggāi shíxíng tòumíng de zhèngzhì(应该实行透明的政治).

からすみ【鱲子】 zīyúzǐ(鲻鱼子), wūzī yúzǐ(乌鲻鱼子), wūyúzǐ(乌鱼子).

からすむぎ【烏麦】 yěyànmài(野燕麦); [えんばく] yànmài(燕麦).

からせき【空咳】 gānké(干咳), gānsòu(干嗽).

からせじ【空世辞】 ¶～を並べる xūqíng-jiǎyì de shuō fèngchenghuà(虚情假意地说奉承话).

からだ【体】 shēntǐ(身体), shēnxíng(身形), shēnzi(身子). ¶～を乗り出す tànchū shēnzi(探出身子). ¶～を張って反対する tǐngshēn fǎnduì(挺身反对).
¶～の大きいわりに肝っ玉の小さい奴だ zhēn shì gèr dà dǎnzi xiǎo de jiāhuo(真是个儿大胆子小的家伙). ¶～中汗びっしょりだ húnshēn shì hàn(浑身是汗). ¶～が～が2つあっても足りない xiànzài jiùshì yǒu liǎng ge shēnzi yě máng bu guòlái(现在就是有两个身子也忙不过来). ¶明日の午後は～がみんている míngtiān xiàwǔ shēnzi xiánzhe(明天下午身子闲着). ¶とても～が続かない shēntǐ chībuzhù(身体吃不住). ¶～の丈夫な人 jiēshi[zhuàngshi] de rén(结实[壮实]的人). ¶～の弱い人 shēntǐ ruò de rén(身体弱的人). ¶～をこわした nònghuàile shēntǐ(弄坏了身体). ¶どうかお～を大切にして下さい qǐng nín duō bǎozhòng shēntǐ(请您多保重身体).

からたち【枳殻】 gōujú(枸桔), zhǐ(枳).

からだつき【体つき】 shēnxíng(身形), shēncái(身材), shēnliang[r](身量[儿]), shēntiáor(身条儿), shēnbǎn[r](身板儿), shēnzigǔr(身子骨儿), shēnjià(身架), yījià(衣架), yījiàzi(衣架子). ¶～のいい女 shēncái miáotiao de nǚrén(身材苗条的女人).

からちゃ【空茶】 qīngchá(清茶). ¶～で申訳ありません zhǐshì yì bēi qīngchá, tài mànduì le(只是一杯清茶,太慢待了).

からっかぜ【空っ風】 gānlěngfēng(干冷风).

カラット 〔金の〕 kāi(开); 〔宝石の〕 kèlā(克拉). ¶6～のダイヤモンド liù kèlā de zuànshí(六克拉的钻石).

からつゆ【空梅雨】 kōngméi(空梅).

からて【空手】 kōngshǒu(空手). ¶～で帰る kōngshǒu ér guī(空手而归)/ kōngzhe shǒur huílai(空着手儿回来).

2【拳法】kōngshǒudào(空手道).

からてがた【空手形】 kōngtóu piàojù(空头票据).¶数百万円の〜を振り出した kāile shùbǎi wàn rìyuán de kōngtóu piàojù(开了数百万日元的空头票据).¶彼の言ったことは〜に終った tā shuō de chéngle kōngtóu zhīpiào(他说的成了空头支票).

からとう【辛党】 ¶私は〜のほうだ wǒ suànshì ge hào hējiǔ de(我算是个好喝酒的).

からとりひき【空取引】 mǎi kōng mài kōng(买空卖空).

-からには【既然】 jìrán(既然).¶引き受けた〜やり遂げる jìrán chéngdān xialai jiù yídìng gàndàodǐ(既然承担下来就一定干到底).¶日本へ来た〜日本の習慣に従います jìrán láidào Rìběn jiù shùncóng Rìběn de xíguàn(既然来到日本就顺从日本的习惯).

からねんぶつ【空念仏】 ¶〜をとなえる kōngkǒu shuō báihuà(空口说白话).

からぶき【乾拭き】 ¶床がぴかぴかに〜してある dìbǎn yòng gānbù cāde zèngliàng-zèngliàng de(地板用干布擦得锃亮锃亮的).

からぶり【空振り】 ¶ストライクを〜した hǎoqiú kōng huī méi jīzhòng(好球空挥没击中).¶作戦は〜に終った nǐdìng de jìhuà luòle kōng le(拟定的计划落了空了).

カラフル xiānyàn(鲜艳), xuànlì(绚丽).¶〜なデザイン xuànlì duōcǎi de shèjì(绚丽多彩的设计).

からまつ【唐松】 luòyèsōng(落叶松).

からま・る【絡まる】 chán(缠), chánrào(缠绕), bàn(绊).¶つたが木に〜る chángchūnténg chánrào zài shùshang(常春藤缠绕在树上).¶電線に凧が〜る fēngzheng chángguà zài diànxiànshang(风筝常挂在电线上).¶着物の裾が足に〜って歩きにくい yīfu xiàbǎi bànjiǎo bù hǎozǒu(衣服下摆绊脚不好走).¶色々な事が〜りあって複雑になっている zhǒngzhǒng shìqing jiāozhī zài yìqǐ biànde fùzá le(种种事情交织在一起变得复杂了).

からまわり【空回り】 kōngzhuàn(空转), dǎhuá(打滑).¶車輪が〜する chēlún dǎ kōngzhuàn(车轮打空转).¶討論が〜する tǎolùn láihuí dōu quānzi(讨论来回兜圈子).

からみ【辛み】 là(辣), làwèir(辣味ル), [塩辛さ] xián(咸), xiánwèi(咸味).¶〜をきかせる jiā làwèir(加辣味ル).¶醤油で〜をつける yòng jiàngyóu jiā xián(用酱油加咸).

からみ【空身】 kōngshēn[r](空身ル).¶〜で旅に出る kōngshēn qù lǚxíng(空身去旅行).

-がらみ zuǒyòu(左右), shàngxià(上下), kāiwài(开外).¶50〜の紳士 wǔshí suì shàngxià de shēnshì(五十岁上下的绅士).

からみつ・く【絡み付く】 ¶蔓草が足に〜く màncǎo bànzhù jiǎo(蔓草绊住脚).¶子供たちが〜いて離れない háizimen ˇchánzhù[chánmó/jiūchán] bú fàng(孩子们ˇ缠住[缠磨/纠缠]不放).

から・む【絡む】 chán(缠), chánrào(缠绕), bàn(绊).¶へちまが垣根に〜んでいる sīguā chán-rào zài líba shang(丝瓜缠绕在篱笆上).¶痰が喉に〜んだ tán qiǎzài sǎngzili le(痰卡在嗓子里了).¶これには重要な問題が〜んでいる zhè qiānshèdào zhòngyào de wèntí(这牵涉到重要的问题).¶あいつは酔うと人に〜む tā yì hēzuì jiù chán rén(他一喝醉就缠人).

からめて【搦手】 ¶〜から攻め入る cóng bèihòu fādòng jìngōng(从背后发动进攻).¶〜から彼を説得しよう cǎiqǔ yūhuí zhànshù shuōfú tā(采取迂回战术说服他).

カラメル jiāotáng(焦糖).

からやくそく【空約束】 ¶彼は〜ばかりしている tā jìng kāi kōngtóu zhīpiào(他净开空头支票).

からりと ¶〜晴れ渡った空 qíngkōng wànlǐ(晴空万里).¶テンパラを〜揚げる tiānfùluó zháde cuìsheng(天麸罗炸得脆生).¶〜した性格 xìnggé gāncuì(性格干脆)/ shuǎngkuai de xìnggé(爽快的性格).

がらりと ¶戸を〜開けて入ってきた huālā yì shēng kāimén jìnlai le(哗啦一声开门进来了).¶環境が〜変った huánjìng wánquán biàn le(环境完全变了).¶態度を〜変えた tàidu hūrán biàn le(态度忽然变了).

がらん【伽藍】 qiélán(伽蓝).

がらんと kōngdàngdàng(空荡荡), kōngdòngdòng(空洞洞), kōngluòluò(空落落).¶講堂は〜していた lǐtáng kōng wú yì rén(礼堂空无一人).

がらんどう ¶中は〜になっている lǐtou shì ˇkōngdòng[kōngxīn] de(里头是ˇ空洞[空心]的).

かり【仮】 ¶これはあくまで〜の措置です zhè zhōngjiū shì línshí de cuòshī(这终究是临时的措施).¶〜契約を結ぶ qiāndìng cǎoyuē(签订草约)/ cǎoqiān(草签).¶〜の名 huàmíng(化名).

かり【雁】 yàn(雁).

かり【狩】 dǎliè(打猎), shòuliè(狩猎), shèliè(射猎), bǔliè(捕猎), dǎwéi(打围).¶山に〜に出掛けた shàng shān dǎliè qù le(上山打猎去了).¶茸〜に行く cǎi mógu qù(采蘑菇去).¶紅葉〜に行く guānshǎng hóngyè qù(观赏红叶去).

かり【借り】 gāi(该), qiàn(欠), gāiqiàn(该欠).¶私は彼に1万円の〜がある wǒ gāi tā yíwàn rìyuán(我该他一万日元).¶あの店にはだいぶ〜ができた qiànle nà jiā pùzi hǎoxiē zhàng(欠了那家铺子好些账).¶〜をこしらえた dàochù qiàn rénqíng(到处欠人情).

カリ【加里】 [カリウム] jiǎ(钾), [炭酸カリウム] jiǎjiǎn(钾碱).¶〜石鹸 jiǎjiǎn féizào(钾碱肥皂).¶〜肥料 jiǎféi(钾肥).

かりあ・げる【刈り上げる】 ¶髪を短く〜げる bǎ tóufa jiǎnduǎn(把头发剪短).

かりあ・げる【借り上げる】 ¶個人のマンションを会社が〜げて社宅にする gōngsī zūlìn sīrén gōngyù zuò zhígōng sùshè(公司租赁私人公寓作职工宿舍).

かりあつ・める【駆り集める】 sōuluó(搜罗).¶人を〜めて頭数を揃える sōuluó rén còushùr

(搜罗人凑数ル).

かりい・れる【刈り入れる】 gē (割), shōugē (收割). ¶麦を～れる gē màizi (割麦子). ¶農家は今～れ時で忙しい nóngjiā zhèngzài mángzhe shōugē zhuāngjia (农家正在忙着收割庄稼).

かりい・れる【借り入れる】 ¶銀行から資金を～れる xiàng yínháng dàikuǎn (向银行贷款). ¶～れ金 dàikuǎn (贷款).

カリウム jiǎ (钾).

カリエス gǔyáng (骨疡), gǔjū (骨疽).

かりかた【借方】 jièzhǔ (借主); [帳簿の] jièfāng (借方), shōufāng (收方). ¶～に記入する jìrù jièfāng (记入借方).

かりかぶ【刈株】 chá[r] (茬[ル]), cházi (茬子). ¶麦の～ màichár (麦茬ル).

かりかり ¶生人参を～かじる gēzhīgēzhī de kěnle hóngluóbo (咯吱咯吱地啃了红萝卜). ¶～に揚げた zhá sūcuì (炸酥脆).

がりがり【我利我利】 ¶彼は～の点取り虫だ tā shì ge yíwèir zhēng fēnshù de shūdāizi (他是个一味儿争分数的书呆子). ¶あいつは～亡者だ nà jiāhuo wéi lì shì tú, tān dé wú yàn (那家伙唯利是图, 贪得无厌).

カリキュラム kèchéng (课程).

かりき・る【借り切る】 bāo (包). ¶マイクロバスを1台～る bāo yí liàng miànbāochē (包一辆面包车). ¶講堂を1日～って大会を開く jièle yì tiān lǐtáng kāi dàhuì (借了一天礼堂开大会).

かりこし【借越】 tòuzhī (透支).

かりこ・む【刈り込む】 jiǎn (剪), xiūjiǎn (修剪). ¶羊の毛を～む jiǎn yángmáo (剪羊毛). ¶生垣を～む xiūjiǎn guànmù líba (修剪灌木篱笆).

かりしょぶん【仮処分】 jiǎchǔfēn (假处分).

カリスマ ¶～性 lìng rén jìngwèi de shénwēixìng (令人敬畏的神威性).

かりずまい【仮住い】 línshí yùsuǒ (临时寓所).

かりそめ【仮初】 ¶～の宿 línshí yùsuǒ (临时寓所). ¶～の命 wúcháng de shēngmìng (无常的生命). ¶～の病がもとで死ぬ yóuyú ǒurán de bìng qùshì le (由于偶然的病去世了). ¶～にできない事実 bùkě hūshì de shìshí (不可忽视的事实).

かりそめにも【仮初にも】 ¶～そんなことを口にしてはいけない nà zhǒng huà qiānwàn bùnéng shuō (那种话千万不能说). ¶～教師たる者の取るべき態度ではない zhè shì zuòwéi yí ge jiàoshī jué bù yīng yǒu de tàidu (这是作为一个教师决不应有的态度).

かりたお・す【借り倒す】 làizhài (赖债), lāzhàng bù huán (拉账不还).

かりだ・す【駆り出す】 dòngyuán (动员). ¶選挙運動に～される bèi dòngyuán gǎo xuǎnjǔ yùndòng (被动员搞选举运动).

かりた・てる【駆り立てる】 qūshǐ (驱使). ¶人々を戦争に～ていった qūshǐ rénmen zǒushangle zhànzhēng de dàolù (驱使人们走上了战争的道路). ¶功名心に～てられてやった qūshǐ gàn de (被功名心所驱使干的).

かりちょういん【仮調印】 cǎoqiān (草签), zànqiān (暂签).

かりて【借手】 jièfāng (借方), jièzhǔ (借主); [家, 土地の] jièhù (借户), zūhù (租户), zūlìnrén (租赁人).

かりとじ【仮綴】 píngzhuāng jiǎnyìběn (平装简易本). ¶本を～にする bǎ shū cūdìng qilai (把书粗订起来)/ bǎ shū jiǎnyì zhuāngdìng (把书简易装订).

かりと・る【刈り取る】 gē (割), yì (刈). ¶稲を～る gē dàozi (割稻子).

かりに【仮に】 1 [もしも] ruòshì (若是), yàoshi (要是), rúguǒ (如果), jiǎrú (假如), jiǎdìng (假定), jiǎruò (假若); jíshǐ (即使), jíbiàn (即便), jiùshì (就是). ¶～火星に生物がいるとしたら… jiǎdìng zài huǒxīng yǒu shēngwù shēngcún… (假定在火星有生物生存…). ¶～雨だとしても予定通り行います jíshǐ xiàyǔ yě àn yùdìng jìnxíng (即使下雨也按预定进行).

2 [暫定的に] zànshí (暂时), zànqiě (暂且), gūqiě (姑且). ¶彼を～Aと呼んでおこう zànqiě guǎn tā jiào A (暂且管他叫A). ¶店舗改築のため～ここで営業しています yīn gǎijiàn diànpù zànqiě zài cǐ yíngyè (因改建店铺暂且在此营业).

かりにも【仮にも】 →かりそめにも.

かりぬい【仮縫い】 shìyàng (试样). ¶コートの～をする shì dàyī yàngzi (试大衣样子).

かりね【仮寝】 jiǎmèi (假寐), xiǎoshuì (小睡).

かりば【狩場】 lièchǎng (猎场), dǎlièchǎng (打猎场), shòulièdì (狩猎地).

がりばん【がり版】 téngxiěbǎn (誊写版). ¶～を切る kè làbǎn (刻蜡版).

カリフラワー huāyēcài (花椰菜), càihuā[r] (菜花[ル]), huācài (花菜).

かりもの【借物】 ¶この服は～です zhè jiàn yīfu shì ˈjiè[zū]lai de (这件衣服是ˈ借[租]来的). ¶彼の意見は他人の～だ tā de yìjian shì biéren yíjiàn de fānbǎn (他的意见是别人意见的翻版).

かりゅう【下流】 1 [川の] xiàyóu (下游), xiàliú (下流). ¶その村は揚子江の～にある nàge cūnzi wèiyú Cháng Jiāng xiàyóu (那个村子位于长江下游).

2 [社会の] xiàcéng (下层).

かりゅう【顆粒】 kēlì (颗粒). ¶～肥料 kēlì féiliào (颗粒肥料).

がりゅう【我流】 ¶～ですが絵を少しやります shì zìxué de, shāoshāo néng huà yìdiǎnr (是自学的, 稍稍能画一点ル).

かりゅうど【狩人】 lièrén (猎人), lièhù (猎户), lièshǒu (猎手), dǎliède (打猎的).

かりょう【加療】 ¶入院～の必要がある xūyào zhùyuàn zhìliáo (须要住院治疗).

かりょう【科料】 fákuǎn (罚款), fájīn (罚金). ¶8000円の～に処せられる bèi fákuǎn bāqiān rìyuán (被罚款八千日元).

がりょう【雅量】 yǎliàng (雅量). ¶彼は人を容れる～がある tā yǒu róngrén de yǎliàng (他有容人的雅量).

がりょうてんせい【画竜点睛】 huà lóng diǎn jīng(画龙点睛). ¶～を欠く huà lóng ér bù diǎn jīng(画龙而不点睛).

かりょく【火力】 huǒlì(火力). ¶～が強い[弱い] zhège lúzi huǒlì "qiáng[ruò] (火力"强[弱]). ¶我が軍の～は敵を圧倒した wǒ jūn de huǒlì yādǎole dífāng(我军的火力压倒了敌方).
¶～発電 huǒlì fādiàn(火力发电)/ huǒdiàn(火电). ～発電所 huǒlì fādiànzhàn(火力发电站)/ huǒdiànzhàn(火电站).

か・りる【借りる】 1 jiè(借). ¶彼から二千円～りた wǒ cóng tā nàr jièle liǎngqiān kuài qián(我从他那儿借了两千块钱). ¶彼に金を～りたことはない wǒ cóngwèi xiàng tā jièguo qián(我从未向他借过钱). ¶～りた本を返すのを忘れていた wǒ wàngle huán jièlai de shū(我忘了还借来的书). ¶一夜の宿を～りたい xiǎng zài zhèr xiàng nín jièsù yí yè(想在这儿向您借宿一夜). ¶他人の名義を～りる jièyòng biéren de míngyì(借用别人的名义). ¶この場をお～りして一言ご挨拶申し上げます jièzhe zhège jīhuì, xiàng zhūwèi jiǎng jǐ jù huà(借着这个机会，向诸位讲几句话). ¶キリストの言葉を～りて言う jièyòng Jīdū de huà lái shuō(借用基督的话来说).
 2〔賃借りする〕zū(租), lìn(赁), zūjiè(租借), zūlìn(租赁). ¶小さな家を1軒～りて住む zū yì jiān xiǎo fángzi zhù(租一间小房子住). ¶自動車を時間で～りる àn zhōngdiǎn lìn qìchē(按钟点赁汽车).
 3〔助けてもらう〕jièzhù(借助), jièzhòng(借重). ¶あなたの助けを～りたい wǒ hěn xūyào nǐ de bāngzhù(我很需要你的帮助). ¶これ以上君の助けは～りない zài yě bù qiú nǐ de bāngzhù le(再也不求你的帮助了). ¶猫の手も～りたい mángde "búyìlèhū[bùkě-kāijiāo](忙得"不亦乐乎[不可开交]). ¶これから色々とお力をお～りすることと思いますがよろしくお願いします jīnhòu jièzhòng nín de dìfang duō le, qǐng duō guānzhào(今后借重您的地方多了，请多关照).

かりんさんせっかい【過燐酸石灰】 guòlínsuāngài(过磷酸钙).

かりんとう【花林糖】 jiāngmǐtiáor(江米条儿).

か・る【刈る】 1〔鎌などで〕gē(割), yì(刈). ¶稲を～る gē dàozi(割稻子). ¶これだけの草は1日では～りきれない zhème duō de cǎo yì tiān gēbuwán(这么多的草一天割不完).
 2〔鋏で〕jiǎn(剪). ¶もうちょっと短く～って下さい qǐng gěi zài jiǎnduǎn yìdiǎnr(请给再剪短一点儿). ¶羊毛を～る jiǎn yángmáo(剪羊毛). ¶生垣を～る xiūjiǎn guànmù líba(修剪灌木篱笆).

か・る【駆る】 1〔走らせる〕chí(驰), qū(驱), jiàshǐ(驾驶). ¶馬を～る chí mǎ(驰马). ¶車を～って現場に急行する qūchē jí wǎng xiànchǎng(驱车急往现场).
 2〔感情など〕qūshǐ(驱使). ¶一時の感情に～られた shì wéi yìshí de gǎnqíng suǒ qūshǐ de(是为一时的感情所驱使的)/ yìshí gǎnqíng chōngdòng de jiéguǒ(一时感情冲动的结果). ¶好奇心に～られて見に行った bèi hàoqíxīn suǒ qūshǐ qù kàn le(被好奇心所驱使去看了).

かる・い【軽い】 1〔目方が少ない〕qīng(轻). ¶ヘリウムは水素に次いで～い気体である hàishì jǐn cìyú qīng de qīng qìtǐ(氦是仅次于氢的轻气体). ¶体重が～い tǐzhòng qīng(体重轻). ¶肩の荷が～くなった jiāntóu de dànzi qīng le(肩头的担子轻了).
 2〔大した程度でない，簡単だ〕qīng(轻), qīngwēi(轻微). ¶～い風邪を引いた déle qīngwēi de gǎnmào(得了轻微的感冒). ¶君の罪は～くないぞ nǐ de zuì kě bù qīng a(你的罪可不轻啊). ¶風邪を～くみてはいけない gǎnmào bùkě xiǎokàn(感冒不可小看). ¶そのニュースを～く扱うな bǎ nà tiáo xīnwén lüè dài ér guò(把那条新闻略带而过). ¶～く一杯やろう shāo hē diǎnr jiǔ ba(稍喝点儿酒吧). ¶相手の攻撃を～く受け流す qīngqīng de bìkāi duìfāng gōngjī de fēngmáng(轻轻地避开对方攻击的锋芒). ¶10対0で～く勝った yǐ shí bǐ líng qīngqǔ duìfāng(以十比零轻取对方). ¶丼～く5杯平らげた yíkǒuqì chīle wǔ dà wǎn fàn(一口气吃了五大碗饭).
 3〔軽快だ〕qīng(轻), qīngkuài(轻快), qīngsōng(轻松), qīngyíng(轻盈). ¶身のこなしが～い dòngzuò qīngqiǎo(动作轻巧). ¶足どりも～くピクニックに出掛けた jiǎobù qīngkuài de qù jiāoyóu(脚步轻快地去郊游). ¶気持がやっと～くなった xīnli zhè cái "qīngsōng[qīngshuǎng] le yìxiē(心里这才"轻松[清爽]了一些). ¶～いユーモアで皆を笑わせる yǐ qīngsōng de yōumò dòu dàjiā fāxiào(以轻松的幽默逗大家发笑). ¶～い音楽 qīngkuài de yīnyuè(轻快的音乐). ¶～い読物 qīngsōng de dúwù(轻松的读物)/ xiāoqiǎn dúwù(消遣读物).
 4〔軽薄だ〕qīngbó(轻薄), qīngtiāo(轻佻), qīngfú(轻浮). ¶彼は人間が～くできている tā wéirén hěn qīngfú(他为人很轻薄). ¶あいつは口が～い nàge jiāhuo zuǐ bù yán(那个家伙嘴不严).

かるいし【軽石】 fúshí(浮石), fúyán(浮岩).

かるがるし・い【軽軽しい】 qīngshuài(轻率), qīngyì(轻易), shuàirán(率然), shuài'ěr(率尔). ¶～い振舞をしてはならぬ búdé qīngjǔ-wàngdòng(不得轻举妄动). ¶人の言うことを～く信じてはならない biéren shuō de huà bùkě qīngxìn(别人说的话不可轻信). ¶～く口にするべき事ではない zhè kě bùnéng qīngyì luàn shuō(这可不能轻易乱说).

かるがると【軽軽と】 ¶彼は2メートルのバーを～飛び越えた tā qīngqīng de yuèguòle liǎng mǐ gāo de hénggān(他轻轻地越过了两米高的横杆). ¶大きな石を～持ち上げた bú fèi chuīhuī zhī lì jiù bǎ dà shítou bānqilai le(不费吹灰之力就把大石头搬起来了).

カルキ piǎobáifěn(漂白粉)〈クロールカルキ〉.

かるくち【軽口】 qiàopihuà(俏皮话), wánxiào(玩笑), xiàohua(笑话). ¶～をたたく shuō qiàopihuà(说俏皮话)/ kāi wánxiào(开玩笑).

カルシウム gài(钙).

カルタ zhǐpái(纸牌). ¶～をする wánr zhǐpái(玩儿纸牌).
¶いろは～ yīlǔbō zhǐpái(伊吕波纸牌).

カルチャー ¶～ショック wénhuà chōngjī(文化冲击).

カルテ bìnglì(病历), bìng'àn(病案), bìnglìkǎ(病历卡).

カルテット sìchóngzòu(四重奏), sìchóngzòutuán(四重奏团); sìchóngchàng(四重唱), sìchóngchàng héchàngtuán(四重唱合唱团).

カルデラ pòhuǒshānkǒu(破火山口).

カルト kuángrè chóngbài(狂热崇拜), míxìn(迷信), yìjiào(异教), xiéjiào(邪教), rèkuáng(热狂).

かるはずみ【軽はずみ】 qīngshuài(轻率). ¶彼は～だ tā tài qīngshuài(他太轻率). ¶～なことをするな búyào ˇqīngjǔ-wàngdòng[ˇqīngshuài cóngshì](不要ˇ轻举妄动[轻率从事]).

かるわざ【軽業】 zájì(杂技). ¶～をする biǎoyǎn zájì(表演杂技).
¶～師 zájì yǎnyuán(杂技演员).

かれ【彼】 1 tā(他).
2【愛人】 nánpéngyou(男朋友), duìxiàng(对象), qíngrén(情人).

かれい【鰈】 dié(鲽).

かれい【華麗】 huálì(华丽), huáměi(华美). ¶～な宮殿 huálì de gōngdiàn(华丽的宫殿). ¶～な文体 huálì de wéntǐ(华丽的文体).

カレー gālí(咖喱). ¶～粉 gālífěn(咖喱粉). ¶～ライス gālífàn(咖喱饭).

ガレージ qìchēkù(汽车库), chēkù(车库). ¶～に自動車を入れる bǎ qìchē kāijìn chēkùli(把汽车开进车库里).

かれえだ【枯枝】 kūzhī(枯枝), gānzhī(干枝).
¶～をはらう dǎ gānzhī(打干枝).

かれき【枯木】 kūshù(枯树), kūmù(枯木), gǎomù(槁木). ¶～に花が咲く kūmù féng chūn(枯木逢春)/ kūshù shēng huā(枯树生花). ¶～も山のにぎわい yǒu zǒng bǐ méiyǒu qiáng(有总比没有强).

がれき【瓦礫】 wǎlì(瓦砾). ¶爆撃で町は～の山と化した zāoshòu hōngzhà, shìzhèn chéngle yípiàn wǎlì(遭受轰炸，市镇成了一片瓦砾).

かれくさ【枯草】 kūcǎo(枯草), gāncǎo(干草).

かれこれ 1〔とやかく〕zhège nàge(这个那个).
¶～言わずに従いなさい búyào shuō zhège nàge, kuài kāishǐ ba(不要说这个那个，快开始吧). ¶～するうちに時がたった gǎo zhè gǎo nà, shíjiān bùzhī-bùjué jiù guòqu le(搞这搞那，时间不知不觉就过去了).
2〔およそ〕dàyuē(大约), chàbuduō(差不多).
¶この仕事について～2 年たつ gǎo zhè gōngzuò chàbuduō yǒu liǎng nián le(搞这工作差不多有两年了). ¶～10 万円使った dàyuē yòngle shíwàn rìyuán(大约用了十万日元).

かれつ【苛烈】 jīliè(激烈). ¶～な戦い jīliè de dòuzhēng(激烈的斗争).

かれは【枯葉】 kūyè(枯叶), gānyè(干叶), bàiyè(败叶). ¶～剤 tuōyèjì(脱叶剂).

か・れる【枯れる】 1〔草木が〕kū(枯), kūwěi(枯萎), kūsǐ(枯死), gānkū(干枯). ¶花が～れた huā kūwěi le(花枯萎了).
2 ¶彼は人間が～れている tā wéirén lǎochéng chízhòng(他为人老成持重). ¶なかなか～れた字だ xiāngdāng lǎoliàn yuánrùn de zì(相当老练圆润的字)/ bǐmò cānglǎo(笔墨苍老).

か・れる【涸れる】 gān(干), gānhé(干涸), gānkū(干枯), kūgān(枯干), kūjié(枯竭), kūhé(枯涸). ¶井戸が～れた jǐng gānhé le(井干涸了). ¶田の水が～れかかっている tiánli de shuǐ kuàiyào gān le(田里的水快要干了).

か・れる【嗄れる】 yǎ(哑), sīyǎ(嘶哑), shāyǎ(沙哑), yīnyǎ(喑哑). ¶声を出して声が～れた sǎngzi hǎnyǎ le(嗓子喊哑了).

かれん【可憐】 ¶～な花 kě'ài de huā(可爱的花). ¶～な花売り娘 kělián de màihuā-gūniang(可怜的卖花姑娘).

カレンダー guàlì(挂历), yuèfènpái[r](月份牌[儿]), yuèlì(月历); niánlì(年历); rìlì(日历). ¶卓上～ àntóu rìlì(案头日历).

かれんちゅうきゅう【苛斂誅求】 héng zhēng bào liǎn(横征暴敛). ¶民衆は～に苦しんでいた hóngzhòng kǔyú héngzhēng-bàoliàn(民众苦于横征暴敛).

かろう【過労】 ¶彼女は～のため倒れた tā jīláo chéngjí le(她积劳成疾了). ¶～にならないように注意しなさい zhùyì búyào guòyú láolèi(注意不要过于劳累).

がろう【画廊】 huàláng(画廊).

かろうじて【辛うじて】 chàdiǎnr(差点儿), xiǎnxiē(险些). ¶～大学に合格した chàdiǎnr méi kǎoshàng dàxué(差点儿没考上大学).

カロチン húluóbosù(胡萝卜素); yèhuángsù(叶黄素).

かろやか【軽やか】 qīngyíng(轻盈), qīngkuài(轻快). ¶～な身のこなし qīngyíng(体态轻盈)/ bùlǚ qīngjiàn(步履轻健). ¶～なメロディーが流れる qīngkuài de xuánlǜ zài piāodàng(轻快的旋律在飘荡).

カロリー kǎ(卡), kǎlùlǐ(卡路里). ¶大人は最低1 日 2400～必要だ dàren yì tiān zuì shǎo xūyào liǎngqiān sìbǎi kǎlùlǐ(大人一天最少需要两千四百卡路里). ¶～の高い食品 kǎlùlǐ gāo de shípǐn(卡路里高的食品).
¶小～ xiǎokǎ(小卡). 大～ dàkǎ(大卡)/ quānkǎ(千卡).

ガロン jiālún(加仑).

かろん・ずる【軽んずる】 qīnghū(轻忽), qīngkàn(轻看), qīngshì(轻视). ¶最近生命を～ずる傾向がある jìnlái yǒu qīngshì shēngmìng de qīngxiàng(近来有轻忽生命的倾向).

かわ【川・河】 hé(河), jiāng(江). ¶学校の裏を大きな～が流れている yì tiáo dàhé liúguò xuéxiào hòumian(一条大河流过学校后面). ¶～が溢れた héshuǐ fànlàn le(河水泛滥了)/ fālē

dàshuǐ le(发了大水了). ¶～の真中に小さな州(†)がある héxīn yǒu yí ge xiǎo shāzhōu(河心有一个小沙洲). ¶筏で～下りする chēng fázi shùn liú ér xià(撑筏子顺流而下).

かわ 1【皮】pí(皮). ¶日に焼けて～がむける bèi tàiyáng shàide tuōpí le(被太阳晒得脱皮了). ¶彼は骨と～ばかりにやせた tā shòude jiǎnzhí shì pí bāo gǔ le(他瘦得简直是皮包骨了). ¶あいつはつらの～が厚い tā liǎnpí hòu(他脸皮厚). ¶あいつは人間の～をかぶった畜生だ tā shì pīzhe rénpí de chùsheng(他是披着人皮的畜生). ¶牛の～をなめす róushú niúpí(鞣熟牛皮). ¶木の～をはぐ bā shùpí(扒树皮). ¶りんごの～をむく xiāo píngguǒpí(削苹果皮). ¶布団の～ bèimiànzi(被面子).
2【革】pí(皮), pízi(皮子), pígé(皮革). ¶～のベルト pídài(皮带). ¶～表紙の本 pímiàn de shū(皮面的书).
¶～ジャンパー píjiākè(皮夹克). ¶～製品 pígé zhìpǐn(皮革制品).

がわ【側】1【方面】miàn(面), biān(边), páng(旁). ¶家の北～ wū běimiàn(屋北面). ¶私の右～に座って下さい qǐng zuòzài wǒ yòubian(请坐在我右边). ¶道の両～に商店が軒を連ねている dàolù liǎngpáng shāngdiàn líncì-zhìbǐ(道路两旁商店鳞次栉比).
2【対立するものの一方】fāng(方), fāngmiàn(方面). ¶組合の要求 láofāng de yāoqiú(劳方的要求). ¶彼は学生の～に立った tā zhànzài xuésheng yīfāng(他站在学生一方).
¶敵～ dífāng(敌方).
3【金～】の時計 jīnkérbiǎo(金壳ㄦ表).

かわい・い【可愛い】1【いとしい】kě'ài(可爱). ¶誰でも自分の子供は～いものだ shuí dōu juéde zìjǐ de háizi kě'ài(谁都觉得自己的孩子可爱). ¶要するに彼は自分の身が～いのだ shuōchuānle, tā liánxī zìjǐ bàle(说穿了, 他怜惜自己罢了). ¶～い子には旅をさせよ rén xiū kǔchóng, bù dǎ bù chéng rén(人是苦虫, 不打不成人)/ bàngdǎchū xiàozǐ(棒打出孝子). ¶～さきって憎さ百倍 ài zhī guòshèn zé zēng zhī yì jí(爱之过甚则憎之亦极).
2【愛らしい】kě'ài(可爱), àirénr(爱人ㄦ). ¶～い花が咲いている ～いものだ kāizhe kě'ài de huā(开着可爱的花). ¶この子はほんとうに～い zhè háizi ˈduō àirénr a!˙[zhuóshí tǎo rén xǐhuan](这孩子ˈ多爱人ㄦ啊!˙[着实讨人喜欢]). ¶～い声で歌っている yòng kě'ài de shēngyīn chàngzhe gē(用可爱的声音唱着歌).

かわいがる【可愛がる】téng(疼), téng'ài(疼爱), zhōng'ài(钟爱). ¶子供を～る téng [téng'ài] háizi(疼[疼爱]孩子). ¶動物を～る àihù dòngwù(爱护动物). ¶あの子は皆に～られる nàge háizi zhāo rén xǐhuan(那个孩子招人喜欢). ¶彼は弟子の中で特に師に～られた tā zài ménshēng zhōng zuì shòu lǎoshī de téng'ài(他在门生中最受老师的疼爱).

かわいげ【可愛げ】¶～のない子 bù zhāo rén xǐhuan de háizi(不招人喜欢的孩子).

かわいそう kělián(可怜). ¶～な捨て猫 bèi rēngdiào de kělián de māo(被扔掉的可怜的猫). ¶～なことなどない, うんとなぐってやれ méi shénme kělián de, hěnhěn de gěi wǒ zòu yí dùn(没什么可怜的, 狠狠地给我揍一顿). ¶～にその子は目を泣きはらしていた zhēn kělián, nà háizi liǎngyǎn dōu kūzhǒng le(真可怜, 那孩子两眼都哭肿了). ¶彼を玄人と比較しては～だ tā tóng lǎohángjiā xiāngbǐ, nà jiù tài kēkè le(把他同老行家相比, 那就太苛刻了).

かわいらし・い【可愛らしい】→かわいい2.

かわうそ【川獺】tǎ(獭), shuǐtǎ(水獭).

かわか・す【乾かす】shài(晒); liàng(晾); kǎo(烤), hōng(烘). ¶洗濯物をよく日にあてて～す bǎ xǐ de yīfu hǎohǎo shàigān(把洗的衣服好好晒干). ¶この着物は日陰で～して下さい zhè jiàn yīfu zài bèiyīnchù liàngliang(这件衣服在背阴处晾晾). ¶髪をドライヤーで～す chuīgān tóufa(吹干头发). ¶早く火のそばに来て服を～しなさい kuài dào huǒ gēnqián lái, bǎ yīfu hōng yi hōng(快到火跟前来, 把衣服烘一烘).

かわかみ【川上】shàngyóu(上游), shàngliú(上流).

かわき【乾き】¶～がはやい gāndé kuài(干得快). ¶～が悪い bù hǎo gān(不好干).

かわき【渇き】¶戸井水で喉の～をいやす hē jǐngshuǐ jiěkě(喝井水解渴)/ ná jǐngshuǐ rùn sǎngzi(拿井水润嗓子). ¶喉の～を覚える juéde kǒu kě(觉得口渴).

かわぎし【川岸】hé'àn(河岸), hébiān(河边), héyán(河沿).

かわきり【皮切り】kāiduān(开端), kāitóu(开头), qǐtóu(起头). ¶これは今年の秋の展覧会の～だ zhè shì jīnnián qiūjì zhǎnlǎnhuì de kāiduān(这是今年秋季展览会的开端). ¶開会式を～にいろいろな行事が行われる yǐ kāimù diǎnlǐ zuòwéi kāitóu, zhǎnkāi gèzhǒng-gèyàng de huódòng(以开幕典礼作为开头, 展开各种各样的活动).

かわ・く【乾く】gān(干), zào(燥), gānzào(干燥). ¶着物が～いた yīshang ˈliànggān[shàigān/ hōnggān] le(衣裳ˈ晾干[晒干/烘干]了). ¶梅雨期は～いた干し物が～かない zài méiyǔ jìjié yīfu lǎo gānbùliǎo(在梅雨季节衣服老干不了). ¶～いた手拭を下さい qǐng gěi yì tiáo gān shǒujīn(请给一条干手巾). ¶池の水がからからに～いてしまった chízi li de shuǐ ˈgān [gānhé] le(池子里的水ˈ干[干涸]了). ¶空気が～いている kōngqì hěn gānzào(空气很干燥).

かわ・く【渇く】kě(渴), fāgān(发干). ¶喉が～いた kǒu kě le(口渴了)/ sǎngzi gānkě le(嗓子干渴了). ¶辛いものを食べて喉が～いた chīle xián dōngxi hóulong fāgān le(吃了咸东西喉咙发干了).

かわぐつ【革靴】píxié(皮鞋).

かわざんよう【皮算用】¶とらぬ狸の～ dǎ rúyì-suànpan(打如意算盘).

かわしも【川下】xiàyóu(下游), xiàliú(下流).

かわ・す【交す】 ¶挨拶を～す hùxiāng ▾hánxuān[dǎ zhāohu]（互相寒暄[打招呼]）. ¶視線を～す jiāohuàn yǎnsè（交换眼色）. ¶お互いに意見を～す hùxiāng jiāohuàn yìjiàn（互相交换意见）. ¶木々が枝を～して生い茂る shùmù màomì, zhīyè jiāocuò（树木茂密，枝叶交错）.

かわ・す【躱す】 shǎnduǒ（闪躲）, shǎnbì（闪避）, shǎnkai（闪开）, duǒshǎn（躲闪）. ¶ひらりと身を～した jīmǐn de shǎnkaile shēnzi（机敏地闪开了身子）. ¶非難の矛先を～す bìkāi fēinàn de fēngmáng（避开非难的锋芒）.

かわず【蛙】 wā（蛙）, qīngwā（青蛙）. ¶井の中の～ jǐng dǐ zhī wā（井底之蛙）.

かわすじ【川筋】 hédào（河道）.

かわせ【為替】 huìduì（汇兑）. ¶郵便局から～で金を送る yóu yóujú huì kuǎn（由邮局汇款）. ¶～手形 huìpiào（汇票）. ¶～料 huìfèi（汇费）/ huìshuǐ（汇水）. 外国～銀行 wàihuì yínháng（外汇银行）. 外国～市場 wàihuì jiāoyì shìchǎng（外汇交易市场）. 公定～レート fǎdìng huìjià（法定汇价）/ huìlǜ（汇率）. 電報～ diànhuì（电汇）. 郵便～ yóuhuì（邮汇）.

かわせみ【川蟬】 cuìniǎo（翠鸟）, diàoyúláng（钓鱼郎）.

かわぞい【川沿い】 yánhé（沿河）, héyán（河沿）. ¶～にずっと柳が植わっている yánhé biān zāizhe yángliǔ（沿河遍栽着杨柳）. ¶～の道 yánhé de dàolù（沿河的道路）.

かわぞこ【川底】 hédǐ（河底）.

かわと【革砥】 gàngdāobù（钢刀布）.

かわどこ【川床】 héchuáng（河床）, hécáo（河槽）, héshēn（河身）.

かわばた【川端】 hépàn（河畔）, hébīn（河滨）. ¶～で涼む zài hépàn chéngliáng（在河畔乘凉）.

かわはば【川幅】 ¶～が100メートルある hé de kuāndù yǒu yìbǎi mǐ（河的宽度有一百米）/ hé yǒu yìbǎi mǐ kuān（河有一百米宽）.

かわべ【川辺】 hébiān（河边）, héyán（河沿）, hépàn（河畔）, hébīn（河滨）.

かわへん【革偏】 gézìpángr（革字旁儿）.

かわむこう【川向う】 ¶実家は～です wǒ niángjia zài hé nàbianr（我娘家在河那边儿）.

かわも【川面】 hémiàn（河面）, jiāngmiàn（江面）. ¶風が～を吹きわたる fēng chuīguò hémiàn（风吹过河面）.

かわや【厠】 biànsuǒ（便所）.

かわら【瓦】 wǎ（瓦）. ¶～を葺く wà wǎ（瓦瓦）. ¶～葺きの家 wǎfáng（瓦房）.

かわら【河原】 hétān（河滩）. ¶～乞食 xiàjiǔliú（下九流）.

かわり【代り・替り】 1〔代理，代用〕 ¶今日は父の～に伺いました jīntiān dài fùqin bàifǎng nín lái le（今天代父亲拜访您来了）. ¶～のではいけませんか pài ge ▾dàitì de rén[tìshǒur], kěyǐ bu kěyǐ?（派个▾代替的人[替手],可不可以?）. ¶誰をもってきても彼の～にはならない jiào shuí lái yě dàitì bu liǎo tā（叫谁来也代替不了他）. ¶これはテーブルの～になる zhège kěyǐ dàitì zhuōzi（这个可以代替桌子）/ zhège kěyǐ dàng zhuōzi yòng（这个可以当桌子用）.

2〔交替〕 ¶A氏がやめるので～を探している A xiānsheng yào cízhí, zhèng zhǎo jiētì de rén（A先生要辞职，正在找接替的人）.

3〔代償〕 ¶日本語を教える～に中国語を教えてもらう wǒ jiāo tā Rìwén, tā jiāo wǒ Zhōngwén, hù jiāo hù xué（我教他日文，他教我中文，互教互学）. ¶高給を出す～にしっかり働いてもらいたい fù gāoxīn, kě yào hǎohāor gàn（付高薪，可要好好儿干）.

かわり【変り】 1〔変化〕 biàn（变）, biànhuà（变化）. ¶私の考えに～はない wǒ de xiǎngfa méi biàn（我的想法没变）. ¶妻への愛情に～はない duì qīzi de àiqíng shì bùbiàn de（对妻子的爱情是不变的）. ¶彼はいつもと～がなかった tā gēn píngshí yíyàng, méi shénme biànhuà（他跟平时一样,没什么变化）.

2〔異常〕 biànhuà（变化）, yìcháng（异常）. ¶機械の調子には何の～もない jīqì méiyǒu shénme yìcháng（机器没有什么异常）. ¶お宅の皆様も～ありませんか nǐ jiā rén dōu hǎo ma?（你家人都好吗?）.

かわりあ・う【代り合う】 lúnhuàn（轮换）, lúnliú（轮流）, lúnbān（轮班）, lúnbōr（轮拨儿）. ¶皆で～って見張りをする dàhuǒr lúnliú kānshǒu（大伙儿轮流看守）.

かわりだね【変り種】 ¶彼は学界の～だ tā zài xuéshùjiè li shì yí ge qítè de rén（他在学术界里是一个奇特的人）.

かわりばえ【代り映え】 ¶あの人が首相になっても～がしない tā dāng shǒuxiàng yě bú huì yǒu shénme biànhuà（他当首相也不会有什么变化）. ¶～しても相変らず yě zhǐ néng yīrán rú gù（就是他当了首相也只能依然如故）. ¶私が相手では～がしないでしょう wǒ lái péi jiù méiyǒu shénme xīnxiān le ba（我来陪就没有什么新鲜了吧）.

かわりは・てる【変り果てる】 ¶その地震で街の有様は～てた yóuyú nà cì dìzhèn shìróng wánquán biànchéng lìng yí ge yàngzi le（由于那次地震市容完全变成另一个样子了）. ¶父親の～てた姿を見て泣き出した kàndào biànde miànmù-quán fēi de fùqin jiù kū qǐlái（看到变得面目全非的父亲就哭了起来）.

かわりみ【変り身】 ¶あの人は～が早い tā nàge rén zhēn néng kànfēng-shǐduò（他那个人真能看风使舵）.

かわりめ【変り目】 ¶時代の～ shídài zhuǎnzhédiǎn（时代转折点）. ¶季節の～ jìjié zhī jiāo（季节之交）.

かわりもの【変り者】 guàirén（怪人）. ¶あの人は～だ tā zhēn shì ge guàirén（他真是个怪人）.

かわ・る【代る・替る】 1〔交替する〕 huàn（换）, tì（替）, tìhuan（替换）, dàitì（代替）, tìdài（代代）. ¶クラス担任が～った bānzhǔrèn huàn le（班主任换了）. ¶あの家は代が～った nà yìjiā huànle dài（那一家换了代）. ¶ちょっと～って下さい lái tìhuan wǒ yíxià（来替换我一下）. ¶ちょっとお父さんに～っていただけますか qǐng

jiào nǐ fùqin jiē yíxià diàn huà(请叫你父亲接一下电话).

2〔代理する〕 tì(替), dài(代), dàitì(代替).¶兄に～って御案内しましょう tì gēge gěi nǐ dàilù ba(替哥哥给你带路吧).¶親族一同に～り御礼を申し上げます dàibiǎo suǒyǒu qīnshǔ biǎoshì xièyì(代表所有亲属表示谢意).

かわ・る【変る】 1 biàn(变), biànhuà(变化), biàndòng(变动), gǎibiàn(改变).¶お天気が～った tiānqì biàn le(天气变了).¶我々の友情は永遠に～らない wǒmen de yǒuyì yǒngyuǎn búbiàn(我们的友谊永远不变).¶愛が憎しみに～る àiqíng biànwéi zēnghèn(爱情变为憎恨).¶考えが～った zhuǎnle niàntou(转了念头)/ xiǎngfa biàn le(想法变了).¶情况が～った qíngkuàng biàn le(情况变了).¶まるきり顔ぶれが～ってしまった wánquán huànle rén le(完全换了人了).¶あなたは10年前と少しも～りませんね nǐ gēn shí nián qián yíyàng, yìdiǎnr yě méiyǒu biàn(你跟十年前一样,一点儿也没有变).¶彼は人が～ったように働き始めた tā hǎoxiàng biànle ge rén shìde qínkuai le(他好像变了个人似的勤快了).¶いつに～らぬ御愛顧を賜り厚く御礼申し上げます yíxiàng duō chéng guānggù, tè cǐ dàoxiè(一向多承光顾,特此道谢).¶画面は～って天安門広場となった huàmiàn zhuǎnwéi Tiān'ānmén guǎngchǎng le(画面转为天安门广场了).¶演題が急に～った jiǎngyǎn de tímù hūrán gǎibiàn le(讲演的题目忽然改变了).¶電話番号が～った diànhuà hàomǎr biàn le(电话号码儿变了).¶学習会の日にちが～った xuéxíhuì de rìqí biàndòng le(学习会的日期变动了).¶別の会社に～るつもりです dǎsuàn zhuǎndào biéde gōngsī qù(打算转到别的公司去).

2〔普通と違う〕gèbié(各别), tèbié(特别), gǔguài(古怪), gèsè(各色).¶あの人はずいぶん～った人だ tā nàge rén zhēn **'**gèbié[gě/gǎ]**'**(他那个人真**'**各别[各／乍]**'**)/ tā píqi gǔguài(他脾气古怪).¶～った形の椅子 shìyàng biézhì de yǐzi(式样别致的椅子).

かわるがわる【代る代る】 lún(轮), lúnliú(轮流), lúnhuàn(轮换), lúnfān(轮番), dǎohuàn(倒换), tìhuàn(替换), dǎotì(倒替).¶歌をうたう lúnzhe chànggēr(轮着唱歌儿).¶荷物を持つ tìhuànzhe ná xíngli(替换着拿行李).

かん【缶】 guàn(罐), guànzi(罐子), guàntou(罐头), tīng(听), tīngzi(听子).¶～をあける kāi guànzi(开罐子).¶～入りの茶 tīngzhuāng cháyè(听装茶叶).

¶ビール～ guànzhuāng píjiǔ(罐装啤酒).石油～ shíyóutǒng(石油桶).ドラム～ qiyóu tiětǒng(汽油铁桶).パイナップル～ bōluó guàntou(菠萝罐头).

かん【冠】¶天下に～たる事業 wéi tiānxià zhī guàn de shìyè(为天下之冠的事业).

かん【巻】 juàn(卷).¶後を追うごとに物語は面白くなっていく gùshi yí juàn bǐ yí juàn gèng yǒu yìsi(故事一卷比一卷更有意思).¶万～の書を読む dú wàn juàn shū(读万卷书).¶全3～よりなっている quán shū gòng yǒu sān juàn(全书共有三卷).¶この映画は10～ものだ zhè bù diànyǐng shì shí běn(这部电影是十本).

かん【勘】¶商売にかけては彼は～が鋭い lùn zuò mǎimai tā de yǎnguāng kě mǐnruì(论做买卖他的眼光可敏锐).¶その察しがつかないとはお前も～が鈍い nà yī céng kàn bu chūlái, nǐ nǎozi yě tài chídùn le(那一层看不出来,你脑子也太迟钝了).¶私の～では彼が犯人だ píng wǒ de zhíjué tā shì zuìfàn(凭我的直觉他是罪犯).¶しばらく稽古を休んだら～が鈍った hǎojiǔ méi liànxí, shǒujiǎo bùlíng le(好久没练习,手脚不灵了).

かん【貫】《説明》重量単位,1"贯"约等于3.75公斤.

かん【寒】 ¶～暖の差が激しい hánnuǎn zhī chā xuánshū(寒暖之差悬殊).

2 ¶今日から～の入りだ cóng jīntiān qǐ jìnrù sān jiǔ(从今天起进入三九).¶～があける chū wǔ jiǔ(出五九)/ chū hán(出寒).

かん【棺】 guān(棺), guānmù(棺木), guānguǒ(棺椁).¶～を蓋(ﾌﾀ)って事定まる gài guān lùn dìng(盖棺论定).

かん【間】 1〔時間的〕¶3か月～で仕上げる yòng sān ge yuè de shíjiān wánchéng(用三个月的时间完成).¶展覧会は1日から7日～開かれる zhǎnlǎnhuì cóng yī hào qǐ kāi qī tiān(展览会从一号到开七天).¶10分～休憩しよう shí wǔ fēnzhōng ba(休息十分钟吧).¶～髪をいれず答えた dāngjí zuòle huídá(当即做了回答).

2〔空間的〕jiān(间), zhī jiān(之间).¶東京・博多～の特急 Dōngjīng-Bóduō jiān de tèbié kuàichē(东京博多间的特别快车).

3〔関係〕jiān(间), zhī jiān(之间).¶出版社～の競争 chūbǎnshè zhījiān de jìngzhēng(出版社之间的竞争).¶日中両国～の条约 Rì-Zhōng liǎngguó jiān de tiáoyuē(日中两国间的条约).

かん【閑】 xián(闲).¶忙中～あり máng zhōng yǒu xián(忙中有闲).

かん【感】 1〔感じ〕gǎn(感).¶隔世の～がある yǒu géshì zhī gǎn(有隔世之感)/ yǒu rú géshì(有如隔世).

¶正义～ zhèngyìgǎn(正义感).空腹～ kōngfùgǎn(空腹感).

2〔感動〕gǎndòng(感动), gǎnjī(感激), gǎnkǎi(感慨).¶～きわまって涙を流す gǎndòngde liúlèi(感动得流泪)/ gǎnjī tílíng(感激涕零).¶～に堪えないような様子で言った bùshéng gǎnjī de shuō(不胜感激地说).¶～無量 gǎnkǎi wànduān(感慨万端).

かん【漢】 Hàn(汉).¶～民族 Hàn mínzú(汉民族)/ Hànzú(汉族).

かん【管】 guǎn[r](管[儿]), guǎnzi(管子), guǎndào(管道).¶水道～を地中に埋める bǎ zìláishuǐ guǎndào máizài dìxià(把自来水管道埋在地下).

¶ガス～ méiqìguǎn(煤气管).

かん【燗】 ¶～をつける tàng[wēn/wù/dùn]jiǔ(烫[温/焐/炖]酒).
¶～酒 tàngjiǔ(烫酒)/ wēnzhòu(温酎).

かん【肝】 gānhuǒ(肝火), gānqì(肝气). ¶～が高ぶる gānhuǒ wàng(肝火旺). ¶あいつの言うことはいちいち～にさわる tā shuō de huà yí jù yí jù dōu rě rén fāhuǒ(他说的话一句一句都惹人发火).

かん【簡】 ¶～にして要を得る jiǎnmíng èyào(简明扼要)/ yán jiǎn yì gāi(言简意赅).

かん【感】 1〔有様〕 ¶以前の彼と比べると別人の～がある gēn cóngqián de tā xiāngbǐ, jiǎnzhí shì lìng yí ge rén le(跟以前的他相比,简直是另一个人了). ¶あたりから地獄の～を呈した chéngxiàn chū dìyù yìbān de jǐngxiàng(呈现出地狱一般的景象).

2〔見方〕guān(观). ¶世界～ shìjièguān(世界观). 恋愛～ liàn'àiguān(恋爱观).

がん【雁】 yàn(雁), hóngyàn(鸿雁), dàyàn(大雁).

がん【癌】 1 ái(癌), áiliú(癌瘤), áizhǒng(癌肿). ¶～になる huàn áiliú(患癌瘤). ¶～が肝臓に転移した ái zhuǎnyí dào gānshang(癌转移到肝上).
¶胃～ wèi'ái(胃癌). 乳～ rǔ'ái(乳癌). 肺～ fèi'ái(肺癌).

2〔障害〕zhēngjié(症结). ¶それは議会政治の～だ nà shì yìhuì zhèngzhì de zhēngjié(那是议会政治的症结).

がん【願】 yuàn(愿). ¶～をかける xǔyuàn(许愿). ¶～がかなう rú yuàn yǐ cháng(如愿以偿).

かんあん【勘案】 zhēnzhuó(斟酌), kǎolǜ(考虑). ¶諸事情を～する zhēnzhuó zhǒngzhǒng qíngkuàng(斟酌种种情况).

かんい【簡易】 jiǎnyì(简易), jiǎnbiàn(简便). ¶～な方法をみつける xúnzhǎo jiǎnyì de fāngfǎ(寻找简易的方法).

かんいっぱつ【間一髪】 yìfà-qiānjūn(一发千钧). ¶自動車は～のところで急停車した qìchē zài qiānjūn-yífà zhī jì jíshāle chē(汽车在千钧一发之际急刹了车). ¶～のところで助かった chà méi sǐ le(差一点儿没死了).

かんいん【姦淫】 jiānyín(奸淫). ¶汝～する勿れ rǔ wù jiānyín(汝勿奸淫).

かんえん【肝炎】 gānyán(肝炎). ¶A 型～ jiǎxíng gānyán(甲型肝炎). 劇症～ jùzhèng gānyán(剧症肝炎).

がんえん【岩塩】 yányán(岩盐), kuàngyán(矿盐), shíyán(石盐).

かんおけ【棺桶】 guāncai(棺材), guānmù(棺木), shòucái(寿材), shòumù(寿木). ¶～に片足をつっこんでいる xíng jiāng jiù mù(行将就木)/ bànjié rù tǔ(半截儿入土).

かんか【看過】 ¶重大な過失を～する bǎ zhòngdà de guòshī fàngguò le(把重大的过失放了).

かんか【感化】 gǎnhuà(感化). ¶人の～を受ける shòu rénjia de gǎnhuà(受人家的感化). ¶友達の～で絵を始めた shòule péngyou de yǐngxiǎng kāishǐ huà huàr de(受了朋友的影响开始画画儿的).

かんか【管下】 ¶警視庁～の全警察署 zài jǐngshìtīng guǎnxiá zhī xià de quánbù jǐngcháshǔ(在警视厅管辖之下的全部警察署).

がんか【眼下】 ¶そこは全市を～に見下ろせる景勝の地です nàr shì kěyǐ niǎokàn quánshì de fēngjǐng shèngdì(那儿是可以鸟瞰全市的风景胜地). ¶～に広大な原野が広がる yǎndǐxia zhǎnxiànzhe yípiàn guǎngkuò de yuányě(眼底下展现着一片广阔的原野).

がんか【眼科】 yǎnkē(眼科). ¶～医 yǎnkē yīshēng(眼科医生).

がんか【眼窩】 yǎnwō[r](眼窝).

かんかい【官界】 guānchǎng(官场).

かんがい【旱害】 hànzāi(旱灾). ¶～にあう zāoshòu hànzāi(遭受旱灾).

かんがい【感慨】 gǎnkǎi(感慨). ¶全く～無量だ zhēn shì gǎnkǎi wànduān(真是感慨万端).

かんがい【灌漑】 guàngài(灌溉). ¶貯水池の水で～する yòng shuǐkù lǐ de shuǐ guàngài(用水库里的水灌溉). ¶～用水 guàngài yòngshuǐ(灌溉用水).

がんかい【眼界】 → しや.

かんがえ【考え】 1〔思考, 考慮〕xiǎngfa(想法). ¶君の～は正しい nǐ de xiǎngfa hěn duì(你的想法很对). ¶年をとるに従って物事に対する～が深くなる suízhe niánlíng de zēngzhǎng duì shìwù gèngjiā shēnsī-shúlǜ le(随着年龄的增长对事物更加深思熟虑了). ¶～をめぐらす qiān sī wàn lǜ(千思万想). ¶～～が足りない sīlǜ bú gòu(思虑不够). ¶あとさきの～もなく家出した búgù qiánhòu lí jiā chūzǒu le(不顾前后离家出走). ¶いろいろな問題を～に入れて決める duì gè zhǒng wèntí jiāyǐ kǎolǜ zuò juédìng(对各种问题加以考虑作决定). ¶～にも～及ばぬことでした nà shì yìxiǎng bu dào de shì(那是意想不到的事)/ nà shì gēnběn wúfǎ xiǎngxiàng de shì(那是根本无法想像的事).

2〔意見, 判断〕xiǎngfa(想法), kànfǎ(看法), yìsi(意思). ¶君の～はどうだ nǐ de yìsi zěnmeyàng?(你的意思怎么样?). ¶彼は婦人問題に関して進んだ～を持っている tā duì fùnǚ wèntí yǒu jìnbù de kànfǎ(他对妇女问题有进步的看法). ¶私の～では… zhào wǒ de xiǎngfa…(照我的想法…)/ jù wǒ kàn…(据我看…). ¶それは～が甘いよ nà zhǒng xiǎngfǎ wèimiǎn tài tiānzhēn le(那种想法未免太天真了).

3〔意図, 意思〕xiǎngfa(想法), niàntou(念头), yìsi(意思). ¶この部屋は書斎にする～です zhè jiān wūzi dǎsuàn zuò shūfáng yòng(这间屋子打算做书房用). ¶父は私を医者にする～です fùqin xiǎng jiào wǒ zuò yīshēng(父亲想叫我做医生). ¶そんなことをする～は毛頭ない wǒ gēnběn méiyǒu zuò nà zhǒng shì de xiǎngfa(我根本没有做那种事的想法). ¶先方の態度如何によってはこっちにも～がある kàn duìfāng de tàidu rúhé, wǒfāng zì yǒu zhǔyi(看对方的态度如何, 我方自有主意). ¶なかな

か～どおりにはいかないものだ shìqing zěnme yě bùnéng àn suǒ xiǎngxiàng nàyàng jìnxíng(事情怎么也不能按所想像那样进行).
4〔着想〕xiǎngfa(想法), zhǔyi(主意), niàntou(念头), xiǎngtou(想头). ¶私にある～が浮んだ wǒ fúxiànle yí ge niàntou(我浮现了一个念头). ¶何かいい～はありませんか yǒu shénme hǎozhǔyi méiyǒu?(有什么好主意没有?).

かんがえかた【考え方】 xiǎngfa(想法), kànfǎ(看法). ¶君の～は正しい nǐ de xiǎngfa hěn duì(你的想法很对). ¶君の人生に対する～を知りたい wǒ xiǎng zhīdao nǐ duì rénshēng de kànfǎ(我想知道你对人生的看法).

かんがえごと【考え事】 ¶人の～の邪魔をするな búyào rǎoluàn bié ren de sīlù(不要扰乱我的思路). ¶何か～でもあるのですか yǒu shénme xīnshì ma?(有什么心事吗?).

かんがえこ・む【考え込む】 chénsī(沉思). ¶それを聞いて彼は～んでしまった tā tīngle nà shì jiù chénsī qilai le(他听了那事就沉思起来了). ¶1人で～んでいてもしようがない yí ge rén lǎo *xiǎngbukāi[xiǎngbutōng] yě bú shì bànfǎ(一个人老*想不开[想不通]也不是办法).

かんがえだ・す【考え出す】 xiǎngchū(想出). ¶こんなことを～したのはいったい誰だ xiǎngchū zhè shì lái de dàodǐ shì shuí?(想出这事来的到底是谁?). ¶新しい機械を～した yánzhìchūle xīn de jīxiè(研制出了新的机械).

かんがえちがい【考え違い】 xiǎngcuò(想错). ¶それは君の～というものだ wǒ shuō nà shì nǐ xiǎngcuò le(我说那是你想错了). ¶人から金を借りようなどと思ったら～だ nǐ xiǎng yào xiàng tā jiè qián, gēnběn méiménr(你想要向他借钱,根本没门儿).

かんがえつ・く【考え付く】 xiǎngdào(想到), xiǎngchū(想出). ¶妙な事を～いたものだ zhēnshì xiǎngchūle guài zhǔyi(真是想出了怪主意). ¶～もなかった nà shì kě méi xiǎngdào(那事可没想到).

かんがえなお・す【考え直す】 ¶もう一度～してみなさい nǐ chóngxīn zài hǎohāor xiǎng yi xiǎng(你重新再好好儿想一想). ¶～して示談にした gǎibiànle zhǔyi sīxià héjiě le(改变了主意私下和解了).

かんがえぶか・い【考え深い】 ¶あの人は～い人だ tā shì ge shēnmóu-yuǎnlǜ de rén(他是个深谋远虑的人).

かんがえもの【考え物】 ¶彼に金を貸すのは～だ bǎ qián jiègěi tā, nà xūyào kǎolǜ(把钱借给他,那需要考虑).

かんがえよう【考え様】 ¶ものは～だ shìqing zàiyú zěnme xiǎng le(事情在于怎么想了). ¶これよりほかに～がない chú cǐ yǐwài wúfǎ kě xiǎng(除此以外无法可想).

かんが・える【考える】 **1**〔思考する, 考慮する〕xiǎng(想), sīkǎo(思考), sīsuǒ(思索), kǎolǜ(考虑), sīlù(思虑), sīmo(思摸), sīliang(思量), zuómo(琢磨). ¶私が今～えている計画はこうです wǒ xiànzài suǒ xiǎng de jìhuà shì zhèyàng de(我现在所想的计划是这样的). ¶数学の問題を～える sīkǎo shùxuétí(思考数学题). ¶人間は～える葦である rén shì huì sīsuǒ de lúwěi(人是会思索的芦苇). ¶あれこれ～える zuǒ sī yòu xiǎng(左思右想)/ sī qián xiǎng hòu(思前想后). ¶そのことを～えるが痛む xiǎngqǐ nà jiàn shì jiù xīntòng(想起那件事就心痛). ¶過ぎたことをくよくよと～える nǔ guòqù de shì bié lǎo xiǎngzhàle le(过去的事别老想不开了). ¶君は少し～えすぎす nǐ yǒudiǎnr guòlǜ le(你有点儿过虑了). ¶～えれば～えるほど分らなくなる yuè xiǎng yuè hútu le(越想越糊涂了). ¶少し～えさせて下さい qǐng ràng wǒ zài xiǎng yíxià(请让我再想一下)/ ràng wǒ kǎolǜ kǎolǜ(让我考虑考虑). ¶あらゆる可能性を～えて設計する kǎolǜ suǒyǒu de kěnéngxìng jìnxíng shèjì(考虑到所有的可能性进行设计). ¶最悪の場合も～えておく cóng zuì huài de kěnéng lái shèxiǎng(从最坏的可能来设想). ¶私のことなど少しも～えてくれない duìyú wǒ de shì háo bù guānxīn(对于我的事毫不关心). ¶もう少し自分の家庭のことも～えなさい zìjǐ de jiātíng shēnghuó yě gāi gùjì yìxiē cáishì(自己的家庭生活也该顾及一些才是). ¶禁煙を勧めるのはあなたの体を～えてのことです quàn nǐ jiè yān shì wèi nǐ shēntǐ zhuóxiǎng(劝你戒烟是为你身体着想).
2〔判断する〕rènwéi(认为), yǐwéi(以为). ¶私は彼を私の恩人と～えます wǒ rènwéi tā shì wǒ de ēnrén(我认为他是我的恩人). ¶そんな規則は廃止すべきだと～えます wǒ yǐwéi nàyàng de guīzhāng yīnggāi zuòfèi(我以为那样的规章应该作废). ¶私はこの問題が最も重要だと～える wǒ rènwéi zhège wèntí shì zuì zhòngyào de(我认为这个问题是最重要的).
3〔意図する〕dǎsuan(打算). ¶この夏は帰郷しようと～えている jīnnián xiàtiān wǒ dǎsuàn huíxiāng(今年夏天我打算回乡). ¶父は私を教師にしようと～えている fùqin dǎsuàn jiào wǒ dāng jiàoshī(父亲打算叫我当教师).
4〔想像する〕xiǎngxiàng(想像). ¶～えていたのと実際とはずいぶん違う suǒ xiǎngxiàng de hé shíjì xiāngchà hěn yuǎn(所想像的和实际相差很远). ¶彼がそんな事をしたとはとても～えられない zěnme yě xiǎngxiàng bu dào tā zuòle nà zhǒng shì(怎么也想像不到他做了那种事).
5〔考案する〕xiǎngchūle ge miàozhǔ(想出了个妙计). ¶新しい機械を～える shèjì xīn de jīxiè(设计新的机械).

かんかく【間隔】 jiānjù(间距), jiàngé(间隔). ¶一定の～をおいて並ぶ àn yídìng de jiàngé páiduì(按一定的间隔排队). ¶～をつめてタイプを打つ yāsuō jiàngé dǎzì(压缩间隔打字). ¶5メートル～でポールを立てる měi gé wǔ mǐ lìzhe yì gēn qígān(每隔五米立着一根旗杆). ¶電車は3分～で運行される diànchē měi gé sān fēnzhōng yùnxíng yí tàng(电车每隔三分钟运行一趟).

かんかく【感覚】 **1** gǎnjué(感觉). ¶寒さで指の～がなくなった dòngde shǒuzhǐ shīqùle zhījué

(冻得手指失去了知觉)/ shǒuzhǐ dòngmámù le(手指冻麻木了). ¶そういうものは～的に受け付けない nà zhǒng dōngxi cóng gǎnqíngshang nányǐ jiēshòu(那种东西从感情上难于接受).

¶～器官 gǎnjué qìguān(感觉器官)/ gǎnguān(感官). ～神経 gǎnjué shénjīng(感觉神经).

2【センス】 ¶彼は美的～がゼロだ tā yìdiǎnr shěnměigǎn dōu méiyǒu(他一点儿审美感都没有). ¶近代的～の建物 yǒu xiàndài gǎnjué de jiànzhùwù(有现代感觉的建筑物).

かんかつ【管轄】 guǎnxiá(管辖). ¶～官庁へ願い出る xiàng zhǔguǎn jīguān tíchū shēnqǐng(向主管机关提出申请). ¶これは当役所の～ではない zhè bù shǔyú běn jīguān guǎnxiá(这不属于本机关管辖).

かんがっき【管楽器】 guǎnyuèqì(管乐器).

かんがみる【鑑みる】 jiànyú(鉴于). ¶先例に—みて適切に処置する必要がある jiànyú xiānlì bìxū shìdàng chǔlǐ(鉴于先例必须适当处理).

カンガルー dàishǔ(袋鼠), dàdàishǔ(大袋鼠).

かんかん ¶金槌で～たたく ná chuízi dīngdingdāngdāng de qiāoda(拿锤子丁丁当当地敲打). ¶日が～と照る tàiyáng shàide huǒlālā de(太阳晒得火辣辣的). ¶～おこった炭火 shāode hěn wàng de tànhuǒ(烧得很旺的炭火). ¶彼は～に怒った tā qìde zhí màohuǒ(他气得直冒火)/ tā dà fā léitíng(他大发雷霆)/ tā nùqì chōngtiān(他怒气冲天).

かんがん【汗顔】 hànyán(汗颜). ¶そんなにお褒めいただくとは～の至りです chéngméng rúcǐ kuājiǎng shēn gǎn hànyán(承蒙如此夸奖深感汗颜).

かんがん【宦官】 huànguān(宦官), tàijiàn(太监), yānrén(阉人).

かんかんがくがく【侃侃諤諤】 ¶～の議論をする zhí shū jǐ jiàn, liè biànlùn(直抒己见, 热烈辩论)/ zhī wú bù yán, yán wú bú jìn, zhǎnkāi rèliè zhēnglùn(知无不言, 言无不尽, 展开热烈争论).

かんかんしき【観艦式】 yuèjiànshì(阅舰式).

かんき【乾季】 hànjì(旱季), gānjì(干季).

かんき【喚起】 huànqǐ(唤起). ¶専門家が世人の注意を～する zhuānjiā huànqǐ shìrén de zhùyì(专家唤起世人的注意). ¶世論を～する huànqǐ shèhuì yúlùn(唤起社会舆论).

かんき【寒気】 hánqì(寒气). ¶どうやら～がゆるんできた juéde hánqì yǒudiǎnr huǎnguolai le(觉得寒气有点儿缓过来了). ¶この数日来～が一層厳しくなった zhèxiē rìzi lěngde yuèfā lìhai le(这些日子冷得越发厉害了).

かんき【換気】 tōngfēng(通风), tōngqì(通气). ¶～がよい［悪い］ tōngfēng "liánghǎo[bùliáng](通风"良好[不良]). ¶ガスを使う時は～に気をつけなさい shāo méiqì shí yào zhùyì tōngfēng(烧煤气时要注意通风).

¶～孔 tōngqìkǒng(通气孔). ～扇 huànqìshàn(换气扇)/ páifēngshàn(排风扇).

かんき【歓喜】 huānxǐ(欢喜). ¶～に胸をおどらせる huānxǐde xīnli zhí tiào(欢喜得心里直跳)/ xīn huā nù fàng(心花怒放). ¶群衆は～して叫び声をあげた qúnzhòng "huāntiān-xǐdì[xīnxǐ ruò kuáng] de gāohū qilai(群众"欢天喜地[欣喜若狂]地高呼起来).

かんきつるい【柑橘類】 gānjúlèi(柑橘类).

かんきゃく【閑却】 ¶エネルギー問題はもはや～できない状態にある néngyuán wèntí xiànzài yǐ bùróng děngxián shì zhī le(能源问题现在已不容等闲视之了).

かんきゃく【観客】 guānzhòng(观众), kànkè(看客). ¶～席 guānzhòngxí(观众席).

かんきゅう【感泣】 ¶金メダルを手にして～する huòdé jīnzhì jiǎngzhāng ér gǎnjī-tìlíng(获得金质奖章而感激涕零).

かんきゅう【緩急】 huǎnjí(缓急). ¶～自在 huǎnjí zìrú(缓急自如). ¶一旦～の際は… yídàn huǎnjí zhī jì…(一旦缓急之际…).

かんきゅう【眼球】 yǎnqiú(眼球).

かんぎゅうじゅうとう【汗牛充棟】 hàn niú chōng dòng(汗牛充栋).

かんきょ【閑居】 xiánjū(闲居). ¶小人～して不善を為す xiǎorén xiánjū wéi bú shàn(小人闲居为不善).

かんきょう【感興】 xìngzhì(兴致), xìnghuì(兴会). ¶～の湧くままに詩をつくる xìngzhì dà fā[xìngxìng láilín] xiě yì shǒu shī(兴致大发[兴会来临]写一首诗). ¶～を覚える xìngzhì bóbó(兴致勃勃). ¶～をそぐ sǎoxìng(扫兴).

かんきょう【環境】 huánjìng(环境). ¶ここは勉強するには絶好の～だ zhèli shì gè jí hǎo de xuéxí huánjìng(这里是个极好的学习环境). ¶人間は～に支配されやすい rén róngyì shòu huánjìng de yǐngxiǎng kòngzhì(人容易受环境的影响控制). ¶～衛生に注意をする zhùyì huánjìng wèishēng(注意环境卫生). ¶～汚染 huánjìng wūrǎn(环境污染). ～基準 huánjìng biāozhǔn(环境标准)/ huánjìng zhìliàng biāozhǔn(环境质量标准). ～保護 huánjìng bǎohù(环境保护)/ huánbǎo(环保). ～権 huánjìngquán(环境权).

がんきょう【頑強】 wánqiáng(顽强). ¶～に抵抗する wánqiáng dǐkàng(顽强抵抗)/ wánkàng(顽抗). ¶～に口をつぐんで供述しようとしない jǐnbìzhe zuǐ bù zhāogòng(紧闭着嘴不招供).

かんきり【缶切り】 kāiguàndāo(开罐刀), guàntóudāo(罐头刀).

かんきわまる【感極まる】 ¶～って泣き出した gǎndòngde kūle chūlái(感动得哭了出来).

かんきん【桿菌】 gǎnjūn(杆菌).

かんきん【換金】 biànmài(变卖). ¶株券を～する biànmài gǔpiào(变卖股票).

かんきん【監禁】 jiānjìn(监禁). ¶彼は一室に～された tā bèi jiānjìn yú yì jiān wūzi li(他被监禁于一间屋子里).

¶不法～罪 fēifǎ jūjìn zuì(非法拘禁罪).

がんきん【元金】 běnjīn(本金), mǔjīn(母金).

かんく【甘苦】 gānkǔ(甘苦). ¶～を共にする tóng gān gòng kǔ(同甘共苦).

かんく【艱苦】 jiānkǔ(艰苦). ¶いかなる～も辞さない bù cí rènhé jiānkǔ(不辞任何艰苦).

がんぐ【玩具】 wánjù(玩具).

がんくび【雁首】 yāndàiguō(烟袋锅). ¶そろえて何しに来たんだ nǐmen còuzài yìqǐ lái gàn shénme?(你们凑在一起来干什么?).

かんぐ・る【勘繰る】 cāijì(猜忌), cāixián(猜嫌). ¶人を～るのもいい加減にしろ bié cāijì rén le!(别猜忌人了!).

かんぐん【官軍】 guānjūn(官军). ¶勝てば～負ければ賊軍 shèngzhě wéi wáng, bàizhě wéi kòu(胜者为王, 败者为寇).

かんけい【奸計】 jiānjì(奸计). ¶～をめぐらす shī jiānjì(施奸计). ¶～に陥る zhòng jiānjì(中奸计).

かんけい【関係】 **1**【関連】guānxi(关系), xiāngguān(相关), xiānggān(相干), gān'ài(干碍), gānxì(干系). ¶この問題は我が国に密接な～がある zhège wèntí yǔ wǒguó yǒu mìqiè de guānxi(这个问题与我国有密切的关系). ¶彼は収賄事件には全く～がない tā yǔ shòuhuì ànzi háo bù xiāngguān(他与受贿案子毫不相干)/ tā gēn shòuhuì bāgānzi dǎbuzháo, méiyǒu guānxi(他跟受贿八竿子打不着, 没有关系). ¶あの男とは～を断ったほうがよい gēn nàge nánrén zuìhǎo duànle guānxi(跟那个男人最好断了关系). ¶あの会社と何とか～をつけたい xiǎng fǎr gēn nà jiā gōngsī "lāshang guānxi[guàshàng gōur](想法儿跟那家公司"拉上关系[挂上钩儿]). ¶2人は前から～があった tā liǎ yǐqián jiù yǒule guānxi(他俩以前就有关系). ¶時間の～で一部を省略します yóuyú shíjiān de guānxi shěnglüè yífùfèn(由于时间的关系省略一部分). ¶文章の前後～から判断する cóng shàngxiàwén de guānxi lái pànduàn(从上下文的关系来判断). ¶彼の来る来ないに～なく時間どおり出発する bùguǎn tā lái bu lái, ànshí chūfā(不管他来不来, 按时出发). ¶外交～を樹立する jiànlì wàijiāo guānxi(建立外交关系). ¶友好～を結ぶ jiéchéng yǒuhǎo guānxi(结成友好关系). ¶両者は敵対～にある liǎngzhě chǔyú díduì guānxi(两者处于敌对关系). ¶書類を押収する kòuyā yǒuguān wénjiàn(扣押有关文件). ¶～者以外立ち入り禁止 chú yǒuguān rényuán yǐwài yánjìn jìnchū(除有关人员以外严禁进出)/ xiánrén miǎn jìn(闲人免进).

¶～機関 yǒuguān "jīguān[dānwèi](有关"机关[单位]). ¶～代名詞 guānxi dàicí(关系代词).

2【関与】 ¶事業に～する cānjiā shìyè(参加事业). ¶陰謀に～する cānyù yīnmóu(参与阴谋). ¶うっかり犯罪に～するところだった chà yìdiǎnr méi qiānliánshàng fànzuì(差一点儿没牵连上犯罪).

かんげい【歓迎】 huānyíng(欢迎). ¶市民の盛大な～を受けた shòudào shìmín de shèngdà huānyíng(受到市民的盛大欢迎). ¶代表団の～準備はすべて整った huānyíng dàibiǎotuán de yíqiè zhǔnbèi dōu zuòhǎo le(欢迎代表团的一切准备都做好了). ¶～の辞を述べる zhì huānyíngcí(致欢迎词). ¶このように皆様に～していただき感謝の念に堪えません chéngméng gèwèi rúcǐ huānyíng, shízài gǎnxiè bú jìn(承蒙各位如此欢迎, 实在感谢不尽). ¶彼の案はあまり～されなかった tā de jiànyì bù zěnme shòu huānyíng[chīdekāi](他的建议不怎么受欢迎[吃得开]).

¶～会 huānyínghuì(欢迎会).

かんげき【間隙】 **1**【すきま】 jiànxì(间隙), kòngxì(空隙). ¶オートバイは車の～をぬって走った mótuōchē chuānguò qìchē de jiànxì xiàng qián xíngshǐ(摩托车穿过汽车的间隙向前行驶).

2【不和】 géhé(隔阂), gémó(隔膜). ¶その事件のため2人の間に～が生じた wèile zhè jiàn shì liǎng ge rén zhī jiān yǒule géhé(为了这件事两个人之间有了隔阂).

かんげき【感激】 gǎnjī(感激), gǎndòng(感动). ¶その映画を見て大変～した kànle nàge diànyǐng hěn shòu gǎndòng(看了那部电影很受感动). ¶～の涙を流した gǎnjīde liúxiàle yǎnlèi(感激得流下了眼泪)/ gǎnjī tílíng(感激涕零). ¶～のあまりものも言えない jīdòngde shuō bu chū huà lai(激动得说不出话来).

かんげき【観劇】 ¶～に行く qù kànxì(去看戏).

かんげざい【緩下剤】 qīng xièyào(轻泻药).

かんけつ【完結】 wánjié(完结). ¶この小説は次号で～する zhè piān xiǎoshuō xià qī wánjié(这篇小说下期完结).

かんけつ【間歇】 jiànxiē(间歇). ¶～的に発作が起る jiànxiē fāzuò(间歇发作).

¶～泉 jiànxièquán(间歇泉). ～熱 jiànxiērè(间歇热).

かんけつ【簡潔】 jiǎnjié(简洁), jiǎnduǎn(简短), jiǎnjìng(简净), jiǎnliàn(简练). ¶～で要領を得た文章 jiǎnjié ér yàodào de wénzhāng(简洁而扼要的文章).

かんげん【甘言】 huā yán qiǎo yǔ(花言巧语), tián yán mì yǔ(甜言蜜语). ¶うまうま～に乗せられた hěn qīngyì shàngle tiányán-mìyǔ de dàng(很轻易地上了甜言蜜语的当). ¶～をもって人を誘う yòng huāyán-qiǎoyǔ yòuhuò rén(用花言巧语诱惑人).

かんげん【諫言】 jiànyán(谏言), zhèngyán(诤言). ¶～を呈する jiànzhèng(谏诤)/ jìnjiàn(进谏).

かんげん【還元】 huányuán(还原). ¶利潤を社会に～する bǎ lìrùn huányuán yú shèhuì(把利润还原于社会). ¶酸化鉄を～すると鉄ができる yǎnghuàtiě huányuán chéngwéi tiě(氧化铁还原成为铁).

¶～剤 huányuánjì(还原剂).

がんけん【頑健】 wánjiàn(顽健), qiángjiàn(强健), qiángzhuàng(强壮), zhuàngshi(壮实), jiànzhuàng(健壮). ¶スポーツで～な体をつくる

tōngguò tǐyù yùndòng liànchū jiànzhuàng de shēntǐ(通过体育运动练出健壮的身体).
かんげんがく【管弦楽】 guǎnxiányuè(管弦乐).
かんこ【歓呼】 huānhū(欢呼).¶思わず～の声をあげた jīnbuzhù huānhū qǐlai(禁不住欢呼起来).
かんこ【鹹湖】 yánhú(盐湖).
かんご【看護】 kānhù(看护), hùlǐ(护理).¶病人を～する kānhù bìngrén(看护病人).¶手厚い～を受ける shòudào xìxīn hùlǐ(受到细心护理).
¶～人 nánhùshì(男护士).～婦 nǚhùshi(女护士).
かんご【漢語】 〖説明〗日语中按字音读的汉字单词.
がんこ【頑固】 wángù(顽固), gāngbì(刚愎), niù(拗), niùqi(拗气), jiàng(犟), zhíniù(执拗), niúpíqi(牛脾气), niúxìngzi(牛性子).¶あれは～な男だ tā nàge rén píqi hěn niù(他那个人脾气很拗).¶～な汚れ xǐbudiào de wūzì(洗不掉的污渍).
¶～おやじ lǎowángù(老顽固)/ lǎobābǎnr(老八板儿).
かんこう【刊行】 kānxíng(刊行).¶この本は昨年～された zhè shū shì qùnián kānxíng de(这书是去年刊行的).
¶～物 kānwù(刊物). 定期～物 qīkān(期刊)/ dìngqī kānwù(定期刊物).
かんこう【敢行】 ¶敵前上陸を～する qiángxíng zài díqián dēnglù(强行在敌前登陆).¶困難と知りつつその企てを～した míngzhī yǒu kùnnan duànrán shíxíng nàge jìhuà(明知有困难断然实行那个计划).
かんこう【感光】 gǎnguāng(感光).¶赤外線に～するフィルム duì hóngwàixiàn gǎnguāng de jiāopiàn(对红外线感光的胶片).
¶～紙 gǎnguāngzhǐ(感光纸).～度 gǎnguāngdù(感光度).
かんこう【慣行】 guànxí(惯习), guànlì(惯例).
¶～に従って処理する àn guànlì chǔlǐ(按惯例处理).
¶国際的～ guójì guànlì(国际惯例).
かんこう【観光】 guānguāng(观光), yóulǎn(游览), lǚyóu(旅游).¶～客 guānguāngkè(观光客)/ yóukè(游客)/ yóurén(游人).～シーズン lǚyóu wàngjì(旅游旺季).～地 yóulǎndì(游览地)/ jǐngdiǎn(景点)/ jǐngqū(景区).～バス lǚyóu qìchē(旅游汽车).～旅行 guānguāng lǚxíng(观光旅行).
がんこう【眼光】 mùguāng(目光), yǎnguāng(眼光).¶～が鋭い mùguāng ruìlì(目光锐利).¶～炯々 mùguāng jiǒngjiǒng(目光炯炯).
かんこうちょう【官公庁】 〖説明〗中央与地方政府机关.
かんこうへん【肝硬変】 gānyìngbiàn(肝硬变).
かんこうれい【箝口令】 ¶そのことについて～がしかれた gāi shì bèi jìnzhǐ yánjí(该事被禁止言及).
かんこく【勧告】 quàngào(劝告).¶辞職を～ quàngào cízhí(劝告辞职).¶医師の～に従って休養をとる tīngcóng dàifu de quàngào xiūyǎng(听从大夫的劝告休养).
かんごく【監獄】 jiānyù(监狱), láoyù(牢狱), dàláo(大牢), jiānláo(监牢).
かんこつ【顴骨】 quángǔ(颧骨).
かんこつだったい【換骨奪胎】 tuōtāi(脱胎).¶芥川竜之介の《芋粥》は中世説話の～だ Jièchuān Lóngzhījiè de《Yùzhōu》shì tuōtāi yú zhōngshìjì de gùshi(芥川龙之介的《芋粥》是脱胎于中世纪的故事).
かんこんそうさい【冠婚葬祭】 hóng-bái xǐshì(红白喜事), hóngbáishì(红白事), hóng-bái(红白).
かんさ【監査】 jiānshì(监事).¶～役 jiānshì rényuán(监事人员). 会計～ shěnjì(审计).
かんさい【完済】 huánqīng(还清), qīnghuán(清还), huánjiè(还借), qīngcháng(清偿).¶ようやく借金を～した fùzhài hǎoróngyì huánqīng le(负债好容易还清了)/ hǎoróngyì qīngchángle zhàiwù(好容易清偿了债务).
かんさいき【艦載機】 jiànzàijī(舰载机)/ jiànzài fēijī(舰载飞机).
かんさく【間作】 **1**〔輪作〕tàozhòng(套种), tàozuò(套作).¶大根を～する tàozhòng luóbo(套种萝卜).
2〔混作〕jiànzuò(间作), jiànzhòng(间种).¶桑畑にじゃがいもを～する zài sāngtiánli jiànzhòng tǔdòur(在桑田里间种土豆儿).
がんさく【贋作】 yànpǐn(赝品), yànběn(赝本).
かんざし【簪】 zānzi(簪子).¶頭に～をさす bǎ zānzi chāzài tóushang(把簪子插在头上).
かんさつ【監察】 jiānchá(监察).¶～官 jiāncháguān(监察官).
かんさつ【観察】 guānchá(观察).¶～が鋭い guānchá hěn jiānruì(观察很尖锐).¶蟻の習性を詳しく～する xiángxì de guānchá mǎyǐ de xíxìng(详细地观察蚂蚁的习性).
かんさつ【鑑札】 zhízhào(执照), páizhào(牌照).¶無～で犬を飼う méiyǒu xǔkězhèng yǎng gǒu(没有许可证养狗).
かんさん【換算】 huànsuàn(换算), zhésuàn(折算), zhéhé(折合).¶メートルをフィートに～する bǎ gōngchǐ huànsuàn wéi yīngchǐ(把公尺换算为英尺).¶1000円を元に～するといくらになりますか yìqiān rìyuán zhé rénmínbì duōshao?(一千日元折人民币多少?)
¶～表 huànsuànbiǎo(换算表)/ zhéhébiǎo(折合表).～率 huànsuànlǜ(换算率)/ zhéhélǜ(折合率).
かんさん【閑散】 ¶場内は～としていた chǎngnèi xīxīlālā de, méiyǒu duōshǎo rén(场内稀稀拉拉的, 没有多少人).¶～とした商いだ shēngyi qīngdàn(生意清淡).
かんし【冠詞】 guàncí(冠词).
かんし【漢詩】 〖説明〗中国的旧体诗, 也包含日本人作的.
かんし【鉗子】 qiánzi(钳子).¶～分娩 chǎnqián fēnmiǎn(产钳分娩).
かんし【監視】 jiānshì(监视).¶敵の行動を～

する jiānshì dírén de xíngdòng(监视敌人的行动). ¶厳重な～の目をくらまして脱獄する hùnguò yánmì de jiānshì yuèyù(混过严密的监视越狱).
¶～人 jiānshìrén(监视人).

かんし【環視】 ¶衆人～の中で辱められた zài dàtíng-guǎngzhòng zhī xià shòurǔ(在大庭广众之下受辱).

かんじ【感じ】 **1**[感覚] ¶寒さのため指の～がなくなった dòngde shǒuzhǐ méiyǒu gǎnjué le(冻得手指没有感觉了). ¶手でさわった～では上等の布地のようだ shǒu mō de gǎnjué xiàng shì gāojí liàozi(手摸的感觉像是高级料子).
2[印象] ¶あの人は～が悪い tā nàge rén gěi rén de yìnxiàng bù hǎo(他那个人给我的印象不好). ¶この部屋は～がよい zhè wūzi jiào rén juéde hěn shūfu(这屋子叫人觉得很舒服). ¶外国へ来たという～がしない yìdiǎnr yě bù juéde dàole wàiguó(一点儿也不觉得到了外国).
3[雰囲気] ¶背景で～を出す yòng bùjǐng chèntuō chū qìfēn(用布景衬托出气氛). ¶もう春の～だ xiàng shì chūntiān shìde le(像是春天似的了). ¶明るいーの絵 mínglǎng qīngxīn de huà(明朗清新的画).

かんじ【幹事】 gànshi(干事).

かんじ【漢字】 hànzì(汉字).

かんじいる【感じ入る】 pèifu(佩服). ¶お見事な腕前ほとほと～りました nín nà gāomiào de shǒuyì zhēn ˈràng rén pèifu[jiào rén wǔtǐtóudì](您那高妙的手艺真'让人佩服[叫人五体投地]).

がんじがらめ【雁字搦め】 wǔhuā dàbǎng(五花大绑). ¶泥棒を～に縛り上げる bǎ xiǎotōu wǔhuā dàbǎng de bǎngshàng le(把小偷五花大绑地绑上了).

かんしき【鑑識】 jiànbié(鉴别). ¶美術品を～する jiànbié měishùpǐn(鉴别美术品). ¶～眼を養う péiyǎng jiànbiélì(培养鉴别力). ¶～課で指紋を調べる zài jiàndìngkē chá zhǐwén(在鉴定科查指纹).

がんしき【眼識】 yǎnguāng(眼光), yǎnlì(眼力). ¶彼の～に狂いはない tā de yǎnguāng zhǔn méi cuò(他的眼光准没错)/ tā de yǎnlì cuòbuliǎo(他的眼力错不了).

かんしつ【乾漆】 gānqī(干漆). ¶～像 gānqīxiàng(干漆像).

がんじつ【元日】 yuánrì(元日).

かんしゃ【感謝】 gǎnxiè(感谢). ¶～の気持をあらわす biǎoshì xièyì(表示谢意). ¶～の念で胸がいっぱいだ xīnli búshèng gǎnjī(心里不胜感激)/ wǒ hěn zhīqíng(我很知情). ¶～のしるしです,お収め下さい sòngshàng cǐ wù, lüè biǎo cùnxīn, wàng qǐ xiàonà(送上此物,略表寸心,望乞笑纳). ¶お骨折りに一致します jiào nín shòulèi, gǎnxiè bú jìn(叫您受累,感谢不尽).

かんじゃ【患者】 huànzhě(患者), bìngrén(病人). ¶腸チフスが数名発生した chūxiànle shù míng shānghán huànzhě(出现了数名伤寒患者). ¶～を診察する zhěnchá bìngrén(诊察病人).
¶外来～ ménzhěn huànzhě(门诊患者). 入院～ zhùyuàn huànzhě(住院患者).

かんしゃく【癇癪】 huǒ[r](火[儿]), huǒqì(火气), huǒxìng(火性), gānhuǒ(肝火). ¶彼があまりのろいので私は～を起した tā nà mànshōu-mànjiǎo de jìntóur, rěde wǒ dòngle gānhuǒ(他那慢手慢脚的劲儿ル,惹得我动了肝火).
¶あいつは～持ちだ tā shì ge huǒxìngzi(他是个火性子)/ nà jiāhuo ˈgānhuǒ wàng[ài fā pí-qi](那家伙'肝火旺[爱发脾气]). ¶それを聞いて彼は～玉を破裂させた tā yì tīng nà jiù qì-zhà le(他一听那就气炸了).

かんしゅ【看守】 kānshǒu(看守), yùjǐng(狱警).

かんじゅ【甘受】 ¶苦しみを～する gānxīn rěn-shòu tòngkǔ(甘心忍受痛苦).

かんしゅう【慣習】 guànxí(惯习). ¶～を守る zūnshǒu shèhuì xíguàn(遵守社会习惯). ¶～に従う fúcóng chángguī(服从常规).
¶～法 xíguànfǎ(习惯法).

かんしゅう【監修】 ¶この辞典はA先生の～下に編集された zhè běn cídiǎn shì zài A xiān-sheng zhǔchí xià biānzuǎn de(这本辞典是在A先生主持下编纂的).

かんしゅう【観衆】 guānzhòng(观众). ¶その試合は5万の～を集めた nà chǎng bǐsài xīyǐn-le wǔwàn guānzhòng(那场比赛吸引了五万观众).

かんじゅせい【感受性】 gǎnshòuxìng(感受性).
¶～が強い gǎnshòuxìng qiáng(感受性强).

かんしょ【甘蔗】 gānzhe(甘蔗).

かんしょ【甘薯】 gānshǔ(甘薯), báishǔ(白薯), hóngshǔ(红薯), dìguā(地瓜).

かんしょ【寒暑】 hánshǔ(寒暑). ¶～の差が甚だしい hánshǔ zhī chā xuánshū(寒暑之差悬殊).

がんしょ【願書】 ¶入学～ shēngxué bàomíng-shū(升学报名书)/ rùxué zhìyuànshū(入学志愿书).

かんしょう【干渉】 gānshè(干涉). ¶外国の～を受ける shòu wàiguó gānshè(受外国干涉). ¶他国の内政に～すべきでない bù yīng gānshè tāguó nèizhèng(不应干涉他国内政). ¶私のことに～しないでくれ bié gānshè wǒ de shì(别干涉我的事).

かんしょう【感傷】 gǎnshāng(感伤), shānggǎn(伤感). ¶～におぼれてはならない bùnéng chénnì yú shānggǎnli(不能沉溺于伤感里). ¶～的な人 duōchóu-shàngǎn de rén(多愁善感的人). ¶～的な小説 gǎnshāng xiǎoshuō(感伤小说).
¶～主義 gǎnshāngzhǔyì(感伤主义).

かんしょう【緩衝】 huǎnchōng(缓冲). ¶～地帯を設ける shèlì huǎnchōng dìdài(设立缓冲地带).
¶～器 huǎnchōngqì(缓冲器)/ jiǎnzhènqì(减震器).

かんしょう【環礁】 huánjiāo(环礁). ¶ビキニ

～ Bǐjīní huánjiāo (比基尼环礁).

かんしょう【観賞】 guānshǎng (观赏). ¶ ～魚 guānshǎngyú (观赏鱼). ¶ ～用植物 guānshǎng zhíwù (观赏植物).

かんしょう【鑑賞】 jiànshǎng (鉴赏), xīnshǎng (欣赏), shǎngjiàn (赏鉴). ¶ 私の趣味は音楽～です wǒ de àihào shì xīnshǎng yīnyuè (我的爱好是欣赏音乐). ¶ 絵画の～力 huìhuà de jiànshǎnglì (有绘画的鉴赏力).

かんじょう【勘定】 **1**【計算】 suàn (算), jìsuàn (计算), shǔ (数). ¶ ～が早い suànde kuài (算得快). ¶ 金を～する shǔ qián (数钱)/ diǎn chāopiào (点钞票). ¶ 彼も～に入っている tā yě suànzài qí nèi (他也算在其内). ¶ 失敗を～に入れて紙をよけいに用意する bǎ shībài gūjì zài nèi, duō zhǔnbèi zhǐzhāng (把失败估计在内, 多准备纸张). ¶ 天候のことは～に入れてなかった tiānqì kě méi kǎolǜ jìnqu (天气可没考虑进去). ¶ そんなに高くては～に合わない zhème guì, bù hésuàn (这么贵, 不合算). ¶ ～高い男 hěn huì dǎ suànpan de rén (很会打算盘的人). ¶ こんな仕事は～ずくではできない zhè zhǒng shì bú shì ˈjìjiào déshí[zīzhū-bìjiào] suǒ néng bàndào de (这种事不是ˈ计较得失[锱铢必较]所能办到的).
2【支払, 代金】 zhàng (账). ¶ ～がたまった qiànle hěn duō zhàng (欠了很多账). ¶ ～して下さい kāi[suàn]zhàng ba (开[算]账吧). ¶ ～を締める jiézhàng (结账). ¶ ～を取り立てる cuī zhàng (催账)/ yào zhàng (要账)/ tǎo zhàng (讨账).
¶ ～書 zhàngdān (账单).

かんじょう【感情】 gǎnqíng (感情). ¶ 一時の～に駆られてやったことです nà shì yìshí gǎnqíng chōngdòng gàn de (那是一时感情冲动干的). ¶ 個人的な～に左右されてはいけない bù gāi wèi gèrén de gǎnqíng suǒ zuǒyòu (不该为个人的感情所左右). ¶ 絶対に～を顔にあらわさない liǎnshang jué bù xiǎnlù gǎnqíng (脸上决不显露感情). ¶ ～をこめて朗読する chōngmǎn gǎnqíng lái lǎngsòng (充满感情来朗诵). ¶ その一言が彼の～を害した nà yí jù huà shāngle tā de gǎnqíng (那一句话伤了他的感情). ¶ ～的になってはいけない búnéng gǎnqíng yòngshì (不能感情用事). ¶ 2人とも～になっていて和解は難しい tā liǎ nào bièniu bù róngyì héjiě (他俩闹别扭不容易和解).

かんじょう【環状】 huánxíng (环行), huánxiàn (环线), huánxíng (环形), huánzhuàng (环状). ¶ ～線 huánxíng tiělù (环行铁路)/ huánxiàn (环线)/ huánxíng gōnglù (环行公路). ¶ ～軟骨 huánzhuàng ruǎngǔ (环状软骨).

がんじょう【頑丈】 jiāngù (坚固), láogù (牢固), jiēshi (结实), láoshi (牢实), píshí (皮实), shíluo (实落). ¶ この自転車は～にできている zhè liàng zìxíngchē jiāngù nàiyòng (这辆自行车坚固耐用). ¶ ずいぶん～に縛ってある bǎngde láo zhēn láo (绑得可真牢). ¶ 体がすこぶる～だ shēntǐ hěn ˈjiēshi[píshí / zhuàngshi] (身体很ˈ结实[皮实/ 壮实]).

かんしょく【官職】 guānzhí (官职).
かんしょく【寒色】 hánsè (寒色), lěngsè (冷色).
かんしょく【間色】 jiànsè (间色), dì'èr cì sè (第二次色).
かんしょく【間食】 língshí (零食), língzuǐ[r] (零嘴[儿]), xiǎoshí (小食). ¶ ～にビスケットを食べる bǎ bǐnggān dàng língshí chī (把饼干当零食吃).
かんしょく【閑職】 xiánzhí (闲职). ¶ ～にまわされた bèi diàodào xiánzhí de gǎngwèi (被调到闲职的岗位).
かんしょく【感触】 ¶ すべすべした～だ mōzhe [shǒugǎn] hěn huáliur (摸着[手感]很滑溜儿). ¶ 許可してもらえそうな～を得た juéde yǒu xīwàng pīxialai (觉得有希望批下来).
かんしょく【顔色】 ¶ 敵を～なからしめる shǐ dírén dàjīng-shīsè (使敌人大惊失色).
かん・じる【感じる】 →かんずる.
かんしん【奸臣】 jiānchén (奸臣).
かんしん【寒心】 hánxīn (寒心). ¶ ～に堪えない búshèng hánxīn (不胜寒心).
かんしん【感心】 ¶ 人は皆彼の勇敢さに～している tā de yǒnggǎn zhēn lìng rén pèifu (他的勇敢真令人佩服). ¶ 彼女は～な生徒だ tā zhēn shì zhíde chēngzàn de hǎoxuésheng (她真是值得称赞的好学生). ¶ あの子は～によく母親を手伝う tā cháng bāngzhù mǔqin zuò jiāwù, zhēn shì ge hǎoháizi (他常帮助母亲做家务, 真是个好孩子).
かんしん【関心】 guānxīn (关心), guānzhù (关注), xìngqù (兴趣). ¶ 政治に～をもつ guānxīn zhèngzhì (关心政治). ¶ 言語学に～をもつ duì yǔyánxué yǒu xìngqù (对语言学有兴趣). ¶ 事件の推移を～をもって見守る guānzhùzhe shìjiàn de fāzhǎn (关注着事件的发展). ¶ そのニュースは少しも私の～を引かなかった nà tiáo xīnwén yìdiǎnr yě méi yǐnqǐ wǒ de zhùyì (那条新闻一点儿也没引起我的注意).
かんしん【歓心】 huānxīn (欢心). ¶ 女の～を買う tǎo nǚrén de huānxīn (讨女人的欢心).
かんじん【肝心】 yàojǐn (要紧), jǐnyào (紧要), guānjǐn (关紧); guānjiàn (关键), guānjié (关节), guāntóu (关头), guānkǒu (关口), jiégǔyǎnr[ˈr] (节骨眼[儿]). ¶ ～な基本練習が何よりだ zài yě méiyǒu bǐ jīběngōng gèng wéi zhòngyào de le (再也没有比基本功更为重要的了). ¶ ～な事を忘れてしまった bǎ yàojǐn de shì gěi wàngdiào le (把要紧的事给忘掉了). ¶ ～などところにきて急に口をつぐんでしまった shuōdào guānjiàn de dìfang hūrán bù zīshēng le (说到关键的地方忽然不吱声了). ¶ ～かなめのところで彼が倒れてしまった zài jǐnyào de guāntóu tā bìngdǎo le (在紧要的关头他病倒了).

かんすい【完遂】 wánchéng (完成). ¶ 任務を～する wánchéng rènwu (完成任务).
かんすい【冠水】 ¶ 田畑が広い範囲にわたって～した tiándì bèi yānle hěn dà yípiàn (田地被淹了很大一片).
かんすい【鹹水】 xiánshuǐ (咸水). ¶ ～魚 hǎiyú (海鱼). ～湖 xiánshuǐhú (咸水湖).

かんすいたんそ【含水炭素】 táng(糖), tànshuǐ huàhéwù(碳水化合物).

かんすう【関数】 hánshù(函数). ¶2次〜 èrcì hánshù(二次函数).

かん・する【関する】 yǒuguān(有关), guānyú(关于). ¶ことは君の名誉に〜する問題だ shì guān nǐ míngyù de wèntí(事关你名誉的问题). ¶中ソ論争に〜する文献 guānyú Zhōng-Sū lùnzhàn de wénxiàn(关于中苏论战的文献). ¶この問題に〜して君はどういう意見ですか duì[duìyú]zhège wèntí nǐ yǒu shénme yìjiàn?(对[对于]这个问题你有什么意见?). ¶私に〜する限り絶対秘密は守ります wǒ gèrén juéduì bǎoshǒu mìmì(我个人绝对保守秘密). ¶彼は我〜せずの体だった tā xiàng shì shì bù guān jǐ shìde(他像是事不关己似的).

かん・ずる【感ずる】 gǎnjué(感觉), gǎndào(感到), juéde(觉得). ¶手にびりびりと〜じた shǒushang gǎndào yízhèn mátòng(手上感到一阵麻痛). ¶空腹を〜ずる juéde dùzi è(觉得肚子饿). ¶困難を〜ずる juéde kùnnan(觉得困难). ¶不便を〜ずる gǎndào bù fāngbiàn(感到不方便). ¶恩を〜ずる gǎn'ēn(感恩). ¶彼女は物に〜じやすい年頃だ tā zhèngshì duōchóu-shàngǎn de niánlíng(她正是多愁善感的年龄). ¶〜ずるところあって酒をやめた yīn yǒu suǒ gǎn ér jièle jiǔ(因有所感而戒了酒).

かんせい【完成】 wánchéng(完成). ¶この仕事も〜間近だ zhè xiàng gōngzuò kuàiyào wánchéng le(这项工作快要完成了). ¶新しいホールが4月に〜する新礼堂四月 xīn lǐtáng sìyuè ▼wángōng[jùngōng](新礼堂四月完工[竣工]).
¶〜品 chéngpǐn(成品).

かんせい【官製】 ¶〜はがき guānzhì míngxìnpiàn(官制明信片).

かんせい【陥井】 xiànjǐng(陷阱).

かんせい【喊声】 nàhǎnshēng(呐喊声). ¶兵士達は〜をあげて敵陣になだれ込んだ zhànshìmen gāoshēng nàhǎn shārù dízhèn(战士们高声呐喊杀入敌阵).

かんせい【閑静】 qīngjìng(清静). ¶〜な場所をみつけて住む zhǎo ge qīngjìng de dìfang zhù(找个清静的地方住).

かんせい【感性】 gǎnxìng(感性). ¶〜豊かな人間を育てる péiyùchéng fùyǒu gǎnxìng de rén(培育成富有感性的人).

かんせい【慣性】 guànxìng(惯性). ¶〜の法則 guànxìng de fǎzé(惯性定律)/Niúdùn dìyī dìnglǜ(牛顿第一定律).

かんせい【管制】 guǎnzhì(管制). ¶〜塔 tǎtái(塔台). 灯火〜 dēnghuǒ guǎnzhì(灯火管制). 報道〜 xīnwén guǎnzhì(新闻管制).

かんせい【歓声】 huānshēng(欢声), huānhūshēng(欢呼声). ¶みんな〜をあげて海に飛び込んだ dàjiā gāoshēng huānhū tiàojìnle dàhǎi(大家高声欢呼跳进了大海).

かんぜい【関税】 guānshuì(关税). ¶〜をかける kè guānshuì(课关税). ¶〜を支払う jiāonà guānshuì(交纳关税).
¶〜障壁 guānshuì bìlěi(关税壁垒). 〜同盟 guānshuì tóngméng(关税同盟).

かんせいゆ【乾性油】 gānxìngyóu(干性油).

がんせき【岩石】 yánshí(岩石).

かんせつ【間接】 jiànjiē(间接). ¶〜に聞いた話 jiànjiē tīngdào de shì(间接听到的事). ¶それとこれとは〜的な関係がある zhège hé nàge yǒu jiànjiē guānxi(这个和那个有间接关系).
¶〜照明 jiànjiē zhàomíng(间接照明). 〜税 jiànjiēshuì(间接税). 〜選挙 jiànjiē xuǎnjǔ(间接选举). 〜伝染 jiànjiē chuánrǎn(间接传染). 〜話法 jiànjiē xùshù(间接叙述).

かんせつ【関節】 guānjié(关节). ¶腕の〜がはずれた gēbo de guānjié tuōwèi le(胳膊的关节脱位了).
¶〜炎 guānjiéyán(关节炎).

かんせつ【冠雪】 ¶今年は富士山の〜が例年より早かった jīnnián Fùshì Shān shāndǐng dài xuěguān bǐ chángnián zǎo(今年富士山山顶戴雪冠比常年早).

がんぜな・い【頑是ない】 tiānzhēn(天真), yòuzhì(幼稚), dānchún(单纯).

かんせん【汗腺】 hànxiàn(汗腺).

かんせん【幹線】 gànxiàn(干线). ¶〜道路 gànxiàn gōnglù(干线公路), gàndào(干道).

かんせん【感染】 gǎnrǎn(感染), zhānrǎn(沾染). ¶赤痢に〜した chuánrǎn shàngle lìjí(传染上了痢疾). ¶悪習に〜する zhānrǎn èxí(沾染恶习).
¶〜経路 chuánbō tújìng(传播途径).

かんせん【観戦】 ¶テニスの試合を〜する guānkàn wǎngqiú bǐsài(观看网球比赛).
¶〜記 bǐsài guānkànjì(比赛观看记).

かんぜん【完全】 wánquán(完全). ¶条件は〜にそろった tiáojiàn wánquán jùbèi le(条件完全具备了). ¶その約束を〜に忘れてしまった nàge yuēhuì quán gěi wàngzài nǎohòu le(那约会全给忘在脑后了). ¶何事も〜ということはあり得ない shénme shì dōu bù huì shì shíquán-shíměi de(什么事都不会是十全十美的).
¶〜無欠な人格 wánměi-wúquē de réngé(完美无缺的人格).
¶〜雇用 wánquán gùyōng(完全雇佣).

かんぜん【敢然】 ¶〜として困難に立ち向かう gǎnyú xiàng kùnnan zuò dòuzhēng(敢于向困难作斗争).

かんぜん【間然】 ¶その施策は〜するところがない qí cuòshī ▼wúkě-zhǐzhāi[wúxiè-kějī](其措施无可指摘[无懈可击]).

かんぜんちょうあく【勧善懲悪】 ¶〜小説 quàn shàn chéng è de xiǎoshuō(劝善惩恶的小说).

かんそ【簡素】 jiǎnpǔ(俭朴), jiǎnpǔ(简朴), pǔsù(朴素). ¶結婚式は〜に行うことにした juédìng jiǎnpǔ de jǔxíng jiéhūn yíshì(决定俭朴地举行结婚仪式). ¶機構を〜化する jīngjiǎn jīgòu(精简机构). ¶手続の〜化 jiǎnshěng shǒuxù(简省手续). ¶〜な葬儀 bózàng(薄葬).

がんそ【元祖】 bízǔ(鼻祖), shǐzǔ(始祖). ¶当店こそカステラの〜である běndiàn cái shì zhìzào

dàngāo de shǐzǔ(本店才是制造蛋糕的始祖).

かんそう【乾燥】 gānzào(干燥). ¶空気が～している時は火事が起りやすい kōngqì gānzào shí róngyì zháohuǒ(空气干燥时容易着火). ¶無味～な講義 kūzào wúwèi de kè(枯燥无味的课).
¶～器 gānzàoqì(干燥器)/ hōngxiāng(烘箱). ～剤 gānzàojì(干燥剂). ～室 gānzàoshì(干燥室)/ hōngfáng(烘房). ～野菜 gāncài(干菜).

かんそう【感想】 gǎnxiǎng(感想). ¶中国旅行の～を聞かせて下さい qǐng jiǎngjiang dào Zhōngguó lǚxíng de gǎnxiǎng gěi wǒmen tīng(请讲讲到中国旅行的感想给我们听). ¶農村を訪れた～ fǎngwèn nóngcūn de guānggǎn(访问农村的观感). ¶読書の～文を書く xiě dúhòugǎn(写读后感).

かんそう【歓送】 huānsòng(欢送). ¶～会 huānsònghuì(欢送会).

かんぞう【甘草】 gāncǎo(甘草).

かんぞう【肝臓】 gān(肝), gānzàng(肝脏). ¶酒の飲みすぎで～を悪くした hējiǔ guòdù shānglegān le(喝酒过度伤了肝了).
¶～ジストマ gānzhì(肝蛭)/ gānxīchóng(肝吸虫).

がんぞう【贋造】 wěizào(伪造), jiǎzào(假造).
¶～紙幣 wěichāo(伪钞)/ jiǎ piàozi(假票子). ～品 yànpǐn(赝品).

かんそく【観測】 guāncè(观测), cèhòu(测候), guānchá(观察). ¶月食を～する guāncè yuèshí(观测月食). ¶私の～では情勢は好転するものと思う jù wǒ de guāncè qíngshì huì hǎozhuǎn de(据我的观察情势会好转的). ¶希望的～ lèguān de yùxiǎng(乐观的预想).
¶～気球 guāncè qìqiú(观测气球). 気象～用ロケット qìxiàng huǒjiàn(气象火箭).

かんそん【寒村】 ¶～僻地にいたるまでテレビが普及した diànshì pǔjí dào qióngxiāng-pìrǎng(电视普及到穷乡僻壤).

かんたい【寒帯】 hándài(寒带). ¶～植物 hándài zhíwù(寒带植物).

かんたい【歓待】 kuǎndài(款待). ¶こんなに～されようとは思いもよらなかった méi xiǎngdào zhème bèi shòu kuǎndài(没想到这么备受款待).

かんたい【艦隊】 jiànduì(舰队).

かんだい【寛大】 kuāndà(宽大). ¶～なお取計いを願います qǐng nín kuāndà chǔlǐ(请您宽大处理).

がんたい【眼帯】 yǎnzhào(眼罩). ¶～をする dài yǎnzhào(戴眼罩).

かんだか・い【甲高い】 jiān(尖). ¶声がひどく～い shēngyīn hěn jiān(声音很尖)/ jiānsǎngzi(尖嗓子). ¶～声で叫ぶ jiān jiào(尖叫).

かんたく【干拓】 wéi hǎi zào dì(围海造地). ¶有明海を～ lán Yǒumínghǎi páishuǐzào dì(拦有明海排水造地). ¶～地 páilào kāituòdì(排涝开拓地).

がんだれ【雁垂】 piānchǎngr(偏厂儿).

かんたん【肝胆】 gāndǎn(肝胆). ¶彼と私は～相照らす仲だ tā hé wǒ shì gāndǎn-xiāngzhào de péngyou(他和我是肝胆相照的朋友).

かんたん【感嘆】 gǎntàn(感叹), xīngtàn(兴叹). ¶これを見て～しない者はない kàndào zhège méiyǒu bù ˇgǎntàn[zàntàn] de(看到这个没有不ˇ感叹[赞叹]的).
¶～詞 gǎntàncí(感叹词)/ tàncí(叹词). ～符 gǎntànhào(感叹号)/ jīngtànhào(惊叹号)/ tànhào(叹号).

かんたん【簡単】 jiǎndān(简单), róngyì(容易), piētuō(撇脱). ¶あんまり～に考えすぎる xiǎngde tài jiǎndān le(想得太简单了). ¶親父がそう～に承知するはずはない fùqin kě bú huì qīngyì dāying de(父亲可不会轻易答应的). ¶事はそうそう～ではない shìqing bújiànde nàme róngyì(事情不见得那么容易). ¶ちょっと触ったら～にこわれてしまった shāo yí pèng jiù huài le(稍一碰就坏了). ¶下の～に答えなさい jiǎndān-èyào de huídá xiàliè wèntí(简单扼要地回答下列问题).

かんだん【間断】 jiànduàn(间断). ¶～なく車が往来している qìchē wǎnglái ˇháo bú jiànduàn[chuānliú-bùxī](汽车往来ˇ毫不间断[川流不息]).

かんだん【閑談】 xiántán(闲谈). ¶～に時を費す xiántán xiāoqiǎn(闲谈消遣).

かんだん【歓談】 chàngtán(畅谈). ¶来客と～する hé kèrén chàngtán(和客人畅谈).

がんたん【元旦】 yuándàn(元旦). ¶一年の計は～にあり yīnián zhī jì zàiyú chūn(一年之计在于春).

かんだんけい【寒暖計】 hánshǔbiǎo(寒暑表).

かんち【奸智】 ¶～にたけた人間 jiānzhà jiǎohuá de rén(奸诈狡猾的人).

かんち【感知】 gǎnzhī(感知), chájué(察觉), juéchá(觉察). ¶身に迫った危険を～して逃げた chájué wēixiǎn lín shēn liū le(察觉危险临身溜了). 煙～装置 yānchuángǎnqì(烟传感器).

かんち【関知】 ¶君の～するところではない yǔ nǐ ˇwúguān[háo bù xiānggǎn](与你ˇ无关[毫不相干]).

かんち【完治】 けがの方はだいたい2週間で～した shòu de shāng dàyuē liǎng ge xīngqī wánquán zhìhǎo le(受的伤大约两个星期完全治好了).

かんちがい【勘違い】 wùhuì(误会); rèncuò(认错). ¶それは君の～だ nà shì nǐ de wùhuì(那是你的误会)/ nà shì nǐ jìcuò le(那是你记错了). ¶～して知らない人の肩をたたいた wǒ rèncuòle rén, pāile shēngrén de jiānbǎng(我认错了人,拍了生人的肩膀).

がんちく【含蓄】 hánxù(含蓄・涵蓄). ¶これは～のある言葉だ zhè huà hěn hánxù(这话很含蓄)/ zhè shì yìyùn fēngfù de yí jù huà(这是意蕴丰富的一句话).

かんちゅう【寒中】 ¶～も薄着で通す zài yándōng yě bù chuān mián(在严冬也不穿棉).
¶～水泳 dōngyǒng(冬泳).

がんちゅう【眼中】 ¶金のことなど～にない jīnqián bú fàngzài yǎnli(金钱不放在眼里). ¶

我々は危険など〜におかない wǒmen búgù wēixiǎn (我们不顾危险). ¶〜人なし mù zhōng wú rén (目中无人)/ mù kōng yíqiè (目空一切).

かんちょう【干潮】 tuìcháo (退潮), luòcháo (落潮).

かんちょう【官庁】 guāntīng (官厅); zhèngfǔ jīguān (政府机关). ¶〜街 zhèngfǔ jīguān dàjiē (政府机关大街).

かんちょう【間諜】 jiàndié (间谍).

かんちょう【灌腸】 guàncháng (灌肠). ¶病人は〜してから大分楽になったようだ bìngrén guàncháng hòu xiǎnde shūfu le (病人灌肠后显得舒服了).

かんつう【姦通】 tōngjiān (通奸).

かんつう【貫通】 chuāntòu (穿透). ¶トンネルが〜した suìdào dǎtōng le (隧道打通了). ¶〜銃創を負った shòule guànchuān qiāngshāng (受了贯穿枪伤).

かんづ・く【感づく】 chájué (察觉), juéchá (觉察). ¶彼はもう〜いたかもしれない huòxǔ tā yǐjing juéchá le (或许他已经觉察了). ¶彼は人に〜かれないようにこっそり逃げだした tā shén bù zhī guǐ bù jué de liūzǒu le (他神不知鬼不觉地溜走了).

かんづめ【缶詰】 guàntou (罐头). ¶パイナップルの〜 bōluó guàntou (菠萝罐头). ¶ホテルに〜にされて原稿を書く bèi guānzài fàndiànli xiě gǎozi (被关在饭店里写稿子).
¶〜工場 guàntou gōngchǎng (罐头工厂).

かんてい【官邸】 guāndǐ (官邸). ¶首相〜 shǒuxiàng guāndǐ (首相官邸).

かんてい【艦艇】 jiàntǐng (舰艇).

かんてい【鑑定】 jiàndìng (鉴定), jiànbié (鉴别). ¶刀剣を〜する jiàndìng dāojiàn (鉴定刀剑). ¶骨董専門家の〜を求める qǐng gǔdǒng zhuānjiā jiànbié (请古董专家鉴别).
¶〜書 jiàndìngshū (鉴定书). ¶〜人 jiàndìngrén (鉴定人). 筆跡〜 bǐjì jiàndìng (笔迹鉴定).

がんてい【眼底】 yǎndǐ (眼底). ¶〜出血 yǎndǐ chūxuè (眼底出血).

かんてつ【貫徹】 guànchè (贯彻). ¶初志を〜する bù gǎi chūzhōng (不改初衷). ¶要求を〜する bǎ yāoqiú guànchè dào dǐ (把要求贯彻到底).

カンテラ fēngdēng (风灯), fēngyǔdēng (风雨灯).

かんてん【旱天】 hàntiān (旱天). ¶〜の慈雨 jiǔ hàn féng gānlín (久旱逢甘霖).

かんてん【寒天】 yángcài (洋菜), yángfěn (洋粉), qióngzhī (琼脂), shíhuājiāo (石花胶).

かんてん【観点】 guāndiǎn (观点). ¶〜を変えるとまた別の結論が出る huàn ge guāndiǎn jiù huì déchū lìng yí ge jiélùn (换个观点就会得出另一个结论).

かんでん【乾田】 hàntián (旱田).

かんでん【感電】 chùdiàn (触电). ¶高圧線に触れて〜死した chùle gāoyāxiàn diànsǐ le (触了高压线电死了).

かんでんち【乾電池】 gāndiànchí (干电池).

かんど【感度】 língmǐndù (灵敏度). ¶〜のよいラジオ língmǐndù gāo de shōuyīnjī (灵敏度高的收音机).

かんとう【巻頭】 juànshǒu (卷首). ¶この論文は〜におこう bǎ zhè piān lùnwén zǎizài juànshǒu ba (把这篇论文载在卷首吧).

かんとう【敢闘】 ¶強豪を相手に〜した zài jìngdí miànqián, yǒngměng shànzhàn (在劲敌面前, 勇猛善战)/ bú wèi qiángshǒu, gǎn dǎ gǎn pīn (不畏强手, 敢打敢拼). ¶彼の〜を祈って乾杯しよう yùzhù tā nǔlì fèndòu, gānbēi! (预祝他努力奋斗, 干杯!).

かんとう【勘当】 ¶親に〜された bèi duànjué fùzǐ guānxì (被断绝了父子关系).

かんどう【間道】 jiàndào (间道).

かんどう【感動】 gǎndòng (感动). ¶魯迅の《狂人日記》を読んで深く〜した kànle Lǔ Xùn de 《Kuángrén Rìjì》 hěn shòu gǎndòng (看了鲁迅的《狂人日记》很受感动). ¶彼の演説は聴衆に大きな〜を与えた tā de jiǎngyǎn gěile tīngzhòng jí dà de gǎndòng (他的讲演给了听众极大的感动).
¶〜詞 gǎntàncí (感叹词)/ tàncí (叹词).

かんとく【監督】 jiāndū (监督). ¶試験の〜をする jiān kǎo (监考)/ jiān chǎng (监场). ¶部下に対する〜の不行届きのかどで譴責された yóuyú duì bùxià de jiāndū bù yán shòule pīpíng (由于对部下的监督不严受了批评). ¶政府の〜下におく zhìyú zhèngfǔ jiāndū zhī xià (置于政府监督之下).
¶野球の〜 bàngqiú lǐngduì (棒球领队). 映画の〜 diànyǐng dǎoyǎn (电影导演)/ dǎoyǎn (导演). 現場の〜 xiànchǎng jiāngōng (现场监工)/ jiāngōng (监工).

かんどころ【勘所】 guānjiàn (关键), yàodiǎn (要点). ¶〜をおさえた発言 zhuāzhù yàodiǎn de fāyán (抓住要点的发言).

がんとして【頑として】 ¶〜聞き入れない sǐ bù tīngcóng (死不听从). ¶〜譲らない jù bú ràngbù (拒不让步). ¶〜受け取らない jiānjù bù shōu (坚拒不收).

カントリーリスク guójiā xìnyòng fēngxiǎn (国家信用风险).

かんな【鉋】 bàozi (刨子). ¶板に〜をかける bào mùbǎn (刨木板). ¶〜の刃 bàorènr (刨刃儿)/ bàodāo (刨刀). ¶〜屑 bāotiě (刨铁).
¶〜屑 bàohuā (刨花).

カンナ měirénjiāo (美人蕉).

かんない【管内】 ¶〜を巡視する xúnshì guǎnxiáqū (巡视管辖区).

かんなん【艱難】 jiānnán (艰难). ¶〜辛苦を嘗め尽す lìjìn jiānnán kùnkǔ (历尽艰难困苦) / bǎojīng fēngshuāng (饱经风霜). ¶汝を玉にす lìjìn jiānxīn, fāng chéng dàqì (历尽艰辛, 方成大器)/ bú shòu kǔzhōngkǔ, nán wéi rénshàngrén (不受苦中苦, 难为人上人).

かんにん【堪忍】 1【忍耐】 róngrěn (容忍), rěnnài (忍耐). ¶何事も〜が大切だ zuò shénme dōu yào yǒu nàixìng (做什么都要有耐性). ¶

カンニング ¶～をする dǎ xiǎochāor(打小抄儿)/ tōukàn tārén shìjuàn(偷看他人试卷)/ kǎoshì zuòbì(考试作弊).
¶～ペーパー xiǎochāor(小抄儿).

かんぬき【閂】 shuān(闩), ménshuān(门闩・门栓), ménchāguanr(门插关儿), chāguanr(插关儿). ¶～をかける shàng shuān(上闩)/ bǎ mén shuānshàng(把门上). ¶～をはずす kāi shuān(开闩).

かんぬし【神主】 cíguān(祠官), shénguān(神官).

かんねん【観念】 1〔考え〕guānniàn(观念). ¶彼女は経済～が全くない tā gēnběn jiù méiyǒu jīngjì guānniàn(她根本就没有经济观念). ¶～の言葉の羅列にすぎない zhǐ búguò luóliè chōuxiàng de cíyǔ éryǐ(只不过罗列抽象的词语而已).
¶～論 wéixīnlùn(唯心论).
2〔諦め〕¶隠し立てしてもむだだと～した wǒ rèndìng yǐnmán yě méiyòng(我认定隐瞒也没用).

がんねん【元年】 yuánnián(元年).

かんのう【完納】¶会費は12月までに～して下さい huìfèi qǐng zài shí'èryuè yǐqián quánbù jiǎonà(会费请在十二月以前全部缴纳).

かんのう【官能】 guānnéng(官能). ¶～を刺激する cìjī ròuyù(刺激肉欲). ¶あの女優はとても～的だ nàge nǚmíngxīng hěn ròugǎn(那个女明星很肉感).

かんのう【感応】 1〔心が〕gǎnyìng(感应). ¶彼は今外界の事物に～しやすい精神状態だ tā xiànzài chǔyú róngyì gǎnyìng wàijiè shìwù de jīngshén zhuàngtài(他现在处于容易感应外界事物的精神状态).
2〔電磁気の〕gǎnyìng(感应). ¶～コイル gǎnyìngquān(感应圈). ～電流 gǎnyìng diànliú(感应电流)/ gǎnshēng diànliú(感生电流).

かんのん【観音】 Guānyīn(观音), Guānshìyīn(观世音). ¶～像 guānyīnxiàng(观音像). ¶～開きの戸 liǎngshànmén(两扇门), shuāngshànmén(双扇门)/ húdiémén(蝴蝶门).

かんぱ【看破】 kànpò(看破), kànchuān(看穿), kàntòu(看透), shípò(识破). ¶悪巧みを～する shípò yīnmóu-guǐjì(识破阴谋诡计).

かんぱ【寒波】 hánchāo(寒潮). ¶～が襲来して急に冷えこんだ hánchāo xíjī yíxiàzi lěnglai le(寒潮袭击一下子冷起来了).

カンパ juān(捐), juānkuǎn(捐款). ¶学生たちが～を募っている xuéshengmen mùjí juānkuǎn(学生们募集捐款).

かんぱい【乾杯】 gānbēi(干杯). ¶Aさんの成功を祝して～! zhù A xiānsheng chénggōng, gānbēi!(祝A先生成功,干杯!).

かんばし・い【芳しい】 1〔かぐわしい〕fēnfāng (芬芳), fāngxiāng(芳香). ¶～い梅の香が漂ってきた piāolaile méihuā de fēnfāng(飘来了梅花的芬芳).
2〔立派だ〕¶試験の成績が～くない kǎoshì de chéngjì búdà hǎo(考试的成绩不大好). ¶彼についてあまり～い噂を聞かない guānyú tā méi tīngdào shénme hǎo de chuánwén(关于他没听到什么好的传闻).

カンバス huàbù(画布).

かんばつ【旱魃】 gānhàn(干旱), hànzāi(旱灾).

かんばつ【間伐】 jiànfá(间伐).

がんばり【頑張り】¶体が弱いときつい時～がきかない shēntǐ ruò, zài yàojǐn shí jiù dǐngbuzhù(身体弱,在要紧时就顶不住). ¶あの子はとても～屋です nà háizi hěn nǔlì(那孩子很努力).

がんば・る【頑張る】 1〔屈せず励む〕jiānchí(坚持). ¶どんなに～っても君1人の力ではやり遂げられない zhǐ píng nǐ yí ge rén de lìliang zěnme pīnmìng yě shì gànbuliǎo de(只凭你一个人的力量怎么拼命也是干不了的). ¶論文を書くために徹夜で～った wèile xiě lùnwén áole yí ge tōngxiāo(为了写论文熬了一个通宵). ¶彼はどんな弾圧にも屈せず～り抜いた tā bù qūyú rènhé yāpò jiānchíxialai le(他不屈于任何压迫坚持下来了). ¶～ろう jiā bǎ jìnr!(加把劲儿!)/ jiāyóu!(加油!).
2〔言い張る〕¶彼女は自分の意見が正しいと～った tā yìng shuō zìjǐ de yìjiàn shì duì de(她硬说自己的意见是对的). ¶彼が～ったので結論が出なかった yóuyú tā gùzhí jǐjiàn, méi déchū jiélùn(由于他固执己见,没得出结论).
3〔動かない〕¶彼は入口に～っている tā zhànzài ménkǒu héngshù bù zǒu(他站在门口横竖不走). ¶あの子はもう3時間もテレビの前に～っている nàge háizi zài diànshì qián pàole sān ge xiǎoshí le(那个孩子在电视前泡了三个小时了).

かんばん【看板】 1 zhāopai(招牌), páizi(牌子); huǎngzi(幌子). ¶～を出す guàchū zhāopai(挂出招牌)/ guà páizi(挂牌子). ¶彼女はこの店の～娘だ tā shì zhè pùzi de zhāopai(她是这铺子的招牌). ¶慈善を～にしてしこたまもうけた dǎzhe císhàn de huǎngzi zhuànle yí dà bǐ qián(打着慈善的幌子赚了一大笔钱). ¶～に偽りなし míng fù qí shí(名副其实). ¶～倒れ míng bú fù shí(名不副实).
2〔終業〕¶もう～です yǐjing dàole guānmén shíjiān(已经到了关门时间)/ yǐjing gāi shàng bǎnr le(已经该上板儿了).

かんばん【甲板】 jiǎbǎn(甲板).

かんばん【乾板】 gānbǎn(干板), gānpiàn(干片), yìngpiàn(硬片), gǎnguāngpiàn(感光片).

かんパン【乾パン】 gānmiànbāo(干面包), yìngbǐngɡān(硬饼干).

がんばん【岩盤】 yánpán(岩盘), yángài(岩盖).

かんび【甘美】 gānměi(甘美), gāntián(甘甜), tiánměi(甜美), tiánmì(甜蜜). ¶～なメロディー tiánměi de qǔdiào(甜美的曲调). ¶～な思い出 tiánmì de huíyì(甜蜜的回忆).

かんび【完備】 wánbèi (完备), wánshàn (完善), jùquán (俱全), qíquán (齐全), qíbèi (齐备). ¶設備が～したホテル shèbèi wánshàn de fàndiàn (设备完善的饭店). ¶ガス水道電気～ méiqì, zìláishuǐ, diànqì qíquán (煤气、自来水、电气齐全).

かんぴ【官費】 guānfèi (官费), gōngfèi (公费). ¶～で留学する guānfèi liúxué (官费留学).

かんびょう【看病】 kānhù (看护), hùlǐ (护理). ¶徹夜で病人の～をする tōngxiāo kānhù bìngrén (通宵看护病人). ¶つきっきりで～した cùnbù-bùlí zhàogù bìngrén (寸步不离照顾病人).

かんぴょう【干瓢】 húguāgān (瓠瓜干), púguātiáo (蒲瓜条).

がんびょう【眼病】 yǎnbìng (眼病). ¶～にかかる huàn yǎnbìng (患眼病) / hài yǎn (害眼).

かんぶ【患部】 huànchù (患处). ¶～を温める rèyǎn huànchù (热罨患处). ¶～に薬を塗る zài huànchù tú yào (在患处涂药).

かんぶ【幹部】 gànbù (干部).

かんぷ【完膚】 ¶彼の文章は～なきまでに直された tā de wénzhāng bèi xiūgǎide tǐ wú wán fū (他的文章被修改得体无完肤). ¶敵を～なきまでにやっつけた bǎ dírén dǎde luòhuā-liúshuǐ (把敌人打得落花流水).

かんぷ 1【姦夫】 jiānfū (奸夫).
2【姦婦】 jiānfù (奸妇).

かんぷ【乾布】 gānbù (干布). ¶～摩擦をする yòng gānbù cā shēn (用干布擦身) / zuò gān mùyù (做干沐浴).

かんぷ【還付】 jiànpù. ¶～金 fǎnhuánkuǎn (返还款).

カンフー wǔgōng (武功・武工). ¶～映画 wǔdǎpiàn (武打片).

かんぷう【完封】 ¶～試合で勝利を飾る yǐ wánquán fēngsǐ duìfāng wúfǎ défēn, qǔdéle shènglì (以完全封死对方无法得分, 取得了胜利).

かんぷう【寒風】 hánfēng (寒风). ¶身を切るような～をついて出掛けた màozhe cìgǔ de hánfēng chūqu le (冒着刺骨的寒风出去了).

かんぷく【感服】 pèifu (佩服), qīnpèi (钦佩). ¶君の努力には全く～した duìyú nǐ de nǔlì wǒ kě zhēn pèifu (对于你的努力我可真佩服).

かんぶつ【乾物】 gānhuò (干货), gānzhìpǐn (干制品), gānpǐn (干品). ¶～屋 gānhuòdiàn (干货店).

カンフル ¶～注射をうつ dǎ zhāngnǎozhēn (打樟脑针).

かんぶん【漢文】 《説明》中国的文言文, 也包括日本人所作的. 在日本一般按训读法来读.

かんぺいしき【観兵式】 yuèbīngshì (阅兵式).

かんぺき【完璧】 ¶彼の理論は～だ tā de lǐlùn wúxiè-kějī (他的理论无懈可击). ¶～な人間はいない wánměi-wúquē[shíquán-shíměi] de rén shì méiyǒu de (完美无缺[十全十美]的人是没有的) / jīn wú zúchì, rén wú wánrén (金无足赤, 人无完人).

がんぺき【岸壁】 mǎtou (码头), bùtóu (埠头). ¶船が～に横づけになった lúnchuán kàole mǎtou (轮船靠了码头).

かんべつ【鑑別】 jiànbié (鉴别), shíbié (识别). ¶ひよこの雌雄を～する jiànbié xiǎojī de gōngmǔ (鉴别小鸡的公母).

かんべん【勘弁】 ráo (饶), gàoráo (告饶), qiúráo (求饶), ráoshù (饶恕), kuānshù (宽恕), yuánliàng (原谅). ¶これから気をつけます, どうか～して下さい jīnhòu zhùyì, qǐng ráo wǒ zhè yì huí ba (今后注意, 请饶我这一回吧). ¶早く帰りたいので今日は～してくれ xiǎng zǎo diǎnr huíqu, jīntiān ráole wǒ ba (想早点ル回去, 今天饶了我吧).

かんべん【簡便】 jiǎnbiàn (简便), shěngbiàn (省便), biànjié (便捷), jiǎnjié (简捷). ¶～な方法 jiǎnbiàn de fāngfǎ (简便的方法).

かんぼう【感冒】 gǎnmào (感冒). ¶流行性～ liúxíngxìng gǎnmào (流行性感冒).

かんぼう【監房】 láofáng (牢房).

かんぽう【官報】 gōngbào (公报).

かんぽう【漢方】 zhōngyī (中医). ¶～医 zhōngyī (中医). ～薬 zhōngyào (中药).

かんぽう【艦砲】 jiànpào (舰炮). ¶～射撃 jiànpào hōngjī (舰炮轰击).

がんぼう【願望】 yuànwàng (愿望), xīnyuàn (心愿). ¶長年の～がかなう duōnián de yuànwàng zhōngyú shíxiàn le (多年的愿望终于实现了).

かんぼく【灌木】 guànmù (灌木).

カンボジア Jiǎnpǔzhài (柬埔寨).

かんぼつ【陥没】 xiànluò (陷落), tāxiàn (塌陷), tānxiàn (坍陷). ¶地震のために道路が～した yóuyú dìzhèn dàolù tāxiàn le (由于地震道路塌陷了).

がんぽん【元本】 běnjīn (本金).

ガンマせん【ガンマ線】 gāmǎ shèxiàn (伽马射线・γ射线), bǐngzhǒng shèxiàn (丙种射线).

かんまつ【巻末】 juànmò (卷末). ¶～に索引をつける juànmò fùshàng suǒyǐn (卷末附上索引).

かんまん【干満】 zhǎngluò (涨落). ¶この辺の海は～の差が激しい zhè yídài hǎicháo zhǎngluò zhī chā hěn xuánshū (这一带海潮涨落之差很悬殊).

かんまん【緩慢】 huǎnmàn (缓慢), xúhuǎn (徐缓), chíhuǎn (迟缓). ¶動作が～だ dòngzuò huǎnmàn (动作缓慢).

かんみ【甘味】 tiánwèi (甜味). ¶～料 tiánwèi tiáoliào (甜味调料).

がんみ【玩味】 wánwèi (玩味), pǐnwèi (品味). ¶熟読～する xìdú wánwèi (细读玩味).

かんむり【冠】 guān (冠). ¶～をつける jiā guān (加冠). ¶李下に～を正すず guā tián lǐ xià (瓜田李下). ¶～を曲げる nào qíngxù (闹情绪).

かんめい【感銘】 gǎnmíng (感铭), mínggǎn (铭感). ¶深い～を与える jiào rén gǎn shēn fèifǔ (叫人感深肺腑) / shǐ rén huí cháng dàng qì (使人回肠荡气). ¶その演説を聞いて深い～を受けた tīngle nà jiǎngyǎn shēnshēn de shòudào gǎndòng (听了那讲演深深地受到感动) / nàge yǎnjiǎn gǎn rén zhì shēn (那个演讲感人

かんめい【簡明】 jiǎnmíng(简明).

がんめい【頑迷】 wánggěng(顽梗), wángù(顽固). ¶～固陋な老人 wánggěng bú huà de lǎorén(顽梗不化的老人).

がんめん【顔面】 yánmiàn(颜面), liǎnmiàn(脸面). ¶それを聞いて一瞬～蒼白になった tīngle zhè huà, liǎnsè lìkè biànde shuàbái le(听了这话, 脸色立刻变得刷白了).

¶～神経 yánmiàn shénjīng(颜面神经). ～神経麻痺 miànshénjīng mábì(面神经麻痹)/ miànjī tānhuàn(面肌瘫痪)/ miàntān(面瘫)/ wāizuǐfēng(歪嘴风).

がんもく【眼目】 yàodiǎn(要点), zhòngdiǎn(重点), zhuózhòngdiǎn(着重点). ¶この問題の～は計算能力を見ることにある zhège wèntí de zhuózhòngdiǎn shì kàn jìsuàn nénglì rúhé(这个问题的着重点是看计算能力如何).

かんもん【喚問】 chuánxùn(传讯). ¶証人を～する chuánxùn zhèngren(传讯证人).

かんもん【関門】 guān(关), guānkǒu(关口), guānmén(关门). ¶入学試験の～を突破した chuǎngguòle rùxué kǎoshì zhè yì guān(闯过了入学考试这一关). ¶出世の第1～ fājì xiǎndá de dìyī dào guānkǒu(发迹显达的第一道关口).

がんやく【丸薬】 wányào(丸药), wánjì(丸剂).

かんゆ【肝油】 yúgānyóu(鱼肝油).

かんゆう【勧誘】 ¶保険に～する quàn rén jiārù bǎoxiǎn(劝人加入保险). ¶入会を～されて bèi rén quànshuō rù huì(被人劝说入会).

がんゆう【含有】 hányǒu(含有). ¶～量 hányǒuliàng(含有量)/ hánliàng(含量).

かんよ【関与】 gānyù(干预・干与), cānyù(参与). ¶彼はこのことに～する気はない tā wúyì gānyù zhè jiàn shì(他无意干预这件事). ¶国政に～する cānyù guójiā zhèngzhì(参与国家政治).

かんよう【肝要】 →かんじん.

かんよう【寛容】 kuānróng(宽容). ¶子供の教育には～さが必要です duì háizi de jiàoyù yīng yǒu kuānróng de tàidu(对孩子的教育应有宽容的态度).

かんよう【慣用】 guànyòng(惯用), xíyòng(习用). ¶この言い方は～に反しない zhè zhǒng shuōfa bù wéifǎn yuēdìng súchéng(这种说法不违反约定俗成).

¶～句 xíyòngyǔ(习用语).

かんようしょくぶつ【観葉植物】 guānyè zhíwù(观叶植物).

がんらい【元来】 běnlái(本来), yuánlái(原来), yuánxiān(原先), yuánběn(原本). ¶私は～百姓をするのが好きなのです wǒ yuánlái jiù ài zuò zhuāngjiahuór(我原来就爱做庄稼活儿). ¶彼は～はあんなではなかった tā yuánxiān bú shì nàyàng de rén(他原先不是那样的人). ¶彼は～怠け者だ tā shēnglái jiùshì lǎnhuò(他生来就是懒货).

かんらく【陥落】 1〔陥没〕 xiànluò(陷落), xiànmò(陷没), tāxiàn(塌陷). ¶地盤が～する dìmiàn xiànluò(地面陷落).

2〔攻めおとされること〕 xiànluò(陷落), lúnxiàn(沦陷). ¶首都の～も目前に迫った shǒudū de xiànluò pòjìn le(首都的陷落迫近了). ¶熱心に口説かれて彼はついに～した jīng rèxīn quànshuō tā zhōngyú bèi shuōfú le(经热心劝说他终于被说服了).

かんらく【歓楽】 zhuīqiú xiǎnglè(追求享乐)/ xún huān zuò lè(寻欢作乐).

¶～街 yúlèjiē(娱乐街).

かんらん【観覧】 ¶～御希望の方は受付まで xīwàng cānguān de rén qǐng dào wènshìchù(希望参观的人请到问事处).

¶～席 guānlǎnxí(观览席), kàntái(看台). ～料 guānshǎngfèi(观赏费).

かんり【官吏】 guānlì(官吏).

かんり【管理】 guǎnlǐ(管理), zhǎngguǎn(掌管). ¶遺産を～する guǎnlǐ yíchǎn(管理遗产). ¶親戚に地所の～を託す wěituō qīnqi guǎnlǐ tǔdì(委托亲戚管理土地). ¶アパートの～人 gōngyù de guǎnlǐyuán(公寓的管理员).

¶～通貨制度 guǎnlǐ tōnghuò zhìdù(管理通货制度). ～費 guǎnlǐfèi(管理费). 品質～ zhìliàng guǎnlǐ(质量管理).

がんり【元利】 běnxī(本息), běnlì(本利). ¶借金は～合計500万円になる jièkuǎn liánběn dàilì gòng wéi wǔbǎi wàn rìyuán(借款连本带利共为五百万日元).

がんりき【眼力】 yǎnlì(眼力). ¶彼の～には恐れ入った tā de yǎnlì zhēn lìng rén pèifu(他的眼力真令人佩服).

かんりゃく【簡略】 jiǎnlüè(简略), jiǎnyuē(简约). ¶要点を～に説明する jiǎnlüè shuōmíng yàodiǎn(简略说明要点). ¶～化する jiǎnhuà(简化)/ cóngjiǎn(从简).

かんりゅう【乾溜】 gānliú(干馏).

かんりゅう【貫流】 ¶関東平野を～する川 guànchuān Guāndōng píngyě de hé(贯穿关东平野的河).

かんりゅう【寒流】 hánliú(寒流).

かんりょう【完了】 wánliǎo(完了), wánbì(完毕), wánjié(完结), jiéshù(结束). ¶仕事はすべて～した gōngzuò quán gào jiéshù(工作全告结束).

¶準備～ zhǔnbèi wánbì(准备完毕).

かんりょう【官僚】 guānliáo(官僚). ¶～主義 guānliáozhǔyì(官僚主义).

がんりょう【顔料】 yánliào(颜料), yánshai(颜色).

かんるい【感涙】 ¶～にむせぶ gǎnjī tìlíng(感激涕零).

かんれい【寒冷】 hánlěng(寒冷). ¶～前線 lěngfēng(冷锋). ～地 hánlěng ˈdìqū[dìdài](寒冷地区[地带]).

かんれい【慣例】 guànlì(惯例), chénglì(成例), lìguī(例规), xiànglì(向例), chánglì(常例). ¶～に従う yīcóng guànlì(依从惯例)/ yì réng jiùguàn(一仍旧贯). ¶～に背く wéifǎn guànlì(违反惯例).

かんれき【還暦】 huājiǎ（花甲）. ¶～を祝う qìngzhù liùshí suì dànchén（庆祝六十岁诞辰）.

かんれん【関連】 guānlián（关联・关连）, gān'ài（干碍）, gānxì（干系）. ¶両者の間にはなんの～もない liǎngzhě zhī jiān méiyǒu rènhé guānlián（两者之间没有任何关联）. ¶～事項 yǒuguān shìxiàng（有关事项）. ¶～質問 yǒu guānliánxìng de xúnwèn（有关联性的询问）.

かんろく【貫禄】 qìpài（气派）, pàitóu[r]（派头[ル]）. ¶彼は隊長としての～を示した tā xiǎnshìchūle zuò duìzhǎng de qìpài（他显示出了作队长的气派）. ¶彼は～が足りない tā bú gòu pàitóu（他不够派头）.

かんわ【官話】 guānhuà（官话）. ¶北京～ Běijīng guānhuà（北京官话）.

かんわ【閑話】 xiánhuà（闲话）. ¶～休題 xiánhuà xiū tí（闲话休提）/ yán guī zhèng zhuàn（言归正传）.

かんわ【漢和】 ¶～字典 Hàn-Hé zìdiǎn（汉和字典）.

かんわ【緩和】 huǎnhé（缓和）, huǎnjiě（缓解）, fàngkuān（放宽）. ¶苦痛を～する huǎnhé kǔtòng（缓和苦痛）. ¶国際緊張を～する huǎnhé guójì jǐnzhāng júshì（缓和国际紧张局势）. ¶住宅難が少しも～されない fánghuāng yìdiǎnr yě débudào huǎnhé（房荒一点ル也得不到缓和）. ¶交通渋滞を～する huǎnjiě jiāotōng zǔsè zhuàngkuàng（缓解交通阻塞状况）. ¶規制～ fàngkuān xiànzhì（放宽限制）.

き

き【木・樹】 **1**〔樹木〕shù（树）, shùmù（树木）. ¶～を植える zhòng shù（种树）. ¶～が茂る shùmù màoshèng（树木茂盛）. ¶～が枯れた shù kūsǐ le（树枯死了）. ¶～を切る kǎn shù（砍树）/ fáshù（伐树）. ¶～に竹をつぐ niútóu bú duì mǎzuǐ（牛头不对马嘴）. ¶～に縁(ｴ)って魚を求む yuán mù qiú yú（缘木求鱼）. ¶～を見て森を見ず zhī jiàn shùmù, bú jiàn sēnlín（只见树木，不见森林）.

2〔木材〕mù（木）, mùtou（木头）. ¶～の箱 mùxiāng（木箱）/ mùhér（木盒ル）. ¶～で作った机 yòng mùtou zuò de zhuōzi（用木头做的桌子）. ¶～で鼻をくくったような返事をする ài dā bù lǐ[-bùlǐ] de huídá（爱答不理[待理不理]地回答）.

き【生】 ¶ウイスキーを～で飲む bú duì shuǐ hē wēishìjì（不对水喝威士忌）.

き【黄】 huáng（黄）, huángsè（黄色）.

き【気】 **1**〔精神，心〕¶～を失した hūnle guòqù（昏了过去）/ hūndǎo le（昏倒了）/ shīqùle zhījué（失去了知觉）/ bù xǐng rén shì le（不省人事了）. ¶まるで～の遠くなるような金額 jiǎnzhí shì yì bǐ xiàrén de jùkuǎn（简直是一笔吓人的巨款）. ¶悲しみで～が狂いそうだ shāngxīnde yào 'fāfēng[fākuáng] le（伤心得要'发疯[发狂]了）. ¶彼が汽車に乗り遅れはすまいかと～でなかった jiù pà tā wùle huǒchē, jiào rén xīnli gānzháojí（就怕他误了火车，叫人心里干着急）. ¶～が抜けたように立ちつくしている diūle hún shìde dāidāi de zhànzhe（丢了魂似的呆呆地站着）. ¶～は確かか nǐ shénzhì shífǒu qīngxǐng?（你神志是否清醒?）/ nǐ fēng le ma?（你疯了吗?）. ¶～をひきしめる zhuājǐn zìjǐ（抓紧自己）/ yángé yāoqiú zìjǐ（严格要求自己）. ¶～を取り直してもう一度やってみる dǎqǐ jīngshen zài gàn yí cì（打起精神再干一次）. ¶そう～を落とすな bié nàme huīxīn-sàngqì（别那么灰心丧气）. ¶彼は～が若い tā xīn bù lǎo（他心不老）. ¶～は心です，どうぞお収め下さい liáo biǎo cùnxīn, qǐng nín shōuxià ba（聊表寸心，请您收下吧）.

2〔気質〕¶～が強い hàoqiáng（好强）/ xīn yìng（心硬）. ¶～が弱い xīn ruǎn（心软）/ xīncháng ruǎn（心肠ル软）/ liǎnpí nèn（脸皮嫩）/ liǎn ruǎn（脸软）. ¶～が小さい qìliàng xiǎo（气量小）/ dùliàng xiǎo（度量小）/ xīnyǎn xiǎo（心眼ル小）. ¶～が短い píqi zào（脾气躁）/ xìng jí qì zào（性急气躁）/ xìngzi jí（性子急）. ¶～が荒い píqi bàozào（脾气暴躁）/ qìcū（气粗）. ¶あの人は～が長い tā shì ge mànxìngzi（他是个慢性子）. ¶～の合った友達 qíngtóu-yíhé[hěn duìjìnr] de péngyou（情投意合[很对劲ル]的朋友）.

3〔つもり，関心〕¶彼はすぐ～が変る tā ài jiànyì-sīqiān（他爱见异思迁）. ¶旅に出るつもりだったが～が変ってやめた běn xiǎng qù lǚxíng, gǎibiànle zhǔyi bú qù le（本想去旅行，改变了主意不去了）. ¶あんなことをする彼の～が知れない zǒng cāibutòu tā wèishénme gàn nà zhǒng shì（总猜不透他为什么干那种事）. ¶君は本当にやる～があるのか nǐ zhēn yǒuxīn yào gàn ma?（你真有心要干吗?）. ¶何の～なしにしゃべってしまった wúyì zhōng 'zǒule zuǐ le[tuō kǒu ér chū]（无意中'走了嘴了[脱口而出]）. ¶～の向くままに旅をする suí xīn zhī suǒ xiàng qù lǚxíng（随心之所向去旅行）. ¶君を非難する～は毛頭ない wǒ háo wú zébèi nǐ de yìsi（我毫无责备你的意思）. ¶彼はまるで～のない様子だ kàn yàngzi tā wánquán méiyǒu nàge xīnsi（看样子他完全没有那个心思）. ¶珍しく芝居を見る～になった nándé qǐle xiǎng kànxì de niàntou le（难得起了想看戏的

念头了). ¶どうして死のうなんて〜を起したのだろう zěnme huì qǐle xúnsǐ de niàntou ne?(怎么会起了寻死的念头呢?). ¶ちょっと向うの〜を引いたまでだ zhǐ búguò yǐn duìfāng de zhùyì bà le (只不过引对方的注意罢了). ¶そんなに〜をもたせないで早く言え bié náme jí rén, kuài shuōchulai ba (别那么急人,快说出来吧). ¶彼女は君に〜があるようだ kànlai tā duì nǐ yǒu yìsi shìde (看来她对你有意思似的). ¶君も〜の多い人だね nǐ zhēn shì ge jiàn shénme dōu hào zhānshǒu de rén (你真是个见什么都好沾手的人).

4〔気分,感情〕 ¶こんな所にいると〜がめいってしまう zài zhèyàng de dìfang zhēn jiào rén mènqì (在这样的地方真叫人闷气). ¶散歩してきたら〜が晴れた sànle yíhuìr bù, xīnqíng jiù shūchàng le (散了一会儿步,心情就舒畅了). ¶〜が落ち着かない xīnqíng bù dìng (心情不定)／xīnxù bù níng (心绪不宁)／xīnshén bùdìng (心神不定). ¶〜を落ち着けて考える chénxià xīn lai [dìngshén] xiǎng yi xiǎng (沉下心来[定神]想一想). ¶今日はどうも働く〜がしない jīntiān bù zhī zěnme de méi xīnsī gànhuór (今天不知怎么地没心思干活儿). ¶今晩あたり息子が帰って来そうな〜がする juéde jīntiān wǎnshang érzi huì huílai (觉得今天晚上儿子会回来). ¶一向に〜が乗らない jìnr yìdiǎnr yě gǔ bu qǐlai (劲儿一点儿也鼓不起来). ¶こんな身なりで人前に出ては〜がひける chuān zhèyàng de yīfu dào rén miànqián juéde hánchen (穿这样的衣服到人面前觉得寒碜). ¶本を読んでいると〜が紛れる kàn shū kěyǐ páiqiǎn fánmèn (看书可以排遣烦闷). ¶酒に〜を紛らす jiè jiǔ jiěmènr (借酒解闷儿). ¶何でも自分でしなければ〜がすまない shénme shì bù qīnzì xiàshǒu jiù bú fàngxīn (什么事不亲自下手就不放心). ¶〜がせいて待っていられない xīnli jíde zuòbuzhù (心里急得坐不住). ¶彼は今〜が立っているからやめた方がよい tā zhèngzài qìtóushang, háishi suànle ba (他正在气头上,还是算了吧). ¶一杯ひっかけたら〜が大きくなった hēle bēi jiǔ, dǎnzi dàle qǐlai le (喝了杯酒,胆子大了起来). ¶〜のせいか彼の顔は青ざめて見えた yěxǔ shì wǒ de duōlǜ, tā de liǎnsè xiǎnde yǒudiǎnr cāngbái (也许是我的多虑,他的脸色显得有点儿苍白). ¶お〜にさわりましたらお許し下さい yàoshi shǐ nín bùkuài, qǐng yuánliàng wǒ (要是使您不快,请原谅我). ¶彼はそれを聞いて〜を悪くしたようだ tā tīngdào zhè huà hǎoxiàng bù gāoxìng le (他听到这话好像不高兴了). ¶彼女はほめられて〜をよくしている tā shòudào biǎoyáng gèng dàijìnr le (她受到表扬更带劲儿了). ¶横綱ひとりが〜を吐いている Hénggāng yì rén dàxiǎn-shēnshǒu, yàowǔ-yángwēi (横纲一人大显身手,耀武扬威). ¶まぁ〜を楽にしてお聞きなさい qǐng búyào jǐnzhāng, tīng wǒ jiǎng (请不要紧张,听我讲).

5〔注意,心配,配慮〕 ¶車に〜をつけなさい xiǎoxīn qìchē (小心汽车). ¶〜がついた時はもう遅かった fājué de shíhou yǐjing láibují le (发觉的时候已经来不及了). ¶彼女は〜がつくく〜を xiǎngde zhēn zhōudào (她想得真周到). ¶彼女はなかなか〜がきく tā ˈshízài yǒu xīnyǎnr [zhēn yǒu yǎnlìjiànr] xiǎngde zhōudào (她*实在有心眼儿[真有眼力见儿]想得周到). ¶なかなか〜のきいた贈物だ zhēn shì ge jiào rén zhòngyì de lǐwù (真是个叫人中意的礼物). ¶〜がゆるむ sōngjìnr (松劲儿)/sōngqì (松气). ¶〜が散って勉強できない jīngshén bù jízhōng dúbuliǎo shū (精神不集中读不了书). ¶〜にかけることはない yòngbuzháo ˈdānxīn [guàxīn/diànjì/jìniàn] (用不着 ˈ担心[挂心/惦记/记念]). ¶そんなことは少しも〜にならない zhè zhǒng shì wǒ yìdiǎnr yě bú zàiyì (这种事我一点儿也不在意). ¶ちょっとした失敗を〜に病む wèi xiǎoxiǎo de guòshī ér ˈxiǎngbukāi [fánnǎo] (为小小的过失而ˈ想不开[烦恼]). ¶どうもさっきのことが〜にかかって眠れない gāngcái de shì zǒngshì yínghuí nǎojì shuìbuzháo jiào (刚才的事总是萦回脑际睡不着觉). ¶病気にならないように食物に〜を配る zhùyì yǐnshí, miǎnde shēngbìng (注意饮食,免得生病). ¶そんなに〜を使わないで下さい qǐng búyào nàme ˈfèixīn [ˈláoshén] (请不要那么ˈ费心[ˈ劳神]). ¶そっちに〜をとられてこっちの方がお留守になった zhǐ gùle nàbiānr gùbude zhèbiānr le (只顾了那边儿顾不得这边儿了). ¶そう〜をまわすな bié zhème ˈduōxīn [chīxīn] (别这么ˈ多心[吃心]). ¶あいつには〜を許すな duì nà jiāhuo kě yào ˈtígāo jǐngtì [tífángzhe diǎnr] (对那家伙可要ˈ提高警惕[提防着点儿]). ¶まったく〜をもませる奴だ zhēn shì jiào rén cāoxīn de dōngxi (真是叫人操心的东西). ¶人の〜も知らずに何をしているのだ búgù rénjia dānxīn, nǐ zuò shénme láizhe (不顾人家担心,你做什么来着).

6〔香り,味〕 ¶〜の抜けたビール pǎo qì zǒule wèir de píjiǔ (跑气走了味儿的啤酒).

7 ¶〜をつけ lìzhèng!(立正!).

き【忌】 ¶来月7日は母の3周〜です xiàyuè qī hào shì mǔqīn èr zhōunián ˈjìchén [jìrì](下月七号是母亲二周年ˈ忌辰[忌日]). ¶〜が明ける fúmǎn (服满)/xiàofú yǐ mǎn (孝服已满).

き【奇】 ¶なんの〜もない méi shénme xīqí de (没什么奇特的)/bù zú wéi qí (不足为奇). ¶事実は小説よりも〜なり shìshí bǐ xiǎoshuō hái líqí (事实比小说还离奇).

き【基】 jī(基). ¶アンモニア〜 ānjī(氨基).

き【期】 qī(期), shíqī (时期); jiè (届). ¶6か月を1〜とする liù ge yuè wéi yì qī (六个月为一期). ¶第10〜卒業生 dìshí jiè bìyèshēng (第十届毕业生).

¶発展〜 fāzhǎn shíqī (发展时期).

き【機】 **1**〔機会〕 ¶〜が熟する shíjī chéngshú (时机成熟). ¶〜に乗じて占領する chéngjī zhànlǐng (乘机占领). ¶彼は〜を見るに敏である tā shànyú jiànjī-xíngshì (他善于见机行事). ¶〜を窺う děnghòu jīhuì (等候机会)/sìjī (伺机). ¶〜を逸する shīqù

liángjī(失去良机)/ cuòguò shíjí(错过时机).
2〔助数詞〕jià(架). ¶飛行機2～ liǎng jià fēijī(两架飞机).

き-【貴】 guì(贵). ¶～校 guìxiào(贵校). ¶～国 guìguó(贵国). ¶～社 guì gōngsī(贵公司).

-き【騎】 qí(骑). ¶数千～の兵を率いて出発した shuài shùqiān qí chūfā le(率数千骑出发了).

ぎ【義】 yì(义). ¶～を見てせざるは勇なきなり jiàn yì bù wéi, wú yǒng yě(见义不为,无勇也)/ jiàn yì yǒng wéi(见义勇为).

ギア yálún(牙轮), chǐlún(齿轮); dǎng(挡), páidǎng(排挡). ¶～を入れる guà dǎng(挂挡).
¶～シフト huàndǎng(换挡)/ biànsù(变速).

きあい【気合】 cǎonǐ gànjìnr gōngzuò(鼓起干劲儿工作). ¶～の入った試合 yì chǎng dàijìnr de bǐsài(一场劲儿的比赛). ¶～負けする bèi duìfāng de qìshì suǒ yādǎo(被对方的气势所压倒). ¶～をかけて打ち込んできた dà hǎn yì shēng dǎle guòlái(大喊一声打了过来).

きあけ【忌明け】 fúmǎn(服满).

きあつ【気圧】 qìyā(气压). ¶冬型の～配置 dōngjí qìyā xíngshì(冬季气压形势). ¶～の谷 qìyāgǔ(气压谷)/ dīyācáo(低压槽). ¶～計 qìyājì(气压计)/ qìyābiǎo(气压表). 高～ gāoqìyā(高气压)/ gāoyā(高压). 低～ dīqìyā(低气压)/ dīyā(低压).

きあわせ【来合せ】 ¶いいところに～せた láide zhènghǎo(来得正好)/ láide zhēn còuqiǎo(来得真凑巧).

きあん【起案】 cǎonǐ(草拟). ¶計画書を～する cǎonǐ guīhuàshū(草拟规划书).

ぎあん【議案】 yì'àn(议案).

きい【忌諱】 huì(讳), jìhuì(忌讳), huìjì(讳忌). ¶～に触れる chùfàn jìhuì(触犯忌讳)/ fàn huì(犯讳).

きい【奇異】 qíyì(奇异). ¶人に～の感を与える shǐ rén gǎndào qíyì(使人感到奇异).

キー 1〔ピアノ、タイプライターなどの〕jiàn(键), ànjiàn(按键). ¶タイプの～を叩く àn dǎzìjī de jiàn(按打字机的键).
¶～ボード jiànpán(键盘);〔楽器〕jiànpán yuèqì(键盘乐器).
2〔鍵〕yàoshi(钥匙). ¶そこが問題の～だ zhè zhèngshì wèntí de guānjiàn(这正是问题的关键).
¶～パーソン guānjiàn rénwù(关键人物).～ホルダー yàoshihuán(钥匙环). ～ワード guānjiànzì(关键字)/ guānjiàncí(关键词); biāotí guānjiàncí(标题关键词).

きいきいごえ【きいきい声】 ¶～を張り上げる jiānshēng-jiānjiào de dà jiào(尖声尖气地大叫).

きいたふう【利いた風】 ¶～なことを言うな bié bù dǒng zhuāng dǒng shuō dàhuà(别不懂装懂说懂大话).

きいちご【木苺】 xuángōuzǐ(悬钩子), mùméi(木莓), shānméi(山莓).

きいっぽん【生一本】 灘の～ Tān de míngchǎnjiǔ(滩的名产酒). ¶彼は～な男だ tā shì yí ge zhíxīnyǎnr de rén(他是一个直心眼儿的人).

きいと【生糸】 shēngsī(生丝), cánsī(蚕丝), sī(丝).

きいろ【黄色】 huáng(黄), huángsè(黄色). ¶木の葉が～になった tóng de yèzi biàn huáng le(树叶变黄了). ¶～い声で叫ぶ jiānshēng jiàohǎn(尖声叫喊). ¶嘴が～い rǔxiù wèi gān(乳臭未干).

きいん【起因】 qǐyīn(起因). ¶この紛争は宗教問題に～する zhè cì fēnzhēng qǐyīn shì [guīyīn yú]zōngjiào wèntí(这次纷争起因是[归因于]宗教问题).

ぎいん【議員】 yìyuán(议员).

キウイフルーツ míhóutáo(猕猴桃), yángtáo(羊桃·杨桃).

きうつり【気移り】 ¶彼はすぐ～するたちだ tā zǒngshì jiànyì-sīqiān(他总是见异思迁).

きうん【気運】 新開地は発展の～がみなぎっている xīn kāifā dìqū chōngmǎnzhe fāzhǎn de qìfēn(新开发地区充满着发展的气氛). ¶改革の～が高まる gǎigé de rècháo gāozhǎng(改革的热潮高涨).

きうん【機運】 shíjī(时机). ¶改革の～がようやく熟した gǎigé de shíjī zhōngyú chéngshú le(改革的时机终于成熟了).

きえ【帰依】 guīyī(皈依). ¶仏道に～する guīyī fófǎ(皈依佛法).

きえい【気鋭】 新進～の科学者 xīn lù tóujiǎo chōngmǎn ruìqì de kēxuéjiā(新露头角充满锐气的科学家).

きえい・る【消え入る】 ¶恥ずかしさのあまり～るような声で答えた hàixiūde dáhuà jīhū tīngbujiàn(害羞得答话几乎听不见). ¶～らんばかりに悲しむ bēitòngde jīhū bùxǐng-rénshì(悲痛得几乎不省人事).

きえう・せる【消え失せる】 ¶机の上に置いた手紙が～せて fàngzài zhuōzi shang de xìn búyì ér fēi le(放在桌子上的信不翼而飞了). ¶とっとと～せろ gěi wǒ gǔnkāi!(给我滚开!).

き・える【消える】 1〔明りや火が〕miè(灭), xī(熄), xīmiè(熄灭). ¶明りがぱっと～えた dēnghuǒ yíxiàzi miè le(灯火一下子灭了). ¶風でろうそくが～えた làzhú bèi fēng chuīmiè le(蜡烛被风吹灭了). ¶やっと火事が～えた dà huǒ hǎoróngyì cái xīmiè le(大火好容易才熄灭了). ¶彼女が去って火が～えたように寂しくなった tā zǒu hòu yóurú mièle huǒ shìde gǎndào lěngqīng(她走后犹如灭了火似的感到冷清).

2〔なくなる〕xiāoshī(消失). ¶彼の姿は人込みの中に～えた tā de shēnyǐng zài rénqún li xiāoshī le(他的身影在人群里消失了). ¶～えた tā de shēnyǐng zài rénqún li bújiàn tā de zōngyǐng le(在人群里不见他的踪影了). ¶春の雪は～えやすい chūnxuě róngyì huà(春雪容易化). ¶魚の臭いが手について～えない yú de xīngqì zhānshǒu qùbudiào(鱼的腥气沾手去不掉). ¶笑顔が～えた xiào-

róng xiāoshī le(笑容消失了). ¶幾日もしないうちに噂は～えてしまった fēngshēngr bù jǐ tiān jiù méi le(风声儿不几天就没了). ¶生涯～えない汚点 yíbèizi xǐbudiào de wūdiǎn(一辈子洗不掉的污点). ¶望みが～える méiyǒu xīwàng le(没有希望了)/ xīwàng chéngle pàoyǐng(希望成了泡影).

きえん【気炎】 qìyàn(气焰). ¶ビールを飲んで～を上げる hē píjiǔ gǔqǐ jìn lai(喝啤酒鼓起劲来). ¶彼の怪～にすっかりあてられた bèi tā de qìyàn zhènzhù le(被他的气焰镇住了).
¶～万丈 qìyàn wànzhàng(气焰万丈).

きえん【奇縁】 qíyuán(奇缘). ¶こんな所でお会いするとは～ですね zài zhèyàng de dìfang xiāngyù, zhēn shì qíyuán na(在这样的地方相遇, 真是奇缘啊).

きえん【機縁】 jīyuán(机缘). ¶それが～となって2人は結ばれた nà shì chéngle jīyuán tā liǎ jiéwéi bànlǚ(那事成了机缘他俩结为伴侣).

ぎえんきん【義捐金】 juānkuǎn(捐款). ¶～をつのる mùjí juānkuǎn(募集捐款)/ mùjuān(募捐).

きえんさん【希塩酸】 xīyánsuān(稀盐酸).

きおい【気負い】 ¶若いのである youyú niánqīng qìshèng, guòyú zìfù(由于年轻气盛, 过于自负).

・きおいた・つ【競い立つ】 ¶試合開始を前に選手達が～っている lín bǐsài xuǎnshǒumen jīngshen fènfā(临比赛选手们精神奋发).

きおう【既往】 jìwǎng(既往). ¶～はとがめず jìwǎng bú jiù(既往不咎).
¶～症 jìwǎngzhèng(既往症).

きおく【記憶】 jìyì(记忆). ¶彼にはどこかで会った～がある hǎoxiàng zài nǎr céng gēn tā jiànguo miàn(好像在哪儿曾跟他见过面). ¶年を取ったせいか～がにぶった huòxǔ shàngle niánjì de yuángù, ˈjìxìng bù hǎo[méi jìxìng] le(或许上了年纪的缘故, "记性不好[没记性]"了). ¶昨夜の事は全然～にない zuówǎn de shì quánrán xiǎng bu qǐlai(昨晚的事全然想不起来). ¶その事件は今もなお私の～に新しい nàge shìjiàn wǒmen zhìjīn hái jìyì yóu xīn(那个事件我们至今还记忆犹新). ¶おぼろげな～を頼りに探す hái móhu de jìyì lǐ xúnzhǎo(只靠模糊的记忆寻找). ¶私はそれをはっきり～している nà shì wǒ jìde hěn qīngchu(那事我记得很清楚). ¶～が良い[悪い] jìyìlì ˈqiáng[ruò](记忆力"强[弱]").
¶～障害 jìyì zhàng'ài(记忆障碍). ～装置 cúnchǔqì(存储器).

きおくれ【気後れ】 fāchù(发憷), fāqiè(发怯), chùtóu(憷头・怵头), wèisuō(畏缩), chùchǎng(憷场), qièchǎng(怯场). ¶人前に出ると～する zài zhòngrén miànqián jiù fāchù(在众人面前就发憷).

きおち【気落ち】 jǔsàng(沮丧), qìněi(气馁), huī xīn sàng qì(灰心丧气). ¶落選と知って彼はすっかり～してしまった zhīdao luòxuǎn tā fēicháng huīxīn-sàngqì(知道落选他非常灰心丧气).

きおも【気重】 biēmen(憋闷), yōumèn(忧闷), yìyù(抑郁). ¶今度の仕事は何となく～だ zhè cì gōngzuò zǒng juéde biēmen(这次工作总觉得憋闷).

きおん【気温】 qìwēn(气温). ¶～が高い qìwēn gāo(气温高). ¶～が零下10度まで下がった qìwēn jiàngdào língxià shí dù le(气温降到零下十度了).

ぎおん【擬音】 nǐyīn(拟音), yīnxiǎng xiàoguǒ(音响效果).

きか【気化】 qìhuà(汽化). ¶～熱 qìhuàrè(汽化热).

きか【奇禍】 qíhuò(奇祸), hènghuò(横祸), fēizāi(飞灾), fēihuò(飞祸). ¶旅先で～に遭った zài lǚtú shang zāole fēizāi hènghuò(在旅途上遭了飞灾横祸).

きか【帰化】 rùjí(入籍), guīhuà(归化). ¶日本に～する rù Rìběnjí(入日本籍).
¶～植物 wàilái zhíwù(外来植物).

きか【幾何】 jǐhé(几何). ¶～学 jǐhéxué(几何学). ～級数 jǐhé jíshù(几何级数).

きか【麾下】 huīxià(麾下). ¶張将軍の～の精鋭 Zhāng jiāngjūn huīxià de jīngruì(张将军麾下的劲旅).

きが【飢餓】 jī'è(饥饿). ¶～感 jī'ègǎn(饥饿感).

ぎが【戯画】 mànhuà(漫画), fěnghuà(讽刺画).

ギガ qiānzhào(千兆).

きかい【奇怪】 qíguài(奇怪). ¶～な噂が立ったchuánzhe yí ge qíguài de fēngshēng(传着一个奇怪的风声). ¶～な事件が起こった fāshēngle líqí-gǔguài de shìjiàn(发生了离奇古怪的事件).

きかい【器械】 qìxiè(器械). ¶～体操 qìxiè tǐcāo(器械体操). 医療～ yīliáo qìxiè(医疗器械).

きかい【機械】 jīqì(机器), jīxiè(机械). ¶～を運転する kāidòng[fādòng] jīqì(开动[发动]机器). ¶～を止める shǐ jīqì tíngzhǐ yùnzhuǎn(使机器停止运转). ¶～が動く jīqì yùnzhuǎn(机器运转). ¶～が故障した jīqì chū máobing le(机器出毛病了). ¶～を組み立てる zhuāngpèi jīqì(装配机器). ¶農業を～化する shǐ nóngyè jīxièhuà(使农业机械化). ¶～的に手を動かす jīxiè de bǎidòng shǒu(机械地摆动手). ¶それはあまりに～的なやり方だ nàge zuòfǎ tài jīxiè le(那个做法太机械了).
¶～油 jīxièyóu(机械油)/jīqìyóu(机器油)/jīyóu(机油)/chēyóu(车油). ～工学 jīxièxué(机械学). ～工業 jīxiè gōngyè(机械工业). ～製造工業 jīxiè zhìzào gōngyè(机械制造工业). ～文明 jīxiè wénmíng(机械文明). ～翻訳 jīqì fānyì(机器翻译).

きかい【機会】 jīhuì(机会). ¶～あるごとに設備の改善を訴えてきた měiféng yǒu jīhuì jiù yāoqiú gǎishàn shèbèi(每逢有机会就要求改善设备). ¶彼に話すよい～だ zhè shì gēn tā shuō de hǎo jīhuì(是跟他说的好机会). ¶～があったら又お会いしましょう yǒu jīhuì zài jiànmiàn

(有机会再见面). ¶復讐の〜をうかがう sījī bàochóu (伺机报仇). ¶又とない〜を逃した cuòguò qiānzǎi-yìshí de hǎo jīhuì (错过千载一时的好机会). ¶それを〜に彼は煙草をやめた jiè cǐ jīhuì tā bǎ yān jiè le (借此机会他把烟戒了).

きかい【危害】 wēihài (危害). ¶人に〜を加える wēihài [jiāhài] yú rén (危害[加害]于人).

きがい【気概】 qìgài (气概). ¶彼にはそれをやり抜く〜がない tā méiyǒu bǎ nà shì jiānchí dào dǐ de qìgài (他没有把那事坚持到底的气概). ¶〜のある男 yǒu gǔqì de hànzi (有骨气的汉子).

ぎかい【議会】 yìhuì (议会), yìyuàn (议院). ¶〜政治 yìhuì zhèngzhì (议会政治). ¶〜制民主主義 yìhuìzhì mínzhǔzhǔyì (议会制民主主义).

きがえ【着替え】 ¶〜をして出掛ける huàn yīfu chūmén (换衣服出门). ¶〜を持参のこと yào zì dài huànxǐ yīfu (要自带换洗衣服).

きが・える【着替える】 ¶普段着に〜える huànshàng biànfú (换上便服).

きがかり【気掛り】 guàxīn (挂心), guàniàn (挂念), dānxīn (担心), diànniàn (惦念). ¶何か〜な事でもあるのですか yǒu shénme xīnshì ma? (有什么心事吗?). ¶母の健康が〜だ mǔqīn de jiànkāng shǐ rén guàniàn (母亲的健康使人挂念).

きかく【企画】 jìhuà (计划). ¶新しい〜が当った xīn jìhuà shòudào dàjiā huānyíng (新计划受到大家欢迎). ¶音楽会を〜する jīhuà kāi yí ge yīnyuèhuì (计划开一个音乐会).

きかく【規格】 guīgé (规格), biāozhǔn (标准). ¶この製品は〜に合わない zhège huò bùhé guīgé (这个货不合规格). ¶部品を〜化する shǐ língjiàn ▼guīgéhuà[biāozhǔnhuà](使零件▼规格化[标准化]).
¶〜一品 guīgépǐn (规格品)／biāozhǔnjiàn (标准件).

きがく【器楽】 qìyuè (器乐).

きかざ・る【着飾る】 ¶彼女はあんなに〜ってどこへ行くのだろう tā dǎbande nàme piàoliang shàng nǎr qù ne? (她打扮得那么漂亮上哪儿去呢?).

きか・せる【利かせる】 ¶もう少し塩を〜せた方がいい zài nòngxián diǎnr hǎo (再弄咸点儿好). ¶すごみを〜せる chuīhúzi-dèngyǎn xiàrén (吹胡子瞪眼吓人). ¶気を〜せて席を外した huìyì de líxí ér qù (会意地离席而去).

きか・せる【聞かせる】 **1**〔子守歌を歌って〜せる chàng yáolánqǔ gěi háizi tīng (唱摇篮曲给孩子听). ¶どうかその訳を〜せて下さい qǐng bǎ lǐyóu jiǎnggěi wǒ tīngting (请把理由讲给我听听). ¶こんな話は子供には〜せたくない zhè zhǒng huà bù xiǎng jiào háizi tīng (这种话不想叫孩子听). ¶彼は私から よく言って〜せます yóu wǒ lái hǎohāor shuōfú tā (由我来好好儿说服他).
2〔聞き入らせる〕 shòutīng (受听), zhōngtīng (中听), dòngtīng (动听). ¶彼の喉はなかなか〜せるね tā de sǎngzi kě zhēn shòutīng (他的嗓子可真受听).

きがた【木型】〔鋳物の〕 mùmú (木模);〔靴, 帽子の〕 xuànzi (楦子), xuàntou (楦头).

きがね【気兼ね】 ¶姑に〜する duì pópo yǒu gùlǜ (对婆婆有顾虑). ¶〜はいりません, どうぞごゆっくり búyào kèqi, duō zuò yíhuìr ba (不要客气, 多坐一会儿吧).

きがまえ【気構え】 juéxīn (决心), jīngshén zhǔnbèi (精神准备). ¶あくまでやり抜くという〜が必要だ bìxū yǒu zuòdàodǐ de juéxīn (必须有做到底的决心).

きがる【気軽】 ¶彼女はどんな事でも〜に引き受けてくれる tā shénme shì dōu hěn shuǎngkuai de yìngchéng xialai (她什么事都很爽快地应承下来). ¶どうかお〜にお出掛け下さい qǐng suíbiàn lái chuànménr (请随便来串门儿).

きかん【気管】 qìguǎn (气管).

きかん【汽缶】 qìguō (汽锅), guōlú (锅炉). ¶〜室 guōlúfáng (锅炉房).

きかん【奇観】 qíguān (奇观). ¶一大〜を呈している chūxiàn yí dà qíguān (出现一大奇观).

きかん【季刊】 jìkān (季刊).

きかん【帰還】 fǎnhuí (返回), huíhuán (回还), huífǎn (回返). ¶基地に無事した píng'ānwúshì de fǎnhuí jīdì (平安无事地返回基地).

きかん【既刊】 ¶〜書 yǐ chūbǎn de shū (已出版的书).

きかん【基幹】 jīgàn (基干). ¶〜産業 jīchǔ gōngyè (基础工业).

きかん【期間】 qījiān (期间), qīxiàn (期限). ¶展覧会の開催〜は1か月です zhǎnlǎnhuì de zhǎnqī wéi yí ge yuè (展览会的展期为一个月). ¶切符の有効〜 piào de yǒuxiào qīxiàn (票的有效期限). ¶短い〜ではあるが彼はここに滞在していた suīrán shíjiān hěn duǎn, tā céng zài cǐdì dòuliúguo (虽然时间很短, 他曾在此地逗留过).

きかん【旗艦】 qíjiàn (旗舰).

きかん【器官】 qìguān (器官). ¶消化〜 xiāohuà qìguān (消化器官).

きかん【機関】 **1**〔エンジン〕 ¶〜室 jīfáng (机房)／jīcāng (机舱). 蒸気〜 zhēngqìjī (蒸汽机). 内燃〜 nèiránjī (内燃机).
2〔機構, 設備〕 jīguān (机关). ¶〜区 jīwùduàn (机务段). 〜庫 jīchēkù (机车库)／jīchēfáng (机车房). 行政〜 xíngzhèng jīguān (行政机关). 金融〜 jīnróng jīguān (金融机关). 交通〜 jiāotōng jīguān (交通工具). 執行〜 zhíxíng jīguān (执行机关). 報道〜 bàodào jīguān (报道机关).

きかん【祈願】 qíyuàn (祈愿), qíwàng (祈望). ¶世界平和を〜する qíyuàn shìjiè hépíng (祈愿世界和平).

ぎがん【義眼】 yìyǎn (义眼), jiǎyǎn (假眼). ¶〜を入れる ān jiǎyǎn (安假眼).

きかんき【利かん気】 juéjiàng (倔强). ¶なかなか〜な顔をしている zhǎngxiàng xiǎnde hěn juéjiàng (长相显得很倔强). ¶〜の子 juéjiàng de háizi (倔强的孩子).

きかんし【気管支】 zhīqìguǎn（支气管）. ¶～炎 zhīqìguǎnyán（支气管炎）.

きかんし【機関士】 dàchē（大车・大伙）, huǒchē sījī（火车司机）.

きかんし【機関紙】 jīguānbào（机关报）. **2**【機関誌】 jīguān kānwù（机关刊物）.

きかんしゃ【機関車】 jīchē（机车）, huǒchētóu（火车头）. ¶蒸気～ zhēngqì jīchē（蒸汽机车）. ディーゼル～ nèirán jīchē（内燃机车）. 電気～ diànlì jīchē（电力机车）.

きかんじゅう【機関銃】 jīguānqiāng（机关枪）, jīqiāng（机枪）.

きき【危機】 wēijī（危机）. ¶その動物は絶滅の～に瀕している nà zhǒng dòngwù xiànzài bīnyú juézhǒng de wēijīng（那种动物现在濒于绝种的困境）. ¶病人はやっと～を脱した bìngrén hǎoróngyì cái tuōlíle wēixiǎn [zhōngyú zhuǎn wēi wéi ān]（病人'好容易才脱离了危险[终于转危为安]）. ¶深刻な食糧～に見舞われた zāodào yánzhòng de liángshi wēijī（遭到严重的粮食危机）. ¶事態は一触即発の～をはらんでいる shìtài bāocángzhe yīchù-jífā de wēijī（事态包藏着一触即发的危机）. ¶～感をあおる shāndòng wēijī yìshí（煽动危机意识）. ¶～一髪のところを助かった zài qiānjūn-yīfà zhī jì déjiù le（在千钧一发之际得救了）.

きき【鬼気】 ¶それは～迫る情景であった nà zhēn shì lìng rén máogǔ-sǒngrán de qíngjǐng（那真是令人毛骨悚然的情景）.

きき【嬉嬉】 ¶子供達は～として遊びたわむれている háizimen huānbèng-luàntiào de wánrzhe（孩子们欢蹦乱跳地玩ㄦ着）.

ぎぎ【疑義】 yíyì（疑义）. ¶なんら～を挟む余地はない háo wú yíyì（毫无疑义）.

ききあ・きる【聞き飽きる】 tīngnì（听腻）, tīngyàn（听厌）, tīngfán（听烦）. ¶君の言訳はもう～きた口の弁解は早已听得不耐烦了 nǐ de biànjiě zǎoyǐ tīngde bú nàifán le（你的辩解早已听得不耐烦了）.

ききい・る【聞き入る】 qīngtīng（倾听）. ¶聴衆は彼の話に一心に～った tīngzhòng yìxīn qīngtīng tā de jiǎnghuà（听众一心倾听他的讲话）.

ききい・れる【聞き入れる】 tīng（听）, tīngcóng（听从）. ¶彼は私の勧めを素直に～れた tā chéngkěn de tīngle wǒ de quàngào（他诚恳地听了我的劝告）. ¶いくら頼んでも父は私の願いを～れてくれなかった zěnme xiàng fùqin kěnqiú, fùqin yě bù dāying wǒ（怎么向父亲恳求, 父亲也不答应我）.

ききおと・す【聞き落す】 ¶うっかりして肝心なところを～してしまった yìshí shūhu bǎ yàojǐn de shì tīngloù le（一时疏忽把要紧的事听漏了）.

ききおぼえ【聞覚え】 ¶その声には～があった nàge shēngyīn juéde ěrshú（那个声音觉得耳熟）.

ききおよ・ぶ【聞き及ぶ】 huòzhī（获知）, huòxī（获悉）. ¶お～のことかと存じますが huòxī nín yǐjing tīngdào le [yǐ yǒu ěrwén]（或许您'已经听到了[已有耳闻]）.

ききかいかい【奇奇怪怪】 qíqí-guàiguài（奇奇怪怪）, líqí gǔguài（离奇古怪）. ¶この事件は～だ zhè jiàn shì líqí gǔguài jiào rén mò míng qí miào（这件事离奇古怪叫人莫名其妙）.

ききかえ・す【聞き返す】 **1**[もう一度聞く] chóng tīng（重听）. ¶講演の録音を何度も～した jiǎngyǎn de lùyīn yòu tīngle hǎo jǐ biàn（讲演的录音又听了好几遍）. **2**[もう一度尋ねる] chóng wèn（重问）. ¶いくら～しても答えは同じだった chóng wènle jǐ cì, huídá dōu yíyàng（重问了几次, 回答都一样）. **3**[反問する] fǎnwèn（反问）. ¶逆に～されて返事に詰った fǎndào bèi tā de fǎnwèn wènzhù le（反倒被他的反问问住了）.

ききかじ・る【聞き齧る】 ¶～った噂を言い触らす bǎ tīnglai de yìxīng-bàndiǎnr de ěrfēng dàochù luàn shuō（把听来的一星半点ㄦ的耳风到处乱说）. ¶～りの知識 yìzhī-bànjiě de zhīshi（一知半解的知识）.

ききぐる・しい【聞き苦しい】 **1**[聞くに堪えない] bù zhōngtīng（不中听）, bú shòutīng（不受听）, bú rù'ěr（不入耳）. ¶へたな話でさぞお～かったことでしょう wǒ shuōde bù hǎo, xiǎngbǐ nǐ tīngqilai bú rù'ěr（我说得不好, 想必你听起来不入耳）. ¶そんな弁解は～い zhè zhǒng biànbái tài bù zhōngtīng（这种辩白太不中听）. **2**[聞き取りにくい] tīng bu qīngchu（听不清楚）. ¶機械の故障でお～いところのありましたことをおわび致します yóuyú jīxiè de gùzhàng, yǒu de dìfang dàjiā méi tīngqīngchu, qǐng yuánliàng（由于机械的故障, 有的地方大家没听清楚, 请原谅）.

ききこみ【聞込み】 cháfǎng（查访）. ¶徹底的な～捜査をする chèdǐ jìnxíng cháfǎng（彻底进行查访）.

ききこ・む【聞き込む】 tīngdào（听到）. ¶彼について妙な噂を～んだ tīngdàole guānyú tā de qíguài chuánwén（听到了关于他的奇怪传闻）.

ききさけ【聞酒】 ¶～をする pǐncháng jiǔ（品尝酒）.

ききじょうず【聞上手】 ¶相手が～なのでついしゃべってしまった duìfāng hěn shànyú yòu rén jiǎnghuà, bù jué tuō kǒu ér chū（对方很善于诱人讲话, 不觉脱口而出）.

ききすご・す【聞き過す】 ¶そんなに大切な事だとは知らず～してしまった bù zhīdào shì nàme zhòngyào de shì, wǒ méi zhùyì tīng（不知道是那么重要的事, 我没注意听）.

ききず・て【聞捨て】 ¶彼女は～ならぬ言葉を吐いた tā shuōchūle bùnéng qīngyì fàngguò de huà（她说出了不能轻易放过的话）.

ききそこな・う【聞き損なう】 **1**[聞き違える] tīngcuò（听错）, tīngchà（听差）. ¶私の～かもしれませんが yěxǔ shì wǒ tīngcuò le（也许是我听错了）. **2**[聞き漏らす] ¶遅れたため話の前半を～してしまった láichí le, huà de qiánbàn méi tīngzháo（来迟了, 话的前半没听着）.

ききだ・す【聞き出す】 tàntīng（探听）, tànwèn（探问）, tànxún（探询）. ¶彼女の口から彼の秘密を～した cóng tā de zuǐli tàntīng chūle tā de mìmì（从她的嘴里探听出了他的秘密）.

ききただ・す【聞き糺す】 wènmíng(问明), wènqīng(问清). ¶本人にその真意を～した xiàng tā běnrén wènmíng qí zhēnyì(向他本人问明其真意).

ききちが・える【聞き違える】 tīngcuò(听错). ¶電話番号を～えたのか何度かけてもかからない huòxǔ tīngcuòle diànhuà hàomǎ, dǎle jǐ cì yě dǎbutōng(或许听错了电话号码,打了几次也打不通).

ききつ・ける【聞き付ける】 1〔聞き知る〕 ¶騒ぎを～けて大勢が集まって来た tīngdào nàoshì xǔduō rén gǎnlai le(听到闹事许多人赶来了). 2〔聞き慣れる〕ěrshú(耳熟), tīngguàn(听惯). ¶彼の声は～けているのですぐわかった tā de shēngyīn ěrshú, yì tīng jiù tīngchulai le(他的声音耳熟,一听就听出来了). ¶母の小言は～けているので何を言われてもこたえない mǔqin de láosāo tīngdào xiǎoxīgè de shuō shénme wǒ yě búzàihu(母亲的牢骚已经听惯了,说什么我也不在乎).

ききづたえ【聞伝え】 chuánwén(传闻). ¶事件のことは～に聞いて知っている nàge shìjiàn tōngguò chuánwén wǒ yǐjing zhīdao le(那个事件通过传闻我已经知道了).

ききて【聞手】 tīngzhě(听者); tīngzhòng(听众).

ききとが・める【聞き咎める】 ¶些細な事を～めてあれこれ言う zhuāzhù rénjia de huàtóur shuō zhè shuō nà(抓住人家的话儿说这说那). ¶犬はかすかな物音を～めてほえだした gǒu tīngdào xiǎoxiǎo de shēngyīn jiù jiàoqilai le(狗听到小小的声音就叫起来了).

ききどころ【聞所】 ¶ここがこのオペラの～だ zhè shì zhège gējù zuì `kě tīng[yǒu tīngtour] de dìfang(这是这个歌剧最`可听[有听头儿]的地方).

ききとど・ける【聞き届ける】 ¶神様が私の願いを～けて下さった shàngdì suìle wǒ de yuàn(上帝遂了我的愿).

ききとり【聞き取り】 tīnglì(听力). ¶英語の～テスト yīngyǔ tīnglì kǎoshì(英语听力考试).

ききと・る【聞き取る】 ¶雑音が多くて放送がよく～れない záyīn tài duō, guǎngbō tīng bu qīngchu(杂音太多,广播听不清楚). ¶今では日常会話が かなり～れるようになりました xiànzài rìcháng huìhuà wánquán néng tīngdǒng le(现在日常会话完全能听懂了). ¶関係者から当時の状況を～る tīngqǔ yǒuguān rényuán jièshào dāngshí de qíngkuàng(听取有关人员介绍当时的情况).

ききなお・す【聞き直す】 ¶テープを最初から～す bǎ lùyīn cóngtóu zài tīng yí biàn(把录音从头再听一遍). ¶分からないところは幾度でも～しなさい bù dǒng de dìfang `kěyǐ fǎnfù wèn [jǐnguǎn zài wèn](不懂的地方`可以反复问[尽管再问]).

ききなが・す【聞き流す】 ¶あんな人の言う事など～しておきなさい xiàng tā nà zhǒng rén de huà dàngzuò ěrpángfēng suànle(像他那种人的话当做耳旁风算了). ¶君のその一言は～せ ない nǐ nà yí jù huà wǒ kě bùnéng suíbiàn fàngguoqu(你那一句话我可不能随便放过去).

きき・なれる【聞き慣れる】 ěrshú(耳熟), tīngguàn(听惯). ¶～れた声がすると思ったら叔母さんが来ていた guàibude shēngyīn ěrshú, yuánlái shì shěnshen lái le(怪不得声音耳熟,原来是婶婶来了). ¶～れない滝の音が耳についてよく眠れなかった tīngbuguàn de pùbùshēng bù lí ěrbiān méi shuìhǎo jiào(听不惯的瀑布声不离耳边没睡好觉). ¶どうも～れない名前だね zhēn shì ěrshēng de míngzi a!(真是耳生的名字啊!).

ききにく・い【聞きにくい】 1 →ききぐるしい. 2〔尋ねにくい〕 ¶そんな事は自分の口からは～い nà zhǒng shì bù hǎoyìsi zìjǐ kāikǒu wèn(那种事不好意思自己开口问).

ききほ・れる【聞き惚れる】 ¶美しい声に～れる nà hǎosǎngzi jiào rén jùnzhí tīngrùle shén(那好嗓子叫人简直听入了神).

ききみみ【聞耳】 ¶隣室の話し声に～を立てる cè'ěr xìtīng gébì fángjiān de huà(侧耳细听隔壁房间的话).

ききめ【効目】 xiàolì(效力), xiàoyàn(效验). ¶この薬は～が早い zhè yào `jiànxiào kuài[hěn língyàn](这药`见效快[很灵验]). ¶いくら言って聞かせても～がない zěnme jiāoxun yě méiyǒu xiàoguǒ(怎么教训也没有效果).

ききもの【聞物】 ¶彼女の独唱は～だ tā de dúchàng zhēn zhíde tīng(她的独唱真值得听).

ききもら・す【聞き漏らす】 ¶一言半句も～すまいと耳を傾けた yí jù bú lòu de zhùyì qīngtīng(一句不漏地注意倾听).

ききゃく【棄却】 bóhuí(驳回). ¶控訴は～された tā shàngsù bèi bóhuí le(上诉被驳回了).

ききゅう【危急】 wēijí(危急), wēidài(危殆), jiānwēi(艰危). ¶～の際に備える yǐ bèi wēidài(以备危殆). ¶今や～存亡の秋(とき)である zhèng dāng wēijí cúnwáng zhī qiū(正当危急存亡之秋).

ききゅう【気球】 qìqiú(气球). ¶～をあげる fàng qìqiú(放气球).

ききゅう【希求】 xīqiú(希求), xīwàng(希望). ¶戦争のない平和な世界をつくることは全人類の等しく～するところである chuàngzào méiyǒu zhànzhēng de hépíng de shìjiè shì quánrénlèi suǒ xīqiú de(创造没有战争的和平的世界是全人类所希求的).

ききょ【起居】 qǐjū(起居). ¶あの人とは長く～を共にした wǒ gēn tā duōnián yídào shēnghuó(我跟他多年一道生活).

ききょ【義挙】 yìjǔ(义举).

ききょう【気胸】 qìxiōng(气胸).

ききょう【奇矯】 ¶～な言動 jiǎoqíng de yánxíng(矫情的言行).

ききょう【帰京】 ¶明朝～の予定です yùdìng míngzǎo huí Dōngjīng(预定明早回东京).

ききょう【帰郷】 huíxiāng(回乡), fǎn xiāng(返乡), guīxǐng(归省). ¶毎年正月には～する měinián xīnnián huíxiāng(每年新年回乡).

ききょう【桔梗】 jiégěng(桔梗), língdānghuā

(铃铛花).

きぎょう【企業】 qǐyè(企业). ¶~家 qǐyèjiā(企业家). 多国籍~ kuàguó gōngsī(跨国公司)/ duōguó gōngsī(多国公司). 独占~ lǒngduàn qǐyè(垄断企业).

きぎょう【起業】 ¶~家 chuàngyèjiā(创业家).

ぎきょう【義俠】 xiáyì(侠义). ¶~心に富む fùyǒu xiáyì xīncháng(富有侠义心肠).

ぎきょうだい【義兄弟】 bǎxiōngdì(把兄弟), méngxiōngdì(盟兄弟). ¶~の契りを結ぶ jiébài wéi bǎxiōngdì(结拜为把兄弟)/ bàibǎzi(拜把子)/ bàiméng(拜盟).

ぎきょく【戯曲】 jùběn(剧本). ¶~集 jùxuǎn(剧选).

ききわけ【聞分け】 ¶そんな~のない事でどうする nǐ nàme bù dǒngshì zěnme xíng!(你那么不懂事怎么行!). ¶~のよい子 tīnghuà dǒngshì de háizi(听话懂事的孩子).

ききわ・ける【聞き分ける】 ¶彼は鳥の声が~けられる tā néng fēnbiàn niǎo de shēngyīn(他能分辨鸟的声音). ¶この子は母親の言う事をちゃんと~けられる zhège háizi hěn tīng mǔqin de huà, hěn dǒngshì(这个孩子很听母亲的话, 很懂事). ¶この犬は主人の言葉をよく~ける zhè zhī gǒu hěn dǒng zhǔrén de huà(这只狗很懂主人的话).

ききん【飢饉】 jīhuang(饥荒), jījǐn(饥馑). ¶3年続きの~に見舞われた liánxù nàole sān nián de jīhuang(连续闹了三年的饥荒). ¶水~ shuǐhuāng(水荒).

ききん【基金】 jījīn(基金). ¶国際通貨~ Guójì Huòbì Jījīn Zǔzhī(国际货币基金组织).

ききんぞく【貴金属】 guìjīnshǔ(贵金属).

き・く【利く・効く】 **1**【きき めがある】 líng(灵), língyàn(灵验), jiànxiào(见效), zòuxiào(奏效). ¶この薬は頭痛によく~ zhè yào duì tóutòng hěn ˇyǒuxiào[líng](这药对头痛很 ˇ有效[灵]). ¶宣伝によく~いて売れる xuānchuán zòuxiào, hěn chàngxiāo(宣传奏效, 很畅销). ¶少しおどしが~き過ぎたようだ kànlai bǎ tā xiàde guòhuǒ le(看来把他吓得过火了). ¶彼にはもうその手は~かない nà yì shǒu duì tā yǐ méiyǒu xiàoyàn le(那一手对他已没有效验). ¶風刺の~いた漫画 fěngcì yóulì de mànhuà(讽刺尖刻的漫画). ¶糊の~いたワイシャツ jiāngguo de chènshān(浆过的衬衫). ¶芥子の~いて鼻にくる jièmo làde chòng bízi(芥末辣得冲鼻子).

2【よく動く, 働く】 ¶右手が~かなくなった yòushǒu bù tīng shǐhuan le(右手不听使唤了). ¶猫は暗闇でも目が~く māo zài hēi'ànchù yě kàndejiàn dōngxi(猫在黑暗处也看得见东西). ¶風邪を引いて鼻が~かなくなった déle gǎnmào, bízi bùlíng le(得了感冒, 鼻子不灵了). ¶彼は骨董には目が~く tā duì gǔdǒng hěn yǒu jiànshǎnglì(他对古董很有鉴赏力). ¶この子はとても気が~く zhè háizi hěn yǒu xīnyǎnr(这孩子很有心眼儿). ¶突然ブレーキが~かなくなった tūrán shābuzhù chē le(突然刹不住车了). ¶この板は腐っていて釘が~かない zhè kuài mùbǎn xiǔde dìngbuzhù dīngzi(这块木板朽得钉不住钉子).

3【できる】 ¶若いからまだ無理が~く niánqīng, hái néng ˇyìnggàn[yìngtǐng](年轻, 还能 ˇ硬干[硬挺]). ¶この時計はもう修繕が~かない zhè biǎo zài yě wúfǎ xiūlǐ le(这表再也无法修理了). ¶この生地は洗濯が~く zhèzhǒng liàozi hěn jīn xǐ(这种料子很禁洗). ¶ここは見晴らしが~く zhèr néng wàng yuǎn(这儿能望远). ¶この薬は保険が~かない zhèzhǒng yào bàoxiāo bu liǎo(这种药报销不了).

4【口をきく】 ¶疲れて口を~くのも嫌だ lèide ˇlián huà yě lǎnde shuō[zuǐ yě bù xiǎng zhāngkāi](累得 连话也懒得说[嘴也不想张开]). ¶青二才のくせに生意気なことを~く rǔxiù wèi gān bié shuō dàhuà(乳臭未干别说大话). ¶友達に口を~いてもらって入会した jīng péngyou jièshào rùle huì(经朋友介绍入了会).

き・く【聞く】 **1** tīng(听), tīngjian(听见), tīngdào(听到). ¶私は音楽を~くのが好きだ wǒ xǐhuan tīng yīnyuè(我喜欢听音乐). ¶耳をすまして鳥の声を~く cè'ěr tīng niǎo míng(侧耳听鸟鸣). ¶講演を~きに行く tīng jiǎngyǎn qù(听讲演去). ¶そんな専門的な話は~いても分らない nà zhǒng zhuānyèxìng de huà tīng yě tīngbudǒng(那种专业性的话听也听不懂). ¶私の話をしまいで~いて qǐng bǎ wǒ de huà tīngdàodǐ(请把我的话听到底). ¶ね, ~いて, ~いて! ēi, tīng wǒ shuō, tīng wǒ shuō ya!(欸, 听我说, 听我说呀!). ¶あまり馬鹿馬鹿しくて~いていられない huāngdàn-wújī jiǎnzhí tīng bu xiàqù(荒诞无稽简直听不下去). ¶~くに堪えない言葉 nántīng[cì'ěr] de huà(难听[刺耳]的话). ¶あまり~かない名前だ ěrshēng de míngzi(耳生的名字). ¶始業のベルが鳴るのを~いた tīngjian shàngkèlíng xiǎng le ba(听见上课铃响了). ¶町で妙な噂を~いた zài jiēshang tīngdàole qíguài de fēngshēng(在街上听到了奇怪的风声). ¶~くと見るとでは大違いだ tīngdào de hé kàndào de chàyuǎn le(听到的和看到的差远了). ¶耳聞と目睹 ěrwén hé mùdǔ xiāngchà shíwàn bāqiān lǐ(耳闻和目睹相差十万八千里). ¶あの娘が結婚したと風の便りに~いた tīngdàole nàge gūniang jiéhūn de fēngshēng(听到了那个姑娘结婚的风声). ¶~く所によると彼は近々北京に行くそうだ tīngshuō tā bùjiǔ jiù yào dào Běijīng qù(听说他不久就要到北京去).

2【聞き入れる】 tīng(听), tīngcóng(听从). ¶どうか私の願いを~いて下さい kěnqiú nín, qǐng tīngtīng wǒ de yāoqiú ba(恳求您, 请听听我的要求吧). ¶彼女は私の忠告を~こうとしない tā bù tīng wǒ de quàngào(她不听我的劝告). ¶この子は親の言い付けを~く zhè háizi zhēn tīng fùmǔ de huà(这孩子真听父母的话). ¶言う事を~かぬとひどい目に会うぞ bù tīng wǒ de, nǐ kě yào chīkuī de(不听我的, 你可要吃亏的). ¶彼は頑として1人で行くと言って~かない tā yìng yào yí ge rén qù, zěn-

me shuō yě bù tīng(他硬要一个人去,怎么说也不听).　**3**〔尋ねる〕dǎtīng(打听),wèn(问).¶交番で道を～く xiàng pàichūsuǒ dǎtīng lù(向派出所打听路).¶日取りは彼の都合を～いてから決めよう rìzi xiān wènwen tā de fāngbiàn,zài juédìng(日子先问他的方便,再决定).¶そんな事は私に～かれても答えられない nà zhǒng shì wèn wǒ, wǒ yě wúfǎ huídá(那种事问我,我也无法回答).¶～くは一時の恥～かぬは末代の恥 wèn shì yīshí zhī xiū, bú wèn nǎi zhōngshēng zhī chǐ(问是一时之羞,不问乃终生之耻).

きく【菊】júhuā(菊花), huánghuā(黄花), yǐnjūnzǐ(隐君子).

きぐ【危惧】wēijù(危惧).¶～の念を抱く bào wēijù zhī niàn(抱危惧之念).

きぐ【器具】qìjù(器具).¶医療～ yīliáo qìjù(医疗器具)/ yīliáo qìxiè(医疗器械).ガス～ méiqì qìjù(煤气器具).照明～ zhàomíng qìjù(照明器具).電気～ diànqì qìjù(电气器具).

きぐう【奇遇】qíyù(奇遇), qiǎoyù(巧遇).¶ここで君に会うとは全くの～だ zài zhèr gēn nǐ xiāngjiàn, shízài shì qiǎoyù(在这儿跟你相见,实在是巧遇).

きぐう【寄寓】jìzhù(寄住), jìjū(寄居).¶友人の家に～する jìzhù zài péngyou jiā li(寄住在朋友家里).

ぎくしゃく　¶引出しが～してうまくあかない chōuti fāsè zěnme yě lābukāi(抽屉发涩怎么也拉不开).¶彼の動作はいつになく～していた tā de dòngzuò hé wǎngcháng bù yíyàng, dāibǎn shēngyìng(他的动作和往常不一样,呆板生硬).¶それ以来両者の関係は～したままだ zìcóng nà yǐlái shuāngfāng de guānxi háishi name "nǐng[jiāng]zhe(自从那以来双方的关系还是那么扌拧[僵]着).

きくずれ【着崩れ】¶母に着せてもらうと～しない mǔqin gěi wǒ chuān héfú bú huì zǒuyàngr(母亲给我穿和服不会走样儿).

きぐち【木口】　**1**〔材質〕～がいい mùliào zhìliàng hǎo(木料质量好).　**2**〔こぐち〕mùcái "héngduànmiàn[héngqiēmiàn](木材"横断面[横切面]).

きくばり【気配り】¶細かく～をしてミスを防ぐ miànmiàn jù dào, fángzhǐ yílòu(面面俱到,防止遗漏).¶他の人に対する～をする duō wèi biéren zhuóxiǎng(多为别人着想).

きぐらい【気位】pàitou(派头), jiàzi(架子).¶彼女は～が高い tā jiàzi dà(她架子大).

きくらげ【木耳】mù'ěr(木耳).

ぎくりと　¶嘘がばれたかと～した yǐwéi shuō de huǎng lòule mǎjiǎo, xīnli dǎle ge pūtēng(以为说的谎露了马脚,心里打了个扑腾).¶不意に人が入って来て～した lěngbufáng jìnlaile yí ge rén xiàle wǒ yí tiào(冷不防进来了一个人吓了我一跳).

きぐろう【気苦労】láoxīn(劳心), cāoxīn(操心), cāoshén(操神).¶子供のことで～が絶えない wèi háizi de shì zǒngcāoxīn(为孩子

的事总是操心).

きけい【奇形】jīxíng(畸形).¶～児 jīxíng'ér(畸形儿).

きけい【詭計】guǐjì(诡计).¶～をめぐらして脱出した yòngle guǐjì pǎole chūlái(用了诡计跑了出来).

きけい【義兄】〔夫の兄〕dàbǎizi(大伯子);〔妻の兄〕dàjiùzi(大舅子), nèixiōng(内兄);〔姉の夫〕jiěfu(姐夫), jiězhàng(姐丈).

ぎけい【技芸】jìyì(技艺), gōngyì(工艺), shǒuyì(手艺).

きげき【喜劇】xǐjù(喜剧), xiàojù(笑剧), huájijù(滑稽剧).¶～作家 xǐjù zuòjiā(喜剧作家).～役者 xǐjù yǎnyuán(喜剧演员).

きけつ【帰結】guījié(归结), jiéguǒ(结果), jiéjú(结局).¶それは当然の～である nà shì lǐ suǒ dāngrán de guījié(那是理所当然的归结).

きけつ【既決】¶～事項 quèdìng de shìxiàng(确定的事项).¶～囚 yǐjuéfán(已决犯).

ぎけつ【議決】yìjué(议决).¶予算が～された yùsuàn yǐjīng tōngguò(预算已经通过).¶～機関 juécè jīgòu(决策机构).～権 biǎojuéquán(表决权).

きけん【危険】wēixiǎn(危险).¶ここで泳ぐのは～だ zài zhèr yóuyǒng hěn wēixiǎn(在这儿游泳很危险).¶春山は雪崩の～がある chūntiān shānshang yǒu xuěbēng de wēixiǎn(春天山上有雪崩的危险).¶身に～が迫る bījìn shēnbiān(危险逼近身边).¶町は洪水の～にさらされている chéngshì zhèng miànlín hóngshuǐ yānmò de wēixiǎn(城市正面临洪水淹没的危险).¶身の～をも顧みず荒海に飛び込んだ búgù shēngmìng wēixiǎn zòngshēn tiàojìnle bōtāo xiōngyǒng de hǎilǐ(不顾生命危险纵身跳进了波涛汹涌的海里).¶～を冒して救助におもむいた màozhe wēixiǎn qù jiù rén(冒着危险去救人).¶病人はやっと～状態を脱した bìngrén hǎobù róngyì cái "tuōlí wēixiǎn[tuōxiǎn](病人好不容易才"脱离危险[脱险]).¶～につき立入禁止 wēixiǎn! jìnzhǐ rù nèi(危险!禁止入内).¶この魚は汚染の～性がある zhè tiáo yú yǒu bèi wūrǎn de wēixiǎn(这条鱼有被污染的危险).¶～信号 wēixiǎn xìnhào(危险信号).～人物 wēixiǎn rénwù(危险人物).

きけん【棄権】qìquán(弃权).¶選挙の～を防止を呼びかける hūyù xuǎnjǔ zhōng búyào qìquán(呼吁选举中不要弃权).¶腹が痛くなってマラソンを途中で～した yīn fùtòng mǎlāsōng zài zhōngtú qìquàn le(因腹痛马拉松在中途弃权了).

きげん【紀元】jìyuán(纪元).¶～前3世紀 jìyuán qián sān shìjì(纪元前三世纪).¶西暦～1983年 gōngyuán yī jiǔ bā sān nián(公元一九八三年).

きげん【起源】qǐyuán(起源).¶生命の～をたずねる tànqiú shēngmìng de qǐyuán(探求生命的起源).

きげん【期限】qīxiàn(期限), xiànqī(限期), shíxiàn(时限).¶申込の～は今月10日です

bàomíng qīxiàn zài běnyuè shí rì jiézhǐ(报名期限在本月十日截止). ¶約束の〜が過ぎたのに返事がない guòle yuēdìng de qīxiàn hái méi dáfù (过了约定的期限还没答复). ¶支払の〜を延ばす tuīchí zhīfù qīxiàn (推迟支付期限). ¶〜付きで回答を求める xiànqī yāoqiú huídá (限期要求回答). ¶〜切れの手形 guòqī piàojù (过期票据). ¶有効〜 yǒuxiào qīxiàn (有效期限).

きげん【機嫌】 ¶彼は今日はいつになく〜がよい tā jīntiān qíngxù bùtóng wǎngcháng, xiǎnde tèbié hǎo (他今天情绪不同往常, 显得特别好). ¶彼女はこのところ〜が悪い tā jìnlái ˈqíngxù bù hǎo[nào qíngxù](她近来ˈ情绪不好[闹情绪]). ¶やっと女房の〜がなおった lǎopo de qíngxù hǎoxiàngle cái hǎo le (老婆的情绪好容易才好了). ¶父の〜を損じてしまった chùnù fùqin (触怒父亲)/ shǐ fùqin bù gāoxìng le (使父亲不高兴了). ¶妹は祖父の〜をとるのがうまい wǒ mèimei shànyú mǎi yéye de hǎo (我妹妹善于买爷爷的好). ¶彼女は〜よく私を迎えてくれた tā gāoxìng de yíngjiēle wǒ (她高兴地迎接了我). ¶御無沙汰致しましたが御〜いかがですか hǎojiǔ méi jiàn, nín hǎo ma? (好久没见, 您好吗?).

ぎこ【擬古】 nǐgǔ (拟古), fǎnggǔ (仿古). ¶〜主義 fǎnggǔzhǔyì (仿古主义). 〜文 nǐgǔwén (拟古文).

きこう【気孔】 qìkǒng (气孔).

きこう【気候】 qìhòu (气候). ¶温和な〜 wēnhé de qìhòu (温和的气候). ¶〜が不順だ qìhòu yìcháng (气候异常)/ shílìng bú zhèng (时令不正). ¶〜の変り目には体に気をつけなさい zài huànjì de shíhou yào zhùyì shēntǐ (在换季的时候儿要注意身体).

きこう【奇行】 qíxíng (奇行). ¶あの人は〜が多い nàge rén qíxíng shèn duō (那个人奇行甚多).

きこう【紀行】 jìxíng (纪行), yóujì (游记). ¶イタリア〜 Yìdàlì jìxíng (意大利纪行).

きこう【帰航】 guīháng (归航), fǎnháng (返航).

きこう【起工】 dònggōng (动工), kāigōng (开工), xīnggōng (兴工). ¶本社ビルの建設工事を〜する xīngjiàn zǒnggōngsī dàlóu (兴建总公司大楼). ¶〜式 kāigōng diǎnlǐ (开工典礼).

きこう【起稿】 qǐgǎo (起稿).

きこう【寄港】 ¶船は神戸港に〜後一路上海に向かった chuán tíngbó Shénhù Gǎng hòu zhí wǎng Shànghǎi (船停泊神户港后直往上海).

きこう【寄稿】 ¶雑誌に〜する xiàng zázhì tóugǎo (向杂志投稿).

きこう【稀覯】 hǎngòu (罕觏). ¶〜本 hǎngòushū (罕觏书)/ zhēnběn (珍本).

きこう【機構】 jīgòu (机构). ¶会社の〜を改める gǎigé gōngsī jīgòu (改革公司机构).
¶国家〜 guójiā jīgòu (国家机构). 流通〜 liútōng jīgòu (流通机构).

きごう【記号】 jìhao (记号), fúhào (符号). ¶〜をつける biāo jìhao (标记号). ¶〜論 fúhàolùn (符号论). 〜論理学 fúhào luójí (符号逻辑).

きごう【揮毫】 huīháo (挥毫).

ぎこう【技巧】 jìqiǎo (技巧). ¶〜を弄する màinong jìqiǎo (卖弄技巧). ¶この絵は〜において優れている zhè fú huàr zài jìqiǎo fāngmiàn shuǐpíng hěn gāo (这幅画儿在技巧方面水平很高).

きこうし【貴公子】 guìgōngzǐ (贵公子).

きこうぶたい【機甲部隊】 jīxièhuà bùduì (机械化部队).

きこえ【聞え】 ¶彼は名人の〜が高い tā zuòwéi míngshǒu ér wénmíng (他作为名手而闻名). ¶社長と言えば〜はよいが shuō shì zǒngjīnglǐ dào hǎotīng (说是总经理倒好听).

きこえよがし【聞えよがし】 ¶〜に悪口を言う gùyì dàshēng shuō rén huàihuà (故意大声说人坏话).

きこ・える【聞える】 1〔耳に入る〕tīngjian (听见), tīngdào (听到). ¶虫の音が〜える tīngjian chóngmíng (听见虫鸣). ¶遠くで砲声が〜えた cóng yuǎnfāng chuánlaile pàoshēng (从远方传来了炮声). ¶声が小さくてよく〜えない shēngyīn tài xiǎo, tīng bu qīngchu (声音太小, 听不清楚). ¶爆発で耳が〜えなくなった yóuyú bàozhà ěrduo zhènlóng le (由于爆炸耳朵震聋了).

2〔感ぜられる〕¶こんな事を言うと変に〜えるかも知れませんが shuō zhè zhǒng huà kěnéng tīngqǐlai juéde qíguài (说这种话可能听起来觉得奇怪). ¶君がそう言うと皮肉に〜える nǐ nàme shuō guài cì'ěr de (你那么说怪刺耳的).

3〔知れ渡る〕¶彼は世に〜えた作家だ tā shì ge ˈmíng yáng sìhǎi[zhīmíng yú shì] de zuòjiā (他是个ˈ名扬四海[知名于世]的作家).

4〔そりゃ〜とはいえ〕¶それはあまりに〜とはいえ nà kě tài bú xiànghuà! (那可太不像话!)/ qǐyǒucǐlǐ! (岂有此理!).

きこく【帰国】 huíguó (回国), guīguó (归国). ¶〜の途につく tàshàng guīguó zhī tú (踏上归国之途).

ぎごく【疑獄】 ¶大がかりな〜事件に発展した fāzhǎn chéng dàguīmó de tānwū yí'àn (发展成大规模的贪污疑案).

きごこち【着心地】 ¶この服は〜がよい zhè yīshang chuānzhe hěn shūfu (这衣裳穿着很舒服).

きごころ【気心】 píqi (脾气), qìxìng (气性), xìngqíng (性情). ¶〜の知れない人 mōbutòu píqi de rén (摸不透脾气的人). ¶〜の知れた仲間同士 zhīxīn de huǒbàn (知心的伙伴).

ぎこちな・い ¶〜い手つきでりんごをむく bènbèn-zhuōzhuō de xiāo píngguǒ (笨笨拙拙地削苹果). ¶いかにも〜い挨拶だった zhēn shì kǒuzhuō chǐ bèn de zhìcí (真是口拙齿笨的致词).

きこつ【気骨】 gǔgrave (骨气), qìjié (气节). ¶あの男はなかなか〜がある tā hěn yǒu gǔqì (他很有骨气)/ tā wéirén yìngqì (他为人硬气)/ tā shì ge yìnghànzi (他是个硬汉子).

きこなし【着こなし】 ¶〜がうまい hěn huì chuān yīfu (很会穿衣服)/ chuānde zhēn qiào (穿得真俏)/ chuāndài chènshēn héshì (穿戴称身合

きこな・す【着こなす】¶彼女はどんな物でも上手に～す tā wúlùn chuān shénme yīfu dōu hěn chènshēnr(她无论穿什么衣服都很称身儿).

きこ・む【着込む】¶厚いオーバーを～んで外出する chuānshàng hěn hòu de wàitào chūmén(穿上很厚的外套出门).¶下に沢山～んでいるから大丈夫です lǐmiàn chuānde hěn duō, suǒyǐ bú yàojǐn(里面穿得很多,所以不要紧).

きこり【樵】 qiáofū(樵夫).

きこん【気根】 qìgēn(气根).

きこん【既婚】 yǐhūn(已婚).¶～婦人 yǐhūn fùnǚ(已婚妇女).

きざ【気障】 ¶～なまねをするな bié ˇzhuāngmú-zuòyàng[bǎi jiàzi](别ˇ装模作样[摆架子]).¶～な格好をしている dǎbande yánglǐ-yángqi(打扮得洋里洋气).

きさい【記載】 jìzǎi(记载).¶別記～の如く定める juédìng rú lìng xiàng suǒ jì(决定如另项所记).¶病状をカルテに～する bǎ bìngzhuàng jìzǎi zài bìnglì shang(把病状记载在病历上).

きさい【奇才】 qícái(奇才).¶楽壇の～ yuètán de qícái(乐坛的奇才).

きさい【起債】 jǔzhài(举债).¶公債を～する fāxíng gōngzhài(发行公债).

きさい【鬼才】 guǐcái(鬼才).¶一代の～ yí dài guǐcái(一代鬼才).

きざい【器材・機材】 qìcái(器材).¶撮影～ shèyǐng qìcái(摄影器材).

ぎざぎざ ¶縁に～のある硬貨 biānrshang yǒu kèwén de yìngbì(边儿上有刻纹的硬币).¶包丁の歯がこぼれて～になった càidāo bēng le, dāorèn chéngle jùchǐ(菜刀崩了,刀刃成了锯齿).

きさく【気さく】 suíhe(随和).¶彼は～な人だ tā zhēn shì ge méiyǒu jiàzi de rén(他真是个没有架子的人)/ tā rén hěn suíhe(他人很随和)/ tā héyì jìnrén(他和易近人).¶誰にでも～に話しかける gēn shuí dōu qīnqiè dā huà(跟谁都亲切搭话).

きさく【奇策】 qíjì(奇计), qímóu(奇谋).¶～を弄する shè qíjì(设奇计).

ぎさく【偽作】 wěizuò(伪作).¶名画を～する wěizuò mínghuà(伪作名画).¶これは王羲之の～だ zhè shì fǎng Wáng Xīzhī de wěizuò(这是仿王羲之的伪作).

きざし【兆し】 zhàotou(兆头), xiānzhào(先兆), yùzhào(预兆), zhēngzhào(征兆), zhēngxiàng(征象), zhēnghòu(征候), zhènzhào(朕兆).¶春の～が見えはじめた yǒule chūntiān de xiānzhào(有了春天的先兆).¶紛争解決の～が現れた chūxiànle jiějué fēnzhēng de zhēngzhào(出现了解决纷争的征兆).¶病人に回復の～が見えた bìngrén yǐ yǒu hǎozhuǎn de zhēnghòu(病人已有好转的征候).

きざむ【刻む】 ¶板に～をつける zài mùbǎn shang kè dàor(在木板上刻道儿).¶時の～が遅く感じられた juéde shíjiān guòde huǎnmàn(觉得时间过得缓慢).

¶～煙草 yānsī(烟丝).

きざ・む【刻む】 **1**[細かく切る] qiēsuì(切碎), duòsuì(剁碎).¶玉葱を細かく～む qiēsuì yángcōng(切碎洋葱).

2[彫る] kè(刻), diāokè(雕刻).¶仏像を～む diāokè fóxiàng(雕刻佛像).¶碑銘を～む kè bēimíng(刻碑铭).¶棒に～を～む zài bàngzi shang kè kèdù(在棒子上刻刻度).¶その一言が深く私の心に～みつけられた nà yí jù huà ˇshēnshēn míngkè zài wǒ xīnli[kègǔmíngxīn](那一句话ˇ深深铭刻在我心里[刻骨铭心]).

3 ¶時を～む時計の音 zhōngbiǎo dīdādīdā de xiǎngshēng(钟表滴答滴答的响声).

きさん【起算】 qǐsuàn(起算), suànqǐ(算起).¶その日から～して1週間になる cóng nà tiān suànqǐ yǒu yí ge xīngqī le(从那天算起有一个星期了).

きし【岸】 àn(岸).

きし【棋士】 qíshǒu(棋手).

きし【旗幟】 qízhì(旗帜).¶～を明らかにする míngquè tàidu(明确态度)/ biǎomíng lìchǎng(表明立场).¶～鮮明 qízhì xiānmíng(旗帜鲜明).

きし【騎士】 qíshì(骑士).¶～道 qíshì jīngshén(骑士精神).

きじ【雉】 zhì(雉), zhìjī(雉鸡), yějī(野鸡), shānjī(山鸡).¶～も鳴かずば打たれまい huò cóng kǒu chū(祸从口出).

きじ【生地】 **1**[布地] liàozi(料子), bùliào[r](布料[儿]), yīliào[儿](衣料[儿]), miànliào(面料), zhìliào(质料).¶厚手の～ hòu liàozi(厚料子).¶この服は～が悪い zhè jiàn yīfu liàozi tài cì(这件衣服料子太次).

2[本性] běnlái de wǒ(本来的我).¶～が出る lùchū ˇběnxìng[běnxiàng](露出ˇ本性[本相]).

3[陶磁器] pī(坯), pīzi(坯子).

4[小麦粉] miàntuán[r](面团[儿]), miànpí(面皮), pīliào(坯料).

きじ【記事】 xīnwén(新闻), xiāoxi(消息), bàodào(报道).¶～をとる cǎifǎng xīnwén(采访新闻).¶～を送る fā xīnwén(发新闻).¶これは新聞の～になる zhè kěyǐ zuòwéi yì tiáo xīnwén dēngbào(这可以作为一条新闻登报).¶各紙は一斉にその～を大きく扱っている gè bàozhǐ yìqí dà dēng qí xiāoxi(各报纸一齐大登其消息).¶～差止め xīnwén jìnzhǐ fābiǎo(新闻禁止发表).

¶トップ～ tóubǎn xīnwén(头版新闻).

ぎし【技師】 gōngchéngshī(工程师), jìshī(技师).

ぎし【義姉】 [夫の姉] dàgūzi(大姑子); [妻の姉] dàyízi(大姨子); [兄の妻] sǎozi(嫂子), sǎosao(嫂嫂).

ぎし【義肢】 yìzhī(义肢), jiǎzhī(假肢).

ぎし【義歯】 yìchǐ(义齿), jiǎyá(假牙).¶～を入れる xiāng yá(镶牙)/ ānzhuāng jiǎyá(安装

假牙).

¶総~ quánkǒu yìchǐ (全口义齿).

ぎじ【擬似・疑似】 ¶~コレラ yísì huòluàn (疑似霍乱).

ぎじ【議事】 yìshì (议事). ¶~の進行を妨害する fáng'ài yìchéng de jìnxíng (妨碍议程的进行). ¶これから~にはいります xiànzài kāishǐ tǎolùn (现在开始讨论).

¶~日程 yìshì rìchéng (议事日程)/ yìchéng (议程). ~録 yìshì jìlù (议事记录). 国会~堂 guóhuì yìshìtáng (国会议事堂).

きしかいせい【起死回生】 qǐ sǐ huí shēng (起死回生). ¶~の策はこれしかない qǐsǐ-huíshēng zhī jì zhǐ yǒu zhè yì tiáo zài wú tā fǎ (起死回生之计只有这一条再无他法).

ぎしき【儀式】 yíshì (仪式), diǎnlǐ (典礼). ¶~は厳かに執り行われた yíshì lóngzhòng de jǔxíng le (仪式隆重地举行了). ¶~張った挨拶はやめにしましょう xūtàozi miǎn le ba (虚套子免了吧).

ぎしぎし 強い風で小屋が~と音をたてる dàfēng guāde wōpéng gāzhīgāzhī de xiǎng (大风刮得窝棚嘎吱嘎吱嘎吱地响).

きしつ【気質】 qìzhì (气质), bǐngxìng (禀性), xìngqíng (性情). ¶穏やかな~の人 xìngqíng wēnhé de rén (性情温和的人). ¶多分に父の~に似ている xǔduō dìfang yǔ qí fù de bǐngxìng xiāngfǎng (许多地方与其父的禀性相仿).

きじつ【期日】 rìqī (日期). ¶~を守る zūnshǒu rìqī (遵守日期). ¶~までには必ず間に合せます yídìng rúqí wánchéng (一定如期完成).

きしべ【岸辺】 ànbiān (岸边).

きし・む【軋む】 ¶戸が~みながら開いた mén gēzhīgēzhī [gāzhīgāzhī] xiǎngzhe kāi le (门咯吱咯吱 [嘎吱嘎吱] 响着开了).

きしゃ【汽車】 huǒchē (火车). ¶~に乗る zuò [chéng / dāchéng] huǒchē (坐 [乘/ 搭乘] 火车). ¶~が遅れた huǒchē wùdiǎn le (火车误点了). ¶~が不通になった huǒchē bù tōng le (火车不通了). ¶北京行きの~は何時に出ますか kāiwǎng Běijīng de huǒchē jǐ diǎnzhōng fāchē? (开往北京的火车几点钟发车?).

¶~賃 huǒchēfèi (火车费).

きしゃ【記者】 jìzhě (记者), xīnwén jìzhě (新闻记者). ¶駆出しの~ chūchū-máolú de jìzhě (初出茅庐的记者).

¶~会見 jìzhě zhāodàihuì (记者招待会). ~クラブ jìzhě jùlèbù (记者俱乐部). ~席 jìzhěxí (记者席). ~団 jìzhětuán (记者团). スポーツ~ tǐyù xīnwén jìzhě (体育新闻记者).

きしゃ【喜捨】 shīshě (施舍).

きしゅ【旗手】 qíshǒu (旗手).

きしゅ【機首】 jīshǒu (机首), jītóu (机头). ¶飛行機は~を下げて着陸の態勢に入った fēijī bǎ jīshǒu cháo xià zhǔnbèi jiàngluò (飞机把机头朝下准备降落).

きしゅ【騎手】 qíshǒu (骑手).

きしゅ【喜寿】 ¶~を迎える yíngjiē qīshíqī suì dànchén (迎接七十七岁诞辰).

ぎしゅ【義手】 shàngzhī jiǎzhī (上肢假肢), jiǎshǒu (假手). ¶~をつける ānshàng jiǎshǒu (安上假手).

きしゅう【奇習】 qísú (奇俗).

きしゅう【奇襲】 qíxí (奇袭), tōuxí (偷袭), tūxí (突袭). ¶敵の側面から~した cóng cèyì qíxí dírén (从侧翼奇袭敌人).

きじゅう【機銃】 jīqiāng (机枪), jīguānqiāng (机关枪). ¶~掃射 jīqiāng sǎoshè (机枪扫射).

きじゅうき【起重機】 qǐzhòngjī (起重机), diàochē (吊车).

きしゅく【寄宿】 jìsù (寄宿), jìzhù (寄住), jìjū (寄居). ¶親類の家に~して通学する jìzhù zài qīnqī jiā li zǒudú (寄住在亲戚家里走读).

¶~舎 sùshè (宿舍). ~生 jìsùshēng (寄宿生).

きじゅつ【奇術】 xìfǎ (戏法), móshù (魔术), huànshù (幻术). ¶巧みに~を演ずる qiǎomiàode biàn xìfǎr (巧妙地变戏法ル).

¶~師 móshùjiā (魔术家).

きじゅつ【記述】 jìshù (记述). ¶現象をありのままに~する bǎ xiànxiàng rúshí jìshù xialai (把现象如实记述下来).

ぎじゅつ【技術】 jìshù (技术). ¶~を身につける zhǎngwò jìshù (掌握技术). ¶これは高度の~を要する zhè xūyào gāodù de jìshù (这需要高度的技术). ¶そのプランは~的には可能だ nàge jìhuà zài jìshù shang shì kěxíng de (那个计划在技术上是可行的).

¶~移転 jìshù zhuǎnràng (技术转让). ~革新 jìshù géxīn (技术革新). ~者 jìshù rényuán (技术人员). ~提携 jìshù hézuò (技术合作).

きじゅん【帰順】 guīshùn (归顺), tóuchéng (投诚).

きじゅん【基準】 jīzhǔn (基准), biāozhǔn (标准), dìngzhǔn[r] (定准[ル]), zhǔnshéng (准绳); gàng[r] (杠[ル]), gānggang (杠杠). ¶過去3年の平均を判断の~にする yǐ guòqù sān nián de píngjūnshù wéi pànduàn de biāozhǔn (以过去三年的平均数为判断的标准). ¶~をどこに置くかが問題だ wèntí zàiyú bǎ jīzhǔn fàngzài nǎr (问题在于把基准放在哪ル).

きしょう【気性】 qìxìng (气性), bǐngxìng (禀性), xìnggqì (性气), qìpǐ (脾气), xìngzi (性子). ¶穏やかな~ qìxìng wēnhé (气性温和). ¶~が激しい qìxìng gāngliè (气性刚烈). ¶彼の~はよくのみこんでいる nàge rén de píqi wǒ hěn shúxí (那个人的脾气我很熟悉).

きしょう【気象】 qìxiàng (气象). ¶~を観測する guāncè qìxiàng (观测气象).

¶~衛星 qìxiàng wèixīng (气象卫星). ~学 qìxiàngxué (气象学). ~台 qìxiàngtái (气象台). ~通報 qìxiàng bàogào (气象报告).

きしょう【稀少】 xīshǎo (稀少・希少). ¶~価値 wù yǐ xī wéi guì (物以稀为贵)/ xīzhēn (稀珍). ~金属 xīyǒu jīnshǔ (稀有金属). ~元素 xīyǒu yuánsù (稀有元素).

きしょう【記章・徽章】 huīzhāng (徽章), zhèngzhāng (证章); jìniànzhāng (纪念章). ¶~をつ

ける dài huīzhāng (戴徽章).

きしょう【起床】 qǐchuáng (起床), qǐshēn (起身). ¶ 毎朝7時に〜する měitiān zǎoshang qī diǎnzhōng qǐchuáng (每天早上七点钟起床). ¶ 〜らっぱ qǐchuánghào (起床号).

きじょう【机上】 ¶ 〜の空論 zhǐ shàng tán bīng (纸上谈兵). ¶ 〜の計画 zhǐshang de jìhuà (纸上的计划).

きじょう【気丈】 gāngqiáng (刚强). ¶ 〜な女 gāngqiáng de nǚrén (刚强的女人).

ぎしょう【偽証】 wěizhèng (伪证). ¶ 〜罪 wěizhèngzuì (伪证罪).

ぎじょう【儀仗】 yízhàng (仪仗). ¶ 〜兵を閲兵する jiǎnyuè yízhàngduì (检阅仪仗队).

ぎじょう【議場】 ¶ 〜は混乱に陥った huìchǎng xiànrù yípiàn hùnluàn (会场陷入一片混乱).

きしょうてんけつ【起承転結】 qǐ chéng zhuǎn hé (起承转合).

きしょく【気色】 ¶ あいつの顔を見ただけでも〜が悪くなる yí kàn tā nà fù liǎn jiù juéde bú tòngkuai (一看他那副脸就觉得不痛快). ¶ 相手の〜をうかがう chákàn duìfāng de liǎnsè (察看对方的脸色).

きしょく【寄食】 jìshí (寄食). ¶ 兄の家に〜しています wǒ jìshí zài wǒ gēge jiā li (我寄食在我哥哥家里).

きしょく【喜色】 xǐsè (喜色). ¶ 〜を満面に浮べる mǎnmiàn xǐsè (满面喜色).

きし・る【軋る】 ¶ 車輪の〜る音がした tīngjian chēlún gāzhīgāzhī zuòxiǎng (听见车轮嘎吱嘎吱作响). ¶ ドアのぎいと〜る音がした mén zhī de zuòxiǎng (门吱地作响).

きしん【帰心】 ¶ 〜矢の如し guī xīn sì jiàn (归心似箭).

きしん【鬼神】 guǐshén (鬼神).

きしん【寄進】 juānzèng (捐赠), juānxiàn (捐献). ¶ 灯籠を神社に〜する bǎ shídēng juānxiàn gěi shénshè (把石灯捐献给神社).

きじん【奇人】 qírén (奇人).

ぎしん【疑心】 yíxīn (疑心). ¶ 〜暗鬼を生ずる yíxīn shēng ànguǐ (疑心生暗鬼).

ぎじん【義人】 yìrén (义人), yìshì (义士).

ぎじん【擬人】 nǐrén (拟人). ¶ 〜化 nǐrénhuà (拟人化). 〜法 nǐrénfǎ (拟人法).

きす【鱚】 xǐ (鱚), shāzuàn (沙钻), duōlínxǐ (多鳞鱚), shǎolínxǐ (少鳞鱚).

キス jiēwěn (接吻), qīnwěn (亲吻), qīnzuǐ[r] (亲嘴[ㄦ]). ¶ 赤ん坊の頬に〜する qīnle qīn [wěnle wěn] wáwa de liǎndàn (亲了亲[吻了吻]娃娃的脸蛋). ¶ 投げ〜 fēiwěn (飞吻).

きず【傷】 **1** [体などの] shāng (伤), chuāngshāng (创伤). ¶ 〜が痛む shāng téng (伤疼). ¶ 〜が治った shāng hǎo le (伤好了). ¶ 手に軽い〜を負った shǒu shòule qīngshāng (手受了轻伤). ¶ 〜の手当をする bāozā shāngkǒu (包扎伤口). ¶ 体中〜だらけだ biàn tǐ lín shāng (遍体鳞伤). ¶ 心の〜をいやす yīzhì xīnli de chuāngshāng (医治心里的创伤).
¶ 打ち〜 cuòshāng (挫伤)/ zhuàngshāng (撞伤). 切り〜 gēshāng (割伤).
2 [品物の] bā (疤), cīdiǎn (疵点), zhǎi[r] (鉙[ㄦ]), shānghén (伤痕). ¶ この陶器には〜がある zhège táoqì yǒu ge ▼bā [yí dào shānghén] (这个陶器有个疤[一道伤痕]). ¶ このレコードには〜がある zhè zhāng chàngpiàn yǒu cīdiǎn (这张唱片有疵点). ¶ このりんごはだいぶ〜がある zhège píngguǒ zhǎir tài duō (这个苹果鉙ㄦ太多). ¶ 買ったばかりの鞄に〜をつけてしまった bǎ xīn mǎi de píbāo huále ge kǒuzi (把新买的皮包划了个口子).
3 [欠点, 汚点] ¶ 履歴に〜がついた lǚlì shang yǒule wūdiǎn (履历上有了污点). ¶ 脛(すね)に〜もつ身 yǒu lìshǐ wèntí de rén (有历史问题的人). ¶ 玉に〜 měi zhōng bù zú (美中不足)/ bái bì wēi xiá (白璧微瑕).

きずあと【傷跡】 bā (疤), bāla (疤瘌), bāhén (疤痕), shāngbā (伤疤), chuāngbā (创疤), bān (瘢), bānhén (瘢痕), shānghén (伤痕), chuānghén (创痕). ¶ 腕に〜がある gēbo shang yǒu shānghén (胳膊上有伤痕). ¶ 爆撃の〜も生々しい街 mǎnmù zhànzhēng chuāngyí de chéngshì (满目战争疮痍的城市).

きすう【奇数】 jīshù (奇数), dānshù (单数).

きすう【帰趨】 ¶ 勝敗の〜を占う zhānbǔ shèngfù de qūshì (占卜胜负的趋势).

きすう【基数】 jīshù (基数).

きず・く【築く】 xiū (修), zhù (筑). ¶ 土手を〜く xiū [zhù] dī (修[筑]堤)/ péixiū dīfáng (培修堤防). ¶ 事業の基礎を〜く dǎxià shìyè de jīchǔ (打下事业的基础). ¶ 彼は一代で巨万の富を〜き上げた tā jǐn yí dài jiù jīxiàle jùwàn cáiwù (他仅一代就积下了巨万财物).

きずぐすり【傷薬】 chuāngshāngyào (创伤药). ¶ 〜を塗る tú chuāngshāngyào (涂创伤药).

きずぐち【傷口】 shāngkǒu (伤口), chuāngkǒu (创口), kǒuzi (口子). ¶ 〜から黴菌が入った chuāngkǒu zhānrǎnle xìjūn (创口沾染了细菌). ¶ やっと〜がふさがった shāngkǒu hǎoróngyì yùhé le (伤口好容易愈合了).

きずつ・く【傷つく】 shòushāng (受伤), shòu shānghài (受伤害). ¶ 〜いた足をかばって歩く hùzhe shòule shāng de tuǐ zǒu (护着受了伤的腿走). ¶ 少年の心は〜きやすい shàonián de xīnlíng yì shòu shānghài (少年的心灵易受伤害).

きずつ・ける【傷つける】 shāng (伤), shānghài (伤害), sǔnshāng (损伤), sǔnhài (损害), huǐshāng (毁伤), huǐhuài (毁坏). ¶ うっかりして指を〜けた yìshí bù xiǎoxīn huápòle shǒuzhǐ (一时不小心划破了手指). ¶ 人の心を〜けないように話す shuōhuà búyào shāng rén (说话不要伤人). ¶ 大いに自尊心を〜けられた zìzūnxīn shòule hěn dà de shānghài (自尊心受了很大的伤害). ¶ 親の名を〜ける bàihuài [diànwū] fùmǔ de míngyù (败坏[玷污]父母的名誉).

きずな【絆】 bànzi (绊子); suǒzi (索子); shéngsuǒ (绳索). ¶ 愛情の〜を断ち切る zhǎnduàn àiqíng de jībàn (斩断爱情的羁绊). ¶ 恩愛の〜 ēn'ài de shéngsuǒ (恩爱的绳索).

きずもの【傷物】 cīpǐn (疵品), cánpǐn (残品), cìpǐn (次品). ¶この花瓶に〜だ zhège huāpíng yǒu bā (这个花瓶有疤). ¶〜一山 100 円 yǒu zhǎir de yì duī yìbǎi kuài qián (有瑕儿的一堆一百块钱).

き・する【帰する】 1〔帰着する〕guīyú (归于). ¶長年の努力が水泡に〜した duōnián de nǔlì huàwéi pàoyǐng le (多年的努力化为泡影了). ¶優勝旗はついに我が校の手に〜した jǐnbiāo zuìhòu yóu wǒ xiào duódào (锦标最后由我校夺到). ¶実験は失敗に〜した shíyàn zhōngyú shībài le (实验终于失败了). ¶言い方は違っても〜するところは同じだ shuōfǎ jǐnguǎn bùtóng, guīgēn-dàodǐ shì yíyàng de (说法尽管不同,归根到底是一样的).
2〔負わせる〕 ¶罪を他人に〜する guīzuì [guījiù] yú rén (归罪[归咎]于人).

き・する【期する】 1〔日時を定める〕 ¶来春を〜して工事を完成させる yǐ míngnián chūntiān wéi qī wánggōng (以明年春天为期完工). ¶月末までに発売する dìng yú yuèdǐ fāshòu (定于月底发售).
2〔決心する〕 ¶必勝を〜して闘う yǐ bìshèng de juéxīn fèndòu (以必胜的决心奋斗). ¶彼は心中〜するところがあるらしい tā sīhū yǐjīng xiàdìngle juéxīn (他似乎已经下定了决心).
3〔期待する〕 ¶2人は再会を〜して別れた liǎng gè rén qīwàngzhe zàici jiànmiàn, fēnbié le (两个人期望着再次见面,分别了).

ぎ・する【擬する】 1〔つきつける〕 ¶短刀を胸に〜する bǎ bǐshǒu duìzhǔn xiōngkǒu (把匕首对准胸口).
2〔仮にあてる〕 ¶彼は次期の会長に〜せられている tā bèi yùdìng wéi xià jiè huìzhǎng (他被预定为下届会长).

きせい【気勢】 ¶〜をあげる zhuàng shēngshì (壮声势). ¶〜をそぐ cuò ruìqì (挫锐气).

きせい【奇声】 qíshēng (奇声), guàishēng (怪声). ¶〜を発する fāchū guàishēng (发出怪声)/ qí shēng guài jiào (奇声怪叫).

きせい【帰省】 guīníng (归宁), xǐngqīn (省亲); guīhuī gùxiāng (归回故乡), huíxiāng (回乡). ¶正月休みに〜する dàole niánjià jiù huíxiāng tànqīn (到了年假就回乡探亲).

きせい【既成】 jìchéng (既成). ¶それは今では〜の事実だ xiànzài nà yǐ chéngle jìchéng shìshí (现在那已成了既成事实). ¶〜概念にとらわれず自由に考える bù jūnní lǎoguānniàn zìyóu de sīkǎo (不拘泥老观念自由地思考).

きせい【既製】 xiànchéng (现成). ¶〜品 xiànchénghuò (现成货)/ chéngpǐn (成品). ~服 chéngfú (成服)/ chéngyī (成衣).

きせい【寄生】 jìshēng (寄生). ¶蛔虫は人体に〜する náochóng jìshēng yú réntǐ (蛲虫寄生于人体). ¶〜虫を駆除する dǎ jìshēngchóng (打寄生虫). ¶彼等は政界の〜虫だ tāmen shì zhèngjiè de jìshēngchóng (他们是政界的寄生虫).
¶〜植物 jìshēng zhíwù (寄生植物).

きせい【規制】 xiànzhì (限制). ¶法律の〜を受ける shòu fǎlǜ xiànzhì (受法律限制). ¶商品の輸入を〜する xiànzhì jìnkǒu (限制进口).
¶交通〜 jiāotōng guǎnzhì (交通管制).

ぎせい【犠牲】 xīshēng (牺牲). ¶戦争の〜になった chéngle zhànzhēng de xīshēngpǐn (成了战争的牺牲品). ¶そのために多くの〜を払った wèicǐ fùchūle hěn dà de xīshēng (为此付出了很大的牺牲). ¶〜的精神を発揮する fāhuī zìwǒ xīshēng de jīngshén (发挥自我牺牲的精神). ¶飛行機事故で多数の〜者が出た yóuyú fēijī shīshì, xǔduō rén yùnàn (由于飞机失事,许多人遇难).

ぎせいご【擬声語】 nǐshēngcí (拟声词), xiàngshēngcí (象声词).

きせき【奇跡】 qíjì (奇迹). ¶〜が起った chūxiànle qíjì (出现了奇迹). ¶あれだけの事故で怪我ひとつしなかったとはまったくの〜だ nàme yánzhòng de shìgù, yìdiǎnr shāng yě méi shòu, zhēn shì gè qíjì (那么严重的事故,一点儿伤也没受,真是个奇迹). ¶〜的に一命をとりとめた qíjì bānde bǎozhùle xìngmìng (奇迹般的保住了性命).

きせき【軌跡】 guǐjì (轨迹).

ぎせき【議席】 yìxí (议席), xíwèi (席位). ¶選挙で3分の2を獲得した tōngguò xuǎnjǔ huòdéle sān fēn zhī èr de xíwèi (通过选举获得了三分之二的席位).

きせずして【期せずして】 bù qī (不期), bù qī ér rán (不期而然). ¶〜一堂に会した bù qī ér rán [bù qī rán ér rán] jùjí yìtáng (不期而然[不期然而然]聚集一堂). ¶〜彼と巡り合った gēn tā bù qī ér yù (跟他不期而遇).

きせつ【季節】 jìjié (季节), jì[r] (季[儿]). ¶よい〜になりました dàole hǎo jìjié le (到了好季节了). ¶松茸は今が〜です xiàn zhèngshì sōngxùn jìr na (现正是松蕈季儿哪). ¶〜はずれなので宿はすいていた yīnwei guòle jìr le, lǚguǎnli kèrén hěn shǎo (因为过了季儿了,旅馆里客人很少).
¶〜感 jìjiégǎn (季节感). ~風 jìfēng (季风). ~料理 shílíngcài (时令菜). ~労働者 jìjiégōng (季节工).

きせつ【既設】 ¶〜の設備を利用する lìyòng yǐyǒu de shèbèi (利用已有的设备).

きぜつ【気絶】 ¶衝撃のショックで〜した yóuyú xiāngzhuàng hūnguoqu le [shīqùle zhījué] (由于相撞昏过去了[失去了知觉]). ¶〜せんばかりに驚く jīhū yào xiàshǐ (几乎要吓死).

き・せる【着せる】 ¶子供に服を〜せる gěi háizi chuān yīfu (给孩子穿衣服). ¶スプーンに銀を〜せる gěi chí dùyín (给匙镀银). ¶糖衣を〜せた錠剤 yòng tángyī bāo de yàopiàn (用糖衣包的药片). ¶恩に〜せる mài rénqíng [qíngmiàn] (卖人情[情面]). ¶濡衣を〜せられる shòu yuānwǎng (受冤枉). ¶人に罪を〜せる wěizuì yú rén (委罪于人)/ jiàhuò yú rén (嫁祸于人). ¶〜せ替え人形 gēngyī wáwa (更衣娃娃).

キセル【煙管】 yāndài (烟袋), hànyāndài (旱烟袋).

きぜわし・い【気忙しい】 ¶歳末は何となく～い dào niándǐ xīnli zǒng juéde mángluànde huāng(到年底心里总觉得忙乱得慌). ¶～い老人 xīn jí qì zào de lǎorén(心急气躁的老人).
きせん【汽船】 qìchuán(汽船), lúnchuán(轮船), huǒlúnchuán(火轮船), huǒlún(火轮).
きせん【貴賤】 guìjiàn(贵贱). ¶職業に～はない zhíyè wú guìjiàn(职业无贵贱).
きせん【機先】 ¶～を制する xiān fā zhì rén(先发制人).
きぜん【毅然】 yìrán(毅然), juérán(决然). ¶彼は～たる態度で拒絶した tā yìrán-juérán de jùjué le(他毅然决然地拒绝了).
ぎぜん【偽善】 wěishàn(伪善). ¶彼の行為は～的だ tā de xíngwéi shì wěishàn de(他的行为是伪善的). ¶～者 wěishànzhě(伪善者).
きそ【起訴】 qǐsù(起诉). ¶傷害罪で～する yǐ shānghàizuì qǐsù(以伤害罪起诉). ¶～状 qǐsùshū(起诉书)/ qǐsùzhuàng(起诉状)/ sùzhuàng(诉状)/ zhuàngzi(状子).
きそ【基礎】 1【建物の】jīchǔ(基础), gēnjī(根基), fángjī(房基), dìjī(地基). ¶コンクリートで～を作る yòng hùnníngtǔ jiāoguàn fángjī(用混凝土浇灌房基). ¶この建物は～がしっかりしている zhège jiànzhùwù gēnjī hěn láogù(这个建筑物根基很牢固).
2【物事の】jīchǔ(基础), gēndǐ(根底), gēnjī(根基). ¶工業化の～を固める diàndìng gōngyèhuà de jīchǔ(奠定工业化的基础). ¶中国語を～から学ぶ Zhōngwén cóng jīchǔ xuéqǐ(中文从基础学起). ¶彼の行為は～になっているものは人類愛である tā de xíngwéi jīyú duì rénlèi de ài(他的行为基于对人类的爱). ¶～的な学力が不足している quēfá jīchǔ xuélì(缺乏基础学力). ¶医学の～知識 yīxué de jīchǔ zhīshi(医学的基础知识).
¶～理論 jīchǔ lǐlùn(基础理论).
きそ・う【競う】 sài(赛), bǐ(比), jiàoliang(较量). ¶腕を～う bǐ shǒuyì(比手艺). ¶～って申し込む zhēngxiān-kǒnghòu de[qiǎngzhe] bàomíng(争先恐后地[抢着]报名).
きそう【奇想】 ¶彼の発想はいつも～天外だ tā de zhǔyi zǒngshì yìxiǎng-tiānkāi(他的主意总是异想天外).
きそう【起草】 qǐcǎo(起草), cǎonǐ(草拟). ¶法案を～する qǐcǎo fǎ'àn(起草法案). ¶共同声明の～委員会 liánhé shēngmíng de qǐcǎo wěiyuánhuì(联合声明的起草委员会).
きぞう【寄贈】 juānzèng(捐赠), juānxiàn(捐献), zèngsòng(赠送), zèngyǔ(赠予). ¶蔵書を図書館に～する bǎ cángshū juānxiàn gěi túshūguǎn(把藏书捐献给图书馆).
¶～品 juānzèngpǐn(捐赠品)/ zèngpǐn(赠品).
ぎそう【擬装】 wěizhuāng(伪装). ¶木の枝で～する yòng shùzhī wěizhuāng qilai(用树枝伪装起来).
¶エレキ～ diànjítā(电吉他).
ぎそう【艤装】 xīzhuāng(舾装). ¶ヨットを～する zhuāngbèi fānchuán(装备帆船).
ぎぞう【偽造】 wěizào(伪造), jiǎzào(假造). 公文書を～する wěizào gōngwén(伪造公文). ¶～紙幣 wěizào zhǐbì(伪造纸币). ～品 wěizàopǐn(伪造品).
きそく【規則】 guīzé(规则), guīzhāng(规章). ¶～を定める dìng guīzé(定规则). ¶～はきちんと守りなさい guīzé yào hǎohāor zūnshǒu(规则要好好ㄦ遵守). ¶夜間の外出は許可しないことになっている yèjiān wàichū, àn guīzé shì bù xǔkě de(夜间外出,按规则是不许可的). ¶～に縛られて何も出来ない shòule guīzhāng zhìdù de shùfù, shénme yě bànbuchéng(受了规章制度的束缚,什么也办不成). ¶彼は万事～ずくめだ tā wànshì dōu xúnguī-dǎojǔ(他万事都循规蹈矩). ¶～正しい生活をする guò yǒu guīlǜ de shēnghuó(过有规律的生活)/ ànshí zuòxī, qǐjū yǒuhéng(按时作息,起居有恒). ¶それは～違反だ wéifǎn guīzhāng(那违犯规章). ¶標識灯が～的に点滅する xìnhàodēng yǒu guīlǜ de hū míng hū miè(信号灯有规律地忽明忽灭).
¶～書 guīzé shǒucè(规则手册).
きぞく【帰属】 guīshǔ(归属). ¶その島は我が国に～する gāi dǎo guīshǔ yú wǒguó(该岛归属于我国).
きぞく【貴族】 guìzú(贵族).
ぎそく【義足】 xiàzhī jiǎzhī(下肢假肢), jiǎtuǐ(假腿), ān guǎitù(安拐腿).
きそくえんえん【気息奄奄】 qìxī yǎnyān(气息奄奄), yǎnyǎn yì xī(奄奄一息). ¶～としてゴールにたどり着いた shàngqì bù jiē xiàqì de hǎoróngyì pǎodàole zhōngdiǎn(上气不接下气地好容易跑到了终点).
きそん【既存】 ¶～の設備を活用する yǒuxiào de yùnyòng yuányǒu de shèbèi(有效地运用原有的设备).
きそん【毀損】 huǐhuài(毁坏), huǐsǔn(毁损), sǔnhuài(损坏). ¶公共の施設を～してはならない bùxǔ sǔnhuài gōnggòng shèshī(不许损坏公共设施). ¶彼を名誉～で訴える kònggào tā bàihuài tārén de míngyù(控告他败坏他人的名誉).
きた【北】 běi(北). ¶飛行機は～へ向かって飛び立った fēijī cháo běi fēiqù(飞机朝北飞去).
¶～は北海道から南は沖縄まで全国各地から代表が集まった běi qǐ Běihǎi Dào nán zhì Chōngshéng, dàibiǎo yóu quánguó gè dì jùjí ér lái(北起北海道南至冲绳,代表由全国各地聚集而来). ¶東京の～300キロの地点 zài Dōngjīng yǐběi sānbǎi gōnglǐ de dìdiǎn(在东京以北三百公里的地点). ¶～向きの部屋 cháo běi de wūzi(朝北的屋子).
¶～回帰線 běihuíguīxiàn(北回归线). ～風 běifēng(北风). ～半球 běibànqiú(北半球).
ギター jítā(吉他), liùxiánqín(六弦琴). ¶～をひく tán jítā(弹吉他).
¶エレキ～ diànjítā(电吉他).
きたい【危殆】 wēidài(危殆). ¶～に瀕する bīnyú wēidài(濒于危殆)/ bīnwēi(濒危).
きたい【気体】 qìtǐ(气体). ¶～燃料 qìtǐ ránliào(气体燃料).

きたい【期待】 qīdài(期待), qīwàng(期望). ¶君の前途は大いに～されている dàjiā dōu qīwàngzhe nǐ de jiānglái(大家都期望着你的将来). ¶子供の将来に～をかける bǎ xīwàng jìtuō zài háizi de jiānglái(把希望寄托在孩子的将来). ¶人々の～に反して新記録はついに生れなかった yǔ rénmen suǒ qīdài de xiāngfǎn, xīnjìlù zhōngyú méi néng dànshēng(与人们所期待的相反,新记录终于没能诞生). ¶皆さんのご～に添うよう努力致します jiābèi nǔlì bù gūfù gè wèi de qīwàng(加倍努力不辜负各位的期望). ¶結果は～外れに終った jiéguǒ gūfùle rénmen de qīwàng(结果辜负了人们的期望).

きたい【機体】 jīshēn(机身).

ぎたい【擬態】 nǐtài(拟态)〈動物の〉. ¶～語 nǐtàicí(拟态词).

ぎだい【議題】 yìtí(议题). ¶～にのせる zuòwéi yìtí(作为议题).

きた・える【鍛える】 ¶鉄を～える duànzào tiě(煅造铁) / 体を～える duànliàn shēntǐ(锻炼身体) / liàn shēntǐ(炼身体). ¶～えに～えて今日の技が生れた jīng qiānchuí-bǎiliàn cái yǒule jīntiān de jìyì(经千锤百炼才有了今天的技艺).

きたきり【着た切り】 ¶一枚の背広を～だ tiāntiān shēn zhuó tóng yí jiàn xīfú(天天身着同一件西服). ¶～雀で旅をする bú dài huànxǐ yīfú qù lǚxíng(不带换洗衣服去旅行).

きたく【帰宅】 huíjiā(回家). ¶～すると客が待っていた wǒ huídào jiā, kèrén yǐjing zài děngzhe wǒ le(我回到家,客人已经在等着我了).

きた・す【来たす】 dàilái(带来), zhāozhì(招致), yǐnqǐ(引起). ¶仕事に支障を～す yǐngxiǎng gōngzuò(影响工作) / gěi gōngzuò dàilái kùnnan(给工作带来困难). ¶インフレを～す zhāozhì[yǐnqǐ] tōnghuò péngzhàng(招致[引起]通货膨胀).

きだて【気立て】 xīndì(心地), xīnyǎnr(心眼儿). ¶～のいい娘 xīndì shànliáng[hěn xiánhuì] de gūniang(心地善良[很贤惠]的姑娘).

きたな・い【汚い】 1［不潔だ,汚れている］zāng(脏), āngzang(肮脏), bù gānjìng(不干净). ¶～い手で食べ物にさわるな búdé yòng zānghi nà shíwù(不得用脏手拿食物). ¶床に落ちた物を食べるなんて～い chī diào dìshang de dōngxi, tài bú wèishēng le(吃掉地上的东西,太不卫生了). ¶あの家は台所がとても～いnà yì jiā chúfáng tài bù gānjìng le(那一家厨房太不干净了). ¶インキで手が～くなった mòshuǐ bǎ shǒu nòngzāng le(墨水把手弄脏了). ¶彼は～らしいなりをしている tā chuāndài tài lāta le(他穿戴太邋遢了). ¶食事中～い話はよせ chīfàn búyào shuō āngzang de huà(正吃饭不要说肮脏的话).

2［下品だ,卑劣だ］āngzang(肮脏), bēibǐ(卑鄙), bēiliè(卑劣), èdú(恶毒), èlà(恶辣). ¶～い言葉を使う shuō "nántīng[xiàliú]" de huà(说"难听[下流]"的话) / shuō "zānghuà[hūnhuà]"(说"脏话[荤话]"). ¶あいつはやり方が～い nà jiāhuo gàndè tài bēibǐ(那家伙干得太卑鄙) / nà jiāhuo zuòfǎ tài èdú(那家伙做法太恶毒). ¶仲間を売るとは～いやつだ chūmài zìjǐrén zhēn shì ge bēiliè de jiāhuo(出卖自己人真是个卑劣的家伙). ¶あの男は金に～い jiāhuo zài jīnqián shang tài lìnsè(那家伙在金钱上太吝啬).

3 ¶字が～くて読みにくい zìjì liǎocǎo nányǐ biànrèn(字迹潦草难以辨认).

きた・る【来る】 ¶～る月曜日 xià xīngqīyī(下星期一). ¶～る10日から新学期が始まる yóu shí rì qǐ xīn xuéqī kāishǐ(由十日起新学期开始). ¶～るべき選挙では必勝を期したい xià jiè xuǎnjǔ yídìng yào dāngxuǎn(下届选举一定要当选).

きたん【忌憚】 ¶～のないご意見をお聞かせください xiǎng qīngtīng nín zhíyán-búhuì de yìjiàn(想倾听您直言不讳的意见). ¶～なく批評する zhíyán-búhuì de tíchū pīpíng(直言不讳地提出批评).

きだん【気団】 qìtuán(气团). ¶シベリア～ Xībólìyà qìtuán(西伯利亚气团).

きだん【奇談】 qítán(奇谈).

きち【吉】 jí(吉). ¶おみくじは～と出た chōuqiān chōule ge jí(抽签抽了个吉). ¶大～ dà jí(大吉).

きち【危地】 xiǎnjìng(险境), xiǎndì(险地). ¶～を脱する tuōlí xiǎnjìng(脱离险境) / tuōxiǎn(脱险).

きち【既知】 ¶～の事実 yǐjing zhīdao de shìshí(已经知道的事实). ¶～数 yǐzhīshù(已知数).

きち【基地】 jīdì(基地). ¶軍事～ jūnshì jīdì(军事基地). 中継～ zhōngjìzhàn(中继站).

きち【機知】 jīzhì(机智). ¶～に富んだ人物 fùyǒu jīzhì de rénwù(富有机智的人物).

きちがい【気違い】【狂気】fēng(疯), kuáng(狂), fēngkuáng(疯狂);【狂人】fēngzi(疯子), chīzi(痴子), fēngrén(疯人), diānzi(癫子), kuángrén(狂人). ¶～のふりをする zhuāng fēng(装疯). ¶私は心配で～になりそうだ wǒ jiāojí de yào fāfēng le(我焦急得要发疯了). ¶彼の行為は～じみている tā de xíngwéi tài fēngkuáng(他的行为太疯狂).

¶芝居～ xìmí(戏迷), 野球～ bàngqiúmí(棒球迷).

きちきち ¶鞄一杯～に詰め込む píbāolǐ zhuāngde mǎndēngdēng de(皮包里装得满登登的). ¶洋服が～で窮屈だ chuānzhe jǐnbābā de yīfu, guài bù shūfu de(穿着紧巴巴的衣服,怪不舒服的). ¶定刻～になりやってきた línjìn yuēdìng de shíkè cái láidàole huìchǎng(临近约定的时刻才来到了会场).

きちく【鬼畜】 ¶～のふるまい mièjué rénxìng de xíngwéi(灭绝人性的行为) / shòuxíng(兽行).

きちにち【吉日】 jírì(吉日).

きちゃく【帰着】 1 fǎnhuí(返回), huídào(回到), guīlái(归来), huílái(回来). ¶飛行機は無事羽田に～した fēijī píng'ān wúshì huídào

Yǔtián(飞机平安无事回到羽田).

2〔決意〕あれこれ言って〜するところは金の問題だ shuō zhè shuō nà guīgēn-jiédǐ shì qián de wèntí(说说那归根结底是钱的问题). ¶予想通りの結果に〜した zhōngyú chéngle yùxiǎng de jiéguǒ(终于成了预想的结果).

きちゅう【忌中】 fúxiào(服孝), fúsāng(服丧).

きこく【帰国】 huíguó(回国), guīguó(归国). ¶私は次の便船で〜するつもりです wǒ dǎsuàn zuò xià yí tàng chuán huíguó(我打算坐下一趟船回国).

きちょう【記帳】 jìzhàng(记账), shàngzhàng(上账). ¶売上を〜する bǎ xiāoshòu'é shàngzhàng(把销售额上账). ¶受付で〜する zài chuándàshì qiānmíng(在传达室签名). ¶〜済み yǐ shàngzhàng(已上账).

きちょう【基調】 jīdiào(基调), zhǔxuánlǜ(主旋律). ¶黒を〜とした絵 yǐ hēisè wéi jīdiào de huàr(以黑色为基调的画儿). ¶我が国外交政策の〜をなすものは平和共存である wǒguó wàijiāo zhèngcè de jīdiào shì hépíng gòngchǔ(我国外交政策的基调是和平共处). ¶円の下落〜 rìyuán de xiàdiē qūshì(日元的下跌趋势).

¶〜報告 jīběn bàogào(基本报告).

きちょう【貴重】 bǎoguì(宝贵), zhēnguì(珍贵), jīnguì(金贵), guìzhòng(贵重). ¶〜な時間をさいていただきとうございます xièxie nín wèi wǒ chōuchū bǎoguì de shíjiān(谢谢您为我抽出宝贵的时间). ¶〜な経験をした huòdéle bǎoguì de jīngyàn(获得了宝贵的经验).

¶〜品 guìzhòng wùpǐn(贵重物品).

きちょう【機長】 jīzhǎng(机长).

ぎちょう【議長】 zhǔxí(主席); yìzhǎng(议长). ¶〜を選出する xuǎn zhǔxí(选主席). ¶大会の〜をつとめる dāng dàhuì zhǔxí(当大会主席).

¶〜団 zhǔxítuán(主席团). 衆議院〜 zhòngyìyuàn yìzhǎng(众议院议长).

きちょうめん【几帳面】 ¶あの人は〜な人だ tā zuòshì dīng shì dīng, mǎo shì mǎo, háo bù hánhu(他做事丁是丁,卯是卯,毫不含胡). ¶〜に片付ける qín shōushi(勤收拾)/ shōushide zhěngzhěng-qíqí(收拾得整整齐齐).

きちんと ¶部屋はいつも〜片付いている wūzi zǒngshì shōushide hěn zhěngqí(屋子总是收拾得很整齐). ¶〜した身なり yīzhuó zhěngjié(衣着整洁)/ yīguān qíchǔ(衣冠齐楚). ¶〜した字 zì hěn gōngzhěng(字很工整). ¶ドアを〜しめる bǎ mén hǎohāor de guānshàng(把门好好儿地关上). ¶金のことは〜しておきなさい qián de wèntí yào gǎoqīngchu(钱的问题要搞清楚). ¶皆定刻に〜集まった dàjiā zhǔnshí jíhé le(大家准时集合了). ¶毎月〜家賃を払う měiyuè ànshí fù fángzū(每月按时付房租).

きちんやど【木賃宿】 xiǎodiànr(小店儿), xiǎo kèzhàn(小客栈).

きつ・い 1〔きびしい, つらい〕 yán(严), yánlì (严厉), lìhai(厉害), gòushòu(够受), gòuqiāng(够呛), gòuqiáo(够瞧). ¶今年は寒さが〜い jīnnián lěngde ˇlìhai[yàomìng](今年冷得ˇ厉害[要命]). ¶〜い催促を受ける bèi cuīde yàomìng(被催得要命). ¶こちらにも〜いことを言えない事情がある wǒfāng yě yǒu wúfǎ ˇkěqiú duìfāng[shuō zhònghuà] de qíngkuàng(我方也有无法ˇ苛求对方[说重话]的情况). ¶あやまちを〜く叱る yánlì pīpíng qí cuòwù(严厉批评其错误). ¶仕事が〜い huór ˇgòushòu de[lèirén](活儿ˇ够受的[累人]).

¶1万円の会費は私には〜い yíwàn rìyuán de huìfèi duì wǒ kě shì ˇgòushòu[gòuqiáo] de(一万日元的会费对我可是ˇ够受[够瞧]的). ¶この2,3日は〜い zhè liǎng tiān shēntǐ yǒudiǎn chībuxiāo(这两天身体有点儿吃不消).

2〔強い, けわしい〕 ¶あの子は〜い子だ nàge háizi hěn juéjiàng(那个孩子很倔强). ¶あんな〜い女は見たことがない cónglái méi jiànguo nàyàng de mǔyěchā(从来没见过那样的母夜叉). ¶〜い顔をしてにらんだ shénsè yánlì de dèngle yìyǎn(神色严厉地瞪了一眼). ¶この焼酎はにおいが〜い zhè shāojiǔ jiǔwèir hěn chòng(这烧酒酒味儿很冲). ¶この煙草は〜い zhè yān tài chòng(这烟太冲).

3〔窮屈だ〕 jǐn(紧). ¶靴が〜くて足が痛い xié tài jǐn, jiǎo téng(鞋太紧,脚疼). ¶この上着は袖が少し〜い zhè jiàn shàngyī xiùzi shòu yìdiǎnr(这件上衣袖子瘦一点儿). ¶帯を〜く締める bǎ dàizi jǐjǐn(把带子系紧).

きつえん【喫煙】 xīyān(吸烟), chōuyān(抽烟). ¶未成年者の〜を禁ず wèichéngniánrén bùdé xīyān(未成年人不得吸烟).

¶〜室 xīyānshì(吸烟室). 〜具 yānjù(烟具).

きつおん【吃音】 kǒuchī(口吃), jiēba(结巴).

きづかい【気遣い】 ¶どうぞお〜なく qǐng búyào fèixīn(请不要费心)/ qǐng búyào fángluo(请不要张罗). ¶彼が不合格になる〜はない búyòng dānxīn, tā bú huì kǎobushàng de(不用担心,他不会考不上的).

きづか・う【気遣う】 dānxīn(担心), diànniàn (惦念), diànjì(惦记). ¶また失敗せぬかと〜っている dānxīn shìfǒu zàicì shībài(担心是否再次失败). ¶家族の安否を〜う diànniàn jiārén de ānwēi(惦念家人的安危).

きっかけ【切っ掛け】 ¶話の〜をつくる qǐ ge huàtóu(起个话头). ¶問題解決の〜をつかんだ zhǎodàole jiějué wèntí de ˇxiànsuǒ[tóuxù](找到了解决问题的ˇ线索[头绪]). ¶彼の発言が〜となって議論が沸騰した yǐ tā de fāyán wéi kāiduān, yìlùn fēnfēn(以他的发言为开端,议论纷纷). ¶彼はこれを〜に立ち直った tā yǐ cǐ wéi zhuǎnjī chóngxīn zuòrén le(他以此为转机重新做人了).

きっかり zhèng(正), zhěng(整), qiàqià(恰恰). ¶彼は1時〜にやってきた tā zhèng yī diǎnzhōng lái le(他正一点钟来了). ¶人数は〜10人です rénshù zhěng yǒu shí ge(人数整有十个). ¶勘定は〜1万円になります zhàngmù

きづかれ 294

bù duō bù shǎo zhěng yíwàn rìyuán(账目不多不少整一万日元).

きづかれ【気疲れ】 ¶まだ新しい職場に慣れないせいか～がする huòxǔ hái bú shìyìng xīn de gōngzuò gǎngwèi, fèixīn láoshén(或许还不适应新的工作岗位, 费心劳神). ¶～で寝こんでしまった cāoláo guòdù bìngdǎo le(操劳过度病倒了).

きづかわし・い【気遣わしい】 ¶病人の容態が～い bìngrén de bìngqíng jiào rén "dānxīn[bú fàngxīn](病人的病情叫人"担心[不放心]). ¶明日の天気が心配で～げに空を見ている dānxīn míngtiān de tiānqì, bù'ān de zhāngwàngzhe tiānkōng(担心明天的天气, 不安地张望着天空).

きっきょう【吉凶】 jíxiōng(吉凶). ¶～を占う zhānbǔ jíxiōng(占卜吉凶).

キック ¶～はすばらしい tā tīde zhēn bàng (他踢得真棒).
¶～オフ kāiqiú(开球). ペナルティー～ fádiǎnqiú(罚点球).

きづ・く【気付く】 juéchá(觉察), chájué(察觉), fājué(发觉). ¶すぐ自分の間違いに～いた lìkè juéchá dào zìjǐ de cuòwù(立刻觉察到自己的错误). ¶彼は金を持っていないことに～いた tā hūrán fājué dōu méi dài qián(他忽然发觉兜里没带钱). ¶いくら目で合図しても彼はちっとも～かない zěnme gēn tā shǐ yǎnsè, tā dōu yìdiǎnr yě méi zhùyìdào(怎么跟他使眼色, 他都一点儿也没注意到). ¶人々に～かれないように抜け出した rén bù zhī bù guǐ bù jué de liūchulai le(人不知鬼不觉地溜出来了). ¶自分では～かないうちに家にたどり着いていた bùzhī-bùjué de huídào jiāli(不知不觉地回到了家里). ¶彼女は～かないふりをして行ってしまった tā "yáng zuò bù zhī[zhuāngwónglòng-zuòyǎ] zǒukāi le(她"佯作不知[装聋作哑]走开了). ¶お～きの点はお申し出下さい nín juéde yǒu shénme bù héshì de dìfang, qǐng tíchulai ba(您觉得有什么不合适的地方, 请提出来吧).

ぎっくりごし【ぎっくり腰】 jíxìng yāojī láoshǔn (急性腰肌劳损), shǎnyāo(闪腰), yāoniǔshāng(腰扭伤). ¶～になった shǎnle yāo le(闪了腰了).

きつけ【気付け】 sūxǐng(苏醒). ¶～薬 xǐngyào(醒药).

きづけ【気付】 zhuǎnjiāo(转交). ¶日本大使館～林様 Rìběn dàshǐguǎn zhuǎnjiāo Lín xiānsheng(日本大使馆转交林先生).

きっこう【拮抗】 xiéháng(颉颃). ¶両者の勢力は～している liǎngzhě shìlì xiāng xiéháng (两者势力相颉颃)/ shuāngfāng shìjūn-lìdí(双方势均力敌).

きっこう【亀甲】 guījiǎ(龟甲). ¶～模様 guījiǎxíng huāwén(龟甲形花纹).

きっさき【切っ先】 dāojiān[r](刀尖[儿]), dāofēng(刀锋).

きっさてん【喫茶店】 cháguǎn(茶馆), kāfēiguǎn(咖啡馆).

ぎっしり ¶本棚に本が～詰っている shūjià shang shū sāide mǎnmǎn de(书架上书塞得满满的). ¶列車は乗客で～だ lièchē shang bǐjiān-jìzhǒng, jǐmǎnle chéngkè(列车上比肩继踵, 挤满了乘客). ¶日程が～詰っている rìchéng ānpáide "jǐnjǐn[mǎnmǎn-dēngdēng] de (日程安排紧"紧[满满登登]的). ¶家が～建ち並んでいる mìmì-mámá[mìzāzā] de gàizhe fángzi(密密麻麻[密匝匝]地盖着房子).

きっすい【生粋】 dìdao(地道), chúncuì(纯粹). ¶あの人のは～の北京語だ tā shuō de shì dìdao de Běijīnghuà(他说的是地道的北京话). ¶彼は～の江戸っ子だ tā shì dìdìdàodào de Dōngjīngrén(他是地地道道的东京人).

きっすい【喫水】 chīshuǐ(吃水). ¶～の深い船 chīshuǐ shēn de chuán(吃水深的船).
¶～線 shuǐxiàn(水线).

きっ・する【喫する】 ¶惨敗を～する zāo cǎnbài (遭惨败)/ chī dàbàizhàng(吃大败仗).

きづち【木槌】 mùchuí(木槌).

きっちょう【吉兆】 jízhào(吉兆).

きっちり zhènghǎo(正好), qiàhǎo(恰好). ¶彼は～7時に現れた qī diǎn "zhèng[zhěng] tā lái le(七点"正[整]他来了). ¶数は～合った shùmù yí ge bù chà, zhènghǎo xiāngfú(数目一个不差, 正好相符). ¶箱に～とおさまった zhènghǎo zhuāngjìnle hézili(正好装进了盒子里).

きつつき【啄木鳥】 zhuómùniǎo(啄木鸟), liè (鴷).

きって【切手】 yóupiào(邮票), yóuhuā(邮花). ¶封筒に～を貼る zài xìnfēng shang tiē yóupiào(在信封上贴邮票).
¶～収集家 jíyóujiā(集邮家). ～アルバム yóují(邮集).

きっての【切っての】 ¶社内～敏腕家 gōngsīli shǔyī-shǔ'èr de néngrén(公司里数一数二的能人). ¶町内～美人 jiēdào shǒuqū-yìzhǐ de měirén(街道首屈一指的美人).

きっと 1 [必ず] yídìng(一定), bìdìng(必定), zhǔn(准), yìzhǔn(一准), zhǔnbǎo(准保), guǎnbǎo(管保). ¶彼は～来る tā yídìng lái (他一定来). ¶～知らせて下さい zhǔn gàosu wǒ ya!(准告诉我呀!). ¶彼は～まだ寝ているよ guǎnbǎo tā hái méi qǐlai(管保他还没起来). ¶夕焼けなので明日は～晴れるでしょう wǎn qǐ hóngxiá, míngtiān huì tiān qíng ba(晚起红霞, 明天会天晴吧). ¶お土産買ってきてね, ～だよ gěi wǒ mǎi diǎnr shénme lái ya, yídìng a!(给我买点儿什么来呀, 一定啊!).

2 [表情など] ¶～にらみつける hěnhěn de dèngle yìyǎn(狠狠地瞪了一眼). ¶彼はそれを聞いて～なった tā tīngle nà, bǎnqǐle liǎn(他听了那, 板起了脸).

キッド ¶～の手袋 xiǎo shānyáng pí shǒutào (小山羊皮手套).

きつね【狐】 hú(狐), húli(狐狸). ¶～の毛皮 húpí(狐皮). ¶まるで～につままれたようだ hǎoxiàng jiào húlijīng mízhù le(好像叫狐狸精迷住了). ¶虎の威を借る～ hú jiǎ hǔ wēi(狐假虎威). ¶パンを～色に焼く bǎ miànbāo kǎo-

jiāohuáng(把面包烤焦黄).
きっぱり duànrán(断然), gāncuì(干脆). ¶~と断る duànrán jùjué(断然拒绝). ¶~言う zhǎndīng-jiétiě de shuō(斩钉截铁地说).
きっぷ【切符】 piào(票). ¶バスの~ chēpiào(车票)/ qìchēpiào(汽车票). ¶芝居の~ xìpiào(戏票)/ huàjùpiào(话剧票). ¶映画の~ diànyǐngpiào(电影票). ¶神戸までの汽車の~を買う mǎi dào Shénhù de huǒchēpiào(买到神户的火车票). ¶~を切る jiǎn piào(剪票). ¶~売場 shòupiàochù(售票处)/ piàofáng[r](票房[儿]). 往復~ láihuí[wǎngfǎn]piào(来回[往返]票). 片道~ dānchéngpiào(单程票).
きっぷ【気風】 dàfang de rén(大方的人)/ kāngkǎi de rén(慷慨的人).
きっぽう【吉報】 xǐbào(喜报), xǐxìn(喜信), xǐxùn(喜讯), jiāyīn(佳音).
きづまり【気詰り】 ¶あの人がいると何となく~だ nàge rén zàizuò bùzhī zěnde jiào rén gǎndào jūshù(那个人在座不知怎的叫人感到拘束).
きつもん【詰問】 zéwèn(责问), jiéwèn(诘问), zhuīwèn(追问). ¶金の出所を~された bèi zhuīwènle qián de láiyuán(被追问了钱的来源). ¶欠勤の理由を~する zéwèn quēqín de lǐyóu(责问缺勤的理由).
きづよ・い【気強い】 ¶連れがあるので~い yǒu bànr xīnli tāshi(有伴儿心里踏实).
きつりつ【屹立】 yìlì(屹立), sǒnglì(耸立), chùlì(矗立).
きてい【既定】 jìdìng(既定). ¶~方針どおり行う àn jìdìng de fāngzhēn shíxíng(按既定的方针实行). ¶~の事実 jìchéng de shìshí(既成的事实).
きてい【規定・規程】 guīdìng(规定), zhāngzé(章则), guīchéng(规程), guīzhāng(规章). ¶第40条の~に従って処分する gēnjù dìsìshí tiáo guīdìng yǔyǐ chǔfēn(根据第四十条规定予以处分). ¶~の手続をとる bàn guīdìng de shǒuxù(办规定的手续).
¶~液 guīdìng[biāozhǔn/dāngliàng] róngyè(规定[标准/当量]溶液). 職員~ zhíyuán guīzhāng(职员规章). ¶体操の~演技 tǐcāo de guīdìng dòngzuò(体操的规定动作).
ぎてい【義弟】 [夫の弟] xiǎoshūzi(小叔子); [妻の弟] xiǎojiùzi(小舅子), nèidì(内弟); [妹の夫] mèifu(妹夫), mèizhàng(妹丈).
ぎていしょ【議定書】 yìdìngshū(议定书).
きてき【汽笛】 qìdí(汽笛). ¶~を鳴らす míng qìdí(鸣汽笛)/ lā bǐr(拉叭儿).
きてん【機転】 huófan(活泛), huóluò(活络). ¶彼は~が利く tā xīnyǎnr huótan(他心眼儿活泛)/ tā shànyú suíjī-yìngbiàn(他善于随机应变). ¶とっさの~で追及の矛先をかわした jízhōng-shēngzhì bìkāile zhuījiū de fēngmáng(急中生智避开了追究的锋芒).
きてん【起点】 qǐdiǎn(起点), chūfādiǎn(出发点). ¶東海道は日本橋を~とする Dōnghǎi Dào yǐ Rìběnqiáo wéi qǐdiǎn(东海道以日本桥为起点).

きてん【基点】 jīdiǎn(基点). ¶学校を~として半径500メートル以内 yǐ xuéxiào wéi jīdiǎn bànjìng wǔbǎi mǐ yǐnèi(以学校为基点半径五百米以内).
ぎてん【疑点】 yídiǎn(疑点). ¶その説明ではまだいくつかの~が残る nàge shuōmíng hái yǒu jǐ ge yídiǎn(那个说明还有几个疑点). ¶~を質 zhìxún yídiǎn(质询疑点).
きでんたい【紀伝体】 jìzhuàntǐ(纪传体).
きと【企図】 qǐtú(企图).
きと【帰途】 guītú(归途). ¶~につく tàshàng guītú(踏上归途).
きど【木戸】 ¶裏の~を開けて入る kāi hòuyuànmén jìnqu(开后院门进去).
¶~御免 miǎnfèi rùchǎng(免费入场). ~銭 rùchǎngfèi(入场费).
きどあいらく【喜怒哀楽】 xǐ nù āi lè(喜怒哀乐). ¶彼は~を顔にあらわさない tā xǐ nù āi lè bù xíng yú sè(他喜怒哀乐不形于色).
きとう【祈禱】 qídǎo(祈祷), dǎogào(祷告).
きどう【気道】 hūxīdào(呼吸道). ¶~を確保する quèbǎo hūxīdào(确保呼吸道).
きどう【軌道】 guǐdào(轨道). ¶単線~を敷設する fūshè dānguǐ tiělù(敷设单轨铁路). ¶仕事がやっと~に乗った gōngzuò hǎoróngyì cái shàngle guǐdào(工作好容易才上了轨道). ¶ロケットの~を修正する tiáozhěng huǒjiàn de guǐdào(调整火箭的轨道).
きどう【起動】 qǐdòng(起动).
きどう【機動】 jīdòng(机动). ¶~力を発揮して陸海空から攻撃する yùnyòng jīdòng lìliàng, cóng lù hǎi kōng jìnxíng gōngjī(运用机动力量,从陆海空进行攻击).
¶~部隊 jīdòng bùduì(机动部队).
きどうらく【着道楽】 ¶彼女は~だ tā jiǎngjiu yīzhuó dǎbàn bù xī qiānjīn(她讲究衣着打扮不惜千金).
きとく【危篤】 wēidǔ(危笃), bìngdǔ(病笃), bìngwēi(病危). ¶~に陥る xiànyú wēidǔ(陷于危笃).
きとく【奇特】 ¶それは近頃~なことだ nà shì jìnlái "shǎoyǒu de jīngshén kě jiā[nánnéngkěguì] de shì(那是近来"少有的精神可嘉[难能可贵]的事).
きとく【既得】 jìdé(既得). ¶~権を守る wéihù jìdé quánlì(维护既得权利).
きどり【気取り】 ¶彼には~が少しもない tā yìdiǎnr jiàzi dōu méiyǒu(他一点儿架子都没有)/ tā yìdiǎnr yě bù ná jiàzi(他一点儿也不拿架子). ¶奥様~でいる bǎi tàitai jiàzi(摆太太架子).
きど・る【気取る】 1 [もったいぶる] bǎi jiàzi(摆架子), ná jiàzi(拿架子), shuǎ pàitóu(耍派头).
¶~った物の言いかたをする shuōhuà zhuāngqiāng-zuòshì(说话装腔作势). ¶彼の~らない態度には好感がもてる tā nà méiyǒu jiàzi de tàidu gěi rén hǎogǎn(他那没有架子的态度给人好感). ¶いやに~った奴だ zhè jiāhuo de chòujiàzi kě bù xiǎo(这家伙的臭架子可不小).
2 [よそおう] ¶秀才を~って難しいことばかり

言う bǎichū yí fù shūshēng de yàngzi, jìng shuō huìsè nán dǒng de huà (摆出一副书生的样子, 净说晦涩难懂的话).

きないしょく【機内食】 jīnèicān (机内餐).

きなが【気長】 ¶～に養生しなさい hǎohāor nàixīn de yǎngbìng ba (好好儿耐心地养病吧). ¶そんな～事は言っておれない nàme yōuyōurán de, zěnme xíng? (那么悠悠然的, 怎么行?).

きなくさ・い【きな臭い】 jiāohúwèi[r] (焦煳味[儿]), huǒyàowèi[r] (火药味[儿]). ¶どこからか～いにおいがしてくる bùzhī cóng nǎli láile yī gǔ jiāohúwèir (不知从哪里来了一股焦煳味儿). ¶両国の関係が～くなってきた liǎngguó de guānxi yuèláiyuè dài yǒu huǒyàowèi le (两国的关系越来越带有火药味了).

きなこ【黄粉】 shú huángdòumiàn (熟黄豆面).

きなん【危難】 wēinàn (危难).

ギニア Jīneìyà (几内亚).

キニーネ kuíníng (奎宁), jīnjīnàshuāng (金鸡纳霜).

きにい・る【気に入る】 chèn xīn (称心), kě xīn (可心), zhòng yì (中意), hé yì (合意), kěyì (可意). ¶この店は～った吾は pò pù shì kě chèn wǒ de xīn le (这家铺子可称我的心了). ¶～った品物が見つからない zhǎobudào zhòngyì de dōngxi (找不到中意的东西). ¶父はその人が～った fùqin kě kànzhòngle nàge rén (父亲可看中了那个人). ¶彼の言い方が～らない tā de shuōfa zhēn bú shùn wǒ de yì (他的说法真不顺我的意). ¶近頃の若者の服装はどうも～らない jìnlái niánqīngrén de chuāndài, wǒ kě kàn bu shùnyǎn (近来年轻人的穿戴, 我可看不顺眼). ¶なかなか彼の～かないわれない zuòde hé tā de xīnyì kě hěn nán (做得合他的心意可很难), hěn nán zuòde jiào tā mǎnyì (很难做得叫他满意).

きにゅう【記入】 jìshàng (记上), tiánxiě (填写). ¶帳簿に売上げを～する bǎ xiāoshòu'é jìshàng zhàngběn (把销售额记上账本). ¶空欄に住所氏名をご～ください qǐng zài kòngbáichù tiánxiě nǐ de zhùzhǐ hé xìngmíng (请在空白处填写你的住址和姓名).

きにん【帰任】 ¶彼は1年ぶりに～した tā yì nián zhī hòu huídàole yuán gǎngwèi (他一年之后回到了原岗位).

きぬ【絹】 sīchóu (丝绸), chóuzi (绸子). ¶～のブラウス sīchóu chènshān (丝绸女衬衫). ¶～のような肌ざわり chuānzhe yóurú chóuzi yībān huáliu (穿着犹如绸子一般滑溜). ¶～を裂くような悲鳴 shēng rú liè bó de jiānjiàoshēng (声如裂帛的尖叫声).

¶～糸 sīxiàn (丝线). ～織物 sīzhīpǐn (丝织品). ～の針 xīzhēn (细针).

きぬけ【気抜け】 ¶彼女は息子に死なれて～している tā yóuyú sǐle érzi shīle hún shìde jǔsàng bùkān (她由于死了儿子失了魂似的沮丧不堪). ¶選手達は試合が流れて～した xuǎnshǒumen yīn bǐsài zhōngzhǐ sǎoxìng jíle (选手们因比赛中止扫兴极了).

きぬずれ【衣擦れ】 ¶さらさらと～の音がする yīshang xīsū zuòshēng (衣裳窸窣作声).

きぬた【砧】 zhēn (砧), zhēnzi (砧子). ¶～を打つ chuí yīshang (捶衣裳).

きね【杵】 chǔ (杵). ¶～で餅をつく yòng chǔ dǎo niángāo (用杵捣年糕).

きねづか【杵柄】 chǔbǐng (杵柄), chǔbàr (杵把儿). ¶さすが昔とった～だ bùkuì shì ge 'lǎo hángjia[lǎo bǎshi]' (不愧是个 '老行家[老把式]').

きねん【記念】 jìniàn (纪念·记念). ¶この写真は旅のいい～になる zhè zhāng zhàopiàn shì zhè cì lǚxíng hěn hǎo de jìniàn (这张照片是这次旅行很好的纪念). ¶独立を～して建国祭を催す wèile jìniàn dúlì jǔxíng guóqìng dàdiǎn (为了纪念独立举行国庆大典). ¶これを～に差し上げます zhège gěi nǐ zuò ge 'jìniàn [cúnniàn]' (这个给你做个 '纪念[存念]').

¶～切手 jìniàn yóupiào (纪念邮票). ～式典 jìniàn diǎnlǐ (纪念典礼). ～写真 jìniàn zhàopiàn (纪念照片). ～スタンプ jìniànchuō (纪念戳). ～碑 jìniànbēi (纪念碑). ～日 jìniànrì (纪念日). ～品 jìniànpǐn (纪念品)/ niànwù (念物)/ niànxiǎor (念儿).

ぎねん【疑念】 yíxīn (疑心). ¶彼の証言に～を抱いた tā de zhèngyán shǐ wǒ qǐle yíxīn (他的证言使我起了疑心)/ wǒ huáiyí tā de zhèngyán (我怀疑他的证言). ¶～が晴れた zhèyàng yíhuò jiù xiāoshī le (这样疑惑就消释了).

きのう【昨日】 zuótiān (昨天), zuórì (昨日), zuór (昨儿), zuórge (昨儿个), yèrge (夜儿个). ¶～はよく晴れていた zuótiān tiānqi qínglǎng (昨天天气晴朗). ¶それは～のような気がする nà fǎngfú shì zuótiān de shì shìde (那仿佛是昨天的事似的). ¶彼には～のお昼会ったばかりだ zuótiān zhōngwǔ gāng jiànguo tā (昨天中午刚见过他). ¶彼女の遅刻は～今日始まったことではない tā chídào bìng bú shì zhè yìliǎng tiān de shì (她迟到并不是这一两天的事). ¶いくら何でも～の今日でできるはずないでしょう nǎr yǒu zuótiān shuō jīntiān jiù dé de dàolǐ a! (哪儿有昨天说今天就得的道理啊!).

きのう【帰納】 guīnà (归纳). ¶個々の事実から～して一つの法則を導く cóng yígègè de shìshí guīnà chū yí ge fǎzé (从一个个的事实归纳出一个法则). ¶～的に論をすすめる guīnàxìng de jìnxíng tuīlǐ (归纳性地进行推理).

¶～法 guīnàfǎ (归纳法).

きのう【機能】 jīnéng (机能), gōngnéng (功能). ¶組織の～を十分に発揮する chōngfèn fāhuī zǔzhī de zuòyòng (充分发挥组织的作用). ¶胃の～が落ちている wèi de jīnéng jiǎntuì le (胃的机能减退了).

¶～主義 gōngnéng zhǔyì (功能主义). ～障害 gōngnéngxìng zhàng'ài (功能性障碍).

ぎのう【技能】 jìnéng (技能), gōngfu (功夫). ¶～を磨く liàn gōngfu (练功夫). ¶彼は特殊～がある tā yǒu tèshū jìnéng (他有特殊技能).

きのこ【茸】 xùn(蕈), mógu(蘑菇), jùnzi(菌子). ¶狩りに行く cǎi mógu qù(采蘑菇去). ¶~雲 móguyún(蘑菇云). 毒~ dúxùn(毒蕈).

きのどく【気の毒】 ¶あの人は~な人だ nàge rén shízài kělián(那个人实在可怜). ¶私はただ~に思うだけで何もしてあげられない wǒ zhǐ néng biǎoshì tóngqíng, wúlì xiāng zhù(我只能表示同情,无力相助). / ài mò néng zhù(爱莫能助). ¶彼女は私を~がって慰めてくれた tā liánmǐn de quànwèi wǒ(她怜悯地劝慰我). ¶彼は見るも~なほどしょげている tā de chuítóu-sàngqì de yàngzi jiào rén bù rěnxīn kàn(他那垂头丧气的样子叫人不忍心看). ¶お~にあの方はとうとう亡くなりました zhēn kěxī, tā zhōngyú qùshì le(真可惜,他终于去世了). ¶お~ですがその御要望には応じかねます duìbuqǐ, bùnéng dāying nǐ de yāoqiú(对不起,不能答应你的要求). ¶君にこんなに散財させて~なことをした jiào nǐ nàme pòfèi, zhēn guòyì búqù(叫你那么破费,真过意不去).

きのぼり【木登り】 páshù(爬树). ¶この子は~が上手だ zhège háizi hěn huì páshù(这个孩子很会爬树).

きのみきのまま【着の身着の儘】 ¶~で飛び出した zhǐ chuānzhe tiēshēn de yīfu, pǎole chūlái(只穿着贴身的衣服,跑了出来).

きのり【気乗り】 ¶私はその話には~がしない wǒ méiyǒu xīnsi zuò nà zhǒng shì(我没有心思做那种事). ¶~のしない返事しか返ってこなかった zhǐ fǎnhuí háowú xīnsi de huídá(只返回毫无心思的回答). ¶いくら誘っても彼女は~薄だった zěnme quànyòu tā yě méiyǒu nàge yìsi(怎么劝诱她也没有那个意思).

きば【牙】 quǎnyá(犬牙), liáoyá(獠牙). ¶~をむく zīyá-liězuǐ(龇牙咧嘴). ¶~をとぐ[比喩的] mó dāo huòhuò(磨刀霍霍). ¶~を鳴らす yǎoyá-qièchǐ(咬牙切齿).

きば【騎馬】 qímǎ(骑马). ¶~で行く qízhe mǎ qù(骑着马去).

きはく【気迫】 qìpò(气魄), qìshì(气势). ¶彼の演説は~に満ちていた tā de yǎnshuō hěn yǒu qìpò(他的演说很有气魄). ¶相手の~に気圧される bèi duìfāng de qìshì suǒ yādǎo(被对方的气势所压倒).

きはく【希薄】 xībó(稀薄). ¶高山は空気が~だ gāoshān kōngqì xībó(高山空气稀薄). ¶彼は責任感が~だ tā quēfá zérèngǎn(他缺乏责任感).

きばく【起爆】 qǐbào(起爆), yǐnbào(引爆). ¶~剤 qǐbàoyào(起爆药).

きはつ【揮発】 huīfā(挥发). ¶~性の液体 huīfāxìng yètǐ(挥发性液体). ¶~油 huīfāyóu(挥发油).

きばつ【奇抜】 qítè(奇特), chūqí(出奇), líqí(离奇). ¶着想が~だ gòusī qítè(构思奇特). ¶彼は~な格好で現れた tā chuānzhe qíguài-yīfu lái le(他穿着奇装异服来了). ¶~な言動で人を驚かせる yǐ xīqí-gǔguài de yánxíng shǐ rén chījīng(以希奇古怪的言行使人吃惊).

きば・む【黄ばむ】 fāhuáng(发黄), fànhuáng(泛黄). ¶木の葉が~みはじめた shùyèzi kāishǐ biàn huáng le(树叶子开始变黄了). ¶~んだシャツ fāhuáng de chènshān(发黄的衬衫).

きばらし【気晴らし】 jiěmèn(解闷), sànxīn(散心), xiāoqiǎn(消遣). ¶たまには~が必要だ yǒushí xūyào sànsan xīn(有时需要散散心). ¶映画を見に行き~をする kàn diànyǐng jiěmèn qiǎn(看电影来消遣). ¶~に一杯やろうか wèile jiěmèn hē yì bēi ba(为了解闷喝一杯吧).

きば・る【気張る】 ¶そんなに~っては長続きしないよ nǐ nàme jǐnzhāng gàn kě gànbucháng a(你那么紧张干可干不长啊). ¶チップが2000円~った dàfang gěi le liǎngqiān rìyuán xiǎofèi(大方地给了两千日元小费).

きはん【規範】 guīfàn(规范). ¶社会には一定の~がある shèhuì yǒu yídìng de guīfàn(社会有一定的规范). ¶文章~ wénzhāng guīfàn(文章规范).

きはん【羈絆】 jībàn(羁绊).

きばん【基盤】 jīchǔ(基础). ¶民主主義の~を固める gǒnggù mínzhǔzhǔyì de jīchǔ(巩固民主主义的基础).

きはんせん【機帆船】 jīfānchuán(机帆船).

きひ【忌避】 huíbì(回避). ¶裁判官~ fǎguān huíbì(法官回避).

きび【黍】 shǔ(黍);[実] shǔzi(黍子), niánmǐ(黏米), huángmǐ(黄米).

きび【機微】 ¶彼は人情の~に通じている tā jīngtōng rénqíng-shìgù(他精通人情世故). ¶この事は外交上の~に触れる zhè jiàn shì chùjí wàijiāo shang wēimiào de wèntí(这件事触及外交上微妙的问题).

きびき【忌引】 sāngjià(丧假). ¶~で休む yīn sāngshì qǐngjià(因丧事请假).

きびきび lìluo(利落), lìsuo(利索), shuǎnglì(爽利), máli(麻利). ¶動作が~している dòngzuò tǐng lìluo(动作挺利落). ¶~した文章 shēngdòng yǒulì de wénzhāng(生动有力的文章).

きびし・い【厳しい】 yán(严), yánlì(严厉), yángé(严格), yánjǐn(严紧), yánjùn(严峻). ¶父親は息子に~かった fùqin duì érzi hěn yánlì(父亲对儿子很严厉). ¶~い た自分に対して~い tā duì zìjǐ hěn yángé(他对自己很严格). ¶あの先生は普段はやさしいが学問のこととなるととても~い nà wèi lǎoshī píngcháng hěn héǎi, dànshí yí shèjí xuéwen kě jiù yán le(那位老师平常很和蔼,但是一涉及学问可就严了). ¶そんな甘い考えでは駄目だ,現実は~いぞ búyào xiǎngde nàme jiǎndān, xiànshí shì yánkù de(不要想得那么简单,现实是严酷的). ¶~い条件をつける fùdài kēkè de tiáojiàn(附带苛刻的条件). ¶監視のわりに~い jiānshì hěn yán(监视很严). ¶交通違反を~く取り締る yánjiā qǔdì wéifǎn jiāotōng guīzé de xíngwéi(严加取缔违反交通规则的行为). ¶旭川は寒さが~い Xùchuān qìhòu hěn yánhán(旭川气候严寒).

きびす【踵】 ¶それを聞くと彼は~を返した yì tīng zhè huà, tā zhuǎnshēn jiù wǎng huí zǒu

le(一听这话，他转身就往回走了).　¶ 不幸～を接して起った búxìng jiēzhǒng ér lái(不幸接踵而来).
- **きびょう【奇病】**　qíbìng(奇病), guàibìng(怪病).
- **きひん【気品】**　¶ あの人はどことなく～がある nàge rén shǐ rén gǎndào fēngdù gāoyǎ(那个人使人感到风度高雅).
- **きひん【貴賓】**　guìbīn(贵宾).　¶ ～室 guìbīnshì(贵宾室).
- **きびん【機敏】**　jīmǐn(机敏), jījǐng(机警).　¶ 彼は動作が～だ tā dòngzuò hěn mǐnjié(他动作很敏捷).　¶ 頭を～に働かせる jīmǐn de dòng nǎojīn(机敏地动脑筋).
- **きふ【寄付】**　juān(捐), juānzhù(捐助), juānkuǎn(捐款), juānzī(捐资), juānzèng(捐赠), juānxiàn(捐献).　¶ 1 口 1000 円で～を募る mùjí měi gǔ yìqiān rìyuán de juānkuǎn 每股一千日元的捐款).　¶ 純益を福祉施設に～する bǎ chúnlì juānzhù gěi fúlì shèshī(把纯利捐给福利设施).
¶ ～金 juānkuǎn(捐款).
- **きふ【棋譜】**　qípǔ(棋谱).
- **ぎふ【義父】**　〔養父〕yìfù(义父), yǎngfù(养父);〔継父〕jìfù(继父);〔夫の父〕gōnggong(公公), lǎogōnggong(老公公);〔妻の父〕yuèfù(岳父), yuèzhàng(岳丈), zhàngren(丈人).
- **ギブアンドテイク**　¶ 人間関係は～だ rén yǔ rén zhī jiān yīngdāng shì hù lì hù huì(人与人之间应当是互利互惠).
- **きふう【気風】**　fēngqì(风气), fēngshàng(风尚), xíshàng(习尚).　¶ 純朴な～がまだ残っている hái bǎochízhe pǔsù de fēngshàng(还保持着朴素的风尚).　¶ 住民の～が温和だ jūmín de qìzhì wēnhé(居民的气质温和).
- **きふく【起伏】**　qǐfú(起伏), gāodī(高低).　¶ ～の多い道 qǐfú shèn duō de dàolù(起伏甚多的道路).　¶ ～に富んだ一生 qǐfú búdìng de yìshēng(起伏不定的一生).
- **きぶくれ【着膨れ】**　¶ ～して動き回るのに不自由そうだ chuānde gǔzhàngzhàng de, xiǎnde xíngdòng bù fāngbiàn(穿得鼓鼓胀胀的,显得行动不方便).
- **きふじん【貴婦人】**　guìfūrén(贵妇人).
- **ギプス**　shígāo bēngdài(石膏绷带).　¶ ～をはめる yòng shígāo bēngdài gùdìng(用石膏绷带固定).
- **きぶつ【器物】**　qìwù(器物), qìjù(器具).
- **ギフト**　zèngpǐn(赠品), zènglǐ(赠礼), lǐwù(礼物), lǐpǐn(礼品).　¶ ～カード kuìzèng yòng shāngpǐnquàn(馈赠用商品券).　¶ ～ショップ shāngdiàn(礼品商店);jìniànpǐn shāngdiàn(纪念品商店).
- **きぶるし【着古し】**　¶ ～の外套 chuānjiùle de dàyī(穿旧了的大衣).
- **きぶん【気分】**　**1**〔気持〕qíngxù(情绪), xīnqíng(心情), xīnjìng(心境), xīnqì(心气).　¶ とても愉快な～だ xīnqíng fēicháng yúkuài(心境非常愉快).　¶ そんな事をする～になれない méiyǒu zuò nà zhǒng shì de xīnqíng(没有做那种事的心情).　¶ その時の～次第であああ言ったりこう言ったりする suízhe dāngshí de xīnjìng yǒushí zhème shuō yǒushí nàme shuō(随着当时的心境有时这么说有时那么说).　¶ ～転換のために散歩に出た wèile huànhuan xīnqíng qù sànbù(为了换换心情去散步).　¶ その一言で彼は～を害してしまった nà yí jù huà shānglele tā de gǎnqíng(那一句话伤了他的感情).　¶ いつまでも正月～が抜けない lǎo bǎituō bu liǎo guònián de sōngsǎn xīnqíng(老摆脱不了过年的松散心情).　¶ 顔色が悪いようですが御～は如何ですか kàn nín liǎnsè bù hǎo, shēntǐ bù shūfu ma?(看您脸色不好,身体不舒服吗?).　¶ ～が悪くなったので早退した yīnwei shēntǐ bù shūfu, zǎotuì le(因为身体不舒服,早退了).　¶ 彼はさっぱりした～の男だ tā shì ge xìngqíng shuǎngkuai de rén(他是个性情爽快的人).
2〔雰囲気〕qíngxù(情绪), qìfēn(气氛).　¶ この写真はクリスマスの～がよく出ている zhè zhāng zhàopiàn chōngfèn biǎoxiànchū Shèngdànjié de qìfēn(这张照片充分表现出圣诞节的气氛).　¶ 郊外には春の～が満ち満ちている jiāowài chōngmǎnzhe chūntiān de qìfēn(郊外充满着春天的气氛).
- **ぎふん【義憤】**　yìfèn(义愤).　¶ 人種差別に～を覚える duì zhǒngzú qíshì gǎndào yìfèn(对种族歧视感到义愤).
- **きへい【騎兵】**　qíbīng(骑兵).
- **きへき【奇癖】**　¶ 彼には～がある tā yǒu yì zhǒng guàipǐ(他有一种怪癖).
- **きへん【木偏】**　mùzìpángr(木字旁儿).
- **きべん【詭弁】**　guǐbiàn(诡辩), jiǎobiàn(狡辩).　¶ ～を弄する jìnxíng guǐbiàn(进行诡辩)/ yáo chún gǔ shé(摇唇鼓舌).
¶ ～家 guǐbiànjiā(诡辩家).　～学派 guǐbiàn xuépài(诡辩学派).
- **きぼ【規模】**　guīmó(规模).　¶ 全国的な～で挙行する yǐ quánguóxìng de guīmó jǔxíng(以全国性的规模举行).　¶ 事業の～を拡大する kuòdà shìyè guīmó(扩大事业规模).　¶ 大～な計画 dàguīmó de jìhuà(大规模的计划).
- **ぎぼ【義母】**　〔養母〕yìmǔ(义母), yǎngmǔ(养母);〔継母〕jìmǔ(继母);〔夫の母〕pópo(婆婆), lǎopópo(老婆婆);〔妻の母〕yuēmǔ(岳母), zhàngmu(丈母), zhàngmuniáng(丈母娘).
- **きほう【気泡】**　qìpào(气泡).
- **きぼう【希望】**　xīwàng(希望), yuànwàng(愿望).　¶ 留学を～する xīwàng liúxué(希望留学).　¶ やっと長年の～がかなった duōnián lái de yuànwàng hǎoróngyì cái shíxiàn le(多年来的愿望好容易才实现了).　¶ ～に胸をふくらませて社会人としての第一歩を踏み出した mǎnhuái xīwàng màichūle shèhuì shēnghuó de dìyī bù(满怀希望迈出了社会生活的第一步).　¶ 自分の～に反して就職せざるを得なかった hé zìjǐ de yuànwàng xiāngfǎn, bùdé bú jiùyè(和自己的愿望相反,不得不就业).　¶ なるべく御～にそうように致します jǐnkěnéng de mǎnzú nín de yuànwàng(尽可能地满足您的愿望).

¶子供の将来に～を託す bǎ xīwàng jìtuō zài háizi de jiānglái(把希望寄托在孩子的将来). ¶前途に～をもって努力する zhǎnwàng jiānglái hǎohǎo nǔlì(展望将来好好努力). ¶私は生きる～を失った wǒ duì rénshēng shīqùle xīwàng(我对人生失去了希望). ¶そのことは一通りには行かなかった nà jiàn shì méi néng rúyuàn(那件事没能如愿). ¶～者には安くお分けします liánjià chūràng gěi xiǎng yào de rén(廉价出让给想要的人).

ぎほう【技法】 jìfǎ (技法).

きぼね【気骨】 ¶～の折れる仕事 láoshén shòulèi de gōngzuò(劳神受累的工作).

きぼり【木彫】 mùdiāo (木雕). ¶～の熊 mùdiāo gǒuxióng(木雕狗熊).

きほん【基本】 jīběn (基本), jīchǔ (基础). ¶数学の～をしっかり勉強する xuéhǎo shùxué de jīchǔ(学好数学的基础). ¶この考えが日本の教育の～となった zhège sīxiǎng chéngle Rìběn jiàoyù de jīchǔ(这个思想成了日本教育的基础). ¶～給 jīběn gōngzī(基本工资)/ dǐxīn(底薪)/ gānxīn(干薪). ～語彙 jīběn cíhuì(基本词汇). ～単位 jīběn dānwèi(基本单位). ～法 jīběnfǎ(基本法). ～的人権 jīběn rénquán(基本人权). ～料金 zuìdī shōufèi biāozhǔn'é(最低收费标准额)/ jiājià(基价).

ぎまい【義妹】 〔夫の妹〕xiǎogūzi (小姑子), xiǎogūr(小姑儿); 〔妻の妹〕xiǎoyízi (小姨子), xiǎoyír(小姨儿); 〔弟の妻〕dìxí (弟媳), dìxífù(弟媳妇).

きまえ【気前】 dàfāng (大方). ¶あの人は大層～がよい tā nàge rén chūshǒu hěn dàfāng(他那个人出手很大方). ¶母校の記念行事に～よく寄付をする wèile mǔxiào de jìniàn huódòng kāngkǎi de juānqián(为了母校的纪念活动慷慨地捐钱).

きまぐれ【気紛れ】 ¶弟は～な性質だ dìdi méi ge zhǔnxìngzi(弟弟没个准性子). ¶あいつは～だから何をするか分らない nà jiāhuo ˇfǎnfù wúcháng[zhāosān-mùsì] bù zhī huì gànchū shénme lái(那家伙ˇ反复无常[朝三暮四]不知会干出什么来). ¶それは～にやったことだ nà shì píng yì shí xīnxuè láichǎo gàn de(那是凭一时心血来潮干的). ¶この計画は決して一時の～ではない zhège jìhuà bìng bú shì yīshí gāoxìng xiǎngchulai de(这个计划并不是一时高兴想出来的). ¶～な天気 hū qíng hū yīn [zhà yǔ zhà qíng] de tiānqì(忽晴忽阴[乍雨乍晴]的天气).

きまじめ【生真面目】 ¶～な青年 lǎoshi rènzhēn de qīngnián(老实认真的青年). ¶そんなに～になるな bié nàme yì běn zhèngjīng(别那么一本正经).

きまず・い【気まずい】 nánwéiqíng (难为情), nánkān(难堪). ¶そのことで～い思いをした nà jiàn shì shǐ wǒ gǎndào hěn nánwéiqíng(那件事使我感到很难为情). ¶～い空気になる yǒule yīzhèn ˇbù yúkuài[gāngà] de chénmò(有了一阵ˇ不愉快[尴尬]的沉默). ¶2人の仲が～くなった liǎng ge rén de guānxi bù hǎo le(两个人的关系不好了)/ tā liǎ gégé bú rù le(他俩格格不入了).

きまつ【期末】 qīmò (期末). ¶～試験 qīmò kǎoshì(期末考试)/ qīkǎo (期考)/ dàkǎo (大考). ～手当 qīmò jīntiē(期末津贴).

きまって【決って】 zhǔn (准), zǒng (总). ¶雨が降る前には～関節が痛くなる lín xiàyǔ, guānjié zhǔn fāténg(临下雨,关节准发疼). ¶あの人は～月初めにやって来る nàge rén měi dào yuèchū zhǔn lái(那个人每月初准来).

きまま【気儘】 rènxìng (任性), suíxīnsuǒyù (随心所欲), suíbiàn (随便). ¶～な生活を送る suí zìjǐ de xīnyì xiāoyáo zìzài dùrì(随自己的心意逍遥自在度日)/ suíxīnsuǒyù de shēnghuó (随心所欲地生活). ¶あんな～は許しません jué bù yǔnxǔ nàme rènxìng(决不允许那么任性). ¶彼はいつも勝手に～にふるまう tā zǒngshì xiǎng zěnyàng jiù zěnyàng(他总是想怎样就怎样).

きまり【決り】 **1** 〔規則,習慣〕guīdìng (规定), guīzé (规则), guīju (规矩), dìngguī (定规), chéngguī (成规). ¶会の～を守る zūnshǒu huìzhāng(遵守会章). ¶時間に～はない shíjiān shang méiyǒu ˇxiànzhì[xiàndìng] (时间上没有ˇ限制[限定]).

2 〔決着,おさまり〕 ¶仕事に～をつける shǐ gōngzuò gào yí duànluò(使工作告一段落). ¶今日はその話に～をつけます jīntiān bǎ nà jiàn shì jiāyǐ liǎojié(今天把那件事加以了结). ¶引っ越したばかりで家の中の～がなかなかつかない gāng bānlái, fángzi lǐ lǎo shōushi bu wán(刚搬来,房子里老收拾不完).

3 ¶こんな格好では～が悪くて人前に出られない zhè fù dǎban bù hǎoyìsi chūqu jiàn rén(这副打扮不好意思出去见人). ¶子供は客の前で～悪そうにうつむいていた háizi zài kèrén miànqián xiūdādā de dīzhe tóu(孩子在客人面前羞答答地低着头).

きまりきった【決り切った】 ¶～日常の暮し píngdàn wúqí de rìcháng shēnghuó(平淡无奇的日常生活). ¶～ことを言うな míngbǎizhe de shì, yòngbuzháo nǐ shuō(明摆着的事,用不着你说). ¶君が金を出すのは～だ nǐ tāo qián chū lái shì lǐ suǒ dāngrán de (你掏钱是理所当然的).

きまりもんく【決り文句】 lǎodiào(老调), lǎodiàozi(老调子), lǎobāngzǐ(老梆子), lǎotào(老套). ¶あれは彼の～だ nà shì tā de lǎodiàozi (那是他的老调子).

きま・る【決る】 **1** 〔定まる〕 dìng (定), juédìng (决定), guīdìng (规定). ¶まだ考えが～らない hái nábudìng zhǔyi(还拿不定主意). ¶日時が～った rìqī hé shíjiān dìng xiàlai le(日期和时间定下来了). ¶就職先がようやく～った gōngzuò dānwèi hǎoróngyì quèdìng le(工作单位好容易确定了). ¶結婚式の日取りは10月30日に～った hūnlǐ de rìzi dìngwéi shíyuè sānshí rì (婚礼的日子定为十月三十日). ¶そうと～ったら一刻も早い方がよい nàme juédìng

xialai le, jiù yuè kuài yuè hǎo（那么决定下来了,就越快越好）.　¶これでやっと腹が～った zhème yìlái cái xiàdìngle juéxīn（这一来才下定了决心）.　¶スマッシュが～った kòushā chénggōng le（扣杀成功了）.

2〔きまった…〕　¶いつも～った顔ぶれだ lái rén měi cì dōushì yíyàng（来的人每次都一样）.

3〔…にきまっている〕　¶彼は来るに～っている tā ´yídìng[zhǔn] lái（他一定[准]来）.　¶冬は寒いに～っている dōngtiān lěng shì dāngrán de（冬天冷是当然的）.

ぎまん【欺瞞】　qīmán（欺瞒）, qīpiàn（欺骗）.　¶彼の行為は～にみちている tā de xíngwéi jìnshì qīpiàn（他的行为尽是欺骗）.

きみ【君】　**1** nǐ（你）, nǎi（倷）, nóng（侬）.

2〔君主〕jūnzhǔ（君主）.

きみ【黄身】　dànhuáng[r]（蛋黄[ル]）, luǎnhuáng（卵黄）.

きみ【気味】　**1**〔おもむき,傾向〕　¶彼には慢心の～がある tā yǒudiǎnr jiāo'ào zìmǎn（他有点ル骄傲自满）.　¶風邪～で仕事を休む zháole diǎnr liáng, gàojià xiūxi（着了点ル凉,告假休息）.　¶近頃少し疲れっ気味だ jìnlái juéde yǒudiǎnr fá（近来觉得有点ル乏）.

2〔気持〕　¶蛇は～が悪い shé jiào rén ěxīn [fāmáo]（蛇叫人ル恶心[发毛]）.　¶"いひひ"と～の悪い声で笑った"hēihēi" lìng rén sǒngrán de xiào le（"嘿嘿"令人悚然地笑了）.　¶皆はその得体の知れない物を～悪そうに眺めている dàjiā jīngkǒng de kànzhe nàge láilì bùmíng de dōngxi（大家惊恐地看着那个来历不明的东西）.　¶あいつが負けていい～だ nàge jiāhuo shū le, zhēn huógāi!（那个家伙输了,真活该!）.

きみじか【気短】　xìngjí（性急）, jíxìngzi（急性子）.　¶彼は～だ tā shì ge jíxìngzi（他是个急性子）.　¶彼は年をとって～になった tā shàngle niánjì, rén jiù biàn xìngjí le（他上了年纪,人就变性急了）.

きみつ【気密】　mìfēng（密封）, qìmì（气密）.　¶～構造 qìmì jiégòu（气密结构）.　～室 mìfēngshì（密封室）.

きみつ【機密】　jīmì（机密）.　¶～を漏らす xièmì（泄密）/ jīmì xièlù（泄露机密）.　¶～が漏れた jīmì xièlòu le（机密泄漏了）.

¶～費 tèzhīfèi（特支费）.　～文書 jīmì wénjiàn（机密文件）/ mìjiàn（密件）.

きみどり【黄緑】　cǎolǜ（草绿）.

きみゃく【気脈】　¶ひそかに～を通ずる àndìlǐ ´hù tōng shēngqì[chuàntōng yíqì / gōutōng yíqì]（暗地里´互通声气[串通一气 / 勾通一气]）.

きみょう【奇妙】　qímiào（奇妙）, qíguài（奇怪）.　¶未だに～な風俗が残っている xiànzài hái yìliúzhe qímiào de fēngsú（现在还遗留着奇妙的风俗）.　¶これは～な取合せだ zhè yí duì pèidā de hěn qímiào（这一对配搭得很奇妙）.　¶～なこともあればあるものだ xiǎngbudào huì yǒu zhè zhǒng qíshì（想不到会有这种奇事）.

ぎむ【義務】　yìwù（义务）.　¶～を果す lǚxíng

[jìn] yìwù（履行[尽]义务）.　¶国民には納税の～がある guómín yǒu nàshuì de yìwù（国民有纳税的义务）.　¶国民はその子女に普通教育を受けさせることを～づけられている guómín fùyǒu shǐ qí zǐnǚ shòu pǔtōng jiàoyù de yìwù（国民负有使其子女受普通教育的义务）.　¶あいつは～的にしか働いていない nàge jiāhuo zhǐshì yìwùxìng de gōngzuò bàle（那个家伙只是义务性地工作罢了）.

¶～教育 yìwù jiàoyù（义务教育）.

きむずかし・い【気難しい】　¶～い年寄の世話をする zhàogù píqi niù de lǎorén（照顾脾气拗的老人）.　¶あの人はいつも～い顔をしている tā nàge rén lǎoshi ´bǎn[běng]zhe liǎn（他那个人老是板[绷]着脸）.

きむすめ【生娘】　chǔnǚ（处女）, huánghuānǚr（黄花女ル）, huánghuā guīnǚ（黄花闺女）.

キムチ　Cháoxiān làbáicài（朝鲜辣白菜）, Cháoxiān pàocài（朝鲜泡菜）.

きめ【木目・肌理】　〔木の〕mùlǐ（木理）;〔肌の〕jīlǐ（肌理）.　¶～の細かい肌 xìnèn de pífū（细嫩的皮肤）/ xìpí nènròu（细皮嫩肉）/ jīlǐ xìnì（肌理细腻）.　¶～細かく注意を払う xìxīn jiāyǐ zhùyì（细心加以注意）.　¶～の荒い仕事だ gōngzuò cūlǔ（工作粗鲁）.

きめい【記名】　jìmíng（记名）.　¶～捺印する qiānmíng gàizhāng（签名盖章）.

¶～証券 jìmíng zhèngquàn（记名证券）.　～投票 jìmíng tóupiào（记名投票）.

ぎめい【偽名】　jiǎmíng（假名）.　¶～を使う shǐyòng jiǎmíng（使用假名）/ dǐngmíngr（顶名ル）/ màomíng（冒名）.

きめこ・む【決め込む】　¶彼は自分は合格するものと～んでいる tā zì yǐwéi zhǔn néng kǎoshàng（他自以为准能考上）.　¶知らん顔を～ yáng zuò bù zhī（佯作不知）/ zhuānglóng-zuòyǎ（装聋作哑）.

きめつ・ける【極め付ける】　¶彼は私が悪いと頭から～けた tā pītóu chìzé shuō wǒ bú duì（他劈头斥责说我不对）.

きめて【決め手】　¶～となる証拠がない méiyǒu zúyǐ zuòchū zuìhòu pànduàn de píngjù（没有足以作出最后判断的凭据）.

き・める【決める】　**1**〔定める〕dìng（定）, juédìng（决定）, guīdìng（规定）.　¶当番を～める dìng zhírìshēng（定值日生）.　¶私一人では～められない wǒ yí ge rén ´juédìng bu liǎo nábuliǎo zhǔyi（我一个人´决定不了[拿不了主意]）.　¶彼は一旦こうと～めたらてこでも動かない tā yídàn juédìng zhème zuò, jiù jué bù qīngyì gǎibiàn（他一旦决定这么做,就决不轻易改变）.　¶まだ心を～めかねている hái ´méi nádìng[nábudìng] zhǔyi（还´没拿定[拿不定]主意）.　¶どうにか話を～めた hǎoróngyi bǎ shìqing shuōtuǒ le（好容易把事情说妥了）.　¶では日曜日の3時ということに～めましょう nàme dìngwéi xīngqītiān de sān diǎn ba（那么定为星期天的三点吧）.　¶私は毎朝散歩することに～めている wǒ měi tiān zǎoshang zǒng yào sànsan bù（我每天早上总要散散步）.　¶新製品の価格を～

る guīdìng xīnchǎnpǐn de jiàgé(规定新产品的价格).　**2**〖思い込む〗yǐwéi(以为), rènwéi(认为).¶彼は自分がやれば何でもうまく行くと～めている tā yǐwéi zìjǐ zuò shénme dōu néng zuòhǎo(他以为自己做什么都能做好).¶最初から駄目だと～めてかかる cóng kāitóu jiù rènwéi bùxíng(从开头就认为不行).

きも【肝】　**1**〖肝臓〗gān[r](肝儿).¶豚の～ zhūgān(猪肝).

2〖胆〗dǎn[r](胆儿), dǎnzi(胆子), dǎnliàng(胆量).¶～のすわった男 yǒu dǎnliàng de rén(有胆量的人).¶彼は～が太い tā dǎnzi dà(他胆子大)/tā yìshēn shì dǎn(他一身是胆).¶ああ～をつぶした āiyā! wǒ xiàpòle dǎn le(哎呀! 我吓破了胆了)/āiyā! bǎ wǒ xiàsǐ le(哎呀! 把我吓死了).¶落ちそうになって～を冷した chàdiǎnr méi diàoxiàqu, xiàle yí tiào(差点儿没掉下去, 吓了一跳).¶夏の夜に～だめしをする zài xiàtiān de wǎnshang shìshi shuí yǒu dǎnliàng(在夏天的晚上试试谁有胆量).¶お言葉は～に銘じて忘れません nín de huà wǒ míngjì bú wàng(您的话我铭记不忘).

きもいり【肝煎】　大学の先生の～で就職した yóu dàxué de lǎoshī cóngzhōng jièshào jiùyè le(由大学的老师从中介绍就业了).¶A氏が～となって祝賀会を開いた yóu A xiānsheng chūlì zhōuxuán kāile qìngzhùhuì(由A先生出力周旋开了庆祝会).

きもう【起毛】　lāmáo(拉毛), lāróng(拉绒).

きもち【気持】　xīn(心), xīnqíng(心情), xīnhuái(心怀), xīnyì(心意), xīnsi(心思), gǎnqíng(感情).¶～がうきうきしている xīnzhōng piāopiāorán(心中飘飘然).¶なんともやりきれない～である zhēn shì xīnlǐ yǒu kǔ wú chù sù[yǒu kǒu nán yán](真是 心里有苦无处诉[有口难言]).¶それでは私の～がすまない zhèyàng wǒ xīnli kě guòyì bu qù(这样我心里可过意不去).¶彼女の～がわからない wǒ cāibutòu tā de xīnsi(我猜不透她的心思).¶～を落ち着けてよく考えてみなさい nǐ píngxīn-jìngqì de hǎohāo xiǎngxiang ba(你平心静气地好好想想吧).¶他人の～を大切にする zūnzhòng biérén de gǎnqíng(尊重别人的感情).¶自分の～を打ち明ける tǔlù zìjǐ de zhēnxīn(吐露自己的真心).¶いつまでもその～を忘れないように nà zhǒng xīnhuái yǒngyuǎn bú wàng le(那种心怀永远别忘了).¶この愉快な～は言葉で言い表せない zhè zhǒng yúkuài de xīnqíng hěn nán yòng yǔyán biǎodá(这种愉快的心情很难用语言表达).¶ほんの～ですが, どうぞお納め下さい zhè shì wǒ de yìdiǎnr xiǎoyìsi[liáo biǎo cùnxīn], qǐng shōuxià ba(这是我的一点儿小意思[聊表寸心], 请收下吧).¶さわやかな天気でとてもいい～だ tiānqì shuǎnglǎng, xīnqíng hěn chàngkuài(天气爽朗, 心情很畅快).¶いい～で鼻歌を歌っている xīnqíng shūchàng de hēngzhe gēr(心情舒畅地哼着歌儿).¶晴れやかな～で出発した xìngchōngchōng[xìng gāo cǎi liè] de dòngshēn le(兴冲[兴高采烈]地动身了).¶べとべととして～が悪い niánhúhúde zhēn shǐ rén tǎoyàn(黏糊糊的真使人讨厌).¶泣きたいような～だ zhēn xiǎng dà kū yì cháng(真想大哭一场).¶船酔いで～が悪い yùnle chuán, juéde bù shūfu(晕了船, 觉得不舒服).¶見ているだけで～が悪くなる kànzhe jiù juéde ěxin(看着就觉得恶心).¶～よく仕事を引き受けてくれた tā tòngkuai de chéngdānle zhège gōngzuò(他痛快地承担了这个工作).¶空は～よく晴れた tiānkōng yìcháng qīngláng(天空异常清朗).¶～よさそうに日なたぼっこをしている shūshūfúfú de shàinuǎnr(舒舒服服地晒暖儿).¶これから～を引き締めてかかろう dǎ jīnhòu lèijǐn kùdài gàn(打今后勒紧裤带干).¶ほんの～右に寄せて下さい qǐng xiàng yòubiān shāo nuó yi nuó(请向右边稍挪一挪).

きもったま【肝っ玉】→きも2.

きもの【着物】　yīfu(衣服), yīshang(衣裳); héfú(和服).¶家に帰ると～に着替える huídào jiā jiù huànshàng héfú(回到家就换上和服).

きもん【鬼門】¶～をよけて家を建てる kàn fēngshuǐ gài fángzi(看风水盖房子).¶英語は僕の～だ Yīngyǔ wǒ zuì jíshǒu(英语我最棘手).

ぎもん【疑問】　yíwèn(疑问).¶～があったら何でも尋ねなさい yǒu yíwèn, jǐnguǎn tíchulai(有疑问, 尽管提出来).¶この件については少しも～の余地がない zhège wèntí shì wúkě zhìyí de(这个问题是无可置疑的).¶人生に～を抱く duì rénshēng bàoyǒu yíwèn(对人生抱有疑问).¶彼の言うことが正しいかどうかは～だ tā shuō de huà zhèngquè yǔ fǒu hái 'shì[děi dǎ]' ge wènhào(他说的话正确与否还'是[得打]'个问号).¶～詞 yíwèn dàicí(疑问代词).¶～符 wènhào(问号).¶～文 yíwènjù(疑问句)/wènjù(问句).

ギヤ→ギア.

ぎゃあぎゃあ　jījigāgā(叽叽嘎嘎·唧唧嘎嘎)¶虫一匹のことで～騒いで逃げ回る wèile yì zhī xiǎochóngzi gǔguā luànjiào dǎn wūzi pǎo(为了一只小虫子呱呱乱叫满屋子跑).

ぎゃあぎゃあ　赤ん坊が～泣く wáwa wāwā de dà kū(娃娃哇哇地大哭).¶皆が～反対したら中止になった dàjiā rāngrang fǎnduì, jiéguǒ zhōngzhǐle(大家嚷嚷反对, 结果中止了).

きやく【規約】　guīyuē(规约), guīzhāng(规章), zhāngchéng(章程).¶～をつくる zhìdìng guīyuē(制定规约).¶～違反 wéibèi guīzhāng(违背规章).

きゃく【客】　**1**〖訪問者〗kè(客), kèrén(客人).¶～を招く yāoqǐng kèrén(邀请客人)/yāokè(邀客).¶応接間で～に会う zài kètīng li huìjiàn kèrén(在客厅里会见客人).¶御馳走で～をもてなす yǐ shānzhēn-hǎiwèi zhāodài kèrén(以山珍海味招待客人).¶駅に～を迎えに行く dào chēzhàn qù yíngjiē kèrén(到车站去迎接客人).¶お父さん, お～さまです bàba, lái kèrén le(爸爸, 来客人了).¶家でお～をする zài jiāli qǐngkè(在家里请客).

2〔店、乗物などの〕gùkè(顾客), kèhù(客户), zhǔgù(主顾), gùzhǔ(顾主), kèrén(客人), zuòr(座儿). ¶この店の〜の大部分は若い女性です zhège shāngdiàn de gùkè dàbùfen shì niánqīng de fùnǚ(这个商店的顾客大部分是年轻的妇女). ¶開店早々〜の出足は好調だ yì kāizhāng kèrén jiù láile bùshǎo(一开张客人就来了不少). ¶この映画は〜の入りが悪い zhège diànyǐng bú jiàozuò(这个电影不叫座).

¶予約〜 yùyuē kèrén(预约客人).

-きゃく【脚】 bǎ(把), zhāng(张). ¶椅子2〜 liǎng bǎ yǐzi(两把椅子). ¶机1〜 yì zhāng zhuōzi(一张桌子).

ぎゃく【逆】 fǎn(反), xiāngfǎn(相反). ¶言う事とする事が〜だ shuō de hé zuò de xiāngfǎn(说的和做的相反). ¶君とは立場がまったく〜だ wǒ suǒ chǔ de lìchǎng gēn nǐ qiàqià xiāngfǎn(我所处的立场跟你恰恰相反). ¶文句を言ってきたので〜にやりこめてやった bǎ lái xúnshì zhǎochár de fǎn gěi dǐngle huíqù(把来寻事找茬儿的反给顶了回去). ¶〜もまた真なり nì zhī yì wéi zhēn(逆之亦为真).

ギャグ xuétóu(噱头), dǎhùn(打诨). ¶巧みな〜で人を笑わせる yòng qiǎomiào de xuétóu dòu rén fāxiào(用巧妙的噱头逗人发笑).

きゃくあし【客足】 ¶雨の日は〜が鈍る xiàyǔtiān ˈgùkè[guānkè] shǎo(下雨天ˈ顾客[观客]少).

きゃくあしらい【客あしらい】 dàikè(待客). ¶あの店は〜がよい nàge shāngdiàn fúwù tàidu hǎo(那个商店服务态度好). ¶うちの母は〜がうまい wǒ mǔqīn shànyú kuǎndài kèrén(我母亲善于款待客人).

きゃくいん【客員】 →かくいん.

きゃくいん【脚韻】 yùnjiǎo(韵脚). ¶〜を踏む yā yùnjiǎo(押韵脚)/ yāyùn(押韵).

ぎゃくこうか【逆効果】 ¶薬も飲みすぎると〜だ yào chīde guòduō fǎndào bù hǎo(药吃得过多反倒不好). ¶あきらめさせるつもりがかえって〜だった xiǎng shuōfú tā sǐle xīn, què shìdé-qífǎn(想说服他死了心,却适得其反).

ぎゃくこうせん【逆光線】 nìguāng(逆光). ¶〜で写真をとる nìguāng shèyǐng(逆光摄影).

ぎゃくコース【逆コース】 dàoxíng nì shǐ(倒行逆施), kāi dàochē(开倒车), nìliú(逆流). ¶〜の政策 dàoxíng-nìshī de zhèngcè(倒行逆施的政策).

ぎゃくさつ【虐殺】 nüèshā(虐杀), cǎnshā(惨杀), cánshā(残杀), túshā(屠杀). ¶数万の市民が〜された shùwàn de shìmín bèi túshā le(数万的市民被屠杀了).

ぎゃくさん【逆算】 dàoshǔ(倒数). ¶没年から〜すると1881年生れだ yóu gùshì nà nián dàoshǔ, tā shēng yú yī bā bā yī nián(由故世那年倒数,他生于一八八一年).

きゃくし【客死】 →かくし.

きゃくしゃ【客車】 kèchē(客车).

ぎゃくしゅう【逆襲】 huíjī(回击), fǎnjī(反击), fǎngōng(反攻). ¶夜陰に乗じて〜する chènzhe hēiyè jìnxíng fǎnjī(趁着黑夜进行反击).

¶相手の主張の矛盾をついて〜する zhuāzhù duìfāng zhǔzhāng zhōng de máodùn jiāyǐ fǎnjī(抓住对方主张中的矛盾加以反击).

ぎゃくじょう【逆上】 ¶血を見て〜した yí jiàn xuè jīngshén cuòluàn le(一见血精神错乱了). ¶彼は怒りのあまり〜してなぐりつけた tā qìfēng le, shīqù lǐzhì ōudǎle rén(他气疯了,失去理智殴打了人).

きゃくしょく【脚色】 ¶小説をテレビドラマに〜する bǎ xiǎoshuō gǎibiān wéi diànshì jùběn(把小说改编为电视剧本).

¶〜者 gǎibiānzhě(改编者).

ぎゃくすう【逆数】 dàoshù(倒数).

きゃくせき【客席】 kèwèi(客位), kèzuò(客座).

ぎゃくせつ【逆説】 fǎnhuà(反话). ¶彼はいつも〜めいた言い方をする tā ài shuō fǎnhuà(他爱说反话).

ぎゃくせつ【逆接】 zhuǎnzhé(转折).

きゃくせん【客船】 kèchuán(客船), kèlún(客轮), yóulún(邮轮).

ぎゃくせんでん【逆宣伝】 fǎnxuānchuán(反宣传). ¶そのことが我々に対する〜に利用された lìyòng nà shì duì wǒfāng jìnxíng fǎn xuānchuán(利用那事对我方进行反宣传).

ぎゃくぞく【逆賊】 nìzéi(逆贼), pàntú(叛徒).

きゃくたい【客体】 kètǐ(客体).

ぎゃくたい【虐待】 nüèdài(虐待), cánnüè(残虐). ¶捕虜を〜する nüèdài fúlǔ(虐待俘虏).

きゃくちゅう【脚注】 jiǎozhù(脚注).

ぎゃくて【逆手】 ¶〜をとってねじあげる fǎnniǔ duìfāng de gēbo(反扭对方的胳膊). ¶〜をとってやりこめる fǎnjiào duìfāng méifǎr yányu(反叫对方没法儿言语)/ dǎodǎ yì pá(倒打一耙).

ぎゃくてん【逆転】 fǎnzhuàn(反转); nìzhuǎn(逆转). ¶モーターを〜させる jiào mǎdá fǎnzhuàn(叫马达反转). ¶リードしていた試合が〜された lǐngxiān de bǐsài qīngshǐ yíxiàzi nìzhuǎn le(领先的比赛情势一下子逆转了). ¶〜ホームラン zhuǎnbài-wéishèng de běnlěidǎ(转败为胜的本垒打).

きゃくどめ【客止め】 ¶今月の出し物は連日満員で〜の盛況だ běnyuè de yǎnchū jiémù hěn shòu huānyíng, liánrì ˈmǎnzuò[kè mǎn] xièjué rùchǎng(本月的演出节目很受欢迎,连日 ˈ满座[客满]谢绝入场).

きゃくひき【客引き】 lākè(拉客), zhāolǎn gùkè(招揽顾客); 〔人〕lākède(拉客的).

ぎゃくひれい【逆比例】 fǎnbǐlì(反比例), fǎnbǐ(反比).

ぎゃくふう【逆風】 nìfēng(逆风), dǐngfēng(顶风), qiāngfēng(戗风), dǎtóufēng(打头风), dàofēng(倒风). ¶〜に耐える dǐngzhù nìfēng(顶住逆风).

きゃくほん【脚本】 jiǎoběn(脚本), jùběn(剧本). ¶映画の〜 diànyǐng jùběn(电影剧本).

¶〜家 jùzuòjiā(剧作家).

きゃくま【客間】 kètīng(客厅), kètáng(客堂), huìkèshì(会客室).

ぎゃくもどり【逆戻り】 ¶この先は行き止りだ,

～しよう qiántóu shì sǐhútòng, wǎng huí zǒu ba(前头是死胡同,往回走吧). ¶無理をしたので病状は～してしまった yīnwei miǎnqiǎng gōngzuò, bìngqíng yòu èhuà le(因为勉强工作,病情又恶化了).

ぎゃくゆにゅう【逆輸入】 zài jìnkǒu(再进口), zài shūrù(再输入).

ぎゃくよう【逆用】 ¶法律を～して悪事を働く yòng fǎlǜ zuò dǎngjiānpái gàn huàishì(用法律做挡箭牌干坏事). ¶相手の手段を～する duìfāng de shǒuduàn fǎnguolai jiāyǐ lìyòng(对方的手段反过来加以利用).

きゃくよせ【客寄せ】 lǎnkè(揽客). ¶～に大安売りをする wèile lǎnkè dàshuǎimài(为了揽客而大甩卖).

ぎゃくりゅう【逆流】 dàoliú(倒流). ¶潮が満ちて海水が川に～してきた yóuyú zhǎngcháo hǎishuǐ xiàng hé li dàoliú(由于涨潮海水向河里倒流).

きゃくりょく【脚力】 jiǎolì(脚力), jiǎojìn[r](脚劲儿).

ギャザー zhězi(褶子), zhě[r](褶儿), jiǎn(裥). ¶～を寄せる chōu zhězi(抽褶子). ¶～スカート bǎizhěqún(百褶裙)/ suìzhěqún(碎褶裙).

きゃしゃ【華奢】 jiāonèn(娇嫩). ¶生れつき～な体つきをしている shēnglái shēntǐ jiāonèn(生来体format娇嫩). ¶この玩具は～にできている zhège wánjù zuòde bù jiēshi(这个玩具做得不结实).

きやすい【気安い】 ¶彼とは～く話ができる仲だ gēn tā shì néng suíbiàn shuō huà de huǒbàn(跟他是能随便说话的伙伴). ¶～く人の名を呼ばないでくれ bié zhāng kǒu bì kǒu suísuíbiànbiàn jiào wǒ(别张口闭口随随便便叫我).

キャスター jiǎolún(脚轮); xīnwén zhǔchírén(新闻主持人).

キャスチングボート ¶第三党が～を握っている dìsān dǎng zhǎngwòzhe qùxiàng(第三党掌握着去向).

きやすめ【気休め】 ¶～に薬を飲む wèile ānxīn chī yào(为了安心吃药). ¶そんな～は言わないでください qǐng búyào shuō nà zhǒng ānwèihuà(请不要说那种安慰话).

きやせ【着痩せ】 ¶～するタイプなので得だ chuān shénme dōu xiǎnde shòuxuē, zhàn le piányi(穿什么都显得瘦削,占了便宜).

きゃたつ【脚立】 tīdèng(梯凳), shuāngtī(双梯), shuāngmiàntī(双面梯).

キャタピラ lǚdài(履带), liàngguǐ(链轨).

きゃっ yā(呀), aīyā(哎呀), aīyo(哎唷). ¶～! 蛇だ yā! chángchong!(呀!长虫!).

きゃっか【却下】 bóhuí(驳回), pībó(批驳). ¶控訴を～する bóhuí shàngsù(驳回上诉).

きゃっか【脚下】 jiǎo xià(脚下). ¶数十丈の谷を～に見おろす fǔshì jiǎo xià shùshí zhàng de shēngǔ(俯视脚下数十丈的深谷).

きゃっかん【客観】 kèguān(客观). ¶物事を～的に眺める duì shìwù kèguān de jiāyǐ guānchá(对事物客观地加以观察). ¶それは～情勢が許さない kèguān xíngshì bù yǔnxǔ nàyàng(客观形势不允许那样). ¶彼の主張には～性がない tā de zhǔzhāng méiyǒu kèguānxìng(他的主张没有客观性).

¶～描写 kèguān miáoxiě(客观描写).

きゃっきゃっ ¶子供達が～と騒いでいる háizimen xīxīhāhā de shuǎnàozhe(孩子们嘻嘻哈哈地要闹者).

ぎゃっきょう【逆境】 nìjìng(逆境). ¶彼女はどんな～にあっても朗らかさを失わなかった tā zài rènhé nìjìng zhōng yě wèi shīqù kāilǎng de xìnggé(她在任何逆境中也未失去开朗的性格).

きゃっこう【脚光】 jiǎodēng(脚灯). ¶世界の～として政治の舞台に登場した zài quán shìjiè de zhùmù xià dēngshàng zhèngzhì wǔtái(在全世界的注目下登上政治舞台).

ぎゃっこう【逆行】 nìxíng(逆行); kāi dàochē(开倒车). ¶時代の流れに～する政策 wéibèi shídài cháoliú de zhèngcè(违背时代潮流的政策)/ dàoxíng-nìshī de zhèngcè(倒行逆施的政策).

キャッシュ xiànjīn(现金), xiànkuǎn(现款). ¶～で買う yòng xiànjīn mǎi(用现金买). ¶～カード cúnqǔkuǎnkǎ(存取款卡).

キャッチフレーズ ¶新製品の～を考える zuómo xīn chǎnpǐn de xuānchuán zìjù(琢磨新产品的宣传字句).

キャッチボール ¶～をする tóu qiú wánr(投球玩儿).

キャッチャー jiēshǒu(接手).

キャップ **1**〔万年筆などの〕gài[r](盖[儿]), zhào[r](罩[儿]), mào[r](帽[儿]). ¶万年筆の～ gāngbǐmàor(钢笔帽儿). ¶瓶の～ pínggàir(瓶盖儿).
2〔キャプテン〕lǐngduì(领队), duìzhǎng(队长), lǐngbān(领班).

ギャップ chājù(差距), jùlí(距离), géhé(隔阂). ¶2人の考え方には～がある liǎng ge rén de xiǎngfa yǒu jùlí(两个人的想法有距离). ¶世代間の～を感ずる gǎndào yǒu "Hónggōu"[dàigōu](感到有"鸿沟"[代沟]).

キャディー qiútóng(球童).

キャド【CAD】 jìsuànjī fǔzhù shèjì(计算机辅助设计).

ギャバジン huádání(华达呢).

キャバレー yèzǒnghuì(夜总会).

きゃはん【脚絆】 bǎngtuǐ(绑腿), guǒtuǐ(裹腿).

キャビア yúzǐjiàng(鱼子酱).

キャピタルゲイン zīběn lìdé(资本利得), zīběn shōuyì(资本收益).

キャビネ liù cùn bǎn(六吋版). ¶～判に引き伸す fàngdà chéng liù cùn zhàopiàn(放大成六吋照片).

キャビン kècāng(客舱).

キャプテン 〔チームの〕lǐngduì(领队), duìzhǎng(队长); 〔船の〕chuánzhǎng(船长).

ぎゃふん ¶あいつを一度～と言わせてやりたい wǒ zhēn xiǎng yǒu yí cì jīhuì jiào tā dītóu rènshū, wúkě-nàihé(我真想有一次机会叫他

低头认输,无可奈何).¶～となって黙り込んだ yóurú yǎba chī huánglián yǒu kǔ nán yán, dītóu bù yǔ (犹如哑巴吃黄连有苦难言,低头不语).

キャベツ yángbáicài (洋白菜), yuánbáicài (圆白菜), juǎnxīncài (卷心菜), bāoxīncài (包心菜), bāocài (包菜), yēcài (椰菜), jiéqiú gānlán (结球甘蓝), liánhuābái (莲花白).

ギャラ piànchóu (片酬).

キャラコ yìnhuā píngbù (印花平布).

キャラメル niúnǎitáng (牛奶糖).

ギャラリー měishù zhǎnlǎnshì (美术展览室);〔見物人〕guānzhòng (观众).

キャリア 1 zīlì (资历).¶この道で10年の～を持つ zài zhè fāngmiàn yǒu shí nián de jīnglì hé jīngyàn (在这方面有十年的经历和经验).¶～ウーマン nǚ qiángrén (女强人).
2〔官僚〕dàzàngshěng de gāojí gōngwùyuán (大藏省的高级公务员).
3〔保菌者〕dàijūnzhě (带菌者).

ギャング qiángdào (强盗), gǔfěi (股匪).

キャンセル qǔxiāo (取消).¶部屋の予約を～する qǔxiāo yùdìng de fángjiān (取消预订的房间).

キャンデー tángguǒ (糖果).

キャンパス xiàoyuán (校园).

キャンプ lùyíng (露营), yěyíng (野营).¶湖畔で～する zài húpàn lùyíng (在湖畔露营).¶～ファイア yínghuǒ (营火).

ギャンブル ¶～で身を持ち崩す dǔbó chéngxìng, shēnbài-mínglié (赌博成性,身败名裂).

キャンペーン yùndòng (运动).¶交通事故防止の～ fángzhǐ jiāotōng shìgù de yùndòng (防止交通事故的运动).¶プレス～を展開する tōngguò bàokān zhǎnkāi xuānchuánzhàn (通过报刊展开宣传战).

きゆう【杞憂】 qǐyōu (杞忧).¶彼の心配は～にすぎない ta de dānxīn zhǐshì qǐyōu bàle (他的担心只是杞忧罢了).

きゅう【九】 jiǔ (九・玖).

きゅう【旧】 jiù (旧).¶戦火に荒らされた町をすっかり～に復した bèi zhànhuǒ huǐmièle de chéngshì yě dōu fùyuán rú chū le (被战火毁灭了的城市也都复原如初了).¶故郷は～のままで懐かしかった gùxiāng yīrán rú gù, gǎndòng hěn qīngqiè (故乡依然如故,感到很亲切).

きゅう【灸】 jiǔ (灸), àijiǔ (艾灸).¶～をすえる shī jiǔ (施灸)/〔比喩的〕zhěngzhì yí dùn (整治一顿).

きゅう【急】 1〔緊急, さしせまった〕jí (急), jǐnjí (紧急).¶～を要する bìxū lìjí dòng shǒushù (必须立即动手术).¶それでは～の間に合わない nàyàng yìngbuliǎo jí le (那样应不了急了).¶～な用事がありましたので失礼します yīnwei yǒu jíshì, wǒ xiān gàocí le (因为有急事,我先告辞了).¶彼等は～を聞いて駆けつけた tāmen wén jí gǎnlái (他们闻急赶来).¶情勢が～を告げる xíngshì gàojí (形势告急).¶追撃が～だ zhuījī hěn jǐn (追击很紧).
2〔突然, にわか〕tūrán (突然), hūrán (忽然), zhòurán (骤然).¶～にそう言われても困る nǐ lěngbufáng de nàme shuō, wǒ yě méi bànfǎ (你冷不防地那么说,我也没办法).¶～な事で手のほどこしようがありませんでした shì láide tài jí, méifǎ chǔzhì (事来得太急,没法处置).¶～に黙りこんでしまった hūrán bìkǒu bù yǔ le (忽然闭口不语了).¶温度が～に下がった wēndù tūrán xiàjiàng (温度突然下降).¶あの子は最近～に大人びてきた nàge háizi zuìjìn hūdì zhǎngde dàren yàng le (那个孩子最近忽地长得大人样了).¶天気が～に変った tiānqì zhòubiàn (天气骤变).¶～ブレーキをかける jí shāchē (急刹车).
3〔険しい, 鋭い〕dǒu (陡), jí (急).¶～な坂を登り降りは骨が折れる dǒupōr shàngxià hěn fèilì (陡坡儿上下很费力).¶車が～カーブを曲って行った qìchē zhuǎnle yí ge jí zhuǎnwān, kāizǒu le (汽车转了一个急转弯,开走了).
4〔速い〕jí (急).¶水の流れはここから～になる shuǐliú cóng zhèli tūrán biàn jí (水流从这里突然变急).

きゅう【級】 1〔等級〕jí (级).¶第一～の人物 dìyīliú rénwù (第一流人物).¶10万トン～のタンカー shíwàn dūn jí yóuchuán (十万吨级油船).
2〔学級, 学年〕bān (班), bānjí (班级).¶彼は私より2～上だ tā bǐ wǒ gāo liǎng bān (他比我高两班).

きゅう【球】 qiú (球).¶～形 qiúxíng (球形). ～状 qiúzhuàng (球状). ～心 qiúxīn (球心). ～体 qiútǐ (球体). ～面 qiúmiàn (球面).

ぎゆう【義勇】 yìyǒng (义勇).¶～軍 yìyǒngjūn (义勇军)/ zhìyuànjūn (志愿军). ～兵 yìyǒngbīng (义勇兵)/ zhìyuànbīng (志愿兵).

きゅうあい【求愛】 qiú'ài (求爱).¶彼女に～した xiàng tā qiú'ài (向她求爱).

きゅうあく【旧悪】 jiù è (旧恶).¶～が露顕した bèi jiēlù le (被揭露了)/ jiù'èbàolù (旧恶暴露).

きゅういん【吸引】 xīyǐn (吸引).¶この磁石は～力が強い zhè zhǒng císhí xīyǐnlì qiáng (这种磁石吸引力强).

きゅういん【牛飲】 niúyǐn (牛饮).¶～馬食する dà chī dà hē (大吃大喝).

きゅうえん【休演】 tíngyǎn (停演).¶都合により夜の部は～する yīngyè wǎnchǎng tíngyǎn chū (因故晚场停止演出).¶怪我で1か月間～する shòule shāng, yí ge yuè bùnéng dēngtái yǎnchū (受了伤,一个月不能登台演出).

きゅうえん【救援】 jiùyuán (救援), yuánjiù (援救), jiùyìng (救应).¶遭難者の～に向かう qiánwǎng jiùyuán zāonànzhě (前往救援遭难者).¶被災者に～の手を伸す xiàng shòuzāizhě shēnchū jiùjì zhī shǒu (向受灾者伸出救济之手).¶～隊 jiùyuánduì (救援队). ～物資 jiùjì wùzī (救济物资).

きゅうか【旧家】 jiùjiā (旧家).¶彼は土地の～の生れだ tā shì dāngdì shìjiā chūshēn (他是当地世家出身).

きゅうか【休暇】 xiūjià (休假), jià (假).¶1週

間の～をとる qǐng[gào] yí ge xīngqī de jià（请[告]一个星期的假）. ¶～中はAさんが代ってくれる zài jiàqī lǐ lǎo A tì wǒ（在假期里老A替我）.

きゅうかい【休会】 xiūhuì（休会）. ¶国会は本日より～に入った guóhuì yóu jīntiān qǐ xiūhuì（国会由今天起休会）.

きゅうかく【嗅覚】 xiùjué（嗅觉）. ¶犬は～が鋭い gǒu xiùjué mǐnruì（狗嗅觉敏锐）.

きゅうがく【休学】 xiūxué（休学）. ¶病気のため1年間～する yīn bìng xiūxué yì nián（因病休学一年）.

きゅうかつ【久闊】 ¶～を叙する jiǔbié chóngféng, hù sù zhōngqíng（久别重逢, 互诉衷情）.

きゅうかん【旧館】 jiùlóu（旧楼）, jiùguǎn（旧馆）.

きゅうかん【休刊】 ¶明日の朝刊は～と致します míngtiān de chénbào xiūkān（明天的晨报休刊）.

きゅうかん【休館】 ¶図書館は毎週月曜日は～です túshūguǎn měiféng xīngqīyī xiūxí（图书馆每逢星期一休息）.

¶～日 xiūguǎnrì（休馆日）.

きゅうかん【急患】 ¶～が担ぎ込まれた jíbìng huànzhě[jízhěn bìngrén] bèi táijinlai le（急病患者[急诊病人]被抬进来了）.

きゅうかんち【休閑地】 xiūxiándì（休闲地）.

きゅうかんちょう【九官鳥】 liáogē（鹩哥）, qínjíliǎo（秦吉了）;［八哥鳥］bāgē[r]（八哥ﾙ）.

きゅうき【吸気】 xī qì（吸气）.

きゅうぎ【球技】 qiúlèi yùndòng（球类运动）.

きゅうきゅう jǐnbābā de（紧巴巴）. ¶彼は年中金に困って～している tā yìnián-dàotóu shǒuli zǒngshì jǐnbābā de（他一年到头手里总是紧巴巴的）.

きゅうきゅう【汲汲】 jíjí（汲汲）. ¶彼は保身に～としている tā jíjíyú míngzhé bǎoshēn（他汲汲于明哲保身）.

きゅうきゅう【救急】 jiùjí（救急）, jíjiù（急救）, qiǎngjiù（抢救）. ¶～車 jiùhùchē（救护车）/ jíjiùchē（急救车）/～箱 jíjiùbāo（急救包）/ jíjiù yàoxiāng（急救药箱）/～病院 jíjiù yīyuàn（急救医院）.

ぎゅうぎゅう ¶トランクに荷物を～詰め込む wǎng píxiāng li sǐmìng sāi dōngxi（往皮箱里死命塞东西）. ¶毎朝～づめの電車で出勤する měitiān zǎoshang yòng jǐ bùkān de diànchē shàngbān（每天早上坐拥挤不堪的电车上班）. ¶あいつを～の目に合せてやった hěnhěn de kēile tā yí dùn（狠狠地剋了他一顿）.

きゅうぎゅうのいちもう【九牛の一毛】 jiǔ niú yì máo（九牛一毛）.

きゅうきょ【旧居】 jiùjū（旧居）, gùjū（故居）. ¶この家は魯迅の～です zhè suǒ fángzi shì Lǔ Xùn de gùjū（这所房子是鲁迅的故居）.

きゅうきょ【急遽】 ¶計画が～変更になった jìhuà tūrán biàngēng le（计划突然变更了）. ¶～帰国する cōngcōng huíguó（匆匆回国）.

きゅうきょう【旧教】 jiùjiào（旧教）.

きゅうぎょう【休業】 xiūyè（休业）, tíngyè（停业）. 改築中～いたします gǎijiàn qījiān zànshí tíngyè（改建期间暂时停业）.

¶本日～ běnrì xiūyè（本日休业）. 臨時～ línshí tíngyè（临时停业）.

きゅうきょく【究極】 zhōngjí（终极）, zuìzhōng（最终）. ¶我々の目指すところは～において一致する wǒmen suǒ zhuīqiú de guīgēn-jiédǐ shì yízhì de（我们所追求的归根结底是一致的）.

きゅうきん【球菌】 qiújūn（球菌）.

きゅうくつ【窮屈】 **1**［ゆとりがないこと］jǐn（紧）. ¶部屋が狭くて～だ fángjiān tài jújú juéde jǐde huāng（房间太局促觉得挤得慌）. ¶～で身動きできない tài yōngjǐ zhuǎnbukāi shēn（太拥挤转不开身）. ¶この服は少し～だ zhè jiàn yīfu chuānzhe yǒudiǎnr shòu（这件衣服穿着有点ﾙ瘦）. ¶帯が～だ dàizi jìde tài jǐn（带子系得太紧）. ¶この日程では～すぎる zhège rìchéng ānpáide tài jǐn（这个日程安排得太紧）. ¶このところ手元が～だ jìnlái shǒutóu jǐn（近来手头紧）.

2［堅苦しいこと］¶～な規則にしばられるのはいやだ wǒ búyuàn shòu qīngguī jièlǜ de shùfù（我不愿受清规戒律的束缚）. ¶そう～に考えるなよ bùbì xiǎngde zhème sǐbǎn（不必想得这么死板）.

3［気詰り］júcù（局促）, jūshù（拘束）, bú zìzai（不自在）. ¶あの人がいるとどうも～だ yǒu tā zàizuò zǒng juéde júcù（有他在座总觉得局促）.

きゅうけい【休憩】 xiūqì（休憩）, xiūxi（休息）, xiē（歇）, xiēxi（歇息）. ¶一段落したところで～にしよう gào yíduànluò shí xiē yíhuǐr ba（告一段落时歇一会ﾙ吧）. ¶途中で30分～する zhōngtú xiūxi sānshí fēnzhōng（中途休息三十分钟）.

¶～時間 xiūxí shíjiān（休息时间）. ～所 xiūxichù（休息处）.

きゅうけい【求刑】 ¶検事は懲役3年を～した jiǎncháguān yāoqiú pànchǔ bèigào sān nián túxíng（检察官要求判处被告三年徒刑）.

きゅうげき【急激】 jíjù（急剧）. ¶容態は～に悪化した bìngshì jíjù èhuà（病势急剧恶化）. ¶人口の～な増加 rénkǒu de jùzēng（人口的剧增）.

きゅうけつ【吸血】 xīxuè（吸血）. ¶～鬼 xīxuèguǐ（吸血鬼）/～動物 xīxuè dòngwù（吸血动物）.

きゅうご【救護】 jiùhù（救护）. ¶罹災者の～に当る cóngshì jiùhù shòuzāizhě de gōngzuò（从事救护受灾者的工作）.

¶～班 jiùhùduì（救护队）.

きゅうこう【旧交】 jiùjiāo（旧交）, jiùhǎo（旧好）, jiùqíng（旧情）. ¶～をあたためる chóngwēn jiùqíng（重温旧情）/ chóngxiū jiùhǎo（重修旧好）.

きゅうこう【休校】 tíngkè（停课）. ¶明日は創立記念日で～だ míngtiān shì xiàoqìng, tíngkè（明天是校庆, 停课）.

きゅうこう【休講】 tíngkè（停课）. ¶今日の2時間目の講義は～だ jīntiān de dì'èr táng kè

tíngkè le(今天的第二堂课停课了).
- **きゅうこう【急行】** 1 ¶事故現場に〜する jí fù shìgù xiànchǎng(急赴事故现场).
  2 [列車などの] kuàichē(快车). ¶東京発の〜に乗る zuò cóng Dōngjīng kāi de kuàichē(坐从东京开的快车).
  ¶〜券 kuàichēpiào(快车票)/ jiākuàipiào(加快票). 〜料金 kuàichēfèi(快车费), jiākuàifèi(加快费).
- **きゅうこう【救荒】** jiùhuāng(救荒). ¶〜作物 jiùhuāng zuòwù(救荒作物). 〜対策 jiùhuāng duìcè(救荒对策).
- **きゅうごう【糾合】** jiūhé(纠合・鸠合), jiūjí(纠集・鸠集). ¶同志を〜する jiūjí tóngzhì(纠集同志).
- **ぎゅうこうか【急降下】** fǔchōng(俯冲). ¶〜して爆撃する fǔchōng hōngzhà(俯冲袭炸).
- **きゅうこく【急告】** 避難するよう住民に〜する jǐnjí tōnggào jūmín bìnàn(紧急通告居民避难).
- **きゅうこく【救国】** jiùguó(救国).
- **きゅうごしらえ【急拵え】** gǎn zuò(赶做), gǎn zhì(赶制), gǎn zào(赶造). ¶〜の救護所 gǎnjiàn de jiùhùsuǒ(赶建的救护所).
- **きゅうこん【求婚】** qiúhūn(求婚). ¶彼女に〜した xiàng tā qiúle hūn(向她求了婚).
- **きゅうこん【球根】** qiújīng(球茎), línjīng(鳞茎).
- **きゅうさい【救済】** jiùjì(救济), zhōujì(周济), zhènjì(赈济). ¶難民を〜する jiùjì nànmín(救济难民), 失業者の〜事業 jiùjì shīyèzhě de shìyè(救济失业者的事业).
- **きゅうさく【旧作】** jiùzuò(旧作).
- **きゅうし【九死】** ¶〜に一生を得る jiǔsǐ-yìshēng(九死一生)/ sǐ lǐ táo shēng(死里逃生).
- **きゅうし【休止】** xiūzhǐ(休止), tíngzhǐ(停止). ¶操業を一時〜する zànshí tínggōng(暂时停工). ¶豪雪のため列車の運転を〜する yóuyú dàxuě tíngzhǐ lièchē de yùnxíng(由于大雪停止列车的运行).
- **きゅうし【臼歯】** jiùchǐ(臼齿), cáoyá(槽牙), dàyá(大牙), móyá(磨牙).
- **きゅうし【急死】** bàosǐ(暴死), bàobì(暴毙), bàozú(暴卒). ¶友人が交通事故で〜した péngyou yóuyú chēhuò bàozú(朋友由于车祸暴卒).
- **きゅうし【急使】** ¶〜を立てる pài jǐn jí shǐzhě(派紧急使者).
- **きゅうじ【給仕】** fúwùyuán(服务员); qínzá rényuán(勤杂人员), qínwùyuán(勤务员), gōngyǒu(工友). ¶お客様にお〜してあげなさい zhàoliào kèrén chī fàn ba(照料客人吃饭吧).
- **ぎゅうし【牛脂】** niúzhī(牛脂).
- **きゅうしき【旧式】** jiùshì(旧式), lǎoshì(老式). ¶〜なやり方 jiùshì de bànfǎ(旧式的办法)/ lǎofǎzi(老法子). ¶〜な機械 jiùshì[lǎoshì] jīqì(旧式[老式]机器). ¶私は〜な人間だ wǒ shì jiù nǎojīn de rén(我是旧脑筋的人).
- **きゅうじつ【休日】** jiàrì(假日), xiūxìrì(休息日). ¶〜を思い切り楽しむ jiàrì jìnqíng wánlè(假日尽情玩乐). ¶今週は〜が2日つづく zhège xīngqī liánzhe liǎng tiān jià(这个星期连着放两天假).
- **きゅうしふ【休止符】** xiūzhǐfú(休止符). ¶この仕事にはひとまず〜を打つことにした zhège gōngzuò zàntíng yí ge shíqī ba(这个工作暂停一个时期吧).
  ¶四分〜 sìfēn xiūzhǐfú(四分休止符).
- **きゅうしゃ【鳩舎】** gēpéng(鸽棚), gēfáng(鸽房).
- **きゅうしゃ【厩舎】** mǎpéng(马棚), mǎjiù(马厩), mǎfáng(马房).
- **ぎゅうしゃ【牛舎】** niúpéng(牛棚), niújuàn(牛圈), niúlán(牛栏).
- **きゅうしゅう【旧習】** jiùxíguàn(旧习惯), jiùxí(旧习), jiùsú(旧俗). ¶〜を打破する dǎpò jiùxíguàn(打破旧习惯).
- **きゅうしゅう【吸収】** xīshōu(吸收), xīqǔ(吸取). ¶植物は根から養分を〜する zhíwù yǐ gēn xīshōu yǎngfèn(植物以根吸收养分). ¶新たな知識を〜する xīqǔ xīn zhīshi(吸取新知识). ¶A社を〜合併した bǎ A gōngsī xīshōu hébìng le(把A公司吸收合并了).
- **きゅうしゅう【急襲】** tūxí(突袭). ¶隠れ家を〜して一網打尽にする tūxí wōcháo, yì wǎng dǎjìn(突袭窝巢, 一网打尽).
- **きゅうしゅつ【救出】** jiùchū(救出). ¶生き埋めになった人々を〜する bǎ bèi huómái de rén jiùchulai(把被活埋的人救出来).
- **きゅうじゅつ【弓術】** jiànshù(箭术).
- **きゅうしょ【急所】** 1 [体の] yàohài(要害), zhìmìngchù(致命处). ¶弾は〜に命中した zǐdàn shèzhòngle yàohài(子弹射中了要害). ¶傷は〜を外れた méiyǒu shòu zhìmìngshāng(没有受致命伤).
  2 [物事の] yàohài(要害), guānjiàn(关键). ¶〜をついた質問にたじたじとなった bèi qièzhòng yàohài de zhìwèn nòngde yǎkǒu-wúyán(被切中要害的质问弄得哑口无言). ¶問題の〜をおさえる zhuāzhù wèntí de guānjiàn(抓住问题的关键).
- **きゅうじょ【救助】** jiùzhù(救助), zhěngjiù(拯救), dājiù(搭救), yíngjiù(营救). ¶遭難者を〜する zāonànzhě(救助遭难者). ¶人命を〜して表彰される dājiù rénmìng shòudào biǎoyáng(搭救人命受到表扬).
  ¶〜梯子 ānquántī(安全梯).
- **きゅうしょう【旧称】** jiùchēng(旧称).
- **きゅうじょう【休場】** ¶劇場は改築のため当分の間〜する jùchǎng yīnwei chóngxīn xiūshì zànshí tíngzhǐ yǎnchū(剧场因为重新修饰暂时停止演出). ¶彼は病気のため今日の試合は〜した tā yīn bìng jīntiān de bǐsài bù chūchǎng(他因病今天的比赛不出场).
- **きゅうじょう【球場】** bàngqiúchǎng(棒球场).
- **きゅうじょう【窮状】** jiǒngkuàng(窘况), jiǒngjìng(窘境). ¶〜を訴える sùshuō jiǒngkuàng(诉说窘况).
- **きゅうしょうがつ【旧正月】** Chūnjié(春节), yīnlìnián(阴历年), jiùlìnián(旧历年).

きゅうしょく【休職】¶病気のため6か月間〜する yīn bìng xiūjià liù ge yuè (因病休假六个月).

きゅうしょく【求職】 qiúzhí (求职), móushì (谋事), móuzhí (谋职), zhǎoshì (找事). ¶〜に奔走する wèi xúnzhǎo gōngzuò ér bēnbō (为寻找工作而奔波).

¶〜者 qiúzhízhě (求职者).

きゅうしょく【給食】¶生徒に〜する gěi xuésheng tígōng huǒshí (给学生提供伙食).

ぎゅうじ・る【牛耳る】 zhí niú'ěr (执牛耳). ¶彼があの会を〜っている tā bǎchízhe nàge huì (他把持着那个会).

きゅうしん【休診】 tíngzhěn (停诊). ¶本日〜 jīntiān tíngzhěn (今天停诊).

きゅうしん【急進】 jíjìn (急进), jījìn (激进). ¶彼等はあまりに〜的だ tāmen guòyú jījìn (他们过于激进).

¶〜主義者 jījìn zhǔyìzhě (激进主义者).

きゅうしん【球審】 zhǔcáipàn (主裁判), sīqiú cáipàn (司球裁判).

きゅうじん【九仞】¶〜の功を一簣(き)に欠く gōng kuī yí kuì (功亏一篑).

きゅうじん【求人】¶新聞に〜広告を出す bào shang kāndēng zhāorén guǎnggào (报上刊登招人广告). ¶当節は〜難だ xiànzài zhāorén nán (现在招人难).

きゅうしんりょく【求心力】 xiàngxīnlì (向心力).

きゅう・す【休す】¶万事〜す wànshì jiē xiū (万事皆休)／ wànshì xiū yǐ (万事休矣).

きゅうす【急須】 xiǎo cháhú (小茶壶).

きゅうすい【給水】 jǐshuǐ (给水). ¶〜車で〜する yòng shuǐchē gōngyìng shuǐ (用水车供应水).

¶〜制限 xiànzhì jǐshuǐ (限制给水). 〜塔 shuǐtǎ (水塔). 時間〜 dìngshí jǐshuǐ (定时给水).

きゅうすう【級数】 jíshù (级数).

きゅう・する【窮する】¶問いつめられて返答に〜する bèi zhuīwèndé yǎkǒu-wúyán (被追问得哑口无言)／ jí zhōng shēng zhì (急中生智)／ chē dào shān qián bì yǒu lù (车到山前必有路).

きゅうせい【旧姓】¶彼女の〜は小野です tā de niángjia xìng Xiǎoyě (她的娘家姓小野).

きゅうせい【急性】 jíxìng (急性). ¶〜伝染病 jíxìng chuánrǎnbìng (急性传染病). 〜肺炎 jíxìng fèiyán (急性肺炎).

きゅうせい【急逝】 kèshì (溘逝). ¶A氏はこの2月に〜した A xiānsheng běnnián èryuè kèshì (A 先生本年二月溘逝).

きゅうせいしゅ【救世主】 jiùxīng (救星); [キリスト] jiùshìzhǔ (救世主), jiùzhǔ (救主).

きゅうせき【旧跡】 gǔjì (古迹). ¶名所を訪ね歩く yóulǎn míngshèng gǔjì (游览名胜古迹).

きゅうせん【休戦】 tíngzhàn (停战), tínghuǒ (停火), xiūzhàn (休战), bàzhàn (罢战). ¶両国は〜協定を結んだ liǎngguó qiāndìngle tíngzhàn xiédìng (两国签订了停战协定).

きゅうせんぽう【急先鋒】 jíxiānfēng (急先锋). ¶彼は反対派の〜だ tā shì fǎnduìpài de jíxiānfēng (他是反对派的急先锋).

きゅうそ【窮鼠】¶〜猫をかむ qióng shǔ niè lí (穷鼠啮狸).

きゅうぞう【急造】 gǎn zuò (赶做), gǎn zhì (赶制), gǎn zào (赶造). ¶生徒が増えて教室を〜する yīnwèi xuésheng zēngjiā, gǎn zào jiàoshì (因为学生增加,赶造教室). ¶〜のバラック gǎn gài de mùbǎnfáng (赶盖的木板房).

きゅうぞう【急増】 jùzēng (剧增), měngzēng (猛增). ¶進学希望者が〜した yào shēngxué de rén jùzēng (要升学的人剧增).

きゅうそく【休息】 xiūxi (休息), xiēxi (歇息). ¶十分に〜を取る chōngfèn de xiūxi (充分休息). ¶横になって〜する tǎngzhe xiūxi (躺着休息).

きゅうそく【急速】 xùnsù (迅速). ¶問題の〜な解決は望めそうにない kànlai bùnéng qīdài wèntí xùnsù jiějué (看来不能期待问题迅速解决). ¶このあたりは近頃〜に発展した zhè yídài jìnlái xùnsù de fāzhǎn qilai le (这一带近来迅速地发展起来了).

きゅうたい【旧態】¶私の日常は〜依然たるものです wǒ měitiān de shēnghuó háishì yīrán gùtài (我每天的生活还是依然故态).

きゅうだい【及第】 jígé (及格); [合格] kǎoshì hégé le (考试考及格了). ¶この品ならどうやら〜だ zhège huò suàn hégé le (这个货算合格了).

きゅうだん【糾弾】 pēngjī (抨击), pēngtán (抨弹). ¶政府の失政を〜する pēngjī zhèngfǔ de shīcè (抨击政府的失策).

きゅうち【旧知】 jiùqù (旧故), gùjiāo (故交), jiùjiāo (旧交). ¶彼と僕とは〜の間柄だ tā hé wǒ shì lǎopéngyou (他和我是老朋友).

きゅうち【窮地】 jiǒngjìng (窘境), kùnjìng (困境), juéjìng (绝境), juédì (绝地). ¶なんとか〜を脱した hǎoróngyì bǎituōle kùnjìng (好容易摆脱了困境). ¶彼は〜に立たされた tā xiànyú jiǒngjìng lì le (他陷于窘境).

きゅうちゃく【吸着】 xīfù (吸附). ¶〜剤 xīfùjì (吸附剂).

きゅうちょう【級長】 bānzhǎng (班长).

きゅうちょう【窮鳥】¶〜懐に入る qióng niǎo rù huái (穷鸟入怀).

きゅうてい【休廷】 xiūtíng (休庭). ¶30分間〜します xiūtíng sānshí fēnzhōng (休庭三十分钟).

きゅうてい【宮廷】 gōngtíng (宫廷).

きゅうてき【仇敵】 chóudí (仇敌), yuàndí (怨敌), sǐdí (死敌), sǐduìtou (死对头).

きゅうてん【急転】¶事態は〜した xíngshì tūrán zhuǎnbiàn le (形势突然转变了). ¶多年の懸案が〜直下解決した duōnián de xuán'àn jízhuǎn-zhíxià jiějué le (多年的悬案急转直下解决了).

きゅうでん【宮殿】 gōngdiàn (宫殿).

キュート ¶〜な魅力を持った人 fùyǒu mèilì de rén (富有魅力的人).

きゅうとう【旧套】 ¶～を墨守する mòshǒu chénggūi(墨守成规).
きゅうとう【急騰】 bàozhǎng(暴涨), fēizhǎng(飞涨). ¶物価が～した wùjià bàozhǎng(物价暴涨).
きゅうどう【旧道】 jiùdào(旧道), gùdào(故道).
きゅうどう【求道】 qiúdào(求道). ¶～心 qiúdàoxīn(求道心).
ぎゅうとう【牛刀】 niúdāo(牛刀). ¶鶏を割くにいずくんぞ～を用いん gē jī yān yòng niúdāo(割鸡焉用牛刀).
きゅうなん【救難】 jiù nàn(救难). ¶～作業 qiǎngjiù zuòyè(抢救作业). ～船 jiùnànchuán(救难船)/jiùhùchuán(救护船).
ぎゅうにく【牛肉】 niúròu(牛肉).
きゅうにゅう【吸入】 xīrù(吸入). ¶酸素をする jǐyǔ yǎngqì xīrù(给予氧气吸入)/shū yǎng(输氧)/jǐ yǎng(给氧). ～麻酔 xīrù mázuì(吸入麻醉). ～器 xīrùqì(吸入器).
ぎゅうにゅう【牛乳】 niúnǎi(牛奶). ¶～をしぼる jǐ niúnǎi(挤牛奶).
¶～瓶 niúnǎipíng(牛奶瓶).
きゅうねん【旧年】 qùnián(去年), jiùnián(旧年). ¶～中はお世話になりました qùnián duō méng zhàogù(去年多蒙照顾).
きゅうは【急派】 ¶遭難の知らせに救援隊を現場に～した dédào yùxiǎn de xiāoxi, jí pài jiùyuánduì dào xiànchǎng(得到遇险的消息,急派救援队到现场).
きゅうば【急場】 ¶それだけ金があればどうにか～はしのげるだろう yǒu zhèxiē qián, néng duìfu yìshí(有这些钱,能对付一时). ¶残念ながら～の間に合わなかった zhēn yíhàn, huǎn bù jì jí le(真遗憾,缓不济急了).
キューバ Gǔbā(古巴).
ぎゅうば【牛馬】 niúmǎ(牛马). ¶～のようにこき使われる bèi dàngzuò niúmǎ shǐhuan(被当做牛马使唤).
きゅうはく【急迫】 chījǐn(吃紧), jǐnpò(紧迫). ¶事態は～している xíngshì chījǐn(形势吃紧).
きゅうはく【窮迫】 jiǒngpò(窘迫). ¶財政が～する cáizhèng jiǒngpò(财政窘迫).
きゅうはん【旧版】 jiùbǎn(旧版).
きゅうばん【吸盤】 xīpán(吸盘).
きゅうひ【給費】 ¶奨学資金の～額が増額された jiǎngxuéjīn zhīfù'é zēngjiā le(奖学金支付额增加了).
きゅうひ【厩肥】 jiùféi(厩肥), juànféi(圈肥), qīngféi(圊肥), chùféi(畜肥).
キューピッド Qiūbǐtè(丘比特), àishén(爱神).
きゅうびょう【急病】 jíbìng(急病), bàobìng(暴病). ¶～にかかる huàn jíbìng(患急病).
¶～人 jíbìng huànzhě(急病患者).
きゅうふ【給付】 jífù(给付). ¶家族にも医療費が10割～されることになった duì jiāshǔ yě jǐfù bǎifēn zhī bǎi de yīliáofèi le(对家属也给付百分之百的医疗费了).
きゅうぶん【旧聞】 jiùwén(旧闻). ¶これは～に属する zhè yǐjing shì jiùwén le(这已经是旧闻了)/cǐ xì wǎngshì jiùwén(此系往事旧闻).

ぎゅうふん【牛糞】 niúfèn(牛粪), niúshǐ(牛屎).
きゅうへい【旧弊】 jiùbì(旧弊). ¶～を改める gǎigé jiùbì(改革旧弊). ¶～な老人 shǒujiù de lǎorén(守旧的老人).
きゅうへん【急変】 tūbiàn(突变), dǒubiàn(陡变), zhòubiàn(骤变). ¶天候が～した tiānqì dǒubiàn(天气陡变). ¶病状はいつ～するかわからない bù zhīdào bìngqíng shénme shíhou huì fāshēng tūbiàn(不知道病情什么时候会发生突变).
きゅうほう【急報】 fēibào(飞报). ¶父死去の～にとるものもとりあえず帰った jiēdào fùqin sǐqù de jíbào jiù cōngmáng fǎnhuí(接到父亲死去的急报就匆忙返回). ¶煙を見て消防署へ～した jiàndào yānhuǒ fēibào xiāofángduì(见到烟火飞报消防队).
きゅうぼう【窮乏】 qióngkùn(穷困), pínkùn(贫困), pínkǔ(贫苦), pínqióng(贫穷), pínfá(贫乏). ¶彼は～のどん底にあえいでいる tā pínqióng bùkān(他贫穷不堪).
きゅうむ【急務】 jíwù(急务). ¶住宅問題の解決が今日の～である jiějué zhùzhái wèntí shì jīntiān de dāng wù zhī jí(解决住宅问题是今天的当务之急).
きゅうめい【究明】 zhuīqiú(追求); zhuījiū(追究). ¶真理を～する zhuīqiú zhēnlǐ(追求真理). ¶事故の原因を～する zhuījiū shìgù de yuányīn(追究事故的原因).
きゅうめい【糾明】 chájiū(查究), gēnjiū(根究), zhuījiū(追究). ¶汚職事件を～する zhuījiū tānwū shìjiàn(追究贪污事件).
きゅうめい【救命】 jiùmìng(救命), jiùshēng(救生). ¶～センター jíjiù zhōngxīn(急救中心) ～具 jiùshēng yòngjù(救生用具)/jiùshēng shèbèi(救生设备). ～胴衣 jiùshēngyī(救生衣)/jiùshēngfú(救生服). ～ブイ jiùshēngquān(救生圈). ～筏 jiùshēngfá(救生筏). ～ボート jiùshēngtǐng(救生艇)/jiùshēngchuán(救生船).
きゅうもん【糾問】 jiūwèn(究问). ¶罪状を～する jiūwèn zuìzhuàng(究问罪状).
きゅうやく【旧訳】 jiùyì(旧译).
きゅうやくせいしょ【旧約聖書】 Jiùyuē Quánshū(旧约全书).
きゅうゆ【給油】 jiāyóu(加油). ¶飛行機に～する gěi fēijī jiāyóu(给飞机加油).
きゅうゆう【旧友】 jiùyǒu(旧友), lǎoyǒu(老友), jiùyǔ(旧雨).
きゅうゆう【級友】 tóngbānshēng(同班生).
きゅうよ【給与】 gōngzī(工资); [给料] gōngzī(工资), xīnshui(薪水), xīnfèng(薪俸), xīnjīn(薪金), xīnzī(薪资). ¶教科書を～する fāgěi jiàokēshū(发给教科书).
¶～所得 xīnshui suǒdé(薪水所得). ～体系 gōngzī tǐxì(工资体系). 現物～ shíwù gōngzī(实物工资).
きゅうよ【窮余】 ¶～の一策を講じる wànbān-wúnài shī zuìhòu yì zhāor(万般无奈施最后一着儿).

きゅうよう【休養】 xiūxi（休息），xiūyǎng（休养）.¶日曜日は家で一日ゆっくり～した xīngqītiān zài jiā li hǎohǎo xiūxile yì tiān（星期天在家里好好休息了一天）.¶体をこわしたので半年ほど田舎で～を取ることにした nònghuàile shēntǐ, zhǔnbèi zài xiāngxià xiūyǎng bànnián（弄坏了身体，准备在乡下休养半年）.

きゅうよう【急用】 jíshì（急事），jíchár（急差ル）.¶～ができて帰宅した yǒu jíshì huíjiā le（有急事回家了）.

きゅうよう【旧来】 jiùyǒu（旧有）.¶～の陋習 jiùyǒu de lòuxí（旧有的陋习）.

きゅうらく【及落】 ¶数学の成績いかんで～が決る kàn shùxué de chéngjī rúhé juédìng shēngjí yǔ fǒu（看数学的成绩如何决定升级与否）.

きゅうらく【急落】 bàodiē（暴跌），měngdiē（猛跌）.¶株価が～した gǔpiào jiàgé bàodiē（股票价格暴跌）.

きゅうり【胡瓜】 huángguā（黄瓜），húguā（胡瓜）.

きゅうりゅう【急流】 jíliú（急流），jīliú（激流），tuānliú（湍流）.¶カヌーで～をくだる chéng dúmùzhōu shùn jíliú ér xià（乘独木舟顺急流而下）.¶～にのまれる bèi jíliú tūnmò（被急流吞没）.

きゅうりょう【丘陵】 qiūlíng（丘陵）.

きゅうりょう【給料】 gōngzī（工资），gōngxīn（工薪），xīnshuǐ（薪水），xīnjīn（薪金），xīnfèng（薪俸），xīnzī（薪资），xīnjǐ（薪给）.¶～が高〔安〕い gōngzī `gāo[dī]（工资`高[低]）.¶今日初めて～をもらった jīntiān tóuyí cì lǐngle xīnshuǐ（今天头一次领了薪水）.¶～を支払う fù xīngjǐn（付薪金）.¶～日 fāxīnrì（发薪日）.

きゅうれき【旧暦】 nónglì（农历），jiùlì（旧历），yīnlì（阴历），xiàlì（夏历）.

ぎゅっと jǐn（紧），jǐnjǐn（紧紧）.¶雑巾を～絞る shǐ jīn níng mābù（使劲拧抹布）.¶ベルトを～締める jǐn jì yāodài（紧系腰带）.¶彼女の手を～握った jǐnjǐn de wòle tā de shǒu（紧紧地握了她的手）.¶上から頭を～押えつけた bǎ tóu shǐjìn wǎng xià `èn[àn]（把头使劲往下`摁[按]）.

キュリー〔放射能の単位〕jūlǐ（居里）.

キュロット qúnkù（裙裤）.

きよ【寄与】 ¶彼は産業の振興に大いに～した tā wèile zhènxīng gōngyè zuòchūle hěn dà de gòngxiàn（他为了振兴工业做出了很大的贡献）.

きよ【毀誉】 huǐyù（毁誉）.¶～褒貶(ﾎｳﾍﾝ)を意に介しない duì huǐyù bāobiǎn háo bú jièyì（对毁誉褒贬毫不介意）.

きょ【虚】 xū（虚）.¶相手に～を衝かれた bèi duìfāng chéng xū ér rù（被对方乘虚而入）.¶敵の～に乗じて攻撃する gōng dí bú bèi（攻敌不备）/ chū qí bùyì gōngjī dírén（出其不意攻击敌人）.

きよい【清い】 qīngchè（清澈）；chúnjié（纯洁）.¶谷川の～い水で口をすすぐ yòng shānjiàn de qīngshuǐ shùkǒu（用山涧的清水漱口）.¶心の～い人 xīndì chúnjié de rén（心地纯洁的人）.

きよう【紀要】 xuébào（学报）.

きよう【起用】 ¶新人を～する tíbá xīnrén（提拔新人）.

きよう【器用】 qiǎo（巧），líng（灵），língqiǎo（灵巧）.¶彼女は手先が～だ tā shǒuzhǐ língqiǎo（她手指灵巧）/ tā shǒu qiǎo（她手巧）.¶彼はスポーツなら何でも～にこなす shénme yùndòng tā dōu zuòde língqiǎo zìrú（什么运动他都做得灵巧自如）.¶彼は～に立ち回って今の地位をつかんだ tā shànyú zuānyíng qǔdéle xiànzài de dìwèi（他善于钻营取得了现在的地位）.¶～貧乏 shǒu qiǎo mìng qióng（手巧命穷）.

きょう【今日】 jīntiān（今天），jīnrì（今日），jīn（今ル），jīnrge（今儿个），jīnzhāo（今朝）.¶～は私の誕生日です jīntiān shì wǒ de shēngrì（今天是我的生日）.¶～1週間休みだ dǎ jīntiān qǐ fàng yí ge xīngqī de jià（打今天起放一个星期的假）.¶～に限ってこの大雨だ piānqiǎo jīntiān xià dàyǔ（偏巧今天下大雨）.¶～こそは彼に話すつもりだ jīntiān kě yào gēn tā shuō（今天可要跟他说）.¶～中にはお届けします zài jīntiān zhī nèi sòngdào（在今天之内送到）.¶～というのは愛想がつきた jīntiān wǒ rěn wú kě rěn le（今天我忍无可忍了）.¶～のところは許してやる jīntiān ráole nǐ（今天饶了你）.¶～か明日かと今か今かと待っている jīntiān pàn míngtiān pàn, jiāojí de děngdàizhe tōngzhī（今天盼明天盼，焦急地等待着通知）.¶～か明日のうちにお返事を jīntiān huò míngtiān qǐng dáfù（今天或明天请答复）.

きょう【凶】 xiōng（凶）.¶おみくじは～と出た chōuqiān chōule ge xiōng（抽签抽了个凶）.

きょう【経】 jīng（经）.¶お～を読む niànjīng（念经）.

きょう【興】 xìng（兴），xìngtóu（兴头），xìnghuì（兴会）.¶～に乗って1曲奏でる chéngxīng tánle yì qǔ（乘兴弹了一曲）.¶～のおもむくまま筆をとる yìshí de xìnghuì[xìng zhī suǒ zhì] xìnshǒu huī bǐ（一时的兴会[兴之所至]信手挥笔）.

-きょう【狂】 mí（迷）.¶映画～ yǐngmí（影迷）.

-きょう【強】 qiáng（强），duō（多）.¶生産量は計画より5パーセント～増加した chǎnliàng bǐ yuándìng jìhuà zēngjiāle bǎifēn zhī wǔ qiáng（产量比原定计划增加了百分之五强）.¶3メートル～ sān mǐ duō cháng（三米多长）.¶60キログラム～ liùshí gōngjīn `duō[yǒuyú]（六十公斤`多[有余]）.

ぎょう【行】 **1** háng（行）.¶～を改める lìng qǐ yì háng（另起一行）.¶1～おきに書く gé háng xiě（隔行写）.¶～をそろえて書く qí háng xiě（齐行写）.¶～数をかぞえる shǔ hángshù（数行数）.¶上から10～め cóng shàng wǎng xià shǔ dìshí háng（从上往下数第十行）.¶終りから2～め dàoshǔ dì'èr háng（倒数第二行）.

2〔修行〕¶山にこもって～をする jū shān xiū-

xíng(居山修行).
- **ぎょう**【業】yè(业). ¶教師を終生の〜とする yǐ jiàoshī wéi zhōngshēn zhī yè(以教师为终身之业).
- **きょうあく**【凶悪】xiōng'è(凶恶). ¶〜な犯罪 xiōngcán de fànzuì(凶残的犯罪). ¶〜犯 xiōngfàn(凶犯).
- **きょうあつ**【強圧】qiángyā(强压), gāoyā(高压). ¶〜を加えて組合を解散させた cǎiqǔ gāoyā shǒuduàn qiǎngpò gōnghuì jiěsàn(采取高压手段强迫工会解散). ¶〜的に命令する qiǎngpò mìnglìng(强迫命令).
- **きょうあん**【教案】jiào'àn(教案).
- **きょうい**【胸囲】xiōngwéi(胸围).
- **きょうい**【脅威】wēixié(威胁). ¶敵フォワードの駿足は我がチームの〜だ díduì qiánfēng de tuǐ kuài duì wǒ duì shì ge wēixié(敌队前锋的腿快对我队是个威胁). ¶その家は地滑りの〜にさらされている nàge fángwū miànlín huápō de wēixiǎn(那个房屋面临滑坡的危险).
- **きょうい**【驚異】jīngyì(惊异). ¶人々はその装置に〜の目を見張った rénmen yǐ jīngyì de yǎnguāng kàn zhège zhuāngzhì(人们以惊异的眼光看这个装置). ¶生産量は〜的の伸びを示した chǎnliàng yǐ jīngrén de sùdù měngzēng(产量以惊人的速度猛增).
- **きょういく**【教育】jiàoyù(教育). ¶彼女は子供の〜に熱心だ tā duì háizi de jiàoyù hěn rèxīn(她对孩子的教育很热心). ¶彼は2年間アメリカの大学で〜を受けた tā zài Měiguó de dàxué shòuguo liǎng nián de jiàoyù(他在美国的大学受过两年的教育). ¶彼女は小さい時からピアニストになるよう〜された tā cóngxiǎo shòu jiàoyù yào zuò gāngqínjiā(她从小受教育要做钢琴家). ¶新入社員を〜する jiàoyù xīn zhíyuán(教育新职员). ¶私は〜がないのでそんな難しい事はわからない wǒ wénhuà shuǐpíng dī, nàme fùzá de shì kě bù dǒng(我文化水平低,那么复杂的事可不懂). ¶この本は面白くてしかも〜的のだ zhè běn shū hěn yǒuqù yòu yǒu jiàoyù yìyì(这本书很有趣又有教育意义). ¶〜委員会 jiàoyù wěiyuánhuì(教育委员会). 〜学 jiàoyùxué(教育学). 〜課程 jiàoyù kèchéng(教育课程). 〜者 jiàoyù'jiā[zhě](教育家[者]). 〜費 jiàoyùfèi(教育费). 〜界 jiàoyùjiè(教育界)/学界 xuéjiè(学界). 学校〜 xuéxiào jiàoyù(学校教育). 幼児〜 yòu'ér jiàoyù(幼儿教育).
- **きょういん**【教員】jiàoyuán(教员). ¶中学の〜の資格がある yǒu zhōngxué jiàoyuán de zīgé(有中学教员的资格). ¶彼は〜生活を20年続けた tā guòle èrshí nián de jiàoyuán shēnghuó(他过了二十年的教员生活).
- **きょうえい**【競泳】yóuyǒng bǐsài(游泳比赛). ¶〜種目 yóuyǒng bǐsài xiàngmù(游泳比赛项目). 〜大会 yóuyǒng bǐsài dàhuì(游泳比赛大会).
- **きょうえん**【共演】héyǎn(合演), pèijué[r](配角[儿]). ¶3大スターの〜が人気をよんでいる sān dà míngxīng de héyǎn hěn shòu huānyíng(三大明星的合演很受欢迎). ¶今度の舞台でAと〜する zhè cì wǒ gēn A yìqǐ pèijuér dēngtái yǎnchū(这次我跟A一起配角儿登台演出).
- **きょうえん**【競演】¶コンクールでハムレット役を〜する zài guānmó huìyǎn dàhuì shang jìngyǎn Hànmǔléitè de juésè(在观摩会演大会上竞演汉姆雷特的角色).
- **きょうえん**【饗宴】yànhuì(宴会). ¶〜を催す jǔxíng yànhuì(举行宴会).
- **きょうおう**【供応】zhāodài(招待), kuǎndài(款待). ¶茶菓の〜にあずかる shòu chádiǎn zhāodài(受茶点招待). ¶山海の珍味をとりそろえて〜する yǐ shānzhēn-hǎicuò kuǎndài(以山珍海错款待).
- **きょうか**【強化】jiāqiáng(加强), qiánghuà(强化). ¶組織を〜する jiāqiáng zǔzhī(加强组织). ¶取締りを〜する yánjiā qǔdì(严加取缔). 〜合宿 qiánghuà jíxùn(强化集训). 〜ガラス gānghuà bōli(钢化玻璃).
- **きょうか**【教化】jiàohuà(教化), jiàodǎo(教导). ¶非行少年を〜する jiàodǎo shīzú shàonián(教导失足少年).
- **きょうか**【教科】kēmù(科目). ¶全〜にわたって試験を行う duì suǒyǒu kēmù jìnxíng kǎoshì(对所有科目进行考试). ¶〜課程 jiàoxué kèchéng(教学课程).
- **きょうが**【恭賀】¶〜新年 gōnghè xīnxǐ(恭贺新禧).
- **きょうかい**【協会】xiéhuì(协会).
- **きょうかい**【教会】jiàohuì(教会), jiàotáng(教堂).
- **きょうかい**【教戒】xùnjiè(训诫).
- **きょうかい**【境界】jìngjiè(境界), dìjiè(地界), biānjiè(边界). ¶〜を定める huàdìng jìngjiè(划定境界). ¶〜線 jièxiàn(界线).
- **ぎょうかい**【業界】yèjiè(业界). ¶〜紙 tóngyèjièbào(同业界报). 繊維〜 xiānwéi yèjiè(纤维业界).
- **きょうかく**【侠客】xiákè(侠客), yóuxiá(游侠). ¶〜肌の男 xíngxiá-zhàngyì de rén(行侠仗义的人); xiáyì zhī shì(侠义之士).
- **きょうかく**【胸郭】xiōngkuò(胸廓).
- **きょうがく**【共学】¶男女〜 nánnǚ tóngxiào(男女同校).
- **きょうがく**【驚愕】jīng'è(惊愕). ¶突然の訃報に人々は〜した tūrán de èhào shǐ dàjiā dàwéi jīng'è(突然的讣耗使大家大为惊愕).
- **ぎょうかく**【仰角】yǎngjiǎo(仰角).
- **きょうかしょ**【教科書】jiàokēshū(教科书), kèběn(课本), jiàoběn(教本). ¶歴史の〜 lìshǐ kèběn(历史课本).
- **きょうかたびら**【経帷子】shòuyī(寿衣).
- **きょうかつ**【恐喝】kǒnghè(恐吓), wēihè(威吓), dònghè(恫吓). ¶〜して金品をまきあげる kǒnghè rén lèsuǒ qiáncái(恐吓人勒索钱财). ¶〜をはたらく jìnxíng ézhà(进行讹诈)/ qiāo-

zhà(敲诈).

きょうかん【凶漢】 ¶暗がりで〜に襲われた zài ànchù bèi bàotú xíjī le(在暗处被暴徒袭击了).

きょうかん【共感】 gòngmíng(共鸣), tónggǎn(同感). ¶私はその説に大いに〜した wǒ duì nàge shuōfǎ dà yǒu tónggǎn(我对那个说法大有同感). ¶彼の主張は多くの人の〜をよんだ tā de zhǔzhāng yǐnqǐle xǔduō rén de gòngmíng(他的主张引起了许多人的共鸣).

きょうかん【教官】 jiàoyuán(教员), jiàoshī(教师).

ぎょうかん【行間】 hángjiān(行间). ¶〜がせまい hángjiān jǐn(行间紧). ¶筆者の心情が〜ににじみ出ている zìlǐ-hángjiān liúlùzhe bǐzhě de xīnqíng(字里行间流露着笔者的心情). ¶〜を読む tǐhuì qí zìlǐ-hángjiān de hányì(体会其字里行间的含意).

きょうき【凶器】 xiōngqì(凶器).

きょうき【狂気】 ¶台風が来ているのに山に登るとは〜の沙汰だ táifēng jiù yào lái hái páshān, jiǎnzhí shì fēng le(台风就要来还爬山, 简直是疯了). ¶母親は〜のごとく子供を探しまわった mǔqin fāfēngle shìde dàochù xúnzhǎo háizi(母亲发疯了似的到处寻找孩子).

きょうき【狂喜】 kuángxǐ(狂喜). ¶その知らせに人々は〜した nàge xiāoxi shǐ rénmen ˋdàwéi kuángxǐ˴ [xīnxǐ ruò kuáng/huānxīn-gǔwǔ] (那个消息使人们ˋ大为狂喜˴[欣喜若狂/欢欣鼓舞]).

きょうき【侠気】 xiáqì(侠气), xiáyì(侠义). ¶〜に富んだ男 fùyǒu xiáyì xīncháng de rén(富有侠义心肠的人).

きょうき【狭軌】 zhǎiguǐ(窄轨).

きょうき【驚喜】 jīngxǐ(惊喜). ¶母は息子の突然の帰郷に〜した yóuyú érzi tūrán huíxiāng, mǔqin yòu jīng yòu xǐ(由于儿子突然回乡, 母亲又惊又喜).

きょうぎ【協議】 xiéshāng(协商), xiéyì(协议), shāngyì(商议). ¶〜の結果次のように決った jīng xiéyì juédìng rúxià(经协议决定如下). ¶皆で〜する dàjiā gòngtóng xiéshāng(大家共同协商). ¶〜会 xiéshāng huìyì(协商会议). 〜事項 xiéyì shìxiàng(协议事项).

きょうぎ【狭義】 xiáyì(狭义). ¶〜の解釈 xiáyì de jiěshì(狭义的解释).

きょうぎ【教義】 jiàoyì(教义).

きょうぎ【競技】 bǐsài(比赛), jìngsài(竞赛), jìngjì(竞技). ¶体操の〜に出場する cānjiā jìngjì tǐcāo bǐsài(参加竞技体操比赛). ¶〜会 yùndònghuì(运动会)／jìngjìhuì(竞技会). 一種目 bǐsài xiàngmù(比赛项目). 〜場 jìngjìchǎng(竞技场). 陸上〜 tiánjìngsài(田径赛).

ぎょうぎ【行儀】 lǐmào(礼貌), guīju(规矩). ¶あの子は〜がよい nàge háizi ˋyǒu lǐmào˴ [hěn guīju](那个孩子ˋ有礼貌˴[很规矩]). ¶なんて〜の悪い子だろう zhēn shì ˋbù dǒng lǐmào˴ [méiyǒu guīju] de háizi(真是ˋ不懂礼貌˴[没有规矩]的孩子). ¶お〜よくしなさい yào guīju diǎnr(要规矩点儿).

きょうきゅう【供給】 gōngjǐ(供给), gōngyìng(供应). ¶市場に物資を〜する xiàng shìchǎng gōngyìng wùzī(向市场供应物资). ¶電力の〜が不足する diànlì de gōngyìng jǐnzhāng(电力的供应紧张)／diànlì gōng bú yìng qiú(电力供不应求). ¶需要と〜のバランスがくずれる gōngqiú ˋxiāng wǔ˴[bù pínghéng](供求ˋ相忤˴[不平衡]). ¶蛋白質の〜源 dànbáizhì de gōngyìngyuán(蛋白质的供应源).

きょうぎゅうびょう【狂牛病】 fēngniúbìng(疯牛病), niúhǎimiánzhuàng nǎobìng(牛海绵状脑病).

ぎょうぎょうし・い【仰仰しい】 ¶その服装では〜過ぎる nà tào fúzhuāng kě jiǎngjiude tài guòfèn le(那套服装可讲究得太过分了). ¶つまらぬ事で〜く騒ぐな zhīma dà de shì búyào dàjīng-xiǎoguài(芝麻大的事不要大惊小怪).

きょうきん【胸襟】 xiōngjīn(胸襟), jīnhuái(襟怀), xiōnghuái(胸怀). ¶〜を開いて語り合う chǎngkāi xiōngjīn chàngtán(敞开胸襟畅谈)／kāichéng xiāngjiàn(开诚相见)／pīhuái(披怀).

きょうぐ【教具】 jiàojù(教具).

きょうぐう【境遇】 jìngyù(境遇), jìngdì(境地), jìngyù(境域), chǔjìng(处境). ¶彼女は今気の毒な〜だ tā xiànzài chǔzài kělián de jìngyù zhōng(她现在处在可怜的境遇中). ¶彼はどんな〜にあっても明るさを失わない tā zài shénme chǔjìng zhōng yě bù shī míngláng(他在什么处境中也不失明朗).

きょうくん【教訓】 jiàoxun(教训). ¶師の〜に従う zūncóng shīxùn(遵从师训). ¶この度の体験は得難い〜となった zhè cì tǐyàn shì nándé de jiàoxun(这次体验是难得的教训).

きょうげき【京劇】 Jīngjù(京剧), Jīngxì(京戏), dàxì(大戏).

きょうげき【挟撃】 jiāgōng(夹攻), jiājī(夹击). ¶両面から〜される shòudào liǎngmiàn jiājī(受到两面夹击).

きょうけつ【供血】 ¶同僚のために〜する gěi tóngshì tígōng shūxuè yòng xuèyè(给同事提供输血用血液).

ぎょうけつ【凝血】 níngxuè(凝血).

ぎょうけつ【凝結】 níngjié(凝结). ¶水蒸気が〜して水になる shuǐzhēngqì níngjié chéng shuǐ(水蒸气凝结成水).

きょうけん【狂犬】 fēnggǒu(疯狗), kuángquǎn(狂犬). ¶〜病 kuángquǎnbìng(狂犬病), kǒngshuǐbìng(恐水病).

きょうけん【強健】 qiángjiàn(强健), qiángzhuàng(强壮), jiànzhuàng(健壮). ¶〜な身体の持主 shēntǐ qiángjiàn[tǐpò jiànzhuàng／shēnqiáng-tǐzhuàng] de rén(身体强健[体魄健壮/身强体壮]的人).

きょうけん【強権】 qiángquán(强权). ¶〜を発動する qiángzhì xíngshǐ quánlì(强制行使权力).

きょうげん【狂言】 **1**【演劇】kuángyán(狂言). **2** ¶強盗に襲われたというのは〜だった zāo qiángdào qiǎngjié shì huǎngyán(遭强盗抢劫

¶～自殺 jiǎzhuāng zìshā(假装自杀).

きょうこう【強固】 qiánggù(强固), jiānqiáng(坚强), jiāngù(坚固); gǒnggù(巩固). ¶彼は意志～だ tā yìzhì jiānqiáng(他意志坚强). ¶組織はますます～になった zǔzhī yuèláiyuè gǒnggù(组织越来越巩固). ¶～なとりで qiánggù de bǎolěi(强固的堡垒).

ぎょうこ【凝固】 nínggù(凝固). ¶血液が～する xuèyè nínggù(血液凝固).
¶～点 nínggùdiǎn(凝固点).

ぎょうこう【凶行】 xíngxiōng(行凶), dòngxiōng(动凶). ¶逆上して～に及んだ qìjí-bàihuài yǐzhì xíngxiōng(气急败坏以至行凶).
¶～現場 xíngxiōng xiànchǎng(行凶现场).

きょうこう【恐慌】 kǒnghuāng(恐慌). ¶彼の証言で関係者達は～をきたしている yóuyú tā de zhèngyán yǒuguān de rén kǒnghuāng wànzhuàng(由于他的证言有关的人恐慌万状). ¶～状態に陥る xiànyú kǒnghuāng zhuàngtài(陷于恐慌状态).
¶金融～ jīnróng wēijī(金融危机)/ huòbì jīnróng wēijī(货币金融危机)/ huòbì xìnyòng wēijī(货币信用危机).

きょうこう【強行】 qiángxíng(强行). ¶住民の反対を押し切って測量を～する búgù jūmín de fǎnduì qiángxíng cèliáng(不顾居民的反对强行测量). ¶非常線を～突破する qiángxíng tūpò jǐngjièxiàn(强行突破警戒线). ¶～採決をする qiángxíng biǎojué(强行表决).

きょうこう【強硬】 qiángyìng(强硬). ¶自説を～に主張する jiānjué zhǔzhāng zìjǐ de yìjiàn(坚决主张自己的意见). ¶～に反対する wánqiáng fǎnduì(顽强反对). ¶相手はなかなか～だ duìfāng xiāngdāng qiángyìng(对方相当强硬). ¶～手段に訴える sù zhū qiángyìng shǒuduàn(诉诸强硬手段).

きょうこう【教皇】 jiàohuáng(教皇).

きょうごう【校合】 jiàokān(校勘), jiàochóu(校雠).

きょうごう【強豪】 ¶～を次々に破って優勝した jiēlián dǎbài qiángshǒu huòdéle guànjūn(接连打败强手获得了冠军). ¶県下随一の～チーム xiànnèi shǒu qū yī zhǐ de qiángduì(县内首屈一指的强队).

ぎょうこう【僥倖】 jiǎoxìng(侥幸). ¶私は～にも難をまぬかれた wǒ jiǎoxìng miǎnyú zāinàn(我侥幸免于灾难)/ wǒ xìngmiǎn yú nàn(我幸免于难).

きょうこうぐん【強行軍】 qiángxíngjūn(强行军), jíxíngjūn(急行军). ¶連日の～に落後する者が続出した yóuyú liánrì qiángxíngjūn luòwǔ de jiēlián búduàn(由于连日强行军落后的接连不断). ¶今度の旅行は～になりそうだ zhè cì lǚxíng kǒngpà yào qiángxíngjūn(这次旅行恐怕要强行军).

きょうこく【峡谷】 xiágǔ(峡谷).

きょうこく【強国】 qiángguó(强国).

きょうさ【教唆】 jiàosuō(教唆). ¶人を～して殺人を行わせる jiàosuō tārén xíngxiōng shārén(教唆他人行凶杀人).
¶～犯 jiàosuōfàn(教唆犯).

きょうさい【共催】 hùzhù(互助). ¶～組合 hùzhùhuì(互助会).

きょうさい【共催】 ¶A 新聞社との～で展覧会を開く gēn A bàoshè gòngtóng jǔbàn zhǎnlǎnhuì(跟A报社共同举办展览会).

きょうさい【恐妻】 jùnèi(惧内). ¶～家 pà lǎopo(怕老婆)/ qìguǎnyán(气管炎).

きょうざい【教材】 jiàocái(教材).

きょうさく【凶作】 qiànshōu(歉收), huāngqiàn(荒歉). ¶今年は～だ jīnnián qiànshōu(今年歉收). ¶～に備える bèihuāng(备荒)/ fángbèi zāihuāng(防备灾荒).

きょうざつぶつ【夾雑物】 zázhì(杂质), jiāzáwù(夹杂物), hùnzáwù(混杂物).

きょうざめ【興醒め】 bàixìng(败兴), sǎoxìng(扫兴). ¶彼がつまらぬことを言い出したので一同すっかり～してしまった tā shuōchū nà zhǒng fèihuà sǎole dàjiā de xìngtóu[shǐ dàjiā xìngzhì suǒrǎn](他说出那种废话扫了大家的兴头[使大家兴致索然]).

きょうさん【共産】 gòngchǎn(共产). ¶～主義 gòngchǎnzhǔyì(共产主义). ～党 gòngchǎndǎng(共产党). ～党員 gòngchǎndǎngyuán(共产党员). 原始～制 yuánshǐ gōngshè zhìdù(原始公社制度).

きょうさん【協賛】 xiébàn(协办), zànzhù(赞助). ¶A 新聞社主催, 外務省～ A bàoshè zhǔbàn, wàijiāobù zànzhù(A报社主办,外交部赞助).

きょうし【教示】 zhǐjiào(指教), yǎjiào(雅教), míngjiào(明教). ¶この件に関してぜひあなたの御～を仰ぎたい guānyú zhè jiàn shì 'qiú nín zhǐjiào[jìng líng míngjiào](关于这件事'求您指教[敬聆明教]).

きょうし【教師】 jiàoshī(教师), jiàoyuán(教员). ¶彼は数学の～をしている tā xiànzài dāng shùxué jiàoyuán(他现在当数学教员).

きょうじ【凶事】 xiōngshì(凶事), hèngshì(横事).

きょうじ【矜持】 zìzūnxīn(自尊心), zìháogǎn(自豪感).

きょうじ【凝視】 níngshì(凝视). ¶彼は彼女の顔を～した tā níngshìzhe tā de liǎn(他凝视着她的脸).

ぎょうじ【行事】 ¶創立 50 周年記念の～が挙行された jǔxíngle chuànglìshí wǔshí zhōunián de jìniàn huódòng(举行了创建五十周年的纪念活动). ¶七夕は年中～の一つである qǐqiǎoshì niánzhōng lìxíng jiérì zhī yī(乞巧是年中例行节日之一). ¶学校の～日程 xuéxiào de lìxíng huódòng rìchéng(学校的例行活动日程).

きょうしつ【教室】 jiàoshì(教室), kèshì(课室), kètáng(课堂). ¶階段～ jiētī jiàoshì(阶梯教室). 青空～ lùtiān kètáng(露天课堂)/ yěwài jiàoshì(野外教室). 編物～ zhēnzhī jiǎngxíbān(针织讲习班).

きょうしゃ【強者】 qiángzhě(强者).

きょうじゃ【経師屋】 biǎohújiàng (裱糊匠).
ぎょうしゃ【業者】 ¶~を呼んで見積らせる jiào chǎngshāng gàisuàn yào duōshao qián (叫厂商概算要多少钱). ¶~間で協定を結ぶ zài tóngyèzhī jiān dìngì xiédìng (在同业者之间缔结协定).
ぎょうじゃ【行者】 xíngzhě (行者).
きょうじゃく【強弱】 qiángruò (强弱). ¶~をつけて歌う dài qiángruò de chàng (带强弱地唱). ¶ロープの~をテストする cèshì shéngsuǒ de qiángdù (测试绳索的强度).
きょうしゅ【興趣】 ¶満開の桜が一段と庭に~を添えた shèngkāi de yīnghuā zēngtiānle yuànzi de qíngqù (盛开的樱花增添了院子的情趣).
きょうじゅ【享受】 xiǎngshòu (享受). ¶自由を~する xiǎngshòu zìyóu (享受自由). ¶芸術を~する xiǎngshòu yìshù (享受艺术).
きょうじゅ【教授】 1 [教えること] ¶上達の極意を御~願いたい qǐng jiāogěi wǒ jìnbù de qiàomén (请教给我进步的窍门). ¶彼女は英語の個人~をしている tā shì yīngyǔ de jiātíng jiàoshī (她做英语的家庭教师).
2 [大学などの] jiàoshòu (教授). ¶彼は H 大学の~になった tā dāngle H dàxué de jiàoshòu (他当了 H 大学的教授).
¶~会 jiàoshòuhuì (教授会). 助~ fùjiàoshòu (副教授).
ぎょうしゅ【業種】 ¶~別平均賃金 hángyè lèibié de píngjūn gōngzī (行业类别的平均工资).
きょうしゅう【強襲】 měnggōng (猛攻). ¶敵陣を~する měnggōng díchén (猛攻敌阵).
きょうしゅう【郷愁】 xiāngchóu (乡愁). ¶~にかられる wéi xiāngchóu suǒ qūshǐ (为乡愁所驱使).
きょうしゅう【凝集】 níngjí (凝集), níngjù (凝聚). ¶~力 níngjùlì (凝聚力)/ nèijùlì (内聚力).
きょうしゅうじょ【教習所】 péixùn xuéxiào (培训学校). ¶自動車~ jīdòngchē jiàshǐyuán péixùn xuéxiào (机动车驾驶员培训学校)/ qìchē jiàshǐ xuéxiào (汽车驾驶学校)/ jiàshǐ xuéxiào (驾驶学校).
きょうしゅく【恐縮】 ¶彼は過ちを指摘されて大いに~した tā yóuyú zìjǐ de cuòwù bèi zhǐchū shēn gǎn xiūkuì (他由于自己的错误被指出深感惭愧). ¶わざわざお越しいただきまして~に存じます nín tèyì lái, zhēn yǒudiǎnr guòyì bu qù (您特意来,真有点儿过意不去). ¶~ですがそれをちょっと見せてもらえませんか máfan nín, bǎ nàge nágěi wǒ kànkan (麻烦您,把那个拿给我看看).
ぎょうしゅく【凝縮】 níngjié (凝结), lěngníng (冷凝). ¶水蒸気が~して窓ガラスに付着した shuǐzhēngqì níngjié er fùzhuó zài chuāngbōli shang (水蒸气凝结而附着在窗玻璃上). ¶彼女の思いがこの一言に~されていた tā de sīniàn níngjù zài zhè yí jù huà li (她的思念凝聚在这一句话里).
きょうしゅつ【供出】 ¶米を~する jiǎonà dàogǔ (缴纳稻谷).

きょうじゅつ【供述】 gòngshù (供述), gòngcí (供词). ¶犯人は次のように~した fànrén zuòle rúxià gòngshù (犯人作了如下供述). ¶何人も自己に不利益な~を強要されない duì rènhé rén dōu bùdé qiángzhì qí zuò bùlì yú běnrén de gòngshù (对任何人都不得强制其作不利于本人的供述). ¶犯人が~を始めた fànrén kāishǐ zhāogòng le (犯人开始招供了).
¶~書 gòngzhuàng (供状).
きょうじゅん【恭順】 gōngshùn (恭顺); shùncóng (顺从). ¶皇帝に~の意を表す xiàng huángdì biǎoshì gōngshùn (向皇帝表示恭顺).
きょうしょ【教書】 zīwén (咨文). ¶一般~ guóqíng zīwén (国情咨文).
ぎょうしょ【行書】 xíngshū (行书).
きょうしょう【協商】 xiéshāng (协商). ¶三国~ sānguó xiéyuē (三国协约).
ぎょうしょう【行商】 xíngshāng (行商). ¶魚の~をする zuò yúfànzi (做鱼贩子).
¶~人 xiǎofàn (小贩).
ぎょうじょう【行状】 pǐnxíng (品行), xíngzhǐ (行止). ¶彼は日頃の~が芳しくない tā píngcháng pǐnxíng bù duānzhèng (他平常品行不端正).
きょうじょうしゅぎ【教条主義】 jiàotiáozhǔyì (教条主义).
きょうしょく【教職】 ¶私は卒業後は~につくつもりです wǒ dǎsuan bìyè hòu zuò jiàoyuán (我打算毕业后做教员). ¶~にあること 30 年 cóngjiào yǒu sānshí nián le (从教三十年了).
きょうしょくいん【教職員】 jiàozhíyuán (教职员). ¶~組合 jiàozhíyuán gōnghuì (教职员工会).
きょう・じる【興じる】 →きょうずる
きょうしん【狂信】 ¶ファシズムを~する kuángrè de xìnyǎng fǎxīsī zhǔyì (狂热地信仰法西斯主义). ¶~的な態度 kuángrè xìnfèng de tàidu (狂热信奉的态度).
きょうしん【強震】 qiángzhèn (强震).
きょうじん【凶刃】 ¶暗殺者の~に倒れた xiōngshǒu yú àishāzhě dāorèn zhī xià (凶死于暗杀者刀刃之下).
きょうじん【狂人】 kuángrén (狂人), fēngrén (疯人), fēngzi (疯子).
きょうじん【強靱】 qiángrèn (强韧), jiānrèn (坚韧). ¶~な肉体 qiángrèn de ròutǐ (强韧的肉体). ¶~な精神 jiānrèn-bùbá de jīngshén (坚韧不拔的精神).
きょうしんざい【強心剤】 qiángxīnjì (强心剂).
きょうしんしょう【狭心症】 xīnjiǎotòng (心绞痛), xīnjiǎozhèng (狭心症). ¶~の発作を起した xīnjiǎotòng fāzuò (心绞痛发作).
ぎょうずい【行水】 ¶たらいで子供に~をつかわせる yòng xǐyīpén gěi háizi chōngliáng (用洗衣盆给孩子冲凉).
きょう・する【供する】 gōng (供). ¶読者の参考に~する gōng dúzhě cānkǎo (供读者参考).
¶一般の閲覧に~する gōng dàjiā yuèlǎn (供大家阅览).
きょう・ずる【興ずる】 ¶トランプに~ずる dǎ pū-

kè wánr(打扑克玩儿).

きょうせい【共生・共棲】 gòngshēng(共生); gòngqī(共栖).

きょうせい【強制】 qiángzhì(强制). ¶寄付を～する qiǎngzhì juānkuǎn(强制捐款). ¶～はしませんが御協力をお願いします bìng bù qiángzhì, xīwàng dàjiā gěiyǐ xiézhù(并不强制, 希望大家给以协助). ¶～的に立ち退かせる qiángzhì qiānyí(强制迁移).
¶～執行 qiángzhì zhíxíng(强制执行). ～処分 qiángzhì chǔfèn(强制处分). ～送還 qiángzhì qiǎnsòng(强制遣送). ～着陸 pòjiàng(迫降).

きょうせい【教生】 jiàoyù shíxíshēng(教育实习生).

きょうせい【矯正】 jiǎozhèng(矫正). ¶発音を～する jiǎozhèng fāyīn(矫正发音).
¶歯列～ jiǎozhèng chǐliè(矫正齿列).

ぎょうせい【行政】 xíngzhèng(行政). ¶～分を受ける shòu xíngzhèng chǔfèn(受行政处分). ¶彼は～的手腕がある tā hěn yǒu xíngzhèng shǒuwàn(他很有行政手腕).
¶～官 xíngzhèng rényuán(行政人员). ～機関 xíngzhèng jīguān(行政机关). ～協定 xíngzhèng xiédìng(行政协定). ～区画 xíngzhèng qūhuà(行政区划). ～権 xíngzhèngquán(行政权).

ぎょうせき【業績】 yèjì(业绩), chéngjiù(成就), chéngjì(成绩). ¶彼は遺伝学の分野ですぐれた～を残した tā zài yíchuánxué de lǐngyù zhōng liúxiàle xiǎnzhù de chéngjiù(他在遗传学的领域中留下了显著的成就). ¶このところ会社の～が思わしくない jìnlái gōngsī de chéngjì bùjiā(近来公司的成绩不佳).

きょうそ【教祖】 jiàozǔ(教祖), jiàozhǔ(教主).
¶彼は多くの人から～と仰がれている tā bèi duō rén fèngwéi jiàozhǔ(他被许多人奉为教主). ¶彼は若者の～的の存在だ tā zài niánqīngrén dāngzhōng xiàng shì jiàozhǔ shìde(他在年轻人当中像是教主似的).

きょうそう【強壮】 qiángzhuàng(强壮). ¶スポーツで～な身体をつくる tōngguò tǐyù yùndòng liànchū qiángzhuàng de shēntǐ[qiángshēn](通过体育运动炼出强壮的身体[强身]). ¶～剤 qiángzhuàngjì(强壮剂)／bǔyào(补药).

きょうそう【競争】 jìngzhēng(竞争), bǐsài(比赛), jìngsài(竞赛). ¶どちらが駆けるのが速いか～しよう kàn shuí pǎode kuài, zánmen bǐbǐ(看谁跑得快, 咱们比比). ¶同業者間の売込み～が激しい zài tóng hángyè zhī jiān tuīxiāo jìngxiāo[jìngxiāo] hěn jīliè(在同行业之间推销竞争[竞销]很激烈). ¶～で値下げをする jìngxiāng jiàngjià shòushòu(竞相压价出售). ¶あの大学の入学試験は～率が高い nà suǒ dàxué rùxué jìngzhēnglǜ hěn gāo(那所大学入学竞争率很高). ¶彼は私の格好の～相手だ tā shì wǒ de hǎoduìshǒu(他是我的好对手). ¶生存～に負けた zài shēngcún jìngzhēng zhōng bàiběi le(在生存竞争中败北了). ¶～心をあおる shāndòng jìngzhēngxīn(扇动竞争心).

きょうそう【競走】 sàipǎo(赛跑). ¶弟と駅まで～する hé dìdi sàipǎo dào chēzhàn(和弟弟赛跑到车站). ¶100メートル～で1等になった bǎi mǐ sài déle dìyī míng(百米赛得了第一名).
¶～車 sàichē(赛车). 自転車～ zìxíngchē bǐsài(自行车比赛). 障害物～ zhàng'ài sàipǎo(障碍赛跑).

きょうぞう【胸像】 xiōngxiàng(胸像).

ぎょうそう【形相】 ¶彼はものすごい～で私をにらみつけた tā miànkǒng xiōnghěn de dèngle wǒ yīyǎn(他面孔凶狠地瞪了我一眼).

きょうそうきょく【協奏曲】 xiézòuqǔ(协奏曲).
¶ピアノ～ gāngqín xiézòuqǔ(钢琴协奏曲).

きょうそくほん【教則本】 jiàoběn(教本).

きょうそん【共存】 gòngcún(共存), gòngchǔ(共处), bìngcún(并存). ¶平和～ hépíng gòngchǔ(和平共处).

きょうだ【強打】 ¶ころんで頭部を～した shuāidǎo le, tóubù bèi měng zhuàngle yīxià(摔倒了, 头部被猛撞了一下).

きょうたい【狂態】 ¶酔っぱらって～を演じた hēzuìle jiǔ, kuángtài bǎi chū(喝醉了酒, 狂态百出).

きょうたい【嬌態】 mèitài(媚态).

きょうだい【兄弟】 xiōngdì(兄弟), dìxiong(弟兄), gēr(哥儿), gēmen(哥儿们), gērmen(哥儿们);〔姉妹〕jiěmèi(姐妹), zǐmèi(姊妹), jiěr(姐儿), jiěrmen(姐儿们);〔兄弟姉妹〕xiōngdì zǐmèi(兄弟姐妹), xiōngdì zǐmèi(兄弟姊妹).
¶僕には～がない wǒ méiyǒu dìxiong(我没有弟兄). ¶～は6人です wǒ xiōngdì jiěmèi liù ge rén(我兄弟姐妹六个人). ¶しょっちゅう～喧嘩をしている xiōngdì liǎ jìng dǎjià(兄弟俩净打架). ¶～分の杯を交す bàibǎzi(拜把子)／bàiméng(拜盟).

きょうだい【強大】 qiángdà(强大). ¶～な軍事力 qiángdà de jūnshì lìliang(强大的军事力量).

きょうだい【鏡台】 jìngtái(镜台), shūzhuāngtái(梳妆台).

きょうたく【供託】 ¶家賃を～する tuōguǎn fángzū(托管房租).

きょうたく【教卓】 jiǎngzhuō(讲桌), jiǎngtái(讲台).

きょうたん【驚嘆】 jīngtàn(惊叹). ¶人々は彼の妙技に～した rénmen wèi tā gāochāo jìyì jīngtàn bùyǐ(人们为他高超技艺惊叹不已).
¶彼の記憶力のよさは～に価する tā jìyìlì qiáng, zhēn jiào rén jīngtàn(他记忆力强, 真叫人惊叹).

きょうだん【凶弾】 ¶大統領は～に倒れた zǒngtǒng bèi xiōngshǒu de zǐdàn dǎsǐ le(总统被凶手的子弹打死了).

きょうだん【教団】 jiàotuán(教团).

きょうだん【教壇】 jiǎngtán(讲坛), jiǎngtái(讲台). ¶この4月から～に立っている cóng sìyuè qǐ zhàn jiǎngtán zhí jiàobiān le(从四月起站讲坛执教鞭了).

きょうち【境地】 jìngdì(境界). ¶無我の～に達する dádào wúwǒ zhī jìng(达到无我之境). ¶風景画に独自の～を開く zài fēngjǐnghuà fāngmiàn kāipì dútè de jìngdì(在风景画方面开辟独特的境界).

きょうちくとう【夾竹桃】 jiāzhútáo(夹竹桃).

きょうちゅう【胸中】 ¶親友に～を打ち明ける xiàng qīnyǒu tǔlù zhēnqíng(向亲友吐露真情). ¶その一察するに余りある wǒ néng tǐliang qí xiōngzhōng kǔzhōng(我能体谅其胸中苦衷).

ぎょうちゅう【蟯虫】 náochóng(蛲虫).

きょうちょ【共著】 hézhù(合著). ¶3氏の～による著作 yóu sān wèi hézhù de zhùzuò(由三位合著的著作).

きょうちょう【凶兆】 xiōngzhào(凶兆).

きょうちょう【協調】 xiétiáo(协调). ¶互いに～の精神が必要だ yào yǒu hùxiāng xiétiáo de jīngshén(要有互相协调的精神). ¶～性に欠ける qiànquē xiétiáo de jīngshén(欠缺协调的精神).

きょうちょう【強調】 qiángdiào(强调). ¶教育の必要性を～する qiángdiào jiàoyù de bìyàoxìng(强调教育的必要性). ¶この問題の重要性はいくらでも～し過ぎることはない zhè wèntí de zhòngyàoxìng zěnme qiángdiào yě bú huì guòfèn de(这个问题的重要性怎么强调也不会过分的).

きょうつい【胸椎】 xiōngzhuī(胸椎).

きょうつう【共通】 gòngtóng(共同). ¶これらの物質には～する性質がexists zhèxiē wùzhì zhī jiān yǒu hěn duō gòngxìng(这些物质之间有很多共性). ¶我々は～の利害で結ばれている wǒmen shì yóu gòngtóng de lìhài guānxì xiāng jiéhé de(我们是由共同的利害关系相结合的). ¶～の目的に向かって前進する xiàng gòngtóng de mùbiāo qiánjìn(向共同的目标前进). ¶彼女は我々の～の友人だ tā shì wǒmen gòngtóng de péngyou(她是我们共同的朋友). ¶両者には全然～点がない liǎngzhě zhī jiān háo wú gòngtóng zhī chù[gòngtóngdiǎn](两者之间毫无'共同之处[共同点]).

¶～語 gòngtóngyǔ(共同语).

きょうてい【協定】 xiédìng(协定). ¶同業者間で～して値上げする tóngyèzhě zhī jiān xiédìng de zhǎngjià(同业者之间协定涨价). ¶両党は政策～を結んだ liǎngdǎng zhī jiān dìjié zhèngcè xiédìng(两党之间缔结政策协定).

¶価格～ jiàgé xiédìng(价格协定). 行政～ xíngzhèng xiédìng(行政协定). 漁業～ yúyè xiédìng(渔业协定).

きょうてい【教程】 jiàochéng(教程). ¶ドイツ語文法～ Déyǔ yǔfǎ jiàochéng(德语语法教程).

きょうてき【強敵】 qiángdí(强敌), jìngdí(劲敌). ¶思いもかけない～が現れた chūxiànle yìwài de jìngdí(出现了意外的劲敌).

きょうてん【経典】 jīngdiǎn(经典). ¶イスラム教の～ Huíjiào de jīngdiǎn(回教的经典).

きょうてん【経典】 1［仏教の］Fójiào jīngdiǎn(佛教经典), Fójīng(佛经).

2 →きょうてん(教典).

ぎょうてん【仰天】 ¶大きな爆発音に人々は～して表に飛び出した jùdà de bàozhàshēng shǐ rénmen 'dà chī yī jīng[jīngkǒng wànzhuàng], fēnfēn pǎole chūqù(巨大的爆炸声使人们'大吃一惊[惊恐万状], 纷纷跑了出去).

きょうてんどうち【驚天動地】 jīng tiān dòng dì(惊天动地). ¶～の大事件 jīngtiān-dòngdì de dàshìjiàn(惊天动地的大事件).

きょうと【教徒】 jiàotú(教徒). ¶キリスト～ jīdūjiàotú(基督教徒).

きょうど【強度】 qiángdù(强度), qiánglì(强力). ¶ガラスの～を測定する cèdìng bōli de qiángdù(测定玻璃的强度). ¶～のノイローゼにかかる huànle yánzhòng shénjīng shuāiruò(患了严重神经衰弱). ¶～の近視 gāodù de jìnshìyǎn(高度的近视眼).

きょうど【郷土】 xiāngtǔ(乡土), běntǔ(本土), běnxiāng běntǔ(本乡本土). ¶～色豊かな料理 fùyǒu xiāngtǔ fēngwèi de cài(富有乡土风味的菜).

¶～芸能 dìfāng yìshù(地方艺术). ～史 dìfāngzhì(地方志)/ xiāngtǔshǐ(乡土史).

きょうとう【共闘】 gòngtóng dòuzhēng(共同斗争). ¶農民と～する yǔ nóngmín bìngjiān zhàndòu(与农民并肩战斗).

きょうとう【教頭】 jiàodǎo zhǔrèn(教导主任).

きょうどう【共同】 gòngtóng(共同), huǒtóng(伙同), héhuǒ[r](合伙[儿]). ¶友人と～で家を借りた hé péngyou gòngtóng zū fángzi(和朋友共同租房子). ¶この店は私達2人の～経営だ zhè jiā shāngdiàn shì wǒmen liǎ gòngtóng jīngyíng de(这家商店是我们俩共同经营的). ¶我々の～研究が実を結んだ wǒmen de gòngtóng yánjiū jiēle guǒ(我们的共同研究结了果). ¶～戦線を張る jiéchéng liánhé zhànxiàn(结成联合战线).

¶～作業 xiézuò zuòyè(协作作业). ～声明 liánhé shēngmíng(联合声明). ～体 gòngtóngtǐ(共同体). ～墓地 gōngmù(公墓).

きょうどう【協同】 xiétóng(协同). ¶～して事に当たる xiétóng chǔlǐ(协同处理).

¶～組合 hézuòshè(合作社).

きょうとうほ【橋頭堡】 qiáotóubǎo(桥头堡). ¶～を築く zhù qiáotóubǎo(筑桥头堡).

ぎょうにんべん【行人偏】 shuāngrénpángr(双人旁儿), shuāngrénrén(双立人儿).

きょうねん【凶年】 xiōngnián(凶年), huāngnián(荒年), qiànnián(歉年), niánjǐn(年馑).

きょうねん【享年】 xiǎngnián(享年), zhōngnián(终年). ¶～80歳 xiǎngnián bāshí suì(享年八十岁).

きょうばい【競売】 pāimài(拍卖). ¶差押え物件を～に付する pāimài kòuyā wùpǐn(拍卖扣押物品).

きょうはく【脅迫】 wēixié(威胁), wēibī(威逼), xiépò(胁迫), wēihè(威吓). ¶ピストルで～する ná shǒuqiāng xiépò(拿手枪胁迫). ¶"言うことを聞かないと秘密をばらすぞ"と～する wēi-

きょうはくかんねん【強迫観念】 kǒngjù xīnlǐ (恐惧心理), qiǎngpò guānniàn (强迫观念). ¶絶えず～につきまとわれている shíshí bèi kǒngjù xīnlǐ chánzhù (时时被恐惧心理缠住).

きょうはん【共犯】 gòngtóng fànzuì (共同罪), gòngfàn (共犯). ¶彼は～の容疑で逮捕された tā yīn gòngtóng fànzuì de xiányí bèi dàibǔ le (他因有共同罪的嫌疑被逮捕了).
¶～者 gòngtóng fànzuìrén (共同犯罪人) / gòngfàn (共犯) / tóng'ànfàn (同案犯).

きょうふ【恐怖】 kǒngbù (恐怖), kǒngjù (恐惧), kǒnghuāng (恐慌). ¶～におののく xiàde quánshēn zhànlì (吓得全身战栗).
¶～政治 kǒngbù tǒngzhì (恐怖统治).

きょうぶ【胸部】 xiōngbù (胸部). ¶～疾患 xiōngbù jíhuàn (胸部疾患).

きょうふう【強風】 qiángfēng (强风), dàfēng (大风). ¶折からの～にあおられて火は燃え広がった zhèng gǎnshàng guā dàfēng, huǒshì mànyán kāilai (正赶上刮大风, 火势蔓延开来).
¶～警報 dàfēng jǐngbào (大风警报).

きょうへき【胸壁】 1【胸の外壁】xiōngbì (胸壁).
2【とりで】xiōngqiáng (胸墙).

きょうへん【共編】 hébiān (合编). ¶この辞典は3氏の～によるものだ zhè bù cídiǎn shì yóu sān wèi xiānsheng hébiān de (这部辞典是由三位先生合编的).

きょうべん【強弁】 qiǎngbiàn (强辩). ¶自分が間違っていると分っていながら～する míngzhī shì zìjǐ de guòcuò hái qiǎngcí-duólǐ (明知是自己的过错还强词夺理).

きょうべん【教鞭】 jiàobiān (教鞭). ¶彼はA高校で～をとっている tā zài A gāozhōng "zhí jiàobiān[zhíjiào]" (他在A高中"执教鞭[执教]").

きょうほ【競歩】 jìngzǒu (竞走).

きょうほう【凶報】 xiōnghào (凶耗), èhào (噩耗), xiōngxìn[r] (凶信[儿]).

きょうぼう【凶暴】 xiōngbào (凶暴). ¶あの男は時に～性を発揮する nàge nánrén yǒushí biànde jíwéi xiōngbào (那个男人有时变得极为凶暴).

きょうぼう【共謀】 tóngmóu (同谋), gòngmóu (共谋), hémóu (合谋). ¶この事件は2人の～によるものと断定された zhège ànzi duàndìng wéi liǎng ge rén tóngmóu de (这个案子断定为两个人同谋的). ¶彼等は～して詐欺をはたらいた tāmen gòngmóu zhàpiàn (他们共谋诈骗).

きょうぼう【狂暴】 kuángbào (狂暴). ¶手負いの象は追い詰められてますます～化した shòushāng de xiàng bèi zhuībīde yuèfā kuángbào (受伤的象被追逼得越发狂暴).

きょうぼく【喬木】 qiáomù (乔木).

きょうほん【狂奔】 kuāngbēn (狂奔). ¶資金集めに～する wèile chóucuò zījīn ér bēnbō (为了筹措资金而奔波).

きょうまん【驕慢】 jiāo'ào (骄傲), àomàn (傲慢). ¶人を人とも思わぬ～な態度 bù ná rén dàng rén de jiāo'ào de tàidu (不拿人当人的骄傲的态度) / mùzhōng-wúrén de àomàn tàidu (目中无人的傲慢态度).

きょうみ【興味】 xìngqù (兴趣), xìngwèi (兴味), xìngzhì (兴致). ¶私は歴史に～を持っている wǒ duì lìshǐ gǎn xìngqù (我对历史感兴趣). ¶私は骨董には～がない wǒ duì gǔdǒng "bù gǎn xìngqù[méiyǒu shénme xìngwèi]" (我对古董"不感兴趣[没有什么兴味]"). ¶彼はどんな反応を示すか大いに～のあるところだ tā huì xiǎnshì shénmeyàng de fǎnyìng shǐ rén dà yǒu xìngqù (他会显示什么样的反应促使人大有兴趣). ¶それを聞いてますます～をそそられた tīngle nà huà "yuèfā juéde yǒu xìngqù[xìngtóu yuè dà]" le (听了那话"越发觉得有兴趣[兴头越大]"了). ¶～本位で書き立てる yínghé rénmen de xìngqù dàxiě-tèxiě (迎合人们的兴趣大写特写).

きょうむ【教務】 jiàowù (教务). ¶～課 jiàowùkē (教务科).

ぎょうむ【業務】 yèwù (业务). ¶～管理 yèwù guǎnlǐ (业务管理). ～用電力 yèwù yòng diàn (业务用电).

きょうめい【共鳴】 gòngmíng (共鸣). ¶音叉が～する yīnchā gòngmíng (音叉共鸣). ¶彼等の行動に我々は大いに～した tāmen de xíngdòng yǐnqǐle wǒmen de qiángliè gòngmíng (他们的行动引起了我们的强烈共鸣). ¶その主旨に～して協力することにした zàntóng nàge zōngzhǐ juédìng xiézhù (赞同那个宗旨决定协助).
¶～器 gòngmíngqì (共鸣器). ～箱 gòngmíngxiāng (共鸣箱).

きょうやく【協約】 xiéyuē (协约).

きょうゆ【教諭】 jiàoshī (教师), jiàoyuán (教员).

きょうゆう【共有】 gòngyǒu (共有). ¶土地を2人の～にする tǔdì wéi liǎng ge rén gòngyǒu (土地为两个人共有).
¶～財産 gòngyǒu cáichǎn (共有财产). ～地 gòngyǒudì (共有地).

きょうゆう【享有】 xiǎngyǒu (享有).

きょうよ【供与】 tígōng (提供), gōngjǐ (供给). ¶借款を～する tígōng dàikuǎn (提供贷款).

きょうよう【共用】 héyòng (合用), gòngyòng (公用). ¶トラクターを村で～する tuōlājī yóu quáncūn gòngtóng shǐyòng (拖拉机由全村共同使用). ¶～の井戸 gōngyòng de jǐng (公用的井).

きょうよう【強要】 qiǎngqiú (强求), qiǎngbī (强逼). ¶面会を～する qiǎngqiú huìmiàn (强求会面). ¶彼は辞職を～された tā bèi qiǎngbī cízhí (他被强逼辞职).

きょうよう【教養】 jiàoyǎng (教养), xiūyǎng (修养). ¶～を身につける xué wénhuà (学文化) / xiūyǎng (修养). ¶～のある人 yǒu jiàoyǎng de rén (有教养的人) / zhīshū-dálǐ de rén

(知书达理的人).
- **きょうらく【享楽】** xiǎnglè(享乐).¶人生を～する xiǎngshòu rénshēng zhī lè(享受人生之乐).
¶～主義 xiǎnglèzhǔyì(享乐主义).
- **きょうらん【狂乱】** ¶子供を失った母親はほとんど半～の状態だった shīqù háizi de mǔqin jīhū xiànyú bànfēngkuáng de zhuàngtài(失去孩子的母亲几乎陷于半疯狂的状态).¶彼女は悲しみのあまり～した tā bēishāngde fāfēng[fākuáng] le(他悲伤得发疯[发狂]了).
- **きょうり【胸裏】** xīnli(心里), xīnzhōng(心中).¶～に深く秘めておく shēnshēn de cángzài xīnli(深深地藏在心里).
- **きょうり【教理】** jiàolǐ(教理).
- **きょうり【郷里】** gùlǐ(故里), gùtǔ(故土), jiāxiāng(家乡), gùxiāng(故乡), lǎojiā(老家), xiāngli(乡里), línlǐ(邻里).¶墓参のため～に帰る wèile sǎomù huí jiāxiāng(为了扫墓回家乡).¶～の両親に手紙を書く xiě xìn gěi lǎojiā de fùmǔ(写信给老家的父母).
- **きょうりきこ【強力粉】** tèzhìfěn(特制粉), shàngbái miànfěn(上白面粉), jīngfěn(精粉), fùqiángfěn(富强粉).
- **きょうりゅう【恐竜】** kǒnglóng(恐龙).
- **きょうりょう【狭量】** ¶～な人 xīnyǎnr zhǎi de rén(心眼儿窄的人)/dùliàng[qìliàng] xiǎo de rén(度量[气量]小的人).
- **きょうりょう【橋梁】** qiáoliáng(桥梁).
- **きょうりょく【協力】** xiélì(协力), hélì(合力), xiézuò(协作), hézuò(合作).¶互いに～してその仕事をやり遂げた hùxiāng xiézuò[tōnglì] hézuò] wánchéngle zhège rènwu(互相协作[通力合作]完成了这个任务).¶資料の収集に～する xiézhù shōují zīliào(协助收集资料).¶父と～して商売をする hé fùqin tóngxīn-hélì[xiélì] zuò shēngyi(和父亲同心合力[协力]做生意).¶彼女は私の～な助っ人だ tā shì wǒ délì de hézuòzhě(她是我得力的合作者).
- **きょうりょく【強力】** qiánglì(强力).¶この車はエンジンが～だ zhè qìchē yǐnqíng mǎlì qiángdà(这汽车引擎马力强大).¶計画を～に推し進める qiánglì tuīxíng jìhuà(强力推行计划).¶彼には～な後楯がある tā yǒu qiángyǒulì de kàoshān(他有强有力的靠山).
- **きょうれつ【強烈】** qiángliè(强烈).¶～な真夏の太陽 xiàtiān qiángliè de yángguāng(夏天强烈的阳光)/chìrì yányán(赤日炎炎)/yánxià lièrì(炎夏烈日).¶～な個性 qiángliè de gèxìng(强烈的个性).¶印象がとても～だった yìnxiàng hěn qiángliè(印象很强烈).
- **ぎょうれつ【行列】** hángliè(行列), duìwu(队伍).¶～はしずしずと進んで行った duìwu xúxú xiàng qián(队伍徐徐向前).¶～の先頭にいる zhànzài duìwu de páitóu(站在队伍的排头).¶窓口に長い～ができた chuāngkǒu qián páichéngle cháng duì(窗口前排成了长队).¶1時間も～してやっと切符を手に入れた páile yí ge xiǎoshí de duì hǎoróngyì cái nòngdàole piào(排了一个小时的队才好容易弄到了票).

¶～式 hánglièshì(行列式).
- **きょうわ【共和】** gònghé(共和).¶～国 gònghéguó(共和国).~制 gònghézhì(共和制).
- **きょうわ【協和】** xiéhé(协和).¶～音 héshēng(和声)/héyīn(和音).~音程 xiéhé yīnchéng(协和音程).
- **きょえいしん【虚栄心】** xūróngxīn(虚荣心).¶彼は～が強い tā xūróngxīn hěn qiáng(他虚荣心很强).
- **ギョーザ【餃子】** jiǎozi(饺子).¶水～ shuǐjiǎor(水饺儿).焼き～ guōtiēr(锅贴儿).
- **きょか【許可】** xǔkě(许可), zhǔnxǔ(准许), yǔnxǔ(允许), yǔnzhǔn(允准), pīzhǔn(批准).¶～なくして撮影を禁ず wèi jīng xǔkě jìnzhǐ shèyǐng(未经许可禁止摄影).¶建築の～が下りた jiànzhù de xǔkě xiàlai le(建筑的许可下来了).¶～を取り消す chèxiāo xǔkě(撤销许可).¶議長の～を得て発言して下さい qǐng zài huòdé dàhuì zhǔxí yǔnxǔ hòu fāyán(请在获得大会主席允许后发言).¶入国を～する pīzhǔn rùjìng(批准入境).

¶～証 xǔkězhèng(许可证)/zhízhào(执照)/páizhào(牌照).
- **ぎょかい【魚介】** yúlèi hé bèilèi(鱼类和贝类).
- **きょがく【巨額】** jù'é(巨额).¶累積赤字は1000億円の～に達した lěijī chìzì dá yìqiān yì rìyuán zhī jù(累积赤字达一千亿日元之巨).¶～の資金を投入する tóuxià jù'é zījīn[zhòngzī](投下巨额资金[重资]).
- **ぎょかく【漁獲】** yúhuò(渔获).¶底引網による～を禁止する jìnzhǐ yòng tuōwǎng dǎyú(禁止用拖网打鱼).

¶～量 yúhuòliàng(渔获量)/bǔyúliàng(捕鱼量).
- **きょかん【巨漢】** dàhàn(大汉), biāoxíng dàhàn(彪形大汉).
- **ぎょがんレンズ【魚眼レンズ】** yúyǎn jìngtóu(鱼眼镜头).
- **きょぎ【虚偽】** xūwěi(虚伪).¶～の供述をする zuò xūjiǎ de gòngshù(作虚假的供述).
- **ぎょぎ【漁期】** yúqī(渔期).
- **ぎょぎょう【漁業】** yúyè(渔业).¶～権 bǔyúquán(捕鱼权).遠洋～ yuǎnyáng yúyè(远洋渔业).近海～ jìnhǎi yúyè(近海渔业).
- **きょぎょじつじつ【虚虚実実】** ¶両者の戦をくりひろげた liǎngzhě yǐ zhì shèng zhì, shīzhǎn zhǒngzhǒng shǒuduàn jìnxíng dòuzhēng(两者以智胜智, 施展种种手段进行斗争).
- **きょきん【醵金】** jùjīn(醵金), jùzī(醵资).¶全国からの～は5000万円に達した quánguó de jùzī dá wǔqiān wàn rìyuán(全国的醵资达五千万日元).¶被災者のために～する wèile zāimín jù jīn(为了灾民醵金).
- **きょく【曲】** qǔ(曲), qǔr(曲[儿]), qǔzi(曲子).¶ベートーベンのピアノ～を弾く tán Bèiduōfēn de gāngqínqǔ(弹贝多芬的钢琴曲).
- **きょく【局】** **1** jú(局).¶東京都交通～ Dōngjīng Dū Jiāotōngjú(东京都交通局).

¶事務～ shìwùjú(事务局).書記～ shūjìchù(书记处).放送～ guǎngbō diàntái(广播电

きょく【極】 jídiǎn(极点), jí(极). ¶疲労の～病に倒れた píláo zhì jí bìngdǎo le(疲劳至极病倒了). ¶聴衆は興奮の～に達した tīngzhòng xīngfèn dàole jídiǎn(听众兴奋到了极点).

ぎょく【玉】 yù(玉), yùshí(玉石).

ぎょく【漁区】 yúqū(渔区).

きょくいん【局員】 ¶郵便局の～ yóujú zhíyuán(邮局职员).

きょくう【極右】 jíyòu(极右).

きょくがい【局外】 júwài(局外). ¶～に立つ zhìshēn júwài(置身局外)/ zìwài(自外). ¶～者 júwàirén(局外人). ～中立 júwài zhōnglì(局外中立).

きょくげい【曲芸】 zájì(杂技). ¶象の～ xiàng de biǎoyǎn(象的表演). ¶～師 zájì yǎnyuán(杂技演员).

きょくげん【局限】 júxiàn(局限). ¶範囲をA地区に～して調査する bǎ fànwéi júxiàn yú A dìqū jìnxíng diàochá(把范围局限于A地区进行调查).

きょくげん【極言】 ¶～すれば君は無能だ gāncuì yí jù huà[shuōdàotóur], nǐ wúnéng(干脆一句话[说到头ル],你无能).

きょくげん【極限】 jíxiàn(极限). ¶～に達する dádào jíxiàn(达到极限). ¶～状態 jíxiàn zhuàngtài(极限状态).

きょくさ【極左】 jízuǒ(极左). ¶～分子 jízuǒ fènzǐ(极左分子). ～冒険主義 jízuǒ màoxiǎn zhǔyì(极左冒险主义).

ぎょくざ【玉座】 yùzuò(玉座), bǎozuò(宝座), yùzuò(御座).

きょくしゃほう【曲射砲】 qūshèpào(曲射炮).

きょくしょ【局所】 →きょくぶ.

きょくしょう【極小】 jíxiǎo(极小). ¶～値 jíxiǎozhí(极小值).

ぎょくせき【玉石】 yùshí(玉石). ¶～混交 yùshí hùn xiáo(玉石混淆)/ yùshí jiā rú(玉石杂糅). ¶～倶に焚く yù shí jù fén(玉石俱焚).

きょくせつ【曲折】 qūzhé(曲折), zhōuzhé(周折), bōzhé(波折). ¶ここに至るまでには様々の～があった jīngguò xǔduō qūzhé cái dádào zhè dìbù(经过许多曲折才达到这地步).

きょくせん【曲線】 qūxiàn(曲线). ¶ボールが～を描いて飛んで行った qiú huàchū yì tiáo qūxiàn fēiguoqu le(球划出一条曲线飞过去了). ¶～美 qūxiànměi(曲线美).

きょくだい【極大】 jídà(极大). ¶～値 jídàzhí(极大值).

きょくたん【極端】 jíduān(极端). ¶それはあまりに～な例だ nà shì ge guòyú jíduān de lìzi(那是个过于极端的例子). ¶彼は私を～に嫌っている tā jíduān tǎoyàn wǒ(他极端讨厌我). ¶～から～に走る cóng yí ge jíduān zǒuxiàng lìng yí ge jíduān(从一个极端走向另一个极端).

きょくち【局地】 ¶～的の大雨の降るおそれがあ
る júbù dìqū yǒu xià dàyǔ de kěnéng(局部地区有下大雨的可能). ¶～戦争 júbù zhànzhēng(局部战争).

きょくち【極地】 jídì(极地).

きょくち【極致】 jízhì(极致). ¶美の～ měi zhī jízhì(美之极致).

きょくてん【極点】 jídiǎn(极点). ¶人々の興奮は～に達した rénmen de xīngfèn dádào jídiǎn(人们的兴奋达到极点).

きょくど【極度】 jídù(极度), jídiǎn(极点), jíduān(极端). ¶疲労が～に達する pílao dádào jídiǎn(疲劳达到极点). ¶彼は～の緊張のため口がきけなかった tā yóuyú jídù jǐnzhāng shuō bu chū huà lai(他由于极度紧张说不出话来). ¶彼女は蛇を～にこわがる tā jí hàipà shé(她极害怕蛇).

きょくとう【極東】 Yuǎndōng(远东).

きょくどめ【局留】 liújú dàilǐng(留局待领).

きょくのり【曲乗り】 ¶オートバイの～ mótuōchē zájì(摩托车杂技).

きょくば【曲馬】 mǎxì(马戏). ¶～団 mǎxìtuán(马戏团).

きょくぶ【局部】 júbù(局部); [陰部] yīnbù(阴部). ¶～的の痛み júbùxìng de téngtòng(局部性的疼痛). ¶～麻酔 júbù mázuì(局部麻醉)/ júmá(局麻).

きょくめん【曲面】 qūmiàn(曲面).

きょくめん【局面】 júmiàn(局面). ¶事態は今や新しい～に入った shìtài xiànzài jìnrùle xīn júmiàn(事态现在进入了新局面). ¶～を打開する dǎkāi júmiàn(打开局面).

きょくもく【曲目】 qǔmù(曲目). ¶次の～は《東方紅》 xià yí ge qǔmù shì 《Dōngfānghóng》(下一个曲目是《东方红》). ¶～の最後はベートーベンの《運命》だった qǔmù de zuìhòu yí ge shì Bèiduōfēn de《Mìngyùn》(曲目的最后一个是贝多芬的《命运》).

きょくりょう【極量】 jíliàng(极量).

きょくりょく【極力】 jílì(极力), jiélì(竭力), jìnlì(尽力). ¶計画の実現に～努力する wèi shíxiàn jìhuà jìnjiélì(为实现计划尽心竭力). ¶～引き留めたが彼の辞意は固かった suīrán jílì wǎnliú, kěshì tā cíyì zhǐ yì hěn jiānjué(虽然极力挽留,可是他辞去之意很坚决). ¶彼は～協力することを約束した tā bǎozhèng jìnlì xiézhù(他保证尽力协助).

きょくろん【極論】 ¶～すれば我々の努力は無意味だったということになる shènzhì kěyǐ shuō wǒmen de nǔlì quánrán wúyòng(甚至可以说我们的努力全然无用).

ぎょぐん【魚群】 yúqún(鱼群). ¶～探知器 yúqún tàncèyí(鱼群探测仪).

きょこう【挙行】 jǔxíng(举行). ¶祝賀式を～する jǔxíng qìngzhù diǎnlǐ(举行庆祝典礼).

きょこう【虚構】 xūgòu(虚构).

ぎょこう【漁港】 yúgǎng(渔港).

きょこくいっち【挙国一致】 jǔguó yízhì(举国一致).

きょしき【挙式】 ¶吉日を選んで～する zé jìrì

jǔxíng jiéhūn yíshì(择吉日举行结婚仪式).
きょじつ【虚実】 1 xūshí(虚实). ¶その証言は～相半ばする nà zhèngyán xūshí cānbàn(那证言虚实参半).
2 →きょきょじつじつ.
きょしてき【巨視的】 hóngguān(宏观). ¶～観点 hóngguān guāndiǎn(宏观观点).
ぎょしゃ【御者】 yùzhě(御者), gǎnchēde(赶车的).
きょじゃく【虚弱】 xūruò(虚弱). ¶この子は生れつきーだ zhè háizi shēnglái shēntǐ hěn xūruò(这孩子生来身体很虚弱).
¶～体質 xūruò tǐzhì(虚弱体质).
きょしゅ【挙手】 jǔshǒu(举手). ¶～で採決する jǔshǒu biǎojué(举手表决). ¶～の礼をする xíng jǔshǒulǐ(行举手礼).
きょしゅう【去就】 qùjiù(去就). ¶～を決する juédìng qùjiù(决定去就). ¶彼ぶりはまだ明らかではない tā de qùjiù tàidu hái bùmíng(他的去就态度还不明).
きょじゅう【居住】 jūzhù(居住). ¶申込資格者は当市に～する者に限る shēnqǐngzhě zhǐ xiànyú jūzhù běnshì de rén(申请者只限于居住本市的人).
¶～権 jūzhùquán(居住权). ～者 jūzhùzhě(居住者). ～地 jūzhùdì(居住地).
きょしゅつ【拠出】 ¶研究会の設立基金を～する wèile chénglì yánjiūhuì jù zī(为了成立研究会醵资).
きょしょ【居所】 jūchù(居处), zhùchù(住处). ¶横浜に～を定めた dìngjū yú Héngbīn(定居于横滨).
きょしょう【巨匠】 jùjiàng(巨匠), jùbò(巨擘), dàshī(大师). ¶文壇の～ wéntán jùjiàng(文坛巨匠).
ぎょしょう【漁礁】 yújiāo(鱼礁).
ぎょじょう【漁場】 yúchǎng(鱼场).
きょしょく【虚飾】 ¶～を捨て去る pāoqì xūwěi fěnshì(抛弃虚伪粉饰)/ qù xūshì(去虚饰). ¶～に満ちた生活 chōngmǎnle xūjiǎ hé fěnshì de shēnghuó(充满了虚假和粉饰的生活).
ぎょしょく【漁色】 yúsè(渔色).
きょしょくしょう【拒食症】 yànshízhèng(厌食症), shénjīngxìng yànshízhèng(神经性厌食症).
きょしん【虚心】 xūxīn(虚心). ¶～に耳を傾ける xūxīn qīngtīng rénjia de huà(虚心倾听人家的话). ¶2人が～坦懐に話し合った liǎng ge rén kāihuái chàngtán(两个人开怀畅谈).
きょじん【巨人】 jùrén(巨人); (偉人) jùrén(巨人), jùjiàng(巨匠), tàidǒu(泰斗).
きょすう【虚数】 xūshù(虚数).
ぎょ・する【御する】 jiàyù(驾御·驾驭). ¶彼は～しやすい人物だ tā shì hěn róngyì jiàyù de rén(他是很容易驾御的人).
きょせい【巨星】 jùxīng(巨星). ¶～落つ jùxīng yǔnluò(巨星陨落).
きょせい【去勢】 qùshì(去势), géshì(割势), shàn(骟), qiāo(劁), yān(阉), yāngē(阉割).

¶～豚を～する yān zhū(阉猪). ¶彼はまるで～されたようにおとなしくしてしまった tā xiàng qùle shì shìde biàn guāi le(他像去了势似的变乖了).
¶～馬 shànmǎ(骟马).
きょせい【虚勢】 ¶～を張る xūzhāng shēngshì(虚张声势).
きょぜつ【拒絶】 jùjué(拒绝). ¶我々の要求は手きびしい～にあった wǒmen de yāoqiú zāodào yáncí jùjué(我们的要求遭到严词拒绝). ¶彼女は私の求婚にべもなく～した tā yīkǒu jùjuéle wǒ de qiúhūn(她一口拒绝了我的求婚).
¶～反応 páichì fǎnyìng(排斥反应).
ぎょせん【漁船】 yúchuán(渔船), yúlún(渔轮).
きょぞう【虚像】 xūxiàng(虚像).
ぎょそん【漁村】 yúcūn(渔村).
きょたい【巨体】 ¶～をゆすりながら象が現れた dàxiàng yáohuangzhe ˇjùdà qūtǐ[pángdà shēnqū] chūlái le(大象摇晃着ˇ巨大躯体[庞大身躯]出来了).
きょだい【巨大】 jùdà(巨大). ¶～なタンカー jùdà de yóuchuán(巨大的油船).
きょだく【許諾】 xǔnuò(许诺), dāying(答应).
ぎょたく【魚拓】 ¶～をとる bǎ yúxíng tàxialai(把鱼形拓下来).
きょだつ【虚脱】 xūtuō(虚脱). ¶彼女は悲しみのあまり～状態に陥った tā yīn guòyú bēishāng xiànyú xūtuō zhuàngtài(她因过于悲伤陷于虚脱状态).
きょっかい【曲解】 qūjiě(曲解). ¶君は私の言う事を～している nǐ kě qūjiěle wǒ de huà(你可曲解了我的话).
きょっけい【極刑】 jíxíng(极刑). ¶～に処する chǔyǐ jíxíng(处以极刑).
きょっこう【極光】 jíguāng(极光).
ぎょっと ¶突然後うから名前を呼ばれて～した tūrán bèihòu yǒu rén jiào wǒ de míngzi, xiàle wǒ yī tiào(突然背后有人叫我的名字, 吓了我一跳).
きょてん【拠点】 jùdiǎn(据点). ¶重要な軍事～ zhòngyào de jūnshì jùdiǎn(重要的军事据点).
きょとう【巨頭】 jùtóu(巨头). ¶～会談 jùtóu huìtán(巨头会谈)/ zuìgāojí huìtán(最高级会谈).
きょとう【挙党】 ¶～一致して総選挙に臨む quándǎng tuánjié yízhì yíngjiē dàxuǎn(全党团结一致迎接大选).
きょどう【挙動】 xíngjì(形迹), jǔzhǐ(举止), jǔdòng(举动). ¶～不審の者 xíngjì kěyí de rén(形迹可疑的人).
きょときょと ¶彼は不安そうに～と辺りを見回した tā xīnshén bù'ān de ˇdōngzhāng-xīwàng[sìxià zhāngwàng](他心神不安地ˇ东张西望[四下张望]).
きょとんと ¶彼女は～した顔で私を見た tā ˇlènglèng de[lèngzhùle shénr] chǒuzhe wǒ(她愣愣地[愣住了神儿]瞅着我).
ぎょにく【魚肉】 yúròu(鱼肉).
きょねん【去年】 qùnián(去年), shàngnián(上

きょひ

年). ¶作柄は～並だ shōucheng gēn qùnián chàbuduō (收成跟去年差不多). ¶この今頃は北京にいた qùnián zhè shí wǒ zhèng zài Běijīng (去年这时我正在北京).

きょひ【拒否】 jùjué (拒绝). ¶～を投じて鉄道を敷設する tóurù jùkuǎn pūshè tiělù (投入巨款铺设铁路).

きょひ【拒否】 jùjué (拒绝). ¶面会を～する jùjué huìmiàn (拒绝会面). ¶～権を行使する xíngshǐ fǒujuéquán (行使否决权).

ぎょふ【漁夫】 yúfū (渔夫). ¶～の利を占める zuòshōu yúrén zhī lì (坐收渔人之利) / yù bàng xiāng zhēng, yúwēng dé lì (鹬蚌相争, 渔翁得利).

ぎょふん【魚粉】 yúfěn (鱼粉).

きょへい【挙兵】 jǔbīng (举兵), qǐbīng (起兵). ¶奥州に～する zài Àozhōu qǐbīng (在奥州起兵).

きょほ【巨歩】 ¶世界平和の実現に向かって～を進める xiàng shíxiàn shìjiè hépíng dàtàbù qiánjìn (向实现世界和平大踏步前进). ¶学界に～を印する zài xuéshùjiè liúxià wěidà yèjì (在学术界留下伟大业绩).

きょほう【虚報】 yáochuán (谣传), yáoyán (谣言).

ぎょほう【漁法】 bǔyúfǎ (捕鱼法).

きょぼく【巨木】 jùmù (巨木), jùshù (巨树).

きょまん【巨万】 ¶彼は一代で～の富を築いた tā zhè yí dài jīlěile jù'é cáifù (他这一代积累了巨额财富).

ぎょみん【漁民】 yúmín (渔民).

きょむ【虚無】 xūwú (虚无). ¶～感におそわれる bèi xūwúgǎn suǒ xí (被虚无感所袭). ¶～主義 xūwúzhǔyì (虚无主义).

きょめい【虚名】 xūmíng (虚名). ¶～に惑わされる bèi xūmíng suǒ míhuo (被虚名所迷惑). ¶～を求める tāntú xūmíng (贪图虚名). ¶～のみ高い yǒu xūmíng (徒有虚名).

きよ・める【清める】 ¶斎戒沐浴して心身を～める zhāijiè mùyù qīng xīn jié shēn (斋戒沐浴清心洁身). ¶境内を掃き～める bǎ shénshè de yuànnèi dǎsǎo gānjìng (把神社的院内打扫干净).

きょもう【虚妄】 xūwàng (虚妄). ¶～の説を唱える zhǔzhāng xūwàng zhī shuō (主张虚妄之说).

ぎょもう【魚網】 yúwǎng (鱼网・渔网).

きょよう【許容】 róngxǔ (容许), yǔnxǔ (允许), xǔkě (许可). ¶彼等の行為は～し難い tāmen de xíngwéi nányú róngrěn (他们的行为难于容忍).

きょらい【去来】 ¶さまざまの思いが胸中を～する zhǒngzhǒng sīxù zài xiōngzhōng yínghuí (种种思绪在心中萦回).

ぎょらい【魚雷】 yúléi (鱼雷). ¶～を発射する fāshè yúléi (发射鱼雷).

¶～艇 yúléitǐng (鱼雷艇).

きよらか【清らか】 ¶な山の空気を胸一杯に吸い込む shēn xī yí dà kǒu shānlǐ de qīngxīn kōngqì (深吸一大口山里的清新空气). ¶その

子の目は～に澄んでいた nàge háizi de yǎnjing hěn míngchè (那个孩子的眼睛很明澈). ¶生涯を～に送りたい xiǎng dùguò chúnjié de yìshēng (想度过纯洁的一生).

きょり【巨利】 ¶～を博する huòdé jù'é lìrùn (获得巨额利润).

きょり【距離】 jùlí (距离). ¶北京から天津までの～はどれくらいですか cóng Běijīng dào Tiānjīn yǒu duōyuǎn ne? (从北京到天津有多远呢?). ¶家から歩いて15分ほどの～に駅がある cóng jiā zǒu shíwǔ fēnzhōng zuǒyòu de dìfang yǒu chēzhàn (从家走十五分钟左右的地方有车站). ¶目的地まではまだかなり～がある dào mùdìdì hái xiāngdāng yuǎn (到目的地还相当远). ¶彼とは一定の～をおくことにしている wǒ gēn tā láiwǎng bǎochízhe yídìng de jùlí (我跟他来往保持着一定的距离). ¶2人の考えには大分～がある liǎng ge rén de xiǎngfa yǒu xiāngdāng de jùlí (两个人的想法有相当的距离).

¶短～レース duǎnjùlí sàipǎo (短距离赛跑) / duǎnpǎo (短跑). 長～電話 chángtú diànhuà (长途电话).

きょりゅう【居留】 jūliú (居留); qiáojū (侨居). ¶～地 jūliúdì (居留地). ～民 jūliúmín (居留民).

ぎょるい【魚類】 yúlèi (鱼类).

きょれい【虚礼】 xūlǐ (虚礼). ¶～を廃する fèichú xūlǐ (废除虚礼).

ぎょろう【漁労】 yúlāo (渔捞).

きょろきょろ ¶絶えず～していて落着きがない búshì dōngzhāng-xīwàng, zuòlì bù'ān (不时东张西望, 坐立不安). ¶子供は珍しそうに部屋の中を～と見回した xiǎoháizi hàoqí de dōng kànkan xī wàngwang hǎnshìzhe zhěnge wūzi (小孩子好奇地东看看西望望环视着整个屋子).

ぎょろぎょろ ¶大きな目玉を～させたあたりをねめまわす dèngdà yǎnjing xiàng sìxià sǎoshì (瞪大眼睛向四下扫视).

きよわ【気弱】 ruǎnruò (软弱), xīnruǎn (心软), liǎnruǎn (脸软). ¶病気をするとどうしても～になる déle bìng zǒng nánmiǎn shǐ rén jǔsàng (得了病总难免使人沮丧). ¶そんな～なことでどうする zhème xīnruǎn hái chéng ma? (这么心软还成吗?). ¶～になる xīnruǎn (心软).

きらい【機雷】 shuǐléi (水雷). ¶船が～にふれて沈没した chuán chùle shuǐléi zhàchén le (船触了水雷炸沉了).

きらい【嫌い】 **1** bú ài (不爱), bù xǐhuan (不喜欢), xián (嫌), tǎoyàn (讨厌). ¶私は人前に出るのが～ wǒ bú ài zài rén qián chūtóu-lùmiàn (我不爱在人前出头露面). ¶私は猫が～だ wǒ zuì tǎoyàn māo (我最讨厌猫). ¶それ以来私は学校が～になった cóng nà yǐlái wǒ bù xǐhuan xuéxiào le (从那以来我不喜欢学校了). ¶私は魚の生臭さが～だ wǒ xián yú xīng (我嫌鱼腥).

2 […のきらいがある] ¶彼はいささか独り善がりの～がある tā wèimiǎn yǒudiǎnr zìyǐwéishì

(他未免有点ㄦ自以为是).

きら・う【嫌う】 **1** 不 bù xǐhuan (不 喜 欢), bú yuànyì (不愿意), xián (嫌), tǎoyàn (讨厌). ¶彼女は皆に～われている shuí dōu tǎoyàn tā (谁都讨厌她). ¶彼は家業を継ぐのを～って会社員になった tā bú yuànyì jìchéng fùyè, dāngle gōngsī zhíyuán (他不愿意继承父业,当了公司职员). ¶お茶は湿気を～う cháyè zuì jì cháoshī (茶叶最忌潮湿).
2〔…きらわず…〕 ¶所～わず雑草が生い茂っている bùguǎn nǎli zácǎo dōu hěn fánmào (不管哪里杂草都很繁茂). ¶相手～わずけんかを吹っ掛ける zhǎo shuí gēn shuí zhǎochár dǎjià (找谁跟谁找碴ㄦ打架).

きらきら shǎnshǎn (闪闪), shǎnshuò (闪烁), shǎnyào (闪耀). ¶軒端のつららが朝日に～と輝く wūyán shang de bīngzhuī yíngzhe zhāoyáng jīngyíng shǎnguāng (屋檐上的冰锥迎着朝阳晶莹闪光). ¶目を～させて見つめる liǎngyǎn shǎnzhe guāng níngshìzhe (两眼闪着光凝视着) / yòng liàngjīngjīng de yǎnjing kànzhe (用亮晶晶的眼睛看着). ¶夜空に星が～とまたたいている yèwǎn tiānkōng fánxīng shǎnshuò (夜晚天空繁星闪烁).

ぎらぎら ¶真夏の太陽が頭から～と照りつける shèngxià de lièrì dāngtóu bàoshài (盛夏的烈日当头暴晒). ¶川に～油が浮いている hémiàn shang mínghuǎnghuǎng piāozhe yóu (河面上明晃晃漂着油). ¶目を～光らせる zéiyǎn jiǒngjiǒng (贼眼炯炯).

きらく【気楽】 qīngsōng (轻松); shūxīn (舒心), ānxīn (安心). ¶別に肩のこらない～な会です bìng bú shì shénme zhèngjing-bābǎi de, shì ge qīngsōng yúkuài de huì (并不是什么正经八百的,是个轻松愉快的会). ¶そう緊張せずに～にやりなさい bié nàme jǐnzhāng, qīngsōng yúkuài de gǎo ba (别那么紧张,轻松愉快地搞吧). ¶ようぶうか～な恰好しよう(原文保留:yōngbuzhǎo nàme guīguī-jǔjǔ de, suíbiàn xiě ba) (用不着那么规规矩矩的,随便些吧). ¶しばらく家で～に養生したまえ zànshí zài jiāli ānxīn bǎoyǎng ba (暂时在家里安心保养吧). ¶はたで見るほど～じゃない bìng bú xiàng pángrén kàn de nàme qīngsōng (并不像旁人看的那么轻松). ¶そんな～なことを言ってくれるな bié shuō nà zhǒng shūxīnhuà (别说那种舒心话).

きら・す【切らす】 ¶その品はただ今～しております nà zhǒng huò xiànzài "màiwán[duàndàng] le (那种货现在"卖完[断档]了). ¶あいにく小銭を～しました piānqiǎo gǎnshàng méiyǒu língqián (偏巧赶上没有零钱). ¶息を～して走る chuǎnxūxū[qìxiūxiū] de pǎo (喘吁吁[气咻咻]地跑) / shàngqì bù jiē xiàqì de pǎo (上气不接下气地跑). ¶とうとう自分でやりだしたら～ tā zhōngyú rěnnài bu zhù, zìjǐ xiàshǒu le (他终于忍耐不住,自己下手了).

きらびやか ¶～な装い huálì duómù[xuànlàn duōcǎi] de fúzhuāng (华丽夺目[绚烂多彩]的服装).

きらめ・く shǎnshuò (闪烁), shǎnyào (闪耀), shǎnshǎn (闪闪). ¶遠くの町の明りが～いている yuǎnchù shǎnshuòzhe chéngzhèn de dēnghuǒ (远处闪烁着城镇的灯火). ¶空に星が～く tiānkōng fánxīng shǎnyào (天空繁星闪耀).

きらり ¶彼女の目に～と涙が光った lèishuǐ zài tā yǎnzhōng jīngyíng yì shǎn (泪水在她眼中晶莹一闪).

きり【桐】 tóng (桐), pàotóng (泡桐). ¶～一葉落ちて天下の秋を知る yí yè luò zhī tiānxià qiū (一叶落知天下秋) / yí yè zhī qiū (一叶知秋). ¶総～のたんす quán yòng tóngmù zuò de yīguì (全用桐木做的衣柜).

きり【錐】 zhuīzi (锥子). ¶～で穴をあける ná zhuīzi ˇzhuī[zuān] ge yǎnr (拿锥子ˇ锥[钻]个眼儿) / yòng zhuīzi zuānkǒng (用锥子钻孔). ¶胃が～でもむように痛む wèi hǎoxiàng yòng zhuīzijiānr zhā shìde nàme téng (胃好像用锥子尖儿扎似的那么疼).

きり【霧】 wù (雾), wùqì (雾气). ¶～が出る qǐ wù (起雾). ¶～が晴れる wù ˇsàn[xiāosàn] le (雾ˇ散[消散]了). ¶今朝の海は～が深い jīnchén de hǎishang nóngwù mímàn (今晨的海上浓雾弥漫). ¶～が谷間にたちこめる wùqì lǒngzhào shāngǔ (雾气笼罩山谷). ¶着物に～を吹く wǎng yīfu shang pēn wù (往衣服上喷雾).

きり【切り】 **1〔区切り〕** duànluò (段落). ¶仕事に～をつける shǐ gōngzuò gào yíduànluò (使工作告一段落). ¶ちょうど～がよい zhènghǎo gào yíduànluò (正好告一段落). ¶ここは～が悪い zhè hái bú dào yí ge duànluò (这还不到一个段落).
2〔限度〕 ¶欲を出せば～がない tānxīn qǐlái jiù méi wán (贪心起来就没完) / dé Lǒng wàng Shǔ (得陇望蜀) / yù hè nán tián (欲壑难填). ¶上を見たら～がない wǎng shàng bǐ shì wú zhǐjìng de yì bǐ (往上比是无止境的).

-きり **1〔…だけ〕** zhǐ (只), jiù (就), jǐn (仅). ¶成功したのはたった1回～だった zhǐ chénggōngle yí cì (只成功了一次). ¶2人～でほかには誰もいない zhǐ yǒu wǒmen liǎ, méiyǒu biérén (只有我们俩,没有别人).
2〔…したまま〕 ¶彼女は下を向いた～答えようとしなかった tā dīxià tóu jiù bù yányu (她低下头就不言语). ¶出て行った～帰って来ない chūqu jiù méi huílai (出去就没回来). ¶彼は病気で寝た～だ tā yìzhí wòbìng bù qǐ (他一直卧病不起).

ぎり【義理】 ¶～と人情の板ばさみになる jiāzài yìqì hé rénqíng zhī jiān zuǒyòu wéinán (夹在义气和人情之间左右为难). ¶親戚の～で保険に入った yóuyú qīnqi guānxi de qíngmiàn jiārù bǎoxiǎn le (由于亲戚关系的情面加入保险了). ¶あの人は～堅い人だ tā zhēn shì ge zhòng qíngyì, jiǎng qínglǐ de rén (他真是个重情谊,讲情理的人). ¶～をたてて行くことにした yí qíngmiàn juédìng qù yí tàng (顾全情面决定去一趟). ¶あの人には～を欠いている duì nàge rén wǒ kě tài qiànqíng le (对

那个人我可太欠情了).¶~にもうまく出来たとは言えない zhèjǐ zěnme shuō shì zuòde hǎo(就是怎么留面子,也不能说是做得好).¶そんなこと言えた~ではないい筈だ nǐ hái yǒu shénme liǎn shuō nà zhǒng huà!(你还有什么脸说那种话!).

きりあい【切り合い】 ¶口論のすえ~になった kǒujué mòliǎo dòngqǐ dāo lai le(口角末了动起刀来了).

きりあ・げる【切り上げる】 1【終りにする】¶この件はひとまずこの辺で~げよう zhè jiàn shì dào zhèr jiù zàn gào yíduànluò ba(这件事到这儿就暂告一段落吧).¶もう1局やって~げよう zài xià yì pán qí jiù tíngzhǐ ba(再下一盘棋就停止吧).¶宴会を早く~げて帰ってきた yànhuì zhōngtú tízǎo huílai le(宴会中途提早回来了).¶彼は早目に報告を~げた tā tíqián jiéshùle bàogào(他提前结束了报告).
2【端数を】¶小数点以下第3位を~げる bǎ xiǎoshùdiǎn yǐxià dìsān wèi de shù jìn yí wèi(把小数点以下第三位的数进一位).
3【平価を】shēngzhí(升值).¶円を~げる rìyuán shēngzhí(日元升值).

きりう・り【切売】 gēmài(割卖), sǎnmài(散卖), língmài(零卖).¶西瓜を~する xīguā qiē kuài língmài(西瓜切块零卖).¶布地を~する líng chǐ mài bù(零尺卖布).¶知識の~をする língshòu zhīshi(零售知识).

きりおと・す【切り落とす】 kǎndiào(砍掉), qiēdiào(切掉), jiǎndiào(剪掉), gēdiào(割掉).¶腕を~す qiēdiào gēbo(切掉胳膊).¶縁(ふち)を~す qiēdiào biānyánr(切掉边沿ㄦ).¶枯枝を~す kǎndiào kūshùzhī(砍掉枯树枝).

きりかえ・す【切り返す】 ¶相手の攻撃をかわして~す duǒguò duìfāng de dāofēng "huíjī[fǎnjī]" guoqu(躲过对方的刀锋"回击[反击]过去").¶言葉尻をとらえて~す zhuāzhù huàwěiba "fǎnbó[fǎnjī]"(抓住话尾巴"反驳[反击]").

きりか・える【切り換える】 zhuǎnhuàn(转换).¶電話を別の部屋に~える bǎ diànhuà zhuǎnjiē dào bié de fángjiān qù(把电话转接到别的房间去).¶4月から新しいダイヤに~える cóng sìyuè qǐ gǎiyòng xīn de shíkèbiǎo(从四月起改用新的时刻表).¶時代が変ったのだから頭を~えなければならない shídài biàn le, děi yào huàn nǎojīn(时代变了,得要换脑筋).

きりかか・る【切り掛る】 ¶相手はいきなり~ってきた duìfāng lěngbùfáng de kǎnle guòlai(对方冷不防地砍了过来).

きりかぶ【切株】 [木の] shùdūn(树墩), shùdūnzi(树墩子), shùzhuāng(树桩), shùzhuāngzi(树桩子);[作物の] chár(茬ㄦ).

きりがみ【切紙】 jiǎnzhǐ(剪纸).

きりきざ・む【切り刻む】 qiēsuì(切碎), duòsuì(剁碎).¶肉を~む bǎ ròu qiēsuì(把肉切碎).

きりきず【切傷】 gēshāng(割伤), dāoshāng(刀伤), kǒuzi(口子).

きりきり ¶凧が~とまわって墜落した fēngzheng xuánzhuǎn zhuìluò xialai(风筝旋转落下来).¶細引で~とばって yòng máshéngzi jǐnjǐn de kǔnshàng(用麻绳子紧紧地捆上).¶下腹が~と痛む xiǎofù zhuī zhā shìde téngtòng(小腹锥扎似的疼痛)/xiǎodùzi téngde zuānxīn(小肚子疼得钻心).

きりぎり ¶これが~の値段です zhè shì zài yě bùnéng shǎo suàn de jiàqian(这是再也不能少算的价钱).¶看板まで~ねばる pàodào jiāngjìn guānmén de shíjiān wéizhǐ(泡到将近关门的时间为止).¶~のところで出発に間に合った xiǎnxiē[chà yìdiǎnr] méi gǎnshàng qǐchéng de shíjiān(险些[差一点ㄦ]没赶上起程的时间).¶これが譲步できる~の線だ zhè jiùshì néng ràngbù de zuìdà xiàndù(这就是能让步的最大限度).

きりぎりす【螽斯】 zhōngsī(螽斯), lǜzhōngsī(绿螽斯), guōguor(蝈蝈ㄦ), jiàogēge(叫哥哥).

きりきりまい【きりきり舞】 ¶今日は~の大忙しだった jīntiān mángde "tóuhūn-yǎnhuā[tuántuánzhuàn/búkè-kāijiāo]"(今天忙得"头昏眼花[团团转/不可开交]").

きりくず【切屑】 ¶パンの~ miànbāoxièr(面包屑ㄦ)/miànbāo suìxiè(面包碎屑).¶布の~ suìbù(碎布)/bùtóu(布头).

きりくず・す【切り崩す】 ¶崖を~して道を広くする pì yá kuò lù(辟崖扩路).¶敵陣の一角を~す gōngxià[gōngxià] dízhèn de yìjiǎo(攻下[攻下]敌阵的一角).¶内部からストライキを~す cóng nèibù pòhuài bàgōng(从内部破坏罢工).¶相手の論拠を~す bóchì duìfāng de lùnjù(驳斥对方的论据).

きりくち【切口】 1【傷口】kǒuzi(口子), shāngkǒu(伤口).¶~から黴菌が入った shāngkǒu zhānrǎnle xìjūn(伤口沾染了细菌).
2【小口】chákǒu(碴口), pōumiàn(剖面), jiémiàn(截面), qiēmiàn(切面), duànmiàn(断面).¶鋭い~の批評 qièzhòng yàohài de pínglùn(切中要害的评论).

きりこうじょう【切口上】 ¶~で挨拶する zhèngjīng-bābǎi de yòng kètàohuà yìngchou(正经八百地用客套话应酬).

きりこみ【切込み】 ¶板に~を入れる zài mùbǎn shang jù ge kǒuzi(在木板上锯个口子).

きりこ・む【切り込む】 ¶肩先深く~む xiàng jiāntóu shēnshēn de kǎnxiaqu(向肩头深深地砍下去).¶敵陣に~む shājìn dízhèn(杀进敌阵).¶質問者はどこまでも~んできた xúnwènzhě páogēnr wèndǐr méiyǒu wán(询问者刨根ㄦ问底ㄦ没有完).

きりころ・す【切り殺す】 kǎnsǐ(砍死), kǎnshā(砍杀), pīshā(劈杀).¶一刀のもとに~した yì dāo kǎnsǐ(一刀砍死).

きりさ・く【切り裂く】 huōkāi(劐开), pòkāi(破开), pōukāi(剖开), qiēkāi(切开).¶魚の腹を~く bǎ yú dùzi huōkāi(把鱼肚子劐开).

きりさ・げる【切り下げる】 biǎnzhí(贬值).¶平価を~げる huòbì biǎnzhí(货币贬值).¶円を10パーセント~げる rìyuán biǎnzhí bǎi fēn zhī shí(日元贬值百分之十).

きりさめ【霧雨】 yǔwù(雨雾), máomaoyǔ(毛

毛雨), niúmáoyǔ(牛毛雨), mēngsongyǔ[r](蒙松雨[ル]), niúmáo xìyǔ(牛毛细雨). ¶山道は～にけむっていた shānlù shang ˇyǔwù mángmáng[yānyǔ méngméng](山路上ˇ雨雾茫茫[烟雨濛濛]).

ギリシア Xīlà(希腊). ¶～語 Xīlàyǔ(希腊语). ～文字 Xīlà zìmǔ(希腊字母).

きりす・てる【切り捨てる】 **1**〔刃物で〕 kǎnsǐ(砍死), ～てる yì dāo kǎnsǐ(一刀砍死).
2〔端数を〕 shěqù(舍去), mǒlíng[r](抹零[ル]). ¶1000円未満の端数は～てる bǎ wèi mǎn yìqiān rìyuán de língshù shěqù(把未满一千日元的零数舍去).
3〔無視する〕 ¶少数意見は～てられた shǎoshù yìjiàn bèi wúshì[piēzài nǎohòur] le(少数意见被ˇ无视[撇在脑后]了).

キリスト Jīdū(基督). ¶イエス～ Yēsū Jīdū(耶稣基督). ～教 Jīdūjiào(基督教). ～教徒 jīdūjiàotú(基督教徒).

きりたお・す【切り倒す】 kǎndǎo(砍倒), kǎnfá(砍伐). ¶木を～す bǎ shù kǎndǎo(把树砍倒).

きりだし【切出し】 ¶～ナイフ kuānrèn xiǎodāozi(宽刃小刀子).

きりだ・す【切り出す】 **1**〔切って出す〕 ¶大理石を～す cǎijué yùnchū dàlǐshí(采掘运出大理石). ¶山中から木材を～す yóu shānlǐ cǎifá yùnchū shùmù(由山里采伐运出树木).
2〔話を〕 kāikǒu(开口), kāiyán(开言), shuōqǐ(说起), tíqǐ(提起). ¶あのことはとうとう～す機会がなかった nà jiàn shì shǐzhōng méiyǒu jīhuì tíchulai(那件事始终没有机会提出来). ¶今はちょっと～しにくい xiànzài yǒudiǎnr bù hǎo kāikǒu shuō(现在有点ル不好开口说). ¶何から～したものかわからない bù zhīdào gāi cóng nǎr shuōqǐ(不知道该从哪ル说起).

きりた・つ【切り立つ】 qiàolì(峭立), bìlì(壁立). ¶～った崖 bìlì qiān rèn(壁立千仞)／xuányá qiàobì(悬崖峭壁)／chánjùn de shānyá(巉峻的山崖).

きりつ【起立】 qǐlì(起立), zhànqilai(站起来), qǐshēn(起身). ¶全員御～を願います qǐng dàjiā quántǐ zhànqilai(请大家全体站起来). ¶一同～して国歌を歌った dàjiā qǐlì chàngle guógē(大家起立唱了国歌). ¶～多数, よって本案は成立致しました qǐlì zànchéng jūduō, běn'àn tōngguò(起立赞成居多, 本案通过). ¶～, 礼! qǐlì, jìnglǐ!(起立, 敬礼!).

きりつ【規律】 jìlǜ(纪律). ¶～を守る zūnshǒu jìlǜ(遵守纪律). ¶～を破る wéifǎn jìlǜ(违反纪律). ¶～を乱す rǎoluàn jìlǜ(扰乱纪律). ¶～正しい生活 yǒuˇguīlǜ[jìlǜ] de shēnghuó(有ˇ规律[纪律]的生活). ¶～が厳しい jìlǜ yán(纪律严).

きりつ・ける【切り付ける】 ¶突然肩先を～けられた tūrán bèi kǎnshāngle jiānbǎngr(突然被砍伤了肩膀ル).

きりっと ¶～した顔だち xiàngmào zhǎngdeˇxiùqi[qīngxiù](相貌长得ˇ秀气[清秀]). ¶

服装が～している chuāndài gānjìng lìsuo(穿戴干净利索).

きりづま【切妻】 ¶～屋根 rénzì wūdǐng(人字屋顶)／sānjiǎo wūdǐng(三角屋顶).

きりつ・める【切り詰める】 **1**〔短くする〕 jiǎnduǎn(剪短), suōduǎn(缩短). ¶枝を～める jiǎnxiū shùzhī(剪修树枝).
2〔倹約する〕 suōjiǎn(缩减). ¶人件費を～める suōjiǎn rénshìfèi(缩减人事费). ¶～めた生活をする guòˇjiéyì-suōshí[shēngchī-jiǎnyòng] de shēnghuó(过ˇ节衣缩食[省吃俭用]的生活).

きりとりせん【切取り線】 qíféng(骑缝).

きりと・る【切り取る】 qièxià(切下), jiǎnxià(剪下), gēqù(割去), gēdiào(割掉), gēchú(割除). ¶挿絵を～る bǎ chāhuà jiǎnxialai(把插画剪下来). ¶手術して胃を半分～る dòng shǒushù bǎ wèi gēqù yíbàn(动手术把胃割去一半).

きりぬき【切抜き】 ¶新聞の～ jiǎnbào(剪报).

きりぬ・く【切り抜く】 jiǎnxià(剪下), qiēxià(切下). ¶紙で蝶の形を～く yòng zhǐ jiǎn gè húdié(用纸剪个蝴蝶). ¶新聞の重要記事を～く jiǎnxià bàoshang de zhòngyào xīnwén(剪下报上的重要新闻).

きりぬ・ける【切り抜ける】 bǎituō(摆脱), kèfú(克服). ¶難局を～ける kèfú kùnnan júmiàn(克服困难局面). ¶不況をやっとのことで～けた hǎoróngyì bǎituōle jīngjì xiāotiáo(好容易摆脱了经济萧条). ¶この金があれば急場は～けられる yǒule zhè bǐ qián,ˇyǎnqián kùnnan néng yìngfu guoqu[jiù néng jiē ge duǎnr le](有了这笔钱,"眼前困难能应付过去[就能接个短ル了]).

きりはな・す【切り離す】 fēnkāi(分开), fēngē(分割), gēliè(割裂). ¶次の駅で後部の2両を～します zài xià yí zhàn shuǎi hòu liǎng jié chē(在下一站甩后两节车). ¶とかげは尻尾を～して逃げて行った xīyì shuǎidiào wěiba táopǎo le(蜥蜴甩掉尾巴逃跑了). ¶権利と義務とは～せないものなのだ quánlì hé yìwù shìˇfēnbukāi[bùkě fēnlí] de(权利和义务是ˇ分不开[不可分离]的). ¶このことは本題とは～して考えた方がいい zhège zuìhǎo hé běntí fēnkāi lái kǎolǜ(这个最好和本题分开来考虑).

きりはら・う【切り払う】 kǎndiào(砍掉). ¶枝を～う kǎndiào shùzhī(砍掉树枝).

きりひら・く【切り開く】 **1**〔山野などを〕 kāi(开), kāipì(开辟). ¶荒地を～いて畑にした kāi huāng zào tián(开荒造田). ¶ジャングルを～いて鉄道を敷く zài mìlín zhōng fáshù kāilù fūshè tiělù(在密林中伐树敷设铁路). ¶自分で自分の道を～く zìjǐˇkāipì[chuàngchū] zìjǐ de lù(自己ˇ开辟[闯出]自己的路). ¶新しい分野を～くのに苦心した wèile kāipì xīn lǐngyù, fèijìn xīnxuè(为了开辟新领域,费尽心血).
2〔包囲を〕 shāchū(杀出), tūpò(突破). ¶敵の囲みを～いて逃げた shāchū dírén de bāowéi táotuō le(杀出敌人的包围逃脱了).

きりふき【霧吹】 pēnwù(喷雾); pēnwùqì(喷雾

きりふだ【切札】 dǐpái(底牌), wángpái(王牌). ¶～はスペードのエースだ wángpái shì hēitáo "A"(王牌是黑桃"A"). ¶我々にはストライキという～がある wǒmen shǒulǐ yǒu bàgōng zhè yì zhāng wángpái(我们手里有罢工这一张王牌). ¶～をいかに出すかが問題だ wèntí zàiyú wángpái zěnme dǎchuqu(问题在于王牌怎么打出去).

きりぼし【切干】 ¶～大根 luóbogānr(萝卜干儿)/～ luóbosī(干萝卜丝).

きりまく・る【切り捲る】 ¶敵陣に乗り込み切って切って～る chuǎngrù dízhèn dà shā dà kǎn(闯入敌阵大杀大砍).

きりまわ・す【切り回す】 zhǎngguǎn(掌管), cāochí(操持), liàolǐ(料理). ¶店を1人で～す yí ge rén zhǎngguǎn diànli de mǎimai(一个人掌管店里的买卖). ¶家事を～す liàolǐ[cāochí] jiāwù(料理[操持]家务).

きりみ【切身】 ¶鮭の～ dàmǎhǎyú de qiēkuài(大麻哈鱼的切块).

きりむす・ぶ【切り結ぶ】 ¶相手と激しく～んだ gēn duìshǒu jīliè de jiāoleng shāngle(跟对手激烈地交了锋)/ gēn duìshǒu pīnle ge nǐsǐ-wǒhuó(跟对手拼了个你死我活).

きりもみ【錐揉み】 ¶～状態で墜落した xuánzhuǎn zhuìluò xialai le(旋转坠落下来了). ¶～降下 pánxuán xiàjiàng(盘旋下降).

きりもり【切盛り】 cāochí(操持), liàolǐ(料理), zhǎngguǎn(掌管). ¶彼女は家事の～がうまい tā hěn huì liàolǐ jiāwù[dāngjiā](她很会料理家务[当家])/ tā chíjiā yǒufāng(她持家有方).

きりゃく【機略】 jīzhì(机智), jīmóu(机谋). ¶～に富む fùyú jīzhì(富于机智)/ zúzhì-duōmóu(足智多谋).

きりゅう【気流】 qìliú(气流). ¶上昇～ shàngshēng qìliú(上升气流). 乱～ luànliú(乱流).

きりゅう【寄留】 jìjū(寄居). ¶知人の家に～し通学する jìjū péngyou de jiā zǒudú(寄居朋友的家走读).

きりゅうさん【希硫酸】 xīliúsuān(稀硫酸).

きりょう【器量】 1[顔だち] zhǎngde[piàoliang[hǎokàn/jùn](长得漂亮[好看/俊])], róngmào měilì(容貌美丽). ¶～が悪い zhǎngde[bù hǎokàn[chǒu](长得不好看[丑]).
2[才能] qìliàng(器量), qìliàng(气量), cáinéng(才能), cáigàn(才干), cáizhì(才智). ¶彼には政治家としての～がない tā méiyǒu zuò zhèngzhìjiā de qìliàng(他没有作政治家的器量).

ぎりょう【技量】 běnshi(本事), běnlǐng(本领); néngnai(能耐), gōnglì(工力). ¶彼にはそれをやりこなすだけの～がある tā yǒu wánchéng nà jiàn gōngzuò de néngnai(他有完成那件工作的能耐). ¶～を磨く liàn běnshi(练本事).

きりょく【気力】 dǐqì(底气), qìlì(气力), qì-mair(气脉儿), yuánqì(元气), jīnglì(精力), jīngshen(精神). ¶～が大分衰えた yuánqì xiāngdāng shuāiruò le(元气相当衰弱了). ¶しばらく休養したらきっと～が回復する xiūyǎng yí ge shíqī yuánqì yídìng huì huīfù de(休养一个时期元气一定会恢复的). ¶老人とは思われぬほどの～がある tā jīnglì chōngpèi, jiǎnzhí bú xiàng ge lǎorén(他精力充沛, 简直不像个老人). ¶疲れて食事をする～もない lèide liánchīfàn de qìlì yě méiyǒu(累得连吃饭的气力也没有). ¶彼は～だけで生きていた tā wánquán kào yìkǒu qìmair huózhe(他完全靠一口气脉儿活着).

きりりと ¶口もとを～ひきしめる bǎ zuǐ bìde jǐnjǐn de(把嘴闭得紧紧的).

きりん【麒麟】 chángjǐnglù(长颈鹿).

きりんじ【麒麟児】 qílín'ér(麒麟儿).

き・る【着る】 chuān(穿), ¶上着を着る chuān shàngyī(穿上衣). ¶セーターを頭からかぶって着る cóng tóushang tàoshàng máoyī(从头上套上毛衣). ¶彼女はいつも和服を着ている tā zǒngshì shēn chuān héfú(她总是身穿和服). ¶この暑さでは上着は着ていられない zhème dàrètiān chuānbuzhù shàngyī(这么大热天穿不住上衣). ¶子供の背が伸びて去年の服はもう着られなくなった háizi zhǎngle gèzi, qùnián de yīfu chuānbude le(孩子长了个子, 去年的衣服穿不得了). ¶こんな派手な服は着られないよ zhème huāhuālùlù de yīfu chuān bu chūqu(这么花花绿绿的衣服穿不出去). ¶彼女は着る物に凝っている tā jiǎngjiu "yīzhuó[chuāndài] chuānzhuó](她讲究"衣着[穿戴/穿着]). ¶人の罪を着る bēi hēiguō(背黑锅). ¶恩に着る gǎn'ēn(感恩).

き・る【切る】 1[切断する] qiē(切), jiǎn(剪), jiǎo(铰), gē(割), jié(截), duò(剁), zhǎn(斩), kǎn(砍), fá(伐). ¶包丁で肉を～る yòng càidāo qiē ròu(用菜刀切肉). ¶うっかり小刀で小指を～る bù liúshén xiǎozhī jiào xiǎodāo lále ge kǒuzi(不留神小指叫小刀拉了个口子). ¶はさみで爪を～る yòng jiǎnzi "jiǎn[xiū/jiǎo] zhǐjia(用剪子"剪[修/铰]指甲). ¶切符を～る jiǎn piào(剪票). ¶この布を3メートル～って下さい bǎ zhè zhǒng bù gěi wǒ jiǎo sān mǐ ba(把这种布给我铰三米吧). ¶髪を～る jiǎn tóufa(剪头发). ¶スカートの裾を～って短くする bǎ qúnzi de xiàbǎi jiǎnduǎn(把裙子的下摆剪短). ¶斧で木を～る yòng fǔzi kǎn shù(用斧子砍树). ¶材木を2つに～る bǎ mùcái jiéchéng liǎng duàn(把木材截成两段). ¶竹を鋸で～る yòng jùzi jù zhúzi(用锯子锯竹子). ¶手術して盲腸を～る dòng shǒushù gē lánwěi(动手术割阑尾). ¶電源を～る qiēduàn diànyuán(切断电源). ¶手紙の封を～る kāiqǐ xìnfēng(开启信封)/ kāi fēng(开封)/ qǐ fēng(启封)/ chāi fēng(拆封). ¶身を～るような寒風 cìgǔ de hánfēng(刺骨的寒风). ¶身を～られるようだ ròu shēnshang de ròu hái nánshòu(比割身上的肉还难受).
2[関係を] duàn(断), duànjué(断绝), gē-

duàn(割断). ¶兄弟の縁を～る duànjué xiōngdì guānxi(断绝兄弟关系). ¶彼とはきっぱり手を～った wǒ gēn tā yìdāo-liǎngduàn fēnshǒu le(我跟他一刀两断分手了). ¶やっても切れぬ仲にな～る yǐjīng chéngle yào gē yě gēbuduàn de guānxi le(已经成了要割也割不断的关系了).

3〔電話の〕guà(挂). ¶電話を～る guàduàn diànhuà(挂断电话). ¶そのまま～らずにお待ち下さい qǐng búyào guàshàng diànhuà děng yíxià(请不要挂上电话等一下).

4〔スイッチの〕guān(关). ¶ラジオのスイッチを～る guānshàng shōuyīnjī(关上收音机). ¶スイッチを～って明りを消す guānshàng bǎ dēng xīmiè(关上开关把灯熄灭).

5〔区切る〕¶この文はここで～った方がよい zhège jùzi zuìhǎo zài zhèr duànkāi(这个句子最好在这儿断开). ¶そこでちょっと言葉を～ってまた話を続けた shuōdào nàli shāo dùnle yíxià, jiēzhe shuōxiaqu le(说到那里稍顿了一下，接着说下去了). ¶申込み受付は100人で～る bàomíng yǐ yìbǎi rén wéi xiàn(报名以一百人为限).

6〔下回る〕¶原価を～って売る dīyú yuánjià chūshòu(低于原价出售). ¶体重が40キロを～ってしまった tǐzhòng jiàngdào bùzú sìshí gōngjīn le(体重降到不足四十公斤了). ¶ついに100メートルは10秒を～った yìbǎi mǐ zhōngyú dǎpòle shí miǎo dàguān(一百米终于打破了十秒大关).

7〔切り版を〕kèxiě làzhǐ(刻写蜡纸). ¶野菜は洗ってよく水を～っておきなさい xǐhǎo qīngcài bǎ shuǐ lìgān(洗好青菜把水沥干). ¶従業員の首を～る jiěgù cóngyè rényuán(解雇从业人员). ¶自腹を～る zìjǐ tāo yāobāo(自己掏腰包). ¶船が波を～って進む chuán pò làng qiánjìn(船破浪前进). ¶トランプを～る pūkèpái xǐpái(扑克牌洗牌). ¶切札で～る yòng wángpái chī(用王牌吃). ¶札びらを～る huīhuò jīnqián(挥霍金钱). ¶小切手を～る kāi zhīpiào(开支票). ¶先頭を～って走る lǐngxiān pǎo(领先跑). ¶山田君がまず口を～った yóu Shāntián tóngxué xiān kāile kǒu[qiāng](由山田同学先开了口[腔]). ¶平気な顔でし～る sǐpí-làiliǎn de zhuāng bù zhīdào(死皮赖脸地装不知道). ¶ハンドルを右へ～る bǎ fāngxiàngpán wǎng yòu zhuǎn(把方向盘往右转).

-き・る〔切る〕¶有り金をすっかり使い～ってしまった bǎ shǒutóu de qián ˈdōu huāguāng le[huāde yìgān-èrjìng](把手头的钱都花光了[花得一干二净]). ¶私の持っている力はすべて出し～った wǒ bǎ suǒyǒu de lìliang quán náchulai le(我把所有的力量全拿出来了). ¶徹夜して長編小説を読み～った áoyè bǎ chángpiān xiǎoshuō kànwán le(熬夜把长篇小说看完了). ¶彼は弱り～って私のところに相談に来た tā bù zhīdào zěnme bàn hǎo, zhǎo wǒ shāngliang lái le(他不知道怎么办好，找我商量来了).

キルク →コルク.
キルティング hángféngxiù(绗缝绣).
ギルド jí'ěrtè(基尔特).

きれ【布】bù(布), bùliào(布料), liàozi(料子), yīliào(衣料). ¶ワンピースの～を買う mǎi tiáo zuò liányīqún de liàozi(买条做连衣裙的料子). ¶木綿の～で袋をつくる yòng miánbù zuò kǒudai(用棉布做口袋).

きれ【切れ】¶木の～ suìmùtou(碎木头). ¶パン2～ liǎng piàn miànbāo(两片面包). ¶牛肉の一～ yí piàn niúròu(一片牛肉). ¶紙～ pòzhǐpiàn(破纸片)/ suìzhǐpiàn(碎纸片).

きれあじ【切れ味】¶～のよい刀 fēnglì de dāo(锋利的刀). ¶包丁の～が悪くなった càidāo ˈbù fēnglì[dùn] le(菜刀不锋利[钝]了). ¶ナイフの～を試す shìshi xiǎodāo kuài bu kuài(试试小刀快不快).

きれい【奇麗】**1**〔美しい〕měi(美), měilì(美丽), piàoliang(漂亮), xiānliang(鲜亮), jùn(俊), hǎokàn(好看), jùnqiào(俊俏), qiàolì(俏丽). ¶～な花 měilì de huār(美丽的花儿). ¶あの娘はとても～だ nàge gūniang hěn ˈjùn[piàoliang](那个姑娘很俊[漂亮]). ¶月が湖に映って大変～だ yuèliang yìngzài húmiàn shang měilì jíle(月亮映在湖面上美丽极了). ¶花が～に咲いた huār kāide hěn hǎokàn(花儿开得很好看). ¶彼女は～に着飾っている tā dǎbande zhēn qiào(她打扮得真俏).

2〔清潔，整頓〕gānjìng(干净), qīngjié(清洁), jiéjìng(洁净), zhěngjié(整洁). ¶～な水 qīngshuǐ(清水)/ gānjìng de shuǐ(干净的水). ¶彼は～好きだ tā hào gānjìng(他好干净)/ tā yǒu jiépǐ(他有洁癖). ¶瓶を～に洗う bǎ píngzi shuànxǐ gānjìng(把瓶子涮洗干净). ¶便所を～にしましょう cèsuǒ bǎochí qīngjié(厕所保持清洁). ¶部屋は～に片づいている wūzili shōushíde gānjìng-jīngjìng(屋子里收拾得干干净净). ¶文字は～に書きなさい zì yào xiěgōngzhěng(字要写工整). ¶～に並べる bǎizhěngqí(摆整齐).

3〔見事〕piàoliang(漂亮). ¶シュートが～にきまった tóulán tóude zhēn shuài(投篮投得真帅)/ shèmén shède zhēn dàijìnr(射门射得真带劲儿). ¶変化球を～に打ち返した bǎ qūxiànqiú piàoliang de jīle huíqù(把曲线球漂亮地击了回去).

4〔公正〕gōngzhèng(公正), juédìng shūyíng(光明正大地决定输赢). ¶彼は金銭には～な男だ tā zài jīnqián shang hěn gānjìng(他在金钱上很干净). ¶彼は腹の中が～だ tā shì ge xīncháng hǎo de rén(他是个心肠好的人).

5〔完全〕gānjìng(干净), gāncuì(干脆), jīngguāng(精光). ¶犬は皿を～になめた gǒu bǎ diézi tiǎnde yìgān-èrjìng(狗把碟子舔得一干二净). ¶そんなことは～に忘れて大いに飲もうな nàzhǒng shì gāncuì wàngdiào, hē ge tòngkuai ba(那种事干脆忘掉，喝个痛快吧). ¶借金を～に返す bǎ jièzhài huángānjìng(把借债

还干净). ¶ばくちに負けて〜さっぱり一文なしになった dǔqián shūle ge jīngguāng, yìwén bù shèng (赌钱输了个精光,一文不剩).

ぎれい【儀礼】 lǐjié (礼节), lǐyí (礼仪). ¶〜的に訪問する jìnxíng lǐyíshang de fǎngwèn (进行礼仪上的访问).

きれいごと【奇麗事】 ¶表向きは〜を言っている biǎomiàn shang shuō hǎotīng de huà (表面上说好听的话)/ zuǐli shuō piàolianghuà (嘴里说漂亮话). ¶〜では済まされない zhǐgù wàimiànguāng kě bùxíng ya (只顾外面儿光可不行呀).

きれぎれ【切れ切れ】 ¶〜の記憶をつなぎ合せて昨夜のことを思い出そうとした jiélì bǎ língqī-bāsuì de jìyì liánjié qilai huíxiǎng zuóyè de shì (竭力把零七八碎的记忆连结起来回想昨夜的事). ¶息をはずませながら〜にしゃべる chuǎnxūxū, shàngjù bù jiē xiàjù de shuō (喘吁吁,上句不接下句地说).

きれじ【切地】 liàozi (料子), bùliào (布料), yīliào (衣料).

きれつ【亀裂】 lièkǒu[r] (裂口[儿]), lièfèng[r] (裂缝[儿]), lièhén (裂痕), jūnliè (龟裂). ¶地震で道路に〜が生じた yóuyú dìzhèn lùshang chūle lièkǒu (由于地震路上出了裂口). ¶干天で田畑に〜ができた tiānhàn tiándì jūnliè (天旱田地龟裂). ¶2人の友情に〜が生じた tā liǎ de yǒuqíng fāshēngle lièhén (他俩的友情发生了裂痕).

きれはし【切れ端】 ¶材木の〜 mùtou língtóu[r] (木头零头儿). ¶布の〜 suìbù (碎布)/ bùtóu[r] (布头儿)/ bùpiànr (布片儿)/ bùkuàir (布块儿).

きれめ【切れ目】 ¶雲の〜から青空がのぞいている cóng yúnjiān xiàxì lùchū qíngkōng (从云间罅隙露出晴空). ¶糸の〜をつなぐ jiē xiàn de duàntóur (接线的断头儿). ¶仕事の〜に休憩する zài gōngzuò jiànxì xiūxi yíhuìr (在工作间隙休息一会儿). ¶〜なく話す shuōhuà tāotāo-bùjué (说话滔滔不绝)/ dié dié bù xiū (喋喋不休)/ cì cì bù xiū (刺刺不休). ¶金の〜が縁の〜 qián jìn yuánfèn duàn (钱尽缘分断).

きれもの【切れ者】 ¶彼はなかなかの〜だ tā xiāngdāng jīngmíng qiánggàn (他相当精明强干).

き・れる【切れる】 1〔切断される〕duàn (断). ¶縄が〜れた shéngzi duàn le (绳子断了). ¶電球が〜れた dēngsī duàn le (灯丝断了). ¶大水で堤防が何か所も〜れた fāle dàshuǐ, hédī juéle hǎo jǐ ge kǒu (发了大水,河堤决了好几个口). ¶走って来たので息が〜れた pǎo zhe lái de, chuǎn bu shàng qì lai (由于跑着来的,喘不上气来). ¶記憶の糸がここで〜れた jìyì de xiànsuǒ dào zhèr zhōngduàn le (记忆的线索到这儿中断了). ¶頼みの綱も〜れた zuìhòu zhǐwàng yě shīqù le (最后指望也失去了).
2〔関係が〕duàn (断), duànjué (断绝). ¶彼とは手が〜れた hé tā duànle guānxi (和他断了关系). ¶夫婦の縁が〜れた duànjuéle fūqī guānxi (断绝了夫妻关系).

3〔途絶える〕duàn (断). ¶電話が突然〜れてしまった diànhuà tūrán duàn le (电话突然断了). ¶音信が〜れた yīnxìn duàn le (音信断了). ¶連絡が〜れた shīqù liánluò (失去联络)/ liánxì duàn le (联系断了).

4〔尽きる〕¶砂糖が〜れている báitáng méiyǒu le (白糖没有了). ¶ガソリンが〜れてしまった qìyóu yòngwán le (汽油用完了). ¶あいにく御入用の品は〜れております bú còuqiǎo nín yào de dōngxi zhèng quēhuò (不凑巧您要的东西正缺货). ¶話の種が〜れた méiyǒu huàtí le (没有话题了).

5〔期限が〕¶契約の期限が〜れる hétong de qīxiàn guò le (合同的期限过了). ¶本誌の前金は7月で〜れます 7 yuèfèn de yùfùkuǎn dào qīyuèfèn wéizhǐ (杂志的预付款到七月份为止).

6〔不足する〕¶100円に1円〜れる chà yí kuài yìbǎi kuài qián (差一块一百块钱). ¶目方が少し〜れる fēnliang chà yìdiǎnr (分量差一点儿). ¶学校までの距離は1キロに少し〜れるでしょう dào xuéxiào dàgài bú dào yì gōnglǐ (到学校大概不到一公里).

7〔鋭利だ〕kuài (快), fēnglì (锋利). ¶この包丁はよく〜れる zhè càidāo hěn 'fēnglì[kuài] (这菜刀很'锋利[快]). ¶小刀が〜れなくなった xiǎodāo 'bú kuài[dùn] le (小刀'不快[钝]了).

8〔敏腕だ〕¶あいつは〜れる男だ nàge rén shì ge jīngmíng qiánggàn de jiāhuo (那个人是个精明强干的家伙).

-き・れる【切れる】 ¶こんな重いものをとても1人では背負い〜れまい zhème zhòng de dōngxi kǒngpà yí ge rén bēibulǐdòng ba (这么重的东西恐怕一个人背不了吧). ¶こんなにたくさん食べ〜れない zhème duō chībuliǎo (这么多吃不了). ¶この狭い部屋に皆は入り〜れない zhème xiǎo de wūzi dàjiā zuòbuxià (这么小的屋子大家坐不下). ¶1枚の紙には書き〜れない yì zhāng zhǐ shang xiěbuxià (一张纸上写不下). ¶当日まで待ち〜れない děngbudǎo nà yì tiān (等不到那一天). ¶いくら話しても話し〜れない zěnme shuō yě shuōbujìn (怎么说也说不尽).

きろ【岐路】 qílù (岐路). ¶人生の〜に立つ zhànzài rénshēng de shízì lùkǒu shang (站在人生的十字路口上).

きろ【帰路】 guīlù (归路), guītú (归途), guīchéng (归程), huíchéng (回程). ¶〜京都に1泊する guītú zài Jīngdū zhù yì xiǔ (归途在京都住一宿). ¶〜につく tàshàng guītú (踏上归途).

キロ ¶〜カロリー qiānkǎ (千卡)/ dàkǎ (大卡). ¶〜グラム qiānkè (千克)/ gōngjīn (公斤). ¶〜ヘルツ qiānhè (千赫). ¶〜メートル gōnglǐ (公里). ¶〜リットル qiānshēng (千升). ¶〜ワット qiānwǎ (千瓦·瓩).

きろく【記録】 jìlù (记录·纪录). ¶出席者の名前を〜する jìzǎi chūxízhě de xìngmíng (记载出席者的姓名). ¶昔はここが川だったという〜がある yǒuguo zhèli céng shì hédào de jìzǎi

(有过这里曾是河道的记载). ¶正确な～をとる zuò zhèngquè de jìlù (做正确的记录). ¶新～をつくる chuàngzào xīn jìlù (创造新记录). ¶収穫量の～を更新する shuāxīn shōuhuò-liàng de jìlù (刷新获取量的记录). ¶彼は重量挙げの世界～保持者だ tā shì jǔzhòng shìjiè jìlù bǎochízhě (他是举重世界记录保持者). ¶行楽地にいった人々の～の多さは各遊覧地游人々之多 qián suǒ wèi wén (各游览地游人之多前所未闻). ¶～破りの雨量 pò jìlù de yǔliàng (破纪录雨量).
¶～映画 jìlùpiàn (记录片) / jìlùpiānr (记录片儿). ～係 jìfēnyuán (记分员) / jìlùyuán (记录员) / jìlù (记录).

ギロチン duàntóutái (断头台).

ぎろん【議論】 tǎolùn (讨论), yìlùn (议论), biànlùn (辩论), zhēnglùn (争论). ¶～が百出する yìlùn fēnfēn (议论纷纷), zhòngshuō fēnyún (众说纷纭). ¶～の余地がない méiyǒu zhēng-biàn de yúdì (没有争辩的余地). ¶2人は激しく～を戦わせた tāmen liǎngrén zhǎnkāile jīliè de zhēnglùn (他们两人展开了激烈的争论). ¶研究方法について～する jiù yánjiū fāngfǎ jìnxíng tǎolùn (就研究方法进行讨论) / tǎolùn yánjiū fāngfǎ (讨论研究方法). ¶討論のための～になってしまった chéngle zhǐ wèi yìlùn ér yì-lùn ba le (成了只为议论而议论罢了).

きわ【際】 **1** ¶～の biān[r] (边[儿]). ¶崖の～ yábiān (崖边). ¶窓の～の席 kào chuāng-biānr de zuòwèi (靠窗边儿的坐位).
2[時間] ¶今わの～にひとこと言った línsǐ de shíhou shuōle yí jù huà (临死时候说了一句话). ¶花も散りに～になった huār kuài xiè le (花儿快谢了). ¶別れ～ línbié shí (临别时).

ぎわく【疑惑】 yíhuò (疑惑), yíxīn (疑心), huái-yí (怀疑). ¶～を招く zhāo rén yíhuò (招人疑惑) / rě rén huáiyí (惹人怀疑). ¶～を抱く qǐ yíxīn (起疑心) / bàoyǒu huáiyí (抱有怀疑). ¶～を解く xiāochú yíhuò (消除疑惑).

きわだ・つ【際立つ】 ¶青い空に白い尾根が～って見える zài bìlán de tiānkōng xià, xuěbái de shānjǐ hěn xiǎnyǎn [xǐngmù] (在碧蓝的天空下,雪白的山脊很显眼[醒目]). ¶この2つは～って違っている zhè liǎng ge chābié xiǎnzhù (这两个差别显著) / zhè liǎngzhě xiāngchà shí-wàn bāqiān lǐ (这两者相差十万八千里). ¶彼はスポーツにおいて～っている zài yùndòng fāngmiàn tā ˇxiǎnde hěn tūchū [chāochū zhòngrén] (在运动方面他˅显得很突出[超出众人]). ¶背が～って高い tā gèzi tèbié gāo (他个子特别高).

きわど・い【際どい】 ¶～ところで勝った xiǎn-xiēr shū le (险些儿输了). ¶～ところで間に合った chà yìdiǎnr méi gǎnshàng (差一点儿没赶上). ¶～ところで助かった qiānjūn-yífà [yífà-qiānjūn] zhī jì déjiù le (千钧一发[一发千钧]之际得救了). ¶～い勝負だった shì yì chǎng bù xiāng shàngxià de jīliè de bǐsài (是一场不相上下的激烈的比赛).

きわま・る【窮まる】 jí (极). ¶無礼な～態度 jí-qí wúlǐ de tàidu (极其无礼的态度). ¶危険～る話だ jí[jíduān / jídǔn] wēixiǎn de shìr (极[极端/极度]危险的事儿). ¶物価の高騰は～るところを知らない wùjià fēiténg méiyǒu zhǐ-jìng (物价飞腾没有止境). ¶感～って泣き出した gǎndòngde diàoxiàle yǎnlèi (感动得掉下了眼泪) / gǎnjī yùxià (感激涕零).

きわみ【極み】 ¶感激の～ gǎnjī bú jìn (感激不尽). ¶愚の～ yúchǔn tòudǐng (愚蠢透顶). ¶快楽の～ kuàilè zhī jí (快乐至极).

きわめつき【極付】 ¶～の芸 yǒu dìngpíng de jìyì (有定评的技艺).

きわめて【極めて】 jí (极), jíqí (极其), jíwéi (极为), jǐ (顶), jídǐng (极顶). ¶～簡単な問題です shì ge jí jiǎndān de wèntí (是个极简单的问题). ¶結果は～良好だった jiéguǒ hǎo jíle (结果好极了).

きわ・める【窮める】 ¶処女峰を～める zhēngfú chǔnǚfēng (征服处女峰). ¶真相を～める zhuījiū zhēnxiàng (追究真相). ¶街は喧噪を～めている jiēshang cáozá bùkān (街上嘈杂不堪). ¶華美を～めた服装 jíqí huáměi de fú-zhuāng (极其华美的服装). ¶口を～めてほめそやす mǎnkǒu chēngzàn (满口称赞) / zàn bù jué kǒu (赞不绝口). ¶口を～めてのしる pò kǒu dà mà (破口大骂) / mà bù jué kǒu (骂不绝口).

きわもの【際物】 yìngshí huòpǐn (应时货品); yìngshí zuòpǐn (应时作品).

きん【斤】 jīn (斤). ¶日本の1斤は約600グラム, 中国の1斤は500グラム.

きん【金】 **1**[金属] jīn (金), jīnzi (金子), huángjīn (黄金). ¶あの山から～が出る nà zuò shān chū jīnzi (那座山出金子). ¶～解禁を行う jiěchú huángjīn chūkǒu jìnlìng (解除黄金出口禁令). ¶～の流出を防ぐ fángzhǐ huángjīn liúchū guówài (防止黄金流出国外). ¶～の指輪 jīnjièzhǐ (金戒指). ¶～側の時計 jīnké shǒubiǎo (金壳手表) / jīnbiǎo (金表).
¶～色 jīnsè (金色) / jīnhuángsè (金黄色) / jīn-huáng (金黄). ¶～準備 huángjīn chǔbèi (黄金储备). ～メダル jīnpái (金牌). 18～ shíbā kāi jīn (十八开金).
2 ¶～15万円也 shíwǔ wàn rìyuán zhěng (十五万日元整).

きん【菌】 jūn (菌), xìjūn (细菌). ¶～保有者 dàijūnzhě (带菌者). 結核～ jiéhé gǎnjūn (结核杆菌).

きん【禁】 jìn (禁), jìnzhǐ (禁止). ¶～を犯す fàn jìn (犯禁). ¶～を解く jiějìn (解禁).

ぎん【銀】 yín (银), yínzi (银子), báiyín (白银). ¶～のカップ yínbēi (银杯).
¶～色 yínsè (银色). ～メダル yínpái (银牌).

きんあつ【禁圧】 ¶政治運動を～する qiánglì jìnzhǐ zhèngzhì yùndòng (强力禁止政治运动).

きんいつ【均一】 ¶品質が～だ pǐnzhì jūn xiāngtóng (品质均相同). ¶1000円～ yílǜ yìqiān kuài (一律一千块). ¶大人子供～入場料 dàren xiǎohái ménpiào yílǜ xiāngtóng (大人

小孩门票一律相同).

きんいっぷう【金一封】 ¶お祝いに～が出た qìnghè xǐshì fāle hóngbāo (庆贺喜事发了红包).

きんいん【近因】 jìnyīn (近因).

きんえい【近影】 jìnyǐng (近影), jìnzhào (近照). ¶作者の～を掲載する dēngzǎi zuòzhě de jìnyǐng (登载作者的近影).

ぎんえい【吟詠】 yínyǒng (吟咏).

きんえん【禁煙】 jìnzhǐ xīyān (禁止吸烟); jièyān (忌烟), jièyān (戒烟). ¶～しても3日と かない jíshǐ jiè yān yě jièbuliǎo sān tiān (即使戒烟也戒不了三天). ¶車内で chēnèi jìnzhǐ xīyān (车内禁止吸烟).

きんか【近火】 ¶御見舞御礼申し上げます jìnchù shīhuǒ, chéngméng guānhuái, tè cǐ míngxiè (近处失火, 承蒙关怀, 特此鸣谢).

きんか【金貨】 jīnbì (金币).

ぎんか【銀貨】 yínbì (银币), yínyuán (银圆·银元), yínyáng (银洋), yángqián (洋钱).

ぎんが【銀河】 yínhé (银河), xīnghé (星河), tiānhé (天河), yínhàn (银汉), yúnhàn (云汉), xīngyún (星云). ¶～系 yínhéxì (银河系).

きんかい【近海】 jìnhǎi (近海). ¶～漁業 jìnhǎi yúyè (近海渔业). ～航路 jìnhǎi hángxiàn (近海航线).

きんかい【金塊】 jīnkuài (金块), jīndìng (金锭).

きんかぎょくじょう【金科玉条】 jīn kē yù lǜ (金科玉律). ¶恩師の教えを～として守ってい る bǎ ēnshī de jiàoxun dàngchéng jīnkē-yùlǜ (把恩师的教训当成金科玉律).

きんがく【金額】 jīn'é (金额), kuǎn'é (款额). ¶～が大きい jīn'é hěn dà (金额很大). ¶損害はかなりの～にのぼる sǔnshīle hěn dà shùzì de kuǎn'é (损失了很大数字的款额).

きんがしんねん【謹賀新年】 gōnghè xīnxǐ (恭贺新禧).

ぎんがみ【銀紙】 xīzhǐ (锡纸).

ギンガム tiáogé píngbù (条格平布).

きんかん【近刊】 ¶～紹介 xīnshū jièshào (新书介绍). ¶～予告 xīnshū yùgào (新书预告).

きんかん【金冠】 ～をかぶせる xiāng jīnchǐguān (镶金齿冠).

きんかん【金柑】 jīnjú (金橘).

きんがん【近眼】 jìnshi (近视), jìnshiyǎn (近视眼), qūguāyǎn (觑𪐴眼). ¶～になった chéngle jìnshiyǎn (成了近视眼). ¶彼は～だ tā shì jìnshi (他是近视). ¶～鏡 jìnshìjìng (近视镜)/ jìnshi yǎnjìng (近视眼镜).

きんかんがっき【金管楽器】 tóngguǎn yuèqì (铜管乐器).

きんかんしょく【金環食】 rìhuánshí (日环食), huánshí (环食).

きんき【禁忌】 jìnjì (禁忌), jìhuì (忌讳).

ぎんき【銀器】 yínqì (银器).

きんきじゃくやく【欣喜雀躍】 ¶勝利の報に ～する tīngdào shènglì de xiāoxi, xīnxǐ ruò kuáng [huāntiān xǐdì / huānxīn quèyuè] (听到胜利的消息, 欣喜若狂 [欢天喜地/ 欢欣雀跃]).

きんきゅう【緊急】 jǐnjí (紧急). ¶～な問題 jǐnjí de wèntí (紧急的问题). ¶～に何らかの 措置を講ずる必要がある yǒu bìyào jǐnjí cǎiqǔ shìdàng de cuòshī (有必要紧急采取适当的措施). ¶～事態が発生した fāshēngle jǐnjí qíngkuàng (发生了紧急情况). ¶～動議を出す tíchū jǐnjí dòngyì (提出紧急动议).

きんぎょ【金魚】 jīnyú (金鱼). ¶～の糞 gēnpìchóng [r] (跟屁虫[儿]). ¶～鉢 jīnyúgāng (金鱼缸)/ yúgāng (鱼缸). ～藻 jīnyúzǎo (金鱼藻).

きんきょう【近況】 jìnkuàng (近况). ¶手紙で ～を知らせる xiě xìn gàozhī jìnkuàng (写信告知近况).

きんきん【近近】 bùjiǔ (不久), búrì (不日). ¶ 地方選挙が～行われる búrì jìnxíng dìfāng xuǎnjǔ (不日进行地方选举).

きんきん【僅僅】 jǐnjǐn (仅仅). ¶出席者は～ 100名に過ぎなかった chūxí rénshù jǐnjǐn yìbǎi míng (出席人数仅仅一百名).

きんぎん【金銀】 jīnyín (金银). ¶～をちりばめ た豪華な装飾 xiāngqiàn jīnyín de háohuá de zhuāngshì (镶嵌金银的豪华的装饰). ¶～財宝 jīnyín cáibǎo (金银财宝).

きんく【禁句】 ¶それはここでは～だ nà huà zài zhèr shì ʼjìnjìʼ [jìhuì] de (那话在这儿是ʼ禁忌 [忌讳]的).

キング guówáng (国王), dìwáng (帝王). ¶～サイズ tèdàhào (特大号).

きんけん【金権】 ¶～政治 jīnyuán zhèngzhì (金元政治).

きんけん【勤倹】 qínjiǎn (勤俭). ¶～節約する qínjiǎn jiéyuē (勤俭节约).

きんげん【金言】 jīnyán (金言), géyán (格言), zhēnyán (箴言).

きんげん【謹厳】 ¶～実直な人物 wěnzhòng zhèngzhí de rén (稳重正直的人).

きんこ【金庫】 bǎoxiǎnkù (保险库), bǎoxiǎnguì (保险柜), bǎoxiǎnxiāng (保险箱). ¶耐火～ nàihuǒ bǎoxiǎnguì (耐火保险柜). 手提げ～ shǒutí bǎoxiǎnxiāng (手提保险箱). ～破り zhuān jié bǎoxiǎnguì de dàozéi (专劫保险柜的盗贼).

きんこ【禁固】 jìngù (禁锢). ¶～1年の刑に処 せられる bèi pànchǔ yì nián de jìngù (被判处一年的禁锢).

きんこう【均衡】 jūnhéng (均衡), pínghéng (平衡). ¶収支の～を保つ bǎochí shōuzhī pínghéng (保持收支平衡). ¶勢力の～が破れた shìli de pínghéng [jūnshì] bèi dǎpò le (势力的均衡 [均势] 被打破了). ¶輸出入の不～を是正 する jiūzhèng jìnchūkǒu de bùjūnhéng (纠正进出口的不均衡).

きんこう【金工】 jīngōng (金工).

きんこう【金鉱】 jīnkuàng (金矿).

きんこう【近郊】 jìnjiāo (近郊), chéngjiāo (城郊), jiāoqū (郊区), sìjiāo (四郊).

きんごう【近郷】 ¶～近在からたくさんの人々が 集まった cóng línxiāng jìnzhèn jùjíláile hěn

duō rén(从邻乡近镇聚集来了很多人).
ぎんこう【銀行】 yínháng(银行). ¶～に金を預ける bǎ qián cúnzài yínhángli(把钱存在银行里). ¶～から預金を引き出す cóng yínháng ˈtíqǔ cúnkuǎn[tíkuǎn](从银行ˈ提取存款[提款]). ¶～から資金を借りる xiàng yínháng jièkuǎn(向银行借款).
¶～員 yínháng zhíyuán(银行职员). ～家 yínhángjiā(银行家). ～券 yínhángquàn(银行券). ～小切手 yínháng zhīpiào(银行支票). ～手形 yínháng huìpiào(银行汇票).
きんこつ【筋骨】 jīngǔ(筋骨). ¶～たくましい若者 shēnzigǔr zhuàngshi de xiǎohuǒzi(身子骨儿壮实的小伙子).
きんこんしき【金婚式】 jīnhūn(金婚), jīnhūn diǎnlǐ(金婚典礼), jīnhūnshì(金婚式).
ぎんこんしき【銀婚式】 yínhūn(银婚), yínhūn diǎnlǐ(银婚典礼), yínhūnshì(银婚式).
きんさ【僅差】 ¶～で負けた yǐ jíxiǎo zhī chā dǎbài le(以极小之差打败了).
きんさく【金策】 chóukuǎn(筹款). ¶～に奔走する wèi chóukuǎn bēnbō(为筹款奔波).
きんざん【金山】 jīnkuàngshān(金矿山).
ぎんざん【銀山】 yínkuàngshān(银矿山).
きんし【近視】 jìnshì(近视), jìnshìyǎn(近视眼). ¶～になる chéng jìnshìyǎn(成近视眼). ¶君の見方は～眼的だ nǐ zhè zhǒng kànfǎ tài jìnshìyǎn le(你这种看法太近视眼). ¶仮性～ jiǎxìng jìnshì(假性近视).
きんし【菌糸】 jūnsī(菌丝).
きんし【禁止】 jìnzhǐ(禁止). ¶9時以後の外出を～する jiǔ diǎn yǐhòu jìnzhǐ wàichū(九点以后禁止外出). ¶核兵器の使用～ jìnzhǐ shǐyòng héwǔqì(禁止使用核武器). ¶撮影～ jìnzhǐ pāizhào(禁止拍照).
きんじ【近似】 jìnsì(近似). ¶～値を求める qiú jìnsìzhí(求近似值).
きんしつ【均質】 jūnzhì(均质). ¶～牛乳 jūnzhì niúnǎi(均质牛奶).
きんしつ【琴瑟】 qínsè(琴瑟). ¶あの夫婦は～相和している nà duì fūqī qínsè shèn dǔ(那对夫妻琴瑟甚笃).
きんじつ【近日】 bùjiǔ(不久), bùrì(不日), rìnèi(日内), jìnqī(近期). ¶～中にお届け致します bù jǐ tiān jiù jiāng xiàng nín sòngqu(不几天就给您送去). ¶～発売 bùrì fāshòu(不日发售).
きんじつてん【近日点】 jìnrìdiǎn(近日点).
きんじとう【金字塔】 jīnzìtǎ(金字塔). ¶不滅の～を打ち立てる jiànshù bùxiǔ de gōngxūn(建树不朽的功勋).
きんしゅ【金主】 chūzīzhě(出资者), zīzhùrén(资助人).
きんしゅ【筋腫】 jīliú(肌瘤).
きんしゅ【禁酒】 jìnjiǔ(禁酒), jièjiǔ(戒酒). ¶～の誓を立てる lìshì jièjiǔ(立誓戒酒). ¶肝臓をいためたので～した shāngle gānzàng jièjiǔ le(伤了肝脏戒酒了).
¶～法 jìnjiǔfǎ(禁酒法).
きんじゅう【禽獣】 qínshòu(禽兽), niǎoshòu(鸟兽).

きんしゅく【緊縮】 jǐnsuō(紧缩). ¶財政を～する jǐnsuō cáizhèng(紧缩财政).
¶～政策 jǐnsuō zhèngcè(紧缩政策).
きんしょ【禁書】 jìnshū(禁书). ¶政府批判の出版物をすべて～にする pīpàn zhèngfǔ de chūbǎnwù yígài jìnzhǐ kānxíng, jìnzhǐ yuèdú(批判政府的出版物一概禁止刊行,禁止阅读).
きんじょ【近所】 fùjìn(附近), zuǒjìn(左近), cèjìn(侧近), jìnchù(近处), jìnpáng(近旁), jìnqián(近前). ¶家の～で火事があった lí jiā bù yuǎn de dìfang shīhuǒ le(离家不远的地方失火了). ¶～まで用足しに行く dào fùjìn qù bàn diǎnr shì(到附近去办点儿事). ¶ご～まで参りましたのでお訪ねしました lùguò fùjìn, shùnbiàn kàn nín lái le(路过附近, 顺便看您来了). ¶私はこの～に住んでいます wǒ zhùzài zhè jìnchù(我住在这近处). ¶隣へ～にも聞こえるぐらい大声で怒鳴った màshēng dàde jiēfāng sìlín dōu néng tīngjian(骂声大得街坊四邻都能听见). ¶～付き合いが悪い gēn jiēfāng búdà láiwǎng(跟街坊不大来往). ¶あの犬は～迷惑だ nà zhī gǒu jiǎorǎo sìlín(那只狗搅扰四邻).
きんしょう【僅少】 xiēxū(些须), xiēxǔ(些许), xiēwēi(些微), shǎoxǔ(少许). ¶費用は～です fèiyong shǎoxǔ(费用少许). ¶～の差で敗れた yǐ xiēwēi zhī chā shū le(以些微之差输了).
きんじょう【金城】 ¶～鉄壁 tóng qiáng tiě bì(铜墙铁壁). ¶～湯池 jīn chéng tāng chí(金城汤池).
きんじょう【錦上】 ¶～花を添える jǐn shàng tiān huā(锦上添花).
ぎんじょう【吟醸】 ¶～酒 guìniàngjiǔ(贵酿酒).
きん・じる【禁じる】 →きんずる.
ぎん・じる【吟じる】 →ぎんずる.
きんしん【近親】 jìnqīn(近亲), zhìqīn(至亲). ¶～結婚 jìnqīn jiéhūn(近亲结婚). ～憎悪 jìnqīn zào yuàn(近亲造怨). ～相姦 xuèqīn hūnpèi(血亲婚配)/ luànlún(乱伦).
きんしん【謹慎】 ¶～の意を表す biǎoshì jǐnyán-shènxíng zhī yì(表示谨言慎行之意). ¶自宅～を命ぜられた bèi mìnglìng zài jiāli bìmén-sīguò(被命令在家里闭门思过).
きんす【金子】 jīnqián(金钱).
きん・ずる【禁ずる】 **1**[禁止する] jìn(禁), jìnzhǐ(禁止). ¶駐車を～ jìnzhǐ tíngchē(禁止停车). ¶無用の者の立入りを～ xiánrén miǎn jìn(闲人免进). ¶それは法律で～ぜられている nà shì fǎlǜshang suǒ jìnzhǐ de(那是法律上所禁止的).
2[抑制する] ¶失笑を～じ得ない bùjīn shīxiào(不禁失笑). ¶その場面に涙を～ずることができなかった nà chǎngmiàn shǐ rén ˈjìnbuzhù[ˈrěnbuzhù] liúle yǎnlèi(那场面使人ˈ禁不住[忍不住]流了眼泪).
ぎん・ずる【吟ずる】 yín(吟), yínyǒng(吟咏), yín'é(吟哦). ¶詩を～ずる yínshī(吟诗).
きんせい【均整】 yúnzhěng(匀整), yúnchèn(匀称). ¶～のとれた体 yúnchèn de tǐxíng(匀称

的体形).

きんせい【近世】 jìnshì(近世).

きんせい【金星】 jīnxīng(金星).

きんせい【禁制】 ¶女人～の地 nǚrén zhī jìndì(女人之禁地). ¶～品 jìnzhìpǐn(禁制品)／wéijìnpǐn(违禁品).

ぎんせかい【銀世界】 yínbái shìjiè(银白世界). ¶見渡すかぎり一面の～ yí wàng wú jì de yínbái shìjiè(一望无际的银白世界)／yípiàn báimángmáng de xuěhǎi(一片白茫茫的雪海).

きんせつ【近接】 línjiē(邻接), línjìn(邻近). ¶都市に～した地域 línjiē chéngshì de dìqū(邻接城市的地区).

きんせん【金銭】 jīnqián(金钱), qiáncái(钱财). ¶～に目がくらむ bèi jīnqián suǒ míhuo(被金钱所迷惑). ¶あいつは～に汚い nà xiǎozi zài jīnqiánshang tài lìnsè(那小子在金钱上太吝啬). ¶～ずくで人の世話をする wèile qiáncái bāngzhù biéren(为了钱财帮助别人). ¶～上の問題がからんでいる jīnqiánshang de wèntí chánzài lǐtou(金钱上的问题缠在里头). ¶彼は～的には恵まれている tā zài jīngjìshang hěn fùyù(他在经济上很富裕)／tā méi duǎnguo qián yòng(他没短过钱用).
¶～出納簿 xiànjīnzhàng(现金账)／liúshuǐzhàng(流水账).

きんせん【琴線】 xīnxián(心弦). ¶心の～に触れる言葉 chùdòng xīnxián de huà(触动心弦的话).

きんせんか【金盞花】 jīnzhǎnhuā(金盏花).

きんそく【禁足】 ¶1週間の～をくった fá yí ge xīngqī bùxǔ wàichū(罚一个星期不许外出).
¶～令 jìnzhǐ wàichū lìng(禁止外出令).

きんぞく【金属】 jīnshǔ(金属). ¶～性の光沢 jīnshǔxìng guāngzé(金属性光泽). ¶鋭い～音を発する fāchū jiānruì de jīnshǔshēng(发出尖锐的金属声).
¶～元素 jīnshǔ yuánsù(金属元素). ～製品 jīnshǔ zhìpǐn(金属制品). ～バット jīnshǔzhì de qiúbàng(金属制的球棒).

きんぞく【勤続】 ¶20年～して表彰された zài gōngsī liánxù gōngzuò èrshí nián, shòudàole jiǎnglì(在公司连续工作二十年, 受到了奖励).
¶～年数 gōnglíng(工龄)／gōngzuò niánshù(工作年数).

きんだい【近代】 jìndài(近代), xiàndài(现代). ¶～的な建築が立ち並んでいる xiàndàihuà de jiànzhù línci-zhìbǐ(现代化的建筑鳞次栉比).
¶農業の～化を促進する cùjìn nóngyè xiàndàihuà(促进农业现代化).
¶～史 jìndàishǐ(近代史).

きんだん【禁断】 ¶～の木の実 jìnguǒ(禁果).
¶麻薬の～症状 jièdú de zhèngzhòu(戒毒的症候).

きんちさん【禁治産】 jìnzhìchǎn(禁治产). ¶～者 jìnzhìchǎnrén(禁治产人).

きんちゃく【巾着】 hébao(荷包), yāobāo(腰包), qiánbāo(钱包), qiándài(钱袋). ¶～切り páshǒu(扒手)／xiǎoliu(小绺).

きんちゃく【近着】 ¶～の人民日報 xīn[xīnjìn]dào de 《Rénmín Rìbào》(新[新近]到的《人民日报》).

きんちょう【緊張】 jǐnzhāng(紧张). ¶～して発表を待つ jǐnzhāng de děngdài gōngbù(紧张地等待公布). ¶会場は～した空気に満ちていた huìchǎng shang chōngmǎnzhe jǐnzhāng de qìfēn(会场上充满着紧张的气氛). ¶～のあまり舌がこわばってしまった jǐnzhāngde shétou fājiāng le(紧张得舌头发僵了). ¶皆の顔には～の色が見えた dàjiā de liǎnshang xiǎnchū jǐnzhāng de shénsè(大家的脸上显出紧张的神色). ¶両国間の～が高まる liǎngguó de guānxi yùjiā jǐnzhāng(两国的关系愈加紧张).

きんちょう【謹聴】 jìngtīng(静听). ¶講話を～する jùjīng-huìshén de jìngtīng jiǎnghuà(聚精会神地静听讲话). ¶～！～！ jìngtīng! jìngtīng!(静听! 静听!).

きんちょく【謹直】 ¶～な人柄 wéirén gěngzhí(为人耿直).

きんでい【金泥】 níjīn(泥金).

きんとう【均等】 píngjūn(平均), jūnděng(均等). ¶利益を～に配分する bǎ lìyì píngjūn fēnpèi(把利益平均分配)／hónglì jūnfēn(红利均分). ¶費用は～割りにしよう fèiyong dàjiā jūntān[sān yī sānshíyī fēntān](费用大家'均摊[三一三十一分摊].
¶機会～ jīhuì jūnděng(机会均等).

きんとう【近東】 Jìndōng(近东). ¶～諸国 Jìndōng gè guó(近东各国).

ぎんなん【銀杏】 báiguǒ(白果), yínxìng(银杏).

きんにく【筋肉】 jīròu(肌肉), jīnròu(筋肉). ¶～がたくましい jīròu hěn fādá(肌肉很发达).
¶～組織 jīròu zǔzhī(肌肉组织). ～注射 jīròu zhùshè(肌肉注射). ～労働 tǐlì láodòng(体力劳动).

きんねん【近年】 jìnnián(近年), jìn jǐ nián(近几年), wǎnjìn(晚近), bǐnián(比年). ¶～にない豊作 jìn jǐ nián nèi yǒu de dàfēngshōu(近几年未有的大丰收). ¶～我が国の工業は大いに発展した jìn jǐ nián lái wǒguó gōngyè yǒule hěn dà de fāzhǎn(近几年来我国工业有了很大的发展).

きんば【金歯】 jīnyá(金牙). ¶～を入れる xiāng jīnyá(镶金牙).

きんぱい【金杯】 jīnbēi(金杯).

きんぱい【金牌】 jīnpái(金牌), jīndùn(金盾), jīnzhì jiǎngpái(金质奖牌).

きんばえ【金蠅】 lǜdòuyíng(绿豆蝇), qīngyíng(青蝇).

きんぱく【金箔】 jīnbó(金箔).

きんぱく【緊迫】 jǐnzhāng(紧张), jǐnpò(紧迫), jǐnjí(紧急). ¶情勢は非常に～している júshì hěn *jǐnpò[chījǐn](局势很*紧迫[吃紧]). ¶～した空気を緩和する huǎnhé jǐnzhāng de kōngqì(缓和紧张的空气). ¶～の度合を深めている liǎngguó de guānxi yuèláiyuè jǐnzhāng le(两国的关系越来越紧张了).

きんぱつ【金髪】 jīnfà (金发).

ぎんぱつ【銀髪】 yínfà (银发).

きんぴ【金肥】 huàféi (化肥); féitiánfěn (肥田粉).

きんぴか【金ぴか】 jīnhuānghuāng (金煌煌・金晃晃), jīnshǎnshǎn (金闪闪), jīnguāng shǎnshuò (金光闪烁).

きんぴん【金品】 ¶～を強奪する qiǎngjié cáiwù (抢劫财物). ¶～を贈る zèng jīnqián hé dōngxi (赠金钱和东西).

きんぶち【金緣】 jīnkuàng (金框), jīnbiānr (金边ル). ¶～の眼鏡 jīnkuàng yǎnjìngr (金框眼镜ル).

きんぶん【均分】 jūnfēn (均分), píngfēn (平分). ¶遺産を～する jūnfēn yíchǎn (均分遗产). ¶～相続 jūnděng jìchéng (均等继承).

きんべん【勤勉】 qínmiǎn (勤勉), qínfèn (勤奋). ¶～に働く gōngzuò qínmiǎn (工作勤勉). ¶彼は～家だ tā shì hěn qínmiǎn de rén (他是很勤勉的人).

きんぺん【近辺】 fùjìn (附近), yídài (一带), jìnchù (近处), jìnpáng (近旁), zuǒjìn (左近), jìnqián (近前). ¶東京～の海水浴場 Dōngjīng fùjìn de hǎishuǐ yùchǎng (东京附近的海水浴场). ¶この～は閑静だ zhè yídài hěn qīngjìng (这一带很清静). ¶～をくまなく探したが見つからない zhè yídài kě méi zhǎozháo (找遍了这一带可没找着).

きんぽうげ【金鳳花】 máogèn (毛茛).

きんほんい【金本位】 jīnběnwèi (金本位).

ぎんまく【銀幕】 yínmù (银幕). ¶～の女王 yíntán[yǐngtán] nǚwáng (银坛[影坛]女王).

きんまんか【金満家】 dàcáizhǔ (大财主), fùwēng (富翁).

ぎんみ【吟味】 ¶材料を十分に～する shènzhòng xuǎnzé cáiliào (慎重选择材料). ¶語句を～する zhēnzhuó[tuīqiāo] cíjù (斟酌[推敲]词句). ¶計画を再～する jìhuà chóngxīn yùnniàng (计划重新酝酿).

きんみつ【緊密】 jǐnmì (紧密), mìqiè (密切). ¶本社と～な連絡をとる hé zǒnggōngsī mìqiè liánluò (和总公司密切联络). ¶～な関係を保つ bǎochí jǐnmì de guānxi (保持紧密的关系).

きんむ【勤務】 gōngzuò (工作). ¶～する gōngzuò (工作), dānrèn gōngzuò (担任工作). ¶私は新聞社に～している wǒ zài bàoshè gōngzuò (我在报社工作). ¶あなたの～先はどこですか nǐ zài ˇnǎge ˇdānwèi ˇ gōngzuò? (你在ˇ哪里[哪个单位]工作?). ¶～時間は8時間です gōngzuò shíjiān shì bā ge xiǎoshí (工作时间是八个小时). ¶ただ今～中です zhèngzài shàngbān (正在上班). ¶超過～ jiābān jiādiǎn (加班加点). 夜間～ yèbān (夜班)/ yèqín (夜勤).

きんむく【金無垢】 chúnjīn (纯金), zújīn (足金). ¶～の仏像 chúnjīn de fóxiàng (纯金的佛像).

きんもくせい【金木犀】 jīnguì (金桂), guìhuā (桂花).

きんもつ【禁物】 ¶高血圧の人に酒は～だ gāoxuèyā de rén shì ˇhēbude jiǔ[yánjìn hējiǔ] de (高血压的人是ˇ喝不得酒[严禁喝酒]的). ¶夜更しは～だ qièjì áoyè (切忌熬夜). ¶彼にその言葉は～だ duì tā zhè jù huà shì shuōbude de (对他这句话是说不得的)/ zhè yí jù huà zài tā miànqián kě shì jìhuì (这一句话在他面前可是忌讳).

きんゆ【禁輸】 jìnyùn (禁运). ¶～品 jìnyùnpǐn (禁运品)/ jìnyùn wùzī (禁运物资).

きんゆう【金融】 jīnróng (金融), yíngēn (银根). ¶～が逼迫している yíngēn jǐn (银根紧). ¶～界 jīnróngjiè (金融界). ～緩和政策 jīnróng huǎnhé zhèngcè (金融缓和政策). ～市場 jīnróng shìchǎng (金融市场). ～資本 jīnróng zīběn (金融资本). ～引締め政策 jīnróng jǐnsuō zhèngcè (金融紧缩政策).

きんよう【金曜】 xīngqīwǔ (星期五), lǐbàiwǔ (礼拜五).

きんよう【緊要】 jǐnyào (紧要), chījǐn (吃紧). ¶人口対策が～の問題だ rénkǒu duìcè shì jǐnyào de wèntí (人口对策是紧要的问题).

きんよく【禁欲】 jìnyù (禁欲). ¶～生活を送る guò jìnyù shēnghuó (过禁欲生活). ¶～主義 jìnyùzhǔyì (禁欲主义).

きんらい【近来】 jìnlái (近来). ¶～まれに見る傑作 jìnlái jíshǎo de jiézuò (近来罕见的杰作). ¶～にない壮挙 jìnlái suǒ méiyǒu de zhuàngjǔ (近来所没有的壮举).

きんり【金利】 lìxī (利息), lìqian (利钱); lìlǜ (利率). ¶～は日歩5銭だ lìxī rìlì wǔ fēn (利息日利五分). ¶～が高い[安い] lìlǜ ˇgāo[dī] (利率ˇ高[低])/ lìqian ˇdà[xiǎo] (利钱ˇ大[小]). ¶～を引き上げる[引き下げる] tígāo[jiàngdī] lìlǜ (提高[降低]利率).

きんりょう 1【禁猟】 jìnliè (禁猎). ¶～期 jìnlièqī (禁猎期). ～区 jìnlièqū (禁猎区).
2【禁漁】 ¶～期 jìnyúqī (禁渔期). ～区 jìnyúqū (禁渔区).

きんりょく【金力】 ¶～で人を動かす yòng jīnqián de lìliang lái zhīhuī rén (用金钱的力量来支使人). ¶～万能の世の中 jīnqián wànnéng de shìdào (金钱万能的世道)/ qián kě tōngshén de shìdào (钱可通神的世道).

きんりょく【筋力】 jīròu lìliang (肌肉力量).

きんりん【近隣】 jìnlín (近邻), línjìn (邻近), sìlín (四邻). ¶～の町村 línjìn de cūnzhèn (邻近的村镇). ¶～諸国 jìnlín de gè guó (近邻的各国).

きんるい【菌類】 jūn (菌).

きんれい【禁令】 jìnlìng (禁令). ¶～を発する xià jìnlìng (下禁令). ¶～を犯す fàn jìnlìng (犯禁令).

きんろう【勤労】 láodòng (劳动). ¶～意欲 láodòng yùwàng (劳动欲望). ～者 láodòngzhě (劳动者). ～所得 láodòng suǒdé (劳动所得). ～奉仕 yìwù láodòng (义务劳动).

く

く【区】 1〔区間〕duàn(段).¶バスの料金は1～100円 gōnggòng qìchē de chēfèi yí duàn yìbǎi kuài qián(公共汽车的车费一段一百块钱).¶駅伝競走で第1～を走る chánglìjiēlìsài, pǎo dìyī duàn(长距离接力赛, 跑第一段).
2〔区域〕qū(区).¶～役所 qūzhèngfǔ(区政府).選挙～ xuǎnqū(选区).千代田～ Qiāndàitiánqū(千代田区).

く【句】 1 duǎnyǔ(短语), duǎnjù(短句).¶この～1つで全体が生きる zhèngshì zhè yí jù huà gěi zhěnggè wénzhāng qǐle huàlóng-diǎnjīng de zuòyòng(正是这一句话给整个文章起了画龙点睛的作用).
慣用～ guànyòngjù(惯用句); xíyòngyǔ(习用语).動詞～ dòngcí duǎnyǔ(动词短语).
2〔俳句〕páijù(俳句).¶1～浮んだ nǎozili fúxiànle yì shǒu páijù(脑子里浮现了一首俳句).

く【苦】 ¶それを～にして病気になってしまった yōulù gāi shì rěchū bìng lai(忧虑该事惹出病来).¶雪は一向～になりません duì xiàxuě háo bú jièyì(对下雪毫不介意).¶彼は何の～もなくその仕事をやってのけた tā bú fèi chuīhuī zhī lì bǎ nàge gōngzuò gěi gànwán le(他不费吹灰之力把那个工作给干完了).¶～は楽の種 kǔ jìn gān lái(苦尽甘来).

ぐ【具】 1〔手段〕gōngjù(工具).¶教育問題を政争の～にすべきではない bù gāi ná jiàoyù wèntí zuòwéi zhèngzhì dòuzhēng de gōngjù(不该拿教育问题作为政治斗争的工具).
2〔料理の〕càimǎr(菜码儿), miànmǎr(面码儿), jiāotou(浇头).

ぐ【愚】 ¶～にもつかないことを言う jiǎnzhí shì chīrén shuō mèng(简直是痴人说梦).¶～の骨頂 yú bù kě jí(愚不可及).

ぐあい【具合】 ¶ミシンの～が悪くなった féngrènjī bù hǎoshǐ le(缝纫机不好使了).¶この万年筆はとても～がいい zhè zhī gāngbǐ yòngzhe hěn déjìnr(这枝钢笔用着很得劲儿).¶体の～が悪くて家で寝ています shēntǐ búdà hǎo, zài jiāli tǎngzhe ne(身体不大好, 在家里躺着呢).¶病人はどんな～ですか bìngrén bìngqíng zěnmeyàng le?(病人病情怎么样了?).¶仕事の進み～はどうですか gōngzuò jìnxíngde zěnmeyàng?(工作进行得怎么样?).¶明日では～が悪い míngtiān kě bù fāngbiàn(明天可不方便).¶うまい～に彼がやって来た gǎnqiǎo tā lái le(赶巧他来了).¶パーティーにそんな格好では～が悪い yǐ nà zhǒng chuāndài chūxí wǎnhuì kě bù héshì(以那种穿戴出席晚会可不合适).¶どんな～にやるのですか zěnyàng zuò ne?(怎样做呢?).

くい【杭】 zhuāng(桩), zhuāngzi(桩子); jué[r](橛儿), juézi(橛子).¶境界に～を打つ zài dìjiè shang dǎ zhuāng(在地界上打桩).¶出る～は打たれる chūtóu de chuánzi xiān làn(出头的椽子先烂)/shù dà zhāo fēng(树大招风).

くい【悔い】 huǐhèn(悔恨), àohuǐ(懊悔), hòuhuǐ(后悔).¶～のない生涯を送る dùguò háo wú huǐhèn de yìshēng(度过毫无悔恨的一生).¶後に～を残さないように一所懸命やっておけ wèile wǎnghòu búzhìyú hòuhuǐ, hǎohǎo gàn ba(为了往后不至于后悔, 好好干吧).¶～を千載に残す yíhèn qiānzǎi(遗恨千载).

くいあ・う【食い合う】 ¶同じ党の候補者が互いに票を～う tóngyī dǎngpài de hòuxuǎnrén hùxiāng zhēngduó xuǎnpiào(同一党派的候选人互相争夺选票).

くいあげ【食い上げ】 ¶こう商売が不振では飯の～だ mǎimai zhème bù hǎo, jiǎnzhí yào zá fànwǎn le(买卖这么不好, 简直要砸饭碗了).

くいあら・す【食い荒らす】 ¶食糧がすっかり鼠に～されてしまった liángshi quán jiào lǎoshǔ zāota le(粮食全叫老鼠糟蹋了).¶人の選挙地盤を～う cánshí tārén de xuǎnjǔ dìpán(蚕食他人的选举地盘).

くいあらた・める【悔い改める】 huǐgǎi(悔改), gǎihuǐ(改悔), huǐguò(悔过), gǎiguò(改过), huítóu(回头).¶前非を～める tònggǎi qiánfēi(痛改前非)/huǐguò zìxīn(悔过自新)/gǎi xié guī zhèng(改邪归正).

くいあわせ【食合せ】 ¶この2つの食べ物は～が悪い zhè liǎng zhǒng shíwù bùhǎo yìqǐ chī(这两种食物不宜一起吃).

くいいじ【食い意地】 ¶彼は～が張っている tā zuǐ chánde lìhai(他嘴馋得厉害).

くいい・る【食い入る】 ¶～るような目つきで見つめている mù bù zhuǎn jīng de níngshìzhe(目不转睛地凝视着).

クイーン nǚhuáng(女皇), nǚwáng(女王); huánghòu(皇后), wánghòu(王后).¶スペードの～ hēitáo wánghòu(黑桃王后)/hēitáo Q(黑桃Q).

くいかけ【食い掛け】 ¶～のりんご kěnle jǐ kǒu de píngguǒ(啃了几口的苹果).

くいき【区域】 qūyù(区域).¶受持～をパトロールする xúnshì suǒ fùzé de qūyù(巡视所负责的区域).¶危険～ wēixiǎn qūyù(危险区域).

くいき・る【食い切る】 1 →かみきる.

2〔全部食う〕¶こんなに沢山1人では〜れない zhème duō yí ge rén chībuliǎo(这么多一个人吃不了).

ぐいぐい ¶手を〜引っ張る yònglì yígèjìnr zhuāi shǒu(用力一个劲ル拽手). ¶第2位の走者を〜と引き離した bǎ pǎo dì'èr de yuè lā yuè yuǎn(把跑第二的越拉越远). ¶やけ酒を〜あおる gūdūgūdū wǎng dùli guàn mènjiǔ(咕嘟咕嘟往肚里灌闷酒).

くいけ【食い気】 ¶色気より〜 tānchī shèngyú tānsè(贪吃胜于贪色).

くいこ・む【食い込む】 ¶腕に縄が〜む shéngzi lēijìn gēbei(绳子勒进胳臂). ¶競争相手の地盤に〜む zhùshí jìngzhēng duìshǒu de dìpán(蛀蚀竞争对手的地盘). ¶授業がのびて休み時間に〜む kèshí tuōyán zhànle xiūxi shíjiān(课时拖延占了休息时间). ¶100万円ほど元手に〜んだ shíběn yìbǎi lái wàn rìyuán(蚀本一百来万日元).

くいさが・る【食い下がる】 ¶最後まで相手チームに〜る jǐn zhuī duìfāngduì pīndàodǐ(紧追对方队拼到底). ¶質問を続けて執拗に〜る jǐnjǐn zhuīwèn yǎozhù bú fàng(紧紧追问咬住不放).

くいしば・る【食い縛る】 ¶歯を〜ってやり遂げる yǎoyá[yǎojǐn yáguān] gàndàodǐ(咬牙[咬紧牙关]干到底).

くいしんぼう【食いしん坊】 chánzuǐ(馋嘴), tānzuǐ(贪嘴), tānchī(贪吃);〔人〕chánrén(馋人), chánzuǐ(馋嘴), chánguǐ(馋鬼), chánmāo(馋猫). ¶この子は本当に〜だ zhè háizi zuǐ tài chán(这孩子嘴太馋).

クイズ mèir(谜ル), míyǔ(谜语). ¶〜を解く cāi míyǔ(猜谜语)[cāi mèir(猜谜ル)]. ¶〜番組 dáwén jiémù bǐsài jiémù(答问比赛节目).

くいたお・す【食い倒す】 ¶始めから〜すつもりで散々飲み食いする dǎ yì kāishǐ jiù dǎsuàn chī báishí, chī dà dà hē yí dùn(打一开始就打算吃白食,大吃大喝一顿).

くいだめ【食い溜め】 ¶こんなにうまいのに〜が効かないとは zhème hǎochī de dōngxi, jìng bùnéng duō chī cún dùzili(这么好吃的东西,竟不能多吃存肚子里).

くいたりな・い【食い足りない】 ¶いくら食っても〜いような気がする chī duōshao yě zǒng juéde chībugòu(吃多少也总觉得吃不够). ¶こんな本では〜い zhè zhǒng shū zhēn bùnéng lìng rén mǎnyì(这种书真不能令人满意).

くいちがい【食い違い】 chūrù(出入); fēnqí(分歧). ¶2人の供述には大きな〜がある liǎngrén de kǒugòng yǒu hěn dà de chūrù(两人的口供有很大的出入). ¶両者の意見の〜を調整する tiáozhěng liǎngzhě de yìjiàn fēnqí(调整两者的意见分歧).

くいちが・う【食い違う】 bù yízhì(不一致), bù xiāngfú(不相符). ¶両者の証言が〜う liǎngzhě de gòngcí yǒu chūrù(两者的供词有出入). ¶話の前後が〜っている huà qiánhòu yǒu máodùn(话前后有矛盾)/ qiányán bù dā hòuyǔ(前言不搭后语).

くいちら・す【食い散らす】 ¶ごちそうをあれこれと〜す zhè cài nà cài luàn zhān kuàizi(这菜那菜乱沾筷子). ¶いろいろ〜したがどれも物にならなかった zhège nàge dōu zhānle shǒu, què méiyǒu yí ge xuéchéng(这个那个都沾了手,却没有一个学成).

くいつ・く【食いつく】 **1**〔かみつく〕yǎozhù(咬住). ¶喉笛にがぶりと〜いた yì kǒu yǎozhùle hóulong yǎnzi(一口咬住了喉咙眼子). ¶一度〜いたら離れない男だ yì yǎozhù jiù bù sōngkǒu de jiāhuo(一咬住就不松口的家伙).

2〔餌などに〕shànggōu(上钩). ¶魚が餌に〜いた yú yǎozhù diào'ěr(鱼咬住钓饵)/ yú shànggōu le(鱼上钩了). ¶金儲けの話をしたらすぐ〜いてきた tíqǐ zhuànqián de shì jiù shànggōu le(提起赚钱的事就上钩了).

くいつな・ぐ【食いつなぐ】 ¶わずかな食糧で1週間〜いだ yǐ shǎoxǔ de liángshi chōngjīle yí ge xīngqī(以少许的粮食充饥了一个星期). ¶持物を売ってどうにか〜いできた biànmài dōngxi miǎnqiǎng húkǒule yízhènzi(变卖东西勉强糊口了一阵子).

くいつぶ・す【食い潰す】 zuò chī shān kōng(坐吃山空). ¶とうとう親の身代を〜してしまった zhōngyú bǎ fùmǔ suǒ liúxià de fángdì jiāchǎn chīguāng le(终于把父母所留下的房地家产吃光了).

くいつ・める【食い詰める】 ¶彼は故郷を〜めて都会へ出た tā zài gùxiāng wúfǎ húkǒu láidào chéngshì(他在故乡无法糊口来到城市).

くいで【食いで】 ¶ここの料理は安くてなかなか〜がある zhèr de cài 'yòu piányi yòu chītóur[jīngjì shíhuì](这ル的菜又便宜又有吃头ル[经济实惠]).

くいどうらく【食い道楽】 ¶あの人は〜だ tā nàge rén `hào chīhē[hěn jiǎngjiu chī](他那个人`好吃喝[很讲究吃]).

くいと・める【食い止める】 zhìzhǐ(制止), kòngzhì(控制), zǔdǎng(阻挡), dǐdǎng(抵挡). ¶必死の消火で延焼を〜めた pīnmìng jiùhuǒ kòngzhìle yánshāo(拼命救火控制了延烧). ¶被害を最小限に〜める bǎ sǔnhài xiànzhì zài zuìxiǎo xiàndù nèi(把损害限制在最小限度内). ¶ここで敵の進撃をなんとか〜めたい xiǎng zài cǐ shèfǎ dǐdǎngzhù dírén de jìngōng(想在此设法抵挡住敌人的进攻).

くいな【水鶏】 yāngjī(秧鸡).

くいにげ【食い逃げ】 ¶料理屋で〜する zài fànguǎn chī báishí liūzǒu(在饭馆吃白食溜走).

くいのば・す【食い延ばす】 ¶3日分の食糧を6日に〜す bǎ sān tiān de kǒuliáng dàngzuò liù tiān de kǒuliáng shěngzhe chī(把三天的粮食当做六天的口粮省着吃).

くいはぐ・れる【食いはぐれる】 ¶忙しくて昼飯を〜れた mángde méi chīshàng wǔfàn(忙得没吃上午饭). ¶まじめに働きさえすれば〜れることはない zhǐyào rènzhēn gàn, bú huì méiyǒu fàn chī(只要认真干,不会没有饭吃). ¶〜れのない仕事 tiěfànwǎn(铁饭碗).

くいぶち【食扶持】 jiǎoguor(缴裹ル), jiáoguor(嚼裹ル); fànqián(饭钱). ¶〜だけは何とか

稼ぎ出せる jiáoguor[húkǒu de] dào néng xiǎngfǎr zhèng de chūlái(嚼裹ㄦ[餬口的]倒能想法ㄦ挣出来). ¶～として家に5万円入れる gěi jiālǐ wǔwàn rìyuán zuòwéi fànqián(给家里五万日元作为饭钱).

くいもの【食い物】 chīshí(吃食), shíwù(食物). ¶自分の娘を～にする yǐ shǔnxī nǚ'ér de gāoxuè wéi shēng(以吮吸女儿的膏血为生).

く・いる【悔いる】 hòuhuǐ(后悔), huǐhèn(悔恨), huǐwù(悔悟), àohuǐ(懊悔). ¶罪を～いる huǐ zuì(悔罪). ¶学生時代の不勉強を～いる zhēn hòuhuǐ xuésheng shídài méi hǎohǎo xuéxí(真后悔学生时代没好好学习).

クインテット wǔchóngzòu(五重奏), wǔchóngzòutuán(五重奏团); wǔchóngchàng(五重唱), wǔchóngchàngtuán(五重唱团).

く・う【食う】 **1**〔食べる〕chī(吃). ¶飯をたらふく～う chībǎole yídùn fàn(吃饱了肚子)/ chī yí ge bǎor(吃了一个饱ㄦ). ¶毎日～っちゃ寝っちゃ寝している měitiān guòzhe chīle shuì, shuìle chī de rìzi(每天过着吃了睡、睡了吃的日子). ¶～うか～わずの生活をする guòzhe chīle shàng dùn méi xià dùn[bǎo yí dùn è yí dùn] de shēnghuó(过着吃了上顿没下顿[饱一顿饿一顿]的生活). ¶今の給料ではとうてい～っていけない kào xiànzài de xīnshuǐ wúfǎ húkǒu(靠现在的薪水无法餬口). ¶～うに困って盗みを働いた jiēbukāi guō tōule dōngxi(揭不开锅偷了东西). ¶彼はペンで～っている tā yǐ bǐgēng wéishēng(他以笔耕为生). ¶羊が狼に～われた yáng bèi láng chī le(羊被狼吃了). ¶毛虫が新芽を～ってしまった máochong bǎ nènyá chīguāng le(毛虫把嫩芽吃光了). ¶虫の～った本 bèi chóng zhù de shū(被虫蛀的书). **2**〔かみつく、刺す〕yǎo(咬), dīng(叮). ¶今日は魚が～う jīntiān yú róngyì shànggōu(今天鱼容易上钩). ¶蚤に～われた所がかゆい bèi tiàozǎo yǎo de dìfang fāyǎng(被跳蚤咬的地方发痒). ¶昨晩はひどく蚊に～われた zuówǎn jiào wénzi dīngde lìhai(昨晚叫蚊子叮得厉害). **3**〔やっつける, 侵す〕 ¶初出場のチームが去年の優勝チームを～った chūcì chūchǎng de qiúduì dǎbàile qùnián de guànjūnduì(初次出场的球队打败了去年的冠军队). ¶～うか～われるかの瀬戸際だ zhèngshì nǐsǐ-wǒhuó de guāntóu(正是你死我活的关头). ¶デパートに～われて客が減った bèi bǎihuò gōngsī lāzǒule mǎimai, gùkè shǎo le(被百货公司拉走了买卖，顾客少了). ¶新人に～われた bèi xīnrén cánshíle dìpán(被新人蚕食了地盘). **4**〔こうむる〕ái(挨), shòu(受), zāo(遭). ¶大目玉を～った ái le yí dùn mà(挨了一顿骂)/ áicīr le(挨呲ㄦ了). ¶びんたを～う chī ěrguāng(吃耳光). ¶思わぬところで敵の反撃を～った zài yìxiǎng bu dào de dìfang zāodào dírén de fǎnjī(在意想不到的地方遭到敌人的反击). ¶その手は～わない wǒ kě bù chī nà yí tào(我可不吃那一套).

5〔費やす〕fèi(费), hào(耗), huā(花), xiāohào(消耗), hàofèi(耗费), huāfèi(花费). ¶これは時間と金を～う仕事だ zhè shì ge xiāohào shíjiān hé jīnqián de gōngzuò(这是个消耗时间和金钱的工作). ¶この車はガソリンを～う zhè liàng qìchē fèi yóu(这辆汽车费油). ¶かなり年を～った男だ shàngle xiāngdāng dà niánjì de nánrén(上了相当大年纪的男人).

くう【空】 kōng(空). ¶身をかわすと刀は～を切った bèi shǎnshēn duǒguò kōng kǎnle yì dāo(被闪身躲过空砍了一刀). ¶一切は～に帰した yíqiè dōu chéngle pàoyǐng(一切都成了泡影)/ quán luòkōng le(全落空了). ¶この世はすべて～だ zhè shìdào yíqiè dōu xūwú piāomiǎo(这世道一切都虚无飘渺).

くうい【空位】 ¶国王の死後～の王座をめぐって争いが起った wèile zhēngduó guówáng sǐhòu de kōngwèi fāshēngle dòuzhēng(为了争夺国王死后的空位发生了斗争).

ぐうい【寓意】 yùyì(寓意).

くういき【空域】 kōngyù(空域). ¶戦闘訓練～ zhàndòu xùnliàn kōngyù(战斗训练空域).

くうかん【空間】 kōngjiān(空间). ¶時間と～を超越する chāoyuè shíjiān hé kōngjiān(超越时间和空间).

くうかんち【空閑地】 kòngdì(空地), xiándì(闲地).

くうき【空気】 **1** kōngqì(空气), qì(气). ¶窓を開けて新鮮な～を吸う dǎkāi chuānghu hūxī xīnxiān kōngqì(打开窗户呼吸新鲜空气). ¶自転車のタイヤに～を入れる gěi zìxíngchē de chētāi dǎqì(给自行车的车胎打气). ¶私にとって女房は～のような存在だ duì wǒ lái shuō lǎopo de cúnzài yóurú kōngqì(对我来说老婆的存在犹如空气).

¶～入れ qìtǒng(气筒). ～銃 qìqiāng(气枪)/ niǎoqiāng(鸟枪). ～伝染 kōngqì chuánbō(空气传播). ～抜き qìchuāng(气窗)/ qìkǒng(气孔)/ qìyǎn(气眼). ～ポンプ qìbèng(气泵)/ fēngbèng(风泵). ～枕 jiāopí zhěntou(胶皮枕头).

2〔雰囲気〕qìfēn(气氛), kōngqì(空气). ¶会場には和やかな～が溢れていた huìchǎng shang yángyìzhe héxié de qìfēn(会场上洋溢着和谐的气氛). ¶彼の発言でその場の～が一変した tā de fāyán shǐ huìchǎng de kōngqì dà biàn(他的发言使会场的空气大变).

くうきょ【空虚】 kōngxū(空虚), kōngfá(空乏). ¶時々～な気持に襲われる shí'ér gǎndào kōngxū(时而感到空虚).

ぐうぐう ¶～鼾をかく hūlūlū de dǎhān(呼噜噜地打鼾)/ dǎ hūlu(打呼噜). ¶腹がへって～鳴る ède dùzi gūlūgūlū zhí jiàohuan(饿得肚子咕噜咕噜直叫唤).

くうぐん【空軍】 kōngjūn(空军).

くうげき【空隙】 kòngxì(空隙). ¶心の～を埋める方法がない wúfǎ míbǔ xīnlǐ de kōngxū(无法弥补心里的空虚).

くうこう【空港】 fēijīchǎng(飞机场), jīchǎng(机场), hángkōnggǎng(航空港). ¶～を飛び

立った cóng jīchǎng qǐfēi le(从机场起飞了).

くうしゅう【空襲】 kōngxí(空袭). ¶敵の要塞を~する kōngxí díjūn de yàosài(空袭敌军的要塞). ¶~警報 kōngxí jǐngbào(空袭警报).

ぐうすう【偶数】 ǒushù(偶数),shuāngshù(双数).

ぐう・する【遇する】 dài(待),zhāodài(招待),xiāngdài(相待). ¶国賓として~する yǐ guóbīn xiāngdài(以国宾相待).

くうせき【空席】 **1** kòngwèi(空位). ¶会場は満員で~がない huìchǎng ˇmǎnzuò méi yí ge kòngwèi[zuò wú xū xí](会场˙满座没一个空位[座无虚席]). ¶~を見つけて座る zhǎo kòngzuòwèi zuòxia(找空座位坐下).
2〔欠員になっている地位〕kòngquē(空缺),kòng'é(空额),quē'é(缺额). ¶教授のポストに~がない jiàoshòu de wèizi méiyǒu kòngquē(教授的位子没有空缺).

くうぜん【空前】 kōngqián(空前). ¶今年は~の大豊作だった jīnnián huòdéle kōngqián de dàfēngshōu(今年获得了空前的大丰收).
¶~絶後 kōng qián jué hòu(空前绝后).

ぐうぜん【偶然】 ǒurán(偶然),ǒu'ěr(偶尔). ¶昨日駅で~旧友に出会った zuótiān zài chēzhàn ˇǒurán pèngjiànle lǎopéngyou[qiǎoyù jiùjiāo](昨天在车站˙偶然碰见了老朋友[巧遇旧交]). ¶彼が優勝したのは決して~ではない tā huòdé guànjūn jué bú shì ǒurán de(他获得冠军绝不是偶然的). ¶故意か~かそこは何とも言えない shì gùyì háishi ǒurán hěn nánshuō(是故意还是偶然很难说). ¶3人とも誕生日が同じとはまさに~の一致だ sān ge rén de shēngri zài tóng yì tiān, zhēn shì ˇǒurán de qiǎohé[ǒuhé](三个人的生日在同一天,真是˙偶然的巧合[偶合]).

くうそ【空疎】 kōngdòng(空洞),kōngfàn(空泛). ¶~な議論 kōngdòng de yìlùn(空洞的议论).

くうそう【空想】 kōngxiǎng(空想),huànxiǎng(幻想). ¶~もつまらないことを~する huànxiǎng líqí wúbǐ de shì(幻想离奇无比的事). ¶彼女はいつも~にふけっている tā lǎoshi chénmiǎn yú huànxiǎng(她老是沉湎于幻想).
¶~家 kōngxiǎngjiā(空想家). ~科学小说 kēhuàn xiǎoshuō(科幻小说). ~的社会主义 kōngxiǎng shèhuìzhǔyì(空想社会主义).

ぐうぞう【偶像】 ǒuxiàng(偶像). ¶~崇拝 ǒuxiàng chóngbài(偶像崇拜).

ぐうたら diào'erlángdāng(吊儿郎当). ¶あいつは~だ tā zhēn shì ge diào'erlángdāng de jiāhuo(他真是个吊儿郎当的家伙)/nà jiāhuo hàochī-lǎnzuò(那家伙好吃懒做). ¶~生活を送る shēnghuó diào'erlángdāng(生活吊儿郎当).

くうちゅう【空中】 kōngzhōng(空中). ¶飛行機が~で衝突して墜落した fēijī zài kōngzhōng xiāng zhuàng zhuìluò le(飞机在空中相撞坠落了). ¶その計画は途中で~分解してしまった nàge jìhuà zài zhōngtú tǔbēng-wǎjiě le(那个计划在中途土崩瓦解了).
¶~査察 kōngzhōng zhēnchá(空中侦察). ~戦 kōngzhàn(空战)/kōngzhōng zhàndòu(空中战斗). ~楼閣 kōngzhōng lóugé(空中楼阁).

クーデター kǔdiédá(苦迭打),zhèngbiàn(政变).

くうてん【空転】 kōngzhuàn(空转). ¶議論が~して結論が出なかった yìlùn fēnfēn débuchū jiélùn(议论纷纷得不出结论).

くうどう【空洞】 kōngdòng(空洞). ¶この銅像は中が~になっている zhège tóngxiàng ˇdāngzhōng shì kōng de[shì zhōng kōng de](这个铜像˙当中是空的[是中空的]). ¶肺に~がある fèi yǒu kōngdòng(肺有空洞).

ぐうのね【ぐうの音】 ¶彼にこれには~も出なかった tā duì nà ˇwú yán yǐ duì[yǎkǒu-wúyán](他对那˙无言以对[哑口无言]).

くうはく【空白】 kòngbái(空白). ¶その日の日記は~になっていた nà yì tiān de rìjì shì kòngbái, shénme dōu méiyǒu xiě(那一天的日记是空白,什么都没有写). ¶戦時中の~を埋める tiánbǔ zhànzhēng niándài de kòngbái(填补战争年代的空白).

くうばく【空爆】 hōngzhà(轰炸). ¶敵艦を~する cóng kōngzhōng hōngzhà díjiàn(从空中轰炸敌舰).

ぐうはつ【偶発】 ǒufā(偶发). ¶戦争が~する zhànzhēng ǒurán bàofā(战争偶然爆发). ¶~的な事故 ǒufā de shìgù(偶发的事故).

くうひ【空費】 báifèi(白费). ¶時間を~する báifèi shíjiān(白费时间).

くうふく【空腹】 kōngfù(空腹). ¶病人はしきりに~を訴えている bìngrén zhí jiào dùzi è(病人直叫肚子饿). ¶~に水を飲んでも耐えられる hē shuǐ rěn jī(喝水忍饥). ¶~で目まいがする dùzi kōngde tóuyūn yǎnhuā(肚子空得头晕眼花). ¶この薬は~時に服用のこと zhè yào kōngxīn fúyòng(这药空心服用).

くうぶん【空文】 kōngwén(空文). ¶この法律はいまや~に帰した zhège fǎlǜ yǐjing ˇděngyú yì zhǐ kōngwén[yǒumíng-wúshí](这个法律已经˙等于一纸空文[有名无实]). ¶既成事実の積み重ねで法令を~化する zhúbù zàochéng jìchéng shìshí, shǐ fǎlìng chéngwéi kōngwén(逐步造成既成事实,使法令成为空文).

クーペ shuāngzuò jiàochē(双座轿车).

くうぼ【空母】 hángkōng mǔjiàn(航空母舰).

くうほう **1**【空包】kōngbāodàn(空包弹).
2【空砲】 kōngpào(空炮),kōngqiāng(空枪). ¶~を撃つ fàng kōngpào(放空炮).

クーポン tōngpiào(通票),liányùnpiào(联运票). ¶旅行の~券をもらった dédàole lǚyóu liányùnpiào(得到了旅游联运票).

くうゆ【空輸】 kōngyùn(空运). ¶被災地に食糧を~する wǎng zāiqū kōngyùn liángshi(往灾区空运粮食).

クーラー lěngqì(冷气);〔保温〕bīngxiāng(冰箱). ¶ビールやジュースを詰めるbǎ píjiǔ hé guǒzhī zhuāngjin xiédài bīngxiāng li(把啤酒和果汁装进携带冰箱里).

¶ ルーム～ shìnèi kōngtiáo(室内空调).
くうらん【空欄】 kònggé(空格), kònglán(空栏), kòngbáichù(空白处). ¶次の～に記入せよ tiánxiě xiàliè kònggér(填写下列空格儿).
くうり【空理】 ¶～空論 tuōlí shíjì de lǐlùn(脱离实际的理论).
くうれい【空冷】 kōngqì lěngquè(空气冷却). ¶～式エンジン qìlěngshì fādòngjī(气冷式发动机).
くうろ【空路】 hángkōng lùxiàn(航空路线), kōngzhōng hángxiàn(空中航线). ¶東京・北京間に～が開かれた Dōngjīng Běijīng zhī jiān kāipìle hángkōng lùxiàn(东京北京之间开辟了航空路线). ¶成田から～パリに到着した yóu Chéngtián 'dā bānjī[chéng fēijī] dǐdá Bālí(由成田'搭班机[乘飞机]抵达巴黎).
くうろん【空論】 kōnglùn(空论), kōngtán(空谈). ¶机上の～ zhǐ shàng 'tán bīng[kōngtán](纸上'谈兵[空谈]).
ぐうわ【寓話】 yùyán(寓言). ¶イソップの～ Yīsuǒ yùyán(伊索寓言).
クエーカー Jiāoyǒupài(教友派).
くえき【苦役】 kǔgōng(苦工); [懲役] kǔyì(苦役).
くえない【食えない】 ¶あいつは～奴だ tā kě shì ge huátóu-huánǎo de jiāhuo(他可是个滑头滑脑的家伙).
くえんさん【枸櫞酸】 níngméngsuān(柠檬酸).
クオーツ ¶～時計 shíyīngzhōng(石英钟)/shíyīngbiǎo(石英表).
クオリティ zhìliàng(质量); pǐnwèi(品位). ¶ハイ～ yōuzhì(优质)/gāopǐnwèi(高品位).
くかく【区画】 qūhuà(区划). ¶土地を～整理する duì tǔdì jìnxíng qūhuà zhěnglǐ(对土地进行区划整理).
¶行政～ xíngzhèng qūhuà(行政区划).
くがく【苦学】 gōngdú(工读). ¶～して大学を出る bàngōng-bàndú dàxué bìyè(半工半读大学毕业).
¶～生 gōngdúshēng(工读生).
くかん【区間】 qūjiān(区间), qūduàn(区段). ¶このバスは全～ 200円の均一料金です zhè lù gōnggòng qìchē quánxiàn nèi de piàojià yílù èrbǎi kuài qián(这路公共汽车全线内的票价一律二百块钱). ¶汽車の不通～ huǒchē zàntíng yùnxíng de qūjiān(火车暂停运行的区间).
ぐがん【具眼】 ¶～の士 míngyǎnrén(明眼人).
くき【茎】 jīng(茎), gěng[r](梗[儿]), tíng[r](莛[儿]), gǎn[r](秆[儿]), gǎnzi(秆子). ¶稲の～ dàotíng(稻莛)/dàogǎnr(稻秆儿). ¶麦の～ màitíngr(麦莛儿)/màigǎnr(麦秆儿).
¶花の～ huāgěng(花梗).
くぎ【釘】 dīngzi(钉子), dīng[r](钉[儿]). ¶壁に～を打つ wǎng qiángshang dìng dīngzi(往墙上钉钉子). ¶柱の～を抜く bá zhùzi shang de dīngzi(拔柱子上的钉子). ¶その点は～をさしておいた nà diǎn wǒ xiàng tā dīngle yí jù(那点我向他钉了一句). ¶糠に～ dòufu shang dìng dīngzi, wújì yú shì(豆腐上钉钉子, 无济于事).
くぎづけ【釘付け】 dìngsǐ(钉死), dìngzhù(钉住). ¶台風に備えて窓を～にした fángbèi táifēng bǎ chuānghu dìngsǐ le(防备台风把窗户钉死了). ¶私はその場に～になった wǒ de jiǎo xiàng dīngzài dìshang yíyàng nuódòng bude(我的脚像钉在地上一样挪动不得). ¶皆の視線が彼女に～になった dàjiā de shìxiàn dōu dīngzài tā shēnshang(大家的视线都盯在她身上).
くぎぬき【釘抜き】 bádīng qiánzi(拔钉钳子), qǐdīngqì(起钉器).
くきょう【苦境】 kǔjìng(苦境), kùnjìng(困境), jiǒngjìng(窘境). ¶友人の援助で～を切り抜ける kào péngyou de yuánzhù bǎituōle kùnjìng(靠朋友的援助摆脱了困境). ¶不用意な発言で彼は～に立った tā shīyán xiànyú jiǒngjìng(他失言陷于窘境).
くぎょう【苦行】 kǔxíng(苦行). ¶～僧 kǔxíngsēng(苦行僧).
くぎり【区切り】 duàn(段), duànluò(段落). ¶ひと～ごとに訳していく yí duàn yí duàn fānyì xiaqu(一段一段翻译下去). ¶やっと仕事に～がついた gōngzuò hǎoróngyì cái gàole yí ge duànluò(工作好容易才告了一个段落). ¶～のよいところで一休みしよう gōngzuò gào yíduànluò le, jiù xiūxi yíxià ba(工作告一段落了, 就休息一下吧).
くぎ・る【区切る】 fēnkāi(分开), gékāi(隔开), huàfēn(划分). ¶段落ごとに～って評釈する àn duànluò píngzhù(按段落评注). ¶一語一語～るようにして話す yízì-yìbǎn de shuōhuà(一字一板地说话). ¶土地を小さく～って売る bǎ dìpí huàfēn chéng xiǎokuàir mài(把地皮划分成小块儿卖).
くく【九九】 xiǎojiǔjiǔ(小九九), jiǔjiǔgē(九九歌), jiǔjiǔbiǎo(九九表), jiǔjiǔ kǒujué(九九口诀). ¶～を暗唱する bèi jiǔjiǔ kǒujué(背九九口诀).
くく【区区】 qūqū(区区). ¶議論が～に分れた yìlùn fēnfēn(议论纷纷)/zhòngshuō fēnyún(众说纷纭). ¶～たる小事にこだわって大局を誤る yīn qūqū xiǎoshì ér wù dàjú(因区区小事而误大局).
くぐりど【潜戸】 jiǎomén(角门・脚门), biànmén[r](便门[儿]), xiǎomén(小门).
くく・る【括る】 kǔn(捆), bǎng(绑), zā(扎). ¶犯人を～る bǎng fànrén(绑犯人). ¶首を～る shàngdiào(上吊)/xuánliáng(悬梁). ¶縄で木に～りつける yòng shéngzi bǎngzài shùshang(用绳子绑在树上). ¶古新聞をひとまとめに～る bǎ jiùbàozhǐ kǔnchéng yì kǔn(把旧报纸捆成一捆). ¶括弧で～る dǎ kuòhào(打括号).
くぐ・る【潜る】 **1**[通り抜ける] zuān(钻), chuān(穿). ¶背中をこごめて潜戸を～る hāyāo zuānjìn biànmén(哈腰钻进便门). ¶この仏像はいくたびの戦火の中を～ってきた zhè zūn fóxiàng lìjīng duōcì zhànhuǒ(这尊佛像历经多次战火). ¶監視の目を～って逃亡した bìkāi

jiānshì táopǎo le(避开监视逃跑了).
2[もぐる] qián (潜), zhā (扎). ¶水に〜って貝をとる qiánshuǐ cǎi bèi(潜水采贝).

くけい【矩形】 jǔxíng(矩形).
くげん【苦言】 ¶〜を呈する jìn nì'ěr zhī yán(进逆耳之言).
ぐけん【愚見】 yújiàn(愚见), zhuōjiàn(拙见). ¶〜によれば… yī wǒ zhuōjiàn…(依我拙见…)/ zhè shì wǒ de "yìdézhīyú[yìdézhījiàn・yìkǒngzhījiàn]… (这是我的"一得之愚[一得之见／一孔之见]…).
ぐげん【具現】 tǐxiàn(体现). ¶言葉は思想を〜する yǔyán tǐxiàn sīxiǎng(语言体现思想).

くさ【草】 cǎo(草). ¶鎌で〜を刈る yòng liándāo gē cǎo(用镰刀割草). ¶庭は〜ぼうぼうだ yuànzili zácǎo cóngshēng(院子里杂草丛生). ¶〜の根を分けても捜し出す jiùshì dào tiānyáhǎijiǎo yě yào xúnzhǎo chūlai(就是到天涯海角也一定寻找出来).

くさ・い【臭い】 **1** chòu(臭). ¶どぶが〜い gōu hěn chòu(沟很臭). ¶魚が〜い yú chòu le(鱼臭了). ¶この部屋はガス〜い zhè jiān wūzi li yǒu méiqìwèir(这间屋子里有煤气味ル). ¶〜い飯を食ったこともある chīguo jiānyù de fàn(吃过监狱的饭) zuòguo láo(坐过牢). ¶〜い物に蓋をする wǔ gàizi(捂盖子)/ zhēchǒu(遮丑).
2[怪しい] kěyí(可疑), fànyí(犯疑). ¶彼のそぶりはどうも〜い tā de jǔdòng shǐ rén juéde kěyí(他的举动使人觉得可疑).
3[…めいた] ¶若いくせに年寄〜いことを言う niánqīngqīng de bié shuō lǎoqihuà(年轻轻的别说老气话). ¶彼には少しも役人〜さがない tā méiyǒu yìdiǎnr "guānqi[guānjiàzi](他没有一点ル"官气[官架子]).

くさいきれ【草いきれ】 ¶〜でむっとする cǎocóng de rèqì xūnzhēng(草丛的热气熏蒸).
くさいろ【草色】 cǎolǜ(草绿).
くさかり【草刈】 gēcǎo(割草), yìcǎo(刈草). ¶男達が〜をしている nánrénmen zài gē cǎo(男人们在割草). ¶〜鎌 liándāo(镰刀). 〜機 gēcǎojī(割草机)/ yìcǎojī(刈草机).
くさかんむり【草冠】 cǎozìtóur(草字头ル), cǎotóur(草头ル).
くさき【草木】 cǎomù(草木). ¶春になって〜も青々としてきた dàole chūntiān cǎomù dōu fālǜ le(到了春天草木都发绿了). ¶あの人の威光に〜もなびく nàge rén de wēiwàng cǎomù jiē shùn(那个人的威望草木皆顺). ¶〜も眠る丑三つ時 wànlài jù jì de bànyè-sāngēng(万籁俱寂的半夜三更).

ぐさく【愚作】 **1**[駄作] ¶あの映画は〜だ nàge piānzi zhuōliè bùzhí yíkàn(那个片子拙劣不值一看).
2[自作] zhuōzuò(拙作). ¶〜を御覧に入れます qǐng kàn zhuōzuò(请看拙作).

くさくさ ¶長雨で〜する yīnyǔ liánmián, xīnli mēnde huāng(阴雨连绵,心里闷得慌).
くさ・す【腐す】 biǎn(贬), sǔn(损), bāobiǎn(褒贬), shǔluo(数落). ¶彼はその作品をさんざんに〜した tā bǎ nàge zuòpǐn biǎnde yìwén-bùzhí(他把那个作品贬得一文不值). ¶陰で人を〜す zài bèidìli bāobiǎn rén(在背地里褒贬人).

くさとり【草取】 chúcǎo(除草), bácǎo(拔草), hāocǎo(薅草). ¶田の〜をする bá tiánli de zácǎo(拔田里的杂草).
くさばな【草花】 huāhuì(花卉), huācǎo(花草), cǎoběn huāhuì(草本花卉). ¶庭に〜を植える zài yuànzili zāi huācǎo(在院子里栽花草).
くさばのかげ【草葉の陰】 ¶死んだ母が〜から見守ってくれている zài "huángquán[jiǔquán] zhī xià de mǔqīn yídìng huì bǎoyòu wǒ(在"黄泉[九泉]之下的母亲一定会保佑我).
くさはら【草原】 cǎodì(草地).
くさび【楔】 xiēzi(楔子), xiē[r](楔ル), jiānpī(尖劈). ¶〜を打つ xiē xiēzi(楔楔子)/ dǎjìn xiēzi(打进楔子). ¶敵陣に〜を打ち込む xiērù dízhèn(楔入敌阵).
¶〜形文字 xiēxíng wénzì(楔形文字).
くさぶえ【草笛】 cǎodí(草笛).
くさぶか・い【草深い】 ¶志を得ず〜い田舎に埋もれて暮す bù dézhì máimò zài huāngpì de xiāngxià dùrì(不得志埋没在荒僻的乡下度日).
くさみ【臭み】 **1**[臭気] chòuwèi[r](臭味ル), chòuqì(臭气). ¶口の〜を消す qùdiào kǒuchòu(去掉口臭). ¶レバーの〜を抜く qù gānr de xīngwèir(去肝ル的腥味ル). ¶山羊の肉は〜がある shānyángròu tài shān(山羊肉太膻).
2[いやみ] ¶あいつはどうも〜がある nàge rén de pàitóu zhēn lìng rén tǎoyàn(那个人的派头真令人讨厌).
くさむしり【草むしり】 hāocǎo(薅草), bácǎo(拔草).
くさむら【草むら】 cǎocóng(草丛). ¶〜で虫が鳴く chóngr zài cǎocóngli jiàohuan(虫ル在草丛里叫唤).
くさり【鎖】 liàn[r](链ル), liànzi(链子), liàntiáo(链条), suǒliàn[r](锁链ル), suǒliànzi(锁链子). ¶犬を〜につなぐ ná suǒliàn kēzhù gǒu(拿锁链拴住狗). ¶封建制の〜を断ち切る zhǎnduàn fēngjiàn de suǒliàn(斩断封建的锁链). ¶時計の〜 biǎoliàn[r](表链ル).
くさりと【ぐさりと】 ¶匕首(ʰˀ)で〜突く yòng bǐshǒu yíxiàzi cìjinqu(用匕首一下子刺进去). ¶その一言が〜ときた nà yí jù huà měng de cìtòngle wǒ de xīn(那一句话猛地刺痛了我的心).
くさ・る【腐る】 **1** làn(烂), fǔlàn(腐烂), fǔxiǔ(腐朽). ¶肉が〜った ròu chòu le(肉臭了). ¶ぶどうが〜った pútao làn le(葡萄烂了). ¶卵が〜ってひどい臭いがする jīdàn xièle huáng, chòuqì xūn rén(鸡蛋泻了黄, 臭气熏人). ¶牛乳は〜りやすい niúnǎi róngyì huài(牛奶容易坏). ¶死体が〜り始めた shītǐ kāishǐ fǔlàn le(尸体开始腐烂了). ¶杭が〜った zhuāngzi "zāo[xiǔ]n] le(桩子"糟[朽]了). ¶鉄が〜ってぼろぼろになった tiě fǔshíde hěn lìhai(铁腐蚀得很厉害). ¶心の〜った人間 línghún fāchòu de rén(灵魂发臭的人).

2〔滅入る〕huīxīn（灰心）, xièqì（泄气）, qìněi（气馁）, zìněi（自馁）, chuí tóu sàng qì（垂头丧气）. ¶仕事が思うようにはかどらず～っている gōngzuò bù rúyì, yùmèn bú lè（工作不如意，郁闷不乐）. ¶そんなに～るな bié nàme chuítóu-sàngqì（别那么垂头丧气）.

くされえん【腐れ縁】¶君とは～でどうしようもない gēn nǐ shì xiǎng gē yě gēbuduàn de guānxi, méiyǒu bànfǎ（跟你是想割也割不断的关系，没有办法）.

くさわけ【草分】cǎochuàng（草创）, chuàngshǐ（创始）, xiānqū（先驱）. ¶我が国自動車工業の～時代 wǒguó qìchē gōngyè de cǎochuàng shídài（我国汽车工业的草创时代）. ¶彼は我が国航空界の～である tā shì wǒ hángkōngjiè de chuàngshǐrén（他是我航空界的创始人）.

くし【串】qiānzi（扦子）. ¶魚を～に刺して焼く bǎ yú chuànzài qiānzi shang kǎo（把鱼串在扦子上烤）. ¶1～100円の焼鳥 yìbǎi kuài qián yí chuànr de kǎojīròuchuànr（一百块钱一串儿的烤鸡肉串儿）.

くし【櫛】shūzi（梳子）, lǒngzi（拢子）. ¶髪を～で梳く yòng shūzi shūtóu（用梳子梳头）. ¶～の歯 shūzichǐr（梳子齿儿）.

くし【駆使】qūshǐ（驱使）. ¶部下を～して情報を集める qūshǐ bùxià sōují qíngbào（驱使部下搜集情报）. ¶中国語を自在に～する Zhōngguóhuà yùnyòng zìrú（中国话运用自如）.

くじ【籤】qiān[r]（签[儿]）, jiū[r]（阄[儿]）. ¶～を引く chōu qiānr（抽签儿）/ zhuā[niān] jiūr（抓[拈]阄儿）. ¶～に当る zhòng qiān（中签儿）/ zhòng cǎi（中彩）. ¶～で自動車を当てた chōucǎi chōuzhòngle qìchē（抽彩抽中了汽车）. ¶幹事は～で決める zhuājiūr juédìng shuí dāng gànshi（抓阄儿决定谁当干事）. ¶～運が強い yǒu cǎiqì（有彩气）.

くじ・く【挫く】**1**〔捻挫する〕cuòshāng（挫伤）, niǔshāng（扭伤）, nǐngshāng（拧伤）. ¶くるぶしを～く cuòshāng huáigǔ（挫伤踝骨）/ niǔshāng jiǎowànzi（扭伤脚腕子）/ wǎi jiǎo（崴脚）.

2〔勢いをそぐ〕cuò（挫）. ¶敵の鋭鋒を～く cuò dírén de ruìqì（挫敌人的锐气）. ¶強きを～き弱きを助ける fú qiáng fú ruò（锄强扶弱）/ fú ruò yì qiáng（扶弱抑强）. ¶出端を～かれた dǎ yì kāitóur jiù pèngle dīngzi（打一开头儿就碰了钉子）/ bèi pītóur pōle yì pén lěngshuǐ（被劈头泼了一盆冷水）.

くしくも【奇しくも】¶～めぐりあった yìxiǎng bu dào néng zài zhèli xiāngféng（意想不到能在这里相逢）/ hěn qítè de bù qī ér yù（很奇特地不期而遇）.

くしけず・る【梳る】shū（梳）, lǒng（拢）. ¶髪を～る shū tóufa（梳头发）/ zhīfà（栉发）.

くじ・ける【挫ける】¶彼は困難にぶつかって～けるような人間ではない tā jué bú shì pèngdào kùnnan jiù qìněi de rén（他决不是碰到困难就气馁的人）. ¶悲しみに心をすっかり～けそうだ bēishāngde yào xīnsuì le（悲伤得要心碎了）.

くしざし【串刺】¶この槍で～にしてくれる ná zhè qiāng chuān nǐ ge tòuxīnliáng（拿这枪穿你个透心凉）.

くじびき【籤引】chōuqiān[r]（抽签[儿]）. ¶希望者が多い場合は～で決める bàomíngzhě duō shí chōuqiān juédìng（报名者多时抽签决定）.

ぐしゃ【愚者】yúzhě（愚者）, yúrén（愚人）.

くしやき【串焼き】kǎoròuchuàn（烤肉串）, kǎo hǎixiān chuàn（烤海鲜串）.

くじゃく【孔雀】kǒngquè（孔雀）. ¶～石 kǒngquèshí（孔雀石）.

くしゃくしゃ ¶紙を～に丸めて紙屑かごに捨てる bǎ zhǐ róuchéng yì tuán rēng zhǐlǒuzi li（把纸揉成一团扔纸篓里）. ¶顔を～にして泣いている kūbízi kūde mǎnliǎn zhòuzhě（哭鼻子哭得满脸皱褶）. ¶一日中家に閉じこもっていたので気が～してきた zhěngtiān mēnzài jiāli, xīnli fánmèn le（整天闷在家里，心里烦闷了）.

ぐじゃぐじゃ ¶雨が降るとこの道はすぐ～になる yí xiàyǔ zhè tiáo lù jiù ⁴nínìng bùkān[chéng níwōzi]（一下雨这条路就³泥泞不堪[成泥窝子]）.

くしゃみ【嚔】pēntì（喷嚏）, tìpen（嚏喷）. ¶たてつづけに～をする jiē'èr-liánsān de dǎ pēntì（接二连三地打喷嚏）.

くじゅう【苦汁】kǔtou（苦头）. ¶彼は何度～を嘗めさせられたか分らない wǒ bù zhī chīle tā duōshao cì kǔtou（我不知吃了他多少次苦头）.

くじゅう【苦渋】kǔsè（苦涩）. ¶顔に～の色を浮べている liǎnshang xiǎnchū kǔsè de biǎoqíng（脸上显出苦涩的表情）.

くじょ【駆除】xiāomiè（消灭）, pūmiè（扑灭）, mièjué（灭绝）. ¶蚊や蠅を～する xiāomiè wényíng（消灭蚊蝇）.

くしょう【苦笑】kǔxiào（苦笑）. ¶痛いところをつかれて思わず～する bèi cìle tòngchù bùjīn kǔxiào（被刺了痛处不禁苦笑）.

くじょう【苦情】¶～を並べる sù wěiqu（诉委屈）/ fā yuànyán（发怨言）. ¶～を処理する chǔlǐ yìjiàn（处理意见）. ¶相手方から～が出た yóu duìfāng tíchūle pīpíng hé bùmǎn（由对方提出了批评和不满）. ¶市役所へ～を持ち込む xiàng shìzhèngfǔ tíchū yìjiàn（向市政府提出意见）.

ぐしょう【具象】jùtǐ（具体）. ¶～派の画家 xíngxiàng yìshù pài huàjiā（形象艺术派画家）.

くじら【鯨】jīng（鲸）, jīngyú（鲸鱼）. ¶～ひげ jīngxū（鲸须）. しろながす～ chángxūjīng（长须鲸）. まっこう～ mǒxiāngjīng（抹香鲸）. いわし～ wēnjīng（鳁鲸）.

くしん【苦心】kǔxīn（苦心）. ¶話の辻褄を合せるのに～する wèile qiánhòu bù máodùn shàfèi-kǔxīn（为了前后不矛盾煞费苦心）. ¶折角の～も水泡に帰した suǒ zuò de yì fān nǔlì zuìhòu huàwéi pàoyǐng le（所做的一番努力最后化为泡影了）. ¶～惨憺の末試作品を完成した fèijìn xīnxuè bǎ shìzhìpǐn zuòchulai le（费尽心血把试制品做出来了）.

ぐしん【具申】chéngbào（呈报）, jùchéng（具

呈). ¶上役に意見を～する xiàng shàngsi jiànyì (向上司建议).

くず【屑】 zhā[r] (渣[儿]), zhāzi (渣子); pòlàn[r] (破烂[儿]). ¶お前なんか人間の～だ nǐ shì ge fèiwù (你是个废物)/ nǐ shì shèhuì zhāzǐ (你是社会渣滓).
¶～米 suìmǐ (碎米). ¶－繭 làncánjiǎn (烂蚕茧). 紙～ fèizhǐ (废纸).

くず【葛】 gé (葛). ¶～粉 géfěn (葛粉). ～湯 géfěnchá (葛粉茶).

くず【愚図】 ¶あいつの～にはあきれた duì tā nà ròupíqi zhēn méizhé (对他那肉脾气真没辙).
¶お前は本当に～だ nǐ zhēn shì ge mànxìngzi (你真是个慢性子)/ nǐ zuòshì shuōhuà zhēn mócéng (你做事说话真磨蹭).

くずかご【屑籠】 zhǐlǒu (纸篓), zìzhǐlǒu[r] (字纸篓[儿]); guǒpíxiāng (果皮箱).

くすくす chīchī (嗤嗤), gēgē (格格・咯咯). ¶～笑う chīchī de xiào (嗤嗤地笑).

ぐずぐず 1〔のろのろ〕 mócéng (磨蹭), mógu (蘑菇), kōusou (抠搜), kōusuo (抠唆). ¶～していると遅れるぞ bié mócéng le, kě yào chídào le (别磨蹭了,可要迟到了). ¶何を～しているのだ nǐ pào shénme mógu? (你泡什么蘑菇?)/ nǐ mócéng shénme? (你磨蹭什么?)/ nǐ pópo-māmā de, gàn shénme? (你婆婆妈妈的,干什么?).
2〔ぶつぶつ〕 láodao (唠叨), dāolao (叨唠), dāogu (叨咕), dūnang (嘟囔). ¶そういつまでも～言うな bié nàme lǎo láodao ge méiwán (别那么老唠叨个没完)/ nǐ bié lǎo pópo-māmā shuō ge méiwán (你别这么婆婆妈妈说个没完).

くすぐった・い【擽たい】 1〔むずむずする〕 yǎng (痒), yǎngyang (痒痒), fāyǎng (发痒), sàoyǎng (瘙痒). ¶足の裏が～い jiǎoxīn fāyǎng (脚心发痒). ¶よせよ、～い guài yǎngde huāng de, bié la (怪痒得慌的,别啦).
2〔てれくさい〕 ¶あまり褒められて～い思いがした shòu rén kuājiǎng, guài ˈbù hǎoyìsi [nánwéiqíng] de (受人夸奖,怪ˈ不好意思[难为情]的).

くすぐり【擽り】 xuétou (噱头). ¶あの芝居は～が多すぎる nà chū xì xuétou tài duō (那出戏噱头太多).

くすぐ・る【擽る】 gézhi (胳肢). ¶わきの下を～る gézhi gāzhiwōr (胳肢胳肢窝儿). ¶相手の自尊心を～る tóuhé duìfāng de zìzūn xīnlǐ (投合对方的自尊心理).

くず・す【崩す】 1〔壊す、乱す〕 ¶山を～して住宅をつくる chǎnpíng qiūlíng jiànshè zhùzhái (铲平丘陵建设住宅). ¶敵陣の一角を～す pòchéng [chōngpò] dízhèn de yìjiǎo (攻破[冲破]敌阵的一角). ¶人々は列を～して入口に殺到した rénmen dǎluàn duìliè, zhēngxiānkǒngòu pūdǎo ménkǒu qù le (人们打乱队列,争先恐后扑到门口去了). ¶どうぞ膝を～して下さい qǐng kuānzuò ba (请宽坐吧). ¶～し字を書く xiě cǎozì (写草字).
2〔お金を〕 pò (破), pòkāi (破开). ¶1000 円札を100円硬貨に～す bǎ yìqiān yuán de piàozi pòchéng yìbǎi yuán de yìngbì (把一千元的票子破成一百元的硬币).

ぐずつ・く mó (磨), nàomó (闹磨), mócéng (磨蹭), chánmo (缠磨). ¶学校に行くのを嫌だと～く nàomó bú yuànyì shàngxué (闹磨不愿意上学). ¶天気が2,3日～くでしょう tiānqì zhè liǎng, sān tiān huì yīnqíng bùdìng (天气这两,三天会阴晴不定).

くずてつ【屑鉄】 fèitiě (废铁); tiěxiè (铁屑), suìtiě (碎铁).

くす・ねる mèi (昧). ¶買物の釣銭を～ねる mèi mǎi dōngxi de língqián (昧买东西的零钱).

くすのき【楠】 zhāngshù (樟树), xiāngzhāng (香樟).

くすぶ・る【燻る】 ¶焼跡がまだ～っている huǒzāi xiànchǎng hái zài màozhe yān (火灾现场还在冒着烟). ¶不満が～っている bùmǎn qíngxù yīrán zài dǐxia wōbiezhe (不满情绪依然在底下窝憋着). ¶一日中家の中に～っていた zhěngtiānjiān zài jiāli ˈxián[mēn]zhe (整天价在家里ˈ闲[闷]着). ¶いつまでも下積みで～っている lǎo zài rén jiǎodǐxia, chūbuliǎo tóu (老在人脚底下,出不了头).

くす・む ¶～んだ色 huī'àn de yánsè (灰暗的颜色). ¶彼は～んだ存在だ tā nàge rén huībuliūqiū de, bù rěnyǎn (他那个人灰不溜秋的,不惹眼).

くずや【屑屋】 shōu pòlànr de (收破烂儿的), dǎxiǎogǔrde (打小鼓儿的).

くすり【薬】 yào (药). ¶～を飲む chī[hē/fú] yào (吃[喝/服]药). ¶～をつける shàng[tú/mǒ/fū/chá] yào (上[涂/抹/敷/搽]药). ¶～を撒く sǎ yào (撒药). ¶～を煎じる [áo] yào (煎[熬]药). ¶～を調合する pèi yào (配药)/ tiáojì (调剂). ¶～が効いて熱が下がった yào jiànxiào shāo tuì le (药见效烧退了). ¶あんな事を言って～が効きすぎたようだ wǒ shuōle nà huà, yěxǔ shuōde tài zhòng le (我说了那话,也许说得太重了). ¶こんどの失敗は彼にはよい～になったろう zhè cì shībài duì tā shì ge hěn hǎo de jīngyàn jiàoxun ba (这次失败对他是个很好的经验教训吧). ¶彼には思いやりの心など～にもない tā wèi biérén zhuóxiǎng de xīn yìdīngdiǎnr yě méiyǒu (他为别人着想的心一丁点儿也没有). ¶～九層倍 mài yào yìběn-wànlì (卖药一本万利).
¶～代 yàofèi (药费)/～屋 yàopù (药铺)/ yàodiàn (药店)/ yàofáng (药房). 風邪～ gǎnmào[shāngfēng]yào (感冒[伤风]药).

くすりゆび【薬指】 wúmíngzhǐ (无名指).

ぐず・る mó (磨), mócéng (磨蹭), chánmo (缠磨). ¶赤ん坊がお乳を欲しがって～る wáwa nǎi nǎi chī (娃娃要奶吃).

-くずれ【崩れ】 ¶あいつは兵隊～だ nà jiāhuo guòqù shì dāngbīng de (那家伙过去是当兵的).

くず・れる【崩れる】 1〔壊れる、乱れる〕 dǎo (倒), tā (塌), tān (坍), tāntā (坍塌), dǎotā (倒塌), tājià (塌架), bēngtā (崩塌). ¶土塀が～

れた tǔqiáng tāntā le (土墙坍塌了). ¶～れか かった家 kuàiyào ˇdǎotā[dǎotān] de fángzi (快要ˇ倒塌[倒坍]的房子). ¶凍傷で手足が～れている yóuyú dòngshāng, shǒujiǎo kuìlán le (由于冻伤,手脚溃烂了). ¶敵は～れた dírén bēngkuì le (敌人崩溃了). ¶形の～れた帽子 zǒule yàngzi de màozi (走了样子的帽子). ¶彼はいくら酒を飲んでも～れない tā hējiǔ hēde zěnme duō yě bú luàn (他喝酒喝得怎么多也不乱). ¶アリバイが～れる búzài xiànchǎng de zhèngmíng zhànbuzhù jiǎo le (不在现场的证明站不住脚了). ¶これまでの優越感がたちまち～れ去った zhìjīn suǒ bào de yōuyuègǎn yíxiàzi jiù ˇyúnxiāo-wùsàn[yānxiāo-yúnsàn] le (至今所抱的优越感一下子就ˇ云消雾散[烟消云散]了). ¶天気が～れそうだ yào yào tiānqī le (要雨天气了)/ yào biàntiān le (要变天了). ¶鰯がとれ過ぎて値が～れた shādīngyú bǔlāo guòduō, diējià le (沙丁鱼捕捞过多,跌价了).
2〔お金が〕 ¶1万円札が～れますか yíwàn yuán de piàozi néng pòdekāi ma? (一万元的票子能破得开吗?).

くせ【癖】 **1**〔習慣〕xíguàn (习惯), máobing (毛病), xíqì (习气), xírǎn (习染). ¶彼女は爪をかむ～がある tā yǒu yǎo zhījia de máobing (她有咬指甲的毛病)/ tā yǎo zhījia chéng pǐ (她咬指甲成癖). ¶彼は大風呂敷をひろげる～がある tā ài shuō dàhuà (他爱说大话)/ tā hào fàng dàpào (他好放大炮). ¶夜更しの～がついた áoyè chéngle xíguàn (熬夜成了习惯). ¶身についた悪い～はなかなか直らない xírǎn de huàixíqì lǎo gǎi bu guòlái (沾染的坏习气老改不过来). ¶そんなに子供を甘やかすと～になる nàme jiāozòng háizi jiāng kě yào guànhuài le (那么娇纵孩子可要惯坏了). ¶なくても七 rén zhìshǎo yǒu qī ge máobing (人至少有七个毛病).
2 ¶～のある文章 yǒudiǎnr tèbié de wénzhāng (有点儿特别的文章). ¶機械の～に馴れる zhǎngwòle jīqì de píqi (掌握了机器的脾气).

くせげ【癖毛】 ¶～なので手入れが大変だ yóuyú tóufa juǎnqǔ, shūlǐ kěshì tài máfan (由于头发卷曲,梳理可是太麻烦).

くせつ【苦節】 ¶～10年やっと研究が完成した jiānkǔ fèndòu shí nián, yánjiū zhōngyú huòdéle chénggōng (艰苦奋斗十年,研究终于获得了成功).

-くせに ¶知っている～教えてくれない míngmíng zhīdao què bú gàosu wǒ (明明知道却不告诉我). ¶金持の～けちで欲張は金も恨い hěn lìnsè (有钱却很吝啬). ¶子供の～大人のような口をきく yí ge xiǎoháizi jìng shuō dàrenhuà (一个小孩子竟说大人话). ¶男の～めそめそするな yí ge tángtáng nánzǐhàn hái kūbízi (一个堂堂男子汉还哭鼻子)/ kuī nǐ shì ge nánrén, hái kū bízi (亏你是个男人,还哭鼻子).

くせもの【曲者】 ¶～が忍び込んだ yǒu kěyí de rén qiánrù le (有可疑的人潜入了). ¶彼はなかなかの～だ tā nàge rén kě bú shì hǎorě de (他那个人可不是好惹的). ¶彼の従順さが～だ tā nà lǎoshíjìnr kě yào xiǎoxīn (他那老实劲儿可要小心).

くせん【苦戦】 kǔzhàn (苦战). ¶強力な敵軍を相手に～する miànduì qiángdà díjūn ér kǔzhàn (面对强大敌军而苦战). ¶～の末1点差で勝った jīngguò yì cháng kǔzhàn yǐ yì fēn zhī chā huòshèng (经过一场苦战以一分之差获胜). ¶今度の選挙はなかなかの～だった zhè cì xuǎnjǔ zhēn shì yì cháng kǔzhàn (这次选举真是一场苦战).

くそ【糞】 shǐ (屎), fèn (粪), bǎ (屁), bǎba (屁屁). ¶～をする lā shǐ (拉屎)/ ē shǐ (屙屎)/ ē bǎ (屙屁)/ lā bǎba (拉粑粑)/ chū gōng (出恭). ¶あんな奴～食らえ nà zhǒng jiāhuo chědàn (那种家伙扯淡)/ fàng tāmāde gǒupì (放他妈的狗屁). ¶～味噌にけなす màde ˇyìqián-bùzhí[yì wú shìchù] (骂得ˇ一钱不值[一无是处]). ¶～! 負けるものか māde, lǎozi bú pà! (妈的,老子不怕!). ¶あいつは一度胸がある nà jiāhuo dǎn dà bāo tiān (那家伙胆大包天). ¶彼は～真面目で面白くない tā tài yìběnzhèngjīng méiyǒu yìsi (他太一本正经没有意思). ¶～力を出す náchū chīnǎi de jìnr (拿出吃奶的劲儿). ¶～ったれ chòugǒushǐ (臭狗屎)/ hùnzhàng de dōngxi (混账的东西). ¶～ばばあ chòulǎopózi (臭老婆子)/ chòuniángrmen (臭娘儿们).

くだ【管】 guǎn[r] (管[儿]), guǎnzi (管子). ¶ゴムの～ xiàngpíguǎn (橡皮管). ¶ガラスの～ bōliguǎn (玻璃管). ¶～を巻く shuō zuìhuà (说醉话)/ hēzuì shuō chēgūluhuà (喝醉说车轱辘话).

ぐたい【具体】 jùtǐ (具体). ¶～案を出す tíchū jùtǐ jiànyì (提出具体建议). ¶もっと～的に説明して下さい qǐng zài jùtǐ de gěi shuōmíng yíxià (请再具体地给说明一下). ¶長年の計画がやっと～化した duōnián de jìhuà zhōngyú chéngwéi xiànshí le (多年的计划终于成为现实).

くだ・く【砕く】 zá (砸), dǎsuì (打碎), zásuì (砸碎), fěnsuì (粉碎). ¶くるみを～く zá hétao (砸核桃). ¶砕氷船が氷を～いて進む pòbīngchuán pò bīng qiánjìn (破冰船破冰前进). ¶岩石を～く fěnsuì yánshí (粉碎岩石). ¶その一言は彼の夢を無残に～いた nà yí jù huà bǎ tā de měimèng wúqíng de dǎpò le (那一句话把他的美梦无情地打破了). ¶子供の教育に心を～く wèi háizi de jiàoyù fèijìn xīnsi (为孩子的教育费尽心思). ¶内容を～いて説明する tōngsú-yìdǒng[bǎikāi róusuì] de jiāyǐ shuōmíng (通俗易懂[掰开揉碎]地加以说明).

くたくた ¶～に疲れる lèide sǎnle jiàzi (累得散了架子)/ jīn pí lì jìn (筋疲力尽)/ pífá bùkān (疲乏不堪). ¶人込みにもまれて～になった bèi rénqún jǐde húnshēn méijìnr le (被人群挤得浑身没劲儿了).

くだくだ ¶不平を～と述べる mǎnfù láosao xùdao qilai méi ge wán (满腹牢骚絮叨起来没个完).

くだくだし・い xùdao(絮叨), luōsuo(啰唆). ¶そんな~言訳は聞きたくない wǒ bù xiǎng tīng nǐ nà xùxù-dāodāo de biànjiě(我不想听你那絮叨叨的辩解).

くだ・ける【砕ける】 1〔粉々になる〕dǎsuì(打碎), shuāisuì(摔碎), pèngsuì(碰碎), pòsuì(破碎). ¶コップが床に落ちて粉々に~けた bōlíbēi diàozài dìbǎn shang shuāisuì le(玻璃杯掉在地板上摔碎了). ¶波が岩に当って~ける làng jī yánshí, shuǐhuā sìjiàn(浪击岩石,水花四溅). ¶石が足に落ちて骨が~けた shítou zázài jiǎoshang, gǔtou suì le(石头砸在脚上,骨头碎了). ¶何事も当って~けろ fánshì děi qù chuǎngchuang(凡事得去闯闯). ¶彼の夢は一瞬にして~けた tā de mèngxiǎng yíshùn zhī jiān pòmiè le(他的梦想一瞬之间破灭了).

2〔打ち解ける〕¶~けた調子で話す wújū-wúshù suíbiàn chàngtán(无拘无束随便畅谈)/ cù xī tán xīn(促膝谈心). ¶~けた文章 bùjū xíngshì de wénzhāng(不拘形式的文章).

ください【下さい】 1〔与える〕gěi(给). ¶このみかんを~ gěi wǒ lái zhège júzi(给我来这个橘子). ¶どうか御返事を~ qǐng gěi wǒ huíxìn(请给我回信).

2 qǐng(请). ¶ちょっとお待ち~ qǐng shāowēi děng yíxià(请稍微等一下). ¶もう一度おっしゃって~ qǐng zài shuō yí biàn(请您再说一遍). ¶1万円貸して~ qǐng jiègěi wǒ yíwàn rìyuán(请借给我一万日元).

くださ・る【下さる】 1〔与える〕sòng(送). ¶伯母様が中学の入学祝に辞書を~った bómǔ zhù wǒ shēng zhōngxué, sònggle wǒ yì běn cídiǎn(伯母祝我升中学,送了我一本辞典). ¶~る物は何でもありがたく頂戴いたします gěi wǒ de dōngxi wǒ shénme dōu bàilǐng(给我的东西我什么都领收).

2 ¶わざわざお見舞い~いまして恐縮です nín tèyì lái kàn wǒ, shízài bùgǎndāng(您特意来看我,实在不敢当). ¶御協力~った方々に感謝します duì yǔyǔ xiézhù de zhūwèi xiānsheng biǎoshì gǎnxiè(对予以协助的诸位先生表示感谢). ¶意見を聞いて~ってありがとうございます xièxie nín qīngtīng wǒ de yìjiàn(谢谢您倾听我的意见).

くだ・す【下す】 1〔下す〕xià(下). ¶命令を~す xià[xiàdá] mìnglìng(下[下达]命令). ¶判決を~す xià pànjué(下判决)/ pànjué(判决). ¶情況に応じての確な判断を~す yīnshí-zhìyí de xià pànduàn(因时制宜地下判断).

2〔打ち負かす〕dǎdǎo(打倒), dǎbài(打败). ¶敵を~す dǎbài dírén(打败敌人). ¶5対0で相手を~した yǐ wǔ bǐ líng dǎbàile duìfāng(以五比零时败了对方).

3〔腹などを〕¶腹を~す lā[xiè/nào] dùzi(拉[泻/闹]肚子). ¶虫を~す dǎ chóngzi(打虫子).

4〔手などを〕¶彼は決して自分からは手を~そうとしない tā jué bù yóu zìjǐ xiàshǒu(他决不由自己下手). ¶もはや手のしようがない yǐ bù kě jiù yào le(已不可救药了).

たば・る dēngtuǐ[r](蹬腿[儿]). ¶さっさと~ってしまえ nǐ tāmade kuài jiàn ″Yánwang [guǐ] qù ba(你他妈的快见″阎王[鬼]去吧). ¶この~りぞこないの nǐ zhège ″gāisǐ[lǎo bù sǐ] de dōngxi(你这个″该死[老不死]的东西). ¶猛練習で~った yīn měngliè liànxí lèipā le(因猛烈练习累趴了).

たび・れる 1〔疲れる〕lèi(累), fá(乏), pífá(疲乏), píláo(疲劳), píjuàn(疲倦). ¶一日中働きづめですっかり~れた shòu bù tíng de gànle yìzhěngtiān ″bǎ wǒ lèisǐ le[shēnzigǔrfáde lìhai](手不停地干了一整天″把我累死了[身子骨儿乏得厉害]). ¶上を向きっぱなしだったので首が~れた yìzhí yǎngzhe tóu bógěngzi lèi le(一直仰着头脖颈子累了). ¶しゃべりすぎてあごが~れた shuōle yíqìhuà bābakēr dōu fāsuān le(说了一气话下巴颏儿都发酸了). ¶すっかり待ち~れてしまった jiǎnzhí jiào rén děng ″sǐ[nìfán]le(简直叫人等″死[腻烦]了).

2〔古くなる〕¶~れた洋服 chuānjiùle de xīfú(穿旧了的西服). ¶この車もだいぶ~れてきた zhè liàng chē yòngde xiāngdāng pòlàn le(这辆车用得相当破烂了).

くだもの【果物】 shuǐguǒ(水果), guǒpǐn(果品). ¶~ナイフ guǒdāo(果刀). ¶~屋 shuǐguǒdiàn(水果店)/ guǒpǐndiàn(果品店).

くだらな・い wúliáo(无聊), wúwèi(无谓). ¶~いことで争う wèile wúwèi de shì zhēngchǎo(为了无谓的事争吵). ¶~いことに時間をとられる jiào suǒshì zhànle shíjiān(叫琐事占了时间). ¶~いことを言うな bié xiāchě yí qì(别瞎扯一气)/ shǎo shuō fèihuà(少说废话). ¶~い小説 wúliáo de xiǎoshuōr(无聊的小说).

くだり【件】 jié(节), duàn(段). ¶この~が分らない zhè yì jié kànbudǒng(这一节看不懂).

くだり【下り】 1 ¶~は30分しかかからなかった xià shān zhǐ yòng bàn xiǎoshí(下山只用了半小时). ¶上りは辛いが~は楽だ shàngpō fèijìn xiàpō qīngsōng(上坡费劲下坡轻松).

2〔下り列車〕xiàxíng(下行). ¶次の~は8時5分発です xià tàng xiàxíng lièchē bā diǎn líng wǔ fēn kāichē(下趟下行列车八点零五分开车).

くだりざか【下り坂】 xiàpō(下坡), xiàpōlù(下坡路). ¶道はゆるやかな~になった dàolù chénglě píngǎn de xiàpōlù le(道路成了平缓的下坡路了). ¶天気は明日から~になるでしょう tiānqì cóng míngtiān qǐ kěnéng zhuǎnhuài(天气从明天起可能转坏). ¶彼の人気は~だ tā de míngqì zǒu xiàpō le(他的名气走下坡了). ¶人生の~にさしかかる jìnrù hòubànshēng(进入后半生).

くだ・る 1〔降りる〕xià(下). ¶山道を~る xià shānlù(下山路). ¶川を船で~る zuò chuán shùnliú ér xià(坐船顺流而下). ¶野に~る xiàyě(下野).

2〔命令,判定などが〕xià(下), xiàdá(下达). ¶命令が~る mìnglìng xiàlai le(命令下来了). ¶無罪の判決が~った bèi pànjué wúzuì(被判

決无罪）．¶天罰が～った shòudào tiānfá（受到天罰）．
3［降参する］¶敵の軍門に～る xiàng díjūn ˇtóuxiáng[guīxiáng]（向敌军ˇ投降[归降]）．
4［下回る］¶その日の参加者は5万人を～らなかった nà tiān de cānjiāzhě búxiàyú wǔwàn rén（那天的参加者不下于五万人）．¶彼の絵のコレクションは1000点を～らない tā suǒ shōucáng de huà bùshǎoyú yìqiān fú（他所收藏的画不少于一千幅）．
5［下痢をする］¶～（拉），xiè（泻），nào（闹）．¶腹が～る xiè dùzi（泻肚子）．

くち【口】 1 zuǐ（嘴），kǒu（口），zuǐba（嘴巴）．¶大きな～を開ける zhāngkāi dà zuǐ（张开大嘴）．¶～をとがらせて文句を言う juē zuǐ fā láosāo（撅[噘]着嘴发牢骚）．¶彼のずうずうしさには開いた～が塞がらない tā nà hòuyán-wúchǐ de tàidu jiǎnzhí jiào rén wú huà kě shuō（他那厚颜无耻的态度简直叫人无话可说）．¶それだけは～が腐っても言えない nàge jiùshì zuǐ lànle yě bù shuō（那个就是嘴烂了也不说）．¶～が酸っぱくなる程言っておいたのに… wǒˇshuōde shébì-chúnjiāo[dōu shuōpòle zuǐ/nàme kǔkǒu xiāngquàn]…（我ˇ说得舌敝唇焦[都说破了嘴／那么苦口相劝]…）．¶そんな事を言うと～が曲るぞ shuō nà zhǒng huà kě yào wāi zuǐ la（说那种话可要歪嘴啦）．¶～をぬぐって知らん顔をする zhuānglóng-zuòyǎ, yáng zuò bù zhī（装聋作哑，佯作不知）．
2［ものを言うこと，言葉］¶～が重い huà shǎo（话少）．¶～が軽い zuǐˇkuài[bùwěn]（嘴ˇ快[不稳]）．¶彼は～が堅いから大丈夫だ tāˇzuǐ yán[zuǐwěn/zuǐjǐn/kǒujǐn], méiyǒu wèntí（他ˇ嘴严[嘴稳／嘴紧／口紧]，没有问题）．¶あの人は～が達者だ nàge rén zuǐba néngshuō-huìdào（那个人嘴巴能说会道）/ tā yǒu yì zhāngˇlìzuǐ[lìkǒu]（他有一张ˇ利嘴[利口]）．¶～がうまい zuǐ tián（嘴甜）．¶彼は～は悪いが根はいい人だ tā suīrán zuǐba kěbó, xīnyǎnr kě hǎo（他虽然嘴巴刻薄，心眼儿可好）/ tā nàge rén dāozǐzuǐ, dòufuxīn（他那个人刀子嘴，豆腐心）．¶世間の～がうるさい rén yán kě wèi（人言可畏）．¶～の減らない奴だ nǐ zhēn néng qiǎngcí-duólǐ（你真能强词夺理）/ zhēn néng shuǎ pínzuǐ de jiāhuo（真能耍贫嘴的家伙）．¶やめたと言った～の下からもう始めている shuō zài yě bú gàn le, huà huà méi shuōwán, jiù yòu gànqilai le（说再也不干了，话没说完，就又干起来了）．¶そんな事は～にすべきではない nà zhǒng shì bù gāi chūkǒu（那种事不该出口）．¶大きな～をきくな bié shuō dàhuà（别说大话）．¶～もきけないな程驚いた xiàde mùdèng-kǒudāi（吓得目瞪口呆）．¶彼が真先に～を切った tā xiān kāile kǒu（他先开了口）．¶～を極めてののしる jíkǒu dǐhuǐ（极口诋毁）/ mǎde gǒuxuè pēn tóu（骂得狗血喷头）．¶つい～を滑らした wúyì zhōngˇzǒu[lòu]le zuǐ le（无意中ˇ走[漏]了嘴了）．¶～を揃えて賛めそやす jíkǒu chēngyáng（极口称扬）/ dàjiā dōu zàn bù jué kǒu（大家赞不绝口）．¶横から～を出す cóng páng chāzuǐ（从旁插嘴）．¶余計な～をたたくな bié duōzuǐ-duōshé（别多嘴多舌）/ bié shuō fēihuà（别说废话）．¶聞いたことのない人の名前が次から次へと彼の～をついて出て来た méi tīngshuōguo de míngzi cóng tā zuǐli jiē-èr-liánsān de chōng kǒu ér chū（没听说过的名字从他嘴里接二连三地冲口而出）．¶少しは～を慎みなさい shuōhuà yào zhù diǎnr yì（说话要注点儿意）．¶あっさりと～を割った yíxiàzi zhāole gòng（一下子招了供）．¶～と腹が違う kǒu shì xīn fēi（口是心非）．¶～から先に生れたような人 zhēn shì ge zuǐbǎshi（真是个嘴把式）/ zhēn néng shuǎ zuǐpízi（真能耍嘴皮子）．¶～も八丁手も八丁 zuǐ qín shǒu yě qín（嘴勤手也勤）/ shǒu gāo zuǐ qiǎo（手高嘴巧）．¶～に災いの門 huò cóng kǒu chū（祸从口出）．¶死人に～なし sǐrén bú huì shuō huà（死人不会说话）．¶彼にも～をかけよう yě gàosu tā yìshēng ba（也告诉他一声吧）．
3［飲食に関すること，味覚］¶彼は～がおごっている tā hěn jiǎngjiu chī（他很讲究吃）．¶この料理は私の～に合わない zhège cài bùhé wǒ de kǒuwèi（这个菜不合我的口味）/ zhè cài wǒ chībulái（这菜我吃不来）．¶朝からまだ何も～にしていないので腹がへった cóng zǎoshang shénme yě méi chī, dùzi è le（从早上什么也没吃，肚子饿了）．¶2～3～食べて箸を置いた chīle liǎng, sān kǒu fàngxiàle kuàizi（吃了两，三口放下了筷子）．¶～が干上がる bùnéng hùkǒu（不能馓口）/ jiēbukāi guō（揭不开锅）/ duàndùnr（断顿儿）．¶養う～が多い dēngzhe zhāngzuǐ chīfàn de duō（等着张嘴吃饭的多）/ jiālai chīkǒu duō（家里吃口多）．
4［出入口］kǒu[r]（口[儿]），ménkǒu[r]（门口[儿]），rùkǒu（入口），jìnkǒu（进口），chūkǒu（出口）．¶東京駅中央～ Dōngjīngzhàn zhōngyāng chūkǒu（东京站中央出口）．¶灌漑用水の取入れ～ guàngàiyòngshuǐ de jìnshuǐzhá（灌溉用水的进水闸）．
5［容器などの］zuǐ[r]（嘴[儿]），kǒu[r]（口[儿]）．¶急須の～が欠けた cháhú zuǐr quēle kǒu（茶壶嘴儿缺了口）．¶瓶の～に栓をする sāishang píngzuǐ（塞上瓶嘴）．¶樽の～を抜く bá mùtǒng sāizi（拔木桶塞子）．
6［種類］¶安い方の～で結構です piányi de nàge yě kěyǐ（便宜的那个就可以）．¶あいつは一人でいける～だ tā nàge rén xiāngdāng néng hē（他那个人相当能喝）．
7［割前］¶3～申し込む yào sān gǔ（要三股）．¶1～3000円 yì gǔ sānqiān rìyuán（一股三千日元）．¶もうけ話なら1～のろう zhuànqián de shìr yě suàn wǒ yí fèn（赚钱的事儿也算我一份）．

ぐち【愚痴】 láosāo（牢骚），yuànyán（怨言）．¶～をこぼす fā láosāo（发牢骚）．¶彼女は～ひと言すらず病人の世話をしている tā zhàoliào bìngrén háo wú yuànyán（她照料病人毫无怨言）．¶彼は～っぽい tā ài fā láosāo（他爱发牢

くちあたり【口当り】 ¶この酒は～がよい zhè jiǔ qīngchún kěkǒu(这酒清醇可口). ¶～のいい人 dàirén hé'ǎi de rén(待人和蔼的人). ¶このおかずは～がいい chè dào cài zhēn "shuǎngkǒu[qīngkǒu/lìkǒu](这道菜真"爽口[清口/利口]).

くちうつし【口移し】 ¶～に水を飲ませる yòng zuǐ[zuǐ duì zuǐ] wèi shuǐ(用嘴[嘴对嘴]喂水).

くちうら【口裏】 kǒuqì(口气), kǒuwěn(口吻), kǒufēng(口风), huàyīn[r](话音[儿]), huàkǒur(话口ル). ¶その～から察するに… cóng nàge kǒuqì lái kàn…(从那个口气来看…). ¶2人は～を合せている liǎng ge rén zài bèihòu héjiāhǎo le(两个人在背后合计好了).

くちえ【口絵】 juànshǒu chāhuà(卷首插画), fēihuà(扉画).

くちおし・い【口惜しい】 → くやしい.

くちかず【口数】 1[言葉数] ¶お前は～が多すぎる nǐ huà tài duō(你话太多)/ nǐ zuì suì(你嘴太碎). ¶彼は～が少ない tā huàyǔ bù duō(他话语不多). 2[人数] ¶～が多いので食費がかさむ jiākǒu duō, chī de kāixiao dà(家口多,吃的开销大).

くちがね【口金】 ¶瓶の～ pínggài(瓶盖). ¶バッグの～ shǒutíbāo de qiǎzi(手提包的卡子). ¶電球の～ dēngpào de luósīkǒu(灯泡的螺丝口).

くちき【朽木】 xiǔmù(朽木).

くちきき【口利き】 ¶彼の～で取引がまとまった yóu tā chūtóu shuōhuà, mǎimai tántuǒ le(由他出头说话,买卖谈妥了).

くちぎたな・い【口汚い】 ¶～ののしる zhòumà(咒骂)/ chòumà yí dùn(臭骂一顿)/ pò kǒu dà mà(破口大骂).

くちく【駆逐】 qūzhú(驱逐). ¶領海から敵艦を～する cóng lǐnghǎi bǎ díjiàn qūzhú chuqu(从领海把敌舰驱逐出去). ¶～艦 qūzhújiàn(驱逐舰).

くちぐせ【口癖】 kǒutóuchán[r](口头禅[儿]), kǒutóuchán(口头禅). ¶彼女は～のように外国へ行きたいと言っている tā zhāngzuǐ-bìzuǐ dōu shì shuō xiǎng qù wàiguó(她张嘴闭嘴都是说想去外国). ¶それが彼の～だ nà shì tā de kǒutóuyǔr(那是他的口头语ル).

くちぐち【口々】 ¶皆は～に"火事だ"と叫びながら走って行った dàjiā dōu hǎnzhe:"zháohuǒ la! zháohuǒ la!" pǎole guòqu(大家都喊着:"着火啦!着火啦!"跑了过去). ¶人々は～にその美しさを称えた rénrén chēngzàn qí měi(人人称赞其美)/ qí měi yǒu kǒu jiē bēi(其美有口皆碑).

くちぐるま【口車】 ¶あの男の～に乗せられてひどい目に会った tīngle tā de huāyán-qiǎoyǔ, chīle dà kǔtou(听了他的花言巧语,吃了大苦头). ¶うっかりあいつの～に乗ってしまった qīngyì xìnle tā de huà shàngle dàng(轻易信了他的话上了当).

くちげんか【口喧嘩】 chǎo(吵), chǎozuǐ(吵嘴), dòuzuǐ(斗嘴), bànzuǐ(拌嘴), chǎojià(吵架), zhēngchǎo(争吵), chǎorǎo(吵扰), kǒujué(口角), táigàng(抬杠), táigàngzi(抬杠子), dǎchǎo(打吵), dǎ zuǐzhàng(打嘴仗). ¶2人は～ばかりしている tā liǎ lǎo chǎojià(他俩老吵架).

くちごたえ【口答え】 huízuǐ(回嘴), huánzuǐ(还嘴), huánkǒu(还口), huíkǒu(回口), jiàngzuǐ(强嘴·犟嘴), dǐngzuǐ(顶嘴), dǐngzhuàng(顶撞). ¶親に～するとは何事だ nǐ jìng gēn fùmǔ dǐngzuǐ, qǐyǒucǐlǐ!(你竟跟父母顶嘴,岂有此理!).

くちごも・る【口籠る】 ¶～りながら答える kǒuchǐ bù qīng[tūntūntǔtǔ] de huídá(口齿不清[吞吞吐吐]地回答). ¶彼女は何か言いかけて～った tā xiǎng yào shuō shénme, dàn yòu yànxuèyu le(她想要说什么,但又咽下去了).

くちさがな・い【口さがない】 ¶～い連中 zuǐsǔn ài dāodao de jiāhuo(嘴损爱叨叨的家伙).

くちさき【口先】 kǒutóu(口头), zuǐtóu(嘴头), zuǐtóuzi(嘴头子), zuǐpízi(嘴皮子). ¶～で言いくるめる huāyán-qiǎoyǔ hǒngpiàn(花言巧语哄骗). ¶彼は～ばかりで真心がない tā jìng 'bǎ huà guàzài zuǐbiānr shang[shuǎ zuǐpízi], méiyǒu chéngyì(他净"把话挂在嘴边ル上[耍嘴皮子],没有诚意).

くちずさ・む【口ずさむ】 hēng(哼), hēngji(哼唧). ¶詩の1節を～む hēngji shī de yì jié(哼唧诗的一节). ¶歌を～む hēngzhe gēr(哼着歌ル).

くちぞえ【口添え】 ¶親戚に就職の～を頼む bàituō qīnqī zài jiùzhí de shì shang gěi shuō jǐ jù hǎohuà(拜托亲戚在就职的事上给说几句好话).

くちだし【口出し】 chāzuǐ(插嘴), chākǒu(插口), chāhuà(插话), chāgàngzi(插杠子). ¶余計な～はするな bié chāzuǐ(别插嘴)/ bié guǎn xiánshì(别管闲事).

くちづけ【口付け】 qīnzuǐ(亲嘴), qīnwěn(亲吻), jiēwěn(接吻).

くちづたえ【口伝え】 kǒuchuán(口传). ¶1節ごとに～で教える yì jié yì jié de yòng kǒuchuán de fāngfǎ jiāo(一节一节地用口传的方法教). ¶～に彼の消息を聞いた cóng pángrén zuǐli tīngdàole tā de xiāoxi(从旁人嘴里听到了他的消息).

くちどめ【口止め】 qiánkǒu(钳口), fēngzuǐ(封嘴), dǔzuǐ(堵嘴). ¶その事は決して話してはならぬと～された tā jué bùxǔ wǒ xiàng wài shuō nà jiàn shì(他决不许我向外说那件事). ¶～料に夕飯をおごる～とされる xiǎng dǔ wǒ de zuǐ, děi qǐng wǒ chī yí dùn wǎnfàn(想堵我的嘴,得请我吃一顿晚饭).

くちなおし【口直し】 ¶～におひとついかがですか huànhuan kǒuwèi, lái yí ge(换换口味,来一个).

くちなし【山梔子】 zhīzi(梔子), shuǐhéngzhī(水横枝).

くちばし【嘴】 huì(喙), niǎozuǐ(鸟嘴). ¶～でつつく yòng huì zhuó(用喙啄). ¶人の事に

～を入れるな duì rénjia de shì bùxǔ chāzuǐ(对人家的事不许插嘴)/ duì tārén zhī shì bùróng zhìhuì (对他人之事不容置喙). ¶まだ～の黄色いくせに nǐ zhège huángkǒu xiǎo'ér (你这个黄口小儿).

くちばし・る【口走る】 zǒuzuǐ (走嘴). ¶あらぬ事を～る shuō húhuà (说胡话). ¶調子に乗ってつい～ってしまった zài xìngtóushang wúyì ″zǒule zuǐ[shuōliūle zuǐ](在兴头上无意″走了嘴[说溜了嘴]).

くちばった・い【口幅ったい】 ¶できもしないせに～い事を言うな zìjǐ bú huì gàn, bié shuō dàhuà (自己不会干, 别说大话).

くちばや【口早】 ¶～に用事を言いつけて出て行った tā shuō yì jù dài sān jù de dīngzhǔle gōngzuò jiù chūqu le (他说一句带三句地叮嘱了工作就出去了). ¶～にまくしたてる xiàngjīqiāng yíyàng de tāotāo bùjué (像机枪一样地滔滔不绝).

くちび【口火】 ¶ガスの～を消す nòngmiè méiqìlú de xiǎohuǒ (弄灭煤气炉的小火). ¶ダイナマイトの～をつける diǎn gānyóu zhàyào de ″dǎohuǒxiàn[dǎohuǒsuǒ](点甘油炸药的 ″导火线[导火索]). ¶非難の～を切る diǎnqǐ fēinàn zhī huǒ (点起非难之火). ¶1通の投書がこの運動の～となった yì fēng dúzhě láixìn chéngle zhège yùndòng de dǎohuǒxiàn (一封读者来信成了这个运动的导火线).

くちひげ【口髭】 zīxū (髭须). ¶～を生やす liú zīxū (留髭须).

くちびる【唇】 chún (唇), zuǐchún (嘴唇), zuǐpízi (嘴皮子). ¶上[下]～ shàng[xià]chún (上[下]唇). ¶～をとがらす tūchū zuǐchún (突出嘴唇)/ juē zuǐ (撅嘴)/ nǔ zuǐ (努嘴ㄦ)/ dūqǐ zuǐ (嘟起嘴). ¶口惜しがって～をかむ huǐhèn-de yǎo chún (悔恨得咬唇). ¶～滅びて歯寒し chún wáng chǐ hán (唇亡齿寒). ¶物言えば～寒し秋の風 duō zuǐ rě shì (多嘴惹事).

くちぶえ【口笛】 kǒushàor (口哨ㄦ). ¶～を吹く chuī kǒushàor (吹口哨ㄦ).

くちぶり【口振り】 kǒuqì (口气), kǒuwěn (口吻), kǒufēng (口风), huàkǒur (话口ㄦ), huàchár (话茬ㄦ), huàyīn[r] (话音[ㄦ]), shēngkǒu (声口). ¶以前から彼女を知っているような～だった tīng tā de kǒuqì, hǎoxiàng zǎojiù rènshi tā shìde (听他的口气, 好像早就认识她似的). ¶あの～では彼は合格したらしい tīng tā de kǒuwěn, hǎoxiàng kǎoshàng le (听他的口吻, 好像考上了).

くちべた【口下手】 zuǐbèn (嘴笨), zhuōzuǐ bènshé (拙嘴笨舌), bèn kǒu zhuō shé (笨口拙舌). ¶私は～で思った事の半分も言えない wǒ kǒuchǐ zhuōbèn, lián yào shuō de yíbànr yě shuō bu chūlái (我口齿拙笨, 连要说的一半ㄦ也说不出来).

くちべに【口紅】 kǒuhóng (口红), chúngāo (唇膏). ¶～をつける tú[mǒ/diǎn] kǒuhóng (涂[抹/点]口红).

くちへん【口偏】 kǒuzìpángr (口字旁ㄦ).

くちまね【口真似】 xuéshé (学舌). ¶このおうむは～がうまい zhè zhī yīngwǔ hěn néng xuéshé (这只鹦鹉很能学舌). ¶先生の～をする mófǎng lǎoshī de kǒuyīn (模仿老师的口音).

くちもと【口許】 zuǐjiǎo (嘴角). ¶～に微笑を浮べる zuǐjiǎo shang dàizhe yì sī wēixiào (嘴角上带着一丝微笑).

くちやかまし・い【口喧しい】 ¶～く小言を言う méiwán-méiliǎo de láodao (没完没了地唠叨). ¶～い老人 ài tiāoti[chuīmáo-qiúcī] de lǎorén (爱挑剔[吹毛求疵]的老人).

くちやくそく【口約束】 ¶～だけでは当てにならない guāng píng kǒutóu yuēdìng shì kàobuzhù de (光凭口头约定是靠不住的).

ぐちゃぐちゃ ¶雪解けで道は～だ xuě huà hòu dàolù nínìng bùkān (雪化后道路泥泞不堪).

くちゅう【苦衷】 kǔzhōng (苦衷). ¶彼の～は察するに余りある tā de kǔzhōng bù shuō yě shífēn míngbai (他的苦衷不说也十分明白).

くちゅうざい【駆虫剤】 qūchóngjì (驱虫剂), dǎchóngzǐyào (打虫子药).

くちょう【口調】 yǔdiào (语调), qiāngdiào (腔调). ¶穏やかな～で語る yǐ píngxīn-jìngqì de yǔdiào shuōhuà (以平心静气的语调说话). ¶演説～ jiǎngyǎn qiāngdiào (讲演腔调).

ぐちょく【愚直】 zhuàngzhí (戆直). ¶～な人間 wéirén zhuàngzhí (为人戆直).

くちよごし【口汚し】 ¶ほんの～ですが zhǐshì cūchá dànfàn, bù chéng jìngyì, qǐng! (只是粗茶淡饭, 不成敬意, 请!).

く・ちる【朽ちる】 xiǔlàn (朽烂), fǔxiǔ (腐朽). ¶小屋は～ちるに任せてある xiǎowū rènpíng tā xiǔlàn (小屋任凭它朽烂). ¶山門はすっかり～ちていた shānmén yǐ wánquán xiǔlàn le (山门已完全朽烂了). ¶彼の名は永遠に～ちることはない tā de míngzi yǒng chuí bù xiǔ (他的名字永垂不朽).

くちわ【口輪】 jiáozi (嚼子).

くつ【靴】 xié (鞋), xiézi (鞋子). ¶～を履く chuān xié (穿鞋). ¶～を脱ぐ tuō xié (脱鞋). ¶～を磨く cā xié (擦鞋). ¶～の紐を結ぶ jì xiédài (系鞋带). ¶～の底に穴があいた xiédǐ móchūle ge kūlong yǎnzi (鞋底磨出了个窟窿眼ㄦ).

くつう【苦痛】 tòngkǔ (痛苦), kǔtòng (苦痛). ¶～を訴える sù tòngkǔ (诉痛苦). ¶黙って～に耐える yìshēng-bùkēng de rěnshòu téngtòng (一声不响地忍受疼痛)/ mòmò rěnshòu tòngkǔ (默默忍受痛苦). ¶彼の援助を受けるのが～になってきた jiēshòu tā de bāngzhù yuèláiyuè juéde shì yì zhǒng tòngkǔ (接受他的帮助越来越觉得是一种痛苦).

くつおと【靴音】 ¶こつこつと～がする tīngdào gēdēnggēdēng píxiéshēng xiǎng (听到咯噔咯噔皮鞋声响).

くつがえ・す【覆す】 tuīfān (推翻), dǎdǎo (打倒), diānfù (颠覆). ¶傀儡(かい)政権を～す tuīfān kuǐlěi zhèngquán (推翻傀儡政权). ¶旧説を～す tuīfān yǐwǎng de xuéshuō (推翻以往的学说). ¶1審の判決を～して無罪とする tuī-

くつがえ・る【覆る】 fān(翻), fāndǎo(翻倒), kuǎtái(垮台), dǎotái(倒台). ¶定説が〜った dìngshuō bèi tuīfān le(定说被推翻了). ¶最高裁で2審判決が〜った zài zuìgāo fǎyuàn dìèrshěn pànjué bèi ˈfān'àn[tuīfān] le(在最高法院第二审判决被ˈ翻案[推翻]了).

クッキー sūdiǎnxin(酥点心), qūqíbǐng(曲奇饼).

くっきょう【屈強】 shēn qiáng lì zhuàng(身强力壮). ¶〜の若者 shēnqiáng-tǐzhuàng de xiǎohuǒzi(身强体壮的小伙子).

くっきり ¶青空に〜と富士山の雄姿が見える Fùshì Shān de xióngzī qīngchu de xiǎnxiàn zài qíngkōng zhōng(富士山的雄姿清楚地显现在晴空中). ¶〜した輪郭 lúnkuò fēnmíng(轮廓分明).

ぐつぐつ gūdū(咕嘟). ¶肉が〜煮えている ròu zài huǒshang gūdūzhe(肉在火上咕嘟着).

くっさく【掘削】 wājué(挖掘). ¶〜機 wājuéjī(挖掘机)/ wātǔjī(挖土机)/ juétǔjī(掘土机)/ diànchǎn(电铲).

くっし【屈指】 qūzhǐ kě shǔ(屈指可数). ¶世界〜の工業都市 shìjiè shang qūzhǐ-kěshǔ de gōngyè chéngshì(世界上屈指可数的工业城市).

くつした【靴下】 wàzi(袜子). ¶〜をはく chuān wàzi(穿袜子). ¶〜を脱ぐ tuō wàzi(脱袜子). ¶毛糸の〜 máoxiàn wàzi(毛线袜子). ¶〜留め diàodài(吊带)/ diàowàdài(吊袜带).

くつじゅう【屈従】 qūcóng(屈从). ¶大国の干渉に〜する qūcóng yú dàguó de gānshè(屈从于大国的干涉).

くつじょく【屈辱】 qūrǔ(屈辱). ¶このような〜には耐えられない shòubuliǎo zhè zhǒng qūrǔ(受不了这种屈辱). ¶それは忘れようにも忘れられない〜の出来事であった nà shì xiǎng wàng yě wàngbuliǎo de qūrǔ de shìqing(那是想忘也忘不了的屈辱的事情).

ぐっしょり shīlùlù(湿漉漉), shīlínlín(湿淋淋). ¶〜寝汗をかいた chūle yì shēn dàohàn(出了一身盗汗). ¶雨で洋服が〜ぬれた xīfú bèi yǔ línde shīlùlù de(西服被雨淋得湿漉漉的).

クッション zuòdiàn(坐垫), kàodiàn(靠垫), ruǎndiàn(软垫). ¶どうぞ〜をお当て下さい qǐng diànshang ge zuòdiàn(请垫上个坐垫). ¶〜のよくきいた椅子 fùyǒu tánxìng de yǐzi(富有弹性的椅子).

くっしん【屈伸】 qūshēn(屈伸). ¶手足の〜運動をする zuò sìzhī de qūshēn yùndòng(做四肢的屈伸运动).

くつずみ【靴墨】 xiéyóu(鞋油).

ぐっすり ¶〜眠る shuìde xiāngtián(睡得香甜)/ hānshuì(酣睡)/ shúshuì(熟睡).

くっ・する【屈する】 1〔折り曲げる〕 qū(屈). ¶身をかがめて懇願する qū guìdǎo yāngqiú(屈身跪倒央求).

2〔くじける〕 qìněi(气馁). ¶失敗に〜せず一からやり直す shībài yě bú qìněi cóngtóur zuòqǐ(失败也不气馁从头儿做起). ¶困難に〜せず最後までやり抜く bú bèi kùnnan xiàdǎo, jiānchí dào dǐ(不被困难吓倒,坚持到底).

3〔屈服する〕 qū(屈), qūfú(屈服). ¶武力に〜しない bù qūyú wǔlì(不屈于武力). ¶遂に圧力に〜した zhōngyú wéi yālì suǒ qūfú le(终于为压力所屈服了).

くつずれ【靴擦れ】 ¶かかとに〜ができた jiǎohòugen bèi xié mópò le(脚后跟被鞋磨破了).

くっせつ【屈折】 zhéshè(折射)(物理の). ¶光は水に入ると〜する guāng yí jìnrù shuǐlǐ jiù zhéshè(光一进入水里就折射).

¶〜語 qūzhéyǔ(屈折语). 〜率 zhéshèlǜ(折射率).

くったく【屈託】 ¶何の〜もない人 wúyōu-wúlǜ de rén(无忧无虑的人). ¶彼女は何の〜もなさそうに笑っている tā tiānzhēn-lànmàn de xiàozhe(她天真烂漫地笑着).

ぐったり ¶疲れ果てて〜座り込んだ lèide niāntou-dānǎo de, yípìgu zuòxià le(累得蔫头耷脑的,一屁股坐下了). ¶暑さで〜となる rède húnshēn méijìnr(热得浑身没劲儿).

くっつ・く 1〔付着する〕 zhān(沾); zhān(粘); fùzhuó(附着). ¶手にペンキが〜いた shǒushang zhānshàngle yóuqī(手上沾上了油漆). ¶岩に牡蠣が〜いている yánshí shang fùzhuózhe mǔlì(岩石上附着着牡蛎). ¶洋服にガムが〜いて取れない kǒuxiāngtáng zhānzài yīfu shang kōu bu xiàlái(口香糖粘在衣服上抠不下来).

2〔接する〕 ¶眠くて目が〜きそうだ kùnde ˈzhēngbukāi yǎnjing[jīhū yào héyǎn le](困得ˈ睁不开眼睛[几乎要合眼了]). ¶壁に〜いて身を隠す tiē qiáng cángshēn(贴墙藏身).

3〔付き従う〕 ¶この子はいつも母親に〜いている zhège háizi zǒng cùnbù-bùlí de gēnzhe mǔqin(这个孩子总寸步不离地跟着母亲). ¶あの人に〜いていれば間違いない zhǐyào gēnzhe tā zǒu jiù méi cuò(只要跟着他走就没错儿).

くっつ・ける 1〔付着させる〕 zhān(粘), zhānshàng(粘上). ¶接着剤で〜ける yòng niánhéjì zhānshàng(用黏合剂粘上).

2〔近寄せる〕 ¶机を〜けて並べる bǎ zhuōzi pīnqilai bǎihǎo(把桌子拼起来摆好). ¶そんなに本に目を〜けると近眼になる nàme tiējìn shūběn kàn jiù huì chéng jìnshìyǎn de(那么贴近书本看就会成近视眼的).

くってかか・る【食って掛る】 ¶彼女はかっとなって私に〜った tā fāqǐ huǒ lai dǐngzhuàng wǒ(她发起火来顶撞我).

ぐっと 1〔力をこめて〕 ¶取っ手を〜引っ張る shǐjìnr lā lāshǒu(使劲儿拉拉手). ¶こみ上げる涙を〜こらえる rěnzhù yǒngshanglai de yǎnlèi(忍住了涌上来的眼泪). ¶酒を〜飲み干す kǒu yì yǐqiǎn hēgān(一气儿喝干).

2〔一段と〕 ¶その洋服の方が〜引き立って見える nà jiàn yīfu gèng néng chèntuōchū nǐ lai(那件衣服更能衬托出你来). ¶12月になっ

くっぷく【屈伏】 qūfú(屈服). ¶遂に敵は我が軍に～した dírén zhōngyú qūfú yú wǒjūn(敌人终于屈服于我军).

くつべら【靴篦】 xiébázi(鞋拔子).

くつみがき【靴磨き】 cā xié(擦鞋);〔人〕cāxiéde(擦鞋的).

くつや【靴屋】 xiédiàn(鞋店);〔人〕xiéjiang(鞋匠), píjiang(皮匠).

くつろ・ぐ【寛ぐ】 ¶どうぞお～下さい qǐng búyào jūshù(请不要拘束). ¶温かいもてなしに一同心が～いだ shòudào rèqíng de kuǎndài, dàjiā xīnqíng shūchàng jíle(受到热情的款待,大家心情舒畅极了). ¶～いだ雰囲気の中で話合いは進められた zài wújū-wúshù de qìfēn zhōng jìnxíngle huìtán(在不拘无束的气氛中进行了会谈).

くつわ【轡】 jiáozi(嚼子). ¶馬に～をはめる gěi mǎ shàng jiáozi(给马上嚼子). ¶～を並べて進む bìng jià qí qū(并驾齐驱).

くつわむし【轡虫】 fǎngzhīniáng(纺织娘).

ぐでんぐでん ¶～に酔う mǐngdǐng dà zuì(酩酊大醉)／lànzuì rú ní(烂醉如泥).

くど・い luōsuo(啰唆·啰嗦). ¶あいつの話は～い tā shuōhuà tài luōsuo(他说话太啰唆). ¶～いくら言って聞かした hǎoshuō-dǎishuō ràng tā dāngle fùzérén(好说歹说让他当了负责人). ¶嫌がるのを～き落して連れて来た shuōpòle zuǐ bǎ bú yuànyì lái de zhuāilái le(说破了嘴把不愿意来的拽来了). ¶女を～く tiányán-mìyǔ zhuīqiú nǚrén(甜言蜜语追求女人).

くどく【功徳】 gōngdé(功德), ēndé(恩德). ¶～を施す shī ēndé(施恩德).

くどくど dāodao(叨叨), dāolao(叨唠), mòdao(磨叨), xùdao(絮叨), dēde(嘚嘚), dēbo(嘚啵), luōsuo(啰唆·啰嗦), xùxudāodāo(絮絮叨叨), luōliluōsuo(啰哩啰嗦), luōluosuōsuō(啰啰嗦嗦). ¶～と言訳をする xùxudāodāo de jiǎyǐ biànjiě(絮絮叨叨地加以辩解). ¶～しい説明 rǒngcháng fáwèi de shuōmíng(冗长乏味的说明).

ぐどん【愚鈍】 yúdùn(愚钝).

くなん【苦難】 kǔnàn(苦难), mónàn(磨难·魔难). ¶彼の生涯は～の連続だった tā de yìshēng lìjìn chóngchóng kǔnàn(他的一生历尽重重苦难). ¶～に耐えて生き抜く rěnshòu kǔnàn huóxiaqu(忍受苦难活下去).

くに【国】 **1**〔国家, 国土〕guó(国), guódù(国度), guójiā(国家);zǔguó(祖国). ¶～が破れて山河あり guó pò shānhé zài(国破山河在). ¶人は誰でも自分の～を愛する心を持っている rénhé rén dōu yǒu rè'ài zìjǐ guójiā de xīn(任何人都有热爱自己国家的心). ¶～のために一命をなげうつ wèi zǔguó pāo tóulú(为祖国抛头颅). ¶この～独特の制度 zhège guójiā tèyǒu de zhìdù(这个国家特有的制度). ¶～中が選挙の成行きに注目している quánguó rénmín zhùshìzhe xuǎnjǔ de jiéguǒ(全国人民注视着选举的结果).

2〔地域〕¶北の～から来た白鳥 cóng běifāng fēilái de tiān'é(从北方飞来的天鹅). ¶夢の～に来たようだ hǎoxiàng láidào mèng li de shìjiè(好像来到梦里的世界).

3〔郷里〕jiāxiāng(家乡), gùxiāng(故乡), xiāngtǔ(乡土). ¶～は沖縄です wǒ de jiāxiāng shì Chōngshéng(我的家乡是冲绳). ¶～の母から手紙が来た zài gùxiāng de mǔqin láixìn le(在故乡的母亲来信了).

くにがまえ【国構え】 fāngkuàngr(方匡ル).

くにがら【国柄】 ¶歌と踊りの好きな～ néng gē shàn wǔ de guómín qìzhì(能歌善舞的国民气质). ¶お～は争われないものだ xiāngtǔ qìzhì nángái(乡土气质难改).

くにく【苦肉】 ¶～の策 kǔròujì(苦肉计).

ぐにゃぐにゃ ¶鉄の棒が熱せられて～に曲る tiěbàng jiārè hòu xiāng tángxī shìde wānqū le(铁棒加热后像糖稀似的弯曲了). ¶～のくらげ ruǎnlè-gūjī de shuǐmǔ(软勒咕唧的水母).

くぬぎ【櫟】 lì(栎), málì(麻栎), zuòshù(柞树), xiàng(橡).

くねくね wānwān(弯弯), qūqū(曲曲), qūquwānwān(曲曲弯弯), qūliguǎiwān(曲里拐弯), wānwān-qūqū(弯弯曲曲), qūqū zhézhé(曲曲折折), wānyán(蜿蜒). ¶～と曲った山道 wānwān-qūqū de shānlù(弯弯曲曲的山路)／yángcháng xiǎodào(羊肠小道).

くね・る wānqū(弯曲);niǔbǎi(扭摆), yáobǎi(摇摆). ¶道がゆるやかに～っている dàolù huǎnhuǎn wānqū(道路缓缓弯曲). ¶腰を～らせて踊る yáobǎizhe yāo tiàowǔ(摇摆着腰跳舞).

くのう【苦悩】 kǔnǎo(苦恼). ¶～の色を顔に浮べる liǎnshang xiǎnchū kǔnǎo de shénsè(脸上显出苦恼的神色). ¶対策に～する wèi duìcè ér kǔnǎo(为对策而苦恼).

くはい【苦杯】 ¶～を喫した chīle kǔtou (吃了苦头).

くば・る【配る】 1〔分配する〕fēn (分), fā (发), fēnfā (分发). ¶子供達に菓子を～る bǎ diǎnxin fēngěi háizimen (把点心分给孩子们). ¶びらを～る fēnfā chuándān (分发传单). ¶カードを～る fēn[fā] pái (分[发]牌).

2〔行き渡らせる〕¶あたりに油断なく目を～る tígāo jǐngtì xiàng sìzhōu zhāngwàng (提高警惕向四周张望). ¶手落ちのないように細かく気を～る xìxīn liúshén miǎnde yǒu shūshī (细心留神免得有疏失).

3〔配置する〕pài (派), fēnpài (分派). ¶人員を要所に～る bǎ rényuán pàizài yàodì (把人员派在要地).

くび【首】 1〔頸部〕bózi (脖子), jǐngxiàng (颈项). ¶～が長い[太い] bózi ˈcháng[cū]ˈ (脖子ˈ长[粗]ˈ). ¶～をすくめる suō tóuzi (缩脖子)/ suō tóu suō nǎo (缩头缩脑). ¶～を長くして待つ yǐnjǐng děnghòu (引颈等候)/ yǐnlǐng ér dài (引领而待). ¶このセーターは～が窮屈だ zhè jiàn máoyī lǐngzi tài jǐn (这件毛衣领子太紧). ¶花瓶の～ huāpíng de bór (花瓶的脖儿).

2〔頭〕tóu (头), nǎodai (脑袋), bózi (脖子). ¶窓から～を出す bǎ tóu shēnchū chuāngwài (把头伸出窗外)/ cóng chuānghu shēnchū bózi (从窗户伸出脖子). ¶いくら～をひねっても分らない zuǒ xún yòu sī yě bù míngbai (左寻右思也不明白). ¶～を横に振って承知しない yáotóu bù dāying (摇头不答应). ¶借金で～が回らない qiànzhài duōde zhuǎn bu guò bózi lai (欠债多得转不过脖子来)/ zhài tái gāo zhù (债台高筑). ¶あいつは何にでも～を突っ込みたがる nà jiāhuo shénme shì dōu ài chājiǎo (那家伙什么事都爱插脚). ¶部長の～をすげかえる gēnghuàn bùzhǎng (更换部长).

3〔解雇〕chǎo (炒), chǎoyóuyú (炒鱿鱼). ¶へまをやって～になった tǒngle lóuzi bèi chǎoyóuyú le (捅了娄子被炒鱿鱼了). ¶労働者の～を切る jiěgù[cítuì] gōngrén (解雇[辞退]工人).

くびかざり【首飾り】 xiàngliàn (项链・项练); xiàngquān (项圈), guàjiàn (挂件). ¶真珠の～をつける dàishàng zhēnzhū xiàngliàn (戴上珍珠项链).

くびかせ【首枷】 jiā (枷), jiāsuǒ (枷锁). ¶子は三界の～ háizi shì yìshēng de léizhui (孩子是一生的累赘).

く・びき【頸木・軛】 è (轭), yàng'è (鞅轭), niúyàng (牛鞅).

くびきり【首切り】 1〔斬首〕kǎntóu (砍头), shātóu (杀头), duàntóu (断头), zhǎnshǒu (斩首); 〔人〕guìzishǒu (刽子手).

2〔解雇〕¶～撤回を要求する yāoqiú chèhuí jiěgù (要求撤回解雇).

くびじっけん【首実検】 ¶犯人の～をする cháyàn fànrén (查验犯人).

くびす【踵】 →きびす.

くびすじ【首筋】 bógěngzi (脖颈子), bógěngr (脖颈儿).

くびったけ【首ったけ】 ¶彼女は彼に～だ tā bèi tā mízhu le (她被他迷住了).

くびっぴき【首っ引き】 ¶辞書と～で原書を読む dú yuánzhù fàngbuxià cídiǎn (读原著放不下辞典).

くびつり【首吊り】 shàngdiào (上吊), xuánliáng (悬梁), zìyì (自缢). ¶～自殺をする shàngdiào zìshā (上吊自杀)/ xuánliáng zìjìn (悬梁自尽).

くびねっこ【首根っこ】 bógěngzi (脖颈子), bógěngr (脖颈儿). ¶～を押える ènzhù bógěngzi (摁住脖颈子).

くび・れる【括れる】 ¶ひょうたん形に胴の～れた花瓶 húluxíng xì zhōngyāo de huāpíng (葫芦形细腰的花瓶).

くびわ【首輪】 bóquān (脖圈), jǐngquān (颈圈). ¶犬に～をつける gěi gǒu tàoshàng bóquān (给狗套上脖圈).

くふう【工夫】 fǎzi (法子), bànfǎ (办法), fāngfǎ (方法); shèfǎ (设法), yánjiū (研究). ¶能率が上がるように～する shèfǎ tígāo xiàolǜ (设法提高效率). ¶これではまだ～が足りない zhèyàng yánjiū kě hái bù gòu (这样研究可还不够). ¶何かうまい～はないものか yǒu méiyǒu shénme hǎobànfǎ? (有没有什么好办法?). ¶飾り付けに～を凝らす jiǎngjiu zhuāngshì (讲究装饰).

ぐふう【颶風】 jùfēng (飓风).

くぶくりん【九分九厘】 shí ná jiǔ wěn (十拿九稳), shí zhī bājiǔ (十之八九). ¶今度の勝負は～まで彼の勝と思われる zhè cì bǐsài tā déshèng kànlai shíná-jiǔwěn (这次比赛他得胜看来十拿九稳). ¶成功は～間違いない bǎifēn zhī jiǔshíjiǔ huì chénggōng (百分之九十九会成功).

くぶん【区分】 huàfēn (划分), qūfēn (区分). ¶土地を4つに～する bǎ tǔdì huàfēn wéi sì ge bùfen (把土地划分为四个部分). ¶標本を種類別に～する bǎ biāoběn àn zhǒnglèi qūfēn (把标本按种类区分).

くべつ【区別】 qūbié (区别), fēnbié (分别), qūfēn (区分). ¶善悪の～がつかない shàn'è biànbié bu chūlai (善恶辨别不出来). ¶誰彼の～なく握手した bùguǎn gēn shuí dōu wòshǒu (不管跟谁都握手). ¶敵と味方をはっきり～する fēnqīng díwǒ (分清敌我). ¶それとこれとは～して考えるべきだ nàge hé zhège yīnggāi qūbié kǎolǜ (那个和这个应该区别考虑).

く・べる ¶暖炉に薪を～べる wǎng bìlúli tiān mùchái (往壁炉里添木柴).

くぼち【窪地】 wādì (洼地).

くぼみ【窪み】 wār (洼儿). ¶岩の～に水が溜っている yánshí shang de wārli wāngzhe shuǐ (岩石上的注儿里汪着水).

くぼ・む【窪む】 wā (洼), tā (塌), xiàn (陷), wāxiàn (洼陷), tāxiàn (塌陷); kōu (眍), kōulou (眍䁖). ¶水道工事の跡が～んでいる xiū zìláishuǐ de dìfang wāxiaqu le (修自来水的地方洼下去了). ¶疲労のあまり目が～んでしまった lèide yǎnjing dōu kōulou le (累得眼睛都眍䁖了).

くま【隈】 ¶疲れて目の縁に～ができる lèide yǎnkuàngr fāhēi le (累得眼眶儿发黑了).

くま【熊】 xióng (熊), xióngxiāzi (熊瞎子). ¶～の胆(い) xióngdǎn (熊胆). ¶～の掌 xióngzhǎng (熊掌).

くまい【愚昧】 yúmèi (愚昧).

くまで【熊手】 pázi (筢子), pázi (耙子).

くまどり【隈取】 liǎnpǔ (脸谱). ¶～をする gōu liǎn (勾脸).

くまなく【隈なく】 ¶月は～照る yuèliang zhàode mǎntiān tōngliàng (月亮照得满天通亮). ¶日本全国を～歩きまわる Rìběn quánguó (走遍日本全国). ¶家中を～探す fānxiāng-dǎoqiè de zhǎo (翻箱倒箧地找).

くまばち【熊蜂】 xióngfēng (熊蜂).

くみ【組】 **1**〔そろい〕 tào (套), fù (副); duì[r] (对[儿]). ¶この食器は～でしか売れません zhèxiē cānjù shì chéngtào de, bù língmài (这些餐具是成套的, 不零卖). ¶3枚1～のレコード sān zhāng yí tào de chàngpiàn (三张一套的唱片). ¶トランプ1～ yí fù pūkèpái (一副扑克牌). ¶2～の夫婦 liǎng duì fūqī (两对夫妻). **2**〔グループ, クラスなど〕 zǔ (组), bān (班), duì (队); huǒ[r] (伙[儿]), bànr (伴儿), bāng (帮). ¶新入生を5～に分ける bǎ xīnshēng fēnwéi wǔ ge bān (把新生分为五个班). ¶赤～と白～に分れて競争する fēnchéng hóngduì hé báiduì lái bǐsài (分成红队和白队来比赛). ¶彼と～になって作業をする gēn tā dābànr gànhuór (跟他搭伴儿干活儿). ¶3人～の強盗 sān rén yì huǒr de qiángdào (三人一伙儿的强盗). ¶店内には2,3～の客がいる diànli yǒu liǎng, sān huǒr kèrén (店里有两、三伙儿客人). ¶彼も僕も落第～だった tā hé wǒ dōu shì liújí de "yìhuǒr [yìbānr/yìbānr]" (他和我都是留级的"一伙儿[一帮儿/一班儿]"). **3**〔組版〕 páibǎn (排版). ¶活字の～が悪い qiānzì de páibǎn bù hǎo (铅字的排版不好).
¶～見本 bǎnyàng (版样).

ぐみ【胡頹子】 hútuízǐ (胡颓子).

くみあい【組合】 ¶労働～ láodòng zǔhé (劳动组合) / gōnghuì (工会). 消費者協同～ xiāofèi hézuòshè (消费合作社). 同業～ tóngyè gōnghuì (同业公会) / hánghuì (行会).

くみあ・げる【汲み上げる】 chōu (抽), jí (汲). ¶地下水をポンプで～げる yòng bèng chōu dìxiàshuǐ (用泵抽地下水).

くみあわせ【組合せ】 **1** biānzǔ (编组). ¶抽選で試合の～を決める chōuqiān juédìng bǐsài de biānzǔ (抽签决定比赛的编组). ¶この2つは色の～が悪い zhè liǎng zhǒng yánsè pèide bù hǎo (这两种颜色配得不好).
2〔数学の〕 zǔhé (组合). ¶順列～ páiliè zǔhé (排列组合).

くみあわ・せる【組み合せる】 dāpèi (搭配). ¶色々な缶詰を～せて箱に詰める dāpèi gèzhǒng guàntou zhuāng xiāngzili (搭配各种罐头装箱子里). ¶強豪同士を～せて試合する bǎ jìngjū biānzài yì zǔ bǐsài (把劲旅编在一组比赛).

くみい・れる【組み入れる】 ¶旅行計画に博物館見学を～れる bǎ cānguān bówùguǎn ānpái zài lǚxíng rìchéngli (把参观博物馆安排在旅行日程里).

くみうち【組討】 niǔdǎ (扭打), gédòu (格斗), bódòu (搏斗), ròubó (肉搏).

くみおき【汲み置き】 ¶水を～にしておく jíshuǐ bèiyòng (汲水备用).

くみか・える【組み替える】 ¶日程を～える chóngxīn ānpái rìchéng (重新安排日程). ¶版を～える chóngxīn páibǎn (重新排版).

くみきょく【組曲】 zǔqǔ (组曲), tàoqǔ (套曲).

くみこ・む【組み込む】 ¶材料費を予算に～む bǎ cáiliàofèi biānrù yùsuànli (把材料费编入预算里).

くみやすい【与し易い】 ¶～いと侮る kàn duìfang hǎo duìfu ér qīngshì (看对方好对付而轻视).

くみ・する【与する】 rùhuǒ (入伙). ¶悪事に～する rùhuǒ gàn huàishì (入伙干坏事). ¶私はどちらにも～しない wǒ nǎ yì fāng yě bù tǎnhù (我哪一方也不袒护).

くみだ・す【汲み出す】 chōuchū (抽出), jíchū (汲出), táochū (淘出), yǎochū (舀出). ¶池の水を～す chōuchū chízi de shuǐ (抽出池子的水). ¶淦(ぁ)を～す táo cāngdǐ de shuǐ (淘舱底的水).

くみたて【組立】 ¶論理の～が正しくない lùnlǐ de jiégòu bú zhèngquè (论理的结构不正确). ¶～式の本棚 zǔzhuāngshì de shūjià (组装式的书架).
¶～工場 zhuāngpèi gōngchǎng (装配工厂).

くみた・てる【組み立てる】 zhuāng (装), zhuāngpèi (装配), zǔzhuāng (组装). ¶ラジオを～てる zhuāng shōuyīnjī (装收音机). ¶自動車を～てる zhuāngpèi qìchē (装配汽车).

くみつ・く【組み付く】 ¶後ろから～かれた cóng bèihòu bèi "bào[lǒu]zhù le (从背后被"抱[搂]住了).

くみとり【汲取り】 táofèn (淘粪). ¶～口 táofènkǒu (淘粪口).

くみと・る【汲み取る】 **1** táo (淘), dǎ (打), yǎo (舀). ¶糞尿を～る táo fènniào (淘粪尿). ¶海水を～って汚染度を調べる dǎ hǎishuǐ chá wūrǎn chéngdù (打海水查污染程度).
2〔推し量る〕 tǐliàng (体谅), tǐhuì (体会). ¶あの人の気持も～ってあげなさい nàge rén de xīnqíng nǐ gāi tǐliàng tǐliang (那个人的心情你该体谅体谅). ¶言外の意を～る tǐhuì yánwài zhī yì (体会言外之意).

くみふ・せる【組み伏せる】 ànzhu (按住), ènzhù (摁住), 賊を～せる ànzhù zéi (按住贼).

ぐみん【愚民】 yúmín (愚民). ¶～政策 yúmín zhèngcè (愚民政策).

く・む【汲む・酌む】 **1**〔すくう〕 dǎ (打), yǎo (舀), wǎi (搲). ¶谷川の水を～んで飲む dǎ shānjiànli de shuǐ lái hē (打山涧里的水来喝). ¶井戸から水を～む cóng jǐngli jí shuǐ (从井里汲水). ¶しゃくで水を～む yòng sháozi yǎo shuǐ (用勺子舀水).
2〔つぐ〕 dào (倒), zhēn (斟). ¶お茶を～

dào chá(倒茶).¶友達と酒を～み交す gēn péngyou zhēn jiǔ duì yǐn(跟朋友斟酒对饮).
3〔推し量る〕tǐliang(体谅), kǎolǜ(考虑), zhēnzhuó(斟酌).¶彼女の気持を～む tǐliang tā de xīnqíng(体谅她的心情).¶先方の事情を～んで深く追及しない kǎolǜ dào duìfāng de qíngkuàng bù shēnjiā zhuījiū(考虑到对方的情况不深加追究).

く・む【組む】 **1**〔からみ合わせる〕¶肩を～んで歩く shǒu dāzhe jiān bìngpái zǒu(手搭着肩并排走).¶腕を～んで考える bàozhe gēbei chénsī(抱着胳膊沉思).¶足を～んで腰掛ける qiāoqǐ èrlángtuǐ(跷起二郎腿).¶四つに～んで渡り合う gēn tā zhèngmiàn jiāofēng(跟他正面交锋).
2〔構成する，編成する〕¶足場を～む dā jiǎoshǒujià(搭脚手架).¶筏を～む dǎ fázi(打筏子).¶活字を～む pái qiānzì(排铅字)/ páibǎn(排版).¶徒党を～む lā bāng jié huǒ(拉帮结伙).¶予算を～む biānzhì yùsuàn(编制预算).¶番組を～む biān jiémù(编节目).¶スケジュールを～む ānpái rìchéng(安排日程).¶為替を～む huìkuǎn(汇款).
3〔組になる〕¶友達と～んで工場を始める gēn péngyou héhuǒ kāibàn gōngchǎng(跟朋友合伙开办工厂).¶彼と～んでダブルスに出場する hé tā pèiduì cānjiā shuāngdǎ bǐsài(和他配对参加双打比赛).

くめん【工面】zhāngluo(张罗), chóucuò(筹措).¶旅費の～をする chóucuò lǚfèi(筹措旅费).¶そのくらいの金なら私が何とか～してみよう nàmediǎnr qián wǒ xiǎng bànfǎ gěi nǐ zhāngluo zhāngluo(那么点儿钱我想办法给你张罗张罗).

くも【雲】yún(云), yúncai(云彩), yúnduǒ(云朵), yúntóu(云头).¶～が出る qǐ yún(起云)/ chūxiàn yúncai(出现云彩).¶～が切れる yún xiàn kòngxì(云现空隙).¶山頂に～がかかる yún zhào shāndǐng(云罩山顶).¶一片の～もない青空 bújiàn yīsī yúncai de lántiān(不见一丝云彩的蓝天)/ qíng kōng wàn lǐ(晴空万里).¶厚い～に覆われる bèi wūyún fùgàizhe(被乌云覆盖着).¶～を霞と逃げ去る yíliùyān táopǎo le(一溜烟儿逃跑了).¶～をつかむような話だ shuō de huà jiǎnzhí méiyǒu biānjì(说的话简直没有边际).¶～つくばかりの大男 dǐngtiān dàhàn(顶天大汉).

くも【蜘蛛】zhīzhū(蜘蛛), zhūzhu(蛛蛛).¶～の糸 zhīzhūsī(蜘蛛丝).¶～の巣 zhīzhūwǎng(蜘蛛网)/ zhūwǎng(蛛网).¶～の子を散らすように逃げる sì sàn bēn táo(四散奔逃).

くもがくれ【雲隠れ】¶どこへ～したのか行方が分らない táodào nǎr le, qùxiàng bùmíng(逃到哪儿了，去向不明).

くもがたじょうぎ【雲形定規】qūxiànbǎn(曲线板), yúnxíngguī(云形规).

くもつ【供物】gòngpǐn(供品), qīnggòng(清供).¶～を供える shànggòng(上供).

くもま【雲間】yúnfèng(云缝), yúnjiān(云间), yúnxì(云隙).¶～から日の光が漏れる cóng yúnfèng lòuchū yángguāng(从云缝漏出阳光).

くもまくかしゅっけつ【蜘蛛膜下出血】zhūwǎngmó xiàqiāng chūxuè(蛛网膜下腔出血).

くもゆき【雲行き】¶～が怪しくなってきたので急いで下山した kàn tiān kuàiyào biàn le, gǎnjǐn xiàle shān(看天快要变了，赶紧下了山).¶会議の～が怪しい huìyì de qūshì búmiào(会议的趋势不妙).

くもら・す【曇らす】¶黒煙が空を～す hēiyān zhēbì tiānkōng(黑烟遮蔽天空).¶息を吹きかけてガラスを～す hāqì bǎ bōli nòngmóhu(哈气把玻璃弄模糊).¶心配で顔を～す dānxīnde liǎnshang guàzhe chóuyún(担心得脸上挂着愁云).

くもり【曇】 **1**〔曇天〕duōyún(多云), yīntiān(阴天).¶～のち晴 duōyún zhuǎn qíng(多云转晴).¶～がちの天気 duōyún de tiānqì(多云的天气).¶～は昼からは～になるでしょう yóu xiàwǔ zhuǎn yīntiān(由下午转阴天).
2〔レンズに～がある jìngtóu yǒu yīnyǐng(镜头有阴影).¶心に少しの～もない xīn wú diǎn chén(心无点尘)/ xīndì guāngmíng(心地光明).¶私の身には一点の～もない wǒ shēnshang méiyǒu yìdiǎn rén shēngyí de(我身上没有一点叫人生疑的).
¶～ガラス móshā bōli(磨砂玻璃)/ máobōli(毛玻璃).

くも・る【曇る】 **1**〔空が〕yīn(阴).¶午後から～ってきた dàole xiàwǔ tiān jiù yīnxialai le(到了下午天就阴下来了).¶どんよりと～った空 yīnyún mìbù de tiānkōng(阴云密布的天空).
2〔ガラスなどが〕móhu(模糊).¶湯気で窓ガラスが～った bōlichuāng jiào shuǐzhēngqì nòngmóhu le(玻璃窗叫水蒸气弄模糊了).¶眼鏡が～ってはっきり見えない yǎnjìng shang yǒu hāqì kàn bu qīngchu(眼镜上有哈气看不清楚).
3〔顔などが〕¶病人の容態が悪化したと聞いて彼の顔は～った tā yì tīngshuō bìngrén bìngqíng èhuà, liǎnsè jiù yīnchén xialai le(他一听说病人病情恶化，脸色就阴沉下来了).

くもん【苦悶】kǔmèn(苦闷).¶彼は何かしらりに～しているようだ tā hǎoxiàng wèile shénme yìzhí zài kǔmèn(他好像为了什么一直在苦闷).¶～の表情を浮べる fúxiànchū kǔmèn de biǎoqíng(浮现出苦闷的表情).

ぐもん【愚問】¶～を発する tíchū yúchǔn de wèntí(提出愚蠢的问题).

くやし・い【悔しい】wōxīn(窝心), wōnang(窝囊); qìfèn(气愤), kěhèn(可恨).¶また負けて～い zhè cì yòu shū le, zhēn wōxīn(这次又输了，真窝心).¶あんな奴に馬鹿にされるとは～くてならぬ jiào nà zhǒng rén yúnòng, zhè wōnangjìnr jiù béng tí le(叫那种人愚弄，这窝囊劲儿就甭提了).¶～かったらやってみろ yàoshi bù fúqì, nǐ gěi wǒ zuòzuo kàn(要是不服气，我就做做看).¶～さのあまり夜も眠れなかった qìfènde yí yè méi shuìzháo jiào(气愤得一夜没睡着觉)/ zhè yí dùzi wōnangqì yì

xiǔ méi néng bìshàng yǎn(这一肚子窝囊气一宿没能闭上眼).

くやしか・る【悔しがる】 ¶君がどんなに～っても彼の腕には及ばない nǐ jiùshì zěnme qìnǎo yě bǐbuguò tā de(你就是怎么气恼也比不过他的).

くやしなき【悔し泣き】 ¶1点差で敗れて～する yǐ yì fēn zhī chā shū le, huǐhèndе liúxià yǎnlèi(以一分之差输了,悔恨得流下了眼泪).

くやしなみだ【悔し涙】 ¶～を流す liú huǐhèn zhī lèi(流悔恨之泪).

くやしまぎれ【悔し紛れ】 ¶～に飛びかかっていった biēbuzhù wōnangqì, pūxiàng duìfāng(憋不住窝囊气,扑向对方).

くやみ【悔み】 ¶～に行く diàosāng qù(吊丧去). ¶～を言う diàoyàn(吊唁)/ wèiyàn(慰唁)/ dàoyàn(悼唁).
¶～状 yànhán(唁函).

くや・む【悔やむ】 **1**〔後悔する〕hòuhuǐ(后悔), huǐhèn(悔恨), àohuǐ(懊悔), zìyuàn-zìyì(自怨自艾). ¶過ぎた事を今さら～んでも始まらない yǐjīng guòqu de shì, rújīn hòuhuǐ yě láibují le(已经过去的事,如今后悔也来不及了)/ wǎngshì huǐ zhī wú jí(往事之无及).
2〔悼む〕āidào(哀悼). ¶友の死を～む āidào qùshì de gùjiù(哀悼去世的故旧).

くゆら・す【燻らす】 ¶葉巻を～す chōu xuějiā(抽雪茄).

くよう【供養】 gòngyǎng(供养). ¶先祖の～をする gòngyǎng zǔxiān(供养祖先).

くよくよ・する fánnǎo(烦恼), fánmèn(烦闷), chóumèn(愁闷), xiǎngbukāi(想不开). ¶いつまで～していても仕方がない lǎo nàme fánnǎo yě méiyòng(老那么烦恼也没有用). ¶つまらぬ事に～するな búyào wèi zhèma dà de shì xiǎngbukāi(不要为芝麻大的事想不开). ¶何を～と考えているんだ chóuméi bùzhǎn de jìng xiǎngzhe shénme ya?(愁眉不展地净想着什么呀?).

くら【蔵・倉】 cāngkù(仓库), kùfáng(库房), cāngfáng(仓房).

くら【鞍】 ānzi(鞍子). ¶馬に～を置く gěi mǎ bèishàng ānzi(给马备上鞍子).

くら・い【暗い】 **1**〔光が〕hēi(黑), àn(暗), hūnhēi(昏黑), hūn'àn(昏暗), huì'àn(晦暗), míng'àn(冥暗), yōu'àn(幽暗), yōumíng(幽冥), hēi'àn(黑暗), yīn'àn(阴暗). ¶夜明け前でまだ～い tiān méi liàng, hái hēizhe(天没亮,还黑着). ¶空が急に～くなってきた tiān túrán hēi le(天突然黑了)/ tiānsè shàshí biànde hūntiān-hēidì de(天色霎时变得昏天黑地的). ¶昼なお～い森 báitiān réng yīn'àn de sēnlín(白天仍阴暗的森林). ¶この部屋は～い zhè jiān wūzi tài àn(这间屋子太暗). ¶この電灯は～い zhège diàndēng bú liàng(这个电灯不亮).
2〔色が〕 ¶～い赤 ànhóngsè(暗红色).
3〔陰鬱的〕yīn'àn(阴暗), yīnchén(阴沉), yīnyù(阴郁), huì'àn(晦暗). ¶彼は性格が～い tā xìnggé yīnchén(他性格阴沉). ¶彼女の顔に急に～い陰がさした tā de liǎnsè túrán biàn yīn'àn le(她的脸色突然变阴暗了). ¶今日は～いニュースが多い jīntiān búxìng de xiāoxi tài duō(今天不幸的消息太多). ¶彼には～い過去がある tā yǒu bùkě gào rén de lìshǐ(他有不可告人的历史). ¶～い音楽 yīnchén de yīnyuè(阴沉的音乐). ¶先の見通しが～い méiyǒu xīwàng(没有希望)/ qiántú àndàn wúguāng(前途暗淡无光).
4〔疎い〕shēngshú(生疏), mòshēng(陌生).
¶彼は歴史に～い tā duì lìshǐ bù shúxī(他对历史不熟悉). ¶私はこのへんの地理には～い wǒ duì zhè yídài de dìlǐ mòshēng(我对这一带的地理陌生).

くらい【位】 **1**〔地位〕dìwèi(地位), zhíwèi(职位). ¶～が高い dìwèi gāo(地位高). ¶～を譲る ràng wèi(让位). ¶大臣の～につく jiù dàchén de zhíwèi(就大臣的职位).
2〔けた〕wèi(位). ¶100の～ bǎi wèi(百位).

-くらい 1〔おおよそ〕dàyuē(大约), zuǒyòu(左右), shàngxià(上下), qiánhòu(前后), lái(来).
¶60歳～の男 liùshí lái suì[liùshí múyàngr]de nánrén(六十来岁[六十模样儿]的男人).
¶今日の出席者は50名～でしょう jīntiān chūxí de rén yǒu wǔshí míng zuǒyòu ba(今天出席的人有五十名左右吧). ¶家から駅まで1キロ～です wǒ jiā lí chēzhàn dàyuē yǒu yì gōnglǐ(我家离车站大约有一公里). ¶1時間～で戻りますから過ぎても帰らない[有一个小时小时模样]就回来).

2〔比較，程度〕 ¶こぶし～の大きさの石 quántou dà de shítou(拳大的石头). ¶私と同じ～の背格好の人 gèzi hé wǒ yìbān gāo de rén(个子和我一般高的人). ¶彼～速く泳げるようになりたいものだ néng xiàng tā yóude nàme kuài, gāi duō hǎo a(能像他游得那么快,该多好啊). ¶それが出来るのは彼～のものだろう néng zuò nàge de zhǐ yǒu tā yí ge rén ba(能做那个的只有他一个人吧). ¶あの人が落ちる～だからよほど問題が難しかったに違いない lián tā dōu méi kǎoshàng, chūtí yídìng hěn nán(连他都没考上,出题一定很难). ¶口も利けない～怒った qìde shuō bu chū huà lai(气得说不出话来). ¶それ～の事で驚いてはいけない wèi nàmediǎnr shì yě bù gāi dàjīng-xiǎoguài de(为那么点儿事不该大惊小怪的). ¶これ～の荷物が持てないのか zhèmediǎnr xíngli nǐ dōu nábudòng(这么点儿行李你都拿不动). ¶電話を掛ける～の時間はあった筈だ dǎ ge diànhuà de shíjiān zǒng gāi yǒu de ba(打个电话的时间总该有的吧).

3〔…くらいなら…〕 ¶辱めを受ける～なら死んだ方がましだ yǔqí shòurǔ, bùrú sǐle dào hǎo(与其受辱,不如死了倒好). ¶途中でやめるならいっそしない方がいい yàoshi bàntú ér fèi jiù gāncuì bié zuò le(要是半途而废就干脆别做了).

4〔…くらい…ない〕 ¶お前～馬鹿な奴はいない zài méiyǒu xiàng nǐ zhème hútu de dōngxi le(再没有像你这么胡涂的东西了). ¶あれ

〜面白い映画はなかろう zài méiyǒu nàme yǒu yìsi de diànyǐng le ba (再没有那么有意思的电影了吧). ¶子供に先立たれる〜辛い事はない zài yě méiyǒu bǐ shīqù háizi gèng nánshòu de shì le (再也没有比失去孩子更难受的事了).

くらい・する【位する】wèiyú (位于). ¶日本はアジアの東方に〜する Rìběn wèiyú Yàzhōu de dōngbù (日本位于亚洲的东部). ¶社会の上層に〜する人々 jūyú shèhuì shàngcéng de rénmen (居于社会上层的人们).

グライダー huáxiángjī (滑翔机).

くらいどり【位取り】dìngwèi (定位). ¶〜を間違える dìngcuò wèi (定错位).

くらいまけ【位負け】¶彼は自分の地位に〜している tā de zhíxián yǔ qí nénglì yǒudiǎnr míng bú fù shí (他的职衔与其能力有点儿名不副实). ¶相手に〜する bèi duìfāng de shēngwēi suǒ yādǎo (被对方的声威所压倒).

クライマックス gāocháo (高潮), jídiǎn (极点), dǐngdiǎn (顶点). ¶芝居は〜を迎えた xìjù dádàole gāocháo (戏剧达到了高潮). ¶場内の興奮は〜に達した chǎngnèi de xīngfèn yǐ dá jídiǎn (场内的兴奋已达极点).

グラインダー yánmójī (研磨机), móchuáng (磨床), shālúnjī (砂轮机).

く・う【食らう】1〔飲食する〕chī (吃), hē (喝). ¶飲み且つ〜う dà chī dà hē (大吃大喝). ¶大酒を〜う hē hěn duō de jiǔ (喝很多的酒)/ guàn yídùzi jiǔ (灌一肚子酒).

2〔受ける〕chī (吃), ái (挨). ¶小言を〜った áile yí dùn shuō (挨了一顿说). ¶びんたを〜った chīle ge zuǐbāzi (吃了个嘴巴子).

グラウンド yùndòngchǎng (运动场), tǐyùchǎng (体育场), cāochǎng (操场), qiúchǎng (球场).

くらがえ【鞍替え】¶別の会社に〜する zhuǎndào bié de gōngsī (转到别的公司). ¶歌をやめて芝居に〜する fàngqì chànggē gǎiháng wéi yǎnxì (放弃唱歌改行为演戏).

くらがり【暗がり】ànchù (暗处), hēi dìfang (黑地方). ¶〜で声を掛けられてぎょっとした zài hěn hēi de dìfang bèi rén hǎnzhù, chīle yì jīng (在很黑的地方被人喊住,吃了一惊).

くらく【苦楽】gānkǔ (甘苦). ¶〜を共にする tóng huānlè, gòng huànnàn (同欢乐,共患难)/ tóng gān gòng kǔ (同甘共苦).

クラクション lǎba (喇叭). ¶〜を鳴らす àn lǎba (按喇叭叭).

くらくら ¶頭が〜する tóuyūn (头晕), tóuhūn (头昏). ¶谷底を見ると目が〜する fǔshì shānjiàn jiù tóuyūn mùxuàn (俯视山涧就头晕目眩).

ぐらぐら 1〔揺れるさま〕yáohuang (摇晃), yáohàn (摇撼), huódòng (活动). ¶大地が突然〜と揺れた dàdì yóuhàn yáohàn qilai (大地突然摇撼起来). ¶テーブルの脚が〜する zhuōzituǐr yáohuang [huódòng] (桌子腿儿摇晃[活动]).

2〔煮え立つさま〕gǔngǔn (滚滚). ¶湯が〜煮えている shuǐ gǔngǔn de kāi le (水滚滚

地开了)/ shuǐ gǔn le (水滚了).

くらげ【水母】shuǐmǔ (水母), hǎizhé (海蜇).

くらし【暮し】shēnghuó (生活). ¶文筆で〜を立てる kào bǐmò wéi shēng (靠笔墨为生). ¶その日の〜にも696 yǒu shàng yí dùn méi xià yí dùn (有上一顿没下一顿)/ měitiān jiēbukāi guō (每天揭不开锅). ¶平凡な〜に満足する mǎnzú yú píngfán de shēnghuó (满足于平凡的生活). ¶身分不相応な〜 yǔ shēnfen bù xiāngchèn de shēnghuó (过与身份不相应的生活).

グラジオラス tángchāngpú (唐菖蒲).

くらしきりょう【倉敷料】cāngzū (仓租), cāngkù bǎoguǎnfèi (仓库保管费).

クラシック gǔdiǎn (古典), gǔdiǎn wénxué (古典文学), gǔdiǎn yīnyuè (古典音乐).

くらしむき【暮し向き】jiājìng (家境), jiādào (家道), shēnghuó (生活). ¶兄が勤め出して家の〜がよくなった dǎ gēge cānjiā gōngzuò hòu jiājìng hǎo le (打哥哥参加工作后家境好了). ¶〜が楽でない jiājì bù kuānchuo (家计不宽绰)/ jiādào bú fùzú (家道不富足).

く・らす【暮す】1〔生活する〕shēnghuó (生活), guò rìzi (过日子), guòhuó (过活), dùrì (度日). ¶私は北京で暮したことがある wǒ céng zài Běijīng ˇzhù[dāi]guo (我曾在北京ˇ住[呆]过). ¶その後いかがお〜しですか qí hòu qǐjū rúhé? (其后起居如何?)/ nà yǐhòu nín guòde hǎo ma? (那以后您过得好吗?). ¶こんな安い給料ではとても〜せない xīnshui zhèyàng shǎo, nǎ néng ˇguò rìzi [húkǒu] (薪水这样少,哪能ˇ过日子[糊口]). ¶この辺は物価が安くて〜しよい zhè dìqū wùjià dī, ˇrìzi hǎoguò[róngyì shēnghuó] (这地区物价低,ˇ日子好过[容易生活]).

2〔時間を過す〕¶雨の日は読書で〜す xiàyǔtiān dúshū dùguò (下雨天读书度过). ¶何もしないで一日中寝て〜す shénme yě bú zuò, zhěngtiānjie zài jiā xiándāizhe (什么也不做,整天在家闲呆着).

クラス 1〔学級〕bān (班). ¶〜会 tóngbān xuéyǒuhuì (同班学友会). 〜メート tóngbān tóngxué (同班同学).

2〔等級〕jí (级), děng (等). ¶A〜の品 A děng huò (A 等货). ¶トップ〜の会談 zuìgāojí huìtán (最高级会谈).

グラス bōlibēi (玻璃杯). ¶〜ウール bōlimián (玻璃棉)/ bōliróng (玻璃绒). 〜ファイバー bōli xiānwéi (玻璃纤维). シャンパン〜 xiāngbīn jiǔbēi (香槟酒杯). ステンド〜 cǎihuà bōlichuāng (彩画玻璃窗).

グラタン nǎizhīkǎocài (奶汁烤菜). ¶マカロニ〜 kǎonǎizhī tōngxīnfěn (烤奶汁通心粉).

クラッカー 1〔菓子〕xián bǐnggān (咸饼干).

2〔玩具〕huāpào (花炮).

ぐらつ・く yáohuang (摇晃), yáodòng (摇动), dòngyáo (动摇). ¶柱が腐って建物が〜く zhùzi fǔxiǔde fángzi yǒudiǎnr yáohuang (柱子朽得房子有点儿摇晃). ¶親の反対が彼女の決心を〜かせた fùmǔ de fǎnduì shǐ tā ˇde jué-

クラッチ líhéqì(离合器). ¶～ペダルを踏む jiǎotà[cǎi] líhéqì tàbǎn(脚踏[踩]离合器踏板).

グラニューとう【グラニュー糖】 xìshātáng(细砂糖), jīngzhì shātáng(精制砂糖).

グラビア zhàoxiàng āobǎn(照相凹版); huàyè(画页), chāyè(插页).

クラブ 1〔倶楽部〕jùlèbù(俱乐部). ¶劇団に入る jiārù huàjù jùlèbù(加入话剧俱乐部). ¶私達の学校では～活動が盛んだ wǒmen xuéxiào kèwài huódòng hěn huóyuè(我们学校课外活动很活跃).

2〔トランプの〕méihuā(梅花).

3〔ゴルフの〕gāo'ěrfūqiúbàng(高尔夫球棒).

グラフ 1〔図表〕túbiǎo(图表). ¶円～ yuánxíng bǐlìtú(圆形比例图). 折れ線～ qūxiàntú(曲线图).

2〔画報〕huàbào(画报).

グラフィック ¶～デザイン měishù yìnshuā shèjì(美术印刷设计). コンピュータ～ diànnǎo túxíng yìshù(电脑图形艺术).

くらべもの【比べ物】 ¶甲と乙では～にならない jiǎ hé yǐ gēnběn bùnéng xiāngbǐ(甲和乙根本不能相比).

くら・べる【比べる】 bǐ(比), bǐjiào(比较), xiāngbǐ(相比), dǎbǐ(打比). ¶2人の身長を～べる bǐ liǎng ge rén de gèzi(比两个人的个子). ¶力を～べる bǐ lìqi(比力气). ¶筆跡を～べる duìzhào bǐjì(对照笔迹). ¶今年は例年に～べて寒い jīnnián bǐ wǎngnián lěngde duō(今年比往年冷得多). ¶昔と～べると暮しがいぶ良くなった gēn guòqù xiāngbǐ shēnghuó hǎoduō le(跟过去相比生活好多了).

くらま・す【晦ます】 ¶それきり行方を～してしまった dǎ nà yǐhòu cángnì qilai, xiāoshēng-nìjì(打那以后藏匿起来, 销声匿迹). ¶人目を～して逃げる duǒguò zhòngrén de yǎnjing táozǒu(躲过众人的眼睛逃走).

くら・む【眩む】 yǎnhuā(眼花), mùxuàn(目眩), yǎnyùn(眼晕), hūnxuàn(昏眩). ¶急に明るい所に出たら目が～んだ měngrán dào liàng de dìfang yǎnhuā le(猛然到亮的地方眼花了). ¶立ち上がったとたんに目が～んだ gāng yí zhànqǐlai, jiù gǎndào hūnxuàn[tóuyūn-mùxuàn] le(刚一站起来, 就感到昏眩[头晕目眩]了). ¶欲に目が～む lì lìng zhì hūn(利令智昏).

グラム kè(克), gōngfēn(公分). ¶～当量 kèdāngliàng(克当量).

くらやみ【暗闇】 hēi'àn(黑暗). ¶～の中を手探りで進んだ mōzhe hēir liūjìnlai le(摸着黑儿溜进来了). ¶この世は～だ xiànshì shì yì tuán qīhēi, àn wú tiānrì(现世是一团漆黑, 暗无天日).

クラリネット dānhuángguǎn(单簧管), hēiguǎn(黑管).

くらわ・す【食らわす】 ¶奴にげんこつを一発～し gěile tā yí ge quántou(给了他一个拳头)/ jiào tā chīle wǒ yì quán(叫他吃了我一拳).

くらわたし【倉渡し】 cāngkù jiāohuò(仓库交货). ¶～値段 chūcāngjià(出仓价).

クランク 1〔機械の〕qūbǐng(曲柄), qūzhóu(曲轴).

2〔映画の〕¶～アップ shèyǐng wánbì(摄影完毕)/ tíngjī(停机). ～イン kāijìng(开镜)/ kāipāi(开拍)/ kāijī(开机).

グランド 1〔運動場〕→グラウンド.

2 ¶～オペラ dàgējù(大歌剧). ～ピアノ dàgāngqín(大钢琴)/ sānjiǎo(三角).

くり【栗】 lìzi(栗子), bǎnlì(板栗). ¶～林 lìfáng(栗房), lìbāo(栗包)/ lìzi máor(栗子毛ル). ¶火中の～を拾う huǒ zhōng qǔ lì(火中取栗).

¶～色 lìsè(栗色).

クリア yuèguò(越过), kuàguò(跨过); chāoyuè(超越), tūpò(突破). ¶5メートルのバーを3回目に～した wǔ mǐ gāo de hénggān dìsān cì tiàoguò le(五米高的横杆第三次跳过了). ¶難関を次々に～する bǎ nánguān yígègè de tūpò le(把难关一个个地突破了).

くりあ・げる【繰り上げる】 ¶2位を～げて1位とする bǎ dì'èr wèi dǐbǔ wéi guànjūn(把第二位递补为冠军). ¶予定を～げて帰国する tíqián[tízǎo] huíguó(提前[提早]回国).

くりあわ・せる【繰り合せる】 ¶時間を～せて集会に参加する yúnchū shíjiān cānjiā jíhuì(匀出时间参加集会). ¶万障お繰り合せの上御出席下さい wù xī bōróng chūxí(务希拨冗出席).

クリーク xiǎohé(小河), gōuqú(沟渠).

クリーナー〔掃除機〕xīchénqì(吸尘器);〔洗剤〕qīngjiéjì(清洁剂).

クリーニング xǐyī(洗衣). ¶洋服を～に出す bǎ yīfu sòng xǐyīdiàn qù xǐ(把衣服送洗衣店去洗).

¶～屋 xǐyīdiàn(洗衣店). ドライ～ gānxǐ(干洗).

クリーム 1〔食品〕nǎiyóu(奶油). ¶～色 rǔhuángsè(乳黄色)/ mǐsè(米色). ～ソーダ xuěgāo sūdǎshuǐ(雪糕苏打水). 生～ shēng nǎiyóu(生奶油).

2〔化粧品〕xuěhuāgāo(雪花膏). ¶コールド～ lěngshuāng(冷霜).

くりい・れる【繰り入れる】 gǔnrù(滚入), zhuǎnrù(转入). ¶利子を元金に～れる bǎ lìxī gǔnrù běnqián(把利息滚入本钱). ¶残額は来期の予算に～れる yú'é zhuǎnrù xiàqī yùsuànli(余额转入下期预算里).

¶～れ金 gǔnrùjīn(滚入金).

クリーン ¶～な選挙 guāngmíng zhèngdà de xuǎnjǔ(光明正大的选举). ¶～ヒット piàoliang de ānquándǎ(漂亮的安全打).

グリーンカード lǜkǎ(绿卡).

くりかえ・す【繰り返す】 fǎnfù(反复), chóngfù(重复). ¶歴史は～す lìshǐ zài chóngyǎn(历史在重演). ¶同じ過ちを二度と～してはならない bùnéng zài fàn tóngyàng de cuòwù(不能再犯同样的错误). ¶～までもない bù xūyào zài chóngfù shuō(不需要再重复说).

¶～し読む fǎnfù niàn(反复念)/ fānlái-fùqù de

dú(翻来复去地读).

くりくり 1[回るさま] dīliūr(滴溜儿). ¶大きな目を～させてとても可愛い zhēngzhe dīliūryuán de yǎnjing zhēn rě rén ài(睁着滴溜儿圆的眼睛真惹人爱).
2[丸いさま] liūyuán(溜圆). ¶頭を～にそる bǎ tóu tīde liūyuán(把头剃得溜圆).

ぐりぐり ¶首に～ができた bózi shang zhǎngle ge shénme xiǎo gēda(脖子上长了个什么小疙瘩).

くりげ【栗毛】 lìsè máo(栗色毛). ¶～の馬 lìsè mǎ(栗色马).

グリコーゲン tángyuán(糖原), shēngfěn(牲粉), gāntáng(肝糖), dòngwù diànfěn(动物淀粉).

くりこ・す【繰り越す】 jiézhuǎn(结转). ¶会費の残りを次年度に～す huìfèi de jiéyú zhuǎnrù xiàniándù(会费的结余转入下年度). ¶前年度～し金 shàngnián jiécún(上年结存).

くりごと【繰り言】 ¶～を言う shuō chēgulùhuà(说车轱辘话).

くりこ・む【繰り込む】 1[入り込む] yōngjìn(拥进). ¶にぎやかに会場に～む rère-nàonào yōngjìn huìchǎng(热热闹闹拥进会场).
2 ～くりいれる.

くりさ・げる【繰り下げる】 tuīyán(推延), tuīchí(推迟). ¶予定を1日ずつ～げる bǎ rìchéng yīcì wǎnghòu tuīyán yì tiān(把日程依次往后推延一天).

グリス rùnhuázhī(润滑脂).

クリスタルガラス shuǐjīng bōli(水晶玻璃), jiéjīng bōli(结晶玻璃).

クリスチャン jīdūjiàotú(基督教徒).

クリスマス Shèngdànjié(圣诞节). ¶～イブ Shèngdànjié qiánxī(圣诞节前夕). ～カード Shèngdànkǎ(圣诞卡). ～カロル Shèngdànjié sòngē(圣诞节颂歌). ～ツリー shèngdànshù(圣诞树). ～プレゼント Shèngdànjié lǐwù(圣诞礼物).

グリセリン gānyóu(甘油).

くりだ・す【繰り出す】 ¶釣糸をそろそろと～した bǎ diàosī mànmānr de sāle chūqù(把钓丝慢慢儿地撒了出去). ¶新手の軍勢を～す pàichū shēnglìjūn(派出生力军). ¶どっと～した花見客でいっぱいだ dàochù dōu shì fēngyōng ér lái kàn yīnghuā de yóukè(到处都是蜂拥而来看樱花的游客).

クリック zhǐdiǎn(指点), diǎn'àn(点按). ¶ダブル～ shuāngjī(双击).

クリップ qūbiézhēn(曲别针), huíxíngzhēn(回形针).

グリップ wòpāifǎ(握拍法); wògǎnfǎ(握杆法).

グリニッジじ【グリニッジ時】 Gélínnízhī shíjiān(格林尼治时间), shìjièshí(世界时).

くりぬ・く【刳り貫く】 ¶山腹にトンネルを～く zài shānyāo záo suìdào(在山腰凿隧道). ¶りんごの芯を～く tāo píngguǒhé(掏苹果核).

くりの・べる【繰り延べる】 yánqī(延期), yánchí(延迟), zhǎnqī(展期), tuīchí(推迟). ¶支払いを来月に～べる fùkuǎn zhǎnqī dào xiàyuè(付款展期到下月).

くりひろ・げる【繰り広げる】 zhǎnkāi(展开), zhǎnxiàn(展现). ¶華やかなパレードが眼前に～げられた huálì de yóuxíng duìwu zhǎnxiàn zài yǎnqián(华丽的游行队伍展现在眼前). ¶抗議運動を～げる kāizhǎn kàngyì yùndòng(开展抗议运动).

くりょ【苦慮】 ¶事故防止の対策に～する wèi fángzhǐ shìgù de duìcè ér shāng nǎojīn(为防止事故的对策而伤脑筋).

グリンピース qīngwāndòu(青豌豆), qīngdòu(青豆).

く・る【来る】 1 lái(来). ¶ちょっとこちらへ来て下さい qǐng guòlai yíxià(请过来一下). ¶午後から客が来る xiàwǔ lái kèren(下午来客人). ¶明日もう一度来ます míngtiān wǒ zài lái yí tàng(明天我再来一趟). ¶Aさんが見舞に来てくれた A xiānsheng kànwàng wǒ lái le(A先生看望我来了). ¶日本に来て何年になりますか nǐ lái Rìběn jǐ nián le?(你来日本几年了?) ¶電車が来た diànchē lái le(电车来了). ¶電報が来た láile diànbào(来了电报). ¶嵐が来そうだ kàn yàngzi yào lái bàofēngyǔ(看样子要来暴风雨). ¶食事は済ました来た chīguo fàn le(吃过饭了). ¶散歩に行って来ます qù sàn yíhuìr bù(去散一会儿步). ¶子供も一緒に連れて来い bǎ háizi yě yìqǐ dàilái ba(把孩子也一起带来吧). ¶ヘリコプターが飛んで来た zhíshēng fēijī fēilai le(直升飞机飞来了). ¶大きな石が落ちて来た yí kuài dà shítou diàoxialai le(一块大石头掉下来了).

2[季節、時期、順番などが] lái(来). ¶春が来た chūntiān lái le(春天来了). ¶来る日も来る日も雨ばかりだ tiāntiānr xiàyǔ, méi ge qíngtiān(天天儿下雨, 没个晴天). ¶誕生日が来ると19歳になる dào shēngrì jiù shíjiǔ suì le(到生日就十九岁了). ¶別れの時が来た fēnbié de shíkè zhōngyú láilín le(分别的时刻终于来临了). ¶まだ順番は来ませんか hái méi lúndào wǒ ma?(还没轮到我吗?).

3[起因する, 由来する] ¶彼の病気は過労からきたものだ tā de bìng shì yóu guòyú láolèi yǐnqǐ de(他的病是由过于劳累引起的). ¶世代の差からくる意見の違い yóu shìdài bùtóng suǒ yǐnqǐ de yìjian bùtóng(由世代不同所引起的意见不同). ¶これは中国語からきた言葉だ zhège cí shì yóu Zhōngguóhuà lái de(这个词是由中国话来的).

4[…の状態になる] ¶事態はぬきさしならぬところまできた shìtài yǐ dàole jìntuìwéigǔ de dìbù(事态已到了进退维谷的地步). ¶自分の気持にぴったりこない bùhé zìjǐ de xīn(不合自己的心). ¶そうこなくちゃ面白くない bú zhèmezhe kě jiù méi yìsi(不这么着可就没意思).

5[次第に…になる, ずっと…する] ¶空が暗くなってきた tiānsè jiànjiàn hēixialai le(天色渐渐黑下来了). ¶電車が混んできた diànchē jiànjiàn yōngjǐ le(电车渐渐拥挤了). ¶世の中がだんだん分ってきた shèhuì shang de shìqing jiànjiàn de míngbai le(社会上的事情渐

渐渐地明白了).¶今日まで我慢に我慢を重ねてきた wǒ yìzhí rěnshòu dào jīntiān (我一直忍受到今天).¶何とか今日までやってきた hǎodǎi áodàole jīntiān (好歹熬到了今天).

6〔…とくると,…ときている〕¶野球とくると飯より好きだ yì tíqǐ bàngqiú de shì jiù gùbude chīfàn le (一提起棒球的事就顾不得吃饭了).¶彼女ときたら礼状もよこさない是 tā nàge rén lián fēng gǎnxièxìn yě bù xiěláí (她那个人连封感谢信也不写来).¶それが又安いときたら tā yòu tèbié piányi (又特别便宜).

く・る【繰る】 ¶糸を～ dáo xiàn (捯线).¶画報のページを～る fānyuè huàbào (翻阅画报).¶日数を～ってクリスマスを待つ bānzhe zhítou pàn Shèngdànjié (扳着指头盼圣诞节).

ぐる chuàntōng (串通), tōngtóng (通同), yíqì[r] (一气[儿]).¶お前はあいつらと～だ nǐ shì gēn tāmen chuàntōng yíqì de (你是跟他们串通一气的).¶～になって人をいじめる yì bíkǒng chūqì qīfu rén (一鼻孔出气欺负人).¶皆で～になって私をだました tāmen tōngtóng yíqì piàn wǒ (他们通同一气骗我).

くるい【狂い】 ¶こうした精密機械にはわずかの～も許されない zhè zhǒng jīngmì de jīqì, jiùshì wēixiǎo de piānchā yě bù róngxǔ (这种精密的机器,就是微小的偏差也不容许).¶俺の目には～はない wǒ de yǎnguāng méi kàncuò (我的眼光没看错).

くるいざき【狂い咲き】 ¶～の桜 bùhé shílìng de yīnghuā (不合时令的樱花).¶梅が～する méihuā kāide búshì shíhou (梅花开得不合季节).

くる・う【狂う】 **1**〔気が違う〕 fēng (疯), fāfēng (发疯).¶彼は頭が～っている tā fēng le (他疯了).¶悲しみのあまり気も～わんばかりだ bēitòngde jiǎnzhí yào fāfēng le (悲痛得简直要发疯了).¶～ったように泣きわめく xiàng fāle fēng shìde dà kū dà hǎn (像发了疯似的大哭大喊).

2〔夢中になる〕 ¶ぱちんこに～う jiào dǔbó míle xīnqiào (叫赌博迷了心窍).¶群衆は踊り～って夜を明かした qúnzhòng kuángwǔ dào tiānmíng (群众狂舞到天明).

3〔乱れる,外れる〕 ¶この時計は～っている zhège biǎo bù zhǔn (这个表不准).¶カードの順序が～っている kǎpiàn de shùnxù luàn le (卡片的顺序乱了).¶雨で日程が～った yóuyú xiàyǔ rìchéng dǎluàn le (由于下雨日程打乱了).¶ねらいが～って人に当った miáowāi le, dǎzháole rén (瞄歪了,打着了人).¶見込が～って大赤字を出した gūjì cuò le, péile dàqián (估计错了,赔了大钱).

クルー chéngwùyuán (乘务员); jīzǔ (机组); sàitǐng duìyuán (赛艇队员).

クルーザー yuǎnháng dàxíng fānchuán (远航大型帆船), yuǎnháng dàxíng kuàitǐng (远航大型快艇).

グループ xiǎozǔ (小组); qúntǐ (群体); jítuán (集团).¶子供達を5つの～に分ける bǎ háizi fēnchéng wǔ ge xiǎozǔ (把孩子分成五个小组).¶～に分れて討論する fēn zǔ tǎolùn (分组讨论).

くるくる tuántuán (团团), tuántuánzhuàn (团团转), dīliūr (滴溜儿), dīliūliū (滴溜溜), gūliūliū (骨溜溜), dǎzhuàn[r] (打转[儿]), dǎzhuànzhuàn (打转转).¶独楽(ゴマ)が～まわる tuóluó tuántuán xuánzhuàn (陀螺团团旋转).¶少年は目を～させた nàge shàonián yǎnzhūzi dīliūliū de dǎzhuàn (那个少年眼珠子滴溜溜地打转).¶ポスターを～と巻く bǎ xuānchuánhuà juǎnqilai (把宣传画卷起来).¶朝から晩までこまねずみのように～働く cóng zǎo dào wǎn mángde xiàng xiǎobáishǔ nàyàng tuántuánzhuàn (从早到晚忙得像小白鼠那样团团转).¶あの人は言うことが～変る tā nàge rén shuōhuà lǎo biànlái-biànqù méi zhǔntour (他那个人说话老变来变去没准头儿).

ぐるぐる tuántuán (团团), tuántuánzhuàn (团团转), dīliūr (滴溜儿), dīliūliū (滴溜溜), gūliūliū (骨溜溜), dǎzhuàn[r] (打转[儿]), dǎzhuànzhuàn (打转转).¶ろくろが～まわる lùlu zài dǎzhuàn (辘轳在打转).¶迷って同じ所を～まわっていた míle lù, zài yí ge dìfang dōuquānr [tuántuánzhuàn] (迷了路,在一个地方兜圈儿[团团转]).¶包帯を～巻く bēngdài chánle yì quān yòu yì quān (绷带缠了一圈又一圈).

くるし・い【苦しい】 **1**〔苦痛だ〕nánshòu (难受), kùnnan (困难), tòngkǔ (痛苦).¶ベルトがきつくて～い pídài lēide huāng (皮带勒得慌).¶息が～い hūxī kùnnan (呼吸困难).¶～そうで見ていられない tòngkǔ de yàngzi shǐ rén bùrěn kànxiaqu (痛苦的样子使人不忍看下去).¶胸がしめつけられるように～い xīnwōr xiàng bèi shénme jiūzhù shìde gǎndào nánshòu (心窝儿像被什么揪住似的感到难受).

2〔困難だ〕 kǔ (苦), jiānkǔ (艰苦), jiānnán (艰难), jiānxīn (艰辛), kùnkǔ (困苦), kùnnan (困难).¶生活が～い shēnghuó kùnnan [kǔ] (生活困难[苦]).¶彼は～い立場に追い込まれた tā bèi bīdào kùnnan de jìngdì (他被逼到困难的境地).¶～い境遇 xīnsuān jìngyù (他陷于困境).¶～い練習に耐えた jīngshòule jiānkǔ de xùnliàn (经受了艰苦的训练).¶～い時の神頼み píngshí bù shāoxiāng, jí lái bào fójiǎo (平时不烧香,急来抱佛脚).

3〔無理だ〕 ¶～い言訳をする miǎnqiǎng de biànjiě (勉强地辩解).¶それは～い解釈だ nà jiěshì wánrán tài qiānqiǎng-fùhuì (那解释未免太牵强附会).

くるしまぎれ【苦し紛れ】 ¶～に嘘をつく pòbùdéyǐ sāle ge huǎng (迫不得已扯了个谎).¶あいつは～に何をしでかすか分らない nà jiāhuo gǒu jí tiào qiáng, shuōbudìng huì gànchū shénme shì lái (那家伙狗急跳墙,说不定会干出什么事来).

くるしみ【苦しみ】 kǔ (苦), tòngkǔ (痛苦), kǔchu (苦处), kǔchǔ (苦楚), jíkǔ (疾苦).¶人生の～を味わった bǎocháng rénshēng de xīnsuān (饱尝人生的辛酸).¶地獄の～ dìyù zhī kǔ (地狱之苦).

くるし・む【苦しむ】 1〔苦痛を感ずる〕tòngkǔ (痛苦), nǎo (苦恼). ¶ぜんそくで～む bèi qìchuǎn zhémó (被气喘折磨). ¶父は～まずに息を引き取った fùqīn háo wú tòngkǔ ānxiáng de yànle qì (父亲毫无痛苦安详地咽了气). ¶罪の意識に～む yìshidào zuì'è ér tòngkǔ (意识到罪恶而痛苦).
2〔困る〕kǔ (苦), kùn (困), nán (难), kùnnan (困难). ¶物資の欠乏に～む kǔyú quēfá wùzī (苦于缺乏物资) / wéi wùzī quēfá suǒ kǔ (为物资缺乏所苦). ¶職を失って生活に～んでい shīle yè wéi shēnghuó suǒ kùn (失了业为生活所困). ¶彼の態度は理解に～む tā de tàidu zhēn jiào rén nányú lǐjiě (他的态度真叫人难于理解).

くるし・める【苦しめる】 zhémó (折磨), mózhé (磨折). ¶そんなに自分を～めるな bié nàme zhémó zìjǐ (别那么折磨自己). ¶長年神経痛に～められてきた duōnián bèi shénjīngtòng zhémó (多年被神经痛折磨). ¶試験に～められる wèi kǎoshì huóshòuzuì (为考试活受罪). ¶奇計を用いて敵をさんざん～める yòng qíjì shǐ dírén píyú bēnmìng (用奇计使敌人疲于奔命).

グルタミンさん【グルタミン酸】 gǔ'ānsuān (谷氨酸).

くるびょう【佝僂病】 gōulóubìng (佝偻病), ruǎngǔbìng (软骨病).

くるぶし【踝】 huái (踝), huáizǐgǔ (踝子骨).

くるま【車】 1〔車輪〕lúnzi (轮子), chēlún (车轮).
2 chē (车), chēzi (车子), qìchē (汽车), jiàochē (轿车). ¶～に乗る shàng[chéng/dā]chē (上[乗/搭]车). ¶この通りは～の往来が激しい zhè tiáo jiē chēliàng chuānliú-bùxī (这条街车辆川流不息). ¶会社までは～で 30 分ぐらいだ dào gōngsī zuò qìchē yào sānshí lái fēnzhōng (到公司坐汽车要三十来分钟). ¶荷物を～で運ぶ yòng qìchē yùnhuò (用汽车运货). ¶～をとばして駆けつけた qūchē gǎnlái le (驱车赶来了).

くるまいす【車椅子】 lúnyǐ (轮椅).

くるまえび【車海老】 duìxiā (对虾).

くるまざ【車座】 ¶～になって座る wéichéng yì quānr zuòxialai (围成一圈ル坐下来).

くるまへん【車偏】 chēzìpángr (车字旁ル).

くるま・る guǒ(裹). ¶布団に～って寝る guǒzài bèizili shuì (裹在被子里睡) / zuān bèiwōli shuìjiào (钻被窝里睡觉).

くるみ【胡桃】 hétao (核桃), hútáo (胡桃); [仁] hétaorén (核桃仁). ¶～を割る zá hétao (砸核桃).

-ぐるみ ¶家族～で応援する jǔ jiā shēngyuán (举家声援). ¶町～の反対運動を繰り広げる quánchéng níngchéng yì gǔ shéng xiānqǐle fǎnduì yùndòng (全镇拧成一股绳掀起了反对运动). ¶皮～飲み込んでしまった dài pí zhěnggè tūnxiaqu le (带皮整个吞下去了).

くる・む【包む】 bāo (包), bāoguǒ (包裹). ¶赤ん坊を毛布で～ yòng máotǎn bāo háizi (用毛毯包孩子).

グルメ měishíjiā (美食家).

くるりと ¶～後ろを向いて逃げ出した zhuǎnguò shēn sātuī jiù pǎo le (转过身撒腿就跑了). ¶～とんぼ返りをする zòngshēn fān yí ge kōngxīn gēntou (纵身翻一个空心跟头). ¶彼は～態度を変えた tā yíxiàzi gǎibiànle tàidu (他一下子改变了态度).

ぐるりと ¶島を～一周する rào dǎo yì quānr (绕岛一圈ル). ¶学生に～取り巻かれた jiàoxuéshēng tuántuán wéizhù le (叫学生团团围住了). ¶～まわりを見回す huánshì sìzhōu (环视四周).

くるわ・せる【狂わせる】 dǎluàn (打乱), jiǎoluàn (搅乱). ¶大雪がダイヤを～せた yóuyú dàxuě huǒchē yùnxíng shíjiān dǎluàn le (由于大雪火车运行时间打乱了). ¶何が彼の判断を～せたのだろう shì shénme shǐ tā de pànduàn fāshēngle cuòwù? (是什么使他的判断发生了错误?). ¶彼のわがままが皆の足並を～せた tā de rènxìng jiǎoluànle dàjiā de bùdiào (他的任性搅乱了大家的步调). ¶思わぬ事故が仕事の計画を～せた yìwài de shìgù dǎluànle gōngzuò jìhuà (意外的事故打乱了工作计划).

くれ【暮】 1〔夕方〕rìmù (日暮), xīmù (夕暮), huánghūn (黄昏), bàngwǎn (傍晚), rìmò (日没). ¶日～になると寒くなる yí dào rìluò, jiù lěngle qǐlái (一到日落, 就冷了起来).
2〔年末〕niándǐ (年底), niánzhōng (年终), suìmò (岁末). ¶年の～は忙しい niándǐ hěn máng (年底很忙). ¶～の大売出し niánzhōng dàjiànmài (年终大贱卖).

クレー niántǔ (黏土), táotǔ (陶土); [スポーツ] fēidié (飞碟). ¶～射撃 fēidié shèjī (飞碟射击). ¶～コート sānhétǔ qiúchǎng (三合土球场).

クレーター huánxíngshān (环形山).

グレード pǐnjí (品级), pǐnwèi (品位), dàngcì (档次), děngjí (等级). ¶～アップする tígāo pǐnjí (提高品级).

クレープ zhòushā (绉纱), zhòubù (绉布), zhòuchóu (绉绸). ¶～デシン shuāngzhòu (双绉). ～ペーパー zhòuzhǐ (绉纸) / zhòuwénzhǐ (绉纹纸).

グレープフルーツ pútaoyòu (葡萄柚), zhūluán (朱栾).

クレーム suǒpéi (索赔), yāoqiú péicháng sǔnshī quán (要求赔偿损失权). ¶メーカーに～をつける xiàng chǎngjiā suǒpéi (向厂家索赔) / xiàng chǎngjiā tíchū péicháng sǔnshī de yāoqiú (向厂家提出赔偿损失的要求).

クレーン qǐzhòngjī (起重机), diàochē (吊车).

クレオソート záfēnyóu (杂酚油), mùliúyóu (木馏油).

くれぐれも【呉呉も】 ¶～お体をお大事に qǐng nín qiānwàn bǎozhòng shēntǐ (请您千万保重身体). ¶～御主人によろしくお伝え下さい qǐng xiàng nín zhàngfu zhuǎndá wǒ yīnqiè de wènhòu (请向您丈夫转达我殷切的问候). ¶娘を～よろしくお願い致します qǐng nín fèi-

xīn duōduō guānzhào wǒ nǚ'ér(请您费心多多关照我女儿).

クレジットカード xìnyòngkǎ(信用卡).

クレゾール jiǎfēn(甲酚), méifēn(煤酚).

ぐれつ【愚劣】 yúchǔn(愚蠢), huāngtáng(荒唐). ¶～極まる行為 jíqí yúchǔn de xíngwéi(极其愚蠢的行为). ¶～な映画 huāngtáng de diànyǐng(荒唐的电影).

くれない【紅】 xiānhóng(鲜红), shēnhóng(深红), tōnghóng(通红). ¶夕焼けが西の空を～に染めた wǎnxiá rǎnhóngle xītiān(晚霞染红了西天).

クレバス bīngxì(冰隙).

クレヨン làbǐ(蜡笔).

く・れる【呉れる】 1〔与える〕gěi(给). ¶父が誕生日に万年筆を～れた bàba zài shēngrì sònggěile wǒ yì zhī gāngbǐ(爸爸在生日送给了我一枝钢笔). ¶お茶を1杯～れませんか kěyǐ gěi wǒ yì bēi chá hē ma?(可以给我一杯茶喝吗?). ¶あいつに金を～れてやった gěile tā xiē qián(给了他些钱).

2〔…してくれる〕 ¶何もかも話して～れませんか qǐng yīwǔ-yìshí de gàosu wǒ ba(请一五一十地告诉我吧). ¶よく来て～れたね nǐ lái le, huānyíng huānyíng(你来了, 欢迎欢迎). ¶困ったことをして～れたな nǐ kě zhēn gěi wǒ rě le máfan[chuǎngle huò](你可真给我惹了麻烦[闯了祸]). ¶その鞄を取って～れ bǎ nàge tíbāo dìgěi wǒ(把那个提包递给我). ¶早く帰らせて～れ ràng wǒ zǎo diǎnr huíqu ba(让我早点儿回去吧).

く・れる【暮れる】 1〔日が〕hēi(黑), luòhēi(落黑). ¶もうすぐ日が～れる tiān kuài hēi le(天快黑了) / tàiyáng kuài luòshān le(太阳快落山了). ¶日の～れないうちに帰ろう chènzhe tiān hái méi luòhēi, zán kuài huíqu ba(趁着天还没落黑, 咱快回去吧). ¶今日も無事に～れた jīntiān yě píngpíng'ān'ān guòqu le(今天也平平安安过去了).

2〔季節, 年が〕 ¶秋も～れて冬の気配が濃くなった qiūsè jiāng jìn, dōngtiān de qìxī yuèláiyuè nóng le(秋色将尽, 冬天的气息越来越浓了). ¶あと1週間で今年も～れる zài guò yí ge xīngqí jiù dào niánguān le(再过一个星期就到年关了).

3〔思案, 悲しみなどに〕 ¶思案に～れる zěnme xiǎng yě xiǎngbuchū bànfǎ(怎么想也想不出办法). ¶彼女は夫に死なれて悲嘆に～れた zhàngfu shìshì tā bēitàn bùyǐ(丈夫逝世她悲叹不已).

ぐ・れる xuéhuài(学坏). ¶受験に失敗してから～れ出した dǎ méi kǎoshàng xuéxiào jiù kāishǐ xuéhuài le(打没考上学校就开始学坏了).

くろ【黒】 1 hēi(黑). ¶～のスーツに身を包む chuān yìshēnr hēi xīfú(穿一身儿黑西服). ¶～髪 hēifà(黑发). ¶～雲 hēiyún(黑云) / wūyún(乌云). ¶～眼鏡 mòjìng(墨镜).

2〔犯罪などで〕 ¶今のところ～とも白とも言えない xiànzài nányú duàndìng shìfǒu tā fàn de zuì(现在难于断定是否他犯的罪).

くろ・い【黒い】 hēi(黑). ¶髪を～く染める bǎ tóufa rǎnhēi(把头发染黑). ¶天井がすすで～くなった tiānhuābǎn bèi yān xūnhēi le(天花板被烟熏黑了). ¶日焼けした～い顔 shàihēile de liǎn(晒黑了的脸). ¶空一面に～い雲がたれこめている mǎntiān wūyún mìbù(满天乌云密布). ¶腹の～い男 hēixīn de jiāhuo(黑心的家伙) / xīn hēi de rén(心黑的人) / xīnhěnshǒulà de rén(心狠手辣的人).

くろう【苦労】 láokǔ(劳苦), xīnkǔ(辛苦), chīkǔ(吃苦); shòukǔ(受苦). ¶～して稼いだ金 xīnxīn-kǔkǔ zhuànlai de qián(辛辛苦苦赚来的钱). ¶学生時代語学で～した xuésheng shídài wàiyǔ kě jiào wǒ fèile jiǔ niú èr hǔ zhī lì(学生时代外语可费了我九牛二虎之力). ¶この切符を手に入れるのに大変こした wèile nòng zhè zhāng piào kě fèile niújìnr(为了弄这张票可费了牛劲儿). ¶彼は温室育ちで～を知らない tā shì zài wēnshìli zhǎngdà de, yìdiǎnr yě méi chīguo kǔ(他是在温室里长大的, 一点儿也没吃过苦). ¶子供が多いので～が絶えない háizi duō, cāoxīn de shì yí ge jiē yí ge lǎo méi wán(孩子多, 操心的事一个接一个老没完). ¶体が弱かったので親に～をかけた wǒ shēntǐ ruò, jiào fùmǔ cāole bùshǎo xīn(我身体弱, 叫父母操了不少心). ¶～の甲斐あってついに成功した méi bái qīngzhù xīnxuè, zhōngyú chénggōng le(没白倾注心血, 终于成功了). ¶彼とは長年～を共にしてきた gēn tā duōniánlái tónggān-gòngkǔ, bǎo jīngle fēngshuāng(跟他多年来同甘共苦, 饱经了风霜). ¶これでもなかなか人に言えない～がある bié kàn zhèyàng, wǒ yě yǒu shuō bu chūlái de kǔzhōng(别看这样, 我也有说不出来的苦衷). ¶彼はなかなかの～人 tā shì ge guòláirén(他可是个过来人). ¶～性の人 hào cāoxīn duō lǜ de rén(好操心多虑的人).

ぐろう【愚弄】 yúnòng(愚弄). ¶人を～するにも程がある yúnòng rén yě tài guòfèn le(愚弄人太过分了).

くろうと【玄人】 hángjia(行家), tōngjiā(通家), nèihángrén(内行人), lǐshǒu(里手). ¶彼はその道の～だ tā shì nà fāngmiàn de hángjia lǐshǒu(他是那方面的行家里手) / tā nà fāngmiàn shífēn zàiháng(他那方面十分在行). ¶彼の料理は～はだしだ tā zuò de cài bú yàyú nèihángrén[hěn zàiháng](他做的菜不亚于内行人[很在行]).

クローク yīmàojiān(衣帽间), cúnyīchù(存衣处).

クロース bù(布). ¶～装の本 bùmiàn jīngzhuāng de shū(布面精装的书).

¶テーブル～ zhuōbù(桌布) / táibù(台布).

クローズアップ tèxiě(特写). ¶エネルギー問題が～されていた néngyuán wèntí yǐnqǐ shèhuì de zhùmù le(能源问题引起社会的注目了).

¶～シーン tèxiě jìngtóu(特写镜头).

クローネ kèlǎng(克朗).

クローバー báichēzhóucǎo(白车轴草), báihuā

mùxu(白花苜蓿), jīnhuācǎo(金花草).

グローバル quánqiú de(全球的), huánqiú de(环球的). ¶～な視野で考える yǐ quánqiúxìng de shìyě sīkǎo(以全球性的视野思考).

グローブ shǒutào(手套). ¶野球の～ bàngqiú shǒutào(棒球手套). ¶ボクシングの～ quánjī shǒutào(拳击手套).

クロール páyǒng(爬泳), zìyóuyǒng(自由泳).

クローン kèlóng(克隆), wúxìngxì(无性系), wúxìng fánzhíxì(无性繁殖系), wúxìng fánzhí jìshù(无性繁殖技术). ¶～羊 kèlóngyáng(克隆羊).

くろぐろ【黒黒】 hēiyōuyōu(黑油油・黑幽幽・黑黝黝), hēiqūqū(黑黢黢), wūhēi(乌黑). ¶年は50だというのに髪はまだ～としている nián guò bànbǎi, tóufa hái ˇhēiyōuyōu[wūyōuyōu/wūliàng]˘ de(年过半百, 头发还ˇ黑油油[乌油油/乌亮]˘的). ¶寺の塔が夜空に～とそびえている sìyuàn de fótǎ hēiqūqū de chùlì zài yèkōng(寺院的佛塔黑黢黢地矗立在夜空). ¶墨と書く yòng nóngmò xiě(用浓墨写).

くろこげ【黒焦げ】 jiāohēi(焦黑). ¶～の死体 jiāohēile de shītǐ(焦黑了的尸体).

くろざとう【黒砂糖】 hóngtáng(红糖), hēitáng(黑糖), huángtáng(黄糖).

くろじ【黒字】 yínglì(赢利・盈利), yíngyú(赢余・盈余). ¶今月やっと～になった zhè yuè hǎoróngyì cái yǒule yínglì(这月好容易才有了赢利). ¶貿易は大幅な～だ màoyì yǒu dàfúdù shùnchā(贸易有大幅度顺差).

クロス ¶～カントリー yuèyě sàipǎo(越野赛跑). ～ワードパズル zònghéng zìmí(纵横字谜).

グロス 〔12ダース〕luó(罗).

くろず・む【黒ずむ】 méiyǎn xūnde qiángbì fāhēi(煤烟熏得墙壁发黑). ¶目の縁が～んでいる yǎnkuàngzi fāqīng le(眼眶子发青了).

くろだい【黒鯛】 hēidiāo(黑鲷), wūjiáyú(乌颊鱼).

クロッカス fānhónghuā(番红花).

クロッキー sùxiě(速写).

グロッキー 〔パンチを浴びて〕～になる áile quántou yūntóu zhuànxiàng, jiǎobù liàngqiàng(挨了拳头晕头转向, 脚步踉跄). ¶このところ忙しくて～気味だ zhèi jǐ tiān mángde ˇgǔjiàsì yào sǎn[jīnpí-lìjìn]˘ le(这几天忙得ˇ骨架子要散[筋疲力尽]˘了).

くろつち【黒土】 hēitǔ(黑土), hēirǎng(黑壤).

グロテスク qí xíng guài zhuàng(奇形怪状).

くろぼし【黒星】 ¶これは明らかに彼の～だ zhè hěn míngxiǎn shì tā shībài le(这很明显是他失败了).

くろまく【黒幕】 hēishǒu(黑手), qiānxiànrén(牵线人), hòutái(后台), mùhòu(幕后). ¶政界の～ zhèngjiè de hēimù(政界的黑手). ¶事件の～は彼だ shìjiàn de qiānxiànrén shì tā(事件的牵线人是他).

くろまつ【黒松】 Rìběn hēisōng(日本黑松).

くろまめ【黒豆】 hēidòu(黑豆).

クロム gè(铬), kèluómǐ(克罗米). ¶～メッキ dùgè(镀铬).

くろめ【黒目】 hēiyǎnzhū[r](黑眼珠[儿]), yǎnhēi(眼黑). ¶～がちの少女 yǎnzhū yòu dà yòu hēi de shàonǚ(眼珠又大又黑的少女).

くろやま【黒山】 hēiyāyā(黑压压・黑鸦鸦), hēihūhū(黑糊糊・黑乎乎). ¶現場は～の人だかりだった xiànchǎng wéizhe hēiyāyā de yí dà qún rén(现场围着黑压压的一大群人).

クロレラ xiǎoqiúzǎo(小球藻).

クロロフィル yèlǜsù(叶绿素).

クロロホルム lǜfǎng(氯仿), gēluófǎng(哥罗仿), sānlǜjiǎwán(三氯甲烷).

クロロマイセチン lǜméisù(氯霉素).

くろわく【黒枠】 hēi biān(黑边), hēi kuàng(黑框). ¶～付きの写真 kuāngyǒu hēi biān de xiàngpiàn(框有黑边的相片).

クロワッサン niújiǎo miànbāo(牛角面包).

くわ【桑】 sāng(桑). ¶～を摘む zhāi sāngyè(摘桑叶)/ cǎi sāng(采桑). ¶～の実 sāng-shèn(桑葚)/ sāngrènr(桑葚儿).
¶～畑 sāngtián(桑田).

くわ【鍬】 chú(锄), chútou(锄头). ¶未開墾の土地に～を入れる xiàng wèikāikěndì xià dìyī chú(向未开垦地下第一锄). ¶ひと～ひと～土を掘り起す yì chú yì chú de páo tǔ(一锄一锄地刨土).

くわい【慈姑】 cígu(慈姑・茨菰).

くわ・える【加える】 1〔足す, 増す〕jiā(加), tiān(添), xù(续). ¶1に2を～えると3になる yī jiā èr děngyú sān(一加二等于三). ¶彼女も仲間に～えよう ràng tā yě jiārù ba(让她也加入吧). ¶もう少し水を～える zài xù diǎnr shuǐ(再续点儿水). ¶新たに3頁書き～えた jiāxiěle sān yè(加写了三页). ¶雨も激しくなってきた xiàzhe dàyǔ, fēng yě dàqǐlai le(下着大雨, 风也大起来了). ¶車はますますスピードを～えた qìchē yuèláiyuè jiākuàile sùdù(汽车越来越加快了速度). ¶戦争は日増しに激しさの度を～えた zhànzhēng yìtiān bǐ yìtiān jīliè(战争一天比一天激烈).

2〔与える, 施す〕jiā(加), jiāyǐ(加以), shījiā(施加). ¶物体に力を～える wǎng wùtǐ shījiā lì(往物体施加力). ¶敵に致命的な打撃を～える gěi dírén yǐ zhìmìng de dǎjī(给敌人以致命的打击). ¶負傷者に応急手当を～える duì shāngyuán jìnxíng jíjiù chǔlǐ(对伤员进行急救处理).

くわ・える【銜える】 diāo(叼), xián(衔). ¶うらやましそうに指を～えて眺めている diāozhe zhǐtou xiànmù de kànzhe(叼着指头羡慕地看着). ¶猫が魚を～えて行った māo diāozhe yú le(猫叼走了鱼了). ¶～煙草で仕事をしている zuǐli diāozhe yānjuǎnr gàn huór ne(嘴里叼着烟卷儿干活儿呢).

くわがたむし【鍬形虫】 qiāojiǎchóng(锹甲虫).

くわし・い【詳しい】 1〔詳細だ〕xiángxì(详细). ¶～い地図を書いて下さい qǐng gěi huà zhāng xiángxì de dìtú(请给画张详细的地图). ¶事情を～く説明する xiángxì de shuōmíng qíngkuàng(详细地说明情况)/ bǎ qíngkuàng

xiángjiā jiěshì(把情况详加解释). ¶~くは知りません bútài qīngchu xiángxì de qíngkuàng(不太清楚详细的情况)/ bù zhī xiángqíng(不知详情).

2〖精通している〗shú(熟), shúxī(熟悉), shúzhī(熟知), shúxí(熟习). ¶彼女はこの辺の地理に~い tā duì zhè yídài de dìlǐ hěn shú(她对这一带的地理很熟). ¶内部事情に~い者の仕業に違いない yídìng shì shúzhī nèiqíng de rén gàn de(一定是熟知内情的人干的). ¶その方面については彼が~い guānyú nà fāngmiàn tā hěn zàiháng(关于那方面他很在行).

くわ・す〖食わす〗¶何でもいいから~してくれ shénme dōu xíng, kuài gěi wǒ chī diǎnr shénme ba(什么都行,快给我吃点儿什么吧). ¶あの店はうまい料理を~す zài nà jiā càiguǎn néng chīshàng hǎocài(在那家菜馆能吃上好菜). ¶この収入では家族を~していけない zhèmediǎnr shōurù ˈyǎnghuo bu liǎo yìjiārén [yìjiārén húbuliǎo kǒu](这么点儿收入ˈ养活不了一家人[一家人糊不了口]). ¶奴にまんまと一杯~された wánquán shòule nà jiāhuo de piàn(完全受了那家伙的骗).

くわずぎらい〖食わず嫌い〗¶この子は~が多くて困る zhè háizi méi zhān zuǐ jiù shuō bú ài chī, jiào rén méi bànfǎ(这孩子没沾嘴就说不爱吃,叫人没办法). ¶君が釣をしたがらないのは~というものだ nǐ bù xǐhuan diàoyú, wánquán shì nǐ méi diàoguo yú de yuángù(你不喜欢钓鱼,完全是你没钓过鱼的缘故).

くわせもの〖食わせ物〗¶おとなしそうな顔をしているがとんだ~だ bié kàn tā nà lǎoshi bājiārde, qíshí shì ge huátóu(别看他那老实巴交儿的,其实是个滑头). ¶夜店で~をつかまされた zài yèshì mǎile ˈyuānrén de jiǎhuò [chīkuī shàngdàng de huò](在夜市买了ˈ冤人的假货[吃亏上当的货]).

くわだ・てる〖企てる〗jìhuà(计划), xītú(希图), móuhuà(谋划), túmóu(图谋), qǐtú(企图). ¶新しい事業を~てる jìhuà xīn de shìyè(计划新的事业). ¶謀反を~てる túmóu bùguǐ(图谋不轨). ¶政府転覆の~てに失敗した diānfù zhèngfǔ de qǐtú shībài le(颠覆政府的企图失败了).

くわわ・る〖加わる〗**1**〖付加される,増す〗jiā(加), jiāshàng(加上), tiān(添), zēngtiān(增添). ¶夕刻から雨に風が~った cóng bàngwǎn qǐ fēngyǔ jiāojiā le(从傍晚起风雨交加了). ¶日増しに寒さが~ってきた hánlěng yǔ rì jù zēng(寒冷与日俱增). ¶鉄橋を過ぎると列車は急にスピードが~った zhè yí guò tiěqiáo, lièchē tūrán sùdù jiākuài le(一过铁桥,列车突然速度加快了).

2〖参加する〗cānjiā(参加), jiārù(加入), cānyù(参与). ¶競技に~る cānjiā bǐsài(参加比赛). ¶農民代表として代表団に~り訪中した zuòwéi nóngmín dàibiǎo jiārù dàibiǎotuán fǎngwènle Zhōngguó(作为农民代表加入代表团访问了中国). ¶計画立案に~る cānyù zhìdìng jìhuà(参与制订计划).

3〖及ぶ〗¶上部から圧力が~り計画は中止された yóuyú shàngtou shījiā de yālì, jìhuà zhōngzhǐ le(由于上头施加的压力,计划中止了).

ぐん〖軍〗jūnduì(军队). ¶数万の~を率いて進む shuàilǐng shùwàn dàjūn qiánjìn(率领数万大军前进). ¶~を背景に政策を強行する yǐ jūnduì wéi hòudùn qiángzhì shīxíng zhèngcè(以军队为后盾强制施行政策).

ぐん〖群〗qún(群). ¶~一つの野犬 yì qún yěgǒu(一群野狗). ¶烏が~をなして飛んで来た wūyā chéngqún fēilái le(乌鸦成群飞来了). ¶彼の成績は~を抜いている tā xuéxí chéngjì hěn bájiān儿(他学习成绩很拔尖儿). ¶流星~ liúxīngqún(流星群).

ぐんい〖軍医〗jūnyī(军医).

ぐんか〖軍歌〗jūngē(军歌), zhàngē(战歌).

くんかい〖訓戒・訓誡〗xùnjiè(训诫·训戒). ¶生徒に~を垂れる xùnjiè xuésheng(训戒学生).

ぐんがく〖軍楽〗jūnyuè(军乐). ¶~隊 jūnyuèduì(军乐队).

ぐんかん〖軍艦〗jūnjiàn(军舰), bīngjiàn(兵舰). ¶~旗 jūnjiànqí(军舰旗).

ぐんき〖軍紀〗jūnjì(军纪). ¶~を乱す rǎoluàn jūnjì(扰乱军纪).

ぐんき〖軍旗〗jūnqí(军旗).

ぐんき〖軍機〗jūnjī(军机), jūnshì jīmì(军事机密). ¶~を漏らす xièlòu jūnjī(泄漏军机).

ぐんきん〖群菌〗qúnjú(群居).

ぐんぐん¶病気が~よくなる bìng rìjiàn hǎozhuǎn(病日见好转). ¶この子はこの1年~背が伸びた zhè háizi zài zhè yì nián ˈjiànzhǎng de [yígejìnr de zhǎng] le(这孩子在这一年ˈ见长一个劲儿地长了). ¶精進の甲斐あって~上達した xiàle kǔgōngfu, dà yǒu zhǎngjìn(下了苦工夫,大有长进).

くんこ〖訓詁〗xùngǔ(训诂). ¶~学 xùngǔxué(训诂学).

くんこう〖勲功〗gōngxūn(功勋), xūnjì(勋绩), xūnyè(勋业). ¶赫々たる~をたてる lǚjiàn huīhuáng gōngxūn(屡建辉煌功勋).

ぐんこう〖軍港〗jūngǎng(军港).

ぐんこく〖軍国〗jūnguó(军国). ¶~主義 jūnguózhǔyì(军国主义). ~主義者 jūnguózhǔyìzhě(军国主义者).

くんし〖君子〗jūnzǐ(君子). ¶~は危うきに近寄らず jūnzǐ bú jìn wēi(君子不近危). ¶~の交わり jūnzǐ zhī jiāo(君子之交). ¶~蘭 jūnzǐlán(君子兰).

くんじ〖訓示〗xùnshì(训示). ¶部下に~を与える xiàng bùxià xùnshì(向部下训示).

くんじ〖訓辞〗xùncí(训词). ¶校長が~を述べる xiàozhǎng zhì xùncí(校长致训词).

ぐんし〖軍使〗jūnshǐ(军使).

ぐんし〖軍師〗jūnshī(军师). ¶彼はなかなかの~だ tā shì yí wèi yǒu shēnmóu-yuǎnlǜ de jūnshī(他是一位有深谋远虑的军师).

ぐんじ〖軍事〗jūnshì(军事). ¶~行動に出る cǎiqǔ jūnshì xíngdòng(采取军事行动)/ sù zhū wǔlì(诉诸武力).

¶~援助 jūnshì yuánzhù(军事援助)/ jūn-

yuán(军援). ～基地 jūnshì jīdì(军事基地). ～顾问 jūnshì gùwèn(军事顾问). ～同盟 jūnshì tóngméng(军事同盟). ～费 jūnfèi(军费). ～法廷 jūnshì fǎtíng(军事法庭). ～予算 jūnshì yùsuàn(军事预算). ～力 jūnshì lìliang(军事力量).

ぐんしきん【軍資金】 ¶ 選挙の～を調達する chóucuò xuǎnjǔ de zījīn(筹措选举的资金).

くんしゅ【君主】 jūnzhǔ(君主). ～国 jūnzhǔguó(君主国). ～制 jūnzhǔzhì(君主制).

ぐんじゅ【軍需】 jūnxū(军需). ～工場 bīnggōngchǎng(兵工厂). ～産業 jūnshì gōngyè(军事工业)/ jūngōng(军工). ～品 jūnxūpǐn(军需品).

ぐんしゅう【群衆】 qúnzhòng(群众), rénqún(人群). ¶～をかき分けて進む bālakāi rénqún wǎng qián zǒu(扒拉开人群往前走). ¶ 沿道の～に手を振る yántú qúnzhòng zhāoshǒu(向沿途群众招手).

ぐんしゅう【群集】 qúnjí(群集). ¶ 蜜蜂の～ mìfēng de qúnjí(蜜蜂的群集). ¶～心理 qúnjí xīnlǐ(群集心理).

ぐんしゅく【軍縮】 cáijūn(裁军). ¶～会議 cáijūn huìyì(裁军会议).

くんしょう【勲章】 xūnzhāng(勋章). ¶～をもらう huòdé xūnzhāng(获得勋章). ¶～を授ける shòuyǔ xūnzhāng(授与勋章).

くんじょう【燻蒸】 xūnzhēng(熏蒸). ～剤 xūnzhēngjì(熏蒸剂).

ぐんしょう【群小】 ¶～国家 zhòngxiǎo guójiā(众小国家). ¶～作家 wēi bù zú dào de wénrén(微不足道的文人).

ぐんじょう【群青】 qúnqīng(群青), fóqīng(佛青).

ぐんじん【軍人】 jūnrén(军人). ¶～になる dāng jūnrén(当军人). ¶職業～ zhíyè jūnrén(职业军人).

くんせい【燻製】 xūnzhì(熏制). ¶～にする xūnzhì fēiyú(熏制鲱鱼). ¶～の肉 xūnròu(熏肉).

ぐんせい【軍政】 jūnshì guǎnzhì(军事管制), jūnguǎn(军管). ¶～をしく shíxíng jūnshì guǎnzhì(实行军事管制).

ぐんせい【群生】 cóngshēng(丛生). ¶つつじが～している yìngshānhóng cóngshēngzhe(映山红丛生着).

ぐんせい【群棲】 qúnqī(群栖). ¶ この島にはペンギンが～している zhège dǎo shang yǒu qǐ'é qúnqī(这个岛上有企鹅群栖).

ぐんぜい【軍勢】 ¶ 3万の～を率いて攻め込んだ shuài dàjūn sānwàn jìngōng(率大军三万进攻). ¶ 新手の～を繰り出す pàichū shēnglìjūn(派出生力军).

ぐんせき【軍籍】 jūnjí(军籍).

ぐんぞう【群像】 qúnxiàng(群像).

ぐんぞく【軍属】 suíjūn zhígōng(随军职工).

ぐんたい【軍隊】 jūnduì(军队). ¶～に入る cānjūn(参军)/ rùwǔ(入伍). ¶～を出動させる chūdòng jūnduì(出动军队). ¶～生活を送る guò jūnduì de shēnghuó(过军队的生活).

ぐんだん【軍団】 jūntuán(军团).

ぐんて【軍手】 láodòng shāshǒutào(劳动纱手套).

くんでん【訓電】 diànlìng(电令), diànshì(电示).

ぐんと ¶ 以前より～良くなった bǐ yǐqián dà yǒu jìnbù(比以前大有进步)/ bǐ guòqù hǎode duō le(比过去好得多了).

くんとう【薫陶】 xūntáo(熏陶). ¶ 師の～を受ける shòu shī zhī xūntáo(受师之熏陶).

ぐんとう【軍刀】 jūndāo(军刀), zhàndāo(战刀).

ぐんとう【群島】 qúndǎo(群岛). ¶ フィリピン～ Fēilǜbīn qúndǎo(菲律宾群岛).

くんどく【訓読】 xùndú(训读).

ぐんば【軍馬】 jūnmǎ(军马), zhànmǎ(战马).

ぐんばい【軍配】 ¶ 彼に～が上がった pàn tā wéi shèng(判他为胜).

ぐんばつ【軍閥】 jūnfá(军阀).

ぐんび【軍備】 jūnbèi(军备). ¶～を拡張する kuòchōng jūnbèi(扩充军备)/ kuòjūn(扩军). ¶～を縮小する cáijiǎn jūnbèi(裁减军备)/ cáijūn(裁军).

ぐんぴ【軍費】 jūnfèi(军费).

ぐんぴょう【軍票】 jūnyòngpiào(军用票).

ぐんぶ【軍部】 ¶ 大資本が～と結託する dàzīběnjiā yǔ jūnshì dāngjú xiāng gōujié(大资本家与军事当局相勾结).

ぐんぶ【群舞】 qúnwǔ(群舞).

ぐんぷく【軍服】 jūnfú(军服), jūnzhuāng(军装).

ぐんぽう【軍法】 jūnfǎ(军法). ¶～会議 jūnfǎ shěnpàn(军法审判).

ぐんむ【軍務】 jūnwù(军务).

ぐんもん【軍門】 ¶ 敵の～にくだる tóuxiáng díjūn(投降敌军).

ぐんゆう【群雄】 qúnxióng(群雄). ¶～割拠 qúnxióng gējù(群雄割据).

ぐんよう【軍用】 jūnyòng(军用). ¶～機 jūnyòng fēijī(军用飞机). ¶～犬 jūnyòngquǎn(军用犬). ～道路 jūnyòng dàolù(军用道路).

ぐんらく【群落】 qúnluò(群落). ¶ 高山植物の～ gāoshān zhíwù de qúnluò(高山植物的群落).

ぐんりつ【軍律】 jūnjì(军纪).

くんりん【君臨】 jūnlín(君临). ¶ 神聖ローマ帝国に～したオットー大帝 jūnlín Shénshèng Luómǎ Dìguó de Èrtú Dàdì(君临神圣罗马帝国的鄂图大帝). ¶ 産業界に～する jūnlín chǎnyèjiè(君临产业界).

くんれい【訓令】 xùnlìng(训令). ¶～を発する fāchū xùnlìng(发出训令).

くんれん【訓練】 xùnliàn(训练). ¶ パイロットの～を受ける shòu fēixíngyuán de xùnliàn(受飞行员的训练). ¶ 普段の～が行き届いていたので被害が少なかった píngshí xùnliàn yǒu sù, sǔnshī jí xiǎo(平时训练有素,损失极小). ¶～された伝書鳩 zhuānmén xùnliàn de xìngē(专门训练的信鸽).

¶～飛行 xùnliàn fēixíng(训练飞行). 射撃～ shèjī xùnliàn(射击训练).

くんわ【訓話】 xùnhuà(训话).

け

け【毛】 máo (毛); [頭髪] tóufa (头发), máofà (毛发). ¶〜が生える zhǎng tóufa (长头发). ¶〜が抜ける tóufa tuōluò (头发脱落)/ diào tóufa (掉头发). ¶〜がふさふさしている tóufa nóngmì (头发浓密). ¶〜が薄くなった tóufa xīshū le (头发稀疏了). ¶動物の〜が抜け替る dòngwù 'tuōmáo[tuōyǔ] (动物)脱毛[脱羽]). ¶羊の〜を刈る jiǎn yángmáo (剪羊毛). ¶鶏の〜をむしる hāo jīmáo (薅鸡毛). ¶葉の表面に柔らかい〜がたくさん生えている yèzi biǎomiàn yǒu hěn duō xìmáo (叶子表面有很多细毛). ¶これは〜ですか, 綿ですか zhè shì máo de háishi mián de? (这是毛的还是棉的?). ¶教師といっても学生に〜の生えた程度と言うものです shuō shì ge jiàoshī, zhǐ búguò shì gāng cóng xuéxiào bìyè, chūchū-máolú bàle (说是个教师, 只不过是刚从学校毕业, 初出茅庐罢了). ¶彼は〜ほどの同情心も持ち合せていない tā lián yìdīngdiǎnr de tóngqíngxīn yě méiyǒu (他连一丁点儿的同情心也没有).

け【気】 ¶私にはリューマチの〜がある wǒ yǒu fēngshībìng zhēnghòu (我有风湿病征候). ¶若い娘なのにおしろい〜一つない yí ge niánqīng de gūniang jìng bù túzhī yě bù dǎban (一个年轻的姑娘竟不涂脂也不打扮).

け【卦】 guà (卦). ¶〜を見る zhān guà (占卦)/ dǎ guà (打卦)/ suàn guà (算卦).

-け【家】 jiā (家). ¶鈴木〜 Língmùjiā (铃木家).

げ【下】 xià (下). ¶彼女の成績はクラスで〜の方だ tā de chéngjì zài bānshang jiào chà (她的成绩在班上较差). ¶そんな事をする人間は〜の〜だ gàn nà zhǒng shì de rén bú shì rénzòude (干那种事的人不是人揍的).

¶〜の巻 xiàjuàn (下卷)/ xiàcè (下册)/ xiàjí (下集).

ケア hùlǐ (护理). ¶在宅〜 jiātíng hùlǐ (家庭护理). ディ〜 rìjiān hùlǐ (日间护理).

けあ・げる【蹴上げる】 ¶ボールを〜ける bǎ qiú xiàng shàng tī (把球向上踢). ¶馬が後脚を〜る mǎ liào juèzi (马尥蹶子).

けあな【毛穴】 hànkǒng (汗孔), máokǒng (毛孔).

けい【兄】 xiōng (兄). ¶〜たりがたく弟たりがたし nánxiōng-nándì (难兄难弟). ¶山田〜 Shāntián xiōng (山田兄).

けい【刑】 xíng (刑), xíngfá (刑罚). ¶懲役5年の〜に処せられた bèi pànchǔ wǔ nián túxíng (被判处五年徒刑). ¶〜に服する fúxíng (服刑). ¶〜を科する pànxíng (判刑).

けい【系】 xì (系), xìtǒng (系统). ¶神経〜の病気 shénjīng xìtǒng de bìng (神经系统的病). ¶太陽〜の惑星 tàiyángxì de xíngxīng (太阳系的行星). ¶保守〜の議員 shǔyú bǎoshǒu pàixì de yìyuán (属于保守派系的议员). ¶A社〜のデパート A gōngsī xìtǒng de bǎihuò gōngsī (A 公司系统的百货公司). ¶日〜米人 Rìběn xuètǒng de Měiguórén (日本血统的美国人).

けい【計】 **1**[計画, 計略] jì (计). ¶一年の〜は元旦にあり yìnián zhī jì zàiyú chūn (一年之计在于春). ¶国家百年の〜ma guójiā de bǎinián dàjì (国家的百年大计). ¶三十六〜逃ぐるにしかず sānshíliù 'jì [cè] zǒu wéi 'shàngjì [shàngcè] (三十六'计[策]走为'上计[上策]). **2**[合計] héjì (合计), gòngjì (共计), zǒngjì (总计). ¶〜6000円になる gòngjì liùqiān rìyuán (共计六千日元).

3[計量器] jì (计), biǎo (表). ¶温度〜 wēndùjì (温度计). 気圧〜 qìyājì (气压计). 体温〜 tǐwēnjì (体温计).

けい【景】 jǐng (景). ¶山水の〜を賞する xīnshǎng shānshuǐ (欣赏山水). ¶日本三〜の一つ Rìběn sānjǐng zhī yī (日本三景之一). ¶第2幕第3〜 dì'èr mù dìsān jǐng (第二幕第三景).

けい【線】 xiàn (线), dào (道), gé (格). ¶横〜を引く dǎ hénggér (打横格儿)/ huà héngxiàn (划横线).

げい【芸】 jìyì (技艺); bǎxì (把戏), wányìr (玩艺儿). ¶〜を身につける zhǎngwò jìyì (掌握技艺). ¶〜を磨く liàn gōngfu (练功夫). ¶こういう時私は〜が無くて困ります zhèyàng de shíhou wǒ jì bú huì chàng yě bú huì tiào, méi bànfǎ (这样的时候我既不会唱也不会跳, 没办法). ¶おっとせいに〜を仕込む ràng hǎigǒu xuéhuì bǎxì (让海狗学会把戏). ¶彼はなかなか〜が細かい tā zhēn jīngxì, shìshì xiǎngde hěn zhōudào (他真精细, 事事想得很周到). ¶人のまねをするとは〜のない話だ guāng fǎngxiào rénjia zhēn méiyǒu yìsi (光仿效人家真没有意思). ¶〜が身の仇 (讐) héli yānsǐ shì huìshuǐ de (河里淹死是会水的). ¶〜は身を助く yíyì duō shēn shèng jī qiānjīn (一艺在身胜积千金)/ yì duō bù yā shēn (艺多不压身).

ゲイ tóngxìngliàn (同性恋). ¶〜バー tóngxìngliàn jiǔbā (同性恋酒吧).

けいあい【敬愛】 jìng'ài (敬爱). ¶私の〜する人 wǒ suǒ jìng'ài de rén (我所敬爱的人).

けいい【経緯】 **1**[経度と緯度] jīngwěi (经纬)

¶ ～儀 jīngwěiyí(经纬仪).
2[いきさつ] yuánwěi（原委）, shǐmò（始末）. ¶ 事件の～を説明する shuōmíng shìjiàn de yuánwěi(说明事件的原委).

けいい【敬意】 jìngyì（敬意）. ¶ 先輩に～を払う jìngzhòng qiánbèi（敬重前辈）. ¶ 彼に～を表する xiàng tā ˬzhìjìng[biǎoshì jìngyì]（向他 ˬ致敬[表示敬意]）.

けいえい【経営】 jīngyíng（经营）. ¶ 学校を～する bàn[jīngyíng] xuéxiào（办[经营]学校）. ¶ 会社の～がうまくいっている gōngsī jīngyíngde hěn shùnlì (公司经营得很顺利). ¶ 彼は～の才がある tā yǒu jīngyíng de cáinéng(他有经营的才能). ¶ 不景気でついに～難に陥った yóuyú bùjǐngqì, jīngyíng zhōngyú xiànrù kùnjìng(由于不景气,经营终于陷入困境).
¶ ～者 jīngyíngrén（经营人）/ jīngyíngzhě（经营者）.

けいえん【敬遠】 ¶ うちの校長は厳しいので皆に～されている wǒmen de xiàozhǎng tài yánlì, dàjiā dōu jìng ér yuǎn zhī(我们的校长太严厉,大家都敬而远之). ¶ 彼女はおしゃべりなので人から～されている tā hào láodao, dàjiā dōu duǒbìzhe tā (她好唠叨,大家都躲避着她). ¶ 面倒な仕事はとかく～される máfan de gōngzuò dàjiā zǒng pà zhānshǒu（麻烦的工作大家总怕沾手）.

けいおんがく【軽音楽】 qīngyīnyuè(轻音乐).

けいか【経過】 1[時の] guòqu（过去）. ¶ あれから10年の歳月が～した cóng nà yǐlái shí nián de suìyuè yǐjīng guòqu (从那以来十年的岁月已经过去). ¶ 時間の～と共に焦りの色が見えてきた suízhe shíjiān de tuīyí liǎnshang jiànjiàn liúlòuchū jiāolǜ de shénsè（随着时间的推移脸上渐渐流露出焦虑的神色）.
2[成り行き] jīngguò（经过）. ¶ 彼は事の～を詳しく私に話した tā bǎ shìqing de jīngguò yìwǔ-yìshí de gàosu wǒ le (他把事情的经过一五一十地告诉我了). ¶ 手術後の～がよい kāidāo yǐhòu de qíngkuàng liánghǎo (开刀以后的情况良好).

けいが【慶賀】 qìnghè（庆贺）, qìngzhù（庆祝）, jìnghè(敬贺), zhùhè（祝贺）. ¶ 御健康の由にたえません nín shēn wéi jiànkāng, búshèng qìngxìng (您甚为健康,不胜庆幸).

けいかい【軽快】 qīngkuài（轻快）. ¶ 彼の動作は～だ tā de dòngzuo hěn qīngkuài(他的动作很轻快). ¶ ～な足どり qīngkuài de bùzi（轻快的步子）. ¶ ～なリズム qīngkuài de jiézòu（轻快的节奏）. ¶ ～な気分だ xīnqíng qīngsōng yúkuài（心情轻松愉快）.

けいかい【警戒】 jǐngjiè（警戒）, jǐngtì（警惕）, dīfang（提防）. ¶ ～を厳重にする yánjiā jǐngjiè（严加警戒）. ¶ 敵の挑発にのらないように～する dīfang dírén de tiǎobō(提防敌人的挑衅). ¶ あの男は～した方がいい duì nàge nánrén yào dīfangzhe diǎnr(对那个男人要提防着点儿). ¶ ～心を高める tígāo ˬjǐngtì[jǐngjué]（提高ˬ警惕[警觉]）. ¶ ～線を張る shèzhì jǐngjièxiàn（设置警戒线）. ¶ ～警報 jǐngbào（警报）. ～色 jǐngjièsè（警戒色）.

けいがい【形骸】 xínghái（形骸）. ¶ そうなっては議会政治も～に過ぎない yàoshi nàyàng, yìhuì zhèngzhì yě zhǐ búguò shì qūqiào éryǐ（要是那样,议会政治也只不过是躯壳而已）.

けいがい【警咳】 qīngkài（謦欬）. ¶ ～に接する qīnchéng qǐngkài（亲承謦欬）.

けいかく【計画】 jìhuà（计划）. ¶ 高速自動車道路の建設を～する jìhuà xiūjiàn gāosù gōnglù（计划修建高速公路）. ¶ 生産～を立てる dìng shēngchǎn jìhuà（订生产计划）. ¶ その～はうまくいった nàge jìhuà jìnxíngde hěn shùnlì（那个计划进行得很顺利）. ¶ ～通りに実行する àn jìhuà shíxíng（按计划实行）. ¶ 不意の来客で～が狂ってしまった láile bú sù zhī kè, jìhuà bèi dǎluàn le（来了不速之客,计划被打乱了）. ¶ その事業は～倒れになった nàge shìyè de jìhuà luòkè kōng le（那个事业的计划落了空了）. ¶ 5年～で魯迅の翻訳を始めた yǐ wǔ nián wéi qī zhuóshǒu fānyì Lǔ Xùn de zuòpǐn（以五年为期着手翻译鲁迅的作品）. ¶ 無～に買物をする wújìhuà de luàn mǎi dōngxi (无计划地乱买东西).
¶ ～経済 jìhuà jīngjì（计划经济）. 都市～ chéngshì guīhuà（城市规划）.

けいかん【景観】 jǐngguān（景观）, jǐngzhì（景致）. ¶ 雄大な～ zhuànglì de jǐngguān（壮丽的景观）.

けいかん【警官】 jǐngchá（警察）, jǐngguān（警官）. ¶ 婦人～ nǚjǐngchá（女警察）.

けいがん【慧眼】 huìyǎn（慧眼）. ¶ 彼は～にも一見してそれと悟った tā zhēn shì ge míngyǎnrén, yíxiàzi jiù shípò le (他真是个明眼人,一下子就识破了).

けいき【刑期】 xíngqī（刑期）. ¶ ～を満了して出所する xíngqī qīmǎn[xíngmǎn] chūyù（刑期期满[刑满]出狱）.

けいき【契機】 qìjī（契机）. ¶ 彼の報告が～となって募金運動が始まった yǐ tā de bàogào wéi qìjī zhǎnkāile mùjuān yùndòng（以他的报告为契机展开了募捐运动）.

けいき【計器】 jìliàngqì（计量器）, jìliàng qìjù（计量器具）, yíbiǎo(仪表). ¶ ～飛行 yíbiǎo fēixíng（仪表飞行）/ mángmù fēixíng（盲目飞行）.

けいき【景気】 1[経済の] jǐngqì（景气）. ¶ ～がいい[悪い] ˬfánróng[xiāotiáo]（经济ˬ繁荣[萧条]）. ¶ 近頃～はどうですか jìnlái shēngyi zěnmeyàng?（近来生意怎么样?）. ¶ ～回復の兆しが見えてきた yǒu ˬjǐngqì huíshēng[jīngjì huíshēng] de zhàotou（有ˬ景气恢复[经济回升]的兆头）. ¶ あの店は大変～だ nà jiā shāngdiàn mǎimai hěn ˬxīngwàng[xīnglóng]（那家商店买卖很ˬ兴旺[兴隆]）.
¶ ～後退 jīngjì dàotuì（经济倒退）. ～循環 jīngjì zhōuqī（经济周期）. ～変動 jīngjì bōdòng（经济波动）.
2[威勢] ¶ 1杯飲んで～をつける hē bēi jiǔ ˬtítí jīngshen[zhènzuò zhènzuò]（喝杯酒ˬ提

提精神［振作振作］）．¶～よく騒ぐ tòngtòng-kuàikuài de rènao yì cháng（痛痛快快地热闹一场）．¶～のよい話ばかりしている jìng shuō jiāo hǎoyùn de huà（净说交好运的话）．

けいききゅう【軽気球】 qìqiú（气球）．

けいきょ【軽挙】 qīngjǔ（轻举）．¶～妄動してはいけない qiè bùkě qīngjǔ-wàngdòng（切不可轻举妄动）．

けいきんぞく【軽金属】 qīngjīnshǔ（轻金属）．

けいく【警句】 jǐngjù（警句）．

けいぐ【刑具】 xíngjù（刑具）．

けいぐ【敬具】 cǐ zhì jìnglǐ（此致敬礼）．

けいけい【炯炯】 jiǒngjiǒng（炯炯）．¶眼光～ mùguāng jiǒngjiǒng（目光炯炯）．

けいけい【軽軽】 →かるがるしい．

げいげき【迎撃】 yíngjī（迎击）．¶～ミサイル jiéjī dǎodàn（截击导弹）．

けいけん【経験】 jīngyàn（经验）; tǐyàn（体验）．¶彼は長い闘病生活を～したことがある tā jīnglìguo chángqī yǔ bìngmó zuò dòuzhēng de shēnghuó（他经历过长期与病魔做斗争的生活）．¶私は中国語を教えた～がある wǒ céngjīng jiāoguo Zhōngwén（我曾经教过中文）．¶この仕事は～がものを言う zhè zhǒng gōngzuò dōu kào jīngyàn（这种工作都靠经验）．¶彼はまだ教師としての～は浅い tā zuòwéi jiàoshī jīngyàn bùzú（他作为教师经验不足）．¶その楽しさは～のない人には分るまい nà zhǒng lèqù méi tǐyànguo de rén shì wúfǎ zhīdao de（那种乐趣没体验过的人是无法知道的）．¶それは辛いことだったが良い～になった nà suīrán jiānkǔ, dàn duì wǒ lái shuō shì ge hěn hǎo de duànliàn（那虽然艰苦,但对我来说是个很好的锻炼）．¶人生の～に富んだ人 shēnghuó jīngyàn hěn fēngfù de rén（生活经验很丰富的人）．¶～を積んだ看護婦 fùyǒu jīngyàn de nǚhùshì（富有经验的女护士）．¶海外生活の～を生かして商売を始めた lìyòng guówài shēnghuó de jīngyàn kāishǐ zuò mǎimai（利用国外生活的经验开始做买卖）．¶それは私には初めての～だった nà duì wǒ lái shuō shì chūcì jīngyàn（那对我来说是初次经验）．¶何事も～だと思って引き受けた wǒ xiǎng shénme shì dōu shì yì zhǒng tǐyàn, jiù dāying le（我想什么事都是一种体验,就答应了）．¶～から学ぶ cóng jīngyàn zhōng xuéxí（从经验中学习）．¶私の～からすると… yǐ wǒ de jīngyàn lái shuō …（以我的经验来说…）．¶そんなことはとっくに～済みだ nà zhǒng shì wǒ zǎojiù jīngyànguo le（那种事我早就经验过了）．¶校正～者募集 zhāopìn jiào duì gōngzuò jīngyànzhě（招聘有校对工作经验者）．

¶～論 jīngyànlùn（经验论）．

けいけん【敬虔】 qiánjìng（虔敬）, qiánchéng（虔诚）．¶～な祈りをささげる qiánjìng qídǎo（虔敬祈祷）．

けいげん【軽減】 jiǎnqīng（减轻）．¶父母の経済的負担を～する jiǎnqīng fùmǔ de jīngjì fùdān（减轻父母的经济负担）．¶病人の苦痛を～する jiǎnqīng bìngrén de tòngkǔ（减轻病人的痛苦）．

けいこ【稽古】 liàn（练）, liànxí（练习）．¶ピアノの～をする liàn gāngqín（练钢琴）．¶先生に～をつけてもらう gēnzhe lǎoshī jìnxíng liànxí（跟着老师进行练习）．¶今回の舞台は～不足が目立った zhè cì yǎnchū xiǎnde páiliàn bùzú（这次演出显得排练不足）．

けいご【敬語】 jìngyǔ（敬语）, jìngcí（敬辞）．¶～で話す yòng jìngyǔ shuōhuà（用敬语说话）．

けいご【警護】 jǐngwèi（警卫）, hùwèi（护卫）．¶国賓の～に当る hùwèi guóbīn（护卫国宾）．

けいこう【蛍光】 yíngguāng（荧光）．¶～灯 yíngguāngdēng（荧光灯）/ rìguāngdēng（日光灯）．～塗料 yíngguāng túliào（荧光涂料）．

けいこう【傾向】 qīngxiàng（倾向）, qūshì（趋势）．¶物価は上がる～にある wùjià yǒu shàngzhǎng de qūshì（物价有上涨的趋势）．¶生活が怠惰に流れる～がある shēnghuó zǒng yǒu yìyú dàiduò de qīngxiàng（生活总有易于怠惰的倾向）．¶インフレは世界的な～だ tōnghuò péngzhàng shì yì zhǒng shìjièxìng de qūxiàng（通货膨胀是一种世界性的趋向）．

¶～文学 qīngxiàngxìng wénxué（倾向性文学）．

けいこう【携行】 ¶雨具を～する dàizhe yǔjù qù（带着雨具去）．

¶～食料 gānliang（干粮）．

けいこう【鶏口】 ¶～となるとも牛後となるなかれ nìng wéi jī kǒu, wù wéi niú hòu（宁为鸡口, 勿为牛后）．

げいごう【迎合】 yínghé（迎合）．¶権力に～する yīfù quánshì（依附权势）/ qū yán fù shì（趋炎附势）．¶上役に～する yínghé shàngsi de xīnyì（迎合上司的心意）．

けいこうぎょう【軽工業】 qīnggōngyè（轻工业）．

けいこく【渓谷】 xīgǔ（溪谷）, shānjiàn（山涧）, xījiàn（溪涧）, shāngǔ（山谷）．

けいこく【警告】 jǐnggào（警告）．¶無駄な抵抗は止めろと～する jǐnggào búyào zuò wúyì de dǐkàng（警告不要做无益的抵抗）．¶～を発する fāchū jǐnggào（发出警告）．¶～を無視して舟を出す wúshì jǐnggào chūháng（无视警告出航）．

けいこつ【脛骨】 jìnggǔ（胫骨）．

けいこつ【頸骨】 jǐnggǔ（颈骨）．

げいごと【芸事】 ¶小さいうちから～を始めた cóngxiǎo xué yì（从小学艺）．

けいさい【掲載】 dēng（登）, dēngzài（登载）, kāndēng（刊登）, kānzài（刊载）, kānzǎi（刊载）．¶その記事は第1面に～されている nà yí bàodào kāndēng zài bàozhǐ de tóubǎn shang（那一报道刊登在报纸的头版上）．¶広告を～する dēng guǎnggào（登广告）．

¶～禁止 jìnzhǐ kānzǎi（禁止刊载）．

けいざい【経済】 1 jīngjì（经济）．¶～の安定を図る shǐ jīngjì wěndìng（使经济稳定）．¶世界～の動向を見る guānchá shìjiè jīngjì dòngxiàng（观察世界经济动向）．¶A国に～援助

を行う duì A guó jìnxíng jīngjì yuánzhù(对A国进行经济援助).¶大学進学は家の～が許さない jiātíng de jīngjì qíngkuàng bù yǔnxǔ wǒ shàng dàxué(家庭的经济情况不允许我上大学).¶彼は今～的に困っている tā xiànzài jīngjìshang hěn kùnnan(他现在经济上很困难).¶彼女は～観念がない tā méiyǒu jīngjì guānniàn(她没有经济观念).

¶～界 jīngjìjiè(经济界).～学 jīngjìxué(经济学).～記事 jīngjì bàodào(经济报道).～政策 jīngjì zhèngcè(经济政策).～成長 jīngjì zēngzhǎng(经济增长).～白書 jīngjì báipíshū(经济白皮书).～封鎖 jīngjì fēngsuǒ(经济封锁).

2[節約] jiēyuē(节约).¶高くても良い品の方が結局は～になる jiùshì guì xiē, zhìdì hǎo de zuìhòu háishi hésuàn de(就是贵些,质地好的最后还是合算的).¶電車で行った方が時間的～になる zuò dìtiě qù shěng shíjiān(坐地铁去省时间).¶いくら～的にやっても月に10万円はかかる jiùshì zěnyàng jiéshěng, yí ge yuè yě yào shíwàn rìyuán(就是怎样节省,一个月也要十万日元).¶ガスストーブは電気ストーブより～的だ yòng méiqìlú bǐ diànlú jīngjì(用煤气炉比电炉经济).

けいさつ【警察】 jǐngchá(警察); gōng'ānjú(公安局).¶盗難を～に届ける shīdào xiàng gōng'ānjú bào'àn(失盗向公安局报案).¶～に引っ張られる bèi jǐngchá zhuāqu(被警察抓去).

¶～官 jǐngchá(警察)/ jǐngguān(警官)/ mínjǐng(民警).～犬 jǐngquǎn(警犬).～手帳 jǐngchá shēnfenzhèng(警察身分证).

けいさん【計算】 jìsuàn(计算), suàn(算).¶全部でいくらになるか～して下さい gěi suànsuan yígòng duōshao qián(给算算一共多少钱).¶子供を～に入れると出席者は100人を越した bǎ értóng jìsuàn zài nèi, chūxíchě chāoguòle yìbǎi rén(把儿童计算在内,出席者超过了一百人).¶～間違いが多い suàncuò de dìfang tài duō(算错的地方太多).¶～漏れがあった yǒu suànlòu de(有算漏的).¶運搬中の多少の破損は～に入れてある zài bānyùn zhōng de shǎoxǔ pòsǔn yǐ jìsuàn zài lǐtou(在搬运中的少许破损已计算在里头).¶反対が出るのは～に入れてある chūxiàn fǎnduìzhě shì yìliào zhī zhōng de(出现反对者是意料之中的).¶彼の演技はすべて綿密に～されたものだ tā de biǎoyǎn dōu shì jīngguò zhōumì shèjì ānpái de(他的表演都是经过周密设计安排的).¶なかなか～通りにいかない lǎo bùnéng àn yùxiān gūjì nàyàng shùnlì jìnxíng(老不能按预先估计那样顺利进行).¶彼は～高い男だ tā shénme dōu dǎ suànpán(他什么都打算盘).

¶～尺 jìsuànchǐ(计算尺)/ suànchǐ(算尺).電子～機 diànzǐ jìsuànjī(电子计算机)/ diànnǎo(电脑).

けいさん【珪酸】 guīsuān(硅酸).¶～塩 guīsuānyán(硅酸盐).

けいさんぷ【経産婦】 jīngchǎnfù(经产妇).

けいし【刑死】 ¶彼は～した tā bèi chǔsǐ le(他被处死了).

けいし【軽視】 qīngshì(轻视), hūshì(忽视), xiǎoshì(小视), xiǎokàn(小看).¶世論を～する qīngshì yúlùn(轻视舆论).¶煙草や酒の害は～できない yānjiǔ zhī hài bùnéng qīngshì(烟酒之害不能轻视).¶彼を～してはいけない búyào ˇkànqīng[xiǎokàn/ dīgū] tā(不要ˇ看轻[小看/低估]他).

けいし【罫紙】 gézhǐ(格纸)

けいじ【刑事】 **1** xíngshì(刑事).～裁判 xíngshì cáipàn(刑事裁判).～事件 xíngshì ànjiàn(刑事案件).～責任 xíngshì zérèn(刑事责任).～訴訟 xíngshì sùsòng(刑事诉讼).～犯 xíngshìfàn(刑事犯).

2[刑事係巡査] xíngshì jǐngchá(刑事警察); xíngjǐng(刑警).¶～に尾行された bèi biànyī jǐngchá dīngshāole tā(被便衣警察盯梢了).

けいじ【啓示】 qǐshì(启示).

けいじ【掲示】 jiēshì(揭示); bùgào(布告).¶～を壁に貼る bǎ bùgào tiēzài qiángshang(把布告贴在墙上).¶詳細は追って～する xiángqíng suíhòu jiēshì(详情随后揭示).

¶～板 bùgàolán(布告栏)/ jiēshìpái(揭示牌).

けいじ【慶事】 xǐqìng(喜庆), xǐshì(喜事), xǐqìngshì(喜庆事).

けいじ【繋辞】 xìcí(系词).

けいしき【形式】 xíngshì(形式).¶～にこだわる jūní xíngshì(拘泥形式).¶～に流れる liúyú xíngshì(流于形式).¶手紙文の～で作文を書く yǐ shūxìn géshì xiě zuòwén(以书信格式写作文).¶規定の～を踏む lǚxíng guīdìng de shǒuxù(履行规定的手续).¶検査はほんの～のものだ jiǎnchá zhǐ búguò shì ˇxíngshì[zǒu xíngshì] éryǐ(检查只不过是ˇ形式[走形式]而已).

¶～主義 xíngshì zhǔyì(形式主义).～論理 xíngshì luójí(形式逻辑).

けいじじょうがく【形而上学】 xíng'érshàngxué(形而上学).

けいしつ【形質】 xíngzhì(形质), xíngxìng(形性).

けいしゃ【傾斜】 qīngxié(倾斜).¶屋根の～は30度ある fángdǐng de ˇqīngxiédù[xiédù] yuē yǒu sānshí dù(房顶的ˇ倾斜度[斜度]约有三十度).¶道は緩やかに～している lù huǎnhuǎn qīngxié(路缓缓倾斜).

¶～角 qīngjiǎo(倾角)/ qīngxiéjiǎo(倾斜角).～地 qīngxiédì(倾斜地).～面 qīngxiémiàn(倾斜面).

けいしゃ【鶏舎】 jīwō(鸡窝), jīpéng(鸡棚).

げいしゃ【芸者】 yìjì(艺妓).¶～を揚げて騒ぐ zhāo yìjì péijiǔ rènao yì fān(招艺妓陪酒热闹一番).

けいしゅ【警手】 ¶踏切の～ dàokǒu kānshǒuyuán(道口看守员).

けいしゅう【閨秀】 ¶～作家 nǚzuòjiā(女作家).

けいしゅく【慶祝】 qìngzhù(庆祝), qìnghè(庆贺).¶国慶節を～する qìngzhù Guóqìngjié

(庆祝国庆节).

げいじゅつ【芸術】yìshù (艺术). ¶~的価値のある作品 yǒu yìshù jiàzhí de zuòpǐn (有艺术价值的作品). ¶~を解する lǐjiě yìshù (理解艺术). ¶~は長く人生は短し yìshù shì yǒnghéng de, rénshēng shì duǎnzàn de (艺术是永恒的, 人生是短暂的).

¶~家 yìshùjiā (艺术家). 至上主義 yìshù zhìshàng zhǔyì (艺术至上主义). ~品 yìshùpǐn (艺术品).

けいしょう【形象】xíngxiàng (形象). ¶人物を～化する bǎ rénwù xíngxiànghuà (把人物形象化).

けいしょう【敬称】jìngchēng (敬称). ¶~を略す shěngluè jìngchēng (省略敬称).

けいしょう【景勝】shèngjǐng (胜景), shèngjìng (胜境). ¶~の地 shèngdì (胜地).

けいしょう【軽少】sǔnhài qīngwēi (损害轻微). ¶~ですがお受け取り下さい yìdiǎn wēibó de chóujīn [xiǎoyìsi], qǐng shōuxià ba (一点微薄的酬金[小意思], 请收下吧).

けいしょう【軽症】qīngzhèng (轻症), qīngbìng (轻病). ¶~患者 qīngbìnghào (轻病号).

けいしょう【軽傷】qīngshāng (轻伤). ¶~を負う fù qīngshāng (负轻伤).

けいしょう【継承】jìchéng (继承). ¶王位を～する jìchéng wángwèi (继承王位). ¶父の事業を～する jìchéng fùyè (继承父业).

けいしょう【警鐘】jǐngzhōng (警钟). ¶~を鳴らす qiāo jǐngzhōng (敲警钟). ¶この事件は政治の腐敗に対する～だ zhège shìjiàn shì duì zhèngzhì fǔbài qiāo de jǐngzhōng (这个事件是对政治腐败敲的警钟).

けいじょう【刑場】xíngchǎng (刑场), fǎchǎng (法场).

けいじょう【形状】xíngzhuàng (形状).

けいじょう【計上】¶旅行の旅費を～する bǎ lǚfèi lièrù yùsuànlǐ (把旅费列入预算里).

けいじょう【経常】jīngcháng (经常). ¶~歳入 jīngcháng shōurù (经常收入). ~費 jīngchángfèi (经常费).

けいしょく【軽食】xiǎochī (小吃), xiǎoshí (小食), biànfàn (便饭).

けいしん【軽震】qīngzhèn (轻震).

けいず【系図】jiāpǔ (家谱), pǔdié (谱牒). ¶林家の～ Lín shì de jiāpǔ (林氏的家谱).

けいすう【係数】xìshù (系数). ¶安全～ ānquán xìshù (安全系数). 膨脹～ péngzhàng xìshù (膨胀系数). 摩擦～ mócā xìshù (摩擦系数).

けいすう【計数】jìshù (计数). ¶~器 jìshùqì (计数器).

けいせい【形成】xíngchéng (形成). ¶家庭環境は子供の性格～に大きく影響する jiātíng huánjìng duì háizi xìnggé de xíngchéng yǐngxiǎng hěn dà (家庭环境对孩子性格的形成影响很大). ¶約 30 戸の農家が 1 部落を～している yuē sānshí hù nóngjiā xíngchéng yí ge cūnluò (约三十户农家形成一个村落).

けいせい【形勢】xíngshì (形势), júshì (局势). ¶~は我が方に有利だ xíngshì yǒulì yú wǒfāng (形势有利于我方). ¶~はますます険悪になってきた xíngshì yuèláiyuè xiǎn'è (形势越来越险恶). ¶目下の～では勝負は予測できない zhào mùqián de xíngshì shèngfù nányú yùcè (照目前的形势胜负难于预测). ¶天下の～をうかがう guānchá tiānxià xíngshì (观察天下形势).

けいせい【警世】jǐngshì (警世). ¶~の書 jǐngshì zhī shū (警世之书).

けいせき【形跡】xíngjì (形迹), jìxiàng (迹象), hénjì (痕迹). ¶この部屋は人がいた～がある zhè jiān wūzi yǒu rén dāiguo de xíngjì (这间屋子有人呆过的形迹). ¶暖炉には火をたいた～がない bìlú méiyǒu shāoguo huǒ de hénjì (壁炉没有烧过火的痕迹).

けいせき【珪石】guīshí (硅石).

けいせき【蛍石】yíngshí (萤石), fúshí (氟石).

けいせん【係船】xìchuán (系船), bóchuán (泊船). ¶不況で～が急増した yóuyú bùjǐngqì jìbó chuánzhī jízēng (由于不景气系泊船只急增).

¶~料 xìchuánfèi (系船费).

けいせん【経線】jīngxiàn (经线).

けいそ【珪素】guī (硅), xī (矽). ¶~鋼 guīgāng (硅钢)/ xīgāng (矽钢).

けいそう【係争】¶事件は目下～中だ gāi àn liǎngzào xiāngzhēng xuán ér wèi jué (该案两造相争悬而未决).

けいそう【珪藻】guīzǎo (硅藻). ¶~土 guīzǎotǔ (硅藻土).

けいそう【軽装】qīngzhuāng (轻装). ¶~でハイキングに出掛ける qīngzhuāng qù jiāoyóu (轻装去郊游). ¶暖かくなって皆～になった tiān nuǎnhuo le, dàjiā de fúzhuāng qīngbiàn le (天暖和了, 大家的服装轻便了).

けいぞく【継続】jìxù (继续). ¶あと 2 年契約を～する hétong zài yánxù liǎng nián (合同再延续两年). ¶退院後も治療を～する chūyuàn yǐhòu hái jìxù zhìliáo (出院以后还继续治疗). ¶その法案は～審議となった nàge fǎ'àn jiāng jìxù shěnyì (那个法案将继续审议).

けいそつ【軽率】qīngshuài (轻率). ¶~にも相手の言葉を信じてしまった qīngshuài de xìnle duìfāng de huà (轻率地信了对方的话). ¶私の行動は少し～だった wǒ de xíngdòng shāo qīngshuàile xiē (我的行动稍轻率了些). ¶~に結論を出すな búyào màorán xià jiélùn (不要贸然下结论).

けいたい【形態】xíngtài (形态). ¶生物の～を比較する bǐjiào shēngwù de xíngtài (比较生物的形态).

¶観念～ guānniàn xíngtài (观念形态). 動物～学 dòngwù xíngtàixué (动物形态学).

けいたい【携帯】xiédài (携带). ¶武器を～する suíshēn xiédài wǔqì (随身携带武器).

¶~電話 shǒujī (手机). ~品 xiédài de dōngxi (携带的东西). ~ラジオ shǒutíshì [biànxiéshì] shōuyīnjī (手提式[便携式]收音机).

けいだい【境内】 ¶神社の〜 shénshè de yuànluò(神社的院落).

けいちつ【啓蟄】 jīngzhé(惊蛰).

けいちゅう【傾注】 qīngzhù(倾注). ¶全力をして研究を進める qīngzhù quánlì jìnxíng yánjiū(倾注全力进行研究). ¶注意を〜して観察する jùjīng-huìshén de jìnxíng guānchá(聚精会神地进行观察).

けいちょう【軽佻】 qīngtiāo(轻佻). ¶〜浮薄の徒 qīngtiāo fúbó zhī tú(轻佻浮薄之徒).

けいちょう【軽重】 qīngzhòng(轻重). ¶事の〜を正しく認識する zhèngquè rènshi shìqing de qīngzhòng(正确认识事情的轻重).

けいちょう【傾聴】 qīngtīng(倾听). ¶彼の意見は〜に値するする tā de yìjiàn zhíde qīngtīng(他的意见值得倾听).

けいちょう【慶弔】 qìngdiào(庆吊). ¶〜電報 qìngdiào diànbào(庆吊电报).

けいつい【頸椎】 jǐngzhuī(颈椎).

けいてき【警笛】 jǐngdí(警笛);[自動車の] qìchē lǎba(汽车喇叭), lǎba(喇叭).

けいてん【経典】 jīngdiǎn(经典).

けいと【毛糸】 máoxiàn(毛线), róngxiàn(绒线), tóushéng(头绳). ¶〜でセーターを編む yòng máoxiàn zhī máoyī(用毛线织毛衣). ¶〜の靴下 máoxiàn wàzi(毛线袜子).

けいど【経度】 jīngdù(经度).

けいど【軽度】 qīngdù(轻度), qīngwēi(轻微). ¶私は〜の近視だ wǒ shì qīngdù de jìnshì(我是轻度的近视). ¶〜の神経痛にかかった huànle qīngwēi de shénjīngtòng(患了轻微的神经痛).

けいとう【系統】 xìtǒng(系统). ¶私の読書は〜だっていない wǒ dú de shū shì méiyǒu xìtǒng de(我读的书是没有系统的). ¶〜的に説明する xìtǒng de shuōmíng(系统地说明). ¶私は自然科学〜の学問が得意だ wǒ shàncháng zìrán kēxué fāngmiàn de xuéwen(我擅长自然科学方面的学问). ¶あの議員は保守派の〜に属する nàge yìyuán shǔyú bǎoshǒu pàixì de(那个议员属于保守派的). ¶バスの運転〜 gōnggòng qìchē de yùnxíng lùxiàn(公共汽车的运行路线).

¶〜発生 xìtǒng fāyù(系统发育). 神経〜 shénjīng xìtǒng(神经系统).

けいとう【傾倒】 qīngdǎo(倾倒). ¶彼女はトルストイに〜している tā qīngdǎo yú Tuō'ěrsītài(她倾倒于托尔斯泰). ¶彼はこの事業に全力を〜した tā zài zhège shìyè shang qīngzhùle suǒyǒu de lìliang(他在这个事业上倾注了所有的力量).

けいとう【鶏頭】 jīguānhuā(鸡冠花).

げいとう【芸当】 bǎxì(把戏), wányìr(玩意ル). ¶皿回しの〜を見る kàn shuǎdiézi(看耍碟子). ¶そんなことは私にはできない〜だ nà zhǒng shì wǒ kě gànbuliǎo(那种事我可干不了).

けいどうみゃく【頸動脈】 jǐngdòngmài(颈动脉).

げいにん【芸人】 yìrén(艺人), màiyìrén(卖艺人), màiyìde(卖艺的). ¶彼はなかなかの〜だ tā zhēn duōcái-duōyì(他真多才多艺).

げいのう【芸能】 ¶〜界 biǎoyǎn yìshùjiè(表演艺术界). 〜人 biǎoyǎn yìshùjiè rénshì(表演艺术界人士). 〜番組 yúlè jiémù(娱乐节目)/ wényì jiémù(文艺节目). 民間〜 mínjiān qǔyì(民间曲艺).

けいば【競馬】 sàimǎ(赛马), pǎomǎ(跑马). ¶一場 sàimǎchǎng(赛马场)/ pǎomǎchǎng(跑马场). 草〜 xiāngcūn de sàimǎ(乡村的赛马).

けいはい【珪肺】 guīfèi(硅肺), xīfèi(矽肺).

けいはく【軽薄】 qīngbó(轻薄), qīngfú(轻浮), qīngtiāo(轻佻), qīngpiāo(轻飘). ¶〜な人 qīngfú de rén(轻浮的人). ¶彼女は言動が〜だ tā yántán jǔzhǐ qīngfú(她言谈举止轻佻).

けいはつ【啓発】 qǐfā(启发). ¶私はこの本に大いに〜された zhè běn shū gěile wǒ hěn dà de qǐfā(这本书给了我很大的启发).

けいばつ【刑罰】 xíngfá(刑罚).

けいばつ【閨閥】 qúndài guānxi(裙带关系).

けいはんざい【軽犯罪】 qīngwēi wéifǎ xíngwéi(轻微违法行为).

けいひ【経費】 jīngfèi(经费), fèiyong(费用), huāfèi(花费). ¶〜削減 xuējiǎn jīngfèi(削减经费). ¶この工事には多額の〜がかかった zhège gōngchéng tóuxiàle jù'é jīngfèi(这个工程投下了巨额经费).

¶必要〜 bìyào jīngfèi[kāizhī](必要经费[开支]).

けいび【軽微】 qīngwēi(轻微). ¶損害は〜だった sǔnhài qīngwēi(损害轻微).

けいび【警備】 jǐngbèi(警备), jǐngwèi(警卫), jièbèi(戒备), jǐngjiè(警戒). ¶国境の〜を厳重にする jiāqiáng guójìng jǐngbèi(加强国境警备). ¶工場の夜間〜をする zài gōngchǎng xúnyè(在工厂巡夜).

¶〜員 jǐngwèiyuán(警卫员). 〜艇 jǐngjiètǐng(警戒艇).

けいひん【景品】 zèngpǐn(赠品). ¶〜つき大売出し fùsòng zèngpǐn de dàshuǎimài(附送赠品的大甩卖).

けいひんかん【迎賓館】 yíngbīnguǎn(迎宾馆).

けいふ【系譜】 púxì(谱系). ¶自然主義文学の〜 zìránzhǔyì wénxué de púxì(自然主义文学的谱系).

けいふ【継父】 jìfù(继父), hòufù(后父).

げいふう【芸風】 yìrén fēnggé(艺人风格), yìshù fēnggé(艺术风格).

けいふく【敬服】 jìngfú(敬服), bàifú(拜服), pèifu(佩服), qīnpèi(钦佩), jìngpèi(敬佩). ¶彼の博識には〜する tā bógǔ-tōngjīn zhēn lìng rén bàifú(他博古通今真令人拜服).

けいふん【鶏糞】 jīfèn(鸡粪), jīshǐ(鸡屎).

けいべつ【軽蔑】 qīngmiè(轻蔑), kànbuqǐ(看不起), qiáobuqǐ(瞧不起). ¶学歴がないからといって〜してはならない bùgāi yīnwei rénjia méiyǒu xuélì jiù kànbuqǐ(不该因为人家没有学历就看不起). ¶人を〜したような笑い方をする qīngmiè rén shìde xiào(轻蔑人似的笑). ¶こんなことをしたら皆は僕をさぞ〜するだろう gàn

けいべん【軽便】 qīngbiàn(轻便). ¶～鉄道 qīngbiàn tiělù(轻便铁路).
けいぼ【敬慕】 jìngmù(敬慕), yǎngmù(仰慕), jǐngmù(景慕), qīnmù(钦慕), jìngyǎng(敬仰), jǐngyǎng(景仰). ¶人々は皆彼を～している rénrén dōu jìngmù tā(人人都敬慕他).
けいぼ【継母】 jìmǔ(继母), hòumǔ(后母).
けいほう【刑法】 xíngfǎ(刑法).
けいほう【警報】 jǐngbào(警报). ¶暴風雨～を出す fāchū bàofēngyǔ jǐngbào(发出暴风雨警报). ¶空襲～は解除された kōngxí jǐngbào jiěchú le(空袭警报解除了).
¶～器 bàojǐngqì(报警器)
けいぼう【警棒】 jǐnggùn(警棍).
けいみょう【軽妙】 ¶～な筆致 qīngsōng de bǐdiào(轻松的笔调).
けいむしょ【刑務所】 jiānláo(监牢), jiānyù(监狱). ¶～に入る rù yù(入狱) / zuò láo(坐牢). ¶～を出る chū yù(出狱). ¶～に収容する shōu jiān(收监) / guānjìn jiānyù(关进监狱).
げいめい【芸名】 yìmíng(艺名).
けいもう【啓蒙】 qǐméng(启蒙). ¶人々を～する duì rénmen jìnxíng qǐméng(对人们进行启蒙).
¶～運動 qǐméng yùndòng(启蒙运动). ～主義 qǐméngzhǔyì(启蒙主义).
けいやく【契約】 hétong(合同), qìyuē(契约), héyuē(合约). ¶彼女はA映画会社と～した tā gēn A diànyǐng gōngsī qiāndìngle hétong(她跟A电影公司签订了合同). ¶売買を結ぶ dìnglì jiāoyì hétong(订立交易合同) / qiāndìng mǎimài qìyuē(签订买卖契约). ¶～を破棄する qǔxiāo[sīhuǐ] hétong(取消[撕毁]合同). ¶～を解除する jiěchú hétong(解除合同). ¶～を更新する gēngxīn hétong(更新合同). ¶～に違反する wéifǎn hétong(违反合同). ¶～期間が切れる hétong qīmǎn(合同期满).
¶～書 hétong(合同) / héyuē(合约) / qìyuē(契约) / wénqì(文契). ～不履行 bù lǚxíng hétong(不履行合同). 仮～ cǎoyuē(草约) / yùyuē(预约).
けいゆ【経由】 jīngguò(经过), jīngyóu(经由), xíngjīng(行经), qǔdào(取道). ¶香港を～してシンガポールに行く jīngyóu[qǔdào] Xiānggǎng dào Xīnjiāpō(经由[取道]香港到新加坡). ¶在日連絡事務所を～してその国と折衝する jīngguò zhù Rì bànshìchù yǔ gāi guó jìnxíng cuōshāng(经过驻日办事处与该国进行磋商).
けいゆ【軽油】 qīngzhìyóu(轻质油), qīngyóu(轻油).
げいゆ【鯨油】 jīngyóu(鲸油).
けいよう【形容】 xíngróng(形容). ¶何ともできないほど美しい景色だ jǐngsè yōuměi 'nányǐ yòng bǐmò[wúfǎ] xíngróng(景色优美'难以用笔墨[无法]形容). ¶この言葉は危険な状況を～する時に使う zhège cí yònglai xíngróng wēixiǎn de zhuàngkuàng(这个词用来形容危险的状况).

¶～詞 xíngróngcí(形容词).
けいよう【掲揚】 shēng(升); guà(挂), xuánguà(悬挂). ¶国旗を～する shēng guóqí(升国旗).
けいら【警邏】 xúnluó(巡逻). ¶～中の巡査 xúnluó zhōng de jǐngchá(巡逻中的警察).
けいらん【鶏卵】 jīluǎn(鸡卵), jīdàn(鸡蛋), jīzǐr(鸡子儿).
けいり【経理】 cáikuài(财会). ¶会社の～を担当する dānrèn gōngsī de cáikuài gōngzuò(担任公司的财会工作).
けいりゃく【計略】 jìcè(计策), jìmóu(计谋), móulüè(谋略). ¶～をめぐらす móuhuà jìcè(谋划计策). ¶人を～にかける shǐ rén 'shàngdàng[shànggōu](使人'上当[上钩]) / bǎ tārén yòurù quāntào(把他人诱入圈套). ¶～にかかる luòrù[xiànrù] quāntào(落入[陷入]圈套). ¶～の裏をかく jiāng jì jiù jì(将计就计).
けいりゅう【係留】 ¶モーターボートをブイに～する bǎ qìtǐng xìlǎn yú fútǒng(把汽艇系缆于浮筒).
¶～気球 xìliú qìqiú(系留气球).
けいりゅう【渓流】 xīliú(溪流).
けいりょう【計量】 jìliàng(计量), liáng(量), chēng(称). ¶試合前に選手の体重を～する bǐsài qián 'chēng[liáng] xuǎnshǒu de tǐzhòng(比赛前'称[量]选手的体重).
¶～カップ liángbēi(量杯). ～器 héngqì(衡器) / liángjù(量具).
けいりょう【軽量】 ¶～級の選手 qīngliàngjí yùndòngyuán(轻量级运动员).
けいりん【競輪】 sàichē(赛车), pǎochē(跑车), zìxíngchē jìngsài(自行车竞赛). ¶～場 sàichēchǎng(赛车场).
けいるい【係累】 ¶～がないから身軽だ méiyǒu jiālěi yìshēn qīng(没有家累一身轻).
けいれい【敬礼】 jìnglǐ(敬礼), xínglǐ(行礼); jūnlǐ(军礼). ¶軍旗に対して～する xiàng jūnqí jìnglǐ(向军旗敬礼). ¶～! jìnglǐ!(敬礼!).
けいれき【経歴】 jīnglì(经历). ¶彼はどんな～の持主だろうか tā shì yí ge yǒu zěnyàng jīnglì de rén?(他是一个有怎样经历的人?). ¶私にはこれといった～がありません wǒ bìng méiyǒu shénme zhíde tí de jīnglì(我并没有什么值得提的经历). ¶～を詐称する wěizào zìjǐ de lìshǐ(伪造自己的历史).
けいれつ【系列】 ¶彼は硯友社の～に属する作家である tā shì shǔ Yànyǒushè xìtǒng de zuòjiā(他是属砚友社系统的作家). ¶企業の～化 qǐyè de xìlièhuà(企业的系列化).
けいれん【痙攣】 jìngluán(痉挛), chōujīn[r](抽筋[儿]), chōuchù(抽搐), chōunuò(抽搦). ¶足が～を起した tuǐ chōule jīnr(腿抽了筋儿). ¶寝不足でまぶたがぴくぴく～する méi shuìgòu jiào yǎnpí zhí tiào(没睡够觉眼皮直跳).
¶胃～ wèijìngluán(胃痉挛) / wèijiǎotòng(胃绞痛).

けいろ【毛色】 ¶美しい~の小鳥 máosè měilì de xiǎoniǎo(毛色美丽的小鸟). ¶彼は~が変っている tā nàge rén yǒudiǎnr tèbié(他那个人有点儿特别).

けいろ【経路】 tújìng(途径), lùjìng(路径). ¶コレラの感染~を調べる diàochá huòluàn chuánbō tújìng(调查霍乱传播途径). ¶麻薬の密輸~が判明した dúpǐn de zǒusī tújìng yǐ pànmíng(毒品的走私途径已判明).

けいろう【敬老】 zūnzhǎng(尊长). ¶~の精神 zūnzhǎng jīngshén(尊长精神)/ jìngzhòng zūnzhǎng(敬重尊长).

けう【希有】 xīyǒu(稀有·希有), shǎoyǒu(少有). ¶近来~の暴風雨 jìnlái shǎoyǒu de bàofēngyǔ(近来少有的暴风雨).

ケーキ xīshì gāodiǎn(西式糕点), xīshì dàngāo(西式蛋糕). ¶クリスマス~ shèngdàn dàngāo(圣诞蛋糕). ショート~ nǎiyóu dàngāo(奶油蛋糕).

ゲージ jièxiàn liángguī(界限量规), jíxiàn liángguī(极限量规), liángguī(量规). ¶~ブロック kuàiguī(块规)/ liángkuài(量块).

ケース 1[入れ物] xiāng(箱), xiāngzi(箱子), hé[r](盒[儿]), hézi(盒子). ¶人形をガラスの~に入れる bǎ yángwáwa fàngzài bōlizhào li(把洋娃娃放在玻璃罩里). ¶卵3~ sān hé jīdàn(三盒鸡蛋).
¶シガレット~ xiāngyānhé(香烟盒).
2[場合] qíngkuàng(情况), zhuàngkuàng(状况), shìlì(事例). ¶これはごくまれな~です zhè shì jíqí shǎoyǒu de qíngkuàng(这是极其少有的情况). ¶~バイ~で処理する àn qíngkuàng chǔlǐ(按情况处理).

ケーソン chénxiāng(沉箱).

ゲートボール ménqiú(门球).

ゲートル guǒtuǐ(裹腿), bǎngtuǐ(绑腿). ¶~を巻く dǎ guǒtuǐ(打裹腿).

ケープ duǎndǒupeng(短斗篷), pījiān(披肩).

ケーブル lǎnshéng(缆绳), lǎnsuǒ(缆索), gāngsīshéng(钢丝绳); diànlǎn(电缆). ¶海底~を敷く fūshè hǎidǐ diànlǎn(敷设海底电缆).
¶~カー lǎnchē(缆车). ¶~テレビ bìlù diànshì(闭路电视).

ゲーム [遊戯] yóuxì(游戏); [競技] bǐsài(比赛). ¶何か~をして遊ぼう zuò shénme yóuxì wánwanr(做什么游戏玩儿玩儿). ¶今日は2~ある jīntiān yǒu liǎng chǎng bǐsài(今天有两场比赛).
¶~セット bǐsài wánjié(比赛完结). シーソー~ lājùzhàn(拉锯战).

けおさ・れる【気圧される】 ¶彼の意気込みに~れた bèi tā de qìshì suǒ yādǎo(被他的气势所压倒).

けお・とす【蹴落す】 ¶がけから石を~す cóng xuányá shang bǎ shítou tīxiaqu(从悬崖上把石头踢下去). ¶人を~して出世を図る tīkāi pángrén móuqiú wǎng shàng pá(踢开旁人谋求往上爬).

けおり【毛織】 máofǎng(毛纺). ¶~のマフラー máozhī de wéibór(毛织的围脖儿).

¶~物 máozhīpǐn(毛织品)/ máoliào(毛料). ~物工場 máofǎngchǎng(毛纺厂).

けが【怪我】 shāng(伤). ¶滑って足に~をした huále yì jiāo, bǎ tuǐ shuāishāng le(滑了一跤, 把腿摔伤了). ¶大~で入院した shòule zhòngshāng, rùle yuàn(受了重伤, 入了院). ¶地震で~人がたくさん出た yóuyú dìzhèn hěn duō rén shòule shāng, [chūle hěn duō shòushāng de rén](由于地震'很多人受了伤[出了很多受伤的人]). ¶~の功名 wāi dǎ zhèng zháo[r](歪打正着[儿])/ sài wēng shī mǎ(塞翁失马).

げか【外科】 wàikē(外科). ¶~医 wàikē yīshēng(外科医生). ~手術 wàikē shǒushù(外科手术).

げかい【下界】 ¶山頂から~を見下ろす cóng shāndǐng fǔshì shānxià(从山顶俯视山下). ¶~の事 chénshì(尘事). ¶神仙が~に下る shénxiān xiàfán(神仙下凡).

けが・す【汚す】 diànwū(玷污), rǔmò(辱没), diànrǔ(玷辱), pòhuài(破坏). ¶家名を~す diànrǔ jiāmíng(玷辱家名). ¶スポーツマンシップを~す行為 bàihuài yùndòngyuán dàodé de xíngwéi(败坏运动员道德的行为). ¶彼女は身を~された tā bèi rén jiānwū(她被人奸污). ¶私もその会の末席を~しています wǒ yě tiǎnzài gāi huì mòzuò zhī liè(我也忝在该会末座之列).

けがらわし・い【汚らわしい】 āngzang(肮脏), wūhuì(污秽). ¶あんな奴のことは口にするのも~い tí tā hái xián zānglе wǒ de zuǐ(提他还嫌脏了我的嘴). ¶~い金 āngzang de qián(肮脏的钱)/ hēiqián(黑钱), chòuqián(臭钱).

けがれ【汚れ】 ¶~を知らない純真な少女 tiānzhēn wúxié de shàonǚ(天真无邪的少女).

けが・れる【汚れる】 ¶履歴が~れた lìshǐshang yǒule wūdiǎn(历史上有了污点). ¶~れた金 āngzang de qián(肮脏的钱)/ hēiqián(黑钱).

けがわ【毛皮】 máopí(毛皮), qiúpí(裘皮), pímáo(皮毛), pízi(皮子), píhuò(皮货). ¶~のコート qiúpí dàyī(裘皮大衣).
¶~商 píhuòshāng(皮货商).

げき【劇】 xì(戏), xìjù(戏剧). ¶~を上演する yǎn'xì[jù](演'戏[剧]). ¶原作に忠実に~化する zhōngshí yú yuánzuò jiāyǐ xìjùhuà(忠实于原作加以戏剧化).
¶~映画 gùshipiàn(故事片). ~作家 jùzuòjiā(剧作家). ~中~ jùzhōngjù(剧中剧)/ xìzhōngxì(戏中戏).

げき【檄】 xíwén(檄文), xíshū(檄书). ¶全国に~を飛ばす xiàng quánguó chuánxí(向全国传檄)/ xí gào tiānxià(檄告天下).

げきえつ【激越】 jī'áng(激昂). ¶彼は~な口調で演説した tā yǔqì jī'áng de fābiǎole yǎnshuō(他语气激昂地发表了演说).

げきか【激化】 jīhuà(激化), jiājù(加剧). ¶戦闘が~する zhàndòu yuèlái jīliè(战斗越发激烈). ¶インフレが~する tōnghuò péngzhàng jiājù(通货膨胀加剧). ¶論争が~する zhēng-

げきげん【激減】 ruìjiǎn (锐减). ¶農村人口が～した nóngcūn rénkǒu ruìjiǎn (农村人口锐减).

げきしょう【激賞】 jīshǎng (激赏), jīshǎng (击赏). ¶その絵は評論家の～を受けた zhè zhāng huà shòudào pínglùnjiā de rèliè zànyáng (这张画受到评论家的热烈赞扬). ¶口を極めて～する zàn bù jué kǒu (赞不绝口)/ jījié tànshǎng (击节叹赏).

げきじょう【劇場】 jùchǎng (剧场), xìyuàn (戏院). ¶野外～ lùtiān jùchǎng (露天剧场).

げきじょう【激情】 jīqíng (激情). ¶～に駆られる wéi jīqíng suǒ qūshǐ (为激情所驱使).

げきしょく【激職】 ¶委員長の～につく jiù wěiyuánzhǎng nàge jíqí fánzhòng zhī zhí (就委员长那个极其繁重之职).

げきしん【激震】 jīzhèn (激震).

げき・する【激する】 chōngdòng (冲动), jīdòng (激动). ¶言葉が～してきた yáncí jīliè qilai (言词激烈起来). ¶～して口もきけない jīdòngde huà yě shuō bu shànglái (激动得话也说不上来). ¶彼は～しやすい tā róngyì jīdòng (他容易激动)/ tā yìyú chōngdòng (他易于冲动).

げきせん【激戦】 jīzhàn (激战), yìngzhàng (硬仗). ¶数時間にわたって～が繰り広げられた zhǎnkāile shù xiǎoshí de jīzhàn (展开了数小时的激战). ¶両チームの試合は～になった liǎngduì de bǐsài jìnxíngde hěn jīliè (两队的比赛进行得很激烈).

¶～地 jīzhàndì (激战地).

げきぞう【激増】 jīzēng (激增), jùzēng (剧增), měngzēng (猛增). ¶生産高が～した shēngchǎnliàng měngzēng (生产量猛增). ¶春になると雪がとけて河の水が～した dàole chūntiān, xuě yì rónghuà, héshuǐ ˇměngzhǎng[bàozhǎng] (到了春天, 雪一融化, 河水ˇ猛涨[暴涨]).

げきたい【撃退】 jītuì (击退), dǎtuì (打退). ¶敵軍を～する jītuì díjūn (击退敌军).

げきだん【劇団】 jùtuán (剧团).

げきちん【撃沈】 jīchén (击沉). ¶敵艦を～する jīchén díjiàn (击沉敌舰).

げきつい【撃墜】 jīluò (击落), dǎluò (打落), dǎxià (打下). ¶敵機1機を～する dǎluò díjī yí jià (打落敌机一架).

げきつう【激痛】 jùtòng (剧痛). ¶腰椎に～を覚えた yāozhuī gǎndào jùtòng (腰椎感到剧痛).

げきてき【劇的】 ¶あれは～シーンだった nà zhēn shì xiàng xìjù yìbān jīdòng rénxīn de chǎngmiàn (那真是像戏剧一般激动人心的场面). ¶～効果をねらう zhuīqiú xìjù bǎnde rěrén zhùmù de xiàoguǒ (追求戏剧般的惹人注目的效果). ¶彼は～な生涯を送った tā dùguòle fùyǒu xìjùxìng de yìshēng (他度过了富有戏剧性的一生).

げきど【激怒】 dànù (大怒), kuángnù (狂怒), zhènnù (震怒), shèngnù (盛怒), bàonù (暴怒). ¶彼はそれを聞いて～した tā tīngle nà jiàn shì ˇdàfā-léitíng[nùfà-chōngguān] (他听了那件事ˇ大发雷霆[怒发冲冠]).

げきとう【激闘】 ¶死力をつくして～する sǐ pīn è dòu (死拼恶斗)/ zhǎnkāi sǐzhàn (展开死战).

げきどう【激動】 dòngdàng (动荡), jīdàng (激荡), zhèndàng (震荡). ¶～する情勢 dòngdàng de júshì (动荡的局势). ¶そのニュースは人心を～させた nàge xiāoxi ˇjīdòng[zhènhàn] rénxīn (那个消息ˇ激动[震撼]人心).

¶～期 dòngdàng shíqī (动荡时期).

げきとつ【激突】 ¶トラックが木に～した kǎchē měngzhuàng zài shùshang (卡车猛撞在树上). ¶両軍は正面から～した liǎngjūn yíngmiàn zhǎnkāile yì cháng jīzhàn (两军迎面展开了一场激战). ¶両者の意見は～した shuāngfāng de yìjiàn fāshēngle jīliè de chōngtū (双方的意见发生了激烈的冲突).

げきは【撃破】 jīpò (击破), jībài (击败), dǎkuǎ (打垮), jīkuì (击溃). ¶敵軍を～する dǎkuǎ [jīkuì] díjūn (打垮[击溃]敌军). ¶敵艦を～する jīhuǐ díjiàn (击毁敌舰).

げきひょう【劇評】 jùpíng (剧评). ¶～を書く xiě jùpíng (写剧评).

げきへん【激変】 jùbiàn (剧变), jībiàn (激变), zhòubiàn (骤变), tūbiàn (突变), dǒubiàn (陡变). ¶山の天候は～しやすい shānshang de qìhòu róngyì fāshēng jùbiàn (山上的气候容易发生剧变). ¶国際情勢が～した guójì xíngshì fāshēngle jībiàn (国际形势发生了激变). ¶戦後50年生活環境が～した zhànhòu wǔshí nián shēnghuó huánjìng qǐle ˇjíjù[jùdà] de biànhuà (战后五十年生活环境起了ˇ急剧[巨大]的变化).

げきむ【激務】 ¶体が弱くて～に耐えられない shēntǐ ruò, fánzhòng de rènwu chībuxiāo (身体弱, 繁重的任务吃不消).

げきめつ【撃滅】 jiānmiè (歼灭), xiāomiè (消灭). ¶敵を～する jiānmiè dírén (歼灭敌人).

げきやく【劇薬】 jùyào (剧药).

げきゆ【激愈】【毛嫌い】 ¶彼女はなぜか私を～している bùzhī zěnde tā zǒng xiánqì wǒ (不知怎的她总嫌弃我).

げきりゅう【激流】 jīliú (激流), tuānliú (湍流).

げきりん【逆鱗】 ¶師の～に触れる chùfàn [màofàn] lǎoshī (触犯[冒犯]老师).

げきれい【激励】 jīlì (激励), gǔlì (鼓励). ¶しっかりやれと～する gǔlì tā hǎohāor gàn (鼓励他好好儿干). ¶出場選手に～の言葉を述べる jiǎnghuà jīlì chūchǎng de xuǎnshǒu (讲话激励出场的选手).

げきれつ【激烈】 jīliè (激烈). ¶～な競争を展開する zhǎnkāi jīliè de jìngzhēng (展开激烈的竞争). ¶戦闘は～を極めた zhàndòu jíqí jīliè (战斗极其激烈).

げきろん【激論】 ¶～を戦わす zhǎnkāi ˇdàlùnzhàn[jīliè de zhēnglùn] (展开ˇ大论战[激烈的争论]).

げけつ【下血】 xiàxuè (下血), biànxuè (便血).

けげん【怪訝】 chàyì (诧异). ¶～そうな顔をす

る xiǎnchū chàyì de shénsè(显出诧异的神色)．¶～に思って問い返した gǎndào chàyì yòu wènle yíxià(感到诧异又问了一下)．

げこ【下戸】 ¶私は～です wǒ bú huì hējiǔ(我不会喝酒)．

げこう【下校】 fàngxué(放学)．

けさ【今朝】 jīnzǎo(今早), jīnchén(今晨), jīntiān zǎochén(今天早晨), jīntiān zǎoshang(今天早上), jīntiān zǎoqi(今天早起)．

けさ【袈裟】 jiāshā(袈裟)．¶～をかける pī jiāshā(披袈裟)．¶～がけに切る cóng jiānshang xiékǎn dào xīnkǒu(从肩上斜砍到心口)．

げざい【下剤】 xièyào(泻药), xièjì(泻剂), dǎyào(打药)．¶～をかける yòng xièyào(用泻药)．

げざん【下山】 xià shān(下山)．¶天候が急変したので急いで～した tiānqì dǒubiàn, jímáng xià shān le(天气陡变, 急忙下山)．

けし【罌粟】 yīngsù(罂粟), yúměirén(虞美人)．¶～から阿片がとれる yīngsù kěyǐ tízhì yāpiàn(罂粟可以提制鸦片)．¶ビルの上から見ると人が～粒のように見える cóng dàshà wǎng xià kàn, xiàbian de rén xiàng zhīmalìr shìde(从大厦往下看, 下边的人像芝麻粒儿似的)．

げし【夏至】 xiàzhì(夏至)．

けしいん【消印】 yóuchuō(邮戳)．¶手紙には大阪の～が押してある xìnshang gàizhe Dàbǎn yóuchuō(信上盖着大阪邮戳)．¶10日までの～のあるものは有効とする dào shí rì wéizhǐ de yóuchuō yǒuxiào(到十日为止的邮戳有效)．

けしか・ける tiáosuo(调唆), tiǎosuo(挑唆), jiàosuō(教唆), sǒushǐ(嗾使), suōshǐ(唆使), tǒnggu(捅咕)．¶犬を人に～ける sǒu gǒu yǎo rén(嗾狗咬人)．¶周りから～けられて喧嘩をしてしまった shòu dàhuǒ tiáosuo dǎle jià(受大伙调唆打了架)．¶人に～けられて悪事を働く bèi rén jiàosuō gàn huàishì(被人教唆干坏事)．

けしからん qǐyǒucǐlǐ(岂有此理)．¶人の話を聞かないとは～男だ rénjia jiǎnghuà bù hǎohāor tīng, shízài qǐyǒucǐlǐ(人家讲话不好好儿听, 实在岂有此理)．¶こんなに待たせるとは全く～ ràng wǒ zhème sǐ děng, zhēn búxiànghuà(让我这么死等, 真不像话)．¶人の時計を質に入れるとは～奴だ bǎ biéren de biǎo dàngle chūqù, zhēn shì hùnzhàng dōngxi(把别人的表当了出去, 真是混账东西)．

けしき【気色】 ¶ものおじした～もなかった méi xiǎnchū yìdiǎnr dǎnqiè de yàngzi(没显出一点儿胆怯的样子)．¶会った時はそんな～はなかった jiànmiàn shí méi kànchū nà zhǒng zhàotou(见面时没看出那种兆头)．¶友達に悪口を言われて～ばむ bèi péngyou shuōle huàihuà, bórán biànsè(被朋友说了坏话, 勃然变色)．

けしき【景色】 fēngjǐng(风景), jǐngsè(景色), jǐngzhì(景致)．¶何とも言えない素晴らしい～だ zhēn shì wúfǎ xíngróng de hǎo fēngjǐng(真是无法形容的好风景)．¶～がいい fēngjǐng hěn měi(风景很美)/ jǐngzhì zhēn hǎo(景致真好)．

げじげじ qiánchuànzi(钱串子), qiánlóng(钱

龙)．¶～のような奴 làiháma shìde jiāhuo(癞蛤蟆似的家伙)．

けしゴム【消ゴム】 xiàngpí(橡皮)．¶～で消す yòng xiàngpí cādiào(用橡皮擦掉)．

けしと・ぶ【消し飛ぶ】 ¶爆発で火薬庫が～んだ huǒyàokù zhàde sìchù fēisàn(火药库炸得四处飞散)．¶その一言で彼の心配は～んだ nà yí jù huà shǐ tā de dānyōu yúnxiāo-wùsàn le(那一句话使他的担忧云消雾散了)．

けしと・める【消し止める】 ¶火を～めた bǎ huǒ pūmiè le(把火扑灭了)．

けじめ ¶公私の～をつけるべきだ gōngsī yīnggāi fēnmíng(公私应该分明)．¶お前はやっていい事と悪い事の～がつかないのか nǐ zhège rén gāi gàn bù gāi gàn de dōu bùnéng fēnbiàn ma?(你这个人该干和不该干的都不能分辨吗?)．

げしゃ【下車】 xiàchē(下车)．¶横浜で～する zài Héngbīn xiàchē(在横滨下车)．

げしゅく【下宿】 jìsù(寄宿)．¶私は学校の近くに～している wǒ zài xuéxiào fùjìn jìsù(我在学校附近住宿)．¶賄付きの～ bāofàn de zhùjiār(包饭的住家儿)．¶～代 fángqián(房钱)．¶～人 fángkè(房客)．

ゲシュタポ Gàishìtàibǎo(盖世太保)．

ゲシュタルト ¶～心理学 géshìtǎ xīnlǐxué(格式塔心理学)．

げしゅにん【下手人】 xiōngshǒu(凶手), xiōngfàn(凶犯)．

げじゅん【下旬】 xiàxún(下旬)．

げじょ【下女】 nǚyōng(女佣), nǔpú(女仆), nǚyòngren(女用人)．

けしょう【化粧】 huàzhuāng(化妆)．¶彼女は～して出掛けた tā huàzhuānghǎo jiù[shūzhuāng dǎban hǎo] chūqu le(她"化妆好就[梳妆打扮后]出去了)．¶～をなおす xiūzhěng huàzhuāng(修整化妆)/ chóngxīn pūfěn cāzhī(重新扑粉擦脂)．¶薄～をする dàn zhuāng sù fěn(淡妆素粉)/ bó zhuāng dàn mǒ(薄妆淡抹)．¶厚～をする nóng zhuāng yàn mǒ(浓妆艳抹)．
¶～板 zhuāngshìbǎn(装饰板)/ chéngxíngbǎn(成形板)．～室 guànxǐshì(盥洗室)．～台 shūzhuāngtái(梳妆台)．～道具 huàzhuāng yòngjù(化妆用具)．～品 huàzhuāngpǐn(化妆品)．～水 huālùshuǐ(花露水)．

けじらみ【毛虱】 yīnshī(阴虱)．

けしん【化身】 huàshēn(化身)．¶あいつはまさに悪魔の～だ nà jiāhuo jiǎnzhí shì móguǐ de huàshēn(那家伙简直是魔鬼的化身)．

け・す【消す】 **1**【火を】 miè(灭)．¶水をかけて火を～ pō shuǐ miè huǒ(泼水灭火)．¶煙草の火を踏んで～す cǎimiè yānjuǎnr de huǒ(踩灭烟卷儿的火)．¶石炭ストーブの火を～し忘れた wàngle miè méilúzi de huǒ(忘了灭煤炉子的火)．

2【スイッチなどを】 guān(关)．¶電灯を～す guānshàng diàndēng(关上电灯)/ xīdēng(熄灯)．¶ラジオを～しなさい guāndiào shōuyīnjī ba(关掉收音机吧)．¶ガスを～したかどうか心

配だ wǒ dānxīn shìfǒu bǎ méiqì gěi guān le (我担心是否把煤气给关了). **3**〔見えなくする〕cādiào (擦掉), mǒdiào (抹掉). ¶ 黒板を～さないで下さい qǐng bié bǎ hēibǎn cā le (请别把黑板冲擦了). ¶ 消ゴムで～す yòng xiàngpí cādiào (用橡皮擦掉). ¶ 線を引いて3字を～す huà xiàn gōudiào sān ge zì (划线勾掉三个字). ¶ 雪が足跡を～してしまった xuě bǎ jiǎoyìn zhēgài le (雪把脚印遮盖了). ¶ 彼はその翌日から姿を～した dì'èr tiān zài cūnzili jiù bújiàn tā de zōngyǐng le (第二天在村子里就不见他的踪影了). **4**〔除き去る〕qùdiào (去掉). ¶ 胡椒で肉の臭みを～す yòng hújiāo qù ròu de xīngwèir (用胡椒去肉的腥味ル). ¶ 録音を～す xiāoqù lùyīn (消去录音). ¶ あいつを～してしまえ bǎ tā gàndiào (把他干掉).

げす【下す】 xiàliú (下流), xiàjiàn (下贱), xiàzuo (下作);〔人〕jiàngǔtou (贱骨头). ¶ ～の知恵はあとから chǔnrén shìhòu cōngming (蠢人事后聪明).

げすい【下水】 wūshuǐ (污水), zāngshuǐ (脏水);〔下水道〕xiàshuǐdào (下水道). ¶ ～を川に流す bǎ wūshuǐ páidào héli (把污水排到河里). ¶ ～がつかえた xiàshuǐdào dǔzhù le (下水道堵住了).

¶ ～管 wūshuǐguǎn (污水管). ～処理場 wūshuǐ chǔlǐchǎng (污水处理厂).

ゲスト kèchuàn yǎnyuán (客串演员), tèyuē yǎnyuán (特约演员). ¶ ～にA氏を迎える tèyāo A xiānsheng chūyǎn (特邀A先生出演).

けずね【毛脛】 ¶ ～を出している lùzhe hēimáotuǐ (露着黑毛腿).

けず・る【削る】 **1**〔刃物などで〕xiāo (削); bào (刨). ¶ 鉛筆を～る xiāo [xiū] qiānbǐ (削 [修] 铅笔). ¶ かんなで板を～る yòng bàozi bào mùbǎn (用刨子刨木板). ¶ 土地を～って平らにする bǎ dì chǎnpíng (把地铲平). ¶ 船底の牡蠣(㈱)を～り落す chǎnqù chuándǐ de mǔlì (铲去船底的牡蛎). ¶ 激流に川岸が～りとられた jīliú chōngshuā hé'àn (激流冲刷河岸). **2**〔除く, 減らす〕shānqù (删去), shāndiào (删掉), huádiào (划掉); xuějiǎn (削减). ¶ 最後の1節を～る shānqù zuìhòu de yí duàn (删去最后的一段). ¶ 名簿から彼の名は～られた tā de míngzi bèi cóng míngdān shang huádiào le (他的名字被从名单上划掉了). ¶ 予算は半分に～られた yùsuàn bèi xuějiǎnle yíbàn (预算被削减了一半). ¶ 人員を～る cáijiǎn rényuán (裁减人员).

げせな・い【解せない】 ¶ 彼の態度は～い tā de tàidu jiào rén nányú "chuǎimó [lǐjiě]" (他的态度叫人难于"揣摩[理解]").

ゲゼルシャフト fǎlǐ shèhuì (法理社会).

げせわ【下世話】 súyǔ (俗语), súhuà (俗话). ¶ ～にも申す通り… súyǔ shuō … (俗语说…)/ chángyán dào … (常言道…).

げせん【下船】 xiàchuán (下船). ¶ 神戸で～す zài Shénhù xiàchuán (在神户下船).

げせん【下賤】 xiàjiàn (下贱), wēijiàn (微贱).

¶ ～の生れ chūshēn xiàjiàn (出身下贱).

けた【桁】 **1**〔建物, 橋の〕héngjià (桁架), lǐn (檩), héng (桁), lǐntiáo (檩条). **2**〔数の位〕shùwèi (数位), wèi (位), wèishù (位数). ¶ 答えの～を間違えた bǎ dá'àn de shùwèi nòngcuò le (把答案的数位弄错了). ¶ 5～の数字 wǔ wèi shù (五位数).

げた【下駄】 ¶ ～をはく [ぬぐ] chuān [tuō] mùjī (穿木屐). ¶ ～ばきのまま入って来た chuānzhe mùjī jìnlai le (穿着木屐进来了). ¶ ～をはかせて及第点にしてやった tái fēnshù jiào tā jígé le (抬高分数叫他及格了). ¶ 彼に～を預けた quán jiāogěi tā fùzé chǔlǐ (全交给他负责处理).

げだい【外題】 jùmù (剧目).

けたお・す【蹴倒す】 tīdǎo (踢倒), chuàidǎo (踹倒). ¶ 相手を～す chuàidǎo duìfāng (踹倒对方).

けだか・い【気高い】 ¶ ～い心の持主 pǐnzhì gāoshàng de rén (品质高尚的人). ¶ ～い富士の姿 Fùshì Shān de chónggāo xióngzī (富士山的崇高雄姿).

けたたまし・い ¶ 救急車が～くサイレンを鳴らして走って行く jiùhùchē xiǎngzhe jiānruì yícì de jǐngdíshēng jíshǐ ér qù (救护车响着尖锐刺耳的警笛声疾驶而去). ¶ おもてで～い叫び声がした wàimian chuánlai jiānlì de jiàoshēng (外面传来尖厉的叫声).

けたちがい【桁違い】 ¶ バイカル湖は琵琶湖より～に大きい Bèijiā'ěr Hú bǐ Pípá Hú kě dàde búnéng xiāngbǐ (贝加尔湖比琵琶湖可大得不能相比). ¶ 彼の力が～に強くて私では勝負にならない tā yìhū-xúncháng de qiáng, wǒ wúfǎ zhāojià (他异乎寻常地强, 我无法招架).

げだつ【解脱】 jiětuō (解脱). ¶ 煩悩を～する jiětuō fánnǎo (解脱烦恼).

けた・てる【蹴立てる】 ¶ 船が波を～てて進む chuán pò làng qiánjìn (船破浪前进). ¶ 砂塵を～てて馬が疾走する yángyǐ shāchén jùnmǎ jíchí (扬起沙尘骏马疾驰).

けたはずれ【桁外れ】 ¶ ～な安値で売る yǐ fēnde chūqí de jiàqian shòumài (以贱得出奇的价钱售卖). ¶ あの人物はスケールが～に大きい nàge rénwù dùliàng zhī dà yìhū-xúncháng (那个人物度量之大异乎寻常).

けだもの【獣】 shòulèi (兽类), zǒushòu (走兽). ¶ あいつは～のような奴だ nàge jiāhuo jiǎnzhí shì chùsheng (那个家伙简直是畜生).

けだる・い píruǎn (疲软). ¶ 寝不足で～い shuìmián bùzú, shēnzi píruǎn (睡眠不足, 身子疲软). ¶ ～い陽気 lìng rén hūnhūn-yùshuì [kùnrén] de tiānqi (令人昏昏欲睡 [困人] 的天气).

げだん【下段】 ¶ ～の寝台券がとれた wòpù mǎidàole xiàpù (卧铺买到了下铺).

けち **1**〔吝嗇〕kōu (抠), lìnsè (吝啬), qiānlìn (悭吝), xiǎoqi (小气), sèke (啬刻), kōusuo (抠唆), kōusōu (抠搜), kōuménr (抠门儿);〔人〕lìnsèguǐ (吝啬鬼), xiǎoqìguǐ (小气鬼), sèkezi (啬刻子), tiěgōngjī (铁公鸡), cígōngjī (瓷公鸡).

¶あいつは本当に~だ tā nàge rén kōude hěn(他那个人抠得很)/nà jiāhuo zhēn shì ge lìnsèguǐ(那家伙真是个吝啬鬼).¶たかが1万円くらい~~するな zhǐ búguò shì yíwàn kuài qián, nǐ bié xiǎoqi(只不过是一万块钱,你别小气).

2〔貧弱〕 ¶~な車を乗り回して得意がっているtā jiàzhe "pò[làn]chē měide liǎobude le(他驾着"破[烂]车美得不得了).¶彼はいつも~くさい格好をしている tā chuānde zǒngshì nàme hánsuān(他穿得总是那么寒酸).

3〔下劣〕 ¶私は陰口を言うような~な人間ではない wǒ kě bú shì bèihòu shuō rén xiánhuà de nà zhǒng xiǎorén(我可不是背后说人闲话的那种小人).¶カンニングなどという~くさい見上げはしない bié xiǎng zuò dǎ xiǎochāor zhè zhǒng xiǎolixiǎoqì de shì(别想做打小抄儿这种小里小气的事).

4 ¶あれが~のつき始めだった dǎ nà "dǎoqǐ méi lai[zǒule bèiyùn](打那"倒起霉来[走了背运]).¶あいつは何にでも~をつけたがる nà jiāhuo duì shénme dōu ài "chūmáo-qiúcī [tiāo máobìng](那家伙对什么都爱"吹毛求疵[挑毛病]).

ケチャップ 〖トマト~〗fānqiéjiàng(番茄酱).

けちら・す〖蹴散らす〗 ¶敵を~して進む qūsàn dírén qiánjìn(驱散敌人前进).

けち・る〖タクシー代を~る shěbude huā chūzū qìchē de qián(舍不得花出租汽车的钱).

けちんぼう〖けちん坊〗→けち 1.

けつ〖決〗 biǎojué(表决).¶~をとる fù biǎojué(付表决).

-げつ〖月〗 yuè(月). 某~某日 mǒu yuè mǒu rì(某月某日).¶10か~ shí ge yuè(十个月).

けつあつ〖血圧〗 xuèyā(血压).¶~を測る liáng xuèyā(量血压).¶~が高い[低い] xuèyā "gāo[dī](血压"高[低]).¶あんまり~が上がるぞ shēng nàme dà qì, xuèyā kě yào gāoqilai a(生那么大气,血压可要高起来啊).
¶~計 xuèyājì(血压计).

けつい〖決意〗 juéyì(决意), juéjì(决计).¶辞職を~する juéyì cízhí(决意辞职).¶彼の~は固い tā de juéxīn hěn dà(他的决心很大).

けついん〖欠員〗 chūquē(出缺), quē'é(缺额), kòngquē(空缺), kòng'é(空额), yú'é(余额).
¶委員会に~が生じた wěiyuánhuì yǒule chūquē(委员会有了出缺).¶~を補充する bǔchōng kòng'é(补充空额).

けつえき〖血液〗 xuèyè(血液).¶私の~型はA型です wǒ de xuèxíng shì A xíng(我的血型是A型).
¶~センター xuèkù(血库).~検査 yànxuè(验血).

けつえん〖血縁〗 xuèyuán(血缘).¶彼と私は~関係にある tā hé wǒ yǒu xuèyuán guānxi(他和我有血缘关系).

けっか〖結果〗 jiéguǒ(结果).¶試験の~は明日発表される kǎoshì de jiéguǒ míngtiān jiéxiǎo(考试的结果明天揭晓).¶手術の~は良好だ shǒushù de jiéguǒ liánghǎo(手术的结果良好).¶彼の一言は重大な~を招いた tā de yī huà zhāozhìle yánzhòng de hòuguǒ(他的一句话招致了严重的后果).¶~から見ればその計画は初めから無理だったのだ cóng jiéguǒ lái kàn, nàge jìhuà yuánlái jiùshì nányú xíngdetōng de(从结果来看,那个计划原来就是难于行得通的).¶討論の~は解散することになった tǎolùn de jiéguǒ juédìng jiěsàn gāi huì(讨论的结果决定解散该会).¶それは~論というものだ nà bú shì shìhòu Zhūgě Liàng ma?(那不是事后诸葛亮吗?).

げっか〖激化〗→げきか.

けっかい〖決壊〗 kuìjué(溃决), chōngjué(冲决), juékǒu(决口).¶堤防が~した dībà juékǒu le(堤坝决口了).

けっかく〖結核〗 jiéhé(结核); jiéhébìng(结核病), láobìng(痨病).¶~菌 jiéhé gǎnjūn(结核杆菌).腸~ chángjiéhé(肠结核)/chángláo(肠痨).肺~ fèijiéhé(肺结核)/fèibìng(肺病)/fèiláo(肺痨).

げつがく〖月額〗 ¶会費は~3000円です huìfèi měiyuè sānqiān kuài qián(会费每月三千块钱).

げっかびじん〖月下美人〗 tánhuā(昙花).

げっかひょうじん〖月下氷人〗 yuèxià lǎorén(月下老人), yuèxiàlǎor(月下老儿), yuèlǎo(月老).

けつがん〖頁岩〗 yèyán(页岩).

けっかん〖欠陥〗 quēxiàn(缺陷).¶彼には性格的な~がある tā xìnggéshang yǒu quēxiàn(他性格上有缺陷).¶論理の~をつく diǎnpò lùnlǐshang de quēxiàn(点破论理上的缺陷).
¶~車 yǒu quēxiàn de qìchē(有缺陷的汽车).

けっかん〖血管〗 xuèguǎn(血管).

げっかん〖月刊〗 yuèkān(月刊).¶~誌 yuèkān zázhì(月刊杂志).

げつがん〖月度〗 yuèdù(月度).¶~売上げが1000万円を超えた yuè xiāoshòu'é chāoguò yìqiān wàn rìyuán(月销售额超过一千万日元).¶交通安全~ jiāotōng ānquán yuè(交通安全月).

けつぎ〖決議〗 juéyì(决议).¶大会は断固闘い抜くことを~した dàhuì zuòchūle dòuzhēng dàodǐ de juéyì(大会作出了斗争到底的决议).
¶~文 juéyìwén(决议文).

けっき〖血気〗 xuèqì(血气), xuèxìng(血性).¶~にはやって騒ぎを起す yìzhí bu zhù xuèqì, chuǎngle huò(抑制不住血气,闯了祸).¶~盛んな若者 xuèqì fānggāng de qīngnián(血气方刚的青年).¶~の勇 xuèqì zhī yǒng(血气之勇).

けっき〖決起〗 ¶同志よ~せよ tóngzhìmen, zhànqilai ba!(同志们,站起来吧!).
¶~集会 shìshī dàhuì(誓师大会).

けっきゅう〖血球〗 xuèqiú(血球), xuèxìbāo(血细胞).赤~ hóngxuèqiú(红血球).白~ báixuèqiú(白血球).

げっきゅう〖月給〗 yuèxīn(月薪).¶~は20万円です yuèxīn èrshí wàn rìyuán(月薪二十

万日元). ¶ ~を取り xīnjǐ rényuán (薪给人员) / ná yuèxīn de zhíyuán (拿月薪的职员).

けっきょ【穴居】 xuéjū (穴居). ¶ ~生活 xuéjū shēnghuó (穴居生活).

けっきょく【結局】 jiéguǒ (结果), dàodǐ (到底), jiūjìng (究竟), bìjìng (毕竟), dàotóulái (到头来), zhōngguī (终归), zhōngjiū (终究), guīgēnjiédǐ (归根结底). ¶ ~私が譲歩して話をまとめた jiéguǒ yóuyú wǒ de ràngbù dáchénglle xiéyì (结果由于我的让步达成了协议). ¶ 彼に頼んだら~高いものについた bàituō tā jiéguǒ fǎnér duō huāle qián (拜托他结果反而多花了钱). ¶ 参加したのは~私1人だった cānjiā de dàotóulái zhǐ yǒu wǒ yí ge rén (参加的到头来只有我一个人). ¶ どのコースで行っても~所要時間は同じだ wúlùn zǒu nǎ yì tiáo lùxiàn, dàotóulái xūyào de shíjiān dōu yíyàng (无论走哪一条路线,到头来需要的时间都一样). ¶ 我々の努力は~水の泡となった wǒmen de nǔlì zhōngyú huàwéi pàoyǐng (我们的努力终于化为泡影). ¶ ~誰が犯人か分らなかった jiūjìng shuí shì zuìfàn bù dé ér zhī (究竟谁是罪犯不得而知). ¶ ~は彼の意見に従うほかない dào 'mòliǎo[mòmòliǎo] zhǐhǎo tīngcóng tā de yìjiàn (到了末了[末末了]只好听从他的意见).

けっきん【欠勤】 quēqín (缺勤). ¶ 彼は入社以来~したことがない tā jìn gōngsī yǐlái méi quēguo qín (他进公司以来没缺过勤). ¶ ~届を出す jiāo jiàtiáo[r] (交假条[儿]).

げっけい【月経】 yuèjīng (月经), hóngcháo (红潮), tiāngui (天癸), jīngxìn (经信), cháoxìn (潮信). ¶ ~になる lái yuèjīng (来月经) / xíng jīng (行经).

¶ ~不順 yuèjīng bù tiáo (月经不调).

げっけいかん【月桂冠】 guìguān (桂冠).
げっけいじゅ【月桂樹】 yuèguìshù (月桂树).
げっけん【撃剣】 jījiàn (击剑).

けつごう【結合】 jiéhé (结合). ¶ 原子が~する yuánzǐ jiéhé (原子结合). ¶ 理論と実践を~させる bǎ lǐlùn hé shíjiàn jiéhé qǐlai (把理论和实践结合起来).

¶ ~組織 jiédì zǔzhī (结缔组织).

けっこう【欠航】 tíngháng (停航). ¶ 台風で空の便はすべて~になった yóuyú táifēng bānjī dōu tínghángle (由于台风班机都停航了).

けっこう【血行】 xuèxúnhuán (血循环), xuèyè xúnhuán (血液循环). ¶ 入浴は~をよくする xǐzǎo cùshǐ xuèyè xúnhuán liánghǎo (洗澡促使血液循环良好).

けっこう【決行】 ¶ ストライキを~する duànrán jǔxíng bàgōng (断然举行罢工).

¶ 雨天~ fēngyǔ wú zǔ (风雨无阻).

けっこう【結構】 **1**【立派,申し分ない】 ¶ ~なお庭ですね tíngyuán zhēn shì bùcuò a! (庭园真是不错啊!). ¶ ~なお土産をありがとうございました sòng wǒ zhème hǎo de lǐwù, shízài gǎnxiè (送我这么好的礼物,实在感谢). ¶ 遊んで暮せるとは~な御身分ですね ní néng yōuyóu zìzài de guò rìzi, zhēn lìng rén xiànmù (你能悠游自在地过日子,真令人羡慕). ¶ "釣に行きませんか""~ですね" "diàoyú qù hǎo ma?" "hǎo jíle" ("钓鱼去好吗?" "好极了"). ¶ 外国旅行も~だが仕事はどうするつもりだ qù wàiguó lǚxíng dāngrán hǎo, kěshì gōngzuò ne? (去外国旅行当然好,可是工作呢?). ¶ お金はいつでも~です qián shénme shíhou dōu xíng (钱什么时候都行). ¶ "明日ではいかがですか""~です" "míngtiān kěyǐ ma?" "kěyǐ" ("明天可以吗?" "可以").

2【十分,不必要】 ¶ "もう1杯いかがですか" "いいえ,もう~" "zài lái yì bēi zěnmeyàng?" "bù, yǐ zúgòu le" ("再来一杯怎么样?" "不,已足够了"). ¶ "お宅までお送りしましょうか""~です,1人で帰れます" "sòng nín huíjiā ba?" "búyòng le, wǒ yí ge rén néng huíqu" ("送您回家吧?" "不用了,我一个人能回去").

3【相当】 ¶ 私の中国語も~通じたようだ wǒ de Zhōngguóhuà hái suàn néng shuōdetōng (我的中国话还算能说得通). ¶ あれであの2人は~仲がよいのだ bié kàn nàyàng, tā liǎ gǎnqíng dào tǐng hǎo de ne (别看那样,他俩感情倒挺好的呢). ¶ 1000円買ったら~沢山あった mǎile yìqiān kuài yuán de dào bù shǎo (买了一千块钱的倒不老少). ¶ 小さな店だが~繁盛している pùzi suī xiǎo, dàn shēngyi dào hěn xīnglóng (铺子虽小,但生意倒很兴隆).

げっこう【月光】 yuèguāng (月光), chángguāng (蟾光). ¶ ~を浴びて散歩する mùyùzhe yuèguāng sànbù (沐浴着月光散步).

げっこう【激昂】 jīfèn (激愤), fènjī (愤激), jīnù (激怒). ¶ ~した群衆は場内になだれこんだ jīfèn de qúnzhòng yǒngjìnle huìchǎnglǐ (激愤的群众拥进了会场里). ¶ 相手の態度に~する duì duìfāng de tàidu jíwéi fènnù (对对方的态度极为愤怒).

けっこん【血痕】 xuèjì (血迹), xuèyìn[r] (血印[儿]), xuèhén (血痕). ¶ コートに~がついている dàyī shang yǒu xuèjì (大衣上有血迹).

けっこん【結婚】 jiéhūn (结婚). ¶ 彼は彼女に~を申し込んだ tā xiàng tā qiúhūn le (他向她求婚了). ¶ 2人は~の約束をした tā liǎ dìnghūn le (他俩订婚了). ¶ AさんとBさんと~するそうだ tīngshuō Lǎo A yào hé Xiǎo B jiéhūn le (听说老A要和小B结婚了). ¶ 彼女は二十で~した tā èrshí suì jiù jié hūn le (她二十岁就结婚了). ¶ 御~おめでとうございます gōngxǐ nǐmen jiéhūn (恭喜你们结婚). ¶ 娘に~話が持ち上がった wǒ jiā nǚ'ér yǒu rén lái shuōqīn[tíqīn] (我家女儿有人来说亲[提亲]). ¶ ~式の招待状を出す yóujì 'jiéhūn qǐngtiě[xǐtiě] (邮寄'结婚请帖[喜帖]). ¶ ~式をあげる jǔxíng hūnlǐ (举行婚礼) / bàn xǐshì (办喜事). ¶ ~適齢期の女性 yǐ dá hūnlíng de nǚxìng (已达婚龄的女性).

¶ ~披露宴 xǐyán (喜筵).

けっさい【決済】 jiésuàn (结算). ¶ 債務を~する zhàiwù jiésuàn (结算债务). ¶ ドルで~する yòng měiyuán jiésuàn (用美元结算).

けっさい【決裁】 cáijué (裁决). ¶ 社長の~を

仰ぐ qǐngshì zǒngjīnglǐ cáijué (请示总经理裁决).

けっさく【傑作】 jiézuò (杰作). ¶これは彼の晩年の～と言われている zhè bèi chēng zhī wéi tā wǎnnián de jiézuò (这被称之为他晚年的杰作). ¶あいつは～な男だ tā nàge rén kě zhēn huáji (他那个人可真滑稽).

けっさん【決算】 juésuàn (决算). ¶3月末で～をする sānyuèdǐ jìnxíng juésuàn (三月底进行决算). ¶今日の試合は1年間の練習の総～だ jīntiān de bǐsài shì zhè yì nián liànxí de zǒng jiǎnyuè (今天的比赛是这一年练习的总检阅). ¶～期 juésuànqī (决算期). ～報告書 juésuàn bàogàoshū (决算报告书).

げっさん【月産】 yuèchǎn (月产), yuèchǎnliàng (月产量). ¶～10万個を越える chāoguò shíwàn ge (月产量超过十万个).

けっし【決死】 juésǐ (决死), shūsǐ (殊死). ¶～の戦いを挑む jué yì sǐzhàn (决一死战)/ shūsǐ zhàndòu (殊死战斗)/ bèichéng jièyì (背城借一). ¶～の覚悟で敵陣に突撃する bú pà xīshēng xiàng dírén chōngfēng-xiànzhèn (不怕牺牲向敌人冲锋陷阵). ¶～隊 gǎnsǐduì (敢死队).

けっしきそ【血色素】 xuèsèsù (血色素), xuèhóng dànbái (血红蛋白).

けつじつ【結実】 jiéshí (结实), jiēguǒ (结果). ¶りんごの～期 píngguǒ de jiēguǒqī (苹果的结果期). ¶彼の研究がついに～した tā de yánjiū zhōngyú jiēle shuòguǒ (他的研究终于结了硕果).

けっして【決して】 jué (决), jué (绝), juéduì (绝对). ¶あの人は～泣き言を言わない tā nàge rén jué bù sùkǔ (他那个人绝不诉苦). ¶この御恩は～忘れません zhè ēndé jué bú huì wàngjì (这恩德决不会忘记). ¶1万円なら～高くない yíwàn kuài qián jué búsuàn guì (一万块钱绝不算贵).

けっしゃ【結社】 jiéshè (结社). ¶～の自由 jiéshè zìyóu (结社自由). ¶秘密～ mìmì jiéshè (秘密结社).

げっしゃ【月謝】 ¶～を納める àn yuè jiāo xuéfèi (按月交学费).

けっしゅう【結集】 jízhōng (集中). ¶総力を～して工事を完成させた jízhōng quánbù lìliang wánchéngle gōngchéng (集中全部力量完成了工程).

げっしゅう【月収】 ¶～は30万円です yí ge yuè shōurù sānshí wàn rìyuán (一个月收入三十万元).

けつじょう【傑出】 jiéchū (杰出), zhuóyuè (卓越), zhuóbá (卓拔). ¶～した指導者 jiéchū de lǐngdǎorén (杰出的领导人). ¶彼は言語学者として～している tā zuòwéi yǔyánxuéjiā zhuóbá guòrén (他作为语言学家卓拔过人).

けつじょ【欠如】 quēfá (缺乏). ¶彼女には常識が～している tā quēfá chángshì (她缺乏常识).

けっしょ【血書】 xuèshū (血书).

けつじょう【欠場】 quēchǎng (缺场). ¶A選手は怪我のため～した A xuǎnshǒu yóuyú shòushāng quēchǎng (A选手由于受伤缺场).

けっしょう【血漿】 xuèjiāng (血浆).

けっしょう【決勝】 juéshèng (决胜). ¶～の1点をあげる yíngdé juéshèng de yì fēn (赢得决胜的一分). ¶～戦まで勝ち進んだ yíngdé juésàiquán (赢得决赛权). ¶～点 zhōngdiǎn (终点)/ juéshèngdiǎn (决胜点).

けっしょう【結晶】 jiéjīng (结晶). ¶雪は6角形に～する xuě jiéjīngchéng liùjiǎoxíng (雪结晶成六角形). ¶これは彼の汗の～だ zhè shì tā xīnqín láodòng de jiéjīng (这是他辛勤劳动的结晶). ¶～体 jiéjīngtǐ (结晶体)/ jīngtǐ (晶体).

けっしょうばん【血小板】 xuèxiǎobǎn (血小板).

けっしょく【欠食】 ¶～児童 quēshí értóng (缺食儿童).

けっしょく【血色】 xuèsè (血色), qìsè (气色). ¶～がよい[悪い] qìsè hǎo[bù hǎo] (气色好[不好]).

げっしょく【月食】 yuèshí (月食・月蚀). ¶皆既～ yuèquánshí (月全食). 部分～ yuèpiānshí (月偏食).

げっしるい【齧歯類】 nièchǐ dòngwù (啮齿动物).

けっしん【決心】 juéxīn (决心). ¶最後までやり抜く～だ wǒ juéxīn gàndàodǐ (我决心干到底). ¶何と言われようと私の～は変らない jiùshì rénjia shuō shénme, wǒ de juéxīn yě bú biàn (就是人家说什么,我的决心也不变). ¶子供の顔を見ると～がぐらつく yí kàn háizi de liǎn, wǒ de juéxīn jiù dòngyáo (一看孩子的脸,我的决心就动摇). ¶行こうか行くまいかなかなか～がつかない qù bu qù lǎo yóuyù-bùjué (去不去老犹豫不决). ¶私は会社をやめようと～した wǒ juéxīn [juéyì] cídiào gōngsī de gōngzuò (我决心[决意]辞掉公司的工作).

けっしん【結審】 jiéshěn (结审).

けっ・する【決する】 jué (决), juédìng (决定). ¶国家の命運を～する大事件 juédìng guójiā mìngyùn de dà shìjiàn (决定国家命运的大事件). ¶雌雄を～する jué yī cí xióng (决一雌雄). ¶意を～して諫言する xià juéxīn jìn jiàn (下决心进谏).

けつぜい【血税】 xuèshuì (血税). ¶～をしぼる yǐ kējuān-zásuì qiāogǔ-xīsuǐ (以苛捐杂税敲骨吸髓).

けっせい【血清】 xuèqīng (血清). ¶～注射 xuèqīng zhùshè (血清注射). ～療法 xuèqīng liáofǎ (血清疗法).

けっせい【結成】 ¶新党を～する chuànglì xīndǎng (创立新党). ¶労働組合を～する zǔzhī gōnghuì (组织工会).

けっせき【欠席】 quēxí (缺席). ¶風邪のため今日の会は～します yīnwei déle gǎnmào, jīntiān de huì wǒ quēxí (因为得了感冒,今天的会我缺席). ¶私は今学期一日も～しなかった wǒ zhè xuéqī yì tiān yě méi quēguo xí (我这学期一天也没缺过席). ¶彼女は最近学校を～しが

ちだ tā zuìjìn shícháng quēkè(她最近时常缺课). ¶～裁判 quēxí pànjué(缺席判决). ～届 jiàtiáo(假条).

けっせき【結石】 jiéshí(结石). ¶腎臟～ shènjiéshí(肾结石).

けつぜん【決然】 juérán(决然). ¶～たる態度で臨む yǐ yìrán-juérán de tàidu duìdài(以毅然决然的态度对待).

けっせん【血栓】 xuèshuān(血栓).

けっせん【決戦】 juézhàn(决战). ¶～の時至る juézhàn de shíkè zhōngyú láilín(决战的时刻终于来临).

けっせんとうひょう【決選投票】 juéxuǎn tóupiào(决选投票).

けっそう【血相】 ¶彼は～を変えて飛び込んで来た liǎnsè dà biàn chuǎngle jìnlái(他脸色大变闯了进来).

けつぞく【血族】 xuèzú(血族), xuèqīn(血亲). ¶～結婚 jìnqīn jiéhūn(近亲结婚).

けっそく【結束】 tuánjié(团结). ¶党内の～を固める gǒnggù dǎngnèi de tuánjié(巩固党内的团结). ¶皆が～すればいかなる困難も克服できる zhǐyào dàjiā tóngxīn-xiélì, méiyǒu kèfu bu liǎo de kùnnan(只要大家同心协力, 没有克服不了的困难).

げっそり ¶彼は長患いで～瘦せた tā wòbìng duōnián shòude xiàng mágān er le(他卧病多年瘦得像麻秆儿了). ¶每日同じおかずでは～だ měitiān dōu chī yíyàng de cài, yí kàn jiù gòu le(每天都吃一样的菜, 一看就够了).

けっそん【欠損】 kuīkong(亏空), kuīqiàn(亏欠), kuīsǔn(亏损). ¶差引50万円の～になった shōuzhī xiāngdǐ kuīle wǔshí wàn rìyuán(收支相抵亏了五十万日元).

けったい【結滯】 jiànxiē màibó(间歇脉搏), jiémài(结脉).

けったく【結託】 gōujié(勾结), gōuchuàn(勾串), gōutōng(勾通), gōulián(勾连), gōuda(勾搭), chuàntōng(串通). ¶役人と～して公金をごまかす gōujié guānlì dàoyòng gōngkuǎn(勾结官吏盗用公款).

けつだん【決断】 juéduàn(决断). ¶どうしても～がつかない zěnme yě juéduàn bu liǎo(怎么也决断不了) / wěi jué bú xià(委决不下). ¶～を迫られる bèipò juéduàn(被迫决断). ¶総攻撃を～する xià juéduàn jìnxíng zǒnggōngjī(下决断进行总攻击). ¶～力がある tā hěn yǒu juéduàn(他很有决断).

けつだん【結団】 ¶代表団の～式を行う jǔxíng dàibiǎotuán zǔchéng yíshì(举行代表团组成仪式).

けったん【血痰】 xiètán(血痰). ¶～が出る kǎ xiètán(咯血痰).

けっちゃく【決着】 ¶議論に～をつける shǐ yìlùn zhōngjié(使议论终结). ¶事件もやっと～がついた shìjiàn hǎoróngyì cái shuǐluò-shíchū le(事件好容易才水落石出了).

けっちょう【結腸】 jiécháng(结肠).

けっちん【血沈】 xuèchén(血沉).

けってい【決定】 juédìng(决定), qiāodìng(敲定). ¶大会の出場校が～した cānjiā dàhuì de xuéxiào juédìng le(参加大会的学校决定了). ¶出発の日取りを～する juédìng[quèdìng] chūfā de rìqī(决定[确定]出发的日期). ¶組合の態度を～する juédìng gōnghuì de tàidu(决定工会的态度). ¶大会の～により代表を派遣する gēnjù dàhuì de juédìng pàiqiǎn dàibiǎo(根据大会的决定派遣代表). ¶彼の優勝は～的だ tā huò guànjūn yǐ quèdìng búyí(他获冠军已确定不移). ¶彼を有罪とする～の証拠はない pàn tā wéi yǒuzuì, méiyǒu quèzáo de zhèngjù(判他为有罪, 没有确凿的证据). ¶私には～権がない wǒ méiyǒu juédìngquán(我没有决定权) / wǒ pāibuliǎo bǎn(我拍不了板).

けってん【欠点】 quēdiǎn(缺点), máobìng(毛病). ¶気の短いのが彼の～だ hào dòng gānhuǒ shì tā de quēdiǎn(好动肝火是他的缺点). ¶自分の～を改める gǎizhèng zìjǐ de quēdiǎn(改正自己的缺点). ¶私は～だらけの人間です wǒ shì ge mǎnshēn quēdiǎn de rén(我是个满身缺点的人). ¶この本の～は索引がないことだ běn shū de quēdiǎn shì méiyǒu suǒyǐn(这本书的缺点是没有索引).

けっとう【血統】 xuètǒng(血统). ¶～のよい馬 xìpǔ hǎo de mǎ(系谱好的马). ¶～書 xìpǔ jiàndìngshū(系谱鉴定书).

けっとう【血糖】 xuètáng(血糖).

けっとう【決闘】 juédòu(决斗).

けつにょう【血尿】 xuèniào(血尿).

けっぱく【潔白】 qīngbái(清白). ¶身の～を証明する zhèngmíng zìjǐ de qīngbái wúgū(证明自己的清白无辜).

けっぱん【欠番】 ¶病院では4号室は大体～になっている yīyuàn yìbān méiyǒu dìsì hào bìngfáng(医院一般没有第四号病房).

けっぱん【血判】 ¶～を押す qièpò shǒuzhǐ èn shǒuyìn(切破手指摁手印).

けっぴょう【結氷】 jiébīng(结冰), dòngbīng(冻冰). ¶この湖は冬期～する zhège hú zài dōngjì jiébīng(这个湖在冬季结冰).

げっぴょう【月評】 ¶文芸作品の～ wényì zuòpǐn de yuèpíng(文艺作品的月评).

げっぷ ǎiqì(嗳气), gér(嗝儿). ¶～が出る dǎ gér(打嗝儿).

げっぷ【月賦】 fēnqī fùkuǎn(分期付款). ¶冷藏庫を5か月の～で買う yòng wǔ ge yuè fēnqī fùkuǎn mǎi bīngxiāng(用五个月分期付款买冰箱). ¶～払いで背広を作った ànyuè fùkuǎn zuòle xīfú(按月付款做了西服).

けつぶつ【傑物】 háojié(豪杰), rénjié(人杰).

げっぺい【月餅】 yuèbing(月饼).

けっぺき【潔癖】 jiépǐ(洁癖). ¶彼女は病的なほどに～だ tā de jiépǐ yǒudiǎnr bù xúncháng(她的洁癖有点儿不寻常). ¶父は～な性格で曲ったことが大嫌いだ fùqin xìnggé gāngzhí, zuì bù xǐhuan bú zhèngdàng de xíngwéi(父亲性格刚直, 最不喜欢不正当的行为).

けつべつ【決別】 juébié(决别). ¶同志と～す

けっぺん【血便】 xuèbiàn (血便), biànxuè (便血).

けつぼう【欠乏】 quēfá (缺乏), quēshǎo (缺少), kuīfá (匮乏), kuīquē (匮缺). ¶ビタミンAが～すると夜盲症になる quēfá wéishēngsù A, jiù huì huàn yèmángzhèng (缺乏维生素A, 就会害夜盲症). ¶燃料が～してきた ránliào quēfá le (燃料缺乏了).

げっぽう【月報】 yuèbào (月报).

けつまく【結膜】 jiémó (结膜), jiéhémó (结合膜). ¶～炎 jiémóyán (结膜炎) / hóngyǎnbìng (红眼病), hóngyǎn (红眼) / huǒyǎn (火眼).

けつまずく【蹴躓く】 →つまずく.

けつまつ【結末】 jiéjú (结局), jiéwěi (结尾), shōuchǎng (收场). ¶汚職事件の～はうやむやに終った tānwū ànjiàn de jiéjú shì bù liǎo liǎo zhī le (贪污案件的结局是不了了之了). ¶この小説の～は平凡だ zhè piān xiǎoshuō de jiéjú tài píngdàn wúwèi le (这篇小说的结局太平淡无味了).

げつまつ【月末】 yuèmò (月末), yuèdǐ (月底), yuèzhōng (月终), yuèwěi (月尾). ¶～払い yuèdǐ fùkuǎn (月底付款).

けづめ【蹴爪】 jù (距) (鶏などの).

けつゆうびょう【血友病】 xuèyǒubìng (血友病).

げつよう【月曜】 xīngqīyī (星期一), lǐbàiyī (礼拜一).

けつらく【欠落】 qiànquē (欠缺). ¶人間として最も重要なものが～している zuòwéi yí ge rén qiànquē zuì zhòngyào de dōngxi (作为一个人欠缺最重要的东西).

けつるい【血涙】 xuèlèi (血泪). ¶～をしぼる liú xuèlèi (流血泪).

けつれい【欠礼】 quēlǐ (缺礼). ¶喪中につき年賀は～いたします yīn shǒuzhì shù bú bàinián (因守制恕不拜年).

げつれい【月例】 ¶～の委員会 měiyuè dìngqī jǔxíng de wěiyuánhuì (每月定期举行的委员会).

げつれい【月齢】 yuèlíng (月龄).

けつれつ【決裂】 juéliè (决裂), pòliè (破裂). ¶交渉は～した tánpàn pòliè le (谈判破裂了).

けつろ【血路】 xuèlù (血路). ¶～を開く shāchū yì tiáo xuèlù (杀出一条血路).

けつろ【結露】 lùzhū (露珠), lùshuǐzhūr (露水珠儿). ¶屋内の～を防ぐ fángzhǐ zài shìnèi níngjié lùshuǐzhūr (防止在室内凝结露水珠儿).

けつろん【結論】 jiélùn (结论), duànyǔ (断语), duànyán (断言). ¶熟慮の結果次のような～に達した jīng shúlǜ, déchū rúxià de jiélùn (经过熟思, 得出如下的结论). ¶委員会は～を得ないまま解散した wěiyuánhuì méi néng zuòchū jiélùn jiù sànhuì le (委员会没能做出结论就散会了). ¶～を出すのはまだ早い xià jiélùn hái tài zǎo (下结论还太早). ¶～を言えば私は反対だ wǒ de jiélùn shì fǎnduì (我的结论是反对).

げてもの【下手物】 ¶彼には～趣味がある tā yǒu xīqí-gǔguài de shìhào (他有希奇古怪的嗜好).

げどう【外道】 1〔異端〕wàidào (外道). 2〔人でなし〕shāngtiān hàilǐ (伤天害理). ¶そのやり方は～だ nà zhǒng zuòfǎ jiǎnzhí shì shāngtiān hàilǐ (那种作法简直是伤天害理).

げどく【解毒】 jiědú (解毒). ¶～剤 jiědújì (解毒剂). ～作用 jiědú zuòyòng (解毒作用).

けとば・す【蹴飛ばす】 tīkāi (踢开). ¶石を～す tīkāi shítou (踢开石头). ¶要求を～す jùjué yāoqiú (拒绝要求).

けなげ【健気】 ¶少年は～にも行商に出て家計を助けた shàonián nánnéng kě guì, wàichū xíngshāng yǐlì bāngzhù jiājì (少年难能可贵, 外出行商一力帮助家计).

けな・す【貶す】 biǎn (贬), biǎndī (贬低), biǎnsǔn (贬损), sǔn (损), bāobiǎn (褒贬), zāogǎi (糟改). ¶そんなに人を～すものではない bié nàme biǎndī biérén (别那么贬低别人) / bié nàme sǔnrén (别那么损人). ¶兄は妹の絵をくそ～した gēge bǎ mèimei de huà shuōde yìqián-bùzhí (哥哥把妹妹的画说得一钱不值).

けなみ【毛並】 ¶～の美しい馬 máosè rú jǐn de liángmǎ (毛色如锦的良马). ¶あの人は～がよい là 'méndì gāo [chūshēn hǎo] (他'门第高 [出身好]).

げなん【下男】 nányōng (男佣), nánpú (男仆), nányòngren (男用人), dāngchāi (当差).

ケニア Kěnníyà (肯尼亚).

けぬき【毛抜】 nièzi (镊子).

げねつ【解熱】 jiěrè (解热), tuìrè (退热), tuìshāo (退烧). ¶～剤 tuìshāojì (退烧剂) / jiěrèjì (解热剂) / tuìshāoyào (退烧药).

けねん【懸念】 yōulǜ (忧虑), dānyōu (担忧), dānxīn (担心). ¶私の～が現実となった wǒ de yōulǜ chéngle shìshí le (我的忧虑成了现实了). ¶商売の先行きを～する dānyōu shēngyi de jiānglái (担忧生意的将来).

ゲノム rǎnsètǐzǔ (染色体组). ¶人～ rén de rǎnsètǐzǔ (人的染色体组). ¶～分析 rǎnsètǐzǔ fēnxī (染色体组分析).

けはい【気配】 jīxiàng (迹象), dòngjìng (动静). ¶人の住んでいる～はなかった kànbuchū yǒu rén zhù de yàngzi (看不出有人住的样子). ¶暗闇で何かが動く～がした hēi'àn zhōng yǒu shénme dòngjing (好像黑暗中有什么动静). ¶春の～を感ずる gǎnjuédào chūntiān de qìxī (感觉到春天的气息).

けばけばしい huāshao (花哨), huālihúshào (花里胡哨), huābulēngdēng (花不棱登), huāhuālùlù (花花绿绿). ¶～いなりをした女 dǎbande huālihúshào de nǚrén (打扮得花里胡哨的女人).

けばだ・つ【毳立つ】 qǐmáo (起毛). ¶セーターの袖がすっかり～った máoyī de xiùzi móde qǐmáo le (毛衣的袖子磨得起毛了).

げばひょう【下馬評】 ¶～では B 氏当選が有力だ jù shìrén de yúlùn, B xiānsheng hěn kě-

néng dāngxuǎn(据世人的舆论，B 先生很可能当选).

けばり【毛鉤】 jiǎyíng(假蝇).

ゲバルト wǔdòu(武斗), bàolì dòuzhēng(暴力斗争).

けびょう【仮病】 zhuāngbìng(装病), tuōbìng(托病), chēngbìng(称病). ¶～をつかって休む zhuāngbìng bú shàngbān(装病不上班)／pào bìnghàor(泡病号儿).

げ・びる【下卑る】 ¶～びた振舞いでみんなを不愉快にする cūsú xiàjiàn de xíngwéi shǐ dàjiā búkuài(粗俗下贱的行为使大家不快).

げひん【下品】 xiàliú(下流), xiàjiàn(下贱), xiàzuo(下作). ¶あの男は～だ tā nàge rén tài xiàzuo(他那个人太下作)／tā shì ge cūnfū súzǐ(他是个村夫俗子). ¶～な冗談を言う kāi xiàliú de wánxiào(开下流的玩笑)／shuō cūnyě nántīng de xiàohua(说村野难听的笑话). ¶～な柄 sú bù kě nài de huāyàngr(俗不可耐的花样儿).

けぶかい【毛深い】 máohōnghōng(毛烘烘), máohūhū(毛乎乎). ¶彼は～い tā hánmao hěn máohūhū de(他寒毛很毛乎乎的).

ゲマインシャフト lǐsú shèhuì(礼俗社会).

ケミカルシューズ sùliàoxié(塑料鞋).

けむ【煙】 ¶人を～に巻く míhuo rén(迷惑人).

けむ・い【煙い】 ¶煙で～い眼から涙が出る jiào yān xūnde zhí liúlèi(叫烟熏得直流泪). ¶薪がくすぶって～い pīchai shāobuzháo qiàng rén(劈柴烧不着呛人).

けむし【毛虫】 máochóng(毛虫), máomaochóng(毛毛虫).

けむた・い【煙たい】 **1**→けむい.
2〔気づまりだ〕 ¶親父が～い duì fùqin wǒ kě fāchóu(对父亲我可发愁).

けむたが・る【煙たがる】 ¶皆あの人を～っている dàjiā duì nàge rén dōu jìng ér yuǎn zhī(大家对那个人都敬而远之).

けむり【煙】 yān(烟). ¶かまどの～が立ちのぼる chuīyān niǎoniǎo shàngshēng(炊烟袅袅上升). ¶汽車は～を吐きながら走って行く huǒchē màozhe yān kāile guòqù(火车冒着烟开了过去). ¶～に巻かれて死んだ bèi yān xùnsǐ le(被烟熏死了). ¶煙草の～にむせた jiào xiāngyān de yān qiàngle sǎngzi(叫香烟的烟呛了嗓子). ¶桜島がもくもくと～を噴き上げている Yīngdǎo màozhe gǔngǔn de nóngyān(樱岛冒着滚滚的浓烟). ¶火事で蔵書がすべて～った yóuyú huǒzāi cángshū quándōu huàwéi huījīn le(由于火灾藏书全部化为灰烬了). ¶火のない所に～は立たぬ wú fēng bù qǐ làng(无风不起浪).

けむ・る【煙る】 **1**〔煙が出る〕 màoyān(冒烟). ¶薪がひどく～る shāochái màoyān màode hěn lìhai(烧柴冒烟冒得很厉害). ¶部屋が～っている mǎnwūzi yān(满屋子烟).
2〔かすむ〕 ¶町は春雨に～っている chéngzhèn zài chūnyǔ li ménglóng bù qīng(城镇在春雨里朦胧不清).

けもの【獣】 shòulèi(兽类), zǒushòu(走兽), yěshòu(野兽).

けものへん【獣偏】 quǎnyóur(犬犹儿), fǎnquǎnpángr(反犬旁儿).

けもののみち【獣道】 shòujì xiǎodào(兽迹小道), shòutí niǎojì zhī dào(兽蹄鸟迹之道).

げや【下野】 xiàyě(下野).

けやき【欅】 jǔ(榉).

けやぶ・る【蹴破る】 ¶ドアを～って飛び込む tī［chuài］pòle mén chuǎngjìn wūli qù(踢［踹］破了门闯进屋里去).

けら【螻蛄】 lóugū(蝼蛄), làlagū(蜊蜊蛄・拉拉蛄), tǔgǒuzi(土狗子).

ゲラ jiàoyàng(校样).

けらい【家来】 jiāchén(家臣).

げらく【下落】 diēluò(跌落), xiàdiē(下跌), xiàjiàng(下降), diē(跌); diējià(跌价), biǎnzhí(贬值). ¶株価が～した gǔpiào hángshì xiàdiē le(股票行市下跌了). ¶父親の権威が～した fùqin de wēiyán xiàjiàng le(父亲的威严下降了).

げらげら ¶皆が～笑った dàhuǒr hāhā dàxiào(大伙儿哈哈大笑).

けり liǎojié(了结), liǎoduàn(了断), liǎojú(了局), liǎoshì(了事), liǎoshòu(了手), liǎozhàng(了账). ¶その問題は～がついた nàge wèntí yǐjing liǎojié le(那个问题已经了结了). ¶なんとかうまく話の～をつけてもらいたい xīwàng shèfǎ liǎojú(希望设法了局). ¶仕事に～がついた gōngzuò jiéshù le(工作结束了).

げり【下痢】 fùxiè(腹泻), shuǐxiè(水泻); xièdù(泻肚), pǎodù(跑肚), nào dùzi(闹肚子), lā dùzi(拉肚子), lāxī(拉稀), cuānxī(蹿稀). ¶生水を飲んで～をした hēle shēngshuǐ xièdù le(喝了生水泻肚了). ¶～止め zhǐxièyào(止泻药).

ゲリラ yóujī(游击); [部隊] yóujīduì(游击队). ¶～戦 yóujīzhàn(游击战).

け・る【蹴る】 **1** tī(踢), chuài(踹). ¶石を～る tī shítou(踢石头). ¶馬に～られて大怪我をした bèi mǎ tīde shòule zhòngshāng(被马踢受了重伤). ¶席を～って退場する fèn rán lí xí, fúxiù ér qù(愤然离席, 拂袖而去).
2〔はねつける〕 jùjué(拒绝). ¶会社は組合の要求を～った zīfāng jùjuéle gōnghuì de yāoqiú(资方拒绝了工会的要求).

ゲルマニウム zhě(锗).

ゲルマン Rì'ěrmàn(日耳曼). ¶～人 Rì'ěrmànrén(日耳曼人).

げれつ【下劣】 xiàjiàn(下贱), xiàliú(下流), xiàzuo(下作); bēibǐ(卑鄙), bēijiàn(卑贱). ¶～な行為 bēijiàn de xíngwéi(卑贱的行为). ¶～な奴 xiàliú de jiāhuo(下流的家伙).

けれども dànshì(但是), kěshì(可是), búguò(不过). ¶買いたい～金がない xiǎng mǎi, kěshì méiyǒu qián(想买, 可是没有钱). ¶確かにそう言った～今は事情が変った méicuò, wǒ nàme shuōguo, dànshì xiànzài qíngkuàng biàn le(没错, 我那么说过, 但是现在情况变了). ¶いやだ～しなくてはならない bù xiǎng zuò, dànshì bùdé bú zuò(不想做, 但是不得不做).

¶私は賛成だ～ほかの人の意見も聞かなくても wǒ dào zànchéng, kěshì děi tīngting biéren de yìjiàn(我倒赞成，可是得听听别人的意见). ¶まだ早い～出掛けよう suī hái zǎo xiē, zán chūfā ba(虽还早些，咱出发吧). ¶あれもおいしい～この方がもっとおいしい suīrán nàge yě hǎochī, búguò zhège gèng hǎochī(虽然那个也好吃，不过这个更好吃). ¶私は山田ですが、お父様は御在宅ですか wǒ shì Shāntián, nǐ fùqin zàijiā ma?(我是山田，你父亲在家吗?). ¶私に車の運転ができるといいのだ～ yàoshi wǒ huì kāi qìchē de huà jiù hǎo le(要是我会开汽车的话就好了). ¶御相談したいことがあるのです～ wǒ yǒu yí jiàn shì xiǎng hé nín shāngliang(我有一件事想和您商量).

ゲレンデ huáxuěchǎng(滑雪场).

ケロイド bānhénliú(瘢痕瘤), bānhén gēda(瘢痕疙瘩).

けろりと ¶この子はあんなに叱られても～している zhè háizi áile nàme yí dùn mà què ruò wú qí shì(这孩子挨了那么一顿骂却若无其事). ¶～痛みがおさまった téngtòng yíxiàzi jiù xiāoshī le(疼痛一下子就消失了). ¶約束があったのに～忘れていた quánwàng zài nǎohòu le(忘得一干二净)[忘得一干二净].

けわし・い【険しい】 1〔傾斜が急だ〕dǒuqiào(陡峭), xiǎnjùn(险峻), dǒujùn(陡峻). ¶～い山道を登る pāndēng xiǎnjùn de shānlù(攀登险阻的山路). ¶～い山がそびえている dǒuqiào sǒnglìzhe(陡峭山峰耸立着).
2〔とげとげしい〕¶話を聞いているうちに～い目つきになってきた tīngzhe tīngzhe yǎnshén jiànjiàn yánlì le(听着听着眼神渐渐严厉了). ¶父は～い声で弟を呼んだ fùqin yòng yánlì de shēngyīn zhāohu dìdi(父亲用严厉的声音招呼弟弟).
3〔困難だ，危険だ〕¶我々の前途は～い wǒmen de qiántú hěn jiānxiǎn(我们的前途很险). ¶戦局は～い様相を呈している zhànjú chéngxiànzhe xiǎn'è de xíngshì(战局呈现出险恶的形势).

けん【件】 1〔事柄〕shì(事), shìqing(事情), wèntí(问题). ¶例の～について相談したい guānyú nàge wèntí, wǒ xiǎng gēn nǐ shāngliang yíxià(关于那个问题，我想跟你商量一下).
2〔助数詞〕jiàn(件), zhuāng(桩), qǐ(起). ¶昨夜強盗が2～あった zuówǎn fāshēngle liǎng qǐ qiǎngjié'àn(昨晚发生了两起抢劫案).

けん【券】 piào(票), quàn(券). ¶友人が音楽会の～をくれた péngyou gěile wǒ yīnyuèhuì de piào(朋友给了我音乐会的票).
¶優待～ yōudàiquàn(优待券).

けん【妍】 ¶百花～を競う bǎi huā zhēng yán(百花争妍).

けん【県】 xiàn(县), xiànfèn(县份). ¶日本は43の～がある Rìběn yǒu sìshísān ge xiàn(日本有四十三个县). ¶沖縄～ Chōngshéng Xiàn(冲绳县).

¶～営住宅 xiànyíng zhùzhái(县营住宅). ¶～議会 xiànyìhuì(县议会). ¶～知事 xiàn zhīshì(县知事). ¶～庁 xiànzhèngfǔ(县政府). ¶～民 xiànmín(县民). ¶～立学校 xiànlì xuéxiào(县立学校).

けん【兼】 jiān(兼). ¶コーチ～選手 jiàoliàn jiān xuǎnshǒu(教练兼选手). ¶書斎～客間 shūfáng jiān kètīng(书房兼客厅).

けん【剣】 jiàn(剑); dāo(刀). ¶～を交える dòu jiàn(斗剑). ¶～を学ぶ xué jiànshù(学剑术).

けん【険】 xiǎnyào(险要). ¶箱根の山は天下の～ Xiānggēn de shānluán shì tiānxià zhī ài(箱根的山峦是天下之隘). ¶～のある目つき yǎnshén xiōnghěn(眼神凶狠).

けん【圏】 qū(区), qūyù(区域); fànwéi(范围). ¶首都～ shǒudū qūyù(首都区域). 勢力～ shìlì fànwéi(势力范围). ポンド～ yīngbàngqū(英镑区).

けん【間】《説明》長度単位，1"間"约等于1.8米.

けん【腱】 jiàn(腱), jījiàn(肌腱). ¶アキレス～ gēnjiàn(跟腱).

けん【鍵】 jiàn(键). ¶ピアノの～ gāngqín de jiàn(钢琴的键).

-けん【軒】 suǒ(所), jiā(家). ¶3～の家 sān suǒ fángzi(三所房子). ¶病院は角から5～めです yīyuàn guǎijiǎo de dìwǔ jiā jiùshì(医院拐角的第五家就是). ¶彼の家はこの並びの2,3～先だ tā de jiā jiù zài lǜ zhèmiàn zài guò liǎng,sān jiā de dìfang(他的家就在路这面再过两，三家的地方). ¶村外れの一～家 cūnbiān de yì suǒ fángzi(村边的一所房子).

げん【言】 huà(话). ¶～を信ずる xiāngxìn biéren de huà(相信别人的话). ¶～を左右にする zhīwu qí cí(支吾其词). ¶彼が斯界の第一人者であることは～をまたない tā shì gāi fāngmiàn shǒu qū yì zhǐ de quánwēi, zì bú dài yán(他是这方面首屈一指的权威，自不待言).

げん【弦】 1〔弓，楽器の〕xián[r](弦[儿]). ¶ギターの～が切れた jítā de xián duàn le(吉他的弦断了).
¶～楽器 xiányuèqì(弦乐器).
2〔数学の〕xián(弦).

げん【現】 xiàn(现). ¶～時点における力関係 xiànzài de lìliang duìbǐ(现在的力量对比). ¶～政権 xiàn zhèngquán(现政权).

げん【減】 jiǎnshǎo(减少). ¶収入が2割～になった shōurù jiǎnshǎole liǎng chéng(收入减少了两成).

げん【厳】 yán(严), yánlì(严厉). ¶防備を～にする yánfáng jièbèi(严防戒备). ¶不心得を～に戒める yánlì xùnjiè bùduān xíngwéi(严厉训戒不端行为). ¶事実は～として存する shìshí yánjùn de bǎizài miànqián(事实严峻地摆在面前).

げん【験】 ¶～をかつぐ jìhuì yǒuwú jízhào(忌讳有无吉兆). ¶～がいい zhè shì hǎo zhàotou(这是好兆头).

けんあく【険悪】 xiǎn'è(险恶). ¶~な顔 miànsè xiōngxiǎn kěpà(面色险恶可怕). ¶国際情勢は~な雲行きだ guójì xíngshì xiǎnchū xiǎn'è de jìxiàng(国际形势显出险恶的迹象). ¶2人の仲は~だ liǎ rén de guānxi hěn jǐnzhāng(俩人的关系很紧张).

げんあつ【減圧】 jiǎnyā(减压).

けんあん【懸案】 xuán'àn(悬案). ¶多年の~が解決した duōniánlái de xuán'àn jiějué le(多年的悬案解决了). ¶長年~だった工事がついに始まった duōnián xuán'àn de gōngchéng zhōngyú dònggōng le(多年悬着的工程终于动工了).

げんあん【原案】 yuán'àn(原案). ¶予算は~通りで決された yùsuàn àn yuán'àn tōngguò le(预算按原案通过了). ¶~を修正する bǎ yuán'àn jiāyǐ xiūzhèng(把原案加以修正).

けんい【権威】 wēixìn(威信); quánwēi(权威). ¶最近の父親は~がない jìnlái zuò fùqin de méiyǒu wēiyán le(近来做父亲的没有威严了). ¶社長の~を笠に着て威張る yǐzhàng zǒngjīnglǐ de wēiquán shuǎ wēifēng(倚仗总经理的权威耍威风). ¶彼はこの卑劣な行為によって~を失った tā yīn nàge bēiliè de xíngwéi wēixìn sǎodì le(他因那个卑劣的行为威信扫地了). ¶その問題に関して最も~ある書物 guānyú nàge wèntí zuì yǒu quánwēixìng de shūjí(关于那个问题最有权威性的书籍). ¶物理学の~ wùlǐxué de quánwēi(物理学的权威).

けんいん【牽引】 qiānyǐn(牵引), tuōdài(拖带), tuōyè(拖曳). ¶故障車を~する qiānyǐn pāomáo de qìchē(牵引抛锚的汽车).
¶~車 qiānyǐnchē(牵引车)/ jīchē(机车)/ huǒchētóu(火车头). ¶~力 qiānyǐnlì(牵引力).

けんいん【検印】 jiǎncháyìn(检查印), jiǎnzhāng(检验章), yànqìzhāng(验讫章).

げんいん【原因】 yuányīn(原因), yīnyóu(因由). ¶事故の~を究明する chájiū shìgù de yuányīn(查究事故的原因). ¶アイロンの消し忘れが~で火事になった yóuyú wàngle guān diànyùndǒu shīhuǒ le(由于忘了关电熨斗失火了). ¶~不明の高熱を出した fāle yuányīn bùmíng de gāoshāo(发了原因不明的高烧). ¶その暴動は人種問題が~している nà cì bàodòng qǐyīn yú zhǒngzú wèntí(那次暴动起因于种族问题).

げんいん【減員】 jiǎnyuán(减员), cáiyuán(裁员). ¶大幅な~を行う jìnxíng dàliàng de cáiyuán(进行大量的裁员). ¶スタッフを1割~する cáijiǎn yì chéng rényuán(裁减一成人员).

けんうん【絹雲】 juǎnyún(卷云).

げんえい【幻影】 huànyǐng(幻影), huànxiàng(幻象).

けんえき【検疫】 jiǎnyì(检疫). ¶入港した船舶の~を行う duì jìngǎng de chuánbó jìnxíng jiǎnyì(对进港的船舶进行检疫). ¶コレラの~を受ける jiēshòu duì huòluàn de jiǎnyì(接受对霍乱的检疫).
¶~官 jiǎnyìyuán(检疫员). ~船 jiǎnyìchuán(检疫船).

けんえき【権益】 quányì(权益).

げんえき【現役】 xiànyì(现役). ¶~の将校 xiànyì jūnguān(现役军官). ¶あの選手は去年~を退いた nàge xuǎnshǒu qùnián tuìchūle dìyīxiàn(那个选手去年退出了第一线).

げんえき【減益】 ¶前年度に比べて2億円の~になった bǐ qián yí ge niándù shōuyì jiǎnshǎole liǎng yì rìyuán(比前一个年度收益减少了两亿日元).

けんえつ【検閲】 jiǎnchá(检查). ¶出版物を~する shěnchá chūbǎnwù(审查出版物). ¶郵便物の~はしてはならない duì yóujiàn bùdé jìnxíng jiǎnchá(对邮件不得进行检查).

けんえん【犬猿】 ¶彼等2人は~の仲だ tāmen liǎ shuǐhuǒ bù xiāngróng(他们俩水火不相容).

けんえん【嫌煙】 yànyān(厌烟). ¶~権 yànyānquán(厌烟权)/ jùyānquán(拒烟权).

げんえん【減塩】 ¶~食 dīyán yǐnshí(低盐饮食). ¶~醤油 dīyán jiàngyóu(低盐酱油).

けんお【嫌悪】 xiánwù(嫌恶). ¶~の念を抱く huái xiánwù zhī gǎn(怀嫌恶之感). ¶あいつは~すべき輩だ tā shì lìng rén xiánwù zhī bèi(他是令人嫌恶之辈).
¶自己~ zìwǒ yànqì(自我厌弃).

けんおん【検温】 ¶午前と午後に~する shàngwǔ hé xiàwǔ jiǎnchá tǐwēn(上午和下午检查体温).

けんか【喧嘩】 dǎjià(打架), bǐwǔ(比武), dǎ chūshǒu(打出手), kèjià(剋架), gànjià(干架), gànzhàng(干仗), nàojià(闹架); [口喧嘩] chǎojià(吵架), chǎozuǐ(吵嘴), zhēngchǎo(争吵), kǒujué(口角), gànjià(干架), gànzhàng(干仗), nàojià(闹架). ¶~を売る zhǎo chá dǎjià(找碴儿打架)/ xúnxìn(寻衅) ¶~の仲裁をする lā[quàn] jià(拉[劝]架). ¶売り言葉に買い言葉で~になった nǐ yì yán wǒ yì yǔ de dǐngzhuàng, dǎqǐ jià lai le(你一言我一语地顶撞, 打起架来了). ¶子供の~に親が出る háizi dǎjià, diēmā chūtóu(孩子打架, 爹妈出头). ¶つまらぬ事で~するのはばかばかしい bié wèi jīmáo-suànpí de shì zhēngchǎo(别为鸡毛蒜皮的事争吵). ¶あの人は~っ早い tā hào dǎjià(他好打架). ¶彼は最初から~腰だった tā dǎ yì kāitóur jiùshì dǎjià de jiàshì(他打一开头儿就是打架的架势). ¶話合いは~別れになった tánpàn chénglle zhēngchǎo ér pòliè le(谈判成了争吵而破裂了). ¶~両成敗 shuāngfāng gè dǎ wǔshí dà bǎn(双方各打五十大板).
¶夫婦~ liǎngkǒuzi chǎojià(两口子吵架).

けんか【献花】 gòngfèng xiānhuā(供奉鲜花); gònghuā(供花).

げんか【言下】 ¶私の要求は~に退けられた wǒ de yāoqiú ▽dāngxià jiù [dāngjí] bèi jùjué le(我的要求▽当下就[当即]被拒绝了).

げんか【原価】 〔仕入れ値〕yuánjià(原价);〔コスト〕chéngběn(成本). ¶~を割って売る dīyú yuánjià chūshòu(低于原价出售)/ péiběn xiāoshòu(赔本销售). ¶~を切り下げる jiàngdī chéngběn(降低成本).

¶～計算 chéngběn hésuàn（成本核算）.

げんか【現下】 xiànxià（现下），mùqián（目前），mùxià（目下），dāngqián（当前），xiànjīn（现今），mùjīn（目今）. ¶～の情勢 mùqián xíngshì（目前形势）.

げんが【原画】 yuánhuà（原画）.

けんかい【見解】 jiànjiě（见解）. ¶自己の～を述べる chénshù zìjǐ de jiànjiě（陈述自己的见解）. ¶それは～の相違だ nà shì jiànjiě de bùtóng（那是见解的不同）. ¶その点では君と同じ～だ zhè yì diǎn wǒ hé nǐ de jiànjiě xiāngtóng（这一点我和你的见解相同）.

けんがい【圏外】 quānwài（圈外）. ¶彼は騒ぎの～にあった tā zài luànzi de quānwài（他在乱子的圈外）. ¶A チームは優勝～に去った A duì bèi táotài luòzài guànjūnsài quānwài（A 队被淘汰落在冠军赛圈外）.

げんかい【限界】 jièxiàn（界限），xiàndù（限度）. ¶これが体力の～だ dádào tǐlì de jíxiàn（达到体力的极限）. ¶この仕事は私の能力の～を越えている zhège gōngzuò chāoguòle wǒ nénglì de xiàndù（这个工作超过了我能力的限度）.
¶～効用 biānjì xiàoyòng（边际效用）.

げんかい【厳戒】 ¶敵の侵入を～する yánfáng dírén de rùqīn（严防敌人的入侵）. ¶～態勢をとる qǔ jièbèi tàishì（取戒备态势）.

げんがい【言外】 yánwài（言外）. ¶～の意味を汲む chá yánwài zhī yì（察言外之意）/ tīng xiánwài zhī yīn（听弦外之音）.

けんがく【見学】 cānguān（参观）. ¶福祉施設を～する cānguān fúlì shèshī（参观福利设施）. ¶議堂は～の人でいっぱいだ yìshìtáng jǐmǎnle cānguān de rén（议事堂里挤满了参观的人）.
¶工場～ cānguān gōngchǎng（参观工厂）.

げんかく【幻覚】 huànjué（幻觉）.

げんかく【厳格】 yángé（严格）. ¶～な父親 yánlì de fùqīn（严厉的父亲）. ¶～に～にしつける yángé guǎnjiào háizi（严格管教孩子）.
¶彼は学問については実に～だ tā duì xuéwen de tàidu yì sī bù gǒu（他对学问的态度一丝不苟）.

げんがく【弦楽】 xiányuè（弦乐）. ¶～四重奏 xiányuè sìchóngzòu（弦乐四重奏）.

げんがく【衒学】 ¶彼は～的だ tā ài "màinong [xuànyào] xuéwen（他爱"卖弄［炫耀］学问）.

げんがく【減額】 ¶研究費が～された yánjiūfèi bèi xuējiǎn le（研究费被削减了）.

げんかしょうきゃく【減価償却】 zhéjiù（折旧）.

げんかしょくぶつ【顕花植物】 xiǎnhuā zhíwù（显花植物）.

げんがっき【弦楽器】 xiányuèqì（弦乐器）.

けんがん【検眼】 yànguāng（验光）. ¶～して眼鏡の度を合せる yànguāng pèi jìng（验光配镜）.
¶～鏡 jiǎnyǎnjìng（检眼镜）.

げんかん【玄関】 ménkǒu（门口）. ¶客を～に迎える zài ménkǒu yíngjiē kèrén（在门口迎接客人）. ¶～払いを食わされた chīle bìméngēng（吃了闭门羹）.

げんかん【厳寒】 yánhán（严寒）.

けんぎ【建議】 jiànyì（建议）. ¶政府に福祉の拡大を～する zhèngfǔ jiànyì kuòdà fúlì shìyè（向政府建议扩大福利事业）. ¶委員会の～に基づき物価抑制策が実施された gēnjù wěiyuánhuì de jiànyì shíxíngle wùjià zhèngcè（根据委员会的建议实行了抑制物价政策）.

けんぎ【嫌疑】 xiányí（嫌疑）. ¶殺人の～で逮捕された yǐ shārén de xiányí bèi dàibǔ（以杀人的嫌疑被逮捕）. ¶スパイの～をかけられた bèi rènwéi yǒu tèwu de xiányí（被认为有特务的嫌疑）.

げんき【元気】 1【気力が】jīngshen（精神）. ¶～を出せ dǎqǐ[tíqǐ] jīngshen lai（打起［提起］精神来）/ gǔqǐ jìnr lai（鼓起劲儿来）. ¶～がないね，どうしたんだ nǐ zěnme la, méijīng-dǎcǎi de（你怎么啦，没精打采的）. ¶1 杯のコーヒーで～を取り戻した hēle yì bēi kāfēi tíle shén（喝了一杯咖啡提了神）. ¶彼はものを言う～もなかった tā lián shuōhuà de jìnr dōu méiyǒu（他连说话的劲儿都没有）. ¶年をとって何をする～もない niánlǎo le, shénme shìqing dōu méiyǒu xìngtóu zuò（年老了，什么事情都没有兴头做）. ¶彼の～な顔を見て安心した kàndào tā jīngshen huànfā de yàngzi, wǒ fàngle xīn le（看到他精神焕发的样子，我放了心了）. ¶彼等は～いっぱい出発した tāmen jīngshen bǎomǎn de chūfā le（他们精神饱满地出发了）. ¶一番前の生徒が～よく手をあげた zuìqiánpái de xuésheng hěn yǒu zhāoqì de jǔle shǒu（最前排的学生很有朝气地举了手）. ¶彼女の言葉が私を～づけてくれた tā de huà gǔwǔle wǒ（她的话鼓舞了我）.

2【体が】 ¶お～ですか nǐ hǎo ma?（你好吗?）. ¶どうかお～で zhù nǐ jiànkāng!（祝你健康!）. ¶一日も早く～になって下さい pàn nǐ zǎorì huīfù jiànkāng（盼你早日恢复健康）. ¶あの老人はまだなかなか～だ nà wèi lǎorén hái hěn yìnglang（那位老人还很硬朗）.

げんぎ【原義】 yuányì（原义），běnyì（本义）.

けんきゃく【健脚】 jiànbù（健步），jiànzú（健足），tiějiǎobǎn[r]（铁脚板儿）. ¶彼は～だ tā jiànbù rú fēi（他健步如飞）/ tā shì ge tiějiǎobǎnr（他是个铁脚板儿）.

けんきゅう【研究】 yánjiū（研究）. ¶中国の歴史を～する yánjiū Zhōngguó lìshǐ（研究中国历史）. ¶考古学の～に没頭する máitóu yú kǎogǔxué de yánjiū（埋头于考古学的研究）. ¶素粒子の～に従事している cóngshì jīběn lìzǐ de yánjiū（从事基本粒子的研究）. ¶この点はなお～の要がある zhè yì diǎn hái yǒu bìyào jiāyǐ yánjiū（这一点还有必要加以研究）. ¶彼は～心に富んでいる tā fùyǒu yánjiū jīngshen（他富有研究精神）.
¶～員 yánjiūyuán（研究员）. ～会 yánjiūhuì（研究会）. ～所 yánjiūsuǒ（研究所）.

げんきゅう【言及】 tíjí（提及），tídào（提到）. ¶首相は記者会見で外交問題に～した shǒuxiàng zài jìzhě zhāodàihuì shang tíjíle wàijiāo wèn-

tí(首相在記者招待会上提及了外交問題).

げんきゅう【減給】 jiǎnxīn(減薪). ¶経営不振のため～になった yóuyú jīngyíng bùshàn, gōngzī bèi xuējiǎn le(由于经营不善,工资被削减了).

けんぎゅうせい【牽牛星】 qiānniúxīng(牵牛星), niúlángxīng(牛郎星).

けんきょ【検挙】 zhuā fànrén(抓犯人). ¶今回の事件では多数の～者を出した zhè cì shìjiàn yǒu xǔduō rén bèi dàibǔ(这次事件有许多人被逮捕).

けんきょ【謙虚】 qiānxū(谦虚), qiānhé(谦和). ¶～な態度で臨む yǐ qiānhé de tàidu lái duìdài(以谦和的态度来对待). ¶人の話を～にきく qiānxū de tīng rénjia de huà(谦虚地听人家的话).

けんぎょう【兼業】 jiānyíng(兼营). ¶その家は食堂と旅館を～している nà yì jiā jiānyíng càiguǎn hé lǚguǎn(那一家兼营菜馆和旅馆). ¶～農家 jiānyè nónghù(兼业农户).

げんきょう【元凶】 yuánxiōng(元凶), shǒu'è(首恶), huòshǒu(祸首), zuìkuí(罪魁), yuán'è(元恶).

げんきょう【現況】 xiànkuàng(现况). ¶会社の～を報告する bàogào gōngsī de xiànkuàng(报告公司的现况).

げんぎょう【現業】 ¶～員 xiànchǎng gōngrén(现场工人).

けんきょうふかい【牽強附会】 qiānqiǎng fùhuì(牵强附会). ¶～の言をなす shuōde qiānqiǎng-fùhuì(说得牵强附会).

けんきん【献金】 juānkuǎn(捐款), juānqián(捐钱). ¶慈善事業に～する duì císhàn shìyè juān qián(对慈善事业捐钱). ¶～を集める mùjí juānkuǎn(募集捐款).

¶政治～ zhèngzhì juānkuǎn(政治捐款).

げんきん【現金】 xiànjīn(现金), xiànkuǎn(现款), xiànqián(现钱), huóqián'r(活钱儿). ¶～で買う yòng xiànjīn mǎi(用现金买). ¶～の持合せがない shēnshang méiyǒu xiànqián(身上没有现钱). ¶小切手を～化する duìxiàn zhīpiào(兑现支票). ¶彼は～な男だ tā zhēn shì ge shìlìyǎn de rén(他真是个势利眼的人).

¶～出納帳 xiànjīnzhàng(现金账). ～取引 xiànjīn jiāoyì(现金交易). ～払い jiāofù xiànjīn(交付现金)/ fùxiàn(付现).

げんきん【厳禁】 yánjìn(严禁). ¶場内での喫煙を～する chǎngnèi yánjìn xīyān(场内严禁吸烟).

¶火気～ yánjìn yānhuǒ(严禁烟火).

げんくん【元勲】 yuánxūn(元勲).

げんけい【原形】 yuánxíng(原形). ¶工場は爆撃で～をとどめないまでに破壊された gōngchǎng bèi hōngzhàde kànbuchū yuánxíng le(工厂被轰炸得看不出原形了). ¶副葬品はまだ～を保っている xùnzàngpǐn hái bǎochízhe yuányàngr(殉葬品还保持着原样儿).

げんけい【原型】 yuánxíng(原型);〔鋳物などの〕 móxíng(模型).

げんけい【減刑】 jiǎnxíng(减刑). ¶情状を酌量して～する zhuóqíng jiǎnxíng(酌情减刑). ¶死刑から無期懲役に～する yóu sǐxíng jiǎnwéi wúqí túxíng(由死刑减为无期徒刑).

げんけいしつ【原形質】 yuánshēngzhì(原生质).

けんげき【剣劇】 wǔxì(武戏).

けんけつ【献血】 xiànxuè(献血).

けんげん【権限】 quánxiàn(权限). ¶取締りの～を与える shòuyǔ qǔdìxuán(授与取缔权). ¶それは私の～外のことだ nà shì wǒ quánxiàn yǐwài de shì(那是我权限以外的事).

けんけんごうごう【喧喧囂囂】 ¶～たる非難を浴びせる fēnfēn zénàn(纷纷责难).

けんご【堅固】 jiāngù(坚固). ¶～な城 jīnchéng tāng chí(金城汤池)/ jiān bù kě cuī de chéngguō(坚不可摧的城郭). ¶陣地を～にする gǒnggù zhèndì(巩固阵地). ¶彼は志操～だ tā zhì jiān rú gāng(他志坚如钢).

げんご【言語】 yǔyán(语言). ¶～に絶する惨状 nányǐ yánbiǎo de cǎnzhuàng(难以言表的惨状).

¶～学 yǔyánxué(语言学). ～障害 yányǔ gōngnéng zhàng'ài(言语功能障碍)/ shīyǔzhèng(失语症).

げんご【原語】 ¶《西游记》を～で読む dú 《Xīyóujì》de yuánwén(读《西游记》的原文).

けんこう【兼行】 ¶昼夜～で工事をする zhòuyè bùtíng[rìyè-jìyè] de shīgōng(昼夜不停[日以继夜]地施工).

けんこう【健康】 jiànkāng(健康). ¶彼は～だ tā hěn jiànkāng(他很健康). ¶～な考え jiànkāng de sīxiǎng(健康的思想). ¶早朝の散歩は～によい zǎochén sànbù yǒuyìyú jiànkāng(早晨散步有益于健康). ¶近頃～がすぐれない jìnlái shēntǐ qiànjiā(近来身体欠佳). ¶睡眠不足が続いて～を害した yìzhí shuìmián bùzú, shānghàile shēntǐ(一直睡眠不足,伤害了身体). ¶やっと～を回復した hǎoróngyì cái huīfùle jiànkāng(好容易才恢复了健康). ¶～上の理由で退職した yǐ jiànkāngshang de lǐyóu tuìle zhí(以健康上的理由退了职). ¶私の～法 wǒ de jiànshēnfǎ(我的健身法).

¶～診断 jiànkāng jiǎnchá(健康检查). ～保険 jiànkāng bǎoxiǎn(健康保险).

けんごう【剣豪】 jiànxiá(剑侠). ¶～小説 jiànxiá xiǎoshuō(剑侠小说).

げんこう【言行】 yánxíng(言行). ¶～一致 yánxíng yízhì(言行一致).

げんこう【原稿】 gǎozi(稿子), gǎo[r](稿儿), yuángǎo(原稿), gǎojiàn(稿件). ¶～を書く xiě gǎozi(写稿子)/ zhuàngǎo(撰稿). ¶ゲラを～と引き合せる yī yuángǎo héduì jiàoyàng(依据原稿核对校样).

¶～用紙 gǎozhǐ(稿纸)/ yuángǎozhǐ(原稿纸). ～料 gǎofèi(稿费)/ gǎochóu(稿酬).

げんこう【現行】 xiànxíng(现行). ¶殺人の～犯でつかまった yǐ shārén xiànxíngfàn bèi dàibǔ(以杀人现行犯被逮捕).

¶～制度 xiànxíng zhìdù(现行制度). ～法 xiànxíngfǎ(现行法).

げんごう【元号】 niánhào(年号).

けんこうこつ【肩胛骨】 jiānjiǎgǔ(肩胛骨).

けんこく【建国】 jiànguó(建国). ¶～50周年を祝う qìngzhù jiànguó wǔshí zhōunián(庆祝建国五十周年).

げんこく【原告】 yuángào(原告), yuángàorén(原告人).

けんこつ【拳骨】 quántou(拳头), lìbào(栗暴), lìzáo(栗凿). ¶～で殴る yòng quántou dǎ(用拳头打). ¶～を食らわすぞ ràng nǐ chī wǒ yì quán(让你吃我一拳).

げんごろう【源五郎】 lóngshī(龙虱).

けんこん【乾坤】 ¶～一擲 gū zhù yí zhì(孤注一掷).

けんこん【現今】 xiànjīn(现今), dāngjīn(当今), dāngqián(当前), xiànxià(现下). ¶～の国際情勢 dāngqián guójì xíngshì(当前国际形势).

けんさ【検査】 jiǎnchá(检查), jiǎnyàn(检验), jiǎncè(检测), yànkàn(验看). ¶秤を～する jiǎnyàn chèng(检验秤). ¶水質を～する jiǎnyàn shuǐzhì(检验水质). ¶病院で胃の～を受ける zài yīyuàn jiǎnchá wèi(在医院检查胃). ¶～済みの製品 yànqì chǎnpǐn(验讫产品). ¶身体～ tǐgé jiǎnchá(体格检查)/ jiànkāng jiǎnchá(健康检查)/ tǐjiǎn(体检). 知能～ zhìlì cèyàn(智力测验).

けんざい【建材】 jiàncái(建材), jiànzhù cáiliào(建筑材料).

けんざい【健在】 jiànzài(健在). ¶御両親は御～ですか nín fùmǔ dōu jiànzài ma?(您父母都健在吗?).

けんざい【顕在】 ¶矛盾が～化する máodùn xiǎnlù chūlai[biǎomiànhuà] le(矛盾显露出来[表面化]了).

げんざい【原罪】 yuánzuì(原罪).

げんざい【現在】 xiànzài(现在). ¶彼は～A大学で原子物理学を専攻している tā xiànzài zài A dàxué zhuāngōng yuánzǐ wùlǐxué(他现在在A大学专攻原子物理学). ¶機は木更津上空を旋回中 fēijī xiànzài zài Mùgēngjīn shàngkōng pánxuán(飞机现在在木更津上空盘旋). ¶彼は～の心境を語った tā tánle xiànzài de xīnjìng(他谈了现在的心境). ¶～のところ病状に変化はない mùqián bìngqíng méiyǒu biànhuà(目前病情没有变化). ¶それは～に至るまで影響をおよぼしている nà yìzhí yǐngxiǎng dào xiànzài(那一直影响到现在). ¶～までの作業の進行状況を報告する bàogào dào mùqián wéizhǐ de gōngzuò jìnzhǎn qíngkuàng(报告到目前为止的工作进展情况). ¶～ではそれを信ずる者は誰もいない rújīn méiyǒu rén xìn nà jiàn shì(如今没有人信那件事). ¶4月1日～応募者は1500名 jiézhǐ sìyuè yī rì bàomíngzhě yǐjīng yǒu yīqiān wǔbǎi míng(截至四月一日报名者已经有一千五百名). ¶クラスの～の員は40名です bānlǐ xiàn yǒu rénshù shì sìshí míng(班里现有人数是四十名). ¶～地を知らせよ bàogào xiànzài de wèizhì(报告现在的位置).

げんざいりょう【原材料】 yuáncáiliào(原材料).

けんさく【検索】 jiǎnsuǒ(检索), chájiǎn(查检). ¶索引を付けて～の便をはかる fù suǒyǐn yǐbiàn chájiǎn(附索引以便查检).

けんさく【献策】 xiàncè(献策), xiànjì(献计). ¶社長に～する xiàng zǒngjīnglǐ xiàncè(向总经理献策).

げんさく【原作】 yuánzuò(原作). ¶～者 yuánzuòzhě(原作者).

げんさく【減作】 ¶今年は自然災害のため3割がたの～になるだろう yóuyú zìrán zāihài, jīnnián shōucheng yào jiǎnshǎo sān chéng(由于自然灾害,今年收成要减少三成).

けんさつ【検札】 jiǎnpiào(检票), yànpiào(验票), chápiào(查票). ¶車中で～にあった zài chēshang pèngshàngle chápiào(在车上碰上了查票). ¶～係 lièchē chápiàoyuán(列车查票员).

けんさつ【検察】 jiǎnchá(检察). ¶～官 jiǎncháyuán(检察员)/ jiǎncháguān(检察官). ～庁 jiǎncháyuàn(检察院)/ jiǎnchátīng(检察厅).

けんさつ【賢察】 ¶なにとぞ御～下さい qǐng liàngchá(请谅察).

けんさん【研鑽】 zuānyán(钻研), yánmó(研磨), yánzuàn(研钻). ¶～を積む kèkǔ zuānyán(刻苦钻研).

けんざん【検算】 yànsuàn(验算). ¶合っているかどうか～する yànsuàn yíxià kànkan duì bu duì(验算一下看看对不对).

げんさん【原産】 yuánchǎn(原产). ¶アフリカ～の植物 yuánchǎn Fēizhōu de zhíwù(原产非洲的植物).

¶～地証明書 chǎndì[yuánchǎndì] zhèngmíngshū(产地[原产地]证明书).

げんさん【減産】 jiǎnchǎn(减产). ¶石炭は年々～している méitàn niánnián jiǎnchǎn(煤炭年年减产). ¶今年は10パーセントの～だ jīnnián jiǎnchǎnle bǎifēn zhī shí(今年减产了百分之十).

けんし【犬歯】 quǎnchǐ(犬齿), quǎnyá(犬牙).

けんし【検死】 yànshī(验尸). ¶～の結果窒息死であることが判明した yànshī de jiéguǒ pànmíng shì zhìxī ér sǐ(验尸的结果判明是窒息而死).

けんじ【堅持】 jiānchí(坚持). ¶自分の主張を～する jiānchí zìjǐ de zhǔzhāng(坚持自己的主张). ¶党の組織原則を～する jiānchí dǎng de zǔzhī yuánzé(坚持党的组织原则).

けんじ【検事】 jiǎncháyuán(检察员). ¶～総長 zuìgāo jiǎncházhǎng(最高检察长).

けんじ【献辞】 xiàncí(献词).

げんし【原子】 yuánzǐ(原子). ¶～価 yuánzǐjià(原子价)/ huàhéjià(化合价)/ jià(价). ～核 yuánzǐhé(原子核). ～爆弾 yuánzǐdàn(原子炸弹)/ yuánzǐdàn(原子弹). ～番号 yuánzǐ xùshù(原子序数). ～物理学 yuánzǐ wùlǐxué(原子物理学). ～量 yuánzǐliàng(原子量). ～力 yuánzǐnéng(原子能). ～能(原子能). ～力発電 yuánzǐnéng fādiàn(原子能发电)/ hénéng fādiàn(核能发电). ～力発電所

hédiànzhàn(核电站). ～力潜水艦 héqiántǐng(核潜艇)/～炉 yuánzǐ fǎnyìngduī(原子反应堆)/ héfǎnyìngduī(核反应堆)/fǎnyìngduī(反应堆). ～論 yuánzǐlùn(原子论)/ yuánzǐshuō(原子说).

げんし【原始】 yuánshǐ(原始). ¶ 人力に頼るは～的だ kào rénlì nà tài yuánshǐ le(靠人力那太原始了).
¶ ～共産制 yuánshǐ gōngshè zhìdù(原始公社制度). ～時代 yuánshǐ shídài(原始时代). ～社会 yuánshǐ shèhuì(原始社会). ～宗教 yuánshǐ zōngjiào(原始宗教). ～人 yuánshǐrén(原始人). ～林 yuánshǐlín(原始林)/ yuánshǐ sēnlín(原始森林)/ lǎolín(老林).

げんし【原紙】 yuánzhǐ(原纸); téngxiě làzhǐ(誊写蜡纸), làzhǐ(蜡纸). ¶～を切る kè làzhǐ(刻蜡纸).

げんじ【言辞】 yáncí(言词). ¶ 不遜な～を弄る yáncí búxùn(言词不逊).

けんしき【見識】 jiàndì(见地), jiànshi(见识).
¶ ～のある人 hěn yǒu jiàndì de rén(很有见地的人). ¶ 彼は教育に関して高い～をもっている tā duì jiàoyù jiàndì hěn gāo(他对教育见地很高). ¶ いやに～を張った男だ zhēn shì ge ài bǎi chòujiàzi de(真是个爱摆臭架子的).

けんじつ【堅実】 tāshi(塌实·踏实), zhāshi(扎实). ¶ 彼は若いけれども～だ tā suī niánqīng què hěn tāshi(他虽年轻却很踏实). ¶ ～に仕事を進める zhāshi de jìnxíng gōngzuò(扎实地进行工作). ¶ それは～な考え方だ nà kě shì jiǎotà-shídì de xiǎngfa(那可是脚踏实地的想法).

げんじつ【現実】 xiànshí(现实). ¶ これが社会の～だ zhè jiùshì shèhuì de xiànshí(这就是社会的现实). ¶ ～に即した解決策 fúhé xiànshí de jiějué fāngfǎ(现实的解决方法). ¶ ～の問題としてそれは不可能なことだ shíjìshang nà shì bù kěnéng de(实际上那是不可能的). ¶ それは全く～性のない話だ nà shì tài méiyǒu xiànshíxìng le(那事太没有现实性了). ¶ その計画は～離れしている nàge jìhuà tài tuōlí xiànshí(那个计划太脱离现实).
¶ ～主義 xiànshízhǔyì(现实主义).

げんじてん【現時点】 mùqián(目前), mùxià(目下), xiànxià(现下). ¶ ～では増税もやむを得ない zài mùqián de qíngkuàng xià, zēngshuì yě shì wànbùdéyǐ(在目前的情况下, 增税也是万不得已).

けんじゃ【賢者】 xiánzhě(贤者).

げんしゅ【元首】 yuánshǒu(元首).

げんしゅ【厳守】 yánshǒu(严守). ¶ 時間を～する yánshǒu shíjiān(严守时间).

けんしゅう【研修】 jìnxiū(进修). ¶ 新入社員に1週間の～を受けさせる jiào xīn zhíyuán jìnxiū yí ge xīngqī(叫新职员进修一个星期).
¶ ～生 jìnxiūshēng(进修生).

けんじゅう【拳銃】 shǒuqiāng(手枪). ¶ ～を発射する fàng shǒuqiāng(放手枪).

げんしゅう【減収】 ¶ 1億円の～だった shōurù jiǎnshǎole yíyì rìyuán(收入减少了一亿日元). ¶ 台風で砂糖黍は1割の～になった yóuyú táifēng gānzhe shōucheng jiǎnshǎole yì chéng(由于台风甘蔗收成减少了一成).

げんじゅう【厳重】 yánzhòng(严重), yánlì(严厉). ¶ 警戒を～を極めた jièbèi jíwéi sēnyán(戒备极为森严). ¶ 駐車違反を～に取り締る yánlì qǔdì fēifǎ tíngchē(严厉取缔非法停车). ¶ 戸締りを～にする yánjǐn ménhù(严紧门户). ¶ ～に警告する chǔyǐ yánzhòng jǐnggào(处以严重警告).

げんじゅうしょ【現住所】 xiànzhùzhǐ(现住址).

げんじゅうみん【原住民】 tǔzhù(土著).

けんしゅく【厳粛】 yánsù(严肃). ¶ ～な雰囲気 yánsù de qìfēn(严肃的气氛). ¶ 思わず～な気持ちになる bùyóude lìng rén sùrán qǐ jìng(不由得令人肃然起敬). ¶ 儀式は～に執り行われた zhuāngyán de jǔxíng yíshì(庄严地举行了仪式).

けんしゅつ【検出】 ¶ 雨水の中から高濃度の放射能を～した cóng yǔshuǐli jiǎnyànchū nóngdù xiāngdāng gāo de fàngshènéng(从雨水里检验出浓度相当高的放射能).

けんじゅつ【剣術】 jiànshù(剑术).

げんしょ【原書】 yuánshū(原书).

けんしょう【肩章】 jiānzhāng(肩章).

けんしょう【健勝】 ¶ 皆様の御～を祈ります zhù dàjiā jiànkāng(祝大家健康).

けんしょう【検証】 zhèngwù(证验), yànzhèng(验证), kānyàn(勘验). ¶ 仮説を実験によって～する tōngguò shíyàn yànzhèng jiǎshè(通过实验验证假设). ¶ 現場での～が行われた jìnxíngle xiànchǎng kānyàn(进行了现场勘验).

けんしょう【憲章】 xiànzhāng(宪章). ¶ 国連～ Liánhéguó xiànzhāng(联合国宪章). 児童～ Értóng xiànzhāng(儿童宪章).

けんしょう【顕彰】 biǎozhāng(表彰). ¶ A氏の功績を～する biǎozhāng A xiānsheng de gōngjì(表彰 A 先生的功绩).

けんしょう【懸賞】 xuánshǎng(悬赏). ¶ 名称を～募集する xuánshǎng zhēngjí míngchēng(悬赏征集名称). ¶ ～つき写真コンクール yǒujiǎng shèyǐng bǐsàihuì(有奖摄影比赛会). ¶ 彼の首には1万ドルの～金が懸っている duì tā de shǒují xuánshǎng yíwàn měijīn(对他的首级悬赏一万美金).
¶ ～小説 xuánshǎng zhēngjí de xiǎoshuō(悬赏征集的小说).

けんじょう【献上】 xiànchéng(献呈), chéngxiàn(呈献), fèngxiàn(奉献), jìngxiàn(敬献), jìnxiàn(进献).

けんじょう【謙譲】 qiānràng(谦让). ¶ ～の美徳 qiānràng de měidé(谦让的美德).
¶ ～語 qiāncí(谦辞)/ bēicí(卑辞).

げんしょう【現象】 xiànxiàng(现象). ¶ それは一時的の～でしかない nà zhǐ búguò shì zànshí de xiànxiàng(那只不过是暂时的现象). ¶ ～面だけで判断するな búyào guāng píng xiànxiàng pànduàn rén(不要光凭现象判断人).
¶ ～界 xiànxiàngjiè(现象界). ～論 xiànxiànglùn(现象论). 自然～ zìrán xiànxiàng

(自然现象). 社会~ shèhuì xiànxiàng(社会现象).

げんしょう【減少】 jiǎnshǎo(减少). ¶不景気で売上が~した yóuyú bùjǐngqì yíngyè'é jiǎnshǎo le(由于不景气营业额减少了). ¶農村人口の~は近年いよいよ激しくなった nóngcūn rénkǒu jìnnián ruìjiǎn(农村人口近年锐减).

げんじょう【原状】 yuánzhuàng(原状). ¶~に復する huīfù yuánzhuàng(恢复原状).

げんじょう【現状】 xiànzhuàng(现状). ¶~に満足する mǎnzú yú xiànzhuàng(满足于现状). ¶~を打破する dǎpò xiànzhuàng(打破现状). ¶~維持 wéichí xiànzhuàng(维持现状).

けんしょく【兼職】 jiānzhí(兼职). ¶~を禁ずる jìnzhǐ jiānzhí(禁止兼职).

げんしょく【原色】 1 yuánsè(原色), jīsè(基色). ¶赤、黄、青の3~ hóng, huáng, lán sānyuánsè(红、黄、蓝三原色).
2〔もとの色〕この印刷は~をよく出している zhè yìnshuā hěn hǎo de zàixiànle yuánwùde sècǎi(这印刷很好地再现了原物的色彩).

げんしょく【現職】 ¶あなたの~は何ですか nǐ xiànzài de zhíyè shì shénme?(你现在的职业是什么?). ¶~の警察官 zàizhí jǐngchá(在职警察).

げんしょく【減食】 ¶健康のために~する wèile jiànkāng ˇjiǎnshǎo shíliàng[jiéshí](为了健康ˇ减少食量[节食]).

けんしん【検針】 ¶電気の~に来た chá diànbiǎo lái le(查电表来了).
¶~員 jìliángyuán(计量员).

けんしん【検診】 ¶社員の定期~を行う duì zhíyuán jìnxíng dìngqī tǐgé jiǎnchá(对职员进行定期体格检查).
¶集団~ jítǐ tǐjiǎn(集体体检).

けんしん【献身】 xiànshēn(献身). ¶僻地の医療に~する xiànshēn yú pìrǎng de yīliáo shìyè(献身于僻壤的医疗事业). ¶彼は被災者救済のために~的に働いた tā wèile jiùjì zāimín wàngwǒ de gōngzuò(他为了救济灾民忘我地工作).

けんじん【賢人】 xiánrén(贤人), xiánshì(贤士).

げんじん【原人】 yuánrén(原人), yuánrén(猿人). ¶北京~ Běijīng yuánrén(北京猿人)/ Běijīng zhílìrén(北京直立人)/ Běijīngrén(北京人).

げんず【原図】 yuántú(原图).

けんすい【懸垂】 yǐntǐ xiàngshàng(引体向上); xuánchuí(悬垂). ¶鉄棒で~をする zài dāngàng shang zuò yǐntǐ xiàngshàng(在单杠上做引体向上).
¶十字~ shízì xuánchuí(十字悬垂).

げんすい【元帥】 yuánshuài(元帅). ¶海軍~ hǎijūn yuánshuài(海军元帅).

けんすい【減水】 ¶堀の水が~した hùchénghé shuǐwèi xiàjiàng le(护城河水位下降了).

げんすいばく【原水爆】 ¶~禁止運動 jìnzhǐ yuánzǐdàn qīngdàn yùndòng(禁止原子弹氢弹运动).

けんすう【件数】 jiànshù(件数). ¶最近交通事故の~が増えた zuìjìn jiāotōng shìgù de jiànshù zēngduō le(最近交通事故的件数增多了).

げん・ずる【減ずる】 ¶罪一等を~ずる zuì jiǎn yīděng(罪减一等).

げんすん【原寸】 yuánchǐcun(原尺寸). ¶~大の模型 yuánchǐcun yíyàng dà de móxíng(原尺寸一样大的模型).

げんせ【現世】 xiànshì(现世), yángshì(阳世), yángjiān(阳间), rénshìjiān(人世间).

けんせい【牽制】 qiānzhì(牵制). ¶敵の右翼を~する qiānzhì dírén de yòuyì(牵制敌人的右翼).
¶~球 qiānzhìqiú(牵制球).

けんせい【権勢】 quánshì(权势). ¶~をふるう chēngwáng chēngbà(称王称霸)/ zuò wēi zuò fú(作威作福).
¶~欲 quánshìyù(权势欲).

けんせい【憲政】 xiànzhèng(宪政). ¶~を擁護する yōnghù xiànzhèng(拥护宪政).

げんせい【原生】 ¶~代 yuángǔzhòu(元古宙)/ yuángǔdài(元古代). ¶~動物 yuánshēng dòngwù(原生动物). ~林 yuánshēnglín(原生林)/ yuánshǐlín(原始林)/ lǎolín(老林).

げんせい【厳正】 yánzhèng(严正). ¶世論の~な批判をまつ děngdài yúlùn de yánzhèng pīpàn(等待舆论的严正批判). ¶~に中立を守る yánshǒu zhōnglì(严守中立).

げんぜい【減税】 jiǎnshuì(减税), shuìshōu jiǎnmiǎn(税收减免). ¶2000億円~する shuìshōu jiǎnmiǎn liǎngqiān yì rìyuán(税收减免两千亿日元).

けんせき【譴責】 shēnchì(申斥). ¶監督不行届きを~される yóuyú jiāndū bù yán shòudào shēnchì(由于监督不严受到申斥). ¶職務怠慢のかどで~処分を受ける yīn wánhū zhíshǒu shòudào jǐnggào chǔfèn(因玩忽职守受到警告处分).

げんせき【原石】 yuánshí(原石). ¶ダイヤモンドの~ jīngāngshí(金刚石).

けんせきうん【絹積雲】 juǎnjīyún(卷积云).

けんせつ【建設】 xiūjiàn(修建), xiūzhù(修筑), xiūgài(修盖), jiànzhù(建筑), jiànzào(建造). ¶ダムを~する xiūjiàn[xiū] shuǐkù(修建[修]水库). ¶体育館は今~中だ tǐyùguǎn zhèngzài xiūjiàn zhōng(体育馆正在修建). ¶社会主義国家を~する jiànshè shèhuìzhǔyì guójiā(建设社会主义国家). ¶~的な意見 jiànshèxìng de yìjiàn(建设性的意见).

けんぜん【健全】 jiànquán(健全), jiànkāng(健康). ¶彼等は心身ともに~である tāmen shēnxīn dōu jiànkāng(他们身心都健康). ¶~なる精神は~なる身体に宿る jiànquán de jīngshén yùyú jiànquán de shēntǐ(健全的精神寓于健全的身体). ¶~な娯楽 jiànkāng de yúlè(健康的娱乐).
¶~財政 cáizhèng jiànquán(财政健全).

げんせん【源泉】 yuánquán(源泉), quányuán(泉源). ¶活力の~ huólì de quányuán(活力的泉源).

げんせん【厳選】 ¶~の結果受賞作が決った

jīngguò yángé shěnchá juédìngle déjiǎng zuòpǐn(经过严格审查决定了得奖作品).

げんぜん【厳然】 ¶〜たる事実 yánkù de shìshí(严酷的事实). ¶この戒律は今なお〜として存在する zhè tiáo jièlǜ xiànzài yīrán cúnzài(这条戒律现在依然存在).

けんそ【険阻】 xiǎnzǔ(险阻). ¶〜な山道 qíqū xiǎnzǔ de shānlù(崎岖险阻的山路).

げんそ【元素】 yuánsù(元素). ¶〜記号 yuánsù fúhào(元素符号). 〜分析 yuánsù fēnxī(元素分析).

けんそう【喧騒】 xuānhuá(喧哗), xuānxiāo(喧嚣), xuānnào(喧闹). ¶場内は〜を極めた chǎngnèi xuānhuá dàole jídiǎn(场内喧哗到了极点).

けんぞう【建造】 jiànzào(建造). ¶大型客船を〜する jiànzào dàxíng kèchuán(建造大型客船).
¶〜物 jiànzhùwù(建筑物).

げんそう【幻想】 huànxiǎng(幻想). ¶〜を抱く bào huànxiǎng(抱幻想). ¶〜にふける dānyú huànxiǎng(耽于幻想). ¶〜の絵 huànxiǎng huìhuà(幻想绘画).
¶〜曲 huànxiǎngqǔ(幻想曲).

げんぞう【現像】 chōngxǐ(冲洗), xiǎnyǐng(显影). ¶フィルムを〜する chōngxǐ jiāojuǎn(冲洗胶卷)/xǐ jiāopiàn(洗胶片).
¶〜液 dàxiǎnyǐngjì(显影剂).

けんそううん【巻層雲】 juǎncéngyún(卷层云).

けんぞく【眷属】 juànshǔ(眷属), qīnshǔ(亲属), qīnzú(亲族), jiāzú(家族).

げんそく【原則】 yuánzé(原则). ¶〜をたてる dìng yuánzé(定原则). ¶〜を守る jiānchí yuánzé(坚持原则). ¶〜として外泊は認めない yuánzéshang bù zhǔn zài wài guòyè(原则上不准在外过夜). ¶彼の意見は〜的には正しい tā de jiànjiě yuánzéshang shì duì de(他的见解原则上是对的).

げんそく【舷側】 chuánxián(船舷), chuánbāng(船帮).

げんそく【減速】 jiǎnsù(减速). ¶カーブでは〜しなければいけない zài wāndào yào jiǎnsù(在弯道要减速).

げんぞく【還俗】 huánsú(还俗).

けんそん【謙遜】 qiānxùn(谦逊), qiānxū(谦虚). ¶彼は褒められしきりに〜した tā shòudào biǎoyáng qiānxùn bùyǐ(他受到表扬谦逊不已). ¶それは御〜でしょう nà nín tài"qiānxū[zìqiān]"le(那您太"谦虚[自谦]"了).

げんそん【現存】 xiàncún(现存); jiàncún(健存). ¶法隆寺は一つする世界最古の木造建築で Fǎlóngsì shì shìjièshang xiàncún de zuì gǔ de mùjiégòu jiànzhù(法隆寺是世界上现存的最古的木结构建筑).
¶〜する人物 jiàncún de rénwù(健存的人物).

けんたい【倦怠】 juàndài(倦怠), yàndài(厌怠).
¶日々の仕事に〜を覚える duì měitiān de gōngzuò gǎndào juàndài(对每天的工作感到厌倦). ¶夫婦の〜期 fūfù de wēixiǎnqī(夫妇的危险期). ¶病気というほどではないが〜感がはなはだしい bìng bú shì bìng, dàn zǒngshì gǎndào juàndài wúlì(并不是病, 但总是感到倦怠无力).

けんたい【献体】 juānqū(捐躯).

げんたい【減退】 xiāojiǎn(消减), jiǎntuì(减退).
¶食欲が〜する shíyù xiāojiǎn(食欲消减).
¶記憶力が〜する jìyìlì jiǎntuì(记忆力减退).
¶体力が〜した tǐlì shuāituì le(体力衰退了).

げんだい【現代】 xiàndài(现代). ¶〜技術の粋を集めた建造物 jí xiàndài jìshù zhī jīnghuá de jiànzhù(集现代技术之精华的建筑). ¶彼女は〜的センスを備えている tā jùyǒu xiàndàigǎn(她具有现代感). ¶《源氏物語》の〜語訳《Yuánshì Wùyǔ》jīnyì(《源氏物语》今译).
¶〜史 xiàndàishǐ(现代史). 〜劇 xiàndàixì(现代戏).

けんたん【健啖】 ¶彼は〜ぶりを発揮して全部平らげた tā fānliàng zhēn dà, bǎ suǒyǒu de dōngxi quán chīguāng le(他饭量真大, 把所有的东西全吃光了).
¶〜家 dàdùhàn(大肚汉).

げんたんせいさく【減反政策】〖説明〗减少稻作耕地面积的政策.

けんち【見地】 jiàndì(见地). ¶別の〜からすれば… yóu lìng yí jiàndì lái shuō …(由另一见地来说…). ¶道徳的〜から見れば好ましくない cóng dàodéshang lái kàn bù tuǒdàng(从道德上来看不妥当).

げんち【言質】 ¶〜をとる qǔdé nuòyán(取得诺言).

げんち【現地】 ¶水害の発生とともに〜に急行する shuǐzāi yì fāshēng lìkè jiù gǎndào xiànchǎng(水灾一发生立刻就赶到现场). ¶〜調査を行う jìnxíng shídì diàochá(进行实地调查). ¶食糧は〜調達しよう liángshí dào dāngdì qù nòng ba(粮食到当地去弄吧).

けんちく【建築】 jiànzhù(建筑), xiūgài(修盖). ¶家を〜する gài fángzi(盖房子). ¶方々で高層住宅の〜が進められている zhèng zài gè dì jiànzhù gāolóu-dàshà(正在各地建筑高楼大厦).
¶〜家 jiànzhùshī(建筑师). 〜現場 jiànzhù gōngdì(建筑工地). 〜費 jiànzhùfèi(建筑费). 〜物 jiànzhùwù(建筑物). 木造〜 mùjiégòu jiànzhù(木结构建筑).

けんちょ【顕著】 xiǎnzhù(显著), xiǎnmíng(显明). ¶努力のあとが〜である nǔlì de jiéguǒ jìnbù xiǎnzhù(努力的结果ま常显著). ¶その傾向がますます〜になってきた nà zhǒng qīngxiàng yuèfā xiǎnzhù(那种倾向越发显著).

げんちょ【原著】 yuánzhù(原著). ¶〜者 yuánzhùzhě(原著者).

げんちょう【幻聴】 huàntīng(幻听).

けんつく【剣突】 ¶〜をくった áile yí dùn chòumà(挨了一顿臭骂). 〜をくわす zémà(责骂)/tòngmà(痛骂)/tòngchì(痛斥).

けんてい【検定】 jiǎndìng(检定). ¶学力を〜する jiǎndìng xuélì(检定学力).
¶〜試験 jiǎndìng kǎoshì(检定考试). 教科書〜制度 jiàokēshū shěndìng zhìdù(教科书审

定制度).

けんてい【献呈】 chéngxiàn (呈献), xiànchéng (献呈). ¶自著を恩師に～する bǎ zìzhù chéngxiàn ēnshī(把自著奉献恩师).

げんてい【限定】 xiàndìng (限定). ¶受講者を100人に～する tīngjiǎngrén xiàndìng wéi yìbǎi rén(听讲人限定为一百人). ¶この問題に～して討論して下さい qǐng zài zhège wèntí fànwéi nèi jìnxíng tǎolùn(请在这个问题范围内进行讨论).
¶～出版 xiàn shù chūbǎn(限数出版).

けんてん【圏点】 quāndiǎn (圈点).

けんでん【喧伝】 ¶彼の名は名医として～されている shèngchuán tā shì ge míngyī(盛传他是个名医).

げんてん【原典】 ¶～に当って調べる cháduì yuánzhù(查对原著).

げんてん【原点】 yuándiǎn (原点), chūfādiǎn (出发点). ¶～に帰って考える huídào chūfādiǎn lái kǎolù(回到出发点来考虑).

げんてん【減点】 kòufēn (扣分). ¶誤字1字につき1点～する cuò yí zì kòu yì fēn(错一字扣一分). ¶～の少ない方が勝ち kòufēn shǎo de wéi shèng(扣分少的为胜).

げんど【限度】 xiàndù (限度). ¶切符の販売は1人2枚を～とする yí ge rén mǎi liǎng zhāng piào wéi xiàn(一个人买两张票为限). ¶物事にはすべて～がある fánshì dōu yǒu qí dù(凡事都有其度). ¶彼の態度は我々の忍耐の～を越えた tā de tàidu chāoguòle wǒmen rěnnài de xiàndù(他的态度超过了我们忍耐的限度).

けんとう【見当】 1〔方向, 方角〕 ¶火事は日比谷の～だ huǒzāi xiàng shì fāshēng zài Rìbǐgǔ nàge fāngxiàng(火灾像是发生在日比谷那个方向). ¶駅はこの～に当る chēzhàn jiù zài zhège fāngxiàng(车站就在这个方向).
2〔見込み〕 ¶誰が盗んだかおおよその～はついている shuí tōu de wǒ dàgài cāicè de dào(谁偷的我大概猜测得到). ¶彼が何を言おうとしているかまるで～がつかない tā xiǎng yào shuō shénme jiǎnzhí cāibutòu(他想要说什么简直猜不透). ¶それは～違いだった nà wǒ ˈxiǎngcuò[gūjìcuò] le(那我˙想错[估计错]了).
3〔…くらい〕 zuǒyòu (左右), lái (来), múyàng (模样). ¶50～の男 wǔshí suì zuǒyòu de nánrén(五十岁左右的男人). ¶費用は10万円～だ fèiyong dàgài yào shíwàn rìyuán zuǒyòu(费用大概要十万日元左右).

けんとう【拳闘】 quánjī (拳击).

けんとう【健闘】 ¶選手たちは強敵を相手に～した xuǎnshǒumen yǔ jìngdí jìnxíngle wánqiáng de bǐsài(选手们与劲敌进行了顽强的比赛). ¶観衆は割れんばかりの拍手で両チームの～をたたえた guānzhòng zhǎngshēng léidòng zànyáng liǎngduì de yǒngměng shànzhàn(观众声雷动赞扬两队的勇猛善战). ¶御～を祈る zhù nǐ nǔlì fèndòu(祝你努力奋斗).

けんとう【検討】 yánjiū (研究), yántǎo (研讨), tàntǎo (探讨), jìyì (计议). ¶実施の可能性を～する yánjiū shíshī de kěnéngxìng(研究实施

的可能性). ¶この問題はさらに～を要する zhège wèntí yǒu ˈjìnyíbù yánjiū[cóngcháng-jìyì] de bìyào(这个问题有˙进一步研究[从长计议]的必要). ¶これにはまだ～の余地がある zhège hái yǒu yánjiū de yúdì(这个还有研究的余地).

けんどう【剣道】 jiànshù (剑术).

げんとう【幻灯】 huàndēng (幻灯). ¶～機 huàndēngjī(幻灯机).

げんとう【厳冬】 yándōng (严冬).

げんどう【言動】 ¶～を慎む zhùyì yántán jǔzhǐ (注意言谈举止)/ jǐn yán shèn xíng (谨言慎行). ¶不穏な～が見られる yǒu bùguǐ de yánxíng(有不轨的言行).

げんどうき【原動機】 yuándòngjī (原动机), fādòngjī(发动机), dònglìjī (动力机).

げんどうりょく【原動力】 yuándònglì (原动力). ¶彼の活動の～は正義感だ tā cóngshì huódòng de yuándònglì láizì zhèngyìgǎn(他从事活动的原动力来自正义感).

ケントし【ケント紙】 huìtúzhǐ (绘图纸), zhìtúzhǐ(制图纸).

けんどちょうらい【捲土重来】 juǎn tǔ chóng lái (卷土重来). ¶～を期する yìyù juǎntǔchónglái(意欲卷土重来).

けんない【圏内】 quānnèi (圈内). ¶伊豆七島は台風の～に入った Yīdòu Qīdǎo jìnrùle táifēng quānnèi (伊豆七岛进入了台风圈内).
¶A候補は当選～にある A hòuxuǎnrén zài dāngxuǎn fànwéi nèi(A候选人在当选范围内).

げんなま →げんきん(現金). ¶～を握らせる bǎ xiànqián sāizài shǒulǐ(把现钱塞在手里).

げんなり ¶甘いものはもう見ただけで～だ tián de dōngxi chīni le, lián kàn yě bù xiǎng kàn le(甜的东西吃腻了,连看也不想看了). ¶暑さに～した wǒ dōu kuài rèsǐ le(我都快热死了).

げんに【現に】 ¶それは～私がこの目で見たことだ nà shì wǒ qīnyǎn mùdǔ de(那是我亲眼目睹的). ¶～ここにあるではないか zhèli bú shì yǒu ma?(这里不是有吗?).

けんにょう【検尿】 yànniào (验尿). ¶～して蛋白の有無を調べる huàyàn xiǎobiàn cháchá yǒu wú dànbái(化验小便查查有无蛋白).

けんにん【兼任】 jiānrèn (兼任). ¶首相が外相を～する shǒuxiàng jiānrèn wàixiàng(首相兼任外相).
¶～教授 jiānrèn jiàoshòu(兼任教授).

げんにん【現任】 xiànrèn (现任). ¶～の大臣 xiànrèn dàchén(现任大臣).

けんにんふばつ【堅忍不抜】 jiān rěn bù bá (坚忍不拔). ¶～の意志 jiānrěn-bùbá de yìzhì (坚忍不拔的意志).

けんのう【献納】 juānzèng (捐赠), juānxiàn (捐献). ¶飛行機を～する juānzèng fēijī(捐赠飞机).

げんのう【玄翁】 dàtiěchuí (大铁锤), dàchuí (大锤).

げんのしょうこ níbó'ěr lǎoguàncǎo(尼泊尔老鹳草).

けんのん【剣吞】 ¶夜道の独り歩きは～だ wǎn-

shang yí ge rén zǒulù hěn wēixiǎn(晚上一个人走路很危险).

けんば【犬馬】 quǎnmǎ(犬马). ¶～の労をとる xiào quǎnmǎ zhī láo(效犬马之劳).

げんば【現場】 xiànchǎng(现场). ¶事故の～に居合せた zhènghǎo zài fāshēng shìgù de xiànchǎng(正好在发生事故的现场).
¶～監督 jiāngōng(监工). 工事～ gōngchéng xiànchǎng(工程现场)/ gōngdì(工地).

げんぱい【減配】 ¶業績悪化で～になった yóuyú yíngyè chéngjì èhuà, fēnhóng jiǎnshǎo le(由于营业成绩恶化, 分红减少了).

けんぱく【建白】 jiànbái(建白). ¶～書 jiànbáishū(建白书).

げんばく【原爆】 yuánzǐdàn(原子弹). ¶～症 fàngshèbìng(放射病).

げんばつ【厳罰】 yánchéng(严惩), yánbàn(严办), zhòngbàn(重办). ¶違反者を～に処する yánchéng wéifǎzhě(严惩违法者).

けんばん【鍵盤】 jiànpán(键盘). ¶～楽器 jiànpán yuèqì(键盘乐器).

けんび【兼備】 jiānbèi(兼备). ¶才色～の女性 cáisè jiānbèi[cáimào shuāngquán] de nǚxìng(才色兼备[才貌双全]的女性).

けんびきょう【顕微鏡】 xiǎnwēijìng(显微镜). ¶～をのぞく kàn xiǎnwēijìng(看显微镜). ¶～で細菌の有無を調べる yòng xiǎnwēijìng chá yǒu wú xìjūn(用显微镜查有无细菌).
¶～写真 xiǎnwēi zhàopiàn(显微照片). 電子～ diànzǐ xiǎnwēijìng(电子显微镜).

けんぴつ【健筆】 ¶時評に～をふるう zài shípíng dà huī qí bǐ(在时评里大挥其笔).

けんぴん【検品】 jiǎnyàn chǎnpǐn(检验产品).

げんぴん【現品】 xiànhuò(现货). ¶代金と引換に～を送る kuǎn dào fā huò(款到发货).

けんぶ【剣舞】 jiànwǔ(剑舞).

げんぷ【厳父】 yánfù(严父).

げんぶがん【玄武岩】 xuánwǔyán(玄武岩).

けんぶつ【見物】 yóulǎn(游览). ¶古都の名所を～する cānguān yóulǎn gǔdū de míngshèng gǔjì(参观游览古都的名胜古迹). ¶パンダの芸に～は大喜びだ xióngmāo de biǎoyǎn jiào guānzhòng dàwéi gāoxìng(熊猫的表演叫观众大为高兴).
¶東京～ Dōngjīng yóulǎn(东京游览). ～席 kàntái(看台). ～人 guānzhòng(观众). 芝居～ kànxì(看戏).

げんぶつ【現物】 1 xiànhuò(现货). ¶～を見てから買った方がいい zuìhǎo kànle xiànhuò yǐhòu zài mǎi(最好看了现货以后再买).
¶～取引 xiànhuò jiāoyì(现货交易).
2《金銭以外の》shíwù(实物). 日当は～で支払う rìxīn yǐ shíwù zhīfù(日薪以实物支付).
¶～出資 shíwù chūzī(实物出资).

けんぶん【見聞】 jiànwén(见闻), jiànshi(见识). ¶～が広い jiànwén guǎng(见闻广)/ bóshí qiàwén(博识洽闻)/ qiàbó duōwén(洽博多闻).
¶海外旅行で～を広める dào wàiguó lǚxíng qù zhǎng jiànshi(到外国旅行去长见识).
¶～録 jiànwénlù(见闻录).

けんぶん【検分】 ¶土地建物を～する chákàn dìpí hé jiànzhùwù(查看地皮和建筑物).

げんぶん【原文】 yuánwén(原文). ¶引用は～のまま àn yuánwén yǐnyòng(按原文引用). ¶～に忠実に訳す zhōngshí yú yuánwén jìnxíng fānyì(忠实于原文进行翻译).

げんぶんいっち【言文一致】 yánwén yízhì(言文一致). ¶～体 yánwén yízhì de wéntǐ(言文一致的文体).

けんぺい【憲兵】 xiànbīng(宪兵).

けんぺいずく【権柄ずく】 ¶～でものを言う yīzhàng quánshì shuō huà(依仗权势说话)/ shèngqì-língrén de shuō huà(盛气凌人地说话).

けんべん【検便】 fènbiàn jiǎnchá(粪便检查). ¶生徒の～をする duì xuésheng jìnxíng fènbiàn jiǎnchá(对学生进行粪便检查).

げんぼ【原簿】 zǒngzhàng(总账), zǒngzhàngbù(总账簿).

けんぼう【権謀】 quánmóu(权谋). ¶～術数 quánmóu shùshù(权谋术数)/ yīnmóu guǐjì(阴谋诡计)/ quánshù(权术)/ zhìshù(智术).

けんぽう【拳法】 quánshù(拳术). ¶少林寺～ Shàolínquán(少林拳).

けんぽう【憲法】 xiànfǎ(宪法). ¶～を制定する zhìdìng xiànfǎ(制定宪法). ¶～を発布する bānbù xiànfǎ(颁布宪法). ¶～を改正する xiūgǎi xiànfǎ(修改宪法). ¶～に保障された基本的人権 xiànfǎ suǒ bǎozhàng de jīběn rénquán(宪法所保障的基本人权). ¶それは～違反だ nà shì wéifǎn xiànfǎ de(那是违反宪法的).

げんぽう【減法】 jiǎnfǎ(减法).

げんぽう【減俸】 jiǎnxīn(减薪). ¶3か月間1割の～に処せられる shòudào sān ge yuè jiǎnxīn yì chéng de chǔfá(受到三个月减薪一成的处罚).

けんぼうしょう【健忘症】 jiànwàngzhèng(健忘症). ¶彼は～で困る tā hěn jiànwàng, jiào rén méi bànfǎ(他很健忘, 叫人没办法).

げんぼく【原木】 yuánmù(原木).

けんぽん【献本】 ¶著者に～する zèng shū gěi zhùzhě(赠书给作者).

げんぽん【原本】 yuánběn(原本).

けんま【研磨】 yánmó(研磨). ¶レンズを～する yánmó jìngpiàn(研磨镜片).
¶～材 móliào(磨料). ～機 yánmójī(研磨机).

げんまい【玄米】 cāomǐ(糙米).

けんまく【見幕】 ¶ものすごい～でどなる nùqì-chōngchōng, pòkǒu-dàmà(怒气冲冲, 破口大骂). ¶彼の恐ろしい～には震え上がった kàn tā nà qìshì xiōngxiōng de yàngzi, dàjiā dōu xīnjīng-dǎnzhàn(看他那气势汹汹的样子, 大家都心惊胆战).

げんみつ【厳密】 yánmì(严密). ¶～な取調べを行う jìnxíng yánmì de shěnchá(进行严密的

审查). ¶校正を~に行う yánmì de jìnxíng jiàozhèng (严密地进行校正). ¶~に言えば… yángé shuōlai…(严格说来…).

けんむ【兼務】 →けんしょく.

けんめい【賢明】 xiánmíng (贤明). ¶そのことは~なる君の判断に任せる nà jiàn shì jiù rènpíng xiánmíng de nǐ lái pànduàn (那件事就任凭贤明的你来判断). ¶そんなやり方は~でない nàge bànfǎ kě bù "gāomíng[míngzhì]"(那个办法可不"高明[明智]").

けんめい【懸命】 pīnmìng (拼命). ¶早期完成を目指して~の努力を続ける wèile zǎorì wánchéng, zuò jiānchí búxiè de nǔlì (为了早日完成,做坚持不懈的努力). ¶生活のために~に働く wèile shēnghuó pīnmìng de gànhuór (为了生活拼命地干活儿).

げんめい【言明】 yánmíng (言明), míngyán (明言). ¶彼はそのことについては~を避けた tā duì qí shì huíbì míngyán (他对其事回避明言). ¶彼は全責任は自分にあると~した tā yánmíng yíqiè zérèn quán zài tā shēnshang (他言明一切责任全在他身上).

げんめい【厳命】 yánmìng (严命), yánlìng (严令). ¶期日内に完成するよう~を受けた jiēdàole xiànqí wánchéng de yánmìng (接到了限期完成的严命).

げんめつ【幻滅】 huànmiè (幻灭). ¶~の悲哀 huànmiè de bēi'āi (幻灭的悲哀). ¶大学生活に~を覚える duì dàxué shēnghuó gǎndào huànmiè (对大学生活感到幻灭).

げんめん【原綿】 yuánmián (原棉), pímián (皮棉), píhuā (皮花).

けんもほろろ ¶~に断られた bèi yìkǒu jùjué le (被一口拒绝了).

けんもん【検問】 pánwèn (盘问). ¶通行人を~する pánwèn xíngrén (盘问行人). ¶~所 pánchá shàosuǒ (盘查哨所).

げんや【原野】 yuányě (原野).

けんやく【倹約】 jiǎnshěng (俭省), jiéjiǎn (节俭), jiéshěng (节省), jiéyuē (节约), jiǎnyuē (俭约), zǔnjié (撙节). ¶バス代を~する jiéshěng gōnggòng-qìchēfèi (节省公共汽车费). ¶彼は働きで~家だ tā qínjiǎn pǔsù (他勤俭朴素).

げんゆ【原油】 yuányóu (原油).

げんゆう【現有】 xiànyǒu (现有). ¶~兵力 xiànyǒu bīnglì (现有兵力).

けんよう【兼用】 jiānyòng (兼用), liǎngyòng (两用). ¶食卓を机に~する bǎ fànzhuō jiānzuò shūzhuō shǐyòng (把饭桌兼作书桌使用).

¶晴雨~の傘 qíngyǔ liǎngyòng sǎn (晴雨两用伞).

けんらん【絢爛】 xuànlàn (绚烂). ¶~豪華な花嫁衣装 xuànlì ér háohuá de jiàyī (绚丽而豪华的嫁衣). ¶~たる文章 cízǎo huálì de wénzhāng (辞藻华丽的文章).

けんり【権利】 quánlì (权利). ¶国民の~および義務 guómín de quánlì yǔ yìwù (国民的权利与义务). ¶~を獲得する huòdé quánlì (获得权利). ¶~を行使する xíngshǐ quánlì (行使权利). ¶~を放棄する fàngqì quánlì (放弃权利). ¶私にもそのことに対して発言する~がある duì nà jiàn shì wǒ yě yǒu quán fāyán (对那件事我也有权发言). ¶店の~を他人に譲る bǎ yíngyèquán zhuǎnràng gěi tārén (把营业权转让给他人).

げんり【原理】 yuánlǐ (原理). ¶梃子の~ gànggǎn yuánlǐ (杠杆原理). ¶アルキメデスの~ Ājīmǐdé dìnglǜ (阿基米得定律).

げんりゅう【源流】 héyuán (河源); yuánliú (源流), yuántóu (源头). ¶最上川の~ Zuìshàng Chuān de héyuán (最上川的河源). ¶文化の~をたずねる zhuīsù wénhuà de yuánliú (追溯文化的源流).

げんりょう【原料】 yuánliào (原料). ¶ビールの主~は大麦だ píjiǔ de zhǔyào yuánliào shì dàmài (啤酒的主要原料是大麦).

¶~費 yuánliàofèi (原料费).

げんりょう【減量】 ¶体重を50キロまで~する bǎ tǐzhòng 'jiǎnqīng[jiǎnféi] dào wǔshí gōngjīn (把体重'减轻[减肥]到五十公斤).

けんりょく【権力】 quánlì (权力). ¶武力によって~を握る yīzhàng wǔlì zhǎngwò quánlì (依仗武力掌握权力). ¶彼は~争いに敗れた tā zài zhēngduó quánlì de dòuzhēng zhōng bàiběi le (他在争夺权力的斗争中败北了).

¶~者 zhǎngquánzhě (掌权者)/ dāngquánzhě (当权者). 国家~ guójiā quánlì (国家权力).

けんろう【堅牢】 jiānláo (坚牢), jiāngù (坚固). ¶~な箱 jiāngù de xiāngzi (坚固的箱子).

げんろう【元老】 yuánlǎo (元老). ¶政界の~ zhèngjiè de yuánlǎo (政界的元老).

げんろん【言論】 yánlùn (言论). ¶~の自由をまもる hànwèi yánlùn zìyóu (捍卫言论自由).

¶~界 xīnwén chūbǎn jiè (新闻出版界).

げんわく【眩惑】 ¶人々は彼女の華やかさに~された tā nà xuànlì bānlán de yàngzi lìng rén mùxuàn (她那绚丽斑斓的样子令人目眩).

こ

こ【子】 1〔子供〕háizi(孩子), háir(孩ㄦ), xiǎohái[r](小孩ㄦ), xiǎoháizi(小孩子), wáwa(娃娃). ¶男の～ nánháizi(男孩子)/ nánwá(男娃)/ xiǎozi(小子). ¶女の～ nǚháizi(女孩子)/ nǚwá(女娃)/ niūr(妞ㄦ). ¶いい～だからねんねしなさい hǎo guāiguāi[guāi háizi], kuài shuì(好乖乖[乖孩子],快睡). ¶私は百姓の～に生れた wǒ shēngzài nóngmín jiātíngli(我生在农民家庭里). ¶彼は私を実の～のように可愛がってくれた tā bǎ wǒ dàngzuò qīnshēng érnǚ yíyàng de téng'ài(他把我当做亲生儿女一样地疼爱). ¶～は夫婦のかすがい háizi shì fūqī de liánxīnsuǒ(孩子是夫妻的连心锁). ¶～にまさる宝なし érnǚ wéi wú jià zhī bǎo(儿女为无价之宝). ¶貧乏人の～沢山 qióngrén érnǚ duō(穷人儿女多). ¶あの～は近いうちに嫁にいくそうだ tīngshuō nàge háizi bùjiǔ jiùyào chūjià le(听说那个孩子不久就要出嫁了). ¶自分一人しかいいーになる zìjǐ yí ge rén ˈmàizuǐ chōng hǎorén[màihǎor](自己一个人ˈ卖嘴充好人[卖好ㄦ]).

2〔動物の〕gāo[r](羔[ㄦ]), gāozi(羔子), zǎi[r](崽[ㄦ]), zǎizi(崽子), wá(娃), wázi(娃子). ¶犬の～ gǒuzǎi(狗崽)/ xiǎogǒu(小狗). ¶馬の～ mǎjūzi(马驹子)/ xiǎomǎ(小马). ¶牛の～ niúdú(牛犊)/ niúdúzi(牛犊子)/ dúzi(犊子)/ xiǎoniú(小牛). ¶羊の～ yánggāo(羊羔)/ gāozi(羔子)/ xiǎoyáng(小羊). ¶ひるの～ chúyá(雏鸭)/ xiǎoyāzi(小鸭子). ¶猫が～を産む māo xià zǎizi(猫下崽子). ¶この魚は～を持っている zhè yú yǒu zǐ(这鱼有子).

3〔利息〕¶元も～もなくす běnlì quán diū(本利全丢)/ jī fēi dàn dǎ(鸡飞蛋打).

こ【粉】 ～こな. ¶柿に～がふいた shìbǐng guàle shuāng(柿饼挂了霜). ¶身を～にして働く bùcí-láokǔ wàngwǒ de gōngzuò(不辞劳苦忘我地工作).

こ【弧】 hú(弧), húxiàn(弧线). ¶彼の打った球は～を描いて観客席に落ちていった tā dǎ de qiú huàle ge húxiàn luòdào guānzhòngxí shang(他打的球画了个弧线落到观众席上).

こ-【小】 ¶～魚 xiǎoyú(小鱼). ¶～羊 gāoyáng(羔羊)/ xiǎoyáng(小羊). ¶～うるさい男 zuǐ jiān ài guǎn xiánshì de rén(嘴尖爱管闲事的人). ¶1時間ほどかかった fèile yí ge lái xiǎoshí(费了一个来小时).

こ-【故】 ¶～A先生の遺志を継ぐ jìchéng yǐgù A xiānsheng de yízhì(继承已故A先生的遗志).

-こ【戸】 hù(户), jiā(家). ¶1～当りの所得 měi yí hù de píngjūn shōurù(每一户的平均收入). ¶30～の部落 sānshí hù de cūnluò(三十户的村落). ¶1～建ての家 dúmén-dúhù de fángzi(独门独户的房子).

-こ【個】 ge(个). ¶卵を10～下さい gěi wǒ shí ge jīdàn(给我十个鸡蛋). ¶角砂糖2～ fāngtáng liǎng kuài(方糖两块).

ご【五】 wǔ(五・伍).

ご【後】 hòu(后), yǐhòu(以后). ¶1時間～にもう1度来て下さい qǐng yí ge zhōngtóu hòu zài lái yí tàng(请一个钟头后再来一趟). ¶昼食～の休憩時間 wǔfàn hòu de xiūxi shíjiān(午饭后的休息时间)/ wǔxiū shíjiān(午休时间).

ご【期】 ¶この～に及んで何を言うか líndào zhè shí[dào zhè bù tiándì], hái shuō shénme?(临到这时[到这步田地],还说什么?).

ご【碁】 wéiqí(围棋). ¶～を打つ xià wéiqí(下围棋). ¶あの男は～が強い tā hěn huì xià wéiqí(他很会下围棋).

ご【語】 yǔ(语), huà(话), cí(词), yǔcí(语词). ¶次の～の意味を述べよ shì jiěshì xiàliè cí de yìsi(试解释下列词的意思). 日本～ Rìyǔ(日语)/ Rìwén(日文)/ Rìběnhuà(日本话). 外来～ wàiláiyǔ(外来语). 専門～ shùyǔ(术语)/ zhuānmén yòngyǔ(专门用语).

コアラ shùdàixióng(树袋熊), kǎolā(考拉).

こ・い【濃い】 shēn(深), nóng(浓); zhòng(重), hòu(厚), yán(酽). ¶～い緑 shēnlǜ(深绿). ¶～色を～くする bǎ yánsè nòng nóng yìdiǎnr(把颜色弄浓一点ㄦ). ¶政治的色彩が～い zhèngzhì sècǎi nónghòu(政治色彩浓厚). ¶お化粧が～い fěn cháde hěn hòu(粉搽得很厚). ¶味が～い wèi nóng(味浓). ¶霧がますます～くなる wù yuèláiyuè nóng(雾越来越浓). ¶ひげが～い húzi ˈzhòng[nóngmì](胡子ˈ重[浓密]). ¶～い眉毛 nóngméi(浓眉). ¶血のつながりが～い gǔròu guānxi hěn mìqiè(骨肉关系很密切). ¶～いお茶 nóngchá(浓茶)/ yànchá(酽茶). ¶～いおかゆ chóu zhōu(稠粥).

こい【恋】 liàn'ài(恋爱). ¶～におちた zhuìrù qíngwǎng(坠入情网). ¶彼女も～を知る年頃だ tā yě dàoliǎo tánqíng-shuō'ài de niánlíng le(她也到了谈情说爱的年龄了). ¶～は思案のほか liàn'ài shì bùkě-sīyì de(恋爱是不可思议的).

こい【鲤】 lǐyú(鲤鱼).

こい【故意】 gùyì(故意), chéngxīn(成心), cúnxīn(存心), yǒuyì ˈzhòng[nóngmì]. ¶彼は故意にぶつかったわけではない tā bìng bú shì gùyì pèng nǐ de(他并不是故意碰你的). ¶～にいやがらせを

する chéngxīn zhǎo rén máfan(成心找人麻烦).
ごい【語彙】 cíhuì(词汇), yǔhuì(语汇). ¶彼は～が豊富だ tā yǔhuì fēngfù(他语汇丰富).
こいうた【恋歌】 liàngē(恋歌), qínggē(情歌).
こいがたき【恋敵】 qíngdí(情敌).
こいき【小意気】 qiàopi(俏皮), qiàomèi(俏媚). ¶～な若者 qiàopi xiǎohuǒzi(俏皮小伙子).
こいこが・れる【恋焦がれる】 rèliàn(热恋), míliàn(迷恋). ¶彼に～れている míliàn yú tā(迷恋于他).
こいごころ【恋心】 ¶～をいだく xīn huái liànmù(心怀恋慕).
こいし【小石】 xiǎoshítou(小石头), shítouzǐr(石头子儿), shízǐ[r](石子[儿]); suìshí(碎石). ¶～を敷きつめる pūmǎn shítouzǐr(铺满石头子儿).
ごいし【碁石】 wéiqízǐ[r](围棋子[儿]), qízǐ[r](棋子).
こいし・い【恋しい】 xiǎngniàn(想念), huáiniàn(怀念), sīniàn(思念), àimù(爱慕), sīmù(思慕). ¶お母さんが～い wǒ zhēn xiǎngniàn mǔqin(我真想念母亲). ¶故郷が～い huáiniàn gùxiāng(怀念故乡). ¶彼女が～くてならない wǒ fēicháng àimù tā(我非常爱慕她). ¶～い人に会いたいとはるばるやってきた yìxīn xiǎng jiàn qíngrén yuǎnlù ér lái(一心想见情人远路而来).
こい・する【恋する】 ài(爱). ¶彼の妹に～した àishàngle tā de mèimei(爱上了他的妹妹). ¶～する乙女 liàn'ài zhōng de shàonǚ(恋爱中的少女).
こいつ zhège dōngxi(这个东西), zhège jiāhuo(这个家伙). ¶～そんないたずらをして zhè xiǎozi jìng zhème táoqì(这小子竟这么淘气). ¶～はしまった zhè kě zāo le(这可糟了).
こいなか【恋仲】 ¶あの２人は～だ tāmen liǎ zài liàn'ài xiāng'ài(他们俩在相思相爱)/tāmen liǎ zhèng tán liàn'ài ne(他们俩正谈恋爱呢).
こいねが・う【希う】 jìwàng(冀望), xījì(希冀), kěwàng(渴望). ¶平和を～う xījì héping(希冀和平). ¶成功を～う jì qí chénggōng(冀其成功).
こいのぼり【鯉幟】 lǐyúxíngqí(鲤鱼形旗).
こいびと【恋人】 liànrén(恋人), qíngrén(情人), àirén(爱人), péngyou(朋友). ¶２人は～同士だ tā liǎ shì yí duì qínglǚ(他俩是一对情侣).
こいぶみ【恋文】 qíngshū(情书).
コイル xiànquān(线圈).
こいわずらい【恋煩い】 xiāngsībìng(相思病). ¶～をする hài xiāngsībìng(害相思病).
こいん【雇員】 gùyuán(雇员).
コイン yìngbì(硬币). ¶～ランドリー tóubìshì xǐyījī(投币式洗衣机). ～ロッカー zìdòng bǎoguǎnxiāng(自动保管箱).
こ・う【請う・乞う】 qǐng(请), qiú(求), qǐngqiú(请求), qǐqiú(乞求). ¶施しを～う qǐqiú shīshě(乞求施舍). ¶教えを～う

qǐngjiào(请教)/ qiújiào(求教)/ jìng chéng yǎjiào(敬承雅教). ¶許しを～う qiú ráo(求饶)/ gào ráo(告饶)/ qǐqiú kuānshù(乞求宽恕). ¶援助を～う qǐngqiú yuánzhù(请求援助)/ qiúyuán(求援)/ qǐyuán(乞援)/ qiúzhù(求助). ¶Ａ氏の出馬を～う qǐngqiú Ａ xiānsheng chūmǎ(请求Ａ先生出马). ¶～う御一覧 qǐng guòmù(请过目)/ qǐng yuè(请阅).

こう zhème·zème(这么), zhèyàng·zhèiyàng(这样). ¶私のやり方は～だ wǒ de bànfǎ shì zhèyàng(我的办法是这样). ¶～なったからには後には退けない jìrán zhèyàng, bùnéng wǎnghòu tuì le(既然这样，不能往后退了). ¶本には～書いてある shūshang zhème xiězhe(书上这么写着). ¶～言っては何ですが zhème shuō yěxǔ yǒudiǎnr shénme(这么说也许有点儿什么). ¶～なるともう一度考え直さねばならない zhème yìlái, děiyào zài chóngxīn kǎolǜ yíxià(这么一来,得要再重新考虑一下). ¶それでは～しましょう nàme, jiù zhèyàng ba(那么，就这样吧). ¶ああ、～しているひまはない āiyā, kě bùnéng zhèyàng xiánzhe le(哎呀,可不能这样闲着了).

こう【功】 gōng(功), gōngláo(功劳). ¶～を急ぐと失敗する jíyú qiúchéng jiù huì shībài(急于求成会失败). ¶抜群の～をたてた lìxiàle chāoqún chūzhòng de gōngláo(立下了超群出众的功劳). ¶～成り名遂ぐ gōng chéng míng suì(功成名遂). さすがに年の～ではない bú kuì shì ge guòláirén(不愧是个过来人).

こう【甲】 １ jiǎ(甲). ¶以下原告を～、被告を乙と称する yǐxià jiǎnchēng yuángào wéi jiǎfāng, bèigào wéi yǐfāng(以下简称原告为甲方，被告为乙方).
２【手足の】 bèi(背). ¶手の～ shǒubèi(手背). ¶～高の足 fūmiàn[jiǎobèi] gāo de jiǎo(跗面[脚背]高的脚).
３【甲羅】 jiǎ(甲), jiǎqiào(甲壳). ¶亀の～ guījiǎ(龟甲).

こう【行】 xíng(行). ¶Ａ氏と～を共にする yǔ Ａ xiānsheng tóngxíng(与Ａ先生同行).

こう【効】 xiào(效). ¶薬石～なくついに死去した yàoshí-wǎngxiào, zhōngyú qùshì le(药石罔效，终于去世了).

こう【幸】 ¶～か不幸か… bù zhī shì xìngyùn bú xìngyùn…(不知是幸运不幸运…).

こう【香】 xiāng(香). ¶～をたく fén xiāng(焚香)/ shāo xiāng(烧香).

こう【候】 shí(时), shílìng(时令), shíjié(时节). ¶炎暑の～くれぐれも御自愛下さい zhèng zhí kùshǔ zhī shí, qǐng nín qiānwàn bǎozhòng(正值酷暑之时，请您千万保重).

こう【項】 xiàng(项). ¶第１条第１～ dìyī tiáo dìyī xiàng(第一条第一项). ¶前～の条文 qiánxiàng tiáowén(前项条文). ¶同類～ tónglèixiàng(同类项).

こう【綱】 gāng(纲). ¶脊椎動物門哺乳～ jǐzhuī dòngwù yàmén bǔrǔgāng(脊椎动物亚门哺乳纲).

こう【稿】 gǎo(稿). ¶～を起す qǐgǎo(起稿).

¶～を改める xiūgǎi gǎojiàn(修改稿件).
こう-【好】 hǎo(好). ¶～～～天気に恵まれた gǎnshàngle hǎotiānqì(赶上了好天气). ¶予想以上の～成績をおさめた qǔdéle yìliào zhī wài de hǎochéngjì(取得了意料之外的好成绩).
ごう【号】 **1**〔雅号〕hào(号). ¶森林太郎、～は鷗外 Sēn Líntàiláng, hào Ōuwài(森林太郎，号鸥外).
2〔新聞，雑誌などの〕¶～を重ねるごとに中味が充実してくる nèiróng yì qī bǐ yì qī chōngshí(内容一期比一期充实). ¶《世界》5月～ 《Shìjiè》dìwǔ qī(《世界》第五期).
3〔車，船などの〕¶1—車 yí hào chēxiāng(一号车厢). ¶特急さくら～ tèbié kuàichē Yīnghuāhào(特别快车樱花号). ¶メイフラワー～ Wǔyuèhuāhào(五月花号).
ごう【合】 **1**〔容積の単位〕gě(合)〔日本の1合は約0.18リットル，中国の1合は0.1リットル〕.
2〔登山路の〕¶富士山の8～目まで登る pádào Fùshì Shān shí fēn zhī bā de gāodù shang(爬到富士山十分之八的高度上).
ごう【郷】 xiāng(乡). ¶～に入っては～に従え suí xiāng rù xiāng(随乡入乡)/ rù xiāng suí xiāng(入乡随乡)/ rù xiāng suí sú(入乡随俗)/ rù xiāng wèn sú(入乡问俗)/ rù guó wèn jìn(入国问禁).
ごう【業】 niè(孽). ¶～が深い zuìniè shēn(罪孽深). ¶～を煮やす fā jí(发急)/ bú nàifán(不耐烦).
こうあつ【高圧】 gāoyā(高压). ¶彼の～的な態度に反発を感じた tā nà yā rén de tàidu shǐ wǒ hěn fǎngǎn(他那压人的态度使我很反感). ¶～線 gāoyāxiàn(高压线).
こうあん【公安】 gōng'ān(公安). ¶国家～委員会 guójiā gōng'ān wěiyuánhuì(国家公安委员会).
こうあん【考案】 kǎozhuàngzhì(考状制). ¶新しい装置を～する yánjiū shèjì xīn zhuāngzhì(研究设计新装置). ¶～者 fāmíngzhě(发明者).
こうい【好意】 hǎoyì(好意)，hǎoxīn(好心)，měiyì(美意). ¶大多数の人は彼に～を寄せている dàduōshù rén dōu duì tā huáizhe hǎoyì(大多数人都对他怀着好意). ¶人の～を無にする gūfù rénjia de hǎoyì(辜负人家的好意). ¶A氏の御～により… méng A xiānsheng de měiyì…(蒙A先生的美意…). ¶御～を感謝します xièxie nín de hǎoyì(谢谢您的好意). ¶どんなに～的にみてもこれは重大な手落ちだ jiùshì zěnyàng wǎng hǎolǐ qù xiǎng, zhè yě shì yánzhòng de guòshī(就是怎样往好里去想，这也是严重的过失). ¶論評は概して～的である pínglùn dàzhì dōu shì hǎoyì de(评论大致都是好意的).
こうい【行為】 xíngwéi(行为)，xíngjìng(行径). ¶それは人の子の親にあるまじき～だ nà shì wéi fùmǔ bù yīng yǒu de xíngwéi(那是做父母不应有的行为). ¶そうした～は許し難い nà zhǒng xíngjìng bùkě róngrěn(那种行径不可容忍).
こうい【皇位】 huángwèi(皇位).
こうい【校医】 xiàoyī(校医).
こうい【高位】 gāowèi(高位). ¶～高官 gāoguān xiǎnguì(高官显贵).
ごうい【合意】 ¶協議の結果～に達した jīng xiéshāng dáchéngle xiéyì(经协商达成了协议). ¶双方～の上で別居する jīng shuāngfāng tóngyì fēnjū(经双方同意分居).
こういしつ【更衣室】 gēngyīshì(更衣室).
こういしょう【後遺症】 hòuyízhèng(后遗症). ¶自動車事故による～ chēhuò liúxià de hòuyízhèng(车祸留下的后遗症).
こういってん【紅一点】 ¶彼女は当選者の中の～だ wànlǜ cóngzhōng hóngyìdiǎn, tā shì dāngxuǎnzhě zhī zhōng wéiyī de nǚxìng(万绿丛中红一点，她是当选者中的唯一的女性).
こうじん【工人】 gōngrén(工人).
こういん【光陰】 guāngyīn(光阴). ¶～矢の如し guāngyīn sì jiàn(光阴似箭)/ rìyuè rú suō(日月如梭).
ごういん【強引】 qiángyìng(强硬)，qiánglì(强力). ¶皆の反対を押し切って～に実行した búgù dàjiā fǎnduì, qiángxíng shíshí le(不顾大家反对，强行实施了). ¶彼の交渉態度は～だった tā de jiāoshè tàidu hěn qiángyìng(他的交涉态度很强硬).
こうう【降雨】 jiàngyǔ(降雨). ¶人工～ réngōng jiàngyǔ(人工降雨).
ごうう【豪雨】 háoyǔ(豪雨)，dàyǔ(大雨)，bàoyǔ(暴雨). ¶今回の～は大変な損害をもたらした zhè cháng bàoyǔ dàilaile hěn dà de sǔnshī(这场暴雨带来了很大的损失).
こううん【幸運】 xìngyùn(幸运)，hóngyùn(红运·鸿运)，yùnqì(运气)，fúqi(福气)，zàohua(造化)，hǎoyùnqì(好运气)，hǎoyùndao(好运道)，mìngdà(命大). ¶昨日は彼に会えて～だった zuótiān néng jiàndào tā, zhēn shì xìngyùn(昨天能见到他，真是幸运). ¶～にも怪我ひとつしなかった xìngyùn hěn[zhēnshi mìngdà], yìdiǎnr shāng yě méi shòu(幸运得很[真是命大]，一点儿伤也没受). ¶～児 xìngyùn'ér(幸运儿).
こううんき【耕耘機】 gēngyúnjī(耕耘机)，zhōnggēngjī(中耕机).
こうえい【公営】 gōngyíng(公营). ¶～企業 gōngyíng qǐyè(公营企业). ¶～住宅 gōngyíng zhùzhái(公营住宅).
こうえい【光栄】 guāngróng(光荣). ¶身に余る～です wǒ gǎndào wúshàng guāngróng(我感到无上光荣). ¶お目にかかれて～です jiàndao nín, gǎndào hěn róngxìng(见到您，感到很荣幸)/ jīnrì xìnghuì le!(今日幸会了!).
こうえい【後衛】 hòuyī(后卫).
こうえい【後裔】 hòuwèi(后卫). ¶ダブルスの～ shuāngdǎ de hòuwèi(双打的后卫). ¶～部隊 hòuwèi bùduì(后卫部队).
こうえき【公益】 gōngyì(公益). ¶～をはかる móu gōngyì(谋公益). ¶～事業 gōngyòng shìyè(公用事业).
こうえき【交易】 jiāoyì(交易). ¶外国と～する hé wàiguó jìnxíng jiāoyì(和外国进行交易).

こうえつ【校閲】 jiàoyuè (校阅). ¶原稿を～する jiàoyuè gǎozi (校阅稿子).

こうえん【公園】 gōngyuán (公园). ¶～に遊びに行く guàng gōngyuán qù (逛公园去).

こうえん【公演】 gōngyǎn (公演), yǎnchū (演出). ¶来月国立劇場で～します xiàyuè zài Guólì Jùchǎng gōngyǎn (下月在国立剧场公演). ¶10周年の記念～ shí zhōunián jìniàn gōngyǎn (十周年纪念公演).

こうえん【後援】 hòuyuán (后援), zànzhù (赞助). ¶大使館の～で展覧会が開かれた dédào dàshǐguǎn de zànzhù, jǔbànle zhǎnlǎnhuì (得到大使馆的赞助,举办了展览会). ¶A新聞社がその音楽会を～している A bàoshè duì nàge yīnyuèhuì yǔyǐ zànzhù (A报社对那个音乐会予以赞助).
¶～会 hòuyuán zǔzhī (后援组织).

こうえん【高遠】 gāoyuǎn (高远). ¶～な理想を抱く bàoyǒu chónggāo ér yuǎndà de lǐxiǎng (抱有崇高而远大的理想)/ zhìxiàng gāoyuǎn (志向高远).

こうえん【講演】 jiǎngyǎn (讲演), yǎnjiǎng (演讲), bàogào (报告). ¶経済問題について～をした guānyú jīngjì wèntí zuòle bàogào (关于经济问题做了报告).
¶～会 jiǎngyǎnhuì (讲演会)/ bàogàohuì (报告会).

こうお【好悪】 hàowù (好恶), àizēng (爱憎).
¶～の念の激しい人 ài hé zēng dōu hěn qiángliè de rén (爱和憎都很强烈的人).

こうおつ【甲乙】 ¶あの2人の学力は～をつけ難い nà liǎng ge rén de xuélì bù xiāng shàngxià (那两个人的学力不相上下).

こうおん【高音】 gāoyīn (高音).

こうおん【高温】 gāowēn (高温). ¶炉の中の温度は1600度の～に達する lúnèi de wēndù gāodá yīqiān liùbǎi dù (炉内的温度高达一千六百度).
¶～多湿 gāowēn duōshī (高温多湿).

ごうおん【轟音】 ¶弾薬庫は～とともに爆破された dànyàokù hōng de yì shēng bèi zhàhuǐ le (弹药库轰的一声被炸毁了). ¶耳を聾せんばかりの～ zhèn ěr yù lóng de jùxiǎng (震耳欲聋的巨响). ¶大砲の～ dàpào de hōngmíngshēng (大炮的轰鸣声).

こうか【考課】 kǎohé (考核), kǎopíng (考评).
¶人事の～を行う jìnxíng rénshì kǎohé (进行人事考核).
¶～表 kǎohébiǎo (考核表)/ kǎopíngbiǎo (考评表).

こうか【効果】 xiàoguǒ (效果). ¶宣伝の～が現れた yǒule xuānchuán de xiàoguǒ (有了宣传的效果). ¶何度も意見してみたがちっとも～がない suīrán quàngào hǎo jǐ cì, dàn zǒng méiyǒu xiàoguǒ (虽然劝过好几次,但总没有效果).
¶音響～ yīnxiǎng xiàoguǒ (音响效果).

こうか【校歌】 xiàogē (校歌).

こうか【降下】 jiàngluò (降落), xiàjiàng (下降).
¶飛行機は500メートルの高度にまで～した fēijī xiàjiàng dào wǔbǎi mǐ de gāodù (飞机下降到五百米的高度). ¶パラシュートで～する yòng jiàngluòsǎn jiàngluò (用降落伞降落)/ tiào sǎn (跳伞).

こうか【高価】 gāojià (高价). ¶それは～に売れる nà néng gāojià chūmài (那能高价出卖). ¶～な代償を支払う fùchū gāo'áng de dàijià (付出高昂的代价).

こうか【高架】 gāojià (高架). ¶～鉄道 gāojià tiědào (高架铁道).

こうか【硬化】 yìnghuà (硬化). ¶動脈が～する dòngmài yìnghuà (动脉硬化). ¶相手の態度が～した duìfāng de tàidu biàn qiángyìng le (对方的态度变强硬了).
¶～油 yìnghuàyóu (硬化油).

こうか【硬貨】 yìngbì (硬币), zhùbì (铸币).

こうが【高雅】 gāoyǎ (高雅). ¶～な趣がある yǒu gāoyǎ zhī qù (有高雅之趣).

ごうか【豪華】 háohuá (豪华). ¶応接間の飾付けが～だ kètīng bǎishè háohuá (那里的客厅摆设豪华). ¶～版のゲーテ全集 háohuábǎn [tèzhì jīngzhuāngběn] de Gēdé quánjí (豪华版[特制精装本]的歌德全集).
¶～客船 háohuá kèlún (豪华客轮).

こうかい【公海】 gōnghǎi (公海).

こうかい【公開】 gōngkāi (公开). ¶庭園は3月から一般に～される tíngyuán cóng sānyuè xiàng gōngzhòng kāifàng (庭园从三月向公众开放). ¶～の場で発表する zài gōngkāi de chǎnghé fābiǎo (在公开的场合发表).
¶～状 gōngkāixìn (公开信).

こうかい【更改】 ¶契約を～ gēngxīn hétong (更新合同).

こうかい【後悔】 hòuhuǐ (后悔), shīhuǐ (失悔), àohuǐ (懊悔), huǐhèn (悔恨). ¶あとで～しても知らないよ jiùshì nǐ chī hòuhuǐyào, wǒ yě bù guǎn (就是你吃后悔药,我也不管). ¶昨日彼女にあんなことを言うんではなかったと大変している wǒ hěn àohuǐ, zuótiān bù yīnggāi duì tā nàme shuō (我很懊悔,昨天不应该对她那么说). ¶～先に立たず hòuhuǐ bùjí (后悔不及)/ zhuīhuǐ mò jí (追悔莫及).

こうかい【航海】 hánghǎi (航海), hángxíng (航行). ¶ヨットで太平洋を～する jiàshǐ fānchuán zài Tàipíngyáng hángxíng (驾驶帆船在太平洋航行).
¶～日誌 hánghǎi rìzhì (航海日志). 一等～士 dàfù (大副). 遠洋～ yuǎnyáng hángxíng (远洋航行). 処女～ chǔnǚháng (处女航).

こうがい【口外】 shēngzhāng (声张), rāngrang (嚷嚷). ¶この秘密は決して～しない zhè jiàn mìmì wǒ jué bú shēngzhāng (这件秘密我绝不声张). ¶内輪のことは～すべきでない nèibù de wèntí bù yīng xiàng wài shuō (内部的问题不应向外说).

こうがい【口蓋】 shànghé (上颌), shàng'è (上颚), shàngtáng (上膛). ¶～音 shàngshéyīn (小舌音). ～垂 xuányōngchuí (悬雍垂)/ xiǎoshé (小舌). 硬～ yìng'è (硬腭). 軟～ ruǎn'è (软腭).

- こうがい【公害】 gōnghài(公害).
- こうがい【郊外】 jiāowài(郊外), jiāoqū(郊区), shìjiāo(市郊). ¶都市の住宅地区が～へ伸びていく chéngshì de zhùzháiqū zhújiàn xiàng jiāowài fāzhǎn(城市的住宅区逐渐向郊外发展).
- こうがい【校外】 xiàowài(校外). ¶あの学校は～活動が盛んだ nàge xuéxiào xiàowài huódòng hěn huóyuè(那个学校校外活动很活跃).
- こうがい【梗概】 gěnggài(梗概), gàiyào(概要). ¶小説の～ xiǎoshuō de gěnggài(小说的梗概).
- ごうかい【豪快】 háoshuǎng(豪爽), háofàng(豪放). ¶～な人物 háoshuǎng de rénwù(豪爽的人物). ¶～に笑う fàng shēng dà xiào(放声大笑).
- ごうがい【号外】 hàowài(号外).
- こうかいどう【公会堂】 gōnghuìtáng(公会堂).
- こうかく【口角】 ¶～泡を飛ばしてまくしたてる kǒushuǐ sì jiàn, tāotāo bùjué(口水四溅, 滔滔不绝).
- こうかく【広角】 guǎngjiǎo(广角). ¶～レンズ guǎngjiǎo jìngtóu(广角镜头)/ guǎngjiǎojìng(广角镜).
- こうかく【降格】 jiànggé(降格), jiàngjí(降级). ¶係長に～された bèi jiàngjí wéi gǔzhǎng(被降级为股长).
  ¶～処分 jiàngjí chǔfèn(降级处分).
- こうがく【工学】 gōngchéngxué(工程学). ¶～部 gōngchéngxuéxì(工程学系). 機械～ jīxiè gōngchéngxué(机械工程学).
- こうがく【光学】 guāngxué(光学). ¶～器械 guāngxué yíqì(光学仪器)/ guāngxué qìxiè(光学器械).
- こうがく【向学】 xiàngxué(向学). ¶彼は～心に燃えている tā xiàngxué zhī xīn hěn shèng(他向学之心很盛).
- こうがく【後学】 ¶～のために聞いておこう tīngting zuò rìhòu cānkǎo(听听作日后参考).
- こうがく【高額】 gāo'é(高额). ¶～所得者 huòdé gāo'é shōurù de rén(获得高额收入的人).
- ごうかく【合格】 hégé(合格，及格). ¶入学試験に～した kǎozhòng[kǎoshàng]le xuéxiào(考中[考上]了学校). ¶検査に～した製品 jīng jiǎnchá hégé de chǎnpǐn(经检查合格的产品).
  ¶～者 kǎozhòngzhě(考中者)/ jígézhě(及格者)/ hégézhě(合格者). ~点 jígéfēn[r](及格分[儿]).
- こうかくるい【甲殻類】 jiǎqiàogāng(甲壳纲).
- こうかつ【狡猾】 jiǎohuá(狡猾·狡滑), jiānhuá(奸猾·奸滑), diāohuá(刁滑), diāojiǎo(刁狡). ¶まったく～な奴だ zhēn shì ge jiǎohuá tòudǐng de dōngxi(真是个狡猾透顶的东西)/ nà jiāhuo zhēn "huátóu-huánǎo[lǎojiān-jùhuá](那家伙真"滑头滑脑[老奸巨滑]). ¶～な手段を用いる yòng jiānzhà jiǎohuá de shǒuduàn(用奸诈狡滑的手段).
- こうかん【交換】 huàn(换), jiāohuàn(交换), huànqǔ(换取). ¶プレゼントを～する hùxiāng jiāohuàn lǐwù(互相交换礼物). ¶着る物と食べる物を～する yòng chuān de huànqǔ chī de (用穿的换取吃的). ¶批准書を～する hùhuàn pīzhǔnshū(互换批准书). ¶お互いに率直な意見の～を行う bǐcǐ shuàizhí de jiāohuàn yìjiàn(彼此率直地交换意见). ¶情報提供を～条件に釈放する yǐ tígōng qíngbào zuòwéi jiāohuàn tiáojiàn jiāyǐ shìfàng(以提供情报作为交换条件加以释放). ¶物々～をする jìnxíng wù wù jiāohuàn(进行物物交换)/ yǐ wù yì wù(以物易物).
  ¶～台 jiāohuàntái(交换台)/ zǒngjī(总机). 電話～手 huàwùyuán(话务员)/ jiēxiànyuán(接线员).
- こうかん【交歓】 liánhuān(联欢). ¶各国代表が集まって～する gè guó dàibiǎo jùjí zài yìqǐ jìnxíng liánhuān(各国代表聚集在一起进行联欢).
  ¶～会 liánhuānhuì(联欢会).
- こうかん【好感】 hǎogǎn(好感). ¶彼等は我々に対してあまり～をもっていないようだ tāmen duì wǒmen sìhū méiyǒu shénme hǎogǎn(他们对我们似乎没有什么好感). ¶彼の率直な態度は皆に～を与えた tā nà zhíshuǎng de tàidu shǐ dàjiā bàoyǒu hǎogǎn(他那直爽的态度使大家抱有好感). ¶彼は～のもてる青年だ tā shì gěi rén hǎogǎn de qīngnián(他是给人好感的青年).
- こうかん【巷間】 jiēxiàng(街巷), jiētóu-xiàngwěi(街头巷尾). ¶～伝えられる所によれば… jù jiētóu-xiàngwěi chuánshuō …(据街头巷尾传说…).
- こうかん【後患】 hòuhuàn(后患).
- こうかん【浩瀚】 hàohàn(浩瀚). ¶～な書物 diǎnjí hàohàn(典籍浩瀚).
- こうかん【高官】 gāojí guānyuán(高级官员), gāoguān(高官).
- こうかん【鋼管】 gāngguǎn(钢管).
- こうかん【厚顔】 hòuyán(厚颜). ¶～無恥の徒 hòuyán-wúchǐ zhī tú(厚颜无耻之徒).
- こうがん【紅顔】 hóngyán(红颜). ¶～の美少年 hóngyán měishàonián(红颜美少年).
- こうがん【睾丸】 gāowán(睾丸), jīngcháo(精巢), wàishèn(外肾).
- ごうかん【強姦】 qiángjiān(强奸).
- こうがんざい【抗癌剤】 kàngzhǒngliúyào(抗肿瘤药), kàng'àiyào(抗癌药)
- こうかんしんけい【交感神経】 jiāogǎn shénjīng(交感神经).
- こうき【公器】 ¶新聞は社会の～である bàozhǐ shì shèhuì de hóushé(报纸是社会的喉舌).
- こうき【広軌】 kuānguǐ(宽轨). ¶～鉄道 kuānguǐ tiělù(宽轨铁路).
- こうき【光輝】 guānghuī(光辉). ¶～ある我が校の伝統 wǒxiào de guāngróng chuántǒng(我校的光荣传统).
- こうき【好奇】 hàoqí(好奇). ¶彼等はその光景に～の目をみはった tāmen yòng hàoqí de yǎnguāng zhùshì nà qíngjǐng(他们用好奇的眼光注视那情景). ¶～心にかられて覗いてみた wéi hàoqíxīn suǒ qūshǐ kuītànle yíxià(为好奇心

所驱使窥探了一下). ¶～心の強い人 hàoqíxīn qiáng de rén(好奇心强的人).

こうき【好機】 liángjī(良机), hǎojīhuì(好机会). ¶～をとらえて反撃する zhuāzhù liángjī jìnxíng fǎnjī(抓住良机进行反击). ¶～を逸する cuòguò hǎojīhuì(错过好机会)/ shī liángjī(失良机). ¶これは千載一遇の～だ zhè shì qiānzǎi-nánféng de hǎojīhuì(这是千载难逢的好机会).

こうき【後記】 hòujì(后记). ¶編集～ biānhòujì(编后记).

こうき【後期】 hòuqī(后期). ¶～決算 xiàbànqī juésuàn(下半期决算). ¶江戸時代～ Jiānghù shídài hòuqī(江户时代后期).

こうき【香気】 xiāngqì(香气), xiāngwèi(香味). ¶馥郁(ふく)たる～を放つ sànfā fùyù de xiāngqì(散发馥郁的香气).

こうき【校規】 xiàoguī(校规).

こうき【校旗】 xiàoqí(校旗).

こうき【高貴】 gāoguì(高贵). ¶彼は～の生れだそうだ tīngshuō tā shì míngmén zhī hòu(听说他是名门之后)/ tīngshuō tā chūshēn gāoguì(听说他出身高贵).
¶～薬 míngguìyào(名贵药).

こうき【綱紀】 gāngjì(纲纪). ¶～を粛正する zhěngchì gāngjì(整饬纲纪).

こうき【工期】 gōngqī(工期). ¶～を短縮する suōduǎn gōngqī(缩短工期).

こうぎ【広義】 guǎngyì(广义). ¶～に解釈する guǎngyì de jiěshì(广义地解释).

こうぎ【抗議】 kàngyì(抗议). ¶A国の国境侵犯に～する kàngyì A guó qīnfàn guójìng(抗议A国侵犯国境). ¶～デモをする yóuxíng shìwēi jìnxíng kàngyì(游行示威进行抗议).
¶～文 kàngyìwén(抗议书).

こうぎ【講義】 jiǎngshū(讲书), jiǎngkè(讲课); jiǎngjiě(讲解), jiǎngshòu(讲授). ¶英国史の～をする jiǎng[jiǎngshòu] Yīngguóshǐ(讲[讲授]英国史). ¶A教授の～に出る tīng A jiàoshòu de kè(听A教授的课).
¶～録 shòukè jìlù(授课记录)/ jiǎngyì(讲义).

ごうぎ【剛毅】 gāngyì(刚毅).

ごうぎ【合議】 xiéshāng(协商), xiéyì(协议), shāngyì(商议), héyì(合议). ¶～の上で決める jīng xiéshāng juédìng(经协商决定).
¶～制 héyìzhì(合议制).

こうきあつ【高気圧】 gāoqìyā(高气压), gāoyā(高压). ¶～が日本の上空をおおっている gāoqìyā lǒngzhàozhe Rìběn shàngkōng(高气压笼罩着日本上空).

こうきゅう【公休】 gōngxiū(公休). ¶～日 gōngxiū jiàrì(公休假日)/ gōngxiūrì(公休日).

こうきゅう【考究】 kǎojiū(考究). ¶あらゆる角度から～する cóng gè zhǒng jiǎodù kǎojiū(从各种角度考究).

こうきゅう【恒久】 héngjiǔ(恒久), chíjiǔ(持久), yǒngjiǔ(永久). ¶～的な設備 yǒngjiǔxìng de shèbèi(永久性的设备). ¶世界の～平和を希求する xīqiú shìjiè chíjiǔ hépíng(希求世界持久和平).

こうきゅう【高級】 gāojí(高级); gāodàng(高档). ¶本の内容が少し～だ shū de nèiróng gāoshēnle yìdiǎnr(书的内容高深了一点儿).
¶～官僚 gāojí guānliáo(高级官僚). ～品 gāojí[gāodàng] shāngpǐn(高级[高档]商品)/ shàngpǐn(上品).

こうきゅう【高給】 gāoxīn(高薪), gāogōngzī(高工资). ¶～で専門家を招聘(しょう)した yòng gāoxīn pìnqǐngle zhuānjiā(用高薪聘请了专家). ¶～取り lǐng gāogōngzī de(领高工资的).

こうきゅう【硬球】 yìngqiú(硬球).

ごうきゅう【号泣】 háokū(号哭), háotáo(号啕·号咷). ¶彼は母の死を知って～した tā wénzhī mǔqīn qùshì háotáo tòngkū(他闻知母亲去世号啕痛哭).

こうきょ【皇居】 huánggōng(皇宫).

こうきょう【公共】 gōnggòng(公共). ¶～の福祉 gōnggòng fúlì(公共福利).
¶～事業 gōngyòng shìyè(公用事业). ～施設 gōnggòng shèshī(公共设施).

こうきょう【好況】 hǎojǐng(好景). ¶現在まだ～が続いている mùqián réng jìxù chéngxiànzhe jǐngqì(目前仍继续呈现着景气). ¶市場は～を呈している shìchǎng yípiàn xīngwàng(市场一片兴旺).

こうぎょう【工業】 gōngyè(工业). ¶～の発達した国 gōngyè fādá de guójiā(工业发达的国家). ¶～部門の発展に力をいれる zhìlì yú gōngyè bùmén de fāzhǎn(致力于工业部门的发展).
¶～国 gōngyèguó(工业国). ～化 gōngyèhuà(工业化). ～都市 gōngyè chéngshì(工业城市).

こうぎょう【鉱業】 kuàngyè(矿业).

こうぎょう【興行】 ¶この芝居は昼夜2回～している zhè chū xì zhòuyè shàngyǎn liǎng cì(这出戏昼夜上演两次). ¶今度の～は好評を博した zhè cì yǎnchū bódéle hǎopíng(这次演出博得了好评).

こうきょうがく【交響楽】 jiāoxiǎngyuè(交响乐). ¶～団 jiāoxiǎngyuèduì(交响乐队).

こうきょうきょく【交響曲】 jiāoxiǎngqǔ(交响曲). ¶ベートーベンの第9～ Bèiduōfēn de dìjiǔ jiāoxiǎngqǔ(贝多芬的第九交响曲).

こうきん【公金】 gōngkuǎn(公款), gōngtǎng(公帑). ¶～を横領する qīntūn gōngkuǎn(侵吞公款).

こうきん【抗菌】 kàngjūn(抗菌). ¶～作用 kàngjūn zuòyòng(抗菌作用). ～性物質 kàngshēngsù(抗生素)/ kàngjūnsù(抗菌素).

こうきん【拘禁】 jūjìn(拘禁), jūyā(拘押), kòuyā(扣押), jūliú(拘留). ¶不法に～された bèi fēifǎ jūjīn le(被非法拘禁了).

ごうきん【合金】 héjīn(合金). ¶～鋼 héjīngāng(合金钢). ～鉄 tiěhéjīn(铁合金).

こうぐ【工具】 gōngjù(工具).

こうくう【航空】 hángkōng(航空). ¶東京·北京間に～路を開く kāishè Dōngjīng hé Běijīng zhī jiān de kōngzhōng hángxiàn(开设东京和

北京之间的空中航线).¶～会社 hángkōng gōngsī(航空公司).～管制塔 tǎtái(塔台).～機 fēijī(飞机).～券 fēijīpiào(飞机票)/jīpiào(机票).～写真 hángkōngzhēng[hángkōng] shèyǐng(空中[航空]摄影).～便 hángkōngxìn(航空信)/hángkōng yóujiàn(航空邮件).～母艦 hángkōng mǔjiàn(航空母舰).

こうぐう【厚遇】 hòudài(厚待), yōuyù(优遇), yōudài(优待).¶技術者を～する yōuyù jìshù rényuán(优遇技术人员).

こうぐん【行軍】 xíngjūn(行军).¶一日に40キロ～する yì tiān xíngjūn sìshí gōnglǐ(一天行军四十公里).

こうけい【口径】 kǒujìng(口径), kǒngjìng(孔径).¶45～のピストル sì diǎn wǔ kǒujìng de shǒuqiāng(四点五口径的手枪).¶～比 kǒngjìngbǐ(孔径比).

こうけい【光景】 guāngjǐng(光景), qíngjǐng(情景), jǐngxiàng(景象).¶富士山頂から見る日の出の～は実にすばらしい cóng Fùshì Shān shāndǐng kàn rìchū, jǐngsè shízài tài měi le(从富士山山顶看日出,景色实在太美了).¶その～は凄惨をきわめた nà qíngjǐng jiǎnzhí cǎn bù rěn dǔ(那情景简直惨不忍睹).

こうけい【肯綮】 kěnqíng(肯綮).¶～に当たる shēn zhòng kěnqíng(深中肯綮)/zhòngkěn(中肯).

こうけい【工芸】 gōngyì(工艺).¶～品 gōngyìpǐn(工艺品).

ごうけい【合計】 héjì(合计), gòngjì(共计), zǒngjì(总计), zǒnggòng(总共), gòngzǒng(共总), mǎngòng(满共), tōngkòng(通共), tǒnggòng(统共).¶点数を～する zǒngjì fēnshù(总计分数).¶りんごは～50 個ある píngguǒ yígòng yǒu wǔshí ge(苹果一共有五十个).¶～10万円になる héjì wéi shíwàn rìyuán(合计为十万日元).

こうけいき【好景気】 ¶～に恵まれて市場は空前の活気を呈した gǎnshàng jīngjì fánróng, shìmiàn chéngxiàn kōngqián de huóyuè(赶上经济繁荣,市面呈现空前的活跃).

こうけいしゃ【後継者】 jiēbānrén(接班人), hòujìrén(后继人), hòuláirén(后来人).¶農家は～難で困っている nóngjiā kǔyú hòujì wú rén(农家苦于后继无人).

こうげき【攻撃】 gōngjī(攻击), jìngōng(进攻).¶敵陣を～する dízhèn gōngjī[gōngdǎ] dízhèn(攻击[攻打]敌阵).¶～は最良の防御である jìngōng shì zuì hǎo de fángyù(进攻是最好的防御).¶～を開始する kāishǐ jìngōng(开始进攻).¶～を受ける zāoshòu gōngjī(遭受攻击).¶個人～をしてはいけない búyào jìnxíng rénshēn gōngjī(不要进行人身攻击).¶約束不履行を激しく～された méi lǚxíng nuòyán, shòudàole yánlì zhǐzé(没履行诺言,受到了严厉指责).¶～型のチーム gōngjīxíng qiúduì(攻击型球队).¶～目標 gōngjī mùbiāo(攻击目标).

こうけつ【高潔】 gāojié(高洁).¶～な人格 gāojié de réngé(高洁的人格).

こうけつ【膏血】 gāoxuè(膏血), zhīgāo(脂膏).¶～を絞る zhàqǔ gāoxuè(榨取膏血).

ごうけつ【豪傑】 háojié(豪杰).¶彼は一肌の男だ tā qìgài háomài(他气概豪迈)/tā xìngqíng háoshuǎng(他性情豪爽).¶～笑いをする fàng shēng dà xiào(放声大笑).

こうけん【後見】 jiānhù(监护), bǎohù(保护).¶幼い子供達の～をつとめる jiānhù yòu'érmen(监护幼儿们).¶～人 jiānhùrén(监护人)/bǎohùrén(保护人).

こうけん【貢献】 gòngxiàn(贡献).¶貿易の振興に～する wèi màoyì de fāzhǎn gòngxiàn chū lìliàng(为贸易的发展贡献出力量).¶彼の世界平和への～は大きい tā duì shìjiè hépíng gòngxiàn hěn dà(他对世界和平贡献很大).

こうけん【高見】 gāojiàn(高见).¶御～を伺わせてください qǐng nín fābiǎo gāojiàn(请您发表高见)/bù zhī gāojiàn rúhé? (不知高见如何?).

こうげん【公言】 ¶彼はあくまで信念を曲げないと～した tā shēngyán jué bù gǎibiàn xìnniàn(他声言决不改变信念).

こうげん【巧言】 qiǎoyán(巧言), huā yán qiǎo yǔ(花言巧语), tián yán mì yǔ(甜言蜜语).¶～をもって婦女を欺く yòng huāyán-qiǎoyǔ lái hǒngpiàn fùnǚ(用花言巧语来哄骗妇女).¶～令色鮮(ぎ)し仁 qiǎo yán lìng sè, xiǎn yǐ rén(巧言令色,鲜矣仁).

こうげん【広言】 dàhuà(大话), hǎikǒu(海口).¶～を吐く shuō dàhuà(说大话)/kuā hǎikǒu(夸海口)/chuī niúpí(吹牛皮)/kuākǒu(夸口)/kuāzuǐ(夸嘴).¶彼は自分に及ぶ者はないと～している tā dàyán-bùcán de shuō méi rén néng bǐshàng zìjǐ(他大言不惭地说没人能比上自己).

こうげん【光源】 guāngyuán(光源).

こうげん【抗原】 kàngyuán(抗原).

こうげん【高原】 gāoyuán(高原).

こうげん【合憲】 ¶その問題は合憲か～かで激しい論争が展開された jiù gāi wèntí jiūjìng shì wéibèi xiànfǎ háishi héhū xiànfǎ, zhǎnkāile jīliè de zhēnglùn(就该问题究竟是违背宪法还是合乎宪法,展开了激烈的争论).

ごうけん【剛健】 gāngjiàn(刚健).¶質実～ gāngjiàn zhìpǔ(刚健质朴).

こうこ【好個】 ¶これはまさに～の研究資料だ zhè zhēn shì ge héshì de yánjiū zīliào(这是个合适的研究资料).

こうこ【後顧】 hòugù(后顾).¶～の憂いがない wú hòugù zhī yōu(无后顾之忧).

こうご【口語】 kǒuyǔ(口语), báihuà(白话).¶～体 kǒuyǔ yǔtǐ(口语语体)/tánhuà yǔtǐ(谈话语体).～文 báihuàwén(白话文).

こうご【交互】 jiāotì(交替), jiāohù(交互).¶手足を～に動かす shǒujiǎo jiāotì huódòng(手脚交互活动).¶彼と～に不寝番をする wǒ hé tā jiāotì shǒuyè(我和他交替守夜).

ごうご【豪語】 háoyǔ(豪语).¶きっと勝ってみ

こうこう【口腔】 kǒuqiāng(口腔). ¶～衛生 kǒuqiāng wèishēng(口腔卫生).
こうこう【孝行】 xiàoxíng(孝行), xiàoshùn(孝顺). ¶父母に～する xiàoshùn fùmǔ(孝顺父母)/ jìn xiàodào(尽孝道). ¶近所でも評判の～息子だ tā shì jiēfang chūmíng de xiàozǐ(他是街坊出名的孝子). ¶～のしたい時分に親はなし zǐ yù xíng xiào ér shuāngqīn bú zài(子欲养而孝而双亲不在).
こうこう【航行】 hángxíng(航行). ¶速力20ノットで～する yǐ měi xiǎoshí èrshí hǎilǐ de sùdù xíngshǐ(以每小时二十海里的速度行驶). ¶その付近を～中の船舶は御注意下さい zài zhèyídài hángxíng zhōng de chuánbó qǐng jiā zhùyì(在这一带航行中的船舶请加注意).
こうこう【高校】 gāozhōng(高中), gāojí zhōngxué(高级中学). ¶～生 gāozhōngshēng(高中生).
こうこう【皎皎】 jiǎojiǎo(皎皎), jiǎojié(皎洁). ¶月が～と湖上を照らしている jiǎojiǎo de yuèguāng zhàozài húmiàn shang(皎洁的月光照在湖面上).
こうこう【煌煌】 huánghuáng(煌煌), huīhuáng(辉煌), tōngliàng(通亮). ¶室内で電灯が～と輝いている wū nèi diàndēng zhàode tōngliàng tōngliàng(屋内电灯照得通亮通亮)/ shìnèi diàndēng liàngtāngtāng de(室内电灯亮堂堂的).
こうこう【膏肓】 gāohuāng(膏肓). ¶病～に入る bìng rù gāohuāng(病入膏肓).
こうごう【皇后】 huánghòu(皇后).
ごうごう【囂囂】 ¶～たる非難の声が起った yǐnqǐle qiángliè de fēinàn(引起了强烈的非难).
ごうごう【轟轟】 hōnghōng(轰轰), lónglóng(隆隆), hōnglōng(轰隆), hōnglōnglóng(轰隆隆). ¶～たる爆音をたててジェット機が飛びたった suízhe hōnglōng jùxiǎng, pēnqìshì fēijī qǐfēi le(随着轰隆巨响,喷气式飞机起飞了).
こうごうし・い【神神しい】 ¶～い姿 duānzhuāng shénshèng de yíbiǎo(端庄神圣的仪表)/ zhuāngyán shényǐ(庄严神仪).
こうごうせい【光合成】 guānghé zuòyòng(光合作用).
こうこうや【好好爺】 hòudao de lǎorén(厚道的老人).
こうこがく【考古学】 kǎogǔxué(考古学).
こうこく【公告】 gōnggào(公告). ¶人民代表大会の開催を～する fābù zhàokāi rénmín dàibiǎo dàhuì de gōnggào(发布召开人民代表大会的公告).
こうこく【広告】 guǎnggào(广告). ¶開店の～をする chū kāizhāng guǎnggào(出开张广告). ¶新聞に求人を～を出す zài bàoshang kēndēng zhāomù 'guǎnggào[qǐshì](在报上刊登招募 '广告[启事]).
¶～代理店 guǎnggào dàilǐdiàn(广告代理店). ～料 guǎnggàofèi(广告费). 死亡～ sǐwáng qǐshì(死亡启示).

こうこつ【恍惚】 chūshén(出神), xiāohún(消魂); huǎnghū(恍惚・恍忽). ¶彼は～としてその景色を眺めていた tā chūshén de tiàowàngzhe nà jǐngzhì(他出神地眺望着那景致). ¶すばらしい演奏で～となる yōuměi de yǎnzòu shǐ rén tīngde chūle shén(优美的演奏使人听得出神).
こうこつかん【硬骨漢】 yìnghàn(硬汉), yìnghànzi(硬汉子), yìnggǔtou(硬骨头).
こうこつぶん【甲骨文】 jiǎgǔwén(甲骨文).
こうさ【交差】 jiāochā(交叉), xiāngjiāo(相交). ¶鉄道がここで～している tiělù zài zhèr jiāochā(铁路在这儿交叉). ¶旗を2本～させて立てる bǎ liǎng miàn qízi jiāochā chāzhe(把两面旗子交叉插着).
¶～点 chàkǒu(岔口)/ lùkǒu[r](路口[儿])/ shízì lùkǒu(十字路口).
こうさ【考査】 kǎochá(考查). ¶学生の学力を～する kǎochá xuésheng de xuélì(考查学生的学力).
¶人物～ rénwù kǎochá(人物考查).
こうざ【口座】 hùtóu(户头) ¶銀行に～を開く zài yínháng kāi hùtóu(在银行开户头)/ kāi[lì] hù(开[立]户). ¶～番号 hùtóu hàomǎ(户头号码)/ zhànghào(账号).
こうざ【講座】 jiǎngzuò(讲座). ¶現代文学の～を担当する dānrèn xiàndài wénxuékè(担任现代文学课). ¶ラジオの英語～ Yīngyǔ guǎngbō jiǎngzuò(英语广播讲座).
こうさい【公債】 gōngzhài(公债); gōngzhàiquàn(公债券). ¶～を発行する fāxíng gōngzhài(发行公债).
こうさい【交際】 jiāojì(交际), jiāowǎng(交往), xiāngjiāo(相交). ¶私達は家族ぐるみで～している wǒmen liǎng jiāzi rén cháng 'láilai wǎngwǎng[zǒudòng](我们两家子人常'来来往往[走动]). ¶彼はあまり人と～しない tā búdà gēn rén 'jiāowǎng[dǎ jiāodao](他不大跟人'交往[打交道]). ¶あの人とはまだ～が浅い gēn tā jiāowǎng hái bù shēn(跟他交往还不深). ¶～範囲が広い jiāojì fànwéi hěn guǎng(交际范围很广). ¶彼は実に～家だ tā zhēn shì ge jiāojìjiā(他真是个交际家)/ tā hěn huì 'jiāojì[yìngchou](他很会'交际[应酬]).
¶～費 jiāojìfèi(交际费).
こうさい【光彩】 guāngcǎi(光彩). ¶その絵が展覧会に～を添えている nà fú huà gěi zhǎnlǎnhuì zēngtiānle guāngcǎi(那幅画给展览会增添了光彩). ¶彼の演技がひときわ～を放っていた tā de yǎnjì dà fàng yìcǎi(他的演技大放异彩).
こうさい【虹彩】 hóngmó(虹膜), hóngcǎi(虹彩).
こうさい【鉱滓】 kuàngzhā(矿渣).
こうざい【功罪】 gōngzuì(功罪), gōngguò(功过). ¶～相ならびする gōng guò xiāngdǐ(功过相抵).
こうざい【鋼材】 gāngcái(钢材).
こうさく【工作】 1〔学科の〕 ¶～の時間に塵取りを作った zài shǒugōngkè zuòle bòji(在手工课做了簸箕).

2〔働きかけ〕gōngzuò(工作), huódòng(活动). ¶彼に～してこの件の許可を取ろう duì tā zuò gōngzuò, shǐ zhè jiàn shì huòdé pīzhǔn(对他做工作,使这件事获得批准). ¶まだいろいろ準備～をしなければならない hái děi zuò zhǒngzhǒng zhǔnbèi gōngzuò(还得做种种准备工作).

¶裏面～ mùhòu huódòng(幕后活动).

こうさく【交錯】jiāocuò(交错). ¶夢と現実とが～する mèng hé xiànshí jiāocuò(梦和现实交错).

こうさく【耕作】gēngzhòng(耕种), gēngzuò(耕作). ¶農地を～する gēngzuò tiándì(耕作田地). ¶～に適した土地 shìyú gēngzhòng de tǔdì(适于耕种的土地).

こうさく【鋼索】gāngsīshéng(钢丝绳), gāngsuǒ(钢索). ¶～鉄道 lǎnchēdào(缆车道).

こうさくきかい【工作機械】gōngzuò mǔjī(工作母机), jīchuáng(机床), gōngjùjī(工具机), mǔjī(母机).

こうさつ【考察】kǎochá(考察). ¶多面的な～が必要だ yǒu bìyào cóng duōfāngmiàn jiāyǐ kǎochá(有必要从多方面加以考察).

こうさつ【絞殺】jiǎoshā(绞杀). ¶検死の結果～されたものと判明した yànshī de jiéguǒ, pànmíng shì bèi jiǎoshā de(验尸的结果,判明是被绞杀的).

こうさん【公算】¶今度の大会ではAチームが優勝する～が大きい A duì zài zhè cì dàhuì huòdé guànjūn de kěnéngxìng hěn dà (A 队在这次大会获得冠军的可能性很大).

こうさん【降参】**1**〔降服〕tóuxiáng (投降), guīxiáng(归降), tóuchéng(投诚), xiángfú(降服). ¶手をあげて～する jǔshǒu tóuxiáng(举手投降).

2〔閉口〕¶この問題には～だ zhè shì wǒ kě méi bànfǎ le(这事我可没办法了). ¶もう船に乗るのは～だ wǒ kě bú yuànyì zài zuò chuán le(我可不愿意再坐船了).

こうさん【鉱産】kuàngchǎn(矿产).

こうざん【高山】gāoshān(高山). ¶～植物 gāoshān zhíwù(高山植物). ¶～病 gāoshān fǎnyìng(高山反应)/ gāoshānbìng(高山病).

こうざん【鉱山】kuàngshān(矿山). ¶～労働者 kuànggōng(矿工).

こうし【子牛】xiǎoniú(小牛), niúdúr(牛犊儿), dúzi(犊子).

こうし【公私】gōngsī(公私). ¶～を混同してはならない bùdé gōngsī bù fēn(不得公私不分). ¶～とも多忙である gōngsī liǎng fāngmiàn mánglù(公私两方面忙碌).

こうし【公使】gōngshǐ(公使). ¶～館 gōngshǐguǎn(公使馆).

こうし【行使】xíngshǐ(行使). ¶正当な権利を～する xíngshǐ zhèngdàng quánlì(行使正当权利). ¶武力を～する sù zhū wǔlì(诉诸武力)/ dòng wǔ(动武). ¶住民は実力～で測量を阻止した jūmín cǎiqǔ shíjì xíngdòng zǔzhǐ cèliáng(居民采取实际行动阻止测量).

こうし【格子】gézi(格子). ¶～縞 gézi huā-wén(格子花纹). ¶～窓 gézichuāng(格子窗)/ huāgéchuāng(花格窗)/ gégòuchuāng(格构窗). 鉄～ tiěgézi(铁格子).

こうし【嚆矢】hāoshǐ(嚆矢). ¶これをもって～とする yǐ cǐ wéi hāoshǐ(以此为嚆矢).

こうし【講師】**1**〔学校の〕jiǎngshī(讲师). ¶外人～ wàijí jiǎngshī(外籍讲师). 専任～ zhuānrèn jiǎngshī(专任讲师). 非常勤～ jiānzhí jiǎngshī(兼职讲师).

2〔講演者〕jiǎngyǎnrén(讲演人), yǎnjiǎngzhě(演讲者). ¶A氏を～に依頼する qǐng A xiānsheng zuò jiǎngyǎn[bàogào](请A先生作讲演[报告]).

こうじ【麴】qū(曲), qūzi(曲子). ¶～菌 qūméi(曲霉).

こうじ【工事】gōngchéng(工程). ¶～は完成に20年を要した wánchéng nà xiàng gōngchéng fèile èrshí nián(完成那项工程费了二十年). ¶～中につき車両は通行できません zhèlǐ zhèngzài shīgōng, chēliàng bùnéng tōngguò(这里正在施工,车辆不能通过).

¶～現場 gōngchéng xiànchǎng(工程现场)/ gōngdì(工地). 道路～ zhùlù gōngchéng(筑路工程)/ xiūlù gōngchéng(修路工程).

こうじ【公示】gōngbù(公布), gōnggào(公告). ¶選挙の期日を～する gōngbù xuǎnjǔ rìqī(公布选举日期).

こうじ【好事】hǎoshì(好事). ¶～魔多し hǎoshì duō mó(好事多磨). ¶～門を出でず,悪事千里を走る hǎoshì bù chūmén, èshì xíng qiānlǐ(好事不出门,恶事行千里).

こうじ【好餌】¶～をもって人をいざなう yòng yòu'ěr yòu rén(用诱饵诱人).

こうじ【後事】hòushì(后事). ¶友人に～を託す bǎ hòushì tuōgěi péngyou(把后事托给朋友).

こうじ【高次】gāocì(高次). ¶～方程式 gāocì fāngchéng(高次方程式).

ごうしかいしゃ【合資会社】liǎnghé gōngsī(两合公司).

こうしき【公式】**1**〔おおやけ〕zhèngshì(正式). ¶首相はA国を～に訪問する予定である zǒnglǐ yùdìng duì A guó jìnxíng zhèngshì fǎngwèn(总理预定对A国进行正式访问). ¶～見解を発表する fābiǎo zhèngshì jiànjiě(发表正式见解).

¶～記録 zhèngshì jìlù(正式记录). ～試合 zhèngshì bǐsài(正式比赛).

2〔数学の〕gōngshì(公式). ¶～にあてはめて解く ànzhe gōngshì qù jiě(按着公式去解). ¶君のやり方はあまりにも～的だ nǐ de zuòfǎ tài gōngshìhuà le(你的做法太公式化了).

こうしき【硬式】yìngshì(硬式), yìngqiúshì(硬球式). ¶～野球 bàngqiú(棒球).

こうしせい【高姿勢】¶彼等はこの問題に関して～である tāmen duì zhè wèntí tàidu qiángyìng(他们对这问题态度强硬).

こうしつ【皇室】huángshì(皇室), huángjiā(皇家).

こうしつ【硬質】yìngzhì(硬质). ¶～ガラス

yìngzhì bōli(硬质玻璃). ~ゴム yìngxiàngjiāo(硬橡胶).

こうしつ【膠質】→コロイド.

こうじつ【口実】 jièkǒu(借口), kǒushí(口实), yóutóu[r](由头[儿]), tuōcí(托辞・托词). ¶~をさがす zhǎo jièkǒu(找借口)/ zhǎo zhé(找辙). ¶それは~にすぎない nà búguò shì ge jièkǒu(那不过是个借口). ¶~を設けて呼び出しに応じない tuōgù bú yìng chuánhuàn(托故不应传唤). ¶病気を~に欠席する yǐ shēngbìng wéi jièkǒu quēxí(以生病为借口缺席).

こうじつせい【向日性】 xiàngrìxìng(向日性). ¶~植物 xiàngrìxìng zhíwù(向日性植物).

こうしゃ【公社】《説明》由地方団体出资的公用事业企业.

こうしゃ【公舎】 gōngwùyuán sùshè(公务员宿舍). ¶県知事の~ shěngzhǎng de gōngguǎn(省长的公馆).

こうしゃ【後者】 hòuzhě(后者). ¶~の方が前者よりすぐれている hòuzhě bǐ qiánzhě yōuxiù(后者比前者优秀).

こうしゃ【校舎】 xiàoshè(校舎).

こうしゃ【降車】 xiàchē(下车). ¶~口 xiàchēmén(下车门).

ごうしゃ【豪奢】 háohuá(豪华), shēhuá(奢华), shēchǐ(奢侈). ¶彼は~な生活をしている tā guòzhe hěn shēhuá de shēnghuó(他过着很奢华的生活).

こうしゃく【公爵】 gōngjué(公爵).

こうしゃく【侯爵】 hóujué(侯爵).

こうしゃく【講釈】 jiǎngjiě(讲解). ¶《孟子》の~をする jiǎngjiě《Mèngzǐ》(讲解《孟子》).

こうしゃほう【高射砲】 gāoshèpào(高射炮).

こうしゅ【攻守】 gōng shǒu(攻守). ¶~ところを異にする gōngshǒu yì wèi(攻守易位). ¶~同盟 gōngshǒu tóngméng(攻守同盟).

こうしゅ【絞首】 ¶~刑 jiǎoxíng(绞刑). ~台 jiǎoxíngjià(绞刑架)/ jiǎojià(绞架).

こうしゅう【口臭】 kǒuchòu(口臭).

こうしゅう【公衆】 gōngzhòng(公众). ¶~の前で演説する zài gōngzhòng miànqián yǎnshuō(在公众面前演说).
¶~衛生 gōnggòng wèishēng(公共卫生). ~電話 gōngyòng diànhuà(公用电话). ~道徳 gōngdé(公德). ~便所 gōnggòng cèsuǒ(公共厕所)/ gōngcè(公厕). ~浴場 gōnggòng yùchí(公共浴池).

こうしゅう【講習】 jiǎngxí(讲习). ¶日本語の~を受ける tīng Rìyǔ jiǎngxíkè(听日语讲习课).
¶~会 jiǎngxíhuì(讲习会).

こうしゅうは【高周波】 gāopín(高频). ¶~電気炉 gāopín diànlú(高频电炉). ~ミシン gāopín fēngkǒuqì(高频封口器).

こうじゅつ【口述】 kǒushù(口述). ¶速記者に~する xiàng sùjìyuán kǒushù(向速记员口述).
¶~試験 kǒushì(口试). ~筆記 kǒushù bǐlù(口述笔记).

こうじゅつ【後述】 hòushù(后述). ¶詳しくは~する xiángqíng hòushù(详情后述).

こうしょ【高所】 gāochù(高处). ¶物事は大所~に立って考えなければいけない kàn wèntí yīng cóng dàchù gāochù zhuóyǎn(看问题应从大处高处着眼).
¶~恐怖症 gāochù kǒngbùzhèng(高处恐怖症). ~トレーニング gāoshān xùnliàn(高山训练).

こうじょ【控除】 jiǎnchú(减除). ¶収入から必要経費を~する cóng shōurù zhōng jiǎnchú fèiyòng(从收入中减除费用).
¶~額 jiǎnchú'é(减除额).

こうしょう【口承】 kǒuchuán(口传). ¶~文学 kǒutóu wénxué(口头文学).

こうしょう【公称】 hàochēng(号称). ¶発行部数5万と~する fāxíng bùshù hàochēng wǔwàn(发行部数号称五万).
¶~資本 míngyì zīběn(名义资本). ~馬力 biāochēng[míngyì] mǎlì(标称[名义]马力).

こうしょう【公娼】 gōngchāng(公娼).

こうしょう【公証】 gōngzhèng(公证). ¶~人 gōngzhèngrén(公证人). ~役場 gōngzhèngchù(公证处).

こうしょう【公傷】 gōngshāng(公伤).

こうしょう【交渉】 1[かけあい] jiāoshè(交涉), tánpàn(谈判). ¶~は妥結した tánpàn jīngguò hùràng dáchéngle xiéyì(谈判经过互让达成了协议). ¶会社側は~に応じない gōngsī jùjué jiāoshè(公司拒绝交涉). ¶~を打ち切る tíngzhǐ jiāoshè(停止交涉). ¶少し割り引くように~しよう jiāoshè yíxià néng bu néng dǎdiǎnr zhékòu(交涉一下能不能打点儿折扣). ¶団体~ tuántǐ tánpàn(团体谈判). 和平~ hépíng tánpàn(和平谈判)/ hétán(和谈).
2[関係] guānxi(关系), liánxì(联系). ¶あれ以来彼とは~がない cóng nà yǐhòu gēn tā méiyǒu liánxì(从那以后跟他没有联系). ¶その会社とは一時~があった gēn nàge gōngsī yǒuguò yìshí de guānxi(跟那个公司有过一时的关系).

こうしょう【考証】 kǎozhèng(考证), kǎojù(考据). ¶仏像の制作年代を~する kǎozhèng fóxiàng de zhìzuò niándài(考证佛像的制作年代). ¶時代を正確にする zhǔnquè de kǎozhèng shídài(准确地考证时代).
¶~学 kǎojùxué(考据学).

こうしょう【哄笑】 hōngxiào(哄笑). ¶彼の一言で一座が~した tā nà yí jù huà yǐnqǐ hōngtáng dàxiào(他那一句话引起哄堂大笑).
¶~一番 hōngxiào yí zhèn(哄笑一阵)/ hōngrán dàxiào(哄然大笑)/ hāhā dàxiào(哈哈大笑).

こうしょう【高尚】 gāoshàng(高尚), gāoyǎ(高雅), gāoshēn(高深). ¶彼の話は~すぎる tā jiǎng de mò cè gāoshēn(他讲的莫测高深).
¶~な趣味 gāoyǎ de qùwèi(高雅的趣味)/ yǎqù(雅趣).

こうしょう【鉱床】 kuàngchuáng(矿床), kuàngtǐ(矿体).

こうじょう【口上】 ¶~は立派だが実行が伴わない shuō de piàoliang, dàn méiyǒu shíjì xíng-

dòng(说的漂亮,但没有实际行动). ¶前～は このくらいにして… kāichǎngbái shuōdào zhèli …(开场白说到这里…).
¶～書 zhàohuì(照会).

こうじょう【工場】 gōngchǎng(工厂), chǎngzi(厂子). ¶～地帯 chǎngqū(厂区). ～廃水 gōngchǎng fèishuǐ(工厂废水). ～閉鎖 guānbì gōngchǎng(关闭工厂). 自動車～ qìchē gōngchǎng(汽车工厂). 組立て～ zhuāngpèi gōngchǎng(装配工厂).

こうじょう【交情】 jiāoqíng(交情), jiāoyì(交谊). ¶～こまやかだ jiāoqíng shēnhòu(交情深厚).

こうじょう【向上】 tígāo(提高). ¶最近の児童 の体位の～は目覚しい zuìjìn értóng de tǐwèi xiǎnzhù zēngqiáng(最近儿童的体质显著增强). ¶生活水準が～した shēnghuó shuǐpíng tígāo le(生活水平提高了). ¶婦人の地位を～ させる shǐ fùnǚ de dìwèi tígāo(使妇女的地位 提高). ¶～心が強い jìnqǔxīn[shàngjìnxīn] qiáng(进取心[上进心]强)/ yàohǎo(要好)/ yàoqiáng(要强).

こうじょう【厚情】 shēnqíng(深情), lóngqíng (隆情), shèngqíng(盛情). ¶御～感謝にたえ せん chéng nín shēnqíng hòuyì búshèng gǎnxiè(承您深情厚谊不胜感谢).

こうじょう【恒常】 ¶～的な施設 yǒngjiǔxìng de shèshī(永久性的设施).

ごうじょう【豪商】 fùshāng(富商), dàfùgǔ(大 腹贾).

ごうじょう【強情】 jiàng(犟), niù(拗), juè (倔), nìng(拧), juéjiàng(倔强·倔犟), zhíniù (执拗), gùzhí(固执), gāngbì(刚愎). ¶君も ～だね nǐ yě gòu jiàng de(你也够倔的). ¶お前 はいつまで～を張り通すつもりなのだ nǐ xiǎng fànniù fàndào nǎ yíbèizi?(你想犟拗犯到哪一 辈子?). ¶彼は一っ張りだ tā píqi hěn niù [jiàng jíle](他脾气'很拗[犟极了]).

こうじょうせん【甲状腺】 jiǎzhuàngxiàn(甲状 腺). ¶～腫 jiǎzhuàngxiànzhǒng(甲状腺肿) / dàbózībìng(大脖子病). ～ホルモン jiǎzhuàngxiànsù(甲状腺素).

こうしょく【公職】 gōngzhí(公职). ¶一切の ～から退く cítuì suǒyǒu de gōngzhí(辞退所有 的公职).

こうしょく【好色】 hàosè(好色), tānsè(贪色). ¶～漢 hàosè zhī tú(好色之徒).

こうしょく【黄色】 huángsè(黄色), huáng yánsè(黄颜色). ¶～人種 huángsè rénzhǒng(黄 色人种)/ huángzhǒng(黄种).

こう・じる【高じる】 →こうずる(高ずる).
こう・じる【講じる】 →こうずる(講ずる).

こうしん【交信】 ¶無電で基地と～する yòng wúxiàndiàn gēn jīdì jìnxíng tōngxùn liánluò(用无线电跟基地进行通讯联络).

こうしん【行進】 xíngjìn(行进). ¶各国選手 団が堂々の～をする gè guó de xuǎnshǒu dàibiǎotuán yǐ xióngjiūjiū de bùfá xíngjìn(各国 的选手代表团以雄赳赳的步伐行进).
¶～曲 jìnxíngqǔ(进行曲).

こうしん【更新】 gēngxīn(更新). ¶期限が切 れたので契約を～する qīmǎn gēngxīn hétong (期满更新合同). ¶世界記録を～する shuāxīn shìjiè jìlù(刷新世界记录).

こうしん【後進】 1〔後輩〕hòubèi(后辈), wǎnbèi(晚辈), hòujìn(后进), hòuláirén(后来人). ¶辞職して～に道をひらく wèile gěi hòuqǐ zhī xiù rànglù ér cízhí(为了给后起之秀让路而辞 职).
2〔たちおくれ〕luòhòu(落后), hòujìn(后进). ¶いつまでも～性を脱しない lǎo bǎituō bu liǎo luòhòu zhuàngtài(老摆脱不了落后状态).
¶～地域 luòhòu dìqū(落后地区).
3〔後退〕 ¶～ギャ dàodǎng(倒档)/ dàochēdǎng(倒车档).

こうしん【亢進】 kàngjìn(亢进). ¶心悸～ xīndòng guò sù(心动过速).

こうじん【公人】 gōngwù rényuán(公务人员). ¶～としての責任 zuòwéi gōngwù rényuán de zérèn(作为公务人员的责任).

こうじん【幸甚】 xìngshèn(幸甚). ¶お教えい ただく～の至りです chéng bǐlín cìjiào, xìngshèn, xìngshèn(承不吝赐教, 幸甚, 幸甚).

こうじん【荒神】 Zàoshén(灶神), Zàojūn(灶 君), Zàowángyé(灶王爷).

こうじん【後塵】 hòuchén(后尘). ¶～を拝す る bù rén hòu chén(步人后尘).

こうじん【黄塵】 huángchén(黄尘), huángshā (黄沙). ¶～万丈 huángshā bì tiān(黄沙蔽 天).

こうしんじょ【興信所】 zhēngxìnsuǒ(征信所).
こうしんぶつ【好人物】 hǎorén(好人).
こうしんりょう【香辛料】 xiānglà tiáoliào(香 辣调料), xiānglà tiáowèipǐn(香辣调味品).
こうず【構図】 gòutú(构图).
こうすい【香水】 xiāngshuǐ[r](香水[ル]). ¶ ～をつける sǎ xiāngshuǐ(洒香水).
こうすい【硬水】 yìngshuǐ(硬水).
こうずい【洪水】 hóngshuǐ(洪水), dàshuǐ(大 水). ¶大雨が降るとすぐ～になる yí xià dàyǔ jiù fā dàshuǐ(一下大雨就发大水). ¶～で家 が流された fángzi bèi dàshuǐ chōngdiào le(房 子被大水冲掉了). ¶車の～ qìchē de hóngliú (汽车的洪流).
こうすいりょう【降水量】 jiàngshuǐliàng(降水 量), jiàngyǔliàng(降雨量).
こうずか【好事家】 hàoshìzhě(好事者); fēngliúrén(风流人).
こう・する【抗する】 dǐdǎng(抵挡), dǐkàng(抵 抗), dǐzhì(抵制), kàngjù(抗拒). ¶歴史の流 れに～することはできない lìshǐ de cháoliú shì wúfǎ dǐdǎng de(历史的潮流是无法抵挡的).
こう・ずる【高ずる】 ¶病が～じた bìngshì jiājù (病势加剧). ¶彼のわがままは～ずる一方だ tā de rènxìng yù lái yù lìhai(他的任性愈来愈厉 害).
こう・ずる【講ずる】 1〔講義する〕jiǎng(讲). ¶大学で文学を～ずる zài dàxué jiǎng wénxué(在大学讲文学).
2〔手を打つ〕cǎiqǔ(采取). ¶緊急に対策を

~じなければならない bìxū cǎiqǔ jǐnjí cuòshī(必须采取紧急措施). ¶火災の予防に万全の策を~じた wèi yùfáng huǒzāi yǐ cǎiqǔle wànquán zhī cè (为预防火灾已采取了万全之策).

こうせい【公正】 gōngzhèng (公正), gōngdao (公道), gōngpíng (公平), gōngyǔn (公允), zhōngzhèng (中正), zhōngyǔn (中允). ¶~な審判をお願いします qǐng gōngzhèng shěnpàn (请公正审判). ¶~取引 gōngpíng de jiāoyì (公平的交易). ¶~に取り扱う gōngpíng chǔlǐ (公平处理)/ yì wǎn shuǐ duān píng (一碗水端平).

こうせい【攻勢】 gōngshì (攻势). ¶~に出てかえって大敗した gōngshì fǎn zāo cǎnbài (采取攻势反遭惨败). ¶~に転ずる zhuǎnwéi gōngshì (转为攻势).

こうせい【更正】 xiūzhèng (修正), xiūdìng (修订). ¶税額を~する xiūdìng shuì'é (修订税额).

こうせい【更生】 1〔立ち直り〕¶悪から~する gǎi guò zì xīn (改过自新)/ gǎi è cóng shàn (改恶从善). ¶~を誓う fāshì gǎixié-guīzhèng (发誓改邪归正). 2〔再利用〕¶古いオーバーを~して子供服を作る bǎ jiù dàyī gǎizuò xiǎoháir yīfu (把旧大衣改做小孩儿衣服).

こうせい【厚生】 ¶従業員の~施設をととのえる gǎishàn zhígōng de wèishēng fúlì shèshī (改善职工的卫生福利设施). ¶~省 hòushēngshěng (厚生省)/ wèishēng fúlìbù (卫生福利部). ~大臣 hòushēng dàchén (厚生大臣)/ wèishēng fúlìbù bùzhǎng (卫生福利部长). ~年金 yǎnglǎojīn (养老金).

こうせい【後世】 hòushì (后世), hòudài (后代). ¶~に名を残す míng chuán hòushì (名传后世)/ liúfāng bǎishì (流芳百世). ¶~の鑑(かがみ)となる chéngwéi hòushì de bǎngyàng (成为后世的榜样).

こうせい【後生】 hòushēng (后生). ¶~おそるべし hòushēng kě wèi (后生可畏).

こうせい【恒星】 héngxīng (恒星). ¶~系 héngxīngxì (恒星系). ~年 héngxīngnián (恒星年).

こうせい【校正】 jiào (校), jiàoduì (校对), jiàozhèng (校正), jiàogǎi (校改). ¶ゲラ刷を~する jiàoduì jiàoyàng (校对校样). ¶~を3回重ねた jiàoduìle sān biàn (校对了三遍).
¶~係 jiàoduì (校对).

こうせい【構成】 gòuchéng (构成), jiégòu (结构), zǔchéng (组成). ¶文章の~がまずい wénzhāng jiégòu bù hǎo (文章结构不好). ¶国家を~する主要な要素 gòuchéng guójiā de zhǔyào yàosù (构成国家的主要要素). ¶この種の行為は犯罪を構成する zhè zhǒng xíngwéi gòuchéng fànzuì (这种行为构成犯罪).
¶~員 chéngyuán (成员). ~要素 gòuchéng chéngfèn (构成成分)/ zǔchéng yàosù (组成要素).

ごうせい【合成】 héchéng (合成). ¶酸素と水素から水を~する yóu yǎng hé qīng héchéng shuǐ (由氧和氢合成水).
¶~ゴム héchéng xiàngjiāo (合成橡胶). ~樹脂 héchéng shùzhī (合成树脂). ~繊維 héchéng xiānwéi (合成纤维). ~洗剤 héchéng xǐdíjì (合成洗涤剂).

ごうせい【豪勢】 háohuá (豪华), shēhuá (奢华). ¶彼は~な暮しをしている tā guòzhe háohuá de shēnghuó (他过着豪华的生活). ¶今日の料理は~だな jīntiān de cài zhēn fēngměi a! (今天的菜真丰美啊!).

こうせいぶっしつ【抗生物質】 kàngshēngsù (抗生素), kàngjūnsù (抗菌素).

こうせき【功績】 gōngjì (功绩), gōngláo (功劳). ¶この仕事を完成したのはあの人の~だ zhè yí rènwu de wánchéng shì tā de gōngláo (这一任务的完成是他的功劳). ¶彼は予防医学の面で大いに~があった tā zài yùfáng yīxué fāngmiàn gōngjì hěn dà (他在预防医学方面功绩很大).

こうせき【洪積】 ¶~世 hóngjīshì (洪积世). ~層 hóngjīcéng (洪积层).

こうせき【鉱石】 kuàngshí (矿石). ¶~ラジオ kuàngshí shōuyīnjī (矿石收音机)/ kuàngshíjī (矿石机).

こうせつ【公設】 ¶~市場 gōngyíng shìchǎng (公营市场).

こうせつ【降雪】 xiàxuě (下雪), jiàngxuě (降雪). ¶60センチの~があった yǒu liùshí límǐ de jiàngxuě (有六十厘米的降雪)/ xiàle liùshí límǐ de xuě (下了六十厘米的雪).
¶~量 jiàngxuěliàng (降雪量)/ xiàxuěliàng (下雪量).

こうせつ【高説】 gāojiàn (高见), zhuōjiàn (卓见), gāolùn (高论). ¶ひとつ御~をうけたまわりたいものです xiǎng tīngting nín de gāojiàn (想听听您的高见).

こうぜつ【口舌】 ¶~の徒 kǒushé zhī tú (口舌之徒)/ kōngkǒu shuō báihuà de jiāhuo (空口说白话的家伙).

ごうせつ【豪雪】 dàxuě (大雪). ¶~地帯 dàxuě dìdài (大雪地带).

こうせん【口銭】 yòngjīn (佣金), yòngqian (佣钱). ¶1割の~をとる yào yì chéng yòngqian (要一成佣钱).

こうせん【公選】 gōngxuǎn (公选). ¶市長を~する gōngxuǎn shìzhǎng (公选市长).

こうせん【交戦】 jiāozhàn (交战). ¶敵と~する dí dírén jiāozhàn (和敌人交战). ¶両国は今なお~状態にある liǎngguó xiànzài hái chǔyú jiāozhàn zhuàngtài (两国现在还处于交战状态).
¶~国 jiāozhànguó (交战国).

こうせん【光線】 guāngxiàn (光线). ¶この位置は~の具合がよくない zhège wèizhì guāngxiàn bù hǎo (这个位置光线不好). ¶カーテンの透き間から一条の~が射し込む cóng chuānglián fèngr li shèjìn yí dào guāngxiàn (从窗帘缝儿里射进一道光线). ¶~の屈折 guāngxiàn de zhéshè (光线的折射).

こうせん【好戦】 hàozhàn (好战). ¶~的な部

族 hàozhàn de bùzú(好战的部族).
- **こうせん【抗戦】** kàngzhàn(抗战). ¶彼等は徹底的~の構えである tāmen juéxīn kàngzhàn dàodǐ(他们决心抗战到底).
- **こうせん** kuàngquán(矿泉).
- **こうぜん【公然】** gōngrán(公然), gōngkāi(公开). ¶~と敵対行動に出る gōngrán cǎiqǔ díduì xíngdòng(公然采取敌对行动). ¶それはもはや~の秘密になっている nà yǐjing shì gōngkāi de mìmì le(那已经是公开的秘密了).
- **こうぜん【昂然】** ángrán(昂然). ¶~と肩をそびやかしている ángrán sǒngzhe jiānbǎngr(昂然耸着肩膀儿).
- **ごうぜん【傲然】** àomàn(傲慢), gāo'ào(高傲), jù'ào(倨傲). ¶~たる態度で話す yǐ gāo'ào de tàidu shuōhuà(以高傲的态度说话).
- **ごうぜん【轟然】** hōngrán(轰然). ¶~たる大音響とともに爆発した hōngrán yì shēng jùxiǎng bàozhà le(轰然一声巨响爆炸了).
- **こうぜんのき【浩然の気】** hàorán zhī qì(浩然之气).
- **こうそ【公訴】** gōngsù(公诉).
- **こうそ【控訴】** shàngsù(上诉). ¶第1審の判決を不服として~する bù fú dìyīshěn de pànjué shàngsù(不服第一审的判决上诉). ¶~を棄却する bóhuí shàngsù(驳回上诉). ¶~を取り下げる chèxiāo shàngsù(撤销上诉). ¶~審 shàngsùshěn(上诉审)/dì'èrshěn(第二审)/èrshěn(二审).
- **こうそ【酵素】** méi(酶), jiàosù(酵素).
- **こうぞ【楮】** xiǎogòushù(小构树).
- **こうそう【広壮】** ¶~な邸宅 hóngdà de zháiyuàn(宏大的宅院).
- **こうそう【抗争】** kàngzhēng(抗争), duìkàng(对抗). ¶彼等は内部で~を繰り返している tāmen nèihòng fǎnfù bùyǐ(他们内讧反复不已).
- **こうそう【後送】** ¶負傷兵を~する bǎ shāngyuán sòngwǎng hòufāng(把伤员送往后方).
- **こうそう【高僧】** gāosēng(高僧).
- **こうそう【高層】** gāocéng(高层). ¶~雲 gāocéngyún(高层云). ¶~気流 gāokōng qìliú(高空气流). ~建築 gāocéng jiànzhù(高层建筑).
- **こうそう【構想】** gòuxiǎng(构想), gòusī(构思), shèxiǎng(设想). ¶改革の~がまとまる gǎigé de shèxiǎng chéngshú(改革的设想成熟). ¶いま次の小説の~を練っているところです xiànzài zhèngzài gòusī xià bù xiǎoshuō(现在正在构思下部小说). ¶彼は都市計画に大きな~を持っている tā duì chéngshì guīhuà yǒu hóngwěi zhuàngli de gòuxiǎng(他对城市规划有宏伟壮丽的构想).
- **こうぞう【構造】** gòuzào(构造), jiégòu(结构). ¶機械の~がとても複雑だ jīqì gòuzào fùzá jíle(机器构造复杂极了). ¶この建築には~上欠陥がある zhège jiànzhù zài jiégòushang yǒu máobing(这个建筑在结构上有毛病). ¶人体の~ réntǐ gòuzào(人体构造). ¶日本語の~ Rìyǔ de jiégòu(日语的结构).
 ¶~言語学 jiégòu yǔyánxué(结构语言学). ~式 jiégòushì(结构式). ~主義 jiégòuzhǔyì

(结构主义). ~地震 gòuzào dìzhèn(构造地震)/duànchéng dìzhèn(断层地震).
- **ごうそう【豪壮】** ¶~な邸宅 háohuá zhuàngkuò de zháiyuàn(豪华壮阔的宅院).
- **こうそく【拘束】** yuēshù(约束), shùfù(束缚). ¶何物にも~されない自由な生活 bú shòu rènhé shùfù de zìyóu-zìzài de shēnghuó(不受任何束缚的自由自在的生活). ¶被疑者の身柄を~する jūliú xiányífàn(拘留嫌疑犯). ¶この覚書は相互の了解事項であって~力はない zhège bèiwànglù shì bǐcǐ de liǎojiě shìxiàng, méiyǒu yuēshùlì(这个备忘录是彼此的了解事项, 没有约束力).
- **こうそく【校則】** xiàoguī(校规).
- **こうそく【高速】** gāosù(高速), kuàisù(快速). ¶時速120キロの~でとばす yǐ shísù yìbǎi èrshí gōnglǐ de gāosù bēnchí(以时速一百二十公里的高速奔驰).
 ¶~道路 gāosù gōnglù(高速公路).
- **こうぞく【後続】** hòuxù(后续). ¶~部隊 hòuxù bùduì(后续部队).
- **こうぞく【皇族】** huángzú(皇族).
- **こうぞく【航続】** xùháng(续航). ¶この旅客機の~時間は15時間に及ぶ zhè jià kèjī xùháng shíjiān dá shíwǔ ge xiǎoshí(这架客机续航时间达十五个小时).
 ¶~距離 xùháng jùlí(续航距离).
- **ごうぞく【豪族】** háozú(豪族), tǔháo(土豪).
- **こうそくど【高速度】** gāosùdù(高速度), gāosù(高速). ¶~鋼 gāosùgāng(高速钢). ~撮影 gāosù shèyǐng(高速摄影).
- **こうたい【交替】** jiāotì(交替), tìhuan(替换), lúnhuàn(轮换), lúnliú(轮流). ¶選手の~をする huàn rén(换人). ¶Aさんと~して休んだ gēn lǎo A dǎobān xiūxi le(跟老A倒班休息了). ¶~で休憩する lúnliú de xiūxi(轮流地休息). ¶当番は1週間毎に~する zhíbān yí ge xīngqī lúnhuàn yí cì(值班一个星期轮换一次). ¶3~制の勤務 sānbān gōngzuòzhì(三班工作制)/sānbāndǎo(三班倒). ¶~時間まではまだ2時間ある lí ˈdǎobān[huànbān/jiāobān] hái yǒu liǎng ge xiǎoshí(离ˈ倒班[换班/交班]还有两个小时).
 ¶新旧~ xīnjiù jiāotì(新旧交替).
- **こうたい【抗体】** kàngtǐ(抗体).
- **こうたい【後退】** hòutuì(后退), dàotuì(倒退). ¶弟は~してきたトラックにひかれて怪我をした wǒ dìdi bèi dàotuì de kǎchē yà le, shòu shāng(我弟弟被倒退的卡车轧了, 受了伤). ¶1歩前進2歩~ jìn yí bù tuì liǎng bù(进一步退两步). ¶景気の~ jǐngqì de hòutuì(景气的后退).
- **こうだい【広大】** guǎngdà(广大), guǎngkuò(广阔). ¶~な土地 guǎngdà de tǔdì(广大的土地).
 ¶~無辺 guǎngkuò wúbiān(广阔无边).
- **こうたいごう【皇太后】** huángtàihòu(皇太后).
- **こうたいし【皇太子】** huángtàizǐ(皇太子). ¶~妃 tàizǐfēi(太子妃).
- **こうだか【甲高】** ¶~の足 fūmiàn gāo de jiǎo

(對面高的脚).
- **こうたく【光沢】** guāngzé(光泽). ¶よく拭き込むと〜が出る hǎohǎo yā jiù móchū guāngzé lái(好好砑就磨出光泽来). ¶〜仕上げ pāoguāng(抛光).
- **ごうだつ【強奪】** qiǎngduó(抢夺), qiǎngjié(抢劫), qiǎngluè(抢掠), jiéduó(却夺). ¶所持品を〜された xiédài de dōngxi bèi qiǎngjié le(携带的东西被抢劫了).
- **こうたん【降誕】** jiàngdàn(降诞), jiàngshì(降世), jiàngshēng(降生), shèngdàn(圣诞). ¶〜祭 Shèngdànjié(圣诞节).
- **こうだん【公団】** 《説明》为了公用事业, 由政府出资的一种公营企业机构.
- **こうだん【後段】** hòuduàn(后段). ¶〜で述べる通り… rú hòuduàn suǒ shù …(如后段所述…).
- **こうだん【講談】** píngshū(评书). ¶〜師 píngshū yǎnyuán(评书演员).
- **こうだん【講壇】** jiǎngtái(讲台), jiǎngtán(讲坛).
- **ごうたん【豪胆】** dàdǎn(大胆). ¶なんと〜な男だ duōme dàdǎn de rén a!(多么大胆的人啊!).
- **こうだんし【好男子】** měinánzǐ(美男子); hǎohàn(好汉).
- **こうち【巧緻】** jīngzhì(精致), jīngqiǎo(精巧). ¶〜を極めた細工 jí jīn jīngqiǎo de gōngyì(极尽精巧的工艺).
- **こうち【拘置】** ¶被告人を〜する jūliú bèigàorén(拘留被告人).
  ¶〜所 jūliúsuǒ(拘留所).
- **こうち【狡知】** ¶〜にたけた男 guǐjì duōduān de nánrén(诡计多端的男人).
- **こうち【高地】** gāodì(高地).
- **こうち【耕地】** gēngdì(耕地). ¶〜面積 gēngdì miànjī(耕地面积).
- **こうちく【構築】** xiūzhù(修筑), gòuzhù(构筑). ¶陣地を〜する gòuzhù zhèndì(构筑阵地).
- **こうちゃ【紅茶】** hóngchá(红茶). ¶〜をいれる qī hóngchá(沏红茶).
- **こうちゃく【膠着】** jiāozhuó(胶着). ¶戦線が〜状態に陥った zhànxiàn xiànyú jiāozhuó zhuàngtài(战线陷于胶着状态)/ zhàndòu xiànrù jiāngjú(战斗陷入僵局).
  ¶〜語 niánzhuóyǔ(黏着语)/ jiāozhuóyǔ(胶着语).
- **こうちゅう【甲虫】** jiǎchóng(甲虫).
- **こうちょう【好調】** shùnlì(顺利), shùndang(顺当). ¶すべり出しは〜だ kāitóu hěn shùnlì(开头很顺利). ¶〜な売行きを示す xiāoshòude hěn shùndang(销售得很顺当).
- **こうちょう【紅潮】** ¶頬を〜させて話す zhǎnghóngzhe liǎn shuō huà(涨红着脸说话).
- **こうちょう【校長】** xiàozhǎng(校长).
- **こうちょうかい【公聴会】** ¶学識経験者を招いて〜を開く yāoqǐng yǒu xuéshí, jīngyàn fēngfù de rén zhàokāi yìjiàn tīngqǔhuì(邀请有学识, 经验丰富的人召开意见听取会).
- **こうちょうどうぶつ【腔腸動物】** qiāngcháng dòngwù(腔肠动物).

- **こうちょく【硬直】** jiāngyìng(僵硬), jiāngzhí(僵直). ¶手足が〜して動けない shǒujiǎo jiāngyìng, bùnéng dòngtan(手脚僵硬, 不能动弹).
  ¶死後〜 shījiāng(尸僵)/ sǐhòu jiāngzhí(死后僵直).
- **こうちん【工賃】** gōngqian(工钱).
- **こうつう【交通】** jiāotōng(交通). ¶この道路は〜が激しい zhè tiáo lù jiāotōng hěn pínfán [chēshuǐ-mǎlóng](这条路交通很频繁[车水马龙]). ¶ここは〜の便が悪い zhèr jiāotōng búbiàn(这儿交通不便). ¶〜の混雑を緩和する huǎnhé jiāotōng de yōngjǐ hùnluàn(缓和交通的拥挤混乱). ¶積雪で〜が杜絶した yóuyú jīxuě jiāotōng tānhuàn le(由于积雪交通瘫痪了). ¶付近一帯の〜を遮断する jiéduàn fùjìn yídài de jiāotōng(截断附近一带的交通). ¶警官が〜を整理をしている jǐngchá zhǐhuī jiāotōng(警察指挥交通). ¶〜違反の取締り wéifǎn jiāotōng guīzé de chǔfá(违反交通规则的处罚).
  ¶〜機関 jiāotōng gōngjù(交通工具). 〜事故 jiāotōng shìgù(交通事故) / chēhuò(车祸). 〜渋滞 jiāotōng zǔsè(交通阻塞). 〜信号 jiāotōng xìnhào(交通信号) / hónglǜdēng(红绿灯). 〜費 chēmǎfèi(车马费) / jiāotōngfèi(交通费) / chēfèi(车费). 〜標識 jiāotōng biāozhì(交通标志). 〜法規 jiāotōng fǎguī(交通法规). 〜網 jiāotōngwǎng(交通网). 〜量 jiāotōng liúliàng(交通流量) / chēliúliàng(车流量).
- **ごうつくばり【業突張り】** tāndé-wúyàn de gāolìdàizhě(贪得无厌的高利贷者).
  ¶この〜め nǐ zhège lǎowángù!(你这个老顽固!).
- **こうつごう【好都合】** fāngbiàn(方便). ¶万事〜に運んだ wànshì hēngtōng(万事亨通). それは〜です nà ké zhènghǎo(那可正好)/ nà kě duì wǒ hěn fāngbiàn(那可对我很方便).
- **こうてい【工程】** gōngxù(工序), gōngyì(工艺). ¶自動車の組み立て〜 qìchē zhuāngpèi gōngxù(汽车装配工序). ¶機械の改良で〜は3割短縮された jīqì gǎiliáng le, gōngxù suōduǎnle sān chéng(机器改良了, 工序缩短了三成).
- **こうてい【公定】** gōngdìng(公定), fǎdìng(法定). ¶価格 fǎdìng jiàgé(法定价格). 〜相場 gōngdìng shìjià(公定市价). 〜步合 zàitiēxiànlǜ(再贴现率).
- **こうてい【行程】** xíngchéng(行程), lùchéng(路程). ¶2日の〜を1日で走破した yì tiān zǒuwánle liǎng tiān de lùchéng(一天走完了两天的路程).
- **こうてい【肯定】** kěndìng(肯定). ¶彼はその報道が事実であることを〜した tā kěndìngle nàge bàodào shì shìshí(他肯定了那个报道是事实).
  ¶〜的な意見が多かった yǐ zànchéng de yìjiàn wéi duō(以赞成的意见为多).
  ¶〜文 kěndìngjù(肯定句).
- **こうてい【皇帝】** huángdì(皇帝).
- **こうてい【校訂】** jiàodìng(校订). ¶《日本書紀》を〜する jiàodìng 《Rìběn Shūjì》(校订

こうてい【校庭】 xiàoyuán(校园).
こうてい【高低】 gāodī(高低). ¶～のある土地 gāodī bù píng de tǔdì(高低不平的土地). ¶最近野菜の値段の～が激しい zuìjìn shūcài jiàgé ˇbàozhǎng bàoluò[zhǎngluò hěn dà](最近蔬菜价格ˇ暴涨暴落[涨落很大]). ¶日本語のアクセントは音節の～を言う Rìyǔ de yīndiào shì zhǐ yīnjié de gāodī(日语的音调是指音节的高低).
こうてい【高弟】 gāozú dìzǐ(高足弟子), gāozú(高足), gāotú(高徒).
こうでい【拘泥】 jūnì(拘泥). ¶些細な事に～する jūnì xiǎoshì(拘泥小事).
こうてき【公的】 ¶今度の旅行は～な性格を帯びている zhè cì lǚxíng jùyǒu gōngchū de xìngzhì(这次旅行具有公出的性质). ¶～な見解 zhèngshì jiànjiě(正式见解).
こうてき【好適】 ¶週末を過すには～の場所だ yào guò zhōumò, zhèli shì zuì hǎo búguò de dìfang le(要过周末,这里是最好不过的地方了).
こうてきしゅ【好敵手】 hǎo duìshǒu(好对手). ¶彼との～を得てますますファイトが湧く yǒule tā nàyàng de hǎo duìshǒu, jiù yuèfā qǐjìnr(有了他那样的好对手,就越发起劲儿).
こうてつ【更迭】 gēnghuàn(更换). ¶閣僚を～する gēnghuàn géyuán(更换阁员).
こうてつ【鋼鉄】 gāngtiě(钢铁). ¶～のような意志 gāngtiě bān de yìzhì(钢铁般的意志).
こうてん【公転】 gōngzhuàn(公转). ¶地球は太陽の周りを～する dìqiú ràozhe tàiyáng gōngzhuàn(地球绕着太阳公转).
こうてん【交点】〔数学,天文〕jiāodiǎn(交点).
こうてん【好天】 hǎotiānr(好天儿), hǎo tiānqì(好天气). ¶ハイキングは～に恵まれて楽しかった jiāoyóu zhèng gǎnshàngle hǎotiānr hěn kuàilè(郊游正赶上了好天儿很快乐).
こうてん【好転】 hǎozhuǎn(好转). ¶病状が～した bìngqíng ˇhǎozhuǎn[yǒu qǐsè](病情ˇ好转[有起色]). ¶両者の関係が～した liǎngzhě de guānxi hǎozhuǎn le(两者的关系好转了). ¶景気～の兆しが見えてきた jǐngqì hǎozhuǎn de miáotou xiǎnlù chulai(景气好转的苗头显露出来).
こうてん【後天】 hòutiān(后天). ¶彼の難聴は～のものだ tā de zhòngtīng shì hòutiān de(他的重听是后天的). ¶～性免疫 hòutiānxìng miǎnyì(后天性免疫).
こうてん【荒天】 ¶～をついて海難救助に出動する màozhe bàofēngyǔ chūhǎi jiùnàn(冒着暴风雨出海救难).
こうでん【香典】 fùjīn(赙金), fùyí(赙仪), diànyí(奠仪), diànlǐ(奠礼).
こうど【光度】 guāngdù(光度). ¶～計 guāngdùjì(光度计).
こうど【高度】 1〔高さ〕gāodù(高度). ¶飛行機は9000メートルの～で飛んだ fēijī zài gāodù jiǔqiān mǐ de shàngkōng fēixíng(飞机在高度九千米的上空飞行). ¶～計 gāodùjì(高度计).
2〔程度が高いこと〕gāodù(高度). ¶～の技術を要する xūyào gāodù jìshù(需要高度技术). ¶～に発達した機械文明 gāodù fādá de jīxiè wénmíng(高度发达的机械文明).
こうど【硬度】 yìngdù(硬度).
こうとう【口頭】 kǒutóu(口头). ¶～で命令を伝える kǒutóu chuándá mìnglìng(口头传达命令).
¶～試問 kǒushì(口试).
こうとう【高等】 gāoděng(高等), gāojí(高级). ¶～学校 gāojí zhōngxué(高级中学)/ gāozhōng(高中). ～教育 gāoděng jiàoyù(高等教育)/ gāojiào(高教). ～裁判所 gāojí fǎyuàn(高级法院). ～数学 gāoděng shùxué(高等数学). ～動物 gāoděng dòngwù(高等动物).
こうとう【高騰】 gāoděng(高腾), bàozhǎng(暴涨), fēizhǎng(飞涨), ténggùi(腾贵). ¶物価が～する wùjià shàngzhǎng(物价上涨).
こうとう【喉頭】 hóutou(喉头). ¶～結核 hóutóu jiéhé(喉头结核).
こうどう【行動】 xíngdòng(行动). ¶大会の決定は即座に～に移された dàhuì de juédìng dāngjí bèi fù zhū shíshí(大会的决定当即被付诸实施). ¶彼等はいつも～を共にしている tāmen zǒng huódòng zài yìqǐ(他们总活动在一起). ¶先生の指示に従って～する àn lǎoshī de zhǐshì xíngdòng(按老师的指示行动). ¶～半径を広げる kuòdà huódòng fànwéi(扩大活动范围). ¶直接～に訴える cǎiqǔ zhíjiē xíngdòng(采取直接行动).
こうどう【坑道】 kēngdào(坑道).
こうどう【講堂】 lǐtáng(礼堂); jiǎngtáng(讲堂).
ごうとう【強盗】 qiángdào(强盗), dàokòu(盗寇). ¶銀行に～が入った yínhánglǐ chuǎngjìnle qiángdào(银行里闯进了强盗). ¶～を働く jìnxíng qiǎngjié(进行抢劫).
ごうどう【合同】 1 liánhé(联合). ¶両派の～を策する cèhuà liǎngpài de liánhé(策划两派的联合). ¶A市の学校が～して体育大会を催した A shì de xuéxiào liánhé jǔxíng yùndòng dàhuì(A市的学校联合举行运动大会).
2〔数学の〕quánděng(全等). ¶この2つの3角形は～だ zhè liǎng ge sānjiǎoxíng quánděng(这两个三角形全等).
こうとうぶ【後頭部】 hòunǎosháo[r](后脑勺[儿]), hòunǎosháozi(后脑勺子), hòunǎohǎi(后脑海).
こうとうむけい【荒唐無稽】 huāngdàn wújī(荒诞无稽). ¶それは～な話だ nà jiǎnzhí shì huāngdàn-wújī zhī tán(那简直是荒诞无稽之谈).
こうとく【公徳】 gōngdé(公德). ¶彼は～心に欠けている tā quēfá gōngdé guānniàn(他缺乏公德观念).
こうどく【鉱毒】 kuàngdú(矿毒).
こうどく【購読】 dìngyuè(订阅·定阅). ¶3種類の新聞を～している dìngyuè sān zhǒng bào-

zhǐ(订阅三种报纸).
¶～者 dìnghù(订户). ～料 dìngyuèfèi(订阅费).

こうどく【講読】 jiǎngdú(讲读). ¶《資本論》を～する jiǎngdú 《Zīběnlùn》(讲读《资本论》).

こうどくそ【抗毒素】 kàngdúsù(抗毒素).

こうない【坑内】 kuàngjǐng nèi(矿井内). ¶～作業 jǐngxià zuòyè(井下作业). ～夫 kuànggōng(矿工).

こうない【校内】 xiàonèi(校内). ¶～放送 xiàonèi guǎngbō(校内广播).

こうない【港内】 ¶外国船が～に沢山停泊している gǎngkǒu nèi tíngbózhe xǔduō wàiguó lúnchuán(港口内停泊着许多外国轮船).

こうない【構内】 ¶駅の～ chēzhànnèi(车站内).

こうないえん【口内炎】 kǒuyán(口炎).

こうなん【後難】 hòuhuàn(后患). ¶～を恐れて誰も被害を届け出ない pà yǒu hòuhuàn, shuí yě bú qù bào'àn(怕有后患,谁也不去报案).

こうなん【硬軟】 ruǎn yìng(软硬). ¶～両様の構えで応対する yǐ ruǎn yìng liǎng zhǒng fāngfǎ lái yìngfu(以软硬两种方法来应付)/ ruǎn yìng jiān shī(软硬兼施).

こうにゅう【購入】 gòumǎi(购买), gòuzhì(购置), gòujìn(购进), mǎijìn(买进). ¶原料を～する gòujìn yuánliào(购进原料).

こうにん【公認】 gōngrèn(公认). ¶世界記録として～された bèi gōngrèn wéi shìjiè jìlù(被公认为世界记录). ¶党の～候補 dǎng de gōngrèn hòuxuǎnrén(党的公认候选人).

こうにん【後任】 hòurèn(后任). ¶～を探しているがなかなか見つからない zài xúnzhǎo hòurèn, dàn hái zhǎobuzháo(在寻找后任,但老找不着). ¶～の校長を推薦する tuījiàn hòurèn de xiàozhǎng(推荐后任的校长).

こうねつ【高熱】 gāowēn(高温); [体温の] gāorè(高热), gāoshāo(高烧). ¶～で鉄を溶かす yòng gāowēn róng tiě(用高温熔铁). ¶その夜彼は～を発して倒れた nà tiān wǎnshang tā fāle gāoshāo bìngdǎo le(那天晚上他发了高烧病倒了).

こうねつひ【光熱費】 méidiànfèi(煤电费).

こうねん【光年】 guāngnián(光年).

こうねんき【更年期】 gēngniánqī(更年期). ¶～障害 gēngniánqī zhàng'ài(更年期障碍).

こうのう【効能】 xiàonéng(效能), gōngnéng(功能), xiàolì(效力), xiàoyàn(效验). ¶薬の～が現れた yào yǒule xiàoyàn(药有了效验). ¶～を並べたてる lièjǔ xiàonéng(列举效能). ¶～書き yàoxiào shuōmíng(药效说明).

ごうのう【豪農】 háofù nóngjiā(豪富农家).

こうのとり【鸛】 guàn(鹳).

こうは【光波】 guāngbō(光波).

こうば【工場】 gōngchǎng(工厂).

こうはい【交配】 jiāopèi(交配), zájiāo(杂交).

こうはい【後輩】 hòubèi(后辈), wǎnbèi(晚辈), hòujìn(后进). ¶～を引き立てる tíbá hòubèi(提拔后辈). ¶彼は学校で私より3年～だった zài xuéxiào tā bǐ wǒ wǎn sān nián[dī sān bān](在学校他比我晚三年[低三班]).

こうはい【荒廃】 huāngfèi(荒废), huāngwú(荒芜). ¶長年の戦乱で田畑はすっかり～してしまった yóuyú duōnián de zhànluàn, tiándì quán huāngwú le(由于多年的战乱,田地全荒芜了). ¶人心の～は恐るべきものがある rénxīn de tuífèi bùkān shèxiǎng(人心的颓废不堪设想).

こうはい【興廃】 xīngwáng(兴亡), cúnwáng(存亡).

こうばい【公売】 pāimài(拍卖). ¶押収物を～に付する bǎ mòshōu de dōngxi pāimài(把没收的东西拍卖).

こうばい【勾配】 pōdù(坡度), xiédù(斜度). ¶ゆるやかな～の屋根 xiédù xiǎo de fángdǐng(斜度小的房顶). ¶急～の坂 dǒupō(陡坡). ¶～をつけて水捌けをよくする pōzhe diǎnr jiǎo shuǐ liúde tōngchàng xiē(坡着点儿叫水流得通畅些).

こうばい【購買】 gòumǎi(购买). ¶人々の～心をそそる cìjī rénmen de gòumǎi yùwàng(刺激人们的购买欲望). ¶～部 gōngxiāochù(供销处)/ xiǎomàibù(小卖部). ～力 gòumǎilì(购买力).

こうばいすう【公倍数】 gōngbèishù(公倍数). ¶最小～を求める qiú zuìxiǎo gōngbèishù(求最小公倍数).

こうはく【紅白】 hóngbái(红白). ¶祝賀会場の周りに～の幕を張る zhùhè huìchǎng sìwéi dōu guàshàng hóngbái xiāngjiàn de wéimù(祝贺会场四围都挂上红白相间的帷幕).

こうばく【広漠】 guǎngmò(广漠). ¶～たる大平原 guǎngmò de dàpíngyuán(广漠的大平原).

こうばし・い【香ばしい】 pènxiāng(喷香), pènpènxiāng(喷喷香), xiāngpēnpēn(香喷喷), xiāngfùfù(香馥馥). ¶茶を焙じる～い香りが漂っている mímànzhe bèi chá de fāngxiāng(弥漫着焙茶的芳香).

こうはつ【後発】 ¶この列車は～の急行に途中駅で抜かれます zhè tàng lièchē zài zhōngtú chēzhàn bèi hòufā de kuàichē chāogùo(这趟列车在中途车站被后发的快车超过). ¶～のグループも到着した hòuchūfā de xiǎozǔ yě dào le(后出发的小组也到了). ¶～メーカー hòuqǐ chǎngjiā(后起厂家).

ごうはら【業腹】 ¶～が煮える qìsǐ rén(气死人)/ qìshā rén(气杀人). ¶けちだと思われるのも～だ bèi rén kànzuò xiǎoqì kě zhēn qìrén(被人看做小气可真气人).

こうはん【公判】 gōngshěn(公审). ¶～廷 gōngshěn fǎtíng(公审法庭).

こうはん【広範】 guǎngdà(广大), guǎngfàn(广泛). ¶今度の台風では～な地域にわたって被害が出た zhè cì táifēng shǐ guǎngdà de dìqū dōu shòule zāi(这次台风使广大的地区都受了灾). ¶～な大衆を動員する guǎngfàn de fādòng qúnzhòng(广泛地发动群众).

こうはん【後半】 hòubàn(后半), xiàbàn(下半). ¶フィルムの～をカットする jiǎndiào piānzi de hòubàn(剪掉片子的后半). ¶～になって逆転

した xiàbànchǎng[xiàbànshí] zhuǎn bài wéi shèng le(下半场[下半时]转败为胜了). ¶20世纪の~ èrshí shìjì de hòubàn(二十世纪的后半).

こうばん【交番】 pàichūsuǒ(派出所).

ごうはん【合板】 sānhébǎn(三合板), jiāohébǎn(胶合板).

こうひ【工費】 gōngchéngfèi(工程费), jiànzhùfèi(建筑费).

こうひ【公費】 gōngfèi(公费), gōngkuǎn(公款). ¶~を濫費する lànyòng gōngkuǎn(滥用公款).

こうび【交尾】 jiāowěi(交尾), pèiduì[r](配对[儿]).

こうび【後尾】 hòuyǐr(后尾儿). ¶私は列の最~にいた wǒ zài ˈduìliè de hòuyǐr[páiwěi](我在"队列的后尾儿[排尾]).

こうひょう【公表】 jiēxiǎo(揭晓), xuānshì(宣示). ¶調査の結果を~する bǎ diàochá de jiéguǒ gōngkāi fābiǎo(把调查的结果公开发表). ¶~を憚る bùgǎn fābiǎo(不敢发表).

こうひょう【好評】 hǎopíng(好评). ¶その映画は~を博した nà diànyǐng bóděle hǎopíng(那电影博得了好评). ¶あの先生の講義は学生に~だ nà wèi lǎoshī jiǎng de kè hěn shòu xuéshengmen huānyíng(那位老师讲的课很受学生们欢迎).

こうひょう【高評】 ¶御~を乞う jìng qǐng zhǐjiào(敬请指教).

こうひょう【講評】 jiǎngpíng(讲评), pínglùn(评论). ¶出品作品を~する jiǎngpíng zhǎnpǐn(讲评展品).

こうびん【後便】 ¶詳細は~でお知らせします xiángqíng xià hán fènggào(详情下函奉告).

こうふ【工夫】 gōngrén(工人). ¶線路~ yǎnglù gōngrén(养路工人).

こうふ【公布】 gōngbù(公布), bānbù(颁布). ¶この法律は~の日から施行する běn fǎlǜ zì gōngbù zhī rì qǐ shīxíng(本法律自公布之日起施行).

こうふ【交付】 fā(发), fāgěi(发给). ¶パスポートを~する fāgěi hùzhào(发给护照). ¶奨学金の~を受ける lǐng zhùxuéjīn(领助学金).

こうふ【坑夫】 kuànggōng(矿工).

こうぶ【後部】 hòubù(后部), hòubian(后边). ¶~座席 hòuzuò(后座).

こうふく【幸福】 xìngfú(幸福). ¶彼等は今~の絶頂にある tāmen xiànzài xìngfú jíle(他们现在幸福极了). ¶~に暮している guòzhe hěn xìngfú de shēnghuó(过着很幸福的生活). ¶彼は~な生涯を過した tā dùguòle xìngfú de yìshēng(他度过了幸福的一生).

こうふく【降伏】 tóuxiáng(投降), guīxiáng(归降), tóuchéng(投诚), xiángfú(降服). ¶敵に~する xiàng dírén tóuxiáng(向敌人投降). ¶~文書に調印する zài tóuxiángshū shang qiānzì gàiyìn(在投降书上签字盖印).

¶無条件~ wútiáojiàn tóuxiáng(无条件投降).

こうぶつ【好物】 ¶それは私の大~です nà shì wǒ zuì ài chī de(那是我最爱吃的).

こうぶつ【鉱物】 kuàngwù(矿物).

こうふん【口吻】 kǒuwěn(口吻), kǒuqì(口气). ¶不満の~を漏らす lùchū bùmǎn de kǒuqì(露出不满的口气).

こうふん【公憤】 ¶~に駆られて市民運動に参加した jīyú yìfèn cānjiāle shìmín yùndòng(激于义愤参加了市民运动).

こうふん【興奮】 xīngfèn(兴奋). ¶~して眠れない xīngfènde shuìbuzháo jiào(兴奋得睡不着觉). ¶~した群衆が押し掛けて来た xīngfèn de qúnzhòng yōngle guòlái(兴奋的群众拥了过来). ¶そう~しないで落ち着きなさい bié nàme xīngfèn, lěngjìng yìdiǎn(别那么兴奋,冷静一点). ¶~冷めやらぬ表情だった jīdòng de xīnqíng kànlai hái píngjìng bu xiàlái(激动的心情看来还平静不下来). ¶~のあまり泣き出した jīdòngde kūle qǐlái(激动得哭了起来).

こうぶん【行文】 xíngwén(行文). ¶~が見事だ xíngwén miàoqù héngshēng(行文妙趣横生).

こうぶん【構文】 jùfǎ(句法), jùzi jiégòu(句子结构).

こうぶんしょ【公文書】 gōngwén(公文). ¶~偽造 wěizào gōngwén(伪造公文).

こうべ【首】 shǒu(首), tóu(头). ¶~を垂れて黙禱する fúshǒu mò'āi(俯首默哀). ¶~をめぐらす huítóu(回头) / huíshǒu(回首).

こうへい【工兵】 gōngchéngbīng(工程兵), gōngbīng(工兵).

こうへい【公平】 gōngpíng(公平), gōngdao(公道), píngyǔn(平允). ¶財産を~に分配する gōngpíng fēnpèi cáichǎn(公平分配财产). ¶~に見れば君の方が間違っている shuō gōngdaohuà, zhè shì nǐ bú duì le(说句公道话,这是你不对了). ¶その処置は著しく~を欠く nà zhǒng chǔzhì ˈshèn quēn gōngyǔn(那种处置˙甚欠公道[太不公允]).

¶~無私 gōngzhèng wúsī(公正无私) / gōngpíng wúsī(公平无私) / dà gōng wú sī(大公无私).

こうへん【後編】 hòubiān(后编), xiàbiān(下编), xiàjí(下集).

こうべん【抗弁】 kàngbiàn(抗辩). ¶彼のためにいろいろ~したが駄目だった wèile tā zuòle zhǒngzhǒng kàngbiàn, dàn zhōngyú wúxiào(为了他做了种种抗辩,但终于无效).

ごうべん【合弁】 ¶~会社 zhōngwài hézī gōngsī(中外合资公司) / zhōngwài héyíng qǐyè(中外合营企业).

こうほ【候補】 hòubǔ(候补); hòuxuǎnrén(候选人). ¶A氏を会長~に推す tuī A xiānsheng wéi huìzhǎng hòuxuǎnrén(推 A 先生为会长候选人). ¶この辺りは空港の~地になっている zhè yídài yǐ chéngwéi fēijīchǎng de yùxuǎndì(这一带已成为飞机场的预选地).

こうぼ【公募】 zhāomù(招募), zhēngjí(征集). ¶懸賞小説を~する xuánshǎng zhēngjí xiǎoshuō(悬赏征集小说). ¶社員を~する zhāo-

mù zhíyuán(招募职员).

こうぼ【酵母】 jiàomǔ(酵母). ¶~菌 jiàomǔjūn(酵母菌)/~嚢mǔjūn(酿母菌).

こうほう【公法】 gōngfǎ(公法).

こうほう【公報】 gōngbào(公报).

こうほう【広報】 xuānchuán(宣传). ¶~活動 xuānchuán huódòng(宣传活动).

こうほう【後方】 hòufāng(后方), hòumian(后面); 〔戦線では〕hòufāng(后方). ¶列の～について行進する gēnzài duìliè hòubian xíngjìn(跟在队列后边行进). ¶負傷者を～へ送る bǎ shāngyuán sòngwǎng hòufāng(把伤员送往后方). ¶～勤務に回される bèi diàorèn zuò hòuqín gōngzuò(被调任做后勤工作).

こうぼう【光芒】 guāngmáng(光 芒), guāngxiàn(光线). ¶サーチライトが数条の～を放っている tànzhàodēng fàngchū shù dào guāngmáng(探照灯放出数道光芒).

こうぼう【攻防】 gōngfáng(攻防). ¶互いに必死の～を繰り広げた shuāngfāng jìnxíng nǐsǐwǒhuó de gōngfángzhàn(双方进行了你死我活的攻防战).

こうぼう【興亡】 xīngwáng(兴亡). ¶歴代王朝の～の跡を訪ねる fǎngwèn lìdài wángcháo xīngwáng de gǔjì(访问历代王朝兴亡的古迹).

ごうほう【号砲】 hàopào(号炮), fālìngqiāng(发令枪). ¶～が鳴るや選手たちは一斉に走り出した yì míng qiāng xuǎnshǒumen yìqí qǐpǎo le(一鸣枪选手们一齐起跑了).

ごうほう【合法】 héfǎ(合法). ¶～的な手段で政府に反対する yòng héfǎ de shǒuduàn fǎnduì zhèngfǔ(用合法的手段反对政府).

ごうほう【豪放】 háofàng(豪放), háoshuǎng(豪爽). ¶～磊落(ホホ) háofàng bùjī(豪放不羁).

こうぼく【公僕】 gōngpú(公仆).

こうぼく【坑木】 kēngmù(坑木).

こうぼく【喬木】 qiáomù(乔木).

こうほん【校本】 jiàoběn(校本). ¶《平家物語》の～を作る biānxiě 《Píngjiā Wùyǔ》de jiàoběn(编写《平家物语》的校本).

こうま【子馬】 xiǎomǎ(小马), jūzi(驹子), mǎjūzi(马驹子), yòujū(幼驹).

こうまい【高邁】 gāomài(高迈). ¶～な理想を抱く bàoyǒu gāomài yuǎndà de lǐxiǎng(抱有高迈远大的理想).

こうまん【高慢】 gāomàn(高慢), gāo'ào(高傲), àomàn(傲慢), àoqì(傲气), jiāoqì(骄气). ¶～の鼻をへし折る jiào tā nà qiào'qǐ de wěiba qiào bu qǐlái(叫他那翘起的尾巴翘不起来).

ごうまん【傲慢】 àomàn(傲慢), jiāomàn(骄慢). ¶～無礼にも程がある tài àomàn wúlǐ(太傲慢无礼).

こうみゃく【鉱脈】 kuàngmài(矿脉). ¶有望な～を掘り当てた wāchū yǒuwàng de kuàngmài(挖出有望的矿脉).

こうみょう【功名】 ¶~を立てる lìgōng(立功). ¶～心のある人 gōngmíngxīn(有功名心).

こうみょう【巧妙】 qiǎomiào(巧妙). ¶彼女の～な話術に思わず引き込まれた tā nà xīn líng kǒu qiǎo de tántǔ shǐ rén rùshén(她那心灵口巧的谈吐使人入神). ¶～な手口の犯行 shǒufǎ qiǎomiào de fànzuì(手法巧妙的犯罪).

こうみょう【光明】 guāngmíng(光明). ¶前途に一条の～を認める qiántú yǒu yí xiàn guāngmíng(前途有一线光明).

こうみん【公民】 gōngmín(公民). ¶～権 gōngmínquán(公民权).

こうむ【公務】 gōngwù(公务), gōngshì(公事), gōngchāi(公差), gōnggàn(公干). ¶~員 gōngwùyuán(公务员).

こうむてん【工務店】 jiànzhù gōngsī(建筑公司).

こうむ・る【被る】 shòu(受), méng(蒙), zāoshòu(遭受), méngshòu(蒙受). ¶大水で莫大な損害を～った nào dàshuǐ zāoshòu mòdà de sǔnshī(闹大水遭受莫大的损失). ¶御恩を～る méngshòu ēnhuì(蒙受恩惠). ¶お先に御免を～ります wǒ xiān shīpéi le(我先失陪了). ¶そんな事は御免～りたい nà zhǒng shì shù nán cóng mìng(那种事难以从命).

こうめい【公明】 ¶～正大 guāngmíng zhèngdà(光明正大).

こうめい【高名】 **1**〔著名〕¶～な政治家 zhùmíng de zhèngzhìjiā(著名的政治家). **2**〔お名前〕¶御～はかねがね承っております jiǔyǎng dàmíng(久仰大名).

ごうめいがいしゃ【合名会社】 wúxiàn gōngsī(无限公司).

ごうも【毫も】 háo(毫), sīháo(丝毫). ¶彼は～反省の色を見せない tā ˇháo wú[sīháo yě méiyǒu] fǎnxǐng zhī yì(他ˇ毫无[丝毫也没有]反省之意).

こうもく【項目】 xiàngmù(项目), xiàng(项). ¶～別に分類する àn xiàngmù jiāyǐ fēnlèi(按项目加以分类). ¶3～の要求を提出する tíchū sān xiàng yāoqiú(提出三项要求).

こうもり【蝙蝠】 biānfú(蝙蝠).

こうもりがさ【蝙蝠傘】 yángsǎn(洋伞).

こうもん【肛門】 gāngmén(肛门), fènmén(粪门). ¶～括約筋 gāngmén kuòyuējī(肛门括约肌).

こうもん【校門】 xiàomén(校门).

こうもん【閘門】 zhámén(闸门).

ごうもん【拷問】 kǎowèn(拷问), dǎwèn(打问). ¶容疑者を～にかける kǎowèn xiányífàn(拷问嫌疑犯). ¶～して白状させる kǎodǎ bīgòng(拷打逼供)/kǎogòng(拷供).

こうや【広野】 kuàngyě(旷野).

こうや【荒野】 huāngyě(荒野), huāngjiāo(荒郊).

こうやく【公約】 ¶選挙の～を果す lǚxíng xuǎnjǔ de nuòyán(履行选举的诺言). ¶それでは～違反だ nà kě wéibèi nuòyán le(那可违背诺言了).

こうやく【膏薬】 gāoyao(膏药). ¶肩に～を貼る zài jiānshang tiē gāoyao(在肩上贴膏药).

こうやくすう【公約数】 gōngyuēshù(公约数). ¶最大～ zuìdà gōngyuēshù(最大公约数).

こうゆう【公有】 gōngyǒu(公有). ¶～財産

gōngyǒu cáichǎn(公有财产).
こうゆう【交友】jiāoyǒu(交友). ¶彼女の～関係を調べる diàochá tā de jiāoyǒu guānxi(调查她的交友关系).
こうゆう【校友】xiàoyǒu(校友). ¶～会 xiàoyǒuhuì(校友会).
ごうゆう【剛勇】yǒngměng(勇猛). ¶～無双の人 yǒngměng wúbǐ de rén(勇猛无比的人).
ごうゆう【豪遊】ǎ あの人のような～がしてみたい xiǎng xiàng tā nàyàng de háohuá xínglè huīhuò yì fān(想像他那样地豪华行乐挥霍一番).
こうよう【公用】gōngshì(公事), gōngwù(公务). ¶～で鹿児島に出張する yīn gōngshì dào Lù'érdǎo chūchāi qù(因公事到鹿儿岛出差去).
¶～語 gòngtōng jiāojìyǔ(共同交际语).
こうよう【孝養】fèngyǎng(奉养), xiàoshùn(孝顺). ¶父母に～を尽す jìnxīn fèngyǎng fùmǔ(尽心奉养父母).
こうよう【効用】**1**〔使い道〕gōngyòng(功用), yòngchu(用处), yòngtú(用途). ¶他に～がない méiyǒu qítā de gōngyòng(没有其他的功用).
2〔効き目〕xiàonéng(效能), xiàoyòng(效用), gōngnéng(功能), gōngxiào(功效). ¶薬の～を説く shuōmíng yào de gōngxiào(说明药的功效).
こうよう【紅葉】hóngyè(红叶). ¶～が青い水に映えて美しい hóngyè hé bìshuǐ hùxiāng yìngchèn hěn měilì(红叶和碧水互相映衬很美丽). ¶今年の～は少し早い jīnnián shùyè biàn hóng zǎo yìdiǎnr(今年树叶变红早一点儿). ¶全山が～ shānshang de shùyè dōu fāhóng le(山上的树叶都发红了).
こうよう【高揚】gāoyáng(高扬), gāo'áng(高昂), gāozhǎng(高涨). ¶大いに士気が～した shìqì dàwéi gāoyáng(士气大为高扬). ¶愛国心の～を図る gǔdòng àiguó rèqíng(鼓动爱国热情)/ shǐ àiguó rèqíng gāo'áng(使爱国热情高昂).
こうよう【綱要】gāngyào(纲要), dàgāng(大纲). ¶心理学～ xīnlǐxué gāngyào(心理学纲要).
こうようじゅ【広葉樹】kuòyèshù(阔叶树).
ごうよく【強欲】tānlán(贪婪). ¶よほど～でなければあんなむごい事はできない yào bú name tānde-wúyán, bú huì zuòchū nà zhǒng cánkù de shì lai(要不那么贪得无厌，不会做出那种残酷的事来).
こうら【甲羅】jiǎ(甲), jiǎqiào(甲壳), gàizi(盖子). ¶亀の～ guījiǎ(龟甲). ¶浜辺で～干しをする zài hǎibiān shang shài tàiyáng(在海边上晒太阳). ¶～を経た人 guòláirén(过来人).
こうらく【行楽】xínglè(行乐), yóulè(游乐), yóuguàng(游逛), yóulǎn(游览). ¶絶好の～日和に恵まれた zhèng gǎnshàng zuì shìyú yóuwán de hǎo tiānqì(正赶上最适于游玩的好天气).
¶～客 yóukè(游客)/ yóurén(游人). ～地 yóulǎndì(游览地).
こうらん【高覧】táilǎn(台览), táijiàn(台鉴). ¶御～を乞う jìng qǐng táilǎn(敬请台览).
こうり【小売】língshòu(零售), língmài(零卖). ¶問屋から～店に卸す yóu pīfāshāng pīfā gěi língshòudiàn(由批发商批发给零售店). ¶～商を営む jīngyíng língshòu shāngdiàn(经营零售商店).
¶～値 língshòu jiàgé(零售价格).
こうり【公理】gōnglǐ(公理), gōngshè(公设).
こうり【功利】gōnglì(功利). ¶あらゆる物事を～的に考える duì shénme wèntí dōu cóng gōnglì shang zhuóxiǎng(对什么问题都从功利上着想).
¶～主義 gōnglìzhǔyì(功利主义).
こうり【行李】liǔtiáoxiāng(柳条箱), xiānglóng(箱笼).
こうり【高利】gāolì(高利), zhònglì(重利). ¶～で金を借りた yǐ gāolì jièle qián(以高利借了钱)/ jièle yánwangzhài(借了阎王债).
¶～貸 gāolìdài(高利贷)/ fàng yánwangzhàng(放阎王账).
ごうり【合理】hélǐ(合理). ¶彼の主張には～性がない tā de zhǔzhāng háo wú dàoli(他的主张毫无道理). ¶彼は物事を非常に～的に考える tā kǎolù wèntí hěn hélǐ(他考虑问题很合理). ¶産業の～化 chǎnyè de hélǐhuà(产业的合理化).
¶～主義 lǐxìngzhǔyì(理性主义)/ wéilǐlùn(唯理论).
こうりつ【公立】gōnglì(公立). ¶～高等学校 gōnglì gāojí zhōngxué(公立高级中学).
こうりつ【効率】xiàolù(效率), gōngxiào(工效). ¶この機械は～が悪い zhè jià jīqì xiàolù dī(这架机器效率低). ¶～よく働く gāoxiàolù de jìnxíng gōngzuò(高效率地进行工作).
こうりつ【高率】¶今回の選挙の投票率はかなりの～であった zhè cì xuǎnjǔ de tóupiàolù xiāngdāng gāo(这次选举的投票率相当高).
こうりゃく【攻略】gōngqǔ(攻取), gōngxià(攻下), gōngpò(攻破), gōngxiàn(攻陷), gōngzhàn(攻占). ¶敵陣を～する gōngqǔ dízhèn(攻取敌阵).
こうりゅう【交流】**1**〔電気〕jiāoliú(交流); jiāoliúdiàn(交流电).
2 jiāoliú(交流); wǎnglái(往来). ¶中国語学習の経験を～する jiāoliú xuéxí Zhōngwén de jīngyàn(交流学习中文的经验).
¶人事～ rénshì jiāoliú(人事交流). 文化～ wénhuà jiāoliú(文化交流).
こうりゅう【拘留】jūliú(拘留), kòuliú(扣留), jūjìn(拘禁), jūyā(拘押), kòuyā(扣押). ¶～10日に処せられた bèi pàn jūliú shí tiān(被判拘留十天).
こうりゅう【興隆】xīnglóng(兴隆), xīngshèng(兴盛). ¶新しい文化が～する xīn de wénhuà xīngshèng qǐlai(新的文化兴盛起来). ¶国家～の秋(とき) guójiā xīnglóng shíqī(国家兴隆时期).
ごうりゅう【合流】héliú(合流), huìliú(汇流),

huìhé(汇合), huìhe(会合), jiāohuì(交汇). ¶黄浦江は呉淞口で揚子江に～している Huángpǔ Jiāng zài Wúsōngkǒu yǔ Cháng Jiāng huìhé(黄浦江在吴淞口与长江会合). ¶目的地点で～する zài mùdìdì huìhé(在目的地会合). ¶～点 héliúdiǎn(合流点)/ huìliúdiǎn(汇流点).

こうりょ【考慮】 kǎolù(考虑), kǎoliàng(考量). ¶特別な事情のある者については別に～する duìyú yǒu tèshū qíngkuàng de rén lìngxíng kǎolù(对于有特殊情况的人另行考虑). ¶その事は～に入れてある nà jiàn shì kǎolù jìnqu le(那件事考虑进去了). ¶まだまだ～の余地がある hái dà yǒu kǎolù de yúdì(还大有考虑的余地).

こうりょう【荒涼】 huāngliáng(荒凉). ¶～たる原野 huāngliáng de yuányě(荒凉的原野).

こうりょう【香料】 xiāngliào(香料).

こうりょう【校了】 ¶～の分からどんどん印刷に回す cóng jiàoduìwánle de bùfen jiēlián fùyìn(从校对完了的部分接连付印).

こうりょう【綱領】 gānglǐng(纲领).

こうりょう【稿料】 gǎofèi(稿费), gǎochóu(稿酬).

こうりょく【抗力】 zǔlì(阻力), yèlì(曳力), tuōyè zǔlì(拖曳阻力).

こうりょく【効力】 xiàolì(效力), xiàonéng(效能). ¶期限が切れると～がなくなる guòle qīxiàn jiù méiyǒu xiàolì le(过了期限就没有效力了)/ guòqī wúxiào(过期无效). ¶大きな～を発揮する fāhuī hěn dà de xiàolì(发挥很大的效力).

こうれい【恒例】 guànlì(惯例), chánglì(常例). ¶～により会長に乾杯の音頭をとっていただきます ànzhào guànlì qǐng huìzhǎng jǔbēi zhùjiǔ(按照惯例请会长举杯祝酒). ¶それは当校～の行事です nà shì běn xiào lìxíng de huódòng(那是本校例行的活动).

こうれい【高齢】 gāolíng(高龄). ¶90歳の～でなお矍鑠(かく)としている tā yǐ dàole jiǔshí suì de gāolíng, shēnzi hái hěn yìngláng(他已到了九十岁的高龄, 身子还很硬朗). ¶～化社会 lǎolínghuà shèhuì(老龄化社会). ～者 gāolíngzhě(高龄者).

ごうれい【号令】 hàolìng(号令), kǒulìng(口令). ¶先生の～に合せて体操をする suízhe lǎoshī de kǒulìng zuò tǐcāo(随着老师的口令做体操). ¶集まれの～がかかった xiàle jíhé de kǒulìng(下了集合的口令). ¶天下に～する hàolìng tiānxià(号令天下).

こうれつ【後列】 hòupái(后排), hòuliè(后列).

こうろ【行路】 ¶長い人生の～には色々なことがある zài màncháng de rénshēng dàolù shang huì yǒu zhǒngzhǒng de shìqing(在漫长的人生道路上会有种种事情).

こうろ【香炉】 xiānglú(香炉).

こうろ【航路】 hángxiàn(航线), hánglù(航路). ¶～を北にとる wǎng běi hángxíng(往北航行).

¶～標識 hángbiāo(航标)/ dǎobiāo(导标).

欧州～ Ōuzhōu hángxiàn(欧洲航线). 定期～ dìngqī hángxiàn(定期航线).

こうろう【功労】 gōngláo(功劳), gōngxūn(功勋), xūnláo(勋劳). ¶長年会社に尽した～により表彰する duì duōnián jìnzhí yú gōngsī de gōngláo jiāyǐ biǎoyáng(对多年尽职于公司的功劳加以表扬).

¶～者 gōngchén(功臣).

こうろん【口論】 kǒujué(口角), zhēngchǎo(争吵), chǎozuǐ(吵嘴), dòuzuǐ(斗嘴). ¶隣の部屋から～する声が聞えた cóng gébì wūli chuánlaile chǎozuǐshēng(从隔壁屋里传来了吵嘴声). ¶彼等は些細な事から～を始めた tāmen wèile yìdiǎnr xiǎoshì kǒujué qilai[táiqǐ gàng lai](他们为了一点儿小事°口角起来[抬起杠来]).

こうろんおつばく【甲論乙駁】 ¶会議は～でなかなかまとまらなかった huìshang nǐ yìyán wǒ yìyǔ de gèzhí-yící, zǒng dé bu chū jiélùn lai(会上你一言我一语地各执一词, 总得不出结论来).

こうわ【講和】 jiǎnghé(讲和), gòuhé(媾和), yìhé(议和). ¶～条約を結ぶ dìjié héyuē(缔结和约).

こうわ【講話】 jiǎnghuà(讲话). ¶名士の～を聞く tīng míngshì jiǎnghuà(听名士讲话).

こうわん【港湾】 gǎngwān(港湾), gǎngkǒu(港口). ¶～施設 gǎngkǒu shèshī(港口设施). ～労働者 mǎtou gōngrén(码头工人).

こえ【声】 shēng(声), shēngyīn(声音), yīnr(音ル); sǎngyīn(嗓音), sǎngménr(嗓门ル), sǎngzi(嗓子). 1[声は, 声が] ¶～はすれども姿は見えず wén shēng bú jiàn rén(闻声不见人). ¶風邪で～がかすれする zháole liáng sǎngzi shāyǎ le(着了凉嗓子沙哑了). ¶涙で～がつまった kūde shuō bu chū huà lai(哭得说不出话来)/ qì bù chéng shēng(泣不成声). ¶恐くて～が震えた xiàde shēngyīn zhàndǒu(吓得声音战抖). ¶観衆の中から～がする guānzhòng lǐ yǒu rén "jiàohǎo[hècǎi](观众里有人"叫好[喝彩]). ¶電話の～が遠い diànhuàli shēngyīn wēiruò, tīng bu qīngchu(电话里音微弱, 听不清楚). ¶僕の～が大きいのは生れつきだ wǒ sǎngménr dà shì tiānshēng de(我嗓门ル大是天生的). ¶驚きのあまり～も出なかった xiàde "chū[zuò]buliǎo shēngyīn(吓得"出[做]不了声ル). ¶教育制度改革の～が高まっている gǎigé jiàoyù zhìdù de hūshēng yuèláiyuè gāo(改革教育制度的呼声越来越高).

2[声を] ¶～をあげて泣く fàng shēng dà kū(放声大哭). ¶～を荒らげて非難する shēngsè jùlì de jiāyǐ zénàn(声色俱厉地加以责难). ¶～を限りに叫ぶ méimìng de hǎnjiào(没命地喊叫)/ shēngsī-lìjié de hǎn(声嘶力竭地喊). ¶彼にも～を掛けよう yě zhāohu tā yìshēng ba(也招呼他一声吧). ¶～を嗄(か)らす hǎnyǎle sǎngzi(喊哑了嗓子). ¶彼女はなかなかいい～をしている tā sǎngzi kě zhēn hǎo(她嗓子可真好). ¶～を揃えて歌をうたう qíshēng héchàng(齐声合唱). ¶～を出して教科書を読む lǎngdú[niàn] kèwén(朗读[念]课文). ¶～

￥を立てると命がないぞ chūshēng, yào nǐ de mìng!(出声,要你的命!). ￥日の出の素晴らしさに一瞬～をのんだ rìchū zhī měi shǐ rén yìshí shuō bu chū huà lai (日出之美使人一时说不出话来). ￥彼女は～を弾ませてその光景を語った tā xìnggāo-cǎiliè de jiǎngshùzhe nà shí de qíngjǐng (她兴高采烈地讲述着那时的情景). ￥そこまで来ると急に彼は～を潜めた shuōdào nàr tā hūrán yādīle shēngyīn (说到那儿他忽然压低了声音). ￥一段と～を張り上げる gèngjiā táigāo sǎngzi (更加抬高嗓子). ￥このことを私は皆に～を大にして訴えたい zhè jiàn shì wǒ yào xiàng dàjiā dàshēng jíhū (这件事我要向大家大声疾呼). ￥～高らかに宣誓する gāoshēng xuānshì (高声宣誓). ￥少数派の～を聞き入れない duì shǎoshùpài de yìjiàn chōng ěr bù wén (对少数派的意见充耳不闻).

3[声] ￥大きな～では言えない shè kě bùnéng dàshēng shuō …(这可不能大声说…). ￥もっと小さい～で話せ nǐ zài ˇxiǎo diǎnr shēng[xiǎoshēng diǎnr] shuō (你再ˇ小点儿声[小声点儿]说). ￥低い～で囁く dīshēng ěryǔ (低声耳语). ￥よく通る～で演説をした yòng hóngliàng de shēngyīn jiǎngyǎn (用洪亮的声音讲演).

4￥優しい～の女性 huàyīn róuhé de nǚrén (话音柔和的女人). ￥太い～ cūsǎngzi (粗嗓子)/ cūshēng (粗声)/ sǎngyīn cūzhuàng (嗓音粗壮). ￥細い～ xìsǎngzi (细嗓子)/ xìshēng (细声). ￥甲高い～ jiānshēng (尖声)/ jiānsǎngzi (尖嗓子)/ sǎngyīn jiān (嗓音尖). ￥澄んだ～ qīngcuì de sǎngyīn (清脆的嗓音). ￥高い～ gāoshēng (高声)/ sǎngyīn gāo (嗓音高). ￥鼻にかかった～ dài bíyīn de sǎngyīn (带鼻音的嗓音). ￥しわがれ～ yǎsǎngyīn (哑嗓儿)/ sǎngyīn sīyǎ (嗓音嘶哑). ￥鈴を振るような～ yínlíng bān de sǎngyīn (银铃般的嗓音). ￥鐘の～ zhōngshēng (钟声). ￥虫の～ chóngmíng (虫鸣).

こえ【肥】 féi (肥), dàngféi (凼肥), féiliào (肥料). ￥作物に～をやる gěi zhuāngjia shīféi (给庄稼施肥).

￥寒～ dōngjì shīféi (冬季施肥). ～溜め fènkēng (粪坑)/ fèndàng (粪凼)/ dàngzi (凼子). ～たご fèntǒng (粪桶).

ごえい【護衛】 hùwèi (护卫), jǐngwèi (警卫). ￥国賓を～する hùwèi guóbīn (护卫国宾). ￥～をつける派人护卫.

￥～艦 hùhángjiàn (护航舰).

こえがわり【声変り】 biànshēng (变声). ￥彼は～した tā biàn sǎngzi le (他变嗓子了).

ごえつどうしゅう【呉越同舟】 Wú Yuè tóng zhōu (吴越同舟).

こ・える【肥える】 **1**[人が] pàng (胖), fāpàng (发胖), féipàng (肥胖); [動物が] féi (肥), féizhuàng (肥壮), féishí (肥实). ￥丸々と～えた赤ん坊 pàngde yuánliūliūr[pànghūhūr] de wáwa (胖得圆溜溜儿[胖乎乎儿]的娃娃). ￥豚はよく～えて脂がのっている zhū biāomǎn ròuféi (猪膘满肉肥). ￥こちらへ来て3キロ～えた dào zhèr lái pàngle sān gōngjīn (到这儿来胖了三公斤). ￥天高く馬～える秋 qiū gāo mǎ féi (秋高马肥).

2[地味が] féi (肥), féiwò (肥沃), féiměi (肥美). ￥このあたりは地味がよく～えている zhè yídài tǔdì hěn féi (这一带土地很肥).

3[目, 口などが] ￥近頃彼は絵を見る目が～えてきた jìnlái tā duì huìhuà de yǎnlì gāo le (近来他对绘画的眼力高了). ￥彼は口が～えている tā kǒuwèi gāo (他口味高)/ tā hěn jiǎngjiu chī (他很讲究吃)/ tā zuǐ diāo (他嘴刁).

こ・える【越える・超える】 **1**[山, 川, 障害物などを] guò (过), yuèguò (越过), fānguò (翻过), dùguò (渡过). ￥もう1つ山を～えると私たちの村です zài fānguò yí zuò shān jiùshì wǒmen de cūnzi le (再翻过一座山就是我们的村子了). ￥国境を～えて亡命する yuèguò guójìng wángmìng (越过国境亡命). ￥走高跳で2メートルのバーを～えた tiàogāo tiàoguò liǎng mǐ gāo de hénggān (跳高跳过两米高的横杆). ￥塀を～えて隣の木の枝が伸びてきた línjiā de shùzhī yuèguò yuànqiáng shēnle guòlái (邻家的树枝越过院墙伸了过来). ￥僕の家は線路を～えるとすぐです wǒ jiā yí guò tiělù jiù dào (我家一过铁路就到). ￥やっと難所を～えた hǎoróngyi dùguòle nánguān (好容易渡过了难关).

2[ある時期を] guò (过). ￥彼も50の坂を～えようとしている tā yě yào guò wǔshí de dàguān le (他也要过五十的大关了). ￥彼は月を～えても帰って来ない chūle yuè hái bùjiàn tā huílai (出了月还不见他回来).

3[ある程度を] guò (过), chāoguò (超过). ￥気温が30度を～えた qìwēn chāoguòle sānshí dù (气温超过了三十度). ￥水の深さは膝を～えた shuǐshēn guò xī (水深过膝). ￥支出が予算を～えた zhīchū chāochū yùsuàn (支出超出预算). ￥その事故による損害は3億円を～えた yóu gāi shìgù suǒ zàochéng de sǔnshī chāoguòle sānyì rìyuán (由该事故所造成的损失超过了三亿日元). ￥期間は10年を～えることができない qīxiàn bùdé chāoguò shí nián (期限不得超过十年). ￥それはもう私の能力の限界を～えている nà yǐ chāoguòle wǒ nénglì de xiàndù (那已超过了我能力的限度)/ nà shì wǒ ˇlì suǒ bùjí[力不胜任] de shì (那是我 ˇ力所不及[力不胜任]的事). ￥学識衆を～える xuéshí ˇchāoqún[chūlèi-bácuì] (〈学识〉超群[出类拔萃]).

こおう【呼応】 hūyìng (呼应). ￥両市～して救難活動を開始した liǎngshì xiāng hūyìng, zhǎnkāile jiùnàn huódòng (两市相呼应,展开了救难活动).

コークス jiāotàn (焦炭).

ゴージャス ￥～な客船で世界一周の旅をする chéng háohuá kèlúnchuò de kèlún zhōuyóu shìjiè (乘豪华阔绰的客轮周游世界).

コース lù (路), lùxiàn (路线), lùjìng (路径); [競技の] pǎodào (跑道); yǒngdào (泳道), shuǐdào (水道). ￥尾根伝いの～を選ぶ tiāoxuǎn shānjǐ shang de lùjìng (挑选山脊上的路

径).¶出仕~を歩む zǒu fēihuáng-téngdá zhī lù(走飞黄腾达之路).¶台風は予想の~をはずれた táifēng tuōlíle yùcè lùjìng(台风脱离了预测径).¶本校は基礎~2年,専門~2年ですв本 xiào shì jīběn kèchéng liǎng nián, zhuānyè kèchéng liǎng nián(本校是基本课程两年,专业课程两年).¶第1~,陳人傑君 dìyī pǎodào, Chén Rénjié xuǎnshǒu(第一跑道,陈人杰选手).

ゴーストップ jiāotōng xìnhàodēng(交通信号灯), hónglǜdēng(红绿灯).

コーチ zhǐdǎo(指导), zhíjiào(执教);〔人〕jiāoliàn(教练).¶小学生に水泳を~する zhǐdǎo xiǎoxuéshēng yóuyǒng(指导小学生游泳).¶よい~についたので早く上達した gēnzhe hǎo jiàoliàn, suǒyǐ jìnbù hěn kuài(跟着好教练,所以进步很快).

コート 1〔外套〕dàyī(大衣), wàiyī(外衣), wàitào(外套);〔上着〕shàngyī(上衣).¶ダスター~ fēngyī(风衣).
2〔球技場〕chǎngdì(场地), qiúchǎng(球场).¶テニス~ wǎngqiúchǎng(网球场).

コード 1〔電線〕huāxiàn(花线), ruǎnxiàn(软线), hùtàoxiàn(护套线), píxiàn(皮线).
2〔符号,規定〕dàihào(代号), biānmǎ(编码).¶~ブック diànmǎběn(电码本). プレス~ bàodào fǎguī(报道法规).

こおとこ【小男】ǎi nánzǐ(矮男子).

こおどり【小躍り】bèngtiào(蹦跳), bènggāo[r](蹦高ル).¶~して喜ぶ gāoxìngde bèngbeng-tiàotiào(高兴得蹦蹦跳跳)/huānbèng-luàntiào(欢蹦乱跳)/lède zhí bènggāor(乐得直蹦高ル).

コーナー jiǎo(角), jījiǎo(犄角), guǎijiǎo(拐角).¶走者は第4~を回って直線コースにはいった yùndòngyuán pǎoguò dìsì wāndào jìnrù zhídào(运动员跑过第四弯道进入直道).¶ベビー用品の~ yīng'ér yòngpǐn guìtái(婴儿用品柜台).¶~で写真を貼る yòng xiàngjiǎor tiē xiàngpiàn(用相片ル贴相片).
¶~キック jiǎoqiú(角球).

コーヒー kāfēi(咖啡).¶~を入れる chōng kāfēi(冲咖啡).¶~ポット kāfēihú(咖啡壶).

コーラ kělè(可乐).

コーラス héchàng(合唱);〔合唱団〕héchàngduì(合唱队), gēyǒngduì(歌咏队);〔合唱曲〕héchàngqǔ(合唱曲).

コーラン Gǔlánjīng(古兰经), Kělánjīng(可兰经).

こおり【氷】bīng(冰).¶1年のうち半年は~が張っている yìniánli yǒu bànnián jiézhe bīng(一年里有半年结着冰).¶~が割れて中に落ちた bīng lièkāi diàorù shuǐzhōng(冰裂开掉入水中).¶~を砕く nòngsuì bīngkuài(弄碎冰块).¶~がとける bīng huà[rónghuà] le(冰化[融化]了).¶河の~がとけた jiānghé jiědòng le(江河解冻了).¶熱が高いから~で冷した fā gāoshāo, yòng bīng sànrè(发高烧,用冰散热).¶~で冷したサイダー bīngzhèn qìshuǐ(冰镇汽水).¶彼女の心は~のように冷たい tā de xīn lěng ruò bīngshuāng(她的心冷若冰霜).
¶~砂糖 bīngtáng(冰糖).~枕 bīngzhěn(冰枕).~水 bīngshuǐ(冰水)/bàobīng(刨冰).

こおりつ・く【凍り付く】¶水道の栓が~く shuǐlóngtóu shàngdòng le(水龙头上冻了).¶道路が~く dàolù jiédòng(道路结冻).¶~いた雪原 hántiān bīngfēng de xuěyuán(寒天冰封的雪原).¶~くような寒さ lěngde tiān hán dì dòng(冷得天寒地冻).

コーリャン【高粱】gāoliang(高粱), shúshú(秫秫), gāoliangmǐ(高粱米), shúmǐ(秫米), shǔshǔ(蜀黍).

こお・る【凍る】dòng(冻), shàngdòng(上冻), dòngbīng(冻冰), jiébīng(结冰).¶池の水が~った chíshuǐ shàngdòng le(池水上冻了).¶この水は手が~るほど冷たい zhè shuǐ liángde shǒu dōu yào dòng le(这水凉得手都要冻了).¶血が~る思いだった xiàde xuèyè jiǎnzhí yào níngjié le(吓得血液简直要凝结了).

ゴール【決勝点】zhōngdiǎn(终点), juéshèngdiǎn(决胜点);〔球技の〕qiúmén(球门).¶彼はトップで~インした tā yǐ dìyīmíng pǎodào zhōngdiǎn(他以第一名跑到终点).¶2人は結婚に~インした liǎng ge rén zhōngyú jiéwéi fūqī(两个人终于结为夫妻).
¶~キーパー shǒuményuán(守门员). ~ライン duānxiàn(端线).

コールサイン hūhào(呼号).

コールタール méijiāoyóu(煤焦油), méitǎ(煤溚), méihēiyóu(煤黑油), bǎiyóu(柏油), lìqīng(沥青).

コールテン dēngxīnróng(灯心绒), tiáoróng(条绒).

ゴールデンウイーク huángjīnzhōu(黄金周).

コールドクリーム lěngshuāng(冷霜).

コールドゲーム yǒuxiào bǐsài(有效比赛).

コールドパーマ lěngtàng(冷烫).

こおろぎ【蟋蟀】xīshuài(蟋蟀), qūqur(蛐蛐ル), cùzhī(促织).

コーン yùmǐ(玉米).¶~スープ zhēnzhūmǐtāng(珍珠米汤). ~ミール yùmǐchá(玉米糙). ポップ~ bàoyùmǐhuā(爆玉米花).

こがい【子飼い】¶彼は社長の~の部下だ tā shì shèzhǎng yìshǒu péizhí de bùxià(他是社长一手培植的部下).

こがい【戸外】hùwài(户外).¶子供を~で遊ばせる ràng háizi dào hùwài qù wánr(让孩子到户外去玩ル).

ごかい【沙蚕】shācán(沙蚕).

ごかい【誤解】wùhuì(误会), wùjiě(误解), cuòhuì(错会).¶彼は私の気持を~している tā wùhuìle wǒ de yípiàn xīnyì(他误会了我的一片心意).¶~されるような事はするな búyào zuò jiào rén wùhuì de shì(不要做叫人误会的事).¶そこには何か~があるようだ qízhōng kěnéng yǒu shénme wùhuì(其中可能有什么误会).¶~を招く ràng rén wùhuì(让人误会).¶~を解く xiāochú wùhuì(消除误

こがいしゃ【子会社】 zǐgōngsī (子公司).
こがいしょ【碁会所】 wéiqí jùlèbù (围棋俱乐部), wéiqíyuàn (围棋院).
コカイン kěkǎyīn (可卡因), gǔkējiǎn (古柯碱).
ごかく【互角】 bù xiāng shàng xià (不相上下), shìjūn-lìdí (势均力敌), xiāng bózhòng (相伯仲). ¶強豪と~に渡り合った gēn qiángdí jiāole shǒu, shì jūn lì dí (跟强敌交了手,势均力敌).
ごがく【語学】 ¶彼は~が得意だ tā hěn shàncháng wàiguóhuà (他很擅长外国话). ¶彼女は~の才がある tā hěn yǒu wàiyǔ de cáinéng (她很有外语的才能).
こかげ【木陰】 shùyīn[r] (树阴[儿]), shùyīnliángr (树阴凉儿), shùliángr (树凉儿). ¶~で休む zài shùyīn xià xiūxi (在树阴下休息).
こが・す【焦がす】 shāojiāo (烧焦), kǎohú (烤糊). ¶アイロンを消し忘れて畳をこがしてしまった wàngle qiā diànyùndǒu bǎ cǎozí shāojiāo le (忘了掐电熨斗把草席烧焦了). ¶うっかりしてパンを真黒に~した shāo bú zhùyì bǎ miànbāo kǎohú le (稍不注意把面包烤糊了). ¶火勢天を~さんばかり huǒshì shāode mǎntiān hóngyànyàn de (火势烧得满天红焰焰的).
こがた【小形・小型】 xiǎoxíng (小型), qīngxíng (轻型). ¶~で勢力の強い台風 xiǎoxíng shì měng de táifēng (小型势猛的台风).
¶~カメラ xiǎoxíng zhàoxiàngjī (小型照相机)/ qīngxíng shèyǐngjī (轻型摄影机). ~トラック xiǎoxíng kǎchē (小型卡车).
こがたな【小刀】 xiǎodāor (小刀儿), dāor (刀儿), dāozi (刀子).
こかつ【枯渇】 kūjié (枯竭), gānhé (干涸). ¶水源が~した shuǐyuán kūjié le (水源枯竭了). ¶資金が~した zījīn "kūjié[gàoqìng]" le (资金 "枯竭[告罄]"了).
こがね【小金】 ¶~をためる zǎn diǎnr qián (攒点儿钱).
こがね【黄金】 huángjīn (黄金), jīnzi (金子). ¶見渡すかぎり一面へ~の麦畑 yíwàng-wújì de jīnhuáng de màitián (一望无际的金黄的麦田). ¶~色に輝く空 jīnguāng cànlàn de tiānkōng (金光灿烂的天空).
こがねむし【黄金虫】 jīnguīzǐ (金龟子), jīnkelàng (金壳郎).
こがら【小柄】 ¶~な女 shēncái ǎixiǎo de nǚrén (身材矮小的女人).
こがらし【木枯し】 ¶~吹きすさぶ荒野 hánfēng cìgǔ de huāngyě (寒风刺骨的荒野).
こが・れる【焦がれる】 ¶母に会いたいと思い~れる wàng jiàn mǔqīn (渴望见母亲). ¶死ぬほど彼女に恋い~れる méimíng de rèliàn tā (没命地热恋她).
ごかん【五官】 wǔguān (五官).
ごかん【五感】 wǔshí (五识).
ごかん【語感】 yǔgǎn (语感). ¶鋭い~の持主 jùyǒu mǐnruì yǔgǎn de rén (具有敏锐语感的人).
ごかん【語幹】 cígàn (词干).

ごかん【互換】 hùhuàn (互换). ¶~性 hùhuànxìng (互换性).
ごがん【護岸】 hù'àn (护岸). ¶~工事を施す jìnxíng hù'àn gōngchéng (进行护岸工程).
こかんせつ【股関節】 kuānguānjié (髋关节).
こき【古希】 gǔxī (古稀). ¶~を祝う qìnghè gǔxī (庆贺古稀).
こき【呼気】 hūqì (呼气).
ごき【語気】 yǔqì (语气). ¶~鋭く詰め寄る yòng yánlì de yǔqì lái zéwèn (用严厉的语气来责问). ¶~を和らげる huǎnhé yǔqì (缓和语气).
ごき【誤記】 ¶~を正す gǎizhèng "xiěcuò de dìfang[bǐwù]" (改正"写错的地方[笔误]").
ごぎ【語義】 cíyì (词义), yǔyì (语义).
こきおろ・す【扱き下ろす】 biǎn (贬), biǎndī (贬低). ¶さんざん~してやった zhuóshí de biǎnle tā yí dùn (着实地贬了他一顿).
ごきげん【御機嫌】 ¶あいつは社長の~ばかりとっている tā yíwèi "tǎo[mǎi]" zǒngjīnglǐ de hǎor (他一味"讨[买]"总经理的好儿)/ nà jiāhuo jìng pāi zǒngjīnglǐ de mǎpì (那家伙净拍总经理的马屁). ¶彼女は~ななめだ tā nào píqi (她闹脾气). ¶何かよい事があったのか彼はとても~だ hūoxǔ yǒule shénme hǎoshì, tā hěn gāoxìng (或许有了什么好事,他很高兴). ¶~伺いに出掛ける qiánwǎng wèn'ān (前往问安).
こきざみ【小刻み】 ¶~に震える wēiwēi de zhàndǒu (微微地战抖). ¶~に歩く mài suìbùr zǒu (迈碎步儿走).
こぎたな・い【小汚い】 ¶~部屋 zānglibājī de wūzi (脏里叭唧的屋子). ¶~身なりをしている yīzhuó lālī lātā de (衣着邋里邋遢的).
こきつか・う【扱き使う】 qūshǐ (驱使). ¶安月給でこんなに~われてたまるか xīnshui zhème dī, hái shòudeliǎo zhèyàng qūshǐ (薪水这么低,还受得了这样驱使). ¶牛馬のごとく~う dàng niúmǎ shǐhuan (当牛马使唤).
こぎつ・ける【漕ぎ着ける】 ¶ボートで向う岸まで~けた zuò xiǎotǐng huádào duì'àn le (坐小艇划到对岸了). ¶皆の努力でやっと完成に~けた jīng dàjiā nǔlì, hǎoróngyì wánchéng le (经大家努力,好容易完成了).
こぎって【小切手】 zhīpiào (支票). ¶100万円の~を切る kāi yībǎi wàn rìyuán de zhīpiào (开一百万日元的支票). ¶~を現金に換える duìxiàn zhīpiào (兑现支票). ¶~で支払う yòng zhīpiào zhīfù (用支票支付).
¶横線~ huàxiàn zhīpiào (划线支票). 持参人払い~ bùjìmíng zhīpiào (不记名支票). 不渡~ kōngtóu zhīpiào (空头支票).
ごきぶり zhāngláng (蟑螂), féilián (蜚蠊).
こきみ【小気味】 ¶~がよい jiào rén tòngkuai (叫人痛快).
こきゃく【顧客】 gùkè (顾客).
こきゅう【呼吸】 1 hūxī (呼吸). ¶新鮮な空気を~する hūxī xīnxiān kōngqì (呼吸新鲜空气). ¶一~して次の言葉を言う tíngdùn yíxià zài shuō (停顿一下再说). ¶~を整える tiáozhěng

hūxī(调整呼吸).

¶～器 hūxī qìguān(呼吸器官)/ hūxīqì(呼吸器).～困難 hūxī kùnnan(呼吸困难).人工～ réngōng hūxī(人工呼吸).深～ shēnhūxī(深呼吸).

2〔調子〕 ¶いかにも～の合った演技だった pèihéde jí miào de biǎoyǎn(配合得妙妙的表演).¶彼とはどうも～が合わない gēn tā zǒngshì bù hépāi(跟他总是不合拍).¶ボールを打つ～を覚える zhǎngwò jīqiú de qiàoménr(掌握球的窍门儿).

こきゅう【胡弓】 húqin(胡琴).

こきょう【故郷】 gùxiāng(故乡), jiāxiāng(家乡), lǎojiā(老家). ¶～を恋しがる huáiniàn gùxiāng(怀念故乡). ¶～を遠く離れて就職する yuǎnlí jiāxiāng[běijīng-líxiāng] móu shì(远离家乡[背井离乡]谋事). ¶中国は私にとって第二の～です Zhōngguó shì wǒ de dì'èr gùxiāng(中国是我的第二故乡).

こぎれ【小切れ】 bùtóu[r](布头[儿]), suìbù(碎布).

こぎれい【小奇麗】 ¶～な身なりをしている chuāndé gānjìng lìluo(穿得干净利落).

こ・く【扱く】 luō(捋). ¶稲を～く luōxià dàosuīr(捋下稻穗儿).

こく ¶この酒は～があってうまい zhè jiǔ chúnhòu, hěn yǒu hētour(这酒醇厚,很有喝头儿).¶～のある料理 hěn yǒu wèidao de càiyáo(很有味道的菜肴).

こく【石】 dàn(石)〈日本の1石は約180リットル,中国の1石は100リットル〉.

こく【酷】 kē(苛), kēkè(苛刻). ¶随分～な仕打ちじゃありませんか nà bú duì rén tài kē le ma?(那不对人太苛了吗?). ¶彼にそこまで要求するのは～だ yāoqiú tā dào nà zhǒng chéngdù, kě tài kēkè le(要求他到那种程度,可太苛刻了).

こ・ぐ【漕ぐ】 **1**〔舟を〕 huá(划), yáo(摇). ¶ボートを～いで遊ぶ huá xiǎochuán wánr(划小船玩儿). ¶力を入れて櫓を～ぐ shǐjìnr yáo lǔ(使劲儿摇橹).

2〔自転車などを〕 dēng(蹬・登). ¶自転車を～ぐ dēng zìxíngchē(蹬自行车). ¶ぶらんこを～ぐ dàng[dǎ] qiūqiān(荡[打]秋千).

こく【極】 jí(极), zuì(最), dǐng(顶). ¶～上等の葡萄酒 zuìshàngděng[jí hǎo/dǐng hǎo] de pútaojiǔ(最上等[极好/顶好]的葡萄酒). ¶～内々で処理した jí mìmì de chǔlǐ le(极秘密地处理了). ¶それは～初歩的間違いだ nà shì zuì jīběn de cuòwù(那是最基本的错误). ¶～まれなケース jí shǎo de lìzi(极少的例子).

ごく【獄】 jiānyù(监狱), jiānláo(监牢), láoyù(牢狱). ¶～に投ずる xià yù(下狱). ¶長い～中生活を送る zuòle duōnián láo(坐了多年牢), guòle duōnián de yùzhōng shēnghuó(过了多年的狱中生活).

ごく【語句】 cí(词), yǔcí(语词), cíjù(词句), yǔjù(语句). ¶条文の作成には～の曖昧さは許されない nǐ tiáowén bùdé cíjù hánhu(拟条文不得词句含糊).

ごくあく【極悪】 wàn'è(万恶). ¶～非道 bàolì zìsuī(暴戾恣睢)/ qióngxiōng-jí'è, cǎn wú réndào(穷凶极恶,惨无人道).

こくい【国威】 guówēi(国威). ¶～を宣揚する xuānyáng guówēi(宣扬国威).

ごくい【極意】 yùn'ào(蕴奥), jīnghuá(精华), àomì(奥秘). ¶柔道の～を極める duì róudào de shēn'ào mìjué xīnlǐng-shénhuì(对柔道的深奥秘诀心领神会).

こくいっこく【刻一刻】 ¶情勢は～と変化している xíngshì měishí-měikè zài biànhuà(形势每时每刻在变化). ¶出発の時間が～と近づいて来た chūfā shíjiān yíkè yíkè de bījìn le(出发时间一刻一刻地逼近了).

ごくいん【極印】 ¶スパイの～を押される bèi dǎshàng jiàndié de làoyìn(被打上间谍的烙印).

こくう【虚空】 ¶～をつかんで倒れる yì bǎ zhuā kōng dǎoxiaqu le(一把抓空倒下去了). ¶～の一点を見詰めて考えこむ níngshì kōngzhōng yì diǎn chénsī(凝视空中一点沉思).

こくうん【国運】 guóyùn(国运), guójiā mìngyùn(国家命运). ¶～を賭けた戦争 guānxìdào guójiā mìngyùn de zhànzhēng(关系到国家命运的战争).

こくえい【国営】 guóyíng(国营). ¶企業の～化をはかる móuqiú qǐyè guóyínghuà(谋求企业国营化).

¶～農場 guóyíng nóngchǎng(国营农场).

こくおう【国王】 guówáng(国王).

こくがい【国外】 guówài(国外). ¶～に追放する qūzhú chūjìng(驱逐出境). ¶～退去を命ずる mìnglìng lìjìng(命令离境).

こくぎ【国技】 guóshù(国术). ¶相撲は日本の～である xiāngpū shì Rìběn de guóshù(相扑是日本的国术).

こくげん【刻限】 shíjiān(时间), shíkè(时刻). ¶約束の～が迫っている yuēdìng de shíjiān pòjìn le(约定的时间迫近了).

こくご【国語】 guóyǔ(国语);〔日本語〕Rìyǔ(日语), Rìwén(日文);〔国語科〕yǔwén(语文).

こくさい【国債】 guózhài(国债), guókùquàn(国库券), kùquàn(库券).

こくさい【国際】 guójì(国际). ¶～情勢が緊迫している guójì xíngshì jǐnzhāng(国际形势紧张). ¶～色豊かな集い fùyú guójì sècǎi de jùhuì(富于国际色彩的聚会). ¶～問題に発展した fāzhǎn chéngwéi guójì wèntí(发展成为国际问题). ¶～的な名声を博する bódé guójì shēngyù(博得国际声誉).

¶～会議 guójì huìyì(国际会议). ～空港 guójì jīchǎng(国际机场). ～結婚 guójì jiéhūn(国际结婚). ～単位系 guójì dānwèizhì(国际单位制)/ guójìzhì(国际制). ～電話 guójì diànhuà(国际电话). ～連合 Liánhéguó(联合国). ～連盟 Guójì Liánméng(国际联盟)/ Guólián(国联). ～労働機関 Guójì Láogōng Zǔzhī(国际劳工组织). ～調停 guójì zhòngcái(国际仲裁)/ guójì gōngduàn(国际公断).

ごくさいしき【極彩色】 ¶～の看板 wǔcǎi bīn-

fēn[huāhuā-lùlù] de zhāopai(五彩缤纷[花花绿绿]的招牌).
- **こくさく**【国策】guócè(国策).
- **こくさん**【国産】guóchǎn(国产). ¶～の腕時計 guóchǎn shǒubiǎo(国产手表). ¶～品 guóchǎn shāngpǐn(国产商品)/ guóhuò(国货).
- **こくし**【酷使】qūshǐ(驱使). ¶牛馬のごとく～する rútóng niúmǎ yībān qūshǐ(如同牛马一般驱使). ¶頭脳を～する yòng nǎo guòdù(用脑过度).
- **こくじ**【告示】gōngbù(公布), gōnggào(公告). ¶選挙の投票所を～する gōngbù xuǎnjǔ tóupiào de dìdiǎn(公布选举投票的地点). ¶内閣～ nèigé gàoshì(内阁告示).
- **こくじ**【国事】guóshì(国事). ¶～に参与する cānyù guóshì(参与国事). ¶～犯 zhèngzhìfàn(政治犯).
- **こくじ**【国璽】guóxǐ(国玺).
- **こくじ**【酷似】kùsì(酷似). ¶BはAに～している B kùsì A(B酷似A).
- **ごくし**【獄死】¶～を遂げる sǐ zài yùzhōng(死在狱中).
- **ごくしゃ**【獄舎】láoyù(牢狱), jiānláo(监牢), jiānyù(监狱). ¶～につながれる yù yù(系狱).
- **こくしょ**【国書】guóshū(国书)(信任状).
- **こくしょ**【酷暑】kùshǔ(酷暑).
- **こくじょう**【国情】guóqíng(国情). ¶彼はインドの～に通じている tā tōngxiǎo Yìndù de guóqíng(他通晓印度的国情). ¶その政策は～に合わない nàge zhèngcè bùhé guóqíng(那个政策不合国情).
- **ごくじょう**【極上】jí hǎo(极好), chāojí(超级). ¶～の葉巻 zuìshàngděng de[chāojí] xuějiā(最上等的[超级]雪茄). ¶～品 jípǐn(极品).
- **こくじょく**【国辱】guóchǐ(国耻). ¶～的条約を押し付けられる bèipò qiāndìng rǔguó tiáoyuē(被迫签订辱国条约). ¶彼等の当時の行為は全く～ものだ tāmen dāngshí de xíngwéi wánquán shì guójiā de chǐrǔ(他们当时的行为完全是国家的耻辱).
- **こくじん**【黒人】hēirén(黑人), hēizhǒngrén(黑种人).
- **こくすい**【国粋】guócuì(国粹). ¶～主義 guócuìzhǔyì(国粹主义).
- **こくぜ**【国是】guóshì(国是).
- **こくせい**【国政】¶～に参与する cānyù guójiā zhèngzhì(参与国家政治).
- **こくせい**【国勢】¶～を調査 rénkǒu pǔchá(人口普查).
- **こくぜい**【国税】guóshuì(国税).
- **こくせき**【国籍】guójí(国籍). ¶あなたの～はどこですか nǐ de guójí shì nǎ guó?(你的国籍是哪国?). ¶～不明の飛行機が領空を侵犯した guójí bùmíng de fēijī qīnfànle lǐngkōng(国籍不明的飞机侵犯了领空). ¶二重～ shuāngchóng guójí(双重国籍).
- **こくそ**【告訴】gàosù(告诉), kònggào(控告), gàozhuàng(告状). ¶暴行事件を検察庁に～する xiàng jiǎncháyuàn kònggào bàoxíng'àn(向检察院控告暴行案).
- **こくそう**【国葬】guózàng(国葬).
- **こくそう**【穀倉】gǔcāng(谷仓), liángcāng(粮仓). ¶～地帯 gǔcāng dìdài(谷仓地带)/ mǐliángchuān(米粮川).
- **ごくそう**【獄窓】tiěchuāng(铁窗). ¶～に呻吟する shēnyín yú tiěchuāng zhī zhōng(呻吟于铁窗之中).
- **こくぞうむし**【穀象虫】mǐchóng(米虫), mǐxiàng(米象), gǔxiàng(谷象).
- **こくぞく**【国賊】guózéi(国贼). ¶戦争に反対する者はすべて～として投獄された suǒyǒu fǎnduì zhànzhēng de rén quán yǐ guózéi de zuìmíng bèi tóurù jiānyù(所有反对战争的人全以国贼的罪名被投入监狱).
- **こくたい**【国体】Guótǐ(国体), quányùnhuì(全运会).
- **こくたん**【黒檀】wūmù(乌木).
- **こくち**【告知】gàozhī(告知). ¶病名を～する xiàng huànzhě gàozhī bìngmíng(向患者告知病名).
- **こぐち**【小口】xiǎozōng(小宗), xiǎo'é(小额), xiǎopī(小批), língxīng(零星). ¶～の注文 língxīng dìnghuò(零星定货). ¶～の取引 xiǎozōng jiāoyì(小宗交易)/ xiǎo'é mǎimai(小额买卖).
- **こぐち**【木口】mùcái héngduànmiàn(木材横断面), mùcái héngqiēmiàn(木材横切面).
- **ごくつぶし**【穀潰し】chīhuò(吃货), fàntǒng(饭桶), fèiwù(废物), jiǔ náng fàn dài(酒囊饭袋). ¶この～め nǐ zhège fàntǒng!(你这个饭桶!).
- **こくてい**【国定】¶～教科書 guójiā suǒ shěndìng de jiàokēshū(国家所审定的教科书).
- **こくてん**【黒点】tàiyáng hēizǐ(太阳黑子), rìbān(日斑), hēizǐ(黑子).
- **こくど**【国土】guótǔ(国土). ¶～を開発する kāifā guótǔ(开发国土).
- **ごくどう**【極道】¶この～め nǐ zhège bàijiāzǐ!(你这个败家子!).
- **こくない**【国内】guónèi(国内). ¶～に支店が20ヵ所ある guónèi yǒu èrshí ge fēndiàn(国内有二十个分店). ¶～航路 guónèi hángxiàn(国内航线). ～市場 guónèi shìchǎng(国内市场).
- **こくなん**【国難】guónàn(国难). ¶こぞって～に当る jǔguó gòng fù guónàn(举国共赴国难).
- **こくねつ**【酷熱】kùrè(酷热). ¶～の地 kùrè zhī dì(酷热之地).
- **こくはく**【告白】gàobái(告白), biǎobái(表白), tǎnbái(坦白). ¶罪を～する tǎnbái zìjǐ de zuìguò(坦白自己的罪过). ¶それは己れの無知を～するようなものだ nà bù děngyú bàolù zìjǐ de wúzhī ma?(那不等于暴露自己的无知吗?). ¶愛情を～する tǔlù àiqíng(吐露爱情).
- **こくはく**【酷薄】kèbó(刻薄), kèdú(刻毒). ¶雇人に対して～な雇主 duì yōngrén hěn kèbó de gùzhǔ(待用人很刻薄的雇主).
- **こくはつ**【告発】gàofā(告发), jǔfā(举发), jiǎn-

じゅ【検挙】, jǔbào（举报）, chūshǒu（出首）. ¶騒擾罪で～される yǐ rǎoluànzuì bèi gāofā（以扰乱罪被告发）.

こくばん【黒板】 hēibǎn（黑板）. ¶～拭き hēibǎncā（黑板擦儿）, bǎncā（板擦儿）.

こくひ【国費】 gōngfèi（公费）. ¶～で留学する yǐ gōngfèi liúxué（以公费留学）.

ごくひ【極秘】 juémì（绝密）. ¶計画は～のうちに進められた jìhuà zài jí mìmìli jìnxíng（计划在极秘里进行）. ¶～情報 juémì qíngbào（绝密情报）.

こくびゃく【黒白】 hēibái（黑白）, shìfēi（是非）, zàobái（皂白）. ¶～を明らかにする nòngqīng hēibái（弄清黑白）/ míngbiàn shìfēi（明辨是非）.

こくひょう【酷評】 ¶批評家の～を受ける shòudào pínglùnjiā de yánlì pīpíng（受到评论家的严厉批评）.

こくひん【国賓】 guóbīn（国宾）. ¶～として迎える zuòwéi guóbīn yíngjiē（作为国宾迎接）.

ごくひん【極貧】 ¶～の中にあっても誇りを失わない suī chìpín[yì pín rú xǐ] yě bù shī qí zūnyán（虽赤贫[一贫如洗]也不失其尊严）.

こくふく【克服】 kèfú（克服）. ¶困難を～する kèfú kùnnan（克服困难）. ¶病気を～する zhànshèng jíbìng（战胜疾病）.

こくべつ【告別】 gàobié（告别）, cíxíng（辞行）. ¶～式 gàobié yíshì（告别仪式）/ cílíng yíshì（辞灵仪式）.

こくほう【国宝】 guóbǎo（国宝）. ¶仏像が～に指定された fóxiàng bèi zhǐdìng wéi guóbǎo（佛像被指定为国宝）.

こくほう【国法】 guófǎ（国法）.

こくぼう【国防】 guófáng（国防）. ¶～を厳にする gǒnggù guófáng（巩固国防）. ¶～軍 guófángjūn（国防军）.

こぐまざ【小熊座】 xiǎoxióngzuò（小熊座）.

こくみん【国民】 guómín（国民）. ¶すべての～は法のもとに平等である quántǐ guómín zài fǎlǜ miànqián yílǜ píngděng（全体国民在法律面前一律平等）. ¶～皆兵 quánmín jiē bīng（全民皆兵）. ～経済 guómín jīngjì（国民经济）. ～所得 guómín shōurù（国民收入）. ～性 guómínxìng（国民性）. ～総生産 guómín shēngchǎn zǒngzhí（国民生产总值）. ～投票 gōngmín tóupiào（公民投票）.

こくむ【国務】 guówùyuàn（国务院）〈アメリカの〉. ～大臣 guówù dàchén（国务大臣）. ～長官 guówùqīng（国务卿）〈アメリカの〉.

こくめい【刻明】 xìzhì（细致）, xìnì（细腻）. ¶毎日の出来事を～にノートに記す bǎ měitiān suǒ fāshēng de shì yīyī xiángxì de jìrù bǐjì（把每天发生的事一一详细地记入笔记）. ¶～に調査する zhōumì diàochá（周密调查）. ¶～な描写 xìnì rùwēi de miáoxiě（细腻入微的描写）.

こくもつ【穀物】 gǔwù（谷物）, wǔgǔ（五谷）, liángshi（粮食）.

ごくもん【獄門】 ¶～に掛ける xiāoshǒu[zhǎnshǒu] shìzhòng（枭首[斩首]示众）.

こくゆう【国有】 guóyǒu（国有）. ¶～財産 guóyǒu cáichǎn（国有财产）. ～地 guóyǒu dìchǎn（国有地产）. ～鉄道 guóyǒu tiědào（国有铁道）. ～林 guóyǒu sēnlín（国有森林）.

こくようせき【黒曜石】 hēiyàoyán（黑曜岩）.

ごくらく【極楽】 jílè shìjiè（极乐世界）, xītiān（西天）, tiāntáng（天堂）. ¶ここは全く～のような所だ zhèli zhēn shì rénjiān tiāntáng（这里真是人间天堂）. ¶彼は～往生をとげた tā ānxiáng de sǐ le（他安详地死了）. ¶聞いて～見て地獄 ěrwén jílè shìjiè, mùjiàn rénjiān dìyù（耳闻极乐世界,目见人间地狱）. ¶～鳥 jílèniǎo（极乐鸟）, fèngniǎo（凤鸟）.

ごくり gūdū（咕嘟）, gūlū（咕噜）. ¶～と生つばを飲みこんだ gūdū de yànle kǒu tuòmo（咕嘟地咽了口唾沫）.

ごくり【獄吏】 yùlì（狱吏）.

こくりつ【国立】 guólì（国立）. ¶～大学 guólì dàxué（国立大学）.

こくりょく【国力】 guólì（国力）.

こくるい【穀類】 gǔlèi（谷类）, wǔgǔ（五谷）.

こくれん【国連】 Liánhéguó（联合国）. ¶～安全保障理事会 Liánhéguó Ānquán Lǐshìhuì（联合国安全理事会）. ～加盟国 Liánhéguó chéngyuánguó（联合国成员国）. ～軍 Liánhéguójūn（联合国军）. ～憲章 Liánhéguó Xiànzhāng（联合国宪章）. ～事務局 Liánhéguó Mìshūchù（联合国秘书处）. ～総会 Liánhéguó dàhuì（联合国大会）.

ごくろう【御苦労】 shòulèi（受累）, piānláo（偏劳）, yǒuláo（有劳）. ¶どうも～をおかけしました jiào nín shòulèi le（叫您受累了）/ piānláo nín le（偏劳您了）/ ràng nín duō láodòng le（让您多偏劳了）/ yǒuláo nín le（有劳您了）. ¶～さま xīnkǔ le（辛苦了）.

こくろん【国論】 ¶講和条約をめぐって～が2つに分れた wéiràozhe héyuē wèntí guómín yúlùn fēnchéng liǎng pài（围绕着和约问题国民舆论分成两派）.

こぐん【孤軍】 gūjūn（孤军）. ¶～奮闘する gūjūn fèndòu（孤军奋斗）.

こけ【苔】 tái（苔）, xiǎn（藓）, táixiǎn（苔藓）, dìyī（地衣）, táiyī（苔衣）, qīngtái（青苔）. ¶～むした岩 zhǎngmǎn táixiǎn de yánshí（长满苔藓的岩石）. ¶舌に～が生えた shēngle shétāi（生了舌苔）.

こけ【虚仮】 ¶よくも俺を～にしてくれたな nǐ jìngrán xiàng wǒ liǎnshang mǒhēi a!（你竟然向我脸上抹黑呀!）.

ごけ【後家】 guǎfu（寡妇）, bànbiānrén（半边人）. ¶彼女は一生～を通した tā shǒule yíbèizi de guǎ（她守了一辈子的寡）.

こけい【固形】 gùtǐ（固体）. ¶歯が痛くて～物が噛めない yá téngde jiáobudòng gùtǐ shíwù（牙疼得嚼不动固体食物）. ¶～燃料 gùtǐ ránliào（固体燃料）.

ごけい【互恵】 hùhuì（互惠）. ¶平等～の精神 píngděng hùhuì de jīngshén（平等互惠的精

神).
¶～関税 hùhuì guānshuì(互惠关税). ～条約 hùhuì tiáoyuē(互惠条约).

ごけい【語形】 cíxíng(词形). ¶～変化 cíxíng biànhuà(词形变化).

こけおどし【虚仮威し】 ¶そんな～は利かないぞ nǐ ná zhège hǔ shuí?(你拿这个唬谁?). ¶～の飾り付け hǔrén de zhuāngshì(唬人的装饰).

こげくさ・い【焦げ臭い】 ¶おや、～い zěnme yǒu "hú[jiāohú] wèir(怎么有"煳[焦煳]味儿).

こけし Rìběn mùrénr(日本木人儿), Rìběn mù'ǒu(日本木偶).

こげちゃ【焦茶】 shēnzōngsè(深棕色), kāfēisè(咖啡色).

こけつ【虎穴】 hǔxué(虎穴). ¶～に入らずんば虎児を得ず bú rù hǔxué, yān dé hǔzǐ(不入虎穴,焉得虎子).

こげつ・く【焦げ付く】 jiāohú(焦煳). ¶釜の底に御飯が～いている guōdǐr fàn jiāohú le(锅底儿饭焦煳了). ¶融資した金が～いた dàichū de kuǎnzi shōu bu huílái le(贷出的款子收不回来了).

コケティッシュ jiāomèi(娇媚), yāoyàn(妖艳). ¶～な女 jiāomèi de nǚrén(娇媚的女人).

こげめ【焦げ目】 ¶両面に～をつける shǐ liǎngmiàn jiāohuáng(使两面焦黄)/ liǎngmiàn jiānchéng jiāohuángsè(两面煎成金黄色).

こけもも【苔桃】 yuèjú(越橘), hóngdòu(红豆).

こけらおとし【柿落し】 《説明》劇場落成后首次公演. ¶～に《三番叟》を踊る qìnghè jùchǎng luòchéng, tiào《Sānfánsǒu》(庆贺剧场落成,跳《三番叟》).

こ・ける xiāoshòu(消瘦), shòuxuē(瘦削). ¶長患いですっかり頬が～けてしまった chángqī wòbìng zài chuáng, sāibāngr shòuxuē le(长期卧病在床,腮帮儿瘦削了).

こ・げる【焦げる】 jiāo(焦), hú(煳), jiāohú(焦煳), jiāohēi(焦黑). ¶餅がこんがり～げた niángāo kǎode jiāohuáng(年糕烤得焦黄). ¶火が強すぎて～げてしまった huǒ tài měng, shāohú le(火太猛,烧煳了).

こけん【沽券】 ¶そんな事をすると君の～にかかわるぞ gàn nà zhǒng shì kě yào diū miànzi a(干那种事可要丢面子啊).

ごげん【護憲】 ¶～運動 hùxiàn yùndòng(护宪运动).

ごげん【語源】 cíyuán(词源), yǔyuán(语源).

ここ【此処】 zhèr(这儿), zhèli(这里), cǐchù(此处), cǐdì(此地). ¶～が書斎です zhèli shì shūfáng(这里是书房). ¶その机は～に置いて下さい bǎ zhāng zhuōzi qǐng fàngzài zhèr(那张桌子请放在这儿). ¶おい、～だ、～だ wèi! zài zhèr na, zài zhèr na(喂!在这儿哪,在这儿哪). ¶～から東京まで100キロです cóng zhèli dào Dōngjīng yǒu yìbǎi gōnglǐ(从这里到东京有一百公里). ¶この話は～だけの事にしておいてください zhè huà zhǐ néng zài zhèli shuō, búyào wǎng wài shuō(这话只能在这里说,不要往外说). ¶～のところをよく考える必要がある zhè yì diǎn kě děi hǎohǎo xiǎngxiang(这一点可得好好想想). ¶～が思案のしどころだ zhè kě yào sān sī ér xíng(这可要三思而行). ¶～は私にお任せ下さい zhèli jiāogěi wǒ bàn ba(这里交给我办吧). ¶～1週間雨が降っていない zhè yí ge xīngqī méi xiàguo yǔ(这一个星期没下过雨). ¶病人は～2,3日が峠だ bìngrén zhè liǎng, sān tiān shì ge guāntóu(病人这两、三天是个关头). ¶～までやってやめるのは惜しい gàndào zhège dìbù fàngqì, tài kěxī le(干到这个地步放弃,太可惜了). ¶～に謹んで哀悼の意を表します zī jǐn biǎoshì āidào zhī yì(兹谨表示哀悼之意).

ここ【個個】 gègè(个个), gè gè(各个), měi ge(每个), gèzì(各自). ¶～に持参のこと wǔfàn gèzì xiédài(午饭各自携带). ¶これは～人の自覚にまつほかはない zhè zhǐ néng kào ge rén de zìjué(这只能靠每个人的自觉). ¶～別々の意見 gè bù xiāngtóng de yìjiàn(各不相同的意见).

ごご【古語】 gǔyǔ(古语), gǔhuà(古话).

ごご【午後】 xiàwǔ(下午), wǔhòu(午后), xiàbàntiān[r](下半天[儿]), hòubàntiān[r](后半天[儿]), xiàbànshǎng[r](下半响[儿]), hòubànshǎng[r](后半响[儿]), hòushǎng(后晌). ¶会社は～5時に終る gōngsī xiàwǔ wǔ diǎn xiàbān(公司下午五点下班). ¶日曜日の～にお訪ねします xīngqīrì xiàwǔ qù bàifǎng nín(星期天下午去拜访您). ¶～から雨が降り出した cóng hòubànshǎng xiàqǐ yǔ lai le(从后半响下起雨来了).

ココ kěkě(可可), kòukou(蔻蔻).

ここう【股肱】 gǔgōng(股肱). ¶～の臣 gǔgōng zhī chén(股肱之臣).

ここう【虎口】 hǔkǒu(虎口). ¶辛うじて～を脱した xiǎnxiēr méi táochū hǔkǒu(险些儿没逃出虎口).

ここう【孤高】 gūgāo(孤高). ¶～を持する chí gūgāo(持孤高).

ここう【糊口】 húkǒu(餬口・糊口). ¶一家は彼女の僅かな稼ぎで～をしのいだ yìjiā kào tā shǎoxǔ de shōurù húkǒu(一家靠她少许的收入餬口).

ごこう【後光】 yuánguāng(圆光).

こごえ【小声】 xiǎoshēng[r](小声[儿]), dīshēng(低声). ¶耳元に～でささやいた zài ěrbiān xiǎoshēngr shuōhuà(在耳边小声儿说话)/ zài ěrbiān "dīshēng xìyǔ"[qiǎoshēng dīyǔ](在耳边"低声细语"[悄声低语]).

こご・える【凍える】 dòng(冻), dòngjiāng(冻僵). ¶指先が～えて思うように動かない shǒuzhǐtou dòngde bù tīng shǐhuan(手指头冻得不听使唤). ¶この部屋は寒くて～えそうだ zhè jiān wūzi lěngde jiǎnzhí yào dòngsǐ rén(这间屋子冷得简直要冻死人).

ここく【故国】 gùguó(故国).

ごこく【五穀】 wǔgǔ(五谷). ¶～豊穣を祈る qídǎo wǔgǔ fēngdēng(祈祷五谷丰登).

ここち【心地】 ¶生きた～がしない xiàde "hún bú fù tǐ"[húnfēi-pòsàn](吓得"魂不附体[魂飞

魄散]).¶新しい家の住み~はいかがですか xīn gài de fángzi zhùde shūshì ma?(新盖的房子住得舒适吗?).¶よい朝風に吹かれながら歩く yíngzhe qīngshuǎng de chénfēng zǒulù(迎着清爽的晨风走路).

こごと【小言】 ¶帰りが遅くなって母に~を言われた huíjiā wǎn le, bèi mǔqin shuōle yí dùn(回家晚了,被母亲说了一顿).¶彼は食べ物について~が多い tā duì chīhē ài tiāoti(他对吃喝爱挑剔).

ココナツ yēzi(椰子), yēguǒ(椰果), yērén(椰仁), yēròu(椰肉), yēróng(椰蓉).

こご・む【屈む】 →かがむ.

こごめ【小米】 suìmǐ(碎米).

こご・める【屈める】 →かがめる.

ここら ¶~で一休みしよう jiù zài zhèli xiūxi yíhuìr ba(就在这里休息一会儿吧).¶~で精一杯だろう dàoci jiù suàn jìnle zuì dà nǔlì le ba(到此就算尽了最大努力了吧).

こころ【心】 xīn(心), xīndì(心地), xīnxiōng(心胸), xīnlíng(心灵), xīncháng(心肠), xīnyǎnr(心眼儿). **1**〔こころ〕.¶~が冷えてしまった bǐcǐ de xīn biàn liáng le(彼此的心变凉了).¶あの人の~が変ろうとは思いも及ばなかった méi xiǎngdào tā huì ˇbiànxīn[biànguà](真没想到他会变心[变卦]).¶彼の~は見え透いている kàntòule tā de xīnyǎn(看透了他的用心).¶懐かしの故郷へ向かっていた xīn zǎoyǐ fēixiàng lìng rén huáiniàn de gùxiāng(心早已飞向令人怀念的故乡).¶~と~が触れ合う xīn xīn xiāng yìn(心心相印). **2**〔心の〕.¶~の広い人 xīnxiōng kāikuò de rén(心胸开阔的人).¶~の狭い人 xīnxiōng xiázhǎi de rén(心胸狭窄的人)/ xīnyǎnr xiǎo de rén(心眼儿小的人).¶~の優しい人 xīndì shànliáng de rén(心地善良的人).¶~の底ではまだ疑っている xīnli hái zài fànyí ne(心里还在犯疑呢).¶~の底から怒りが湧き上がってくる xīntóu huǒ qǐ(心头火起)/ ˇwúmínghuǒ qǐ(无明火起).¶~の片隅に留めておいて下さい qǐng nǐ gěi guàzài xīnshang(请你给挂在心上).¶~の糧となる本 zuòwéi jīngshén shíliáng de shū(作为精神食粮的书).¶~の友を得た jiāole zhīxīn péngyou(交了知心朋友). **3**〔心に〕.¶私は自分の~に恥じる所はない wǒ bìng méiyǒu shénme kuīxīn de(我并没有什么亏心的)/ wǒ wèn xīn wú kuì(我问心无愧).¶いつも~にかけていたのに有難うございます yíguàn chéngméng ˇguānhuái[guānxīn], shízài gǎnxiè bú jìn(一贯承蒙 ˇ关怀[关心], 实在感谢不尽).¶母の言葉を~にきざんだ bǎ mǔqin de huà ˇláojì zài xīnli[míngjì bú wàng](把母亲的话 ˇ牢记在心里[铭记不忘]).¶ふとある考えが~に浮んだ hūrán chūxiànle yí ge niàntou(忽然出现了一个念头).¶~にもないことを言うものではない nǐ bié yán bù yóuzhōng, shuō xīnli méiyǒu de huà(你别言不由衷, 说心里没有的话). **4**〔心を〕.¶皆で~を合せてこの困難を乗り切

ろう dàjiā ˇqíxīn-hélì[hézhōng-gòngjì / tóngxīn-xiélì] kèfú dōu zhě kùnnan ˇqí xīn-xié lì[和衷共济/同心协力]克服这困难).¶一つにして当ろう dàjiā níngchéng yì gǔ shéng lái gàn ba(大家拧成一股绳来干吧).¶あいつにうっかり~を許すととんでもないことになる qīngxìnle tā kě jiù bùdéliǎo(轻信了他可就不得了).¶~を打ち明ける shuōchū xīnlihuà(说出心里话)/ tǔlù fèifǔ(吐露肺腑).¶~して介抱する jìnxīn fúshi bìngrén(尽心服侍病人).¶~をこめた贈物 biǎodá zhēnqíng de lǐwù(表达真情的礼物).¶この方は人の~を痛めることばかりという jìnlái jìng fāshēng lìng rén ˇshāngxīn[tòngxīn] de shì(近来净发生令人 ˇ伤心[痛心]的事).¶こんなつまらない事で~を煩わせ申訳ありません wèile zhèmediǎnr shì jiào nǐ cāoxīn, shízài guòyì bu qù(为了这么点儿事叫你操心, 实在过意不去).¶彼の話に~を動かされたた tā de huà shǐ wǒ dòngle xīn(他的话使我动了心).¶その詩は人の~をひきつける nà shī zhēn kòu rén xīnxián(那诗真扣人心弦).¶~を落ち着けようと努めた jǐnliàng ˇchénxià xīn lái[chénzhù qì](尽量 ˇ沉下心来[沉住气]).¶これから~を入れ替えるんだよ cóng cǐ kě yào gǎiguò-zìxīn ya(从此可要改过自新呀).¶~を鬼にして子供を追い出した hěnzhe xīn bǎ háizi niǎnchuqu le(狠着心把孩子撵出去了).¶はずむ~を抑える yìzhìzhù nèixīn de xǐyuè(抑制住内心的喜悦).¶妻子に~を残して旅立った xīnli qiānguàzhe qīzǐ ér dòngshēn le(心里牵挂着妻子而动身了). **5**〔心から〕¶御成功を~から御祝い申し上げます zhōngxīn[yóuzhōng] de zhùhè nín de chénggōng(衷心[由衷]地祝贺您的成功).¶皆~から喜んだ dàjiā cóng xīnyǎnrli gǎndào gāoxìng(大家从心眼儿里感到高兴). **6**¶~ある人は分ってくれるだろう dǒngshì míngli de rén huì liǎojiě de(懂事明理的人会了解的).¶~ここにあらず xīn bú zài yān(心不在焉).

こころあたり【心当り】 ¶この件について何か~がありますか zhè jiàn shì nǐ zhīdao xiē shénme ma?(这件事你知道些什么吗?).¶その名前には~がない nàge míngzi wǒ méi tīngshuōguo(那个名字我没听说过).¶~は一通り探した suǒ néng xiǎngdào de dìfang quán zhǎobiàn le(所能想到的地方全找遍了).

こころいき【心意気】 qìpò(气魄).¶彼等の~に感じてその仕事に参加した bèi tāmen de qìpò suǒ gǎndòng cānjiāle nà xiàng gōngzuò(被他们的气魄所感动参加了那项工作).

こころえ【心得】 **1**〔たしなみ〕¶私はいささか武術の~がある wǒ liàngguò yìxiē wǔshù(我练过一些武术). **2**〔注意事項〕¶参観者~ cānguānzhě xūzhī(参观者须知).¶登山の~ dēngshān zhùyì shìxiàng(登山注意事项).

こころえがお【心得顔】 ¶彼女は~にうなずいてみせた tā shénme dōu míngbaile shìde diǎnle ge tóu(她什么都明白了似的点了个头).

こころえちがい【心得違い】 miùwù(谬误), cuòwù(错误). ¶若さからくる〜だが放ってもおけない suīrán shì yóuyú niánqīng suǒ fàn de cuòwù, dàn yě bùkě zhìzhī-búwèn(虽然是由于年轻所犯的错误, 但也不可置之不问). ¶それは君だんだ〜だ nà nǐ dàcuò-tècuò le(那你大错特错了).

こころ・える【心得る】 1【のみこむ】 ¶私がちゃんと〜えているから大丈夫だ fàngxīn ba, wǒ xīnli yǒu pǔ(放心吧, 我心里有谱). ¶彼はその辺はなかなか〜えたものだ yì céng shì de fēncun dā hěn dǒng(那一层的分寸他很懂). ¶ここをどこと〜えているのか nǐ yǐwéi zhè shì shénme dìfang?(你以为这是什么地方?!).
2【たしなみがある】 ¶料理も一通りは〜えている pēngrèn yě yǒu yìshǒur(烹饪也有一手儿).
3【引き受ける】 ¶仰せの事は委細〜えました nín shuō de shì quán qīngchu le, yīyī zhàobàn(您说的事全清楚了, 一一照办).

こころおきなく【心置きなく】 ¶〜語り合う hùxiāng chàngsuǒ yù yán(互相畅所欲言)/ kāihuái chàngtán(开怀畅谈) / cùxī tánxīn(促膝谈心). ¶〜お使い下さい qǐng bú kèqi de yòng ba(请不客气地用吧). ¶あとは私が引き受けますから〜行っていらっしゃい yǐhòu de shìqing dōu yóu wǒ bāo le, nǐ bié guàniàn, fàngxīn qù ba(以后的事情都由我包了, 你别挂念, 放心去吧).

こころおぼえ【心覚え】 ¶全然〜がない quánrán bú jìde(全然不记得). ¶これは〜に書き付けておいたメモだ zhè shì liú yǐ bèiwàng de zìtiáor(这是留以备忘的字条儿).

こころがかり【心掛かり】 →きがかり.

こころがけ【心掛け】 ¶毎月家に仕送りをするとは〜のよい青年だ zài yuè gěi jiāli huìkuǎn, kě zhēn shì yí ge yǒuxīn de qīngnián(按月给家里汇款, 可真是一个有心的青年). ¶普段の〜が大切だ píngcháng de shēnghuó zuòfēng yàojǐn(平常的生活作风要紧)/ píngshí duō zhùyì shì zhòngyào de(平时多注意是重要的).

こころが・ける【心掛ける】 liúxīn(留心), liúyì(留意), zhùyì(注意). ¶日頃から健康に〜けている rìcháng jiù zhùyì shēntǐ jiànkāng(日常就注意身体健康). ¶机の上をいつも整頓しておくよう〜けなさい yào zhùyì shíduōhǎo zhuōzi(要注意拾掇好桌子).

こころがまえ【心構え】 ¶万一の場合の〜をしておく zuòhǎo sīxiǎng zhǔnbèi, yǐ fáng wànyī(做好思想准备, 以防万一). ¶名人は普段の〜が違う míngshǒu duì rìcháng shēnghuó de tàidu kě bùtóng yìbān rén(名手对日常生活的态度可不同一般人).

こころがわり【心変わり】 biànxīn(变心). ¶相手の〜をなじる zébèi duìfāng de biànxīn(责备对方的变心).

こころくばり【心配り】 ¶いろいろとお〜ありがとうございます xièxie nín de miànmiàn-jùdào de rèqíng guānhuái(谢谢您的面面俱到的热情关怀).

こころぐるし・い【心苦しい】 búguòyì(不过意), bù hǎoyìsi(不好意思), nánwéiqíng(难为情). ¶これに又お頼むのは〜い zài bàituō rénjia tài bù hǎoyìsi le(再拜托人家太不好意思了). ¶お世話になるばかりで〜く存じます zǒngshì gěi nín tiān máfan, zhēn guòyì bu qù(总是给您添麻烦, 真过意不去).

こころざし【志】 1 zhì(志), zhìxiàng(志向). ¶画家になろうと〜を立てる lìzhì zuò huàjiā(立志做画家). ¶〜を得る dézhì(得志). ¶彼はついに〜を遂げずに死んだ tā zhōngyú méi néng suìyuàn sǐ le(他终于没能遂愿死了). ¶〜を同じくする人々が会をつくった zhìtóng-dàohé de rén zǔchéngle yí ge huì(志同道合的人组成了一个会). ¶事〜と違う shì yǔ yuàn wéi(事与愿违).
2【厚意】 xīnyì(心意), hǎoyì(好意), hòuyì(厚意), shèngqíng(盛情). ¶人の〜を無にする gūfù rénjia de hòuyì(辜负人家的厚意). ¶お〜だけで結構です nín de xīnyì wǒ lǐng le(您的心意我领了).
3【贈物】 xīnyì(心意), xiǎoyìsi(小意思). ¶ほんの〜ですがお納め下さい búguò shì yìdiǎnr xiǎoyìsi, qǐng nín shōuxià ba(不过是一点儿小意思, 请您收下吧).

こころざ・す【志す】 lìzhì(立志). ¶彼は弁護士を〜している tā lìzhì zuò lǜshī(他立志做律师). ¶その〜す所は違っても友情に変わりはない suī zhìxiàng bùtóng, yǒuqíng shì yǒng búbiàn de(志向虽不同, 友情是永不变的).

こころじょうぶ【心丈夫】 → こころづよい.

こころだのみ【心頼み】 ¶友人の助けを〜にする zhǐwàng péngyou de bāngzhù(指望朋友的帮助).

こころづかい【心遣い】 guānhuái(关怀), guānxīn(关心), wúwēi-búzhì de guānhuái(无微不至的关怀). ¶教師として学生に対する〜が足りない zuòwéi yí ge jiàoshī duì xuésheng 'de guānxīn hái bú gòu[hái bùgòu tǐtiē-rùwēi](作为一个教师对学生'的关心还不够[还不够体贴入微]).

こころづくし【心尽し】 ¶〜のもてなしにあずかった chéngméng rèqíng de zhāodài(承蒙热情的招待). ¶お〜の数々ありがとうございました chéng nín zhǒngzhǒng jìnxīn zhàogu, zhēn gǎnxiè(承您种种尽心照顾, 真感谢).

こころづけ【心付】 xiǎofèi(小费), xiǎozhàng[r](小账[儿]), jiǔqian(酒钱), shǎngqian(赏钱), língqián(零钱). ¶ボーイに〜をやる gěi cháfáng yìdiǎnr xiǎofèi(给茶房一点儿小费).

こころづもり【心積り】 dǎsuàn(打算). ¶明日伺う〜でおります dǎsuàn míngtiān qù bàifǎng(打算明天去拜访). ¶一応その〜で参りましたのです shì zuòle nà zhǒng sīxiǎng zhǔnbèi lái de(是做了那种思想准备来的).

こころづよ・い【心強い】 ¶あなたがそばにいて下されば〜い yǒu nǐ zài shēnbiān xīnli jiù tāshi le(有你在身边心里就踏实了).

こころな・い【心ない】 ¶〜い仕打ち bújìn-rénqíng de zuòfǎ(不近人情的做法). ¶池の白鳥が〜い人に殺された chítángli de tiān'é bèi bù-

tōng-qínglǐ de rén gěi dǎsǐ le(池塘里的天鹅被不通情理的人给打死了).
こころなし【心成し】 ¶～か，やつれたようだ hǎoxiàng shì xiǎnde yǒudiǎn qiáocuì le ba(好像是显得有点儿憔悴了吧).
こころならずも【心ならずも】 chūyú wúnài(出于无奈)，wú kě nàihé(无可奈何)，běn fēi suǒ yuàn(本非所愿). ¶～しゃべったこと chūyú wúnài shuōle huǎnghuà(出于无奈说了谎话). ¶皆に推されて～幹事を引き受けた bèi dàjiā tuījiàn, pòbudéyǐ chéngdāngle gànshi(被大家推荐，迫不得已承当了干事).
こころにく・い【心憎い】 ¶彼は～いまでに落ち着いていた tā zhēn shì wěn rú Tàishān(他真是稳如泰山). ¶～いほどの演技だ tā de yǎnjì chū shén rù huà(他的演技出神入化).
こころね【心根】 xīndì(心地)，xīncháng(心肠)，xīngēnr(心根). ¶～のやさしい娘 xīndì shànliáng de gūniang(心地善良的姑娘)/ xīnchángr hǎo de gūniang(心肠儿好的姑娘). ¶～が卑しい xīnlíng āngzang(心灵肮脏).
こころのこり【心残り】 ¶今この仕事をやめては～だ xiànzài fàngqì zhège gōngzuò ˈguài shěbude[jiānglái huì hòuhuǐ] de(现在放弃这个工作 ˈ怪舍不得[将来会后悔]的). ¶彼に会わずに発つのが～だ bú jiàn tā jiù dòngshēn, xīnli juéde guòyì bu qù(不见他就动身，心里觉得过意不去).
こころばかり【心ばかり】 ¶～の品ですがどうぞお受け下さい zhè búguò shì yìdiǎnr ˈxiǎoyìsi[xīnyì], qǐng shōuxià ba(这不过是一点儿 ˈ小意思[心意]，请收下吧)/ liáo biǎo cùnxīn, qǐng shǎng liǎn(聊表寸心，请赏脸).
こころぼそ・い【心細い】 ¶将来を考えると～くなる xiǎngdào jiānglái xīnli jiù bù'ān(想到将来心里就不安). ¶年寄だけではさぞ～いでしょうね zhǐ yǒu lǎoniánrén, nà tài bú fàngxīn ba(只有老年人，那太不放心吧). ¶旅費が5万円では～い lǚfèi zhǐ yǒu wǔwàn rìyuán, xīnli kě bù tāshi(旅费只有五万日元，心里可不踏实). ¶燃料も残り少なってきた ránliào yě suǒshèng wú jǐ le(燃料也所剩无几了).
こころまち【心待ち】 ¶吉報を～にする yìxīn děnghòu xǐxùn(一心等候喜讯).
こころみ【試み】 chángshì(尝试). ¶それはなかなか面白い～だ nà kě zhēn shì ge yǒuqù de chángshì(那可真是个有趣的尝试). ¶うまくいくかどうか～にやってみよう shìfǒu néng chénggōng, shìshi kàn(是否能成功，试试看).
こころ・みる【試みる】 shì(试)，chángshì(尝试). ¶病気によいといわれる方法はすべて～みた tīngshuō duì bìng yǒuxiào de bànfǎ quándōu shìguo le(听说对病有效的办法全都试过了). ¶新しい方法を～みる chángshì xīn fāngfǎ(尝试新方法).
こころもち【心持】 1 ➝きもち. 2【いくらか】 shāo(稍)，shāoshāo(稍稍)，shāowēi(稍微). ¶～長くして下さい qǐng shāo gěi nòng cháng yìdiǎnr(请稍给弄长一点儿).

容態は～よくなった bìngqíng shāowēi jiànhǎo le(病情稍微见好了).
こころもとな・い【心許ない】 ¶彼1人では～い tā yí ge rén kě ˈfàngxīn bu xià[kàobuzhù](他一个人可 ˈ放心不下[靠不住]). ¶計画の達成は～い wánchéng zhège jìhuà kě méiyǒu bǎwò(完成这个计划可没有把握).
こころやす・い【心安い】 ¶彼とは～い間柄だ wǒ gēn tā hěn yàohǎo(我跟他很要好). ¶～くしている宿屋がありますから御紹介しましょう yǒu yì jiā hěn shúxī de kèzhàn kěyǐ gěi nín jièshào(有一家很熟悉的客栈可以给您介绍).
こころやすだて【心安立て】 ¶つい～に言ったことが彼女の気に障った juéde hěn qīnjìn, suíbiàn shuō de yí jù huà chùnùle tā(觉得很亲近，随便说的一句话触怒了她).
こころゆくまで【心行くまで】 jìnxìng(尽兴)，jìnqíng(尽情)，tòngkuai(痛快). ¶～スキーを楽しむ jìnxìng de huáxuě(尽兴地滑雪). ¶～寝てみたい xiǎng tòngtòng-kuàikuài de shuì yí jiào(想痛痛快快地睡一觉). ¶～酒をくみかわす chànghuái tòngyǐn(畅怀痛饮)/ kāihuái chàngyǐn(开怀畅饮).
こころよ・い【快い】 ¶褒め言葉はいつでも耳に～いものだ zànyǔ zǒngshì ˈzhōngtīng[shùnˇer] de(赞语总是 ˈ中听[顺耳]的). ¶そよ風がほてった頬に～い wēifēng chuī zài huǒtàng de miànjiá shang, hěn shuǎngkuai(微风吹在火烫的面颊上，很爽快). ¶～い眠りを覚された shuìde hěn xiāng què bèi rén jiàoxǐng le(睡得很香却被人叫醒了). ¶先方はこの事をあまり～く思っていない duìfāng duì zhè shì kě bú bào hǎogǎn(对方对这事可不抱好感). ¶～く引き受けてくれた hěn tòngkuai de dāying xialai le(很痛快地答应下来了)/ èrhuà méi shuō, yìkǒu dāying le(二话没说，一口答应了).
ここん【古今】 gǔjīn(古今). ¶親の子に対する愛情は～東西を通じても，父母对儿女的爱古今中外都是一样的 fùmǔ duì érnǚ de ài gǔjīn-zhōngwài dōu shì yíyàng de(父母对儿女的爱古今中外都是一样的). ¶～未曾有の大海戦 kōnggúqián wèiyǒu[shǐ wú qiánlì] de dà hǎizhàn(空前未有[史无前例]的大海战).
ごさ【誤差】 wùchā(误差). ¶できるだけ～を少なくする jǐnkěnéng de jiǎnshǎo wùchā(尽可能地减少误差). ¶ある程度の～が出るのはやむを得ない duōshǎo yǒu xiē wùchā shì bùkě bìmiǎn de(多少有些误差是不可避免的).
ござ【茣蓙】 cǎoxí(草席)，xízi(席子).
コサージ shìhuā(饰花).
こさい【小才】 ¶～が利く néng suíjī-yìngbiàn(能随机应变).
ごさい【後妻】 hòuqī(后妻)，hòufūrén(后夫人)，jìpèi(继配)，jìshì(继室)，xùfáng(续房)，tiánfáng(填房). ¶～を迎える xù xián(续弦)/ xù qǔ(续娶).
こざいく【小細工】 ¶～を弄する shuǎ xiǎoguǐjì(耍小诡计)/ wán xiǎohuāzhāor(玩小花招儿)/ gǎo xiǎodòngzuò(搞小动作).
コサイン yúxián(余弦).

こざかし・い【小賢しい】 xiǎocōngming(小聪明)．¶～い口をきくな bié màinong xiǎocōngming!(别卖弄小聪明!)．¶あの男は～いところがある nàge jiāhuo yǒudiǎnr jiǎohuá(那个家伙有点儿狡滑).

こさく【小作】 zūdiàn(租佃); [人] diànhù(佃户), diànnóng(佃农). ¶～争議 zūdiàn jiūfēn(租佃纠纷). ～料 diànzū(佃租)/ dìzū(地租)/ zūzi(租子).

こさつ【古刹】 gǔchà(古刹).

コサック Gēsàkè(哥萨克).

こざとへん【阜偏】 zuǒ'ěrdāor(左耳朵儿).

こさめ【小雨】 xiǎoyǔ(小雨), xìyǔ(细雨). ¶～に煙る六甲山 yānyǔ kōngméng de Liùjiǎ Shān(烟雨空濛的六甲山).

こざら【小皿】 diér(碟儿), diézi(碟子).

こさん【古参】 ¶彼は我が社の最～だ tā shì wǒ gōngsī zīge zuì lǎo de rén(他是我公司资格最老的人).
¶～兵 lǎozhànshì(老战士)/ lǎobīng(老兵).

ごさん【午餐】 wǔcān(午餐). ¶～を共にする gòng jìn wǔcān(共进午餐).
¶～会 wǔcānhuì(午餐会).

ごさん【誤算】 ¶計画に～があった dìng de jìhuà yǒule chācuò le(定的计划有了差错了). ¶彼が出資すると思ったのはとんだ～だった běn yǐwéi tā huì chūzī, jiéguǒ wánquán dǎcuòle suànpan(本以为他会出资, 结果完全打错了算盘).

こし【腰】 yāo(腰), yāobù(腰部), yāobǎnr(腰板儿), yāogǎnzi(腰杆子), yāoshēn(腰身). ¶～の曲った老人 yāobǎnr wānle de lǎorén(腰板儿弯了的老人). ¶思いきり～を伸ばす shǐjìnr ť̌ǐng yāo[shēn lǎnyāo/qiànshēn](使劲儿▼挺腰[伸懒腰/欠伸]). ¶ピストルを～に下げる bǎ shǒuqiāng guàzài yāoshang(把手枪挂在腰上). ¶～まで水につかりながら川を渡った tāngguò shuǐ shēn mò yāo de hé(蹚过水深没腰的河). ¶彼女はぐったりとソファーに～を下ろした tā jīngpí-lìjié de zuòzài shāfā shang(她精疲力竭地坐在沙发上). ¶～を曲げて挨拶をかわす wānyāo xínglǐ(弯腰行礼)/ qiànshēn dǎ zhāohu(欠身打招呼). ¶彼女は重い～を上げて掃除を始めた tā hǎoróngyì táiqǐ shēnzi dǎsǎo qilai le(她好容易抬起身子打扫起来了). ¶政府がやっと重い～を上げた zhèngfǔ hǎoróngyì cái táiqǐ hěn zhòng de pìgu(政府好容易才抬起很重的屁股). ¶あの人は大変～の低い人だ tā wéirén hěn qiānhé(他为人很谦和). ¶もっと～を入れてやれ yòngxīn gàn a!(用心干呀!). ¶この仕事はじっくりと～をかからなければ駄目だ zhège gōngzuò fēi zuòxialai zhuānxīn-zhìzhì de gàn bùkě(这个工作非坐下来专心致志地干不可). ¶彼が田舎に～を据えてから5年になる tā zài xiāngcūn ānjiā-luòhù yǐjing yǒu wǔ nián le(他在乡村安家落户已经有五年了). ¶彼女は～を抜かさんばかりに驚いた tā xiàde jiǎnzhí ná tuǐ tānhuàn, zhàn bu qǐlái le(她吓得简直腿瘫瘫痪, 站不起来了)/ bǎ tā xiàtān le(把她吓瘫了). ¶話の～

を折るな bié dǎduàn rénjia de huàtóur(别打断人家的话头儿). ¶この粉は～が強い zhè miàn yǒujìnr(这面有劲儿).

こし【輿】 jiào(轿), jiàozi(轿子).

こじ【固持】 gùzhí(固执), jiānchí(坚持). ¶自説を～する gùzhí jǐjiàn(固执己见)/ jiānchí zìjǐ de yìjiàn(坚持自己的意见).

こじ【固辞】 gùcí(固辞). ¶会長就任を～する gùcí huìzhǎng de zhíwù(固辞会长的职务).

こじ【孤児】 gū'ér(孤儿), gūzǐ(孤子). ¶彼は7歳で～になった tā zài qī suì shí chéngle gū'ér(他在七岁时成了孤儿).

こじ【故事】 gùshì(故实), diǎngù(典故), zhǎnggù(掌故). ¶これには～来歴がある zhèli yǒu lìshǐ gùshí(这里有历史故实).

こじ【誇示】 kuāshì(夸示), kuāyào(夸耀), xuànshì(炫示), xuànyào(炫耀). ¶権力を～する xuànyào quánlì(炫耀权力).

ごし【五指】 wǔzhǐ(五指). ¶彼は日本で～に数えられる指揮者だ tā shì zài Rìběn qūzhǐ-kěshǔ de zhǐhuī(他是在日本屈指可数的指挥). ¶該当者は～に余る jùbèi tiáojiàn de yǒu wǔ ge rén yǐshàng(具备条件的有五个人以上).

-ごし【越し】 **1** […を隔てて] gé(隔). ¶窓～に彼の姿が見えた gézhe bōlichuāng kàndàole tā de shēnyǐng(隔着玻璃窗看到了他的身影). ¶垣根～に挨拶をかわす gézhe líba dǎ zhāohū(隔着篱笆打招呼). ¶肩～にのぞきこむ gézhe rén jiāntóur wǎng lǐ chǒu(隔着人肩头儿往里瞅).

2 […にわたる] ¶3年～の懸案が解決した sānniánlái de xuán'àn jiějué le(三年来的悬案解决了).

ごじ【誤字】 cuòzì(错字), biézì(别字), báizì(白字), bǐwù(笔误). ¶この文章は～が多い zhè piān wénzhāng cuòzì duō(这篇文章错字多).

こじあ・ける【こじ開ける】 qiàokāi(撬开). ¶窓を～けて入る qiàokāi chuānghu jìnqu(撬开窗户进去).

こしお【小潮】 xiǎocháo(小潮).

こしかけ【腰掛】 dèngzi(凳子), bǎndèng[r](板凳[儿]), zuòwei[r](坐位[儿]・座位[儿]). ¶～に座る zuòzài dèngzi shang(坐在凳子上). ¶今の会社はほんの～のつもりだ xiànzài de gōngsī zhǐshì wǒ yìshí de qīshēn zhī chù(现在的公司只是我一时的栖身之处).

こしか・ける【腰掛ける】 zuò(坐), zuòxia(坐下). ¶道端の石に～けて休む zuòzài lùpáng de shítou shang xiējiǎo(坐在路旁的石头上歇脚).

こしかた【来し方】 wǎngrì(往日), wǎngxī(往昔). ¶～を顧みる huígù wǎngxī(回顾往昔).

こしき【古式】 ¶式典は～に則って厳かに行われた diǎnlǐ ànzhào gǔlái de yíshì lóngzhòng jǔxíng(典礼按照古来的仪式隆重举行).

こじき【乞食】 qǐgài(乞丐), huāzi(花子・化子), jiàohuāzi(叫花子・叫化子), tǎofànde(讨饭的), yàofànde(要饭的). ¶～に身を落す lúnwéi qǐgài(沦为乞丐). ¶～を3日すればやめられぬ qǐ-

tǎo[tǎoqǐ] sān tiān, dìwáng bú huàn(乞讨[讨乞]三天,帝王不换).¶～根性 liègēnxìng(劣根性)/ jiànggǔtou(贱骨头).

ごしき【五色】 wǔsè(五色), wǔcǎi(五彩).¶～のテープが乱れ飛ぶ wǔcǎi zhǐdài fēiwǔ(五彩纸带飞舞).

こしぎんちゃく【腰巾着】¶彼は社長の～だ shì shèzhǎng de gēnbānrde(他是总经理的跟班儿的).

こしくだけ【腰砕け】¶折角の計画も資金不足で～になった hǎohǎo de jìhuà yě yóuyú quēfá zījīn bàntú ér fèi le(好好的计划也由于缺乏资金半途而废了).

ごしごし ¶洗濯物を～洗う yònglìnr cuōxǐ yīfu(用劲儿搓洗衣服).¶背中をタオルで～こする yòng máojīn shǐjìnr cuō bèi(用毛巾使劲儿搓背).

こしたんたん【虎視眈眈】 hǔ shì dāndān(虎视眈眈).¶～と攻撃の機会をうかがう hǔshì-dāndān de sìjī jìngōng(虎视眈眈地伺机进攻).

こしつ【固執】 →こしゅう.

こしつ【個室】 dānrén fángjiān(单人房间), dānjiān[r](单间[儿]), yǎzuò[r](雅座[儿]).

こしつ【痼疾】 gùjí(痼疾), sùjí(宿疾).

ごじつ【後日】 rìhòu(日后), yìrì(异日), gǎirì(改日), gǎitiān(改天).¶～の証拠として私が預かる wǒ bǎocún lái zuò rìhòu de zhèngjù(我保存来作日后的证据).¶この事については～改めて相談しましょう guānyú zhè jiàn shì gǎitiān zài shāngliang ba(关于这件事改天再商量吧).¶これには～談がある zhè jiàn shì shang hái yǒu yí duàn hòuhuà(这件事上还有一段后话).

こしつき【腰つき】¶しっかりした～で荷をかつぐ yāobǎnr hěn yìngshi de kángzhe xíngli(腰板儿很硬实地扛着行李).

ゴシック【哥特】. ¶～建築 gētèshì jiànzhù(哥特式建筑)/ jiāngǒngshì jiànzhù(尖拱式建筑).～体 gētèzìtǐ(哥特字体)/ hēitǐ(黑体).

こじつ・ける qiānqiǎng(牵强), chuānzáo(穿凿), fùhuì(附会).¶いくら～ようとしてもそれは無理だ nǐ zěnme qiānqiǎng de shuō, nà yě xíngbutōng(你怎么牵强地说,那也行不通).¶君の理屈は～に過ぎない nǐ de shuōfa zhǐ búguò shì"qiānqiǎng[chuānzáo]fùhuì bàle(你的说法只不过是"牵强[穿凿]附会罢了.

ゴシップ xiánhuà(闲话), huàbǐng(话柄), huàbàr(话把儿).

ごじっぽひゃっぽ【五十歩百歩】 wǔshí bù xiào bǎi bù(五十步笑百步), dà tóng xiǎo yì(大同小异), bàn jīn bā liǎng(半斤八两).¶どの案も～だ nǎge fāng'àn dōu bànjīn-bāliǎng(哪个方案都半斤八两).

こしぬけ【腰抜け】 dǎnqiè(胆怯), [人] dǎnxiǎogǔi(胆小鬼), ruǎngǔtou(软骨头), wōnangfèi(窝囊废).¶あいつがあんな～とは思わなかった méi xiǎngdào tā shì nà hàor wōnangfèi(没想到他是那号儿窝囊废).

こしゃく【小癪】¶青二才のくせに～なことを言う yí ge huángkǒu xiǎo'ér shuōhuà zhēn kěhèn(一个黄口小儿说话真可恨).

こしゅ【戸主】 hùzhǔ(户主), hùzhǎng(户长).

こしゅ【固守】 gùshǒu(固守), bǎ zhèndì gùshǒu dào dǐ(把阵地固守到底).

こしゅ【鼓手】 gǔshǒu(鼓手).

こしゅう【固執】 gùzhí(固执), jiānchí(坚持).¶互いに自説を～して譲らない jiānchí zìjǐ de yìjiàn shuí dōu bú ràng shuí(坚持自己的意见谁都不让谁)/ gùzhí jǐjiàn hù bù xiāng ràng(固执己见互不相让).

こじゅうと **1**【小舅】〔夫の兄〕dàbǎizi(大伯子);〔夫の弟〕xiǎoshūzi(小叔子);〔妻の兄〕dàjiùzi(大舅子), xiǎojiùzi(小舅子). **2**【小姑】〔夫の姉〕dàgūzi(大姑子);〔夫の妹〕xiǎogūzi(小姑子), xiǎogūr(小姑儿);〔妻の姉〕dàyízi(大姨子);〔妻の妹〕xiǎoyízi(小姨子).

ごじゅうのとう【五重塔】 wǔcéngtǎ(五层塔).

ごしゅきょうぎ【五種競技】 wǔ xiàng quánnéng yùndòng(五项全能运动).

ごじゅん【語順】 yǔxù(语序), cíxù(词序).¶日本語と中国語とでは～が違う Rìyǔ hé Hànyǔ yǔxù bù tóng(日语和汉语语序不同).

こしょ【古書】 gǔshū(古书), gǔjí(古籍), gùshū(故书), jiùshū(旧书).

ごじょ【互助】 hùzhù(互助).¶～会 hùzhùhuì(互助会).

こしょう【小姓】 shìtóng(侍僮).

こしょう【故障】 **1** gùzhàng(故障), máobing(毛病).¶電車の～で学校に遅れた yóuyú diànchē chū gùzhàng shàngxué chídào le(由于电车出故障上学迟到了).¶船が機関部に～を起した chuán de jīcāng fāshēngle gùzhàng(船的机舱发生了故障).¶機械が～して動かない jīqi chūle máobing bú dòng le(机器出了毛病不动了).¶体に～のある人は参加しなくてよろしい shēntǐ yǒu máobing de rén kěyǐ bù cānjiā(身体有毛病的人可以不参加). **2** zǔzhǐ(阻止), zǔ'ài(阻碍).¶工場建設の計画に～が生じた jiànshè gōngchǎng de jìhuà fāshēngle zǔ'ài(建设工厂的计划发生了障碍).¶会談は～なく進行している huìtán háo wú zǔ'ài, shùnlì de jìnxíngzhe(会谈毫无阻碍,顺利地进行着).¶どこからも～は出なかった bìng méiyǒu rén tíchū yìyì lái(并没有人提出异议).

こしょう【胡椒】 hújiāo(胡椒).¶黒～ hēihújiāo(黑胡椒).白～ báihújiāo(白胡椒).

こしょう【湖沼】 húzhǎo(湖沼), húzé(湖泽).

こじょう【古城】 gǔchéngbǎo(古城堡).

ごじょう【後生】¶～だからそれだけはやめてくれ wǒ gěi nǐ kētóu[nǐ jīdé xiūhǎo], qiānwàn kěbié nàyàng(我给你磕头[你积德修好],千万可别那样).¶彼は母からもらったお守を～大事に身につけている tā bǎ mǔqin gěi tā de hùshēnfú dàngzuò mìnggēnzi, bù lí jīfū(他把母亲给他的护身符当做命根子,不离肌肤).

ごじょう【互譲】 hùràng(互让).¶～の精神

hùràng de jīngshén(互让的精神).

こしょく【古色】 gǔsè(古色). ¶～蒼然たる建物 gǔsè-gǔxiāng de jiànzhù(古色古香的建筑).

ごしょく【誤植】 wùzhí(误植), wùpái(误排). ¶この本は～が多い zhè běn shū wùzhí shèn duō(这本书误植甚多).

こしら・える【拵える】 1〔製作する, 製造する〕zuò(做), zhì(制), zào(造), zhìzào(制造), zhìzào(制造). ¶この工場ではおもちゃを～えている zhè jiā gōngchǎng zhìzào wánjù(这家工厂制造玩具). ¶母におにぎりを～えてもらった jiào mǔqin gěi wǒ zuòle fàntuánzi(叫母亲给我做了饭团子). ¶夏服を1着～える zuò yí jiàn xiàfú(做一件夏服). ¶暇を～えて旅に出る jīchū shíjiān qù lǚxíng(挤出时间去旅行). ¶代を～える chuàng jiāyè(创家业). ¶男[女]を～える zhǎo pīntou(找姘头).

2〔装う〕¶顔を～える huàzhuāng(化妆). ¶身なりを派手に～える dǎbànde huálì(打扮得华丽).

3〔工面する〕¶明日までに50万円～えなければならない dào míngtiān fēiděi chóucuò wǔshí wàn rìyuán bùkě(到明天非得筹措五十万日元不可).

4〔捏造する〕jiǎzào(假造), niēzào(捏造), biānzào(编造), jiǎbiān(假编). ¶話をうまく～えてあいつをだましてやった qiǎomiào de biānzào huǎngyán jiào tā shàngle dàng le(巧妙地编造谎言叫他上了当了). ¶口実を～えて会社をサボる jiǎzào lǐyóu bú shàngbān(假造理由不上班). ¶～え事といずればれる biānzào de zǒng huì lòuxiànr de(编造的总会露馅儿的).

こじら・す【拗らす】 ¶風邪を～して寝込んでしまった gǎnmào jiāzhòng qǐbuláí chuáng le(感冒加重起不来床了). ¶彼のかたくなな態度が事態をいよいよ～した tā nà wángù de tàidu shǐ shìtài gèngjiā xiànrù jiāngjú(他那顽固的态度使事态更加陷入僵局).

こじ・る【抉る】 qiào(撬). ¶箱の蓋を～ってあける bǎ hégàir qiàokāi(把盒盖儿撬开).

こじ・れる【拗れる】 nǐng(拧), bièniu(别扭). ¶話が～れてまとまらない huà shuōnǐngle tánbutuǒ(话说拧了谈不妥). ¶風邪が～れて肺炎になった gǎnmào jiāzhòng, zhuǎnchéngle fèiyán(感冒加重, 转成了肺炎).

こじん【古人】 gǔrén(古人). ¶～の言によれば… jù gǔrén zhī yán …(据古人之言…).

こじん【故人】 gùrén(故人). ¶～の遺志を継ぐ jìchéng gùrén de yízhì(继承故人的遗志).

こじん【個人】 gèrén(个人). ¶～の資格で参加した yǐ 'gèrén[sīrén] de zīgé cānjiā(以'个人[私人]的资格参加). ¶私～としてはその意見に賛成した wǒ gèrén zànchéng nàge yìjiàn(我个人赞成那个意见). ¶～的には彼に何の恨みも持っていない cóng wǒ gèrén lái shuō, duì tā méiyǒu shénme yuànhèn(从我个人来说, 对他没有什么怨恨). ¶成績の～差がはげしい gèrén chéngjī xiāngchà hěn xuánshū(个人成绩相差很悬殊).

¶～教授 dāndú jiàoshòu(单独教授). ～経営 gètǐ jīngyíng(个体经营)/ gètǐhù(个体户). ～主義 gèrénzhǔyì(个人主义).

ごしん【誤診】 wùzhěn(误诊). ¶～のため手当が遅れた yīnwei wùzhěn dānwule yīzhì(因为误诊耽误了医治).

ごしん【誤審】 wùpàn(误判), wùshěn(误审).

ごしん【護身】 hùshēn(护身). ¶～用の短刀 hùshēnyòng duǎndāo(护身用短刀). ¶～術 hùshēnshù(护身术).

こ・す【越す・超す】 1〔山, 川, 障害物などを〕guò(过), yuèguò(越过), chāoguò(超过), fānguò(翻过). ¶あの川を～すと私の村です guò[dùguò]nà tiáo hé jiùshì wǒmen de cūnzi(过[渡过]那条河就是我们的村子). ¶病人は峠を～したようだ bìngrén xiàng shì tuōle xiǎn le(病人像是脱了险了). ¶ボールが塀を～して庭に飛び込んだ qiú yuèguò qiáng diào yuànzili la(球越过墙掉院子里啦).

2〔ある時期を〕guò(过). ¶彼は50歳を～したばかりだ tā wǔshí gāng chūtóur(他五十刚出头儿). ¶このままでは年を～せそうもない zhèmezhe pà guòbuliǎo niánguān le(这么着怕过不了年关了). ¶蛙は冬眠して冬を～す wālèi dōngmián guòdōng(蛙类冬眠过冬).

3〔ある程度を〕guò(过), chāoguò(超过). ¶気温が35度を～す qìwēn chāoguò sānshíwǔ dù(气温超过三十五度). ¶ダムは危険水位を～した shuǐkù de shuǐ chāoguòle wēixiǎn shuǐwèi(水库的水超过了危险水位). ¶3000を～す応募者があった bàomíngzhě chāoguò sānqiān míng(报名者超过三千名).

4〔まさる〕¶君が行ってくれればそれに～したことはない yàoshi nǐ néng qù, nà zài hǎo búguò le(要是你能去, 那再好不过了). ¶やってみるに～したことはない bù yǐxià zǒng bǐ bú shì qiáng(试一下总比不试强).

5〔引っ越す〕bān(搬), qiānyí(迁移). ¶ここに～して来てからもう3年になる bāndào zhèli lái yǐjing yǒu sān nián le(搬到此地来已经有三年了).

こ・す【濾す】 lù(滤), guòlù(过滤). ¶井戸水を～して使う jǐngshuǐ guòlù hòu yòng(井水过滤后用).

こす・い【狡い】 →ずるい.

こすい【湖水】 hú(湖), húpó(湖泊).

こすい【鼓吹】 gǔchuī(鼓吹). ¶革命思想を～する gǔchuī gémìng sīxiǎng(鼓吹革命思想).

こすう【戸数】 hùshù(户数).

こすう【個数】 ¶荷物の～をあらためる chádiǎn xíngli jiànshù(查点行李件数).

こずえ【梢】 shāor(梢儿), shāotóu(梢头), shùshāo(树梢).

コスチューム zhuāngshù(装束), xíngtou(行头), xìzhuāng(戏装). ¶～プレー gǔzhuāngxì(古装戏).

こすっから・い【狡っ辛い】 ¶～い男 jiǎozhà yóuhuá de jiāhuo(狡诈油滑的家伙). ¶～い考え gǔizhǔyi(鬼主意).

コスト 〔原価〕chéngběn(成本), zàojià(造价), gōngběn(工本); 〔値段〕fèiyong(费用), jià-

qian（价钱）．¶生产～を切り下げる jiàngdī chéngběn（降低成本）．¶～を割って売る kuīběn chūshòu（亏本出售）．

コスモス dàbōsījú（大波斯菊），qiūyīng（秋英）．

コスモポリタン shìjièzhǔyìzhě（世界主义者）．

こす・る【擦る】 cā（擦），cuō（搓），róu（揉），mó（磨），cèng（蹭），mǒ（抹）．¶タオルで体を～る yòng máojīn cā shēnzi（用毛巾擦身子）．¶目を～る róu yǎnjing（揉眼睛）．¶鼻水を～る cā bítì（擦鼻涕）．¶手を～って暖める cuō shǒu qǔnuǎn（搓手取暖）．¶錆を～って落す cādiào tiěxiù（擦掉铁锈）．¶馬が鼻面を～りつけてくる mǎ yòng bízuǐ cèng rén（马用鼻嘴蹭人）．

ご・する【伍する】 wéiwǔ（为伍）．¶新人ながらベテランに～する suī shì ge xīnshǒu, què yǔ lǎoshǒu bìngjià-qíqū, dà xiǎn shēnshǒu（虽是个新手，却与老手并驾齐驱，大显身手）．

こせい【個性】 gèxìng（个性）．¶彼女は～が強い tā gèxìng hěn qiáng（她个性很强）．¶～的な fùyǒu gèxìng de rén（富有个性的人）．

ごせい【互生】 hùshēng（互生）．

ごせい【悟性】 wùxìng（悟性）．

こせい【語勢】 yǔqì（语气）．¶～を強めて言う jiāzhòng yǔqì shuō（加重语气说）．

こせいだい【古生代】 gǔshēngdài（古生代）．

こせいぶつ【古生物】 gǔshēngwù（古生物）．

こせがれ【小倅】 xiǎozǐ（小子），xiǎoguǐ（小崽子），máoháizi（毛孩子），xiǎoguǐ（小鬼），xiǎojiāhuo（小家伙），xiǎodōngxi（小东西）．

こせき【戸籍】 hùjí（户籍），hùkǒu（户口）．¶～抄本 hùjí chāoběn（户籍抄本）／ hùkǒu jiélùběn（户口节录本）．～謄本 hùjí téngběn（户籍誊本）／ hùkǒu fùběn（户口副本）．

こせき【古跡】 gǔjì（古迹）．¶～を保存する bǎocún gǔjì（保存古迹）．

こせこせ ¶～した人 xiǎolìxiǎoqi de rén（小里小气的人），xiǎojiāziqì de rén（小家子气的人）．

こせつ【古拙】 gǔzhuō（古拙）．¶石仏の～な味わい shífó de gǔzhuō fēnggé（石佛的古拙风格）．

こぜに【小銭】 língqián（零钱）；xiǎoqián（小钱）．¶あいにく～の持合せがない piānqiǎo méi dài língqián（偏巧没带零钱）．

こぜりあい【小競合い】 xiǎochōngtū（小冲突），xiǎojiūfēn（小纠纷），xiǎojiūgé（小纠葛）．¶今朝前線で～があった jīnzǎo zài qiánxiàn fāshēngle xiǎochōngtū（今早在前线发生了小冲突）．¶水利権をめぐって～が絶えない wéirǎozhe yòngshuǐquán búduàn fāshēng xiǎojiūfēn（围绕着用水权不断发生小纠纷）．

こせん【古銭】 gǔqián（古钱）．

ごせん【五線】 wǔxiàn（五线）．¶～紙 wǔxiànpǔzhǐ（五线谱纸）．～譜 wǔxiànpǔ（五线谱）／ pǔbiǎo（谱表）．

ごせん【互選】 hùxuǎn（互选）．¶委員長は委員の～で選ぶ wěiyuánzhǎng yóu wěiyuán zhōng hùxuǎn（委员长由委员中互选）．

ごぜん【午前】 shàngwǔ（上午），wǔqián（午前），shàngbàntiān[儿]（上半天），qiánbàntiān[儿]（前半天）［儿］，shàngbànshǎng[儿]（上半晌[儿]），qiánbànshǎng[r]（前半晌[儿]），zǎobantiān（早半天儿），zǎobànshǎng（早半晌儿），tóushǎng（头晌），qiánshǎng（前晌）．¶～9時新宿駅6番ホーム集合 shàngwǔ jiǔ diǎn zài Xīnsù zhàn dìliù hào yuètái jíhé（上午九点在新宿站第六号月台集合）．¶～の部は11時半に終る zǎochǎng shíyī diǎn bàn jiù jiéshù（早场十一点半就结束）．¶の仕事は～中に片付けてしまおう zhè jiàn gōngzuò zài shàngbànshǎng gànwán ba（这件工作在上半晌干完吧）．

こせんきょう【跨線橋】 tiānqiáo（天桥）．

こせんじょう【古戦場】 gǔzhànchǎng（古战场）．

-こそ ¶今度～は逃がさぬぞ zhè huí kě bú fànggòu nǐ（这回可不放过你）．¶今日～あいつに思い知らせてやる jīntiān fēiděi ràng tā chángchang wǒ de lìhai（今天非得让他尝尝我的厉害）．¶わたしの求めていたものが～これこそ zhè zhèngshì wǒ suǒ xúnzhǎo de dōngxi（这正是我所寻找的东西）．¶彼に知れたらそれ～大変だ yàoshi jiào tā zhīdao nà kě bùdéliǎo le（要是叫他知道那可不得了了）．¶君のことを思うから～言うのだ guānxīn nǐ cái shuō ne（关心你才说呢）．¶年～若いがなかなかしっかりしている suīshuō hěn niánqīng, kě rén lǎochéng-chízhòng（虽说很年轻，可人老成持重）．¶彼は口に～出さぬがあなたに感謝している tā zuǐli suī bù shuō, kě xīn gǎnxiè nǐ ne（他嘴里虽不说，可很感谢你呢）．¶喜ばれ～すれ迷惑がられるはずはない zhǐ huì shòu huānyíng, bú huì tǎo rén xián de（只会受欢迎，不会讨人嫌的）．¶情容赦もあらば～ háo wú rénqíng（毫无人情）．

こぞう【小僧】 [小坊主] xiǎoheshang（小和尚）；[丁稚] xuétú（学徒），xiǎotúgōng（小徒工），xiǎohuǒji（小伙计）；[こわっぱ] xiǎozi（小子），xiǎozǎizi（小崽子），máoháizi（毛孩子），zázhǒng（杂种），xiǎoguǐ（小鬼），xiǎojiāhuo（小家伙），xiǎodōngxi（小东西）．¶門前の～習わぬ経を読む ěr rú mù rǎn, bù xué zì huì（耳濡目染,不学自会）．

ごそう【護送】 hùsòng（护送），yājiě（押解），yāsòng（押送），jièsòng（解送）．¶囚人を～する yāsòng qiúfàn（押送囚犯）．¶現金を～する jièsòng xiànkuǎn（解送现款）．

ごぞう【五臓】 wǔzàng（五脏），wǔzhōng（五中）．¶酒が～六腑にしみわたる jiǔ shèntòu wǔzàng liùfǔ（酒渗透五脏六腑）．

こそく【姑息】 ¶～な手段を講ずる cǎiqǔ fūyánsèzé de shǒuduàn（采取敷衍塞责的手段）．

ごそくろう【御足労】 ¶わざわざ～いただきまして，ありがとうございます jiào nín láobù[láofán nín pǎole yí tàng]（叫您劳步[劳烦您跑了一趟]实在感谢不尽）．

こそ・げる guādiào（刮掉）．¶釜底のお焦げを～げる guādiào guōbā（刮掉锅巴）．

こそこそ ¶いたたまれなくなって～逃げ出した zuòbuzhù le, tōutōur de liū le（坐不住了,偷偷儿地溜了）．¶陰で～言わずに正々堂々と言いなさい bié zài bèidìli jījīgūgū, dāngmiàn

ごそごそ

shuō ba（別に背地里叽叽咕咕,当面说吧）．¶あいつは陰で～くやっているか知れやしない tā bèizhe rén ˈguǐguì-suìsuì[tōutou-mōmō / gōugoudādā] de bù zhī gǎo shénme（他背着人ˈ鬼鬼祟祟[偷偷摸摸 / 勾勾搭搭]地不知搞什么）．

ごそごそ ¶天井で鼠が～やっている zài dǐngpéng shang hàozi gūcènglai-gūcènqu（在顶棚上耗子咕蹭来咕蹭去）．

こぞって【挙って】 quán（全）, dōu（都）, quándōu（全都）．¶住民は～その計画に反対した jūmín quándōu fǎnduì nàge jìhuà（居民全都反对那个计划）．

こそどろ【こそ泥】 xiǎotōur（小偷儿）．

こそばゆ・い →くすぐったい．

こたい【固体】 gùtǐ（固体）．¶～燃料 gùtǐ ránliào（固体燃料）．

こたい【個体】 gètǐ（个体）．¶～発生 gètǐ fāyù（个体发育）．

こだい【古代】 gǔdài（古代）．¶～史 gǔdàishǐ（古代史）．

こだい【誇大】 kuādà（夸大）．¶～に宣伝する kuādà xuānchuán（夸大宣传）．
¶～妄想狂 kuādàkuáng（夸大狂）．

ごたい【五体】 wǔtǐ（五体）．¶男でも女でも生れてくる子が～満足でありさえすればいい bùguǎn shì nánháir nǚháir, zhǐyào wǔtǐ wánshàn shēngxialai jiù hǎo le（不管是男孩儿女孩儿, 只要五体完善下来就好了）．

こたえ【答】 **1**〔応答〕 huídá（回答）, dáhuà（答话）, dáfù（答复）．¶ノックしたが～がなかった qiāole mén kěshì méiyǒu rén dāying（敲了门可是没有人答应）．¶問いつめられて～に窮した bèi wènzhù dá bu shàng huà lai（被问住答不上话来）．
2〔解答〕dá'àn（答案）．¶次の中から正しい～を選べ cóng xiàmian zhǎochū zhèngquè de dá'àn（从下面找出正确的答案）．¶～は0.5だ[だろう] dáshù[déshù] shì líng diǎn wǔ（答数[得数]是零点五）．

こたえられ・ない【堪えられない】 ¶風呂あがりのビールは～い xǐwán zǎo hòu píjiǔ de zīwèir kě méifǎr shuō（洗完澡后啤酒的滋味儿可没法儿说）．

こた・える【答える・応える】 **1**〔応答する〕dá（答）, huídá（回答）, yìngdá（应答）, zuòdá（作答）, duìdá（对答）．¶名前を呼ばれたので"はい"と～た bèi diǎnle míng, dá "dào!"（被点了名, 答"到!"）．¶私の質問に正直に～えなさい duì wǒ suǒ wèn de lǎolǎoshíshí de huídá（对我所问的老老实实地回答）．
2〔応ずる〕dāyìng（答应）, yìng（应）．¶そんな要求には～えられない nà zhǒng yāoqiú wúfǎ dāyìng（那种要求无法答应）．¶アンコールに～えて1曲歌う yìng tīngzhòng de yāoqiú zài chàng yì shǒu gē（应听众的要求再唱一首歌）．
¶彼は皆の期待に～えて見事優勝した tā bù gūfù dàjiā de qīwàng huòdéle guànjūn（他不辜负大家的期望获得了冠军）．
3〔ひびく〕¶今日の暑さは身に～える jīntiān

zhè rèjìnr shēnzi kě zhēn ˈgòushòu[gòuqiáo / gòuqiàng] de（今天这热劲儿身子可真ˈ够受[够瞧 / 够呛]的）．¶今度の失敗は彼には相当～えたようだ zhè cì shībài kě gòu tā shòu de（这次失败可够他受的了）．¶真情あふれる友の言葉が彼の胸に～えた yǒurén chōngmǎn zhēnqíng de huà chùdòngle tā de xīn（友人充满真情的话触动了他的心）．
4〔解答する〕dá（答）, huídá（回答）．¶次の問に～えよ huídá xiàmian de wèntí（回答下面的问题）．

こだか・い【小高い】 ¶～い丘 xiǎo qiū（小丘）．

こだから【子宝】 ¶彼は～に恵まれている tā zǐnǚ duō, fúqí dà（他子女多, 福气大）．

ごたく【御託】 ¶～を並べる fèihuà liánpiān（废话连篇）．

ごたごた **1** →ごちゃごちゃ．
2〔もめごと〕jiūfēn（纠纷）, jiūgé（纠葛）, fēnzhēng（纷争）．¶夫婦の間で～が起る fūfū zhī jiān fāshēng jiūgé（夫妇之间发生纠葛）．¶会長の席をめぐって～が絶えない wéirào huìzhǎng de xíwèi ˈfēnzhēng bùxiū[lǎo nào jiūfēn]（围绕会长的席位ˈ纷争不休[老闹纠纷]）．

こだし【小出し】 ¶金を～に使う qián yìdiǎndiǎn de yòng（钱一点点地用）．¶～の醤油 xiǎopíng jiàngyóu（小瓶酱油）．

こだち【木立】 shùcóng（树丛）, xiǎoshùlín（小树林）．

こたつ【火燵】 bèilú（被炉）．

こだね【子種】 ¶～が欲しい xiǎng yào ge háizi（想要个孩子）．¶～を宿す yǒuxǐ（有喜）/ yǒu shēnzi（有身子）/ yǒu yùn（有孕）．

ごたぶん【御多分】 ¶～にもれず彼も孫には甘い tā yě bìng bú lìwài duì sūnzi tài gūxī（他也并不例外对孙子太姑息）．

こだま【木霊】 huíshēng（回声）, huíxiǎng（回响）．¶向うの山から～が返ってきた huíshēng cóng qiánmian de shānshang fǎnshè huilai le（回声从前面的山上反射回来了）．¶斧の音が山々に～した kǎn shù de shēngyīn zài shānli ˈhuíxiǎng[huídàng]（砍树的声音在山里ˈ回响[回荡]）．

こだわ・る jūnì（拘泥）, jūzhí（拘执）, zhínì（执泥）．¶彼はまだあの事に～っている tā hái jūnì yú nà jiàn shì（他还拘泥于那件事）．¶あの人とはもう何の～りもなく話せる gēn tā zài yě méi shénme géhé, néng shuōdeshàng huà le（跟他再也没什么隔阂, 能说得上话了）．

こたん【枯淡】 dànbó（淡泊）．¶～の境地 dànbó zhī jìng（淡泊之境）．

ごだんかいひょうか【五段階評価】 wǔfēnzhì（五分制）．

こち【故知】 gùzhì（故智）．¶～に倣（ù）う xiàofǎ gùzhì（效法故智）．

こちこち yìngbāngbāng（硬邦邦）．¶～になった餅 yìngbāngbāng de niángāo（硬邦邦的年糕）．¶面接の時は～に硬くなってしまった kǒushì shí jǐnzhāngsǐ le（口试时紧张死了）．¶君の頭は～だ nǐ zhēn shì ge sǐnǎojīn（你真是个死脑筋）．

ごちそう【御馳走】 měicān(美餐), jiāyáo(佳肴), shèngzhuàn(盛馔), yáozhuàn(肴馔). ¶～をつくる zuò ˇhǎochī[fēngshèng] de cài(做ˇ好吃[丰盛]的菜)／bèi ˇyáozhuàn[shānzhēnhǎicuò / zhēnxiū měiwèi](备ˇ肴馔[山珍海错 / 珍馐美味]). ¶今夜は私が～しましょう jīnwǎn wǒ qǐngkè(今晚我请客). ¶彼に北京料理を～になった wǒ ràole tā yí dùn Běijīngcài(我扰了他一顿北京菜). ¶今日はどうも～様でした jīntiān tāorǎo nín la(今天叨扰您啦). ¶おいしい空気が一番の～です xīnxiān de kōngqì shì zuì hǎo de měicān(新鲜的空气是最好的美餐).

ごちゃごちゃ záluàn(杂乱), língluàn(零乱), luànqībāzāo(乱七八糟), zá qī zá bā(杂七杂八), héng qī shù bā(横七竖八). ¶机の上には雑多な物が～と並べてある zhuōzi shang luànqībāzāo de bǎizhe gè zhǒng dōngxi(桌子上乱七八糟地摆着各种东西). ¶一度に色々な事を言われて頭の中が～になった yíxiàzi shuō nàme duō shìqing, wǒ tóuhūn-nǎozhàng le(一下子说那么多事情,我头昏脑胀了).

こちょう【誇張】 kuāzhāng(夸张), kuādà(夸大). ¶～して言う kuādà qí cí de shuō(夸大其词地说). ¶そう言っても～ではない nàyàng shuō yě búsuàn kuāzhāng(那样说也不算夸张).

ごちょう【語調】 yǔdiào(语调), yǔqì(语气), kǒuqì(口气). ¶厳しい～で叱る yǔqì yánlì de chìzé(语气严厉地斥责). ¶～をやわらげる huǎnhé yǔqì(缓和语气).

こちら 1〔方向〕 zhèbian[r](这边[儿]), zhèr(这儿), zhèli(这里), cǐdì(此地). ¶～を向いてごらん wǎng zhèbianr kànkan(往这边儿看看). ¶川の～が東京都あちら側が神奈川県です hé zhèbianr shì Dōngjīng Dū, nàbianr shì Shénnàichuān Xiàn(河这边儿是东京都,那边儿是神奈川县). ¶どうぞ～へお出で下さい qǐng dào zhèbian lái(请到这边来). ¶～へお出での節は是非お立ち寄り下さい dào cǐdì lái shí qǐng shùnbiàn lái zuòzuo(到此地来时请顺便来坐坐). ¶～にAさんいらっしゃいませんか nín zhèli yǒu wèi A xiānsheng méiyǒu?(您这里有位A先生没有?).
2〔物〕 ～を1ダース下さい zhège gěi wǒ yí dá(这个给我一打). ¶～の方が品物がいい zhèbian de huò zhìliàng yào hǎo diǎnr(这边的货质量要好点儿).
3〔人〕 ¶～はAさんです zhè wèi shì A xiānsheng(这位是A先生). ¶～はいつでも結構です wǒ zhèli shénme shíhou dōu kěyǐ(我这里什么时候都可以). ¶後程～からお電話いたします guò yíhuìr yóu wǒ dǎ diànhuà(过一会儿由我打电话). ¶そちらがその気なら～にも考えがあります nǐ nàyàng, wǒmen yě yǒu wǒmen de xiǎngfa(你们要是那样,我们也有我们的想法).

こぢんまり【小ぢんまり】 ¶老夫婦だけで～と暮している lǎo fūqī guòzhe xiǎorìzi(老夫妻过着小日子). ¶～した部屋 xiǎo ér shūshì de wūzi(小而舒适的屋子).

こつ【骨】 1〔お骨〕 gǔhuī(骨灰). ¶～を拾う shí gǔshí(拾骨殖).
2〔要領〕 mén[r](门[儿]), ménlu(门路), méndao(门道), qiàomén(窍门), qiàomén[r](窍门[儿]), juéqiào[r](诀窍[儿]), mìjué(秘诀), qiǎojìnr(巧劲儿). ¶やっと商売の～をのみこんだ hǎoróngyì cái lǐnghuìle zuò shēngyi de ménlu(好容易才领会了做生意的门路)／zuò mǎimai hǎobù róngyì mōzháo diǎnr ménr le(做买卖好不容易摸着点儿门儿了).

ごつ・い cūdà(粗大), cūzhuàng(粗壮). ¶～い手をしている shǒu yòu cū yòu dà(手又粗又大). ¶～い感じの男 hěn cūzhuàng de hànzi(很粗壮的汉子).

こっか【国花】 guóhuā(国花).
こっか【国家】 guójiā(国家). ¶～機関 guójiā jīguān(国家机关). ¶～権力 guójiā quánlì(国家权力). ¶～公務員 guójiā gōngwùyuán(国家公务员). ¶～試験 guójiā kǎoshì(国家考试). ～独占資本主義 guójiā lǒngduàn zīběnzhǔyì(国家垄断资本主义).
こっか【国歌】 guógē(国歌).
こっかい【国会】 guóhuì(国会). ¶～を召集する zhàokāi guóhuì(召开国会). ¶～議員 guóhuì yìyuán(国会议员). ～議事堂 guóhuì yìshìtáng(国会议事堂).
こづかい【小使】 gōngyǒu(工友), xiàowùyuán(校务员), qínwùyuán(勤务员).
こづかい【小遣】 língyòng(零用), língyòngqián(零用钱), línghuà[r](零花[儿]), língqián(零钱). ¶～をねだる nàozhe yào línghuàr(闹着要零花儿). ¶～稼ぎ zhèng ˇhuóqiánr[wàikuài / wàishuǐ / wàicái](挣ˇ活钱儿[外快 / 外水 / 外财]).
こっかく【骨格】 gǔgé(骨骼), gǔjià(骨架), gǔtoujiàzi(骨头架子). ¶～のたくましい男 shēnqū kuíwěi de hànzi(身躯魁伟的汉子).
こっかん【酷寒】 kùhán(酷寒), yánhán(严寒).
こっき【克己】 kèjǐ(克己), zìzhì(自制). ¶～心が強い kèjǐxīn qiáng(克己心强).
こっき【国旗】 guóqí(国旗). ¶～を掲揚する xuánguà guóqí(悬挂国旗).
こっきょう【国教】 guójiào(国教).
こっきょう【国境】 guójìng(国境), jiāngjiè(疆界). ¶～を守る shǒuwèi guójìng(守卫国境). ¶～を越えて侵入する yuèjìng rùqīn(越境入侵). ¶芸術に～なし yìshù shì méiyǒu guójìng de(艺术是没有国境的).
¶～線 guójìngxiàn(国境线).
こっきん【国禁】 ¶～を犯す wéifàn guójiā jìnlìng(违犯国家禁令).
こっく【刻苦】 kèkǔ(刻苦). ¶～勉励する kèkǔ fènmiǎn(刻苦奋勉).
コック 1〔料理人〕 chúshī(厨师), chúzi(厨子), chúsī(厨司), dàshifu(大师傅). ¶名～ míngchú(名厨).
2〔栓〕 kāiguān(开关). ¶～を開ける dǎkāi kāiguān(打开开关). ¶非常用～ jǐnjí kāiguān(紧急开关).

こづ・く【小突く】 1〔つつく〕tǒng(捅), chuō(戳).¶頭を~く tǒng nǎodaiguāzi(捅脑袋瓜子).
2〔いじめる〕¶上級生に~かれた bèi gāoniánjí qīfu le(被高年级欺负了).

コックピット jiàshǐcāng(驾驶舱).

こっくり¶~とうなずいた diǎnle yīxià tóu(点了一下头).¶母は縫物をしながら~をしている mǔqin féngzhe yīfu dǎdǔnr(母亲缝着衣服打盹儿).

こっけい【滑稽】huájī(滑稽).¶彼はいつも~なことを言って皆を笑わせる tā jìng shuō xiàohua yǐn rén fāxiào(他净说笑话引人发笑).¶あれで芸術家のつもりだから~だ tā zì yǐwéi shì ge yìshùjiā, kě tài huájī le[zhēn kěxiào](他自以为是个艺术家, 可太滑稽了[真可笑]).

こっけん【国権】¶国会は~の最高機関である guóhuì shì guójiā de zuìgāo quánlì jīguān(国会是国家的最高权力机关).
¶~乱用 lànyòng guójiā quánlì(滥用国家权力).

こっこ【国庫】jīnkù(金库), guókù(国库).

こっこう【国交】guójiāo(国交), bāngjiāo(邦交).¶~を結ぶ jiànlì bāngjiāo(建立邦交).
¶~を断絶する duànjué guójiāo(断绝国交).
¶1972年日本は中国と~を回復した yī jiǔ qī èr nián Rìběn hé Zhōngguó huīfùle bāngjiāo(一九七二年日本和中国恢复了邦交).

ごつごうしゅぎ【御都合主義】jīhuìzhǔyì(机会主义).

こっこく【刻刻】¶~と新しい情報が入ってくる shíshíkèkè yǒu xīn de qíngbào chuánlái(时时刻刻有新的情报传来).¶川の水かさが~と増してきた héshuǐ yíkè yíkè de wǎng shàng zhǎng(河水一刻一刻地往上涨).

こつこつ 1〔たゆまず〕¶~働いてためた金 xīnqín láodòng zǎnxià de qián(辛勤劳动攒下的钱).¶毎日~と勉強する měitiān zīzī-bújuàn xuéxí(每天孜孜不倦学习).
2〔ドアを~叩く音がする tīngdào yǒu rén dōngdōng de zài qiāo mén(听到有人冬冬地在敲门).¶夜道に~と靴音がひびく hēidàoshang xiǎngzhe "gēdēng gēdēng"[tuótuó] de píxiéshēng(黑道儿上响着"咯噔咯噔"[橐橐]的皮鞋声).

ごつごつ¶~した岩山 línxún de shíshān(嶙峋的石山).¶~した手 cūzhuàng de shǒu(粗壮的手).

こっし【骨子】dàgāng(大纲).¶法案の~を説明する shuōmíng fǎ'àn de dàgāng(说明法案的大纲).

こつずい【骨髄】gǔsuǐ(骨髓).¶恨み~に徹る hèn rù gǔsuǐ(恨入骨髓)/hèn zhī rù gǔ(恨之入骨)/qiè gǔ zhī chóu(切骨之仇).
¶~炎 gǔsuǐyán(骨髓炎).

こっせつ【骨折】gǔzhé(骨折).¶ころんで足を~した shuāile gēntou, tuǐ gǔzhé le(摔了跟头, 腿骨折了).
¶複雑~ kāifàngxìng gǔzhé(开放性骨折).

こつぜん【忽然】hūrán(忽然), tūrán(突然), yǎnrán(奄然), shūrán(倏然).¶彼は~と消え失せた tā hūrán xiāoshī bújiàn le(他忽然消失不见了).

こつそしょうしょう【骨粗鬆症】gǔzhì shūsōngzhèng(骨质疏松症).

こっそり qiāoqiāo[r] de(悄悄儿地), tōutōu de(偷偷地).¶荷物を~持って行く tōutōur de náchū xíngli(偷偷儿地拿出行李).¶人目を避けて~と会う bìkāi rén mìmì xiānghuì(避开人秘密相会).¶秘密を~と彼に打ち明ける bǎ mìmì qiāoqiāo de gàosu tā(把秘密悄悄地告诉他).

ごっそり¶金庫の中の金を~盗まれた bǎoxiǎnxiāng li de qián bèi tōule ge yīgān-èrjìng(保险箱里的钱被偷了个一干二净).

ごったがえ・す【ごった返す】¶デパートは年末の買物客で~していた bǎihuò gōngsī niándǐ mǎi dōngxi de gùkè mójiān-jiēzhǒng, yōngjǐ bùkān(百货公司年底买东西的顾客摩肩接踵, 拥挤不堪).

ごっちゃ → **ごちゃごちゃ**.

こっちょう【骨頂】tǒudǐng(透顶).¶あんな事をするとは愚の~だ gànchū nà zhǒng shì zhēn hútu tòudǐng le(干出那种事真胡涂透顶了).

こつつぼ【骨壺】gǔhuīguàn(骨灰罐).

こづつみ【小包】bāoguǒ(包裹), yóubāo(邮包).¶~を送る jì yóubāo(寄邮包).

こってり nóng(浓), nónghòu(浓厚).¶~した料理 wèi nóng yóu dà de cài(味浓油大的菜).
¶~油を絞られた hěnhěn de áile yí dùn pīpíng(狠狠地挨了一顿批评).

こっとう【骨董】gǔdǒng(古董·骨董), gǔwán(古玩), bǎowán(宝玩), wénwán(文玩).¶私は~あさりが趣味です wǒ hào xúnzhǎo gǔwán(我好寻找古玩).
¶~屋 gǔwándiàn(古玩店).

こつにく【骨肉】gǔròu(骨肉).¶~相食む争い gǔròu xiāng cán(骨肉相残).¶~を失った悲しみ shīdiào gǔròu de bēitòng(失掉骨肉的悲痛).

こっぱみじん【木端微塵】fěnsuì(粉碎), xīlàn(稀烂), xībàlàn(稀巴烂).¶グラスが~になった bōlibēi zále ge fěnsuì(玻璃杯砸了个粉碎).
¶甘い考えは現実にぶつかって~に打ち砕かれた guòyú lèguān de xiǎngfǎ zài xiànshí miànqián pèngde fěnsuì le(过于乐观的想法在现实面前碰得粉碎了).

こっぱん【骨盤】gǔpán(骨盘), gǔpén(骨盆).

こっぴど・い【こっ酷い】¶いつかあいつを~い目にあわせてやる zǎowǎn yídìng gěi tā ge lìhai kànkan(早晚一定给他个厉害看看).¶甘く見ていたら~くしっぺ返しをくった qīngshì de jiéguǒ fǎn chīle dà kuī(轻视的结果反吃了大亏).

こつぶ【小粒】¶~の丸薬 xiǎolìr de wányào(小粒儿的丸药).¶彼女はバレーボールの選手としては~の方だ tā zuòwéi páiqiú yùndòngyuán suànshì shēncái ǎixiǎo de(她作为排球运动员算是身材矮小的).¶彼は指導者としては~だ tā zuòwéi yí ge lǐngdǎorén qìliàng

xiǎo (他作为一个领导人气量小). ¶山椒は~でもぴりりと辛い huājiāo suī xiǎo, kě má zuǐ (花椒虽小,可麻嘴)/ rén suī xiǎo, kě jīngmíng qiánggàn (人虽小,可精明强干).

コップ【ホ boːlíbēi (玻璃杯), bēizi (杯子). ¶私はビールは~に2杯がせいぜいです píjiǔ wǒ zuì duō yě zhǐ néng hē liǎng bēi (啤酒我最多也只能喝两杯). ¶~1杯の水 yì bēi shuǐ (一杯水).

こっぷん【骨粉】 gǔfěn (骨粉).

こつまく【骨膜】 gǔmó (骨膜). ¶~炎 gǔmóyán (骨膜炎).

ごつん ¶柱に頭を~とぶつけた bǎ tóu zhuàng zài zhùzi shang (把头撞在柱子上).

こて【鏝】 ［左官用の］ mànzi (鏝), mǒzi (抹子), mǒdāo (抹刀); ［裁縫用の］ làotie (烙铁), yùndǒu (熨斗); ［いかけ用の］ làotie (烙铁); ［理髪用の］ tàngfàqián (烫发钳).

ごて【後手】 **1** ¶する事を事々~に回ってうまくいかない shìshì qí màn yì zhāo, zǒng bú shùnlì (事事棋慢一着,总不顺利).
2 ［碁、将棋の］ hòushǒu (后手).

こてい【固定】 gùdìng (固定). ¶このテーブルは床に~してある zhè zhāng zhuōzi gùdìng zài dìbǎn shang (这张桌子固定在地板上). ¶~観念にとらわれる shòu gùdìng guānniàn de shùfù (受固定观念的束缚). ¶この店は~客が多い zhè jiā shānghào shúkè duō (这家商号熟客多).
¶~給 gùdìng gōngzī (固定工资). ~子 dìngzǐ (定子). ¶~資産 gùdìng zīchǎn (固定资产). ~資本 gùdìng zīběn (固定资本).

こてきたい【鼓笛隊】 gǔdí yuèduì (鼓笛乐队).

こてこて ¶髪にポマードを~つける mǎntóu tóuyóu (抹上满头头油). ¶~と化粧する túzhī mǒfěn zhuāngbàn nóngyàn (涂脂抹粉装扮浓艳)/ dǎban de yóutóu-fěnmiàn (打扮得油头粉面).

ごてごて ¶~した飾りつけ huālihúshào de zhuāngshì (花里胡哨的装饰). ¶いつまで~と不平を並べているんだ bié xùxùdāodāo de fā láosāo méi ge wán (别絮絮叨叨地发牢骚没个完).

こてさき【小手先】 ¶~の仕事では真の芸術は生れない zhǐ kào shǒutóushang de jìshù shì chǎnshēng bu chū zhēnzhèng de yìshù lái de (只靠手头上的技术是产生不出真正的艺术来的).

こてしらべ【小手調べ】 ¶~にちょっと走ってみる xiān pǎopao shì yi shì (先跑跑试一试).

こてん【古典】 gǔdiǎn (古典). ¶《万葉集》は日本文学の~である 《Wànyèjí》 shì Rìběn de gǔdiǎn wénxué (《万叶集》是日本的古典文学). ¶経済学の~の名著 jīngjìxué de gǔdiǎn míngzhù (经济学的古典名著).
¶~主義 gǔdiǎn zhǔyì (古典主义). ~派経済学 gǔdiǎn jīngjìxué (古典经济学).

こてん【個展】 gèzhǎn (个展). ¶~を開く jǔbàn ge zhǎn (举办个展).

ごてん【御殿】 ¶~のような家 gōngdiàn bān de fángzi (宫殿般的房子).

こてんこてん ¶反論しようとして逆に~にやられた xiǎng fǎnbó, jiéguǒ bèi pīde tǐ wú wánfū (想反驳,结果被批得体无完肤).

こと【事】 **1** ［出来事,大事］ shì[r] (事[儿]), shìqing (事情). ¶昨日は色々な~があった zuótiān ▼pèngdào[fāshēng]le zhǒngzhǒng shìqing (昨天▼碰到[发生]了种种事情). ¶どんな~かあっても出席します jiùshì yǒu shénme shì yě yídìng chūxí (就是有什么事也一定出席). ¶そもそも~の起りはこうだ shìqing de qǐyīn shì zhèyàng de (事情的起因是这样的).
¶もし失敗したら~だ yàoshi shībài le, kě budéliǎo (要是失败了,可不得了). ¶一朝~ある時は… yídàn[yìyǒu] yǒu shì (一旦[一朝]有事…). ¶~あれかしと待ち構える zhǐ pànzhe qǐ fēngbō nào shìduān (直盼着起风波闹事端). ¶世の非難を~ともせず彼は創作に専念した tā bùgù wéishèi de fēinàn, zhuānxīn máitóu chuàngzuò (他不顾世上的非难,专心埋头创作).

2 ［事情,事態］ ¶~によると今夜は帰れない jīnwǎn huòxǔ bùnéng huílai (今晚或许不能回来). ¶~もあろうに私が選ばれようとは méi xiǎngdào wǒ jūrán bèi xuǎnshang le (没想到我居然被选上了). ¶そんな~では成功は覚束ない nàyàng kě méiyǒu chénggōng de xīwàng (那样可没有成功的希望). ¶~ここに至ってはどうしようもない shì dào rújīn shǒu zú wú cuò (事到如今手足无措).

3 ［事柄,内容］ shì[r] (事[儿]). ¶子供の~が心配だ háizi de shì jiào rén dānxīn (孩子的事叫人担心). ¶山の~なら彼が詳しい yǒuguān dēngshān de shì tā hěn shúxī (有关登山的事他很熟悉). ¶あの人の~だから間違いない tā nàge rén jué bú huì chūcuòr (他那个人绝不会出错). ¶私とした~が うかつだった wǒ zhè shì zěnme gǎo de jìng shūhu le (我这是怎搞的竟疏忽了). ¶馬鹿な~を言うな bié húshuōbādào (别胡说八道)/ bié xiāchě (别瞎扯). ¶こんな~も話し合った zhèyàng de shì yě shāngliangguo (这样的事也商量过). ¶~は何の~か分らない wǒ kě bù zhīdào shì zěnme huí shì (我可不知道是怎么回事). ¶私にできる~なら何をでも致します zhǐyào wǒ néng zuò de shì, wǒ yídìng jìnlì ér wéi (只要我能做的事,我一定尽力而为). ¶驚いた~に彼は魯迅を知らない zhēn yìwài, tā jìngrán bù zhīdào Lǔ Xùn (真意外,他竟然不知道鲁迅). ¶行く~は行くが遅れるかもしれない qù shì qù, huòxǔ chí qù yíhuìr (去是去,或许迟去一会儿).

4 ［場合］ ¶朝食をとらずに出勤する~もある yě yǒushí bù chī zǎofàn shàngbān (也有时不吃早饭上班). ¶彼とは顔を合せる~はあってもめったに話はしない yǒushí hé tā jiànmiàn, dàn hěn shǎo shuōhuà (有时和他见面,但很少说话).

5 ［経験］ ¶私はまだ飛行機に乗った~がない wǒ hái méi zuòguo fēijī (我还没坐过飞机). ¶彼とは以前に1度会った~がある cóngqián gēn tā jiànguo yí miàn (从前跟他见过一面).

6【習慣】 ¶夜10時には寝る～にしている wǒ wǎnshang shí diǎn shàngchuáng shuìjiào(我晚上十点上床睡觉). ¶夏休みは家族そろって旅行する～にしている měiféng shǔjià yìjiārén zǒng yìqǐ qù lǚxíng(每逢暑假一家人总一起去旅行).

7【必要, 理由】 ¶何もそう急ぐ～はない yòngbuzháo nàme 'jí[gǎn／zháohuāng](用不着那么'急[赶／着慌]). ¶君が彼に謝る～はない nǐ wúxū xiàng tā xièzuì(你无须向他谢罪)／nǐ yòngbuzháo xiàng tā dàoqiàn(你用不着向他道歉).

8【…のが最上だ】 ¶合格したければよく勉強する～だ xiǎng kǎoshàng jiù hǎohǎo yònggōng ba(想考上就好好用功吧). ¶風邪を早くなおすには寝ている～だ yào xiǎng jǐnkuài zhìhǎo gǎnmào, zuì hǎo shì tǎngzhe xiūxi(要想尽快治好感冒, 最好是躺着休息).

9【伝聞】 ¶北海道にはもう初雪が降ったという～だ tīngshuō Běihǎi Dào yǐ jiàngle chūxuě(听说北海道已降了初雪). ¶彼女はすっかり元気になったという～だ jùshuō tā wánquán huīfùle jiànkāng(据说她完全恢复了健康).

10【効果】 ¶さすがに金をかけただけの～はある qián méi báihuā, zhēn búcuò(钱没白花, 真不错). ¶来ただけの～はあった méiyǒu báilái, yǒule shōuhuò(没有白来, 有了收获).

11【決定, 結果】 ¶彼には明日会う～になった gēn tā yuēdìng míngtiān jiànmiàn(跟他约定明天见面). ¶結局進学する～にした zuìhòu juédìng shēngxué le(最后决定升学了). ¶2人はいよいよ結婚する～となった liǎng ge rén zhōngyú yào jiéhūn le(两个人终于要结婚了). ¶結局100万円だけの～になる guīgēn-jiédǐ[dàotóulái] kuīle yìbǎi wàn rìyuán(归根结底[到头来]亏了一百万日元).

12【要求, 命令】 ¶印鑑持参の～ wùbì dài chuōzi(务必带戳子). ¶今月中に納付の～ wùbì zài běnyuè nèi jiǎonà(务必在本月内缴纳). ¶道路で遊ばない～ bùxǔ zài lùshàng wánr(不许在路上玩儿).

13¶次師長～山本長五郎 Cìlángcháng jí Shānběn Chángwǔláng(次郎长即山本长五郎). ¶卑怯者とはお前のことだ～だ běibǐ de jiāhuo jiùshì nǐ(卑鄙的家伙就是你). ¶私～この度転勤致すことになりました wǒ běnrén zhè cì diàodòng gōngzuò(我本人这次调动工作).

こと【異】 ¶私は彼とは考えを～にする wǒ gēn tā xiǎngfa bù tóng(我跟他想法不同). ¶攻守所を～にする gōng shǒu yì wèi(攻守易位).

こと【琴】 héqín(和琴). ¶～を弾く tán héqín(弹和琴).

こと【古都】 gùdū(故都), gǔdū(古都).

こと【糊塗】 fúyan(敷衍), tángsè(搪塞). ¶一時を～する fúyan yìshí(敷衍一时). ¶失敗を～する yǎnshì shībài(掩饰失败).

-ごと ¶車～谷底へ落ちて行った lián chē dài rén gǔnxià shāngǔli le(连车带人滚下山谷里了). ¶りんごを皮～かじる píngguǒ dài pír chī(苹果带皮儿吃).

-ごとに【毎】 ¶会う人～に挨拶を交す féng rén biàn dǎ zhāohū(逢人便打招呼). ¶日曜～に山に行く měiféng xīngqīrì páshān qù(每逢星期日爬山去). ¶電車は5分～に出る diànchē měi gé wǔ fēnzhōng fāchē(电车每隔五分钟发车). ¶5人～にグループを作る měi wǔ rén biān yì zǔ(每五人编一组). ¶2年～に契約を更新する měi liǎng nián chóngxīn dìng hétong(每两年重订合同). ¶一雨～に春めいてくる měi yízhèn yǔ zēngtiān yì fān chūnyì(每一阵雨增添一番春意)／yì cháng chūnyǔ yì cháng nuǎn(一场春雨一场暖). ¶彼女は会う度～に美しくなる měiféng yǔ tā xiāngjiàn juéde yí cì bǐ yí cì piàoliang(每逢与她相见觉得一次比一次漂亮).

ことあたらし・い【事新しい】 ¶彼の話に～いところはなかった tā de huà bìng méi shénme xīnxiān de(他的话并没什么新鲜的). ¶今更～く言うまでもない yòngbuzháo zài shuō(用不着再说).

ことう【孤島】 gūdǎo(孤岛).

こどう【鼓動】 bódòng(搏动), tiàodòng(跳动). ¶心臓の～が激しくなる xīnzàng tiàodòng jiājù(心脏跳动加剧).

こどうぐ【小道具】 xiǎodàojù(小道具).

ことか・く【事欠く】 quēshǎo(缺少), quēfá(缺乏), bùzú(不足). ¶研究材料には～かない yánjiū cáiliào kě bù quē(研究材料可不缺). ¶その日の食事にも～く有様だ jiù lián dāngtiān yě jiēbukāi guō(就连当天也揭不开锅)／chī shàng dùn méi xià dùn(吃上顿没下顿)／yōng sūn bú jì(饔飧不继). ¶言う～いて俺を無能呼ばわりするとは jìng shuō wǒ shì wōnangfèi, zhēn qǐyǒucǐlǐ!(竟说我是窝囊废, 真岂有此理!).

ことがら【事柄】 shìqing(事情), shìyóu(事由), shìtài(事态), qíngkuàng(情况), qíngshì(情势), qíngyóu(情由), qíngxíng(情形). ¶見てきた～ kàndào de qíngxíng(看到的情形). ¶重要な～ zhòngyào de shìyóu(重要的事由). ¶信用に関わる～には触れない yǒuguān xìnyòng de qíngshì bú chùjí(有关信用的情事不触及). ¶～によっては… gēnjù qíngkuàng…(根据情况…).

ことき・れる【事切れる】 duànqì(断气). ¶医者が駆けつけた時には既に～れていた yīshēng gǎndào shí, yǐjing duànqì le(医生赶到时, 已经断气了).

こどく【孤独】 gūdú(孤独), gūdān(孤单). ¶～な生涯を送った guòle gūdú de yìshēng(过了孤独的一生).

¶～感 gūdúgǎn(孤独感).

ごとく【五徳】 huǒjiàzi(火架子), huǒzhīzi(火支子).

ことごとく【悉く】 ¶資料は～調べ尽した zīliào quánbù chábian le(资料全部查遍了). ¶議案は～否決された yì'àn yígègè quán bèi fǒujué le(议案一个个全被否决了).

ことごとし・い【事事しい】 xiǎo tí dà zuò(小题大做), dà jīng xiǎo guài(大惊小怪). ¶何も

そんなに~く騒ぎたてることはない yòngbuzháo nàme dàjīng-xiǎoguài (用不着那么大惊小怪).

ことごとに【事毎に】 shìshì (事事). ¶あの2人は~対立する tāmen liǎ shìshì xiāng duìlì (他们俩事事相对立). ¶彼女は~文句をつける tā duì shénme dōu yào tiāocìr (她对什么都要挑刺儿).

ことこまか【事細か】 yì wǔ yì shí (一五一十), xiángxiángxìxì (详详细细). ¶事件の経緯を~に報告する yīwǔ-yīshí de bàogào shìjiàn de yuánwěi (一五一十地报告事件的原委); bǎ shìjiàn de jīngguò xiángxiáng-xìxì de zuòle bàogào (把事件的经过详详细细地做了报告).

ことさら【殊更】 **1**〔故意に〕yǒuyì (有意), gùyì (故意). ¶君は~私にたていうとしか思えない wǒ zhǐ néng rènwéi nǐ shì yǒuyì xiàng wǒ fǎnkàng (我只能认为你是有意向我反抗). ¶彼女は~悲しい顔をしてみせた tā gùyì xiǎnchū hěn bēishāng de yàngzi (她故意显出很悲伤的样子).
2〔格別に〕tèbié (特别), gébié (格别). ¶彼の声は~よく響く tā de shēngyīn géwài xiǎngliàng (他的声音格外响亮). ¶~問題にすべき点はなさそうだ kànlai méiyǒu shénme zhíde tèbié tíchūlai de wèntí (看来没有什么值得特别提出来的问题).

ことし【今年】 jīnnián (今年), běnnián (本年), jīnzī (今兹). ¶~は雪が少ない jīnnián xuě bù duō (今年雪不多). ¶東京へ来て~で5年目だ lái Dōngjīng jīnnián yǐjing shì dìwǔ nián le (来东京今年已经是第五年了). ¶~中にはこの仕事を完成させたい xiǎng zài jīnnián nèi wánchéng zhège gōngzuò (想在今年内完成这个工作).

ごと・し【如し】 rú (如), yóu (犹), sì (似), bān (般). ¶左記の~く決定した juédìng rú zuǒ (决定如左). ¶彼は眠るが~く安らかに死んだ tā yóurú rùshuì, ānxiáng de sǐ le (他犹如入睡, 安详地死了). ¶お前~きに負けてたまるか shūgěi nǐ zhè hào rén, nà cái guài ne (输给你这号人, 那才怪呢).

こと・りる【事足りる】 gòu (够), zúgòu (足够). ¶さしあたり10万円あれば~りる zànqiě yǒu shíwàn rìyuán jiù gòu le (暂且有十万日元就够了). ¶娘がいるので身の回りのことは~りる yǒu nǚ'ér zài, shēnbiān de shì méiyǒu shénme búbiàn de (有女儿在, 身边的事没有什么不便的).

ことづか・る【言付かる】 ¶先生から伝言を~ってきた lǎoshī tuō wǒ gěi nǐ "dàiláile ge kǒuxìn[chuán ge huà]" (老师托我给你"带来了个口信[传个话]"). ¶手紙を~った tā tuō wǒ dàiláile yī fēng xìn (她托我带来了一封信).

ことづけ【言付け】 kǒuxìn (口信). ¶A さんから~を頼まれて来ました lǎo A jiào wǒ dài ge kǒuxìn gěi nǐ (老A叫我带个口信给你).

ことづ・ける【言付ける】 ¶昨日人にあずけておきましたが聞きましたか zuótiān tuō rén gěi nǐ shāole ge kǒuxìn, nǐ zhīdao le ma? (昨天托人给你捎了个口信, 你知道了吗?). ¶ついでだから手紙を~けよう shùnbiàn tuō tā bǎ xìn dàiqu (顺便托他把信带去). ¶妹に両親へのプレゼントを~けた bǎ sònggěi shuāngqīn de lǐwù tuōgěi mèimei de dài qù (把送给双亲的礼物托给妹妹带去).

ことづて【言伝】 **1**〔伝言〕kǒuxìn[r] (口信[儿]), dàihuà[r] (带话[儿]), shāohuà (捎话). ¶母からの~を兄に伝える bǎ mǔqīn de kǒuxìn zhuǎngào gēge (把母亲的口信转告哥哥).
2〔伝聞〕chuánwén (传闻), chuánshuō (传说), chuányán (传言). ¶彼と結婚したことを~に聞いた tīng rén shuō tā jiéhūn le (听人说她结婚了).

ことなかれしゅぎ【事勿れ主義】 duō yī shì bùrú shǎo yī shì (多一事不如少一事), bù qiú yǒu gōng, dàn qiú wú guò (不求有功, 但求无过).

ことな・る【異なる】 bùtóng (不同), bù xiāngtóng (不相同), bù yīyàng (不一样). ¶風俗習慣は土地によって~る fēngsú xíguàn yīn dì ér yì (风俗习惯因地而异). ¶他と比較して特別~った点はない gēn qítā bǐjiào qilai, bìng méiyǒu tèbié bùtóng de dìfang (跟其他比较起来, 并没有特别不同的地方).

ことに【殊に】 tèbié (特别), géwài (格外), fènwài (分外), yóuqí (尤其). ¶今日は~変わったともなく過ぎた jīntiān bìng méiyǒu shénme yìwài, píng'ān guòqu le (今天并没有什么意外, 平安过去了). ¶私は果物が好きだが~柿がきだ wǒ xǐhuan chī shuǐguǒ, yóuqí shì shìzi (我喜欢吃水果, 尤其是柿子). ¶中秋の月は~明るい zhōngqiū zhī yuè fènwài míng (中秋之月分外明).

ことのほか【殊の外】 tèbié (特别), géwài (格外), yìwài (意外). ¶彼は~元気で私も安心した kàndào tā tèbié jīngshen jiù fàngle xīn le (看到他特别精神就放了心了). ¶今年の冬は~寒い jīnnián de dōngtiān géwài lěng (今年的冬天格外冷).

ことば【言葉】 huà (话), huàyǔ (话语), yányǔ (言语), yǔyán (语言), yáncí (言辞·言词), cí[r] (词[儿]), zìyǎn[r] (字眼[儿]). **1**〔言葉が, 言葉〕¶中国へ行った時~が通じなくて困った dào Zhōngguó qù de shíhou yányǔ bù tōng, kě zhēn méi bànfǎ (到中国去的时候言语不通, 可真没办法). ¶適当な~が見付からない zhǎobudào shìdàng de zìyǎn (找不到适当的字眼). ¶そう言われて彼女は返す~がなかった bèi nàme yī shuō, tā jiù wú yán yǐ duì le (被那么一说, 她就无言以对了). ¶君少し~が過ぎるぞ nǐ shuōde yǒudiǎnr tài guòhuǒr le (你说得有点儿太过火了)/nǐ shuōhuà kě bié bù liúqíng (你说话可别不留情). ¶父親に向かってその~は何だ gēn fùqin jìng shuō nà zhǒng huà (跟父亲竟说那种话).
2〔言葉の〕¶この~の意味を教えて下さい qǐng gàosu wǒ zhège cír de yìsi (请告诉我这个词儿的意思). ¶それは~のあやにすぎない zhǐ búguò shì wánnòng cuòcí bàle (那只不过是玩弄措词罢了). ¶彼が嫌がっていることは~

ことばじり

の端からうかがえた tā xīnlǐ bú yuànyì, cóng tā huàchár kěyǐ juéchá (他心里不愿意,从他话茬ル可以觉察). ¶ちょっとした～の行き違いが誤解を生じた yóuyú yán chà yǔ cuò fāshēngle wùhuì (由于言差语错发生了误会).

3【言葉に】 ¶彼の力強い～に励まされた bèi tā nà qiángyǒulì de miǎnlìhuà suǒ gǔwǔ (被他那强有力的勉励话所鼓舞). ¶問い つめられて～に窮した bèi wènzhù méi cír le (被问住没词ル了). ¶あの人の～にはお国訛がある tā nàge rén shuōhuà yǒu dìfang kǒuyīn (他那个人说话有地方口音). ¶彼女の～には刺がある tā huàli dài cìr (她话里带刺ル). ¶お～に甘えて帰らせていただきます xièxie nín de hǎoyì, wǒ xiān gàocí le (谢谢您的好意,我先告辞了).

4【言葉を】 ¶彼は思いきって彼女に～をかけた tā fàngkāi dǎnzi xiàng tā zhāohule yì shēng (他放开胆子向她招呼了一声). ¶彼とは挨拶するだけで～を交えたことはない hé tā zhǐ jiànmiàn dǎda zhāohu, méiyǒu guòguo huà (和他只见面打打招呼,没有过过话). ¶甘い～をささやく fù'ěr tián yán mì yǔ (附耳甜言蜜语). ¶～を尽して友を慰めた yòngjìn suǒyǒu de huà quànwèi péngyou (用尽所有的话劝慰朋友). ¶少し～を慎みなさい nǐ kě yào yáncí jǐnshèn yìxiē (你可要言词谨慎一些)/ jiǎnghuà jiǎng kèqi yìdiǎnr (讲话讲客气一点ル). ¶彼は途中まで言って～を濁した tā bǎ huà shuōle bànjiér jiù hánhu qí cí le (他把话说了半截ル就含糊其辞了). ¶推薦の～を書いてもらう qǐng tā bāng xiě tuījiàn zhī cí (请他帮写推荐之辞). ¶お祝の～を述べる zhì hècí (致贺词). ¶～をおぎなう bǔchōng jǐ jù (补充几句).

5¶この嬉しさは～では表せない zhège xǐyuè shì yòng yǔyán wúfǎ biǎodá de (这个喜悦是用语言无法表达的). ¶お～ですがそれは違います suīrán shì nín de huà, nà yě bú duì (虽然是您的话,那也不对). ¶～巧みに誘う huāyánqiǎoyǔ de quànyòu rén (花言巧语地劝诱人). ¶～少なに語る huàyǔ bù duō (话语不多)/ huàshǎo yǔjiǎn (话少语简)/ yánjiǎn yìgāi (言简意赅).

ことばじり【言葉尻】 ¶～をとらえて非難する tiāo[kōu] rénjia de zìyǎnr fēinàn rén (挑[抠]人家的字眼ル非难人).

ことばづかい【言葉遣い】 ¶～に気をつけなさい huàyǔ cuòcí yào zhùyì diǎnr (话语措词要注意点ル). ¶あの人は～が丁寧で話し方に気品がある nàge rén shuōhuà hěn kèqi (那个人说话很客气).

ことほ・ぐ【寿ぐ】 qìnghè (庆贺), qìngzhù (庆祝), zhùhè (祝贺). ¶新年を～ぐ qìnghè xīnnián (庆贺新年).

こども【子供】 háizi (孩子), háir (孩ル), xiǎoháir (小孩ル), xiǎoháizi (小孩子), xiǎoérnr (小人ル), wáwa (娃娃), wázi (娃子), xìyázi (细伢子), bèngdòur (蹦豆ル). ¶～ができた yǒule háizi le (有了孩子了)/ yǒule yùn le (有了孕了). ¶～が生れた háizi chūshēng le (孩子出生了). ¶3人の～を育て上げた bǎ sān ge háizi fǔyǎng chéng rén (把三个孩子抚养成人).

～達が元気に遊んでいる háizimen huópo de wánrzhe (孩子们活泼地玩ル着). ¶～の頃の思い出 xiǎoshíhou de huíyì (小时候的回忆). ¶～は風の子 háizi fēngli shēng fēngli zhǎng, bú pà fēnghán (孩子风里生风里长,不怕风寒). ¶～のけんかに親が出る háizi dǎjià diēmā chūchǎng (孩子打架爹妈出场). ¶彼女は～好きだ tā xǐhuan háizi (她喜欢孩子). ¶～らしくないことを言う shuō bú xiàng háizi shuō de huà (说不像孩子说的话). ¶彼はとても～っぽい tā hái hěn háiziqì ne (他还很孩子气呢). ¶～向けの絵本 wèi értóng wéi duìxiàng de liánhuánhuà (以儿童为对象的连环画). ¶～向け番組 értóngjiémù (儿童节目). ¶～心にも悲しかった lián yòu'ér de xīnlíng yě juéde nánguò (连幼儿的心灵也觉得难过). ¶人を～扱いする bǎ rén dàng háizi kàndài (把人当孩子看待). ¶そんな～騙しにのるものか shuí shàng nà zhǒng piàn háizi de dàng (谁上那种骗孩子的当).

こともなげ【事もなげ】 ruò wú qí shì (若无其事), háo bú jièyì (毫不介意), búzàihu (不在乎). ¶彼女は～に言ってのけた tā háo bú jièyì de shuō chūlái (她毫不介意地说了出来).

ことよ・せる【事寄せる】 jiǎtuō (假托), tuītuō (推托), jièkǒu (借口), jiègù (借故). ¶見舞に～せて訪問する jiǎtuō kànwang bìngrén qù bàifǎng (假托看望病人去拜访).

ことり【小鳥】 xiǎoniǎo (小鸟).

ことわざ【諺】 yànyǔ (谚语), súyǔ (俗语), súhuà (俗话), chángyán (常言).

ことわり【断り】 **1**【拒絶, 辞退】 jùjué (拒绝), xièjué (谢绝). ¶～の手紙が来た láile xièjué de xìn (来了谢绝的信). ¶そんな話はこちらから～で私の方で拒絶する nà zhǒng shì yóu wǒfāng jùjué (那种事由我方拒绝).
2【予告】 ¶これについては何の～もなかった guānyú zhè jiàn shì méiyǒu shénme zhāohu (关于这件事没有什么招呼). ¶～なしに欠席されては困る shìxiān bù shuō yìshēng jiù quēxí bù xíng bùxíng (事先不说一声就缺席不可行).

ことわ・る【断る】 **1**【拒絶する, 辞退する】 huíjué (回绝), jùjué (拒绝), xièjué (谢绝), cíxiè (辞谢), tuījué (推辞). ¶招待を～る xièjué yāoqǐng (谢绝邀请). ¶借金を申し込んだがきっぱりと～られた xiàng tā jiè qián, bèi yìkǒu jùjué le (向他借钱,被一口拒绝了). ¶ホテルは満員で～られた fàndiàn kè mǎn bèi jùjué le (饭店客满被拒绝了). ¶彼の援助は～ることにする tā de zīzhù wǒ xiǎng cíxiè (他的资助我想辞谢). ¶先生の頼みなので～りにくい yīnwei shì lǎoshī de qǐngqiú, bùhǎo huíjué (因为是老师的请求,不好回绝). ¶～りきれなくて委員を引き受けた wúfǎ tuīcí zhǐhǎo jiēshòule wěiyuán yì zhí (无法推辞只好接受了委员一职). ¶あの家庭教師は～った方がいい nàge jiātíng jiàoshī zuìhǎo cítuì le (那个家庭教师最好辞退了). ¶駐車お～り jìnzhǐ tíngchē (禁止停车). ¶掛売り一切お～り gài bù shēqiàn (概不除欠).

2〖予告する，了解を得る〗¶時間の都合で一部カットして放映することをあらかじめお断りします yóuyú shíjiān de guānxi jiǎnjí yíbùfen fàngyìng, tè cǐ yùgào（由于时间的关系剪辑一部分放映，特此预告）.¶それならそうと一言～してくれればよかったのに yàoshi nàyàng, shìxiān zhāohu yìshēng jiù hǎo le（要是那样，事先招呼一声就好了）.¶上司に～して早退した xiàng shàngsi shuōle yìshēng zǎotuì le（向上司说了一声早退了）.¶誰に～ってそんな事をしたのか shuí yǔnxǔ nǐ gàn nà zhǒng shì de（谁允许你干那种事的）.

こな〖粉〗fěn（粉）, miànr（面儿）, miànzi（面子）, fěnmò（粉末）; miàn（面）, miànfěn（面粉）〈主に穀物の〉.¶豆を挽いて～にする bǎ dòuzi mòchéng miàn（把豆子磨成面）.¶～おしろい fěn（粉）/ xiāngfěn（香粉）. ～石鹸 féizàofěn（肥皂粉）. ～ミルク nǎifěn（奶粉）.

こなぐすり〖粉薬〗yàofěn（药粉）, yàomiàn[r]（药面儿）.

こなごな〖粉粉〗fěnsuì（粉碎）, xīlàn（稀烂）, xībālàn（稀巴烂）.¶コップが～に割れた bēizi shuāide fěnsuì（杯子摔得粉碎）.

こなし ¶彼女は身の～が軽やかだ tā shēn qīng rú yàn（她身轻如燕）/ tā shēnzi hěn qīngqiǎo（她身子很轻巧）.

こな・す¶体が衰弱して食べた物を～す力がない shēntǐ shuāiruòde méiyǒu xiāohuà chīshi de nénglì（身体衰弱得没有消化吃食的能力）.¶これだけの仕事を1日で～すのはきつい zhème duō huór yì tiān zuòwán kě chīlì（这么多活儿一天做完可吃力）.¶数で～して儲ける yǐ xiāoshòu shùliàng huòlì（以销售数量获利）/ bólì duōxiāo（薄利多销）.¶彼は3か国語を自由に～す tā sān zhǒng wàiyǔ yùnyòng zìrú（他三种外语运用自如）.¶あの女優はどんな役でも器用に～す nàge nǚyǎnyuán shénmeyàng de juésè dōu ná de xiàlái（那个女演员什么样的角色都拿得下来）.

こなみじん〖粉微塵〗→こっぱみじん.

こなゆき〖粉雪〗fěnmòxuě（粉末雪）.

こな・れる ¶～れやすい物を食べさせて上げなさい gěi tā chī yì xiāohuà de dōngxi（给他吃易消化的东西）.¶よく～れた文章 jīngliàn de wénzhāng（精练的文章）.¶せりふがまだ～れていない táicí hái bù shúliàn（台词还不熟练）/ táicí liànde hái bú dàojiā（台词练还不到家）.

コニャック Kēniākè báilándì（科涅克白兰地）.

ごにん〖誤認〗cuòrèn（错认）, wùrèn（误认）.¶味方を敵と～して発砲した bǎ yǒujūn wùrèn wéi dírén kāile pào（把友军误认为敌人开了炮）.

こにんずう〖小人数〗¶～の集り rén bù duō de xiǎo jùhuì（人不多的小聚会）.

こぬかあめ〖小糠雨〗máomaoyǔ（毛毛雨）, niúmáo xìyǔ（牛毛细雨）, méngméng xìyǔ（蒙蒙细雨）.

コネ ménlu（门路）, ménzi（门子）, lùdào（路道）, lùzi（路子）.¶～をつける zǒu ménlu（走门路）/ zhǎo ménzi（找门子）/ tōng lùzi（通路子）/ tuō ménzi, lā guānxi（托门子，拉关系）/ zǒu hòuménr（走后门儿）.¶親父の～でこの会社に入った kào fùqin de ménlu jìnle zhè yì jiā gōngsī（靠父亲的门路进了这一家公司）.

コネクター chājiēqì（插接器）.

こ・ねる〖捏ねる〗huó（和）; róu（揉）; chuāi（搋）.¶粉を～ねる huó[róu / chuāi] miàn（和[揉・搋]面）.¶セメントを～ねる huó shuǐní（和水泥）.¶屁理屈を～ねる qiǎng cí duó lǐ（强词夺理）.¶だだを～ねる chánmo（缠磨）/ chán[mó] rén（缠[磨]人）.

ご・ねる ¶彼は自分の取り分が少ないといって～ねた tā shuō zìjǐ fēnde tài shǎo láoláodāodāo jiūchán bu qīng（他说自己分得太少唠唠叨叨纠缠不清）.

この〖此の〗zhè・zhèi（这）, zhège・zhèige（这个）.¶～本を読みなさい nǐ kàn zhè yì běn shū（你看这一本书）.¶～春彼女は大学に入学した jīnchūn tā shàngle dàxué le（今春她上了大学了）.¶～2,3日体の具合がよくない zhè liǎng、sān tiān shēntǐ búdà shūfu（这三天身体不大舒服）.¶～ところ物価は沈静している jìnlái wùjià jiào wěndìng（近来物价较稳定）.¶～年になってこんな苦労をするとは思わなかった méi xiǎngdào shàngle niánjì hái chī zhè fènr kǔ（没想到上了这么大的年纪还吃这份儿苦）.¶～上に重い物を置かないように zài zhè shàngtou kě bié gè zhòng dōngxi（在这上头可别搁重东西）.¶～後に隠れよう cángzài zhè hòubianr ba（藏在这后边儿吧）.¶我々は～点に注意しなければならない zhè yì diǎn wǒmen dé yào zhùyì（这一点我们可得要注意）.

このあいだ〖此の間〗qián xiē rìzi（前些日子）, qián xiē tiān（前些天）, qián xiē shíhou（前些时候）, qián jǐ tiān（前几天）, zuìjìn（最近）, shàngcì（上次）.¶～の晩偶然彼に会った qián jǐ tiān wǎnshang ǒurán pèngjiànle tā（前几天晚上偶然碰见了他）.¶～中国から帰ってきたばかりです qián xiē rìzi cái cóng Zhōngguó huílai（前些日子才从中国回来）.¶つい～までその事は知りませんでした nà jiàn shì zhídào zuìjìn cái zhīdao（那件事直到最近才知道）.¶～はお邪魔しました shàngcì shízài dǎjiǎo nín le（上次实在打扰您了）.

このうえ〖此の上〗**1**〖これ以上〗¶～君は何を望むのですか nǐ hái xiǎng yào shénme ne?（你还想要什么呢?）.¶当日は～もない好天気に恵まれた dāngtiān zhèng gǎnshàng zài hǎo méiyǒu de tiānqì（当天正赶上再好没有的天气）.¶～もなく光栄に存じます wǒ gǎndào ˇmòdà de[wúshàng] guāngróng（我感到ˇ莫大的[无上]光荣）.

2〖こうなった上は〗¶～は何を隠そう shì yǐ zhì cǐ hái yǒu shénme kě mán de?（事已至此还有什么可瞒的?）.¶～は一刻も早く家族に無事な姿を見せたい xiànzài zuì xiǎng de shì jìnzǎo ràng jiālirén kàndao wǒ zhè ānrán wúshì de múyàng（现在想的是尽早让家里人看到我这安然无事的模样）.

このかた【此の方】 1〔以来〕yǐlái(以来). ¶20年～1度も国に帰っていない èrshí nián lái wǒ yí cì yě méi huíguo gùxiāng(二十年来我一次也没回过故乡).
2〔この人〕zhè wèi(这位). ¶詳しい事は～から聞いて下さい xiángxì de qíngkuàng qǐng gēn zhè wèi dǎtīng dǎtīng ba(详细的情况请跟这位打听打听吧).

このごろ【此の頃】 jìnlái(近来), zuìjìn(最近), zhèxiē rìzi(这些日子), zhèchéngzi(这程子). ¶～の天気はちっとも当てにならない zuìjìn de tiānqì yìdiǎnr yě kàobuzhù(最近的天气一点儿也靠不住). ¶～のように物価が高くては困る xiàng jìnlái zhèyàng wùjià gāo, zhēn shòubuliǎo(像这样来往物价高, 真受不了). ¶～とんぼを見かけなくなった zhèchéngzi hěn shǎo jiàndào qīngtíng le(这程子很少见到蜻蜓了).

このさい【此の際】 ¶～はいっきり言わせてもらおう chèn zhè jīhuì wǒ jiù zhíjié-liǎodàng de shuō ba(趁这机会我就直截了当地说吧). ¶～だから仕方がない zài zhè zhǒng qíngkuàng xià yòu yǒu shénme bànfǎ?(在这种情况下又有什么办法?).

このさき【此の先】 1〔今後〕yǐhòu(以后), jīnhòu(今后), jiānglái(将来). ¶～どうなるか心配でならない jīnhòu huì zěnmeyàng, xīnli hěn bù'ān(今后会怎么样, 心里很不安).
2〔前方〕qiánbian(前边), qiántou(前头), qiánmian(前面). ¶郵便局は～の十字路を右に曲がった所にあります yóujú jiù zài qiánbianr de shízì lùkǒu wǎng yòu guǎi de dìfang(邮局就在前边儿的十字路口往右拐的地方).

このたび【此の度】 zhè cì(这次), cǐ cì(此次), cǐ fān(此番), jīn cì(今次), jīn fān(今番). ¶～横浜へ引っ越すことになりました zhè cì wǒ yào bāndào Héngbīn qù le(这次我要搬到横滨去了). ¶～はいろいろとお世話になりました cǐ fān méng nín zhàogu(此番蒙您照顾).

このつぎ【此の次】 xià(下), xiàcì(下次), xiàhuí(下回). ¶私は～の駅で降ります wǒ yào zài xià yí zhàn xià chē(我要在下一站下车). ¶～の金曜日あたりがいいでしょう xià xīngqīwǔ qiánhòu hǎo ba(下星期五前后好吧). ¶買物は～にしましょう mǎi dōngxi xiàhuí zài shuō ba(买东西下回再说吧).

このとおり【此の通り】 ¶～にやってごらん zhào zhèyàng nǐ shìshi kàn(照这样你试试看). ¶私は～元気です nǐ kàn wǒ bù hěn jiànkāng ma?(你看我不很健康吗?).

このとき【此の時】 zhè shí(这时), zhè shíhou(这时候), nà shí(那时), nà shíhou(那时候), cǐshí(此时), cǐkè(此刻), zhèhuǐr(这会儿). ¶～まで彼の話を信ずる者は誰もいなかった zhídào nà shí shuí yě bù xiāngxìn tā de huà(直到那时谁也不相信他的话). ¶合宿の成果を示すのは～とばかりに皆奮い立った zhèngshì xiǎnshì jíxùn chéngguǒ de hǎo jīhuì, dàjiā fènyǒng ér zhàn(正是显示集训成果的好机会, 大家奋勇而战). ¶～遅く彼(ﾚ)の時早く shuō shí chí nà shí kuài(说时迟那时快).

このは【木の葉】 shùyè(树叶). ¶舟は逆巻く波に～のように翻弄された chuán bèi fāngǔn de làngtou bǎinòngde xiàng ge shùyè shìde(船被翻滚的浪头摆弄得像个树叶似的).

このぶん【此の分】 zhèyàng·zhèyàng(这样), zhè yàngzi(这样子). ¶～なら雨にはなるまい kàn zhè yàngzi bú huì xiàyǔ de(看这样子不会下雨的). ¶～だと案外早く終りそうだ zhèyàng kànlai néng zǎo diǎnr jiéshù(这样看来能早点儿结束).

このへん【此の辺】 zhèr(这儿), zhèli(这里), zhè fùjìn(这附近), zhè yídài(这一带), zhè yíliùr(这一溜儿). ¶昔は～まで海だった cóngqián yìzhí dào zhèr dōu shì hǎi(从前一直到这儿都是海). ¶～に煙草屋はありませんか zhè fùjìn yǒu mài xiāngyān de méiyǒu?(这附近有卖香烟的没有?). ¶今日の会は～で終りにしましょう jīntiān de huì dào zhèr wéizhǐ ba(今天的会到这儿为止吧).

このほか【此の外】 cǐwài(此外), lìngwài(另外), yǐwài(以外), érwài(而外). ¶～どんな作家が好きですか chú cǐ yǐwài hái xǐhuan nǎxiē de zuòjiā?(此外你还喜欢哪些的作家?). ¶～は全部済んだ chú cǐ yǐwài dōu zuòwán le(除此以外都做完了). ¶～にも色々な種類がある chú cǐ érwài hái yǒu xǔduō zhǒnglèi(除此而外还有许多种类). ¶～にまだ10人いる lìngwài hái yǒu shí ge rén(另外还有十个人).

このま【木の間】 ¶～隠れに明りが見えた tòuguò shùjiān kànjianle dēngguāng(透过树间看见了灯光).

このまえ【此の前】 shàngcì(上次), shànghuí(上回). ¶～はどこまで訳しましたか shàngcì fānyì dào shénme dìfang la?(上次翻译到什么地方啦?). ¶お会いしたのはい～のことのようですが gēn nín jiànmiàn hǎoxiàng shì qián jǐ tiān de shì shìde(跟您见面好像是前几天的事似的).

このまし・い【好ましい】 ¶彼の率直な態度は人々に～い印象を与えた tā nà zhíshuǎng de tàidu gěi rénmen liúxiàle hǎo yìnxiàng(他那直爽的态度给人们留下了好印象). ¶手術の予後があまり～くない shǒushù hòu de qíngkuàng búdà hǎo(手术后的情况不大好). ¶～からざる人物 bú shòu huānyíng de rénwù(不受欢迎的人物).

このまま【此の儘】 ¶～では済むまい bú huì jiù zhèyàng liǎoshì de(不会就这样了事的). ¶～では先が思いやられる cháng cǐ yǐ wǎng, jiānglái bùkān shèxiǎng(长此以往, 将来不堪设想). ¶医者が来るまで～にしておいた方がよい yīshēng dàolái yǐqián, zuìhǎo búyào yídòng(医生到来以前, 最好不要移动).

このみ【好み】 xǐhào(喜好), xǐ'ài(喜爱), shìhào(嗜好), pǐhào(癖好). ¶この柄は私の～にぴったりだ zhè huāyàngr zhèng duì wǒ de xǐhào(这花样儿正对我的喜好). ¶あの人は～が難しい tā jiǎngjiude hěn(他讲究得很). ¶お～の品をお選び下さい nǐ tiāoxuǎn zìjǐ suǒ xǐ'ài de dōngxi ba(你挑选自己所喜爱的东西吧).

この・む【好む】 hào(好), xǐhuan(喜欢), ài(爱), yuànyì(愿意). ¶人の~まなことを無理に勧めるものではない rénjiā bù xǐhuan de shì wàn bùkě yìng quàn(人家不喜欢的事万不可硬劝). ¶~むと~まざるとにかかわらず行かねばならない búlùn yuànyì yǔ fǒu bùdé bù qù(不论愿意与否不得不去).

このよ【此の世】 rénshì(人世), rénshìjiān(人世间), xiànshì(现世), jīnshēng(今生), jīnshì(今世), chénshì(尘世), zhuóshì(浊世), rénjiān(人间). ¶~のものとも思えぬ美しさ měilì de yóurú tiānxiān xiàfán(美丽得犹如天仙下凡). ¶もはや~に未練はない duìyú rénshì yǐjing háo wú liúliàn le(对于人世已经毫无留恋了). ¶~の地獄 rénjiān dìyù(人间地狱).

このんで【好んで】 ¶何を~そんなことをしたのか nǐ zhè shì hékǔ ne?(你这是何苦呢?). ¶~事を構える méi shì zhǎo shì(没事找事)/ wú shì shēng fēi(无事生非), xúnxìn(寻衅). ¶彼は~馬の絵をかく tā cháng huà mǎ(他常画马). ¶彼は生前~この地を訪れた tā shēngqián cháng dào cǐdì lái(他生前常到此地来).

こはく【琥珀】 hǔpò(琥珀·虎魄). ¶~酸 hǔpòsuān(琥珀酸)/ dīng'èrsuān(丁二酸).

ごはさん【御破算】 ¶~で願いましては… qùle chóng dǎ…(去了重打…). ¶あの事は~になった nà jiàn shì quán chuī le(那件事全吹了).

こばしり【小走り】 xiǎopǎo(小跑), xiǎobù(碎步儿). ¶彼女は~にやって来た tā xiǎopǎor guòlai le(她小跑儿过来了). ¶和服をきた人が~に道を横切った chuān héfú de rén "xiǎobù [suìbù] pǎoguòle mǎlù(穿和服的人"小步[碎步儿]跑过了马路).

こばぜ【小鉤】 biézi(别子). ¶~をかける biéshàng biézi(别上别子).

こはだ【小鰭】 xiǎojìyú(小鲫鱼), xiǎobānjì(小斑鲫).

ごはっと【御法度】 ¶その話はここでは~だ zài zhèr nà huà kě bù zhǔn shuō(在这儿那话可不准说).

こばな【小鼻】 bíchìr(鼻翅儿), bíyì(鼻翼). ¶~をうごめかす xīdòng bíchìr(翕动鼻翅儿)/ xī-bí(翕鼻).

こばなし【小話】 xiǎogùshi(小故事), xiàohua(笑话). ¶江戸~ Jiānghù xiàohua(江户笑话).

こばなれ【子離れ】 ¶子供の親離れより親の~の方が問題になっている xiànzài bú shì háizi líbukāi shuāngqīn ér shì fùmǔ líbukāi háizi chéngwéi shèhuì wèntí(现在不是孩子离不开双亲而是父母离不开孩子成为社会问题).

こはば【小幅】 ¶今回は~な修正にとどめた zhè cì zhǐ zuòle xiǎo fúdù de xiūzhèng(这次只做了小幅度的修正).

こば・む【拒む】 jù(拒), jùjué(拒绝); zǔzhǐ(阻止). ¶こちらの要求は~まれた wǒfāng de yāoqiú bèi jùjué le(我方的要求被拒绝了). ¶けわしい絶壁が登山者を~んでいる xuányá-qiàobì dǎngzhùle dēngshānzhě de qùlù(悬崖峭壁挡住了登山者的去路). ¶敵の前進を~む zǔ-

zhǐ dírén qiánjìn(阻止敌人前进). ¶来る者は~まず láizhě bú jù(来者不拒).

コバルト gǔ(钴). ¶~色 gǔlán(钴蓝).

こはるびより【小春日和】 xiǎoyángchūn(小阳春).

こはん【湖畔】 húpàn(湖畔), húbīn(湖滨), húbiān(湖边).

ごはん【御飯】 fàn(饭), gānfàn(干饭), mǐfàn(米饭), báifàn(白饭). ¶~を炊く mèn[zhēng / zhǔ]fàn(焖[蒸 / 煮]饭). ¶~が炊けた fàn shú le(饭熟了). ¶お母さん、早く~にしてま mā, kuài kāifàn ba(妈, 快开饭吧). ¶~粒 fànlìr(饭粒儿)/ mǐlìr(米粒儿).

ごばん【碁盤】 wéiqípán(围棋盘), qípán(棋盘). ¶道が~の目になっている dàolù yóurú qípán(道路犹如棋盘).

¶~縞 fānggé huāwén(方格花纹).

こばんざめ【小判鮫】 yìn(鮣), yìntóuyú(印头鱼).

こび【媚】 ¶~を売る chǎnmèi(谄媚)/ ēyú(阿谀)/ xiànmèi(献媚)/ cuīméi zhéyāo(摧眉折腰).

ごび【語尾】 cíwěi(词尾). ¶あの人の話し方は~がはっきりしない tā shuōhuà wěiyīn bù qīng(他说话尾音不清).

¶~変化 cíwěi biànhuà(词尾变化).

コピー **1**〔写し〕kǎobèi(拷贝), móběn(摹本); fùyìn(复印), fùzhì(复制). ¶10 部をとって下さい qǐng gěi fùyìn shí fèn(请给复印十份).

¶~機 fùyìnjī(复印机). ~紙 kǎobèizhǐ(拷贝纸)/ fùyìnzhǐ(复印纸).

2〔広告文〕¶~ライター guǎnggào zhuàngǎorén(广告撰稿人).

こびと【小人】 zhūrú(侏儒).

ごびゅう【誤謬】 cuòwù(错误), chācuò(差错), miùwù(谬误), miùcuò(谬错). ¶~を犯す fàn cuòwù(犯错误)/ chū cuòcuò(出差错).

こびりつ・く bā(巴), gāba(嘎巴). ¶飯粒がなべの底に~いている fàn dōu bā guōdǐr le(饭都巴锅底儿了)/ fànlìr gāba zài guōdǐ shang(饭粒儿嘎巴在锅底上). ¶あの情景が頭に~いて離れない nàge qíngjǐng lǎo zài nǎozhōng yíng-huíxhe(那个情景老在脑中萦回着).

こ・びる【媚びる】 chǎnmèi(谄媚), ēyú(阿谀), xiànmèi(献媚). ¶重役に~びる xiàng dǒngshì chǎnmèi(向董事谄媚).

こぶ【瘤】 bāo[r](包[儿]), gǔbāo[r](鼓包[儿]), liúzi(瘤子), gēda(疙瘩). ¶柱にぶつかって額に~ができた pèngzài zhùzi shang qián'é "qǐ[gǔ]le yí ge bāor(碰在柱子上前额"起了[鼓]一个包儿). ¶私は彼にとって目の上の~らしい wǒ xiàng shì tā de yǎnzhōngdīng ròuzhōngcì(我像是他的眼中钉肉中刺). ¶~つきなのでどこへも行かれない yǒu háizi léizhuì, nǎli yě bùnéng qù(有孩子累赘, 哪里也不能去). ¶らくだの~ tuófēng(驼峰).

こぶ【昆布】 hǎidài(海带), kūnbù(昆布).

こぶ【鼓舞】 gǔwǔ(鼓舞), gǔlì(鼓励). ¶士気を~する gǔwǔ shìqì(鼓舞士气).

ごふ【護符】 hùshēnfú(护身符).

ごぶ【五分】 ¶勝つ見込は~~だ qǔshèng de kěnéng yǒu wǔ chéng (取胜的可能有五成). ¶両チームの力は~と~だ liǎng ge duì shíjūnlìdí bù xiāng shàngxià (两个队势均力敌不相上下).

こふう【古風】 lǎopài(老派), lǎoshì(老式), jiùshì(旧式). ¶~な文体 lǎopài de wéntǐ(老派的文体). ¶~な建物 lǎoshì de jiànzhù(老式的建筑). ¶~な人 lǎopài de rén(老派的人).

ごふく【呉服】 héfú yīliào(和服衣料). ¶~屋 héfú yīliàodiàn (和服衣料店).

こぶくしゃ【子福者】 érnǚ mǎntáng de rén(儿女满堂的人).

ごぶさた【御無沙汰】 ¶長らく~しました hǎojiǔ méi xiàng nín wènhòu[jiànmiàn/gěi nín xiě xìn](好久没向您问候[见面/给您写信]).

こぶし【拳】 quán (拳), quántou (拳头). ¶~を固める zuānjǐn quántou (攥紧拳头). ¶~を振り上げる jǔqǐ quántou (举起拳头).

こぶし【辛夷】 yùlán (玉兰).

こぶとり【小太り】 ¶~の女 shāo pàng de nǚrén (稍胖的女人).

コブラ yǎnjìngshé (眼镜蛇).

コプラ gānyēròu (干椰肉), yēzǐrénggān (椰子仁干).

こぶり【小振り】 ¶~の湯飲み xiǎo diǎnr de chábēi (小点儿的茶杯).

こぶり【小降り】 ¶雨は~になった yǔ xià xiǎo yìdiǎnr le (雨下小一点儿).

こふん【古墳】 gǔfén (古坟). ¶~時代 gǔfén shídài (古坟时代).

こぶん【子分】 dǎngyǔ (党羽), lóuluo (喽罗), bùxià (部下), shǒuxià (手下).

こぶん【古文】 gǔwén (古文).

ごへい【語弊】 ¶こんな事を言うと~があるかもしれないが zhème shuō yěxǔ shuōde bù tuǒdàng (这么说也许说得不妥当).

ごへいかつぎ【御幣担ぎ】 ¶彼は~だ tā hěn míxìn (他很迷信).

こべつ【戸別】 ¶~に寄付を割り当てる àn hù tānpài juānkuǎn (按户摊派捐款). ¶~訪問 āimén-āihù fǎngwèn (挨门挨户访问).

こべつ【個別】 gèbié (个别), gèbiè (各别). ¶~に交渉する jìnxíng gèbié jiāoshè (进行个别交涉). ¶事件をこ~に処理する bǎ wèntí gè ge jiāyǐ chǔlǐ (把问题各个加以处理).

ごほう【語法】 yǔfǎ (语法), wénfǎ (文法).

ごほう【誤報】 wùbào (误报). ¶一行が遭難したというのは~だった tāmen yìxíng zāonàn shì wùbào (他们一行遭难是误报).

ごぼう【牛蒡】 niúbàng (牛蒡). ¶警官が座り込みをしている学生を1人1人~抜きにした jǐngchá bǎ jìngzuò shìwēi de xuésheng yí ge yí ge de jiàchuqu le (警察把静坐示威的学生一个一个地架出去了).

こぼ・す【零す】 1 sǎ (洒), sǎ (撒); diào (掉), luò (落). ¶洋服にインキを~してしまった yīfu shang sǎle mòshuǐ le (衣服上洒了墨水了). ¶バケツの水を~さないように持って行きます shuǐtǒng hǎohāor tízhe, kě búyào sǎ le (水桶好好儿提着, 可不要洒了). ¶ほろりと涙を~した búyóude *diào[luò]le yǎnlèi (不由得*掉[落]了眼泪). ¶テーブルの上にいっぱいご飯粒を~した fànzhuō shang diàomǎnle fànlìr (饭桌上掉满了饭粒儿).

2【愚痴などを】 ¶物価が高いと~す wèi wùjià gāo ér fā láosāo (为物价高而发牢骚). ¶今になって愚痴を~してもはじまらない shì dào rújīn zěnme bàoyuàn yě méiyòng (事到如今怎么抱怨也没用).

こぼね【小骨】 ¶魚の~がのどに刺さった yúcì *qiǎ sǎngzi le [gěngzhù sǎngzi yànzou] (鱼刺*卡嗓子了[鲠在嗓子上]). ¶ちょいと~の折れる仕事だ shì děi duōshǎo fèi diǎnr jìnr de huór (是得多少费点儿劲儿的活儿).

こぼればなし【零れ話】 huāxù (花絮); diǎndī (点滴).

こぼ・れる【零れる】 yàngchū (漾出), yìchū (溢出), liúchū (流出), tǎngchū (淌出). ¶お茶をつぎすぎて~れてしまった chá zhēnde tài mǎn yìchulai le (茶斟得太满溢出来了). ¶おつゆが煮え~れている tāng kāide yàngchulai le (汤开得漾出来了). ¶ありがたくて涙が~れそうだ gǎnjīde jīhū liúchūle yǎnlèi (感激得几乎流出了眼泪). ¶ご飯が~れちまった diàole fànlìr la (掉了饭粒儿啦). ¶~れるばかりの笑みを浮べる liǎnshang yàngchūle xiàoróng (脸上漾出了笑容).

こぼ・れる【毀れる】 ¶刃の~れたナイフ bēngle rènr de xiǎodāo (崩了刃儿的小刀).

こぼんのう【子煩悩】 ¶彼は~な父親だ tā shì téng'ài háizi de fùqīn (他是疼爱孩子的父亲).

こま【駒】 (将棋の) qízǐ[r] (棋子[儿]); (弦楽器の) qínmǎ (琴马), xiánmǎ (弦马).

こま【齣】 piànduàn (片段・片断). ¶映画のひと~ diànyǐng de yí ge jìngtóu (电影的一个镜头). ¶人生のひと~ rénshēng de yí ge piànduàn (人生的一个片段). ¶週に授業を五~もつ yì zhōu jiǎng wǔ jié kè (一周讲五节课)/ měi zhōu yǒu wǔ ge kèshí (每周有五个课时). ¶四~漫画 sì chū mànhuà (四出漫画).

こま【独楽】 tuóluó (陀螺). ¶~をまわす chōu tuóluó (抽陀螺).

ごま【胡麻】 zhīma (芝麻・脂麻), húmá (胡麻). ¶~を擂る(す) yán zhīma (研芝麻). [比喩的] liū xū pāi mǎ (溜须拍马). ¶~油 zhīmayóu (芝麻油) / xiāngyóu (香油) / máyóu (麻油). ~和え húmá bàncài (胡麻拌菜). ~豆腐 húmá dòufu (胡麻豆腐) / máfu (麻腐).

コマーシャル ¶番組の合間に~がはいる měi ge jiémù jiān yǒu shāngyè guǎnggào (每个节目间有商业广告). ¶~ソング guǎnggào xuānchuán gēqǔ (广告宣传歌曲).

こまいぬ【狛犬】 shíshīzi (石狮子).

こまか・い【細かい】 xì (细), xiǎo (小), xìxiǎo

(细小). ¶～い雨が降っている xiàzhe xìyǔ (下着细雨). ¶余白に～い字で書き込む zài kòngbáichù yòng xiǎozì xiě (在空白处用小字写). ¶金を～くする qián pòchéng líng de (把钱破成零的). ¶～い話はあとにしよう xìjié huítóu zàishuō ba (细节回头再说吧). ¶～いところで目が届く xìxiàode de shìqing yě zhùyìdào (细小的事情也注意到). ¶～い気を配る xìxīn zhùyì (细心注意). ¶彼は実に芸が～い tā zhēn xīnxì jiǎngjiu (他真心细讲究). ¶あまり～いことを言う xìzhī-mòjié bié shuō le (细枝末节别说了) / bié tài jīnjīn jìjiào le (别太斤斤计较了).

ごまか・す【誤魔化す】 mán (瞒), mēng (蒙), ménghǒng (蒙哄), ménghùn (蒙混), hùnong (糊弄). ¶秤を～す mán chēng (瞒称). ¶親を～して金を引き出す shuōhuǎng jiào fùmǔ tāo qián (说谎叫父母掏钱). ¶そんなことでして私の目は～されないぞ nàyàng yě mánbuguò wǒ de yǎnjing (那样也瞒不过我的眼睛). ¶就職の時に年を～した cānjiā gōngzuò shí mánle suìshu[xūbào niánlíng] (参加工作时瞒了岁数儿[虚报年龄]). ¶問いただされたがその場はうまく～しておいた bèi zhuīwèn shí dāngchǎng fūyan guoqu le (被追问时当场敷衍过去了). ¶彼は～しがきかない tā shì hùnong bu liǎo de (他是糊弄不了的). ¶帳簿に～しがある zhàngbùshang yǒu guǐ (账簿上有鬼).

こまぎれ【細切れ】 língsuì (零碎), língtóu (零头). ¶牛肉の～ suìniúròupiànr (碎牛肉片儿).

こまく【鼓膜】 gǔmó (鼓膜), ěrgǔ (耳鼓), ěrmó (耳膜). ¶～が破れるような大きな音 zhènpò gǔmó de shēngyīn (震破鼓膜似的大声) / zhèn ěr yù lóng de jùxiǎng (震耳欲聋的巨响).

こまごま【細細】 língsuì (零碎), língxīng (零星), língxīngbāsuì (零七八碎), zhēn tóu xiàn nǎo (针头线脑); xiángxì (详细), xìxì (细细). ¶身の回りの～した物 suíshēn yòng de língsuì dōngxi (随身用的零碎东西). ¶彼に事情を～と書き送った bǎ qíngkuàng xiángxì-xìxì [yīwǔ-yīshí] de xiěgěile tā (把情况详详细细[一五一十]地写给了他). ¶～と注意を与える yīyī[xìxì] de jiāyǐ zhùyì (一一[细细]地加以注意).

ごましお【胡麻塩】 ¶赤飯に～をかける bǎ zhīmayán sǎzài xiǎodòufàn shang (把芝麻盐撒在小豆饭上). ¶～頭の老人 tóufa ˙bānbái[huābái] de lǎorén (头发斑白[花白]的老人).

こましゃく・れる ¶～れた口をきく màinong xiǎocōngming shuō dàrenhuà (卖弄小聪明说大人话).

こまた【小股】 xiǎobù (小步). ¶～に歩く màizhe xiǎobù xíng zǒu (迈着小步走).

こまづかい【小間使】 shìnǚ (侍女), yātou (丫头), yāhuan (丫鬟), bìnǚ (婢女).

こまどり【駒鳥】 gēqū (鸲鸟), yèyīng (夜莺).

こまぬ・く【拱く】 ¶腕を～いて傍観している時ではない xiànzài kě bú shì xiùshǒu-pángguān de shíhou (现在可不是袖手旁观的时候).

こまねずみ【高麗鼠】 chēshǔ (车鼠), xiǎobáishǔ (小白鼠). ¶～のように働く huóxiàng xiǎobáishǔ nàyàng bùtíng de gōngzuò (活像小白鼠那样不停地工作).

こまむすび【小間結び】 sǐjié (死结), sǐkòur (死扣儿). ¶縄を～にする bǎ shéngzi jié ge sǐjié (把绳子结个死结).

こまめ【小まめ】 qínkuai (勤快), qínkěn (勤恳). ¶～に働く zuòshì qínkuai (做事勤快).

ごまめ ¶私がどう頑張ってみてもどうせ～の歯軋りだ wǒ zěnme pīnmìng yě háishi gēbei níngbuguò dàtuǐ (我怎么拼命也还是胳膊拧不过大腿).

こまもの【小間物】 ¶～屋 fùnǚ huàzhuāngpǐn záhuòdiàn (妇女化妆品杂货店).

こまやか【濃やか】 shēnhòu (深厚), nónghòu (浓厚). ¶この村の人達は人情が～だ zhège cūnzi de rén qíngyì hěn shēnhòu (这个村子的人情意很深厚).

こまら・せる【困らせる】 nánwei (难为), nánzhù (难住), kùnzhù (困住), nánrén (难人). ¶厄介な質問をして先生を～せる wènle ge nántí nánzhùle lǎoshī (问了个难题难住了老师). ¶そんなことを言って私を～ないでくれ bié shuō nà zhǒng huà nánwei wǒ le (别说那种话难为我了).

こま・る【困る】 wéinán (为难), fánnán (犯难), nánbàn (难办), kùnnan (困难), nánwei (为难), zuònán (作难). ¶～った～った méi ˙zhe [ménr] le, méi ˙zhe[ménr] le (没˙辙[门儿]了, 没˙辙[门儿]了) / nánbàn, nánbàn (难办, 难办) / zhēn yàomìng! (真要命!). ¶何と言っていいか返事に～る bù zhī zěnme huídá cái hǎo (不知怎么回答才好). ¶辞書がなくて～った méiyǒu cídiǎn zhēn nánbàn (没有辞典真难办). ¶体がだるくて～る shēnzi suānde méi fǎzi (身子酸得没法子). ¶一日遊び暮すては～る奴だ nà jiāhuo yìtiān-dàowǎn yóushǒu-hàoxián, zhēn méi bànfǎ (那家伙一天到晚游手好闲, 真没办法). ¶～ったことに彼はふさがっている piānqiǎo nà tiān jǐbuchū shíjiān (偏巧那天挤不出时间). ¶～った時はお互いさまだ kùnnan shí hùxiāng bāngzhù (困难时互相帮助). ¶食うに～らない chīfàn bù dà fāchóu (吃饭不大发愁). ¶その日の暮しにも～っている rìzi nánguò (日子难过) / chīle shàng dùn méi xià dùn [měitiān jiēbuδkāi guō] (吃了上顿没下顿[每天揭不开锅]). ¶彼は～りきって私の所へ相談にきた bǎ tā nòngde méi bànfǎ, zhǎo wǒ shāngliang lái le (把他弄得没办法, 找我商量来了).

こまわり【小回り】 ¶この車は小さいので～がきく zhè liàng chē chēshēn xiǎo, xiǎozhuǎn xiǎoguǎi jīdòng línghuó (这辆车车身小, 小转小拐机动灵活).

コマンド mìnglìng (命令). ¶～キーを押す àn mìnglìng jiàn (摁指令键).

ごまんと 私程度の頭の人なら～いる xiàng wǒ zhè zhǒng chéngdù tóunǎo de rén kě ˙yǒu-

deshì[lǎobízi le](像我这种程度头脑的人可有的是[老鼻子了]).

こみ【込み】 ¶ 大小～で1キロ200円 dàxiǎo chānzá yì gōngjīn èrbǎi kuài qián（大小掺杂一公斤二百块钱）. ¶ 税～で月収10万円 liánshuì zài nèi yuèxīn shíwàn rìyuán（连税在内月薪十万日元）. ¶ 送料～の値段 bāokuò yùnfèi de jiàqian（包括运费的价钱）.

ごみ lājī（垃圾）, huìtǔ（秽土）, zāngtǔ（脏土）. ¶ 公園は～だらけだ gōngyuán dàochù shì lājī（公园到处是垃圾）. ¶ 目に～が入った yǎnjingli jìnle chéntǔ（眼睛里进了尘土）.
¶ ～捨て場 lājīchǎng（垃圾场）. ～溜め lājīkēng（垃圾坑）. ～収集車 lājī shōujíchē（垃圾收集车）. ～箱 lājīxiāng（垃圾箱）/ guǒpíxiāng（果皮箱）.

こみあ・う【込み合う】 jǐ（挤）, yōngjǐ（拥挤）. ¶ ちょうど電車の～う時間だ zhèngshì diànchē yōngjǐ shíjiān（正是电车拥挤时间）. ¶ 週末で道路が～っている zhōumò lùshang chēzi duōde hěn（周末路上车子多得很）.

こみあ・げる【込み上げる】 yǒngshanglai（涌上来）, yǒngchulai（涌出来）. ¶ 自然に涙が～げてどうしようもなかった yìzhí bù zhù bùyóude yǒngchū yǎnlèi lái（抑制不住不由得涌出眼泪来）. ¶ 怒りがぐっと～げてくる yì gǔ nùhuǒ yǒngshàng xīntóu（一股怒火涌上心头）.

こみい・る【込み入る】 ¶ これには～った事情がある zhèli yǒu cuòzōng fùzá de yuányóu（这里有错综复杂的原由）. ¶ 話が～っているのでよく理解できない shìqing cuōzōu-wànxù jiào rén mōbuzháo tóunǎo（事情千头万绪叫人摸不着头脑）. ¶ ～った機械なので操作が難しい jīqì jíqí fùzá, cāozuò hěn nán（机器极其复杂, 操作很难）.

コミカル ¶ ～なタッチの作品 qīngsōng yúkuài, huájī kěxiào de zuòpǐn（轻松愉快, 滑稽可笑的作品）.

ごみごみ ¶ ～した裏通り záluàn āngzang de hútòngr（杂乱肮脏的胡同儿）.

こみち【小道】 xiǎodào（小道）, xiǎolù（小路）, xiǎojìng（小径）. ¶ 山の～ shānjìng（山径）.

コミッション 1 [手数料] shǒuxùfèi（手续费）; yòngjīn（佣金）, yòngqian（佣钱）. ¶ 10パーセントの～をとる suǒqǔ bǎi fēn zhī shí de yòngjīn（索取百分之十的佣金）.
2 [委員会] wěiyuánhuì（委员会）.

こみみ【小耳】 ¶ ～にはさむ ǒurán[wúyìzhōng] tīngdào（偶然[无意中]听到）.

コミュニケ shēngmíng（声明）, gōngbào（公报）. ¶ 共同～ liánhé shēngmíng（联合声明）.

コミュニケーション chuándá（传达）, jiāoliú（交流）. ¶ 言葉は～の道具だ yǔyán shì chuándá sīxiǎng de gōngjù（语言是传达思想的工具）. ¶ ～が悪くて齟齬をきたした jiāohuàn yìjiàn bú gòu, fāshēngle jǔyǔ（交换意见不够, 发生了龃龉）.
¶ マス～ dàliàng xuānchuán（大量宣传）.

コミュニティー shèqū（社区）¶ ～サービス shèqū fúwù（社区服务）.

コミンテルン Gòngchǎn Guójì（共产国际）, Dìsān Guójì（第三国际）.

こ・む【込む・混む】 1 [混雑する] jǐ（挤）, yōngjǐ（拥挤）. ¶ ラッシュアワーで電車は～んでいる gǎnshàng gāofēng shíjiān, diànchē yōngjǐ bùkān（赶上高峰时间, 电车拥挤不堪）. ¶ 日曜日のせいか会場は恐ろしく～んだ huòxǔ shì xīngqīrì de guānxi, huìchǎng shang jǐde shuǐxiè-bùtōng[rén duōde lìhai]（或许是星期日的关系, 会场上挤得水泄不通[人多得厉害]）. ¶ 車が～んで時間がかかった lùshang chēzi yōngjǐ, kě fèile shíjiān（路上车子拥挤, 可费了时间）.
2 [入り組む] ¶ 手の～んだレース編み shǒugōng jīngqiǎo xìzhì de huābiānr（手工精巧细致的花边儿）.

-こ・む【込む】 ¶ 隙間風が吹き～んでくる zéifēng cóng fèngli guànjìnlai（贼风从缝儿里灌进来）. ¶ 許しも得ずに他人の家に上がり～む wèijīng yǔnxǔ suíbiàn chuǎngjìn rénjiāli（未经允许随便闯进人家里）. ¶ 私は彼の仕事に対する熱意に惚れ～んだ wǒ kànzhòngle tā nà rèxīn gōngzuò de tàidu（我看中了他那热心工作的态度）. ¶ 彼は急に黙り～んでしまった tā tūrán chénmò wúyán[bú zuòshēng] le（他突然沉默无言[不做声]了）.

ゴム xiàngjiāo（橡胶）, shùjiāo（树胶）; xiàngpí（橡皮）, jiāopí（胶皮）. ¶ ～の木 xiàngjiāoshù（橡胶树）. 人造～ rénzào xiàngjiāo（人造橡胶）/ héchéng xiàngjiāo（合成橡胶）. 輪～ xiàngpíquān[r]（橡皮圈儿）. ～印 xiàngpíchuō（橡皮戳）. ～消し xiàngpí（橡皮）. ～長 jiāoxuē（胶靴）. ～紐 sōngjǐndài[r]（松紧带儿）/ xiàngpíjīn[r]（橡皮筋儿）/ hóupíjīn（猴皮筋儿）/ hóujīnr（猴筋儿）. ～まり xiàngpíqiú（橡皮球）.

こむぎ【小麦】 xiǎomài（小麦）, mài（麦）, màizi（麦子）. ¶ ～粉 miànfěn（面粉）/ báimiàn（白面）/ miàn（面）.

こむすめ【小娘】 xiǎogūniang（小姑娘）, xiǎogūniū（小闺女）, xiǎoyātou（小丫头）, huángmáo yātou（黄毛丫头）, máoyātou（毛丫头）.

こむらがえり【腓返り】 ¶ ～をおこす tuǐdùzi chōujīnr（腿肚子抽筋儿）.

こめ【米】 mǐ（米）, dàmǐ（大米）, dàomǐ（稻米）. ¶ ～をとぐ táo mǐ（淘米）.
¶ ～倉 mǐcāng（米仓）. ～粒 mǐlì（米粒）. ～糠 mǐkāng（米糠）. ～屋 liángdiàn（粮店）. ～刺し qiānzi（扦子）.

こめかみ【顳顬】 tàiyángxué（太阳穴）, tàiyáng（太阳）, tàiyángwō（太阳窝）, nièrú（颞颥）.

コメディアン xǐjù yǎnyuán（喜剧演员）.

コメディー xǐjù（喜剧）.

こめへん【米偏】 mǐzìpángr（米字旁儿）.

こ・める【込める】 1 [弾丸などを] zhuāng（装）, shàng（上）. ¶ 弾を～める zhuāng dàn（装弹）/ shàng táng（上膛）.
2 [含める] bāokuò（包括）, bāohán（包含）. ¶ お祝いの意味も～めてある yě bāohán zhùhè de yìsi（也包含祝贺的意思）. ¶ 平和への祈りを～

めて黙祷する shēnshēn de wèi hépíng ér mòdǎo(深沉地为和平而默祷). ¶母は心を～めて弁当を作ってくれた mǔqin jìnxīn gěi wǒ zuòle héfàn(母亲尽心给我做了盒饭).

ごめん【御免】 1〔挨拶後〕 ¶～なさい，痛かったでしょう duìbuqǐ, pèngténg nín le ba(对不起, 碰疼您了吧). ¶ちょっと～なさい jièguāng, jièguāng(借光, 借光)／láojià, láojià(劳驾, 劳驾). ¶お先に～ください wǒ xiān gàocí le(我先告辞了).
 2 ¶お役に―になる bèi miǎnle zhí le(被免了职了). ¶お説教は～こうむりたい wǒ kě bú yuànyì tīng nǐ shuōjiào(我可不愿意听你说教).

コメント ¶識者の―をのせる dēngzǎi yǒushízhī shì de jiànjiě(登载有识之士的见解).

こも【薦】 cūcǎoxí(粗草席), cūcǎodiànzi(粗草垫子).

ごもく【五目】 ¶～チャーハン shíjǐn chǎofàn(什锦炒饭). ¶～焼きそば shíjǐn chǎomiàn(什锦炒面).

ごもくならべ【五目並べ】 wǔzǐqí(五子棋).

こもごも【交交】 ¶内憂外患—至る nèiyōu-wàihuàn jiēzhǒng ér lái(内忧外患接踵而来)／nèi wài jiāo kùn(内外交困). ¶彼等は―を体験を語り合った tāmen xiāngjì jiāotán jīngyàn tǐhuì(他们相继交谈经验体会). ¶悲喜— bēi xǐ jiāo jí(悲喜交集).

こもじ【小文字】 xiǎozì(小字), xiǎoxiě(小写).

こもち【子持】 ¶彼女は～なのでめったに外出しない tā yǒu háizi, hěn shǎo chūmén(她有孩子,很少出门). ¶～の魚 dài zǐ de yú(带子的鱼).

こもの【小物】 1〔物〕 língsuì dōngxi(零碎东西), línghuòr(零货儿), xiǎodōngxi(小东西). ¶～入れ zhuāng shíwù de(装什物的).
 2〔人〕xiǎorénwù(小人物); lóulu(喽啰·喽罗)·偻偻儸). ¶大物は逃がして～ばかりつかまえている fàngzǒule dàtóur, jìng zhuā xiǎolóuluo(放走了大头儿, 净抓小喽罗).

こもり【子守】 ¶～をする zhàokàn[zhàoliào] háizi(照看[照料]孩子). ¶人に～を頼む tuō rén kān háizi(托人看孩子).
 ¶～歌 yáolánqǔ(摇篮曲)／cuīmiánqǔ(催眠曲).

こも・る【籠る】 1〔立ちこめる〕mímàn(弥漫), chōngmǎn(充满). ¶煙が部屋いっぱいに～っている fángjiānlǐ chōngmǎnle yānwù(房间里充满了烟雾). ¶討論会場は熱気が～っていた tǎolùn huìchǎng rèqì téngténg(讨论会场热气腾腾). ¶鐘が陰に～って響く zhōngshēng yīnchénchén de zhènxiǎng(钟声阴沉沉地振响). ¶彼の言葉は口に～って聞きとりにくい tā shuōhuà mēnshēng mēngyì tīng búdà qīngchu(他说话闷声闷气听不大清楚).
 2〔含まれる〕 ¶心の～ったもてなし shèngqíng kuǎndài(盛情款待). ¶力の～った言葉 rèqíng yángyì de huà(热情洋溢的话).
 3〔引きこもる〕 ¶寺に～って修行する bìmén bù chū sìyuàn xiūxíng(闭门不出寺院修行). ¶一室に～ったきり出て来ようとしない duǒjìn wūzilǐ bùkěn chūlai(躲进屋子里不肯出来).

こもん【顧問】 gùwèn(顾问).

こもんじょ【古文書】 gǔwénxiàn(古文献).

こや【小屋】 wōpeng(窝棚), wōpù(窝铺), péng[r](棚[儿]), péngzi(棚子). ¶芝居～ xìpéng(戏棚). 物置～ duīfang(堆房).

こやく【子役】 értóng juésè(儿童角色); értóng yǎnyuán(儿童演员).

ごやく【誤訳】 wùyì(误译). ¶この本は～が多い zhè běn shū wùyì tài duō(这本书误译太多). ¶肝心なところを～した bǎ zhòngyào de dìfang fānyìcuò le(把重要的地方翻译错了).

こやくにん【小役人】 xiǎoguānlì(小官吏).

こやし【肥】 féi(肥), fènféi(粪肥). ¶～をやる shī féi(施肥)／shàng féi(上肥).

こや・す【肥やす】 ¶豚を～ yǎngféi zhū(养肥猪). ¶私腹を～ zhōngbǎo sīnáng(中饱私囊). ¶土地を～ féi tián(肥田). ¶美術に対する目を～ tígāo duì měishù de jiànshǎnglì(提高对美术的鉴赏力).

こやみ【小止み】 ¶雨が～なく降り続いている yǔ xià ge bù tíng(雨下个不停). ¶雨が～になった yǔ zhù le yíhuìr(雨住了一会儿).

こゆう【固有】 gùyǒu(固有). ¶その人に～の性質 gāi rén suǒ gùyǒu de xìngzhì(该人所固有的性格). ¶日本～の文化 Rìběn gùyǒu de wénhuà(日本固有的文化).
 ¶～名詞 zhuānmíng(专名)／zhuānyǒu míngcí(专有名词).

こゆび【小指】 xiǎozhǐ(小指), xiǎomuzhǐ(小拇指), xiǎomugēr(小拇扮儿).

こよい【今宵】 jīnyè(今夜), jīnwǎn(今晚).

こよう【雇用】 gù(雇), gùyòng(雇用), gùyōng(雇佣). ¶～契約 gùyòng hétong(雇佣合同). ～者 gùzhǔ(雇主). ¶～保険 shīyè bǎoxiǎn(失业保险).

ごよう【御用】 1〔用事〕 shì(事), shìqing(事情). ¶～がありましたらお呼び下さい yǒu shì qǐng jiào wǒ ba(有事请叫我吧). ¶何の～ですか nǐ yǒu shénme shì?(你有什么事?). ¶それはお安い～だ nà shì qīng ér yì jǔ de shì(那是轻而易举的事)／nà hǎo bàn(那好办).
 2〔迎合〕 ¶～学者 yùyòng xuézhě(御用学者). ～組合 huángsè gōnghuì(黄色工会).
 3〔明日は～納めだ míngtiān zhèngfǔ jīguān jiéshù běnnián gōngzuò(明天政府机关结束本年工作). ¶～だ! 神妙にしろ fēngwáng zhuōná, bùxǔ dòng!(奉命捉拿, 不许动!).

ごよう【誤用】 wùyòng(误用). ¶～しやすい文字 róngyì wùyòng de zì(容易误用的字).

こよみ【暦】 lìshū(历书), huánglì(皇历·黄历), rìlì(日历), yuèlì(月历). ¶～を繰る fān rìlì(翻日历). ¶今日は～の上では立春だ jīntiān zài lìshūshang shì lìchūn(今天在历书上是立春).

こより【紙縒り】 zhǐniǎn[r](纸捻儿), zhǐniǎnzi(纸捻子). ¶～をよる cuō zhǐniǎnr(搓纸捻儿).

こら wèi(喂), wāi(喏). ¶～, 何をしているんだ wèi! nǐ gàn shénme?(喂! 你干什么?). ¶～,

~,子供は外へ出なさい wāi, wāi, háizi dào wàimian qù (喂,喂,孩子到外面去).

こらい【古来】 gǔlái (古来). ¶人生七十一稀なり rénshēng qīshí gǔlái xī (人生七十古来稀). ¶~の風習 zìgǔ yǐlái de fēngsú (自古以来的风俗).

こらえしょう【堪え性】 nàixìng (耐性). ¶~がない méiyǒu nàixìng (没有耐性).

こら・える【堪える】 rěn (忍), rěnnài (忍耐), rěnshòu (忍受). ¶痛みをじっと~える qiǎng bú zuòshēng rěnzhe tòng (强不作声忍着痛)/ rěntòng bù yán (忍痛不言). ¶怒りを~える yìzhù fènnù (抑住愤怒). ¶~えきれずにとうとう吹き出した rěnbuzhù xiàochūlai le (忍不住笑出来了)/ rěn jùn bù jīn (忍俊不禁). ¶今度だけは~えて下さい jiù zhè yí cì qǐng rěnshòuzhe diǎnr ba (就这一次请忍受着点儿吧).

ごらく【娯楽】 yúlè (娱乐). ¶~施設 yúlè shèshī (娱乐设施). ¶~室 wényúshì (文娱室).

こらし・める【懲らしめる】 chéngfá (惩罚), chéngjiè (惩戒), jiàoxun (教训), zhěngzhì (整治). ¶あいつ生意気だから~めてやれ nà jiāhuo tài àomàn, fēi zhěng tā yí dùn bùkě (那家伙太傲慢,非整他一顿不可). ¶~めに掃除をさせる fá tā dǎsǎo (罚他打扫). ¶それは彼にいい~めになった nà duì tā shì ge hěn hǎo de jiàoxun (那对他是个很好的教训).

こら・す【凝らす】 ¶思いを~す níngsī mòlù (凝思默虑). ¶工夫を~す xīxīn yánjiū (悉心研究). ¶装いを~す jiǎngjiu dǎban (讲究打扮). ¶じっと瞳を~す níngshì (凝视)/ níngmóu (凝眸)/ dìngjīng xìkàn (定睛细看).

コラム zhuānlán (专栏), huābiān xīnwén (花边新闻).

コラムニスト zhuānlán zuòjiā (专栏作家).

ごらん【御覧】 kàn (看), qiáo (瞧). ¶あなたに~にいただきものがあります wǒ yǒu yí ge dōngxi xiǎng gěi nín kànkan (我有一个东西想给您看看). ¶これを~下さい qǐng nín kànkan zhège (请您看看这个). ¶~の通りここにおりますよ nín kàn, wǒ bú shì zài zhèli ma? (您看,我不是在这里吗?). ¶このメロンはとてもおいしいから食べて~ zhège tiánguā hěn hǎochī, nǐ chángchang kàn (这个甜瓜很好吃,你尝尝看).

こり【凝り】 ¶肩の~がひどい jiānbǎngr jiāngde lìhai (肩膀儿僵得厉害).

こりかたま・る【凝り固まる】 ¶新興宗教に~る kuángxìn xīnxīng zōngjiào (狂信新兴宗教). ¶彼は自尊心に~っている tā nàge rén zhēn shì wéi wǒ dú zūn (他那个人真是惟我独尊).

こりこう【小利巧】 xiǎocōngming (小聪明). ¶~に立ち回る shànyú zuānyíng (善于钻营).

こりごり【懲り懲り】 ¶あいつと付き合うのはもう~だ gēn tā nà zhǒng rén dǎ jiāodao wǒ kě chīgòule kǔtou (跟他那种人打交道我可吃够了苦头).

こりしょう【凝り性】 ¶父は~だ wǒ fùqin dòngqǐ shǒu lái jiù zhuānxīn yíyì méiwánméiliǎo le (我父亲动起手来就专心一意没完没了了).

こりつ【孤立】 gūlì (孤立). ¶会議で私は全く~無援だった zài huìyìshang wǒ jiǎnzhí shì gūlì-wúyuán (在会议上我简直是孤立无援). ¶洪水で村は水の中に~した fāle dàshuǐ, cūnzhuāng gūlì yú shuǐzhōng (发了大水,村庄孤立于水中). ¶敵を~させる gūlì dírén (孤立敌人).
¶~语 gūlìyǔ (孤立语).

ごりむちゅう【五里霧中】 ¶捜査は~の状態だ sōuchá rú duò wǔlǐwù zhōng (搜查如堕五里雾中).

ごりやく【御利益】 língyàn (灵验). ¶~がある yǒu língyàn (有灵验).

こりよ【顧慮】 gùlù (顾虑). ¶相手の思惑など~せずにさっさとやりなさい wúxū gùlù duìfāng gǎnjǐn gàn ba (无须顾虑对方赶紧干吧).

ゴリラ dàxīngxing (大猩猩).

こ・りる【懲りる】 ¶これに~りてもう２度とやるな jìzhu zhè cì jiàoxun zài yě bié gàn le (记住这次教训再也别干了). ¶１度ですっかり~りた yí cì jiù chánggòule kǔtou (一次就尝够了苦头). ¶これに~りずにまたおいで下さい bié yīnwèi zhāodài bùzhōu jiànguài, yǐhòu qǐng cháng lái a! (别因为招待不周见怪,以后请常来啊!). ¶羹(ぁっもの)に~りて膾(なます)を吹く chéng gēng chuī jī (惩羹吹齑).

こ・る【凝る】 １〔夢中になる〕 rùmí (入迷), rèzhōng (热中). ¶彼は近頃釣りに~っている tā jìnlái bèi diàoyú mízhu le (他近来被钓鱼迷住了). ¶骨董に~る rèzhōng yú shōují gǔwán (热中于收集古玩).
２〔意匠などが〕 jiǎngjiu (讲究), kǎojiu (考究). ¶なかなか~った装丁の本だ zhè běn shū zhuānghuáng hěn kǎojiu (这本书装潢很考究). ¶その洋服のデザインはずいぶん~っていますね nà jiàn yīfu de yàngshì kě zhēn biézhì (那件衣服的样式可真别致).
３〔筋肉が〕 suān (酸), fāsuān (发酸), fābǎn (发板). ¶肩が~る jiānbǎngr suān (肩膀儿酸).

コルク ruǎnmù (软木), shuānpí (栓皮). ¶~樫 shuānpílì (栓皮栎).

コルセット 〔婦人用〕 jǐnshēn jiànměizhuāng (紧身健美装), jǐnshēndà (紧身褡), jǐnshēn xiōngyī (紧身胸衣).

コルネット duǎnhào (短号).

ゴルフ gāo'ěrfūqiú (高尔夫球).

ゴルファー dǎ gāo'ěrfū de rén (打高尔夫的人). ¶プロ~ zhíyè gāo'ěrfūqiú yùndòngyuán (职业高尔夫球运动员).

コルホーズ jítǐ nóngzhuāng (集体农庄).

これ【此れ】 zhè・zhèi (这), zhège・zhèige (这个), cǐ (此). ¶~は僕の妹ですよ zhè shì wǒ mèimei (这是我妹妹). ¶~は誰の本ですか zhè shì shuí de shū? (这是谁的书?). ¶~を彼女に渡して下さい qǐng bǎ zhège jiāogěi tā (请把这个交给她). ¶~かあれかと選択に苦しむ shì zhège háishi nàge, zhēn nán xuǎnzé (是这个还是那个,真难选择). ¶私には~という財産も

ない wǒ bìng méiyǒu shénme cáichǎn(我并没有什么财产). ¶～は驚いた zhè kě zhēn chūhū-yìliào(这可真出乎意料). ¶～が人生というものか zhè jiùshì rénshēng a!(这就是人生啊!). ¶～だから素人は困る wàiḣángrén jiùshì zhèyàng, zhēn jiào rén méi bànfǎ(外行人就是这样,真叫人没办法). ¶今日は～で終りにしよう jīntiān dào cǐ wéizhǐ ba(今天到此为止吧). ¶～でも私は最善を尽したつもりだ wǒ zhè shì jìnle zuì dà de nǔlì a!(我这是尽了最大的努力啊!). ¶～より他に方法がない chúle zhèyàng zài méiyǒu bié de bànfǎ(除了这样再没有别的办法). ¶ミシンをまっすぐかける、～がやさしいようで難しい cǎi féngrènjī bǐzhí de féng, kànqilai róngyì zuòqilai nán(踩缝纫机笔直地缝,看起来容易做起来难). ¶言論の自由は～を束縛しない yánlùn zìyóu bù jiā shùfù(言论自由不加束缚).

これから ¶その事は～説明します nà jiàn shì xiànzài kāishǐ shuōmíng(那件事现在开始说明). ¶～行ってももう間に合わない jiùshì xiànzài qù yě láibují le(就是现在去也来不及了). ¶～話は～面白くなる huà yóu cǐ kě gèng yǒu yìsi le(话由此可更有意思了). ¶～が正念場だ jīnhòu shì ge jǐnyào guāntóu(今后是个紧要关头). ¶～の日本は君達若者の双肩にかかっている jiānglái de Rìběn jìtuō zài nǐmen qīngnián shēnshang(将来的日本有寄托在你们青年身上). ¶～は気をつけなさい wǎnghòu yào zhùyì(往后要注意). ¶～先どうなるか見当もつかない dǎ zhè yǐhòu huì zěnmeyàng nányú yùxiǎng(打这以后会怎么样难于预想). ¶～先は一本道だ dǎ zhèr shì yì tiáo lù(打这儿是一条路).

これきり ¶有り金は～だ wǒ de qián zhǐ yǒu zhèxiē(我的钱只有这些). ¶～彼女に会えなくなるのではないかという予感がした wǒ yùgǎndào cóngcǐ zài yě jiànbuzhǎo tā de miàn le(我预感到从此再也见不着她的面了). ¶迷惑をかけるのは～にしてくれ búyào zài gěi wǒ tiān máfan le(不要再给我添麻烦了).

コレクション shōucáng(收藏), sōují(搜集); shōucángpǐn(收藏品).

コレクトコール shòuhuàrén fùfèi de diànhuà(受话人付费的电话).

これしき zhèmediǎnr(这么点ㄦ). ¶～の金が何になる zhèmediǎnr qián dǐng ge pì yòng(这么点ㄦ钱顶个屁用). ¶～の事でへこたれるな wèi zhèmediǎnr xiǎoshì kě bié huīxīn-sàngqì(为这么点ㄦ小事可别灰心丧气).

コレステロール dǎngùchún(胆固醇).

これだけ ¶～あれば十分だ yǒu zhèxiē jiù zúgòu le(有这么些就够了). ¶その案に反対する理由は～ではない fǎnduì nà cǎo'àn de lǐyóu bìng bù zhǐshì zhè yìxiē(反对那草案的理由并不只是这一些). ¶～は言っておきたい zhè yì diǎn wǒ kě yào shuō yíxià(这一点我可要说一下). ¶～頼んでも駄目ですか zhème yízài qǐngqiú yě bùxíng ma?(这么一再请求也不行吗?).

これほど ¶～の品にはめったにお目にかかれない zhème hǎo de huò hěn shǎojiàn(这么好的货很少见). ¶～言っても分らないのか zhème kǔkǒu xiāngquàn, nǐ hái bù míngbai ma?(这么苦口相劝,你还不明白吗?). ¶～寒いとは思っていたが～とは思わなかった tīngshuō shì lěng, méi xiǎngdào zhème lěng(听说是冷,可没想到这么冷).

これまで ¶～こんな面白い本は読んだことがない cónglái méiyǒu kànguo zhème yǒu yìsi de shū(从来没有看过这么有意思的书). ¶～の事は水に流そう wǎngrì de shì fù zhī liúshuǐ(往日的事付之流水). ¶～の所は順調に進んでいます zhídào xiànzài jìnxíngde hěn shùnlì(直到现在进行得很顺利). ¶～にもこんな事があった yǐwǎng yě yǒuguo zhè zhǒng shìqing(以往也有过这种事情). ¶君との仲も～だ gēn nǐ yě jīntiān liǎng-liǎngduàn(跟你折开今天一刀两断). ¶この子を～にするには大変な苦労だった bǎ zhè háizi yǎngdào zhème dà, zhēn fèile jìnr(把这孩子养到这么大,真费了劲ㄦ). ¶今日の授業は～ jīntiān de kè dào cǐ wéizhǐ(今天的课到此为止). ¶もはや～ wànshì xiū yǐ(万事休矣)/ wànshì jiē xiū(万事皆休).

これみよがし ミンクのコートを～に着て歩く chuānzhe diāopí dàyī zǒulù guyì xiǎnbai zìjǐ(穿着貂皮大衣走路故意显摆自己).

コレラ huòluàn(霍乱), hǔlièlà(虎列拉).

ころ gǔnzi(滚子).

ころ【頃】 shíhou(时候), shíqī(时期), shífen(时分), shíling(时令), shíjié(时节). ¶私が子供の～ここは海だった wǒ xiǎo de shíhou zhè yídài shì hǎi(我小的时候这一带是海). ¶桜の～当地へおいで下さい yīnghuā shèngkāi de shíjié qǐng dào běndì lái(樱花盛开的时节请到本地来). ¶彼はもう寝ている～だ zhè 'shíhou[chéngzi] tā yǐjing shuì le ba(这时候[程子]他已经睡了吧). ¶父は毎晩7時頃って来る fùqin měitiān wǎnshang qī diǎn zuǒyòu huílai(父亲每天晚上七点左右回来). ¶お正月なのに3月末～の陽気さが zhèngshì zhēngyuè, dàn nuǎnhuode yóurú sānyuèdǐ(虽是正月,但暖和得犹如三月底).

ごろ【語呂】 ¶～がいい hěn shùnkǒu(很顺口)/ hěn héxié(很合辙). ¶～合せ xiéyīn de qiàopihuà(谐音的俏皮话).

ゴロ gǔnqiú(滚球). ¶内野～ nèichǎng gǔnqiú(内场滚球).

ころあい【頃合】 ¶～を見計らって話を切り出す jiànjī tíchulai(见机提出来). ¶ちょうど～の値段だ jiàqian zhèng héshì(价钱正合适).

コロイド jiāotǐ(胶体), jiāozhì(胶质). ¶～状態 jiāotài(胶态).

ころう【固陋】 gùlòu(固陋), wángù(顽固). ¶頑迷～な老人 wángěng gùlòu de lǎorén(顽梗固陋的老人).

ころう【故老】 gùlǎo(故老).

ころがす【転がす】 1【回して動かす】gǔn(滚). ¶ボールを～す gǔn píqiú(滚皮球). ¶樽を～して運ぶ gǔndòng mùtǒng bānyùn(滚动木桶

搬运). ¶玉を～すような声 yínlíng bān de shēngyīn(银铃般的声音). ¶車を～す kāi qìchē(开汽车)/ kāi chē(开车). ¶地所を～す chǎomǎi chǎomài dìpí(炒买炒卖地皮)/ chǎo dìpí(炒地皮).

2〔倒す〕 ¶うっかりして花瓶を～してしまった yí bù xiǎoxīn bǎ huāpíng tuīdǎo le(一不小心把花瓶推倒了). ¶足を払って相手を～す bàn tuǐ shuāidǎo duìshǒu(绊腿摔倒对手).

ころがりこ・む〔転がり込む〕 ¶ボールが溝へ～んだ qiú gǔnjìn gōulǐ qù le(球滚进沟里去了). ¶おじの遺産が～んできた wàn méi xiǎngdào bófù de yíchǎn jìn wǒ shǒulǐ le(万没想到伯父的遗产进我手里了). ¶失業して友人のところに～んだ wǒ shīle yè tóukàole péngyou(我失了业投靠了朋友).

ころが・る〔転がる〕 **1**〔回って進む〕 gǔn(滚), gǔndòng(滚动), gūlu(轱辘), gūlù(骨碌). ¶ボールが～って来た píqiú gǔnguolai le(皮球滚过来了). ¶鉛筆が机の上から～って落ちた qiānbǐ cóng zhuōzi shang gǔnle xiàlái(铅笔从桌子上滚了下来). ¶階段から～り落ちた cóng lóutī gūlu xialai(从楼梯骨碌下来). ¶～るように走ってきた gǔn yě shìde pǎole guòlái(滚也似的跑了过来).

2〔倒れる〕 ¶つまずいて～る bànle jiǎo zāile ge gēntou(绊了脚栽了个跟头). ¶バケツが床に～った tiětǒng fānzài dìbǎn shang le(铁桶翻在地板上了).

3〔横たわる〕 ¶甲板に～って雲を眺める tǎngzài jiǎbǎn shang wàngzhe báiyún(躺在甲板上望着白云). ¶川原に大きな石が～っている hébiān yǒu hěn dà de shítou(河边儿有很大的石头). ¶こんなものならどこにでも～っている nà zhǒng dōngxi nǎr dōu yǒu(那种东西哪儿都有).

ころ・げる〔転げる〕 →ころがる.

ころころ gūlu(骨碌), gūlulu(骨碌碌), gūgulùlù(骨碌碌). ¶ボールが～と転がって行った qiú gūlulu zhí gǔnle xiàqù(球骨碌碌直滚了下去). ¶～と太った子犬 gǔnyuán gǔnyuán de xiǎogǒu(滚圆滚圆的小狗).

ごろごろ gūlōng(咕隆), gūlōnglōng(咕隆隆), gūlū(咕噜), gūlūlū(咕噜噜), jīlīgūlū(叽里咕噜), hōnglōng(轰隆), hōnglōnglōng(轰隆隆). ¶大きな石を～転がして運ぶ bǎ dàshítou gūlu guòqu(把大石头骨碌过去). ¶荷車が～と通る dàchē gūlōng gūlōng guòqu le(大车咕隆隆隆过去了). ¶遠くで雷が～鳴っている yuǎnchù léishēng gūlōnglōng xiǎng(远处雷声咕隆隆响). ¶猫が～喉を鳴らす māo hóulong húlūlū de xiǎng(猫喉咙呼噜噜地响). ¶石ころの～している道 mǎndì shì shítou de lù(满地是石头的路). ¶そんな話なら世間に～している nà zhǒng shì shìjiāng yǒudeshì(那种事世上有的是). ¶一日中～してテレビばかり見ている yìzhěngtiān xiánzài jiālǐ jìng kàn diànshì(一整天闲在家里净看电视).

コロシアム gǔ Luómǎ yuánxíng jùchǎng(古罗马圆型剧场), gǔ Luómǎ dàdòushòuchǎng(古罗马大斗兽场); dàtǐyùchǎng(大体育场); dàjùchǎng(大剧场).

ころしもんく〔殺し文句〕 ¶彼女はあいつの～にころりと騙された tā bèi nà jiāhuo de tiányánmìyǔ shuōdòng shàngle dàng le(她被那家伙的甜言蜜语说动上了当了).

ころしや〔殺し屋〕 zhíyè shāshǒu(职业杀手).

ころ・す〔殺す〕 **1**〔死なせる〕 shā(杀), shāsǐ(杀死), shāhài(杀害). ¶首を絞めて～す èshā(扼杀)/ lēisǐ(勒死). ¶動くと～すぞ yí dòng jiù yào nǐ de mìng!(一动就要你的命!)/ bié dòng! shuí dòng dǎsǐ shuí!(别动! 谁动打死谁!). ¶牛を～す zǎi niú(宰牛). ¶生きものを～してはいけない búyào shāhài yǒu shēngmìng de dōngxi(不要杀害有生命的东西). ¶手遅れで母を～してしまった mǔqin yóuyú dānwule yīzhì ér sǐqù(母亲由于耽误了医治而死去).

2〔押える、発揮させない〕 ¶息を～して見守る bǐngxī[bǐngqì/ bìqì]níngshì(屏息[屏气/闭气]凝视). ¶腹の虫を～す yāzhù huǒqì(压住火气)/ yā qì(压气). ¶声を～す yā shēng(压声). ¶この料理は材料の持味を～している zhège cài shīdiàole cáiliào de fēngwèi(这个菜失掉了材料的风味). ¶自暴自棄な生活で才能を～してしまった huāngtáng dùrì shǐ cáinéng máimò le(荒唐度日使才能埋没了).

ごろつき liúmáng(流氓), wúlài(无赖), làizi(赖子), dìpí(地痞), dìtóushé(地头蛇), èrliúzi(二流子), pǐzi(痞子), pōpí(泼皮), báixiàngrén(白相人).

コロッケ tǔdòu ròumò zhábǐng(土豆肉末炸饼).

コロナ rìmiǎn(日冕).

ごろね〔ごろ寝〕 ¶宿がないので駅のベンチで～した méiyǒu zhùsù de dìfang, zhǐhǎo zài chēzhàn de chángyǐ shang héyī shuìjiào(没有住宿的地方, 只好在车站的长椅上和衣睡觉).

ころば・す〔転ばす〕 →ころがす.

ころ・ぶ〔転ぶ〕 shuāi(摔), diē(跌), zāi(栽), shuāidǎo(摔倒), diēdǎo(跌倒), zāidǎo(栽倒), shuāijiāo(摔跤), diējiāo(跌跤), shuāi gēntou(摔跟头), zāi gēntou(栽跟头). ¶つまずいて～んだ bànle jiǎo shuāile ge gēntou(绊了脚摔了个跟头). ¶もう少しで～びそうになった chàdiǎnr shuāile yì jiāo(差点儿摔了一跤). ¶彼は～んでひどく怪我をした tā diēdǎo shòule zhòngshāng(他跌倒受了重伤). ¶彼は～んでもただは起きない tā jiùshì diēdǎo yě bù bái qǐlai, hái yào suíshǒu lāo yì bǎ(他就是跌倒也不白起来, 还要随手捞一把). ¶～ばぬ先の杖 wèi yǔ chóumóu(未雨绸缪).

ころも〔衣〕 **1** fǎyī(法衣). ¶墨染の～ hēi fǎyī(黑法衣).

2〔揚げ物などの〕 ¶～をつけて揚げる guǒshàng miàn zhá(裹上面炸).

ころもがえ〔衣更え〕 ¶～の季節だ gāi huànjìle(该换季了). ¶ショーウインドーの～をする gǎibiàn chúchuāng de zhuāngshì(改变橱窗的装饰).

ころもへん【衣偏】 yīzìpángr(衣字旁ㄦ),yībǔr(衣补ㄦ).

ころりと ¶うまい話に～だまされた jiào huāyán-qiǎoyǔ yíxiàzi gěi piàn le(叫花言巧语一下子给骗了).¶あんなに元気だった人が～亡くなった nàme kāngjiàn de rén hūdì qùshì le(那么康健的人忽地去世了).

コロン màohào(冒号).

こわ・い【怖い】 pà(怕),kěpà(可怕).¶私は雷が～い wǒ pà dǎléi(我怕打雷).¶～い話を聞かされた tīngle kěpà de gùshi(听了可怕的故事).¶とても～い目に会った yùdàole hěn kěpà de shì(遇到了很可怕的事).¶先生は～い顔をして私をにらんだ lǎoshī èméi-èyǎn de dènglewǒ yì yǎn(老师恶眉恶眼地瞪了我一眼).¶ああ～かった āiyā, zhēn xiàsǐ rén le(哎呀,真吓死人了).¶これさえあれば～いものなしだ zhǐyào yǒuzhe zhège jiù zài yě méiyǒu shénme kěpà de le(只要有了这个就再也没有什么可怕的了).¶あいつは～いものしらずだ tā shì ge tiān bú pà dì bú pà de jiāhuo(他是个天不怕地不怕的家伙).¶この子はまだ～いものしらずだ zhè háizi chū shēng niúdú bú pà hǔ(这孩子初生牛犊不怕虎).¶君に褒められるとなんだかあと～い jiào nǐ kuājiang, jiù ge hòutou yǒu shénme(叫你夸奖,就怕后头有什么).

こわ・い【強い】 yìng(硬).¶～いご飯 yìngfàn(硬饭).¶ワイシャツの糊が～い yìngjuéjué de chènshān(浆得硬撅撅的衬衫).¶情の～い女 zhíniù de nǚrén(执拗的女人).

こわいろ【声色】 ¶役者の～を使う mófǎng yǎnyuán de qiāngdiàor(模仿演员的腔调ㄦ).

こわが・る【怖がる】 pà(怕),hàipà(害怕).¶彼は蛇をひどく～る tā hěn hàipà shé(他很害怕蛇).¶失敗をそんなに～らなくてもよい duì shībài yòngbuzháo nàme pà(对失败用不着那么怕).¶何も～ことはない yòngbuzháo hàipà(用不着害怕).¶お化けの話なして子供達を～らせる jiǎng guǐguài gùshi xiàhu háizi(讲鬼怪故事吓唬孩子).¶～り屋でひとりでは便所にも行けない dǎnqiè[dǎnxiǎo]de liǎn jiěshǒu yě bùgǎn yí ge rén qù(胆怯[胆小]得连解手也不敢一个人去).

こわき【小脇】 ¶本を～に抱えて教室に入ってきた bǎ shū jiāzài yèxià zǒujìn jiàoshì lái le(把书夹在腋下走进教室来了).

こわごわ【恐恐】 qièshēngshēng(怯生生).¶～顔を上げて見る qièshēngshēng de táiqǐ tóu lái kàn(怯生生地抬起头来看).¶～とのぞく tíxīn-diàodǎn de kuītàn(提心吊胆地窥探).

ごわごわ yìngjuéjué(硬撅撅).糊がききすぎて敷布が～する chuángdān jiāngde yìngjuéjué de(床单浆得硬撅撅的).

こわ・す【壊す】 nònghuài(弄坏),gǎohuài(搞坏);pòhuài(破坏),huǐhuài(毁坏).¶古い家を～して建て直す拆 jiù jiùfángzi chónggài xīn de(拆旧房子重新新盖的).¶あまりいじって時計を～してしまった nòngnai-nòngqu bǎ biǎo nònghuài le(弄来弄去把表弄坏了).¶

食べすぎて腹を～した chīde guòduō chīhuàile dùzi(吃得过多吃坏了肚子).¶無理をしてすっかり体を～してしまった guòfèn láolèi bǎ shēntǐ gǎohuài le(过分劳累把身体搞坏了).¶せっかくの雰囲気を彼の一言が～した hěn hǎo de qìfēn jiào tā de yí jù huà ˇpōle lěngshuǐ[gěi pòhuài le](很好的气氛叫他的一句话ˇ泼了冷水[给破坏了]).¶子供の夢を～するな bié dǎpò xiǎoháizi de lǐxiǎng(别打破小孩子的理想).¶まとまりかけていた話を～してしまう bǎ yào shuōtuǒ de shì gěi nòngzá le(把要说妥的事给弄砸了).

こわだか【声高】 ¶～に言い争う dàshēng zhēngchǎo(大声争吵).

こわっぱ【小童】 xiǎozázhǒng(小杂种),huángkǒu xiǎo'ér(黄口小儿),xiǎozǎizi(小崽子),máoháizi(毛孩子).

こわば・る【強ばる】 ¶緊張のあまり顔が～っていた jǐnzhāngde běngjǐnle liǎn(紧张得绷紧了脸).¶舌が～って何も言えなかった shétou jiāngzhùle, shénme yě shuō bu chū kǒu lai le(舌头僵住了,什么也说不出口来了).

こわれもの【壊れ物】 ¶～だから使い道がない huàile de dōngxi méiyǒu yòngchu(坏了的东西没有用处).¶～注意 xiǎoxīn yì suì(小心易碎).

こわ・れる【壊れる】 huài(坏).¶椅子が～れる yǐzi huài le(椅子坏了).¶台風で門が～れた mén jiào táifēng guāhuài le(门叫台风刮坏了).¶テレビが～れて映らない diànshìjī huài le, bù chū yǐngxiàng le(电视机坏了,不出影).¶小説が映画化されたら主人公のイメージが～れてしまった xiǎoshuō pāichéng diànyǐng, qí zhǔréngōng de xíngxiàng bèi sǔnshāng le(小说拍成电影,主人公的形象被损伤了).¶今度の縁談もまた～れた zhè cì de qīnshì yòu bùchéng le(这次的亲事又不成了).¶旅行の計画が～れた lǚxíng de jìhuà yòu chuī le(旅行的计划又吹了).

こん【根気】 1〔根気〕¶そんなに～をつめると体に毒だよ nàme jǐnzhe gàn huì shāng shēntǐ a(那么紧着干会伤身体啊).¶～が続かない méiyǒu nàixìng(没有耐性).¶ついに～が尽きた zhōngyú jīn pí lì jìn le(终于筋疲力尽了).¶～比べ bǐ nàixìng(比耐性).

2〔数学の〕gēn(根).¶方程式の～を求める qiú fāngchéngshì de gēn(求方程式的根).¶平方～ píngfānggēn(平方根).

こん【紺】 zànglán(藏蓝).

こんい【懇意】 ¶あの方とは昔から～にしています gēn nà wèi dǎ guòqù jiù qīnmì wǎnglái(跟那位打过去就亲密往来)/gēn tā xiāngjiāo yǒu nián(跟他相交有年).¶彼とは日頃から～にしている gēn tā shì ˇzhìhǎo[zhìjiāo](跟他是ˇ至好[至交]).¶以後と～に願います jīnhòu qǐng duōduō guānzhào(今后请多多关照).

こんいん【婚姻】 hūnyīn(婚姻).¶～届 jiéhūn dēngjì(结婚登记).

こんか【婚家】 pójia(婆家),pópojiā(婆婆家).

こんかい【今回】 zhè huí(这回),zhè cì(这次),

cǐ cì(此次), cǐ fān(此番).
こんかぎり【根限り】 ¶～働く pīnmìng láodòng(拼命劳动)/ sǐmìng gàn(死命干).
こんがらか・る luàn(乱), hùnluàn(混乱), fēnluàn(纷乱), wěnluàn(紊乱). ¶毛糸が～った máoxiàn ˇnòngluàn[nòngxiā]le(毛线ˇ弄乱[弄瞎]了). ¶彼が口を出したので話がよけい～ってしまった tā chāhuà bǎ wèntí nòngde gèng jiūchán bu qīng le(他插话把问题弄得更纠缠不清了). ¶話が複雑なので頭が～ってきた shìqing tài fùzá, nòngde ˇtóunǎo hùnluàn[tóuhūn-nǎozhàng]le(事情太复杂, 弄得ˇ头脑混乱[头昏脑胀]了).
こんがり jiāohuáng(焦黄). ¶餅が～と焼けた niángāo kǎode jiāohuáng(年糕烤得焦黄).
こんかん【根幹】 gēnběn(根本). ¶それがすべての～をなしている nà shì suǒyǒu yíqiè de gēnběn(那是所有一切的根本).
こんがん【懇願】 kěnqǐng(恳请), kěnqiú(恳求), yāngqiú(央求). ¶彼に協力を～する kěnqiú tā xiézuò(恳求他协作). ¶彼の～をいれて出発を延ばした yī tā de kěnqǐng yánchí chūfā(依他的恳请延迟出发).
こんき【今期】 běnqī(本期). ¶～の売上は10億円を越した běnqī de xiāoshòu'é chāoguòle shíyì rìyuán(本期的销售额超过了十亿日元).
こんき【根気】 chángxìng(常性), chángxìng(长性), nàixìng(耐性). ¶彼は～がない tā méiyǒu chángxìng(他没有常性). ¶これは余程～のある人でないと続かない zhè shì chúfēi yǒu héngxīn, fǒuzé jiù zuòbuchǎng(这事除非有恒心, 否则就做不长). ¶この仕事は～のいる仕事だ zhè shì xūyào nàixìng de gōngzuò(这是需要耐性的工作). ¶早朝ランニングを永く続けている tā měitiān zǎoshang jiānchí chángpǎo(他每天早上坚持长跑). ¶～よく続けれぱどんな技術でもマスターできる zhǐyào nàixīn de xué, shénme jìshù dōu néng xuéhuì(只要耐心地学, 什么技术都能学会).
こんき【婚期】 ¶～を逸するcuòguò shìyí jiéhūn de niánlíng(错过适于结婚的年龄).
こんきゃく【困却】 ¶返事にほとほと～した jiǒngde bù zhī rúhé dáfù(窘得不知如何答复).
こんきゅう【困窮】 kùnjiǒng(困窘), kùnfá(困乏), qióngfá(穷乏), kōngfá(空乏), kùnnan(困难), qióngkùn(穷困), pínkùn(贫困). ¶彼の死後遺族は～している tā sǐle yǐhòu yízú shēnghuó shífēn kùnnan(他死了以后遗族生活十分困难).
¶生活～者 shēnghuó kùnnan de rén(生活困难的人).
こんきょ【根拠】 gēnjù(根据), píngjù(凭据), yījù(依据). ¶何を～にそう言い張るのか nǐ píng shénme yìng nàme shuō?(你凭什么硬那么说?). ¶あの話には確かな～がある nà huà quèshí yǒu zhēnpíng-shíjù(那话确实有真凭实据). ¶まったくへの無い話だ jiǎnzhí shì ˇwúgēn[wújī] zhī tán(简直是ˇ无根[无稽]之谈)/ wánquán shì méibiānr de huà(完全是没边儿的话). ¶科学的な～のない説 méiyǒu kēxué

gēnjù de shuōfa(没有科学根据的说法).
¶～地 gēnjùdì(根据地)/ dàběnyíng(大本营).
ごんぎょう【勤行】 qínxíng(勤行).
こんく【困苦】 kùnkǔ(困苦), jíkǔ(疾苦). ¶～に耐える rěnshòu kùnkǔ(忍受困苦).
ゴング luó(锣). ¶試合開始の～が鳴った bǐsài kāishǐ de zhōngshēng xiǎng le(比赛开始的钟声响了).
コンクール bǐsàihuì(比赛会), jìngsàihuì(竞赛会), jìngyǎnhuì(竞演会). ¶国際～で入賞する zài guójì bǐsàihuì shang déjiǎng(在国际比赛会上得奖).
¶合唱～ héchàng bǐsàihuì(合唱比赛会).
コンクリート hùnníngtǔ(混凝土), tóng(砼), shuǐméntīng(水门汀). ¶～を打ち込む jiāoguàn hùnníngtǔ(浇灌混凝土). ¶鉄筋～のビル gāngjīn hùnníngtǔ de dàlóu(钢筋混凝土的大楼).
¶～ミキサー車 hùnníngtǔ jiǎobàn qìchē(混凝土搅拌汽车).
ごんげ【権化】 huàshēn(化身). ¶悪の～ è de huàshēn(恶的化身).
こんけつ【混血】 hùnxuè(混血). ¶～児 hùnxuè'ér(混血儿).
こんげつ【今月】 běnyuè(本月), zhè yuè(这月), zhège yuè(这个月). ¶工事はぜひとも～中に仕上げて下さい gōngchéng qǐng yídìng zài zhège yuè nèi wánchéng(工程请一定在这个月内完成). ¶～分の家賃 běnyuè de fángzū(本月的房租).
¶～号 běnyuè yuèkān(这月月刊).
こんげん【根元】 gēnyuán(根源). ¶社会悪の～を暴く jiēlù shèhuì zuì'è de gēnyuán(揭露社会罪恶的根源).
こんご【今後】 jīnhòu(今后). ¶それは～の課題として残しておこう nà shì liúzuò jīnhòu de kètí ba(那事留做今后的课题吧). ¶～ともどうかよろしくお願い致します qǐng jīnhòu yě duōduō bāngzhù(请今后也多多帮助).
こんこう【混交】 hùnxiáo(混淆). ¶玉石～ yùshí hùnxiáo(玉石混淆)/ yú lóng hùnzá(鱼龙混杂).
こんごう【混合】 hùnhé(混合). ¶男女～のチーム nánnǚ hùnhéduì(男女混合队).
¶～ダブルス nánnǚ hùnhé shuāngdǎ(男女混合双打). ~肥料 hùnhé féiliào(混合肥料).
¶～物 hùnhéwù(混合物).
こんごうせき【金剛石】 jīngāngshí(金刚石), jīngāngzuàn(金刚钻), zuànshí(钻石).
コンコース zhōngyāng dàtīng(中央大厅), zhōngyāng guǎngchǎng(中央广场).
ごんごどうだん【言語道断】 ¶親を殺すとは～の沙汰だ shāhài zìjǐ de fùmǔ kěwù zhī zhì(杀害自己的父母可恶之至). ¶そんなことを言うとは～だ shuō nà zhǒng huà jiǎnzhí qǐyǒucǐ-lǐ(说那种话简直岂有此理).
こんこんと【昏昏と】 hūnhun-chénchén(昏昏沉沉). ¶～眠る hūnhun-chénchén shuìzhe(昏昏沉沉睡着).
こんこんと【滚滚と】 ¶泉が～湧き出ている

quányǒng búduàn chánchán ér liú(泉涌不断潺潺而流)/ quánshuǐ gūdūgūdū de wǎng wài mào(泉水咕嘟咕嘟地往外冒).

こんこんと【懇懇と】 zhūnzhūn(谆谆). ¶行いを改めるよう~諭した zhūnzhūn gàojiè gǎi guò zì xīn(谆谆告诫改过自新).

コンサート yīnyuèhuì(音乐会), yǎnzòuhuì(演奏会). ¶~ホール yǎnzòuhuì huìchǎng(演奏会会场)/ yīnyuètīng(音乐厅). ¶~マスター shǒuxí xiǎotíqínshǒu(首席小提琴手).

こんさい【根菜】 kuàigēn shūcài(块根蔬菜).

こんざつ【混雑】 hùnluàn(混乱), yōngjǐ(拥挤). ¶交通の~を緩和する huǎnhé jiāotōng hùnluàn xiànxiàng(缓和交通混乱现象). ¶事故のため駅はひどい~だった yóuyú shìgù, chēzhàn shang rén jǐde yàomìng(由于事故, 车站上人挤得要命). ¶客で店が~した gùkè duōde diànnèi yōngjǐ bùkān(顾客多得店内拥挤不堪).

コンサルタント gùwèn(顾问). ¶経営~ jīngyíng gùwèn(经营顾问).

こんじ【根治】 →こんち.

こんじき【金色】 jīnsè(金色), jīnhuáng(金黄). ¶~に輝く雲 jīnguāng cànlàn de yúncai(金光灿烂的云彩). ¶~の仏像 jīnhuánghuáng de fóxiàng(金煌煌的佛像).

こんじゃく【今昔】 jīnxī(今昔). ¶~の感に堪えない búshèng yǒu jīnxī zhī gǎn(不胜有今昔之感).

こんしゅう【今週】 zhè xīngqī(这星期), zhè lǐbài(这礼拜), zhè zhōu(这周), běn xīngqī(本星期), běn zhōu(本周). ¶~の水曜日に試験がある běn xīngqīsān yǒu kǎoshì(本星期三有考试). ¶この仕事を~にしあげるには~一杯かかる gànwán zhè huór děi zhěge xīngqī quán yòngshàng(干完这活儿得把这个星期全用上).

こんじょう【今生】 jīnshēng(今生), jīnshì(今世). ¶~の思い出に一目見ておきたい wèile jīnshēng de jìniàn xiǎng kàn yì yǎn(为了今生的纪念想看一眼).

こんじょう【根性】 ¶~の腐った奴 jiǎngǔtou(贱骨头). ¶~をたたき直してやる nǐ nà liègēnxìng fēi gěi nǐ jiǎozhèng guolai bùkě(你那劣根性非给你矫正过来不可). ¶彼は~がある tā hěn yǒu gǔqi(他很有骨气)/ tā shì ge yìnggǔtou(他是个硬骨头).

こんしん【混信】 hùntái(混台), chuàntái(串台). ¶ラジオが~している shōuyīnjī chuàntái(收音机串台).

こんしん【渾身】 húnshēn(浑身). ¶~の力をふりしぼって持ち上げた shǐjìn húnshēn de lìqi jǔle qǐlái(使尽浑身的力气举了起来)/ fèile jiǔ niú èr hǔ zhī lì táile qǐlái(费了九牛二虎之力抬了起来).

こんしん【懇親】 ¶~会 liányìhuì(联谊会)/ liánhuānhuì(联欢会)/ kěnqīnhuì(恳亲会).

こんすい【昏睡】 hūnshuì(昏睡), hūnmí(昏迷). ¶~状態に陥る xiànyú hūnshuì zhuàngtài(陷于昏睡状态).

コンスタント ¶~に売り上げを伸ばす píngjūn búduàn de zēngjiā xiāoshòu'é(平均不断增加销售额).

こんせい【混成】 hùnhé(混合). ¶~チーム hùnchéduì(混合队).

こんせい【混声】 hùnshēng(混声). ¶~合唱 hùnshēng héchàng(混声合唱).

こんせい【懇請】 kěnqǐng(恳请), dūnqǐng(敦请), kěnqiú(恳求), yāngqiú(央求), yānggào(央告). ¶~もむだしがたく出馬することにした kěnqǐng nán què, juéyì chūmǎ(恳请难却, 决意出马).

こんせき【痕跡】 hénjì(痕迹), jìhén(迹痕), yìnhén(印痕), yìnjì(印迹), zōngjì(踪迹). ¶わずかに往時の~を留めている hái liúzhe yìxiē jiùshí de hénjì(还留着一些旧时的痕迹).

こんせつ【懇切】 kěnqiè(恳切), chéngkěn(诚恳). ¶~丁寧に説明する kěnqiè xìzhì de shuōmíng(恳切细致地说明).

こんぜつ【根絶】 gēnjué(根绝), gēnchú(根除). ¶天然痘は~された tiānhuā yǐ bèi gēnchú(天花已被根除). ¶長年の悪弊はなかなか~しにくい chángnián de èxí shì hěn nán gēnjué de(长年的恶习是很难根绝的).

こんせん【混戦】 hùnzhàn(混战). ¶決勝リーグは~となった juéshèng liánsài chéngle yì chǎng hùnzhàn(决胜联赛成了一场混战).

こんせん【混線】 chuànxiàn(串线). ¶電話が~している diànhuà chuànxiàn(电话串线). ¶皆がいっせいに発言して話が~してしまった dàjiā yìyì fāyán, luànle tào le(大家一齐发言, 乱了套了).

こんぜん【渾然】 húrán(浑然). ¶日本風のものと西洋風のものが~一体となっている Rìběnshì hé Xīyángshì húrán chéngwéi yìtǐ(日本式和西洋式浑然成为一体).

コンセンサス ¶国民全体の~を得ることは不可能だ qǔdé quántǐ guómín de yízhì yìjiàn shì bù kěnéng de(取得全体国民的一致意见是不可能的).

コンセント chāzuò(插座).

こんだく【混濁】 húnzhuó(浑浊), hùnzhuó(混浊). ¶~した空気 húnzhuó[èzhuó] de kōngqì(浑浊[恶浊]的空气). ¶意識が~する yìshí hūnmí(意识昏迷)/ shénzhì bù qīng(神志不清). ¶~の世 zhuóshì(浊世).

コンタクトレンズ yǐnxíng yǎnjìng(隐形眼镜), jiǎomó jiēchù jìng(角膜接触镜), jiēchù yǎnjìng(接触眼镜), wúxíng jìnjìng(无形眼镜). ¶ハード~ yìngxìng yǐnxíng yǎnjìng(硬性隐形眼镜). ソフト~ ruǎnxìng yǐnxíng yǎnjìng(软性隐形眼镜).

こんだて【献立】 shípǔ(食谱). ¶1週間分の~を作る jìhuà yí ge xīngqī de shípǔ(计划一个星期的食谱). ¶今晩の~ jīnwǎn de ˈfàncài[càiyáo](今晚的ˈ饭菜[菜肴]). ¶~表 shípǔ(食谱).

こんたん【魂胆】 ¶彼は仕事を人に押し付ける~だ tā qǐtú bǎ gōngzuò tuīgěi rénjia(他企图把工作推给人家). ¶何か~がありそうだ zhè lǐbian kěnéng yǒu guǐ(这里边可能有鬼).

こんだん【懇談】 kěntán(恳谈). ¶生徒の進学について父兄と～する gēn jiāzhǎng jiāotán xuésheng de shēngxué wèntí(跟家长交谈学生的升学问题).
¶～会 kěntánhuì(恳谈会).

こんち【根治】 gēnzhì(根治). ¶病気は～した bìng zhìhǎo le(病治好了). ¶この病気を～する方法はまだ見付かっていない gēnzhì zhè zhǒng bìng de fāngfǎ hái méi fāxiàn(根治这种病的方法还没发现).

コンチェルト xiézòuqǔ(协奏曲). ¶ピアノ～ gāngqín xiézòuqǔ(钢琴协奏曲).

こんちゅう【昆虫】 kūnchóng(昆虫). ¶～採集 cǎijí kūnchóng(采集昆虫).

コンツェルン kāngcǎi'ěn(康采恩).

こんてい【根底】 gēndǐ(根底), gēnjī(根基), jīchǔ(基础). ¶その学説は～から覆された nà xuéshuō cóng gēndǐshang bèi tuīfān le(那学说从根底上被推翻了). ¶その事件は社会の～を揺るがした nà shìjiàn dòngyáole shèhuì de gēnjī(那事件动摇了社会的根基). ¶人類愛と自由が彼の思想の～をなす duì rénlèi de ài hé zìyóu shì tā de sīxiǎng jīchǔ(对人类的爱和自由是他的思想基础).

コンディション tiáojiàn(条件), zhuàngtài(状态). ¶体の～を整える tiáozhěng shēntǐ tiáojiàn(调整身体条件). ¶グランドの～不良のため本日の競技は中止となりました yóuyú yùndòngchǎng zhuàngtài bù hǎo, jīntiān zhōngzhǐ bǐsài le(由于运动场状态不好,今天中止比赛了).

コンテスト jìngsàihuì(竞赛会), bǐsàihuì(比赛会). ¶美人～ xuǎnměi dàhuì(选美大会).

コンテナー jízhuāngxiāng(集装箱), huòguì(货柜); ～船 jízhuāngxiāngchuán(集装箱船). ¶～輸送 jízhuāng yùnshū(集装运输).

コンデンサー〔蓄電器〕diànróngqì(电容器); 〔凝縮器〕lěngníngqì(冷凝器), níngjiéqì(凝结器); 〔集光器〕jùguāngqì(聚光器).

コンデンスミルク liànrǔ(炼乳).

コント xiǎogùshi(小故事), xiàohua(笑话).

こんど【今度】 1〔このたび〕zhè huí(这回), zhè cì(这次), cǐ cì(此次). ¶～来て先生は私と同郷だ xīn lái de lǎoshī hé wǒ tóngxiāng(新来的老师和我同乡). ¶～というのは本当に困った zhè huí kě bǎ wǒ nánzhù le(这回可把我难住了). ¶～だけは許してやる ráo nǐ zhè yì huí(饶你这一回). ¶～のことでは彼に大変面倒をかけた zhè cì gěi tā tiānle hěn duō máfan(这次给他添了很多麻烦).

2〔この次〕xiàcì(下次), xiàhuí(下回). ¶～は君が行く番だ zhè cì gāi nǐ qù le(这次该你去了)/xiàcì lúndào nǐ qù le(下次轮到你去了). ¶～の日曜日家に来ませんか xià[zhè] xīngqīrì nǐ dào wǒ jiā lái wánr ba(下[这]星期日你到我家来玩儿吧). ¶～こそ合格したいものだ xiàhuí zhēn xīwàng kǎoshàng(下回真希望考上). ¶～から気をつけます yǐhòu yídìng zhùyì(以后一定注意). ¶～行く時連れて行ってあげましょう xiàcì qù de shíhou dài nǐ qù ba(下次去的时候带你去吧).

こんとう【昏倒】 hūndǎo(昏倒), yūndǎo(晕倒).

こんどう【金堂】 zhèngdiàn(正殿).

こんどう【混同】 hùntóng(混同), hùnxiáo(混淆). ¶自由と放縦とを～してはならない zìyóu hé rènxìng bùkě hùntóng qilai(自由和任性不可混同起来). ¶～公私 gōng-sī bù fēn(公私不分).

コンドーム bìyùntào(避孕套), yīnjīngtào(阴茎套), ānquántào(安全套).

コントラスト duìbǐ(对比), duìzhào(对照); fǎnchā(反差). ¶光と影の～ guāng hé yǐng de duìzhào(光和影的对照). ¶～が強い fǎnchā dà(反差大).

コントラバス dīyīn tíqín(低音提琴).

コンドル shényīng(神鹰).

コントロール kòngzhì(控制), tiáojié(调节), tiáokòng(调控), jiānkòng(监控), yìzhì(抑制), zhīpèi(支配). ¶音量を～する tiáojié yīnliàng(调节音量). ¶投手の～が急に乱れた tóushǒu de zhìqiúlì tūrán luàn le(投手的制球力突然乱了).

¶～キー kòngzhìjiàn(控制键). ～センター cèkòng zhōngxīn(测控中心). ～タワー tǎtái(塔台). バース～ jiéyù(节育). リモート～ yáokòng(遥控).

こんとん【混沌】 hùndùn(混沌). ¶情勢は～としている xíngshì xiànyú hùndùn zhuàngtài(形势陷于混沌状态).

こんな zhème・zème(这么・这末), zhèyàng[r]・zhèiyàng[r](这样[儿]), zhèmeyàng(这么样); zhè zhǒng・zhèi zhǒng(这种). ¶～具合にやってごらん zhào zhèyàng nǐ shìshì(照这样你试试). ¶～はずではなかった shuí xiǎngdào huì shì zhèyàng(谁想到会是这样). ¶～わけで私は行けなかった yīncǐ wǒ méi néng qù(因此我没能去). ¶～面白い映画は今まで見たことがない wǒ cónglái méi kànguo zhème yǒu yìsi de diànyǐng(我从来没看过这么有意思的电影).

¶～に心配しているのに彼は何とも思っていない wǒ zhème dānxīn, tā dào háo bú zàihu(我这么担心,他倒毫不在乎). ¶～に大勢来るとは思わなかった méi xiǎngdào huì lái zhème duō rén(没想到会来这么多人). ¶彼女が～人とは思わなかった méi xiǎngdào tā jìngshì zhè zhǒng rén(没想到她竟是这种人).

こんなん【困難】 kùnnan(困难), jiānnán(艰难). ¶～に打ち勝つ kèfú[zhànshèng] kùnnan(克服[战胜]困难). ¶～な仕事をついにやり遂げた zhōngyú wánchéngle kùnnan de gōngzuò(终于完成了困难的工作). ¶新たな事実が事件の解決をいよいよ～にした xīn shìshí de chūxiàn shǐ ànjiàn gèngjiā nányú jiějué(新事实的出现使案件更加难于解决). ¶膝を傷めて歩行が～になった shāngle xīgài bùxíng kùnnan le(伤了膝盖步行困难了). ¶呼吸～に陥る xiànyú hūxī kùnnan(陷于呼吸困难).

こんにち【今日】 1〔きょう〕jīnrì(今日), jīntiān(今天).

2〔現今〕jīnrì(今日), rújīn(如今), jīntiān

(今天).¶勤勉が彼を～あらしめたのだ qínmiǎn shǐ tā yǒule jīnrì(勤勉使他有了今日).¶～の世界 jīnrì shìjiè(今日世界).¶～の課題 jīnrì de kètí(今日的课题).

こんにちは【今日は】 nǐ hǎo(你好), nín hǎo(您好), nǐmen hǎo(你们好).

こんにゃく【蒟蒻】 jǔruò(蒟蒻), móyù(魔芋), guǐyù(鬼芋).

こんにゅう【混入】 ¶この牛乳には脱脂粉乳が～されている zhè niúnǎi "chān(chānzá)zhe tuōzhī nǎifěn(这牛奶)搀(搀杂)着脱脂奶粉).¶毒物を～する fàngjìn dúwù(放进毒物).

こんねん【今年】 jīnnián(今年), běnnián(本年).¶～最後の授業 jīnnián zuìhòu yì táng kè(今年最后一堂课).

コンパ liányìhuì(联谊会), liánhuānhuì(联欢会).

コンパートメント ruǎnwò bāofáng(软卧包房).

コンバイン kāngbàiyīn(康败因), liánhéjī(联合机), liánhé shōugējī(联合收割机).

こんぱく【魂魄】 húnpò(魂魄).

コンパクト dàijìng xiǎofěnhé(带镜小粉盒), yǒujìng fěnhé(有镜粉盒);fěnkuài(粉块).

コンパス 1［両脚規］ yuánguī(圆规);liǎngjiǎoguī(两脚规).¶～で円を描く yòng yuánguī huà túxíng(用圆规画圈儿).¶彼は～が長い tā tuǐ cháng(他腿长).
2［羅針盤］ luópán(罗盘), luójīng(罗经).

こんばん【今晩】 jīnwǎn(今晚), jīntiān wǎnshang(今天晚上).¶～お訪ねしていいですか jīnwǎn qù bàifǎng nín kěyǐ ma?(今晚去拜访您可以吗?).

こんばんは【今晩は】 wǎn'ān(晚安), wǎnshang hǎo(晚上好).

コンビ dādàng(搭档).¶Aと～を組む gēn A dādàng(跟A搭档).¶名～ míngpèijué(名配角).

コンビーフ xiánniúròu guàntou(咸牛肉罐头).

コンビナート kāngpíngnà(康平纳), liánhézhì(联合制).

コンビニ fāngbiàn shāngdiàn(方便商店).

コンピューター diànzǐ jìsuànjī(电子计算机), jìsuànjī(计算机), diànnǎo(电脑).~ウイルス diànnǎo bìngdú(电脑病毒).~2000年問題 qiānniánchóng(千年虫).~ネットワーク jìsuànjī wǎngluò(计算机网络);jìsuànjīwǎng(计算机网)/diànnǎowǎng(电脑网).

こんぶ【昆布】 hǎidài(海带), kūnbù(昆布).

コンプレックス qíngjié(情结), fùhétǐ(复合体);［劣等感］zìbēigǎn(自卑感).¶インフェリオリティー～ zìbēi qíngjié(自卑情结).

こんぺき【紺碧】 wèilán(蔚蓝), zàngqīng(藏青), shēnlán(深蓝).¶～の海 wèilán de hǎi(蔚蓝的海).

コンベヤー chuánsòngdài(传送带).

ごんべん【言偏】 yánzìpáng(言字旁ㄦ).

こんぼう【混紡】 hùnfǎng(混纺).¶毛と化繊の～ róngmáo hé huàxiān de hùnfǎng(绒毛和化纤的混纺).

こんぼう【棍棒】 gùnbàng(棍棒), gùnzi(棍子), bàngzi(棒子).

こんぽう【梱包】 dǎbāo(打包), kǔnzā(捆扎), bāozā(包扎).¶荷物を～する dǎ[kǔn] xíngli(打[捆]行李).¶～がしっかりしていなかったでばらばらになってしまった dǎbāo dǎde bù jǐn, sǎn le(打包打得不紧, 散了).

コンポスト duīféi(堆肥).

こんぽん【根本】 gēnběn(根本).¶認識を～から改める必要がある yǒu bìyào cóng gēnběnshang gǎibiàn rènshi(有必要从根本上改变认识).¶それでは～的な解決にはならない nàyàng bùnéng cóng gēnběnshang jiějué wèntí(那样不能从根本上解决问题)／ nà bùnéng zhìběn(那不能治本).

コンマ 1［句読点］ dòuhào(逗号).¶～をつっむ dǎhòuhào(打逗号).
2［小数点］ xiǎoshùdiǎn(小数点).¶～以下は四捨五入する xiǎoshùdiǎn yǐxià sìshě-wǔrù(小数点以下四舍五入).¶～以下だ nà jiāhuo tài chàjìnr(那家伙太差劲儿).

こんまけ【根負け】 ¶彼のあまりの熱心さに～してとうとう承知してしまった niùbuguò tā nà gǔ rèqíng zhōngyú yìngchéngle xiàlái(拗不过他那股热情终于应承了下来).¶子供がしつこくねだるのに～して買ってやった jiào háizi chánde méizhé, bùdé bù gěi tā mǎi le(叫孩子缠得没辙, 不得不给他买了).

コミューン gōngshè(公社).¶パリ～ Bālí Gōngshè(巴黎公社).

こんめい【混迷】 ¶～する政局 hùndùn bù míng de zhèngjú(混沌不明的政局).

こんもり ¶～と茂った森 màomì[fánmào] de shùlínzi(茂密[蕃茂]的树林子).¶～とした丘 huǎntū de shāngǎngzi(缓凸的山岗子).

こんや【今夜】 jīnyè(今夜), jīnwǎn(今晚).¶病人は～いっぱいもつまい jīnwǎn kǒngpà guòbuliǎo zhè yì wǎn(病人恐怕过不了这一晚).

こんやく【婚約】 hūnyuē(婚约), dìnghūn(订婚・定婚), dìngqīn(定亲).¶彼はクラスメートと～した tā gēn tóngbān tóngxué dìngle hūn(他跟同班同学订了婚).¶～を解消する tuìhūn(退婚)／jiěchú hūnyuē(解除婚约).¶～者［男］ wèihūnfū(未婚夫);［女］ wèihūnqī(未婚妻).¶～指輪 dìnghūn jièzhi(订婚戒指).

こんよく【混浴】 hùnyù(混浴).

こんらん【混乱】 hùnluàn(混乱).¶事故が重なって市内の交通は～した jiēlián fāshēng shìgù, shìnèi de jiāotōng xiànyù hùnluàn(接连发生事故, 市内的交通陷于混乱).¶頭が～して何が何やら分からない nǎoli hùnluànde shénme yě nòngbuqīng le(脑里混乱得什么也弄不清了).¶為替相場の急変で経済界は～状態に陥った yóuyú wàihuì hángqíng de zhòubiàn, jīngjìjiè xiànyú hùnluàn zhuàngtài(由于外汇行情的骤变, 经济界陷于混乱状态).

こんりゅう【建立】 ¶本堂を～する xīngjiàn zhèngdiàn(兴建正殿).

こんりゅう【根粒】 gēnliú(根瘤).¶～バクテリア gēnliújūn(根瘤菌).

こんりんざい【金輪際】 ¶そんなことは～承知で

きない nà zhǒng shì jué bùnéng dāying(那种事绝不能答应).

こんれい【婚礼】 hūnlǐ(婚礼), jiéhūn yíshì(结婚仪式), jiéhūn diǎnlǐ(结婚典礼).

こんろ【焜炉】 lúzi(炉子), huǒlú[r](火炉[ㄦ]), huǒlúzi(火炉子). ¶～に火をおこす shēng lúzi(生炉子). ¶ガス～ méiqìzào(煤气灶). 石油～ méiyóulú(煤油炉).

こんわく【困惑】 kùnhuò(困惑). ¶すっかり～した様子だった xiǎnchū fēicháng kùnhuò de yàngzi(显出非常困惑的样子). ¶両者の板ばさみになって～した jiāzài liǎngzhě zhī jiān shífēn wéinán(夹在两者之间十分为难).

さ

さ【差】 1〔隔たり〕chā(差), chābié(差别). ¶彼等の間には学力の〜はない tāmen zhī jiān xuélì ˇchàbuduō[chàbulí](他们之间学力ˇ差不多[差不离]). ¶昼と夜の温度の〜が大きい báitian hé yèwǎn de wēnchā dà(白天和夜晚的温差大). ¶2つの工場の生産能力に〜がある liǎng ge gōngchǎng de shēngchǎn nénglì yǒu chājù(两个工厂的生产能力有差距). ¶2人の収入には〜がある liǎng ge rén de shōurù bù tóng(两个人的收入不同). ¶貧富の〜がはなはだしい pínfù xuánshū(贫富悬殊). ¶都市と農村の〜をなくする xiāomiè chéngxiāng chābié(消灭城乡差别). ¶新機能で他社製品に〜をつけた yǐ xīn de gōngnéng hé qítā gōngsī de zhìpǐn lākāile jùlí(以新的功能和其他公司的制品拉开了距离). ¶2位に10メートルの〜をつけて1位になった bǎ dì'èr míng làixià shí mǐ huòdéle dìyī míng(把第二名落下十米获得了第一名). ¶議案は3票の〜で否決された yì'àn yǐ sān piào zhī chā bèi fǒujué le(该议案以三票之差被否决了). ¶わずかの〜で勝った yǐ wēixiǎo zhī chā qǔshèng(以微小之差取胜).
2〔差し引き〕chā(差), chāshù(差数). ¶4と1の〜は3 dì sì hé yī de chāshù shì sān(四和一的差数是三). ¶2つの数の〜を求めよ qiú liǎng ge shù zhī chā(求两个数之差).

ざ【座】 1 zuò[r](座[儿]・坐[儿]), zuòwèi(座位・坐位). ¶皆さんどうぞ〜にお着き下さい qǐng dàjiā jiùxí(请大家就席). ¶権力の〜に就く dēngshàng quánlì de bǎozuò(登上权力的宝座). ¶彼は気を利かして〜を外した tā huìyì de líle zuò(他会意地离了坐). ¶彼の一言で〜が白けてしまった tā zhè yí jù huà shǐ zài ˇzuò[chǎng] de rén dōu sǎole xìng(他这一句话使在ˇ座[场]的人都扫了兴). ¶すぐ戻りますから〜を持たせておいて下さい wǒ jiù huílai, qǐng nǐ tì wǒ péi yíhuǐr ba(我就回来,请你替我陪一会ㄦ吧).
2〔劇場〕jùchǎng(剧场), jùyuàn(剧院);〔劇団〕jùtuán(剧团). ¶明治〜 Míngzhì Jùchǎng(明治剧场). ¶文学〜 Wénxuézuò jùtuán(文学座剧团).
3〔星座〕zuò(座). ¶蠍(さそり)〜 tiānxiēzuò(天蝎座).

さあ 1〔促して〕¶〜始めよう lái, kāishǐ ba(来,开始吧). ¶〜行きましょう wèi, zán zǒu ba(喂,咱走吧). ¶〜お入り下さい qǐng, qǐng jìnlai ba(请,请进来吧).
2〔困って〕¶〜困った yā, zhè zěnme bàn!(呀,这怎么办!). ¶〜大変な事になった yō[āi-yō], kě liǎobude la(哟[哎哟],可了不得啦).
3〔ためらって〕¶〜どうでしょうか zhège wǒ kě nánshuō a!(这个我可难说啊!). ¶〜私には分りません zhè, wǒ kě bù zhīdào(这,我可不知道).
4〔喜んで、意気込んで〕¶〜着いた dào le, dào le!(到了,到了!). ¶〜終った hǎo le! zhōngyú wán le!(好了! 终于完了!). ¶〜いよいよ夏休だ kāishǐ fàng shǔjià le!(开始放暑假了!). ¶〜がんばるぞ hǎo! jiājìnr gàn!(好! 加劲ㄦ干!).

サーカス mǎxì(马戏), mǎxìtuán(马戏团); zájì(杂技), zájìtuán(杂技团).

サーキット 1〔電気回路〕diànlù(电路), huílù(回路). ¶〜ブレーカー diànlù duàndiànqì(电路断电器)/ diànlù bǎohùqì(电路保护器).
2〔オートレースの〕sàichē huánlù(赛车环路).

サークル 〜活動 yèyú[kèwài] huódòng(业余[课外]活动). 文学〜 wénxué xiǎozǔ(文学小组).

ざあざあ huāhuā(哗哗), huālālā(哗啦啦), huālāhuālā(哗啦哗啦). ¶風呂の水が〜溢れている xǐzǎoshuǐ huālālā de yàngchulai(洗澡水哗啦啦地漾出来). ¶頭から水を〜かぶる cóng tóushang huāhuā dàoshuǐ(从头上哗哗浇水). ¶午後から〜降りになった cóng xiàwǔ huālālā de xiàqilai le(从下午哗啦啦地地下起来了).

サージ bìjī(哔叽).

サーチライト tànzhàodēng(探照灯).

サード〔野球の〕sānlěi(三垒); sānlěishǒu(三垒手).

サーバー 1〔球技〕fāqiúyuán(发球员).
2〔コンピュータ〕fúwùqì(服务器).

サービス fúwù(服务). ¶あの店は〜がよい nà jiā shāngdiàn fúwù tàidu kě zhēn hǎo(那家商店服务态度可真好). ¶今日は特別〜で1000円にしておきます jīntiān yōuhuì, suànnín yìqiān kuài qián(今天优惠,算您一千块钱). ¶1つよけいに〜してくれた duō ráole wǒ yí ge(多饶了我一个). ¶〜料込みで5000円です fúwùfèi[xiǎofèi] bāokuò zài nèi wǔqiān rìyuán(服务费[小费]包括在内五千日元).
¶〜業 fúwùxìng hángyè(服务性行业). 〜ステーション fúwùzhàn(服务站)/ xiūlǐzhàn(修理站).

サーブ fāqiú(发球).

サーフィン chōnglàng yùndòng(冲浪运动). ¶ウインド〜 fēngfān chōnglàng(风帆冲浪).

サーベル zhǐhuīdāo(指挥刀), jūndāo(军刀), pèidāo(佩刀).

サーモスタット héngwēnxiāng(恒温箱), héngwēnqì(恒温器), wēndù tiáojiéqì(温度调节器).
サーモン dàmáhǎyú(大麻哈鱼), guīyú(鲑鱼). ¶～ピンク guīhóng(鲑红).
サーロイン niúnǎn(牛腩).
さい【才】 cáinéng(才能). ¶彼は語学の～がある tā hěn yǒu wàiyǔ de cáinéng(他很有外语的才能). ¶～に溺れる shì cái zì wù(恃才自误).
さい【犀】 xī(犀), xīniú(犀牛).
さい【際】 shí(时), shíhou(时候). ¶お降りの～には忘れ物に御注意下さい xiàchē shí qǐng bié wàng dōngxi(下车时请别忘东西). ¶お会いした～に申し上げます jiànmiàn de shíhou gàosu nín(见面的时候告诉您). ¶この～問題をはっきりさせるべきだ zhè gāi bǎ wèntí nòngqīngchu le ba(这该把问题弄清楚了吧).
さい【賽】 shǎizi(色子), tóuzi(骰子). ¶～は投げられた mù yǐ chéng zhōu(木已成舟).
さい【差異】 chāyì(差异), chābié(差别), fēnbié(分别), qūbié(区别). ¶両者の間にはこれといった～はない liǎngzhě zhī jiān bìng méiyǒu shénme chāyì(两者之间并没有什么差异).
さい-【再】 zài(再), zàidù(再度), chóng(重), chóngxīn(重新). ¶決定事項を～確認する bǎ juédìng shìxiàng zài quèrèn yíxià(把决定事项再确认一下). ¶日本の良さを～発見した chóngxīn rènshile Rìběn de chángchu(重新认识了日本的长处). ¶新しい人生に向かって～出発する chóngxīn tàshàng xīn de rénshēng(重新踏上新的人生). ¶番組を～放送する jiémù jìnxíng chóngbō(节目进行重播). ¶証明書を～発行する bǔfā[zàidù fāgěi] zhèngmíngshū(补发[再度发给]证明书). ¶彼には～教育が必要だ duì tā xūyào zài jiàoyù(对他需要再教育).
-さい【歳】 suì(岁). ¶お子さんは何～ですか nǐ de háizi jǐ suì le?(你的孩子几岁了?). ¶3～と5か月です sān suì líng wǔ ge yuè(三岁零五个月). ¶祖父は今年 85 ～になります zǔfù jīnnián bāshiwǔ suì le(祖父今年八十五岁了). ¶20～の若者 èrshí suì de qīngniánrén(二十岁的青年人).
ざい【財】 cái(财), cáifù(财富), cáichǎn(财产). ¶彼は一代で～をなした tā yí dài zàole wànguàn jiācái(他一代造了万贯家财).
-ざい【剤】 jì(剂). ¶強心～ qiángxīnjì(强心剂). 清涼～ qīngliángjì(清凉剂). 薬～ yàojì(药剂).
さいあい【最愛】 ¶～の妻 zuì xīn'ài de qīzi(最心爱的妻子).
さいあく【最悪】 zuì huài(最坏), zuì zāo(最糟). ¶両国の関係は～の状態にたちいたった liǎngguó jiān de guānxi xiànyú zuì huài de jìngdì(两国间的关系陷于最坏的境地). ¶～の場合に備える zuò zuì huài de zhǔnbèi(作最坏的准备). ¶試験の日の体調は～だった kǎoshì nà yì tiān shēntǐ zāogāo jíle(考试那一天的身体糟糕极了).

ざいあく【罪悪】 zuì'è(罪恶). ¶数々の～を重ねる zuìxíng lěilěi(罪行累累)／zuì'è tāotiān(罪恶滔天).
ざいい【在位】 zàiwèi(在位). ¶～15年 zàiwèi shíwǔ nián(在位十五年).
さいえん【才媛】 cáiyuàn(才媛), cáinǚ(才女).
さいえん【再演】 chóngyǎn(重演). ¶好評にこたえて～する dáxiè guānzhòng de hǎopíng zàicì shàngyǎn(答谢观众的好评再次上演).
さいえん【菜園】 càiyuán(菜园), càiyuánzi(菜园子), càipǔ(菜圃).
サイエンスフィクション kēhuàn xiǎoshuō(科幻小说).
ざいか【財貨】 cáiwù(财物).
さいかい【再会】 chóngféng(重逢), zàihuì(再会). ¶旧友と 10 年ぶりに～した xiānggé shí nián yǔ jiùyǒu chóngféng xiānghuì le(相隔十年与旧友重逢相会了). ¶～を約して別れた xiāngyuē zàihuì fēnbié le(相约再会分别了).
さいかい【再開】 ¶会議は明日～される huìyì míngtiān chóngxīn zhàokāi(会议明天重新召开). ¶砲撃を～する huīfù pàojī(恢复炮击). ¶交渉の～は絶望的だ jīhū méiyǒu xīwàng zàicì jìnxíng tánpàn le(几乎没有希望再度进行谈判了).
さいかい【斎戒】 zhāijiè(斋戒). ¶～沐浴 zhāijiè mùyù(斋戒沐浴).
さいがい【災害】 zāihài(灾害), zāihuāng(灾荒), zāihài(灾祸), zāihuàn(灾患). ¶三陸地方に津波による～が発生した zài Sānlù dìqū fāshēngle yóu hǎixiào yǐnqǐ de zāihài(在三陆地区发生了由海啸引起的灾害).
ざいかい【財界】 jīngjìjiè(经济界), gōngshāngjiè(工商界), shāngjiè(商界).
ざいがい【在外】 ¶～公館 zhùwài shǐguǎn(驻外使馆). ～資産 hǎiwài zīchǎn(海外资产). ～同胞 hǎiwài qiáobāo(海外侨胞).
さいかく【才覚】 ¶～のある人 yǒu cáizhì de rén(有才智的人). ¶あの男は自分で嫁さんをさがす～もない nàge nánrén lián zhǎo duìxiàng de běnshi dōu méiyǒu(那个男人连找对象的本事都没有). ¶金の～がつかない wúfǎ chóucuò qiánkuǎn(无法筹措钱款)／chóucuò bu chū qián lái(筹措不出钱来).
ざいがく【在学】 ¶息子は A 大学に～しています wǒ érzi zài A dàxué xuéxí(我儿子在 A 大学学习).
さいかち【皂莢】 zàojiá(皂荚). ¶～の実 zàojiǎo(皂角).
さいかん【再刊】 fùkān(复刊). ¶機関紙が～される jīguānbào fùkān(机关报复刊).
さいき【才気】 cáiqì(才气), cáihuá(才华). ¶～に乏しい quēfá cáiqì(缺乏才气). ¶～走った人 cáihuá héngyì de rén(才华横溢的人). ¶～煥発 cáiqì huànfā(才气焕发).
さいき【再起】 ¶H 市は焦土の中から～した H shì cóng jiāotǔ zhōng chóngxīn fùyuán le(H 市从焦土中重新复原了). ¶彼は脳出血で～不能だ yóuyú nǎochūxuè tā bùnéng fùsū le(由于脑出血他不能复苏了).

さいぎ【猜疑】 cāiyí(猜疑). ¶人を～の目で見るよう yòng cāiyí de yǎnguāng kàn rén(用猜疑的眼光看人). ¶～心が強い yíxīn guòshèn(疑心过甚).

さいきょ【再挙】 ¶～をはかる Dōng Shān zài qǐ(东山再起)/chóngzhěng qígǔ(重整旗鼓)/juǎn tǔ chóng lái(卷土重来).

さいきょう【最強】 zuìqiáng(最强). ¶世界～のサッカーチーム shìjiè zuìqiáng de zúqiúduì(世界最强的足球队).

さいきん【細菌】 xìjūn(细菌). ¶～学 xìjūnxué(细菌学). ¶～兵器 xìjūn wǔqì(细菌武器).

さいきん【最近】 zuìjìn(最近). ¶～はめったに映画を見ない zuìjìn hěn shǎo kàn diànyǐng(最近很少看电影). ¶～の世界情勢 zuìjìn de shìjiè júshì(最近的世界局势). ¶彼は～帰国したばかりだ tā zuìjìn gāng huíguó de(他最近刚回国的). ¶彼は～仕事が忙しい gōngzuò hěn máng(他近来工作很忙). ¶彼女が結婚したのを～まで知らなかった tā jiéhūn de shì zhídào qián liǎng tiān wǒ hái bù zhīdào(她结婚的事直到前两天我还不知道). ¶～になってやっと理解できた zhídào zuìjìn cái lǐjiě le(直到最近才理解了). ¶これは～のことだ zhè shì xīnjìn de shì(这是新近的事).

ざいきん【在勤】 ¶北京支局～中はいろいろお世話になりました zài Běijīng fēnjú gōngzuò qījiān duō méng guānzhào(在北京分局工作期间多蒙关照).

さいく【細工】 1 ¶この石はもろくて～がしにくい zhè zhǒng shítou tài cuì, bù róngyì jiāgōng(这种石头太脆,不容易加工). ¶このペンダントの～は手がこんでいる zhè chuíshì zuòde hěn jīngxì(这垂饰做得很精细). ¶象牙～ xiàngyá gōngyìpǐn(象牙工艺品). 2【たくらみ】 ¶陰で～する zài bèihòu shuǎ huāzhāor(在背后耍花招儿). ¶手のこんだ～で人を騙す wánr bǎxì shǐhuài(玩儿把戏使坏). ¶帳簿を～する zào jiǎzhàng(造假账).

さいくつ【採掘】 cǎi(采), kāicǎi(开采), cǎijué(采掘). ¶石炭を～する cǎi méi(采煤). ¶金鉱を～する kāi cái jīnkuàng(开采金矿).

サイクリング ¶友人を誘って郊外へ～に行く yuē péngyou qí chēzi qù jiāoyóu(约朋友骑车子去郊游).

サイクル pínlǜ(频率), zhōulǜ(周率). ¶毎秒50～ měimiǎo wǔshí zhōubō(每秒五十周波). ¶ライフ～ shēnghuó zhōuqī(生活周期).

サイクロトロン huíxuán jiāsùqì(回旋加速器).

さいぐんび【再軍備】 chóngxīn wǔzhuāng(重新武装). ¶～に反対する fǎnduì chóngxīn wǔzhuāng(反对重新武装).

さいけいこく【最恵国】 zuìhuìguó(最惠国). ¶～待遇 zuìhuìguó dàiyù(最惠国待遇).

さいけいれい【最敬礼】 ¶～する zhì zuì chónggāo de jìnglǐ(致最崇高的敬礼).

さいけつ【採血】 cǎixuè(采血), chōuxuè(抽血). ¶検査のために～する wèi jiǎnchá cǎixuè(为检查采血).

さいけつ【採決】 biǎojué(表决). ¶では～に入ります nàme, jìnxíng biǎojué(那么,进行表决). ¶～の結果賛成多数で可決された biǎojué de jiéguǒ yǐ duōshù zànchéng tōngguò le(表决的结果以多数赞成通过了).

さいけつ【裁決】 cáijué(裁决), cáiduó(裁夺). ¶上司の～を仰ぐ qǐng shàngsi cáijué(请上司裁决).

さいげつ【歳月】 suìyuè(岁月). ¶10年の～は夢のように過ぎた shí nián de suìyuè yóurú yì cháng mèng guòqu le(十年的岁月犹如一场梦过去了). ¶～人を待たず suìyuè bú dài rén(岁月不待人).

さいけん【再建】 chóngjiàn(重建), chóngxiū(重修). ¶金閣寺を～する chóngjiàn Jīngésì(重建金阁寺). ¶会社を～する chóngjiàn gōngsī(重建公司).

さいけん【債券】 zhàiquàn(债券). ¶～を発行する fāxíng zhàiquàn(发行债券).

さいけん【債権】 zhàiquán(债权). ¶～者 zhàiquánrén(债权人).

さいげん【再現】 zàixiàn(再现), chóngxiàn(重现). ¶ビデオで試合の様子を～する yòng lùxiàng zàixiàn bǐsài de qíngxing(用录像再现比赛的情形). ¶事件の模様を～する chóngxiàn shìjiàn de shímó(重现事件的始末).

さいげん【際限】 jìjìng(止境), jìntóu(尽头). ¶ぜいたくを言えば～がない jiǎngjiu qilai jiù méi ge jìntóu(讲究起来就没个尽头). ¶先方は～なく要求を出してきた duìfāng tíchūlai méiyǒu zhǐjìng de yāoqiú(对方提出了没有止境的要求).

ざいげん【財源】 cáiyuán(财源). ¶公債を発行して～をつくる fāxíng gōngzhài kāipì cáiyuán(发行公债开辟财源).

さいけんとう【再検討】 ¶この計画は～する必要がある zhège jìhuà yǒu chóngxīn yánjiū de bìyào(这个计划有重新研究的必要).

さいこ【最古】 zuìgǔ(最古). ¶世界～の土器 shìjiè zuìgǔ de táoqì(世界最古的陶器).

さいご【最後】 1 zuìhòu(最后). ¶それが彼に会った～となった nà shì gēn tā jiàn de zuìhòu yí cì miàn(那是跟他见的最后一次面). ¶ここに来るのもこれが～だ dào zhèli lái, zhè shì zuìhòu yí cì le(到这里来,这是最后一次了). ¶あの映画の～はどうなるのか nà piānzi jiéjú zěnmeyàng le?(那片子结局怎么样了？). ¶～の勝利は必ず我々のものだ zuìhòu shènglì yídìng shǔ shǔyú wǒmen de(最后胜利一定是属于我们的). ¶～の1滴まで飲み干す hēgān zuìhòu yì dī(喝干最后一滴). ¶～に皆で合唱しましょう zuìhòu dàjiā yìqǐ héchàng ba(最后大家一起合唱吧). ¶～に帰る人は戸締りを忘れないように zuìhòu huíqu de rén bié wàngle guān chuāng suǒ mén(最后回去的人别忘了关窗锁门). ¶～には彼女も皆の意見に同意した tā ˙dàomòliǎor[dàotóulái/dàoliǎor] háishi tóngyìle dàjiā de yìjiàn(她˙到末了儿[到头来/到了儿]还是同意了大家的意见). ¶その試合を～に彼は球界から引退した yǐ nà cì bǐsài wéi zuìhòu, tā cóng qiútán yǐntuì le(以那次

比赛为最后,他从球坛引退了). ¶舞台生活の～を飾るにふさわしい熱演だった nà shì zuìhòu diǎnzhuì wǔtái shēnghuó de yí cì zuì jīngcǎi de yǎnchū(那是最后点缀舞台生活的一次最精彩的演出). ¶～まで私の話を聞きなさい tīngwán wǒ de huà(听完我的话)/ bǎ wǒ de huà tīngdàodǐ(把我的话听到底). ¶～まで希望を捨てない jué bú fàngqì zuìhòu yíxiàn xīwàng(决不放弃最后一线希望). ¶～まで踏み止まる jiānshǒu dào dǐ(坚守到底). ¶～の通牒をつきつける tíchū "zuìhòu tōngdié [āidǐměidūnshū](提出「最后通牒[哀的美教书])".

2 [……したら最後] ¶彼は言い出したら～あとへ引かない tā yídàn shuōchulai jiù bù gǎikǒu(他一旦说出来就不改口). ¶迷い込んだら～二度と生きて戻れない míle lù jiù wán le, zài yě wúfǎ shēnghuán(迷了路就完了,再也无法生还). ¶彼ににらまれたら～だ yàoshi dézuìle tā, kě jiù dǎoméi le(要是得罪了他,可就倒霉了).

さいご【最期】 ¶父の～に間に合った gǎnshàngle fùqīn línzhōng(赶上了父亲临终). ¶彼は悲惨な～を遂げた tā bēicǎn de sǐ le(他悲惨地死了).

ざいこ【在庫】 kùcún(库存). ¶売行きがよくて～がなくなった xiāolù hǎo, kùcún yì sǎo ér guāng le(销路好,库存一扫而光了). ¶その品は只今一してしかりません nà zhǒng huò xiànzài méiyǒu kùcún(那种货现在没有库存). ¶～品 cúnhuò(存货).

さいこう【再考】 ¶～を促す cùqǐng chóngxīn kǎolǜ(促请重新考虑). ¶～の余地がない méiyǒu zàidù kǎolǜ de yúdì(没有再度考虑的余地).

さいこう【再興】 fùxīng(复兴), chóngjiàn(重建). ¶国家を～する fùxīng guójiā(复兴国家).

さいこう【採光】 cǎiguāng(采光). ¶～のよい部屋 cǎiguāng liánghǎo de wūzi(采光良好的屋子).

さいこう【採鉱】 cǎikuàng(采矿).

さいこう【最高】 zuìgāo(最高). ¶日本一のビルが完成した Rìběn zuìgāo de dàshà luòchéng(日本最高的大厦落成). ¶～点で当選した huòdé zuìduō piàoshù dāngxuǎn(获得最多票数当选). ¶今度の試験で彼は～点をとった zhè cì kǎoshì tā huòdéle zuìgāo fēnshù(这次考试他获得了最高分数). ¶今日はこの夏～の暑さだった jīntiān shì zhège xiàtiān zuì rè de yì tiān(今天是这个夏天最热的一天). ¶費用は～3万円ぐらいだ fèiyong zuìduō yě bù chāoguò sānwàn rìyuán(费用最多也不超过三万日元). ¶今の気分は～です xiànzài de qíngxù zài hǎo búguòle(现在的情绪再好不过了).

¶～気温 zuìgāo qìwēn(最高气温). ¶～責任者 zuìgāo fùzérén(最高负责人)/ dìyībǎshǒu(第一把手)/ dìyī bǎ jiāoyǐ(第一把交椅). ～速度 zuìgāo sùdù(最高速度).

ざいごう【罪業】 zuìniè(罪孽). ¶～が深い zuìniè shēnzhòng(罪孽深重).

さいこうさいばんしょ【最高裁判所】 zuìgāo fǎyuàn(最高法院).

ざいこうせい【在校生】 zàixiàoshēng(在校生).

さいこうちょう【最高潮】 zuìgāocháo(最高潮). ¶場内の興奮は～に達した chǎngnèi de xīngfèn dádào zuìgāocháo(场内的兴奋达到最高潮).

さいこうほう【最高峰】 zuìgāofēng(最高峰). ¶世界の～エベレスト shìjiè zuìgāofēng Zhūmùlǎngmǎ Fēng(世界最高峰珠穆朗玛峰). ¶日本文学の～ Rìběn wénxué de zuìgāofēng(日本文学的最高峰).

サイコセラピー xīnlǐ zhìliáo(心理治疗), jīngshén zhìliáo(精神治疗).

さいころ【賽子】 shǎizi(色子), tóuzi(骰子). ¶～を振る zhì shǎizi(掷色子).

サイコロジー xīnlǐxué(心理学).

さいこん【再婚】 zàihūn(再婚);[女性の] zàijià(再嫁), gǎijià(改嫁), gǎihūn(改婚). ¶父は昨年～した fùqīn qùnián zàihūn de(父亲去年再婚的).

さいさき【幸先】 zhàotou(兆头), xiānzhào(先兆), qiánzhào(前兆), yùzhào(预兆). ¶～がよい xiānzhào jílì(先兆吉利)/ hǎo zhàotou(好兆头). ¶～が悪い xiānzhào búxiáng(先兆不祥)/ huài zhàotou(坏兆头). ¶～よいスタートを切った shì ge liánghǎo de kāiduān(是个良好的开端).

さいさん【再三】 zàisān(再三). ¶～の注意にもかかわらず彼は態度を改めない zàisān tíxǐng tā, tā yě bù duānzhèng tàidu(再三提醒他,他也不端正态度). ¶～お話し申し上げました通り… zhèng rú zàisān xiàng nín shuō de nàyàng…(正如再三向您说的那样…).

¶～再四 zàisān-zàisì(再三再四).

さいさん【採算】 hésuàn(核算). ¶～が合う hésuàn(合算)/ shàngsuàn(上算)/ gòuběnr(够本儿). ¶～がとれない péijiàn(赔钱)/ kuīběnr(亏本儿)/ bù hésuàn(不合算)/ bú shàngsuàn(不上算). ¶～を無視した事業 hūshì jīngjì xiàoyì de shìyè(忽视经济效益的事业).

¶～性 jīngjì xiàoyì(经济效益). 独立～制 dúlì hésuànzhì(独立核算制).

ざいさん【財産】 cáichǎn(财产), jiāchǎn(家产), jiāzī(家资), jiācái(家财). ¶私には一生食べていけるだけの～がある wǒ yǒu yìshēng yòngbujìn de "jiāchǎn[wànguàn jiācái](我有一生用不尽的"家产[万贯家财]). ¶事業に失敗して全～を失った shìyè shībài, "shīdiàole quánbù cáichǎn[qīngjiā dàngchǎn](事业失败,"失掉了全部财产[倾家荡产]).¶～家 cáizhu(财主)/ cáidōng(财东)/ fùwēng(富翁)/ fùshāng dàgǔ(富商大贾)/ dàkuǎn(大款). ～税 cáichǎnshuì(财产税). ～権 cáichǎnquán(财产权)/ chǎnquán(产权)/ cáiquán(财权).

さいし【才子】 cáizǐ(才子). ¶～才に倒る cōngming fǎn bèi cōngming wù(聪明反被聪明误). ¶～多病, 佳人薄命 cáizǐ duō bìng, jiārén bó mìng(才子多病,佳人薄命).

さいし【妻子】 qīzǐ(妻子). ¶～を養う fúyǎng qīzǐ(扶养妻子)/ yǎnghuo qīzi érnǚ(养活妻子儿女).
さいじ【細字】 xìzì(细字), xiǎozì(小字), yíngtóu xiǎokǎi(蝇头小楷).
さいじ【細事】 suǒshì(琐事), xiǎoshì(小事), xiǎojié(小节). ¶～にこだわらない bùjū xiǎojié(不拘小节).
さいしき【彩色】 cǎisè(彩色); zhuósè(着色), shàngsè(上色). ¶器の表面に美しい～が施してある qìmǐn biǎomiàn shàngzhe měilì de yánsè(器皿表面上着美丽的颜色). ¶～土器 cǎitáo(彩陶).
さいじつ【祭日】 jiérì(节日).
さいしつ【材質】 cáizhì(材质), zhìdì(质地), zhìliào(质料). ¶～を生かして細工する liyòng qí zhìdì jiāgōng(利用其质地加工).
さいして【際して】 ¶出発に～皆様に一言ご挨拶申し上げます dāng cǐ chūfā zhī jì, xiàng zhūwèi jiǎng jǐ jù huà(当此出发之际,向诸位讲几句话).
さいしゅ【採取】 cǎi(采), cǎiqǔ(采取). ¶砂利を～する cǎi lìshí(采砾石). ¶指紋を～する cǎiqǔ zhǐwén(采取指纹).
さいしゅう【採集】 cǎijí(采集), sōují(搜集). ¶方言を～する sōují fāngyán(搜集方言). ¶昆虫を～ cǎijí kūnchóng(采集昆虫).
さいご【最後】 zuìzhōng(最终), zuìhòu(最后). ¶～決定は明日に持ち越された zuìzhōng de juélùn yánchí dào míngtiān le(最终的结论延迟到明天了). ¶～的には同意を得られた zuìzhōng dédàole tóngyì(最终得到了同意). ¶～列車 mòbān lièchē(末班列车)/ zuìhòu yí tàng chē(最后一趟车).
ざいじゅう【在住】 ¶北京～の日本人 jūzhù[qiáojū/lǚjū] zài Běijīng de Rìběnrén(居住[侨居/旅居]在北京的日本人).
さいしゅつ【歳出】 suìchū(岁出).
さいしょ【最初】 zuìchū(最初), zuìxiān(最先), kāishǐ(开始), kāichū(开初), qǐchū(起初), qǐxiān(起先), qǐshǒu(起首), qǐtóu[r](起头儿), kāitóu[r](开头儿), yuánchū(原初), yuánxiān(原先), tóuxiān(头先). ¶日本では汽車が走るのは新橋・横浜間が～だ zài Rìběn zuìxiān tōng huǒchē de shì Xīnqiáo hé Héngbīn zhī jiān(在日本最先通火车的是新桥和横滨之间). ¶～の 1 週間がつらかった zuìchū[tóu] yí ge xīngqī zuìwéi chīlì(最初[头]一个星期最为吃力). ¶～名古屋へ行ってそれから京都に行った xiān dào le Mínggǔwū hòu dào de Jīngdū(先到的名古屋后到的京都). ¶～は誰だか分からなかった zuìchū[dāngchū] bù zhīdào shì shuí(最初[当初]不知道是谁). ¶これでは～からやり直しだ zhè kě děi cóngtóur zuòqǐ(这可得从头儿做起). ¶今度の旅行は～から気が進まなかった zhè cì lǚxíng dǎ kāishǐ jiù bù zěnme xiǎng qù(这次旅行打开始就不怎么想去).
さいじょ【才女】 cáinǚ(才女).

さいしょう【宰相】 zǎixiàng(宰相).
さいしょう【最小】 zuìxiǎo(最小). ¶世界一の鳥 shìjiè zuìxiǎo de niǎo(世界最小的鸟). ¶～の労力で最大の効果をあげる yǐ zuì shǎo de láolì qǔdé zuì dà de xiàoguǒ(以最少的劳力取得最大的效果). ¶～限 10 人は必要だ zuì shǎo xūyào shí ge rén(最少需要十个人)/ qǐmǎ yào shí ge rén(起码要十个人). ¶～を限度にくいとめる bǎ sǔnshī kòngzhì zài zuìxiǎo xiàndù(把损失控制在最小限度). ¶～公倍数 zuìxiǎo gōngbèishù(最小公倍数).
さいじょう【斎場】 bìnyíguǎn(殡仪馆).
さいじょう【最上】 zuì hǎo(最好), shànghǎo(上好). ¶～のコンディションで試合にのぞむ yǐ zuì hǎo de zhuàngtài yíngjiē bǐsài(以最好的状态迎接比赛). ¶これは～のものです zhè shì tóulùhuò[tóuhào huòsè](这是头路货[头号货色]).
ざいじょう【罪状】 zuìzhuàng(罪状), zuì'àn(罪案). ¶～が明らかになった zuìzhuàng yǐ chámíng(罪状已查明). ¶～を数えたてる lièjǔ zuìzhuàng(列举罪状). ¶～を否認する fǒurèn zuìxíng(否认罪行).
さいしょく【才色】 cáisè(才色). ¶～兼備の女性 cáisè jiānquán[cáimào shuāngquán] de nǚrén(才色兼全[才貌双全]的女人).
さいしょく【菜食】 sùshí(素食). ¶～主義 sùshízhǔyì(素食主义), sùshízhě(素食者).
ざいしょく【在職】 zàizhí(在职). ¶私は本校に 20 年～している wǒ zài běn xiào rènzhí èrshí nián le(我在本校任职二十年了).
さいしん【再審】 zàishěn(再审), fùshěn(复审). ¶～を請求する qǐngqiú zàishěn(请求再审).
さいしん【細心】 xìxīn(细心). ¶～の注意をはらう xìxīn zhùyì(细心注意).
さいしん【最新】 zuì xīn(最新). ¶～の情報 zuì xīn de qíngbào(最新的情报). ¶～流行のデザイン zuì shíxīng de shìyàng(最时兴的式样).
さいじん【才人】 cáirén(才人), duōcái-duōyì de rén(多才多艺的人).
サイズ chǐcun(尺寸), chǐmǎ(尺码), chǐtou(尺头); xínghào(型号). ¶～をはかる liáng chǐcun(量尺寸). ¶～は大判です chǐmǎ shì dàhào(尺码是大号).
さいすん【採寸】 liàng chǐcun(量尺寸).
さいせい【再生】 zàishēng(再生). ¶～の喜び zàishēng zhī lè(再生之乐). ¶～の思いがした zhēn shì sǐ ér fùsū le(真是死而复苏了). ¶～の道を歩む zǒu xīnshēng de dàolù(走新生的道路). ¶～を図る zàishēng fèiwù(再生废物). ¶とかげの尻尾は～する xīyì de wěiba néng zàishēng(蜥蜴的尾巴能再生). ¶録音を～する fàng lùyīn(放录音)(录放). ¶～ゴム zàishēng xiàngjiāo(再生橡胶)/ huánhún xiàngjiāo(还魂橡胶). ¶～紙 zàishēngzhǐ(再生纸)/ huánhúnzhǐ(还魂纸). ¶～毛 zàishēngmáo(再生毛).
ざいせい【財政】 cáizhèng(财政). ¶～が逼迫している cáizhèng chījǐn(财政吃紧). ¶～を

立て直す chóngjiàn cáizhèng（重建财政）．¶そんなぜいたくは我が家の～が許さない wǒ jiā de jīngjì qíngkuàng bù yǔnxǔ nàyàng huīhuò（我家的经济情况不允许那样挥霍）．¶～学 cáizhèngxué（财政学）．

さいせいき【最盛期】¶ローマ帝国の～ Luómǎ Dìguó de jíshèng shíqī（罗马帝国的极盛时期）．¶今がみかんの～だ xiànzài zhèngshì júzi de wàngjì（现在正是橘子的旺季）/ júzi zhèngzài pènrshang（橘子正在喷儿上）．

さいせいさん【再生産】 zàishēngchǎn（再生产）．¶拡大～ kuòdà zàishēngchǎn（扩大再生产）．

さいせき【採石】 cǎijué shíliào（采掘石料）．¶大理石の～場 Dàlǐshí de cǎishíchǎng（大理石的采石场）．

ざいせき【在籍】¶本校には1000名の生徒が～している běn xiào yǒu yìqiān míng zhùcè xuésheng（本校有一千名注册学生）．

さいせん【再選】¶委員に～された zàicì bèi xuǎnwéi wěiyuán（再次被选为委员）．

さいせん【賽銭】 xiānghuǒqián（香火钱），xiāngqián（香钱），xiāngzī（香资）．

さいぜん【最善】¶～を尽す jìn zuì dà nǔlì（尽最大努力）/ jiéjìn quánlì（竭尽全力）．¶～の策を講ずる cǎiqǔ zuì tuǒshàn de bànfǎ（采取最妥善的办法）．

さいぜんせん【最前線】 zuìqiánxiàn（最前线），yíxiàn（一线），huǒxiàn（火线）．

さいぜんれつ【最前列】 zuìqiánliè（最前列），dìyī pái（第一排）．

さいそく【細則】 xìzé（细则）．

さいそく【催促】 cuī（催），cuīcù（催促）．¶～の手紙を出す fā cuīcùxìn（发催促信）．¶早く品物を送れと矢の～を受ける zàisān bèi cuīcù gǎnkuài sòng huò（再三被催促赶快送货）．¶代金の支払を～する cuī jiāo huòkuǎn（催交货款）．

サイダー qìshuǐ（汽水）．

さいだい【細大】 jùxì（巨细）．¶～漏らさず調べ上げる jùxì wúyí de jìnxíng diàochá（巨细无遗地进行调查）．

さいだい【最大】 zuìdà（最大）．¶日本～の湖 Rìběn zuìdà de húpō（日本最大的湖泊）．¶そこが君の～の欠点だ nà shì nǐ zuìdà de quēdiǎn（那是你最大的缺点）．¶～級の賛辞を呈する xiànshàng zuìgāo de sòngcí（献上最高的颂词）．¶能力を～限に発揮する bǎ nénglì zuìdà xiàndù de fāhuī chulai（把能力最大限度地发挥出来）．¶～多数の～幸福 zuìdà duōshù rén de zuìdà de xìngfú（最大多数人的最大的幸福）．¶～公約数 zuìdà gōngyuēshù（最大公约数）．～出力 zuìdà gōnglǜ（最大功率）．～風速 zuìdà fēngsù（最大风速）．

さいたいしゃ【妻帯者】 yǒuqīzhě（有妻者）．

さいたく【採択】 cǎizé（采择），cǎinà（采纳），tōngguò（通过）．¶決議案を～する tōngguò juéyì（通过决议）．

ざいたく【在宅】 zàijiā（在家）．¶先生は御～ですか xiānsheng zàijiā ma?（先生在家吗?）．¶～ケア jiātíng hùlǐ（家庭护理）．

さいたる【最たる】¶これこそ愚の～ものである zhè zhēn shì hútu tòudǐng（这真是胡涂透顶）．

さいたん【採炭】 cǎiméi（采煤）．¶～機 cǎiméijī（采煤机）．

さいたん【最短】 zuìduǎn（最短）．¶2点間の～距離は直線である liǎng diǎn jiān de zuìduǎn jùlí shì zhíxiàn（两点间的最短距离是直线）．¶～コース zuìduǎn tújìng（最短途径）．

さいだん【祭壇】 jìtán（祭坛）．

さいだん【裁断】 **1**［断ち切ること］cái（裁），cáijiǎn（裁剪），cáiduàn（剪裁），jiǎnduàn（剪断）．¶服地を～する jiǎncái liàozi（剪裁料子）．¶～機 jiǎnduànjī（剪断机）．**2**［裁定］cáiduàn（裁断），cáijué（裁决）．¶上司の～にゆだねる chéngqǐng shàngjí cáijué（呈请上级裁决）．

ざいだん【財団】 cáituán（财团）．¶ロックフェラー～ Luòkèfěilè cáituán（洛克菲勒财团）．¶～法人 cáituán fǎrén（财团法人）．

さいち【才知】 cáizhì（才智），cáifēn（才分）．¶～にたけた人 cáishí guòrén de rén（才识过人的）/ zúzhì-duōmóu de rén（足智多谋的人）．

さいち【細緻】¶～な描写 xìnì de miáoxiě（细腻的描写）．¶～な計画 zhōumì de jìhuà（周密的计划）．¶～をきわめた研究 jíwéi jīngxì zhōumì de yánjiū（极为精细周密的研究）．¶～な文様 xìzhì de huāwén（细致的花纹）．

さいちゅう【最中】 zhèngzài（正在），zhèngdāng（正当）．¶パーティーの～に停電した yànhuì jìnxíng zhōng tíng le diàn（宴会进行中停了电）．¶ちょっと待ってくれ，相談している～だ qǐng děng yíxiàr, zhèngzài shāngliang ne（请等一下儿，正在商量呢）．¶試合のまっ～に雨が降り出した bǐsài zhèngzài jìnxíng de shíhou xiàqǐ yǔ lái（比赛正在进行的时候下起雨来）．

ざいちゅう【在中】¶写真～ nèi yǒu xiàngpiàn（内有相片）．

さいちょう【最長】 zuìcháng（最长）．¶世界～のトンネル shìjiè zuìcháng de suìdào（世界最长的隧道）．

さいてい【最低】 zuìdī（最低）．¶投票率は～を記録した tóupiàolǜ chuàngle zuìdī jìlù（投票率创了最低记录）．¶～生活を保障する bǎozhàng zuì qǐmǎ de shēnghuó shuǐpíng（保障最起码的生活水平）．¶～限度の要求は満たされた zuìdī xiàndù[zuì qǐmǎ] de yāoqiú dédàole mǎnzú（最低限度[最起码]的要求得到了满足）．¶～2万円はかかる zuìshǎo yào liǎngwàn rìyuán（最少要两万日元）．¶あんな奴～だ nà jiāhuo zuì cì（那家伙最次）．¶～気温 zuìdī qìwēn（最低气温）．～賃金制 zuìdī gōngzīzhì（最低工资制）．

さいてい【裁定】 cáidìng（裁定）．¶委員会の～が下った wěiyuánhuì de cáidìng（下达了委员会的裁定）．

さいてき【最適】 zuì shìdàng（最适当），zuì shìhé（最适合），zuì shìyí（最适宜）．¶委員長には彼が～だ zuòwéi wěiyuánzhǎng tā zuì héshì（作为委员长他最合适）．

¶読書に〜の明るさ zuì shìyí yú dúshū de liàngdù(评分儿的亮度). ¶植物の生育に〜の温度 zuì shìyí yú zhíwù shēngzhǎng de wēndù(最适宜于植物生长的温度).

さいてん【採点】 píngfēn[r](评分[儿]), pànfēn[r](判分[儿]). ¶あの先生の〜は辛い[甘い] nà wèi lǎoshī píngfēn "yán[kuān](那位老师评分"严[宽]). ¶答案を〜する pàn juànzi(判卷子)/ píng shìjuàn(评试卷).

さいてん【祭典】 shènghuì(盛会). ¶スポーツの〜 tǐyù shènghuì(体育盛会).

サイト 1 jīdì(基地), yòngdì(用地). ¶キャンプ〜 lùyíng chǎngdì(露营场地)/ lùyíngdì(露营地).
2【コンピュータ】 zhàndiǎn(站点), wǎngdiǎn(网点), jiédiǎn(节点).

さいど【再度】 zàidù(再度). ¶〜の要請にこたえて選挙に出る yìng zàidù de kěnqíng chūmǎ jìngxuǎn(应再度的恳请出马竞选). ¶失敗にくじけず〜受験する bù wéi shībài suǒ cuò zàidù tóukǎo(不为失败所挫再度投考).

サイド pángbiān(旁边), cèmiàn(侧面), fāngmiàn(方面). ¶住民〜と開発業者の対立 jūmín yìfāng gēn kāifā gōngsī yìfāng de duìlì(居民一方跟开发公司一方的对立).
¶〜テーブル qiángbiānzhuō(墙边桌)/ zhuōbiānzhuō(桌边桌). プール〜 yóuyǒngchíbiān(游泳池边).

サイドカー kuàdǒu[r](挎斗[儿]); kuàdǒushì mótuōchē(挎斗式摩托车).

サイドブレーキ cèzhá(侧闸), biānzhá(边闸).

さいな・む【苛む】 良心に〜まれる shòudào liángxīn de zébèi(受到良心的责备). ¶嫉妬に〜まれる wéi jídù suǒ kǔnǎo(为嫉妒所苦恼).

さいなん【災難】 zāinàn(灾难), zāihuò(灾祸).
¶〜に遭う zāoyù zāinàn(遭遇灾难). ¶危うく〜を免れた chàdiǎnr "shòu[yù]nàn "受[遇]难). ¶この度はとんだ〜でしたね nǐ zhè cì zhēn zāoféng búxìng le(你这次可真遭逢不幸了). ¶〜と思ってあきらめよう jiù suànshì tiān jiàng fēihuò, suànle ba(就算是天降飞祸,算了吧).

ざいにち【在日】 ¶〜中国人 lǚRì huárén(旅日华人). ¶〜外国人 jūzhù zài Rìběn de wàiguórén(居住在日本的外国人).

さいにゅう【歳入】 suìrù(岁入).

さいにん【再任】 ¶彼は理事に〜された tā "zàidù bèi rènwéi[liánrèn] lǐshì(他"再度被任为[连任]理事).

ざいにん【罪人】 zuìrén(罪人), zuìfàn(罪犯).

さいねん【再燃】 ¶学校の移転問題が〜した xuéxiào qiānyí de wèntí yòu sǐhuī-fùrán le(学校迁移的问题又死灰复燃了).

さいねんしょう【最年少】 zuìniánshào(最年少), zuìshàozhě(最少者).

さいねんちょう【最年長】 zuìniánzhǎng(最年长), zuìzhǎngzhě(最长者).

さいのう【才能】 cáinéng(才能), cáigàn(才干), cáilì(才力), cáijù(才具). ¶彼は語学の〜に恵まれている tā hěn yǒu wàiyǔ de cáinéng(他很有外语的才能). ¶私には音楽の〜がない wǒ zài yīnyuè fāngmiàn méiyǒu cáinéng(我在音乐方面没有才能). ¶彼女は編集者として優れた〜を発揮した tā zuòwéi yí ge biānjí xiǎnshìle zhuóyuè de cáigàn(她作为一个编辑显示了卓越的才干). ¶この子の絵の〜を伸ばしてやりたい wǒ xīwàng chōngfèn fāhuī zhè háizi huìhuà de "cáinéng[tiāncái](我希望充分发挥这孩子绘画的"才能[天才]).

さいのめ【賽の目】 tóuhuār(骰花儿); [さいころ形] tóuzikuàir(骰子块儿), dīngr(丁儿). ¶人参を〜に切る bǎ húluóbo qiēchéng tóuzikuàir(把胡萝卜切成骰子块儿).

さいはい【采配】 ¶采配は彼が〜を振っている zài nàge shāngdiàn tā zhǎngguǎn yíqiè(在那个商店他掌管一切).

さいばい【栽培】 zāipéi(栽培), zāizhí(栽植), zāizhòng(栽种). ¶その地方はお茶の〜が盛んだ gāi dìqū cháshù de zāipéi fēicháng pǔbiàn(该地区茶树的栽培非常普遍). ¶温室でトマトを〜する zài wēnshìlǐ zāipéi fānqié(在温室里栽培番茄).

さいばし【菜箸】 chángkuàizi(长筷子); [とりばし] gōngkuài(公筷).

さいはつ【再発】 1【病気の】 fùfā(复发). ¶結核が〜した jiéhébìng fùfā le(结核病复发了).
2 ¶事故の〜を防ぐ fángzhǐ shìgù zàidù fāshēng(防止事故再度发生). ¶暴動が〜した yòu fāshēngle bàodòng(又发生了暴动).

ざいばつ【財閥】 cáifá(财阀).

さいはて【最果て】 ¶〜の町 biānjiāng de xiāngzhèn(边疆的乡镇).

サイバネティックス kòngzhìlùn(控制论).

さいはん【再犯】 zàifàn(再犯), chóngfàn(重犯), lěifàn(累犯). ¶〜は刑が重い lěifàn chǔ zhòngxíng(累犯处重刑).

さいはん【再版】 zàibǎn(再版). ¶この本は間もなく〜される zhè běn shū jíjiāng zàibǎn(这本书即将再版). ¶売行きがよくて〜が間に合わない chàngxiāode láibují zàibǎn(畅销得来不及再版).

さいばん【裁判】 shěnpàn(审判), shěnlǐ(审理).
¶〜をする jìnxíng shěnpàn(进行审判). ¶〜を受ける bèi shěnpàn(被审判). ¶〜をやり直す chóngxīn shěnlǐ(重新审理). ¶〜に訴えて争う gàodào fǎyuàn míngbiàn hēibái(告到法院明辨黑白). ¶〜に勝つ shèngsù(胜诉)/ guānsi dǎyíng le(官司打赢了). ¶〜に負ける bàisù(败诉)/ guānsi dǎshū le(官司打输了). ¶〜沙汰になる nàochéng guānsi(闹成官司). ¶〜官 shěnpànyuán(审判员)/ fǎguān(法官). 〜所 fǎyuàn(法院). 〜長 shěnpànzhǎng(审判长). 最高〜所 zuìgāo fǎyuàn(最高法院).

さいひ【歳費】 1 quánnián jīngfèi(全年经费).
2 quánnián jīntiē(全年津贴), niánxīn(年薪).

さいひょうせん【砕氷船】 pòbīngchuán(破冰

さいふ【財布】 qiándài (钱袋), qiánbāo (钱包), yāobāo (腰包), qiánjiāzi (钱夹子). ¶~の底をはたいて百科事典を買う qīng náng mǎi bǎikē quánshū (倾囊买百科全书). ¶~の紐を締める lēijǐn yāobāo (勒紧腰包). ¶女房に~の紐を握られている lǎopo zhǎng jiā guǎn qián (老婆掌家管钱).

さいぶ【細部】 xìjiè (细节). ¶計画を~にわたって検討する duì jìhuà de xìjié zhúyī jìnxíng yántǎo (对计划的细节逐一进行研讨).

さいぶん【細分】 xìfēn (细分). ¶土地を~する bǎ tǔdì jiāyǐ xìfēn (把土地加以细分). ¶学術分野の~化 xuéshù fēnyě de xìmì fēnhuà (学术分野的细密分化).

さいへん【再編】 gǎizǔ (改组). ¶委員会を~する gǎizǔ wěiyuánhuì (改组委员会).

さいほう【裁縫】 cáiféng (裁缝), zhēnxiànhuór (针线活ル), féngrèn (缝纫). ¶母は一日中~をしている mǔqin yìzhěngtiān zuò zhēnxiànhuór (母亲一整天做针线活ル).
¶~道具 féngrèn yòngjù (缝纫用具).

さいほう【細胞】 xìbāo (细胞). ¶~核 xìbāohé (细胞核). ¶~学 xìbāoxué (细胞学). ~質 xìbāozhì (细胞质). ~組織 xìbāo zǔzhī (细胞组织). ~分裂 xìbāo fēnliè (细胞分裂). ~膜 xìbāomó (细胞膜).

ざいほう【財宝】 cáibǎo (财宝).

サイホン hóngxīguǎn (虹吸管), qūguǎn (曲管), guòshānlóng (过山龙).

さいまつ【歳末】 niándǐ (年底), niánmò (年末), niánzhōng (年终), suìmò (岁末), suìmù (岁暮). ¶~大売出し niándǐ dàjiànmài (年底大贱卖).

さいみつ【細密】 xìmì (细密). ¶~に観察する xìmì guānchá (细密观察).
¶~画 wēitúhuà (微图画).

さいみん【催眠】 cuīmián (催眠). ¶~術をかける shī cuīmiánshù (施催眠术).
¶~剤 cuīmiányào (催眠药) / ānmiányào (安眠药).

さいむ【債務】 zhàiwù (债务). ¶彼は莫大な~を負っている tā fùle yìshēn zhài (他负了一身债). ¶~を履行する lǔxíng zhàiwù (履行债务).
¶~者 zhàiwùrén (债务人).

ざいむ【財務】 cáiwù (财务). ¶~管理 cáiwù guǎnlǐ (财务管理).

ざいめい【罪名】 zuìmíng (罪名).

さいもく【細目】 xìmù (细目).

ざいもく【材木】 mùcái (木材), mùliào (木料).

ざいや【在野】 zàiyě (在野), cǎoyě (草野). ¶彼は生涯~の身であった tā yìshēng shēn jū yú yě (他一生身居于野). ¶~の各党 zàiyě gè dǎng (在野各党).

さいよう【採用】 〔事を〕cǎiyòng (采用). 〔人を〕lùyòng (录用), cǎilù (采录). ¶応募者の中から 20 名を~する cóng yìngmùzhě li lùyòng èrshí míng (从应募者里录用二十名). ¶A 社は今年新規~をしないそうだ tīngshuō A gōngsī jīnnián bú lùyòng xīnrén (听说 A 公司今年不录用新人). ¶彼の提案は社長に~された tā de jiànyì bèi zǒngjīnglǐ ˇcǎinà [cǎiyòng] le (他的建议被总经理 ˇ采纳[采用]了).

さいらい【再来】 1 ¶暗黒時代の~ hēi'àn shídài de zàidù láilín (黑暗时代的再度来临).
2 〔生れ変り〕zàishēng (再生), fùshēng (复生). ¶彼はキリストの~と言われている tā bèi chēngwéi Jīdū de zàishēng (他被称为基督的再生).

ざいらい【在来】 yuányǒu (原有), yǐwǎng (以往). ¶これは~の品種とは違う zhè hé yuányǒu de pǐnzhǒng bù tóng (这和原有的品种不同). ¶もはや~のやり方は通用しない yǐwǎng de bànfǎ zài yě xíngbutōng le (以往的办法再也行不通了). ¶~のしきたり gùyǒu de xíguàn (固有的习惯).

ざいりゅう【在留】 jūliú (居留), qiáojū (侨居). ¶~外人 wàiqiáo (外侨). ~邦人 qiáojū wàiguó de Rìběnrén (侨居外国的日本人) / Rìqiáo (日侨).

さいりょう【最良】 zuì hǎo (最好). ¶~の方法を選ぶ xuǎnzé zuì hǎo de fāngfǎ (选择最好的方法). ¶我が人生~の日 wǒ yìshēng zhōng zuì měihǎo de yì tiān (我一生中最美好的一天).

さいりょう【裁量】 zhuóbàn (酌办), zhuóliàng (酌量), zhēnzhuó (斟酌). ¶委員長の~に任せる yóu wěiyuánzhǎng zhuóqíng chǔlǐ (由委员长酌情处理). ¶自分の~で行う zìjǐ zhuóbàn (自己酌办).

ざいりょう【材料】 cáiliào (材料). ¶料理は~で味が決る cài de wèidao yóu cáiliào juédìng (菜的味道由材料决定). ¶結論を出すにはまだ~が足りない xià jiélùn, cáiliào hái bù chōngfèn (下结论, 材料还不充分). ¶彼は A の伝記を書くために~を集めている tā wèile xiě A de zhuànjì zhèngzài sōují cáiliào (他为了写 A 的传记正在搜集材料). ¶そんな事をすれば反対派に攻撃の好い~を与えるようなものだ yàoshi nàme gàn, bú zhèngshì gěi fǎnduìpài tígōng gōngjī de hǎo cáiliào ma? (要是那么干, 不正是给反对派提供攻击的好材料吗?).
¶~費 cáiliàofèi (材料费). 研究~ yánjiū cáiliào (研究材料).

ざいりょく【財力】 cáilì (财力). ¶~にものを言わせて干渉する zhàngzhe cáilì gānshè (仗着财力干涉). ¶私にはそれをするだけの~がない wǒ kě méiyǒu zuò nà zhǒng shì de jīngjì nénglì (我可没有做那种事的经济能力).

ザイル dēngshān zhǔshéng (登山主绳).

さいるい【催涙】 ¶~ガス cuīlèi wǎsī (催泪瓦斯). ~弾 cuīlèidàn (催泪弹).

さいれい【祭礼】 jìlǐ (祭礼); jìsì yíshì (祭祀仪式).

サイレン jǐngdí (警笛), bàojǐngqì (报警器), qìdí (汽笛). ¶~を鳴らす míng jǐngdí (鸣警笛) / míng bàojǐngqì (鸣报警器). ¶~が鳴っている jǐngdí xiǎngzhe (警笛响着).

サイレント wúshēng yǐngpiàn (无声影片), wúshēngpiàn (无声片), wúshēngpiānr (无声片ル),

mòpiàn(默片).

サイロ qīngzhùtǎ(青贮塔).

さいろく【採録】 cǎilù(采录). ¶民謡を~する cǎilù míngē(采录民歌). ¶主な意見を~する bǎ zhǔyào de yìjiàn jìlù xialai(把主要的意见记录下来).

さいわい【幸い】 1〔しあわせ〕xìngyùn(幸运). ¶旅行中好天に恵まれて~でした lǚxíng qījiān gǎnshàng hǎo tiānqì, kě zhēn xìngyùn(旅行期间赶上好天气,可真幸运). ¶貴重な資料が持ち出せたのが不幸中の~だった bǎ bǎoguì de zīliào qiǎngjiùle chūlái, zhè zhēn kě shuō shì búxìng zhōng de wànxìng le(把宝贵的资料抢救了出来,这真可说是不幸中的万幸了). ¶私のような者でもお役に立てば~です xiàng wǒ zhèyàng de rén rúguǒ néng qǐ diǎn zuòyòng, nà zhēn shì wànxìng(像我这样的人如果能起点作用,那真是万幸). ¶その船に乗り遅れたのが~して事故に遭わなかった méi gǎnshàng nà bān lúnchuán, 'jiǎoxìng[xìngmiǎn] méi yùdào shìgù(没赶上那班轮船,侥幸[幸免]没遇到事故).

2〔運よく〕xìngkuī(幸亏), duōkuī(多亏), xìng'ér(幸而), xìnghǎo(幸好), xìngxǐ(幸喜), tiānxìng(天幸), wànxìng(万幸), kuīde(亏得), hǎozài(好在), děikuī(得亏). ¶~は在宅していた xìngkuī tā zàijiā(幸亏他在家). ¶~命に別状はなかった xìngkuī méi shēngmìng wēixiǎn(幸亏没生命危险). ¶風下だったので~にも類焼をまぬかれた hǎozài wǒ jiā zài shàngfēng, xìngmiǎn méi zāodào yánshāo(好在我家在上风,幸亏没有遭到延烧).

サイン 1〔署名〕qiānmíng(签名), qiānzì(签字), qiānshǔ(签署), shǔmíng(署名). ¶書類に~する qǐng O xuǎnshǒu qiānle míng(请O选手签了名).

2〔合図〕暗号〕ànhào(暗号). ¶コーチから盗塁の~が出た yóu jiàoliàn fāchūle tōulěi de ànhào(由教练发出了偷垒的暗号).

3〔正弦〕zhèngxián(正弦).

サウジアラビア Shātè Ālābó(沙特阿拉伯).

サウナ sāngnàyù(桑那浴).

サウンドトラック shēngjì(声迹); diànyǐng yīnyuè(电影音乐).

-さえ 1〔…すら〕lián…yě[dōu]…(连…也[都]…), shènzhì…yě[dōu]…(甚至…也[都]…); dōu(都), yě(也). ¶彼女は自分の名前も書けない tā lián zìjǐ de míngzi yě bú huì xiě(她连自己的名字也不会写). ¶立っていること~もやっとだった lián zhànlì dōu hěn miǎnqiǎng(连站立都很勉强). ¶あの人の声を聞くの~嫌になった jiùshì nàge rén de shuōhuàshēng wǒ tīng yě bù xiǎng tīng le(就是那个人的说话声我听也不想听了). ¶息子は手紙はおろか電話~かけてこない érzi búyòng shuō xiě xìn, jiù lián diànhuà yě bù dǎlái(儿子不用说写信,就连电话也不打来). ¶こうなったこれから先どうなるのだろう xiànzài jiù zhèyàng, jiānglái zhēn bùkān shèxiǎng(现在就这样,将来真不堪设想). ¶子供で~それぐらいは知っている jiù lián xiǎoháizi yě dǒngde nàmediǎnr shì(就连小孩子也懂得那么点儿事). ¶彼は暴力を振おうと~した tā shènzhì yào dòngshǒu dǎ rén(他甚至要动手打人). ¶雨~吹いてきた yǔ bǎ zhù, fēng yě guāle qǐlái(雨不住,风也刮了起来).

2〔…さえ…ば〕zhǐyào(只要). ¶雨~降らなければ行けたのに zhǐyào bú xiàyǔ jiù néng qù le(只要不下雨就能去了). ¶練習~積めばきっとうまくなる zhǐyào xià kǔgōng, jiù yídìng néng xuéhǎo(只要下功夫,就一定能学好). ¶あいつは自分~よければいいと思っている tā nàge rén zhǐyào zìjǐ hǎo, gēnběn búgù tārén(他那个人只要自己好,根本不顾他人). ¶ná jiāhuo zhǐ sǎo zìjǐ ménqián xuě, bù guǎn tārén wǎshang shuāng(那家伙只扫自己门前雪,不管他人瓦上霜). ¶君さえここに居~すればよい zhǐyào zài nàli dāizhe jiù xíng(你只要在那里待着就行). ¶彼女は暇~あればテレビばかり見ている tā zhǐ yǒu gōngfu jìng kàn diànshì(她一有工夫净看电视).

さえき【差益】 ¶為替~ wàihuì duìhuàn chā'é lìyì(外汇兑换差额利益).

さえぎ・る【遮る】 zhē(遮), zhēdǎng(遮挡), zhēlán(遮拦); dǎng(挡), lán(拦), lándǎng(拦挡), lánzǔ(拦阻). ¶垣根に~られて中が見えない bèi líba zhēdǎng kànbujiàn lǐbianr(被篱笆遮挡看不见里边儿). ¶カーテンを引いて光を~る lāshang chuānglián zhēzhù yángguāng(拉上窗帘遮住阳光). ¶我々の行く手を~る物は何もない wǒmen qiánjìn de dàolù háo wú zǔ'ài(我们前进的道路毫无阻碍). ¶相手の言葉を~る dǎduàn duìfāng de huà(打断对方的话).

さえず・る【囀る】 míngzhuàn(鸣啭), míngjiào(鸣叫). ¶カナリヤがしきりに~っている jīnsīquè búting de zài míngjiào(金丝雀不停地在鸣叫). ¶にぎやかな小鳥の~りで目を覚した bèi xiǎoniǎo rènao de jiàoshēng huànxǐng le(被小鸟热闹的叫声唤醒了).

さ・える【冴える】 qīngmíng(清明), qīngcuì(清脆), qīngxī(清晰). ¶秋の~えた月 qiūtiān 'qīngmíng[jiǎojiǎo] de yuèliang(秋天'清明[皎皎]的月亮). ¶フルートの~えた音色が響く xiǎngzhe qīngcuì de chángdíshēng(响着清脆的长笛声). ¶霜にあたって紅葉の色が一段と~えてきた jīngle shuāng, hóngyè de yánsè gèngjiā xiānyàn le(经了霜,红叶的颜色更加鲜艳了). ¶顔色が~えないがどうかしましたか liǎnsè bù hǎo, nǐ bù shūfu ma?(脸色不好,你不舒服吗?)/méiyǒu jīngshen, nǐ zěnme la?(没有精神,你怎么啦?). ¶どうも気分が~えない jīngshen yě dǎ bu qǐ jīngshen lai(怎么也打不起精神来). ¶腕の~えた職人 shǒuyì gāochāo de gōngjiàng(手艺高超的工匠). ¶時計が2時を打って目がよい~えてきた zhōng dǎ liǎng diǎn, nǎozi què yuèfā shēngxǐng le(钟打两点,脑子却越发清醒了). ¶冬の~えた夜空に星がまたたく dōngtiān qīnghán de yèwǎn

さえわたる xīngxing shǎnshuò(冬天清寒的夜晚星星闪烁). ¶～えない男 méiyǒu fēngcǎi de nánrén(没有风采的男人). ¶彼はその推理に頭の～えを見せた tā zài nàge tuīlǐ shang xiǎnshìle mǐnruì de tóunǎo(他在那个推理上显示了敏锐的头脑).

さえわた・る【冴え渡る】 ¶～った冬の夜空 qīnghán míngchè de dōngrì yèkōng(清寒明澈的冬日夜空). ¶三味線の音が～る Hésānxián zhī yīn qīngxī xiǎngliàng(和三弦之音清晰响亮).

さお【竿】〔竹ざお〕gānzi(竿子), zhúgān[r](竹竿[儿]);〔船の〕gāo(篙), gāozi(篙子), gāotou(篙头).

さおさ・す【棹さす】 chēng(撑). ¶流れに～す zài héliú zhōng chēng chuán(在河流中撑船). ¶時流に～す shùn shuǐ tuī zhōu(顺水推舟).

さおだち【棹立ち】 ¶～になる mǎ jīngde hòutí shùqilai(马惊得后蹄竖起来).

さおばかり【竿秤】 gǎnchèng(杆秤).

さか【坂】 pō[r](坡[儿]), pōzi(坡子), pōlù(坡路), pōdào(坡道). ¶上り～ shàngpō(上坡). ¶下り～ xiàpō(下坡). ¶緩やかな～ mànpō(慢坡). ¶急な～ dǒupō(陡坡). ¶～を上りきったところが学校です páshàng pōdǐng jiùshì xuéxiào(爬上坡顶就是学校). ¶私も 50 の～を越した wǒ yě wǔshí chūtóu le(我也五十出头了).

さか【茶菓】 chádiǎn(茶点). ¶～を供する duān chádiǎn(端茶点).

さかあがり【逆上がり】 qūshēnshàng(屈身上).

さかい【境】 dìjiè(地界), jìngjiè(境界); jièxiàn(界线), jièxiàn(界限). ¶中国と～を接する国 yǔ Zhōngguó[jiējiè|jièjìng|jièrǎng] de guójiā(与中国[接界/接境/接壤]的国家). ¶隣の家との～に垣をこしらえる zài āizhe línjū de dìjiè shang shù zhàlan(在挨着邻居的地界上竖栅栏). ¶その川が 2 県の～になっている nà tiáo hé chéngwéi liǎngxiàn de xiànjiè(那条河成为两县的县界). ¶生死の～をさまよう páihuái yú shēngsǐ de biānjì(徘徊于生死的边际).

さか・える【栄える】 fánróng(繁荣), fánshèng(繁盛), lóngshèng(隆盛), chāngshèng(昌盛), xīngshèng(兴盛). ¶この町はかつては商人の町として～えた zhège shìzhèn zǎonián céng zuòwéi shāngrén jùjí zhī dì fánróngguo(这个市镇早年曾作为商人聚集之地繁荣过). ¶国家が～える guójiā fánróng chāngshèng(国家繁荣昌盛).

さかき【榊】 yángtóng(杨桐).

さがく【差額】 chā'é(差额). ¶～を支払う zhīfù chā'é(支付差额).

さかぐら【酒蔵】 jiǔjiào(酒窖).

さかご【逆子】 dàochǎn(倒产), nìchǎn(逆产).

さかさま【逆様】 dào(倒), fǎn(反), diāndǎo(颠倒). ¶それでは持ち方が～だ nà nǐ kě ná"dào[fǎn]" le(那你可拿"倒[反]"了). ¶切手を～に貼ってしまった bǎ yóupiào tiēdào le(把邮票贴倒了). ¶屋上から～に落ちた cóng wū-dǐng tóu cháo dì shuāile xiàlái(从屋顶头朝地摔了下来).

さかさまつげ【逆さ睫】 dàojié(倒睫).

さがしあ・てる【捜し当てる】 zhǎozháo(找着), zhǎodào(找到). ¶友人の家をやっとのことで～た hǎoróngyì cái zhǎodàole péngyou de jiā(好容易才找到了朋友的家).

さが・す【捜す・探す】 zhǎo(找), xúnzhǎo(寻找), zhǎofǎng(找寻), xúnmó(寻摸), xúnsuǒ(寻索), xúnmì(寻觅), táohuan(淘换). ¶家中くまなく～したが見付からない zhǎobiànle zhěnggè fángzi[fānxiāng-dǎoguì] zěnme yě zhǎobudào(找遍了整个房子[翻箱倒柜]怎么也找不到). ¶先生が君を～していたよ lǎoshī zhǎo nǐ ne(老师找你呢). ¶地図で場所を～す yòng dìtú zhǎo dìfang(用地图找地方). ¶職を～しているところです zhèngzài zhǎo gōngzuò ne(正在找工作呢). ¶四方を～して廻る sìchù bēnzǒu zhǎo gōngyù(四处奔走找公寓). ¶方々～しまわってやっと買ってきた dàochù xúnzhǎo hǎobù róngyì mǎidào le(到处寻找好不容易买到了). ¶草の根を分けても～し出してせる nǎpà tiānyá-hǎijiǎo yě yào xúnzhǎo chulai(哪怕天涯海角也要寻找出来).

さかずき【杯】 zhōng[r](盅[儿]・钟[儿]), zhōngzi(盅子), jiǔzhōng[r](酒盅[儿]・酒钟[儿]). ¶別れの～を交す hē jiànxíngjiǔ(喝饯行酒).

さかぞり【逆剃り】 ¶～をする qiāngzhe máo tì(戗着毛剃).

さかだち【逆立ち】 dàolì(倒立), nádǐng(拿顶), nádàdǐng(拿大顶), shùqīngtíng(竖蜻蜓). ¶～しても彼にはかなわない wǒ jiùshí yǒu sāntóu-liùbì yě bǐbushàng tā(我就是有三头六臂也比不上他).

さかだ・つ【逆立つ】 ¶恐ろしさに髪の毛が～った xiàde máogǔ sǒngrán(吓得毛骨悚然).

さかだ・てる【逆立てる】 ¶髪を～てて怒る nù fà chōng guān(怒发冲冠). ¶猫が毛を～てて唸る māo shùqì máo wūwū jiào(猫竖起毛呜呜叫).

さかだる【酒樽】 jiǔtǒng(酒桶).

さかて【逆手】 ¶短刀を～に持って飛びかかってきた dàonà duǎndāo cháo wǒ měng pūguolai(倒拿短刀朝我猛扑过来).

さかな【肴】 jiǔcài(酒菜), jiǔyáo(酒肴). ¶刺身を～に酒を飲む yòng shēngyúpiàn xiàjiǔ(用生鱼片下酒). ¶彼を～に一杯やろう ná tā dàng jiǔyáo hē yí dùn(拿他当酒肴喝一顿).

さかな【魚】 yú(鱼). ¶池に～が泳いでいる yú zài chízlǐ yóuzhe(鱼在池子里游着). ¶白身の～ ròu bái de yú(肉白的鱼). ¶～の卵 yúluǎn(鱼卵)/ yúzǐ(鱼子). ¶～屋 yúdiàn(鱼店)/ yúpù(鱼铺).

さかなで【逆撫で】 ¶神経を～する gùyì rě rén fānù(故意惹人发怒).

さかねじ【逆捩じ】 dàodǎ yì pá(倒打一耙). ¶文句を言ってきたので～を食わしてやった duìfāng lái tí yìjiàn, fǎndào jiào wǒ juǎnle yí dùn(对方来提意见, 反倒叫我卷了一顿).

さかのぼ・る【溯る】 zhuīsù (追溯). ¶船で揚子江を～る zuò chuán sù Cháng Jiāng ér shàng (坐船溯长江而上). ¶新しい給与体系は4月に～って適用される xīn de gōngzī tǐxì zhuīsù dào sìyuè fèn qǐ shēngxiào (新的工资体系追溯到四月份起生效). ¶根源に～る zhuī běn sù yuán (追本溯源).

さかば【酒場】 jiǔguǎn[r] (酒馆ㄦ).

さかまく【逆巻く】 fāngǔn (翻滚), fānteng (翻腾). ¶～く波の中に飛び込んだ tiàojìn fāngǔn de làngtāo zhōng (跳进翻滚的浪涛中).

さかみち【坂道】 pōdào (坡道), pōlù (坡路).

さかもり【酒盛り】 jiǔxí (酒席), yánxí (筵席). ¶お祝いの～をする bǎi xǐqìng yánxí (摆喜庆筵席).

さかや【酒屋】 jiǔdiàn (酒店), jiǔpù (酒铺).

さかゆめ【逆夢】 ¶落第の夢を見たが～でよかった suīrán zuòle liújí de mèng, dàn xìngkuò yǔ shìshí xiāngfǎn (虽然做了留级的梦，但幸好与事实相反).

さから・う【逆らう】 nì (逆), dǐng (顶), bèinì (背逆), wéibèi (违背), wéi'ào (违拗), wéikàng (违抗), wéiwǔ (违忤). ¶流れに～って舟を漕ぐ nì shuǐ xíng zhōu (逆水行舟)/ 風に～って進む dǐngfēng qiánjìn (顶风前进). ¶人の流れに～って歩く nì rénliú ér zǒu (逆人流而走). ¶世の風潮に～う bú shùn shíshì (不顺时势)/ nì shèhuì cháoliú (逆社会潮流). ¶忠言耳に～う zhōngyán nì ěr (忠言逆耳)/ hǎohuà bù zhōngtīng (好话不中听). ¶命令に～う wéikàng mìnglìng (违抗命令). ¶この子は親の言い付けに～ってばかりいる zhè háizi jìng wéi'ào fùmǔ (这孩子净违拗父母). ¶貴様俺に～う気か nǐ jìng gǎn zào wǒ de fǎn! (你竟敢造我的反!).

さかり【盛り】 1 wàng (旺), shèng (盛). ¶桃は今が～だ táozi xiànzài zhèngshì wàngjì (桃子现在正是旺季)/ táor zhèngzài pènrshang (桃ㄦ正在喷ㄦ上). ¶桜が今を～と咲き誇っている xiànzài yīnghuā zhèngxiāng nùfàng, wǔcǎi bīnfēn (现在樱花争相怒放，五彩缤纷)/ yīnghuā kāide zhèng wàng (樱花开得正旺). ¶花ももう～を過ぎた huā zuì hǎokàn de shíqī yǐ guòqu le (花最好看的时期已过去了). ¶私が沖縄を訪れたのは7月の暑い～だった wǒ fǎngwèn Chōngshéng zhèngshì qīyuè de "shèngshǔ"dàrètiān" (我访问冲绳正是七月的"盛暑""大热天"). ¶私も人生の～を過ぎた wǒ yǐ nián lǎo lì shuāi (我已年老力衰). ¶40と言えば働き～だ shuō sìshí suì, zhèngdāngnián, néng gōngzuò de shíqí (说四十岁，正当年，能工作的时期). ¶食べ～の子供3人を抱えて大変だ yǒu sān ge néng chī zhèng zhǎng de háizi, zhēn gòuqiáo de (有三个能吃正长的孩子，真够瞧的). ¶～のいたずら盛りの男の子 zhèng táoqì shí de nánháizi (正是最淘气时的男孩子).

2 [発情] ¶猫に～がついた māo fāqíng le (猫发情了).

さかりば【盛り場】 nàoshì (闹市). ¶～をうろつく zài nàoshì xiánguàng (在闹市闲逛).

さが・る【下がる】 1 [垂れ下がる] diào (吊), guà (挂), xuánguà (悬挂). ¶天井から裸電球が～っている tiānhuābǎn shang diàozhe wú dēngzhào de dēngpào (天花板上吊着无灯罩的灯泡). ¶屋上から広告の垂れ幕が～っている zài lóudǐng xuánguàzhe shùfú guǎnggào (在楼顶悬挂着竖幅广告). ¶ドアに面会謝絶の札が～っている ménshang guàzhe xièjué tànshì de páizi (门上挂着谢绝探视的牌子).

2 [低くなる] jiàng (降), xiàjiàng (下降), diē (跌), xiàdié (下跌); tuì (退), hòutuì (后退). ¶この額は左が少し～っている zhè biǎn'é yǒuxiē xiàng zuǒ qīngxié (这匾额有些向左倾斜). ¶この辺りは地盤が年々～っている zhè yídài dìmiàn niánnián xiàchén (这一带地面年年下沉). ¶あの人には本当に頭が～る nà rén kě zhēn lìng rén pèifu (那人可真令人佩服). ¶負けがこんで順位が～った duōcì zhànbài míngcì xiàjiàng le (多次战败名次下降了). ¶熱が～ってよかった shāo tuì le, jiào rén fàngxīn le (烧退了，叫人放心了). ¶夜になって気温が急激に～った dàole yèli qìwēn jíjù xiàjiàng le (到了夜里气温急遽下降). ¶今学期学習成績が～った zhège xuéqī xuéxí chéngjì hòutuì le (这个学期学习成绩后退了). ¶練習を怠って腕が～った méiyǒu liànxí shǒuyì tuìbù [jìyì shēngshū / shǒushēng] le (没有练习手艺退步[技艺生疏/手生]了). ¶あれ以来彼の評判は～るばかりだ cóng nà yǐhòu tā de shēngwàng yuèláiyuè dī le (从那以后他的声望越来越低了). ¶値段が～った jiàqian "xiàdiē[wěixialai] le (价钱"下跌[萎下来]了)/ diàojiàr le (掉价ㄦ了). ¶物価は上がる一方ですこしも～らない wùjià zhǐ jiàn zhǎng bújiàn luò (物价只见涨不见落).

3 [退く] tuì (退), hòutuì (后退), dàotuì (倒退). ¶少し～っていただけませんか qǐng shāo wǎnghòu tuìtuì (请稍往后退退). ¶いきなりやしつけられて思わず一足～った tūrán bèi hēchìle yì shēng, bù jué de dàotuìle yí bù (突然被呵斥了一声，不觉地倒退了一步). ¶一歩～った所から眺めてみると… hòutuì yí bù kàn… (后退一步看…).

4 [時代が] ¶時代は～って江戸末期 shídài jìnrù Jiānghù mònián (时代进入江户末年).

さかん【盛ん】 shèng (盛), wàng (旺), xīng (兴); fēngshèng (丰盛), hónghuo (红火), chìshèng (炽盛). ¶彼は老いてますます～だ tā suī nián lǎo, jīnglì què yuèláiyuè wàngshèng (他虽年老，精力却越来越旺盛). ¶この地方は馬鈴薯の栽培が～だ zhège dìfang zāipéi mǎlíngshǔ hěn pǔbiàn (这个地方栽培马铃薯很普遍). ¶日本では野球が～だ zài Rìběn bàngqiú hěn shèngxíng (在日本棒球很盛行). ¶昨夜の会はなかなか～だった zuówǎn de huì kāide hěn hónghuo (昨晚的会开得很红火). ¶あの頃が彼の一番～な時代だった nà shíhou shì tā zuì hónghuo de shídài (那时候是他最红火的时代)/ nàshí zh-

èngshì tā ˇrúrìzhōngtiān[chūnfēng-déyì] de shíqī(那时正是他ˇ如日中天[春风得意]的时期). ¶観客は彼女に~な声援をおくった guānzhòng rèliè de gěi tā jiàohǎo(观众热烈地给她叫好). ¶日中間の交流を~にする cùjìn[fāzhǎn] Rì-Zhōng liǎngguó zhī jiān de jiāoliú(促进[发展]日中两国之间的交流)/ shǐ Rì-Zhōng liǎngguó zhī jiān de jiāoliú péngbó fāzhǎn(使日中两国之间的交流蓬勃发展). ¶反戦運動が~になった fǎnzhàn yùndòng péngbó zhǎnkāi(反战运动蓬勃展开). ¶彼はその演説で~に政府を攻撃した tā zài nàge bàogào lǐ jīliè de pēngjīle zhèngfǔ(他在那个报告里激烈地抨击了政府). ¶火が~に燃えている huǒ shāode hěn wàng(火烧得很旺). ¶雨が~に降っている yǔ yígejìnr de xià(雨一个劲ㄦ地下)/ yǔ xià ge bù tíng(雨下个不停). ¶せみが~に鳴いている zhīliǎo jiào ge bù tíng(知了叫个不停). ¶新製品を~に宣伝する dàlì xuānchuán xīn chǎnpǐn(大力宣传新产品). ¶隣席の男が~に話しかけてきた zuòzài pángbiān de nánrén yígejìnr de gēn wǒ shuōhuà(坐在旁边的男人一个劲ㄦ地跟我说话).

さかん【左官】 wǎjiàng(瓦匠), wǎgōng(瓦工), níshuǐjiàng(泥水匠), níwǎjiàng(泥瓦匠), nígōng(泥工).

さかん【佐官】 xiàoguān(校官).

さがん【左岸】 zuǒàn(左岸).

さがん【砂岩】 shāyán(砂岩).

さき【先】 1〔先端〕 tóur(头ㄦ), jiānr(尖ㄦ). ¶鉛筆の~が丸くなった qiānbǐjiānr tū le(铅笔尖ㄦ秃了). ¶竿の~にとんぼがとまっている zhúgānjiānr shang luòzhe yì zhī qīngtíng(竹竿尖ㄦ上落着一只蜻蜓). ¶針の~でつつく yòng zhēnjiānr qīng cì(用针尖ㄦ轻刺). ¶指の~にけがをした zhǐjiān shòule shāng(指尖受了伤).

2〔先頭〕 xiāntóu(先头), qiántou(前头), qiánmian(前面). ¶~に立って案内する zài qiánmian dàilù(在前面带路). ¶~の方から順序よくお乗り下さい qǐng àn shùnxù shàngchē(请按顺序上车). ¶人々は~を争って出口に殺到した rénmen zhēngxiān-kǒnghòu de pūxiàng chūkǒur(人们争先恐后地扑向出口ㄦ).

3〔前方〕 qiánfāng(前方), qiántou(前头), qiánmian(前面). ¶この~は海だ zhè qiánmian shì hǎi(这前面是海). ¶大阪から~は行ったことがない wǒ méi qùguo Dàbǎn yǐ yuǎn de dìfang(我没去过大阪以远的地方). ¶10メートル~に郵便局がある zài wǎng qián zǒu shí mǐ yǒu ge yóujú(再往前走十米有个邮局). ¶私は2つの~の駅で降ります wǒ zài dìsān zhàn xià chē(我在第三站下车). ¶~を急ぐので失礼します wǒ yǒu jíshì, xiān zǒu yí bù(我有急事,先走一步).

4〔続き〕 ¶話はその~どうなりましたか nǐ shuō de nà shì yǐhòu zěnmeyàng le?(你说的那事以后怎么样了?). ¶これから~はひとりでできます zhè yǐhòu shì wǒ yí ge rén zuòdeliǎo(这以后我一个人做得了).

5〔行き着く所〕 ¶それからの事は行った~で相談しよう nà yǐhòu de shì zài dāngdì shāngliang ba(那以后的事在当地商量吧). ¶落ち着く~が決り次第お知らせします luòjiǎochù juédìng hòu mǎshàng gàosu nǐ(落脚处决定后马上告诉你). ¶訪問~でAさんに会った zài fǎngwèndì yùjiànle A xiānsheng(在访问地遇见了A先生). ¶連絡~は左記の通り liánluò dìdiǎn rúxià(联络地点如下).

6〔相手方〕 duìfāng(对方). ¶運賃は~が持つ chēfèi yóu duìfāng fùdān(车费由对方负担). ¶果して~が何と言うかわからない duìfāng jiūjìng shuō shénme bù qīngchu(对方究竟说什么不清楚). ¶すべて~様次第だ quán zàiyú duìfāng de tàidu rúhé le(全在于对方的态度如何了).

7〔将来〕 jiānglái(将来). ¶この~どうなるか心配でならない dānxīn bù zhī jiānglái zěnyàng(担心不知将来怎样)/ qiántú rúhé shǐ rén fàngxīn bu xià(前途如何使人放心不下). ¶~の長い仕事だからそう焦るな yǐhòu de gōngzuò cháng de ne, búyào nàme zháojí(以后的工作长着呢,不要那么着急). ¶そんな~の事まで考えられない xiǎngbudào nàme yuǎn de shì(想不到那么远的事). ¶10年~を見通して計画を立てる zhǎnwàng shí nián hòu de jiānglái dìng jìhuà(展望十年后的将来订计划). ¶それは何年も~のことだ nà háishi jǐ nián hòu de shì(那还是几年后的事). ¶この会社では俺も~が知れている zài zhège gōngsī wǒ yě dàotóur le(在这个公司我也到头ㄦ了). ¶私はもう~が短い wǒ yǐjīng huóbuliǎo duōcháng shíjiān le(我已经活不了多长时间了).

8〔以前〕 ¶~に述べたように… rú shàng suǒ shù…(如上所述…)/ yóurú qiánshù…(犹如前述…). ¶この地方は~の台風で大きな被害を受けた zhège dìqū yóuyú shàngcì táifēng zāoshòule hěn dà de zāihài(这个地区由于上次台风遭受了很大的灾害).

9〔順序が前〕 xiān(先). ¶見付けたのは私が~だ xiān wǒ zuìxiān ˇzhǎodào[fāxiàn] de(是我最先ˇ找到[发现]的). ¶風呂より食事を~にする xiān chīfàn, ránhòu zài xǐzǎo(先吃饭,然后再洗澡). ¶代金を~に払い込む xiān fù huòkuǎn(先付货款). ¶お~に致しましょうか nín kàn, xiān zuò nǎ yí ge?(您看,先做哪一个?). ¶一番~に私の名が呼ばれた zuìxiān jiào wǒ de míngzi le(最先叫我的名字了). ¶何より~に家族の安否が気になった shǒuxiān dānxīn de shì jiāshǔ de ānwēi(首先担心的是家属的安危). ¶住民の利益を~に考えるべきだ yīngāi xiān kǎolǜ jūmín de lìyì(应该先考虑居民的利益). ¶彼女は悲しみより怒りの方が~に立った tā de nùhuǒ shèngguòle bēitòng(她的怒火胜过了悲痛). ¶うっかりしていてあいつに~を越されてしまった wǒ cūxīn-dàyì, bèi tā gǎnxiān le(我粗心大意,被他赶先了). ¶お~に失礼します wǒ xiān zǒu le(我先走了).

さき【左記】 xiàshù(下述), xiàliè(下列). ¶会

場は~の通り huìzhǐ ˇrúxià[rúcì]（会址ˇ如下［如次］）.

さぎ【鷺】 lù（鷺）. ¶~を烏と言いくるめる diāndǎo hēibái（颠倒黑白）/ zhǐ lù wéi mǎ（指鹿为马）/ hùnxiáo shìfēi（混淆是非）.
¶青~ cānglù（苍鹭）/ lǎoděng（老等）. 白~ báilù（白鹭）/ lùsī（鹭鸶）.

さぎ【詐欺】 piàn（骗）, zhà（诈）, zhàpiàn（诈骗）, zhuàngpiàn（撞骗）, qīzhà（欺诈）, kuāngpiàn（诓骗）. ¶~にひっかかる shòudào zhàpiàn（受到诈骗）. ¶~を働く zhà cái piàn qián（诈财骗钱）.
¶~師 piànzi（骗子）/ piànzishǒu（骗子手）.

さきおくり【先送り】 ¶問題の解決を~してばかりいる bǎ gǎi jiějué de wèntí jìng wǎng hòu tuī ér bù jiějué（把该解决的问题净往后推而不解决）.

さきおととい【一昨昨日】 dàqiántiān（大前天）, dàqiánr（大前儿）.

さきおととし【一昨昨年】 dàqiánnián（大前年）.

さきがけ【先駆け】 xiānqū（先驱）, xiānhé（先河）. ¶~の功名を争う zhēngxiān lìgōng（争先立功）. ¶春の~の梅が咲いた méihuā bào chūnxùn（梅花报春讯）. ¶時代の~となる chéngwéi shídài de xiānqū（成为时代的先驱）/ zǒuzài shídài de qiántóu（走在时代的前头）.

さきが・ける【先駆ける】 ¶春に~けて咲く花 zài chūntiān dàolái zhī qián kāi de huā（在春天到来之前开的花）.

さきごろ【先頃】 rìqián（日前）, qián xiē shíhou（前些时候）, qián jǐ tiān（前几天）; bùjiǔ yǐqián（不久以前）.

さきざき【先先】 1［将来］ ¶これでは~が案じられる zhèyàng jiānglái bùnéng bù ràng rén cāoxīn（这样将来不能不让人操心）. ¶~に困らないだけの蓄えはある yǒu bù chóu jīnhòu shēnghuó de chǔxù（有不愁今后生活的储蓄）.
2［行く場所］ ¶行く~から絵葉書を出す cóng suǒ dào gè dì jì měishù míngxìnpiàn（从所到各地寄美术明信片）. ¶行く~で借金を断られた wúlùn dào nǎr jiè qián dōu bèi jùjué le（无论到哪儿去借钱都被拒绝了）.

サキソホン sàkèguǎn（萨克管）.

さきぞろ・う【咲き揃う】 ¶庭の菊が~った yuànzili de júhuā ˇquánr kāifàng[qí kāifàng] le（院子里的菊花ˇ全盛开［齐开放］了）.

さきだ・つ【先立つ】 ¶人に~って働く dàitóu gànhuór（带头干活儿）. ¶試合に~って開会式が行われた zài bǐsài zhī qián jǔxíngle kāimù diǎnlǐ（在比赛之前举行了开幕典礼）. ¶妻に~たれた wǒ qī zǎo qùshì le（我妻早去世了）. ¶車が欲しいが~つのがない xiǎng mǎi qìchē kěshì méiyǒu qián（想买汽车可是没有钱）.

さきどり【先取り】 ¶利息を~する xiān qǔ lìxī（先取利息）. ¶時代を~する qiǎngzài shídài de qiántóu（抢在时代的前头）.

さきばし・る【先走る】 ¶あいつが~ったおかげで計画が駄目になった tā yī ge rén chū fēngtou, jìhuà quándōu gěi zá le（他一个人出风头, 计划全都给砸了）. ¶君一人~った行動をしてはいけない nǐ yí ge rén bùdé qīngjǔ-wàngdòng（你一个人不得轻举妄动）.

さきばらい【先払】 1［前払］ yùfù（预付）, yùzhī（预支）. ¶代金を~する yùfù huòkuǎn（预付货款）.
2［先方払］ ¶料金~電話 shòuhuàrén fùfèi de diànhuà（受话人付费的电话）. ¶料金~で小包を送る yǐ shōujiànrén fùkuǎn de fāngshì jì bāoguǒ（以收件人付款的方式寄包裹）.

さきぶれ【先触れ】 →まえぶれ.

さきぼう【先棒】 ¶社長のお~をかつぐ zuò zǒngjīnglǐ de zǒuzú（做总经理的走卒）.

さきぼそり【先細り】 ¶このままではこの商売は~だ zhèyàng xiàqù zhè shēngyi kě jiù měi kuàng yù xià le（这样下去这生意可就每况愈下了）.

さきほど【先程】 gāngcái（刚才）, fāngcái（方才）, tóuxiān（头先）, cáigāng（才刚）. ¶~お電話した井上です wǒ jiùshì gāngcái gěi nín dǎ diànhuà de Jǐngshàng（我就是刚才给您打电话的井上）. ¶~からお客様がお待ちです kèrén dǎ gāngcái jiù děngzhe nǐ ne（客人打刚才就等着你呢）.

さきまわり【先回り】 ¶~して待伏せする gǎnzài qiánmiàn máifu（赶在前面埋伏）. ¶そう~されては話しにくい nǐ nàyàng qiǎng wǒ de huàtóu, wǒ jiù bù hǎo shuō le（你那样抢我的话头, 我就不好说了）.

さきみだ・れる【咲き乱れる】 ¶庭に菊の花が~れている yuànzili júhuā shèngkāi wǔsè bīnfēn（院子里菊花盛开五色缤纷）.

さきもの【先物】 qīhuò（期货）. ¶~買いをする zuò qīhuò shēngyi（做期货生意）.
¶~取引 qīhuò jiāoyì（期货交易）.

さきゅう【砂丘】 shāqiū（沙丘）.

さきゆき【先行き】 qiántú（前途）, qiánjǐng（前景）, jiānglái（将来）, wèilái（未来）. ¶~が思いやられる qiántú bùkān shèxiǎng（前途不堪设想）.

さぎょう【作業】 gōngzuò（工作）, zuòyè（作业）. ¶~を開始する kāigōng（开工）/ dònggōng（动工）. ¶遭難者の救出~にあたる jìnxíng qiǎngjiù yùnànzhě de zuòyè（进行抢救遇难者的作业）.
¶~時間 gōngzuò shíjiān（工作时间）. ~台 gōngzuòtái（工作台）. ~効率 gōngzuò xiàolǜ（工作效率）. ~服 gōngzuòfú（工作服）. 単純~ jiǎndān láodòng（简单劳动）.

ざきょう【座興】 ¶~に歌をうたう wèile còuqùr chàngchang gēr（为了凑趣儿唱唱歌儿）. ¶ほんの~で言ったﾀﾞｹだけのがない wǒ zhǐ bùguò shì náozhuǒ wánr shuō de（我只不过是闹着玩儿说的）.

さきわたし【先渡し】 1 ¶~で買う yǐ ˇxiān shòu hòu jiāo[yuǎnqī jiāo huò] gòumǎi（以ˇ先售后交［远期交货］购买）.
2［前渡し］ ¶品物を~する xiān jiāo huòwù（先交货物）. ¶賃金を~する yùfù gōngzī（预付工资）.

さきん【砂金】 shājīn（沙金）.

さきん・ずる【先んずる】 lǐngxiān（领先）, shuài-

xiān(率先); qiǎngxiān(抢先), zhànxiān(占先). ¶衆に～じて行う zǒu zài rén qiántou ˈlǐngxiān[shuàixiān] gàn(走在人前头ˈ领先[率先]干). ¶他社に～じて新製品を発表する qiǎng zài qítā gōngsī qiántou fābiǎo xīnchǎnpǐn(抢在其他公司前头发表新产品). ¶時代に～ずる思想 zǒu zài shídài qiántou de sīxiǎng(走在时代前头的思想)/～じて人を制す xiān fā zhì rén(先发制人)/ xiān xiàshǒu wéi qiáng(先下手为强).

さ･く【咲く】 kāi(开). ¶梅の花が見事に～いている méihuā ˈkāide hǎo(梅花ˈ开得好), shízài hǎokàn(梅花ˈ盛开[开得正旺], 实在好看). ¶昔話に花が～いた yǐwǎng de shì tándejīnjīn-yǒuwèi(以往的事谈得津津有味).

さ･く【裂く･割く】 **1** sī(撕), chě(扯). ¶ハンカチを～いて包帯にする sī shǒujuàn dàng bēngdài yòng(撕手绢儿当绷带用). ¶手紙をずたずたに～く bǎ xìn gěi chěle ge xīlàn(把信给扯了个稀烂). ¶絹を～くような女の悲鳴が聞えた tīngdào nǚrén shēng rú lièbó de cǎnjiào(听到女人声如裂帛的惨叫). ¶魚の腹を～く bǎ yú dùzi huōkāi(把鱼肚子劐开). ¶夫婦の仲を～く líjiàn qí fūfù guānxi(离间其夫妇关系).
2 [分与する] bō(拨), bōchū(拔出). ¶小遣を～いて本を買う cóng língyòngqián li náchū yíbùfen lai mǎi shū(从零用钱里拿出一部分来买书). ¶紙面の大半を～いて事件を報道する bōchū[fēnchū] hěn dà piānfú bàodào zhège shìjiàn(拨出[分出]很大篇幅报道这个事件). ¶ちょっとお時間を～いていただけませんか qǐng gěi wǒ ˈjǐ[bō/ yún/ téng/ chōu]chū xiē shíjiān, hǎo bu hǎo?(请给我ˈ挤[拨/ 匀/ 腾/ 抽]出些时间, 好不好?). ¶～いて手伝いにやる bō rén qù bāngmáng(拨人去帮忙).

さく【作】 zuòpǐn(作品), chuàngzuò(创作). ¶これは斉白石の初期の～だ zhè shì Qí Báishí zǎoqī de zuòpǐn(这是齐白石早期的作品). ¶山田一郎～並びに演出 Shāntián Yīláng chuàngzuò yǐ dǎoyǎn(山田一郎创作与导演). ¶私の苦心の～を見て下さい qǐng kànkan wǒ kǔxīn zhī zuò(请看看我苦心之作).

さく【柵】 zhàlan(栅栏). ¶敷地の周りに～をめぐらす dìpí zhōuwéi wéishàng zhàlan(地皮周围围上栅栏).

さく【策】 cè(策), jì(计), jìcè(计策). ¶もはや～の施しようがない yǐ ˈshùshǒu wú cè[wú jì kě shī](已ˈ束手无策[无计可施]). ¶うらで～をめぐらす zài mùhòu chū móu huà cè(在幕后出谋划策)/ yáo émáoshàn(摇鹅毛扇). ¶慎重に～を練る shènzhòng de ˈchóumóu mòulǜ[móuhuà](慎重地ˈ筹划谋虑[谋划]). ¶～を講ずる yánjiū[chóumóu/ chóumóu] duìcè(研究[筹画/ 筹谋]对策). ¶～を弄する wánnòng[shuǎ] shǒuduàn(玩弄[耍]手段).

さく-【昨】 ¶～3 日 zuótiān sān hào(昨天三号)/～秋 qùnián qiūtiān(去年秋天).

さくい【作為】 zuòwěi(作伪), zuòjiǎ(作假). ¶彼の報告には～のあとが見える tā de huìbào

yǒu nòngxū-zuòjiǎ de hénjì(他的汇报有弄虚作假的痕迹).

さくい【作意】 ¶決して～があってしたわけではない jué bú shì ˈcúnxīn[bié yǒu yòngxīn] zuò de(决不是ˈ存心[别有用心]做的).

さくいん【索引】 suǒyǐn(索引).

さくおとこ【作男】 gùnóng(雇农), chánggōng(长工).

さくがら【作柄】 shōucheng(收成). ¶今年は～がよい jīnnián ˈshōucheng[niántóur/ niánguāng/ niánjǐng/ niáncheng] hǎo(今年ˈ收成[年头儿/ 年光/ 年景/ 年成]好)/ jīnnián zhuāngjia zhǎngshì hǎo(今年庄稼长势好). ¶今年の米の～は平年なみだ jīnnián dàmǐ shì ge pǔtōng niáncheng(今年大米是个普通年成).

さくがんき【鑿岩機】 záoyánjī(凿岩机), fēngzuàn(风钻).

さくげん【削減】 xuējiǎn(削减), cáijiǎn(裁减). ¶予算を 3 割～する bǎ yùsuàn xuējiǎn sān chéng(把预算削减三成). ¶兵力を～する cáijiǎn bīnglì(裁减兵力)/ cáijūn(裁军).

さくごⅠ【錯誤】 cuòwù(错误). ¶執行部は重大な～を犯した lǐngdǎo bānzi fànle yánzhòng de cuòwù(领导班子犯了严重的错误). ¶君の考えは時代～もはなはだしい nǐ de xiǎngfa jiǎnzhí bǎ shídài gěi diāndǎo le(你的想法简直把时代给颠倒了).

さくさく ¶～と草を刈る shuāshuā de gē cǎo(刷刷地割草). ¶～と砂を踏んで浜辺を歩く zǒu zài hǎibiān shang, jiǎodǐxia de shāzi shāshā de xiǎng(走在海边上, 脚底下的沙子沙沙地响). ¶このクッキーは～しておいしい zhège qūqíbǐng cuìshēngshēng de zhēn hǎochī(这个曲奇饼脆生生的真好吃)/ zhè sūdábǐng gābēngcuì, hǎochī jíle(这酥达点嘎嘣脆, 好吃极了).

ざくざく ¶雪を～と踏んで歩く gāzhīgāzhī de tàzhe xuě zǒu(嘎吱嘎吱地踏着雪走).

さくさん【酢酸】 cùsuān(醋酸), yǐsuān(乙酸).

さくし【作詞】 zuòcí(作词). ¶島崎藤村～, 大中寅二作曲《椰子の実》 Dǎoqí Téngcūn cí, Dàzhōng Yín'èr qǔ《Yēguǒ》(岛崎藤村作词, 大中寅二曲《椰果》).
¶～家 zuòcíjiā(作词家).

さくし【策士】 cèshì(策士), móushì(谋士). ¶～策におぼれる cōngming fǎn bèi cōngming wù(聪明反被聪明误).

さくじつ【昨日】 zuórì(昨日), yèlái(夜来), zuótiān(昨天), zuór(昨儿), zuórge(昨儿个).

さくしゃ【作者】 zuòzhě(作者), zuòjiā(作家). ¶この詩の～は誰ですか zhè shǒu shī de zuòzhě shì shuí?(这首诗的作者是谁?). ¶～不詳の仏像 zuòzhě bùxiáng de fóxiàng(作者不详的佛像).

さくしゅ【搾取】 zhàqǔ(榨取), bōxuē(剥削). ¶農民は長い間地主に～されてきた nóngmín chángqī bèi dìzhǔ bōxuē(农民长期被地主剥削).
¶～階級 bōxuē jiējí(剥削阶级). 中間～ zhōngjiān bōxuē(中间剥削).

さくじょ【削除】 shān(删), shānchú(删除), shānxiāo(删销), shānjiǎn(删削); mǒdiào(抹掉). ¶第5条第1項が～する shānchú dìwǔ tiáo dìyī xiàng(删除第五条第一项). ¶彼の名は名簿から～された tā de míngzi cóng míngcè shang mǒdiào le (他的名字从名册上抹掉了).

さくず【作図】 zuòtú(作图), zhìtú(制图), huìtú(绘图). ¶定規とコンパスで～する yòng chǐ hé yuánguī huìtú(用尺和圆规绘图).

さくせい【作成】 zuò(作), zào(造), nǐ(拟). ¶契約書を2通～する xiě liǎng fèn hétong(写两份合同). ¶法案を～する cǎonǐ fǎ'àn(草拟法案). ¶計画の～にあたる fùzé nǐdìng jìhuà(负责拟订计划). ¶予算の～が遅れた yùsuàn zàochí le(预算造迟了).

さくせい【鑿井】 záo jǐng(凿井).

さくせん【作戦】 1〔軍事行動〕zuòzhàn(作战). ¶～を開始する shíshī zuòzhàn jìhuà(实施作战计划). ¶渡江～ dùjiāng zhànyì(渡江战役). 販路拡張～ kuòdà xiāolù yùndòng(扩大销路运动). 2〔はかりごと〕 ¶私の～が図にあたった qiàzhòng wǒ jì(恰中我计). ¶～をたてる zhìdìng zuòzhàn jìhuà(制定作战计划). ¶選挙の～を練る yánjiū xuǎnjǔ de jìcè(研究选举的计策).

さくそう【錯綜】 cuòzōng(错综), páncuò(盘错). ¶事情が～している qíngkuàng cuòzōngfùzá(情况错综复杂).

さくづけ【作付】 zhòngzhí(种植), bōzhòng(播种). ¶じゃが芋の～が済んだ mǎlíngshǔ zhòngwán le(马铃薯种完了). ¶麦の～面積 màizi de bōzhòng miànjī(麦子的播种面积).

さくてい【策定】 ¶予算案を～する zhìdìng yùsuàn jìhuà(制定预算计划).

さくどう【策動】 cèdòng(策动). ¶反対派の～を阻止する zǔzhǐ fǎnduìpài de yīnmóu-guǐjì(阻止反对派的阴谋诡计). ¶ストライキの切崩しを～する wàngtú cèdòng pòhuài bàgōng(妄图策动破坏罢工).

さくにゅう【搾乳】 jǐnǎi(挤奶). ¶～器 jǐnǎiqì(挤奶器).

さくねん【昨年】 qùnián(去年), shàngnián(上年), tóunián(头年). ¶～度 shàng yì niándù(上一年度).

さくばく【索漠】 ¶～たる風景 qīliáng de jǐngsè(凄凉的景色).

さくばん【昨晩】 zuówǎn(昨晚).

さくひん【作品】 zuòpǐn(作品). ¶これはクールベの～だ zhè shì Kù'ěrbèi de zuòpǐn(这是库尔贝的作品). ¶志賀直哉～集 Zhìhè Zhízāi wénjí(志贺直哉文集). ¶文学～ wénxué zuòpǐn(文学作品).

さくふう【作風】 zuòfēng(作风), fēnggé(风格). ¶晩年になって彼の～は大きく変った dàole wǎnnián, tā de zuòpǐn fēnggé jiù dàwéi zhuǎnbiàn le(到了晚年, 他的作品风格就大为转变了).

さくぶん【作文】 zuòwén(作文). ¶私は子供の頃～が得意だった wǒ xiǎoshíhou shàncháng zuòwén(我小时候擅长作文). ¶この～は大変よく書けている tā piān zuòwén xiěde hěn hǎo(这篇作文写得很好). ¶この経済白書は役人の～に過ぎない zhè jīngjì báipíshū zhǐ búguò shì guānyuán de kōngtóu wénzhāng bàle(这经济白皮书只不过是官僚的空头文章罢了).

さくぼう【策謀】 cèhuà(策划). ¶クーデターを～する cèhuà zhèngbiàn(策划政变).

さくもつ【作物】 zhuāngjia(庄稼), zuòwù(作物), nóngzuòwù(农作物). ¶天候不順で～のできが悪い dīshang de yīnghuā zhuāngjia zhǎngde bù hǎo(由于风雨不调, 庄稼长得不好). ¶この地方の主な～は小麦です zhège dìqū de zhǔyào nóngzuòwù shì xiǎomài(这个地区的主要农作物是小麦).

さくや【昨夜】 zuóyè(昨夜).

さくら méizi(媒子), tuōr(托儿). ¶～につられてついてしまった bèi méizi yǐnyòu mǎi le(被媒子引诱买了).

さくら【桜】 yīnghuā(樱花). ¶堤の～は今が満開だ dīshang de yīnghuā zhèngzài shèngkāi(堤上的樱花正在盛开).

さくらいろ【桜色】 dànhóngsè(淡红色), fěnhóngsè(粉红色). ¶酔って目の縁がほんのり～になった zuìde yǎnkuàng fěnhóng le(醉得眼眶粉红了).

さくらえび【桜海老】 hóngxiā(红虾).

さくらかい【桜貝】 huāgé(花蛤).

さくらそう【桜草】 yīngcǎo(樱草), bàochūn(报春).

さくらふぶき【桜吹雪】 ¶～が舞う yīnghuā yóurú xuěhuā fēiwǔ(樱花犹如雪花飞舞)/ yīnghuā xiàng fēixuě shìde màntiān piāowǔ(樱花像飞雪似的漫天飘舞).

さくらん【錯乱】 cuòluàn(错乱). ¶精神～ jīngshén cuòluàn(精神错乱)/ shénhún diāndǎo(神魂颠倒).

さくらんぼう【桜ん坊】 yīngtáo(樱桃).

さぐり【探り】 ¶～を入れる tàn[tàntīng] kǒuqì(探[探听]口气), mō yi mō dǐ(摸一摸底); jìnxíng shìtàn(进行试探), tànwèn(探问), tànxún(探询).
¶～杖 mǎgān[r](马杆[儿]).

さぐり ¶西瓜に～と包丁を入れる ná càidāo yònglì bǎ xīguā qiēkāi[pōukāi](拿菜刀用力把西瓜切开[剖开]).

さぐりあ・てる【探り当てる】 ¶暗闇でスイッチを～てた mōhēir zhǎozháole kāiguān(摸黑儿找着了开关). ¶敵の隠れ家を～ mōdàole dírén de duǒcángchù(摸到了敌人的躲藏处).

さくりゃく【策略】 jìcè(计策), jìmóu(计谋), móulüè(谋略). ¶彼はまんまと相手の～に乗せられた tā wánquán luòrùle duìfāng de quāntào(他完全落入了对方的圈套). ¶～にたけた政治家 zúzhì-duōmóu de zhèngzhìjiā(足智多谋的政治家).

さぐ・る【探る】 1〔手足などで〕mō(摸), tāo(掏), tàn(探), mōsuǒ(摸索). ¶ポケットを～って切符を出す cóng kǒudaili mōchū chēpiào(从口袋里摸出车票). ¶暗い廊下を～りながら

歩く zài qīhēi de zǒuláng mōsuozhe zǒu(在漆黑的走廊摸索着走).¶子犬が親先で母犬の乳房を～っている xiǎogǒu shēnzhe bízi zhǎo mǔgǒu de nǎitóu(小狗伸着鼻子找母狗的奶头).
2[調べる] tànchá(探察), tànchá(探查), tàntīng(探听), cìtàn(刺探), zhēntàn(侦探).¶敵情を～る tànchá díqíng(探查敌情).¶相手の腹を～る chuǎimō duìfāng de nèixīn(揣摸对方的内心).¶彼は～るような目つきで私の顔を見た tā yòng shìtàn de yǎnguāng kànle wǒ yìyǎn(他用试探的眼光看了我一眼).

さくれつ【炸裂】 bàozhà(爆炸).¶爆弾が～した zhàdàn bàozhà le(炸弹爆炸了).

ざくろ【柘榴】 shíliu(石榴).~石 shíliúshí(石榴石).~鼻 jiǔzhābí(酒渣鼻)/ jiǔzāobí(酒糟鼻).

さけ【酒】 jiǔ(酒), bēizhōngwù(杯中物);[日本酒] rìběnjiǔ(日本酒).¶この～は強い zhè jiǔ lìhai(这酒厉害)/ zhè jiǔ hěn chòng[xiōng](这酒很冲[凶]).強い～ lièjiǔ(烈酒)/ lièxìngjiǔ(烈性酒).¶彼は～が強い[弱い] tā jiǔliàng dà[xiǎo](他酒量大[小]).¶私は～は一滴も飲めません wǒ yì dī jiǔ yě bú huì hē(我一滴酒也不会喝).¶～がまわってきた jiǔjìnr shànglai le(酒劲儿上来了).¶～をつぐ zhēn jiǔ(斟酒).¶彼は～を飲むと陽気になる tā yì hē jiǔ jiù kuàihuo qilai(他一喝酒就快活起来).¶1杯の～に酔ってしまった zhǐ hēle yì bēi jiǔ jiù hēzuì le(只喝了一杯酒就喝醉了).¶憂さを～にまぎらす hē jiǔ jiěmèn(喝酒解闷).¶～の勢いでうっぷんをぶちまける chéng jiǔjìnr xièfèn(乘酒劲儿泄愤).¶私は～よりビールの方が好きだ bǐ qǐ Rìběn qīngjiǔ, wǒ gèng xǐhuan hē píjiǔ(比起日本清酒, 我更喜欢喝啤酒).¶～臭い息を吐きかける jiǔqì pēn rén(酒气喷人).¶～には目がない kùhào bēizhōngwù(酷好杯中物).

さけ【鮭】 dàmǎhǎyú(大麻哈鱼), dàmǎhǎyú(大马哈鱼), dàfāhǔ(大发乎), guīyú(鲑鱼).¶塩～ xián dàmǎhǎyú(咸大麻哈鱼).

さけい【左傾】 zuǒqīng(左倾).

さけかす【酒粕】 jiǔzāo(酒糟).

さけくせ【酒癖】 ¶あいつは～が悪い nà jiāhuo ài sā jiǔfēng(那家伙爱撒酒疯).

さげしお【下げ潮】 luòcháo(落潮), tuìcháo(退潮).

さげす・む【蔑む】 qīngmiè(轻蔑), bǐbó(鄙薄), mièshì(蔑视), bǐshì(鄙视), miǎoshì(藐视), qīngshì(轻视), xiǎokàn(小看), kànbuqǐ(看不起), qiáobuqǐ(瞧不起).¶彼女は～むような目つきで私を見た tā yǐ qīngmiè de yǎnguāng kànle wǒ yìyǎn(她以轻蔑的眼光看了我一眼).¶彼は～みの色を隠さなかった tā háo bù yǎnshì qiáobuqǐ rén de shénsè(他毫不掩饰瞧不起人的神色).

さけのみ【酒飲み】 jiǔguǐ(酒鬼), jiǔtú(酒徒).

さけび【叫び】 hūhǎnshēng(呼喊声), hūjiàoshēng(呼叫声), jiānjiàoshēng(尖叫声), hǎnshēng(喊声), hūshēng(呼声), jiàoshēng(叫声).¶女の～声が聞えた tīngdàole nǚrén de jiānjiàoshēng(听到了女人的尖叫声).¶民衆の～ mínzhòng de hūshēng(民众的呼声).

さけびたり【酒浸り】 ¶彼はあれ以来～になっている tā zìcóng nà yǐhòu chéngtiān chénnì zài jiǔlǐ(他自从那以后成天沉溺在酒里).

さけ・ぶ【叫ぶ】 hǎn(喊), jiào(叫), rǎng(嚷), hū(呼), hǎnjiào(喊叫), jiàohǎn(叫喊), jiàorǎng(叫嚷), jiàohuan(叫唤), jiàojiào(叫叫), hūjiào(呼叫), hūhuàn(呼唤), zhāhu(咋字·咋唬).¶彼は救いを求めて大声で～んだ tā dàshēng hūjiù(他大声呼救).¶足を踏まれて思わず「痛い」と～んだ bèi rén cǎile yì jiǎo, bùyóude "āiyō" jiàole yì shēng(被人踩了一脚, 不由得"哎哟"叫了一声).¶声を大にして戦争反対を～ぶ gāohū[dàshēng jíhū] fǎnduì zhànzhēng(高呼[大声疾呼]反对战争).

さけめ【裂け目】 lièfèng(裂缝), lièxì(裂隙), fèngxì(缝隙), lièkǒu(裂口), huòkǒu(豁口), lièxià(裂罅).¶岩の～ yánshí de lièfèng(岩石的裂缝)/ shíxià(石罅).

さ・ける【裂ける】 liè(裂), pī(披), huō(豁), lièkai(裂开), pòliè(破裂).¶雷が落ちて木の幹が～けた shùgàn bèi léi pīkai le(树干被雷劈开了).¶船が真っ二つに～けた chuán lièchéng liǎngbànr(船裂成了两半儿).¶地震で地面が～けた yóuyú dìzhèn dìmiàn lièkai le(由于地震地面裂开了).¶口が～けても言わない jiùshì sīpòle zuǐ wǒ yě bù shuō(就是撕破了嘴我也不说).

さ・ける【避ける】 duǒ(躲), duǒkai(躲开), bì(避), bìkāi(避开), duǒbì(躲避); bìmiǎn(避免).¶ハンドルを切って前から来る車を～けた bōzhuǎn jiàshǐpán duǒkaile yíngmiàn kāilai de chē(拨转驾驶盘躲开了迎面开来的车).¶真夏の日差しを～けて木陰に入った dào shùyīn duǒbì shèngxià de lièrì(到树阴躲避盛夏的烈日).¶車を～けて裏通りを歩く bìkāi qìchē zǒu bèijiē(避开汽车走背街).¶食事時を～けて訪問する bìkāi chīfàn de shíjiān jìnxíng fǎngwèn(避开吃饭的时间进行访问).¶人目を～けて田舎に引きこもる wèi bì rén yǎnmù yǐnjū xiāngxià(为避人眼目隐居乡下).¶何故かあの人は私を～けている bù zhī zěnme huí shì, tā zǒngshì duǒ[duǒbì]zhe wǒ(不知怎么回事, 他总是躲[躲避]着我).¶この問題を～けて通ることはできない zhège wèntí shì duǒbì bu liǎo de(这个问题是躲避不了的)/ bùnéng huíbì zhège wèntí(不能回避这个问题).¶彼は進退問題については言明を～けた guānyú qùjiù de wèntí tā bì ér bù tán(关于去就的问题他避而不谈).¶不吉な言葉を～ける jìhuì[bìhuì] shuō bù jílì de huà(忌讳[避讳]说不吉利的话).¶この際派手な服装は～けた方がよい zhè cì zuìhǎo búyào chuān huálì de fúzhuāng(这次最好不要穿华丽的服装).¶武力衝突を～ける bìmiǎn wǔzhuāng chōngtū(避免武装冲突).

さ・げる **1**[ぶら下げる] tí(提), līn(拎), dīliu(提溜), kuà(挎), guà(挂).¶カメラを肩から～げる jiān kuà zhàoxiàngjī(肩挎照

相机). ¶鞄を～げて出掛ける shǒuli tízhe píbāo chūqu(手里提着皮包出去). ¶軒先に風鈴を～げる yánxià guà fēnglíng(檐下挂风铃). ¶どの面～げて会いにきたのか nǐ hái yǒu shénme liǎn lái jiàn wǒ?(你还有什么脸来见我?).

2[低くする] jiàngdī(降低),jiǎndī(减低);dī(低). ¶飛行機は機首を～げて着陸態勢に入った fēijī bǎ jīshǒu cháo xià zhǔnbèi zhuólù(飞机把机首朝下准备着陆). ¶頭を～げて頼みむ dītóu yāngqiú(低头央求). ¶解熱剤で熱を～げる tuìshāo(退烧)˝tuìshāo[tuìrè](用退热剂"退烧[退热]). ¶クーラーで室内の温度を～げる kāi lěngqì jiàngdī shìnèi wēndù(开冷气降低室内温度). ¶半音～げて弾きなさい jiàng bànyīn tán(降半音弹). ¶つまらぬことで男を～げた wèile zhíbude de shì diūle miànzi(为了值不得的事丢了面子). ¶料金を～げれば入場者は増加するだろう piàojià, rùchǎngrén huì zēngjiā ba(降低票价,入场人会增加吧). ¶営業不振で給料を～げられた yóuyú yíngyè chéngjì bù hǎo, gōngzī bèi jiǎnshǎo le (由于营业成绩不好,工资被减少了).

3[退かせる,片付ける] ¶机の位置を少し～げる bǎ zhuōzi shāo wǎng hòu nuó yi nuó(把桌子稍往后挪一挪). ¶書出しは1字～げて書く kāitóu kòng yí ge zì xiě(开头空一个字写). ¶食事がすんだので膳を～げる cān yǐ yòngguò, chèxià cānjù(餐已用过,撤下餐具)／fàn chīwán le, shōushi wǎnkuài(饭吃完了,收拾碗筷).

さげん【左舷】 zuǒxián(左舷).
ざこ【雑魚】 **1**[小魚] xiǎoyú(小鱼). ¶～しか釣れなかった diào de jìngshì xiǎoyú(钓的净是小鱼).
2[小物] xiǎozú(小卒), lóuluo(喽啰・喽罗・偻㑩). ¶お前みたいな～は相手にしない wǒ kě bù dāli nǐ zhège xiǎozú(我可不答理你这个小卒)／ xiàng nǐ zhè zhǒng xiǎo xiā bīng-xiè jiàng bù zhí yì lǐ(像你这种虾兵蟹将不值一理). ¶逮捕されたのは～ばかりだった zhuādào de dōu shì xiē lóuluo(抓到的都是些喽罗).

ざこう【座高】 zuògāo(坐高).
さこく【鎖国】 suǒguó(锁国), bìguān suǒguó(闭关锁国), bìguān zìshǒu(闭关自守).
さこつ【鎖骨】 suǒgǔ(锁骨).
ざこつ【座骨】 zuògǔ(坐骨). ¶～神経痛 zuògǔ shénjīngtòng(坐骨神经痛).
ざこね【雑魚寝】 ¶その夜は皆で～をした nà tiān wǎnshang dàjiā héngqī-shùbā de shuì zài yíkuàir(那天晚上大家横七竖八地睡在一块儿).
ささ【笹】 ruò(箬), ruòzhú(箬竹). ¶～の葉 ruò(箬)／ ruòzhúyè(箬竹叶).
ささい【些細】 xiǎo(小), xìxiǎo(细小), xiēxiǎo(些小), xiēwēi(些微), xiēxū(些须), wēimò(微末). ¶～なことに立腹する wèile xiēwēi xiǎoshì fāhuǒr(为了些微小事发火ㄦ). ¶～なことから喧嘩になった yīnwei jīmáo-suànpí de shì dǎqǐ jià lai(因为鸡毛蒜皮的事打起架来). ¶どんな～なことでも報告する bùguǎn duōme xìxiǎo de shì dōu huìbào(不管多么细小的事都汇报).

ささえ【支え】 zhīzhù(支柱), zhījià(支架). ¶何か～になるような棒はありませんか yǒu méiyǒu shénme kě dàng zhījià de gùnzi?(有没有什么可当支架的棍子?). ¶心の～を失う shīdiào jīngshén zhīzhù(失掉精神支柱).
ささえ【扇螺】 róngluó(蝾螺).
ささ・える【支える】 zhī(支), chēng(撑), zhīchēng(支撑), zhījià(支架). ¶傾いた小屋を丸太で～える yòng mùtou˝jià[dǐng／qiāng]zhù qīngxié de máowū(用木头"架[顶／戗]住倾斜的茅屋). ¶はしごを～える fúzhù tīzi(扶住梯子). ¶看護婦に～えられて歩く yóu hùshi˝chānfú[chēng]zhe zǒulù(由护士"搀扶[扶]着走路). ¶ひとたび増水すればこの堤防ではとても～えきれない yì zhǎngshuǐ zhè hédī gēnběn zhīchí bu zhù de(一涨水这河堤根本支持不住的). ¶彼女はひとりで一家の暮しを～えている yìjiā de shēnghuó yóu tā yí ge rén zhīchēngzhe(一家的生活由她一个人支撑着). ¶会員の熱意に～えられて今日まできた kào huìyuán de rèqíng zhīchí dàole jīntiān(靠会员的热情支持到了今天).
ささく・れる ¶竹竿の先が～れた zhúgān shàngduān pòliè dài cì(竹竿上端破裂带刺). ¶指に～れができて痛い shǒuzhǐ qǐle ròucì téngde hěn(手指起了肉刺疼得很).
ささげ【大角豆】 jiāngdòu(豇豆).
ささげつつ【捧げ銃】 ¶～をする shuāngshǒu jǔqiāng(双手举枪). ¶～! jǔ qiāng zhìjìng!(举枪致敬!).
ささ・げる【捧げる】 **1**[高くあげる] pěng(捧), pěngjǔ(捧举). ¶宝冠を～げる shuāngshǒu pěngzhe bǎoguān(双手捧着宝冠).
2[献上する] gòng(供), gòngfèng(供奉), jìngfèng(敬奉); xiàn(献), gòngxiàn(贡献). ¶神前に供物を～げる jì shénqián gòngfèng gòngpǐn(在神前供奉供品). ¶勇士に花束を～げる gěi yǒngshì xiàn huā(给勇士献花). ¶神に祈りを～げる xiàng shén qídǎo(向神祈祷). ¶青春を革命に～げる bǎ qīngchūn xiàngěi gémìng(把青春献给革命). ¶彼は一身を祖国に～げた tā wèi zǔguó xiànchūle zìjǐ de shēngmìng(他为祖国出了自己的生命)／ tā wèi guó juānqū(他为国捐躯)／ tā shěshēn wèi guó(他舍身为国).
ささつ【査察】 ¶教育行政を～する jiānchá jiàoyù xíngzhèng(监察教育行政).
さざなみ【細波】 liányī(涟漪). ¶水面に～が立つ shuǐmiàn shang fànqǐle liányī(水面上泛起了涟漪).
ささみ【笹身】 jīpúzi(鸡脯子).
ささやか ¶郊外に～な家を建てた zài jiāowài gàile xiǎoxiǎo de fángzi(在郊外盖了小小的房子). ¶夫婦2人～に暮している fūqī liǎ guòzhe xiǎorìzi(夫妻俩过着小日子). ¶内輪の者だけで～な式を挙げた zhǐ yóu qīnqi péngyou cānjiā, jǔxíngle jiǎndān de jiéhūn yíshì(只由亲戚朋友参加,举行了简单的结婚仪式). ¶～

ささやき【囁き】 ěryǔ(耳语), sīyǔ(私语), xìyǔ(细语). ¶愛の～ tiánmì de ěryǔ(甜蜜的耳语).

ささや・く【囁く】 ěryǔ(耳语), sīyǔ(私语), chācha(喳喳). ¶耳元で～く zài ěrbiān ¨chāchā[yúyú]¨sīyǔ(在耳边¨喳喳[嘟嘟]¨私语)/ yǎozhe ěrduo shuōhuà(咬着耳朵说话)/ fù'ěr sīyǔ(附耳私语)/ jiāo tóu jiē ěr(交头接耳)/ yǎo ěrduo(咬耳朵)/ ěryǔ(耳语)/ dǎchāchā(打喳喳).

ささ・る【刺さる】 zhā(扎). ¶喉に魚の小骨が～った sǎngziyǎnr ¨qiǎzhù[gěng]le yúcì(嗓子眼ㄦ¨卡住[鲠]了鱼刺). ¶洋服に針が～っている xīfu shang zhāzhe yì gēn zhēn(西服上扎着一根针).

ささんか【山茶花】 shāncháhuā(山茶花).

さし ¶～で話をする èr rén miànduìmiàn tán(二人面对面谈). ¶今日はひとつ～で一杯やろうや jīntiān zán liǎ lái ¨hē yì bēi qù[duìzhuó yì zhōng](今天咱俩来¨喝一杯去[对酌一盅]).

-さし ¶読み～の本 kàn le yíbàn de shū(看了一半的书). ¶書き～の手紙 xiěle bànjiér de xìn(写了半截ㄦ的信).

さじ【匙】 chízi(匙子), gēngchí(羹匙), tiáogēng(调羹), tāngchí(汤匙), piáozi(瓢子). ¶～でかきまわす yòng chízi jiǎobàn(用匙子搅拌). ¶砂糖を大～1杯入れる gē yí dà tāngchí de báitáng(搁一大汤匙的白糖). ¶医者も～を投げた yīshēng yě shuǎile shǒu le(医生也甩了手了). ¶両親も彼には～を投げて勉強しろとは言わなくなった shuāngqīn duì tā háo wú bànfǎ, zài yě bù dūcù tā yònggōng dúshū le(双亲对他毫无办法,再也不督促他用功读书了).

さじ【瑣事】 suǒshì(琐事), xiǎoshì(小事). ¶～にこだわる jūnjū suǒsuì xiǎoshì(拘泥琐碎小事).

ざし【座視】 zuòshì(坐视). ¶友の窮状を～するに忍びない bùrěn zuòshì péngyou de kùnjìng(不忍坐视朋友的困境).

さしあ・げる【差し上げる】 1【高く持ち上げる】jǔ(举). ¶大きな石を頭上高々と～げた bǎ dà shítou gāogāo jǔguò tóudǐng(把大石头高高举过头顶).

2【進呈する】fèngsòng(奉送), zèngsòng(赠送), fèngzèng(奉赠), jìng(敬). ¶この本をあなたに～げます zhè běn shū sònggěi nín(这本书送给您). ¶お茶も～げません lián bēi chá yě méi gěi nǐ, hěn duìbuqǐ(连杯茶也没给你斟,很对不起). ¶のちほどこちらから電話を～げます huítóu wǒ gěi nín qù diànhuà(回头由我给您去电话).

さしあたり【差し当り】 zànqiě(暂且), zànshí(暂时), gūqiě(姑且). ¶～必要な物だけ買った zhǐ mǎile yǎnxià xūyào de dōngxi(只买了眼下需要的东西). ¶～生活には困らない yǎnqián shēnghuó hái búzhìyú fāshēng kùnnan(眼前生活还不至于发生困难). ¶～この人数でやっていくしかない zànqiě zhǐhǎo yóu zhèmexiē rén lái gàn le(暂且只好由这么些人来干了).

さしいれ【差入れ】 ¶服役者に衣類の～をする gěi fúxíngzhě sòng yīfu(给服刑者送衣服).

さしえ【挿絵】 chātú(插图), chāhuà(插画). ¶～入りの本 yǒu chātú de shū(有插图的书).

さしお・く【差し置く】 gēzhì(搁置), fàngxià(放下). ¶何を～いてもこれだけはやらねばならぬ bǎ bié de gēzhì xialai yě děi xiān gǎo zhège(把别的搁置下来也得先搞这个). ¶兄を～いてしゃばる qiǎngzài gēge de qiántou chū fēngtou(抢在哥哥的前头出风头). ¶私を～いて決めるとはけしからん bù zhēngqiú wǒ de yìjiàn jiù zuòchū juédìng, qǐyǒucǐlǐ(不征求我的意见就做出决定,岂有此理).

さしおさ・える【差し押える】 cháfēng(查封), kòuyā(扣押). ¶税金を滞納して家財道具をえられた yóuyú tuōqiàn shuìkuǎn, yíqiè jiājū shíwù shòudào cháfēng(由于拖欠税款,一切家具什物受到查封).

さしかか・る【差し掛る】 ¶山道に～った時,日はとっぷり暮れた zǒudào shānlù shí tiān yǐjing hēi le(走到山路时天已经黑了). ¶列車はトンネルに～ると大きな汽笛を鳴らした lièchē jìnrù suìdào dà míng qìdí(列车临近隧道大鸣汽笛). ¶メコンデルタは雨季に～っていた Méigōnghé sānjiǎozhōu zhèng gǎnshànglè yǔjì(湄公河三角洲正赶上了雨季).

さしか・ける【差し掛ける】 ¶彼は私に傘を～けてくれた tā gěi wǒ dǎsǎn(他给我打伞).

さじかげん【匙加減】 ¶薬の～をまちがえると大変になる xiàcuòle yàoliàng, kě bùdéliǎo(下错了药量,可不得了). ¶叱り方の～が難しい pīpíng rén de ¨fēncun[huǒhou] hěn nán(把握好批评人的¨分寸[火候]很难). ¶先生が成績を～してくれた lǎoshī bǎ fēnshù gěi wǒ fàngkuānle diǎnr(老师把分数给我放宽了点ㄦ).

さしがね【差金】 ¶それはきっと誰かの～に違いない nà yídìng shì yǒu rén suōshǐ tā gàn de(那一定是有人唆使他干的).

さしき【挿木】 qiānchā(扦插), chāsuì(插穗), chātiáo(插条), chāzhī(插枝). ¶柳の～をする chā liǔzhī(插柳枝).

さじき【桟敷】 bāoxiāng(包厢), lóuzuò(楼座).

さしき【座敷】 ¶客を～に通す qǐng kèrén dào kètīng(请客人到客厅).

さしこみ【差込み】 1【プラグ】chātóu(插头), chāxiāo(插销);[コンセント] chāzuò(插座), chākǒu(插口).

2【痛み】¶急に～が起った tūrán wèi xiàng zhēn zhā shìde jùtòng(突然胃像针扎似的剧痛).

さしこ・む【差し込む】 1【差し入れる】chājìn(插进), chārù(插入). ¶プラグをコンセントに～む bǎ chātóu chājìn chāzuòlǐ(把插头插进插座里). ¶鍵を鍵穴に～む bǎ yàoshi chājìn suǒkǒnglǐ(把钥匙插进锁孔里).

2【痛む】¶腹が～む dùzi jùliè téngtòng(肚

さしこ・む【射し込む】 shèjìn(射进), zhàojìn(照进).¶窓から月の光が~む cóng chuānghu tòujìn yuèguāng lái(从窗户透进月光来).

さしころ・す【刺し殺す】 cìshā(刺杀), cìsǐ(刺死).¶強盗に短刀で~される bèi qiángdào yòng duǎndāo cìshā(被强盗用短刀刺杀).

さしさわり【差障り】¶その話は~があるのでやめておく nà shì yǒuxiē bùbiàn, wǒ háishi bù shuō de hǎo(那事有些不便,我还是不说的好).¶急に~が起って出席できなくなった tūrán yǒule shì, bùnéng chūxí le(突然有事,不能出席了).

さしめ・す【指示す】 zhǐ(指), zhǐdiǎn(指点).¶グラフを~しながら説明する zhǐzhe túbiǎo shuōmíng(指着图表说明).¶彼の理論は我々の進むべき道を~している tā de lǐlùn zhǐmíngle wǒmen gāi zǒu de dàolù(他的理论指明了我们该走的道路).

さしず【指図】 zhǐhuī(指挥), zhǐshì(指示), fēnfù(吩咐), zhīpài(支派).¶他人の~は受けない wǒ bù tīng biéren de zhǐshì(我不听别人的指使).¶何事もお~通りに致します yíqiè dōu àn nǐ de fēnfu lái bàn(一切都按你的吩咐来办).¶部下を~する zhǐhuī bùxià(指挥部下).

さしずめ →さしづめ.

さしせま・る【差し迫る】 pòjìn(迫近), bījìn(逼近).¶~った課題 jí dài jiějué de kètí(急待解决的课题).¶別に~った用事ではない bìng bú shì shénme jíshì(并不是什么急事).¶危険が~る wēixiǎn bījìn(危险逼近).

さしだしにん【差出人】 fāxìnrén(发信人), jìjiànrén(寄件人).¶~不明の手紙 fāxìnrén bùmíng de xìn(发信人不明的信).

さしだ・す【差し出す】 **1**[前へ出す] shēnchū(伸出).¶手を~して握手を求める shēnchū shǒu yào gēn duìfāng wòshǒu(伸出手要跟对方握手).
2[提出する] tíchū(提出), tíjiāo(提交).¶請願書を~す tíjiāo qǐngyuànshū(提交请愿书).

さしちが・える【刺し違える】 duì cì ér sǐ(对刺而死).

さしつかえ【差支え】¶~があって今日は行けない jīntiān yǒu shì, bùnéng qù(今天有事,不能去).¶少しぐらいなら食べても~ありません shǎo chī yìdiǎnr dào méi guānxi(少吃一点儿倒没关系).¶少し古いが使う分には~ない suī jiù yìdiǎn, hái kěyǐ yòng(虽旧一点,还可以用).¶~なければ当番を代って下さい yào bù fáng'ài nǐ, zán dǎohuàn yíxià zhíbān ba(要不妨碍你,咱倒换一下值班吧).¶この仕事は彼がひとりでしたと言っても~あるまい zhège gōngzuò bùfáng shuō shì tā yí ge rén zuò de(这个工作不妨说是他一个人做的).

さしつか・える【差し支える】¶夜更しすると明日の仕事に~える áoyè kě yào yǐngxiǎng míngtiān de gōngzuò(熬夜可要影响明天的工作).¶車がないと仕事に~える méiyǒu chēzi kě jiù

yǒu'ài gōngzuò(没有车子可就有碍工作).

さしづめ 1[結局]¶代表には~彼が最適任だ zuòwéi dàibiǎo háishi tā zuì wéi héshì(作为代表还是他最为合适).
2 →さしあたり.

さして【然して】 →たいして.

さしでがまし・い【差し出がましい】¶~い事をする奴だ zhēn shì ài duō guǎn xiánshì de jiāhuo(真是爱多管闲事的家伙).¶若造のくせに~い口をきくな nǐ zhège máotou xiǎozi jìnggǎn chāzuǐ(你这个毛头小子竟敢插嘴).¶~いようですがこうしてはいかがでしょう shuōqilai yěxǔ tài màomèi, zhème bàn zěnmeyàng?(说起来也许太冒昧,这么办怎么样?).

さしでぐち【差出口】 chāhuà(插话), chāzuǐ(插嘴), duōzuǐ(多嘴).¶いらぬ~はするな shǎo duōzuǐ-duōshé!(少多嘴多舌!).

さしとお・す【刺し通す】¶匕首を喉元深く~した ná bǐshǒu cìchuānle hóulong(拿匕首刺穿了喉咙).

さしと・める【差し止める】 kòufā(扣发).¶記事を~める kòufā xīnwéngǎo(扣发新闻稿).¶出入りを~める bùxǔ dēngmén(不许登门).

さしね【指値】 jiàngé(价格), zhǐdìng jiàgé(指定价格).

さしの・べる【差し伸べる】 shēnchū(伸出).¶援助の手を~べる shēnchū yuánzhù de shǒu(伸出援助的手).

さしば【差歯】 qiáojīyá(桥基牙), jiǎyá(假牙), xiāngyá(镶牙).

さしはさ・む【挾む】 chā(插).¶他人の話に口を~む zài biéren shuōhuà shí chāzuǐ(在别人说话时插嘴).¶異議を~む余地は全くない háo wú tíchū yìyì de yúdì(毫无提出异议的余地)/¶~を差し挟む zhǐzhāi(指摘).

さしひか・える【差し控える】¶酒は~えている wǒ xiànzài jiézhì yǐnjiǔ(我现在节制饮酒).¶目立つ言動は~えた方がよい zuìhǎo yìzhì yíxià yǐn rén zhùmù de yánxíng(最好抑制一下引人注目的言行).

さしひき【差引】¶~3万円の損だった jiésuàn shōuzhī, péile sānwàn rìyuán(结算收支,赔了三万日元).
¶~勘定 xiāngdǐ jìsuàn(相抵计算).

さしひ・く【差し引く】 kòu(扣), kòuchú(扣除), páochú(刨除), jiǎnqù(减去).¶給料から税金を~く cóng gōngzīli kòu shuì(从工资里扣税).

さしまわ・す【差し回す】 pài(派).¶迎えの自動車を~す pài yíngjiē de qìchē(派迎接的汽车).¶新聞社~しの車で出掛ける zuò bàoshè pàilai de qìchē chūqu(坐报社派来的汽车出去).

さしみ【刺身】 shēngyúpiàn(生鱼片).

さしむかい【差向い】 miànduìmiàn(面对面), duìmiànr[r](对面儿).¶~で酒を飲む duìzhuó(对酌).¶夫婦~の食事 fūqī ˺duìxí ěr shí[duìshí](夫妻对席而食[对食]).

さしむ・ける【差し向ける】 pài(派), dǎfā(打发), pàiqiǎn(派遣).¶使いの者を~ける pài rén(派人).

さしも ¶～の嵐も明け方にはおさまった nàme dà de bàofēngyǔ dàole zǎoshang zhōngyú tíng le (那么大的暴风雨到了早上终于停了). ¶～の剛の者も二の足を踏んだ jiùshì dǎndà-bāotiān de rén yě yóuyù-bùjué le (就是胆大包天的人也犹豫不决了).

さしもど・す【差し戻す】 tuìhuí (退回). ¶事件を第一審に～す bǎ ànzi tuìhuí dào dìyīshěn (把案子退回到第一审). ¶書類が不備でされた wénjiàn bù qíquán, bèi tuìhuílai le (文件不齐全, 被退回来了).

さしゅ【詐取】 zhàqǔ (诈取), piànqǔ (骗取), zhàpiàn (诈骗). ¶土地を～する zhàqǔ tǔdì (诈取土地).

さしゅう【査収】 cháshōu (查收), yànshōu (验收), diǎnshōu (点收). ¶領収証を同封いたしますので御～下さい fùjì shōujù yǐ xī cháshōu (附寄收据即希查收).

さしょう【些少】 xiēshǎo (些少), shǎoxǔ (少许), xiēxǔ (些许), xiēxū (些须). ¶～ですがお受け取り下さい suī bù duō, qǐng shōuxià (虽不多, 请收下).

さしょう【査証】 qiānzhèng (签证). ¶～を申請する shēnqǐng qiānzhèng (申请签证).

さしょう【詐称】 jiǎmào (假冒), màochōng (冒充), jiǎtuō (假托). ¶医学博士を～する màochōng yīxué bóshì (冒充医学博士). ¶氏名を～する màomíng (冒名)/ jiǎmào biérén de xìngmíng (假冒别人的姓名). ¶経歴を～する wěizào chūshēn lǚlì (伪造出身履历).

さじょう【砂上】 ¶～の楼閣 kōngzhōng lóugé (空中楼阁).

ざしょう【座礁】 gēqiǎn (搁浅), chùjiāo (触礁). ¶タンカーが～した yóuchuán gēqiǎn le (油船搁浅了).

ざしょう【挫傷】 cuòshāng (挫伤).

さしわたし【差渡し】 zhíjìng (直径).

さじん【砂塵】 shāchén (沙尘), chéntǔ (尘土). ¶トラックが～を巻き上げて走る kǎchē yángqǐ chéntǔ fēishì (卡车扬起尘土飞驰).

さ・す【刺す】 **1**〔刃物などで〕cì (刺), zhā (扎), chuàn (串). ¶匕首で人を～す ná bǐshǒu cì rén (拿匕首刺人). ¶指にとげを～した shǒuzhǐ shang zhāle ge cì (手指上扎了个刺儿). ¶魚を串に～して焼く bǎ yú chuānzài qiānzi shang kǎo (把鱼穿在扦子上烤). ¶肌を～す寒風 hánfēng cìgǔ (寒风刺骨). ¶その言葉が私の胸を～した nà jù huà "cì[zhā]le wǒ de xīn (那句话"刺[扎]了我的心). ¶本塁で～れた zài běnlěi bèi chùshā le (在本垒被触杀了).

2〔虫などが〕zhē (蜇); dīng (叮), yǎo (咬), dīngyǎo (叮咬). ¶さそりに～された bèi xiēzi zhē le (被蝎子蜇了). ¶足を蚊に～された tuǐshang jiào wénzi dīngle yíxià (腿上叫蚊子叮了一下).

3〔縫いつづる〕féng (缝), nà (纳). ¶雑巾を～す féng zhānbu (缝抹布). ¶靴底を～す nà xiédǐ (纳鞋底).

さ・す【注す】 diǎn (点), dī (滴). ¶機械に油を～す gěi jīqì "diǎn[zhù] yóu (给机器"点[注]油). ¶目薬を～す diǎn[dī] yǎnyào (点[滴]眼药). ¶やかんに水を～す wǎng shāoshuǐhú li "xù[jiā/tiān] diǎnr shuǐ (往烧水壶里"续[加/添]点儿水). ¶折角の計画にみずを～すようですが xiàng shì duì nǐmen shà fèi kǔxīn de jìhuà pō lěngshuǐ… (像是对你们煞费苦心的计划泼冷水…). ¶口紅を～す mǒ kǒuhóng (抹口红) diǎn kǒuhóng (点口红).

さ・す【指す】 **1**〔指さす, さし示す〕zhǐ (指), zhǐdiǎn (指点). ¶彼の～す方向に島が見えた tā suǒ zhǐ de fāngxiàng yǒu ge hǎidǎo (他所指的方向有个海岛). ¶地図を～しながら説明する zhǐdiǎnzhe dìtú shuōmíng (指点着地图说明). ¶時計の針は9時を～している shízhēn zhǐzhe jiǔ diǎn (时针指着九点). ¶この"彼女"は誰を～しているか zhège "tā" zhǐ de shì shuí? (这个"她"指的是谁?). ¶彼は明らかに私を～して非難している tā hěn míngxiǎn de zhǐzhe wǒ jìnxíng fēinàn (他很明显地指着我进行非难). ¶先生に～されたが答えられなかった bèi lǎoshī diǎnle míng kěshì méi néng dáshanglai (被老师点了名可是没能答上来).

2〔目ざす〕xiàng (向), zhǐxiàng (指向). ¶船は南を～して進ん chuán wǎng nán hángxíng (船往南航行)/ chuán xiàng nán xíngshǐ (船向南行驶). ¶我々は北海道を～して出発した wǒmen xiàng Běihǎi Dào chūfā le (我们向北海道出发了).

3〔将棋を〕xià (下). ¶もう1局～そう zài xià yī jú ba (再下一局吧).

さ・す【差す】 **1**〔潮などが〕zhǎngcháo (涨潮). ¶顔にほんのり赤みが～してきた liǎnshang fànle hóng le (脸上泛了红了). ¶彼があんな事をするとは魔が～したとしか思えない tā zuòchū nà zhǒng shì lai, zhǐ néng shuō guǐ míle xīnqiào (他做出那种事来, 只能说鬼迷了心窍). ¶気が～していどうしても気のきいた事は言えなかった yú xīn yǒu kuì, zěnme yě méi néng shuōchū nà zhǒng huà lai (于心有愧, 怎么也没能说出那种话来). ¶～しつ～されつ飲む yī jìng yī bēi wǒ huíjìng yī bēi de hē (你敬一杯我回敬一杯地喝). ¶傘を～す dǎsǎn (打伞).

さ・す【射す】 shè (射). ¶薄日が～す wēiruò de yángguāng shèjìnlai (微弱的阳光射进来). ¶部屋に朝日が～した zǎoshang de yángguāng shèjìn wūzili (早上的阳光射进屋子里).

さ・す【挿す】 chā (插), qiān (扦). ¶花瓶に花を～す bǎ huār chāzài huāpíngli (把花儿插在花瓶里). ¶頭にかんざしを～す tóushang zān zānzi (头上簪簪子).

さす【砂州】 shāzhōu (沙洲).

さすが【流石】 ¶今日の暑さには～に参った jīntiān rède zhēn gòuqiàng (今天热得真够呛). ¶日頃おだやかな彼女も～に怒った lián píngrí lǎoshi de tā yě shēngqì le (连平日老实的她也生气了). ¶～の彼女も病には勝てなかった tiān bú pà dì bú pà de tā yě bìngdǎo le (天不怕地不怕的她也病倒了). ¶～は女人, 見事なものだ dàoďǐ shì ge nèiháng, zhēn yǒu liǎngxiàzi

(到底是个内行,真有两下子).¶2 晩徹夜したら～に kāile liǎng tiān de yèhē, zhēn shì kùnde bùdéliǎo (开了两天的夜车,真是困得不得了).

さずか・る【授かる】 lǐngshòu (领受).¶褒美を～る lǐngshòu jiǎngpǐn (领受奖品).¶剣道の極意を～った gěi wǒ chuánshòule jiànshù de àomì (给我传授了剑术的奥秘).¶子供は～り物だ háizi shì tiāncì de (孩子是天赐的).

さず・ける【授ける】 shòu (授), shòuyǔ (授与・授予).¶勲章を～ける shòuyǔ xūnzhāng (授予勋章).¶秘策を～ける chuánshòu mìjué (传授秘诀).

サスペンス ¶スリルと～に満ちた小説 shǐ rén jīngqí jǐnzhāng de xiǎoshuō (使人惊奇紧张的小说).

サスペンダー bēidài (背带); diàodài (吊带), diàowàdài (吊袜带).

さすら・う【流離う】 liúdàng (流荡), liúlàng (流浪), piāobó (漂泊), làngjì (浪迹).¶異郷を～う piāobó yìxiāng (漂泊异乡).

さす・る【摩る】 mō (摸), fǔmó (抚摩), mósuō (摩挲), húlu (胡噜).¶背中を～る mósuō jǐbèi (摩挲脊背).

させき【座席】 zuòwèi (座位・坐位), zuò[r] (座[儿]・坐[儿]), wèizi (位子).¶～につく rùzuò (入座)/ jiùzuò (就座).¶～は満員です zuòwèi yǐ mǎn (座位已满)/ yǐ mǎnzuò (已满座).¶年寄に～を譲る ràngzuò gěi lǎorén (让座给老人).¶早く行って～を取っておいてくれ xiān qù xì wǒ zhàn ge zuòwèi (先去替我占个座位).¶～指定 duìhào rùzuò (对号入座).

させつ【左折】 zuǒzhuǎn (左转).¶そこの十字路を～して下さい qǐng zài nàge shízì lùkǒu wǎng zuǒ guǎi (请在那个十字路口往左拐).¶～禁止 jìnzhǐ zuǒzhuǎnwān (禁止左转弯).

させつ【挫折】 cuòzhé (挫折).¶資金難のため計画は中途で～した yóuyú zījīnshang de kùnnan, jìhuà zhōngtú 'zāodào cuòzhé[shòucuò](由于资金上的困难,计划中途'遭到挫折[受挫]).¶～感に襲われる shīluògǎn xíshang xīntou (失落感袭上心头).

さ・せる ¶子供に小鳥の世話を～せる jiào háizi zhàokàn xiǎoniǎo (叫孩子照看小鸟).¶本人の好きなように～せておこう suí tā zìjǐ de xǐhuan ba (随他自己的喜欢吧).

-さ・せる ¶品物を店員に届け～せます huò jiào diànyuán gěi nín sòngqu (货叫店员给您送去).¶この料理を彼女にも食べ～せたい xiǎng ràng tā yě chángchang (这个菜想让她也尝尝).¶少し考え～せて下さい ràng wǒ shāo xiǎng yi xiǎng (让我稍想一想).

させん【左遷】 zuǒqiān (左迁), jiàngzhí (降职).¶彼は支店勤務に～された tā bèi jiàngzhí diàodào zhīdiàn qù le (他被降职调到支店了).

ざぜん【坐禅】 zuòchán (坐禅).¶～を組む zuòchán (坐禅); dǎzuò (打坐), dǎchán (打禅).

さぞ yídìng (一定), xiǎngbì (想必).¶お母さんの顔を見て～お喜びだったでしょう nǐ mājiàndào nǐ xiǎngbì hěn gāoxìng ba (你妈见到你想必很高兴吧).¶～かしお疲れでしょう nín yídìng hěn lèi le ba (您一定很累了吧).

さそい【誘い】 ¶友人から旅行の～を受けた péngyou yuē wǒ qù lǚxíng (朋友约我去旅行).¶私は友人に～をかけた wǒ 'yuē[yāo]le péngyou lái (我'约[邀]了朋友来).¶うっかり～に乗ったら大変なことになる bù liúshén shàngle gōu jiù liǎobude le (不留神上了钩就了不得了).

さそいあ・う【誘い合う】 ¶皆で～って参加する dàjiā yuēhǎo yíkuàir qù cānjiā (大家约好一块ル去参加).

さそいだ・す【誘い出す】 yǐnyòu (引诱), gōuyǐn (勾引).¶甘言で～す yòng tiányán-mìyǔ yǐnyòu chulai (用甜言蜜语引诱出来).¶この子は家にばかりいるのでたまには～して下さい zhè háizi jìng zài jiālǐ dāizhe, qǐng yǒushí zhāohu tā chūqu zǒuzou (这孩子净在家里呆着,请有时招呼他出去走走).

さそ・う【誘う】 1 【いざなう】 yuē (约).¶友人を～って散歩に行く yuē péngyou yíkuàir qù sànbù (约朋友一块ル去散步).¶母に買物に～われた mǔqīn yuē wǒ qù mǎi dōngxi (母亲约我去买东西).

2 【促す】 yǐnqǐ (引起), yǐndòng (引动).¶眠気を～うような音楽 yǐn rén rùshuì de yīnyuè (引人入睡的音乐).¶春風に～われて野に出る ràng chūnfēng gěi zhāoyǐn dào jiāowài (让春风给招引到郊外).¶彼女の話は聞く人の涙を～った tā de huà shǐ rén shānrán-lèixià (她的话使人潸然泪下).

3 【唆す】 yǐnyòu (引诱).¶悪の道に～われる bèi yǐnyòu zǒu xiélù (被引诱走邪路)/ bèi yǐnxiàng xiédào (被引向邪道).

さそり【蠍】 xiē (蝎), xiēzi (蝎子).¶～に刺される bèi xiēzi zhē le (被蝎子蜇了).

さた【沙汰】 1 【指示】 ¶処分については追って～する guānyú chǔfèn rìhòu tōngzhī (关于处分日后通知).

2 【知らせ】 ¶その後彼からは何の～もない cóng nà yǐhòu tā yǎo wú yīnxìn (从那以后他杳无音信).

3 【しわざ,事件】 ¶君のしている事は正気の～とは思えない nǐ nà zhǒng xíngjìng jué bú shì zhèngchángrén suǒ néng gàn de (你那种行径决不是正常人所能干的).¶ついには刃傷～に及んだ zhōngyú chéngle dòngdāo-shāngrén de shìjiàn (终于成了动刀伤人的事件).¶警察～にはしたくない wǒ bù xiǎng nàodào gōng'ānjú (我不想闹到公安局).

さだか【定か】 ¶その後の彼女の消息は～でない qí hòu tā de qíngkuàng bùmíng (其后她的情况不明)/ yǐhòu tā de xiāoxi jiù bù dé ér zhī le (以后的消息就不得而知了).¶私の記憶はもはや～ではない wǒ de jìyì yǐjīng móhu bù qīng le (我的记忆已经模糊不清了).

さだま・る【定まる】 1 【决る】 dìng (定), juédìng (决定); wěndìng (稳定), āndìng (安定).¶会の方針が～った běn huì fāngzhēn yǐ dìng

(本会方針已定).

2〔安定する〕¶天気が一向に~らない qìhòu lǎo bù wěndìng (气候老不稳定).

さだめ【定め】 guīdìng (规定); 〔運命〕mìngyùn (命运), mìngdìng (命定), mìngshù (命数), tiānshù (天数). ¶法の~に従う zūncóng fǎlǜ de guīdìng (遵从法律的规定). ¶特別の~がない限り chúle tèbié de guīdìng yǐwài… (除了特别的规定以外…). ¶悲しい~に泣く wèi mìng kǔ ér kū (为命苦而哭)/ bēitàn zìjǐ búxìng de mìngyùn (悲叹自己不幸的命运). ¶~なき世 biànhuà wúdìng de shìdào (变化无定的世道).

さだ・める【定める】 dìng (定). ¶規則を~める dìng[zhìdìng] guīzé (定[制定]规则). ¶違反者は法の~めるところにより処罰される wéifǎnzhě yīfǎ chéngchǔ (违反者依法惩处). ¶目標を~めて勉強する quèdìng mùbiāo xuéxí (确定目标学习). ¶狙いを~めて発砲する miáozhǔn kāiqiāng (瞄准开枪). ¶世田谷に居を~めた dìngjū yú Shìtiángǔ (定居于世田谷). ¶天下を~める píngdìng tiānxià (平定天下).

さたやみ【沙汰止み】 ¶訪中の件は~になった fǎng Huá yí shì hòulái [zuòba [méiyǒu xiàwén] le (访华一事后来[作罢[没有下文])了].

ざだん【座談】 zuòtán (座谈). ¶彼は~が上手だ tā shànyú zuòtán (他善于座谈).
¶~会 zuòtánhuì (座谈会).

さち【幸】 ¶君の前途に~多かれと祈る zhù nǐ qiántú xìngfú (祝你前途幸福). ¶海の~山の~ shānzhēn hǎi wèi [cuò] (山珍海 [味[错]).

ざちょう【座長】 1〔会議などの〕zhǔchírén (主持人), zhǔxí (主席).

2〔劇団などの〕tuánzhǎng (团长), yuànzhǎng (院长).

さつ【札】 chāopiào (钞票), zhǐbì (纸币); piàozi (票子). ¶お~と硬貨 zhǐbì yǔ yìngbì (纸币与硬币). ¶千円~ yìqiān rìyuán de piàozi (一千日元的票子).

-さつ【冊】 cè (册), běn (本). ¶ノートを5~買った mǎile wǔ ge běnzi (买了五个本子). ¶この全集は10~で完結する zhè quánjí yǐ shí cè wánjié (这全集以十册完结).

ざつ【雑】 cū (粗), cūcāo (粗糙), cūla (粗拉). ¶このタンスはつくりが~だ zhè yīchú huór tài cūla (这衣橱活儿太粗拉). ¶君は考え方が~だ nǐ de xiǎngfa tài "cūshū[cūshuài] le (你的想法太 "粗疏[粗率]"了). ¶そんな~な計画では実現できない nàme cūluè cǎoshuài de jìhuà jué bú huì shíxiàn (那么粗略草率的计划决不会实现). ¶馴れるに従って仕事が~になった suízhe gōngzuò shúxī yuèláiyuè mǎhu cǎoshuài le (随着工作熟悉起来越发马虎草率了).

さつい【殺意】 shājī (杀机). ¶~を起す dòng shājī (动杀机). ¶~を抱く bàoyǒu shāhài zhī xīn (有杀害之心).

さつえい【撮影】 shèyǐng (摄影), pāi (拍), zhào (照), pāizhào (拍照), pāishè (拍摄), zhàoxiàng (照相). ¶月の裏側を~する pāishè yuèqiú de bèimiàn (拍摄月球的背面). ¶皆で記念~をしましょう dàjiā yìqǐ zhào ge jìniànxiàng ba (大家一起照个纪念相吧). ¶記録映画を~する pāi [pāishè / shèzhì] jìlùpiàn (拍[拍摄 / 摄制]记录片).
¶~機 shèyǐngjī (摄影机). ~所 diànyǐng zhìpiànchǎng (电影制片厂). 空中~ hángkōng shèyǐng (航空摄影).

ざつえき【雑役】 záwù (杂务), záhuór (杂活儿). ¶~に従事する gàn záhuór (干杂活儿)/ dǎzár (打杂儿).
¶~夫 záwùgōng (杂务工)/ qínzágōng (勤杂工)/ qínwùyuán (勤务员).

ざつおん【雑音】 záyīn (杂音), zàoyīn (噪音), zàoshēng (噪声). ¶電話に~が入る diànhuàli hùnyǒu záyīn (电话里混有杂音). ¶~が多くて放送がよく聞えない záyīn duō, guǎngbō tīng bu qīngchu (杂音多，广播听不清楚).

さっか【作家】 zuòjiā (作家).

ざっか【雑貨】 záhuò (杂货). ¶~屋 záhuòpù (杂货铺).

サッカー zúqiú (足球). ¶~をする tī zúqiú (踢足球).
¶ワールドカップ~ shìjièbēi zúqiúsài (世界杯足球赛).

さつがい【殺害】 shāhài (杀害), cánhài (残害), xiōngshā (凶杀). ¶彼は暴漢に~された tā bèi dǎitú shāhài le (他被歹徒杀害了).

さっかく【錯角】 cuòjiǎo (错角).

さっかく【錯覚】 cuòjué (错觉). ¶A図の方が大きく見えるのは目の~だ A tú xiǎnde dà shì yǎnjing de cuòjué (A 图显得大是眼睛的错觉). ¶こうしていると学生時代に戻ったような~に陥る zhèyàng jiù shǐ rén chǎnshēng yì zhǒng cuòjué, hǎoxiàng huídàole xuésheng shídài (这样就使人产生一种错觉，好像回到了学生时代). ¶今日が木曜日だと~していた wǒ wù yǐwéi jīntiān shì xīngqīsì le (我误以为今天是星期四了).

ざつがく【雑学】 záxué (杂学). ¶私の~は~です wǒ de búguò shì záxué (我的不过是杂学).

サッカリン tángjīng (糖精).

ざっかん【雑感】 zágǎn (杂感).

さっき gāngcái (刚才), fāngcái (方才). ¶~の話の続きはどうなりましたか fāngcái suǒ jiǎng de, hòulái yòu zěnyàng le ne? (方才所讲的，后来又怎样了呢?). ¶先生が~から君を探しているよ lǎoshī dǎ gāngcái yìzhí zhǎo nǐ ne (老师打刚才一直找你呢). ¶~注意したばかりじゃないか wǒ bú shì gāng shuō nǐ ma? (我不是刚说你吗?). ¶私もつい~来たところだ wǒ yě gānggang lái (我也刚刚来).

さっき【殺気】 shāqì (杀气). ¶あたりには~がみなぎっていた zhōuwéi chōngmǎnle shāqì (周围充满了杀气). ¶~立った群衆が押し寄せて来た shāqì téngténg de qúnzhòng fēngyōng ér lái (杀气腾腾的群众蜂拥而来).

ざっき【雑記】 zájì (杂记), suǒjì (琐记). ¶身辺~ shēnbiān zájì (身边杂记). ~帳 zájìběn (杂记本).

さっきゅう【早急】 huǒsù (火速), huǒjí (火急).

¶この問題は～に処理しなければならない zhè jiàn shì xū huǒjí chǔlǐ(这件事须火急处理).

ざっきょ【雑居】 zájū(杂居), záchǔ(杂处). ¶さまざまな民族が～している gè zhǒng mínzú zájū zài yìqǐ(各种民族杂居在一起). ¶狭い家に3世帯が～している zài xiázhǎi de fángzili jūzhùzhe sān jiā rén(在狭窄的房子里居住着三家人).

さっきょく【作曲】 zuòqǔ(作曲). ¶バイオリンソナタを～する chuàngzuò xiǎotíqín zòumíngqǔ(创作小提琴奏鸣曲). ¶～家 zuòqǔjiā(作曲家).

さっきん【殺菌】 shājūn(杀菌). ¶煮沸して～する zhǔfèi shājūn(煮沸杀菌). ¶～力が強い shājūnlì qiáng(杀菌力强). ¶～剤 shājūnjì(杀菌剂).

サック tào[r](套[儿]), mào[r](帽[儿]). ¶鉛筆の～ qiānbǐtào(铅笔套). ¶指～をはめる tào zhǐtào(套指套).

サックス sàkèguǎn(萨克管).

ざっくばらん ¶～に話す dǎkāi tiānchuāng shuō liànghuà(打开天窗说亮话)/ zhíyán-búhuì[zhíjié-liǎodàng] de shuō(直言不讳[直截了当]地说). ¶～な人柄 gāncuì shuǎngkuai de rén(干脆爽快的人).

ざっこく【雑穀】 záliáng(杂粮), cūliáng(粗粮), cāoliáng(糙粮).

さっこん【昨今】 jìnrì(近日). ¶～の陽気は少し変だ jìnrì tiānqì yǒudiǎnr fǎncháng(近日天气有点儿反常). ¶読書三昧に時を過す～だ jìnrì wǒ měitiān yìxīn dúshū(近日我每天一心读书).

さっさと ¶～歩け kuài zǒu!(快走!). ¶おしゃべりしていないで～食べなさい búyào zài duōzuǐ-duōshé, kuài chī ba(不要再多嘴多舌,快吃吧). ¶～仕事を片付ける shǒujiǎo qínkuai de chǔlǐ gōngzuò(手脚勤快地处理工作). ¶彼は時間があると～出て行った yí dào shíjiān, tā bátuǐ jiù zǒu le(一到时间,他拔腿就走了). ¶言いたい事があるのなら～言いなさい yàoshi yǒu huà kuài shuō ba(要是有话快说吧).

さっし【察し】 ¶彼が不満だということはとうに～がついていた tā xīn huái bùmǎn wǒ zǎoyǐ chájuédào le(他心怀不满我早已察觉到了). ¶何と～の悪い人だ zhēn shì ge bù 'zhīqù[shíqù] de rén(真是个不知趣[识趣]的人). ¶万事お～の通りです yíqiè dōu zhèngrú nǐ suǒ xiǎngxiàng de(一切正如你所想象的).

サッシ ¶アルミ～の窓 lǚzhìkuàngshì chuānghu(铝制框式窗户).

ざつじ【雑事】 záshì[r](杂事[儿]), suǒshì(琐事). ¶～に追われて新聞も読めない bèi záshì chánde lián kàn bào de gōngfu yě méiyǒu(被杂事缠得连看报的工夫也没有)/ suǒshì chánshēn wúxiá dú bào(琐事缠身无暇读报).

ざっし【雑誌】 zázhì(杂志). ¶学術～ xuéshùxìng zázhì(学术性杂志). 文芸～ wényì zázhì(文艺杂志).

ざっしゅ【雑種】 zázhǒng(杂种). ¶この犬は～だ zhè zhī gǒu shì zázhǒng(这只狗是杂种).

¶メンデルはえんどうの～を研究して遺伝の法則を発見した Mèngdé'ěr tōngguò wāndòu de zázhǒng yánjiū fāxiànle yíchuán de guīlǜ(孟德尔通过豌豆的杂种研究发现了遗传的规律).

ざっしゅうにゅう【雑収入】 ¶月給のほかに～がある chúle yuèxīn yǐwài, hái yǒu éwài shōurù(除了月薪以外,还有额外收入).

さっしょう【殺傷】 shāshāng(杀伤). ¶敵兵多数を～した shāshāng díbīng shèn duō(杀伤敌兵甚多).

ざっしょく【雑食】 záshí(杂食). ¶～性動物 záshíxìng dòngwù(杂食性动物).

さっしん【刷新】 shuāxīn(刷新). ¶人心を～する shǐ rénxīn yìxīn(使人心一新). ¶政界～の気運がみなぎる mímànzhe shuāxīn zhèngjiè de qìfēn(弥漫着刷新政界的气氛).

さつじん【殺人】 shārén(杀人). ¶～を犯す fàn shārénzuì(犯杀人罪). ¶電車は～的な混み方だった diànchē yōngjǐ bùkān(电车拥挤不堪).

¶～罪 shārénzuì(杀人罪). ～事件 xiōngshā'àn(凶杀案)/ xiōng'àn(凶案)/ mìng'àn(命案)/ xuè'àn(血案). ～犯 shārén xiōngfàn(杀人凶犯).

さっ・する【察する】 ¶彼の顔を見たとたんに私はすべてを～した yí kàn tā de liǎnsè, wǒ jiù quándōu míngbai le(一看他的脸色,我就全都明白了). ¶少しは私の立場も～してほしい nǐ duōshǎo yě yào tǐliang yíxià wǒ de lìchǎng a(你多少也要体谅一下我的立场啊). ¶～するところ彼は金に困っているらしい kànlai tā shǒutóu jǐn(看来他手头紧). ¶彼女の悲しみは～するに余りある shēnqiè de liǎojiě tā de bēishāng(深切地了解她的悲伤). ¶御心中お～し致します wǒ liàngjiě nín de xīnqíng(我谅解您的心情).

ざつぜん【雑然】 záluàn(杂乱), língzá(凌杂), língluàn(凌乱·零乱), luànzāozāo(乱糟糟), luànqībāzāo(乱七八糟), zá qī zá bā(杂七杂八), héng dǎo shù wāi(横倒竖歪), héng qī shù bā(横七竖八). ¶品物が～と積み上げてある dōngxi héngqī-shùbā de duīzhe(东西横七竖八地堆着). ¶～とした室内 záluàn de shìnèi(杂乱的室内)/ wūzili luànzāozāo de(屋子里乱糟糟的). ¶人に～とした印象を与える gěi rén yì zhǒng záluàn-wúzhāng de yìnxiàng(给人一种杂乱无章的印象).

さっそう【颯爽】 sàshuǎng(飒爽). ¶新調の背広を着て～と現れた chuānzhe xīn zuò de xīfú sàshuǎng ér lái(穿着新做的西服飒爽而来). ¶選手達が～と入場してきた xuǎnshǒumen jīngshén-dǒusǒu de rùle chǎng(选手们精神抖擞地入了场).

ざっそう【雑草】 zácǎo(杂草). ¶～が生い茂る zácǎo cóngshēng(杂草丛生). ¶あの人には～のような逞しさがある tā yǒurú zácǎo yìbān jùyǒu jiānrèn-bùbá de jīngshén(他犹如杂草一般具有坚忍不拔的精神).

さっそく【早速】 mǎshàng(马上), jíshí(及时). ¶～の御返事ありがとうございました xièxie nǐ

jíshí huíxìn (谢谢你及时回信). ¶評判がよいので～買った tīngshuō hěn shòu huānyíng wǒ mǎshàng mǎi le (听说很受欢迎我马上买了). ¶結果が分り次第～お知らせ致します yī yǒu jiéguǒ jiù tōngzhī nín (一有结果就通知您). ¶～ですが用件に入らせていただきます kāimén jiàn shān gēn nín tántan yǒuguān de shì (开门见山跟您谈谈有关的事).

ざった【雑多】 ¶ここには～な人達が住んでいる zhèli zhùzhe ʻzáqī-zábāʼ[xíngxíng-sèsè] de rén (这里住着杂七杂八[形形色色]的人). ¶その中には～な要素が含まれている qízhōng bāohánzhe gèzhǒng-gèyàng de yīnsù (其中包含着各种各样的因素). ¶種々～な思いが浮かんできた zhǒngzhǒng záluàn de xiǎngfǎ jiēlián fúxiàn zài nǎohǎili (种种杂乱的想法接连浮现在脑海里).

さつたば【札束】 ¶100万円の～ yìbǎi wàn rìyuán de yì kǔn chāopiào (一百万日元的一捆钞票). ¶いくら～を積んでも駄目なものは駄目だ bùguǎn duī duōshao chāopiào, bùxíng de shì háishi bùxíng (不管堆多少钞票, 不行的事还是不行).

ざつだん【雑談】 liáotiān[r] (聊天[儿]), xiántán (闲谈), tántiān[r] (谈天[儿]), xiánchě (闲扯), húchě (胡扯), xiánliáo (闲聊). ¶友人と～して時を過す hé péngyou liáotiān xiāomó shíjiān (和朋友聊天消磨时间).

さっち【察知】 juéchá (觉察), chájué (察觉). ¶敵の動きをいち早く～する hěn kuài jiù chájué díjūn de dòngjing (很快就察觉敌军的动静).

さっちゅうざい【殺虫剤】 shāchóngjì (杀虫剂).

さっと ¶～一陣の風が吹いた sōu de guālaile yízhèn fēng (嗖地刮来了一阵风). ¶彼女は～物陰に隠れた tā shǎnzài yǐnbìchù duǒcáng qilai (她闪在隐蔽处躲藏起来). ¶それを聞いたとたんに彼の顔から～血の気が引いた tīngdào zhè huà, tā de liǎn yíxiàzi biànde shuàbái (听到这话, 他的脸一下子变得刷白). ¶野菜を～炒める yòng shuǐ shāo chōngxǐ yíxià (用水稍冲洗一下).

ざっと **1**〔おおまかに〕lüèlüè (略略), lüèwēi (略微), cūluè (粗略). ¶書類に～目を通す bǎ wénjiàn lüèlüè kànle yíxià (把文件略略看了一下). ¶テーブルの上を～片付ける lüèwēi shōushi yíxià zhuōzi (略微收拾一下桌子). ¶～見積っても300万円はかかる cūluè gūjì yào sānbǎi wàn rìyuán (粗略估计要三百万日元). **2**〔およそ〕dàyuē (大约), dàluè (大约), dàtǐ (大体), dàzhì (大致). ¶完成するまで～2年はかかりそうだ dào wánchéng dàyuē yào liǎng nián (到完成大约要两年). ¶私の言いたい事は～こんなところです wǒ suǒ xiǎng shuō de dàzhì shì zhèyàng (我所想说的大致是这样).

さっとう【殺到】 ¶人々は入り口めざして～する rénmen yīwōfēng shìde jǐxiàng ménkǒu (人们一窝蜂似的挤向门口). ¶志願者が～する bàomíngzhě fēngyōng ér lái (报名者蜂拥而来). ¶注文が～する dìnghuò yìngjiē bùxiá (订货应接不暇). ¶抗議の電話が～した kàngyì de diànhuà xiàng cháoshuǐ bānde yǒnglai (抗议的电话像潮水般的涌来).

ざっとう【雑踏】 ¶街は大変な～だった jiēshàng jǐde ʻzátā bùkānʼ[shuǐ xiè bù tōng] (街上挤得杂沓不堪[水泄不通]). ¶掏摸(すり)は～にまぎれて逃げた páshǒu zuānjin yǒngjǐ de rénqúnli táozǒu le (扒手钻进拥挤的人群里逃走了).

ざつねん【雑念】 zánian (杂念). ¶～を去る bǐngchú zánian (屏除杂念). ¶～が湧いて仕事に集中できない yǒngchū zánian bùnéng zhuānxīn gōngzuò (涌出杂念不能专心工作).

さつばつ【殺伐】 ¶人心が～する rénxīn biànde ʻyěmán[cūyě] (人心变得野蛮[粗野]).

さっぱり **1**〔さわやか〕shuǎngkuai (爽快), chǎngkuai (敞快), míngkuài (明快), shuǎngzhí (爽直), tòngkuai (痛快). ¶ひと風呂浴びたら～した xǐle ge zǎo, húnshēn juéde qīngsōng shuǎngkuai (洗了个澡, 浑身觉得轻松爽快). ¶～した服装の娘 yìzhuó gānjìng-lìluo de gūniang (衣着干净利落的姑娘). ¶借金を全部返して～した huánqīng zhài biànde yìshēn qīng (还清债变得一身轻). ¶これを飲むと～するよ hē le zhège jiù shūfu le (喝了这个就舒服了). ¶～した気性の人 xìnggé tòngkuai shuǎngzhí de rén (性格痛快爽直的人)/ qìxing huòdá kāilǎng de rén (气性豁达开朗的人)/ wéirén míngláng shuǎnglì (为人明快爽利). **2**〔味などが〕qīngdàn (清淡). ¶この料理は味が～している zhège cài wèidao qīngdàn shuǎngkǒu (这个菜味道清淡爽口). **3**〔まるで〕¶その後彼からは～便りがない cóng nà yǐhòu tā yǎo wú yīnxùn (从那以后他杳无音信). ¶彼の話は何が何だか～分らなかった tā shuō de huà jiǎnzhí jiào rén yìdiǎnr yě mōbuzháo tóunǎo (他说的话简直叫人一点儿也摸不着头脑). ¶薬を飲んだが～効き目がない yào chī chīle, kě gēnběn bújiàn xiàoyàn (药吃是吃了, 可根本不见效验). ¶読むことは読めるが会話の方は～です dú shì néng dú, huìhuà kěshì yíqiào-bùtōng (读是能读, 会话可是一窍不通). ¶～売れない yí ge yě màibudòng (一个也卖不动).

ざっぴ【雑費】 záfèi (杂费), záxiàng (杂项), zázhī (杂支).

さつびら【札びら】 ¶～を切る huīhuò (挥霍)/ huī jīn rú tǔ (挥金如土).

さっぷうけい【殺風景】 shāfēngjǐng (杀风景・煞风景). ¶まったく～な部屋だ zhēn shì shāfēngjǐng de fángjiān (真是杀风景的房间). ¶～な話だ zhēn shì méiqùr de huà (真是没趣儿的话).

ざつぶん【雑文】 ¶雑誌に～を書く gěi zázhì xiě záwén (给杂志写杂文).

ざっぽう【雑報】 ¶～欄 suǒwénlán (琐闻栏).

さつまいも【薩摩芋】 gānshǔ (甘薯), báishǔ (白薯), hóngshǔ (红薯), fānshǔ (番薯), dìguā

(地瓜), hóngsháo(红薯), shānyù(山芋), shānyao(山药).

ざつむ【雑務】 záwù(杂务). ¶やっと～が片付いた záwù hǎoróngyì cái gànwán le(杂务好容易才干完了).

ざつよう【雑用】 suǒshì(琐事), záshì[r](杂事[儿]). ¶何だかだと～が多い zhège nàge de suǒshì hěn duō(这个那个的琐事很多).

さつりく【殺戮】 shālù(杀戮), túshā(屠杀). ¶侵略軍は～をほしいままにした qīnlüèjūn rènyì shālù(侵略军任意杀戮).

さて【扨】 ¶～どうしたものか nàme zěnme bàn ne?(那么怎么办呢?)／bù zhī rúhé shì hǎo(不知如何是好). ¶～どこから手をつけようか cóng nǎli xiān zhuóshǒu ne?(从哪里先着手呢?). ¶～寝るとするか zán zhè jiù shuìjiào ba(咱这就睡觉吧).

さてい【査定】 hédìng(核定), shěnhé(审核). ¶税額を～する hédìng shuì'é(核定税额). ¶年収500万円と～される bèi hédìng wéi nián shōurù wǔbǎi wàn rìyuán(被核定为年收入五百万日元).

サディズム shīnüèyín(施虐淫), xìngnüèdàikuáng(性虐待狂).

さてお・く【扨置く】 ¶何は～いてもこれだけはやって下さい bié de kěyǐ fàngxià, zhè shì kě yào gěi wǒ zuò(别的可以放下, 这事可要给我做). ¶余談は～き本題に入ろう xiánhuà xiū tí, yán guī zhèngzhuàn(闲话休提, 言归正传). ¶冗談は～きこれから先どうするつもりだ wánxiào shì wánxiào, jīnhòu nǐ dǎsuàn zěnme bàn?(玩笑是玩笑, 今后你打算怎么办?).

さてつ【砂鉄】 tiěshā(铁砂), tiěkuàngshā(铁矿砂).

さては 1〔その上〕 ¶飲む、歌う、～踊り出すという騒ぎだった yòu hē, yòu chàng, yòu tiào, nàode tiānfān-dìfù(又喝, 又唱, 又跳, 闹得天翻地覆).
2〔それではきっと〕 ¶～あいつの仕業だな zhè zhǔn shì tā dǎo de guǐ(这准是他捣的鬼). ¶～謀られたか nàme shuō shòupiàn le(那么说受骗了).

サテン duànzi(缎子).

さと【里】 1〔村里〕 cūnzi(村子), cūnluò(村落), cūnzhuāng(村庄). ¶猪が～へ下りて来て作物を荒らす yězhū pǎodào cūnzili, zāojian zhuāngjia(野猪跑到村子里, 糟践庄稼).
2〔実家〕 niángjia(娘家). ¶女房は今～に帰っています wǒ àiren xiànzài huí niángjia qù le(我爱人现在回娘家去了). ¶そんな事をするとお～が知れる yàoshi zuò nà zhǒng shì, kě jiù yào lùchū zìjǐ de shēnjiā jiàoyǎng lai le(要是做那种事, 可要露出自己的身家教养来了).

さと・い【聡い】 jīling(机灵・机伶). ¶この子は耳が～い子 zhè háizi guài jīling de(这孩子怪机灵的)／zhège háizi cōngming língli(这个孩子聪明伶俐). ¶彼は耳が～い tā ěrduo líng[líng](他耳朵很 ¹灵[灵]). ¶さすが商人だけあって利に～い bìjìng shì ge mǎimairén, zhēn huì dǎ suànpan(毕竟是个买卖人, 真会打算

盘).

さといも【里芋】 yù(芋), yùtou(芋头), yùnǎi(芋艿).

さとう【砂糖】 táng(糖), báitáng(白糖), shātáng(砂糖). ¶～は何杯入れますか táng yào fàng jǐ chí(糖要放几匙). ¶苺に～をかける wǎng cǎoméi shang gē táng(往草莓上搁糖). ¶～漬の果物 guǒfǔ(果脯)／mìjiàn(蜜饯). ¶～水 tángshuǐ(糖水).

さどう【茶道】 chádào(茶道), cháyì(茶艺).

さどう【作動】 fādòng(发动), qǐdòng(启动). ¶警報が～する jǐngbào míngjiào(警报鸣叫).

さとうきび【砂糖黍】 gānzhe(甘蔗).

さとうだいこん【砂糖大根】 tiáncài(甜菜), tángluóbo(糖萝卜).

さとおや【里親】 yǎngfù(养父), yǎngmǔ(养母).

さとがえり【里帰り】 ¶嫁いだ娘が～して来た chūjià de nǚ'ér huí niángjia lái le(出嫁的女儿回娘家来了). ¶30年ぶりに中国から～した xiānggé sānshí nián cóng Zhōngguó tànqīn huílai le(相隔三十年从中国探亲回来了).

さとご【里子】 ¶子供を～に出す bǎ háizi jìyǎng zài biéren jiā(把孩子寄养在别人家).

さとごころ【里心】 xiāngqíng(乡情), xiāngsī(乡思). ¶彼は母親からの便りを見て～がついたらしい jiēdào mǔqīn de láixìn, tā xiàng shì ʼyǒuxiē xiǎng jiā[chùdòng xiāngsī] le(接到母亲的来信, 他像是ʼ有些想家[触动乡思]了).

さと・す【諭す】 kāidǎo(开导), quàndǎo(劝导). ¶勉学に励むよう～す quàndǎo tā yònggōng xuéxí(劝导他用功学习). ¶息子の不心得を諄々と～す duì érzi de búxiào xíngwéi zhūnzhūn gàojiè(对儿子的不肖行为谆谆告诫).

さとり【悟り】 ¶～を開く xǐngwù guolai(醒悟过来). ¶彼女は～が早い[鈍い] tā lǐnghuìde ʼkuài[màn](她领会得ʼ快[慢]).

さと・る【悟る】 juéwù(觉悟), juéxǐng(觉醒), lǐnghuì(领会), lǐngwù(领悟), xǐngwù(省悟), xǐngwù(醒悟), liǎowù(了悟). ¶言外の意を～る lǐnghuì qí yán wài zhī yì(领会其言外之意). ¶己の非を～る rènshidào zìjǐ de cuòwù(认识到自己的错误). ¶病人は死期の迫っているのを～った bìngrén juéchádào sǐqī pòjìn(病人觉察到死期迫近). ¶家族に～られぬようそっと家を抜け出した wèile bù shǐ jiālirén chájué, qiāoqiāor de liūchuqu le(为了不使家里人察觉, 悄悄儿地溜出去了). ¶現世の無常を～る xǐngwùdào rénshēng shì biànhuà wúcháng de(省悟到人生是变化无常的). ¶いやに～ったようなことを言うじゃないか nǐ shuō de zhēn gòu ʼmíngbai[tōngdá rénqíng] de ya(你说的真够ʼ明白[通达人情]的呀).

サドル zuòzi(座子), ānzi(鞍子).

さなか【最中】 →さいちゅう

さながら yóurú(犹如), yóurán(犹然), yǎnrú(俨如), yǎnrán(俨然). ¶戦場のような騒ぎだった xiànchǎng yóurú zhànchǎng shìde luànchéng yì tuán(现场犹如战场似的乱成一团). ¶少女は母親～に妹をあやした shàonǚ

xiàng mǔqin shìde hǒngzhe xiǎo mèimei (少女像母亲似的哄着小妹妹).

さなぎ【蛹】 yǒng (蛹); [蚕の] cányǒng (蚕蛹).

さなだむし【真田虫】 tāochóng (绦虫).

サナトリウム liáoyǎngyuàn (疗养院).

さのう【砂嚢】 〔砂袋〕shādài (沙袋), shābāo (沙包); [鳥の] shānáng (砂囊), sùnáng (嗉囊), sùzi (嗉子), zhēn[r] (胗[儿]), zhūn (肫), zhēn-gān[r] (胗肝[儿]), píchí (膍胵).

さは【左派】 zuǒpài (左派).

さば【鯖】 táiyú (鲐鱼), qīnghuāyú (青花鱼). ¶～を読む mán[kuādà] shùzì (瞒[夸大] 数字).

さばき【裁き】 shěnpàn (审判). ¶法の～を受ける yīfǎ shòushěn (依法受审).

さば・く【裁く】 shěnpàn (审判), pànjué (判决). ¶人が人を～のは難しい rén shěnpàn rén shì jiàn nánshì (人审判人是件难事). ¶彼が出てみごとに喧嘩を～いた tā chūmiàn duànyù rú shén, yuánmǎn de quànkāile zhè cháng jià (他出面断狱如神, 圆满地处了这场架).

さば・く【捌く】 1〔処理する〕¶この仕事はとても1人では～ききれない zhège gōngzuò yí ge rén wúfǎ chǔlǐ (这个工作一个人无法处理). ¶彼は難問を鮮やかに～いた tā bǎ nántí hěn piàoliang de gěi jiějuéle (他把难题很漂亮地给解决了). ¶これだけの乗客を～のは容易ではない zhème duō chéngkè yùnsòngwán kě bù róngyì (这么多乘客运送完可不容易).

2〔売り捌く〕xiāo (销), tuōxiāo (脱销), chūtuō (出脱). ¶仕入れた品は全部～いた bǎ cǎigòudào de huò quán xiāochuqu le (把采购到的货全销出去了). ¶投売をして在庫をやっと～いた tōngguò pāoshòu hǎoróngyì bǎ kùcún tuōle shǒu (通过抛售好容易把库存脱了手).

さばく【砂漠】 shāmò (沙漠).

さば・ける【捌ける】 1〔はける〕¶この品はよく～ける zhè huò hěn chàngxiāo (这货很畅销). ¶音楽会の切符が～けない yīnyuèhuì de piàozi xiāo bu chūqù (音乐会的票子销不出去).

2〔物分りがよい〕¶彼はなかなか～けた人だ tā nàge rén tōngdá rénqíng (他那个人通达人情). ¶うちのお祖母さんは年の割には～けた事を言う wǒ nǎinai niánjì suī lǎo, shuōhuà dàoy hěn kāitōng (我奶奶年纪虽老, 说话倒很开通). ¶彼は～した人だ tā shì ge tòngkuai de rén (他是个痛快的人) / tā hěn gāncuì (他人很干脆).

さはんじ【茶飯事】 ¶そんな事は日常～だ nà shì 「jiācháng biànfàn [sīkōng-jiànguàn]」 de shì (那是「家常便饭[司空见惯]」的事).

サバンナ xīshù cǎoyuán (稀树草原).

さび【寂】 ¶～のある声 cānglǎo de shēngyīn (苍老的声音). ¶～のついた茶碗 gǔsè-gǔxiāng de cháwǎn (古色古香的茶碗).

さび【錆】 xiù (锈), xiùbān (锈斑). ¶包丁に～がほした càidāo shēng xiù le (菜刀生锈了). ¶～を落す qù xiù (去锈). ¶身から出た～ zì qí guǒ (自食其果) / jiù yóu zì qǔ (咎由自取) / zì zuò zì shòu (自作自受).

さびし・い【寂しい】 1〔ひっそりしている〕lěng-qīng (冷清), lěngqīngqīng (冷清清). ¶人通りの途絶えた～い道 jì wú yì rén lěnglěngqīng-qīng de dàolù (寂无一人冷冷清清的道路). ¶参列者の少ない～い葬式であった diàosàngzhě shèn shǎo lěngqīngqīng de zànglǐ (吊丧者甚少冷清清的葬礼).

2〔物悲しい, 孤独だ〕qīliáng (凄凉), gūjì (孤寂), gūlíng (孤零), jìmò (寂寞), jìliáo (寂寥). ¶～い秋の夕暮 qīliáng de qiūtiān bàngwǎn (凄凉的秋天傍晚). ¶本当の事を言ってもらえないのを彼女は～く思った méi néng tīngdào zhēnxīnhuà tā gǎndào bēishāng (没能听到真心话她感到悲伤). ¶子供に先立たれて～い háizi yāozhé gǎndào hěn gūjì (孩子夭折感到很孤寂). ¶酒で～さをまぎらす hējiǔ páiqiǎn jìmò (喝酒排遣寂寞) / jiè jiǔ jiāo chóu (借酒浇愁). ¶ひとりで～く夕飯を食べる yí ge rén 「gū-līnglīng [gūgū-dāndān] de chī wǎnfàn (一个人「孤零零[孤孤单单]地吃晚饭). ¶話し相手がなくて～い méiyǒu ge tántiān shuōxiào de rén gǎndào jìmò (没有个谈天说笑的人感到寂寞). ¶彼は異国で～く死んでいった tā gūjì wú yī sǐ zài yìguó (他孤寂无依死在异国). ¶あまり子供が～がるので一緒に連れて来た háizi yīgèjìnr de shuō zài jiā gūlíngling nánshòu, zhǐhǎo bǎ tā dàilai le (孩子一个劲儿地在家孤零零难受, 只好把他带来了).

3〔乏しい, 物足りない〕¶懐が～い shǒutóu 「jǐn [bù kuānyù]」 (手头「紧[不宽裕]」). ¶煙草がきれて口が～い bǎ yān chōuguāng, zuǐtóur xiánde huāng (把烟抽光, 嘴头儿闲得慌). ¶部屋が～いので花を飾った wūzili xiǎnde kōngdàngdàng de, huāpínglǐ chāle diǎnr huā (屋子里显得空荡荡的, 花瓶里插了点儿花).

さびどめ【錆止め】 fángxiùjì (防锈剂); [塗料] fángxiùjì (防锈剂), kàngxiùjì (抗锈剂).

ざひょう【座標】 zuòbiāo (坐标). ¶～軸 zuòbiāozhóu (坐标轴).

さ・びる【錆びる】 xiù (锈), shēng xiù (生锈), zhǎng xiù (长锈). ¶ナイフが～びてしまった dāozi zhǎng xiù le (刀子长锈了). ¶鉄は～びやすい tiě yì shēng xiù (铁易生锈). ¶錠が～びついてしまった suǒ xiùzhù le (锁锈住了). ¶すっかり腕が～びついてしまった shǒu quán shēng le (手全生了).

さび・れる【寂れる】 lěngluò (冷落), lěngpì (冷僻), xiāotiáo (萧条). ¶鰊がとれなくなってからその漁村はすっかり～れてしまった zìcóng bùnéng bǔlāo féiyú, nàge yúcūn jiù lěngluò le (自从不能捕捞鲱鱼, 那个渔村就冷落了). ¶商店街が～れた jiēshì xiāotiáo le (街市萧条了).

サファイア lánbǎoshí (蓝宝石).

ざぶざぶ huāhuā (哗哗). ¶水を～かけて泥を

洗い流す huāhuā de yòng shuǐ chōngxǐ ní(哗哗地用水冲洗泥). ¶~と小川を渡る tāngzhe shuǐ guò xiǎohé(蹚着水过小河). ¶~洗濯する huāhuā de xǐ yīfu(哗哗地洗衣服).

サブタイトル fùtí(副题), fùbiāotí(副标题). ¶~をつける fùshàng fùtí(附上副题).

ざぶとん【座布団】 zuòdiàn[r](坐垫[儿]). ¶~を敷く diànshàng zuòdiàn(垫上坐垫). ¶~をすすめる qǐng kèrén yòng zuòdiàn(请客人用坐垫).

サフラン zànghónghuā(藏红花), fānhónghuā(番红花).

ざぶん pūdōng(噗冬), pūtōng(扑通). ¶川に~と飛び込んだ pūdōng yì shēng tiàojìnle héli(噗冬一声跳进了河里).

さべつ【差別】 chābié(差别). ¶~なく皆に親切にする tā duì shuí dōu hé'ǎi qīnqiè(他对谁都和蔼亲切). ¶女性を~する qíshì fùnǚ(歧视妇女). ¶夜昼の~なく働く bù fēn zhòuyè de láodòng(不分昼夜地劳动). ¶~待遇 chābié dàiyù(差别待遇). 人種~ zhǒngzú qíshì(种族歧视).

さほう【作法】 lǐjié(礼节), lǐmào(礼貌), lǐshù(礼数). ¶~をしつける jìnxíng lǐjié jiàoyù(进行礼节教育). ¶彼女は食事の作法を知らない tā lián chīfàn shí de 'lǐshù[guīju] yě bù dǒng(她连吃饭时的'礼数[规矩]也不懂). ¶礼儀~ lǐfǎ(礼法)/ lǐyí(礼仪).

さぼう【砂防】 fángshā(防沙). ¶~工事 fángshā gōngchéng(防沙工程). ~ダム fángshā shuǐkù(防沙水库). ¶~林 fángshālín(防沙林).

サポーター hùxī(护膝); hùtuǐ(护腿); hùdǎng(护裆).

サポート bāngzhù(帮助), fǔzhù(辅助), fúzhù(扶助), zànzhù(赞助). ¶障害者の自立的生活を周囲が~する shǐde cánjírén néng zìlì shēnghuó, zhōuwéi de rén jìnxíng fúzhù(使得残疾人能自理生活,周围的人进行扶助). ¶登頂を~する fǔzhù pāndēng dǐngfēng(辅助攀登顶峰).

サボタージュ dàigōng(怠工), mó yánggōng(磨洋工).

サボテン【仙人掌】 xiānrénzhǎng(仙人掌), xiānrénqiú(仙人球).

さほど nàme(那么), nàyàng(那样). ¶~御心配なさることはありません yòngbuzháo nàme dānxīn(用不着那么担心). ¶~見たいとは思わない bìng bù zěnme xiǎng kàn(并不怎么想看).

サボ・る kuàng(旷). ¶仕事を~る kuànggōng(旷工)/ kuàngzhí(旷职). ¶学校を~って映画に行った táoxué[kuàngkè/ làixué/ táokè] qù kàn diànyǐng le(逃学[旷课/ 赖学/ 逃课]去看电影了).

ザボン yòuzi(柚子), wéndàn(文旦).

-さま【様】 ¶山田~がお見えになりました Shāntián xiānsheng láifǎng le(山田先生来访了).

ざま その~は何だ '爾 zhè chéng shénme yàngzi!(你这成什么样子!)/ kàn nǐ chéng shénme tǐtǒng!(看你成什么体统!)/ qiáo nǐ zhè lángbèixiàng!(瞧你这狼狈相!). ¶~を見ろ gāi!(该!)/ huógāi!(活该!).

-さま【様】 ¶振り返りさまに切りつける yì huí shēn jiù yì dāo kǎnqu(一回身就一刀砍去).

サマータイム xiàlìngshí(夏令时).

さまざま【様々】 gèyàng(各样), gèzhǒng(各种), gèsè(各色), gèshì-gèyàng(各式各样), gèzhǒng-gèyàng(各种各样), gèsè-gèyàng(各色各样), xíngxíngsèsè(形形色色). ¶皆に趣向をこらしたプレゼントを持ち寄った měi rén dōu dàilaile gèzhǒng-gèyàng de biéchū-xīncái de lǐwù(每人都带来了各种各样的别出心裁的礼物). ¶~な色の花が咲き乱れている gèsè gèyàng de huā wǔcǎi bīnfēn de shèngkāizhe(各色各样的花五彩缤纷地盛开着). ¶世は~だ shìshang kě qiānchā wànbié(世上可千差万别).

さま・す【冷ます】 liàng(凉), lěng(冷). ¶~してから飲みなさい liàng yi liàng zài hē(凉一凉再喝). ¶興奮を~ために表に出た wèile píngdìng qíngxù chūwài zǒuzou(为了平定情绪出外走走). ¶興をそぐようなことを言うな bié shuō sǎoxìng de huà(别说扫兴的话). ¶少し熱を~せ lěngjìng yíxià tóunǎo ba(冷静一下头脑吧).

さま・す【覚す・醒す】 ¶雨の音で目を~した bèi yǔshēng nòngxǐng le(被雨声弄醒了). ¶赤ん坊の目を~さないように そっと歩く qiāoqiāo de zǒu shēngpà jīngxǐng wáwa(悄悄地走生怕惊醒娃娃). ¶彼も今度という今度は目を~すだろう tā zhè huí kě xǐngwù le ba(他这回可醒悟了吧). ¶風にあたって酔を~す chuīchuī fēng xǐngjiǔ(吹吹风醒酒).

さまた・げる【妨げる】 fáng'ài(妨碍), zǔ'ài(阻碍), zǔzhǐ(阻止), zǔdǎng(阻挡), zǔnáo(阻挠). ¶吹雪が我々の前進を~げた bàofēngxuě zǔzhǐle wǒmen de qiánjìn(暴风雪阻止了我们的前进). ¶工事は悪天候に~げられて進捗しない shòudào tiānqì de fáng'ài gōngchéng bújiàn jìnzhǎn(受到天气的妨碍工程不见进展). ¶騒音に安眠を~げられる zāoyīn fáng'ài ānmián(噪音妨碍安眠). ¶狭い道路が交通の~げになっている dàolù xiázhǎi 'zǔ'ài[yǒu'ài] jiāotōng(道路狭窄'阻碍[有碍]交通). ¶勉強の~げになることはすべてやめた yǐngxiǎng xuéxí de shì dōu bú zuò le(影响学习的事都不做了). ¶再任を~げない bùfáng liánrèn(不妨连任).

さまよ・う【さ迷う】 liúdàng(流荡), liúlàng(流浪), piāobó(漂泊); páihuái(徘徊). ¶町から町へあてもなく~い歩く cóng yí ge shìzhèn dào lìng yí ge shìzhèn, háo wú mùdì de liúlàngzhe(从一个市镇到另一个市镇,毫无目的地流浪着). ¶荒野を~う páihuái huāngyě(徘徊荒野). ¶生死の境を~う zài shēngsǐ zhī jiān páihuái(在生死之间徘徊).

さみし・い【寂しい】 →さびしい.

さみだれ【五月雨】 méiyǔ(梅雨), huángméiyǔ(黄梅雨).

サミット shǒunǎo huìyì(首脑会议). ¶環境~

huánjìng zuìgāojí huìyì(环境最高级会议). **地球~** dìqiú shǒunǎo huìyì(地球首脑会议)/ dìqiú fēnghuì(地球峰会).

さむ・い【寒い】 lěng(冷), hánlěng(寒冷). ¶今日は~い jīntiān hěn lěng(今天很冷). ¶~い国から白鳥が渡って来た tiān'é cóng hánlěng de dìfang fēilai le(天鹅从寒冷的地方飞来了). ¶こう~くてはかなわない zhème lěng kě zhēn shòubuliǎo(这么冷可真受不了). ¶日一日と~くなる yì tiān bǐ yì tiān lěng(一天比一天冷). ¶~くないようにして行きなさい bié dòngzhe, duō chuān diǎnr yīfu qù ba(别冻着, 多穿点儿衣服去吧). ¶昨夜は~くて眠れなかった zuóyè dòngde méi shuìhǎo jiào(昨夜冻得没睡好觉). ¶この子は~がりで zhège háizi pà lěng(这个孩子怕冷). ¶恐ろしさに背筋が~くなった hàipàde jǐbèi fālěng(害怕得脊背发凉). ¶その事件は人々の心胆を~からしめた nàge shìjiàn shǐ rén 'xīnjīng-dǎnzhàn'[máogǔ-sǒngrán](那个事件使人'心惊胆战'[毛骨悚然]). ¶月給日前でふところが~い fāxīnrì qián shǒutóur jǐn(发薪日前手头儿紧).

さむけ【寒気】 hánqì(寒气), hányì(寒意), hánjìn(寒噤), hánzhàn(寒战·寒颤). ¶熱があるのか~がする yěxǔ fāle shāo juéde yǒuxiē fālěng(也许发了烧觉得有些发冷). ¶彼女はそれを見て思わず~がした tā kànle nà qíngjǐng bùyóude dǎle ge hánzhàn(她看了那情景不由得打了个寒战).

さむさ【寒さ】 lěng(冷), hánlěng(寒冷), fēnghán(风寒). ¶身を切るような~だ lěngde cìgǔ(冷得刺骨). ¶私は~に強い[弱い] wǒ 'bú pà'[pà] lěng(我'不怕'[怕]冷). ¶この植物は~に強い[弱い] zhè zhǒng zhíwù 'hěn nàihán'[bú nàihán](这种植物'很耐寒'[不耐寒]). ¶~をものともせず出掛けていった bú pà tiānhán dòdòng chūqu le(不怕天寒地冻出去了). ¶雪穴を掘って~をしのぐ wā xuěkēng lái yùhán(挖雪坑来御寒). ¶ここは一年中~知らずだ zhèlǐ yì nián dàotóu bù zhī lěng(这里一年到头不知冷)/ zhèlǐ sìjì rú chūn(这里四季如春).

さむざむ【寒寒】 ¶~とした冬景色 huāngliáng de hándōng jǐngzhì(荒凉的寒冬景色). ¶家具らしい家具とてなく部屋は~としている méiyǒu shénme xiàngyàng de jiāju, wūzilǐ 'kōngdàngdàng'[kōngluòluò] de(没有什么像样的家具, 屋子里'空荡荡'[空落落]的). ¶その言葉を聞いて~とした気持になった tīngle nà jù huà zhēn jiào rén xīn hán(听了那句话真叫人心寒).

さむぞら【寒空】 lěngtiān(冷天). ¶この~に住む家もなく震えている人がいる zài zhè dàlěngtiān yě yǒu wú jiā kě guī dòngde dǎzhàn de rén(在这大冷天也有无家可归冻得打战的人).

さめ【鮫】 shā(鲨), shāyú(鲨鱼·沙鱼), jiāo(鲛). ¶じんべえ~ jīngshā(鲸鲨).

さめざめ ¶~と泣く shānrán lèi xià(潸然泪下).

さ・める【冷める】 liáng(凉), lěng(冷). ¶料理が~めてしまってはおいしくない cài liángle kě bù hǎochī(菜凉了可不好吃). ¶いまのうちに~めないうちにあがりなさい chènrèr chī ba(趁热儿吃吧). ¶風呂が~めた xǐzǎoshuǐ bú rè le(洗澡水不热了). ¶彼のゴルフ熱も~めたらしい tā duì gāo'ěrfūqiú de rèqíng yě lěngxialai le(看来他对高尔夫球的热情也冷下来了)/ kànyàngzi tā de gāo'ěrfūr yǐ jiàngwēn le(看样子他的高尔夫热已降温了). ¶百年の恋も一時に~めた bǎinián de àimù yíxiàzi jiù liáng le(百年的爱慕一下子就凉了). ¶2人の仲はすっかり~めてしまった tāmen liǎ zhī jiān de guānxi wánquán 'lěngdàn'[lěngmò] le(他们俩之间的关系完全'冷淡'[冷漠]了). ¶彼女はまだ興奮~めやらぬ面持ちだった tā jīdòng de xīnqíng xiǎnrán réng wèi píngjìng(她激动的心情显得仍未平静). ¶~めた眼でみる lěng yǎn páng guān(冷眼旁观).

さ・める【覚める・醒める】 1〔眠りから〕xǐng(醒). ¶今朝は5時に目が~めた jīnzǎo wǔ diǎnzhōng xǐng le(今早五点钟醒了). ¶彼女は深い眠りから~めた tā cóng hānshuì zhōng xǐngle guòlái(她从酣睡中醒了过来). ¶目の~めるような鮮やかな色 xǐngmù de yànlì yánsè(醒目的艳丽颜色)/ xiānyàn duómù de sècǎi(鲜艳夺目的色彩).

2〔迷いなどから〕xǐngwù(醒悟), xǐngwù(省悟). ¶やっと迷いから~めた hǎoróngyì cái cóng mímèng zhōng xǐngwù guolai(好容易才从迷梦中省悟过来). ¶ひどい目にあってやっと目が~めた chīle dà kǔtou cái xǐngwù(吃了大苦头才醒悟).

3〔酔などから〕xǐng(醒). ¶酒の酔も一時に~めてしまった jiǔ yíxiàzi jiù xǐngle guòlái(酒一下子就醒了过来). ¶まだ麻酔が~めない mázuì wèi xǐng(麻醉未醒).

さ・める【褪める】 diào(掉), tuì(退), tuì(褪), zǒu(走), tuō(脱), luò(落), tuō(脱). ¶色は洗っても~めないこの種の颜色洗了也不会掉色). ¶カーテンが日に焼けて色が~めてしまった chuānglián bèi tàiyáng shàide tuìle shǎi le(窗帘让太阳晒得退了色了).

さも【然も】 1〔いかにも〕 ¶彼は~満足そうにうなずいた tā 'jíwéi mǎnyì'[xīnmǎn-yìzú] de diǎnle diǎn tóu(他'极为满意'[心满意足]地点了点头). ¶その男は~うまそうに水を飲んだ nàge nánren hē shuǐ hēde hěn xiāngtián(那个男人喝水喝得很香甜).

2〔そうも〕 ¶あいつのことだ~ありなん shì nà jiāhuo de shì, zhè hěn kě néng(是那家伙的事, 这很有可能). ¶彼女は会社をやめたというが~あろう tīngshuō tā cídiàole gōngsī de gōngzuò, zhè shì suǒ bìrán(听说她辞掉了公司的工作, 这势所必然).

さもし・い ¶そんな~い事はするな bié zuò nà zhǒng jiànbude rén de shì(别做那种见不得人的事). ¶何というへい奴だ zhēn shì ge jiànggǔtou!(真是个贱骨头!).

さもなければ【然もなければ】 yàobù(要不), zài-

bù(再不), yàoburán(要不然), bùrán(不然). ¶急いで、～乗り遅れる kuài zǒu a! yàobù gǎnbushàng chē le(快走啊! 要不赶不上车了). ¶そんな事をするのは馬鹿か～気違いだ gàn nà zhǒng shì de bú shì èrbǎiwǔ, jiùshì fēngzi(干那种事的不是二百五, 就是疯子).

さもん【査問】cháwèn(查问), cháxún(查询).

さや【莢】dòujiá(豆荚). ¶～をむく bāo dòujiá(剥豆荚).

さや【鞘】**1**〔刀などの〕jiànqiào(剑鞘), dāoqiào(刀鞘). ¶刀を～から抜く bá dāo chū qiào(拔刀出鞘). ¶夫婦はもとの～におさまった fūfù yán guī yú hǎo(夫妇言归于好)/ pò jìng chóng yuán(破镜重圆).
2〔利ざや〕¶～を稼ぐ zhuànshǒu huò lì(转手获利).

ざやく【座薬】shuānjì(栓剂), zuòyào(坐药). ¶～をさす sāi zuòyào(塞坐药).

さゆ【白湯】báikāishuǐ(白开水).

さゆう【左右】zuǒyòu(左右). ¶～をよく見て横断しなさい kànhǎo zuǒyòu zài guò mǎlù(看好左右再过马路). ¶言を～にして即答を避ける zhīwú qí cí bú lìjí huídá(支吾其词不立即回答). ¶国の運命を～する大事件 zuǒyòu guójiā mìngyùn de dà shìjiàn(左右国家运命的大事件). ¶人間は環境に～されやすい rén róngyì shòu huánjìng de yǐngxiǎng(人容易受环境的影响).
¶～相称 zuǒyòu duìchèn(左右对称).

ざゆう【座右】¶私はその本を～に備えて愛読している wǒ bǎ nà běn shū fàngzài shēnbiānr, fǎnfù dú(我把那本书放在身边儿, 反复读).
¶～の銘 zuǒyòumíng(座右铭).

さよう【作用】zuòyòng(作用). ¶これは電気の～で動く zhè shì yóu diàn de zuòyòng ér dòngzuò de(这是由电的作用而动作的). ¶薬が～して痛みがおさまった yào jiànxiào, bù téng le(药见效, 不疼了). ¶昨日の出来事が彼女の心理に微妙に～した zuótiān de shì duì tā de xīnlǐ qǐle wēimiào de zuòyòng(昨天的事对她的心理起了微妙的作用).
¶化学～ huàxué zuòyòng(化学作用). 消化～ xiāohuà zuòyòng(消化作用).

さようなら zàijiàn(再见), huíjiàn(回见), zàihuì(再会). ¶先生、～! lǎoshī, zàijiàn!(老师, 再见!). ¶～またあした míngtiān jiàn!(明天见!). ¶今日でこの家とも～だ jīntiān gēn zhè fángzi gàobié le(今天跟这房子告别了). ¶～も言わずに行ってしまった lián shēng zhāohu dōu méi dǎ jiù zǒu le(连声招呼都没打就走了), tā méiyǒu cíbié jiù zǒu le(他没有辞别就走了).

さよく【左翼】**1**〔思想などの〕zuǒyì(左翼), zuǒpài(左派). ¶～思想 zuǒyì sīxiǎng(左翼思想). ¶小児病 zuǒpài yòuzhìbìng(左派幼稚病).
2〔左側〕zuǒyì(左翼), zuǒyìcè(左翼侧). ¶敵の～を攻める gōngjī dírén de zuǒyì(攻击敌人的左翼).
¶～手 zuǒchǎngshǒu(左场手).

さら【皿】〔小皿〕diér(碟儿), diézi(碟子);〔大皿〕pánzi(盘子). ¶料理を～に盛る bǎ cài chéngzài pánzili(把菜盛在盘子里). ¶めいめいの～に取り分ける fēnchéng zài měi ge rén de diézili(分盛在每个人的碟子里). ¶目を～のようにして探す zhēngdà yǎnjing xúnzhǎo(睁大眼睛寻找). ¶料理を3～頼む jiào sān pán cài(叫三盘菜). ¶～洗いをする xǐ pán dié(洗盘碟).
¶スープ～ tāngpán(汤盘). 秤～ chèngpánzi(秤盘子). 植木鉢の～ diànpán(垫盘).

ざら ¶そんな話ならどこにでも～にある nà zhǒng shì duōdeshì, bù xīqí(那种事多的是, 不稀奇). ¶この手の品は～にはない zhè zhǒng huò hěn hǎnjiàn(这种货很罕见).

さらい-【再来】¶～週 xiàxiàxīngqī(下下星期). ¶～月 xiàxiàyuè(下下月). ¶～年 hòunián(后年).

さら・う【浚う】táo(淘), jùn(浚). ¶どぶを～う táo gōu(淘沟). ¶井戸を～う jùn jǐng(浚井).

さら・う【攫う】guǎi(拐). ¶子供が～われた xiǎoháir bèi guǎi le(小孩儿被拐了). ¶鷹が鶏を～って舞い上がった lǎoyīng zhuāqǐ xiǎojī téngkōng ér fēi(老鹰抓起小鸡腾空而飞). ¶波に～われた bèi làngtou chōngzǒu le(被浪头冲走了). ¶彼は賞金をひとりで～ってしまった tā bǎ quánbù jiǎngjīn yì rén dúzhàn le(他把全部奖金一人独占了). ¶彼女は観衆の人気を～った tā hóngde bǎ guānzhòng dōu yǐnxī dào zìjǐ shēnshang le(她红得把观众都吸引到身上了).

ざらがみ【ざら紙】cāozhǐ(糙纸).

さらけだ・す【さらけ出す】¶心の中を～して言う bǎ dùzili de huà quán "dǒu[tāo] chulai(把肚子里的话全"抖[掏]出来). ¶彼は自分の無知を～した tā bàolùle zìjǐ de wúzhī(他暴露了自己的无知).

サラサ【更紗】yìnhuābù(印花布).

さらさら ¶小川が～と流れる xiǎohé chánchán ér liú(小河潺潺而流). ¶砂は指の間から～とこぼれた shāzi cóng zhǐféngr shāshā de lòuxiaqu(沙子从指缝儿沙沙地漏下去). ¶彼は～と書き上げた tā shuāshuā de xiěwán le(他刷刷地写完了). ¶～した粉 gānzào ér sōngsōng de fěnmò(干燥而疏松的粉末). ¶～の髪の毛 sōngsǎn róuruǎn de tóufa(松散柔软的头发).

さらさら【更】¶そんなこと～考えていない wánquán [yàgēnr] méiyǒu nà zhǒng xiǎngfa(完全[压根儿]没有那种想法). ¶私は彼を恨む気持など～ない wǒ duì tā háo wú huáihèn zhī xīn(我对他毫无怀恨之心).

ざらざら ¶～した肌 cūcāo de pífū(粗糙的皮肤). ¶床が砂ぼこりで～だ dìbǎn shang mǎn shì chéntǔ(地板上满是尘土). ¶熱のせいで舌が～する yóuyú fāshāo shétou fā sè(由于发烧舌头发涩).

さらし【晒し】¶腹に～を巻く yòng piǎobái de bù guǒ dùzi(用漂白的布裹肚子).

さらしくび【晒首】xiāoshǒu(枭首). ¶～にする xiāoshǒu shìzhòng(枭首示众)/ xiāoshì(枭

さらしこ【晒粉】 piǎobáifěn(漂白粉).
さらしもの【晒者】 ¶～にされた bèi kǔnbǎng shìzhòng(被捆绑示众)/ yìng jiào rén zài rén qián ¹diūle liǎn[chūle chǒu](硬叫人在人前丢了脸[出了丑]).
さら・す【晒す】 [日光に] shài(晒), liàng(晾); [漂白する] piǎo(漂), piǎobái(漂白). ¶夜具を日光に～す shài bèirù(晒被褥). ¶書物を日に～す liàng shū(晾书). ¶布を薬で～す bǎ bù piǎobái(把布漂白). ¶紙を～す bǎ zhǐ yòng shuǐ piǎo(把纸用水漂). ¶屍を野に～す pù shī yú yě(曝尸于野). ¶風雨に～されて色あせた山門 bèi fēng chuī yǔ dǎ tuìshǎi de shānmén(被风吹雨打退色的山门). ¶人前に恥を～す dāngzhòng chūchǒu(当众出丑). ¶危険に身を～す bú gùu wēixiǎn(不顾危险).
サラダ sèlā(色拉), shālā(沙拉). ¶～オイル sèlāyóu(色拉油)/ lěngcānyóu(冷餐油)/ shēngcàiyóu(生菜油). 野菜～ shūcài sèlā(蔬菜色拉).
さらち【更地】 ¶古い建物を取り壊して～にする chāichú jiù jiànzhùwù píngzhěng tǔdì(拆除旧建筑物平整土地).
ざらっ・く →ざらざら.
さらに【更に】 1 [その上に] zài(再); gèng(更). ¶～懇請する zàidù kěnqǐng(再度恳请). ¶～研究を進める gèng[zài] jìnyíbù jìnxíng yánjiū(更[再]进一步进行研究). ¶この上～言うことはない zài yě méiyǒu kě shuō de(再也没有可说的). ¶彼は昨年より一上達した bǐ qùnián gèng yǒu jìnbù le(他比去年更有进步了).
2 [少しも] gèng(更); zài(再). ¶～反省の色がない gèng wú huǐwù zhī sè(更无悔悟之色). ¶これ以上続ける気持は～ない zài méiyǒu xīnsi jìxù xiaqu(再没有心思继续下去).
サラブレッド chúnxuèzhǒngmǎ(纯血种马). ¶彼は政界の～だ tā shì zhèngjiè de míngmén chūshēn(他是政界的名门出身).
さらまわし【皿回し】 shuǎ diézi(耍碟子).
サラミ Yìdàlì làcháng(意大利腊肠), sèlāmǐ xiāngcháng(色拉米香肠).
ざらめ【粗目】 cūshātáng(赤砂糖).
サラリー gōngzī(工资), gōngxīn(工薪), xīnshui(薪水), xīnjīn(薪金), xīnzī(薪资), xīnfèng(薪俸), yuèxīn(月薪). ¶～マン xīnfèng shēnghuózhě(薪俸生活者).
さらりと 1 [感触が] ¶～して肌ざわりのよい布 chùgǎn tǐng ruǎnhuo de bù(触感挺软和的布). ¶～したヘアーオイル qīngshuǎng bù nián de fàyóu(清爽不黏的发油).
2 [態度などが] ¶相手の追及を～受け流す qīngqīng de bìkāi duìfāng de zhuījí(轻轻地避开对方的追究). ¶未練を～捨てる háo wú liúliàn yìdāo-liǎngduàn(毫无留恋一刀两断)/ gāncuì sǐle xīn(干脆死了心).
ざりがに làgū(蜊蛄).
さりげな・い【さり気ない】 ¶彼は何事もなかったかのように～く挨拶している tā zhuāngchū ruò wú qí shì de yàngzi gēn rén hánxuān(他装めO若无其事的样子跟人寒暄). ¶～い調子で彼女のことを尋ねた zhuāngchū màn bù jīngxīn de yàngzi tàntīng tā de xiāoxi(装出漫不经心的样子探听她的消息).
サリチルさん【サリチル酸】 shuǐyángsuān(水杨酸), línqiǎngjī běnjiǎsuān(邻羟基苯甲酸).
さ・る【去る】 1 [離れて行く] lí(离), líkāi(离开). ¶彼は追われるように故郷を～った tā xiàng shì bèi niǎnchuqu shìde líxiāng-bèijǐng ér qù(他像是被撵出去似的离乡背井而去). ¶その場を～るにしのびなかった wǒ bù rěnxīn líkāi nàli(我不忍心离开那里). ¶彼は心ならずも職を～らなければならなかった tā wúnài zhǐhǎo lízhí ér qù(他无奈只好离职而去). ¶この世を～る者は疎し qùzhě rì shū(去者日疏). ¶～る者は追わず、来たる者は拒まず wǎngzhě bú zhuī, láizhě bú jù(往者不追, 来者不拒).
2 [時が過ぎる] ¶夏が～り秋が来た xiàtiān yǐ guò, qiūtiān láilín(夏天已过, 秋天来临). ¶～る5日の朝帰国した yǐ yú wǔ rì chén guīguó(已于五日晨归国).
3 [なくなる] ¶台風に襲われる危険は～った táifēng xílai de wēixiǎn yǐ guò(台风袭来的危险已过). ¶痛みはようやく～った téngtòng hǎobù róngyì cái xiāoshī(疼痛好不容易才消失). ¶不安が常に念頭を～らない bù'ān zǒng gǎn líbukāi nǎozi(不安之感老离不开脑子). ¶一難～ってまた一難 yí nàn yòu yí nàn, huòbù dān xíng(一难又一难, 祸不单行).
4 [隔たる] lí(离), jùlí(距离). ¶当地を～ること200キロの地 lí cǐdì yǒu èrbǎi gōnglǐ de dìfang(离此地有二百公里的地方). ¶今を～る100年の昔 qù[jù] jīn yìbǎi nián(去[距]今一百年)/ xiànzài jùlí nà shí yǒu yìbǎi nián(现在距离那时有一百年).
5 [取り除く] ¶私心を～る qùdiào sīxīn(去掉私心)/ pò sī(破私).
さる【申】 shēn(申).
さる【猿】 hóu[r](猴[儿]), hóuzi(猴子). ¶～も木から落ちる zhìzhě qiān lǜ, bì yǒu yì shī(智者千虑, 必有一失).
¶～子 →xiǎohóur(小猴儿).
さる mǒu(某). ¶～所に保管してある zài mǒu dì bǎoguǎnzhe(在某地保管着). ¶～人に聞いた話 tīng mǒu rén suǒ shuō de(听某人所说的).
ざる【笊】 shāojī(筲箕), zhàoli(笊篱); póluo(笸箩), bōluó(簸箩). ¶～碁 chòuqí(臭棋).
さるぐつわ【猿轡】 ¶タオルで～をかませる yòng máojīn bǎ zuǐ sāizhù(用毛巾把嘴塞住).
さるしばい【猿芝居】 hóuxì(猴戏). ¶そんな～なんかに騙されるものか wǒ bú bù shàng nà guǐbǎxì de dàng(我可不上那鬼把戏的当). ¶～を演じる chuàntōng yí qì chàng "shuānghuáng"(串通一气唱"双簧").
さるすべり【百日紅】 zǐwēi(紫薇), mǎntánghóng(满堂红).
さるぢえ【猿知恵】 xiǎocōngming(小聪明), guǐ

cōngming (鬼聪明). ¶ ～を出して失敗し shuǎ xiǎocōngming ér shībài (要小聪明而失败).

さるのこしかけ【猿の腰掛】 zhūlíng(猪苓).

サルビア xīyánghóng(西洋红), yíchuànhóng(一串红), shǔwěicǎo(鼠尾草).

サルファざい【サルファ剤】 huáng'àn yàowù(磺胺药物).

サルベージ ¶～船 dǎlāochuán(打捞船).

さるまね【猿真似】 ¶ 人の～はよせ bié húluàn fǎngxiào rén(别胡乱仿效人)／bié Dōngshī xiàopín(别东施效颦).

さるまわし【猿回し】 shuǎhóur(要猴儿).

サルモネラきん【サルモネラ菌】 shāménshìjūn(沙门氏菌).

さるもの【さる者】 ¶ 敵も～ dírén zhēn yǒu liǎngxiàzi(敌人真有两下子).

されこうべ【髑髏】 dúlóu(髑髅), kūlóu(骷髅).

サロン 1〔客間, 広間〕 kètīng(客厅), tánhuàshì(谈话室). ¶ 船の～ kèlún de jiāoyìshì(客轮的交谊室).

2〔社交的集い〕 shālóng(沙龙).

3 měishù zhǎnlǎnhuì(美术展览会).

4〔筒型の腰布〕 tǒngqún(筒裙).

さわ【沢】〔湿原〕zhǎozé(沼泽), zhǎozédì(沼泽地);〔溪谷〕shāngōu(山沟), xīgǔ(溪谷).

さわかい【茶話会】 cháhuàhuì(茶话会), cháhuì(茶会).

さわがし・い【騒がしい】 chǎo(吵), chǎonào(吵闹), xuānhuá(喧哗), xuānxiāo(喧嚣), cáozá(嘈杂), nàohōnghōng(闹哄哄), xiāozá(嚣杂), nàorāngrāng(闹嚷嚷) ¶ 辺りが～いので目が覚めた yīnwei zhōuwéi chǎonào xǐngle guòlái (因为周围吵闹醒了过来). ¶ ～て話が聞えない tīngzhòng xuānhuá tīng yě tīngbujiàn (听众喧哗听也听不见). ¶ 歳末の町は～い niánmò de dàjiē shang nàohōnghōng de (年末的大街上闹哄哄的). ¶ 世の中が～い shìshang sāodòng(世上骚动).

さわが・せる【騒がせる】 sāorǎo(骚扰), sāodòng(骚动), hōngdòng(轰动). ¶ 真夜中に火事を出して隣近所を～せた bànyè shīhuǒ sāorǎole sìlín (半夜失火骚扰了四邻). ¶ 世界を～せた大事件 hōngdòng shìjiè de dà shìjiàn (轰动世界的大事件).

さわぎ【騒ぎ】 1〔喧嘩〕 ¶ 雨なので子供たちが家にいて大変な～だ xiàle yǔ háizimen zài jiālǐ nàode tiānfān-dìfù (下了雨孩子们在家里闹得天翻地覆). ¶ 飲むほどに酔うほどに～はますます大きくなった yuè hē yuè zuì nàotengde gèngjiā lìhai le (越喝越醉闹腾得更加厉害了).

2〔騒動, 事件〕 luànzi(乱子), jiūfēn(纠纷), huòshì(祸事). ¶ とんだ～が持ち上がった nàochū yìxiǎng bu dào de luànzi lái le (闹出意想不到的乱子来了). ¶ 彼等の間でひと～あった tāmen zhī jiān gāng nàole yì cháng (他们之间刚闹了一场). ¶ 橋が落ちて人が死ぬという～があった qiáoliáng tāntā chūle sǐrén de shìgù (桥梁坍塌出了死人的事故). ¶ 火事～があった nàole huǒzāi (闹了火灾).

3〔…程度の事柄〕 ¶ 困るどころの～ではない qǐ zhǐshì bù hǎo bàn (岂只是不好办). ¶ 今は旅行どころの～ではない xiànzài nǎ shì qù lǚxíng de shíhou a! (现在哪是去旅行的时候啊!).

さわ・ぐ【騒ぐ】 1〔やかましく声や音をたてる〕 chǎo(吵), nào(闹), rǎng(嚷), chǎonào(吵闹), chǎorǎng(吵嚷), hòngnào(哄闹), nàohong(闹哄), xuānrǎng(喧嚷), rǎngrang(嚷嚷) ¶ 運動場で子供達が～いでいる háizimen zài cāochǎng nàozhe (孩子们在操场闹着). ¶ あそこでわいわい～いでいるのは何事だろう nàbian 'nàorāngrāng de[rénshēng chǎonào] chūle shénme shì la? (那边"闹嚷嚷的[人声吵闹]出了什么事啦?). ¶ 今夜は思いきり飲んで～ごう jīnwǎn chǎngkāir hē rènao yì cháng (今晚敞开儿喝热闹一场). ¶ 泥棒は家人に～がれて何もとらずに逃走した yóuyú jiārén hǎnjiào, xiǎotōur shénme yě méi ná jiù pǎo le (由于家人喊叫, 小偷儿什么也没拿就跑了). ¶ ～ぐと命がないぞ hǎnjiào jiù yào nǐ de mìng (喊叫就要你的命).

2〔騒動を起す〕 nàoshì(闹事), zhàoshì(肇事). ¶ 校長の処置に反対して生徒が～いだ fǎnduì xiàozhǎng de chǔzhì xuésheng qǐhōng (反对校长的处置学生起哄). ¶ 審判の判定に見物人が～いだ duì cáipànyuán de píngpàn guānzhòng nàohong qǐlai (对裁判员的评判观众闹起来).

3〔不安になる, 慌てる〕 ¶ なんとなく心が～ぐ bù zhī wèishénme xīnli tǎntè bù'ān (不知为什么心里忑忐不安). ¶ 子供が帰らないので家の者が～ぎ出した bújiàn háizi huílai, jiālirén zháohuāng le (不见孩子回来, 家里人着慌了). ¶ 彼は慌てず～がず平然と答えた tā bùhuāng-bùmáng, chénzhuó de huídá (他不慌不忙, 沉着地回答). ¶ これくらいのことで～ぐな bù diǎn xiǎoshì, bié dàchǎo-dànào de (不点小事, 别大吵大闹的).

4〔評判にする〕 ¶ 世間に～がれている小説 bèi shìrén yìlùn de xiǎoshuō (被世人议论的小说). ¶ あの件はいちじ新聞で～がれたものだ nà jiàn shì zài bàozhǐ shang céng hōngdòng yìshí (那件事在报纸上曾轰动一时).

ざわざわ ¶ 幕が上がっても場内はまだ～していた kāile mù chǎngnèi háishi rénshēng cáozá (开了幕场内还是人声嘈杂). ¶ 風が出て木の葉が～してきた guāqǐle fēng shùyè shāshā zuòxiǎng (刮起了风树叶沙沙作响).

さわ・す【醂す】 lǎn(漤). ¶ 柿を～す lǎn shìzi (漤柿子).

ざわつ・く → ざわざわ.

ざわめき ¶ 客席の～がやっと静まった kèzuò de xiàoyǔ xuānhuá cái jìngle xiàlái (客座的笑语喧哗才静了下来). ¶ 遠くから～が聞えてきた cóng yuǎnchù chuánlaile yízhèn xuānhuá (从远处传来了一阵喧哗).

ざわめ・く ¶ 思わぬ展開に会場が一瞬～いた yóuyú yìxiǎng bu dào de biànhuà, huìchǎng yíshùnjiān cáozáshēng sìqǐ (由于意想不到的

変化,会场一瞬间嘈杂声四起).
さわやか【爽やか】 shuǎngkuai (爽快), shuǎnglǎng (爽朗), qīngshuǎng (清爽). ¶～な秋の日 shuǎnglǎng de qiūtiān (爽朗的秋天)/ qiū gāo qì shuǎng (秋高气爽). ¶～な朝風を切って自転車を走らせる yíngzhe ˇliángshuǎng[qīngshuǎng/qīngliáng] de chénfēng qí chē fēichí (迎着ˇ凉爽[清爽]的晨风骑车飞驰). ¶一汗かいて～な気分になった chūle yìshēn hàn ˇshuǎngkuai[qīngshuǎng] le (出了一身汗ˇ爽快[清爽]了). ¶彼は弁舌～に述べた tā shuōde liúlì (他说得流利)/ tā de chénshù kǒuchǐ línglì (他的陈述口齿伶俐).
さわり【触り】 ¶～を一段語る chàng yí duàn zuì jīngcǎi de (唱一段最精彩的). ¶その話の～のところを聞かせてくれ bǎ nà huàli zuì yàojǐn de dìfang shuōshuo gěi wǒ tīng (把那话里最要紧的地方说说给我听).
さわ・る【触る】 mō (摸), chù (触), chùmō (触摸), chùdòng (触动). ¶展示品に～らないで下さい qǐng wù chùmō zhǎnpǐn (请勿触摸展品). ¶手で～ってみる yòng shǒu mōmo (用手摸摸). ¶何か私の肩に～ったものがある yǒu shénme pèngle wǒ de jiānbǎng (有什么碰了我的肩膀). ¶患部にちょっと～っただけで痛い huànchù jiùshì shāowēi chùdòng yíxià yě téng (患处就是稍微触动一下也疼). ¶この問題には～らないほうがいい zhège wèntí bù qù chùdòng tā wéi miào (这个问题不去触动它为妙). ¶心の傷に～られたくない búyuàn ràng rén chùjí wǒ xīnlǐ de chuāngshāng (不愿让人触及我心里的创伤). ¶お気に～ることがありましたらお許し下さい yàoshi yǒu shénme ˇrě nǐ shēngqì de[màofàn le nín], qǐng yuánliàng (要是有什么ˇ惹你生气的[冒犯了您], 请原谅). ¶あいつの言うことはいちいち神経に～る nà jiāhuo de měi yí jù huà dōu chù rén gānhuǒ (那家伙的每一句话都触人肝火). ¶～らぬ神に祟なし bié rě huò shāo shēn (别惹火烧身)/ bù chōng shénfó, méiyǒu xiésuì (不冲神佛, 没有邪祟).
さわる【障る】 fánghài (妨害). ¶そんなに無理をしては体に～る nǐ nàme miǎnqiáng yìnggàn ˇsǔnhài[yǒusǔn] jiànkāng (你那么勉强硬干ˇ损害[有损]健康). ¶勉強の～りになるから野球はやめなさい yǐngxiǎng xuéxí, bié dǎ bàngqiú le (影响学习, 别打棒球了).
さん【三】 sān (三・弎・叁).
さん【桟】 ¶障子の～ zhīlāchuāng ˇgézi[língzi] (纸拉窗ˇ格子[棂子]). ¶戸の～を下ろす shàng ménshuān (上门闩).
さん【産】 **1**〔出産〕 shēng (生), shēngchǎn (生产), yuèzi (月子). ¶彼女はこの5月にお～をする tā zài zhè wǔyuè yào shēng háizi le (她在这五月要生孩子了).
2〔出身〕 chūshēng (出生), chūshēn (出身); 〔産出〕 chūchǎn (出产). ¶彼は鹿児島の～だ tā zài Lù'érdǎo chūshēng (他在鹿儿岛出生)/ tā shì Lù'érdǎo shēngrén (他是鹿儿岛生人). ¶中国～の酒 Zhōngguó chūchǎn de jiǔ (中国出产的酒).

3〔財産〕 ¶事業が成功して～をなした shìyè chénggōng fāle cáifù (事业成功发了大财).
さん【酸】 suān (酸). ¶～に弱い金属 bú nài suān de jīnshǔ (不耐酸的金属).
-さん ¶こちらは中村～です zhè wèi shì Zhōngcūn xiānsheng (这位是中村先生). ¶王～, お客さんですよ Lǎo[Xiǎo] Wáng, yǒu rén zhǎo nǐ (老[小]王, 有人找你).
さんい【賛意】 tóngyì (同意), zàntóng (赞同), zànchéng (赞成). ¶～を表する biǎoshì tóngyì (表示同意).
さんいつ【散逸】 sànyì (散逸), sànshī (散失), wángyì (亡逸), wángyì (亡佚), Wángshī (亡失). ¶貴重な史料が～した guìzhòng de shǐliào sànshī le (贵重的史料散失了).
さんいん【産院】 chǎnyuàn (产院).
さんか【参加】 cānjiā (参加). ¶遺跡の発掘作業に～する cānjiā fājué yíjì zuòyè (参加发掘遗迹作业). ¶メーデーのデモに～する cānjiā Wǔyī Láodòngjié de yóuxíng (参加五一劳动节的游行). ¶彼はその運動に～した tā cānjiāle nàge yùndòng (他参加了那个运动). ¶競技大会に～を申し込む bàomíng cānjiā yùndònghuì (报名参加运动会).
¶～者 cānjiāzhě (参加者).
さんか【惨禍】 canhuò (惨祸), cǎnnàn (惨难). ¶その村は三たび戦争の～に見舞われた nàge cūnzi zāoshòule sān cì zhànzhēng de cǎnhuò (那个村子遭受了三次战争的惨祸).
さんか【産科】 chǎnkē (产科). ¶～医 chǎnkē yīshēng (产科医生).
さんか【傘下】 ¶大企業の～にある会社 fùshǔ yú dàqǐyè zhī xià de gōngsī (附属于大企业之下的公司).
さんか【酸化】 yǎnghuà (氧化). ¶～アルミニウム yǎnghuàlǚ (氧化铝). ～炎 yǎnghuàyàn (氧化焰). ～物 yǎnghuàwù (氧化物).
さんか【賛歌】 zàngē (赞歌), sòngē (颂歌).
さんが【山河】 shānhé (山河), héshān (河山), jiāngshān (江山). ¶故郷の～をしのぶ huáiniàn gùxiāng de shānhé (怀念故乡的山河). ¶国破れて～あり guó pò shānhé zài (国破山河在).
さんかい【山海】 ¶～の珍味 shān zhēn hǎi cuò (山珍海错)/ shān zhēn hǎi wèi (山珍海味).
さんかい【参会】 cānjiā (参加), yùhuì (与会). ¶祝賀会に～する cānjiā qìngzhù dàhuì (参加庆祝大会).
¶～者 yùhuìzhě (与会者).
さんかい【散会】 sànhuì (散会). ¶会は1時間ほどで～した huì kāile yí ge xiǎoshí jiù sànhuì le (会开了一个小时就散会了).
さんかい【散開】 sànkāi (散开). ¶部隊を～させる mìnglìng bùduì sànkāi (命令部队散开).
さんがい【惨害】 ¶地震の～は想像を絶する dìzhèn de cǎnzhuàng bùkě xiǎngxiàng (地震的惨状不可想像).
ざんがい【残骸】 cánhái (残骸). ¶墜落した飛行機の～が散乱している zhuìhuǐ de fēijī cánhái língluàn bùkān (坠毁的飞机残骸零乱不堪).

さんかく【三角】 sānjiǎo(三角). ¶紙を～に切るる bǎ zhǐ jiǎnchéng sānjiǎoxíng(把纸剪成三角形). ¶目を～にして怒る diàoqǐ yǎnjiǎo fā píqi(吊起眼角发脾气).

¶～関係 sānjiǎo liàn'ài(三角恋爱). ～関数 sānjiǎo hánshù(三角函数). ～巾 sānjiǎojīn(三角巾). ～形 sānjiǎoxíng(三角形). ～定規 sānjiǎobǎn(三角板)/sānjiǎochǐ(三角尺). ～州 sānjiǎozhōu(三角洲). ～測量 sānjiǎo cèliáng(三角测量). ～法 sānjiǎoxué(三角学)/sānjiǎo(三角).

さんかく【参画】 cānyù(参与). ¶その計画の立案に～する cānyù nà xiàng jìhuà de zhìdìng gōngzuò(参与那项计划的制订工作).

さんがく【山岳】 shānyuè(山岳). ¶～地帯 shānyuè dìdài(山岳地带). ～部 dēngshān jùlèbù(登山俱乐部).

さんがく【産額】 chǎnliàng(产量), chǎn'é(产额). ¶この地方の米の～は日本一だ zhège dìfang de dàmǐ chǎnliàng jū Rìběn dìyī(这个地方的大米产量居日本第一).

ざんがく【残額】 yú'é(余额). ¶～は10万円になった yú'é shì shíwàn rìyuán(余额是十万日元).

さんがにち【三箇日】 ¶～は商売を休む chū-yī, chū'èr, chūsān[zhēngyuè tóu sān tiān] bú zuò mǎimai(初一、初二、初三[正月头三天]不做买卖).

さんかん【山間】 shānjiān(山间), shānli(山里). ¶～部 shānqū(山区). ～僻地 piānpì shāngōu(偏僻山沟)/shānggālár(山旮旯儿).

さんかん【参観】 cānguān(参观). ¶工場を～する cānguān gōngchǎng(参观工厂).

¶授業～ cānguān jiāoxué(参观教学).

ざんき【慚愧】 cánkuì(惭愧). ¶～に堪えない shēn gǎn cánkuì(深感惭愧).

さんぎいん【参議院】 cānyìyuàn(参议院).

さんきゃく【三脚】 sānjiǎojià(三脚架). ¶～を立てる chēngqǐ sānjiǎojià(撑起三脚架).

¶～椅子 zhédié sānjiǎodèng(折叠三脚凳).

ざんぎゃく【残虐】 cánnüè(残虐). ¶～な行為 cánnüè[cǎn jué rénhuán/cǎn wú réndào] de xíngwéi(残虐[惨绝人寰/惨无人道]的行为). ¶侵略軍は～の限りを尽くした qīnlüèjūn jí jìn cánbào zhī néngshì(侵略军极尽残暴之能事).

さんきゅう【産休】 chǎnjià(产假).

さんぎょう【産業】 chǎnyè(产业). ¶その地方の主要な～は機械工業だ nàge dìfang de zhǔyào chǎnyè shì jīxiè gōngyè(那个地方的主要产业是机械工业). ¶～を振興する zhènxīng chǎnyè(振兴产业).

¶～界 chǎnyèjiè(产业界). ～革命 chǎnyè gémìng(产业革命)/gōngyè gémìng(工业革命). ～資本 chǎnyè zīběn(产业资本). ～予備軍 chǎnyè hòubèijūn(产业后备军). 基幹～ jīchǔ gōngyè(基础工业). 軍需～ jūnshì gōngyè(军事工业). 石炭～ méikuàngyè(煤矿业).

さんてん【算点】 jiābān(加班), jiādiǎn(加点). ¶毎日3時間～する měitiān jiā sān ge zhōngdiǎnr bān(每天加三个钟点儿班).

¶～手当 jiābānfèi(加班费)/jiābān jīntiē(加班津贴).

ざんきん【残金】 1〔差金〕yúkuǎn(余款), yú-é(余额). ¶今月は～がほとんどない zhège yuè chàbuduō méiyǒu ˇyú'é[jiéyú/jiécún](这个月差不多没有ˇ余额[结余/结存]).

2〔未払金〕wěiqiàn(尾欠), xiàqiàn(下欠). ¶～は来月中に必ず払います wěiqiàn yídìng zài xiàyuè fùqīng(尾欠一定在下月付清).

サングラス mòjìng(墨镜), tàiyángjìng(太阳镜), zhēguāngjìng(遮光镜).

さんけ【産気】 ¶～づく yǒule chǎnzhào(有了产兆).

ざんげ【懺悔】 chànhuǐ(忏悔). ¶～録 chànhuǐlù(忏悔录).

さんけい【山系】 shānxì(山系). ¶ヒマラヤ～ Xǐmǎlāyǎ shānxì(喜马拉雅山系).

さんけい【参詣】 ¶浅草寺に～する dào Qiǎncǎosì cháobài(到浅草寺朝拜).

¶～人 xiāngkè(香客).

さんげき【惨劇】 cǎn'àn(惨案), cǎnjù(惨剧). ¶この場所で皆殺しの～があった zhège dìfang fāshēngguo dàtúshā de cǎn'àn(这个地方发生过大屠杀的惨案).

さんけつ【酸欠】 quēyǎng(缺氧).

ざんげつ【残月】 cányuè(残月).

さんけん【散見】 ¶著者の古代史に対する造詣の深さが本書の随所に～されるる zuòzhě gǔdàishǐ zàoyì zhī shēn zài zhè běn shū zhōng suíchù kějiàn(作者对古代史造诣之深在这本书中随处可见).

ざんげん【讒言】 chányán(谗言). ¶～により左遷される shòudào chányán ér bèi jiàngzhí(受到谗言而被降职).

さんげんしょく【三原色】 sān yuánsè(三原色).

さんけんぶんりつ【三権分立】 sān quán fēnlì(三权分立).

さんご【珊瑚】 shānhú(珊瑚). ¶～の首飾り shānhú xiàngliàn(珊瑚项链).

¶～珠 shānhúzhū(珊瑚珠). ～礁 shānhújiāo(珊瑚礁). ～虫 shānhúchóng(珊瑚虫).

さんご【産後】 chǎnhòu(产后). ¶～の肥立ちが悪い chǎnhòu huīfù bù hǎo(产后回复不好).

さんこう【参考】 cānkǎo(参考). ¶経験者の意見を～にする cānkǎo yǒu jīngyàn de rén de yìjiàn(参考有经验的人的意见). ¶この資料は大いに～になった zhè fèn zīliào hěn yǒu cānkǎo jiàzhí(这份资料很有参考价值). ¶御～までに… jǐn gōng cānkǎo…(谨供参考…). ¶～人として取り調べを受ける zuòwéi yǒuguān rényuán shòuxùn(作为有关人员受讯).

¶～書 cānkǎoshū(参考书). ～文献 cānkǎo wénxiàn(参考文献).

ざんごう【塹壕】 zhànháo(战壕), qiànháo(堑壕), háoqiàn(壕堑). ¶～を掘る wā zhànháo(挖战壕).

¶～戦 qiànháozhàn(堑壕战). ～熱 zhànháo-rè(战壕热).

ざんこく【残酷】 cánkù(残酷). ¶～な行為 cánkù de xíngwéi(残酷的行为). ¶あまりに～

な光景で見るにしのびない nà qíngjǐng jiǎnzhí cǎn bù rěn dǔ(那情景简直惨不忍睹). ¶そんなことを私にやらせるなんて~だ jiào wǒ zuò nà zhǒng shì, nà bú tài cánkù le ma?(叫我做那种事,那不太残酷了吗?).

さんごくいち【三国一】 tiānxià dìyī(天下第一). ¶~の富士の山 tiānxià dìyī de Fùshì Shān(天下第一的富士山).

さんこつ【散骨】 海に~する bǎ gǔhuī sǎzài hǎili(把骨灰撒在海里).

さんさい【山菜】 yěcài(野菜), yěsū(野蔌).

さんざい【散在】 ¶この辺りには石器時代の遺物が~している zhè yídài sànbùzhe xǔduō shíqì shídài de yíwù(这一带散布着许多石器时代的遗物). ¶山麓には別荘が~している biéshù fēnsàn zài shānjiǎo xià gèchù(别墅分散在山脚下各处)/ shānlù biéshù xīngluó-qíbù(山麓别墅星罗棋布).

さんざい【散財】 pòfèi(破费), pòcái(破财), pòchāo(破钞); huīhuò(挥霍). ¶とんだ~をかけてすみません jiào nǐ pòfèi, zhēn shì guòyì búqù(叫你破费,真是过意不去). ¶思わぬことで~してしまった yóuyú yìxiǎng bu dào de shìqing huāle xǔduō qián(由于意想不到的事情花了许多钱).

ざんざい【斬罪】 ¶~に処する pànchǔ zhǎnshǒu(判处斩首).

さんさく【散策】 sànbù(散步). ¶朝の浜辺を~する zài língchén de hǎibiān sànbù(在凌晨的海边散步).

さんざし【山査子】 shānzhā(山楂・山査). ¶~の実 shānzhā(山楂)/ shānlǐhóng(山里红), hóngguǒr(红果儿).

ざんさつ【惨殺】 cǎnshā(惨杀), cánshā(残杀). ¶犯人は家族5人を~して逃亡した zuìfàn cánshāle yìjiā wǔ kǒu rén táopǎo le(罪犯残杀了一家五口人逃跑了).

さんさろ【三叉路】 sānchàlù(三岔路), sānchà lùkǒu(三岔路口).

さんさん【燦燦】 ¶陽は~と大地に降りそそぐ yángguāng cànlàn pǔzhào dàdì(阳光灿烂普照大地).

さんざん【散散】 ¶将棋で彼を~負かしてやった xià xiàngqí bǎ tā dǎde luòhuā-liúshuǐ[jiào tā shūde yíbài-túdì](下象棋把他打得落花流水[叫他输得一败涂地]). ¶父に~油を絞られて~だった bèi fùqin hěnhěn de xùnle yí dùn(被父亲狠狠地训了一顿). ¶ピクニックは雨にたたられて~だった jiāoyóu bèi yǔ línde yìtāhútú kě dǎole méi(郊游被雨淋得一塌胡涂可倒了霉). ¶彼を信用して~な目にあった xìnrènle tā jiéguǒ chī chīle dà kǔtou(信任了他结果可吃了大苦头).

さんさんごご【三三五五】 sānsān-liǎngliǎng(三三两两), sānsān-wǔwǔ(三三五五). ¶人々は~帰って行った rénmen sānsān-liǎngliǎng de zǒu le(人们三三两两地走了).

さんし【蚕糸】 cánsī(蚕丝), sī(丝).

さんじ【惨事】 cǎn'àn(惨案), cǎnhuò(惨祸). ¶ちょっとした不注意が大~を引き起こした yóuyú jí xiǎo de shūhu ér yǐnqǐ yì cháng dà cǎnhuò(由于极小的疏忽而引起一场大惨祸). ¶流血の~ liúxuè cǎn'àn(流血惨案).

さんじ【産児】 chǎn'ér(产儿). ¶~制限 jiézhì shēngyù(节制生育)/ jiéyù(节育).

さんじ【賛辞】 zàncí(赞辞), sòngcí(颂词), zànyǔ(赞语). ¶~を呈する zhì sòngcí(致颂词).

ざんし【惨死】 cǎnsǐ(惨死). ¶ビル火災で大勢の人が~した yóuyú dàhuǒ shīhuǒ, xǔduō rén sǐde jíwéi qīcǎn(由于大厦失火,许多人死得极为凄惨).

ざんじ【暫時】 zànshí(暂时), yìshí(一时). ¶~の猶予を乞う qǐng zànhuǎn yìshí(请暂缓一时).

サンジカリズム gōngtuánzhǔyì(工团主义), gōngliánzhǔyì(工联主义).

さんじげん【三次元】 ¶~の世界 sānwéi kōngjiān(三维空间)/ sāndù kōngjiān(三度空间).

さんしつ【産室】 chǎnfáng(产房).

ざんしゅ【斬首】 zhǎnshǒu(斩首).

さんじゅう【三重】 sānchóng(三重). ¶~の塔 sān chóng[céng]tǎ(三重[层]塔). ¶~唱 sānchóngchàng(三重唱).

さんじゅうろっけい【三十六計】 ¶~逃ぐるにしかず sānshíliù jì[cè], zǒu wéi shàng jì[cè](三十六计[策],走为上[策]).

さんしゅつ【産出】 chūchǎn(出产), shēngchǎn(生产). ¶良質の米を~する chūchǎn yōuzhì dàmǐ(出产优质大米). ¶石油の~国 shíyóu shēngchǎnguó(石油生产国). ¶~額 chǎn'é(产额).

さんしゅつ【算出】 ¶経費を~する jìsuànchū jīngfèi(计算出经费).

さんじゅつ【算術】 suànshù(算术), suànxué(算学). ¶~級数 suànshù jíshù(算术级数). ~平均 suànshù píngjūn(算术平均).

さんじょ【賛助】 zànzhù(赞助). ¶~会員 zànzhù huìyuán(赞助会员). ~出演 zànzhù yǎnchū(赞助演出).

ざんしょ【残暑】 qiūlǎohǔ(秋老虎). ¶~が厳しい qiūlǎohǔ hěn lìhai(秋老虎很厉害).

さんしょう【三唱】 ¶Aさんの音頭で万歳を~する yóu A xiānsheng lǐngtóu sān hū wànsuì(由A先生领头三呼万岁).

さんしょう【山椒】 huājiāo(花椒). ¶~は小粒でもぴりりと辛い rén suī xiǎo, kěshì jīngmíngqiánggàn(人虽小,可是精明强干)/ huājiāo lì xiǎo, kěshì má zuǐ(花椒粒小,可是麻嘴).

さんしょう【参照】 cānzhào(参照), cānjiàn(参见), cānyuè(参阅), cānkàn(参看). ¶多くの文献を~する cānzhào xǔduō wénxiàn(参照许多文献). ¶第3章を~のこと cānyuè dìsān zhāng(参阅第三章).

さんじょう【参上】 bàifǎng(拜访). ¶のちほどお宅へ~致します huítou bàifǎng nín(回头拜访您).

さんじょう【惨状】 cǎnzhuàng(惨状). ¶墜落現場は言語に絶する~を呈していた zhuìluò xiànchǎng chéngxiàn bùkě yányù de cǎnzhuàng(坠落现场呈现不可言语的惨状). ¶被害

者一家の～は目も当てられない bèihàizhě yìjiā de cǎnzhuàng jiǎnzhí bùrěn kànxiàqu (被害者一家的惨状简直不忍看下去).

さんしょううお【山椒魚】 ní (鲵), dàní (大鲵), wáwáyú (娃娃鱼). ¶ 大～ dàní (大鲵)/ wáwáyú (娃娃鱼).

さんしょく【蚕食】 cánshí (蚕食). ¶ 隣国の領土を～する cánshí línbāng de lǐngtǔ (蚕食邻邦的领土).

さんじょく【産褥】 chǎnrù (产褥). ¶ ～に就く zuòrù (坐蓐)/ zuò yuèzi (坐月子).
¶ ～期 chǎnrùqī (产褥期). ～熱 chǎnrùrè (产褥热)/ yuèzibìng (月子病).

さんしょくすみれ【三色菫】 sānsèjǐn (三色堇), húdiéhuā (胡蝶花).

さんしん【三振】 sān jī bú zhòng (三击不中).

ざんしん【斬新】 zhǎnxīn (崭新), xīnyǐng (新颖). ¶ ～なデザイン zhǎnxīn de shìyàng (崭新的式样).

さんすい【山水】 shānshuǐ (山水). ¶ ～画 shānshuǐhuà (山水画).

さんすい【散水】 sǎshuǐ (洒水). ¶ ～車で道路に～する yòng sǎshuǐchē[pēnshuǐchē] zài mǎlù shang sǎshuǐ (用[洒水车[喷水车]在马路上洒水).

さんずい【三水】 sāndiǎnshuǐ (三点水).

さんすう【算数】 suànshù (算术), shùxué (数学), suànxué (算学). ¶ 僕は～が苦手だ wǒ zuì pà shùxué (我最怕数学).

さんすくみ【三竦み】 ¶ 優勝争いは～の状態になった guànjūnsài sānzhě hùxiāng chèzhǒu chéngle jiāngjú (冠军赛三者互相掣肘成了僵局).

サンスクリット Fànwén (梵文), Fànyǔ (梵语).

さん・する【産する】 chǎn (产), chū (出). ¶ ライン河流域に～する葡萄からは良いワインが出来る chǎnyú Láiyīn Hé liúyù de pútao néng niàngzàochū liánghǎo de pútaojiǔ (产于莱茵河流域的葡萄能酿造出良好的葡萄酒). ¶ この地方は質の良い石炭を～する zhège dìfang chǎn zhìliàng liánghǎo de méi (这个地方产质量良好的煤)/ cǐdì chū yōuzhì méi (此地出优质煤).

さんせい【酸性】 suānxìng (酸性). ¶ ～を中和させる zhōnghé suānxìng (中和酸性).
¶ ～土壌 suānxìng tǔrǎng (酸性土壤). ～反応 suānxìng fǎnyìng (酸性反应). ～肥料 suānxìng féiliào (酸性肥料). ～降水 suānxìng jiàngshuǐ (酸性降水)/ suānyǔ (酸雨).

さんせい【賛成】 zànchéng (赞成), zàntóng (赞同), tóngyì (同意). ¶ 君が～するなら僕も～しよう nǐ yào zànchéng de huà, wǒ yě zànchéng (你要赞成的话, 我也赞成). ¶ こんな計画には～できない zhè zhǒng jìhuà wǒ kě bùnéng zànchéng (这种计划我可不能赞成). ¶ 私は双手をあげて～だ wǒ jǔ shuāngshǒu zànchéng (我举双手赞成). ¶ 採決の結果過半数の～を得た fù biǎojué déchū guòbànshù de zànchéng (付表决得出过半数的赞成). ¶ ～の方は起立を願います zànchéng de rén qǐng zhànqǐlai (赞成的人请站起来). ¶ ～多数により原案どおり可決しました yóuyú duōshù zànchéng, zhào yuán'àn tōngguò (由于多数赞成, 照原案通过). ¶ ～意見を述べる chénshù zànchéng yìjiàn (陈述赞成意见). ¶ "食事に行こうよ" "～, ～" "chīfàn qù ba" "tóngyì, tóngyì" ("吃饭去吧" "同意, 同意").

さんせいけん【参政権】 cānzhèngquán (参政权). ¶ 婦人～ fùnǚ cānzhèngquán (妇女参政权).

さんせき【山積】 shānjī (山积). ¶ 片づけねばならない仕事が～している yào chǔlǐ de gōngzuò duījī rú shān (要处理的工作堆积如山).

ざんせつ【残雪】 cánxuě (残雪). ¶ 山頂に～をいただく cánxuě fùgàizhe shāndǐng (残雪覆盖着山顶).

さんせん【参戦】 cānzhàn (参战). ¶ 世界大戦に～する cānyù shìjiè dàzhàn (参与世界大战). ¶ A国の～が勝敗を決した A guó de cānzhàn juédìngle shèngfù (A国的参战决定了胜负).

さんぜん【燦然】 cànlàn (灿烂), huīhuáng (辉煌). ¶ ～と輝くダイヤモンド cànlàn xuànmù de zuànshí (灿烂炫目的钻石).

さんそ【酸素】 yǎng (氧), yǎngqì (氧气). ¶ 患者に～吸入を行う gěi bìngrén [xīrù] yǎngqì [shūyǎng] (给病人[吸入氧气][输氧]).
¶ ～ボンベ yǎngqìpíng (氧气瓶). ～マスク jǐyǎng miànzhào (济氧面罩). ～溶接 yǎngquē hànjiē (氧炔焊接)/ qìhàn (气焊). 液体～ yètàiyǎng (液态氧)/ yèyǎng (液氧).

さんそう【山荘】 shānzhuāng (山庄), shānzhōng biéshù (山中别墅).

さんぞく【山賊】 tǔfěi (土匪), dàofěi (盗匪).

さんそん【山村】 shāncūn (山村).

ざんそん【残存】 cáncún (残存). ¶ この地方には古い風習が多く～している zhège dìfang cáncúnzhe xǔduō gǔlǎo de fēngsú xíguàn (这个地方残存着许多古老的风俗习惯). ¶ 敵の～兵力を掃討する sǎodàng dírén de cányú shìlì (扫荡敌人的残余势力).

さんだい【参内】 cháojiàn (朝见), cháojìn (朝觐).

ざんだか【残高】 yú'é (余额), yúkuǎn (余款), yúcún (余存), jiécún (结存). ¶ ～を繰り越す bǎ jiécún zhuǎnrù xiàyuè (把结存转入下月). ¶ 預金の～はあとわずかだ cúnkuǎn suǒ yú wújǐ (存款所余无几).

サンタクロース Shèngdàn Lǎorén (圣诞老人).

サンダル liángxié (凉鞋); mùjī (木屐), tālābǎnr (趿拉板儿), guādabǎnr (呱嗒板儿).

さんたん【惨憺】 1〔痛ましいさま〕qīcǎn (凄惨). ¶ 試合も～たる結果に終った bǐsài ˇzāodào cǎnbài[shūde yíbài-túdì] (比赛ˇ遭到惨败[输得一败涂地]). ¶ 台風の通り過ぎたあとは実に～たる有様だ táifēng yí guò chéngxiàn yípiàn ˇqīcǎn de qíngjǐng[cǎnjǐng] (台风一过呈现一片ˇ凄惨的情景[惨景]).
2〔苦心するさま〕cǎndàn (惨淡·惨澹). ¶ ～たる苦心のすえ作品を完成させた shà fèi kǔxīn hǎoróngyì cái wánchéngle zuòpǐn (煞费苦心好容易才完成了作品). ¶ 事業を軌道にのせるために苦心～した cǎndàn[kǔxīn]-jīngyíng shǐde shìyè zǒushànglegu ǐdào (惨淡[苦心]经营使

得事业走上了轨道).
- **さんたん【賛嘆】** zàntàn(赞叹), chēngtàn(称叹). ¶人々はその出来栄えを～してやまない rénmen duì nà chūsè de zuòpǐn zàntàn bùyǐ [búshèng zàntàn](人们对那出色的作品赞叹不已[不胜赞叹]).
- **さんだん【散弾】** xiàndàn(霰弹).
- **さんだん【算段】** ¶いか材料の～がついた zǒngsuàn shèfǎ nòngdàole cáiliào(总算设法弄到了材料). ¶無理して金をつくった dōngnuó xī jiè chóucuòle qiánkuǎn(东挪西借筹措了钱款). ¶やりくりして何とか暮している shěngchī-jiǎnyòng jiāngjiu guò rìzi(省吃俭用将就过日子).
- **さんだんとび【三段跳】** sān jí tiàoyuǎn(三级跳远).
- **さんだんろんぽう【三段論法】** sānduànlùn(三段论), sānduàn lùnfǎ(三段论法), sānduàn lùnshì(三段论式).
- **さんち【山地】** shāndì(山地), shānqū(山区).
- **さんち【産地】** chǎndì(产地). ¶十勝平野はじゃがいもの～として有名である Shíshèng píngyě zuòwéi mǎlíngshǔ de chǎndì shífēn yǒumíng(十胜平原作为马铃薯的产地十分有名). ¶大理石の名はこの土地に由来する dàlǐshí zhège míngchēng láiyuán yú chǎndì Dàlǐ(大理石这个名称来源于产地大理).
- **さんちゅう【山中】** shānzhōng(山中), shānli(山里). ¶～暦日なし shānzhōng wú lìrì(山中无历日).
- **さんちょう【山頂】** shāndǐng(山顶), shāndiān(山颠). ¶～からの眺望は素晴らしかった cóng shāndǐng tiàowàng, fēngjǐng fēicháng zhuàngguān(从山顶眺望,风景非常壮观). ¶ついにエベレストの～を極めた zhōngyú zhēngfúle Zhūmùlǎngmǎ Fēng(终于征服了珠穆朗玛峰).
- **さんてい【算定】** ¶年間収入に応じて税額を～する ànzhào quánnián shōurù jìsuàn quèdìng shuì'é(按照全年收入计算确定税额). ¶賠償額は10億円と～された péichángé jīng jìsuàn quèdìng wéi shí yì rìyuán(赔偿额经计算确定为十亿日元).
- **ざんてい【暫定】** zànxíng(暂行), zànshí(暂时). ¶それでは～的にこうしよう nàme zànshí jiù zhème bàn(那么暂时先这么办). ¶～協定を結ぶ qiāndìng zànxíng xiédìng(签订暂行协定).
  ¶～措置 zànshí cuòshī(暂时措施)/ zànxíng bànfǎ(暂行办法). ～予算 zànxíng yùsuàn(暂行预算).
- **さんど【三度】** ¶彼は山に登るのが～の飯より好きだ tā hào páshān shènyú yí rì sān cān(他爬山甚于一日三餐). ¶～に1度は本当のことを言う話 sān cì huà zhī zhōng yǒu yí cì shì zhēnhuà(三次话之中有一次是真话). ¶～目の正直 dìsān cì bì zhòng(第三次必中). ¶仏の顔も～ shì bú guò sān(事不过三).
- **サンドイッチ** sānmíngzhì(三明治), sānwénzhì(三文治).
- **さんどう【賛同】** zàntóng(赞同), zànchéng(赞成), tóngyì(同意). ¶趣旨に～する zàntóng zōngzhǐ(赞同宗旨). ¶彼の提案は全員の～が得られなかった tā de tí'àn méi néng dédào quántǐ de zàntóng(他的提案没能得到全体的赞同).
- **ざんとう【残党】** yúdǎng(余党), cányú shìlì(残余势力), cánbù(残部), cányú fènzǐ(残余分子).
- **サントンニン** shāndàonián(山道年).
- **サンドペーパー** shāzhǐ(砂纸).
- **さんにゅう【参入】** ¶コンピューター市場に～する jìnrù diànnǎo shìchǎng(进入电脑市场).
- **さんにゅう【算入】** zhuǎnrù(转入), suànrù(算入). ¶繰越金を本年度予算に～する bǎ shàngnián jiécún suànrù běnniándù yùsuàn(把上年结存算入本年度预算).
- **さんにん【三人】** sān ge rén(三个人), sān rén(三人), sā rén(仨人). ¶～寄れば姦しい sān ge nǚrén yì tái xì(三个女人一台戏). ¶～寄れば文殊の知恵 sān ge chòupíjiang, sàiguò Zhūgě Liàng(三个臭皮匠,赛过诸葛亮).
- **ざんにん【残忍】** cánrěn(残忍). ¶～な性格 cánrěn de xìnggé(残忍的性格). ¶～きわまる犯罪 jíqí cánrěn de zuìxíng(极其残忍的罪行).
- **さんにんしょう【三人称】** dìsān rénchēng(第三人称).
- **ざんねん【残念】** kěxī(可惜). ¶彼と会えずに～だった méi néng gēn tā jiànmiàn zhēn yíhàn(没能跟他见面真遗憾). ¶あんなに若くて死んだとは～なことだ niánqīng jiù sǐ le, zhēn jiào rén kěxī[wǎnxī/tòngxī](那么年轻就死了,真叫人可惜[惋惜/痛惜]). ¶～ながら御依頼に応じかねます zhēn duìbuqǐ, wǒ bùnéng jiēshòu nǐ de wěituō(真对不起,我不能接受你的委托). ¶あんな弱いチームに負けてしまって～だ shūgěile nàme ruò de qiúduì, zhēn bù zhēngqì(输给了那么弱的球队,真不争气).
  ¶～無念 wànfēn huǐhèn(万分悔恨).
- **さんば【産婆】** shōushēngpó(收生婆), chǎnpó(产婆), wěnpó(稳婆).
- **サンバ** sāngbā wǔqǔ(桑巴舞曲), sāngbā(桑巴).
- **さんぱい【参拝】** cānbài(参拜). ¶明治神宮に～する dào Míngzhì Shéngōng cānbài(到明治神宫参拜).
- **さんぱい【惨敗】** cǎnbài(惨败). ¶今回の総選挙でA党は～した zhè cì dàxuǎn A dǎng zāodào cǎnbài(这次大选A党遭到惨败). ¶昨日の試合では～を喫した zuótiān de bǐsài chīle ge dà bàizhàng(昨天的比赛吃了个大败仗).
- **さんぱいきゅうはい【三拝九拝】** ¶親父に～して金をもらってきた gēn fùqin zàisān kētóu cái yàolaile qián(跟父亲再三磕头才要来了钱).
- **サンバイザー** 1〔自動車の〕zhēyángbǎn(遮阳板).
  2 zhēyáng(遮阳).
- **さんばがらす【三羽烏】** ¶木谷門下の～ Mùgǔ ménxià de sānjié(木谷门下的三杰).

さんばし【桟橋】 zhànqiáo(栈桥). ¶船が～に横づけになる chuán kào mǎtou le(船靠码头了).
さんぱつ【散発】 língsǎn(零散), língxīng(零星), língluò(零落). ¶最近各地に地震が～している jìnlái dìzhèn zài gè dì língxīng de fāshēng(近来地震在各地零星地发生). ¶銃声が～的に聞える chuánlái língxīng de qiāngshēng(传来零星的枪声)/ língluò de qiāngshēng cǐ qǐ bǐ fú(零落的枪声此起彼伏). ¶彼は間の抜けた冗談を～した tā shí'ér shuō xiē bùnéng yǐn rén fāxiào de xiàohua(他时而说些不能引人发笑的笑话).
さんぱつ【散髪】 lǐfà(理发), tìtóu(剃头). ¶～したらさっぱりした jiǎnle tóufa hěn shuǎngkuai(剪了头发很爽快).
ざんぱん【残飯】 shèngfàn(剩饭), cánggēngshèngfàn(残羹剩饭), cánbēi-lěngzhì(残杯冷炙), shèngtāng-làshuǐ(剩汤腊水).
さんび【酸鼻】 ¶事故現場の惨状は～をきわめた shìgù xiànchǎng cǎn bù rěn dǔ(事故现场惨不忍睹).
さんび【賛美】 zànměi(赞美), zànyù(赞誉), zànxǔ(赞许), sòngyáng(颂扬), zànyáng(赞扬). ¶彼の英雄的な行為を～した méiyǒu rén bú zànměi tā de yīngxióng xíngwéi(没有人不赞美他的英雄行为)/ tā de yīngxióng xíngwéi shòudào dàjiā de zànměi(他的英雄行为受到大家的赞美).
さんぴ【賛否】 ¶原案について代議員の～を問う duì yuán'àn zhēngqiú dàibiǎo de zàntóng yǔ fǒu(对原案征求代表的赞同与否). ¶その案には～両論がある duì gāi tí'àn yǒu zànchéng hé fǎnduì liǎng zhǒng yìjiàn(对该提案有赞成和反对两种意见).
さんびか【賛美歌】 zànměishī(赞美诗), zànměigē(赞美歌).
さんびょうし【三拍子】 1［音楽の］ sān pāizi(三拍子). ¶ワルツは～である yuánwǔqǔ shì sān pāizi(圆舞曲是三拍子). 2［三条件］ 財産, 学問, 人格と～揃っている cái, xué, pǐn sān yàng jùquán(财、学、品三样俱全). ¶彼は飲む打つ買うの～揃ったならず者だ tā shì ge chī hē piáo dǔ wú suǒ bù wéi de èrliúzi(他是个吃喝嫖赌无所不为的二流子).
ざんぴん【残品】 shènghuò(剩货). ¶～を特価で売る shènghuò liánjià chūshòu(剩货廉价出售).
さんぷ【産婦】 chǎnfù(产妇).
さんぷ【散布】 sǎbù(撒布), pēnsǎ(喷洒). ¶病虫害防除のために農薬を～する wèile fángzhǐ bìngchónghài sǎbù nóngyào(为了防止病虫害撒布农药).
ざんぶ【残部】 ¶～僅少 suǒ shèng bùshù wújǐ(所剩部数无几).
ざんぶ ¶～とばかり海に飛び込んだ pūtōng yì shēng tiàojìnle hǎili(扑通一声跳进了海里).
さんぷく【山腹】 shānyāo(山腰). ¶～をうがってトンネルを通す zhí guàn shānyāo wā yì tiáo suìdào(直贯山腰挖一条隧道).
さんふじんか【産婦人科】 fùchǎnkē(妇产科).
さんぶつ【産物】 wùchǎn(物产), chūchǎn(出产);〔結果〕 chǎnwù(产物), chǎn'ér(产儿). ¶さくらんぼうはこの地の主な～だ yīngtáo shì běndì de zhǔyào wùchǎn(樱桃是本地的主要物产). ¶公害は工業化の～である gōnghài shì gōngyèhuà de chǎnwù(公害是工业化的产物).
サンプリング chōuyàng diàochá(抽样调查); suíjī chōuyàng(随机抽样).
サンプル yàngpǐn(样品), yàngběn(样本), huòyàng(货样).
さんぶん【散文】 sǎnwén(散文). ¶～詩 sǎnwénshī(散文诗). ～体 sǎnwéntǐ(散文体).
さんぽ【散歩】 sànbù(散步). ¶夕食後にその辺を～してくる wèile xiāoshír dào fùjìn sànsan bù qù(为了消食儿到附近散散步去). ¶夕暮の街を友人と～する gēn péngyou yíkuàir dào bàngwǎn de jiēshang 'liǔdaliǔda[guàngguang](跟朋友一块儿到傍晚的街上'溜达溜达[逛逛]). ¶～がてらお立ち寄りください qǐng sànbù shí shùnbiàn lái chuánménr(请步时顺便来串门儿). ¶犬を～させる ràng gǒu chūqu liùliu(让狗出去遛遛).
さんぼう【参謀】 cānmóu(参谋). ¶～長 cānmóuzhǎng(参谋长). ～本部 cānmóu běnbù(参谋本部). 選挙～ jìngxuǎn cānmóu(竞选参谋).
さんぽう【山砲】 shānpào(山炮).
さんま【秋刀魚】 qiūdāoyú(秋刀鱼).
さんまい【三昧】 sānmèi(三昧). ¶読書～で日を送る máitóu dúshū dùrì(埋头读书度日). ¶彼等はぜいたく～の生活をしている tāmen guòzhe qióngshē-jíchǐ de shēnghuó(他们过着穷奢极侈的生活).
さんまいめ【三枚目】 xiǎohuāliǎn(小花脸), sānhuāliǎn(三花脸), chǒujué(丑角).
さんまん【散漫】 sōngsǎn(松散), huànsàn(涣散). ¶彼は注意が～だ tā zhùyìlì sōngsǎn(他注意力松散)/ tā jīngshén huànsàn(他精神涣散)/ tā sīxiǎng bù jízhōng(他思想不集中). ¶～な文章 sōngsǎn de wénzhāng(松散的文章).
さんみ【酸味】 suānwèir(酸味儿). ¶このみかんは～が強い zhège júzi suānwèir zhòng(这个橘子酸味儿重).
さんみいったい【三位一体】 sān wèi yì tǐ(三位一体).
さんみゃく【山脈】 shānmài(山脉). ¶奥羽～ Àoyǔ shānmài(奥羽山脉). 褶曲～ zhězhòu[zhěqū]shānmài(褶皱[褶曲]山脉).
ざんむ【残務】 ¶～を整理する chǔlǐ shànhòu wèntí(处理善后问题).
さんめんきじ【三面記事】 shèhuì xīnwén(社会新闻).
さんめんきょう【三面鏡】 sānmiànjìng(三面镜).
さんもん【三文】 ¶この絵は～の値打もない zhè zhāng huàr yì wén bù zhí(这张画儿一文不值). ¶早起きは～の徳 zǎo qǐ sān zhāo dàng

yì gōng(早起三朝当一工).
¶～な文士 wúliáo wénrén(无聊文人).

さんもん【山門】 shānmén(山门).

さんや【山野】 shānyě(山野). ¶昆虫を求めて～を歩きまわる wèile cǎijí kūnchóng zǒubiàn shānyě(为了采集昆虫走遍山野).

さんやく【散薬】 sǎnjì(散剂).

さんよ【参与】 1〔参加〕cānyù(参与・参预). ¶国政に～する cānyù guózhèng(参与国政).
2〔職名〕¶彼は市の～になった tā dāngle shì de gùwèn(他当了市的顾问).

ざんよ【残余】 cányú(残余), shèngyú(剩余).

さんようすうじ【算用数字】 Ālābó shùzì(阿拉伯数字).

さんらん【産卵】 chǎnluǎn(产卵). ¶鮭は生れた川に帰って～する dàmǎhǎyú huídào zìjǐ chūshēng de jiānghé lái chǎnluǎn(大麻哈鱼回到自己出生的江河来产卵).
¶～期 chǎnluǎnqī(产卵期).

さんらん【散乱】 língluàn(零乱・凌乱). ¶部屋中に本や衣服が～していた mǎnwūzili shūjí hé yīfu língluàn bùkān(满屋子里书籍和衣服凌乱不堪).

さんりゅう【三流】 sānliú(三流), mòliú(末流).
¶～の映画館 sānliú diànyǐngyuàn(三流电影院).
¶～画家 sānliú huàjiā(三流画家).

ざんりゅう【残留】 cánliú(残留). ¶米の胚芽に農薬が～する dàomǐ pēiyáli cáncún nóngyào(稻米胚芽里残存农药). ¶その地に～して任務を遂行する liú gāi dì zhíxíng rènwu(留该地执行任务).
¶～部隊 cánliú bùduì(残留部队).

さんりん【山林】 shānlín(山林). ¶～を伐採する kǎnfá shānlín(砍伐山林).

さんりんしゃ【三輪車】 sānlúnchē(三轮车), sānlún(三轮); értóng sānlúnchē(儿童三轮车).
¶オート～ sānlún kǎchē(三轮卡车)/ sānlún qìchē(三轮汽车).

サンルーム rìguāngshì(日光室), rìguāng yùshì(日光浴室).

さんれつ【参列】 ¶記念式典に～する cānjiā jìniàn diǎnlǐ(参加纪念典礼).
¶～者 lièxízhě(列席者)/ yùhuìzhě(与会者).

さんろく【山麓】 shānlù(山麓), shānjiǎo(山脚).

し

し【士】 shì(士). ¶篤学の～ dǔxué zhī shì(笃学之士).

し【氏】 1〔家系〕shì(氏). ¶藤原～ Téngyuán shì(藤原氏).
2〔敬称〕¶山田～は蝶の分類学の権威です Shāntián xiānsheng shì húdié fēnlèixué de quánwēi(山田先生是蝴蝶分类学的权威). ¶田中, 井上両～ Tiánzhōng、Jǐngshàng liǎng wèi xiānsheng(田中、井上两位先生). ¶～の協力を得て計画は実現した dédào tā de xiézhù, jìhuà shíxiàn le(得到他的协助, 计划实现了).

し【史】 shǐ(史). ¶近代～ jìndàishǐ(近代史). 日本～ Rìběnshǐ(日本史).

し【四】 sì(四・肆).

し【市】 shì(市). ¶市役所は～の中心にある shìzhèngfǔ zài shì zhōngxīn(市政府在市中心).
¶京都～ Jīngdū Shì(京都市). ～当局 shì dāngjú(市当局).

し【死】 sǐ(死). ¶突然～の恐怖に襲われた tūrán bèi sǐ de kǒngbù suǒ xíjí(突然被死的恐怖所袭击). ¶生活苦がその一家を～に追いやった shēnghuó de kùnkǔ bīde nà yìjiārén zǒuxiàng sǐwáng(生活的困苦逼得那一家人走向死亡). ¶危うい～を免れた jiǎnle yì tiáo mìng(捡了一条命)/ chàdiǎnr méi sǐ(差点儿没死).
¶～をもって抗議する yǐ sǐ kàngyì(以死抗议).
¶友の～を悼む āidào yǒurén zhī sǐ(哀悼友人之死). ¶～は或いは泰山より重く或いは鴻毛より軽し sǐ huò zhòngyú Tàishān, huò qīngyú hóngmáo(死或重于泰山, 或轻于鸿毛). ¶～の沈黙 sǐ yìbān de chénmò(死一般的沉默). ¶～の商人 jūnhuǒshāng(军火商). ¶～の灰 fàngshèxìng chén'āi(放射性尘埃).
¶事故～ shìgù sǐwáng(事故死亡). ショック～ xiūkè sǐwáng(休克死亡).

し【師】 shī(师). ¶A博士を～と仰ぐ bài A bóshì wéi shī(拜A博士为师). ¶3尺下がって～の影を踏まず tuìbì sān chǐ bú tà shī yǐng(退避三尺不踏师影).

し【詩】 shī(诗), shīgē(诗歌). ¶～をつくる zuò[xiě] shī(作[写]诗). ¶彼の文章は～的表現に富んでいる tā de wénzhāng fùyǒu shīyì(他的文章富有诗意).
¶～集 shījí(诗集). ¶～壇 shītán(诗坛).

-し ¶遊びには行きたい～金はない～ xiǎng chūqu wánr, kě yòu méi qián(想出去玩儿, 可又没钱). ¶日は暮れる～腹はへる～とても困った tiān hēi le, dùzi yòu è, bù zhī zěnme bàn hǎo(天黑了, 肚子又饿, 不知怎么办好). ¶ガスは止めた～電気は消した～鍵もかけた méiqì yě guān le, diàndēng yě bì le, mén yě shàngsuǒ le(煤气也关了, 电灯也闭了, 门也上锁了). ¶子供ではあるまい～そんな事が分らないのか yòu bú shì ge xiǎoháizi, lián zhè zhǒng shì yě bù

dǒng(又不是个小孩子,连这种事也不懂).¶谁が言ったのかしら,あの人がそんなことを言うはずはない~ shì shuí shuō de, tā nàge rén jué bú huì shuō nà zhǒng huà de(是谁说的,他那个人决不会说那种话的).

じ【地】 ¶グラウンドの～をならす píngzhěng yùndòngchǎng(平整运动场).¶その事なら～の人が詳しい nà shì dāngdìrén qīngchu(那事当地人清楚).¶気取ってもすぐ～が出る zhuāng ménmian yě huì lòuxiàng de(装门面也会露相的).¶小説を～でいくような波瀾に富んだ人生 yóurú xiǎoshuō yìbān bōlán qǐfú de yìshēng(犹如小说一般波澜起伏的一生).¶会話のところは君が,～の文は僕が読もう duìhuà de bùfen yóu nǐ niàn, xùshù de bùfen wǒ lái ba(对话的部分由你念,叙述的部分我来吧).¶白~に青の花模様 bái ˈdǐ[dì] lán huā(白底[地]蓝花).¶この～は～が厚すぎる zhè liàozi tài hòu(这料子太厚).

じ【字】 zì(字).¶この～はなんと読みますか zhège zì zěnme niàn?(这个字怎么念?).¶あの人は～が上手だ tā zì xiě de shuài(他字写得帅).¶きれいな～を書く xiě yìshǒu piàoliang de zì(写一手漂亮的字).

じ【次】 cì(次).¶この計画は～年度に回そう zhège jìhuà zhuǎndào xià yì niándù ba(这个计划转到下一年度吧).¶第１～世界大戦 Dìyī Cì Shìjiè Dàzhàn(第一次世界大战).¶第２～５か年計画 dì'èr ge wǔ nián jìhuà(第二个五年计划).

¶３～方程式 sāncì fāngchéng(三次方程).～燐酸塩 cìlínsuānyán(次磷酸盐).

じ【時】 diǎn(点), shí(时).¶いま５～15分です xiànzài wǔ diǎn yí kè(现在五点一刻).¶明日１～から３～まで会議がある míngtiān cóng yì diǎn dào sān diǎn yǒu huìyì(明天从一点到三点有会议).¶９～頃なら家にいます jiǔ diǎn zuǒyòu wǒ zàijiā(九点左右我在家).¶空腹時に服用のこと kōngfù shí fúyòng(空腹时服用).

じ【痔】 zhì(痔), zhìchuāng(痔疮).¶～が悪い huàn zhì(患痔).

¶～瘻 gānglòu(肛瘻)/ zhìlòu(痔瘻)/ lòuchuāng(漏疮).いぼ～ zhì(痔)/ zhìhé(痔核).きれ～ gānglíe(肛裂).

じ【辞】 cí(辞), cí(词).¶開会の～を述べる zhì kāimùcí(致开幕词).¶～を低うして頼む yáncí gōngshùn de kěnqiú(言辞恭顺地恳求).

しあい【試合】 bǐsài(比赛).¶午後からテニスの～がある xiàwǔ yǒu wǎngqiú bǐsài(下午有网球比赛).¶野球の～に出る cānjiā bàngqiúsài(参加棒球赛).¶バレーボールの～に勝った páiqiú dǎyíng le(排球打赢了).¶実力の差がありすぎてまるで～にならなかった shuāngfāng lìliang tài xuánshū, tánbushàng shénme bǐsài(双方力量太悬殊,谈不上什么比赛).¶A校とサッカーの～をした gēn A xiào sàile zúqiú(跟A校赛了足球).

じあい【自愛】 zì'ài(自爱).¶どうぞ御～下さい qǐng nín bǎozhòng shēntǐ(请您保重身体).

じあい【慈愛】 cí'ài(慈爱).¶～に満ちた面差し cíxiáng de miànpáng(慈祥的面庞).

しあがり【仕上り】 ¶～は１週間後です yí ge xīngqī hòu néng dé(一个星期后能得).¶この箱は～がとてもよい zhè hézi zuòde hěn hǎo(这盒子做得很好).

しあが・る【仕上がる】 dé(得), zuòdé(做得).¶あの仕事はもう～っている nà jiàn huór yǐjing dé le(那件活儿已经得了).¶これはきれいに～った zhège zuòde zhēn búcuò(这个做得真不错).

しあげ【仕上げ】 ¶彼の仕事は～が見事だ tā de huór zuòde búcuò(他的活儿做得不错).¶今最後の～を急いでいるところだ xiàn zhèng gǎnzhe zuò zuìhòu yí dào gōngxù(现正赶着做最后一道工序).

じあげ【地上げ】 １ diàngāo dìjī(垫高地基).

２¶～にあって店をたたんだ zāodào shōuguā tǔdì de chōngjī bǎ pùzi guān le(遭到收刮土地的冲击把铺子关了).

¶～屋 tóujī dǎobǎ de tǔdì qiánkè(投机倒把的土地掮客).

しあ・げる【仕上げる】 zuòdé(做得), zuòhǎo(做好), zuòwán(做完), wánchéng(完成).¶一つの仕事をやりあげる時はなんとも言えないよろこびがあり,まさに形容がし難い wánchéng yí jiàn gōngzuò shí de xǐyuè, zhēn shì nányú xíngróng de(完成一件工作时的喜悦,真是难于形容的).¶これは明日までにやらなければならない zhè fēiděi zài míngtiān zuòwán bùkě(这非得在明天做完不可).

しあさって【明後後日】 dàhòutiān(大后天), dàhòur(大后儿).

ジアスターゼ diànfěnméi(淀粉酶).

しあつ【指圧】 zhǐyā(指压).¶～療法 zhǐyā liáofǎ(指压疗法).

しあわせ【幸せ】 xìngfú(幸福).¶君はよい家庭に恵まれて～だね nǐ yǒu yí ge hěn hǎo de jiātíng, zhēn yǒu fúqi(你有一个很好的家庭,真有福气).¶２人は今では～に暮している tāmen liǎ xiànzài guòzhe "xìngfú[měimǎn] de shēnghuó(他们俩现在过着ʼ幸福[美满]的生活).¶～なことにちょうどその場に居合せた xìngyùnde hěn, dāngshí wǒ zhèng zàichǎng(幸运得很,当时我正在场).

しあん【私案】 ¶これは私の～に過ぎない zhè búguò shì wǒ gèrén de fāng'àn(这不过是我个人的方案).

しあん【試案】 ¶～を作る nǐdìng shìxíng fāng'àn(拟定试行方案).

しあん【思案】 ¶～を作る kǎolü(考虑), sīkǎo(思考), sīsuǒ(思索), sīlü(思虑), sīmóu(思谋), sīliang(思量), sīmo(思摸), zuómo(琢磨), héjì(合计).¶ここが～のしどころだ zhè kě děi ˈhǎohǎo kǎolü[sān sī ér xíng](这可得ʼ好好考虑[三思而行]).¶～に余って御相談に参りました zěnme yě xiǎngbuchū bànfǎ, zhǎo nín shāngliang lái le(怎么也想不出办法,找您商量来了).¶～に暮れる zuǒyòu wéinán(左思右想).¶～投げ首 yì chóu mò zhǎn(一筹莫展).

シアン qíng(氰).¶～化カリウム qínghuàjiǎ

(氰化钾).

しい【椎】 kǎoshù(栲树).

しい【恣意】 zìyì(恣意). ¶~的に振舞う zìyì wàngwéi(恣意妄为).

じい【示威】 shìwēi(示威). ¶~運動を行う jǔxíng shìwēi(举行示威).
¶~行進 shìwēi yóuxíng(示威游行).

じい【自慰】 1 zìwèi(自慰).
2 shǒuyín(手淫).

じい【侍医】 tàiyī(太医), yùyī(御医).

じい【辞意】 ¶会長は～を表明した huìzhǎng biǎoshì cízhí zhī yì(会长表示辞职之意). ¶彼の～は固い tā cíqù zhī yì hěn qiáng(他辞去之意很强).

ジーエヌピー【GNP】 guómín shēngchǎn zǒngzhí(国民生产总值).

しいく【飼育】 sìyǎng(饲养), sìyù(饲育), xùyǎng(畜养). ¶家畜を～する sìyǎng jiāchù(饲养家畜)/ wèiyǎng shēngkou(喂养牲口)/ juànyǎng shēngchù(圈养牲畜).
¶～係 sìyǎngyuán(饲养员).

じいしき【自意識】 zìwǒ yìshí(自我意识). ¶～過剰 zìwǒ yìshí guòshèn(自我意识过甚).

シーズン jìjié(季节). ¶いよいよスキーの～だ huáxuě de jìjié kuài dào le(滑雪的季节快到了). ¶今は～オフだから行楽地もすいているだろう xiànzài shì dànjì, yóulǎndì yóukè bù duō ba(现在是淡季, 游览地游客不多吧).
¶旅行～ lǚyóu wàngjì(旅游旺季).

シーソー qiāoqiāobǎn(跷跷板). ¶試合は～ゲームになった bǐsài chéng lājùzhàn le(比赛成拉锯战了).

しいたけ【椎茸】 xiānggū(香菇・香茹), xiāngxùn(香蕈), xiāngjùn(香菌).

しいた・げる【虐げる】 nüèdài(虐待), cuīcán(摧残). ¶～げられた人々 bèi nüèdài[shòu cuīcán] de rénmen(被虐待[受摧残]的人们).

シーツ chuángdān[r](床单[儿]), chuángdānzi(床单子), rùdān[r](褥单[儿]), rùdānzi(褥单子), bèidān[r](被单[儿]), bèidānzi(被单子).

しいて【強いて】 ¶～言えばこちらの方が形がよい yìng yào shuō nǎge hǎo de huà, zhège shìyàng shāo hǎo xiē(硬要说哪个好的话, 这个式样稍好些). ¶～見たいとも思わない bìng bù hěn xiǎng kàn(并不很想看). ¶どうしても帰るというなら～とめはしない nǐ yídìng yào huíqu, wǒ yě bù qiǎng liú nǐ(你一定要回去, 我也不强留你).

シーディー【CD】 jīguāng chàngpiàn(激光唱片). ¶～ロム guāngqán(光盘)/ zhǐdú guāngpán(只读光盘).

シート 1〔座席〕zuòwèi(坐位・座位). ¶～ベルト ānquándài(安全带).
2〔覆い布〕zhàobù(罩布). ¶車に～をかける gěi qìchē zhàoshàng chēzhàozi(给汽车罩上车罩子).
3〔切手などの〕¶切手1～ yì zhěng bǎn yóupiào(一整版邮票).

シード ¶～選手 zhǒngzi xuǎnshǒu(种子选手).

しいな【粃】 bǐzi(秕子), biězi(瘪子); bǐgǔ(秕谷), biěgǔ(瘪谷), bǐgǔzi(秕谷子).

シーピーユー【CPU】 zhōngyāng chǔlǐjī(中央处理机).

ジープ jípǔchē(吉普车), yuèyěchē(越野车).

シーフード hǎixiān(海鲜), hǎiwèi(海味). ¶～サラダ hǎiwèi sèlā(海味色拉).

し・いる【強いる】 qiǎngpò(强迫), qiǎngbī(强逼), bīpò(逼迫), qiángzhì(强制), pòshǐ(迫使). ¶寄付を～いる qiǎngpò rén juānkuǎn(强迫人捐款). ¶参加を～いる yìng jiào rén cānjiā(硬叫人参加). ¶苛酷な労働を～いられる bèi qiángzhì zuò kǔgōng(被强制做苦工).
¶私は自分の考えを人に～いるつもりはない wǒ bù xiǎng bǎ zìjǐ de yìjiàn qiángjiā yú rén(我不想把自己的意见强加于人).

シール tiězhǐ(贴纸).

しい・れる【仕入れる】 cǎigòu(采购), cǎibàn(采办), cǎimǎi(采买). ¶問屋から商品を～れる yóu pīfāháng jìnhuò(由批发行进货)/ zài pīfāháng bànhuò(在批发行办货). ¶原料を～れて加工する cǎigòu yuánliào jìnxíng jiāgōng(采购原料进行加工). ¶その情報はどこから～れてきたのだ nǐ zhège xiāoxi cóng nǎr délai de?(你这个消息从哪儿得来的?).
¶～れ値段 jìnhuò jiàgé(进货价格).

しいん【子音】 fǔyīn(辅音), zǐyīn(子音).

しいん【死因】 sǐyīn(死因). ¶～は心筋梗塞った zhìsǐ de yuányīn shì xīnjī gěngsè(致死的原因是心肌梗塞).

しいん【試飲】 pǐncháng(品尝), shìyǐn(试饮). ¶ワインを～する shìyǐn pútaojiǔ(试饮葡萄酒).

シーン chǎngmiàn(场面), chǎngjǐng(场景), jìngtóu(镜头), qíngjǐng(情景). ¶あの映画の追跡の～は面白い nàge diànyǐng de zhuīzōng chǎngmiàn hěn yǒu yìsi(那个电影的追踪场面很有意思).
¶ラブ～ liàn'ài de jìngtóu(恋爱的镜头).

じいん【寺院】 sìyuàn(寺院).

ジーンズ jǐnshēnkù(紧身裤), jǐnshēnkù(紧身裤), niúzǎikù(牛仔裤).

じいんと ¶その話を聞いて胸に～きた tīngle nà huà, xīnli fēicháng gǎndòng(听了那话, 心里非常感动).

じう【慈雨】 gānlín(甘霖), gānyǔ(甘雨), jíshíyǔ(及时雨). ¶干天の～ jiǔ hàn féng gānlín(久旱逢甘霖).

しうち【仕打ち】 ¶よくも彼にあんなむごい～ができたものだ nǐ jìngrán duì tā nàme hěndú a!(你竟然对他那么狠毒啊!).

しうんてん【試運転】 shìchē(试车), shì yùnzhuǎn(试运转). ¶新型電車の～に成功した xīnshì diànchē de shìchē huòdéle chénggōng(新式电车的试车获得了成功). ¶フライス盤を～する shì yùnzhuǎn xǐchuáng(试运转铣床).

シェア 1〔市場占有率〕shìchǎng fèn'é(市场份额), shìchǎng zhànyǒulǜ(市场占有率).
2〔株〕gǔ(股), gǔfèn(股份).

しえい【市営】 ¶～住宅 shìyíng zhùzhái(市营住宅).

しえい【私営】 sīyíng(私营). ¶～バス sīyíng gōnggòng qìchē(私营公共汽车).

じえい【自営】 zìyíng(自营). ¶～業 gètǐ jīngyíng(个体经营). ～農民 zìgēngnóng(自耕农)/ gètǐ nónghù(个农户).

じえい【自衛】 zìwèi(自卫). ¶跳梁する暴力団に対して住民は～に立ち上がった duì chāngjué de bàolìtuán jūmín fènqǐ zìwèi(对猖獗的暴力团居民奋起自卫).
¶～権 zìwèiquán(自卫权).

シェーカー tiáojiǔqì(调酒器).

シェード 1〔光避け〕zhēyángbǎn(遮阳板), zhēguāngzhào(遮光罩), zhēguānglián(遮光帘).
2〔かさ〕dēngzhào[r](灯罩[儿]), dēngzhàozi(灯罩子), dēngshàn(灯伞).

シェーバー tìxūdāo(剃须刀); diàndòng tìxūdāo(电动剃须刀).

シェービングクリーム tìxūgāo(剃须膏).

ジェスチュア shǒushì(手势), zītài(姿态). ¶～たっぷりに話す zhǐshǒu-huàjiǎo de shuōhuà(指手画脚地说话). ¶それは～にすぎない nà zhǐ búguò shì zuòzuò zītài éryǐ(那只不过是作姿态而已).

ジェット pēnshè(喷射), pēnqì(喷气). ¶～エンジン pēngqìshì fādòngjī(喷气式发动机). ～機 pēngqìshì fēijī(喷气式飞机). ～気流 pēnshè qìliú(喷射气流).

ジェネレーション yídài(一代), shìdài(世代).
¶～ギャップ dàigōu(代沟).

ジェノサイド mièjué zhǒngzú(灭绝种族).

シェパード lánggǒu(狼狗).

しえん【支援】 zhīyuán(支援). ¶民族解放運動を～する zhīyuán mínzú jiěfàng yùndòng(支援民族解放运动). ¶～の手を差し伸べる shēnchū zhīyuán de shǒu(伸出支援的手). ¶御～のほどお願い致します qǐng dàlì zhīyuán(请大力支援).

しえん【私怨】 sīchóu(私仇). ¶～を抱く huái sīchóu(怀私仇).

しお【塩】 yán(盐), yánhuā[r](盐花[儿]), xiányán(咸盐), yándàn(盐巴). ¶～を1つまみ入れる gē yì cuō yán(搁一撮盐). ¶もっと～を利かせた方がいい zuìhǎo zài nòngxián diǎnr(最好再弄咸点儿). ¶この料理は～があまい zhège cài dàn[kǒuqīng](这个菜"淡[口轻]). ¶～味にする yòng yán tiáowèir(用盐调味儿). ¶～味が濃い kǒuzhòng(口重).

しお【潮】 cháo(潮), cháoxī(潮汐), hǎicháo(海潮), cháoshuǐ(潮水). ¶～が引く luò cháo(落潮)/ tuì cháo(退潮). ¶～が差す zhǎng cháo(涨潮). ¶鯨が～を吹く jīngyú pēn shuǐ(鲸鱼喷水). ¶それを～に席を立った jiè cǐ jīhuì líle xí(借此机会离了席).

しおかげん【塩加減】 ¶～をみる cháng xiándàn(尝咸淡). ¶～がよい xiándàn qiàhǎo(咸淡恰好).

しおかぜ【潮風】 hǎifēng(海风).

しおから・い【塩辛い】 xián(咸). ¶この漬物はほんとうに～い zhège xiáncài "kě zhēn gòu xián de[hōu xián](这个咸菜"可真够咸的[齁咸]).

しおき【仕置き】 ¶子供が悪戯をしたので～をした xiǎoháizi tiáopí dǎodàn, zéma le yí dùn(小孩子调皮捣蛋, 责骂了一顿).

しおくり【仕送り】 ¶田舎の両親に～をする gěi lǎojiā de shuāngqīn huìqián(给老家的双亲汇钱). ¶彼は家から毎月 5 万円の～を受けている tā měiyuè dédào jiālǐ wǔwàn rìyuán de jiējì(他每月得到家里五万日元的接济).

しおけ 1〔塩気〕yánfèn(盐分), xiánwèir(咸味儿). ¶～が足りない bùgòu xián(不够咸).
¶高血圧には～のものはいけない duì gāoxuèyā "yǒu yánfèn de[xián de dōngxi] dōu bú shìyí(对高血压"有盐分的[咸的东西]都不适宜).
2〔潮気〕¶～を含んだ風 hánzhe cháoqì de hǎifēng(含着潮气的海风).

しおざけ【塩鮭】 xiánguīyú(咸鲑鱼), xiándàmáhāyú(咸大麻哈鱼).

しおさめ【仕納め】 ¶この仕事も今日が～だ zhège gōngzuò dào jīntiān jiù wán le(这个工作到今天就完了).

しおしい 不合格と分って彼女は～と戻って来た zhīdào zìjǐ méi kǎozhòng, tā "chuítóu-sàngqì[wújīng-dǎcǎi] de huílai le(知道自己没考中, 她"垂头丧气[无精打采]地回来了).

しおだし【塩出し】 ¶塩鮭の～をする bǎ xiándàmáhāyú pàozài shuǐlǐ qù yánfèn(把大麻哈鱼泡在水里去盐分).

しおづけ【塩漬】 yān(腌). ¶白菜を～にする yān báicài(腌白菜). ¶～の肉 yānròu(腌肉)/ xiánròu(咸肉)/ làròu(腊肉).

しおどき【潮時】 cháoxìn(潮信); jīhuì(机会), shíjī(时机), liángjī(良机). ¶物事には～というものがある shénme shìqing dōu yǒu ge shíjī(什么事情都有个时机). ¶～を見て話を切り出した jiànjī kāile kǒu(见机开了口).

しおひがり【潮干狩】 gǎn hǎi(赶海). ¶～に行く gǎn hǎi qù(赶海去).

しおみず【塩水】 yánshuǐ(盐水). ¶～でうがいをする yòng yánshuǐ shùkǒu(用盐水漱口).

しおやき【塩焼】 ¶鯛を～にする bǎ jiājíyú mǒshàng yán kǎo(把加级鱼抹上盐烤)/ jiā yán kǎo jiājíyú(加盐烤加级鱼).

しおらし・い ¶あの子は本当に～いことを言う nà háizi shuōde zhēn zhāo rén ài(那孩子说得真招人爱). ¶叱られてしばらくは～くしていた áile pīpíng lǎoshile yízhèn(挨了批评老实了一阵).

しおり【栞】 1 shūqiān(书签). ¶読みかけの本に～をはさむ bǎ shūqiān jiāzài kàn bànjiér de shūlǐ(把书签夹在看半截儿的书里).
2〔手引き〕zhǐnán(指南). ¶北海道観光の～ Běihǎi Dào yóulǎn zhǐnán(北海道游览指南).

しお・れる【萎れる】 niān(蔫), niānr(打蔫儿), fāniān(发蔫), tāyāng[r](塌秧[儿]). ¶日照りで花が～れてしまった tiān hàn rì dú huā dōu niān le(天旱日毒花都蔫了). ¶彼はいつにな

く～れている tā bú xiàng wǎngcháng ▼niān le [chuítóu-sàngqì](他不像往常▼蔫了[垂头丧气]).

しおん【紫苑】 zǐwǎn(紫菀).

しか【鹿】 lù(鹿). ¶～の角 lùjījiao(鹿犄角)/lùjiǎo(鹿角). ¶～を追う者は山を見ず zhú lù zhě bú jiàn shān(逐鹿者不见山).
¶子～ xiǎolù(小鹿)/lùzǎi(鹿崽).

しか【市価】 shìjià(市价), hángshì(行市). ¶みかんの～が下がった júzi de hángshì xiàjiàng le(橘子的行市下降了). ¶～の2割引で売る àn shìjià de bā zhé chūshòu(按市价的八折出售).

しか【歯科】 yákē(牙科). ¶～医 yáyī(牙医)/yákē yīshēng(牙科医生).

-しか zhǐ(只), jǐn(仅), jǐnjǐn(仅仅). ¶中国語の勉強を始めてまだ半年に～ならない kāishǐ xué Zhōngguóhuà jǐnjǐn bànnián(开始学中国话仅仅半年). ¶たった1度～見たことがない zhǐ kànguo yí cì(只看过一次)/ jiù kànjianguo yí cì(就看见过一次). ¶財布には100円～残っていない qiánbāoli zhǐ shèngxia yìbǎi kuài qián le(钱包里只剩下一百块钱了). ¶このことは私～知らない zhè shì zhǐ yǒu wǒ zhīdao(这事只有我知道). ¶あの店は安物～置いていない nà jiā shāngdiàn jìngshì piányihuò(那家商店净是便宜货). ¶彼が間違っていると～考えられない zhǐ néng rènwéi shì tā cuò le(只能认为是他错了). ¶私にはこれくらいのこと～出来ません wǒ zhǐ néng zuò zhèmediǎnr shì(我只能做这么点儿事). ¶私は黙って見ていな～かった wǒ zhǐhǎo mò bú zuòshēng de kànzhe(我只好默不做声地看看).

しか【歯牙】 ¶彼は私の言うことなど～にもかけなかった wǒ shuō de huà tā ▼bú dàng yìhuíshì [zhǐ dàng ěrbiānfēng](我说的话他▼不当一回事[只当耳边风]). ¶～にかけるに足らず bù zú guàshǐ(不足挂齿).

じか【直】 ¶彼と～に話したい wǒ xiǎng ▼dāngmiàn[zhíjiē] gēn tā shuō(我想▼当面[直接]跟他说). ¶素肌に～に着る tiēshēn chuān(贴身穿).

じか【自家】 ¶このジャムは～製です zhège guǒzijiàng shì ▼zìjǐ jiālǐ zuò[zìzhì] de(这个果子酱是▼自己家里做[自制]的).
¶～中毒 zìtǐ zhòngdú(自体中毒). ～撞着 zìxiāng máodùn(自相矛盾). ～発電 zìjiā fādiàn(自家发电). ～用飛行機 zìyòng fēijī(自用飞机).

じか【時価】 shíjià(时价). ¶その花瓶は～100万円はする nàge huāpíng shíjià wéi yìbǎi wàn rìyuán(那个花瓶时价为一百万日元). ¶～に見積って10億円の土地 zhào shíjià gūjì zhí shíyì rìyuán de dìpí(照时价估计值十亿日元的地皮). ¶～で買い取る àn shíjià gòumǎi(按时价购买).

じが【自我】 zìwǒ(自我). ¶～の目覚め zìwǒ juéxǐng(自我觉醒).
¶～意識 zìwǒ yìshí(自我意识).

シガー xuějiā(雪茄), xuějiāyān(雪茄烟).

しかい【司会】 zhǔchí(主持);【人】zhǔchírén(主持人), sīyí(司仪); bàomùyuán(报幕员)〈演芸会などの〉. ¶座談会はA氏の～で行われた zuòtánhuì shì yóu A xiānsheng zhǔchí jǔxíng de(座谈会是由A先生主持举行的). ¶本日の～は私が務めさせていただきます jīntiān de huì qǐng yǔnxǔ wǒ lái zhǔchí(今天的会请允许我来主持).

しかい【四海】 sìhǎi(四海). ¶～兄弟 sìhǎi zhī nèi jiē xiōngdì(四海之内皆兄弟).

しかい【視界】 shìyě(视野), shìchǎng(视场). ¶濃霧のため～がきかない yóuyú nóngwù ▼shìjiè bùliáng[néngjiàndù bù hǎo](由于浓雾▼视界不良[能见度不好]). ¶坂を登りきったとたんに～がぱっと開けた pá shàngpō shānpō shìjiè huòrán kāilǎng(爬上山坡视界豁然开朗). ¶島が～に入ってきた hǎidǎo pūrù shìyě(海岛扑入视野). ¶機影は～から消えた jīyǐng cóng shìyě zhōng xiāoshī le(机影从视野中消失了).

しかい【斯界】 ¶～の権威 gāi jiè de quánwēi(该界的权威).

しがい【市郊】 shìjiāo(市郊), jiāoqū(郊区), jiāowài(郊外). ¶～電話 chángtú diànhuà(长途电话).

しがい【市街】 jiēshì(街市). ¶～戦 xiàngzhàn(巷战). ～地 shìqū(市区).

しがい【死骸】 sǐshī(死尸), shīshēn(尸身), shīshou(尸首), shītǐ(尸体), shīhái(尸骸).

じかい【次回】 xiàhuí(下回), xiàcì(下次). ¶この件は～に譲ろう zhè jiàn shì liú dài xiàcì zài tán ba(这件事留待下次再谈吧). ¶～をお楽しみに qiě tīng xiàhuí fēnjiě(且听下回分解).

じかい【自戒】 zìjiè(自戒). ¶～の言葉 zìjiè zhī cí(自戒之辞).

じがい【自害】 zìshā(自杀), zìjìn(自尽), zìcái(自裁), zìqiāng(自戕). ¶短刀で～した yòng duǎndāo zìshā le(用短刀自杀了).

しがいせん【紫外線】 zǐwàixiàn(紫外线), zǐwàiguāng(紫外光), hēiguāng(黑光).

しかえし【仕返し】 bàofù(报复), bàochóu(报仇). ¶彼は仲間を連れて～にやって来た tā dàizhe yìhuǒ rén bàofù lái le(他带着一伙人报复来了). ¶いつか必ず～してやる zǒng yǒu yì tiān wǒ yào bàochóu(总有一天我要报仇).

しかく【四角】 sìjiǎo(四角), fāngxíng(方形), fāngkuài(方块). ¶餅を～に切る bǎ niángāo qiēchéng fāngkuàir(把年糕切成方块儿). ¶～なテーブル fāngzhuō(方桌)/sìxiānzhuō(四仙桌)/bāxiānzhuō(八仙桌). ¶～張った顔 sìfāngliǎn(四方脸). ¶～張らずに気楽に話し合おう nǐ bié nàme jūshù, suíbiàn tán ba(你别那么拘束, 随便谈吧). ¶～四面なことを言うな bié shuō nàme ▼bú biàntōng[sǐbǎn] de huà(别说那么▼不变通[死板]的话).
¶～号碼 sìjiǎo hàomǎ(四角号码).

しかく【死角】 sǐjiǎo(死角). ¶敵の戦車砲の～に入る zuānrù díren tǎnkèpào de sǐjiǎo(钻入敌人坦克炮的死角). ¶そこは運転手の～になっていた nàr zhèngshì sījī kànbujian de dìfang

(那儿正是司机看不见的地方).

しかく【刺客】 cìkè(刺客). ¶～を放つ qiǎn cìkè(遣刺客).

しかく【視角】 shìjiǎo(视角).

しかく【視覚】 shìjué(视觉).

しかく【資格】 zīgé(资格). ¶君にこの問題を語る～はない nǐ méiyǒu zīgé tánlùn zhège wèntí(你没有资格谈论这个问题)/ tán zhè shìr, nǐ hái bú gòugér(谈这事儿,你还不够格儿). ¶学校代表の～で派遣する yǐ xuéxiào dàibiǎo de shēnfen pàiqiǎn(以学校代表的身分派遣). ¶看護婦の～を取る qǔdé hùshi de zīgé(取得护士的资格). ¶～審査にパスする tōngguò zīgé shěnchá(通过资格审查).

しかく【史学】 shǐxué(史学).

しかく【私学】 sīxué(私学), sīlì xuéxiào(私立学校).

じかく【字画】 bǐhuà(笔画·笔划).

じかく【自覚】 zìjué(自觉). ¶あとは各自の～に待つよりない jīnhòu zhǐyǒu děngdài měi ge rén de zìjué le(今后只有等待每个人的自觉了). ¶責任を～して努力する yìshídào zìjǐ suǒ dānfù de zérèn ér nǔlì(意识到自己所肩负的责任而努力). ¶自己の欠点を～する rènshidao zìjǐ de quēdiǎn(认识到自己的缺点).
¶～症状 zhǔguān gǎnshòu zhèngzhuàng(主观感受症状).

しかけ【仕掛】 zhuāngzhì(装置). ¶ばねの～おもちゃ zhuāngyǒu fātiáo de wánjù(装有发条的玩具). ¶これはどういう～になっていますか zhè shì zěnme yí ge jīguān a?(这是怎么一个机关啊).
¶～花火 yānhuo(烟火)/ lǐhuā(礼花).

しかける【仕掛ける】 **1**〔仕向ける〕 tiǎo(挑), tiǎodòng(挑动). ¶この喧嘩は向うが～けてきたのだ zhè cháng jià shì duìfāng ˇtiǎoqǐ[ˇzhǎoshàng chár] de(这场架是对方ˇ挑起[找上碴儿]的).
2〔装置する〕 ¶爆薬を～ける zhuāng zhàyào(装炸药). ¶地雷を～ける bùléi(布雷)/ mái dìléi(埋地雷). ¶罠を～ける bù quāntào(布圈套)/ shè xiànjǐng(设陷阱).
3〔し始める, 途中までする〕 ¶仕事を～けたら客が来た gāng zhuòshóu gōngzuò, láile kèren(刚着手工作, 来了客人). ¶仕事を～けたまま出て行った bǎ huór zuòdào bànjiér jiù chūqu le(把活儿做到半截儿就出去了).

しかざん【死火山】 sǐhuǒshān(死火山).

しかし【然し】 búguò(不过), kěshi(可是), kě(可), dànshì(但是), dàn(但), rán'ér(然而).
¶彼は懸命に働いた, ～生活は一向に楽にならなかった tā pīnmìng gàn, dànshì shēnghuó zǒng bújiàn hǎozhuǎn(他拼命干, 但是生活总不见好转). ¶彼女は努力している, ～ながら少しも上達しない tā suī hěn nǔlì, dàn yě méiyǒu jìnbù(她虽很努力, 但一点儿也没有进步). ¶～彼の言うことにも一理ある búguò tā shuō de yě yǒu jǐ fēn dàoli(不过他说的也有点儿道理). ¶～あの映画は面白かった nàge diànyǐng kě zhēn yǒu yìsi(那个电影可真有意思).

しかじか【然然】 děngděng(等等), yúnyún(云云). ¶～の理由で出席できません yóuyú rúcǐ zhèbān de lǐyóu bùnéng chūxí(由于如此这般的理由不能出席). ¶これこれ～と事情を説明する rúcǐ děngděng shuōmíng qíngkuàng(如此等等说明情况).

じがじさん【自画自贊】 zì chuī zì léi(自吹自擂), zì mài zì kuā(自卖自夸). ¶経済白書は政府の～に終始している jīngjì báipíshū jìngshì zhèngfǔ de zìwǒ chuīxū(经济白皮书净是政府的自我吹嘘).

しかず【如かず】 bùrú(不如), mòrú(莫如), mòruò(莫若). ¶百聞は一見に～ bǎi wén bùrú yí jiàn(百闻不如一见). ¶三十六計逃げるに～ sānshíliù cè, zǒu wéi shàngcè(三十六策, 走为上策).

じかせん【耳下腺】 ěrxiàxiàn(耳下腺), sāixiàn(腮腺). ¶流行性～炎 liúxíngxìng sāixiànyán(流行性腮腺炎)/ zhàsai(痄腮).

じがぞう【自画像】 zìhuàxiàng(自画像).

しかた【仕方】 zuòfǎ(做法), fāngfǎ(方法), bànfǎ(办法), fázi(法子). ¶勉強の～が間違っている xuéxí fāngfǎ bú duìtou(学习方法不对头). ¶この子は掃除の～も知らない zhè háizi lián zěnme dǎsǎo yě bù zhīdào(这孩子连怎么打扫也不知道). ¶～がないので家まで歩いて帰った bùdéyǐ[没奈何]zhǐhǎo zǒuzhe huíle jiā(不得已[没奈何]只好走着回了家). ¶すんでしまったことは～がない guòqule de shì yòu yǒu shénme bànfǎ?(过去了的事又有什么办法?). ¶君の頼みとあらば～がない, 承知した nǐ de qǐngqiú wúfǎ tuīcí, wǒ dāying le(你的请求无法推辞, 我答应了). ¶～なくあきらめた zhǐhǎo sǐle xīn le(只好死了心了)/ méi ˇfǎr[ˇzhér] zhǐhǎo lādǎo le(没ˇ法儿[ˇ辙儿]只好拉倒了). ¶1万円ばかりあっても～がない yǒu yíwàn rìyuán yě wújǐyòushì(有一万日元也无济于事). ¶今更悔やんでも～がない shì dào rújīn hòuhuǐ yě méiyǒu yòng(事到如今后悔也没有用). ¶お前はほんとに～のない奴だ duì nǐ kě zhēn shì méi bànfǎ(对你可真是没办法). ¶眠くて～がない kùnde ˇbùdéliǎo[ˇyàomìng](困得ˇ不得了[ˇ要命]). ¶学校が嫌で～がない shàngxué wǒ kě tǎoyàn jíle(上学我可讨厌极了). ¶ステレオが欲しくて～がない xiǎng yào lìtǐshēng chàngjī xiǎngde yàomìng(想要立体声唱机想得要命).

じがためた【地固め】 hāngdì(夯地), dǎhāng(打夯), dǎ dìjī(打地基). ¶～してから家を建てる dǎhǎo dìjī zài gài fángzi(打好地基再盖房子). ¶会社創立の～ができた chuàngbàn gōngsī de jīchǔ dǎhǎo le(创办公司的基础打好了).

しかつ【死活】 sǐhuó(死活), shēngsǐ(生死). ¶この事は我々漁民の～にかかわる zhè shì guānxìdào wǒmen yúmín de sǐhuó(这事关系到我们渔民的死活).
¶～問題 shēngsǐ cúnwáng[shēngsǐ yōuguān] de wèntí(生死存亡[生死攸关]的问题).

じかつ【自活】 zì shí qí lì(自食其力). ¶～の

しかつめらしい

しかつめらし・い ¶先生は〜い顔をして教室に入って来た lǎoshī dàomào-ànrán de zǒujìn jiàoshìli lai(老师道貌岸然地走进教室里来). ¶あの人はいつも〜い話ばかりするよ tā jìng shuō yìběn-zhèngjīng de huà(他净说一本正经的话).

しかな・い ¶私は〜い小役人だ wǒ zhǐ búguò shì wēibùzúdào de xiǎoguānlì(我只不过是微不足道的小官吏). ¶〜い暮しを送る guò qióng rìzi(过穷日子).

じがね【地金】 tāi[r](胎儿). ¶この花瓶の〜は青銅だ zhège huāpíng de tāir shì qīngtóng de(这个花瓶的胎儿是青铜的). ¶あいつもだんだん〜が出てきた nà xiǎozi jiànjiàn "lòuchū mǎjiǎo" lai(了露陷)(那小子渐渐"露出马脚来"(露相)了).

しかばね【屍】 shīshī(死尸), shīshēn(尸身), shīshou(尸首), shītǐ(尸体). ¶〜を乗り越えて進む qiánpū-hòujì de xiàng qián jìn(前仆后继地向前进). ¶生ける〜 xíng shī zǒu ròu(行尸走肉).

しかみつ・く ¶子供は母親に〜いて離れようとしない háizi sǐ bàozhù māma bú fàng(孩子死死抱住妈妈不放). ¶机に〜いて勉強する pāzài zhuōzi shang xīmíng yònggōng(趴在桌子上死命用功). ¶地位に〜く sǐ bàzhe dìwèi bú fàng(死把着地位不放).

しかめっつら【顰めっ面】 ¶何が気に入らないのか〜をしている tā bù zhī yǒu shénme bùmǎn bǎnzhe miànkǒng(不知有什么不满板着面孔).

しか・める【顰める】 zhòuméi(皱眉), pícùn(颦蹙). ¶痛さに顔を〜めた téngde zhòuqǐ méi lai(疼得皱起眉来).

しかも【然も】 **1**〔その上〕yòu(又), ér(而), érqiě(而且), bìngqiě(并且). ¶彼女は美人で頭がよい tā zhǎngde piàoliang yòu cōngming(她长得漂亮又聪明). ¶彼は3か国語を話す, 〜じょうずに tā huì shuō sān zhǒng yǔyán, érqiě shuōde dōu hěn liúlì(他会说三种语言, 而且说得都很流利).

2〔それなのに〕ér(而), què(却). ¶全力を尽して〜負けたのは仕方がない jiéjìn quánlì shūle, wènxīn wúkuì(竭尽全力输了, 问心无愧). ¶彼はあれほど財産があって〜満足していない tā suīrán yǒu nàme duō cáichǎn, què bù zhīzú(他虽然有那么多财产, 却不知足).

しがらみ【柵】 ¶恋の〜 àiliàn de jīchán(爱恋的羁绊). ¶浮き世の〜 shìsú chényuán jībàn(世俗尘缘羁绊).

しか・る【叱る】 shuō(说), xùn(训), cī[r](呲[儿]), cēng(噌), pīpíng(批评), zébèi(责备), zéguài(责怪), zěmà(责骂), chìzé(叱责), chìmà(叱骂), chìmà(斥骂). ¶宿題を忘れて先生に〜られた wàngle zuò zuòyè áile lǎoshī yí dùn pīpíng(忘了做作业挨了老师一顿批评). ¶頭ごなしに〜るのでなく子供の言うことも聞いてやりなさい nǐ bié pītóu yí dà, yě gāi tīng-

tīng háizi de huà(你别劈头一大骂, 也该听听孩子的话). ¶厳しく〜りつける yánlì pīpíng(严厉批评).

しかるべき【然るべき】 ¶彼等は罰せられて〜だ tāmen shòufá shì lǐ suǒ dāngrán de(他们受罚是理所当然的). ¶いずれ〜人を介してお願いにあがります gǎirì tōngguò qiàdàng de rén lái bàituō(改日通过恰当的人来拜托). ¶〜手段を講ずる cǎiqǔ yīng yǒu de cuòshī(采取应有的措施).

しかるべく【然るべく】 ¶〜御配慮のほどお願い致します qǐng jǐyǔ shìdàng de zhàogù(请给予适当的照顾)/ qǐng tuǒwéi zhàoliào(请妥为照料).

シガレット zhǐyān(纸烟), xiāngyān(香烟), yānjuǎn[r](烟卷儿), juǎnyān(卷烟). ¶〜ケース yānhé(烟盒). 〜ホルダー yānzuǐ[r](烟嘴儿).

しかん【士官】 jūnguān(军官). ¶陸軍〜学校 lùjūn jūnguān xuéxiào(陆军军官学校).

しかん【子癇】 zǐxián(子痫).

しかん【弛緩】 sōngchí(松弛), huànsàn(涣散). ¶筋肉が〜する jīròu sōngchí(肌肉松弛). ¶精神が〜する jīngshén huànsàn(精神涣散).

しかん【志願】 zhìyuàn(志愿), zìyuàn(自愿). ¶A大学への入学を〜する bàomíng rù A dàxué(报名入A大学). ¶彼は〜して僻地に赴いた tā zìyuàn dào qióngxiāng-pìrǎng qù le(他自愿到穷乡僻壤去了).

¶〜兵 zhìyuànbīng(志愿兵). 入学〜者 yìngkǎozhě(应考者)/ bàokǎozhě(报考者).

じかん【次官】 cìzhǎng(次长), fùbùzhǎng(副部长).

じかん【時間】 **1** shíjiān(时间), gōngfu(工夫), shíchén(时辰), chénguāng(辰光). 〔単位〕xiǎoshí(小时), zhōngtóu(钟头). ¶発車までにはまだ〜がある lí kāichē hái yǒuxiē gōngfu(离开车还有些工夫). ¶忙しくて新聞を読む〜もない mángde liánkàn bào de gōngfu yě méiyǒu(忙得连看报的工夫也没有). ¶〜がなくなって仕事がいい加減になった yīn gǎn shíjiān, gōngzuò mǎhu le(因赶时间, 工作马虎了). ¶〜がたつにつれ人々の不安は強まった suízhe shíjiān de tuīyí, rénmen yuèfā bù'ān le(随着时间的推移, 人们越不安了). ¶そんな事をしても〜の無駄だ nàme gǎo yě báifèi shíjiān(那么搞也白费时间). ¶〜の許す限り出席します zhǐyào shíjiān yǔnxǔ, jǐnliàng chūxí(只要时间允许, 尽量出席). ¶それは〜の問題だ nà zhǐshì shíjiānshang de wèntí(那只是时间上的问题).

¶少し考える〜を下さい gěi wǒ diǎn[r] shíjiān, ràng wǒ kǎolǜ kǎolǜ(给我点儿时间, 让我考虑考虑). ¶そこまでやるのは〜的に見て無理だ yào zuòdào nà yī céng, cóng shíjiān shang lái kàn shì bù kěnéng de(要做到那一层, 从时间上来看是不可能的). ¶〜つぶしに映画を見た kàn diànyǐng xiāomó shíjiān(看电影消磨时间). ¶〜〜決めで自動車を借りる àn zhōngdiǎn lín qìchē(按钟点赁汽车). ¶そこまで歩いて何〜かかりますか dào nàli zǒuzhe qù děi yào jǐ ge xiǎoshí?(到那里走着去得要几个小时?).

¶2～ぶっ通しにしゃべった yìkǒuqì jiǎngle liǎng ge zhōngtóu(一口气讲了两个钟头). ¶6～おきに薬を飲む měi gé liù xiǎoshí chī yào(每隔六小时吃药). ¶休憩～は30分だ xiūxi shíjiān shì sānshí fēnzhōng(休息时间是三十分钟).

¶～外勤務 jiābān(加班)/ jiābān jiādiǎn(加班加点). ～給 jìshí gōngzī(计时工资). ～給水 dìngshí gōngshuǐ(定时供水). ～帯 shíduàn(时段). ～割 gōngkèbiǎo(功课表)/ kèchéngbiǎo(课程表)/ kèbiǎo(课表).

2〔時刻〕shíjiān (时间), shíkè (时刻), zhōngdiǎn[r] (钟点[儿]). ¶そろそろ～ですよ kuàiyào dào ˇshíjiān[diǎn] le (快要到ˇ时间[点]了). ¶時計がないので～が分らない méiyǒu biǎo, bùzhī xiànzài shì shénme shíhou (没有表,不知现在是什么时候). ¶出発～が迫って chūfā shíjiān línjìn (出发时间临近). ¶毎日帰りの～が遅い měitiān huíjiā shíjiān hěn wǎn (每天回家时间很晚). ¶約束の～に間に合わなかった méi gǎnshàng yuēdìng de shíjiān (没赶上约定的时间). ¶ー厳守のこと zūnshǒu shíjiān (遵守时间)/ yánshǒu shíkè (严守时刻). ¶日本～で午前6時 Rìběn shíjiān shàngwǔ liù diǎn (日本时间上午六点).

しき【式】1〔儀式〕yíshì (仪式), diǎnlǐ (典礼). ¶～をあげる jǔxíng hūnlǐ (举行婚礼).
¶開会～ kāimùshì (开幕式).
2〔方式〕¶ウェード～ Wēituǒmǎ shì (威妥玛式). 電動～ diàndòngshì (电动式).
3〔数学などの〕shìzi (式子). ¶～をたてる lì shìzi (立式子).
¶化学～ huàxuéshì (化学式). 代数～ dàishùshì (代数式). 方程～ fāngchéngshì (方程式)/ fāngchéng (方程).

しき【士気】shìqì (士气). ¶第1戦に勝ってチームの～は大いにあがった yíngle dìyī lún bǐsài, shìqì gāo'áng le (赢了第一轮比赛,士气高昂了). ¶～を鼓舞する gǔwǔ shìqì (鼓舞士气). ¶～に影響する yǐngxiǎng shìqì (影响士气).

しき【四季】sìjì (四季). ¶日本の気候は～の変化に富んでいる Rìběn de qìhòu fùyú sìjì biànhuà (日本的气候富于四季变化).

しき【死期】sǐqī (死期). ¶～が迫る sǐqī línjìn (死期临近). ¶心労が彼女の～を早めた dāoxīn láoshén jiāsùle tā de sǐqī (操心劳神加速了她的死期).

しき【指揮】zhǐhuī (指挥). ¶小隊の～をとる zhǐhuī xiǎoduì (指挥小队). ¶オーケストラを～する zhǐhuī guǎnxiányuèduì (指挥管弦乐队).
¶ー官 zhǐhuīguān (指挥官). ～系統 zhǐhuī xìtǒng (指挥系统). ～者 zhǐhuī (指挥). ～棒 zhǐhuībàng (指挥棒).

-しき【敷】¶土瓶～ cháhúdiànr (茶壶垫儿). 鍋～ guōdiànr (锅垫儿).

じき【直】1〔時間的に〕jiù (就), kuài (快), mǎshàng (马上). ¶もう～夏休だ kuàiyào fàng shǔjià le (快要放暑假了). ¶少し横になっていれば～よくなります shāo tǎng yíhuìr jiù huì hǎo de (稍躺一会儿就会好的).
2〔距離的に〕¶駅ならその角を曲がると～です chēzhàn wǎng nàge shízì lùkǒu yì guǎi jiùshì (车站往那个十字路口一拐就是).

じき【次期】xiàqī (下期); xiàjiè (下届). ¶彼は～首相の呼び声が高い tā dāng xiàjiè shǒuxiàng de hūshēng hěn gāo (他当下届首相的呼声很高).
¶ー繰越 jiézhuǎn xiàqī (结转下期).

じき【時季】jìjié (季节). ¶もう紅葉の～は過ぎた yǐjing guòle hóngyè de jìjié le (已经过了红叶的季节).

じき【時期】shíqī (时期), shíhou (时候). ¶一年中で今が一番忙しい～だ xiànzài shì yì nián zhī zhōng zuì máng de shíhou (现在是一年之中最忙的时候). ¶～尚早のうらみがある kěxī wéi shí shàng zǎo (可惜为时尚早). ¶一～彼はA社に勤めていた yí ge shíqī[yǒu yì chéngzi] tā zài A gōngsī gōngzuò (一个时期[有一程子]他在A公司工作).

じき【時機】shíjī (时机), jīhuì (机会). ¶今がこの仕事から手を引く～だ xiànzài zhènghǎo shì cóng zhège gōngzuò bátuǐ de shíjí (现在正好是从这个工作拔腿的时机). ¶～を見て私から話そう kàn jīhuì yóu wǒ lái shuō (看机会由我来说). ¶反撃の～をうかがう sìjī fǎngōng (伺机反攻).

じき【磁気】cíxìng (磁性). ¶～嵐 cíbào (磁暴). ～機雷 cíxìng shuǐléi (磁性水雷). ～テープ cídài (磁带).

じき【磁器】cíqì (瓷器).

じき【字義】zìyì (字义). ¶～通りに解釈する zhào zìyì lái jiěshì (照字义来解释).

じき【児戯】érxì (儿戏). ¶彼等の行為は～に等しい tāmen de xíngwéi jiǎnzhí shì érxì (他们的行为简直是儿戏).

じき【時宜】shíyí (时宜). ¶その処置は～にかなっている shì hěn ˇhé shíyí[shìshí] (那处置很ˇ合时宜[适时]).

しきい【敷居】ménkǎn (门槛·门坎), ménxiàn (门限). ¶久し振りなので～が高い hǎojiǔ méi lái wènhòu, bù hǎoyìsi dēngmén bàifǎng (好久没来问候,不好意思登门拜访). ¶二度とこの家の～をまたぐな zài yě bié dēng jiāmén (再也别登家门).

しきいし【敷石】pūlùshí (铺路石).

しきうつし【敷写し】～ miáo (描), miáomó (描摹); chāoxí (抄袭). ¶この小説は《水滸伝》の～だ zhè běn xiǎoshuō mófǎng《Shuǐhǔ》, yīyàng huà húlu (这本小说模仿《水浒》,依样画葫芦) この小説は簡直是抄袭《水浒》.

しきがわ 1【敷皮】pírùzi (皮褥子), pídiànr (皮垫儿).
2【敷革】xiédiànr (鞋垫儿).

しききん【敷金】yāzū (押租).

しきさい【色彩】sècǎi (色彩). ¶鮮やかな～のポスター xiānyàn duómù[sècǎi xiānmíng] de hǎibào (鲜艳夺目[色彩鲜明]的海报). ¶彼女は～感覚が豊かだ tā fùyǒu sècǎigǎn (她富

有色彩感). ¶政治的～のない団体 méiyǒu zhèngzhì sècǎi de tuántǐ(没有政治色彩的团体).

しきし【色紙】 hòupiàn fāngzhǐjiān(厚片方纸笺).

しきじ【式辞】 zhìcí(致辞・致词). ¶開会式で～を述べる zài kāimù diǎnlǐ shang zhìcí(在开幕典礼上致词).

しきじ【識字】 shízí(识字). ¶～運動 sǎománg yùndòng(扫盲运动). ～率 shízìlǜ(识字率).

じきじき【直直】 zhíjiē(直接), dāngmiàn(当面). ¶これは社長～の頼みだ zhè shì zǒngjīnglǐ qīnzì wěituō de(这是总经理亲自委托的). ¶～にお渡しするよう申しつかって来ました tā zhǔfù wǒ zhíjiē jiāogěi nín(他嘱咐我直接交给您).

しきしだい【式次第】 yíshì chéngxù(仪式程序).

しきしゃ【識者】 ¶各界の～に意見をきく xiàng gèjiè ˇyǒushí zhī shì[yǒu jiànshi de rén] zhēngqiú yìjiàn(向各界ˇ有识之士[有见识的人]征求意见).

しきじょう【式場】 ¶卒業式の～ bìyè diǎnlǐ de huìchǎng(毕业典礼的会场).

しきじょう【色情】 sèqíng(色情). ¶～狂 sèqíngkuáng(色情狂).

しきそ【色素】 sèsù(色素).

じきそ【直訴】 yuèsù(越诉). ¶大臣に～する xiàng bùzhǎng zhíjiē shēnsù(向部长直接申诉)/ zhíjiē xiàng dàchén gàozhuàng(直接向大臣告状).

しきたり【仕来り】 lǎolì(老例), guànlì(惯例), chánggūi(常规), guījǔ(规矩). ¶これが我が家の～だ zhè shì wǒ jiā de lǎoguījǔ(这是我家的老规矩). ¶古い～にとらわれる mòshǒu ˇchéngguī[chénguī]ˇ成规[陈规])/ shuài yóu jiù zhāng(率由旧章).

ジギタリス yángdìhuáng(洋地黄), máodìhuáng(毛地黄).

しきち【敷地】 dìpán(地盘). ¶家の～ fángjī(房基). ¶～いっぱいに家を建てる yòng zhěnggè dìpí gài fángzi(用整个地皮盖房子).

しきちょう【色調】 sèdiào(色调). ¶淡い～の絵 sèdiào dàn de huà(色调淡的画).

しきつ・める【敷き詰める】 ¶参道には玉砂利が～めてある yǒngdào shang pūmǎnle luǎnshí(甬道上铺满了卵石).

しきてん【式典】 yíshì(仪式), diǎnlǐ(典礼).

じきでん【直伝】 qīnchuán(亲传). ¶師匠～のわざ shīfu qīnchuán de shǒuyì(师傅亲传的手艺).

じきに【直に】 →じき(直)1.

じきひつ【直筆】 qīnbǐ(亲笔). ¶～の手紙 qīnbǐxìn(亲笔信).

しきふ【敷布】 chuángdān(床单), rùdān(褥单). ¶～を敷く pū rùdān(铺褥单).

しきふく【式服】 lǐfú(礼服).

しきぶとん【敷布団】 rùzi(褥子).

しきべつ【識別】 shíbié(识别), biànbié(辨别), biànshí(辨识), biànrèn(辨认). ¶両者の違いは判然とは～し難い liǎngzhě de chāyì nányǐ míngquè shíbié(两者的差异难以明确识别).

しきま【色魔】 sèqíngkuáng(色情狂), sèláng(色狼), sèguǐ(色鬼).

しきもう【色盲】 sèmáng(色盲). ¶赤緑～ hónglǜ sèmáng(红绿色盲).

しきもの【敷物】 diànzi(垫子), zuòdiàn(坐垫), pūdiàn(铺垫).

じぎゃく【自虐】 zìwǒ zhémó(自我折磨).

しきゅう【子宮】 zǐgōng(子宫). ¶～外妊娠 gōngwàiyùn(宫外孕).

しきゅう【支給】 zhīfù(支付), bōfù(拨付), fā(发), kāifa(开发), bōfā(拨发). ¶旅費を～する zhīfù lǚfèi(支付旅费). ¶作業衣を～する fā gōngzuòfú(发工作服).

しきゅう【至急】 huǒjí(火急), huǒsù(火速), gǎnkuài(赶快), gǎnjǐn(赶紧), jiājǐn(加紧). ¶傷の手当は～を要する zhège shāng yào gǎnkuài zhìliáo(这个伤要赶快治疗). ¶～お目にかかってお話ししたい事があります yǒu jiàn jíshì xiǎng hé nín dāngmiàn tántán(有件急事想和您当面谈谈). ¶～準備をして下さい qǐng jiājǐn zhǔnbèi(请加紧准备). ¶大～御返事下さい qǐng gǎnkuài huíxìn(请赶快回信).

じきゅう【自給】 zìjǐ(自给). ¶我が国は食糧を～できない wǒguó liángshi bùnéng zìjǐ(我国粮食不能自给). ¶～自足 zìjǐ-zìzú(自给自足).

じきゅう【持久】 chíjiǔ(持久). ¶～戦 chíjiǔzhàn(持久战). ¶～力 chíjiǔlì(持久力)/ nàijiǔlì(耐久力).

じきゅう【時給】 jìshí gōngzī(计时工资). ¶～1000円のアルバイト yì xiǎoshí yìqiān rìyuán de dǎgōng(一小时一千日元的打工).

しきょ【死去】 qùshì(去世), shìshì(逝世), xiānshì(仙逝), qùshì(故世), gùqù(故去), wánggù(亡故). ¶母は今朝8時に～しました mǔqin yú jīnchén bā diǎn qùshì le(母亲于今晨八点去世了).

じきょ【辞去】 gàocí(告辞), cíbié(辞别). ¶早々に～した hěn kuài jiù gàocí le(很快就告辞了).

しきょう【司教】 zhǔjiào(主教).

しきょう【市況】 shìmiàn[r](市面[儿]). ¶～が活発だ shìmiàn fánróng(市面繁荣). ¶～は閑散としている shìmiàn xiāotiáo(市面萧条).

しぎょう【始業】 shàngbān(上班);[学業の]shǐyè(始业), shàngkè(上课). ¶工場の～のベルが鳴っている gōngchǎng de shàngbānlíng xiǎngzhe(工厂的上班铃响着). ¶学校の～時間は8時30分だ xuéxiào kāishǐ shàngkè de shíjiān shì bā diǎn bàn(学校开始上课的时间是八点半).
¶～式 kāixué diǎnlǐ(开学典礼)/ shǐyèshì(始业式).

じきょう【自供】 zìgòng(自供), zhāogòng(招供). ¶彼女は犯行を～をした tā ˇgòngchū[tǎnbái/jiāodài]le zìjǐ de zuìxíng(她ˇ供出[坦白/交代]了自己的罪行). ¶～どおり現場付近から凶器が発見された yī fànrén de zìgòng, zài xiànchǎng fùjìn fāxiànle xiōngqì

(依犯人的自供,在现场附近发现了凶器).

じぎょう【事業】 1〔社会的な仕事〕shìyè(事业).¶あの人は社会に生涯を捧げた tā bǎ zìjǐ de yìshēng xiàngěile shèhuì fúlì shìyè(他把自己的一生献给了社会福利事业).
¶公共~ gōnggòng shìyè(公共事业).
2〔企業〕qǐyè(企业).¶~を起す chuàngbàn qǐyè(创办企业).¶彼は~に失敗して無一文になった tā de shìyè shībài, luòde yì wén bù míng(他的事业失败,落得一文不名).
~家 qǐyèjiā(企业家)/ 実業家 shíyèjiā(实业家).~ 資本 qǐyè zīběn(企业资本).~ 税 qǐyèshuì(企业税).

しきょうひん【試供品】 shìxiāopǐn(试销品).
しきよく【色欲】 sèyù(色欲), qíngyù(情欲).
しきょく【支局】 fēnshè(分社), fēnjú(分局).
¶A新聞ロンドン〜発 A bào Lúndūn fēnshè diàn(A报伦敦分社电).

じきょく【時局】 shíjú(时局).¶今や我が国は重大な〜に直面している dāngqián wǒguó zhèng miànlín yánzhòng de júmiàn(当前我国正面临严重的局面).¶〜を収拾する shōushi shíjú(收拾时局).
¶〜演説会 shízhèng bàogàohuì(时政报告会).

じきょくく【磁極】 cíjí(磁极).

しきり【仕切】 1〔境〕géduàn(隔断), géshan(隔扇・槅扇).¶ついたてを置いて部屋の〜にする fàng ge píngfēng bǎ fángjiān géqilai(放个屏风把房间隔起来).¶トランクのまんなかに厚紙で〜をする píxiāng zhōngjiān yòng bǎnzhǐ gékāi(皮箱中间用板纸隔开).
2〔決算〕¶月末に〜をする zài yuèdǐ jiézhàng(在月底结账).
¶〜書 fādān(发单)/ fāhuòdān(发货单)/ fāpiào(发票)/ fāhuòpiào(发货票)/ jiézhàngdān(结账单).

しきりに【頻りに】 ¶彼女から〜手紙が来た tā 'zàisān[lǚsān] lái xìn(她"再三[屡次]来信).¶電話が〜かかってくる diànhuà jiēlián búduàn dǎlai(电话接连不断打来).¶〜うなずく pínpín diǎntóu(频频点头).¶彼は〜時間を気にしている tā zǒng zàiyì shíjiān(他总惦着时间).¶雨が〜降っている yǔ xià ge bù tíng(雨下个不停)/ yǔ yígèjìnr de xià(雨一个劲儿地下).¶〜息子に会いたがった tā zǒng pànzhe jiàn tā de érzi(她总盼着见她的儿子).

しき・る【仕切る】 1〔区切る〕gé(隔), gékāi(隔开), jiàngé(间隔).¶部屋をカーテンで2つに〜る yòng liánzi bǎ wūzi géchéng liǎng jiān(用帘子把屋子隔成两间).
2〔決算を屋る〕jiézhàng(结账), qīngzhàng(清账).¶月末で〜る zài yuèdǐ qīngzhàng(在月底清账).

しきん【至近】 ¶〜距離から発砲する yóu jìjìn jùlí kāiqiāng(由极近距离开枪).
¶〜弾 jíjìndàn(极近弹).

しきん【資金】 zījīn(资金).¶福祉施設建設のために〜を集める wèi shèlì fúlì shèshī "chóují zījīn[jízī]"(为设立福利设施"筹集资金[集资]).¶〜源が枯渇した zījīn láiyuán kūjié le(资金来源枯竭了).¶住宅〜をためる jīzǎn gòumǎi zhùzhái de zījīn(积攒购买住宅的资金).¶運動〜を調達する chóucuò yùndòng zījīn(筹措运动资金).
¶回転〜 zhōuzhuǎn zījīn(周转资金).

しぎん【詩吟】 yínshī(吟诗), yínyǒng shīcí(吟咏诗词).

しきんぐり【資金繰り】 ¶〜がつかず,倒産に追い込まれる yóuyú zījīn zhōuzhuǎn bù líng bèi pò pòchǎn dǎobì(由于资金周转不灵被迫破产倒闭).

しきんせき【試金石】 shìjīnshí(试金石).¶今度の仕事は彼にとって〜だ zhè cì gōngzuò duì tā shì ge shìjīnshí(这次工作对他是个试金石).

し・く【如く】 ¶用心するに〜はない bùrú dīfang xiē hǎo(不如提防些好).

し・く【敷く】 1〔広げる〕pū(铺).¶道に砂利を〜く wǎng lùshàng pū shítouzǐr(往路上铺石头子儿).¶じゅうたんを〜く pū dìtǎn(铺地毯).¶布団ぐらいは自分で〜きなさい bèirù hái bú zìjǐ pū(被褥还不自己铺).
2〔下敷にする〕diàn(垫), pūdiàn(铺垫).¶座布団を〜く diànshàng ge diànzi(垫上个垫子).¶亭主を尻に〜く lǎopo zhǎngquán(老婆掌权).
3〔設置する,配置する〕pū(铺), pūshè(铺设), fūshè(敷设).¶鉄道を〜く pū[fūshè] tiělù(铺[敷设]铁路).¶背水の陣を〜く bǎi bèishuǐzhèn(摆背水阵)/ bèi shuǐ bǎi zhèn(背水摆阵).
4¶戒厳令を〜く shíxíng jièyán(实行戒严).
¶善政を〜く shīxíng shànzhèng(施行善政).

じく【軸】 1〔回転軸〕zhóu(轴), lúnzhóu(轮轴), zhóuxīn(轴心).¶車〜 chēzhóu(车轴).
2〔中軸〕¶A選手がそのチームの〜となっている A xuǎnshǒu shì nàge duì de gǔgàn(A选手是那个队的骨干).
3〔数学の軸〕zhóu(轴).¶横〜をx,縦〜をyとする héngzuòbiāozhóu wéi x, zòngzuòbiāozhóu wéi y(横坐标轴为x,纵坐标轴为y).
4〔掛軸〕huàzhóu(画轴).¶〜を掛ける guà huàzhóu(挂画轴).
5〔ペンなどの〕gǎn[r](杆[儿]), gǎnzi(杆子).¶ペン〜 bǐgǎn(笔杆儿).マッチの〜 huǒcháigǎn(火柴杆儿)/ huǒcháigùn(火柴棍儿).

じく【字句】 zìjù(字句), cíjù(词句).¶法案の〜を修正する xiūzhèng fǎ'àn de zìjù(修正法案的字句).

じくうけ【軸受】 zhóuchéng(轴承).

しぐさ【仕草】 dòngzuò(动作).¶手を振ってあっちへ行けという〜をする bǎishǒu shìyì jiào rén zǒukāi(摆手示意叫人走开).

ジグザグ zhīzìxíng(之字形).¶〜の道 zhīzìlù(之字路).

じくじ【忸怩】 xiūcán(羞惭), xiūkuì(羞愧).
¶内心〜たるものがある xīnlǐ gǎndào bùshèng xiūkuì(心里感到不胜羞愧).

しくしく ¶女の子が〜泣いている yí ge nǚháizi kūde "chōuchōuyēyē[chōuchōudādā] de(一个

女孩子哭得 抽抽喳喳[抽抽搭搭]的). ¶腹がーッと痛む dùzi 'yǒudiǎnr sīsīlālā de tòng[yǐnyǐn zuòtòng](肚子 有点儿丝丝拉拉地痛[隐隐作痛]).

じくじく【―】傷が膿んで~する shāng huànóng shīlùlù de(伤化脓湿漉漉的).

しく・る【仕損る】zá(砸), záguō(砸锅), zāigēntou(栽跟头), zuòbièzi(噘麤子). ¶大事な仕事をーった dà zhòngyào de shì gěi bànzá le(把重要的事给办砸了). ¶面接試験を~った kǒushì kě 'zále guō[zāile gēntou] le(口试可 砸了锅[栽了跟头]).

ジグソーパズル pīnbǎn wánjù(拼板玩具). ¶500 ピースの~ wǔbǎi kuài de pīnbǎn wánjù(五百块的拼板玩具).

しくつ【試掘】zuāntàn(钻探), tànjǐng(探井), tànkuàng(探矿).

シグナル xìnhào(信号); xìnhàodēng(信号灯).

しくはっく【四苦八苦】¶費用をかき集めるのに~している wèile chóucuò fèiyong fèijìn xīnjī(为了筹措费用费尽心机). ¶~してレポートを書き上げた jiǎojìn nǎozhī xiěle bàogào(绞尽脑汁写了报告).

しくみ【仕組】gòuzào(构造), jiégòu(结构), zhuāngzhì(装置), jīlǐ(机理), jīzhì(机制). ¶この機械の~は複雑だ zhège jīqì de jiégòu hěn fùzá(这个机器的结构很复杂). ¶社会の~を変えなければ世の中はよくならない bù gǎibiàn shèhuì jiégòu shìdào hǎobuliǎo(不改变社会结构世道好不了).

しく・む【仕組む】¶これは巧妙に~された罠だ zhè shì qiǎomiào bùxià de quāntào(这是巧妙布下的圈套). ¶私がそう言わざるを得ないように~んだな nǐmen qiǎomiào ānpái jiào wǒ bùdé bù zhème shuō a!(你们巧妙安排叫我不得不这么说啊!).

シクラメン xiānkèlái(仙客来), tùzihuā(兔子花), tù'ěrhuā(兔耳花).

しぐれ【時雨】¶~の降る日 xiàzhe wǎnqiū xiǎoyǔ de yì tiān(下着晚秋小雨的一天).

しけ【時化】¶漁船は~にあって沈没した yúchuán yù fēngbào chénmò le(渔船遇风暴沉没了). ¶~で魚市場は閑散としている yóuyú bǔhuòliàng shǎo, xiānyú shìchǎng fēicháng lěngqīng(由于捕获量少, 鲜鱼市场非常冷清). ¶どの映画館もひどい~続きだ nǎ jiā diànyǐngyuàn dōu yìzhí xīxī-luòluò de(哪家电影院都一直稀稀落落的).

しけい【死刑】sǐxíng(死刑). ¶~に処する chǔjué(处决). ¶~囚 sǐqiú(死囚).

しけい【私刑】sīxíng(私刑).

しけい【紙型】zhǐxíng(纸型), zhǐbǎn(纸版). ¶~をとる dǎ zhǐxíng(打纸型).

じけい【字形】zìxíng(字形).

じけい【次兄】èrgē(二哥).

しげき【刺激】cìjī(刺激). ¶局部に~を与える cìjī júbù(刺激局部). ¶車の音が神経を~して眠れない qìchē de shēngyīn cìjī shénjīng shuìbuzháo jiào(汽车的声音刺激神经睡不着觉).

¶~物は胃によくない cìjīxìng de dōngxi wèi bù hǎo(刺激性的东西对胃不好). ¶この映画は~が強過ぎる zhège diànyǐng cìjī tài dà(这个电影刺激太大). ¶今度のことは彼によい~になっただろう zhè cì de shì duì tā shì ge hěn hǎo de cìjī ba(这次的事对他是个很好的刺激吧). ¶公共投資を拡大して経済を~する kuòdà gōnggòng tóuzī cìjī jīngjì(扩大公共投资刺激经济).

しけこむ【―】¶今までどこへ~んでいたんだ zhí dào xiànzài nǐmen dào nǎr pàozhe qù le(直到现在你们到哪儿泡着去了). ¶仕事をサボッて喫茶店に~んでいた tōulǎnr dào cháguǎn pàozhe(偷懒儿到茶馆泡着).

しげしげ【繁繁】1【頻繁に】pínfán(频繁). ¶彼は~と彼女のもとへ通った tā pínfán de shàng tā nàr qù(他频繁地上她那儿去).

2【つくづく】¶彼女は子供の顔を~と見た tā duānxiángzhe háizi de liǎn(她端详着孩子的脸).

しけつ【止血】zhǐxuè(止血). ¶血管をおさえて~する ànzhù xuèguǎn zhǐ xuè(捏住血管止血).

¶~剤 zhǐxuèjì(止血剂).

じけつ【自決】1【自殺】zìshā(自杀), zìjìn(自尽), zìqiāng(自戕). ¶彼は責任をとって~した tā yǐnjiù zìshā le(他引咎自杀了).

2【自決】zìjué(自决). ¶民族~権 mínzú zìjuéquán(民族自决权).

しげみ【茂み】cǎocóng(草丛), shùcóng(树丛). ¶れんぎょうの~ liánqiáo shùcóng(连翘树丛).

し・ける【時化る】¶海が~けて船が出せない hǎishang nào fēngbào, bùnéng chū chuán(海上闹风暴, 不能出船). ¶近頃市場はまったく~けている jìnlái shìchǎng jíqí xiāotiáo(近来市场极其萧条). ¶~けた顔をしてどうしたのか nǐ zhème wújīng-dǎcǎi shì zěnme huí shì?(你这么无精打采是怎么回事?).

し・ける【湿気る】fǎncháo(返潮), shòucháo(受潮). ¶このビスケットは~けている zhè bǐnggān fàng pí le(这饼干放皮了). ¶~けた煙草 shòucháo de xiāngyān(受潮的香烟).

しげ・る【茂る】màoshèng(茂盛), màomì(茂密), fánmào(繁茂), fánshèng(繁盛), fánmì(繁密). ¶青葉の~った大樹 cuìlǜ fánmào de dàshù(翠绿繁茂的大树). ¶庭には雑草が~っていた yuànzili zácǎo cóngshēng(院子里杂草丛生).

しけん【私見】sījiàn(私见), jǐjiàn(己见). ¶~によれば… gēnjù wǒ gèrén de 'jiànjiě[kànfǎ]…(根据我个人的 见解[看法]…).

しけん【試験】1【検査】shìyàn(试验), cèyàn(测验). ¶新型機械の性能を~する xīnxíng jīqì de xìngnéng(试验[测验]新型机器的性能). ¶新製品を~的に使っている shìyànxìng de shǐyòng xīn chǎnpǐn(试验性地使用新产品).

¶~管 shìguǎn(试管). ~管ベビー shìguǎn yīng'ér(试管婴儿). ~紙 shìzhǐ(试纸). ~飛行 shìfēi(试飞). 水産~場 yúyè shìyànzhàn

(漁業試験站). 弾性～ tánxìng shìyàn (弾性試験).

2[考査] kǎoshì (考试), cèyàn (测验). ¶明日数学の～がある míngtiān yǒu shùxué cèyàn (明天有数学测验). ¶高校の入学の～を受ける yìngkǎo gāozhōng (应考高中). ¶～の上採用する jīngguò kǎoshì lùyòng (经过考试录用). ¶大学の入学～に合格した kǎoshàngle dàxué (考上了大学).

¶～科目 kǎoshì kēmù (考试科目). ～官 zhǔkǎo (主考)／jiānkǎo (监考)／kǎoguān (考官). ～場 kǎochǎng (考场)／shìchǎng (试场). ～問題 kǎotí (考题)／shìtí (试题). 筆試～ bǐshì (笔试). 面接～ miànshì (面试).

しげん【至言】¶彼の言ったことはまさに～である tā suǒ shuō de zhēn shì zhìlǐ-míngyán (他所说的真是至理名言).

しげん【資源】zīyuán (资源). ¶～を開発する kāifā zīyuán (开发资源). ¶地下～が豊富だ dìxià zīyuán fēngfù (地下资源丰富).

じけん【事件】shìjiàn (事件), ànjiàn (案件), ànzi (案子). ¶何か大～が起こったらしい hǎoxiàng fāshēngle shénme dà shìjiàn (好像发生了什么大事件). ¶殺人～が解決した shārénàn jiěpò àn le (杀人案破案了). ¶新聞で～の詳細を知った tōngguò bàozhǐ zhīdàole shìjiàn de yuánwěi (通过报纸知道了事件的原委). 弁護士に訴訟の～を依頼する wěituō sùsòng ànjiàn (向律师委托诉讼案件). ¶汚職～が発覚した tānwū shìjiàn bèi fājué le (贪污事件被发觉了).

じげん【次元】dù (度), wéi (维), yuán (元). ¶3～空間 sāndù kōngjiān (三度空间). ¶それとこれとは問題の～が違う nà liǎng ge wèntí de xìngzhì gēnběn bùtóng (那两个问题的性质根本不同).

じげん【時限】**1**¶～爆弾を仕掛ける ānshàng dìngshí zhàdàn (安上定时炸弹).

¶～立法 xiànqī lìfǎ (限期立法).

2[授業などの] jié (节), táng (堂). ¶第1～は化学だ dìyī jié kè shì huàxué (第一节课是化学).

しご【死後】sǐhòu (死后). ¶死体は～1か月を経過している zhège shītǐ sǐhòu yǒu yí ge yuè le (这个尸体死后有一个月了).

¶～硬直 sǐhòu jiāngzhí (死后僵直).

しご【死語】[単語の] sǐle de cí (死了的词); [言語の] sǐyǔyán (死语言).

しご【私語】sīyǔ (私语). ¶～はやめなさい búyào sīyǔ (不要私语).

じこ【自己】zìjǐ (自己), zìwǒ (自我). ¶それは～満足に過ぎない nà zhǐshì zìwǒ mǎnzú bàle (那只是自我满足罢了). ¶嫌悪におちいる xiànrù zìwǒ yànqì de zhuàngtài (陷于自我厌弃的状态). ¶まず自から～紹介をします shǒuxiān yóu wǒ zuò zìwǒ jièshào (首先由我做自我介绍). ¶私のは全くの～流です wǒ zhè wánquán shì zìxué de (我这完全是自学的).

¶～暗示 zìwǒ ànshì (自我暗示). ～否定 zìwǒ fǒudìng (自我否定). ～批判 zìwǒ pīpíng (自我批评).

じこ【事故】shìgù (事故), shì[r] (事[儿]), shìqing (事情), chàzi (岔子), chācuò (差错), shīshì (失事). ¶電車の～で会社に遅れた yóuyú diànchē shìgù wùle shàngbān shíjiān le (由于电车事故误了上班时间了). ¶交通～を起こしてしまった chuǎngle chēhuò (闯了车祸). ¶途中～もなく全員無事帰着した túzhōng wèi chū rènhé ˇshì[shìgù], quántǐ rényuán píng'ān wúshì fǎnhuí le (途中未出任何ˇ事[事故], 全体人员平安无事返回了).

¶飛行機～ fēijī shīshì (飞机失事), kōngnàn (空难).

じご【事後】shìhòu (事后). ¶～に承認を求める shìhòu qǐngqiú pīzhǔn (事后请求批准). ¶～処理が不手際だった shìhòu chǔlǐ búdàng (事后处理不当).

しこう【志向】zhìxiàng (志向). ¶平和共存を～する móuqiú hépíng gòngchǔ (谋求和平共处).

しこう【指向】¶～性アンテナ dìngxiàng tiānxiàn (定向天线).

しこう【私行】¶人の～を暴く jiēlù tārén de sīshēnghuó (揭露他人的私生活).

しこう【思考】sīkǎo (思考). ¶～力が鈍った sīkǎolì chídùn le (思考力迟钝了).

しこう【施工】shīgōng (施工), dònggōng (动工). ¶体育館の建設はA社で～することになった xiūjiàn tǐyùguǎn juédìng yóu A gōngsī shīgōng (修建体育馆决定由A公司施工).

しこう【施行】shīxíng (施行). ¶この法律は公布の日から～する gāi fǎlǜ zì gōngbù zhī rì qǐ shīxíng (该法律自公布之日起施行).

しこう【歯垢】yágòu (牙垢), yáhuā (牙花).

しこう【嗜好】shìhào (嗜好). ¶私と彼とは～が違う wǒ hé tā shìhào bù tóng (我和他嗜好不同).

¶～品 shìhàopǐn (嗜好品).

じこう【事項】shìxiàng (事项), xiàngmù (项目). ¶次の注意～をよく読んでから記入して下さい qǐng yuèdú xiàliè zhùyì shìxiàng hòu tiánxiě (请阅读下列注意事项后填写). ¶会議の最後に決定～を確認する huìyì de zuìhòu quèrèn juédìng de shìxiàng (会议的最后确认决定的事项).

¶調査～ diàochá xiàngmù (调查项目).

じこう【時好】shíshàng (时尚). ¶～に投ずる yínghé shíshàng (迎合时尚).

じこう【時効】shíxiào (时效). ¶殺人罪の～は15年だ shārénzuì shíxiào wéi shíwǔ nián (杀人罪时效为十五年). ¶あの約束はもう～だ nàge yuēyán yǐjing shīxiào le (那个约言已经失效了).

じこう【時候】shílìng (时令). ¶～の挨拶 shílìng de wènhòu (时令的问候). ¶～はずれの暖かさ nuǎnhuode bùhé shílìng (暖和得不合时令).

じごう【次号】xiàqī (下期). ¶以下～ qǐng yuè xiàqī (请阅下期).

しこうさくご【試行錯誤】shìcuòfǎ (试错法).

じごうじとく

¶〜を繰り返してやっと軌道にのせることができた jīngguò duōcì mōsuǒ shíyàn cái zǒushàngle guǐdào(经过多次摸索试验好容易才走上了轨道).

じごうじとく【自業自得】 zì zuò zì shòu(自作自受), zì shí kǔ guǒ(自食苦果), bānqǐ shítou dǎ zìjǐ de jiǎo(搬起石头打自己的脚), zìjiā jué kēng zìjiā mái(自家掘坑自家埋).

じごえ【地声】 ¶これは僕の〜だから仕方がない zhè shì wǒ tiānshēng de sǎngyīn, méi bànfǎ(这是我天生的嗓音,没办法).

しご・く【扱く】 **1** [捋] luō(捋). ¶稲の穂を〜く luō dàosuì(捋稻穗).

2 [鍛える] zhěngzhì(整治). ¶新入生を〜く zhěngzhì xīnshēng(整治新生).

しごく【至極】 zhìjí(至极). ¶**1** 票差で落選とは残念だ yí piào zhī chā luòxuǎn, kěxī zhìjí(一票之差落选,可惜至极). ¶君の言うことは〜もっともだ nǐ shuō de, tiānjīng-dìyì wánquán duì(你说的,天经地义完全对). ¶夫婦仲は〜円満だ fūfù zhī jiān jíwéi hémù(夫妇之间极为和睦).

じこく【自国】 ¶彼はドイツ語を〜語のように話せる tā shuō Déyǔ xiàng shuō běnguóhuà shìde(他说德语像说本国话似的).

じこく【時刻】 shíjiān(时间), shíkè(时刻). ¶約束の〜になったのに彼はまだ現れない dàole yuēdìng de shíjiān hái bú jiàn tā de yǐngzi(到了约定的时间还不见他的影子).

¶〜表 shíkèbiǎo(时刻表).

じごく【地獄】 dìyù(地狱). ¶〜におちる xià dìyù(下地狱). ¶彼は〜で仏に会ったように感じた tā gǎndào xiàng xià dìyù yùdàole púsà yìbān(他感到像是在地狱里遇到了菩萨一般). ¶〜の沙汰も金次第 yǒu qián néng shǐ guǐ tuīmò(有钱能使鬼推磨)/ qián kě tōng shén(钱可通神). ¶爆発現場はまるでこの世の〜だった bàozhà xiànchǎng jiǎnzhí shì huódìyù(爆炸现场简直是活地狱).

じごくみみ【地獄耳】 ¶あの女は〜だ nà nǚrén ěrduo jiān(那女人耳朵尖).

しごせん【子午線】 zǐwǔxiàn(子午线).

しこたま ¶彼は株で〜儲けた tā mǎimài gǔpiào zhuànle yí dà bǐ qián(他买卖股票赚了一大笔钱). ¶食料を〜買いこんできた mǎilaile yí dà duī shípǐn(买来了一大堆食品).

しごと【仕事】 **1** [作業, 労働] gōngzuò(工作), zuògōng(做工), zuòhuór(做活儿), huó[r](活儿), huójì(活计), huólù(活路). ¶今日は〜がはかどった jīntiān gōngzuò hěn shùnlì[chū huór](今天工作很顺利[出活儿]). ¶病人のことが心配で〜が手につかない dānxīn bìngrén, méi xīn gōngzuò(担心病人,没心工作). ¶彼にこの〜は任せられない zhège gōngzuò bùnéng jiāogěi tā(这个工作不能交给他). ¶〜の邪魔をしないでくれ qǐng búyào dǎjiǎo wǒ de gōngzuò(请不要打搅我的工作). ¶こう騒々しくては〜にならない zhème chǎonào jiǎnzhí méifǎr gōngzuò(这么吵闹简直没法儿工作). ¶〜に追われて家庭を顧みる暇がない gōngzuò mángde méiyǒu gōngfu zhàogù jiātíng(工作忙得没有功夫照顾家庭). ¶てきぱきと〜を片付ける tā zuòshì hěn máli(他做事很麻利)/ tā bànshì hěn lìluo(他办事很利落).

¶お〜中ちょっと失礼致します duìbuqǐ, dǎjiǎo nín de gōngzuò(对不起,打搅您的工作). ¶あの職人はいい〜をする nàge gōngjiàng shǒuyì gāo(那个工匠手艺高). ¶あの画家はよい〜を残した nàge huàjiā liúxiàle hǎo zuòpǐn(那个画家留下了好作品).

¶〜着 gōngzuò[láodòng]fú(工作[劳动]服). 〜場 gōngzuò chǎngsuǒ(工作场所)/ gōngfáng(工房)/ zuōfang(作坊). 野良〜 nónghuó(农活)/ tiánjiān láodòng(田间劳动). 針〜 zhēnxiànhuór(针线活儿).

2 [職業, 業務] gōngzuò(工作). ¶お〜は何をしていらっしゃいますか nín zuò shénme gōngzuò a?(您做什么工作啊?). ¶彼女は通訳の〜をしている tā gǎo fānyì gōngzuò(她搞翻译工作). ¶彼は〜がなくて毎日ぶらぶらしている tā méiyǒu gōngzuò, měitiān xiánguàng(他没有工作,每天闲逛). ¶〜で北京に行くことになる yóuyú gōngzuò xūyào dào Běijīng qù(由于工作需要到北京去).

しこ・む【仕込む】 **1** [教え込む] xùnliàn(训练), jiàoliàn(教练). ¶いるかに芸を〜む xùnliàn hǎitún shuǎ bǎxì(训练海豚耍把戏). ¶娘に料理を〜む jiāo nǚ'ér xué pēngrèn(教女儿学烹饪). ¶親方にみっちり〜まれた shòudào shīfu de yángé xùnliàn(受到师傅的严格训练).

2 [仕入れる] gòumǎi(购买), cǎigòu(采购). ¶材料を〜む cǎigòu cáiliào(采购材料). ¶1週間分の食料を〜んできた gòumǎile yí ge xīngqī de shípǐn(购买了一个星期的食品). ¶彼の中国語は本場〜みだ tā de Zhōngguóhuà kě shì zài Zhōngguó xué de, zhēn dìdao(他的中国话可是在中国学的,真地道).

しこり【痼】 gēda(疙瘩). ¶乳房の疙瘩 rǔfáng de gēda(乳房的疙瘩). ¶2 人の間には感情の〜が残っている liǎngrén zhī jiān gǎnqíngshang hái yǒu ˇgēda[géhé/jièdì](两人之间感情上还有ˇ疙瘩[隔阂/芥蒂]).

しこん【歯根】 chǐgēn(齿根), yágēn(牙根).

しさ【示唆】 qǐfā(启发), qǐshì(启示). ¶A 氏の論文には〜されるところが多い A xiānsheng de lùnwén duì wǒ hěn yǒu qǐfā(A 先生的论文对我很有启发). ¶〜に富んだ話 fùyǒu qǐshì de huà(富有启示的话).

じさ【時差】 **1** [標準時の] shíchā(时差). ¶東京と北京では 1 時間の〜がある Dōngjīng yǔ Běijīng zhī jiān yǒu yí ge zhōngtóu de shíchā(东京与北京之间有一个钟头的时差).

2 cuòshí(错时). ¶〜出勤 cuòshí shàng-xiàbān(错时上下班).

しさい【子細】 **1** [詳細] zǐxì(仔细·子细), xiángxì(详细). ¶現地の状況を〜に報告する xiángxiángxì-xì[yìwǔ-yìshí] de bàogào xiànchǎng de zhuàngkuàng(详详细细[一五一十]地报告现场的状况). ¶帳簿を〜に点検する zǐxì[yīyī] jiǎnchá zhàngbù(仔细[一一]检查账簿).

¶ 事の～を説明する shuōmíng ˈxiángxì jīngguò[xiángqíng](说明ˈ详细经过[详情]). ¶ 彼女は何か～ありげな顔をしている tā xiàng yǒu shénme shì shìde(她像有什么事似的).

しさい【司祭】 sīduó(司铎), shénfu(神甫)〈カトリックの〉.

しざい【死罪】 sǐzuì(死罪).

しざい【私財】 sīchǎn(私产). ¶ ～を投じて福祉施設をつくる náchū sīchǎn jiànshè fúlì shèshī(拿出私产建设福利设施).

しざい【資材】 zīcái(资材), cáiliào(材料). ¶ 建築～ jiànzhù cáiliào(建筑材料).

じざい【自在】 zìzài(自在). ¶ 鸟のように～に空を飛んでみたい wǒ xiǎng xiàng niǎor shìde zài tiānkōng zhōng zìzài fēixiáng(我想像鸟儿似的在天空中自在飞翔). ¶ 彼は5か国語を～に操る tā wǔ zhǒng yǔyán yùnyòng zìrú(他五种语言运用自如).

じさかい【地境】 dìjiè(地界).

しさく【思索】 sīsuǒ(思索). ¶ ～にふける yòngxīn sīsuǒ(用心思索)／chénsī(沉思).

しさく【施策】 duìcè(对策), cuòshī(措施). ¶ 政府は何ら具体的な～を持ち合せていない zhèngfǔ méiyǒu rènhé jùtǐ de cuòshī(政府没有任何具体的措施).

しさく【試作】 shìzhì(试制). ¶ この機械はまだ～の段階だ zhège jīqì hái zài shìzhì jiēduàn(这个机器还在试制阶段). ¶ 新しい製品を～する shìzhì xīn chǎnpǐn(试制新产品). ¶ ～品 shìzhìpǐn(试制品).

じさく【自作】 ¶ ～の詩を朗読する lǎngsòng zìzuò de shī(朗诵自作的诗). ¶ ～自演 zì biān zì yǎn(自编自演). ¶ ～農 zìgēngnóng(自耕农).

じざけ【地酒】 dìfāngjiǔ(地方酒), tǔchǎnjiǔ(土产酒).

しさつ【刺殺】 cìshā(刺杀). ¶ 凶漢に～された bèi dǎitú cìshā le(被歹徒刺杀了).

しさつ【視察】 shìchá(视察); kǎochá(考察). ¶ 現場を～する shìchá xiànchǎng(视察现场). ¶ ～団 kǎochátuán(考察团).

じさつ【自殺】 zìshā(自杀), xúnsǐ(寻死), xún duǎnjiàn(寻短见), zìjìn(自尽), mǒbózi(抹脖子), zìjǐng(自刭), zìwěn(自刎), zìqiāng(自戕). ¶ 彼は絶望のあまり～した tā juéwàng ér zìshā le(他绝望而自杀了). ¶ 彼は焼身～を図った tā qǐtú fénshēn zìshā(他企图焚身自杀). ¶ それは～的行為だ nà jiǎnzhí shì zìshā xíngwéi(那简直是自杀行为). ¶ ～未遂 zìshā wèisuì(自杀未遂).

しさん【試算】 shìsuàn(试算). ¶ 費用の総計を～する shìsuàn fèiyong zǒng'é(试算费用总额). ¶ ～表 shìsuànbiǎo(试算表).

しさん【資産】 zīchǎn(资产). ¶ 彼は父親から莫大な～を受け継いだ tā cóng fùqīn nàr jìchéngle jù'é de zīchǎn(他从父亲那儿继承了巨额的资产). ¶ ～家 cáizhǔ(财主). ¶ 勘定 zīchǎn kēmù(资产科目).

しざん【死産】 sǐchǎn(死产). ¶ ～児 sǐtāi(死胎).

じさん【持参】 ¶ 昼食は各自～のこと wǔfàn zìbèi(午饭自备). ¶ 彼は～金目当てで結婚した tā wèi dédào péijiàqián ér jiéhūn(他为得到陪嫁钱而结婚).

しし【四肢】 sìzhī(四肢).

しし【孜孜】 zīzī(孜孜・孳孳). ¶ ～として学ぶ zīzī bújuàn de xuéxí(孜孜不倦地学习). ¶ ～として働く zīzī búxī de gōngzuò(孜孜不息地工作).

しし【志士】 zhìshì(志士). ¶ 愛国の～ yōuguó zhìshì(忧国志士).

しし【嗣子】 sìzǐ(嗣子).

しし【獅子】 shīzi(狮子). ¶ ～身中の虫 shīzi shēnzhōng chóng(狮子身中虫). ¶ ～奮迅の働き shī'ér fènxùn zhī gōng(狮儿奋迅之功). ¶ ～舞 shīziwǔ(狮子舞).

しじ【支持】 zhīchí(支持), yōnghù(拥护). ¶ 彼の主張は世論の～が得られなかった tā zhǔzhāng débudào yúlùn de zhīchí(他的主张得不到舆论的支持). ¶ 彼は多くの人の～を受けて1位に当選した tā dédào xǔduō rén de zhīchí yǐ dìyī míng dāngxuǎn le(他得到许多人的支持以第一名当选了). ¶ 私の～する政党 wǒ suǒ yōnghù de zhèngdǎng(我所拥护的政党).

しじ【私事】 sīshì(私事). ¶ 他人の～をあれこれ取沙汰する duì tārén de sīshēnghuó shuō sān dào sì(对他人的私生活说三道四). ¶ ～にわたって恐縮ですが shèjí sīshì bù hǎoyìsi(涉及私事不好意思).

しじ【指示】 zhǐshì(指示). ¶ 上司の～を仰ぐ xiàng shàngjí qǐngshì(向上级请示). ¶ 部下に～を与える zhǐshì bùxià(指示部下). ¶ 詳細は追って～する xiángxì de shì suíhòu zhǐshì(详细的事随后指示).

しじ【師事】 shīshì(师事). ¶ 彼は大学でA博士に～した tā zài dàxué shīshì A bóshì(他在大学师事A博士).

じじ【時事】 shíshì(时事). ¶ ～解説 shíshì ˈjiěshuō[shùpíng](时事ˈ解说[述评]). ～問題 shíshì wèntí(时事问题).

じじい【爺】 lǎotóur(老头儿), lǎotóuzi(老头子), lǎojiāhuo(老家伙), lǎodōngxi(老东西). ¶ あの～め、なかなか抜目がない zhège lǎo xiǎozi zhēn shì dī shuǐ bù lòu(这个老头子真是滴水不漏).

じじこっこく【時時刻刻】 shíshíkèkè(时时刻刻). ¶ 山の天候は～変化する shānqū de tiānqì ˈshíshíkèkè zài biànhuà[shùnxī wàn biàn](山区的天气ˈ时时刻刻在变化[瞬息万变]). ¶ 情報を～と入ってくる měi shí měi kè shōudào qíngbào(每时每刻收到情报).

ししそんそん【子子孫孫】 zǐzǐsūnsūn(子子孙孙), shìshìdàidài(世世代代). ¶ ～友好的に付き合っていく shìshìdàidài yǒuhǎo xiāngchǔ(世世代代友好相处).

ししつ【紙質】 ¶ ～が悪い zhǐ de zhìliàng chà(纸的质量差).

ししつ【資質】 zīzhì(资质). ¶ 彼は学者として

の～が十分ある tā zuòwéi xuézhě jùyǒu chōngfèn de zīzhì(他作为学者具有充分的资质). ¶彼女は画家としての～に恵まれている tā yǒu huàjiā de ˈtiānfù[tiānzī](她有画家的ˈ天赋[天资]).

しじつ【史実】 shǐshí(史实). ¶～に基づいた小説 jīyú shǐshí de xiǎoshuō(基于史实的小说).

じじつ【事実】 shìshí(事实). ¶これは動かすべからざる～だ zhè shì ˈquèzáo búyí[tiě] de shìshí(这是ˈ确凿不移[铁]的事实). ¶君の言う事は～に反する nǐ shuō de yǔ shìshí bùfú(你说的与事实不符). ¶～を曲げて話す wāiqū shìshí(歪曲事实). ¶～をありのままに言いなさい nǐ zhào shí shuō(你照实说). ¶そんな噂は～無根だ nà zhǒng yáoyán háo wú gēnjù(那种谣言毫无根据). ¶～は小説よりも奇なり shìshí zhī qí shèngguo xiǎoshuō(事实之奇胜过小说). ¶彼が我が社の～上の社長だ tā shì wǒ gōngsī shíjìshang de zǒngjīnglǐ(他是我公司实际上的总经理). ¶～私がこの目で見たのだ qiānzhēn-wànquè, shì wǒ qīnyǎn mùdǔ de(千真万确，是我亲眼目睹的). ¶～その通りになった zhēn de chéngle nàyàng(真的成了那样).

じじつ【時日】 shírì(时日), rìqī(日期); shíjiān(时间). ¶訪中の～は未定だ fǎng Huá rìqī wèi dìng(访华日期未定). ¶結論を出すにはなりの～を要する déchū jiélùn xūyào jiào cháng de shíjiān(得出结论需要较长的时间).

しじみ【蜆】 xiǎn(蚬).

ししゃ【支社】 fēnshè(分社), fēnháng(分行), fēngōngsī(分公司).

ししゃ【死者】 sǐzhě(死者). ¶幸い1人の～も出なかった xìngkuī wú yī sǐzhě(幸亏无一死者), hǎozài sǐ rén de shì méi fāshēng(好在死人的事没发生).

ししゃ【使者】 shǐzhě(使者). ¶～を立てる pàiqiǎn shǐzhě(派遣使者).

ししゃ【試写】 shìyìng(试映). ¶～会 shìyìnghuì(试映会).

ししゃ【試射】 shìshè(试射). ¶～場 shìshèchǎng(试射场).

ししゃく【子爵】 zǐjué(子爵).

じしゃく【磁石】 **1**〔マグネット〕císhí(磁石), cítiě(磁铁), xītiěshí(吸铁石). ¶馬蹄形～ mǎtíxíng císhí(马蹄形磁石).
2〔磁石盤〕cízhēn(磁针), zhǐnánzhēn(指南针).

ししゃごにゅう【四捨五入】 sìshě-wǔrù(四舍五入). ¶小数点3位以下は～する xiǎoshùdiǎn dìsān wèi yǐxià sìshě-wǔrù(小数点第三位以下四舍五入).

ししゅ【死守】 sǐshǒu(死守), jiānshǒu(坚守). ¶陣地を～する sǐshǒu zhèndì(死守阵地).

じしゅ【自主】 zìzhǔ(自主). ¶ひとりひとりの～性を重んずる zūnzhòng měi yí ge rén de zìzhǔxìng(尊重每一个人的自主性). ¶～的に管理する zìzhǔ de jìnxíng guǎnlǐ(自主地进行管理). ¶～独立の精神 dúlì zìzhǔ de jīngshén(独立自主的精神). ¶～規制 zhǔdòng pèi'é(主动配额). 関税～権 guānshuì zìzhǔquán(关税自主权).

じしゅ【自首】 zìshǒu(自首), tóu'àn(投案). ¶犯人は警察に～した zuìfàn xiàng gōng'ānjú tóu'àn zìshǒu le(罪犯向公安局投案自首了).

ししゅう【刺繡】 cìxiù(刺绣), xiùhuā[r](绣花[儿]), zhāhuā[r](扎花[儿]). ¶襟に花模様の～がある yīlǐng shang xiùzhe huār(衣领上绣着花儿). ¶ハンカチにイニシアルを～する zài shǒujuànr shang xiù xìngmíng de dìyī ge zìmǔ(在手绢儿上绣姓名的第一个字母).
¶～糸 cǎisè sīxiàn(彩色丝线)/ huāxiàn(花线).

ししゅう【始終】 ¶あの2人は～けんかしている tā liǎ jìng chǎojià(他俩净吵架). ¶彼のことは～気になっている wǒ lǎo guàniànzhe tā(我老挂念着他). ¶彼とは～行き来している wǒ chángcháng gēn tā láiwǎng(我常常跟他来往).

ししゅう【次週】 xiàzhōu(下周), xiàlǐbài(下礼拜). ¶～上映 xiàxīngqī fàngyìng(下星期放映).

じしゅう【自習】 zìxí(自习), zìxiū(自修). ¶先生の都合で2時間目は～になった yóuyú lǎoshī bùnéng lái de'èr jié kè gǎiwéi zìxí le(由于老师不能来第二节课改为自习了).
¶～室 zìxíshì(自习室).

じじゅう【侍従】 shìcóng(侍从).

ししゅうから【四十雀】 dàshānquè(大山雀), báiliǎn shānquè(白脸山雀).

ししゅうくにち【四十九日】 duànqī(断七).

ししゅく【私淑】 sūshú(私淑). ¶私の～しているA先生 wǒ sùzhì jìngyǎng de A xiānsheng(我所敬仰的A先生).

ししゅく【私塾】 sīshú(私塾), xuéshú(学塾).

じしゅく【自粛】 ¶この際宴会は～した方がいい mùqián zuìhǎo zìxíng yuēshù bù gǎo yànhuì(目前最好自行约束不搞宴会).

ししゅつ【支出】 zhīchū(支出), kāizhī(开支), chūxiàng(出项). ¶今月は～が予算を越えた běnyuè de kāizhī chāoguòle yùsuàn(本月的开支超过了预算). ¶予備費の中から10万円～する cóng yùbèifèi zhīchū shíwàn rìyuán(从预备费支出十万日元).

ししゅんき【思春期】 qīngchūnqī(青春期).

ししょ【司書】 ¶図書館の～ túshūguǎn guǎnlǐyuán(图书馆管理员).

しじょ【子女】 **1** zǐnǚ(子女), érnǚ(儿女).
2〔女の子〕¶良家の～ liángjiā nǚzǐ(良家女子).

じしょ【地所】 dìpí[r](地皮[儿]). ¶彼は郊外に小さな～を持っている tā zài jiāowài yǒu yì xiǎokuài dìpí(他在郊外有一小块地皮).

じしょ **1**〔辞書〕císhū(辞书), cídiǎn(词典·辞典).
2〔字書〕zìshū(字书), zìdiǎn(字典). ¶～を引く chá zìdiǎn(查字典).

じじょ【次女】 cìnǚ(次女).

じじょ【自序】 zìxù(自序·自叙).

ししょう【支障】 zhàng'ài(障碍). ¶予算の削減で計画に～を来した yùsuàn bèi xuējiǎn, gěi

jìhuà dàilaile kùnnan (预算被削减,给计划带来了困难).
- **ししょう**【死傷】 sǐshāng (死伤), shāngwáng (伤亡). ¶多数の観客が〜した guānzhòng shāngwáng hěn duō (观众伤亡很多). ¶〜者の数は数百名に及んだ sǐshāngzhě dá hǎo jǐ bǎi rén (死伤者达好几百人).
- **ししょう**【私娼】 sīchāng (私娼), ànchāng (暗娼), ànménzi (暗门子), bànkāiménr (半开门儿).
- **ししょう**【師匠】 shīfu (师傅・师父).
- **しじょう**【史上】 ¶彼の名は〜に永くとどめられるであろう tā jiāng míng chuí qīngshǐ (他将名垂青史)/ tā de míngzi jiāng yǒng chuí qīngshǐ (他的名字将永垂青史). ¶今年は〜最高の豊作だ jīnnián huòdé ˇqián suǒ wèi yǒu[shǐ wú qiánlì] de fēngshōu (今年获得ˇ前所未有[史无前例]的丰收).
- **しじょう**【市場】 shìchǎng (市场). ¶農作物を〜に出す bǎ nóngchǎnpǐn xiàng shìchǎng chūshòu (把农产品向市场出售). ¶〜を開拓する kāituò xīn shìchǎng (开拓新市场). ¶〜経済 shìchǎng jīngjì (市场经济). 〜価格 shìchǎng jiàgé (市场价格). 〜調査 shìchǎng diàochá (市场调查). 〜メカニズム shìchǎng jīzhì (市场机制). 金融〜 jīnróng shìchǎng (金融市场). 証券〜 zhèngquàn shìchǎng (证券市场). 青果〜 càishū guǒpǐn shìchǎng (菜蔬果品市场).
- **しじょう**【至上】 zhìshàng (至上). ¶〜命令 zuìgāo zhǐlìng (最高指令)/ zhìzūn zhī mìng (至尊之命). 芸術〜主義 yìshùzhìshàngzhǔyì (艺术至上主义).
- **しじょう**【至情】 zhìqíng (至情). ¶彼の愛国の〜に動かされる wéi tā de àiguó zhìqíng suǒ gǎndòng (为他的爱国至情所感动).
- **しじょう**【私情】 sīqíng (私情). ¶仕事に〜をさしはさむべきではない gōngzuòshang bù gāi jiǎng sīqíng (工作上不该讲私情). ¶〜にかられて事を誤る yīn xùnsī fànle cuòwù (因徇私犯了错误).
- **しじょう** 1【紙上】 ¶それは〜の空論というのだ nà jiǎnzhí shì zhǐshàng tánbīng (那简直是纸上谈兵). ¶O 選手の新記録樹立のニュースが〜をにぎわしている bàozhǐ dàdéng-tèdéng O xuǎnshǒu chuàngjiàn xīn jìlù de xiāoxi (报纸大登特登 O 选手创造新记录的消息).
  2【誌上】 ¶当選者は本誌〜で発表する zhòngxuǎnzhě zài běn zázhì shang fābiǎo (中选者在本杂志上发表).
- **しじょう**【詩情】 shīyì (诗意), shīqíng (诗情). ¶〜豊かな風景 fùyǒu shīyì de fēngjǐng (富有诗意的风景).
- **じしょう**【自称】 zìchēng (自称). ¶大学教授と〜する男 zìchēng wéi dàxué jiàoshòu de nánrén (自称为大学教授的男人).
- **じじょう**【自乗】 zìchēng (自乘), píngfāng (平方). ¶根 píngfānggēn (平方根).
- **じじょう**【事情】 qíngkuàng (情况), qíngxing (情形), qíngzhuàng (情状); qíngyóu (情由), yuányóu (缘由), yuángù (缘故). ¶その間の〜は彼が一番詳しい nà duàn qíngkuàng tā zuì shúxī (那段情况他最熟悉). ¶いかなる〜があろうとも嘘は許されない jiùshì yǒu shénme lǐyóu yě jué bùxǔ shuōhuǎng (就是有什么理由也决不许说谎). ¶君にそんな〜があったとは知らなかった wǒ yìdiǎnr yě bù zhīdào nǐ de kǔzhōng (我一点儿也不知道你的苦衷). ¶ちょっと〜があって今日は伺えません shāo yǒudiǎnr qíngyóu, jīntiān bù néng dēngmén bàifǎng le (稍有点儿情由,今天不能登门拜访了). ¶中国では〜が違う zài Zhōngguó qíngxing kě bùtóng (在中国情形可不同). ¶〜の許す限り参加するつもりだ zhǐyào qíngkuàng yǔnxǔ, wǒ yīdìng cānjiā (只要情况允许,我一定参加). ¶〜を話して免除してもらった shuōmíng yuányóu hòu bèi miǎnchú le (说明缘由后被免除了). ¶家庭の〜で会社をやめた yóuyú jiātíng shìyóu cíqùle gōngsī de gōngzuò (由于家庭事由辞去了公司的工作). ¶住宅〜は日に日に悪化している zhùzhái qíngkuàng rìqù èhuà (住宅情况日趋恶化).
- **じじょう**【自浄】 ¶自然界の〜作用にも限界がある zìránjiè de zìshēng jìnghuà zuòyòng yě yǒu xiàndù (自然界的自生净化作用也有限度). ¶政界財界の〜力に期待できるか bù zhī néngfǒu qīdài yú zhèngjiè cáijiè de zìwǒ jìnghuà nénglì (不知能否期待于政界财界的自我净化能力).
- **じじょうじばく**【自縄自縛】 zuò jiǎn zì fù (作茧自缚). ¶〜におちいる xiànrù zuòjiǎn-zìfù (陷于作茧自缚)/ zuò fǎ zì bì (作法自毙).
- **ししょく**【試食】 pǐncháng (品尝). ¶新発売の缶詰を〜する pǐncháng xīn chūshòu de guàntou (品尝新出售的罐头).
- **じしょく**【辞職】 cízhí (辞职). ¶〜を勧告する quàngào cízhí (劝告辞职). ¶彼は責任をとって〜した tā wèi chéngdān zérèn cízhí le (他为承担责任辞职了). ¶〜願いを出す tíchū cíchéng (提出辞呈). ¶内閣総〜 nèigé zǒngcízhí (内阁总辞职).
- **じじょでん**【自叙伝】 zìzhuàn (自传).
- **ししょばこ**【私書箱】 xìnxiāng (信箱), yóuzhèng zhuānyòng xìnxiāng (邮政专用信箱).
- **ししん**【私心】 sīxīn (私心), sīniàn (私念). ¶〜のない人 méiyǒu sīxīn[háo bú lìjǐ] de rén (没有私心[毫不利己]的人).
- **ししん**【私信】 sīxìn (私信), sīhán (私函).
- **ししん**【指針】 zhǐzhēn (指针). ¶磁石の〜 cízhēn (磁针). ¶速度計の〜は100キロを指している sùdùbiǎo de zhǐzhēn zhǐxiàng yībǎi gōnglǐ (速度表的指针指着一百公里). ¶この1冊の本が私の人生の〜となった zhè yì běn shū chéngle wǒ rénshēng de zhǐnán (这一本书成了我人生的指南).
- **しじん**【私人】 sīrén (私人), gèrén (个人). ¶この席には〜の資格で出てきました zhège huì wǒ shì yǐ gèrén shēnfèn lái chūxí de (这个会我是以个人身分来出席的).
- **しじん**【詩人】 shīrén (诗人).

じしん【地震】 dìzhèn(地震), dìdòng(地动).¶ 昨夜軽い~があった zuówǎn fāshēngle qīngwēi de dìzhèn(昨晚发生了轻微的地震).¶ 大~が東海地方を襲った dàdìzhèn xíjīle Dōnghǎi dìqū(大地震袭击了东海地区).¶ ~で家が潰れた fángzi bèi dìzhèn zhèntā le(房子被地震震塌了).

¶ ~計 dìzhènyí(地震仪),~波 dìzhènbō(地震波)/ zhènbō (震波).~帯 dìzhèndài(地震带).海底~ hǎidǐ dìzhèn(海底地震).群発~ zhènqúnxíng dìzhèn(震群型地震)/ zhènqún (震群).有感~ yǒugǎn dìzhèn(有感地震).

じしん【自身】 zìshēn(自身), zìjǐ(自己), běnshēn(本身).¶ その事を私は自分~の目で確かめたい nà jiàn shì wǒ xiǎng yòng zìjǐ de yǎnjing lái quèrèn yíxià(那件事我想用自己的眼睛来确认一下).¶ 私~どうしてよいか分らない wǒ zìjǐ yě bù zhī zěnme bàn hǎo(我自己也不知怎么办好).¶ 君~で納得がいくのか nǐ zìgěr jiù xīnfú le ma?(你自各儿就心服了吗?).¶ これは彼~の意見ではない zhè bú shì tā běnrén de yìjiàn(这不是他本人的意见).¶ それ~は決して悪い事ではない nà běnshēn jué bú shì huàishì(那本身并不是坏事).

じしん【自信】 zìxìn(自信), xìnxīn(信心).¶ 泳ぎなら~がある lùn yóuyǒng wǒ hái yǒu diǎnr zìxìn(论游泳我还有点儿自信).¶ 仕事がうまくいくという~はない gōngzuò néngfǒu shùnlì jìnxíng kě méiyǒu bǎwò(工作能否顺利进行可没有把握).¶ やっと~がついてきた zhè cái duōshǎo yǒule diǎnr xìnxīn(这才多少有了点儿信心).¶ 彼女は~のなさそうな顔をしている tā xiàng shì méiyǒu bǎwò shìde(她像是没有把握似的).¶ ~を持ってやる chōngmǎn xìnxīn[xìnxīn bǎibèi] de qù gàn(充满信心[信心百倍]地去干).¶ それ以来彼女は~をすっかり~を失ってしまった cóng nà yǐlái tā wánquán sàngshīle xìnxīn(从那以来她完全丧失了信心).¶ 彼女は~過剰なところがある tā yǒuxiē guòyú zìxìn(她有些过于自信).¶ 彼はいつも~満々としている tā zǒngshì mǎnhuái xìnxīn(他总是满怀信心).¶ 彼は~たっぷりに請け合った tā mǎn yǒu bǎwò de yìngchéngle xiàlái(他满有把握地应承了下来).

じしん【時針】 shízhēn(时针).

じしん【磁針】 cízhēn(磁针).

ししんけい【視神経】 shìshénjīng(视神经).

しずい【歯髄】 chǐsuǐ(齿髓).

じすい【自炊】 ¶ 部屋を借りて~する zū fángjiān zìjǐ shāohuǒ zuòfàn(租房间自己烧火做饭).

しすう【指数】 zhǐshù(指数).¶ ~関数 zhǐshù hánshù(指数函数).知能~ zhìshāng(智商)/ zhìlì shāngshù(智力商数).物価~ wùjià zhǐshù(物价指数).

しすう【紙数】 piānfu(篇幅).¶ ~に限りがあるので詳述できない piānfu yǒuxiàn, bùnéng xiáng shù(篇幅有限,不能详述).

しずか【静か】 jìng(静), qīngjìng(清静), píngjìng(平静), jìjìng(寂静), chénjìng(沉静), bèi-jing(背静), pìjìng(僻静), níngjìng(宁静), tiánjìng(恬静), chénjì(沉寂), ānjìng(安静), sùjìng(肃静).¶ あたりは~で物音ひとつしない sìzhōu hěn chénjìng tīngbudào yìdiǎnr shēngyīn(四周很沉静听不到一点儿声音)/ sìzhōu wànlài jù jì(四周万籁俱寂).¶ ~な山の中で1週間ぐらいのんびり暮したい zhēn xiǎng zài qīngjìng de shānlǐ yōuxián de dāi yí ge xīngqī(真想在清静的山里悠闲地待一个星期).¶ 夜は~に更けていく shí yuè shēn, yè yuè jìng(时越深,夜越静)/ yèlán rén jìng(夜阑人静)/ gēngshēn rén jìng(更深人静).¶ 人々は~に彼の話に耳を傾けた dàjiā mò bú zuòshēng de qīngtīngzhe tā de jiǎnghuà(大家默不作声地倾听着他的讲话).¶ 廊下は~に歩きなさい zǒu guòdào jiǎo qīngzhe diǎnr(走过道脚轻着点儿).¶ ~にしなさい ānjìng!(安静!)/ sùjìng!(肃静!).¶ 風が止んで波は~になった fēnglàng píngjìng le(风浪平静了)/ fēng píng làng jìng le(风平浪静了).¶ 心~に最後の決定の時を待つ zhènjìng de děnghòuzhe zuìhòu de juédìng(镇静地等候着最后的决定).

しずく【雫】 shuǐdī(水滴).¶ 地下道の天井から~が垂れている cóng dìdào de dǐngpéng dǐdazhe shuǐ(从地道的顶棚滴答着水).¶ 額から汗が~となってしたたり落ちた éshang de hàn zhí wǎng xià dī(额上的汗直往下滴).¶ ひと~も残さず飲みほした yì dī bú shèng de hēgān le(一滴不剩地喝了).

しずけさ【静けさ】 jìjìng(寂静).¶ 夜の~を破って女の悲鳴がした nǚrén de cǎnjiàoshēng tūrán huàpòle yèjiān de jìjìng(女人的惨叫声突然划破了夜间的寂静).¶ あたりは再び元の~に戻った zhōuwéi yòu huīfùle yuányǒu de jìjìng(周围又恢复了原有的寂静).

しずしず【静静】 ¶ 行列は~と進んで行く duìwu jìngmù de qiánjìn(队伍静穆地前进).

システ xiūnǚ(修女).

システム xìtǒng(系统), tǐxì(体系); zhìdù(制度), zǔzhī(组织).

システムコンポ zǔhé yīnxiǎng(组合音响).

ジステンパー quǎnwēnrè(犬瘟热).

ジストマ xīchóng(吸虫).¶ 肝臓~ gānxīchóng(肝吸虫)/ gānzhī(肝蛭).肺臓~ fèixīchóng(肺吸虫)/ fèizhī(肺蛭).

じすべり【地滑り】 huápō(滑坡).

しずま・る【静まる・鎮まる】 píngjìng(平静), píngxī(平息), píngfu(平伏); héhuǎn(和缓), hépíng(和平).¶ 騒動がやっと~ってきた sāodòng hǎoróngyì cái píngxī xialai(骚动好容易才平息下来).¶ 彼の興奮はしだいに~ってきた tā cóng xīngfèn zhōng jiànjiàn de píngjìngle xiàlái(他从兴奋中渐渐地平静了下来).¶ 嵐は容易に~りそうもない kàn yàngzi bàofēngyǔ yìshí píngxī bu liǎo(看样子暴风雨一时平息不了).¶ 場内は水を打ったように~り返った huìchǎng biàndé yā què wú shēng[sùjìng wú shēng](会场变得鸦雀无声[肃静无声]).¶ 放課後の教室は~り返っていた fàngxué hòu de jiàoshì yí piàn jìjìng(放学后的教室一片寂静).

しず・む【沈む】 1【没する】mò(没), chén(沉), xiàchén(下沉), chénmò(沉没). ¶船は嵐に遭って~んだ chuán yù bàofēngyǔ chénmò le(船遇暴风雨沉没了). ¶地盤が~む dìjī xiàchén(地基下沉). ¶太陽が地平線に~む tàiyáng mò rù dìpíngxiàn(太阳没入地平线). 2【気持などが】¶彼は今日ひどく~んでいる jīntiān tā xiǎnde chénmèn bú yuè(今天他显得沉闷不悦). ¶深い悲しみに~む xiànyú shēnshēn de bēi'āi li(陷于深深的悲哀里). ¶彼女は思い思いに~んでいる tā xiànrù chénsī(她陷入沉思).

しず・める【沈める】 chén(沉), chénrù(沉入). ¶廃船を海底に~める bǎ fèichuán chénrù hǎidǐ(把废船沉入海底).

しず・める【静める·鎮める】 ¶心を~めて仕事にとりかかった jìng[chén] xià xīn lái zhuóshǒu gōngzuò(静[沉]下心来着手工作). ¶水をまいてほこりを~める pōshuǐ yāzhù huīchén(泼水压住灰尘). ¶注射でやっと痛みを~めた dǎzhēn cái zhǐzhùle téng(打针才止住了疼). ¶騒動を~める píngxī sāodòng(平息骚动).

し・する【資する】 ¶彼の論文は今後の研究に~するところが大きい tā de lùnwén dà yǒuzhù yú jīnhòu de yánjiū gōngzuò(他的论文大有助于今后的研究工作).

-し・する【視する】 shìwéi(视为). ¶彼を英雄~する人が多い yǒu xǔduō rén bǎ tā shìwéi yīngxióng(有许多人把他视为英雄). ¶彼は人々に異端~されている tā bèi rénmen shìwéi yìduān(他被人们视为异端).

じ・する【持する】 ¶満を~する yǐn mǎn yǐ dài(引满以待). ¶身を厳正に~する chíshēn yánzhèng(持身严正).

じ・する【辞する】 cí(辞). ¶夕刻先生のお宅を~した bàngwǎn cóng lǎoshī jiā gàocí chūlai le(傍晚从老师家告辞出来了). ¶自由と独立のためには死をも~せず wèile zìyóu hé dúlì bùxī xīshēng shēngmìng(为了自由和独立不惜牺牲生命). ¶場合によっては彼と一戦をも~せぬ覚悟だ bìyào shí gēn tā jiāofēng yě zài suǒ bù cí(必要时跟他交锋也在所不辞).

しせい【四声】 sìshēng(四声).

しせい【市井】 shìjǐng(市井). ¶~の人 shìjǐngrén(市井人). ¶~の声を行政に反映させる bǎ shìjǐng de shēngyīn fǎnyìng dào xíngzhèng gōngzuò li qù(把市井的声音反映到行政工作里去).

しせい【市制】 ¶当市に~が敷かれて50年になる běnshì jiànshì yǐjing yǒu wǔshí nián le(本市建市已经有五十年了).

しせい【市政】 shìzhèng(市政).

しせい【至誠】 zhìchéng(至诚).

しせい【姿勢】 zīshì(姿势); 【心の】 tàidu(态度). ¶彼はいつも~がよい tā zǒngshì zīshì duānzhèng(他总是姿势端正). ¶~が悪い zīshì wāixié(姿势歪斜). ¶気をつけの~ lìzhèng de zīshì(立正的姿势). ¶~を正して字を書く duānzhèng zīshì xiě zì(端正姿势写字). ¶前向きの~で問題に取り組む yǐ jījí de tàidu duìdài wèntí(以积极的态度对待问题). ¶政治~を正す duānzhèng zhèngzhì tàidu(端正政治态度).

しせい【施政】 shīzhèng(施政). ¶~方針演説 shīzhèng fāngzhēn yǎnshuō(施政方针演说).

じせい【自生】 ¶山野に~する植物 zài shānyě zìshēng de zhíwù(在山野自生的植物).

じせい【自制】 zìzhì(自制). ¶怒鳴りつけそうになったが~した wǒ běn xiǎng dāngmiàn mà tā yí dùn, dàn kèzhìle zìjǐ(我本想当面骂他一顿, 但克制了自己). ¶それを聞いたとたんつい~心を失った yì tīngdào nà huà jiù shīqùle zìzhìlì(一听到那话就失去了自制力).

じせい【時世】 shíshì(时世), shídài(时代). ¶あの頃とは~が違う gēn nàge shíhou shíshì bùtóng le(跟那个时候时世不同了). ¶全くいやな御~だ zhēn shì ge tǎoyàn de shìdào(真是个讨厌的世道).

じせい【時勢】 shíshì(时势). ¶そんなことでは~に遅れる nàyàng kě yào gēnbushàng xíngshì(那样可要跟不上形势). ¶彼は~に疎い tā bù shí shíwù(他不识时务). ¶~に逆らう yǔ shídài de cháoliú xiāng duìkàng(与时代的潮流相对抗).

じせい【時制】 shítài(时态).

じせい【辞世】 císhì(辞世). ¶~を詠む zuò císhìshī(作辞世诗).

じせい【磁性】 cíxìng(磁性).

しせいかつ【私生活】 sīshēnghuó(私生活). ¶人の~に干渉しないでくれ bié gānshè wǒ de sīshēnghuó(别干涉我的私生活).

しせいじ【私生児】 sīshēngzǐ(私生子).

しせき【史跡】 shǐjì(史迹).

しせき【歯石】 yáshí(牙石). ¶~をとる qù yáshí(去牙石).

じせき【次席】 ¶~で卒業した yǐ dì'èr míng bìle yè(以第二名毕了业). ¶~検事 fù jiǎncháyuán(副检察员).

じせき【自責】 zìjiù(自咎). ¶~の念にかられる zìjiù bùyǐ(自咎不已).

じせき【事績】 gōngjì(功绩), gōngyè(功业), yèjì(业绩). ¶生前の~をたたえて碑を建てる wèi jìniàn shēngqián de gōngjì shù shíbēi(为纪念生前的功绩树石碑).

しせつ【私設】 ¶~の託児所 sīlì de tuō'érsuǒ(私立的托儿所).

しせつ【使節】 shǐjié(使节). ¶外交~を派遣する pàiqiǎn wàijiāo shǐjié(派遣外交使节). ¶~団 shǐjiétuán(使节团). 親善~ yǒuhǎo shǐjié(友好使节).

しせつ【施設】 shèshī(设施), shèbèi(设备). ¶学校の~を拡充する kuòchōng xuéxiào de shèshī(扩充学校的设施). ¶我が社は厚生~が完備している wǒ gōngsī fúlì shèshī hěn wánshàn(我公司福利设施很完善). 軍事~ jūnshì shèshī(军事设施). 公共~ gōnggòng shèshī(公共设施). 娯楽~ yúlè shèbèi(娱乐设备).

じせつ【自説】 ¶~に固執する gùzhí jǐjiàn(固执己见).

じせつ【時節】 1 [季節] shíjié (时节), jìjié (季节), shíling (时令). ¶暖かい〜になったら是非遊びにお出で下さい jìjié nuǎnhuo le, qǐng lái wánr (季节暖和了,请来玩ㄦ). ¶〜柄ご自愛下さい shíjié bú zhèng, qǐng bǎozhòng shēntǐ (时令不正,请保重身体).
 2 [時機] shíjī (时机), jīhuì (机会). ¶〜到来 shíjī dàolái (时机到来).
 3 [時勢] shíjié (时节), shíshì (时势). ¶〜柄式典は簡素に行うことになった yóuyú xiànjīn de júshì yíshì diǎnlǐ cóngjiǎn le (由于现今的局势仪式典礼从简了).

しせん【支線】 zhīxiàn (支线).

しせん【死線】 sǐwángxiàn (死亡线). ¶〜をさまよう zài sǐwángxiàn shang zhēngzhá (在死亡线上挣扎)/ pánghuáng zài sǐwáng biānyuán shang (彷徨在死亡边缘上). ¶〜を越えて生還した chūshēng-rùsǐ shēnghuán le (出生入死还了)/ sǐlǐ-táoshēng bǎoquán xìngmìng ér guī (死里逃生保全性命而归).

しせん【視線】 shìxiàn (视线). ¶ふと彼女と〜が合った hū'ér tā shìxiàn pèngdào yìqǐ (忽而她视线碰到一起). ¶人々の〜が彼の上に集まった dàjiā de yǎnguāng dōu jízhōng dào tā shēnshang (大家的眼光都集中到他身上). ¶人々の冷たい〜に追われるように出て行った xiàng shì bèi rénmen lěngdàn de shìxiàn suǒ qūgǎn shìde zǒule chūqù (像是被人们冷淡的视线所驱赶似的走了出去).

しぜん【自然】 1 [天地万物] zìrán (自然). ¶〜を征服する zhēngfú zìrán (征服自然). ¶〜環境が破壊された zìrán huánjìng bèi pòhuài le (自然环境被破坏了). ¶〜に還れ huíguī zìrán (回归自然).
 2 [ありのまま、おのずから] zìrán (自然). ¶そう考える方が〜だ nàme xiǎng dàoshi hěn zìrán de (那么想倒是很自然的). ¶〜の成行きにまかせる tīng qí zìrán (听其自然). ¶やっているうちに〜に身につく gànzhe gànzhe zìrán jiù huì zhǎngwò (干着干着自然就会掌握). ¶その傷はほっておいても〜に治る zhège shāng búyòng guǎn tā, zìrán jiù huì hǎo de (这个伤不用管它,自然就会好的). ¶彼等の足は〜に速くなる tāmen de bùfá zìrán'érrán jiākuài le (他们的步伐自然而然加快了).
 ¶〜界 zìránjiè (自然界). 〜科学 zìrán kēxué (自然科学). 〜現象 zìrán xiànxiàng (自然现象). 〜死 zìrán sǐwáng (自然死亡). 〜人 zìránrén (自然人). 〜主義 zìránzhǔyì (自然主义). 〜食品 lǜsè shípǐn (绿色食品). 〜数 zìránshù (自然数). 〜崇拝 dàzìrán chóngbài (大自然崇拜). 〜選択 zìrán xuǎnzé (自然选择). 〜発火 zìrán (自燃)/ zìrán qǐhuǒ (自然起火). 〜美 zìránměi (自然美). 〜法 zìránfǎ (自然法).

じせん【自薦】 zìjiàn (自荐). ¶〜他薦の候補者が 10 名にのぼった zìjiàn hé tuījiàn de hòuxuǎnrén dá shí rén (自荐和推荐的候选人达十人).

じぜん【次善】 cìshàn (次善). ¶〜の策 cìshàn zhī cè (次善之策).

じぜん【事前】 shìqián (事前), shìxiān (事先), zàixiān (在先). ¶クーデターの計画を〜に察知した shìqián yǐ juéchá chū zhèngbiàn de yīnmóu (事前已觉察出政变的阴谋). ¶〜に準備する shìxiān zuòhǎo zhǔnbèi (事先做好准备). ¶選挙法は〜運動を禁止している xuǎnjǔfǎ jìnzhǐ shìqián huódòng (选举法禁止事前活动).

じぜん【慈善】 císhàn (慈善). ¶〜事業を行う jǔbàn císhàn shìyè (举办慈善事业).
 〜公演 yìyǎn (义演).

しそ【始祖】 shǐzǔ (始祖), bízǔ (鼻祖). ¶〜鳥 shǐzǔniǎo (始祖鸟).

しそ【紫蘇】 zǐsū (紫苏).

しそう【死相】 sǐxiàng (死相). ¶彼の顔には〜が現れていた tā de liǎnshang xiànchū yí fù sǐxiàng (他的脸上现出一副死相).

しそう【思想】 sīxiǎng (思想). ¶マルクス-レーニン主義の〜 Mǎ-Lièzhǔyǐ sīxiǎng (马列主义思想). ¶彼女は過激な〜の持主だ tā shì jùyǒu guòjī sīxiǎng de rén (她是具有过激思想的人). ¶彼は〜的に問題がある tā sīxiǎngshang yǒu wèntí (他思想上有问题). ¶衛生〜を普及させる pǔjí wèishēng chángshí (普及卫生常识).
 〜家 sīxiǎngjiā (思想家). 〜犯 zhèngzhìfàn (政治犯).

しそう【歯槽】 yácáo (牙槽). ¶〜膿漏 yázhōubìng (牙周病)/ chǐyuán yǐnóng (齿缘溢脓)/ yácáo nóngyì (牙槽脓溢).

しそう【死蔵】 sǐcáng (死藏). ¶貴重な資料を〜している tā jiāng guìzhòng de zīliào shù zhī gāogé (他将贵重的资料束之高阁).

じぞう【地蔵】 dìzàng púsà (地藏菩萨).

しそく【四則】 sìzé (四则).

しぞく【氏族】 shìzú (氏族). ¶〜制度 shìzú zhìdù (氏族制度).

じそく【時速】 shísù (时速). ¶この車は〜140 キロ出る zhè liàng chēzi shísù dá yìbǎi sìshí gōnglǐ (这辆车子时速达一百四十公里). ¶最高〜250 キロ zuìgāo shísù wéi èrbǎi wǔshí gōnglǐ (最高时速为二百五十公里).

じぞく【持続】 chíxù (持续). ¶好況は 2 年間〜た hǎojǐng chíxùle liǎng nián (好景持续了两年). ¶名声を〜する bǎochí míngshēng (保持名声).
 ¶〜的農業 chíxù nóngyè (持续农业).

しそこなう【為損なう】 shībài (失败). ¶1 度や 2 度〜ったからといってそう悲観するな bié wèi yìliǎng cì shībài ér bēiguān shīwàng (别为一两次失败而悲观失望).

しそん【子孫】 zǐsūn (子孙). ¶〜のために財産を残す wèi zǐsūn liú cáichǎn (为子孙留财产). ¶〜絶える juélè yānhuǒ (绝烟火)/ juésì wú hòu (绝嗣无后)/ juéhòu (绝后). ¶平家の〜 Píngjiā de hòusì (平家的后嗣).

じそんしん【自尊心】 zìzūnxīn (自尊心). ¶彼は〜が強い tā zìzūnxīn hěn qiáng (他自尊心很强). ¶〜を傷つけられた zìzūnxīn shòule shānghài (自尊心受了伤害).

した【下】 **1**〔低部，下方〕xià(下), xiàbian(下边), xiàmian(下面), xiàtou(下头), dǐxia(底下). ¶エレベーターで~に降りる zuò diàntī xiàqu(坐电梯下去). ¶ベッドの~にトランクが置いてある zài chuáng dǐxia fàngzhe píxiāng(在床底下放着皮箱). ¶木の~に寝ころんで本を読む tǎngzài shù dǐxia kàn shū(躺在树底下看书). ¶山崩れで崖の~の家が埋めてしまった shānyá xià de fángwū yóuyú shānbēng bèi máimò le(山崖下的房屋由于山崩被埋没了). ¶写真をあわてて本の~に隠した bǎ xiàngpiàn huāngmáng cángzài shū dǐxia(把相片慌忙藏在书底下). ¶この部屋の~は台所です zhè jiān fáng de xiàbian shì chúfáng(这间房的下边是厨房). ¶次のページの~から7行目にある zài xià yí yè de dào shǔ dìqī háng shang(在下一页的倒数第七行上). ¶高い所から~を見ると目がまわる cóng gāochù wǎng xià kàn, yǎn jiù fāhuā(从高处往下看，眼就发花). ¶彼女は~を向いたままそこに立っていた tā yìzhí*dī[dǎla]zhe tóu zhànzài nàli(她一直*低[耷拉]着头站在那里). ¶レバーを~へさげるとドアが開きます bǎ bǎshour cháo xià yí àn, mén jiù kāi(把把手儿朝下一按，门就开). ¶上から~までじろじろ眺められた bèi cóng tóu dào jiǎo[shàngxià] dǎliangle yì fān(被*从头到脚[上下]打量了一番).

2〔内側〕lǐ(里), lǐtou(里头), lǐbian(里边), lǐmian(里面). ¶外は寒いから~にたくさん着ていきなさい wàibian lěng, lǐtou duō chuān yìxiē ba(外边冷，里头多穿一些吧).

3〔年齢〕xiǎo(小). ¶年は私の方が~でしょう lùn suìshu, wǒ xiǎo ba(论岁数，我小吧). ¶僕は君より1つ~だ wǒ bǐ nǐ xiǎo yí suì(我比你小一岁). ¶一番~の兄は大学生です zuì xiǎo de gēge shì dàxuéshēng(最小的哥哥是大学生). ¶上の娘が5つで~の娘が3つです dà nǚ'ér wǔ suì, xiǎo nǚ'ér sān suì(大女儿五岁，小女儿三岁).

4〔地位，程度などが〕¶~の者を大切にする guānxīn*xiàshǔ[dǐxiarén](关心*下属[底下人]). ¶私はもとA将軍の~にいました wǒ cóngqián zài A jiāngjūn de shǒudǐxia gōngzuò(我从前在A将军的手底下工作). ¶あんな奴の~で使われるのは嫌だ wǒ kě bú yuànyì zài nà zhǒng rén shǒuxià zuòshì(我可不愿意在那种人手下做事). ¶人物は彼より~だ lùn rénwù bǐ tā chà(比人物儿他差). ¶僕は彼より1級~だ tā bǐ wǒ dī yì bān(他比我低一班). ¶~にも置かずもてなす dàngzuò shàngbīn lái zhāodài(当做上宾来招待).

5〔直後〕¶そう言う口の~から嘘がばれる shuōzhe huà jiù lòule xiànr(说着话就露了馅儿).

した【舌】shé(舌), shétou(舌头). ¶~を出す shēn*tǔ] shétou(伸[吐]舌头)/ zuò guǐliǎnr(做鬼脸儿)/ chī zhī yǐ bí(嗤之以鼻). ¶あわてて食べて~をかんだ chīde tài jí yǎole shétou(吃得太急咬了舌头). ¶~をかみそうな名前だ zhège míngzi hěn ràozuǐ(这个名字很绕嘴). ¶~がもつれてうまくしゃべれない yǎoshér shuō bu qīngchu(咬舌儿说不清楚). ¶彼は~が肥えている tā hěn jiǎngjiù chī(他很讲究吃). ¶少女の見事な演奏に大人達は~を巻いた nà shàonǚ jīngcǎi de yǎnzòu shǐ dàrenmen dōu dàwéi jīngtàn(那少女精彩的演奏使大人们都大为惊叹). ¶陰でこっそり~を出す bèidìli tǔ shé ànxiào(背地里吐舌暗笑). ¶ぺらぺらとよく~がまわる diédie búxiū zhēn néng ráoshé(喋喋不休真能饶舌). ¶~の根のかわかぬうちに彼は約束を破った yán yóu zài ěr tā jiù shuǎngyuē le(言犹在耳他就爽约了). ¶~の先でまるめこむ yòng sāncùn-bùlàn zhī shé hǒngpiàn rén(用三寸不烂之舌哄骗人).

しだ【羊歯】juélèi(蕨类). ¶~植物 juélèi zhíwù(蕨类植物).

じた【自他】¶彼は~共に許す斯界の第一人者だ tā shì gāi jiè gōngrèn de zuìgāo quánwēi(他是该界公认的最高权威).

したあご【下顎】xiàhé(下颌), xià'è(下颚), xiàba(下巴), xiàbakēr(下巴颏儿).

したい【死体】sǐshī(死尸), shīshēn(尸身), shīshou(尸首), shītǐ(尸体). ¶彼は~となって発見された tā de shītǐ bèi fāxiàn le(他的尸体被发现了). ¶~置場 tíngshīchù(停尸处).

したい【肢体】zhītǐ(肢体). ¶しなやかな~ róuruǎn línghuó de zhītǐ(柔软灵活的肢体).

したい【姿態】zītài(姿态).

しだい【次第】 **1**〔順序〕chéngxù(程序). ¶式の~を会場に掲示する bǎ yíshì chéngxù zhāngtiē zài huìchǎng shang(把仪式程序张贴在会场上).

2〔事情〕qíngxing(情形), qíngkuàng(情况), qíngyóu(情由), yuányóu(缘由). ¶事によって私が行きましょう kàn shìtài rúhé wǒ qīnzì qù(看事态如何我亲自去). ¶こういう~で旅行に行けなくなりました yóuyú zhè zhǒng qíngkuàng bùnéng qù lǚxíng le(由于这种情况不能去旅行了). ¶事の~を詳しく説明する xiángxì shuōmíng shìqing de jīngguò(详细说明事情的经过).

3〔…のままに〕¶彼は女房の言いなり~になっている tā duì lǎopo wéiwěi-nuònuò(他对老婆唯唯诺诺)/ tā shòu lǎopo de bǎibu(他受老婆的摆布). ¶お礼はあなたのお望み~出しましょう lǐjīn suí nǐ yào(礼金随你要)/ lǐjīn nǐ yào duōshao gěi duōshao(礼金你要多少给多少).

4〔…によって決る〕¶それは君の腕~だ nà yào kàn nǐ de běnshi le(那要看你的本事了). ¶行くか行かぬかは明日の天気~だ qù bu qù yào kàn míngtiān de tiānqì zěnmeyàng la(去不去要看明天的天气怎么样啦).

5〔…するとすぐ〕jiù(就), biàn(便), lìjí(立即), dāngjí(当即), jíkè(即刻), mǎshàng(马上). ¶夜が明け~出発しよう tiān yí liàng jiù dòngshēn ba(天一亮就动身吧). ¶本人が帰り~令状を彼に渡してくれ běnrén huílai lìjí ràng tā qù(本人回来立即让他去). ¶荷が着き~送金する huò dào dāngjí huìkuǎn(货到当即汇款).

じたい【字体】 zìtǐ(字体).

じたい【自体】 běnshēn(本身). ¶彼〜まだ考えが定まっていない tā zìjǐ hái méi nádìng zhǔyi(他自己还没拿定主意). ¶目的〜は悪くないが手段が穏当を欠いている qí mùdì běnshēn méi shénme bù hǎo de, shǒuduàn kě qiàn tuǒdàng(其目的本身没什么不好的,手段可欠妥当).

じたい【事態】 shìtài(事态). ¶〜は楽観を許さない shìtài bùróng lèguān(事态不容乐观). ¶〜の収拾がつかなくなった shìtài shōushi bu liǎo le(事态收拾不了了). ¶非常を宣言する xuānbù chǔyú jǐnjí zhuàngtài(宣布处于紧急状态). ¶緊急〜につきやむを得ない shìtài jǐnpò wànbùdéyǐ(事态紧迫万不得已).

じたい【辞退】 cítuì(辞退), cíxiè(辞谢), tuīcí(推辞), tuīquè(推却). ¶招待を〜する cíxiè[xièjué] yāoqǐng(辞谢[谢绝]邀请). ¶受賞を〜する cíxiè shòujiǎng(辞谢受奖).

じだい【地代】 dìzū(地租).

じだい【次代】 xià yí dài(下一代). ¶〜を担う青年 jiānfù wèilái de qīngnián(肩负未来的青年).

じだい【時代】 shídài(时代). ¶その頃とは〜が違う gēn nà shí shídài bùtóng le(跟那时时代不同了). ¶これからはコンピューターの〜だ jīnhòu shì diànzǐ jìsuànjī de shídài le(今后是电子计算机的时代了). ¶私にも画家を夢みた〜があった wǒ yě céng yǒu yí ge shíhou mèngxiǎng dāng ge huàjiā(我也曾有一个时候梦想当个画家). ¶彼は〜の先駆者だ tā shì shídài de xiānqūzhě(他是时代的先驱者). ¶彼の言う事は〜離れしている tā shuō de shì qián cháo lǎohuà(他说的是前朝老话). ¶シェークスピアとセルバンテスは同一の人物だ Shāshìbǐyà hé Sàiwàntísī shì tóngshídài de rénwù(莎士比亚和塞万提斯是同时代的人物). ¶もはや彼の感覚は〜遅れだ tā de gǎnjué yǐjing luòhòu yú shídài le(他的感觉已经远落后于时代了). ¶君の考えは〜錯誤もはなはだしい nǐ de xiǎngfǎ jiǎnzhí bǎ shídài gěi diāndǎo le(你的想法简直把时代给颠倒了).

¶〜劇 gǔzhuāngxì(古装戏)/ lìshǐjù(历史剧). 〜思潮 shídài sīcháo(时代思潮). 学生〜 xuésheng shídài(学生时代). 石器〜 shíqì shídài(石器时代). 南北朝〜 Nán-Běicháo shídài(南北朝时代).

じだいしゅぎ【事大主義】 shìdàzhǔyì(事大主义).

しだいに【次第に】 jiànjiàn(渐渐), zhújiàn(逐渐). ¶空が〜暗くなってきた tiān jiànjiàn hēi le(天渐渐黑了). ¶続けているうちに〜興味がわいてきた zuòzhe zuòzhe mànmānr de fāshēng xìngqù le(做着做着慢慢儿地发生兴趣了). ¶生活は〜豊かになった shēnghuó zhújiàn fùyù qilai le(生活逐渐富裕起来了).

した・う【慕う】 1[あとを追う] ¶夫のあとを〜って中国に行く zhuīsuí zhàngfu fù Zhōngguó(追随丈夫赴中国). ¶犬が主人に〜ってついて行く gǒu xíngyǐng-bùlí de gēnsuízhe zhǔrén

(狗形影不离地跟随着主人).

2[思慕する] xiǎngniàn(想念), huáiniàn(怀念), sīniàn(思念), sīmù(思慕), liànmù(恋慕). ¶母を〜って泣く huáiniàn mǔqin ér kū(怀念母亲而哭). ¶彼女は彼を〜っている tā hěn liànmù tā(她很恋慕他). ¶故郷を〜う心 sīniàn gùxiāng zhī xīn(思念故乡之心).

3[敬慕する] jìngmù(敬慕), jǐngmù(景慕), jìngyǎng(敬仰), jǐngyǎng(景仰). ¶師の学風を〜う jìngmù lǎoshī de xuéfēng(敬慕老师的学风). ¶その先生は生徒達から〜われているな wèi lǎoshī hěn shòu xuésheng de jìngyǎng(那位老师很受学生的敬仰).

したうけ【下請】 zhuǎnbāo(转包). ¶仕事を〜に出す bǎ huór zhuǎnbāo chuqu(把活儿转包出去). ¶A社の〜をする zuò A gōngsī de zhuǎnbāo gōngzuò(做A公司的转包工作).

¶〜工場 chénglǎn jiāgōng de gōngchǎng(承揽加工的工厂).

したうち【舌打ち】 zāzuǐ[r](咂嘴儿). ¶おいしそうに食べる yìbiān zāzuǐ yìbiān chī(一边咂嘴一边吃). ¶彼は口惜しさのあまり〜した tā hěn huǐhèn de zāle yíxià zuǐ(他很悔恨地咂了一下嘴).

したえ【下絵】 [下書き] huàgǎo[r](画稿儿), dǐzi(底子), gǎozi(稿子), cǎogāo[r](草稿儿), cǎodǐr(草底儿);[刺繍などの] dǐzi(底子).

したが・う【従う】 1[ついて行く] gēn(跟), suí(随), gēnsuí(跟随), gēncóng(跟从). ¶案内人に〜って登る suízhe xiàngdǎo dēngshān(随着向导登山). ¶夫に〜って九州に行く gēnsuí zhàngfu qiánwǎng Jiǔzhōu(跟随丈夫前往九州). ¶犬が主人に〜って歩いている gǒu gēnzhe zhǔrén zǒu(狗跟着主人走). ¶矢印に〜って進む shùnzhe jiàntóu zǒu(顺着箭头走).

2[命令,規則,習慣などに] fúcóng(服从), tīngcóng(听从), shùncóng(顺从), yīcóng(依从), zūncóng(遵从), suíshùn(随顺), yīshùn(依顺), yīsuí(依随), yīzhào(依照), zūnzhào(遵照). ¶父母の言いつけに〜う tīngcóng fùmǔ de huà(听从父母的话). ¶医者の勧告に〜って禁酒禁煙した yīzhào yīshēng quàngào jièle yānjiǔ(依照医生劝告忌了烟酒). ¶党の決定に〜う fúcóng dǎng de juédìng(服从党的决定). ¶法規に〜って処罰する yīfǎ chéngchǔ(依法惩处). ¶良心に〜って行動する píng liángxīn xíngdòng(凭良心行动). ¶村のしきたりに〜って行う yīzhào cūnli de lǎoguīju xíngshì(依照村里的老规矩行事). ¶権力者に〜う fúcóng zhǎngquánzhě(服从掌权者).

3[…に応じて] ¶仕事が進むに〜って難しくなった suízhe gōngzuò de jìnzhǎn, yuèláiyuè nán le(随着工作的进展,越来越难了). ¶年をとるに〜って気が短くなった yuè shàng niánjì jiù yuè méiyǒu nàixìng le(越上年纪就越没有耐性了). ¶大きさに〜って値段も違う dàxiǎo bù tóng, jiàgé yě bù tóng(大小不同,价格也不同).

したが・える【従える】 shuàilǐng(率领), dàilǐng

(带领). ¶彼は大勢の部下を~えてやって来た tā shuàilǐngzhe hěn duō bùxià lái le (他率领着很多部下来了).

したがき【下書き】 cǎogǎo[r] (草稿[儿]), dǐgǎo[r] (底稿[儿]), dǐzi (底子), cǎodǐr (草底儿). ¶論文の~をする xiě lùnwén de cǎogǎo (写论文的草稿). ¶鉛筆で~した上を筆でなぞる xiān yòng qiānbǐ dǎhǎo dǐzi zài yòng bǐ qūmiáo (先用铅笔打好底子再用笔去描).

したがって【従って】 suǒyǐ (所以), yīncǐ (因此), yīn'ér (因而), cóng'ér (从而). ¶今学期はよく勉強したので, ~成績もあがった běn xuéqī yīn máitóu yònggōng ér chéngjì yǒusuǒ tígāo (本学期因埋头用功而成绩有所提高). ¶私はその場にいなかった, ~何も知らない wǒ méi zàichǎng, suǒyǐ shénme yě bù zhīdào (我没在场, 所以什么也不知道).

したぎ【下着】 nèiyī (内衣).

したく【支度】 yùbèi (预备), zhǔnbèi (准备). ¶早く~しないと遅れますよ yào bú kuài zhǔnbèi kě yào chídào le (要不快准备可要迟到了). ¶会場の~はすっかり整った huìchǎng wánquán bùzhìhǎo le (会场完全布置好了). ¶お食事の~ができました fàn yùbèihǎo le (饭预备好了). ¶夕飯の~をする zhǔnbèi wǎnfàn (准备晚饭).

じたく【自宅】 ¶明日は~にいます míngtiān wǒ zàijiā (明天我在家). ¶御~はどちらですか nín jiā zhùzài nǎr? (您家住在哪儿?).

¶~療養 zàijiā liáoyǎng (在家疗养).

したくちびる【下唇】 xiàchún (下唇), xiàzuǐchún (下嘴唇).

したけんぶん【下検分】 ¶会場を~する yùxiān chákàn huìchǎng (预先查看会场).

したごころ【下心】 yòngxīn (用心), yòngyì (用意), jūxīn (居心), cúnxīn (存心), zuòyòng (作用). ¶~があってしたことではない bìng bú shì bié yǒu yòngxīn de (并不是别有用心的). ¶彼の~は見え透いている tā de yòngyì zǎo jiào rén kàntòu le (他的用意早叫人看透了).

したごしらえ【下拵え】 ¶~はしてあるからあとは煮るだけだ pēngtiáo zhǔnbèi yǐjīng zuòhǎo, zhǐ děng xiàguō zhǔ le (烹调准备已经做好, 只等下锅煮了).

したじ【下地】 dǐzi (底子). ¶彼女は既に音楽家としての~はできている tā yǐ dǎxià zuòwéi yīnyuèjiā de jīchǔ (她已打下作为音乐家的基础). ¶もともと~があったのですぐ上達した yuánlái jiù yǒu dǐzi, suǒyǐ jìnbù hěn kuài (原来就有底子, 所以进步很快).

したし・い【親しい】 qīnmì (亲密), qīnjìn (亲近), qīnrè (亲热), qīnnì (亲昵). ¶彼とは~い間柄だ wǒ gēn tā shì zhījiāo (我跟他是至交) / 彼と~くして欲しい tā gēn wǒ hěn yàohǎo (他跟我很要好). ¶彼女とすぐ~くなった hé tā hěn kuài jiù qīnmì qilai le (和她很快就亲密起来了). ¶~い縁者だけを招いて挙式した zhǐ yāoqǐng jìnqīn jǔxíngle hūnlǐ (只邀请近亲举行了婚礼).

したじき【下敷】 1 [文房具] diànbǎn (垫板). ¶~を敷いて書く diànzhe diànbǎn xiě zì (垫上垫板写字).

2 ¶地震で倒れた家の~になった yāzài bèi dìzhèn zhèntā de fángzi xiàmian (压在被地震震塌的房子下面).

したしく【親しく】 qīnzì (亲自). ¶A教授に~指導を受けた shòu A jiàoshòu de qīnzì zhǐdǎo (受A教授的亲自指导). ¶~国内を視察する qīnzì jìnxíng guónèi shìchá (亲自进行国内视察).

したしみ【親しみ】 qīnmì (亲密), qīnjìn (亲近), qīnqiè (亲切). ¶彼とはあの一件以来いっそう~が増した zìcóng nà yī jiàn shì yǐlái wǒ gēn tā gèngjiā qīnmì le (自从那件事以来我跟他更加亲密了). ¶彼の人柄に~を覚えた tā dàirén-jiēwù, shǐ rén gǎndào hěn qīnqiè (他待人接物, 使人感到很亲切). ¶この言葉は我々にはあまり~がない zhège cí duì wǒmen yǒuxiē shēngshū (这个词对我们有些生疏).

したし・む【親しむ】 qīnjìn (亲近). ¶あの人はどことなく~みにくい tā nàge rén zǒng lìng rén juéde "bù hǎo qīnjìn [bú yì jiējìn]" (他那个人总令人觉得"不好亲近[不易接近]"). ¶長年住んだ村を離れて東京へ来た líkāi jūzhù duōnián de qīnqiè de cūnzhuāng dàole Dōngjīng (离开居住多年的亲切的村庄到了东京). ¶読書に~む xǐhào dúshū (喜好读书). ¶自然に~む jiējìn dàzìrán (接近大自然).

したしらべ【下調べ】 ¶遠足のコースを~する yùxiān tànkàn yuǎnzú de lùxiàn (预先踏看远足的路线). ¶先生が明日の~をしている lǎoshī zhèngzài bèi míngtiān de kè (老师正在备明天的课). ¶英語の~をする yùxí Yīngyǔ kè (预习英语课).

したず【下図】 [図] cǎotú (草图), cǎogǎo (草稿), cǎodǐr (草底儿), [絵] huàgǎo (画稿), dǐzi (底子).

したたか【強か】 1 [ひどく] ¶階段から落ちて腰を~打った cóng lóutī shang diēxialai bǎ yāo shuāide hěn lìhai (从楼梯上跌下来把腰摔得很厉害). ¶溺れそうになって~潮水を飲んだ chàdiǎnr yānsǐ, guànle yìdùzi hǎishuǐ (差点儿淹死, 灌了一肚子海水). ¶痛飲して~に酔った tòngyǐn ér mǐngdǐng dà zuì (痛饮而酩酊大醉).

2 [手ごわい] ¶あのチームはなかなか~だ nà duì kě bù hǎo duìfu (那队可不好对付). ¶あいつは~者だ tā zhēn shì ge cìtóur (他真是个刺儿头).

したた・める【認める】 ¶手紙を~める xiě xìn (写信). ¶夕食を~める chī wǎnfàn (吃晚饭).

したたらず【舌足らず】 ¶私の言葉が~だったので誤解を生んだ wǒ de huà yán bú jìn yì, chǎnshēngle wùjiě (我的话言不尽意, 产生了误解). ¶彼女の発音は~だ tā kǒuchǐ bù qīngchu (她口齿不清楚) / tā shuōhuà yǒudiǎnr "yǎoshér [dàshétou]" (她说话有点儿"咬舌儿[大舌头]").

したたり【滴り】 dī (滴). ¶血の~が点々と続いていた bānbān-diǎndiǎn xuèjì yánxùzhe (斑斑点点血迹延续着) / xiě līlālā de tǎngzhe (血哩哩啦啦地淌着).

したた・る【滴る】 dī(滴), dīxià(滴下), dīda(滴答). ¶汗が額から~り落ちる hàn cóng éshang zhí wǎng xià dīda(汗从额上直往下滴答). ¶彼の腕からは鮮血が~っていた xiānxuè cóng tā gēbo shang dīxialai(鲜血从他胳膊上滴下来). ¶緑々青葉の季節 cōngcuì yù dī de jìjié(葱翠欲滴的季节).

したつづみ【舌鼓】 zázuǐ(咂嘴). ¶山海の珍味に~を打つ zāzhe zuǐ chī shānzhēn-hǎiwèi(咂着嘴吃山珍海味).

したっぱ【下っ端】 ¶我々~は数のなかに入っていない wǒmen zhèxiē pǎolóngtàode suàn bu shàng shùr(我们这些跑龙套的算不上数儿).
¶~役人 xiàjí guānlì(下级官吏).

したづみ【下積み】 ¶荷物の~になっていてすぐには取り出せない zài xínglǐ dǐxia, yíxiàzi ná bu chūlái(在行李底下, 一下子拿不出来). ¶彼は~の時代が長かった tā jǔyú rén xià de shídài xiāngdāng cháng(他居于人下的时代相当长).

したて【下手】 ¶~に出ればつけあがりやがって gěi nǐ miànzi, fǎndào láijìnr le(给你面子, 反倒来劲儿了).

したて【仕立】 1【裁縫】 zuògōng(做工・做功). ¶彼は~のよい背広を着ている tā chuānzhe yí jiàn zuògōng hěn hǎo de xīfú(他穿着一件做工很好的西服). ¶フランス~のイブニングドレス zài Fǎguó zuò de yèlǐfú(在法国做的夜礼服). ¶~おろしのコートを着て出掛ける chuānzhe xīn zuòhǎo de wàiyī chūqu(穿着新做好的外衣出去). ¶これはもう~直しがきかない zhè zài yě bùnéng fānxīn le(这再也不能翻新了). ¶~物をして暮しを立てる kào gěi rén féng yīfu wéichí shēnghuó(靠给人缝衣服维持生活).
¶~代 cáiféngfèi(裁缝费). ~屋 chéngyīpù(成衣铺)/ cáiféngdiàn(裁缝店); [人] cáiféng(裁缝).
2【用意】 ¶特別の~列車 zhuānchē(专车).

した・てる【仕立てる】 1【裁縫する】 féng(缝), zuò(做). ¶この着物は母が~ててくれた zhè jiàn héfú shì mǔqīn gěi wǒ féng de(这件和服是母亲给我缝的).
2【用意する】 ¶臨時列車を~てる zhǔnbèi línshí lièchē(准备临时列车). ¶船を~てて釣に行く zū chuán qù diàoyú(租船去钓鱼).
3【養成する】 ¶息子を一人前の職人に~てる bǎ érzi péiyǎng chéng hǎo gōngjiàng(把儿子培养成好工匠).

したどり【下取り】 ¶新製品お買上げの場合古い品を高価で~します fán gòumǎi xīnchǎnpǐn, gāojià huíshōu jiùhuò(凡购买新产品,高价回收旧货).

したなめずり【舌舐り】 tiǎn zuǐchún(舔嘴唇). ¶狼は~をしながら小羊に近づいた lángzhe zuǐchún còujìn xiǎoyáng(狼舔着嘴唇凑近小羊). ¶いかにも満腹そうに~をしている chīde hěn bǎo shìde tiǎnzhe zuǐ(吃得很饱似的舔着嘴).

したぬり【下塗】 ¶ペンキで~する yòng yóuqī mǒ dǐzi(用油漆抹底子)/ dǎ dǐqī(打底漆). ¶~が乾いた mǒ de dǐzi gān le(抹的底子干了).

したばき 1【下穿】 chènkù(衬裤), nèikù(内裤), kùchǎ[r](裤衩[儿]).
2【下履】 ¶~のまま上がってはいけません bùdé chuān shìwài chuān de xié jìnlai(不得穿室外穿的鞋进来).

じたばた ¶~すると命がないぞ bié luàn dòng! bùrán yào nǐ de mìng!(别乱动! 不然要你的命!). ¶今更~しても始まらない shì dào rújīn zháojí yě wújìyúshì(事到如今着急也无济于事).

したばたらき【下働き】 dǎ xiàshǒu[r](打下手[儿]). ¶私は彼の~をしている wǒ gěi tā dǎ xiàshǒu(我给他打下手). ¶いつまでも~では嫌だ wǒ kě bú yuànyì lǎo dāng pǎotuǐrde(我可不愿意老当跑腿儿的).

したはら【下腹】 xiǎodùzi(小肚子), xiǎofù(小腹). ¶~に力を入れる xiǎodùzi shǐjìnr(小肚子使劲儿).

したび【下火】 ¶火の手はようやく~になった huǒshì hǎoróngyì jiǎnruò le(火势好容易减弱了). ¶このゲームの流行も~になった zhè zhǒng yóuxì yǐjīng bù shíxīng le(这种游戏已经不时兴了).

したびらめ【舌平目】 bànhuá shétǎ(半滑舌鳎), shétǎ(舌鳎), ruòtǎyú(箬鳎鱼), niúshéyú(牛舌鱼).

したまわ・る【下回る】 dīyú(低于). ¶米の収穫量は去年を~った dàmǐ chǎnliàng dīyú qùnián(大米产量低于去年). ¶参加者の数は予想をはるかに~った yùhuìzhě yuǎn wèi dádào suǒ yùxiǎng de rénshù(与会者远未达到所预想的人数).

したみ【下見】 ¶新しく借りる家の~に行く qù kàn xīn zū de fángzi qù(去看新租的房子去).

したむき【下向き】 ¶カメラを~にする bǎ zhàoxiàngjī jìngtóu cháo xià(把照相机镜头朝下). ¶~の市況 zǒu xiàpōlù de shìmiàn(走下坡路的市面)/ shìmiàn ˇchūxiàn huápō[měi kuàng yù xià](市面 "出现滑坡[每况愈下]).

したやく【下役】 xiàshǔ(下属), liáoshǔ(僚属), bùxià(部下).

したよみ【下読み】 ¶講演原稿の~をする yùxiān niàn jiǎngyǎngǎo(预先念讲演稿).

じだらく【自堕落】 ¶~な生活を送る guò lǎnsǎn fàngdàng de shēnghuó(过懒散放荡的生活). ¶~な女 duòluò de nǚrén(堕落的女人).

したりがお【したり顔】 ¶彼は~でその時の様子を話した tā yángyáng déyì de shùshuōle yìfān dāngshí de qíngjǐng(他洋洋得意地述说了一番当时的情景).

しだれざくら【枝垂桜】 chuízhī yīngshù(垂枝樱树), ruǎntiáo yīnghuā(软条樱花).

しだれやなぎ【枝垂柳】 chuíliǔ(垂柳), chuíyángliǔ(垂杨柳).

したん【紫檀】 zǐtán(紫檀). ¶~の机 zǐtán zhuō(紫檀桌).

しだん【師団】 shī(师). ¶~長 shīzhǎng(师长).

じだん【示談】 sīliǎo（私了）．¶交通事故の～が成立した chēhuò jiūfēn shuāngfāng sīxià liǎojié le（车祸纠纷双方私下了结了）．

じだんだ【地団太】 duòjiǎo（跺脚），tiàojiǎo[r]（跳脚[儿]）．¶彼は足を踏んで悔しがった tā dùnzú-chuíxiōng de huǐhèn（他顿足捶胸地悔恨）．

しち【七】 qī（七·柒）．

しち【質】 dàng（当）．¶指輪を～に入れる dàng jièzhi（当戒指）．¶～を請け出す bǎ dàng dōu shúchulai（把当都赎出来）/ shúdàng（赎当）．¶～はとうの昔に流れてしまった dōngxi zǎojiù dàngsǐ le（东西早就当死了）．

¶～草 dàngtou（当头）．¶～流れ品 guòqī bù shú de dōngxi（过期不赎的东西）．¶～札 dàngpiào（当票）．¶～屋 dàngpu（当铺）／ dàngdiàn（当店）．

しち【死地】 sǐdì（死地）．¶～に赴く qián fù sǐdì（前赴死地）．¶かろうじて～を脱した hǎoróngyì táochū sǐdì（好容易逃出死地）/ sǐ lǐ táoshēng（死里逃生）．

じち【自治】 zìzhì（自治）．¶～の精神を養う péiyǎng zìzhì jīngshén（培养自治精神）．¶大学の～を守れ hànwèi dàxué de zìzhì（捍卫大学的自治）．

¶～権 zìzhìquán（自治权）．¶一体 dìfāng gè jí zìzhì jīguān（地方各级自治机关）．学生～会 xuéshēng zìzhìhuì（学生自治会）/ xuéshēnghuì（学生会）．地方～ dìfāng zìzhì（地方自治）．

しちてんばっとう【七転八倒】 ¶腹痛で～した dùzi tòngde dǎgǔn（肚子痛得打滚）．

しちふくじん【七福神】 qīfúshén（七福神）．《説明》作为日本人所信仰的造福之神，即惠比须、大黑、毗沙门、弁天、福禄寿、寿老人、布袋七神之总称．

しちめんちょう【七面鳥】 tǔshòujī（吐绶鸡），tǔjǐnjī（吐锦鸡），zhēnzhūjī（真珠鸡），qīmiànniǎo（七面鸟），huǒjī（火鸡）．

しちゃく【試着】 shìchuān（试穿）．¶スカートを～する shìchuān qúnzi（试穿裙子）．

¶～室 shìyījiān（试衣间）．

しちゅう【支柱】 zhīzhù（支柱）．¶～を立ててテントを張る shù zhīzhù dā zhàngpeng（竖支柱搭帐篷）．¶彼女はこの会の精神的～である tā shì zhège huì de jīngshénshang de zhīzhù（她是这个会的精神上的支柱）．

シチュー ¶～鍋 dùnguō（炖锅）．ビーフ～ xīshì dùnniúròu（西式炖肉）．

しちょう【市長】 shìzhǎng（市长）．

しちょう【思潮】 sīcháo（思潮）．¶文芸～ wényì sīcháo（文艺思潮）．

しちょう【視聴】 shìtīng（视听）; shōushì（收视），shōukàn（收看）．¶～率 shōukànlǜ（收看率）/ shōushìlǜ（收视率）．¶～覚教育 diànhuà jiàoyù（电化教育）／ diànjiào（电教）．

しちょう【試聴】 shìtīng（试听）．¶レコードを～する shìtīng chàngpiàn（试听唱片）．

しちょう【輜重】 zīzhòng（辎重）．¶～隊 zīzhòng bùduì（辎重部队）．～兵 zīzhòngbīng（辎重兵）．

じちょう【次長】 cìzhǎng（次长）．

じちょう【自重】 zìzhòng（自重）; bǎozhòng（保重）．¶我々は今後一層～しなくてはならない wǒmen jīnhòu gèng yào zìzhòng（我们今后更要自重）．¶くれぐれも御～御自愛下さい qǐng qiānwàn bǎozhòng（请千万保重）．

じちょう【自嘲】 zìcháo（自嘲）．¶彼はまたしくじったと～した tā zìcháo zìjǐ yòu gǎocuò le（他自嘲自己又搞错了）．¶～的に笑う zìcháo de xiào（自嘲地笑）．

しちりん【七輪】 mùtàn lúzi（木炭炉子），méiqiú lúzi（煤球炉子），fēngwōméi lúzi（蜂窝煤炉子）．

じちん【自沈】 ¶その軍艦を～した nà sōu jūnjiàn zìchén le（那艘军舰自沉了）．

しつ【質】 zhì（质），zhìliàng（质量）．¶～をよくする tígāo zhìliàng（提高质量）．¶～を落さずに値下げする jiàngjià ér bú jiàngdī zhìliàng（降价而不降低质量）．¶～より量 liàng zhòngyú zhì（量重于质）．¶大学生の～が低下している dàxuéshēng de zhìliàng xiàjiàng le（大学生的质量下降了）．

じつ【実】 **1**〔実質〕shí（实）．¶名を捨てて～を取る shě míng qǔ shí（舍名取实）．¶改革の～をあげる huòdé gǎigé de shíxiào（获得改革的实效）．

2〔誠意〕chéngyì（诚意）．¶あの人には～がない tā nàge rén méiyǒu chéngyì（他那个人没有诚意）．¶彼の話には～がある tā de huà hěn chéngkěn（他的话很诚恳）．

3〔本当〕¶～は私も彼の考えには反対だ lǎoshi shuō, wǒ yě fǎnduì tā de yìjiàn（老实说，我也反对他的意见）．¶～のところ大変困っています shuō shízài de, wǒ zhèng wéinán ne（说实在的，我正为难呢）．¶～を言えばこちらがいけないのです shuō "shíhuà[shízàihuà]" shì wǒfāng bú duì（说"实话[实在话]"是我方不对）．¶～の，言ってみれば qīnshēng fùmǔ（亲生父母）．¶～の親 qīnshēng fùmǔ（亲生父母）/ shēngshēn fùmǔ（生身父母）．

しつい【失意】 shīyì（失意）．¶彼は世に認められず～のうちに死んだ tā yóuyú bù wéi shìrén suǒ zhòng, zài shīyìzhōng qùshì le（他由于不为世人所重, 在失意中去世了）．¶彼は今～のどん底にある tā xiànzài chǔyú shīyì juéwàng de jìngdì（他现在处于失意绝望的境地）．

じつい【実意】 **1**〔本心〕zhēnyì（真意）．¶～をただす xúnwèn zhēnyì（询问真意）．

2〔誠意〕chéngyì（诚意）．¶～をつくす shíxīn-shíyì[chéngxīn-chéngyì] dàirén（实心实意[诚心诚意]待人）/ jiéchéng（竭诚）．

しつうはったつ【四通八達】 sì tōng bā dá（四通八达）．¶道路が～している gōnglù sìtōngbādá（公路四通八达）．

じつえき【実益】 shíyì（实益），shíhuì（实惠）．¶趣味と～を兼ねた仕事 jì hé zhìqù yòu yǒu shíhuì de gōngzuò（既合志趣又有实惠的工作）．

じつえん【実演】 biǎoyǎn（表演），yǎnshì（演示）．¶料理の作り方を～する biǎoyǎn pēngrènfǎ

(表演烹饪法). ¶映画館で~がある zài diànyǐngyuàn yǒu wǔtái biǎoyǎn (在电影院有舞台表演).

しっか【失火】 ¶火事の原因は~だった huǒzāi de yuányīn shì yòng huǒ shīshèn (火灾的原因是用火失慎).

しっか【膝下】 xīxià (膝下). ¶父母の~を離れて留学した lí fùmǔ xīxià, chūguó liúxué (离父母膝下, 出国留学).

じっか【実家】 niángjia (娘家). ¶離婚して~に帰る líle hūn huí niángjia qù (离了婚回娘家去). ¶母の~は静岡です lǎolao jiā zài Jìnggāng (姥姥家在静冈).

じつがい【実害】 ¶泥棒に入られたが~はなかった jìnle xiǎotōur, dàn méiyǒu shòudào shíjì sǔnshī (进了小偷儿, 但没有受到实际损失).

しっかく【失格】 ¶反則で~した fànguī sàngshīle zīgé (犯规丧失了资格). ¶そんなことでは教師として~だ xiàng nǐ zhèyàng, búpèi zuò yí ge jiàoshī (像你这样, 不配做一个教师).

しっかり【確り】 1【堅固なさま】jǐn (紧), jǐnjǐn (紧紧), láo (牢), láoláo (牢牢), jiēshi (结实), zhāshi (扎实), láogù (牢固), jiāngù (坚固). ¶僕の手を~握って放さない jǐn wò wǒ de shǒu bú fàng (紧握我的手不放). ¶~と抱きしめる jǐnjǐn lǒuzhù (紧紧搂住). ¶~摑まっていなさい hǎohāor zhuāzhù (好好儿抓住) / yào zhuāláo a! (要抓牢啊!). ¶体に命綱を~結びつけて登った bǎ ānquándài jiējie-shíshí de shuānzài shēnshang pāndēng (把安全带结结实实地拴在身上攀登). ¶戸締りを~しなさい guānhǎo mén shàngshǎo suǒ (关好门上好锁). ¶にかわで~くっつける yòng gǔjiāo zhānláo (用骨胶粘牢). ¶この家は土台が~している zhè suǒ fángzi dìjī dǎde hěn láogù (这所房子地基打得很牢固). ¶学業の基礎が~している xuéxí de jīchǔ dǎde hěn zhāshi (学习的基础打得很扎实).

2【身心が】 ¶あのお婆さんは80歳になるがとても~している nà wèi lǎodàniáng bāshí suì le, hái tǐng yìngláng de (那位老大娘八十岁了, 还挺硬朗的). ¶年はとっても足腰は~している niánjì suī lǎo, kě tuǐjiǎo hái hěn yìngbang (年纪虽老, 可腿脚还很硬棒). ¶あれは~した人だ tā nàge rén wěndang kěkào (他那个人稳当可靠). ¶~した意見を述べる chénshù rùqíng-rùlǐ de yìjian (陈述入情入理的意见). ¶~した声で応答した yòng zhènjìng de shēngyīn yìngdá (用镇静的声音应答). ¶お父さん, あなたが~しなければ家族はどうなりますか háizi tā diē, nǐ bù zhēngqì, quánjiā kě zěnme guò ya? (孩子他爹, 你不争气, 全家可怎么过呀?). ¶~しろ, 傷は浅いぞ shāng bú zhòng, zhènzuò qǐ jīngshen lái! (伤不重, 振作起精神来!).

しつかん【質感】 zhìgǎn (质感).

しっかん【疾患】 jíhuàn (疾患), jíbìng (疾病).

じっかん【十干】 tiāngān (天干), shígān (十干).

じっかん【実感】 shígǎn (实感). ¶まだ卒業したという~が湧かない hái méiyǒu bìle yè de shígǎn (还没有毕了业的实感). ¶彼の話には~が こもっていた tā de huà fùyǒu zhēnqíng shígǎn (他的话富有真情实感).

しっき【湿気】 →しっけ.

しっき【漆器】 qīqì (漆器).

しつぎ【質疑】 zhìyí (质疑). ¶~応答のあと採決が行われた jīngguò zhìyí dábiàn zhī hòu jìnxíngle biǎojué (经过质疑答辩之后进行了表决).

じつぎ【実技】 ¶筆記試験の他に~試験もある chúle bǐshì zhī wài háiyǒu shíjì jìnéng de kǎoshì (除了笔试之外还有实际技能的考试).

しっきゃく【失脚】 ¶A大臣は汚職で~した A dàchén yóuyú tānwū xiàtái le (A大臣由于贪污下台了).

しつぎょう【失業】 shīyè (失业). ¶会社がつぶれて~した gōngsī dǎobì, ˈshīyè[fànwǎn zá] le (公司倒闭, "失业[饭碗砸]"了). ¶~者 shīyèzhě (失业者) / 失业人员 (失业人员). / ~保険 shīyè bǎoxiǎn (失业保险).

じっきょう【実況】 shíkuàng (实况). ¶~放送 shíkuàng zhuǎnbō (实况转播).

じつぎょう【実業】 shíyè (实业). ¶~家 shíyèjiā (实业家) / qǐyèjiā (企业家). ~界 shíyèjiè (实业界) / gōngshāngyèjiè (工商业界).

しっきん【失禁】 shījīn (失禁).

しっく【疾駆】 jíchí (疾驰), fēichí (飞驰). ¶高速道路を車が~する qìchē zài gāosù gōnglù shang jíchí (汽车在高速公路上疾驰). ¶草原を馬を~する qí mǎ zài cǎoyuán shang fēibēn (骑马在草原上飞奔).

シック ¶~な装い yǎ ér bù huá de yīzhuó (雅而不华的衣着).

しっくい【漆喰】 ¶~で壁を塗る yòng mǒmiàn shājiāng nì qiáng (用抹面砂浆泥墙).

しっくり tiáohé (调和). ¶この絵は~しない zhè fú huàr gēn zhè wūzi bù xiétiáo (这幅画儿跟这屋子不协调). ¶親との間が~いかない gēn fùmǔ bú duìjìnr (跟父母不对劲儿).

じっくり ¶それは~腰をすえてかからなければ駄目だ zhè shì fēi zuòxialai zhuānxīn-zhìzhì de gàn bùkě (这事非坐下来专心致志地干不可). ¶まだ彼とは~話し合ったことはない hái méiyǒu gēn tā hǎohāor tánguo (还没有跟他好好儿谈过). ¶~案を練る yòng chōngfèn de shíjiān nǐdìng jihuà (用充分的时间拟订计划) / xútú liángcè (徐图良策).

しつけ【仕付け·躾】 1【子供の】 ¶家庭の~が厳しい jiājiào hěn yán (家教很严). ¶この子は~が悪い zhège háizi jiǎnzhí bù dǒng guīju (这个孩子简直不懂规矩). ¶あの母親は子供の~方を知らない nàge mǔqin bú huì guǎnjiào háizi (那个母亲不会管教孩子).

2【裁縫の】bēng (绷). ¶~をする yòng xiàn bēngshàng (用线绷上). ¶~をとる chāidiào bēngxiàn (拆掉绷线).
¶~糸 bēngxiàn (绷线).

しっけ【湿気】 cháo (潮), cháoqì (潮气). ¶~が多い cháoqì dà (潮气大) / tài cháo (太潮). ¶電気器具は~を嫌う diànqì pà shòucháo

(电器怕受潮).

しっけい【失敬】 **1**【失礼】shīlǐ(失礼), wúlǐ(无礼). ¶なんだ～な奴だ zhēn shì méi lǐmào de rén(真是没礼貌的人). ¶無断で人の物を使うなんて～じゃないか bù shuō yì shēng suíbiàn yòng biéren de dōngxi, wèimiǎn tài búxiànghuà le(不说一声随便用别人的东西,未免太不像话了). ¶昨日は折角訪ねてくれたのに留守をしていて～した zuótiān nǐ tèyì lái, kě wǒ méi zàijiā, shīyíng le(昨天你特意来,可我没在家,失迎了). ¶じゃあこれで～ nà wǒ xiān zǒu le(那我先走了)/ nàme wǒ gàocí le(那么我告辞了).
2【盗み】 ¶コップを1つ～する yē[ná] zǒu yí ge bōlibēi(掖[拿]走一个玻璃杯).

じっけい【実兄】 bāoxiōng(胞兄), qīngēge(亲哥哥).

じっけい【実刑】 shíjí fúxíng(实际服刑).

じつげつ【日月】 rìyuè(日月).

しつ・ける【仕付ける】 jiàoguǎn(教管), guǎnjiào(管教). ¶子供を厳しく～ける jiàoguǎn háizi hěn yán(教管孩子很严).

しつげん【失言】 shīyán(失言), shīkǒu(失口), shīyǔ(失语). ¶あの大臣はよく～する nàge dàchén 'shícháng shīyán [yán duō yǔ shī]'(那个大臣'时常失言[言多语失]'). ¶～を取り消す shōuhuí shīyán(收回失言). ¶これは私の～でした zhè shì wǒ'de shīyán[shuōzǒule zuǐ]'(这是我'的失言[说走了嘴]').

しつげん【湿原】 cháoshī de cǎoyuán(潮湿的草原).

じっけん【実権】 shíquán(实权), yìnbǎzi(印把子). ¶政治の～を握る zhǎngwò zhèngzhì shíquán(掌握政治实权). ¶彼は名ばかりの校長で～は教頭にある tā búguò shì ge guàmíng de xiàozhǎng, shíquán zhǎngwò zài jiàodǎo zhǔrèn shǒuli(他不过是个挂名的校长,实权掌握在教导主任手里).

じっけん【実験】 shíyàn(实验). ¶化学の～をする jìnxíng huàxué shíyàn(进行化学实验). ¶今はまだ～段階だ mùqián hái chǔzài shíyàn jiēduàn(目前还处在实验阶段).
¶～室 shíyànshì(实验室). ～式 shíyànshì(实验式)/ zuìjiǎnshì(最简式). 水爆～ qīngdàn bàozhà shìyàn(氢弹爆炸试验).

じつげん【実現】 shíxiàn(实现). ¶長年の夢がついに～した duōniánlái de yuànwàng zhōngyú déyǐ shíxiàn(多年来的愿望终于得以实现). ¶それは当分～しそうもない nà kǒngpà yìshí nányǐ 'shíxiàn [duìxiàn]'(那恐怕一时难以'实现[兑现]').

しつ・い **1** ¶あれこれ～く尋ねる zhège nàge de páogēn wèndǐr(这个那个地刨根儿问底儿). ¶～くつきまとう jiūchán bùxiū(纠缠不休). ¶いほど訪ねてくる zuò yí tàng yòu yí tàng de zhǎoshàng mén lái(左一趟右一趟地找上门来). ¶あの人は～い tā nàge rén zhēn nán chán(他那个人真难缠).
2【味などが】 ¶この料理は～い zhège cài tài nìrén(这个菜太腻人). ¶～い匂い nóngzhòng de xiāngwèi(浓重的香味).

しっこう【失効】 shīxiào(失效). ¶その条約は～した gāi tiáoyuē shīxiào le(该条约失效了).

しっこう【執行】 zhíxíng(执行). ¶死刑を～する zhíxíng sǐxíng(执行死刑)/ zhèngfǎ(正法).
¶～機関 zhíxíng jīguān(执行机关). ～猶予 huǎnxíng(缓刑).

じっこう【実行】 shíxíng(实行), zhíxíng(执行). ¶計画を～に移す jiāng jìhuà fù zhū shíxíng(将计划付诸实行). ¶そんな計画は～できない nà zhǒng jìhuà wúfǎ zhíxíng(那种计划无法执行). ¶彼はいろいろ計画は立てるが～力に乏しい tā dìngchūle gèzhǒng jìhuà, què quēfá shíxíng nénglì(他订出了各种计划,却缺乏实行能力).

じっこう【実効】 shíxiào(实效). ¶～が現れるまで多少の時間を要する jiàn shíxiào, hái xūyào yìxiē shíjiān(见实效,还需要一些时间).
¶改善策を施したが～がながった cǎiqǔle gǎishàn cuòshī, kěshì débudào shíxiào(采取了改善措施,可是得不到实效).

しっこく【桎梏】 zhìgù(桎梏).

しっこく【漆黒】 qīhēi(漆黑).

しつごしょう【失語症】 shīyǔzhèng(失语症).

じっこん【昵懇】 ¶あの人とは昔から～にしている guòqù wǒ gēn tā jiù yǒu qīnmì wǎnglái(过去我跟他就有亲密往来). ¶今後とも御～に願います jīnhòu qǐng duō zhǐjiào(今后请多指教).

じっさい【実際】 shíjì(实际). ¶彼の話は～とは大分ちがう tā de huà gēn shíjì dà yǒu chūrù(他的话跟实际大有出入). ¶彼は怠け者だと思われているが～はそうではない dàjiā dōu yǐwéi tā shì lǎnhàn, 'qíshí[shízé]' bùrán(大家都以为他是懒汉,'其实[实则]'不然). ¶それは～にあった話だ nà shì zhēn yǒuguo de shìqing(那是真有过的事情). ¶～に聞いてみることだ zuìhǎo shì nǐ zìjǐ dǎtīng yíxià(最好是你自己打听一下). ¶～に行ってみようと思います wǒ xiǎng zhíjiē qù yí tàng(我想直接去一趟).
¶～のところ彼にそれだけの能力はない shuō jù shíhuà tā méiyǒu nàge nénglì(说句实话他没有那能力). ¶～問題としてそんなことは無理だ shíjìshang nà shì bànbudào de(实际上那是办不到的). ¶～的でない nà shì bù qiè shíjì de(那是不切实际的). ¶～彼には困ってしまう shízài duì tā méi bànfǎ(实在对他没办法).

じっさい【実在】 ¶この芝居のモデルは～している zhège xìjù de mótèr shí yǒu qí rén(这个戏剧的模特儿实有其人). ¶～の地名 shíjì cúnzài de dìmíng(实际存在的地名).

しっさく【失策】 shīcè(失策), shīwù(失误), shīzhāo(失着). ¶僕が～したために負けた yóuyú wǒ de shīwù shū le(由于我的失误输了).
¶ばかげた～をする fànle ge bù gāi fàn de cuòwù(犯了个不该犯的错误).

じっし【十指】 ¶～にあまる候補者 shí ge zhítou nǐ shǔ bu guòlái de hòuxuǎnrén(十个指头也数不过来的候选人).

じっし【実子】 qīnshēng zǐnǚ (亲生子女), qīnshēng érnǚ (亲生儿女).

じっし【実姉】 bāojiě (胞姐), qīnjiějie (亲姐姐).

じっし【実施】 shíshī (实施), shīxíng (施行), shíxíng (实行). ¶公布の日からこれを~する zì gōngbù zhī rì qǐ shīxíng (自公布之日起施行). ¶身体検査を~する shīxíng tǐjiǎn (实行体检).

しつじつ【質実】 pǔshí (朴实), zhìpǔ (质朴), pǔzhí (朴质). ¶~剛健の気風 gāngjiàn zhìpǔ de fēnggé (刚健质朴的风格).

じっしつ【実質】 shízhì (实质). ¶形式より~を重視する bǐqí xíngshì lái gèng wéi zhòngshì shízhì (比起形式来更为重视实质). ¶名目はなんであれ~的には賄賂だ bùguǎn shénme míngmù, shízhìshang shì huìlù (不管什么名目, 实质上是贿赂). ¶~賃金 shíjì gōngzī (实际工资).

じっしゃ【実写】 ¶噴火の~場面は迫力がある pēnhuǒ de shíxiě jìngtóu zhēn bīzhēn (喷火的实况镜头真逼真).

じっしゃかい【実社会】 ¶卒業して~に出る bìle yè jìnrù shèhuì (毕了业进入社会).

じっしゅう【実収】 ¶経費を差し引いて~は10万円だ kòuchú jīngfèi shíjì shōurù shì shí wàn rìyuán (扣除经费实际收入是十万日元). ¶本年度の小麦の~は1500万トンだ běnniándù xiǎomài shíjì shōuhuòliàng dá yīqiān wǔbǎi wàn dūn (本年度小麦实际收获量达一千五百万吨).

じっしゅう【実習】 shíxí (实习). ¶工場へ~に行く dào gōngchǎng qù shíxí (到工厂去实习). ¶教育の~に中学へ行く dào chūjí zhōngxué jìnxíng jiàoyù shíxí (到初级中学进行教育实习). ¶~生 shíxíshēng (实习生)/ jiànxíshēng (见习生).

じっしゅきょうぎ【十種競技】 shí xiàngnéng yùndòng (十项全能运动).

しつじゅん【湿潤】 shīrùn (湿润).

しっしょう【失笑】 shīxiào (失笑). ¶彼のでたらめな話には~を禁じえなかった tā nà "wújī zhī tán [húshuōbādào] bùjìn lìng rén shīxiào (他那"无稽之谈[胡说八道]不禁令人失笑). ¶人々の~を買う zhāo rén chīxiào (招人耻笑).

じっしょう【実証】 zhèngshí (证实); shízhèng (实证), shíyǎn (实验). ¶無実であることを~する zhèngshí tā wúzuì (证实他无罪). ¶まだ~があがっていない hái méi zhuādào zhēnpíngshíjù (还没抓到真凭实据). ¶古代史を~的に研究する shízhèngxìng de yánjiū gǔdàishǐ (实证性地研究古代史). ¶~主義 shízhèngzhǔyì (实证主义).

じつじょう【実情】 shíqíng (实情), zhēnqíng (真情), shíjì qíngkuàng (实际情况). ¶災害地の~を訴えて援助を求める sùshuō zāiqū zhēnqíng jiùjì, qǐngqiú jiùjì (诉说灾区真情实况, 请求救济). ¶彼等は表面を見ているだけで~には疎い tāmen zhǐ kàn biǎomiàn, bù míngliǎo shíjì qíngkuàng (他们只看表面, 不明了实际情况).

しっしょく【失職】 shīyè (失业).

しっしん【失神】 hūn (昏), hūnmí (昏迷), bùxǐng rénshì (不省人事). ¶驚きのあまり~した xiàde hūnguoqu le (吓得昏过去了). ¶彼は一時~状態だった tā yìshí bùxǐng-rénshì le (他一时不省人事了).

しっしん【湿疹】 shīzhěn (湿疹). ¶赤ん坊に~ができた xiǎowáwa chūle shīzhěn (小娃娃出了湿疹).

じっしんほう【十進法】 shíjìnwèizhì (十进位制).

じっすう【実数】 **1**〔実際の数〕shíshù (实数). ¶参加者の~はつかめない zhuābuzhù yùhuìzhě de shíshù (抓不住与会者的实数). **2**〔数学の〕shíshù (实数).

しっ・する【失する】 **1**〔失う〕shī (失), shīdiào (失掉), cuòguò (错过). ¶反撃の機を~した shīqùle fǎnjī de jīhuì (失去了反击的机会). ¶この機会を~すると二度と見られない cuòguò zhě cì jīhuì jiù zài yě kànbudào le (错过这次机会就再也得不到了). **2**〔…に過ぎる〕¶故障の発見は遅きに~した gùzhàng fāxiàndé wèimiǎn tài wǎn le (故障发现未免太晚了).

しっせい【失政】 ¶政府の~によって失業者がますます増加した yóuyú zhèngfǔ zhèngcè búdàng, shīyè rénshù yuèfā zēngjiā le (由于政府政策不当, 失业人数越发增加了).

しっせい【叱正】 jiàozhèng (教正), zhǐzhèng (指正), yǎzhèng (雅正), jiùzhèng (就正), zhǐjiào (指教). ¶御~を賜りたく jìng xī jiàozhèng (敬希教正)/ jìng qǐng zhǐzhèng (敬请指正)/ jìng qí yǎzhèng (敬祈雅正).

じっせいかつ【実生活】 xiànshí shēnghuó (现实生活), shíjì shēnghuó (实际生活).

しっせいしょくぶつ【湿生植物】 shīshēng zhíwù (湿生植物).

しっせき【叱責】 chìzé (斥责), chìzé (叱责), shēnchì (申斥), pīpíng (批评). ¶職務怠慢のかどで~を受けた yóuyú shīzhí shòudào shēnchì (由于失职受到申斥).

じっせき【実績】 shíjì (实绩). ¶~をあげる zuòchū shíjì (做出实绩). ¶過去の~により割り当てる ànzhào guòqù de shíjì fēnpèi (按照过去的实绩分配).

じっせん【実戦】 shízhàn (实战).

じっせん【実践】 shíjiàn (实践). ¶理論を~に移す bǎ lǐlùn fù zhī yú shíjiàn (把理论付之于实践).

じっせん【実線】 shíxiàn (实线).

しっそ【質素】 pǔsù (朴素), pǔshí (朴实), jiǎnpǔ (俭朴), zhìpǔ (质朴). ¶~な生活をしている rìzi guòde hěn jiǎnpǔ (日子过得很俭朴). ¶結婚式は非常に~だった hūnlǐ bànde hěn jiǎnpǔ (婚礼办得很俭朴). ¶彼女は~ながらさっぱりとした服装をしている tā yīzhuó pǔsù dàfang (她衣着朴素大方).

しっそう【失踪】 shīzōng (失踪). ¶店員が集金に出たまま~してしまった diànyuán shōuzhàng qùle zhī hòu shīzōng le (店员收账去了之后失踪了).

しっそう【疾走】 jíchí(疾驰), jíshǐ(疾驶). ¶1台の車が～して来た yí liàng qìchē [jíchí ér lái / fēipǎo ér lái](一辆汽车疾驰而来/飞跑而来).

¶全力で～ quánlì bēnpǎo(全力奔跑).

じっそう【実像】 shíxiàng(实像). ¶これが農村社会の～だ zhè jiùshì nóngcūn shèhuì de zhēnshí jǐngxiàng(这就是农村社会的真实景象).

しっそく【失速】 shīsù(失速). ¶飛行機は～して海中に墜落した fēijī shīsù zhuìluò hǎilǐ le(飞机失速坠落海里了).

じっそく【実測】 shícè(实测). ¶距離を～する shícè jùlí(实测距离).

¶～図 shícètú(实测图).

じつぞんしゅぎ【実存主義】 cúnzàizhǔyì(存在主义), shēngcúnzhǔyì(生存主义).

しった【叱咤】 chìzhà(叱咤). ¶三軍を～する jīlì sān jūn(激励三军). ¶皆を～激励して仕事を進めた dàshēng gǔlì dàjiā jìnxíng gōngzuò(大声鼓励大家进行工作).

しったい【失態】 shītài(失态), chūchǒu(出丑), diūchǒu(丢丑). ¶酒を飲み過ぎて～を演じた hējiǔ guòduō chūle yángxiàng(喝酒过多出了洋相).

じったい【実体】 shítǐ(实体). ¶疑惑の人物の～をつきとめる cháming xiányí rénwù de dǐxì(查明嫌疑人物的底细). ¶宇宙の～ yǔzhòu de běnzhì(宇宙的本质).

じったい【実態】 ¶生活の～を調査する diàochá shēnghuó shíjì zhuàngtài(调查生活实际状态).

しったかぶり【知ったか振り】 ¶彼はなんでも～をする tā bùguǎn shénme dōu bù dǒng zhuāng dǒng(他不管什么都不懂装懂).

じつだん【実弾】 shídàn(实弹). ¶～をこめる zhuāng zǐdàn(装子弹). ¶今度の選挙戦では～が飛び交った zhè cì xuǎnjǔzhàn chāopiào fēiwǔ(这次选举战钞票飞舞).

¶～射撃 shídàn shèjī(实弹射击).

しっち【失地】 shīdì(失地). ¶～を回復する shōufù shīdì(收复失地).

しっち【湿地】 shuǐshīdì(水湿地), zhǎozédì(沼泽地). ¶～帯の植物 shuǐshīdì zhíwù(水湿地植物).

じっち【実地】 1〔現場〕shídì(实地), xiànchǎng(现场). ¶～調査をする jìnxíng shídì diàochá(进行实地调查). ¶凶行現場を～検証する cháyàn xíngxiōng xiànchǎng(查验行凶现场).

2〔実際〕shídì(实地), shíjì(实际). ¶～にやるのが一番だ zuìhǎo shì shídì qù zuò(最好是实地去做). ¶何度も~を踏んでいるうちに慣れてきた duōcì shēn lín shídì zhújiàn shúxī le(多次身临实地逐渐熟习了). ¶筆記試験はよかったが～試験で落ちた bǐjì hái hǎo, dàn shídì kǎoshì méi tōngguò(笔记还好, 但实地考试没通过).

じっちゅうはっく【十中八九】 shí zhī bā jiǔ(十之八九), shí yǒu bā jiǔ(十有八九). ¶～は成功するだろう shí zhī bā jiǔ huì chénggōng de(十之八九会成功的).

しっちょう【失調】 shītiáo(失调). ¶栄養～ yíngyǎng quēfázhèng(营养缺乏病).

じっちょく【実直】 ¶彼はきわめて～な人だ tā shì jíwéi zhōnghòu gěngzhí de rén(他是极为忠厚耿直的人) / tā wéirén shuàizhí(他为人率直).

しっつい【失墜】 ¶信用を～する xìnyòng sǎodì(信用扫地) / xìnyòng yíluò-qiānzhàng(信用一落千丈).

じつづき【地続き】 ¶日本とアジア大陸は昔～だったそうだ jùshuō Rìběn yǐqián gēn Yàzhōu dàlù xiānglián(据说日本以前跟亚洲大陆相连). ¶公園は学校と～だ gōngyuán hé xuéxiào piánlián(公园和学校毗连).

じってい【実弟】 bāodì(胞弟), qīndìdi(亲弟弟).

してつき【質的】 ¶～にも量的にもすぐれている zài zhì hé liàng liǎng fāngmiàn dōu kānchēng yīliú(在质和量两方面都堪称一流). ¶～変化を起す yǐnqǐ zhìbiàn(引起质变).

しってん【失点】 shī fēn(失分). ¶我がチームの～は今のところゼロだ mùqián wǒ duì hái méiyǒu shī fēn(目前我队还没有失分).

しつでん【湿田】 làowātián(涝洼田).

しっと【嫉妬】 jídù(嫉妒), jìdu(忌妒). ¶友人の出世を～する jídù péngyou de fēihuángténgdá(嫉妒朋友的飞黄腾达). ¶～に駆られてあんなことをした wéi jídù suǒ qūshǐ jìng gànchū nà zhǒng shì lai(为嫉妒所驱使竟干出那种事来). ¶それを見て～心がむらむらと起った jiàndào nàge, bùyóude qǐle jídùxīn(见到那个, 不由得起了嫉妒心). ¶～深い女 jídùxīn hěn qiáng de nǚrén(嫉妒心很强的女人).

しつど【湿度】 shīdù(湿度). ¶～の高い地域 shīdù gāo de dìqū(湿度高的地区).

¶～計 shīdùjì(湿度计).

じっと ¶～一座っている yídòng-búdòng de zuòzhe(一动不动地坐着). ¶この子は少しも～していない zhè háizi yíshí yě dāibuzhù(这孩子一时也呆不住). ¶～していなくてはだめ bùyào dòng!(不要动!). ¶～していられない君の気持は分る nǐ zuòlì-bù'ān de xīnqíng shì kěyǐ lǐjiě de(你坐立不安的心情是可以理解的). ¶彼の顔を～見つめる níngshìzhe tā de liǎn(凝视着他的脸) / mù bù zhuǎn jīng de chǒuzhe tā(目不转睛地瞅着他). ¶～考えこむ níngsī(凝思) / níngshén sīsuǒ(凝神思索). ¶歯の痛みを～こらえる yígèjìn'r de rěnzhù yá téng(一个劲儿地忍住牙疼).

しっとう【執刀】 zhǔdāo(主刀). ¶A医師の～で手術が行われた shǒushù yóu A yīshēng zhǔdāo de(手术由A医生主刀的).

じつどう【実働】 ¶～時間 shíjì gōngzuò shíjiān(实际工作时间).

しっとり 1〔湿り気を帯びたさま〕shīshī(湿湿), shīrùnrùn(湿润润). ¶庭の芝生が夜露に～とぬれている yèlù shǐ yuànzili de cǎopíng cháoshī ér zīrùn(夜露使院子里的草坪潮湿而滋

润).

2【落ちついたさま】¶~した気分に浸る chénjìn zài yōuyǎ de qìfēn zhōng(沉浸在优雅的气氛中).

じっとり ¶~と汗ばんでくるような暑さだ tiān rède shēnshang shīlùlù de(天热得身上湿漉漉的).

しつない【室内】 shìnèi(室内). ¶~装飾をほどこす zhuāngshì shìnèi(装饰室内)/ 布置室内 bùzhì shìnèi(布置室内).

¶~楽 shìnèiyuè(室内乐).

じつに【実に】 shízài(实在), zhēn(真), díquè(的确), fēicháng(非常). ¶今日は~愉快だ jīntiān guòde zhēn yúkuài(今天过得真愉快). ¶あの映画は~面白い nàge piānzi kě zhēn yǒu yìsi(那个片子可真有意思).

しつねん【失念】 →わすれる1.

ジッパー lāsuǒ[r](拉锁[儿]), lāliàn[r](拉链[儿]).

しっぱい【失敗】 shībài(失败). ¶~は成功の母 shībài shì chénggōng zhī mǔ(失败是成功之母). ¶彼のもくろみはことごとく~した tā de jìhuà quándōu shībài[luòkōng/záguō]le(他的计划全都失败[落空/砸锅]了). ¶あの人達は~だった nà yī cì rénxuǎn zhēn xuǎncuò le(那一次人选真选错了). ¶彼は大学入試にまたや~した tā zhè cì dàxué kǎoshì yòu shībài le(他这次大学考试又失败了). ¶彼等の支持を得るのに~した méi néng huòdé tāmen de zhīchí(没能获得他们的支持).

じっぱひとからげ【一把一からげ】 ¶~にけなす bù fēn qīng hóng zào bái de pīpíng(不分青红皂白地批评). ¶辞書も参考書も~にして古本屋に売った bǎ cídiǎn hé cānkǎoshū yīzǒngr màigěile jiùshūpù(把词典和参考书一总儿卖给了旧书铺).

しっぴ【失費】 kāizhī(开支), kāixiao(开销), huāfèi(花费), huāxiao(花消). ¶思わぬ~があった chūle yìwài de kāizhī(出了意外的开支).

じつひ【実費】 ¶旅費は~が支給される lǚfèi shíbào-shíxiāo(旅费实报实销). ¶御希望の方には~でお分けします xiǎng yào de rén, àn chéngběn chūràng(想要的人，按成本出让).

しっぴつ【執筆】 zhíbǐ(执笔), xiěgǎo(写稿), zhuàngǎo(撰稿). ¶A 先生に~を依頼する wěituō A xiānsheng xiěgǎo(委托 A 先生写稿). ¶彼は論文を~中だ tā zhèngzài zhíbǐ xiě lùnwén(他正在执笔写论文). ¶~者の人選に頭を悩ます wèi zhuàngǎorén de rénxuǎn shāng nǎojīn(为撰稿人的人选伤脑筋).

しっぷ【湿布】 ¶喉を~する bǎ shībù yǎnzài hóutou shang(把湿布罨在喉头上).

¶温~ rèfū(热敷)/ 冷~ lěngfū(冷敷).

じっぷ【実父】 qīnfù(亲父), qīndiē(亲爹), qīnshēng fùqin(亲生父亲), shēngfù(生父).

しっぷう【疾風】 jífēng(疾风). ¶我が軍は~の勢いで敵を殲滅(ﾔﾝﾒﾂ)した wǒjūn yǐ jífēng sǎoluòyè zhī shì jiānmièle dírén(我军以疾风扫落叶之势歼灭了敌人). ¶~迅雷の進撃 jífēng xùnléi bān de jìngōng(疾风迅雷般的进攻). ¶~に勁草を知る jífēng zhī jìngcǎo(疾风知劲草).

じつぶつ【実物】 shíwù(实物). ¶~を見てから買う kànle dōngxi yǐhòu zài mǎi(看了东西以后再买). ¶この花の絵は~そっくりだ zhè huār huàde gēn zhēn de yíyàng(这花儿画得跟真的一样). ¶この写真は~よりよく写っている zhè zhāng xiàngpiānr zhàode bǐ běnrén hái yào hǎo(这张相片儿照得比本人还要好). ¶~大の模型 gēn shíwù yìbān dà de móxíng(跟实物一般大的模型).

しっぺ ¶敗けたら~3つだぞ shūle kě yào fá nǐ sān bǎnzi(输了可要罚你三板子).

しっぺがえし【しっぺ返し】 ¶彼の悪態にすぐに~をしてやった duì nà jiāhuo de èmà, wǒ lìjí huíjìngle tā(对那家伙的恶骂，我立即回敬了他).

しっぽ【尻尾】 wěiba(尾巴). ¶小犬が~を振り振りついて来た xiǎogǒu yáozhe wěiba gēnlai le(小狗摇着尾巴跟来了). ¶犬は~を巻いて逃げた gǒu jiāzhe wěiba pǎo le(狗夹着尾巴跑了). ¶いわしを~まで食べる lián tóu dài wěi chī shādīngyú(连头带尾吃沙丁鱼). ¶大根の~ luóboshāor(萝卜梢儿). ¶必ず~をつかんでやる fēi zhuāzhù húli wěiba bùkě(非抓住狐狸尾巴不可). ¶警察の取調べにも彼は~を出さなかった jiùshì gōng'ānjú de shěnwèn, tā yě méi lòu mǎjiǎo(就是公安局的审问，他也没露马脚). ¶権力者には~を振る xiàng dāngquánzhě yáo wěi xiàn mèi(向当权者摇尾献媚).

じつぼ【実母】 qīnmǔ(亲母), qīnniáng(亲娘), qīnshēng mǔqin(亲生母亲), shēngmǔ(生母).

しつぼう【失望】 shīwàng(失望). ¶彼の言葉に皆は大いに~した tā de huà shǐ dàjiā 'fēicháng shīwàng[dà shī suǒ wàng](他的话使大家'非常失望[大失所望]). ¶~の色を浮べる xiǎnchū shīwàng de shénsè(显出失望的神色).

しっぽうやき【七宝焼】 jǐngtàilán(景泰蓝). ¶~の花瓶 jǐngtàilán de huāpíng(景泰蓝的花瓶).

しつぼく【質朴】 zhìpǔ(质朴), pǔsù(朴素), pǔshí(朴实). ¶~な村人 zhìpǔ de cūnmín(质朴的村民).

じつまい【実妹】 bāomèi(胞妹), qīnmèimei(亲妹妹).

しつむ【執務】 bàngōng(办公). ¶~中は禁煙 bàngōng shí bùxǔ xīyān(办公时不许吸烟).

¶~心得 bàngōng xūzhī(办公须知).

じつむ【実務】 shíwù(实务). ¶~に明るい jīngtōng shíjì yèwù(精通实际业务).

¶~家 shíwùjiā(实务家).

しつめい【失明】 shīmíng(失明), xiāyǎn(瞎眼). ¶彼は事故で~した tā yóuyú shìgù shīmíng le(他由于事故失明了).

¶中途~者 hòutiān-shīmíngzhě(后天失明者).

じつめい【実名】 běnmíng(本名), zhēnmíng(真名).　¶～を隠す yǐnmán zhēnmíng-shíxìng(隐瞒真名实姓)/ yǐn xìng mái míng(隐姓埋名).

しつもん【質問】 wèn(问), fāwèn(发问); wèntí(问题).　¶～のある方は手を挙げて下さい yǒu yíwèn de rén qǐng jǔshǒu(有疑问的人请举手).　¶～をそらす bìkāi suǒ tíchū de wèntí(避开所提出的问题)/ dá fēi suǒ wèn(答非所问).　¶～してもいいですか kěyǐ fāwèn ma?(可以发问吗?)/ kěyǐ tí wèntí ma?(可以提问题吗?).　¶新聞記者に～を攻めにされる bèi xīnwén jìzhě jiē'èr-liánsān de zhuīwèn(被新闻记者接二连三地追问).

しつよう【執拗】　¶敵に～に食い下がる yǎozhù dírén bú fàng(咬住敌人不放).　¶彼は～に返答を迫った tā yī ér zài, zài ér sān de yāoqiú dáfù(他一而再,再而三地要求答复).

じつよう【実用】 shíyòng(实用).　¶体裁にこだわらず～を旨とする bùjū wàiguān, zhòngshì shíyòng(不拘外观,重视实用).　¶贈物は～的なものがよいでしょう xuǎn shíyòng de dōngxi hǎo ba(礼物选实用的东西好吧).　¶～品 shíyòngpǐn(实用品). ～主義 shíyòngzhǔyì(实用主义).

じづら【字面】　1〔文字の形・配列〕zìjì(字迹), zìyàng(字样).　¶～が悪い zìjì wāixié(字迹歪斜)/ zìyàng páiliè bù qí(字样排列不齐).　**2**〔表面上の意味〕zìmiàn[r](字面[儿]).　¶～から解釈すればそうなる cóng zìmiànshang jiǎng shì zhèyàng(从字面上讲是这样).

しつら・える【設える】 bǎishè(摆设), chénshè(陈设), ānzhì(安置).　¶あちらにお茶席を～えてあります nàbianr bǎishèle cházuòr(那边儿摆设了茶座儿).

じつり【実利】 shílì(实利), shíhuì(实惠).　¶～を重んずる zhòngshì shílì(重视实利).　¶～主義 gōnglìzhǔyì(功利主义).

しつりょう【質量】 zhìliàng(质量).　¶～保存の法則 zhìliàng shǒuhéng dìnglǜ(质量守恒定律).　¶～中心 zhìxīn(质心).

じつりょく【実力】　1〔実際の力量〕shílì(实力).　¶中国語の～をつける tígāo Zhōngwén chéngdù(提高中文程度).　¶試合で十分～を発揮する zài bǐsài shí chōngfèn fāhuī shílì(在比赛时充分发挥实力).　¶それは～の差だ nà shì shílì zhī chā(那是实力之差).　¶～次第でどんな地位にももつける píng 'nénglì[shílì], shénmeyàng de dìwèi yě dōu néng huòdé(凭'能力[实力],什么样的地位也都能获得).　¶～主義 nénglìzhǔyì(能力主义). ～者 dāngquán rénwù(当权人物)/ dàhēng(大亨)/ dànà(大拿).　**2**〔武力, 腕力〕wǔlì(武力), shílì(实力).　¶警察はデモ隊を～で排除してきた jǐngchá sùzhǐ wǔlì lái páichú yóuxíng duìwu(警察诉诸武力来排除游行队伍).　¶法案の成立を～で阻止する yòng shíjì xíngdòng zǔzhǐ fǎ'àn de tōngguò(用实际行动阻止法案的通过).

しつれい【失礼】　1〔無礼〕shīlǐ(失礼), jiǎnmàn(简慢), shījìng(失敬).　¶そんな口のきき方は～だ nàyàng de kǒuqì, tài méi lǐmào(那样的口气,太没礼貌).　¶とんだ～をいたしました zhēn duìbuqǐ(真对不起)/ jiǎnmàn de hěn, qǐng duōduō yuánliàng(简慢得很,请多多原谅).　¶こんな遅くに～します zhème wǎn, 'dǎjiǎo[dǎrǎo] nín le(这么晚,'打搅[打扰]您了).　¶昨日は不在で～しました zuótiān wǒ piānqiǎo chūqu le, hěn bàoqiàn(昨天我偏巧出去了,很抱歉).　¶は承知でお願いにあがりました bù chuǎi màomèi qiú nín bāngzhù(不揣冒昧求您帮助).　¶ですが,どなたですか qǐngwèn, nín 'guìxìng[shì nǎ wèi]?(请问,您'贵姓[是哪位]?).　¶ちょっと～, 電話を貸して下さい duìbuqǐ[láojià], qǐng jiè ge diànhuà shǐshi(对不起[劳驾],请借个电话使使).　**2**〔辞去〕　¶すぐ～しますのでお構いなく wǒ zhè jiù gàocí, nín bié zhānghuo le(我这就告辞,您别张罗了).　¶皆様どうぞごゆっくり, 私はお先に～します gèwèi qǐng duō zuò yíhuìr, wǒ shīpéi le(各位请多坐一会儿,我失陪了).　¶お先に～! wǒ xiān zǒu le!(我先走了!).　¶ちょっと～します wǒ shāo gào ge biàn!(我稍告一便!)/ shǎopéi le!(少陪了!).

じつれい【実例】 shílì(实例).　¶～をあげて説明する jǔ shílì shuōmíng(举实例说明).　¶今までにそうした～がない cónglái méiyǒu zhèyàng de shílì(从来没有这样的实例)/ wú qiánlì kě xún(无前例可循).

しつれん【失恋】 shīliàn(失恋).　¶彼はクラスメートに～した tā bèi tóngbān nǚtóngxué shuǎi le(他被同班女同学甩了).　¶～の痛手から立ち直った cóng shīliàn de kǔnǎo zhōng chóngxīn zhènzuò qilai le(从失恋的苦恼中重新振作起来了).

じつわ【実話】　¶この話は～です zhège gùshi shì zhēnrén-zhēnshì(这个故事是真人真事).

してい【子弟】 zǐdì(子弟).

してい【私邸】 sīdǐ(私邸), sīdì(私第), sīzhái(私宅).

してい【指定】 zhǐdìng(指定).　¶～された時間に訪問する àn zhǐdìng de shíjiān qù fǎngwèn(按指定的时间去访问).　¶この列車は座席です zhè tàng lièchē dōu shì duìhào rùzuò(这趟列车都是对号入座).　¶～券 duìhàopiào(对号票). ～席 duìhàozuò(对号座). ～校 dìngdiǎn xuéxiào(定点学校).

してい【師弟】 shīdì(师弟), shītú(师徒), shīshēng(师生).

しでか・す【仕出かす】 chuǎngchū(闯出), rěchū(惹出).　¶とんでもないことを～したものだ chuǎngchū dàhuò lái le(闯出大祸来了).　¶彼はなにを～かわからない tā búdìng huì rěchū shénme shì lai(他不定会惹出什么事来).

してき【史的】　¶家族制度の～考察 jiāzú zhìdù de lìshǐxìng de kǎochá(家族制度的历史性的考察).　¶～唯物論 lìshǐ wéiwùlùn(历史唯物论).

してき【私的】 sīrén(私人), gèrén(个人).　¶公の仕事で～な利害を考えてはいけない gōng-

shì-gōngbàn, bù gāi kǎolǜ gèrén déshī(公事公办,不该考虑个人得失). ¶彼は~な感情をまじえずにその事件を語った tā méiyǒu chānzá sīrén gǎnqíng chénshùle nàge shìjiàn(他没有搀杂私人感情陈述了那个事件).

してき【指摘】 zhǐchū(指出). ¶問題点を~する zhǐchū wèntí suǒzài(指出问题所在). ¶人に欠点を~される bèi rén zhǐchū zìjǐ de quēdiǎn(被人指出自己的缺点). ¶御~の通りこの部分は間違っておりました zhèng rú nín zhǐchū de, zhè yíbùfen shì yǒu cuòwù(正如您所指出的,这一部分是有错误).

してつ【私鉄】 sīyíng tiělù(私营铁路), mínyíng tiělù(民营铁路).

じてっこう【磁鉄鉱】 cítiěkuàng(磁铁矿).

-しては ¶12月に~暖かすぎる àn shí'èryuèfèn lái shuō, guòyú nuǎnhuo le(按十二月份来说,过于暖和了). ¶外国人に~日本語が上手だ yí ge wàiguórén Rìběnhuà jìng shuōde zhème hǎo(一个外国人日本话竟说得这么好). ¶私と~そんな事をするわけにはいかない wǒ bùnéng zuò nà zhǒng shìqing(我不能做那种事情).

-しても ¶帰省すると~夏休に jíshǐ huíxiāng, yě shì zài shǔjià(即使回乡,也是在暑假). ¶どんなに忙しかったに~電話くらいかけられたはずだ bùguǎn zěnme máng, dǎ ge diànhuà de gōngfu zǒng huì yǒu ba(不管怎么忙,打个电话的工夫总会有吧). ¶たとえ冗談に~そんな事は言うべきでない jiùshì kāi wánxiào yě bù gāi shuō nà zhǒng huà(就是开玩笑也不该说那种话).

してや・る ¶彼に~られた jiào tā zuānle kòngzi le(叫他钻了空子了)/ kě shàng tā de dàng le(可上他的当了). ¶~ったり kě jiào tā "luòrù wǒ de quāntào[shàngle wǒ de dàng] le(可叫他"落入我的圈套[上了我的当]了)/ rù wú gòu zhōng!(入吾彀中!).

してん【支店】 fēndiàn(分店), fēnháng(分行), fēnhào(分号), zhīdiàn(支店).

してん【支点】 zhīdiǎn(支点).

してん【視点】 ¶~を変える huàn yí ge guāndiǎn(换一个观点).

じてん【次点】 ¶このたびの総選挙では~で落選した zài zhè cì dàxuǎn zhōng yǐ jǐncìyú zhòngxuǎnrén de dépiàoshù luòxuǎn le(在这次大选中以仅次于中选人的得票数落选了).

じてん【自転】 zìzhuàn(自转). ¶地球は24時間で1回~する dìqiú èrshísì xiǎoshí zìzhuàn yí cì(地球二十四小时自转一次).

じてん【時点】 shídiǎn(时点), shíqí(时期), shíhou(时候). ¶この~でストライキをするのは得策でない zài zhège shíqí bàgōng bú shì shàngcè(在这个时期罢工不是上策).

じてん **1**【辞典】 cídiǎn(辞典・词典). ¶英和~ Yīng-Rì cídiǎn(英日词典). 百科~ bǎikē quánshū[cídiǎn](百科全书[辞典]).
2【字典】 zìdiǎn(字典).
3【事典】 shìdiǎn(事典).

じでん【自伝】 zìzhuàn(自传).

じてんしゃ【自転車】 zìxíngchē(自行车), chēzi(车子), jiǎotàchē(脚踏车), dānchē(单车). ¶~に乗る qí zìxíngchē(骑自行车). ¶彼は毎日~で通学している tā měitiān qí chē shàngxué(他每天骑车上学). ¶~の二人乗り qí chē dài rén(骑车带人).

¶~置場 cúnchēchù(存车处)/ chēpéng(车棚). ~操業 yī tíng bì dǎo, jíjí kě wēi de jīngyíng zhuàngtài(一停必倒,岌岌可危的经营状态).

しと【使途】 ¶予算の~を追及する zhuījiū yùsuàn de yòngtú(追究预算的用途).
¶~不明金 yòngxiàng bùmíng de qián(用项不明的钱).

しとう【死闘】 sǐzhàn(死战), juésǐzhàn(决死战), shūsǐzhàn(殊死战). ¶失地奪回を目指して~を繰り広げた wèi duóhuí shīdì, zhǎnkāile shūsǐ de zhàndòu(为夺回失地,展开了殊死的战斗).

しとう【至当】 tuǒdàng(妥当), shìdàng(适当), déyí(得宜). ¶彼の要求は~だ tā de yāoqiú shì dédàng de(他的要求是得当的)/ tā de yāoqiú shì héqíng-hélǐ de(他这要求是合情合理的). ¶~な処置をとる cǎiqǔ shìdàng de chǔzhì(采取适当的处置).

しどう【私道】 sīrén dàolù, qǐng wù tíngchē(私人道路,请勿停车).

しどう【始動】 qǐdòng(启动・起动). ¶~に要するエネルギー qǐdòng suǒ xū de néngliàng(起动所需的能量). ¶エンジンが~し始めた yǐnqíng qǐdòng le(引擎起动了).

しどう【指導】 zhǐdǎo(指导), lǐngdǎo(领导). ¶生徒の水泳を~する zhǐdǎo xuéshēng yóuyǒng(指导学生游泳). ¶~性を発揮する fāhuī lǐngdǎo zuòyòng(发挥领导作用). ¶彼は~的役割を果たしている tā qǐzhe lǐngdǎo de zuòyòng(他起着领导的作用). ¶今後ともよろしく御~願います jīnhòu qǐng duōduō zhǐjiào(今后请多多指教).

¶~教官 dǎoshī(导师). ~者 lǐngdǎozhě(领导者)/ lǐngdǎorén(领导人)/ lǐngdǎo(领导).

じどう【自動】 zìdòng(自动). ¶あの店の扉は~になっている nà jiā shāngdiàn de mén shì zìdòng kāiguān de(那家商店的门是自动开关的). ¶会費を納めないと規約により~的に退会となる bù jiǎo huìfèi àn zhāngchéng yǐ zìdòng tuìhuì chǔlǐ(不缴会费按章程以自动退会处理). ¶室内の温度は~調節される shìnèi wēndù kěyǐ zìdòng tiáojié(室内温度可以自动调节).

¶~化 zìdònghuà(自动化). ~小銃 zìdòng bùqiāng(自动步枪). ~制御 zìdòng kòngzhì(自动控制)/ zìkòng(自控). ~販売器 zìdòng shòuhuòjī(自动售货机).

じどう【児童】 értóng(儿童). ¶~心理学 értóng xīnlǐxué(儿童心理学). ~文学 értóng wénxué(儿童文学).

じどうしゃ【自動車】 qìchē(汽车). ¶~を運転する kāi qìchē(开汽车). ¶彼の運転する~に乗っていった zuòzhe tā kāi de qìchē qù le

(坐着他开的汽车去了)．¶酔っぱらい運転で～事故を起した jiǔ hòu kāi qìchē, chuǎngchūle chēhuò(酒后开汽车，闯出了车祸)．

しどけな・い ¶～いかっこうの女が戸を開けた yīzhuó bù zhěng de nǚrén kāile mén(衣着不整的女人开了门)．

しと・げる【為遂げる】 wánchéng(完成), zuòwán(做完)．¶研究を～げる wánchéng yánjiū(完成研究)．

しどころ ¶ここが我慢の～だ zhè zhèngshì yǎoyá de guāntóu(这正是咬牙的关头)．

しとしと xīxī(淅淅), suǒsuǒ(索索), xīlì(淅沥), xīlìxīlì(淅沥淅沥), xīxīlìlì(淅淅沥沥)．¶雨が～降っている yǔ xīlìxīlì de xiàzhe(雨淅淅沥沥地下着)．

じとじと shīlùlù(湿漉漉・湿泞泞)．¶汗でシャツが～する hànshān bèi hàn jìnde shīlùlù(汗衫被汗浸得湿漉漉)．¶梅雨時は～して気持ちが悪い huángméi jìjié kōngqì cháoshī juéde bù shūfu(黄梅季节空气潮湿觉得不舒服)．

しと・める【仕留める】 shādǐ(打死)．¶ただの 1発で熊を～めた zhǐ fàngle yì qiāng jiù dǎsǐle gǒuxióng(只放了一枪就打死了狗熊)．

しとやか【淑やか】 shūjìng(淑静), wénjìng(文静), yǎjìng(雅静), xiánjìng(娴静), xiányǎ(娴雅)．¶～な娘 xiánjìng de gūniang(娴静的姑娘)．¶居振舞いかにも～だ jǔzhǐ fēicháng xiányǎ(举止非常娴雅)．

しどろもどろ ¶追及されて～になる bèi zhuīwènde yǔ wú lúncì niútóu bú duì mǎzuǐ(被追问得语无伦次牛头不对马嘴)．

シトロン níngméng(柠檬), xiāngyuán(香橼); níngméngshuǐ(柠檬水), níngméng qìshuǐ(柠檬汽水)．

しな【品】 **1**[物品] dōngxi(东西), huò(货)．¶貴重な～をお貸しいただき有難うございました gǎnxiè nín, bǎ guìzhòng de dōngxi jiègěi wǒ yòng(感谢您，把贵重的东西借给我用)．¶そんじょそこらにある～とは違う zhè kě bú shì shénme dìfang dōu yǒu de dōngxi(这可不是什么地方都有的东西)．¶～は豊富に揃っている huòsè fēngfù quánqí(货色丰富齐全)．¶～不足で値上りが続いている yóuyú quēhuò, jiàgé búduàn shàngzhǎng(由于缺货，价格不断上涨)．¶所変われば～変る gé fāng huàn huò(隔里不同风)／bǎi lǐ bùtóng fēng, qiān lǐ bùtóng sú(百里不同风，千里不同俗)．

2[品質] huòsè(货色), zhìliàng(质量)．¶～も落さず値段も据え置く wéichí yuánjià ér bú jiàngdī zhìliàng(维持原价而不降低质量)．¶こちらはあれより～が少々落ちます zhège bǐ nàge zhìliàng chà yìdiǎnr(这个比那个质量差一点儿)．

しな【科】 ¶～をつくる zuò jiāotài(作娇态)／gù zuò mèitài(故作媚态)．¶～をつくって歩く jiāonuó wǔmèi de zǒulù(娇娜妩媚地走路)．

-しな ¶帰り～にうちに寄って下さい nǐ huílai shí shùnlù dào wǒ jiā lái yí tàng(你回来时顺路到我家来来一趟)．¶寝～に一杯飲む jiùqǐn zhī qián hē bēi jiǔ(就寝之前喝杯酒)／lín-shuì hē yì bēi(临睡喝一杯)．

しない【竹刀】 zhúdāo(竹刀)．
しない【市内】 shìnèi(市内)．
しな・う【撓う】 wānqū(弯曲)．¶枝が～ほど実がなっている guǒshí jiēde shùzhī dōu wān [chuí]xialai le(果实结得树枝都弯[垂]下来了)．¶竹はよく～う zhúzi yì wānqū(竹子易弯曲)．

しなうす【品薄】 ¶この手の物は今～です zhè lèi dōngxi xiànzài zhèng ˈquēhuò[jǐnquē](这类东西现在正 ˈ 缺货[紧缺])．

しなぎれ【品切れ】 tuōhuò(脱货), tuōdàng(脱档), tuōxiāo(脱销), quēhuò(缺货)．¶只今～です xiànzài ˈquēhuò[méiyǒu huò](现在 ˈ 缺货[没有货])．

しなさだめ【品定め】 pǐnpíng(品评)．¶新人選手の～をする duì xīn xuǎnshǒu pǐntóu-lùnzú(对新选手品头论足)．

しなだ・れる wēiyī(偎依)．¶彼女は彼に～かかった tā wēiyīzhe tā(她偎依着他)．

しな・びる【萎びる】 niān(蔫)．¶ほうれん草が～びてしまった bōcài dōu niān le(菠菜都蔫了)．¶老人の～びた手 lǎorén kūshòu de shǒu(老人枯瘦的手)．

しなもの【品物】 dōngxi(东西), huò(货)．¶お礼はお金がいいだろうか, それとも～がいいだろうか xièlǐ sòng qián hǎo ne, háishi sòng dōngxi hǎo ne?(谢礼送钱好呢, 还是送东西好呢?)．¶あの店では色々な～を扱っている nà jiā shāngdiàn jīngshòu gèzhǒng-gèyàng de shāngpǐn(那家商店经售各种各样的商品)．

シナモン xīlán ròuguì(锡兰肉桂), guìpí(桂皮)．

しなやか miánruǎn(绵软), róuruǎn(柔软), róuxìng(柔韧)．¶～な手で感じがよい zhè liàozi miánruǎn shūshì(这料子绵软舒适)．¶この釣竿は～だ zhè gēn diàogān róurèn(这根钓竿柔韧)．¶彼女は体が～だ tā shēntǐ hěn róuruǎn(她身体很柔软)．

じならし【地均し】 ¶ローラーでテニスコートの～をする yòng gǔnzi yàpíng wǎngqiúchǎng(用磙子轧平网球场)．¶ブルドーザーで～をする yòng tuītǔjī tuīpíng dìjī(用推土机推平地基)．

じなり【地鳴り】 dìshēng(地声)．¶大地震の前には～がする zài dà dìzhèn fāshēng zhī qián yìbān dōu yǒu dìshēng(在大地震发生之前一般都有地声)．

シナリオ diànyǐng jùběn(电影剧本), diànyǐng jiǎoběn(电影脚本)．¶～ライター diànyǐng jùběn zuòzhě(电影剧本作者)／jùzuòjiā(剧作家)．

しなん【至難】 ¶彼に立候補を承諾させるのは～のわざだと思う yào tā tóngyì zuò hòuxuǎnrén shì jíqí kùnnan de shì(要他同意做候选人是极其困难的事)．

しなん【指南】 ¶師匠に～をうける qǐng shīfu zhǐjiào(请师傅指教)．

じなん【次男】 cìzǐ(次子)．

しにがお【死顔】 ¶安らかな～だった sǐzhě miànróng hěn ānxiáng(死者面容很安详)．

しにがね【死金】 ¶あれではさっぱり役に立たな

しにがみ【死神】 sǐshén(死神), cuīmìngguǐ(催命鬼). ¶～にとりつかれた gěi cuīmìngguǐ chánzhù le(给催命鬼缠住了).

シニカル jīcháo(讥嘲), lěngcháo rèfěng(冷嘲热讽), cháofěng(嘲讽), wánshì bù gōng(玩世不恭).

しにぎわ【際】 ¶母が～に言い残した言葉 mǔqīn línsǐ liúxià de huà(母亲临死留下的话). ¶あんな風ではどうせ～はよくないに決っている xiàng tā nàyàng, zhōng bù dé hǎosǐ(像他那样, 终不得好死).

しにしょうぞく【死装束】 shòuyī(寿衣).

しにせ【老舗】 lǎozìhào(老字号), lǎopùzi(老铺子).

しにそこな・う【死に損なう】 ¶今度は本当に～いました zhè yí cì chàdiǎnr sòngle mìng(这一次差点儿送了命). ¶この～いめ wǒ ～に死ぬ[不死]的!(你这个老"该死"[不该]的!).

しにた・える【死に絶える】 ¶その一族は～えてしまった gāi zú yǐ juésì(该族已绝嗣). ¶すでに～えた動物 yǐ mièzhǒng de dòngwù(已灭种的动物).

しにばな【死花】 ¶もう一仕事して～を咲かせたい xiǎng zài gǎochū ge shénme míngtáng jiào tā liúfāng bǎishì(想再搞出个什么名堂叫它流芳百世).

しにみず【死水】 ¶母の～をとる gěi línzhōng de mǔqīn rùn hóu sòngzhōng(给临终的母亲润喉送终).

しにめ【死目】 ¶父親の～に会えなかった méi néng gǎnshàng fùqīn de línzhōng(没能赶上父亲的临终).

しにものぐるい【死物狂い】 pīnmìng(拼命), hěnmìng(狠命), huò mìng(豁命), pīnsǐ(拼死), shūsǐ(殊死). ¶～になって働く pīnsǐ pīnhuó de gōngzuò(拼死拼活地工作). ¶人は～になると恐い rén ge rén huòchū mìng lái, nà jiù kěpà le(一个人豁出命来, 那就可怕了).

しにょう【屎尿】 shǐniào(屎尿·屎溺), fènbiàn(粪便).

しにわか・れる【死に別れる】 sǐbié(死别). ¶彼は幼い時両親に～れた tā yòuxiǎo shí shīqùle fùmǔ(他幼小时失去了父母).

しにん【死人】 sǐrén(死人). ¶まるで～のように顔が真青だ miànsè xiàng sǐrén nàme cāngbái(面色像死人那么苍白). ¶～に口なし sǐ wú duìzhèng(死无对证).

じにん【自任】 zìmìng(自命), zìjū(自居). ¶彼は天才をもって～している tā zìmìng wéi tiāncái(他自命为天才)/tā yǐ tiāncái zìjū(他以天才自居).

じにん【自認】 ¶彼は過失を～した tā chéngrènle zìjǐ de guòshī(他承认了自己的过失).

じにん【辞任】 cízhí(辞职). ¶大臣を～する cíqù dàchén zhíwù(辞去大臣职务).

し・ぬ【死ぬ】 sǐ(死). ¶人間はいつかは～ぬ rén zǒng yǒu yì tiān yào sǐ de(人总有一天要死的). ¶彼は若くして～んで了 tā hěn niánqīng jiù sǐ le(他很年轻就死了). ¶彼女は70歳で～んだ tā qīshí suì "qùshì[guòshì/gùqù] de(她七十岁"去世[故世/故去]的). ¶祖国のために～ぬ wèi zǔguó xīshēng(为祖国牺牲). ¶兄が～んでからもう7年になる gēge sǐle yǐ yǒu qī nián le(哥哥死了已有七年了). ¶両親が～んで孤児になった sǐle fùmǔ, chéngle gū'ér(死了父母, 成了孤儿). ¶彼に～なれて家族は路頭に迷った tā zhè yì sǐ, jiāshǔ méiyǒu shēnghuó chūlù le(他这一死, 家属没有生活出路了). ¶この病気では～ぬようなことはない zhè zhǒng bìng búzhìyú sǐ de(这种病不至于死的). ¶君を～なせるわけにはいかない bùnéng ràng nǐ qù "sòngmìng[sàngmìng](不能让你去"送命[丧命]). ¶惜しい人を～なせてしまった sàngshīle zhíde wǎnxī de rén(丧失了值得惋惜的人). ¶それでは～んでも～にきれない zhèyàng, sǐ yě bùnéng míngmù(这样, 死也不能瞑目). ¶この仕事は～ぬほどつらい zhège gōngzuò kě shì huóshòuzuì(这个工作可是活受罪). ¶あんな仕事は～んでも嫌だ nà zhǒng gōngzuò jiùshì sǐ yě bú gàn(那种工作就是死了也不干). ¶こんなつらい思いをするくらいなら～んだ方がましだ shòu zhè zhǒng zhémo, bùrú sǐle dào hǎo(受这种折磨, 不如死了倒好). ¶～ぬ気でやらねばなんでもできる huòchū mìng lái gàn, méiyǒu gànbuchéng de(豁出命来干, 没有干不成的). ¶御恩は～んでも忘れません sǐ yě wàngbuliǎo nín de ēnqíng(死也忘不了您的恩情)/shèngqíng sǐ bù wànghuái(盛情死不忘怀). ¶～ぬか生きるかの境だ zhè shì shēngsǐ guāntóu(这是生死关头). ¶～なばもろとも tóng shēngsǐ, gòng huànnàn(同生死, 共患难)/shēngsǐ yǔ gòng(生死与共). ¶暑くて～にそうだ rède yàomìng(热得要命)/zhēn yào sǐ rén le(真要热死人了). ¶白に囲まれて黒石が～んだ hēi qí bèi bái qí wéikùn sǐ le(黑棋被白棋围困死了). ¶この絵はきれいだが～んでいる zhè fú huà suīrán hěn hǎokàn, kěshì méiyǒu shēngqì(这幅画虽然很好看, 可是没有生气). ¶～んで花実が咲くものか rén sǐle nǎ néng huì kāihuā jiēguǒ ne?(人死了哪能会开花结果呢?)

じぬし【地主】 dìzhǔ(地主).

じねつ【地熱】 dìrè(地热), dìxiàrè(地下热).

シネマスコープ kuānyínmù diànyǐng(宽银幕电影).

シネマラマ lìtǐ diànyǐng(立体电影), kuānyínmù lìtǐ diànyǐng(宽银幕立体电影), xīnnièlāmǎ(星涅拉玛).

しの【篠】 ¶～突く雨 qīngpén dàyǔ(倾盆大雨).

しのぎ【鎬】 ¶決勝戦で両チームは～を削って戦った zài juésài zhōng liǎngduì zhǎnkāile jīliè "zhēngduó[juézhú](在决赛中两队展开了激烈"争夺[角逐].

しの・ぐ【凌ぐ】 1〔切り抜ける, 防ぐ〕 ¶今年

の冬は暖かくて～ぎやすい jīndōng nuǎnhuo hǎoguò (今冬暖和好过). ¶朝夕はだいぶ～げよくなった zǎowǎn kě liángshuǎngde duō le (早晚可凉爽得多了). ¶当座はこれで～げるでしょう yǒu zhèxiē, zànshí kěyǐ duìfu guoqu (有这些,暂时可以对付过去). ¶草を食って飢えを～ぐ chī yěcǎo chōngjī (吃野草充饥). ¶バラックを建てて雨露を～ぐ dā wōpeng zhē fēng bì yǔ (搭窝棚遮风避雨).

2〔勝る〕shèngguo (胜过), chāoguò (超过). ¶70歳を過ぎたというのに壮者を～ぐ元気だ suīshuō guò qīshí le, kě jiànzhuàngde shèngguo zhuàngniánrén (虽说过七十了,可健壮得胜过壮年人). ¶小麦の生産ではカナダを～いでいる xiǎomài chǎnliàng chāoguò Jiānádà (小麦产量超过加拿大). ¶先輩を～いで昇進した yuèguò qiánbèi jìnshēng le (越过前辈晋升了).

しのごの【四の五の】¶～言わずさっさとやれ bié "luōsuo [shuōsān-dàosì] kuài gàn!(别啰唆[说三道四]快干!).

しの・ばせる【忍ばせる】¶足音を～せて敵に近づく qiāoqiāo de xiàng dírén mōqù (悄悄地向敌人摸去). ¶ふところに匕首(ʾ͡ʿ)を～せる huáilǐ àncáng bǐshǒu (怀里暗藏匕首). ¶物見の者を要所に～せる pài zhēncháběing máifu zài yàodì (派侦察兵埋伏在要地).

しのびあし【忍び足】 nièzú (蹑足), nièshǒu-nièjiǎo (蹑手蹑脚). ¶～で窓に近づく nièshǒu-nièjiǎo de āijìn chuāngtái (蹑手蹑脚地挨近窗台).

しのびこ・む【忍び込む】 qiánrù (潜入), liūjìn (溜进). ¶窓からそっと～んだ cóng chuānghu qiāoqiāo de liūle jìnqù (从窗户悄悄地溜了进去).

しのびな・い【忍びない】¶彼の落胆ぶりは見るに～い tā nà huīxīn-sàngqì de yàngzi jiǎnzhí jiào rén "bùrěn zhèngshì [bù rěnxīn kàn/mù bù rěn shì](他那灰心丧气的样子简直叫人"不忍正视[不忍心看/目不忍视]).

しのびなき【忍び泣き】¶～の声が聞えた tīngdào yǒu rén zài "qiǎoshēng ànqì [dīshēng chuòqì](听到有人在'悄声暗泣[低声啜泣]).

しのびよ・る【忍び寄る】¶敵の背後に～る tōutōur de kàojìn dírén bèihòu (偷偷儿地靠近敌人背后). ¶いつしか老いが～った bùzhī-bùjué rén lǎo le (不知不觉人老了).

しのびわらい【忍び笑い】 qièxiào (窃笑). ¶皆は彼の格好をも～をしていた kàndào tā nà fù dàban dàjiā dōu tōutōu de xiàoqǐlai (看到他那副打扮大家都偷偷地笑起来).

しの・ぶ【忍ぶ】**1**〔我慢する〕rěn (忍), rěnshòu (忍受). ¶不便を～ぶ rěnshòu bù fāngbiàn (忍受不方便). ¶恥を～んで借金を申し込んだ rěn rǔ qù qiújiè (忍辱去求借).

2〔隠れる〕bì (避), duǒ (躲). ¶人目を～んで会いに行った tōutōu de qù xiānghuì (偷偷地去相会). ¶世を～ぶ yǐnjū bìshì (隐居避世). ¶物陰に～ぶ cángzài yǐnbìchù (藏在隐蔽处).

しの・ぶ【偲ぶ】 miǎnhuái (缅怀), miǎnxiǎng (缅想), zhuīyì (追忆), zhuīxiǎng (追想), huáiniàn (怀念), sīniàn (思念). ¶故人のありし日を～ばせる品々を miǎnhuái gùrén shēngpíng qǐjū de zhǒngzhǒng wùpǐn (使人缅怀故人生平起居的种种物品). ¶亡き友を～ぶ miǎnhuái wángyǒu (缅怀亡友).

しば【芝】 jiélǚcǎo (结缕草). ¶～を植える zhí cǎopí (植草皮) / pū cǎopíng (铺草坪).

¶～刈機 gēcǎojī (割草机).

しば【柴】 chái (柴), cháihuo (柴火), cháicǎo (柴草). ¶山へ～刈りに行きました shàng shān kǎn chái qù le (上山砍柴去了).

じば【磁場】 cíchǎng (磁场).

しはい【支配】 tǒngzhì (统治), zhīpèi (支配). ¶貴族による～はこの時をもって終りをつげた guìzú tǒngzhì yǐ cǐ gàozhōng (贵族统治以此告终). ¶世界～の野望をいだく huáiyǒu tǒngzhì shìjiè de yěxīn (怀有统治世界的野心). ¶万物はみな自然の法則に～される wànwù jiē shòu zìrán guīlǜ de zhīpèi (万物皆受自然规律的支配). ¶苛酷な運命に～される bèi yánkù de mìngyùn suǒ zhīpèi (被严酷的命运所支配). ¶彼は一時の感情に～されるような人ではない tā bú shì nà zhǒng jiào yìshí de gǎnqíng suǒ zhīpèi de rén (他不是那种叫一时的感情所支配的人). ¶この言論界で～的な思想 zài dāngjīn de yánlùnjiè zhàn zhīpèi dìwèi de sīxiǎng (在当今的言论界占支配地位的思想). ¶～階級 tǒngzhì jiējí (统治阶级). ～者 tǒngzhìzhě (统治者). 被～者 bèitǒngzhìzhě (被统治者).

しはいにん【支配人】jīnglǐ (经理). ¶ホテルの～ fàndiàn jīnglǐ (饭店经理).

¶総～ zǒngjīnglǐ (总经理).

しばい【芝居】**1**〔演劇〕xì (戏), jù (剧), xìjù (戏剧). ¶～を見に行く kànxì qù (看戏去).

¶～がはねる sànxì (散戏).

2〔作り事〕¶そんな～をしてもだめだ shuǎ nàyàng de huāzhāor yě xíngbutōng (要那样的花招儿也行不通). ¶あの喧嘩はどうも～くさい nà cháng jià xiàng shì shuǎ de bǎxì (那场架像是要的把戏). ¶～を～った気たっぷりだ jiāhuo hào zhuāngmú-zuòyàng (那家伙好装模作样).

しばえび【芝海老】 báixiā (白虾).

じはく【自白】 tǎnbái (坦白), zhāorèn (招认), gòngrèn (供认). ¶拷問によって～を迫る kǎodǎ bīgòng (拷打逼供). ¶容疑者は犯行をすっかり～した xiányífàn bǎ zuìxíng quán zhāorèn le (嫌疑犯把罪行全招认了).

じばく【自爆】¶飛行機は敵艦に体当りして～した fēijī chōngxiàng díjiàn zhuàng jiàn zìbào le (飞机冲向敌舰撞舰自爆了).

しばし【暫し】 piànshí (片时), piànkè (片刻), shǎoshí (少时), shǎokè (少刻), zànshí (暂时), yìshí (一时). ¶～の別れ líbié (暂时的离别). ¶拍手は～鳴りやまなかった gǔzhǎngshēng jīngjiǔ bùxī (掌声经久不息).

しばしば【屡屡】 lǚlǚ (屡屡), lǚcì (屡次). ¶彼は～だまされた yǒu hǎo jǐ cì shàngle tā de dàng (有好几次上了他的当). ¶もうやめよう

思ったことも～だった bùzhī duōshao cì céng xiǎng liàoxià(不知多少次曾想搭下). ¶彼は～そこへ出入りしていたようだ tā hǎoxiàng ˬjīngcháng[gésān-chāwǔ] chūrù nàge dìfang(他好像˭经常[隔三差五]出入那个地方).

じはだ【地肌】**1**[皮膚] ¶～によくすりこんで下さい yào hǎohāor róujìn pífūli qù(要好好ㄦ揉进皮肤里去).
2[地表] dìpí(地皮), dìmiàn(地面). ¶雪がとけて～が見えてきた xuě huàde lùchū dìmiàn lai(雪化得露出地面来).

しばたた・く【瞬く】 zhǎ(眨), zhǎba(眨巴), shǎn(䀹). ¶目を～く zhǎyǎn(眨眼).

しはつ【始発】**1**[一日の] tóubān(头班), shǒuchē(首车). ¶バスの～は6時だ tóubān qìchē liù diǎnzhōng(头班汽车六点钟).
¶～電車 tóubān diànchē(头班电车)/ shǒuchē(首车).
2[路線の] ¶東京駅～だから座れる yóu Dōngjīngzhàn kāichū de chē néng zuòshàng zuòr(由东京站开出的车能坐上座ㄦ).
¶～駅 shǐfāzhàn(始发站)/ qǐdiǎnzhàn(起点站).

じはつ【自発】 zìfā(自发), zìdòng(自动), zhǔdòng(主动), zìyuàn(自愿). ¶～性を引き出す教育 qǐfā zìfāxìng de jiàoyù(启发自发性的教育). ¶～的に参加する zìdòng cānjiā(自动参加).

しばふ【芝生】 cǎopíng(草坪), cǎodì(草地), cǎopí(草皮). ¶～の中に入るべからず wù jìn cǎopíng(勿进草坪)/ miǎn jìn cǎopíng(免进草坪).

じばら【自腹】 ¶不足分は～を切った bùzú de jīn'é zìjǐ ˬtāo yāobāo tiēbǔ[chūxiě](不足的金额自己˭掏腰包贴补[出血]).

しはらい【支払】 zhīfù(支付), zhīchū(支出), kāizhī(开支), kāixiāo(开销), fùkuǎn(付款). ¶賃金の～が遅れた gōngzī fāchí le(工资发迟了). ¶今月の～にも差し支える běnyuè de kāizhī yě yǒu kùnnan(本月的开支也有困难). ¶～を請求する yāoqiú fùkuǎn(要求付款). ¶～を停止する tíngzhǐ fùkuǎn(停止付款)/ zhǐfù(止付). ¶～期限のきた手形 dàoqī piàojù(到期票据).
¶～手形 yīngfù piàojù(应付票据). ～人 fùkuǎnrén(付款人).

しはら・う【支払う】 fù(付), zhīfù(支付), zhīchū(支出), kāizhī(开支). ¶代金は月末に残らず～います huòkuǎn běnyuèdǐ quánbù fùqīng(货款本月底全部付清). ¶月給を～う fā gōngzī(发工资)/ kāixiǎng(开饷).

しばらく【暫く】**1**[少しの間] yíhuìr(一会ㄦ), bù yíhuìr(不一会ㄦ), búdà yíhuìr(不大一会ㄦ), búdà huìr(不大会ㄦ), yìhuǐr(一忽ㄦ). ¶～お待ち下さい qǐng shāo děng yíhuìr(请稍等一会ㄦ)/ qǐng shǎo hòu(请少候). ¶ほんの～留守にした間に泥棒に入られた chūmén ˬbù duōdà gōngfu[bùduōshí] jiù jìnle xiǎotōur(出门了˭不多大工夫[不多时]就进了小偷ㄦ).
¶経済問題は～おいて… jīngjì wèntí zànqiě bù tí…(经济问题暂且不提…).
2[やや長い間] hǎojiǔ(好久), yǒu rìzi(有日子), yǒuxiē rìzi(有些日子), yìchéngzǐ(一程子). ¶やあ～ yō, hǎojiǔ méi jiàn le(唷, 好久没见了). ¶ここ～彼と会っていません zhèxiē shíhour yìzhí méiyǒu jiànguo tā(这些时候ㄦ一直没有见过他). ¶～ドアをたたいたが中からは何の返事もなかった qiāole yízhèn mén, kě lǐbian méiyǒu rén yīngshēng(敲了一阵门, 可里边没有人应声). ¶驚きのあまり～は口もきけなかった xiàde yìshí shuō bu chū huà lai(吓得一时说不出话来). ¶～中国へ行っていました dào Zhōngguó qùle yí ge shíqí(到中国去了一个时期). ¶～会わないうちに大きくなったね yǒuxiē rìzi méi jiàn, kě zhǎngdà la(有些日子没见, 可长大啦). ¶～ぶりのよいお天気ですね hǎojiǔ méiyǒu kàndào zhèyàng hǎo de tiānqi le(好久没有看到这样好的天气了).

しば・る【縛る】**1**[紐, 縄などで] kǔn(捆), bǎng(绑), zā(扎). ¶荒縄できつく～る yòng cūshéng jǐnjǐn de kǔnqǐlai(用粗绳紧紧地捆起来). ¶束にして～る bǎngchéng yì kǔn(绑成一捆)/ kǔnchéng yì bǎ(捆成一把). ¶包帯で傷口を～る yòng bēngdài bāozā shāngkǒu(用绷带包扎伤口). ¶この紐で袋の口を～りなさい yòng zhè shéngzi bǎ kǒudai kǒur zāshàng(用这绳子把口袋口ㄦ扎上). ¶がんじがらめに～りあげて wǔhuā dàbǎng de bǎngqǐlai(五花大绑地绑起来). ¶後ろ手に～る fǎnbǎng shuāngshǒu(反绑双手).
2[束縛する] shùfù(束缚), xiànzhì(限制). ¶時間に～られる shòu shíjiān ˬshùfù[xiànzhì](受时间˭束缚[限制]). ¶規則で～る yòng guīzhāng lái jiāyǐ shùfù(用规章来加以束缚). ¶私は一日中この仕事に～られている wǒ zhěngtiānjie bèi shuānzài zhège gōngzuò shang(我整天家被拴在这个工作上). ¶種々雑多な家事事が彼女を家庭に～りつけている zhǒngzhǒng jiāwù suǒshì bǎ fùnǚ shùfù zài jiātíngli(种种家务琐事把妇女束缚在家庭里).

しはん【四半】 ¶～世紀 sì fēn zhī yī shìjì(四分之一世纪). ～分 sì fēn zhī yī(四分之一). 第1～期 dìyī jìdù(第一季度).

しはん【市販】 ¶この品は～されていません zhè zhǒng dōngxi zài yībān shāngdiàn shì méiyǒu mài de(这种东西在一般商店是没有卖的).

しはん【死斑】 shībān(尸斑).

しはん【紫斑】 zǐsè bānhén(紫色斑痕). ～病 zǐdiàn(紫癜).

じばん【地盤】**1**[土台] dìmiàn(地面); dìjī(地基), dìpán[r](地盘[ㄦ]), dìjiǎo(地脚). ¶～が固い dìmiàn jiāngù(地面坚固). ¶～が軟らかい dìmiàn sōngruǎn(地面松软). ¶～が沈下 dìmiàn chénjiàng(地面沉降)/ dìpán xiàchén(地盘下沉).
2[勢力圏] dìpán[r](地盘[ㄦ]). ¶農村を～として立候補する yǐ nóngcūn wéi dìpán cānjiā jìngxuǎn(以农村为地盘参加竞选). ¶人の～を切り崩す qīnduó tārén de dìpán(侵夺他人的地盘).

しはんがっこう【師範学校】 shīfàn xuéxiào(师范学校).

しひ【私費】 zìfèi(自费). ¶～留学 zìfèi liúxué(自费留学).

じひ【自費】 zìfèi(自费). ¶回想録を～出版する zìfèi chūbǎn huíyìlù(自费出版回忆录).

じひ【慈悲】 cíbēi(慈悲). ¶お～ですからこの場は見逃してください qǐng nín dà fā cíbēi, ráo wǒ zhè yí cì ba(请您大发慈悲, 饶我这一次吧). ¶～深い人 dàcí-dàbēi de rén(大慈大悲的人).

シビア yánlì(严厉), kēkè(苛刻). ¶～な条件 kēkè de tiáojiàn(苛刻的条件).

じびいんこうか【耳鼻咽喉科】 ěrbíhóukē(耳鼻喉科).

じびき【字引】 →じしょ(辞书・字书).

じびきあみ【地引網】 dìyèwǎng(地曳网).

じひつ【自筆】 qīnbǐ(亲笔), shǒubǐ(手笔), shǒujì(手迹). ¶～の手紙 qīnbǐxìn(亲笔信)/shǒuzhá(手札).

じひびき【地響き】 ¶大木が～をたてて倒れた dàshù suízhe zhèn dì de hōngmíngshēng dǎoxialai(大树随着震地的轰鸣声倒下来). ¶ごおっと～がしたと思ったらぐらぐらっときた tīngdào dàdì hōngmíng jǐnjiēzhe jiù shānyáo dìdòng le(听到大地轰鸣紧接着就山摇地动了).

しひょう【指標】 1〔目印〕zhǐbiāo(指标). ¶紙の消費量は一国の文化の～が zhǐzhāng de xiāofèiliàng biāozhìzhe yì guó de wénhuà shuǐpíng(纸张的消费量标志着一国的文化水平).

2〔数学の〕 shǒushù(首数).

しびょう【死病】 juézhèng(绝症). ¶～にとりつかれた huànle juézhèng(患了绝症).

じひょう【時評】 shíshì shùpíng(时事述评), shípíng(时评).

じひょう【辞表】 cíchéng(辞呈), cízhíshū(辞职书). ¶～を出す tí cíchéng(提辞呈). ¶～を受理する jiēshòu cíchéng(接受辞呈). ¶彼は～をたたきつけて社を去った tā bǎ cízhíshū yì shuāi líkāile gōngsī(他把辞职书一摔离开了公司).

じびょう【持病】 lǎobìng[r](老病[儿]), jiùbìng(旧病), lǎomáobìng(老毛病), sùjí(宿疾). ¶冬になると～の神経痛で悩むy yí dào dōngtiān jiù shòu shénjīngtòng zhège lǎobìng de zhémó(一到冬天就受神经痛这个老病的折磨).

しびれ【痺れ】 shǒujiǎo gǎnjué fāmá(手脚感觉发麻). ¶なかなか返事がこないので～をきらして自分で出向いていった lǎo bù lái huíxìn, děngdé bù nàifán, jiéguǒ zìjǐ zhǎoshàng mén qù le(老不来回信, 等得不耐烦, 结果自己找上门去了).

しび・れる【痺れる】 má(麻), mù(木), mámù(麻木), fāmú(发木), fāmù(发木). ¶長い間座っていたので足が～れた zuò de shíjiān tài cháng, tuǐ má le(坐的时间太长, 腿麻了). ¶舌が～れた shétou mù le(舌头木了).

しびん【溲瓶】 yèhú(夜壶), biànhú(便壶).

しぶ【渋】 1〔渋み〕sè(涩), sèwèir(涩味儿).

¶柿の～をぬく qùdiào shìzi de sèwèir(去掉柿子的涩味儿); lǎn shìzi(漤柿子)/tuōsè(脱涩).

2〔柿渋〕shìqī(柿漆). ¶紙に～をひく wǎng zhǐshang shuā shìqī(往纸上刷柿漆).

しぶ【支部】 zhībù(支部).

じふ【自負】 zìxǔ(自许), zìxìn(自信), zìfù(自负). ¶彼は～するけなかなかなかの腕だ bùkuī tā zìxǔ, zhēn yǒu liǎngxiàzi(不亏他自许, 真有两下子). ¶彼は一流の詩人だと～している tā yǐ dìyīliú shīrén zìfù(他以第一流诗人自负).

¶～心 zìxìnxīn(自信心).

しぶ・い【渋い】 1〔味が〕sè(涩). ¶あの柿はまだ～い na shìzi hái sè(那柿子还涩). ¶渋が出すぎて～い chá tài yàn, fāsè le(茶太酽, 发涩了).

2〔表情が〕¶金を貸してくれと言ったら彼は～い顔をした yì tíqǐ jiè qián, tā jiù bǎnqǐ liǎn lai le(一提起借钱, 他就板起脸来了).

3〔趣などが〕¶あの人は好みが～い nàge rén àihào hěn gǔyǎ(那个人爱好很古雅). ¶～い茶碗 gǔzhuō de cháwǎn(古拙的茶碗).

4〔けちだ〕¶彼は払いが～い tā fùkuǎn hěn bù gāncuì(他付款很不干脆).

しぶがき【渋柿】 sèshìzi(涩柿子).

しぶかわ【渋皮】 ¶栗の～をむく bāoqù lìzi de sèpí(剥去栗子的涩皮).

しぶき【飛沫】 làng huā(浪花), shuǐhuā[r](水花[儿]). ¶波が岩にあたって～が上がる làngtou xiàngjī yánshí(浪头撞击岩石), làng huā fēijiàn(浪花飞溅). ¶～をたてて船は進む chuán jiànqǐ làng huā fēichí(船溅起浪花飞驰).

しふく【私服】 biànfú(便服), biànyī(便衣); 〔警察官が〕biànyī[r](便衣[儿]). ¶～に着替えて退官する huànshàng biànfú xiàbān(换上便服下班). ¶～が張り込んでいる biànyī zài jiānshì(便衣在监视).

しふく【私腹】 sīnáng(私囊). ¶彼は地位を利用して～を肥やした tā lìyòng zìjǐ de dìwèi zhōngbǎo ㇾ sīnáng[zìféi](他利用自己的地位中饱 ㇾ 私囊[自肥])/tā jiǎ gōng jìsī(他假公济私).

しふく【紙幅】 ¶～も尽きたので, ここで筆を擱く yǐjīng dàole piānfú de xiàndù, dào cǐ gē bǐ(已经到了篇幅的限度, 到此搁笔).

しふく【雌伏】 ¶～して機の熟するを待つ cífú yǐ dài shíjī(雌伏以待时机)/wò xīn cháng dǎn(卧薪尝胆).

ジプシー Jíbǔsàirén(吉卜赛人), Cígāngrén(茨冈人), liúlàngzhě(流浪者).

しぶしぶ【渋渋】 miǎnqiǎng(勉强), miǎnmiǎn-qiǎngqiǎng(勉勉强强). ¶～承知する miǎnmiǎn-qiǎngqiǎng yīngle xiàlái(勉勉强强应了下来). ¶～譲步した bùdéyǐ rànglebù(不得已让了步).

しぶつ【私物】 ¶これは～ですから手をつけないでください zhè shì sīrén de dōngxi, qǐng wù dòngshǒu(这是私人的东西, 请勿动手). ¶研究室の備品を～化する bǎ yánjiūshì de bèipǐn

huàwéi sīyǒu(把研究室的备品化为私有).
じぶつ【事物】shìwù(事物).
ジフテリア báihóu(白喉).
しぶと・い ¶奴は～い野郎で一筋縄ではいかない nà xiǎozi yìngruǎn bù chī, hěn bù róngyì duìfu(那小子硬软不吃,很不容易对付). ¶彼は～く抵抗した tā wánqiáng dǐkàng(他顽强抵抗).
シフトキー yíwèijiàn(移位键), huàndǎngjiàn(换挡键).
しぶ・る【渋る】¶彼は返事を～っている tā chíchí bùkěn dāying(他迟迟不肯答应). ¶出资を～る bù shěde chū qián(不舍得出钱). ¶腹が～る dùzi lǐ jí hòu zhòng(肚子里怎么重).
しふん【私憤】sīfèn(私愤). ¶～を晴らす xiè sīfèn(泄私愤).
じぶん【自分】zìjǐ(自己), zìgěr(自个儿·自各儿), zìjiā(自家). ¶～の事は～でやる zìjǐ de shì zìjǐ zuò(自己的事自己做). ¶そんなことは～でできるだろう nàmediǎnr shì nǐ zìjǐ néng gǎo ba(那么点儿事你自己能搞吧). ¶私は～からすすんで参加した wǒ zìyuàn cānjiā de(我自愿参加的). ¶～さえよければ他の人はどうでもよい dú shàn qí shēn(独善其身)/ gè rén zì sǎo ménqián xuě, mò guǎn tārén wǎshang shuāng(各人自扫门前雪,莫管他人瓦上霜). ¶何をやりたいのか—でも分らない jiūjìng xiǎng zuò shénme, zìjǐ yě bù qīngchu(究竟想做什么,自己也不清楚). ¶もっと～自身を大切にしなさい nǐ yīnggāi gèngjiā àihù zìjǐ ya!(你应该更加爱护自己呀!). ¶そのやり方は～としては反対だ duì zhège bànfǎ wǒ gèrén shì fǎnduì de(对这个办法我个人是反对的).
じぶん【時分】shíhou(时候), shífèn(时分), shíjié(时节). ¶あの～とは時代が変った bùnéng zài shíhou shídài bùtóng le(跟那时候时代不同了). ¶今～になってそんなことを言っても無理だよ dào zhè shíjié shuō nà zhǒng huà kě méi bànfǎ ya(到这时节说那种话可没办法呀). ¶あの人とは子供の～から友達です zìxiǎo gēn tā shì péngyou(自小跟他是朋友).
じぶんかって【自分勝手】zì[dú]xíng-qíshì(自[独]行其是), dúshàn-qíshēn(独善其身). ¶彼は～な男だ tā tài dú shàn qí shēn(他太独善其身). ¶～な行動をとってはいけない bùdé shànzì xíngdòng(不得擅自行动).
しぶんごれつ【四分五裂】sìfēn-wǔliè(四分五裂). ¶党内は～のありさまだ dǎngnèi sìfēnwǔliè(党内四分五裂).
しべ【蕊】huāruǐ(花蕊), huāxīn(花心), huāxū(花须).
しへい【紙幣】zhǐbì(纸币), chāopiào(钞票), piào[r](票[儿]), piàozi(票子). ¶新～を発行する fāxíng xīnzhǐbì(发行新纸币).
¶兑换～ duìhuàn zhǐbì(兑换纸币).
しへいしょう【自閉症】zìxiàngzhèng(自向症).
しべつ【死別】sǐbié(死别). ¶彼は幼くして両親に～した tā zìxiǎo jiù shīqùle fùmǔ(他自小就失去了父母).
シベリア Xībólìyà(西伯利亚).

じへん【事変】shìbiàn(事变).
じべん【自弁】zìlǐ(自理). ¶交通費は各自～のこと jiāotōngfèi yóu gèzì fùdān(交通费由各自负担).
しへんけい【四辺形】sìbiānxíng(四边形). ¶平行～ píngxíng sìbiānxíng(平行四边形).
しぼ【思慕】sīmù(思慕). ¶彼はその女性に～の念を抱いた tā duì nàge nǚxìng huái sīmù zhī niàn(他对那个女性怀思慕之念).
じぼ【字母】zìmǔ(字母);[活字の] zìmú(字模), tóngmú(铜模).
じぼ【慈母】címǔ(慈母).
しほう【司法】sīfǎ(司法). ¶～権の独立 sīfǎquán dúlì(司法权独立).
¶～官 fǎguān(法官). ～解剖 shījiǎn(尸检).
しほう【四方】sìfāng(四方), sìmiàn(四面), sìwài(四外), sìwéi(四围), sìzhōu(四周), sìzhōuwéi(四周围). ¶～を敵に囲まれる sìmiàn shòu dí(四面受敌). ¶～を見渡したが誰もいなかった huánshì sìzhōu dàn méiyǒu yí ge rén(环视四周但没有一个人). ¶爆発の音は1キロ～に聞えた bàozhàshēng zài yì gōnglǐ fāngyuán nèi dōu tīngjiàn le(爆炸声在一公里方圆内都听见了). ¶1メートル～の板 yì mǐ jiànfāng de mùbǎn(一米见方的木板). ¶人が～八方から集まってくる rén cóng sìmiàn-bāfāng jùjílái(人从四面八方聚集来).
しほう【私法】sīfǎ(私法).
しほう【至宝】zhìbǎo(至宝). ¶彼は音楽界の～だ tā shì yīnyuèjiè de wújià zhī bǎo(他是音乐界的无价之宝).
しぼう【子房】zǐfáng(子房).
しぼう【死亡】sǐwáng(死亡), sàngwáng(丧亡), sàngshēng(丧生), sàngmìng(丧命). ¶その事故で5人が～した zài nàge shìgù zhōng wǔ ge rén sǐwáng le(在那个事故中五个人死亡了).
¶～者 sǐwángzhě(死亡者). ～診断書 sǐwáng zhěnduànshū(死亡诊断书). ～通知 sǐwáng tōngzhīshū(死亡通知书)/ fùwén(讣闻). ～率 sǐwánglǜ(死亡率).
しぼう【志望】zhìwàng(志望). ¶僕は役人など～しない wǒ bú yuànyì dāng guānlì(我不愿意当官吏). ¶～どおり入学できた àn zhìyuàn rùxué(按志愿入学). ¶願書に第3～まで書く bàomíngdān tiánxiě dào dìsān zhìyuàn(报名单填写到第三志愿).
しぼう【脂肪】zhīfáng(脂肪). ¶運動をして余分な～をとる jìnxíng duànliàn yǐ jiǎnféi(进行锻炼以减肥). ¶彼は～太りだ tā tài féipàng le(他太肥胖了). ¶～分の少ない食品 zhīfáng shǎo de shípǐn(脂肪少的食品).
¶～肝 zhīfánggān(脂肪肝). ～腫 zhīfángliú(脂肪瘤). ～酸 zhīfángsuān(脂肪酸)/ zhīsuān(脂酸).
じほう【時報】bàoshí(报时). ¶ラジオで9時の～が鳴った shōuyīnjī bàole jiǔ diǎnzhōng(收音机报了九点钟). ¶時計をラジオの～に合せる shōuyīnjī de bàoshí duì biǎo(按收音机的报时对表).

じほうじき【自暴自棄】 zìbào-zìqì（自暴自弃）．¶彼はすっかり〜になって自堕落な生活をしている tā zìbào-zìqì de guòzhe fàngdàng de shēnghuó（他自暴自弃地过着放荡的生活）．

しぼ・む【凋む・萎む】 ¶朝顔の花が〜んだ qiānniúhuā niān le（牵牛花蔫儿了）．¶風船が〜んだ qìqiú xièle qì[biěxiaqu le]（气球泄了气[瘪下去了]）．¶希望が〜んだ xīwàng luòle kōng（希望落了空）．

しぼり【絞り】 **1**〔絞り染め〕jiǎoxié（绞缬）．¶〜の着物 jiǎoxié héfú（绞缬和服）．
2〔写真機の〕guāngquān（光圈），guāngkǒng（光孔），guānglán（光阑）．¶この明るさでは〜はどのくらいだろう zhào zhège liàngdù, guāngquān gāi kāi duōdà ne？（照这个亮度, 光圈该开多大呢？）．¶〜を小さくする suōxiǎo guāngquān（缩小光圈）．

しぼ・る【絞る】 **1**〔ねじって水気を取る〕níng（拧）．¶タオルを〜る níng máojīn（拧毛巾）/bǎ máojīn jiǎogān（把毛巾绞干）．¶雑巾を固く〜る shǐjìn níng mābù（使劲儿拧抹布）．
2〔液を取る〕jǐ（挤），zhà（榨），yāzhà（压榨），zhàqǔ（榨取）．¶牛乳を〜る jǐ niúnǎi（挤牛奶）．¶葡萄の汁を〜る zhà pútaozhī（榨葡萄汁）．¶大豆から油を〜る yóu dàdòu zhàyóu（由大豆榨油）．
3〔無理に出させる〕¶皆で知恵を〜って方法を考えた dàjiā jiǎojìn nǎozhī xiǎngchūle ge bànfǎ（大家绞尽脑汁想出了个办法）．¶金を〜りとる zhàqǔ qiáncái（榨取钱财）．¶小作人から小作料を〜りとる xiàng diànhù kē zhēng dìzū（向佃户苛征地租）．
4〔叱る〕¶先生にひどく〜られた jiào lǎoshī hěnhěn de xùnle yí dùn（叫老师狠狠地训了一顿）．¶交通違反をして警官にひどく〜られた wéifǎnle jiāotōng guīzé bèi jǐngchá hěnhěn de kēile yí dùn（违反了交通规则被警察狠狠地磕了一顿）．
5〔狭める〕¶幕を〜る qǐ mù（启幕），lā mù（拉幕）/jiē mù（揭幕）．¶晴れているから絞りは〜った方がよい tiānqíng bǎ guāngquān suōxiǎo diǎnr hǎo（天晴把光圈缩小点儿好）．¶出題の範囲を〜る suōxiǎo chū tí de fànwéi（缩小出题的范围）．

しほん【資本】 zīběn（资本）．¶莫大な〜を投ずる tóurù jù'é zīběn（投入巨额资本）．¶〜を蓄積する jīlěi zīběn（积累资本）．¶〜の回転が良くない zīběn zhōuzhuǎn bù líng（资本周转不灵）．¶彼はわずかの〜で商売を始めた tā yòng xiǎoběn zuòqǐ shēngyi lái（他用小本做起生意来）．¶体だけが私の〜だ zhǐyǒu shēntǐ shì wǒ de zīběn（只有身体是我的资本）．¶この身1つが〜だ zhè shēnzigǔr jiùshì wǒ de běnqián（这身子骨儿就是我的本钱）．¶〜金10億円の会社 gǔběn wéi shíyì rìyuán de gōngsī（股本为十亿日元的公司）．
¶〜家 zīběnjiā（资本家）．〜家階級 zīchǎnjiējí（资产阶级）．〜金 zīběn（资本）．〜主義 zīběnzhǔyì（资本主义）．独占〜 lǒngduàn zīběn（垄断资本）/dúzhàn zīběn（独占资本）．

しま【島】 dǎo（岛），dǎoyǔ（岛屿），hǎidǎo（海岛）．¶火山の爆発で海中に〜ができた yóuyú huǒshān bàofā, hǎilǐ chūxiànle yí ge xiǎodǎo（由于火山爆发, 海里出现了一个小岛）．¶あきっぱり断られては取りつく〜もない nàme gāncuì de bèi jùjué, jiǎnzhí wú yán yǐ duì（那么干脆地被拒绝, 简直无言以对）．

しま【縞】 tiáowén（条纹）．¶〜模様の布地 huātiáobù（花条布）．
¶縦〜 shùtiáowén（竖条纹）．横〜 héngtiáowén（横条纹）．

しまい【仕舞・終い】 mòliǎo（末了），zhōngliǎo（终了），wánliǎo（完了），mòhòu（末后），wěishēng（尾声）．¶これで私の話は〜です wǒ de huà wán le（我的话完了）/wǒ de huà dào cǐ jiéshù（我的话到此结束）．¶話は〜まで聞いて下さい qǐng tīng wǒ shuōwán（请听我说完）．¶初めから〜まで通して歌ってみましょう cóng tóu dào wěi chàng yí biàn ba（从头到尾唱一遍吧）．¶彼は最初は笑っていたが〜には怒り出した tā xiān shì mǎnmiàn xiàoróng, zuìhòu què shēngqǐ qì lái le（他先是满面笑容, 最后却生起气来了）．¶正しい意見が〜には勝つ zhèngquè de yìjiàn zhōnghuì zhàn shàngfēng（正确的意见终会占上风）．¶スキーシーズンももう〜だ huáxuě jìjié yě kuài jiéshù le（滑雪季节也快结束了）．¶人間もこうなっては〜だ rén dàole zhè zhǒng dìbù yě jiù suàn wán le（人到了这种地步也就算完了）．¶豆腐は今日はもう〜になりました dòufu jīntiān dōu màiwán le（豆腐今天都卖完了）．

しまい【姉妹】 jiěmèi（姐妹），zǐmèi（姊妹）．¶〜船 jiěmèichuán（姐妹船）．〜都市 zǐmèichéng（姊妹城）．〜編 zǐměipiān（姊妹篇）．

-じまい ¶今年はスキーに行かず〜だった jīnnián dàoliǎor méi qù huáxuě（今年到了儿没去滑雪）．¶彼に会わず〜だった zhōngguī méi jiànzháo tā（终归没见着他）．

しま・う【仕舞う・終う】 **1**〔片付ける〕shōujìn（收进），fàngjìn（放进），fànghuí（放回）．¶道具を道具箱に〜う bǎ gōngjù shōujìn gōngjùxiāngli（把工具收进工具箱里）．¶それはたんすに〜ってある nàge zài yīguìlǐ gēzhe（那个在衣柜里搁着）．¶金を金庫に〜う bǎ qián fàngjìn bǎoxiǎnxiāngli（把钱放进保险箱里）．
2〔…してしまう〕¶早く食べて〜いなさい kuài chī le ba（快吃了吧）．¶もう少しで読んで〜うから待ってくれ jiùyào kànwán le, zài děng yíhuìr（就要看完了, 再等一会儿）．¶きれいに財産を使って〜った bǎ jiāchǎn huāde yīgānèrjìng（把家产花得一干二净）．¶お前なんか死んで〜え nǐ gěi wǒ sǐle dào shěngxīn!（你给我死了倒省心!）．¶茶碗を落として割って〜った bǎ cháwǎn shuāipò le（把茶碗摔破了）．

しまうま【縞馬】 bānmǎ（斑马）．

じまえ【自前】 →じぶん．

じまく【字幕】 zìmù（字幕）．

しまぐに【島国】 dǎoguó（岛国）．¶〜根性 dǎoguó de xiá'àixìng（岛国的狭隘性）．

しまつ【始末】 1〔処理，収拾〕¶散らかしたら必ずあとを~しなさい nòngluàn le, yídìng yào shíduōhǎo(弄乱了,一定要拾掇好). ¶火の~はきちんとして帰って下さい qǐng bǎ huǒ nòngmièle zài huíqu(请把火弄灭了再回去). ¶あとの~は誰がつけるのか shuí shōushi cánjú? (谁收拾残局?)/ shuí lái bànlǐ shànhòu? (谁来办理善后?). ¶こんなものを~に困る sòng wǒ zhèxiē dōngxi, jiào wǒ guài wéinán de(送我这些东西,叫我怪为难的). ¶子供が大きくなると~に負えなくなる háizi zhǎngdàle kě zhēn nán guǎnjiào(孩子大了可真难管教). ¶~に負えない男だ zhège rén zhēn méifǎr zhì(这个人真没法儿治). ¶悪意でやっているわけではないから,却って~が悪い yīnwèi bú shì cúnyǒu èyì zuò de, fǎn'ér jiào rén méi bànfǎ(因为不是存有恶意做的,反而叫人没办法).

2〔結末〕¶なんだ，この~は zhè suàn zěnme huí shì?(这算怎么回事?)/ zhè suàn shénme? (这算什么?). ¶人の忠告を無視したあげく~がこの~だ bù tīng rén de zhōnggào jiéguǒ luòdào zhè bù tiándì(不听人的忠告结果落到这步田地).

3〔物事の〕shǐmò(始末). ¶事の~を語る shùshuō shìqing de shǐmò(叙述事情的始末).

しまつしょ【始末書】 huǐguòshū(悔过书), jiǎntǎoshū(检讨书).

しまった zāogāo(糟糕), zāo le(糟了), gàn le(干了). ¶~，また本を忘れて来た zāogāo, yòu bǎ shū gěi wàng le(糟糕,又把书给忘了).

しまながし【島流し】 liúxíng(流刑). ¶罪人を~にする bǎ zuìrén liúfàng yuǎndì(把罪人流放远地). ¶今度の彼の転任は~も同然だ tā zhè cì diàodòng jiǎnzhí děngyú liúfàng(他这次调动简直等于流放).

しまり【締り】 ¶~のない顔つき dāitóu-dāinǎo de shénqí(呆头呆脑的神气). ¶~のない文章 rǒngcháng bù jǐncòu de wénzhāng(冗长不紧凑的文章). ¶あの人はなかなかの~屋だ tā shì ge hěn jiǎnpǔ de rén(他是个很俭朴的人)/ tā kě shǒu jǐn(他可手紧).

しま・る【閉まる】 guān(关), bì(闭), guānbì(关闭). ¶門はぴったりと~っていた mén jǐnjǐn de guānbìzhe(门紧紧地关闭着)/ mén jǐnbìzhe(门紧闭着). ¶ドアがひとりでに~る mén zìdòng guānbì(门自动关闭). ¶郵便局はもう~っていた yóujú yǐjīng guānmén le(邮局已经关门了). ¶この辺の商店は9時には~ってしまう zhè yídài de shāngdiàn dàole jiǔ diǎn jiù guānmén[shàngbǎnr/dǎyàng]le(这一带的商店到了九点就关门[上板儿/打烊]了).

しま・る【締まる】 ¶自然に紐が~るようにできている shéngzi huì zìdòng lēijǐn(绳子会自动勒紧). ¶ねじが~っていない luósī méiyǒu nǐngjǐn(螺丝没有拧紧). ¶彼は運動をしているから肉が~っている tā gǎo tǐyù, suǒyǐ jīròu fādá(他搞体育,所以肌肉发达). ¶この魚は身が~っていておいしい zhè yú ròu císhí hěn hǎochī(这鱼肉瓷实很好吃). ¶試験場に来ると身

の~る思いがした dàole kǎochǎng juéde húnshēn jǐnzhāng qilai(到了考场觉得浑身紧张起来).

じまん【自慢】 zìkuā(自夸), kuāyào(夸耀). ¶自分の娘を~をする kuāyào zìjǐ de nǚ'ér(夸耀自己的女儿). ¶これは当店~の品です zhè shì wǒ diàn shòu rén zànxǔ de huò(这是我店受人赞许的货). ¶~じゃないが こんなことは朝飯前だ bú shì wǒ ˇkuāzuǐ[kuākǒu], zhèmediǎnr shì yì rú fǎnzhǎng(不是我ˇ夸嘴[夸口],这么点儿事易如反掌). ¶彼は大物を釣りあげて~たらたらだ tā diàoshàngle dàyú, yígejìnr de ˇzìchuī-zìléi[zìmài-zìkuā](他钓上了大鱼,一个劲儿地ˇ自吹自擂[自卖自夸]). ¶彼は射撃の腕っ~した tā chuīxū zìjǐ de shèjī jìshù gāochāo(他吹嘘自己的射击技术高超). ¶彼の~話は聞き飽きた tā nà kuākuā qí tán wǒ tīngnì le(他那夸夸其谈我听腻了).

しみ【衣魚・紙魚】 dùyú(蠹鱼), yīyú(衣鱼), zhǐyú(纸鱼), shūdù(书蠹). ¶~の食った本 dùyú zhùle de shū(蠹鱼蛀了的书).

しみ【染み】 wūdiǎn(污点), wūgòu(污垢), wūjì(污迹), wūzì(污渍), yóugòu(油垢), yóuzì(油渍). ¶ワイシャツにコーヒーの~がついた chènshān zhānshàngle kāfēi wūdiǎn(衬衫沾上了咖啡污点). ¶壁に雨漏りの~がついている qiángbì shang yǒu yǔ lòu de hénjì(墙壁上有雨漏的痕迹). ¶落ちにくい~の~抜きをする chúqu bú yì diào de wūgòu(除去不易掉的污垢). ¶皮膚に~ができた pífū shang chūxiànle hēibān(皮肤上出现了斑点).

じみ【地味】 sùjìng(素净), pǔsù(朴素). ¶彼女はいつも~な洋服を着ている tā duōzan dōu shì chuānzhe yīshēn hěn sùjìng de yīfu(她多咱都是穿着一身很素净的衣服). ¶このネクタイは僕には~だ zhè tiáo lǐngdài wǒ jìzhe tài lǎoqi(这条领带我系着太老气). ¶~~生活をする shēnghuó pǔsù(生活朴素)/ guò jiǎnpǔ de shēnghuó(过俭朴的生活). ¶これは~だが大切な仕事だ zhè gōngzuò suīrán bù xiǎnyǎn, dànshì fēicháng zhòngyào(这工作虽然不显眼,但是非常重要). ¶彼は~で目立たないが，よい仕事をしている tā tāshi bù rě rén zhùyì, dàn gōngzuò zuòde hěn hǎo(他踏实不惹人注意,但工作做得很好).

じみ【滋味】 zīwèi(滋味). ¶~に富む料理 hěn yǒu zīwèi de cài(很有滋味的菜). ¶~あふれる文章 fùyǒu zīwèi de wénzhāng(富有滋味的文章).

しみこ・む【染み込む】 shèn(渗), shènrù(渗入), shènjìn(渗进), shèntòu(渗透). ¶靴の中まで水が~んできた shuǐ shènjìn xiélǐ (水渗进鞋里). ¶味が~んでいる wèidao shènjìnqu le (味道渗进去了). ¶その言葉が深く私の頭に~んでいる nà jù huà shēnshēn de ˇkè[yìn]zài wǒ nǎozili(那句话深深地ˇ刻[印]在我脑子里).

しみじみ ¶あの人の親切を~有難いと思います duì tā de shèngqíng hòuyì wǒ ˇhěn gǎnjī[gǎnniàn bú wàng](对他的盛情厚意我ˇ很感激

[感念不忘]). ¶私は外国語学習の必要を～感じている wǒ tònggǎn yǒu xuéxí wàiyǔ de bìyào (我痛感有学习外语的必要). ¶彼は～と当時の心境を述懐した tā hěn gǎnkǎi de zhuīshù dāngshí de xīnjìng (他很感概地追述当时的心境). ¶私は息子の寝顔を～と眺めた wǒ shēn yǒu gǎnchù de chǒuzhe érzi de shuìróng (我深有感触地瞅着儿子的睡容).

しみず【清水】 quánshuǐ (泉水). ¶～がこんこんと湧き出ている quánshuǐ yuányuán yǒngchū (泉水源源涌出).

じみち【地道】 tāshi (塌实・踏实), qínkěn (勤恳). ¶彼は～にこつこつとやるほうだ tā shì ge jiǎo tà shídì gōngzuò de rén (他是个脚踏实地工作的人). ¶～に働いて金をためる qínkěn láodòng zǎnqián (勤恳劳动攒钱). ¶～な商売をする zuò shíshízàizài de mǎimai (做实实在在的买卖).

しみつ・く【染み付く】 zhānshàng (沾上), rǎnshàng (染上), zhānrǎnshàng (沾染上). ¶よごれが袖口に～いて落ちない xiùkǒu zhānshàng wūgòu qùbudiào (袖口沾上污垢去不掉). ¶悪習が～いている zhānrǎnshàng huài xíguàn (沾染上坏习惯).

しみった・れ kōuménr (抠门儿), lìnsè (吝啬). ¶なんて～れた根性だ zhēn xiǎoqi ya! (真小气呀!). ¶あの親爺は～れだ nà lǎojiāhuo shì ge lìnsèguǐ (那老家伙是个吝啬鬼).

しみとお・る【染み透る】 shènrù (渗入), shèntòu (渗透). ¶雨が下着まで～った yǔshuǐ shītòule nèiyī (雨水湿透了内衣).

しみゃく【支脈】 zhīmài (支脉).

シミュレーション mónǐ (模拟), fǎngzhēn (仿真).

し・みる【染みる・滲みる】 ¶紙にインキが～みる mòshuǐ yīn zhǐ (墨水洇纸). ¶この薬は傷に～みる zhè yào ˈshā[zhē]de huāng (这药ˈ杀[蜇]得慌). ¶煙が目に～みる jiào yān yǎnjing (叫烟熏了眼睛). ¶石鹸が目に～みる féizàoshuǐ shā yǎnjing (肥皂水杀眼睛). ¶玉葱が目に～みる cōngtóu ˈlà[zhē]de yǎnjing (葱头ˈ辣[蜇]眼睛). ¶目に～みるような海の碧さだ lánde yàoyǎn de hǎi (蓝得耀眼的海). ¶水が歯に～みる shuǐ liángde zhāyá (水凉得扎牙). ¶夜風が身に～みる yèfēng cìgǔ (夜风刺骨). ¶彼の親切が身に～みて嬉しかった tā nà qīnqiē de guānhuái wǒ fēicháng gǎnjī (他那亲切的关怀我非常感激). ¶その教訓が胸に～みた nàge jiàoxun míngkè zài xīn (那个教训铭刻在心). ¶悪習に～みる shòu èxí xūnrǎn (受恶习熏染).

-じ・みる【染みる】 ¶見ろ、あの気違いに～みた格好を qiáo nàge fāfēng shìde dǎban (瞧那个发疯似的打扮). ¶若いくせに年寄～みたことを言う niánqīngqīng de, shuōhuà jìng zhēme lǎoqi (年轻轻的,说话竟这么老气). ¶子供～みたまねはよしなさい bié nàme háiziqi! (别那么孩子气!). ¶脅迫～みた言い方をする dài wēihè de kǒuwěn shuō (带威吓的口吻说).

しみん【市民】 shìmín (市民). ¶アメリカの～権を取る huòdé Měiguó gōngmínquán (获得美国公民权). ¶北京～ Běijīng shìmín (北京市民).

しみん【嗜眠】 shìmián (嗜眠). ¶～性脳炎 shìmiánxìng nǎoyán (嗜眠性脑炎).

じむ【事務】 shìwù (事务). ¶彼はふだんは役所で～を執っている tā píngcháng zài jīguān bàngōng (他平常在机关办公). ¶私は～系統の仕事をしています wǒ zuò shìwù fāngmiàn de gōngzuò (我做事务方面的工作). ¶それは単なる～上の手違いだ nà zhǐshì shìwù chǔlǐshang de chācuò (那只是事务处理上的差错). ¶彼はすべて～的に片付けようとする fánshì tā zǒngshì jīxiè de jiāyǐ chǔlǐ (凡事他总是机械地加以处理). ¶～員 shìwùyuán (事务员)/ bànshìyuán (办事员). ～室 bàngōngshì (办公室). ～所 bàngōngchù (办公处)/ bànshìchù (办事处)/ xiězìjiān (写字间)/ xiězìlóu (写字楼). ～用品 bàngōng yòngpǐn (办公用品).

ジム tǐyùguǎn (体育馆), shìnèi tǐyùchǎng (室内体育场), jiànshēnfáng (健身房). ¶ボクシング～ quánjī liànxíchǎng (拳击练习场).

しむ・ける【仕向ける】 ¶すすんで勉強するように～ける yǐndǎo tā zhǔdòng xuéxí (引导他主动学习). ¶彼は計画を断念するよう～けられた tā bèipò fàngqìle nàge jìhuà (他被迫放弃了那个计划).

しめい【氏名】 xìngmíng (姓名). ¶住所を～を記す xiěxià zhùzhǐ hé xìngmíng (写下住址和姓名).

しめい【死命】 sǐmìng (死命). ¶敵の～を制する zhì dí yú sǐmìng (制敌于死命).

しめい【使命】 shǐmìng (使命), rènwù (任务). ¶彼は政治家としての～を果した tā zuòwéi yí ge zhèngzhìjiā wánchéngle zìjǐ de shǐmìng (他作为一个政治家完成了自己的使命). ¶重要な～を帯びて訪中した dàizhe zhòngyào de shǐmìng fǎngwènle Zhōngguó (带着重要的使命访问了中国). ¶教育に対して～感を持っている duì jiàoyù gōngzuò huáiyǒu shìyèxīn (对教育工作怀有事业心).

しめい【指名】 zhǐmíng[r] (指名[儿]), diǎnmíng (点名). ¶先生に～されて答えた bèi lǎoshī zhǐmíng zuòle huídá (被老师指名做了回答). ¶～順に入室して下さい qǐng àn diǎnmíng de shùnxù rù shì (请按点名的顺序入室). ¶皆様の御～により進行係をつとめます chéng zhūwèi de tuījiàn, xiànzài wǒ lái zhǔchí huìyì (承诸位的推荐,现在我来主持会议). ¶天皇は国会の～に基づいて内閣総理大臣を任命する tiānhuáng gēnjù guóhuì tímíng rènmìng nèigé zǒnglǐ dàchén (天皇根据国会提名任命内阁总理大臣). ¶犯人を～手配する tōngjī fànrén (通缉犯人).

じめい【自明】 zìmíng (自明). ¶それは～の理である nà shì zìmíng zhī lǐ (那是自明之理).

しめかす【〆粕】 dòubǐng (豆饼).

しめきり 1【締切り】 ¶～のぎりぎりに申し込んだ zài bàomíng rìqī jiāngyào jiézhǐ shí bào

しめきる de míng(在报名日期将要截止时报的名). ¶注文に行ったらもう～を過ぎていた wǒ qù dìng shí yǐjīng jiézhǐ le(我去订时已经截止了). ¶原稿の～日が迫ってきた jiégǎo rìqī pòjìn le(截稿日期迫近了).

2【閉切り】 ¶窓は～にしてあって開かない chuānghu fēngsǐle bùnéng kāi(窗户封死了不能开).

しめ・る 1【締め切る】 jiézhǐ(截止). ¶今月末で生徒の募集を～る zhāoshēng dào běnyuèdǐ jiézhǐ(招生到本月底截止). ¶投稿受付は2月3日で～ります gǎojiàn shòulǐ jiézhǐ èryuè sān rì wéizhǐ(稿件受理截至二月三日为止).

2【閉め切る】 guānbì(关闭). ¶玄関はいつも～ったままだ zhèngmén zǒngshì guānbìzhe bù kāi(正门总是关闭着不开). ¶～った部屋でガスストーブをたくのは危険だ zài ménchuāng dōu guānbìzhe de wūzilǐ shēng méiqì lúzi hěn wēixiǎn(在门窗都关闭着的屋子里生煤气炉子很危险).

しめくく・る【締め括る】 zǒngjié(总结). ¶会議を～る zǒngjié huìyì(总结会议). ¶彼は団結を呼びかけて演説の～りとした zuìhòu tā hūyù tuánjié qilai, jiéshùle yǎnjiǎng(最后他呼吁团结起来, 结束了演讲).

しめころ・す【絞め殺す】【絞殺する】 lēisǐ(勒死); [扼殺する] qiāsǐ(掐死), lēsǐ(勒死). ¶紐で～す yòng shéngzi lēisǐ(用绳子勒死). ¶手で～す yòng shǒu qiāsǐ(用手掐死).

しめし【示し】 ¶父親がこんな事をしては子供に～がつかない zuò fùqin de gàn zhè zhǒng shì zěnme néng zuò háizi de biǎoshuài(做父亲的干这种事怎么能做孩子的表率).

しめしあわ・せる【示し合わせる】 chuàntōng(串通). ¶彼等は～せてその会議に欠席した tāmen chuàntōng yíqì bù chūxí nàge huìyì(他们串通一气不出席那个会议).

じめじめ shīlùlù(湿漉漉·湿淥淥), shīhūhū(湿呼呼·潮乎乎). ¶～した土地 shīlùlù de tǔdì(湿漉漉的土地). ¶～した空気 shīhūhū de kōngqì(湿呼呼的空气). ¶彼女はいつも陽気で～したところなど少しもない tā zǒngshì nàyàng de kāilǎng, yìdiǎnr yě bù yōuyù(她总是那样地开朗, 一点儿也不忧郁).

しめ・す【示す】 biǎoshì(表示), xiǎnshì(显示), zhǐshì(指示). ¶学生証を～して校門を入る chūshì xuéshengzhèng jìnrù xiàomén(出示学生证进入校门). ¶方向を～す zhǐshì fāngxiàng(指示方向). ¶寒暖計は30度を～している hánshǔbiǎo zhǐzhe sānshí dù(寒暑表指着三十度). ¶生徒に標本を～して説明する gěi xuésheng kàn biāoběn jiāyǐ shuōmíng(给学生看标本加以说明). ¶模範を～すら見ていないい wǒ gěi nǐmen shìfàn, hǎohāor kànzhe(我给你们示范, 好好儿看着). ¶誠意を～して話し合う náchū chéngyì jìnxíng jiāotán(拿出诚意进行交谈) / ～しあって交渉する kāichéng-bùgōng de jiāotán(开诚布公地交谈). ¶そのニュースに皆は関心を～した duì nàge xiāoxi dàjiā dōu biǎoshì hěn guānxīn(对那个消息大家都表示很关心).

しめ・す【湿す】 ¶タオルを～して額にのせる bǎ máojīn nòngshī fàngzài nǎoménzi shang(把毛巾弄湿放在脑门子上). ¶水で喉を～す hē shuǐ rùnrun sǎngzi(喝水润润嗓子).

しめすへん【示偏】 shìzìpángr(示字旁儿), shìbǔr(示补儿).

しめた ¶うまくいったぞ hǎojíle, gǎochénggōng le(好极了, 搞成功了) / hǎo, zhèng zhòng xià huáir(好, 正中下怀). ¶そうなれば～ものだ nàyàng jiù hǎo bàn le(那样就好办了).

しめだ・す【締め出す】 ¶遅刻して試験場から～された yīnwei chídào jìnbude kǎochǎng(因为迟到进不得考场). ¶今晩～しを食ったので泊めてくれないか jīnwǎn bèi guānzài ménwài, ràng wǒ zài nǐ zhèli zhù yì xiǔ ba(今晚被关在门外, 让我在你这里住一宿吧).

しめつ【死滅】 sǐmiè(死灭), juémiè(灭绝), juézhǒng(绝种), mièzhǒng(灭种). ¶この種の動物は～してしまった zhè zhǒng dòngwù yǐ mièjué le(这种动物已灭绝了).

じめつ【自滅】 ¶彼等は内輪もめにより～した tāmen fāshēngle nèihòng zì qǔ mièwáng le(他们发生了内讧自取灭亡了).

しめつ・ける【締め付ける】 ¶相手の胴を両足で～ける yòng liǎng tiáo tuǐ sǐjǐnr jiāzhù duìfāng de yāo(用两条腿死劲儿夹住对方的腰). ¶ぐいぐいと喉を～られる qiā wǒ bózi yuè qiā yuè jǐn(掐我脖子越掐越紧). ¶その話を聞いて胸を～けられる思いがした tīngle nà huà zhēn ràng rén jiūxīn(听了那话真叫人揪心). ¶上部の～けが厳しい shàngmian qiǎde jǐn(上面卡得紧).

しめっぽ・い【湿っぽい】 cháo(潮), cháoshī(潮湿), cháohūhū(潮呼呼·潮乎乎), cháolùlū(潮渌渌). ¶このワイシャツはまだ～い zhè jiàn chènshān hái yǒudiǎnr cháo(这件衬衫还有点儿潮). ¶降り続くて雰ぃ～した tiāntiān cháohūhū de zhēn mēnqì(天天潮呼呼的真闷气). ¶何やら話が～くなってきましたね huàtí xiǎnde yīnyù le(话题显得阴郁了).

しめやか ¶葬儀は～に執り行われた bìnyí shì zài sùmù de qìfēn zhōng jìnxíng de(殡仪是在肃穆的气氛中进行的).

しめり【湿り】 ¶火薬に～が入って発火しなかった zhàyào shòucháo méiyǒu bàozhà(炸药受潮没有爆炸). ¶紙に水を吹きつけて適当な～を与える wǎng zhǐshang pēn shuǐ shǐ zhǐ yǒu shìdàng de shīdù(往纸上喷水使之有适当的湿度). ¶よいお～でした yǔ xiàde zhènghǎo(雨下得正好) / zhēn shì yì cháng jíshíyǔ(真是一场及时雨).

しめりけ【湿り気】 cháo(潮), cháoqì(潮气). ¶少し～のあるほうがアイロンをかけやすい cháozhe diǎnr hǎo yùn(潮者点儿好熨). ¶これはなるべく～のない所に置くこと zhège jǐnkěnéng fàngzài bù fǎncháo de dìfang(这个尽可能放在不返潮的地方).

し・める【占める】 zhàn(占), jū(居). ¶首位を～める zhàn dìyīwèi(占第一位) / jū shǒuwèi

(居首位). ¶ 中国の人口は世界人口の5分の1 を~めている Zhōngguó de rénkǒu zhàn shìjiè rénkǒu de wǔ fēn zhī yī (中国的人口占世界人口的五分之一). ¶ 政界に地歩を~める zài zhèngjiè zhànwěn yídìng dìwèi (在政界占有一定地位). ¶ その港は地の利を~めて繁栄した nàge hǎigǎng zhànle dìlì fánróng qilai (那个海港占了地利繁荣起来).

し・める【閉める】 guān (关), yǎn (掩), guānbì (关闭). ¶ 戸をきちんと~めないと隙間風が入るよ yào bù bǎ mén guānyánshi, zéifēng jiù huì guànjinlai (要不把门关严实, 贼风就会灌进来). ¶ カーテンを~める yǎnshàng chuānglián (掩上窗帘). ¶ 引出しを~める bǎ chōuti guānshàng (把抽屉关上). ¶ ガスの栓を~め忘れた méiqì de kāiguān wàngle guān le (煤气[的]开关忘了关了). ¶ 9時に店を~める wǎnshang jiǔ diǎnzhōng pùzi ʼshàngbǎnrʼ[ʼdǎyangʼ] (晚上九点钟铺子ʼ上板儿ʼ[ʼ打烊ʼ]).

し・める【絞める】 [紐などで] jǐn (紧), shā (煞), lēi (勒), zā (扎); [手で] qiā (掐), qiǎ (卡). ¶ 紐で首を~める yòng shéngzi lēi bózi (用绳子勒脖子). ¶ 手で首を~める qiā bózi (掐脖子). ¶ にわとりを~める zǎi [shā] jī (宰[杀]鸡).

し・める【締める】 [紐などで] jǐn (紧), shā (煞), lēi (勒), zā (扎). ¶ ベルトをきつく~める jǐn yíxià yāodài (紧一下腰带)/ shā yi shā yāodài (煞一煞腰带). ¶ ネクタイを~める jì lǐngdài (系领带). ¶ ギターの弦を~め直す chóngxīn ʼbēngjǐnʼ[jǐn yi jǐn] jítā de xián (重新ʼ绷紧ʼ[紧一紧] 吉他的弦). ¶ 財布の紐を~める lēijǐn yāobāo (勒紧腰包). ¶ 脇を~る bǎ liǎngzhǒu jǐntiē tǐcè (把两肘紧贴体侧).

2 [ねじなどを] ねじを~める nǐngjǐn luósī (拧紧螺丝). ¶ ボルトで2枚の板を~める bǎ liǎng kuài mùbǎn yòng luóshuān gùdìng zài yìqǐ (把两块木板用螺栓固定在一起).

3 [気持を] 生徒たちを少しっめていこう děi bǎ xuéshengmen zhuājǐn diǎnr (得把学生们抓紧点儿). ¶ 出費を~めないと赤字になりそうだ bù jǐnsuō kāizhī, jiù yào rù bù fū chū le (不紧缩开支, 可要入不敷出了).

4 [合計する] ¶ ~めて10万円で yígòng shíwàn rìyuán (一共十万日元). ¶ 今日はもうレジは~めました jīntiān yǐjing jiézhàng le (交款处今天已经结账了).

しめ・る【湿る】 fǎncháo (返潮), shòucháo (受潮). ¶ 薪がっって火が付きにくい mùchái fǎncháo bù hǎo zháo (木柴返潮不好着). ¶ 洗濯物はまだっている xǐ de yīfu hái yǒudiǎnr shī (洗的衣服还有点儿湿).

しめん【四面】 sìmiàn (四面). ¶ 日本は~を海に囲まれている Rìběn sìmiàn huán hǎi (日本四面环海). ¶ ~楚歌 sìmiàn Chǔgē (四面楚歌). ¶ ~一体 sìmiàntǐ (四面体).

じめん【地面】 dìshang (地上), dìxia (地下), dìmiàn (地面), dìpí[r] (地皮[儿]). ¶ ~にたくさんの足跡がついている dìshang yǒu hǎoxiē jiǎoyìnr (地上有好些脚印儿). ¶ ~に座って物乞いをする zuòzài dìxia qǐtǎo (坐在地下乞讨). ¶ 雨は止んだが~はまだ乾かない yǔ tíng le, dìmiàn hái méiyǒu gān (雨停了, 地面还没有干).

しも【下】 ¶ この川の1キロ~に橋があります zài zhè tiáo hé de xiàyóu yì gōnglǐ de dìfang yǒu yí zuò qiáo (在这条河的下游一公里的地方有一座桥). ¶ 5等の当選番号は~1桁が6です zhòngcǎi hàomǎ mò yí wèi shùzì shì liù (五等中彩号码末一位数字是六). ¶ 病人の~の世話をする zhàoliào bìngrén dàxiǎobiàn (照料病人大小便).

しも【霜】 shuāng (霜). ¶ 昨夜は~が降りた zuówǎn xiàle shuāng (昨晚下了霜). ¶ 野菜が~で傷んだ shūcài shòule shuāngdòng (蔬菜受了霜冻).

しもき【下期】 xiàbànnián (下半年).

じもく【耳目】 ěrmù (耳目). ¶ そのニュースは世間の~を驚かせた yì gōngrèn ʼsǒngdòngle shìrén shìtīngʼ[sǒng rén tīng wén] (那个消息ʼ耸动了世人视听ʼ[耸人听闻]).

しもごえ【下肥】 fènféi (粪肥).

しもざ【下座】 xiàzuò (下坐・下座), xiàxí (下席). ¶ 彼女は~に座っていた tā zài mòzuò zuòzhe (她在末座坐着)/ tā jū xiàzuòr (她居下座).

しもじも【下々】 límín (黎民), ~の事情に通じている shúxī mínqíng (熟悉民情)/ liǎojiě xiàqíng (了解下情).

しもて【下手】 shàngchǎngmén (上场门). ¶ ~から登場する yóu wǔtái yòushǒu shàngchǎng (由舞台右首上场).

じもと【地元】 dāngdì (当地), běndì (本地). ¶ その計画に対して~で反対の声があがった nàge jìhuà zài dāngdì yǐnqǐle fǎnduì de hūshēng (那个计划在当地引起了反对的呼声). ¶ ~のチームが優勝した běnduì huòdéle guànjūn (本队获得了冠军).

¶ ~民 dāngdì jūmín (当地居民)/ běndìrén (本地人).

しもばしら【霜柱】 ¶ 今朝は~がたった jīntiān zǎoshang jiàng shuāng dìmiàn dōu gǒngqǐlai le (今天早上降霜地面都拱起来了).

しもはんき【下半期】 xiàbànnián (下半年).

しもぶくれ【下膨れ】 ¶ ~の顔をした愛らしい少女 píngguǒliǎn de kě'ài de shàonǚ (苹果脸的可爱的少女).

しもふり【霜降り】 ¶ ~の牛肉 hónglǐ shuāngféi de shàngděng niúròu (红里霜肥的上等牛肉).

しもやけ【霜焼け】 dòngchuāng (冻疮), dòngzhú (冻瘃). ¶ 手の甲に~ができた shǒubèi shang zhǎngle dòngchuāng (手背上长了冻疮).

しもん【指紋】 zhǐwén (指纹), zhǐyìn (指印[儿]), luówén (螺纹・罗纹), luó (膜). ¶ ~を残す liúxià zhǐwén (留下指纹). ¶ ~をとる cǎiqǔ zhǐwén (采取指纹).

しもん【諮問】 zīxún (咨询). ¶ 文部大臣が国語審議会に~する jiàoyù bùzhǎng xiàng guó-

じもんじとう

yǔ shěncháhuì zīxún(教育部长向国语审查会咨询). ¶その委员会は政府の一机関である nàge wěiyuánhuì shì zhèngfǔ de zīxún jīgòu (那个委员会是政府的咨询机关).

じもんじとう【自問自答】 zìwèn zìdá(自问自答).

しや【視野】 **1** shìyě(视野). ¶〜に入る jìnrù shìyě(进入视野)/ yìngrù yǎnlián(映入眼帘). ¶〜を遮る zhēzhù shìyě(遮住视野). **2**〔思慮などの〕yǎnjiè(眼界), shìyě(视野), yǎngé(眼格). ¶彼は〜が狭い tā yǎnguāng xiá'ài(他眼光狭隘)/ tā mùguāng duǎnqiǎn(他目光短浅). ¶〜を広げる kuòdà shìyě(扩大视野)/ kāikuò yǎnjiè(开阔眼界).

しゃ【紗】 shā(纱), báoshā(薄纱).

-しゃ【者】 rén(人), zhě(者). ¶合格〜 jígézhě(及格者). 编辑〜 biānjí(编辑)/ biānjí rényuán(编辑人员).

じゃ【蛇】 ¶〜の道はへび hàozi fāng zhī hàozi lù(耗子方知耗子路).

じゃあく【邪悪】 xié'è(邪恶). ¶〜な考え xiéniàn(邪念)/ xiéxīn(邪心).

ジャージー píngzhēn zhīwù(平针织物).

しゃあしゃあ ¶彼はあんな事をしておきながら〜としている tā gànchū nà zhǒng shì lái hái mǎn bú zàihu(他干出那种事来还满不在乎). ¶よくもあんなに〜と言えるものだ kuī tā gǎn shuōchū zhè zhǒng huà lai, zhēn tián bù zhī chǐ(亏他敢说出这种话来, 真恬不知耻).

ジャーナリスト bàorén(报人), xīnwén zázhì gōngzuòzhě(新闻杂志工作者), xīnwén zázhì jìzhě(新闻杂志记者).

ジャーナリズム xīnwén chūbǎnjiè(新闻出版界).

シャープ **1**〔嬰記号〕shēnghào(升号). **2**〔鋭い〕¶彼は〜な人だ tā shì hěn mǐnruì de rén(他是很敏锐的人). ¶この写真はピントが〜だ zhè zhāng zhàopiàn jiāojù qiàhǎo(这张照片焦距恰好).

シャープペンシル zìdòng qiānbǐ(自动铅笔).

シャーベット guǒzhīlù bīngqāo(果子露冰糕).

シャーマニズム sàmǎnjiào(萨满教).

しゃい【謝意】 **1**〔感謝〕xièyì(谢意). ¶寄付者に対し〜を表する xiàng juānkuǎnrén ˇbiǎoshì xièyì[dáxiè](向捐款人ˇ表示谢意[答谢]). **2**〔謝罪〕qiànyì(歉意). ¶被害者に〜を表する xiàng shòuhàirén shēn zhì qiànyì(向受害人深致歉意).

ジャイロコンパス huízhuǎn luópán(回转罗盘).

ジャイロスコープ huízhuǎnyí(回转仪), tuóluóyí(陀螺仪).

しゃいん【社員】 gōngsī zhíyuán(公司职员).

しゃおん【謝恩】 xiè'ēn(谢恩). ¶卒業式のあと〜会のある bìyè diǎnlǐ hòu jǔxíng xiè'ēnhuì(毕业典礼后举行谢恩会). ¶〜大売出し xiè'ēn dàjiànmài(谢恩大贱卖).

しゃか【釈迦】 **1** Shìjiā(释迦). ¶〜に説法 Bān mén nòng fǔ(班门弄斧). ¶ここに隠れていようとはお〜さまでも御存じあるまい lǎotiānyé

yě xiǎngbudào wǒ huì duǒzài zhèli(老天爷也想不到我会躲在这里). ¶〜如来 Shìjiā Rúlái(释迦如来). 〜牟尼 Shìjiāmóuní(释迦牟尼).

2〔不良品, 廃品〕¶お〜を出す chū fèipǐn(出废品). ¶これはもうお〜だ zhè yǐ ˇbàofèi[bàoxiāo] le(这已ˇ报废[报销]了).

ジャガー měizhōuhǔ(美洲虎).

しゃかい【社会】 shèhuì(社会). ¶学校を卒業して〜に出る cóng xuéxiào bìyè, tàshàng shèhuì(从学校毕业, 踏上社会). ¶彼は〜的に葬られようとしている tā jiāngyào bèi shèhuì pāoqì(他将要被社会抛弃). ¶彼等の〜的地位はかなり高い tāmen de shèhuì dìwèi xiāngdāng gāo(他们的社会地位相当高). ¶人間は一的な存在である rén shì shèhuì de cúnzài(人是社会的存在).

¶〜科学 shèhuì kēxué(社会科学). 〜学 shèhuìxué(社会学). 〜教育 shèhuì jiàoyù(社会教育). 〜事業 shèhuì shìyè(社会事业). 〜主義 shèhuì zhǔyì(社会主义). 〜人 cānjiā gōngzuò de rén(参加工作的人). 〜生活 shèhuì shēnghuó(社会生活). 〜制度 shèhuì zhìdù(社会制度). 〜福祉 shèhuì fúlì(社会福利). 〜保険 shèhuì bǎoxiǎn(社会保险). 〜保障 shèhuì bǎozhàng(社会保障). 〜民主主義 shèhuì mínzhǔzhǔyì(社会民主主义). 〜面 shèhuìlán(社会栏). 〜問題 shèhuì wèntí(社会问题).

じゃがいも【じゃが芋】 mǎlíngshǔ(马铃薯), tǔdòu[r](土豆[儿]), yángyù(洋芋), shānyaodàn(山药蛋).

じゃかご【蛇籠】 shílóng(石笼).

しゃが・む dūn(蹲), dūnxià(蹲下). ¶立ちくたびれて〜む zhànlèile dūnxià(站累了蹲下).

しゃかりき ¶〜になって働く pīnmìng de gōngzuò(拼命地工作).

しゃが・れる【嗄れる】 → しわがれる.

しゃかん【舎監】 shèjiān(舍监).

しゃかんきょり【車間距離】 xíngchē jiānjù(行车间距), chējù(车距).

じゃき【邪気】 xiéxīn(邪心). ¶あの人は〜のない人だ tā bú shì ge xīncháng huài de rén(他不是个心肠坏的人).

じゃきょう【邪教】 xiéjiào(邪教).

しゃやく【試薬】 shìjì(试剂), shìyào(试药).

しゃく【尺】 chǐ(尺).

しゃく【酌】 zhēn(斟), zhēn jiǔ(斟酒). ¶客の〜をする gěi kèren zhēn jiǔ(给客人斟酒).

しゃく【癪】 ¶〜にさわる zhēn qìrén(真气人)/ qìsǐ rén(气死人)/ zhēn jiào rén shēngqì(真叫人生气). ¶本当に〜なやつだ zhēn shì ge kěwù de jiāhuo(真是个可恶的家伙). ¶今の彼女には何もかもが〜の種だ tā xiànzài jiàn shénme dōu bú ˇduìjìnr[shùnxīn](她现在见什么都不ˇ对劲儿[顺心]).

-じゃく【弱】 ruò(弱). ¶10 メートル〜 bú dào shí mǐ(不到十米). ¶5 分の 1 〜 wǔ fēn zhī yī ruò(五分之一弱).

しゃくざい【借財】 → しゃっきん.

じゃくし【弱視】shìruò(视弱), ruòshì(弱视).
しゃくしじょうぎ【杓子定規】¶そう〜にはいかない àn sǐguīju shì xíngbutōng de (按死规矩是行不通的)/ bùnéng nàme sǐbǎn (不能那么死板). ¶〜なやり方 mòshǒu-chéngguī de zuòfǎ (墨守成规的做法).
じゃくしゃ【弱者】ruòzhě(弱者).
じゃくしょう【弱小】ruòxiǎo(弱小). ¶〜国家 ruòxiǎo guójiā (弱小国家).
じゃくしん【弱震】ruòzhèn(弱震).
しゃくぜん【釈然】shìrán (释然) ¶あなたの説明を聞いただけでは〜としない zhǐ tīng nǐ de shuōmíng hái bùnéng shǐ rén shìyí (只听你的说明还不能使人释疑).
じゃくそつ【弱卒】ruòbīng (弱兵), ruòzú (弱卒). ¶勇将の下に〜なし qiángjiàng shǒuxià wú ruòbīng (强将手下无弱兵).
じゃくたい【弱体】bóruò (薄弱), cuìruò (脆弱). ¶研究陣の〜ぶりが露呈した bàolùle yánjiū bùmén de lìliang bóruò (暴露了研究部门的力量薄弱). ¶内紛が続出して組織が〜化した lǜ qǐ nèihòng, shǐ zǔzhī dàwéi xuēruò (老起内讧, 使组织大为削弱).
しゃくち【借地】zūdì (租地). ¶家は自分のものですが土地は〜です fángzi shì zìjǐ de, dìpi shì zū de (房子是自己的, 地皮是租的). ¶〜権 zūdìquán (租地权). 〜料 dìzū (地租) / dìpífèi (地皮费).
じゃぐち【蛇口】lóngtóu (龙头), shuǐlóngtóu (水龙头). ¶〜をひねるとお湯が出る yì nǐng lóngtóu jiù chū rèshuǐ (一拧龙头就出热水).
じゃくてん【弱点】ruòdiǎn (弱点). ¶そこがこの理論の〜だ nà jiùshì zhège lǐlùn de ruòdiǎn (那就是这个理论的弱点). ¶人の〜につけこむ zhuā rénjia de xiǎobiànzi (抓人家的小辫子).
じゃくでん【弱電】ruòdiàn (弱电).
しゃくど【尺度】chǐdù (尺度), chǐmǎ (尺码). ¶自分の〜で他人をはかってはならない bùnéng ná zìjǐ de chǐdù lái héngliang biéren (不能拿自己的尺度来衡量别人)/ bùnéng yǐ jǐ duó rén (不能以己度人).
しゃくどういろ【赤銅色】chìtóngsè (赤铜色), gǔtóngsè (古铜色). ¶〜の肌 gǔtóngsè de pífū (古铜色的皮肤).
しゃくとりむし【尺取虫】chǐhuò (尺蠖).
しゃくなげ【石南花】dùjuān (杜鹃)〈つつじを含む〉.
じゃくにくきょうしょく【弱肉強食】ruò ròu qiáng shí (弱肉强食), dàyú chī xiǎoyú (大鱼吃小鱼).
しゃくねつ【灼熱】zhuórè (灼热), zhìrè (炙热), chìrè (炽热), huǒrè (火热). ¶〜の太陽 zhìrè de tàiyáng (炙热的太阳). ¶〜の恋 rèliàn (热恋).
じゃくはい【弱輩】hòushēng (后生), xiǎozǐbèi[r] (小字辈儿). ¶〜だと侮ってはならない hòushēng kěwèi, bùnéng xiǎokàn (后生可畏, 不能小看).
しゃくほう【釈放】shìfàng (释放), kāishì (开释). ¶証拠不十分のため容疑者を〜した yóu-yú zhèngjù bù chōngfèn, bǎ xiányífàn shìfàng le (由于证据不充分, 把嫌疑犯释放了). ¶仮〜 jiǎshì (假释).
しゃくめい【釈明】shēnbiàn (申辩), shēnmíng (申明), fēnbiàn (分辩), biànbái (辩白), jiěshì (解释). ¶〜の機会を与える jǐyǔ shēnbiàn de jīhuì (给予申辩的机会).
しゃくや【借家】¶〜暮しももう10年になる lìn [zū] fáng zhù yǐ yǒu shí nián le (赁[租]房住已有十年了). ¶〜人を立ち退かせる yāoqiú fángkè tuì fáng (要求房客退房).
しゃくやく【芍薬】sháoyao (芍药).
しゃくよう【借用】jièyòng (借用). ¶10万円ばかり〜できませんか néng bu néng xiàng wǒ jièyòng shíwàn rìyuán? (能不能向我借用十万日元?). ¶友人の自転車を無断で〜した shànzì shǐyòngle péngyou de zìxíngchē (擅自使用了朋友的自行车). ¶〜語 jiècí (借词). 〜証書 jièjù (借据)/ jiètiáo[r] (借条儿)/ qiàntiáo[r] (欠条儿).
しゃくりあ・げる【しゃくり上げる】chōuyè (抽噎), chōudā (抽搭), chōuyè (抽咽), chōuqì (抽泣), chuòqì (啜泣), xīxū (欷歔・唏嘘). ¶子供が〜げて泣いている háizi chōuchōu-yēyē de kūzhe (孩子抽抽噎噎地哭着)/ háitóng xīxū bùyǐ (孩童欷歔不已).
しゃくりょう【酌量】zhuóliáng (酌量), zhēnzhuó (斟酌). ¶被告の罪状にはいささかも情状〜の余地はない gēnjù bèigào de zuìzhuàng, háo wú zhuóqíng zhī yúdì (根据被告的罪状, 毫无酌情之余地).
しゃく・る yǎo (舀). ¶水瓶の水を〜る yǎo shuǐgānglǐ de shuǐ (舀水缸里的水). ¶あごを〜る yángyang xiàbā (扬扬下巴).
しゃく・れる ¶〜れた顔 wākōuliǎnr (洼抠脸儿).
しゃげき【射撃】shèjī (射击). ¶〜の名人 shénqiāngshǒu (神枪手). ¶一斉〜を加える qíshè (齐射). ¶〜場 shèjīchǎng (射击场)/ dǎbǎchǎng (打靶场).
しゃけつ【瀉血】fàngxuě (放血). ¶高血圧の患者の〜をする gěi gāoxuèyā de bìngrén fàngxuě (给高血压的病人放血).
ジャケット jiākè (夹克・茄克), xīshì duǎnwàitào (西式短外套); [レコードの] chàngpiàntào[r] (唱片套儿).
じゃけん【車検】chējiǎn (车检).
じゃけん【邪険】¶彼は子供の手を〜に振り払った tā bǎ háizi de shǒu hěnhěn de shuǎikāi le (他把孩子的手很狠地甩开了). ¶あの店員の〜な態度は一体なんだ nàge diànyuán de cūbào tàidu bú xiànghuà (那个店员的粗暴态度不像话).
しゃこ【車庫】chēkù (车库).
しゃこ【硨磲】chēqú (砗磲).
しゃこ【蝦蛄】xiāgū (虾蛄), tángláng xiā (螳螂虾).
しゃこう【社交】shèjiāo (社交), jiāojì (交际). ¶彼女は〜性に欠けている tā búshànyú jiāojì

(她不善于交际). ¶~界の花形 shèjiāojiè[chǎngmiànshang] de hóngrén (社交界[场面上]的红人).
¶~家 chǎngmiànrén (场面人). ~辞令 chǎngmiànhuà (场面话)/ yìngchouhuà (应酬话). ~ダンス jiāojìwǔ (交际舞)/ jiāoyìwǔ (交谊舞).

しゃこう【遮光】 zhēguāng (遮光). ¶~幕 zhēguāngmù (遮光幕).

じゃこう【麝香】 shèxiāng (麝香), shè (麝). ¶~鹿 shè (麝)/ xiāngzhāngzi (香獐子). ~猫 língmāo (灵猫). ~鼠 shèqú (麝鼩).

しゃさい【社債】 gōngsīzhài (公司债).

しゃざい【謝罪】 xièzuì (谢罪), dàoqiàn (道歉), péizuì (赔罪). ¶~した tā biǎoshìle yóuzhōng de qiànyì (他表示了由衷的歉意).

しゃさつ【射殺】 dǎsǐ (打死), jībì (击毙), qiāngshā (枪杀). ¶~された nàge jiàndié bèi dǎsǐ le (那个间谍被打死了).

しゃし【斜視】 xiéshì (斜视), xiéyǎn (斜眼), dòuyǎn[r] (斗眼[儿]), duìyǎn[r] (对眼[儿]).

しゃし【奢侈】 shēchǐ (奢侈). ¶~品 shēchǐpǐn (奢侈品).

しゃじ【謝辞】 xiècí (谢词・谢辞). ¶援助に対して~を述べる duì yuánzhù zhì xiècí (对援助致谢词).

しゃじく【車軸】 chēzhóu (车轴), lúnzhóu (轮轴). ¶~を流すような大雨 qīngpén dàyǔ (倾盆大雨)/ piáopō dàyǔ (瓢泼大雨).

しゃじつ【写実】 xiěshí (写实). ¶~的に描写する xiěshíxìng de miáoxiě (写实性地描写). ¶~主義 xiěshízhǔyì (写实主义).

じゃじゃうま【じゃじゃ馬】 lièmǎ (烈马). ¶あの娘は~だ nàge háizi shì ge yěyātou (那个孩子是个野丫头).

しゃしゅ【射手】 shèshǒu (射手), qiāngshǒu (枪手).

しゃしゅつ【射出】 shèchū (射出), fāshè (发射), fàngshè (放射).

しゃしょう【車掌】 chéngwùyuán (乘务员);[列车の] lièchēyuán (列车员);[バスの] shòupiàoyuán (售票员).

しゃしょく【写植】 zhàoxiàng páibǎn (照相排版), zhàopái (照排). ¶~機 zhàoxiàng páizìjī (照相排字机).

しゃしん【写真】 zhàopiàn (照片), zhàopiānr (照片儿), xiàngpiàn (相片), xiàngpiānr (相片儿). ¶~を写す zhàoxiàng (照相)/ pāi zhàopiàn (拍照片)/ pāizhào (拍照). ¶~を現像する xǐ xiàngpiàn (洗相片)/ chōngxǐ (冲洗)/ xǐyìn (洗印). ¶~を引き伸す fàngdà xiàngpiàn (放大相片). ¶この~はよく撮れている zhè zhāng xiàngpiàn zhàode hěn hǎo (这张相片照得很好). ¶この~はピンぼけだ zhè zhāng xiàngpiàn jiāojù méi duìhǎo (这张相片焦距没对好). ¶彼女は~うつりがよい tā hěn shàngxiàng (她很上相).
¶~館 zhàoxiàngguǎn (照相馆). ~機 zhàoxiàngjī (照相机)/ xiàngjī (相机). ~製版 yǐngyìn zhìbǎn (影印制版)/ zhàoxiàng zhìbǎn (照相制版). ~判定 zhōngdiǎn xiàngpiàn pàndìng (终点相片判定). カラー~ cǎisè xiàngpiàn (彩色相片). 白黒~ hēibái xiàngpiàn (黑白相片). 電送~ chuánzhēn zhàopiàn (传真照片). 風景~ fēngjǐngzhào (风景照).

じゃしん【邪心】 xiéxīn (邪心).

ジャズ juéshìyuè (爵士乐). ¶~バンド juéshìyuèduì (爵士乐队).

じゃすい【邪推】 cāiyí (猜疑), cāijì (猜忌). ¶人の意図を~する húluàn cāiyí rénjia de yìtú (胡乱猜疑人家的意图). ¶~深い人 yíxīn zhòng de rén (疑心重的人).

ジャスミン mòli (茉莉), mòlihuā (茉莉花). ¶~茶 huāchá (花茶)/ xiāngpiàn (香片).

しゃ・する【謝する】 **1**【礼を言う】gǎnxiè (感谢). ¶厚意を~する duì hòuyì biǎoshì gǎnxiè (对厚意表示感谢)/ gǎnxiè shèngqíng (感谢盛情). **2**【わびる】¶平素の疎遠を~する jiǔ shū wènhòu, biǎoshì qiànyì (久疏问候, 表示歉意).

しゃせい【写生】 xiěshēng (写生). ¶静物を~する huà jìngwù (画静物).
¶~画 xiěshēnghuà (写生画). ~帳 xiěshēng huàcè (写生画册).

しゃせつ【社説】 shèlùn (社论).

しゃぜつ【謝絶】 xièjué (谢绝). ¶彼は重態で面会~です tā yīn bìngdǔ, "xièjué huìkè[yígài dǎngjià]" (他因病笃, "谢绝会客[一概挡驾]).

じゃせつ【邪説】 xiéshuō (邪说).

しゃせん【斜線】 xiéxiàn (斜线).

しゃせん【車線】 chēdào (车道). ¶追い越し~ chāochēdào (超车道). ¶走行~ xíngchēdào (行车道).

しゃたい【車体】 chēshēn (车身).

しゃたく【社宅】 gōngsī zhíyuán zhùzhái (公司职员住宅), zhígōng sùshè (职工宿舍).

しゃだつ【洒脱】 sǎtuō (洒脱), sǎluò (洒落). ¶彼は~な人だ tā rén hěn sǎtuō (他人很洒脱).

しゃだん【遮断】 géduàn (隔断), jiéduàn (截断), géjué (隔绝). ¶交通が~された jiāotōng bèi géduàn le (交通被隔断了). ¶外部の音響を~する géjué wàibù de shēngxiǎng (隔绝外部的声响). ¶敵の退路を~する jiéduàn dírén de tuìlù (截断敌人的退路). ¶~機が下りた lánmù[zhàmén/lándàomù] xiàluò le (栏木[栅门/栏道木]下落了).

しゃだんほうじん【社団法人】 shètuán fǎrén (社团法人).

しゃち【鯱】 hǔjīng (虎鲸).

しゃちほこば・る【鯱張る】 jūshù (拘束), jūbǎn (拘板), jūjǐn (拘谨). ¶~って座っている jūshù de zuòzhe (拘束地坐着). ¶みな仲間うちだ, あまり~らないことにしよう dōu shì zìjǐrén, yòngbuzháo tài jūshù ba (都是自己人, 用不着太拘束吧).

しゃちょう【社長】 zǒngjīnglǐ (总经理).

シャツ chènshān (衬衫), chènyī (衬衣), chènyī (衬衣); [下着] hànshān (汗衫), nèiyī (内衣). ¶メリヤスの~ miánmáoshān (棉毛衫).

しゃっかん【借款】 jièkuǎn(借款).
じゃっかん【若干】 ruògān(若干). ¶～名の委員を置く shè wěiyuán ruògān míng(设委员若干名). ¶そこには～問題がある zhèli yǒu xiē wèntí(这里有些问题).
じゃっかん【弱冠】 ¶～二十歳にして棋界の王者となる nián fāng èrshí suì jiù chéngle qíwáng(年方二十岁就成了棋王).
ジャッキ qiānjīndǐng(千斤顶), qiānjin(千斤).
しゃっきん【借金】 zhài(债), zhàng(账), jièqián(借钱), jièkuǎn(借款), jièzhài(借债), jièzhàng(借账), qiànzhài(欠债), qiànzhàng(欠账), fùzhài(负债). ¶～して家を建てた jièqián gài fángzi(借钱盖房子). ¶私は彼に2万円～がある wǒ "qiàn[gāi] tā liǎngwàn rìyuán(我') 欠[该]他两万日元). ¶～を返す huánzhài(还债)/huánzhàng(还账). ¶～を取り立てる tǎozhài(讨债)/tǎozhàng(讨账). ¶～を踏み倒す làizhàng bù huán(赖账不还). ¶～で首が回らない zhàitái gāo zhù(债台高筑). ¶～取りに追い回される bèi tǎozhàiguǐ zhuībī(被讨债鬼追逼).
ジャックナイフ dàzhédāo(大折刀).
しゃっくり ènì(呃逆), gé[r](嗝ル). ¶～をする dǎ gér(打嗝ル). ¶～がとまらない zěnme yě zhǐbuzhù dǎgér(怎么也止不住打嗝ル).
じゃっこく【弱国】 ruòguó(弱国).
シャッター 1〔写真機の〕 kuàimén(快门). ¶～を切る èn kuàimén(摁快门).
2〔よろい戸〕 juǎnliánmén(卷帘门). ¶閉店時間なので～を下ろす dàole guānmén shíjiān lāxià juǎnliánmén(到了关门时间拉下卷帘门).
シャットアウト ¶部外者を～して会議を開く páichì wàirén jǔxíng huìyì(排斥外人举行会议).
しゃてい【射程】 shèchéng(射程). ¶敵が～内に入る dírén jìnrù shèchéng nèi(敌人进入射程内).
しゃてき【射的】 dǎbǎ(打靶). ¶～場 shèjīpéng(射击棚)〔遊戯の〕.
しゃどう【車道】 chēdào(车道).
じゃどう【邪道】 wāidào[r](歪道ル), xiéménwāidào(邪门歪道), wāimén xiédào(歪门邪道), zuǒdào pángmén(左道旁门), pángménzuǒdào(旁门左道). ¶そんな方法は～だ zhè zhǒng fāngfǎ bú shì zhèngjing lùzi(这种方法不是正经路子).
シャトルバス qūjiān gōnggòng qìchē(区间公共汽车).
しゃなりしゃなり ¶彼女は派手に着飾って～と歩いていた tā shèngfú zhuāngbàn shānshān de zǒuzhe(她盛服装扮姗姗地走着).
しゃにくさい【謝肉祭】 Kuánghuānjié(狂欢节).
しゃにむに【遮二無二】 ¶～相手に組みついた pūguoqu yǔ duìshǒu pīnmìng niǔdǎ(扑过去与对手拼命扭打). ¶～仕事をする pīnsǐ pīnhuó de gàn gōngzuò(拼死拼活地工作). ¶人ごみを～通り抜ける cóng rénqúnlǐ yìng jǐguoqu(从人群里硬挤过去)/héngchōng-zhízhuàng de chuāngguò rénqún(横冲直撞地穿过人群).
じゃねん【邪念】 xiéniàn(邪念). ¶～を抱く huái xiéniàn(怀邪念). ¶～を払う páichú zániàn(排除杂念).
しゃば【車馬】 chēmǎ(车马).
しゃば【娑婆】 ¶～の暮しに嫌気がさした chénshì de shēnghuó wǒ yǐjing nì le(尘世的生活我已经腻了). ¶あの男はまだ～気が抜けすない nàge nánrén hái méi bǎituō hóngchén zhī niàn(那个男人还没摆脱红尘之念). ¶今度～に出たらきっと真人間になる zhè cì chūyù chóng fǎn shèhuì yídìng chóngxīn zuòrén(这次出狱重返社会一定重新做人).
じゃばら【蛇腹】 píqiāng(皮腔)〔写真機の〕.
しゃふ【車夫】 chēfu(车夫).
しゃぶしゃぶ shuànniúròupiàn(涮牛肉片).
じゃぶじゃぶ ¶～歩いて川を渡る huālāhuālā de tāngguò hé(哗啦哗啦地蹚过河). ¶～洗濯をする huāhuālālā de xǐ yīfu(哗哗啦啦地洗衣服).
しゃふつ【煮沸】 zhǔfèi(煮沸). ¶食器を～して消毒する bǎ cānjù zhǔfèi xiāodú(把餐具煮沸消毒).
シャフト zhóu(轴); chēzhóu(车轴).
しゃぶ・る hán(含), zuō(嘬), shǔn(吮). ¶飴玉を～ hán tángkuài(含糖块). ¶指を～ zuō shǒuzhítou(嘬手指头). ¶あいつ等は俺達の骨の髄まで～っている tāmen zài qiāogǔ-xīsuǐ de bōxuē wǒmen(他们在敲骨吸髓地剥削我们).
しゃへい【遮蔽】 zhēbì(遮蔽), yǎnbì(掩蔽). ¶建物の周囲には～物が一切ない jiànzhùwù zhōuwéi háo wú zhēbìwù(建筑物周围毫无遮蔽物).
しゃべ・る【喋る】 shuō(说), tán(谈). ¶のべつ幕なしに～ tāotāo-bùjué de shuō(滔滔不绝地说)/shuōhuà diédié-bùxiū(说话喋喋不休). ¶あの老人は実によく～る nà wèi lǎorén kě zhēn jiàntán(那位老人可真健谈). ¶このことは絶対に～ってはならぬ zhè shì qiānwàn bùnéng gēn biérén shuō(这事千万不能跟别人说). ¶うっかり～ってしまった wúyì zhōng tuōkǒu ér chū(无意中脱口而出)/bù xiǎoxīn shuōzǒule zuǐ(不小心说走了嘴). ¶試験場で～ってはいけない kǎochǎng bùxǔ sīyǔ(考场不许私语).
シャベル tiěqiāo(铁锹), tiěxiān(铁锨), chǎnzi(铲子). ¶～で穴を掘る yòng tiěqiāo wā dòng(用铁锹挖洞).
¶パワー～ chǎntǔjī(铲土机)/chǎnyùnjī(铲运机)/juétǔjī(掘土机)/diànchǎn(电铲).
しゃへん【斜辺】 xiébiān(斜边).
しゃほん【写本】 chāoběn(抄本), xiěběn(写本).
シャボンだま【シャボン玉】 féizàopào(肥皂泡). ¶～を吹く chuī féizàopào(吹肥皂泡).
じゃま【邪魔】 àishì(碍事), dǎrǎo(打扰), dǎjiǎo(打搅), jiǎorǎo(搅扰), fáng'ài(妨碍). ¶あの机が～だ nà zhāng zhuōzi àishì(那张桌子碍事). ¶この看板は車の通行の～になる zhège

zhāopai fáng'ài chēliàng tōngxíng (这个招牌妨碍车辆通行). ¶大声で話すと人の勉強の～になる dàshēng shuōhuà fáng'ài biéren xuéxí (大声说话妨碍别人学习). ¶仕事の～をする rén shuōhuà (搅扰人说话). ¶仕事の～をする bǎ rén kànrǎo ¶人の話の～をする jiǎorǎo rén shuōhuà (搅扰人说话). ¶仕事の～をする bié dǎrǎo rén gōngzuò (别打扰人工作). ¶せっかくの計画に～が入った hǎohāor de jìhuà yùdào gānrǎo (好好儿的计划遇到干扰). ¶人を～者扱いする bǎ rén kànchéng 'léizhui [zhuìyóu] (把人看成"累赘[赘疣]). ¶これからお～してよろしいですか xiànzài qù 'dǎjiǎo [dǎrǎo/tǎorǎo] nín kěyǐ ma? (现在去"打搅[打扰/讨扰]您可以吗?).

しゃみせん【三味線】 sānwèixiàn (三味线). ¶～をひく tán sānwèixiàn (弹三味线).

ジャム guǒjiàng (果酱), guǒzijiàng (果子酱). ¶パンに～をつける miànbāo shang mǒ guǒzijiàng (面包上抹果子酱). ¶りんご～ píngguǒjiàng (苹果酱).

しゃめん【斜面】 xiémiàn (斜面), xiépō (斜坡). ¶～をスキーで滑り降りる yòng huáxuěbǎn cóng xiépō huáxíng (用滑雪板从斜坡滑降). ¶緩～ huǎnpō (缓坡), 急～ dǒupō (陡坡).

しゃめん【赦免】 shèmiǎn (赦免).

シャモ【軍鶏】 dòujī (斗鸡).

しゃもじ【杓文字】 fànsháor (饭勺儿). ¶～で飯をよそう yòng fànsháor chéng fàn (用饭勺儿盛饭).

しゃよう【社用】 ¶～で銀行に行く yīn gōngsī de gōngzuò dào yínháng qù (因公司的工作到银行去).

しゃよう【斜陽】 xiéyáng (斜阳), xīyáng (夕阳). ¶背に～を浴びる xīyáng zhàozài jǐbèi shang (夕阳照在脊背上). ¶石炭は～産業だ méitàn gōngyè shì shuāituì de gōngyè bùmén (煤炭工业是衰退的工业部门).

じゃらじゃら ¶ポケットに金を～させて歩く zǒulù bǎ kǒudaili de qián nòngde dīngdāng xiǎng (走路把口袋里的钱弄得丁当响).

じゃら・す dòu (逗), dòunong (逗弄). ¶猫を～してやる dòu māor wánr (逗猫儿玩儿).

じゃり【砂利】 lìshí (砾石), xiǎoluǎnshí (小卵石).

じゃりじゃり ¶このはまぐりは砂が入っていて～する zhè géli yǒu shāzi yáchen (这蛤蜊有沙子牙碜).

しゃりょう【車両】 chēliàng (车辆), chēpí (车皮), chēxiāng (车箱・车厢). ¶～通行禁止 jìnzhǐ chēliàng tōngxíng (禁止车辆通行). ¶一番後ろの～ zuìhòu de chēxiāng (最后的车厢).

しゃりん【車輪】 chēlún (车轮), chēlúnzi (车轮子), gūlu (轱辘・轱辕・毂辘).

しゃれ【洒落】 qiàopihuà[r] (俏皮话[儿]). ¶～を言って人を笑わせる shuō qiàopihuà dòu rén xiào (说俏皮话逗人笑). ¶せっかくの～が彼女には通じなかった tǐng yǒuqùr de qiàopihuà tā jìngrán bù dǒng (挺有趣儿的俏皮话她竟然不懂).

しゃれい【謝礼】 xièlǐ (谢礼), chóujīn (酬金). ¶～をする chóuxiè (酬谢)/ chóuláo (酬劳).

¶講師に～として3万円払う gěi jiǎngshī sānwàn rìyuán xièlǐ (给讲师三万日元谢礼).

しゃれこうべ【髑髏】 dúlou (髑髅), kūlóu (骷髅).

しゃれっけ【洒落っ気】 ¶あの娘は少しも～がない nà gūniang yìdiǎnr yě bù dǎban (那姑娘一点儿也不打扮).

しゃ・れる【洒落る】 ¶～れた帽子をかぶっているね nǐ dàizhe ge biézhì de màozi (你戴着个别致的帽子). ¶装丁が～れている zhuāngzhēn hěn kǎojiu (装帧很考究). ¶～れた喫茶店 chénshè yǎzhì de kāfēiguǎn (陈设雅致的咖啡馆). ¶～れたことを抜かすな jìng gǎn zài tàisuì miànqián shuǎ zuǐpízi! (竟敢在太岁面前耍嘴皮子!).

じゃ・れる ¶子猫がまりに～れる xiǎomāor shuǎwán píqiú (小猫儿耍玩皮球).

シャワー línyù (淋浴). ¶～を浴びる xǐ línyù (洗淋浴).

ジャンク【戎克】 fānchuán (帆船).

ジャングル mìlín (密林), rèdài cónglín (热带丛林). ¶～ジム pāndēngjià (攀登架).

じゃんけん【じゃん拳】 ¶～で決める huáquán lái juédìng (划拳来决定). ¶～ぽん pèng, jiǎo, guǒ (碰, 铰, 裹/ bāo, jiǎn, chuí (包, 剪, 锤).

じゃんじゃん ¶～金を使う luàn huā qián (乱花钱)/ huīhuò wúdù (挥霍无度)/ huī jīn rú tǔ (挥金如土). ¶～金を～もうける dàzhuàn-tèzhuàn (大赚特赚). ¶～注文がくる fēnfēn lái dìnghuò (纷纷来订货). ¶電話が～かかってくる diànhuà yí ge jiē yí ge bùduàn de dǎlai (电话一个接一个不断地打来).

シャンソン Fǎguó míngē (法国民歌).

シャンデリア zhīxíng diàodēng (枝形吊灯).

しゃんと ¶背筋を～伸ばす bǎ jǐliánggǔ tǐngzhí (把脊梁骨挺直). ¶～だらけていないで～しなさい bié nàme lǎnyāngyāng de, zhènzuò qǐ jīngshen lái (别那么懒洋洋的,振作起精神来). ¶私の祖父は86だがまだ～している wǒ zǔfù bāshíliù le, shēnbǎn què hái nàme yìngbang (我祖父八十六了, 身板却还那么硬棒).

ジャンパー jiākè (夹克・茄克). ¶革～ píjiākè (皮夹克).

ジャンプ tiàoyuè (跳跃); [スキーの] fēiyuè (飞跃). ¶～してボールを取る tiàoqǐlai zhuā qiú (跳起来抓球). ¶～競技 fēiyuè jìngsài (飞跃竞赛).

シャンプー xǐfà (洗发), xǐtóu (洗头); [洗髪剤] xiāngbō (香波), xǐfàjì (洗发剂), xǐtóufěn (洗头粉), xǐfàyè (洗发液).

シャンペン xiāngbīnjiǔ (香槟酒).

ジャンボ jùdà de [巨大的]; [ジェット機] jùxíng pēnqìshì kèjī (巨型喷气式客机)/ kuānjīshēn kèjī (宽机身客机).

ジャンル lèixíng (类型), tǐcái (体裁). ¶様々な～の文芸作品を読む dú gè zhǒng tǐcái de wényì zuòpǐn (读各种体裁的文艺作品).

しゅ【主】 **1**【中心】zhǔ (主), zhǔyào (主要). ¶～たる目的 zhǔyào de mùdì (主要的目的). ¶この本は絵が～で文章は従だ zhè běn shū yǐ

huà wéi zhǔ, wénzhāng wéi fǔ(这本书以画为主,文章为辅). ¶现在～として古代ギリシア語について研究しています xiànzài zhǔyào shì yánjiū gǔdài Xīlàyǔ(现在主要是研究古代希腊语). ¶この計画は彼が～になって立案した zhège jìhuà yǐ tā wéi zhōngxīn nǐdìng de(这个计划以他为中心拟订的).

¶～产地 zhǔyào chǎndì(主要产地).

2【キリスト教の】zhǔ(主).

しゅ【朱】zhū(朱). ¶文章に～を入れる yòng zhūbǐ pīgǎi wénzhāng(用朱笔批改文章). ¶満面に～を注いで怒る qìde mǎnliǎn tōnghóng(气得满脸通红). ¶～に交われば赤くなる jìn zhū zhě chì, jìn mò zhě hēi(近朱者赤,近墨者黑).

しゅ【種】**1**【種類】zhǒng(种). ¶5～の見本 wǔ zhǒng huòyàng(五种货样). ¶この～の人間はどこにでもいる zhè zhǒng rén nǎli dōu yǒu(这种人哪里都有). ¶各～の品物を揃えてある gè ˇzhǒng[yàng] huò dōu qíbèi(各ˇ种[样]货都齐备)/ huòsè qíquán(货色齐全).

2【生物の】wùzhǒng(物种), zhǒng(种). ¶すべての生物はいずれかの～に属する rènhé shēngwù zǒng shǔyú mǒu yí ge zhǒng(任何生物总属于某一个种). ¶《～の起原》《Wùzhǒng qǐyuán》(《物种起源》).

-しゅ【首】shǒu(首). ¶唐詩300～を選ぶ xuǎn sānbǎi shǒu Tángshī(选三百首唐诗).

しゅい【首位】shǒuwèi(首位), dìyīwèi(第一位). ¶～を占める zhàn dìyīwèi(占第一位)/ jūshǒu(居首).

しゅい【趣意】zhǐqù(旨趣). ¶会館設立の～を述べる chénshù jiànshè huìguǎn de zhǐqù(陈述建设会馆的旨趣). ¶～書 zhǐqùshū(旨趣书).

しゅいん【手淫】shǒuyín(手淫).

しゅいん【主因】¶事故の～は運転手の不注意にあった shìgù de zhǔyào yuányīn zàiyú sījī de shūhu dàyi(事故的主要原因在于司机的疏忽大意).

しゅう【私有】sīyǒu(私有). ¶広大な土地を～する bǎ dà piàn tǔdì jùwéi jǐyǒu(把大片土地据为己有). ¶生産手段の～は認めない bù róngxǔ shēngchǎn zīliào de sīyǒu(不容许生产资料的私有).

¶～財産 sīyǒu cáichǎn(私有财产). ～地 sīyǒu tǔdì(私有土地).

しゅう【雌雄】cíxióng(雌雄). ¶～を決する jué yì cíxióng(决一雌雄)/ jué yí shèngfù(决一胜负).

しゅう 1【洲】zhōu(洲). ¶アジア～ Yàzhōu(亚洲). 欧～ Ōuzhōu(欧洲). 7大～ qī dàzhōu(七大洲).

2【州】zhōu(州). ¶カンザス～ Kānsàsīzhōu(堪萨斯州).

しゅう【週】zhōu(周), xīngqī(星期), lǐbài(礼拜). ¶～に1回集まる měi xīngqī jùjí yí cì(每星期聚集一次).

¶～末 zhōumò(周末). 今～ zhège xīngqī(这个星期)/ běnzhōu(本周). 先～ shàngxīngqī(上星期)/ shàngzhōu(上周). 来～ xiàxīngqī(下星期)/ xiàzhōu(下周).

しゅう【衆】zhòng(众). ¶～に先んずる lǐngxiān yú zhòng(领先于众); gǎn rén qiántou(赶人前头). ¶～をたのんで事を起す shì zhòng nào shì(恃众闹事). ¶村の～ cūnli de rén(村里的人)/ xiāngqīnmen(乡亲们). ¶若い～ niánqīngrén(年轻人)/ xiǎohuǒzimen(小伙子们).

-しゅう【周】zhōu(周), quān(圈). ¶グランドを3～する rào chǎng sān zhōu(绕场三周). ¶先頭走者は2～目に入った lǐngxiān de sàipǎo yùndòngyuán jìnrù dì'èr quān(领先的赛跑运动员进入第二圈).

じゆう【自由】zìyóu(自由). ¶言論の～を守る hànwèi yánlùn zìyóu(捍卫言论自由). ¶忙しくて～な時間がほとんどない mángde jīhū dōu méiyǒu zìyóu de shíjiān(忙得几乎都没有自由的时间). ¶脳卒中で手足の～がきかなくなった yóuyú nǎoyìxuè shǒujiǎo bù ˇtīng shǐhuan [huóbian] le(由于脑溢血手脚不ˇ听使唤[活便]了). ¶刑期を終えて再び～の身となった fúxíng qīmǎn, zàidù chéngle zìyóu zhī shēn(服刑期满,再度成了自由之身). ¶彼は多額の金が～になる tā néng zìyóu dòngyòng jùkuǎn(他能自由动用巨款). ¶御～にお取り下さい qǐng suíbiàn ná(请随便拿). ¶やろうとやるまいとそれは君の～だ gàn bu gàn dōu ˇyóu nǐ [suí nǐ de biàn](干不干都ˇ由你[随你的便]). ¶彼は3カ国語を～自在にあやつる tā néng liúlì de shuō sān zhǒng wàiyǔ(他能流利地说三种外语)/ tā néng zìyóu-zìzài de cāo sān zhǒng wàiyǔ(他能自由自在地操三种外语). ¶あの家は子供を～放任にしている nà jiā duì háizi fàngrèn zìliú(那家对孩子放任自流). ¶旅行の最終日は～行動とする lǚxíng de zuìhòu yì tiān kěyǐ zìyóu huódòng(旅行的最后一天可以自由活动). ¶職業の選択は本人の一意志にまかせる zhíyè de xuǎnzé yóu běnrén de zhìyuàn juédìng(职业的选择由本人的志愿决定). ¶貿易の～化 màoyì zìyóuhuà(贸易自由化).

¶～形 zìyóuyǒng(自由泳). ～業 zìyóu zhíyè(自由职业). ～競争 zìyóu jìngzhēng(自由竞争). ～行動 zìyóu huódòng(自由活动). ～作文 wútí zuòwén(无题作文). ～主義 zìyóuzhǔyì(自由主义). ～席 sǎnzuò(散座). ～貿易 zìyóu màoyì(自由贸易).

じゆう【事由】shìyóu(事由). ¶～のいかんにかかわらず許可しない búlùn shìyóu rúhé, yígài bù xǔkě(不论事由如何,一概不许可).

じゅう【十】shí(十·拾). ¶一二の可能性しかない zhǐ yǒu yī'èr chéng de kěnéngxìng(只有一二成的可能性). ¶彼が引き受けたからには～八九大丈夫です tā jìrán chéngdān xialai, shí zhī bājiǔ méi wèntí(他既然承担下来,十之八九没问题).

じゅう【柔】¶～よく剛を制す róu néng kè gāng(柔能克刚).

じゅう【従】¶人物が主で学歴は～だ rénpǐn shì zhǔyào de, xuélì shì cìyào de(人品是主要的,

学历是次要的) / yǐ rénpǐn wéi zhǔ, xuélì wéi fǔ (以人品为主, 学历为辅).

じゅう【銃】 qiāng (枪), qiāngzhī (枪支), chángqiāng (长枪). ¶ ~を構える zuò fàngqiāng de zīshì (作放枪的姿势). ¶ ~を担ぐ káng qiāng (扛枪). ¶ 敵に~を向ける qiāngkǒu duìzhe dírén (枪口对着敌人) / bǎ qiāngkǒu miáozhǔn dírén (把枪口瞄准敌人). ¶ ~に弾を込める zhuāng qiāngdàn (装枪弹) / bǎ zǐdàn shàngtáng (把子弹上膛).
¶ カービン~ kǎbīnqiāng (卡宾枪). モーゼル~ máosèqiāng (毛瑟枪). 火縄~ huǒshéngqiāng (火绳枪).

-じゅう【中】 ¶ 昨日は一日~家にいました zuótiān zhěngtiānjiē zài jiāli (昨天整天家在家里). ¶ 一晩~まんじりともしなかった yíyè méi néng héshàng yǎn (一夜没能合上眼). ¶ 夏~山で暮らす zhěnggè xiàtiān zài shānli shēnghuó (整个夏天在山里生活). ¶ 工事は今年~には完成するでしょう jīnnián zhī nèi gōngchéng jùngōng ba (今年之内工程竣工吧). ¶ その間~いらいらしていた zài nà duàn shíjiān li yìzhí jiāojí bù'ān (在那段时间里一直焦急不安). ¶ そこら~探していたが見あたりません dàochù dōu zhǎobiàn le, yě méi zhǎozháo (到处都找遍了, 也没找着). ¶ 殴られて体~あざだらけになった bèi dǎde ˇmǎn[hún]shēn hóng yí kuài zǐ yí kuài de (被打得ˇ满[浑]身红一块紫一块的). ¶ 彼の発明は世界~の人をあっと言わせた tā de fāmíng shǐ quán shìjiè de rén dōu jīngtàn bùyǐ (他的发明使全世界的人都惊叹不已).

しゅうあく【醜悪】 chǒu'è (丑恶), chǒulòu (丑陋). ¶ ~な行為 chǒu'è de xíngwéi (丑恶的行为). ¶ ~な容貌 chǒulòu de róngmào (丑陋的容貌).

じゅうあつ【重圧】 ¶ 悪税の~にあえぐ zài kēzá de zhòngdàn xià shēnyín (在苛税的重担下呻吟). ¶ その事件が心理的に~になった nàge shìjiàn chéngle tā xīnlǐshang de zhòngfù (那个事件成了他心理上的重负).

しゅうい【周囲】 zhōuwéi (周围), sìzhōu (四周), fāngyuán (方圆). ¶ 家の~をぐるぐる回る zài fángzi zhōuwéi ràolái-ràoqu (在房子周围绕来绕去). ¶ この町は~を山で囲まれている zhège chéngzhèn sìzhōu bèi qúnshān huánbàozhe (这个城镇四周被群山环抱着). ¶ ~から冷たい目で見られる zhōuwéi de rén lěngyǎn kàndài (周围的人冷眼看待). ¶ ~の状況から見てとても無理だ gēnjù zhōuwéi de qíngkuàng lái kàn hěn kùnnan (根据周围的情况来看很困难).

じゅうい【重囲】 chóngwéi (重围). ¶ 敵の~を破る shāchū dírén chóngwéi (杀出敌人重围).

じゅうい【獣医】 shòuyī (兽医).

しゅういつ【秀逸】 xiùyì (秀逸), xiùjué (秀绝). ¶ その警句は~だ nàge jǐngjù zhuó'ěr bù qún (那个警句卓尔不群). ¶ ~な作品 yōuxiù ér chāoqún de zuòpǐn (优秀而超群的作品) / zuòpǐn xiùjué (作品秀绝).

しゅうう【驟雨】 zhòuyǔ (骤雨).

しゅうえき【収益】 shōuyì (收益). ¶ 音楽会の~は福祉施設に寄付される yīnyuèhuì de shōuyì juānxiàn gěi fúlì shèshī (音乐会的收益捐献给福利设施). ¶ ~の多い仕事 shōuyì duō de gōngzuò (收益多的工作).

しゅうえん【終演】 zhōngchǎng (终场), sànxì (散戏).

じゅうおう【縦横】 zònghéng (纵横). ¶ 通信網が国中に~に張りめぐらされている tōngxùnwǎng zònghéng jiāocuò biànbù quánguó (通讯网纵横交错遍布全国). ¶ 中国語を~に駆使する Hànyǔ yùnyòng zìrú (汉语运用自如). ¶ ~無尽の大活躍 zònghéng chíchěng, dà xiǎn shēnshǒu (纵横驰骋, 大显身手).

しゅうか【衆寡】 ¶ ~敵せず guǎ bù dí zhòng (寡不敌众).

しゅうか【集荷】 ¶ 雨続きで野菜の~が思わしくない liánrì xiàyǔ shūcài jìnhuò shǎo (连日下雨蔬菜进货少).

じゅうか【銃火】 ¶ 敵に~を浴びせる xiàng dírén měngliè shèjī (向敌人猛烈射击).

しゅうかい【集会】 jíhuì (集会). ¶ ~の自由を保障する bǎozhàng jíhuì zìyóu (保障集会自由). ¶ 核実験に対する抗議~を開く zhàokāi fǎnduì héshìyàn de kàngyì jíhuì (召开反对核试验的抗议集会).
¶ ~所 jíhuìchù (集会处). 職場~ chējiān dàhuì (车间大会).

しゅうかいどう【秋海棠】 qiūhǎitáng (秋海棠).

じゅうかがくこうぎょう【重化学工業】 zhònghuàxué gōngyè (重化学工业).

しゅうかく【収穫】 shōuhuò (收获). ¶ 米の~は予想を下回った dàomǐ shōucheng bǐ yùxiǎng de dī (稻米收成比预想的低). ¶ 小麦を~する shōugē xiǎomài (收割小麦). ¶ 今回の旅行では大きな~があった zhè cì lǚxíng yǒule hěn dà de ˇshōuhuò[chéngguǒ] (这次旅行有了很大的ˇ收获[成果]).
¶ ~高 shōuhuòliàng (收获量) / chǎnliàng (产量).

しゅうがく【就学】 jiùxué (就学). ¶ ~年齢に達する dádào jiùxué niánlíng (达到就学年龄). ¶ ~児童 xuélíng értóng (学龄儿童).

しゅうかん【習慣】 xíguàn (习惯). ¶ この地方には昼寝の~がある zhège dìfang yǒu shuì wǔjiào de xíguàn (这个地方有睡午觉的习惯). ¶ 寝る前に一杯飲むのが~になった shuìjiào qián hē yì bēi yǐ chéng xíguàn le (睡觉前喝一杯已成习惯了). ¶ 早寝早起きの~をつける yǎngchéng zǎo shuì zǎo qǐ de xíguàn (养成早睡早起的习惯). ¶ 日頃の悪い~を改める gǎidiào píngsù de huài xíguàn (改掉平素的坏习惯).

しゅうかん【週刊】 zhōukān (周刊). ¶ ~誌 zhōukān zázhì (周刊杂志). ~紙 zhōubào (周报).

しゅうかん【週間】 xīngqí (星期), lǐbài (礼拜), zhōu (周). ¶ 2 ~海外旅行に行く dào hǎiwài qù lǚxíng liǎng ge xīngqī (到海外去旅行两个星期). ¶ 1 ~後にもう 1 度来て下さい qǐng yì

xīngqī hòu zài lái yí tàng(请一星期后再来一趟).
¶ 愛鳥～ àiniǎozhōu(爱鸟周). 交通安全～ jiāotōng ānquánzhōu(交通安全周).

じゅうかん【縦貫】 zòngguàn(纵贯). ¶～道路 zòngguàn gōnglù(纵贯公路).

じゅうがん【銃眼】 qiāngyǎn(枪眼), shèjīkǒng(射击孔).

しゅうき【周期】 zhōuqī(周期). ¶地球は1年を～として太陽のまわりを回る dìqiú yǐ yì nián wéi zhōuqī rào tàiyáng zhuàn(地球以一年为周期绕太阳转). ¶寒波が～的に襲ってくる hánchāo zhōuqīxìng de xílái(寒潮周期性地袭来).
¶～律 zhōuqīlǜ(周期律).

しゅうき【秋季・秋期】 qiūjì(秋季). ¶～運動会 qiūjì yùndònghuì(秋季运动会).

しゅうき【臭気】 chòuqì(臭气), huìqì(秽气).
¶～が鼻をつく chòuqì chòng bízi(臭气冲鼻子). ¶～止め fángxiùjì(防臭剂).

-しゅうき【周忌】 →-かいき.

しゅうぎ【祝儀】 1〔儀式〕xǐqìng(喜庆), hóngshì(红事), xǐshì(喜事), shǎngfēng(赏封), hóngbāo[r](红包[儿]), huāhóng(花红);〔金品〕xǐfèng(喜封), xǐqian(喜钱). ¶～を挙げる bàn xǐshì(办喜事). ¶～を配る shǎng xǐqian(赏喜钱)/ fā hóngbāo(发红包).
2〔心付け〕xiǎofèi(小费), xiǎozhàng[r](小账[儿]), jiǔqian(酒钱), shǎngqian(赏钱). ¶～をはずむ duō gěi xiǎofèi(多给小费).

しゅうぎ【衆議】 ¶～で直ちに着工することに～一決した quántǐ yīzhì juédìng lìjí kāigōng(全体一致决定立即开工).

じゅうき【銃器】 qiāngxiè(枪械), qiāngzhī(枪支).

しゅうぎいん【衆議院】 zhòngyìyuàn(众议院), zhòngyuàn(众院).

しゅうきゅう【週休】 ¶～2日制 shuāngxiūzhì(双休制).

しゅうきゅう【週給】 zhōuxīn(周薪).

しゅうきゅう【蹴球】 zúqiú(足球).

じゅうきょ【住居】 jūsuǒ(居所), zhùfáng(住房), zhùzhái(住宅). ¶郊外に～を移す bǎ jiā bāndào jiāoqū(把家搬到郊区). ¶古代の～の址を発掘する fājué gǔdài jūzhù yízhǐ(发掘古代居住遗址).
¶～侵入罪 qīnrù zhùzhái zuì(侵入住宅罪).

しゅうきょう【宗教】 zōngjiào(宗教). ¶あなたはどの～を信じていますか nǐ xìnyǎng shénme zōngjiào?(你信仰什么宗教?). ¶私は無～です wǒ shì bú xìnyǎng zōngjiào de(我是不信仰宗教的). ¶彼は一心に厚い tā dǔxìn zōngjiào(他笃信宗教).
¶～家 zōngjiàojiā(宗教家). ～改革 zōngjiào gǎigé(宗教改革). 新興～ xīnxīng zōngjiào(新兴宗教).

しゅうぎょう【修業】 xíyì(习艺); xiūyè(修业)(学業). ¶師について～する gēn shīfu xíyì(跟师傅习艺). ¶～年限を3年とする xiūyè niánxiàn wéi sān nián(修业年限为三年).

¶～証書 xiūyè zhèngshū(修业证书).

しゅうぎょう【終業】 xiàgōng(下工), xiàbān(下班), shōugōng(收工);〔授業の〕xiàkè(下课). ¶年末につき～時間を繰り下げる niándǐ tuīchí xiàbān shíjiān(年底推迟下班时间). ¶～のベル xiàkèlíng(下课铃)/ xiàbānlíng(下班铃). ¶本日～ běnrì zhōngliǎo(本日终了).
¶～式 jiéyèshì(结业式).

しゅうぎょう【就業】 shànggōng(上工), shàngbān(上班); jiùyè(就业), zàiyè(在业), cóngyè(从业). ¶～時間は午前9時 shàngbān shíjiān shì shàngwǔ jiǔ diǎn(上班时间是上午九点). ¶～時間は8時間 láodòng shíjiān wéi bā xiǎoshí(劳动时间为八小时).
¶～規則 láodòng guīzé(劳动规则). ～人口 zàiyè rénkǒu(在业人口).

じゅうぎょういん【従業員】 cóngyè rényuán(从业人员), zhígōng(职工), yuángōng(员工), cóngyèyuán(从业员).

しゅうきょく【終局】 1 ¶事件は～を告げた shìjiàn yǐ gào zhōngjié(事件已告终结).
2〔碁の〕zhōngjú(终局).

しゅうきん【集金】 ¶新聞代を～する shōu bàofèi(收报费).
¶～人 shōukuǎnyuán(收款员).

じゅうきんぞく【重金属】 zhòngjīnshǔ(重金属).

シュークリーム nǎiyóu pàofū(奶油泡夫).

じゅうぐん【従軍】 cóngjūn(从军), suíjūn(随军). ¶彼は一兵士として～した tā zuòwéi pǔtōng yì bīng 'cóngjūn [cānjūn] le(他作为普通一兵'从军[参军]了).
¶～看護婦 suíjūn nǚhùshi(随军女护士). ～記者 suíjūn jìzhě(随军记者).

しゅうけい【集計】 ¶一日の売上高を～する huìzǒng jìsuàn yì tiān de xiāoshòu'é(汇总计算一天的销售额).

じゅうけい【重刑】 zhòngxíng(重刑). ¶懲役15年の～に処せられる bèi pànchǔ jiānjìn shíwǔ nián de zhòngxíng(被判处监禁十五年的重刑).

しゅうげき【襲撃】 xíjī(袭击). ¶敵機の～に備える fángbèi díjī xíjī(防备敌机袭击). ¶敵の本拠を～する xíjī dírén de gēnjùdì(袭击敌人的根据地).

じゅうげき【銃撃】 qiāngjī(枪击). ¶敵に～を加える yòng qiāng shèjī dírén(用枪射击敌人).
¶～戦 qiāngzhàn(枪战).

しゅうけつ【終結】 zhōngjié(终结), zhōngliǎo(终了), liǎojié(了结), jiéshù(结束). ¶長引いた争議がようやく～した chángqī de láozī jiūfēn zhōngyú jiéshù le(长期的劳资纠纷终于结束了).

しゅうけつ【集結】 jíjié(集结). ¶敵の大部隊が国境地帯に～しつつある díjūn dà bùduì zhèngzài guójìng yídài jíjié(敌军大部队正在国境一带集结).

じゅうけつ【充血】 chōngxuè(充血). ¶目が～している mǎnyǎn dōu shì hóngsī(满眼都是红丝). ¶～した目 chōngxuè de yǎnjing(充血的

しゅうけん【集権】 jíquán(集权). ¶中央～ zhōngyāng jíquán(中央集权).

しゅうげん【祝言】 ¶～を挙げる jǔxíng hūnlǐ (举行婚礼).

じゅうけん【銃剣】 cìdāo(刺刀), qiāngcì(枪刺). ¶～で突く yòng qiāngcì cì(用枪剑刺). ¶～術 cìshā(刺杀).

じゅうご【銃後】 hòufāng(后方). ¶～の守りを固める gǒnggù hòufāng(巩固后方).

しゅうこう【修好】 xiūhǎo(修好). ¶～条約 xiūhǎo tiáoyuē(修好条约).

しゅうこう【就航】 ¶新造船が太平洋航路に～した xīn zào de chuán yǐ zài Tàipíngyáng hángxiàn kāishǐ hángxíng(新造的船已在太平洋航线开始航行).

しゅうごう【集合】 1 jíhé(集合). ¶明朝8時に校庭に～すること míngtiān zǎoshang bā diǎn zài xiàoyuán jíhé(明天早上八点在校园集合). ¶全員～ quántǐ jíhé!(全体集合!). ¶～時間を守れ zūnshǒu jíhé shíjiān!(遵守集合时间!).

¶～場所 jíhé dìdiǎn(集合地点).

2〔数学の〕 jíhé(集合), jí(集). ¶偶数の～ ǒushù de jíhé(偶数的集合).

¶～論 jíhélùn(集合论). ～果 fùguǒ(复果)/ jùhuāguǒ(聚花果). ～犯 gòngtóng fànzuì(共同犯罪).

じゅうこう【重厚】 ¶彼は～な人柄で皆から信頼されている tā wéirén hěn dūnhòu, shòudào dàjiā de xìnrèn(他为人很敦厚,受到大家的信任). ¶～な作品 yǒu fènliang de zuòpǐn(有分量的作品).

じゅうこう【銃口】 qiāngkǒu(枪口). ¶～を敵に向ける bǎ qiāngkǒu duìzhǔn dírén(把枪口对准敌人).

じゅうこうぎょう【重工業】 zhònggōngyè(重工业). ¶～地帯 zhònggōngyè dìqū(重工业地区).

じゅうごや【十五夜】 wàngrì(望日); 〔陰暦8月の〕zhōngqiū(中秋).

じゅうこん【重婚】 chónghūn(重婚). ¶～罪 chónghūnzuì(重婚罪).

ジューサー zhàzhīqì(榨汁器).

しゅうさい【秀才】 cáizǐ(才子), gāocái(高才). ¶彼は我が校きっての～だ tā shì wǒ xiào shǒuqū-yīzhǐ de gāocáishēng(他是我校首屈一指的高才生).

じゅうざい【重罪】 zhòngzuì(重罪). ¶～犯人 zhòngfàn(重犯).

しゅうさく【習作】 xízuò(习作). ¶この作品はまだ～の域を出ない zhège zuòpǐn hái wèi chāochū xízuò de shuǐpíng(这个作品还未超出习作的水平).

じゅうさつ【銃殺】 qiāngbì(枪毙), qiāngjué (枪决). ¶反逆罪で～された yǐ pànguózuì bèi qiāngbì le(以叛国罪被枪毙了).

しゅうさん【蓚酸】 cǎosuān(草酸), yǐ'èrsuān (乙二酸).

しゅうさんち【集散地】 jísàndì(集散地).

しゅうし【収支】 shōuzhī(收支). ¶～がつぐわない shōuzhī bù xiāngdǐ(收支不相抵). ¶～のバランスがとれている shōuzhī pínghéng(收支平衡). ¶国際～は大幅の黒字だ guójì shōuzhī dàfúdù shùnchā(国际收支大幅度顺差).

¶～決算 shōuzhī juésuàn(收支决算).

しゅうし【宗旨】 1〔教義〕 jiàoyì(教义). ¶あの宗派は～が分りやすい nàge jiàopài de jiàoyì yì dǒng(那个教派的教义易懂).

2〔宗派〕 jiàopài(教派). ¶同じ仏教でも～が違う suīrán tóngshì Fójiào, dàn jiàopài bù tóng(虽然同是佛教,但教派不同). ¶～を変えて教師から商人になった gǎibiànle xiǎngfa yóu jiàoshī chéngle shāngrén(改变了想法由教师成了商人). ¶辛党から甘党に～変えをした cóng hào hējiǔ gǎiwéi hào chī tián de le (从好喝酒改为好吃甜的了).

しゅうし【修士】 shuòshì(硕士). ¶～課程を終える xuéwán shuòshì kèchéng(学完硕士课程).

¶～論文 shuòshì lùnwén(硕士论文). 文学～ wénxué shuòshì(文学硕士).

しゅうし【終始】 shǐzhōng(始终), zhōngshǐ(终始). ¶彼はその会合で～沈黙を守った tā zài nàge huì shang shǐzhōng bǎochí chénmò(他在那个会上始终保持沉默). ¶試合は我がチームの優勢に～した zhè chǎng bǐsài wǒ duì 'shǐzhōng[zìshǐ-zhìzhōng] zhàn yōushì(这场比赛我队'始终[自始至终]占优势). ¶～一貫その原則を堅持した shǐzhōng rúyī[shǐzhōng ruòyī] de jiānchí nàge yuánzé(始终如一[终始若一]地坚持那个原则). ¶彼は～一貫して私の主張を擁護してくれた tā yíguàn yōnghù wǒ de zhǔzhāng(他一贯拥护我的主张).

しゅうじ【修辞】 xiūcí(修辞). ¶それは～上の問題だ nà shì xiūcíshang de wèntí(那是修辞上的问题).

¶～学 xiūcíxué(修辞学).

しゅうじ【習字】 xízì(习字). ¶～帳 xízìběn (习字本)/ liànzìběn(练字本). ペン～ gāngbǐ liànzì(钢笔练字).

じゅうし【重視】 zhòngshì(重视). ¶学歴より人物を～する bǐqǐ xuélì lái gèng wéi zhòngshì rénpǐn(比起学历来更为重视人品).

じゅうじ【十字】 shízì(十字). ¶道が～に交差している dàolù jiāochā chéng shízì(道路交叉成十字). ¶胸に～を切る zài xiōngqián huà shízì(在胸前画十字). ¶敵の～砲火を浴びる shòu dírén jiāochā huǒlì de gōngjī(受敌人交叉火力的攻击).

¶～架 shízìjià(十字架). ～花科 shízìhuākē (十字花科). ～軍 shízìjūn(十字军). ～路 shízì lùkǒu[r](十字路口[儿])/ shízì jiētóu(十字街头).

じゅうじ【従事】 cóngshì(从事). ¶農業に～する cóngshì nóngyè(从事农业)/ wùnóng(务农). ¶免疫の研究に～する cóngshì miǎnyì de yánjiū(从事免疫的研究).

しゅうじつ【終日】 zhōngrì(终日), zhōngtiān (终天), jìngrì(竟日). ¶彼は～机に向かって

勉強している tā zhōngrì fú'àn dúshū(他终日伏案读书).

じゅうじつ【充実】 chōngshí(充实). ¶医療設備の～を要求する yāoqiú chōngshí yīliáo shèbèi(要求充实医疗设备). ¶活発な討論がなされ～した会であった jìnxíng rèliè de tǎolùn, shì yí ge nèiróng chōngshí de huì(进行了热烈的讨论,是一个内容充实的会)/ tǎolùn fēicháng huóyuè, huì kāide hěn yǒu yìyì(讨论非常活跃,会开得很有意义). ¶彼は気力が～している tā jīnglì hěn chōngpèi(他精力很充沛).

しゅうしふ【終止符】 jùhào(句号). ¶文末に～を打つ zài jùwěi dǎ jùhào(在句尾打句号). ¶紛争に～が打たれた fēnzhēng jiéshù le(纷争结束了).

しゅうしまつ【十姉妹】 shízǐmèi(十姉妹).

しゅうしゅう【収拾】 shōushi(收拾). ¶その場の混乱は～がつかなかった nàli de hùnluàn shōushi bu liǎo(那里的混乱收拾不了). ¶紛糾から～する jiějué jiūfēn(解决纠纷). ¶事態の～にあたる fùzé shōushi shìtài(负责收拾事态).

しゅうしゅう【収集】 sōují(搜集), shōují(收集). ¶丹念に資料を～する jīngxīn de sōují zīliào(精心地搜集资料). ¶私の趣味は切手～です wǒ de àihào shì jíyóu(我的爱好是集邮). ¶彼女は古い玩具の～家として有名だ tā yǐ gǔjiù wánjù de shōucángjiā wénmíng(她以古旧玩具的收藏家闻名). ¶彼には奇妙な～癖がある tā yǒu qíguài de sōují pǐ(他有奇怪的搜集癖).

じゅうじゅう【重重】 ¶不行届の点は～お詫び致します duì bù zhōudào de dìfang shēn biǎo qiànyì(对不周到的地方深表歉意). ¶それは～承知の上でしたことだ nà shì míngzhī nàme zuò de(那是明知那么做的).

しゅうしゅく【収縮】 shōusuō(收缩), chōusuō(抽缩). ¶血管が～する xuèguǎn shōusuō(血管收缩).

しゅうじゅく【習熟】 shúxí(熟习). ¶彼はこの機械の操作に～している tā hěn shúxí zhèbù jīqì de cāozuò fāngfǎ(他很熟习这部机器的操作方法).

じゅうじゅん【従順】 róushùn(柔顺), wēnshùn(温顺), héshùn(和顺), shùnliu(顺溜);〔動物が〕wēnxùn(温驯). ¶この子は親に～だ zhège háizi hěn tīng fùmǔ de huà(这个孩子很听父母的话). ¶彼女は～な性格だ tā xìngqíng róushùn(她性情柔顺). ¶羊は～な動物だ yáng shì wēnxùn de dòngwù(羊是温驯的动物).

じゅうしょ【住所】 zhùsuǒ(住所), zhùchù(住处), zhùdì(住地);〔所番地〕zhùzhǐ(住址), dìzhǐ(地址). ¶御～はどちらですか nín zhùzài nǎr?(您住在哪儿?). ¶移転先を知らせる通知 qiānyí de zhùzhǐ(迁移的住址).

¶～氏名を記入する tiánxiě zhùzhǐ hé xìngmíng(填写住址和姓名). ¶～不定の男 zhùsuǒ bùdìng de nánrén(住所不定的男人).

¶～録 zhùzhǐbù(住址簿).

しゅうしょう【愁傷】 ¶この度は御～様でございます duì nín zhè cì búxìng biǎoshì zhōngxīn de āidào(对您这次不幸表示衷心的哀悼).

じゅうしょう【重症】 zhòngbìng(重病), zhòngzhèng(重症). ¶食中毒にかかった者のうち5名が～である huàn shíwù zhòngdú de rén zhī zhōng yǒu wǔ ge zhòngbìngrén(患食物中毒的人之中有五个重病人). ¶彼の放浪癖も相当～だ tā de liúlàngpǐ xiāngdāng yánzhòng(他的流浪癖相当严重).

¶～患者 zhòngbìngyuán(重病员).

じゅうしょう【重唱】 chóngchàng(重唱). ¶三～ sānchóngchàng(三重唱).

じゅうしょう【重傷】 zhòngshāng(重伤), zhòngchuāng(重创). ¶瀕死の～を負った shòule bīnsǐ zhòngshāng(受了瀕死重伤). ¶車で人をはねて～を負わせた bǎ rén zhuàngchéng zhòngshāng(开汽车把人撞成重伤).

じゅうしょう【銃床】 qiāngtuō(枪托), qiāngtuōzi(枪托子).

じゅうしょうしゅぎ【重商主義】 zhòngshāngzhǔyì(重商主义).

しゅうしょうろうばい【周章狼狽】 lángbèi zhōuzhāng(狼狈周章). ¶あの～ぶりはただごとではない nà ge lángbèi búkàn de yàngzi, kě bú shì xiǎoshìr(看那狼狈不堪的样子,可不是小事儿).

しゅうしょく【秋色】 qiūsè(秋色), qiūjǐng(秋景). ¶～深まる qiūsè jiàn shēn(秋色渐深).

しゅうしょく【修飾】 xiūshì(修饰). ¶形容詞は名詞、代名詞を～する xíngróngcí xiūshì míngcí hé dàicí(形容词修饰名词和代词). ¶彼の話にはかなりの～がある tā de huà yǒudiǎnr tiānzhī-jiāyè kuādà qí cí(他的话有点儿添枝加叶夸大其词).

¶～語 xiūshì chéngfèn(修饰成分).

しゅうしょく【就職】 jiùyè(就业). ¶彼は印刷会社に～した tā zài yìnshuā gōngsī jiù yè(他在印刷公司就了业). ¶後輩の～を斡旋する gěi hòubèi jièshào gōngzuò(给后辈介绍工作). ¶～試験を受ける cānjiā jiùyè kǎoshì(参加就业考试). ¶郷里に～口を見つけた zài gùxiāng zhǎodàole gōngzuò(在故乡找到了工作). ¶今年はひどい～難だ jīnnián zhǎo gōngzuò hěn kùnnan(今年找工作很困难).

じゅうしょく【住職】 zhùchí(住持), fāngzhang(方丈).

しゅうしん【修身】 xiūshēn(修身).

しゅうしん【執心】 ¶名誉に～する míliànyú míngyù(迷恋于名誉). ¶彼女にひどく御～だ jiào tā mízhule xīnqiào(叫她迷住了心窍).

しゅうしん【終身】 zhōngshēn(终身). ¶彼女は～独身であった tā dúshēn yíbèizi(她独身一辈子).

¶～会員 zhōngshēn huìyuán(终身会员). ～刑 wúqī túxíng(无期徒刑). ～雇用制 zhōngshēn gùyōngzhì(终身雇用制). ～年金 zhōngshēn yǎnglǎojīn(终身养老金). ～保険 zhōngshēn rénshòu bǎoxiǎn(终身人寿保险).

しゅうしん【就寝】 jiùqǐn(就寝). ¶毎夜10時

しゅうじん

に~する měitiān wǎnshang shí diǎn jiùqǐn (每天晚上十点就寝).

しゅうじん【囚人】 qiúfàn(囚犯), qiútú(囚徒).

しゅうじん【衆人】 zhòngrén(众人). ¶それは~環視の中での出来事だった nà shì zài zhòngrén huánshì zhī xià fāshēng de shì (那是在众人环视之下发生的事).

じゅうしん【重心】 zhòngxīn(重心). ¶両手で~をとって平均台を渡る yòng shuāngshǒu bǎochí pínghéng guò pínghéngmù (用双手保持平衡过平衡木). ¶~を失って倒れた shīqù pínghéng diēdǎo le (失去平衡跌倒了).

じゅうしん【重臣】 zhòngchén(重臣).

じゅうしん【銃身】 qiāngshēn(枪身), qiāngguǎn(枪管), qiānggǎn(枪杆), qiānggǎnzi(枪杆子).

ジュース 1【飲物】zhī[r](汁[儿]), zhīyè(汁液). ¶野菜を~にして飲む shūcài zhàchéng zhī hē (蔬菜榨成汁喝).
¶オレンジ~ gānjúzhī (柑橘汁)/ júzhī (橘汁).
2【スポーツの】 zhuīdào júmò píngfēn (追到局末平分).
¶~アゲイン zài píng (再平).

じゅうすい【重水】 zhòngshuǐ (重水).

じゅうすいそ【重水素】 zhòngqīng(重氢), dāo(氘).

しゅうせい【修正】 xiūzhèng(修正), xiūgǎi(修改). ¶字句の誤りを~する xiūzhèng zìjù de cuòwù (修正字句的错误). ¶法案は大幅に~された gāi fǎ'àn bèi dàfúdù xiūgǎi (该法案被大幅度修改).
¶~案 xiūzhèng'àn (修正案). ~主義 xiūzhèngzhǔyì (修正主义).
2【修整】 ¶ネガを~する xiūzhěng dǐpiàn (修整底片).

しゅうせい【終生】 zhōngshēng(终生), bìshēng(毕生), zhōngshēn(终身). ¶~忘れ得ぬ教え zhōngshēng nánwàng de jiàoxun (终生难忘的教训).

しゅうせい【習性】 xíxìng(习性). ¶熊は冬眠する~がある gǒuxióng yǒu dōngmián de xíxìng (狗熊有冬眠的习性).

じゅうせい【銃声】 qiāngshēng(枪声). ¶遠くで~がした yuǎnchù xiǎngle qiāngshēng (远处响了枪声).

じゅうぜい【重税】 zhòngshuì(重税). ¶~を課する kè yǐ zhòngshuì (课以重税). ¶国民は~に苦しんでいる guómín kǔyú kējuān-záshuì (国民苦于苛捐杂税).

しゅうせき【集積】 ¶滞貨が~する zhìhuò duījī (滞货堆积). ¶物資を~する jíjù wùzī (集聚物资).
¶~回路 jíchéng diànlù (集成电路).

じゅうせき【重責】 zhòngzé (重责), zhòngdàn (重担), zhòngrèn (重任). ¶彼は議長の~を無事に果した tā yuánmǎn de wánchéngle zhǔxí de zhòngrèn (他圆满地完成了主席的重任).

しゅうせん【周旋】 lāqiàn(拉纤), jièshào(介绍), wòxuán(斡旋). ¶知人の~で家を買った jīng péngyou jièshào mǎile fángzi (经朋友介绍买了房子).
¶~人 qiànshǒu(纤手)/ jièshàorén (介绍人). ~料 wòxuánfèi (斡旋费).

しゅうせん【終戦】 ¶戦地で~を迎えた zài zhànchǎng shang yínglaile zhànzhēng de zhōngjié (在战场上迎来了战争的终结). ¶~後30年 zhànhòu sānshí nián (战后三十年).

しゅうぜん【修繕】 xiūlǐ(修理), xiūbǔ(修补); 【建物などの】xiūshàn(修缮), xiūqì(修葺). ¶壊れた腕時計を~する xiūlǐ huàile de shǒubiǎo (修理坏了的手表). ¶自転車を~に出す bǎ zìxíngchē náqu xiūlǐ (把自行车拿去修理). ¶魚網を~する xiūbǔ yúwǎng (修补鱼网). ¶家の~を頼む tuō rén xiūshàn fángwū (托人修缮房屋). ¶このミシンはもう~がきかない zhège féngrènjī yǐjing bùnéng xiūlǐ le (这个缝纫机已经不能修理了).

じゅうぜん【従前】 yǐwǎng(以往). ¶~どおりお引き立て下さい qǐng rú yǐwǎng huìgù (请如以往惠顾).

しゅうそ【臭素】 xiù (溴).

じゅうそう【重奏】 chóngzòu (重奏). ¶四~ sìchóngzòu (四重奏).

じゅうそう【重曹】 tànsuānqīngnà (碳酸氢钠), zhòngtànsuānnà (重碳酸钠), xiǎosūdá (小苏打).

じゅうそう【縦走】 ¶立山連峰を~する yán Lìshān liánfēng de shānjǐ zǒu (沿立山连峰的山脊走). ¶東北地方を~する奥羽山脈 zòngguàn Dōngběi dìqū de Àoyǔ shānmài (纵贯东北地区的奥羽山脉).

しゅうそく【収束】 shōushi (收拾). ¶事態を~する shōushi júshì (收拾局势).

しゅうぞく【習俗】 xísú (习俗).

じゅうぞく【従属】 cóngshǔ(从属). ¶武力で~させる yòng wǔlì shǐ zhī cóngshǔ (用武力使之从属). ¶ようやく~的立場を脱した hǎoróngyì cái bǎituōle cóngshǔ dìwèi (好容易才摆脱了从属地位).
¶~国 fùshǔguó (附属国)/ fùyōngguó (附庸国).

じゅうそつ【従卒】 qínwùbīng (勤务兵).

しゅうたい【醜態】 chǒutài(丑态), yángxiàng(洋相). ¶酒を飲みすぎて人前で~を演じた jiǔ hēde guòdùi dāngzhòng yǎnle yángxiàng (酒喝得过度当众'丑态百出[出了洋相]). ¶~をさらす chūchǒu(出丑)/ chǒutài bìlù (丑态毕露).

じゅうたい【重体】 wēizhòng (危重), bìngdǔ (病笃), bìngwēi (病危), wēidǔ (危笃). ¶出血多量で~に陥った yóuyú dàliàng chūxuè xiànyú wēidǔ (由于大量出血陷于危笃). ¶彼は頭を打って~である tā zhuànghuàile tóu shāngshì wēijí (他撞坏了头伤势危急).

じゅうたい【渋滞】 zǔsè(阻塞), zǔsè(堵塞). ¶濃霧のため交通が~している yóuyú nóngwù jiāotōng zǔsè (由于浓雾交通阻塞). ¶工事が~する gōngchéng chíwù (工程迟误).

じゅうたい【縦隊】 zòngduì (纵队). ¶2列~に並ぶ páichéng èr lù zòngduì (排成二路纵队).

じゅうだい【重大】 zhòngdà（重大）, yánzhòng（严重）. ¶これは私達にとって極めて～な問題だ zhè duì wǒmen lái shuō shì ge hěn zhòngdà de wèntí（这对我们来说是个很重大的问题）. ¶事態は～な局面を迎えた shìtài miànlín yánzhòng de júmiàn（事态面临严重的局面）. ¶私は事の～さにようやく気がついた wǒ cái rènshidào shìtài de yánzhòngxìng（我才认识到事态的严重性）. ¶彼等はそれをあまりに～視しすぎる tāmen bǎ nà jiàn shì kànde guòyú yánzhòng（他们把那件事看得过于严重）.
¶～事件 zhòngdà shìjiàn（重大事件）. ～声明 zhòngyào shēngmíng（重要声明）.
しゅうたいせい【集大成】 jídàchéng（集大成）. ¶この著作は著者多年の研究の～である zhège zhùzuò jí zhùzhě duōnián yánjiū zhī dàchéng（这个著作集著者多年研究之大成）.
じゅうたく【住宅】 zhùzhái（住宅）, zhùfáng（住房）. ¶この建物は～には向いていない zhè suǒ fángzi búshìyú zuò zhùzhái（这所房子不适于做住宅）. ¶都市の～問題は深刻化している dūshì de zhùfáng wèntí rìqù yánzhòng（都市的住房问题日趋严重）.
¶～街 zhùzháiqū（住宅区）. ～難 fánghuāng（房荒）. ～ローン fángdài（房贷）. 公営～ gōngyíng zhùzhái（公营住宅）.
しゅうだつ【収奪】 sōuguā（搜刮）, sōukuò（搜括）. ¶年貢を仮借なく～する háo bù liúqíng de sōuguā dìzū（毫不留情地搜刮地租）.
しゅうたん【愁嘆】 chóutàn（愁叹）. ¶～場 chóu'āi chǎngmiàn（愁哀场面）.
しゅうだん【集団】 jítǐ（集体）, jítuán（集团）. ¶～で行動する jítǐ xíngdòng（集体行动）. ¶赤痢が～発生した chìlì shì jítǐ fāshēng（赤痢是集体发生）. ¶農業を～化する nóngyè ˇjítǐhuà[hézuòhuà]（农业ˇ集体化[合作化]）.
¶～安全保障 jítǐ ānquán bǎozhàng（集体安全保障）/ jítǐ ānquán（集体安全）. ～訴訟 jítuán sùsòng（集团诉讼）/ ～検診 jítǐ tǐjiǎn（集体检验）. ～指導 jítǐ lǐngdǎo（集体领导）. ～生活 jítǐ shēnghuó（集体生活）. 反党～ fǎndǎng jítuán（反党集团）.
じゅうたん【絨毯】 dìtǎn（地毯）. ¶部屋に～を敷く wūzili pū dìtǎn（屋子里铺地毯）.
¶ペルシア～ Bōsī dìtǎn（波斯地毯）.
じゅうだん【銃弾】 qiāngdàn（枪弹）, zǐdàn（子弹）, qiāngzǐr（枪子儿）. ¶～に倒れる dǎoyú qiāngdàn zhī xià（倒于枪弹之下）.
じゅうだん【縦断】 zòngguàn（纵贯）. ¶台風が九州を～して北上した táifēng zòngguàn Jiǔzhōu běishàng（台风纵贯九州北上）.
¶～面 zòngpōumiàn（纵剖面）/ zòngduànmiàn（纵断面）/ zòngqiēmiàn（纵切面）.
じゅうたんさんソーダ【重炭酸ソーダ】 →じゅうそう（重曹）.
しゅうち【周知】 zhōuzhī（周知）. ¶そのことは～の事実だ nà shì zhòng suǒ zhōuzhī de shìshí（那是众所周知的事实）. ¶全員に規則を～徹底させる shǐ quántǐ rényuán zhōuzhī bìng guànchè zhíxíng guīzé（使全体人员周知并贯彻执行规则）.

しゅうち【羞恥】 xiūchǐ（羞耻）. ¶～の念を抱く gǎndào xiūchǐ（感到羞耻）. ¶彼には～心が少しもない tā yìdiǎnr yě méiyǒu xiūchǐxīn（他一点儿也没有羞耻心）/ tā bù zhī xiūchǐ（他不知羞耻）.
しゅうち【衆知】 ¶公害対策に～を集める jísīguǎngyì yánjiū gōnghài duìcè（集思广益研究公害对策）.
しゅうちゃく【執着】 ¶勝敗に～する tānliàn shèngbài（贪恋胜败）. ¶つまらないことにいつまでも～するな bié bǎ jīmáo-suànpí de shìr lǎo gēzài xīnli（别把鸡毛蒜皮的事儿老搁在心里）. ¶現在の地位には何の～もない duì xiànzài de dìwèi háo wú liúliàn（对现在的地位毫无留恋）.
しゅうちゃくえき【終着駅】 zhōngdiǎnzhàn（终点站）.
しゅうちゅう【集中】 jízhōng（集中）. ¶人口が都市に～している rénkǒu jízhōng zài chéngshì（人口集中在城市）. ¶目標に向かって全力を～する xiàngzhe mùbiāo qīngzhù quánlì（向着目标倾注全力）. ¶議論はその一点に～した yìlùn jízhōng zài nà yì diǎn shàng（议论集中在那一点上）. ¶彼には～力がない tā méiyǒu jízhōnglì（他没有集中力）.
¶～砲火 jízhōng pàohuǒ（集中炮火）/ cuánshè（攒射）.
しゅうちょう【酋長】 qiúzhǎng（酋长）.
じゅうちん【重鎮】 ¶学界の～ xuéshùjiè de tàidǒu（学术界的泰斗）.
しゅうてん【終点】 zhōngdiǎn（终点）. ¶～まで乗って行く zuòdào zhōngdiǎnzhàn（坐到终点站）.
じゅうてん【充填】 tiánbǔ（填补）, tiánchōng（填充）, zhuāngtián（装填）. ¶虫歯にアマルガムを～する yòng gǒnghéjīn tiánbǔ chóngyá（用汞合金填补虫牙）. ¶火薬を～する zhuāngtián huǒyào（装填火药）.
じゅうてん【重点】 zhòngdiǎn（重点）. ¶今学期は数学に～を置いて勉強することにした zhè xuéqī wǒ xiǎng bǎ zhòngdiǎn fàngzài shùxuéshang（这学期我想把重点放在数学上）. ¶予算を～的に配分する zhòngdiǎn fēnpèi yùsuàn（重点分配预算）.
¶～主義 zhòngdiǎnzhǔyì（重点主义）.
じゅうでん【充電】 chōngdiàn（充电）. ¶バッテリーに～する gěi xùdiànchí chōngdiàn（给蓄电池充电）.
しゅうでんしゃ【終電車】 mòbān diànchē（末班电车）, mòbānchē（末班车）, mòchē（末车）.
しゅうと【舅】〔夫の父〕gōnggong（公公）；〔妻の父〕yuèfù（岳父）, yuèzhàng（岳丈）, zhàngren（丈人）.
1【舅】→しゅうとめ.
2【姑】
シュート 〔バスケットの〕tóulán（投篮）；〔サッカー、ホッケーなどの〕shèqiú（射球）, shèmén（射门）. ¶ジャンプ～ tiàotóu（跳投）.
ジュート huángmá（黄麻）.

しゅうとう【周到】 zhōumì (周密), zhōudào (周到), zhōuquán (周全). ¶用意が~だ zhǔnbèide hěn zhōudào (准备得很周到). ¶~な準備のもとに行う jīngguò zhōumì de zhǔnbèi hòu shíxíng (经过周密的准备后实行).

しゅうどう【修道】 xiūdào (修道). ¶~院 xiūdàoyuàn (修道院). ~士 xiūshì (修士). ~女 xiūnǚ (修女).

じゅうどう【充当】 ¶臨時収入を赤字補填に~する bǎ línshí shōurù yònglai tiánbǔ chìzì (把临时收入用来填补赤字). ¶原稿料を旅費に~する bǎ gǎofèi yòngzuò lǚfèi (把稿费用作旅费).

じゅうどう【柔道】 róudào (柔道).

しゅうとく【拾得】 shí (拾), jiǎn (拣). ¶~物 shí de dōngxi (拾的东西).

しゅうとく【習得】 xuéhuì (学会), xuéhǎo (学好), zhǎngwò (掌握). ¶運転技術を~する xuéhuì kāichē (学会开车) / zhǎngwò kāichē jìshù (掌握开车技术). ¶英語を~する xuéhǎo Yīngwén (学好英文).

しゅうとめ【姑】 qìngjia (亲家), qìngjiamǔ (亲家母). [夫の母] pópo (婆婆); [妻の母] yuèmǔ (岳母), zhàngmu (丈母), zhàngmuniáng (丈母娘).

じゅうなん【柔軟】 róuruǎn (柔软); línghuó (灵活). ¶彼女は体は~だ tā shēntǐ róuruǎn línghuó (她身体柔软灵活). ¶~な態度で臨むyǐ línghuó de tàidu lái duìdài (以灵活的态度来对待). ¶年をとるとともに体も頭も~性を失ってしまった suízhe shàng niánjì shēntǐ hé nǎojīn dōu bù línghuó le (随着上年纪身体和脑筋都不灵活了).

¶~体操 róuruǎn tǐcāo (柔软体操).

じゅうにし【十二支】 dìzhī (地支), shí'èr zhī (十二支), shí'èr chén (十二辰).

じゅうにしちょう【十二指腸】 shí'èrzhǐcháng (十二指肠). ¶~潰瘍 shí'èrzhǐcháng kuìyáng (十二指肠溃疡). ~虫 shí'èrzhǐcháng gōuchóng (十二指肠钩虫) / gōuchóng (钩虫).

じゅうにぶん【十二分】 shí'èrfēn (十二分). ¶~の成果をあげた dédàole shí'èrfēn de chéngguǒ (得到了十二分的成果). ¶持てる力を~に発揮できる chōngfèn de fāhuī zìjǐ de lìliang (充分地发挥自己的力量).

しゅうにゅう【収入】 shōurù (收入), jìnxiang (进项), láixiang (来项), jìnyì (进益). ¶月10万円の~がある yí ge yuè yǒu shíwàn rìyuán de shōurù (一个月有十万日元的收入). ¶わずかな~で一家5人が暮している yìjiā wǔ kǒu rén kào hěn shǎo de shōurù guòhuó (一家五口人靠很少的收入过活). ¶~の多い仕事を探している zhǎo shōurù duō de gōngzuò (找收入多的工作). ¶~の道が途絶えた shōurù de láiyuán duànjué le (收入的来源断绝了). ¶勤め先の~だけではやっていけない zhǐ kào zhèng de jǐ ge sīqián guòbuliǎo rìzi (只靠挣的几个死钱过不了日子). ¶年間総~は500万円です yì nián zǒngshōurù shì wǔbǎi wàn rìyuán (一年总收入是五百万日元).

¶~印紙 yìnhuā shuìpiào (印花税票) / yìnhuā (印花). 臨時~ línshí shōurù (临时收入) / wàikuài (外快).

しゅうにん【就任】 jiùrèn (就任), jiùzhí (就职), shàngrèn (上任). ¶知事に~する jiùrèn zhīshì (就任知事) / jiù zhīshì zhī zhí (就知事之职). ¶~の挨拶を述べる zhì jiùzhí zhī cí (致就职之辞). ¶大統領の~式 zǒngtǒng jiùzhí diǎnlǐ (总统就职典礼).

じゅうにん【住人】 ¶私はこの町の~ではない wǒ bú shì zhège chéngzhèn de jūmín (我不是这个城镇的居民). ¶彼はこの家の~だ tā shì jūzhù zài zhè jiā de rén (他是居住在这家的人).

じゅうにん【重任】 1 [重い任務] zhòngrèn (重任), zhòngdàn (重担). ¶彼は見事に~を果した tā chūsè de wánchéngle zhòngrèn (他出色地完成了重任).

2 [再任] liánrèn (连任). ¶委員の任期は1年とする, 但し~を妨げない wěiyuán rènqī wéi yì nián, dàn bùfáng liánrèn (委员任期为一年, 但不妨连任).

じゅうにんといろ【十人十色】 ¶人の考えは~だ rén de xiǎngfǎ yì rén yí ge yàng (人的想法一人一个样).

じゅうにんなみ【十人並】 ¶彼女の容貌は~だ tā zhǎngde hái chàbùlí (她长得还差不离).

しゅうねん【執念】 ¶事故原因の究明に~を燃やす jiānchí zhuījiū shìgù de yuányīn (坚持追究事故的原因). ¶恨みを晴らそうと~深くつきまとう wèile xuěhèn sǐmìng jiūchán (为了雪恨死命纠缠). ¶~深い女 huáihèn zài xīn, gān bàxiū de nǚrén (怀恨在心, 不甘罢休的女人).

-しゅうねん【周年】 zhōunián (周年). ¶創立10~記念 chuànglì shí zhōunián jìniàn (创立十周年纪念).

じゅうねん【十年】 shí nián (十年). ¶彼は~一日の如く本に埋って暮している tā shí nián rú yí rì [rúyú yíshì] máizài shūduīlǐ dùrì (他十年"如一世"[犹如一世]埋在书堆里度日). ¶~の知己 shí nián lái de zhījǐ (十年来的知己).

しゅうのう【収納】 shōu (收). ¶税金を~する shōushuì (收税). ¶農産物を倉庫に~する bǎ nóngchǎnpǐn rù kù (把农产品入库).

じゅうのうしゅぎ【重農主義】 zhòngnóngzhǔyì (重农主义).

しゅうは【宗派】 jiàopài (教派); [分派] zōngpài (宗派). ¶仏教はいくつにも~が分れている Fójiào fēnwéi hǎoxiē jiàopài (佛教分为好些教派).

しゅうは【秋波】 qiūbō (秋波). ¶~を送る sòng qiūbō (送秋波).

しゅうはい【集配】 ¶郵便物を~する shōudì yóujiàn (收递邮件).

¶~人 yóudìyuán (邮递员) / tóudìyuán (投递员).

じゅうばこ【重箱】 tàohé (套盒). ¶~の隅を楊枝でほじくる jīdànlǐ tiāo gǔtou (鸡蛋里挑骨头) / chuī máo qiú cī (吹毛求疵).

しゅうバス【終バス】 mòbānchē(末班车), mòchē(末车).

しゅうはすう【周波数】 pínlǜ(频率), zhōulǜ(周率). ¶～を合せる duìzhǔn pínlǜ(对准频率). ¶～950キロヘルツで電波を送る yǐ jiǔbǎi wǔshí qiānhè de pínlǜ bōsòng(以九百五十千赫的频率播送).

じゅうはちばん【十八番】 náshǒu(拿手); náshǒuxì(拿手戏), náshǒu hǎoxì(拿手好戏). ¶あの歌は彼の～だ nà zhī gē tā zuì náshǒu(那支歌他最拿手).

しゅうばん【終盤】 zhōngpán(终盘). ¶選挙戦はいよいよ～に入った xuǎnjǔzhàn zhōngyú jìnrù zuìhòu jiēduàn(选举战终于进入最后阶段).

しゅうばん【週番】 ¶私は今週～に当っています běnxīngqī shì wǒ zhíbān(本星期是我值班). ¶この部屋の掃除は～制になっている zhège fángjiān de sǎochú àn zhōu lúnbān(这个房间的扫除按周轮班).

じゅうはん【重版】 chóngbǎn(重版), chóngyìn(重印). ¶その本は売行きがよくてたちまち～となった nà běn shū hěn chàngxiāo, bùjiǔ jiù chóngyìn le(那本书很畅销, 不久就重印了).

じゅうはん【従犯】 cóngfàn(从犯).

しゅうび【愁眉】 chóuméi(愁眉). ¶病気が峠を越したので家族はようやく～を開いた bìng tuōxiǎn, jiālirén cái shūzhǎn chóuméi fàngle xīn le(病脱险, 家里人才舒展愁眉放了心了).

じゅうびょう【重病】 zhòngbìng(重病). ¶彼は～です tā bìng hěn zhòng(他病很重). ¶彼はまるで～人のような顔をしていた tā hǎoxiàng zhòngbìng chánshēn shìde liǎnsè jiāohuáng(他好像重病缠身似的脸色焦黄).

しゅうふく【修復】 xiūfù(修复). ¶山門の～が成った shānmén yǐ xiūfùhǎo(山门已修复好).

じゅうふく【重複】 →ちょうふく.

しゅうぶん【秋分】 qiūfēn(秋分). ¶～点 qiūfēndiǎn(秋分点).

しゅうぶん【醜聞】 chǒushì(丑事), chǒuwén(丑闻), huìwén(秽闻). ¶政界の～をあばく jiēfā zhèngjiè de chǒushì(揭发政界的丑事).

じゅうぶん【十分】 chōngfèn(充分), shífēn(十分), zú(足), gòu(够), zúgòu(足够). ¶今から行けば～余裕があります xiànzài qù shíjiān zúgòu(现在去时间足够). ¶これだけの食糧があればあと10日は～やっていける yǒu zhèxiē kǒuliáng zúgòu shí tiān yòng de(有这些口粮足够十天用的). ¶山頂まで2キロは～ある dào shāndǐng zú yǒu liǎng gōnglǐ lù(到山顶足有两公里路). ¶子供の小遣はこれだけあれば～だ xiǎohái de língyòngqián yǒu nàxiē jiù zúgòu le(小孩的零用钱有那些就足够了). ¶"もうひとついかがですか""もう～いただきました" "nín zài chī yí ge" "xièxie, wǒ chībǎo le"("请再来一个""谢谢, 我吃了了"). ¶あの展覧会は見る価値が～ある nàge zhǎnlǎnhuì hěn zhíde yí kàn(那个展览会很值得一看). ¶まだまだ～望みは～ある hái shífēn yǒu xīwàng(还十分有希望). ¶～な準備のもとに出発した zuòhǎo ch-ōngfèn de zhǔnbèi chūfā le(做好充分的准备出发了). ¶この仕事は私1人で～だ zhège gōngzuò wǒ yí ge rén jiù gòu le(这个工作我一个人就够了). ¶私は口下手で思ったことを～に言い表せない wǒ kǒuchǐ zhuōběn bùnéng chōngfèn biǎodá xīnli suǒ xiǎng de shì(我口齿拙笨不能充分表达心里所想的事). ¶仕上げはまだ～とは言えない zhè dào gōngxù hái bùnéng shuō shífēn hǎo(最后一道工序还不能说十分好). ¶健康には～お気をつけ下さい qǐng duō bǎozhòng(请多保重). ¶いや、そのお気持だけで～です bù, yǒu nǐ zhè fèn xīnyì jiù zúgòu le(不, 有你这份儿心意就足够了). ¶彼はやる気～だ tā gànjìnr shízú(他干劲儿十足).

¶～条件 chōngfèn tiáojiàn(充分条件).

しゅうへん【周辺】 zhōubiān(周边), zhōuwéi(周围), sìzhōu(四周). ¶人口が都市の～に集中する傾向がある rénkǒu yǒu xiàng dūshì sìzhōu jízhōng de qīngxiàng(人口有向都市四周集中的倾向). ¶議論が問題の核心に触れず～をさまよっている yìlùn bú chùjídào wèntí de héxīn, jìng zài wàiwéi dǎzhuànzhuan(议论不触及到问题的核心, 净在外围打转转).

しゅうほう【週報】 zhōubào(周报).

しゅうぼう【衆望】 zhòngwàng(众望). ¶～を担って登場する fù zhòngwàng dēngtái(负众望登台). ¶～を一身に集める jí zhòngwàng yú yìshēn(集众望于一身).

じゅうほう【重砲】 zhòngpào(重炮).

じゅうほう【銃砲】 qiāngpào(枪炮).

シューマイ【焼売】 shāomai(烧卖).

しゅうまく【終幕】 zhōngchǎng(终场). ¶事件はいよいよ～を迎えた shìjiàn zhōngyú jiējìnle wěishēng(事件终于接近了尾声).

しゅうまつ【終末】 jiéjú(结局), zhōngjú(终局), jiéwěi(结尾). ¶推理小説は～が気にかかる tuīlǐ xiǎoshuō zǒng lìng rén xuánniàn qí jiéjú(推理小说总令人悬念其结局).

¶～観 mòshìguān(末世观).

しゅうまつ【週末】 zhōumò(周末). ¶～はどこの観光地も大変な人出だ zhōumò gèchù de yóulǎndì dōu shì rénshān-rénhǎi de(周末各处的游览地都是人山人海的).

¶～旅行 zhōumò lǚxíng(周末旅行).

じゅうまん【充満】 chōngmǎn(充满). ¶部屋にガスが～して危険だ wūzili chōngmǎnle wǎsī hěn wēixiǎn(屋子里充满了瓦斯很危险). ¶社内には不平が～している gōngsī nèi mímànzhe bùmǎn qíngxù(公司内弥漫着不满情绪).

しゅうみつ【周密】 zhōumì(周密). ¶彼の研究は非常に～な観察の上に成り立っている tā de yánjiū shì jiànlì zài fēicháng zhōumì de guānchá zhīchǔ zhī shàng de(他的研究是建立在非常周密的观察基础之上的).

じゅうみん【住民】 jūmín(居民). ¶飛行場の建設は付近の～の反対にあって難航した jīchǎng jiànshè zāodào fùjìn jūmín de fǎnduì wúfǎ jìnxíng(机场建设遭到附近居民的反对无法进行).

¶ ～税 jūmínshuì (居民税). ¶ ～投票 jūmín tóupiào (居民投票). ¶ ～登録 hùkǒu dēngjì (户口登记). ¶ ～票 jūmínzhèng (居民证).

じゅうもう【絨毛】róngmáo (绒毛).

しゅうもく【衆目】zhòngmù (众目). ¶ 彼が優勝するだろうということは～の一致する所だ dàjiā yīzhì rènwéi tā huì huòdé guànjūn (大家一致认为他会获得冠军).

じゅうもんじ【十文字】→じゅうじ (十字).

しゅうや【終夜】zhōngyè (终夜), tōngxiāo (通宵). ¶ 大みそかは電車は～運転する chúxī diànchē tōngxiāo yùnxíng (除夕电车通宵运行). ¶ ～営業のレストラン tōngxiāo yíngyè de càiguǎn (通宵营业的菜馆).

¶ ～灯 chángmíngdēng (长明灯).

しゅうやく【集約】huìzǒng (汇总). ¶ 今までの調査結果を～する bǎ zhìjīn wéizhǐ de diàochá jiéguǒ huìzǒng qǐlai (把至今为止的调查结果汇总起来). ¶ 皆の意見を～する zōnghé dàjiā de yìjiàn (综合大家的意见).

¶ ～農業 jíyuē jíyuē jīngyíng (集约经营).

じゅうやく【重役】dǒngshì (董事), jīnglǐ (经理). ¶ ～会議 dǒngshìhuì (董事会).

じゅうやく【重訳】zhuǎnyì (转译), chóngyì (重译).

じゅうゆ【重油】zhòngyóu (重油).

しゅうゆう【周遊】zhōuyóu (周游). ¶ 北海道を～する zhōuyóu Běihǎi Dǎo (周游北海道).

¶ ～券 zhōuyóupiào (周游券).

しゅうよう【収用】zhēngyòng (征用). ¶ 道路拡張のため土地を～する wèi le kuòjiàn mǎlù zhēngyòng tǔdì (为了扩建马路征用土地).

¶ 土地～法 tǔdì zhēngyòngfǎ (土地征用法).

しゅうよう【収容】róngnà (容纳), shōuróng (收容). ¶ このバスは60人の乗客を～できる zhè liàng gōnggòng qìchē kěyǐ róngnà liùshí ge chéngkè (这辆公共汽车可以容纳六十个乘客). ¶ 負傷した遭難者を病院に～する bǎ shòu shāng de zāonànzhě shōuróng yīyuàn (把受伤的遭难者收容医院). ¶ 容疑者は留置場に～された xiányífàn bèi yājīn jūliúsuǒ (嫌疑犯被押进拘留所). ¶ このホールの～人員はどれくらいですか zhège dàtīng néng róngnà duōshao rén? (这个大厅能容纳多少人?).

¶ 強制～所 jízhōngyíng (集中营). 捕虜～所 zhànfú shōuróngsuǒ (战俘收容所).

しゅうよう【修養】xiūyǎng (修养), hányǎng (涵养). ¶ ～を積んだ人 yǒu xiūyǎng de rén (有修养的人). ¶ 彼はまだまだ～が足りない tā xiūyǎng hái bú gòu (他修养还不够).

¶ 精神～ jīngshén xiūyǎng (精神修养).

じゅうよう【重要】zhòngyào (重要). ¶ ～な問題が山積している zhòngyào wèntí duījī rú shān (重要问题堆积如山). ¶ 彼は～なポストを占めている tā shēn chǔ yàodì (他身处要地)/ tā wèijū *chōngyào[yàojīn] (他位居*冲要[要津]). ¶ それは私にとってさほど～でない wǒ duì wǒ lái shuō bìng bú zhòngyào (对我来说并不重要). ¶ 近頃エレクトロニクスの～度が増している zuìjìn diànzǐxué yuèláiyuè zhòngyào le

(最近电子学越来越重要了). ¶ 青少年教育を～視する zhòngshì qīngshàonián de jiàoyù (重视青少年的教育). ¶ ～書類を紛失した yíshīle *zhòngyào wénjiàn[yàojiàn] (遗失了*重要文件[要件]).

¶ ～事項 zhòngyào shìxiàng (重要事项)/ yàoduān (要端). ～人物 zhòngyào rénwù (重要人物). ～文化財 zhòngyào wénhuà yíchǎn (重要文化遗产)/ zhòngyào wénwù (重要文物).

しゅうらい【襲来】xílái (袭来). ¶ 寒波が～した háncháo qīnxí ér lái (寒潮侵袭而来).

¶ 敵機～ díjī lái xí (敌机来袭).

じゅうらい【従来】yǐwǎng (以往), xiànglái (向来), yíxiàng (一向), lìlái (历来). ¶ ～の方針を踏襲する chéngxí yǐwǎng de fāngzhēn (承袭以往的方针). ¶ ～このような件はどう処理してきたのですか cóngqián zhè lèi shì shì zěnme chǔlǐ de? (从前这类事是怎么处理的?). ¶ 卒業式は～通りに行う bìyè diǎnlǐ zhàolì jǔxíng (毕业典礼照例举行).

しゅうらく【集落】jùluò (聚落), cūnluò (村落), túnzi (屯子).

じゅうらん【縦覧】zònglǎn (纵览). ¶ 選挙人名簿を～する zònglǎn xuǎnmín míngcè (纵览选民名册). ¶ 住民の～に供する gōng jūmín liúlǎn (供居民浏览).

¶ ～謝絶 xièjué cānguān (谢绝参观).

しゅうり【修理】xiūlǐ (修理). ¶ 少しぐらいの故障なら自分で～する xiǎo máobing zìjǐ dòngshǒu xiūlǐ (小毛病自己动手修理). ¶ テレビは～に出してあります diànshìjī náqu xiūlǐ le (电视机拿去修理了). ¶ 自動車の～工場 qìchē xiūpèichǎng (汽车修配厂).

¶ ～工 xiūlǐ gōngrén (修理工人).

しゅうりょう【修了】¶ 小学校の課程を～する xuéwánle xiǎoxué kèchéng (学完了小学课程). ¶ 応募資格は義務教育～以上とする dìngwéi shòuwán yìwù jiàoyù yǐshàng chéngdùzhě (报考资格定为受完义务教育以上程度者).

しゅうりょう【終了】zhōngliǎo (终了), jiéshù (结束). ¶ 大会は全日程を無事に～した dàhuì quánbù rìchéng shènglì jiéshù (大会全部日程胜利结束). ¶ 試合～の笛が鳴った bǐsài zhōngliǎo de díshēng xiǎng le (比赛终了的笛声响了).

じゅうりょう【重量】zhòngliàng (重量), fènliang (分量). ¶ 貨物の～を計る chēng huòwù de zhòngliàng (称货物的重量). ¶ この橋には～制限がある zhè zuò qiáo yǒu zhòngliàng xiànzhì (这座桥有重量限制). ¶ これはかなりの～がある zhège dōngxi xiāngdāng zhòng (这个东西相当重). ¶ ～級の選手 zhòngliàngjí yùndòngyuán (重量级运动员) 〈レスリングの〉. ¶ ～挙げ jǔzhòng (举重).

じゅうりょく【重力】zhònglì (重力), dìxīn yǐnlì (地心引力). ¶ 無～状態 wúzhònglì zhuàngtài (无重力状态).

じゅうりん【蹂躙】róulìn (蹂躏). ¶ 敵の大軍

に国土が～された guótǔ bèi dírén de dàjūn róulìn le (国土被敌人的大军蹂躏了). ¶そのやり方は人権～だ nà zhǒng zuòfǎ shì róulìn rénquán (那种做法是蹂躏人权).

じゅうるい【獣類】shòulèi (兽类).

シュールリアリズム chāoxiànshízhǔyì (超现实主义).

しゅうれい【秀麗】xiùlì (秀丽). ¶～の地に遊ぶ zài shānshuǐ xiùlì zhī dì yóuwán (在山水秀丽之地游玩). ¶眉目～な若者 méi qīng mù xiù de niánqīngrén (眉清目秀的年轻人).

しゅうれっしゃ【終列車】mòbān lièchē (末班列车).

しゅうれん【収斂】shōuliǎn (收敛). ¶薬で血管を～させる yòng yào shǐ xuèguǎn shōuliǎn (用药收敛血管). ¶この化粧水には～作用がある zhè zhǒng huālùshuǐ yǒu shōuliǎn zuòyòng (这种花露水具有收敛作用).
¶～剤 shōuliǎnjì (收敛剂).

しゅうれん【修練】xiūliàn (修炼). ¶心身の～を積む xiūliàn shēnxīn (修炼身心).

しゅうろう【就労】¶争議が解決して労働者たちは一斉に～した láozī jiūfēn dédào jiějué, gōngrén lìjí fùgōng le (劳资纠纷得到解决，工人立即复工).
¶～日数 gōngzuò rìshù (工作日数).

じゅうろうどう【重労働】zhònghuór (重活儿), zhòng tǐlì láodòng (重体力劳动). ¶彼はあの体では～には耐えられないだろう kàn tā nà shēngǔr jīnbuzhù zhònghuór ba (看他那身子骨儿禁不住重活儿吧). ¶～もこれだけの仕事をこなすのかなり yì tiān gǎo zhèmexiē huór kě bù qīng (一天搞这么些活儿可不轻).

しゅうろく【収録】 shōu (收), shōulù (收录). ¶この辞書には20万語が～されている zhè běn cídiǎn shōu èrshí wàn cí (这本辞典收二十万词). ¶この短編小説集には彼の作品も～されている zhè bù duǎnpiān xiǎoshuōjí li yě shōulù-le tā de zuòpǐn (这部短篇小说集里也收录了他的作品). ¶講演をテープに～する yòng lùyīndài bǎ jiǎngyǎn lùxiàlai (用录音带把讲演录下来).

じゅうろくミリ【十六ミリ】¶～映画 shíliù háomǐ yǐngpiàn (十六毫米影片). ¶～カメラ shíliù háomǐ shèyǐngjī (十六毫米摄影机).

しゅうわい【収賄】shòuhuì (受贿). ¶～の容疑で逮捕された yīn shòuhuì de xiányí bèibǔ (因受贿的嫌疑被捕).
¶～罪 shòuhuìzuì (受贿罪).

しゅえい【守衛】ménwèi (门卫).

じゅえき【樹液】shùyè (树液); shùjiāo (树胶). ¶蟬が～を吸う zhīliǎo xīshí shùyè (知了吸食树液). ¶～を採る cǎi shùyèjiāo (采树胶).

しゅえん【主演】zhǔyǎn (主演). ¶チャップリン～の映画 Zhuóbiélín ～de diànyǐng (卓别林主演的电影). ¶彼が～した芝居は大当たりだった tā zhǔyǎn de xì dà huò chénggōng (他主演的戏大获成功).

しゅえん【酒宴】jiǔyàn (酒宴), jiǔhuì (酒会). ¶～を催す bǎi jiǔxí (摆酒席) / shèyàn (设宴).

シュガー shātáng (砂糖), báitáng (白糖). ¶～ポット tāngguàn (糖罐).

じゅかい【樹海】línhǎi (林海). ¶果てしなく広がる～ yí wàng wú jì de línhǎi (一望无际的林海).

しゅかく【主客】bīnzhǔ (宾主). ¶～所を変え xuānbīn-duózhǔ (喧宾夺主). ¶～転倒 běnmò dàozhì (本末倒置).

しゅがく【儒学】Rúxué (儒学).

しゅかん【主管】zhǔguǎn (主管). ¶～官庁 zhǔguǎn jīguān (主管机关). ～大臣 zhǔguǎn dàchén (主管大臣).

しゅかん【主観】zhǔguān (主观). ¶事実は～を超えて存在する shìshí shì chāoyuè zhǔguān ér cúnzài de (事实是超越主观而存在的). ¶同じ物事でも見る人の～によって評価が異なる tóngyī shìwù yóuyú rénmen de zhǔguān kànfǎ bùtóng ér píngjià bùtóng (同一事物由于人们的主观看法不同而评价不同). ¶それはあまりにも～的だ nà tài zhǔguān le (那太主观了).
¶～的観念論 zhǔguān wéixīnlùn (主观唯心论).

しゅがん【主眼】¶技術者養成を～とする yǐ péiyǎng jìshù rényuán wéi zōngzhǐ (以培养技术人员为宗旨). ¶～点 chū tí de zhuóyǎndiǎn (出题的着眼点).

しゅき【手記】shǒujì (手记). ¶その時の心境を～の形で書いた bǎ dāngshí de xīnjìng yǐ shǒujì de xíngshì xiěchulai (把当时的心境以手记的形式写出来).

しゅき【酒気】jiǔqì (酒气). ¶彼は～を帯びて帰ってきた tā dàizhe jiǔqì huíjiā lái le (他带着酒气回家来了).

しゅぎ【主義】zhǔyì (主义). ¶彼は一貫して～をつらぬいた tā shǐzhōng bú yú jiānchíle zìjǐ de xìnniàn (他始终不渝坚持了自己的信念). ¶どんな時にも彼は～を曲げなかった bùguǎn shénme shíhou, tā bùcéng qūjiéguo (不管什么时候，他不曾屈节过). ¶～主張が異なる guāndiǎn zhǔzhāng bù tóng (观点主张不同). ¶そういうことは私の～に反する nà zhǒng shì wéibèi wǒ de xìnniàn (那种事违背我的信念). ¶僕は煙草を吸わない～だ wǒ shì bù chōuyān zhǔyìzhě (我是不抽烟主义者). ¶あの連中は金もうけ～だ nà yì bāng rén shì wéi lì shì tú de jiāhuo (那一帮人是唯利是图的家伙). ¶安全第一～で行く guànchè ānquán dìyī (贯彻安全第一).

しゅきゅう【受給】¶年金の～者 yǎnglǎojīn lǐngqǔzhě (养老金领取者).

じゅきゅう【需給】gōngqiú (供求), gōngxū (供需). ¶～のバランスがとれていない gōngqiú bù pínghéng (供求不平衡).

しゅぎょう 1【修行】xiūxíng (修行). ¶～を積む liàn gōngfu (练功夫). ¶君はまだ～が足りない nǐ ▽duànliàn [móliàn] de hái bú gòu (你▽锻炼[磨炼]得还不够).

¶ ~者 xiūxíngzhě(修行者).
2[修業] → しゅぎょう[修業].

じゅきょう【儒教】 Rújiào(儒教).

じゅぎょう【授業】 kè(课), gōngkè(功课). ¶ A先生の~は面白い A lǎoshī de kè hěn yǒu yìsi(A老师的课很有意思). ¶ 今日は始業式で~はない jīntiān shì kāixué diǎnlǐ, méiyǒu kè(今天是开学典礼, 没有课). ¶ 午前中に3課目の~がある shàngwǔ yǒu sān *jié[táng]kè (上午有三节[堂]课). ¶ 今日の~はこれでおしまい jīntiān de kè jiù jiǎngdào zhèlǐ wéizhǐ (今天的课就讲到这里为止). ¶ ~をサボって遊びに行った táoxué[táokè] wánr qù le(逃学[逃课]玩儿去了). ¶ 歴史の~をする jiǎng[jiāo/jiǎngshòu] lìshǐ*kè(讲[教/讲授]历史课).
¶ ~時間 kèshí(课时) / xuétáng(学时). ~料 xuéfèi(学费).

しゅぎょく【珠玉】 zhēnbǎo(珍宝), zhūbǎo(珠宝). ¶ ~の名作 zhēnguì de míngzuò(珍贵的名作).

じゅく【塾】 sīshú(私塾), xuéshú(学塾). ¶ 学習~に通う shàng bǔxí xuéxiào(上补习学校). ¶ そろばん~ suànpán sīshú(算盘私塾).

しゅくい【祝意】 ¶ ~を表す biǎoshì zhùhè(表示祝贺).

しゅくえい【宿営】 sùyíng(宿营). ¶ 野外に~する zài yěwài sùyíng(在野外宿营).
¶ ~地 sùyíngdì(宿营地).

しゅくえん【祝宴】 xǐyán(喜筵). ¶ ~を張る jǔxíng xǐyán(举行喜筵) / bǎi xǐqìng yánxí (摆喜筵席).

しゅくえん【宿縁】 ¶ ~あってこの世で結ばれた yóuyú qiánshì de yīnyuán zài xiànshì jiéle qīn(由于前世的姻缘在现世结了亲).

しゅくが【祝賀】 zhùhè(祝贺), qìnghè(庆贺), qìngzhù(庆祝). ¶ 優勝~のパレード qìnghè rónghuò guànjūn de yóuxíng(庆贺荣获冠军的游行). ¶ 創立10周年~式典を行う jǔxíng chuànglì shí zhōunián de qìngzhù diǎnlǐ (举行创立十周年的庆祝典礼).
¶ ~会 qìngzhùhuì(庆祝会) / zhùjié dàhuì (祝捷大会).

しゅくがん【宿願】 sùyuàn(宿愿·夙愿), sùyuàn(素愿). ¶ 長年の~をついに果した duōnián de sùyuàn zhōngyú shíxiàn le(多年的宿愿终于实现了). ¶ ~かなって祖国に帰った rúyuàn yǐ cháng fǎnhuíle zǔguó(如愿以偿返回了祖国).

じゅくぎ【熟議】 ¶ ~の結果この結論に達した jīngguò chōngfèn tǎolùn dédàole zhège jiélùn (经过充分讨论得到了这个结论).

しゅくげん【縮減】 suōjiǎn(缩减), xuējiǎn(削减). ¶ 計画を20パーセント~する bǎ jìhuà suōjiǎn bǎi fēn zhī èrshí(把计划缩减百分之二十).

じゅくご【熟語】 chéngyǔ(成语), shúyǔ(熟语).

しゅくさいじつ【祝祭日】 jiérì(节日), jiājié(佳节).

しゅくさつ【縮刷】 suōyìn(缩印). ¶ ~版 suōyìnbǎn(缩印版).

しゅくじ【祝辞】 zhùcí(祝词), hècí(贺词). ¶ ~を述べる zhì zhùcí(致祝词).

じゅくし【熟視】 shúshì(熟视). ¶ 相手を~する xì kàn duìfāng(细看对方).

しゅくじつ【祝日】 jiérì(节日), jiājié(佳节).

しゅくしゃ【宿舎】 xiàtà(下榻); sùshè(宿舍). ¶ 一行はその日の~に当てられたホテルで体を休めた yīxíng rén zài dāngtiān xiàtà de fàndiàn li āndùn xialai le(一行人在当天下榻的饭店里安顿下来了).
¶ 公務員~ gōngwùyuán sùshè(公务员宿舍) / jīguān zhíyuán sùshè(机关职员宿舍).

しゅくしゃ【縮写】 ¶ 原画を~する suōxiǎo yuánhuà(缩小原画).

しゅくしゃく【縮尺】 suōchǐ(缩尺), bǐlìchǐ(比例尺). ¶ ~5万分の1の地図 bǐlìchǐ wǔwàn fēn zhī yī de dìtú(比例尺五万分之一的地图). ¶ 10分の1にして模型をつくる suōxiǎo chéng shí fēn zhī yī lái zhìzuò móxíng(缩小成十分之一来制作模型).

しゅくじょ【淑女】 shūnǚ(淑女).

しゅくしょう【祝勝】 zhùjié(祝捷).

しゅくしょう【縮小】 suōxiǎo(缩小), suōjiǎn (缩减), cáijiǎn(裁减). ¶ 経営の規模を~する suōxiǎo jīngyíng guīmó(缩小经营规模). ¶ 初めの計画が半分に~された yuánlái de jìhuà bèi suōjiǎn qù yíbàn(原来的计划被缩减去一半). ¶ 人員を~する cáijiǎn rényuán(裁减人员) / jìnxíng cáiyuán(进行裁员).
¶ 軍備~ cáijiǎn jūnbèi(裁减军备) / cáijūn (裁军).

しゅくず【縮図】 suōtú(缩图). ¶ 100分の1の~を作る zhì bǎi fēn zhī yī de suōtú(制百分之一的缩图). ¶ 人生の~ rénshēng de suōyǐng(人生的缩影).

じゅく・す【熟す】 shú(熟), chéngshú(成熟). ¶ この柿はよく~していてうまい zhège shìzi hěn shú, hǎochī jí le(这个柿子很熟, 好吃极了). ¶ 実はまだ~していない guǒshí hái bù *shú[chénggèr](果实还不*熟[成个儿]). ¶ 機はまだ~さない shíjī hái bù chéngshú(时机还不成熟).

じゅくすい【熟睡】 shúshuì(熟睡), chénshuì (沉睡), hānshuì(酣睡), hānmián(酣眠). ¶ 昨晩は~したのでずっかり疲がとれた zuówǎn shúshuìle yí jiào, quán xiēguolai le(昨晚熟睡了一觉, 全累过来了). ¶ 近頃どうも~できない zhèjìn bù zhī zěnde bùnéng shúshuì(最近不知怎的不能熟睡).

しゅく・する【祝する】 zhù(祝), zhùhè(祝贺), zhùfú(祝福). ¶ 2人の前途を~して乾杯する zhùfú tāmen liǎng rén de qiántú yuǎndà, gānbēi!(祝福他们两人的前途远大, 干杯!).

しゅくせい【粛正】 zhěngdùn(整顿), zhěngchì (整饬). ¶ 綱紀を~する zhěngchì gāngjì(整饬纲纪).

しゅくせい【粛清】 sùqīng(肃清), qīngxǐ(清洗). ¶ 反対派を~する sùqīng fǎnduìpài(肃清反对派).

しゅくぜん【粛然】 sùrán(肃然). ¶ ~として襟

しゅくだい【宿題】 zuòyè (作业). ¶先生は毎日〜を出す lǎoshī měitiān liú zuòyè (老师每天留作业). ¶〜をすませてから遊びに行く zuòwán zuòyè zài qù wánr (做完作业再去玩ル). ¶長年の〜が解決した duōnián xuán ér wèi jué de wèntí zhōngyú jiějué le (多年悬而未决的问题终于解决了).

じゅくたつ【熟達】 ¶彼はこの機械の操作に〜している tā cāozuò zhège jīqì hěn shúliàn (他操作这个机器很熟练).

じゅくち【熟知】 shú (熟), shúzhī (熟知), shúxī (熟悉), shúshi (熟识), shú'ān (熟谙). ¶彼はこの辺りの山を〜している tā hěn shúxī zhè yídài de shān (他很熟悉这一带的山).

しゅくちょく【宿直】 zhíyè (值夜), zhígēng (值更), zhísù (值宿). ¶1か月に1回〜がまわってくる yí ge yuè lúndào yí cì zhíyè (一个月轮到一次值夜).

¶〜員 zhíyè rényuán (值夜人员).

しゅくてき【宿敵】 sùdí (宿敌・夙敌), sǐdí (死敌), sǐdíduì (死对头). ¶念願かなって長年の〜を倒した rúyuàn yǐ cháng dǎdǎole duōniánlái de sǐdí (如愿以偿打倒了多年来的死敌).

しゅくてん【祝典】 qìngzhù diǎnlǐ (庆祝典礼), qìngdiǎn (庆典). ¶創業記念の〜を行う jǔxíng chuàngyè jìniàn qìngzhù diǎnlǐ (举行创业纪念庆祝典礼).

しゅくでん【祝電】 hèdiàn (贺电). ¶〜を打つ pāi hèdiàn (拍贺电).

じゅくどく【熟読】 xìdú (细读). ¶教科書を〜するのが最良の勉強法だ xìdú kèběn shì zuì hǎo de xuéxí fāngfǎ (细读课本是最好的学习方法). ¶この文章は〜玩味するに値する zhè piān wénzhāng zhíde xìdú wánwèi (这篇文章值得细读玩味).

じゅくねん【熟年】 ¶〜男女 shúnián nánnǚ (熟年男女).

しゅくはい【祝杯】 zhùjiǔ (祝酒). ¶勝利を祝って〜をあげる qìnghè shènglì ér gānbēi (庆贺胜利而干杯).

しゅくはく【宿泊】 zhùsù (住宿), xiēsù (歇宿), tóusù (投宿), xiàtà (下榻), xiàdiàn (下店). ¶彼は北京飯店に〜している tā xiàtà yú Běijīng Fàndiàn (他下榻于北京饭店). ¶〜の申込みは1週間前に願います dìng fángjiān qǐng zài yí ge xīngqī qián yùyuē (定房间请在一个星期前预约). ¶そこには〜施設が完備している nàr yǒu wánshàn de zhùsù shèbèi (那ル有完善的住宿设备).

¶〜料 zhùsùfèi (住宿费). 簡易〜所 jīngjì lǚguǎn (经济旅馆)/ kèdiàn (客店)/ kèzhàn (客栈).

しゅくふく【祝福】 zhùfú (祝福). ¶皆に〜されて結婚した zài dàjiā de zhùfú xià jiéle hūn (在大家的祝福下结了婚).

しゅくへい【宿弊】 sùbì (宿弊), jībì (积弊). ¶長年の〜を一掃する qīngchú duōnián jībì (清除多年积弊)/ sùbì yì qīng (宿弊一清).

しゅくほう【祝砲】 lǐpào (礼炮). ¶〜を打つ míng lǐpào (鸣礼炮).

しゅくぼう【宿望】 sùyuàn (夙愿・宿愿). ¶彼はついに長年の〜を遂げた tā zhōngyú shíxiànle duōnián de xīnyuàn[sùyuàn dé cháng] (他终于'实现了多年的心愿[夙愿得偿]).

しゅくめい【宿命】 sùmìng (宿命). ¶これも〜だとあきらめる zhè zhǐ dàng shì mìngzhōng zhùdìng de, suàn le (这只当是命中注定的, 算了). ¶両者の対立は〜的なものだ liǎngzhě de duìlì shì mìngdìng de (两者的对立是命定的).

¶〜論 sùmìnglùn (宿命论).

じゅくりょ【熟慮】 shúlǜ (熟虑), shúsī (熟思). ¶〜に〜を重ねる zàisān shúsī (再三熟思)/ shēnsī-shúlǜ (深思熟虑). ¶〜断行する jīngguò shúsī duànrán shíxíng (经过熟思断然实行).

じゅくれん【熟練】 shúliàn (熟练). ¶この仕事に〜するには相当な年月を要する shúliàn zhège gōngzuò yào xiāngdāng cháng de niányuè (熟练这个工作要相当长的年月). ¶潜水技術に〜している jīngyú qiánshuǐ jìshù (精于潜水技术).

¶〜工 shúliàn gōngrén (熟练工人).

しゅくん【殊勲】 shūxūn (殊 勋), gōng (功), gōngxūn (功勋). ¶この戦闘で彼は〜を立てた zài zhè cì zhàndòu zhōng tā lìle gōng (在这次战斗中他立了功). ¶この試合では彼が〜者だ zhè chǎng bǐsài tā kě shì ge gōngchén (这场比赛他可是个功臣).

しゅげい【手芸】 shǒugōngyì (手工艺). ¶彼女は〜が得意だ tā shàncháng shǒugōngyì (她擅长手工艺).

¶〜品 shǒugōngyìpǐn (手工艺品).

じゅけい【受刑】 shòuxíng (受刑). ¶〜者 fúxíngrén (服刑人)/ shòuxíngrén (受刑人)/ jiānfàn (监犯).

しゅけん【主権】 zhǔquán (主权). ¶〜を尊重する zūnzhòng zhǔquán (尊重主权).

¶〜在民 zhǔquán zài mín (主权在民). 潜在〜 qiánzài zhǔquán (潜在主权).

じゅけん【受験】 tóukǎo (投考), bàokǎo (报考), yìngkǎo (应考), yìngshì (应试). ¶彼はA大学を〜した tā tóukǎole A dàxué (他报考了A大学). ¶〜資格がない méiyǒu bàokǎo zīgé (没有报考资格).

¶〜生 yìngkǎoshēng (应考生)/ bàokǎozhě (报考者). 〜票 zhǔnkǎozhèng (准考证). 〜料 bàokǎofèi (报考费).

しゅご【主語】 zhǔyǔ (主语).

しゅこう【酒肴】 jiǔyáo (酒肴), jiǔcài (酒菜). ¶〜をととのえる zhāngluó jiǔcài.

しゅこう【趣向】 ¶珍しい〜で皆をあっと言わせる nòng ge xīnqí de huāyàngr jiào dàjiā dàchī-yìjīng (弄个新奇的花样ル叫大家大吃一惊). ¶この部屋は飾り付けに〜を凝らしている zhège fángjiān bǎishède hěn jiǎngjiu (这个房间摆设得很讲究).

しゅごう【酒豪】 hǎiliàng (海量), hóngliàng (洪量). ¶彼は〜だ tā zhēn shì ge hǎiliàng (他真是个海量).

じゅこう【受講】 ¶大学の夏期特別講座を～する tīng dàxué de xiàjì zhuāntí jiǎngzuò(听大学的夏季专题讲座).

しゅこうぎょう【手工業】 shǒugōngyè(手工业).

しゅさい【主宰】 zhǔchí(主持). ¶彼がその研究会を～している nàge yánjiūhuì shì yóu tā zhǔchí de(那个研究会是由他主持的).

しゅさい【主催】 zhǔbàn(主办), zǔbàn(组办). ¶会議を～する zhǔbàn huìyì(主办会议). ¶新聞社の～の展覧会 yóu bàoshè zhǔbàn de zhǎnlǎnhuì(由报社主办的展览会). ¶～者 zhǔbànzhě(主办者). ～国 zhǔbànguó(主办国)/ dōngdàoguó(东道国).

しゅざい【取材】 qǔcái(取材), cǎifǎng(采访), zǒufǎng(走访). ¶伝説に～した小説 qǔcái yú chuánshuō de xiǎoshuō(取材于传说的小说). ¶被災地で災害の～に当る dào zāiqū cǎifǎng(到灾区采访).

しゅざん【珠算】 zhūsuàn(珠算).

しゅし 1【主旨】 zhǔzhǐ(主旨). ¶論文の～を説明する shuōmíng lùnwén de zhǔzhǐ(说明论文的主旨). ¶この手紙は～がよく分らない zhè fēng xìn zhǔzhǐ bùmíng(这封信主旨不明).

2【趣旨】 zhǐqù(旨趣), zōngzhǐ(宗旨). ¶あなたの質問の～がよく分らない nǐ suǒ tí de wèntí zōngzhǐ bù hěn míngbai(你所提的问题宗旨不很明白). ¶～に賛同して醵金する zàncháng qí zhǐqù juānkuǎn(赞成其旨趣捐款). ¶～説明のあと討論に入った shuōmíng zhǐqù hòu jìnxíng tǎolùn(说明旨趣后进行了讨论).

しゅし【種子】 zhǒngzǐ(种子). ¶～植物 zhǒngzǐ zhíwù(种子植物).

しゅじ【主事】 zhǔshì(主事).

しゅし【樹脂】 shùzhī(树脂). ¶～加工を施す jìnxíng shùzhī jiāgōng chǔlǐ(进行树脂加工处理).
¶合成～ héchéng shùzhī(合成树脂).

しゅじい【主治医】 zhǔzhì yīshēng(主治医生). ¶～のすすめで転地療養した yóuyú zhǔzhì yīshēng de quàngào yì dì liáoyǎng le(由于主治医生的劝告易地疗养了).

しゅしがく【朱子学】 Zhūzǐxué(朱子学), Chéng-Zhū lǐxué(程朱理学).

しゅじく【主軸】 zhǔzhóu(主轴), zhǔguāngzhóu(主光轴).

しゅしゃ【取捨】 qǔshě(取舍). ¶～選択は当方にお任せ下さい xuǎnzé qǔshě qǐng ràng wǒfāng lái juédìng(选择取舍请让我方来决定).

しゅしゅ【種種】 zhǒngzhǒng(种种), gè zhǒng(各种). ¶当店には～のサイズが取り揃えてあります wǒ diàn gè zhǒng chǐcun qíquán(我店各种尺寸齐全). ¶人はそれぞれ～様々な考え方を持っている rén yǒu gèzhǒng-gèyàng de xiǎngfa(人有各种各样的想法)/ měige rén gè yǒu gè de kànfǎ(每个人各有各的看法). ¶ここには～雑多な人間が集まっている xíngxíng-sèsè de rén jùjí zài zhèli(形形色色的人聚集在这里). ¶社会の～相 shèhuì de zhǒngzhǒng xiànxiàng(社会的种种现象).

じゅじゅ【授受】 shòushòu(授受). ¶政権の～ zhèngquán de shòushòu(政权的授受). ¶金銭の～ jīnqián de shòushòu(金钱的授受).

しゅじゅう【主従】 zhǔcóng(主从), zhǔpú(主仆).

しゅじゅつ【手術】 shǒushù(手术), kāidāo(开刀). ¶～はA博士の執刀で行われた shǒushù shì yóu A bóshì shīxíng de(手术是由A博士施行的). ¶彼は胃を～した tā dòngle wèi de shǒushù(他动了胃的手术). ¶～後の経過は良好だ shǒushù hòu de qíngkuàng liánghǎo(手术后的情况良好). ¶汚職の根を断つには思い切った～が必要だ wèile gēnchú tānzāng wǔbì, fēi dòng dà shǒushù bùkě(为了根除贪赃舞弊, 非动大手术不可).
¶～着 shǒushùyī(手术衣). ～室 shǒushùshì(手术室). ～台 shǒushùtái(手术台). 切開～ qiēkāi shǒushù(切开手术).

じゅじゅつ【呪術】 yāoshù(妖术), wūshù(巫术), fúzhòu(符咒).

しゅしょう【主将】 duìzhǎng(队长). ¶バレーボールチームの～ páiqiúduì duìzhǎng(排球队队长).

しゅしょう 1【主唱】 ¶この運動の～者は彼だ zhè xiàng yùndòng de chàngdǎozhě shì tā(这项运动的倡导者是他).

2【首唱】 shǒuchàng(首倡). ¶この説はA博士の～したものだ zhège xuéshuō shì A bóshì shǒuchàng de(这个学说是A博士首倡的).

しゅしょう【首相】 shǒuxiàng(首相). ¶～官邸 shǒuxiàng guāndǐ(首相官邸).

しゅしょう【殊勝】 ¶朝早くから勉強とは～な心掛けだ yídàzǎo qǐlai yònggōng kě zhēn zhíde biǎoyáng(一大早起来用功可真值得表扬). ¶彼は～にも自分がすると言った tā shuō zìjǐ qù gàn, jīngshén kě jiā(他说自己去干, 精神可佳).

じゅしょう 1【受賞】 huòjiǎng(获奖), shòujiǎng(受奖), déjiǎng(得奖), shòushǎng(受赏). ¶彼は最優秀賞を～した tā huòdéle zuì yōuxiù jiǎng(他获得了最优秀奖). ¶ノーベル賞の～者 Nuòbèi'ěr jiǎngjīn huòdézhě(诺贝尔奖金获得者).

2【授賞】 shòujiǎng(授奖), fājiǎng(发奖). ¶～式 shòujiǎng yíshì(授奖仪式).

しゅしょく【主食】 zhǔshí(主食). ¶日本人は米を～としている Rìběnrén yǐ dàmǐ wéi zhǔshí(日本人以大米为主食).

しゅしょく【酒色】 jiǔsè(酒色). ¶彼は～に溺れて身を滅ぼした tā chénnì yú jiǔsè huǐle zìjǐ(他沉溺于酒色毁了自己). ¶～に耽ける chénmiǎn jiǔsè(沉湎酒色).

しゅしん【主審】 zhǔcáipàn(主裁判); zǒngcáipàn(总裁判), cáipànzhǎng(裁判长).

しゅじん【主人】 1〔雇主〕gùzhǔ(雇主), zhǔrén(主人), zhǔzi(主子); 〔店主〕lǎobǎn(老板), zhǎngguì(掌柜), dōngjiā(东家).

2〔戸主〕dāngjiāde(当家的), jiāzhǎng(家长),

jiāzhǔ(家主). ¶一家の～ともなると責任重大だ dāng yì jiā zhī zhǔ dànzi kě bù qīng a(做一家之主担子可不轻啊).

3【夫】zhàngfu(丈夫), xiānsheng(先生), àiren(爱人), zhǎngguì(掌柜). ¶御～は御在宅ですか nín àiren zài jiā ma?(您爱人在家吗?).

4【客に対して】zhǔrén(主人), dōngdào(东道), dōngdàozhǔ(东道主). ¶宴会の～役をつとめる zài yànhuì shang zuò zhǔrén(在宴会上做主人).

じゅしん【受信】jiēshōu(接收). ¶海外放送を～する jiēshōu hǎiwài guǎngbō(接收海外广播). ¶雑音が入って～できない zàoyīn tài dà, shōutīng bu dào(噪音太大, 收听不到). ¶電報の～人 diànbào de shōubàorén(电报的收报人).

¶～機 jiēshōujī(接收机)/ shōubàojī(收报机). ／～局 jiēshōuzhàn(接收站).

しゅじんこう【主人公】zhǔréngōng(主人公), zhǔrénwēng(主人翁). ¶映画の～ yǐngpiàn de zhǔréngōng(影片的主人公).

¶女～ nǚzhǔréngōng(女主人公).

しゅす【繻子】chóuzi(绸子).

じゅず【数珠】niànzhū[r](念珠[儿]), shùzhū[r](数珠[儿]), fózhū[r](佛珠[儿]). ¶～をつまぐる qiā niànzhūzi(掐念珠). ¶罪人がつなぎにつながれて行く fànrén bǎngchéng yí chuànr bèi yājiè guoqu(犯人绑成一串儿被押解过去). ¶信号待ちで車が～つなぎになった yīnwei děng xìnhào qìchē liánchéng chuànr le(因为等信号汽车连成串儿了).

しゅずみ【朱墨】zhūmò(朱墨).

しゅせい【守勢】shǒushì(守势). ¶我がチームは終始～に立たされた wǒduì shǐzhōng chǔyú shǒushì(我队始终处于守势).

じゅせい 1【受精】shòujīng(受精). ¶～卵 shòujīngluǎn(受精卵).

2【授精】shòujīng(授精). ¶人工～ réngōng shòujīng(人工授精).

しゅせいぶん【主成分】zhǔyào chéngfèn(主要成分).

しゅせき【主席】zhǔxí(主席).

しゅせき【首席】shǒuxí(首席). ¶彼は高校を～で卒業した tā zài gāozhōng yǐ dìyīmíng bìle ye(他在高中以第一名毕了业).

¶～全権 shǒuxí quánquán dàibiǎo(首席全权代表).

しゅせきさん【酒石酸】jiǔshísuān(酒石酸).

しゅせん【主戦】¶～論を唱える zhǔzhāng zhǔzhànlùn(主张主战论).

¶～投手 zhǔlì tóushǒu(主力投手).

しゅせんど【守銭奴】shǒucáinú(守财奴), kāncáinú(看财奴).

じゅぞう【受像】jiēshōu túxiàng(接收图像). ¶テレビ放送を～する jiēshōu diànshì guǎngbō(接收电视广播).

¶～機 diànshì jiēshōujī(电视接收机)/ diànshìjī(电视机).

しゅぞく【種族】zhǒngzú(种族).

しゅたい【主体】zhǔtǐ(主体). ¶青年を～にした団体 yǐ qīngnián wéi zhǔtǐ de tuántǐ(以青年为主体的团体). ¶～的に問題に取り組む jījí de chǔlǐ wèntí(积极地处理问题). ¶各人の～性を尊重する zūnzhòng gè rén de zhǔdòngxìng(尊重各人的主动性).

しゅだい【主題】zhǔtí(主题). ¶解放闘争を～にした作品 yǐ jiěfàng dòuzhēng wéi zhǔtí de zuòpǐn(以解放斗争为主题的作品).

¶～歌 zhǔtígē(主题歌).

じゅたい【受胎】shòutāi(受胎), shòuyùn(受孕). ¶～告知 shèngmǔ lǐngbào(圣母领报). ～調節 jiéyù(节育)/ jiézhì shēngyù(节制生育)/ jìhuà shēngyù(计划生育).

じゅたく【受託】shòutuō(受托).

じゅだく【受諾】chéngnuò(承诺), yìngnuò(应诺), dāying(答应), yìngchéng(应承), chéngyìng(承应). ¶役員就任を～する chéngnuò jiùrèn gànshì(承诺就任干事). ¶組合の要求を～する jiēshòu gōnghuì de yāoqiú(接受工会的要求).

しゅだん【手段】shǒuduàn(手段). ¶言葉はコミュニケーションの～である yǔyán shì biǎodá yìsi, jiāoliú sīxiǎng de shǒuduàn(语言是表达意思, 交流思想的手段). ¶これより他にとるべき～がなかった chú cǐ ér wài méiyǒu bié de fāngfǎ(除此而外没有别的方法). ¶彼は目的を達するためには～を選ばない tā wèile dádào mùdì bùzé shǒuduàn(他为了达到目的不择手段).

しゅちゅう【手中】shǒu zhōng(手中), shǒu li(手里). ¶堅固な要塞もついに我が～に帰した jiāngù de yàosài yě zhōngyú luò zài wǒfāng shǒu zhōng(坚固的要塞也终于落在我方手中).

じゅちゅう【受注】¶～してから10日以内に納品する jiēshòu dìnghuò hòu, shí tiān nèi jiāohuò(接受订货后, 十天内交货).

しゅちょう【主張】zhǔzhāng(主张). ¶被告は無罪を～した bèigào shēnsù zìjǐ wú zuì(被告申诉自己无罪). ¶話合いによる解決を～する zhǔzhāng tōngguò tánpàn jiějué(主张通过谈判解决). ¶労働者側の～が通った láofāng de zhǔzhāng bèi cǎinà le(劳方的主张被采纳了). ¶彼の～の正しさが事実で証明された shìshí zhèngmíng tā de zhǔzhāng zhèngquè(事实证明他的主张正确).

しゅちょう【首長】¶地方自治体の～ dìfāng zìzhìtǐ de shǒuxí zhǎngguān(地方自治体的首席长官).

じゅつ【術】¶あいつは保身の～にたけている nà jiāhuo shànyú míngzhé-bǎoshēn(那家伙善于明哲保身).

しゅつえん【出演】chūyǎn(出演), yǎnchū(演出), chūtái(出台), chūchǎng(出场). ¶国立劇場に～する zài guólì jùchǎng yǎnchū(在国立剧场演出). ¶テレビ番組に～した zài diànshì jiémù zhōng chūchǎng le(在电视节目中出场了). ¶彼女が初～した映画が話題になった tā pāi de dìyī bù diànyǐng chéngle huàtí(她拍的第一部电影成了话题).

¶～契約 piànyuē(片约). ～者 chūchǎng yǎnyuán(出场演员).

しゅっか【出火】 qǐhuǒ(起火), shīhuǒ(失火), zháohuǒ(着火). ¶～の原因はストーブの火の不始末であった qǐhuǒ de yuányīn shì méi xīmiè lúhuǒ(起火的原因是没熄灭炉火). ¶～した場所はふだん火の気のないところだった qǐhuǒchù shì píngcháng méiyǒu huǒxīng de dìfang(起火处是平常没有火星的地方). ¶台所から～した yóu chúfáng qǐhuǒ le(由厨房起火了).

しゅっか【出荷】 chūhuò(出货), chūchǎng(出厂), shàngshì(上市). ¶工場から～する yóu gōngchǎng chūhuò(由工厂出货). ¶天候不良で野菜の～が少ない yóuyú tiānqì bù hǎo shūcài shàngshìliàng shǎo(由于天气不好蔬菜上市量少).

¶～量 chūhuòliàng(出货量)/ shàngshìliàng(上市量).

じゅっかい【述懐】 shùhuái(述怀); zhuīhuái(追怀), zhuīshù(追述), zhuīxù(追叙). ¶彼は当時を振り返ってしみじみと～した tā huígù wǎngshì, qīngxīn zhuīshù(他回顾往事,倾心追述).

しゅっかん【出棺】 chūbìn(出殡), chūsāng(出丧), qǐlíng(起灵). ¶～は午後2時です xiàwǔ liǎng diǎn qǐlíng(下午两点起灵).

しゅつがん【出願】 shēnqǐng(申请). ¶特許を～する shēnqǐng zhuānlìquán(申请专利权). ¶～期限が切れた shēnqǐng qīxiàn guò le(申请期限过了).

しゅっきん【出金】 ¶～伝票 fùchū chuánpiào(付出传票).

しゅっきん【出勤】 chūqín(出勤), shàngbān(上班). ¶毎朝8時に～する měitiān zǎoshang bā diǎn shàngbān(每天早上八点上班). ¶～の途中で子供を託児所にあずける shàngbān de túzhōng bǎ háizi sòngdào tuō'érsuǒ(上班的途中把孩子送到托儿所). ¶冬は～時間を30分遅らせる dōngjì shàngbān shíjiān tuīchí sānshí fēnzhōng(冬季上班时间推迟三十分钟).

¶～簿 kǎoqínbù(考勤簿). 休日～ jiàrì chūqín(假日出勤).

しゅっけ【出家】 chūjiā(出家); [人] chūjiārén(出家人). ¶頭を丸めて～する tìdù chūjiā(剃度出家).

しゅつげき【出撃】 chūjī(出击). ¶空母から～する yóu hángkōng mǔjiàn chūjī(由航空母舰出击). ¶～の命令を受けた jiēdàole chūjī de mìnglìng(接到了出击的命令).

しゅっけつ【出欠】 ¶～をとる diǎnmíng(点名). ¶次の会合の～をしらべる liǎojiě xiàcì huìyì de chūxí yǔ fǒu(了解下次会议的出席与否).

しゅっけつ【出血】 chūxuè(出血), chū xiě(出血). ¶歯茎から～した yáchuáng chū xiě le(牙床出血了). ¶～が止らない chūxuè bùzhǐ(出血不止). ¶～多量のため死んだ yóuyú chūxuè guòduō sǐ le(由于出血过多死了). ¶～大サービス xīshēng xuèběn dà shuǎimài(牺牲血本大甩卖).

しゅつげん【出現】 chūxiàn(出现). ¶救世主が～した chūxiànle jiùshìzhǔ(出现了救世主). ¶新人の～を待つ pànwàng xīnrén de chūxiàn(盼望新人的出现).

じゅつご【述語】 wèiyǔ(谓语), shùyǔ(述语).

じゅつご【術語】 shùyǔ(术语).

しゅっこう【出向】 ¶子会社に～する bèi diàopài dào zǐgōngsī(被调派到子公司).

しゅっこう【出航】 chūháng(出航), qǐháng(起航). ¶船は来週上海へ向けて～する chuán xiàxīngqī xiàng Shànghǎi chūháng(船下星期向上海出航). ¶霧のため飛行機は～を延ばした yóuyú dà wù fēijī yánchí qǐfēi(由于大雾飞机延迟起飞).

しゅっこう【出港】 chūkǒu(出口), chūgǎng(出港). ¶船は明朝8時に横浜港を～する chuán míngchén bā diǎn chū Héngbīngǎng(船明晨八点出横滨港).

じゅっこう【熟考】 shúsī(熟思). ¶～の末その申出を断った jīngguò fǎnfù kǎolǜ hòu xièjuéle duìfāng de tíyì(经过反复考虑后谢绝了对方的提议). ¶そのことはよく～してから決めたい nà jiàn shì wǒ xiǎng hǎohǎo kǎolǜ hòu zài juédìng(那件事我想好好考虑后再决定).

しゅっこく【出国】 chūjìng(出境), líjìng(离境), chūguó(出国). ¶～手続 chūjìng shǒuxù(出境手续).

しゅつごく【出獄】 chūyù(出狱). ¶刑期を終えて～した fúmǎn xíngqī chūle(服满刑期出了狱).

¶仮～ jiǎshì(假释)/ jiǎchūyù(假出狱).

しゅっこんそう【宿根草】 sùgēn zhíwù(宿根植物).

じゅっさく【術策】 jìcè(计策), quánshù(权术), huāzhāo[r](花招[儿]), guǐjì(诡计). ¶～を弄する wànnòng quánshù(玩弄权术)/ shuǎ huāzhāor(耍花招ㇽ).

しゅっさつ【出札】 ¶～係 shòupiàoyuán(售票员). ～口 shòupiào chuāngkǒu(售票窗口).

しゅっさん【出産】 shēngchǎn(生产), chūshēng(出生), xiàshēng(下生), luòshēng(落生). ¶妻は無事男児を～した qīzi píng'ān wúshì de shēngle érzi(妻子平安无事地生了儿子).

¶～祝 chūshēng hèlǐ(出生贺礼). ～休暇 chǎnjià(产假). ～予定日 yùchǎnqī(预产期).

しゅっし【出資】 chūzī(出资). ¶新しい事業に500万円～した duì xīn de shìyè tóuzīle wǔbǎi wàn rìyuán(对新的事业投资了五百万日元). ¶友人と共同～で新会社を設立した hé péngyou gòngtóng tóuzī chuàngbànle xīn gōngsī(和朋友共同投资创办了新公司).

¶～額 chūzī'é(出资额). ～者 chūzīzhě(出资者).

しゅっしゃ【出社】 ¶彼は今日は～しておりません tā jīntiān méi lái shàngbān(他今天没来上班).

しゅっしょ【出所】 **1**〔でどころ〕chūchù(出处). ¶引用文の～を明らかにする zhùmíng yǐnwén de chūchù(注明引文的出处). ¶～不明の金

は受け取れない láilù bùmíng de jīnqián bùnéng jiēshòu(来路不明的金钱不能接受).
2〖出獄〗chūyù(出狱).

しゅっしょう〖出生〗chūshēng(出生), chūshì(出世), jiàngshēng(降生), jiàngshì(降世).¶昨夜男児〜 zuówǎn shēngle nánhái(昨晚生了男孩).¶〜の地 chūshēngdì(出生地).
¶〜届 bào chūshēng hùkǒu(报出生户口).〜率 chūshēnglǜ(出生率).

しゅつじょう〖出場〗chūchǎng(出场), cānjiā(参加), cānsài(参赛).¶アジア大会に〜する cānjiā Yàyùnhuì(参加亚运会).¶私はオリンピック〜が小さい時からの夢だった wǒ cóngxiǎo jiù chōngjǐng cānjiā Àoyùnhuì(我从小就憧憬参加奥运会).
¶〜者 cānsàizhě(参赛者)／cānsài xuǎnshǒu(参赛选手).初〜 chūcì cānsài(初次参赛).

しゅっしょく〖出色〗chūsè(出色).¶作品は〜の出来栄えであった zuòpǐn fēicháng chūsè(作品非常出色).

しゅっしん〖出身〗chūshēn(出身).¶彼の〜は北海道だ tā chūshēng zài Běihǎidào(他出生在北海道).¶彼は労働者〜だ tā shì gōngrén chūshēn(他是工人出身).¶農村〜の青年 nóngcūn chūshēn de qīngnián(农村出身的青年).¶あの人は京都大学の〜だ tā shì Jīngdū dàxué de bìyèshēng(他是京都大学的毕业生).
¶〜校 mǔxiào(母校).〜地 chūshēngdì(出生地).

しゅつじん〖出陣〗chūzhèn(出阵).¶兵を率いて〜する shuài zhànshì chūzhèn(率战士出阵).

しゅっすい〖出水〗fāshuǐ(发水).¶この一帯は雨が降るたびに〜する zhè yídài měiféng xiàyǔ jiù fāshuǐ(这一带每逢下雨就发水).

しゅっせ〖出世〗¶彼はまたたくまに部長に〜した tā píngbù qīngyún yíxiàzi jiù chéngle bùzhǎng(他平步青云一下子就成了部长).¶あんな奴が大臣とは大した〜だ tā nà zhǒng rén dāngle dàchén kě zhēn shì fāle jiā(他那种人当了大臣可真是发了迹啊).¶私の級友で彼が〜頭だ zài wǒ tóngbānshēng li shǔ tā zuì yǒu chūxi le(在我同班生里数他最有出息了).
¶これが彼の〜作だ zhè jiùshì tā chéngmíng de zuòpǐn(这就是他成名的作品).

しゅっせい〖出征〗chūzhēng(出征).¶若者は皆〜した qīngnián quán chūzhēng le(青年全出征了).
¶〜兵士 chūzhēng de zhànshì(出征的战士).

しゅっせき〖出席〗chūxí(出席), dàochǎng(到场).¶送別会には 100 人以上が〜した huānsònghuì yǒu yìbǎi duō rén chūxí(欢送会有一百多人出席).¶明日の会合は都合で〜できない míngtiān de huì wǒ yǒu shì chūxí bu liǎo(明天的会我有事出席不了).¶パーティーにぜひ御〜下さい wǎnhuì qǐng nín yídìng chūxí(晚会请您一定出席).¶A 博士を仰ぐ qǐng A bóshì guānglín(请 A 博士光临).¶〜をとる diǎnmíng(点名).¶近頃学生の〜がよくない jìnlái xuésheng de chūqín qíngkuàng bù hǎo(近来学生的出勤情况不好).
¶〜者 chūxízhě(出席者)／yùhuìzhě(与会者).〜簿 diǎnmíngbù(点名簿).

しゅつだい〖出題〗chū tí(出题).¶教科書以外からも〜する jiàokèshū yǐwài yě chū tí(教科书以外也出题).¶今度の試験は〜範囲が広い zhè cì kǎoshì chū tí fànwéi hěn guǎng(这次考试出题范围广).

じゅっちゅう〖術中〗¶敵の〜に陥った zhòngle dírén de jìcè(中了敌人的计策)／shàngle dírén de dàng(上了敌人的当).

しゅっちょう〖出張〗chūchāi(出差), gōngchū(公出).¶福岡へ〜する chūchāi dào Fúgāng(出差到福冈).¶彼は仕事の関係で〜が多い tā yóuyú gōngzuò shang de guānxi cháng chūchāi(他由于工作上的关系常出差).¶海外〜を命ぜられた fèngmìng chūchāi dào hǎiwài(奉命出差到海外).
¶〜旅費 chāilǚfèi(差旅费).

しゅっちょう〖出超〗chūchāo(出超).

しゅってい〖出廷〗chūtíng(出庭), dào'àn(到案).¶証人として〜した zuòwéi zhèngrén chūtíng(作为证人出庭).

しゅってん〖出典〗chūchù(出处), chūdiǎn(出典).¶引用文の〜を明らかにする zhùmíng yǐnwén de chūchù(注明引文的出处).

しゅつど〖出土〗chūtǔ(出土).¶遺跡から〜した土器 cóng yíjì chūtǔ de tǎqì(从遗迹出土的土器).
¶〜品 chūtǔ wénwù(出土文物).

しゅっとう〖出頭〗¶裁判所に〜する yìng chuánhuàn qiánwǎng fǎyuàn(应传唤前往法院).¶本人の〜を命ずる chuánhuàn běnrén qiánlái(传唤本人前来).¶警察に〜を求められる shòudào gōng'ānjú de chuánhuàn(受到公安局的传唤).

しゅつどう〖出動〗chūdòng(出动).¶警官の〜を要請する qǐngqiú jǐngchá chūdòng(请求警察出动).¶昨夜の大火で数十台の消防自動車が〜した zuówǎn yì cháng dà huǒ chūdòngle hǎo jǐshí liàng jiùhuǒchē(昨晚一场大火出动了好几十辆救火车).

しゅつにゅう〖出入〗chūrù(出入).¶一般の〜を禁ずる jìnzhǐ yìbānrén chūrù(禁止一般人出入).
¶〜国管理令 chūrùjìng guǎnlǐlìng(出入境管理令).

しゅつば〖出馬〗chūmǎ(出马).¶社長の〜を要請する qǐngqiú zǒngjīnglǐ chūmǎ(请求总经理出马).¶大統領選挙に〜する cānjiā zǒngtǒng jìngxuǎn(参加总统竞选).

しゅっぱつ〖出発〗chūfā(出发), shànglù(上路), dòngshēn(动身), qǐshēn(起身), qǐchéng(起程·启程), lǚchéng(登程).¶彼は明日中国へ〜する tā míngtiān dòngshēn qiánwǎng Zhōngguó(他明天动身前往中国).¶〜の時刻が迫っている chūfā shíjiān pòjìn(出发时间迫近).¶天候不良で飛行機の〜が遅れている yóuyú tiānqì bù hǎo, fēijī de qǐfēi tuīchí le(由于天气不好,飞机的起飞推迟了).¶君の

考えは~点から間違っている nǐ de xiǎngfa chūfādiǎn jiù bú duìtóu (你的想法出发点就不对头).

しゅっぱん【出帆】 chūháng (出航), qǐmáo (起锚). ¶この船はサンフランシスコへ向け明日~する zhè zhī lúnchuán míngtiān kāiwǎng Jiùjīnshān (这只轮船明天开往旧金山).

しゅっぱん【出版】 chūbǎn (出版), chū (出). ¶言論~の自由 yánlùn chūbǎn de zìyóu (言论出版的自由). ¶彼の論文が~された tā de lùnwén ˇchūbǎn[chū]ˇ le (他的论文ˇ出版[出]了). ¶詩集を自費で~する zìfèi ˇchūbǎn[chū]ˇ shījí (自费ˇ出版[出]诗集). ¶限定~なので早目に予約して下さい cǐ shū xiànliàng chūbǎn, qǐng zǎorì yùyuē (此书限量出版, 请早日预约).

¶~権 chūbǎnquán (出版权). ~社 chūbǎnshè (出版社). ~部数 chūbǎn bùshù (出版部数). ~物 chūbǎnwù (出版物).

しゅっぴ【出費】 kāizhī (开支), kāixiao (开销), huāfei (花费), huāxiao (花消), yòngxiàng (用项), yòngdù (用度), zhīchū (支出), chūxiàng (出项), chūzhàng (出账). ¶新学期なので何かと~がかさむ dàole xīn xuéqī, zhège nàge de huāfei dà (到了新学期, 这个那个的花费大). ¶不時の~に備えて積み立てる zǎnqián yǐ bèi bùshí zhī xū (攒钱以备不时之需).

しゅっぴん【出品】 cānzhǎn (参展), cānsài (参赛). ¶国際見本市に~する zài guójì shāngpǐn jiāoyìhuì zhǎnchū chǎnpǐn (在国际商品交易会展出产品). ¶初~で入賞した作品が賞をとった chūcì cānsài zuòpǐn jiù huò jiǎng le (初次参赛作品就获奖了).

しゅっぺい【出兵】 chūbīng (出兵). ¶1965年アメリカはベトナムに~した yī jiǔ liù wǔ nián Měiguó xiàng Yuènán chūbīng le (一九六五年美国向越南出兵了).

しゅつぼつ【出没】 chūmò (出没). ¶近頃このあたりで空巣が~している jìnlái zhè fùjìn báirìzhuàng chūmò wúcháng (近来这附近白日撞出没无常). ¶麓の村に食べ物を求めて熊が~する shānjiǎo xià de cūnzili yǒu dǎshí de gǒuxióng chūmò (山脚下的村子里有打食儿的狗熊出没).

しゅっぽん【出奔】 chūbēn (出奔), chūzǒu (出走). ¶国元を~した líkāi gùxiāng chūbēn (离开故乡出奔)/ chūbēn tāxiāng (出奔他乡).

しゅつりょう 1【出猟】 chūliè (出猎).
2【出漁】 chūhǎi dǎyú (出海打鱼). ¶北太平洋へさけますを追って~する chū chuán dào Běi Tàipíngyáng bǔ guīyú, zūnyú (出船到北太平洋捕鲑鱼、鳟鱼).

しゅつりょく【出力】 shūchū (输出), shūchū gōnglǜ (输出功率). ¶~30万キロワットの発電機 shūchū gōnglǜ sānshí wàn qiānwǎ de fādiànjī (输出功率三十万千瓦的发电机).

しゅと【首都】 shǒudū (首都), jīnghuá (京华), guódū (国都).

しゅとう【種痘】 zhòngdòu (种痘), zhòngniúdòu (种牛痘), zhònghuā[r] (种花[儿]).

しゅどう【手動】 shǒudòng (手动), shǒuyáo (手摇). ¶~ウインチ shǒudòng jiǎochē (手动绞车). ~式ポンプ shǒuyáobèng (手摇泵)/ shǒulì jītǒng (手力唧筒). ~ブレーキ shǒuzhá (手闸).

じゅどう【受動】 bèidòng (被动). ¶彼は~的な態度に終始していた tā shǐzhōng cǎiqǔ bèidòng tàidu (他始终采取被动态度).

¶~態 bèidòngtài (被动态).

しゅどうけん【主導権】 zhǔdòngquán (主动权); lǐngdǎoquán (领导权). ¶~を握る zhǎngwò zhǔdòngquán (掌握主动权). ¶両派の間で~争いが演じられた liǎngpài zhī jiān zhǎnkāile lǐngdǎoquán de zhēngduó (两派之间展开了领导权的争夺).

しゅとく【取得】 qǔdé (取得), huòdé (获得). ¶免許状を~する qǔdé zhízhào (取得执照). ¶採掘の権利を~する huòdé kāicǎiquán (获得开采权).

じゅなん【受難】 shòunàn (受难). ¶キリストの~ Jīdū de shòunàn (基督的受难).

しゅにく【朱肉】 zhūsè yìnní (朱色印泥).

じゅにゅう【授乳】 wèi nǎi (喂奶), bǔrǔ (哺乳). ¶1日に6回~する yì tiān wèi liù cì nǎi (一天喂六次奶).

¶~期 bǔrǔqī (哺乳期).

しゅにん【主任】 zhǔrèn (主任). ¶~弁護士 shǒuxí lǜshī (首席律师). 現場~ gōngdì zhǔrèn (工地主任). 数学科~ shùxué jiàoyánzǔ zhǔrèn (数学教研组主任).

しゅのう【首脳】 shǒunǎo (首脑), lǐngdǎo (领导). ¶~会談 shǒunǎo huìtán (首脑会谈). ~部 lǐngdǎo jīguān (领导机关)/ lǐngdǎo bānzi (领导班子). 政府~ zhèngfǔ shǒunǎo (政府首脑).

しゅのう【受納】 ¶ほんの気持だけですがどうぞ御~下さい zhè shì xiǎoxiǎo de xīnyì, qǐng shōuxia ba (这是小小的心意, 请收下吧).

しゅはん【主犯】 zhǔfàn (主犯), shǒufàn (首犯).

しゅはん【首班】 ¶内閣の~ nèigé zǒnglǐ (内阁总理). ¶国会で~指名を行う zài guóhuì jìnxíng shǒuxiàng tímíng (在国会进行首相提名).

しゅび【守備】 shǒubèi (守备), shǒuwèi (守卫), fángshǒu (防守), fángbèi (防备). ¶国境を~する shǒuwèi guójìng (守卫国境). ¶~を固める gǒnggù fángshǒu (巩固防守).

¶~隊 shǒubèi bùduì (守备部队).

しゅび【首尾】 1 shǒuwěi (首尾). ¶この文章は~一貫していない zhè piān wénzhāng shǒuwěi bù yíguàn (这篇文章首尾不相符). ¶彼の主張は~一貫している tā de zhǔzhāng shǒuwěi yíguàn (他的主张首尾一贯).

2【なりゆき】 ¶~を案ずる dānxīn qí jiéguǒ (担心其结果). ¶~は上々だ bàn de tǐng shùnlì (办得挺顺利)/ yì fān fēng shùn (一帆风顺).

¶~よく試験に通った shùnlì de tōngguòle kǎoshì (顺利地通过了考试).

じゅひ【樹皮】 shùpí (树皮).

しゅひつ【主筆】 zhǔbǐ (主笔).

しゅひつ【朱筆】 zhūbǐ(朱笔).¶～を入れる yòng zhūbǐ gǎizhèng(用朱笔改正).

じゅひょう【樹氷】 wùsōng(雾凇), yǔsōng(雨凇), shùguà(树挂), bīnghuā(冰花), bīngguà(冰挂).

しゅひん【主賓】 zhǔbīn(主宾).¶～として挨拶に立った zuòwéi zhǔbīn zhìlc cí(作为主宾致了辞).

しゅふ【主婦】 zhǔfù(主妇), jiātíng fùnǚ(家庭妇女).

しゅふ【首府】 shǒudū(首都).

シュプール ¶雪の上に美しい～を描く zài xuěyuán shang miáohuì měilì de huáxuě yìnjì(在雪原上描绘美丽的滑雪印迹).

シュプレヒコール ¶～をする qí hǎn kǒuhào(齐喊口号).

しゅぶん【主文】 zhǔwén(主文).判決の～ pànjuéshū de zhǔwén(判决书的主文).

じゅふん【受粉】 shòufěn(受粉); shòufěn(授粉).自家～ zìhuā chuánfěn(自花传粉).人工～ réngōng shòufěn(人工授粉).他家～ yìhuā chuánfěn(异花传粉).

しゅほう【手法】 shǒufǎ(手法).¶水墨画の～ shuǐmòhuà de shǒufǎ(水墨画的手法).¶彼は今度の作品で新しい～を試みた tā zài zhè cì de zuòpǐn shang shìyòngle xīn de shǒufǎ(他在这次的作品上试用了新的手法).

しゅほう【主峰】 zhǔfēng(主峰).¶ヒマラヤの～エベレスト Xǐmǎlāyǎ Shān de zhǔfēng Zhūmùlǎngmǎ Fēng(喜马拉雅山的主峰珠穆朗玛峰).

しゅほう【主砲】 zhǔpào(主炮).

しゅぼう【首謀】 zhǔmóu(主谋), shǒu'è(首恶).¶反乱の～者 pànluàn de zhǔmóu(叛乱的主谋).

しゅみ【趣味】 àihào(爱好), xìngqù(兴趣), shìhào(嗜好), zhìqù(志趣).¶音楽が私の～だ yīnyuè shì wǒ de àihào(音乐是我的爱好).¶彼は～が広い tā de àihào hěn guǎng(他的爱好很广).¶君とはどうも～が合わない wǒ juéde gēn nǐ de zhìqù bù xiāngtóu(我觉得跟你的志趣不相投).¶私は近頃骨董に～を持つようになった xīnjìn wǒ duì gǔdǒng fāshēngle xìngqù(新近我对古董发生了兴趣).¶彼は仕事以外には何の～もない tā chúle gōngzuò yǐwài háo wú shìhào(他除了工作以外毫无嗜好).¶この家の調度品は～が悪い zhè jiā de bǎishè hěn bù yǎzhì[sú bù kě nài](这家的摆设很不雅致[俗不可耐]).¶彼女は～のいい服装をしている tā chuānzhuó hěn yǎzhì(她穿着很雅致).¶この絵は私の～に合わない zhè zhāng huà bú duì wǒ de 'kǒuwèi[wèikǒu](这张画不对我的'口味[胃口]).

シュミーズ chènqún(衬裙).

じゅみょう【寿命】 shòumìng(寿命).¶～が尽きる shòushu yǐ jìn(寿数已尽)/ shòu zhōng zhèng qǐn(寿终正寝).¶病人はあと半年の～だそうだ tīngshuō bìngrén zhǐ yǒu bànnián de shòumìng le(听说病人只有半年的寿命了).¶彼は酒で～を縮めた tā yīn jiǔ suōduǎnle shòumìng(他因酒缩短了寿命).¶～が縮まるほどびっくりした zhēn zài xiàsǐ rén le(简直要吓死人了).¶日本人の平均～は年々のびている Rìběnrén de píngjūn shòumìng yì nián bǐ yì nián cháng(日本人的平均寿命一年比一年长).¶この車はそろそろ～だ zhè liàng qìchē kànlai yào bàoxiāo le(这辆汽车看来要报销了).¶この蛍光灯は～がきた zhège yíngguāngdēng shòumìng yǐ dào(这个荧光灯寿命已到).

しゅもく【種目】 xiàngmù(项目).¶彼は陸上競技の3～に優勝した tā zài tiánjìngsài de sān ge xiàngmù zhōng huòdéle dìyīmíng(他在田径赛的三个项目中获得了第一名).¶営業～ yíngyè xiàngmù(营业项目).

じゅもく【樹木】 shùmù(树木).

じゅもん【呪文】 zhòu(咒), zhòuyǔ(咒语).¶～を唱える niànzhòu(念咒).

しゅやく【主役】 zhǔjué[r](主角[儿]).¶～を演ずる bànyǎn[chàng] zhǔjué(扮演[唱]主角).¶事件の～ shìjiàn de zhǔjué(事件的主角).

じゅよ【授与】 shòuyǔ(授予).¶卒業証書を～する shòuyǔ bìyè zhèngshū(授予毕业证书).¶彼はその論文によって学位を～された tā yǐ nà piān lùnwén bèi shòuyǔ xuéwèi(他以那篇论文被授予学位).

しゅよう【主要】 zhǔyào(主要).¶国の近代化に～な役割を果した wèi guójiā de xiàndàihuà qǐle zhǔyào zuòyòng(为国家的现代化起了主要作用).¶全国～都市 quánguó zhǔyào chéngshì(全国主要城市).¶～産業 zhǔyào chǎnyè(主要产业).～メンバー zhǔyào chéngyuán(主要成员).

しゅよう【腫瘍】 zhǒngliú(肿瘤), liú(瘤), liúzi(瘤子).¶悪性～ èxìng zhǒngliú(恶性肿瘤)/ dúliú(毒瘤).脳～ lúnèi zhǒngliú(颅内肿瘤)/ nǎoliú(脑瘤).

じゅよう【需要】 xūyào(需要), xūqiú(需求).¶～と供給の関係 gōngqiú guānxi(供求关系).¶電力の～が急激に伸びた diànlì de xūqiú jùzēng(电力的需求剧增).¶生産が～に追いつかない shēngchǎn gǎnbushàng xūqiú(生产赶不上需求).¶消費者の～を満たす mǎnzú xiāofèizhě de xūyào(满足消费者的需要).

しゅよく【主翼】 zhǔyì(主翼).

しゅら【修羅】 xiūluó(修罗).¶平和な町が一瞬にして～の巷(ちまた)と化した hépíng de shìzhèn zhuǎnshùn zhī jiān chéngle xuèròu héngfēi de 'xiūluóchǎng[ābí dìyù](和平的市镇转瞬之间成了血肉横飞的'修罗场[阿鼻地狱]).

シューラーフザック shuìdài(睡袋).

ジュラルミン yìnglǚ(硬铝), dùlǎlǚ(杜拉铝).

しゅらん【酒乱】 jiǔfēng(酒疯).¶彼は～の気(け)がある tā yǒu sājiǔfēng de máobing(他有点儿撒酒疯的毛病).

じゅり【受理】 shòulǐ(受理).¶申請書を～する shòulǐ shēngqǐngshū(受理申请书).¶会社は彼の辞表を～した gōngsī jiēshòule tā de cíchéng(公司接受了他的辞呈).

しゅりけん【手裏剣】 biāo(镖), fēibiāo(飞镖).

じゅりつ【樹立】 shùlì (树立), jiànlì (建立). ¶革命政権を～する jiànlì gémìng zhèngquán (建立革命政权). ¶O 選手は驚異的な新記録を～した O xuǎnshǒu chuàngzàole jīngrén de xīn jìlù (O 选手创造了惊人的新记录).

しゅりゅう【主流】 zhǔliú (主流), gànliú (干流). ¶これがミシシッピ川の～だ zhè jiùshì Mìxīxībǐhé de zhǔliú (这就是密西西比河的主流). ¶この説が学界の～となった zhège xuéshuō chéngle xuéshùjiè de zhǔliú (这个说法成了学术界的主流).
¶～派 zhǔliúpài (主流派).

しゅりゅうだん【手榴弾】 shǒuliúdàn (手榴弹). ¶～を投げる tóu shǒuliúdàn (投手榴弹).

しゅりょう【狩猟】 shòuliè (狩猎), dǎliè (打猎). ¶～期 shòuliè jìjié (狩猎季节). ¶～禁止区域 jìnlièqū (禁猎区).

しゅりょう【首領】 shǒulǐng (首领), kuíshǒu (魁首), tóumù (头目). ¶彼はあの一味の～だ tā shì nà yípài de shǒulǐng (他是那一派的首领). ¶盗賊の～ dàozéi tóumù [tóuzi] (盗贼头目[头子]).

しゅりょう【酒量】 jiǔliàng (酒量). ¶君は近頃～があがったようだね kànlai nǐ jìnlái jiǔliàng yuèláiyuè dà le (看来你近来酒量越来越大了).

じゅりょう【受領】 ¶一金 5 万円也, 右正に～致しました zī shōudào wǔwàn rìyuán zhěng wú wù (兹收到五万日元整无误)/ wǔwàn rìyuán yǐ shōuqì (五万日元已收讫).
¶～証 shōujù (收据)/ shōutiáor (收条儿).

しゅりょく【主力】 zhǔlì (主力). ¶復習に～をそそぐ bǎ zhǔyào lìliang fàng zài fùxí shang (把主要力量放在复习上). ¶敵軍の～にぶつかった yùshàngle díjūn zhǔlì (遇上了敌军主力).
¶～艦隊 zhǔlì jiànduì (主力舰队). ¶～戦闘機 zhǔlì zhàndòujī (主力战斗机).

じゅりん【樹林】 shùlín (树林), shùlínzi (树林子).

しゅるい【種類】 zhǒnglèi (种类), pǐnlèi (品类). ¶～の違う木がいろいろ植わっている zāizhe gèzhǒng bùtóng zhǒnglèi de shù (栽着各种不同种类的树). ¶同じ～の本をまとめて並べる bǎ tóngyī zhǒnglèi de shū bǎi zài yíqǐ (把同一种类的书摆在一起). ¶彼はいろいろな～の動物を飼っている tā sìyǎngzhe gèzhǒng-gèyàng de dòngwù (他饲养着各种各样的动物). ¶この店には世界中のあらゆる～の酒がある zhè jiā jiǔdiàn yǒu shìjiè suǒyǒu zhǒnglèi de jiǔ (这家酒店有世界所有种类的酒). ¶ここではこういう～の揉め事がしょっちゅうある zài zhèli nào zhè yí lèi jiūgē shì chángshì (在这里闹这一类纠葛是常事).

じゅれい【樹齢】 shùlíng (树龄).

シュレッダー ¶書類を～にかけて処分する bǎ wénshū fàngjìn sīsuìjī chǔlǐ (把文书放进撕碎机处理).

しゅれん【手練】 ¶～の早業で喝采を浴びた yǎnmíng shǒukuài shénsù miàojì bódé mǎntáng hècǎi (眼明手快神速妙技博得满堂喝彩).

しゅろ【棕櫚】 zōnglǘ (棕榈), zōngshù (棕树).

しゅわ【手話】 shǒuyǔ (手语), yǎyǔ (哑语).

しゅわき【受話器】 shòuhuàqì (受话器), tīngtǒng (听筒), ěrjī (耳机). ¶～をとって耳にあてる náqǐ tīngtǒng fàngdào ěrbiān (拿起听筒放到耳边).

しゅわん【手腕】 shǒuwàn (手腕). ¶難局の処理に～をふるう zài chǔlǐ kùnnan júmiàn shang dà xiǎn shēnshǒu (在处理困难局面上大显身手). ¶彼の政治的～は抜群だ tā de zhèngzhì shǒuwàn gāomíng wúbǐ (他的政治手腕高明无比). ¶彼はなかなかの一家だ tā zhège rén hěn yǒu shǒuwàn (他这个人很有手腕).

しゅん【旬】 yìngshí (应时), dānglìng (当令), pènr (喷儿). ¶さんまの～になった dàole chī qiūdāoyú de shíhou le (到了吃秋刀鱼的时候了). ¶～のものはやはりうまい dàodǐ shì yìngshí de dōngxi, chīzhe yǒu wèir (到底是应时的东西,吃着有味儿).

じゅん【純】 chún (纯), chúnzhēn (纯真). ¶彼女は～な心の持主だ tā de xīn chúnzhēn wú xié (她的心纯真无邪)/ tā xīndì chúnjié (她心地纯洁). ¶～日本風の料理 chún Rìběn fēngwèi de cài (纯日本风味的菜).

じゅん【順】 shùnxù (顺序), cìxù (次序), cìdì (次第). ¶事件の経過を～を追って考えてみよう bǎ shìjiàn de jīngguò àn shùnxù huígù yíxià (把事件的经过按顺序回顾一下). ¶背の高い～に並ぶ àn shēngāo de shùnxù páiliè (按身高的顺序排列). ¶御～にお繰り合せ下さい qǐng yīcì wǎng lǐ kào yì kào (请依次往里靠一靠). ¶先着～に受け付けます àn dàodá de xiānhòu shòulǐ (按到达的先后受理). ¶申込～に配布する ànzhe bàomíng de xiānhòu lái fēnfā (按着报名的先后来分发).
¶～不同 wèi àn míngcì páiliè (未按名次排列).

じゅん-【準】 ¶～会員 fēizhèngshì huìyuán (非正式会员)/ hòubǔ huìyuán (候补会员). ～加盟国 zhǔnjiāméngguó (准加盟国)/ fēizhèngshì jiāméngguó (非正式加盟国). ～決勝 bànjuésài (半决赛). ～準優勝 bànfùsài (半复赛). ～優勝 yàjūn (亚军).

じゅんい【順位】 míngcì (名次). ¶成績の～を発表する gōngbù chéngjì míngcì (公布成绩名次). ¶ほとんど同時にゴールインしたので～をつけにくい chàbuduō tóngshí zhuàngle xiàn, hěn nán dìng míngcì (差不多同时撞了线,很难定名次). ¶各チームの～争いが激しくなった gè duì míngcì zhēngduó gèng wéi jīliè (各队名次争夺更为激烈).

じゅんえき【純益】 jìnglì (净利), chúnlì (纯利). ¶1 か月で 500 万円の～をあげる yí ge yuè huò wǔbǎi wàn rìyuán chúnlì (一个月获五百万日元纯利).

じゅんえん【順延】 shùnyán (顺延). ¶雨天で～ yù yǔ shùnyán (遇雨顺延).

しゅんが【春画】 chūngōng (春宫), chūnhuà (春画).

じゅんか【純化】 chúnjié (纯洁), chúnjìng (纯

净), chúnhuà (纯化), jìnghuà (净化). ¶環境を~する jìnghuà huánjìng (净化环境).

じゅんかい【巡回】 xúnhuí (巡回). ¶巡査が管轄区域を~する jǐngchá zài guǎnxiá qūyù xúnluó (警察在管辖区域巡逻).
¶~公演 xúnhuí yǎnchū (巡回演出). ~診療 xúnhuí yīliáo (巡回医疗). ~図書館 xúnhuí túshūguǎn (巡回图书馆).

じゅんかつゆ【潤滑油】 rùnhuáyóu (润滑油). ¶クラブ内で彼が~の役を果している zài jùlèbù tā qǐzhe rùnhuáyóu de zuòyòng (在俱乐部他起着润滑油的作用).

しゅんかん【瞬間】 shùnjiān (瞬间), chànà (刹那), shùnxī (瞬息), éqǐng (俄顷). ¶その~手をのばして受け止めていた jiù zài zhè yíshùn, shēnshǒu jiēzhù le (就在这一瞬,伸手接住了).
¶はねられた~のことは何も分らない bèi zhuàng de nà yíshùnjiān de shìr wǒ quánrán bú jìde (被撞的那一瞬间的事我全然不记得). ¶その~には駆け出していた chànàjiān pǎochuqu le (刹那间跑出去了). ¶それは全く~の出来事だった nà shì yìzhǎyǎn gōngfu de shìqing (那是一眨眼工夫的事情). ¶~最大風速が50メートルを越えた shùnjiān zuìdà fēngsù chāoguò wǔshí mǐ (瞬间最大风速超过五十米). ~決定的の juédìngxìng de shùnjiān (决定性的瞬间).

じゅんかん【旬刊】 xúnkān (旬刊).

じゅんかん【循環】 xúnhuán (循环). ¶血液が体内を~する xuèyè zài tǐnèi xúnhuán (血液在体内循环). ¶運動は血液の~を促進する yùndòng cùjìn xuèyè xúnhuán (运动促进血液循环).
¶~器 xúnhuán qìguān (循环器官). ~小数 xúnhuán xiǎoshù (循环小数). ~論法 xúnhuán lùnzhèng (循环论证). 大~ tǐxúnhuán (体循环) / dàxúnhuán (大循环). 景気~ jǐngqì xúnhuán (景气循环). 市内~バス shìnèi huánxíng gōnggòng qìchē (市内环行公共汽车).

しゅんき【春季・春期】 chūnjì (春季). ¶~講習会 chūnjì jiǎngxíhuì (春季讲习会).

しゅんぎく【春菊】 tónghāo (茼蒿), tónghāocài (茼蒿菜), pénghāo (蓬蒿).

じゅんきょ【準拠】 zhǔn (准), yī (依), yījù (依据), yīzhào (依照). ¶法律に~して行う yī fǎ xíngshì (依法行事). ¶前例に~して処理する zhǔn qiánlì chǔlǐ (准前例处理).

じゅんきょう【殉教】 xùnjiào (殉教). ¶~者 xùnjiàozhě (殉教者).

じゅんきょう【順境】 shùnjìng (顺境). ¶~に育つ zài shùnlì de huánjìng zhōng zhǎngdà (在顺利的环境中长大).

じゅんぎょう【巡業】 jùtuán dào gèdì xúnhuí yǎnchū (剧团到各地巡回演出). ¶地方~ dìfāng xúnhuí yǎnchū (地方巡回演出).

じゅんきん【純金】 chúnjīn (纯金), chìjīn (赤金), zújīn (足金), zúchì (足赤).

じゅんぎん【純銀】 chúnyín (纯银), zúyín (足银).

じゅんぐり【順繰り】 shùncì (顺次), yīcì (依次). ¶~に前へ出て通信簿をもらう yīcì xiàng qián lǐng chéngjìdān (依次向前领成绩单). ¶~に当番をする lúnliú zhíbān (轮流值班).

じゅんけつ【純血】 ¶~種 chúnzhǒng (纯种).

じゅんけつ【純潔】 chúnjié (纯洁). ¶~な心 chúnjié de xīn (纯洁的心) / yí piàn bīng xīn (一片冰心).

しゅんげん【峻厳】 yánjùn (严峻), yánlì (严厉). ¶取調べは~をきわめた cháwèn jíqí yánlì (查问极其严厉).

しゅんこう【竣工】 jùngōng (竣工), wángōng (完工), wánjùn (完竣), gàojùn (告竣). ¶新校舎は~まぢかだ xīn xiàoshè jíjiāng jùngōng (新校舍即将竣工). ¶この大橋は3年後に~する予定です zhè zuò dà qiáo yùdìng zài sān nián hòu wángōng (这座大桥预定在三年后完工).
¶~式 jùngōng yíshì (竣工仪式).

じゅんさ【巡査】 jǐngchá (警察), xúnjǐng (巡警). ¶~派出所 jǐngchá pàichūsuǒ (警察派出所). 交通~ jiāotōng jǐngchá (交通警察).

じゅんさい【蓴菜】 chúncài (莼菜).

しゅんじ【瞬時】 shùnshí (瞬时), shàshí (霎时), chànà (刹那), shùnxī (瞬息), piànkè (片刻). ¶あの事は~も忘れられない nà jiàn shì piànkè yě wàngbuliǎo (那件事片刻也忘不了).

じゅんし【巡視】 xúnshì (巡视). ¶管内を~する xúnshì guǎnxiá dìqū (巡视管辖地区). ¶~船 xúnluótǐng (巡逻艇).

じゅんし【殉死】 xùnjié (殉节).

じゅんじ【順次】 shùncì (顺次), yīcì (依次). ¶結果は分り次第~発表します yídàn yǒu jiéguǒ jiù jiāng shùncì fābiǎo (一旦有结果就将顺次发表).

じゅんしゅ【順守・遵守】 zūnshǒu (遵守). ¶交通法規を~する zūnshǒu jiāotōng guīzé (遵守交通规则).

しゅんじゅう【春秋】 chūnqiū (春秋). ¶幾~を経た大木 jǐ jīng chūnqiū de jù shù (几经春秋的巨树). ¶~に富む chūnqiū zhèng fù (春秋正富).

しゅんじゅん【逡巡】 qūnxún (逡巡). ¶一度決心したからにはいざという時になって~するな yídàn xiàle juéxīn, jǐnyào guāntóu yě bùkě qūnxún bù qián (一旦下了决心,紧要关头也不可逡巡不前).

じゅんじゅん【諄諄】 zhūnzhūn (谆谆). ¶~と諭す zhūnzhūn jiàohuì (谆谆教诲).

じゅんじゅんに【順順に】 shùncì (顺次), yīcì (依次). ¶先生から~呼び出された āigèr bèi lǎoshījiào qù (挨个儿被老师叫了去). ¶出来上がったものから~並べる àn zuòwán de xiānhòu yīcì páiliè (按做完的先后依次排列).

じゅんじょ【順序】 shùnxù (顺序), cìxù (次序), chéngxù (程序). ¶ここに書いてある通りで~でやって下さい qǐng àn zhè shàngtou xiě de shùnxù jìnxíng (请按这上头写的顺序进行).

¶これでは~が逆だ zhèyàng cìxù jiù diāndǎo le (这样次序就颠倒了). ¶まず彼の意見を聞くのが~だろう zhàolǐ yīnggāi xiān tīng yi tīng tā de yìjiàn (照理应该先听一听他的意见). ¶よく並べる àn shùnxù páihǎo (按顺序排好). ¶～立てて述べる yǒutiáo-bùwěn de jiǎngshù (有条不紊地讲述). ¶～を踏んで国会に請願する yīzhào chéngxù xiàng guóhuì qǐngyuàn (依照程序向国会请愿).

じゅんじょう【純情】 chúnqíng (纯情). ¶～可憐な乙女 tiānzhēn kě'ài de shàonǚ (天真可爱的少女). ¶彼は～そのものだ tā chúnzhēn wú xié (他纯真无邪).

しゅんしょく【春色】 chūnsè (春色). ¶～正にたけなわ chūnsè fāng hān (春色方酣).

じゅんしょく【殉職】 xùnzhí (殉职). ¶その大火で消防士が～した zài nà cì dà huǒ zhōng yí ge xiāofángduìyuán xùnzhí le (在那次大火中一个消防队员殉职了).

¶～者 xùnzhízhě (殉职者).

じゅんしょく【潤色】 xuànrǎn (渲染). ¶実際を～して報告する bǎ shíjì qíngkuàng tiānzhījiāyè de bàogào shangqu (把实际情况添枝加叶地报告上去).

じゅんしん【純真】 chúnzhēn (纯真). ¶いつでも～な心を失わないでほしい yuàn yǒngyuǎn bù shīdiào chúnzhēn de xīn (愿永远不失掉纯真的心).

じゅんすい【純粋】 chúncuì (纯粹), chúnzhèng (纯正). ¶彼は～な北京語を話す tā shuō de shì 'chúncuì [dìdao/dàodì] de Běijīnghuà (他说的是'纯粹[地道/道地]的北京话). ¶彼は～な若者だ tā shì chúnzhēn wú xié de qīngnián (他是纯真无邪的青年). ¶彼の動機は～だった tā de dòngjī shì chúnzhèng de (他的动机是纯正的). ¶～に真理を追究する yìxīn-yíyì de zhuīqiú zhēnlǐ (一心一意地追求真理). ¶～なシェパード chúnzhǒng lángqǎu (纯种狼狗). ¶～のアルコール chúnjiǔjīng (纯酒精).

じゅん・ずる【殉ずる】 xùn (殉), xīshēng (牺牲). ¶国に～ずる xùnguó (殉国). ¶正義に～ずる wèi zhèngyì ér xīshēng (为正义而牺牲).

じゅん・ずる【準ずる】 zhǔn (准). ¶以下これに～ずる yǐxià yǐ cǐ wéi zhǔn (以下以此为准). ¶正社員に～じて扱う àn zhèngshì zhíyuán dàiyù (按正式职员待遇).

じゅんせい【純正】 chúnzhèng (纯正).

しゅんせつ【浚渫】 shūjùn (疏浚), xiūjùn (修浚). ¶湾内を～する shūjùn gǎngwān (疏浚港湾).

¶～作業 shūjùn zuòyè (疏浚作业). ～船 shūjùnchuán (疏浚船) / jùnníchuán (浚泥船).

じゅんぜん【純然】 ¶彼女は～たる北京っ子だ tā shì ge dìdao de Běijīngrén (她是个地道的北京人). ¶それは～たる個人的な問題にすぎない nà chúncuì shì gèrén de wèntí (那纯粹是个人的问题).

しゅんそく【駿足】 ¶彼は昔～をもって鳴らした tā guòqù yǐ fēimáotuǐ ér zhùmíng (他过去以飞毛腿而著名).

じゅんたく【潤沢】 fēngfù (丰富). ¶資金は～にある zījīn fēngfù (资金丰富).

じゅんちょう【順調】 shùnlì (顺利), shùndang (顺当), shùnchàng (顺畅). ¶工事が～に進めば今月いっぱいで完成する rúguǒ gōngchéng shùnlì jìnxíng, běnyuè dǐ jiù néng jùngōng (如果工程顺利进行,本月底就能竣工). ¶商売は～にいっている mǎimai hěn shùnlì (买卖很顺利). ¶その後の経過は～です qí hòu de jīngguò liánghǎo (其后的经过良好).

しゅんと ¶子供は～した様子で戻ってきた háizi 'dītóu bù yǔ [chuítóu-sàngqì] de huílai le (孩子'低头不语[垂头丧气]地回来了).

じゅんど【純度】 chúndù (纯度). ¶～が高い chúndù gāo (纯度高). ¶～は95パーセントです chúndù wéi bǎi fēn zhī jiǔshíwǔ (纯度为百分之九十五).

しゅんどう【蠢動】 chǔndòng (蠢动). ¶反動勢力が～している fǎndòng shìlì zài chǔndòng (反动势力在蠢动).

じゅんとう【順当】 ¶シードチームは～に勝ち進んでいる zhǒngzǐduì lǐdǎng jiéjié huòshèng (种子队理当节节获胜). ¶これは～な結果だ zhè ge jiéguǒ hái suànshì fúhé shíjì de (这个结果还算是符合实际的) / zhè shì lǐsuǒ dāngrán de jiéguǒ (这是理所当然的结果).

じゅんのう【順応】 shùnyīng (顺应), shìyìng (适应). ¶子供は新しい環境に～しやすい háizi róngyì shìyìng xīn de huánjìng (孩子容易适应新的环境). ¶この動物は気候に対する～性がない zhè zhǒng dòngwù duì qìhòu quēfá shìyìng nénglì (这种动物对气候缺乏适应能力).

じゅんぱく【純白】 chúnbái (纯白), jiébái (洁白), cuìbái (粹白). ¶～のウエディングドレス chúnbái de xīnniáng lǐfú (纯白的新娘礼服). ¶～のテーブルクロス jiébái de táibù (洁白的台布).

しゅんぱつりょく【瞬発力】 bàofālì (爆发力).

じゅんばん【順番】 shùnxù (顺序), cìxù (次序). ¶カードの～が狂ってしまった kǎpiàn de shùnxù luàn le (卡片的顺序乱了). ¶なかなか私の～が回ってこない lǎo lúnbudào wǒ (老轮不到我). ¶ABCの～に並べる àn Lādīng zìmǔ shùnxù páiliè (按拉丁字母顺序排列). ¶生徒を～に当てて訳させる jiào xuésheng āigèr lái fānyì (叫学生挨个儿来翻译). ¶病院の待合室で～を待つ zài hòuzhěnshì pái hào děngzhe (在候诊室排号等着).

じゅんび【準備】 zhǔnbèi (准备), yùbèi (预备). ¶夕食を～する yùbèi wǎnfàn (预备晚饭). ¶いざという時の心の～をする zuòhǎo sīxiǎng zhǔnbèi yǐ fáng wànyī (做好思想准备以防万一). ¶入学試験の～をする zuò rùxué kǎoshì de zhǔnbèi (做入学考试的准备). ¶雨具を～して行く dài yǔjù qù (带雨具去). ¶～不足でよい発表ができなかった zhǔnbèi bùzú, bàogào méiyǒu zuòhǎo (准备不足,报告没有做好). ¶～万端整いました yíqiè zhǔnbèi tíngdang (一切准备停当) / wànshì jù bèi (万事俱备). ¶～

完了 zhǔnbèi wánbì(准备完毕).
¶～運動 zhǔnbèi yùndòng(准备运动)/ zhǔnbèi huódòng(准备活动). 外貨～高 wàihuì chǔbèi'é(外汇储备额).

しゅんびん【俊敏】 ¶彼は～をもって鳴る tā yǐ jīngmíng qiánggàn ér chíming(他以精明强干而驰名).

じゅんぷう【順風】 shùnfēng(順風). ¶ヨットは～を受けて進んだ fānchuán chéngfēng pòlàng(帆船乘风破浪). ¶商売は～に帆をあげる勢いだ mǎimai yì fān fēng shùn(买卖一帆风顺).

しゅんぶん【春分】 chūnfēn(春分). ¶～点 chūnfēndiǎn(春分点).

しゅんべつ【峻別】 ¶公私を～する yángé qūbié gōngsī(严格区别公私).

じゅんぽう【順法・遵法】 shǒufǎ(守法). ¶～精神 jīngshén(守法精神). ¶利爭 lìyòng fǎguī de dòuzhēng(利用法规的斗争).

じゅんぼく【純朴】 chúnpǔ(淳朴・纯朴). ¶田舎には～な気風がまだ残っている xiāngxià hái bǎochízhe chúnpǔ de fēngshàng(乡下还保持着淳朴的风尚).

しゅんめ【駿馬】 jùnmǎ(骏马).

じゅんめん【純綿】 chúnmián(纯棉). ¶～のシャツ chúnmián de chènyī(纯棉的衬衣).

じゅんもう【純毛】 chúnmáo(纯毛). ¶～の毛布 chúnmáo de tǎnzi(纯毛的毯子).

じゅんようかん【巡洋艦】 xúnyángjiàn(巡洋舰).

じゅんら【巡邏】 xúnluó(巡逻).

じゅんりょう【純良】 ¶～なぶどう酒 chúncuì yōuliáng de pútaojiǔ(纯粹优良的葡萄酒).

じゅんれい【巡礼】 xúnlǐ(巡礼). ¶聖地を～する xúnlǐ shèngdì(巡礼圣地).

じゅんれき【巡歴】 yóulì(游历), zhōuyóu(周游). ¶各地の名所を～する yóulì gèdì de míngshèng(游历各地的名胜).

しゅんれつ【峻烈】 yánjùn(严峻), yánlì(严厉). ¶～な批判 yánlì de pīpàn(严厉的批判).

じゅんれつ【順列】 páiliè(排列). ¶～組合せ páiliè zǔhé(排列组合).

じゅんろ【順路】 ¶～を矢印で示す yòng jiàntóu biǎoshì xíngjìn lùxiàn(用箭头表示行进路线).

しょ【書】 1 shūfǎ(书法). ¶これは顏真卿の～です zhè shì Yán Zhēnqīng de mòjì(这是颜卿的墨迹). ¶～を習う liànxí shūfǎ(练习书法).
2 [本] shū(书). ¶これは私の愛読措くあたわざる～です zhè shì wǒ ài bú shìshǒu de shū(这是我爱不释手的书).
¶医学～ yīxuéshū(医学书).

しょ【緒】 ¶事業は～についたばかりだ shìyè gāng jiùxù(事业刚就绪).

しょ-【諸】 zhū(诸). ¶～外国 shìjiè gè guó(世界各国). ～先生方 zhūwèi xiānsheng(诸位先生), zhūwèi lǎoshī(诸位老师). ¶～問題 zhǒngzhǒng wèntí(种种问题). ～読者～氏 zhūwèi dúzhě(诸位读者).

じょ【序】 1 [序文] xù(序), xùyán(序言・叙言), xùwén(序文・叙文).
2 [順序] ¶長幼～あり yǒu zhǎng yòu zhī xù(有长幼之序).

じょい【女医】 nǚyīshēng(女医生), nǚdàifu(女大夫).

しょいこ・む【背負い込む】 ¶厄介な仕事を～でしまった zhè jiàn máfan de gōngzuò luò zài wǒ shēnshang le(这件麻烦的工作落在我身上了). ¶借金を～んだ bēile yìshēn zhài(背了一身债), lāle yí pigu zhàng(拉了一屁股账)/ bēi jīhuang(背饥荒).

しょいちねん【初一念】 chūzhōng(初衷). ¶～を貫く guànchè chūzhōng(贯彻初衷).

しょいなげ【背負い投げ】 ¶かたく信じていたのに土壇場で～を食わされた wǒ wánquán xìnrèn tā, dào zuìhòu de jǐnyào guāntóu què bèi tā fǎn yǎole yì kǒu(我完全信任他,到最后的紧要关头却被他反咬了一口).

ジョイント jiēfèng(接缝), jiēhé(接合), jiētóur(接头儿); gòngtóng(共同), liánhé(联合). ¶～コンサート liánhé yīnyuèhuì(联合音乐会) / liánhé yǎnzòuhuì(联合演奏会). ¶～ベンチャー liányíng qǐyè(联营企业)/ hézī qǐyè(合资企业).

しよう【子葉】 zǐyè(子叶).

しよう【止揚】 yángqì(扬弃), àofúhèbiàn(奥伏赫变).

しよう【仕様】 zuòfǎ(做法), bànfǎ(办法), fāngfǎ(方法). ¶もっと早くなら何とか～もあったろうに ruò zài zǎo yìdiǎnr, huòxǔ yǒu shénme bànfǎ kě shī le(若再早一点儿,或许有什么办法可施了). ¶そんなことを言われてもどう～もない gēn wǒ shuō nà zhǒng huà yòu yǒu shénme bànfǎ ya!(跟我说那种话又有什么办法呀!). ¶～のない奴だ zhēn shì méifǎr de jiāhuo(真是没法儿办的家伙). ¶泣いたって～がない kū yě wújí yú shì(哭也无济于事). ¶嬉しくて～がない gāoxìngde liǎobude(高兴得了不得).

しよう【私用】 ¶～で会社を休む yīn sīshì xiàng gōngsī gàojià(因私事向公司告假). ¶仕事中～電話が多過ぎる shàngbān shíjiān sīrén diànhuà tài duō(上班时间私人电话太多). ¶公金を～する nuóyòng gōngkuǎn(挪用公款).

しよう【使用】 shǐyòng(使用). ¶万年筆、ボールペンの～は御遠慮下さい qǐng wù shǐyòng gāngbǐ hé yuánzhūbǐ(请勿使用钢笔和圆珠笔). ¶機械を～して能率をあげる shǐyòng jīqì tígāo xiàolǜ(使用机器提高效率). ¶農作業に今でも牛馬を～している nónghuór xiànzài yě shǐyòng shēngkou(农活儿现在也使用牲口). ¶区民ならば誰でも自由に～できる běn qū jūmín jūn kě zìyóu shǐyòng(本区居民均可自由使用). ¶～者側と労働者側に意見の対立が生じた zīfāng tóng láofāng yìjiān fāshēngle fēnqí(资方同劳方意见发生了分歧). ¶～済の切手 yòngguo de yóupiào(用过的邮票).
¶～者側 zīfāng(资方). ～料 shǐyòngfèi(使用费).

しよう【試用】 shìyòng(试用). ¶新薬を～する

しょyòng xīn yàopǐn(试用新药品). ¶6か月の～期間の後正社員に採用された liù ge yuè de shìyòngqī hòu bèi lùyòng wéi zhèngshì zhíyuán le(六个月的试用期后被录用为正式职员了).

しょ・う【背負う】→せおう.

しょう【小】xiǎo(小). ¶サイズは大中小と3種類ある chǐcun yǒu dà, zhōng, xiǎo sān zhǒng(尺寸有大、中、小三种). ¶～の虫を殺して大の虫を助ける shě jū bǎo shuài(舍车保帅). ¶～の月 xiǎoyuè(小月).

しょう【升】shēng(升)〈日本の1升は約1.8リットル,中国の1升は1リットル〉.

しょう【性】xìngzi(性子), píxìng(脾性). ¶彼女とはどうも～が合わない wǒ gēn tā zǒng ˈhébùláiˈ[bú duìjìnr](我跟她总ˈ合不来[不对劲ﾙ]). ¶この仕事は私の～に合わない zhè gōngzuò bú duì wǒ de xìngzi(这工作不对我的性子). ¶～の悪い風邪を引き込んだ déle èxìng gǎnmào(得了恶性感冒).

しょう【省】shěng(省). ¶外務～ wàiwù Shěng(外务省)/ wàijiāobù(外交部). 2〔中国の行政区画〕shěng(省). ¶四川～ Sìchuānshěng(四川省).

しょう【将】jiàng(将). ¶敗軍の～兵を語らず bàijūn zhī jiàng bù kě yán yǒng(败军之将不可言勇). ¶～を射んと欲せばまず馬を射よ shè rén xiān shè mǎ(射人先射马). ¶一～功成って万骨枯る yí jiàng gōng chéng wàn gǔ kū(一将功成万骨枯).

しょう【商】shāng(商), shāngshù(商数). ¶10を2で割ると～は5である shí bèi èr chú de shāng shì wǔ(十被二除的商是五).

しょう【章】zhāng(章). ¶その問題については～を改めて述べる nàge wèntí gǎi zhāng lìng shù(那个问题改章另述). ¶第1～ dìyī zhāng(第一章).

しょう【笙】1 shēng(笙). 2〔簫〕xiāo(箫).

しょう【証】1〔証拠〕¶後日の～として一札入れる xiě yì zhāng zìjù zuòwéi rìhòu zhī píng(写一张字据作为日后之凭). 2〔証明書〕¶預り～ cúntiáo(存条). 運転免許～ jiàshǐ zhízhào(驾驶执照). 学生～ xuéshēngzhèng(学生证). 受領～ shōujù(收据)/ shōutiáo(收条).

しょう【衝】¶～に当る jiānfù zhòngyào zérèn(肩负重要责任).

しょう【賞】jiǎng(奖), jiǎngjīn(奖金). ¶～を与える shòujiǎng(授奖)/ fājiǎng(发奖). ¶1等～ yīděngjiǎng(一等奖)/ jiǎděngjiǎng(甲等奖)/ tóujiǎng(头奖). ノーベル～ Nuòbèi'ěr jiǎngjīn(诺贝尔奖金). 文学～ wénxuéjiǎng(文学奖).

しょう-【正】zhèng(正), zhěng(整). ¶～1時出発 yì diǎn zhěng chūfā(一点整出发).

-しょう【勝】shèng(胜). ¶1～1敗 yí shèng yí fù(一胜一负). ¶6戦4～ liù zhàn sì shèng(六战四胜).

じょう【滋養】zīyǎng(滋养), yǎngfèn(养分). ¶これは大変～がある zhè hěn yǒu yǎngfèn(这很有养分).

じょう【上】shàng(上). ¶この料理の出来は～の～だ zhège cài zuòde zài hǎo búguò le(这个菜做得再好不过了). ¶この品は～と並とがあります zhège dōngxi yǒu shàngděng, zhōngděng liǎng zhǒng(这个东西有上等,中等两种). ¶～肉 shàngděngròu(上等肉). ¶～巻 shàngjuàn(上卷)/ shàngcè(上册)/ shàngjí(上集).

じょう【丈】〔長さの単位〕zhàng(丈).

じょう【条】tiáo(条). ¶～を追って審議する zhútiáo zhěnchá(逐条审查). ¶第1～ dìyī tiáo(第一条).

じょう【乗】zìchéng(自乘), chéngfāng(乘方). ¶2の3～は8 èr de sān cì fāng děngyú bā(二的三次方等于八).

じょう【情】qíng(情), gǎnqíng(感情), qíngyì(情意), qíngxù(情绪). ¶彼女は～が ˈ深い[薄い] tā qíngyì ˈbáo[shēn](她情意ˈ薄[深]). ¶親子の～が濃やかだ gǔròu zhī qíng hěn shēn(骨肉之情很深). ¶長年一緒にいたので～が移る xiāngchǔ duōnián chǎnshēngle gǎnqíng(相处多年产生了感情). ¶～のこもった手紙に思わず涙した chōngmǎn qíngyì de xìnshǐ wǒ bùyóude liúxiàle yǎnlèi(充满情谊的信使我不由得流下了眼泪). ¶～にもろい人 xīnruǎn de rén(心软的人). ¶一時の～に駆られてやったことだ chūyú yìshí de gǎnqíng qūshǐ suǒ gàn de(被一时的感情驱使所干的).

じょう【錠】1〔錠前〕suǒ(锁), suǒtou(锁头), tiějiānɡjūn(铁将军). ¶戸を締めて～を下ろす guānmén shàngsuǒ(关门上锁). ¶扉には～が下りていた mén shàngzhe suǒ(门上着锁). ¶引出しの～をかける bǎ chōuti suǒshàng(把抽屉锁上). ¶～をはずす kāi suǒ(开锁). 2〔助数詞〕piàn[r](片ﾙ). ¶1回3～服用のこと yí cì fú sān piàn(一次服三片).

-じょう【上】shàng(上). ¶手続～手落ちがある zài shǒuxùshang yǒu shūlòu(在手续上有疏漏). ¶我が家の経済～そのようなことは許されない cóng wǒ de jiājìng lái shuō wǒ shì bù róngxǔ de(从我的家境来说那是不容许的). ¶ここの環境は教育～あまりよろしくない zhèli de huánjìng cóng jiàoyù de jiǎodù shang lái kàn lái shì bùdà hǎo de(这里的环境从教育的角度上来看是不大好的).

-じょう【状】zhuàng(状). ¶球～ qiúzhuàng(球状). ¶糊～ húzhuàng(糊状).

-じょう【畳】¶4～半の部屋 sì ge bàn tàtàmǐ de wūzi(四个半榻榻密的屋子).

じょうあい【情愛】qíng'ài(情爱). ¶～が濃やかだ qíng'ài shēn dǔ(情爱甚笃).

しょうあく【掌握】zhǎngwò(掌握). ¶彼は完全に部下を～している tā wánquán zhǎngwòzhùle bùxià(他完全掌握住了部下). ¶制空権を～する wǒyǒu zhìkōngquán(握有制空权).

しょうい【小異】xiǎoyì(小异). ¶～を捨てて大同に就く qiú dàtóng, cún xiǎoyì(求大同,存小异)/ qiú tóng cún yì(求同存异).

しょうい【少尉】shàowèi(少尉).

じょうい【上位】 ¶～3名には賞状と賞品を贈る qián sān míng fāgěi jiǎngzhuàng hé jiǎngpǐn（前三名发给奖状和奖品）. ¶その大会ではA校の選手が～を占めた zài zhè cì yùndòng dàhuì shang A xiào de xuǎnshǒu zhànle tóujǐmíng（在这次运动大会上A校的选手占了头几名）.

じょうい【譲位】 ràngwèi（让位）.

じょういかたつ【上意下達】 shàng yì xià dá（上意下达）.

しょういぐんじん【傷痍軍人】 cánfèi jūnrén（残废军人）/ róngyù jūnrén（荣誉军人）/ róngjūn（荣军）.

しょういだん【焼夷弾】 ránshāodàn（燃烧弹）, shāoyídàn（烧夷弹）.

しょういん【勝因】 ¶～はチームワークのよさにある qǔshèng de yuányīn jiù zàiyú tuánjié-pèihéde hǎo（取胜的原因就在于团结配合得好）.

じょういん【上院】 shàngyìyuàn（上议院）, shàngyuàn（上院）. ¶～議員 shàngyìyuàn yìyuán（上议院议员）.

じょういん【乗員】 chéngwùyuán（乘务员）.

じょうえい【上映】 shàngyìng（上映）, fàngyìng（放映）. ¶映画を～する fàngyìng diànyǐng（放映电影）. ¶次週への予告をする yùgào xià zhōu shàngyìng de diànyǐng（预告下周上映的电影）.

しょうエネ【省エネ】 jiéshěng néngyuán（节省能源）.

しょうえん【硝煙】 xiāoyān（硝烟）. ¶～弾雨の中を進撃する màozhe xiāoyān dànyǔ jìngōng（冒着硝烟弹雨进攻）.

じょうえん【上演】 yǎnchū（演出）, shàngyǎn（上演）. ¶《白毛女》を～する shàngyǎn《Báimáonǚ》（上演《白毛女》）. ¶無断に～を禁じる wèi jīng xǔkě, jìnzhǐ shàngyǎn（未经许可，禁止上演）.

しょうおう【照応】 zhàoyìng（照应）. ¶首尾～している qiánhòu zhàoyìng（前后照应）/ shǒuwěi hūyìng（首尾呼应）.

しょうおん【消音】 xiāoshēng（消声）. ¶～器 xiāoshēngqì（消声器）/ xiāoyīnqì（消音器）. ¶～ピストル wúshēng shǒuqiāng（无声手枪）/ wēishēng shǒuqiāng（微声手枪）.

じょうおん【常温】 chángwēn（常温）. ¶水銀は～では液状を呈する shuǐyín zài chángwēn xià wéi yètǐ（水银在常温下为液体）.

しょうか【消化】 xiāohuà（消化）. ¶食物を～する xiāohuà shíwù（消化食物）. ¶よくかまないと～に悪い yào bù hǎohāor jǔjué, jiù bù hǎo xiāohuà（要不好好儿咀嚼，就不好消化）. ¶～不良を起す fāshēng xiāohuà bùliáng（发生消化不良）. ¶～作用が鈍った xiāohuà jīnéng jiǎntuì（消化机能减退）. ¶学んだ知識は自分のものになるまで～しなければならない xuédé de zhīshi bìxū jiāyǐ xiāohuà shǐ tā biànchéng zìjǐ de dōngxi（学得的知识必须加以消化使它变成自己的东西）. ¶期日までに割り当てられた入場券を～した dàoqī qián bǎ chéngdān piàoshù dōu màidiào le（到期前把承担票数都卖掉了）. ¶日程を半ば～した rìchéng jìnxíng yíbàn（日程进行了一半）. ¶～液 xiāohuàyè（消化液）. ～器 xiāohuàqì（消化器）（消化器官）. ～酵素 xiāohuàméi（消化酶）. ～剤 xiāohuàjì（消化剂）.

しょうか【消火】 jiùhuǒ（救火）, mièhuǒ（灭火）. ¶多くの人が～に当った xǔduō rén cānjiāle jiùhuǒ（许多人参加了救火）. ¶～器を備え付ける shèzhì mièhuǒqì（设置灭火器）. ¶～栓 xiāohuǒshuān（消火栓）/ xiāofáng lóngtóu（消防龙头）. ～ホース xiāofáng shuǐdài（消防水带）.

しょうか【商家】 ¶彼は～の出だ tā chūshēng yú shāngrén jiātíng（他出生于商人家庭）.

しょうか【昇華】 shēnghuá（升华）. ¶ドライアイスは常温常圧で～する gānbīng zài chángwēn chángyā xià shēnghuá（干冰在常温常压下升华）.

しょうが【生姜】 jiāng（姜）. ¶新～ nènjiāng（嫩姜）, lǎojiāng（老姜）.

じょうか【浄化】 jìnghuà（净化）. ¶政界の～を叫ぶ hūyù jìnghuà zhèngjiè（呼吁净化政界）. ¶空気～装置 kōngqì jìnghuà zhuāngzhì（空气净化装置）.

しょうかい【哨戒】 xúnshào（巡哨）, xúnluó（巡逻）. ¶沿岸を～する zài yán'àn xúnluó（在沿岸巡逻）. ¶～機 xúnluójī（巡逻机）. ～艇 xúnluótǐng（巡逻艇）.

しょうかい【商会】 shānghāng（商行）.

しょうかい【紹介】 jièshào（介绍）. ¶Aさんの～で参りました wǒ shì jīng A xiānsheng de jièshào lái de（我是经A先生的介绍来的）. ¶～では皆さんに新任のS先生を～します xiànzài gěi dàjiā jièshào yíxià xīn rèn de S lǎoshī（现在给大家介绍一下新任的S老师）. ¶まず自己～を致します xiān zìwǒ jièshào yíxià（先自我介绍一下）. ¶本書の内容を簡単に～します jiǎndān de jièshào yíxià zhè běn shū de nèiróng（简单地介绍一下这本书的内容）. ¶～状 jièshàoxìn（介绍信）.

しょうかい【照会】 xúnwèn（询问）, cháxún（查询）. ¶その人の成績について学校に～した jiù nàge rén de chéngjì xiàng xuéxiào zuòle cháxún（就那个人的成绩向学校作了查询）. ¶在庫の有無を製造元に～する xiàng chǎngjiā xúnwèn yǒuwú cúnhuò（向厂家询问有无存货）.

しょうがい【生涯】 yìshēng（一生）, píngshēng（平生）, bìshēng（毕生）, zhōngshēng（终生）, zhōngshēn（终身）, yíbèizi（一辈子）. ¶私の～は幸福であった wǒ zhè yíbèizi suàn yǒu zàohuà le（我这一辈子算有造化了）/ wǒ de yìshēng hěn xìngfú（我的一生很幸福）. ¶彼女は私の～の伴侶であった tā shì wǒ zhōngshēng de hǎo bànlǚ（她是我终生的好伴侣）. ¶彼女は教育事業に～を捧げた tā bǎ yìshēng xiàngěile jiàoyù shìyè（她把一生献给了教育事业）. ¶～を通じての友 bìshēng de hǎoyǒu（毕生的好友）. ¶～忘れえぬ思い出 bìshēng nánwàng

de huíyì(毕生难忘的回忆).
¶ ~教育 zhōngshēn jiàoyù(终身教育).

しょうがい【渉外】 duìwài(对外), shèwài(涉外). ¶ ~係 fùzé duìwài liánxì de rényuán(负责对外联系的人员). ~事務 duìwài shìwù(对外事务).

しょうがい【傷害】 shānghài(伤害). ¶ ~事件を引き起す nàochū shānghài shìjiàn(闹出伤害案). ¶ ~罪 shānghàizuì(伤害罪). ~保険 shānghài bǎoxiǎn(伤害保险).

しょうがい【障害】 zhàng'ài(障碍). ¶ ~にぶつかって計画は挫折した yùdào zhàng'ài jìhuà shòu cuòzhé le(遇到障碍计划受挫折了). ¶ 地下鉄工事が交通の~となっている dìxià tiědào gōngchéng ˇzǔsè[zǔ'ài]le jiāotōng(地下铁道工程ˇ阻塞[阻碍]了交通). ¶ ストレスは胃腸~を起す原因となる qíngxù jǐnzhāng shì yǐnqǐ wèicháng zhàng'ài de yuányīn(情绪紧张是引起胃肠障碍的原因).
¶ ~競走 zhàng'ài sàipǎo(障碍赛跑)/ zhàng'àipǎo(障碍跑). 意識~ yìshí zhàng'ài(意识障碍). 機能~ jīnéng zhàng'ài(机能障碍). 言語~ yányǔ zhàng'ài(言语障碍). 身体~者 cánjírén(残疾人).

じょうがい【場外】 chǎngwài(场外). ¶ ~ホームラン chǎngwài quánlěidǎ(场外全垒打).

しょうかく【昇格】 shēnggé(升格). ¶ 公使館が大使館に~する gōngshǐguǎn shēnggé wéi dàshǐguǎn(公使馆升格为大使馆). ¶ 今回の理事会でA氏の~が決った zài zhè cì dǒngshìhuì shang A xiānsheng de tíshēng zuòchū juédìng le(在这次董事会上A先生的提升作出决定了).

しょうがく 1【少額】 ¶ ~ですがお受け取り下さい suī hěn shǎo, qǐng shōuxià ba(虽很少, 请收下吧).
2【小額】 ¶ ~紙幣 xiǎo'é zhǐbì(小额纸币).

じょうかく【城郭】 chéngguō(城郭).

しょうがくきん【奨学金】 jiǎngxuéjīn(奖学金), zhùxuéjīn(助学金).

しょうがくせい【小学生】 xiǎoxuéshēng(小学生).

しょうがつ【正月】 zhēngyuè(正月). ¶ ~を迎える yíngjiē xīnnián(迎接新年). ¶ 町には~気分が溢れている jiēshang chōngmǎnzhe guònián de qìfēn(街上充满着过年的气氛).
¶ ~元旦 xīnchūn yuándàn(新春元旦).

しょうがっこう【小学校】 xiǎoxué(小学), xiǎoxuéxiào(小学校).

しょうかん【小寒】 xiǎohán(小寒).

しょうかん【召喚】 chuán(传), chuánhuàn(传唤). ¶ 証人を法廷に~する bǎ zhèngrén chuándào fǎtíng(把证人传到法庭).

しょうかん【将官】 jiàngguān(将官).

しょうかん【召還】 zhàohuí(召回). ¶ 大使を本国に~する bǎ dàshǐ zhàohuí běnguó(把大使召回本国).

しょうかん【償還】 chánghuán(偿还). ¶ 本公債は10年以内に~する běn gōngzhài zài shí nián yǐnèi chánghuán(本公债在十年以内偿还).
¶ ~期限 chánghuán qīxiàn(偿还期限).

じょうかん【上官】 shàngjí(上级).

しょうき【正気】 ¶ ~に返る qīngxǐng[sūxǐng]guolai(清醒[苏醒]过来)/ huíguò shénr lai(回过神儿来). ¶ ~を失う hūnguoqu(昏过去)/ bù xǐng rénshì(不省人事). ¶ よくもそんなことを~で言えたものだ kuī nǐ jìng gǎn shuōchū zhè zhǒng huà lai(亏你竟敢说出这种话来). ¶ とても~の沙汰とは思えない jiǎnzhí bùnéng shèxiǎng nà shì jīngshén zhèngcháng de rén suǒ gàn de(简直不能设想那是精神正常的人所干的).

しょうき【鍾馗】 Zhōngkuí(钟馗).

しょうぎ【将棋】 xiàngqí(象棋). ¶ ~を指す xià xiàngqí(下象棋). ¶ 急停車したので乗客は~倒しになった yóuyú jíshāchē chéngkè yí ge zhuàng yí ge de dǎoxiaqu le(由于急刹车乘客一个撞一个地倒下去了). ¶ ~の駒 qízǐr(棋子儿).
¶ ~盤 qípán(棋盘).

しょうぎ【娼妓】 chāngjì(娼妓), jìnǚ(妓女).

じょうき【上気】 ¶ 恥しさのあまり~した xiūde ˇliǎnshang fāshāo[miànhóng-ěrchì](羞得ˇ脸上发烧[面红耳赤]). ¶ 風呂上りの~した顔 xǐzǎo hòu hóngpūpū de liǎn(洗澡后红扑扑的脸).

じょうき【上記】 shàngliè(上列), shàngshù(上述). ¶ ~のとおり相違ありません rúshàng suǒ shù wúwù(如上所述无误).

じょうき【常軌】 chángguǐ(常轨). ¶ 彼の行動は~を逸している tā de xíngdòng ˇyuèchū chángguǐ[tài chū quānr/chūle gé le](他的行动ˇ越出常轨[太出圈儿/出了格了]).

じょうき【蒸気】 zhēngqì(蒸气); zhēngqì(蒸汽). ¶ ~が立つ mào rèqì(冒热气).
¶ ~機関車 zhēngqì jīchē(蒸汽机车). ~船 qìchuán(汽船).

じょうぎ【定規】 chǐ(尺). ¶ ~を当てて線を引く yòng chǐ huà xiàn(用尺画线).
¶ 雲形~ qūxiànbǎn(曲线板)/ yúnxíngguī(云形规). 3角~ sānjiǎoˇbǎn[chǐ](三角ˇ板[尺]). 丁~ dīngzìchǐ(丁字尺).

じょうぎ【情宜】 qíngyì(情谊). ¶ ~に厚い人 zhòng qíngyì de rén(重情谊的人).

じょうきげん【上機嫌】 ¶ 今日父は仕事がうまくいったらしく~であった jīntiān fùqin xiàngshì gōngzuò hěn shùnlì, qíngxù fēicháng hǎo(今天父亲像是工作很顺利, 情绪非常好). ¶ 一杯飲んで~になる hēle yì zhōng jiǔ, láile jìnr le(喝了一盅酒, 来了劲儿了).

しょうきゃく【焼却】 fénshāo(焚烧), fénhuǐ(焚毁), shāohuǐ(烧毁), xiāohuǐ(销毁). ¶ 不要書類を~する shāohuǐ wúyòng de wénjiàn(烧毁无用的文件).
¶ ~炉 fénshāolú(焚烧炉).

しょうきゃく【償却】 chánghuán(偿还). ¶ 減価~ zhéjiù(折旧).

じょうきゃく【乗客】 chéngkè(乘客). ¶ ~名簿 lǚkè míngdān(旅客名单).

しょうきゅう【昇級】 shēng(升)、tíshēng(提升)、gāoshēng(高升)、shēngjí(升级)、jìnjí(晋级)、jìnshēng(晋升). ¶彼は局長に～した tā shēngwéi júzhǎng(他升为局长).

しょうきゅう【昇給】 tíxīn(提薪)、jiāxīn(加薪)、jìnshēng(晋升). ¶俸給が6号俸から7号俸に～する gōngzī yóu liù jí tíwéi qī jí(工资由六级提为七级).

しょうきゅう【上級】 shàngjí(上级). ¶彼は僕より3年～だ tā bǐ wǒ gāo sān ge niánjí(他比我高三个年级).
¶～官庁 shàngjí jīguān(上级机关). ～裁判所 shàngjí fǎyuàn(上级法院). ～生 gāobānshēng(高班生).

しょうきょ【消去】 xiāoqù(消去). ¶未知数を～する xiāoqù wèizhīshù(消去未知数).
～法 xiāoqùfǎ(消去法).

しょうきょう【商況】 shāngqíng(商情). ¶～は閑散を極めている shāngqíng jíqí lěngluò xiāotiáo(商情极其冷落萧条).

しょうぎょう【商業】 shāngyè(商业). ¶～に従事する cóngshì shāngyè gōngzuò(从事商业工作).
¶～資本 shāngyè zīběn(商业资本). ～主義 shāngyèzhǔyì(商业主义). ～都市 shāngyè chéngshì(商业城市).

じょうきょう【情況・状況】 qíngkuàng(情况)、zhuàngkuàng(状况). ¶目下の～では月末完成はおぼつかない àn mùqián de qíngkuàng yuèdǐ hěn nán wánchéng(按目前的情况月底很难完成). ¶～は悪くなるばかりだ qíngkuàng yuèláiyuè bù hǎo(情况越来越不好)/ měi kuàng yù xià(每况愈下). ¶～を的確に捉える zhǔnquè de zhǎngwò qíngkuàng(准确地掌握情况). ¶～判断が甘い duì shìtài de rènshi guòyú lèguān(对势态的认识过于乐观).

しょうきょく【消極】 xiāojí(消极). ¶～策を採ろ cǎiqǔ xiāojí shǒuduàn(采取消极手段). ¶君の態度はあまりにも～的だ nǐ de tàidu tài xiāojí le(你的态度太消极了).

しょうきん【賞金】 jiǎngjīn(奖金)、jiǎngshǎng(奖赏). ¶5万円の～を獲得した huòdéle wǔwàn rìyuán de jiǎngjīn(获得了五万日元的奖金). ¶犯人逮捕のために1000ドルの～をかける wèile jīná táofàn xuánshǎng yìqiān měiyuán(为了缉拿逃犯悬赏一千美元).

じょうきん【常勤】 zhuānrèn(专任)、zhuānzhí(专职). ¶～の職員 zhèngshì zhíyuán(正式职员).

じょうくう【上空】 shàngkōng(上空). ¶ただいま東京の～5000メートルを飛行中です xiànzài zài Dōngjīng shàngkōng wǔqiān gōngchǐ fēixíng(现在在东京上空五千公尺飞行). ¶はるかな～を飛行機が飛んでいる fēijī zài gāogāo de tiānkōng zhōng fēixíng(飞机在高高的天空中飞行).

しょうぐん【将軍】 jiāngjūn(将军).

じょうげ【上下】 1〔上と下〕shàngxià(上下). ¶戸棚を～に仕切る bǎ guìzi géchéng shàngxià liǎng céng(把柜子隔成上下两层). ¶地震は水平動よりも～動の方が危険だ dìzhèn chuízhí zhèndòng bǐ shuǐpíng zhèndòng gèngjiā wēixiǎn(地震垂直振动比水平振动更加危险). ¶その本は～2巻になっている zhè bù shū fēnwéi shàngxià liǎng juàn(这部书分为上下两卷). ¶～の別なく国難に当る bù fēn shàngxià, jǔguó kèfú guónán(不分上下, 举国克服国难).
2〔あがりさがり、のぼりくだり〕shàngxià(上下)、zhǎngluò(涨落)、shēngjiàng(升降)、qǐluò(起落). ¶熱が38度と9度の間を～している tǐwēn zài sānshíbā, jiǔ dù zhī jiān bōdòng(体温在三十八、九度之间波动). ¶相場が～する hángshì 'zhǎngluò bùdìng'[dà qǐ dà luò](行市'涨落不定'[大起大落]). ¶豪雪のため新幹線は～線とも不通です yóuyú dàxuě xīngànxiàn shàngxíng xiàxíng dōu bù tōng(由于大雪新干线上行下行都不通).

しょうけい【小計】 xiǎojì(小计). ¶支出の～をだす suànchū zhīchū xiǎojì(算出支出小计).

じょうけい【情景】 qíngjǐng(情景). ¶当時の～が目に浮かぶ dāngshí de qíngjǐng fúxiàn zài yǎnqián(当时的情景浮现在眼前).

しょうけいもんじ【象形文字】 xiàngxíng wénzì(象形文字).

しょうげき【衝撃】 chōngjī(冲击). ¶不時着の際の激しい～で多数の乗客が大怪我をした yóuyú jǐnjí jiàngluò shí de chōngjī, xǔduō chéngkè shòule zhòngshāng(由于紧急降落时的冲击, 许多乘客受了重伤). ¶そのニュースは世界に大きな～を与えた nàge xiāoxi shǐ quán shìjiè dàwéi zhènjīng(那个消息使全世界大为震惊).
¶～波 chōngjībō(冲击波). ～療法 xiūkè liáofǎ(休克疗法).

しょうけつ【猖獗】 chāngjué(猖獗). ¶ペストが～を極めている shǔyì jíwéi chāngjué(鼠疫极为猖獗).

しょうけん【正絹】 chúnsī(纯丝)、chúnjuàn(纯绢).

しょうけん【証券】 zhèngquàn(证券). ¶～取引所 zhèngquàn jiāoyìsuǒ(证券交易所). 有価～ yǒujià zhèngquàn(有价证券).

しょうげん【証言】 zhèngyán(证言)、zhèngcí(证词). ¶被告のために～する wèi bèigào zuòzhèng(为被告作证). ¶目撃者の～によれば彼は10時にそこにいた jù mùjīzhě de zhèngyán, shí diǎn tā zài nàr(据目击者的证言, 十点他在那儿).

じょうけん【条件】 tiáojiàn(条件). ¶これだけの～の揃っている人はなかなかいない zhèyàng jùbèi tiáojiàn de rén hěn nán zhǎo(这样具备条件的人很难找). ¶君の出した～を満たすのは現状ではむずかしい àn xiànzhuàng hěn nán mǎnzú nǐ tí de tiáojiàn(按现状很难满足你提的条件). ¶厳しい～をのんだ jiēshòule kēkè de tiáojiàn(接受了苛刻的条件). ¶～付きで理事長に就任した yǒu fùdài tiáojiàn de jiùrènle dǒngshìzhǎng(有附带条件地就任了董事长). ¶～次第では金を出そう kàn tiáojiàn rúhé wǒ

kěyǐ chū qián(看条件如何我可以出钱). ¶ 必要且十分な～ chōngfèn bìyào tiáojiàn(充分必要条件)/ chōngyào tiáojiàn(充要条件).
¶ ～反射 tiáojiàn fǎnshè(条件反射). 労働～ láodòng tiáojiàn(劳动条件).

じょうげん【上弦】 shàngxián(上弦). ¶ ～の月 shàngxiányuè(上弦月).

じょうげん【上限】 shàngxiàn(上限).

しょうこ【証拠】 zhèngjù(证据); píngjù(凭据), píngzhèng(凭证). ¶ ここに確実な～がある zhèr yǒu quèzáo de zhèngjù[quèzhèng/ shízhèng/ zhēnpíng/ míngzhèng/ tiězhèng](这儿有确凿的证据[确证/实证/实据/真凭/明证/铁证]). ¶ ～を集める sōují zhèngjù(搜集证据). ¶ ～物件を提出する tíchū zhèngwù(提出证物)/ diàochá qǔzhèng(调查取证). ¶ ～湮滅の恐れがある yǒu xiāohuǐ zuìzhèng de kěnéng(有销毁罪证的可能).
¶ 物的～は一つもない wùzhèng yí ge ge méiyǒu(物证一个也没有). ¶ 彼等の有罪を～立てるものは何もない méiyǒu rènhé zhèngjù zhèngmíng tāmen yǒuzuì(没有任何证据证明他们有罪). ¶ ～不十分で無罪が言い渡された yóuyú zhèngjù bù chōngfèn bèi xuānpàn wú zuì(由于证据不充分被宣判无罪). ¶ 彼等の挙動は身にやましいところのある～だ tāmen de jǔdòng zhèng zhèngshíle tāmen xīnlǐ yǒu guǐ(他们的举动正证实了他们心里有鬼).

しょうご【正午】 zhèngwǔ(正午), rìzhōng(日中). ¶ ～の時報 zhèngwǔ bàoshí(正午报时).

じょうご【上戸】 jiǔdàhù(酒大户), jiǔshìguhù(酒上户). ¶ 笑い～ jiǔhān ér xiào(酒酣而笑). 泣き～ jiǔzuì ér kū de rén(酒醉而哭的人)/ jiǔbēi(酒悲).

じょうご【漏斗】 lòuzi(漏子), lòudǒu(漏斗).

しょうこう【小康】 ¶ 病人は～を保っている bìngrén bìngqíng zànshí píngwěn(病人病情暂时平稳). ¶ 戦局は～状態にある zhànjú chǔyú duǎnzàn de píngjìng zhuàngtài(战局处于短暂的平静状态).

しょうこう【昇汞】 shēnggǒng(升汞), lǜhuàgǒng(氯化汞). ¶ ～水 shēnggǒngshuǐ(升汞水).

しょうこう【昇降】 shēngjiàng(升降). ¶ ～機 shēngjiàngjī(升降机). ～舵 shēngjiàngduò(升降舵).

しょうこう【将校】 jiàngxiào(将校), jūnguān(军官).

しょうこう【焼香】 shāoxiāng(烧香), fénxiāng(焚香). ¶ 霊前で～する zài língqián fénxiāng(在灵前焚香).

しょうごう【称号】 chēnghào(称号).

しょうごう【照合】 duìzhào(对照), héduì(核对), duìzhèng(对证). ¶ 訳文を一々原文と～したがどこにも間違いはない yìwén gēn yuánwén yīyī duìzhào, háo wú cuòwù(译文跟原文一一对照,毫无错误). ¶ 出席者を名簿と～する bǎ chūxízhě yǔ míngcè duìzhào(把出席者与名册对照). ¶ 帳簿を～する héduì zhàngmù(核对账目). ¶ 指紋を～する duìzhào zhǐwén(对证指纹).

じょうこう【条項】 tiáokuǎn(条款), tiáomù(条目).

じょうこう【乗降】 shàngxià(上下). ¶ ～客 shàngxià de chéngkè(上下车的乘客). ～口 chēmén(车门).

しょうこうねつ【猩紅熱】 xīnghóngrè(猩红热).

しょうこく【小国】 xiǎoguó(小国).

しょうこく【上告】 shànggào(上告), shàngsù(上诉). ¶ 最高裁判所に～する xiàng zuìgāo fǎyuàn shàngsù(向最高法院上诉).
¶ ～審 shàngsùshěn(上诉审), dì'èrshěn(第二审).

しょうことなしに ¶ ～承諾した wú kě nàihé yìngle xiàlái(无可奈何应了下来).

しょうこりもなく【性懲りもなく】 ¶ いくら損をしても～競馬に出掛ける péi duōshao qián yě bù jiēshòu jiàoxun, háishí qù sàimǎ(赔多少钱也不接受教训,还是去赛马).

しょうこん【商魂】 ¶ ～たくましく売り込む rèxīn mǎimai sǐmìng tuīxiāo(热心买卖死命推销).

しょうさ【少佐】 shàoxiào(少校).

しょうさい【商才】 ¶ 彼は～に長けている tā fēicháng shànyú jīngshāng(他非常善于经商)/ tā zuò shēngyi hěn yǒu néngnai(他做生意很有能耐).

しょうさい【詳細】 xiángxì(详细). ¶ ～は追って知らせる xiángxì qíngxing suíhòu tōngzhī(详细情形随后通知). ¶ 彼の報告は～を極めた tā de bàogào xiángxì jíle(他的报告详细极了). ¶ ～な説明は省く xiángxì de shuōmíng cónglüè(详细的说明从略).

じょうさい【城塞】 chéngbǎo(城堡).

じょうざい【錠剤】 dǐngjì(锭剂), yàopiàn[r](药片[儿]), yàowán[r](药丸[儿]), yàowánzi(药丸子).

じょうさく【上策】 shàngcè(上策).

じょうさし【状差】 xìnchā(信插). ¶ 手紙を～に挿す bǎ xìn chāzài xìnchāli(把信插在信插里).

しょうさっし【小冊子】 xiǎocèzi(小册子).

しょうさん【称賛・賞賛】 chēngzàn(称赞), chēngshǎng(称赏), zànxǔ(赞许), zànyáng(赞扬), zànshǎng(赞赏), chēngxǔ(称许), chēngyáng(称扬), jiāxǔ(嘉许). ¶ 人々の～の的となった shòudào rénmen de chēngzàn(受到人们的称赞). ¶ 彼の行為は～に値する tā de xíngwéi zhíde chēngzàn(他的行为值得称赞). ¶ 世間の～を博す bódé shèhuìshang de zànxǔ(博得社会上的赞许). ¶ 口を極めて～する zàn bù jué kǒu(赞不绝口)/ shèngzàn bùyǐ(盛赞不已).

しょうさん【勝算】 shèngquàn(胜券), shèngsuàn(胜算). ¶ 今度の試合には～がある zhè cì bǐsài yǒu bǎwò qǔshèng[shèngquàn zài wǒ](这次比赛有把握取胜[胜券在握]). ¶ あの試合はもともと～がなかった nà chǎng bǐsài běnlái jiù méiyǒu huòshèng de kěnéng[yuán wú shèngsuàn](那场比赛本来就没有获胜的

しょうさん【硝酸】 xiāosuān(硝酸), xiāoqiāngshuǐ(硝强水). ¶~アンモニウム xiāosuān'ǎn(硝酸铵). ~塩 xiāosuānyán(硝酸盐). ~カリウム xiāosuānjiǎ(硝酸钾). ~銀 xiāosuānyín(硝酸银).

しょうし【笑止】 ¶彼が立候補するとは〜千万だ tā zuò hòuxuǎnrén kě zhēn xiàoshǐ rén(他竟候选人可真笑死人). ¶〜の沙汰 xiàoshā rén de xíngwéi(笑杀人的行为).

しょうし【焼死】 shāosǐ(烧死). ¶2階の人が逃げ遅れて〜した èr lóu de rén méi láidejí pǎochulai shāosǐ le(二楼的人没来得及跑出来烧死了).

しょうし【証紙】 jiǎncházhèng(检查证), yàndān(验单).

しょうじ【小事】 xiǎoshì(小事), xiǎojié(小节). ¶〜にこだわると大事を忘れる jūnī xiǎoshì, búgù dàjú(拘泥小事,不顾大局)/ yīn xiǎo shī dà(因小失大).

しょうじ【障子】 zhǐlāchuāng(纸拉窗), zhǐlāmén(纸拉门), géshan(隔扇). ¶〜を張り替える chóng hú zhǐlāmén(重糊纸拉门).

じょうし【上司】 shàngsi(上司), shàngjí(上级).

じょうし【上肢】 shàngzhī(上肢).

じょうし【上梓】 shàngzǐ(上梓), fùzǐ(付梓). ¶新しい小説を〜する chūbǎn xīnxiě de xiǎoshuō(出版新写的小说).

じょうし【情死】 qíngsǐ(情死). ¶2人は〜を遂げた liǎng ge rén xùnqíng ér sǐ(两个人殉情而死).

じょうじ【常時】 píngshí(平时), píngcháng(平常); jīngcháng(经常), shícháng(时常). ¶災害に対しては〜の心掛けが大切 duì zāihài zhòngyào de shì yào yǒu yǒubèi-wúhuàn de sīxiǎng(对灾害重要的是要有有备无患的思想). ¶〜身辺に警護をつけている suíshí yǒu jǐngwèiyuán bǎohù(身边随时有警卫员保护). ¶〜意見を交換した方がいい zuìhǎo jīngcháng jiāohuàn yìjiàn(最好经常交换意见).

じょうじ【情事】 fēngliú yùnshì(风流韵事).

しょうしか【少子化】 ¶〜の傾向に拍車がかかる shǎoshēng háizi de qūxiàng jiāsù fāzhǎn(少生孩子的倾向加速发展).

しょうじかいしゃ【商事会社】 shāngyè gōngsī(商业公司).

しょうじき【正直】 lǎoshi(老实). ¶彼は〜だ tā shì ge lǎoshírén(他是个老实人)/ tā hěn chéngshí(他很诚实). ¶私の質問に〜に答えなさい lǎolǎo-shíshí[zhàoshí] huídá wǒ de wèntí(老老实实[照实]回答我的问题). ¶〜のところ私は嫌です shuō jù shíhuà[lǎoshí shuō], wǒ bú yuànyì(说句实话[老实说],我不愿意).

じょうしき【常識】 chángshí(常识), chánglǐ[r](常理[儿]). ¶それは〜を欠いたやり方だ nà zhǒng zuòfǎ tài quēfá chángshí le(那种做法太缺乏常识了). ¶それが〜的な線でしょう nà hái héhū chánglǐ ba(那还合乎常理吧).

しょうしつ【消失】 xiāoshī(消失); sàngshī(丧失). ¶期限が切れて権利が〜した qīxiàn yǐ guò quánlì sàngshīle(期限已过权利丧失了).

しょうしつ【焼失】 shāohuǐ(烧毁), fénhuǐ(焚毁), fénshāo(焚烧). ¶寺の本堂が〜した yuàn de zhèngdiàn shāohuǐ le(寺院的正殿烧毁了). ¶辛うじて〜を免れた xiǎnxiē shāodiào le(险些烧掉了)/ xìngmiǎn fénhuǐ(幸免焚毁). ¶〜家屋 shāohuǐ de fángwū(烧毁的房屋).

じょうしつ【上質】 shànghǎo(上好). ¶〜紙 shànghǎo de zhǐ(上好的纸).

じょうじつ【情実】 qíngmiàn(情面), sīqíng(私情). ¶今回の選考には〜があったと言われている jùshuō zhè cì xuǎnkǎo jiāzázhe sīqíng(据说这次选拔夹杂着私情). ¶〜にとらわれて処置を誤った xùnqíng ér chǔlǐ shīdàng(徇情而处理失当). ¶〜を排する bú xùn sīqíng(不徇私情).

しょうしみん【小市民】 xiǎoshìmín(小市民).

しょうしゃ【小社】 bì gōngsī(敝公司).

しょうしゃ【商社】 màoyì gōngsī(贸易公司), shāngshè(商社).

しょうしゃ【勝者】 yíngjiā(赢家), huòshèngzhě(获胜者), shènglìzhě(胜利者).

しょうしゃ【照射】 zhàoshè(照射). ¶X線を〜する zhào àikèsī guāng tòushì(照爱克斯光透视).

しょうしゃ【瀟洒】 xiāosǎ(潇洒・萧洒). ¶〜な身なりをしている chuānzhuó xiāosǎ(穿着潇洒). ¶〜な構えの店 yì jiā yǎzhì de diànpù(一家雅致的店铺).

じょうしゃ【乗車】 shàngchē(上车), chéngchē(乘车), dāchē(搭车). ¶皆さん御順に御〜願います qǐng dàjiā àn shùnxù shàng chē(请大家按顺序上车). ¶不正〜を取り締まる qǔdì fēifǎ chéngchēzhě(取缔非法乘车者). ¶〜券 chēpiào(车票)/ kèpiào(客票). ~賃 chēfèi(车费).

じょうしゅ【情趣】 qíngqù(情趣), fēngqù(风趣). ¶〜に富む ráo yǒu fēngqù(饶有风趣).

じょうじゅ【成就】 chéngjiù(成就), wánchéng(完成), shíxiàn(实现). ¶大業を〜する chéngjiù dàyè(成就大业). ¶大願〜を神に祈る qiú lǎotiānyé bǎoyòu suì wǒ sùyuàn(求老天爷保佑遂我宿愿).

しょうしゅう【召集・招集】 zhàojí(召集), zhàokāi(召开). ¶会議を〜する zhàojí huìyì(召集会议). ¶国会を〜する zhàokāi guóhuì(召开国会). ¶全委員を〜する zhàojí quántǐ wěiyuán(召集全体委员). ¶非番巡査を〜する zhàojí xiēbān xúnjǐng(召集歇班巡警). ¶〜令状 rùwǔ tōngzhīshū(入伍通知书).

しょうじゅう【小銃】 qiāng(枪), bùqiāng(步枪). ¶〜弾 zǐdàn(子弹). 自動〜 zìdòng bùqiāng(自动步枪).

じょうしゅう【常習】 ¶あいつは遅刻の〜者だ nà jiāhuo jīngcháng chídào(那家伙经常迟到). ¶〜犯 guànfàn(惯犯).

しょうじゅつ【詳述】 xiángshù(详述). ¶この点については章を改めて〜する guānyú zhè yì

diǎn jiāng zài lìng yì zhāng xiángshù (关于这一点将在另一章详述).

じょうじゅつ【上述】 shàngshù (上述). ¶~の如く… rú shàng suǒ shù …(如上所述…).

じょうじゅび【上首尾】 ¶実験の結果は~だった shíyàn huòdéle chénggōng (实验获得了成功). ¶万事~に運んでいる yíqiè shùnsuì (一切顺遂)/ wànshì hēngtōng (万事亨通)/ yì fān fēng shùn (一帆风顺).

しょうじゅん【照準】 miáozhǔn (瞄准). ¶~を合せる miáozhǔn (瞄准). ¶~が狂う miáopiān (瞄偏了).

じょうじゅん【上旬】 shàngxún (上旬).

しょうしょ【証書】 zhèngshū (证书); zìjù (字据). ¶~を作成する lì zìjù (立字据). ¶卒業~ bìyè zhèngshū (毕业证书)/ wénpíng (文凭).

しょうしょ【詔書】 zhàoshū (诏书).

しょうじょ【少女】 shàonǚ (少女).

じょうしょ【浄書】 shànxiě (缮写), téngxiě (誊写), téngqīng (誊清). ¶草稿を~する téngxiě cǎogǎo (誊写草稿).

しょうしょう【少々】 shǎoxǔ (少许), xiēxǔ (些许), shāoshāo (稍稍), shāoshāo (稍稍), xiēwēi (些微), yìxiē (一些), yìdiǎnr (一点儿). ¶胡椒を~加える jiāshàng shǎoxǔ hújiāo (加上少许胡椒). ¶~のことでは驚かない dàbuliǎo de shì, bú huì chījīng (大不了的事, 不会吃惊). ¶そう言われて私も一腹が立った bèi tā nàme yì shuō, wǒ xīnli kě yǒuxiē huǒ le (被他那么一说, 我心里可有些火了). ¶私は~不満だ wǒ yǒudiǎnr bùmǎn (我有点儿不满). ¶お詰め下さい qǐng wǎng lǐ shāo jǐ yi jǐ (请往里稍挤一挤). ¶~お待ち下さい qǐng shāowēi děng yíxià (请稍微等一下)/ qǐng shǎo hòu yíhuìr (请少候一会儿).

しょうしょう【少将】 shàojiàng (少将).

しょうじょう【症状】 zhèngzhuàng (症状), zhènghou (症候). ¶マラリアの~があらわれる chūxiàn nüèji de zhèngzhuàng (出现疟疾的症状). ¶~が悪化する bìngzhuàng èhuà (病状恶化).

¶自覚~ zìjué zhèngzhuàng (自觉症状). 中毒~ zhòngdú zhènghou (中毒症候).

しょうじょう【賞状】 jiǎngzhuàng (奖状).

しょうじょう【蕭条】 xiāotiáo (萧条), xiāosuǒ (萧索). ¶~たる冬の原野 xiāosuǒ de dōngtiān de yuányě (萧索的冬天的原野).

じょうしょう【上昇】 shàngshēng (上升). ¶気球が~していく qìqiú shēngshangqu (气球升上去). ¶気温が~する qìwēn shàngshēng (气温上升). ¶物価の~に給料が追いつかない gōngzī gēnbushàng wùjià de shàngzhǎng (工资跟不上物价的上涨). ¶彼女の人気は今~中だ tā jìnlái yuèlái hóngqilai le (她近来越发红起来了).

¶~気流 shàngshēng qìliú (上升气流).

じょうしょう【常勝】 chángshèng (常胜). ¶~将軍 chángshèng jiāngjūn (常胜将军).

じょうじょう【上上】 ¶旅行には~の天気でした zhèngshì shìyú lǔxíng de hǎo tiānqì (正是适于旅行的好天气). ¶体の調子は~だ wǒ shēntǐ hǎo jíle (我身体好极了). ¶交渉は~の首尾だった jiāoshè yuánmǎn chénggōng le (交涉圆满成功了).

じょうじょう【上場】 ¶~株 shàngshì zhèngquàn (上市证券).

じょうじょう【情状】 ¶被告の罪状には~酌量の余地がない gēnjù bèigào de zuìzhuàng, háo wú zhuóqíng de yúdì (根据被告的罪状, 毫无酌情的余地).

しょうじょうばえ【猩猩蠅】 guǒyíng (果蝇).

しょうしょく【少食】 ¶彼は体の割に~だ gēn tǐpò xiāngbǐ tā fànliàng xiǎo (跟体魄相比他饭量小).

じょうしょく【常食】 ¶日本人は米を~とする Rìběnrén yǐ dàmǐ wéi zhǔshí (日本人以大米为主食)/ Rìběnrén cháng chī dàmǐ (日本人常吃大米).

しょう・じる【生じる】 → しょうずる.

じょう・じる【乗じる】 → じょうずる.

しょうしん【小心】 ¶彼は~者だ tā shì ge dǎnxiǎoguǐ (他是个胆小鬼). ¶~翼々として主人に仕える xiǎoxīn-yìyì de cìhou zhǔrén (小心翼翼地伺候主人).

しょうしん【昇進】 shēng (升), tíshēng (提升), gāoshēng (高升), jìnshēng (晋升). ¶彼は部長に~した shēngwéi bùzhǎng (他升为部长).

しょうしん【傷心】 shāngxīn (伤心). ¶~のあまり病気になった guòyú shāngxīn bìngdǎo le (过于伤心病倒了).

しょうじん【小人】 xiǎorén (小人).

しょうじん【精進】 **1**〔潔斎〕 ¶~潔斎して神に仕える jìngshēn zhāijiè gòngfèng shénlíng (净身斋戒供奉神灵).

2〔菜食〕 ¶忌中は~する jūsāng jì hūn chīzhāi (居丧忌荤吃斋)/ fú zhōng chīsù (服中吃素).

¶~落し kāihūn (开荤)/ kāizhāi (开斋). ~料理 sùcài (素菜)/ sùcān (素餐)/ sùshí (素食).

3〔努力〕 ¶学問に~する zhuānxīn-zhìzhì yánjiū xuéwèn (专心致志研究学问).

じょうしん【上申】 chéngbào (呈报), bǐngbào (禀报), huíbǐng (回禀). ¶改善策を~する xiàng shàngjí jiànyì gǎishàn bànfǎ (向上级建议改善办法). ¶~書 chéngwén (呈文).

じょうじん【常人】 chángrén (常人), yìbānrén (一般人), pǔtōngrén (普通人). ¶~の業(%) ではない zhè bú shì yìbānrén suǒ néng gàn de (这不是一般人所能干的).

しょうしんしょうめい【正真正銘】 ¶~の北斎の作品だ shì zhēnzhèng de Běizhāi de zuòpǐn (是真正的北斋的作品). ¶~間違いなし quèquèshíshí méiyǒu cuò (确确实实没有错). ¶~の紹興酒 dìdìdàodào de Shàoxīngjiǔ (地地道道的绍兴酒).

じょうず【上手】 ¶彼は字が~だ tā xiě zì xiěde hěn "hǎo[shuài]"(他写字写得很"好[帅]"). ¶彼女は料理が~だ tā hěn huì zuò cài (她很会做菜). ¶何とか~に断ることはできまいか

yǒu méiyǒu shénme miàofǎ tuīcí?(有没有什么妙法推辞?).¶君の歌も以前より~になったnǐ chàngde bǐ yǐqián yǒu jìnbù le(你唱得比以前有进步了).¶好きこそ物の~なれ àihào cái néng jīngtōng(爱好才能精通).¶手から水が漏る zhìzhě qiān lǜ, bì yǒu yì shī(智者千虑,必有一失).

しょうすい【小水】 xiǎoshuǐ(小水), niào(尿), xiǎobiàn(小便).

しょうすい【憔悴】 qiáocuì(憔悴).¶徹夜続きの仕事で彼はすっかり~している liántiān liányè [yè yǐ jì rì] bù mián de gōngzuò, shǐ tā xiǎnde hěn qiáocuì(连天连夜[夜以继日]不眠地工作,使他显得很憔悴).¶~しきった顔 qiáocuì bùkān de liǎn(憔悴不堪的脸).

じょうすい【浄水】 jìngshuǐ(净水).¶~池 jìngshuǐchí(净水池).

じょうすいどう【上水道】 shàngshuǐdào(上水道).

しょうすう【小数】 xiǎoshù(小数).¶~点2位以下切捨て xiǎoshùdiǎn dì'èr wèi yǐxià shěqù(小数点第二位以下舍去).¶循環~ xúnhuán xiǎoshù(循环小数).

しょうすう【少数】 shǎoshù(少数).¶賛成者~のため否決された yóuyú zànchéng de zhàn shǎoshù bèi fǒujué le(由于赞成的占少数被否决了).¶~意見 shǎoshù yìjiàn(少数意见).~精鋭主義 shǎo ér jīng yuánzé(少而精原则).~派 shǎoshùpài(少数派).~民族 shǎoshù mínzú(少数民族).

じょうすう【乗数】 chéngshù(乘数).¶被~ bèichéngshù(被乘数).

じょうすう【常数】 chángshù(常数).

しょう・する【称する】 chēng(称).¶その艦隊は無敵艦隊と~された gāi jiànduì hàochēng wúdí jiànduì(该舰队号称无敌舰队).¶得度して早雲と~した tìdù hòu fǎhào Zǎoyún(剃度后法号早云).¶私の親戚だと~する男が金を借り歩いているという話だ tīngshuō yǒu yí ge jiǎhào wǒ qīnqī de rén dàochù xiàng rén jiè qián(听说有一个假冒我亲戚的人到处向人借钱).¶彼は病気と~して委員会に1度も出て来なかった tā chēngbìng yí cì yě méi dào wěiyuánhuì láiguò(他称病一次也没到委员会来过).

しょう・ずる【生ずる】 chǎnshēng(产生), fāshēng(发生).¶不和は多く誤解から~する bùhé duōbàn yóu wùhuì chǎnshēng(不和多半由误会产生).¶摩擦すると静電気を~ずる mócā shēng diàn(摩擦生电).¶地震により地面に亀裂が~じた yóuyú dìzhèn dìmiàn chūxiànle jūnliè(由于地震地面出现了龟裂).¶この法律の効力が~するのは2001年4月1日以降で cǐ fǎlǜ zì èr líng líng yī nián sìyuè yī rì qǐ shēngxiào(此法律自二〇〇一年四月一日起生效).

じょう・ずる【乗ずる】 chéng(乘), chèn(趁).¶すきに~ずる chéngxì[chéngxū] ér rù(乘隙[乘虚]而入).¶夜陰に~じて総攻撃をかける chèn hēiyè fāqǐ zǒnggōng(趁黑夜发起总攻).¶彼はとかく人に~ぜられやすい tā hǎo shàng rénjia de dàng(他好上人家的当).

しょうせい【小生】 bǐrén(敝人), bǐrén(鄙人).

じょうせい【上製】 ¶~の鞄 tèzhì píbāo(特制皮包).¶~本 jīngzhuāngběn(精装本).

じょうせい【情勢・状勢】 qíngshì(情势), xíngshì(形势), júshì(局势), shìtài(势态).¶~が緊迫する qíngshì jǐnpò(情势紧迫).¶~に応じて策を立てる gēnjù xíngshì lái juédìng duìcè(根据形势来决定对策).¶~判断が的確だ xíngshì pànduàn hěn zhǔnquè(形势判断很准确).¶~分析をする fēnxī xíngshì(分析形势).¶世界~ shìjiè xíngshì(世界形势).

じょうせい【醸成】 niàngchéng(酿成).¶不穏な気運を~する niàngchéng jǐnzhāng de júshì(酿成紧张的局势).

しょうせき【硝石】 xiāoshí(硝石), huǒxiāo(火硝).¶チリ~ zhìlì xiāoshí(智利硝石).

じょうせき【上席】 **1**［上座］shàngzuò(上座), shàngshǒu(上首), shàngxí(上席).¶~につく zuò shàngzuò(坐上座).
2［上位］shàngjí(上级).¶~の検事 shàngjí jiǎncháyuán(上级检察员).

じょうせき【定石】 dìngshí(定式), chángguī(常规).¶囲碁の~を覚える jì wéiqí de dìngshì(记围棋的定式).¶それは犯人捜査の~だ nà shì sōuchá zuìfàn de yìbān chángguī(那是搜查罪犯的一般常规).¶~どおり事を運ぶ zūnxún chángguī jìnxíng(遵循常轨进行).

しょうせつ【小節】 xiǎojié(小节).

しょうせつ【小説】 xiǎoshuō[r](小说[ル]).¶~を書く xiě xiǎoshuō(写小说).¶彼の一代記を書いたら~になる rúguǒ xiě tā de shēngpíng shìjì yídìng néng xiěchéng yì běn xiǎoshuō(如果写他的生平事迹一定能写成一本小说).¶事実は~よりも奇なり shìshí bǐ xiǎoshuō hái yào chūqí(事实比小说还要出奇).¶~家 xiǎoshuōjiā(小说家).短編~ duǎnpiān xiǎoshuō(短篇小说).長編~ chángpiān xiǎoshuō(长篇小说).

じょうせつ【常設】 chángshè(常设).¶委員会を~する shèzhì yí ge chángwù wěiyuánhuì(设置一个常务委员会).¶~の市場 chángshè de shìchǎng(常设的市场).

じょうぜつ【饒舌】 ráoshé(饶舌).¶あの人は酒を飲むと~になる tā yì hē jiǔ jiù ài ráoshé(他一喝酒就爱饶舌).

しょうせっかい【消石灰】 xiāoshíhuī(消石灰), shúshíhuī(熟石灰).

しょうせん【商船】 shāngchuán(商船).

しょうぜん【悄然】 qiǎorán(悄然).¶彼女は~として帰って行った tā chuítóu-sàngqì de huíqu le(她垂头丧气地回去了)/ tā qiǎorán ér huí(她悄然而回).¶彼は試験に落ちて~としている tā méi kǎoshàng jǔsàngde hěn(他没考上沮丧得很).

じょうせん【乗船】 chéngchuán(乘船), shàng-

chuán(上船), dāchuán(搭船). ¶横浜で~してマルセーユに向かった zài Héngbīn shàngchuán qù Mǎsài le(在横滨上船去马赛了).

しょうそ【勝訴】 shèngsù(胜诉). ¶その裁判は被告の~に終わった nà cháng sùsòng bèigào shèngsù le(那场诉讼被告胜诉了).

じょうそ【上訴】 shàngsù(上诉).

しょうそう【少壮】 shàozhuàng(少壮). ¶~気鋭 shàozhuàng ér fùyǒu zhāoqì(少壮而富有朝气). ¶~有為の士 shàozhuàng yǒuwéi zhī shì(少壮有为之士).

しょうそう【尚早】 ¶時期~ wéi shí shàng zǎo(为时尚早).

しょうそう【焦燥】 jiāozào(焦燥), xīnjiāo(心焦), jiāoxīn(焦心), jiāojí(焦急), jiāolù(焦虑). ¶~にかられる xīnli shífēn jiāozào(心里十分焦燥).

しょうぞう【肖像】 xiàoxiàng(肖像). ¶~画 xiàoxiànghuà(肖像画)/ huàxiàng(画像).

じょうそう【上層】 shàngcéng(上层), gāocéng(高层). ¶会社の~部 gōngsī gāocéng lǐngdǎo(公司高层领导).
¶~階級 shàngcéng jiējí(上层阶级)/ shàngliú jiēcéng(上流阶层). ~気流 shàngcéng qìliú(上层气流).

じょうそう【情操】 qíngcāo(情操). ¶~教育 qíngcāo jiàoyù(情操教育).

じょうぞう【醸造】 niàngzào(酿造). ¶この葡萄酒は75年の~だ zhè pútaojiǔ shì qī wǔ nián niàngzào de(这葡萄酒是七五年酿造的). ¶紹興酒はもち米から~する Shàoxīngjiǔ shì yòng nuòmǐ niàngzào de(绍兴酒是用糯米酿造的). ¶酒の~元 jiǔchǎng(酒厂)/ jiǔfáng(酒坊)/ zāofáng(糟坊).
¶~業 niàngzàoyè(酿造业).

しょうそく【消息】 xiāoxi(消息), xìnxī(信息). ¶その後少しも~がない cóng nà yǐhòu yǎo wú yīnxùn(从那以后杳无音信). ¶~を絶ったまま10日を経た duànle xiāoxi yǐjing shí tiān le(断了消息已经十天了). ¶政界の~に通じている tōngxiǎo zhèngjiè nèibù de xiāoxi(通晓政界内部的消息). ¶~筋によれば jù yǒuguān fāngmiàn tòulù(据有关方面透露…).
¶~通 xiāoxi língtōng rénshi(消息灵通人士).

しょうぞく【装束】 zhuāngshù(装束). ¶火事~に身を固める shēn zhuó jiùhuǒ zhuāngshù(身着救火装束). ¶白~の花嫁 sùzhuāng xīnniáng(素装新娘).

しょうたい【小隊】 pái(排); xiǎoduì(小队). ¶~長 páizhǎng(排长).

しょうたい【正体】 1[本体] yuánxíng(原形), zhēnmiànmù(真面目). ¶あいつもとうとう~を現した nà jiāhuo zhōngyú xiànchū yuánxíng-bìlù(那个家伙终于原形毕露). ¶やっと~をつきとめた zhōngyú jiēchuānle Lúshān zhēnmiànmù(终于揭穿了庐山真面目).
2[正気] ¶~もなくぐっすり寝込む shuìde xiàng sǐrén yìbān(睡得像死人一般). ¶彼は酔うと~がなくなる tā yì hēzuì jiù bùzhī-suǒyǐ

le(他一喝醉就不知所以了).

しょうたい【招待】 yāoqǐng(邀请). ¶結婚式に~する yāoqǐng chūxí jiéhūn diǎnlǐ(邀请出席结婚典礼). ¶~に応ずる yìngyāo(应邀).
¶~を断る jùjué[xièjué] yāoqǐng(拒绝[谢绝]邀请).
¶~状 qǐngtiě(请帖)/ qǐngjiǎn(请柬).

じょうたい【上体】 shàngshēn(上身), shàngbànshēn(上半身). ¶~を前に倒す bǎ shēntǐ xiàng qián qīng(把身体向前倾).

じょうたい【状態】 zhuàngtài(状态), qíngxing(情形). ¶この~では明日は出発できない zhè ge qíngxing míngtiān chūfā bu liǎo(按这个情形明天出发不了). ¶あの人は今正常な判断のできる~ではない nà ge rén xiànzài bù kěnéng duì shìwù zuòchū zhèngcháng pànduàn(那个人现在不可能对事物作出正常判断). ¶なお混乱が~が続いている réng chǔyú hùnluàn zhuàngtài(仍处于混乱状态). ¶健康~がよくない jiànkāng zhuàngkuàng bù hǎo(健康状况不好).

じょうたい【常態】 chángtài(常态). ¶事故発生後~に復するまで1昼夜かかった cóng fāshēng shìgù dào huīfù chángtài fèile yí zhòuyè(从发生事故到恢复常态费了一昼夜).

じょうたい【上代】 shànggǔ(上古), gǔdài(古代).

しょうたく【妾宅】 wàizhái(外宅), wàijiā(外家).

しょうたく【沼沢】 zhǎozé(沼泽).

しょうだく【承諾】 tóngyì(同意), chéngnuò(承诺), yīngxǔ(应许), yīngyǔn(应允), yìngnuò(应诺), yìngchéng(应承), yǔnnuò(允诺), yīyǔn(依允), fǔyǔn(俯允), fǔjiù(俯就). ¶皆快く~する xīnrán yǔnnuò(欣然允诺). ¶皆の~を求める yāoqiú dàjiā yǔyǐ chéngnuò(要求大家予以承诺). ¶彼の~を得られなかった méi néng dédào tā de tóngyì(没能得到他的同意). ¶これは双方の上で取り決めたことです zhè shì jīng shuāngfāng tóngyì juédìng de(这是经双方同意决定的). ¶持主の~なしに借りた méi dédào wùzhǔ de tóngyì jièle chūlái(没得到物主的同意借了出来). ¶手術の~書に署名した zài shǒushù tóngyìshū shang qiānle míng(在手术同意书上签了名).

じょうたつ【上達】 jìnbù(进步), zhǎngjìn(长进). ¶彼は何をしても~が早い tā xué shénme dōu jìnbù hěn kuài(他学什么都进步很快).
¶彼女の絵は~した tā de huàr yǒule hěn dà de jìnbù[dà yǒu zhǎngjìn](她的画儿有了很大的进步/大有长进).

しょうだん【商談】 ¶~を進める tán[qiàtán] shēngyi(谈[洽谈]生意). ¶~がまとまった mǎimai chéngjiāo(买卖成交).

じょうだん【上段】 ¶その本らは本棚の最~にある nà běn shū zài shūjià zuì shàng céng(那本书在书架最上层). ¶寝台券は~の方が安い wòpùpiào shàngpù piányi(卧铺票上铺便宜).

じょうだん【冗談】 wánxiào(玩笑), xìyán(戏言). ¶~を言う kāi wánxiào(开玩笑)/ dǎ hā-

ha（打哈哈）/ shuō xìyán（说戏言）/ xìxuè（戏谑）. ¶私は彼の～を真に受けてしまった wǒ bǎ tā de wánxiào dàngzhēn le（我把他的玩笑当真了）. ¶～が過ぎて相手を怒らせてしまった kāi wánxiào guòhuǒ zhāo duìfāng shēngqì le（开玩笑过过火招对方生气了）. ¶～にもほどがある kāi wánxiào yě gāi yǒu ge fēncun!（开玩笑也该有个分寸!）. ¶言いにくいことを～めかして言う bǎ bù hǎo shuō de shì bàn kāi wánxiào de shuōchulai（把不好说的事半开玩笑地说出来）. ¶御～でしょう nǐ bié kāi wánxiào（你别开玩笑）/ nǐ bié gēn wǒ dǎ hāha（你别跟我打哈哈）.

しょうち【承知】 **1**［了解］zhīdao（知道）, míngbai（明白）, qīngchu（清楚）. ¶すでに御通り… zhèng rú nín suǒ zhī …（正如您所知…）. ¶無理を～で引き受けた míngzhī yǒu kùnnan réng chéngdānle xiàlái（明知有困难仍承担了下来）. ¶その話なら十分～しております nà jiàn shì wǒ shífēn qīngchu（那件事我十分清楚）. **2**［承諾］dāyìng（答应）, tóngyì（同意）. ¶二つ返事で～した yīkǒu dāyìng le（一口答应了）. **3** ¶謝らないと～しないぞ bù péizuì wǒ kě bù ráo nǐ（不赔罪我可不饶你）.

しょうち【招致】 zhāozhì（招引）, zhāolǎn（招揽）. ¶次のオリンピックをわが国に～する zhēngqǔ xià jiè Àoyùnhuì zài wǒguó jǔxíng（争取下届奥运会在我国举行）. ¶観光客を～する zhāoyǐn yóukè（招引游客）.

しょうちゅう【掌中】 ¶～の珠（宝）といつくしむ ài rú zhǎngshàng míngzhū［zhǎngshàngzhū/ zhǎngzhōngzhū］（爱如[掌上明珠/掌上珠/掌中珠]）. ¶実権を～に収める bǎ shíquán wòzài shǒuzhōng（把实权握在手中）.

しょうちゅう【焼酎】 rìběn shāojiǔ（日本烧酒）.

しょうちゅう【常駐】 chángzhù（常驻）. ¶北京～の記者 chángzhù Běijīng jìzhě（常驻北京记者）.

じょうちょ【情緒】 fēngqíng（风情）, qíngdiào（情调）, qíngqù（情趣）. ¶異国～にひたる chénjìn yú yìguó qíngdiào zhī zhōng（沉浸于异国情调之中）. ¶雨の川端は～がある hépàn yǔjǐng bié yǒu qíngqù（河畔雨景别有情趣）. ¶～纒綿（てん）としている qíngyì chánmián（情意缠绵）. ¶あの子は～不安定だ nàge háizi qíngxù bù wěndìng（那个孩子情绪不稳定）.

しょうちょう【小腸】 xiǎocháng（小肠）.

しょうちょう【消長】 xiāozhǎng（消长）, xīngshuāi（兴衰）, shèngshuāi（盛衰）. ¶勢力の～ shìlì de xīngshuāi（势力的兴衰）.

しょうちょう【象徴】 xiàngzhēng（象征）. ¶鳩は平和の～とされている gēzi bèi chēngwéi hépíng de xiàngzhēng（鸽子被称为和平的象征）. ¶その事件は現在の我が国の状態を～している gāi shìjiàn xiàngzhēngzhe wǒguó mùqián de zhuàngtài（该事件象征着我国目前的状态）. ¶M氏はその運動の～的存在であった M xiānsheng shì nàge yùndòng de xiàngzhēng（M先生是那个运动的象征）. ¶～主義 xiàngzhēngzhǔyì（象征主义）.

じょうちょう【冗長】 rǒngcháng（冗长）, fánrǒng（烦冗·繁冗）. ¶～にならないよう簡潔に書く zìjù yào jiǎnjié bìmiǎn rǒngcháng（字句要简洁避免冗长）.

しょうちん【消沈】 xiāochén（消沉）, jǔsàng（沮丧）, chuí tóu sàng qì（垂头丧气）, xīn huī yì lǎn（心灰意懒）. ¶彼は意気～してしまった tā ˇxiāochén xiaqu［qíngxù dīluò］le（他ˇ消沉下去[情绪低落]了）.

じょうてい【上程】 ¶国会に法案を～する xiàng guóhuì tíchū fǎ'àn（向国会提出法案）.

じょうでき【上出来】 ¶急いで作ったにしては～だね gǎnzhe zuòchulai de, hái suàn búcuò a!（赶着做出来的, 还算不错呢!）. ¶今年はりんごが～だ jīnnián de píngguǒ zhēn búlài（今年的苹果真不赖）.

しょうてん【昇天】 shēngtiān（升天）. ¶彼は安らかに～した tā hěn ānxiáng de shēngtiān le（他很安详地升天了）.

しょうてん【商店】 shāngdiàn（商店）. ¶～街 shāngyèjiē（商业街）.

しょうてん【焦点】 jiāodiǎn（焦点）. ¶レンズの～ jìngtóu de jiāodiǎn（镜头的焦点）. ¶この写真は～が合っていない zhè zhāng xiàngpiàn jiāojù méi duìzhǔn（这张相片焦距没对准）. ¶討論がいささか問題の～から外れている tǎolùn yǒuxiē lítí le（讨论有些离题了）. ¶本日はこの問題に～を絞って話しましょう jīntiān zhuózhòng tántan zhège wèntí ba（今天着重谈谈这个问题吧）. ¶～距離 jiāojù（焦距）.

しょうでん【小伝】 xiǎozhuàn（小传）.

じょうてんき【上天気】 hǎo tiānqì（好天气）, hǎotiānr（好天儿）, dàqíngtiān（大晴天）.

しょうど【焦土】 jiāotǔ（焦土）. ¶空襲で町は～と化した chéngshì yīn kōngxí huàwéi jiāotǔ（城市因空袭化为焦土）.

じょうと【譲渡】 zhuǎnràng（转让）, chūràng（出让）. ¶権利を～する zhuǎnràng quánlì（转让权利）. ¶この証書は他人に～することができない cǐ zhèng bùdé zhuǎnràng tārén（此证不得转让他人）.

じょうど【浄土】 jìngtǔ（净土）.

しょうとう【消灯】 xīdēng（熄灯）, mièdēng（灭灯）. ¶10時に～する shí diǎn xīdēng（十点熄灯）. ¶～時間 xīdēng shíjiān（熄灯时间）. ～らっぱ xīdēnghào（熄灯号）.

しょうどう【唱道】 chàngdǎo（倡导）, chàngyì（倡议）, tíchàng（提倡）. ¶婦人解放を～する chàngdǎo fùnǚ jiěfàng（倡导妇女解放）. ¶彼女は生活改善運動の～者である tā shì shēnghuó gǎishàn yùndòng de chàngdǎozhě（她是生活改善运动的倡导者）.

しょうどう【衝動】 chōngdòng（冲动）. ¶一時の～にかられて家出した yóuyú yìshí de chōngdòng chūbēn le（由于一时的冲动出奔了）. ¶～的にビルから飛び降り自殺をした chōngdòngxìng de tiào lóu zìshā le（冲动性地跳楼自杀了）.

じょうとう【上棟】 shàng liáng(上梁). ¶～式 shàng liáng yíshì(上梁仪式).

じょうとう【上等】 shàngděng(上等), shàngpǐn(上品), shàngsè(上色), shànghǎo(上好). ¶これが一番～な品です zhè shì zuì shàngděng de huò(这是最上等的货). ¶～のブランデー shàngděng báilándì(上等白兰地). ¶この生地はあれより～です zhè liàozi bǐ nàge gāojí(这料子比那个高级). ¶これだけ人が集まれば～の方だ jùjíle zhème duō rén jiù suàn búcuò le(聚集了这么多人就算不错了).

じょうとう【常套】 ¶これは彼の～手段だ zhè shì tā guànyòng de shǒuduàn(这是他惯用的手段)/ zhè shì tā de ˈlǎotàozi[guànjì](这是他的ˈ老套子[惯技]).

じょうどう【常道】 ¶民主政治の～に背いている bèilíle mínzhǔ zhèngzhì de chángguǐ(背离了民主政治的常轨).

しょうどく【消毒】 xiāodú(消毒). ¶傷口を～する gěi shāngkǒu xiāodú(给伤口消毒). ～液 xiāodúyè(消毒液). 煮沸～ zhǔfèi xiāodú(煮沸消毒). 日光～ rìguāng xiāodú(日光消毒).

じょうとくい【上得意】 lǎozhǔgù(老主顾), lǎogùkè(老顾客), lǎogùzhǔ(老顾主), lǎokèhù(老客户).

しょうとつ【衝突】 1 zhuàng(撞), pèngzhuàng(碰撞), xiāngzhuàng(相撞). ¶トラックと乗用車が正面から～した kǎchē hé jiàochē yíngtóu zhuàngshàng le(卡车和轿车迎头撞上了). ¶～を避けるために発煙筒をたいた wèile bìmiǎn fāshēng zhuàngchē, diǎnle fāyāntǒng(为了避免发生撞车,点了发烟筒).

2〔立場、意見などで〕chōngtū(冲突). ¶双方の利害の～は避けられない shuāngfāng de lìhài chōngtū wúfǎ bìmiǎn(双方的利害冲突无法避免). ¶彼は父親と～して家を飛び出した tā gēn fùqīn nàofān líkāile jiā(他跟父亲闹翻离开了家). ¶彼女は誰とでも～する tā jiàn shuí gēn shuí dǐngniú(她见谁跟谁顶牛ㄦ). ¶両国の国境地帯で武力～があった zài liǎngguó biānjìng dìqū fāshēngle wǔzhuāng chōngtū(在两国边境地区发生了武装冲突).

しょうとりひき【商取引】 jiāoyì(交易). ¶～を行う jìnxíng jiāoyì(进行交易).

じょうない【場内】 chǎngnèi(场内). ¶称賛の声が～に満ちた zànxǔ shēng chōngmǎnle huìchǎng(赞许声充满了会场)/ chǎngnèi zànyáng zhī shēng bùjué yú ěr(场内赞扬之声不绝于耳). ¶～禁煙 chǎngnèi jìnzhǐ xīyān(场内禁止吸烟).

しょうに【小児】 xiǎo'ér(小儿). ¶～科 xiǎo'érkē(小儿科)/ érkē(儿科). ¶～麻痺 xiǎo'ér mábìzhèng(小儿麻痹症)/ érmá(儿麻). 左翼～病 zuǒpài yòuzhìbìng(左派幼稚病).

しょうにゅうせき【鍾乳石】 zhōngrǔshí(钟乳石).

しょうにゅうどう【鍾乳洞】 zhōngrǔyándòng(钟乳岩洞).

しょうにん【使用人】 yòngren(用人), púren(仆人), xiàren(下人), dǐxiarén(底下人); gùgōng(雇工).

しょうにん【承認】 chéngrèn(承认). ¶大会は執行部の提案を～した dàhuì tōngguòle zhíxíngbù de tí'àn(大会通过了执行部的提案). ¶日本は国連加盟を1956年に～された Rìběn zài yī jiǔ wǔ liù nián bèi chéngrèn wéi Liánhéguó de huìyuánguó(日本在一九五六年被承认为联合国的会员国).

しょうにん【商人】 shāngrén(商人), shēngyirén(生意人), mǎimairén(买卖人). ¶死の～ jūnhuǒshāng(军火商).

しょうにん【証人】 zhèngrén(证人). ¶弁護人が～の喚問を要請した biànhùrén yāoqiú chuánxùn zhèngrén(辩护人要求传讯证人). ¶～として出廷する zuòwéi zhèngrén chūtíng(作为证人出庭). ¶明治史の生き～ Míngzhì shídài de jiànzhèngrén(明治时代的见证人).

じょうにん【常任】 chángrèn(常任). ¶～委員会 chángrèn wěiyuánhuì(常任委员会)/ chángwěihuì(常委会)/ chángwěi(常委). 国際連合安全保障理事会の～理事国 Liánhéguó Ānquán Lǐshìhuì chángrèn lǐshìguó(联合国安全理事会常任理事国).

しょうね【性根】 ¶彼は～がすわっている tā hěn yǒu gǔqì(他很有骨气)/ tā rén yìngqi(他人硬气). ¶～のくさった人間 bēiliè wúchǐ de jiāhuo(卑劣无耻的家伙). ¶～を入れかえる xǐxīn-gémiàn, chóngxīn zuòrén(洗心革面,重新做人). ¶～を据えてかかれ quánxīn-quányì de gàn ba!(全心全意地干吧!)/ xiàdìng héngxīn gàn ba!(下定恒心干吧!).

じょうねつ【情熱】 rèqíng(热情), rèchén(热忱). ¶彼女はその仕事に～を燃やしている tā duì nàge gōngzuò chōngmǎn rèqíng(她对那个工作充满热情). ¶青春の～を革命運動に傾ける bǎ qīngchūn de rèqíng qīngzhù dào gémìng yùndòng zhōng(把青春的热情倾注到革命运动中). ¶彼は～家だ tā shì ge rèqíng bēnfàng de rén(他是个热情奔放的人). ¶～的な瞳 rèqíng mírén de yǎnjing(热情迷人的眼睛).

しょうねつじごく【焦熱地獄】 jiāorè dìyù(焦热地狱).

しょうねん【少年】 shàonián(少年). ¶～院 shàoniánfàn guǎnjiàosuǒ(少年犯管教所). ～時代 shàonián shídài(少年时代). 非行～ bùliáng shàonián(不良少年).

しょうねんば【正念場】 ¶いよいよ～を迎える zhōngyú miànlín ˈjǐnyào guāntóu[guānjiàn shíkè](终于面临ˈ紧要关头[关键时刻]). ¶ここが私の人生の～だ zhè zhèng shì wǒ rénshēng zhōng de ˈguānkǒu[guānzi](这正是我人生中的ˈ关口[关子]).

しょうのう【小脳】 xiǎonǎo(小脑).

しょうのう【小農】 xiǎonóng(小农).

しょうのう【笑納】 xiàonà(笑纳), xiàocún(笑存), shōunà(收纳), shēnshōu(哂收). ¶粗品ですが御～下さい zhè shì wēibùzúdào de dōngxi, qǐng xiàonà(这是微不足道的东西,请

しょうのう【樟脳】 zhāngnǎo(樟脳), cháonǎo(潮脳).
じょうのう【上納】 shàngjiǎo(上缴).
じょうば【乗馬】 1 qí mǎ(骑马). ¶毎日～の稽古をする měitiān liànxí qí mǎ(每天练习骑马).
¶～靴 mǎxuē(马靴). ～ズボン mǎkù(马裤).
2【乗る馬】 ¶彼の～は栗毛だ tā qí de shì lìsè mǎ(他骑的是栗色马).
しょうはい【勝敗】 shèngbài(胜败), shèngfù(胜负), shūyíng(输赢). ¶～は時の運 shèngbài quán píng shíyùn(胜败全凭时运)/ shèngfù zài tiān(胜负在天). ¶～を決する jué yī cíxióng(决一雌雄)/ jué shèngfù(决胜负)/ jiàn gāodī(见高低).
しょうはい 1【賞杯】 jiǎngbēi(奖杯).
2【賞牌】 jiǎngpái(奖牌).
しょうばい【商売】 mǎimai(买卖), shēngyi(生意), jiāoyì(交易). ¶私は～をやっています wǒ zuò 'shēngyi[mǎimai](我做'生意[买卖]).
¶景気が悪くて～は上がったりです yóuyú bùjǐngqì mǎimai jiǎnzhí yào huáng le(由于不景气买卖简直要黄了). ¶彼は～が下手だ tā búhuì zuò mǎimai(他不会做买卖). ¶場所が悪くて～にならない dìfang bù hǎo, jiǎnzhí zuòchéng shēngyi(地方不好,简直做不成生意).
¶彼女には～っ気がまったくない tā jiǎnzhí méiyǒu zhuànqián de xīnsi(她简直没有赚钱的心思). ¶彼は全くの～人だ tā shì ge dìdao de mǎimairén(他是个地道的买卖人). ¶～熱心だ tā hěn rèxīn yú mǎimai(他很热心于买卖).
¶～柄服装には特に注意している yóuyú zhíyèshang de guānxi chuāndài tèbié zhùyì(由于职业上的关系穿戴特别注意). ¶～道具を落すなんてだらしがないぞ zuòguān bǎ guānyìn diū le, tài búxiànghuà le(作官把官印丢了,太不像话了). ¶先生～な者はいない jiāoshūzhè yì háng yě bù róngyì(教书这一行也不容易).
しょうばつ【賞罰】 shǎngfá(赏罚), jiǎngchéng(奖惩). ¶～を厳にする shǎngfá yánmíng(赏罚严明).
¶～規定 jiǎngchéng tiáolì(奖惩条例).
しょうはつ【蒸発】 zhēngfā(蒸发). ¶水は～して水蒸気となる shuǐ zhēngfā chéng shuǐzhēngqì(水蒸发成水蒸气). ¶アルコールは水より～しやすい jiǔjīng bǐ shuǐ lái róngyì huīfā(酒精比起水来容易挥发). ¶彼は突然～してしまった tā tūrán shīzōng le(他突然失踪了).
しょうばん【相伴】 péibàn(陪伴), zuòpéi(作陪). ¶君も～したまえ nǐ yě lái zuòpéi ba(你也来作陪吧).
じょうはんしん【上半身】 shàngbànshēn(上半身), shàngshēn(上身), shàngtǐ(上体).
しょうひ【消費】 xiāofèi(消费), xiāohào(消耗), hàofèi(耗费). ¶我が家は灯油を毎月8リットル～する wǒ jiā měiyuè xiāohào bā gōngshēng de méiyóu(我家每月消耗八公升的煤油). ¶砂糖の～量は年々ふえている shātáng de xiāofèiliàng niánnián zēngjiā(砂糖的消费量年年增加). ¶こんな問題でエネルギーを～するのは馬鹿馬鹿しい zài zhè zhǒng wèntí shang xiāohào jīnglì shízài bù zhíde(在这种问题上消耗精力实在不值得).
¶～組合 xiāofèi hézuòshè(消费合作社). ～者 xiāofèizhě(消费者). ～税 xiāofèishuì(消费税).
しょうび【焦眉】 ránméi(燃眉). ¶紛争の解決は～の急である jiějué jiūfēn shì dāngqián de ránméi zhī jí(解决纠纷是当前的燃眉之急).
じょうひ【冗費】 ¶～を節約する jiéshěng búbìyào de kāizhī(节省不必要的开支).
じょうび【常備】 chángbèi(常备). ¶～軍 chángbèijūn(常备军). 家庭～薬 jiātíng chángbèiyào(家庭常备药).
しょうひょう【商標】 shāngbiāo(商标). ¶登録～ zhùcè shāngbiāo(注册商标).
しょうびょう【傷病】 ¶～兵 shāngbìngyuán(伤病员).
しょうひん【小品】 xiǎopǐn(小品). ¶ピアノ曲～集 gāngqín duǎnqǔjí(钢琴短曲集). ～文 xiǎopǐnwén(小品文).
しょうひん【商品】 shāngpǐn(商品), huòwù(货物). ¶～を仕入れる cǎigòu huòwù(采购货物)/ bànhuò(办货)/ jìnhuò(进货). ¶その種の～は扱っていません wǒ diàn bù jīngshòu nà zhǒng shāngpǐn(我店不经售那种商品).
¶～目録 shāngpǐn mùlù(商品目录). ～券 lǐquàn(礼券).
しょうひん【賞品】 jiǎngpǐn(奖品). ¶～を授与する shòuyǔ jiǎngpǐn(授与奖品). ¶～を獲得する huòdé jiǎngpǐn(获得奖品).
じょうひん【上品】 sīwén(斯文), wényǎ(文雅), yǎzhì(雅致), xiùqi(秀气). ¶あの奥さんはどことなく～だ nà wèi fūren xiǎnde fēngdù yōuyǎ(那位夫人显得风度优雅). ¶彼女は～な身なりをしている tā chuānzhuó hěn yǎzhì(她穿着很雅致). ¶～な目鼻立ちをしている zhǎngde méimù qīngxiù(长得眉目清秀). ¶そんなに～ぶるな nǐ bié zhuāngde wénzhì-bīnbīn de(你别装得文质彬彬的).
しょうふ【娼婦】 chāngfù(娼妇), chāngjì(娼妓), jìnǚ(妓女), yānhuā(烟花).
しょうぶ【勝負】 shèngfù(胜负), shūyíng(输赢). ¶あの～は shèngfù yǐ jué(胜负已决). ¶～のつくまでとことんやる jìnxíng dào fēn shèngfù wéizhǐ(进行到分胜负为止). ¶～の世界は厳しい jué shèngfù de shìjiè shì yánkù de(决胜负的世界是严酷的). ¶君と彼ならいい～だ nǐ gēn tā zhènghǎo qífēng-duìshǒu(你跟他正好棋逢对手). ¶彼とではとても～にならない lǐliang xuánshū, bú shì tā de duìshǒu(力量悬殊,不是他的对手). ¶三番～をする jìnxíng sān ge huíhé de bǐsài(进行三个回合的比赛).
しょうぶ【菖蒲】 chāngpú(菖 蒲);〔花菖蒲〕huāchāngpú(花菖蒲), yùchánhuā(玉蝉花).
じょうふ 1【情夫】 qíngfū(情夫), pīnfu(姘夫), pīntou(姘头).
2【情婦】 qíngfù(情妇), pīnfù(姘妇), pīn-

tou(姘头).

じょうぶ【上部】 shàngbù (上部), shàngjí (上级), shàngcéng (上层). ¶ポスターの~には大きく富士山が描いてある zhāotiē shàngbù huàzhe hěn dà de Fùshì Shān (招贴上部画着很大的富士山). ¶~の決定に従う fúcóng shàngjí de juédìng (服从上级的决定). ¶社会の~構造 shèhuì de shàngcéng jiànzhù (社会的上层建筑).

じょうぶ【丈夫】 **1**〔体が〕zhuàng (壮), zhuózhuàng (茁壮), zhuàngshi (壮实), jiànkāng (健康), jiànzhuàng (健壮), jiēshi (结实), zhuóshi (茁实), píshi (皮实), yīngshi (硬实), yìngbang (硬棒). ¶この子は~な子だ zhè háizi hǎo zhuàng a! (这孩子好壮啊!). ¶子供を田舎にやったら~になった ràng háizi dào xiāngxià, shēntǐ biàn jiànkāng le (让孩子到乡下, 身体变健康了). ¶親父は80だがとても~だ lǎodiē bāshí suì le, dàn hái hěn yìnglang (老爹八十岁了, 但还很硬朗).
2〔物が〕jiēshi (结实), píshi (皮实), nàiyòng (耐用). ¶この生地は~だ zhè liàozi'jiēshi nàiyòng[jīnchuān nàixǐ'](这料子'结实耐用[禁穿耐洗]). ¶この椅子は~にできている zhè bǎ yǐzi zuòde hěn jiēshi (这把椅子做得很结实).

しょうふく【承服】 fúcóng (服从), tīngcóng (听从), fúqì (服气). ¶父の言葉には~しないわけにはいかない fùqin de huà wǒ bùdé bù fúcóng (父亲的话我不得不服从). ¶その批判は~しがたい zhè pīpíng wǒ nányǐ jiēshòu (这批评我难以接受).

しょうふだ【正札】 biāojià (标价), biāoqiān[r] (标签儿). ¶3500円の~がついている biāozhe sānqiān wǔbǎi rìyuán de jiàmǎ (标着三千五百日元的价码). ¶当店は~販売です wǒ diàn míngmǎ shòuhuò (我店明码售货).

じょうぶつ【成仏】 ¶このままでは~できない zhèyàng wǒ sǐ yě bùnéng míngmù (这样我死也不能瞑目).

しょうぶん【性分】 xìngzi (性子), píqi (脾气). ¶陽気な~ xìnggé kāilǎng (性格开朗). ¶彼は損な~だ tā nà píqi zǒngshi róngyì chīkuī (他那脾气总是容易吃亏). ¶世話好きなのは彼女の持って生れた~です hào wèi rénjia cāoláo shì tā de tiānxìng (好为人家操劳是她的天性). ¶じっとしているのは~に合わない dāizhe bú dòng bùhé wǒ de xìngzi (呆着不动不合我的性子).

じょうぶん【条文】 tiáowén (条文).

しょうへい【招聘】 pìnqǐng (聘请), yánpìn (延聘), yánpìn (延聘). ¶彼女はO大学の~に応じてロンドンに行った tā yìng O dàxué de pìnqǐng fù Lúndūn (她应O大学的聘请赴伦敦).

¶~状 pìnshū (聘书).

しょうへい【将兵】 zhǐzhànyuán (指战员), jiàngshì (将士).

しょうへき【壁壁】 bìlěi (壁垒), zhàng'ài (障碍). ¶民族問題が両国間の~となっている mínzú wèntí chéngle liǎngguó zhī jiān de zh-àng'ài (民族问题成了两国之间的障碍).

¶関税~ guānshuì bìlěi (关税壁垒).

じょうへき【城壁】 chéngqiáng (城墙), chéngyuán (城垣).

しょうべん【小便】 xiǎobiàn (小便), niào (尿). ¶~をする xiǎobiàn (小便)/sāniào (撒尿)/jiě xiǎoshǒur (解小手儿)/niào niào (尿尿)/xiǎojiě (小解). ¶~をもらす yíniào (遗尿). ¶~が出ない sā bu chū niào lai (撒不出尿来)/bùnéng páiniào (不能排尿). ¶~が近い niào pín (尿频). ¶~臭い sāoqì (臊气).

じょうほ【譲歩】 ràngbù (让步). ¶双方の~によって紛争は解決した yóuyú shuāngfāng de ràngbù, jiūfēn jiějué le (由于双方的让步, 纠纷解决了). ¶そこまでは~しましょう zhǐ néng ràngdào zhè yí bù (只能让到这一步).

しょうほう【商法】 **1**〔商売の仕方〕shēngyijīng (生意经). ¶武士の~で損ばかりしている wǔshì zuò mǎimai yǒu kuī méi yíng (武士做买卖有亏没盈).
2〔法律〕shāngfǎ (商法).

しょうほう【勝報】 jiébào (捷报).

しょうほう【詳報】 ¶災害地からの~が刻々と届く shíshíkèkè shōudào cóng zāiqū lái de xiángxì bàogào (时时刻刻收到从灾区来的详细报告).

しょうぼう【消防】 xiāofáng (消防), jiùhuǒ (救火). ¶~車 jiùhuǒchē (救火车)/xiāofángchē (消防车)/shuǐchē (水车). ~署 xiāofángzhàn (消防站). ~隊 xiāofángduì (消防队). ~士 xiāofáng duìyuán (消防队员).

じょうほう【乗法】 chéngfǎ (乘法).

じょうほう【情報】 qíngbào (情报), xiāoxi (消息); xìnxī (信息). ¶B氏からの~によると… jù B xiānsheng de xiāoxi …(据B先生的消息…). ¶多方面から~を集める cóng gè fāngmiàn sōují qíngbào (从各方面搜集情报).

¶~化社会 xìnxīhuà shèhuì (信息化社会). ~網 qíngbàowǎng (情报网). ~処理 xìnxī chǔlǐ (信息处理). ~理論 xìnxīlùn (信息论). 海外~ hǎiwài xiāoxi (海外消息).

しょうほん【抄本】 ¶戸籍~ hùjí chāoběn (户籍抄本)/hùkǒu jiélùběn (户口节录本).

しようまっせつ【枝葉末節】 xīzhī mòjié (细枝末节), zhījié (枝节). ¶~にこだわる jìjiào xìzhī-mòjié (计较细枝末节).

じょうまん【冗漫】 rǒngcháng (冗长). ¶~な文章 rǒngcháng de wénzhāng (冗长的文章).

しょうみ【正味】 jìng (净). ¶1袋~200グラム měi dài jìngzhòng èrbǎi kè (每袋净重二百克). ¶10万円の利益 jìng [chún] lì shíwàn rìyuán (净[纯]利十万日元).

しょうみ【賞味】 pǐncháng (品尝), pǐnwèi (品味). ¶銘菓を~する pǐncháng yǒumíng de gāodiǎn (品尝有名的糕点).

¶~期限 bǎoqīzhǐqī (保质期).

じょうみ【情味】 rénqíng (人情). ¶~のある計らい jìn rénqíng de ānpái (近人情的安排).

じょうみゃく【静脈】 jìngmài (静脉). ¶~血 jìngmàixuè (静脉血). ~注射 jìngmài zhùshè

(静脉注射). ~瘤 jìngmàiliú (静脉瘤). 肺~ fèijìngmài (肺静脉).

じょうむ【常務】 chángwù (常务). ¶~取締役 chángwù dǒngshì (常务董事).

じょうむいん【乗務員】 chéngwùyuán (乘务员).

しょうめい【証明】 zhèngmíng (证明), zhèngshí (证实). ¶右の者が当社の社員であることを~する gāi rén xì wǒ gōngsī zhíyuán tè cǐ zhèngmíng (该人系我公司职员特此证明). ¶3角形の内角の和が2直角になることを~せよ zhèngmíng sānjiǎoxíng nèijiǎo zhī hé děngyú èr zhíjiǎo (证明三角形内角之和等于二直角). ¶20年かかって無実が~された qīngbái wúgū jīngguò èrshí nián cái bèi zhèngshí (清白无辜经过二十年才被证实). ¶出生~書 chūshēng zhèngmíngshū (出生证明书). 身分~書 shēnfenzhèng (身分证).

しょうめい【照明】 zhàomíng (照明). ¶~効果が素晴らしい zhàomíng xiàoguǒ mán hǎo (照明效果蛮好). ¶スポットライトで~する yòng jùguāngdēng zhàomíng (用聚光灯照明). ¶~器具 zhàomíng děngjù (照明灯具). ~弾 zhàomíngdàn (照明弹). 間接~ jiànjiē zhàomíng (间接照明). 舞台~ wǔtái ˇzhàomíng [dēngguāng] (舞台˝照明[灯光]).

しょうめつ【消滅】 xiāomiè (消灭), xiāowáng (消亡). ¶この債権は時効に~している cǐ zhàiquán yǐ guò shíxiào (此债权已过时效). ¶自然~ zìrán xiāowáng (自然消亡).

しょうめん【正面】 zhèngmiàn (正面), duìmiàn (对面). ¶建物の~ jiànzhùwù de zhèngmiàn (建筑物的正面). ¶~に見える山が筑波山です zài zhèngmiàn kànjian de shì Zhùbō Shān (在正面看见的山是筑波山). ¶私の~に座っている人がTさんです zuòzài wǒ duìmiàn de rén shì T xiānsheng (坐在我对面的人是T先生). ¶トラック同士が~衝突した liǎng liàng kǎchē yíngmiàn zhuàngshàng le (两辆卡车迎面撞上了). ¶そんなことは~切って聞けない nà zhǒng shì dāngzhe miànr bù hǎo wèn (那种事当着面ㄦ不好问). ¶~図 zhèngmiàntú (正面图).

しょうもう【消耗】 xiāohào (消耗), sǔnhào (损耗). ¶体力がひどく~した tǐlì xiāohàode hěn lìhai (体力消耗得很厉害). ¶機械の~を計算にいれて使用料を決める suànchū jīqì de sǔnhào lai guīdìng shǐyòngfèi (算出机器的损耗来规定使用费). ¶~戦 xiāohàozhàn (消耗战). ~品 xiāohàopǐn (消耗品).

じょうもの【上物】 shàngděnghuò (上等货), shànghuò (上货).

しょうもん【証文】 zìjù (字据), píngjù (凭据), jièjù (借据). ¶~を書く xiě zìjù (写字据). ¶~をいれて借金をする lì zìjù jiè qián (立字据借钱). ¶後日のために~をとっておく wèile rìhòu ràng duìfāng lì zìjù yǐ fáng rìhòu ràng duìfāng lì zìjù yǐ fang rìhòu zhī yòng (留着日后让对方立字据).

じょうもん【城門】 chéngmén (城门).

しょうやく【抄訳】 zhāiyì (摘译).

じょうやく【条約】 tiáoyuē (条约). ¶~を結ぶ dìjié [dìng] tiáoyuē (签订[缔结]条约). ¶~を廃棄する fèichú tiáoyuē (废除条约).

じょうやど【定宿】 ¶彼はAホテルを~にしている tā cháng xiàtà yú A fàndiàn (他常下榻于A饭店).

じょうやとう【常夜灯】 chángmíngdēng (长明灯).

しょうゆ【醤油】 jiàngyóu (酱油).

しょうよ【賞与】 jiǎngjīn (奖金), hónglì (红利), huāhóng (花红).

じょうよ【剰余】 shèngyú (剩余), yíngyú (盈余). ¶~価値 shèngyú jiàzhí (剩余价值). ~金 yíngyú (盈余).

しょうよう【従容】 cōngróng (从容). ¶~として死に就く cōngróng jiùyì (从容就义).

しょうよう【商用】 shāngwù (商务). ¶~で上京した yīn shāngwù dào Dōngjīng lái de (因商务到东京来的).

しょうよう【逍遥】 xiāoyáo (逍遥). ¶郊外を~する mànbù jiāowài (漫步郊外). ¶~学派 xiāoyáo xuépài (逍遥学派).

じょうよう【常用】 chángyòng (常用). ¶私はこの薬を~している wǒ jīngcháng fúyòng zhè zhǒng yào (我经常服用这种药). ¶麻薬の~者 xīdúzhě (吸毒者). ¶~対数 chángyòng duìshù (常用对数)/ shíjìn duìshù (十进对数).

じょうようしゃ【乗用車】 xiǎojiàochē (小轿车), wòchē (卧车).

しょうようじゅりん【照葉樹林】 chánglù kuòyèlín (常绿阔叶林), zhàoyèlín (照叶林).

じょうよく【情欲】 qíngyù (情欲).

しょうらい【招来】 zhāozhì (招致), dǎozhì (导致), zhāolái (招来). ¶些細な不注意が重大な事態を~した xiǎoxiǎo de shūhū dǎozhìle yánzhòng de hòuguǒ (小小的疏忽导致了严重的后果).

しょうらい【将来】 jiānglái (将来), wèilái (未来). ¶~の見込がない jiānglái méiyǒu xīwàng (将来没有希望)/ bú huò yǒu chūxi (不会有出息). ¶近い~に必ず実現されるだろう bùjiǔ de jiānglái yídìng huì shíxiàn (不久的将来一定会实现). ¶私は~医者になりたい wǒ jiānglái xiǎng zuò yīshēng (我将来想做医生). ¶その事業は~有望である nàge shìyè yǒu fāzhǎn qiántú (那个事业有发展前途). ¶~性のある企業 yǒu fāzhǎn qiántú de qǐyè (有发展前途的企业).

しょうり【勝利】 shènglì (胜利). ¶~は勿論こちらのものだ shènglì dāngrán shì shǔyú wǒfāng de (胜利当然是属于我方的). ¶~を得る huòdé [yíngdé] shènglì (获得[赢得]胜利)/ gào[zòu] jié (告[奏]捷)/ zòukǎi (奏凯). ¶味方の大~に終った yǐ wǒfāng dàjié gàozhōng (以我方大捷告终). ¶~者 shènglìzhě (胜利者).

じょうり【条理】 tiáolǐ (条理). ¶君の言うことは~にかなっている nǐ de huà shuōde héhū tiáolǐ (你的话说得合乎条理)/ nǐ zhè huà shuōde

rùqíng-rùlǐ(你这话说得入情入理). ¶それは～の言わない言い分だ zhè zhǒng shuōfǎ bùhé dàoli(这种说法不合道理).

じょうり【情理】 qínglǐ(情理). ¶～を尽して説く jìnqíng-jìnlǐ de shuōfú(尽情尽理地说服).

じょうりく【上陸】 shàng'àn(上岸), dēnglù(登陆), dēng'àn(登岸). ¶神戸港で～するzài Shénhùgǎng shàng'àn(在神户港上岸). ¶台風が南九州に～した táifēng zài nán-Jiǔzhōu dēnglù(台风在南九州登陆).
¶～用舟艇 dēnglùtǐng(登陆艇). 敵前～ díqián dēnglù(敌前登陆).

しょうりゃく【省略】 shěnglüè(省略), cónglüè(从略). ¶この文は主語が～されている zhège jùzi zhǔyǔ shěnglüè le(这个句子主语省略了). ¶以下～ yǐxià cónglüè(以下从略)/ xià luè(下略).
¶～符号 shěnglüèhào(省略号).

じょうりゅう【上流】 1 〔川の〕 shàngyóu(上游). ¶～へ溯る sù liú ér shàng(溯流而上).
¶～地域 shàngyóu dìqū(上游地区).
2〔社会の〕 shàngliú(上流), shàngcéng(上层). ¶～階級 shàngcéng jiējí(上层阶级). ～社会 shàngliú shèhuì(上流社会).

じょうりゅう【蒸留】 zhēngliú(蒸馏). ¶葡萄酒を～してブランデーをつくる zhēngliú pútaojiǔ zhì báilándì(蒸馏葡萄酒制白兰地).
¶～酒 zhēngliújiǔ(蒸馏酒). ～水 zhēngliúshuǐ(蒸馏水).

しょうりょ【焦慮】 jiāolǜ(焦虑), xīnjiāo(心焦). ¶～の色が濃い fēicháng jiāolǜ(非常焦虑). ¶～にかられる xīn jiāo rú fén(心焦如焚) / wànfēn jiāozhuó(万分焦灼).

しょうりょう【少量】 shǎoliàng(少量), xiǎoliàng(小量), shǎoxǔ(少许). ¶紅茶に～のブランデーを入れる wǎng hóngchálǐ jiā shǎoxǔ báilándì(往红茶里加少许白兰地).

しょうりょう【渉猟】 shèliè(涉猎). ¶広く文献を～する guǎngfàn shèliè wénxiàn(广泛涉猎文献).

しょうりょく【省力】 ¶～化に努める jìnliàng jiéshěng láolì(尽量节省劳力).

じょうりょくじゅ【常緑樹】 chánglǜ shùzhǒng(常绿树种).

しょうれい【症例】 bìnglì(病例).

しょうれい【奨励】 jiǎnglì(奖励). ¶節約を～する jiǎnglì jiéyuē(奖励节约).
¶～金 jiǎnglìjīn(奖励金)/ jiǎngjīn(奖金).

じょうれい【条例】 tiáolì(条例).

じょうれん【常連】 chángkè(常客), shúkè(熟客). ¶彼はあの店の～だ tā shì nà jiā diàn de shúkè(他是那家店的熟客).

じょうろ【如雨露】 pēnhú(喷壶), pēntǒng(喷桶).

しょうろう【鐘楼】 zhōnglóu(钟楼).

しょうろく【抄録】 zhāilù(摘录), jiélù(节录). ¶A氏の論文を～する zhāilù A xiānsheng de lùnwén(摘录A先生的论文).

しょうろん【詳論】 ¶この点については後段で～する guānyú zhè yì diǎn zài hòumian xiángjiā lùnshù(关于这一点在后面详加论述).

しょうわ【唱和】 ¶万歳を～する qíshēng gāohū wànsuì(齐声高呼万岁).

しょうわる【性悪】 ¶あいつは～だ nà xiǎozi huàitòu le(那小子坏透了).

しょえん【初演】 chūcì yǎnchū(初次演出), shǒucì gōngyǎn(首次公演). ¶本邦～ zài wǒguó chūcì yǎnchū(在我国初次演出).

ショー 1〔展示〕 ～ウインドー chúchuāng(橱窗)/ chénlièchuāng(陈列窗). ～ケース zhǎnlǎnguì(展览柜)/ chénlièguì(陈列柜). ～ルーム chénlièshì(陈列室)/ zhǎnlǎnshì(展览室).
2〔展覧会〕 ¶ファッション～ shízhuāng biǎoyǎn(时装表演). モーター～ qìchē zhǎnlǎn(汽车展览).
3〔興行〕 ¶チャリティー～ císhàn yǎnchū(慈善演出)/ yìyǎn(义演). プレミア～ shōufèi shìyìnghuì(收费试映会). ロード～ tèbié fàngyìng(特别放映).

じょおう【女王】 nǚwáng(女王), nǚhuáng(女皇);【王妃】wánghòu(王后). ¶スペードの～ hēitáo wánghòu(黑桃王后).
¶～蜂 fēngwáng(蜂王)/ mǔfēng(母蜂).

ジョーカー dàwáng(大王), dàguǐ(大鬼).

ショート 1〔電気の〕 duǎnlù(短路). ¶～してヒューズが飛んだ yóuyú duǎnlù, bǎoxiǎnsī shāoduàn le(由于短路,保险丝烧断了).
2〔野球の〕 yóujīshǒu(游击手).
3 ¶～カット duǎnfā(短发). ～ケーキ nǎiyóu huādàngāo(奶油花蛋糕). ～パンツ duǎnkù(短裤).

ショービニズム Shāwénzhǔyì(沙文主义).

ショール pījiān(披肩).

しょか【初夏】 chūxià(初夏).

しょか【書架】 shūjià(书架), shūguì(书柜).

しょか【書家】 shūjiā(书家), shūfǎjiā(书法家).

しょが【書画】 shūhuà(书画), zìhuà(字画). ¶～骨董を集める sōují shūhuà gǔdǒng(搜集书画古董).

じょがい【除外】 chúwài(除外). ¶彼を～しては決められない bǎ tā páichú zài wài wúfǎ juédìng(把他排除在外无法决定). ¶定款中に～例を設ける zhāngchéng zhōng guīdìng yǒu lìwài(章程中规定有例外).

しょがくしゃ【初学者】 chūxuézhě(初学者).

じょがくせい【女学生】 nǚxuésheng(女学生), nǚshēng(女生).

しょかつ【所轄】 ¶～が違うと言って受け付けてくれなかった shuō zhǔguǎn jīguān bù tóng bú shòulǐ(说主管机关不同不受理).
¶～警察署 suǒ guǎnxiá de gōng'ānjú(所管辖的公安局).

しょかん【所感】 ¶年頭にあたり一言～を述べます dāng xīnnián zhī jì tántan gǎnxiǎng(当新年之际谈谈感想).

しょかん【所管】 →しょかつ.

しょかん【書簡】 shūjiǎn(书简), shūxìn(书信), shūhàn(书翰). ¶～箋 xìnjiān(信笺).

しょき【初期】 chūqī (初期). ¶小児麻痺の～症状 xiǎo'ér mábì de chūqī zhèngzhuàng(小儿麻痹的初期症状). ¶これは江戸~の美術品です zhè shì Jiānghù shídài chūqī de měishù zuòpǐn(这是江户时代初期的美术作品).

しょき【所期】 ¶～の目的を達した yǐjīng dádàole suǒ yùqī de mùdì(已经达到了所预期的目的).

しょき【書記】 jìlùyuán(记录员), shūji(书记), lùshì(录事), wénshū(文书). ¶討論会の～を引き受ける dānrènle tǎolùnhuì de jìlùyuán(担任了讨论会的记录员).

¶～長 zǒngshūjì(总书记). 裁判所~官 shūjìyuán(书记员). 大使館一等～官 shǐguǎn yī děng mìshū(大使馆一等秘书). 中央委員会~局 zhōngyāng shūjìchù(中央书记处).

しょき【暑気】 shǔqì(暑气). ¶～払いに焼酎を飲む wèile ~ qūshǔ[xiāoshǔ/qùshǔ], hē shāojiǔ(为了祛暑[消暑／去暑],喝烧酒). ¶～あたり zhòngshǔ(中暑)/ shòurè(受热)/ shòushǔ(受暑)/ fāshǔ(发痧).

しょきか【初期化】 géshìhuà(格式化), chūshǐhuà(初始化).

しょきゅう【初級】 chūjí(初级). ¶中国語講座の～クラス Zhōngwén jiǎngzuò de chūjíbān(中文讲座的初级班).

じょきょ【除去】 chúqù(除去). ¶弊害を～する chúqù bìbìng(除去弊病).

じょきょうじゅ【助教授】 fùjiàoshòu(副教授).

じょきょく【序曲】 xùqǔ(序曲).

ジョギング pǎobù(跑步). ¶～シューズ mànpǎoxié(慢跑鞋).

しよく【私欲】 sīyù(私欲). ¶～に目がくらむ jiào sīyù mízhule xīnqiào(叫私欲迷住了心窍)/ lì lìng zhì hūn(利令智昏)/ ～を満たす mǎnzú sīyù(满足私欲).

しょく【食】 **1** ¶～が進む shíyù wàngshèng(食欲旺盛)/ hěn kāiwèi(很开胃). 日に日に～が細っていく fànliàng yì tiān bǐ yì tiān jiǎnshǎo(饭量一天比一天减少).

¶病人～ bìnghàofàn(病号饭).

2〔助数詞〕dùn(顿), cān(餐); fènr(份儿). ¶1日に1~はパンを食べる yì tiān chī yí dùn miànbāo(一天吃一顿面包). ¶1泊2~つき1万5000円 yì xiǔ liǎng cān yìwàn wǔqiān rìyuán(一宿两餐一万五千日元). ¶昼食を50~分用意する zhǔnbèi wǔshí fènr wǔfàn(准备五十份儿午饭).

しょく【職】 **1**〔職業〕zhíyè(职业), gōngzuò(工作). 働きたくても～がない xiǎng gōngzuò, dàn méiyǒu gōngzuò zuò(想工作,但没有工作做). ¶～を求める人が街にあふれている jiēshang dàochù dōu shì qiúzhí móushì de rén(街上到处都是求职谋事的人). ¶～を変える gǎiháng(改行)/ zhuǎnyè(转业)/ tiàocáo(跳槽). ¶倒産で～を失った gōngsī dǎobì shīle yè(公司倒闭失了业). ¶やっと～にありついた hǎoróngyì cái zhǎodàole zhíyè[fànwǎn](好容易才找到了"职业[饭碗]". ¶～を持っている yǒu shǒuyì(有手艺)/ shǒuli yǒu jìshù(手里有技术).

2〔役目〕zhí(职). ¶会長の～にある者が無責任だ shēn wéi huìzhǎng kě tài bú fùzé le(身为会长可太不负责了).

-しょく【色】 sè(色), shǎi(色). ¶多～刷 tàoshǎibǎn(套色版). ¶民族～豊かな舞踊 fùyǔ mínzú sècǎi de wǔdǎo(富于民族色彩的舞蹈). ¶彼の政治的立場は野党～が強い tā de zhèngzhì lìchǎng, zàiyědǎng sècǎi nónghòu(他的政治立场,在野党色彩浓厚).

しょくあたり【食中り】 shíwù zhòngdú(食物中毒).

しょくいん【職員】 zhíyuán(职员), gōngzuò rényuán(工作人员). ¶彼は東京都の～だ tā shì Dōngjīng Dū de zhíyuán(他是东京都的职员).

¶～会議 jiàoyuán huìyì(教员会议)/ zhíyuán huìyì(职员会议). ～室 jiàoyánshì(教研室). ～録 zhíyuán míngcè(职员名册).

しょくう【処遇】 dàiyù(待遇). ¶丁重に～する yōuhòu dàiyù(优厚待遇).

しょくえん【食塩】 shíyán(食盐). ¶～注射 yánshuǐ zhùshè(盐水注射). 生理的～水 shēnglǐ yánshuǐ(生理盐水).

しょくぎょう【職業】 zhíyè(职业), gōngzuò(工作). ¶あなたの～は何ですか nǐ de zhíyè shì shénme?(你的职业是什么?)/ nǐ zuò shénme gōngzuò?(你做什么工作?) ¶彼は弁護士を～としている tā yǐ lǜshī wéi zhíyè(他以律师为职业). ¶自分に適した～を選ぶ xuǎnzé shìhé zìjǐ de zhíyè(选择适合自己的职业). ¶～柄外国に行くことが多い yóuyú gōngzuòshang de guānxi cháng dào wàiguó qù(由于工作上的关系常到外国去). ¶つい～意識がはたらく sān jù huà bù lí běnháng(三句话不离本行).

¶～病 zhíyèbìng(职业病). ～野球 zhuānyè bàngqiú(专业棒球).

しょくげん【食言】 shíyán(食言).

しょくご【食後】 fànhòu(饭后). ¶～30分に服用のこと fànhòu sānshí fēnzhōng fúyòng(饭后三十分钟服用). ¶～の果物 fànhòu shuǐguǒ(饭后水果).

しょくざい【食材】 shípǐn cáiliào(食品材料), pēngrèn cáiliào(烹饪材料).

しょくざい【贖罪】 shúzuì(赎罪).

しょくし【食指】 ¶大臣の椅子に～を動かす duì dàchén jiāoyǐ chuíxián-yùdī(对大臣交椅垂涎欲滴).

しょくじ【食事】 fàn(饭), cān(餐), fànshí(饭食), fàncài(饭菜), cháfàn(茶饭), huǒshí(伙食), shànshí(膳食). ¶昼は有合せのもので～を済ませた zhōngwǔ chīle yí dùn xiànchéng de biànfàn(中午吃了一顿现成的便饭). ¶忙しくて～をとる暇もない máng de lián fàn yě bushàng chī(忙得连饭也顾不上吃). ¶～する間も惜しんで勉強する chīfàn shí yě shǒu bú shì juàn(吃饭时也手不释卷)/ fèiqǐn-wàngshí de xuéxí(废寝忘食地学习). ¶お～はお済みですか yòngguo fàn le ma?(用过饭了吗?). ¶1

しょくじ　～を抜く shǎo chī yí dùn fàn（少吃一顿饭）．¶～の後片付けをする fànhòu shōushí wǎnkuài（饭后收拾碗筷）．¶～中は静かにしなさい chīfàn shí bié nào（吃饭时别闹）．¶あの人はいつも一時を狙って来る tā zǒngshì lái gǎnzuǐ（他总是来赶嘴）．
¶～代 fànqián（饭钱）/ shànfèi（膳费）/ huǒshifèi（伙食费）．

しょくじ【食餌】 shíwù（食物）．¶～療法 yǐnshí liáofǎ（饮食疗法）．

しょくじ【植字】 páizì（排字）．¶～工 páizì gōngrén（排字工人）．

しょくしゅ【触手】 chùshǒu（触手）．¶A 社は B 社を吸収しようと～を伸ばしている A gōngsī wèile tūnbìng B gōngsī shēnchūle mózhǎo（A 公司为了吞并 B 公司伸出了魔爪）．

しょくしゅ【職種】 zhíbié（职别），gōngzhǒng（工种）．

しょくじゅ【植樹】 zhíshù（植树），zāishù（栽树），zhòngshù（种树）．¶卒業記念に～をする wèi bìyè jìniàn zhòngshù（为毕业纪念种树）．

しょくしょう【食傷】 nì（腻），nífan（腻烦）．¶いくらおいしいものでもこう毎日では～してしまう zài hǎochī de dōngxi, měitiān zhèyàng chī yě huì chīnì le（再好吃的东西，每天这样吃也会吃腻了）．¶一日中彼女のピアノを聞かされていささか～気味だ zhěngtiān tīng tā tán gāngqín, jiào rén zhēn nífansǐ le（整天听她弹钢琴，叫人真烦腻死了）．

しょくしょう【職掌】 zhízhǎng（职掌），zhíwù（职务）．¶～柄魚のことには詳しい yóuyú gōngzuòshang de guānxi, duì yú hěn shúxī（由于工作上的关系，对鱼很熟悉）．

しょくじょせい【織女星】 zhīnǚxīng（织女星），zhīnǚ（织女）．

しょくしん【触診】 chùzhěn（触诊）．

しょくじん【食尽】 shíshèn（食甚）．

しょくせい【職制】 ¶会社の～を改革する gǎigé gōngsī de zhíwù biānzhì（改革公司的职务编制）．

しょくせき【職責】 zhízé（职责）．¶～を果す jìn zhízé（尽职责）．

しょくぜん【食前】 fànqián（饭前）．¶～30 分に服用のこと fànqián sānshí fēnzhōng fúyòng（饭前三十分钟服用）．
¶～酒 kāiwèijiǔ（开胃酒）．

しょくぜん【食膳】 fànzhuō（饭桌），cānzhuō（餐桌）．¶菜園のトマトが～を賑わす càiyuán de xīhóngshì gěi fànzhuō zēngtiānle huāsè（菜园的西红柿给饭桌增添了花色）．¶近ごろ竹の子が～に上るようになった zuìjìn xiānzhúsǔn shàngle fànzhuō le（最近鲜竹笋上了饭桌了）．

しょくだい【燭台】 zhútái（烛台），làtái（蜡台）．

しょくたく【食卓】 fànzhuō[r]（饭桌[儿]），cānzhuō[r]（餐桌[儿]）．¶家族そろって～に着く quánjiā dàoqí zài fànzhuō shang jiùzuò（全家到齐在饭桌上就座）．

しょくたく【嘱託】 ¶定年でやめて会社の～になった tuìxiū hòu chéngle gōngsī de fēizhèngshì zhíyuán（退休后成了公司的非正式职员）．¶社史編纂を A 氏に～する wěituō A xiānsheng biānzuǎn gōngsīshǐ（委托 A 先生编纂公司史）．

しょくちゅうしょくぶつ【食虫植物】 shíchóng zhíwù（食虫植物）．

しょくちゅうどく【食中毒】 shíwù zhòngdú（食物中毒）．¶～を起した yǐnqǐle shíwù zhòngdú（引起了食物中毒）．

しょくつう【食通】 měishíjiā（美食家）．

しょくどう【食堂】 shítáng（食堂），fànpù[r]（饭铺[儿]），fànguǎn[r]（饭馆[儿]），cāntīng（餐厅），fàntīng（饭厅）．¶うちは駅前で～を開いている wǒ jiā zài chēzhàn qiánbianr kāi fànguǎnr（我家在车站前边儿开饭馆儿）．¶この部屋は～兼居間になっている zhè jiān wūzi shì fàntīng jiān qǐjūshì（这间屋子是饭厅兼起居室）．
¶～車 cānchē（餐车）．従業員～ zhígōng shítáng（职工食堂）．大衆～ dàzhòng shítáng（大众食堂）．

しょくどう【食道】 shídào（食道），shíguǎn（食管）．

しょくにく【食肉】 **1**〔食用肉〕ròu（肉）．
2〔肉食〕¶～類 shíròulèi（食肉类）．

しょくにん【職人】 jiàngrén（匠人），gōngjiàng（工匠），shǒuyìrén（手艺人）．¶あの～はいい腕をもっている nà wèi gōngjiàng shǒuyì gāo（那位工匠手艺高）．¶～気質 jiàngrén qìzhì（匠人气质）．

しょくのう【職能】 zhíyèbié dàibiǎo（职业别代表）．

しょくば【職場】 ¶私の～には女性が多い wǒ de gōngzuò dānwèi nǚxìng duō（我的工作单位女性多）．¶～を放棄する fàngqì gōngzuò gǎngwèi（放弃工作岗位）．
¶～集会 chējiān dàhuì（车间大会）/ yuángōng dàhuì（员工大会）．

しょくばい【触媒】 cuīhuàjì（催化剂），chùméi（触媒）．¶～作用 cuīhuà zuòyòng（催化作用）．～反応 cuīhuà fǎnyìng（催化反应）．

しょくはつ【触発】 chùfā（触发）．¶情勢の急変に～される bèi xíngshì de jībiàn suǒ chùfā（被形势的激变所触发）．¶～水雷 chùfā shuǐléi（触发水雷）．

しょくひ【食費】 shànfèi（膳费），huǒshifèi（伙食费），fànqián（饭钱）．

しょくひ【植皮】 zhípí（植皮）．

しょくひん【食品】 shípǐn（食品）．¶～売場 shípǐn guìtái（食品柜台）．～衛生 shípǐn wèishēng（食品卫生）．～加工業 shípǐn gōngyè（食品工业）．

しょくぶつ【植物】 zhíwù（植物）．¶～園 zhíwùyuán（植物园）．～学 zhíwùxué（植物学）．～性蛋白質 zhíwùxìng dànbáizhì（植物性白质）．～性神経 zhíwùxìng shénjīng（植物性神经）/ zìzhǔ shénjīng（自主神经）．～極 zhíwùjí（植物极）．～人間 zhíwùrén（植物人）．～油 zhíwùyóu（植物油）/ sùyóu（素油）/ qīngyóu（清油）．園芸～ yuányì zhíwù（园艺植物）．熱帯性～ rèdài zhíwù（热带植物）．

しょくぶん【職分】 zhífèn（职分）．¶～を尽す

しょくべに【食紅】 shíyòng sèsù（食用色素）.
しょくぼう【嘱望】 zhǔwàng（属望・瞩望）.¶彼は前途を～されている tā de qiántú shòudào dàjiā de zhǔwàng（他的前途受到大家的属望）.
しょくみんち【植民地】 zhímíndì（殖民地）.¶～主義 zhímínzhǔyì（殖民主义）.
しょくむ【職務】 zhíwù（职务）.¶～を遂行する zhíxíng zhíwù（执行职务）/ zhíqín（执勤）.¶彼は～に忠実だ tā zhōngyú zìjǐ de ˈzhíwù [zhíshǒu]（他忠于自己的'职务［职守］）.¶～怠慢のかどで免職になった yóuyú wánhū zhíshǒu bèi gézhí le（由于玩忽职守被革职了）.
しょくもく【嘱目】 zhǔmù（瞩目）.¶彼の言動は万人の～するところである tā de yánxíng shì wànrén zhǔmù de（他的言行是万人瞩目的）.
しょくもつ【食物】 shíwù（食物）.¶栄養価の高い～ yíngyǎng jiàzhí gāo de shíwù（营养价值高的食物）.
¶～繊維 zhíwù xiānwéi（植物纤维）.～連鎖 shíwùliàn（食物链）/ yíngyǎngliàn（荣养链）.
しょくよう【食用】 shíyòng（食用）.¶野草でも～になるものが多い yěcǎo yě yǒu bùshǎo kěyǐ shíyòng de（野草也有不少可以食用的）.
¶～油 shíyóu（食油）/ shíyòngyóu（食用油）.～蛙 shíyòngwā（食用蛙）/ niúwā（牛蛙）.
しょくよく【食欲】 shíyù（食欲）.¶～がある yǒu shíyù（有食欲）.¶～がない méiyǒu shíyù（没有食欲）/ wèikǒu bù hǎo（胃口不好）.¶～が旺盛だ shíyù wàngshèng（食欲旺盛）.¶～が減退する shíyù jiǎntuì（食欲减退）.¶うまそうな匂いに～をそそられた pūbí de xiāngwèir zhēn jiào rén liú kǒushuǐ（扑鼻的香味儿真叫人流口水）.¶～を満足させる mǎnzú kǒufù zhī yù（满足口腹之欲）.
¶～増進剤 kāiwèiyào（开胃药）.～不振 shíyù búzhèn（食欲不振）/ yànshí（厌食）.
しょくりょう【食糧】 shíliáng（食粮）, liángshi（粮食）; kǒuliáng（口粮）.¶1週間分の～を用意した zhǔnbèile yí ge xīngqī de kǒuliáng（准备了一个星期的口粮）.¶ここは深刻な段階にきた liánghuāng yǐ dádào jíqí yánzhòng de chéngdù（粮荒已达到极其严重的程度）.¶～事情がよくなった shíliáng gōngyìng qíngkuàng hǎozhuǎn le（食粮供应情况好转了）.
しょくりょうひん【食料品】 shípǐn（食品）.¶～店 shípǐn shāngdiàn（食品商店）.
しょくりん【植林】 ¶防風のため～する wèile fángfēng zhíshù zàolín（为了防风植树造林）.
しょくれき【職歴】 gōngzuò jīnglì（工作经历）.
しょくん【諸君】 zhūwèi（诸位）, lièwèi（列位）, gèwèi（各位）.¶～の協力に感謝します duì gèwèi de bāngzhù biǎoshì gǎnxiè（对各位的帮助表示感谢）.¶紳士淑女～! zhūwèi nǚshì hé xiānsheng!（诸位女士和先生们!）/ nǚshìmen xiānshengmen!（女士们先生们!）.
しょけい【処刑】 chǔjué（处决）, chǔsǐ（处死）.¶罪もない多くの人がここで～された céngjīng yǒu xǔduō wú zuì de rén zài zhèli bèi chǔjué le（曾经有许多无罪的人在这里被处决了）.

じょけつ【女傑】 jīnguó yīngxióng（巾帼英雄）, jīnguó zhàngfū（巾帼丈夫）, nǚzhōng háojié（女中豪杰）, nǚzhōng zhàngfū（女中丈夫）, nǚzhàngfū（女丈夫）, nǚqiángrén（女强人）.
しょ・げる【悄気る】 huīxīn（灰心）, xièqì（泄气）, xièjìn（泄劲）, jǔsàng（沮丧）, fānián（发蔫）, tāyāng[r]（塌秧[儿]）, dǎniānr（打蔫儿）, chuítóu-sàngqì（垂头丧气）.¶そんなに～げずに元気を出せ bié nàme huīxīn-sàngqì, dǎqǐ jīngshen lai（别那么灰心丧气, 打起精神来）.
しょけん【所見】 suǒ jiàn（所见）.¶いささか～を述べる luè shù suǒ jiàn（略述所见）.
しょげん【緒言】 xùyán（绪言）, xùyán（序言・叙言）, xùwén（序文・叙文）.
じょけん【女権】 nǚquán（女权）.
じょげん【助言】 ¶後輩に～を与える xiàng hòubèi tíchū quàngào（向后辈提出劝告）.¶友人に～を求められる péngyou zhēngqiú wǒ de yìjiàn（朋友征求我的意见）.
しょこ【書庫】 shūkù（书库）.
しょこう【曙光】 shǔguāng（曙光）.¶平和の～ hépíng de shǔguāng（和平的曙光）.
じょこう【女工】 nǚgōng（女工）.
じょこう【徐行】 mànxíng（慢行）, huǎnxíng（缓行）.¶カーブでは～しなければならない guǎiwān yào mànxíng（拐弯要慢行）.
¶～運転 kāi mànchē（开慢车）/ jiǎnsù xíngshǐ（减速行驶）.～標識 mànxíng biāozhì（慢行标志）.
しょこく【諸国】 gè guó（各国）; gè dì（各地）.¶東欧～を回る zhōuyóu Dōng Ōu gè guó（周游东欧各国）.
¶～名産 gè dì tèchǎn（各地特产）.
しょこん【初婚】 chūhūn（初婚）.
しょさい【書斎】 shūzhāi（书斋）, shūfáng（书房）.
しょざい【所在】 suǒzài（所在）.¶責任の～をはっきりさせる nòngqīng zérèn zhī suǒzài（弄清责任之所在）.¶彼の～はいまだに不明である tā de xiàluò zhìjīn bùmíng（他的下落至今不明）.
¶～県庁～地 xiànzhèngfǔ suǒzàidì（县政府所在地）/ xiànchéng（县城）.
しょざいない【所在ない】 ¶～い日々を過す wú suǒ shì shì dǎfā rìzi（无所事事打发日子）.¶～さに本を手にとる wúliáode náqǐ shū lái kàn（无聊得拿起书来看）.
じょさい・い【如才い】 ¶その辺のことに関しては彼は～い zài zhè fāngmiàn tā chǔlǐ yǒufāng wànwú-yìshī（在这方面他处理有方万无一失）.¶～く立ち回る chǔshì dàirén lǎoliàn shìgù（处事待人老练世故）.¶あの男は何時もにこやかで～い tā nàge rén lǎoshí xiàoxīxī de, hěn yuánhuá（他那个人老是笑嘻嘻的, 很圆滑）.
しょさん【所産】 ¶これは多くの人の努力の～である zhè shì xǔduō rén qíxīn nǔlì de chéngguǒ（这是许多人齐心努力的成果）.
じょさんぷ【助産婦】 zhùchǎnshì（助产士）, jiēshēngyuán（接生员）.

しょし【初志】 chūzhì(初志), chūzhōng(初衷), chūyuàn(初愿). ¶~を貫徹する guànchè chūzhōng(贯彻初衷).

しょじ【所持】 chíyǒu(持有). ¶大金を~している shēnshang dàizhe jùkuǎn(身上带着巨款). ¶~金 xiédài de jīnqián(携带的金钱). ¶~品 suíshēn xiédài de wùpǐn(随身携带的物品).

しょじ【諸事】 zhū shì(诸事). ¶~万端ぬかりのないように気をつける zhū shì xiǎoxīn búdé yǒushī(诸事小心不得有失). ¶~倹約につとめる fánshì lìqiú jiéyuē(凡事力求节约).

じょし【女子】 1〔女の子〕→ じょじ(女儿). 2〔女性〕nǚzǐ(女子). ¶~100メートル背泳 nǚzǐ yìbǎi mǐ yǎngyǒng(女子一百米仰泳). ~更衣室 nǚgēngyīshì(女更衣室). ~従業員 nǚzhígōng(女职工). ~大学生 nǚzǐ dàxué·shēng(女子大学生).

じょし【女史】 nǚshì(女士), nǚshǐ(女史).

じょし【助詞】 zhùcí(助词).

じょじ【女児】 nǚhái·r(女孩儿), nǚháizi(女孩子). ¶~を分娩した shēngle ge nǚháir(生了个女孩儿).

じょじ【叙事】 xùshì(叙事). ¶~詩 xùshìshī(叙事诗).

しょしがく【書誌学】 bǎnběnxué(版本学), mùlùxué(目录学).

しょしき【書式】 géshi(格式), chéngshì(程式). ¶この願書は~にかなっていない zhè fènr shēnqǐngshū bù héhū géshi(这份儿申请书不合乎格式). ¶~に従って欠勤届を書く àn guīdìng de shūxiě géshi xiě jiàtiáo(按规定的书写格式写假条).

じょしゅ【助手】 zhùshǒu(助手), xiàshǒu[r](下手[儿]), bāngshou(帮手), bìbǎng(臂膀), bìzhù(臂助), xiàzuo(下作);〔大学の〕zhùjiào(助教).

しょしゅう【初秋】 chūqiū(初秋).

じょしゅう【女囚】 nǚqiú(女囚), nǚqiúfàn(女囚犯).

じょじゅつ【叙述】 xùshù(叙述), xùshuō(叙说). ¶事件を事細かに~する xìshù shìjiàn de jīngguò(细述事件的经过). ¶この~はまだ十分でない zhè xùshù hái búgòu chōngfèn(这叙述还不够充分).

しょしゅん【初春】 chūchūn(初春).

しょじゅん【初旬】 chūxún(初旬).

しょじょ【処女】 chǔnǚ(处女), huánghuānǚ·ér(黄花女儿), chǔzǐ(处子). ¶初めは~の如く終りは脱兎の如し shǐ rú chǔnǚ, hòu rú tuōtù(始如处女,后如脱兔).

¶~航海 chǔnǚháng(处女航). ~作 chǔnǚzuò(处女作). ~地 chǔnǚdì(处女地). ~峰 chǔnǚfēng(处女峰). ~膜 chǔnǚmó(处女膜).

しょじょう【書状】 shūxìn(书信).

じょしょう【序章】 xùzhāng(序章).

じょじょう【叙情】 shūqíng(抒情). ¶~詩 shūqíngshī(抒情诗).

じょしょく【女色】 nǚsè(女色). ¶~に溺れる chénnì yú nǚsè(沉溺于女色).

じょじょに【徐々に】 jiànjiàn(渐渐), zhújiàn (逐渐), zhúbù(逐步). ¶病気は~悪化した bìngqíng jiànjiàn èhuà(病情渐渐恶化). ¶~改善する zhúbù gǎishàn(逐步改善). ¶~歩を進める xúbù xiàng qián(徐步向前). ¶~ではあるが確実に進歩する jìnbù suīrán huǎnmàn, dàn yí bù yí ge jiǎoyìn hěn tāshi(进步虽然缓慢,但一步一个脚印很踏实).

しょしん【初心】 1〔初志〕chūxīn(初心), chūzhōng(初衷), chūyuàn(初愿). ¶~を忘るべからず chūzhōng búkě wàng(初衷不可忘).

2〔初学〕chūxué(初学). ¶~者向きの参考書 yǐ chūxuézhě wéi duìxiàng de cānkǎoshū(以初学者为对象的参考书). ¶~者歓迎 huānyíng chūxuézhě(欢迎初学者).

しょしん【初診】 chūzhěn(初诊). ¶~料 chūzhěnfèi(初诊费).

しょしん【初審】 chūshěn(初审), dìyīshěn(第一审). ¶~で有罪の判決を受けた dìyīshěn bèi pànwéi yǒuuì(第一审被判为有罪).

しょしん【所信】 ¶~を曲げない jiānchí zìjǐ de xìnniàn(坚持自己的信念).

じょすう【序数】 xùshù(序数).

じょすう【除数】 chúshù(除数).

じょすうし【助数詞】 liàngcí(量词), míngliàngcí(名量词).

しょ・する【処する】 1〔対処する〕chǔ(处), chǔlǐ(处理), chǔzhì(处置). ¶世に~する道に通じている jīngyú chǔshì zhī dào(精于处世之道).

2〔処罰する〕chǔ(处), chǔfá(处罚), chǔfēn (处分). ¶10日間の拘留に~せられる bèi chǔyǐ shí tiān jūliú(被处以十天拘留)/ bèi pàn jūliú shí tiān(被判拘留十天). ¶厳罰に~する gěiyǐ yánlì chǔfēn(给以严厉处分)/ yánjiā chǔfēn(严加处分)/ yánbàn(严办)/ yánchéng(严惩).

しょせい【処世】 chǔshì(处世). ¶彼は~術にたけている tā chángyú chǔshì zhī dào(他长于处世之道).

¶~訓 chǔshì zhī xùn(处世之训).

しょせい【書生】 qīngnián(青年), xuésheng (学生). ¶それは青臭い~論にすぎぬ nà búguò shì rǔxiù wèi gān de shūshēng zhī jiàn bàle(那不过是乳臭未干的书生之见罢了).

¶貧乏~ qióngxuésheng(穷学生)/ qióngcùdà(穷醋大)/ cuòdà(措大)/ cùdà(醋大).

じょせい【女声】 nǚshēng(女声). ¶~合唱 nǚshēng héchàng(女声合唱).

じょせい【女性】 nǚxìng(女性), nǚzǐ(女子), fùnǚ(妇女). ¶~的な言葉遣いをする shuō nǚxìng yòngyǔ(说女性用语).

¶~ホルモン cíxìng jīsù(雌性激素).

じょせい【女婿】 nǚxu(女婿), zǐxu(子婿).

じょせい【助成】 fúzhù(扶助). ¶品種改良の研究を~する fúzhù pǐnzhǒng gǎiliáng de yánjiū(扶助品种改良的研究). ¶~措置を講ずる cǎiqǔ fúzhù cuòshī(采取扶助措施).

¶~金 fúzhùjīn(扶助金).

じょせいと【女生徒】 nǚxuésheng(女学生), nǚshēng(女生).

しょせき【書籍】 shūjí (书籍).

じょせき【除籍】 kāichú (开除). ¶会費を1年間滞納した者は~する tuōqiàn yì nián huìfèi zhě chúmíng (拖欠一年会费者除名). ¶学校から~される bèi xuéxiào kāichú (被学校开除) / bèi kāichú xuéjí (被开除学籍).

しょせつ【諸説】 zhòngshuō (众说). ¶~を集大成する jí zhòngshuō zhī dàchéng (集众说之大成). ¶~粉々いずれを是とも定めがたい zhòngshuō fēnyún shú shì shú fēi nányuí duàndìng (众说纷纭孰是孰非难于断定).

じょせつ【除雪】 chúxuě (除雪), sǎoxuě (扫雪). ¶道路の~をする sǎochú dàolù shang de xuě (扫除道路上的雪).
¶~車 chúxuěchē (除雪车).

しょせん【所詮】 zhōngguī (终归), zhōngjiū (终究), bìjìng (毕竟), fǎnzheng (反正). ¶~かなわぬ恋とあきらめた zhōngjiū shì wúfǎ chénggōng de liàn'ài, wǒ sǐle xīn le (终究是无法成功的恋爱, 我死了心了). ¶そんなことでは~うまくいくはずがない zhèyàng xiàqu zhōngguī gǎobuhǎo de (这样下去终归搞不好的).

しょせん【緒戦】 chūzhàn (初战), xùzhàn (序战), shǒuzhàn (首战). ¶~を飾る shǒuzhàn gàojié (首战告捷) / qíkāi déshèng (旗开得胜).

しょぞう【所蔵】 shōucáng (收藏). ¶某氏の~する美術品 mǒu xiānsheng suǒ shōucáng de měishùpǐn (某先生所收藏的美术品).

じょそう【女装】 ¶仮装行列に~して参加した nánbàn nǚzhuāng cānjiāle huàzhuāng yóuxíng (男扮女装参加了化装游行).

じょそう【助走】 zhùpǎo (助跑). ¶~路 zhùpǎodào (助跑道).

じょそう【除草】 chúcǎo (除草). ¶畑の~をする chú dìli de cǎo (除地里的草).
¶~機 chúcǎojī (除草机), ~剤 chúcǎojì (除草剂) / chúyǒujì (除莠剂).

しょぞく【所属】 suǒshǔ (所属). ¶A党~の代議士 A dǎng suǒshǔ de zhòngyìyuán (A党所属的众议院议员). ¶彼はK会に~する彫刻家だ tā shì shǔyú K huì de diāokèjiā (他是属于K会的雕刻家).

しょぞん【所存】 ¶御返事はできるだけ早く致す~です wǒ jiāng jǐnzǎo dáfù nín (我将尽早答复您).

しょたい【所帯】 jiā (家), jiātíng (家庭). ¶彼も~を持ったら落ち着くだろう tā chéngle jiā yě jiù huì tàshi le ba (他成了家也就会踏实了吧). ¶~のやりくりが大変だ yìjiā de shēngjì nányú cāochí (一家的生计难于操持). ¶彼女は~持ちがいい tā hěn huì guò rìzi (她很会过日子). ¶彼女もやつれて~染みた tā jìngrán yě wèi chái mǐ yóu yán cāoqǐ xīn lai le (她竟然也为柴米油盐操起心来了). ¶~やつれした顔だ wèi shēnghuó cāoláo xiǎnde qiáocuì le (为生活操劳显得憔悴了).
¶~道具 jiādang (家当) / jiājù (家具). 新~ xīn jiātíng (新家庭). 一人~ dānshēnhù (单身户).

しょたい【書体】 shūtǐ (书体), zìtǐ (字体).

しょだい【初代】 ¶~の大統領 dìyī rèn zǒngtǒng (第一任总统).

じょたい【除隊】 tuìwǔ (退伍). ¶満期になって~した fúyì qīmǎn tuìle wǔ (服役期满退了伍).

しょたいめん【初対面】 chūhuì (初会), chūcì jiànmiàn (初次见面). ¶あの人とはとても~とは思われなかった gēn tā yí jiàn rú gù (跟他一见如故). ¶彼女の~の印象が大変よかった chūcì jiànmiàn tā gěi wǒ de yìnxiàng hěn hǎo (初次见面她给我的印象很好).

しょだな【書棚】 shūjià (书架), shūjiàzi (书架子), shūguì (书柜), shūchú (书橱).

しょだん【初段】 chū duàn (初段). ¶柔道~の免状をとった dédàole róudào chū duàn de zhèngshū (得到了柔道初段的证书).

しょち【処置】 chǔzhì (处置), chǔlǐ (处理). ¶断固たる~をとる cǎiqǔ duànrán cuòshī (采取断然措施). ¶雑誌がたまって~に困っている zázhì duīle yí dà duī, jiào rén méifǎr chǔlǐ (杂志堆了一大堆, 叫人没法儿处理). ¶~よろしきを得た cuòzhì dédàng (措置得当). ¶こうなっては~なしだ shìqíng dàole zhè bù tiándì, shízài shì shùshǒu-wúcè le (事情到了这步田地, 实在是束手无策了). ¶応急~をする yìngjí chǔzhì (应急处置). ¶未~の虫歯 wèi yīzhì de chóngyá (未医治的虫牙).

しょちゅう【暑中】 ¶~見舞の手紙を出す jì wènhòu shǔ'ān de xìn (寄问候暑安的信).
¶~休暇 shǔjià (暑假).

じょちゅう【女中】 nǚpú (女仆), nǚyòngren (女用人), lǎomāzi (老妈子), yāhuan (丫鬟·丫环), yātou (丫头). ¶旅館の~さん lǚguǎn de nǚfúwùyuán (旅馆的女服务员).

じょちゅうぎく【除虫菊】 chúchóngjú (除虫菊).

しょちょう【初潮】 chūcháo (初潮).

しょちょう【所長】 suǒzhǎng (所长).

しょちょう【署長】 shǔzhǎng (署长). ¶警察~ gōng'ānjúzhǎng (公安局长).

じょちょう【助長】 zhùzhǎng (助长). ¶~する zhùzhǎng bìbìng (助长弊病).

しょっかい【職階】 ¶~制 zhíwù děngjízhì (职务等级制).

しょっかく【食客】 shíkè (食客).

しょっかく【触角】 chùjiǎo (触角), chùxū (触须).

しょっかく【触覚】 chùjué (触觉).

しょっかん【食間】 ¶この薬は~に服用のこと cǐ yào xū zài liǎngcān zhī jiān fúyòng (此药须在两餐之间服用).

しょっき【食器】 cānjù (餐具). ¶銀の~ yínzhì cānjù (银制餐具).
¶~棚 chúguì (橱柜) / guìchú (柜橱) / wǎnchú (碗橱).

しょっき【織機】 zhībùjī (织布机).

ジョッキ dàpíjiǔbēi (大啤酒杯).

ジョッキー qíshǒu (骑手).

ショッキング ¶~な事件 hài rén tīngwén de shìjiàn (骇人听闻的事件) / jīngxīn-dòngpò de shìjiàn (惊心动魄的事件).

ショック chōngjī (冲击), zhèndòng (震动),

しょっけん

jīngdòng(惊动), dǎjī(打击), zhènjīng(震惊); [医学]xiūkè(休克). ¶彼女は～で口がきけなかった tā zhènjīngde lián huà dōu shuō bu chūlái(她震惊得连话都说不出来). ¶この事件は国民に強い～を与えた zhège shìjiàn shǐ guómín dàwéi zhèndòng(这个事件使国民大为震动). ¶ペニシリンで～死した yóuyú qīngméisù guòmǐn xiūkè ér sǐ(由于青霉素过敏休克而死).

¶インシュリン～ yídǎosù xiūkè(胰岛素休克). 電気～療法 diànxiūkè liáofǎ(电休克疗法).

しょっけん【食券】 cānquàn(餐券), fànpiào(饭票).

しょっけん【職権】 zhíquán(职权), shìquán(事权). ¶～を行使する xíngshǐ zhíquán(行使职权). ¶～を濫用する lànyòng zhíquán(滥用职权).

しょっこう【燭光】 zhúguāng(烛光). ¶100～の電球 yìbǎi zhúguāng de dēngpào(一百烛光的灯泡).

しょっこう【職工】 gōngrén(工人), zhígōng(职工).

しょっちゅう zǒng(总), cháng(常), lǎo(老), chángcháng(常常), shícháng(时常), jīngcháng(经常), shíbùshí(时不时), dòngbùdòng(动不动). ¶そんなことは～あることだ nà zhǒng shì kě shì chángjiàn de(那种事可是常见的)/ zhè zhǒng shì bù xīhan(这种事不稀罕). ¶母は～愚痴を言う māma zǒng ài dāoláo(妈妈总爱叨唠). ¶あんな騒ぎを～起されてはたまらない chángcháng nàme dà nào, kě zhēn jiào rén shòubuliǎo(常常那么大闹,可真叫人受不了). ¶あの2人は～一緒にいる tā liǎ xíngyǐng-bùlí lǎo zài yìqǐ(他俩形影不离老在一起).

しょっぱ・い ¶この料理はちょっと～い zhège cài yǒudiǎnr xián(这个菜有点儿咸). ¶この漬け物は～過ぎるよ zhè xiáncài kě tài xián le(这咸菜可太咸了). ¶～い顔をする xiǎnchū ˈbú yuànyì[nánwéiqíng]ˈ de liǎnsè(显出"不愿意[难为情]"的脸色)/ chóuméi kǔliǎn(愁眉苦脸).

しょっぱな【初端】 kāitóu[r](开头[儿]), pītóu(劈头). ¶読もうと思ったが～から意味が分からなかった yuán xiǎng kàn yi kàn, kě cóng yi kāitóur jiù kànbudǒng shì shénme yìsi(原想看一看,可从一开头儿就看不懂是什么意思). ¶～からホームランを打たれた pītóu jiù áile ge běnlěidǎ(劈头就挨了个本垒打).

ショッピング ¶～カート shǒutuīchē(手推车). ～センター shāngchéng(商城)/ gòuwù zhōngxīn(购物中心). ～モール bùxíngjiē(步行街).

しょてい【所定】 ¶～の位置に置く fàngzài zhǐdìng de dìfang(放在指定的地方). ¶～の用紙に記入する tiánxiě zài suǒ guīdìng de zhǐshang(填写在所规定的纸上).

じょてい【女帝】 nǚhuáng(女皇).

しょてん【書店】 shūdiàn(书店), shūpù(书铺); [出版社]chūbǎnshè(出版社).

しょとう【初冬】 chūdōng(初冬).

しょとう【初等】 chūděng(初等). ¶～教育 chūděng jiàoyù(初等教育).

しょとう【初頭】 chūtóu(初头), chūyè(初叶). ¶20世紀～ èrshí shìjì chūyè(二十世纪初叶).

しょとう【諸島】 zhūdǎo(诸岛). ¶伊豆～ Yīdòu zhūdǎo(伊豆诸岛).

しょとう【蔗糖】 zhètáng(蔗糖).

しょどう【書道】 shūfǎ(书法). ¶～の大家 shūfǎ dàjiā(书法大家).

じょどうし【助動詞】 zhùdòngcí(助动词).

しょとく【所得】 suǒdé(所得), shōurù(收入). ¶彼は年500万円の～がある tā yì nián yǒu wǔbǎi wàn rìyuán de shōurù(他一年有五百万日元的收入).

¶～税 suǒdéshuì(所得税). 勤労～ láodòng shōurù(劳动收入). 国民～ guómín shōurù(国民收入).

しょなのか【初七日】 tóuqī(头七).

じょなん【女難】 nǚhuò(女祸).

しょにち【初日】 dìyī tiān(第一天), tóu yì tiān(头一天). ¶芝居は～から大入満員だった chū xì cóng dìyī tiān qǐ jiù mǎnzuò le(这出戏从第一天起就满座了).

しょにんきゅう【初任給】 ¶～は7万円だった gāng cānjiā gōngzuò shí de gōngzī shì qīwàn rìyuán(刚参加工作时的工资是七万日元).

しょねん【初年】 **1** [最初の年]dìyī nián(第一年). ¶第1次5か年計画の～度 dìyī ge wǔ nián jìhuà de dìyī niándù(第一个五年计划的第一年度).

2 [初めの頃]chūnián(初年), chūqī(初期). ¶昭和～ Zhāohé chūqī(昭和初期).

じょのくち【序の口】 ¶この程度の忙しさはまだ～だ zhè zhǒng chéngdù de máng, hái zhǐshì gānggāng kāishǐ(这种程度的忙,还只是刚刚开始).

しょばつ【処罰】 chǔfá(处罚), zéfá(责罚), chǔfèn(处分), chǔlǐ(处理), chǔzhì(处治). ¶規則に違反した者を～する chǔfá wéifǎn guīzé de rén(处罚违反规则的人). ¶違反者は～される duì wéifǎnzhě gěiyǐ chǔfá(对违反者给以处罚).

しょはん【初犯】 chūfàn(初犯).

しょはん【初版】 chūbǎn(初版), dìyī bǎn(第一版). ¶～本 chūbǎnběn(初版本).

しょはん【諸般】 gèzhǒng(各种), zhǒngzhǒng(种种). ¶～の事情を考慮して出席をとりやめた kǎolù zhǒngzhǒng qíngkuàng juédìng bù chūxí le(考虑种种情况决定不出席了).

じょばん【序盤】 kāijú(开局). ¶～から乱戦模様になった cóng kāijú qǐ jiùshì yì cháng hùnzhàn(从开局起就是一场混战).

しょひょう【書評】 shūpíng(书评). ¶新刊書の～をする xiě xīnshū de shūpíng(写新书的书评).

¶～欄 shūpínglán(书评栏).

しょぶん【処分】 **1** [処理]chǔlǐ(处理). ¶在庫品を～する chǔlǐ cúnhuò(处理存货). ¶古本を～する màidiào jiùshū(卖掉旧书). ¶

金の返済に困って財産を~した wéi zhàiwù suǒ bī, biànmàile jiāchǎn (为债务所逼, 变卖了家产).
2〖処罰〗chǔfèn (处分), chǔfá (处罚), chǔlǐ (处理), chǔzhì (处治). ¶職務規定に違反したかどで~された yīn wéifǎn zhíwù guīzé ér shòudào chǔfèn (因违反职务规则而受到处分). ¶減俸~に処する gěiyǐ jiǎnxīn chǔfèn (给以减薪处分).

じょぶん【序文】 xùwén (序文・叙文), xùyán (序言・叙言).

しょほ【初歩】 chūbù (初步), chūjí (初级), rùmén (入门). ¶中国語を~から勉強している dǎ rùmén kāishǐ xuéxí Zhōngwén (打ㄦ门开始学习中文). ¶彼女には電気の~の知識すらない tā lián diànqì de chūbù zhīshi yě méiyǒu (她连电气的初步知识也没有). ¶研究はまだ~的段階だ yánjiū hái chǔyú kāishǐ jiēduàn (研究还处于开始阶段).

しょほう【処方】 chǔfāng (处方), yàofāng (药方), fāngzi (方子). ¶医者の~に従って調剤する ànzhào yīshēng de ˈyàofāng pèiyào [chǔfāng zhuāyào] (按照医生的ˈ药方配药[处方抓药]). ¶~箋を書く kāi yàofāng (开药方) / kāi fāngrr (开方ㄦ) / kāi fāngzi (开方子).

じょほう【除法】 chúfǎ (除法).

しょぼしょぼ ¶寝不足で目が~する shuìmián bùzú yǎnjing mímíhūhū de (睡眠不足眼睛迷迷糊糊的). ¶雨が~と降っている xiàzhe ˈniúmáo xìyǔ [máomaoyǔ / měngsōngyǔ] (下着ˈ牛毛细雨 [毛毛雨/蒙松雨]).

じょまく【序幕】 xùmù (序幕). ¶それはまだ事件の~に過ぎない zhè zhǐ búguò jiēkāile shìjiàn de xùmù (这只不过揭开了事件的序幕) / zhè zhǐshì shìjiàn de ˈxùqǔ [kāiduān] (这只是事件的ˈ序曲[开端]).

じょまく【除幕】 jiēmù (揭幕). ¶~式 jiēmù yíshì (揭幕仪式).

しょみん【庶民】 shùmín (庶民), píngmín (平民), bǎixìng (百姓). ¶そんな高価な物は我々~には手が届かない nàme guì de dōngxi wǒmen píngmín bǎixìng zhānbuliǎo biānr (那么贵的东西我们平民百姓沾不了边ㄦ). ¶彼女は~的な人柄で皆に好かれている tā fùyǒu píngmínxìng hěn shòu dàjiā huānyíng (她富有平民性很受大家欢迎).

しょむ【庶務】 zǒngwù (总务), shùwù (庶务). ¶~課 shùwùkè (庶务科) / zǒngwùkè (总务科).

しょめい【書名】 shūmíng (书名).

しょめい【署名】 qiānmíng (签名), shǔmíng (署名), qiānshǔ (签署), qiānzì (签字). ¶契約書に~捺印する zài hétong shang qiānzì gàizhāng (在合同上签字盖章). ¶核実験反対の~を集める zhēngjí fǎnduì héshìyàn de qiānmíng (征集反对核试验的签名). ¶著者の~入りの本 yǒu zhùzhě shǔmíng de shū (有著者署名的书).
¶~運動 qiānmíng yùndòng (签名运动).

じょめい【助命】 ¶死刑囚の~を嘆願する qǐng qiú miǎnchú sǐqiú de sǐxíng (请求免除死囚的死刑).

じょめい【除名】 chúmíng (除名), kāichú (开除), géchú (革除), kāigé (开革), géchū (革出). ¶規約に違反した者 wéifǎn guīzhāng de rén (开除违反规章的人).

しょめん【書面】 **1**〖文書〗shūmiàn (书面), wénjiàn (文件). ¶追って~で通知する suíhòu fā shūmiàn tōngzhī (随后发书面通知).
2〖手紙〗xìn (信), xìnhán (信函), shūxìn (书信), shūjiàn (书简).

しょもう【所望】 ¶茶を1杯~する wǒ xiǎng yào yì bēi chá (我想要一杯茶). ¶御~とあれば差し上げます yàoshi nín xiǎng yào jiù sòng gěi nín ba (要是您想要就送给您吧).

しょもく【書目】 shūmù (书目). ¶引用~ yǐnyòng shūmù (引用书目).

しょもつ【書物】 shū (书), shūjí (书籍).

じょや【除夜】 chúyè (除夜), chúxī (除夕). ¶~の鐘 chúyè de zhōngshēng (除夜的钟声).

じょやく【助役】 ¶村の~ fùcūnzhǎng (副村长). ¶駅の~ fùzhànzhǎng (副站长).

しょゆう【所有】 suǒyǒu (所有). ¶彼は広大な土地を~している tā yōngyǒu dà miànjī de tǔdì (他拥有大面积的土地). ¶あの絵は今は A 氏の~となっている nà fú huà xiànzài guī A xiānsheng suǒyǒu (那幅画现在归A先生所有).
¶~権 suǒyǒuquán (所有权). ~者 suǒyǒuzhě (所有者).

じょゆう【女優】 nǚyǎnyuán (女演员). ¶映画~ nǚ diànyǐng yǎnyuán (女电影演员).

しょよう【所用】 shì (事), shìqing (事情). ¶父は~で外出しております fùqin yīn shì wàichū le (父亲因事外出了) / fùqin yǒu shìqing chūqu le (父亲有事情出去了).

しょよう【所要】 xūyào (需要). ¶~時間はどれくらいですか xūyào de shíjiān shì duōshao? (需要的时间是多少?) / xūyào duōshao shíjiān? (需要多少时间?)

しょり【処理】 chǔlǐ (处理). ¶この問題は特別委員会が~に当る zhège wèntí yóu tèbié wěiyuánhuì lái fùzé chǔlǐ (这个问题由特别委员会来负责处理). ¶用件をてきぱきと~する shìwù chǔlǐde hěn máli (事物处理得很麻利). ¶薬品で~する yòng yàopǐn chǔlǐ (用药品处理).
¶熱~ rèchǔlǐ (热处理).

じょりゅう【女流】 ¶~作家 nǚzuòjiā (女作家).

じょりょく【助力】 bāngzhù (帮助), xiézhù (协助), bāngmáng (帮忙), bìzhù (臂助). ¶彼の~によってここまで漕ぎつけたのだ yóuyú tā de bāngzhù cái zuòdào zhè yí bù (由于他的帮助才做到这一步). ¶友人に~を仰ぐ qǐngqiú péngyou xiézhù (请求朋友协助). ¶君のためなら喜んで~しよう yàoshi wèile nǐ de huà, wǒ hěn lèyì bāngmáng (要是为了你的话, 我很乐意帮忙).

しょるい【書類】 ¶入学手続の~を提出する tíchū bànlǐ rùxué shǒuxù de zīliào (提出办理入学手续的资料). ¶必要~をそろえる bèiqí suǒ

xū de shǒuxù(备齐所需的手续). ¶证拠~を押収かる kòuyā shūmiàn zhèngjù(扣押书面证据).

¶~審査 shūmiàn shěnchá(书面审查). ~箱 wénjiànxiāng(文件箱). 重要~ zhòngyào wénjiàn(重要文件).

ショルダーバッグ【ショルダーバッグ】 kuàbāo[r](挎包[儿]).

じょれつ【序列】 wèicì(位次), wèixù(位序). ¶彼は私より~が上だ tā míngcì zài wǒ qiánmian(他名次在我前面).

しょろう【初老】 gānggāng jìnrù lǎonián de nánrén(刚刚进入老年的男人).

じょろん【緒論】 xùlùn(绪论), dǎoyán(导言).

じょろん【序論】 xùlùn(序论).

しょんぼり huīxīn(灰心), jǔsàng(沮丧), huīliūliū(灰溜溜), chuí tóu sàng qì(垂头丧气), wú jīng dǎ cǎi(无精打采). ¶子供は母親の帰りを~と待っていた háizi ˇgūlínglíng[gūgūdāndān]˅ de děngzhe mǔqin huílai(孩子ˇ孤零零[孤孤单单]˅地等母亲回来). ¶1回戦に負けた選手達は~引き揚げて来た zài dìyī lún bǐsài zhōng bàixià zhèn lai de xuǎnshǒumen ˇchuítóu-sàngqì[huītóu-tǔliǎnr]˅ de huílai le(在第一轮比赛中败下阵来的选手们ˇ垂头丧气[灰头土脸儿]˅地回来了).

しら【白】 ¶彼はあくまでも~を切り通した tā shǐzhōng ˇyángzuò-bùzhī[zhuāng hútu]˅(他始终ˇ佯作不知[装糊涂]˅). ¶~を切る気か nǐ bié zhuāngsuàn!(你别装蒜!).

じらい【地雷】 dìléi(地雷). ¶~を埋める mái dìléi(埋地雷).

しらうお【白魚】 yínyú(银鱼).

しらが【白髪】 báifà(白发), bái tóufa(白头发). ¶最近~がめだつようになった jìnlái báifà xiǎnyǎn le(近来白发显眼了). ¶彼は若~だ tā shàobáitóu(他少白头). ¶~まじりの頭 bānbái de tóufa(斑白的头发).

¶~染め rǎnfà yàoshuǐ(染发药水).

しらかば【白樺】 báihuà(白桦), huàshù(桦树).

しらかべ【白壁】 ¶~の家 fěnqiáng de fángzi(粉墙的房子).

しらき【白木】 báichá(白茬·白槎·白碴).

しらくも【白癬】 tóuxuǎn(头癣), fàxuǎn(发癣), báitúfēng(白秃风).

しら・ける【白ける】 sǎoxìng(扫兴), bàixìng(败兴). ¶彼の一言で座が~けてしまった tā zhè yí jù huà shǐ mǎntáng lěngle chǎng(他这一句话使满堂冷了场)/ tā zhè yí jù huà shǐ dàjiā sǎole xìng(他这一句话使大家扫了兴).

しらこ【白子】 **1**〔魚の〕yúbái(鱼白).
2〔人〕báihuàbìng huànzhě(白化病患者), tiānlaor(天老儿).

しらさぎ【白鷺】 báilù(白鹭), lùsī(鹭鸶).

しらじら【白白】 ¶夜が~と明けてきた tiānbiān xiànchūle yúdùbái(天边现出了鱼肚白)/ tiānsè jiànjiàn liàng le(天色渐渐亮了).

しらじらし・い【白白しい】 ¶~い嘘をつく shuō míngxiǎn de huǎngyán(说明显的谎言)/ zhēngzhe yǎn shuō xiāhuà(睁着眼说瞎话). ¶よくもそんな~い態度がとれるものだ nǐ zhēn néng zhuāngsuàn!(你真能装蒜!).

じら・す【焦らす】 jírén(急人). ¶そう~さないで早く教えてくれ bié nàme jírén, kuài gàosu wǒ(别那么急人, 快告诉我).

しらずしらず【知らず知らず】 bùzhī-bùjué(不知不觉), wúxíngzhōng(无形中), wúyìzhōng(无意中), bùyóude(不由得). ¶~そのメロディーを口ずさんでいた bùzhī-bùjué de hēngchū nàge qǔdiào(不知不觉地哼出那个曲调). ¶~悪の道に踏み込んでしまった bùzhī-bùjué de zǒushangle xiédào(不知不觉地走上了邪道).

しらせ【知らせ】 tōngzhī(通知), xìnxī(信息), xìn[r](信[儿]). ¶娘から無事到着の~が届いた jiēdào nǚ'ér píng'ān wúshì dàodá de láixìn(接到女儿平安无事到达的来信). ¶父危篤であるを聞いて急いで駆けつけた tīngdào fùqin wēidǔ jímáng gǎnlai(听到父亲危笃急忙赶来). ¶彼からは何の~もない tā yǎo wú yīnxìn(他杳无音信). ¶虫の~か胸騒ぎがする yǒu yì zhǒng bùxiáng de yùgǎn, xīnli shēn gǎn bù'ān(有一种不祥的预感,心里深感不安).

しら・せる【知らせる】 tōngzhī(通知), gàosu(告诉), zhīhuì(知会), zhīzhào(知照), gàozhī(告知). ¶到着の時間を手紙で~せる yòng xìn tōngzhī dàodá de shíjiān(用信通知到达的时间). ¶このことをもっと多くの人に~せる必要がある zhè shì děi shǐ gèng duō de rén zhīdao(这事得使更多的人知道).

しらたき【白滝】〔食品〕jǔruòsī(蒟蒻丝), móyùsī(魔芋丝).

しらなみ【白波】 báilàng(白浪). ¶~が立つ báilàng fāngǔn(白浪翻滚). ¶船は~をけたてて進む chuán chōngpò lànghuā xiàng qián xíngshǐ(船冲破浪花向前行驶).

しらばく・れる【白ばくれる】 zhuāng hútu(装胡涂), zhuāngsuàn(装蒜), dǎyángr(打佯儿), yáng zuò bùzhī(佯作不知), jiǎpiēqīng(假撇清). ¶~れて聞いてみた wǒ yángzuò-bùzhī wènle wèn(我佯作不知问了问). ¶証拠がないと思って~れるな nǐ bié yǐwéi méiyǒu zhèngjù jiù kěyǐ zhuāngsuàn!(你别以为没有证据就可以装蒜!).

しらはた【白旗】 báiqí(白旗). ¶~を掲げて降参する dǎ báiqí tóuxiáng(打白旗投降).

しらはのや【白羽の矢】 ¶主役は彼女に~が立った tā bèi xuǎnwéi zhǔjué(她被选为主角).

しらふ【素面】 ¶こんなことは~ではとても言えない zhè zhǒng huà bú jiè jiǔjìnr nǎ néng chūkǒu?(这种话不借酒劲儿哪能出口?).

シラブル yīnjié(音节).

しらべ【調べ】 **1**〔調査〕diàochá(调查). ¶この点はまだよくついていない zhè diǎn hái méiyǒu diàochá qīngchu(这一点还没有调查清楚). ¶警察で厳しい~を受けた zài gōng'ānjú shòudào yánlì xùnwèn(在公安局受到严厉讯问). ¶父は書斎で~物をしている fùqin zài shūfáng cháyuè wénxiàn(父亲在书房查阅文献).

2〔調子〕qǔdiào(曲调). ¶どこからともなく妙なる~が聞こえてくる bùzhī cóng nǎli suí fēng piāolaile měimiào de qǔdiào(不知从哪里随风

飄来了美妙的曲调).

しら・べる【調べる】 chá(查), diàochá(调查), jiǎnchá(检查), chájiǎn(查检), jiǎnyàn(检验), chákàn(查看), yànkàn(验看), cháyàn(查验). ¶火事の原因を～べる diàochá qǐhuǒ yuányīn(调查起火原因). ¶言葉の意味を～べる chá cíyì(查词义). ¶エンジンを～べる jiǎnyàn fādòngjī(检验发动机). ¶人数を～べる chádiǎn rénshù(查点人数). ¶鞄の中を～べさせて下さい qǐng ràng wǒ cháchá nǐ de píbāo(请让我查查你的皮包). ¶税関で荷物を～べられた zài hǎiguān xíngli shòule jiǎnchá(在海关行李受了检查). ¶挙動不審の者を～べる cháwén [pánchá] xíngjì kěyí de rén(查问[盘查]形迹可疑的人).

しらみ【虱】 shīzi(虱子), tǐshī(体虱), tóushī(头虱). ¶～がわく shēng shīzi(生虱子).

しらみつぶし【虱潰し】 ¶1軒1軒～に調べる āi jiā āi hù de jìnxíng sōuchá(挨家挨户地进行搜查).

しら・む【白む】 fābái(发白), fāliàng(发亮). ¶東の空が次第に～んできた dōngfāng de tiānkōng jiànjiàn de fābái le(东方的天空渐渐地发白了).

しらゆり【白百合】 bái bǎihé(白百合).

しらんかお【知らん顔】 ¶道で会っても～をしている zài lùshang pèngjiàn yě zhuāng bú rènshi(在路上碰见也装不认识). ¶口をぬぐって～をする zhuāng bù zhīdào(装不知道)/ zhuāng lóng zuò yǎ(装聋作哑)/ dǎyángr(打佯儿)/ jiǎpiēqīng(假撇清).

しり【尻】 1〔臀部〕 pìgu(屁股), pìgudànr(屁股蛋儿), pìgudànzi(屁股蛋子), kāozi(尻子), túnbù(臀部). ¶彼女はお～が大きい tā túnbù fēngmǎn(她臀部丰满). ¶～を叩いて折檻する dǎ pìgu chéngfá(打屁股惩罚). ¶子供がお～を丸出しにして遊んでいる xiǎoháizi zài guāngzhe pìgu wánr(小孩子在光着屁股玩儿). ¶彼女は～が軽い tā shǒu shuǐxìng yánghuā de rén(她可是水性杨花的人)/ tā shǒujiǎo qínkuai(她手脚勤快). ¶彼は～が重い tā pìgu chén(他屁股沉). ¶あの客は～が長い～が長い nàge kèrén měi cì dōu jiǔ zuò bù zǒu(那个客人每次都久坐不走). ¶彼はどこに勤めても～が座らない tā zài nǎli gōngzuò yě dāibùjiǔ(他在哪里工作也不久). ¶～が割れる lòuchū mǎjiǎo(露出马脚)/ lòuxiànr(露馅儿). ¶あいつは～の穴の小さい奴だ nà jiāhuo kě zhēn xiǎoqi(那家伙可真小气). ¶亭主を～に敷く qí zài zhàngfu de bózi shang(骑在丈夫的脖子上). ¶～に火がついた huǒ shāo pìgu le(火烧屁股了). ¶～に帆を掛けて逃げる jiǎodǐbǎn mǒ xiāngyóu liū le(脚底板抹香油溜了)/ bá zú ér táo(拔足而逃). ¶彼は責任をとらずに～をまくった tā búdàn bú fù zérèn fǎn'ér shuǎ wúlài(他不但不负责任反而耍无赖). ¶夫の～を叩いて稼がせる bīzhe zhàngfu qù zhèngqián(逼着丈夫去挣钱). ¶私のところに～を持ち込まれても困る xiàng wǒ gàozhuàng yě méi bànfǎ(向我告状也没办法). ¶息子の使い込みの～を拭う péicháng érzi dàoyòng de gōngkuǎn(赔偿儿子盗用的公款). ¶頭隠して～隠さず cáng tóu cáng búzhù wěi(藏住头藏不住尾)/ gù tóu gùbùliǎo wěi(顾头顾不了尾)/ tuóniǎo zhèngcè(鸵鸟政策).

2〔うしろ〕 gēnzhe duìwu hòutou zǒu(跟在队伍后头走). ¶女の～を追い回す gēnzài nǚrén pìgu hòubianr zhuàn(跟在女人屁股后边儿转). ¶～から2番目の成績で卒業した yǐ dàoshǔ dì'èrmíng de chéngjì bì ye(以倒数第二名的成绩毕业).

3〔底〕 dǐr(底儿). ¶鍋の～ guōdǐr(锅底儿).

しり【私利】 sīlì(私利). ¶～をはかる tú sīlì(图私利). ¶～～欲のない人 méiyǒu sīlì sīyù de rén(没有私利私欲的人).

シリア Xùlìyà(叙利亚).

しりあい【知り合い】 shúrén(熟人), xiāngshí(相识). ¶東京には～がありません wǒ zài Dōngjīng méiyǒu shúrén(我在东京没有熟人). ¶彼とは旅先で～になった gēn tā zài lǚxíng zhōng jiéshí de(跟他在旅行中结识的). ¶～の中国人に尋ねてみよう wǒ gēn xiāngshí de Zhōngguórén wènwen kàn(我跟相识的中国人问问看).

しりあ・う【知り合う】 rènshi(认识), xiāngshí(相识), jiéshí(结识). ¶彼女とは偶然の機会に～った wǒ gēn tā shì zài yí ge ǒurán de jīhuì li rènshi de(我跟她是在一个偶然的机会里认识的). ¶2人は～って2年目に結婚した tāmen liǎ shì xiāngshí hòu dì'èr nián jié de hūn(他们俩是相识后第二年结的婚).

しりあがり【尻上り】 1〔～に言うと疑問の調子になる jùwěi yòng shēngdiào jiù biànwéi yíwèn de yǔqì(句尾用升调就变为疑问的语气). ¶景気は～によくなる jǐngqì jǐngkuàng mòhòu kànhǎo(经济景况末后看好)/ shìmiàn yuè wǎnghòu yuè jiànhǎo(市面越往后越见好).

2〔鉄棒の〕 qūshēnshàng(屈身上).

シリアス ¶～な顔をしておかしなことを言う yǐ yánjùn de shénqíng shuō bù yǐ wéi rán de huà(以严峻的神情说不以为然的话)/ bǎnzhe miànkǒng shuō guàihuà(板着面孔说怪话).

シリーズ ¶歴史書を～で出版する chūbǎn lìshǐ cóngshū(出版历史丛书). ¶～物の映画 duōjípiàn(多集片).

シリウス tiānlángxīng(天狼星).

しりうま【尻馬】 ¶人の～に乗って騒ぐ gēnzhe biérén pìgu hòutou còu rènao(跟着别人屁股后头凑热闹).

しりおし【尻押し】 chēngyāo(撑腰). ¶有力者の～で会長に当選した yóu yǒu shìlì de rén chēngyāo ér dāngxuǎn wéi huìzhǎng(由有势力的人撑腰而当选为会长).

じりき【自力】 zìlì(自力). ¶彼は最後まで～でがんばった tā kào zìshēn zhī lì jiānchí dào zuìhòu(他靠自身之力坚持到最后).

¶～更生 zìlì gēngshēng(自力更生).

じりき【地力】 ¶～を発揮する fāhuī běnlái de lìliang(发挥本来的力量)/ shǐchū běnshì lái

しりきれとんぼ【尻切れ蜻蛉】¶結局その話は~に終った jiéguǒ nà shì bùliǎo liǎo zhī le(结果那事不了了之了).

しりごみ【後込み】¶口では大きなことを言っていたがいざとなったら~してしまった kǒuqì hěn dà, dàn yí dào jǐnyào de guāntóu jiù wèisuō[quèbù] bùqián le(口气很大,但一到紧要的关头就畏缩[却步]不前了).

シリコン guī(硅), xī(矽). ¶~バレー guīgǔ(硅谷). ~チップ guīpiàn(硅片).

じりじり 1【じわじわ】jiànjiān(渐渐),zhújiàn(逐渐). ¶~と敵に迫る bùbù jìnbī dírén(步步进逼敌人). ¶差は~と狭まった chājù zhújiàn suōxiǎo le(差距逐渐缩小了).

2【いらいら】huǒjí(火急), huǒliǎo(火急火燎). ¶彼女は知らせの来るのを~しながら待っている tā jiāojí de děngdàizhe nàge xiāoxi(她焦急地等待着那个消息).

3【太陽が】huǒlālā(火辣辣), rèlālā(热辣辣). ¶太陽が~と照りつける tàiyáng zhàode huǒlālā de(太阳照得火辣辣的)/ chìrì yányán(赤日炎炎).

しりすぼまり【尻窄まり】¶計画は資金難のため~になった jìhuà yóuyú zījīn bùzú chéngle hǔtóu-shéwěi(计划由于资金不足成了虎头蛇尾).

しりぞ・く【退く】tuì(退), dàotuì(倒退). ¶思わず2,3歩~いた bùyóude dàotuìle liǎng, sān bù(不由得倒退了两,三步). ¶彼は一歩も~かない決意で交渉に臨んだ tā yǐ cùn bù bú ràng de juéxīn qù jiāoshè(他以寸步不让的决心去交涉). ¶彼は第一線から~いた tā tuìchūle dìyīxiàn(他退出了第一线).

しりぞ・ける【退ける】¶人を~けて密談する bǎ rén zhīzǒu jìnxíng mìtán(把人支走进行密谈). ¶敵の猛攻を~ける dǎtuì dírén měngliè jìngōng(打退敌人猛烈进攻). ¶彼の提案は~けられた tā de tí'àn méiyǒu bèi cǎinà(他的提案没有被采纳).

しりつ【市立】shìlì(市立). ¶~病院 shìlì yīyuàn(市立医院).

しりつ【私立】sīlì(私立). ¶~大学 sīlì dàxué(私立大学).

じりつ【自立】zìlì(自立). ¶~の精神を養う péiyǎng zìlì jīngshén(培养自立精神).

じりつ【自律】zìlǜ(自律). ¶~的に行動する zìzhǔ de jìnxíng huódòng(自主地进行活动). ¶~神経 zìzhǔ shénjīng(自主神经)/ zhíwùxìng shénjīng(植物性神经).

しりとり【尻取り】jiēwěilìng(接尾令). ¶~をして遊ぶ zuò jiēwěilìng wánr(做接尾令玩儿).

しりぬぐい【尻拭い】cā pìgu(擦屁股). ¶私はいつも人の~ばかりさせられる wǒ jìng gěi rén cā pìgu(我净给人擦屁股). ¶借金の~はごめんだ wǒ kě bú yuànyì wèi biérén huánzhài(我可不愿意为别人还债).

じりひん【じり貧】¶会社は~だ gōngsī měi kuàng yù xià(公司每况愈下).

しりめ【尻目】¶追いすがる人々を~に彼は悠然と車をスタートさせた búgù zhuīlai de rén tā cóngróng-búpò de kāidòngle qìchē(不顾追来的人他从容不迫地开动了汽车). ¶同僚達を~にかけて彼は局長に昇進した bǎ tóngshì shuǎizài hòumian, tā fēihuáng-téngdá shēngwéi júzhǎng le(把同事甩在后面,他飞黄腾达升为局长了).

しりめつれつ【支離滅裂】¶彼の言うことは~だ tā shuō de huà diānsān-dǎosì, yǔ wú lúncì(他说的话颠三倒四,语无伦次).

しりもち【尻餅】pìgudūnr(屁股蹲儿). ¶~をつく shuāi ge pìgudūnr(摔个屁股蹲儿).

しりゅう【支流】zhīliú(支流), héchàzi(河汊子). ¶何本もの~が集まって大河となる hǎo jǐ tiáo zhīliú huìhé chéng dàhé(好几条支流汇合成大河).

じりゅう【時流】¶~に乗る shùn shídài de cháoliú(顺时代的潮流)/ gǎn làngtou(赶浪头). ¶~に逆らう kàngjù shídài de cháoliú(抗拒时代的潮流).

しりょ【思慮】sīlǜ(思虑). ¶彼の行動はあまりにも~のなさすぎる tā bànshì tài lǚmǎng le(他办事太鲁莽了). ¶彼女はなかなか~の深い tā sīlǜ zhōumì shēnchén(她思虑周密沉沉). ¶~分別のない行動 qiàn shènzhòng sīlǜ de xíngwéi(欠慎重思虑的行为).

しりょう【史料】shǐliào(史料).

しりょう【資料】zīliào(资料). ¶~を集める shōují zīliào(收集资料).

¶参考~ cānkǎo zīliào(参考资料).

しりょう【飼料】sìliào(饲料). ¶家畜に~をやる gěi jiāchù wèi sìliào(给家畜喂饲料)/ wèi shēngkou(喂牲口).

¶配合~ hùnhé sìliào(混合饲料).

しりょく【死力】¶両軍は~を尽くして戦った liǎngjūn jìnxíng shūsǐ zhàndòu(两军进行殊死战斗). ¶~を尽くして抵抗する sǐlì dǐkàng(死力抵抗).

しりょく【視力】shìlì(视力), mùlì(目力), yǎnlì(眼力). ¶~が衰えた shìlì shuāituì le(视力衰退了). ¶右眼の~を失った yòuyǎn sàngshīle shìlì(右眼丧失了视力).

¶~検査 shìlì cèyàn(视力测验). ~表 shìlìbiǎo(视力表).

しりょく【資力】cáilì(财力), zīlì(资力). ¶残念ながら私にはそれだけの~がない hěn yíhàn wǒ méiyǒu nàme dà de cáilì(很遗憾我没有那么大的财力).

じりょく【磁力】cílì(磁力). ¶~線 cílìxiàn(磁力线).

シリンダー qìgāng(汽缸).

し・る【知る】1【知識として持つ,理解する,気づく】zhīdao(知道), zhīxiǎo(知晓), xiǎode(晓得); zhīxī(知悉), huòzhī(获知), huòxī(获悉). ¶その事件はテレビで~った nàge shìjiàn shì kàn diànshì zhīdao de(那个事件是看电视知道的). ¶あの人は何でもよく~っている nàge rén méiyǒu bù zhīdao de shì(那个人没有不知道的事)/ tā shì ge wànshìtōng(他是个万事通). ¶これは内部の事情をよく~った者

犯行に違いない zhè yídìng shì zhīdǐ de jiāhuo gàn de(这一定是知底的家伙干的). ¶その人なら名前だけは～っている nàge rén wǒ zhǐ zhīdao tā de míngzi(那个人我只知道他的名字). ¶君がそんな弱虫とは～らなかった méi xiǎngdào nǐ shì zhème ge wōnangfèi(没想到你是这么个窝囊废). ¶今更～らなかったではすまされぬ dào zhège dìbù shuō bù zhīdào néng shuō de guòqù ma?(到这个地步说不知道能说得过去吗?). ¶～らぬ存ぜぬで押し通した yìkǒu yǎodìng shuō bù zhīdào(一口咬定说不知道). ¶危険と～りつつ赴いた míngzhī wēixiǎn què qiánwǎng(明知危险却前往). ¶フランス料理のうまい店を～らないか nǐ zhīdao nǎr yǒu hǎochī de Fǎguó càiguǎn?(你知道哪儿有好吃的法国菜馆?). ¶～らない土地で苦労をする zài rénshēng-dìshū de dìfang chī kǔtou(在人生地疏的地方吃苦头). ¶彼は医者としてよりも作家として～られている tā zuòwéi yīshēng bùrú zuòwéi zuòjiā gèng wénmíng(他作为医生不如作为作家更闻名). ¶彼女はこの絵の値打ちを～らない tā bù zhīdào zhè fú huà de jiàzhí(她不知道这幅画的价值). ¶私の苦労は～る人そ～るだけ知っていてくれればよい zhǐyǒu zhīdao de rén cái qīngchu(我的苦头只有知道的人才清楚). ¶人の気も～らずに勝手なことを言うな bù dǒng rénjia xīnsi, bié xiāshuō!(不懂人家心思, 别瞎说!). ¶汝自らを～れ rén yào yǒu zìzhī zhī míng(人要有自知之明). ¶病気になって初めて健康の有難さを～った déle bìng cái zhīdao jiànkāng de bǎoguì(得了病才知道健康的宝贵). ¶恐れを～らぬ勇士 bù zhī wèijù èr zì de yǒngshì(不知畏惧二字的勇士). ¶昨夜地震があったとは～らなかった zuówǎn fāshēngle dìzhèn wǒ yìdiǎnr yě bù zhīdào(昨晚发生了地震我一点儿也不知道). ¶～らないうちに雨はやんでいた bùzhī shénme shíhou yǔ zhù le(不知什么时候雨住了). ¶北海道で暑さ～らずの夏を過した zài Běihǎi Dào dùguòle bù zhī shǔrè de xiàtiān(在北海道度过了不知暑热的夏天). ¶恥を～れ bié bù zhī chǐ!(别不知耻!).

2〔記憶がある〕 ¶当時のことを～っている人は少なくなった zhīdao dāngshí qíngkuàng de rén bù duō le(知道当时情况的人不多了). ¶酔っていたので昨夜何を言ったか全然～らない hēzuìle jiǔ, zuówǎn shuōle shénme quánrán bú jìde le(喝醉了酒, 昨晚说了什么全然不记得了).

3〔面識がある〕 rènshi(认识), shúshí(熟识). ¶あの人は個人的にもよく～っている nàge rén gēn wǒ gèrén yě yǒu sījiāo wǒ hěn liǎojiě(那个人跟我个人也有私交我很了解). ¶彼も学生時代からよく～っている tā, wǒ dǎ xuéshēng shídài jiù rènshi(他,我打学生时代就认识). ¶会場には～らない顔が多かった huìchǎngli shúrén hěn shǎo(会场里熟人很少).

4〔経験する, 身につける〕 ¶君は苦労を～らない nǐ kě hái méi jīng fēngyǔ a(你可还没经风雨啊)/ nǐ méi shòuguo kǔ(你没受过苦).

¶小さい時に親に死なれて家庭の味を～らない xiǎoshíhou sǐle fùmǔ, méiyǒu chángdàoguo jiātíng de zīwèir(小时候死了父母, 没有尝到过家庭的滋味儿). ¶戦争を～らない世代 méi jīnglìguo zhànzhēng de yídài(没经历过战争的一代). ¶ドイツ語なら少しは～っている yàoshi Déwén hái dǒng yìdiǎnr(要是德文还懂一点儿). ¶彼女は子供の扱い方を～っている tā dǒngde gāi zěnmo duìdài háizi(她懂得该怎么对待孩子).

5〔関知する〕 ¶それが俺の～ったことか nà hé wǒ yǒu shénme xiānggān?(那和我有什么相干?). ¶我が儘ばかり言って, もう～りませんよ nǐ tài rènxìng, bù dǎli nǐ le(你太任性, 不答理你了).

しる【汁】 zhī[r](汁[儿]), zhīzi(汁子), zhīshui(汁水), zhīyè(汁液). ¶りんごの～ píngguǒzhī(苹果汁). ¶あいつは自分ばかりうまい～を吸っている tā guāng zìjǐ lāo yóushuǐ[chī dúshír](他光自己捞油水[吃独食儿]). ¶～すまし qīngtāng(清汤).

シルエット jiǎnyǐng(剪影); cèyǐng(侧影).

シルク shēngsī(生丝), zhēnsī(真丝), sīchóu(丝绸). ¶～ハット dàlǐmào(大礼帽)/ gāotǒng lǐmào(高筒礼帽). ～ロード sīchóu zhī lù(丝绸之路).

しるし【印・徵】 jìhao(记号), jìrèn(记认). ¶間違えないように～をつけておく dǎshàng ge jìhao yǐmiǎn nòngcuò(打上个记号以免弄错). ¶正しい答に～をつけよ zài zhèngquè de dá'àn shang dǎshàng duìhào(在正确的答案上打对号). ¶ほんの～ばかりの物ですがどうぞお収め下さい zhǐ búguò shì ge xiǎoyìsi, qǐng shōuxià ba(只不过是个小意思, 请收下吧).

2〔証拠〕 ¶受け取った～に印鑑を押す gàishàng ge chuōzi zuòwéi shōudào de zhèngmíng(盖上个戳子作为收到的证明).

3〔前兆〕 ¶これは何か変事の起る～かも知れない zhè huòxǔ shì fāshēng shénme biàngù de xiānzhào(这或许是发生什么变故的先兆).

しる・す【記す・印す】 jì(记), xiě(写). ¶辛亥革命の大略を～せ jìshù Xīnhài gémìng de gàilüè(记述辛亥革命的概略). ¶旅の印象を日記に～す bǎ lǚxíng de yìnxiàng jìzài rìjì shang(把旅行的印象记在日记上). ¶3月3日これを～す xiě yú sānyuè sān rì(写于三月三日). ¶母の言葉を深く心に～す mǔqīn de huà míngjì zài xīnli(母亲的话铭记在心里). ¶彼は物理学史上に偉大な足跡を～した zài wùlǐxuéshǐ shang liúxiàle guānghuī de yí yè(在物理学史上他留下了光辉的一页).

ジルバ jítèbǎwǔ(吉特巴舞).

しれい【司令】 sīlìng(司令). ¶～官 sīlìngyuán(司令员)/ sīlìng(司令). ～塔 sīlìngtái(司令台). ～部 sīlìngbù(司令部).

しれい【指令】 zhǐlìng(指令). ¶部下に～を発する xiàng bùxià fā zhǐlìng(向部下发指令). ¶本部の～どおりに行動する zūnzhào běnbù de zhǐlìng xíngdòng(遵照本部的指令行动). ¶全員退去を～する zhǐlìng quántǐ rényuán

じれい【事例】 shìlì (事例). ¶～をあげて説明する jǔ shíjì shìlì jiāyǐ shuōmíng (举实际事例加以说明).

じれい【辞令】 ¶広島支店に転任の～が出た diàodào Guǎngdǎo zhīdiàn de diàolìng xiàlai le (调到广岛支店的调令下来了). ¶外交～ wàijiāo cílìng (外交辞令).

しれつ【熾烈】 chìliè (炽烈), jīliè (激烈). ¶食うか食われるかの～な競争 nǐsǐ-wǒhuó de jīliè jìngzhēng (你死我活的激烈竞争). ¶敵の攻撃は～を極めた dírén de jìngōng jíwéi měngliè (敌人的进攻极为猛烈).

じれった・い【焦れったい】 jiāojí (焦急), jiāozào (焦燥), jiāoxīn (焦心). ¶こんな事も分らないのか、ああ～い lián zhè zhǒng shì yě bù dǒng, zhēn ràng rén jiāoxīn (连这种事也不懂, 真让人焦心). ¶彼女の仕事ぶりを見ていると～くなる kàn tā gōngzuò mómo-cènggèng de, zhēn jiào rén bú nàifán (看她工作磨磨蹭蹭的, 真叫人不耐烦).

し・れる【知れる】 1 ¶隠してもいずれは～れる事だ jiùshì yǐnmán zǎowǎn yě huì jiào rén zhīdao de (就是隐瞒早晚也会叫人知道的). ¶うわさは町中に～れ渡った fēngshēng chuánbiànle jiētóu-xiàngwěi (风声传遍了街头巷尾). ¶明日をも～れぬ命 mìng zài dànxī (命在旦夕)/ fēng zhōng zhī zhú (风中之烛). ¶彼に任せておいたらどんな事になるか～れたものではない jiāogěi tā bàn bù zhī huì gǎochéng shénme yàngzi (交给他办不知会搞成什么样子). ¶彼はこの業界では少しは名の～れた男だ tā zài zhège hángyè lǐ suànshì yǒu diǎnr míngqi de (他在这个行业里算是有点儿名气的).

2〔…かもしれない〕¶明日は行けないかも～れない míngtiān huòxǔ qùbuliǎo (明天或许去不了). ¶ご存知じかも～れませんが yěxǔ nín zǎoyǐ zhīdao (也许您早已知道).

じ・れる【焦れる】 jí (急), zháojí (着急), jiāojí (焦急), jiāozào (焦躁). ¶子供が～れて足をばたばたさせている háizi jíde zhí duòjiǎo (孩子急得直踩脚).

しれん【試練】 kǎoyàn (考验), móliàn (磨练). ¶彼は幾多の～を経て更に成長した tā jīngguò zhǒngzhǒng kǎoyàn gèngjiā chéngshú qilai (他经过种种考验更加成熟起来).

ジレンマ jìn tuì wéi gǔ (进退维谷), jìn tuì liǎng nán (进退两难); [論理学] liǎngdāo lùnfǎ (两刀论法), èrnán tuīlǐ (二难推理), bèilùn (悖论). ¶～におちいる xiànyù jìntuì-liǎngnán de jìngdì (陷于进退两难的境地).

しろ【白】 1 bái (白), báisè (白色). ¶～のワイシャツ bái chènshān (白衬衫). ¶～組が競漕に勝った sàitǐng báiduì yíng le (赛艇白队赢了). ¶見渡すかぎり～一色だ báimángmáng de yípiàn xuě (白茫茫的一片雪).

2〔犯罪などで〕¶彼は～だ tā qīngbái wúzuì (他清白无罪).

しろ【城】 chéng (城), chéngchí (城池). ¶～を築く zhù chéng (筑城). ¶～を攻め落す gōng-xiàn chéngchí (攻陷城池). ¶～を明け渡す kāichéng tóuxiáng (开城投降).

しろあり【白蟻】 báiyǐ (白蚁).

しろ・い【白い】 bái (白). ¶～い紙に黒々と書いた zài báizhǐ shang xiěshàngle qīhēi de zì (在白纸上写上了漆黑的字). ¶彼女は色が～い tā zhǎngde hěn báijìng (她长得很白净). ¶頭に～いものが目立ってきた tóufa fābái le (头发发白了). ¶人々から～い目で見られる rénmen dōu báiyǎn kàn wǒ (人们都白眼看我)/ zāodào rénmen de báiyǎn (遭到人们的白眼).

じろう【痔瘻】 gānglòu (肛瘘), zhìlòu (痔漏), lòuchuāng (漏疮).

しろうと【素人】 wàiháng (外行), wàihángrén (外行人), lǎowài (老外), ménwàihàn (门外汉), lìba (力巴), lìbatóu (力巴头). ¶とても～とは思えないできばえだ zhè zuòde jí bú xiàng yí ge wàihángrén de shǒuyì (这做得可不像一个外行人的手艺). ¶彼の歌は～離れしている tā chànggē yǐ fēi yìbānrén kě bǐ (他唱歌已非一般人可比). ¶それは～目にも偽物とわかったのだ (就是门外汉也能辨别出是假的). ¶これは私の～考えだが～ zhè zhǐ búguò shì wǒ wàihángrén de kànfǎ (这只不过是我外行人的看法).

しろうり【白瓜】 yuèguā (越瓜), càiguā (菜瓜).

しろくじちゅう【四六時中】 ¶この通りは～車の流れが絶えない zhè tiáo jiē rìrì-yèyè qìchē chuānliú-búxì (这条街日日夜夜汽车川流不息). ¶彼は～仕事のことを考えている tā zhěngtiānjiē xiǎngzhe gōngzuò de shì (他整天价想着工作的事).

しろくま【白熊】 běijíxióng (北极熊), báixióng (白熊).

しろくろ【白黒】 1〔白と黒〕hēibái (黑白). ¶彼は答につまって目を～させた tā dá bu chūlái zhí fān báiyǎn (他答不出来直翻白眼). ¶～テレビ hēibái diànshì (黑白电视).

2〔是非〕hēibái (黑白), zàobái (皂白), shìfēi (是非). ¶今日こそ～をはっきりさせよう jīntiān yídìng yào biànchū ge shìfēi (今天一定要辨出个是非).

しろざとう【白砂糖】 báishātáng (白砂糖), báitáng (白糖).

しろじ【白地】 báidì[r] (白地[儿]). ¶～に青い花模様のカップ báidì lánhuā de bēizi (白地蓝花的杯子).

じろじろ ¶人を頭のてっぺんから爪先まで～見る cóng tóu dào jiǎo, shàngshàng xiàxià dǎliangzhe rén (从头到脚, 上上下下打量着人). ¶～と無遠慮に部屋の中を見回す háo bú kèqi de zài wūzili dōngzhāng-xīwàng (毫不客气地在屋子里东张西望).

シロップ tángzhī (糖汁), tángjiāng (糖浆). ¶果汁～ guǒzhīlù (果子露).

しろぼし【白星】 ¶～をあげる huòshèng (获胜).

シロホン mùqín (木琴).

しろみ【白身】 ¶～の魚 báiròuyú (白肉鱼). ¶卵の～ dànqīng[r] (蛋清[儿])/ dànbái (蛋白).

しろめ【白目】 báiyǎnzhū[r](白眼珠ﾞ), yǎnbái(眼白). ¶~をむいてにらむ fān báiyǎn dèng rén(翻白眼瞪人).

しろもの【代物】 ¶これはどこにでもあるという~ではないか zhè kě bú shì nǎr dōu yǒu de dōngxi(这可不是哪ﾞ都有的东西). ¶あいつはなかなかの~だ nàge jiāhuo kě shì ge bù xúncháng de rén(那个家伙可是个不寻常的人).

じろりと ¶彼は私を~にらんだ tā dèngle wǒ yìyǎn(他瞪了我一眼).

しろん【詩論】 shīlùn(诗论).

しろん【試論】 shìlùn(试论).

じろん【持論】 chílùn(持论). ¶これが私の~だ zhè shì wǒ yíguàn de jiànjiě(这是我一贯的见解).

しわ【皺】 zhě[r](褶ﾞ), zhězi(褶子), zhòuwén[r](皱纹ﾞ), zhézhòu(折皱), zhòuzhě(皱褶), zhězhòu(褶皱). ¶ズボンによった くずﾞにzhòu[dǎzhòu] le(裤子ﾞ[打皱]了). ¶この生地は~になりにくい zhè zhǒng liàozi bú yì qǐzhòu(这种料子不易起皱). ¶アイロンで~を伸ばす yòng yùndǒu bǎ zhězi làopíng(用熨斗把褶子烙平). ¶最近母の顔に~が増えた zuìjìn mǔqin de liǎnshang zhòuwén yuèláiyuè duō le(最近母亲的脸上皱纹越来越多了). ¶額に~を寄せて考え込む zhòuzhe méitóu sīliang(皱着眉头思量). ¶目尻の~ yǎnjiǎo de zhòuwén(眼角的纹ﾞ)/ yúwěiwén(鱼尾纹).

しわがれる【嗄れる】 yǎ(哑), shā(沙), shāyǎ(沙哑), sīyǎ(嘶哑). ¶大声を出したので声が~れた dàshēng hǎn, sǎngzi shāyǎ le(大声喊, 嗓子沙哑了). ¶~れ声 shāyīn(沙音)/ shāsǎngzi(沙嗓子)/yǎsǎngzi(哑嗓子).

しわくちゃ【皺くちゃ】 zhòubābā(皱巴巴), zhòuzhoubābā(皱皱巴巴). ¶ズボンが~になった kùzi biànde zhòuzhou-bābā de(裤子变得皱皱巴巴的). ¶顔を~にして喜ぶ gāoxìngde liǎn dōu zhòuqilai le(高兴得脸都皱起来了). ¶~の千円札 zhòubābā de yìqiān rìyuán zhǐbì(皱巴巴的一千日元纸币).

しわけ【仕訳】 ¶~して帳簿に記入する fēnlèi jìzhàng(分类记账).

しわざ【仕業】 ¶これは彼の~に違いない zhè yídìng shì tā gǎo de guǐ(这一定是他搞的鬼). ¶子供の~とは思えない zhè bú xiàng shì xiǎoháizi gǎo de(这不像是小孩子搞的).

じわじわ ¶~と責められてとうとう白状した jiān'áo bu guò zhōngyú zhāorèn le(煎熬不过终于招认了). ¶~と深みにはまって抜き差しならなくなった yuè xiàn yuè shēn, bùnéng zìbá(越陷越深, 不能自拔).

しわす【師走】 làyuè(腊月).

しわほう【指話法】 zhǐyǔ(指语), shǒuyǔ(手语).

しわほう【視話法】 shìchúnfǎ(视唇法).

しわよせ【皺寄せ】 ¶営業不振の~を受けて賃金が安い shòu jīngyíng bùliáng de yǐngxiǎng, gōngzī hěn dī(受经营不良的影响, 工资很低).

じわれ【地割れ】 dìliè(地裂). ¶地震で大きな~ができた yóuyú dìzhèn chūxiànle hěn dà de dìliè(由于地震出现了很大的地裂).

しん【心・芯】 xīn(心), xìn(芯); xìnzi(芯子). ¶この柱は~が腐っている zhè gēn zhùzi zhùxīn xiǔ le(这根柱子柱心朽了). ¶りんごの~をくりぬく tāo píngguǒhé(掏苹果核). ¶ろうそくの~を切る jiǎn làzhú de ˈxīnzi[niǎnzi](剪蜡烛的ˈ芯子[捻子]). ¶鉛筆の~が折れた qiānbǐxīn duàn le(铅笔心断了). ¶襟の~ lǐngchèn(领衬). ¶この御飯は~がある zhè mǐfàn hái jiāsheng(这米饭还夹生). ¶体の~まで冷えてしまった shēnshang lěngde tòu xīn liáng(身上冷得透心凉). ¶あいつは~まで腐っている nà jiāhuo fǔxiǔ tòudǐng le(那家伙腐朽透顶了). ¶あの人といると~が疲れる gēn tā zài yìqǐ kě fèi jīngshen le(跟他在一起可费精神了). ¶ああ見えても~はなかなか強い bié kàn tā nàyàng, què hěn yǒu gǔqí(别看他那样, 却很有骨气).

しん【信】 xìn(信), xìnrèn(信任). ¶彼の話は~をおくに足りない tā de huà nányǐ zhìxìn(他的话难以置信). ¶国会を解散して国民に~を問う jiěsàn guóhuì wèn xìn yú mín(解散国会问信于民).

しん【真】 ¶彼こそ~の友だ tā cái shì zhēnzhèng de péngyou(他才是真正的朋友). ¶彼の演技は~に迫っている tā de yǎnjì bīzhēn(他的演技逼真). ¶ろうそくが消えであたりは~の闇となった làzhú yí miè zhōuwéi yípiàn qīhēi(蜡烛一灭周围一片漆黑).

しん-【新】 xīn(新). ¶~時代の要請にこたえる bù gūfù xīn shídài de yāoqiú(不辜负新时代的要求). ¶~記録が続出する xīn jìlù jiēlián búduàn(新记录接连不断). ¶じゃがが出回った xīn tǔdòur shàngshì le(新土豆ﾞ上市了). ¶~校舎 xīn xiàoshè(新校舍). ~制度 xīn zhìdù(新制度). ~卒 yīngjiè bìyèshēng(应届毕业生). ~茶 xīn chá(新茶). ~発明 xīn fāmíng(新发明).

しん-【親】 qīn(亲). ¶彼は~日家として知られている tā shì zuòwéi duì-Rì yǒuhǎo rénshì ér hěn yǒumíng(他是作为对日友好人士而很有名). ¶~中国政策 qīn Zhōngguó de zhèngcè(亲中国的政策).

じん【陣】 zhèn(阵), zhèndì(阵地). ¶~を築く gòuzhù zhèndì(构筑阵地). ¶背水の~を敷く bù bèishuǐzhèn(布背水阵)/ bèi shuǐ bǎi zhèn(背水摆阵). ¶A大学の教授~は一流だ A dàxué de jiàoshòu zhènróng shì dìyīliú de(A大学的教授阵容是第一流的). ¶第1~はすでに出発した dìyī pī yǐjing chūfā le(第一批已经出发了).

ジン jīnjiǔ(金酒), dùsōngzǐjiǔ(杜松子酒).

しんあい【親愛】 qīn'ài(亲爱). ¶~の情をこめて握手した chōngmǎn shēnqíng de wòle shǒu(充满深情地握了手). ¶~なる諸君 qīn'ài de tóngzhìmen(亲爱的同志们).

じんあい【塵埃】 chén'āi(尘埃), chéntǔ(尘土)/ chénběn(尘本).

しんあん【新案】 ¶彼の~になる機械 yóu tā

xīn shèjì de jīqì(由他新设计的机器). ¶～特許 fāmíng gǎiliáng zhuānlìquán(发明改良专利权).
- **しんい**【真意】 zhēnyì(真意). ¶相手の～をはかりかねる mōbuqīng duìfāng de zhēnyì hézài(摸不清对方的真意何在)/ cāibutòu duìfāng de xīn(猜不透对方的心). ¶彼の～を確かめる nòngqīngchu tā de zhēnyì(弄清他的真意).
- **じんい**【人為】 rénwéi(人为), réngōng(人工). ¶最近の相場は～的なものだ zuìjìn de hángqíng shì rénwéi de(最近的行情是人为的). ¶～淘汰 réngōng táotài(人工淘汰).
- **しんいり**【新入り】 xīnshǒu(新手). ¶～のくせに生意気だ yí ge xīnshǒu zěnme zhèyàng bù zhī tiāngāo-dìhòu(一个新手怎么这样不知天高地厚).
- **しんいん**【真因】 ¶彼の自殺の～は未だに不明だ tā zìshā de zhēnzhèng yuányīn réng bùmíng(他自杀的真正原因仍不明).
- **じんいん**【人員】 rényuán(人员). ¶必要な～を確保する quèbǎo bìyào rényuán(确保必要人员). ¶～を調べる diàochá rénshù(调查人数).
  ¶～整理 cáijiǎn rényuán(裁减人员)/ cáiyuán(裁员).
- **じんう**【腎盂】 shènyú(肾盂). ¶～炎 shènyúyán(肾盂炎).
- **しんえい**【新鋭】 ¶～の機械を導入する yǐnjìn xiānjìn de jīqì(引进先进的机器). ¶～が続々試合に登場した xīnxiù[hòuqǐ zhī xiù] xiāngjì chūchǎng bǐsài(新秀[后起之秀]相继出场比赛).
  ¶～部隊 shēnglìjūn(生力军).
- **じんえい**【陣営】 zhènyíng(阵营). ¶東西両～の首脳が会談する dōngxī liǎng zhènyíng de shǒunǎo jìnxíng huìtán(东西两阵营的首脑进行会谈).
  ¶革新～ géxīn zhènyíng(革新阵营).
- **しんえいたい**【親衛隊】 jìnwèiduì(近卫队), qīnbīng(亲兵), qīnjūn(亲军).
- **しんえん**【深遠】 shēnsuì(深邃), suìmì(邃密), shēn'ào(深奥). ¶～な哲理 shēnsuì de zhélǐ(深邃的哲理).
- **しんおう**【深奥】 shēn'ào(深奥). ¶芸の～に達する jìyì dēngfēng-zàojí(技艺登峰造极). ¶～な学理 shēn'ào de xuélǐ(深奥的学理).
- **しんおう**【震央】 zhènzhōng(震中).
- **しんおん**【心音】 xīnyīn(心音).
- **しんか**【真価】 ¶彼のその研究は死後にやっと～が認められた tā zhè xiàng yánjiū de zhēnzhèng jiàzhí zài tā sǐhòu cái bèi shèhuì suǒ gōngrèn(他这项研究的真正价值在他死后才被社会所公认). ¶いよいよ～を発揮する時がきた shīzhǎn zhēn běnshì de shíjí zhōngyú dàolái(施展真本事的时机终于到来).
- **しんか**【深化】 shēnhuà(深化). ¶認識の～ rènshi de shēnhuà(认识的深化). ¶対立が～する duìlì jiāshēn(对立加深).
- **しんか**【進化】 jìnhuà(进化), yǎnhuà(演化), yǎnjìn(演进). ¶生物は～する shēngwù shì jìnhuà de(生物是进化的). ¶～論 jìnhuàlùn(进化论).
- **じんか**【人家】 rénjiā(人家), rényān(人烟). ¶この島には～は1軒もない zhège dǎo méiyǒu yí hù rénjiā(这个岛没有一户人家). ¶～の密集した地域 rényān chóumì de dìfang(人烟稠密的地方).
- **シンガー** gēshǒu(歌手), gēchàngjiā(歌唱家).
  ¶～ソングライター zuòcí biānqǔ zìyǎn zìchàng de gēshǒu(作词编曲自演自唱的歌手).
- **しんかい**【深海】 shēnhǎi(深海). ¶～魚 shēnhǎiyú(深海鱼).
- **しんがい**【心外】 ¶こんな結果になるとは～だ zàochéng zhè zhǒng jiéguǒ zhēn shì ˇyìwài[yìxiǎng bu dào](造成这种结果真是ˇ意外[意想不到]). ¶君の態度は～だ nǐ de tàidu zhēn lìng rén gǎndào yíhàn(你的态度真令人感到遗憾).
- **しんがい**【侵害】 qīnhài(侵害), qīnfàn(侵犯). ¶それはプライバシーの～だ nà shì qīnfàn yǐnsī(那是侵犯隐私).
  ¶人権～ qīnfàn rénquán(侵犯人权)/ qīnquán(侵权).
- **しんがい**【震駭】 zhènshè(震慑). ¶人心を～させた大事件 zhènshè rénxīn de dà shìjiàn(震慑人心的大事件).
- **じんかい**【塵芥】 lājī(垃圾). ¶～処理場 lājī chǔlǐchǎng(垃圾处理场).
- **じんかいせんじゅつ**【人海戦術】 rénhǎi zhànshù(人海战术).
- **しんかいち**【新開地】 ¶この辺は～だからまだ商店も少ない zhè yídài shì xīnjìn kāipì de dìfang, hái méiyǒu duōshao shāngdiàn(这一带是新近开辟的地方,还没有多少商店).
- **しんがお**【新顔】 ¶今月の出席者の中では彼が～だ zhège yuè de chūxízhě lǐtou tā shì xīn lái de(这个月的出席者里头他是新来的).
- **しんがく**【神学】 shénxué(神学).
- **しんがく**【進学】 shēngxué(升学). ¶来年高校に～する míngnián ˇjìn[shàng] gāozhōng(明年ˇ进[上]高中). ¶～を断念した duànle shēngxué de niàntou(断了升学的念头).
- **じんかく**【人格】 réngé(人格). ¶～を尊重する zūnzhòng réngé(尊重人格). ¶～を無視する wúshì réngé(无视人格).
  ¶二重～ shuāngchóng réngé(双重人格).
- **しんがた**【新型】 xīnxíng(新型), xīnshì(新式). ¶～の自動車 xīnxíng de qìchē(新型的汽车).
- **シンガポール** Xīnjiāpō(新加坡), Shílè(石叻), Lèbù(叻埠), Lè(叻).
- **しんから**【心から】 ¶彼女は～子供好きだ tā dǎ ˇxīndǐ[xīnyǎnrli] xǐhuan xiǎoháizi(她打ˇ心底[心眼儿里]喜欢小孩子). ¶あの人には～愛想がつきた tā nàge rén wǒ kě zhēn yànfántòu le(他那个人我可真厌烦透了).
- **しんがり**【殿】 diànjūn(殿军). ¶A隊が～をつとめた A duì diànhòu(A队殿后). ¶～に控えているのが三男坊です zuòzài zuì hòubian de shì lǎosān(坐在最后边的是老三).
- **しんかん**【信管】 xìnguǎn(信管), yǐnxìn(引信).

しんかん【深閑】 ¶礼拝堂の中は～と静まりかえっていた lǐbàitáng lǐ wànlài-jùjì háo wú shēngxiǎng(礼拝堂里万籁俱寂毫无声响).

しんかん【新刊】 ¶～の小说 xīn chūbǎn de xiǎoshuō(新出版的小说). ¶～案内 xīnshū jièshào(新书介绍). ～書 xīnshū(新书).

しんかん【新館】 xīnlóu(新楼), xīnguǎn(新馆).

しんかん【震撼】 zhènhàn(震撼), hàndòng(撼动). ¶世界を～させた10日間 zhènhàn shìjiè de shí tiān(震撼世界的十天).

しんがん【心眼】 huìyǎn(慧眼). ¶～を開いて見る zhēngkāi huìyǎn kàn(睁开慧眼看).

しんがん【真贋】 zhēnjiǎ(真假), zhēnjiǎ(真假). ¶美術品の～を見分ける jiànbié měishùpǐn de zhēnjiǎ(鉴别美术品的真假).

しんかんせん【新幹線】 xīngànxiàn(新干线).

しんき【新奇】 xīnqí(新奇). ¶～を追う zhuīqiú xīnqí(追求新奇). ¶彼には～を好む傾向がある tā yǒu diǎnr hào xīnqí de qīngxiàng(他有点儿好新奇的倾向).

しんき【新規】 ¶～に商売を始める xīn kāizhāng zuò mǎimai(新开张做买卖). ¶今年の～採用は20名です jīnnián xīn lùyòng èrshí ge rén(今年录用二十个人). ¶私もこれから～まき直しで頑張ります cóngjīn yǐhòu wǒ yě chóngzhěng-qígǔ pīnmìng gàn(从今以后我也重整旗鼓拼命干).

しんぎ【信義】 xìnyì(信义). ¶彼は～を重んずる男だ tā shì zhòng xìnyì de rén(他是重信义的人). ¶～にもとる行為 bèixìn-qìyì de xíngwéi(背信弃义的行为).

しんぎ【真偽】 zhēnjiǎ(真假), zhēnwěi(真伪). ¶噂の～を確かめる nòngqīng chuánwén de zhēnjiǎ(弄清传闻的真假). ¶～のほどは分らない zhēnwěi bùmíng(真伪不明).

しんぎ【審議】 shěnyì(审议). ¶予算を～する shěnyì yùsuàn(审议预算). ¶法案は～未了で廃案になった shěnyì shǒuxù wèi wánchéng, fǎ'àn zuòfèi le(审议手续未完成,法案作废了). ¶～会 shěnyìhuì(审议会).

じんぎ【仁義】 rényì(仁义). ¶彼のやり方は～にもとる tā de zuòfǎ tài bú yìqì(他的做法太不义气).

しんきいってん【心機一転】 ¶～仕事に励む chóngxīn zhènzuò jīngshen zuò gōngzuò(重新振作精神做工作).

しんきくさ・い【辛気臭い】 ¶こんな～い仕事はもう嫌だ zhè zhǒng fán rén bú shùnxīn de gōngzuò zài yě bù xiǎng gàn le(这种烦人不顺心的工作再也不想干了).

しんきげん【新紀元】 xīnjìyuán(新纪元). ¶文学史上に～を画した xià wénxuéshǐ shang kāipìle xīnjìyuán(在文学史上开辟了新纪元).

しんきこうしん【心悸亢進】 xīndòng guò sù(心动过速).

しんきじく【新機軸】 ¶実験方法に～を打ち出す duì shíyàn fāngfǎ tíchū zhǎnxīn de fāng'àn(对实验方法提出崭新的方案).

ジンギスカンなべ【ジンギスカン鍋】 kǎoyángròu(烤羊肉).

しんきゅう【進級】 shēngjí(升级), shēngbān(升班). ¶3年に～する shēng sān niánjí(升三年级).

しんきゅう【新旧】 xīnjiù(新旧). ¶～勢力の交替 xīnjiù shìlì de jiāotì(新旧势力的交替). ¶～思想の対立 xīnjiù sīxiǎng de duìlì(新旧思想的对立).

しんきゅう【鍼灸】 zhēnjiǔ(针灸). ¶～医 zhēnjiǔ yīshēng(针灸医生). ～療法 zhēnjiǔ liáofǎ(针灸疗法).

しんきょ【新居】 xīnjū(新居). ¶～に移る qiānrù xīnjū(迁入新居).

しんきょう【心境】 xīnjìng(心境), xīnqíng(心情). ¶現在の～を語る shùshuō xiànzài de xīnjìng(述说现在的心境). ¶彼はそれを聞いて複雑な～だった tā tīngle zhè shì, xīnjìng hěn fùzá(他听了这事,心情很复杂).

しんきょう【信教】 xìnjiào(信教). ¶～の自由を保障する bǎozhàng xìnjiào zìyóu(保障信教自由).

しんきょう【進境】 ¶最近彼女のピアノは～が著しい jìnlái tā de gāngqín yǒule xiǎnzhù de jìnbù(近来她的钢琴有了显著的进步).

しんきょう【新教】 xīnjiào(新教). ¶～徒 xīnjiàotú(新教徒).

しんきろう【蜃気楼】 hǎi shì shèn lóu(海市蜃楼), shènjǐng(蜃景).

しんきん【心筋】 xīnjī(心肌). ¶～梗塞 xīnjī gěngsè(心肌梗塞).

しんぎん【呻吟】 shēnyín(呻吟). ¶病床に～する shēnyín zài bìngchuáng shang(呻吟在病床上). ¶人民は圧政に～している rénmín yú kēzhèngxià shēnyín(人民于苛政下呻吟).

しんきんかん【親近感】 ¶彼に～を抱いている duì tā huáiyǒu qīnqiè zhī gǎn(对他怀有亲切之感).

しんく【真紅】 shēnhóng(深红), shēnfēi(深绯), dàhóng(大红), xīnghóng(猩红), fēihóng(绯红), xiānhóng(鲜红), xuèhóng(血红), tōnghóng(通红). ¶～のばら xiānhóng de méiguīhuā(鲜红的玫瑰花).

しんぐ【寝具】 qǐnjù(寝具), wòjù(卧具), bèirù(被褥).

しんくう【真空】 zhēnkōng(真空). ¶容器の中を～にする shǐ róngqì zhōng chéngwéi zhēnkōng(使容器中成为真空). ¶軍隊が撤退して首都の防備は～状態となった jūnduì chètuì hòu shǒudū de fángwèi chéngle zhēnkōng zhuàngtài(军队撤退后首都的防卫成了真空状态).

¶～管 zhēnkōngguǎn(真空管)/ diànzǐguǎn(电子管). ～包装 zhēnkōng bāozhuāng(真空包装). ～放電 zhēnkōng fàngdiàn(真空放电). ～ポンプ zhēnkōngbèng(真空泵)/ chōuqìjī(抽气机).

ジンクス ¶Aチームには雨が降ると負けるという～がある A duì yǒu "yī xiàyǔ jiù shū" de zhēngzhào zhī shuō(A队有"一下雨就输"的

征兆之说).
シンクタンク zhìnángtuán(智囊团). ¶政府の～ zhèngfǔ de zhìnángtuán(政府的智囊团).
シングル dān(单). ¶～の上着 dānpáikòu shàngyī(单排扣儿上衣).
¶一幅 dānfú(单幅). ～ベッド dānrénchuáng(单人床).
シングルス dāndǎ(单打). ¶男子[女子]～ nánzǐ[nǚzǐ] dāndǎ(男子[女子]单打).
シンクロナイズドスイミング huāyàng yóuyǒng(花样游泳), shuǐshàng bālěi(水上芭蕾).
しんぐん【進軍】 jìnjūn(进军). ¶～らっぱ jìnjūnhào(进军号).
しんけい【神経】 shénjīng(神经). ¶虫歯が痛むので～を抜いた chónggyá téngtòng qùdiàole shénjīng(虫牙疼痛去掉了神经). ¶～が麻痺して手足が動かない shénjīng mábì, shǒujiǎo búnéng dòngtan(神经麻痹, 手脚不能动弹). ¶彼は～が太い tā duì xiǎoshì bú zàiyì(他对小事不在意). ¶彼女は～が鈍い tā gǎnjué chídùn(她感觉迟钝). ¶彼女は細かいところまで～が行き届く tā shì shì dōu xiǎngde hěn zhōudào(她事事都想得很周到). ¶彼は今～が高ぶっている tā xiànzài hěn xīngfèn(他现在很兴奋). ¶彼の病気は～のせいだ tā de bìng shì yóu xīnlǐ zuòyòng yǐnqǐ de(他的病是由心理作用引起的). ¶そのことが彼女の～に障ったらしい kànlai nà shì chùnùle tā(看来那事触怒了她). ¶～を使う細かい仕事 fèishén de xìhuór(费神的细活儿). ¶外部の者に～をとがらせる duì wàibùrén jǐngtì de shénjīng bēngde jǐnjǐn de(对外部人警惕的神经绷得紧紧的). ¶人間関係に～をすりへらす zài rén yǔ rén de guānxi shang hěn fèi jīnglì(在人与人的关系上很费精力). ¶正常な～の人間にはとてもできない事だ shénzhì zhèngcháng de rén kě bú huì gànchū nà zhǒng shì(神志正常的人可不会干出那种事). ¶この子は～質だ zhè háizi tài shénjīngzhì le(这孩子太神经质了).

¶～過敏 shénjīng guòmǐn(神经过敏). ～系 shénjīng xìtǒng(神经系统). ～細胞 shénjīng xìbāo(神经细胞). ～症 shénjīngbìng(神经病). ～衰弱 shénjīng shuāiruò(神经衰弱). ～戦 shénjīngzhàn(神经战). ～繊維 shénjīng xiānwéi(神经纤维). ～中枢 shénjīng zhōngshū(神经中枢). ～痛 shénjīngtòng(神经痛). ～麻痺 shénjīng mábì(神经麻痹).
しんげき【進撃】 tǐngjìn(挺进). ¶我が軍は破竹の勢いで～した wǒjūn shì rú pò zhú xiàng qián tǐngjìn(我军势如破竹向前挺进).
しんげき【新劇】 xīnjù(新剧), huàjù(话剧).
しんけつ【心血】 xīnxuè(心血). ¶～を注いで作りあげた作品 qīngzhù xīnxuè suǒ zuò de zuòpǐn(倾注心血所作的作品).
しんげつ【新月】 xīnyuè(新月), chūyuè(初月), shuòyuè(朔月).
しんけん【真剣】 1[刀] ¶～で勝負をする yǐ báirèn xiāngjiāo jué shèngfù(以白刃相交决胜负).

2[本気] rènzhēn(认真), yánsù(严肃). ¶～な表情 yánsù rènzhēn de biǎoqíng(严肃认真的表情). ¶もそろそろ就職について～に考えてもいいはずだ yě gāi rènzhēn kǎolǜ jiùyè de shì le(也该认真考虑就业的事了). ¶君は～みが足りない nǐ hái bùgòu rènzhēn(你还不够认真).
しんけん【親権】 qīnquán(亲权). ¶～を行う xíngshǐ qīnquán(行使亲权).
¶～者 qīnquánzhě(亲权者).
しんげん【進言】 jìnyán(进言). ¶上司に～する xiàng shàngsi jìn yì yán(向上司进一言).
しんげん【箴言】 zhēnyán(箴言).
しんげん【震源】 zhènyuán(震源).
じんけん【人絹】 rénzàosī(人造丝).
じんけん【人権】 rénquán(人权). ¶～を尊重する zūnzhòng rénquán(尊重人权). ¶～を擁護する yōnghù rénquán(拥护人权). ¶～を蹂躙する róulìn rénquán(蹂躏人权).
¶基本的～ jīběn rénquán(基本人权).
じんけんひ【人件費】 rénshìfèi(人事费).
しんご【新語】 xīncí(新词), xīn míngcí(新名词).
じんご【人後】 rénhòu(人后). ¶彼は誠実さにかけては～に落ちない lùn chéngshí tā bú luòyú rénhòu(论诚实他不落于人后).
しんこう【信仰】 xìnyǎng(信仰), chóngfèng(崇奉), chóngyǎng(崇仰). ¶キリスト教を～する xìnyǎng Jīdūjiào(信仰基督教). ¶彼は～心が厚い tā xìnyǎng qiánchéng(他信仰虔诚).
しんこう【振興】 zhènxīng(振兴). ¶工業を～する zhènxīng gōngyè(振兴工业).
しんこう【深更】 shēnggēng(深更). ¶会議は～に及んだ huìyì jìxù dào shēngēng-bànyè(会议继续到深更半夜).
しんこう【進行】 jìnxíng(进行). ¶工事は着々と～している gōngchéng zài shùnlì de jìnxíngzhe(工程在顺利地进行着). ¶仕事の～が遅れている gōngzuò de jìnzhǎn chíwǔ le(工作的进展迟误了). ¶議事～の声がかかった yǒu rén tíyì wǎng xià tǎolùn(有人提议往下讨论). ¶薬で病気の～を食い止める yòng yào zǔzhǐ bìngqíng èhuà(用药阻止病情恶化). ¶～中の列車から飛び降りた cóng xíngshǐ zhōng de lièchē shang tiàole xiàlái(从行驶中的列车上跳了下来). ¶～方向に向かって右側 xíngshǐ fāngxiàng de yòubian(行驶方向的右边).
¶～係 sīyí(司仪) / bàomùyuán(报幕员).
しんこう【新興】 xīnxīng(新兴). ¶～階級 xīnxīng jiējí(新兴阶级). ～国 xīnxīng guójiā(新兴国家). ～宗教 xīnxīng zōngjiào(新兴宗教). ～勢力 xīnxīng shìlì(新兴势力).
しんこう【親交】 ¶～を結ぶ jiéchéng mònì zhī jiāo(结成莫逆之交). ¶A氏とは長年にわたって～がある gēn A xiānsheng jiéjiāo duōnián(跟A先生结交多年).
しんごう【信号】 xìnhào(信号). ¶～を送る dǎ[fā/fāsòng] xìnhào(打[发/发送]信号).
¶難破船の遭難～を受信した jiēshōudào shīshì chuán fāchū de yùnàn xìnhào(接收到失

事船发出的遇难信号). ¶~が青に変ってから渡りなさい kāi lǜdēng zài guò mǎlù (开绿灯再过马路). ¶交差点で~無視による事故が起きた zài shízì lùkǒu fāshēngle yóuyú chuǎnghóngdēng yǐnqǐ de chēhuò (在十字路口发生了由于闯红灯引起的车祸). ¶こういった现象は危険~だ zhè zhǒng xiànxiàng kě shì wēixiǎn de zhēngzhào (这种现象可是危险的征兆).

¶~機 xìnhàojī(信号机)/~手 xìnhào shǒu [yuán](信号手[员]). ~弾 xìnhàodàn (信号弹). ~灯 xìnhàodēng(信号灯)/hónglǜdēng(红绿灯). 注意~ zhùyì xìnhào (注意信号). 停止~ tíngzhǐ xìnhào (停止信号). 手旗~ qíyǔ (旗语).

じんこう【人口】 1 [人の数] rénkǒu (人口). ¶~が増える rénkǒu zēngjiā (人口增加). ~100万の都市 rénkǒu yìbǎi wàn de chéngshì (人口一百万的城市). ~密度が高い rénkǒu mìdù gāo (人口密度高).

¶~問題 rénkǒu wèntí (人口问题).

2 [噂] ¶~に膾炙(kuàizhì)する kuàizhì rénkǒu (脍炙人口).

じんこう【人工】 réngōng(人工), rénzào(人造). ¶~の美は自然の美に及ばない rénzào měi bùjí zìrán měi (人造之美不及自然之美).

¶~衛星 rénzào wèixīng(人造卫星). ~栄養 réngōng yíngyǎng(人工营养). ~降雨 réngōng jiàngyǔ(人工降雨). ~呼吸 réngōng hūxī(人工呼吸). ~授精 réngōng shòujīng(人工授精).

しんきゅう【深呼吸】 shēnhūxī(深呼吸). ¶~をする zuò shēnhūxī (作深呼吸).

しんこく【申告】 shēnbào(申报), chéngbào(呈报). ¶所得税の~をする shēnbào suǒdéshuì (申报所得税).

しんこく【深刻】 yánzhòng(严重). ¶都市の住民にとって住宅問題は~だ duì chéngshì jūmín lái shuō zhùfáng shì yánzhòng de wèntí (对城市居民来说房荒是个严重的问题). ¶そんな~な顔をするな bié nàme chóuméi-kǔliǎn de (别那么愁眉苦脸的). ¶不況が~化している jīngjì xiāotiáo rìqū yánzhòng (经济萧条日趋严重).

じんこつ【人骨】 réngǔ(人骨).

しんこっちょう【真骨頂】 zhēn běnlǐng(真本领), zhēn běnshì(真本事). ¶この茶碗には彼の陶工としての~が発揮されている zhè cháwǎn xiǎnshìchūle tā zuòwéi táojiàng de zhēn běnshi (这茶碗显示出了他作为陶匠的真本事).

しんこん【新婚】 xīnhūn(新婚). ¶~の夫婦 xīnhūn fūfù (新婚夫妇). ¶彼等はまだ~ほやほやだ tāmen liǎ gāng jiéhūn bùjiǔ (他们俩刚结婚不久).

¶~旅行 mìyuè lǚxíng (蜜月旅行).

しんさ【審査】 shěnchá(审查), shěnchá(审察). ¶応募作品を~する shěnchá yìngzhēng de zuòpǐn (审查应征的作品). ¶~に合格する tōngguòle shěnchá (通过了审查).

¶~員 shěnchárén (审查员).

しんさい【震災】 ¶~で家を失った yóuyú dìzhèn shīqùle fángzi (由于地震失去了房子).

¶関東大~ Guāndōng dàzhènzāi (关东大震灾).

じんさい【人災】 rénhuò(人祸). ¶今度の災害は天災ではなく~だ zhè cì zāihài bú shì tiānzāi, ér shì rénhuò (这次灾害不是天灾, 而是人祸).

じんざい【人材】 réncái(人才·人材). ¶彼の門下からは~が輩出した tā de ménxià réncái bèichū (他的门下人才辈出). ¶広く~を求める guǎng qiú réncái (广求人才).

しんさく【新作】 xīnzuò(新作), xīn zuòpǐn (新作品). ¶~を発表する fābiǎo xīn zuòpǐn (发表新作品).

しんさつ【診察】 zhěnchá(诊察), zhěnshì (诊视), zhěnbìng(诊病). ¶患者を~する zhěnchá bìngrén (诊察病人). ¶病院に行って~を受ける dào yīyuàn qù kànbìng (到医院去看病).

¶~室 zhěnshì(诊室)/ zhěnliáoshì(诊疗室). ~料 zhěnfèi (诊费).

しんさん【辛酸】 xīnsuān(辛酸), suānxīn(酸辛). ¶長年~をなめてきた bǎochángle duōnián de xīnsuān (饱尝了多年的辛酸).

しんざん【深山】 shēnshān(深山). ¶~幽谷 shēnshān yōugǔ (深山幽谷).

しんざん【新参】 ¶~の部員 xīn cānjiā de duìyuán (新参加的队员). ¶新参のくせに弓自慢だ yí ge xīnshǒu jìng rúcǐ àomàn (一个新手竟如此傲慢). ¶~者です, どうぞよろしく wǒ shì xīnshǒu, qǐng duō bāngzhù (我是新手, 请多帮助).

しんし【真摯】 zhēnzhì(真挚), chéngzhì(诚挚). ¶彼の~な態度に心を打たれた wǒ bèi tā de chéngzhì de tàidu suǒ gǎndòng (为他的诚挚的态度所感动). ¶~な愛 zhēnzhì de ài(真挚的爱)/ zhì'ài(挚爱).

しんし【紳士】 shēnshì(绅士), jūnzǐ(君子). ¶彼はなかなかの~だ tā kě shì ge zhèngrén-jūnzǐ[zhèngpài rénwù] (他可是个正人君子[正派人物]). ¶君のとった行動は~のやり方に背く nǐ de xíngjìng kě wéibèi jūnzǐ zhī dào (你的行径可违背君子之道).

¶~協定 shēnshì xiédìng(绅士协定)/ jūnzǐ xiédìng (君子协定). ~服 nánzhuāng(男装). ~用トイレ náncèsuǒ(男厕所)/ náncè (男厕).

じんし【人士】 rénshì(人士). ¶友好~ yǒuhǎo rénshì (友好人士).

じんじ【人事】 rénshì(人事). ¶~を尽くして天命を待つ jìn rénshì tīng tiānmìng (尽人事听天命). ¶~異動 rénshì diàodòng(人事调动). ~課 rénshìkè (人事科).

しんしき【神式】 ¶~で結婚式をあげる àn Shéndào yíshì jǔxíng hūnlǐ (按神道仪式举行婚礼).

しんしき【新式】 xīnshì(新式), xīnxíng(新型). ¶~の農機具 xīnshì nóngyè jīqì (新式农业机器).

シンジケート xīndíjiā(辛迪加).

しんしつ【心室】 xīnshì(心室).

しんしつ【寝室】 qǐnshì(寝室), wòshì(卧室), wòfáng(卧房).

しんじつ【真実】 zhēnshí(真实). ¶彼の証言の~性は疑わしい tā de zhèngyán de zhēnshíxìng zhíde huáiyí(他的证言的真实性值得怀疑). ¶~味の乏しい話 bùkě zhìxìn de huà(不可置信的话). ¶こんな生活は~嫌になった zhè zhǒng shēnghuó wǒ shízài bù xiǎng guò le(这种生活我实在不想过了).

じんじふせい【人事不省】 bù xǐng rénshì(不省人事). ¶彼は~におちいった tā bù xǐng rénshì le(他不省人事了).

しんじゃ【信者】 xìntú(信徒), jiàotú(教徒). ¶仏教の~ Fójiào xìntú(佛教信徒).

じんじゃ【神社】 shénshè(神社). ¶~に参詣する cānbài shénshè(参拜神社).

しんしゃく【斟酌】 zhēnzhuó(斟酌), zhuóliáng(酌量), zhuóqíng(酌情). ¶未成年ということを~して寛大に処置する yīn wèi chéngnián, zhuóqíng cóngkuān chǔlǐ(因未成年,酌情从宽处理). ¶双方の言い分を~して判断する zhēnzhuó shuāngfāng yìjiàn lái pànduàn(斟酌双方意见来判断).

しんしゅ【進取】 jìnqǔ(进取). ¶彼は~の気性に富む tā fùyǒu jìnqǔxīn(他富有进取心).

しんしゅ【新種】 xīn pǐnzhǒng(新品种). ¶稲の~を作り出す dàozi de xīn pǐnzhǒng(稻子的新品种). ¶掛け合せて~を作り出した jīngguò zájiāo péiyùle xīn pǐnzhǒng(经过杂交培育了新品种).

しんじゅ【真珠】 zhēnzhū(珍珠・真珠), zhūzi(珠子). ¶~の首飾り zhēnzhū xiàngliàn(珍珠项链).
~貝 zhēnzhūbèi(珍珠贝). 天然~ tiānrán zhēnzhū(天然珍珠). 養殖~ réngōng yǎngzhí zhēnzhū(人工养殖珍珠).

じんしゅ【人種】 rénzhǒng(人种), zhǒngzú(种族). ¶世界の~はふつう白色~、黄色~、黒色~に大別される shìjiè shang de rénzhǒng dàzhì fēnwéi báizhǒngrén,huángzhǒngrén,hēizhǒngrén(世界上的人种大致分为白种人、黄种人、黑种人).
¶~差別 zhǒngzú qíshì(种族歧视). ~的偏見 rénzhǒng piānjiàn(人种偏见).

しんじゅう【心中】 ¶2人は結婚に反対されて~した liǎngrén jiéhūn zāo fǎnduì ér xùnqíng(两人结婚遭反对而殉情).
¶一家~ quánjiā zìshā(全家自杀). 親子~ shā zǐ zìjǐn(杀子自尽).

しんしゅく【伸縮】 shēnsuō(伸缩). ¶~自在の梯子 shēnsuō zìrú de tīzi(伸缩自如的梯子). ¶この布地は~性がない zhè zhǒng liàozi méiyǒu shēnsuōxìng(这种料子没有伸缩性).

しんしゅつ【進出】 ¶その企業は海外に~を計画している gāi qǐyè zhèng jìhuà xiàng hǎiwài fāzhǎn(该企业正计划向海外发展). ¶決勝戦に~する dǎdào juésài(打到决赛).

しんしゅつ【滲出】 shènchū(渗出). ¶~液 shènchūyè(渗出液). ~性体質 shènchūxìng tǐzhì(渗出性体质).

しんしゅつきぼつ【神出鬼没】 shénchū-guǐmò(神出鬼没).

しんしゅん【新春】 xīnchūn(新春). ¶~の御祝詞を申し上げます jǐn hè xīnchūn(谨贺新春).

しんしん【信書】 shūxìn(书信), xìnhán(信函). ¶それは~の秘密を侵すものだ nà shì qīnfàn tōngxìn mìmì(那是侵犯通信秘密).

しんしん【親書】 qīnbǐxìn(亲笔信), shǒuzhá(手札). ¶首相の~を携行する xiédài shǒuxiàng de qīnbǐxìn(携带首相的亲笔信).

しんしょう【心証】 ¶私は彼の~を害したらしい kànlai wǒ gěile tā bù hǎo de yìnxiàng(看来我给了他不好的印象).

しんしょう【心象】 yìxiàng(意象), xīnyǐng(心影). ¶~風景 yìxiàng fēngjǐng(意象风景).

しんしょう【身上】 jiāchǎn(家产), jiāyè(家业). ¶彼は賭事に凝って~をつぶした tā míyú dǔbó ér qīngjiā-dàngchǎn le(他迷于赌博而倾家荡产了).

しんしょう【辛勝】 xiǎnshèng(险胜). ¶1点差で~した yī fēn zhī chā ér xiǎnshèng le(以一分之差而险胜了).

しんじょう【心情】 xīnqíng(心情). ¶彼の~は察するに余りある wǒ shífēn lǐjiě tā de xīnqíng(我十分理解他的心情). ¶彼の行為は~的には理解できる tā de xíngwéi zài gǎnqíngshang wǒ shì kěyǐ lǐjiě de(他的行为在感情上我是可以理解的).

しんじょう【身上】 **1**〔身の上〕~調査をする jìnxíng chūshēn lìshǐ diàochá(进行出身历史调查).
2〔とりえ〕¶勤勉が彼の~だ tā hǎo jiù hǎozài qínmiǎn(他好就好在勤勉).

しんじょう【信条】 xìntiáo(信条). ¶私は誠実を~としている wǒ yǐ chéngshí wéi xìntiáo(我以诚实为信条).
¶生活~ shēnghuó xìntiáo(生活信条).

しんじょう【真情】 ¶~を吐露する tǔlù zhēnqíng(吐露真情).

じんじょう【尋常】 xúncháng(寻常), tōngcháng(通常). ¶この紛争は~の手段では解決しない zhège fēnzhēng yòng tōngcháng de bànfǎ shì jiějué bu liǎo de(这个纷争用通常的办法是解决不了的). ¶彼は~一様の人物ではない tā kě bú shì yí ge xúncháng de rén(他可不是一个寻常的人).

しんしょうひつばつ【信賞必罰】 xìn shǎng bì fá(信赏必罚).

しんしょうぼうだい【針小棒大】 ¶彼はとかく事を~に言う tā hào kuādà qí cí(他好夸大其词).

しんしょく【侵食】 qīnshí(侵蚀). ¶外国商品に国内市場を~される guónèi shìchǎng bèi wàiguó shāngpǐn suǒ qīnshí(国内市场被外国商品所侵蚀).

しんしょく【浸食】 qīnshí(侵蚀). ¶波が海岸を~する bōlàng qīnshí hǎi'àn(波浪侵蚀海岸). ¶~作用 qīnshí zuòyòng(侵蚀作用). ~谷 qīnshí xiágǔ(侵蚀峡谷).

しんしょく【寝食】 qǐnshí(寝食). ¶~を忘れ

て研究に励む fèiqǐn-wàngshí máitóu zuānyán (废寝忘食埋头钻研). ¶1か月間彼と〜を共にした gēn tā zài yìqǐ shēnghuóle yí ge yuè (跟他在一起生活了一个月).

しん・じる【信じる】 →しんずる.

しんしん【心身】 shēnxīn (身心). ¶〜を鍛える duànliàn shēnxīn (锻炼身心). ¶〜共に疲れ果てた shēnxīn píbèi bùkān (身心疲惫不堪). ¶〜症 xīnshēn jíbìng (心身疾病).

しんしん【心神】 xīnshén (心神). ¶その時彼女は〜喪失の状態にあった tā nà shí xiànyú xīnshén sàngshī de zhuàngtài (她那时陷于心神丧失的状态).

しんしん【津津】 jīnjīn (津津). ¶興味〜 jīnjīn yǒuwèi (津津有味).

しんしん【深深】 ¶夜は〜と更けていく yè yuèláiyuè shēn (夜越来越深). ¶夜になると〜と冷えこんできた yí dào wǎnshang lěngde tòugǔ (一到晚上冷得透骨).

しんしん【新進】 ¶彼は〜作家として売り出した tā zuòwéi chū lù tóujiǎo de zuòjiā yángmíng yú shì le (他作为初露头角的作家扬名于世了). ¶〜気鋭の評論家 xīnshēng yǒuwéi[chū lù fēngmáng] de pínglùnjiā (新生有为[初露锋芒]的评论家).

しんじん【信心】 ¶観音様を〜する xìnyǎng Guānyīn púsà (信仰观音菩萨). ¶彼女は〜深い tā hěn qiánchéng (她很虔诚).

しんじん【深甚】 ¶慎んで〜なる謝意を表します jǐn biǎo shēnhòu de xièyì (谨表深厚的谢意)/shēn zhì xièyì (深致谢意).

しんじん【新人】 xīnrén (新人), xīnshǒu (新手). ¶〜歌手 xīn gēshǒu (新歌手).

じんしん【人心】 rénxīn (人心). ¶現政府から〜が離反した rénxīn bèilí le xiàn zhèngfǔ (人心背离了现政府). ¶〜を惑わす gǔhuò rénxīn (蛊惑人心).

じんしん【人身】 rénshēn (人身). ¶〜攻撃 rénshēn gōngjī (人身攻击). 〜事故 rénshēn shìgù (人身事故). 〜売買 fànmài rénkǒu (贩卖人口).

しんすい【心酔】 xīnzuì (心醉); zuìxīn (醉心). ¶彼はA氏に〜している tā jìngmù A xiānsheng (他敬慕A先生). ¶杜甫の詩に〜する zuìxīn yú Dù Fǔ de shī (醉心于杜甫的诗).

しんすい【浸水】 ¶この辺は土地が低いので雨になるとすぐ〜する zhè yídài dìshì dīwā, yí xiàyǔ fángwū jiù pào shuǐ (这一带地势低洼,一下雨房屋就泡水). ¶〜家屋は500戸を越えた zāo shuǐjìn de fángwū chāoguò wǔbǎi hù (遭水浸的房屋超过五百户). ¶船は暗礁に衝突して〜し10分後に沈没した chuán chù ànjiāo, jìn shuǐ shí fēnzhōng hòu jiù chénxiàqu le (船触暗礁,进水十分钟后就沉沒下去了).

しんすい【進水】 ¶〜式 xiàshuǐ diǎnlǐ (下水典礼). 〜台 xiàshuǐ huádào (下水滑道).

しんずい【真髄】 zhēnsuǐ (真髓). ¶日本美術の〜 Rìběn měishù de jīnghuá (日本美术的精华).

しん・ずる【信ずる】 1 xìn (信), xiāngxìn (相信). ¶私は彼の無実を固く〜じている wǒ jiānxìn[quèxìn] tā wúzuì (我坚信[确信]他无罪). ¶彼がそんなことをするなんてどうしても〜ぜられない tā huì gànchū zhè zhǒng shì lai jiǎnzhí bùnéng xiāngxìn (他会干出那种事来简直不能相信). ¶〜じていた友人に裏切られた bèi xìnlài de péngyou suǒ bèipàn (被信赖的朋友所背叛). ¶彼の言葉など〜ずるに足らない tā shuō de `xìn[xiāngxìn] bude (他说的`信[相信]不得)/tā de huà `kàobuzhù [bù kěkào/bùkě zhìxìn] (他的话`靠不住[不可靠/不可置信]). ¶この報道は〜ずべき筋から出ている zhège xiāoxi shì láizì kěkào de fāngmiàn (这个消息是来自可靠的方面). ¶〜ずる〜じないは君の自由だ xìn bu xìn yóu nǐ (信不信由你). 2〔信仰する〕 xìn (信), xīnyǎng (信仰), xìnfèng (信奉). ¶彼等は仏教を〜じている tāmen xìnfèng Fójiào (他们信奉佛教). ¶神も仏も〜ぜられなくなった shén yě hǎo, fó yě hǎo, dōu bùnéng xiāngxìn le (神也好,佛也好,都不能相信了).

しんせい【申請】 shēnqǐng (申请). ¶裁判所に証人喚問を〜する xiàng fǎyuàn shēnqǐng chuánhuàn zhèngren (向法院申请传唤证人). ¶旅券の交付を〜した shēnqǐng hùzhào (申请护照).
¶〜書 shēnqǐngshū (申请书).

しんせい【神聖】 shénshèng (神圣).

しんせい【真性】 zhēnxìng (真性). ¶〜天然痘 zhēnxìng tiānhuā (真性天花).

しんせい【新生】 xīnshēng (新生). ¶〜児 xīnshēng'ér (新生儿).

じんせい【人生】 rénshēng (人生). ¶長い〜に色々なことがある zài màncháng de rénshēng zhōng, yǒu xíngxíng-sèsè de shìqing (在漫长的人生中,有形形色色的事情). ¶彼は豊かな〜経験を持っている tā yǒu fēngfù de rénshēng jīngyàn (他有丰富的人生经验).
¶〜観 rénshēngguān (人生观).

しんせいがん【深成岩】 shēnchéngyán (深成岩).

しんせいだい【新生代】 xīnshēngdài (新生代).

しんせいめん【新生面】 ¶医学に〜を開く zài yīxuéshang kāichuàngle xīn lǐngyù (在医学上开创了新领域).

しんせかい【新世界】 Xīn Dàlù (新大陆); xīntiāndì (新天地).

しんせき【親戚】 qīnqi (亲戚). ¶彼女は私の母方の〜だ tā shì wǒ mǔqin fāngmiàn de qīnqi (她是我母亲方面的亲戚). ¶あの人とは〜同様のつきあいをしている wǒ gēn tā xiàng shì qīnqi yíyàng qīnmì láiwang (我跟他像是亲戚一样亲密来往).

じんせき【人跡】 rénjì (人迹). ¶〜未踏の地 rénjì wèi tà zhī dì (人迹未踏之地).

シンセサイザー diànzǐ yuèqì (电子乐器).

しんせつ【新設】 ¶〜の工場 xīn bàn de gōngchǎng (新办的工厂). ¶人口急増にともなって小学校が〜された suízhe rénkǒu jùzēng, xīn

kaishèle yì suǒ xiǎoxuéxiào（随着人口剧增，新开设了一所小学校）.

しんせつ【新雪】 ¶～を踏んで出掛けた tàzhe xīn xià de xuě chūqu le（踏着新下的雪出去了）.

しんせつ【新説】 ¶～を立てる chuànglì xīn xuéshuō（创立新学说）.

しんせつ【親切】 rèqíng（热情），qīnqiè（亲切），hǎoxīn（好心），hǎoyì（好意），shànyì（善意），shànxīn（善心）. ¶～な人 dàirén rèqíng de rén（待人热情的人）. ¶彼は女性に～だ tā duì fùnǚ hěn rèqíng（他对妇女很热情）. ¶おまわりさんが～に道を教えてくれた jǐngchá qīnqiè de gàosu wǒ zěnme zǒu（警察亲切地告诉我怎么走）. ¶人の～を無にするな bié gūfù rénjia de hǎoxīn-hǎoyì（别辜负人家的好心好意）. ¶人の～につけこむ lìyòng rén de shànxīn hǎoyì（利用人的善心好意）. ¶～ごかしに世话を烧く xūqíng-jiǎyì guānxīn rén（虚情假意关心人）. ¶御～ありがとう xièxie nín de hǎoyì（谢谢您的好意）.

しんせん【新鮮】 xīnxiān（新鲜）. ¶～な魚 xīnxiān de yú（新鲜的鱼）/ xiānyú（鲜鱼）. ¶～な空気を胸一杯吸う xījīn mǎnqiāng xīnxiān kōngqì（吸进满腔新鲜空气）. ¶彼は音楽について～な感覚を持っている tā zài yīnyuè fāngmiàn jùyǒu dútè de línggǎn（他在音乐方面具有独特的灵感）. ¶この作品は～味に乏しい zhège zuòpǐn quēfá xīnyì（这个作品缺乏新意）.

しんぜん【親善】 qīnshàn（亲善）. ¶日中両国の～を促進する cùjìn Rì-Zhōng liǎngguó de "qīnshàn［mùlín yǒuhǎo］" guānxi（促进日中两国的"亲善[睦邻友好]"关系）. ¶国際～のために尽す wèi zēngjìn guójì jiān de yǒuhǎo ér nǔlì（为增进国际间的友好而努力）. ¶～使節を派遣する pàiqiǎn yǒuhǎo shǐjié（派遣友好使节）.
¶～試合 yǒuyìsài（友谊赛）.

じんせん【人選】 rénxuǎn（人选）. ¶後任者を～する juédìng hòurèn de rénxuǎn（决定后任的人选）. ¶～が難航している zài rénxuǎnshang pèngdào kùnnan（在人选上碰到困难）. ¶彼女は惜しくも代表団の～に漏れた zài dàibiǎotuán de rénxuǎn li hěn kěxī méiyǒu tā de míngzi（在代表团的人选里很可惜没有她的名字）.

しんそう【真相】 zhēnxiàng（真相）. ¶事件の～が明らかになった shìjiàn de zhēnxiàng dàbái（事件的真相大白）. ¶～を究明する chámíng zhēnxiàng（查明真相）/ nòng ge shuǐluò-shíchū（弄个水落石出）.

しんそう【深層】 shēncéng（深层）. ¶～心理 xiàyìshí（下意识）.

しんそう【新装】 ¶～を凝らした劇場 zhuāngshì yìxīn de jùchǎng（装饰一新的剧场）.

しんぞう【心臓】 xīnzàng（心脏）. ¶～が激しく鼓動する xīnzàng jīliè tiàodòng（心脏激烈跳动）. ¶～が止まるほど驚いた xiàde xīnzàng jīhū yào tíngzhǐ tiàodòng le（吓得心脏几乎要停止跳动了）/ jiǎnzhí yào xiàsǐ rén le（简直要吓死人了）. ¶機械の～部 jīqì de zhōngshū（机器的中枢）. ¶彼女は相当の～だ tā dǎnzi xiāngdāng dà（她胆子相当大）/ tā liǎnpí xiāngdāng hòu（她脸皮相当厚）. ¶私は～が弱く人前でものが言えない wǒ dǎnr xiǎo, dāng rén miànqián shuō bu chū huà lai（我胆儿小,当人面前说不出话来）. ¶～病 xīnzàngbìng（心脏病）. ～弁膜症 xīnzàng bànmózhèng（心脏瓣膜症）. ～麻痺 xīnzàng mábì（心脏麻痹）.

しんぞう【新造】 ¶～船 xīn zào de chuán（新造的船）/ xīn chuán（新船）.

じんぞう【人造】 rénzào（人造）. ¶～絹糸 rénzàosī（人造丝）. ～湖 rénzàohú（人造湖）. ～人間 jiǎrén（机器人）.

じんぞう【腎臓】 shènzàng（肾脏），shèn（肾），yāozi（腰子）. ¶～炎 shènyán（肾炎）. ～結石 shèn jiéshí（肾结石）.

しんぞく【親族】 qīnzú（亲族），jiāzú（家族），qīnshǔ（亲属）. ¶父の命日に～が集まった zài fùqin de jìchén qīnshǔmen jùzài yìqǐ le（在父亲的忌辰亲属们聚在一起了）. ¶彼の死後～会議が開かれた tā sǐ hòu, kāile jiāzú huìyì（他死后,开了家族会议）.

じんそく【迅速】 xùnsù（迅速）. ¶～な処置で衝突事故を防止した yóuyú chǔlǐ jíshí, fángzhǐle zhuàngchē shìgù（由于处理及时,防止了撞车事故）. ¶～の果敢 xùnsù guǒgǎn de xíngdòng（迅速果敢地行动）.

しんそこ【心底】 xīndǐ（心底）. ¶私は彼を～信頼している wǒ dǎ xīndǐ xiāngxìn tā（我打心底相信他）. ¶彼は私のことを～から嫌っている tā dǎ xīnyǎnrli tǎoyàn wǒ（他打心眼儿里讨厌我）.

しんたい【身体】 shēntǐ（身体）. ¶彼は～強健だ tā shēntǐ hěn qiángzhuàng（他身体很强壮）. ¶～髪膚これを父母に受く shēntǐ fàfū shòu zhī fùmǔ（身体发肤受之父母）.
¶～刑 shēntǐxíng（身体刑）. ～検査 tǐgé jiǎnchá（体格检查）/ tǐjiǎn（体检）/［所持品の］sōushēn（搜身）/ chāoshēn（抄身）. ～障害者 cánjírén（残疾人）.

しんたい【進退】 1［前進後退］jìntuì（进退）. ¶～きわまる jìn tuì wéi gǔ（进退维谷）/ jìn tuì liǎngnán（进退两难）/ qián jìn wú lù, hòu tuì wú mén（前进无路,后退无门）/ jìn tuì shī jù（进退失据）.
2［去就］qùjiù（去就）. ¶～を決する時がきた dàole gāi juédìng qùjiù de shíhou le（到了该决定去就的时候了）. ¶～伺いを出す qǐngshì qùjiù（请示去就）.

しんだい【身代】 jiādang[r]（家当[儿]），jiāzī（家资），jiāchǎn（家产），jiācái（家财），jiāyè（家业）. ¶彼は一代で巨額の～を築いた tā yìshēng zhōng zhìxiàle jù'é jiāchǎn（他一生中置下了巨额家产）.

しんだい【寝台】 chuáng（床），chuángwèi（床位）；［列車などの］wòpù（卧铺）. ¶～券 wòpùpiào（卧铺票）. ～車 wòchē（卧车）/ qǐnchē（寝车）.

じんたい【人体】 réntǐ(人体).¶この色素は~に害がある zhè zhǒng sèsù duì réntǐ yǒuhài(这种色素对人体有害).
¶~実験 réntǐ shíyàn(人体实验).

じんたい【靭帯】 rèndài(韧带).

じんだい【甚大】 jí dà(极大), hěn dà(很大).¶雹(学ǐ)により農作物が~な損害を受けた yóuyú xiàle báozi, zhuāngjia shòule jí dà de sǔnshī(由于下了雹子,庄稼受了极大的损失).¶君のおかげで被害は~だ yóuyú nǐ, wǒ kě chīle hěn dà de kǔtou(由于你,我可吃了很大的苦头).

しんたいりく【新大陸】 Xīn Dàlù(新大陆).

しんたく【信託】 xìntuō(信托).¶~業務を行う bànlǐ xìntuō yèwù(办理信托业务).¶国連の~統治 Liánhéguó de tuōguǎn(联合国的托管).
¶~会社 xìntuō gōngsī(信托公司).~銀行 xìntuō yínháng(信托银行).

しんたく【神託】 shényù(神谕), tiānqǐ(天启).

シンタックス jùfǎ(句法).

しんたん【心胆】 xīndǎn(心胆).¶その事件は人々の~を寒からしめた nàge shìjiàn shǐ rénmen xīnjīng-dǎnzhàn(那个事件使人们心惊胆战).

しんだん【診断】 zhěnduàn(诊断).¶胃潰瘍と~された bèi zhěnduàn wéi wèikuìyáng(被诊断为胃溃疡).¶~を誤る wù zhěn(误诊).
¶~書 zhěnduànshū(诊断书).健康~ jiànkāng jiǎnchá(健康检查).

じんち【人知】 rén zhì suǒ bùnéng jí de(人智所不能及的).

じんち【陣地】 zhèndì(阵地).¶~を築く gòuzhù zhèndì(构筑阵地).¶~を死守する sǐshǒu zhèndì(死守阵地).

しんちく【新築】 xīnjiàn(新建), xīngài(新盖).¶家を~する xīnjiàn fángzi(新建房子).

じんちく【人畜】 rénchù(人畜).¶この農薬は~無害だ zhè zhǒng nóngyào duì rénchù wúhài(这种农药对人畜无害).

しんちゃく【新着】 ¶~の洋書 xīn jìnkǒu de wàiwén shūjí(新进口的外文书籍).¶~のフィルム xīn dào de yǐngpiàn(新到的影片).

しんちゅう【心中】 xīnzhōng(心中), xīnli(心里), nèixīn(内心), xiōngyì(胸臆).¶~を明かす tǔlù zhēnqíng(吐露真情)/qīngxīn tǔdǎn(倾心吐胆)/tuī xīn zhì fù(推心置腹).¶父の苦しい~を察する tǐliang fùqin de kǔzhōng(体谅父亲的苦衷).¶彼は~期するところがあった tā zìjǐ zài xīnli xiàle juéxīn(他自己在心里下了决心).

しんちゅう【真鍮】 huángtóng(黄铜).

しんちゅう【進駐】 jìnzhù(进驻).¶アメリカ軍が我が国に~して来た Měijūn jìnzhù wǒguó(美军进驻我国).
¶~軍 zhànlǐngjūn(占领军).

しんちょう【伸張】 ¶国力を~する fāzhǎn guólì(发展国力).

しんちょう【身長】 shēncháng(身长), shēngāo(身高), shēnliang(身量), gèzi(个子), gèr(个儿).¶~が高い[低い] gèzi ▽gāo[▽ǎi](个子▽高[矮]).¶私の~は170センチです wǒ shēngāo yì mǐ qī(我身高一米七).

しんちょう【深長】 shēncháng(深长).¶意味~な言葉 yìwèi shēncháng de huà(意味深长的话).

しんちょう【慎重】 shènzhòng(慎重), jǐnshèn(谨慎).¶こわれ物の扱いは~を要する yì huài de dōngxi yào jiā xiǎoxīn(易坏的东西要加小心).¶~の上にも~に行動すること xíngdòng yào shènzhòng zài shènzhòng(行动要慎重再慎重).¶彼は何をするにも~だ tā zuò shénme dōu fēicháng jǐnshèn(他做什么都非常谨慎)/tā zuòshì hěn bǎxì(他做事很把细).¶このたびの処置はいささか~を欠いている zhè cì chǔzhì kě yǒuxiē shīshèn le(这次处置可有些失慎了).

しんちょう【新調】 ¶夏の背広を1着~する xīn dìngzuò yí tào xiàjì de xīfú(新定做一套夏季的西服).

じんちょうげ【沈丁花】 ruìxiāng(瑞香).

しんちょく【進捗】 ¶工事は着々と~している gōngchéng jìnzhǎnde hěn shùnlì(工程进展得很顺利).

しんちんたいしゃ【新陳代謝】 xīnchén-dàixiè(新陈代谢).¶人間の体は常に~を行っている réntǐ búduàn de jìnxíngzhe xīnchén-dàixiè(人体不断地进行着新陈代谢).¶この会社は社員の~が激しい zhège gōngsī yuángōng biàndòng fēicháng pínfán(这个公司员工变动非常频繁).

しんつう【心痛】 ¶今度の事ではさぞ御~のことと存じます wèi cǐ shì xiǎngbì nín hěn ▽dānxīn[bēitòng] ba(为此事想必您很▽担心[悲痛]吧).¶彼女は~のあまり寝込んでしまった tā yōuxīn chōngchōng bìngdǎo le(她忧心忡忡病倒了)/tā yōuyù chéng jí(她忧郁成疾).

じんつう【陣痛】 zhèntòng(阵痛).¶~が始まる kāishǐ zhèntòng(开始阵痛).

じんつうりき【神通力】 shéntōng(神通), shénlì(神力).¶~がある dà yǒu shéntōng(大有神通)/shéntōng guǎngdà(神通广大).

しんてい【進呈】 fèngsòng(奉送), zèngsòng(赠送).¶著書を~する zèngsòng zhùzuò(赠送著作).¶ポスター無料~ xuānchuánhuà miǎnfèi fèngsòng(宣画免费奉送).

じんてき【人的】 ¶~交流を拡大する kuòdà rénjì jiāowǎng(扩大人际交往).

しんてん【進展】 jìnzhǎn(进展), fāzhǎn(发展).¶事態は思わぬ方向に~した shìtài xiàng yìxiǎng bu dào de fāngxiàng fāzhǎn le(事态向意想不到的方向发展了).¶交渉は一向に~をみない jiāoshè zǒng bújiàn jìnzhǎn(交涉总不见进展).

しんてん【親展】 qīn qǐ(亲启), qīn chāi(亲拆).

しんでんず【心電図】 xīndiàntú(心电图).

しんてんどうち【震天動地】 zhèn tiān dòng dì(震天动地), jīng tiān dòng dì(惊天动地).¶~の大事件 zhèntiān-dòngdì de dà shìjiàn(震天动地的大事件).

しんと ¶あたりは～して人っ子ひとりいない zhōuwéi jìrán wú shēng bú jiàn yí ge rényǐng（周围寂然无声不见一个人影）. ¶彼の一喝で皆は～なった tā dà hè yìshēng quánchǎng biàndé yāquè-wúshēng le（他大喝一声全场变得鸦雀无声了）.

しんと【信徒】 xìntú（信徒）.

しんど【深度】 shēndù（深度）.

しんど【進度】 jìndù（进度）. ¶～が早い[遅い] jìndù ˈkuài[màn]（进度ˈ快[慢]）. ¶～を進ませる[遅らせる] jiākuài[fàngmàn] jìndù（加快[放慢]进度）.

しんど【震度】 dìzhèn lièdù（地震烈度）, lièdù（烈度）. ¶中国では～は12段階に分けられている dìzhèn lièdù Zhōngguó fēnwéi shí'èr dù（地震烈度中国分为十二度）.

しんど・い ¶この仕事は～い zhège huór hěn lèirén（这个活儿很累人）. ¶ああ、～い āiyō, lèisǐ wǒ le（哎哟, 累死我了）.

しんとう【心頭】 xīntóu（心头）. ¶怒り～に発する nùhuǒ yǒngshàng xīntóu（怒火涌上心头）. ¶～を滅却すれば火もまた涼し miè dé xīn zhōng huǒ zì liáng（灭得心中火自凉）.

しんとう【神道】 Shéndào（神道）, Shéndàojiào（神道教）.

しんとう【浸透】 shèntòu（渗透）, jìntòu（浸透）. ¶雨水が地下に～する yǔshuǐ shèntòu dào dìxià（雨水渗透到地下）. ¶主権在民の思想が民衆に～した zhǔquán zàiyú mín de sīxiǎng shèntòu dào mínzhòng zhī jiān（主权在于民的思想渗透到民众之间）.

¶～圧 shèntòuyā（渗透压）.

しんとう【親等】 qīnděng（亲等）. ¶親子は1～, 兄弟は2～である fùmǔ hé zǐnǚ wéi yī qīnděng, xiōngdì zǐmèi wéi èr qīnděng（父母和子女为一亲等, 兄弟姐妹为二亲等）.

しんどう【神童】 shéntóng（神童）.

しんどう【振動】 zhèndòng, zhèndàng（振荡）. ¶窓ガラスが～する chuāngbōli zhèndòng（窗玻璃振动）. ¶列車が通るたびに家が～する lièchē yì tōngguò, fángzi jiù zhèndòng（列车一通过, 房子就震动）. ¶この車は～が少ない zhè zhǒng chēzi zhèndòng xiǎo（这种车子振动小）. ¶振子の～ bǎi de zhèndòng（摆的振动）.

¶～数 zhèndòng cìshù（振动次数）/ zhèndòng pínlǜ（振动频率）.

しんどう【震動】 zhèndòng（震动）, hàndòng（撼动）. ¶火山の爆発で大地が～した yóuyú huǒshān de bàofā dàdì zhèndòng le（由于火山的爆发大地震动了）.

じんとう【陣頭】 ¶校長みずから～に立って生徒を指導する xiàozhǎng shuàixiān zhǐdǎo xuésheng（校长率先指导学生）. ¶社長が～指揮にあたる zǒngjīnglǐ qīnzì zhǐhuī（总经理亲自指挥）.

じんどう【人道】 réndào（人道）. ¶～に背く wéibèi réndào（违背人道）. ¶彼等の行為は～上許せない tāmen de xíngwéi shì réndào shang bùkě róngrěn de（他们的行为是人道上不可容忍的）. ¶それは～問題だ zhè shì réndàode wèntí（这是人道的问题）.

¶～主義 réndàozhǔyì（人道主义）.

じんとく【人徳】 ¶～の備わった人 jùyǒu gāoshàng pǐndé de rén（具有高尚品德的人）.

じんど・る【陣取る】 ¶我が軍は山の中腹に～って敵を待伏せした wǒjūn zài shānyāo bùhǎo zhènshì fújí dírén（我军在山腰布好阵势伏击敌人）. ¶一団は桜の木の下に～って酒盛りを始めた yì qún rén wéizuò zài yīnghuāshù xià bǎikāile jiǔyàn（一群人围坐在樱花树下摆开了酒宴）.

シンナー xiāngjiāoshuǐ（香蕉水）, xīshìjì（稀释剂）.

しんにゅう【之繞】 zǒuzhīr（走之儿）.

しんにゅう【侵入】 qīnrù（侵入）, rùqīn（入侵）. ¶怪しい男が邸内に～した kěyí de nánrén chuǎngrùle zháiyuàn（可疑的男人闯入了宅院）. ¶外敵の～を防ぐ fángbèi wàidí ˈrùqīn[qīnrǎo]（防备外敌ˈ入侵[侵扰]）. ¶不法～のかどで逮捕された yǐ fēifǎ qīnrù de lǐyóu bèi dàibǔ（以非法侵入的理由被逮捕）.

しんにゅう【進入】 ¶飛行場の～灯 jīchǎng de ˈjìnchǎngdēng[zhuólùdēng]（机场的ˈ进场灯[着陆灯]）.

しんにゅう【新入】 ¶～社員 xīn zhíyuán（新职员）. ～生 xīnshēng（新生）.

しんにん【信任】 xìnrèn（信任）. ¶彼は社長の～が厚い tā hěn shòu zǒngjīnglǐ de xìnrèn（他很受总经理的信任）. ¶執行部は～された zhíxíngbù shòudàole xìnrèn（执行部受到了信任）.

¶～状 guóshū（国书）. ～投票 xìnrèn tóupiào（信任投票）.

しんにん【新任】 xīnrèn（新任）. ¶～の局長 xīnrèn de júzhǎng（新任的局长）.

しんねん【信念】 xìnniàn（信念）. ¶彼は確固たる～を持っている tā yǒu jiāndìng-bùyí de xìnniàn（他有坚定不移的信念）. ¶彼は生涯の～を貫いた tā bìshēng guànchèle nàge xìnniàn（他毕生贯彻了那个信念）.

しんねん【新年】 xīnnián（新年）. ¶～を迎える yíng xīnnián（迎新年）. 謹んで～のお祝を申し上げます gōnghè xīnxǐ（恭贺新禧）. ¶～おめでとうございます xīnnián hǎo（新年好）.

しんのう【親王】 qīnwáng（亲王）.

シンパ gòngmíngzhě（共鸣者）, tóngqíngzhě（同情者）.

しんぱい【心配】 **1**【気掛り】 dānxīn（担心）, dānyōu（担忧）, yōulǜ（忧虑）, chóu（愁）, fāchóu（发愁）, cāoxīn（操心）, guàxīn（挂心）, jiūxīn（揪心）, guànniàn（挂念）, guà'ài（挂碍）, qiānguà（牵挂）, qiānjì（牵记）, qiānniàn（牵念）, diàn（惦）, diànjì（惦记）, diànniàn（惦念）, xìniàn（系念）. ¶明日の天気が～だ wǒ dānxīn míngtiān de tiānqì（我担心明天的天气）/ wǒ pà míngtiān huì biàntiān（我怕明天会变天）. ¶この子1人で行かせるのは～だ jiào zhè háizi yí ge rén qù, wǒ bú fàngxīn（叫这孩子一个人去, 我不放心）. ¶彼が疲れはしないかと～ wǒ pà tā lèizháo le（我怕他累着了）. ¶そのこ

とが～で夜も眠れない lǎo diànjì nà jiàn shì, wǎnshang yě shuìbuzháo jiào(老惦记那件事,晚上也睡不着觉). ¶彼女は何の～もなく暮らすだけの資産を持っている tā yǒu bù chóu chī, bù chóu chuān de jiāchǎn(她有不愁吃,不愁穿的家产). ¶次から次へと～の種が尽きない lìng rén dānxīn shòu pà de shì yí ge jiēzhe yí ge lǎo méi ge wán(令人担心受怕的事一个接着一个老没个完). ¶お母さまが病気でさぞ～でしょう nǐ mǔqin bìng le, xiǎngbì yídìng hěn qiānguà ba(你母亲病了,想必一定很牵挂吧). ¶余計な～をするな yòngbuzháo cāo nà fènr xiánxīn(用不着操那份儿闲心). ¶この子は親に～ばかり掛けている zhège háizi jìng rěshì jiào fùmǔ dānyōu(这个孩子净惹事叫父母担忧). ¶彼女は～そうに病人の顔をのぞきこんだ tā shífēn bù'ān de tànshìzhe bìngrén de liǎn(她十分不安地探视着病人的脸). ¶御～なく,検査の結果は異状ありません búyòng dānxīn le, jiǎnchá de jiéguǒ méiyǒu shénme yìcháng(不用担心,检查的结果没有什么异常). ¶帰りが遅いので～していたところだ nǐ huílaide wǎn, zhèng wèi nǐ ▼dānxīn[dīliuzhe xīn] ne(你回来得晚,正为你▼担心[提溜着心]呢). ¶怪我は～した程のことはなかった shāngshì bú xiàng suǒ yōulǜ de nàme zhòng(伤势不像所忧虑的那么重). ¶何か～ごとでもあるのですか yǒu shénme ▼bú fàngxīn de shì[xīnshì] ma?(有什么▼不放心的事[心事]吗?). ¶そこまで考えるとは君も随分～性だ xiǎngdào nǎ lǐ qù le, nǐ tài guòlǜ le(想到哪里去了,你太过虑了).

2〔世話〕¶友人に下宿の～をしてもらった tuō péngyou gěi zhǎo gōngyù le(托朋友给找公寓了). ¶彼は帰りの切符まで～してくれた tā lián huíqu de chēpiào dōu gěi wǒ mǎi le(他连回去的车票都给我买了).

じんぱい【塵肺】chénfèi(尘肺), huīchénfèi(灰尘肺), kuàngchénfèi(矿尘肺).

しんばりぼう【心張り棒】gàngzi(杠子), méngàng(门杠). ¶戸に～をかう ná gàngzi dǐngshàng mén(拿杠子顶上门).

シンバル tóngbó(铜钹), náobó(铙钹).

しんぱん【侵犯】qīnfàn(侵犯), jìnfàn(进犯). ¶国籍不明機が領空を～した guójí bùmíng de fēijī qīnfànle lǐngkōng(国籍不明的飞机侵犯了领空).

しんぱん【新版】xīnbǎn(新版).

しんぱん【審判】**1**〔裁き〕shěnpàn(审判), cáipàn(裁判). ¶法の～を受ける shòudào fǎlǜ shěnpàn(受到法律审判). ¶国民の～を受ける shòudào guómín gōngpàn(受到国民公判). ¶海難～ hǎinàn shěnpàn(海难审判).

2〔競技の〕cáipàn(裁判); cáipànyuán(裁判员). ¶サッカーの～をする dāng zúqiú cáipàn(当足球裁判).

しんび【審美】shěnměi(审美). ¶～学 měixué(美学). ～眼 shěnměi nénglì(审美能力)/měigǎn de nénglì(美感的能力).

しんぴ【神秘】shénmì(神秘). ¶彼女の生活は～のベールに包まれている tā de shēnghuó méngzài shénmì de miànshāli(她的生活蒙在神秘的面纱里). ¶生命の～を探る tànsuǒ shēngmìng de àomì(探索生命的奥秘).

しんぴつ【真筆】zhēnjì(真迹). ¶この書は顔真卿の～です zhè shūfǎ shì Yán Zhēnqīng de zhēnjì(这书法是颜真卿的真迹).

しんぴょうせい【信憑性】píngxìn(凭信), kěkào(可靠). ¶このニュースは～が乏しい zhège xīnwén nányǐ píngxìn(这个新闻难以凭信).

しんぴん【新品】¶自転車が古くなったので～を買った zìxíngchē jiù le, suǒyǐ mǎile xīn de(自行车旧了,所以买了新的). ¶このラジオは同様だ zhè jià shōuyīnjī gēn xīn de yíyàng(这架收音机跟新的一样).

じんぴん【人品】rénpǐn(人品), pǐnmào(品貌). ¶～いやしからぬ紳士 rénpǐn bùfán[fēngdù bùsú] de shēnshì(人品不凡[风度不俗]的绅士).

しんぶ【深部】¶傷は～にまで及んでいた shāngjí shēnchù(伤及深处)/shāngkǒu hěn shēn(伤口很深).

しんぷ【神父】shénfu(神甫).

しんぷ【新婦】xīnfù(新妇), xīnniáng(新娘), xīnniángzi(新娘子), xīnxífur(新媳妇儿), xīnrén(新人).

しんぷう【新風】¶文学界に～を吹き込む gěi wénxuéjiè dàilái xīn fēngqì(给文学界带来新风气).

シンフォニー jiāoxiǎngyuè(交响乐), jiāoxiǎngqǔ(交响曲). ¶～オーケストラ jiāoxiǎngyuèduì(交响乐队)/jiāoxiǎngyuètuán(交响乐团).

しんぷく【心服】xīnfú(心服). ¶部下は皆彼に～している bùxià dōu xīnfú tā(部下都心服他)/bùxià duì tā xīnyuè-chéngfú(部下对他心悦诚服).

しんぷく【振幅】zhènfú(振幅), bōfú(波幅).

しんぷぜん【心不全】xīnlì shuāijié(心力衰竭), xīngōngnéng bùquán(心功能不全).

しんぶつ【神仏】shénfó(神佛). ¶～の加護を祈る qídǎo shén yòu fó zhù(祈祷神佑佛助).

じんぶつ【人物】rén(人), rénwù(人物). ¶あの～は何者ですか nàge rén shì shuí?(那个人是谁?). ¶彼は危険～だ tā shì wēixiǎn rénwù(他是危险人物). ¶惜しい～を亡くした shīqule lìng rén wǎnxī de rénwù(失去了令人惋惜的人物). ¶彼の～なら私が保証する tā de wéirén wǒ gǎn dǎ bāopiào(他的为人我敢打包票). ¶本位に選ぶ yī rénwù běnshēn de tiáojiàn jìnxíng tiāoxuǎn(依人物本身的条件进行挑选). ¶彼はなかなかの～だ tā shì ge xiāngdāng liǎobuqǐ de rénwù(他是个相当了不起的人物)/tā kě shì ge yì biǎo rénwù(他可是个一表人物). ¶彼は将来きっとひとかどの～になるだろう tā jiānglái yídìng huì chéngwéi yí ge bù píngfán de rénwù(他将来一定会成为一个不平凡的人物). ¶今の政界には～がない xiànjīn de zhèngjiè néng chēngdeshàng shì rénwù de hěn shǎo(现今的政界能称得上是人物的很少).

¶～画 rénwù(人物)/rénwùhuà(人物画).

登場～ dēngchǎng rénwù(登场人物).

シンプル dānchún(单纯), jiǎndān(简单); pǔsù(朴素), sùjìng(素净). ¶～なデザイン jiǎndān de shèjì(简单的设计)

しんぶん【新聞】 bào(报), bàozhǐ(报纸). ¶～を読む kàn bào(看报). ¶私は3種類の～をとっている wǒ dìngyuè sān zhǒng bàozhǐ(我订阅三种报纸). ¶昨夜の事件が～に出ている zuówǎn de shìjiàn yǐjīng ˇshàng[jiàn/dēng] bào le(昨晚的事件已经ˇ上[见/登]报了). ¶～の報道によると死者は100名を越えたそうだ jù bàoshang de bàodào sǐzhě dá yìbǎi míng zhī duō(据报上的报道死者达一百名之多). ¶～の切抜き jiǎnbào(剪报). ¶～を配達する sòng bào(送报). ¶クラスの～を出す fāxíng bānjíbào(发行班级报). ¶弁当を～紙で包む yòng bàozhǐ bāo fànhé(用报纸包饭盒).
～記者 xīnwén jìzhě(新闻记者). ～広告 bàozhǐ guǎnggào(报纸广告). ～社 (报社)/ bàoguǎn(报馆). ～スタンド bàotíng(报亭). 英字～ Yīngwénbào(英文报).

じんぶん【人文】 rénwén(人文). ～科学 rénwén kēxué(人文科学). ～主義 rénwénzhǔyì(人文主义). ～地理学 rénwén dìlǐxué(人文地理学).

じんぷん【人糞】 rénfèn(人粪), dàfèn(大粪).

しんぺい【新兵】 xīnbīng(新兵).

しんぺん【身辺】 shēnbiān(身边). ¶姪に～の世話をしてもらっている zhínǚ zài wǒ shēnbiān zhàoliàozhe(侄女在我身边照料着). ¶～を整理する qīnglǐ shēnbiān de shì(清理身边的事). ¶～多忙 shēnbiān shì duō(身边事多).

しんぽ【進歩】 jìnbù(进步). ¶彼女のバイオリンは目覚しい～のあとが見られる tā de xiǎotíqín yǎnzòu shuǐpíng yǒule míngxiǎn de jìnbù(她的小提琴演奏水平有了显著的进步). ¶電子工学は長足の～を遂げた diànzǐxué yǒu chángzú de jìnbù(电子学有长足的进步). ¶彼の中国語はいっこうに～しない tā de Zhōngguóhuà ˇzǒng bújiàn yǒu jìnbù[jiǎnzhí méiyǒu zhǎngjìn](他的中国话ˇ总不见有进步[简直没有长进]). ¶彼は～的な考えを持っている tā sīxiǎng jìnbù(他思想进步).

しんぼう【心房】 xīnfáng(心房).

しんぼう【心棒】 zhóu(轴), xīnzhóu(心轴).

しんぼう【辛抱】 nàixìng(耐性), rěnnài(忍耐). ¶この仕事が終わるまであと少しの～だ zài áo yízhènr zhège gōngzuò jiù wánchéng le(再熬一阵ル这个工作就完成了)/ zhège gōngzuò kuài áochū tóu le(这个工作快熬出头了). ¶おまえは～が足りない nǐ kě méiyǒu nàixìng(你可没有耐性). ¶一人前になるまでは～して zhídào nénggòu zìshí-qílì zài kǔ yě yào áochulai(直到能够自食其力再苦也要熬出来). ¶もうこれ以上～できない zài yě ˇwúfǎ rěnshòu[rěn wú kě rěn] le(再也ˇ无法忍受[忍无可忍]了). ¶彼は本当に～強い tā zhēn yǒu nàixìng(他真有耐性). ¶～強く説得する nàixīn shuōfú(耐心说服).

しんぼう【信望】 xìnwàng(信望), xìnyù(信誉),

wēixìn(威信). ¶あの教授は学生に～がある nà wèi jiàoshòu zài xuésheng zhōng hěn yǒu wēixìn(那位教授在学生中很有威信).

しんぽう【信奉】 xìnfèng(信奉). ¶マルクス主義を～する xìnfèng Mǎkèsīzhǔyì(信奉马克思主义). ¶進化論の熱烈な～者 jìnhuàlùn de rèliè xìnfèngzhě(进化论的热烈信奉者).

じんぼう【人望】 rénwàng(人望), shēngwàng(声望), míngwàng(名望). ¶彼は～がある tā hěn yǒu shēngwàng(他很有声望).

しんぼうえんりょ【深謀遠慮】 shēn móu yuǎn lǜ(深谋远虑).

しんぼく【親睦】 ¶会員相互の～をはかる zēngjìn huìyuán jiān de yǒuyì(增进会员间的友谊).
¶～会 liánhuānhuì(联欢会)/ liányìhuì(联谊会).

シンポジウム zhuāntí tǎolùnhuì(专题讨论会), xuéshù yántǎohuì(学术研讨会). ¶環境衛生について国際～が開かれた jiù huánjìng wèishēng jǔxíngle guójì yántǎohuì(就环境卫生举行了国际研讨会).

シンボル xiàngzhēng(象征). ¶鳩は平和の～と言われている gēzi bèi chēngwéi hépíng de xiàngzhēng(鸽子被称为和平的象征).
¶～マーク biāozhì(标志).

しんまい【新米】 [米] xīnmǐ(新米); [新前] xīnshǒu(新手), shēngshǒu(生手). ¶～の記者 chūchū-máolú de jìzhě(初出茅庐的记者). ¶～のくせに生意気だ yí ge xīnshǒu zěn gǎn zhèyàng jiāomàn(一个新手怎敢这样骄慢).

じんましん【蕁麻疹】 xúnmázhěn(荨麻疹), fēngzhěnkuài(风疹块), guǐfēng gēda(鬼风疙瘩). ¶～が出る chū xúnmázhěn(出荨麻疹).

しんみ【新味】 ¶～を出す bié chū xīncái(别出心裁)/ bié kāi shēng miàn(别开生面). ¶全く～のない話だ háo wú xīnyì de huà(毫无新意的话).

しんみ【親身】 ¶彼は～になって考えてくれた tā shèshēn-chǔdì de wèi wǒ zhuóxiǎng(他设身处地地为我着想). ¶見ず知らずの私にも及ばぬ看病をしてくれた duì wǒ zhège sù bù xiāngshí de rén, kānhùde shèngguo gǔròu zhìqīn(对我这个素不相识的人,看护得胜过骨肉至亲).

しんみつ【親密】 qīnmì(亲密), qīnrè(亲热), huǒrè(火热), rèhuo(热火), rèhuo(热合), rèhu(热乎·热呼), rèhūhu(热乎乎·热呼呼). ¶あの2人は～な間柄だ ˇqīnmì wújiàn[dǎde huǒrè](他们俩ˇ亲密无间[打得火热]). ¶あれ以来彼と一層～さを増した cóng nà yǐlái hé tā gèngjiā qīnmì le(从那以来和他更加亲密了).

じんみゃく【人脈】 ¶～を広げる kuòdà guānxiwǎng(扩大关系网).

しんみょう【神妙】 ¶生徒達は～に校長先生の話を聞いていた xuéshēngmen ˇguāiguāi[bìgōng-bìjìng] de tīngzhe xiàozhǎng de jiǎnghuà(学生们ˇ乖乖[必恭必敬]地听着校长的讲话). ¶朝早くから庭掃除とは～なことだ yídà-

zǎo jiù qǐlai dǎsǎo yuànzi kě zhēn bù jiǎndān a!(一大早就起来打扫院子可真不简单啊!).

しんみり ¶2人だけで~と話す liǎng ge rén zài yìqǐ chōngmǎn shēnqíng de tánqilai(两个人在一起充满深情地谈起来). ¶彼は~とした話しぶりで生い立ちを語った tā gǎnkǎi wànduān de tánle zìjǐ de shēnshì(他感慨万端地谈了自己的身世). ¶悲しい知らせに一座は~した tīngdào búxìng de xiāoxi zàizuò de rén dōu chénmò bù yǔ le(听到不幸的消息在座的人都沉默不语了).

じんみん【人民】 rénmín(人民). ¶~公社 rénmín gōngshè(人民公社). ~戦線 rénmín zhènxiàn(人民阵线). ~民主主義 rénmín mínzhǔzhǔyì(人民民主主义).

しんめ【新芽】 xīnyá(新芽), nènyá(嫩芽). ¶柳が~をふく yángliǔ zhǎngchū xīnyá(杨柳长出新芽).

しんめい【身命】 ¶祖国のために~をなげうつ shěshēn wèi guó(舍身为国)/ wèi guó juānqū(为国捐躯).

しんめい【神明】 shénmíng(神明). ¶天地の~に誓って私はしていない xiàng tiāndì shénmíng qǐshì wǒ jué méi gàn(向天地神明起誓我决没干).

じんめい【人名】 rénmíng(人名). ¶~辞典 rénmíng cídiǎn(人名辞典).

じんめい【人命】 rénmìng(人命). ¶交通事故で多くの~が失われた yīn jiāotōng shìgù xǔduō rén sàngshīle xìngmìng(因交通事故许多人丧失了性命). ¶~にかかわる重大事だ nà shì rénmìng-guāntiān de wèntí(那是人命关天的问题).

¶~救助 jiùzhù rénmìng(救助人命).

シンメトリー duìchèn(对称), duìchènxìng(对称性).

しんめんぼく【真面目】 zhēn běnlǐng(真本领), zhēn běnshì(真本事). ¶この時になって彼の~が発揮された dào cǐ shí cǐ kè cái xiǎnshìchūle tā de zhēn běnshi(到此时此刻才显示出了他的真本事).

しんもつ【進物】 lǐwù(礼物), lǐpǐn(礼品), zèngpǐn(赠品).

しんもん【審問】 shěnwèn(审问), shěnxùn(审讯). ¶裁判官が被告を~する shěnpànyuán shěnwèn bèigào(审判员审问被告).

じんもん【尋問】 xúnwèn(询问), xùnwèn(讯问), pánwèn(盘问). ¶証人を~する xúnwèn zhèngrén(询问证人). ¶警官に不審を~される shòudào jǐngchá de pánwèn(受到警察的盘问).

しんや【深夜】 shēnyè(深夜). ¶~まで勉強する xuéxí dào shēnyè(学习到深夜).

¶~営業 shēnyè yíngyè(深夜营业). ~放送 shēnyè guǎngbō(深夜广播).

しんやくせいしょ【新約聖書】 Xīnyuē quánshū(新约全书).

しんゆう【親友】 zhìhǎo(至好), zhìjiāo(至交), zhījiāo(知交), zhīyǒu(知友), hǎoyǒu(好友), mìyǒu(密友), hǎopéngyou(好朋友), lǎoxiāngzhī(老相知), zhīxīn péngyou(知心朋友), nìyǒu(腻友), zhìyǒu(挚友). ¶彼は私の無二の~です tā shì wǒ zuì ˈzhījìn[zhījìn] de hǎopéngyou(他是我最ˈ知己[知近]的好朋友).

しんよう【信用】 xìnyòng(信用), xìnrèn(信任). ¶君の言葉を~しよう wǒ xiāngxìn nǐ de huà(我相信你的话). ¶彼は上役に~されている tā shòudào shàngjí de xìnrèn(他受到上级的信任). ¶彼女は友人の間で~がある tā zài péngyou zhōngjiān hěn yǒu xìnyòng(她在朋友中间很有信用). ¶彼の言うことは~がおけない tā de huà ˈnányǐ zhìxìn[bù kěxìn](他的话ˈ难以置信[不可信]). ¶あの一件以来彼の~は地に落ちた zìcóng nà jiàn shì fāshēng yǐlái, tā de xìnyòng yí luò qiān zhàng(自从那件事发生以来,他的信用一落千丈). ¶あの人は~のできる人間だ nàge rén hěn kěkào[kàodezhù](那个人很可靠[靠得住]). ¶事は当社の~にかかわる zhè guānxìdào běn gōngsī de xìnyòng(这关系到本公司的信用). ¶店は客の~を失った nà diàn shīqùle gùkè de xìnyòng(那店失去了顾客的信用).

¶~貸し xìnyòng dàikuǎn(信用贷款). ~状 xìnyòngzhèng(信用证). ~取引 shōugòu jiāoyì(赊购交易).

じんよう【陣容】 zhènróng(阵容). ¶我が軍は~を立て直して反撃に転じた wǒjūn chóngzhěng zhènróng zhuǎnwéi fǎngōng(我军重整阵容转为反攻). ¶新会社の~は整った xīn gōngsī de zhènróng zhěngqí le(新公司的阵容整齐了).

しんようじゅ【針葉樹】 zhēnyèshù(针叶树).

しんらい【信頼】 xìnlài(信赖), xìnrèn(信任). ¶人の~に背くことはできない bùnéng gūfù rénjia de xìnlài(不能辜负了人家的信赖). ¶彼は級友から~されている tā pō dé tóngbān tóngxué de xìnlài(他颇得同班同学的信赖). ¶彼の言うことなら~できる tā shuō de huà ˈkěxìn[xìndeguò](他说的话ˈ可信[信得过]).

しんらつ【辛辣】 xīnlà(辛辣), jiānkè(尖刻). ¶~な批評をする jiāyǐ xīnlà de pīpíng(加以辛辣的批评). ¶彼はなかなか~なことを言う tā shuōde jiānsuān kèbó(他说得尖酸刻薄).

しんらばんしょう【森羅万象】 sēnluó wànxiàng(森罗万象).

しんり【心理】 xīnlǐ(心理). ¶子供の~を分析する fēnxī értóng de xīnlǐ(分析儿童的心理). ¶あんなことを言う彼女の~が分からない tā shuō nà zhǒng huà de xīnlǐ zhuàngtài nányǐ lǐjiě(她说那种话的心理状态难以理解).

¶~学 xīnlǐxué(心理学). ~戦 xīnlǐzhàn(心理战)/ gōngxīnzhànshù(攻心战术). ~描写 xīnlǐ miáoxiě(心理描写).

しんり【真理】 zhēnlǐ(真理). ¶~を探究する tànjiū zhēnlǐ(探究真理). ¶彼の言い分にも一面の~がある tā shuō de huà yě yǒu yídìng de dàolǐ(他说的话也有一定的道理).

しんり【審理】 shěnlǐ(审理). ¶訴訟事件を~する shěnlǐ sùsòng ànjiàn(审理诉讼案件).

じんりきしゃ【人力車】 rénlìchē(人力车), yáng-

chē(洋车), huángbāochē(黄包车).

しんりゃく【侵略】 qīnlüè(侵略). ¶隣国を〜する qīnlüè línguó(侵略邻国). ¶〜軍 qīnlüèjūn(侵略军). 〜者 qīnlüèzhě(侵略者)/ díkòu(敌寇)/ wàikòu(外寇). 〜戦争 qīnlüè zhànzhēng(侵略战争).

しんりょう【診療】 zhěnliáo(诊疗), zhěnzhì(诊治). ¶〜時間 zhěnliáo shíjiān(诊疗时间). 〜所 zhěnliáosuǒ(诊疗所)/ zhěnsuǒ(诊所).

しんりょく【新緑】 xīnlǜ(新绿), xīncuì(新翠). ¶山は〜に包まれている mànshān yípiàn cuìlǜ(漫山一片翠绿).

しんりょく【人力】 rénlì(人力). ¶それは到底〜の及ぶところでない nà bú shì rénlì suǒ néng jí de(那不是人力所能及的).

じんりょく【尽力】 jìnlì(尽力), chūlì(出力). ¶私もできるだけ〜しましょう wǒ yě jìnlì bāngmáng(我也尽力帮忙)/ wǒ yě jìnlì ér wéi(我也尽力而为). ¶皆様の御〜で完成させることができました yóuyú gèwèi de jìnlì bāngzhù zhōngyú luòchéng le(由于各位的尽力帮助终于落成了). ¶彼は私のために大いに〜してくれた tā wèile wǒ 'jìn[chū]le hěn dà de lì(他为了我'尽[出]了很大的力).

しんりん【森林】 sēnlín(森林). ¶〜資源を保護する bǎohù sēnlín zīyuán(保护森林资源). ¶〜公園 sēnlín gōngyuán(森林公园).

じんりん【人倫】 rénlún(人伦). ¶〜にもとる行為 bèinì rénlún de xíngwéi(悖逆人伦的行为).

しんるい【親類】 qīnshǔ(亲属), qīnqī(亲戚), qīnjuàn(亲眷). ¶田舎の〜を訪ねた fǎngwènle gùxiāng de qīnqī(访问了故乡的亲戚). ¶彼女は僕の〜だ tā shì wǒ de qīnqī(她是我的亲戚). ¶〜縁者が一堂に会した mǎnmén qīnshǔ jùjí yìtáng(满门亲属聚集一堂). ¶遠い〜より近くの他人 yuǎnqīn bùrú jìnlín(远亲不如近邻)/ yuǎn shuǐ bú jiù jìn huǒ(远水不救近火).

じんるい【人類】 rénlèi(人类). ¶〜愛 duì rénlèi de ài(对人类的爱). 〜学 rénlèixué(人类学).

しんれい【心霊】 xīnlíng(心灵). ¶〜現象 xīnlíng xiànxiàng(心灵现象). 〜術 xīnlíngshù(心灵术).

しんれき【新暦】 yánglì(阳历), tàiyánglì(太阳历), gōnglì(公历).

しんろ【針路】 hángxiàng(航向). ¶船は〜を北にとった chuán bǎ hángxiàng duìzhe zhèng běi(船把航向对着正北)/ chuán xiàng zhèng běi hángxíng(船向正北航行). ¶霧のため〜を誤った yīn dàwù míshīle hángxiàng(因大雾迷失了航向).

しんろ【進路】 ¶台風が〜を変えた táifēng biànle lùjìng(台风变了路径). ¶進学か就職か〜を決めなくてはならない bìxū juédìng zìjǐ jīnhòu dàodǐ shì shēngxué háishi jiùzhí(必须决定自己今后到底是升学还是就职).

しんろう【心労】 ¶何かと〜が絶えない zhège nàge de lǎo cāoxīn(这个那个的老操心).

しんろう【新郎】 xīnláng(新郎). ¶〜新婦 xīnláng xīnniáng(新郎新娘)/ yí duì xīnrén(一对新人).

しんわ【神話】 shénhuà(神话). ¶ギリシア〜 Xīlà shénhuà(希腊神话).

す

す【州】 zhōu(洲), shātān(沙滩), shāzhōu(沙洲). ¶三角〜 sānjiǎozhōu(三角洲).

す【巣】 wō(窝), cháoxué(巢穴). ¶鳥の〜 niǎowō(鸟窝)/ niǎocháo(鸟巢). ¶蜂の〜 fēngwō(蜂窝)/ fēngcháo(蜂巢). ¶くもの〜 zhīzhūwǎng(蜘蛛网). ¶鳥が木の上に〜をかけた niǎor zài shùshang dāshàngle wō(鸟儿在树上搭上了窝). ¶くもが軒先に〜を張った zhīzhū zài wūyán shang jiéle wǎng(蜘蛛在屋檐上结了网). ¶まるで蜂の〜をつついたような騒ぎだ shàngxià luànténg hǎoxiàng tǒngle mǎfēngwō shìde(上下乱腾好像捅了马蜂窝似的). ¶賊の〜 zéiwō(贼窝)/ fěikū(匪窟)/ fěicháo(匪巢)/ cháoxué(巢穴)/ wōdiǎn(窝点).

す【酢】 cù(醋). ¶料理に〜をきかす càilǐ jiā cù tiáowèir(菜里加醋调味儿). ¶胡瓜を〜であえる ná cù bàn huángguā(拿醋拌黄瓜).

す【糠】 kāng(糠). ¶大根に〜が入った luóbo kāng le(萝卜糠了).

ず【図】 1 tú(图). ¶樹下美人の〜 shùxià-měirén tú(树下美人图). ¶黒板に〜を書いて説明する zài hēibǎn shang huà tú jiāyǐ shuōmíng(在黑板上画图加以说明). ¶会場までの〜を添える fùshàng qù huìchǎng de lùxiàntú(附上去会场的路线图). ¶下〜の所に移転しました bāndào xià tú suǒ shì zhī dì(搬到下图所示之地). ¶とても見られた〜ではないな qíngxing jiǎnzhí jiào rén bùkān rù mù(那情形简直叫人不堪入目).
2【思うつ】¶私の計略はまんまと〜に当った zhèng zhòng wǒ jì(正中我计). ¶彼はほめるとすぐ〜にのる yì biǎoyáng tā, tā jiù děyì wàngxíng bù zhī tiāngāo-dìhòu le(一表扬他, 他就得意忘形不知天高地厚了).

ず【頭】 ¶あいつは〜が高い tā nàge rén jiàzi dà(他那个人架子大)/ nà jiāhuo 'gāo'ào wúlǐ

[mù zhōng wú rén](那家伙`高傲无礼[目中无人]).

すあし【素足】 guāngjiǎo(光脚), chìzú(赤足), chìjiǎo(赤脚). ¶ 当地は冬でも～でいられますか běndì dōngtiān yě néng guāngtuǐ chìjiǎo ma(本地冬天也能光腿赤脚). ¶ 慌てて～で飛び出した huāngmáng guāngzhe jiǎo pǎochuqu le(慌忙光着脚跑出去了).

ずあん【図案】 tú'àn(图案). ¶ 広告の～を書く huà guǎnggào de tú'àn(画广告的图案). ¶ 梅の花を～化する bǎ méihuā huàchéng tú'àn(把梅花画成图案).

す・い【酸い】 suān(酸). ¶ あの人は世の中の～いも甘いもかみわけた人だ tā shì ge chángjìnle rénjiān de tián suān kǔ là de rén(他是个尝尽了人间的甜酸苦辣的人)/ tā shì ge bǎo jīng shìgu de rén(他是个饱经世故的人).

すい【粋】 jīngcuì(精粹), jīnghuá(精华), jīngsuǐ(精髓). ¶ 日本文化の～を集める jí Rìběn wénhuà de jīngcuì(集日本文化的精粹).

2〔いき〕 ¶ ～をきかして2人きりにしてやる zhīqù de zǒukāi, zhǐ shèngxiale tāmen liǎng ge rén(知趣地走开, 只剩下了他们两个人).

ずい【髄】 suǐ(髓). ¶ 高利貸に骨の～までしゃぶられた bèi gāolìdài qiāogǔ-xīsuǐ(被高利贷敲骨吸髓).

すいあ・げる【吸い上げる】 ¶ ポンプで水を～げる yòng bèng chōu shuǐ(用泵抽水). ¶ 利益はみな親分に～げられてしまう yóushui dōu jiào tóulǐng `guā[shǔnxī] guāng le(油水都叫头领`刮[吮吸]光了).
¶ ～げポンプ chōushuǐjī(抽水机)/ shuǐbèng(水泵).

すいあつ【水圧】 shuǐyā(水压). ¶ ～が低い shuǐyā dī(水压低).
¶ ～機 shuǐyājī(水压机).

すいい【水位】 shuǐwèi(水位). ¶ 貯水池の～が下がった shuǐkù de shuǐwèi jiàngdī le(水库的水位降低了). ¶ ～が警戒線を超えた shuǐwèi chāoguò jǐngjièxiàn le(水位超过警戒线).

すいい【推移】 tuīyí(推移). ¶ 情勢の～を見守る jìngguān júshì de tuīyí(静观局势的推移). ¶ 時代の～ shídài de biànqiān(时代的变迁).

ずいい【随意】 suíyì(随意), xìnyì(信意). ¶ 服装は～です fúzhuāng suíyì(服装随意). ¶ パンフレットは～にお持ち下さい xiǎocèzi qǐng suíyì ná(小册子请随意拿).
¶ ～科目 xuǎnxiū kēmù(选修科目). ～筋 suíyìjī(随意肌)/ héngwénjī(横纹肌)/ gǔgéjī(骨骼肌).

すいいき【水域】 shuǐyù(水域). ¶ 危険～ wēixiǎn shuǐyù(危险水域).

ずいいち【随一】 dìyī(第一). ¶ 彼は文壇の～の酒豪と称されている tā bèi chēng zhī wéi wéntán shǒu qū yì zhǐ de jiǔxiān(他被称之为文坛首屈一指的酒仙).

スイートピー xiāngwāndòu(香豌豆), huāwāndòu(花豌豆).

スイートポテト gānshǔ gāodiǎn(甘薯糕点).

スイートルーム tàofáng(套房), tàojiān(套间).

ずいいん【随員】 suíyuán(随员).

すいうん【水運】 shuǐyùn(水运). ¶ ～の便がよい shuǐyùn sìtōng-bādá(水运四通八达).

すいえい【水泳】 yóuyǒng(游泳), yóuyǒng(游水), fúshuǐ(洑水), fúshuǐ(浮水). ¶ ～を習う xué yóuyǒng(学游泳). ¶ ～はまるでできない yóuyǒng yìdiǎnr yě bù huì(游泳一点儿也不会)/ bù shí shuǐxìng(不识水性).
¶ ～競技 yóuyǒng jìngsài(游泳竞赛). ～選手 yóuyǒng xuǎnshǒu(游泳选手). ～パンツ yóuyǒngkù(游泳裤). ～帽 yóuyǒngmào(游泳帽).

すいおん【水温】 shuǐwēn(水温).

すいか【水火】 ¶ 彼のためなら～をも辞さぬ覚悟だ wèile tā jiùshí fùtāng-dǎohuǒ yě zài suǒ bù cí(为了他就是赴汤蹈火也在所不辞).

すいか【西瓜】 xīguā(西瓜). ¶ ～の種 xīguā zhǒngzi(西瓜种子)/ xīguāzǐ[r](西瓜子[儿]).

すいか【誰何】 ¶ 挙動不審の男を～する jiàozhù xíngjì kěyí de rén(叫住形迹可疑的人).

すいがい【水害】 shuǐzāi(水灾), làozāi(涝灾), hóngzāi(洪灾), làohài(涝害), shuǐhuàn(水患). ¶ この地方は台風のたびに～が起きる zhè dìqū měiféng táifēng xílai jiù `nào shuǐzāi[fā dàshuǐ](这地区每逢台风袭来就`闹水灾[发大水]).
¶ ～地 shuǐzāiqū(水灾区).

すいかずら【忍冬】 rěndōng(忍冬), jīnyínhuā(金银花).

すいがら【吸殻】 yāntóu[r](烟头[儿]), yāndì(烟蒂), yānpìgu(烟屁股).

すいかん【酔漢】 zuìhàn(醉汉), zuìguǐ(醉鬼).

すいがん【酔眼】 zuìyǎn(醉眼). ¶ ～朦朧 zuìyǎn ménglóng(醉眼蒙胧).

ずいき【芋茎】 yùtoujīng(芋头茎).

ずいき【随喜】 suíxǐ(随喜). ¶ ～の涙をこぼす suíxǐ zhī lèi(随喜之泪)/ gǎnjī tìlíng(感激涕零).

すいきゅう【水球】 shuǐqiú(水球). ¶ ～をする dǎ shuǐqiú(打水球).

すいぎゅう【水牛】 shuǐniú(水牛).

すいきょ【推挙】 tuījǔ(推举). ¶ 彼を団長に～する tuījǔ tā wéi tuánzhǎng(推举他为团长).

すいきょう【酔狂】 ¶ だてや～でしていることをしているわけではない gàn zhè zhǒng shì kě bú shì nàozhe wánr de(干这种事可不是闹着玩儿的). ¶ こんなひどい天気に出掛けるとは～にも程がある zhème dàfēng dàyǔ de wǎng wài pǎo jiǎnzhí fēng le(这么大风大雨的往外跑简直疯了).

すいきん【水禽】 shuǐqín(水禽), shuǐniǎo(水鸟).

すいぎん【水銀】 shuǐyín(水银), gǒng(汞). ¶ ～温度計 shuǐyín wēndùjì(水银温度计). ～気圧計 shuǐyín qìyābiǎo(水银气压表). ～柱 shuǐyínzhù(水银柱). ～中毒 gǒngzhòngdú(汞中毒)/ shuǐyín zhòngdú(水银中毒). ～電池 gǒngdiànchí(汞电池). ～灯 shuǐyíndēng(水银灯)/ gǒngdēng(汞灯).

すいくち【吸口】 zuǐr(嘴儿). ¶ 吸飲みの～ yā-

すいけい【推計】 tuīsuàn(推算). ¶50年後の人口を～する tuīsuàn wǔshí nián hòu de rénkǒu(推算五十年后的人口).

すいげん【水源】 shuǐyuán(水源), yuántóu(源头). ¶～地 shuǐyuándì(水源地).

すいこう【推敲】 tuīqiāo(推敲). ¶原稿を～る tuīqiāo yuángǎo(推敲原稿). ¶～に～を重ねた jīngguòle fǎnfù tuīqiāo(经过了反复推敲)/ zì zhēn jù zhuó(字斟句酌).

すいこう【遂行】 ¶計画を～する shíxíng jìhuà(实行计划). ¶任務を～する wánchéng rènwu(完成任务).

すいごう【水郷】 shuǐxiāng(水乡).

ずいこう【随行】 suícóng(随从), suítóng(随同), suíxíng(随行). ¶彼は大使に～してロンドンに行った tā suíxíng dàshǐ dào Lúndūn qù le(他随同大使到伦敦去了).

¶～員 suíyuán(随员)/ suícóng(随从)/ suícóng rényuán(随从人员)/ suíxíng rényuán(随行人员).

すいこ・む【吸い込む】 xī(吸), xīrù(吸入), xījìn(吸进), xīshōu(吸收). ¶新鮮な空気を胸一杯～む tā xīnxiān kōngqì xīmǎn fèifǔ(把新鲜空气吸满肺腑). ¶海綿に水を～ shǐ hǎimián xīshōu shuǐ(使海绵吸收水).

すいさい【水彩】 ¶～絵具 shuǐcǎi(水彩)/ shuǐcǎi yánliào(水彩颜料). ～画 shuǐcǎihuà(水彩画).

すいさつ【推察】 tuīcè(推测), cāicè(猜测), cuǎicè(揣测), cāixiǎng(猜想), tuīxiǎng(推想). ¶文面から～すると彼は暮しに困っているらしい cóng láixìn de zìlǐ-hángjiān, kěyǐ kànchū tā shēnghuó hěn kùnnan(从来信的字里行间,可以看出他生活很困难). ¶果して私の～どおりだ zhèng rú wǒ suǒ cāicè de(正如我所猜测的)/ guǒrán bù chū suǒ liào(果然不出所料). ¶心中ご～申し上げます wǒ hěn tǐliàng nín xīnzhōng de kǔchǔ(我很体谅您心中的苦楚).

すいさん【水産】 shuǐchǎn(水产). ¶～業 shuǐchǎnyè(水产业). ～資源 shuǐchǎn zīyuán(水产资源). ～試験所 shuǐchǎn shìyànsuǒ(水产试验所). ～物 shuǐchǎn(水产)/ shuǐchǎnpǐn(水产品). 農林～省 nónglín shuǐchǎnshěng(农林水产省). 農林～大臣 nónglín shuǐchǎn dàchén(农林水产大臣).

すいさんか〔一〕【水酸化】 qīngyǎnghuà(氢氧化). ¶～物 qīngyǎnghuàwù(氢氧化物). ～カリウム qīngyǎnghuàjiǎ(氢氧化钾). ～カルシウム qīngyǎnghuàgài(氢氧化钙)/ shúshíhuī(熟石灰)/ xiāoshíhuī(消石灰). ～ナトリウム qīngyǎnghuànà(氢氧化钠)/ kēxìngnà(苛性钠)/ shāojiǎn(烧碱)/ huǒjiǎn(火碱).

すいし【水死】 nìsǐ(溺死), yānsǐ(淹死). ¶～者 nìsǐzhě(溺死者). ～体 fúshī(浮尸).

すいじ【炊事】 chuīshì(炊事). ¶～をする shāohuǒ zuòfàn(烧火做饭).

¶～係 chuīshìyuán(炊事员), huǒfū(火夫, 火夫). ～道具 chuījù(炊具)/ chuīshì yòngjù(炊事用具). ～場 chúfáng(厨房)/ huǒfáng(伙房).

ずいじ【随時】 suíshí(随时). ¶教科ごとに～テストをする àn kēmù suíshí cèyàn(按科目随时测验).

¶～入学 suíshí kěyǐ rùxué(随时可以入学).

すいしつ【水質】 shuǐzhì(水质). ¶～汚濁 shuǐtǐ wūrǎn(水体污染)/ shuǐzhì wūrǎn(水质污染). ～基準 shuǐzhì píngjià(水质评价)/ shuǐzhì biāozhǔn(水质标准). ～検査 shuǐzhì jiǎnyàn(水质检验).

すいしゃ【水車】 shuǐchē(水车); shuǐlúnjī(水轮机). ¶～小屋 shuǐchēfáng(水车房).

すいじゃく【衰弱】 shuāiruò(衰弱). ¶病人は～が激しい bìngrén jíwéi shuāiruò(病人极为衰弱). ¶彼は体がひどく～している tā shēntǐ shuāiruòde lìhai(他身体衰弱得厉害).

¶神経～ shénjīng shuāiruò(神经衰弱).

すいしゅ【水腫】 shuǐzhǒng(水肿), fúzhǒng(浮肿).

すいじゅん【水準】 shuǐzhǔn(水准), shuǐpíng(水平). ¶学力は～をはるかに上回っている xuélì yuǎnyuǎn chāoguò yìbān shuǐpíng(学力远远超过一般水平). ¶まだまだ世界の～に達しない hái yuǎn dàbudào shìjiè shuǐpíng(远远达不到世界水准). ¶記録は～以下だった jìlù dīyú biāozhǔn(记录低于标准). ¶生活～は年々高くなってきている shēnghuó shuǐpíng zhúnián tígāo(生活水平逐年提高).

¶～器 shuǐzhǔnqì(水准器)/ shuǐpíngyí(水平仪). ～儀 shuǐzhǔnyí(水准仪).

ずいしょ【随所】 suíchù(随处), dàochù(到处), chùchù(处处). ¶そのような情景が町の～で見られた zhènshang suíchù kěyǐ kàndào nà zhǒng qíngjǐng(镇上随处可以看到那种情景).

すいしょう【水晶】 shuǐjīng(水晶). ¶～体 shuǐjīngtǐ(水晶体)/ jīngzhuàngtǐ(晶状体). ～時計 shuǐjīngzhōng(水英钟). 紫～ zǐshuǐjīng(紫水晶).

すいしょう【推奨】 tuījiàn(推荐). ¶彼はその映画を学生に～した tā xiàng xuésheng tuījiàn nà bù yǐngpiàn(他向学生推荐那部影片). ¶A氏の～のホテル A xiānsheng chēngzàn tuījiàn de lǚguǎn(A先生称赞推荐的旅馆).

すいじょう【水上】 shuǐ shàng(水上). ¶～競技 shuǐshàng yùndòng(水上运动). ～警察 shuǐshàng jǐngchá(水上警察). ～スキー shuǐqiāo yùndòng(水橇运动). ～生活者 shuǐshàng jūmín(水上居民)/ chuánmín(船民)/ dànmín(疍民)/ dànhù(疍户).

すいじょうき【水蒸気】 shuǐzhēngqì(水蒸气), shuǐqì(水汽), zhēngqì(蒸汽).

すいしん【水深】 shuǐshēn(水深). ¶～を測る cè shuǐshēn(测水深). ¶～300メートルの海底 shuǐshēn sānbǎi mǐ de hǎidǐ(水深三百米的海底).

すいしん【推進】 tuījìn(推进), tuīdòng(推动). ¶技術革新を～する tuīdòng jìshù géxīn(推动技术革新). ¶彼等が労働運動の強力な～力となった tāmen chéngwéi gōngrén yùndòng

qiángjìng de tuīdònglì (他们成为工人运动强劲的推动力).
¶~器 tuījìnqì (推进器).

スイス Ruìshì (瑞士).

すいすい ¶つばめが~と飛んでいる yànzi qīngqīng de fēi (燕子轻轻地飞). ¶あめんぼが~と泳ぐ shuǐmǎn cīliūcīliū de pǎo zài shuǐmiàn (水黾刺溜刺溜地跑在水面). ¶ヨットが~と水の上をすべって行く fānchuán zài shuǐmiàn shang huáxíng ér qù (帆船在水面上滑行而去). ¶と事が運んだ shìqing jìnzhǎn de hěn shùnlì (事情进展得很顺利).

すいせい【水生】 shuǐshēng (水生). ¶~植物 shuǐshēng zhíwù (水生植物). ~動物 shuǐshēng dòngwù (水生动物).

すいせい【水星】 shuǐxīng (水星).

すいせい【水勢】 shuǐshì (水势). ¶~は衰えた shuǐshì jiǎntuì (水势减退).

すいせい【彗星】 huìxīng (彗星), sàozhouxīng (扫帚星). ¶~の如く現れた新人 xiàng huìxīng yíyàng chūxiàn de xīnrén (像彗星一样出现的新人).
¶ハレー~ Hāléi huìxīng (哈雷彗星).

すいせいがん【水成岩】 shuǐchéngyán (水成岩), chénjīyán (沉积岩).

すいせいむし【酔生夢死】 zuì shēng mèng sǐ (醉生梦死).

すいせん【水仙】 shuǐxiān (水仙).

すいせん【水洗】 ¶フィルムを~する chōngxǐ jiāojuǎnr (冲洗胶卷ㄦ).
¶~便所 chōushuǐ mǎtǒng (抽水马桶).

すいせん【垂線】 chuíxiàn (垂线), chuízhíxiàn (垂直线). ¶~を下ろす huà chuíxiàn (划垂线). ¶~の足 chuíxiànzú (垂线足) / chuízú (垂足).

すいせん【推薦】 tuījiàn (推荐), jǔjiàn (举荐), yǐnjiàn (引荐), yuányǐn (援引). ¶学生に参考書を~する xiàng xuésheng tuījiàn cānkǎoshū (向学生推荐参考书). ¶彼のような人物ならどこにでも~できる xiàng tā nàyàng de rén xiàng nǎli tuījiàn dōu xíng (像他那样的人向哪里推荐都行). ¶皆から委員に~された bèi dàjiā tuījiàn wéi wěiyuán (被大家推荐为委员). ¶~状を書く xiě tuījiànxìn (写推荐信).

すいぜん【垂涎】 chuíxián (垂涎). ¶A氏所蔵の陶器は収集家の~の的だ A xiānsheng suǒ shōucáng de nà táoqì shì shōucángjiā fēicháng chuíxián de (A先生所收藏的那陶器是收藏家非常垂涎的).

すいそ【水素】 qīng (氢). ¶~ガス qīngqì (氢气), ¶~爆弾 qīngdàn (氢弹) / rèhé wǔqì (热核武器).

すいそう【水草・水藻】 shuǐcǎo (水草); shuǐzǎo (水藻).

すいそう【水葬】 shuǐzàng (水葬), hǎizàng (海葬).

すいそう【水槽】 shuǐcáo (水槽), shuǐxiāng (水箱).

すいそう【吹奏】 chuīzòu (吹奏). ¶国歌を~する zòu guógē (奏国歌).

¶~楽 chuīzòuyuè (吹奏乐).

すいぞう【膵臓】 yí (胰), yíxiàn (胰腺), yízàng (胰脏), cuìzàng (膵脏). ¶~炎 yíxiànyán (胰腺炎).

ずいそう【随想】 suígǎn (随感). ¶旅行の~を書く xiě lǚxíng de suígǎn (写旅行的随感).
¶~録 suígǎnlù (随感录).

すいそく【推測】 tuīcè (推测), tuīduó (推度), tuīxiǎng (推想), chuǎicè (揣测), chuǎiduó (揣度), chuǎixiǎng (揣想), gūjì (估计). ¶結果は~し難い jiéguǒ nányǐ yùcè (结果难以预测). ¶こんな事になるとは~できなかった shéi néng yùxiǎngdào huì zhèyàng ne? (谁能预想到会这样呢?). ¶これはあくまで~の域を出ない zhè hái méi chāochū tuīcè de fànwéi (这还没超出推测的范围) / zhè zhǐshì cāicè bàle (这只是猜测罢了).

すいぞくかん【水族館】 shuǐzúguǎn (水族馆).

すいたい【衰退】 shuāituì (衰退), shuāiluò (衰落). ¶その勢力は~の一途をたどっている nàge shìli yìzhí zài shuāituì xiaqu (那个势力一直在衰退下去).

すいだ・す【吸い出す】 xīchū (吸出), bá (拔).
¶膿を~す bá nóng (拔脓). ¶~し膏薬 bádúgāo (拔毒膏).

すいだん【推断】 tuīduàn (推断). ¶以上の現象から以下の如き~を下した gēnjù yǐshàng de xiànxiàng zuòchū rúxià tuīduàn (根据以上的现象作出如下推断).

すいちゅう【水中】 shuǐzhōng (水中). ¶~深くもぐる shēnshēn zuāndào shuǐlǐ (深深钻到水里). ¶船はついに~に没した chuán zhōngyú chénrù shuǐzhōng (船终于沉入水中).
¶~カメラ shuǐxià zhàoxiàngjī (水下照相机). ~撮影 shuǐxià shèyǐng (水下摄影). ~翼船 shuǐyìtǐng (水翼艇).

ずいちょう【瑞兆】 xiángruì (祥瑞), jízhào (吉兆).

すいちょく【垂直】 chuízhí (垂直). ¶柱を~に立てる bǎ zhùzi chuízhí de shùlì qilai (把柱子垂直地竖立起来). ¶2直線が~に交わる liǎng tiáo zhíxiàn chuízhí xiāngjiāo (两条直线垂直相交).
¶~線 chuízhíxiàn (垂直线) / chuíxiàn (垂线).

すいつ・く【吸い付く】 xīzhù (吸住), zuōzhù (嗍住). ¶赤ん坊は乳房に~いて離れない xiǎowáwa zuōzhù nǎitóu bú fàng (小娃娃嗍住奶头不放). ¶釘が磁石に~いた dīngzi bèi cítiě xīzhù le (钉子被磁铁吸住了).

すいつ・ける【吸い付ける】 xī (吸), xīzhù (吸住). ¶磁石で砂鉄を~ける yòng císhí xī tiěshā (用磁石吸铁砂). ¶思わず目がそちらに~けられた bùyóude bèi nàbian xīyǐn guoqu le (不由得被那边吸引过去了).

スイッチ kāiguān (开关), diànmén (电门), diànniǔ (电钮), ànniǔ (按钮), diànzhá (电闸). ¶~を入れる [切る] kāi[guān] diànmén (开 [关] 电门).

すいてい【水底】 shuǐdǐ (水底).

すいてい【推定】 tuīdìng(推定). ¶解剖的結果死後7日を経ていると~される jiěpōu de jiéguǒ tuīdìng yǐjing sǐle qī tiān(解剖的结果已经死了七天). ¶~によれば3000年前のものである jù tuīdìng shì sānqiān nián qián de dōngxi(据推定是三千年前的东西).

すいてき【水滴】 1 shuǐdī(水滴). ¶~石を穿(ﾅﾂ)つ shuǐ dī shí chuān(水滴石穿)/ dī shuǐ chuān shí(滴水穿石).
2〔硯の水さし〕shuǐdī(水滴), yàndī(砚滴).

すいでん【水田】 shuǐtián(水田), shuǐdì(水地).

すいとう【水痘】 shuǐdòu(水痘).

すいとう【水筒】 shuǐhú(水壶).

すいとう【水稲】 shuǐdào(水稻).

すいとう【出納】 chūnà(出纳). ¶金銭の~が合う jīnqián chūnà xiāngfú(金钱出纳相符). ¶~係 chūnà(出纳)/ chūnàyuán(出纳员). ~簿 liúshuǐzhàng(流水账).

すいどう【水道】 1 zìláishuǐ(自来水). ¶~を引く ānzhuāng zìláishuǐ(安装自来水). ¶~の栓をひねる nǐngkāi shuǐlóngtóu(拧开水龙头). 上下~完備 shàngxià shuǐdào wánbèi(上下水道完备).
¶~管 zìláishuǐguǎn(自来水管)/ zìláishuǐ guǎndào(自来水管道). ~メーター shuǐbiǎo(水表). ~料金 zìláishuǐfèi(自来水费)/ shuǐfèi(水费).
2〔海峡〕hǎixiá(海峡). ¶紀伊~ Jìyī hǎixiá(纪伊海峡).
3〔航路〕shuǐlù(水路), shuǐdào(水道).

すいとりがみ【吸取紙】 xīmòzhǐ(吸墨纸).

すいと・る【吸い取る】 xī(吸), shǔnxī(吮吸), xīshǔn(吸吮). ¶スポンジはよく水を~る hǎimián ˇxīshuǐlì hěn qiáng[hěn néng xī shuǐ](海绵˅吸水力很强[很能吸水]). ¶電気掃除機でほこりを~る yòng diàndòng xīchénqì xī chéntǔ(用电动吸尘器吸尘土). ¶稼げば稼ぐほど税金に~られる zhèngqián yuè duō chōushuǐ yuè duō(挣钱越多抽税越多).

すいとん【水団】 gēdatāng(疙瘩汤), piànrtāng(片ｒ汤).

すいなん【水難】 ¶あなたには~の相がある nǐ yǒu shuǐnàn zhī xiàng(你有水难之相).

すいのみ【水飲み】 yāzuǐhú(鸭嘴壶), chángzuǐhú(长嘴壶).

すいば【酸葉】 suānmó(酸模).

すいばく【水爆】 qīngdàn(氢弹), rèhé wǔqì(热核武器). ¶~実験 qīngdàn shìyàn(氢弹试验).

すいはんき【炊飯器】 ¶電気~ diànfànguō(电饭锅)/ diànfànbāo(电饭煲).

すいひ【水肥】 yètài féiliào(液态肥料); shuǐféi(水肥).

すいび【衰微】 shuāiwēi(衰微), shuāiluò(衰落). ¶国力が~した guólì yǐ shuāiluò(国力已衰落).

ずいひつ【随筆】 suíbǐ(随笔). ¶~家 suíbǐjiā(随笔家). ~集 suíbǐjí(随笔集).

すいふ【水夫】 shuǐshǒu(水手).

すいぶん【水分】 shuǐfèn(水分). ¶~をとる shèqǔ shuǐfèn(摄取水分). ¶~の多い果物 shuǐfèn duō de shuǐguǒr(水分多的水果ｒ).

ずいぶん【随分】 hěn(很); fēicháng(非常); pō(颇); xiāngdāng(相当). ¶~可愛らしい財布だね zhēn shì ge xiǎoqiǎo-línglóng de qiánbāor a!(真是个小巧玲珑的钱包ｒ啊!). ¶彼の病気は~悪いらしい shuō shì tā de bìng xiāngdāng zhòng(说是他的病相当重). ¶~探したが見つからなかった zhǎole hǎo bàntiān yě méi zhǎozháo(找了好半天也没找着). ¶それは~高いなぁ kě zhēn guì a!(那可真贵啊!). ¶あなたも~な人ね nǐ zhēn shùdé(你真缺德).

すいへい【水平】 shuǐpíng(水平). ¶~を保つ bǎochí shuǐpíng wèizhi(保持水平位置).
¶~線 shuǐpíngxiàn(水平线)〈水平な線〉/ dìpíngxiàn(地平线). ~面 shuǐpíngmiàn(水平面).

すいへい【水兵】 shuǐbīng(水兵). ¶~服 shuǐbīngfú(水兵服). ~帽 shuǐbīngmào(水兵帽).

すいほう【水泡】 shuǐpào(水泡). ¶これまでの努力がすべて~に帰してしまった zhídào jīntiān de nǔlì quándōu huàwéi pàoyǐng le(直到今天的努力全都化为泡影了)/ qiánggōng jìnqì, fùzhī dōngliú(前功尽弃, 付之东流).

すいほう【水疱】 shuǐpào[r](水疱[ｒ]).

すいぼう【水防】 fángxùn(防汛), fánghóng(防洪). ¶~工事 fángxùn gōngchéng(防汛工程).

すいぼう【衰亡】 shuāiwáng(衰亡). ¶ローマ帝国~史 Luómǎ Dìguó shuāiwángshǐ(罗马帝国衰亡史).

すいぼくが【水墨画】 shuǐmòhuà(水墨画).

すいぼつ【水没】 yānmò(淹没). ¶ダム建設で~した村 yóuyú jiàn shuǐbà mòrù shuǐzhōng de cūnzhuāng(由于建水坝没入水中的村庄).

すいま【睡魔】 shuìmó(睡魔). ¶~に襲われる bèi shuìmó suǒ xí(被睡魔所袭).

すいみつとう【水蜜桃】 shuǐmìtáo(水蜜桃).

すいみゃく【水脈】 shuǐmài(水脉). ¶~を掘りあてた zhǎodàole shuǐmài(找到了水脉).

すいみん【睡眠】 shuìmián(睡眠). ¶十分に~をとって疲労を回復した shuìle yí ge hǎo jiào huīfùle píláo(睡了一个好觉恢复了疲劳). ¶1日8時間の~は必要だ yì tiān xūyào bā xiǎoshí de shuìmián(一天需要八小时的睡眠). ¶~不足で眠くて仕方がない yóuyú shuìmián bùzú kùnde yàomìng(由于睡眠不足困得要命).
¶~薬 ānmiányào(安眠药). ~時間 shuìmián shíjiān(睡眠时间).

ずいむし【螟虫】 míng(螟), míngchóng(螟虫).

すいめん【水面】 shuǐmiàn(水面), shuǐpír(水皮ｒ). ¶鏡のような~に時々さざ波が立つ bō píng rú jìng de shuǐmiàn shí'ér fànqǐ liányī(波平如镜的水面时而泛起涟漪). ¶~すれすれにつばめが飛ぶ yànzi cāzhe shuǐmiàn fēi(燕子擦着水面飞).

すいもの【吸物】 héshí qīngcài yúxiāntāng(和式青菜鱼鲜汤).

すいもん【水門】 shuǐzhá(水闸), shuǐmén(水门), zhámén(闸门). ¶~を閉じる guān shuǐ-

mén(关水门).
すいやく【水薬】　yàoshuǐ[r](药水[儿]).
すいよう【水曜】　xīngqīsān(星期三), lǐbàisān(礼拜三).
すいよく【水浴】　chōngliáng(冲凉), lěngshuǐzǎo(冷水澡).
すいらい【水雷】　shuǐléi(水雷).
すいり【水利】　**1** shuǐlì(水利). ¶〜の便が悪くて大火となった gōng shuǐ bùbiàn niàngchéngle dàhuǒzāi(供水不便酿成了大火灾). ¶〜権 yòngshuǐquán(用水权). 〜工事 shuǐlì gōngchéng(水利工程)/ shuǐlì(水利)/ shuǐgōng(水工).
2[水運の便] ¶〜の良い都市 shuǐyùn fāngbiàn de chéngshì(水运方便的城市).
すいり【推理】　tuīlǐ(推理). ¶〜を進める jìnxíng tuīlǐ(进行推理). ¶遺留品から犯人を〜する cóng yíliúpǐn tuīcè zuìfàn(从遗留品推测罪犯).
¶〜小説 zhēntàn[tuīlǐ] xiǎoshuō(侦探[推理]小说). 〜能力 tuīlǐ nénglì(推理能力).
すいりく【水陸】　shuǐlù(水陆). ¶〜両用車 liǎngqī chēliàng(两栖车辆).
すいりゅう【水流】　shuǐliú(水流).
すいりょう【水量】　shuǐliàng(水量). ¶雪どけ水で川の〜が増した yóuyú xuě huà de shuǐ hélǐ shuǐliàng zēngjiā le(由于雪化的水河里水量增加了)/ yóuyú jīxuě rónghuà héshuǐ shàngzhǎng le(由于积雪融化河水上涨了).
すいりょう【推量】　tuīcè(推测), chuǎicè(揣测), tuīxiǎng(推想). ¶顔色から健康状態を〜する cóng liǎnsè lái tuīcè qí jiànkāng zhuàngtài(从脸色来推测其健康状态). ¶彼の話から〜すると事態は差し迫っているらしい cóng tā de huà lái tuīcè, shìtài pòzài méijié(从他的话来推测, 事态迫在眉睫).
すいりょく【水力】　shuǐlì(水力). ¶〜を利用して発電する lìyòng shuǐlì fādiàn(利用水力发电).
¶〜タービン shuǐlúnjī(水轮机). 〜発電所 shuǐlì fādiànzhàn(水力发电站)/ shuǐdiànzhàn(水电站).
すいれい【水冷】　shuǐlěng(水冷). ¶〜式エンジン shuǐlěngshì fādòngjī(水冷式发动机).
すいれん【睡蓮】　shuìlián(睡莲), zǐwǔlián(子午莲).
すいろ【水路】　**1**[送水路] qú(渠), qúdào(渠道), shuǐqú(水渠). ¶灌漑のための〜が縦横に通じている guàngàiqù zònghéng jiāocuò(灌溉渠纵横交错).
2[航路] shuǐlù(水路), shuǐdào(水道), hánglù(航路), hángxiàn(航线). ¶瀬戸内海には網の目のように〜がひらけている zài Làihùnèihǎi hánglù xiàng zhīzhūwǎng shìde sìtōng-bādá(在濑户内海航路像蜘蛛网似的四通八达). ¶〜で大阪に至る yóu shuǐlù dá Dàbǎn(由水路达大阪).
¶〜標識 shuǐdào hángbiāo(水道航标).

すいろん【推論】　tuīlùn(推论). ¶〜を下す zuòchū tuīlùn(作出推论).
スイング　[野球の] huībàng(挥棒);[ゴルフの] huīgǎn(挥杆);[音楽の] yáobǎiyuè(摇摆乐).
す・う【吸う】　**1** xī(吸). ¶新鮮な空気を胸一杯〜う xī mǎnqiāng de xīnxiān kōngqì(吸满腔的新鲜空气). ¶大きく息を〜う shēn xī yì kǒu qì(深吸一口气). ¶彼はタバコを煙草を〜っている tā chōuyān chōude hěn xiāngtián(他抽烟抽得很香甜). ¶スープを〜う hē tāng(喝汤). ¶赤ん坊がお乳を〜っている wáwa ˇzuō[shǔn/suǒ]zhe nǎi(娃娃嗍[吮/嗍]着奶). ¶蝶が花の蜜を〜っている húdié zài xī huāmì(蝴蝶在吸花蜜).
2[吸収する] xī(吸), xīshōu(吸收). ¶木綿はよく汗を〜う miánbù yì xī hàn(棉布易吸汗).
すう【数】　**1**[かず] shù(数), shùmù(数目), shùliàng(数量). ¶我が軍は〜において勝る wǒjūn zài shùliàngshang zhàn yōushì(我军在数量上占优势). ¶当校の学生は〜は3000名です běn xiào de xuéshēngshù shì sānqiān míng(本校的学生数是三千名).
2[若干] jǐ(几), jǐrì(几日). ¶御本は〜日後にお返しします shū guò jǐ tiān huán nín(书过几天还您). ¶ストライキは〜か月に及んだ bàgōng dá shù yuè(罢工达数月). ¶北京に十一日間滞在した zài Běijīng dòuliúle shíjǐ tiān(在北京逗留了十几天). ¶〜回にわたって交渉したが結論は得られなかった jīng shù cì jiāoshè yě méi néng déchū jiélùn(经数次交涉也没能得出结论). ¶〜人の中心メンバー shù míng zhōngxīn chéngyuán(数名中心成员).
¶〜万冊の蔵書 shùwàn cè cángshū(数万册藏书).
¶〜次旅券 duōcì yǒuxiào hùzhào(多次有效护照).
スウェーデン　Ruìdiǎn(瑞典).
すうがく【数学】　shùxué(数学).
すうき【数奇】　¶彼は〜な生涯を送った tā kǎnkě yìshēng(他坎坷一生).
すうき【枢機】　shūjī(枢机). ¶〜卿 shūjī zhǔjiào(枢机主教)/ hóngyī zhǔjiào(红衣主教)/ shūjī(枢机).
すうけい【崇敬】　chóngjìng(崇敬).
すうこう【崇高】　chónggāo(崇高). ¶〜な精神 chónggāo de jīngshén(崇高的精神). ¶〜な理想 chónggāo de lǐxiǎng(崇高的理想).
すうし【数詞】　shùcí(数词).
すうじ【数字】　shùzì(数字), shùmùzì(数目字), shùmǎ[r](数码[儿]), zìmǎr(字码儿). ¶細かい〜は問題ではない wèntí bú zàiyú xìxiǎo de shùmù shang(问题不在于细小的数目上). ¶彼は〜に強い tā shùxì gàiniàn qiáng(他数学概念强). ¶費用は天文学的〜になる fèiyong dádào tiānwén shùzì(费用达到天文数字).
¶算用〜 Ālābó shùzì(阿拉伯数字). ローマ〜 Luómǎ shùzì(罗马数字).
すうしき【数式】　shùshì(数学式).
すうじくこく【枢軸国】　zhóuxīnguó(轴心国).

すうすう〔風が〕hūhū(呼呼), sōusōu(嗖嗖); 〔息が〕hūchī(呼哧) ¶隙間風が~と吹きこむ zéifēng ˇhūhū[sōusōu] de guànjìn wū lai(贼风ˇ呼呼[嗖嗖]地灌进屋来). ¶~と寝息を立てて眠っている hūchīhūchī shuìde hěn xiāng(呼哧呼哧睡得很香).

ずうずうし・い【図図しい】liǎnpí hòu(脸皮厚). ¶まったく~い奴だ zhēn shì ge ˇméipí-méiliǎn[méixiū-méisào] de dōngxi(真是个ˇ没皮没脸[没羞没臊]的东西). ¶彼は~くもまたやって来た tā jūrán sǐpí-làiliǎn yòu lái le(他居然死皮赖脸又来了). ¶あいつの~さにはあきれる tā nà liǎnpí hòude jiào rén méi huà kě shuō(他那脸皮厚得叫人没话可说).

すうせい【趨勢】qūshì(趋势), qūxiàng(趋向), zǒushì(走势). ¶世論の~は軍縮の方向に向かいつつある yúlùn de qūshì zhújiàn qūxiàng yú cáijūn(舆论的趋势逐渐趋向于裁军). ¶時代の~に従う shùnyìng shídài de qūshì(顺应时代的趋势).

ずうたい【図体】kuàitóu(块头), gèzi(个子), gèr(个儿), gètóur(个头儿). ¶この子は~ばかり大きくて口のきき方も知らない zhè háizi guāng kuàitóu dà, lián zěnme shuōhuà yě bù zhīdào(这孩子光大块头大, 连怎么说话也不知道).

すうち【数値】shùzhí(数值).

スーツ tàofú(套服), tàozhuāng(套装).

スーツケース shǒutíxiāng(手提箱), tíxiāng(提箱).

スーパー ¶~マーケット chāojí shìchǎng(超级市场), zìxuǎn shāngchǎng(自选商场), chāoshì(超市). ¶~マン chāocháng zhī rén(超常之人)/ chāorén(超人).

すうはい【崇拝】chóngbài(崇拜). ¶彼はA博士を~している tā zhōngxīn chóngbài A bóshì(他衷心崇拜A博士). ¶彼女は~者がたくさんいる tā yǒu xǔduō chóngbàizhě(她有许多崇拜者).

¶英雄~ yīngxióng chóngbài(英雄崇拜). 偶像~ ǒuxiàng chóngbài(偶像崇拜). 個人~ gèrén chóngbài(个人崇拜).

スープ tāng(汤). ¶鶏のがらで~を取る yòng jīgǔ áo tāng(用鸡骨熬汤). ¶~を飲む hē tāng(喝汤).

¶野菜~ càitāng(菜汤). ~皿 tāngpén(汤盆).

ズームレンズ biànjiāojù jìngtóu(变焦距镜头).

すうよう【枢要】shūyào(枢要), shūniǔ(枢纽). ¶彼は政府の~な地位にある tā jū zhèngfǔ de shūyào dìwèi(他居政府的枢要地位). ¶ここは軍事上~の地である zhèli shì jūnshì yàodì(这里是军事要地).

すうりょう【数量】shùliàng(数量).

すうれつ【数列】shùliè(数列).

すえ【末】 1〔終り〕dǐ(底), mò(末). ¶3月の~ sānyuè ˇdǐ[mò/mòshāo](三月ˇ底[末/末梢]). ¶明治の~ Míngzhì mònián(明治末年). ¶世も~だ zhè shìdào suàn wán le(这世道算完了).

2〔あげく〕¶それは十分考えた~決めた事だ nà shì jīngguò chōngfèn kǎolù juédìng de(那是经过充分考虑决定的). ¶口論の~殴り合いになった chǎodào zuìhòu sīdǎle qǐlái(吵到最后厮打了起来).

3〔末っ子〕lǎo(老), xiǎo(小), yāo(幺). ¶~は男の子です zuì xiǎo de shì ge nánháizi(最小的是个男孩子). ¶~の妹 xiǎo mèimei(小妹妹)/ yāomèi(幺妹)/ lǎomèizi(老妹子)/ lǎomèimei(老妹妹).

4〔将来〕¶この子は~が楽しみだ zhè háizi qiántú kě wàng(这孩子前途可望). ¶こんな調子では~が思いやられる zhèyàng xiàqu jiānglái kě zhēn jiào rén dānxīn(这样下去将来可真叫人担心).

スエード róngmiàngé(绒面革), jǐpí(麂皮). ¶~の靴 jǐpí píxié(麂皮皮鞋).

すえお・く【据え置く】¶暖房費は現行のままに~く nuǎnqìfèi àn xiànxíng biāozhǔn gēzhì bú dòng(暖气费按现行标准搁置不动). ¶積立終了後3か月間~く ànqī chǔxù hòu sān ge yuè gēzhì bú dòng(按期储蓄后三个月搁置不动).

すえおそろし・い【末恐ろしい】¶この子は今からこんなだと~い zhè háizi xiànzài jiù zhège yàngzi jiānglái kě bùkān shèxiǎng(这孩子现在就这个样子将来可不堪设想).

すえたのもし・い【末頼もしい】¶この子は~い zhè háizi qiántú kě wàng(这孩子前途可望).

すえつ・ける【据え付ける】ānzhuāng(安装). ¶部屋に大型のクーラーを~ける wūli ānzhuāng dàxíng lěngqì(屋里安装大型冷气). ¶~け工事 ānzhuāng gōngchéng(安装工程).

すえっこ【末っ子】〔男〕yòuzǐ(幼子), lǎo'érzi(老儿子);〔女〕lǎogūniang(老姑娘), lǎoguīnǚ(老闺女);〔男女〕lǎogēda(老疙瘩).

すえひろがり【末広がり】¶~の平野 shànxíng de píngyuán(扇形的平原). ¶この店の将来は~だ zhè jiā diàn jiānglái yídìng huì yuè jiā xīnglóng(这家铺子将来一定会越加兴隆).

す・える【据える】 1〔置く〕¶机を窓ぎわに~える bǎ zhuōzi ānfàng zài chuāngbiān(把桌子安放在窗边). ¶A氏を会長の後釜に~える bǎ A xiānsheng ānchā wéi huìzhǎng de hòurèn(把A先生安插为会长的后任). ¶灸を~える shī àijiǔ(施艾灸)/〔比喩的〕chéngjiè yí dùn(惩戒一顿).

2〔落ち着ける〕¶腰を~えて仕事にかかる ānxià xīn lái gǎo gōngzuò(安下心来搞工作). ¶どうにも腹に~えかねる zěnme yě fùbuliǎo zhè yì kǒu qì(怎么也服不了这一口气). ¶彼は目を~えてこっちをにらんでいた tā yǎnzhū bù zhuǎn de zhí dèngzhe wǒ(他眼珠不转地直瞪着我). ¶上がり込んでどんと腰を~えてしまった tā jìnlái zuòxià pìgu bú dòngtan le(踏进来坐下屁股就不动弹了).

す・える【饐える】sōu(馊). ¶御飯が~えた fàn sōu le(饭馊了). ¶物の~えた臭いがする sōuwèir pūbí(馊味儿扑鼻).

すおう【蘇芳】 1 sūmù(苏木), sūfāng(苏方).
2〔はなずおう〕zǐjīng(紫荆).

ずが【図画】 túhuà(图画), huàr(画儿).

スカート qúnzi(裙子).¶~をはく chuān qúnzi(穿裙子).

スカーフ lǐngjīn(领巾), tóujīn(头巾), wéijīn(围巾).

ずかい【図解】 tújiě(图解).¶自動車の構造を~する yòng tú shuōmíng qìchē de jiégòu(用图说明汽车的结构).

ずがいこつ【頭蓋骨】 tóugǔ(头骨), lúgǔ(颅骨), tóugàigǔ(头盖骨), nǎoké(脑壳).

スカウト ¶街でモデル事務所に~された zài jiēshang guàngyou bèi mótèr shìwùsuǒ wùsèshang le(在街上逛游被模特儿事务所物色上了).

すがお【素顔】 ¶彼女は化粧をしているよりも~の方が美しい tā bù túzhī mǒfěn dào gèng hǎokàn(她不涂脂抹粉倒更好看).¶~の俳優 xièle zhuāng de yǎnyuán(卸了装的演员).

すかさず【透かさず】 ¶相手の追及を~切り返した dāngjí bóchìle duìfāng de zhuījiū(当即驳斥了对方的追究).¶相手の隙をみて~突っ込んだ jiàn duìfāng yǒu xì kě chéng pūle guòqù(见对方有隙可乘扑了过去).

すかし【透かし】 shuǐyìn(水印).¶紙幣には~が入れてある zhǐbì shang yǒu shuǐyìn(纸币上有水印).¶~彫 lòukōng(镂空)／tòudiāo(透雕).~模様 ànhuār(暗花儿).

すか・す【空かす】 kōng(空), è(饿).¶子供たちはお腹を~して母親の帰りを待っていた háizimen kōngzhe dùzi děng māma huílai(孩子们空着肚子等妈妈回来).

すか・す【透かす】 1〔すきまを作る〕¶板を~して打ちつける gé jiàngé dìng mùbǎn(隔间隔钉木板).¶枝を~して風通しをよくする shūjiǎn shùzhī shǐ tōngfēng liánghǎo(疏剪树枝使通风良好).

2〔すきとおす〕tòu(透).¶ガラス戸を~して見る tòuguò bōlichuāng kàn(透过玻璃窗看).¶卵を明りに~して見る bǎ jīdàn duìzhe liàng zhàokàn(把鸡蛋对着亮照看).¶闇を~して灯が見えた tòuguò hēi'àn kànjianle dēngguāng(透过黑暗看见了灯光).¶木の間を~して日が差し込む yángguāng chuānguò shùzhī de fèngxì shèle jìnlái(阳光穿过树枝的缝隙射了进来).

すか・す【賺す】 ¶脅したり~したりしてとうとう承知させた lián xià dài hǒng hǎobù róngyi cái jiào tā dāyingle xiàlái(连吓带哄好不容易才叫他答应了下来).¶なだめ~して子供に薬を飲ませた lián hǒng dài piàn de jiào háizi chīle yào(连哄带骗地叫孩子吃了药).

すかすか ¶水分の少ない~の西瓜 shuǐfèn shǎo fākōng de xīguā(水分少发空的西瓜).

ずかずか ¶その男は~と上がりこんできた nà hànzi dàyáo-dàbǎi de chuǎngjìnle wūli(那汉子大摇大摆地闯进了屋里).

すがすがし・い【清清しい】 qīngshuǎng(清爽), shuǎngkuai(爽快).¶~い高原の空気を胸一杯吸い込む xīle mǎnqiāng gāoyuán de qīngshuǎng kōngqì(吸了满腔高原的清爽空气).¶とうとうやりとげて~い気分だ zhōngyú gǎo chénggōng xīnli fēicháng shuǎngkuai(终于搞成功心里非常爽快).¶彼女は~い顔をしてやって来た tā shén qīng mù shuǎng de zǒule guòlái(她神清目爽地走了过来).

すがた【姿】 1〔体つき,形〕zītài(姿态).¶彼女は~が美しい tā de zītài fēicháng měilì(她的姿态非常美丽)／tā shēnduàn yōuměi(她身段优美).¶雲間から富士が美しい~を見せた Fùshì Shān cóng yúnxìli xiànchūle tā yōuměi de zīróng(富士山从云隙里现出了它优美的姿容).

2〔身なり〕¶賊は~をかえて逃走した zéi huàzhuāng táopǎo le(贼化装逃跑了).¶みすぼらしい~をしている chuāndài fēicháng hánsuān(穿戴非常寒酸).¶娘の花嫁~に見とれる duì nǚ'ér de xīnniáng dǎban kànde rùshén le(对女儿的新娘打扮看得入神了).

3〔身,体〕¶声は聞こえる~は見えず wén shēng bú jiàn qí shēnyǐng(闻声不见其身影).¶彼はそれっきり~をくらました cóng nà yǐlái jiù bújiàn tā de zōngyǐng le(从那以后就不见他的踪影了).¶彼女は近頃さっぱり~を見せないがどうしたのだろう jìnlái lǎo bú jiàn tā de yǐngzi, bù zhī zěnme la(近来老不见她的影子,不知她怎么啦).

4〔ありさま,状態〕¶移り行く世の~を反映した作品 fǎnyìng shídài biànqiān de zuòpǐn(反映时代变迁的作品).¶このあたりはもはや昔の~を留めていない zhè yídài miànmù quán fēi, háo wú guòqù de jìxiàng(这一带面目全非,毫无过去的迹象).¶日本らしい町並は最近すっかり~を消した Rìběn chuántǒng de jiēmào zuìjìn wánquán bújiàn le(日本传统的街貌最近完全不见了).

すがたみ【姿見】 chuānyījìng(穿衣镜).

スカッシュ wéiqiáng qiúxì(围墙球戏), ruǎnshì qiángwǎngqiú(软式墙网球).

ずがら【図柄】 huāyàng(花样), huāwén(花纹), tú'àn(图案).¶この生地は~が良い zhè bù huāyàng hěn hǎo(这布花样很好).

すが・る【縋る】 ¶杖に~って歩く zhǔzhe guǎizhàng zǒulù(拄着拐杖走路).¶子供が母親に~りついて離れない háizi chánzhù mǔqin bú fàng(孩子缠住母亲不放).¶人の情けに~って生きる kào rénmen de liánmǐn dùrì(靠人们的怜悯度日).

ずかん【図鑑】 tújiàn(图鉴).¶動物~ dòngwù tújiàn(动物图鉴).

スカンク chòuyòu(臭鼬).

すかんぴん【素寒貧】 qióngguāngdàn(穷光蛋).¶気前よくふるまったので~になった qǐngkè shí dàshǒu-dàjiǎo, jiéguǒ nòngde shēnshang kōng wú yì wén le(请客时大手大脚,结果弄得身上空无一文了).

すき 1【鋤】chú(锄), chútou(锄头).
2【犂】lí(犁).

すき【好き】 1 ài(爱), xǐhuan(喜欢), xǐ'ài(喜爱).¶りんごとみかんとどちらが~ですか nǐ xǐhuan chī píngguǒ háishi chī júzi?(你喜欢吃苹果还是吃橘子?).¶彼は将棋

が～だ tā hào xiàqí(他好下棋). ¶私は海が大～だ wǒ zuì ài hǎiyáng(我最爱海洋). ¶ああいう絵は～ではない nà zhǒng huàr wǒ bù xǐhuan(那种画儿我不喜欢). ¶スキーを覚えてから冬が～になった zìcóng xuéhuì huáxuě yǐlái wǒ jiù xǐhuan dōngtiān le(自从学会滑雪以来我就喜欢冬天了). ¶これで～な物を買いなさい ná zhè qián mǎi nǐ suǒ xǐhuan de dōngxi ba(拿这钱买你所喜欢的东西吧). ¶彼には～な娘がいる tā yǒu àiliànzhe de gūniang(他有爱恋着的姑娘). ¶歌が～で～でたまらない gē wǒ xǐhuande yàoming(唱歌我喜欢得要命). ¶彼女のような映画～もめずらしい xiàng tā nàyàng de yǐngmí yě hěn shǎojiàn(像她那样的影迷也很少见). ¶～こそ物の上手なれ xǐhào néng shēng qiǎo(喜好能生巧).

2〔勝手〕suíbiàn(随便), suíyì(随意). ¶どうとも彼の～にさせておいたらいい jiù yóu tā qù biàn hǎo le(就随他的便好了)/ yóu tā qù ba(由他去吧). ¶休みの日には～ように過している jiàrì suíxīn guò(假日随心过). ¶彼は責任がないから～放題なことを言っている nà shì gēn tā bù xiānggān, suǒyǐ tā xìnkǒu-kāihé suíbiàn luàn shuō(那事跟他不相干,所以他信口开河随便乱说).

すき【透き・隙】 1〔隙間, 余地〕fèng[r]([缝儿]), fèngzi(缝子), fèngxì(缝隙), kòng[r](空[儿]), kòngzi(空子), kòngdāngzi(空当子), kòngdàngzi(空当子), kòngxì(空隙). ¶戸の～からそっと中を覗く cóng ménfèngr[ménxì] tōutōu de wǎng lǐ chǒu(从「门缝儿[门隙]」偷偷地往里瞅). ¶足を踏み入れる～もない lián xiàjiǎo de kòngr dōu méiyǒu(连下脚的空儿都没有).

2〔暇〕kòng[r](空[儿]), kòngzi(空子), kòngxi(空隙), jiànxì(间隙), kòngyú(空余), kòngdāngzi(空当子). ¶仕事の～を見てうかがいます zhuā gōngzuò de kòngxì qù bàifǎng(抓工作的空隙去拜访).

3〔油断, チャンス〕¶その構えは～だらけだ nà zhāoshù jìngshì kòngzi(那着数尽是空子). ¶彼のやることなすことは全く～がない tā de suǒ zuò suǒ wéi jiǎnzhí wú xiè kě jī[dīshuǐ bú lòu](他的所做所为简直无懈可击[滴水不漏]). ¶一分の～もない身なり gòuzhuó zhěngqí wú kě zhǐzhāi(衣着整齐无可指摘). ¶敵の～に乗ずる chéng dírén zhī xì(乘敌人之隙). ¶彼は～を見て逃げ出した tā chōulěngzi táopǎo le(他抽冷子逃跑了). ¶相手に付け込む～を与えない bù gěi duìfāng kòngzi kě zuān[kě chéng zhī jī](不给对方空子可钻[可乘之机]).

すき【杉】 liǔshān(柳杉).

-すき【過】 ¶3時10分～ sān diǎn guò shí fēn(三点过十分). ¶父は6時～には帰ります fùqin guò liù diǎn huílái(父亲过六点回来). ¶もう昼～だ yǐjing guòle shǎngwu le(已经过了晌午了). ¶10時以上かかります shí diǎn yǐhòu néng dé(十号以后能得). ¶二十(はたち)～の青年 èrshí suì kāiwài[chūtóu / hǎojǐ] de qīngnián(二十岁开外[出头/好几]的青年). ¶飲み～は体によくない hēguòdù duì shēntǐ bù hǎo(喝过度对身体不好). ¶それは君の考え～ですよ nà nǐ tài duōxīn le(那你太多心了).

スキー huáxuě(滑雪); 〔用具〕huáxuěbǎn(滑雪板), xuěbǎn(雪板). ¶～をはく chuān huáxuěbǎn(穿滑雪板).

¶～靴 huáxuěxié(滑雪鞋)/ xuěxié(雪鞋). ～場 huáxuěchǎng(滑雪场). 水上～ huáshuǐbǎn yùndòng(滑水板运动).

スキーヤー huáxuě yùndòngyuán(滑雪运动员).

すきかって【好き勝手】 suíbiàn(随便), suíyì(随意). ¶お前の～にはさせないぞ jué bú ràng nǐ zìjǐ xiǎng zěnyàng jiù zěnyàng(决不让你自己想怎样就怎样).

すききらい【好き嫌い】 tiāoshí(挑食), tiāozuǐ(挑嘴), zuǐdiāo(嘴刁), zuǐjiān(嘴尖). ¶食べ物に～が多い chī dōngxi tiāoti(吃东西挑剔)/ tiāo kuàizi tiāo wǎn de(挑筷子挑碗的). ¶この子は～が激しくて困ります zhè háizi tiāo sān jiǎn sì de zhēn jiào rén tóuténg(这孩子挑三拣四的真叫人头疼). ¶この際～は言っていられない xiànzài gùbude tiāoféijiǎnshòu le(现在顾不得挑肥拣瘦了).

すきこの・む【好き好む】 ¶何も～んでこんなことをしているのではない wǒ kě bú shì xīngān-qíngyuàn zuò zhè zhǒng shì de(我可不是心甘情愿做这种事的).

すきずき【好き好き】 ¶それは各人の～だ nà shì gè yǒu suǒ hào(那是各有所好)/ nà, rén gè yǒu gè de shìhào(那, 人各有各的嗜好).

ずきずき ¶傷口が～と痛む shāngkǒu yízhèn yízhèn de téngtòng(伤口一阵一阵地疼痛). ¶頭が～する tóu zhènzhèn zuòtòng(头阵阵作痛).

すきっぱら【空き腹】 kōngfù(空腹), kòngxīn[r](空心[儿]). ¶～をかかえて歩く èzhe dùzi zǒulù(饿着肚子走路). ¶～で酒を飲むのは体に悪い kòngxīnjiǔ duì shēntǐ kě bù hǎo(空心酒对身体可不好). ¶～にまずい物無し dùzi è shí méiyǒu bù hǎochī de dōngxi(肚子饿时没有不好吃的东西).

スキップ ¶少女は～しながらやって来た nǚháizi liánbèng-dàitiào de zǒuguolai le(女孩子连蹦带跳地走过来).

すきとお・る【透き通る】 qīngchè(清澈·清沏), míngchè(明澈), míngjìng(明净), qīngjìng(清净), qīnglǎng(清朗), chéngchè(澄澈·澄彻), qīngliang(清亮). ¶水が澄んでいるので川の底が～って見える shuǐ qīng jiàn hédǐ(水清见河底)/ héshuǐ qīngchè jiàn dǐ(河水清澈见底). ¶～るような空 fènwú míngjìng[qīnglǎng] de tiānkōng(分外「明净[清朗]」的天空). ¶～った声 qīngcuì[qīnglǎng / qīngliang] de shēngyīn(清脆[清朗/清亮]的声音).

すぎな【杉菜】 wènjīng(问荆), tǔmáhuáng(土麻黄).

すきま【透き間】 fèng[r](缝[儿]), fèngzi(缝

子), fèngxì (缝隙), kòngxì (空隙), jiànxì (间隙), kòngr (空儿), dāngr (当儿), kòngdāng[r] (空当[儿]), kòngdāngzi (空当子). ¶戸の〜から雪が舞い込む xuě cóng ménfèngr guànjinlai (雪从门缝儿灌进来). ¶安普請だから家中〜だらけだ jiégōng-shěngliào gài de fángzi wūzili jìngshì fèngxì (节工省料盖的房子屋子净是缝隙). ¶本棚には〜なく本が並んでいる shūjià shang bǎimǎnle shū, háo wú kòngxì (书架上摆满了书,毫无空隙). ¶〜風が吹き込む guàn zéifēng (灌贼风).

すきやき【すき焼】 jīsùshāo (鸡素烧).

スキャナー sǎomiáoyí (扫描仪), sǎomiáoqì (扫描器), sǎomiáojī (扫描机).

スキャン sǎomiáo (扫描), sǎoshì (扫视). ¶CT〜 CT sǎomiáo (CT扫描).

スキャンダル chǒushì (丑事), chǒuwén (丑闻), huìwén (秽闻). ¶政界の〜をあばく jiēlù zhèngjiè de chǒushì (揭露政界的丑事).

す・ぎる【過ぎる】 **1**〔ある地点・区間を〕guò (过), tōngguò (通过). ¶横浜をーぎるとまもなく東京です guòle Héngbīn jiù kuài dào Dōngjīng le (过了横滨就快到东京了). ¶眠っている間に汽車は名古屋を〜ぎた zài shuìzhe de shíhou, huǒchē tōngguòle Mínggǔwū (在睡着的时候,火车通过了名古屋). ¶川は町を〜ぎて海に注いでいる hé chuānguò zhènxī liúrù hǎiyáng (河穿过镇里流入海洋). ¶夕立が〜ぎて涼しくなった jīng yízhèn léiyǔ tiānqì liángkuai le (经一阵雷雨天气凉快了).

2〔ある時点・期間を〕guò (过), guòqu (过去). ¶あれから5年の歳月が〜ぎた cóng nà shí yǐ guòle wǔ nián de suìyuè (从那时已过了五年的岁月). ¶〜ぎ去った昔を懐かしむ huáixiǎng wǎngshì (怀想往事). ¶〜ぎたことをそんなに悔やんでもしかたがない guòqù de shì zài hòuhuǐ yě wú jì yú shì (过去的事再后悔也无济于事). ¶夏休みは〜ぎてしまった shǔqī yǐ guòqu le (暑假已过去了). ¶花は盛りを〜ぎた huā yǐ guòle shèngkāi de jìjié (花已过了盛开的季节). ¶体力的には〜ぎた jǐù tǐlì fāngmiàn lái shuō, yě yǐ guòle zuì zhuàngshí de shíqī (就体力方面来说,也已过了最壮实的时期). ¶50を〜ぎた男 wǔshí 〔chūtóu〔kāiwài〕de nánrén (五十〔出头〔开外〕的男人). ¶約束の刻限が〜ぎても彼は現れない guòle yuēdìng de zhōngdiǎn hái bújiàn tā lái (过了约定的钟点还不见他来). ¶手形の期日が〜ぎた piàojù guòqī le (票据过期了).

3〔ある程度・水準を〕guòyú (过于), guòfèn (过分), guòshèn (过甚), guòhuò (过火), guòdù (过度). ¶彼は贅沢が〜ぎる tā guòyú shēchǐ (他过于奢侈). ¶冗談も度が〜ぎると嫌味になる kāi wánxiào kāide guòhuǒ jiù tǎorénxián (开玩笑开过火就讨人嫌). ¶それでは自分勝手が〜ぎる nǐ nàyàng jiù tài suíbiàn le (你那样就太随便了). ¶君は忙しーぎるよ nǐ zhè rén jiǎnzhí tài máng le (你这人简直太忙了). ¶この桃は食べるにはまだ早〜ぎる chī zhè zhī táozi yǒudiǎnr guòzǎo (吃这只桃子有点儿过

早). ¶少し強く言い〜ぎたかな huòxǔ shuōde yǒuxiē guòhuǒ le (或许说得有些过火了). ¶君は人の言うことを気にし〜ぎる nǐ duì rénjia de huà tài duōxīn le (你对人家的话太多心了). ¶それでは彼に負担がかかり〜ぎる nàme tā de fùdān guòzhòng le (那么他的负担过重了). ¶その考えは楽観的に〜ぎませんか nǐ nà xiǎngfa tài guòyú lèguān le ba (你那想法太过于乐观了吧). ¶〜ぎたるはなおおよばざるが如し guò yóu bù jí (过犹不及). ¶そのような立派な賞は分に〜ぎます wǒ shízài bú pèi huòdé nàme gāo de jiǎng (我实在不配获得那么高的奖). ¶これに〜ぎる喜びはない méiyǒu bǐ zhè zài kěxǐ de le (没有比这再可喜的了). ¶お前には〜ぎた女房だ nǐ kě pèibushàng nǐ lǎopo (你可配不上你老婆).

4〔…にすぎない〕 ¶これは数あるうちの1例に〜ぎない zhè zhǐshì bùshéng méijǔ de yí ge lìzi éryǐ (这只是不胜枚举之中的一个例子而已). ¶単なる噂に〜ぎなかった búguò shì ge fēngshēng bàle (不过是个只风声罢了). ¶それはただの口実に〜ぎない nà zhǐ búguò shì ge jiēkǒu éryǐ (那只不过是个借口而已).

ずきん【頭巾】 tóujīn (头巾).

スキンシップ jīfū zhī qíng (肌肤之情), jīfū zhī ài (肌肤之爱).

す・く【好く】 ài (爱), xǐhuan (喜欢), xǐhào (喜好), xǐài (喜爱). ¶私は宴会は〜かない wǒ bù xǐhuan yànhuì (我不喜欢宴会). ¶彼はクラスの皆から〜かれている bānshang de rén dōu xǐhuan tā (班上的人都喜欢他).

す・く【空く】 **1**〔からになる〕kòng (空). ¶電車は〜いていた diànchē kòngde hěn (电车空得很). ¶腹が〜いた dùzi è le (肚子饿了).

2〔暇になる〕 ¶ひと仕事終えてようやく手が〜いた gǎowán gōngzuò shǒu hǎoróngyì xiánle xiàlái (搞完工作手好容易闲了下来).

す・く【透く】 ¶戸と柱の間が〜いている ménbǎn hé zhùzi jiān yǒu tiáo fèngr (门板和柱子间有条缝儿). ¶歯と歯の間が〜いている yá hé yá zhī jiān yǒu fèngr (牙和牙之间有缝儿). ¶胸の〜くようなスマッシュを決めた kòushāle yí ge piàoliang qiú (扣杀了一个漂亮球). ¶胸の〜くような一言 dàkuài rénxīn de huà (大快人心的话).

す・く【梳く】 shū (梳), lǒng (拢), shūlǐ (梳理). ¶髪を〜く shū tóufa (梳头发)/ shū tóu (梳头).

す・く【漉く】 chāo (抄). ¶紙を〜く chāo zhǐ (抄纸)/ chāozào (抄造).

す・く【鋤く】 lí (犁) (すきで); chú (锄) (くわで). ¶田を〜く lí tián (犁田). ¶畑を〜く chú[lí] di (锄〔犁〕地).

すぐ【直ぐ】 **1**〔ただちに,簡単に〕jiù (就), mǎshàng (马上), dàngshí (当时), lìmǎ[r] (立马〔儿〕), lìkè (立刻), lìjí (立即), jíkè (即刻), suíjí (随即), jíkè (即刻), kuàisuo (快速). ¶〜行きますす zhè jiù qù (这就去)/ mǎshàng〔suíhou〕jiù qù (马上〔随后〕就去). ¶この薬を飲めば〜治る chīle zhè yào hěn kuài jiù huì hǎo de (吃了

この薬はすぐによくなるの). ¶探し物が~見つかった zhǎo de dōngxi yíxiàzi jiù zhǎozháo le(找的东西一下子就找着了). ¶もう~新学期だ kuàiyào kāixué le(快要开学了). ¶ちょっとほめると~いい気になる shāo yì biǎoyáng jiù déyì wàngxíng(稍一表扬就得意忘形). ¶この子は~風邪をひく zhè háizi róngyì zháoliáng(这孩子容易着凉). ¶ あの先生は何かというと~お説教だ nàge lǎoshī dòngbudòng jiù xùn rén(那个老师动不动就训人).

2［ごく近く］¶ここまで来たらもう~です zǒudào zhèli jiù bù yuǎn le(走到这里就不远了). ¶彼は~向いのアパートに住んでいます tā jiù zhùzài duìmiàn de gōngyù lǐ(他就住在对面的公寓里). ¶~近くまで来たので寄りました dào zhèr fùjìn lái shùnlù kàn nǐ(到这儿附近来顺路看你).

-ずく ¶力~で取り上げた píng wànlì duóle guòlái(凭腕力夺了过来). ¶金~で承諾させる kào jīnqián qiǎngxǔ rén yīngyǔn(靠金钱强使人应允). ¶意地~でもやる píng zhè yì kǒu qì yě yào gàndàodǐ(凭这一口气也要干到底). ¶それは納得~で決めたことだ nà shì jīng tóngyì ér juédìng de(那是经同意而决定的).

すく・い【救い】 ¶声をかぎりに~を求めた chèkāi sǎngzi hǎn jiùmìng(扯开嗓子喊救命). ¶難民に~の手を差しのべる xiàng nànmín shēnchū jiùyuán de shǒu(向难民伸出救援的手). ¶彼はそれを聞いて~のない気持になった tīngle nà huà tā gǎndào hěn juéwàng(听了那话他感到很绝望).

¶~主 jiùshìzhǔ(救世主)/ jiùxīng(救星).

スクイズ qiǎnggōng zhànshù(强攻战术); chùjī xīshēngdǎ(触击牺牲打).

すく・う【救う】 jiù(救), yíngjiù(营救), dājiù(搭救), wǎnjiù(挽救), zhěngjiù(拯救), jiùjì(救济). ¶暴漢に襲われて危ないところを見ず知らずの人に~われた shòu dǎitú xíjī yīfǎ-qiānjūn zhī jì yí ge sù bù xiāngshí de rén dājiùle wǒ(受歹徒袭击一发千钧之际一个素不相识的人搭救了我). ¶医学の発達が多くの人命を~った yīxué de fādá wǎnjiùle hěn duō rén de shēngmìng(医学的发达挽救了很多人的生命). ¶火の中に飛び込んで赤ん坊を~い出した chōngjìn huǒlǐ bǎ yīng'ér qiǎngjiùle chūlái(冲进火里把婴儿抢救了出来). ¶溺れる子供を船に~い上げた bǎ nìshuǐ de háizi jiùshàng chuán lái(把落水的孩子救上船来). ¶罹災者を~うための募金 wèile jiùjì zāimín de mùjuān(为了救济灾民的募捐). ¶その時彼女が来てくれたので~われたような気持がした hěn còuqiǎo nà shí tā lái le, wǒ yóurú huòdé jiùxīng yībān(很凑巧那时她来了, 我犹如获得救星一般). ¶彼の利己主義は~いがたい tā lìjǐzhǔyì tài yánzhòng, bù kě jiù yào(他利己主义太严重, 不可救药).

すく・う【掬う】 ¶清水を手で~って飲む yòng shǒu pěng[jū] quánshuǐ hē(用手捧[掬]泉水喝). ¶子供たちが網でおたまじゃくしを~っている háizimen yòng wǎng lāo kēdǒu(孩子们用网捞蝌蚪). ¶あくを~い取る piē mòr(撇沫儿). ¶足を~って倒す bànjiǎo shuāi rén(绊脚摔人).

すく・う【巣くう】 ¶屋根裏にねずみが~っている lǎoshǔ zài tiānpéng dā wō(老鼠在天棚搭窝). ¶盛り場に~う不良たち pánjù yú nàoshì de āfēi liúmáng(盘据于闹市的阿飞流氓).

スクーター xiǎoxíng mótuōchē(小型摩托车).

スクープ ¶A 記者が~したニュース A jìzhě qiǎngxiān bàodào de xīnwén(A 记者抢先报道的新闻). ¶この記事は B 新聞の~だ zhè tiáo bàodǎo shì B bàoshè de dújiā xīnwén(这条报导是 B 报社的独家新闻).

すく・すく ¶竹が~と伸びる zhúzi zhuózhuàng shēngzhǎng(竹子苗壮生长). ¶子供たちは~と育った háizimen zhuózhuàng de chéngzhǎng(孩子们茁壮地成长).

すくな・い【少ない】 shǎo(少), bù duō(不多). ¶今年は雨が~い jīnnián yǔ shǎo(今年雨少). ¶このクラスは女生徒が~い zhège bān nǚshēng shǎo(这个班女生少). ¶90 歳まで生きる人は~い huódào jiǔshí suì de rén hěn shǎo(活到九十岁的人很少). ¶思ったより儲けが~かった zhuàntou bǐ yùjì de shǎo(赚头比预计的要少). ¶~い時間を有効に使う yǒuxiào de lìyòng jǐn yǒu de shíjiān(有效地利用仅有的时间). ¶在庫が~い cúnhuò bù duō le(存货不多了). ¶彼女の負担をなるべく~くしてやりたい wǒ xiǎng jǐnliàng de jiǎnshǎo tā de fùdān(我想尽量地减少她的负担). ¶今回の成功は氏の助力に負うところが~くない zhè cì chénggōng kào tā bāngzhù de dìfang kě bù shǎo(这次成功靠他帮助的地方可不少). ¶彼には~からぬ迷惑をかけた gěi tā tiānle bùshǎo máfan(给他添了不少麻烦). ¶夏休みも残り~になった shǔjià zhǐ shèngxia jǐ tiān le(暑假只剩下几天了). ¶~に見積っても 1000 万はかかる wǎng shǎoli gūjì yě yào yìqiān wàn rìyuán(往少里估计也要一千万日元).

すくなからず【少なからず】 ¶我々は~彼の影響を受けている wǒmen dōu shòule tā bùshǎo yǐngxiǎng(我们都受了他不少影响). ¶それには私も~驚かされた nà jiàn shì wǒ yě dàwéi chījīng(那件事我也大为吃惊).

すくなくとも【少なくとも】 zhìshǎo(至少), qǐmǎ(起码). ¶~ 1 万人が参加した zhìshǎo yǒu yíwàn rén cānjiā le(至少有一万人参加了).

すく・む【竦む】 ¶下を見たとたんに足が~んでしまった wǎng xià yí kàn tuǐjiǎo jiù tānruǎn le(往下一看腿脚就瘫软了). ¶恥しさのあまり身の~む思いがした xiūde jiǎnzhí wúchù cángshēn(羞得简直无处藏身). ¶父の見幕のものすごさに私は~みあがった fùqīn fēicháng fènnù wǒ xiàde suōchéng yìtuán(父亲非常愤怒我吓得缩成一团).

-ずくめ ¶黒~の服装をしている chuānzhe yìshēn hēi yīfu(穿着一身黑衣服). ¶今年はいいこと~だった jīnnián jìngshì hǎoshì[wànshì

rú yì」(今年净是好事[万事如意]).

すく・める【竦める】suō(缩). 首を～める suō bózi(缩脖子). 寒そうに肩を～める lěngde gǒngjiān-suōbèi(冷得拱肩缩背). 彼は肩をめて"仕様がない"と言った tā sǒngle sǒng jiānbǎng shuō: "méiyǒu bànfǎ"(他耸了耸肩膀说："没有办法"). 身を～めて部屋の隅に座っていた bǎ shēnzi suōchéng yìtuán zuòzài wūjiǎo(把身子缩成一团坐在屋内).

スクラップ 1 [屑鉄] fèitiě(废铁), suìtiě(碎铁).
2 [切抜き] jiǎnbào(剪报). 海外ニュースを～する jiǎntiē guójì xīnwén(剪贴国际新闻).
～ブック jiǎntiēbù(剪贴簿)/ jiǎnbàocè(剪报册).

スクラム ～を組む mìjí zhēng qiú(密集争球). がっちり～を組んで行進する jǐnjǐn wǎnzhe bì yóuxíng(紧紧挽着臂游行).

スクランブル jǐnjí chūdòng(紧急出动), jǐnjí qǐfēi(紧急起飞). ～交差点 xíngrén zìyóu tōngxíng shízì lùkǒu(行人自由通行十字路口). ～エッグ chǎojīdàn(炒鸡蛋).

スクリーン yínmù(银幕); [テレビなどの] píngmù(屏幕), yínpíng(银屏), yíngguāngpíng(荧光屏), yíngpíng(荧屏). ～の女王 yínmù nǚwáng(银幕女王).

スクリュー luóxuánjiǎng(螺旋桨).

すぐ・る xuǎnbá(选拔), tiāoxuǎn(挑选). 精鋭を～ってチームを編成する xuǎnbá jīngruì zǔchéng qiúduì(选拔精锐组成球队).

すぐ・れる【優れる】 1 [優秀だ] yōuxiù(优秀), jīngzhàn(精湛). 彼は～れた編集者だ tā shì hěn yōuxiù de biānjí(他是很优秀的编辑). 彼女は染色に～れた技術を持っている tā zài rǎnsè fāngmiàn jìshù jīngzhàn(她在染色方面技术精湛).
2 […がすぐれない] どうも気分が～れない lǎo juéde yǒudiǎnr bù shūfu(老觉得有点儿不舒服). この頃健康が～れない jìnlái shēntǐ qiànjiā(近来身体欠佳). この2,3日天気が～れない zhè jǐ tiān, sān tiān tiānqì bútài hǎo(这两,三天天气不太好).

ずけい【図形】 túxíng(图形).

スケート huábīng(滑冰), liūbīng(溜冰). ～靴 liūbīngxié(溜冰鞋)/ huábīngxié(滑冰鞋). ～リンク huábīngchǎng(滑冰场)/ liūbīngchǎng(溜冰场)/ bīngchǎng(冰场). スピード～ sùdù huábīng(速度滑冰). フィギュア～ huāyàng huábīng(花样滑冰).

スケープゴート tìzuìyáng(替罪羊), tìsǐguǐ(替死鬼).

スケール ～の大きい工事 guīmó hóngdà de gōngchéng(规模宏大的工程). ～の大きい人物 qìdù bùfán de dàrénwù(气度不凡的大人物).

すげか・える【すげ替える】 げたの鼻緒を～える huàn mùjīdài(换木屐带). 会長の首を～える gēnghuàn huìzhǎng(更换会长).

スケジュール rìchéng(日程), jìnchéng(进程); [表] rìchéngbiǎo(日程表). 仕事を組むānpái gōngzuò rìchéng(安排工作日程). 来週は～がつまっている xiàxīngqī rìchéng páimǎn le(下星期日程排满了).

ずけずけ ～と言う háo bú kèqi de shuō(毫不客气地说).

すけだち【助太刀】 友人に～してもらってやっときた yóuyú dédào péngyou de bāngzhù zhōngyú gǎochéng le(由于得到朋友的帮助终于搞成了). ～を買って出る zìyuàn xiāngzhù(自愿襄助).

スケッチ sùxiě(速写), sùmiáo(素描); xiěshēng(写生). 庭の木を～する huà yuànzili de shù(画院子里的树).
～ブック sùxiěbù(速写簿)/ xiěshēngbù(写生簿).

すけとうだら【介党鱈】 xuěyú(鳕鱼), dàtóuyú(大头鱼), dàkǒuyú(大口鱼).

すげな・い lěngdàn(冷淡). ～い返事をする lěngdàn huídá(冷淡回答). 私は彼に～くされた tā dài wǒ lěngdàn(他待我冷淡). 彼女に～く断られた bèi tā yìkǒu jùjué le(被她一口拒绝了).

す・ける【透ける】 tòu(透). 裏ページの文字が～けて見える tòuguò zhǐbèi de wénzì(透过纸背的文字).

スケルツォ huīxiéqǔ(诙谐曲), xiéxuèqǔ(谐谑曲).

スコア 1 [競技の] bǐfēn(比分). ～は3対1だ bǐfēn shì sān bǐ yī(比分是三比一).
～ブック jìfēnbù(记分簿). ～ボード jìfēnpái(记分牌).
2 [総譜] zǒngpǔ(总谱).

すご・い【凄い】 1 [恐ろしい] ～い形相でにらみつける héngméi-nùmù(横眉怒目)/ èhěnhěn de dèngzhe(恶狠狠地瞪着).
2 [甚だしい] 外は～い雨だ wàimian xiàzhe qīngpén dàyǔ(外面下着倾盆大雨). 盛り場はどこも～い人出だ nǎshi nǎli dōu shì rénshān-rénhǎi de(哪市哪里都是人山人海的). 彼女の人気は～い tā de míngshēng kě xiǎngzhe ne(她的名声可响着呢). 彼女は～い美人だ tā kě shì juéshì měirén(她可是绝世美人).

スコール zhòuyǔ(骤雨).

すこし【少し】 yìdiǎnr(一点儿), yìxiē(一些), yǒudiǎnr(有点儿), yǒuxiē(有些), shǎoxǔ(少许), shāo(稍), shāoshāo(稍稍), shāowēi(稍微), shāoxǔ(稍许). 3日の切符がまだ～ありますsān hào de piào hái yǒu yìxiē(三号的票还有一些). 出席者は～しかいなかった chūxí de rén liáoliáo wújǐ(出席的人寥寥无几). ワインを～飲みたい xiǎng hē diǎnr pútaojiǔ(想喝点儿葡萄酒). ～なら御用立て致しましょう yàoshi shǎoxǔ wǒ jiègěi nín ba(要是少许我借给您吧). ～お話ししたいことがあります yǒu xiē shì xiǎng gēn nǐ tán(有些事想跟你谈). このズボンは～大きい zhè tiáo kùzi yǒudiǎnr dà(这条裤子有点儿大). もう～塩をきかせなさい zài nòngxián yìdiǎnr(再弄咸一点儿)/ zài gē diǎnr yán(再搁点儿盐). 遅

れそうだから～急ごう yào chídào le, jiākuài diǎnr bùzǒu ba(要迟到了,加快点儿步子走吧). ¶～でも注意しようものならすぐふくれっ面をする jiùshì shāo pīpíng tā, tā yě mǎshàng dūqǐ zuǐ lái(就是稍批评他,他也马上嘟起嘴来). ¶今日は～寒い jīntiān shāowēi yǒudiǎnr lěng(今天稍微有点儿冷). ¶～風邪気味で shāo yǒudiǎnr gǎnmào le(稍有点儿感冒了). ¶彼は中国語が～分る tā shāoxǔ dǒng yìxiē Zhōngguóhuà(他稍许懂一些中国话)/ tā cūtōng zhōngwén(他粗通中文). ¶この本は私には～難しすぎる zhè běn shū duì wǒ lái jiǎng yǒudiǎnr nán(这本书对我来讲有点儿难). ¶～静かにしろ shāo ānjìng diǎnr(稍安静点儿). ¶～は私の身にもなってくれ yě gāi tǐliang tǐliang wǒ(也该体谅体谅我). ¶～ぐらい古くても構いません jiùshì jiù yìdiǎnr yě méi guānxi(就是旧一点儿也没关系). ¶病気は～ずつ快方に向かった bìng zhújiàn hǎozhuǎn le(病逐渐好转了). ¶この～先に交番があります zài wǎng qián zǒu jǐ bù jiù yǒu pàichūsuǒ(再往前走几步就有派出所). ¶～右に寄って下さい qǐng shāo kào yòubian yìdiǎnr(请稍靠右边一点儿). ¶駅まで歩くには～遠い zǒuzhe qù chēzhàn yǒu duàn lùchéng[děi zǒu yízhènzi](走着去车站˚有段路程[得走一阵子]). ¶Aさんは～前に帰りました A xiānsheng gāng huíqu le (A 先生刚回去了). ¶行くなら～早い方がいい yào qù jiù zǎo diǎnr qù(要去就早点儿去). ¶出発は～先に延ばそう chūfā shíjiān wǎngshòu shāo tuīyán yìdiǎnr(出发时间往后稍推延一点儿). ¶君は～眠った方がいい nǐ zuìhǎo shāo shuì yíhuìr(你最好稍睡一会儿). ¶～お待ち下さい qǐng shāowēi děng yíxià(请稍微等一下). ¶～で乗り遅れたところだった chàdiǎnr méi gǎnshàng chē(差点儿没赶上车).

すこしも【少しも】 ¶今年は～雪が降らなかった jīnnián yìdiǎnr xuě yě méiyǒu xià(今年一点儿雪也没有下). ¶彼が何を言いたいのか～わからない tā xiǎngyào shuō shénme, wǒ yìdiǎnr yě bù míngbai(他想要说什么,我一点儿也不明白). ¶その事について私は～後悔していない guānyú nà jiàn shì wǒ yìdiǎnr yě bú hòuhuǐ(关于那件事我一点儿也不后悔). ¶比べて～劣らない gēn nàge xiāngbǐ háo bú xùnsè(跟那个相比毫不逊色).

すご・す【過す】 1[時間を] guò(过), dùguò(度过). ¶皆で集まって楽しい一日を～した dàjiā huānjù yìtáng guòle yúkuài de yì tiān(大家欢聚一堂过了愉快的一天). ¶今日もまた空しく～してしまった jīntiān yòu bái huāngguoqu le(今天又白晃过去了). ¶軽井沢で夏を～した zài Qīngjǐngzé dùguòle xiàtiān(在轻井泽度过了夏天). ¶いかがお～しょうか nín yíxiàng hǎo ma?(您一向好吗?). ¶その日その日を何とか～している hùn yì tiān suàn yì tiān zǒngsuàn néng húkǒu(混一天算一天总算能糊口).

2[適度を] guòdù(过度). ¶思わず酒を～してしまった bùyóude hē jiǔ guòle liàng(不由得喝酒过了量). ¶勉強も度を～すと体に毒だ yònggōng guòdù yǒuhàiyú shēntǐ(用功过度有害于身体).

すごすご 彼は～と引き返してきた tā wújīngdǎcǎi, chuítóu-sàngqì de huílai le(他无精打采,垂头丧气地回来了).

スコッチウイスキー Sūgélán wēishìjì(苏格兰威士忌).

スコップ tiěqiāo(铁锹), tiěxiān(铁锨), chǎnzi(铲子).

すこぶる【頗る】 ¶私は～元気です wǒ jiànkāngde hěn(我健康得很). ¶そう言ったら彼は～御機嫌だった wǒ nàme yì shuō, tā gāoxìngde yàomìng(我那么一说,他高兴得要命). ¶彼女は～つきの美人だ tā zhǎngde jùn jíle(她长得俊极了).

すごみ【凄み】 ¶～を利かせる yòng hènghuà xiàhu rén(用横话吓唬人). ¶～のある顔 yìliǎn héngròu(一脸横肉).

すご・む【凄む】 ¶"金を出せ"と～む "bǎ qián náchulai!" kǒnghè rén("把钱拿出来!"恐吓人).

すご・もる【巣籠もる】 [鳥が] bàowō(抱窝), fúwō(伏窝), fú luǎn(伏卵); [虫が] zhéfú(蛰伏), rù zhé(入蛰).

すこやか【健やか】 jiànkāng(健康), jiànquán(健全). ¶子供が～に育つ háizi jiànkāng de chéngzhǎng(孩子健康地成长). ¶～な精神 jiànquán de jīngshén(健全的精神).

すごろく【双六】 shēngguāntú(升官图).

すさび【遊び】 ¶ほんの筆の～に書いたものです búguò shì suíyì xiězhe wánr de(不过是随意写着玩儿的).

すさまじ・い【凄まじい】 ¶～い見幕でどなりつける èhěnhěn de zémà(恶狠狠地责骂). ¶～い嵐が一晩中吹き荒れた kuángfēng-bàoyǔ nàole yí yè(狂风暴雨闹了一夜). ¶～い爆音をたててジェット機が飛び立った pēnqìshì fēijī fāchū zhèn ěr yù lóng de shēngxiǎng qǐfēi le(喷气式飞机发出震耳欲聋的声响起飞了). ¶この本の売れ行きは～い zhè běn shū chàngxiāode shízài jīngrén(本书畅销得实在惊人).

すさ・む【荒む】 tuífèi(颓废), fàngdàng(放荡), huāngtáng(荒唐); huāngfèi(荒废), huāngshū(荒疏). ¶彼の生活は～んでいる tā de shēnghuó hěn fàngdàng(他的生活很放荡). ¶芸が次第に～んできた jìyì jiànjiàn de huāngshū le(技艺渐渐地荒疏了). ¶心の～んだ人 xīnshén tuífèi bùkān de rén(心神颓废不堪的人).

ずさん【杜撰】 ¶経理が～だ zhàngwù luànqībāzāo(账务乱七八糟). ¶～な計画 cūshū de jìhuà(粗疏的计划).

すし【寿司・鮨】 shòusī(寿司), sìxǐfàn(四喜饭).

すじ【筋】 1[筋肉, 血管, 纤维など] jīn(筋). ¶～を違えた niǔle jīn(扭了筋). ¶足の～がつった tuǐ chōujīnr le(腿抽筋儿了). ¶手に青い～が浮いて見える shǒubèi shang lùchū qīngjīn(手背上露着青筋). ¶額に～を立てて怒る qìde éjiǎo qīngjīn bàochū(气得额角青筋暴

出).¶～の多い肉 jīn duō de ròu(筋多的肉).¶この大根は～がある zhè luóbo yǒu jīn(这萝卜有筋).¶さやえんどうの～を取る qiā wāndòu nèn jiá de sīr(掐豌豆嫩荚的丝ㄦ).¶みかんの～ júróng(橘绒).

2【線】tiáo(条), xiàn(线).¶帽子に白い～が2本入っている màozi shang qiànzhe liǎng dào bái tiáo(帽子上嵌着两道白条).¶小刀で板に～をつける yòng xiǎodāo wǎng mùbǎn shang kè xiàn(用小刀往木板上刻线).

3【血筋, 素質】¶彼は芸術家の～を引いている tā jìchéngle yìshùjiā de xuètǒng(他继承了艺术家的血统).¶彼女の書は～がいい tā de shūfǎ yǒu tiānfèn(她的书法有天分).

4【道理】dàoli(道理), tiáolǐ(条理).¶彼の言う事は～が通っている tā shuō de ròuqíng-rùlǐ(他说的入情入理).¶今更断ったのでは～が立たない dào xiànzài jùjué jiù tài shuō bu guòqù le(到现在拒绝就太说不过去了).¶こんな金をもらう～はない zhè zhǒng qián wǒ kě méiyǒu yào de dàoli(这种钱我可没有要的道理).

5【ストーリー】qíngjié(情节).¶この小説は～が複雑だ zhè běn xiǎoshuō qíngjié fùzá(这本小说情节复杂).¶劇の～を話す jiǎngshù jùqíng(讲述剧情).

6【関係方面】¶これは確かな～の情報だ zhè shì cóng kěkào fāngmiàn dédào de xiāoxi(这是从可靠方面得到的消息).¶政府の～の見解によれば… jù guānfāng rénshì de jiànjiě…(据官方人士的见解…).¶その～のお達しにより… jù yǒuguān dāngjú de zhǐshì…(据有关当局的指示…).

7【助数詞】tiáo(条), dào(道), liù(溜), lǔ(缕), gǔ(股), xiàn(线).¶1～の道 yì gǔ dào(一股道儿).¶3～の煙 sān 'ㇾlǐu[lǚ] yān(三ㇾ溜[缕]烟).¶滝が幾～も落ちている hǎo jǐ tiáo pùbù yí xiè ér xià(好几条瀑布一泻而下).¶前途に1～の光明を見出す qiántú yǒule yíxiàn guāngmíng(前途有了一线光明).¶帯2～ liǎng tiáo dàizi(两条带子).

ずし【図示】túshì(图示).¶分布状態を～する yòng tú biǎoshì fēnbù zhuàngtài(用图表示分布状态).

ずし【厨子】fókān(佛龛).

すじあい【筋合】¶君などにとやかく言われる～はない kě méiyǒu jiào nǐ shuō wǒ cháng dào wǒ duǎn de lǐyóu(可没有叫你说我长道我短的理由).¶今更私に頼めた～ではなかろう xiànzài nǐ hái yǒu shénme liǎn lái qiú wǒ?(现在你还有什么脸来求我?).

すじがき【筋書】gěngkài(梗概).¶万事～通りに運んだ yíqiè àn yuán jìhuà jìnxíngde hěn shùnlì(一切按原计划进行得很顺利).

すじがね【筋金】¶～入りの社会主義者 jiānzhēn bùqū de shèhuìzhǔyìzhě(坚贞不屈的社会主义者).

ずしき【図式】¶両者の関係を～化する bǎ liǎngzhě de guānxi túbiǎohuà(把两者的关系图表化).

すじこ【筋子】xián guīyúzǐ(咸鲑鱼子).

すじちがい【筋違い】¶私に文句を言うのは～だ xiàng wǒ fā láosāo nǐ rèncuò rén le(向我发牢骚你认错人了).

すしづめ【鮨詰】¶狭い部屋に～にされた bèi sāizài zhǎixiǎo wūzili(被塞在窄小屋子里).¶～の電車 yōngjǐ bùkān de diànchē(拥挤不堪的电车).

すじば・る【筋張る】¶～った手 jīnluò tūqǐ de shǒu(筋络突起的手).¶そんなに～った事ばかり言うな bié nàme jìng shuō sǐbǎn de huà(别那么净说死板的话).

すじみち【筋道】¶彼のすることは～が通っている tā zuò de ˇhéhú shìlǐˇ[héqíng-hélǐ](他做的ˇ合乎事理[合情合理]).¶～を立てて話す céngcì qīngchu de jiāyǐ shuōmíng(层次清楚地加以说明).

すじむかい【筋向い】xiéduìmiàn[r](斜对面[ㄦ]), xiéduìguò[r](斜对过[ㄦ]).

すじょう【素性】¶物腰に～のよさがうかがわれる cóng dàirén-jiēwù jiù kě zhī méndì xiāngdāng(从待人接物就可知门第相当).¶～の知れない男 láilì[láilu] bùmíng de nánrén(来历[来路]不明的男人).¶～の確かな品物 láilu kě chá de huò(来路可查的货).

ずじょう【頭上】tóudǐng shàngfāng(头顶上方), tóushàng(头上).¶～から材木が落ちてきた cóng tóudǐng shàng diàoxià mùtou lai(从头顶上掉下木头来).¶～を注意 zhùyì tóudǐng shàng(注意头顶上)/liúxīn zhuàng tóu(留心撞头).

すす【煤】méitái(煤炱), méiyānzi(煤烟子), yóuyān(油烟), yóuyānzi(油烟子), yānzi(烟子), méizi(煤子), tǎhuī(塔灰).¶～をはらう dǎ méitái(打煤炱)/dǎn tǎhuī(掸塔灰).

すず【鈴】líng[r](铃[ㄦ]), língdang(铃铛).¶～が鳴る língdang xiǎng(铃铛响).

すず【錫】xī(锡), xīlā(锡镴).

すずかけのき【鈴掛の木】xuánlíngmù(悬铃木), fǎguó wútóng(法国梧桐).

すずかぜ【涼風】liángfēng(凉风).

すすき【薄】máng(芒), mángcǎo(芒草).¶～の穂 mángsuì(芒穗).

すずき【鱸】lúyú(鲈鱼).

すす・ぐ 1【濯ぐ】shuàn(涮), piǎo(漂).¶洗濯物を～ぐ bǎ xǐ de dōngxi shuànshuan(把洗的东西涮涮).

2【雪ぐ】xǐshuā(洗刷), jiānxǐ(湔洗), xǐxuě(洗雪), jiānxuě(湔雪).¶汚名を～ぐ xǐshuā wūmíng(洗刷污名).

3【漱ぐ】shù(漱).¶口を～ぐ shù kǒu(漱口).

すす・ける【煤ける】xūnhēi(熏黑).¶天井が～けてしまった dǐngpéng xūnhēi le(顶棚熏黑了).¶～けた屏風 chénjiù biàn hēile de píngfēng(陈旧变黑了的屏风).

すずし・い【涼しい】liángkuai(凉快), liángshuǎng(凉爽).¶この家は風通しがよいので夏でも～い zhè fángzi tōngfēng, xiàtiān yě hěn liángkuai(这房子通风, 夏天也很凉快).¶～い風が吹いてくる chuīlai yízhèn liángfēng(吹来一阵凉风).¶朝夕はめっきり～くなった zǎowǎn

juéde liángkuai duō le(早晚觉得凉快多了). ¶この柄は見るからに~そうだ zhè huāyàngr jiào rén kànzhe tǐng liángshuǎng de(这花样儿叫人看着挺凉爽的). ¶目もとの~い美人 méimù qīngxiù de měirén(眉目清秀的美人). ¶何もかも人のせいにして自分は~い顔をしている bǎ shénme dōu làizài biéren shēnshang, zìjǐ dào zhuāngde ruò wú qí shì(把什么都赖在别人身上,自己倒装得若无其事).

すずなり【鈴生り】¶枝に実が~になっている shùzhī shang guǒshí léiléi(树枝上果实累累). ¶窓には人々が~になって下を見下ろしていた rénmen jǐzài chuāngkǒu wǎng xiàmian zhāngwàng(人们挤在窗口往下面张望).

すすはらい【煤払い】¶年末には~をする niándǐ sǎofáng(年底扫房).

すす・む【進む】1〔前進する〕¶彼は先頭に立って~んだ tā lǐngtóu xiàng qián xíngjìn(他领头向前行进). ¶もう一歩前へお~み下さい qǐng zài wǎng qián zǒu yí bù(请再往前走一步). ¶前へ~め kāibùzǒu!(开步走!). ¶困難を乗り越えて~む zhànshèng[kèfú] kùnnan xiàng qián jìn(战胜[克服]困难向前进). ¶今後日本の~むべき道 Rìběn jīnhòu yīng zǒu de lù(日本今后应走的路). ¶将来医学方面に~むつもりだ jiānglái xiǎng cóngshì yīxué fāngmiàn de gōngzuò(将来想从事医学方面的工作).

2〔進捗する〕jìnxíng(进行), jìnzhǎn(进展). ¶工事は順調に~んでいる gōngchéng jìnxíngde hěn shùnlì(工程进行得很顺利). ¶交渉は一向に~まない tánpàn "háo wú jìnzhǎn"[chíchí bù qián](谈判"毫无进展[迟迟不前]"). ¶机に向かったもののペンが~まない fú'àn xiě dōngxi, kě xiě bu chūlái(伏案写东西,可写不出来).

3〔進歩する〕¶工業の~んだ国 gōngyè fādá de guójiā(工业发达的国家). ¶彼は年の割には~んだ考えをもっている tā suī niánjì dà, kě hěn kāimíng(他虽年纪大,可很开明). ¶世の中も~んだものだ shèhuì fāzhǎnde zhēn kuài a!(社会发展得真快啊!).

4〔クラスが〕shēng(升). ¶大学に~む shēng dàxué(升大学). ¶上級に~む shēngjí(升级)/shēngbān(升班). ¶位が~む shēngjí(升级)/jìnjí(晋级)/jìnshēng(晋升).

5〔食,病気,気持などが〕¶最近どうも食が~まない zuìjìn zǒngshì "wèikǒu bù hǎo"[méiyǒu shíyù](最近总是"胃口不好"[没有食欲]). ¶彼女の病気はかなり~んでいる tā de bìng yǐjing xiāngdāng zhòng(她的病已经相当重). ¶病勢が~むにつれて衰弱がひどくなった suízhe bìngshì jiāzhòng shēntǐ yuèfā shuāiruò le(随着病势加重身体越发衰弱了). ¶気が~まないので出席をとりやめた bù xiǎng qù, suǒyǐ bù chūxí le(不想去,所以不出席了).

6〔時計が〕kuài(快). ¶この時計は1日に2分~む zhè biǎo yì tiān kuài liǎng fēnzhōng(这表一天快两分钟). ¶私の時計は10分~んでいる wǒ de biǎo kuài shí fēnzhōng(我的表

快十分钟).

7〔すすんで…する〕¶彼は自分から~んで参加した tā zìyuàn cānjiā de(他自愿参加的). ¶彼女は人の嫌がる仕事を~んで引き受ける rénjia bù xiǎng zuò de gōngzuò tā zhǔdòng qù zuò(人家不想做的工作她主动去做). ¶~んで難局にあたる zì gào fènyǒng chǔlǐ kùnnan de júmiàn(自告奋勇处理困难的局面).

すず・む【涼む】 chéngliáng(乘凉), nàiliáng(纳凉). ¶木陰で~む zài shùyīnliángr chéngliáng(在树阴凉儿乘凉).

すずむし【鈴虫】 jīnzhōngr(金钟儿).

すずめ【雀】 máquè(麻雀), jiāqiǎor(家雀儿), lǎojiāzéi(老家贼). ¶~の涙ほどの礼金 yìxīngbàndiǎnr wēi bù zú dào de lǐjīn(一星半点儿微不足道的礼金).

すずめばち【雀蜂】 húfēng(胡蜂), huángfēng(黄蜂), mǎfēng(马蜂·蚂蜂).

すす・める【進める】 jìn(进), tuījìn(推进), tuīdòng(推动). ¶演壇に步を~める bù xiàng jiǎngtái(步向讲台). ¶兵を~める jìnbīng(进兵)/jìnjūn(进军). ¶工事を~める tuījìn gōngchéng(推进工程). ¶話を先へ~めましょう wǎng xià shuō ba(往下说吧). ¶政府は更に折衝を~めることにした zhèngfǔ juédìng jìnyíbù jìnxíng tánpàn(政府决定进一步进行谈判). ¶時計を10分~める bǎ zhōng bōkuài shí fēnzhōng(把钟拨快十分钟).

すす・める【勧める·奨める】 1〔飲食物などを〕¶酒を~める quàn[jìng]jiǔ(劝[敬]酒). ¶客に食事を~める qǐng kèrén yòngfàn(请客人用饭). ¶客に座布団を~める qǐng kèrén diàn zuòdiànr(请客人垫垫儿).

2〔勧誘する,勧告する〕quàn(劝). ¶入会を~める quàn rù huì(劝入会). ¶泊って行くよう~める quàn kèrén zhùxià(劝客人住下). ¶友人に~められて水泳を始めた shòudào péngyou de quànyòu kāishǐ xué yóuyǒng(受到朋友的劝诱开始学游泳). ¶煙草をやめるよう医者に~められた yīshēng quàn wǒ jì yān(医生劝我忌烟). ¶気分転換に旅行を~める quàn tā qù lǚxíng sànsan xīn(劝他去旅行散散心).

3〔奨励する〕¶読書を~める quànmiǎn dúshū(劝勉读书).

すす・める【薦める】 tuījiàn(推荐), jiànjǔ(荐举). ¶友人に~められてA社の製品を買った yóuyú péngyou de tuījiàn mǎile A gōngsī de chǎnpǐn(由于朋友的推荐买了A公司的产品). ¶これは当店のお~め品です zhè shì běn diàn suǒ tuījiàn de huò(这是本店所推荐的货).

すずらん【鈴蘭】 línglán(铃兰).

すずり【硯】 yàntái(砚台), yànchí(砚池). ¶~箱 yànshì(砚室)/yànxiá(砚匣)/yàntáihé(砚台盒).

すすりあ・げる【啜り上げる】 chōuda(抽搭), chōuyē(抽噎). ¶水っ洟を~げる chōu bítì(抽鼻涕). ¶彼女は~げて泣いた tā chōuchōudādā de kūqǐlai le(她抽抽搭搭地哭起来了).

すすりな・く【啜り泣く】 chōuda(抽搭), chōuyē

(抽噎), chōuyè(抽咽), chōuqì(抽泣), chuòqì(啜泣). ¶女のすすり声がする tīngdào nǚrén de chōuyēshēng(听到女人的抽噎声).

すす・る【啜る】 **1**〖茶などを〗xiā(呷), chuò(啜), hē(喝). ¶茶を〜る chuò míng(啜茗)/xiā chá(呷茶). ¶粥を〜る chuò zhōu(啜粥). **2**〖洟を〗chōu(抽). ¶洟を〜る chōu bítì(抽鼻涕).

ずせつ【図説】 túshuō(图说), tújiě(图解).

すそ【裾】 xiàbǎi(下摆). ¶スカートの〜 qúnzi de xiàbǎi(裙子的下摆). ¶ズボンの〜 kùjiǎo(裤脚).

すその【裾野】 shānlù(山麓). ¶富士の〜 Fùshì shānlù(富士山麓).

スター míngxīng(明星), hóngxīng(红星). ¶映画〜 diànyǐng míngxīng(电影明星).

スタート chūfā(出发), qǐpǎo(起跑). ¶選手達は一斉に〜した xuǎnshǒu yìqí qǐpǎo le(选手一齐起跑了). ¶新しい生活への〜を切る tàshàng xīn de shēnghuó(踏上新的生活).
¶〜ライン qǐpǎoxiàn(起跑线).

スタイリスト jiǎngjiu fúshì fēngzī xiāosǎ de rén(讲究服饰风姿潇洒的人);〖職業〗fúshì shèjìshī(服饰设计师), fúshì dǎoyǎn(服饰导演).

スタイル 〖姿〗shēnxíng(身形), shēnduàn(身段), shēncái(身材), shēntiáor(身条儿), tǐtài(体态);〖様式〗yàngshì(样式), shìyàng(式样);〖文体〗wéntǐ(文体). ¶彼女は〜がいい tā shēnduàn yōuměi(她身段优美)/ tā shēncái miáotiao(她身材苗条). ¶独特の〜の文章 yǒu dútè fēnggé de wénzhāng(有独特风格的文章).
¶〜ブック shízhuāng[fúshì] yàngběn(时装[服饰]样本).

すたこら ¶〜さっさと逃げ出した sātuǐ jiù pǎo le(撒腿就跑了)/yíliùyānr de pǎo le(一溜烟儿地跑了)/sāyāzi pǎo méile yǐng(撒鸭子跑没了影).

スタジアム 〖競技場〗jìngjìchǎng(竞技场), qiúchǎng(球场), yùndòngchǎng(运动场);〖野球場〗bàngqiúchǎng(棒球场).

スタジオ 〖工房〗gōngzuòshì(工作室);〖写真の〗shèyǐngshì(摄影室), zhàoxiàngguǎn(照相馆);〖映画の〗shèyǐngpéng(摄影棚);〖放送、録音用の〗yǎnbōshì(演播室), bōyīnshì(播音室), lùyīnshì(录音室).

すたすた ¶〜と足早に歩く sān bù bìng liǎng bù fēikuài de zǒu(三步并两步飞快地走)/kuàibù liúxíng de zǒu(快步流星地走)/dàbù liúxīng(大步流星).

ずたずた ¶服が〜に裂けた yīfu bèi sīchéng tiáotiao-piànpiàn(衣服被撕成条条片片). ¶台風で交通網は〜に寸断された yóuyú táifēng jiāotōngwǎng dàochù dōu bèi qiēduàn le(由于台风交通网到处都被切断了). ¶自尊心を〜にされた zìzūnxīn wánquán bèi fěnsuì le(自尊心完全被粉碎了).

すだ・つ【巣立つ】 chū wō(出窝). ¶子燕が〜つ xiǎoyàn chū wō le(小燕出窝了). ¶今年も多くの卒業生が〜って行く jīnnián yě jiāng yǒu hěn duō bìyèshēng zǒuxiàng shèhuì(今年也将有很多毕业生走向社会).

スタッカート duànzòu(断奏), duànyīn(断音); duànyīn jìhao(断音记号).

スタッフ rényuán(人员). ¶彼はその制作〜の一員である tā shì zhìzuò rényuán zhī yī(他是制作人员之一).

スタミナ nàilì(耐力), chíjiǔlì(持久力), jīnglì(精力). ¶彼は〜がある tā zhēn yǒu chíjiǔlì(他真有持久力)/ tā de jīnglì kě zhēn wàngshèng(他的精力可真旺盛). ¶御馳走を食べて〜をつける chī fùyú yíngyǎng de dōngxi bǔyǎng shēntǐ(吃富于营养的东西补养身体).

すだれ【簾】 liánzi(帘子);〖竹の〗zhúlián(竹帘);〖葦の〗wěiliánzi(苇帘子), wěibó(苇箔).

すた・れる【廃れる】 ¶その歌はもう〜れた nà shǒu gē zǎoyǐ bù ˬshíxīng[shíxíng] le(那首歌早已不ˬ时兴[时行]了). ¶街道筋は〜れて今は見るかげもない jiùgōnglù huāngfèi, zài jiànbudào yǐwǎng de jǐngxiàng(旧公路荒废, 再也见不到以往的景象). ¶道義が〜れる dàoyì shuāituí(道义衰颓).

スタンス **1**〖野球・ゴルフの〗zhànlì zīshì(站立姿势), zhànzī(站姿).
2 lìchǎng(立场), zītài(姿态).

スタンダード biāozhǔn de(标准的).

スタンド **1**〖観覧席〗kàntái(看台), guānzhòngxí(观众席). ¶彼は〜でプレーをする tā hào biǎoxiàn zìjǐ(他好表现自己).
¶外野〜 wàichǎng kàntái(外场看台).
2〖売り場〗〜でコーヒーを飲む zài xiǎomàidiàn hē kāfēi(在小卖店喝咖啡).
¶ガソリン〜 jiāyóuzhàn(加油站).
3〖電気スタンド〗táidēng(台灯), zhuōdēng(桌灯).

スタントマン tìshēn yǎnyuán(替身演员).

スタンプ chuōr(戳儿), chuōzi(戳子);〖郵便の〗yóuchuō(邮戳). ¶〜を押して記念する gài chuōzi zuò jìniàn(盖戳子做纪念). ¶5月4日の〜のある郵便 gàiyǒu wǔyuè sì hào yóuchuō de xìnjiàn(盖有五月四号邮戳的信件).
¶〜台 yìntái(印台)/dǎyìntái(打印台).

スチーム zhēngqì(蒸汽);〖暖房〗nuǎnqì(暖气), qìnuǎn(汽暖), shuǐnuǎn(水暖), shuǐtīng(水汀). ¶この部屋には〜が通っている zhè jiān fángzi yǒu nuǎnqì(这间房子有暖气).
¶〜アイロン zhēngqì yùndǒu(蒸汽熨斗). 〜ハンマー zhēngqìchuí(蒸汽锤)/qìchuí(汽锤).

スチュワーデス kōngzhōng xiǎojiě(空中小姐), kōngjiě(空姐).

-ずつ【宛】 ¶50人〜1組とする měi wǔshí míng wéi yì zǔ(每五十名为一组). ¶1人100円〜出す měi yí ge rén ná yìbǎi kuài qián(每一个人拿一百块钱). ¶みんなで少し〜分けよう měi ge rén dōu fēn yìdiǎnr ba(每个人都分一点儿吧). ¶1人〜交代で休む yígègè de lúnzhe xiūxi(一个个地轮着休息). ¶この時計は1日に2分〜進む zhège biǎo yì tiān kuài liǎng fēn(这个表一天快两分). ¶毎月1万円〜貯

ずつう【頭痛】 tóuténg (头疼), tóutòng (头痛). ¶ひどい～がする tóu tòngde lìhai (头痛得厉害). ¶彼女は～持ちだ tā zǒng fàn tóutòng (她总犯头痛). ¶息子は私の～の種です érzi zhēn jiào wǒ tóutòng (儿子真叫我头痛)/ érzi shì wǒ de cuīmìngguǐ (儿子是我的催命鬼).

すっからかん ¶～の空財布 yì wén qián yě méiyǒu de kōng qiánbāo (一文钱也没有的空钱包). ¶ふところは～だ náng kōng rú xǐ (囊空如洗). ¶賭けで～になった dǔ qián shūde yìgān-èrjìng (赌钱输得一干二净)/ dǔqián shūle ge jīngdǎguāng (赌钱输了精打光).

すっかり quán (全), dōu (都). ¶町の様子は～変わっていた shìzhèn de múyàng wánquán biàn le (市镇的模样完全变了). ¶約束があったのを～忘れていた bǎ yuēhuì wàngde yìgān-èrjìng (把约会忘得一干二净). ¶夜が～明けた tiān dà liàng le (天大亮了). ¶おかげで～元気になりました duōkuī nǐ wǒ wánquán huīfùle jiànkāng (多亏你我完全恢复了健康). ¶桜は～散ってしまった yīnghuā xiè le (樱花全谢了). ¶大会の準備は～できた dàhuì de zhǔnbèi ˇdōu zuòhǎo[yíqiè jiùxù] le (大会的准备ˇ都做好[一切就绪]了).

すっきり ¶よく寝たので頭が～した hǎohāor de shuìle yì jiào, tóunǎo tèbié qīngxīng (好好儿地睡了一觉,头脑特别清醒). ¶胸の中が～した xīnli ˇqīngshuǎng[shuǎngkuai] le (心里ˇ清爽[爽快]了). ¶まだ病気が～しない bìng hái méi hǎo lìsuo (病还没好利索). ¶～した服装 gānjìng lìluo de dǎban (干净利落的打扮). ¶この部分を削ったら文章が～した shānhiào zhè yíbùfen, wénzhāng jiù tōngshùn le (删掉这一部分,文章就通顺了). ¶例の問題は私も早く～させたいのですが nàge wèntí, wǒ yě xiǎng kuàidāo zhǎn luànmá (那个问题,我也想快刀斩乱麻).

ズック fānbù (帆布); [ズック靴] fānbùxié (帆布鞋).

すっくと ¶～立ち上がる měng de zhànqilai (猛地站起来).

ずっしり ¶～と重い財布 chéndiāndiān de qiánbāo (沉甸甸的钱包). ¶責任が～と重くのしかかってきた dànzi chénzhòng de yāzài jiānshang (担子沉重地压在肩上)/ zhòngdàn zài jiān (重担在肩)/ shēn fù zhòngzé (身负重责).

すったもんだ【擦った揉んだ】 ¶～のあげく2人は元の鞘におさまった nàolai-nàoqu jiéguǒ liǎng ge rén yòu ˇyán guī yú hǎo[pòjìng chóngyuán] le (闹来闹去结果两个人又ˇ言归于好[破镜重圆]了).

すってんころりと ¶～ころぶ shuāi[zāi]le ge dà gēntou (摔[栽]了个大跟头)/ diē[zāi]le yì jiāo (跌[栽]了一跤).

すってんてん ¶ばくちで～になった dǔqián shūde yí wù bú shèng (赌钱输得一物不剩).

すっと 1 [すばやく] ¶彼女は～部屋から出て行った yì zhǎyǎn tā jiù zǒuchūle fángzi (一眨眼她就走出了房子). ¶～目の前に現れた shénbù zhī guǐ bù jué de chūxiàn zài miànqián (神不知鬼不觉地出现在面前).
2 [さっぱり] ¶これで気持が～した zhè cái ˇdàwèi tōngkuai[chūle kǒu qì] (这才ˇ大为痛快[出了口气]). ¶この薬を飲んだら胸が～した chīle zhè fú yào xīnkǒu jiù shūfu le (吃了这服药心口就舒服了).

ずっと 1 [はるかに] ¶こちらのほうが～品物がよい zhège bǐ nàge zhìliàng hǎode duō (这个比那个质量好得多). ¶～前から彼を知っていた dǎ cóngqián jiù rènshi tā (打从前就认识他). ¶駅はまだ～先です chēzhàn lí zhèli hái ˇlǎo[hǎo] yuǎn ne (车站离这里还ˇ老[好]远呢).
2 [続けて] yìzhí (一直). ¶帰りの列車は～立通しだった zài guītú de lièchē shang méiyǒu zuòwèi yìzhí zhànzhe (在归途的列车上没有座位一直站着). ¶これから先は～下りだ dǎ zhèli yìzhí shì xiàpōlù (打这里一直是下坡路).

すっぱ・い【酸っぱい】 suān (酸). ¶梅干は～い xiánméi hěn suān (咸梅很酸). ¶牛乳が～くなった niúnǎi biàn suān le (牛奶变酸了). ¶口を～くして言ってきかせた wǒ quàn tā, zuǐpí dōu kuài mópò le (我劝他,嘴皮都快磨破了).

すっぱだか【素っ裸】 chìshēn-lùtǐ (赤身露体), chìtiáo-jīngguāng (赤条精光), yísī-búguà (一丝不挂), guāngyǎnzi (光眼子). ¶～になる tuōde ˇchìluǒluǒ[chìtiáotiáo/chìguānggguāng/guāngliūliū] de (脱得ˇ赤裸裸[赤条条/赤光光/光溜溜]的).

すっぱぬ・く【素っ破抜く】 jiēchuān (揭穿), chuōchuān (戳穿), jiēlù (揭露), bàolù (暴露), jiēfā (揭发). ¶内幕を～く jiēfā nèimù (揭发内幕).

すっぱり ¶青竹を2つに～割る bǎ qīngzhú yì dāo pīchéng liǎngbànr (把青竹一刀劈成两半儿). ¶進学のことは～あきらめた wánquán duànle shēngxué de niàntou (完全断了升学的念头). ¶煙草を～やめる gāncuì duànle yān le (干脆断了烟了). ¶彼女とは～別れた gēn tā yìdāo-liǎngduàn le (跟她一刀两断了).

すっぽか・す ¶今日もまた彼に～された jīntiān tā yòu shīyuē le (今天他又失约了). ¶彼は仕事を～して遊びに行った tā bǎ gōngzuò rēngzài yìbiānr wánr qù le (他把工作扔在一边儿玩儿去了)/ tā shuǎishǒu wánr qù le (他甩手玩儿去了).

すっぽり ¶人形の手が～抜けた ǒurén de shǒuwàn zhěnggè tuōluò le (偶人的手腕整个脱落了). ¶頭から布団を～かぶって眠っている méng tóu shuìzhe jiào (蒙头睡着觉). ¶朝のうちに山は一夜の雪に覆われた yí yè zhī jiān shān zhěnggè bèi xuě fùgài le (一夜之间山整个被雪覆盖了).

すっぽん【鼈】 biē (鳖), jiǎyú (甲鱼), tuányú (团鱼), yuányú (鼋鱼·元鱼), wángba (王八). ¶月と～ yǒu ˇtiānyuān[tiānrǎng/xiāorǎng] zhī bié (有ˇ天渊[天壤/霄壤]之别). ¶～のように一度食いついたら離さない xiàng biē shìde

yídàn yǎozhù jiù bú huì fàng nǐ(像鳖似的一旦咬住就不会放你).

すで【素手】 chìshǒu-kōngquán(赤手空拳), kōngshǒu(空手), báishǒu(白手). ¶ ～で悪人と闘う chìshǒu-kōngquán yǔ dǎitú bódòu(赤手空拳与歹徒搏斗). ¶ ～で魚をとらえる yòng shǒu zhuō yú(用手捉鱼). ¶ 今日は～では帰れない jīntiān bùnéng kōngshǒu huíqu(今天不能空手回去).

すていし【捨石】 ¶ ～を打つ qì zǐ(弃子). ¶ 民族独立の～になる wèi mínzú dúlì ér xīshēng(为民族独立而牺牲).

ステーキ niúpái(牛排).

ステージ wǔtái(舞台).

すてき【素敵】 ¶ 彼女は～なドレスを着ている tā chuānzhe shànghǎo piàoliang de yīfu(她穿着上好漂亮的衣服). ¶ 昨日～な男性と歩いていましたね zuótiān gēn yí ge jùnqiào de nánrén yìqǐ zǒulu le ba(你昨天跟一个俊俏的男人一起走路了吧). ¶ まあ～! hǎo jíle!(好极了!).

すてご【捨子】 qì'ér(弃儿), qìyīng(弃婴). ¶ ～を引き取って育てる shōuyǎng qì'ér(收养弃儿).

すてぜりふ【捨て台詞】 ¶ "覚えてろ"と～を残して彼は出て行った tā shuōle yí jù "nǐ děngzhe qiáo ba!" jiù zhuǎnshēn zǒu le(他说了一句"你等着瞧吧!"就转身走了).

ステッカー chuándān(传单), zhāotiē(招贴).

ステッキ shǒuzhàng(手杖), guǎizhàng(拐杖), guǎigùnr(拐棍儿).

ステップ 1 (ダンスの) wǔbù(舞步). ¶ ～をふむ cǎi wǔbù(踩舞步). ¶ 軽やかな～ wǔbù qīngyíng(舞步轻盈).
2 [列車, バスなどの] tàbǎn(踏板). ¶ ～に足をかけた途端に発車した gāng tàshàng tàbǎn, chē jiù kāi le(刚踏上踏板,车就开了).

すでに【既に】 yǐ(已), yǐjing(已经) yǐrán(已然), yèyǐ(业已), yèjīng(业经). ¶ その事は～解決ずみだ nà jiàn shì zǎoyǐ jiějué(那件事早已解决). ¶ ～述べた所に…rú qián suǒ shù…(如前所述). ¶ 発見された時は～手遅れの状態だった fāxiàn shí yǐjing wúfǎ wǎnjiù le(发现时已经无法挽救了). ¶ 時～遅し wéi shí yǐ wǎn(为时已晚).

すてね【捨値】 ¶ ～で売る dàjiànjià shuǎimài(大贱价甩卖).

すてばち【捨鉢】 zìbào-zìqì(自暴自弃), pòguàn-pòshuāi(破罐破摔). ¶ 女にふられて～になる bèi nǚrén shuǎile biànde zìbào-zìqì(被女人甩了变得自暴自弃).

すてみ【捨身】 shěmìng(舍命), pīnmìng(拼命). ¶ ～でぶつかっていく shěmìng qù pīn(舍命去拼).

す・てる【捨てる】 rēng(扔), rēngdiào(扔掉), diūdiào(丢掉), diūqì(丢弃), diūquè(丢却), pāo(抛), pāoqì(抛弃), piēqì(撇弃), yìqì(遗弃), shě(舍), shěqì(舍弃), fàngqì(放弃), bìngqì(摒弃), bìnqì(摈弃). ¶ 吸殻を～てる rēng yāntóu(扔烟头). ¶ 花瓶の水を～てる dào huāpíngli de shuǐ(倒花瓶里的水). ¶ 猫の子を～てる diūqì xiǎomāo(丢弃小猫). ¶ 男に～てられる bèi nánrén ˈyíqì[ˈpāoqì] le(被男人˙遗弃[˙抛弃]了). ¶ 国のために命を～てる shěshēn wèi guó(舍身为国)/ wèi guó juānqū(为国捐躯). ¶ 彼は惜しげもなく地位を～てた tā háo bù wǎnxī de shěqìle tā de dìwèi(他毫不惋惜地舍弃了他的地位). ¶ 最後まで希望を～てない zhǐyào yǒu yíxiàn xīwàng jué bù huīxīn(只要有一线希望决不灰心). ¶ そういう考えは～てなさい bǎ zhè zhǒng xiǎngfa pāodiào ba(把这种想法抛掉吧). ¶ 偏見を～てる pāoqì piānjiàn(抛弃偏见). ¶ ペンを～てて銃をとる tóubǐ-cóngróng(投笔从戎). ¶ 家業を～てて遊び歩く bǎ jiāyè rēngzài nǎohou chīhēwánlè(把家业扔在脑后吃喝玩乐). ¶ あんな奴のことは～てて置けnà zhǒng jiāhuo yòngbuzháo lǐcǎi(那种家伙用不着理睬). ¶ これはこのまま～てては置けない問題だ zhège wèntí juébùnéng ˈqìzhì búgù[zhì zhī bù lǐ](这个问题决不能[弃置不顾[置之不理]). ¶ 私だってまだ～てたものじゃないよ wǒ hái suàn méiyǒu bàofēi ba(我还算没有报废吧).

ステレオ lìtǐshēng(立体声); lìtǐshēng chàngjī(立体声唱机). ¶ ～コンポ lìtǐshēng zǔhéxiǎngqì(立体声组合响). ¶ ～放送 lìtǐshēng guǎngbō(立体声广播). ～レコード lìtǐshēng chàngpiàn(立体声唱片).

ステンドグラス cǎisè bōli(彩色玻璃).

ステンレス búxiùgāng(不锈钢).

ストイック jìnyù(禁欲), kèjǐ(克己). ¶ ～な人物 kèjǐ jìnyù de rénwù(克己禁欲的人物).

すどおし【素通し】 ¶ ～のガラス tòumíng de bōli(透明的玻璃). ¶ ～の眼鏡 méiyǒu dùshu de yǎnjìng(没有度数的眼镜).

ストーブ lúzi(炉子), huǒlú[r](火炉[儿]), huǒlúzi(火炉子). ¶ ～をたく shēng lúzi(生炉子). ¶ ～が赤々と燃えている lúzi shāode tōnghóng(炉子烧得通红).
¶ ガス～ méiqì lúzi(煤气炉子). 石炭～ méilú(煤炉). 石油～ méiyóu lúzi(煤油炉子). 電気～ diànlú(电炉).

すどおり【素通り】 ¶ 彼は私の家を～して行ってしまった tā méi jìnlai cóng wǒ jiā ménqián zǒuguoqu le(他没进来从我家门前走过去了).

ストーリー qíngjié(情节); jùqíng(剧情).

ストール pījiān(披肩), pījīn(披巾).

ストッキング chángtǒngwà(长筒袜子).

ストック 1 [在庫品] cúndǐ(存底), cúnhuò(存货), kùcún(库存).
2 [スキーの] xuězhàng(雪杖), huáxuězhàng(滑雪杖).

ストックブック yóují(邮集).

ストップ tíngzhǐ(停止), zhōngzhǐ(中止). ¶ 雪のため交通機関が～した xiàxuě jiāotōng tānhuàn le(由于下雪交通瘫痪了) ¶ 連勝記録が～した liánshèng jìlù jiéshù le(连胜记录结束了).

ストップウォッチ pǎobiǎo(跑表), mǎbiǎo(马表), tíngbiǎo(停表), miǎobiǎo(秒表).

すどまり【素泊り】 ¶~で1泊3000円です guāng zhù sānqiān rìyuán yì xiǔ(光住三千日元一宿).

ストライキ 〔労働者の〕bàgōng(罢工);〔学生の〕bàkè(罢课);〔商人の〕bàshì(罢市). ¶労働者達は賃上げを要求して~に突入した gōngrénmen wèi yāoqiú tígāo gōngzī bàgōng le(工人们为要求提高工资罢工了). ¶~権を確立する quèlì bàgōngquán(确立罢工权). ¶~破り pòhuài bàgōng(破坏罢工). 時限~ xiànshí bàgōng(限时罢工). 無期限~ wúqīxiàn bàgōng(无期限罢工).

ストライク hǎoqiú(好球).

ストリキニーネ fānmùbiējiǎn(番木鳖碱).

ストレート ¶3対0で~勝ちした liánshèng sān jú yǐ sān bǐ líng huòshèng(连胜三局以三比零获胜). ¶ウイスキーを~で飲む bú duì shuǐ hē wēishìjìjiǔ(不对水喝威士忌酒).

ストレス yìngjī(应激), jǐnzhāng(紧张), jīngshén yālì(精神压力). ¶~解消のため旅行に行く wèile sōngchí yíxià jǐnzhāng de shénjīng qù lǚxíng(为了松弛一下紧张的神经去旅行).

ストレッチャー yǒulún dānjià(有轮担架).

ストレプトマイシン liànméisù(链霉素).

ストロー màigǎn xīguǎn(麦秆吸管).

ストロボ shǎnguāngdēng(闪光灯).

ストロンチウム sī(锶).

すな【砂】 shā(砂), shāzi(沙子). ¶彼女は~をかむような気持で彼の話を聞いた tā hěn sǎoxìng de tīngzhe tā de huà(她很扫兴地听着他的话).

すなあらし【砂嵐】 chénbào(尘暴), shābào(沙暴).

すなお【素直】 ¶この子は~な子だ zhè háizi hěn tīnghuà(这孩子很听话). ¶人の忠告を~にきく chéngkěn de ˚jiēshòu rénjia de pīpíng[tīng rén quàngào](诚恳地˚接受人家的批评[听人劝告]). ¶彼女の字は~だ tā xiě de zì hěn dàfang(她写的字很大方).

すなけむり【砂煙】 ¶トラックが~をあげて走って行く kǎchē yángzhe chéntǔ fēishǐ guòqu(卡车扬着尘土飞驰过去).

すなち【砂地】 shādì(沙地).

スナック kuàicāndiàn(快餐店), xiǎochīdiàn(小吃店), biàncān xiǎochīdiàn(便餐小吃店). ¶~菓子 língshí diǎnxīn(零食点心).

スナップ 1〔留金〕zǐmǔkòur(子母扣儿), ànkòur(摁扣儿), ànkòur(按扣儿). ¶~をとめる kòu zǐmǔkòur(扣子母扣儿).
2〔写真の〕zhuāpāi(抓拍), kuàizhào(快照).

すなどけい【砂時計】 jìshí shālòu(计时沙漏).

すなば【砂場】 ¶子供が~で砂遊びをしている xiǎoháizi zài shākēng wánr shāzi(小孩子在沙坑玩儿沙子).

すなはま【砂浜】 shātān(沙滩), hǎitān(海滩).

すなぼこり【砂埃】 shāchén(沙尘). ¶ひどい~で目をあけていられない shāchén fēiyáng zhēngbukāi yǎnjing(沙尘飞扬睁不开眼睛).

すなやま【砂山】 shāqiū(沙丘).

すなわち【即ち】 jí(即), jiùshì(就是). ¶江戸~現在の東京 Jiānghù jí xiànzài de Dōngjīng(江户即现在的东京). ¶これが~人生というものだ zhè jiùshì suǒwèi de rénshēng(这就是所谓的人生).

スニーカー lǚyóuxié(旅游鞋).

すね【脛】 jìng(胫), xiǎotuǐ(小腿). ¶私はまだ親の~をかじっている wǒ hái kào fùmǔ yǎnghuo(我还靠父母养活). ¶~に傷持つ身 shēn yǒu yínqíng(身有隐情).

すねあて【臑当】 hùtuǐ(护腿).

すねかじり【臑齧り】 ¶~の身なので親には逆らえない wǒ hái kào jiālǐ yǎnghuo wéibèi bu liǎo fùmǔ(我还家里养活违背不了父母).

す・ねる【拗ねる】 ¶彼女は~ねて口もきかない tā fàn niúpí bìzuǐ bù zīshēng(她犯牛脾气闭嘴不吱声).

ずのう【頭脳】 tóunǎo(头脑). ¶~明晰な人 tóunǎo qīngchu de rén(头脑清楚的人).

スノータイヤ fánghuá lúntāi(防滑轮胎).

すのもの【酢の物】 cùbàn liángcài(醋拌凉菜).

スパーク huǒhuā(火花). ¶変圧器から~した biànyāqì fāchū huǒhuā(变压器发出火花).

スパイ tègōng(特工), tèwù(特务), jiàndié(间谍), jiānxì(奸细), zhēntàn(侦探), mìtàn(密探), zuòtàn(坐探); dǐtàn(敌探), dítàn(敌特). ¶敵情を~する zhēnchá díqíng(侦察敌情).

スパイク xiédīng(鞋钉), xiédǐdīng(鞋底钉);〔靴〕dīngxié(钉鞋), pǎoxié(跑鞋).

スパイス xiānglà tiáoliào(香辣调料).

スパゲッティ Yìdàlì shíxīnmiàn(意大利实心面).

すばこ【巣箱】 cháoxiāng(巢箱). ¶蜜蜂の~ fēngxiāng(蜂箱).

すばしこ・い mǐnjié(敏捷). ¶~く逃げまわってなかなかつかまらない tā mǐnjié de sìchù duǒbì zǒng zhuōbuzhù(敏捷地四处躲避总捉不住). ¶~く立ちまわって金を儲けた˚ tóujī qǔqiǎo zhuànle qián(投机取巧赚了钱).

すばすば ¶煙草を~吸う yígejìnr de bādāzhe yān(一个劲儿地吧嗒着烟).

ずばずば ¶~と物を言う zhíyán-búhuì de shuō(直言不讳地说).

すはだ【素肌】 ¶彼女は~がきれいだ tā de pífū xìnì(她的皮肤细腻). ¶~にワイシャツを着る tiězhe pífū chuān chènshān(贴着肌肤穿衬衫).

スパナ bānzi(扳子), bānshou(扳手).

ずばぬ・ける【ずば抜ける】 gāochāo(高超), chūzhòng(出众), chūqún(超群), bájiān[r](拔尖[儿]), chūjiān[r](出尖[儿]). ¶彼女は~て記憶力がよい tā jìyìlì chāorén(她记忆力超人). ¶この品種は収穫量が~ている zhège pǐnzhǒng chǎnliàng shì bájiān de(这个品种产量是拔尖的).

すばや・い【素早い】 mǐnjié(敏捷), kuàijié(快捷), mǐnjié-yǎnkuài(手疾眼快), yǎnmíng-shǒukuài(眼明手快). ¶彼は~い身のこなしで塀を乗り越えた tā dòngzuò mǐnjié de tiàoguòle qiáng(他动作敏捷地跳过了墙). ¶彼女は~く机の下に隠れた tā mǐnjié de duǒdào zhuōzi dǐxia(她敏捷地躲到桌子底下).

すばらし・い【素晴らしい】 1〔見事だ〕¶今日は〜い天気だ jīntiān zhēn shì ge hǎo tiānqì (今天真是个好天气)/ jīntiān de tiānqì hǎode yàomìng! (今天的天气好得要命!). ¶彼女は〜い成績で卒業した tā yǐ yǐ yōuxiù de chéngjì bìle yè (她以极优秀的成绩毕了业). ¶彼の音楽の才能は〜い tā de yīnyuè cáinéng ˈzhēn liǎobuqǐ [gàile màor le] (他的音乐才能"真了不起[盖了帽儿了]). ¶彼の答弁はまったく〜い tā de dábiàn jīngcǎi jíle (他的答辩精彩极了). ¶食卓には〜い御馳走が並んでいる cānzhuō shang bǎizhe shānzhēn-hǎiwèi (餐桌上摆着山珍海味). ¶山頂からの眺めは〜かった cóng shāndǐng tiàowàng de jǐngsè kě zhēn ˈměi jíle [yǐn rén rù shèng] (从山顶眺望的景色可真"美极了[引人入胜]).

2〔非常に〕¶彼は〜く大きな家に住んでいる tā zhùzài ˈkuānchang de zháiyuàn [shēnzhái dàyuàn] li (他住在ˈ宽敞的宅院[深宅大院]里). ¶彼女は〜く歌がうまい tā chàngde ˈhǎojíle [guāguājiào] (她唱歌唱得ˈ好极了[呱呱叫])/ tā sǎngzi ˈtèbié hǎo [dǐngguāguā] (她嗓子ˈ特别好[顶刮刮]).

ずばり ¶彼の発言は〜問題の核心をついていた tā de fāyán jīzhòngle wèntí de yàohài (他的发言击中了问题的要害). ¶彼の予想は〜的中した tā de yùxiǎng yì diǎn bú chà wánquán cāizhòng le (他的预想一点不差完全猜中了). ¶言い難いことを〜と言ってのける bù hǎo kāikǒu de shì kāimén-jiànshān de shuōle chūlái (不好开口的事开门见山地说了出来). ¶〜事の本質をつく yìzhēn-jiànxiě zhǐchū shìqing de běnzhì (一针见血指出事情的本质)/ yì yǔ pò dì (一语破的).

すばる【昴】 mǎo (昴), mǎoxiù (昴宿).

スパルタしき【スパルタ式】 Sībādáshì (斯巴达式). ¶〜教育 Sībādáshì jiàoyù (斯巴达式教育).

ずはん【図版】 túbǎn (图版).

スピーカー kuòyīnjī (扩音机), kuòyīnqì (扩音器), yángshēngqì (扬声器).

スピーチ jiǎnghuà (讲话), zhìcí (致词). ¶宴会で〜をする zài yànxí shang zhìcí (在宴席上致词).

スピード sùdù (速度), sùlǜ (速率). ¶〜を出す jiākuài sùdù (加快速度)/ zēngsù (增速); jiākuài (加快). ¶〜を落す jiàngdī sùdù (降低速度)/ jiǎnsù (减速). ¶この車は200キロの〜が出る zhè chē zuìgāo shísù wéi èrbǎi gōnglǐ (这车最高时速为二百公里). ¶車が猛〜で走って行った qìchē ˈměng kāile guòqù [fēichí ér guò] (汽车ˈ猛开了过去[飞驰而过]). ¶事務の〜アップをはかる tígāo shìwù gōngzuò xiàolǜ (提高事务工作效率). ¶〜違反 chāosù jiàshǐ (超速驾驶). 〜メータ chēsùbiǎo (车速表).

ずひょう【図表】 túbiǎo (图表).

ずぶ ¶彼は〜の素人だ tā wánquán shì ge ménwàihàn (他完全是个门外汉).

スフィンクス Sīfēnkèsī (斯芬克斯), shīshēn rénmiànxiàng (狮身人面像).

スプーン chízi (匙子), tiáogēng (调羹), gēngchí (羹匙).

すぶた【酢豚】 gūlǎoròu (咕咾肉), tángcù lǐjǐ (糖醋里脊).

ずぶと・い【図太い】 ¶彼は〜い神経の持主だ tā shì ge dǎndà-bāotiān de jiāhuo (他是个胆大包天的人). ¶〜い野郎め hòuyán-wúchǐ de jiāhuo! (厚颜无耻的家伙!).

ずぶぬれ【ずぶ濡れ】 ¶夕立にあって〜になった gǎnshàngle zhènyǔ, ˈjiāode quánshēn dōu shītòu le [chéngle luòtāngjī] (赶上了阵雨, ˈ浇得全身都湿透了[成了落汤鸡]).

ずぶり ¶短刀で〜と刺す ná duǎndāo měng cì (拿短刀猛刺). ¶片足が〜とぬかるみにはまりこんだ yì zhī jiǎo xiànjìnle níkēngli (一只脚陷进了泥坑里).

スプリング tánhuáng (弹簧), bènghuáng (绷簧), gāngsī (钢丝). ¶〜のきいたソファー tánhuáng tánlì hǎo de shāfā (弹簧弹力好的沙发).

スプリンクラー pēnshuǐ mièhuǒ xìtǒng (喷水灭火系统), zìdòng pēnshuǐ mièhuǒ zhuāngzhì (自动喷水灭火装置).

スプリンター duǎnpǎo yùndòngyuán (短跑运动员); duǎnjùlí yóuyǒng xuǎnshǒu (短距离游泳选手).

スプレー pēnwùqì (喷雾器).

すべ【術】 bànfǎ (办法), shǒuduàn (手段). ¶もはや施す〜もない yǐjīng méiyǒu bànfǎ (已经没有办法)/ yǐ wú jì kě shī (已无计可施).

スペア bèijiàn (备件), bèiyòngjiàn (备用件), bèipǐn (备品); [ボーリングの] èrjī quándǎo (二击全倒). ¶〜キー bèiyòng yàoshi (备用钥匙). 〜タイヤ bèiyòng lúntāi (备用轮胎).

スペアリブ zhūpáigǔ (猪排骨).

スペイン Xībānyá (西班牙).

スペース kòngdì (空地), kòngbái (空白), chǎngsuǒ (场所). ¶ソファーを置く〜がない méiyǒu fàng shāfā de dìfang (没有放沙发的地方). ¶〜キー kònggéjiàn (空格键).

スペースシャトル hángtiān fēijī (航天飞机).

スペード hēitáo (黑桃).

スペクトル guāngpǔ (光谱); bōpǔ (波谱). ¶〜分析 guāngpǔ fēnxī (光谱分析).

スペシャル tèbié (特别). ¶〜番組 tèbié jiémù (特别节目). 〜サービス tèbié fúwù (特别服务).

すべすべ huáliūliū (滑溜溜), huáliu (滑溜), guānghuá (光滑), guānglìu (光溜), pínghuá (平滑). ¶この紙は〜した方が表です zhè zhǐzhāng huáliu de yí miàn shì zhèngmiàn (这纸张滑溜溜的一面是正面). ¶〜した肌 pífū guānghuá (皮肤光滑).

すべて【総て】 quán (全), dōu (都), jūn (均), quándōu (全都), quánbù (全部), tōngtōng (通通), tǒngtǒng (统统), yìyīng (一应), yíqiè (一切), suǒyǒu (所有), yīchàn (一刬). ¶その計画には住民の〜が反対した

duì gāi jìhuà suǒyǒu de jūmín dōu fǎnduì (对该计划所有的居民都反对). ¶～の点でこちらの方が勝っている zài yíqiè fāngmiàn wǒfāng shèngguò duìfāng (在一切方面我方胜过对方). ¶～の責任は私にある yíqiè zérèn dōu zàiyú wǒ (一切责任都在于我). ¶問題は～解決した wèntí jiù quándōu jiějué le (问题就全都解决了). ¶もてる力は～出しきった bǎ suǒyǒu de lìliàng dōu shǐchulai le (把所有的力量都使出来了)/ jiéjìnle quánlì (竭尽了全力).

すべら・す【滑らす】 huá (滑). ¶足を～して溝に落ちた huále yì jiǎo diàojìnle gōuli (滑了一跤掉进了沟里). ¶手を～して湯飲みを割ってしまった yì shīshǒu bǎ cháwǎn zá le (一失手把茶碗砸了). ¶うっかり口を～してしまった bù xiǎoxīn ʻzǒu[lòu]le zuǐ le (不小心ʻ走[漏]了嘴了).

すべりこ・む【滑り込む】 ¶ランナーは本塁に～んだ pǎolěiyuán huájìnle běnlěi (跑垒员滑进了本垒). ¶発車間際に～んだ zài jiāngyào kāi de shíhou gǎnshàngle chē (在将要开的时候赶上了车).

すべりだい【滑り台】 huátī (滑梯). ¶～ですべる huá huátī (滑滑梯).

すべりだし【滑り出し】 kāitóu (开头), qǐtóu (起头). ¶会談の～は上々だった huìtán qǐtóu hěn shùnlì (会谈起头很顺利).

スペリング pīnzìfǎ (拼字法), zhuìzìfǎ (缀字法).

すべ・る【滑る】 huá (滑), liū (溜), huáxíng (滑行), chūliū (出溜). ¶そりで～る zuò xuěqiāo huáxíng (坐雪橇滑行). ¶氷の上を～る zài bīngshang huáxíng (在冰上滑行)/ liūbīng (溜冰)/ huábīng (滑冰). ¶ゲレンデで～る zài huáxuěchǎng huáxuě (在滑雪场滑雪). ¶～るように列車が入って来た lièchē huáxíng shìde kāile jìnlái (列车滑行似的开了进来). ¶ヨットは海面を～るように走った fānchuán zài hǎimiàn shang huáxíng (帆船在海面上滑行). ¶この廊下はつるつる～って歩きにくい zhè zǒuláng "huábujīliū[huábujīxī]" de bù hǎozǒu (这走廊ʻ滑不唧溜ʼ[滑不唧・滑不唧唧]的不好走). ¶坂道で～って転んだ zài pōrshang huádǎo le (在坡儿上滑倒了). ¶崖から～り落ちた zài shānyá huále yì jiāo zhuìle xiàlái (在山崖滑了一跤坠了下来). ¶手が～って花瓶を落した shīshǒu bǎ huāpíng shuāi le (失手把花瓶摔了). ¶戸の～りが悪くなった lāmén bú tài huádòng le (拉门不太滑动了). ¶つい口が～ってしまった méi liúshén ʻzǒu[lòu]le zuǐ le (没留神ʻ走[漏]了嘴了)/ bù xiǎoxīn shuōde liūzuǐ le (不小心说得溜嘴了). ¶大学入試に～ méi kǎoshàng dàxué (没考上大学).

スポイト xīguǎn (吸管).

スポークスマン fāyánrén (发言人), dàiyánrén (代言人).

スポーツ yùndòng (运动), tǐyù (体育). ¶彼は～が好きだ tā xǐhuan yùndòng (她喜欢运动). ¶～で体を鍛える tōngguò tǐyù yùndòng duànliàn shēntǐ (通过体育运动锻炼身体).
¶～カー yùndòngxíng jiàochē (运动型轿车).

pǎochē (跑车). ～界 tǐyùjiè (体育界)/ tǐtán (体坛). ～欄 tǐyùlán (体育栏).

スポーツマン yùndòngyuán (运动员), yùndòng xuǎnshǒu (运动选手). ¶～シップにのっとり正々堂々とたたかう yǐ yùndòngyuán yīng yǒu de fēnggé zhèngdà-guāngmíng de jìnxíng bǐsài (以运动员应有的风格正大光明地进行比赛).

ずぼし【図星】 ¶～を指されてぎょっとした bèi yìyǔ-dàopòle xīnshì xiàle yí tiào (被一语道破了心事吓了一跳).

スポットライト jùguāngdēng (聚光灯). ¶華やかな～を浴びて主役が登場した zhǔjué zài míngliàng de jùguāngdēng zhàoshè xià dēngchǎng le (主角在明亮的聚光灯照射下登场了). ¶都市の住宅問題が～を浴びる chéngshì de zhùzhái wèntí yǐnqǐ rénmen de guānzhù (城市的住宅问题引起人们的关注).

すぼま・る【窄まる】 ¶裾の～ったズボン kùjiǎo jǐn de kùzi (裤脚紧的裤子).

すぼ・める【窄める】 ¶彼はしょんぼりと肩を～めて歩いていた tā wújīng-dǎcǎi de suǒzhe jiānbǎng zǒuzhe (他无精打采地缩着肩膀走着). ¶唇を～めるようにして"u"の音を出す shōusuō zuǐchún fā "u" de yīn (收缩嘴唇发"u"的音).

ずぼら ¶あいつは～だ nà jiāhuo diào'erlángdāng (那家伙吊儿郎当). ¶彼が～だ zuòshì mǎma-hūhū de (做事马马虎虎的).

ズボン kùzi (裤子), xiàshēn[r] (下身[儿]). ¶～をはく chuān kùzi (穿裤子).
¶～下 chènkù (衬裤). ～つり diàokùdài (吊裤带). 長～ chángkù (长裤). 半～ duǎnkù (短裤).

スポンサー tígōng shāngyè guǎngbō jiémù de guǎnggàohù (提供商业广播节目的广告户); chūzīzhě (出资者).

スポンジ hǎimián (海绵).

スマート ¶～な物腰 jǔzhǐ "xiāosǎ[sǎtuō]" (举止ʻ潇洒[洒脱]). ¶～なコートに身を包む chuānzhe piàoliang shímáo de wàiyī (穿着漂亮时髦的外衣). ¶～な体つき xìcháng yōuměi de shēncái (细长优美的身材); shēnduàn miáotiao (身段苗条).

すまい【住い】 zhùchù (住处), zhùdì (住地), fángzi (房子), zhùfáng (住房), zhùzhái (住宅), zhùjiā (住家). ¶お～はどちらですか nín zhùzài nǎli? (您住在哪里?). ¶適当な～が見つからない zhǎobuzhào shìdàng de fángzi (找不着适当的房子). ¶1人でホテル～をしている yí ge rén jūzhù zài fàndiànli (一个人居住在饭店里).

すま・す【済ます】 **1**【し終えて】 ¶この件をしてほっとした bànle zhè jiàn shì, sōngle yì kǒu qì (办了这件事, 松了一口气). ¶夕食を～してから出掛けよう chīwán wǎnfàn zài chūqu ba (吃完了晚饭再出去吧). ¶ここの勘定は～しました zhèli de zhàng ʻsuànhǎo[fùwán] le (这里的账ʻ算好[付完]了).
2【よしとする】 ¶なるべく買わずに～つもりだ xiǎng jǐnliàng bù mǎi ʻcòuhe[jiāngjiu] guo-

qu(想尽量不买▼凑合[将就]过去).¶結局行かずに電話で～した dàoliǎo méi yǒu, dǎ diànhuà liǎole shì(到了没去,打电话了事).¶昼御飯はこれで～しなさい wǔfàn ná zhèxiē duìfuzhe chī ba(午饭拿这些对付着吃吧).¶示談で～した sīxià héjiě liǎoshì le(私下和解了事了).¶これは笑って～されることではない zhè kě bú shì néng fù zhī yí xiào de(这可不是能付之一笑的).

すま・す【澄ます】 1【水などを】dèng(澄), dèngqīng(澄清).¶濁った水を～す bǎ húnshuǐ dèngqīng(把浑水澄清).

2【耳,心などを】chéng(澄).¶鳥の声に耳を～す cè ěr jìngtīng niǎo míng(侧耳静听鸟鸣).¶心を～して聞く chéngxīn qīngtīng(澄心倾听).

3【気取る,知らん顔をする】¶彼女はいつもつんと～している tā zǒngshì gāoshì-kuòbù zì yǐwéi liǎobuqǐ(她总是高视阔步自以为了不起).¶あの人は～した顔で冗談を言う tā zhèngjingbābā de kāi wánxiào(他正经八百地开玩笑).¶あいつは人に迷惑をかけて～している nà jiāhuo gěi rén tiānle máfan hái ruò wú qí shì(那家伙给人添了麻烦还若无其事).

スマッシュ kòusháng(扣杀); gāoyāqiú(高压球).

すまな・い【済まない】 duìbuzhù(对不住), duìbuqǐ(对不起).¶君には～いがここはひとつ我慢してくれ duìbuzhù nǐ, zhè diǎn qǐng nǐ rěn yi rěn ba(对不住你,这点请你忍一忍吧).¶あなたには～く思っている wǒ zhēn juéde duìbuqǐ nǐ(我真觉得对不起你).

すみ【角・隅】 jiǎo[r](角[儿]), jiǎoluò(角落), jījiǎo(犄角), gālár(旮旯儿), bèijiǎo(背角).¶庭の～に埋める máizài yuàn gālár(埋在院旮旯儿).¶引出しの～の～まで探したが見つからない chōutili dōu zhǎobiànle yě méiyǒu zhǎodào(抽屉里都找遍了也没有找到).¶彼女はなかなか～に置けない tā xiǎokàn bude(她小看不得).

すみ【炭】 tàn(炭), mùtàn(木炭).¶～を焼く shāozhì mùtàn(烧制木炭).¶～をおこす shāo mùtàn shēnghuǒ(烧木炭生火).

¶～窯 tànyáo(炭窑).・火 tànhuǒ(炭火).

すみ【墨】 mò(墨); mòzhī(墨汁).¶～を磨る yán mò(研墨).¶筆に～をつける zhàn mò(蘸墨).¶空は～を流したように真暗だ tiānkōng mòhēi(天空墨黑).¶たこが～を吐く zhāngyú ▼pēn mò[fàngchū mòzhī](章鱼喷墨[放出墨汁]).

すみ【済】 qì(讫).¶それはもう支払～です nà bǐ zhàng yǐjing fùqīng le(那笔账已经付清了)/ nà bǐ zhàng yǐ fùqì(那笔账已付讫).¶受取り～ shōuqì(收讫). 検査～ yànqì(验讫). 売約～ yǐ shòu(已售).

すみえ【墨絵】 shuǐmòhuà(水墨画).

すみか【住処】 1 zhùchù(住处), zhùjiā(住家).

2【巣】cháoxué(巢穴), wō(窝).¶その古寺は盗賊の～となっていた nà zuò pòmiào chéngle ▼dàozéi de wō[fěicháo/fěikū](那座破庙成了▼盗贼的窝[匪巢/匪窟]).¶あの穴は狐の～のようだった nà kūlong kànshangqu xiàng húliwō shìde(那窟窿看上去像狐狸窝似的).

すみこみ【住込み】 ¶～の店員 zhùzài gùzhǔ jiā de diànyuán(住在雇主家的店员).

すみずみ【隅隅】 ¶部屋の～まで掃除が行き届いている wūzi shàngxià dǎsǎode gāngān-jìngjìng(屋子上下打扫得干干净净).¶彼の名は国の～まで知れ渡っている tā de míngzi jiāyù-hùxiǎo wénmíng quánguó(他的名字家喻户晓闻名全国).¶書類の～まで目を通す bǎ wénjiàn cóng tóu dào wěi guòmù(把文件从头到尾过目).

すみつ・く【住み着く】 luòhù(落户).¶この地に～いてからかれこれ 20年になる zài zhèli ānjiā-luòhù yǐjīng yǒu èrshí nián le(在这里安家落户已经有二十年了).¶いつの間にか野良猫が～いた bùzhī shénme shíhou yěmāo bú dòng wō le(不知什么时候野猫不动窝了).

すみつぼ【墨壺】 mòdòu(墨斗).

すみな・れる【住み慣れる】 zhùguàn(住惯).¶長年～れた土地を離れて東京に出て来た líkāi duōnián zhùguànle de dìfang shàng Dōngjīng lái le(离开多年住惯了的地方上东京来了).

すみません【済みません】 nánwei(难为), duìbuqǐ(对不起), zhùbuzhù(对不住), jièguāng(借光), láojià(劳驾).¶～がこの手紙を投函して下さい jiào nǐ fèixīn, qǐng bǎ zhè fēng xìn tóudào yóutǒngli(叫你费心,请把这封信投到邮筒里).¶～がこの書類に目を通して下さい qǐng nǐ fèishén, bǎ zhè wénjiàn guò yíxià mù(请你费神,把这文件过一下目).¶～が水を1 杯下さい láojià, gěi wǒ yì bēi shuǐ hē(麻烦你,给我一杯水喝).¶～がちょっとその戸を開けて下さい láojià, qǐng nǐ bǎ nàge mén gěi kāikai ba(劳驾,请你把那个门给开开吧).¶～,いま何時ですか qǐngwèn, xiànzài jǐ diǎnzhōng?(请问,现在几点钟?).¶わざわざおいでいただいて～ jiào nǐ zhuānmén lái yí tàng, zhēn guòyìbúqù(叫你专门来一趟,真过意不去).¶宿の心配までしていただいて～ zhùchù yě tì wǒ dīnghǎo le, zhēn nánwei nín le(住处也替我定好了,真难为您了).¶御心配かけて～ ràng nín guàxīn, zhēn duìbuqǐ(让您挂心,真对不起).

すみやか【速やか】 ¶イエスかノーか～に返答せよ dāying bu dāying ▼jíkè[lìkè] huídá(答应不答应▼即刻[立刻]回答).¶全員～に避難して下さい dàjiā ▼gǎnjǐn[jǐnkuài] bìnàn(大家▼赶紧[尽快]避难).

すみれ【菫】 jǐncài(堇菜), jǐnjǐncài(堇堇菜).¶～色 jǐnsè(堇色)/ shēnzǐsè(深紫色).

すみわた・る【澄み渡る】 ¶～った大空 tiānláng qìqīng de bìkōng(天朗气清的碧空)/ tiānkōng ▼bìlán[zhànlán](天空▼碧蓝[湛蓝])/ qíngkōng wànlǐ(晴空万里).

す・む 1【住む】zhù(住), jūzhù(居住).¶大阪には2年ばかり～んでいたことがあります zài Dàbǎn céng ▼zhù[dāi] guǎng liǎng nián zuǒyòu(在大阪曾▼住[待]过两年左右).¶この家は誰も～んでいない zhè fángzi wú rén jūzhù(这

房子无人居住).¶ここは物価が高くて～みにくい zhèlǐ wùjià guì, bù hǎoguò(这里物价贵, 不好过).¶～めば都 zhùguànle nǎr dōu shì hǎodìfang(住惯了哪儿都是好地方).

2 【棲む】 shēngxī(生息), qīju(栖居).¶川がよごれて魚が～めなくなった yóuyú héshuǐ wūrǎn yú bùnéng shēngxī le(由于河水污染鱼不能生息了).¶ジャングルに～む動物 qīju mìlín de dòngwù(栖居密林的动物).

す・む 【済む】 **1**〔終る〕jiéshù(结束).¶やっと試験が～んだ kǎoshì hǎoróngyì cái jiéshù le(考试好容易才结束了).¶用事が～み次第何います bànwán shì jiù qù zhǎo nín(办完事就去找您).¶まだ契約が～まない hétong hái méi qiān(合同还没签).¶支払はもう～いました qián yǐjīng fù le(钱已经付了).¶食事は～みましたか nín chīfan le ma?(您吃饭了吗?).¶～んだ事は仕方がない guòqù de shì bù tí le(过去的事不提了).

2〔事足りる, 解決する〕¶今日は暖かいので上着なしでも～む jīntiān hěn nuǎnhuo, bù chuān shàngyī yě xíng(今天很暖和, 不穿上衣也行).¶私は出席しなくても～みそうだ kànlai yòngbuzháo wǒ chūxí(看来用不着我出席).¶彼は食事のとき酒なしでは～まない tā chīfàn shí bù hē jiǔ bù xíng(他吃饭时不喝酒不行).¶あいつに一言言わねば気が～まぬ yào bù shuō tā yí jù xiāobuliǎo zhè kǒu qì(要不说他一句消不了这口气).¶こんな事をしでかしてだでは～まないぞ gànchū zhè zhǒng shì lái xiǎng liǎojié, kě méiyǒu zhème piányi a!(干出这种事来想了结, 可没有这么便宜啊!).¶これは金で～む問題ではない zhè kě bú shì ná qián jiù liǎojié de wèntí(这可不是拿钱就了结的问题).

す・む 【澄む】 qīng(清), qīngliang(清亮), chéngqīng(澄清), qīngchè(清澈), qīngxīn(清新), míngjìng(明净), míngchè(明澈).¶～んだ谷川の水に手をひたす shǒu pàozài qīngchè de jiànshuǐ li(手泡在清澈的涧水里).¶高原の～んだ空気を胸一杯吸いこむ gāoyuán de qīngxīn kōngqì xīmǎn fèifǔ[qìn rén xīn pí](高原的清新空气'吸满肺腑[沁人心脾]).¶～みきった秋空のもと運動会が行われた zài qiūjì qínglǎng de bìkōng jǔxíng yùndònghuì(在秋季晴朗的碧空举行了运动会).¶彼女は～んだ目をしている tā yǒu yì shuāng míngchè de yǎnjing(她有一双明澈的眼睛).¶～んだ鈴の音を響かせてそりが走る xiǎngzhe qīngcuì de língshēng xuěqiāo fēipǎo(响着清脆的铃声雪橇飞跑).¶～んだ心で書をひもとく xīnqíng tiánjìng de dǎkāi shūběn(心情恬静地打开书本).

スムース shùnlì(顺利), shùnchàng(顺畅), shùndang(顺当).¶両者の話合いは～に運んだ shuāngfāng de jiāoshè jìnxíngde hěn shùnlì(双方的交涉进行得很顺利).

ずめん 【図面】 túzhǐ(图纸), túyàng(图样).¶～を引く huà túyàng(画图样).

すもう 【相撲】 xiāngpū(相扑); shuāijiāo(摔跤), liàojiāo(撂跤), guàntiāo(掼跤).¶～をとって遊ぶ shuāijiāo wánr(摔跤玩儿).

スモッグ yānwù(烟雾), yīnmái(阴霾).¶～が発生する fāshēng yānwù(发生烟雾).
¶光化学～ guānghuàxué yānwù(光化学烟雾).

すもも 【李】 lǐzi(李子).

すやき 【素焼】 sùshāo(素烧).¶～の陶器 sùshāo táoqì(素烧陶器).

すやすや ¶赤ん坊は～と眠っている yīnghái xiāngtián de shuìzhe jiào(婴孩香甜地睡着觉).

-すら →さえ1.

スライス piàn(片); piàn[r](片[儿]); [卓球] xiàxuánqiú(下旋球); [テニス] fǎn xuánzhuǎnqiú(反旋转球), xiāoqiú(削球); [ゴルフ] yòuqūxiànqiú(右曲线球).¶レモンの～ níngméngpiànr(柠檬片儿).¶～ハム báopiàn huǒtuǐ(薄片火腿).

スライド **1**〔幻灯〕huàndēngjī(幻灯机); huàndēng(幻灯).¶～を映す fàng huàndēng(放幻灯).

2¶賃金を物価に～させる gōngzī suí wùjià biàndòng(工资随物价变动).

ずら・す nuó(挪); cuò(错), chà(岔).¶机を横に～す bǎ zhuōzi wǎng pángbiān nuó yíxià(把桌子往旁边挪一下).¶急用ができたので約束の時間を1時間～して下さい yīnwei yǒule jíshì, xīwàng bǎ yuēdìng de shíjiān cuòkāi yì xiǎoshí(因为有了急事, 希望把约定的时间错开一小时).

すらすら shùnliu(顺溜), shùnliūliū(顺溜溜); shùndang(顺当), shùnshun-dāngdāng(顺顺当当), yángyáng-sǎsǎ(洋洋洒洒).¶テキストを～と読む kèwén niànde 'shùnliūliū de[dàobèi rú liú](课文念得'顺溜溜的[倒背如流]).¶事は～と運んだ shìqing jìnxíngde hěn shùndang(事情进行得很顺当).¶難問を～と解く bǎ nántí yì rú fǎnzhǎng de jiěchulai(把难题易如反掌地解出来).

スラックス kùzi(裤子), nǚchángkù(女长裤).

スラブ Sīlāfū(斯拉夫).¶～民族 Sīlāfū mínzú(斯拉夫民族).

スラム pínmínkū(贫民窟).

すらり **1**〔体つきが〕xìtiao(细挑・细条), miáotiao(苗条), xiūcháng(修长), xìcháng(细长), xìgāotiǎor(细高挑儿).¶～とした美人 shēncái miáotiao de měirén(身材苗条的美人).

2 ¶～と大刀を抜き放つ sōu de yì shēng báchū dāo lai(嗖的一声拔出刀来).

ずらり ¶壇上にお偉方が～と座っている zài zhǔxítái shang zuòzhe yīliù dàrénwù(在主席台上坐着一溜儿大人物).¶本棚に画集を～と並べる shūjià shang bǎi yīliù huàcè(书架上摆一溜儿画册).

スラング lǐyǔ(俚语), qièkǒu(切口), hēihuà(黑话), yǐnyǔ(隐语), kǎnr(侃儿・坎儿).

スランプ ¶このところ～で仕事がはかどらない jìnlái wěimǐ-búzhèn gōngzuò bújiàn jìnzhǎn(近来委靡不振工作不见进展).

すり 【刷】 ¶このポスターは～がいい zhè xuānchuánhuà yìnde hǎo(这宣传画印得好).

すり【掏摸】 páshǒu(扒手・轰手), xiǎoliū(小绺), sānzhīshǒu(三只手). ¶財布を～にすられた qiánbāo jiào páshǒu tōuzǒu le(钱包叫扒手偷走了).

すりあし【摺足】 ¶～で近づく jiǎo cā dìpír āijìn(脚擦地皮儿挨近).

すりあわ・せる【擦り合せる】 ¶鈴虫は羽を～せて鳴く jīnzhōngr móca qián chì míngjiào(金钟儿摩擦前翅鸣叫). ¶手を～せて頼む hézhǎng cuō shǒu bàiqiú(合掌搓手拜求).

スリーサイズ sānwéi chǐmǎr(三围尺码儿).

すりえ【擂餌】 fěnliào(粉料).

ずりお・ちる【ずり落ちる】 ¶眼鏡が～ちる yǎnjìngr huáxià le(眼镜儿滑下了). ¶ズボンが～ちそうだ kùzi yào diào(裤子要掉).

すりか・える【摩り替える】 tōuhuàn(偷换), dǐhuàn(抵换); diàobāo(掉包・调包), yí huā jiē mù(移花接木), tōu liáng huàn zhù(偷梁换柱). ¶偽物と～えられた bèi ná jiǎ dōngxi gěi tōuhuàn le(被拿假东西给偷换了). ¶論点を～える tōuhuàn lùndiǎn(偷换论点).

すりガラス【磨ガラス】 máobōli(毛玻璃), móshā bōli(磨砂玻璃).

すりきず【擦傷】 ¶転んでひざをこしらえた shuāile ge gēntou ˇcèng[cā]pòle yí kuài pí(摔了个跟头ˇ蹭[擦]破了一块皮).

すりきり【摺切り】 ¶塩を小匙に～1杯入れる bǎ yán gē yì sháo píng chí(把盐搁一小平匙).

すりき・れる【擦り切れる】 móduàn(磨断), mópò(磨破). ¶縄が～れた shéngzi móduàn le(绳子磨断了). ¶ワイシャツの袖口が～れた chènshān de xiùkǒu mópò le(衬衫的袖口磨破了).

すりこぎ【擂粉木】 yánmóbàng(研磨棒), léichuí(擂槌).

すりこみ【刷り込み】 míngyìn(铭印). ¶鳥の雛の～ zǐjī de míngyìn(仔鸡的铭印).

すりこ・む【クリームを～む bǎ xuěhuāgāo róu pífu shang(把雪花膏揉皮肤上).

すりつ・ける【擦り付ける】 cāceng(擦蹭), móceng(磨蹭). ¶猫が甘えて体を～ける māo jiāode cāceng shēntǐ(猫娇得擦蹭身体). ¶頭を地に～けてあやまる kòutóu péizuì(叩头赔罪).

スリット kāichà(开衩), chàkǒu(衩口).

スリッパ tuōxié(拖鞋), tālar(跶拉儿). ¶～をはく chuān tuōxié(穿拖鞋).

スリップ 1 dǎhuá(打滑). ¶雨でタイヤが～る xiàyǔ xiàde chēlún dǎhuá(下雨下得车轮打滑).

2 [下着] chènqún(衬裙).

すりつぶ・す【磨り潰す】 mósuì(磨碎), yánsuì(研碎). ¶くるみを～す bǎ hétaorénr mósuì(把核桃仁儿磨碎).

すりぬ・ける【摺り抜ける】 ¶人々の間を～けて前に出る chuānguò rénqún zǒushàng qián(穿过人群走上前). ¶出まかせを言ってその場を～けた xìnkǒu-kāihé fūyan liǎoshì(信口开河敷衍了事).

すりばち【擂鉢】 léibō(擂钵). ¶～でごまを擂る yòng léibō yán zhīma(用擂钵研芝麻).

すりへら・す【磨り減らす】 mósǔn(磨损), móhào(磨耗), hàosǔn(耗损). ¶靴のかかとを～して探し歩く mópò xiédǐ dàochù xúnzhǎo(磨破鞋底到处寻找). ¶神経を～す hàosǔn jīngshén(耗损精神) / hàosǔn(耗神).

すりへ・る【磨り減る】 mósǔn(磨损), móhào(磨耗). ¶かかとの～った靴 hòugēnr mósǔnle de xié(后跟儿磨损了的鞋).

すりみ【摺り身】 ¶魚の～ mòchéng róngzhuàng de yúròu(磨成茸状的鱼肉) / yúròuní(鱼肉泥).

スリム miáotiao(苗条). ¶～な体型 miáotiao de shēncái(苗条的身材).

すりむ・く【擦り剝く】 cāpò(擦破), cèngpò(蹭破). ¶転んで膝を～いた shuāidǎo cāpòle xīgài(摔倒擦破了膝盖).

すりよ・せる【擦り寄せる】 ¶犬が体を～せてきた gǒu bǎ shēnzi cèngguolai le(狗把身子蹭过来了).

すりよ・る【擦り寄る】 ¶～って小声で話す āidào shēnpáng xiǎoshēng shuōhuà(挨到身旁小声说话) / cèngdào ěrbiān qièqiè sīyǔ(蹭到耳边窃窃私语). ¶権力者に～る xiàng tǒngzhìzhě xiànmèi(向统治者献媚).

スリラー ¶～小説 jīngxiǎn xiǎoshuō(惊险小说) / kǒngbù xiǎoshuō(恐怖小说).

スリランカ Sīlǐlánkǎ(斯里兰卡).

スリル ¶これは～満点だ zhè zhēn jiào rén jīngxīn-dòngpò(这真叫人惊心动魄).

す・る 1【擦る・摩る】 huá(划), cā(擦). ¶マッチを～る huá huǒchái(划火柴).

2【磨る・擂る】 yán(研), mó(磨). ¶墨を～る yán mò(研墨). ¶やすりで～る yòng cuò cuò(用锉锉). ¶味噌を～る mó dàjiàng(磨大酱). ¶競馬で有り金を～ってしまった sàimǎ bǎ suǒyǒu de qián dōu shūguāng le(赛马把所有的钱都输光了).

す・る【刷る】 yìn(印), yìnshuā(印刷). ¶鮮明に～れている yìnde hěn xiānmíng(印得很鲜明). ¶この輪転機は1分間に250枚～れる zhè jià lúnzhuǎnshǐ yìnshuājī yì fēnzhōng néng yìnshuā èrbǎi wǔshí zhāng(这架轮转机一分钟能印刷二百五十张). ¶今～り上がったところです gāng yìnshuāhǎo(刚印刷好).

す・る【掏る】 pá(扒), páqiè(扒窃). ¶電車の中で財布を～られた zài diànchēli ràng páshǒu pále qiánbāo(在电车里让扒手扒了钱包).

する【為る】 **1**【行う】 zuò(做), gàn(干), bàn(办), gǎo(搞). ¶自分のことは自分でする zìjǐ de shìr zìjǐ zuò(自己的事儿自己做). ¶することなすことうまくいかない suǒ zuò suǒ wéi dōu bù rúyì(所做所为都不如意). ¶これから先どうするつもりだ jīnhòu nǐ dǎsuàn zěnme bàn?(今后你打算怎么办?). ¶何をしようと僕の勝手だ xiǎng zuò shénme jiù zuò shénme, shuí yě guǎnbuzháo(想做什么就做什么,谁也管不着). ¶あの人がそんなことをするとは考えられない wǒ bù xiāngxìn tā huì zuòchū nà zhǒng shì lai(我不相信他会做出那种事来). ¶これを明日までにしておいて下さい qǐng míngtiān yǐ-

qián bǎ zhège zuòhǎo (请明天以前把这个做好). ¶ 早まったことをしてくれた nǐ zěnme xúnle duǎnjiàn le ne? (你怎么寻了短见了呢?)/nǐ zěnme qīngyì zuò chūle zhè zhǒng jué shì ne? (你怎么轻易地做出了这种事呢?). ¶ たまには運動をした方がいい zuìhǎo yǒushí yùndòng yùndòng (最好有时运动运动).

2〔勤める, 従事する〕zuò(做), dāng(当). ¶ 彼女は通訳をしている tā dāng fānyi (她当翻译). ¶ 私は新宿で商売をしています wǒ zài Xīnsù zuò mǎimai (我在新宿做买卖). ¶ O 先生に仲人をしてもらった qǐng O xiānsheng gěi zuò de méi (请 O 先生给做的媒).

3〔或るもの・状態にならせる〕¶ 彼は娘をピアニストにするつもりだ tā dǎsuàn jiào nǚ'ér dāng gāngqínjiā (他打算叫女儿当钢琴家). ¶ A 君をクラブの責任者にしよう tuī A tóngxué zuò jùlèbù de fùzérén (推 A 同学做俱乐部的负责人). ¶ 白菜を漬物にする yān báicài (腌白菜). ¶ 宝石を金(き)にする bǎ bǎoshí huànchéng xiànjīn (把宝石换成现金). ¶ 本を枕にして寝る yòng shū dàng zhěntou shuìjiào (用书当枕头睡觉). ¶ 私はあなたを幸福にすると誓います wǒ fāshì yídìng shǐ nǐ xìngfú (我发誓一定使你幸福). ¶ 彼女は顔を赤くしてうつむいた tā xiūhóngle liǎn, bǎ tóu dīle xiàqù (她羞红了脸, 把头低了下来). ¶ 弟は私の万年筆をだめにしてしまった dìdi bǎ wǒ de gāngbǐ gěi gǔdǎohuài le (弟弟把我的钢笔给鼓捣坏了). ¶ 彼が事態を複雑にしてしまった tā bǎ shìtài gěi nòngfùzá le (他把事态给弄复杂了). ¶ 問題にするほどのことではない nà bìng bú shì zhíde yì tí de shìr (那并不是值得一提的事儿). ¶ そろそろ御飯にしよう nàme gāi chīfàn le ba (那么该吃饭了吧).

4〔感じられる〕¶ どこかで人声がする bùzhī cóng shénme dìfang tīngdào rénshēng (不知从什么地方听到人声). ¶ この花はいい匂いがする zhè huā wénzhe hǎo xiāng (这花闻着好香). ¶ 口に入れたら甘酸っぱい味がした fàngjìn kǒuli juéde suāntián suāntián de (放进口里觉得酸甜酸甜的). ¶ 寒気がする juéde fālěng (觉得发冷). ¶ 胸騒ぎがする xīnli tǎntè bù'ān (心里忐忑不安).

5〔思う, 見なす〕¶ お会いできる日を楽しみにしています pànwàng nénggòu jiàndào nín (盼望能够见到您). ¶ 目的とするところがはっきりしない zhuīqiú de mùdì bù qīngchu (追求的目的不清楚). ¶ 人を馬鹿にするな bié ná rén bú dàng rén (别拿人不当人). ¶ 勤勉を旨とする yǐ qínmiǎn wéi zōngzhǐ (以勤勉为宗旨).

6〔値段である〕¶ 彼は 500 万円もする車に乗っている tā kāizhe jiàzhí wǔbǎi wàn rìyuán de chē (他开着价值五百万日元的车). ¶ デパートで買えば 10 万円はする rúguǒ zài bǎihuò gōngsī mǎi, děi shíwàn rìyuán (如果在百货公司买, 得十万日元). ¶ こんなものいくらもしない zhè zhǒng dōngxi zhíbuliǎo jǐ ge qián (这种东西值不了几个钱).

7〔時間が経つ〕¶ あと 30 分ぐらいすれば帰って来るでしょう zài guò sānshi lái fēn jiù huì huílai de (再过三十来分就会回来的). ¶ 1 時間もしないうちにすっかり忘れてしまった méi guò yì xiǎoshí jiù gěi wàngde yīgān-èrjìng le (没过一小时就给忘得一干二净了).

8〔…ようとする, …とする, …にすれば, など〕¶ 出掛けようとしていたら電話が鳴った gāng yào chūmén diànhuà jiù xiǎng le (刚要出门电话就响了). ¶ 1 本 10 円とすると 5 本でいくらですか yì zhī shí kuài qián, wǔ zhī duōshao qián ne? (一枝十块钱, 五枝多少钱呢?). ¶ 彼にすればさぞ心外なことだろう duì tā lái shuō shì fēicháng yíhàn de shìqing ba (对他来说是非常遗憾的事情吧). ¶ 私としたことがとんだ手抜かりでした nà shì wǒ tài shūhū dàyi le (那是我太疏忽大意了).

ずる ¶ ～をして勝つ tōuqiǎo huòshèng (偷巧获胜). ¶ あいつは…だから気をつけた方がいい nà jiāhuo yóutóu-huánǎo yào jǐngtìzhe diǎnr (那家伙油头滑脑要警惕着点儿). ¶ ～をきめこんで会社を休んだ tōulǎn bú shàngbān (偷懒不上班).

ずる・い【狡い】 jiǎohuá (狡猾), jiānhuá (奸猾・奸滑), yóuhuá (油滑). ¶ あいつは…い奴だ nà jiāhuo hěn ▼huátóu [狡猾／鬼]/ tā shì ge lǎohuátóu (他是个老滑头). ¶ ～く立ち回る duì rén jiǎozhà shuǎhuá (对人狡诈耍滑).

ずるがしこい【狡賢い】 jiānhuá (奸滑), jiǎozhà (狡诈). ¶ ～人 wéirén jiǎohuá (为人狡猾)/ jiǎohuá jiānzhà de rén (狡猾奸诈的人).

ずる・ける tōulǎn (偷懒), duǒlǎn (躲懒). ¶ 仕事を～ける tōulǎn kuànggōng (偷懒旷工).

するする ¶ 猿が～木に登る hóuzi mǐnjié de pá shù (猴子敏捷地爬树). ¶ 旗が～とあがった qízi sōusou de shēngshangqu le (旗子嗖嗖地升上去了).

ずるずる ¶ 裾を～とひきずって歩く tuōlāzhe yīshang xiàbǎi zǒu (拖拉着衣裳下摆走). ¶ 支払期日を～と引き延ばす yīzài tuōyán fùkuǎn rìqī (一再拖延付款日期). ¶ 問題をこのまま～べったりにしておくわけにはいかない wèntí zài yě bùnéng zhèyàng tuōlā xiaqu (问题再也不能这样拖拉下去).

すると **1**〔そうすると〕yúshì (于是), yúshìhū (于是乎), nàme yīlái (那么一来). ¶ ～突然彼は怒りだした nàme yīlái tā tūrán shēngqì le (那么一来他突然生气了).

2〔それでは〕nàme shuō (那么说), zhème shuō (这么说). ¶ ～あなたは次男ですね nàme shuō nǐ shì cìzǐ (那么说你是次子).

するど・い【鋭い】 fēnglì (锋利), ruìlì (锐利), xīlì (犀利), jiānlì (尖利), jiānruì (尖锐), mǐnruì (敏锐), língmǐn (灵敏). ¶ ～い刃物で刺された bèi fēnglì de dāo gěi cìshāng le (被锋利的刀给刺伤了). ¶ ～い嘴でついばむ yòng jiānzuǐ zhuóshí (用尖嘴啄食). ¶ 腕に～い痛みを感じた gēbo shang gǎnjué yīzhèn jùtòng (胳膊上感觉一阵剧痛). ¶ 語気～く追及する yǔqì yánlì de jiāyǐ zhuījiū (语气严厉地加以追究). ¶ ～

い目つきで相手をにらみつける yòng kěpà de yǎnjing dèng rén(用可怕的眼睛瞪人). ¶意見が~く対立する yìjiàn 'duìlì jiānruì[zhēnfēng xiāng duì](意见'对立尖锐[针锋相对]). ¶君の観察はなかなか~い nǐ de yǎnguāng hěn 'jiānruì[mǐnruì](你的眼光很'尖锐[敏锐]). ¶警察犬は~い嗅覚で犯人をかぎつけた jǐngquǎn yòng língmǐn de xiùjué xúnchū zuìfàn(警犬用灵敏的嗅觉寻出罪犯).

するめ【鯣】 gānyóuyú(干鱿鱼),gānwūzéi(干乌贼).

すると ¶つかまえようとすると~手から抜けてしまう yì zhuā jiù cóng shǒuli cīliūle chūqù(一抓就从手里刺溜了出去). ¶彼女は~身をかわした tā bǎ shēnzi yì shǎn duǒkai le(她把身子一闪躲开了).

ずれ ¶時間の~を調整する tiáozhěng shíjiān de chūrù(调整时间的出入). ¶2人の間には意見の~がある liǎng ge rén zhī jiān yìjiàn yǒu fēnqí(两个人之间意见有分歧).

スレート shíbǎn(石板).

すれすれ【擦れ擦れ】 ¶弾が頭上~のところを飛んでいった zǐdàn cóng tóudǐng shang cāguoqu(子弹从头顶上擦过去). ¶川が橋桁~まで増水した héshuǐ zhǎngdào qí qiáohéng le(河水涨到齐桥桁了). ¶燕が水面に~に飛んでいった yànzi lüèguò shuǐmiàn fēiqu(燕子掠过水面飞去). ¶~のところでやっと合格した chàbiànr méi néng kǎoshàng(差点儿没能考上).

すれちが・う【擦れ違う】 cuòguò(错过). ¶道が狭くて車は~のがやっとだった lù tài zhǎi, qìchē hǎoróngyì cái néng cuòguò(路太窄,汽车好容易才能错过). ¶今~ったのは李君ではないか gāngcái cā jiān ér guò de rén shì bu shì Lǎo Lǐ ya?(刚才擦肩而过的人是不是老李呀?). ¶彼女とはいつも~いで会えない lǎo gēn tā 'cuòguò pèngbudào miàn[shī zhī jiāo bì](老跟她'错过碰不到面[失之交臂]).

すれっからし【擦れっ枯らし】 ¶~の娘 méixiūméisào de yātou(没羞没臊的丫头). ¶あの娘(こ)はひどい~だ nàge yātou zhēn diāohuá(那个丫头真刁滑).

す・れる【擦れる・摩れる・磨れる】 mó(磨). ¶傷口が~れて痛い shāngkǒu móde téngde nánrěn(伤口磨得疼得难忍). ¶靴下のかかとが~れて破れた wàzi hòugēnr gěi mópó le(袜子后跟儿给磨破了). ¶彼女は少しも~れた所がない tā yìdiǎnr yě bù yóuhuá(她一点儿也不油滑).

ず・れる ¶テーブルがもとの場所から少し~れている zhuōzi wèizhī cóng yuánchù shāoshāo cuòkāi le(桌子位置从原处稍稍错开了). ¶棚が~れて落ちそうだ wǎ cuòkāi yào diàoxialai le(瓦错开要掉下来了). ¶出発の予定が1日~れた yùdìng chūfā de rìzi cuòkāile yì tiān(预定出发的日子错开了一天). ¶彼の感覚は時代から~れている tā de gǎnjué tuōlí shídài(他的感觉脱离时代). ¶論点が~れている lùndiǎn bù xiāngfú(论点不相合)/ lùndiǎn yǒudiǎnr lúhuàn bú duì mǎzuǐ(论点有点儿驴唇不对马嘴).

スローガン biāoyǔ(标语),kǒuhào(口号),hūhào(呼号). ¶核兵器全面禁止の~を掲げて運動を展開する gāojǔ quánmiàn jìnzhǐ héwǔqì de qízhì zhǎnkāi yùndòng(高举全面禁止核武器的旗帜展开运动). ¶~を叫んで行進する gāohū kǒuhào yóuxíng(高呼口号游行).

ズロース nǚyòng nèikù(女用内裤),nǚyòng kùchǎ(女用裤衩).

スロープ xiémiàn(斜面),xiépō(斜坡).

スローモーション màndòngzuò(慢动作).

すわり【座り】 ¶この花瓶は~が悪い zhège huāpíng bù wěndìng(这个花瓶不稳定).

すわりこみ【座り込み】 jìngzuò(静坐). ¶要求貫徹のため~をする wèile dádào yāoqiú ér jìngzuò shìwēi(为了达到要求而静坐示威).

すわりこ・む【座り込む】 ¶その場にへなへなと~んでしまった dāngchǎng ruǎnmiánmián de yí pìgu zuòxia bùnéng dòngtan le(当场软绵绵地一屁股坐下不能动弹了). ¶不当な処分に抗議して~む wèi kàngyì bù gōngdào de chǔfēn ér jìngzuò shìwēi(为抗议不公道的处分而静坐示威).

すわ・る【座る】 **1**【坐】 zuò(坐). ¶座布団に~る zuòzài zuòdiàn shang(坐在坐垫上). ¶どうぞこちらにお~り下さい qǐng zài zhèli zuò(请在这里坐). ¶このソファーなら3人楽に~れる zhè zhāng shāfā néng shūfu-fúfu de zuòxia sān ge rén(这张沙发能舒舒服服地坐下三个人). ¶社長の椅子に~る zuòshàng zǒngjīnglǐ de jiāoyǐ(坐上总经理的交椅). ¶この椅子は~り心地がよい zhè bǎ yǐzi zuòzhe hěn shūfu(这把椅子坐着很舒服). **2**【定まる】 ¶なかなか肝の~った人だ shì ge hěn yǒu dǎnliàng de rén(是个很有胆量的人). ¶あいつはどこへ行っても腰が~らぬ nà jiāhuo dào nǎr dōu dāibuzhù(那家伙到哪儿都呆不住). ¶飲むにしたがって目が~ってきた hēzhe hēzhe jiǔ jiù zhímí-dèngyǎn le(喝着喝着酒就直眉瞪眼了).

すん【寸】 cùn(寸). ¶~が詰まる zòngxiàng duǎn(纵向短).

すんいん【寸陰】 cùnyīn(寸阴). ¶~を惜しんで学業に励む àixī cùnyīn[xīyīn] nǔlì xuéxí(爱惜寸阴[惜阴]努力学习).

すんか【寸暇】 cùnxì(寸隙). ¶~を惜しんで読書する zhēngfēn-duómiǎo de dúshū(争分夺秒地读书)/ xī cùnxì yònggōng dúshū(惜寸隙用功读书).

ずんぐり ¶彼は~した体つきをしている tā zhǎngde ǎipàng(他长得矮胖)/ tā shēnzi ǎidūndūn de(他身子矮墩墩的).

すんげき【寸劇】 duǎnjù(短剧),xiǎohuàjù(小话剧).

すんし【寸志】 cùnxīn(寸心),cùnyì(寸意),cùnzhì(寸志);xiǎoyìsi(小意思).

すんじ【寸時】 ¶もはや~も猶予ならぬ yǐjing kè bù róng huǎn(已经刻不容缓).

ずんずん ¶仕事が~進む gōngzuò jìnzhǎnde hěn 'xùnsù[shùnlì](工作进展得很'迅速[顺利]). ¶病気は~よくなった bìng rìyì jiànhǎo

すんぜん【寸前】 ¶彼は完成～で病に倒れた jíjiāng[jiāngyào] wánchéng zhī shí tā bìngdǎo le (即将[将要]完成之时他病倒了). ¶衝突～のところで停車した yǎnkàn jiù yào zhuàngshàng de shíhou shāzhùle chē (眼看就要撞上的时候刹住了车).

すんだん【寸断】 cùnduàn (寸断). ¶台風で交通網が～された yóuyú táifēng jiāotōngwǎng dàochù dōu bèi qiēduàn le (由于台风交通网到处都被切断了).

すんてつ【寸鉄】 cùntiě (寸铁). ¶身に～も帯びず shēnshang bú dài rènhé wǔqì (身上不带任何武器)/ shǒu wú cùn tiě (手无寸铁). ¶～人を刺す yì zhēn jiàn xiě (一针见血).

すんなり ¶～した指 xìcháng hǎokàn de shǒuzhǐ (细长好看的手指)/ xiānzhǐ (纤指). ¶その議案は～可決された nàge yì'àn hěn shùnlì de tōngguò le (那个议案很顺利地通过了).

すんぴょう【寸評】 duǎnpíng (短评).

すんぶん【寸分】 sīháo (丝毫). ¶～の狂いもない sīháo bù chā (丝毫不差). ¶見本と～違わないように作ってある zuòde gēn yàngpǐn yì sī bú chà (做得跟样品一样不差). ¶相手に～の隙も見せない shǐ duìshǒu wú xì kě chéng (使对手无隙可乘).

すんぽう【寸法】 chǐcun (尺寸), chǐmǎ[r] (尺码[儿]), chǐtóu (尺头儿). ¶～をとる liáng chǐcun (量尺寸). ¶なかなか～通りには行かないものだ hěn nán zhào jìhuà jìnxíng (很难照计划进行)/ zǒng gǎode bù suíxīn (总搞得不随心).

せ

せ【背】 1 [背中] bèi (背), jǐbèi (脊背). ¶子供を～に負う bǎ háizi bēizài bèishang (把孩子背在背上)/ bēi háizi (背孩子). ¶彼は～を曲げて歩いている tā lǎo tuózhe bèi zǒulù (他老驼着背走路). ¶～を伸ばせ bǎ yāobǎnr tǐngzhí (把腰板儿挺直)/ tǐngqǐ yāo lai (挺起腰来). ¶山を～にして写真を写す bèizhe shān zhàoxiàng (背着山照相). ¶くるりと～を向け逃げ出した yì zhuǎnshēn jiù táopǎo le (一转身就逃跑了). ¶子は親の～を見て育つ háizi shì kànzhe dàren de bèiyǐng zhǎngdà de (孩子是看着大人的背影长大的). ¶友人にまで～を向けられてしまった lián péngyou yě bù lǐcǎi wǒ le (连朋友也不理睬我了). ¶味方に～を向ける bèipàn zìjǐrén (背叛自己人). ¶彼は世間の出来事に～を向けて研究に没頭していた tā duì shèhuì de shìqíng mò bù guānxīn máitóu yú yánjiū (他对社会的事情漠不关心埋头于研究)/ tā liǎng ěr bù wén chuāng wài shì, yìxīn máitóu gǎo yánjiū (他两年不闻窗外事,一心埋头搞研究). ¶そうは言っても～に腹はかえられない suīrán zhème shuō, yě zhǐ néng gù tóu bùgù jiǎo le (虽然这么说,也只能顾头不顾脚了). ¶馬の～ mǎbèi (马背). ¶本の～ shūjǐ (书脊)/ shūbèi (书背). ¶椅子の～ yǐzi de kàobèi (椅子的靠背)/ yǐbèi (椅背).
2 →せい(背).

せ【瀬】 tān (滩), qiǎntān (浅滩). ¶～を渡る tāngguò qiǎntān (蹚过浅滩). ¶身を捨てこそ浮かぶ～もあれ huōchuqu cái huì yǒu chūlù (豁出去才会有出路). ¶そう言われたのでは僕の立つ～がない jiào nǐ nàme shuō, wǒ jiù wú dì zì róng le (叫你那么说,我就无地自容了)/ nǐ nàme shuō kě jiào wǒ méifǎ xiàtái le (你那么说可叫我没法下台).

せ【是】 shì (是). ¶～を～とし非を非とする shì wéi shì fēi wéi fēi (是为是非为非). ¶～か非かは判断できない nányǐ pànduàn (是非难以判断). ¶～が非でもそれを取り戻さなければ wúlùn rúhé fēiděi bǎ tā duóhuilai bùkě (无论如何非得把它夺回来不可).

せい【背】 gèr (个儿), gèzi (个子), shēncái (身材), shēncháng (身长), shēnliang (身量). ¶～が高い [低い] gèzi ▼gāo[ǎi] (个子▼高[矮]). ¶～は高からず低からず shēncái bù gāo bù ǎi (身材不高不矮). ¶～は1メートル70センチだ shēncháng yǒu yì mǐ qī (身长有一米七). ¶～が10センチ伸びた gèzi zhǎngle shí límǐ (个子长了十厘米). ¶～の順に並ぶ àn gāo'ǎi páiduì (按高矮排队). ¶～の立たない所まで行く qiānwàn búyào dào jiǎo zhānbuzháo dǐ de dìfang qù (千万不要到脚沾不着底的地方去).

せい【正】 1 [数学の] zhèng (正). ¶～の記号 zhènghào (正号). ¶～の整数 zhèng zhěngshù (正整数). ¶～3角形 zhèng sānjiǎoxíng (正三角形).
2 [正式] zhèng (正). ¶契約書は～副2通作ってある hétong zuòle zhèng fù liǎng fèn (合同作了正副两份). ¶～会員 zhèngshì huìyuán (正式会员).

せい【生】 shēng (生). ¶～ある者は必ず死あり yǒu shēng zhě bì yǒu sǐ (有生者必有死). ¶この世に～をうける jiàngshēng zài zhège shìjiè (降生在这个世界). ¶～の喜び shēng zhī lè (生之乐).

せい【姓】 xìng (姓). ¶～は鈴木、名は太郎 xìng Língmù, míng Tàiláng (姓铃木,名太郎). ¶母方の～を継いで山本を名乗る chéngjì mǔqin fāngmiàn de xìng, chēngwéi Shānběn (承继母亲方面的姓,称为山本). ¶結婚しても～

を変えない jiéhūn yě bù gǎixìng(结婚也不改姓).

せい【性】 1〔性質〕¶人間の〜は善である rén de běnxìng shì shànliáng de(人的本性是善良的)/ rén zhī chū, xìng běn shàn(人之初,性本善).
¶アルカリ〜染料 jiǎnxìng rǎnliào(碱性染料). 植物〜脂肪 zhíwù yóuzhī(植物油脂).
2〔男女の〕xìng(性). ¶〜に目覚める chūnqíng chū dòng(春情初动)/ qíngdòu chū kāi(情窦初开).
¶〜教育 xìngjiàoyù(性教育). 〜生活 xìngshēnghuó(性生活). 〜ホルモン xìngjīsù(性激素).
3〔文法上の〕xìng(性). 男〜 yángxìng(阳性). 女〜 yīnxìng(阴性). 中〜 zhōngxìng(中性).

せい【聖】 shèng(圣). ¶〜なる神 shénshèng de shàngdì(神圣的上帝).
¶〜フランシスコ Shèng Fǎlánxīsī(圣法兰西斯).

せい【精】 1〔力〕¶商売に〜を出す zhìlì zuò mǎimai(致力做买卖). ¶御〜が出ますね nǐ kě zhēn yǒu gànjìnr(你可真有干劲儿)/ hǎo mài lìqi ya(好卖力气啊). ¶〜も根も尽きはてた jīng pí lì jié(精疲力竭)/ jīn pí lì jìn(筋疲力尽). ¶ステーキを食べて〜をつける chī niúpái bǔyǎng shēntǐ(吃牛排补养身体).
2〔精霊〕jīng(精),jīnglíng(精灵). ¶森の〜 sēnlín zhī jīnglíng(森林之精灵).

せい【所為】 ¶雑音がはいるのは蛍光灯の〜かも知れない yǒu záyīn huòxǔ shì rìguāngdēng de yǐngxiǎng suǒzhì(有杂音或许是日光灯的影响所致). ¶陽気の〜かなんとなく体がだるい yěxǔ shì tiānqì de guānxi, shēnzǐgǔr juéde suānruǎn(也许是天气的关系,身子骨儿觉得酸软). ¶何か音がしたようだけれど気の〜かしら hǎoxiàng yǒu shénme xiǎngdòng, zhè yěxǔ shì wǒ de huànjué(好像有什么响动,这也许是我的幻觉). ¶こうなったのは誰の〜でもなく君自身の〜だ gǎochéng zhèyàng, bú shì biéren ér shì nǐ běnrén zàochéng de(搞成这样,不是别人而是你本人造成的). ¶自分の過ちを人の〜にするな bié bǎ zìjǐ de guòcuò làidào biéren shēnshang(别把自己的过错赖到别人身上).

-せい【世】 shì(世); dài(代). ¶イワン4〜 Yīfán sì shì(伊凡四世). ¶ルイ14〜 Lùyì shísì(路易十四). ¶移民の2〜3〜 yímín de dì'èr dài dìsān dài(移民的第二代第三代).

-せい【制】 zhì(制). ¶週5日〜 zhōu wǔ tiān gōngzuò zhì(周五天工作制). ¶4年〜大学 sì nián zhì dàxué(四年制大学).
¶君主〜 jūnzhǔzhì(君主制).

-せい【製】 zhì(制), zhìzào(制造). ¶ドイツ〜のカメラ Déguó zhì zhàoxiàngjī(德国制照相机). ¶ビニール〜の手提 sùliào shǒutídài(塑料手提袋).

せい【税】 shuì(税). ¶〜を徴収する zhēngshuì(征税). 〜をかける kèshuì(课税). ¶〜を納める nàshuì(纳税)/ jiǎoshuì(缴税)/ jiāo shuì(交税)/ shàngshuì(上税). ¶〜がかかる yào shàngshuì(要上税). ¶〜額を算定する suàndìng shuì'é(算定税额).
¶所得〜 suǒdéshuì(所得税). 直接〜 zhíjiēshuì(直接税). 間接〜 jiànjiēshuì(间接税).

ぜい【贅】 ¶〜をつくした家具調度 jí jìn shēhuá de jiāju bǎishèr(极尽奢华的家具摆设儿).

せいあつ【制圧】 ¶敵軍を完全に〜した bǎ díjūn wánquán kòngzhìzhù le(把敌军完全控制住了). ¶暴徒を〜する zhènyā bàotú(镇压暴徒).

せいあん【成案】 wánzhěng de fāng'àn(完整的方案).

せいい【誠意】 chéngyì(诚意). ¶彼には〜がない tā méiyǒu chéngyì(他没有诚意). ¶会社側の〜ある回答を要求する yāoqiú gōngsī zuòchū yǒu chéngyì de dáfù(要求公司作出有诚意的答复). ¶〜を示す biǎoshì chéngyì(表示诚意). ¶〜を尽す jiéchéng(竭诚)/ jiéjìn chéngyì(竭尽诚意).

せいいき【西域】 Xīyù(西域).

せいいき【声域】 yīnyù(音域).

せいいき【聖域】 ¶〜を侵す qīnfàn shénshèng de dìyù(侵犯神圣的地域).

せいいく【生育・成育】 shēngzhǎng(生长). ¶土地が肥沃で農作物の〜に適している tǔdì féiwò shìyú nóngzuòwù de shēngzhǎng(土地肥沃适于农作物的生长). ¶稚魚の〜状態を観察する guānchá yúmiáo de chéngzhǎng fāyù zhuàngkuàng(观察鱼苗的成长发育状况).

せいいっぱい【精一杯】 ¶とにかく〜やってみよう zǒngzhī jiéjìn quánlì shìshi(总之竭尽全力试试). ¶これでも〜の努力をした zhè yǐjing jìnle wǒ zuì dà de nǔlì(这已经尽了我最大的努力). ¶この給料では自分ひとり食べていくのが〜だ zhèmediǎnr gōngzī gāng gòu zìjǐ yí ge rén húkǒu(这么点儿工资刚够自己一个人糊口). ¶逃げるのに〜で他のことを考える余裕はなかった zhǐ gùde huóming táopǎo, bié de lián xiǎng dōu wúfá xiǎng(只顾得活命逃跑,别的连想都无法想).

せいいん【成因】 chéngyīn(成因). ¶火山の〜を調べる yánjiū huǒshān de chéngyīn(研究火山的成因).

せいいん【成員】 chéngyuán(成员).

せいう【晴雨】 qíngyǔ(晴雨). ¶〜兼用の傘 qíngyǔ liǎngyòngsǎn(晴雨两用伞). ¶〜にかかわらず行う fēngyǔ wú zǔ(风雨无阻).
¶〜計 qíngyǔbiǎo(晴雨表).

セイウチ【海象】 hǎixiàng(海象).

せいうん【青雲】 qīngyún(青云). ¶〜の志を抱く bào qīngyún zhī zhì(抱青云之志).

せいうん【星雲】 xīngyún(星云). ¶渦巻〜 xuánwō xīngyún(旋涡星云).

せいえい【精鋭】 jīngruì(精锐). ¶〜をよりすぐる xuǎnbá jīngruì(选拔精锐).
¶〜部隊 jīngruì bùduì(精锐部队).

せいえき【精液】 jīngyè(精液).

せいえん【声援】 zhùwēi(助威), zhùzhàn(助战). ¶応援団が声を限りに〜する lālāduì sh-

ēngsī-lìjié de nàhǎn zhùwēi(拉拉队声嘶力竭地呐喊助威).¶母校のバスケットボールチームに～を送る gěi mǔxiào lánqiúduì zhùwēi(给母校篮球队助威).

せいえん【製塩】 zhìyán(制盐).¶～所 zhìyánchǎng(制盐厂).

せいおう【西欧】 Xī Ōu(西欧).¶～文明 Xī Ōu wénmíng(西欧文明).

せいおん【清音】 qīngyīn(清音).

せいおん【静穏】 ¶～な日々を送る dù ānwěn de rìyuè(度安稳的日月).

せいか【正価】 shíjià(实价).¶～販売 míngmǎ shòuhuò(明码售货).

せいか【正貨】 ¶～準備 jīnyín chǔbèi(金银储备).

せいか【正課】 ¶本校では英会話を～としている běn xiào bǎ Yīngyǔ huìhuà lièwéi zhèngshì kèchéng(本校把英语会话列为正式课程).

せいか【生花】 ¶霊前に～を供える zài língqián xiàn xiānhuā(在灵前献鲜花).

せいか【生家】 chūshēng zhī jiā(出生之家).

せいか【成果】 chéngguǒ(成果), chéngjì(成绩).¶所期の～をおさめた huòdé suǒ yùqī de chéngguǒ(获得所预期的成果).¶見るべき～がなかった zhè cì diàochá méi néng huòdé shénme zhíde yì tí de chéngguǒ(这次调查没能获得什么值得一提的成果).

せいか【声価】 shēngjià(声价), shēngyù(声誉).¶海外では日本製品の～が高い zài wàiguó Rìběn zhìpǐn yǒu hěn gāo de shēngyù(在外国日本制品有很高的声誉).

せいか【青果】 ¶～市場 càishū guǒpǐn shìchǎng(菜蔬果品市场).

せいか【盛夏】 shèngxià(盛夏).

せいか【聖火】 shènghuǒ(圣火).¶～リレー shènghuǒ jiēlì(圣火接力).

せいか【聖歌】 shènggē(圣歌).¶～隊 shèngyǒng héchàngduì(圣咏合唱队)/ shèngshībān(圣诗班).

せいか【精華】 jīnghuá(精华).

せいか【製菓】 ¶～会社 tángguǒ zhìzào gōngsī(糖果制造公司).

せいかい【正解】 ¶～は以下に掲げる zhèngquè de jiědá rúxià(正确的解答如下).¶今回は～者なし zhè cì méiyǒu zhèngquè huídázhě(这次没有正确回答者).

せいかい【政界】 zhèngjiè(政界).¶～に入る jìnrù zhèngjiè(进入政界).¶～を退く tuìchū zhèngjiè(退出政界).¶～の黒幕 zhèngjiè de mùhòu rénwù(政界的幕后人物).

せいかい【盛会】 shènghuì(盛会).¶今度の音楽会は非常な～だった zhè cì yīnyuèhuì fēicháng shèngdà(这次音乐会非常盛大).

せいかいけん【制海権】 zhìhǎiquán(制海权).¶～を握る zhǎngwò zhìhǎiquán(掌握制海权).¶～を失う sàngshī zhìhǎiquán(丧失制海权).

せいかがく【生化学】 shēngwù huàxué(生物化学).

せいかく【正確】 zhèngquè(正确), zhǔnquè(准确).¶～に言えば… zhèngquè de shuō …(正确地说…).¶～な数字をあげて説明する jǔchū zhǔnquè de shùzì lái shuōmíng(举出准确的数字来说明).¶この時計は～です zhège biǎo zǒude hěn zhǔn(这个表走得很准).

せいかく【性格】 xìnggé(性格), xìngqì(性气), bǐngxìng(秉性), píqi(脾气).¶強い[弱い]～の持主 xìnggé ˇjiānqiáng[nuòruò] de rén(性格ˇ坚强[懦弱]的人).¶持って生れた～ tiānshēng de xìnggé(天生的性格).¶2人は～が合わない liǎng ge rén ˇpíqi[xìnggé] bùhé(两个人ˇ脾气[性格]不合).¶それとこれとは全く～の違う問題だ nàge hé zhège shì xìngzhì wánquán bùtóng de wèntí(那个和这个是性质完全不同的问题).

せいかく【製革】 zhìgé(制革).¶～業 zhìgéyè(制革业).

せいがく【声楽】 shēngyuè(声乐).¶～家 shēngyuèjiā(声乐家)/ gēchàngjiā(歌唱家).

せいかつ【生活】 shēnghuó(生活).¶月10万円で～する yí ge yuè yòng shíwàn rìyuán wéichí shēnghuó(一个月用十万日元维持生活).¶こんな～はもう嫌だ zhè zhǒng rìzi zài yě bù xiǎng guò le(这种日子再也不想过了).¶～がやっと楽になってきた rìzi hǎoróngyì cái hǎoguò le(日子好容易才好过了).¶～が苦しい shēnghuó hěn kùnnan(生活很困难)/ rìzi bù hǎoguò(日子不好过).¶彼は～の心配がない tā ˇbù chóu chī bù chóu chuān[yīshí wú yú](他ˇ不愁吃不愁穿[衣食无虑]).¶毎日の～に追われている wéi měitiān de shēnghuó suǒ bī(为每天的生活所逼).¶子供ができて～がかさむ tiānle háizi huāxiao de le(添了孩子花消大了).¶～水準が高い shēnghuó shuǐpíng hěn gāo(生活水平很高).¶彼女は～力が旺盛だ tā hěn yǒu shēnghuó nénglì(她很有生活能力).

¶～費 shēnghuófèi(生活费). ～様式 shēnghuó fāngshì(生活方式). 共同～ gòngtóng shēnghuó(共同生活). 団体～ jítǐ shēnghuó(集体生活). 日常～ rìcháng shēnghuó(日常生活).

せいかっこう【背格好】 shēncái(身材).¶昨日君とよく似た～の人を見た zuótiān wǒ kànjianle hé nǐ shēncái xiāngfǎng de rén(昨天我看见了和你身材相仿的人).

せいかん【生還】 shēnghuán(生还).¶～を期せずして出撃する bàozhe bù zhǐwàng shēnghuán qù chūjī(抱着不指望生还去出击).

せいかん【精悍】 jīnghàn(精悍), piāohàn(剽悍).¶彼は～な面つきをしている tā miànmào jīnghàn(他面貌精悍).

せいかん【静観】 jìngguān(静观).¶事態の推移を～する jìngguān shìtài de fāzhǎn(静观事态的发展).

せいがん【請願】 qǐngyuàn(请愿).¶国会に～する xiàng guóhuì qǐngyuàn(向国会请愿).¶～書を提出する tíjiāo qǐngyuànshū(提交请愿书).

ぜいかん【税関】 hǎiguān(海关).¶～の検査

を受ける jiēshòu ˇhǎiguān jiǎnchá[yànguān](接受ˇ海关检查[验关])．¶～をパスする tōngguò hǎiguān(通过海关)．

せいがんざい【制癌剤】 kàng'áiyào(抗癌药)．

せいき【世紀】 shìjì(世纪)．¶10～の中頃 shí shìjì zhōngyè(十世纪中叶)．¶私はもう4分の3～も生きた wǒ yǐjing huóle sì fēn zhī sān shìjì le(我已经活了四分之三世纪了)．¶～末の様相を呈する chéngxiàn shìjìmò de jǐngxiàng(呈现世纪末的景象)．¶今～最大のニュース běn shìjì zuì dà de xīnwén(本世纪最大的新闻)．

せいき【正規】 zhèngguī(正规)．¶～の手続を踏む bàn zhèngguī de shǒuxù(办正规的手续)．¶彼は～の学校教育を受けていない tā méiyǒu shòuguo zhèngguī de xuéxiào jiàoyù(他没有受过正规的学校教育)．

¶～軍 zhèngguījūn(正规军)．

せいき【生気】 shēngqì(生气)．¶彼は～潑剌としている tā ˇshēngqì-bóbó[zhāoqì-péngbó](他ˇ生气勃勃[朝气蓬勃])．¶やっと～を取り戻した hǎoróngyì cái huīfùle xiē shēngqì(好容易才恢复了些生气)．¶この絵には～がない zhè zhāng huà huàde méiyǒu shēngqì(这张画画得没有生气)．¶目に～がない liǎngyǎn dāizhì wú shén(两眼呆滞无神)．

せいき【性器】 xìngqìguān(性器官)，shēngzhíqì(生殖器)．

せいぎ【正義】 zhèngyì(正义)．¶～の人 zhèngyì de rén(正义的人)．¶～のためにたたかう wèi zhèngyì ér dòuzhēng(为正义而斗争)．¶彼は～感に燃えている tā fùyǒu zhèngyìgǎn(他富有正义感)．

せいきゅう【性急】 xìngjí(性急)．¶～な行動で失敗を招く xìngjí de xíngdòng huì zhāozhì shībài(性急的行动会招致失败)．¶～に結論を出すな bié jíyú xià jiélùn(别急于下结论)．

せいきゅう【請求】 qǐngqiú(请求)，tǎo fángzū(讨房租)．¶家屋の明け渡しを～する yāoqiú téngchū fángwū(要求腾出房屋)．¶支払の～に応ずる yīngyǔn fùkuǎn(应允付款)．¶国を相手に損害賠償を～する xiàng guójiā yāoqiú péicháng sǔnshī(向国家要求赔偿损失)．¶書店に図書目録を～する xiàng shūdiàn suǒqǔ túshū mùlù(向书店索取图书目录)．

¶～権 qǐngqiúquán(请求权)．～書 zhàngdān(账单)．

せいきょ【逝去】 shìshì(逝世)，qùshì(去世)，xiānshì(仙逝)．¶先生の～を悼む āidào xiānsheng de shìshì(哀悼先生的逝世)．

せいぎょ【制御】 kòngzhì(控制)，yìzhì(抑制)，zhìdǎo(制导)．¶自分を～する kòngzhì zìjǐ(控制自己)．

¶自動～ zìdòng kòngzhì(自动控制)/ zìkòng(自控)．

せいきょう【盛況】 shèngkuàng(盛况)．¶公演は満員の～だった gōngyǎn kèmǎn, shèngkuàng kōngqián(公演客满,盛况空前)．

せいぎょう【正業】 zhèngyè(正业)．¶～に就く jiù zhèngyè(就正业)．¶～に就かずぶらぶらしている bú wù zhèngyè yóushǒu-hàoxián(不务正业游手好闲)．

せいぎょう【生業】 shēngyè(生业)．¶～にいそしむ qínfèn yú shēngyè(勤奋于生业)．

せいきょうと【清教徒】 Qīngjiàotú(清教徒)．

せいきょく【政局】 zhèngjú(政局)．¶混迷した～を収拾する shōushi hùnluàn de zhèngjú(收拾混乱的政局)．

せいきん【精勤】 qínfèn(勤奋)，qínjǐn(勤谨)．¶彼の～ぶりには感服する tā nà qínfèn gōngzuò de tàidu zhēn lìng rén pèifu(他那勤奋工作的态度真令人佩服)．

ぜいきん【税金】 shuìkuǎn(税款)，juānshuì(捐税)．¶～を徴収する zhēng shuì(征税)．¶～を納める nà shuì(纳税)／shàng shuì(上税)／jiǎo shuì(缴税)．¶～を滞納する tuōqiàn shuìkuǎn(拖欠税款)．¶この品には～がかかる zhè huò yào shàngshuì(这货要上税)．

せいく【成句】 chéngyǔ(成语)；yànyǔ(谚语)．

せいくうけん【制空権】 zhìkōngquán(制空权)．¶～を握る zhǎngwò zhìkōngquán(掌握制空权)．

せいくらべ【背比べ】 ¶～をしよう bǐ yi bǐ shuí gāo shuí ǎi ba(比一比谁高谁矮吧)．¶どんぐりの～ bànjīn-bāliǎng, bù xiāng shàngxià(半斤八两,不相上下)．

せいくん【請訓】 qǐngshì(请示)．¶本国政府に～する xiàng běnguó zhèngfǔ qǐngshì(向本国政府请示)．

せいけい【生計】 shēngjì(生计)．¶彼は翻訳で～を立てている tā kào bǐyì móushēng(他靠笔译谋生)．¶～を助ける bāngzhù jiālǐ de shēngjì(帮助家里的生计)．

¶～費 shēnghuófèi(生活费)．～費指数 shēnghuófèi zhǐshù(生活费指数)．

せいけい【西経】 xījīng(西经)．

せいけい【整形】 jiǎoxíng(矫形)，zhěngxíng(整形)，chéngxíng(成形)．¶～外科 gǔkē(骨科)／jiǎoxíng wàikē(矫形外科)．～手术 chéngxíng shǒushù(成形手术)／zhěngxíng shǒushù(整形手术)．

せいけつ【清潔】 qīngjié(清洁)，gānjìng(干净)，jiéjìng(洁净)，zhěngjié(整洁)．¶彼はいつも～な身なりをしている tā yīzhuó zǒngshì ˇhěn zhěngjié[gānjìng lìluo](他衣着总是ˇ很整洁[干净利落])．¶台所は～にしなければならない chúfáng yào bǎochí qīngjié(厨房要保持清洁)．¶～な政治 liánjié gōngzhèng de zhèngzhì(廉洁公正的政治)．¶～好き hào gānjìng(好干净)．

せいけん【政見】 zhèngjiàn(政见)．¶～を発表する fābiǎo zhèngjiàn(发表政见)．

¶～放送 zhèngjiàn guǎngbō(政见广播)．

せいけん【政権】 zhèngquán(政权)，zhèngbǐng(政柄)，yìnbǎzi(印把子)．¶～を握る zhízhǎng zhèngquán(执掌政权)／zhǎngwò yìnbǎzi(掌握印把子)／zuò jiāngshān(坐江山)／zuò tiānxià(坐天下)．¶～の座を離れる jiāochū zhèngquán(交出政权)／xià tái(下台)．¶～のたらい回し sīxiāng shòushòu zhèngquán(私相

授受政权).
¶ 社会主義～ shèhuìzhǔyì zhèngquán (社会主义政权). 亡命～ liúwáng zhèngquán (流亡政权).

せいけん【生検】 huójiǎn (活检).
せいげん【正弦】 zhèngxián (正弦).
せいげん【制限】 xiànzhì (限制). ¶ 演説は20分に～されている yǎnshuō shíjiān bèi xiànzhì wéi èrshí fēnzhōng (演说时间被限制为二十分钟). ¶ 会員の資格に年齢の～はない huìyuán de zīgé méiyǒu niánlíng xiànzhì (会员的资格没有年龄限制). ¶ 無～に時間をかけるわけにはいかない bùnéng wúxiànzhì de huāfèi shíjiān (不能无限制地花费时间). ¶ 産児～をする jiézhì shēngyù (节制生育)/ jiéyù (节育).
ぜいげん【税源】 shuìyuán (税源).
ぜいげん【贅言】 zhuìyán (赘言), zhuìcí (赘词). ¶ 本書の真価については～を要しない guānyú běn shū de zhēnzhèng jiàzhí wúxū zhuìyán (关于本书的真正价值无须赘言).
せいご【正誤】 zhèngwù (正误). ¶ 次の文の～を指摘せよ zhǐchū xiàwén de zhèngwù (指出下文的正误).
¶ ～表 zhèngwùbiǎo (正误表)/ kānwùbiǎo (勘误表).
せいご【生後】 ¶ ～5か月の嬰児 xiàshēng [luòshēng] wǔ ge yuè de yīng'ér (下生[落生]五个月的婴儿).
せいご【成語】 chéngyǔ (成语).
せいこう【生硬】 shēngyìng (生硬). ¶ 誤訳はないが～だ méiyǒu yìcuò, kěshì wénbǐ shēngyìng (没有译错,可是文笔生硬).
せいこう【成功】 chénggōng (成功). ¶ 君の～疑いなしだ nǐ de chénggōng háo wú yíwèn (你的成功毫无疑问)/ nǐ yídìng huì chénggōng (你一定会成功). ¶ 大会は大～だった dàhuì huòdé jí dà de chénggōng (大会获得极大的成功). ¶ ～の見込はまずなかろう kànlai shí zhī bājiǔ bú huì chénggōng (看来十之八九不会成功)/ dàgài méiyǒu chénggōng de xīwàng (大概没有成功的希望). ¶ 試みは不～に終った chángshì yǐ bù chénggōng gàozhōng (尝试以不成功告终). ¶ あなたの～を祝して乾杯! wèi nǐ de chénggōng, gānbēi! (为你的成功,干杯!). ¶ この手術は～率15パーセントの非常に危険です zhè zhǒng shǒushù zhǐ yǒu bǎi fēn zhī shíwǔ de chénggōnglǜ, fēicháng wēixiǎn (这种手术只有百分之十五的成功率,非常危险). ¶ 彼はアメリカで～した tā zài Měiguó gōng chéng míng jiù le (他在美国功成名就了).
せいこう【性交】 xìngjiāo (性交), zuò'ài (做爱).
せいこう【性向】 ¶ 彼の～はおとなしい方だ tā de bǐngxìng hěn wénjìng (他的禀性很文静).
¶ 消費～ xiāofèi qīngxiàng (消费倾向).
せいこう【性行】 xìngxíng (性行). ¶ ～ (品行). ¶ ～がよくない xìngxíng èliè (性行恶劣). ¶ ～に問題がある pǐnxíng yǒu wèntí (品行有问题).
せいこう【精巧】 jīngqiǎo (精巧), xiānqiǎo (纤巧), xìqiǎo (细巧), gōngqiǎo (工巧), gōngxì (工细), gōngzhì (工致), jīngzhì (精致), jīngmiào (精妙). ¶ ～なカメラ jīngzhì de zhàoxiàngjī (精致的照相机). ¶ 細工は～をきわめている shǒugōng jīngmiào dàojiā le (手工精妙到家了)/ shǒuyì zhēn shì qiǎoduó-tiāngōng (手艺真是巧夺天工).
せいこう【製鋼】 liàngāng (炼钢). ¶ ～所 liàngāngchǎng (炼钢厂).
せいこううどく【晴耕雨読】 qíng gēng yǔ dú (晴耕雨读).
せいこうほう【正攻法】 ¶ ～でいく cǎiqǔ guāngmíng-zhèngdà de fāngfǎ (采取光明正大的方法).
ぜいこみ【税込】 ¶ ～で10万円だ bāokuò shuìkuǎn zài nèi shíwàn rìyuán (包括税款在内十万日元).
せいこん【精根】 ¶ とうとう～尽きてその場に倒れた zhōngyú jīngpí-lìjié dǎozài nàli le (终于精疲力竭倒在那里了).
せいこん【精魂】 ¶ ～傾けて10年,やっと完成した qīngzhù shí nián de xīnxuè zhōngyú wánchéng le (倾注十年的心血终于完成了).
せいざ【正座】 duānzuò (端坐), wēizuò (危坐). ¶ ～して客と相対する zhèngjīn wēizuò yǔ kè xiāngduì (正襟危坐与客相对).
せいざ【星座】 xīngzuò (星座). ¶ ～早見図 xīngzuò yìlǎntú (星座一览图).
せいざ【静座】 jìngzuò (静坐). ¶ ～して精神を統一する jìngzuò jízhōng jīngshén (静坐集中精神).
せいさい【正妻】 zhèngqī (正妻), zhèngfáng (正房), zhèngshì (正室).
せいさい【生彩・精彩】 jīngcǎi (精彩), shēngdòng (生动), shēngsè (生色). ¶ 彼の話は～を欠いていた tā de huà fáwèi yìdiǎnr yě bù shēngdòng (他的话乏味一点儿也不生动). ¶ この絵は～に富んでいる zhè fú huàr huàde hěn jīngcǎi (这幅画儿画得很精彩).
せいさい【制裁】 zhìcái (制裁). ¶ 法の～を受ける shòudào fǎlǜ de zhìcái (受到法律的制裁). ¶ 腕力で～を加える yòng quántou zhìcái (用拳头制裁).
せいさい【製材】 zhìcái (制材). ¶ ～所 zhìcáichǎng (制材厂)/ jùmùchǎng (锯木厂).
せいさく【政策】 zhèngcè (政策). ¶ ～を立てる zhìdìng zhèngcè (制定政策).
¶ 対外～ duìwài zhèngcè (对外政策).
せいさく【製作・制作】 zhìzuò (制作), zhìzào (制造); chuàngzuò (创作). ¶ 工作機械を～する zhìzào gōngzuò mǔjī (制造工作母机). ¶ この壁画はA氏の～によるものだ zhè fú bìhuà shì yóu A xiānsheng chuàngzuò de (这壁画是由A先生创作的). ¶ テレビ番組を～する shèzhì diànshì jiémù (摄制电视节目).
せいさつよだつ【生殺与奪】 shēng shā yǔ duó (生杀予夺). ¶ ～の権を握る zhǎng shēngshā-yǔduó zhī quán (掌生杀予夺之权).
せいさん【生産】 shēngchǎn (生产). ¶ 当工場は自動車を～している běn gōngchǎng shēngchǎn qìchē (本工厂生产汽车). ¶ ～を高める

tígāo shēngchǎn(提高生产). ¶～が追い付かない shēngchǎn gōng bú yìng qiú(生产供不应求). ¶君の意見は非～的だ nǐ de yìjiàn shì fēi jiànshèxìng de(你的意见是非建设性的). ¶～過剰 shēngchǎn guòshèng(生产过剩). ～関係 shēngchǎn guānxi(生产关系). ～コスト shēngchǎn chéngběn(生产成本)／gōngběn(工本). ～手段 shēngchǎn zīliào(生产资料)／shēngchǎn shǒuduàn(生产手段). ～様式 shēngchǎn fāngshì(生产方式). ～力 shēngchǎnlì(生产力). 国民総～ guómín shēngchǎn zǒngzhí(国民生产总值).

せいさん【成算】 bǎwò(把握), chéngsuàn(成算), zhǔnpǔr(准谱儿), zhǔngǎozi(准稿子), zhǔnr(准儿). ¶～がなく事業に手を出す méiyǒu chénggōng de bǎwò jiù chāshǒu gāi shìyè(没有成功的把握就插手该事业). ¶～がある xīn yǒu chéngsuàn(心有成算)／xiōng yǒu chéng zhú(胸有成竹)／chéng zhú zài xiōng(成竹在胸).

せいさん【凄惨】 qīcǎn(凄惨). ¶～な光景 qīcǎn de qíngjǐng(凄惨的情景).

せいさん【清算】 qīnglǐ(清理), qīngsuàn(清算). ¶互いの貸し借りを～する qīnglǐ shuāngfāng de jièdài(清理双方的借贷). ¶旅費を～する jiésuàn[bàoxiāo] lǚfèi(结算[报销]旅费). ¶過去の生活を～する qīngsuàn guòqù de shēnghuó(清算过去的生活).

せいさん【精算】 ¶乗越料金を～する bǔjiāo zuòguò zhàn de chēfèi(补交坐过站的车费).

せいざん【青山】 qīngshān(青山). ¶人間到るところ～あり rénjiān dàochù yǒu qīngshān(人间到处有青山).

せいさんカリ【青酸カリ】 qíngsuānjiǎ(氰酸钾).

せいし【正視】 zhèngshì(正视). ¶現実を～する zhèngshì xiànshí(正视现实). ¶彼女を～するに忍びなかった bùrěn zhèngyǎn kàn tā(不忍正眼看她).

せいし【生死】 shēngsǐ(生死). ¶彼とはいくたびも～を共にしてきた gēn tā céng hǎo jǐ cì shēngsǐ yǔ gòng(跟他曾好几次生死与共). ¶～の境をさまよう zài sǐwángxiàn shang páihuái(在死亡线上徘徊). ¶～にかかわる大問題 yǒuguān shēngsǐ[shēngsǐ yōuguān／xìngmìng jiāoguān] de dà wèntí(有关生死[生死攸关／性命交关]的大问题).

¶～不明 shēngsǐ bùmíng(生死不明).

せいし【制止】 zhìzhǐ(制止). ¶友人の～顧みず彼は行ってしまった tā bùgù péngyou de zǔzhǐ zhíyì zǒu le(他不顾朋友的阻止执意走了). ¶暴徒の侵入を～する zhìzhǐ bàotú qīnrù(制止暴徒侵入).

せいし【精子】 jīngzǐ(精子), jīngchóng(精虫).

せいし【製糸】 sāosī(缫丝). ¶～業 sāosīyè(缫丝业). ～工場 sāosī gōngrén(缫丝工人). ～工場 sāosīchǎng(缫丝厂).

せいし【製紙】 zàozhǐ(造纸). ¶～業 zàozhǐyè(造纸业). ～工場 zàozhǐchǎng(造纸厂).

せいし【誓詞】 shìcí(誓词), shìyán(誓言).

せいし【静止】 jìngzhǐ(静止). ¶～状態を保つ bǎochí jìngzhǐ zhuàngtài(保持静止状态). ¶～衛星 tóngbù wèixīng(同步卫星). ～摩擦 jìngmócá(静摩擦).

せいじ【青磁】 qīngcí(青瓷).

せいじ【政治】 zhèngzhì(政治). ¶～にたずさわる cānyù zhèngzhì(参与政治). ¶～を談ずる tánlùn zhèngzhì(谈论政治). ¶彼等は～の関心が高い tāmen hěn guānxīn zhèngzhì(他们很关心政治). ¶彼はなかなか～の手腕がある tā hěn yǒu zhèngzhì shǒuwàn(他很有政治手腕). ¶彼は～色がない tā méiyǒu zhèngzhì sècǎi(他没有政治色彩). ¶これで彼も～生命を失った tā yóu cǐ yě zàngsòngle zhèngzhì shēngmìng(他由此也葬送了政治生命).

¶～家 zhèngzhìjiā(政治家)／zhèngkè(政客)／～学 zhèngzhìxué(政治学). ～活動 zhèngzhì huódòng(政治活动). ～献金 zhèngzhì juānkuǎn(政治捐款). ～犯 zhèngzhìfàn(政治犯).

せいしき【正式】 zhèngshì(正式). ¶～に入会の手続をとる zhèngshì bàn rùhuì shǒuxù(正式办入会手续). ¶2人は～に結婚した tāmen liǎ zhèngshì jiéle hūn(他们俩正式结了婚). ¶～交渉に入る jìnrù zhèngshì jiāoshè(进入正式交涉).

せいしつ【性質】 xìngzhì(性质), xìnggé(性格). ¶～が柔和だ xìnggé wēnróu(性格温柔). ¶彼の～は私とはまるで反対だ tā de xìnggé gēn wǒ wánquán xiāngfǎn(他的性格跟我完全相反). ¶母の～としてそんな事はできなかった mǔqin de xìnggé shì bú huì zuò nà zhǒng shì de(母亲的性格是不会做那种事的). ¶仕事の～上出張が多い yóuyú gōngzuò de xìngzhì cháng chūchāi(由于工作的性质常出差). ¶磁石の～ cítiě de xìngzhì(磁铁的性质).

せいじつ【誠実】 chéngshí(诚实), shíchéng(实诚), chéngdǔ(诚笃), dǔchéng(笃诚). ¶～な人柄 wéirén chéngshí(为人诚实). ¶彼は～さを欠く tā bùgòu chéngshí(他不够诚实). ¶～に働く chéngxīn-chéngyì de gōngzuò(诚心诚意地工作).

せいじゃ【正邪】 zhèngxié(正邪). ¶事の～をわきまえる biànbié zhèngxié(辨别正邪)／míngbiàn shìfēi-qūzhí(明辨是非曲直).

せいじゃ【聖者】 shèngzhě(圣者), shèngrén(圣人).

せいじゃく【静寂】 jìjìng(寂静), chénjì(沉寂), chénjìng(沉静), qīngjì(清寂). ¶辺りは再び～を取り戻した sìwài huīfùle yuányǒu de jìjìng(四外恢复了原有的寂静).

ぜいじゃく【脆弱】 cuìruò(脆弱). ¶～な身体 cuìruò de shēntǐ(脆弱的身体). ¶この論拠は～で立脚点が立たない zhànbuzhù jiǎo de lùnjù(站不住脚的论据).

せいしゅ【清酒】 qīngjiǔ(清酒), rìběnjiǔ(日本酒).

ぜいしゅう【税収】 shuìshōu(税收).

せいしゅく【静粛】 sùjìng(肃静). ¶～に願います qǐng sùjìng(请肃静).

せいじゅく【成熟】 chéngshú(成熟). ¶今年はみかんの～が遅い jīnnián júzi chéngshúde wǎn(今年橘子成熟得晚). ¶身心ともに～した娘

せいしゅん【青春】 qīngchūn(青春). ¶～の血をわかす shǐ qīngchūn de rèxuè fèiténg(使青春的热血沸腾). ¶～時代を楽しく過す yúkuài de dùguò qīngchūn shídài(愉快地度过青春时代).

せいじゅん【清純】 chúnjié(纯洁). ¶～な乙女 chúnjié de shàonǚ(纯洁的少女).

せいしょ【清書】 téngqīng(誊清), téngxiě(誊写). ¶ノートを～する téngqīng bǐjì(誊清笔记).

せいしょ【聖書】 Shèngjīng(圣经). ¶旧約～ Jiùyuē quánshū(旧约全书). 新約～ Xīnyuē quánshū(新约全书).

せいしょう【斉唱】 qíchàng(齐唱). ¶国歌を～する qíchàng guógē(齐唱国歌).

せいしょう【政商】 zhèngshāng(政商), gōujié zhèngkè de shāngrén(勾结政客的商人).

せいじょう【正常】 zhèngcháng(正常). ¶列車の運行は～に復した lièchē de yùnxíng huīfùle zhèngcháng(列车的运行恢复了正常). ¶彼の神経は～ではない tā de jīngshén bú zhèngcháng(他的精神不正常). ¶外交関係を～化する shǐ wàijiāo guānxi zhèngchánghuà(使外交关系正常化).

せいじょう【政情】 ¶～が不安定だ zhèngjú bù wěndìng(政局不稳定). ¶～に通じている tōngxiǎo zhèngjiè de qíngkuàng(通晓政界的情况).

せいじょう【清浄】 qīngjié(清洁), qīngjìng(清净). ¶～な空気 qīngjié de kōngqì(清洁的空气).

せいじょうき【星条旗】 xīngtiáoqí(星条旗), huāqí(花旗).

せいしょうねん【青少年】 qīngshàonián(青少年).

せいしょく【生殖】 shēngzhí(生殖). ¶～器 shēngzhíqì(生殖器). ～細胞 shēngzhí xìbāo(生殖细胞). ～腺 shēngzhíxiàn(生殖腺)/ xìngxiàn(性腺).

せいしょく【聖職】 shénzhí(神职), shèngzhí(圣职). ¶～者 shénzhí rényuán(神职人员).

せいしん【清新】 qīngxīn(清新). ¶画壇に～の気を吹き込む bǎ qīngxīn de qìxī chuīrù huàtán(把清新的气息吹入画坛).

せいしん【精神】 jīngshén(精神). ¶自主独立の～ dúlì zìzhǔ de jīngshén(独立自主的精神). ¶～に異常をきたした jīngshén shīcháng le(精神失常了). ¶お前のその腐った～をたたきなおしてやる bù bǎ nǐ nà lièggēnxìng zhěngguolai cái guài ne!(不把你那劣根性整过来才怪呢!). ¶このような仕事は～を集中させなければできない zhèyàng de gōngzuò bù jízhōng jīngshén shì zuòbuliǎo de(这样的工作不集中精神是做不了的). ¶～一何事か成らざらん jīngshén yí hé shì bùchéng(精神一何事不成). ¶犠牲的な～に富む fùyú zìwǒ xīshēng de jīngshén(富于自我牺牲的精神). ¶それは憲法の～に反する nà shì wéifǎn xiànfǎ jīngshén de

(那是违反宪法精神的). ¶君はまだ～修養が足りないぬǐ de xiūyǎng hái bú gòu(你的修养还不够). ¶思春期は～的に不安定な時期である qīngchūnqī zhèngshì qíngxù bù wěndìng de jiēduàn(青春期正是情绪不稳定的阶段). ¶～的打撃を受ける shòudào jīngshénshang de dǎjī(受到精神上的打击). ¶～的負担を感じる gǎndào jīngshénshang yǒu fùdān(感到精神上有负担).

¶～安定剤 āndìngyào(安定药)/ kàngjīngshénbìngyào(抗精神病药)/ kàng jīngshén shīcháng yào(抗精神失常药). ～科医 jīngshénkē yīshēng(精神科医生). ～錯乱 jīngshén cuòluàn(精神错乱). ～主義 jīngshén zhǔshàngzhǔyì(精神至上主义)/ jīngshén wànnénglùn(精神万能论). ～障害 jīngshén zhàng'ài(精神障碍). ～薄弱 jīngshén yòuzhìzhèng(精神幼稚症)/ jīngshén fāyù bù quán(精神发育不全). ～病 jīngshénbìng(精神病). ～病院 jīngshén bìngyuàn(精神病院). ～分析 jīngshén fēnxi(精神分析). ～分裂症 jīngshén fēnlièzhèng(精神分裂症). ～労働 nǎolì láodòng(脑力劳动).

せいじん【成人】 chéngrén(成人), chéngniánrén(成年人). ¶子供たちはみな～した háizimen dōu yǐ zhǎngdà chéngrén le(孩子们都已长大成人了).

¶～教育 chéngrén jiàoyù(成人教育).

せいじん【聖人】 shèngrén(圣人). ¶～君子 zhèngrén jūnzǐ(正人君子).

せいしんせいい【誠心誠意】 chéngxīn chéngyì(诚心诚意), zhēnqíng shíyì(真情实意). ¶～事に当る chéngxīn chéngyì de duìdài shìqing(诚心诚意地对待事情).

せいず【星図】 xīngtú(星图).

せいず【製図】 huìzhì(绘制), zhìtú(制图), huìtú(绘图), huàtú(画图). ¶工場の設計図を～する huìzhì gōngchǎng de shèjìtú(绘制工厂的设计图).

¶～器械 zhìtú yíqì(制图仪器). ～台 zhìtúzhuō(制图桌). ～板 zhìtúbǎn(制图板).

せいすい【盛衰】 shèngshuāi(盛衰), xīngshuāi(兴衰). ¶栄枯～は世の常 róngkū shèngshuāi shì shì zhī cháng(荣枯盛衰是世之常).

せいすい【精髓】 jīngsuǐ(精髓), jīnghuá(精华), jīngcuì(精粹). ¶日本文学の～ Rìběn wénxué de jīnghuá(日本文学的精华).

せいすう【正数】 zhèngshù(正数).

せいすう【整数】 zhěngshù(整数). ¶～論 shùlùn(数论).

せいする【制する】 zhìzhǐ(制止). ¶議長は彼の発言を～した zhǔxí zhìzhǐle tā de fāyán(主席制止了他的发言). ¶人々を～して静かにさせる shǐ dàjiā ānjìng xialai(使大家安静下来). ¶はやる気持を～する yìzhǐ jíqiè zhī xīn(抑制急切之心). ¶先んずれば人を～す xiān fā zhì rén(先发制人)/ xiān xiàshǒu wéi qiáng(先下手为强).

せいせい【清清】 qīngshuǎng(清爽), shuǎngkuai(爽快), tòngkuai(痛快). ¶言うだけ言っ

たら〜した yào shuō de huà shuōle zhēn tòngkuai(要说的话说了真痛快).¶ひと風呂浴びて〜した xǐle ge zǎo juéde hěn qīngshuǎng(洗了个澡觉得很清爽).

せいせい【精製】 jīngzhì(精制), jīngliàn(精炼), tízhì(提制), tíliàn(提炼), tíchún(提纯).¶重油を〜して潤滑油とする bǎ zhòngyóu jīngliàn chéng rùnhuáyóu(把重油精炼成润滑油).¶〜品 jīngzhìpǐn(精制品).〜塩 jīngyán(精盐).

せいぜい【精精】 **1**【たかだか】¶儲かったとしても〜1000円ぐらいだろう jiùshì néng zhuàn yě búguò yìqiān kuài qián bàle(就是能赚也不过一千块钱罢了).¶学校までは〜2,3キロしかない lí xuéxiào zhǐduō liǎng、sān gōnglǐ lù(离学校至多两,三公里路).¶1日に30ページ読むのが〜です yì tiān kàn sānshí yè jiù chēngsǐ le(一天看三十页就撑死了).¶この仕事は〜3日あれば十分だ zhège huór chōngqíliàng yǒu sān tiān jiù gòu le(这个活儿充其量有三天就够了).¶君の禁酒なんてせいぜい〜1週間さ nǐ jièjiǔ zuì duō yě jièbuliǎo yí ge xīngqī(你戒酒最多也戒不了一个星期).

2【できるだけ】jǐnliàng(尽量), jìnlì(尽力).¶〜勉強しなさい jǐn quánlì yònggōng ba(尽全力用功吧).¶〜お安くしておきましょう jǐnliàng shǎo suàn(尽量少算).¶〜生意気を言っていろ、そのうち後悔するだろって〜zǒng yǒu yì tiān huì hòuhuǐ de(你尽管狂吧,总有一天会后悔的).

ぜいせい【税制】 shuìzhì(税制).¶〜を改革する gǎigé shuìzhì(改革税制).

ぜいぜい hūchī(呼哧·呼嘁).¶全速力で走ってきたので〜と喘いでいる yóuyú quánsù pǎolái, hūchī hūchī de chuǎnzhe cūqì(由于全速跑来,呼哧呼哧地喘着粗气).

せいせいどうどう【正正堂堂】¶〜と試合をする guāngmíng-zhèngdà jìnxíng bǐsài(光明正大进行比赛).

せいせき【成績】 chéngjì(成绩).¶学校の〜がいい xuéxiào de chéngjì hǎo(学校的成绩好).¶英語の〜が下がった Yīngwén de chéngjì xiàjiàng le(英文的成绩下降了).¶今月の営業〜は良好だ běnyuè de yíngyè chéngjì liánghǎo(本月的营业成绩良好).¶試運転の結果よい〜をおさめた shìchē de jiéguǒ huòdéle liánghǎo de chéngjì(试车的结果获得了良好的成绩).¶〜表 chéngjìdān(成绩单).

せいせつ【正接】 zhèngqiē(正切).

せいせっかい【生石灰】 shēngshíhuī(生石灰).

せいせん【生鮮】 shēnghuo(生活), xiānnèn(鲜嫩), xīnxiān(新鲜), shíxiān(时鲜), shēngměng hǎixiān(生猛海鲜).¶〜食料品 shíxiān shípǐn(时鲜食品)/xiānhuò(鲜货).

せいせん【精選】 jīngxuǎn(精选).¶材料は〜してあります cáiliào shì jīngguò jīngxuǎn de(材料是经过精选的).

せいぜん【生前】 shēngqián(生前).¶故人に対する〜の御厚誼を感謝いたします duì yú sǐzhě shēngqián de shēnhòu yǒuyì biǎoshì zhōngxīn de gǎnxiè(对与死者生前的深厚友谊表示衷心的感谢).¶父が〜愛用していたパイプ fùqin shēngqián ài yòng de yāndǒu(父亲生前爱用的烟斗).

せいぜん【整然】 jǐngrán(井然), zhěngqí(整齐), zhěngchì(整饬), zhěngjié(整洁), yǒutiáobùwěn(有条不紊), jǐngjǐng yǒu tiáo(井井有条).¶部屋の中は〜と片付けられていた wūli shíduōde hěn zhěngqí(屋里拾掇得很整齐).¶論理が〜としている luójí tiáolǐ qīngchu(逻辑条理清楚).

せいそ【清楚】 sùjìng(素净), qīngxiù(清秀).¶〜な身なりをしている chuāndài hěn sùjìng(穿戴很素净).¶彼女は〜な感じがする tā xiǎnde hěn qīngxiù(她显得很清秀).

せいそう【政争】 zhèngzhì dòuzhēng(政治斗争).¶激しい〜に巻き込まれた bèi juǎnrùdào jīliè de zhèngzhì dòuzhēng zhōng(被卷入到激烈的政治斗争中).¶教育問題を〜の具にする bǎ bàn jiàoyù zuòwéi zhēngquánduólì de shǒuduàn(把办教育作为争权夺利的手段).

せいそう【星霜】 xīngshuāng(星霜), shíguāng(时光), suìyuè(岁月).¶卒業後10年の〜を経た bìyè hòu jīngguòle shí nián de shíguāng(毕业后经过了十年的时光).

せいそう【清掃】 qīngsǎo(清扫), dǎsǎo(打扫), sǎochú(扫除).¶道路は〜が行き届いている jiēshàng dǎsǎode hěn gānjìng(街上打扫得很干净).
¶〜車 qīngsǎochē(清扫车)/sǎolùjī(扫路机).

せいそう【盛装】 shèngzhuāng(盛装), shèngfú(盛服).¶〜した娘たち shèngzhuāng de gūniangmen(盛装的姑娘们).

せいぞう【製造】 zhìzào(制造).¶パルプから紙を〜する yòng zhǐjiāng zào zhǐ(用纸浆造纸).¶〜業 zhìzàoyè(制造业).〜工場 zhìzàochǎng(制造厂).〜工程 zhìzào gōngxù(制造工序).〜元 chǎngjiā(厂家).

せいそうけん【成層圏】 píngliúcéng(平流层), tóngwēncéng(同温层).

せいそく【生息·棲息】 qīxī(栖息), shēngxī(生息).¶極寒の地には動物はあまり〜していない yì jí hán de dìfang shēngxī de dòngwù bù duō(在极寒的地方生息的动物不多).¶南極に〜するペンギン qīxī zài nánjí de qǐ'é(栖息在南极的企鹅).
¶〜地 qīxīdì(栖息地).

せいぞろい【勢揃い】 jùjí(聚集), jùqí(聚齐), qíjí(齐集), jíhé(集合).¶参加者一同会場に〜した cānjiāzhě zài huìchǎng jùjí yìtáng(参加者在会场聚集一堂).

せいぞん【生存】 shēngcún(生存); xìngcún(幸存).¶事故の〜者はわずか2名だった shìgù de xìngcúnzhě zhǐ yǒu liǎng míng(事故的幸存者只有两名).
¶〜競争 shēngcún jìngzhēng(生存竞争)/shēngcún dòuzhēng(生存斗争).

せいたい【生体】 huótǐ(活体).¶動物の〜解

剖をする jìnxíng dòngwù huótǐ jiěpōu(进行动物活体解剖).

せいたい【生態】 shēngtài(生态). ¶蜜蜂の～を観察する guānchá mìfēng de shēngtài(观察蜜蜂的生态).
¶～学 shēngtàixué(生态学).

せいたい【声帯】 shēngdài(声带). ¶～模写をする yǎn kǒujì(演口技).

せいたい【政体】 zhèngtǐ(政体). ¶立憲～ lìxiàn zhèngtǐ(立宪政体).

せいたい【静態】 jìngtài(静态). ¶～統計 jìngtài tǒngjì(静态统计).

せいたい【整体】 ¶～療法 zhènggǔ tuīná(正骨推拿).

せいだい【正大】 zhèngdà(正大). ¶政治は公明～であってほしい xīwàng zhèngzhì guāngmíng-zhèngdà(希望政治光明正大).

せいだい【盛大】 shèngdà(盛大), lóngzhòng(隆重). ¶～に開会式を行う lóngzhòng de jǔxíng kāimù yíshì(隆重地举行开幕仪式). ¶～な歓送会 shèngdà de huānsònghuì(盛大的欢送会).

せいだく【清濁】 qīngzhuó(清浊). ¶彼は～あわせのむ人物だ tā shì qīngzhuó néng róng yǒu yǎliàng de rénwù(他是清浊能容有雅量的人物).

ぜいたく【贅沢】 shēchǐ(奢侈). ¶安月給では～はできない xīnshuǐ dī bùnéng dàshǒu-dàjiǎo(薪水低不能大手大脚). ¶～をいえばきりがない jiǎngjiu qilai jiù méiyǒu zhǐjìng(讲究起来就没有止境). ¶これ以上望むのは～だ zài wǎng shàng pàn kě jiùshì shēwàng(再往上盼可就是奢望). ¶今日は少し～してごちそうを食べよう jīntiān kuòqi diǎnr chī dùn hǎo fàn(今天阔气点儿吃顿好饭). ¶～三昧に暮す guòjíqí shēchǐ de shēnghuó(过极其奢侈的生活)/zhōng míng dǐng shí(钟鸣鼎食).
¶～品 shēchǐpǐn(奢侈品).

せいたん【生誕】 dànshēng(诞生), dànchén(诞辰). ¶～100周年 dànshēng yìbǎi zhōunián(诞生一百周年)/ bǎi nián dànchén(百年诞辰).

せいだん【星団】 xīngtuán(星团).

せいち【生地】 chūshēngdì(出生地). ¶私の～は九州です wǒ de chūshēngdì shì Jiǔzhōu(我的出生地是九州).

せいち【聖地】 shèngdì(圣地).

せいち【精緻】 jīngzhì(精致). ¶～に作られた銀細工 zuòde hěn jīngzhì de yínzhì gōngyìpǐn(做得很精致的银制工艺品).

せいち【整地】 zhěngdì(整地), píngdì(平地). ¶～して種をまく zhěngdì bōzhǒng(整地播种). ¶～して家を建る píngzhěng tǔdì gài fángzi(平整土地盖房子).

ぜいちく【筮竹】 shìzhú(筮竹), zhānbǔ zhúqiān(占卜竹签).

せいちゃ【製茶】 zhìchá(制茶).

せいちゅう【成虫】 chéngchóng(成虫).

せいちゅう【掣肘】 chèzhǒu(掣肘). ¶人の行動に～を加える duì tārén de xíngdòng jiāyǐ chèzhǒu(对他人的行动加以掣肘).

せいちゅう【精虫】 jīngchóng(精虫), jīngzǐ(精子).

せいちょう【生長・成長】 shēngzhǎng(生长), chéngzhǎng(成长). ¶今年は天候がよかったので稲の～が非常によい jīnnián fēngtiáo-yǔshùn, dàozi zhǎngde hěn 'hǎo[zhuózhuàng](今年风调雨顺,稻子长得很'好[茁壮]). ¶庭の木がぐんぐん～した yuànzili de shù zhǎngde hěn kuài(院子里的树长得很快). ¶～して立派な青年になった chéngzhǎng wéi hěn yǒu chūxi de qīngnián(成长为很有出息的青年). ¶その事件で彼女は精神的に～した jīngguò nà jiàn shì tā zài jīngshénshang chéngshú qilai(经过那件事她在精神上成熟起来). ¶あの会社は～株だ nà jiā gōngsī dà yǒu fāzhǎn qiántú(那家公司大有发展前途).
¶～期 shēngzhǎngqī(生长期). ～ホルモン shēngzhǎng jīsù(生长激素).

せいちょう【性徴】 xìngzhēng(性征). ¶第一次～ dìyī xìngzhēng(第一性征). 第二次～ dì'èr xìngzhēng(第二性征)/ fùxìngzhēng(副性征).

せいちょう【清聴】 ¶御～を感謝します gǎnxiè zhūwèi tīng wǒ de jiǎnghuà(感谢诸位听我的讲话).

せいつう【精通】 jīngtōng(精通), tōngxiǎo(通晓), shēntōng(深通). ¶彼はラテン語に～している tā jīngtōng Lādīngyǔ(他精通拉丁语). ¶彼は中国の出版事情に～している tā tōngxiǎo Zhōngguó de chūbǎn shìyè de qíngkuàng(他通晓中国的出版事业的情况).

せいてい【制定】 zhìdìng(制定). ¶憲法を～する zhìdìng xiànfǎ(制定宪法).

せいてき【性的】 ¶～欲望にかられる bèi qíngyù qūshǐ(被情欲驱使). ¶～魅力のある女 hěn yǒu xìnggǎn mèilì de nǚrén(很有性感魅力的女人).

せいてき【政敵】 zhèngdí(政敌).

せいてき【静的】 ¶問題は～にではなく動的にとらえなければならない wèntí búyào jìngzhǐ de kàn ér yīng fāzhǎn de kàn(问题不要静止地看而应发展地看).

せいてつ【製鉄】 liàntiě(炼铁). ¶～所 liàntiěchǎng(炼铁厂).

せいてん【青天】 qīngtiān(青天). ¶その報は私にとって～の霹靂だった zhè xiāoxi duì wǒ zhēn shì qīngtiān-pīlì(这消息对我真是青天霹雳). ¶～白日の身となる bèi zhèngmíng qīngbái wúzuì(被证明清白无罪).

せいてん【晴天】 qíngtiān(晴天). ¶～が1週間続いた qíngtiān chíxùle yí ge xīngqī(晴天持续了一个星期).

せいてん【盛典】 shèngdiǎn(盛典).

せいてん【聖典】 shèngdiǎn(圣典), jīngdiǎn(经典).

せいでんき【静電気】 jìngdiàn(静电). ¶摩擦によって～が起る mócā shēng jìngdiàn(摩擦生电).

せいと【生徒】 xuésheng(学生). ¶中学校の～ chūzhōngshēng(初中生). ¶私の受持の～ wǒ

suǒ dānrèn de bānjí de xuésheng(我所担任的班级的学生). ¶～会 xuéshēnghuì(学生会).

せいど【制度】 zhìdù(制度). ¶新～を採用する cǎiyòng xīn zhìdù (采用新制度). ¶夏休みを～化する shǐ shǔjià zhìdùhuà(使暑假制度化). ¶議会～ yìhuì zhìdù(议会制度).

せいど【精度】 jīngdù(精度), jīngmìdù(精密度), zhǔnquèdù(准确度). ¶～の高い[低い]計器 jīngdù ˇgāo[chà] de yíqì (精度ˇ高[差]的仪器).

せいとう【正当】 zhèngdàng(正当). ¶～な理由なしに欠席してはならない méiyǒu zhèngdàng lǐyóu bùdé quēxí (没有正当理由不得缺席). ¶これは労働者としての～な要求だ zhè shì láodòngzhě de zhèngdàng yāoqiú (这是劳动者的正当要求). ¶彼の研究は～に評価された tā de yánjiū shòudàole yīngyǒu de píngjià (他的研究受到了应有的评价). ¶彼の主張は～だ tā de zhǔzhāng shì zhèngdàng hélǐ de(他的主张是正当合理的). ¶目的は手段を～化しない mùdì bìng bùnéng juédìng shǒuduàn shìfǒu zhèngdàng (目的并不能决定手段是否正当).
¶～防衛 zhèngdàng fángwèi(正当防卫).

せいとう【正統】 zhèngtǒng(正统). ¶～の王位継承者 zhèngtǒng de wángwèi jìchéngzhě (正统的王位继承者). ¶～派の学説 zhèngtǒngpài de xuéshuō(正统派的学说).

せいとう【政党】 zhèngdǎng(政党). ¶～を結成する jiànlì zhèngdǎng(建立政党).
¶～政治 zhèngdǎng zhèngzhì (政党政治). ～内閣 zhèngdǎng nèigé(政党内阁).

せいとう【精糖】 jīngtáng(精糖), jīngzhìtáng(精制糖).

せいとう【製糖】 zhìtáng(制糖). ¶～業 zhìtángyè(制糖业).

せいどう【正道】 zhèngdào(正道), zhènglù(正路). ¶～を歩む zǒu zhèngdào(走正道). ¶～にはずれる líkāi zhèngdào(离开正道).

せいどう【制動】 zhìdòng(制动). ¶～機 zhìdòngqì(制动器)／ zhá(闸).

せいどう【青銅】 qīngtóng(青铜). ¶～器時代 qīngtóngqì shídài(青铜器时代).

せいどう【精銅】 jīngtóng(精铜).

せいどく【精読】 jīngdú(精读), xìdú(细读), yándú(研读). ¶1冊の本を～する xìdú yì běn shū(细读一本书).

せいとん【整頓】 shōushi(收拾), shíduo(拾掇), zhěnglǐ(整理). ¶彼の部屋はきちんと～されている tā de wūzi shōushide zhěngzhěng-qíqí (他的屋子收拾得整整齐齐).

せいなん【西南】 xīnán(西南). ¶～の風 xīnánfēng(西南风).

せいなんせい【西南西】 xīxīnán(西西南).

ぜいにく【贅肉】 ¶～がついた xūpàng le(虚胖了).

せいねん【生年】 ¶彼の～は不詳だ tā de chūshēng niányuè bùxiáng(他的出生年月不详).
¶～月日を記入する tiánxiě chūshēng niányuèrì(填写出生年月日).

せいねん【成年】 chéngnián(成年). ¶～に達する dádào chéngnián(达到成年).

せいねん【青年】 qīngnián(青年). ¶～期 qīngniánqī(青年期). ～時代 qīngnián shídài(青年时代). ～団 qīngniántuán(青年团). 勤労～ láodòng qīngnián(劳动青年).

せいのう【性能】 xìngnéng(性能). ¶～のいいカメラ xìngnéng hǎo de zhàoxiàngjī (性能好的照相机). ¶高～の機械 gāoxìngnéng de jīqì(高性能的机器).
¶～検査 xìngnéng jiǎnchá(性能检查).

せいは【制覇】 chēngbà(称霸). ¶世界～をたくらむ wàngtú chēngbà shìjiè (妄图称霸世界). ¶わがチームは全国～を成し遂げた wǒ duì zài quánguó jǐnbiāosài shang huòdéle guànjūn (我队在全国锦标赛上获得了冠军).

せいばい【成敗】 chéngfá(惩罚), chéngzhì(惩治). ¶喧嘩両～ shuāngfāng gè dǎ wǔshí dà bǎn(双方各打五十大板).

せいはく【精白】 ¶玄米を～する bǎ cāomǐ niǎnchéng báimǐ(把糙米碾成白米).
¶～米 báimǐ(白米).

せいばつ【征伐】 zhēngfá(征伐), zhēngtǎo(征讨). ¶賊を～する tǎofá dàoféi(讨伐盗匪).

せいはん【正犯】 zhèngfàn(正犯), zhǔfàn(主犯). ¶共同～ gòngtóng zhèngfàn(共同正犯).

せいはん【製版】 zhìbǎn(制版). ¶写真～ zhàoxiàng zhìbǎn(照相制版).

せいはんたい【正反対】 zhèng xiāngfǎn (正相反), wánquán xiāngfǎn(完全相反). ¶～の方角へ来てしまった zǒudàole wánquán xiāngfǎn de fāngxiàng lái le (走向完全相反的方向来了). ¶君の考えは私の考えとは～だ nǐ de xiǎngfǎ gēn wǒ suǒ xiǎng de wánquán xiāngfǎn (你的想法跟我所想的完全相反)／ nǐ wǒ yìjiàn xiāngzuǒ (你我意见相左). ¶弟は兄との怠け者だ dìdi gēn gēge ˇqiàqià[jiérán] xiāngfǎn, shì ge lǎnhàn(弟弟跟哥哥ˇ恰恰[截然]相反, 是个懒汉).

せいひ【成否】 chéngbài(成败). ¶この事業の～は我々の努力如何にかかっている zhège shìyè de chéngbài quán zàiyú wǒmen de nǔlì rúhé (这个事业的成败全在于我们的努力如何). ¶この計画の～の程は保証しかねる zhège jìhuà chénggōng yǔ fǒu bù gǎn bǎozhèng(这个计划成功与否不敢保证).

せいび【整備】 wéixiū(维修), xiūpèi(修配), bǎoyǎng(保养). ¶自動車の～をする wéixiū qìchē(维修汽车). ¶ジェット機の～員 pēnqìshì fēijī de wéixiū rényuán (喷气式飞机的维修人员). ¶～の行き届いたテニスコート wéihùde hěn hǎo de wǎngqiúchǎng (维护得很好的网球场).
¶～工場 xiūpèichǎng(修配厂).

せいひょう【製氷】 zhì bīng(制冰). ¶冷蔵庫で～する zài diànbīngxiānglǐ zhì bīng (在电冰箱里制冰).
¶～機 zhìbīngjī(制冰机).

せいびょう【性病】 xìngbìng(性病), huāliǔbìng

(花柳病), zāngbìng(脏病).
せいひれい【正比例】 zhèngbǐlì(正比例), zhèngbǐ(正比). ¶ x は y に～する x yǔ y chéng zhèngbǐ(x 与 y 成正比).
せいひん【清貧】 qīngpín(清贫), qīngkǔ(清苦), qīnghán(清寒). ¶ ～に甘んずる gānyú qīngpín(甘于清贫).
せいひん【製品】 chūpǐn(出品), zhìpǐn(制品), chǎnpǐn(产品), chéngpǐn(成品), zhìchéngpǐn(制成品). ¶ ～の検査をする jìnxíng chéngpǐn jiǎnchá(进行成品检查).
¶ 化学～ huàxué chǎnpǐn(化学产品). プラスチック～ sùliào zhìpǐn(塑料制品).
せいふ【政府】 zhèngfǔ(政府). ¶ 新～を樹立する jiànlì xīn zhèngfǔ(建立新政府).
せいぶ【西部】 xībù(西部). ¶ 関東地方に～に今夜半雷雨があるでしょう Guāndōng dìqū xībù jīnrì wǔyè huì yǒu léizhènyǔ(关东地区西部今日午夜会有雷阵雨).
¶ ～劇 niúzǎipiàn(牛仔片)／xībùpiàn(西部片).
せいふく【制服】 zhìfú(制服). ¶ ～着用のこと bìxū chuān zhìfú(必须穿制服).
せいふく【征服】 zhēngfú(征服). ¶ ノルマン人がイギリスを～した Nuòmànrén zhēngfúle Yīngguó(诺曼人征服了英国). ¶ エベレストを～する zhēngfú Zhūmùlǎngmǎ Fēng(征服珠穆朗玛峰).
せいぶつ【生物】 shēngwù(生物). ¶ ～学 shēngwùxué(生物学).
¶ ～時計 shēngwùzhōng(生物钟).
せいぶつ【静物】 jìngwù(静物). ¶ ～を写生する huà jìngwù xiěshēng(画静物写生).
¶ ～画 jìngwùhuà(静物画).
せいふん【製粉】 mò miàn(磨面). ¶ 小麦を～する bǎ xiǎomài mòchéng miànfěn(把小麦磨成面粉).
¶ ～所 miànfěnchǎng(面粉厂)／miànfáng(面坊)／mòfáng(磨坊·磨房).
せいぶん【正文】 zhèngwén(正文). ¶ 協約の～ xiéyuē de zhèngwén(协约的正文).
せいぶん【成分】 chéngfèn(成分·成份), zǔfèn(组分). ¶ この温泉の主な～は硫黄である zhège wēnquán de zhǔyào huàxué yuánsù chéngfèn shì liúhuáng(这个温泉的主要化学元素成分是硫黄).
せいぶん【成文】 ¶ 合意事項を～化する bǎ dáchéng xiéyì de shìxiàng xiěchéng wénzhāng(把达成协议的事项写成文章).
¶ ～法 chéngwénfǎ(成文法).
せいへい【精兵】 jīngbīng(精兵), xióngbīng(雄兵). ¶ よりすぐった～1万 jīngxuǎn de xióngbīng yíwàn(精选的雄兵一万).
せいへき【性癖】 máobìng(毛病), pǐxìng(癖性). ¶ この子供には盗みの～がある zhège háizi yǒu tōu dōngxi de máobìng(这个孩子有偷东西的毛病).
せいべつ【性別】 xìngbié(性别). ¶ 申込書に～を記入する zài shēnqǐngshū shang tiánxiě xìngbié(在申请书上填写性别).

せいへん【正編】 zhèngbiān(正编).
せいへん【政変】 zhèngbiàn(政变). ¶ ～が起った fāshēngle zhèngbiàn(发生了政变).
せいぼ【生母】 shēngmǔ(生母), qīnniáng(亲娘).
せいぼ【聖母】 shèngmǔ(圣母). ¶ ～マリア shèngmǔ Mǎlìyà(圣母马利亚).
せいほう【西方】 xībian(西边)；xīfāng(西方).
せいほう【製法】 zuòfǎ(做法). ¶ パンの～ miànbāo de zuòfǎ(面包的做法).
せいほう【声望】 shēngwàng(声望), míngwàng(名望), wēiwàng(威望). ¶ ～ある人物 yǒu shēngwàng de rénwù(有声望的人物). ¶ 彼は～が高い tā míngwàng gāo(他名望高).
せいほう【制帽】 zhìmào(制帽).
せいほう【税法】 shuìfǎ(税法).
せいほうけい【正方形】 zhèngfāngxíng(正方形).
せいほく【西北】 xīběi(西北).
せいほくせい【西北西】 xīxīběi(西西北).
せいほん【正本】 zhèngběn(正本).
せいほん【製本】 zhuāngdìng(装订). ¶ 論文を～する zhuāngdìng lùnwén(装订论文).
せいまい【精米】 niǎnmǐ(碾米), chōngmǐ(舂米)；[精白米] báimǐ(白米). ¶ 玄米を～する niǎn[chōng] cāomǐ(碾[舂]糙米).
¶ ～機 niǎnmǐjī(碾米机). ～所 niǎnmǐchǎng(碾米厂).
せいみつ【精密】 jīngmì(精密). ¶ この機械は～にできている zhège jīqì zuòde hěn jīngmì(这个机器做得很精密). ¶ 彼の論理は～だ tā de lùnlǐ yánmì(他的论理严密).
¶ ～機械 jīngmì jīxiè(精密机械). ～検査 jīngxì tǐjiǎn(精细体检).
せいむ【政務】 zhèngwù(政务). ¶ ～にたずさわる cānyù zhèngwù(参与政务).
ぜいむ【税務】 shuìwù(税务). ¶ ～署 shuìwùjú(税务局). ～署員 shuìwùyuán(税务员).
せいめい【生命】 shēngmìng(生命), xìngmìng(性命). ¶ ～に別状はない méiyǒu shēngmìng wēixiǎn(没有生命危险). ¶ 新しい～の誕生を心から祝う zhōngxīn zhùhè xīn shēngmìng de dànshēng(衷心祝贺新生命的诞生). ¶ 機長は乗客の～を預かっている jīzhǎng chéngdānzhe chéngkè xìngmìng ānquán de zhòngrèn(机长承担着乘客性命安全的重任). ¶ 彼女は歌手としての～が長い tā zuòwéi gēchàngjiā de yìshù shēngmìng hěn cháng(她作为歌唱家的艺术生命很长). ¶ 雑草はたくましい～力を持っている zácǎo yǒu hěn qiáng de shēngmìnglì(杂草有很强的生命力). ¶ この仕事は私の～だ zhège gōngzuò shì wǒ de shēngmìng(这个工作是我的生命). ¶ この事件で彼の政治～は失われた yóuyú zhège shìjiàn tā sàngshīle zhèngzhì shēngmìng(由于这个事件他丧失了政治生命).
¶ ～保険 rénshòu bǎoxiǎn(人寿保险)／shòuxiǎn(寿险).
せいめい【声明】 shēngmíng(声明). ¶ 彼は立候補すると～した tā shēngmíng chūmǎ jìng-

xuǎn(他声明出马竞选). ¶公式〜を発表する fābiǎo zhèngshì shēngmíng(发表正式声明). ¶日中共同〜 Rì-Zhōng liánhé shēngmíng(日中联合声明).

せいめい【姓名】 xìngmíng(姓名), míngshì(名氏).

せいもん【正門】 zhèngmén(正门), dàmén(大门).

せいもん【声紋】 shēngbōwén(声波纹).

せいやく【制約】 zhìyuē(制约), xiànzhì(限制). ¶計画はいろいろな〜を受けて進まない jìhuà shòudào zhǒngzhǒng zhìyuē, méiyǒu jìnzhǎn(计划受到种种制约,没有进展). ¶君の行動を〜するつもりはない wǒ méiyǒu xiànzhì nǐ de xíngdòng de yìsi(我没有限制你的行动的意思).

せいやく【製薬】 zhìyào(制药). ¶〜会社 zhìyào gōngsī(制药公司).

せいやく【誓約】 shìyuē(誓约). ¶秘密を守ることを〜する fāshì bǎomì(发誓保密). ¶〜を守る zūnshǒu shìyuē(遵守誓约). ¶〜書を入れる xiě shìyuēshū(写誓约).

せいゆ【精油】 〔石油の〕jīngliànyóu(精炼油);〔植物の〕jīngyóu(精油).

せいゆ【製油】 liànyóu(炼油). ¶〜所 shíyóu liànchǎng(石油炼厂)/ liànyóuchǎng(炼油厂)/ liànchǎng(炼厂).

せいゆう【声優】 〔放送劇の〕guǎngbōjù yǎnyuán(广播剧演员);〔吹替えの〕pèiyīn yǎnyuán(配音演员).

せいよう【西洋】 Xīyáng(西洋). ¶〜史 Xīyángshǐ(西洋史). 〜人 Xīyángrén(西洋人)/ yángrén(洋人). 〜人形 yángwáwa(洋娃娃). 〜料理 xīcān(西餐)/ xīcài(西菜).

せいよう【静養】 jìngyǎng(静养). ¶まだ当分〜を要する hái xūyào jìngyǎng yí ge shíqī(还须要静养一个时期). ¶高原に〜に行く dào gāoyuán qù jìngyǎng(到高原去静养).

せいよく【性欲】 xìngyù(性欲).

せいらい【生来】 tiānshēng(天生), shēnglái(生来). ¶彼は〜の頑固者だ tā tiānshēng shì ge lǎowángu(他天生是个老顽固). ¶彼は一嘘をつくことを知らない tā shēnglái bù zhīdào shuōhuǎng(他生来不知道说谎).

せいり【生理】 shēnglǐ(生理). ¶昆虫の〜を研究する yánjiū kūnchóng de shēnglǐ(研究昆虫的生理). ¶睡眠は〜的要求だ shuìmián shì shēnglǐshang de yāoqiú(睡眠是生理上的要求). ¶蛇に対して〜的嫌悪を感ずる duì shé bàoyǒu yì zhǒng běnnéng de xiánwùgǎn(对蛇抱有一种本能的嫌恶感). ¶〜衛生 shēnglǐ wèishēng(生理卫生). 〜学 shēnglǐxué(生理学). 〜痛 tòngjīng(痛经)/ jīngtòng(经痛). 〜的食塩水 shēnglǐ yánshuǐ(生理盐水). 〜日 yuèjīngqī(月经期)/ lìjià(例假).

せいり【整理】 zhěnglǐ(整理), shōushi(收拾), qīnglǐ(清理). ¶いつでも出発できるよう荷物を〜しておきなさい bǎ xínglǐ shōushihǎo yǐ bèi suíshí chūfā(把行李收拾好以备随时出发).

¶ノートを〜する zhěnglǐ bǐjì(整理笔记). ¶問題をきちんと〜する bǎ wèntí zhěnglǐ qīngchu(把问题整理清楚). ¶気持の〜がつかない xīnxù lǐbuqīng(心绪理不清). ¶退職にそなえ身辺を〜する bǎ qīnglǐ shēnbiān de shì zhǔnbèi tuìzhí(清理身边的事准备退职). ¶警官が交通〜をする jiāotōng jǐngchá zhǐhuī jiāotōng(交通警察指挥交通). ¶人員を〜する cáijiǎn rényuán(裁减人员)/ cáiyuán(裁员). ¶頭の中を〜してから話す bǎ nǎozi lǐshùn zài shuō(把脑子理顺再说).

せいりつ【成立】 chénglì(成立). ¶この法案は今国会では〜しなかった zhège fǎ'àn zài zhè cì guóhuì shang méi tōngguò(这个法案在这次国会上没通过). ¶新内閣が〜した xīn nèigé chénglì le(新内阁成立了). ¶取引が〜した jiāoyì dáchéng le(交易达成了)/ chéngjiāo(成交).

せいりつ【税率】 shuìlǜ(税率).

せいりゃく【政略】 zhèngluè(政略); zhèngzhì móuluè(政治谋略). ¶〜結婚 zhèngzhì hūnyīn(政治婚姻).

せいりゅう【清流】 qīngliú(清流).

せいりゅう【整流】 zhěngliú(整流). ¶交流電流を〜する bǎ jiāoliúdiàn zhěngliú wéi zhíliúdiàn(把交流电整流为直流电). ¶〜器 zhěngliúqì(整流器).

せいりょう【声量】 ¶彼は〜が豊かだ tā sǎngyīn hóngliàng(他嗓音洪亮).

せいりょう【清涼】 qīngliáng(清凉). ¶彼の行動は我々にとって一服の〜剤となった tā de xíngdòng duì wǒmen lái shuō yóurú yì fú qīngliángjì(他的行动对我们来说犹如一服清凉剂). ¶〜飲料水 qīngliáng yǐnliào(清凉饮料).

せいりょく【勢力】 shìlì(势力). ¶彼は業界ではなかなか〜がある tā zài tónghángyèli yǒu xiāngdāng dà de shìlì(他在同行业里有相当大的势力). ¶〜の均衡が破れた shìlì de jūnhéng pòhuài le(势力的均衡破坏了). ¶そこは彼の〜範囲だ nàr shì tā de shìlì fànwéi(那儿是他的势力范围). ¶2人の間に〜争いが始まった liǎngrén zhī jiān fāshēngle shìlì zhēngduó(两人之间发生了势力争夺). ¶台風は〜を増しながら日本に向かっている táifēng zēngqiáng jiējìn Rìběn(台风风力增强接近日本).

せいりょく【精力】 jīnglì(精力). ¶彼は全〜を傾けて問題解決に当った tā quánlì yǐ fù jiějué wèntí(他全力以赴解决问题). ¶〜的に活動する jīnglì wàngshèng de jìnxíng huódòng(精力旺盛地进行活动). ¶〜を消耗する xiāohào jīnglì(消耗精力). ¶〜をつける yǎng jīng xù ruì(养精蓄锐). ¶〜絶倫の男 jīnglì chōngpèi de rén(精力充沛的人).

せいるい【声涙】 ¶〜ともに下る shēng lèi jù xià(声泪俱下).

せいれい【政令】 zhènglìng(政令). ¶〜を公布する gōngbù zhènglìng(公布政令).

せいれい【精励】 ¶自分の職務に〜する qínmiǎn yú zìjǐ de zhíwù(勤勉于自己的职务).

せいれき【西暦】 gōnglì(公历), gōngyuán(公元), yánglì(阳历), xīlì(西历), gélìlì(格里历). ¶～1949年 gōngyuán yī jiǔ sì jiǔ nián(公元一九四九年).

せいれつ【整列】 páiduì(排队), páiliè(排列). ¶2列横隊に～する páichéng èr liè héngduì(排成二列横队).

せいれん【清廉】 qīnglián(清廉). ¶彼は～潔白の士である tā shì qīngbái liánjié zhī shì(他是清白廉洁之士).

せいれん【精錬・製錬】 jīngliàn(精炼), tíliàn(提炼), tíchún(提纯). ¶粗銅を純銅に～する bǎ cūtóng tíliàn chéng chúntóng(把粗铜提炼成纯铜).
¶～所 jīngliànchǎng(精炼厂).

せいろう【蒸籠】 zhēnglóng(蒸笼), lóngtì(笼屉).

せいろう【晴朗】 qínglǎng(晴朗), qīnghǎo(晴好). ¶天気～ tiānqì qínglǎng(天气晴朗).

せいろん【正論】 zhènglùn(正论). ¶～を吐く fābiǎo zhènglùn(发表正论).

セーター máoyī(毛衣), máoxiànyī(毛线衣).

セーフ 〔野球の〕ānquán(安全).

セーラーふく【セーラー服】 shuǐbīngfú(水兵服), shuǐshǒufú(水手服); shuǐbīngshì nǚxiàofú(水兵式女校服).

セール jiànmài(贱卖), liánjià chūshòu(廉价出售), shuǎimài(甩卖), pāoshòu(抛售), pāimài(拍卖). ¶歳末～ niánzhōng jiànmài(年终贱卖). バーゲン～ dàshuǎimài(大甩卖)／dàpāimài(大拍卖).

セールスマン tuīxiāoyuán(推销员).

せお・う【背負う】 bēi(背). ¶重い荷物を～って山道を登って行った bēizhe chénzhòng de dōngxi shàng shān qù le(背着沉重的东西上山去了). ¶彼ひとりで大家族を～っている tā yí ge rén fúyǎngzhe yí dà jiāzi rén(他一个人扶养着一大家子人). ¶亡父の借金を～って苦しんでいる bēishàng wángfù de zhàiwù shòukǔ(背上亡父的债务受苦). ¶これからの日本を～って立つのは君たち若者だ jiānfù Rìběn wèilái de shì nǐmen niánqīngrén(肩负日本未来的是你们年轻人).

せおよぎ【背泳】 yǎngyǒng(仰泳).

せかい【世界】 shìjiè(世界); huánqiú(寰球・环球), huányǔ(寰宇・环宇). ¶～に2つとない宝物 shìjiè shang dúyī-wú'èr de bǎowù(世界上独一无二的宝物). ¶～に名を馳せる chímíng quánqiú(驰名全球)／míng yáng sìhǎi(名扬四海). ¶宝を求めて～の果てまで探し歩く wèi xúnqiú bǎowù tàbiàn tiānyá-hǎijiǎo(为寻求宝物踏遍天涯海角). ¶～に股にかけて商売する miànxiàng shìjiè cóngshì màoyì(面向世界从事贸易)／zǒubiàn shìjiè zuò mǎimai(走遍世界做买卖). ¶エベレストは～一高い Zhūmùlǎngmǎ Fēng shì shìjiè zuì gāofēng(珠穆朗玛峰是世界最高峰). ¶～一周の旅に出る qù huánqiú lǚxíng(去环球旅行). ¶～各国から代表が出席した cóng shìjiè gè guó lái de dàibiǎo chūxí le(从世界各国来的代表出席了). ¶～中の女性の憧れのスター quánshìjiè de fù-

nǚ suǒ yǎngmù de míngxīng(全世界的妇女所仰慕的明星). ¶明日の～を築く jiànshè míngrì de shìjiè(建设明日的世界). ¶理想の～を描く miáohuì lǐxiǎng de shìjiè(描绘理想的世界). ¶現実の～はそんなに甘いものではない xiànshí shìjiè kě bú shì nàme róngyì de(现实世界可不是那么容易的). ¶自分の～に閉じこもる duǒcáng zài zìjǐ de xiǎo tiāndì li(躲藏在自己的小天地里). ¶君と僕とでは住む～が違う nǐ hé wǒ suǒ chǔ de huánjìng wánquán bùtóng(你和我所处的环境完全不同). ¶芸人の～は厳しい yìrén de shìjiè shì yánkù de(艺人的世界是严酷的). ¶夢の～ mèngxiāng(梦乡).
¶～観 shìjièguān(世界观)／yǔzhòuguān(宇宙观). ～恐慌 shìjiè kǒnghuāng(世界恐慌). ～経済 shìjiè jīngjì(世界经济). ～語 Shìjièyǔ(世界语). ～時 shìjièshí(世界时). ～市場 shìjiè shìchǎng(世界市场). ～情勢 shìjiè xíngshì(世界形势). ～平和 shìjiè hépíng(世界和平). ～貿易機関 Shìjiè Màoyì Zǔzhī(世界贸易组织). 全～ quán shìjiè(全世界). 第2次～大戦 Dì'èr Cì Shìjiè Dàzhàn(第二次世界大战).

せか・す【急かす】 cuī(催), cuīcù(催促), cuīgǎn(催赶). ¶子供を～して学校に行かせる cuī háizi kuài qù shàngxué(催孩子快去上学). ¶返事を～す cuīcù dáfù(催促答复).

せかせか ¶彼はいつも～と動き回っている tā lǎoshi máomaotēngtēng de dǎzhuànzhuàn(他老是毛毛腾腾地打转转).

せかっこう【背格好】 →せいかっこう.

せが・む ¶まりを買ってくれと父親に～む chánmo fùqin yào mǎi píqiú(缠磨父亲要皮球). ¶子供に～まれて遊園地に出掛けた bèi háizi chán[mòfan]de zhǐhǎo qù yùlèchéng(被孩子缠[磨烦]得只好去娱乐城).

せがれ【倅】 érzi(儿子), xiǎo'ér(小儿).

セカンド 〔野球の〕èrlěi(二垒); èrlěishǒu(二垒手).

せき【咳】 késou(咳嗽). ¶～をする késou(咳嗽). ¶やっと～がおさまった hǎoróngyì zhǐzhùle késou(好容易止住了咳嗽).

せき〔～から〕 gānké(干咳).

せき【堰】 dībà(堤坝), lánhébà(拦河坝). ¶群衆は～を切ったように場内になだれこんだ qúnzhòng xiàng juéle dī de hóngshuǐ yǒngjìnle chǎngnèi(群众像决了堤的洪水涌进了场内). ¶～を切ったように涙が流れた lèishuǐ duó kuàng ér chū(泪水夺眶而出).

せき 1【座席】 zuò[ㇽ]・座[ㇽ], zuòwèi(坐位・座位), wèizi(位子). ¶～に着く jiùzuò(就坐); rùxí(入席). ¶～を立つ líkāi zuòwèi(离开坐位)／tuìxí(退席). ¶～を譲る ràngzuò(让座). ¶～をとる zhàn wèizi(占位子)／zhàn zuòr(占坐儿). ¶車内は一杯で～がなかった chēli rén jǐde méiyǒu kòngwèi(车里人挤得没有空位). ¶～にはちょっと～をはずしてもらいたい qǐng nǐ zànshí líkāi yíxià(请你暂时离开一下). ¶彼は～を蹴って出て行った tā

yì shuǎi xiùzi jiù zǒu le(他一甩袖子就走了). ¶300〜の小さな劇場ができた xīn jiànle yí ge yǒu sānbǎi ge zuòr de xiǎo jùchǎng(新建了一个有三百个坐儿的小剧场). ¶会長の〜をあっさり投げ出した bǎ huìzhǎng de zhíwù gāncuì de shuǎidiào le(把会长的职务干脆地甩掉了).
¶〜の暖まる暇もない xí bù xiá nuǎn(席不暇暖).
¶指定〜 duìhào rùzuò(对号入座). 来賓〜 láibīnxí(来宾席).
2【場所】¶この〜をお借りして一言お礼申し上げます jiè cǐ jīhui biǎoshì gǎnxiè(借此机会表示感谢). ¶彼女とは親睦会の〜で一緒になった wǒ hé tā zài liánhuānhuì shang pèngzài yìqǐ le(我和她在联欢会上碰在一起了). ¶公開の〜では言えない zài gōngkāi de chǎnghé xià bùnéng shuō(在公开的场合下不能说).

せき【積】 chéngjī(乘积), jī(积). ¶4と5の〜は20である sì hé wǔ de jī shì èrshí(四和五的积是二十).

せき【籍】1【戸籍】hùkǒu(户口), hùjí(户籍). ¶子供の〜を入れる gěi háizi shàng hùkǒu(给孩子上户口). ¶妻の〜をぬく xiāo qīzi de hùkǒu(销妻子的户口).
2【団体などの】¶大学に〜をおく zài dàxué yǒu xuéjí(在大学有学籍). ¶H劇団に〜を移す zhuǎndào H jùtuán(转到H剧团).

-せき【鉆】 zuàn(钻). ¶21〜の腕時計 èrshíyī zuàn de shǒubiǎo(二十一钻的手表).

-せき【隻】 zhī(只), sōu(艘). ¶商船2〜 shāngchuán liǎng zhī(商船两只).

せきあく【積悪】 jī'è(积恶). ¶〜の報い zuò'è duōduān[zuì'è lěilěi] de bàoyìng(作恶多端[罪恶累累]的报应). ¶積善の家に必ず余慶あり,〜の家に必ず余殃あり jī shàn zhī jiā bì yǒu yú qìng, jī'è zhī jiā bì yǒu yú yāng(积善之家必有余庆, 积恶之家必有余殃).

せきうん【積雲】 jīyún(积云).

せきえい【石英】 shíyīng(石英). ¶〜ガラス shíyīng bōli(石英玻璃).

せきがいせん【赤外線】 hóngwàixiàn(红外线), hóngwàiguāng(红外光), rèxiàn(热线). ¶〜写真 hóngwàixiàn zhàoxiàng(红外线照相).

せきがく【碩学】 shuòxué(硕学); shuòrú(硕儒), hóngrú(鸿儒).

せきぐん【赤軍】 hóngjūn(红军). ¶労農〜 gōngnóng hóngjūn(工农红军).

せきこ・む【咳き込む】¶〜んで話もできない késoude shuō bu chū huà lai(咳嗽得说不出话来).

せきこ・む【急き込む】¶彼は〜んで私に尋ねた tā pòbùjídài de wènle wǒ(他迫不及待地问了我).

せきさい【積載】 zhuāngzài(装载). ¶神戸に寄港して石炭を〜した zài Shénhù tíngbó zhuāngzài méitàn(在神户停泊装载煤炭). ¶〜量10トンのトラック zàizhòng[chīzhòng] shí dūn de kǎchē(载重[吃重]十吨的卡车).

せきざい【石材】 shíliào(石料).

せきさん【積算】 lěijì(累计). ¶支出額を毎日〜する zhīchū'é měitiān lěijì(支出额每天累计). ¶〜電力計 wǎtè xiǎoshíjì(瓦特小时计) / diànbiǎo(电表). 〜温度 jīwēn(积温).

せきじ【席次】 xícì(席次), zuòcì(坐次・座次), wèicì(位次); míngcì(名次). ¶来賓の〜を決める ānpáihǎo láibīn de zuòcì(安排好来宾的座次). ¶〜が3番あがった míngcì tíqiánle sān míng(名次提前了三名).

せきじつ【昔日】 xīrì(昔日), wǎngrì(往日). ¶〜の面影を失う shīqùle xīrì de múyàng(失去了昔日的模样).

せきじゅうじ【赤十字】 hóngshízì(红十字). ¶〜社 Hóngshízìhuì(红十字会). 〜病院 hóngshízì yīyuàn(红十字医院).

せきしゅつ【析出】 xīchū(析出). ¶食塩が〜した xīchū shíyán(析出食盐).

せきじゅん【石筍】 shísǔn(石笋).

せきしょ【関所】 guānqiǎ(关卡). ¶〜を越える guò guānqiǎ(过关卡).

せきじょう【席上】¶委員会の〜で発表する zài wěiyuánhuì shang fābiǎo(在委员会上发表).

せきしょく【赤色】 hóngsè(红色). ¶〜リトマス試験紙 hóngsè shírǔ shìzhǐ(红色石蕊试纸).

せきずい【脊髄】 jǐsuǐ(脊髓). ¶〜炎 jǐsuǐyán(脊髓炎). 〜神経 jǐshénjīng(脊神经).

せきせいいんこ huángbèilǜyīngwǔ(黄背绿鹦鹉).

せきせつ【積雪】 jīxuě(积雪). ¶〜3メートルに達した jīxuě dádào sān mǐ(积雪达到三米). ¶〜量 jīxuěliàng(积雪量).

せきぞう【石造】¶〜の家 shízào de fángwū(石造的房屋).

せきぞう【石像】 shíxiàng(石像).

せきた・てる【急き立てる】 cuī(催), cuīcù(催促), cuīgǎn(催赶). ¶"早く早く"と〜てる "kuài! kuài! kuài!" de cuīgǎn(快! 快! 快!"地催赶). ¶〜てられては出来る物もできない jǐn cuī zuò bu chū hǎohuór lai(紧催做不出好活儿来).

せきたん【石炭】 méi(煤), méitàn(煤炭), méijīn(煤斤). ¶〜を掘る wā[cǎi] méi(挖[采]煤). ¶〜を燃やす shāo méi(烧煤).
¶〜ガス méiqì(煤气). 〜殻 méizhā(煤渣)/méixiè(煤屑). 〜紀 shítànjǐ(石炭纪). 〜酸 běnfēn(苯酚)/shítànsuān(石炭酸). 〜ストーブ méilúzi(煤炉子).

せきちく【石竹】 shízhú(石竹).

せきちゅう【脊柱】 jǐzhù(脊柱), jǐliánggǔ(脊梁骨).

せきつい【脊椎】 jǐzhuī(脊椎). ¶〜炎 jǐzhuīyán(脊椎炎). 〜動物 jǐzhuī dòngwù(脊椎动物).

せきとう【石塔】 shítǎ(石塔).

せきどう【赤道】 chìdào(赤道). ¶〜儀 chìdàoyí(赤道仪). 〜無風帯 chìdào wúfēngdài(赤道无风带).

せきと・める【塞き止める】 lánzhù(拦住), dǔzhù(堵住). ¶川を〜めて人工湖を造る lánzhù héliú xiū réngōnghú(拦住河流修人工湖).

せきにん【責任】 zérèn (责任). **1**〔責任が、責任は〕¶それには私も~があります nà jiàn shì wǒ yě yǒu zérèn (那件事我也有责任). ¶これでやっと~が果せた zhè cái jìnle wǒ de zérèn (这才尽了我的责任). ¶事故の~は会社にある shìgù de zérèn zàiyú gōngsī (事故的责任在于公司).
2〔責任の〕¶互いに~のなすり合いをする hùxiāng tuīxiè zérèn (互相推卸责任). ¶~の所在を明らかにする míngquè zérèn de suǒzài (明确责任的所在).
3〔責任に〕¶私の~において処置します wǒ fùzé jiāyǐ chǔzhì (我负责加以处置).
4〔責任を〕¶彼はリーダーとして重い~を担っている tā zuòwéi lǐngdǎo "jiānfùzhe zhòngrèn [tiāozhe zhòngdànzi] (他作为领导"肩负着重任[挑起重担子]). ¶市長は汚職事件の~を問われている shìzhǎng bèi zhuījiū tānwū shìjiàn de zérèn (市长被追究贪污事件的责任). ¶~を回避するとは何事だ nǐ "táobì zérèn [yí tuì liù èr wǔ], qǐyǒucǐlǐ (你"逃避责任[一退六二五], 岂有此理). ¶彼は体よく~を転嫁した tā qiǎomiào de bǎ zérèn zhuǎnjià gěile biérén (他巧妙地把责任转嫁给了别人). ¶彼は事業の失敗の~をとって退陣した tā chéngdān shìyè shībài de zérèn xiàle tái (他承担事业失败的责任下了台). ¶そのことについては私も深く~を感じている duì nà jiàn shì wǒ yě shēn gǎn fùyǒu zérèn (对那件事我也深感负有责任). ¶彼女は全~を負って支店を切り回している tā fù quán zé zhǎngguǎn zhīdiàn (她负全责掌管支店). ¶後日~をもって御返事いたします rìhòu yóu wǒ fùzé dáfù (日后由我负责答复).
5¶彼女は~感が強い tā zérèn"gǎn [xīn] hěn qiáng (她责任"感[心]很强). ¶彼は~逃れの言訳ばかりしている tā de huà quán shì táobì zérèn de jiǎobiàn (他的话全是逃避责任的狡辩).

¶~者 fùzérén (负责人). 共同~ gòngtóng fùzé (共同负责). 連帯~ liándài zérèn (连带责任).

せきねん【積年】 jīnián (积年). ¶~の悪弊を払拭する bǎ "jīnián de bìbìng [jībì] yì sǎo ér guāng (把"积年的弊病[积弊]一扫而光). ¶~の恨みを晴らす xuě jīnián zhī hèn (雪积年之恨).

せきのやま【関の山】 ¶今の働きでは一家3人食っていくのが~だ xiànzài zhèng de jiāng gòu yìjiā sān rén húkǒu (现在挣的将够一家三人糊口). ¶彼の実力では60点とるのが~だろう àn tā de nénglì dé liùshí fēn jiù chēngsǐ le (按他的能力得六十分就撑死了).

せきはい【惜敗】 ¶1点差で~した kěxī jǐn yǐ yì fēn zhī chā shū le (可惜仅以一分之差输了).

せきばく【寂寞】 jìmò (寂寞), qīliáng (凄凉). ¶知友と別れ独り~の感に堪えない gēn zhījǐ fēnbié yí gè rén jìmò bùkān (跟知己分别一个人寂寞不堪). ¶初秋の避暑地は人影もなく~としている chūqiū de bìshǔdì bújiàn rényǐng lěngqīngde hěn (初秋的避暑地不见人影冷清得很).

せきばらい【咳払い】 jiǎkésou (假咳嗽), gānkésou (干咳嗽), gānké (干咳), gānsòu (干嗽).

せきばん【石版】 shíbǎn (石版). ¶~画 shíbǎnhuà (石版画). ~印刷 shíyìn (石印).

せきひ【石碑】 shíbēi (石碑).

せきひん【赤貧】 chìpín (赤贫). ¶~洗うが如し chìpín rú xǐ (赤贫如洗).

せきふ【石斧】 shífǔ (石斧).

せきぶつ【石仏】 shífó (石佛).

せきぶん【積分】 jīfēn (积分).

せきへい【積弊】 jībì (积弊). ¶長年の~を一掃する qīngchú duōnián de jībì (清除多年的积弊).

せきべつ【惜別】 xībié (惜别). ¶~の情 xībié zhī qíng (惜别之情).

せきぼく【石墨】 shímò (石墨).

せきむ【責務】 ¶己れの~を果す jìn zìjǐ de zérèn hé yìwù (尽自己的责任和义务).

せきめん【石綿】 shímián (石棉). ¶~スレート shímiánwǎ (石棉瓦).

せきめん【赤面】 liǎn hóng (脸红). ¶それを聞いて私は~した wǒ tīngle nà jiàn shì miǎnhóng-ěrchì (我听了那件事连耳朵红). ¶ほんとに~の至りです shēn gǎn cánkuì (深感惭愧) / shízài cánkuìde hěn (实在惭愧得很)/ cánkuì wànfēn (惭愧万分).

せきゆ【石油】 shíyóu (石油). ¶~を掘り当てた cǎidàole shíyóu (采到了石油). ¶~が出る chū shíyóu (出石油). ¶~を精製する liàn yóu (炼油).
¶~化学工業 shíyóu huàxué gōngyè (石油化学工业). ~ガス shíyóuqì (石油气). ~コンビナート liànyóu liánhé qǐyè (炼油联合企业). ~ストーブ méiyóu lúzi (煤油炉子). ~ランプ méiyóudēng (煤油灯).

せきらら【赤裸裸】 ¶~な告白 háo wú yǐnhuì de zìbái (毫无隐讳的自白).

せきらんうん【積乱雲】 jīyǔyún (积雨云), léiyǔyún (雷雨云).

せきり【赤痢】 chìlì (赤痢), lìji (痢疾). ¶~菌 lìji gǎnjūn (痢疾杆菌). アメーバ~ āmǐbā lìji (阿米巴痢疾)/ biànxíngchóng lìji (变形虫痢疾).

せきりょう【席料】 chǎngzūfèi (场租费). ¶~をとる shōu chǎngzūfèi (收场租费).

せきりん【赤燐】 hónglín (红磷), chìlín (赤磷).

せきれい【鶺鴒】 jílíng (鹡鸰).

せ・く【急く】 jí (急), zháojí (着急), zháománg (着忙), zháohuāng (着慌), jiāojí (焦急). ¶気が~ zháojí (着急), zháománg (着忙). ¶気なんに~くな bié nàme "jí [zháojí] (别那么"急[着急]). ¶~いては事をし損ずる yù sù zé bù dá (欲速则不达).

セクシー xìnggǎn (性感), ròugǎn (肉感).

セクシャルハラスメント xìngsāorǎo (性骚扰).

セクショナリズム zōngpàizhǔyì (宗派主义), běnwèizhǔyì (本位主义), shāntóuzhǔyì (山头主义).

セクト pàibié (派别), zōngpài (宗派). ¶~主

義 zōngpàizhǔyì(宗派主义).

せけん【世間】 shìjiān(世间), shìmiàn(世面).
1[世間が,世間は] ¶彼女は～が広い tā jiāoyóu hěn guǎng(她交游很广). ¶そんなことをしたら～が承知しない rúguǒ zuò nà zhǒng shì, shìrén jué bú huì ráoshù nǐ de(如果做那种事,世人决不会饶恕你的). ¶あなたもBさんを知っているとは～は狭いものです nǐ yě rènshi B xiānsheng, zhège shìjiè kě zhēn xiǎo a(你也认识B先生,这个世界可真小啊).
2[世間の] ¶～の口がうるさい shìrén de zuǐ shuōcháng-dàoduǎn(世人的嘴说长道短)/ rén yán kě wèi(人言可畏).
3[世間に] ¶そんなことは～にままあることだ nà zhǒng shì shì shìshàng cháng yǒu de(那种事是世上常有的). ¶そんなことはとっくに～に知れている nà zhǒng shì zǎojiù wéi shìrén suǒ zhīdao le(那种事早就为世人所知道了). ¶～様に合せる顔がない jiànbude rén(见不得人)/ méi liǎn jiànrén(没脸见人).
4[世間を] ¶彼女はあまりにも～を知らなすぎる tā tài bù dǒng shìgu[bù xǐng rénshì] le(她太不懂世故[不省人事]了). ¶少しは～を見るといい chūqu jiànjian shìmiàn hǎo(出去见见世面好). ¶彼は不義理をして～を狭くした tā qiànxià rénqíng suōxiǎole zìjǐ de róngshēn zhī dì(他欠下人情缩小了自己的容身之地).
5 ¶彼女の～知らずにもあきれる tā rénqíng shìgù yíqiào-bùtōng jiào rén méi huà kě shuō(她人情世故一窍不通叫人没话可说). ¶～体ばかり繕ってはいられない bùnéng jìng gù tǐmian(不能净顾体面). ¶子供に～並のこともしてやれない shènzhì bùnéng gěi háizi zuò yìbān fùmǔ yīng zuò de shì(甚至不能给孩子做一般父母应做的事). ¶～話に花が咲く lāqǐ jiācháng lai xìnggāo-cǎiliè(拉起家常来兴高采烈)/ kěyǎ liáotiānr hǎikuò tiānkōng(磕牙聊天儿海阔天空). ¶彼は～擦れしている tā wéirén hěn yóuhuá(他为人很油滑)/ tā nàge rén yóude hěn(他那个人油得很)/ tā zhè rén lǎoliàn shìgù(他这人老练世故).

せこ【世故】 shìgù(世故). ¶～に長(た)けている人 lǎoyú shìgù de rén(老于世故的人).

せし【セ氏】 Shèshì(摄氏).

せじ【世事】 shìshì(世事). ¶彼は～に疎い tā bù dǒng shìshì[bù xǐng rénshì](他不懂世事[不省人事]). ¶～にかまける wéi shìshì suǒ chán(为世事所缠).

セシウム sè(铯).

せじ・める うまいことを言って叔父さんからまんまと小遣を～めた huāyán-qiǎoyǔ xiàng shūshu tǎole língqián(花言巧语向叔叔讨了零钱).

せじょう【世襲】 shìxí(世袭). ¶～財産 shìxí cáichǎn(世袭财产). ~制 shìxízhì(世袭制).

せじょう【世上】 shìjiān(世间), shìshàng(世上). ¶～の取沙汰をきにしない bù wén shìjiān de fēngyán-fēngyǔ(不闻世间的风言风语). ¶～の風説 jiētán-xiàngyì(街谈巷议).

せじょう【世情】 shìqíng(世情), yúqíng(舆情).
¶彼は～に暗い tā bù dǒng shìqíng(他不懂世情). ¶彼は～に通じている tā shúxī shìqíng(他熟悉世情)/ tā dòngchá yúqíng(他洞察舆情).

せじょう【施錠】 shàngsuǒ(上锁). ¶部屋のドアには必ず～してください fángjiān de mén qǐng wùbì shàngsuǒ(房间的门请务必上锁).

せじん【世人】 shìrén(世人). ¶彼女は～の同情を集めている tā dédào shìrén de tóngqíng(她得到世人的同情).

せすじ【背筋】 jǐliang(脊梁). ¶～が曲っている,伸ばしなさい bèi tài tuó, bǎ shēnzi tǐngzhí le(背太驼,把身子挺直了). ¶ぞっとして～が寒くなる jiǎnzhí jiào rén máogǔ-sǒngrán(简直叫人毛骨悚然).

ゼスチュア shǒushì(手势). ¶彼は～たっぷりに語った tā zhǐshǒu-huàjiǎo de shuō(他指手画脚地说). ¶あれは単なる～に過ぎない nà zhǐ búguò shì bǎi yàngzi bàle(那只不过是摆样子罢了).

せせい【是正】 jiǎozhèng(矫正), jiūzhèng(纠正), gǎizhèng(改正). ¶誤りを～する jiǎozhèng cuòwù(矫正错误). ¶行き過ぎを～する jiūzhèng guòhuǒ de dìfang(纠正过火的地方)/ jiǎozhèng piānchà(矫正偏差). ¶給与体系を～する gǎijìn gōngzī tǐxì(改进工资体系).

せせこまし・い zhǎixiǎo(窄小). ¶この部屋の～にはつくづく嫌になる zhè jiān zhǎixiǎo mēn rén de wūzi jiào rén yànfánsǐ le(这间窄小闷人的屋子叫人厌烦死了). ¶～い男 xīnxiōng xiázhǎi de nánrén(心胸狭窄的男人).

ぜぜひひ【是是非非】 ¶何事も～でいく fánshì yào shì wéi shì fēi wéi fēi(凡事要是为是非为非).

せせらぎ xiǎoxī(小溪). ¶小川の～が聞える tīngdào xīliúshēng(听到溪流声).

せせらわら・う【せせら笑う】 cháoxiào(嘲笑), lěngxiào(冷笑), jīxiào(讥笑). ¶鼻の先で～う chī zhī yǐ bí(嗤之以鼻).

せそう【世相】 shìdào(世道), shìfēng(世风).
¶～を反映した事件 fǎnyìngle shèhuì zhuàngkuàng de shìjiàn(反映了社会状况的事件).

ぜぞく【世俗】 shìsú(世俗), chénsú(尘俗). ¶～に媚びる ēyú shìsú(阿谀世俗). ¶彼は～的な人間だ tā shì ge yōngsú de rén(他是个庸俗的人).

せたい【世帯】 hù(户). ¶1～あたりの平均所得 měi yí hù de píngjūn shōurù(每一户的平均收入).
¶～主 hùzhǔ(户主).

せたい【世態】 shìtài(世态). ¶この小説は現代の～人情をよく描き出している zhè běn xiǎoshuō shēngdòng de miáoxiěle xiàndài de shìtài rénqíng(这本小说生动地描写了现代的世态人情).

せだい【世代】 shìdài(世代). ¶～の断絶 dàigōu(代沟). ¶～交代 shìdài jiāotì(世代交替).

せたけ【背丈】 shēngāo(身高), shēncháng(身长), shēnliang(身量), gèzi(个子). ¶～がまた

伸びた gèzi yòu zhǎnggāo le(个子又长高了).

セダン jiàochē(轿车).

せちがら・い【世知辛い】¶世の中が~くなった zhè shìdào zhēn bù hǎoguò le(这世道真不好过了). ¶あいつは~いことばかり言う nà jiāhuo jìng shuō xiǎoqìhuà(那家伙净说小气话).

せつ【節】**1**〔とき、おり〕shíhou(时候), shíjié(时节). ¶神田にお出掛けの~はぜひお立ち寄り下さい dào Shéntián lái de shíhou qǐng yídìng lái chuànmén na(到神田来的时候请一定来串门哪). ¶この~はお湿りが多い jìnlái yǔ jiào duō(近来雨较多). ¶その~は本当にお世話になりました nà cì duō méng guānzhào, fēicháng gǎnxiè(那次多蒙关照, 非常感谢)/ shàngcì chéngméng rèqíng zhàoliào, bùshèng gǎnjī(上次承蒙热情照料, 不胜感激).

2〔詩、文章の〕jié(节). ¶白秋の詩の1~を思い出した xiǎngqǐ Báiqiū suǒ xiě de yì jié shī lai le(想起白秋所写的一节诗来了). ¶この文章は3つの~から成っている zhè piān wénzhāng yóu sān jié zǔchéng(这篇文章由三节组成). ¶第2章第1~ dì'èr zhāng dìyī jié(第二章第一节).

3〔文法の〕fēnjù(分句).

4〔節操〕¶~を曲げる shīqù qìjié(失去气节)/ shī jié(失节)/ qūjié(屈节). ¶~を全うする jiānzhēn bù qū(坚贞不屈).

せつ【説】shuōfǎ(说法), yìjiàn(意见), jiànjiě(见解), zhǔzhāng(主张). ¶その起源についてはいろいろの~がある guānyú qí qǐyuán yǒu zhǒngzhǒng shuōfǎ(关于其起源有种种说法). ¶彼の~には納得がいかない tā nàge jiànjiě nányú lìng rén xìnfú(他那个见解难于令人信服). ¶その点ではあなたの通りです tā zhèi diǎn zhèng rú nǐ suǒ shuō de(关于那一点正如你所说的). ¶彼の~の正しいことが実験的に証明された tā de xuéshuō de zhèngquèxìng wéi shíyàn suǒ zhèngmíng le(他的学说的正确性为实验所证明了). ¶他殺~が有力である tāshā zhī shuō jiào wéi yǒulì(他杀之说较为有力).

¶地動~ dìdòngshuō(地动说).

せつえい【設営】¶観測基地の~にとりかかる zhuóshǒu jiànshè guāncè jīdì(着手建设观测基地). ¶山頂近くに第5キャンプを~する zài shāndǐng fùjìn shèzhì dìwǔ yíngdì(在山顶附近设置第五营地).

ぜつえん【絶縁】juéyuán(绝缘). ¶~材料 juéyuán cáiliào(绝缘材料). ~体 juéyuántǐ(绝缘体)/ fēidǎotǐ(非导体).

ぜっか【舌禍】¶某大臣の~事件 mǒu dàchén de shéhuò shìjiàn(某大臣的舌祸事件).

せつがい【雪害】xuěhài(雪害).

せっかい【切開】qiēkāi(切开). ¶直ちに患部を~する必要がある duì huànbù bìxū lìjí qiēkāi(对患部必须立即切开).

せっかい【石灰】shíhuī(石灰). ¶~岩 shíhuīyán(石灰岩)/ shíhuīshí(石灰石). ¶~質 shíhuīzhì(石灰质). ~水 shíhuīshuǐ(石灰水). ~窒素 shíhuīdàn(石灰氮)/ qíng'ānhuàgài(氰氨化钙). ~乳 shíhuīrǔ(石灰乳).

ぜっかい【絶海】jué hǎi(绝海). ¶~の孤島 jué hǎi gūdǎo(绝海孤岛).

せっかく【折角】tèyì(特意). ¶友人が~勧めるものですから承諾しました yóuyú péngyou tèyì quànshuō dāyingle xiàlái(由于朋友特意劝说答应了下来). ¶~ためた金を落してしまった bǎ hǎobù róngyì zǎn de qián gěi diū le(把好不容易攒的钱给丢了). ¶~作ったのですから召し上がって下さい zhè shì wǒ tèyì gěi nín zuò de, qǐng yòng ba(这是我特意给您做的, 请用吧). ¶~だから頂いていきましょう chéng nín měiyì,wǒ shōuxià le(承您美意, 我收下了). ¶~ですがもうおなかが一杯で入りません yǒu wéi nín de hǎoyì, dùzi bǎode zài yě chī bu xiàqù le(有违您的好意, 肚子饱得再也吃不下去了). ¶~の努力が実らなかった xià de yì fān kǔgōngfu chéngwéi pàoyǐng le(下的一番苦功夫成为泡影了). ¶~の休日も雨でつぶれた nándé de jiàrì jiào yǔ gěi zāota le(难得的假日叫雨给糟蹋了). ¶~ですから今日1曲歌ってください zhù xìng wéi lè, nǐ yě lái chàng yí ge(助兴为乐, 你也来唱一个).

せっきゅう【性急】xìngjí(性急). ¶そんなに~に結論を出してはいけない búyào nàme jíyú xià jiélùn(不要那么急于下给论). ¶彼は~な男だ tā shì ge jíxìngzi(他是个急性子).

せつがん【接岸】kào'àn(靠岸), lǒng àn(拢岸). ¶船が~する chuán kào'àn(船靠岸).

せっかん【折檻】¶子供を~する dǎmà háizi(打骂孩子). ¶ひどく~された bèi tòngzé yí dùn(被痛责一顿).

せつがんレンズ【接眼レンズ】mùjìng(目镜), jiēmùjìng(接目镜).

せっき【石器】shíqì(石器). ¶新~時代 xīnshíqì shídài(新石器时代). 磨製~ mózhì shíqì(磨制石器).

せっきゃく【接客】¶~態度が悪い fúwù tàidù bù hǎo(服务态度不好).

¶~業 fúwù hángyè(服务行业).

せっきょう【説教】shuōjiào(说教). ¶牧師が~壇に立って~する mùshi zhànzài jiǎngtán shuōjiào(牧师站在讲坛说教). ¶おふくろの~には飽口だ mǔqin de xùnhuà tīngnìfan le(母亲的训话听腻烦了).

ぜっきょう【絶叫】¶"助けてくれ"と~した dàshēng hǎnjiào:"jiùmìng!"(大声喊叫: "救命!").

せっきょく【積極】jījí(积极). ¶会合で~的に発言する zài huìshang jījí fāyán(在会上积极发言). ¶何らかの~策を打ち出す必要がある yǒu bìyào cǎiqǔ mǒu zhǒng jījí de cuòshī(有必要采取某种积极的措施). ¶彼の態度は~性に欠けている tā de tàidu quēfá jījíxìng(他的态度缺乏积极性).

せっきん【接近】jiējìn(接近), pòjìn(迫近). ¶台風は九州に~しつつある táifēng zhújiàn jiējìn Jiǔzhōu(台风逐渐接近九州). ¶彼等の実力は~している tāmen de shílì hěn xiāngjìn(他们的实力很相近).

せっく【節句】jiérì(节日). ¶端午の～ Duānwǔjié(端午节). ¶怠け者の～働き lǎnrén guòjiémáng(懒人过节忙).

ぜっく【絶句】**1** ¶彼は感きわまって～した tā gǎndòngde shuō bu chū huà lai(他感动得说不出话来).
2〔漢詩の〕juéjù(绝句). ¶五言～ wǔyán juéjù(五言绝句).

セックス xìng(性); zuò'ài(做爱). ¶あの娘は～アピールがある nàge gūniang hěn yǒu xīyǐn nánxìng de mèilì(那个姑娘很有吸引男性的魅力).

せっくつ【石窟】shíkū(石窟).

せっけい【設計】shèjì(设计). ¶この家は便利に～されている zhè suǒ fángzi shèjìde fēicháng fāngbiàn(这所房子设计得非常方便). ¶新生活の～をする jìnxíng xīn shēnghuó de guīhuà(进行新生活的规划).
¶～図 shèjìtú(设计图)／túzhǐ(图纸).

せっけい【雪渓】xuěxī(雪溪).

ぜっけい【絶景】jué jǐng(绝景). ¶天下の～ tiānxià jué jǐng(天下绝景).

せっけっきゅう【赤血球】hóngxìbāo(红细胞), hóngxuèqiú(红血球).

せつげん【雪原】xuěyuán(雪原), xuěyě(雪野).

せつげん【節減】¶電力～を実行する shíxíng jiédiàn(实行节电). ¶経費を～する jiéshěng jīngfèi(节省经费).

せっけん【石鹸】féizào(肥皂), yízi(胰子), yángjiǎn(洋碱). ¶手を～で洗う yòng féizào xǐshǒu(用肥皂洗手).
¶～水 féizàoshuǐ(肥皂水). 化粧～ xiāngzào(香皂)／xiāngyízi(香胰子). 粉～ xǐyīfěn(洗衣粉). 洗濯～ xǐyī féizào(洗衣肥皂).

せっけん【席巻】xíjuǎn(席卷). ¶欧州全土を～する xíjuǎn quán Ōuzhōu(席卷全欧洲).

せっけん【接見】jiējiàn(接见). ¶新大統領は諸外国の大公使を～した xīn zǒngtǒng jiējiànle gè guó dàshǐ gōngshǐ(新总统接见了各国大使公使).

ゼッケン hàomǎ(号码). ¶～3の選手が先頭にたった sān hào xuǎnshǒu lǐngxiān le(三号选手领先了).

せつごう【接合】jiēhé(接合). ¶鉄板を～する bǎ tiěbǎn jiēshàng(把铁板接上).

せっこう【斥候】zhēnchá(侦察), chìhòu(斥候). ¶～を出す pài zhēnchábīng(派侦察兵).

せっこう【石膏】shígāo(石膏), shēngshígāo(生石膏).

ぜっこう【絶交】juéjiāo(绝交), gēxí(割席). ¶君とは今日限り～だ gēn nǐ cóngjīn yǐhòu juéjiāo(跟你从今以后绝交)／cóngcǐ yǔ nǐ gēxí ér zuò(从此与你割席而坐). ¶彼女とは～状態にある xiànzài hé tā chǔyú juéjiāo zhuàngtài(现在和她处于绝交状态). ¶彼に～状を叩きつけた bǎ juéjiāoshū shuāile gěi tā(把绝交书摔了给他).

ぜっこう【絶好】¶ハイキングには～の日和だ qù jiāoyóu jīntiān de tiānqì zài hǎo búguò le(去郊游今天的天气再好不过了). ¶～のチャンスを逃した cuòguòle juéhǎo de jīhuì(错过了绝好的机会). ¶いま体の調子は～だ xiànzài shēntǐ de zhuàngtài zuì hǎo búguò le(现在身体的状态最好不过了).

せっこつ【接骨】jiēgǔ(接骨).

せっさたくま【切磋琢磨】qiēcuō zhuómó(切磋琢磨), cuōmó(磋磨). ¶～して学問に励む qiēcuō zhuómó, zuānyán xuéwen(切磋琢磨，钻研学问).

ぜっさん【絶賛】¶彼の演技は～を博した tā de yǎnjì bódéle wúshàng de zànxǔ(他的演技博得了无上的赞许)／tā de jìyì zhī jīng, ràng rén tànjué(他的技艺之精，让人叹绝). ¶評論家は彼の作品を～した pínglùnjiā duì tā de zuòpǐn "zàn bù juékǒu"[tànshǎng bù jué](评论家对他的作品'赞不绝口[叹赏不绝]).

せっし【摂氏】Shèshì wēndù(摄氏温度). ¶～32度 Shèshì sānshi'èr dù(摄氏三十二度). ¶～寒暖計 Shèshì wēndùjì(摄氏温度计).

せつじつ【切実】qièshēn(切身), pòqiè(迫切). ¶それは私にとって切実である na shì wǒ qièshēn de wèntí(那是我切身的问题). ¶賃上げは私達の～な要求だ tígāo gōngzī shì wǒmen qièshēn de yāoqiú(提高工资是我们切身的要求). ¶人生の悲哀を～に感じる tònggǎn rénshēng de bēi'āi(痛感人生的悲哀).

せっしゃ【接写】jìnjiē shèyǐng(近接摄影).

せっしゃくわん【切歯扼腕】yǎo yá qiè chǐ(咬牙切齿). ¶～して悔いる qièchǐ tònghèn(切齿痛恨).

せっしゅ【接種】jiēzhòng(接种). ¶ツベルクリンを～する jiēzhòng jiéhéyìmiáo(接种结核疫苗).
¶予防～ yùfáng jiēzhòng(预防接种).

せっしゅ【摂取】shèqǔ(摄取), xīqǔ(吸取), xīshōu(吸收). ¶栄養を～する shèqǔ yíngyǎng(摄取营养). ¶日本は古くから中国の文化を～してきた zìgǔ yǐlái Rìběn jiù xīshōu Zhōngguó de wénhuà(自古以来日本就吸收中国的文化).

せっしゅう【接収】jiēshōu(接收). ¶その建物は占領軍に～された nà zuò jiànzhùwù bèi zhànlǐngjūn jiēshōu le(那座建筑物被占领军接收了).
¶～財産 jiēshōu de cáichǎn(接收的财产).

せつじょ【切除】qiēchú(切除). ¶胃の一部を～する qiēchú wèi de yíbùfen(切除胃的一部分).

せっしょう【折衝】jiāoshè(交涉), tánpàn(谈判). ¶両者は～を重ねた shuāngfāng jīng duōcì cuōshāng(双方经多次磋商). ¶貿易問題に関して関係国と～する guānyú màoyì wèntí gēn yǒuguān guójiā jìnxíng tánpàn(关于贸易问题跟有关国家进行谈判).

せっしょう【殺生】shāshēng(杀生). ¶無益な～をするな búyào zuò wúwèi de shāshēng(不要做无谓的杀生). ¶そんな～なことを言わないでくれ bié shuō nàme bù liúqíng de huà(别说那么不留情的话).

¶～戒 shājiè(杀戒).

せっしょう【摂政】 shèzhèng(摄政).

せつじょうしゃ【雪上車】 tàxuěchē(踏雪车).

せつじょく【雪辱】 xuěchǐ(雪耻).¶再度挑戦して～を遂げた zàidù tiǎozhàn zhōngyú xuěchǐ(再度挑战终于雪耻).

せっしょく【接触】 jiēchù(接触).¶電柱に～して車体に傷がついた chùzháole diànxiàn gānzi, cāshāngle chēshēn(触着了电线杆子,擦伤了车身).¶コンセントの～が悪い chākǒu de jiēchù bùliáng(插口的接触不良).¶職業柄いろいろな人と～する yóuyú zhíyèshang de guānxi hé gè zhǒng rén jiēchù(由于职业上的关系和各种人接触).¶外部との～を断つ duànjué hé wàibù de jiēchù(断绝和外部的接触).¶新政権と～をはかる móuqiú tóng xīn zhèngquán jiēchù(谋求同新政权接触).

¶～感染 jiēchù chuánrǎn(接触传染).

せっしょく【節食】 jiéshí(节食).¶胃の調子が悪いので～している wèi bù hǎo, zhèngzài jiéshí(胃不好,正在节食).

せっしょく【絶食】 juéshí(绝食), juélì(绝粒).¶胃腸を壊して一日～した huàile chángwèi, yì tiān méi chī dōngxi(坏了肠胃,一天没吃东西).

¶～療法 juéshí liáofǎ(绝食疗法).

せっすい【節水】 jiéshuǐ(节水), jiéyuē yòngshuǐ(节约用水).¶水不足のため～を呼びかける yóuyú yòngshuǐ bùzú, hàozhào jiéshuǐ(由于用水不足,号召节水).

せっ・する【接する】 1〔接続する〕jiē(接).¶道路に～した土地 āizhe mǎlù de dìpí(挨着马路的地皮).¶両国は国境を～している liǎngguó ˇguójìng xiāngjiē[jiērǎng/jiāojiè/dājiē](两国˚国境相接[接壤／交界／搭界]).¶きびすを～するようにゴールインした jiēzhǒng pǎodào zhōngdiǎn(接踵跑到终点).¶道の両側には商店が軒を～して並んでいる dàolù liǎngpáng shāngdiàn líncì-zhìbǐ(道路两旁商店鳞次栉比).

2〔応接する〕dài(待), jiēdài(接待), jiēchù(接触).¶自然な態度で人に～する yǐ zìran de tàidu dài rén(以自然的态度待人).¶彼は客に～する態度が悪い tā dài kèren de tàidu bù hǎo(他待客人的态度不好).

3〔出くわす〕jiē(接), jiēchù(接触).¶急報に～して駆け付けた jiēdào jǐnjí tōngzhī gǎnlái le(接到紧急通知赶来了).

ぜっ・する【絶する】¶古今に～する名作 kōngqián-juéhòu de míngzuò(空前绝后的名作).¶言語に～する辛苦をなめた chángjìn bùkěyánzhuàng de xīnkǔ(尝尽不可言状的辛苦).¶それは想像を～することだ nà shì bùkě xiǎngxiàng de shì(那是不可想像的事).

せっせい【摂生】 shèshēng(摄生).¶健康を保つには～が第一だ yào bǎochí jiànkāng zuì zhòngyào de shì shèshēng yǎngxìng(要保持健康最重要的是摄生养性).

せっせい【節制】 jiézhì(节制).¶何事も～が肝心である shénme shì dōu děi yào yǒu jiézhì(什么事都要有节制).¶飲酒を～する jiézhì jiǔliàng(节制酒量).

せっせい【絶世】 juéshì(绝世), juédài(绝代).¶～の美人 juédài jiārén(绝代佳人)／guósè tiānxiāng(国色天香)／tiānzī guósè(天姿国色).

せつせつ【切切】 xīnqiè(心切), yīnqiè(殷切).¶その手紙には～たる願いが込められていた nà fēng xìn bǎohánzhe yīnqiè de xīwàng(那封信饱含着殷切的希望).¶悲しみが～と胸に迫る bēitòng zhènzhèn yǒngshàng xīntóu(悲痛阵阵涌上心头).

せっせと ¶蟻のように～働く xiàng mǎyǐ shìde pīnmìng gōngzuò(像蚂蚁似的拼命工作)／qín rú mǎyǐ(勤如蚂蚁).¶～金をためる yìgejìnr de zǎnqián(一个劲ㄦ地攒钱).¶～足を運ぶ qín lái qín wǎngde(勤来勤往).

せっせん【接戦】¶試合はなかなかの～であった bǐsài dǎde nán fēn shèngfù(比赛打得难分胜负).¶～の末ついに勝った jīngguò jīliè de bǐsài zhōngyú yíng le(经过激烈的比赛终于赢了).

せっせん【接線】 qiēxiàn(切线).

せっせん【雪線】 xuěxiàn(雪线).

ぜっせん【舌戦】 shézhàn(舌战).¶両者の間に激しい～が戦わされた liǎngzhě zhī jiān zhǎnkāile yì cháng jīliè de shézhàn(两者之间展开了一场激烈的舌战).

せっそう【節操】 jiécāo(节操).¶～のない政治家 háo wú jiécāo de zhèngzhìjiā(毫无节操的政治家).¶～を守る bǎochí jiécāo(保持节操).

せつぞく【接続】¶この急行は次の駅で各駅停車に～する zhè tàng kuàichē zài xià yí zhàn hé mànchē xiánjiē(这趟快车在下一站和慢车衔接).¶コードを電源に～する bǎ ruǎnxiàn hé diànyuán xiāngjiē(把软线和电源相接).

¶～詞 liáncí(连词)／liánjiēcí(连接词).

せっそくどうぶつ【節足動物】 jiézhī dòngwù(节肢动物).

セッター 1〔犬〕dūnfú liègǒu(蹲伏猎狗).

2〔バレー〕èrchuánshǒu(二传手).

せったい【接待】 jiēdài(接待), zhāodài(招待).¶客を～する jiēdài kèren(接待客人).

¶～係 jiēdài rényuán(接待人员).

ぜつだい【絶大】¶～な権力を持つ yōngyǒu jí dà de quánlì(拥有极大的权力).¶国民の～な支持を得る huòdé guómín de dàlì zhīchí(获得国民的大力支持).

ぜったい【絶対】 juéduì(绝对).¶リーダーの命令は～だ lǐngduì de mìnglìng shì juéduì de(领队的命令是绝对的).¶服従を誓う～ juéduì fúcóng(发誓绝对服从).¶賛成意見が～多数を占めた zànchéng de yìjiàn zhàn juéduì duōshù(赞成的意见占绝对多数).¶食糧の～量を確保する quèbǎo liángshi de juéduì xūyàoliàng(确保粮食的绝对需要量).¶君の意見には～反対だ nǐ de yìjiàn wǒ jiānjué fǎnduì(你的意见我坚决反对).¶そんなことは～にあり得ない nà zhǒng shì jué bú huì yǒu de(那种事绝不会有的).

¶～温度 juéduì wēndù(绝对温度).～値 jué-

duìzhí (絶対値). ~零度 juéduì língdù (絶対零度).

ぜったいぜつめい【絶体絶命】 ¶~の窮地におちいる xiànyú zǒutóu-wúlù de juéjìng (陷于走投无路的绝境).

せったく【拙宅】 shèjiān (舍间), shèxià (舍下), hánshè (寒舍), hánmén (寒门).

せつだん【切断】 qiēduàn (切断), gēduàn (割断), jiéduàn (截断). ¶電話器が何者かによって~された diànhuàxiàn bèi shénme rén qiēduàn le (电话线被什么人切断了). ¶機械に挟まれ右腕を~した yòushǒu bèi jīqì jiāzhu jiéduàn le (右手被机器夹住截断了).
¶~面 jiémiàn (截面)/ pōumiàn (剖面)/ qiēmiàn (切面)/ duànmiàn (断面).

ぜったん【舌端】 ¶~火を吐く大論戦となった chéngwéi shéjiàn-chúnqiāng de dàlùnzhàn (成为舌剑唇枪的大论战).

せっち【設置】 shèzhì (设置). ¶交差点に信号機を~する zài shízì lùkǒu shèzhì hónglǜdēng (在十字路口设置红绿灯). ¶委員会を~する shèzhì wěiyuánhuì (设置委员会).

せっちゃく【接着】 niánjié (粘结), niánzhuó (黏着). ¶~剤で板を~する yòng ˇniánhéjì[jiāozhān] niánjié mùbǎn (用ˇ黏结剂[胶粘剂]黏结木板).

せっちゅう【折衷】 zhézhōng (折中・折衷). ¶2つの案を~する bǎ liǎng ge fāng'àn jiāyǐ zhézhōng (把两个方案加以折中). ¶和洋~の住宅 Rì-Xī hébì de zhùzhái (日西合璧的住宅).
¶~案 zhézhōng fāng'àn (折中方案). ~主義 zhézhōngzhǔyì (折中主义).

せっちょ【拙著】 zhuōzhù (拙著).

ぜっちょう【絶頂】 ¶富士山の~をきわめた dēngshàngle Fùshì Shān de dǐngfēng (登上了富士山的顶峰). ¶彼は今や人気の~にある tā zhèng hóng jí yīshí (他正红极一时)/ tā xiànzài hóngde fāzǐ (他现在红得发紫). ¶聴衆の興奮も~に達した tīngzhòng xīngfèn dádào le jídiǎn (听众兴奋到了极点). ¶得意の~から一気に転げ落ちた cóng déyì zhī jí yì tóu zāile xiàlái (从得意之极一头栽了下来).

せっ・つ・く【急く】 cuī (催), cuīcù (催促). ¶女房にうるさく~かれて彼はやっと仕事にとりかかった bèi lǎopo sānfān-wǔcì ˇcuī, tā cái gànqǐ huór lai le (被老婆三番五次催促,他才干起活ㄦ来了).

せってい【設定】 shèdìng (设定); zhìdìng (制定); quèdìng (确定). ¶問題を~する shèdìng yí ge wèntí (设定一个问题). ¶規則を~する zhìdìng guīzé (制定规则). ¶抵当権の~ dǐyāquán de quèdìng (抵押权的确定).

せつでん【節電】 jiédiàn (节电).

せってん【接点・切点】 〔数学の〕qiēdiǎn (切点); 〔電気の〕jiēdiǎn (接点), chùdiǎn (触点).

せつど【節度】 fēncun (分寸), chǐcun (尺寸). ¶~のある態度 yǒu jiézhì de tàidu (有节制的态度). ¶~を守る shǒu fēncun (守分寸).

セット 1〔ひとそろい〕tào (套). ¶~でしか売らない bù língmài (不零卖)/ bù chéngtào bú shòu (不成套不售).
¶コーヒー~ yí tào kāfēijù (一套咖啡具). ステレオ~ lìtǐshēng sānyòngjī (立体声三用机).
2〔映画, 舞台の〕bùjǐng (布景). ¶~を組む dāzhì bùjǐng (搭置布景).
¶~撮影 nèijǐng shèyǐng (内景摄影).
3〔卓球, バレーボールなどの〕jú (局); 〔テニスの〕pán (盘). ¶第1~は A チームがとった dì-yī jú A duì yíng le (第一局 A 队赢了).
4〔設置, 装置〕 ¶テーブルを~する ānfang zhuōzi (安放桌子). ¶目覚しを6時に~する bǎ nàozhōng duìdào liù diǎn (把闹钟对到六点).

せっとう【窃盗】 tōuqiè (偷窃), dàoqiè (盗窃), tōudào (偷盗). ¶~をはたらく xíngqiè (行窃).
¶~犯 dàoqièfàn (盗窃犯).

せっとうご【接頭語】 qiánzhuì (前缀), cítóu (词头).

せっとく【説得】 shuōfú (说服). ¶両親を~して留学の許可を得た shuōfúle fùmǔ bèi yǔnxǔ chūguó liúxué (说服了父母被允许出国留学).
¶彼女の~が効を奏した tā de quànshuō zòuxiào le (她的劝说奏效了). ¶彼の話には~力がある tā de huà yǒu shuōfúlì (他的话有说服力).

せつな【刹那】 chànà (刹那). ¶河へ身を投げようとした~後ろから抱きとめられた zhèng yào tiàohé de chànà, bèi rén cóng hòumian bàozhù le (正要跳河的刹那,被人从后面抱住了).
¶世の中が不安定で人々は~的になっている yóuyú shèhuì bù āndìng, rénmen zhǐ tāntú yǎnqián de xiǎnglè (由于社会不安定,人们只贪图眼前的享乐).
¶~主義 xiǎnglèzhǔyì (享乐主义).

せつな・い【切ない】 ¶どうか私の~い胸のうちをお汲み取り下さい qǐng lǐjiě wǒ de kǔzhōng (请理解我的苦衷). ¶~い思いで別れを告げた yī-yī-nánshě de gàobié le (依依难舍地告别了).

せつなる【切なる】 ¶~い yīnqiè de qīwàng (殷切的期望)/ zhōngxīn de yuànwàng (衷心的愿望)/ kěnqiè de xīwàng (恳切的希望).

せつに【切に】 yīnqiè (殷切), rèqiè (热切), kěnqiè (恳切), shēnqiè (深切). ¶御自愛のほど~祈ります qǐng duōjiā bǎozhòng (请多加保重). ¶御協力を~お願い致します kěnqiè de xīwàng[yīnyīn qīwàng] jǐyǔ xiézhù (恳切地希望[殷殷期望]给予协助).

せっぱく【切迫】 1〔時間が〕pòjìn (迫近), bījìn (逼近). ¶締切り期限が~している jiézhǐ rìqī pòjìn le (截止日期迫近了).
2〔状態が〕jǐnpò (紧迫), jípò (急迫). ¶国境付近では~した情勢が続いている guójìng yídài xíngshì réng shífēn ˇjǐnpò[chījǐn] (国境一带形势仍十分ˇ紧迫[吃紧]). ¶会場には~した空気がみなぎっていた huìchǎng chōngmǎnle jǐnzhāng de kōngqì (会场充满了紧张的空气).
3 ¶呼吸~ hūxī jícù (呼吸急促).

せっぱつま・る【切羽詰る】 ¶~って嘘をついた pòbùdéyǐ shuōle huǎng (迫不得已说了谎). ¶この子は~らないと勉強しない zhè háizi fēi dào

せっぱん【折半】 ¶収益を～する liǎngzhě 'píngfēn[jūnfēn] shōuyì(两者 平分[均分]收益). ¶君と私で費用を～しよう nǐ hé wǒ jūntān[fēntān] fèiyong(你和我 均摊[分摊]费用).

ぜっぱん【絶版】 juébǎn(绝版). ¶この本は既に～になっている zhè běn shū yǐ juébǎn le(这本书已绝版了).

せつび【設備】 shèbèi(设备). ¶そこには宿泊の～がない nàr méiyǒu zhùsù shèbèi(那儿没有住宿设备). ¶～の整った病院 shèbèi wánshàn de yīyuàn(设备完善的医院).
¶～投資 shèbèi tóuzī(设备投资).

せつびご【接尾語】 jiēwěicí(接尾词), hòuzhuì(后缀).

ぜっぴつ【絶筆】 juébǐ(绝笔). ¶これが彼の～となった zhè chéngle tā de juébǐ(这成了他的绝笔).

ぜっぴん【絶品】 juépǐn(绝品), jípǐn(极品).

せっぷく【切腹】 pōufù zìjǐn(剖腹自尽), qiēfù(切腹), fùqiē(腹切).

せつぶん【節分】 lìchūn de qián yí rì(立春的前一日).

せっぷん【接吻】 jiēwěn(接吻), qīnwěn(亲吻), qīnzuǐ[r](亲嘴[儿]). ¶彼女の手に～した qīnle qīn[wěnle wěn] tā de shǒu(亲了亲[吻了吻]她的手).

ぜっぺき【絶壁】 juébì(绝壁), dǒubì(陡壁), qiàobì(峭壁), duànyá(断崖), xuányá(悬崖).
¶～をよじ登る pāndēng xuányá juébì(攀登悬崖绝壁).

せつぼう【切望】 qièwàng(切望), qièpàn(切盼), shēnwàng(深望). ¶御賛同のほどを～します qièpàn jǐyǔ zàntóng(切盼给予赞同). ¶A博士の来日を～する shēnwàng A bóshì fǎng Rì(深望A博士访日).

せっぽう【説法】 shuōfǎ(说法). ¶釈迦に～ Bān mén nòng fǔ(班门弄斧).

ぜつぼう【絶望】 juéwàng(绝望). ¶人生に～する duì rénshēng juéwàng le(对人生绝望了). ¶遭難者は全員～とみられる yùnàn de rén quán wú shēngcún de xīwàng(遇难的人全无生存的希望). ¶病気の回復は～だ bìng hǎo wú quányù de xīwàng(病毫无痊愈的希望).

ぜっぽう【舌鋒】 shéfēng(舌锋). ¶～鋭く首相の責任を追及した chúnqiāng-shéjiàn de zhuījiū shǒuxiàng de zérèn(唇枪舌剑地追究首相的责任).

ぜつみょう【絶妙】 juémiào(绝妙). ¶～の演技 juémiào de yǎnjì(绝妙的演技).

ぜつむ【絶無】 ¶校正の誤りは～とはいえない jiàoduì de cuòwù hái bùnéng shuō juéduì méiyǒu(校对的错误还不能说绝对没有).

せつめい【説明】 shuōmíng(说明), jiěshì(解释). ¶器具の使用法を～する shuōmíng qìjù de shǐyòngfǎ(说明器具的使用法). ¶納得のいく～を求める yāoqiú zuòchū néng shǐ rén xìnfú de shuōmíng(要求作出能使人信服的说明). ¶世の中には～のつかない事がある shìshàng yǒu wúfǎ jiěshì de shìqíng(世上有无法解释的事情). ¶この文は～的で面白くない zhè piān wénzhāng shì jiěshuōshì de, méiyǒu yìsi(这篇文章是解说式的,没有意思). ¶一言では とても～できません yòng yí jù huà wúfǎ shuōmíng(用一句话无法说明).
¶～書 shuōmíngshū(说明书).

ぜつめい【絶命】 juémìng(绝命). ¶手当のかいもなく彼は～した yīzhì wúxiào tā zhōngyú sǐ le(医治无效他终于死了).

ぜつめつ【絶滅】 juémiè(绝灭), xiāomiè(消灭), mièjué(灭绝), juéjì(绝迹). ¶その鳥は～寸前だ nà zhǒng niǎor bīnyú juémiè(那种鸟儿濒于绝灭). ¶迷信を～する sǎochú míxìn(扫除迷信).
¶～危惧種 bīnwēi wùzhǒng(濒危物种).

せつもう【雪盲】 xuěmáng(雪盲).

せつやく【節約】 jiéyuē(节约), jiéshěng(节省), shěngquè(省却), jiǎnshěng(简省). ¶燃料を～する jiéshěng ránliào(节省燃料). ¶この機械を使えば時間の～になる yòng zhè bù jīqì kěyǐ jiéshěng shíjiān(用这部机器可以节省时间).

せつゆ【説諭】 jiàohuì(教诲), xùnjiè(训戒). ¶～のうえ放免した jīng xùnjiè hòu shìfàng le(经训戒后释放了).

せつり【摂理】 ¶神の～に従う fúcóng "tiānmìng[tiānyì](服从"天命[天意]).

せつりつ【設立】 shèlì(设立), chénglì(成立), chuànglì(创立), chuàngbàn(创办). ¶学校を～する shèlì xuéxiào(设立学校).
¶～者 chuàngbànrén(创办人).

ぜつりん【絶倫】 ¶精力～の男 jīnglì chōngpèi de hànzi(精力充沛的汉子).

せつれつ【拙劣】 zhuōliè(拙劣). ¶技術が～だ jìshù zhuōliè(技术拙劣). ¶～な文章 zhuōliè de wénzhāng(拙劣的文章).

せつわ【説話】 mínjiān chuánshuō(民间传说), mínjiān gùshi(民间故事).

せとぎわ【瀬戸際】 guāntóu(关头). ¶彼は今や生死の～にある tā xiànzài zhèng chǔyú shēngsǐ guāntóu(他现在正处于生死关头). ¶～のるかそるかの～ chénggōng yǔ shībài de jǐnyào guāntóu(成功与失败的紧要关头).

せとびき【瀬戸引】 tángcí(搪瓷), yángcí(洋瓷). ¶～の鍋 tángcíguō(搪瓷锅).

せともの【瀬戸物】 táocí(陶瓷), cíqì(瓷器), táoqì(陶器).

せなか【背中】 bèi(背), hòubèi(后背), jǐbèi(脊背), jǐliang(脊梁), bèijǐ(背脊), bèibù(背部). ¶母の～を流す gěi mǔqin cuō bèi(给母亲搓背). ¶～をまるめて新聞を読む quánzhe shēnzi kàn bào(蜷着身子看报). ¶～合せに座る bèi kào bèi zuòzhe(背靠背坐着). ¶危険と～合せの仕事 bànsuízhe wēixiǎn de gōngzuò(伴随着危险的工作).

ぜに【銭】 →かね(金) 1.

ぜにごけ【銭苔】 dìqián(地钱).

ぜにん【是認】 ¶彼の行為は～し難い tā de xíngwéi shǐ rén bùnéng róngrěn(他的行为使

人不能容忍). ¶彼はそれが自分の発言であることを〜した tā chéngrèn nà shì zìjǐ de fāyán (他承认那是自己的发言).

ゼネスト zǒngbàgōng (总罢工).

せのび【背伸び】 ¶仕事の手を休めて大きく〜した tā xiēle xiē shǒu, tòngkuai de shēnle ge lǎnyāo (他歇了歇手,痛快地伸了个懒腰). ¶〜して棚の荷物をおろす diǎnqǐ jiǎo náxia jiàzi shang de xíngli (踮起脚拿下架子上的行李). ¶〜せずに自分のペースでやりなさい bùkě miǎn wéi qí nán, lì yuǒ néng jí de zuò ba (不可勉为其难,力所能及地做吧). ¶〜して難しい本を読んでいる bú liànglì ér kàn nándǒng de shū (不量力而看难懂的书).

セパード lánggǒu (狼狗).

せばま・る【狭まる】 suōduǎn (缩短), suōxiǎo (缩小). ¶首位との距離がじりじりと〜った gēn shǒumíng de jùlí jiànjiān de suōduǎn le (跟第一名的距离渐渐地缩短了). ¶出題範囲が〜った chū tí fànwéi suōxiǎo le (出题范围缩小了). ¶先に行くほど道が〜ってきた yuè wǎng qián zǒu dào yuè zhǎi (越往前走道越窄).

せば・める【狭める】 suōxiǎo (缩小), suōduǎn (缩短). ¶研究範囲を〜める suōxiǎo yánjiū de fànwéi (缩小研究的范围). ¶距離を〜める suōduǎn jùlí (缩短距离).

セパレートコース fēndào (分道).

せばんごう【背番号】 hòubèi hàomǎ (后背号码).

せひ【施肥】 shīféi (施肥).

ぜひ【是非】 1[是と非] ¶国民に憲法改正の〜を問う xiàng guómín zhēngxún shìfǒu xiūgǎi xiànfǎ (向国民征询是否修改宪法). ¶君には〜の善悪の判断もつかないのか nǐ lián shìfēi-qūzhí yě biànbié bu chū a (你连是非曲直也辨别不出啊).

2[是が非でも] ¶若いうちに〜外国に行ってみたい zhēn xiǎng chènzhe niánqīng chūyáng yí cì (真想趁着年轻出洋一次). ¶この仕事は〜あなたにやっていただきたい zhè jiàn shì yídìng děi qǐng nín lái bàn (这件事一定得请您来办). ¶〜ともお目にかかってお話したい事があります yǒu yí jiàn shì wúlùn rúhé yào gēn nín miàntán (有一件事无论如何要跟您面谈).

セピア shēnzōngsè (深棕色).

せひょう【世評】 ¶彼は次期総裁としての〜が高い tā zuò xià jiè zǒngcái shíjiān de hūshēng hěn gāo (他作下届总裁世间的呼声很高). ¶〜を気にしない bú jièyì shìrén de yìlùn (不介意世人的议论).

せびょうし【背表紙】 shūjǐ (书脊), shūbèi (书背).

せび・る ¶おふくろに小遣を〜る gēn mǔqin sǐqibàilài yào línghuāqián (跟母亲死气白赖要零花钱).

せびろ【背広】 xīfú (西服).

せぶみ【瀬踏み】 shìtàn (试探). ¶いくらで買えるか〜する shìshì yòng duōshao qián néng mǎi (试试用多少钱能买). ¶相手の出方を〜する shìtàn yíxià duìfāng de tàidu (试探一下对方的态度).

ゼブラゾーン bānmǎxiàn (斑马线).

せぼね【背骨】 jǐzhù (脊柱), jǐlianggǔ (脊梁骨).

せま・い【狭い】 1[面積が] zhǎixiǎo (窄小), xiáxiǎo (狭小). ¶私の学校は運動場が〜い wǒ de xuéxiào cāochǎng ˇzhǎixiǎo[hěn xiǎo](我的学校操场ˇ窄小[很小]). ¶部屋が〜い fángjiān hěn júcù (房间很局促).

2[幅が] zhǎi (窄), xiáxiǎi (狭窄). ¶道が〜くて車が通れない lù tài zhǎi, chēzi kāi bu guòqù (路太窄,车子开不过去).

3[規模,範囲などが] zhǎi (窄), xiáxiǎi (狭窄). ¶世間は広いようで〜い shìjiān sìhū hěn kuānguǎng qíshí hěn xiáxiǎi (世间似乎很宽广其实很狭窄). ¶見識の〜い人 shìyě xiáxiǎi de rén (视野狭窄的人).

4[心が] ¶彼は心が〜い tā ˇxīnxiōng xiá'ài[xīndì xiáxiǎi](他ˇ心胸狭隘[心地狭窄])/ tā xīnyǎnr ˇxiǎo[zhǎi](他心眼儿ˇ小[窄])/ tā qìliàng xiáxiǎi (他气量狭小).

せまくるし・い【狭苦しい】 ¶〜いところですがどうぞお上がり下さい wūzi suīrán zhǎiba xiē, qǐng jìn ba (屋子虽然窄巴些,请进吧). ¶この部屋に1家4人が住むのは〜い zhè jiān fángzi zhùle yìjiā sì kǒu rén, tài jǐde huāng (这间房子住了一家四口人,太挤得慌).

せま・る【迫る】 1[近づく] bījìn (逼近), pòjìn (迫近), pòlín (迫临). ¶敵が背後に〜ってきた dírén bījìn wǒ bèihòu (敌人逼近我背后). ¶出発の時間は刻々と〜ってきた chūfā de shíjiān jiànjiānr de pòjìn le (出发的时间渐渐儿地迫近了). ¶危険が目前に〜っている wēixiǎn pòzài méijié (危险迫在眉睫)/ wēi zài dàn xī (危在旦夕). ¶たそがれが〜る tiānsè bījìn huánghūn (天色逼近黄昏). ¶川をさかのぼるにつれて山が両岸に〜ってきた nìliú ér shàng, liǎng'àn shānfēng bīrén (逆流而上,两岸山峰逼人). ¶話しぶりが真に〜っている shuōde huólóng-huóxiàn (说得活龙活现).

2[強いる] bī (逼), pò (迫), bīpò (逼迫), pòshǐ (迫使). ¶内閣に総辞職を〜る bīpò nèigé zǒngcízhí (逼迫内阁总辞职). ¶借金の返済を〜られている bèi rén bīzhài (被人逼债). ¶必要に〜られて車の運転を習い始めた xūyào kāishǐ xué kāichē (迫于需要开始学开车). ¶妻から離婚を〜られる bèi lǎopo cuībī líhūn (被老婆催逼离婚).

せみ【蝉】 chán (蝉), zhàchán (蚱蝉), zhīliǎo (知了). ¶〜が鳴く zhīliǎo jiào (知了叫)/ chán míng (蝉鸣). ¶〜時雨(k°)を聞きながら山道を登る tīngzhe zhènzhèn chánshēng dēngshàng shānlù (听着阵阵蝉噪登上山路). ¶〜の抜殻 chánqiào (蝉壳)/ chántuì (蝉蜕)/ chányī (蝉衣).

セミコロン fēnhào (分号). ¶〜をうつ biāo fēnhào (标分号).

ゼミナール xímíngnà'ěr (习明纳尔), kètáng tǎolùn (课堂讨论).

せむし【傴僂】 gōulóu (佝偻), tuózi (驼子), luó-

guōzi(罗锅子).
- **せめ【攻め】** ¶あのチームは～のチームだ nàge qiúduì shì gōngjīxìng de(那个球队是攻击性的). ¶至るところで歓迎～にあった chùchù shòudàole rèliè de huānyíng(处处受到了热烈的欢迎). ¶新聞記者の質問～にあう bèi xīnwén jìzhě jiē'èr-liánsān de zhuīwèn(被新闻记者接二连三地追问).
- **せめ【責め】** ¶～を負って辞職する yǐnjiù cízhí(引咎辞职). ¶その～は私にある qí zé zàiyú wǒ(其责在于我).
- **せめい・る【攻め入る】** gōngjìn(攻进), gōngrù(攻入), chōngjìn(冲进), chōngrù(冲入). ¶喊声をあげて敵陣に～る qíshēng nàhǎn chōngjìn dízhèn(齐声呐喊冲进敌阵).
- **せめおと・す【攻め落す】** gōngxiàn(攻陷), gōngkè(攻克), gōngxià(攻下), dǎxià(打下), gōngqǔ(攻取). ¶敵の本拠を～した gōngxiàle dírén de gēnjùdì(攻下了敌人的根据地).
- **せめく【責苦】** zhémo(折磨). ¶地獄の～にあう zāoshòu dìyù bān de zhémo(遭受地狱般的折磨).
- **せめさいな・む【責め苛む】** ¶良心に～まれる shòudào liángxīn de zébèi[kēzé](受到良心的责备[苛责]).
- **せめた・てる【責め立てる】** ¶相手の約束不履行を～てる tòngzé duìfāng bèiyuē(痛责对方背约). ¶借金取りに早く返せと～てられる bèi tǎozhàiguǐ jǐnbī huánzhài(被讨债鬼紧逼还债).
- **せめて** nǎpà(哪怕), zhìshǎo(至少). ¶～あと1週間あれば何とかなったのに nǎpà zài yǒu yí ge xīngqī yě huì yǒu diǎnr bànfǎ le(哪怕再有一个星期也会有点儿办法了). ¶～電話くらいくれてもよさそうなものだ nǎpà gěi wǒ dǎ yí ge diànhuà lái yě hǎo(哪怕给我打一个电话来也好). ¶～教科書ぐらいは読んでおきなさい zhìshǎo yě gāi bǎ kèběn kàn yí kàn(至少也该把课本看一看). ¶ひと目会えたのが～ものことだった nénggòu jiàn yí miàn, xīnqíng zǒngsuàn shì kuānwèile yìxiē(能够见一面, 心情总算是宽慰了一些). ¶～もの心尽くしに子供に弁当を持たせた suī bùnéng zuò xiē shénme, gěi háizi dàishàngle yí dùn fàn(虽不能做些什么, 给孩子带上了一顿饭).
- **せ・める【攻める】** gōng(攻), gōngdǎ(攻打), gōngjī(攻击), jìngōng(进攻). ¶城を～める gōngchéng(攻城). ¶敵の大軍が～め寄せてきた dírén de dàjūn gōngle guòlái(敌人的大军攻了过来).
- **せ・める【責める】** zébèi(责备), zéguài(责怪), zénàn(责难). ¶その事で彼女を～めるのは酷だ ná nà jiàn shì lái zébèi tā, tài kēkè le(拿那件事来责备她, 太苛刻了). ¶良心に～められて白状した shòu liángxīn de zébèi zhāogòng le(受良心的责备招供了).
- **セメント** shuǐní(水泥), yánghuī(洋灰), shuǐméntīng(水门汀), hóngmáoní(红毛坭).
- **ゼラチン** dòngwùjiāo(动物胶), míngjiāo(明胶).
- **ゼラニウム** tiānzhúkuí(天竺葵), shílàhóng(石腊红).
- **セラミックス** táocí(陶瓷), gōngyè táocí(工业陶瓷), jīngxì táocí(精细陶瓷), tèzhǒng táocí(特种陶瓷).
- **せり【芹】** shuǐqín(水芹).
- **せり【競り】** pāimài(拍卖). ¶骨董を～に出す bǎ gǔdǒng náqu pāimài(把古董拿去拍卖).
- **せりあ・う【競り合う】** ¶両選手はゴール寸前まで～った liǎng ge xuǎnshǒu zhí zhēngzhì zhōngdiǎn de chōngcì(两个选手直争至终点的冲刺). ¶激しい～いを演じた末 A 候補が当選した jīngguò jīliè de jìngzhēng A hòuxuǎnrén dāngxuǎn le(经过激烈的竞争 A 候选人当选了).
- **せりあ・げる【競り上げる】** ¶その絵は 1000 万円に～げられた nà fú huà bèi zhēnggòu táijià dào yìqiān wàn rìyuán(那幅画被争购抬价到一千万日元).
- **ゼリー** guǒdòng[r](果冻[儿]). ¶～状の薬 guǒjiāozhuàng yàowù(果冻状药物).
- **せりいち【競市】** pāimài shìchǎng(拍卖市场).
- **セリウム** shì(铈).
- **せりおと・す【競り落す】** ¶1000 万円で～した yǐ yìqiān wàn rìyuán pāibǎn chéngjiāo(以一千万日元拍板成交).
- **せりふ【台詞】** táicí(台词), dàobái(道白), shuōbái(说白), huàbái(话白), niànbái(念白). ¶～を言う shuō táicí(说台词). ¶それはこちらの言う～だ nà dàoshi wǒ gāi xiàng nǐ shuō de huà(那倒是我该向你说的话). ¶そんな～は聞き飽きた nà yí tào tīngnì le(那一套听腻了).
- **-せる** ¶犬にそりを引かせる ràng gǒu lā xuěqiāo(让狗拉雪橇). ¶子供にピアノを習わせる ràng háizi xué gāngqín(让孩子学钢琴). ¶君 1 人を行かせるわけにはいかない bùnéng jiào nǐ yí ge rén qù(不能叫你一个人去).
- **セルフー** ¶この食堂は～サービスになっている zhè jiā shítáng shì zìzhù cānguǎn(这家食堂是自动餐馆).
  ¶～コントロール zìzhì(自制)／zìwǒ kèzhì(自我克制). ¶～タイマー zìxíng kāiguān zhuāngzhì(自行开关装置)／zìpāiqì(自拍器).
- **セルロイド** sàilùluò(赛璐珞), jiǎxiàngyá(假象牙).
- **セルロース** xiānwéisù(纤维素).
- **セレナーデ** xiǎoyèqǔ(小夜曲).
- **ゼロ** líng(零·〇), dòng(洞), língdàn(零蛋). ¶数学の試験で～をもらった shùxué kǎole língfēn(数学考了零分)／shùxué kǎoshì chīle ge dà yādàn(数学考试吃了个大鸭蛋). ¶利益は差引～だった shōuzhī xiāngdǐ jiéguǒ háo wú zhuàntou(收支相抵结果毫无赚头). ¶A チームの得点はいまだに～だ A duì de défēn hái shì ge língdàn(A 队的得分还是个零蛋). ¶濃霧で視界は～だ yóuyú nóngwù wánquán kànbujian[néngjiàndù děngyú líng](由于浓雾完全看不见[能见度等于零]). ¶～からの出発をはかる cóng yì wú suǒ yǒu[yì qióng èr bái] chūfā(从一无所有[一穷二白]出发).

セロハン bōlizhǐ(玻璃纸), sàilùfēn(赛璐玢).

セロリ qíncài(芹菜).

せろん【世論】 yúlùn(舆论). ¶～に耳を傾ける qīngtīng yúlùn(倾听舆论). ¶～を喚起する huànqǐ yúlùn(唤起舆论).

¶～調査 yúlùn diàochá(舆论调查)/ mínyì cèyàn(民意测验).

せわ【世話】 1〔面倒〕 zhàokàn(照看), zhàoliào(照料), zhàoguǎn(照管), zhàoying(照应), zhàolǐ(照理), zhàofú(照拂), zhàogù(照顾), guānzhào(关照), zhàohù(照护), kànjiu(看顾), cìhou(伺候), fúshi(服侍・伏侍・服事). ¶彼女は子供の～で忙しい tā wèi zhàoguǎn xiǎoháizi mángde tuántuánzhuàn(她为照管小孩子忙得团团转). ¶小鳥の～は僕の役目だ zhàokàn xiǎoniǎor shì wǒ de de shì(照看小鸟ㄦ是我的事). ¶つきっきりで病人の～をする zhōngrì bùlí zhàoliào bìngrén(终日不离照料病人). ¶おまえはほんとに～の焼けた子だ nǐ zhè háizi zhēn huì gěi rén tiān máfan(你这孩子真会给人添麻烦). ¶両親が死んでから伯父の～になっている shuāngqīn sǐhòu yóu bófù zhàoying(双亲死后由伯父照应). ¶大層お～になりました chéngméng duōfāng zhàogù gǎnxiè bú jìn(承蒙多方照顾感谢不尽). ¶今度の件で彼には一方ならぬ～をかけた zhè cì de shì méng tā tèbié guānzhào(这次的事蒙他特别关照). ¶私が何をしようと余計なお～だ wǒ zuò shénme yòngbuzháo nǐ duō guǎn xiánshì(我做什么用不着你多管闲事). ¶自分でそう思っていれば～はない zìjǐ nàme xiǎng hái yǒu shénme kě shuō de(他自己那么想还有什么可说的). ¶まったく彼女は～好きだ tā hào wèi rén cāoláo(她好为人操劳). ¶彼女もすっかり～女房になってしまった tā wánquán chéngle wèi jiāwù cāoxīn de zhǔfù le(她完全成了为家务操心的主妇了). ¶同窓会の～人を引き受けた dānrènle xiàoyǒuhuì de gànshì(担任了校友会的干事).

2〔周旋〕 ¶先生の～でA社に就職した jīng lǎoshī de tuījiàn jìnle A gōngsī(经老师的推荐进了A公司). ¶友人にアルバイトを～してもらう tuō péngyou gěi wǒ jièshào línshí gōngzuò(托朋友给我介绍临时工作). ¶僕にいいお嫁さんを～して下さい qǐng gěi wǒ shuō ge hǎo xífur(请给我说个好媳妇ㄦ).

せわし・い【忙しい】 máng(忙), mánglù(忙碌), mánghe(忙合). ¶～い毎日を送る měitiān mángmáng-lùlù(每天忙忙碌碌). ¶随分～い旅だった zhēn shì yí tàng cōngmáng de lǚxíng(真是一趟匆忙的旅行). ¶彼はひとりで～がっている tā yí ge rén xiā máng(他一个人在瞎忙着). ¶～く飯をかき込む cōngcōng-mángmáng de pázhe fàn(匆匆忙忙地扒着饭).

せん【千】 qiān(千・仟). ¶彼がすることなら～に一つの間違いもあるまい yàoshi tā gàn de huà, jiù wànwú-yìshī le(要是他干的话,就万无一失了). ¶それは2～2年前のことである nà shì liǎngqiān nián yǐqián de shì(那是两千年以前的事). ¶数～の人々が集まった jùjíle jǐqiān rén(聚集了几千人).

せん【先】 ¶こうなるのは～からわかっていた huì chéng zhèyàng wǒ zǎojiù liàodào le(会成这样我早就料到了). ¶～を越してこちらから断った wǒfāng qiǎngxiān jùjué le(我方抢先拒绝了).

せん【栓】 1 sāir(塞ㄦ), sāizi(塞子), píngsāi(瓶塞). ¶瓶にコルクの～をする yòng ruǎnmùsāir sāi píngzi(用软木塞ㄦ塞瓶子). ¶瓶の～を抜く bá píngsāizi(拔瓶塞子). ¶木桶の～のゆるんだ mùtǒng de sāir sōng le(木桶的塞ㄦ松了). ¶指で耳に～をする yòng shǒuzhítou dǔzhù ěrduo(用手指头堵住耳朵).

2〔コック〕 ¶水道の～をひねる nǐngkāi shuǐlóngtóu(拧开水龙头). ¶ガスの～があけっぱなしになっていた méiqì de kāiguān kāizhe láizhe(煤气的开关开着来着).

せん【線】 1 xiàn(线), xiàntiáo(线条), gàng[r](杠[ㄦ]), gàngzi(杠子), gàngxiàn(杠杠). ¶ノートに～を引く zài bǐjìběn shang huà xiàn(在笔记本上划线). ¶彼の絵は～が柔らかい tā de huà xiàntiáo hěn róuhe(他的画线条很柔和). ¶見るからに～の細い人 kànzhe jiù jiào rén juéde dānbó xiānruò de rén(看着就叫人觉得单薄纤弱的人). ¶～の太い人 yǒu qìliàng de rén(有器量的人). ¶支出はこの～でおさえる zhīchū yào xiàndìng zài zhè tiáo gànggang yǐxià(支出要限定在这条杠杠以下). ¶捜査に怪しい人物が浮び上がった kěyí de rénwù zài sōuchá de guòchéng zhōng màochulai le(可疑的人物在搜查的过程中冒出来了). ¶飢餓～上をさまよう zhēngzhá zài jī'èxianshang(挣扎在饥饿线上). ¶彼女は国際～のスチュワーデスだ tā shì guójì hángxiàn de kōngjiě(她是国际航线的空姐). ¶60点で～を引く zài liùshí fēn huà yì tiáo jièxiàn(在60分划一条界限).

¶上り～ shàngxíngxiàn(上行线). 国道1号～ yī hào gōnglù(一号公路). 山手～ Shānshǒuxiàn(山手线).

2〔方向〕 ¶この～で話を進めよう àn zhè tiáo xiàn jìnxíng shāngqià(按这条线进行商洽). ¶物取りの～で捜査する zuòwéi dàoqiè'àn jìnxíng sōuchá(作为盗窃案进行搜查).

せん【選】 xuǎn(选). ¶私の応募作は～に漏れた wǒ de yìngzhēng zuòpǐn luòxuǎn le(我的应征作品落选了).

¶唐詩～ Tángshīxuǎn(唐诗选).

-せん【銭】 ¶日歩5～の利息 rìxī wǔ fēn de lìxī(日息五分的利息). ¶5～銅貨 wǔ fēn tóngbì(五分铜币).

ぜん【全】 quán(全). ¶～会員の同意を得る dédào quántǐ huìyuán de tóngyì(得到全体会员的同意). ¶～館座席指定 zhěnggè jùchǎng duìhào rùzuò(整个剧场对号入座). ¶芥川竜之介全集～12巻 Jièchuān Lóngzhījiè quánjí "quán shí'èr cè[quán shū shí'èr juàn]"(芥川龙之介全集"全十二册[全书十二卷]).

ぜん【前】 qián(前). ¶開会～から大勢の人がつめかけた kāihuì yǐqián jiù yǒu xǔduō guānzhòng fēngyōng ér lái(开会以前就有许多观众)

蜂擁而来). ¶紀元～ 221 年 gōngyuán qián èr èr yī nián (公元前二二一年). ¶～世紀の遺物 shàngshìjì de yíwù (上世纪的遗物).

¶～首相 qián shǒuxiàng (前首相). ～半生 qiánbànshēng (前半生).

ぜん【善】 shàn (善). ¶～は急げ hǎoshì bùyí chí (好事不宜迟).

ぜん【禅】 chán (禅). ¶～宗 Chánzōng (禅宗).

ぜん【膳】 1 ¶～を運ぶ duān cài (端菜). ～につく jiù cānzhuō (就餐桌). ¶あちらにお～の用意ができております nàr yǐjīng bǎihǎole xí (那儿已经摆好了席).

¶祝い～ xǐyán (喜筵).

2 [助数詞] ¶もう 1 ～いかがですか qǐng zài yòng yì wǎn ba (请再用一碗吧). ¶箸 2 ～ liǎng shuāng kuàizi (两双筷子).

-ぜん【然】 紳士～とした男 màosì shēnshì de nánrén (貌似绅士的男人).

ぜんあく【善悪】 ¶～をわきまえる míngbiàn shàn è (明辨善恶). ¶彼は～の区别さえつかない jí lián shàn yǔ è de qūbié yě fēnbiàn bu chū (他连善与恶的区别也分辨不出).

せんい【戦意】 ¶～があがる zhàndòu qíngxù gāo'áng (战斗情绪高昂) / dòuzhì ángyáng (斗志昂扬).

¶～喪失 sàngshī dòuzhì (丧失斗志).

せんい【船医】 suíchuán yīshēng (随船医生).

せんい【繊維】 xiānwéi (纤维). ¶～工業 fǎngzhī gōngyè (纺织工业). ～植物 xiānwéi zhíwù (纤维植物). ～製品 fǎngzhīpǐn (纺织品). ～素 xiānwéisù (纤维素). 化学～ huàxué xiānwéi (化学纤维). 合成～ héchéng xiānwéi (合成纤维). 天然～ tiānrán xiānwéi (天然纤维).

ぜんい【善意】 shànyì (善意). ¶～でしたことがかえって仇(あだ)になった shànyì fǎn zhāo èguǒ (善意反招恶果) / hǎoxīn bù dé hǎobào (好心不得好报). ¶彼女の話を～に解釈する cóng hǎoyì lái jiěshì tā de huà (从好意来解释他的话).

せんいき【戦域】 zhànqū (战区). ¶～が拡大する zhànqū kuòdà (战区扩大).

ぜんいき【全域】 zhěnggè qūyù (整个区域). ¶市内～にわたって停電した zhěnggè shìqū tíngle diàn (整个市区停了电).

せんいつ【専一】 zhuānxīn (专心), zhuānyī (专一). ¶学生たるの勉学を～に心掛くべし zuòwéi xuésheng yīngdāng zhuānxīn yíyì de xuéxí (作为学生应当专心一意地学习). ¶御自愛～に qǐng tèbié bǎozhòng (请特别保重).

せんいん【船員】 chuányuán (船员), hǎiyuán (海员).

ぜんいん【全員】 ¶旅行にはクラス～が参加した quán bān tóngxué dōu cānjiāle zhè cì lǚxíng (全班同学都参加了这次旅行). ¶遭難者は～救助された yùnànzhě quándōu bèi dàjiù le (遇难者全都被搭救了). ¶～一致で決議する quántǐ yīzhì juéyì (全体一致决议).

せんうん【戦雲】 zhànyún (战云). ¶～が垂れこめる zhànyún mìbù (战云密布).

せんえい【先鋭】 jiānruì (尖锐). ¶反対闘争はしだいに～化した fǎnduì dòuzhēng rìyì jiānruìhuà le (反对斗争日益尖锐化了).

¶～分子 jíjìn fènzǐ (急进分子).

せんえい【前衛】 1 qiánwèi (前卫), xiānfēng (先锋). ¶労働者階級の～として闘う zuòwéi gōngrén jiējí de xiānfēngduì jìnxíng dòuzhēng (作为工人阶级的先锋队进行斗争).

¶～芸術 xiānfēngpài yìshù (先锋派艺术). ～部隊 qiánwèi bùduì (前卫部队).

2 [球技の] qiánwèi (前卫), qiánfēng (前锋).

せんえき【戦役】 zhànzhēng (战争), zhànyì (战役). ¶日露の～ Rì-É zhànzhēng (日俄战争).

せんえつ【僭越】 jiànyuè (僭越), jiànfèn (僭分), yújiàn (逾僭), yúfèn (逾分). ¶私を差し置いて発言するとはいかな奴だ xiān yú wǒ fāyán, tā tài yúfèn le (先于我发言, 他太逾分了). ¶～ながら私が司会を務めさせていただきます jiànyuè [màomèi] de hěn, yóu wǒ dāng sīyí (僭越[冒昧]得很, 由我当司仪).

せんおう【専横】 zhuānhèng (专横). ¶～をきわめる jíqí zhuānhèng (极其专横).

ぜんおん【全音】 quányīn (全音). ¶～階 quányīn yīnjiē (全音音阶).

せんか【戦火】 zhànhuǒ (战火); bīnghuǒ (兵火), yānhuǒ (烟火), yānchén (烟尘). ¶～に見舞われる zāoshòu zhànhuǒ (遭受战火). ¶～が広がる zhànhuǒ kuòdà (战火扩大).

せんか【戦果】 zhànguǒ (战果). ¶赫々たる～をあげる huòdé hèhè zhànguǒ (获得赫赫战果).

せんか【戦禍】 zhànhuò (战祸), bīngzāi (兵灾). ¶～で荒れ果てた国土 méngshòu zhànhuò ér huāngliáng bùkān de guótǔ (蒙受战祸而荒凉不堪的国土).

せんが【線画】 xiàntiáohuà (线条画).

ぜんか【前科】 qiánkē (前科). ¶彼には～がある tā yǒu qiánkē (他有前科).

せんかい【旋回】 pánxuán (盘旋), xuánrǎo (旋绕), huíxuán (回旋). ¶鷹が上空を～している lǎoyīng zài kōngzhōng dǎxuánzi [dǎ quānzi/ pánxuán] (老鹰在空中打旋子[打圈子/盘旋]). ¶機を右に～させる shǐ fēijī yòuzhuǎnwān (使飞机右转弯).

せんがい【選外】 ¶彼の作品は惜しくも～になった tā de zuòpǐn hěn kěxī luòle xuǎn (他的作品很可惜落了选).

¶～佳作 wèi rùxuǎn de jiāzuò (未入选的佳作).

ぜんかい【全快】 quányù (痊愈). ¶彼女の～はもはや望めない tā yǐ méiyǒu quányù de xīwàng (她已没有痊愈的希望). ¶病気が～した bìng quányù le (病痊愈了).

ぜんかい【全開】 wánquán dǎkāi (完全打开), quán dǎkāi (全打开). ¶ガスのコックを～にするば měiqì de kāiguān wánquán nǐngkāi (把煤气的开关完全拧开).

ぜんかい【全壊】 ¶山崩れによる～家屋は 10 戸にのぼった yīn shānbēng wánquán tāntā de fángwū dá shí dòng zhī duō (因山崩完全坍塌的房屋达十栋之多).

ぜんかい【前回】 shàngcì（上次），shànghuí（上回）．¶～に~にまさる盛況だった huì kāide bǐ shàngcì hái yào shèngdà（会开得比上次还要盛大）．¶～までの粗筋を紹介します jièshào yíxià dào shànghuí wéizhǐ de gěnggài（介绍一下到上回为止的梗概）．

せんがく【浅学】 qiǎnxué（浅学）．¶～菲才 qiǎnxué fěicái（浅学菲材）/ cái shū xué qiǎn（才疏学浅）．

ぜんがく【全額】 quánshù（全数），quán'é（全额）．¶借金を～返した jiè de qián quánshù guīhuán le（借的钱全数归还了）．¶交通費を～支給 jiāotōngfèi quán'é zhīfù（交通费全额支付）．

ぜんがく【前額】 qián'é（前额）．

せんかくしゃ【先覚者】 xiānjué（先觉），xiānjuézhě（先觉者），xiānzhīzhě（先知者）．

せんかん【戦艦】 zhànjiàn（战舰），zhànlièjiàn（战列舰），zhàndòujiàn（战斗舰），zhǔlìjiàn（主力舰）．

せんがん【洗眼】 xǐyǎn（洗眼）．
せんがん【洗顔】 xǐliǎn（洗脸）．
ぜんかん【全巻】 ¶《紅楼夢》を～読んだ kànwánle zhěngbù《Hónglóumèng》（看完了整部《红楼梦》）．¶あの映画は～スリルに満ちている nà bù diànyǐng zì shǐ zhì zhōng lìng rén jīngxīn-dòngpò（那部电影自始至终令人惊心动魄）．

せんき【戦記】 zhànshì jìlù（战事记录）；zhànshǐ（战史）．
せんき【戦機】 zhànjī（战机）．¶～が熟す zhànjī yǐ chéngshú（战机已成熟）．
せんぎ【詮議】 ¶他人の事をあれこれ～だてする duì biérén de shì shuōsān-dàosì（对别人的事说三道四）．

ぜんき【前記】 ¶～の金額受領致しました shàngliè kuǎnxiàng yǐ shōuqì（上列款项已收讫）．¶～住所に移転しました bāndào shàngshù de dìzhǐ（搬到上述的地址）．

ぜんき【前期】 qiánqī（前期）．¶～繰越金 qiánqī jiécún（前期结存）．¶平安～ Píng'ān shídài qiánqī（平安时代前期）．

せんきゃく【先客】 ¶彼の家には～があった tā jiā yǒu xiān lái de kèrén（他家有先来的客人）．

せんきゃく【船客】 chéngchuán lǚkè（乘船旅客）．

せんきゃくばんらい【千客万来】 ¶～のにぎやかさ kèrén fēnzhì-tàilái[jiēzhǒng ér lái]chēmǎ yíng mén（客人'纷至沓来[接踵而来]车马盈门）．

せんきょ【占拠】 zhànjù（占据）．¶反乱軍は放送局を～した pànjūn zhànjùle guǎngbōtái（叛军占据了广播台）．¶不法～ fēifǎ zhànjù（非法占据）/ pánjù（盘踞）．

せんきょ【選挙】 xuǎnjǔ（选举）．¶国民の代表を～する xuǎnjǔ guómín dàibiǎo（选举国代表）．¶彼は理事に～された tā bèi xuǎnwéi lǐshì（他被选为理事）．¶委員長は～で決める wěiyuánzhǎng yóu xuǎnjǔ lái quèdìng（委员长由选举来确定）．¶～に勝つ xuǎnjǔ huòshèng（选举获胜）．¶～に打って出る chūmǎ jìngxuǎn（出马竞选）．¶～運動をする jìnxíng jìngxuǎn huódòng（进行竞选活动）．¶～法違反に問われる wéifǎn xuǎnjǔfǎ bèi wènzuì（违反选举法被问罪）．
¶～演説 jìngxuǎn yǎnshuō（竞选演说）．～区 xuǎnqū（选区）．～権 xuǎnjǔquán（选举权）．～人名簿 xuǎnjǔrén míngcè（选举人名册）/ xuǎnmín míngdān（选民名单）．被～権 bèixuǎnjǔquán（被选举权）．

せんぎょ【鮮魚】 xiānyú（鲜鱼）．
せんきょう【仙境】 xiānjìng（仙境），xiānxiāng（仙乡）．
せんきょう【戦況】 zhànkuàng（战况）．¶～は芳しくない zhànkuàng bùjiā（战况不佳）．¶～を報告する bàogào zhànkuàng（报告战况）．

せんぎょう【専業】 ¶～農家 zhuānyè nónghù（专业农户）．～主婦 jiātíng zhǔfù（家庭主妇）．

せんきょうし【宣教師】 chuánjiàoshì（传教士），jiàoshì（教士）．

せんきょく【戦局】 zhànjú（战局）．¶～は混沌としている zhànjú zhuōmō búdìng（战局捉摸不定）．

せんぎり【千切り】 ¶大根を～にする bǎ luóbo qièchéng sī（把萝卜切成丝儿）．

せんきん【千金】 qiānjīn（千金）．¶命は～にも代えがたい shēngmìng qiānjīn nán huàn（生命千金难换）．

せんきん【千鈞】 qiān jūn（千钧）．¶彼の言葉には～の重みがある tā de huà shí yǒu qiān jūn zhī zhòng（他的话实有千钧之重）．

せんく【先駆】 xiānqū（先驱）．¶彼は日本における近代洋画の～をなした tā chéngwéi Rìběn jìndài xīhuà de xiānqū（他成为日本近代西画的先驱）．¶自由民権運動の～者 xiānmínquán yùndòng de ˇxiānqūzhě[xiānxíngzhě]（自由民权运动的ˇ先驱者[先行者]）．

せんぐ【船具】 chuánjù（船具）．
ぜんく【前駆】 qiánqū（前驱）．¶～症状 qiánzhào zhèngzhuàng（前兆症状）．

せんくち【先口】 ¶私の方が～だ shì wǒ xiān shuōdìng de（是我先定的）．

せんぐんばんば【千軍万馬】 qiān jūn wàn mǎ（千军万马）．¶～の古強者(ふるつわもの) shēn jīng bǎizhàn de yǒngshì（身经百战的勇士）．

ぜんけい【全景】 quánjǐng（全景）．¶そこからは町の～が見渡せる cóng nàli kěyǐ tiàowàng chéngzhèn de quánjǐng（从那里可以眺望城镇的全景）．

ぜんけい【前景】 qiánjǐng（前景）．
ぜんけい【前掲】 shàngliè（上列）；shàngjǔ（上举），shàngshù（上述）．¶～の図表参照のこと cānzhào shàngliè túbiǎo（参照上列图表）．

せんけつ【先決】 xiānjué（先决）．¶住民の同意を得るのが～問題だ qǔdé jūmín tóngyì shì xiānjué tiáojiàn（取得居民同意是先决条件）．

せんけつ【鮮血】 xiānxuè（鲜血）．¶～があたりに飛び散った xiānxuè sìjiàn（鲜血四溅）．

せんげつ【先月】 shàngyuè（上月），shàng ge yuè（上个月）．¶～中国に行ってきました shàng-

yuè wǒ dào Zhōngguó qù le(上月我到中国去了). ¶ ~号の雑誌 shàngyuè hào de zázhì(上月号的杂志). ¶ ~10日 shàngyuè shí hào(上月十号).

ぜんげつ【前月】 shàngyuè(上月), shàng ge yuè(上个月); qiányuè(前月), qián yí ge yuè(前一个月). ¶ ~からの繰越金 shàngyuè de jiécún(上月的结存). ¶ 入学試験の~ rùxué kǎoshì de qián yí ge yuè(入学考试的前一个月).

せんけん【先見】 xiānjiàn(先见). ¶ 彼は~の明があった tā yǒu ˇxiānjiàn[ˇwèibǔ-xiānzhī] zhī míng(他有先见[未卜先知]之明).

せんけん【先遣】 xiānqiǎn(先遣). ¶ ~部隊 xiānqiǎn bùduì(先遣部队).

せんけん【先験】 xiānyàn(先验). ¶ ~的観念論 xiānyàn wéixīnzhǔyǐ(先验唯心主义). ~論 xiānyànlùn(先验论).

せんけん【浅見】 qiǎnjiàn(浅见).

せんげん【宣言】 xuānyán(宣言), xuāngào(宣告), xuānbù(宣布). ¶ 内外に独立を~する xiàng guónèiwài xuāngào dúlì(向国内外宣告独立). ¶ ~文を起草する qǐcǎo xuānyán(起草宣言).

¶《共産党~》《Gòngchǎndǎng Xuānyán》(《共产党宣言》). ポツダム~ Bōcítǎn Gōnggào(波茨坦公告).

ぜんけん【全権】 quánquán(全权). ¶ ~を掌握する zhǎngwò quánquán(掌握全权). ¶ A氏に~を委任した bǎ quánquán wěirèn gěi A xiānsheng(把全权委任给A先生).

¶ 特命~大使 tèmìng quánquán dàshǐ(特命全权大使).

ぜんげん【前言】 qiányán(前言). ¶ ~を翻す bèiqì qiányán(背弃前言)/ fānhuǐ(翻悔)/ zì shí qí yán(自食其言). ¶ ~を取り消す qǔxiāo yǐqián shuō de huà(取消以前说的话)/ shuōhuà bú suànshù(说话不算数).

ぜんげん【漸減】 ¶ 伝染病は~している chuánrǎnbìng zhújiàn jiǎnshǎo(传染病逐渐减少).

せんげんばんご【千言万語】 qiānyán-wànyǔ(千言万语). ¶ ~を費やしても言い尽せない qiānyán-wànyǔ yě shuōbujìn(千言万语也说不尽).

せんこ【千古】 qiāngǔ(千古). ¶ 山は頂上に~の雪をいただいている shāndǐng jīzhe qiāngǔ bú huà de xuě(山顶积着千古不化的雪). ¶ ~不易の人情 qiāngǔ bú yì de rénqíng(千古不易的人情).

せんご【戦後】 zhànhòu(战后).

ぜんご【前後】 1［前と後］qiánhòu(前后). ¶ ~から敵を挟み撃ちする cóng qiánhòu jiāgōng dírén(从前后夹攻敌人). ¶ ~左右に動かせる qiánhòu zuǒyòu dōu néng huódòng(前后左右都能活动). ¶ 彼の話は~がつながらない tā de huà qiányán bù dā hòuyǔ(他的话前言不搭后语). ¶ 話は~しますが huà huòxǔ yǒu diāndǎo(话或许有颠倒). ¶ 彼等は~してやって来た tāmenˇyì qián yí hòu de[qiánhòujiǎor] lái le(他们ˇ一前一后地[前后脚ﾙ]来了)/ tāmen xiāngjì ér lái(他们相继而来). ¶ 怒りに~を忘れた shàngtu le(气糊涂了). 彼は~もわきまえず大声でどなった tā búgù chǎnghé pòkǒu mà rén(他不顾场合破口骂人). ¶ 酔って~不覚になる zuìde bù xǐng rénshì(醉得不省人事). 2［…くらい］qiánhòu(前后), zuǒyòu(左右), shàngxià(上下). ¶ それは8時~だったと思います wǒ xiǎng nà shì bā diǎn zuǒyòu(我想那是八点左右). ¶ 終戦~に生れた子供達 zài dàzhàn jiéshù qiánhòu chūshēng de háizi(在大战结束前后出生的孩子). ¶ 1000円~で買える yòng yìqiān lái kuài qián néng mǎidedào(用一千来块钱能买得到). ¶ 50歳~の男性 wǔshí shàngxià de nánrén(五十上下的男人).

ぜんご【善後】 shànhòu(善后). ¶ ~を講ずる yánjiū shànhòu duìcè(研究善后对策).

¶ ~処置 shànhòu shìyí(善后事宜).

せんこう【先行】 xiānxíng(先行). ¶ 彼の考え方は時代に~している tā de xiǎngfa xiānxíng yú shídài(他的想法先行于时代). ¶ ~した部隊と合流した gēn xiānxíng de bùduì huìhé le(跟先行的部队汇合了).

せんこう【先攻】 ¶ Aチームの~で試合は始まった A duì xiān jìngōng bǐsài kāishǐ le(A队先进攻比赛开始了).

せんこう【専攻】 zhuāngōng(专攻). ¶ 大学で中国文学を~した zài dàxué céng zhuāngōng Zhōngguó wénxué(在大学曾专攻中国文学).

¶ ~科目 zhuānyè kēmù(专业科目).

せんこう【穿孔】 chuānkǒng(穿孔). ¶ ~機 chuānkǒngjī(穿孔机). 胃~ wèichuānkǒng(胃穿孔).

せんこう【閃光】 shǎnguāng(闪光). ¶ ~を放つ fāchū shǎnguāng(发出闪光).

¶ ~電球 shǎnguāng dēngpào(闪光灯泡).

せんこう【戦功】 zhàngōng(战功). ¶ ~を立てる lì zhàngōng(立战功).

せんこう【潜行】 qiánxíng(潜行); qiánfú(潜伏), qiáncáng(潜藏). ¶ 水中を~する qiánxíng shuǐzhōng(潜行水中). ¶ 地下に~して政治運動をする qiánfú dìxià cóngshì zhèngzhì huódòng(潜伏地下从事政治活动).

せんこう【潜航】 qiánháng(潜航). ¶ 潜水艦は海中深く~を続けた qiánshuǐtǐng zài shēnshuǐ zhī xià qiánháng(潜水艇在深水之下潜航).

¶ ~艇 qiánshuǐtǐng(潜水艇).

せんこう【線香】 xiànxiāng(线香), xiāng(香). ¶ ~をあげる shāo[shàng]xiāng(烧[上]香).

せんこう【選考】 ¶ 新入社員を~する xuǎn cái lùyòng xīn zhíyuán(选材录用新职员). ¶ 彼はA賞の~に漏れた tā zài A jiǎng shang luòxuǎn le(他在A奖上落选了).

¶ ~委員会 xuǎnbá wěiyuánhuì(选拔委员会).

せんこう【選鉱】 xuǎnkuàng(选矿).

ぜんこう【全校】 quánxiào(全校). ¶ ~生徒を校庭に集める bǎ quánxiào xuésheng jíhé zài cāochǎng(把全校学生集合在操场). ¶ 県下の~から代表が参加した quánxiàn suǒyǒu xuéxiào de dàibiǎo dōu cānjiā le(全县所有学校

ぜんこう【善行】 shànxíng（善行）. ¶～を積む xíngshàn jīdé（行善积德）/ jīshàn（积善）.

ぜんごう【前号】 qián yì qī（前一期）, shàng yì qī（上一期）. ¶～に続く jiēxù qián yì qī（接续前一期）/ xù shàng qī（续上期）/ jiē qián qī（接前期）.

せんこく【先刻】 gāngcái（刚才）, fāngcái（方才）. ¶お客様が～からお待ちかねです kèrén dǎ fāngcái jiù zhí děngzhe nǐ ne（客人打方才就直等着你呢）. ¶そんなことは～承知だ nà shì búyòng nǐ shuō zǎojiù zhīdao le（那事不用你说早就知道了）.

せんこく【宣告】 xuāngào（宣告）; xuānpàn（宣判）. ¶裁判長は被告に無罪を～した shěnpànzhǎng xuānpàn bèigào wúzuì（审判长宣判被告无罪）.

ぜんこく【全国】 quánguó（全国）. ¶一斉に国勢調査が行われた zài quánguó tóngshí jìnxíngle rénkǒu pǔchá（在全国同时进行了人口普查）. ¶日本～から代表が参加した Rìběn quánguó gè dì de dàibiǎo dōu cānjiā le（日本全国各地的代表都参加了）. ¶今年の冬は～的に雪が多かった jīnnián dōngtiān quán guó gè dì jiàngxuěliàng duō（今冬全国各地降雪量多）.

センサー língmǐn yuánjiàn（灵敏元件）, chuángǎnqì（传感器）, gǎnyìngqì（感应器）.

せんさい【先妻】 qiánqī（前妻）.

せんさい【戦災】 zhànhuò（战祸）. ¶～で焼け出された zāoshòu zhànhuò fángzi bèi shāo le（遭受战祸房子被烧了）.
¶～孤児 zhànzhēng gū'ér（战争孤儿）.

せんさい【繊細】 xiānxi（纤细）. ¶彼女は～な感受性を持っている tā de gǎnqíng hěn xìnxì（她的感情很细腻）. ¶この機械は～だ zhège jīqì hěn jīngmì（这个机器很精密）. ¶～な指 xiānróu de shǒuzhǐ（纤柔的手指）/ xiānzhǐ（纤指）.

せんざい【千載】 qiānzǎi（千载）. ¶悔いを～に残す qiānzǎi yíhèn（千载遗恨）. ¶～一遇の好機を逸した cuòguòle qiānzǎi-nánféng de hǎo jīhuì（错过了千载难逢的好机会）.

せんざい【洗剤】 xǐdíjì（洗涤剂）, xǐyīfěn（洗衣粉）.

せんざい【潜在】 qiánzài（潜在）. ¶～していた不満が爆発した qiánzài de bùmǎn bàofā le（潜在的不满爆发了）. ¶この工場にはまだ～能力がある zhège gōngchǎng hái yǒu qiánlì（这个工厂还有潜力）.
¶～意識 qiányìshí（潜意识）/ xiàyìshí（下意识）. ～失業者 qiánzài shīyèzhě（潜在失业者）. ～主権 qiánzài zhǔquán（潜在主权）.

ぜんさい【前菜】 lěngpán[r]（冷盘[儿]）, pīnpán[r]（拼盘[儿]）, liángcài（凉菜）, liángdié[r]（凉碟[儿]）, lěngdié[r]（冷碟[儿]）.

せんさく【穿鑿】 ¶彼女はまったく～好きだ tā duì shuí de shì dōu ài páogēnr wèndǐ（她对谁的事都爱刨根儿问底）. ¶人の私生活を～するな bié shuōsān-dàosì dāolao biéren de sīshēnghuó（别说三道四叨唠别人的私生活）.

せんさばんべつ【千差万別】 qiān chā wàn bié（千差万别）. ¶人の好みは～だ rén de shìhào shì qiān chā wàn bié de（人的嗜好是千差万别的）.

せんざんこう【穿山甲】 chuānshānjiǎ（穿山甲）, línglǐ（鲮鲤）.

せんし【先史】 shǐqián（史前）. ¶～時代 shǐqián shídài（史前时代）.

せんし【戦士】 zhànshì（战士）. ¶無名～の墓 wúmíng zhànshì zhī mù（无名战士之墓）. ¶解放運動の～ jiěfàng yùndòng de zhànshì（解放运动的战士）.

せんし【戦史】 zhànshǐ（战史）. ¶～に残る大海戦 zàirù zhànshǐ de dà hǎizhàn（载入战史的大海战）.

せんし【戦死】 zhànsǐ（战死）, zhènwáng（阵亡）. ¶彼は名誉の～を遂げた tā guāngróng de zhànsǐ le（他光荣地战死了）. ¶父は第２次世界大戦で～した fùqin shì zài Dì'èr Cì Shìjiè Dàzhàn shí zhànsǐ de（父亲是在第二次世界大战时战死的）.
¶～者 zhànsǐzhě（战死者）/ zhènwángzhě（阵亡者）.

せんじ【戦時】 zhànshí（战时）. ¶～中は食糧がひどく不足した zhànshí liángshi jí quēfá（战时粮食极缺乏）. ¶国中が～色に塗りつぶされていた quánguó mímànzhe yípiàn zhànzhēng qìfēn（全国弥漫着一片战争气氛）.
¶～国際法 zhànshí guójìfǎ（战时国际法）. ～体制 zhànshí tǐzhì（战时体制）.

ぜんし【全紙】 ¶～が日中国交回復を大きく報じた suǒyǒu de bàozhǐ dàlì de bàodàole Rì-Zhōng liǎngguó huīfù bāngjiāo（所有的报纸大力地报道了日中两国恢复邦交）. ¶～その事件の記事で埋め尽された zhěnggè bǎnmiàn mǎnmǎn dōu shì gāi shìjiàn de bàodào（整个版面满满都是该事件的报道）.

ぜんじ【漸次】 jiàncì（渐次）, zhújiàn（逐渐）. ¶病気は～快方に向かっている bìng zhújiàn hǎozhuǎn（病逐渐好转）. ¶労働条件は～改善されつつある láodòng tiáojiàn zhúbù dédào gǎishàn（劳动条件逐步得到改善）.

せんじぐすり【煎じ薬】 tāngyào（汤药）.

せんしつ【船室】 cāngwèi（舱位）, kècāng（客舱）, cāngshì（舱室）, chuáncāng（船舱）. ¶一等～ tóuděngcāng（头等舱）.

せんじつ【先日】 qián jǐ tiān（前几天）, qián xiē rìzi（前些日子）, rìqián（日前）, shàngcì（上次）. ¶～は御馳走様でした shàngcì jiào nín pòfèi le（上次叫您破费了）. ¶～来の雨で川が増水した jǐtiānlái de yǔ shǐ héshuǐ dà zhǎng（几天来的雨使河水大涨）.

ぜんじつ【前日】 qián yì tiān（前一天）, shàng yì tiān（上一天）, tóutiān（头天）. ¶出発の～になって熱を出してしまった dòngshēn de qián yì tiān fāle shāo（动身的前一天发了烧）.

せんじつ・める【煎じ詰める】 ¶～めると金の問題だ guīgēn-jiédǐ［'zǒng'éryánzhī］shì jīnqián de wèntí（归根结底［总而言之］是金钱的问题）.

せんしゃ【戦車】 tǎnkè(坦克), tǎnkèchē(坦克车). ¶～兵 tǎnkèbīng(坦克兵)/ tǎnkèshǒu(坦克手).

せんじゃ【選者】 píngxuǎnzhě(评选者). ¶2つの意見のうち私は～の方が正しいと思う liǎng zhǒng yìjiàn zhī zhōng wǒ rènwéi qiánzhě shì duì de(两种意见之中我认为前者是对的).

せんしゅ【先取】 ¶我がチームが1点を～した wǒ duì xiān déle yì fēn(我队先得了一分).

せんしゅ【船首】 chuántóu(船头), chuánshǒu(船首). ¶～を北に向ける shǐ chuántóu cháo běi(使船头朝北).

せんしゅ【選手】 xuǎnshǒu(选手), yùndòngyuán(运动员). ¶彼はバレーボールの～だ tā shì páiqiú yùndòngyuán(他是排球运动员). ¶彼はオリンピックの～に選ばれた tā bèi xuǎnwéi Shìyùnhuì de xuǎnshǒu(他被选为世运会的选手). ¶一団が入場する xuǎnshǒu duìwu rùchǎng(选手队伍入场).

¶世界～権試合 shìjiè jǐnbiāosài(世界锦标赛). 世界～権保持者 shìjiè guànjūn bǎochízhě(世界冠军保持者).

せんしゅう【先週】 shàngxīngqī(上星期), shànglǐbài(上礼拜), shàngzhōu(上周). ¶～の土曜日 shàng xīngqīliù(上星期六).

せんしゅう【選集】 xuǎnjí(选集). ¶児童文学～ értóng wénxué xuǎnjí(儿童文学选集).

せんじゅう【先住】 ¶～民 tǔzhù jūmín(土著居民).

せんじゅう【専従】 zhuānzhí(专职). ¶彼は組合の～をしている tā shì gōnghuì de zhuānzhí gànbù(他是工会的专职干部).

ぜんしゅう【全集】 quánjí(全集). ¶漱石～ Shùshí quánjí(漱石全集).

せんしゅつ【選出】 xuǎnchū(选出). ¶中部地区～の代表 zhōngbù dìqū xuǎnchū de dàibiǎo(中部地区选出的代表).

せんじゅつ【戦術】 zhànshù(战术). ¶～を誤った fànle zhànshù shang de cuòwù(犯了战术上的错误).

¶～家 zhànshùjiā(战术家). 人海～ rénhǎi zhànshù(人海战术).

ぜんじゅつ【前述】 qiánshù(前述), shàngshù(上述). ¶～の如く… rú shàng suǒ shù…(如上所述…).

ぜんしょ【善処】 shànchǔ(善处). ¶安全対策について～するよう会社側に申し入れた jiù ānquán wèntí yāoqiú gōngsī tuǒshàn chǔlǐ(就安全问题要求公司妥善处理).

せんしょう【戦勝】 zhànshèng(战胜). ¶～国 zhànshèngguó(战胜国).

せんしょう【戦傷】 ¶～を受ける guà cǎi(挂彩)/ zài zhàndòu zhōng fùshāng(在战斗中负伤).

¶～者 cǎihào(彩号)/ shāngyuán(伤员)/ shānghào(伤号).

せんじょう【洗浄】 xǐdí(洗涤). ¶胃を～する xǐ wèi(洗胃).

¶～器 xǐdíqì(洗涤器). ～剤 xǐdíjì(洗涤剂).

せんじょう【扇情】 ¶～的な踊り tiǎodòu qíngyù de wǔdǎo(挑逗情欲的舞蹈).

せんじょう【戦場】 zhànchǎng(战场), jiāngchǎng(疆场), shāchǎng(沙场). ¶平和な漁村が突然～と化した hépíng de yúcūn tūrán huàwéi zhànchǎng(和平的渔村突然化为战场). ¶～の露と消える zài jiāngchǎng shang zhènwáng(在疆场上阵亡).

ぜんしょう【全勝】 quánshèng(全胜). ¶秋のリーグ戦で～した zài qiūjì xúnhuánsài huòdé quánshèng(在秋季循环赛获得全胜). ¶～優勝を遂げる yǐ quánshèng qǔdéle guànjūn(以全胜取得了冠军).

ぜんしょう【全焼】 ¶旅館が～した lǚguǎn wánquán shāohuǐ le(旅馆完全烧毁了).

ぜんしょう【前哨】 qiánshào(前哨). ¶～戦 qiánshàozhàn(前哨战).

せんしょく【染色】 rǎnsè(染色). ¶白生地を～する rǎn báibù(染白布). ¶～の悪い布 rǎnsè bùliáng de bù(染色不良的布).

¶～体 rǎnsètǐ(染色体).

せん・じる【煎じる】 áo(熬), jiān(煎). ¶薬を～じる áo yào(熬药).

せんしん【先進】 xiānjìn(先进). ¶外国の～的な技術を導入する yǐnjìn wàiguó xiānjìn jìshù(引进外国先进技术).

¶～国 xiānjìn guójiā(先进国家)/ fādá guójiā(发达国家).

せんしん【専心】 zhuānxīn(专心). ¶勉学に～する zhuānxīn xuéxí(专心学习). ¶鋭意～研究に従事する zhuānxīn-zhìzhì cóngshì yánjiū(专心致志从事研究)/ qiánxīn[xīxīn] yánjiū(潜心[悉心]研究).

せんじん【千尋】 qiānrèn(千仞). ¶～の谷 qiānrèn shēn gǔ(千仞深谷)/ wànzhàng xiágǔ(万丈峡谷).

せんじん【先人】 qiánrén(前人). ¶～の志を継ぐ jìchéng qiánrén zhī zhì(继承前人之志).

せんじん【陣】 qiánfēng(前锋), xiānfēng(先锋). ¶～を承る dǎ xiānfēng(打先锋)/ dǎ tóuzhèn(打头阵). ¶～争いをする zhēng xiānfēng(争先锋).

ぜんしん【全身】 quánshēn(全身), húnshēn(浑身), mǎnshēn(满身), zhōushēn(周身), tōngshēn(通身), tōngtǐ(通体). ¶熱のせいで～がだるい yóuyú fāshāo húnshēn suānlǎn(由于发烧浑身酸懒). ¶～の力をこめて扉を押した shǐchū húnshēn de lìliang tuī mén(使出浑身的力量推门). ¶～傷だらけだ quánshēn shì shāng(全身是伤)/ biàntǐ línshāng(遍体鳞伤). ¶～汗だくになった húnshēn[mǎnshēn] shì hàn(浑身[满身]是汗). ¶彼女は怒りで～が震えた tā qìde húnshēn fādǒu(她气得浑身发抖).

¶～を耳にして聞く quánshēn guànzhù de tīng(全神贯注地听). ¶彼は壁画の制作に～全霊を傾けた bǎ zhěnggè shēnxīn qīngzhù yú bìhuà chuàngzuò(把整个身心倾注于壁画创作).

¶～麻酔 quánshēn mázuì(全身麻醉)/ quánmá(全麻).

ぜんしん【前身】 qiánshēn(前身). ¶彼の〜は教師だった tā cóngqián shì jiàoshī(他从前是教师). ¶東京大学の〜は開成学校だ Dōngjīng dàxué de qiánshēn shì Kāichéng xuéxiào(东京大学的前身是开成学校).

ぜんしん【前進】 qiánjìn(前进). ¶部隊が〜する bùduì xiàng qián jìn(部队向前进). ¶理想に向かっ〜する xiàngzhe lǐxiǎng qiánjìn(向着理想前进).

ぜんしん【漸進】 jiànjìn(渐进). ¶〜的に改良する jiànjìn gǎiliáng(渐进改良).

ぜんじん【前人】 qiánrén(前人). ¶〜未踏の地 qiánrén zújì wèi tà zhī dì(前人足迹未踏之地).

せんす【扇子】 shànzi(扇子), zhéshàn(折扇). ¶〜であおぐ ná shànzi shān(拿扇子扇)/ shān shànzi(扇扇子).

センス ¶彼にはユーモアの〜がない tā méiyǒu yōumògǎn(他没有幽默感). ¶彼女は〜のいい服装をしている tā yìzhuó ˈgāoyǎ[diǎnyǎ] dàfang(她衣着ˈ高雅[典雅]大方).

せんすい【泉水】 [池] shuǐchízi(水池子); [湧き水] quánshuǐ(泉水).

せんすい【潜水】 qiánshuǐ(潜水). ¶アクアラングをつけて〜する dàishàng kōngqì hūxīqì qiánshuǐ(戴上空气呼吸器潜水).
¶〜艦 qiántǐng(潜艇)/ qiánshuǐtǐng(潜水艇). 〜病 qiánshuǐjíbìng(潜水疾病). ¶夫 qiánshuǐyuán(潜水员). 〜服 qiánshuǐyī(潜水衣)/ qiánshuǐfú(潜水服).

せん・する【宣する】 xuānbù(宣布), xuāngào(宣告). ¶開会を〜する xuānbù kāihuì(宣布开会).

ぜんせ【前世】 qiánshì(前世), qiánshēng(前生). ¶これも〜の因縁だ zhè yě shì qiánshì de yīnyuán(这也是前世的因缘).

せんせい【先生】 **1**[教師] xiānsheng(先生), lǎoshī(老师). ¶彼は高校の〜をしている tā zài gāozhōng dāng jiàoshī(他在高中当教师). ¶A〜の講義を受ける tīng A xiānsheng de kè(听 A 先生的课). ¶〜,質問があります lǎoshī, wǒ yǒu wèntí(老师,我有问题). ¶母は以前舞踊の〜をしていた wǒ mǔqin yǐqián céng jiāoguo wǔdǎo(我母亲以前曾教过舞蹈).
2[医者] xiānsheng(先生), dàifu(大夫), yīshēng(医生). ¶外科の〜に診てもらいなさい qǐng wàikē de yīshēng gěi nǐ kànkan(请外科的医生给看看). ¶〜,父の容態はいかがですか dàifu, fùqin de bìngqíng zěnmeyàng?(大夫,父亲的病情怎么样?).
3[一般に] xiānsheng(先生). ¶これより A〜の国会報告を行います xiànzài kāishǐ yóu A xiānsheng zuò guóhuì bàogào(现在开始由 A 先生作国会报告). ¶〜の最新作を拝読致しました wǒ bàidúle xiānsheng de zuì xīn zuòpǐn(我拜读了先生的最新作品). ¶あの〜,いやに御機嫌だな nàge jiāhuo yí ge rén měizīzī de(那个家伙一个人美滋滋的).

せんせい【宣誓】 shìyán(誓言); xuānshì(宣誓). ¶選手代表が〜をする xuǎnshǒu dàibiǎo xuānshì(选手代表宣誓). ¶証人は証言に先立って〜した zhèngrén zài zuòzhèng zhī qián xuānle shì(证人在作证之前宜了誓).

せんせい【専制】 zhuānzhì(专制). ¶〜君主 zhuānzhì jūnzhǔ(专制君主). 〜政治 zhuānzhì zhèngzhì(专制政治).

ぜんせい【全盛】 quánshèng(全盛). ¶その頃彼はスターとして〜を極めていた dāngshí tā zuòwéi míngxīng zhèng chǔyú quánshèng de dǐngfēng(当时他作为明星正处于全盛的顶峰). ¶平家の〜時代 Píngjiā de quánshèng shíqī(平家的全盛时期).

ぜんせい【善政】 shànzhèng(善政). ¶〜をしく shī shànzhèng(施善政).

せんせいこうげき【先制攻撃】 xiānfā-zhìrén(先发制人), xiānshēng-duórén(先声夺人).

せんせいじゅつ【占星術】 zhānxīngshù(占星术).

せんせいりょく【潜勢力】 qiánshìlì(潜势力).

センセーショナル ¶〜に報道する zuò sǒngdòng shìtīng de bàodào(作耸动视听的报道). ¶〜な記事 sǒng rén tīngwén de xīnwén(耸人听闻的新闻).

センセーション hōngdòng(轰动·哄动). ¶この発明は一大〜を巻き起した zhè xiàng fāmíng yǐnqǐle jí dà de hōngdòng(这项发明引起了极大的轰动).

ぜんせかい【全世界】 quánshìjiè(全世界), quánqiú(全球), huánqiú(环球). ¶その名は〜にとどろいた míng zhèn quánqiú(名震全球).

せんせき【船籍】 chuánjí(船籍). ¶〜はリベリアだ gāi chuán chuánjí shì Lìbǐlǐyà(该船船籍是利比里亚).

せんせき【戦跡】 ¶〜を尋ねる xúnfǎng zhànzhēng yíjì(寻访战争遗迹).

ぜんせつ【前説】 ¶〜を翻す gǎibiàn zìjǐ xiānqián de zhǔzhāng(改变自己先前的主张). ¶〜を覆す tuīfān jiù shuō(推翻旧说).

せんせん【宣戦】 xuānzhàn(宣战). ¶〜を布告する xuān zhàn(宣战).

せんせん【戦線】 zhànxiàn(战线). ¶〜を視察する shìchá qiánxiàn(视察前线). ¶〜を縮小する suōduǎn zhànxiàn(缩短战线). ¶共同〜を張る jiéchéng tǒngyī zhànxiàn(结成统一战线).

せんせん−【先先】 ¶〜月 shàngshàngyuè(上上月). 〜週 shàngshàng xīngqī(上上星期). 〜代 shàngshàng dài(上上代).

せんぜん【戦前】 zhànqián(战前).

ぜんせん【全線】 **1** quánxiàn(全线). ¶落雷のために〜が一時不通になった yóuyú léijí zhěnggè xiànlù yìshí bù tōng le(由于雷击整个线路一时不通了).
2[全戦線] quánxiàn(全线). ¶我が軍は〜にわたって総攻撃を開始した wǒjūn zài quánxiàn kāishǐle zǒnggōng(我军在全线开始了总攻).

ぜんせん【前線】 **1**[第一線] qiánxiàn(前线), huǒxiàn(火线). ¶部隊は〜におもむいた bùduì kāifù qiánxiàn(部队开赴前线).
2[気象の] fēngmiàn(锋面), fēngxiàn(锋线).

¶温暖〜 nuǎnfēng(暖锋),寒冷〜 lěngfēng(冷锋).

ぜんせん【善戦】 ¶我がチームは〜空しく敗退した wǒ duì suīrán quánlì yǐ fù, dàn háishi zhànbài le(我队虽然全力以赴,但还是战败了).

ぜんぜん【全然】 quánrán(全然), wánquán(完全), sīháo(丝毫), gēnběn(根本), yàgēnr(压根儿). ¶そんな話は〜知らない nà zhǒng shì wǒ ˇquánrán[gēnběn] bù zhīdào(那种事我ˇ全然[根本]不知道). ¶私は中国語は〜わかりません wǒ Zhōngwén yìdiǎnr yě bù dǒng(我中文一点儿也不懂)/ wǒ duì Zhōngwén yíqiào-bùtōng(我对中文一窍不通). ¶彼女はそれには〜興味をもっていない tā duì nà háo wú xìngqù(她对那毫无兴趣). ¶〜食欲がない háo wú shíyù(毫无食欲)/ yìdiǎnr shíyù yě méiyǒu(一点儿食欲也没有).

ぜんぜん【前前】 ¶〜日 qián liǎng tiān(前两天). 〜年 qián liǎng nián(前两年). 〜列 qián liǎng pái(前两排).

せんせんきょうきょう【戦戦恐恐】 zhànzhan-jīngjīng(战战兢兢). ¶彼は不正が発覚するのを恐れて〜としている tā zhànzhanjīngjīng de wéikǒng wéifǎ xíngwéi bèi jiēlù(他战战兢兢地惟恐违法行为被揭露).

せんたい【蘚苔】 táixiǎn(苔藓). ¶〜植物 táixiǎn zhíwù(苔藓植物).

せんぞ【先祖】 xiānzǔ(先祖), zǔxiān(祖先), zǔzōng(祖宗), zǔběi(祖辈). ¶〜の霊をまつる sì xiānzǔ zhī líng(祭祀先祖之灵). ¶〜伝来の田畑を手放した bǎ zǔchuán de tiándì chūshǒu le(把祖传的田地出手了). ¶彼の家は代々医者である tā jiā zǔzǔbèibèi shì yīshēng(他家祖祖辈辈是医生).

¶〜返り xiānzǔ xiànxiàng(返祖现象).

せんそう【船倉】 chuáncāng(船舱), huòcāng(货舱).

せんそう【戦争】 zhànzhēng(战争). ¶〜が始まる zhànzhēng bàofā(战争爆发)/ kāizhàn(开战)/ kāihuǒ(开火). ¶〜に勝つ dǎ shèngzhàng(打胜仗). ¶隣国と〜をする gēn línguó ˇdòng dāobīng/dà dòng gānggē(跟邻国ˇ打仗[动刀兵/大动干戈]). ¶〜を放棄する fàngqì zhànzhēng(放弃战争). ¶父は〜に行ったことがある fùqin céng dǎguo zhàng(父亲曾打过仗). ¶両国はいまだに〜状態にある qìjīn wéizhǐ liǎngguó hái chǔyú zhànzhēng zhuàngtài(迄今为止两国还处于战争状态).

¶〜映画 zhànzhēngpiàn(战争片). 〜責任 zhànzhēng zérèn(战争责任). 〜犯罪人 zhànzhēng zuìfàn(战争罪犯). 阿片〜 Yāpiàn Zhànzhēng(鸦片战争). 核〜 hézhànzhēng(核战争). 局地〜 júbù zhànzhēng(局部战争). 全面〜 quánmiàn zhànzhēng(全面战争).

ぜんそう【前奏】 qiánzòu(前奏). ¶〜曲 qiánzòuqǔ(前奏曲).

ぜんぞう【漸増】 dìzēng(递增), dìjiā(递加). ¶火災発生件数は〜の傾向にある huǒzāi fāshēng jiànshù zài dìzēng de qīngxiàng(火灾发生件数有递增的倾向).

せんぞく【専属】 zhuānshǔ(专属). ¶A 社の〜歌手 A gōngsī zhuānshǔ de gēshǒu(A 公司专属的歌手).

ぜんそく【喘息】 xiàochuǎn(哮喘), qìchuǎn(气喘), chuǎn(喘). ¶〜の発作が起る xiàochuǎn fāzuò(哮喘发作). ¶彼は〜持ちだ tā huàn xiàochuǎnbìng(他患哮喘病).

¶気管支〜 zhīqìguǎn xiàochuǎn(支气管哮喘).

ぜんそくりょく【全速力】 quánsù(全速). ¶〜で車を飛ばす quánsù[kāizú mǎlì] kāichē(全速[开足马力]开车). ¶彼は〜で走った tā quánlì bēnpǎo(他全力奔跑).

センター 1【中央】 ¶〜ライン zhōngxiàn(中线). 技術〜 jìshùzhàn(技术站)/ jìshù zhōngxīn(技术中心). サービス〜 fúwù zhōngxīn(服务中心).

2【野球の】zhōngwàichǎng(中外场); zhōngchǎngshǒu(中场手). ¶〜フライ zhōngwàichǎng téngkōngqiú(中外场腾空球).

3【サッカーなどの】zhōngfēng(中锋).

せんしん【船身】 chuánshēn(船身), chuántǐ(船体). ¶〜が右に傾いた chuánshēn xiàng yòu qīngxié le(船身向右倾斜了).

ぜんたい【全体】 quántǐ(全体), zǒngtǐ(总体), zhěngtǐ(整体), zhěnggè[r](整个[儿]). ¶〜の80 パーセントが賛成している quántǐ de bǎifēn zhī bāshí zànchéng(全体的百分之八十赞成). ¶山〜が緑におおわれている shān zhěnggèr bèi cuìlǜ fùgàizhe(山整个儿被翠绿复盖着). ¶応募作品は〜に水準が高かった yìngzhēng zuòpǐn zǒng de lái shuō shuǐpíng hěn gāo(应征作品总的来说水平很高). ¶仕事は〜としてはうまくいっている cóng zhěnggèr lái kàn gōngzuò jìnxíngde xiāngdāng shùnlì(从整个儿来看工作进行得相当顺利).

¶〜主義 jíquánzhǔyì(极权主义).

ぜんだいみもん【前代未聞】 ¶〜の大事件 qián suǒ wèi wén de dà shìjiàn(前所未闻的大事件).

せんたく【洗濯】 xǐ(洗), xǐdí(洗涤), xǐzhuó(洗濯). ¶汚れ物を〜する xǐ zāng yīfu(洗脏衣服). ¶この生地は〜がきく zhè zhǒng liàozi jīng xǐ(这种料子经洗). ¶ワイシャツを〜屋に出す bǎ chènshān sòng dào xǐyīdiàn(把衬衫拿到洗衣店). ¶〜物を干す shài xǐ de yīfu(晒洗的衣服). ¶命の〜をする qù xiāoqiǎn sànxīn(去消遣散心).

¶〜板 cuōbǎn[r](搓板[儿])/ xǐyǐbǎn(洗衣板). 〜石鹼 xǐyīzào(洗衣皂). 〜だらい xǐyīpén(洗衣盆). 〜ばさみ liàng yī jiāzi(晾衣夹子). 〜機 xǐyījī(洗衣机).

せんたく【選択】 xuǎnzé(选择); xuǎnxiū(选修). ¶職業〜の自由 xuǎnzé zhíyè de zìyóu

(选择职业的自由). ¶第2外国語にフランス語を〜する dì'èr wàiguóyǔ xuǎnxiū Fǎyǔ (第二外国语选修法语).
¶〜科目 xuǎnxiūkē (选修课).

せんだつ【先達】 xiāndá (先达), xiānxíngzhě (先行者).

せんだって【先達て】 qián jǐ tiān (前几天), qián xiē rìzi (前些日子), shàngcì (上次). ¶〜の件はどうなりましたか qián jǐ tiān de nà jiàn shì zěnmeyàng le? (前几天的那件事怎么样了?).
¶〜からお訪ねしたいと思っておりました zhèxiē rìzi wǒ yīzhí xiǎng bàifǎng nín (这些日子我一直想拜访您).

ぜんだま【善玉】 hǎorén (好人).

せんたん【先端】 dǐngduān (顶端), jiānduān (尖端). ¶旗竿の〜にとんぼがとまっている qígān dǐngduān tíngzhe yì zhī qīngtíng (旗竿顶端停着一只蜻蜓). ¶〜的な科学技術 jiānduān de kēxué jìshù (尖端的科学技术). ¶彼女は流行の〜を行く服装をしている tā chuānzhe zuì shímáo de yīfu (她穿着最时髦的衣服).

せんたん【戦端】 zhànduān (战端), bīngduān (兵端). ¶〜を開く kāi zhànduān (开战端).

せんだん【専断】 zhuānduàn (专断), zhuānshàn (专擅).

せんだん【栴檀】 liànshù (楝树), kǔliàn (苦楝); [白檀] tánxiāng (檀香), zhāntán (栴檀・旃檀). ¶〜は双葉より芳し zhāntán méngdòng jí yī xiāng (栴檀萌动即香)／ lòumiáo jiùshì cái (露苗就是材).

せんだん【船団】 chuánduì (船队). ¶捕鯨〜 bǔjīng chuánduì (捕鲸船队). 輸送〜 yùnshū chuánduì (运输船队).

せんち【戦地】 zhàndì (战地), zhànchǎng (战场). ¶〜へおもむく bēnfù zhànchǎng (奔赴战场).

センチ lí (厘). ¶〜グラム líkè (厘克). 〜メートル límǐ (厘米)／ gōngfēn (公分). 〜リットル líshēng (厘升).

ぜんち【全治】 quányù (痊愈). ¶2か月の重傷 yào liǎng ge yuè cái néng quányù de zhòngshāng (要两个月才能痊愈的重伤). ¶怪我がやっと〜した shāng hǎoróngyì zhìhǎo le (伤好容易治好了).

ぜんちし【前置詞】 qiánzhìcí (前置词).

ぜんちぜんのう【全知全能】 quánzhī-quánnéng (全知全能). ¶〜の神 quánzhī-quánnéng zhī shén (全知全能之神).

センチメンタル gǎnshāng (感伤), shānggǎn (伤感). ¶〜な歌 lìng rén gǎnshāng de gē (令人感伤的歌). ¶彼女は〜だ tā duōqíng shànggǎn (她多情善感).

せんちゃく【先着】 ¶〜順に並んで下さい qǐng àn lái de xiānhòu shùnxù páiduì (请按来的先后顺序排队). ¶〜100名様に記念品贈呈 xiān guānglín de yìbǎi wèi, fèngsòng jìniànpǐn (先光临的一百位,奉送纪念品).

せんちょう【船長】 chuánzhǎng (船长).

ぜんちょう【全長】 quán cháng (全长). ¶〜150メートルの橋が完成した quán cháng yìbǎi wǔshí mǐ de qiáoliáng yǐjing jùngōng (全长一百五十米的桥梁已经竣工).

ぜんちょう【前兆】 qiánzhào (前兆), yùzhào (预兆), xiānzhào (先兆), zhènzhào (朕兆). ¶地震の〜 dìzhèn de yùzhào (地震的预兆). ¶不吉な〜 bù jí de zhènzhào (不吉的朕兆).

せんて【先手】 1 ¶相手に〜を取られた ràng duìfāng 'zhànxiān [qiǎngxiān] le (让对方'占先[抢先]).
¶〜必勝 xiān xià shǒu wéi qiáng (先下手为强)／ xiān fā zhì rén (先发制人).
2 [碁、将棋の] xiānzhāo (先着), xiānshǒu (先手).

せんてい【剪定】 xiūjiǎn (修剪), shūjiǎn (疏剪), jiǎnzhī (剪枝), shūshān (疏删), xiūzhī (修枝), shūzhī (疏枝), xiūzhū (修株). ¶庭木の〜をする xiūjiǎn yuànzili de shù (修剪院子里的树).
¶〜鋏 xiūzhī jiǎnzi (修枝剪子).

せんてい【選定】 xuǎndìng (选定). ¶教科書を〜する xuǎndìng jiàokēshū (选定教科书).

ぜんてい【前提】 qiántí (前提). ¶その推論は〜そのものが間違っている nàge tuīlùn qiántí běnshēn jiù bú duì (那个推论前提本身就不对).
¶全員参加を〜にして計画を立てる zài quántǐ rényuán cānjiā de qiántí xià dìng jìhuà (在全体人员参加的前提下制定计划).
¶〜条件 qiántí tiáojiàn (前提条件).

せんてつ【銑鉄】 xiāntiě (铣铁), zhùtiě (铸铁), shēngtiě (生铁).

せんてん【先天】 xiāntiān (先天). ¶彼女の絵の才能は〜的なものだ tā de huìhuà cáinéng shì tiānfù de (她的美术才能是天赋的).
¶〜性梅毒 xiāntiānxìng méidú (先天性梅毒).

せんでん【宣伝】 xuānchuán (宣传). ¶新製品を大々的に〜する dàlì xuānchuán xīn chǎnpǐn (大力宣传新产品). ¶〜が効を奏して講演会は大盛況だった xuānchuán zòuxiào jiǎngyǎnhuì shèngkuàng kōngqián (宣传奏效讲演会盛况空前). ¶うっかり〜に乗って大損した bù xiǎoxīn shàngle xuānchuán de dàng chīle dà kuī (不小心上了宣传的当吃了大亏). ¶あの事件は防災のよい〜になった nàge shìjiàn chéngle hěn hǎo de fángzāi xuānchuán (那个事件成了很好的防灾宣传).
¶〜カー xuānchuánchē (宣传车). 〜費 xuānchuánfèi (宣传费). 〜びら chuándān (传单). 〜文句 xuānchuán cíjù (宣传词句). 自己〜 zìwǒ xuānchuán (自我宣传).

ぜんてんこう【全天候】 quántiānhòu (全天候). ¶〜機 quántiānhòu fēijī (全天候飞机).

センテンス jùzi (句子), jù (句).

せんと【遷都】 qiāndū (迁都). ¶京都から東京に〜した cóng Jīngdū qiāndū dào Dōngjīng (从京都迁都到东京).

せんと【先途】 ここを〜と戦う zhè shì shēngsǐ guāntóu, jué yì sǐzhàn (这是生死关头,决一死战).

せんど【鮮度】 xiāndù (鲜度). ¶〜が高い hěn xīnxiān (很新鲜). ¶魚の〜が落ちた yú bù xīn-

xiān le(鱼不新鲜了).

ぜんと【前途】 qiántú(前途), qiánchéng(前程). ¶～有望な青年 qiántú yǒuwàng[qiánchéng yuǎndà/yǒu chūxi] de qīngnián(前途有望[前程远大/有出息]的青年). ¶我々の～は多難だ wǒmen de qiántú kùnnan chóngchóng(我们的前途困难重重). ¶～を憂える yōulù jiānglái(忧虑将来). ¶彼の～を祝して乾杯! zhù tā de qiántú wúliàng, gānbēi!(祝他的前途无量,干杯!). ¶目的地までまだ～は遠い lí mùdìdì lùchéng hái hěn yuǎn(离目的地路程还很远).

¶途中下車～無効 zhōngtú xià chē, qiánchéng wúxiào(中途下车,前程无效). ～遼遠 lùtú yáoyuǎn(路途遥远).

ぜんど【全土】 quánbù guótǔ(全部国土). ¶雨雲が日本～をおおっている yīnyún lǒngzhàozhe zhěnggè Rìběn(阴云笼罩着整个日本).

せんとう【先頭】 xiāntóu(先头), qiántou(前头), tóuqián(头前). ¶校旗を～に各校の選手が入場してきた yǐ xiàoqí wéi xiāndǎo, gè xiào xuǎnshǒumen jìn chǎng le(以校旗为先导,各校选手们进场了). ¶～を走っているのは弟だ pǎozài zuì qiántou de shì wǒ dìdi(跑在最前头的是我弟弟). ¶～を切ってやってきたのは彼だった dìyī ge lái de shì tā(第一个来的是他). ¶核兵器反対運動の～に立つ zhànzài fǎnduì héwǔqì yùndòng de zuì qiánliè(站在反对核武器运动的最前列).

せんとう【尖塔】 jiāntǎ(尖塔).

せんとう【戦闘】 zhàndòu(战斗). ¶～が開始された zhàndòu kāishǐ le(战斗开始了)/kāihuǒ le(开火了)/dǎxiǎng le(打响了). ¶～を交える jiāozhàn(交战)/jiāobīng(交兵)/jiāofēng(交锋). ¶両軍は～状態に入った liǎngjūn jìnrù zhàndòu zhuàngtài(两军进入战斗状态).

¶～員 zhàndòuyuán(战斗员). ¶～機 jiānjījī(歼击机)/zhàndòujī(战斗机)/zhànjī(战机)/yínyīng(银鹰). ¶～力 zhàndòulì(战斗力). 非～員 fēizhàndòuyuán(非战斗员).

せんとう【銭湯】 zǎotáng(澡堂), yùchí(浴池).

せんどう【先導】 xiāndǎo(先导), qiándǎo(前导), xiàngdǎo(向导), dàilù(带路), dǎtóu[r](打头[儿]). ¶所長の～で研究所内を見学する yóu suǒzhǎng yǐndǎo cānguān yánjiūsuǒ(由所长引导参观研究所).

せんどう【扇動】 shāndòng(煽动・扇动); gǔdòng(鼓动). ¶民衆を～して立ち上がらせた gǔdòng qúnzhòng zhànqilai(鼓动群众站起来). ¶乗組員達は航海士に～されて反乱を起した chuányuánmen bèi dàfù shāndòng ér pànluàn le(船员们被大副煽动而叛乱了).

¶～者 shāndòngzhě(煽动者).

せんどう【船頭】 shāogōng(艄公・梢公), chuánfū(船夫), chuánlǎodà(船老大), lǎodà(老大). ¶～多くして舟山にのぼる rén duō fǎn wùshì(人多反误事).

ぜんどう【善導】 ¶不良少年を～する bǎ shīzú shàonián yǐnxiàng zhènglù(把失足少年引向正路).

ぜんどう【蠕動】 rúdòng(蠕动). ¶腸は～して食物を送る chángzi rúdòng bǎ shíwù sòngxiaqu(肠子蠕动把食物送下去).

ぜんなんぜんにょ【善男善女】 shànnán-xìnnǚ(善男信女).

ぜんにちせい【全日制】 quánrìzhì(全日制). ¶～高校 quánrìzhì gāozhōng(全日制高中).

せんにゅう【潜入】 qiánrù(潜入). ¶敵中深く～する shēnshēn de qiánrù dízhèn(深深地潜入敌阵). ¶スパイが～した yǒu jiàndié qiánrù nèibù(有间谍潜入内部).

せんにゅうかん【先入観】 chéngjiàn(成见), xiān rù zhī jiàn(先入之见). ¶～にとらわれる bèi chéngjiàn suǒ zuǒyòu(被成见所左右)/yòuyú chéngjiàn(囿于成见)/xiān rù wéi zhǔ(先入为主). ¶～を捨てる pāoqì chéngjiàn(抛弃成见).

せんにょ【仙女】 xiānnǚ(仙女), xiānzi(仙子), xiānggū(仙姑), nǚxiānrén(女仙人).

せんにん【仙人】 xiānrén(仙人), shénxian(神仙).

せんにん【先任】 ¶あの課長は私より～だ nà wèi kēzhǎng bǐ wǒ zīgé lǎo(那位科长比我资格老).

せんにん【専任】 zhuānrèn(专任), zhuānzhí(专职). ¶～講師 zhuānrèn jiǎngshī(专任讲师).

せんにん【選任】 ¶A氏を委員に～する xuǎnrèn A xiānsheng dāng wěiyuán(选任A先生当委员). ¶弁護人を～する xuǎnzé biànhùrén(选择辩护人).

ぜんにん【前任】 qiánrèn(前任). ¶～者 qiánrènzhě(前任者)/qiánrèn(前任).

ぜんにん【善人】 hǎorén(好人).

せんにんりき【千人力】 ¶彼は力大无比(他力大无比). ¶彼が味方をしてくれたらまさに～だ yàoshi tā zhīchí wǒfāng, nà jiù ˈtiān bú pà dì bú pà[wú suǒ wèijù] le(要是他支持我方,那就ˈ天不怕地不怕了[无所畏惧]).

せんぬき【栓抜き】【王冠の】qǐzi(起子);[コルクの] kāisāizuàn(开塞钻).

せんねつ【潜熱】[物理] qiánrè(潜热).

せんねん【先年】 qián xiē nián(前些年), qián jǐ nián(前几年). ¶～来た時はここは田んぼだった qián xiē nián lái de shíhou zhèr hái shì dàotián(前些年来的时候这儿还是稻田).

せんねん【専念】 zhuānxīn(专心), zhuānxīnzhìzhì(专心致志). ¶療養に～する zhuānxīn yǎngbìng(专心养病). ¶家業に～する zhuānxīn yú jiāyè(专心于家业).

ぜんねん【前年】 qián yì nián(前一年), shàng yì nián(上一年), tóunián(头年);[昨年] shàngnián(上年), qùnián(去年), tóunián(头年). ¶終戦の～ dàzhàn jiéshù de qián yì nián(大战结束的前一年).

ぜんのう【全能】 quánnéng(全能). ¶彼女とて所詮～ではない tā zhōngjiū bú shì quánzhīquánnéng de(她终究不是全知全能的).

ぜんのう【全納】 ¶授業料を～する xuéfèi yí cì jiǎoqí(学费一次缴齐).

ぜんのう【前納】 yùfù(预付). ¶会費を1年分～する yùfù yì nián de huìfèi(预付一年的会费).

せんばい【専売】 zhuānmài(专卖). ¶～特許 zhuānlìquán(专利权).

せんぱい【先輩】 xiānbèi(先辈), qiánbèi(前辈). ¶この課ではAさんが一番～だ zài zhè kē A xiānsheng zīgé zuì lǎo(在这科A先生资格最老). ¶彼は私の大学の～だ tā shì wǒ dàxué de gāo niánjí de tóngxué(他是我大学的高年级的同学). ¶碁にかけては彼の方が～だ lùn wéiqí tā kě shì lǎozīgé(论围棋他可是老资格).

せんぱい【戦敗】 zhànbài(战败). ¶～国 zhànbàiguó(战败国).

ぜんぱい【全敗】 ¶リーグ戦で～した zài xúnhuánsài zhōng quán shū le(在循环赛中全输了).

ぜんぱい【全廃】 ¶軍備を～する wánquán fèichú jūnbèi(完全废除军备).

せんぱく【浅薄】 qiǎnbó(浅薄), fūqiǎn(肤浅). ¶～な知識を自慢する màinong fūqiǎn de zhīshi(卖弄肤浅的知识). ¶彼は人間だ tā rén hěn qiǎnbó(他人很浅薄).

せんぱく【船舶】 chuánbó(船舶), chuánzhī(船只).

せんばつ【選抜】 xuǎnbá(选拔), línxuǎn(遴选). ¶外国への派遣選手を～する xuǎnbá pàiwǎng guówài de xuǎnshǒu(选拔派往国外的选手). ¶留学生～試験に落ちた méi néng tōngguò liúxuéshēng xuǎnbá kǎoshì(没能通过留学生选拔考试). ¶～チーム xuǎnbáduì(选拔队).

せんぱつ【先発】 ¶一行のうち10人を～させる ràng yìxíng zhī zhōng de shí rén xiān dòngshēn(让一行之中的十人先动身). ¶～隊 xiānqiǎndui(先遣队).

せんぱつ【洗髪】 xǐfà(洗发), xǐtóu(洗头), xǐ tóufa(洗头发). ¶～剂 xǐfàjì(洗发剂).

せんばん【千万】 ¶～かたじけない wànfēn gǎnjī(万分感激). ¶人のせいにするとは不届き～だ wěiguò yú rén zhēn shì qǐyǒucǐlǐ(委过于人真是岂有此理). ¶笑止～な話だ jiǎnzhí xiàoshā rén(简直笑杀人).

せんばん【旋盤】 chēchuáng(车床), xuànchuáng(旋床). ¶～を回す kāidòng chēchuáng(开动车床).
¶～工 chēgōng(车工).

せんぱん【戦犯】 zhànfàn(战犯).

ぜんはん【前半】 qiánbàn(前半), shàngbàn(上半). ¶試合は～で勝負が決った bǐsài zài ˈshàngbànchǎngˌ jiù shèngfù yǐ jué(比赛在ˈ上半场[上半时]胜负已决). ¶この小説は～が冗長だ zhè bù xiǎoshuō qián yíbàn yǒudiǎnr rǒngcháng(这部小说前一半有点ᴿ冗长).

ぜんぱん【全般】 ¶それは社会～の風潮となっている nà shì zhěnggè shèhuì de fēngqì(那是整个社会的风气). ¶計画を～にわたって検討する duì jìhuà quánmiàn de jiāyǐ yánjiū(对计划全面加以研究). ¶これは日本人～に見られる傾向だ zhè shì Rìběnrén zhōng yìbān chángjiàn de qīngxiàng(这是日本人中一般常见的倾向). ¶試験は～的によくできた kǎoshì zǒng de lái shuō chéngjì dōu hěn hǎo(考试总的来说成绩都很好).

せんび【船尾】 chuánwěi(船尾), chuánshāo(船艄).

せんび【戦備】 zhànbèi(战备). ¶～を整える zuòhǎo zhànbèi(作好战备)/bèizhàn(备战).

せんぴ【戦費】 zhànfèi(战费).

ぜんぴ【前非】 ¶～を悔いる tònggǎi qiánfēi(痛改前非).

せんびょう【選評】 xuǎnpíng(选评).

せんびょうしつ【腺病質】 ¶～の子供 tǐzhì xūruò de háizi(体质虚弱的孩子).

ぜんぶ【先夫】 qiánfū(前夫).

ぜんぶ【全部】 quánbù(全部), quándōu(全都), yīzǒng(一总), quántǐ(全体), zhěnggè[r](整个[ᴿ]), suǒyǒu(所有). ¶～の責任が彼ひとりの肩にかかっている quánbù zérèn tā yí ge rén chéngdānzhe(全部责任他一个人承担着). ¶会員の～に意見を聞く tīngqǔ suǒyǒu huìyuán de yìjiàn(听取所有会员的意见). ¶売上げは～で20万円だ xiāoshòuˈé ˈyīgòng[zǒnggòng/tōnggòng] wéi èrshí wàn rìyuán(销售额一共[总共/通共]为二十万日元). ¶問題点はこれで～です wèntí jiùshì zhèxiē(问题就是这些). ¶～が～間違いというわけではない bìng bú shì suǒyǒu de yíqiè dōu yǒu cuò(并不是所有的一切都有错). ¶宿題は～済んだ zuòyè ˈquándōu[tōngtōng] zuòwán le(作业ˈ全部[通通]做完了). ¶要求は～いれられた suǒyǒu de yāoqiú dōu bèi jiēshòu le(所有的要求都被接受了). ¶こうなったら何もかも～話そう shì dào rúcǐ, ràng wǒ ˈyīwǔ-yìshí dōu[tǒngtǒng] shuō le ba(事到如此,让我ˈ一五一十都[统统]说了吧).

せんぷう【旋風】 xuànfēng(旋风). ¶突然～が起った tūrán guāqǐle yīzhèn xuànfēng(突然刮起了一阵旋风). ¶画壇に一大～を巻き起したà huàtán shang guāqǐle yí zhèn xuànfēng(在画坛上刮起了一阵旋风).

せんぷうき【扇風機】 diànshàn(电扇), diànfēngshàn(电风扇), fēngshàn(风扇). ¶～をかける[止める] kāi[guān] diànfēngshàn(开[关]电扇).

せんぷく【船腹】 1 chuánxián(船舷), chuánfù(船腹). ¶～に赤十字のマークをつけた船 chuánxián biāozhe hóngshízì de chuán(船舷标着红十字的船).

2【船倉】 chuáncāng(船舱), huòcāng(货舱). ¶船は～に荷物を満載して出航した chuán ˈbǎ huò zhuāngmǎn huòcāng[mǎnzài] chūháng le(船ˈ把货装满货舱[满载]出航了).

せんぷく【潜伏】 qiánfú(潜伏), qiáncáng(潜藏). ¶犯人は山中に～している zuìfàn zài shānli qiánfúzhe(罪犯在山里潜伏着). ¶水痘の～期は2,3週間である shuǐdòu de qiánfúqī shì liǎngsān ge xīngqī(水痘的潜伏期是两三个星期).

ぜんぷく【全幅】 ¶～の信頼を寄せる yǔyǐ wánquán de xìnrèn (予以完全的信任).

せんぶん【線分】 xiànduàn (线段).

ぜんぶん【全文】 quánwén (全文). ¶条約の～を掲載する kānzǎi tiáoyuē quánwén (刊载条约全文). ¶この項～削除 cǐ xiàng quánwén shānqu (此项全文删去).

ぜんぶん【前文】 1〔前書き〕xùwén (序文), xùyán (序言), qiányán (前言). ¶憲法の～ xiànfǎ de xùyán (宪法的序言).
2〔前記の文〕shàngwén (上文). ¶それについては～で述べた guānyú nà yì diǎn shàngwén yǐ shù (关于那一点上文已述).

せんべい【煎餅】 mǐbèngcuì (米崩脆). ¶～布団 yòu báo yòu yìng de bèirù (又薄又硬的被褥).

せんぺい【尖兵】 jiānbīng (尖兵).

せんべつ【選別】 xuǎnzé (选择), tiāoxuǎn (挑选). ¶みかんを～機にかけて～する yòng xuǎnzéqì tiāoxuǎn júzi (用选择器挑选橘子).

せんべつ【餞別】 jìnyí (赆仪). ¶～を贈る sòng jìnyí (送赆仪).

せんべん【先鞭】 ¶半導体の開発に～をつける zài bàndǎotǐ de kāifā yánjiū shang "kāi xiānhé[yì mǎ dāng xiān]" (在半导体的开发研究上"开先河[一马当先]").

ぜんぺん【全編】 quán piān (全篇). ¶～を一気に読み切った yīkǒuqì dúwánle quán "piān[shū]" (一口气读完全"篇[书]").

ぜんぺん【前編】 qián biān (前编), shàng biān (上编), shàng jí (上集).

せんぺんいちりつ【千篇一律】 qiānpiān-yílǜ (千篇一律). ¶することが～で妙味がない suǒ zuò zhī shì qiānpiān-yílǜ, hào wú yìsi (所做之事千篇一律, 毫无意思).

せんぺんばんか【千変万化】 qiānbiàn-wànhuà (千变万化). ¶～する景観 qiānbiàn-wànhuà de jǐngzhì (千变万化的景致).

せんぼう【羨望】 xiànmù (羡慕), yànxiàn (艳羡). ¶彼は皆の～の的だ tā wéi zhòngrén suǒ xiànmù (他为众人所羡慕). ¶～のまなざしで見る yǐ xiànmù de yǎnguāng kànzhe (以羡慕的眼光看着).

せんぽう【先方】 duìfāng (对方), duìjiā (对家). ¶～の意向を確かめてから決めよう xiān bǎ duìfāng de yìxiàng nòngqīngchu zài juédìng ba (先把对方的意向弄清楚再决定吧).

せんぽう【戦法】 zhànshù (战术). ¶試合の後半は積極～に出て逆転した bǐsài de hòubànchǎng cǎiqǔ jìngōng zhànshù ér zhuǎn bài wéi shèng (比赛的后半场采取进攻战术而转败为胜).

ぜんぼう【全貌】 quánmào (全貌). ¶事件の～を明らかにする nòngqīng shìjiàn de quánmào (弄清事件的全貌).

ぜんぽう【前方】 qiánfāng (前方), qiánmian (前面). ¶障害物があって～が見えない yǒu zhàng'àiwù kànbujiàn qiánfāng (有障碍物看不见前方). ¶100メートル～に橋がある zài qiánfāng yìbǎi mǐ yǒu yí zuò qiáo (在前方一百米有一座桥).

せんぼうきょう【潜望鏡】 qiánwàngjìng (潜望镜).

せんぼつ【戦没】 zhènwáng (阵亡). ¶彼女の兄は第2次大戦で～した tā gēge shì zài Dì'èr Cì Shìjiè Dàzhàn zhōng zhènwáng de (她哥哥是在第二次世界大战中阵亡的). ¶～者の霊をなぐさめる dàoniàn zhènwángzhě (悼念阵亡者).

ぜんまい【薇】 zǐqí (紫萁), wēicài (薇菜).

ぜんまい【発条】 fātiáo (发条), xián (弦), huáng (簧). ¶～が切れた fātiáo duàn le (发条断了). ¶時計の～を巻く shàng biǎoxián (上表弦). ¶～仕掛けのおもちゃ dài fātiáo de wánjù (带发条的玩具). ¶～秤 tánhuángchèng (弹簧秤). ひげ～ yóusī (游丝).

せんむ【専務】 ¶～取締役 chángwù dǒngshì (常务董事).

せんめい【鮮明】 xiānmíng (鲜明). ¶～な色彩 xiānmíng de sècǎi (鲜明的色彩). ¶テレビの画像が～だ diànshì de túxiàng hěn xiānmíng (电视的图像很鲜明). ¶旗幟(きし)を～にする shǐ qízhì xiānmíng (使旗帜鲜明).

せんめつ【殲滅】 jiānmiè (歼灭). ¶敵は我が軍によって～された díjūn bèi wǒjūn jiānmiè le (敌军被我军歼灭了).

ぜんめつ【全滅】 quán miè (全灭). ¶敵軍は～した díjūn wánquán xiāomiè le (敌军完全消灭了). ¶地震で町は～した yóuyú dìzhèn chéngshì quán bèi huǐhuài le (由于地震城市全被毁坏了). ¶冷害で農作物が～した yóuyú lěnghài nóngzuòwù quán huǐ le (由于冷害农作物全毁了). ¶この川の蛍は～の危機に瀕している zhè tiáo hé de yínghuǒchóng bīnyú mièjué (这条河的萤火虫濒于灭绝).

せんめん【洗面】 xǐliǎn (洗脸), xǐshù (洗漱). ¶～器 xǐliǎnpén (洗脸盆). ～所 guànxǐshì (盥洗室) / guànshùshì (盥漱室).

ぜんめん【全面】 quánmiàn (全面). ¶規約を～的に改正する quánmiàn de xiūgǎi zhāngchéng (全面地修改章程). ¶我々の要求は～的に認められた wǒmen de yāoqiú wánquán bèi jiēshòu le (我们的要求完全被接受了). ¶～戦争 quánmiàn zhànzhēng (全面战争).

ぜんめん【前面】 qiánmian (前面). ¶待遇改善の要求を～に押し出して闘う bǎ gǎishàn dàiyù de yāoqiú fàngzài shǒuwèi jìnxíng dòuzhēng (把改善待遇的要求放在首位进行斗争).

せんもう【繊毛】 xiānmáo (纤毛). ¶～運動 xiānmáo yùndòng (纤毛运动). ～虫 xiānmáochóng (纤毛虫).

せんもん【専門】 zhuānmén (专门), zhuānyè (专业). ¶私の～は天文学です wǒ de zhuānyè shì tiānwénxué (我的专业是天文学). ¶大学で財政学を～に勉強した wǒ zài dàxué zhuāngōng cáizhèngxué (我在大学专攻财政学). ¶この店は輸入食料品を～に売っている zhè jiā shāngdiàn zhuānmén mài jìnkǒu shípǐn (这家商店专门卖进口食品). ¶その仕事は～的知識

を必要とする nàge gōngzuò xūyào zhuānmén zhīshi(那个工作需要专门知识).
¶~家 zhuānjiā(专家).~学校 zhuānkē xuéxiào(专科学校).~語 zhuānmén yòngyǔ(专门用语)/ shùyǔ(术语).~店 zhuānyòngpǐn shāngdiàn(专用品商店).

ぜんもん【前門】 ¶~の虎後門の狼 qiánmén jù hǔ, hòumén jìn láng(前门拒虎, 后门进狼).

ぜんや【前夜】 qiányè(前夜), qiánxī(前夕).¶~の雨もすっかりやんだ zuóyè de yǔ wánquán tíng le(昨夜的雨完全停了).¶革命の~ gémìng de qiányè(革命的前夜).

せんやく【先約】 ¶~があるので断った yóuyú yǒu yuē zài xiān ér jùjué le(由于有约在先而拒绝了).

ぜんやく【全訳】 ¶《ドン・キホーテ》を日本語に~する bǎ《Tángjíhēdé》quánbù fānyì chéng Rìwén(把《堂吉诃德》全部翻译成日文).

せんゆう【占有】 zhànyǒu(占有).¶土地を~する zhànyǒu tǔdì(占有土地).
¶~権 zhànyǒuquán(占有权).

せんゆう【戦友】 zhànyǒu(战友).

せんよう【専用】 zhuānyòng(专用).¶~機 zhuānjī(专机)/ zuòjī(座机).自動車一道路 qìchē zhuānyòng dàolù(汽车专用道路).

ぜんよう【全容】 ¶会議の~は公表できない huìyì de quánbù nèiróng bùnéng gōngkāi(会议的全部内容不能公开).¶一連の汚職事件の~はまだ明らかにされていない yīliánchuàn de tānwū shìjiàn de quánmào hái wèi jiēxiǎo(一连串的贪污事件的全貌还未揭晓).¶空が晴れて富士山が~を現した tiān qíng le, Fùshì Shān xiǎnchūle quánmào(天晴了, 富士山显出了全貌).

ぜんら【全裸】 ¶~で泳ぐ yìsī-búguà de yóuyǒng(一丝不挂地游泳).

せんらん【戦乱】 zhànluàn(战乱).¶~の巷(ちた)と化す huàwéi zhànluàn zhī dì(化为战乱之地).

せんりがん【千里眼】 qiānlǐyǎn(千里眼), tiānyǎntōng(天眼通).

せんりつ【旋律】 xuánlǜ(旋律).

せんりつ【戦慄】 zhànlì(战栗・颤栗).¶~すべき凶悪事件 lìng rén ¨zhànlì[bù hán ér lì] de xiōngcán shìjiàn(令人¨战栗[不寒而栗]的凶残事件).¶嵐は猛威をふるって人々を~させた kuángfēng-bàoyǔ xiōngměngde shǐ rén máogǔ sǒngrán(狂风暴雨凶猛得使人毛骨悚然).

ぜんりつせん【前立腺】 qiánlièxiàn(前列腺).
¶~肥大 qiánlièxiàn féidà(前列腺肥大).

せんりひん【戦利品】 zhànlìpǐn(战利品).

せんりゃく【戦略】 zhànlüè(战略).¶この地点は~的に重要である zhège dìdiǎn zài zhànlüè shang shí hěn zhòngyào de(这个地点在战略上是很重要的).
¶~爆撃 zhànlüè hōngzhà(战略轰炸).~物資 zhànlüè wùzī(战略物资).~目標 zhànlüè mùbiāo(战略目标).

せんりゅう【川柳】 《説明》以五, 七, 五音节为段落, 由十七个假名组成的讽刺诙谐短诗.

せんりょ【千慮】 ¶~の一失 qiānlǜ-yìshī(千虑一失).¶~の一得 qiānlǜ-yìdé(千虑一得).

せんりょう【占領】 zhàn(占), zhànjù(占据), zhànlǐng(占领), zhànyǒu(占有).¶彼等は一番良い場所を~した tāmen zhànle zuì hǎo de dìfang(他们占了最好的地方).¶首都は敵軍の~下におかれた shǒudū chǔyú díjūn de zhànlǐng zhī xià(首都处于敌军的占领之下).
¶~軍 zhànlǐngjūn(占领军).~地区 zhànlǐngqū(占领区).

せんりょう【染料】 rǎnliào(染料), yánshai(颜色).

ぜんりょう【善良】 shànliáng(善良).¶~な市民 shànliáng de shìmín(善良的市民).¶彼は性質が~だ tā xīndì shànliáng(他心地善良).

せんりょく【戦力】 ¶~を蓄える jīxù zhàndòulì(积蓄战斗力).¶我がチームを増強する zēngqiáng wǒ duì de shílì(增强我队的实力).
¶会社の新~となる chéngwéi gōngsī de shēnglìjūn(成为公司的生力军).
¶核~ héwǔlì(核武力)/ héwēishèlì(核威慑力).

ぜんりょく【全力】 quánlì(全力).¶我がチームは~を尽くして戦った hé duì jiéjìn quánlì fènzhàn(我队竭尽全力奋战).¶彼は作曲に~を傾けた tā ¨bǎ quánlì qīngzhù[bìlì] yú zuòqǔ(他¨把全力倾注[毕力]于作曲).¶~疾走する quánlì pǎo(全力跑).

ぜんりん【善隣】 shànlín(善邻).¶~友好 shànlín[mùlín] yǒuhǎo(善邻[睦邻]友好).

せんれい【先例】 xiānlì(先例).¶~を開く kāi xiānlì(开先例)/ kāilì(开例).¶~を破る dǎpò xiānlì(打破先例)/ pòlì(破例).

せんれい【洗礼】 xǐlǐ(洗礼).¶~を受ける jiēshòu xǐlǐ(接受洗礼)/ shòu xǐ(受洗).¶~を施す shī xǐlǐ(施洗礼)/ shīxǐ(施洗).¶~者ヨハネ shīxǐzhě Yuēhàn(施洗者约翰).¶新思想の~を受ける shòu xīnsīxiǎng de xǐlǐ(受新思想的洗礼).¶日本は原爆の~を受けた唯一の国である Rìběn shì shòuguò yuánzǐdàn bàozhà xǐlǐ de wéiyī de guójiā(日本是受过原子弹爆炸洗礼的唯一的国家).

ぜんれい【前例】 qiánlì(前例), chénglì(成例), lǎolì(老例).¶~にならって行う ànzhào qiánlì bàn(按照前例办)/ yuánlì chǔlǐ(援例处理).

せんれき【戦歴】 ¶幾多の~に輝く部隊 lìjīng duōcì zhànyì zhàngōng hèhè de bùduì(历经多次战役战功赫赫的部队).

ぜんれき【前歴】 ¶~を調べる diàochá lìshǐ(调查历史).

せんれつ【戦列】 ¶~を離脱する líkāi zhàndòu hángliè(离开战斗行列).¶革命の~に加わる jiārù gémìng dòuzhēng de hángliè(加入革命斗争的行列).

せんれつ【鮮烈】 ¶~な印象 xiānmíng ér qiánglièque de yìnxiàng(鲜明而强烈的印象).

ぜんれつ【前列】 qiánliè(前列), qiánpái(前排).

せんれん【洗練】 xǐliàn(洗练・洗炼), jīngliàn(精练・精炼), níngliàn(凝练・凝炼).¶彼の文章は~されている tā xiě de dōngxi wénzì xǐ-

liàn(他写的东西文字洗练). ¶~された物腰 jǔzhǐ gāoshàng wényǎ(举止高尚文雅). ¶趣味を~にする shǐ àihào jīng yì qiú jīng(使爱好精益求精). ¶~された紳士 wénzhì bīnbīn de shēnshì(文质彬彬的绅士).

せんろ【線路】 guǐdào(轨道), tiělù(铁路), tiěguǐ(铁轨), gāngguǐ(钢轨). ¶~を敷く pūshè tiěguǐ(铺设铁轨)/ pū guǐ(铺轨).
¶~工事 tiělù gōngchéng(铁路工程).

そ

そ【祖】 zǔ(祖). ¶医学の~ yīxué zhī zǔ(医学之祖).

そあく【粗悪】 cūliè(粗劣), lièzhì(劣质), dīliè(低劣), lièděng(劣等). ¶~品 dīliè chǎnpǐn(低劣产品)/ lièděng huò(劣等货).

そい【粗衣】 cūyī(粗衣), cūfú(粗服). ¶~粗食 bùyī shūshí(布衣蔬食).

そいと・げる【添い遂げる】 ¶末長く~げる báitóu xiélǎo(白头偕老). ¶2人は~げられないのを悲観して心中した liǎ rén yóuyú bùnéng chéngqīn bēiguān shīwàng ér zìshā le(俩人由于不能成亲悲观失望而自杀了).

そいね【添い寝】 ¶乳を飲ませながら~する biān wèi nǎi, biān péizhe shuì(边喂奶,边陪着睡).

そ・う【沿う】 yán(沿), shùn(顺). ¶川に~って下る yán hé ér xià(沿河而下). ¶道に~って柳の木が植えてある yán lùbiān zhòngzhe liǔshù(沿路边种着柳树). ¶道路は海岸~いに走っている dàolù shùnzhe hǎi'àn yánshēnzhe(道路顺着海岸延伸着). ¶この方針に~って交渉する ànzhào zhège fāngzhēn jìnxíng jiāoshè(按照这个方针进行交涉).

そ・う【副う】 ¶御期待に~えず誠に申訳ありません gūfù nín de qīwàng zhēn duìbuqǐ(辜负了您的期望真对不起). ¶本人の希望に~ように取り計らう àn tā běnrén de xīwàng jìnlì ér wéi(按他本人的希望尽力而为).

そ・う【添う】 ¶影の形に~うように2人はいつも一緒だ liǎng ge rén xíng yǐng ▼xiāng suí[bùlí] zǒng zài yìqǐ(两个人形影▼相随[不离]总在一起).

そう【壮】 zhuàng(壮). ¶その意気を~とする qí zhì kě zhuàng(其志可壮).

そう【相】 xiàng(相). ¶水難の~がある yǒu huàn shuǐnàn zhī xiàng(有患水难之相).

そう【僧】 sēng(僧), sēnglǚ(僧侣), sēngrén(僧人), sēngtú(僧徒). ¶出家して~になる chūjiā wéi sēng(出家为僧).

そう【想】 ¶~を練る gòusī(构思).

そう【層】 céng(层). ¶雲が~を成して上空を覆っている yúncéng yìcéngcéng zhēzhù tiānkōng(云彩一层层遮住天空)/ céng yún bì kōng(层云蔽空).
¶石炭~ méicéng(煤层). 粘土~ niántǔcéng(黏土层). 知識~ zhīshi fènzǐ jiēcéng(知识分子阶层). 読者~ dúzhě fànwéi(读者范围).

そう【然う】 **1**〔そのように〕 zhème・zème(这么), nàme・nème(那么), zhèyàng・zhèiyàng(这样), nàyàng・nèiyang・nèyang(那样). ¶私も~思います wǒ yě rènwéi shì zhèyàng(我也认为是这样)/ wǒ yě shì nàme xiǎng de(我也是那么想的)/ ¶~怒るなよ bié nàme shēngqì ya(别那么生气呀). ¶~言われてみれば彼は確かに顔色が悪い jīng nǐ zhème yì shuō, xì kàn tā de liǎnsè quèshí bù hǎo(经你这么一说,细看他的脸色确实不好). ¶世の中とは~したものだ shìdào jiùshì nàme huí shì(世道就是那么回事). ¶もう寝なさい, ~しないと明日起きられませんよ kuài shàngchuáng shuìjiào, yàobù míngtiān jiù qǐbulái le(快上床睡觉,要不明天就起不来了). ¶~いつまでも放っておけない yě bùnéng lǎo nàme rēng zài yībiān(也不能老那么扔在一边). ¶値段は~高くはないでしょう jiàqian bú huì nàme guì ba(价钱不会那么贵吧). ¶~たくさんは上げられない bùnéng gěi nàme duō(不能给那么多).

2〔そのとおり〕 ¶"あなたがAさんですか""~です" "nín shì A xiānsheng ma?" "shì de"("您是A先生吗?""是的"). ¶ああ~ですか, 分りました à, shì a, wǒ míngbai le(啊,是啊,我明白了). ¶~ですか, 私はそれほどいいとは思いません shì ma, wǒ dào bù juéde yǒu nàme hǎo(是吗,我倒不觉得有那么好).

そう-【総】 zǒng(总). ¶~収入 zǒngshōurù(总收入). ~人口 zǒngrénkǒu(总人口).

-そう **1**〔様子の推定〕 ¶健康~な顔色をしている liǎnsè xiǎnde hěn jiànkāng(脸色显得很健康). ¶何か訳があり~だね kànlai yǒu shénme yuángù ba(看来有什么缘故吧). ¶彼の居~な所は全部探した tā kěnéng qù de dìfang dōu zhǎobiàn le(他可能去的地方都找遍了).
¶今晩は風が出~だ jīnwǎn kǒngpà yào qǐ fēng(今晚恐怕要起风). ¶高校生なら分り~なものだ gāozhōngshēng gāi huì míngbai de(高中生该会明白的). ¶彼女は今にも溺れ~だった tā chàdiǎnr méi yānsǐ(她差点儿没淹死). ¶触ったら壊れ~だ yòng shǒu yí pèng jiù yào huài shide(用手一碰就要坏似的).

2〔伝聞〕 ¶ニュースによると台風が近づいている~だ jù xīnwén bàodào táifēng zhèng bījìn(据新闻报道台风在逼近). ¶母の話では私は小さい頃泣き虫だった~だ jù mǔqin shuō wǒ xiǎo

shíhou hěn ài kū(据母亲说我小时候很爱哭).¶あの映画はとても面白い〜だ tīngshuō nàge diànyǐng yǒu yìsi jíle(听说那个电影有意思极了).

-そう【艘】 sōu(艘), zhī(只), tiáo(条).¶5〜の船 wǔ sōu chuán(五艘船).

ぞう【象】 xiàng(象), dàxiàng(大象).

ぞう【像】 xiàng(像).¶自由の女神〜 zìyóu nǚshénxiàng(自由女神像).¶理想の人間〜を描く miáohuì lǐxiǎng de rén de xíngxiàng(描绘理想的人的形象).¶近視の場合は〜が網膜の前で結ばれる jìnshìyǎn shì jié xiàng yú shìwǎngmó zhī qián(近视眼是成像于视网膜之前).

ぞう【増】 zēngjiā(增加).¶人口は5万人の〜だった rénkǒu zēngjiāle wǔwàn rén(人口增加了五万人).

ぞう【蔵】 shōucáng(收藏).¶国立博物館〜の国宝 guólì bówùguǎn shōucáng de guóbǎo(国立博物馆收藏的国宝).

そうあい【相愛】 xiāng'ài(相爱).¶〜の仲 xiāng'ài de guānxi(相爱的关系).

そうあたり【総当り】 ¶〜制 xúnhuánsài(循环赛).

そうあん【草案】 cǎo'àn(草案).¶〜を作る nǐ cǎo'àn(拟草案).

そうあん【草庵】 ān(庵), cǎowū(草屋), máowū(茅屋), máolú(茅庐).

そうあん【創案】 私の〜した玩具 wǒ suǒ dúchuàng de wánjù(我所独创的玩具).

そうい【相違】 これとそれとでは格段の〜がある zhège hé nàge`dà bù xiāngtóng[xiāngqù shèn yuǎn/yǒu tiānyuān zhī bié](这个和那个`大不相同[相去甚远／有天渊之别]).¶両者の〜点をあげて説明せよ jǔchū liǎngzhě de bùtóng zhī chù jiāyǐ shuōmíng(举出两者的不同之处加以说明).¶案に〜して大した反対もなかった gēn suǒ yùcè de xiāngfǎn méi shénme fǎnduì de(跟所预料的相反没什么反对的).¶右の通り〜ありません rúshàng wúwù(如上无误).¶途中で何事か起こったに〜ない zài túzhōng yídìng chūle shénme shì le(在途中一定出了什么事了).

そうい【創意】 chuàngyì(创意).¶〜に富む fùyú chuàngyì(富于创意)／fùyǒu chuàngxīn jīngshén(富有创新精神).¶〜工夫を凝らした作品 qióngjí gōngqiǎo, lìyì xīnyǐng de zuòpǐn(穷极工巧,立意新颖的作品)／dú jù jiàngxīn de zuòpǐn(独具匠心的作品).

そうい【総意】 ¶国民の〜に基づいて… jīyú quánmín de yìzhì…(基于全民的意志…).

そういん【総員】 quántǐ rényuán(全体人员).¶チームの〜は30名だ gāi duì de quántǐ rényuán wéi sānshí míng(该队的全体人员为三十名).

ぞういん【増員】 ¶定員10名を20名に〜する dìng'é shí míng zēngjiā wéi èrshí míng(定额十名增加为二十名).¶工具を〜する zēngjiā gōngrén(增加工人).

そううつびょう【躁鬱病】 zàokuáng yìyùxìng jīngshénbìng(躁狂抑郁性精神病), zàokuáng yìyùzhèng(躁狂抑郁症), zàoyùzhèng(躁郁症).

そううん【層雲】 céngyún(层云).

ぞうえいざい【造影剤】 zàoyǐngjì(造影剂).

ぞうえき【増益】 ¶4期連続の〜 sì ge qīdù liánxù zēngjiā le shōuyì(四个期度连续增加了收益).

ぞうえん【造園】 zàoyuán(造园).¶〜家 zàoyuán zhuānjiā(造园专家).〜術 zàoyuán jìshù(造园技术).

ぞうえん【増援】 zēngyuán(增援).¶〜部隊 zēngyuán bùduì(增援部队).

ぞうお【憎悪】 zēngwù(憎恶), zēnghèn(憎恨).¶〜の念を抱く bào zēngwù zhī niàn(抱憎恶之念).¶両者は一〜をむきだしにして対峙した shuāngfāng bù yǎnshì bǐcǐ jiān de zēngwù duìzhìzhe(双方不掩饰彼此间的憎恶对峙着).

そうおう【相応】 xiāngchèn(相称).¶〜に暮している guòzhe yǔ shēnfen xiāngchèn de rìzi(过着与身分相称的日子).¶身分不〜の身なり yǔ shēnfen bù xiāngchèn de yīzhuó(与身分不相称的衣着).¶能力に〜した仕事 yǔ nénglì xiāngyí de gōngzuò(与能力相宜的工作).

そうおん【騒音】 zàoyīn(噪音), zàoshēng(噪声).¶〜に悩まされて眠れない bèi zàoyīn suǒ rǎo shuìbuzháo jiào(被噪音所扰睡不着觉).¶〜防止 fángzhǐ zàoyīn(防止噪音).

ぞうか【造化】 zàohuà(造化).¶〜の妙 zàohuà zhī miào(造化之妙).

ぞうか【造花】 rénzàohuā(人造花), jiǎhuā(假花), sùliàohuā(塑料花), zhǐhuā(纸花).

ぞうか【増加】 zēngjiā(增加).¶都市の人口は〜する一方である dūshì de rénkǒu yuèláiyuè zēngjiā(都市的人口越来越增加).¶支出は前期にくらべ3割の〜だ zhīchū bǐ qiánqī zēngjiāle sān chéng(支出比前期增加了三成).

そうかん【壮観】 ¶〜なヨットレース zhuàngguān yòu lìng rén xīngfèn de fānchuán bǐsài(壮观又令人兴奋的帆船比赛).

そうかい【爽快】 shuǎngkuai(爽快), shuǎnglǎng(爽朗), qīngshuǎng(清爽).¶〜な朝の空気 zǎochén kōngqì qīngshuǎng(早晨空气清爽).¶〜な気分になる jīngshén qīngshuǎng(精神清爽).

そうかい【掃海】 ¶〜作業 sǎoléi zuòyè(扫雷作业).〜艇 sǎoléitǐng(扫雷艇).

そうかい【総会】 dàhuì(大会), quánhuì(全会).¶株主〜 gǔdōng dàhuì(股东大会).国連〜 Liánhéguó dàhuì(联合国大会).

そうがい【霜害】 shuānghài(霜害).¶〜を受けて桑の葉は全滅した shòu shuānghài sāngyè quán wán le(受霜害桑叶全完了).

そうがかり【総掛り】 ¶家内〜で大掃除をする quánjiā dòngshǒu zuò dàsàochú(全家动手做大扫除).

そうかく【総画】 ¶〜索引 bǐhuà suǒyǐn(笔画索引).

そうがく【奏楽】 zòuyuè(奏乐).

そうがく【総額】 zǒng'é(总额).¶被害〜は3

億円にのぼった sǔnshī zǒng'é dá sānyì rìyuán(损失总额达三亿日元).
¶予算～ yùsuàn zǒng'é(预算总额).

ぞうがく【増額】 ¶予算の～を要求する yāoqiú zēngjiā yùsuàn(要求增加预算). ¶家族手当を～する zēngjiā jiāshǔ jīntiē(增加家属津贴).

そうかつ【総括】 zǒngkuò(总括), gàikuò(概括), zǒngjié(总结). ¶今年活動の～ jīnnián huódòng de zǒngjié(今年活动的总结). ¶以上の討論を～すれば… yǐshàng tǎolùn kěyǐ gàikuò wéi…(以上讨论可以概括为…). ¶～的な意見を述べる chénshù zǒngjiéxìng de yìjiàn(陈述总结性的意见).

そうかん【壮観】 zhuàngguān(壮观). ¶富士山頂の御来光は実に～だ Fùshìshāndǐng de rìchū zhēn zhuàngguān(富士山顶的日出真壮观).

そうかん【相関】 xiāngguān(相关). ¶価格と需要とは～関係にある jiàgé hé xūyào shì xiāngguān de(价格和需要是相关的).

そうかん【送還】 qiǎnfǎn(遣返), qiǎnsòng(遣送). ¶捕虜を～する qiǎnfǎn fúlǔ(遣返俘虏). ¶抑留外国人を強制～する qiángzhì qiǎnsòng suǒ kòuliú de wàiguórén(强制遣送所扣留的外国人).

そうかん【創刊】 chuàngkān(创刊). ¶その新聞は1887年に～された gāi bào yú yī bā bā qī nián chuàngkān(该报于一八八七年创刊).
¶～号 chuàngkānhào(创刊号).

そうかん【増刊】 zēngkān(增刊). ¶臨時～ línshí zēngkān(临时增刊).

ぞうがん【象眼】 xiāngqiàn(镶嵌). ¶象牙に金の～がしてある xiàngyá shang xiāngqiànzhe jīnzi(象牙上镶嵌着金子).

そうがんきょう【双眼鏡】 shuāngtǒng wàngyuǎnjìng(双筒望远镜), shuāngmù wàngyuǎnjìng(双目望远镜).

そうき【早期】 zǎoqī(早期). ¶～診断 zǎoqī zhěnduàn(早期诊断). ～発見 zǎoqī fāxiàn(早期发现).

そうぎ【争議】 ¶あの会社は今～中だ nà jiā gōngsī zhèngzài fāshēng láozī jiūfēn[nào gōngcháo](那家公司正在˚发生劳资纠纷[闹工潮]). ¶～が解決した láozī jiūfēn jiějué le(劳资纠纷解决了).
¶労働～ láozī jiūfēn(劳资纠纷) / gōngcháo(工潮).

そうぎ【葬儀】 zànglǐ(葬礼), sāngshì(丧事), báishì(白事). ¶～を執り行う jǔxíng zànglǐ(举行葬礼)/ bàn sāngshì(办丧事). ¶～に参列する cānjiā zànglǐ(参加葬礼).
¶～場 bìnyí huìchǎng(殡仪会场)/ zhuīdào huìchǎng(追悼会场). ～屋 bìnyíguǎn(殡仪馆)/ gàngfáng(杠房).

ぞうき【臓器】 zàngqì(脏器). ¶～移植 qìguān yízhí(器官移植).

ぞうきばやし【雑木林】 záshùlín(杂树林), zámùlín(杂木林).

そうきゅう【早急】 →さっきゅう.

そうきゅう【送球】 chuánqiú(传球). ¶1塁へ～する xiàng yīlěi chuánqiú(向一垒传球).

そうきょ【壮挙】 zhuàngjǔ(壮举). ¶太平洋単独横断の～ zhīshēn héngdù Tàipíngyáng de zhuàngjǔ(只身横渡太平洋的壮举).

そうぎょう【早暁】 fúxiǎo(拂晓).

そうぎょう【創業】 chuàngyè(创业). ¶～50周年 chuàngyè wǔshí zhōunián(创业五十周年).

そうぎょう【操業】 kāigōng(开工). ¶あの工場は24時間～している nàge gōngchǎng èrshisì xiǎoshí kāizhe gōng(那个工厂二十四小时开着工). ¶～時間を短縮する suōduǎn zuòyè shíjiān(缩短作业时间).
¶～度 kāigōnglǜ(开工率).

そうきょう【増強】 zēngqiáng(增强), jiāqiáng(加强). ¶兵力を～する zēngqiáng bīnglì(增强兵力). ¶輸送力を～する jiāqiáng yùnshūlì(加强运输力).

そうきょくせん【双曲線】 shuāngqūxiàn(双曲线).

そうきん【送金】 jì qián(寄钱), huìkuǎn(汇款). ¶毎月国元に～している měiyuè gěi lǎojiā jì qián(每月给老家寄钱). ¶親からの～を受け取る lǐngqǔ fùmǔ suǒ jì de huìkuǎn(领取父母所寄的汇款). ¶郵便為替で～する yòng yóuzhèng huìpiào huìkuǎn(用邮政汇票汇款)/ yóuhuì(邮汇).

ぞうきん【雑巾】 mābù(抹布), zhǎnbù(揩布). ¶～をしぼる nínggān mābù(拧干抹布). ¶～で机の上をふく yòng zhǎnbù cā zhuōzi(用揩布擦桌子).

そうきんるい【走禽類】 zǒuqín(走禽).

そうく【走狗】 zǒugǒu(走狗). ¶資本家の～となる chéngwéi zīběnjiā de zǒugǒu(成为资本家的走狗).

そうぐう【遭遇】 zāoyù(遭遇), yùdào(遇到). ¶どんな困難に～しても屈しない yùdào rènhé kùnnan yě bù qūfú(遇到任何困难也不屈服). ¶暴風雨に～する yùdào bàofēngyǔ(遇到暴风雨).
¶～戦 zāoyùzhàn(遭遇战).

そうくずれ【総崩れ】 ¶味方の総攻撃に敵は～となった zài wǒfāng zǒnggōngjī xià díjūn quánxiàn bēngkuì le(在我方总攻击下敌军全线崩溃了).

そうくつ【巣窟】 cháoxué(巢穴), kūxué(窟穴), cháokū(巢窟), kūzhái(窟宅), hēiwō(黑窝), wōzi(窝子), wōdiǎn(窝点). ¶盗賊の～ fěicháo(匪巢)/ zéiwō(贼窝)/ fěikū(匪窟)/ dàokū(盗窟)/ fěixué(匪穴). ¶悪の～ zuì'è de cháokū(罪恶的巢窟)/ hēiwō(黑窝).

ぞうげ【象牙】 xiàngyá(象牙). ¶～の塔 xiàngyá zhī tǎ(象牙之塔)/ xiàngyá bǎotǎ(象牙宝塔).
¶～色 xiàngyásè(象牙色)/ yásè(牙色). ～細工 xiàngyá gōngyìpǐn(象牙工艺品)/ yádiāo(牙雕). ～質 yázhì(牙质)/ xiàngyázhì(象牙质).

そうけい【早計】 ¶よく考えないで返事したのは～だった méi jīngguò hǎohǎo kǎolǜ jiù zuòle

dáfù tài qīngshuài le(没经过好好考虑就做了答复太轻率了).

そうけい【総計】 zǒngjì(总计). ¶費用の〜を出す suànchū fèiyong de zǒngjì(算出费用的总计). ¶支出を〜する zǒngjì kāizhī(总计开支).

そうげい【送迎】 yíngsòng(迎送), jiēsòng(接送). ¶駅のホームは〜の人でにぎわっていた chēzhàn de yuètái shang jǐmǎnle jiēsòng de rén(车站的月台上挤满了接送的人). ¶自動車で〜する yòng qìchē yíngsòng(用汽车迎送). ¶〜バスを運行する yùnxíng yíngsòng bānchē(运行迎送班车).

ぞうけい【造形・造型】 zàoxíng(造型・造形). ¶古代彫刻の〜の美に感嘆する gǔdài diāokè de zàoxíng zhī měi lìng rén gǎntàn(古代雕刻的造型之美令人感叹).
¶〜美術 zàoxíng yìshù(造型艺术).

ぞうけい【造詣】 zàoyì(造诣), zàojiù(造就). ¶考古学に対する〜が深い duì kǎogǔxué zàoyì hěn shēn(对考古学造诣很深).

そうけだ・つ【総毛立つ】 máogǔ sǒngrán(毛骨悚然). ¶その光景に思わず〜った mùdǔ qí jǐng bùyóude máogǔ sǒngrán(目睹其景不由得毛骨悚然).

ぞうけつ【造血】 zàoxuè(造血). ¶〜機能 zàoxuè jīnéng(造血机能). ¶〜剤 zàoxuèjì(造血剂).

ぞうけつ【増結】 zēng guà(增挂). ¶車両を3両〜する zēng guà sān jié chēxiāng(增挂三节车厢).

そうけっさん【総決算】 zǒngjuésuàn(总决算). ¶この4年間の〜 zhè sì nián de zǒngjié(这四年的总结).

そうけん【双肩】 shuāngjiān(双肩). ¶日本の将来は諸君の〜にかかっている nǐmen jiānfùzhe Rìběn de wèilái(你们肩负着日本的未来).

そうけん【壮健】 jiànkāng(健壮), jiànzhuàng(壮健). ¶いつも御〜で何よりです nín hěn jiànzhuàng zài hǎo bùguò le(您很健壮再好不过了).

そうけん【送検】 ¶犯人を〜する bǎ fànrén yísòng jiǎncháyuàn(把犯人移送检察院). ¶書類を〜する bǎ fànrén de cáiliào tíjiāo gěi jiǎncháyuàn(把犯人的材料提交给检察院).

そうけん【創見】 chuàngjiàn(创见). ¶〜にみちた学説 fùyǒu chuàngjiàn de xuéshuō(富有创见的学说).

そうけん【創建】 chuàngjiàn(创建). ¶唐招提寺は鑑真の〜に成る Tángzhāotísì shì yóu Jiànzhēn chuàngjiàn de(唐招提寺是由鉴真创建的).

そうげん【草原】 cǎoyuán(草原), cǎochǎng(草场), cǎodì(草地).

ぞうげん【増減】 zēngjiǎn(增减). ¶収穫は年により〜がある shōuhuòliàng měinián yǒu zēng yǒu jiǎn(收获量每年有增有减).

そうこ【倉庫】 cāngkù(仓库), kùfáng(库房), kùzàng(库藏), huòzhàn(货栈), zhànfáng(栈房).

そうご【相互】 xiānghù(相互), hùxiāng(互相). ¶会員〜の親睦をはかる cùjìn huìyuán xiānghù zhī jiān de yǒuyì(促进会员相互之间的友谊). ¶〜に意見を述べ合った hùxiāng tí yìjiàn(互相提意见).
¶〜関係 xiānghù guānxi(相互关系). 〜作用 xiānghù zuòyòng(相互作用). 〜扶助 xiānghù fúzhù(相互扶助).

ぞうご【造語】 gòucí(构词). ¶これは彼の〜だ zhè shì tā zào de cí(这是他造的词).
¶〜成分 gòucí chéngfèn(构词成分).

そうこう ¶〜しているうちに、終点に着いた shuō zhèyàng shuō nàyàng jiù dào zhōngdiǎn le(说这样说那样就到终点了). ¶〜するうちに夜になった zuò zhè zuò nà zhī jiān bùzhī-bùjué de tiān hēi le(做这做那之间不知不觉地天黑了).

そうこう【走行】 xíngshǐ(行驶). ¶〜距離 xíngshǐ jùlí(行驶距离)/ xíngshǐ lǐchéng(行驶里程). 〜テスト xíngshǐ cèyàn(行驶测验).

そうこう【草稿】 cǎogǎo[r](草稿[儿]), dǐgǎo[r](底稿[儿]), dǐzǐ(底子), cǎodǐr(草底儿), cǎoběn(草本). ¶〜に手を入れる tuīqiāo cǎogǎo(推敲草稿).

そうこう【装甲】 zhuāngjiǎ(装甲), tiějiǎ(铁甲). ¶〜車 zhuāngjiǎchē(装甲车)/ tiějiǎchē(铁甲车).

そうこう【操行】 cāoxíng(操行). ¶〜が悪い cāoxíng bù hǎo(操行不好).

そうごう【相好】 ¶〜をくずす kāiyán yí xiào(开颜一笑).

そうごう【総合】 zōnghé(综合). ¶すべての意見を〜した上で結論を出す bǎ suǒyǒu de yìjiàn zōnghé qilai yǐhòu xià jiélùn(把所有的意见综合起来以后下结论). ¶都市問題の〜的な研究 dūshì wèntí de zōnghé yánjiū(都市问题的综合研究). ¶地下資源の〜開発 dìxià zīyuán de zōnghé kāifā(地下资源的综合开发).
¶〜大学 zōnghé dàxué(综合大学).

そうこうかい【壮行会】 huānsònghuì(欢送会), jiànxíngyàn(饯行宴).

そうこうげき【総攻撃】 zǒnggōngjī(总攻击), zǒnggōng(总攻). ¶〜を行う jìnxíng zǒnggōngjī(进行总攻击)/ fāqǐzǒnggōng(发起总攻).

そうこく【相克】 xiāngkè(相克). ¶理性と感情の〜に悩む wèi lǐxìng yǔ gǎnqíng de máodùn ér kǔnǎo(为理性与感情的矛盾而苦恼).

そうこん【早婚】 zǎohūn(早婚).

そうごん【荘厳】 zhuāngyán(庄严). ¶〜な儀式 zhuāngyán de yíshì(庄严的仪式).

そうさ sǎomiáo(扫描). ¶〜線 sǎomiáoxiàn(扫描线).

そうさ【捜査】 sōuchá(搜查), jīchá(缉查), zhēnchá(侦查). ¶犯人を〜する sōuchá zuìfàn(搜查罪犯).

そうさ【操作】 cāozuò(操作), cāozòng(操纵). ¶この機械は〜が簡単だ zhè jià jīqì cāozuò hěn jiǎndān(这架机器操作很简单). ¶金融を〜する cāozòng jīnróng(操纵金融). ¶世論を〜する cāozòng yúlùn(操纵舆论). ¶帳簿上

の～で税金をごまかす cuàngǎi zhàngběn tōushuì lòushuì(窜改账本偷税漏税).

そうさ【造作】 ¶ それは～もないことだ nà shì hěn róngyì de shì(那是很容易的事)/ nà yì rú fǎnzhǎng(那易如反掌). ¶ 重たい荷物を～なく持ち上げた bǎ chénzhòng de xíngli háo bú fèilì de nále qǐlái(把沉重的行李毫不费力地拿了起来).

そうさい【相殺】 duìxiāo(对消), dǐxiāo(抵消), chōngxiāo(冲销), chōngdǐ(冲抵), chōngzhàng(冲账). ¶ いつかの借金はこれで～しよう yǐ zhège díxiāo jiùzhàng(以这个抵消旧账).

そうさい【総裁】 zǒngcái(总裁).

そうざい【惣菜】 jiāchángcài(家常菜), shúcài(熟菜), shúshí(熟食), yānhuǒshí(烟火食).

そうさく【捜索】 sōusuǒ(搜索), sōuchá(搜查), jīchá(缉查). ¶ 遭難者を～する sōuxún yùnàn de rén(搜寻遇难的人). ¶ 事務所を～する duì bànshìchù jìnxíng sōuchá(对办事处进行搜查). ¶ 警察が～中の犯人 gōng'ānjú suǒ sōusuǒ de zuìfàn(公安局所搜索的罪犯).

¶～隊 sōuchádui(搜查队). ¶～状 sōucházhèng(搜查证). 家宅～ sōuchá zhùzhái(搜查住宅).

そうさく【創作】 chuàngzuò(创作), chuàngbiān(创编). ¶ 雑誌に～を発表する zài zázhì shang fābiǎo chuàngzuò(在杂志上发表创作). ¶ 彼は現在～に没頭している tā xiànzài máitóu chuàngzuò(他现在埋头创作). ¶～欲が湧く yǒngqǐle chuàngzuò yùwàng(涌起了创作欲望). ¶ その話は完全な～だよ nà huà wánquán shì niēzào de(那话完全是捏造的).

ぞうさく【造作】 ¶ 店の～を変える gǎibiàn diànnèi zhuāngshì(改变店内装饰). ¶ 顔の～がまずい zhǎngde bù hǎokàn(长得不好看).

ぞうさつ【増刷】 zēngyìn(增印). ¶ 好評につき～中です bódé hǎopíng, zhèngzài zēngyìn(博得好评,正在增印).

そうざらい【総ざらい】 ¶ 発表前の～ gōngyǎn qián de zǒng páiliàn(公演前的总排练). ¶ 入試の前にもう一度ッとおく zài rùxué kǎoshì zhī qián zuò yí cì zǒng fùxí(在入学考试之前做一次总复习).

そうざん【早産】 zǎochǎn(早产).

ぞうさん【増産】 zēngchǎn(增产). ¶ 小麦を～する zēngchǎn xiǎomài(增产小麦).

そうし【創始】 chuàngshǐ(创始). ¶～者 chuàngshǐzhě(创始者)/ chuàngshǐrén(创始人).

そうじ【相似】 xiāngsì(相似). ¶ この2つの3角形は～だ zhè liǎng ge sānjiǎoxíng xiāngsì(这两个三角形相似).

¶～形 xiāngsìxíng(相似形).

そうじ【掃除】 dǎsǎo(打扫), sǎochú(扫除). ¶ 庭を～する dǎsǎo yuànzi(打扫院子). ¶ どの部屋も～が行き届いている nǎ jiān wūzi dōu dǎsǎode gānggānjìngjìng(哪间屋子都打扫得干干净净). ¶ 耳の穴を～する tāo ěrduo(掏耳朵).

¶～道具 qīngsǎo yòngjù(清扫用具). 大～ dàsǎochú(大扫除). 電気～機 diàndòng xīchénqì(电动吸尘器)/ xīchénqì(吸尘器).

ぞうし【増資】 zēngjiā zīběn(增加资本). ¶ 事業拡張のため～する wèi kuòdà shìyè zēngjiā zīběn(为扩大事业增加资本).

そうしき【葬式】 zàngli(葬礼), sāngshì(丧事), báishì(白事). ¶ 友人の～に行く qù cānjiā péngyou de zànglǐ(去参加朋友的葬礼). ¶～を出す bàn báishì(办白事)/ jǔxíng zànglǐ(举行葬礼).

そうじしょく【総辞職】 ¶ 内閣の～を要求する yāoqiú nèigé zǒng cízhí(要求内阁总辞职).

そうしそうあい【相思相愛】 xiāngqīn-xiāng'ài(相亲相爱). ¶ 2人は～の仲です tā liǎ shì xiāngqīn-xiāng'ài de qínglǚ(他俩是相亲相爱的情侣).

そうしつ【喪失】 sàngshī(丧失), shīdiào(失掉). ¶ 自信を～する sàngshī[shīdiào] xìnxīn(丧失[失掉]信心).

¶ 記憶～ jìyì sàngshī(记忆丧失).

そうじて【総じて】 ¶ 金持は～けちなものだ zǒngéryánzhī[zǒngzhī] yǒuqiánrén dōu shì lìnsèguǐ(总而言之[总之]有钱人都是吝啬鬼). ¶ 試運転の結果は～良好だった shìchē de jiéguǒ ˇzǒng de lái[yìbān lái] shuō liánghǎo(试车的结果ˇ总的来[一般来]说良好).

そうしゃ【壮者】 zhuàngniánrén(壮年人). ¶ あの老人は～をしのぐ元気さだ nà wèi lǎorén bǐ zhuàngniánrén hái yào yǒu jīngshen(那位老人比壮年人还要有精神).

そうしゃ【走者】 **1**〔陸上競技の〕sàipǎo yùndòngyuán(赛跑运动员).

2〔野球の〕pǎolěiyuán(跑垒员).

そうしゃ【掃射】 sǎoshè(扫射). ¶ 陣地は機銃～を浴びた zhèndì zāodàole jīqiāng sǎoshè(阵地遭到了机枪扫射).

そうしゃ【操車】 diàochē(调车). ¶～係 diàochēyuán(调车员). ～場 diàochēchǎng(调车场).

そうじゅう【操縦】 **1**〔機械などを〕jiàshǐ(驾驶), cāozòng(操纵). ¶ 飛行機を～する jiàshǐ [jià/kāi] fēijī(驾驶[驾/开]飞机).

¶～桿 cāozònggǎn(操纵杆). ～士 fēijī jiàshǐyuán(飞机驾驶员). ～席 jiàshǐcāng(驾驶舱)/ zuòcāng(座舱).

2〔人を〕jiàyù(驾驭·驾御). ¶ 彼女は夫を巧みに～する tā hěn huì jiàyù zhàngfu(她很会驾驭丈夫).

ぞうしゅう【増収】 zēngshōu(增收). ¶ 今月は1割の～になった zhège yuè shōurù zēngjiāle yì chéng(这个月收入增加了一成). ¶ 天候に恵まれ今年は～は間違いない fēngtiáo-yǔshùn dàozi zēngchǎn quèdìng búyí(风调雨顺稻子增产确定不移).

そうじゅく【早熟】 zǎoshú(早熟). ¶～の品種 zǎoshú de pǐnzhǒng(早熟的品种). ¶ このごろの子は昔より～だといわれている jùshuō jìnlái de háizi bǐ guòqù yào zǎoshú(据说近来的孩子比过去要早熟).

そうしゅん【早春】 zǎochūn(早春).

そうしょ【草書】 cǎoshū(草书), cǎotǐ(草体).

そうしょ【叢書】 cóngshū(丛书).

ぞうしょ【蔵書】 cángshū(藏书). ¶～印 cángshū yòng yìn(藏书用印). ～家 cángshūjiā(藏书家).

そうしょう【相称】 duìchèn(对称). ¶左右～ zuǒyòu duìchèn(左右对称).

そうしょう【総称】 zǒngchēng(总称), tǒngchēng(统称). ¶小説,戯曲,詩などを～して文学という xiǎoshuō, xìjù, shī děng zǒngchēng wéi wénxué(小说、戏剧、诗等总称为文学).

そうじょう【奏上】 shàngzòu(上奏), shàng biǎo(上表). ¶交渉の経過を～する shàngzòu jiāoshè de jīngguò(上奏交涉的经过).

そうじょう【相乗】 xiāngfǔ-xiāngchéng de zuòyòng(相辅相成的作用). ～平均 jǐhé píngjūnshù(几何平均数).

そうじょう【騒擾】 sāorǎo(骚扰). ¶～罪 sāorǎozuì(骚扰罪).

そうようしょくぶつ【双子葉植物】 shuāngzǐyè zhíwù(双子叶植物).

そうしょく【草食】 cǎoshí(草食). ¶～動物 cǎoshí dòngwù(草食动物).

そうしょく【装飾】 zhuāngshì(装饰). ¶～品 zhuāngshìpǐn(装饰品). 室内～ shìnèi zhuāngshì(室内装饰).

ぞうしょく【増殖】 zēngzhí(增殖), zēngshēng(增生). ¶癌細胞は異常に～する ái xìbāo yìcháng zēngzhí(癌细胞异常增殖). ¶～炉 zēngzhí fǎnyìngduī(增殖反应堆).

そうしれいかん【総司令官】 zǒngsīlìng(总司令).

そうしん【送信】 fāsòng(发送), fāshè(发射). ¶新設のテレビ局が～を始めた xīn kāishè de diànshìtái kāishǐ bōsòng le(新开设的电视台开始播送了).
¶～機 fāshèjī(发射机)/ fābàojī(发报机)/ fāsòngjī(发送机).

ぞうしん【増進】 zēngjìn(增进). ¶健康～のため毎朝ランニングをしている wèile zēngjìn jiànkāng měitiān zǎochén pǎobù(为了增进健康每天早晨跑步). ¶食欲を～させる zēngjìn shíyù(增进食欲).

そうしんぐ【装身具】 shǒushi(首饰).

そうすい【総帥】 tǒngshuài(统帅).

ぞうすい【増水】 zhǎng shuǐ(涨水). ¶川が～した héli zhǎng shuǐ le(河里涨水了).

ぞうすい【雑炊】 càizhōu(菜粥).

そうすう【総数】 zǒngshù(总数).

そうすかん【総すかん】 ¶先生に進言してクラスメートの～を食らった yóuyú xiàng lǎoshī jìnle yìyán jiéguǒ yǐnqǐle tóngxuémen de dàfǎngǎn(由于向老师进了一言结果引起了同学们的大反感).

そう·する【奏する】 ¶注射が効を～した dǎzhēn zòuxiào[jiànxiào] le(打针奏效[见效]了).

ぞう·する【蔵する】 cángyǒu(藏有). ¶この図書館は20万冊の書籍を～している zhège túshūguǎn cángyǒu èrshí wàn cè shūjí(这个图书馆藏有二十万册书籍).

そうすると ¶～私は2時に出なければなりませんね nàme shuō[zhèyàng yìlái], wǒ děi zài liǎng diǎnzhōng chū jiāmén(那么说[这样一来],我得在两点钟出家门).

そうせい【早世】 zǎoyāo(早夭), yāozhé(夭折), yāowáng(夭亡), yāoshì(夭逝), yāoshāng(夭殇). ¶姉は～した wǒ de jiějie zǎoyāo le(我的姐姐早夭了).

そうせい【総勢】 ¶～5万の軍 zǒnggòng wǔwàn jūnduì(总共五万军队).

ぞうせい【造成】 ¶宅地～ jiànzào zhùzhái yòngdì(建造住宅用地). ～地 jiànzàodì(建造地).

ぞうぜい【増税】 zēngshuì(增税). ¶5パーセントの～をする zēngshuì bǎifēn zhī wǔ(增税百分之五).

そうせいじ【双生児】 luánshēngzǐ(孪生子), shuāngshēngzǐ(双生子). ¶一卵性～ dānhézǐ shuāngtāi(单合子双胎).

そうせいじ【早生児】 zǎochǎn'ér(早产儿), zǎoshēng'ér(早生儿).

そうせき【僧籍】 ¶～に入る rù kōngmén(入空门).

そうせつ【創設】 chuàngshè(创设), chuànglì(创立), chuàngbàn(创办). ¶診療所を～する chuàngshè zhěnliáosuǒ(创设诊疗所).

そうぜつ【壮絶】 cǎnliè(惨烈). ¶～な戦闘 jíwéi cǎnliè de zhàndòu(极为惨烈的战斗). ¶～な戦死 cǎnliè xīshēng(惨烈牺牲).

ぞうせつ【増設】 zēngshè(增设). ¶電話を～する zēngshè diànhuà(增设电话). ¶小学校を8校を～する zēngshè bā suǒ xiǎoxué(增设八所小学).

そうぜん【騒然】 sāorán(骚然). ¶その発言に満場～となった nàge fāyán shǐ quánchǎng sāodòng(那个发言使全场骚动). 人情～としている mínxīn qúnqíng sāorán(民心群情骚然).

ぞうせん【造船】 zàochuán(造船). ¶～業 zàochuányè(造船业). ～所 zàochuánchǎng(造船厂).

そうせんきょ【総選挙】 dàxuǎn(大选).

そうそう【早早】 1〔…するとすぐ〕 yīshǐ(伊始); gāng(刚), gānggāng(刚刚). ¶開店～火事にあった kāizhāng yīshǐ jiù zāodào huǒzāi(开张伊始就遭到火灾). ¶帰宅～口論が始まった gāng huíjiā jiù chǎoqǐ jià lai(刚回家就吵起架来). ¶来月～に伺います xiàyuèchū qù bàifǎng(下月初去拜访).

2〔急いで〕 ¶彼の機嫌が悪いので～に退散した kàn tā qíngxù bù hǎo, gǎnjǐn zǒukāi le(看他情绪不好,赶紧走开了).

そうそう【草創】 cǎochuàng(草创). ¶～期 cǎochuàng shíqí(草创时期).

そうそう【錚錚】 ¶～たる学者 dàmíng dǐngdǐng de xuézhě(大名鼎鼎的学者).

そうぞう【創造】 chuàngzào(创造). ¶彼は～力に富んでいる tā fùyǒu chuàngzàolì(他富有创造力). ¶天地～ tiāndì shǐzào wànwù(天地始造万物). ～者 chuàngshìzhǔ(创世主).

そうぞう【想像】 xiǎngxiàng(想像・想象). ¶

彼は私の～していたとおりの人だった tā zhèngshì wǒ suǒ xiǎngxiàng de rén(他正是我所想像的人). ¶～をたくましくする fāhuī xiǎngxiànglì(发挥想像力). ¶～を絶するような出来事 jiǎnzhí shì wúfǎ xiǎngxiàng de shì(简直是无法想像的事). ¶あとは君の～にまかせる yǐhòu suí nǐ xiǎngxiàng ba(以后随你想像吧). ¶鳳凰は～上の動物だ fènghuáng shì xiǎngxiàng zhōng de dòngwù(凤凰是想像中的动物). ¶～力が乏しい quēfá xiǎngxiànglì(缺乏想像力).

そうぞうし・い【騒騒しい】 cáozá (嘈杂), chǎonào (吵闹), xuānxiāo (喧嚣), xuānhuá (喧哗), xuānnào (喧闹). ¶機械の音が～い jīqìshēng cáozá (机器声嘈杂). ¶～い足音がする tīngjian záluàn de jiǎobùshēng (听见杂乱的脚步声). ¶外が～いようだが何かあったのだろうか wàimian xuānhuá hǎoxiàng chū shénme shìr le (外面喧哗好像出什么事儿了). ¶世の中が～い shìdào bù ānníng (世道不安宁).

そうそく【総則】 zǒngzé (总则).

そうぞく【相続】 qíngshòu (赙受), chéngshòu (承受), jìchéng (继承), chéngjì (承继). ¶父の遺産を～する jìchéng fùqin de yíchǎn (继承父亲的遗产).
¶～税 jìchéngshuì (继承税)/ yíchǎnshuì (遗产税). ~権 jìchéngquán (继承权). ~人 jìchéngrén (继承人).

そうふ【曾祖父】 〔父系の〕 zēngzǔfù (曾祖父), zēngzǔ (曾祖), lǎoyéye (老爷爷), tàigōng (太公), tàiyé (太爷), tàishì (太太).

そうぼ【曾祖母】 〔父系の〕 zēngzǔmǔ (曾祖母), lǎonǎinai (老奶奶), tàipó (太婆), tàitai (太太).

そうそん【曾孫】 〔男〕 zēngsūn (曾孙); 〔女〕 zēngsūnnǚ[r] (曾孙女[儿]).

そうだ それも～ nǐ shuō de bú cuò (你说的不错)/ shuōde duì (说得对). ¶～、そのとおり duì, shì nàyàng (对，是那样)/ shì de, zhèngshì nàme yìhuízìshì (是的，正是那么一回事). ¶～、あの人に聞こう duìle, xiàng tā dǎtīng dǎtīng (对了，向他打听打听). ¶～、こうすれば解けるぞ zhēnshi! zhèyàng jiù kěyǐ jiěchulai le! (真是! 这样就可以解出来了!).

そうたい【早退】 zǎotuì (早退). ¶今日会社を～した wǒ jīntiān yóu gōngsī zǎotuì le (我今天由公司早退了).

そうたい【相対】 xiāngduì (相对). ¶収入は少しふえたが物価が上がって生活は～的に苦しくなった suīrán shōurù shāo yǒu zēngjiā, dàn wùjià shàngzhǎng, shēnghuó háishì xiāngduì de xiàjiàng le (虽然收入稍有增加，但物价上涨，生活还是相对地下降了).
¶～性原理 xiāngduìxìng yuánlǐ (相对性原理).

そうだい【壮大】 hóngdà (宏大), hóngwěi (宏伟), zhuàngkuò (壮阔), xióngwěi (雄伟). ¶～な景色 zhuàngkuò de jǐngzhì (壮阔的景致). ¶～な展望 hóngdà de zhǎnwàng (宏大的展望). ¶～な伽藍 hóngwěi de qiélán (宏伟的伽蓝).

そうだい【総代】 ¶卒業生～として答辞を読む zuòwéi quántǐ bìyèshēng de dàibiǎo zhì dácí (作为全体毕业生的代表致答词).

ぞうだい【増大】 zēngdà (增大), zēngduō (增多). ¶失業者の数が～した shīyè rénshù zēngduō[zēngjiā] (失业人数增多[增加]). ¶不安が～する bù'ān yuèfā zēngdà (不安越发增大).

そうだち【総立ち】 ¶興奮のあまり観客は～になった quánchǎng guānzhòng xīngfènde dōu zhànlì qilai (全场观众兴奋得都站立起来).

そうだつ【争奪】 zhēngduó (争夺). ¶優勝杯の～戦 zhēngduó yōushèngjiǎngbēi de bǐsài (争夺优胜奖杯的比赛).

そうだん【相談】 shāngliang (商量), shāngtǎo (商讨), shāngtán (商谈), cuōshāng (磋商), qiàshāng (洽商), qiàtán (洽谈). ¶就職について父に～する hé fùqin shāngliang jiùyè wèntí (和父亲商量就业问题). ¶友人から～を受ける péngyou zhēngqiú wǒ de yìjiàn (朋友征求我的意见). ¶君に大事な～がある wǒ yǒu jiàn zhòngyào de shì xiǎng gēn nǐ shāngliang (我有件重要的事想跟你商量). ¶私には何の～もなかった méiyǒu zhēngqiúguo wǒ shénme yìjiàn (没有征求过我什么意见). ¶彼女らの間には～ができているらしい tāmen zhī jiān hǎoxiàng zài sīxià yǐjīng shāngyihǎo le (她们之间好像在私下已经商议好了). ¶法律～に応じます dáfù yǒuguān fǎlǜ zīxún (答复有关法律咨询). ¶何かあったら私が～相手になります yǒu shì zhǎo wǒ shāngliang (有事找我商量). ¶何事も～ずくで進める fánshì jīng shāngyì hòu jìnxíng (凡事经商议后进行). それはとてもできない～だ nà shì gēnběn bànbudào de shì (那是根本办不到的事).

そうち【装置】 zhuāngzhì (装置), shèbèi (设备). ¶時限爆弾を～する zhuāngzhì dìngshí zhàdàn (装置定时炸弹).
¶舞台～ wǔtái zhuāngzhì (舞台装置). 冷房～ lěngqì shèbèi (冷气设备).

ぞうちく【増築】 tiān gài (添盖), zēng gài (增盖). ¶ひと部屋～する zēng gài yì jiān wūzi (增盖一间屋子). ¶1棟～する zēngjiàn yí dòng (增建一栋). ¶工場を～する kuòjiàn gōngchǎng (扩建工厂).
¶～工事 kuòjiàn gōngchéng (扩建工程).

そうちょう【早朝】 qīngzǎo (清早), yīqīngzǎo (一清早), yídàzǎo (一大早), yìzǎo[r] (一早[儿]), qīngchén (清晨). ¶明日の～に到着します míngtiān qīngzǎo dàodá (明天清早到达).
¶～訓練 chénliàn (晨练).

そうちょう【荘重】 zhuāngzhòng (庄重). ¶～な儀式 zhuāngzhòng de yíshì (庄重的仪式).

そうちょう【総長】 zǒngzhǎng (总长). ¶国連事務～ Liánhéguó mìshūzhǎng (联合国秘书长). 検事～ zuìgāo jiǎncházhǎng (最高检察长). 参謀～ zǒngcānmóuzhǎng (总参谋长)/ zǒngzhǎng (总长). T大学～ T dàxué xiàozhǎng (T大学校长).

ぞうちょう【増長】 ¶それは彼のわがままを〜させるだけだ nà zhǐ huì yuèfā shǐ tā rènxìng 那只会越发使他任性). ¶黙っていればどこまで〜するか分らない rúguǒ fàngrèn bù guǎn, bù zhīdào huì fāzhǎn dào shénme dìbù (如果放任不管,不知道会发展到什么地步).

そうで【総出】 ¶一家で〜で麦の収穫をする quánjiā chūdòng gēmài (全家出动割麦). ¶村中〜で彼を歓迎した quáncūn huānyíngle tā (全村欢迎了他).

そうてい【装丁】 zhuāngzhēn (装帧); zhuāngdìng (装订). ¶豪華な〜の本 zhuāngzhēn háohuá de shū (装帧豪华的书).

そうてい【想定】 ¶事故を〜して訓練する zài fāshēng shìgù de jiǎshè xià jìnxíng xùnliàn (在发生事故的假设下进行训练). ¶この〜のもとに見通しを立てれば… zài zhège shèxiǎng xià gūjì … (在这个设想下估计…).

ぞうてい【贈呈】 zèngsòng (赠送), fèngzèng (奉赠), fèngsòng (奉送). ¶記念品を〜する zèngsòng jìniànpǐn (赠送纪念品).

そうてん【争点】 ¶福祉問題が〜となっている shèhuì fúlì wèntí chéngwéi zhēnglùn de jiāodiǎn (社会福利问题成为争论的焦点).

そうてん【装填】 zhuāngtián (装填), zhuāngrù (装入), zhuāngshàng (装上). ¶弾を〜する zhuāng dàn (装弹) / shàng táng (上膛). ¶カメラにフィルムを〜する bǎ jiāojuǎnr zhuāngrù zhàoxiàngjī (把胶卷儿装入照相机).

そうでん【送電】 shūdiàn (输电). ¶〜線 shūdiànxiàn (输电线) / shūdiànlùxiàn (电力线).

そうと【壮途】 ¶北極探検の〜 tàshàng běijí tànxiǎn de zhēngtú (踏上北极探险的征途).

そうとう【相当】 **1**〔相応〕xiāngdāng (相当), xiāngyìng (相应). ¶それ〜の処置をする cǎiqǔ yǔ zhī xiāngyìng de chǔzhì (采取与之相应的处置). ¶重役に〜する待遇 xiāngdāngyú dǒngshì de dàiyù (相当于董事的待遇). ¶この語に〜する日本語はない méiyǒu duìyìng yú zhège cí de Rìyǔ (没有对应于这个词的日语).

2〔かなり〕xiāngdāng (相当). ¶本人にとっては〜な苦痛だろう duì qí běnrén huòxǔ shì xiāngdāng kǔtòng de (对其本人或许是相当痛的). ¶この計画は〜の出費が予想される zhè yí jìhuà jù yùliào kāizhī xiāngdāng dà (这一计划据预料开支相当大). ¶あの店は〜繁盛している nà jiā shāngdiàn mǎimài xiāngdāng xīnglóng (那家商店买卖相当兴隆). ¶今日は〜に寒い jīntiān xiāngdāng lěng (今天相当冷).

そうとう【掃討】 sǎodàng (扫荡). ¶敵を〜する sǎodàng dírén (扫荡敌人).

そうどう【騒動】 sāodòng (骚动), sāoluàn (骚乱), luànzi (乱子), fēngcháo (风潮). ¶〜を起こす sāodòng (骚动) / nào fēngcháo (闹风潮) / nào shì (闹事) / zhàoshì (肇事). ¶ひと〜持ち上がりそうだ xiàngshì yào chū yì cháng luànzi (像是要出一场乱子). ¶A社のお家〜 B gōngsī de nèihòng (B公司的内讧).

¶学校〜 xuécháo (学潮).

ぞうとう【贈答】 zèngdá (赠答). ¶〜品 zèngpǐn (赠品) / zènglǐ (赠礼) / lǐpǐn (礼品) / lǐwù (礼物).

そうどういん【総動員】 zǒngdòngyuán (总动员). ¶国民を〜して侵略者に立ち向う quánmín zǒngdòngyuán, dǐkàng qīnlüèzhě (全民总动员,抵抗侵略者). ¶友達を〜して引越を手伝わせた dòngyuán suǒyǒu de péngyǒu lái bāngzhù bānjiā (动员所有的朋友来帮助搬家).

そうトンすう【総トン数】 zǒngdūnshù (总吨数), zǒngdūnwèi (总吨位).

そうなめ【総嘗め】 ¶火が村を〜にした huǒ bǎ zhěnggè cūnzi shāohuǐ le (火把整个村子烧毁了). ¶相手を〜にした bǎ suǒyǒu de duìshǒu quán dǎbài le (把所有的对手全打败了).

そうなん【遭難】 yùnàn (遇难), yùxiǎn (遇险), zāonàn (遭难), bèinàn (被难). ¶今日山で〜があった jīntiān zài shānshang yǒu rén yùnàn le (今天在山上有人遇难了). ¶気象が激変して多くの〜船が出た tiānqì tūbiàn, yǒu xǔduō chuán zhī shīshì le (天气突变,有许多船只失事了).

¶〜救助隊 qiǎngjiùduì (抢救队). 〜現場 zāonàn xiànchǎng (遭难现场). 〜者 yùnànzhě (遇难者). 〜信号 hūjiào [yùxiǎn] xìnhào (呼救[遇险]信号).

ぞうに【雑煮】 huìniángāo (烩年糕). ¶日本では正月に〜を食べる zài Rìběn, yuándàn chī huìniángāo (在日本,元旦吃烩年糕).

そうにゅう【挿入】 chārù (插入). ¶胃カメラを〜して検査をする chārù wèijìng jìnxíng jiǎnchá (插入胃镜进行检查). ¶正誤表を〜する chārù kānwùbiǎo (插入勘误表).

¶〜句 chārùjù (插入句).

そうねん【壮年】 zhuàngnián (壮年), shèngnián (盛年).

そうは【走破】 ¶30キロを〜した pǎowán sānshí gōnglǐ (跑完三十公里).

そうば【相場】 **1**〔投機〕¶〜に手を出してすっからかんになってしまった chāshǒu tóujī mǎimài nòngde shēn wú fēn wén le (插手投机买卖弄得身无分文了).

¶〜師 tóujīshāng (投机商).

2〔時value〕hángshì (行市), hángqíng (行情), shìjià (市价), páijià (牌价). ¶旱魃のため小麦の〜が上がった yóuyú hànzāi xiǎomài de hángqíng kànzhǎng (由于旱灾小麦的行情看涨).

¶株式〜 gǔpiào hángshì (股票行市). 為替〜 wàihuì hángqíng (外汇行情).

3〔評価, 通念〕¶夏は暑いものと〜が決っている xiàtiān rè cónglái rúcǐ (夏天热从来如此). ¶香典の〜は今いくらだろう diànlǐ yìbān sòng duōshao qián? (奠礼一般送多少钱?).

ぞうはい【増配】 ¶A社は〜を発表した A gōngsī fābiǎole zēng fā gǔxī de juédìng (A公司发表了增发股息的决定).

そうはく【蒼白】 cāngbái (苍白), cǎnbái (惨白), shuàibái (刷白), shàbái (煞白). ¶恐ろしさのあ

まり顔面～となった jīngxiàde liǎnsè biàn cāngbái le(惊吓得脸色变苍白了)/ jīngkǒng wànzhuàng, liǎnsè cǎnbiàn(惊恐万状, 脸色惨变).

そうはつ【双発】 shuāngyǐnqíng(双引擎). ¶～の旅客機 shuāngyǐnqíng kèjī(双引擎客机).

ぞうはつ【増発】 ¶臨時列車を～する zēng kāi línshí lièchē(增开临时列车). ¶紙幣を～する zēngjiā fāxíng zhǐbì(增加发行纸币).

そうばな【総花】 ¶今期予算の配分は～式だ zhè qī yùsuàn de fēnpèi shì jūnfēnshì de(这期预算的分配是均分式的).

そうばん【早晩】 zǎowǎn(早晚), chízǎo(迟早). ¶この事件も～解決するであろう zhège shìjiàn zǎowǎn huì jiějué de(这个事件早晚会解决的).

ぞうはん【造反】 zàofǎn(造反). ¶～分子 zàofǎn fènzǐ(造反分子).

そうび【装備】 zhuāngbèi(装备), pèibèi(配备). ¶不完全な～で冬山へ登るのは危険だ dōngtiān méiyǒu chōngfēn zhuāngbèi jiù dēng shān, kě tài wēixiǎn le(冬天没有充分装备就登山, 可太危险了). ¶核兵器を～する zhuāngbèi héwǔqì(装备核武器).

ぞうひびょう【象皮病】 xiàngpíbìng(象皮病), sīchóngbìng(丝虫病), xuèsīchóngbìng(血丝虫病), cūtuǐbìng(粗腿病).

そうふ【送付】 dìsòng(递送). ¶書類を～する dìsòng wénjiàn(递送文件).

ぞうふ【臓腑】 zàngfǔ(脏腑).

そうふう【送風】 gǔfēng(鼓风), sòngfēng(送风). ¶～管 gǔfēngguǎn(鼓风管)/ sòngfēngguǎn(送风管). ¶～機 gǔfēngjī(鼓风机)/ sòngfēngjī(送风机)/ fēngjī(风机).

ぞうふく【増幅】 fàngdà(放大). ¶真空管で～する yòng zhēnkōngguǎn fàngdà(用真空管放大). ¶～器 fàngdàqì(放大器). ～作用 fàngdà zuòyòng(放大作用).

ぞうぶつ【臓物】 zāngwù(赃物), zéizāng(贼赃).

ぞうぶつしゅ【造物主】 zàowùzhǔ(造物主).

ぞうへいきょく【造幣局】 zàobìchǎng(造币厂).

そうへき【双璧】 shuāngbì(双璧). ¶李白と杜甫は唐詩の～だ Lǐ Bái hé Dù Fǔ shì Tángshī de shuāngbì(李白和杜甫是唐诗的双璧).

そうべつ【送別】 sòngbié(送别), sòngxíng(送行), jiànbié(钱别), jiànxíng(钱行). ¶彼のために～の宴をはる wèi tā kāi huānsònghuì(为他开欢送会)/ gěi tā jiànxíng(给他钱行). ¶～の辞を述べる zhì sòngbiécí(致送别词).

ぞうほ【増補】 zēngbǔ(增补), zēngdìng(增订). ¶～版 zēngbǔbǎn(增补版).

そうほう【双方】 shuāngfāng(双方). ¶当事者～を呼んで言い分を聞く chuánhuàn shuāngfāng dāngshìrén tīngqǔ yìjiàn(传唤双方当事人听取意见). ¶～合意の上で行う zài shuāngfāng tóngyì zhī xià jìnxíng(在双方同意之下进行).

そうほん【草本】 cǎoběn(草本). ¶～植物 cǎoběn zhíwù(草本植物).

そうほんざん【総本山】 zǒngběnshān(总本山).

そうまとう【走馬灯】 zǒumǎdēng(走马灯).

そうむ【総務】 zǒngwù(总务). ¶～部 zǒngwùchù(总务处).

そうめい【聡明】 cōngming(聪明). ¶～な人 cōngming de rén(聪明的人).

そうめん【素麵】 guàmiàn(挂面).

ぞうもつ【臓物】 nèizàng(内脏); [食用として] xiàshuǐ(下水).

ぞうよ【贈与】 zèngyǔ(赠与). ¶財産を～する zèngyǔ cáichǎn(赠与财产). ¶～税 zèngyǔshuì(赠与税).

そうらん【総覧】 zǒnglǎn(总览), huìbiān(汇编). ¶電気工学～ diàngōngxué huìbiān(电工学汇编).

そうらん【騒乱】 sāoluàn(骚乱), sāodòng(骚动), luànzi(乱子).

ぞうり【草履】 cǎoxié(草鞋). ¶～虫 cǎolǚchóng(草履虫).

そうりだいじん【総理大臣】 zǒnglǐ dàchén(总理大臣), zǒnglǐ(总理).

そうりつ【創立】 chuànglì(创立), chuàngbàn(创办), chuàngjiàn(创建). ¶会社を～する chuàngbàn gōngsī(创办公司). ¶～70周年 chuànglì qīshí zhōunián(创立七十周年). ¶～記念日 chuànglì jìniànrì(创立纪念日). ～者 chuànglìzhě(创立者)/ chuànglìrén(创立人).

そうりょ【僧侶】 sēnglǚ(僧侣).

そうりょう【送料】 yóufèi(邮费), yóuzī(邮资); yùnfèi(运费).

そうりょう【総量】 zǒngliàng(总量).

そうりょう【総領】 lǎodà(老大), dà háizi(大孩子).

そうりょうじ【総領事】 zǒnglǐngshì(总领事).

そうりょく【総力】 ¶～をあげて戦う diàodòng quánbù lìliang[qīng quánlì] jìnxíng zhàndòu(调动全部力量[倾全力]进行战斗). ¶～戦 zǒngtǐzhàn(总体战).

ぞうりん【造林】 zàolín(造林). ¶荒地を拓いて～する kāihuāng zàolín(开荒造林).

そうるい【藻類】 zǎolèi(藻类).

そうれい【壮麗】 zhuànglì(壮丽). ¶～な建築 zhuànglì de jiànzhù(壮丽的建筑).

そうれつ【壮烈】 zhuàngliè(壮烈). ¶～な戦死を遂げた zài zhàndòu zhōng zhuàngliè xīshēng le(在战斗中壮烈牺牲了).

そうれつ【葬列】 ¶～がしずしずと進む sòngbìn[sòngzàng] hángliè xúxú xiàng qián(送殡[送葬]行列徐徐向前).

そうろ【走路】 pǎodào(跑道).

そうろう【早漏】 zǎoxiè(早泄).

そうろん【総論】 zǒnglùn(总论).

そうわ【挿話】 chāhuà(插话). ¶彼の少年時代は愉快な～に満ちている tā shàonián shídài yǒu xǔduō yúkuài de chāqǔ(他少年时代有许多愉快的插曲).

そうわ【総和】 zǒnghé(总和).

ぞうわい【贈賄】 xínghuì(行贿). ¶～罪に問われる bèi wèn xínghuìzuì(被问行贿罪).

そうわき【送話器】 fāhuàqì (发话器), huàtǒng (话筒).

そえがき【添書】 ¶~で念を押す fùbǐ jiāyǐ dīngníng zhǔfu (附笔加以叮咛嘱咐).

そえぎ【副え木】 tuōbǎn (托板), jiābǎn (夹板)〈外科用の〉. ¶腕に~をあてる wǎng gēbo shang shàng jiābǎn (往胳膊上上夹板). ¶植木に~をする gěi shùmù jiāshàng mùgùn zhīchēng (给树木加上木棍支撑).

そえもの【添え物】 ¶私などは~にすぎません xiàng wǒ zhèyàng de rén kěyǒu-kěwú zhǐshì yí gè diǎnzhui (像我这样的人可有可无只是一个点缀).

そ・える【添える】 fù (附), fùshàng (附上). ¶手紙に写真を~えて送る suí xìn fùjì zhàopiàn (随信附寄照片). ¶色どりに人参を~える wèile diǎnzhuì tiáosè fàng húluóbo (为了点缀配上胡萝卜). ¶プレゼントにカードを~える zài lǐwù shang fùshàng kǎpiàn (在礼物上附上卡片). ¶一言お口を~えていただきたい qǐng bāng wǒ shuō jǐ jù huà (请帮我说几句话). ¶錦上花を~える jǐn shàng tiān huā (锦上添花).

そえん【疎遠】 shūyuǎn (疏远). ¶彼女との間がだんだん~になっている hé tā jiànjiàn de shūyuǎn le (和她渐渐地疏远了).

ソース jiàngzhī (酱汁). ¶ウスター~ làjiàngyóu (辣酱油). タルタル~ jīmo dànhuáng jiàngzhī (芥末蛋黄酱汁). トマト~ fānqié jiàngzhī (番茄酱汁). ホワイト~ báinǎiyóu jiàngzhī (白奶油酱汁).

ソーセージ làcháng[r] (腊肠[儿]), xiāngcháng[r] (香肠[儿]).

ソーダ sūdá (苏打), tànsuānnà (碳酸钠), chúnjiǎn (纯碱). ¶~ガラス nàbōli (钠玻璃). ~水 sūdáshuǐ (苏打水). ~石灰 jiǎnshíhuī (碱石灰). 苛性~ kēxìngnà (苛性钠)/ shāojiǎn (烧碱)/ qīngyǎnghuànà (氢氧化钠). 洗濯~ xǐdíjiǎn (洗涤碱).

ソート páixù (排序), pailiè (排列). ¶ABC 順に~する àn ABC páiliè (按 ABC 排列).

ソーラー tàiyángnéng lìyòng xìtǒng (太阳能利用系统). ~カー tàiyángnéng qìchē (太阳能汽车). ~エネルギー tàiyángnéng (太阳能).

そかい【租界】 zūjiè (租界).

そかい【疎開】 shūsàn (疏散). ¶戦争中は田舎に~していた zhànshí shūsàn dào xiāngxià qù le (战时疏散到乡下去了). ¶強制~ qiángzhì qiānyí (强制迁移).

そがい【阻害】 zǔ'ài (阻碍). ¶産業の発展を~する zǔ'ài chǎnyè de fāzhǎn (阻碍产业的发展).

そがい【疎外】 ¶仲間に~される bèi péngyou shūyuǎn (被朋友疏远). ¶~感 shūyuǎngǎn (疏远感). 自己~ zìwǒ yìhuà (自我异化).

そかく【組閣】 zǔ gé (组阁).

そきゅう【遡及】 ¶法律不~の原則 fǎlǜ bú sù jìwǎng de yuánzé (法律不溯既往的原则).

-そく【足】 shuāng (双). ¶靴 1 ~ yì shuāng xié (一双鞋).

そ・ぐ【殺ぐ】 xiāo (削). ¶人参を~ぐ xiāo húluóbo (削胡萝卜). ¶耳を~ぐ xiāodiào ěrduo (削掉耳朵). ¶気勢を~がれる bèi cuòle qìshì (被挫了气势). ¶興味を~がれる sǎoxìng (扫兴).

ぞく【俗】 1【世間一般】 ¶~に急がば回れと言う súhuà shuō yù sù zé bù dá (俗话说欲速则不达). ¶~な言い方をすれば… tōngsú diǎnr shuō …(通俗点儿说…).
2【低俗】 sú (俗), súqì (俗气), yōngsú (庸俗), cūsú (粗俗), dījí (低级). ¶あれは~な人間だ nà shì ge "yōngsú[sú bù kě nài] de rén (那是个"庸俗[俗不可耐]的人). ¶~な趣味 dījí de shìhào (低级的嗜好). ¶あの絵は~だ nà zhāng huà tài súqì (那张画太俗气).

ぞく【属】 shǔ (属). ねこ科ねこ~ māokē māoshǔ (猫科猫属).

ぞく【賊】 zéi (贼). ¶昨日~が入った zuótiān nàole zéi (昨天闹了贼). ¶~を平らげる píngdìng dàoféi (平定盗匪)/ jiǎo féi (剿匪).

-ぞく【族】 zú (族). ¶蒙古~ Ménggǔzú (蒙古族)/ Měngzú (蒙族).

ぞくあく【俗悪】 yōngsú (庸俗), dījí (低级). ¶~な音楽 yōngsú de yīnyuè (庸俗的音乐). ¶彼の趣味は~だ tā de shìhào tài dījí le (他的嗜好太低级了).

そくい【即位】 jíwèi (即位), dēngjī (登基), dēngjí (登极).

そくいん【惻隠】 cèyǐn (恻隐). ¶~の情 cèyǐn zhī xīn (恻隐之心).

ぞくうけ【俗受け】 ¶~をねらった映画 yínghé yìbānrén kǒuwèi de diànyǐng (迎合一般人口味的电影). ¶この番組は~しない zhège jiémù "bú shòu yìbānrén de huānyíng[qǔgāo-hèguǎ] (这个节目"不受一般人的欢迎[曲高和寡]).

ぞくえい【続映】 ¶好評につき来週まで~します yīn huò hǎopíng jìxù fàngyìng zhì xiàxīngqī (因获好评继续放映至下星期).

ぞくえん【続演】 ¶この芝居は半年も~されている zhè chū xì chíxù shàngyǎnle bàn nián (这出戏持续上演了半年).

そくおう【即応】 qièhé (切合), shìhé (适合), shìyìng (适应). ¶時代に~した営業方針をとる cǎiqǔ shìyìng shídài de yíngyè fāngzhēn (采取适应时代的营业方针).

ぞくご【俗語】 kǒuyǔ (口语), rìcháng yòngyǔ (日常用语), báihuà (白话).

そくざ【即座】 dāngjí (当即), jíkè (即刻), lìjí (立即), lìkè (立刻), lìzé (立刻). ¶~に答える dāngjí [dāngchǎng] huídá (当即[当场]回答). ¶~に断られた bèi yīkǒu jùjué le (被一口拒绝了).

そくさい【息災】 ¶無病~ wú bìng wú zāi (无病无灾). ¶父の~延命を祈る qídǎo fùqin píng'ān chángshòu (祈祷父亲平安长寿).

そくし【即死】 ¶乗客は全員~した chéngkè dāngjí quán sǐ le (乘客当即全死了).

そくじ【即時】 dāngjí (当即), jíkè (即刻), lìjí (立即). ¶~解散せよ lìjí jiěsàn! (立即解散!).

ぞくじ【俗字】 súzì(俗字), sútǐzì(俗体字).

ぞくじ【俗事】 súshì(俗事), súwù(俗务), chénshì(尘事). ¶~に関わらない bù guān súshì(不关俗事)/ bú wèn chénshì(不问尘事). ¶~に煩わされる bèi súshì suǒ chánrǎo(被俗事所缠扰).

そくじつ【即日】 jírì(即日), dàngrì(当日), dàngtiān(当天). ¶~開票 dàngrì kāipiào(当日开票).

そくしゃほう【速射砲】 sùshèpào(速射炮).

ぞくしゅう【俗臭】 ¶~芬々(ふん)たる坊主 súqì xūn rén de héshang(俗气熏人的和尚).

ぞくしゅう【俗習】 fēngsú xíguàn(风俗习惯).

ぞくしゅつ【続出】 ¶濃霧のため自動車事故が~している yóuyú nóngwù qìchē shìgù jiēlián fāshēng(由于浓雾汽车事故接连发生). ¶インフルエンザの患者が~した liúxíngxìng gǎnmào huànzhě búduàn chūxiàn(流行性感冒患者不断出现).

ぞくしょう【俗称】 súchēng(俗称), súmíng(俗名).

そくしん【促進】 cùjìn(促进). ¶貿易を~する cùjìn màoyì(促进贸易). ¶両国関係の正常化を~する cùjìn liǎngguó guānxi de zhèngchánghuà(促进两国关系的正常化).

ぞくじん【俗人】 yōngrén(庸人), súrén(俗人), súzǐ(俗子). ¶あいつは~だ nà jiāhuo shì ge yōngrén(那家伙是个庸人)/ tā shì ge fányōng zhī bèi(他是个凡庸之辈).

ぞくじん【俗塵】 chénshì(尘世), chénsú(尘俗), hóngchén(红尘), fánchén(凡尘). ¶~を避ける bì chénshì(避尘世).

ぞくじんしゅぎ【属人主義】 shǔrén yōuyuèquán(属人优越权).

そく・する【即する】 ¶実際に~して考える yīzhào[ànzhào]shíjì qíngkuàng lái kǎolǜ(依照[按照]实际情况来考虑). ¶このプランは現実に~していない zhège jìhuà bù fúhé shíjì[xiànshí](这个计划不切合实际[现实]).

ぞく・する【属する】 shǔyú(属于). ¶豆科に~する植物 shǔyú dòukē de zhíwù(属于豆科的植物). ¶伊豆の大島は東京都に~する Yīdòu de Dàdǎo shǔyú Dōngjīng Dū(伊豆的大岛属于东京都).

そくせい【促成】 cùchéng(促成). ¶~栽培 cùchéng zāipéi(促成栽培).

そくせい【速成】 sùchéng(速成). ¶ロシア語~講座 Éyǔ sùchéng jiǎngzuò(俄语速成讲座).

ぞくせい【属性】 shǔxìng(属性).

そくせき【即席】 ¶~で1句ものした jíxí fù shǒu shī(即席赋首诗).
¶~ラーメン fāngbiànmiàn(方便面) / kuàicānmiàn(快餐面).

そくせき【足跡】 zújì(足迹), jiǎoyìn(脚印). ¶日本の登山隊はエベレストに~を印した Rìběn dēngshānduì zài Zhūmùlǎngmǎ Fēng liúxiàle jiǎoyìn(日本登山队在珠穆朗玛峰留下了脚印). ¶A博士の研究に大きな~を残した A bóshì zài yīxué fāzhǎnshǐ shang liúxiàle guānghuī de zújì(A博士在医学发展史上留下了光辉的足迹).

ぞくせけん【俗世間】 chénsú(尘俗), chénshì(尘世), zhuóshì(浊世), chénshìjiān(尘世间), chénhuán(尘寰), hóngchén(红尘), huāhuāshìjiè(花花世界).

ぞくせつ【俗説】 ¶~によれば… jù mínjiān chuánshuō…(据民间传说…).

そくせんりょく【即戦力】 ¶~となりうる人材を採用した xīwàng lìyòng jíkè fāhuī zuòyòng de réncái(希望录用即刻发挥作用的人材).

ぞくぞく ¶何だか~と寒気がする bù zhī zěnme shēnshang lěngde dǎzhàn(不知怎么身上冷得打战). ¶蛇を見ると背中が~っとする yí jiàn shé jiù juéde bèishang fālěng(一见蛇就觉得背上发冷).

ぞくぞく【続々】 ¶花見の客が~とつめかけた kàn yīnghuā de yóukè cóngsú-bùjué[fēnzhì-tàlái/ jiēzhǒng ér lái](看樱花的游客络绎不绝[纷至沓来/ 接踵而来]). ¶市場には野菜が~入荷している shūcài yuányuán shàngshì(蔬菜源源上市). ¶代表団が~入場する dàibiǎotuán lùxù rùchǎng(代表团陆续入场). ¶情報が~と入ってくる xiāoxi yuányuán ér lái(消息源源而来).

そくたつ【速達】 kuàiyóu(快邮), kuàidì(快递); kuàixìn(快信), kuàijiàn(快件). ¶小包を~で送る yòng kuàijiàn jì bāoguǒ(用快件寄包裹).
¶~料 kuàidìfèi(快递费).

そくだん【即断】 ¶~を迫られた bèipò dāngjí juédìng(被迫当即决定).

そくだん【速断】 ¶事は~を要する gāi shì xūyào cóngsú juédìng[dāng jī lì duàn](该事须要从速决定[当机立断]). ¶原因も調べずに~する bù cháming yuányīn cǎoshuài xià jiélùn(不查明原因草率下结论).

ぞくちしゅぎ【属地主義】 shǔdì yōuyuèquán(属地优越权).

そくてい【測定】 cèdìng(测定), cèliáng(测量). ¶血圧を~する liáng xuèyā(量血压).

そくど【速度】 sùdù(速度). ¶かなりの~で走っている yòng xiāngdāng kuài de sùdù pǎozhe(用相当快的速度跑着). ¶だんだん~が落ちてきた sùdù jiànjiān de xiàjiàng le(速度渐渐地下降了).
¶~計 sùdùbiǎo(速度表) / sùdùjì(速度计) / shìsùbiǎo(示速表).

そくとう【即答】 ¶彼は~を避けた tā méiyǒu jíkè huídá[dāngjí dáfù](他没有即刻回答[当即回答]).

ぞくねん【俗念】 fánxīn(凡心). ¶~を去る pāoqì fánxīn[chénfán zhī niàn](抛弃凡心[尘凡之念]).

そくばい【即売】 dāngchǎng chūshòu(当场出售). ¶展示~会 zhǎnxiāohuì(展销会).

そくばく【束縛】 shùfù(束缚). ¶時間に~される shòu shíjiān de shùfù(受时间的束缚). ¶言論の自由を~する xiànzhì yánlùn zìyóu(限制言论自由). ¶何の~もなく自由に振舞う

méiyǒu rènhé shùfù zìyóu-zìzài xíngdòng(没有任何束缚自由自在行动り).

ぞくはつ【続発】 ¶事故が～する shìgù jiēlián fāshēng(事故接连发生).

ぞくぶつ【俗物】 súliú(俗流).

ぞくへん【続編】 xùbiān(续编).

そくほう【速報】 ¶開票結果を～する xùnsù bàodào kāipiào jiéguǒ(迅速报道开票结果). ¶ニュース～ xīnwén kuàixùn(新闻快讯).

そくほう【報報】 ¶災害の～が届いた jiēdàole guānyú zāiqíng de liánxù ˈbàogào[bàodǎo](接到了关于灾情的连续ˈ报告[报导]).

ぞくみょう【俗名】 **1**〔出家前の名〕súmíng(俗名). ¶西行、～は佐藤義清 Xīxíng, súxìng Zuǒténg súmíng Yìqīng(西行,俗姓佐藤名义清).
2〔生前の名〕¶～田中太郎 shēngqián wéi Tiánzhōng Tàiláng(生前为田中太郎).

そくめん【側面】 cèmiàn(侧面). ¶敵軍の～を突く gōngjī díjūn de cèmiàn(攻击敌军的侧面). ¶彼を～から援助する cóng cèmiàn xiézhù tā(从侧面援助他). ¶あらゆる～から検討する cóng gè ge fāngmiàn jiāyǐ yánjiū(从各个方面加以研究). ¶彼にそんな～があったとは知らなかった zhēn méi xiǎngdào tā jìng yǒu nàme yí miàn(真没想到他竟有那么一面).
¶～図 cèshìtú(侧视图)／cèmiàntú(侧面图).

ぞくりゅう【俗流】 súliú(俗流). ¶～におもねる fùhè súliú(附和俗流).
¶～経済学者 yōngsú jīngjìxuézhě(庸俗经济学者).

そくりょう【測量】 cèliáng(测量). ¶土地を～する cèliáng tǔdì(测量土地)／zhàngliáng dìpí(丈量地皮)／liáng dì(量地).
¶～図 cèliángtú(测量图). ～船 cèliángchuán(测量船).

ぞくりょう【属領】 shǔdì(属地).

そくりょく【速力】 sùdù(速度). ¶あの飛行機はマッハ1の～で飛ぶ nà zhǒng fēijī yǐ mǎhè yī de sùdù fēixíng(那种飞机以马赫一的速度飞行). ¶沖合に出ると船は～を速めた chūle hǎi, chuán jiù jiākuàile sùdù(出了海,船就加快了速度). ¶汽車は駅近くなって～をゆるめた huǒchē jiējìnle chēzhàn jiù jiàngdīle sùdù(火车接近了车站就降低了速度). ¶～が落ちる sùdù xiàjiàng(速度下降).

ぞくろん【俗論】 ¶～に耳を貸すな yōngsú zhī lùn wúxū rù'ěr(庸俗之论无须入耳).

そぐわな・い それは私の気持に～い nà bùhé wǒ de xīnyì(那不合我的心意). ¶そんな考えは現実に～い nà zhǒng xiǎngfa bú qièhé shíjì(那种想法不切合实际).

そげき【狙撃】 jūjī(狙击). ¶首相は暴漢に～された shǒuxiàng tū bèi bàotú jūjī(首相突被暴徒狙击).
¶～兵 jūjībīng(狙击兵).

ソケット dēngtóu(灯头), chākou(插口), chāzuò(插座).

そ・げる【殺げる】 ¶頬が～げた顔 liǎngjiá xiāoshòu de liǎn(两颊消瘦的脸).

そこ【底】 dǐ[r](底[儿]), dǐzi(底子). ¶～の厚い鍋 dǐr hòu de guō(底儿厚的锅). ¶靴の～に穴があいた xiédǐr kāile ge dòngr(鞋底儿开了个洞儿). ¶籠の～が抜けた lóng dǐr diào le(笼底儿掉了). ¶瓶の～にまだ少し残っているピングル hái shèngxia yìdiǎnr ne(瓶儿还剩下一点儿呢). ¶舟の～が岩にふれる chuándǐ chùjiāo le(船底触礁了). ¶海の～に沈む chéndào hǎidǐ(沉到海底). ¶地の～から響いてくるような音 hǎoxiàng cóng dìdǐ chuánlai de shēngyīn(好像从地底传来的声音). ¶財布の～をはたく bǎ yāobāo de qián quán tāochulai(把腰包的钱全掏出来). ¶在庫品も～をついた cúnhuò yě jiàn dǐr le(存货也见底儿了)／kùcáng gàojié(库藏告竭). ¶不景気もそろそろ～が見えてきた bùjǐngqì yě kuài dàotóu le(不景气也快到头了). ¶この研究は～が浅い zhège yánjiū hái fūqiǎn(这个研究还肤浅). ¶彼は～知れない力を持っている tā yǒu wúqióng de lìliang(他有无穷的力量). ¶～を割って話す dǎkāi tiānchuāng shuō liànghuà(打开天窗说亮话)／chǎngkāi sīxiǎng shuō xīnlihuà(敞开思想说心里话)／kāichéng-bùgōng de tán(开诚布公地谈). ¶すぐに～が割れるような嘘をつくな bié nàyàng chě huǎng yì jiē guān quán chuān de huǎnghuà!(别说那种一揭就穿的谎话!).
¶相場が～を打った hángshì jiàngdào dǐ le(行市降到底了).
¶二重～ shuāngcéngdǐ(双层底).

そこ【其処】 **1**〔その場所〕nàr(那儿), nàli(那里), nàge dìfang(那个地方). ¶～にはすでに大勢の人が集まっていた nàr yǐjīng jùjíle hěn duō rén(在那儿已经聚集了很多人). ¶灰皿なら～にあります yānhuīdié zài nàr ne(烟灰碟在那儿呢). ¶～へ置きなさい fàngzài nàr ba(放在那儿吧). ¶十字路があって～を右に曲るとすぐです yǒu ge shízì lùkǒu, cóng nàr wǎng yòu yì guǎi jiùshì(有个十字路口,从那儿往右一拐就是). ¶～のところを読んでごらん nǐ niànnian nà bùfen(你念念那部分).
2〔その場面、その点〕nà(那), nàr(那儿), nàli(那里), nàge dìfang(那个地方), nà yì diǎn(那一点). ¶～へ邪魔が入った zài nàge shíhou láile ge dǎjiǎo de(在那个时候来了个打搅的). ¶皆が黙り込んでしまって、～で彼が口を開いた dàjiā mò bú zuòshēng, zài zhè shí tā kāile kǒu(大家默不作声,在这时他开了口). ¶～が肝心なところだ nà kě shì ge guānjiàn(那可是个关键). ¶彼の狙いが～にあった tā de mùdì jiù zài zhèr(他的目的就在这儿). ¶私は～までは気がつきませんでした wǒ méi zhùyìdào zhèr zhī céng(我没注意到这一点). ¶～をなんとか頼みますよ zhè yì céng qiú nín le(这一层求您了).

そご【齟齬】 jǔyǔ(龃龉), fēnqí(分歧). ¶両者の意見には甚だしい～がある liǎngzhě de yìjiàn yǒu hěn dà de fēnqí(两者的意见有很大的分歧). ¶計画の実行に～を来した zài jìhuà de shíxíng shang fāshēngle chācuò(在计划的实行上发生了差错).

そこい【底意】 ¶相手の〜を図りかねる duìfāng de nèixīn bùkě zhuōmō(对方的内心不可捉摸). ¶別に〜があってしたことではない bìng bú shì yǒuyì zuò de(并不是有意做的).

そこいじ【底意地】 ¶あいつは〜が悪い nàge jiāhuo xīnyǎnr huài(那家伙心眼儿坏).

そこう【素行】 ¶〜が悪い pǐnxíng bù hǎo(品行不好). ¶彼はいっこうに〜がおさまらない tā de pǐnxíng zěnme yě duānzhèng bu liǎo(他的品行怎么也端正不了).

そこう【溯行】 ¶川を〜する sù hé ér shàng(溯河而上).

そこく【祖国】 zǔguó(祖国). ¶〜を守る hànwèi zǔguó(捍卫祖国). ¶異郷にあって〜を思う shēn zài yìguó, huáiniàn zǔguó(身在异国, 怀念祖国). ¶50年ぶりに〜の土を踏む xiānggé wǔshí nián chóng tà zǔguó de tǔdì(相隔五十年重踏祖国的土地). ¶〜愛 duì zǔguó de ài(对祖国的爱).

そこそこ 1〔せいぜい〕lái(来), zuǒyòu(左右), shàngxià(上下). ¶二十〜の若造 èrshí lái suì de máotou xiǎohuǒzi(二十来岁的毛头小伙子). ¶1キロ〜の道のり yì gōnglǐ zuǒyòu de lùchéng(一公里左右的路程). ¶〜の成績で卒業した yǐ bù xiāng shàngxià de chéngjī bìle yè(以不相上下的成绩毕了业). ¶まあ〜の出来と言えるでしょう zuò de hái suàn kěyǐ ba!(做的还算可以的).

2〔そそくさと〕cōngcōng(匆匆), cōngcong mángmáng(匆匆忙忙). ¶朝食も〜に家を出た cōngcong-mángmáng chīle zǎofàn jiù chūqu le(匆匆忙忙吃了早饭就出去了). ¶挨拶も〜に話を切り出した hánxuānle jǐ jù jiù jìnrù zhèngtí(寒暄了几句就进入正题).

そこぢから【底力】qiánlì(潜力). ¶彼はいざという時には〜を発揮する tā zài jǐnyào de guāntóu jiù fāhuī qiánlì(他在紧要的关头就发挥潜力).

そこつ【粗忽】shūhu(疏忽). ¶彼は自らの〜を詫びた tā wèi zìjǐ de shūhu péi búshi(他为自己的疏忽赔不是).

¶〜者 màoshīguǐ(冒失鬼)/ mǎdàhā(马大哈).

そこで yúshì(于是), yúshìhū(于是乎). ¶いくら調べても分らない、〜先生のところへ出掛けた zěnme chá yě gǎo bu míngbai, yúshì zhǎo lǎoshī qù le(怎么查也搞不明白,于是找老师去了). ¶〜君に聞きたいんだがある yúshì xiǎng wènwen nǐ(于是我想问问你).

そこな・う【損なう】 1〔こわす、害する〕sǔnhài(损害), shāng(伤), shānghài(伤害); màofàn(冒犯), chōngfàn(冲犯). ¶器物を〜う sǔnshāng qìwù(损伤器物). ¶彼女の御機嫌を〜う yǐndòngle tā de gānhuǒ(引动了她的肝火)/ màofànle tā(冒犯了她). ¶健康を〜わないようぶらぶらしている yīnwei jiànkāng shòudào sǔnhài xiándàizhe(因为健康受到损害闲呆着). ¶せっかくの風味が〜われる yǒusǔn qí tèyǒu de fēngwèir(有损其特有的风味).

2〔…しそこなう〕¶よけ〜って頭にボールが当った méi néng duǒkai, qiú zhuàngle nǎodai(没能躲开, 球撞了脑袋). ¶宛名を書き〜った xiěcuòle shōujiànrén de míngzi(写错了收件人的名字). ¶展覧会を見〜った zhǎnlǎnhuì méi néng qù cānguān(展览会没能去参观).

そこなし【底無し】 wúdǐ(无底). ¶〜の沼 wúdǐ de chízhǎo(无底的池沼). ¶あいつは〜の酒飲みだ nà jiāhuo shì ge méi dǐ de jiǔtǒng(那家伙是个没底的酒桶).

そこぬけ【底抜け】 ¶あの人は〜のお人好しだ tā shì ge lǎohǎorén(他是个老好人). ¶酒を飲ん で〜に騒いだ hēle jiǔ dà nàole yí tòng(喝了酒大闹了一通). ¶彼女は〜に明るい tā kāilǎng jíle(她开朗极了).

そこね【底値】 ¶相場は今が〜だ hángshi xiànzài zuì dī(行市现在最低).

そこ・ねる【損ねる】 →そこなう.

そこのけ ¶本職〜の腕前 hángjia dōu xiāngxíng jiàn chù de shǒuyì(行家都相形见绌的手艺).

そこはかとな・い ¶花の香が〜く漂う wēiwēi piāolai yízhèn huā de xiāngwèi(微微飘来一阵花的香味). ¶〜い悲しみ dàndàn de bùkě zhuōmō de āichóu(淡淡的不可捉摸的哀愁).

そこひ【底翳】 nèizhàng(内障). ¶黒〜 hēinèizhàng(黑内障). 白〜 báinèizhàng(白内障).

そこびえ【底冷え】 ¶〜がする lěngde chègǔ(冷得彻骨).

そこびかり【底光り】 ¶黒檀の家具は磨きこまれて〜がしていた wūmù jiājù cāde hēili tòuliàng(乌木家具擦得黑里透亮).

そこびきあみ【底引網】tuōwǎng(拖网).

そこら【其処ら】 1〔場所〕nàr(那儿), nàli(那里), nàbianr(那边儿). nà yídài(那一带). ¶その本なら〜にあるだろう nà běn shū jiù zài nǎli ba(那本书就在那里吧). ¶〜まで行ってくると言って出掛けた tā shuō dào "nàbianr[fùjìn] zǒuzou jiù chūqu le (他说到"那边儿[附近]走走就出去了). ¶〜じゅうを探したが見つからなかった zhèr nàr zhǎobiànle kěshì méi zhǎodào(这儿那儿找遍了可是没找到). ¶この品は〜の店では売っていない zhè zhǒng dōngxi bú shì zhèr nàr de shāngdiàn dōu yǒu mài de(这种东西不是这儿那儿的商店都有卖的).

2〔程度〕 ¶まあ〜が適当だろう nà gānggāng héshì ba(那刚刚合适吧). ¶10万や〜の金ではどうすることも出来ない shíwàn lái rìyuán shì méifǎr bàn de(十万来日元是没法儿办的).

そさい【蔬菜】shūcài(蔬菜), qīngcài(青菜).

そざい【素材】sùcái(素材). ¶この小説は〜を生かしきっていない zhè bù xiǎoshuō méiyǒu chōngfèn liyòng qí sùcái(这部小说没有充分利用其素材).

そざつ【粗雑】 cūcāo(粗糙), máocao(毛糙), mǎhu(马虎), cǎoshuài(草率). ¶〜な計画 cǎoshuài de jìhuà(草率的计划). ¶〜な製品 cūcāo de zhìpǐn(粗糙的制品). ¶彼の仕事は〜だ tā gōngzuò cūzhī-dàyè(他工作粗枝大叶). ¶そんな考え方は彼の〜な頭からはとても出てないだろう zhè zhǒng xiǎngfa tā nà jiǎndān de

nǎozili xiǎng bu chūlái de(这种想法他那简单的脑子里想不出来的).

そし【阻止】 zǔzhǐ(阻止), zǔdǎng(阻挡), zǔ'è(阻遏). ¶敵軍の進攻を~する zǔzhǐ díjūn de jìngōng(阻止敌军的进攻). ¶法案の成立を~する zǔzhǐ fǎ'àn de tōngguò(阻止法案的通过).

そじ【素地】 jīchǔ(基础), dǐzi(底子). ¶すでに条約締結の~は出来ている dìjié tiáoyuē de jīběn tiáojiàn yǐ chéngshú(缔结条约的基本条件已成熟).

そじ【措辞】 cuòcí(措辞).

そしき【組織】 zǔzhī(组织). ¶労働組合を~する zǔzhī gōnghuì(组织工会). ¶歓迎委員会は10団体から~されている huānyíng wěiyuánhuì shì yóu shí ge tuántǐ zǔchéng de(欢迎委员会是由十个团体组成的). ¶~立てて論を進める yǒutiáo-yǒulǐ jiāyǐ lùnshù(有条有理加以论述). ¶~の活動 yǒu zǔzhī de huódòng(有组织的活动).

¶上皮~ shàngpí zǔzhī(上皮组织). 神経~ shénjīng zǔzhī(神经组织). 未~労働者 méiyǒu zǔzhī qilai de láodòngzhě(没有组织起来的劳动者).

そしつ【素質】 sùzhì(素质), zīzhì(资质), tiānzī(天资). ¶彼女は生れつき音楽の~がある tā yǒu yīnyuè fāngmiàn de tiānfù(她有音乐方面的天赋). ¶彼には経営者としての~はない tā méiyǒu zuòwéi jīngyíngzhě de zīzhì(他没有作为经营者的资质). ¶彼はいい~を持っているが経験が足りない tā hěn yǒu tiānfù, kěshì jīngyàn bùzú(他很有天赋, 可是经验不足).

そしな【粗品】 bólǐ(薄礼). ¶~ですがお受け取り下さい xiēxǔ bólǐ, jìngqǐng xiàoná(些许薄礼, 敬请笑纳)/~ですが qǐng shōuxià ba(这是一点儿小意思[心意], 请收下吧).

そしゃく【咀嚼】 jǔjué(咀嚼). ¶食物はよく~しないと消化に悪い shíwù bù hǎohǎor de jǔjué duì xiāohuà bù hǎo(食物不好好儿地咀嚼对消化不好). ¶師の言葉を十分に~する fǎnfù lǐnghuì lǎoshī de huà(反复领会老师的话).

そしゃく【租借】 zūjiè(租借). ~権 zūjièquán(租借权). ~地 zūjièdì(租借地).

そじゅつ【祖述】 zǔshù(祖述). ¶師の説を~する zǔshù shīshuō(祖述师说).

そしょう【訴訟】 sùsòng(诉讼). ¶~を起す tíchū sùsòng(提出诉讼)/ dǎ guānsi(打官司).

¶~を取り下げる chèxiāo sùsòng(撤销诉讼)/ bàsòng(罢诉)/ bàsù(罢诉).

¶~事件 sùsòng ànjiàn(诉讼案件). 刑事~ xíngshì~(刑事诉讼). 民事~ mínshì sùsòng(民事诉讼). ~代理人 sùsòng dàilǐrén(诉讼代理人). ~費用 sùsòng fèiyong(诉讼费用). ~法 sùsòngfǎ(诉讼法). ~要件 sùde yàojiàn(诉的要件).

そじょう【俎上】 ¶~の魚 zǔshàngròu(俎上肉). ¶彼の作品を~にのせて様々に批評した duì tā de zuòpǐn cóng gè fāngmiàn xì jiā pīpíng(对他的作品从各方面细加批评).

そじょう【訴状】 qǐsùshū(起诉书), sùzhuàng(诉状).

そじょう【溯上】 ¶毎年秋に鮭がこの河を~する měinián qiūjì dàmǎhǎyú shàngsù zhè tiáo hé[yóu zhè tiáo hé sù liú ér shàng](每年秋季大麻哈鱼上溯这条河[由这条河顺流而上]).

そしょく【粗食】 cūshí(粗食), cūlì(粗粝), shūlì(蔬粝), shūshí(蔬食). ¶~に甘んずる gānyú cūchá-dànfàn[bùyī shūshí](甘于粗茶淡饭[布衣蔬食]).

そしらぬ【そ知らぬ】 ¶彼は私が困っていた時も~顔をしていた wǒ kùnnan de shíhou tā yě jiǎzhuāng[zhuāngzuò] bù zhīdào(我困难的时候他也 假装[装做]不知道).

そしり【謗り】 ¶世の~を受ける zāo rén huǐbàng(遭人毁谤). ¶軽率の~を免れない nánmiǎn bèi rén zéwéi qīngshuài(难免被人责为轻率).

そし·る【謗る】 huǐbàng(毁谤), fěibàng(诽谤), dǐhuǐ(诋毁). ¶人を~る huǐbàng rén(毁谤人)/ dǐhuǐ biérén(诋毁别人).

そすい【疎水】 qú(渠), shuǐqú(水渠).

そすう【素数】 zhìshù(质数), sùshù(素数).

そせい【粗製】 ¶~品 cūliè zhìpǐn(粗劣制品). ~濫造 cūzhì-lànzào(粗制滥造).

そせい【組成】 gòuchéng(构成). ¶化合物の~を調べる fēnxi huàhéwù de gòuchéng(分析化合物的构成).

そせい【蘇生】 fùsū(复苏), sūxǐng(苏醒), huíshēng(回生). ¶人工呼吸で溺れた人を~させる yòng réngōng hūxī shǐ nìshuǐ de rén fùsū(用人工呼吸使溺水的人复苏). ¶久しぶりの雨で~の思いがする jiǔ hàn féng yǔ, shǐ rén yǒu fùsū zhī gǎn(久旱逢雨, 使人有复苏之感).

そぜい【租税】 zūshuì(租税). ¶~を課す kèshuì(课税).

そせき【礎石】 chǔshí(础石), jīshí(基石), zhùshí(柱石), jīchǔ(基础). ¶城跡には~だけが残っている zài chéngbǎo de yízhǐ zhǐ yǒu zhùshí cáncúnzhe(在城堡的遗址只有柱石残存着). ¶民族独立の~となる chéngwéi mínzú dúlì de jīshí(成为民族独立的基石).

そせん【祖先】 zǔxiān(祖先). ¶~を祭る jì zǔxiān(祭祖先). ¶始祖鳥は鳥類最古の~と考えられている shǐzǔniǎo bèi rènwéi shì niǎolèi zuìgǔ de zǔxiān(始祖鸟被认为是鸟类最古的祖先).

そそう【阻喪】 jǔsàng(沮丧), tuísàng(颓丧). ¶意気~する jīngshen jǔsàng(精神沮丧).

そそう【粗相】 shūhu(疏忽), shūshī(疏失). ¶~してお茶をこぼしてしまった yóuyú shūhu dàyi bǎ cháshuǐ sǎ le(由于疏忽大意把茶水洒了). ¶お客様に~がないように dàikè qiānwàn bùkě yǒu shūshī(待客千万不可有疏失). ¶とんだ~を致しました duìbuqǐ wǒ tài dàyi le(对不起我太大意了).

そぞう【塑像】 sùxiàng(塑像).

そそ·ぐ【注ぐ】 1 [流れ込む, 流し込む] liúrù(流入). ¶天竜川は太平洋に~いでいる Tiān-

そそぐ

lóng Chuān liúrù Tàipíngyáng(天龙川流入太平洋). ¶田に水を〜ぐ wǎng tiánli guàn shuǐ(往田里灌水). ¶コップにビールを〜ぐ wǎng bēili zhēn píjiǔ(往杯里斟啤酒).

2〔かかる, かける〕 ¶日光がさんさんと大地に降り〜ぐ yángguāng pǔzhào dàdì(阳光普照大地). ¶花に如雨露(ᴶᴼᴳ)で水を〜ぐ yòng pēnhú jiāo huā(用喷壶浇花).

3〔集中する〕 qīngzhù(倾注), guànzhù(贯注). ¶注意を〜ぐ jízhōng zhùyìlì(集中注意力). ¶心血を〜いだ研究が完成した qīngzhù xīnxuè de yánjiū chénggōng le(倾注心血的研究成功了). ¶子供に愛情を〜ぐ bǎ ài qīngzhù zài háizi shēnshang(把爱倾注在孩子身上).

そそ・ぐ【雪ぐ】 xǐxuě(洗雪), xǐshuā(洗刷). ¶恥を〜ぐ xǐxuě chǐrǔ[洗雪耻辱]/ xuěchǐ(雪耻). ¶父の汚名を〜いだ xǐshuāle fùqin de wūmíng(洗刷了父亲的污名).

そそくさ cōngcōng(匆匆), cōngcong-mángmáng(匆匆忙忙), jíjí-mángmáng(急急忙忙). ¶彼は箸を置くと〜と出て行った tā gāng fàngxià kuàizi jiù cōngcong-mángmáng de chūqu le(他刚放下筷子就匆匆忙忙地出去了).

そそっかし・い ¶服を後ろ前に着るとは〜い人だ yīfu qiánhòu fǎnchuānzhe zhēn shì ge mǎhu de rén(衣服前后反穿着真是个马虎的人). ¶あいつの〜いのにもあきれる tā nà "máoshǒu-máojiǎo[máomao-tēngtēng]jinr zhēn méifǎr shuō(他那▽毛手毛脚[毛毛腾腾]劲ㄦ真没法ㄦ说).

¶〜屋 màoshīguǐ(冒失鬼).

そそのか・す【唆す】 sǒngyǒng(怂恿), cuānduo(撺掇), sǒushǐ(嗾使), suōshǐ(唆使), tiáosuo(调唆), tiǎosuō(挑唆), bōnong(拨弄), huònong(和弄). ¶友人を〜して親の金を持ち出させた sǒngyǒng péngyou tōu fùmǔ de qián(怂恿朋友偷父母的钱). ¶彼に〜されて学校をサボった tā cuānduo wǒ kuàngkè le(他撺掇我旷课了).

そそりた・つ【そそり立つ】 sǒnglì(耸立), chùlì(矗立), yìlì(屹立), dǒulì(陡立), gāosǒng(高耸). ¶絶壁が〜っている juébì yìlìzhe(绝壁屹立着).

そそ・る yǐn(引), yǐnqǐ(引起). ¶彼の話に興味を〜られた bèi tā de huà yǐnqǐle xìngqù(被他的话引起了兴趣). ¶食欲を〜る yǐnqǐ shíyù(引起食欲). ¶その光景は人々の涙を〜った nàge qíngjǐng cuī rén lèi xià(那个情景催人泪下).

そぞろ【漫ろ】 ¶〜に悲しみを催す bùyóude gǎndào bēishāng(不由得感到悲伤). ¶彼女は結婚式を前に気も〜だ tā miànlín jiéhūn diǎnlǐ ▽xiàng shì bèi gōule húnr shìde[yǒudiǎnr xīnshén búdìng](她面临结婚典礼▽像是被勾了魂ㄦ似的[有点ㄦ心神不定]).

そぞろあるき【漫ろ歩き】 mànbù(漫步), chùchù(彳亍).

そだい【粗大】 ¶〜な調査 cūluè cǎoshuài de diàochá(粗略草率的调查). ¶〜ごみ dàjiàn lājī(大件垃圾).

そだち【育ち】 **1**〔成長〕 shēngzhǎng(生长). ¶〜が▽早い[遅い] shēngzhǎng "kuài[màn](生长▽快[慢]). ¶稲の〜具合を調べてまわる dào gèchù chákàn dàozi de shēngzhǎng qíngkuàng(到各处查看稻子的生长情况). ¶あの子は今が〜盛りだ nà háizi xiàn zhèngshì fāyù wàngshèng de shíhou(那孩子现正是发育旺盛的时候).

2〔生い立ち〕 ¶彼は〜が良い tā shēngzhǎng zài yǒu jiàoyǎng de jiātíng(他生长在有教养的家庭). ¶氏より〜 jiàoyù shèngyú méndì(教育胜于门第). ¶私は東京生れの東京〜です wǒ zài Dōngjīng tǔshēng-tǔzhǎng(我在东京土生土长). ¶あの子は温室〜なのでひ弱だ nàge háizi shì zài wēnshìli zhǎngdà de, hěn xiānruò(那个孩子是在温室里长大的,很纤弱). ¶〜が悪い chūshēn bù hǎo(出身不好)/ méiyǒu jiàoyǎng(没有教养).

そだ・つ【育つ】 zhǎng(长), shēngzhǎng(生长), chéngzhǎng(成长). ¶この植物は寒冷地ではよく〜たない zhè zhǒng zhíwù zài hánlěng de dìfang bù róngyì shēngzhǎng(这种植物在寒冷的地方不容易生长). ¶彼は7歳で田舎で〜った tā zài xiāngxià zhǎngdào qī suì(他在乡下长到七岁). ¶寝る子は〜つ néng shuì de háizi zhǎngde zhuàng(能睡的孩子长得壮). ¶そんなやり方では若手は〜たない cǎiqǔ nà zhǒng bànfǎ jiù péiyǎng bu liǎo niánqīngrén(采取那种办法就培养不了年轻人).

そだてのおや【育ての親】 ¶生みの親より〜 yǎngyù zhī ēn shèngyú shēngyù zhī ēn(养育之恩胜于生育之恩). ¶彼女は幼児教育の〜である tā shì yòu'ér jiàoyù zhī mǔ(她是幼儿教育之母).

そだ・てる【育てる】 yǎng(养), yǎngyù(养育), péiyǎng(培养), péizhí(培植), péiyù(培育). ¶彼女は赤ん坊を母乳で〜てた tā yòng zìjǐ de nǎi bǎ háizi nǎidà de(她用自己的奶把孩子奶大的). ¶彼は祖母に〜てられた tā bèi zǔmǔ yǎngdà de(他被祖母养大的). ¶私の母は女手ひとつで子供を〜てあげた wǒ mǔqin yìshǒu bǎ háizi lāchedà de(我母亲一手把孩子拉扯大的). ¶花を〜てる yǎng huā(养花). ¶苗を〜てる yù miáo(育苗)/ yù yāng(育秧). ¶子供の才能を〜てる péiyǎng háizi de cáinéng(培养孩子的才能). ¶人材を〜てる péiyǎng[zàojiù] réncái(培养[造就]人才)/ yùcái(育才).

そち【措置】 cuòzhì(措置), cuòshī(措施). ¶違反者には厳しい〜をとる duì wéifǎnzhě cǎiqǔ yánlì de cuòshī(对违反者采取严厉的措施). ¶予防〜を講ずる cǎiqǔ yùfáng cuòshī(采取预防措施).

そちゃ【粗茶】 ¶〜ですが, どうぞ zhǐ shì yì bēi qīngchá, qǐng(只是一杯清茶,请).

そちら **1**〔方向, 場所〕 nàbian[r](那边[ㄦ]), nàr(那ㄦ), nàli(那里). ¶今〜へ行きます xiànzài jiù dào nǐ nàbianr qù(现在就到你那边ㄦ去). ¶〜に百科事典がありませんか nàli méiyǒu bǎikē quánshū ma?(那里没有百科全书吗?). ¶〜でしばらくお待ち下さい qǐng zài

nàbianr shāowēi děng yíxià(请在那边儿稍微等一下). ¶~はもう雪が降りましたかnǐ nàli yǐjing xiàxuě le ma?(你那里已经下雪了吗?).
¶~の方面は彼が詳しいguānyú nà yì fāngmiàn tā zhīdaode hěn xiángxì(关于那一方面他知道得很详细).

2〔物〕nàge(那个). ¶こちらより~の方がよさそうですねkànlai nàge yào bǐ zhège hǎo(看来那个要比这个好). ¶~を買いましょうwǒ mǎi nàge ba(我买那个吧).

3〔人〕nǐ(你), nǐ fāng(你方). ¶まず~の言い方から聞こうxiān tīngtīng nǐ fāng de yìjian ba(先听听你方的意见吧). ¶このことは~から言い出したことだzhè shì shì yóu nǐ fāng tíchulai de a(这事是由你方提出来的啊). ¶~さんはどなたですかnà wèi shì shuí?(那位是谁?).

そつ ¶万事に~がないshénme shìr dōu bànde yuánmǎn zhōudào(什么事儿都办得圆满周到)/ zuòshì lǎodào(做事老到). ¶彼は~なく答えたtā huídáde wú xiè kě jī(他回答得无懈可击).

そつい【訴追】 qǐsù(起诉), tíqǐ gōngsù(提起公诉). ¶検察官は彼を偽証罪で~したjiǎncháguān yǐ wěizhèngzuì qǐsùle tā(检察官以伪证罪起诉了他). ¶裁判官を~して罷免を~する tíchū tánhé yāoqiú bàmiǎn fǎguān(提出弹劾要求罢免法官).

そつう【疎通】 shūtōng(疏通), gōutōng(沟通). ¶彼等は互いに意思が~していないtāmen gèzì de xiǎngfa bù gōutōng(他们各自的想法不沟通). ¶意思の~を図る móuqiú gōutōng shuāngfāng de yìsi(谋求沟通双方的意思).

ぞっか【俗化】 yōngsúhuà(庸俗化), shìsúhuà(世俗化). ¶山頂までケーブルカーが通じて山はすっかり~したlǎnchē tōngdào shāndǐng zhī hòu, shān jiù biànde wánquán sú bù kě nài le(缆车通到山顶之后, 山就变得完全俗不可耐了).

ぞっかい【俗界】 chénsú(尘俗), chénshì(尘世), chénhuán(尘寰). ¶~を離れて山にこもる líkāi chénsú yǐnjū shānzhōng(离开尘俗隐居山中).

そっき【速記】 sùjì(速记). ¶会談の~をとる zuò huìtán de sùjì(作会谈的速记). ¶~術を習う xuéxí sùjìfǎ(学习速记法).
¶~者 sùjìyuán(速记员). ~録 sùjì jìlù(速记记录).

そっきょう【即興】 jíxìng(即兴). ¶彼女は~で歌った tā jíxí chànggē(她即席唱歌).
¶~演奏 jíxìng yǎnzòu(即兴演奏). ~曲 jíxìngqǔ(即兴曲). ~詩 jíxìngshī(即兴诗).

そつぎょう【卒業】 bìyè(毕业), zúyè(졸업).
¶来年高校を~する míngnián gāozhōng bìyè(明年高中毕业). ¶彼は今年A大学の工学部を~した tā jīnnián zài A dàxué de gōngkē bìle yè(他今年在A大学的工科毕了业). ¶私はそんなことはもうとうに~した zài nà zhǒng shì shang wǒ zǎo yǐ chūshī le(在那种事上我早已出师了).
¶~式 bìyè diǎnlǐ(毕业典礼). ~試験 bìyè kǎoshì(毕业考试). ~証書 bìyè zhèngshū(毕业证书)/ wénpíng(文凭). ~論文 bìyè lùnwén(毕业论文).

そっきん【即金】 ¶~で支払う yòng xiànjīn fùkuǎn(用现金付款).

そっきん【側近】 qīnxìn(亲信). ¶首相の~ shǒuxiàng de qīnxìn(首相的亲信).

ソックス duǎnwà(短袜), duǎntǒng wàzi(短筒袜子).

そっくり **1**〔全部〕quánbù(全部). ¶給料を~盗まれてしまった gōngzī quán bèi tōuzǒu le(工资全被偷走了). ¶このあたりは昔の面影が~そのまま残っている zhè yídài wánzhěngde bǎoliúzhe xīrì de fēngmào(这一带完整地保留着昔日的风貌).
2〔丸写し〕¶この子は父親に~だ zhè háizi zhǎngde huóxiàng tā fùqin(这孩子长得活像他父亲)/ zhè háizi kùsì qí fù(这孩子酷似其父). ¶この肖像は実物に~だ zhè xiàoxiàng yǔ qí rén yìmú-yíyàng(这肖像与其人一模一样).

そっけつ【即決】 ¶緊急事態なので~を要する shìtài jǐnjí xūyào lìkè juédìng(事态紧急需要立刻决定).
¶~裁判 lìjí pànjué(立即判决). 速戦~ sùzhàn sùjué(速战速决).

そっけな・い lěngdàn(冷淡). ¶~い返事 huídá hěn lěngdàn(回答很冷淡). ¶私の要求は~く断られた wǒ de yāoqiú bèi yìkǒu jùjué le(我的要求被一口拒绝了).

そっけもな・い ¶味も~い文章 wèi tóng jiáo là[kūzào wúwèi] de wénzhāng(味同嚼蜡[枯燥无味]的文章).

そっこう【即効】 ¶この薬は~がある zhè yào dāngjí jiànxiào(这药当即见效).

そっこう【速攻】 sùgōng(速攻), kuàigōng(快攻).

そっこう【速効】 sùxiào(速效). ¶~性肥料 sùxiàoxìng féiliào(速效肥料).

そっこう【側溝】 cègōu(侧沟).

ぞっこう【続行】 ¶30分休憩ののち会議は~された xiūxi sānshí fēnzhōng hòu huìyì yòu jìxù jìnxíng le(休息三十分钟后会议又继续进行了). ¶小雨なので試合は~する yǔ bú dà, bǐsài jìxù jìnxíng(雨不大, 比赛继续进行).

そっこうじょ【測候所】 qìxiàngzhàn(气象站), qìhòuzhàn(气候站).

そっこく【即刻】 jíkè(即刻). ¶~再建にとりかかった jíkè zhuóshǒu chóngjiàn(即刻着手重建). ¶~帰国せよ mìnglìng jíkè huíguó(命令即刻回国).

ぞっこく【属国】 shǔguó(属国), fùshǔguó(附属国), fùyōngguó(附庸国).

ぞっこん ¶その青年の人柄に~惚れこんだ nàge qīngnián de wéirén jiào rén dǎ xīnyǎnli xǐhuan(那个青年的为人叫人打心眼里喜欢). ¶彼はあの娘に~だ tā bèi nàge gūniang mízhu le(他被那个姑娘迷住了).

そっせん【率先】 shuàixiān(率先), lǐngxiān(领先), lǐngtóu[r](领头[儿]), dàitóu(带头), dǎtóu[r](打头[儿]), tiǎotóu[r](挑头[儿]), yì-

mǎ-dāngxiān(一马当先). ¶自ら～して実行する qīnzì dàitóu shíxíng(亲自带头实行).
¶～垂範 shuàixiān chuífàn(率先垂范).

そっちのけ ¶宿題は～で遊ぶ bǎ zuòyè rēngzài yìbiānr qù wánr(把作业扔在一边ㄦ去玩ㄦ). ¶彼は釣に夢中になって仕事を～にしている tā rèzhōng yú diàoyú bǎ gōngzuò rēngzài bózi hòubian le(他热中于钓鱼把工作扔在脖子后边了).

そっちゅう【卒中】 zhòngfēng(中风), cùzhòng(卒中).

そっちょく【率直】 shuàizhí(率直), zhíshuài(直率), shuǎngzhí(爽直), zhíshuǎng(直爽), tǎnshuài(坦率), shuàizhēn(率真). ¶お互いに～に話し合おう bǐcǐ shuàizhí de jiāohuàn yìjiàn ba(彼此率直地交换意见吧). ¶自分の過ちを～に認める tǎnshuài de chéngrèn zìjǐ de cuòwù(坦率地承认自己的错误). ¶彼の～な態度が気に入った tā nà zhíshuǎng de tàidu hěn zhòng wǒ yì(他那直爽的态度很中我意). ¶～に言えばあなたが間違っている tǎnshuài de shuō nǐ bú duì(坦率地说你不对). ¶～な意見を聞かせてください xiǎng qīngtīng nín zhíyán búhuì de yìjiàn(想倾听您直言不讳的意见).

そっと qīngqīng de(轻轻地), tōutōu de(偷偷地), qiāoqiāo de(悄悄ㄦ地). ¶足音を忍ばせて～歩く niēzhe jiǎo qīngqīng de zǒu(蹑着脚轻轻地走). ¶こわれないように～置く qīngqīng de fàngxià yǐmiǎn nònghuài(轻轻地放下以免弄坏). ¶今は彼女を～しておこう xiànzài ràng tā yí ge rén dāi huìr ba(现在让她一个人待会ㄦ吧). ¶彼等は～教室を抜け出した tāmen qiāoqiāor de liūchūle jiàoshì(他们悄悄ㄦ地溜出了教室). ¶彼は耳元で～ささやいた tā zài ěrbiān qièqiè sīyǔ(他在耳边窃窃私语).

ぞっと ¶～して身の毛がよだつ jiào rén máogǔsǒngrán(叫人毛骨悚然). ¶私達は話を聞いただけで～した wǒmen tīngle nà huà jiù dǎle ge hánzhàn(我们听了那话就打了个寒战). ¶～しない話だ zhè zhēn shì lìng rén yànwù de shì(这真是令人厌恶的事).

そっとう【卒倒】 hūnjué(昏厥), yūnjué(晕厥), yūndǎo(晕倒), hūndǎo(昏倒). ¶暑さのために～した yóuyú yánrè hūndǎo le(由于炎热昏倒了).

そっぱ【反っ歯】 bāoyá(龅牙).

そっぽ ¶彼は～を向いて口も利かなかった tā bèiguò liǎn qù yí jù huà yě bù shuō(他背过脸去一句话也不说). ¶援助を求めたのに皆に～を向かれた wǒ qǐngqiú yuánzhù kě dàjiā dōu zhuǎngguò liǎn qù bù jiā lǐcǎi(我请求援助可大家都转过脸去不加理睬).

そで【袖】 1【衣服の】 xiù[r](袖ㄦ), xiùzi(袖子), xiùguǎn(袖管), xiùtǒng[r](袖筒[ㄦ]). ¶ワイシャツの～をまくる wǎnqǐ chènshān de xiùzi(挽起衬衫的袖子). ¶この着物は一度も～を通していない zhè jiàn yīfu yí cì yě méiyǒu chuānguo(这件衣服一次也没有穿过). ¶～にすがって哀れみを請う lāzhe xiùzi

qǐqiú(拉着袖子乞求). ¶～を絞る lèi rú yǔ xià(泪如雨下). ¶無い～は振れない qiǎofù nán wéi wú mǐ zhī chuī(巧妇难为无米之炊).
¶～すり合うも他生の縁 cǐshí cǐdǐ xiāngféng yě shì qiánshì zhī yuán(此时此地相逢也是前世之缘).

2 ¶舞台の～ wǔtái de liǎngcè(舞台的两侧).

ソテー ¶ポーク～ nènjiān zhūpái(嫩煎猪排).

そでぐち【袖口】 xiùkǒu[r](袖口[ㄦ]), xiùtǒng[r](袖筒ㄦ).

そでたけ【袖丈】 xiùcháng(袖长).

そてつ【蘇鉄】 sūtiě(苏铁), tiěshù(铁树).

そでなし【袖無】 wú xiù(无袖). ¶～のワンピース wúxiù liányīqún(无袖连衣裙).

そでのした【袖の下】 huìlù(贿赂). ¶～を使う sòng hóngbāo(送红包)/ xínghuì(行贿).

そと【外】 wàitou(外头), wàimian[r](外面[ㄦ]), wàibian[r](外边[ㄦ]), wàicè(外侧), wàicè(外侧). ¶～で誰か話をしている wàitou yǒu rén shuōhuà(外头有人说话). ¶～はすごい吹雪だ wàimian fēng kuáng xuě bào(外面风狂雪暴). ¶お天気がいいから～で遊びなさい tiānqì hǎo, qù wàitou wánr ba(天气好, 去外头玩ㄦ吧). ¶今夜は～で食べてきます jīntiān wǎnshang zài wàitou chīfàn(今天晚上在外头吃饭). ¶この戸は～からは開かない zhè mén cóng wàibianr kāibukāi(这门从外边ㄦ开不开). ¶この線から～には出てはいけない búdé yuèguò zhè tiáo xiàn(不得越过这条线). ¶袋が破れて中身が～にはみ出している kǒudai pò le, lǐbianr de dōngxi lùchulai le(口袋破了, 里边ㄦ的东西露出来了). ¶秘密が～に漏れた mìmì xièlòu yú wàibù le(秘密泄漏于外部了). ¶～から見ただけでは内情は分らない cóng wàibù kàn wúfǎ zhīdao qí nèiqíng(从外部看无法知道其内情). ¶彼は感情をあまり～に出さない tā gǎnqíng búdà wàilù(他感情不大外露).

そとうみ【外海】 wàihǎi(外海).

そとがわ【外側】 wàimiàn[r](外面[ㄦ]), wàibiǎo(外表). ¶箱の～に漆を塗る mùhé wàibiǎo tú qī(木盒外表涂漆). ¶人間は～からだけでは判断できない rén dān cóng wàibiǎo shì bùnéng xià pànduàn de(人单从外表是不能下断的)/ bùkě yǐ mào qǔ rén(不可以貌取人).

¶境界線の～ jièxiàn wàimiàn(界线外面).

そとづら【外面】 wàimiàn[r](外面[ㄦ]), wàibiǎo(外表). ¶この家は～だけは立派な zhè suǒ fángzi zhǐshì wàibiǎo měiguān(这所房子只是外表美观). ¶彼は～はいいが内面(¹¹¹)は悪い tā ˇwàimiànr búcóu[shì ge wàicháng rénr], kěshì duì nèi xiōnghèng(他ˇ外面儿不错[是个外场人ㄦ], 可是对内凶横)/ tā wéirén wài hé nèi xiōng(他为人外和内凶).

そとぼり【外堀】 ¶大物政治家逮捕に向かって～を埋めておく wèile dàibǔ zhèngjiè de tóumiàn rénwù xiān tiánpíng wàiwéi de hùchénghé(为了逮捕政界的头面人物先填平外围的护城河).

そとまた【外股】 bāzìbù(八字步). ¶～に歩く mài bāzìbù(迈八字步).

そとまわり【外回り】 1〔周囲〕wàiwéi(外围), zhōuwéi(周围).¶~を掃除する dǎsǎo fángwū zhōuwéi(打扫房屋周围).
2〔外勤〕wàiqín(外勤).¶~は大変だ pǎo wàiqín hěn xīnkǔ(跑外勤很辛苦).
3〔外側回り〕wàihuán(外环).¶山手線の~電車 Shānshǒuxiàn wàicè huánxíng diànchē(山手线外侧环行电车).

そなえ【備え】 bèi(备), zhǔnbèi(准备).¶まさかの時の~に貯金をする cún qián yǐ fáng wànyī(存钱以防万一).¶~あれば憂えなし yǒu bèi wú huàn(有备无患).¶万全の~をする zuò wànquán de zhǔnbèi(做万全的准备).¶~を固める jiāqiáng fángbèi(加强防备)/gǒnggù shǒubèi(巩固守备).

そなえつ・ける【備え付ける】 shèzhì(设置), zhuāngzhì(装置).¶消火器を~ける shèzhì mièhuǒqì(设置灭火器).¶流し台やガス台は全部屋~けにしている měi ge fángjiān dōu pèibèi yǒu shuǐcáo hé méiqìzào(每个房间都配备有水槽和煤气灶).¶~けの灰皿 gōngyòng yānhuīgāng(公用烟灰缸).

そな・える【供える】 gòng(供).¶霊前に花をそえる zài língqián gòng huā(在灵前供花).

そな・える【備える・具える】 1〔準備する〕bèi(备).¶試合に~えて猛練習する pīnmìng liànxí yǐ bèi bǐsài(拼命练习以备比赛).¶敵の侵略に~える fángbèi dírén de qīnlüè(防备敌人的侵略).¶台風に~えて土手を補強する wèile fángbèi táifēng jiāgù hédī(为了防备台风加固河堤).
2〔設備する〕¶教室に辞書を~える zhǔnbèi cídiǎn fàngzài jiàoshìli(置备辞典放在教室里).¶各部屋に電話が~えてある měi ge fángjiān shèzhì yǒu diànhuà(每个房间都有电话).
3〔有する〕jùyǒu(具有), jùbèi(具备).¶彼は指導者としての資質を~えている tā jùbèi zuòwéi lǐngdǎozhě de zīzhì(他具备作为领导者的资质).¶徳と才を身に~える décái jiānbèi(德才兼备).

ソナタ zòumíngqǔ(奏鸣曲).¶~形式 zòumíngqǔshì(奏鸣曲式).

そなわ・る【備わる・具わる】 1〔揃っている〕bèijù(备具), qíbèi(齐备), jùbèi(具备), jùyǒu(具有).¶生活に必要なものが何でも~っている shēnghuó bìxūpǐn yàngyàng jùquán(生活必需品样样俱全).¶最新設備の~った病院 jùyǒu zuìxīn shèbèi de yīyuàn(具有最新设备的医院).
2〔身についている〕jùyǒu(具有), jùbèi(具备).¶彼女には気品が~っている tā jùyǒu gāoshàng de fēngdù(她具有高尚的风格).¶おのずと~った威厳 shēnglái jiù jùyǒu de wēiyán(生来就具有的威严).

ソネット shísìhángshī(十四行诗), shānglàitǐ(商籁体).

そね・む【嫉む】 →ねたむ.

その【其の】 nà・nè・nèi(那), zhè・zhèi(这), nàge・nège・nèige(那个), zhège・zhèige(这个), gāi(该).¶~本は私のです nà běn shū shì wǒ de(那本书是我的).¶~上に積んで下さい qǐng fàngzài nà shàngmian(请放在那上面).¶~前に彼に言うつもりです wǒ dǎsuàn zài nà zhī qián gēn tā shuō(我打算在那之前跟他说).¶~噂を耳にしてびっくりした tīngdào nàge xiāoxi chīle yì jīng(听到那个消息吃了一惊).¶~点に関しては弁明の余地がない guānyú zhè yì diǎn méiyǒu biànbái de yúdì(关于这一点没有辩白的余地).¶~事はもう皆が知っている zhè jiàn shì dàjiā dōu zhīdào(这件事大家都知道).¶買物に出て~帰りに彼の家に寄った chūqu mǎi dōngxi, huílai shí dào tā jiā chuànle chuàn mén(出去买东西,回来时到他家串了串门).¶~つまらなさ加減といったらない nàge wúliáojìnr zhēn méifǎ shuō(那个无聊劲儿真没法说).

そのうえ【其の上】 zàizé(再则), zàizhě(再者), zàishuō(再说).¶あの家の子供達は皆健康で~頭がよい nà jiā de háizi dōu hěn jiànkāng érqiě yòu hěn cōngming(那家的孩子都很健康而且又很聪明).

そのうち【其の内】 ~またお邪魔します gǎitiān zài lái bàifǎng(改天再来拜访).¶~何か便りがあるでしょう dào shíhou zǒng huì yǒu xiāoxi de(到时候总会有消息的).

そのかわり【其の代り】 ¶それを下さい, ~これをあげます nàge gěi wǒ, wǒ gěi nǐ zhège(那个给我,我给你这个).¶これは品がいい, ~値段も高い zhège zhìliàng hǎo, kěshì jiàqian yě guì(这个质量好,可是价钱也贵).

そのくせ【其の癖】 ¶彼は口が悪い, ~憎まれない tā suī zuǐ jiān què bù tǎorényànn(他虽嘴尖却不讨人厌).

そのくらい【其の位】 ¶~で止めておきなさい shìkě ér zhǐ ba!(适可而止吧!).¶~一所懸命にやれば大丈夫だ nàme pīnmìng gàn jiù méi wèntí(那么拼命干就没问题).¶~の事は自分でしなさい nàmediǎnr shì zìjǐ zuò ba(那么点儿事自己做吧).

そのご【其の後】 qíhòu(其后), cǐhòu(此后), yǐhòu(以后), hòulái(后来).¶彼の~の消息を知るまたはいない nà yǐhòu méi rén zhīdào tā de xiāoxi(那以后没人知道他的消息).¶~何度か彼に会った dǎ nà yǐhòu[qíhòu] gēn tā jiànle jǐ cì miàn(打那以后[其后]跟他见了几次面).¶~お変りありませんか yíxiàng hǎo ma?(一向好吗?)/bié lái wúyàng?(别来无恙?).

そのころ【其の頃】 nàshí(那时), nà shíhou(那时候), nàchéngzi(那程子), nàhuìr(那会儿), nàhuìzi(那会子), nàxiē rìzi(那些日子).¶~また伺います dào nàge shíhou zài qù bàifǎng(到那个时候再去拜访).¶~のことはまだ生々しく記憶に残っている dāngshí de shì hái jìyì yóu xīn(当时的事还记忆犹新).¶~はまだ小さかったのでよく覚えていない nà shí hái xiǎo jìde bù qīngchu(那时还小记得不清楚).

そのじつ【其の実】 qíshí(其实).¶彼は笑っているが~内心では怒っているのだ tā biǎomiàn shang xiàozhe, qíshí xīnli shēngzhe qì ne(他表面上笑着,其实心里生着气呢).

そのせつ【其の節】 ¶～はお世話になりました nà shíjié chéngméng guānzhào, xièxie nín le(那时节承蒙关照,谢谢您).

そのた【其の他】 qítā(其他・其它), qíyú(其余). ¶費用～の理由でとりやめになった yóuyú fèiyong jí qítā yuányīn zhōngzhǐ le(由于费用及其他原因中止了). ¶～のことは何も分らない bié[qíyú/qítā] de shénme dōu bù zhīdào(别[其余/其他]的什么都不知道).

そのて【其の手】 ¶もう～には乗らない bú huì zài shàng nà zhǒng dàng de(不会再上那种当的). ¶わたしは～のものは苦手だ nà zhǒng shì zhēn jiào wǒ jíshǒu(那种事真叫我棘手)/ nà zhǒng dōngxi wǒ kě bù xǐhuan(那种东西我可不喜欢).

そのでん【其の伝】 ¶いつも～でうまくいくとは限らない nà yí tào bù yídìng zǒng xíngdetōng de(那一套不一定总行得通的).

そのとき【其の時】 nàshí(那时), nà shíhou(那时候), nàhuìr(那会儿), nàhuìzi(那会子), nàchéngzi(那程子). ¶～私はまだ学生だった nà shíhou wǒ hái shì xuésheng(那时候我还是学生). ¶～までには間に合せます dào nà tiān xiǎng bànfǎ jǐnliàng gǎnchulai(到那天想办法尽量赶出来). ¶見つかったら～は～だ yàoshi bèi fājué le, nà shí zàishuō(要是被发觉了,那时再说).

そのば【其の場】 jiùdì(就地), zuòdì(坐地), dāngchǎng(当场). ¶私は偶然～に居合せた dāngshí wǒ ǒurán zàichǎng(当时我偶然在场). ¶～はどうにかこうにか切り抜けた dāngchǎng zǒngsuàn miǎnqiǎng fūyan guoqu le(当场总算勉强敷衍过去了). ¶要求を～で拒否した duì qí yāoqiú dāngjí jùjué le(对其要求当即拒绝了). ¶～逃れの答弁に始終した zì shǐ zhì zhōng dōu shì fūyan-sèzé de dábiàn(自始至终都是敷衍塞责的答辩). ¶彼の言うことはいつも～限りだ tā shuō de huà zǒngshì bú ＂suànshùr[zuòshù]＂ de(他说的话总是不＂算数儿[作数]的).

そのはず【其の筈】 ¶彼は中国語がうまい,それも～中国で育ったのだ guàibude tā Zhōngguóhuà shuōde nàme liúchàng, yuánlái tā shì zài Zhōngguó zhǎngdà de(怪不得他中国话说得那么流畅,原来他是在中国长大的).

そのひ【其の日】 nà tiān(那天), nà yì tiān(那一天). ¶彼は～の夕方帰ってきた nà yì tiān bàngwǎn tā huílai le(那一天傍晚他回来了). ¶～を待ちどおしがる pànwàngzhe nà yì tiān(盼望着那一天). ¶～の仕事は～のうちに片付ける dàngtiān de shì dàngtiān zuòwán(当天的事当天做完). ¶～の暮しに追われる毎日だ tiāntiān bèi shēnghuó suǒ pò(天天被生活所迫).

そのひぐらし【其の日暮し】 ¶家族５人～の生活をしている yìjiā wǔ kǒu rén guòzhe chīshàng dùn méi xià dùn de shēnghuó(一家五口人过着吃上顿没下顿的生活). ¶～の災害対策 fūyan-sèzé de fángzāi cuòshī(敷衍塞责的防灾措施).

そのへん【其の辺】 ¶～を散歩してきます wǒ dào fùjìn sànsan bù(我到附近散散步). ¶～の値段で手を打とう jiù yǐ nàge jiàqian dǐngxialai ba(就以那个价钱订下来吧). ¶～の事情は分らない nà yì céng de qíngkuàng wǒ bù liǎojiě(那一层的情况我不了解).

そのまま【其の儘】 ¶そこは～にして早く行きなさい jiù nàme fàngzhe gǎnkuài qù ba(就那么放着赶快去吧). ¶遺跡を～の状態で保存する yíjí zhào yuányàng bǎocún(遗迹照原样保存). ¶彼は亡くなった父親の風貌をしている tā zhǎngde gēn yǐgù de fùqin yìmú-yíyàng(他长得跟已故的父亲一模一样)/ tā kùsì wángfù(他酷似亡父).

そのみち【其の道】 ¶～の達人 nà yì fāngmiàn de gāoshǒu(那一方面的高手).

そのもの【其の物】 ¶～ずばりだ zhēn shì yì zhēn jiàn xiě(真是一针见血)/ zhèngshì nàge(正是那个). ¶僕は計画～には反対ではない wǒ bìng bú shì fǎnduì jìhuà běnshēn(我并不是反对计划本身). ¶彼は真剣～だ tā jiǎnzhí shì rènzhēn yánsù de huàshēn(他简直是认真严肃的化身).

そば【側・傍】 **1**〔近く〕pángbiān(旁边), yìpáng(一旁); fùjìn(附近), gēnqián(跟前). ¶ストーブの～に座る zuòzài lúzi pángbiān(坐在炉子旁边). ¶～に寄ってはいかん bùdé kàojìn(不得靠近). ¶～にいてくれるだけで心強いよ yǒu nǐ zài shēnbiān xīnli jiù tàshi le(有你在身边心里就踏实了). ¶父母の～を離れて上京する líkāi fùmǔ de shēnbiān fù Jīng(离开父母的身边赴京). ¶彼は学校のすぐ～に住んでいる tā jiù zhùzài xuéxiào fùjìn(他就住在学校附近).

2〔…するそばから〕¶教わる～から忘れてしまう suí xué suí wàng(随学随忘). ¶片付ける～から子供が散らかす wǒ zhèbian shíduo, háizi nàbian gěi nòngluàn(我这边拾掇,孩子那边给弄乱).

そば【蕎麦】 〔植物〕qiáomài(荞麦); 〔食物〕qiáomài miàntiáo(荞麦面条), qiáomàimiàn(荞麦面). ¶～を打つ gǎn qiáomài miàntiáo(擀荞麦面条). ¶～殻 qiáomàipí(荞麦皮). ～粉 qiáomàimiàn(荞麦面).

そばかす【雀斑】 quèbān(雀斑), qiāozi(雀子). ¶～だらけの顔 mǎnliǎn quèbān(满脸雀斑).

そばだ・てる【欹てる】 ¶耳を～てる cè ěr xì tīng(侧耳细听).

そばづえ【側杖】 ¶けんかの～をくって怪我をした biéren dǎjià wǒ dào ái fēiquán shòule shāng(别人打架我倒挨飞拳受了伤).

ソビエト sūwéi'āi(苏维埃). ¶～政権 sūwéi'āi zhèngquán(苏维埃政权). ～連邦 Sūlián(苏联).

そび・える【聳える】 sǒnglì(耸立), chùlì(矗立), yìlì(屹立). ¶空に～える山々 sǒng rù yúnxiāo[gāo sǒng rù yún] de qúnshān(耸入云霄[高耸入云]的群山). ¶広場に記念碑が～えている jìniànbēi yìlì zài guǎngchǎng shang(纪念碑屹立在广场上).

そびやか・す【聳やかす】 sǒng(耸).¶肩を～して歩く sǒngqǐ jiānbǎng zǒu(耸起肩膀走).

そびょう【素描】 sùmiáo(素描).

-そび・れる ¶居眠りしていて肝心な事を聞き～れてしまった dǎle dǔn bǎ gāi tīng de shì gěi tīnglòu le(打了盹儿把该听的事给听漏了).¶彼の疲れた顔を見たらつい言い～れてしまった kànle tā nà píbèi bùkān de liǎnsè méi néng shuōchu kǒu(看了他那疲惫不堪的脸色没能说出口).

そふ【祖父】〔父方の〕zǔfù(祖父),gōnggong(公公),tàiye(太爷),lǎoyéye(老爷爷);〔母方の〕wàizǔfù(外祖父),wàigōng(外公),gōnggong(公公),lǎoye(老爷),lǎoyéye(老爷爷),tàiye(太爷).

ソファー shāfā(沙发).

ソフト ¶～ウェア ruǎnjiàn(软件).～クリーム bīngjīlíng(冰激凌).～ドリンク ruǎnyǐnliào(软饮料).～帽 nímào(呢帽).～ボール lěiqiú(全球).

そふぼ【祖父母】〔父方の〕zǔfùmǔ(祖父母);〔母方の〕wàizǔfùmǔ(外祖父母).

ソプラノ nǚgāoyīn(女高音).

そぶり【素振り】 jǔzhǐ(举止),jǔdòng(举动),tàidu(态度),yàngzi(样子).¶そんな～は少しも見せなかった sīháo méiyǒu nà zhǒng jǔzhǐ(丝毫没有那种举止)/ yìdiǎnr yě méiyǒu biǎoxiànchū nà zhǒng jǔdòng lai(一点儿也没有表现出那种举动来).¶彼は意味ありげな～をした tā zuòchū yǒu shénme yìwèi shide(他作出有什么意味似的).¶どうもあいつの～が怪しい wǒ zǒng juéde nàge jiāhuo xíngjì kěyí(我总觉得那个家伙形迹可疑).

そぼ【祖母】〔父方の〕zǔmǔ(祖母),pópo(婆婆),lǎotàitai(老太太);〔母方の〕wàizǔmǔ(外祖母),wàipó(外婆),pópo(婆婆),lǎolao(姥姥・老老),lǎoniáng(老娘),lǎotàitai(老太太).

そぼう【粗暴】 cūbào(粗暴).¶～な男 cūbào de nánrén(粗暴的男人).

そほうか【素封家】 dàcáizhǔ(大财主),fùháo(富豪).

そほうのうぎょう【粗放農業】 cūfàng jīngyíng(粗放经营),guǎngzhòng bóshōu(广种薄收).

そぼく【素朴】 sùpǔ(素朴),zhìpǔ(质朴),pǔshí(朴实),píngshí(平实).¶島の人達の～な人柄に打たれた wéi dǎomínmen de chúnpǔ de wéirén suǒ gǎndòng(为岛民们的纯朴的为人所感动).¶民芸品の～な味わい mínjiān gōngyìpǐn de sùpǔ de qùwèi(民间工艺品的素朴的趣味).¶彼女の心に～な疑問が生じた tā xīnli chǎnshēngle sùpǔ de yíwèn(她心里产生了素朴的疑问).¶～な考え dānchún[pǔsù] de xiǎngfa(单纯[朴素]的想法).¶～実在論 sùpǔ shízàilùn(素朴实在论).

そまつ【粗末】 **1**〔粗雑〕jiǎnlòu(简陋),cūlòu(粗陋).¶彼はいつも～な身をしている tā zǒngshì yīzhuó hěn jiǎnlòu(他总是衣着很简陋).¶～な住居 jiǎnlòu de zhùfáng(简陋的住房).¶～な物ですがどうぞお納め下さい shì yìdiǎnr cū dōngxi, qǐng nín shōuxià ba (是一点儿粗东西,请您收下吧).¶"ごちそうさまでした""いいえ,お～さまでした""xièxie nín de kuǎndài""màndài nín le"("谢谢您的款待""慢待您了").¶お～極まりない話だ tài bú xiànghuà(太不像话).

2〔粗略〕¶物を～にする zāota dōngxi(糟蹋东西).¶親を～に扱う bù téng'ài fùmǔ(不疼爱父母).¶命を～にするな bié bǎ xìngmìng dàng érxì(别把性命当儿戏).¶～一銭でも～にはできない yì fēn qián yě bù kěyǐ zāojian(一分钱也不可以糟践).

そま・る【染まる】 **1**〔色がつく〕rǎn(染).¶朝焼けで空がばら色に～った zhāoxiá rǎnhóngle tiānkōng(朝霞染红了天空).¶朱(赤)に～って倒れた mǎnshēn xiānxuè línlí de dǎoxiaqu le(满身鲜血淋漓地倒下去了).

2〔感化される〕zhānrǎn(沾染),xūnrǎn(熏染).¶悪風に～る zhānrǎn huài zuòfēng(沾染坏作风).

そむ・く【背く】 wéibèi(违背),wéikàng(违抗),wéifǎn(违反).¶それは憲法の精神に～く nà shì wéibèi[bèilí] xiànfǎ de jīngshén(那是违背[背离]宪法的精神)/ nà hé xiànfǎ de jīngshén bèi dào ér chí(那和宪法的精神背道而驰).¶上司の命令に～く wéikàng shàngsi de mìnglìng(违抗上司的命令).¶両親の意に～いて文科系に進んだ wéibèi fùmǔ de yuànwàng jìnle wénkē(违背父母的愿望进了文科).¶彼の作品は人々の期待に～かぬ出来栄えだ tā de zuòpǐn méi gūfù rénmen de qīwàng hěn chūsè(他的作品没辜负人们的期望很出色).

そむ・ける【背ける】 ¶あまりのむごたらしさに思わず目を～けた cǎn bù rěn dǔ(惨不忍睹)/ tài cánkù le, bùyóude bìkāile yǎnjing(太残酷了,不由得避开了眼睛).¶彼女は顔をそむけて通り過ぎた tā bǎ liǎn bié[bèi] le guòqu zǒu le(她把脸别[背]了过去走了).

そめ【染】 ¶着物を～に出す bǎ yīfu sòng rǎnfáng(把衣服送染坊).¶～が悪いので色が落ちた rǎnde bù hǎo diàoshǎi le(染得不好掉色了).

そめかえ・す【染め返す】 ¶色があせたので～した tuìle shǎi yòu chóngxīn rǎn le(退了色又重新染了).

そめこ【染粉】 fěnmò rǎnliào(粉末染料).

そめもの【染物】 rǎnsè(染色).¶～をする rǎnbù(染布).

そ・める【染める】 rǎn(染).¶布を青く～める bǎ bù rǎnchéng lánsè(把布染成蓝色).¶髪を～める rǎn tóufa(染头发).¶夕日が空を真赤に～めた xīyáng rǎnhóngle tiānkōng(夕阳染红了天空).¶頬を～める liǎngjiá fēihóng(两颊绯红).¶研究に手を～める zhuóshǒu yánjiū(着手研究).

そもそも【抑】 ¶～人間とは… suǒwèi rén…(所谓人…).¶そう考えるのが～間違いだ nàyàng xiǎng cóng gēnběnshàng jiù bú duì(那样想从根本上就不对).¶これが～の動機だ zhè jiùshì zuìchū de dòngjī(这就是最初的动

そや【粗野】 cūyě(粗野), cūlǔ(粗鲁·粗卤), cūbǐ(粗鄙), cāngsú(伧俗). ¶～な言葉遣い shuōhuà cūlǔ(说话粗鲁) / yányǔ cūbǐ(言语粗鄙) / mǎnzuǐ cūnhuà(满嘴村话). ¶彼は態度が～だ tā tàidu cūyě(他态度粗野).

そよう【素養】 sùyǎng(素养). ¶彼は中国語の～がある tā yǒu Zhōngwén de sùyǎng(他有中文的素养).

そよが・す【戦がす】 chuīdòng(吹动). ¶梢を～す風 chuīdòng shùshāo de fēng(吹动树梢的风).

そよかぜ【微風】 wēifēng(微风), ruǎnfēng(软风).

そよ・ぐ【戦ぐ】 ¶5月の風に若葉が～いでいる nènyè suízhe wǔyuè de fēng qīngqīng yáobǎi(嫩叶随着五月的风轻轻摇摆).

そよそよ xíxí(习习). ¶春風が～と吹く xíxí chūnfēng(习习春风) / chūnfēng xúlái(春风徐来). ¶木の枝が風に～揺れる shùzhī yíngfēng qīngqīng bǎidòng(树枝迎风轻轻摆动).

そら【空】 1【天】 tiān(天), tiānkōng(天空). ¶～は雲ひとつなく晴れ渡っている qíngkōng wànlǐ méiyǒu yí piàn yúncai(晴空万里没有一片云彩). ¶西の～が真赤だ xītiān tōnghóng(西天通红). ¶白球は～の彼方に飛んでいった báiqiú fēidào gāokōng de tiānshang qù le(白球飞到高空的天上去了). ¶鷲が～高く舞っている lǎodiāo zài chángkōng zhǎnchì fēixiáng(老雕在长空展翅飞翔). ¶スモッグで～がどんより曇っている yóuyú yānwù tiānkōng yīnchén(由于烟雾天空阴沉).
2【天候】 ¶～が怪しくなってきた yào biàntiān le(要变天了). ¶ひと雨来そうな～だ zhè tiānqì kànlai yào xià yì cháng yǔ(这天气看来要下一场雨).
3【気持など】 ¶合格発表の掲示板に自分の名前をみつけて心も～に家に帰った bǎngshang kànjian yǒule zìjǐ de míngzi, xīnli piāopiāorán de wǎng jiā zǒu(榜上看见有了自己的名字,心里飘飘然地往家走). ¶あまりの恐ろしさに生きた～もなかった kǒngbùde jiào rén hún bú fù tǐ(恐怖得叫人魂不附体).
4【暗記】 ¶その詩は～で言える huì bèi nà shǒu shī(会背那首诗) / nà shǒu shī bèide gǔnguā lànshú(那首诗背得滚瓜烂熟). ¶5番まで～で歌う bú kàn yuèpǔ chàngdào dìwǔ duàn(不看乐谱唱到第五段).

そらいろ【空色】 tiānlán(天蓝), tiānlánsè(天蓝色), dànqīng(淡青).

そらおそろし・い【空恐ろしい】 ¶自分のしていることが～くなった duì zìjǐ suǒ zuò de shì juéde hàipà qilai(对自己所做的事觉得害怕起来).

そら・す【反らす】 ¶身を～して笑う yǎng tiān dà xiào(仰天大笑). ¶胸を～して自慢する tǐng qǐ xiōngpúr kuākuā qí tán(挺起胸脯儿夸夸其谈).

そら・す【逸らす】 ¶目を～す yíkāi shìxiàn(移开视线). ¶うまく話を～す bǎ huàtí qiǎomiào de chàkāi(把话题巧妙地岔开). ¶質問を～す bìkāi suǒ wèn de wèntí(避开所问的问题). ¶うまく相手の注意を～してその隙に逃げた qiǎomiào de zhuǎnyí duìfāng de zhùyìlì chéngxì táopǎo le(巧妙地转移对方的注意力乘隙逃跑了). ¶彼は人を～さぬ男だ tā kě shì ge shùn rénxīn bù dézuì rén de rén(他可是个顺人心不得罪人的人) / tā wéirén hěn yuántōng(他为人很圆通).

そらぞらし・い【空空しい】 ¶よくもそんな～い事が言えたものだ jìng néng zhuāngsuàn shuōchū nà zhǒng huǎnghuà lai(竟能装蒜说出那种谎话来). ¶～いお世辞を言う jiǎxīngxing de fèngcheng(假惺惺地奉承).

そらだのみ【空頼み】 ¶無事でいてほしいという願いも～に終わった qīwàng tā píng'ān wúshì, kě zhōngyú luòkōng le(期望他平安无事,可终于落空了).

そらとぼ・ける【空惚ける】 zhuāng hútu(装糊涂), zhuāngsuàn(装蒜), zhuāng lóng zuò yǎ(装聋作哑). ¶何を聞かれても～けていた bèi wèn shénme dōu zhuānglóng-zuòyǎ(被问什么都装聋作哑).

そらなみだ【空涙】 ¶～を流して許しを乞う jǐchū jiǎlèi qíqiú(挤出假泪祈求).

そらに【空似】 ¶李君かと思ったら他人の～だった wǒ yǐwéi shì Xiǎo Lǐ, yuánlái shì màosì Xiǎo Lǐ de bierén(我以为是小李,原来是貌似小李的别人).

そらまめ【空豆】 cándòu(蚕豆), húdòu(胡豆), chuāndòu(川豆), luóhàndòu(罗汉豆).

そらみみ【空耳】 ¶今のは～だったのか huòxǔ gāngcái wǒ tīngcuò le(或许刚才我听错了). ¶～を使う zhuāng lóng zuò yǎ(装聋作哑).

そらもよう【空模様】 tiānqì(天气), tiānsè(天色). ¶～が怪しくなった kànlai yào biàntiān le(看来要变天了).

そり【反り】 ¶この板には～があるので削りにくい zhè kuài mùbǎn qiáoleng bù hǎo bào(这块木板翘棱不好刨). ¶彼とは～が合わない gēn tā ⸢hébùlái[bú duìjìnr](跟他⸢合不来[不对劲儿]).

そり【橇】 qiāo(橇), xuěqiāo(雪橇), bīngqiāo(冰橇), páli(爬犁·扒犁).

そりかえ・る【反り返る】 ¶板が～ってしまった mùbǎn qiàoqilai le(木板翘起来了). ¶赤ん坊が～って泣き叫んでいる yīng'ér dǎtǐngr dà kū(婴儿打挺儿大哭). ¶その男は傲然と椅子に～っていた nàge nánrén àoqí shízú de yǎng liǎn zuòzài yǐzi shang(那个男人傲气十足地仰脸坐在椅子上).

ソリスト dúzòuzhě(独奏者); dúchàngjiā(独唱家); dìyī wǔshǒu(第一舞手).

そりみ【反り身】 ¶～になって歩く tǐngqǐ xiōngpú zǒu(挺起胸脯走).

そりゃく【粗略】 jiǎnmàn(简慢). ¶客を～に扱う dàikè ⸢jiǎnmàn[bù zhōudào](待客⸢简慢[不周到]).

そりゅうし【素粒子】 jīběn lìzǐ(基本粒子), lìzǐ(粒子).

そ・る【反る】 ¶本の表紙が～ってしまった shūpí qiàoqilai le(书皮翘起来了). ¶体を～らせる 運動 yǎngshēn yùndòng(仰身运动).

そ・る【剃る】 tì(剃), guā(刮). ¶頭を～る tì tóu(剃头). ¶顔を～る guā liǎn(刮脸)/ xiū miàn(修面). ¶髭を～る guā húzi(刮胡子).

それ【其れ】 nà・ne・nèi(那), nàge・nège・nèige(那个); zhè・zhèi(这), zhège・zhèige(这个). ¶～は何ですか nà shì shénme?(那是什么?). ¶君が持っている～がそうだ nǐ názhe de nàge jiùshì(你拿着的那个就是). ¶～とこれとは問題の性質が違う nàge hé zhège shì wèntí de xìngzhì bùtóng(那个和这个是问题的性质不同). ¶～はいつのことですか nà shì shénme shíhou de shì?(那是什么时候的事?). ¶彼の手紙を受け取ったが～には病気のことなど書いてなかった jiēdào tā de xìn, xìn shang kě méiyǒu xiězhe yǒuguān bìng de shì(接到他的信, 信上可没有写着有关病的事). ¶～について彼には別の考えがあるらしい guānyú zhège tā hǎoxiàng yǒu bié de xiǎngfa(关于这个他好像有别的想法). ¶君が～でいいならそうしよう nǐ rènwéi nàyang hǎo jiù nàme bàn ba(你认为那样好就那么办吧). ¶～ではあまりに気の毒だ nà tài kěliàn le(那太可怜了). ¶～ばかりはお許し下さい zhège kě qǐng nǐ ráole wǒ ba(这个可请你饶了我吧). ¶～以来彼を見かけたことがない dǎ nà yǐhòu cóng méi jiànguo tā(打那以后从没见过他). ¶～もそうだがやっぱり私は汽車のほうがいい nǐ shuō de yě shì, búguò wǒ háishi zuò huǒchē qù hǎo(你说的也是, 不过我还是坐火车去好). ¶日本一周をしたい、～も自転車で wǒ xiǎng huányóu Rìběn, érqiě shì qí zìxíngchē qù(我想环游日本, 而且是骑自行车去).

それ ¶～行け shàng!(上!)/ qù!(去!)/ chōng!(冲!). ¶～見たことか kàn, wǒ bú shì shuōguo le ma?(看, 我不是说过了吗?).

それから 1〔それに加えて〕¶今日は西瓜とオレンジと～ぶどうがあります jīntiān yǒu xīguā hé chéngzi, hái yǒu xīguā hé chéngzi, hái yǒu pútao(今天有西瓜和橙子, 还有葡萄). ¶鉛筆に消ゴム～ノートを下さい qiānbǐ hé xiàngpí, lìngwài zài gěi wǒ yì běn bǐjìběn(铅笔和橡皮, 另外再给我一本笔记本).
2〔それに続いて〕¶映画を見て～お茶を飲んだ kàn diànyǐng zhī hòu, hē le chá(看电影之后, 喝了茶). ¶～でも遅くはないでしょう nà yǐhòu yě bù wǎn ba(那以后也不晚吧). ¶一度も彼と会っていない dǎ nà yǐhòu zài yě méiyǒu jiànguo tā(打那以后再也没有见过他). ¶～それへと話は尽きなかった shuō zhe shuō nà, lǎo méiwán-méiliǎo(说这说那, 老没完没了).

それきり ¶その件は～になった nà jiàn shì dǎ nà yǐhòu jiù bùliǎo liǎo zhī le(那件事打那以后就不了了之). ¶彼女は～姿を見せなくなった cóng nà yǐhòu zài yě méi jiànguò tā de yǐngzi(从那以后再也没见过她的影子).

それこそ ¶その仕事なら～君にうってつけだ nàge gōngzuò zhèng shìhé nǐ(那个工作正适合你). ¶彼の耳に入ろうものなら～大変だ yàoshi jìndào tā ěrduo li, nà kě bùdéliǎo le(要是进到他耳朵里, 那可不得了).

それしき nàmediǎnr(那么点儿). ¶～のことでへこたれるような私で～ wǒ bú shì wèile nàmediǎnr shì jiù huì xièqì de rén(我不是为了那么点儿事就会泄气的人). ¶～のことでくよくよするな něi wèi nàmediǎnr "dàbuliǎo"〔zhīma dà〕de shì jiù chuítóu-sàngqì(别为那么点儿"大不了"〔芝麻大〕的事就垂头丧气).

それぞれ ¶～の意見を交換する jiāohuàn gèzì de yìjiàn(交换各自的意见). ¶彼等の育った環境は～違う tāmen měi ge rén suǒ shēngzhǎng de huánjìng gè bù xiāngtóng(他们每个人所生长的环境各不相同). ¶好みは～ある/ gè rén de shìhào dōu yǒu suǒ bùtóng(各人的嗜好都有所不同)/ měi ge rén dōu gè yǒu suǒ hào(每个人都各有所好).

それだけ 1〔その事だけ〕¶～はどうしても嫌だ nà jiàn shì wǒ zěnme yě bù xiǎng gàn(那件事我怎么也不想干). ¶方法は～しかない zhǐ yǒu nà yí ge bànfǎ(只有那一个办法). ¶～を取り上げて比較しても意味がない zhǐ tíchū nà yì diǎn lái bǐjiào yě méiyǒu yìyì(只提出那一点来比较也没有意义).
2〔その程度〕¶～あれば十分だ yǒu nàmexiē jiù zúgòu le(有那么些就足够了). ¶～言えばいくら分でも分ぜるだろう shuōle nàmexiē huà, jiùshì tā yě huì míngbai le(说了那么些话, 就是他也会明白了). ¶品が良い、～に値段も高い dōngxi hǎo, dāngrán jiàqian guì(东西好, 当然价钱贵). ¶努力をすれば～の報いはある zhǐyào nǔlì jiù huì yǒu huíbào(只要努力就会有回报).

それで ¶1人ではどうしてよいか分らない、～相談に来た wǒ yí ge rén bù zhīdào zěnme bàn hǎo, yīncǐ gēn nǐ shāngliang lái le(我一个人不知道怎么办好, 因此跟你商量来了). ¶彼女は泣いているのか yuánlái tā shì wèi zhège yuángù kū le(原来她是为这个缘故哭了). ¶～君はどうするつもりだ nà nǐ dǎsuàn zěnme bàn?(那你打算怎么办?).

それでも ¶毎日一所懸命やっているのに～上達しない suīrán měitiān xià kǔgōngfu, dànshì zǒng méiyǒu jìnbù(虽然每天下苦工夫, 但是总没有进步). ¶～結構です nàyang yě kěyǐ(那样也可以).

それどころ ¶私は反対しない、～かあなたの力になりたいと思う wǒ búdàn bù fǎnduì, érqiě xiǎng bāng nǐ de máng(我不但不反对, 而且想帮你的忙). ¶明日は試験だ、今は～ではないつもりだ míngtiān jiù kǎoshì le, xiànzài nǎr hái gùdeshàng zhège(明天就考试了, 现在哪儿还顾得上这个).

それとなく ¶～様子を探る ruò wú qí shì de tàn qí qíngkuàng(若无其事地探其情况). ¶彼女の意向を～聞いてみた wǎnzhuǎn de shìtan tā de yìxiàng(婉转地试探她的意向). ¶お前から～聞いておいてくれ nǐ lái suíbiàn gěi wǒ wèn yi wèn(你来随便给我问一问). ¶私

から~注意しておきましょう yóu wǒ lái shāo dàizhe shuōshuo tā(由我来稍带着说说他).

それとも háishi(还是), huòshì(或是), huòzhě(或者), huòzé(或则), yìhuò(抑或). ¶お茶にしますか~コーヒーにしますか hē chá háishi hē kāfēi?(喝茶还是喝咖啡?). ¶~他によい方法がありますか huòzhě hái yǒu shénme gèng hǎo de fāngfǎ ma?(或者还有什么更好的方法吗?).

それなら nà(那), nàme(那么), nàyàng(那样). ¶~明日にしよう nàme míngtiān zài shuō ba(那么明天再说吧). ¶~それでこちらにも考えがある nàme wǒ yě yǒu wǒ de xiǎngfa(那么我也有我的想法). ¶~そうと早く言えばよいのに jìrán[jìshì] nàyàng, wèishénme bù zǎo shuō ne?(既然[既是]那样, 为什么不早说呢?).

それなり 1〔それきり〕 ¶彼が借りていって~になっている tā jiè qu yìzhí méiyǒu huán wǒ(他借去一直没有还我). ¶ちょっと横になったら~朝まで眠ってしまった yì tǎngxia jiù yìzhí shuìdàole zǎoshang(一躺下就一直睡到早上).
2〔それ相応〕 ¶~の努力はしたつもりだ wǒ rènwéi zìjǐ yě zuòle xiāngdāng de nǔlì(我认为自己也做了相当的努力). ¶それは~に面白い nà yě xiāngdāng de yǒu yìsi(那也相当地有意思).

それに zàishuō(再说). ¶頭が痛い, ~喉も変なので休んだ tóuténg, zàishuō sǎngzi yòu yǒudiǎnr bù shūfu, suǒyǐ qǐngle jià(头疼, 再说嗓子又有点儿不舒服, 所以请了假). ¶金もないし, ~気も進まない méiyǒu qián, zàishuō yě méiyǒu nà zhǒng xīnsi(没有钱, 再说也没有那种心思).

それにしても ¶~電話ぐらいかけてきそうなものだ jíshǐ nàyàng yě gāi dǎ ge diànhuà lái a(即使那样也该打个电话来啊). ¶~人を馬鹿にした話だ jiùshì nàyàng yě tài qīfu rén le(就是那样也太欺负人了).

それはそうと ¶~君に聞きたいことがある nà xiān bù shuō, wǒ xiǎng wènwen nǐ(那先不说, 我想问问你). ¶~今何時ですか xiànzài dàodǐ jǐ diǎnzhōng le?(现在到底几点钟了?).

それはそれは ¶~美しい人でした nà kě zhēn shì yí ge piàoliang de rén(那可真是一个漂亮的人). ¶お困りでしょう nà kě nánwei nǐ le ba(那可难为你了吧).

それほど nàme(那么). ¶~嫌なら止めればよい nǐ bié gàn le(你别不愿意, 就别干了). ¶彼の病気は~ではありません tā de bìng bú nàme zhòng(他的病不那么重). ¶あの人は~の人物ではない nàge rén bìng bú shì ge shénme liǎobude de rénwù(那个人并不是个什么了不得的人物).

そ・れる【逸れる】 ¶弾は的をわずかに~れていた zǐdàn shāo piānlí, bǎi méi dǎzhòng(子弹稍偏离, 靶子没打中). ¶登山コースを~れて山奥に迷い込んだ zǒucuò dēngshān lùxiàn mírùle shēnshān(走错登山路线迷入了深山). ¶台風は東に~れた táifēng zhuǎnxiàng cháo dōng guāqu le(台风转向朝东刮去了). ¶話が脇道に~れた huà 'chàdào biéchù qù[zǒubǎn] le(话'岔到别处去[走板]了)/ shuōhuà zǒule tí(说话走了题).

ソロ dúzòu(独奏); dúchàng(独唱).

そろい【揃い】 1 ¶~の衣装で踊る chuān tǒngyī de yīzhuāng tiàowǔ(穿统一的衣装跳舞). ¶皆様お~でどちらへお出掛けですか nǐmen yíkuàir shàng nǎr qù a?(你们一块儿上哪儿去啊?).
2〔助数詞〕tào(套). ¶潜水用具1~ yí tào qiánshuǐ yòngjù(一套潜水用具). ¶学用品1 ~ yí tào xuéyòngpǐn(一套学用品).

-ぞろい【揃い】 ¶あの一家は秀才~だ nà yìjiārén dōu shì cáizhì guòrén(那一家人都是才智过人). ¶出品作ばかりで劣らぬ力作~だ zhǎnpǐn dōu shì nán fēn shàngxià de jīngxīn zhī zuò(展品都是难分上下的精心之作).

そろ・う【揃う】 qí(齐), qíbèi(齐备), qíquán(齐全). ¶皆~ったら出発しよう dàjiā qíle jiù chūfā(大家齐了就出发). ¶教材がなかなか~わない jiàocái lǎo nòngbuqí(教材老弄不齐). ¶この研究所には優秀なスタッフが~っている zhège yánjiūsuǒ jízhōngle yōuxiù de rényuán(这个研究所集中了优秀的人员). ¶あの店には登山用品が何でも~っている nàge shāngdiàn dēngshān yòngpǐn hěn qíquán(那个商店登山用品很齐全). ¶私のところにはシェークスピアの全集が全部~っている wǒ jiā li Shāshìbǐyà de quánjí quánbù qíquán le(我家里莎士比亚的全集全部齐全了). ¶夫婦~って出掛けて行った fūqī liǎ yíkuàir chūmén le(夫妻俩一块儿出门了). ¶~いも~って弱虫ばかり jìngshì xiē dǎnxiǎoguǐ(净是些胆小鬼). ¶声の調子が~っている shēngdiào zhěngqí(声调整齐). ¶闘争の足並が~っていない dòuzhēng de bùdiào bù qí(斗争的步调不齐).

そろう【疎漏】 shūhu(疏忽). ¶万事~のないように気をつけなさい shìshì bùdé shūhu(事事不得疏忽).

そろ・える【揃える】 ¶必要な文献を~える bèiqí xūyào de wénxiàn(备齐需要的文献). ¶生徒の数だけ教材を~える pèiqí hé xuésheng shùmù xiāngtóng de jiàocái(配齐和学生数目相同的教材). ¶声を~えて歌う qíshēng chànggē(齐声唱歌). ¶足並を~えて行進する qíbù xíngjìn(齐步行进). ¶紙の両端を~えて折る bǎ zhǐ liǎngduān zhéqí(把纸两端折齐). ¶靴を~えて脱ぎなさい bǎ tuōle de xié bǎiqí(把脱了的鞋摆齐).

そろそろ 1〔ゆっくり〕 mànmàn(慢慢), xúxú(徐徐). ¶病院の廊下を~と歩く zài yīyuàn de zǒuláng mànmàn zǒu(在医院的走廊慢慢走).
2〔だんだん〕jiànjiàn(渐渐), zhújiàn(逐渐). ¶~本性を現してきた jiànjiàn lùchū běnxìng lai le(渐渐露出本性来了). ¶~彼女が鼻につけてきた tā shǐ rén zhújiàn nìfan le(她使人逐渐腻烦了).
3〔まもなく〕 ¶~昼飯の時間だ kuài dào zhōngfàn de shíjiān le(快到中饭的时间了).

¶ 父も～60 だ fùqin yě kuàiyào liùshí le (父亲也快要六十了). ¶ ～に出掛けよう gāi dòngshēn le (该动身了). ¶ もう～帰ってくる頃だ dào gāi huílai de shíhou le (到该回来的时候了).

ぞろぞろ ¶ 子供が～とついてくる yí dà duī háizi gēnzhe lái (一大堆孩子跟着来). ¶ 劇場から人が～出てきた cóng jùchǎng li luòyì bùjué zǒuchū xǔduō rén lai (从剧场里络绎不绝走出许多人来).

そろばん【算盤】 suànpan (算盘). ¶ ～をいれる yòng suànpan suàn (用算盘算)/ dǎ suànpan (打算盘). ¶ これはどうしても～に合う商売ではない zhège zěnme suànji yě bú shì "shàngsuàn [hésuàn] de shēngyi (这个怎么算计也不是"上算[合算]的生意). ¶ あいつは何かというと～をはじく nà jiāhuo dòngbudòng jiù dǎ zìjǐ de xiǎosuànpan (那家伙动不动就打自己的小算盘). ¶ ～ずくではこんな仕事はできない dǎ xiǎosuànpan jiù zuòbuliǎo zhè zhǒng gōngzuò (打小算盘就做不了这种工作).

そわそわ ¶ 彼は朝から～して仕事が手につかない tā cóng zǎoshang jiù xīnshén bù'ān gōngzuò bù tāshi (她从早上就心神不安工作不踏实). ¶ 彼は病院の廊下を～と行ったり来たりした tā zài yīyuàn de zǒuláng shang xīnshén bù níng de zǒulai zǒuqu (他在医院的走廊上心神不宁地走来走去).

そん【損】 péi (赔), kuī (亏), chīkuī (吃亏), sǔnshī (损失). ¶ 今度の取引で 100 万円の～をした zhè cì mǎimai péile yìbǎi wàn rìyuán (这次买卖赔了一百万日元). ¶ ～を承知で仕事を請けた míngzhī 'bù hésuàn [péiběn/kuīběn/shéběn] bǎ zhè huór bāole xiàlái (明知"不合算[赔本/亏本/折本]把这活儿包了下来). ¶ 株の暴落で大～した gǔjià bàodiē "chīle dà kuī [dà shòu sǔnshī] (股价暴跌"吃了大亏[大受损失]). ¶ 字は下手だと一生～する zì xiěde bù hǎo yíbèizi chīkuī (字写得不好一辈子吃亏). ¶ 彼は口が悪いので～をしている tā zuǐ zhí cháng chīkuī (他嘴直常吃亏). ¶ あんな映画を見て時間が～した kànle nà zhǒng diànyǐng làngfèile shíjiān (看了那种电影浪费了时间). ¶ これ位の事は知っておいても～はない zhīdao zhè zhǒng shì "méiyǒu huàichu [yǒuyìwúhài] (知道这种事"没有坏处[有益无害]). ¶ 私はいつも～な役回りだ chīkuī de shì zǒng lúndào wǒ (吃亏的事总轮到我). ¶ 今会社をやめるのは～だ xiànzài cízhí bú huàsuàn (现在辞职不上算).

そんえき【損益】 sǔnyì (损益), yíngkuī (盈亏). ¶ ～勘定口座計算書 sǔnyì jìsuànshū (损益计算书).

そんかい【損壊】 sǔnhuài (损坏). ¶ 河川の～箇所 héchuān de sǔnhuàichù (河川的损坏处).

そんがい【損害】 sǔnhài (损害), sǔnshī (损失). ¶ 台風で莫大な～をこうむった yóuyú táifēng zāoshòu jùdà de sǔnhài (由于台风遭受巨大的损害). ¶ ～は数億円にのぼる見込み sǔnshī kěnéng dá shùyì rìyuán (损失可能达数亿日元). ¶ 敵に多大の～を与えた gěi dírén zàochéngle hěn dà de sǔnhài (给敌人造成了很大的损失). ¶ 国家に～賠償を請求する xiàng guójiā yāoqiú péicháng sǔnshī (向国家要求赔偿损失). ¶ ～保険 sǔnhài bǎoxiǎn (损害保险).

ぞんがい【存外】 →あんがい.

そんけい【尊敬】 zūnjìng (尊敬). ¶ ～の念を抱く huáizūnjìng zhī yì (怀尊敬之意). ¶ 彼は皆から～されている tā shòudào dàjiā de zūnjìng (他受到大家的尊敬). ¶ 私の～する人物 wǒ suǒ zūnjìng de rénwù (我所尊敬的人物).

そんげん【尊厳】 zūnyán (尊严). ¶ 人間の～ rén de zūnyán (人的尊严).

そんざい【存在】 cúnzài (存在). ¶ ～が意識を決定する cúnzài juédìng yìshi (存在决定意识). ¶ 神の～を信じますか nǐ xiāngxìn shén de cúnzài ma? (你相信神的存在吗?). ¶ 彼は我が社にとって貴重な～だ tā duì wǒmen gōngsī lái shuō shì ge bùkě quēshǎo de rén (他对我们公司来说是个不可缺少的人). ¶ もはや彼の～は無視できなくなった yǐjīng bùnéng hūshì tā de cúnzài le (已经不能忽视他的存在了). ¶ 彼はその小説で一躍～を認められた tā yóuyú nà bù xiǎoshuō yíxiàzi jiù dédào gōngrèn le (他由于那部小说一下子就得到公认了). ¶ そういう人物は歴史上に～しない lìshǐshang bù cúnzài nàyàng de rénwù (历史上不存在那样的人物). ¶ そこで研究会の～の理由がない zhèyàng yánjiūhuì jiù méiyǒu cúnzài de lǐyóu le (这样研究会就没有存在的理由了).

¶ ～論 běntǐlùn (本体论).

ぞんざい cǎoshuài (草率), cūshū (粗疏), cūlǔ (粗鲁). ¶ 彼は仕事が～だ tā gōngzuò cǎoshuài (他工作草率). ¶ 品物を～に扱う duì dōngxi bù àihù (对东西不爱护). ¶ ～口を利く shuōhuà cūlǔ (说话粗鲁).

そんしつ【損失】 sǔnshī (损失). ¶ 彼の死は国家にとって大きな～である tā de sǐ duì guójiā shì yí ge hěn dà de sǔnshī (他的死对国家是一个很大的损失). ¶ A 社の倒産で莫大な～をこうむった yóuyú A gōngsī dǎobì méngshòule jùdà de sǔnshī (由于 A 公司倒闭蒙受了巨大的损失).

そんしょう【尊称】 zūnchēng (尊称).

そんしょう【損傷】 sǔnhuài (损坏), sǔnshāng (损伤), huǐsǔn (毁损). ¶ 座礁して船体が～した chùle jiāo chuántǐ sǔnhuài le (触了礁船体损坏了). ¶ 尾翼に～を受けた wěiyì shòudào sǔnshāng (尾翼受到损伤).

そんしょく【遜色】 xùnsè (逊色). ¶ 外国製品と比べて少しも～がない tóng wàiguóhuò xiāngbǐ háo bú xùnsè (同外国货相比毫不逊色).

そん・する【存する】 cúnzài (存在), zàiyú (在于). ¶ 主権は国民に～する zhǔquán zàiyú guómín (主权在于国民). ¶ 社会に階級が～する限り… shèhuìshang zhǐyào yǒu jiējí cúnzài… (社会上只要有阶级存在…).

そん・ずる【損ずる】 →そこなう.

ぞん・ずる【存ずる】 それは～じません, 失礼いたしました bù dé xiǎngshí, tài shīlǐ le, hěn

duìbuqǐ (不得相识,太失礼了,很对不起). ¶是非伺いたく〜ゼます dìngrán xiǎng bàijiàn (定然想拜见).

そんぞく【存続】 ¶研究会の〜が危ぶまれている shǐ rén yōulǜ yánjiūhuì shìfǒu néng jìxù cúnzài xiàqu (使人忧虑研究会是否能继续存在下去). ¶この美風はぜひ〜させたいものだ zhè zhǒng hǎo zuòfēng zhēn xiǎng shǐ tā bǎocún xialai (这种好作风真想使它保存下来).

そんぞく【尊属】 zūnqīn (尊亲), zūnqīnshǔ (尊亲属). ¶〜殺人 shāhài zūnqīn (杀害尊亲).

そんだい【尊大】 zìdà (自大), zìgāo-zìdà (自高自大), wàngzì zūndà (妄自尊大). ¶〜な口をきく shuōhuà wàngzì zūndà (说话妄自尊大). ¶〜に構える bǎi jiàzi (摆架子).

そんたく【忖度】 cǔnduó (忖度). ¶彼の心中を〜すると同情に堪えない cǔnduó tā de xīnzhōng bùjìn shǐ rén tóngqíng (忖度他的心中不禁使人同情).

そんちょう【村長】 cūnzhǎng (村长).

そんちょう【尊重】 zūnzhòng (尊重). ¶少数意見を〜する zūnzhòng shǎoshù yìjiàn (尊重少数意见). ¶人命〜 zūnzhòng rénmìng (尊重人命).

そんとく【損得】 déshī (得失), sǔnyì (损益). ¶〜は問題ではない wèntí búzài yú déshī (问题不在于得失). ¶〜ずくで引き受けた suànhǎo déshī yìngchéngle xiàlái (算好得失应承了下来).

そんな nàme・nème (那么・那末), nàyàng・nèiyàng (那样・那样), nàmeyàng (那么样), nà zhǒng・nèi zhǒng (那种). ¶〜大金は持ち合せていない wǒ kě méi dàizhe nàme duō de qián (我可没带着那么多的钱). ¶〜大事な物ならきちんとしまっておきなさい yàoshi nàme yàojǐn de dōngxi, zìjǐ hǎohāor de shōuqilai ba (要是那么要紧的东西,自己好好儿地收起来吧). ¶今更〜ことを言っても始まらない xiànzài tí nà shì yòu yǒu shénme yòng? (现在提那事又有什么用?). ¶まあ〜ところでしょう dàgàiqí jiùshì nàyàng ba (大概其就是那样吧). ¶〜ふうに言ってしまっては身も蓋もないよ nàme yì shuō jiù tài méiqù le (要那么一说就太没趣了). ¶これが駄目だからといって〜にがっかりするな jiùshì zhège bù xíng yě búyào nàme huīxīn (就是这个不行也不要那么灰心). ¶〜に沢山は食べられない chībuliǎo nàme duō (吃不了那么多). ¶〜にまでしていただいては恐縮です jiào nín nàme fèixīn, tài bùgǎndāng le (叫您那么费心,太不敢当了). ¶〜, ひどいじゃないですか zhè bú tài zāojian rén le! (这不太糟践人了!).

そんぴ【存否】 ¶生存者の〜を問い合せる dǎtīng yǒu wú shēngcúnzhě (打听有无生存者).

そんぷ【尊父】 lìngzūn (令尊).

ソンブレロ kuòbiānmào (括边帽).

ぞんぶん【存分】 jǐnliàng (尽量), jìnqíng (尽情), jìnxìng (尽兴). ¶〜にこらしめてやった hěnhěn de jiàoxunle yí dùn (狠狠地教训了一顿). ¶一日中海で思う〜泳いだ yì zhěngtiān zài hǎi li jìnxìng de yóule yǒng (一整天在海里尽兴地游了泳).

そんぼう【存亡】 cúnwáng (存亡). ¶国家の〜にかかわる大事件 guānxìdào guójiā cúnwáng de dà shìjiàn (关系到国家存亡的大事件). ¶危急〜の秋(き) wēijí cúnwáng zhī qiū (危急存亡之秋).

そんみん【村民】 cūnmín (村民).

ぞんめい【存命】 zàishì (在世). ¶父の〜中は生活には困らなかった fùqin zàishì shí shēnghuó méi kùnnanguo (父亲在世时生活没困难过).

そんらく【村落】 cūnluò (村落).

そんりつ【存立】 ¶国家の〜が危ぶまれる wēijí guójiā de cúnwáng (危及国家的存亡).

そんりょう【損料】 zūjīn (租金), zūqian (租钱).

た

た【田】 tián(田), shuǐtián(水田), dàotián(稲田). ¶~を耕す gēng tián(耕田).

た【他】 tā(他). ¶~は推して知るべし bié de jiù bù nán xiǎngxiàng le(别的就不难想像了). ¶~に影響を及ぼす恐れがある kǒngpà duì qítā fāngmiàn yě yào fāshēng yǐngxiǎng(恐怕对其他方面也要发生影响). ¶このようなは~に例を見ない zhèyàng de shì méiyǒu xiānlì(这样的事没有先例). ¶顧みて~を言う gù zuǒyòu ér yán tā(顾左右而言他). ¶己れを責め~を責めない zé jǐ bù zé rén(责己不责人).

た【多】 ¶その労を~とする rènwéi tā de gōngláo hěn dà(认为他的功劳很大).

ダーウィニズム Dá'ěrwénzhǔyì(达尔文主义).

ダークホース hēimǎ(黑马). ¶この選挙では彼が~だ zhè cì xuǎnjǔ tā shì ge shílì mò cè de jìngzhēng duìshǒu(这次选举他是个实力莫测的竞争对手).

ダース dá(打). ¶鉛筆1~ yì dá qiānbǐ(一打铅笔). ¶タオル半~ bàn dá máojīn(半打毛巾).

ターバン tóujīn(头巾). ¶~を巻く chán tóujīn(缠头巾).

ダービー débǐ mǎsài(德比马赛). ¶ホームラン~ běnlěidǎ dàbǐsài(本垒打大比赛).

タービン tòupíngjī(透平机), tòupíng(透平), wōlúnjī(涡轮机), lúnjī(轮机). ¶蒸気~ qìlúnjī(汽轮机) / qìjī(汽机).

ターミナル ¶~ステーション shūniǔ chēzhàn(枢纽车站). エア~ jīchǎng dàlóu(机场大楼).

ターミナルケア línzhōng guānhuái(临终关怀).

タール tǎ(溚), jiāoyóu(焦油), méijiāoyóu(煤焦油), méitǎ(煤溚), méihēiyóu(煤黑油), chòuyóu(臭油), mùjiāoyóu(木焦油), mùtǎ(木溚).

ターン ¶両選手はほとんど同時に~した liǎng ge yùndòngyuán chàbuduō tóngshí zhuǎnle shēn(两个运动员差不多同时转了身). ¶~テーブル(卓平机), クイック~ jízhuǎnwān(急转弯) / kuàisù zhuǎnshēn(快速转身).

たい【鯛】 diāo(鲷), zhēndiāo(真鲷), jiājíyú(加级鱼), jiālāyú(加拉鱼), tóngpényú(铜盆鱼). ¶腐っても~ shòusǐ de luòtuo bǐ mǎ dà(瘦死的骆驼比马大).

たい【体】 1[からだ] shēntǐ(身体), shēnzi(身子). ¶とっさに~をかわしてボールをよけた huòdì shǎnkāile shēn duǒguòle qiú(霍地闪开了身躲过了球). ¶委員の質問に軽く~をかわして答える bì zhòng jiù qīng de huídá wěiyuán tíchū de wèntí(避重就轻地回答委员提出的问题).

2[かたち] yàngzi(样子), tǐcái(体裁). ¶これでは論文の~をなしていない zhè jiǎnzhí bú xiàng lùnwén de tǐcái(这简直不像论文的体裁). ¶イタリック~ xiétǐ(斜体). 草書~ cǎotǐ(草体).

3[本体] ¶名は~を表す míng biǎo qí shí(名表其实).

4[助数詞] zūn(尊), jù(具). ¶3~の観音像 sān zūn Guānyīnxiàng(三尊观音像). ¶死体3~ sān jù shīshou(三具尸首).

たい【対】 duì(对), bǐ(比). ¶赤組~白組 hóng duì duì bái duì(红队对白队). ¶5~1で勝った yǐ wǔ bǐ yī huòshèng(以五比一获胜). ¶3~2の比率 sān bǐ èr zhe bǐlǜ(三比二的比率). ¶~前年比 tóng qùnián xiāngbǐ(同去年相比). ¶~米交渉 duì Měi jiāoshè(对美交涉).

たい【隊】 duì(队). ¶~を組んで行進する jiéduì xíngjìn(结队行进). ¶30人で1~を編成する yǐ sānshí míng biān yí duì(以三十名编一队). ¶合唱~ héchàngduì(合唱队) / gēyǒngduì(歌咏队).

たい【他意】 tāyì(他意). ¶~があったわけではない bìng wú qítā yòngyì(并无其他用意) / bié wú tāyì(别无他意).

-た・い【度い】 ¶冷たい水が飲み~い wǒ xiǎng hē liángshuǐ(我想喝凉水). ¶学校に行き~くない wǒ bù xiǎng shàngxué(我不想上学). ¶来~ければ来い yào lái jiù lái ba!(要来就来吧!). ¶見る~だと言われるとよけい見~くなる yuèshì bú jiào kàn, yuèshì xiǎng kàn(越是不叫看, 越是想看). ¶明日9時当社に来られ~い míng míngtiān jiǔ diǎn lái wǒ gōngsī(请明天九点来我公司).

タイ ¶猛烈に追い込んでついに10対10の~になった jí qǐ zhí zhuī zhōngyú dǎchéng shí píng(急起直追终于打成十平). ¶日本~記録 Rìběn zuìgāo jìlù(日本最高记录).

タイ Tàiguó(泰国).

だい【大】 dà(大). ¶シャツの~を下さい gěi wǒ dàhào chènyī(给我大号衬衣). ¶声を~にして核兵器禁止を訴える dàshēng jíhū jìnzhǐ héwǔqì(大声疾呼禁止核武器). ¶我々は~なり小なり彼の影響を被っている wǒmen huò duō huò shǎo shòule tā de yǐngxiǎng(我们或多或少受了他的影响). ¶~は小を兼ねる dà néng jiān xiǎo(大能兼小). ¶~の字でベッドに引っくり返る sì jiǎo cháo tiān de yǎng shēn tǎng zài chuáng shang(四脚朝天仰身躺在床上).

¶一年には~の月が7か月ある yì nián yǒu qī ge dàyuè(一年有七个大月). ¶その案に私は~賛成だ nàge jiànyì wǒ shífēn zànchéng(那个建议我十分赞成). ¶葉書~の大きさ míngxìnpiàn yībān dà(明信片一般大).

¶~音楽家 dàyīnyuèjiā(大音乐家).

だい【代】 1 〖世代〗dài(代). ¶あの家は~が替った nà jiā huàn dài le(那家换代了). ¶我々は祖父の~からここに住んでいる wǒmen cóng zǔfù nà yí dài kāishǐ jiù zhùzài zhèli(我们从祖父那一代开始就住在这里). ¶何~も続いた旧家 jìxù hǎo jǐ dài de shìjiā(继续好几代的世家). ¶16~目の大統領リンカーン dìshíliù rèn zǒngtǒng Línkěn(第十六任总统林肯).

2 〖年代, 年齢の範囲〗 ¶30年~の前半 sānshí niándài de qián bànqī(三十年代的前半期). ¶40~の男 nián guò sì xún de nánrén(年过四旬的男人).

3 〖代金〗jiàkuǎn(价款), huòkuǎn(货款). ¶電気~ diànfèi(电费). 本~ shūfèi(书费).

だい【台】 1 〖物を載せる台〗tái(台), táizi(台子), tájiā(台架), táizuò(台座). ¶植木鉢を~の上に置く bǎ huāpén fàngzài táizi shang(把花盆放在台子上). ¶卓球~ pīngpāngqiútái(乒乓球台)/ táizi(台子).

2 〖数量の範囲〗 ¶10番~に入っている zài shí zhì èrshí míng zhī nèi(在十至二十名之内). ¶4千円~の品物 sìqiān duō rìyuán de dōngxi(四千多日元的东西).

3 〖助数詞〗tái(台), liàng(辆), jià(架). ¶テレビ2~ liǎng tái diànshì(两台电视). ¶バス5~ wǔ liàng gōnggòng qìchē(五辆公共汽车). ¶ピアノ1~ yí jià gāngqín(一架钢琴).

だい【題】 1 〖表題〗tí(题). ¶本の~をつける gěi shū dìngmíng(给书定名). ¶"桜の花"という~で作文を書く yǐ "yīnghuā" wéi tí xiě zuòwén(以"樱花"为题写作文).

2 〖問題〗tí(题). ¶どうしても1~解けなかった yǒu yí dào tí zěnme yě méi néng jiěchulai(有一道题怎么也没能解出来).

だい【第】 dì(第). ¶~2回全国大会 dì'èr jiè quánguó dàhuì(第二届全国大会).

たいあたり【体当り】 ¶相手に~を食わせる yòng shēntǐ chōngzhuàng duìfāng(用身体冲撞对方). ¶むずかしい仕事でも~でやればうまくいくものだ zài kùnnan de gōngzuò, zhǐyào shěmìng gàn, zhǔn néng zuòhǎo(再困难的工作, 只要舍命干, 准能做好).

タイアップ liánhé(联合), hézuò(合作), xiézuò(协作). ¶映画会社と~してレコードを売り出す gēn diànyǐng gōngsī hézuò fāshòu chàngpiàn(跟电影公司合作发售唱片).

たいあん【大安】 huángdàorì(黄道日), huángdào jírì(黄道吉日).

たいあん【対案】 fǎnjiànyì(反建议), fǎntí'àn(反提案). ¶~を出す tíchū fǎnjiànyì(提出反建议).

だいあん【代案】 dàitì fāng'àn(代替方案). ¶~を準備する zhǔnbèi dàitì fāng'àn(准备代替方案).

たいい【大尉】 dàwèi(大尉); shàngwèi(上尉).

たいい【大意】 dàyì(大意). ¶この文の~を述べなさい xùshù zhè piān wénzhāng de dàyì(叙述这篇文章的大意).

たいい【体位】 1 〖体の強さ〗tǐzhì(体质). ¶戦後日本人の~は向上した zhànhòu Rìběnrén de tǐzhì zēngqiáng le(战后日本人的体质增强了).

2 〖姿勢〗tǐwèi(体位). ¶~が傾いている tǐwèi qīngxié(体位倾斜).

たいい【退位】 tuìwèi(退位).

たいいく【体育】 tǐyù(体育). ¶~の授業 tǐyù kè(体育课).

¶~館 tǐyùguǎn(体育馆). ~施設 tǐyù shèshī(体育设施). ~大会 tǐyù dàhuì(体育大会)/ yùndònghuì(运动会).

だいいち【第一】 dìyī(第一). ¶実験の~段階は成功した shíyàn de dìyī jiēduàn chénggōng le(实验的第一阶段成功了). ¶まず~にやるべきことは機構の改革だ shǒuxiān yào gǎo de shì jīgòu de gǎigé(首先要搞的是机构的改革). ¶健康~をモットーとする yǐ jiànkāng dìyī wéi zuòyòumíng(以健康第一为座右铭). ¶今年の~の話題 jīnnián zuì zhòngyào de huàtí(今年最重要的话题). ¶そうしたくても~金がない xiǎng nàme zuò kě méi qián(想那么做可没钱).

だいいちいんしょう【第一印象】 dìyī ge yìnxiàng(第一个印象), zuìchū yìnxiàng(最初印象). ¶~が大事だ gěi rén de dìyī ge yìnxiàng shì zhòngyào de(给人的第一个印象是重要的).

だいいちぎ【第一義】 dìyīyì(第一义), dìyīyìdì(第一义谛). ¶大衆への奉仕を~とする yǐ wèi dàzhòng fúwù wéi dìyī(以为大众服务为第一).

だいいちにんしゃ【第一人者】 ¶彼は細菌学の~だ tā zài xìjūnxué fāngmiàn shì "shǒu qū yì zhǐ" de[zuìgāo quánwēi](他在细菌学方面是"首屈一指"的[最高权威]).

だいいっせん【第一線】 dìyīxiàn(第一线). ¶~で戦う兵士 zài qiánxiàn zhàndòu de zhànshì(在前线战斗的战士). ¶彼は~から退いて後輩の教育に当っている tā tuìchūle dìyīxiàn, cóngshì jiàoyù hòubèi de gōngzuò(他退出了第一线, 从事教育后辈的工作).

たいいん【退院】 chūyuàn(出院). ¶母は明日~します wǒ mǔqin míngtiān chūyuàn(我母亲明天出院).

たいいん【隊員】 duìyuán(队员).

たいいんれき【太陰暦】 tàiyīnlì(太阴历), yīnlì(阴历).

たいえい【退嬰】 tuìyīng(退婴). ¶~の気風 tuìfēng(颓风). ¶彼は~的だ tā hěn tuífèi(他很颓废).

たいえき【退役】 tuìyì(退役), tuìwǔ(退伍). ¶~軍人 tuìwǔ jūnrén(退伍军人).

ダイエット jiǎnféi(减肥). ¶~食品 jiǎnféi shípǐn(减肥食品)/ dīrèliàng shípǐn(低热量食品).

たいおう【対応】 1 〖相対〗duìyìng(对应). ¶~する2辺 xiāng duìyìng de liǎngbiān(相对

応的两边).
2[相応] xiāngyìng(相应).¶~策を講ずる cǎiqǔ xiāngyìng de duìcè(采取相应的对策).¶気力に~する体力がない méiyǒu yǔ jīngshen xiāng shìyìng de tǐlì(没有与精神相适应的体力)/ xīn yǒu yú ér lì bù zú(心有余而力不足).¶新しい情勢に~した組織 shìyìng xīn júshì de zǔzhī(适应新局势的组织).

だいおうじょう【大往生】 ¶~を遂げる ānxiáng de sǐqù(安详地死去).

ダイオキシン èr'èyīng(二恶英).

たいおん【体温】 tǐwēn(体温).¶~が上がる[下がる] tǐwēn shàngshēng[xiàjiàng](体温上升[下降]).¶~を計る liáng tǐwēn(量体温)/ shì biǎo(试表).
¶~計 tǐwēnjì(体温计)/ tǐwēnbiǎo(体温表).

だいおんじょう【大音声】 dàshēng(大声), dà shēngyīn(大声音).¶~で名乗る shēng rú hóngzhōng de tōngmíng(声如洪钟地通名).

たいか【大火】 dà huǒzāi(大火灾).¶~に見舞われる zāodào dà huǒzāi(遭到大火灾).

たいか【大家】 dàjiā(大家).¶書道の~ shūfǎ dàjiā(书法大家).

たいか【大過】 ¶任期を~なく過した zàirèn qījiān méiyǒu fàn shénme dà de cuòwù(在任期间没有犯什么大的错误).

たいか【耐火】 nàihuǒ(耐火).¶~建築 nàihuǒ jiànzhù(耐火建筑).~煉瓦 nàihuǒzhuān(耐火砖)/ huǒzhuān(火砖).

たいか【退化】 tuìhuà(退化).¶鯨の脚は~している jīngyú de hòuzhī tuìhuà le(鲸鱼的后肢退化了).

たいか【滞貨】 zhìhuò(滞货), zhìxiāohuò(滞销货).¶~の山ができた zhìhuò duījī rú shān(滞货堆积如山).¶投売で~を一掃した dàpāimài bǎ zhìxiāohuò dōu xiāojìng le(大拍卖把滞销货都销净了).

たいが【大河】 dàhé(大河).¶揚子江は中国第一の~である Cháng Jiāng shì Zhōngguó dìyī tiáo dàhé(长江是中国第一条大河).

だいか【代価】 dàijià(代价), jiàkuǎn(价款), huòkuǎn(货款).¶~を支払う fù huòkuǎn(付货款).¶多くの尊い人命を~に独立をかちとった yǐ xǔxǔduōduō bǎoguì de shēngmìng wéi dàijià yíngdéle dúlì(以许许多多宝贵的生命为代价赢得了独立).

たいかい【大会】 dàhuì(大会).¶第10回~ dìshí jiè dàhuì(第十届大会).

たいかい【退会】 tuì huì(退会).¶作家協会を~する tuìchū zuòjiā xiéhuì(退出作家协会).

たいがい【大概】 **1**[大体] dàgài(大概), chàbuduō(差不多), duōbàn(多半), dàzhì(大致), dàduō(大多), dàbàn(大半).¶~の人がそれに気が付いていた dàbùfen rén dōu nà yǐ chájué le(大部分人对那已察觉了).¶朝は~7時に起きる zǎoshang dàzhì qī diǎn qǐchuáng(早上大致七点起床).¶仕事も~片付いた gōngzuò yě chàbuduō gànwán le(工作也差不多干完了).
2[適度] ¶あまり欲張らず~のところにしておけ bié tānduō shì kě ér zhǐ jiù xíng le(别贪多适可而止就行了).¶冗談も~にしろ kāi wánxiào búyào guòfèn(开玩笑不要过分).
3[多分] dàgài(大概), dàbàn(大半).¶明日は~晴れるでしょう míngtiān dàgài huì qíng ba(明天大概会晴吧).¶~うまくいくだろう dàgài huì chénggōng ba(大概会成功的).

たいがい【対外】 duìwài(对外).¶~援助 duìwài yuánzhù(对外援助).~貿易 duìwài màoyì(对外贸易).

たいかく【体格】 tǐgé(体格).¶彼は~がよい tā tǐgé hǎo(他体格好).

たいがく【退学】 tuìxué(退学).¶病気のため~する yīn bìng tuìxué(因病退学).¶~処分になった shòudào tuìxué[kāichú] chǔfēn(受到退学[开除]处分).

だいがく【大学】 dàxué(大学).¶~に入る jìn dàxué(进[上]大学).
¶~生 dàxuéshēng(大学生).~院 yánjiūshēngyuàn(研究生院).~院生 yánjiūshēng(研究生).~を出る dàxué bìyè(大学毕业).

たいかくせん【対角線】 duìjiǎoxiàn(对角线).

だいかつ【大喝】 dà hè(大喝).¶~一声 dà hè yī shēng(大喝一声).

たいかん【耐寒】 nàihán(耐寒), kànghán(抗寒).¶~性の植物 nàihánxìng de zhíwù(耐寒性的植物).
¶~訓練 nàihán xùnliàn(耐寒训练).

たいかん【退官】 ¶彼は昨年~した tā qùnián cíle guānzhí(他去年辞了官职).

たいかん【大願】 ¶~成就 dà yuàn chéngjiù(大愿成就).

たいがん【対岸】 duì'àn(对岸).¶~の眺め duì'àn de fēngjǐng(对岸的风景).¶~の火事とみてのんびり構えている gé àn guān huǒ xiāoyáo zìzài(隔岸观火逍遥自在).

だいかん【大寒】 dàhán(大寒).

たいかんしき【戴冠式】 jiāmiǎn diǎnlǐ(加冕典礼).

たいき【大気】 dàqì(大气).¶高原の澄んだ~を吸い込む gāoyuán qīngxīn de kōngqì(吸进高原清新的空气).¶~が汚染されている dàqì bèi wūrǎn(大气被污染).
¶~圏 dàqìcéng(大气层).

たいき【待機】 dàijī(待机).¶警官隊に~を命ずる mìng jǐngchádùi dàijī ér dòng(命警察队待机而动).¶救助隊はいつでも出動できるように~していた jiùhùduì dàimìng suíshí chūdòng(救护队待命随时出动).¶自宅~ zài jiā dàimìng(在家待命).

たいぎ【大義】 dàyì(大义).¶~に殉ずる xùn dàyì(殉大义)/ xùnyì(殉义).¶~親(k)を滅す dàyì miè qīn(大义灭亲).¶民族独立闘争支援を~名分として侵略を行う jiè zhīyuán mínzú dúlì dòuzhēng wéi míng jìnxíng qīnlüè(借支援民族独立斗争为名进行侵略).

たいぎ【大儀】 fèilì(费力), chīlì(吃力), xīnkǔ(辛苦).¶病後なので階段を登るのが~だ bìngyù bùjiǔ, shàng lóutī gǎndào fēicháng fèilì(病愈不久,上楼梯感到非常费力).¶口をきく

のも～だ wǒ shuōhuà yě juéde hěn chīlì(我说话也觉得很吃力). ¶祖父も90を越えたのですが～そうだ zǔfù guòle jiǔshí kànlai xíngzǒu bú dà fāngbiàn(祖父过了九十看来行走不太方便).

だいぎ【台木】 zhēnmù(砧木)〈接木の〉.

だいぎいん【代議員】 dàibiǎo(代表). ¶大会～に選ばれる bèi xuǎnwéi dàhuì dàibiǎo(被选为大会代表).

だいぎし【代議士】 zhòngyìyuàn yìyuán(众议院议员).

たいきばんせい【大器晩成】 dàqì wǎn chéng(大器晩成).

たいきゃく【退却】 tuìquè(退却). ¶敵は～した dírén tuìquè le(敌人退却了).

たいきゅう【耐久】 nàijiǔ(耐久). ¶～力 nàilì(耐力).

たいきゅう【代休】 bǔjià(补假).

たいきょ【大挙】 dàjǔ(大举). ¶敵機が～来襲した díjī dàjǔ lái xí(敌机大举来袭).

たいきょ【退去】 tuìchū(退出). ¶危険水域から漁船を～させる shǐ yúchuán tuìchū wēixiǎn shuǐyù(使渔船退出危险水域). ¶国外～を命ずる mìnglìng lijìng(令离境).

たいぎょう【胎教】 tāijiào(胎教).

たいぎょう【大業】 dàyè(大业). ¶～を成し遂げる wánchéng dàyè(完成大业).

たいきょく【大局】 dàjú(大局). ¶～に影響はない wúguān dàjú(无关大局)/ wú'ài dàjú(无碍大局). ¶～を見誤る dàjú pànduàn cuò le(大局判断错了). ¶～的に見れば… cóng dàjú shang lái kàn…(从大局上来看…)/ cóng dàchù zhuóyǎn…(从大处着眼…).

たいきょく【対局】 duìjú(对局), duìyì(对弈).

たいきょく【対極】 ¶～の立場からの発言 cóng duìlìmiàn de yì fāng lái fāyán(从对立面的一方来发言). ¶両者は～的関係にある liǎngzhě chǔyú xiāng duìlì de guānxi(两者处于相对立的关系).

たいきょくけん【太極拳】 tàijíquán(太极拳).

たいきん【大金】 jùkuǎn(巨款). ¶～を投じて手に入れた huāle yì bǐ jùkuǎn nòngdào shǒu(花了一笔巨款弄到手). ¶100万円といえば私には～だ yìbǎi wàn rìyuán duì wǒ lái shuō shì yì bǐ jùkuǎn(一百万日元对我来说是一笔巨款).

だいきん【代金】 dàijīn(代金), jiàkuǎn(价款), huòkuǎn(货款). ¶～を支払う fù huòkuǎn(付货款).

たいく【体軀】 shēnqū(身躯), tǐgé(体格). ¶堂々たる～の持主 tǐgé kuíwú de rén(体格魁梧的人).

だいく【大工】 mùjiang(木匠), mùgōng(木工). ¶～仕事 mùgōng huór(木工活ル). ～道具 mùgōng gōngjù(木工工具).

たいくう【対空】 duìkōng(对空). ¶～射撃 duìkōng shèjī(对空射击). ～ミサイル duìkōng dǎodàn(对空导弹).

たいくう【滞空】 ¶～時間 zhì kōng shíjiān(滞空时间).

たいぐう【待遇】 dàiyù(待遇). ¶あの旅館は～が悪い nà jiā lǚguǎn zhāodàide bù hǎo(那家旅馆招待得不好). ¶この会社は～がよい zhè jiā gōngsī dàiyù hǎo(这家公司待遇好).

たいくつ【退屈】 mèn(闷), wúliáo(无聊). ¶毎日することもなく～だ měitiān wú shì kě zuò zhēn jiào rén "mènsǐ le[mènde huāng](每天无事可做真叫人"闷死了[闷得慌]). ¶～な仕事で飽き飽きしている zhè gōngzuò hěn wúliáo zhēn lìng rén nifan(这工作很无聊真令人腻烦). ¶～しのぎにテレビを見る wèi "jiěmèn [xiāoqiǎn] kàn diànshì(为"解闷[消遣]看电视).

たいぐん【大軍】 dàjūn(大军), dàbīng(大兵). ¶敵の～が押し寄せた dírén de dàjūn fēngyōng ér lái(敌人的大军蜂拥而来).

たいぐん【大群】 dàqún(大群). ¶ばったの～が飛来した fēiláile yí dà qún huángchóng(飞来了一大群蝗虫).

たいけい【大計】 dàjì(大计). ¶国家百年の～を立てる lì guójiā de bǎinián dàjì(立国家的百年大计).

たいけい【体系】 tǐxì(体系), xìtǒng(系统). ¶長年の研究を一つの～にまとめる bǎ duōnián de yánjiū guīnà wéi yí ge tǐxì(把多年的研究归纳为一个体系). ¶氏の学説は一つの～をなしている tā de xuéshuō xíngchéngle yí ge tǐxì(他的学说形成了一个体系). ¶理論を～化する bǎ lǐlùn xìtǒnghuà(把理论系统化). ¶法律学を～的に勉強したい xiǎng xìtǒng de xuéxí fǎlǜxué(想系统地学习法律学). ¶ヘーゲルの哲学～ Hēigé'ěr de zhéxué tǐxì(黑格尔的哲学体系).

たいけい【体型】 tǐxíng(体型). ¶ここ30年で日本人の～が変わってきた zài zhè sānshí nián li Rìběnrén de tǐxíng yǒule biànhuà(在这三十年里日本人的体型有了变化).

だいけい【台形】 tīxíng(梯形).

たいけつ【対決】 **1**【法廷での】 duìzhì(对质). ¶法廷で原告と被告を～させる zài fǎtíng ràng yuángào hé bèigào duìzhì(在法庭让原告和被告对质).

2 ¶世紀の～ bǎinián nán yù de juédòu(百年难遇的决斗). ¶保守革新の～ bǎoshǒu hé géxīn de juézhàn(保守和革新的决战).

たいけん【体験】 tǐyàn(体验). ¶教師としての～を語る jiǎngshù zuòwéi jiàoshī de tǐyàn(讲述做为教师的体验). ¶今回彼は貴重な～をした zhè cì tā yǒule bǎoguì de tǐyàn(这次他有了宝贵的体验). ¶その苦しみは～した者でないとわからない nà zhǒng kǔ méi tǐyànguo de rén shì wúfǎ zhīdao de(那种苦没体验过的人是无法知道的). ¶戦争～を後の世に伝える bǎ zhànzhēng de tǐyàn gàosu hòudài(把战争的体验告诉后代).

たいげん【大言】 ¶～して恥じない dà yán bù cán(大言不惭). ¶～壮語した手前引っ込みがつかない kuāxià hǎikǒu shōu yě shōu bu huílái(夸下海口收也收不回来).

たいこ【太古】 tàigǔ(太古).

たいこ【太鼓】 gǔ[r](鼓[儿]). ¶~を打つ dǎ[léi] gǔ(打[擂]鼓). ¶でんでん~ bōlanggǔ(拨浪鼓).

たいご【隊伍】 duìwu(队伍). ¶~を組む jiéduì(结队). ¶~を整える zhěngdùn duìxíng(整顿队形).

たいこう【大綱】 zǒnggāng(总纲), dàgāng(大纲). ¶条約の~ tiáoyuē de zǒnggāng(条约的总纲). ¶~を次に示す zǒnggāng rúxià(总纲如下).
¶経済学~ jīngjìxué dàgāng(经济学大纲).

たいこう【対向】 ¶~車 duìtóuchē(对头车)/duìmiàn kāilái de chē(对面开来的车).

たいこう【対抗】 duìkàng(对抗), kànghéng(抗衡). ¶日中~卓球大会が北京で開催された Rì-Zhōng pīngpāngqiú duìkàngsài zài Běijīng jǔxíng(日中乒乓球对抗赛在北京举行). ¶彼に対して~意識を抱く duì tā chǎnshēngle duìkàng xīnlǐ(对他产生了对抗心理). ¶強力な~馬が現れた chūxiànle qiángjìng de duìshǒu(出现了强劲的对手). ¶独力では到底彼に~できない dāndú wúfǎ tóng tā kànghéng(单独无法同他抗衡).

たいこう【対校】 ¶~試合 xiàojì bǐsài(校际比赛).

たいこう【退校】 →たいがく.

だいこう【代行】 dàixíng(代行). ¶総裁の職務を~する dàixíng zǒngcái de zhíwù(代行总裁的职务). ¶T大学学長~ T dàxué dàilǐ xiàozhǎng(T大学代理校长).

だいこう【代講】 dàikè(代课).

たいこく【大国】 dàguó(大国). ¶~主義 dàguózhǔyì(大国主义).

だいこくばしら【大黒柱】 zhīzhù(支柱); dǐngliángzhù(顶梁柱), táizhùzi(台柱子), dòngliáng(栋梁).
¶一家の~ yìjiā de dǐngliángzhù(一家的顶梁柱).

たいこばし【太鼓橋】 gǒngqiáo(拱桥).

たいこばら【太鼓腹】 jiāngjūndù(将军肚), péngbiàn dàdù(膨脖大肚). ¶~の力士 dàfù piánpián de xiāngpǔ lìshì(大腹便便的相扑力士).

たいこばん【太鼓判】 ¶彼ならば僕が~を押す yàoshi tā, wǒ dǎ ˇbāopiào[bǎopiào](要是他,我打ˇ包票[保票]).

だいごみ【醍醐味】 ¶釣りの~を味わう xiǎngshòu diàoyú de lèqù(享受钓鱼的乐趣).

たいこもち【太鼓持】 ¶彼は社長の~だ tā zhuān pāi zǒngjīnglǐ de mǎpì(他专拍总经理的马屁).

だいこん【大根】 luóbo(萝卜), láifu(莱菔). ¶~おろし[食物] luóboní(萝卜泥); [道具] luóbo cāzi(萝卜擦子).

たいさ【大佐】 dàxiào(大校); shàngxiào(上校).

たいさ【大差】 ¶~で勝つ yǐ xuánshū de bǐfēn huòshèng(以悬殊的比分获胜). ¶どれを取っても~ない wúlùn tiāo nǎge yě chàbuliǎo duōshao(无论挑哪个也差不了多少).

たいざ【対座】 ¶2人は黙って~していた liǎng ge rén mò bú zuòshēng xiāngduì ér zuò(两个人默不作声相对而坐).

たいざい【滞在】 tíngliú(停留), dòuliú(逗留). ¶この夏は軽井沢に1か月~する予定だ zhège xiàtiān dǎsuàn zài Qīngjǐngzé ˇdòuliú[dāi] yí ge yuè(这个夏天打算在轻井泽ˇ逗留[待]一个月). ¶彼女のヨーロッパ~も3年になった tā lǚjū Ōuzhōu yǐjing yǒu sān nián le(她旅居欧洲已经有三年了).
¶~地 dòuliúdì(逗留地).

だいざい【題材】 tícái(题材). ¶フランス革命に~をとった小説 yǐ Fǎguó dàgémìng wéi tícái de xiǎoshuō(以法国大革命为题材的小说).

たいさく【大作】 dàzuò(大作), jùzhù(巨著). ¶《レ・ミゼラブル》はユーゴーの~だ 《Běicǎn shìjiè》shì Yǔguǒ de chángpiān jiézuò(《悲惨世界》是雨果的长篇杰作). ¶300号の~に取り組む huà sānbǎi hào de jùfúhuà(画三百号的巨幅画).

たいさく【対策】 duìcè(对策), cuòshī(措施). ¶インフレ~を講ずる cǎiqǔ fángzhǐ tōnghuò péngzhàng de cuòshī(采取防止通货膨胀的措施). ¶環境保護の~を練る yánjiū bǎohù huánjìng de duìcè(研究保护环境的对策).

だいさく【代作】 dàixiě(代写), dàishū(代书). ¶論文の~ lùnwén ~(代写论文).
¶A氏の詩はP氏の~だという話だ tīngshuō A xiānsheng de shī shì chūyú P xiānsheng zhī shǒu(听说A先生的诗是出于P先生之手).

たいさつ【大冊】 ¶彼は2000ページの~を著した tā xiěle chángdá liǎngqiān yè de jùzhù(他写了长达两千页的巨著).

たいさん【退散】 ¶泥棒は慌てて~した xiǎotōur huāngmáng táopǎo le(小偷儿慌忙逃跑了). ¶そろそろ~した方がよさそうだね kànlai zǒuba wéi miào(看来走开为妙).

たいざん【大山】 dàshān(大山). ¶~鳴動して鼠一匹 léishēng dà, yǔdiǎn xiǎo(雷声大,雨点小).

だいさんしゃ【第三者】 dìsānzhě(第三者).

たいし【大志】 dàzhì(大志). ¶~を抱く xiōng huái dàzhì(胸怀大志).

たいし【大使】 dàshǐ(大使). ¶中華人民共和国駐日本国~ Zhōnghuá rénmín gònghéguó zhù Rìběnguó dàshǐ(中华人民共和国驻日本国大使); zhù Rìběn dàshǐ(驻日本大使).
¶~館 dàshǐguǎn(大使馆). ~館員 dàshǐguǎnyuán(大使馆员).

たいし【対峙】 duìzhì(对峙), duìlěi(对垒), xiāngchí(相持). ¶両者相~して譲らない shuāngfāng xiāngchí bú xià(双方相持不下). ¶両軍の緊張した~が続いた liǎngjūn duìzhì, yì chù jí fā de júmiàn jìxùzhe(两军对峙,一触即发的局面继续着).

たいじ【胎児】 tāi'ér(胎儿).

たいじ【退治】 pūmiè(扑灭), xiāomiè(消灭). ¶蠅や蚊を~する pūmiè wényíng(扑灭蚊蝇). ¶山賊を~する xiāomiè fěizéi(消灭匪贼).

だいし【台紙】 ¶写真を〜に貼る bǎ zhàopiàn tiēzài yìngdǐ chènzhǐ shang (把照片贴在硬底衬纸上).

だいじ【大事】 **1**〖重大事〗 ¶昼間のせいで火事は〜に至らなかった huǒzāi fāshēng zài báitiān, méiyǒu niàngchéng dàhuò (火灾发生在白天, 没有酿成大祸). ¶彼の不注意が〜を引き起こした tā de shūhu zàochéngle yánzhòng de shìgù (他的疏忽造成了严重的事故). ¶国家の〜 guójiā dàshì (国家大事). ¶大病の後だから〜をとった方がよい huàn dàbìng zhī hòu yào duōjiā bǎozhòng (患大病之后要多加保重).
2〖大切〗 yàojǐn (要紧), dāngjǐn (当紧), zhòngyào (重要), bǎoguì (宝贵). ¶健康が何よりだ jiànkāng bǐ shénme dōu bǎoguì (健康比什么都宝贵). ¶〜な一人息子に嫁をとった gěi bǎoguì de dúshēngzǐ qǔle xífur (给宝贵的独生子娶了媳妇儿). ¶〜なことを言い忘れたbǎ yàojǐn de shì wàngle shuō le (把要紧的事忘了说了). ¶年寄は〜にしなくてはいけない duì niánrén yào tǐtiē àihù (对老年人要体贴爱护). ¶これを〜にしまっておいて下さい qǐng bǎ zhège hǎohǎo bǎoguǎn qilai (请把这个好好保管起来). ¶どうぞお〜に qǐng duō bǎozhòng (请多保重)/qǐng zhēnshè wéixíng (请珍摄为幸). ¶時間を〜にする àixī [zhēnxī] shíjiān (爱惜[珍惜]时间).

だいじ【題辞】 tící (题词).

ダイジェスト zhāiyào (摘要), zhāibiān (摘编), wénzhāi (文摘), jiǎnběn (简本), jiǎnbào (简报), jiǎnxùn (简讯), suōbiān (缩编).

たいした【大した】 1¶彼のコレクションはどれをとっても〜ものばかりだ tā de shōucángpǐn nǎ yí jiàn dōu liǎobude [zhēn gòuyìsi] (他的收藏品哪一件都了不得[真够意思]). ¶それだけ出来れば〜ものだ néng zuòchéng nàyàng jiù hěn liǎobuqǐ [gòuyìsi de] le (能做成那样就很了不起[够意思的]了). ¶あいつは〜心臓だ nàge jiāhuo dǎnzi kě zhēn dà [liǎnpí kě zhēn hòu] (那个家伙胆子可真大[脸皮可真厚]).
2〖たいした…ない〗 ¶これぐらいの怪我は〜ことはない zhè diǎnr shāng suànbuliǎo shénme (这点儿伤算不了什么). ¶偉そうなことを言うやつに限って〜ことはない yuèshì shuō dàhuà de jiāhuo yuè bù zěnmeyàng (越是说大话的家伙越不怎么样). ¶〜反対もなく通過した méiyǒu zāodào shénme dà de fǎnduì jiù tōngguò le (没有遭到什么大的反对就通过了). ¶どちらにしても〜違いはない fǎnzheng méi shénme bùtóng [chàbuliǎo duōshao] (反正没什么不同[差不了多少]). ¶〜事でもないのに大げさに騒ぎ立てる bú shì shénme dàbuliǎo de shì yě zhème xiā nàohong! (不是什么大不了的事也这么瞎闹哄!).

たいしつ【体質】 tǐzhì (体质). ¶彼は生れつき丈夫な〜だ tā shēngláide tǐzhì hěn hǎo (他生来体质就很好). ¶企業の〜改善をはかる shèfǎ gǎishàn qǐyè de jiégòu xìngzhì (设法改善企业的结构性质).

¶アレルギー〜 guòmǐn tǐzhì (过敏体质). 虚弱〜 tǐzhì xūruò (体质虚弱).

たいしつ【退室】 ¶答案を書き終えた者は〜してよろしい xiěwán dá'àn de rén kěyǐ líkāi jiàoshì (写完答案的人可以离开教室).

たいして【大して】 ¶彼は〜勉強しないのに成績がよい tā suī bù zěnme yònggōng, kě xuéxí chéngjì hǎo (他虽不怎么用功, 可学习成绩好). ¶雨は〜降らなかった yǔ méi zěnme xià (雨没怎么下)/méi xià duōshǎo yǔ (没下多少雨). ¶値段は〜高くない jiàqian bù zěnme guì (价钱不怎么贵).

たいしゃ【大赦】 dàshè (大赦).

たいしゃ【代謝】 dàixiè (代谢). ¶〜機能 dàixiè gōngnéng (代谢功能). 新陳〜 xīnchéndàixiè (新陈代谢).

たいしゃ【退社】 1〖退職〗 ¶一身上の都合で〜した yóuyú gèrén de qíngkuàng cóng gōngsī tuìle zhí (由于个人的情况从公司退了职).
2〖退勤〗 xiàbān (下班). ¶〜時間 xiàbān shíjiān (下班时间).

だいじゃ【大蛇】 dàshé (大蛇).

たいしゃく【貸借】 jièdài (借贷). ¶〜関係 jièdài guānxi (借贷关系). 〜対照表 zīchǎn fùzhàibiǎo (资产负债表).

だいしゃりん【大車輪】 1〖器械体操の〗 dàhuíhuán (大回环).
2〖一所懸命〗 ¶〜で仕上げる kāizú mǎlì gǎn zuò (开足马力赶做).

たいじゅ【大樹】 dàshù (大树). ¶寄らば〜の陰 dàshù dǐxia hǎo chéngliáng (大树底下好乘凉).

たいしゅう【大衆】 dàzhòng (大众), qúnzhòng (群众). ¶大切なのは〜の支持を得ることだ zhòngyào de shì huòdé qúnzhòng de zhīchí (重要的是获得群众的支持). ¶これなら〜的な価格といえる zhèyàng yě kěyǐ shuō shì dàzhònghuà de jiàgé (这样也可以说是大众化的价格). ¶〜向きの雑誌を発行する chūbǎn dàzhònghuà de zázhì (出版大众化的杂志).
¶〜運動 qúnzhòng yùndòng (群众运动). 〜食堂 xiǎochīdiàn (小吃店)/dàzhòng shítáng (大众食堂). 〜文学 dàzhòng wénxué (大众文学). 〜路線 qúnzhòng lùxiàn (群众路线).

たいしゅう【体臭】 ¶彼は〜が強い tā yèchòu zhòng (他腋臭重). ¶この小説には作者の〜がにじみ出ている zhè bù xiǎoshuō sànfāzhe zuòzhě de dútè de qìxí (这部小说散发着作者的独特的气息).

たいじゅう【体重】 tǐzhòng (体重). ¶〜が増えた[減った] tǐzhòng zēngjiā [jiǎnshǎo] le (体重增加[减少]了). ¶〜をはかる liáng [chēng] tǐzhòng (量[称]体重). ¶〜が 56キロある tǐzhòng yǒu wǔshíliù gōngjīn (体重有五十六公斤).

たいしゅつ【退出】 tuìchū (退出).

たいしゅつ【帯出】 dàichū (带出). ¶禁〜 jìnzhǐ dàichū (禁止带出).

たいしょ【大所】 ¶〜高所に立って問題を考える gāozhān-yuǎnzhǔ kàn wèntí (高瞻远瞩看

問題).

たいしょ【対処】 yìngfu(应付).¶新しい情勢に~する yìngfu xīn xíngshì(应付新形势).

だいしょ【代書】 dàishū(代书).¶本人に代って~する tì dāngshìrén dàishū(替当事人代书).

たいしょう【大将】 **1**〔階級〕dàjiàng(大将), shàngjiàng(上将).¶陸軍~ lùjūn dàjiàng(陆军大将).
2〔かしら〕tóu[r](头儿), tóuzi(头子), tóutour(头头儿), shǒulǐng(首领).¶敵の~を生け捕った shēngqínle dírén de dàjiàng(生擒了敌军的大将)/huózhuōle dírén de shǒulǐng(活捉了敌人的首领).¶彼はお山の~だ tā shì xiǎo bàwáng(他是小霸王).
¶餓鬼~ háiziwáng(孩子王)/háizitóu[r](孩子头儿).
3¶~, なかなか威勢がいいね zhǎngguìde, hǎo mài lìqi a(掌柜的, 好卖力气啊).

たいしょう【大勝】 dàjié(大捷).¶我が軍は~した wǒjūn dàjié(我军大捷).¶~を博する huòdé dàshènglì(获得大胜利).

たいしょう【対称】 duìchèn(对称).¶この建物は左右~になっている zhè zuò jiànzhù gàide zuǒyòu xiāng duìchèn(这座建筑盖得左右相对称).¶~の中心 duìchèn zhōngxīn(对称中心).
¶~軸 duìchènzhóu(对称轴).

たいしょう【対象】 duìxiàng(对象).¶その収入は課税の~となる nà shōurù chéngwéi kèshuì de duìxiàng(那收入成为课税的对象).¶子供を~とした番組 yǐ shàonián értóng wéi duìxiàng de jiémù(以少年儿童为对象的节目).

たいしょう【対照】 duìzhào(对照).¶訳文と原文とを比較~する bǎ yìwén duìzhào yuánwén jiāyǐ bǐjiào(把译文对照原文加以比较).
¶この部屋の壁紙とカーテンは~の妙を得ている zhè fángjiān de bìzhǐ hé chuānglián pèide hěn miào(这房间的壁纸和窗帘配得很妙).¶2人の生き方は鮮やかな~をなしている liǎng gè rén suǒ zǒu de dàolù chéngle xiānmíng de "duìzhào"[duìbǐ](两个人所走的道路成了鲜明的"对照"[对比]).¶彼ら兄弟の性格はまったく~的だ tāmen dìxiong liǎ xìnggé jiérán xiāngfǎn(他们弟兄俩性格截然相反).

たいしょう【隊商】 shāngduì(商队).

たいじょう【退場】 tuìchǎng(退场).¶拍手を浴びて代表団は~した zài rèliè de zhǎngshēng zhōng dàibiǎotuán tuì chǎng(在热烈的掌声中代表团退场).¶議長はA代議員に~を命じた zhǔxí lìng A dàibiǎo tuìchǎng(主席令A代表退场).

たいしょう【大小】 dàxiǎo(大小).¶~さまざまな鑿(2)を使って彫り上げた yòng dàxiǎo bùtóng de gèzhǒng záozi diāole chūlái(用大小不同的各种凿子雕了出来).¶事の~を問わず報告せよ búlùn shì de dàxiǎo[shì wú jùxì] yīyī huìbào(不论事的大小[事无巨细]一一汇报).¶腰に~をさす yāoshang pèidài dàxiǎo liǎng bǎ dāo(腰上佩带大小两把刀).

だいしょう【代償】 ¶~を支払う péicháng(赔偿).¶~を要求する yāoqiú péicháng(要求赔偿),suǒpéi(索赔).

だいじょう【大乗】 dàchéng(大乘).¶~的見地に立って問題を解決する cóng "dàchù[dàjú] zhuóyǎn jiějué wèntí(从"大处[大局]着眼解决问题).

だいじょうだん【大上段】 ¶刀を~に振りかぶる jǔ dāo guò dǐng(举刀过顶).¶~に構えて物をいう shèngqì-língrén de shuō(盛气凌人地说).

だいじょうふ【大丈夫】 dàzhàngfu(大丈夫).

だいじょうぶ【大丈夫】 bú yàojǐn(不要紧), bú àishì(不碍事).¶この建物は地震が来ても~だ zhè jiànzhù fāshēng dìzhèn yě bú yàojǐn(这建筑发生地震也不要紧).¶ここまでくれば病人はもう~だ huīfù dào zhè dìbù bìngrén jiù bú yàojǐn le(恢复到这地步病人就不要紧了).¶"盗まれないだろうか" "~だよ" "bú huì bèi tōu ba?" "fàngxīn ba"("不会被偷吧?" "放心吧").¶"お怪我はありませんか" "~です" "méi shòushāng ma?" "bú ài shénme shì"("没受伤吗?" "不碍什么事").¶戸締りは~かね mén dōu suǒhǎo le ma?(门都锁好了吗?).¶あの人だったら~にあててよい yàoshi tā, nà cuòdezhù, kàodezhù(要是他, 那错不了, 靠得住).¶~明日は天気だ méi cuòr, míngtiān yídìng qíng(没错儿, 明天一定晴).

たいしょうりょうほう【対症療法】 duìzhèng liáofǎ(对症疗法), duìzhèng zhìliáo(对症治疗).

たいしょく【大食】 ¶~は体によくない bào shí duì shēntǐ bù hǎo(暴食对身体不好).¶あの人は~漢だ nàge rén "fànliàng[dùliàng] dà(那个人"饭量[肚量]大)/tā kě shì ge "fàntǒng[dàdùzi], zhēn néng chī(他可是个"饭桶[大肚子], 真能吃).

たいしょく【退職】 tuìzhí(退职).¶彼は病気で~した tā yīn bìng tuìzhí(他因病退职).
¶~金 tuìzhíjīn(退职金).定年~ tuìxiū(退休).

だいじり【台尻】 qiāngtuōdǐbù(枪托底部).

たいしん【耐震】 kàngzhèn(抗震).¶~建築 kàngzhèn jiànzhù(抗震建筑).

たいじん【大人】 dàren(大人).¶彼は~の風格がある tā yǒu dàren de fēnggé(他有大人的风格).

たいじん【対人】 ¶~関係がうまくいかない gēn rén de guānxi gǎode bù hǎo(跟人的关系搞得不好).

たいじん【対陣】 duìzhèn(对阵).¶両軍は川を挟んで~した liǎngjūn gé hé duìzhèn(两军隔河对阵).

たいじん【退陣】 xiàtái(下台).¶理事長に~を迫る pòshǐ lǐshìzhǎng xiàtái(迫使理事长下台).

だいしん【代診】 ¶A先生の旅行中私が~を勤めた A dàifu lǚxíng qījiān wǒ dàitì jìnxíngle zhěnliáo(A大夫旅行期间我代替进行了诊疗).¶~の先生に診てもらった qǐng línshí dàitì de yīshēng kànle bìng(请临时代替的医生看了病).

だいじん【大臣】 dàchén(大臣). ¶外務～ wàiwù dàchén(外务大臣)/ wàijiāo bùzhǎng(外交部长).

だいず【大豆】 dàdòu(大豆), huángdòu(黄豆). ¶～油 dòuyóu(豆油). ～粕 dòubǐng(豆饼).

たいすい【耐水】 nàishuǐ(耐水). ¶ナイロンは～性がある nílóng jùyǒu nàishuǐxìng(尼龙具有耐水性).

たいすう【対数】 duìshù(对数). ¶～表 duìshùbiǎo(对数表).

だいすう【代数】 dàishù(代数). ¶～学 dàishùxué(代数学). ～方程式 dàishù fāngchéngí(代数方程).

だいすき【大好き】 ¶私の～な隣のおじさん wǒ zuì xǐhuan de línjū shūshu(我最喜欢的邻居叔叔). ¶私は菓子が～だ wǒ zuì ài chī diǎnxin(我最爱吃点心).

たいする【体する】 ¶父の意を～して交渉に当る zūncóng fùqin zhī yì jìnxíng jiāoshè(遵从父亲之意进行交涉).

たいする【対する】 duìdài(对待), dài(待), duì(对). ¶親切に客に～する rèqíng de duìdài kèrén(热情地对待客人). ¶彼女は考古学に～する関心が強い tā duì kǎogǔxué hěn yǒu xìngqù(她对考古学很有兴趣). ¶学習に～する態度 duìdài xuéxí de tàidu(对待学习的态度). ¶彼は誰に～しても丁寧だ tā duì shuí dōu hěn yǒu lǐmào(他对谁都很有礼貌). ¶質問に～して答える huídá tíwèn(回答提问).

だい・する【題する】 ¶A氏は《日本の進路》と～する講演を行なった A xiānsheng zuòle yí《Rìběn de qùxiàng》wéi tí de bàogào(A先生做了以《日本的去向》为题的报告).

たいせい【大成】 ¶文語文法の研究を～する wényán yǔfǎ de yánjiū dàgōng gàochéng(文言语法的研究大功告成). ¶彼は植物学者として～した tā yǐ zhíwùxuéjiā ér chéngmíng(他以植物学家而成名).

たいせい【大勢】 dàshì(大势), dàjú(大局). ¶世界の～ shìjiè zhī dàshì(世界之大势). ¶この事件は～に影響を与えなかった zhè shìjiàn bù yǐngxiǎng dàjú(这事件不影响大局). ¶～の赴くところいかんともなしがたい dàshì "suǒ qū [yǐ qù]", wúkě nàihé (大势"所趋[已去]", 无可奈何). ¶試合半ばで～は決した sàidào yíbànr, dàjú yǐ dìng(赛到一半儿, 大局已定).

たいせい【体制】 tǐzhì(体制), tǐxì(体系), zhìdù(制度). ¶資本主義～ zīběnzhǔyì zhìdù(资本主义制度). 戦時～ zhànshí tǐzhì(战时体制). ベルサイユ～ Fán'ěrsài tǐxì(凡尔赛体系).

たいせい【態勢】 ¶～を整える zhěngdùn zhènróng(整顿阵容)/ chóng zhěng qí gǔ(重整旗鼓). ¶受入れ～ができていない jiēdài de zhǔnbèi gōngzuò hái méi zuòhǎo(接待的准备工作还没做好).

たいせい【対生】 duìshēng(对生).

たいせい【胎生】 tāishēng(胎生). ¶～動物 tāishēng dòngwù(胎生动物).

たいせい【退勢】 tuíshì(颓势). ¶～を挽回する wǎnhuí tuíshì(挽回颓势).

たいせい【耐性】 nàishòuxìng(耐受性). ¶～菌 nàiyàojūn(耐药菌).

たいせいよう【大西洋】 Dàxīyáng(大西洋). ¶北～条約機構 Běi Dàxīyáng Gōngyuē Zǔzhī(北大西洋公约组织)/ Běiyuē zǔzhī(北约组织).

たいせき【体積】 tǐjī(体积). ¶物体の～を求める qiú wùtǐ de tǐjī(求物体的体积). ¶～1立方メートルの立方体 tǐjī yí lìfāngmǐ de lìfāngtǐ(体积一立方米的立方体).

たいせき【退席】 tuìxí(退席). ¶彼は会議を途中で～した tā zài huìyì zhōngtú tuìxí le(他在会议中途退席了).

たいせき【堆積】 duījī(堆积). ¶机上には未処理の書類が～している zhuōzi shang wèi chǔlǐ de wénjiàn duījī rú shān(桌子上未处理的文件堆积如山).

¶～岩 chénjīyán(沉积岩)/ shuǐchéngyán(水成岩). ～作用 duījī zuòyòng(堆积作用)/ chénjī zuòyòng(沉积作用). ～平野 chōngjī píngyuán(冲积平原).

たいせつ【大切】 yàojǐn(要紧), dāngjǐn(当紧), zhòngyào(重要), bǎoguì(宝贵). ¶商売は信用が～だ zuò shēngyi xìnyòng zuìwéi yàojǐn(做生意信用最为要紧). ¶～な書類を紛失した bǎ zhòngyào de wénjiàn diūshī le(把重要的文件丢失了). ¶人の命ほど～なものはない méiyǒu shénme bǐ rén de xìngmìng gèng wéi bǎoguì de dōngxi(没有什么比人的性命更为宝贵的东西). ¶公共の施設を～にする àihù gōnggòng shèshī(爱护公共设施).

たいせん【大戦】 dàzhàn(大战). ¶第2次世界～ Dì'èr cì shìjiè dàzhàn(第二次世界大战).

たいせん【対戦】 jiāofēng(交锋), duìlěi(对垒). ¶英国チームと～する hé Yīngguóduì jiāofēng(和英国队交锋). ¶敵と～する yǔ dí zuòzhàn(与敌作战).

¶～相手 jìngsài de duìshǒu [duìfāng/ jiāoshǒu](竞赛的对手[对方/ 交手]). ～成績 bǐsài chéngjī(比赛成绩).

たいぜん【泰然】 tàirán(泰然). ¶彼は～自若としている tā tàirán zìruò(他泰然自若).

だいぜんてい【大前提】 dàqiántí(大前提).

たいそう【大層】 1〔はなはだ〕hěn(很), fēicháng(非常). ¶父は～喜んでおりました fùqin tèbié gāoxìng(父亲特别高兴). ¶～ご立派なお庭ですこと duōme jiǎngjiu de tíngyuàn a!(多么讲究的庭园啊!)

2〔おおげさ〕¶また～に包帯を巻いたものだ zěnme bǎng nàme duō de bēngdài a!(怎么绑那么多的绷带啊!). ¶ちょっとしたことを～に言う人だ jiùshì zhīma dà de shì, tā yě hào kuādà qí cí(就是芝麻大的事,他也好夸大其词).

たいそう【体操】 tǐcāo(体操). ¶仕事の合間に～をする zuò gōngjiāncāo(做工间操).

¶～競技 jìngjì tǐcāo/ tǐcāo jìngsài(体操竞赛). 器械～ qìxiè tǐcāo(器械体操). 柔軟～ róuruǎn tǐcāo(柔软体操). 準備

~ zhǔnbèi huódòng(准备活动). 新~ yìshù tǐcāo(艺术体操)/ 韵律体操. 徒手~ túshǒucāo(徒手操).

だいそれた【大それた】 ¶~野心を抱く bào kuángwàng de yěxīn(抱狂妄的野心). ¶よくそんな~ことができたものだ zhēn néng zuòchū nà zhǒng wúfǎ-wútiān de shìqing lái(真能做出那种无法无天的事情来).

たいだ【怠惰】 dàiduò(怠惰), lǎnduò(懒惰). ¶~な生活 lǎnsǎn de shēnghuó(懒散的生活).

だいたい【大体】 **1**〔おおよそ〕dàtǐ(大体), dàzhì(大致), dàdǐ(大抵), dàgài(大概), dàlüè(大略), dàyuē(大约), dàyuēmō(大约摸). ¶その推測は~に当っている nàge tuīcè dàzhì duì le(那个推测大致对了). ¶~のところは分った dàzhì de qíngkuàng míngbai le(大致的情况明白了). ¶~の地方では豊作だった dàbùfen dìqū shì fēngshōu(大部分地区是丰收). ¶~の金額はいくらですか dàtǐ de jīn'é shì duōshao?(大体的金额是多少?). ¶2人は~同じ背格好だ tāmen liǎ shēncái "dàtǐ yíyàng[dàzhì xiāngtóng](他们俩身材大体一样[大致相同]). ¶草案は~よくできている cǎo'àn dàtǐ shang zuòde búcuò(草案大体上做得不错).

2〔そもそも〕 ¶そんなふうに考えるのが~おかしいのだ nàme xiǎng gēnběn jiù yǒu wèntí(那么想根本就有问题). ¶~君は生意気だ shuōlai nǐ tài zìgāo-zìdà le(说来你太自高自大了). ¶~こうなったのも君のせいだ,少しは反省しろ shuōlai-shuōqu[zǒng ér yán zhī], zhè dōu shì nǐ zàochéng de, hái bù fǎnxǐng diǎnr(说来说去[总而言之],这都是你造成的,还不反省点儿).

だいたい【大隊】 yíng(营); dàduì(大队). ¶~長 yíngzhǎng(营长).

だいたい【大腿】 dàtuǐ(大腿). ¶~骨 gǔgǔ(股骨).

だいたい【代替】 dàitì(代替). ¶~品 dàitìpǐn(代替品).

だいだい【橙】 suānchéng(酸橙), dàidài(代代·玳玳). ¶~色 chénghuáng(橙黄).

だいだい【代代】 ¶彼の家は~薬屋である tā jiā shìdài kāi yàopù(他家世代开药铺). ¶我が家に~伝わる宝物 wǒ jiā de chuánjiābǎo(我家的传家宝). ¶先祖~の墓 zǔfén(祖坟).

だいだいてき【大大的】 ¶~に宣伝する dà zhāng qígǔ de xuānchuán(大张旗鼓地宣传)/ dàdà de jìnxíng xuānchuán(大地大地进行宣传).

だいたすう【大多数】 dàduōshù(大多数). ¶~の学生の賛成を得た dédàole dàduōshù xuésheng de zàntóng(得到了大多数学生的赞同).

たいだん【対談】 duìtán(对谈). ¶彼と1時間~した gēn tā duìtánle yí ge xiǎoshí(跟他对谈了一个小时).

たいだん【退団】 tuìtuán(退团). ¶A劇団を~する tuìchū A jùtuán(退出A剧团).

だいたん【大胆】 dàdǎn(大胆). ¶彼は~にも単身敵陣に乗り込んだ tā dàdǎn de dānshēn chuǎngrù dízhèn(他大胆地单身闯入敌阵).

¶~不敵 dǎndà bāo tiān(胆大包天).

だいだんえん【大団円】 dàtuányuán(大团圆). ¶物語は~となった gùshi yǐ dàtuányuán jiéshù(故事以大团圆结束).

だいち【大地】 dàdì(大地). ¶~に根を下ろす zài dàdì shang zhāgēn(在大地上扎根).

だいち【台地】 táidì(台地).

たいちょう【体調】 ¶~を崩して1週間休んだ jiànkāng shòudào sǔnhài xiūxile yí ge xīngqī(健康受到损害休息了一个星期).

たいちょう【退潮】 tuìcháo(退潮), luòcháo(落潮). ¶景気~の兆しが見える jǐngqì chéngxiànchū shuāituì zhī zhào(景气呈现出衰退之兆).

たいちょう【隊長】 duìzhǎng(队长).

だいちょう【大腸】 dàcháng(大肠). ¶~カタル dàchángyán(大肠炎)/ dàcháng kǎtā(大肠卡他). ¶~菌 dàcháng gǎnjūn(大肠杆菌).

だいちょう【台帳】 dǐzhàng(底账), dǐcè(底册), qīngcè(清册); zǒngzhàng(总账). ¶住民~ hùkǒubù(户口簿)/ hùjí(户籍). 土地~ dìjícè(地籍册)/ dìjí(地籍).

たいちょうかく【対頂角】 duìdǐngjiǎo(对顶角).

タイツ jǐnshēnkù(紧身裤).

たいてい【大抵】 **1**〔大概〕dàtǐ(大体), dàgài(大概), dàzhì(大致), dàduō(大多), chàbuduō(差不多). ¶~のことはやってみた shénme shì chàbuduō dōu gànguo(什么事差不多都干过). ¶彼女のことなら~は察しがつく yàoshi tā de shì, dàtǐ dōu xiǎngxiàng de dào(要是她的事,大体都想像得到). ¶私も~のことには驚かないが,今度ばかりは仰天した dàgàiqí de shì bú huì chījīng de, zhè huí kě bǎ wǒ xiàsǐ le(大概分的事不会吃惊的,这回可把我吓死了). ¶この時間ならもう~着いているはずだ zhège shíjiān zǒng huì dàodá de(这个时间总会到达的). ¶今度の日曜日は~~家にいるでしょう zhège xīngqītiān shí zhī bājiǔ zài jiā ba(这星期天十之八九在家吧).

2〔適度〕 ¶いたずらも~にしろ táoqì búyào tài guòhuǒ le(淘气不要太过火了).

3〔並大抵〕 ¶会社をここまで大きくするのは~ではなかったろう shǐ gōngsī fāzhǎn dào zhè yí bù kě bù róngyì ba(使公司发展到这一步可不容易吧). ¶これは~のことでは収まるまい zhè kě bú nàme róngyì liǎojié(这可不那么容易了结).

たいてい【退廷】 tuìtíng(退庭).

たいてき【大敵】 dàdí(大敌). ¶寡兵をもって~に当る yǐ guǎ dí zhòng(以寡敌众).

たいと【泰斗】 tàidǒu(泰斗). ¶インド哲学の~ Yìndù zhéxué de tàidǒu(印度哲学的泰斗).

たいど【態度】 tàidu(态度). ¶堂々たる~ dàdu zhuāngyán(态度庄严). ¶~を明らかにする biǎomíng tàidu(表明态度)/ biǎotài(表态). ¶はっきりした~をとる cǎiqǔ míngquè de tàidu(采取明确的态度). ¶~を改める duānzhèng tàidu[zuòfēng](端正态度[作风]). ¶彼の~が一変した tā de tàidu tūrán biàn le

(他的态度突然变了). ¶先方がどういう~に出るか、それを見た上で決めよう kàn duìfāng de tàidu rúhé zài juédìng(看对方的态度如何再决定). ¶あいつはこの頃~が悪い tā jìnlái tàidu hěn bù hǎo(他近来态度很不好). ¶なんだ、その態度は! nǐ, zhè shì shénme tàidu!(你,这是什么态度了!). ¶彼の勤務~はとてもいい tā zài gōngzuò zhōng de biǎoxiàn hěn hǎo(他在工作中的表现很好).

たいとう【台頭】 táitóu(抬头). ¶新興ブルジョアジーが~してきた xīnxīng zīchǎnjiējí 'táitóu[xīngqǐ]' le(新兴资产阶级'抬头[兴起]'了). ¶今回の展覧会では新人の~が目覚しい zhè cì zhǎnlǎnhuì xīnrén dà lù tóujiǎo(这次展览会新人大露头角).

たいとう【対等】 duìděng(对等). ¶~の関係を保つ bǎochí duìděng guānxi(保持对等关系). ¶両者の力量は~だ shuāngfāng lìliang xiāngdāng(双方力量相当). ¶~に付き合う duìděng de láiwǎng(对等地来往)/ píng qǐ píng zuò(平起平坐).

たいどう【胎動】 tāidòng(胎动). ¶新時代の~を感ずる gǎnjuédào xīn shídài de zàodòng(感觉到新时代的躁动).

だいどう【大道】 **1**[道路] dàdào(大道), dàlù(大路), dàjiē(大街). ¶~芸をする zài jiētóu màiyì(在街头卖艺).
2[道義] 廃れて仁義あり dàdào fèi, yǒu rényì(大道废,有仁义).

だいどうしょうい【大同小異】 dàtóng-xiǎoyì(大同小异), wǔshí bù xiào bǎi bù(五十步笑百步).

だいどうだんけつ【大同団結】 ¶革新勢力が~した géxīn shìlì qiú dàtóng cún xiǎoyì, yízhì tuánjié qǐlai(革新势力求大同存小异,一致团结起来).

だいどうみゃく【大動脈】 zhǔdòngmài(主动脉), dàdòngmài(大动脉).

だいとうりょう【大統領】 zǒngtǒng(总统).

たいとく【体得】 zhǎngwò(掌握), lǐnghuì(领会), tǐhuì(体会). ¶こつを~する zhǎngwòle qiàomén(掌握了窍门).

だいどく【代読】 dàidú(代读). ¶祝辞を~する dàidú hècí(代读贺词).

だいどころ【台所】 chúfáng(厨房), zàowū(灶屋), zàohuǒ(灶火). ¶~が苦しい jiājì kùnnan(家计困难). ¶一家の~をあずかる zhǎngguǎn jiāwù(掌管家务).
¶~用品 chúfáng yòngjù(厨房用品)/ chújù(厨具).

タイトル[題名] biāotí(标题), tímù(题目);[字幕] zìmù(字幕);[称号] chēnghào(称号). ¶~マッチ jǐnbiāosài(锦标赛)/ guànjūnsài(冠军赛).

たいない【体内】 tǐnèi(体内). ¶異物を~から摘出する cóng tǐnèi qǔchū yìwù(从体内取出异物).
¶~受精 tǐnèi shòujīng(体内受精). ~時計 shēngwùzhōng(生物钟).

たいない【対内】 duìnèi(对内). ¶~問題 duìnèi wèntí(对内问题).

たいない【胎内】 ¶~感染 mǔtǐ nèi gǎnrǎn(母体内感染).

だいなし【台無し】 zāota(糟蹋・糟踏), zāojian(糟践), zuòjian・zuójian(作践), kuǎ(垮). ¶思いがけない事故で夏休みの計画が~になった yóuyú yìxiǎng bu dào de shìgù, shǔjià de jìhuà quán 'chuī[kuǎ]' le(由于意想不到的事故,暑假的计划全'吹[垮]'了). ¶雨で運動会のアーチが~になった yùndònghuì de cǎimén jiào yǔ gěi zāota le(运动会的彩门叫雨给糟蹋了). ¶一生を~にする bǎ yìshēng gěi zāota le(把一生给糟蹋了).

ダイナマイト dànàmǎtè(达那马特), gānyóu zhàyào(甘油炸药).

ダイナミック ¶あの選手の走法は~だ nàge xuǎnshǒu de pǎofǎ qiáng ér yǒulì(那个选手的跑法强而有力). ¶~な演奏 xióngzhuàng yǒulì de yǎnzòu(雄壮有力的演奏).

だいにぎ【第二義】 dì'èryì(第二义). ¶~的な問題 cìyào'[bú shì gēnběn]' de wèntí(次要[不是根本]的问题).

だいにゅう【代入】 dàirù(代入). ¶xに5を~する bǎ wǔ dàirù x(把五代入x).

たいにん【重任】 zhòngrèn(重任). ¶~を帯びる shēn fù zhòngrèn(身负重任). ¶~を果す wánchéng zhòngrèn(完成重任).

たいにん【退任】 xièrèn(卸任); tuìzhí(退职). ¶任期満了で~する rènqí jiēmǎn tuìzhí(任期届满退职).

だいにん【代人】 dàilǐ(代理), dàilǐrén(代理人). ¶Aを~に立てる bǎ A zuòwéi dàilǐrén(把A作为代理人).

ダイニング ¶~キッチン jiānzuò cānshì de chúfáng(兼作餐室的厨房). ~ルーム cānshì(餐室); cāntīng(餐厅).

たいねつ【耐熱】 nàirè(耐热). ¶~ガラス nàirè bōli(耐热玻璃). ~合金 nàirè héjīn(耐热合金).

だいの【大の】 ¶~男が口にすべきことではない bú shì yí ge nánzǐhàn gāi shuō de huà(不是一个男子汉该说的话). ¶2人と~仲良しだ tāmen liǎng ge rén shì zuì yàohǎo de péngyou(他们两个人是最要好的朋友). ¶その菓子は私の~好物です bié zhǒng diǎnxin shì wǒ zuì ài chī de(那种点心是我最爱吃的).

たいのう【滞納】 tuōqiàn(拖欠). ¶税金を~する tuōqiàn shuìkuǎn(拖欠税款). ¶~金 zhìnàjīn(滞纳金).

だいのう【大脳】 dànǎo(大脑). ¶~皮質 dànǎo pícéng(大脑皮层)/ dànǎo pízhì(大脑皮质). ~皮层 pícéng(皮层)/ pízhì(皮质).

だいのう【大農】 ¶~経営 dàguīmó nóngyè jīngyíng(大规模农业经营).

たいは【大破】 ¶正面衝突で車は~した qìchē yóuyú zhèngmiàn xiāngzhuàng huǐhuài le(汽车由于正面相撞毁坏了). ¶敵戦車2両を~した dǐfāng dǐjūn tǎnkè liǎng liàng(击毁敌军坦克两辆).

ダイバー qiánshuǐyuán(潜水员); qiánshuǐ

yùndòngyuán(潜水运动员).

たいはい【大敗】 dàbài(大败). ¶我が軍は～を喫した wǒjūn chīle dà bàizhàng(我军吃了大败仗).

たいはい【退廃】 tuífèi(颓废), tuíbài(颓败). ¶道義が～する dàodé bàihuài(道德败坏). ¶～的な小説 tuífèi de xiǎoshuō(颓废的小说).

だいはかり【台秤】 táichèng(台秤), bàngchèng(磅秤).

だいはちぐるま【大八車】 dàbǎnchē(大板车), pǎizichē(排子车), tāchē(塌车), tàchē(榻车).

たいばつ【体罰】 tǐfá(体罚). ¶子供に～を加える xiàng háizi shījiā tǐfá(向孩子施加体罚).

たいはん【大半】 dàbàn(大半), duōbàn[r](多半[儿]), yídàbàn(一大半), yìduōbàn[r](一多半[儿]), duōyíbàn(多一半), dàbùfen(大部分), tàibàn(太半). ¶火事で町の～が焼失した yóuyú huǒzāi, chéngzhèn de yídàbàn bèi shāohuǐ le(由于火灾, 城镇的一大半被烧毁了). ¶～の人はその意見に反対だった dàbàn de rén dōu fǎnduì nàge yìjiàn(大半的人都反对那个意见). ¶彼は一年の～を外国で暮している tā yì nián de dàbùfen dāizài wàiguó(他一年的大部分待在外国).

たいばん【胎盤】 tāipán(胎盘).

だいばんじゃく【大盤石】 ¶これで我が社も～だ zhème yǐlái wǒmen gōngsī ān rú pánshí le(这么一来我们公司安如磐石了).

たいひ【対比】 duìbǐ(对比). ¶両チームの実力を～する bǎ liǎngduì de shílì jiāyǐ duìbǐ(把两队的实力加以对比).

たいひ【待避】 ¶普通列車が特急を～する mànchē děng tèkuài shǐguò(慢车等特快驶过). ¶～線 dàibìxiàn(待避线)/ huìràngxiàn(会让线).

たいひ【退避】 tuìbì(退避). ¶子供を～させる shǐ háizi tuìbì(使孩子退避). ¶～命令 tuìbì mìnglìng(退避命令).

たいひ【堆肥】 duīféi(堆肥).

タイピスト dǎzìyuán(打字员).

だいひつ【代筆】 dàibǐ(代笔). ¶母の～をする tì mǔqin dàibǐ(替母亲代笔).

たいびょう【大病】 dàbìng(大病), zhòngbìng(重病). ¶～を患う huàn zhòngbìng(患重病).

だいひょう【代表】 dàibiǎo(代表). ¶大会に～を送る xiàng dàhuì pàichū dàibiǎo(向大会派出代表). ¶クラス～に選ばれる bèi xuǎnwéi bān dàibiǎo(被选为班代表). ¶一同を～して御挨拶申し上げます wǒ jǐn dàibiǎo dàjiā shuō jǐ jù huà(我谨代表大家说几句话). ¶これが彼の～作だ zhè shì tā de dàibiǎozuò(这是他的代表作). ¶電話の一番号 zǒngjī de diànhuà hàomǎ(总机的电话号码).

ダイビング qiánshuǐ(潜水); tiàoshuǐ(跳水). ¶スキン～ qiánshuǐ yùndòng(潜水运动). スカイ～ tiàosǎn yùndòng(跳伞运动).

たいぶ【大部】 dàbùtóu(大部头). ¶～の全集 dàbùtóu de quánjí(大部头的全集).

タイプ 1[型] xíng(型), lèixíng(类型). ¶新しい～の機械 xīnxíng de jīqì(新型的机器). ¶私のまわりにはいろいろな～の人間がいる wǒ zhōuwéi yǒu gèzhǒng lèixíng de rén(我周围有各种类型的人). ¶どんな～の人が好きですか nǐ xǐhuan shénme yàngr de rén?(你喜欢什么样儿的人?).
2[印字] dǎzì(打字); [タイプライター] dǎzìjī(打字机). ¶この書類を～して下さい qǐng bǎ zhège wénjiàn dǎ yíxià(请把这个文件打一下).

だいぶ【大分】 ¶～春めいてきた chūnyì jiànnóng(春意渐浓)/ dà yǒu chūnyì(大有春意). ¶彼は～中国語がしゃべれるようになった tā shuō Zhōngwén shuōde xiāngdāng hǎo le(他中文说得相当好了). ¶病気は～良くなった bìng dàwéi jiànhǎo(病大为见好). ¶旅行で～金を使った lǚxíng huāle bùshǎo qián(旅行花了不少钱). ¶もうあれから～たった dǎ nà yǐ guòle hǎojiǔ(打那已过了好久). ¶夕食までにはま～ある lí wǎnfàn de shíjiān hái hǎo cháng ne(离晚饭的时间还好长呢).

たいふう【台風】 táifēng(台风). ¶～が九州南部に上陸した táifēng zài Jiǔzhōu nánbù dēnglù le(台风在九州南部登陆了). ¶東海地方は～の圏内に入った Dōnghǎi dìqū jìnrù táifēng qū nèi(东海地区进入台风区内). ¶～の目 táifēngyǎnqū(台风眼区)/ táifēngyǎn(台风眼).

だいふくちょう【大福帳】 liúshuǐzhàng(流水账).

だいぶつ【大仏】 dàfó(大佛). ¶奈良の～ Nàiliáng de dàfó(奈良的大佛).

たいぶつレンズ【対物レンズ】 wùjìng(物镜), jiēwùjìng(接物镜).

だいぶぶん【大部分】 dàbùfen(大部分), dàbù(大部), dàduō(大多). ¶住民の～がその案に賛成している dàbùfen jūmín zànchéng nàge tí'àn(大部分居民赞成那个提案). ¶製品の～が使い物にならなかった zhìpǐn de dàbùfen bù zhōngyòng(制品的大部分不中用). ¶工事は～出来上がった gōngchéng dàbàn yǐ gàojùn(工程大半已告竣).

タイプライター dǎzìjī(打字机).

たいぶんすう【帯分数】 dàifēnshù(带分数).

たいへい【太平】 tàipíng(太平). ¶～の世 tàipíng zhī shì(太平之世)/ Yáo tiān Shùn rì(尧天舜日). ¶天下～ tiānxià tàipíng(天下太平).

たいへいよう【太平洋】 Tàipíngyáng(太平洋).

たいへいらく【太平楽】 ¶～を並べる shuō mángmù lèguān de huà(说盲目乐观的话).

たいべつ【大別】 ¶～すると2種類になる kěyǐ fēnwéi liǎng dà lèi(可以分为两大类).

たいへん【大変】 1[一大事, 重大] bùdéliǎo(不得了), liǎobude(了不得). ¶～だ, 受験票を忘れた zāo le, zhǔnkǎozhèng wàngle dàilai le(糟了, 准考证忘了带来了). ¶この事がおやじに知れたら～だ zhè jiàn shì jiào lǎoyézi zhīdao le jiù bùdéliǎo le(这件事叫老爷子知道可就不得了了). ¶～な問題が持ち上がった chūle bùdéliǎo de wèntí(出了不得了的问题). ¶この傷は放っておくと～なことになる zhè shāng fàngzhe bú zhì kě 'jiù bùdéliǎo le[bú shì nàozhe wánr de](这伤放着不治▼就不得了了

[不是闹着玩儿的).

2【大層】¶この本は～面白かった zhè shū hěn yǒu yìsi(这书很有意思).¶毎日～な暑さが続いている liánrì lái rède yàomìng(连日来热得要命).¶彼女の人気は～なものだ tā kě hóngjíle(她可红极了).¶これは～手間のかかる仕事だ zhè gōngzuò kě fèi hěn dà gōngfu(这工作可费很大工夫)/ zhè huór kě fèijìnr le(这活儿可费劲儿了).¶この度は～お世話になりました zhè cì chéngméng nín duōfāng zhàogù(这次承蒙您多方照顾).

3【苦労】¶この給料で親子5人食べていくのは～だ ná zhè yìdiǎnr xīnshui, yìjiā wǔ kǒu rén kě bú yì húkǒu(拿这一点儿薪水,一家五口人可不易糊口).¶いちいち手で書いていては～だ yīyī yòng shǒu xiě nà jiù bùdéliǎo(一一用手写那可就不得了).¶あの工事は～だった nàge gōngchéng kě zhēn shì bú yì(那个工程可真是不易).

だいべん【大便】shǐ(屎), dàbiàn(大便), dàfèn(大粪).¶～をする lāshǐ(拉屎)/ dàjiě(大解)/ jiě dàshǒu(解大手)/ jiě dàbiàn(解大便)/ chūgōng(出恭).¶～が出ない lā bu chū shǐ lai(拉不出屎来)/ dàbiàn bù tōng(大便不通).

だいべん【代弁】¶彼の意見を～する tì tā chénshù yìjiàn(替他陈述意见).
¶～者 dàiyánrén(代言人).

たいほ【退歩】tuìbù(退步).¶～をする wàiyǔ yàoshi bú jìxù xuéxí, jiù huì tuìbù(外语要是不继续学习,就会退步).

たいほ【逮捕】dàibǔ(逮捕), jūbǔ(拘捕), jībǔ(缉捕).¶犯人を～する dàibǔ fànrén(逮捕犯人).
¶～状 dàibǔzhèng(逮捕证).

たいほう【大砲】pào(炮), huǒpào(火炮), dàpào(大炮).¶～を撃つ kāi pào(开炮)/ fàng pào(放炮).

たいぼう【待望】¶～の雨が降ってきた pànwàng yǐ jiǔ de yǔ zhōngyú xià le(盼望已久的雨终于下了).¶映画ファンの～久しい A が来日した yǐngmí jiǔyǐ pànwàng de A zhōngyú dào Rìběn lái le(影迷久已盼望的A终于到日本来了).

たいぼう【耐乏】¶～生活をする rěnshòu pínkǔ[pínqióng kùnkǔ] de shēnghuó(忍受贫苦[贫穷困苦]的生活).

たいぼく【大木】dàshù(大树).¶松の～ dàsōngshù(大松树).

だいほん【台本】jiǎoběn(脚本).

たいま【大麻】dàmá(大麻), xiànmá(线麻).

タイマー dìngshíqì(定时器).

たいまい【大枚】このネクタイには～3万円も出したのだ mǎi zhè tiáo lǐngdài zúzú huāle sānwàn rìyuán(买这条领带足足花了三万日元).

たいまい【玳瑁】dàimào(玳瑁).

たいまつ【松明】sōngmíng(松明), míngzi(明子), huǒbǎ(火把), huǒjù(火炬).¶～をともす diǎn sōngmíng(点松明).

たいまん【怠慢】wánhū(玩忽), dàihū(怠忽), shūhu(疏忽).¶職務～ wánhū zhíshǒu(玩忽职守).

タイミング shíjī(时机).¶ほんとうに いい～だ shíjī héshì(时机合适)/ shì féng qí huì(适逢其会)/ zhèng gǎnshàng hǎo shíhou(正赶上好时候).¶ちょっと～が悪かったようだ kànlái méi gǎnshàng shíhou[shí bú còuqiǎo](看来没赶上时候[时不凑巧]).¶踏切りの～が合わない zhǎngwò bu hǎo qǐtiào de shíjī(掌握不好起跳的时机).

タイム shíjiān(时间);〔一時中止〕zàntíng(暂停).¶1500メートル自由形の～をはかる jì yìqiān wǔbǎi mǐ zìyóuyǒng de shíjiān(计一千五百米自由泳的时间).¶彼の100メートルの～は9秒9だった tā de bǎi mǐ jìlù shì jiǔ miǎo jiǔ(他的百米记录是九秒九).¶審判に～を求める yāoqiú cáipànyuán zàntíng(要求裁判员暂停).
¶～カード kǎoqínkǎ(考勤卡). ～スイッチ dìngshí kāiguān(定时开关). ～レコーダー kǎoqínzhōng(考勤钟).

タイムリー shìshí(适时).¶彼の発言は～だった tā de fāyán hěn shìshí(他的发言很适时).¶この措置は～だった zhège cuòshī hěn jíshí(这个措施很及时).

タイムリミット qīxiàn(期限).¶～まであと僅かだ lí qīxiàn zhǐ shèng yìdiǎnr shíjiān le(离期限只剩一点儿时间了)/ qīxiàn kuài dào le(期限快到了).

だいめい【題名】tímíng(题名), biāotí(标题), tímù(题目).¶映画の～ yǐngpiànmíngr(影片名儿).¶本の～ shūmíng(书名).

だいめいし【代名詞】dàicí(代词), dàimíngcí(代名词).

たいめん【体面】tǐmian(体面), yánmiàn(颜面), liǎnmiàn(脸面), miànzi(面子).¶彼は～を重んずる男だ tā jí zhòng tǐmian(他极重体面).¶～を保つ bǎochí tǐmian(保持体面).
¶～を傷つける shāng tǐmian(伤体面).

たいめん【対面】xiāngjiàn(相见), xiānghuì(相会), jiànmiàn(见面), huìmiàn(会面).¶父子は15年ぶりに～した fùzǐ liǎ xiānggé shíwǔ nián jiànmiàn[chóngféng](父子俩相隔十五年见了面[重逢]).

たいもう【大望】hóngyuàn(宏愿).¶～を抱く lìxià hóngyuàn(立下宏愿)/ xiōng huái dà zhì(胸怀大志).

だいもく【題目】tímù(题目), biāotí(标题).
¶論文の～ lùnwén de tímù(论文的题目).¶お～を唱える niànjīng(念经)/ [比喻的] kōng hǎn wǔtiáo(空喊口号).

タイヤ lúntāi(轮胎), chētāi(车胎), lúndài(轮带); wàitāi(外胎), wàidài(外带).¶～に空気を入れる gěi lúntāi dǎqì(给轮胎打气).

ダイヤ 1〔ダイヤモンド〕zuànshí(钻石), jīngāngshí(金刚石), jīngāngzuàn(金刚钻).¶～の指輪 zuànshí jièzhi(钻石戒指)/ zuànjiè(钻戒).

2〔列車の〕xíngchē shíkèbiǎo(行车时刻表).¶～を改正する xiūgǎi xíngchē shíkèbiǎo(修

改行车时刻表).¶大雪で~が乱れた yīn dàxuě yùnxíng shíjiān bèi dǎluàn le(因大雪运行时间被打乱了).

3[トランプの] fāngkuài(方块).¶~の5 fāngkuài wǔ(方块五).

たいやく【大役】zhòngrèn(重任).¶~を果たす wánchéng zhòngrèn(完成重任).

たいやく【対訳】¶中日~本 Hàn-Rì duìzhàoběn(汉日对照本)/ Hàn-Rì duìyìběn(汉日对译本).

だいやく【代役】¶Aが急病のためBを~に立てた yīnwei A déle jíbìng, yóu B lái dàiyǎn(因为A得了急病,由B来代演).¶社長の~をつとめる dàilǐ zǒngjīnglǐ(代理总经理).

ダイヤモンド zuànshí(钻石),jīngāngshí(金刚石),jīngāngzuàn(金刚钻).

ダイヤル 〔ラジオ,計器などの〕kèdùpán(刻度盘);〔電話の〕bōhàopán(拨号盘).¶北京放送に~を合せる níngdào Běijīngtái(拧到北京台).¶電話の~を回す bō diànhuà hàomǎ(拨电话号码).

たいよ【貸与】chūjiè(出借).¶制服が~される chūjiè zhìfú(出借制服).

たいよう【大洋】dàyáng(大洋).

たいよう【大要】dàyào(大要).¶~を述べよ gàishù qí dàyào(概述其大要).

たいよう【太陽】tàiyáng(太阳).¶~が昇る〔沈む〕tàiyáng shēng[luò](太阳"升[落]).¶真夏の~が照りつける shèngxià de tàiyáng dúde lìhai(盛夏的太阳毒得厉害)/ chìrì yányán(赤日炎炎).

¶~エネルギー tàiyángnéng(太阳能).~系 tàiyángxì(太阳系).~光線 tàiyángguāng(太阳光).~電池 tàiyángnéng diànchí(太阳能电池).~灯 tàiyángdēng(太阳灯).~年 tàiyángnián(太阳年).~風 tàiyángfēng(太阳风).~フレアー yàobān(耀斑).~暦 tàiyánglì(太阳历)/ yánglì(阳历).~炉 tàiyánglú(太阳炉)/ tàiyángzào(太阳灶).

たいよう【耐用】nàiyòng(耐用).¶~性 nàiyòngxìng(耐用性).~年限 shǐyòng niánxiàn(使用年限).

だいよう【代用】dàiyòng(代用).¶テーブルがないので木箱で~する méiyǒu zhuōzi ná mùxiāng dàiyòng(没有桌子拿木箱代用).

¶~教員 línshí jiàoyuán(临时教员).~品 dàiyòngpǐn(代用品).

たいようしゅう【大洋州】Dàyángzhōu(大洋洲).

たいら【平ら】píng(平),píngzhěng(平整),píngtǎn(平坦),píngzhǎn(平展).¶~な道 píngtǎn de dàolù(平坦的道路).¶でこぼこ道を~にする bǎ kēngkengwāwā de lù xiūpíng(把坑坑洼洼的路修平).¶板を~に削る bǎ bǎn bàopíng(把木板刨平).¶どうぞお~に qǐng suíbiàn zuò ba(请随便坐吧).

たいら・げる【平らげる】**1**[平定する] píngdìng(平定),píngjìng(平静),píngxī(平息).¶賊を~げる píngdìng zéifěi(平定贼匪).

2[残らず食う]¶出された料理をぺろりと~げた bǎ bǎichū de fàncài yíkǒuqì chīde gāngānjìngjìng(把摆出的饭菜一口气吃得干干净净)/ zhuōzi shang de cài quán gěi bàoxiāo le(桌子上的菜全给报销了).

だいり【代理】dàilǐ(代理).¶部長の~をつとめる dàilǐ bùzhǎng de zhíwù(代理部长的职务).¶校長を~で出席する zuòwéi xiàozhǎng de dàilǐ chūxí(作为校长的代理出席).

¶~店 dàixiāodiàn(代销店).~人 dàilǐrén(代理人).

だいりき【大力】dàlì(大力);[人] dàlìshì(大力士).

たいりく【大陸】dàlù(大陆).¶アジア~ Yàzhōu dàlù(亚洲大陆).

¶~間弾道弾 zhōujì dǎodàn(洲际导弹).~性気候 dàlùxìng qìhòu(大陆性气候).~棚 dàlùjià(大陆架)/ dàlùpéng(大陆棚)/ lùjià(陆架)/ lùpō(陆坡)/ lùpéng(陆棚).

だいりせき【大理石】dàlǐshí(大理石),dàlǐyán(大理岩).

たいりつ【対立】duìlì(对立).¶両者の間には意見の~がある liǎngzhě zhī jiān yìjiàn duìlì(两者之间意见对立).¶その問題をめぐって労資はまっこうから~した guānyú nàge wèntí láozī shuāngfāng zhēnfēng xiāng duì(关于那个问题劳资双方针锋相对).

たいりゃく【大略】dàluè(大略),dàgài(大概).¶計画の~を説明する shuōmíng jìhuà de dàluè(说明计划的大略).¶実情は~こんなところです shíqíng dàluè shì zhèyàng de(实情大略是这样的).

たいりゅう【対流】duìliú(对流).¶~圏 duìliúcéng(对流层).

たいりょう【大量】dàliàng(大量),dàpī(大批),chéngpī(成批).¶りんごが~に入荷した píngguǒ dàliàng jìnhuò le(苹果大量进货了).¶合理化で~の解雇者が出た yóuyú hélǐhuà, dàliàng de rén bèi jiěgù le(由于合理化,大量的人被解雇了).¶A社から~の注文があった cóng A shè láile chéngpī de dìnghuò(从A社来了成批的定货).

¶~生産 dàliàng[pīliàng] shēngchǎn(大量[批量]生产).

たいりょう【大漁】yúyè fēngshōu(渔业丰收).¶鰯(いわし)の~だ shādīngyú dàfēngshōu(沙丁鱼大丰收).

たいりょく【体力】tǐlì(体力).¶~が衰えた tǐlì shuāiruò le(体力衰弱了).~を消耗する xiāohào tǐlì(消耗体力).~をつける zēngqiáng tǐlì(增强体力).

たいりん【大輪】¶~の菊 dà duǒ de júhuā(大朵的菊花).

タイル cízhuān(瓷砖);huāzhuān(花砖).¶~を張る pū cízhuān(铺瓷砖).¶~張りの浴室 pū cízhuān de yùshì(铺瓷砖的浴室).

ダイレクトメール yóujiàn guǎnggào(邮件广告),yóujì guǎnggào(邮寄广告).

たいれつ【隊列】duìwu(队伍).¶~を組んで行進する lièduì xíngjìn(列队行进).¶デモの~ shìwēi yóuxíng duìwu(示威游行队伍).

たいろ【退路】 tuìlù(退路). ¶敵の～を断つ jiéduàn dírén de tuìlù(截断敌人的退路).

だいろっかん【第六感】 dìliù gǎnjué(第六感觉), dìliùgǎn(第六感). ¶～が働く kào dìliù gǎnjué(靠第六感觉).

たいわ【対話】 duìhuà(对话). ¶父と子の間には日頃～が欠けていた fùzǐ zhī jiān píngshí hěn shǎo tánxīn(父子之间平时很少谈心). ¶市民との～を進める yǔ shìmín jìnxíng duìhuà(与市民进行对话).

ダウ ～式平均株価 Dào-Qióngsī píngjūn zhǐshù(道琼斯平均指数).

たうえ【田植】 chāyāng(插秧). ¶～歌 chāyāngge(插秧歌).

ダウン ¶風邪で～する yóuyú shāngfēng gǎnmào bìngdǎo le(由于伤风感冒病倒了). ¶3ラウンドで～した dìsān huíhé jiù bèi jīdǎo le(第三回合就被击倒了).

¶～ジャケット yǔróng jiākè(羽绒夹克). ～タウン shāngyèqū(商业区)/ nàoshìqū(闹市区). ～ロード xiàngxià zhuāngrù(向下装入)/ xièzài(卸载).

たえがた・い【堪え難い】 ¶～い侮辱を受けた shòule "wúfǎ rěnshòu[rěn wú kě rěn] de wūrǔ(受了"无法忍受[忍无可忍]的侮辱). ¶～い苦痛を忍ぶ rěnzhù nányǐ rěnshòu de tòngkǔ(忍住难以忍受的痛苦).

だえき【唾液】 tuòyè(唾液), jīnyè(津液).

たえしの・ぶ【堪え忍ぶ】 rěnshòu(忍受). ¶苦しい生活を～ぶ rěnshòu jiānkǔ de shēnghuó(忍受艰苦的生活).

たえず【絶えず】 búduàn(不断), bùzhù(不住). ¶泉から冷たい水が～湧き出ている qīngliáng de shuǐ cóng quányǎnr li yuányuán yǒngchū(清凉的水从泉眼儿里源源涌出). ¶中国語を身につけるため～努力する wèile zhǎngwò hǎo Zhōngwén jiānchí búxiè de nǔlì(为了掌握好中文坚持不懈地努力). ¶2人は～いがみ合っている liǎng ge rén zǒngshì zhēngzhí bùxiū(两个人总是争执不休).

たえだえ【絶え絶え】 ¶彼は息も～に横たわっていた tā yǎnyǎn yì xī tǎngzhe(他奄奄一息躺着). ¶話し声が～に聞える duànduànxùxù de tīngjian shuōhuàshēng(断断续续地听见说话声).

たえて【絶えて】 ¶そんなことは～聞いたことがない nàyàng de shì cónglái méi tīngshuōguo(那样的事从来没听说过). ¶これはと思う映画には～久しくお目にかからない hǎojiǔ méi kànguo zhēnzhèng zhídé yí kàn de diànyǐng le(好久没看过真正值得一看的电影了).

たえなる【妙なる】 měimiào(美妙). ¶～楽の音 měimiào de yuèyīn(美妙的乐音).

たえま【絶え間】 ¶店に客の～がない pùzi de gùkè luòyì bùjué(铺子的顾客络绎不绝). ¶～なく雪が降る xuě bù tíng de xiàzhe(雪不停地下着)/ xuě xià ge bù tíng(雪下个不停). ¶～なしに車が通る qìchē yí liàng jǐn jǐn liàng shǐguò(汽车一辆紧接着一辆驶过)/ chēliàng chuānliú búzhù(车辆川流不息). ¶雲の から薄日が射した yúnxì li shèchūle wēiruò de yángguāng(云隙里射出了微弱的阳光).

た・える【堪える・耐える】 1〔我慢する〕rěn(忍), rěnshòu(忍受). ¶傷の痛みに～える rěnzhù shāng téng(忍住伤疼). ¶この騒音に～えられない zhè zhǒng zàoyīn wǒ kě "rěnshòu bu liǎo[chībuxiāo](这种噪音我可"忍受不了[吃不消]). ¶これ以上こんな生活は～えられないzhè zhǒng shēnghuó zài yě wúfǎ rěnshòule(这种生活再也无法忍受了).

2〔持ちこたえる〕jīnshòu(禁受), jīngshòu(经受). ¶彼は幾多の試練に～えてきた tā jīngshòule bùshǎo kǎoyàn(他经受了不少考验). ¶長年の風雪に～えた建物 jīnshòu duōnián fēngchuī-yǔdǎ de jiànzhùwù(禁受多年风吹雨打的建筑物). ¶高熱に～える金属 nài gāowēn de jīnshǔ(耐高温的金属).

3〔～することができる、～に値する〕¶この機械はまだ使用に～える zhè jià jīqì hái jīngdeqǐ shǐyòng(这架机器还经得起使用). ¶私はこの任に～えない zhège rènwu wǒ shèngrèn bu liǎo(这个任务我胜任不了). ¶聞くに～えない悪口 bùkān rù'ěr de huàihuà(不堪入耳的坏话). ¶彼は感に～えないという面持で見ていた tā búshèng gǎnkǎi de kànzhe(他不胜感慨地看着). ¶暖かいおもてなしをいただきご感謝に～えません chéngméng rèqíng zhāodài, búshèng gǎnjī(承蒙热情招待,不胜感激).

た・える【絶える】 duàn(断), jué(绝). ¶基地との通信が～えた hé jīdì de tōngxùn duàn le(和基地的通讯断了). ¶夜が更けて人通りも～えた yè shēn méiyǒu xíngrén le(夜深没有行人了). ¶年中心配事が～えない qiānchángguàdù de shì zǒngshì méi ge wán(牵肠挂肚的事总是没个完). ¶息が～えた duànle qì(断了气). ¶子孫が～える duànle hòudài(断了后代)/ duànzǐ juésūn(断子绝孙)/ duàn zhǒng(断种)/ juéle yānhuǒ(绝了烟火)/ juésì wú hòu(绝嗣无后)/ juémén juéhù(绝门绝户)/ juéhòu(绝后)/ juéhù(绝户).

だえん【楕円】 tuǒyuán(椭圆), chángyuán(长圆), yādànyuán[r](鸭蛋圆[儿]).

たお・す【倒す】 1〔転倒させる、横にする〕¶花瓶を～して割ってしまった bù xiǎoxīn bǎ huāpíng tuīdǎo dǎsuì le(不小心把花瓶推倒打碎了). ¶風で塀が～された wéiqiáng bèi fēng guādǎo le(围墙被风刮倒了). ¶上体を前に～す bǎ shàngshēn wǎng qián qū qū(把上身往前屈). ¶椅子の背中を～す bǎ kàobèi fàngdǎo(把靠背放倒).

2〔負かす、くつがえす〕dǎdǎo(打倒). ¶強敵を～して優勝した dǎdǎo jìngdí huòdé guànjūn(打倒劲敌获得冠军). ¶政府を～す tuīfān zhèngfǔ(推翻政府).

3〔殺す〕¶一刀のもとに敵を～す yì dāo kǎnsǐ dírén(一刀砍死敌人). ¶巨象を～した dǎsǐ jùxiàng(打死巨象).

たおやか ēnuó(婀娜・阿娜). ¶～な乙女 ēnuó de shàonǚ(婀娜的少女).

タオル máojīn(毛巾), shǒujīn(手巾), miànjīn

(面巾), yángdǔr shǒujīn (羊肚儿手巾). ¶~地の寝巻 máojīn shuìyī (毛巾睡衣). ¶~掛け shǒujīnjià (手巾架).
¶バス~ yùjīn (浴巾). ~ケット máojīnbèi (毛巾被)/ máojīntǎn (毛巾毯).

たお・れる【倒れる】 1〔転倒する〕dǎo (倒), kuǎ (垮). ¶塀が~れた qiáng dǎo[kuǎ] le (墙倒[垮]了). ¶台風で電柱が~れた táifēng bǎ diànxiàn gānzi guādǎo le (台风把电线杆子刮倒了). ¶今にも~れそうな家 yào dǎotā de fángzi (要倒塌的房子). ¶目まいがして~れた yūndǎo le (晕倒了). ¶石につまずいて~れた bèi shítou bànle yì jiāo diēdǎo[zāi gēntou] le (被石头绊了一跤'跌倒[栽跟头]了). 2〔くつがえる、つぶれる〕dǎo (倒), kuǎ (垮). ¶内閣が~れた nèigé dǎotái[kuǎtái] le (内阁倒台[垮台]了). ¶帝政が~れた dìzhèng bēngkuì le (帝政崩溃了). ¶不景気で会社が~れた yóuyú bùjǐngqì gōngsī dǎobì le (由于不景气公司倒闭了).
3〔病気で倒れる〕bìngdǎo (病倒). ¶過労で~れた píláo guòdù bìngdǎo le (疲劳过度病倒了)/ yóuyú guòdù láolèi shēntǐ kuǎ le (由于过度劳累身体垮了).
4〔死ぬ〕 ¶彼は刺客の手に~れた tā sǐzài cìkè zhī shǒu (他死在刺客之手). ¶~れて後やむ sǐ ér hòu yǐ (死而后已).

たか【高】 1〔数量、金額〕liàng (量), é (额). ¶取引の~に応じて割り引く àn jiāoyìliàng dǎ zhékòu (按交易量打折扣). ¶米の取れ~ dàomǐ chǎnliàng (稻米产量). ¶売上~が減った xiāoshòu'é xiàjiàng le (销售额下降了).
2〔せいぜい〕 ¶私の知識など~が知れている wǒ de zhīshi yě zhǐshì bànpíngcù, méi shénme liǎobuqǐ de (我的知识也只是半瓶醋,没什么了不起的). ¶~が風邪くらいと思ったのが間違いだった cuò jiù cuò zài yǐwéi zhǐ zháole diǎnr liáng méi shénme (错就错在以为只着了点儿凉没什么). ¶軽く合格するものと彼は~をくくっていた tā mǎn yǐwéi bú fèi chuī huī zhī lì jiù néng kǎoshàng (他满以为不费吹灰之力就能考上).

たか【鷹】 yīng (鹰), cāngyīng (苍鹰), měngzhì (猛鸷). ¶~狩 dài yīng dǎliè (带鹰打猎).

たか【多寡】 duōguǎ (多寡). ¶金額の~は問題でない wèntí búzàiyú jīnqián de duōguǎ (问题不在于金钱的多寡).

たか【籠】 gū[r] (箍[儿]). ¶~をはめる gū gūr (箍箍儿). ¶最近彼は~がゆるんでいる jìnlái tā yǒudiǎnr sōngxiè (近来他有点儿松懈).

だが dàn (但), kě (可), dànshì (但是), kěshì (可是), què (却), dào (道), búguò (不过). ¶彼は仕事は早い、~雑だ tā gōngzuò kuài, dàn hěn cǎoshuài (他工作快, 但很草率). ¶彼に何度も頼んだ、~引き受けてくれなかった suīrán wǒ zàisān de qiú tā, dànshì tā méi dāying wǒ (虽然我再三地求他, 但是他没答应我). ¶この子は利発~からだが弱い zhège háizi hěn cōngming, búguò shēntǐ hěn ruò (这个孩子很聪明, 不过身体很弱). ¶少し~君にあげよう suī bù

duō, sòngěi nǐ ba (虽不多, 送给你吧).

たか・い【高い】 1〔物の高さ・位置が〕gāo (高). ¶眼前に~い山がそびえている yǎnqián sǒnglìzhe yí zuò gāoshān (眼前耸立着一座高山). ¶~い煙突が林立している gāogāo de yāncōng línlìzhe (高高的烟囱林立着). ¶今日は波が~い jīntiān làng gāo (今天浪高). ¶彼は背が~い tā gèzi hěn gāo (他个子很高). ¶凧を空へ~く上げる bǎ fēngzheng fàngdào gāokōng (把风筝放到高空). ¶国旗を~くかかげて行進する gāojǔ guóqí xíngjìn (高举国旗行进). ¶~い!~い! jǔ gāogāo! (举高高!)
2〔地位、能力、程度などが〕gāo (高). ¶身分の~い人 shēnfen gāo de rén (身分高的人). ¶~い技術を身につける zhǎngwò gāodù jìshù (掌握高度技术). ¶~い熱を出して寝込んだ fāle gāoshāo bìngdǎo le (发了高烧病倒了). ¶だんだん気温が~くなった qìwēn jiànjiān de gāo le (气温渐渐地高了). ¶緯度の~い地方 wěidù gāo de dìfang (纬度高的地方). ¶生活水準が~い shēnghuó shuǐpíng gāo (生活水平高). ¶この本は私には程度が~すぎる zhè běn shū duì wǒ lái shuō chéngdù tài gāo (这本书对我来说程度太高). ¶彼の新作は~く評価された tā de xīnzuò dédào hěn gāo de píngjià (他的新作得到很高的评价).
3〔値段が〕guì (贵), gāo (高). ¶この店は~い zhè jiā pùzi jiàqian hěn guì (这家铺子价钱很贵). ¶これが5万円とは~い zhè yào wǔwàn rìyuán, tài guì le (这要五万日元, 太贵了). ¶物価が~くなった wùjià shàngzhǎng le (物价上涨了). ¶彼に頼んだらかえって~くついた tuō tā bàn, fǎn'ér huāfei gèng dà le (托他办, 反而花费更大了). ¶~い買い物になった fùchū de dàijià kě bù dī a! (付出的代价可不低啊!)
4〔声、音が〕gāo (高), dà (大). ¶これ以上~い声は出ない zài yě fābuchū bǐ zhè hái gāo de shēngyīn (再也发不出比这还高的声音). ¶少し声が~いぞ shēngyīn kě dà diǎnr le (声音可大点儿了). ¶波の音が~い bōlàngshēng hěn dà (波浪声很大).

たかい【他界】 gùshì (故世), gùqù (故去), qùshì (去世), shìshì (逝世). ¶父は昨年~しました fùqin qùnián qùshì le (父亲去年去世了).

たがい【互い】 hùxiāng (互相), xiānghù (相互), bǐcǐ (彼此). ¶~の情報を交換する jiāohuàn bǐcǐ de qíngbào (交换彼此的情报)/ hù tōng qíngbào (互通情报). ¶失敗を繰り返さないようお~に気を付けよう hùxiāng duōjiā zhùyì, yǐmiǎn zàicì shībài (互相多加注意, 以免再次失败). ¶お~に納得ずくで決めたことだ shì zài shuāngfāng dōu tóngyì de qíngkuàng xià zuòchū de juédìng (是在双方都同意的情况下做出的决定). ¶その方がお~のためだ nàyàng duì shuāngfāng dōu hǎo (那样对双方都好). ¶~に助け合う hùxiāng bāngzhù (互相帮助)/ bǐcǐ hùzhù (彼此互助). ¶~に顔を見合わせてにっこりした bǐcǐ xiāngduì wēixiào (彼此相对微笑). ¶選手達は~に健闘をたたえ合った xuǎnshǒu-

men bǐcǐ chēngzàn duìfāng de wánqiáng (选手们彼此称赞对方的玩强).
だかい【打開】 dǎkāi (打开). ¶局面を～する dǎkāi júmiàn (打开局面). ¶危機を～する kèfú wēijī (克服危机). ¶～策が見出せない xúnzhǎo bu chū dǎkāi jiāngjú de quēkǒu [yì tiáo huólù] (寻找不出"打开僵局的缺口[一条活路]).
たかいちがい【互い違い】 xiāngjiàn (相间), jiāocuò (交错), jiāochā (交叉). ¶黒と白が～に並んでいる hēibái xiāngjiàn (黑白相间).
たかいびき【高鼾】 ¶～をかく dǎ dàhān (打大鼾)/ hānshēng rú léi (鼾声如雷).
たが・う【違う】 ¶弾丸は狙い～わずに命中した miáode háofà bú chà, qiāngdàn dǎzhòngle bǎzi (瞄得毫发不差,枪弹打中了靶子). ¶予想に～わず彼が優勝した guǒrán bù chū suǒ liào, tā huòdéle guànjūn (果然不出所料, 他获得了冠军).
たが・える【違える】 ¶約束を～える wéibèi yuēyán (违背约言)/ wéiyuē (违约)/ shīyuē (失约)/ shuǎngyuē (爽约). ¶彼女は1分と～えずやって来た tā yì fēnzhōng bù chā de lái le (她一分钟不差地来了).
たかく【多角】 ¶事態を～的に検討する cóng duōfāngmiàn yánjiū shìtài (从多方面研究事态). ¶～形 duōbiānxíng (多边形)/ duōjiǎoxíng (多角形). ～経営 duōzhǒng jīngyíng (多种经营). ～貿易 duōbiān màoyì (多边贸易).
たかく【多額】 ¶～の費用を要する xūyào jù'é fèiyong (需要巨额费用). ¶～納税者 gāo'é nàshuìzhě (高额纳税者).
たかさ【高さ】 gāo (高), gāodù (高度), gāodī (高低), gāo'ǎi (高矮). ¶この塔の～は30メートルだ zhè zuò tǎ yǒu sānshí mǐ gāo (这座塔有三十米高). ¶山の～をはかる cèdìng shān de gāodù (测定山的高度). ¶底辺掛ける～割る2 dǐbiān chéng gāo chú èr (底边乘高除二). ¶あなたの背の～はいくらですか nǐ shēngāo duōshao? (你身高多少?). ¶声の～がまちまちだ shēngyīn de gāodī cēncī bù qí (声音的高低参差不齐). ¶値段の～に驚く jiàqian zhī guì jiào rén chījīng (价钱之贵叫人吃惊).
だかし【駄菓子】 cūdiǎnxin (粗点心).
たかしお【高潮】 fēngbàocháo (风暴潮), fēngbào hǎixiào (风暴海啸).
たかだい【高台】 dìshì gāo de dìfang (地势高的地方).
たかだか【高高】 **1** ¶～とそびえ立つ五重の塔 gāosǒng ér wǔ céng tǎ (高耸的五层塔). ¶優勝杯を～と差し上げる bǎ jiǎngbēi gāogāo jǔqǐlai (把奖杯高高举起来). ¶～と宣言文を読み上げる gāoshēng xuāndú xuānyán (高声宣读宣言).
2 [せいぜい] zhìduō (至多), dǐngduō (顶多), zuìduō (最多), chōngqíliàng (充其量). ¶～300円の品 zhìduō búguò sānbǎi kuài qián de dōngxi (至多不过三百块钱的东西). ¶出席者は～100人だ chūxízhě zhǐ búguò shì yìbǎi rén (出席者只不过是一百人).
だかつ【蛇蝎】 shéxiē (蛇蝎). ¶～のごとく嫌う yàn rú shéxiē (厌如蛇蝎).
だがっき【打楽器】 dǎjī yuèqì (打击乐器).
たかてこて【高手小手】 ¶罪人を～に縛り上げる bǎ zuìfàn wǔhuā dàbǎng kǔnle qǐlái (把罪犯五花大绑捆了起来).
たかどの【高殿】 gāogé (高阁).
たかとび【高飛】 wàitáo (外逃), táopǎo (逃跑); yuǎnzǒu-gāofēi (远走高飞). ¶海外に～する táopǎo dào hǎiwài (逃跑到海外). ¶犯人は～す前だった zuìfàn zhèng yào wàitáo (罪犯正要外逃).
たかとび【高跳】 tiàogāo (跳高). ¶走り～ jíxíng tiàogāo (急行跳高)/ tiàogāo (跳高). 棒～ chēnggān tiàogāo (撑竿跳高).
たかなる【高鳴る】 ¶潮が～る cháoshuǐ xuānxiào (潮水喧嚣). ¶喜びに胸が～る gāoxìngde xīn pēngpēng de tiào (高兴得心砰砰地跳). ¶血潮が～る rèxuè fèiténg (热血沸腾).
たかね【高値】 gāojià (高价). ¶キロ1万円の～で取引された yǐ yì gōngjīn yíwàn rìyuán de gāojià chéngjiāo (以一公斤一万日元的高价成交).
たかね【高嶺】 gāofēng (高峰). ¶富士の～ Fùshì gāofēng (富士高峰). ¶しょせん彼女は～の花だ tā zhōngjiū shì gāo bùkě pān de huā (她终究是高不可攀的花).
たかね【鏨】 zàndāo (鏨刀), zànzi (鏨子).
たかのぞみ【高望み】 shēwàng (奢望), shēxiǎng (奢想).
たかは【鷹派】 yīngpài (鹰派), sǐyìngpài (死硬派), qiángyìngpài (强硬派). ¶党内では～が幅を利かせている qiángyìngpài zài dǎngnèi shuǎ wēifēng (强硬派在党内耍威风).
たかびしゃ【高飛車】 ¶～に出る cǎiqǔ "gāoyā shǒuduàn [qiángyìng de tàidu] (采取"高压手段[强硬的态度].
たかぶ・る【高ぶる】 **1** [興奮する] xīngfèn (兴奋). ¶神経が～って寝つけない xīngfènde shuìbuzháo jiào (兴奋得睡不着觉).
2 [偉ぶる] gāo'ào (高傲), gāomàn (高慢). ¶あの人には少しも～ったところがない tā nàge rén méiyǒu yìdiǎnr gāo'ào de dìfang (他那个人没有一点儿高傲的地方).
たかまくら【高枕】 gāozhěn (高枕). ¶～で寝る gāo zhěn ér wò (高枕而卧)/ gāo zhěn wú yōu (高枕无忧).
たかま・る【高まる】 gāo (高), tígāo (提高), gāozhǎng (高涨), gāo'áng (高昂). ¶波が～る làng dà cháo zhǎng (浪大潮涨). ¶エネルギー問題に人々の関心が～った rénmen duì néngyuán wèntí gèngjiā guānxīn le (人们对能源问题更加关心了). ¶民族意識が～る mínzú yìshì tígāo le (民族觉悟提高了). ¶反対の声が～る fǎnduì de hūshēng yuèláiyuè gāo (反对的呼声越来越高). ¶名声が～る míngshēng dà yáng (名声大扬). ¶士気が～る shìqì gāo'áng (士气高昂).
たかみ【高み】 gāochù (高处). ¶～から見下ろ

す yóu gāochù fǔshì(由高处俯视). ¶～の見物 zuò bìshàngguān(作壁上观)/ xiùshǒu pángguān(袖手旁观)/ zuò shān guān hǔ dòu(坐山观虎斗)/ zuòguān chéngbài(坐观成败).

たか・める【高める】 tígāo(提高). ¶教養を～める tígāo jiàoyǎng(提高教养). ¶女性の地位を～める tígāo fùnǚ de dìwèi(提高妇女的地位). ¶彼はそこで一段と声を～めた tígāole sǎngménr(说到那儿，他提高了嗓门儿).

たがや・す【耕す】 gēng(耕). ¶畑を～す gēng dì(耕地)/ zhòng dì(种地).

たかようじ【高楊枝】 ¶武士は食わねど～ wǔshì méi fàn chī yě yào yòng yájiān tī yá(武士没饭吃也要用牙签剔牙)/ dǎzhǒng liǎn chōng pàngzi(打肿脸充胖子).

たから【宝】 bǎo(宝), zhēnbǎo(珍宝), bǎowù(宝物), bǎobèi(宝贝). ¶先祖伝来の～ chuánjiā[zǔchuán] zhī bǎo(传家[祖传]之宝). ¶彼は国の～だ tā shì guójiā zhī bǎo(他是国家之宝). ¶あれほどの品もしまいこんでおいては～の持ち腐れだ nàme hǎo de dōngxi cángzhe bú yòng, rú chí fèntǔ(那么好的东西藏着不用，如同持粪土).

だから yīnwei(因为), suǒyǐ(所以), yīncǐ(因此). ¶彼はよく嘘をつく，～私は信用しない tā chángcháng shuōhuǎng, suǒyǐ wǒ bù xiāngxìn tā(他常常撒谎，所以我不相信他). ¶言わないことじゃない shuí jiào nǐ bù tīng wǒ de huà!(谁叫你不听我的话!). ¶～といって彼を放っておくわけにもいかない hsuī nàme shuō, dàn yě bùnéng bù guǎn tā(话虽那么说，但也不能不管他). ¶君～こんな事を頼むのだ yīnwei shì nǐ, suǒyǐ wǒ cái bàituō zhèyàng de shì(因为是你，所以我才拜托这样的事).

たからか【高らか】 dàshēng(大声), gāoshēng(高声). ¶～に開会を宣する dàshēng xuānbù kāihuì(大声宣布开会). ¶ファンファーレが～に鳴り渡った hàojiǎoshēng xiǎngchè yúnxiāo(号角声响彻云霄). ¶～な歌声 [liáoliàng] de gēshēng(响亮[嘹亮]的歌声).

たからくじ【宝籤】 cǎipiào(彩票), jiǎngquàn(奖券). ¶～で100万円を当てた mǎi cǎipiào zhòngle yìbǎi wàn rìyuán(买彩票中了一百万日元).

たからぶね【宝船】 bǎochuán(宝船).

たからもの【宝物】 bǎowù(宝物), zhēnbǎo(珍宝).

たか・る 1〔群がる〕 jùjí(聚集), jǔlǒng(聚拢). ¶人が大勢～っている jùjízhe hēiyāyā de yípiàn rén(聚集着黑压压的一片人). ¶蟻が真っ黒に～っている pámǎnle mǎyǐ, hēihūhū de yípiàn(爬满了蚂蚁，黑糊糊的一片). ¶食べ物に蝿が～っている cāngyíng luò zài chī de dōngxi shàngmian(苍蝇落在吃的东西上面).

2〔金品などを〕 bèi āfēi lèsuǒle qián(被阿飞勒索了钱). ¶友達に夕飯を～った yìng jiào péngyou qǐngle yí dùn wǎnfàn(硬叫朋友请了一顿晚饭).

-たが・る ¶彼女はとても君に会い～っている tā

hěn xiǎng jiàn nǐ(她很想见你). ¶赤ん坊が乳を飲み～って泣く wáwa kūzhe yào chīnǎi(娃娃哭着要吃奶). ¶彼はその事をしゃべり～らない tā bú yuànyì tán nà jiàn shì(他不愿意谈那件事).

たかわらい【高笑い】 dà xiào(大笑). ¶満足そうに～する xīnmǎn-yìzú de dà xiào(心满意足地大笑).

たかん【多感】 ¶～な少年 duōchóu-shàngǎn de shàonián(多愁善感的少年).

だかん【兌換】 duìhuàn(兑换). ¶～券 duìhuànquàn(兑换券).

たき【滝】 pùbù(瀑布). ¶華厳の～ Huáyán pùbù(华严瀑布). ¶汗が～のように流れる hàn rú yǔ xià(汗如雨下)/ hàn liú mǎn miàn(汗流满面)/ hàn liú jiā bèi(汗流浃背).

たき【多岐】 ¶問題は～にわたる wèntí shèjí dào xǔduō fāngmiàn(问题涉及到许多方面)/ wèntí cuòzōng fùzá(问题错综复杂). ¶～亡羊 qílù wáng yáng(歧路亡羊).

たぎ【多義】 duōyì(多义). ¶～語 duōyìcí(多义词).

だき【唾棄】 tuòqì(唾弃). ¶～すべき男 lìng rén tuòqì de nánrén(令人唾弃的男人).

だきあ・う【抱き合う】 yōngbào(拥抱). ¶2人はひしと～った liǎng ge rén jǐnjǐn de yōngbào [lǒubào] zài yìqǐ(两个人紧紧地拥抱[搂抱]在一起).

だきあ・げる【抱き上げる】 bàoqǐ(抱起). ¶子供を～げて頬ずりする bàoqǐ háizi qīn liǎndànr(抱起孩子亲脸蛋儿).

だきあわせ【抱合せ】 ¶売れ残り品と～で売る dāpèizhe shènghuò mài(搭配着剩货卖).

だきお・こす【抱き起す】 fúqǐ(扶起). ¶病人をベッドの上に～す bǎ chuáng shang de bìngrén fúqǐlai(把床上的病人扶起来).

たきぎ【薪】 mùchái(木柴). ¶山へ～拾いに行く shàng shān jiǎn cháihuo(上山捡柴火).

たきぐち【焚口】 lúkǒu(炉口), lúmén(炉门), zàokǒu(灶口).

たきこ・む【炊き込む】 ¶御飯に鳥肉と筍を～む bǎ jīròu hé zhúsǔn gēn fàn yìqǐ zhǔ(把鸡肉和竹笋跟饭一起煮).

だきこ・む【抱き込む】 lālong(拉拢), lǒngluò(笼络). ¶有力者を～む lālong quánshì(拉拢权势).

タキシード wúwěiwǎnlǐfú(无尾晚礼服).

だきし・める【抱き締める】 bàozhù(抱住), bàojǐn(抱紧). ¶無事で帰った我が子をひしと～める jǐnjǐn bàozhù píng'ān guīlai de háizi(紧紧抱住平安归来的孩子).

だきすく・める【抱き竦める】 ¶逃げようとする子供を後ろから～めた cóng bèihòu bàozhùle yào táopǎo de háizi(从背后抱住了要逃跑的孩子).

たきだし【炊出し】 ¶罹災者に～をする gěi zāimín zhǔ fàn chī(给灾民煮饭吃).

だきつ・く【抱き着く】 lǒuzhù(搂住), bàozhù(抱住). ¶相手の腰に～く lǒuzhù duìfāng de yāo(搂住对方的腰).

たきつけ【焚付】 yǐncái (引柴), yǐnhuǒchái (引火柴), huǒméi[r] (火媒・火媒[ㄦ]), huǒniǎn[r] (火捻[ㄦ]); zhǐméi[r] (纸煤・纸媒[ㄦ]).

たきつ・ける【焚き付ける】 1 diǎn (点), shēng (生). ¶かまどの火を～ける diǎn zàohuǒ (点灶火).

2〔そそのかす〕shāndòng (煽动・扇动), tiáosuō (调唆), cuānduo (撺掇), suōshǐ (唆使). ¶あいつに～けられてついその気になった bèi nà jiāhuo suǒ shāndòng, bùzhī-bùjué de dòngle nà zhǒng niàntou (被那家伙所煽动,不知不觉地动了那种念头).

たきび【焚火】 ¶庭で～をする zài yuànzi diǎnrán diāoluò de zhīyè (在院子点燃凋落的枝叶).

たきょう【他郷】 tāxiāng (他乡). ¶～で苦労する zài tāxiāng chīkǔ (在他乡吃苦).

だきょう【妥協】 tuǒxié (妥协). ¶彼とは～の余地がない gēn tā háo wú tuǒxié de yúdì (跟他毫无妥协的余地). ¶適当な条件で～する zài shìdàng de tiáojiàn zhī xià wǒ tuǒxié (在适当的条件之下妥协). ¶～点を見出す xúnzhǎo tuǒxié zhī diǎn (寻找妥协之点).
¶～案 tuǒxié fāng'àn (妥协方案).

たぎ・る【滾る】 ¶湯が～っている shuǐ gǔn le (水滚了). ¶～り落ちる水 bēnténg ér xià de shuǐ (奔腾而下的水). ¶熱血が～る rèxuè fèiténg (热血沸腾).

たくしあ・げる juǎnqǐ (卷起), wǎnqǐ (挽起). ¶袖を～げる juǎnqǐ xiùzi lái (卷起袖子来).

タクシー chūzū qìchē (出租汽车), jìchéngchē (计程车), chūzūchē (出租车), díshì (的士). ¶～を拾う jiào chūzū qìchē (叫出租汽车)/ dǎ dí (打的).

たくじしょ【託児所】 tuō'érsuǒ (托儿所).

たくじょう【卓上】 zhuō shang (桌上); táishì (台式). ¶～カレンダー àntóu rìlì (案头日历)/ táilì (台历).

たくしん【宅診】 ménzhěn (门诊).

だくすい【濁水】 zhuóshuǐ (浊水), húnshuǐ (浑水).

たく・する【託する】 tuō (托), tuōfù (托付). ¶友人に後事を～する bǎ hòushì tuōfù péngyou (把后事托付朋友). ¶我が子に望みを～する bǎ xīwàng jìtuō yú háizi shēnshang (把希望寄托于孩子身上). ¶家族への伝言を友人に～した tuō péngyou gěi jiālirén shāo kǒuxìn (托朋友给家里人捎口信).

たくぜつ【卓絶】 zhuójué (卓绝). ¶～した作品 zhuójué de zuòpǐn (卓绝的作品).

たくそう【託送】 tuōyùn (托运). ¶荷物を～する tuōyùn xíngli (托运行李).

だくてん【濁点】 zhuóyīn fúhào (浊音符号).

タクト 1〔拍子〕pāizi (拍子). ¶～を取る dǎ pāizi (打拍子).
2〔指揮棒〕zhǐhuībàng (指挥棒). ¶～を振る huīwǔ zhǐhuībàng (挥舞指挥棒).

たくはい【宅配】 sòng huò shàngmén fúwù (送货上门服务).

是无与伦比的人物). ¶～ない美貌の持主 měilì wúbǐ de nǚrén (美丽无比的女人).

たくえつ【卓越】 zhuóyuè (卓越), zhuórán (卓然), chāozhuó (超卓). ¶～した才能 zhuóyuè de cáinéng (卓越的才能).

だくおん【濁音】 zhuóyīn (浊音).

たくさん【沢山】 1〔多量〕hěn duō (很多), xǔduō (许多), hǎoduō (好多), hǎoxiē (好些). ¶～することが～ある yào zuò de shì "yǒudeshì [duōde hěn] (要做的事"有的是[多得很]). ¶トラックが～の荷を運んで来た kǎchē yùnlaile dàpī huòwù (卡车运来了大批货物). ¶こんなに～下さるのですか gěi wǒ zhème duō a (给我这么多啊). ¶～の人が集まった jùjíle xǔduō rén (聚集了许多人) / lái de rén yíngqiān lěiwàn (来的人盈千累万).

2〔十分〕gòu (够), zúgòu (足够). ¶5000円もあれば～です yǒu wǔqiān rìyuán jiù zúgòu le (有五千日元就足够了). ¶"もう一杯いかがですか" "もう～です" "zài lái yì bēi zěnmeyàng?" "wǒ zúgòu le" (再来一杯怎么样? "我足够了"). ¶御厚意だけで～です nín de hǎoyì wǒ xīnlǐng le (您的好意我心领了). ¶その話なら～だ nà nà wǒ kě tīngnì le (那我可听腻了).

たくしあ・げる juǎnqǐ (卷起), wǎnqǐ (挽起). ¶袖を～げる juǎnqǐ xiùzi lái (卷起袖子来).

た・く【炊く】 shāo (烧), zhǔ (煮), áo (熬). ¶飯を～く shāo fàn (烧饭) / mènfàn (焖饭). ¶粥を～く áo [chā] zhōu (熬[馇]粥).

た・く【焚く】 shāo (烧), shēng (生), fén (焚).
¶火を～いて暖をとる shāohuǒ qǔnuǎn (烧火取暖). ¶ストーブを～く shēng lúzi (生炉子).
¶風呂を～く shāo xǐzǎoshuǐ (烧洗澡水). ¶香を～く fénxiāng (焚香) / shāoxiāng (烧香).

たく【宅】 1〔我が家〕wǒ jiā (我家). ¶～には子供がおりません wǒ jiā méiyǒu háizi (我家没有孩子).
2〔夫〕zhàngfu (丈夫), xiānsheng (先生), àiren (爱人).

たく【卓】 zhuō (桌), àn (案), jī (几). ¶家族そろって晩餐の～を囲む yìjiārén wéi zhuō gòng jìn wǎncān (一家人围桌共进晚餐).

タグ biāojiàpái (标价牌), biāoqiān[r] (标签[ㄦ]).

だ・く【抱く】 bào (抱), huáibào (怀抱), lǒu (搂), lǒubào (搂抱). ¶赤ん坊を～いてあやす bàozhe wáwa hǒng (抱着娃娃哄). ¶雌鶏が卵を～く mǔjī "bào dàn [bào wō] (母鸡"抱蛋[抱窝]).

たくあん【沢庵】【説明】用米糠、盐腌制的咸萝卜干.

たぐい【類】 lèi (类), zhī lèi (之类). ¶この～の品はなかなか見付からない zhè lèi dōngxi hěn nán zhǎozhào (这类东西很难找着). ¶私は推理小説の～は読んだことがない wǒ cónglái méi kànguo zhēntàn xiǎoshuō nà yí lèi de shū (我从来没看过侦探小说那一类的书). ¶彼は～まれな人物だ tā shì wú yǔ lúnbǐ de rénwù (他

たくはつ【托鉢】 tuōbō (托钵), huàyuán (化缘), huàzhāi (化斋), dǎzhāi (打斋), dǎzhāifàn (打斋饭). ¶～してまわる sìfāng huàyuán (四方化缘). ¶～僧 tuōbōsēng (托钵僧).

たくばつ【卓抜】 chāobá (超拔), chāojué (超绝), zhuóyuè (卓越), chāozhuó (卓卓). ¶～な技量 zhuóyuè de běnlǐng (卓越的本领).

だくひ【諾否】 ¶～を決める juédìng yīngfǒu (决定应否).

タグボート tuōchuán (拖船), tuōlún (拖轮).

たくほん【拓本】 tàběn (拓本).

たくまし・い【逞しい】 kuíwěi (魁伟), kuíwú (魁梧), hǔbèi xióngyāo (虎背熊腰), hǔshi (虎势·虎实), wěi'àn (伟岸); zhuózhuàng (茁壮). ¶筋骨～い男 shēncái kuíwú de hànzi (身材魁梧的汉子). ¶彼は労働者として～く成長した tā zuòwéi yí ge gōngrén zhuózhuàng chéngzhǎng (他作为一个工人茁壮成长). ¶雑草のように～く生きる xiàng yěcǎo nàyàng wánqiáng de huóxiaqu (像野草那样顽强地活下去).

たくましゅう・する【逞しゅうする】 ¶台風は威を～した táifēng guāde xiōngměng (台风刮得凶猛). ¶想像を～する húluàn cāicè (胡乱猜测) / yìxiǎng tiānkāi (异想天开).

たくみ【巧み】 qiǎomiào (巧妙). ¶～な話術で聴衆を引きつける qiǎomiào de kǒucái bǎ tīngzhòng gěi xīyǐn zhù le (巧妙的口オ把听众给吸引住了). ¶～に手綱をさばく qiǎomiào de cāozòng jiāngsheng (巧妙地操纵缰绳). ¶相手の攻撃を～にかわす qiǎomiào de bìkāi duìfāng de gōngjī (巧妙地避开对方的攻击). ¶言葉～に人をだます huāyán-qiǎoyǔ de piànrén (花言巧语地骗人).

たく・む【巧む】 ¶～まない美しさ bù jiā xiūshì de měi (不加修饰的美).

たくら・む【企む】 cèhuà (策划), móuhuà (谋划), qǐtú (企图), yīnmóu (阴谋), suànjì (算计), dǎogǔi (捣鬼), gǎogǔi (搞鬼). ¶彼は何か～んでいるようだ bù zhī tā "zài dǎo shénme guǐ [húlu li mài de shénme yào] (不知他"在捣什么鬼[葫芦里卖的什么药]). ¶～む yīnmóu móufǎn (企图谋反) / yīnmóu zàofǎn (阴谋造反). ¶悪事を～む cèhuà búkě gào rén de gòudang (策划不可告人的勾当). ¶クーデターの～みが発覚した zhèngbiàn de yīnmóu bàilù le (政变的阴谋败露了).

だくりゅう【濁流】 zhuóliú (浊流).

たぐ・る【手繰る】 dáo (捯). ¶凧の糸を～る dáo fēngzheng de xiàn (捯风筝的线). ¶つるべを～り上げる bǎ diàotǒng dáoshanglai (把吊桶捯上来). ¶網を～り寄せる bǎ wǎng tuōshanglai (把网拖上来). ¶記憶を～る zhuīsù jìyì (追溯记忆).

たくわえ【蓄え】 chǔbèi (储备), zhùbèi (贮备), jīxù (积蓄), chǔxù (储蓄). ¶食糧の～がなくなった liángshi de chǔbèi méiyǒu le (粮食的储备没有了). ¶生活が安定して多少の～ができ shēnghuó āndìng, duōshǎo yǒu xiē chǔxù (生活安定,多少有些储蓄).

たくわ・える【蓄える】 1〔ためる〕 chǔbèi (储备), zhùbèi (贮备), chǔcáng (储藏), zhùcáng (贮藏), chǔcún (储存), zhùcún (贮存), jīchǔ (积储), jīzǎn (积攒), jīxù (积蓄), chǔxù (储蓄). ¶食糧を～える chǔbèi liángshi (储备粮食). ¶給料の中から少しずつ～えておく cóng gōngzī li yìdiǎnr yìdiǎnr de chǔxù qilai (从工资里一点ㄦ一点ㄦ地储蓄起来). ¶今のうちに十分力を～えておく chènzhe zhège shíhour chōngfèn jīxù lìliang (趁着这个时候ㄦ充分积蓄力量). ¶知識を～える jīlěi zhīshi (积累知识).

2〔髭などを〕 liú (留), xù (蓄). ¶髭を～える liú húzi (留胡子) / xù xū (蓄须).

たけ【丈】 1〔長さ〕 ¶身の～6尺の大男 shēn gāo liù chǐ de dàhàn (身高六尺的大汉). ¶着物の～が足りない yīfu de shēncháng bú gòu (衣服的身长不够). ¶スカートの～をつめる suōduǎn qúnzi de chǐcun (缩短裙子的尺寸).

2〔全部〕 ¶思いの～を述べる qīngtǔ àimù zhī xīn (倾吐爱慕之心).

たけ【竹】 zhúzi (竹子). ¶～の節 zhújié (竹节). ¶～の皮 zhúpí (竹皮). ¶～を割ったような性格の人 gāncuì shuǎngkuai de rén (干脆爽快的人).

¶～馬 zhúmǎ[r] (竹马[ㄦ]). ～垣 zhúlíba (竹篱笆). ～かご zhúlánzi (竹篮子) / zhúkuāngzi (竹筐子). ～串 zhúqiān (竹签) / zhúqiānzi (竹扦子). ～竿 zhúgān[r] (竹竿[ㄦ]). ～ほうき zhúsàozhou (竹扫帚). ～やぶ zhúlín (竹林) / zhúcóng (竹丛). ～槍 zhúqiāng (竹枪).

-たげ ¶行きた～な顔つき xiǎngyào qù de shénsè (想要去的神色). ¶物言いた～な顔をしている xiǎngyào shuō huà de shénqíng (想要说话的神情) / yù yán yòu zhǐ (欲言于止).

-だけ【丈】 1 zhǐ (只), dān (单), dāndān (单单), guāng (光), wéi (惟). ¶それは私～が知っている shì "zhǐyǒu[wéiyǒu] wǒ yí ge rén zhīdào (那"只有[惟有]我一个人知道). ¶君～が頼りだ zhǐyǒu[wéiyǒu/wéidú] nǐ shì wǒ kěyǐ yīkào de (只有[惟有/惟独]你是我可以依靠的). ¶あの人とは時たま挨拶を交す～に過ぎない wǒ gēn tā zhǐ búguò shì ǒu'ěr dǎda zhāohu éryǐ (我跟他只不过是偶尔打打招呼而已). ¶予算の中から1万円～使った cóng yùsuàn zhōng zhǐ yòngle yíwàn rìyuán (从预算中只用了一万日元). ¶彼女のために1つ～残しておこう jiù liúxià yí ge ba (给她留下一个吧). ¶見せていただく～で結構です zhǐyào gěi wǒ kànkan jiù xíng (只要给我看看就行). ¶この村～でも20人の戦死者が出た guāng zhège cūnzi jiù yǒu èrshí ge rén zhànsǐ le (光这个村子就有二十个人战死了). ¶あの時のことは思い出した～でもぞっとする nà shí de shì yì xiǎngqǐlái jiù shǐ rén máogǔ sǒngrán (那时的事一想起来就使人毛骨悚然). ¶行きの切符は手に入れた zhǐ mǎidàole qù shí de piào (只买到了去时的票). ¶嘘はつくな huǎnghuà kě bùnéng shuō (谎话可不许说). ¶今度～は許してやる zhè yí cì ráole nǐ (这一次饶了你). ¶彼女に聞く～は聞いてみよう gēn tā

dătīng kànkan(跟她打听看看). ¶そんなことは考える～無駄だ nà zhǒng shì xiǎng yě báidā(那种事想也白搭). ¶欲しい～取っていい yào duōshao ná duōshao ba(要多少拿多少吧). ¶あいつは金があるとある～使ってしまう nàge jiāhuo yì yǒu qián jiù dōu huā le(那个家伙一有钱就都花了). ¶親としてできる～の事はしてやりたい zuò fùmǔde bǎ gāi zuò de dōu xiǎngyào jǐnliàng zuòdào(做父母的把该做的都想要尽量做到). ¶この条件～はどうしても譲れない jiùshì zhè yí ge tiáojiàn "méiyǒu shāngliang de yúdì[wúfǎ ràngbù](就是这一个条件'没有商量的余地[无法让步]).

2［…ば…だけ］ ¶練習すればする～上達する yuè liànxí jiù yuè yǒu jìnbù(越练习就越有进步). ¶子供が大きくなれば～苦労もふえる háizi yuèshì zhǎngdà yuèshì xīnkǔ(孩子越是长大越是辛苦).

3［…だけ…ある］ ¶自慢できる～あって大した腕前だ guàibude tā zìkuā, zhēn yǒu liǎngxiàzi(怪不得他自夸, 真有两下子). ¶わざわざ調べに行った～の甲斐はあった tèdì qù diàochá, kě méiyǒu bái qù(特地去调查, 可没有白去). ¶値が高い～のことはあって物はいい wúguàihū zhème guì, huòsè zhēn hǎo(无怪乎这么贵, 货色真好).

4［…だけに］ ¶彼は苦労した～に人の気持がよく分る zhèng yīnwei shòuguo kǔ, suǒyǐ tā hěn néng lǐjiě biérén de xīnqíng(正因为受过苦, 所以他很能理解别人的心情). ¶予想しなかった～に喜びも大きかった yīnwei chūhū yìliào, suǒyǐ tèbié gāoxìng(因为出乎意料, 所以特别高兴).

たげい【多芸】 ¶～な人 duōcái-duōyì de rén(多才多艺的人). ¶～は無芸 bǎi huì bǎi qióng(百会百穷)/ bǎi yì bùrú yì jīng(百艺不如一艺精).

たけかんむり【竹冠】 zhúzìtóur(竹字头ル).

だげき【打撃】 dǎjī(打击). ¶敵に致命的な～を与える gěi dírén yǐ zhìmìng de dǎjī(给敌人以致命的打击). ¶冷害で農家は大～を受けた yóuyú lěnghài, nóngmín shòudào chénzhòng de dǎjī(由于冷害, 农民受到沉重的打击).

たけだけし・い【猛猛しい】**1**［勇猛だ］ ¶～い男 qiánghàn de hànzi(强悍的汉子).
2［ずうずうしい］ ¶盗人～い zhēn bù zhī xiūchǐ(真不知羞耻).

たけつ【多血】 ¶～漢 yì shànghuǒ de hànzi(易上火的汉子). ～質 duōxuèzhì(多血质).

だけつ【妥結】 漁業交渉が～した yúyè jiāoshè jīng xiānghù ràngbù dáchéngle xiéyì(渔业交涉经相互让步达成了协议).

たけなわ【酣】 宴～だ jiǔyàn fāng hān(酒宴方酣). ¶試合は今や～だ bǐsài zhèng chǔ gāocháo(比赛正处高潮). ¶春まさに～である chūnyì zhèng nóng(春意正浓).

たけのこ【竹の子・筍】 sǔn(笋), zhúsǔn(竹笋). ¶雨後の～ yǔ hòu chūnsǔn(雨后春笋).

た・ける【長ける】 chángyú(长于), shànyú(善于), shàncháng(擅长). ¶彼は語学の才に～けている tā shàncháng wàiyǔ(他擅长外语). ¶彼は世故に～けている tā lǎoyú shìgù(他老于世故). ¶才～けた美女 cái gāo jiārén(才高佳人).

たけ・る【猛る】 ¶～る心を静める yìzhì zhù xīngfèn de xīnqíng(抑制住兴奋的心情). ¶海は～り狂っている dàhǎi zài nùháo(大海在怒号).

たげん【多元】 duōyuán(多元). ¶～方程式 duōyuán fāngchéng(多元方程). ～論 duōyuánlùn(多元论).

たげん【多言】 duōyán(多言). ¶これについては～を要しない duì cǐ shì wúxū duōyán(对此事无须多言).

たこ【凧】 fēngzheng(风筝), zhǐyuān(纸鸢), zhǐyào(纸鹞), yàozi(鹞子). ¶～を上げる fàng fēngzheng(放风筝).

たこ【蛸】 zhāngyú(章鱼), bādàiyú(八带鱼). ¶～壺 bǔ zhāngyú de táogāng(捕章鱼的陶缸).

たこ【胼胝】 piánzhī(胼胝・跰跖), jiǎnzi(趼子・茧子), chóngjiǎn(重趼・重茧), lǎojiǎn(老趼・老茧), jiǎngzi(膙子). ¶掌に～が出来た shǒu shang mójiǎn le(手上磨起了膙子). ¶その話なら耳に～が出来るほど聞いた nà shì wǒ jiǎnzhí tīngnìfán le(那事我简直听腻烦了). ～ペン bǐjiǎn(笔茧).

だこう【蛇行】 shéxíng(蛇行), wānyán(蜿蜒). ¶川が～して流れている héshuǐ wānyán ér liú(河水蜿蜒而流).

たこく【他国】〔外国〕tāguó(他国);〔他郷〕tāxiāng(他乡).

たごん【他言】 ¶～は無用 wúxū yǔ tārén shuō(无须与他人说).

たさい【多才】 ¶～な人物 duōcái-duōyì de rén(多才多艺的人)/ duōmiànshǒu(多面手).

たさい【多彩】 ¶～な出し物が繰り広げられた biǎoyǎn jiémù fēngfù duōcǎi(表演节目丰富多彩).

ださい tǔqì(土气), tǔlǐtǔqì(土里土气). ¶髪型も服装も～faxíng, chuānzhuó dōu tài tǔqì le(发型, 穿着都太土气了).

たさく【多作】 ¶あの作家は～で知られている nàge zuòjiā yǐ zuòpǐn duō ér yǒumíng(那个作家以作品多而有名).

ださく【駄作】 この絵は～だ zhè huà zhuōliè bù zhí yí kàn(这画拙劣不值一看).

たさつ【他殺】 tāshā(他杀), bèi shā(被杀). ¶～の疑いある huáiyí yǒu tāshā de kěnéng(怀疑有他杀的可能).

たさん【打算】 ¶彼女の家は～系だ tā jiā shì "duō yù[duō chǎn] de shìxì(她家是"多育[多产]的世系).

ださん【打算】 ¶そこには彼の～が働いていた zài nàli tā dǎzhe zìjǐ de rúyì suànpan(在那里他打着自己的如意算盘). ¶君の考えは～的だ nǐ yě tài wèi gèrén dǎsuàn le(你也太为个人打算了).

たざんのいし【他山の石】 tā shān zhī shí(他山之石). ¶～とする tā shān zhī shí, kěyǐ wéi

cuò(他山之石，可以为错).

たし【足し】¶少しですが小遣の～にして下さい qián bù duō, qǐng dàng língqián huā ba(钱不多，请当零钱花吧). ¶彼女に手伝ってもらっても何の～にもならない jiào tā bāngmáng yě wúyìyúshì(叫她帮忙也无济于事). ¶これでも少しは腹の～になるだろう chīle zhège duōshǎo néng diǎnbu dùzi(吃了这个多少能点补肚子).

たじ【他事】tā shì(他事). ¶～をかえりみる暇がない wúxiá gùjí tā shì(无暇顾及他事). ¶家内一同元気です，ながら御安心下さい yì jiā ānrán wúyàng, qǐng búbì guàniàn(一家安然无恙，请不必挂念).

たじ【多事】duōshì(多事). ¶～多端な生活 fánmáng de shēnghuó(繁忙的生活). ¶～多難な年 duōshì zhī qiū(多事之秋).

だし【山车】《说明》祭礼用的人拉彩车.

だし【出汁】鸟がらを～をとる yòng jī gǔtou zhǔ tāng(用鸡骨头煮汤). ¶友人を～に使って彼女を诱い出した lìyòng péngyou de míngzi, yǐn tā chūlai(利用朋友的名字，引她出来).

だしあ・う【出し合う】¶皆で1000円ずつ～ってプレゼントを赠った còu fènzi yí ge rén ˇchū[ná]ˇ yìqiān rìyuán gòumǎi lǐwù sònggěile tā(凑份子一个人¥拿¥一千日元买礼物送给了他). ¶お互いに知恵を～ってうまい方法を考えよう rénmen chū zhǔyi xiǎngchū ge hǎo bànfǎ lái(人人出主意想出个好办法来).

だしいれ【出し入れ】¶车の～にこの柱が邪魔だ zhè zhùzi fáng'ài qìchē de jìnchū(这柱子妨碍汽车的进出). ¶金の～は彼女に任せてある jīnqián de chūnà quán jiāogěi tā fùzé(金钱的出纳全交给她负责).

だしおしみ【出し惜しみ】¶金を～する shěbude chū qián(舍不得出钱).

たしか【确か】 **1**【确実】què(确)，quèshí(确实)，zhēnquè(真确)，zhǔntou[r](准头[儿])，quèzào(凿凿)；kěkào(可靠)，láoshí(牢靠). ¶彼女が辞退することは～だ tā kěndìng huì tuīcí(她肯定会推辞). ¶～な证拠がある yǒu quèzào de zhèngjù(有确凿的证据)/ záozáo yǒu jù(凿凿有据). ¶まだ～なことは分らない quèshí de qíngkuàng hái bù qīngchu(确实的情况还不清楚). ¶～な返事が欲しい qǐng gěi ge ˇzhǔnhuàr[zhǔnxìn]ˇ(请给个¥准话儿[准信儿]¥). ¶これは～な筋の情报だ zhè shì cóng kěkào de fāngmiàn délai de xiāoxi(这是从可靠的方面得来的消息). ¶～なものだ tā de shǒuyì shì cuòbuliǎo de(他的手艺是错不了的). ¶自慢するだけあって～においしい guàibude kuākǒu, quèshí hǎochī(怪不得夸口，确实好吃). ¶御送金～に受け取りました huìkuǎn shōudào shǔshí(汇款收到属实). ¶～にあの男だ méi cuò, shì nàge nánrén(没错，是那个男人).

2【多分】¶あれは～先月の17日だったと思います wǒ xiǎng dàgài shì shàngyuè shíqī hào nà tiān(我想大概是上月十七号那一天). ¶～3000円でした yàoshi méi cuòr, nà shì sānqiān kuài qián(要是没错儿，那是三千块钱).

たしか・める【确かめる】nòngqīng(弄清)，wènqīng(问清)，chámíng(查明)，quèrèn(确认)，héshí(核实). ¶先方の意向を～める wènqīng duìfāng de yìxiàng(问清对方的意向). ¶集合场所を～める quèrèn jíhé de dìfang(确认集合的地方). ¶この目で实际に见て～めたい xiǎng qīnyǎn kànkan(想亲眼看看). ¶戸缔りがしてあるかどうか～める chákan shìfǒu bǎ mén guānhǎo le(查看是否把门关好了). ¶2300円のお返しです，お～め下さい zhǎo nín liǎngqiān sānbǎi kuài qián, qǐng ˇshùshu [diǎn yi diǎn]ˇ(找您两千三百块钱，请¥数数[点一点]¥).

たしざん【足算】jiāfǎ(加法).

だししぶ・る【出し渋る】¶寄付金を～る shěbude juān qián(舍不得捐钱).

たじたじ¶痛いところをつかれて～の体だった bèi jīzhòng yàohài lángbèi bùkān(被击中要害狼狈不堪). ¶人々の鋭い追及に彼は～となった rénmen de jiānruì jiěwèn tā zhāojià bu zhù(人们的尖锐诘问他招架不住).

たしつ【多湿】¶日本の気候は高温～だ Rìběn de qìhòu gāowēn shīdù dà(日本的气候高温湿度大).

たじつ【他日】tārì(他日)，yìrì(异日)，gǎirì(改日)，gǎitiān(改天). ¶その话は～に譲ろう nà jiàn shì gǎirì zài shuō ba(那件事改日再说吧)/ gāi shì liúdài yìrì zài jué(该事留待异日再决). ¶～を期して别れた qī yǐ tārì, fēnshǒu ér bié(期以他日，分手而别).

たしなみ【嗜み】¶彼女は书道の～がある tā xiě zì hěn yǒu gōngfu(她写字很有功夫). ¶绅士としての～を忘れた振舞 wàngle shēnshì suǒ yīngyǒu de lǐmào xíngwéi(忘了绅士所应有的礼貌行为).

たしな・む【嗜む】hào(好)，àihào(爱好). ¶俳句を多少～んでおります wǒ hào xiě yìdiǎnr páijù(我好写一点儿俳句). ¶酒を～ hào hējiǔ(好喝酒).

たしな・める【窘める】guīquàn(规劝)，guījiè(规诫)，jiàoxun(教训)，zébèi(责备). ¶先生に非礼を～められた lǎoshī zébèi wǒ bù dǒng lǐmào(老师责备我不懂礼貌).

だしぬ・く【出し拔く】¶他社を～いて単独インタビューに成功する qiǎng zài qítā bàoshè qiánmian, chénggōng de shíxiànle dúijiā cǎifǎng(抢在其他报社前面，成功地实现了独家采访).

だしぬけ【出し拔け】tūrán(突然)，lěngbufáng(冷不防)，lěngbudīng(冷不丁)，chōulěngzi(抽冷子). ¶彼に～に言われたのでびっくりした jiào tā tūrán nàme yì shuō, wǒ chīle yì jīng(叫他突然那么一说，我吃了一惊).

だしもの【出し物】shàngyǎn jiémù(上演节目).

だじゃ【打者】jīqiúyuán(击球员).

だじゃく【惰弱】nuòruò(懦弱). ¶～な性格 xìnggé nuòruò(性格懦弱).

だじゃれ【駄洒落】¶～を飞ばす dǎ hāha(打哈哈)/ shuō qiàopíhuà(说俏皮话).

だしゅ【舵手】duòshǒu(舵手).

たしゅたよう【多種多様】 duōzhǒng-duōyàng (多种多样), gèzhǒng-gèyàng (各种各样), gèshì-gèyàng (各式各样), gèsè-gèyàng (各色各样), xíngxíngsèsè (形形色色). ¶～の考え方 gèzhǒng-gèyàng de xiǎngfa (各种各样的想法).

たしょう【多少】 1〔多と少〕 duōshǎo (多少), duōguǎ (多寡). ¶～にかかわらず配達致します duōshǎo bùjū, jūn sòng huò shàngmén (多少不拘, 均送货上门).

2〔いくらか〕 duōshǎo (多少), shāo (稍), shāowēi (稍微). ¶～の遅れはやむを得ない shāowēi dānwu diǎnr yě bùdéyǐ (稍微耽误点儿也不得已). ¶私も～は中国語ができる wǒ yě duōshǎo huì diǎnr Zhōngwén (我也多少会点儿中文). ¶それについては私も～知っている guānyú nà jiàn shì wǒ yě zhīdao yìxiē (关于那件事我也知道一些). ¶～揺れを感じた程度だった zhǐ shāo gǎn yáohuang (只稍感摇晃).

たじょう【多情】 duōqíng (多情). ¶～多感な詩人 duōqíng-shàngǎn de shīrén (多情善感的诗人). ¶～な女 duōqíng yì biàn [shuǐxìng yánghuā] de nǚrén (多情易变[水性杨花]的女人).

たじろ・ぐ wèisuō (畏缩), tuìsuō (退缩). ¶彼女の見幕に思わず～いだ kàn tā nà qìshì xiōngxiōng de yàngzi, wǒ bùyóude dàotuìle jǐ bù (看她那气势汹汹的样子, 我不由得倒退了几步).

だしん【打診】 kòuzhěn (叩诊) 〔医学の〕. ¶胸部を～する kòuzhěn xiōngbù (叩诊胸部). ¶相手の意向を～する tàntīng duìfāng de yìxiàng (探听对方的意向).

た・す【足す】 1〔加える〕 jiā (加), tiān (添), xù (续). ¶1に2を～すと3だ yī jiā èr děngyú sān (一加二等于三). ¶足りない分は父に～してもらって買った bùzú de bùfen fùqin gěi wǒ tiānshang, mǎixialai le (不足的部分父亲给我添上, 买下来了). ¶もう少し水を～しなさい zài xù diǎnr shuǐ (再续点儿水).

2〔用を足す〕 bàn (办), zuò (做). ¶二三用を～してくらい帰ります bàn liǎng, sān jiàn shì zài huíqu (办两、三件事再回去). ¶君はこんな簡単な用も～せないのか nǐ lián zhème jiǎndān de shì yě bànbuliǎo ma? (你连这么简单的事也办不了吗?).

だ・す【出す】 1〔外に移す, よそに行かせる〕 chū (出). ¶鞄からノートを～する cóng shūbāo li náchū bǐjìběn (从书包里拿出笔记本). ¶ポケットから手を～しなさい bǎ shǒu cóng kǒudai li náchulai! (把手从口袋里拿出来!). ¶早くここから～してくれ cóng zhèli kuài bǎ wǒ fàngchulai ba! (从这里快把我放出来吧!). ¶机を廊下に～す bǎ zhuōzi bāndào zǒuláng (把桌子搬到走廊). ¶騒ぐと外に～すぞ yàoshi chǎonào jiù niǎn nǐ chūqu (要是吵闹就撵你出去). ¶娘を東京に～す jiào nǚ'ér lí jiā fù Jīng (叫女儿离家赴京). ¶息子を奉公に～す ràng érzi chūwài xuétú (让儿子出外学徒).

2〔出発させる, 送る〕 chū (出), kāi (开), pài (派). ¶波が高くて船を～すことができない làng dàde chūbuliǎo chuán (浪大得出不了船). ¶臨時列車を～す kāi línshí lièchē (开临时车). ¶迎えの車を～す pài chē qù yíngjiē (派车去迎接). ¶この手紙を～して下さい qǐng bǎ zhè fēng xìn jìchuqu (请把这封信寄出去). ¶すぐ来るよう使いを～す pài rén jiào tā mǎshàng lái (派人叫他马上来). ¶こちらから応援を～そう zhèli pài rén qù zhīyuán ba (这里派人去支援吧).

3〔提出する〕jiāo (交), tí (提), tíchū (提出). ¶休暇届を～す jiāo qǐngjiàtiáo (交请假条). ¶時間です, 答案を～して下さい dào zhōngdiǎnr le, jiāojuàn! (到钟点儿了, 交卷!). ¶意見を～す tí yìjiàn (提意见).

4〔出品する〕 chūzhǎn (出展); chūhuò (出货). ¶展覧会に油絵を～した chūzhǎn zìjǐ de yóuhuà (出展自己的油画). ¶野菜を市場に～す bǎ shūcài sòngwǎng shìchǎng (把蔬菜送往市场).

5〔金を〕 chū (出). ¶彼は大金を～してそれを手に入れた tā chū jùkuǎn bǎ nàge nòngdàoshǒu (他出巨款把那个弄到手). ¶10万円以上は～せない shíwàn rìyuán yǐshàng fùbuliǎo (十万日元以上付不了). ¶叔父に学資を～してもらった jiào shūshu chūle xuéfèi (叫叔叔出了学费). ¶私が元手を～そう wǒ lái chū běnqián ba (我来出本钱吧). ¶ボーナスを～す fā jiǎngjīn (发奖金) / fēnhóng (分红).

6〔伸ばす, 突き出す〕 ¶手を～してごらん nǐ shēnchū shǒu lái kànkan (你伸出手来看看). ¶窓から頭を～すと危ない bǎ tóu shēnchū chuāng wài hěn wēixiǎn (把头伸出窗外很危险). ¶その子はぺろりと舌を～した nà háizi tǔle tǔ shétou (那孩子吐了吐舌头). ¶足を～して座る shēnkāi tuǐ zuò (伸开腿坐).

7〔現す〕 ¶裏を～して畳む lǐr xiàng wài diéqǐ (里儿向外叠起). ¶白い歯を～して笑う lùchū xuěbái de yáchǐ xiào (露出雪白的牙齿笑). ¶彼は感情を表にあまり～さない tā búdà lù gǎnqíng (他不大露感情). ¶太陽が雲の間から顔を～した tàiyáng cóng yúnfènglǐ lùchulai le (太阳从云缝里露出来了).

8〔出席させる, 出場させる〕 ¶大会に代表を～す sòng dàhuì qù dàibiǎo (向大会派代表). ¶おまえを大学に～してやりたいが金がない wǒ xiǎng ràng nǐ jìn dàxué kě méiyǒu qián (我想让你进大学可没有钱). ¶第3試合にはA選手を～すことにした dìsān jú bǐsài wǒ xiǎng jiào A xuǎnshǒu chūchǎng (第三局比赛我想叫A选手出场).

9〔店を〕 kāi (开), kāizhāng (开张). ¶銀座に店を～す zài Yínzuò kāi zhāng (在银座开张). ¶九州に支店を～す zài Jiǔzhōu kāi zhīdiàn (在九州开支店).

10〔力, スピードなどを〕 ¶がっかりするな, もっと元気を～せよ bié chuítóu-sàngqì, dǎqǐ jīngshen lái! (别垂头丧气, 打起精神来!). ¶彼女は勇気を～して発言した tā gǔqǐ yǒngqì fāle yán (她鼓起勇气发了言). ¶そんなにスピードを～すと危ない nàme jiākuài sùdù kě wēi-

xiǎn(那么加快速度可危险).

11〔出版する,掲載する〕chū(出); dēng(登). ¶鷗外全集を~す chū[chūbǎn] Ōuwài quánjí (出[出版]鸥外全集). ¶每月10日に雑誌を~す měiyuè shí hào fāxíng zázhì(每月十号发行杂志). ¶新聞に広告を~す zài bàozhǐ shang ˇdēng[dēngzǎi/kāndēng] guǎnggào(在报纸上ˇ登[登载/刊登]广告).

12〔結果などを〕chū(出). ¶結論を~すのはまだ早い xià jiélùn hái zǎo(下结论还早). ¶数学の答を~す jiě shùxué tí(解数学题). ¶余りを~さないようにきちんと分ける fēnde bù duō bù shǎo méiyǒu yúshèng(分得不多不少没有余剩). ¶巨額の赤字を~して倒産した chūxiàn jùdà de chìzì dǎobì le(出现巨大的赤字倒闭了).

13〔示す〕náchū(拿出), tíchū(提出). ¶そんな事を言うなら証拠を~せ nǐ yàoshi shuō nà zhǒng huà jiù náchū zhèngjù lái(你要是说那种话就拿出证据来). ¶私の名は~さないで下さい qǐng búyào bǎ wǒ de míngzi tíchulai(请不要把我的名字提出来).

14〔発生する〕fā(发). ¶彼は熱を~して寝ていた tā fā shāo tǎngzhe(他发烧躺着). ¶自分の家から火事を~した zìjǐ jiā li shīhuǒ le(自己家里失火了). ¶麦が芽を~した màizi fāyá le(麦子发芽了). ¶山崩れで5人の死傷者を~した yóuyú shānbēng sǐshāngle wǔ ge rén(由于山崩死伤了五个人). ¶あんな大声を~さなくても聞えるyòngbuzháo nàme dàshēng, wǒ yě tīngdejiàn(用不着那么大声,我也听得见).

15〔産み出す〕chū(出). ¶この山は鉄を~す zhè zuò shān chū tiěkuàng(这座山出铁矿). ¶この学校は多くの名選手を~した zhège xuéxiào chūle xǔduō yōuxiù yùndòngyuán(这个学校出了许多优秀运动员).

16〔与える,供する〕¶入選者には賞品を~す gěi rùxuǎnrén fājiǎng(给入选人发奖). ¶客にお茶を~す gěi kèrén yòng chá(请客人用茶). ¶生徒に宿題を~す gěi xuésheng liú zuòyè(给学生留作业). ¶避難命令を~す fāchū bìnàn mìnglìng(发出避难命令).

17〔…し始める〕¶彼は急に走り~した tā tūrán pǎole qǐlái(他突然跑了起来). ¶彼女はしゃべり~したら止らない tā yì dǎkāi huàxiázi jiù méiwán-méiliǎo(她一打开话匣子就没完没了).

たすう【多数】duōshù(多数). ¶賛成意見が~を占めた zànchéng yìjiàn zhàn duōshù(赞成意见占多数). ¶本日は~御来場下さいまして ありがとうございます jīntiān chéngméng zhòngwèi guānglín, shízài gǎnxiè bú jìn(今天承蒙众位光临,实在感谢不尽).
¶~意見 duōshù yìjiàn(多数意见).

たすうけつ【多数決】¶~で決める yǐ duōshù biǎojué lái juédìng(以多数表决来决定).

たすか・る【助かる】**1**〔危険・死などから〕huòjiù(获救), déjiù(得救). ¶いち早く避難したので~った yóuyú jíshí bìnàn, déjiù le(由于及时避难,得救了). ¶こう出血がひどくては~るまい chūxuè chūde zhème lìhai, kǒngpà jiùbu-huó le ba(出血出得这么厉害,恐怕救不活了吧). ¶家は焼けたがバイオリンは~った fángwū suī shāohuǐ le, xiǎotíqín què ānrán wú yàng(房屋虽烧毁了,小提琴却安然无恙).

2〔労力,費用などが〕¶君が来てくれて~った xìngkuī nǐ lái, bāngle wǒ de dà máng(幸亏你来,帮了我的大忙). ¶地下鉄ができたので~る dìtiě tōngle chē, biànde hěn fāngbiàn le(地铁通了车,变得很方便了). ¶ここは物価が安くて~る zhèli wùjià dī, rìzi hǎoguò(这里物价低,日子好过). ¶このところ好天続きで~る zhèxiē rìzi tiānqì hǎo, kě zhēn shěngle shì le(这些日子天气好,可真省了事了).

たすき【襷】《説明》为吊住和服长袖从双肩到腋下交叉系的一种带子. ¶~をかけて募金を呼びかけた tāmen xié guà bái dàizi xiàng xíngrén mùjuān(他们斜挂白带子向行人募捐).

たすけ【助け】zhù(助), bāngzhù(帮助). ¶~を求める叫び声がした tīngdào jiùmìng de hūhǎnshēng(听到救命的呼喊声). ¶~なしに他人の力を借りなくてもできる zhèmediǎnr shì, bù qiú rén yě zuòdeliǎo(这么点儿事,不求人也做得了). ¶杖の~なしには歩けない bú jièzhù yú guǎizhàng zǒubuliǎo lù(不借助于拐杖走不了路). ¶彼の助言が研究の~になった tā de zhǐdiǎn duì wǒ de yánjiū dà yǒu bāngzhù(他的指点对我的研究大有帮助). ¶道路の開通は産業の発展の~になる gōnglù tōngchē yǒuzhù yú chǎnyè de fāzhǎn(公路通车有助于产业的发展).

たすけあ・う【助け合う】xiāngzhù(相助), hùxiāng bāngzhù(互相帮助). ¶困っている時は互いに~うべきだ kùnnan de shíhou yīnggāi hùxiāng bāngzhù(困难的时候应该互相帮助)/kùnnan shí yīng bǐcǐ xiāngzhù(困难时应彼此相助).

たすけぶね【助け船】jiùhùchuán(救护船). ¶返答に窮していると彼が~を出してくれた wǒ yìshí huídá bu shànglái, tā gěi wǒ jiěle wéi(我一时回答不上来,他给我解了围).

たす・ける【助ける】**1**〔救助する〕jiù(救), yíngjiù(营救), dājiù(搭救), jiùchū(救出), zhěngjiù(拯救), yuánjiù(援救). ¶溺れる人を~けた jiù le luò shuǐ de rén(救了溺水的人). ¶火の中から子供を~け出した cóng huǒ li jiùchūle xiǎoháizi(从火里救出了小孩子). ¶~けて! jiùmìng a!(救命啊!).

2〔援助する〕zhù(助), bāngzhù(帮助). ¶父を~けて家業に励む bāngzhù fùqin zhìlǐ jiāyè(帮助父亲治理家业). ¶消化を~ける薬 xiāohuà de yào(消化的药). ¶貧しい人を~けるために募金をする wèile yuánzhù pínqióng de rén jìnxíng mùjuān(为了援助贫穷的人进行募捐). ¶倒れたところを見知らぬ人に~け起された shuāidǎo shí bèi sù bù xiāngshí de rén fúle qǐlái(摔倒时被素不相识的人扶了起来).

たずさ・える【携える】**1**〔持つ〕ná(拿), dài(带), xiédài(携带). ¶手土産を~えてやって

来た xiédài lǐwù qián lái(携带礼物前来).
2〔同行する〕¶父子相~えて出発した fùzǐ xiāngbàn chūfā le(父子相伴出发了).¶2人手を~えてやって来た tāmen liǎ shǒu lāzhe shǒu lái le(他们俩手拉着手来了).

たずさわ・る【携わる】 cóngshì(从事).¶教育に~る cóngshì jiàoyù gōngzuò(从事教育工作).

たずねびと【尋ね人】 bùmíng xiàluò de rén(不明下落的人).

たず・ねる【訪ねる】 zhǎo(找),fǎngwèn(访问),bàifǎng(拜访).¶田舎の友人が~ねてきた xiāngxià de péngyou zhǎo wǒ lái le(乡下的朋友找我来了).¶今ではその地を~ねる人もない xiànzài méiyǒu rén lái fǎngwèn nàge dìfang(现在没有人来访问那个地方).

たず・ねる【尋ねる】 **1**〔問う〕wèn(问),dǎtīng(打听),dǎtàn(打探),tàntīng(探听),xúnwèn(询问),tànwèn(探问),dǎwèn(打问).¶交番で道を~ねる xiàng pàichūsuǒ wèn lù(向派出所问路).¶家族の安否を~ねる xúnwèn jiārén de ānwēi(询问家人的安危).¶詳しいことは責任者にお~ね下さい xiángxì de shì qǐng wèn fùzérén(详细的事请问负责人).¶ちょっとお~ねします qǐngwèn(请问)/jièwèn(借问)/jièguāng(借光)/láojià(劳驾).
2〔探す,探る〕xún(寻),zhǎo(找),xúnzhǎo(寻找).¶母を~ねて旅に出る chū yuǎnmén xúnzhǎo mǔqin(出远门寻找母亲).¶やっと~ね当てたが留守だった hǎoróngyì zhǎozháo le, kěshì méi zài jiā(好容易找着了,可是没在家).¶地名の由来を~ねる yánjiū dìmíng de yóulái(研究地名的由来).

たぜい【多勢】¶~に無勢 guǎ bù dí zhòng(寡不敌众).

だせい【惰性】 **1**〔習慣〕duòxìng(惰性).¶今では~でやっているに過ぎない xiànzài zhǐ búguò shì àn xíguàn lǎnsǎn de zuòzhe(现在只不过是按习惯懒散地做着).
2→**かんせい**(慣性).

だせき【打席】 jīqiúyuánqū(击球员区).

たそがれ【黄昏】 huánghūn(黄昏),bómù(薄暮),bàngwǎn(傍晚).¶~の街 huánghūn de jiēshì(黄昏的街市).

だそく【蛇足】 shézú(蛇足).¶~を加える huà shé tiān zú(画蛇添足).¶~ながら申し添えます qǐng yǔnxǔ wǒ bǔchōng jǐ jù, yěxǔ shì duōyú de huà(请允许我补充几句,也许是多余的话).

ただ【多多】¶同じような誤りが~見受けられる tóng lèixíng de cuòwù shì chángjiàn de(同类型的错误是常见的).¶~ますます弁ず duōduō yì shàn(多多益善)/yuè duō yuè hǎo(越多越好).

ただ【唯・只・徒】 **1**〔普通〕¶中身は~の水だった lǐtou zhǐshì shuǐ(里头只是水).¶彼は~の人物ではない tā kě bú shì "píngfán[pǔpǔtōng]tōng" de rén(他可不是"平凡[普普通通]"的人)/tā kě bú shì xúncháng rénwù(他不是寻常人物).¶~でさえ生活が苦しいところへ夫に寝込まれた shēnghuó běnlái jiù nán áo, zhàngfu yòu bìngdǎo le(生活本来就难熬,丈夫又病倒了).¶これを彼が知ったら~では済むまい wànyī tā zhīdao zhè jiàn shì, kě bú huì jiù zhème liǎojié(万一他知道这件事,可不会就这么了结).¶もう一度こんな事をしたら~では置かないぞ yàoshi zài gànchū zhè zhǒng shì, kě bùnéng ráo nǐ(要是再干出这种事,可不能饶你).
2〔無料〕miǎnfèi(免费);báisòng(白送),báiráo(白饶).¶修理代は1年間~です yì nián miǎnfèi xiūlǐ(一年免费修理).¶子供は~で入れる xiǎoháizi kěyǐ miǎnfèi jìnqù(小孩子可以免费进去).¶これを君に~であげる zhège bái sònggěi nǐ(这个白送给你).¶これが100円とは~みたいなものだ zhège cái yìbǎi kuài qián, hǎoxiàng bái gěi shìde(这个才一百块钱,好像白给似的).¶~ほど高いものはない méiyǒu bǐ suǒwèi "bú yào qián" de dōngxi zài guì de le(没有比所谓"不要钱"的东西再贵的了).
3〔単に,ひたすら〕zhǐ(只),búguò(不过),wúfēi(无非);dān(单),dāndān(单单).¶あたりに人影はなく~野を渡る風の音が聞こえるばかりだった zhōuwéi bújiàn rényǐng, zhǐ tīngjian guāguò cǎoyuán de fēngshēng(周围不见人影,只听见刮过草原的风声).¶深い意味はない,~聞いてみただけだ méi shénme tèbié de yìsi, zhǐ búguò shìzhe wèn yíxià bàle(没什么特别的意思,只不过试着问一下罢了).¶君は~言われた通りにすればよい nǐ zhǐ zhào rénjia shuō de bàn jiù xíng le(你只照人家说的办就行了).¶彼が何を聞いても少女は~泣くばかりだった tā wèn shàonǚ shénme, tā dōu bú zuòshēng, zhǐshì kū ge bùtíng(他问少女什么,她都不做声,只是哭个不停).¶~前進あるのみ zhǐyǒu qiánjìn(只有前进).¶~~坐っているだけでいいからと言われて出席した jiào wǒ chūxí dāndān zuòzhe jiù xíngle(叫我出席单单坐着就可以).
4〔たった〕zhǐ(只),jǐnjǐn(仅仅).¶彼女が~1人の生き残りだ tā shì wéiyī de xìngcúnzhě(她是唯一的幸存者).¶驚くなかれこれが~の10円だ tīngle bié chījīng, zhège zhǐ shì shí kuài qián(听了别吃惊,这个只是十块钱).¶彼は~の1度も優しい言葉をかけてくれたことがない tā cónglái lián yí jù tǐtiē de huà dōu méi gēn wǒ jiǎnggguo(他从来连一句体贴的话都没跟我讲过).
5〔ただし〕jiù(就),jiùshì(就是).¶あれは面白いよ,~少々危険だ nà zhēn yǒu yìsi, kě jiù wēixiǎn diǎnr(那真有意思,可就危险点儿).¶それはいい考えだ,~彼女がうんと言うかどうかな kě shì ge hǎo zhǔyi, jiù bù zhīdào tā dāying bu dāying(那可是个好主意,就不知道她答应不答应).

ただだ【駄駄】¶~をこねる chánmó rén(缠磨人)/mórén(磨人).

ただい【多大】¶~の成果をあげた huòdéle jùdà de chéngguǒ(获得了巨大的成果).¶~な影響を受けた shòule jí dà de yǐngxiǎng(受了极大的影响).

だたい【堕胎】dǎtāi(打胎), duòtāi(堕胎).
ただいま【只今】1〔ちょうど今〕xiànzài(现在). ¶課長は～会議中です kèzhǎng xiàn zhèngzài kāihuì(科长现正在开会). ¶～から映画を上映致します xiànzài kāishǐ fàngyìng diànyǐng(现在开始放映电影).
2〔今しがた〕gāng(刚). ¶父は～出掛けましたfùqin gāng chūqù(父亲刚出去). ¶～御紹介にあずかりましたAでございます wǒ jiùshì gāngcái jièshào de A(我就是刚才介绍的A).
3〔今すぐ〕mǎshàng(马上), lìjí(立即), lìkè(立刻), jíkè(即刻). ¶部長は～参ります,ここでお待ち下さい bùzhǎng mǎshàng jiù lái, qǐng zài zhèli shāo děng yíxià(部长马上就来,请在这里稍等一下). ¶「お茶を下さい」"はい、～""qǐng gěi yì wǎn chá hē" "hǎo, zhè jiù nálai"("请给一碗茶喝""好,这就拿来").
4¶「～」「お帰りでした」"wǒ huílai le" "à, nǐ huílai le"("我回来了""啊,你回来了").

たた・える【称える】biǎoyáng(表扬), kuājiang(夸奖), chēngzàn(称赞), zànyáng(赞扬). ¶人々はA選手の健闘を～えた rénmen chēngzàn A yùndòngyuán de wánqiáng(人们称赞A运动员的顽强).

たた・える【湛える】1〔湖は水を満々と～えていた húshuǐ dàngyàng, mǎnmǎndāngdāng(湖水荡漾,满满当当). ¶少女は目にいっぱい涙を～えていた shàonǚ yǎn li chōngmǎnzhe lèishuǐ(少女眼里充满着泪水). ¶彼は満面に笑みを～えて我々を出迎えた tā xiàoróng mǎnmiàn yíngjiēle wǒmen(他笑容满面迎接了我们).

たたかい【戦い·闘い】zhànzhēng(战争), zhànyì(战役); dòuzhēng(斗争), zhàndòu(战斗). ¶ナポレオンはワーテルローの～で敗れた Nápólún zài Huátiělú zhànyì zhōng zhànbài le(拿破仑在滑铁卢战役中战败了). ¶相手は果敢に～を挑んできた díshǒu guǒgǎn xiàng wǒ tiǎozhàn lai(敌手果敢向我挑战). ¶植民地主義との～に立ち上がる zhànqilai tóng zhímínzhǔyì jìnxíng dòuzhēng(站起来同殖民主义进行斗争). ¶選手達は明日の～に備えて休息した xuǎnshǒumen wèile míngtiān de bǐsài dōu xiūxi le(选手们为了明天的比赛都休息了). ¶医学の歴史は迷信との～でもあった yīxué kěyǐ shuō shì tóng míxìn jìnxíng dòuzhēng de lìshǐ(医学可以说是同迷信作斗争的历史).

たたか・う【戦う·闘う】1〔戦争する、討ち合う〕zuòzhàn(作战), dǎzhàng(打仗), dòngdāobīng(动刀兵); zhàndòu(战斗), bódòu(搏斗). ¶当時プロシアはフランスと～っていた dāngshí Pǔlǔshì zhèng tóng Fǎguó jìnxíng zhànzhēng(当时普鲁士正同法国进行战争). ¶曹操は劉備·孫権の軍と赤壁で～った Cáo Cāo tóng Liú Bèi hé Sūn Quán zhī jūn zuòzhàn yú Chìbì(曹操同刘备和孙权之军作战于赤壁). ¶祖国のために兵士達は勇敢に～った zhànshìmen wèile zǔguó yǒnggǎn zhàndòu(战士们为了祖国勇敢战斗). ¶彼は棍棒を武器に賊と～った tā yǐ gùnbàng wéi wǔqì gēn zéi bódòu(他以棍棒为武器跟贼搏斗).

2〔試合をする〕¶我がチームは死力を尽して～った wǒ duì pīnsǐ jìnxíng bǐsài(我队拼死进行比赛).
3〔闘争する、奮闘する〕dòuzhēng(斗争). ¶飢えと～う yǔ jī'è zuò dòuzhēng(与饥饿作斗争). ¶誘惑と～う gēn yòuhuò zuò dòuzhēng(跟诱惑作斗争). ¶自然と～う yǔ zìrán bódòu(与自然搏斗). ¶困難と～う hé kùnnan zuò dòuzhēng(和困难作斗争). ¶ファシズムと～う hé fǎxīsīzhǔyì jìnxíng dòuzhēng(和法西斯主义进行斗争). ¶要求を勝ち取るまで～い抜く bù dāying wǒmen de yāoqiú, jué bú bàxiū(不答应我们的要求,决不罢休). ¶王座を目指して～う wèile huòdé guànjūn ér fèndòu(为了获得冠军而奋斗).

たたき【三和土】sānhétǔ(三合土), yánghuīdì(洋灰地).

たたきあ・げる【叩き上げる】duànliàn(锻炼), móliàn(磨炼), shuāida(摔打). ¶職工から～げた社長 yóu gōngrén duànliàn chūlai de zǒngjīngl(由工人锻炼出来的总经理).

たたきう・る【叩き売る】shuǎimài(甩卖), pāimài(拍卖), pāoshòu(抛售), jiànmài(贱卖). ¶家財道具を二束三文で～った jiāshí fēnwén bù zhí de pāimài le(把家什分文不值地拍卖了). ¶夜店でバナナの～りをする zài yèshì yāohe pāimài xiāngjiāo(在夜市吆喝拍卖香蕉).

たたきおこ・す【叩き起す】jiàoxǐng(叫醒), huànxǐng(唤醒). ¶夜中に電報配達に～された bànyè bèi sòng diànbào de jiàoxǐng le(半夜被送电报的叫醒了).

たたきおと・す【叩き落す】dǎluò(打落), dǎdiào(打掉), pāiluò(拍落), pāidiào(拍掉). ¶棒で栗を～す yòng gùnzi dǎluò lìzi(用棍子打落栗子). ¶蠅を～す dǎluò cāngying(打落苍蝇).

たたきこ・む【叩き込む】1牢屋に～む guānjìn jiānyù(关进监狱). ¶～んでおけ yào bǎ zhè diǎn láoláo de jìzai nǎozi li(要把这点牢牢地记在脑子里). ¶小さい時から親方に技術を～まれた cóngxiǎo jiù bèi shīfu móliàn, liànchūle běnlǐng(从小就被师傅磨练,练出了本领).

たたきこわ・す【叩き壊す】dǎhuài(打坏), dǎpò(打破), zásuì(砸碎), dǎhuǐ(捣毁). ¶手当り次第片っ端から～す jiànle shénme dǎhuài shénme(见了什么打坏什么).

たたきだい【叩き台】¶これまでの研究成果を議論の～とする bǎ yǐwǎng de yánjiū chéngguǒ zuòwéi yìlùn de chūfādiǎn(把已往的研究成果作为议论的出发点).

たたきつ・ける【叩き付ける】shuāi(摔), shuāida(摔打). ¶コップを床に～ける bǎ bōlibēi shuāizài dìbǎn shang(把玻璃杯摔在地板上). ¶社長に辞表を～ける xiàng zǒngjīnglǐ yìrán-juérán de tíchūle cíchéng(向总经理毅然决然地提出了辞呈).

たたきなお・す【叩き直す】zhěng(整). ¶あいつの根性を～してやらねば tā nà liègēnxìng fēi zhěngguolai bùkě(他那劣根性非整过来不可).

たた・く【叩く】 1 [打つ] dǎ (打), chōudǎ (抽打), qiāo (敲), qiāoda (敲打), pāi (拍), pāida (拍打), chuí (捶), kòu (叩), jī (击). ¶太鼓を～く qiāo dàgǔ (敲大鼓)/ lèi gǔ (擂鼓). ¶誰かが戸を～いている yǒu rén zài qiāo mén (有人在敲门). ¶机を～いてどなる pāi zhuō dà mà (拍桌大骂). ¶後ろから肩を～かれた yǒu rén cóng bèihòu pāile wǒ de jiānbǎng (有人从背后拍了我的肩膀). ¶人々は手を～いて喜んだ rénmen pāishǒu chēngkuài (人们拍手称快). ¶母の肩を～く gěi mǔqin chuí jiānbǎng (给母亲捶肩膀). ¶父に尻を～かれた bèi fùqin dǎle pìgu (被父亲打了屁股). ¶胸を～いて請け合う pāi xiōngpú dāyīng (拍胸脯答应). ¶タイプライターを～く dǎ zì (打字). ¶霰が屋根を～く音が聞える tīngdào xiàn pūdǎzhe wūdǐng de shēngyīn (听到霰扑打着屋顶的声音). ¶肉を細かく～く bǎ ròu duòsuì (把肉剁碎).

2 ¶彼の作品は批評家に～かれた tā de zuòpǐn shòudào pínglùnjiā de "pēngjī[biāntà]" (他的作品受到评论家的"抨击[鞭挞]". ¶専門家の意見を～く zhēngxún zhuānjiā de yìjiàn (征询专家的意见). ¶半値に～いて買った yā[shā] dào bànjià gòumǎi (压[杀]到半价购买).

ただごと【徒事】 ¶これは～ではない zhè kě bú shì xúncháng de shìqing (这可不是寻常的事情).

ただし【但し】 dàn (但), dànshì (但是), kěshì (可是), búguò (不过). ¶引き受けてもよい, ～条件がある jiēshòu shì kěyǐ de, dàn yǒu ge tiáojiàn (接受是可以的, 但有个条件).

ただし・い【正しい】 duì (对), zhèngquè (正确). ¶君の意見は～いに違いない nǐ de yìjiàn hěn duì (你的意见很对). ¶次の中から～い答を選べ cóng xiàmian xuǎnchū zhèngquè dá'àn (从下面选出正确答案). ¶中国語を～く発音する zhèngquè de fā Zhōngguóhuà de yīn (正确地发中国话的音). ¶彼はいつも自分が絶対に～いと思っている tā zǒng yǐwéi zìjǐ shì juéduì méi cuò de (他总以为自己是绝对没错的)/ tā zǒng zì yǐ wéi shì (他总自以为是). ¶それは人間として～い行いとは言えない nà shì zuòwéi yí ge rén bù yīngyǒu de xíngwéi (那是作为一个人不应有的行为). ¶心を～く持つ bǎochí xīndì chúnjié (保持心地纯洁). ¶礼儀～い人 yǒu lǐmào de rén (有礼貌的人). ¶規則～い生活をする guò yǒu guīlǜ de shēnghuó (过有规律的生活). ¶～い姿勢で歩く yǐ duānzhèng de zīshì zǒulù (以端正的姿势走路).

ただしがき【但書】 dànshū (但书).

ただ・す【正す】 gǎizhèng (改正), jiūzhèng (纠正), duānzhèng (端正). ¶次の文中の誤りを～せ gǎizhèng xiàwén zhōng de cuòwù (改正下文中的错误). ¶姿勢を～して先生の話を聞く duānzhèng zīshì tīng lǎoshī de huà (端正姿势听老师的话). ¶政治の姿勢を～す duānzhèng zhèngzhì tàidu (端正政治态度). ¶行いを～す duānzhèng pǐnxíng (端正品行).

ただ・す【糺す】 ¶罪を～す zhuījiū zuìxíng (追究罪行). ¶元を～せば彼が悪いのだ shuōdào tóu háishi tā bú duì (说到头还是他不对). ¶元を～せば皆同じ人間だ zhuīběn sùyuán tóngyàng shì rén (追本溯源同样是人).

ただ・す【質す】 xúnwèn (询问). ¶疑問点を～す xúnwèn yíwèn zhī diǎn (询问疑问之点).

たたずまい ¶街の～は昔と少しも変っていない jiēxiàng de yàngzi gēn guòqù yíyàng, háo wú biànhuà (街巷的样子跟过去一样, 毫无变化).

たたず・む【佇む】 zhù (伫), zhùlì (伫立). ¶庭に～んで花を眺める zhùlì zài tíngyuán shǎng huā (伫立在庭园赏花).

ただちに【直ちに】 dāngjí (当即), dàngshí (当时), jíkè (即刻), lìshí (立时), lìjí (立即), lìkè (立刻), děngshí (等时). ¶救助隊は～現場に駆けつけた jiùhùduì jíkè gǎndàole xiànchǎng (救护队即刻赶到了现场). ¶計画を～実行に移す jìhuà dāngjí fù zhū shíshí (计划当即付诸实施).

だだっこ【駄駄っ子】 mórénjīng (磨人精).

だだっぴろ・い【だだっ広い】 kōngkuàng (空旷), kuānkuàng (宽旷). ¶彼は～い家に1人で住んでいる tā zài kōngkuàng de fángzi li yí ge rén zhùzhe (他在空旷的房子里一个人住着).

ただならぬ【徒ならぬ】 bù xúncháng (不寻常), bù píngcháng (不平常). ¶事務所は大勢の人が詰め掛けて～様子だった bàngōngshì li zhòngrén fēngyōng yǔjǐ, qíngkuàng bù xúncháng (办公室里众人蜂拥蚁聚, 情况不寻常). ¶犬猿も～仲 qí guānxi shènyú shuǐhuǒ, hù bù xiāngróng (其关系甚于水火, 互不相容).

ただばたらき【只働き】 bái gànhuór (白干活儿). ¶～同然でこき使われる děngyú bái gànhuór yíyàng bèi rén shǐhuan (等于白干活儿一样被人使唤).

たたみ【畳】 〖説明〗铺在和式房间地板上的草席. ¶～を敷く pū tàtàmǐ (铺榻榻密). ¶～水練 zhǐshàng tánbīng (纸上谈兵).

たたみか・ける【畳み掛ける】 ¶次から次へと～けて聞く liánzhūpào shìde fāwèn (连珠炮似的发问).

たたみこ・む【畳み込む】 ¶師の教えをしっかりと胸に～む bǎ lǎoshī de jiàodǎo láojì zài xīnli (把老师的教导牢记在心里).

たた・む【畳む】 zhé (折), dié (叠), zhédié (折叠). ¶洋服を～む dié yīfu (叠衣服). ¶毛布を4つに～む bǎ máotǎn diéchéng sì zhé (把毛毯叠成四折). ¶テントを～む dié zhàngmù (叠帐幕). ¶傘を～む bǎ yǔsǎn héshàng (把雨伞合上). ¶店を～んで田舎に帰る guānqǐ pùzi huí xiāngxià (关起铺子回乡下). ¶彼女はそのことを自分ひとりの胸に～んでおくことにした tā dǎsuàn bǎ nà jiàn shì cángzài zìjǐ yí ge rén de xīnli (她打算把那件事藏在自己一个人的心里).

ただもの【徒者】 ¶彼は～ではない tā kě bú shì ge xúncháng de rén (他可不是个寻常的人).

ただよ・う【漂う】 1 [浮游する] piāo (漂·飘), piāofú (漂浮·飘浮), piāofú (飘拂), piāoyou (飘悠), piāoyóu (飘游), piāodàng (飘荡).

小舟が1艘波間に~っている yǒu yì zhī xiǎochuán piāofú zài bōlàng jiān(有一只小船漂浮在波浪间)/ yí yè piānzhōu zài làng zhōng diānbǒ(一叶扁舟在浪中颠簸). ¶ 空に~う白雲 tiānshang piāozhe de báiyún(天上飘着的白云).

2〔立ちこめる〕 piāoyì(飘溢). ¶ 菊の香りが~っている piāoyìzhe júhuā de qīngxiāng(飘溢着菊花的清香). ¶ 彼女には何か妖気が~ている tā shēnshang sànfāzhe yì gǔ yāoqì(她身上散发着一股妖气).

ただよわ・す【漂わす】 piāosàn(飘散), piāoyì(飘逸), sànfā(散发). ¶ 彼女は香水の香りを~していた tā piāoyìzhe zhènzhèn xiāngshuǐ de fāngxiāng(她飘逸着阵阵香水的芳香). ¶ 口元に微笑を~している zuǐbiān guàzhe wēixiào(嘴边挂着微笑).

たたり【祟】 suì(祟). ¶ これは悪霊の~だ zhè shì guǐhún zuòsuì(这是鬼魂作祟). ¶ 彼女の言う通りにしないとあとの~が怖い rúguǒ bù tīngcóng tā de huà bù huì yǒu hǎo bào(如果不听从她的话不会有好报). ¶ 触らぬ神に~なし bié rě huǒ shāo shēn(别惹火烧身)/ bù tǒng mǎfēngwō, fēng yě bù lái zhē(不捅马蜂窝,蜂也不来蜇).

たた・る【祟る】 zuòsuì(作祟), zuòguài(作怪). ¶ 怨霊に~られる yuānhún zài zuòsuì(冤魂在作祟). ¶ 徹夜が~って頭がぼんやりする áoyè áode hūntóu-hūnnǎo(熬夜熬得昏头昏脑). ¶ 無理が~って病が重くなった guòdù láolèi shǐde jiābìng jiāzhòng(过度劳累使得病加重).

ただ・れる【爛れる】 kuìlàn(溃烂), mílàn(糜烂). ¶ 傷口が~れた shāngkǒu kuìlàn(伤口溃烂). ¶ 酒に~れた生活を送る guòzhe zhōngrì chénmiǎnyú jiǔ de mílàn shēnghuó(过着终日沉湎于酒的糜烂生活).

¶ ~れ目 lànyǎn(烂眼).

たち【質】 ¶ 彼はつまらぬ事を気にする~だ tā zǒng bǎ jīmáo-suànpí de shì dōu cún xīnli(他总把鸡毛蒜皮的事都存心里). ¶ 母は涙もろい~だ wǒ mǔqin ài diào yǎnlèi(我母亲爱掉眼泪). ¶ ~の悪いいたずらはよせ búyào èzuòjù(不要恶作剧). ¶ ~の悪いできものができた zhǎngle èxìng de gēda(长了恶性的疙瘩). ¶ この子は風邪を引きやすい~だ zhè háizi ài shāngfēng gǎnmào(这孩子爱伤风感冒). ¶ あれとこれでは布の~が違う zhège hé nàge bùliào de zhìdì bùtóng(这个和那个布料的质地不同).

たち【太刀】 dàdāo(大刀). ¶ ~一~浴びせる pī rén yì dāo(劈人一刀).

-たち【達】 men(们). ¶ あなた~ nǐmen(你们). ¶ 子供~ háizimen(孩子们). ¶ 学生~ xuéshengmen(学生们).

たちあい【立会い】 ¶ 弁護士~のもとに開封した zài lǜshī zàichǎng de qíngkuàng xià chāile fēng(在律师在场的情况下拆了封).

¶ ~演説 jìngxuǎn yǎnshuōhuì(竞选演说会). ~人 jiānchǎngrén(监场人)/ jiànzhèngrén(见证人).

たちあ・う【立会う】 ¶ 開票に~う línchǎng jiāndū kāipiào(临场监督开票).

たちあがり【立ち上がり】 zhànqǐlai(站起来). ¶ 椅子から~る cóng yǐzi shang zhànqilai(从椅子上站起来). ¶ 彼は失意の底から~った tā cóng shīyì shēn zhōng zhènfèn qilai le(他从极度失意中振奋起来了).

たちあ・げる【立ち上げる】 qǐdòng(起动·启动). ¶ コンピューターを~げる qǐdòng diànnǎo(启动电脑). ¶ 新事業を~げる chuàngbàn xīn qǐyè(创办新企业). ¶ 新しい支店を~げる xīn kāishè yì jiā fēndiàn(新开设一家分店).

たちい【立居】 qǐjū(起居). ¶ ~が不自由だ qǐjū bùzìyú(起居不如意). ¶ 彼女は~振舞がしとやかだ tā jǔzhǐ wényǎ(她举止文雅).

たちいた・る【立ち至る】 ¶ 事態は重大な局面に~った shìtài dàole yánzhòng de dìbù(事态到了严重的地步). ¶ 事ここに~っては手の施しようがない shì dào rújīn, shízài shì shùshǒu wúcè(事到如今,实在是束手无策).

たちい・る【立ち入る】 **1**〔中へ入る〕 jìnrù(进入). ¶ 無用の者~るべからず xiánrén miǎn jìn(闲人免进)/ ~り禁止 jìnzhǐ rù nèi(禁止入内)/ bùdé lánrù(不得阑入).

2〔干渉する〕 gānyù(干预), gānshè(干涉). ¶ 人のプライバシーに~るのはよくない búyào gānshè rénjia de sīshēnghuó(不要干涉人家的私生活). ¶ ちょっと~ったことを伺ってよろしいですか wèn yíxià shèjí nín gèrén shēnghuó shang de shìqing, kěyǐ ma?(问一下涉及您个人生活上的事情,可以吗?).

3〔深入りする〕 ¶ お互いにかなり~った所まで話しあった xiānghù jìnxíngle pōwéi shēnrù de jiāotán(相互进行了颇为深入的交谈).

たちうお【太刀魚】 dàiyú(带鱼), dāoyú(刀鱼).

たちう・ち【太刀打ち】 ¶ 私の中国語ではとても彼女に~できない wǒ de Zhōngguóhuà kě yuǎn bùjí tā(我的中国话可远不及她). ¶ 腕相撲では私は彼に~できない bāiwànzi wǒ kě díbuguò tā(掰腕子我可敌不过他).

たちうり【立売】 ¶ 街角で新聞を~する zài jiētóu zhànzhe mài bàozi(在街头站着卖报纸).

たちおうじょう【立往生】 ¶ 激しい野次に彼は演壇で~した yóuyú xūshēng sìqǐ, tā zài jiǎngtái shang bù zhī rúhé shì hǎo(由于嘘声四起,他在讲台上不知如何是好). ¶ 豪雪のため列車が~している yóuyú dàxuě, huǒchē jìntuì bu de[kùnzài bànlù](由于大雪,火车进退不得[困在半路]).

たちおく・れる【立ち遅れる】 luòhòu(落后), wǎn(晚). ¶ 大会の準備が~れた dàhuì de zhǔnbèi zhuóshǒu wǎn le(大会的准备着手晚了). ¶ 環境保護の~れが目立つ huánbǎo de luòhòu hěn tūchū(环保的落后很突出).

たちおよぎ【立泳ぎ】 cǎishuǐ(踩水).

たちかえ・る【立ち返る】 huí(回), fǎnhuí(返回). ¶ 本題に~る huídào běntí shang lái(回到本题上来)/ yán guī zhèngzhuàn(言归正传). ¶ 正気に~る sūxǐng[xǐngwù] guòlai(苏醒[醒悟]过来).

たちがれ【立枯れ】 ¶ 早魃(hàn)で稲が~になって

いる yóuyú tiānhàn dàozi hànsǐ zài tián li le (由于天旱稻子旱死在田里了).

たちき【立木】shù(树), shùmù(树木).

たちぎえ【立消え】¶その事は~になってしまった nà jiàn shì wú shēng wú xī le(那件事无声无息了). ¶計画は~になった nàge jìhuà méiyǒu xiàwén le(那个计划没有下文了).

たちぎき【立聞き】tōutīng(偷听). ¶客の話を~する tōutīng kèrén de tánhuà(偷听客人的谈话).

たちき・る【断切る】gēduàn(割断), qiēduàn(切断), jiéduàn(截断), zhǎnduàn(斩断). ¶未練を~る zhǎnduàn míliàn zhī qíng(斩断迷恋之情). ¶親子の緣を~る duànjué fùzǐ guānxi(断绝父子关系).

たちぐい【立食い】¶うどんの~をする zhànzhe chī miàntiáor(站着吃面条儿). ¶~そば lìcān qiáomàimiàndiàn(立餐荞麦面店).

たちぐさ・れる【立腐れ】¶家は住む人もなく~になっている fángzi wú rén jūzhù dōu gēhuài le(房子无人居住都搁坏了).

たちくらみ【立暗み】¶立ち上がったとたん~がしてその場にしゃがみこんだ gāng yí zhànqilai tóuhūn yǎnhuā biàn jiù dūnxià le(刚一站起来头昏眼花立刻就蹲下了).

たちげいこ【立稽古】páiliàn(排练).

たちこ・める【立ち込める】mímàn(弥漫). ¶夕もやが~める mù'ǎi 'mímàn[lǒngzhào] '弥漫 [笼罩](暮霭'弥漫[笼罩]). ¶あたり一面煙が~めた zhōuwéi yídài chōngmǎnle yānwù(周围一带充满了烟雾)/ sìzhōu yānqì mímàn(四周烟气弥漫).

たちさ・る【立ち去る】zǒukāi(走开), líkāi(离开). ¶彼は急いでその場を~った tā cōngmáng cóng nà ér zǒukāi le(他匆忙从那儿走开了).

たちすく・む【立ち竦む】chóngzú ér lì(重足而立). ¶彼女はあまりの恐ろしさに~んだ tā kǒngjùde dāi ruò mùjī(她恐惧得呆若木鸡).

たちつく・す【立ち尽す】zhùlì(伫立). ¶彼はその場に茫然と~していた tā zài nàr mángrán de zhùlì bu dòng le(他在那儿茫然地伫立不动了).

たちづめ【立詰め】¶列車は混んでいて大阪まで~だった yóuyú huǒchē yōngjǐ bùkān, wǒ yìzhí zhànzdào Dàbǎn(由于火车拥挤不堪,我一直站到大阪).

たちどころに【立ち所に】dāngjí(当即), lìjí(立即), lìkè(立刻), lìshí(立时). ¶彼は~その問題を解いた tā 'bùyíhuìr[mǎshàng] jiù bǎ nàge tí jiěchulai le(他'不一会儿[马上]就把那个题解出来了). ¶母は私の嘘を一見破った mǔqin dāngjí shípòle wǒ de huǎngyán(母亲当即识破了我的谎言).

たちど・まる【立ち止まる】zhànzhù(站住), tíng bù(停步), zhǐbù(止步). ¶~って挨拶をする tíng bù xínglge lǐ(停步行个礼). ¶~らないで歩いて下さい qǐng dàjiā wǎng qián zǒu búyào tíngliú(请大家往前走不要停留).

たちなお・る【立ち直る】huīfù(恢复). ¶景気が~る jǐngqì huīfùle guòlái(景气恢复过来了). ¶彼女は子供を失ったショックからようやく~った tā hǎobù róngyi cái cóng shīqù háizi de dǎjī zhōng huīfùle guòlái(她好不容易才从失去孩子的打击中恢复了过来).

たちなら・ぶ【立ち並ぶ】¶高いビルが~んでいる gāolóu dàshà líncì zhìbǐ(高楼大厦鳞次栉比).

たちの・く【立ち退く】¶道路拡張のため~く wèile kuòjiàn gōnglù qiānyí(为了扩建公路迁移). ¶家主に~きを請求された fángdōng yāoqiú téngchū fángzi(房东要求腾出房子).

たちのぼ・る【立ち上る】mào(冒), shēng(升). ¶煙突から煙が~る yān cóng yāntong li màochulai(烟从烟筒里冒出来).

たちば【立場】lìchǎng(立场). ¶学生の~から発言する yǐ xuésheng de lìchǎng lái fāyán(以学生的立场来发言). ¶それでは私の~がなくなる nà jiù bǎ wǒ de miànzi diūguāng le(那就把我的面子丢光了). ¶彼女は苦しい~に立たされた tā chǔyú kùnjìng(她处于困境). ¶相手の~になって考える zhànzài duìfāng de lìchǎng shang zhuóxiǎng(站在对方的立场上着想). ¶自己の政治的~を明らかにする biǎomíng zìjǐ de zhèngzhì lìchǎng(表明自己的政治立场). ¶彼の~ではああ言うより他なかったろう zài tā suǒ chǔ de qíngkuàng xià, yě zhǐhǎo nàme shuō, yǒu shénme bànfǎ?(在他所处的情况下, 也只好那么说, 有什么办法?). ¶~を変えてみれば彼の論にも一理あるな huàn ge guāndiǎn lái kàn, tā yě yán zhī yǒu lǐ(换个观点来看, 他也言之有理).

たちはだか・る【立ちはだかる】zǔdǎng(阻挡), lánzǔ(拦阻), lándǎng(拦挡). ¶男は両手を広げて私の前に~った nàge nánrén shēnkāi shuāngbì lánzǔ wǒ de qùlù(那个男人伸开双臂拦阻我的去路). ¶行く手には幾多の困難が~っている qiánchéng yǒu xǔduō kùnnan zǔdǎngzhe(前程有许多困难阻挡着).

たちはたら・く【立ち働く】¶彼女はかいがいしく~いた tā shǒujiǎo qínkuai de gànzhe huór(她手脚勤快地干着活儿).

たちばな【橘】gānjú(柑橘).

たちばなし【立話】¶~をする zhànzhe shuōhuà(站着说话).

たちばん【立番】gǎng(岗), gǎngshào(岗哨). ¶~をする zhàngzhe fàngshào(站岗放哨). ¶~を立てる bù shào(布哨)/ bùshè gǎngshào(布设岗哨).

たちふさが・る【立ち塞がる】dǎngzhù(挡住), dǔzhù(堵住), lánzhù(拦住). ¶故障車が前に~って進めない yǒu liàng qìchē pāole máo dǔzhùle qùlù bùnéng wǎng qián kāi(有辆汽车抛了锚堵住了去路不能往前开).

たちまち【忽ち】lìkè(立刻), jíkè(即刻), dàngshí(当时), dēngshí(登时), zhuǎnshùnjiān(转瞬间), zhuǎnyǎnjiān(转眼间), shànàjiān(刹那间). ¶噂は~村中に広まった fēngshēng bùxiāo yíhuìr gōngfu jiù chuánbiànle quán cūn(风声不消一会儿工夫就传遍了全村). ¶その本は~売り切れた nà shū chànàjiān jiù màiguāng le(那书刹那间就卖光了). ¶~のうちに

火は全館にまわった huǒ zhuǎnshùnjiān mànyán dào zhěnggè lóufáng(火转瞬间蔓延到整个楼房).

たちまわり【立回り】 kāidǎ(开打), wǔdǎ(武打), wǔgōng(武功). ¶舞台で~を演ずる zài wǔtái shang yǎn wǔdǎ(在舞台上演武打). ¶大~のすえ泥棒をつかまえた jīngguò yì cháng bódòu zhōngyú zhuāzhùle xiǎotōu(经过一场搏斗终于逮住了小偷).

たちまわ・る【立ち回る】 ¶彼はうまく~って今の地位をものにした tā shànyú zuānyíng qǔdéle xiànzài de dìwèi(他善于钻营取得了现在的地位). ¶犯人の~りそうな所に張り込む zài táofàn kěnéng dào de dìfang dǎxià máifu(在逃犯可能到的地方打下埋伏).

たちみ【立見】 ¶~で観る mǎi zhànpiào kàn(买站票看).

たちむか・う【立ち向かう】 ¶困難に~う zhèngshì kùnnan(正视困难). ¶彼は果敢に強敵に~っていった tā yǒnggǎn de duìkàng qiángdí(他勇敢地对抗强敌).

たちゆ・く【立ち行く】 wéichí(维持). ¶こう客が少なくては商売が~かない gùkè zhème shǎo, mǎimai wúfǎ wéichí(顾客这么少,买卖无法维持).

だちょう【駝鳥】 tuóniǎo(鸵鸟).

たちよ・る【立ち寄る】 ¶一行は京都に~った tāmen yìxíng shùnlù qùle Jīngdū(他们一行顺路去了京都). ¶帰りに本屋に~った huíjiā lùshang shùnbiàn dào shūdiàn kànle kàn(回家路上顺便到书店看了看).

だちん【駄賃】 ¶母のお使いをしてお~を貰った bāng mǔqin de máng, mǔqin gěile língyòngqián(帮母亲的忙,母亲给了零用钱).

た・つ【立つ】 1〔直立する〕 zhàn(站), lì(立), chuō(戳). ¶門の所に誰かが~っている zài ménkǒu yǒu shuí zhànzhe(在门口有谁站着). ¶授業中~たされた bèi fá zhànzài zǒuláng shàngkè shí xiānnào, bèi fá zhànzài zǒuláng(在上课时瞎闹,被罚站在走廊). ¶一日中~っていたので足が棒のようだ zhànle yì zhěngtiān, tuǐ jiāngde xiàng gùnzi yíyàng(站了一整天,腿僵得像棍子一样). ¶犬が後足で~っている gǒu yòng hòutuǐ zhànzhe(狗用后腿站着). ¶山の上にアンテナが~った shān shang jiàqǐ tiānxiàn(山上架起天线).

2〔突き刺さる〕 ¶痛いと思ったら指にとげが~っていた juéde téng, yí kàn shǒuzhǐ shang zhāle ge cì(觉得疼,一看手指上扎了个刺). ¶的に矢が~つ jiàn shèzhòng bǎzi(箭射中靶子). ¶この餅は硬くて歯が~たない zhè niángāo yìngde yǎobudòng(这年糕硬得咬不动).

3〔ある状態・地位などに〕 ¶執行部は苦境に~たされた lǐngdǎo bānzi xiànrù jiǒngjìng(领导班子陷入窘境). ¶現在の状況では彼の方が優位に~っている jù xiànzài de qíngkuàng tā zhàn yōushì(据现在的情况他占优势). ¶彼女は母校の教壇に~った tā zài mǔxiào zhíjiàole(她在母校执教了). ¶彼は証人として法廷に~った tā zuòwéi zhèngren chū-

tíng le(他作为证人出庭了). ¶衆議院議員の選挙に~つ jìngxuǎn Zhòngyìyuàn yìyuán(竞选众议院议员).

4〔立ち上がる〕 zhànqilai(站起来). ¶彼は椅子から~って挨拶した tā cóng yǐzi shang zhànqilai xíngle lǐ(他从椅子上站起来行了礼). ¶しびれて足が~たない tuǐ máde zhàn bu qǐlái(腿麻得站不起来). ¶体の力が抜けて腰が~たない shēnzi ruǎnmiánmián de zhàn bu qǐlái(身子软绵绵的站不起来).

5〔立ちのぼる〕 ¶煙突から煙が~っている yāntong màozhe yān(烟筒冒着烟). ¶食卓に湯気の~つ料理が並んでいる cānzhuō shang bǎizhe rèqì téngténg de fàncài(餐桌上摆着热气腾腾的饭菜). ¶車が通る度にもうもうと砂ぼこりが~つ měicì chēzi yí guò, chéntǔ jiù gǔngǔn fēiyáng(每次车子一过,尘土就滚滚飞扬).

6〔去る, 出発する〕 ¶彼は憤然として席を~った tā dà wéi qìfèn de líxí ér qù(他大为气愤地离席而去). ¶挨拶が済むと彼女はお茶も入れずに~った xíngle jiànmiànlǐ tā jiù lí zuò qīchá qù le(行了见面礼她就离座沏茶去了). ¶一行は船で横浜を~った yìxíng zuò chuán líkāile Héngbīn(一行坐船离开了横滨). ¶彼は10日に北京へ~った tā shí hào dào Běijīng qù le(他十号到北京去了). ¶~つ鳥跡を濁さず lí niǎo wú zhuó jì(离鸟无浊迹).

7〔波, 風などが〕 qǐ(起). ¶風でさざ波が~つ yízhèn fēng chuīqǐle liányī(一阵风吹起了涟漪). ¶秋風の~つ頃となった dàole qiūfēng de jìjié le(到了起秋风的季节了). ¶この石鹸は泡がよく~つ zhè féizào ài qǐpào(这肥皂爱起泡).

8〔感情が激する〕 ¶彼女は今気が~っている tā zhèng zài qìtóushang(她正在气头上). ¶腹が~って眠れない qìde wǒ jiǎnzhí shuìbuzháo jiào(气得我简直睡不着觉).

9〔広まる, 目立つ〕 ¶彼について妙な噂が~っている wàimian chuánbōzhe guānyú tā de qíguài de fēngshēng(外面传播着关于他的奇怪的风声). ¶彼女の服装は人目に~った tā de yīzhuó hěn xiǎnyǎn(她的衣着很显眼).

10〔立派な働きをする〕 ¶腕の~つ職人 shǒuyì gāochāo de gōngjiàng(手艺高超的工匠). ¶あの人は筆が~つ tā bǐdǐxia de gōngfu hěn hǎo(他笔底下的工夫很好). ¶彼はなかなか弁が~つ tā néng yán shàn biàn(他能言善辩).

11〔保たれる〕 ¶それでは私の面目が~たない zhèyàng wǒ kě méiyǒu miànzi le(这样我可没有面子了). ¶義理が~った zhè suàn jìn-le wǒ de qíngfen(这算尽了我的情分). ¶こう客が少なくては店が~っていかない gùkè zhème shǎo, pùzi kě wúfǎ wéichí(顾客这么少,铺子可无法维持). ¶今の収入では暮しが~たない kào xiànzài de shōurù húbuliǎo kǒu(靠现在的收入糊不了口).

12〔定まる〕 ¶先の見通しが~たない jīnhòu de shì nányú yùcè(今后的事难于预测).

13 ¶11を2で割ると5が~つ yòng èr chú shí-

た・つ【建つ】qǐ(起), gài(盖). ¶家の前に5階建のビルが～った wǒ jiā qiánmian gàiqǐle wǔ céng dàlóu(我家前面盖起了五层大楼). ¶公園に銅像が～った gōngyuán li shùqǐle tóngxiàng(公园里树起了铜像). ¶寮が～った sùshè gàihǎo le(宿舍盖好了).

た・つ【経つ】guò(过). ¶月日の一つのは早いものだ rìzi guòde zhēn kuài(日子过得真快)/ rìyuè rú suō(日月如梭)/ guāngyīn sì jiàn(光阴似箭). ¶彼が死んでから3年～った tā sǐle yǐjing yǒu sān nián le(他死了已经有三年了). ¶時間が～につれて記憶も薄れた suízhe shíjiān de guòqu, jìyì yě dànbó le(随着时间的过去, 记忆也淡薄了). ¶あまりの楽しさに時の一つのも忘れた kuàilède lián shíjiān yě wàng le(快乐得连时间也忘了). ¶妻が死んで一年も～たないうちに再婚した qīzi gùqù bù dào yì nián jiù zàihūn le(妻子故去不到一年就再婚了).

た・つ【絶つ・断つ】duàn(断), duànjué(断绝). ¶両国は外交関係を～った liǎng guó duànjuéle wàijiāo guānxi(两国断绝了外交关系). ¶登山隊は消息を～った dēngshānduì duànle yīnxùn(登山队断了音讯). ¶これで最後の望みが～たれた zhèyàng yìlái, zuìhòu de yí xiàn xīwàng yě xiāoshī le(这样一来, 最后的一线希望也消失了). ¶今日から酒を～つことにした cóng jīntiān qǐ xià juéxīn duàn jiǔ(从今天起下决心断酒). ¶敵の糧道を～つ jiéduàn[qiēduàn] dírén de liángdào(截断[切断]敌人的粮道). ¶彼女は自ら命を～った tā zìjǐ duànsòngle zìjǐ de shēngmìng(她自己断送了自己的生命). ¶交通事故があとを～たない jiāotōng shìgù jiēlián búduàn(交通事故接连不断). ¶禍根を～つ bá huògēn(拔祸根)/ zhǎncǎo chúgēn(斩草除根).

た・つ【断つ・截つ】qiēduàn(切断), jiéduàn(截断). ¶紙のへりを～つ qiēduàn zhǐbiān(切断纸边). ¶隷属の鎖を～つ dǎduàn lìshǔ de suǒliàn(打断隶属的锁链).

た・つ【裁つ】cái(裁), jiǎn(剪), jiǎncái(剪裁), cáijiǎn(裁剪). ¶スカートを～つ cáijiǎn qúnzi(裁剪裙子).

たつ【辰】chén(辰).

たつ【竜】lóng(龙).

たつい【達意】dáyì(达意). ¶～の文 tōngdá de wénzhāng(通达的文章).

だつい【脱衣】¶～場 gēngyīchǎng(更衣场).

だっかい【脱会】¶研究会を～する tuōlí yánjiūhuì(脱离研究会).

だっかい【奪回】duóhuí(夺回). ¶陣地を～する duóhuí zhèndì(夺回阵地). ¶首位を～する duóhuí guànjūn(夺回冠军).

たっかん【達観】dáguān(达观). ¶人生を～する dáguān rénshēng(达观人生).

だっかん【奪還】duóhuí(夺回), shōufù(收复). ¶要塞を～する duóhuí yàosài(夺回要塞). ¶優勝旗を～する duóhuí jǐnbiāo(夺回锦标). ¶失地を～する shōufù shīdì(收复失地).

だっきゃく【脱却】bǎituō(摆脱). ¶因習を～する bǎituō jiù xíguàn(摆脱旧习惯). ¶貧困から～する bǎituō pínkùn(摆脱贫困)/ tuōpín(脱贫).

たっきゅう【卓球】pīngpāngqiú(乒乓球). ¶～をする dǎ pīngpāngqiú(打乒乓球). ¶～台 pīngpāngqiútái(乒乓球台)/ táizi(台子).

だっきゅう【脱臼】tuōjiù(脱臼), tuōwèi(脱位). ¶肩を～した jiānbǎng tuōjiù le(肩膀脱臼了).

タック zhěr(褶儿). ¶～をとる jiā zhěr(加褶儿).

ダッグアウト qiúyuánxí(球员席), duìyuánxí(队员席).

タックス shuì(税), shuìshōu(税收). ¶～フリー miǎnshuì(免税).

タックル bào rén jié qiú(抱人截球).

たっけん【卓見】zhuōjiàn(卓见), zhuóshí(卓识).

だっこう【脱肛】tuōgāng(脱肛).

だっこう【脱稿】tuōgǎo(脱稿), wángǎo(完稿). ¶長編小説をやっと～した chángpiān xiǎoshuō hǎoróngyì cái tuōgǎo le(长篇小说好容易才脱稿了).

だっこく【脱穀】tuōlì(脱粒). ¶麦を～する dǎ màizi(打麦子). ¶～機 tuōlìjī(脱粒机)/ dǎgǔjī(打谷机).

だつごく【脱獄】yuèyù(越狱). ¶囚人が～した qiúfàn yuèyù le(囚犯越狱了). ¶～囚 yuèyùfàn(越狱犯).

たっし【達し】zhǐshì(指示). ¶その筋のお～により… jù yǒuguān fāngmiàn de zhǐshì…(据有关方面的指示…).

だつじ【脱字】tuōzhīr(脱字儿). ¶1字～がある diào[là/ tuō/ tuōlòu]le yí ge zì(掉[落/脱/脱漏]了一个字).

だっしにゅう【脱脂乳】tuōzhīrǔ(脱脂乳).

だっしめん【脱脂綿】tuōzhīmián(脱脂棉), yàomián(药棉).

たっしゃ【達者】1〔丈夫〕zhuàngjiàn(壮健), zhuàngshí(壮实). ¶両親は田舎で～に暮しています fùmǔ zài lǎojiā hái tǐng yìnglang(父母在老家还挺硬朗). ¶彼女は足が～だ tā tuǐjiǎo kě bù zhī lèi(她腿脚可不知累). ¶いつまでもお～で wàng nín kāngjiàn wúyàng(望你康健无恙)/ xīwàng nín yǒngyuǎn jiànkāng(希望您永远健康).

2〔上手〕¶彼は～な中国語で開会の挨拶をした tā yòng liúlì de Zhōngguóhuà zhìle kāimùcí(他用流利的中国话致了开幕词). ¶～な字で書いた手紙 zì xiěde hěn piàoliang de xìn(字写得很漂亮的信). ¶あの子は泳ぎが～だ nà háizi de shuǐxìng zhēn hǎo(那孩子的水性真好). ¶芸～ shàncháng biǎoyǎn zuòxì(擅长表演做戏).

だっしゅ【奪取】duóqǔ(夺取), xíqǔ(袭取), jiéduó(劫夺). ¶敵陣を～する duóqǔ dírén de zhèndì(夺取敌人的阵地). ¶政権～ duóqǔ zhèngquán(夺取政权)/ duóquán(夺权).

ダッシュ 1〔記号〕pòzhéhào(破折号)〈一〉; piě[r](撇儿)〈´〉.

2〔競技の〕¶彼は素晴らしい～で飛び出した

tā qǐpǎode hěn chòng(他起跑得很冲). ¶ゴール目指して〜する xiàng zhōngdiǎn jìnxíng zuìhòu chōngcì(向终点进行最后冲刺).

だっしゅう【脱臭】 chúchòu(除臭). ¶〜剤 chúchòujì(除臭剂).

だっしゅつ【脱出】 táochū(逃出), chūtáo(出逃), chūwáng(出亡). ¶国外へ〜する táowáng guówài(逃亡国外). ¶落下傘で〜する tiàosǎn tuōxiǎn(跳伞脱险).

ダッシュボード jiàshǐshì záwùxiāng(驾驶室杂物箱).

だっしょく【脱色】 tuōsè(脱色). ¶〜剤 tuōsèjì(脱色剂).

たつじん【達人】 gāoshǒu(高手), gāoqiáng(高强), míngshǒu(名手). ¶彼は剣術の〜だ tā shì jiànshù de gāoshǒu(他是剑术的高手).

だっすい【脱水】 tuōshuǐ(脱水). ¶〜機 tuōshuǐjī(脱水机). 〜症状 tuōshuǐ[shī shuǐ] zhēngxiàng(脱水[失水]征象).

たっ・する【達する】 **1**[到着する]dàodá(到达). ¶一行は目的地に〜した yīxíng dàodále mùdìdì(一行到达了目的地). ¶ついに富士山頂に〜した zhōngyú dàodále Fùshì shāndǐng(终于到达了富士山顶).
2[到達する]dá(达), dádào(达到). ¶人口が 1000 万に〜した rénkǒu dádàole yīqiān wàn(人口达到了一千万). ¶募金は目標額の半分にも〜しなかった mùjuān lián zhǐbiāo de yíbànr yě dàbudào(募捐连指标的一半儿也不到). ¶軒に〜するほどの雪が降った xiàle hòu zhī fángyánr de dàxuě(下了厚至房檐儿的大雪). ¶傷は心臓に〜していた shāng shēn jí xīnzàng(伤深及心脏). ¶双方は合意に〜した shuāngfāng dáchéng xiéyì(双方达成协议). ¶私の緊張は頂点に〜した wǒ jǐnzhāng dàole jídiǎn(我紧张到了极点).
3[達成する]dá(达), dádào(达到). ¶目的を〜した dádàole mùdì(达到了目的)/mùdì yǐ dá(目的已达).

だっ・する【脱する】 tuōlí(脱离). ¶病人は危機を〜した bìngrén tuōlíle wēixiǎn[tuōxiǎn](病人脱离了危险[脱险]). ¶彼女の絵は素人の域を〜していない tā de huàr hái méi ʼyuèchū tóngrén huàjiā de shuǐpíng(她的画儿还没ʼ越出[超出]业余画家的水平).

たつせ【立つ瀬】 ¶それでは私の〜がない nàme yīlái wǒ jiù méiyǒu miànzi le(那么一来我就没有面子了)/nà kě jiào wǒ méi fǎ xiàtái(那可叫我没法下台).

たっせい【達成】 dádào(达到), gàochéng(告成), wánchéng(完成). ¶目的を〜する dádào mùdì(达到目的). ¶事業を〜する shìyè gàochéng(事业告成).

だつぜい【脱税】 tōushuì(偷税), táoshuì(逃税), lòushuì(漏税). ¶〜が発覚した tōushuì bèi fājué le(偷税被发觉了). ¶所得税を〜す tōulòu suǒdéshuì(偷漏所得税).

だっせん【脱線】 chūguǐ(出轨), tuōguǐ(脱轨). ¶列車が〜した lièchē chūguǐ le(列车出轨了). ¶話がすぐ〜して先に進まない yì shuō jiù ʼzǒubǎn[zǒutí] méiyǒu jìnzhǎn(一说就ʼ走板[走题]没有进展).
¶〜事故 chūguǐ shìgù(出轨事故).

だっそう【脱走】 táozǒu(逃走), táopǎo(逃跑). ¶〜して捕えられた chéngjī táopǎo le(乘隙逃跑了). ¶〜兵 táobīng(逃兵).

だつぞく【脱俗】 tuōsú(脱俗). ¶氏には〜の風がある nà wèi jùyǒu tuōsú zhī fēng(那位具有脱俗之风).

たった zhǐ(只), jǐn(仅). ¶彼は〜一晩でこれを書き上げた tā jǐnjǐn yòngle yí ge wǎnshang jiù bǎ zhège xiěchulai le(他仅仅用了一个晚上就把这个写出来了). ¶参加者は〜の 3 人だった cānjiāzhě jǐn yǒu sān ge rén(参加者仅有三个人). ¶財布には〜100 円しか残っていない qiánbāo li zhǐ shèngxiale yībǎi kuài qián(钱包里只剩下了一百块钱). ¶何だ, 料理は〜これっぽっちかね zěnme, fàncài jiù zhème yìdiǎnr a!(怎么, 饭菜就这么一点儿啊!). ¶私も〜今来たところだ wǒ yě shì ʼgāng[gānggāng] dào de(我也是ʼ刚[刚刚]到的).

だったい【脱退】 tuōlí(脱离), tuìchū(退出). ¶組合を〜する tuōlí gōnghuì(脱离工会).

タッチ **1**[触れること]chù(触), pèng(碰), chùpèng(触碰). ¶ランナーを〜する chùpèng pǎolěiyuán(触碰跑垒员). ¶100 メートル自由形で〜の差で敗れた zài yìbǎi mǐ zìyóuyǒng yǐ chù chíbì zhī chā shū le(在一百米自由泳以触池壁之差输了). ¶私はその事に〜したくない wǒ bù xiǎng gānyù nà jiàn shì(我不想干预那件事).
2[ピアノなどの]zhǐchù(指触); [文章·絵などの]bǐchù(笔触). ¶豪快な〜でピアノを弾く yǐ bēnfàng de jījiàn tán gāngqín(以奔放的击键弹钢琴). ¶繊細な絵 bǐchù xiānxì de huàr(笔触纤细的画儿).

だっちょう【脱腸】 shànqì(疝气); xiǎocháng chuànqì(小肠串气), hèníyà(赫尼亚).

たって ¶〜の御希望とあらばお譲りしましょう rúguǒ nín yídìng yào, jiù rànggěi nín ba(如果您一定要, 就让给您吧).

だって ¶"何故昨日来なかったの" "〜知らなかったんだよ" "nǐ zuótiān zěnme méi lái?" "wǒ bù zhīdào a!"(你昨天怎么没来?" "我不知道啊!"). ¶"もう寝なさい" "〜まだ眠くない" "kuài shuì ba!" "wǒ hái bú kùn ne"(快睡吧!" "我还不困呢"). ¶もう 1 つ食べたい, 〜おいしいんだもの wǒ hái xiǎng chī yí ge, zhège hǎochī jíle(我还想吃一个, 这个好吃极了).

-だって yě(也), dōu(都), lián… ʼyě[dōu](连…ʼ也[都]), jiùshì…yě(就是…也), jíshǐ…yě(即使…也). ¶私に〜言い分はある wǒ yě yǒu yào shuō de(我也有要说的). ¶子供〜そのくらいは知っている nà zhǒng shì lián xiǎoháizi yě zhīdào(那种事连小孩子也知道). ¶そんな事親に〜話せない zhè zhǒng shì jiùshì duì fùmǔ yě bùnéng shuō(这种事就是对父母也不能说). ¶兄さん〜姉さん〜持っているのに lián gēge, jiějie dōu yǒu(连哥哥, 姐姐都有). ¶誰〜貧乏は嫌だ shuí dōu bú yuànyì guò

だっと【脱兎】 tuōtù(脱兎). ¶～の如く逃げる yīliùyān táopǎo le(一溜烟逃跑了).

だっとう【脱党】 tuōdǎng(脱党), tuìdǎng(退党). ¶L 党を～する tuōlí L dǎng(脱离 L 党).

たっと・ぶ【尊ぶ・貴ぶ】 →とうとぶ.

たづな【手綱】 jiāng(缰), jiāngsheng(缰绳). ¶～をとる zhí jiāngsheng(执缰绳). ¶～を締める[ゆるめる] lājǐn[sōngkāi] jiāngsheng(拉紧[松开]缰绳). ¶最近彼は勝手な行動が目立つ、～を締めなければ zuìjìn tā de xíngdòng tài suíbiàn, děi dīngjǐn(最近他的行动太随便, 得盯紧).

たつのおとしご【竜の落し子】 hǎimǎ(海马).

だっぴ【脱皮】 tuìpí(蜕皮). ¶蛇が～した shé tuìpí le(蛇蜕皮了). ¶旧態から～する dǎpò jiùkuāngkuang(打破旧框框).

たっぴつ【達筆】 ¶彼は～だ tā xiě zì xiěde hěn hǎo(他写字写得很好)/ tā xiě yì bǐ hǎo zì(他写一笔好字). ¶～過ぎて読めない bǐjī lóng fēi fèng wǔ jiǎnzhí jiào rén kànbudǒng(笔迹龙飞凤舞简直叫人看不懂).

タップダンス tītàwǔ(踢踏舞).

たっぷり zú(足), zúgòu(足够), zúzú(足足). ¶砂糖を～入れる gē zúgòu de táng(搁足够的糖). ¶～と眠ったので気分がよい wǒ shuìzú le, jīngshen hǎode hěn(我睡足了, 精神好得很). ¶時間はまだ～ある hái yǒu ˬchōngfen [zúgòu] de shíjiān(还有 ˬ充分[足够]的时间) / shíjiān hái yǒudeshi(时间还有的是). ¶頂上まで～5キロはある dào shāndǐng hái zúzú yǒu wǔ gōnglǐ lù(到山顶还足足有五公里路). ¶彼は皮肉～に言った tā jí jìn fěngcì de shuō(他极尽讽刺地说). ¶～した服 kuānchuo féidà de yīfu(宽绰肥大的衣服).

だつぼう【脱帽】 tuōmào(脱帽). ¶～してお辞儀をする tuōmào xínglǐ(脱帽行礼). ¶君の熱意には～した duì nǐ de rèqíng wǒ gān bài xià-fēng(对你的热情我甘拜下风).

たつまき【竜巻】 lóngjuǎnfēng(龙卷风). ¶～が起る fāshēng lóngjuǎnfēng(发生龙卷风).

だつもう【脱毛】 tuōmáo(脱毛), tuōfà(脱发). ¶～剤 tuōmáojì(脱毛剂). ¶～症 tuōfàzhèng(脱发症)/ tūfàzhèng(秃发症).

だつらく【脱落】 tuōluò(脱落), tuōlòu(脱漏). ¶文中に字句の～がある wénzhōng yǒu tuōlòu de zìjù(文中有脱漏的字句). ¶厳しい訓練だったが1人も～する者はなかった xùnliàn suī jiānkǔ, dàn méiyǒu yí ge diàoduì de(训练虽艰苦, 但没有一个掉队的).

たて【盾】 dùn(盾), dùnpái(盾牌), dǎngjiànpái(挡箭牌). ¶人質を～にして逃亡した yǐ rénzhì zuòwéi dùnpái táopǎo le(以人质作为盾牌逃跑了). ¶証文を～にとって脅迫する yǐ qìyuē wéi píng wēixié rén(以契约为凭威胁人). ¶物事は～の両面を見なければいけない fánshì yào kàn qí zhèngfǎn liǎngmiàn(凡事要看其正反两面).

たて【縦】 shù(竖), zòng(纵). ¶～に2列に並びなさい páichéng liǎng liè zòngduì(排成两列纵队). ¶～に線を引く huà ˬzòng[shù] xiàn(画ˬ纵[竖]线). ¶きゅうりを～に切る shùqiē huángguā(竖切黄瓜). ¶彼女はなかなか首を～に振らない tā bù qīngyì diǎntóu dāyīng(她不轻易点头答应). ¶～の寸法をはかる liáng zònghéng de chǐcùn(量纵横的尺寸). ¶～21センチ横5センチの封筒 cháng èrshíyī gōngfēn kuān wǔ gōngfēn de xìnfēng(长二十一公分宽五公分的信封).

-たて【立て】 ¶上京し～でまだ地理に不案内だ gāng dào Dōngjīng lái, dìlǐ bù shú(刚到东京来, 地理不熟). ¶生み～の卵 gāng xià de dàn(刚下的蛋). ¶ペンキ塗り～ yóuqī wèi gān(油漆未干).

たて【蓼】 liǎo(蓼). ¶～食う虫も好き好き gè shì gè hào(各是各好).

だて【伊達】 ¶～の薄着 àiqiào rén bù chuān mián(爱俏人不穿棉). ¶～や酔狂でやっているのではない これが bù shì nàozhe wánr de!(这可不是闹着玩儿的!).

-だて【立】 ¶3頭～の馬車 sān jià mǎchē(三驾马车). ¶2本～で上映する liǎng bù piānzi(两部片子).

-だて【建】 ¶7階～のビル qī céng dàlóu(七层大楼). ¶1戸～の家 dú mén dú yuàn de fángzi(独门独院的房子).

たてあな【縦穴】 shùkēng(竖坑).

たていた【立板】 ¶～に水を流すようにしゃべる kǒu ruò xuán hé(口若悬河)/ shuōhuà tāotāo bùjué(说话滔滔不绝).

たていと【縦糸】 jīngxiàn(经线), jīngshā(经纱).

たてうり【建売】 ¶～住宅 xīnjiàn dài dìpí chūshòu de zhùzhái(新建带地皮出售的住宅).

たてか・える【立て替える】 diàn(垫), diànfù(垫付), diànbu(垫补). ¶まずは私が～しておこう shūfèi wǒ xiān gěi nǐ diànshàng(书费我先给你垫上).

たてがき【縦書き】 shùxiě(竖写). ¶看板を～にする guǎnggàopái shang de zì shùzhě xiě(广告牌上的字竖着写). ¶～の便箋 shùxiě yòng de xìnzhǐ(竖写用的信纸).

たてか・ける【立て掛ける】 ¶はしごを壁に～ける bǎ tīzi kàozài qiángshang(把梯子靠在墙上).

たてがみ【鬣】 zōng(鬃). ¶馬の～ mǎzōng(马鬃).

たてぐ【建具】 〖説明〗拉门, 拉窗等在日本式房屋内部起隔开作用的设备的总称.

たてこう【縦坑】 shùjǐng(竖井), lìjǐng(立井).

たてごと【竪琴】 shùqín(竖琴).

たてこ・む【立て込む】 ¶日曜日で店内は～んでいた xīngqīrì diànli hěn yōngjǐ(星期日店里很拥挤). ¶仕事が～んで忙しい gōngzuò máng-de bùkě-kāijiāo(工作忙得不可开交). ¶日程が～んできた rìchéng jǐn le(日程紧了).

たてこ・る【立て籠る】 ¶彼は書斎に～って執筆をしている tā guānzài shūfáng li máitóu xiězuò (他在书房里埋头写作). ¶犯人は子供を人質に屋内に～った xiōngfàn bǎ háizi zuòwéi rénzhì kùnshǒu zài wūli (凶犯把孩子作为人质困守在屋里).

たてじま【縦縞】 shùtiáowén (竖条纹).

たて つ・く【楯突く】 dǐngzhuàng (顶撞), chōngzhuàng (冲撞), zuòduì (作对). ¶親に～く dǐngzhuàng fùmǔ (顶撞父母)/ gēn fùmǔ zuòduì (跟父母作对).

たてつけ【立て付け】 ¶戸の～が悪い mén zhuāngxiūde bù hǎo (门装修得不好).

たてつづけ【立て続け】 jiēlián (接连), liánxù (连续), yīlián (一连), jiēlián búduàn (连续不断), jiē'èr-liánsān (接二连三). ¶3時間～にしゃべりまくった jiēlián jiǎngle sān ge xiǎoshí de huà (接连讲了三个小时的话). ¶～に水を3杯飲んだ yīlián [yīliánqìr] hēle sān bēi shuǐ (一连[一连儿]喝了三杯水). ¶朝から～に客が来た cóng zǎoshang jiē'èr-liánsān láile kèrén (从早上接二连三来了客人).

たてつぼ【建坪】 jiànzhù miànjī (建筑面积). ¶～100平方メートル fángwū dìjī miànjī yìbǎi píngfāngmǐ (房底地面积一百平方米).

たてなお・す【立て直す】 ¶態勢を～す chóngzhěng qígǔ (重整旗鼓). ¶計画を～す chóngnǐ jìhuà (重拟计划). ¶赤字財政を～す chóngzhěng rù bù fū chū de cáizhèng (重整入不敷出的财政).

たてなお・す【建て直す】 fāngài (翻盖), fānxiū (翻修), gǎijiàn (改建). ¶家を～す fāngài fángzi (翻盖房子).

たてね【建値】 biāozhǔn jiàgé (标准价格).

たてひざ【立膝】 ¶～で座っている zhīqǐ yì tiáo tuǐ zuòzhe (支起一条腿坐着).

たてふだ【立札】 jiēshìpái (揭示牌), gàoshipái (告示牌). ¶～が立っている lìzhe jiēshìpái (立着揭示牌).

たてまえ【建前】 1〔棟上げ〕shàngliáng (上梁).
2〔原則〕yuánzé (原则), fāngzhēn (方针). ¶我が社の～としてそれは認められない àn wǒmen gōngsī de yuánzé bùnéng chéngrèn qí shì (按我们公司的原则不能承认其事). ¶私は1日2時間は読書するのを～としている wǒ guīdìng měitiān dú liǎng xiǎoshí de shū (我规定每天读两小时的书).

たてま・し【建増し】 tiān gài (添盖), zēng gài (增盖). ¶子供部屋を～する tiān gài háizi de fángjiān (添盖孩子的房间).

たてまつ・る【奉る】 ¶彼は名誉会長に～られた tā bèi pěngyōng wéi míngyù huìzhǎng (他被捧拥为名誉会长).

たてもの【建物】 jiànzhù (建筑), jiànzhùwù (建筑物).

たてやくしゃ【立役者】 táizhù (台柱), táizhùzi (台柱子). ¶彼はこの会の～だ tā shì zhège huì de táizhùzi (他是这个会的台柱子).

-だてら ¶女～に大酒を飲む yí ge nǚrénjiā jìng kuángyǐn xùjiǔ (一个女人家竟狂饮酗酒).

た・てる【立てる】 1〔縦に置く、縦に起す〕 lì (立), shù (竖), shùlì (竖立), shùqǐ (竖起). ¶柱を～てる shù zhùzi (竖柱子). ¶屏風を～てる zhìfàng píngfēng (置放屏风). ¶旗を～てる bǎ qízi shùqǐlai (把旗子竖起来). ¶道路標識を～てる lì lùbiāo (立路标). ¶片膝～てて座る zhīqǐ yì tiáo tuǐ zuò (支起一条腿坐). ¶コートの襟を～てて歩く shùqǐ dàyī lǐngzi zǒu (竖起大衣领子走).
2〔突き刺す〕 ¶指にとげを～てた shǒuzhǐ shang zhāle ge cì (手指上扎了个刺). ¶猫に爪を～てられた bèi māo zhuā le (被猫抓了).
3〔ある地位につかせる〕 ¶我が党は10人の候補者を～てて戦う wǒmen dǎng tuījǔchū shí ge hòuxuǎnrén cānjiā jìngxuǎn (我们党推举出十个候选人参加竞选). ¶目撃者を証人に～てる bǎ mùjīzhě zuòwéi zhèngren (把目击者作为证人).
4〔立ちのぼらせる〕 ¶トラックは砂煙を～てて走り去った kǎchē yángzhe chéntǔ fēishǐ guoqu (卡车扬着尘土飞驶过去). ¶やかんが湯気を～てている shuǐhú màozhe rèqì (水壶冒着热气).
5〔差し向ける〕 pài (派). ¶使者を～てる pài shǐzhě (派使者). ¶人を～てて交渉する pài rén qù jiāoshè (派人去交涉).
6〔風呂を〕 ¶毎日風呂を～てて入る měitiān shāo shuǐ xǐzǎo (每天烧水洗澡).
7〔波、泡などを〕 ¶モーターボートが白波を～てて走っている qìtǐng juǎnqǐ báilàng fēishǐzhe (汽艇卷起白浪飞驶着). ¶石鹸の泡を～てる shǐ féizào qǐmòr (使肥皂起沫儿).
8〔音を〕 ¶音を～てるな bié nòngchū shēngyīn lái! (别弄出声音来!). ¶赤ん坊は声を～てて笑った wáwa gēgēr xiào (娃娃格格儿笑). ¶石つぶてがうなりを～てて飛んできた sōu de yìshēng shítouzǐr fēile guòlái (嗖的一声石头子儿飞了过来).
9〔誓、志などを〕 ¶禁酒禁煙の誓を～てた fāshì jì yān jiè jiǔ (发誓忌烟戒酒). ¶志を～てて故郷を出る lì xióngxīn-dàzhì líkāi gùxiāng (立雄心大志离开故乡).
10〔保たせる〕 ¶義理を～てる jìn qíngfen (尽情分). ¶教師として暮しを～てる jiāoshū guò rìzi (教书过日子). ¶彼の顔を～ててやろう kànzài tā de miànzishang ba (看在他的面子上吧).
11〔広める〕 ¶学者として名を～てる zuòwéi xuézhě gōng chéng míng jiù (作为学者功成名就). ¶変な噂を～てられて迷惑している bèi rén sànbù wú zhōng shēng yǒu de yáoyán ér shāng nǎojīn (被人散布无中生有的谣言而伤脑筋).
12〔尊重する〕 ¶目上として～する dàngzuò qiánbèi zūnzhòng tā (当做前辈尊重他). ¶彼女は夫を～てて控え目に振舞った tā zūnjìng zhàngfu hěn sùcóng (她尊敬丈夫很谦和顺从). ¶あちらを～てればこちらが～たず gù cǐ shī bǐ, nándé liǎngquán (顾此失彼, 难得两全).

13〖定める〗dìng(定・订). ¶予算を～てる dìng[zào] yùsuàn(定[造]预算). ¶夏休みの計画を～てる dìng shǔjià de jìhuà(定暑假的计划). ¶目標を～てて勉強する quèdìng mùbiāo yònggōng xuéxí(确定目标用功学习). ¶仮説を～てる lì jiǎshuō(立假说).

た・てる【建てる】 gài(盖), gàijiàn(盖建), gàizào(盖造), xiūgài(修盖), xiūjiàn(修建), xiūzào(修造), jiànzhù(建筑). ¶彼は郊外に家を～てた tā zài jiāowài gàile fángzi(他在郊外盖了房子). ¶校舎を～てる jiànzhù xiàoshè(建筑校舍). ¶この寺は500年前に～てられた zhè zuò sìyuàn shì wǔbǎi nián yǐqián jiànzào de(这座寺院是五百年以前建造的). ¶記念碑を～てる jiànlì[shùlì] jìniànbēi(建立[树立]纪念碑).

た・てる【閉てる】 襖を～てる guānshàng [lāshang] zhǐgéshan(关上[拉上]纸隔扇).

たてわり【縦割り】 ¶～行政の弊害が出てきた zhíshàng zhíxià, méiyǒu héngxiàng guānxi de xíngzhèng jīzhì de bìbìng bàolù chūlai le(直上直下,没有横向关系的行政机制的弊病暴露出来了).

だでん【打電】 dǎ diànbào(打电报), pāi diànbào(拍电报), pāifā(拍发). ¶本社に～する gěi zǒnggōngsī dǎ diànbào(给总公司打电报).

たとい【仮令】 →たとえ(仮令).

だとう【打倒】 dǎdǎo(打倒). ¶内閣を～する dǎdǎo nèigé(打倒内阁). ¶～A校を目指して猛練習する yǐ dǎbài A xiào wéi mùbiāo měng liànxí(以打败A校为目标猛练习).

だとう【妥当】 tuǒdàng(妥当), tuǒshàn(妥善). ¶それは～な意見だ shìge yìjiàn tuǒdàng(那个意见妥当). ¶10万円が～な線でしょう shíwàn rìyuán suànshì qiàdàng de jīn'é ba(十万日元算是恰当的金额吧). ¶その措置は～を欠いている nàge cuòshī qiàntuǒ(那个措施欠妥).

タトゥー cìqīng(刺青), wénshēn(文身), diǎnqīng(点青), diāoqīng(雕青).

たとえ【仮令】 jiùshì(就是), nǎpà(哪怕), jíshǐ(即使), bùguǎn(不管), wúlùn(无论), búlùn(不论), zòng(纵), zòngrán(纵然), zòngshǐ(纵使), zònglìng(纵令). ¶～どんな困難があろうとやり抜く覚悟だ wúlùn yǒu shénme kùnnan[nǎpà yǒu tiāndà de kùnnan], wǒ yě juéxīn gàndàodǐ(无论有什么困难[哪怕有天大的困难],我也决心干到底). ¶冗談でもそんな事を言うものではない jiùshì kāi wánxiào, yě bù gāi shuō nà zhǒng huà(就是开玩笑,也不该说那种话). ¶～君の頼みでもそれは聞けない jíshǐ shì nǐ de qǐngqiú, wǒ yě bùnéng dāying(即使是你的请求,我也不能答应).

たとえ【譬え】 lì(例), lìzi(例子), bǐyù(比喻), pìyù(譬喻), bǐfang(比方), pìfāng(譬方). ¶～を引いて説明する jǔlì[dǎ bǐfang] shuōmíng(举例[打比方]说明). ¶世間一般の～に漏れない bù chū shìshàng de chánglì(不出世上的常例). ¶兎と亀の駆けくらべの～のように油断は大敵だ xiàng guī tù sàipǎo de yùyán shuō-

míng de nàyàng, shūhu shì dàdí(像龟兔赛跑的寓言说明的那样, 疏忽是大敌).

¶～話 bǐfang(比方)/ bǐyù(比喻)/ yùyán(寓言).

たとえば【例えば】 bǐrú(比如), pìrú(譬如), lìrú(例如). ¶私は作曲家では古典派、～モーツァルトが好きです zài zuòqǔjiā li wǒ xǐhuan gǔdiǎnpài, bǐrú Mòzhātè(在作曲家里我喜欢古典派, 比如莫扎特). ¶～こんな時君ならどうする bǐrú[bǐfang] shuō zhèyàng de shíhou nǐ zěnme bàn?(比如[比方]说这样的时候你怎么办?).

たと・える【譬える】 bǐyù(比喻), bǐfang(比方), bǐzuò(比做), dǎbǐ(打比), bǐnǐ(比拟). ¶彼女は花に～えると白百合だ yàoshì yòng huā lái bǐfang, tā jiùshì bái bǎihé(要是用花来比方,她就是白百合). ¶その美しさは～えようもない qí měi shì "wúfǎ bǐnǐ"[bùkě yánzhuàng]de(其美是"无法比拟"[不可言状]的).

たどく【多読】 fàn dú(泛读), duō dú(多读).

たどたどし・い ¶～い足どりで歩く jiǎobù pánshān de zǒuzhe(脚步蹒跚地走着). ¶～い日本語でしゃべる yòng "jiējiē-bābā"[bànshēng-bùshú] de Rìyǔ shuō(用"结结巴巴"[半生不熟]的日语说). ¶～い文章 bù tōngshùn de wénzhāng(不通顺的文章).

たどりつ・く【辿り着く】 ¶やっと山頂に～いた hǎoróngyi cái pāndēng dào shāndǐng(好容易才攀登到山顶).

たど・る【辿る】 ¶足どりも軽く家路を～る jiǎobù qīngkuài de tàshang guītú(脚步轻快地踏上归途). ¶犯人の足跡を～って行く zhuīzōng zuìfàn(追踪罪犯). ¶松尾芭蕉の足跡を～る zhuīxún Sōngwěi Bājiāo de zújì(追寻松尾芭蕉的足迹). ¶おぼろげな記憶を～って尋ね歩く kàozhe móhu de jìyì xúnfǎng(靠着模糊的记忆寻访). ¶彼女は数奇な運命を～った tā jīnglìle kǎnkě de mìngyùn(她经历了坎坷的命运). ¶工業は発展の一途を～っている gōngyè rìyì fāzhǎn(工业日益发展).

たな【棚】 **1** gēbǎn(搁板). ¶～をつる dìng gēbǎn(钉搁板). ¶～からぼた餅 fú zì tiān jiàng(福自天降). ¶自分のことは～に上げて人のことばかり言う zìjǐ de shìqing bù shuō, jìng shuō biéren(自己的事情不说, 净说别人).

2〖藤などの〗jià(架), péng(棚). ¶ぶどう～を作る dā pútaojià(搭葡萄架).

¶～藤 ténglúojià(藤萝架).

たなあげ【棚上げ】 gēzhì(搁置). ¶その問題は一時～になった nàge wèntí zànshí bèi gēzhì le(那个问题暂时被搁置了).

たなおろし【店卸】 páncún(盘存), pánhuò(盘货), pándiǎn(盘点). ¶～につき本日休業 yīnwei pánhuò běnrì tíngzhǐ yíngyè(因为盘货本日停止营业). ¶上役の～をする tiāo shàngsi de máobing(挑上司的毛病).

たなこ【店子】 zūfángrén(租房人), fángkè(房客).

たなごころ【掌】 zhǎng(掌), shǒuzhǎng(手掌), zhǎngxīn(掌心), shǒuxīn(手心). ¶彼女は～

を返すように冷淡になった tā fānliǎn tàidu biànde lěngdàn le(她翻脸态度变得冷淡了). ¶それは～を指すように明白だ nà liǎo rú zhǐzhǎng, qīngqīng-chǔchǔ(那了如指掌,清清楚楚). ¶～を返すように簡単だ yì rú fǎnzhǎng(易如反掌).

たなざらえ【棚浚え】 ¶夏物の～ jiànmài[shuǎimài] xiàyī cúnhuò(贱卖[甩卖]夏存货).

たなざらし【店晒し】 ¶～になって色のあせたネクタイ chénliè guòjiǔ tuìle shǎi de lǐngdài(陈列过久退了色的领带). ¶～の案件 bèi shù zhī gāogé de ànjiàn(被束之高阁的案件).

たなばた【七夕】 qīxī(七夕).

たなび・く【棚引く】 ¶野に山に夕霞が～く mù'ǎi xuánguà zài shānyě(暮霭悬挂在山野).

たなん【多難】 ¶まだまだ前途は～である qiántú hái yǒu chóngchóng kùnnan(前途还有重重困难). ¶彼は～な一生を送った tā dùguòle duō nàn de yīshēng(他度过了多难的一生).

たに【谷】 gǔ(谷), shāngǔ(山谷), shāngōu(山沟), gōuhè(沟壑). ¶気圧の～ qìyāgǔ(气压谷)/ dīyācāo(低压槽).

だに【蜱】 pí(蜱), bìshī(壁虱), mǎn(螨). ¶町の～ zhènshang de dìpǐ(镇上的地痞).

たにあい【谷間】 shāngōu(山沟), shāngǔ(山谷). ¶～の寒村 shāngōu de qióngxiāng pǐràng(山沟的穷乡僻壤).

たにがわ【谷川】 xījiàn(溪涧), shānjiàn(山涧), xīliú(溪流). ¶～のせせらぎが聞える tīngjian xījiàn chánchán liúshuǐshēng(听见溪涧潺潺流水声).

たにし【田螺】 tiánluó(田螺).

たにそこ【谷底】 ¶足を踏み外して～に落ちた yī jiǎo cǎi kōng diàodào shāngǔ dǐxia qù le(一脚踩空掉到山谷底下去了). ¶景気は今年あたりが～だろう shìmiàn jǐngkuàng jīnnián suàn diēdào gǔdǐ le ba(市面景况今年算跌到谷底了吧)/ jīnnián jǐngqì shì zuì bùjǐngqì de le(今年恐怕是最不景气的了).

たにま【谷間】 shāngǔ(山谷), shānjiàn(山涧), shāngōu(山沟), gōuhè(沟壑). ¶～は一日中日が当らない zài dàlóu zhī jiān zhěngtiān zhàobudào tàiyáng(在大楼之间整天照不到太阳).

たにん【他人】 **1**〔自分以外の人〕biéren(别人), tārén(他人), rénjia(人家), pángrén(旁人). ¶～の事など構っていられない gùbude biéren de shì(顾不得别人的事). ¶彼女は子供のことは気にし過ぎる tā tài gùlǜ pángrén de yìjian(他太顾虑旁人的意见). ¶彼女は子供のことは～任せだ tā bǎ háizi de shì quán wěijǐ tārén zhī shǒu(她把孩子的事全委于他人之手).

2〔親族でない人〕wàirén(外人). ¶～を交えずに話し合った méiyǒu wàirén cānyù jìnxíngle shāngyì(没有外人参与进行了商议). ¶あの人は私とは赤の～です tā gēn wǒ jì bù zhānqīn yě bú dàigù(他跟我既不沾亲也不带故). ¶人の飯を食って苦労する chángcháng duān rénjia fànwǎn de zīwèi(尝尝端人家饭碗的滋味). ¶遠い親類より近くの～ yuǎnqīn bùrú jìnlín

(远亲不如近邻)/ yuǎn shuǐ bú jiù jìn huǒ(远水不救近火)/ yuǎn shuǐ jiěbuliǎo jìn kě(远水解不了近渴). ¶それは～の空似だ nà zhǐshì zhǎngxiàng hěn xiàng de mòshēngrén bàle(那只是长相很像的陌生人罢了). ¶〔関係のない人〕júwàirén(局外人), wàirén(外人), pángrén(旁人). ¶ここは～の出る幕ではない zhè bú shì júwàirén chūtóu de shì(这不是局外人出头的事). ¶～からとやかく言われる筋合はない wúxū wàirén duōzuǐ-duōshé(无须外人多嘴多舌). ¶～扱いはしてくれるな búyào zhème wàirén kàndài(不可要当外人看待)/ bié tài"jiànwài[wàidao] le(别太"见外[外道]了). ¶～行儀な挨拶をする shuō jiànwài de kètàohuà(说见外的客套话).

たにんずう【多人数】 ¶～の家庭はやりくりが大変だ rénkǒu duō de jiātíng shēngjì hěn nán cāochí(人口多的家庭生计很难操持).

たぬき【狸】 hé(貉), háozi(貉子), lí(狸). ¶取らぬ～の皮算用 dǎ rúyì suànpan(打如意算盘). ¶～寝入りをする zhuāng shuì(装睡). ¶～おやじ lǎohuátóu(老滑头).

たね【種】 **1**〔種子〕zhǒngzǐ(种子), zhǒng[r](种[儿]), zǐshí(子实·籽实), zǐlì(子粒·籽粒), zǐ[r](子[儿]·籽[儿]), hé[r](核[儿]), hú[r](核[儿]). ¶柿の～ shìzihúr(柿子核儿). ¶みかんの～ júzizǐr(橘子子儿). ¶ぶどうの～ pútaozǐr(葡萄子儿). ¶西瓜の～ xīguāzǐr(西瓜子儿). ¶花の～ huāzǐr(花子儿). ¶桃の～ táohé(桃核). ¶なつめの～ zǎohúr(枣核儿). ¶畑に～をまく wàng dì lǐ sǎzhǒng(往地里撒种). ¶朝顔の～をとる cǎi qiānniúhuā de zhǒngzǐ(采牵牛花的种子). ¶まかぬ～は生えぬ chūn bú zhòng, qiū bù shōu(春不种,秋不收)/ zhòng dòu dé dòu, zhòng guā dé guā(种豆得豆,种瓜得瓜). ¶～なし西瓜 wúzǐ xīguā(无子西瓜).

2〔子種、血筋〕 ¶この馬は～がよい zhè mǎ shì liángzhǒng(这马是良种). ¶子を宿した huáiyùn le(怀孕了). ¶～豚 zhǒngzhū(种猪). ¶～馬 zhǒngmǎ(种马).

3〔原因、材料〕 ¶自分でまいた～ zìjǐ bōxià de nièzhǒng(自己播下的孽种)/ zìjǐ liúxià de huògēn(自己留下的祸根). ¶この子が私の苦労の～です zhè háizi shì wǒ de xīnbìng(这孩子是我的心病). ¶話の～に見ておこう wèile tiān ge xīn tánzī qù chǒuchou(为了添个新谈资去瞅瞅). ¶そんな事をしたら物笑いの～になる zuò nà zhǒng shì kě yào liúxià "huàbàr[huàbǐr] jiào rén xiàohua de(做那种事可要留下"话把儿叫人笑话的).

たねあかし【種明し】 ¶手品の～をする liàng xìfǎr de dǐr(亮戏法儿的底儿).

たねあぶら【種油】 càiyóu(菜油).

たねいも【種芋】 shǔzhǒng(薯种).

たねうし【種牛】 zhǒngniú(种牛).

たねうま【種馬】 zhǒngmǎ(种马).

たねぎれ【種切れ】 ¶もう話は～だ zài yě méiyǒu huàtí kě shuō le(再也没有话题可说了).

たねつけ【種付け】 pèizhǒng(配种). ¶馬の～

たねほん【種本】 lánběn (蓝本). ¶《今昔物語》をしねほんにして小説を書く yǐ《Jīnxī Wùyǔ》wéi lánběn xiě xiǎoshuō (以《今昔物语》为蓝本写小说).

たねまき【種蒔】 bōzhǒng (播种). ¶今は麦の～時期だ xiànzài zhèngshì bōzhǒng màizi de shíling (现在正是播种麦子的时令). ¶大根の～をする bōzhǒng luóbo (播种萝卜).

たねん【多年】 duōnián (多年). ¶～の努力がついに実った duōnián de nǔlì zhōngyú jiēle shuòguǒ (多年的努力终于结了硕果). ¶彼とは～の付き合いだ wǒ hé tā shì duōnián de jiāoqíng (我和他是多年的交情).
¶～生植物 duōniánshēng zhíwù (多年生植物).

-だの ¶とんぼ～蝶～がたくさん飛んでいる qīngtíng ya, húdié ya, dàochù fēizhe (蜻蜓呀,蝴蝶呀,到处飞着). ¶好き～嫌い～言わずに何でも食べなさい bié shuō ài chī zhè bú ài chī nà de, shénme dōu děi chī (别说爱吃这不爱吃那的,什么都得吃).

たのし・い【楽しい】 kuàilè (快乐), kuàihuo (快活), yúkuài (愉快). ¶子供たちを教えることは～い jiāo háizimen shì hěn yúkuài de (教孩子们是很愉快的). ¶一日を～く遊んだ yúkuài de wánrle yì tiān (愉快地玩了一天). ¶今日の会は本当に～かった jīntiān de huì kāide kě zhēn yúkuài (今天的会开得可真愉快). ¶おじいさんは孫たちに囲まれて実に～そうだ yéye bèi sūnzimen wéizhe xiǎnde hěn gāoxìng (爷爷被孙子们围着显得很高兴). ¶～い祭の日 huānlè de jiérì (欢乐的节日).

たのしみ【楽しみ】 lèqù (乐趣), kuàilè (快乐). ¶私の～は魚釣だ wǒ de lèqù shì diàoyú (我的乐趣是钓鱼). ¶晩酌が何よりの～だ wǎnfàn shí hē yì zhōng jiǔ shì wǒ zuì dà de kuàilè (晚饭时喝一盅酒是我最大的快乐). ¶目にかかれる日を～に待っています rèqiè pànwàng néng jiàndào nín de nà yì tiān (热切盼望能见到您的那一天).

たのし・む【楽しむ】 xīnshǎng (欣赏), xiǎngshòu (享受), qǔlè (取乐), zuòlè (作乐), xínglè (行乐). ¶彼は人生を～んでいる tā xiǎngshòuzhe rénshēng de lèqù (他享受着人生的乐趣). ¶私は旅行を十分に～んだ wǒ bǎochángle lǚxíng de kuàilè (我饱尝了旅行的快乐). ¶皆が陽気に騒ぐ中で彼ひとり～まない様子だった dàjiā gāoxìng de nàozhe, tā yí ge rén què yàngyàng-bùlè (大家高兴地闹着,他一个人却怏怏不乐). ¶公園の花は満開で訪れる人の目を～ませている gōngyuánlǐ huār shèngkāi, shǐ láifǎng de rén shǎngxīn-yuèmù (公园里花儿盛开,使来访的人赏心悦目). ¶この前の日曜日はひとりでレコードを～しんだ shàng ge xīngqītiān wǒ yí ge rén xīnshǎngle chàngpiàn (上个星期天我一个人欣赏了唱片).

たのみ【頼み】 **1**〔依頼〕 ¶私の～をきいてもらえませんか nǐ néng bu néng dāying wǒ de qǐngqiú? (你能不能答应我的请求?). ¶あなたにひとつ～がある wǒ yǒu yí jiàn shì qiú nǐ (我有一件事求你).
2〔たより〕 ¶あの人は～にならない nàge rén kàobuzhù (那个人靠不住). ¶～に思う息子を事故で亡くした zhǐwàngzhe de érzi, què yīn shìgù qùshì le (指望着的儿子,却因事故去世了). ¶～の綱が切れた shīqùle zhǐkào (失去了指靠). ¶苦しい時の神～ píngshí bù shāoxiāng, jí lái bào fójiào (平时不烧香,急来抱佛脚). ¶君だけが～の綱だ zhǐyǒu nǐ cái shì wǒ suǒ néng yīkào de (只有你才是我所能依靠的).

たの・む【頼む】 **1**〔依頼する〕 qiú (求), qǐngqiú (请求), kěnqiú (恳求), yāngqiú (央求), āiqiú (哀求); tuō (托), tuōfù (托付), bàituō (拜托), wěituō (委托), qǐngtuō (请托), yāngtuō (央托), zhǔtuō (嘱托). ¶あなたに～みたいことがある wǒ yǒu shì xiǎng qiú nǐ (我有事想求你). ¶～むからそれだけは止めてくれ qiúqiu nǐ! bié zuò nà zhǒng shì (求求你! 别做那种事). ¶あの人は～まれて嫌とは言えないたちだ tā shì ge biérén yāoqiú jiù jùjué bu liǎo de rén (他是个别人要求就拒绝不了的人)/ tā shì yǒu qiú bì yìng de rén (他是有求必应的人). ¶あとの事はよろしく～む yǐhòu de shì dōu bàituō nǐ le (以后的事都拜托你了). ¶手紙を～まれてきした wǒ shāolaile rén tuō wǒ de xìn (我捎来了人托我的信). ¶ちょっと用事を～まれてくれないか tuō nǐ bàn diǎnr shì xíng ma? (托你办点儿事行吗?). ¶息子に家庭教師を～む gěi érzi qǐng jiātíng jiàoshī (给儿子请家庭教师). ¶弁護士を～んで訴えを起す qǐng lǜshī dǎ guānsi (请律师打官司).
2〔たよる〕 kào (靠), zhǐkào (指靠), zhàng (仗). ¶味方に～む友もない kě méiyǒu kě zhǐkào de péngyou (也没有可指靠的朋友). ¶彼等は権勢を～んで暴行を働いた tāmen zhàngshì de rén (他们仗势行凶). ¶己れの才を～む yīzhàng zìjǐ de cáinéng (依仗自己的才能)/ shì cái (恃才).

たのもし・い【頼もしい】 ¶彼は～い若者だ tā shì ge yǒu chūxi de qīngnián (他是个有出息的青年). ¶がっちりした体格がいかにも～く見える shēnqiáng-tǐzhuàng ràng rén juéde kàodezhù (身强体壮让人觉得靠得住).

たば【束】 kǔn (捆), shù (束), zā (扎), dá[r] (沓[ル]), dázi (沓子). ¶稲を～にする bǎ dàozi kǔnchéng kǔn (把稻子捆成捆). ¶書類の～ wénjiàn yí shù (文件一束). ¶1人2人は面倒だ,～になってかかってこい yí ge liǎng ge xián máfan, nǐmen chéngqún jiéhuǒ chōng lǎozi lái ba (一个两个嫌麻烦,你们成群结伙冲老子来吧). ¶1～の花 yí shù xiānhuā (一束鲜花). ¶薪10～ shí kǔn pǐchai (十捆劈柴).

だ・ば【打破】 ¶敵を～する dǎbài[dǎdǎo/dǎkuǎ] dírén (打败[打倒/打垮]敌人). ¶悪習を～する xiāomiè bìxí (消灭恶习).

だば【駄馬】 **1**〔下等の馬〕 númǎ (驽马).
2〔荷馬〕 tuómǎ (驮马).

タバコ【煙草】 yān（烟）, xiāngyān（香烟）, juǎnyān（卷烟）, zhǐyān（纸烟）, yānjuǎnr（烟卷儿）;〔植物〕yāncǎo（烟草）. ¶〜を吸う xī［chōu／chī］yān（吸［抽／吃］烟）. ¶〜に火をつける diǎn yānjuǎnr（点烟卷儿）／diǎn yì zhī yān（点一支烟）. ¶健康のために〜をやめた wèile jiànkāng wǒ jièyān le（为了健康我戒烟了）. ¶くわえ〜で新聞をよんでいる diāozhe yānjuǎnr kàn bào（叼着烟卷儿看报）. ¶ほんの〜銭ですが zhǐ búguò shì mǎi hér yān de qián（只不过是买盒儿烟的钱）.

¶〜入れ yānhér（烟盒儿）. 〜盆 yānjùpán（烟具盘）. 〜屋 yānpù（烟铺）. 嗅ぎ〜 bíyān（鼻烟）. 紙巻〜 zhǐyān（纸烟）／juǎnyān（卷烟）／xiāngyān（香烟）／yānjuǎnr（烟卷儿）. 刻み〜 yānsī（烟丝）. パイプ〜 yāndǒusī（烟斗丝）／dǒuyānsī（斗烟丝）. 葉〜 yèziyān（叶子烟）. 葉巻〜 xuějiā（雪茄）／yānjuǎn（烟卷）.

たはた【田畑】 tiándì（田地）, tiánmǔ（田亩）, tiánchóu（田畴）. ¶〜を耕す gēng tián［dì］（耕田［地］）／gēngzhòng tǔdì（耕种土地）.

たはつ【多発】 事故〜地域 shìgù pínfā dìqū（事故频发地区）.

たば・ねる【束ねる】 shù（束）, kǔn（捆）, zā（扎）. ¶摘んできた花を〜ねる bǎ zhāi de huā shùchéng yì kǔnr（把摘的花束成一捆儿）. ¶薪を一つに〜ねておく bǎ mùchái kǔnzài yìqǐ（把木柴捆在一起）. ¶彼女は長い髪を〜ねている tā bǎ cháng tóufa zāzhe（她把长头发扎着）／tā de chángfà zāzhe（她的长发扎着）.

たび【度】 cì（次）, dù（度）, tàng（趟）, biàn（遍）. ¶この〜は大変お世話になりました zhè cì duō méng nín zhàogù（这次多蒙您照顾）. ¶これを見る〜に故郷を思い出す měiféng kàndào zhège jiù xiǎngqǐ gùxiāng lai（每逢看到这个就想起故乡来）. ¶何度やってもそのへに失敗した shìle hǎo jǐ huí, měi huí dōu shībài le（试了好几回, 每回都失败了）. ¶〜〜重なる災難にすっかり気を落とした zāinàn jiēlián líntóu, wánquán huīxīn-sàngqì le（灾难接连临头, 完全灰心丧气了）.

たび【旅】 lǚxíng（旅行）. ¶日本一周の〜に出る qù zhōuyóu Rìběn（去周游日本）. ¶気分転換に3, 4〜をするつもりだ wǒ wèile huànhuan xīnqíng, dǎsuàn qù lǚxíng liǎng, sān tiān（我为了换换心情, 打算去旅行两, 三天）. ¶どうせ急ぐ〜ではない fǎnzheng yě bú shì shénme zháojí qù de lǚxíng（反正也不是什么着急去的旅行）. ¶〜に慣れている tā lǚxíng guàn le（他旅行惯了）. ¶〜の空で家族を思う zài lǚtú xiǎngniàn jiālirén（在旅途思念家里人）. ¶長〜の疲れをいやす xiāochú chángtú lǚxíng de píláo（消除长途旅行的疲劳）. ¶〜は道づれ世は情 chūmén kào lǚbàn, chǔshì kào rénqíng（出门靠旅伴, 处世靠人情）. ¶〜の恥はかき捨て lǚtú zhōng de chǒushì, bú dàng huí shì（旅途中的丑事, 不当回事）. ¶可愛い子には〜をさせよ yào ràng háizi jīng fēngyǔ, jiàn shìmiàn（要让孩子经风雨, 见世面）.

たび【足袋】 《説明》和式短袜子.

だび【茶毘】 chápí（茶毗）, túpí（荼毗）. ¶〜に付する jìnxíng huǒhuà（进行火化）.

たびさき【旅先】 〜で病気になった zài lǚtú bìngdǎo le（在旅途病倒了）.

たびじ【旅路】 lǚtú（旅途）, lǚchéng（旅程）. ¶〜の景色を楽しみながら目的地に向かう yí lù shàng xīnshǎng lǚtú fēngguāng, qiánwǎng mùdìdì（一路上欣赏旅途风光, 前往目的地）. ¶長の〜に就く tàshàng màncháng de lǚchéng（踏上漫长的旅程）.

たびじたく【旅支度】 ¶〜を整える zhěnglǐ xíngzhuāng（整理行装）.

タピストリー Ōuzhōu bìtǎn（欧洲壁毯）.

たびだ・つ【旅立つ】 chūfā（出发）, qǐchéng（起程）, qǐchéng（启程）, qǐshēn（起身）, dòngshēn（动身）. ¶一行は空路ロンドンへと〜った yìxíng chéngjī qiánwǎng Lúndūn le（一行乘机前往伦敦了）.

たびたび【度度】 lǚcì（屡次）, zàisān（再三）. ¶〜の催促にもかかわらず彼は返さない suī jīng lǚcì cuīcù, dàn tā réng bù huán（虽经屡次催促, 但他仍不还）. ¶〜御面倒をかけて申訳ありません gěi nín zàisān tiānle máfan, shízài bàoqiàn（给您再三添了麻烦, 实在抱歉）. ¶彼とは〜会っている wǒ gēn tā chángcháng xiāngyù（我跟他常常相遇）.

たびびと【旅人】 lǚrén（旅人）.

たびょう【多病】 duō bìng（多病）. ¶才子〜 cáizǐ duō bìng（才子多病）.

ダビング ［コピー］zhuǎnlù（转录）;〔アフレコ〕pèiduìbái（配对白）, pèiyīn（配音）, hòuqí lùyīn（后期录音）.

タフ ¶彼女は本当に〜だ tā kě zhēn bù zhīdào lèi（她可真不知道累）. ¶あの人は精神的に大変〜だ nà rén jīngshén jiānrěn, chāohū xúncháng（那人精神坚韧, 超乎寻常）.

タブ zhìbiǎo（制表）.

タブー jìnjì（禁忌）, jìhuì（忌讳）. ¶あの山は女が登るのは〜になっていた nà zuò shān nǚrén pāndēng céng shì jìnjì（那座山女人攀登曾是禁忌）. ¶彼の前でこの話は〜だ zhè huà kě jìhuì zài tā miànqián shuō（这话可忌讳在他面前说）.

だぶだぶ ¶〜のオーバー yòu féi yòu dà de dàyī（又肥又大的大衣）. ¶やせたので今までの服が〜になってしまった shòu le, yǐqián chuān de yīfu dōu xián tài féi（瘦了, 以前穿的衣服都嫌太肥）. ¶〜と締りのない xūpàng de shēnzi（虚胖的身子）. ¶水を飲みすぎておなかが〜する hēle yídùzi shuǐ zhàngde huāng（喝一肚子水胀得慌）.

だぶつく 1 ［余る］guòshèng（过剩）. ¶市场に冬物が〜いている shìchǎng shang de dōngzhuāng guòshèng（市场上的冬装过剩）.

2 ［だぶだぶ］féi（肥）, féidà（肥大）. ¶ズボンが〜く kùzi féidà（裤子肥大）.

ダフや【ダフ屋】 piàofànzi（票贩子）, huángniú（黄牛）.

たぶらか・す【誑かす】 kuāngpiàn（诓骗）. ¶人を〜して財産をまきあげる piànqǔ biérén de cái-

chǎn(骗取别人的财产).
- **ダブ・る** ¶同じ本を～って買ってしまった bǎ shū mǎichóng le(把书买重了). ¶今度の日曜日は祭日と～っている zhège xīngqīrì hé jiérì gǎnzài yì tiān le(这个星期日和节日赶在一天了).
- **ダブル** shuāng(双). ¶～の上着 shuāngpáikòur shàngyī(双排扣儿上衣). ¶～幅 shuāngfú(双幅). ～ベッド shuāngrénchuáng(双人床).
- **ダブルス** shuāngdǎ(双打). ¶混合～ hùnhé shuāngdǎ(混合双打). 男子[女子]～ nánzǐ[nǚzǐ] shuāngdǎ(男子[女子]双打).
- **タブレット** 1[錠剤] dìngjì(锭剂), yàopiàn(药片).
  2[通行票] lùqiān(路签).
- **タブロイドばん**【タブロイド判】 duìkāibǎn(对开版).
- **たぶん**【他聞】 ¶～をはばかる pà tārén tīngjian(怕他人听见).
- **たぶん**【多分】 1[かなり, 沢山] xiāngdāng(相当), pō(颇), hěn(很). ¶彼は絵の才能を～に持っている tā hěn yǒu huìhuà de cáinéng(他很有绘画的才能). ¶現代の若者にはそういう傾向が～にある xiànzài de niánqīngrén pō yǒu nà zhǒng qīngxiàng(现在的年轻人颇有那种倾向).
  2[おそらく] dàgài(大概), kǒngpà(恐怕), héngshi(横是), dàbàn(大半), zuòxing(作兴). ¶今なら彼は～家にいるでしょう yàoshi xiànzài, tā dàgài huì zàijiā ba(要是现在, 他大概会在家吧). ¶～明日は雨だろう míngtiān kǒngpà huì xiàyǔ ba(明天恐怕会下雨吧).
- **たべごろ**【食べ頃】 ¶柿はちょうど今が～です shìzi xiànzài zhèngshì hǎochī de jìjié(柿子现在正是好吃的季节).
- **たべざかり**【食べ盛り】 ¶～の子供 zhèng néng chī de háizi(正能吃的孩子).
- **たべ・すぎる**【食べ過ぎる】 chīguòduō(吃过多). ¶～ぎて腹をこわした chīguòduō chīhuàile dùzi(吃过多吃坏了肚子). ¶～ぎは胃に悪い, chīguòduō duì wèi bù hǎo(吃过多对胃不好).
- **たべつ・ける**【食べ付ける】 ¶～けないものを食べておなかをこわした chīle bù héshí [chībufú/chībuguàn] de dōngxi, nàole dùzi(吃了不合适[吃不服/吃不惯]的东西, 闹了肚子).
- **たべもの**【食べ物】 shíwù(食物), chīshí(吃食), chīr(吃儿). ¶～を粗末にしてはいけない bùdé zāota chī de dōngxi(不得糟蹋吃的东西). ¶彼は～にうるさい tā duì chī de hěn jiǎngjiu(他对吃的很讲究).
- **た・べる**【食べる】 chī(吃). ¶遠慮せずにいっぱい～べて下さい búyào kèqi, duō yòng diǎnr ba(不要客气, 多用点儿吧). ¶昨日から何も～ていない cóng zuótiān qǐ shénme yě méiyǒu chī(从昨天起什么也没有吃). ¶何か～べるのはないか yǒu shénme chī de méiyǒu?(有什么吃的没有?). ¶これは生でも～べられます zhège kěyǐ shēngchī(这个可以生吃). ¶ここは毒だから～べられない zhèr yǒu dú chībude(这儿有毒吃不得). ¶こんなものまずくて～べる気がしない zhè zhǒng dōngxi nánchīde hěn, jiǎnzhí yàn bu xiàqù(这种东西难吃得很, 简直咽不下去). ¶こんなに沢山は～べきれない zhème duō dōngxi chībuliǎo(这么多东西吃不了). ¶毎日卵ばかりで～べ飽きてしまった měitiān jìng chī jīdàn dōu chīnì le(每天净吃鸡蛋都吃腻了). ¶子供にご飯を～べさせる gěi háizi wèi fàn(给子供喂饭). ¶こんな給料では家族5人～べていけない zhèmediǎnr gōngzī, yijiā wǔ kǒu rén wúfǎ húkǒu(这么点儿工资, 一家五口人无法糊口). ¶金利で～べている kào lìxī shēnghuó(靠利息生活).
- **たべん**【多弁】 ¶彼は酒がまわるにつれて～になった suízhe jiǔjìnr shànglai, tā huà duō le(随着酒劲儿上来, 他话多了).
- **だべん**【駄弁】 fèihuà(废话). ¶～を弄する shuō fèihuà(说废话)/ xiánchě(闲扯)/ chědàn(扯淡).
- **たへんけい**【多辺形】 duōbiānxíng(多边形).
- **だほ**【拿捕】 bǔhuò(捕获). ¶敵艦を～する bǔhuò díjiàn(捕获敌舰). ¶漁船が～された yúchuán bèi kòuliú le(渔船被扣留了).
- **たほう**【他方】 lìng yí ge(另一个); qítā fāngmiàn(其他方面), lìng yì fāngmiàn(另一方面). ¶一方は長すぎるが～は短すぎる yí ge tài cháng, lìng yí ge tài duǎn(一个太长, 另一个太短). ¶登山隊は輝かしい成功を収めたが～では大きな犠牲を出した dēngshānduì huòdé huīhuáng de chénggōng, dàn lìng yì fāngmiàn què fùchūle hěn dà de xīshēng(登山队获得辉煌的成功, 但另一方面却付出了很大的牺牲).
- **たぼう**【多忙】 máng(忙), fánmáng(繁忙), mánglù(忙碌). ¶連日～をきわめている měitiān jí mánglù(每天极为忙碌). ¶今月は特に～な毎日だった zhège yuè měitiān mángde xiéhu(这个月每天忙得邪乎). ¶御～の折とは存じますが万障お繰り合せのうえ御出席下さい liàngbì shì duō fánmáng, shàng qǐng qūjià(谅必事多繁忙, 尚请屈驾).
- **たぼう**【多望】 ¶前途～の青年 qiántú yǒuwàng de qīngnián(前途有望的青年).
- **たほうめん**【多方面】 duō fāngmiàn(多方面). ¶あの人の知識は～にわたっている tā de zhīshi shì duō fāngmiàn de(他的知识是多方面的). ¶彼は～に友人を持っている tā yǒu duō fāngmiàn de péngyou(他有多方面的朋友).
- **だぼく**【打撲】 ¶全身～で重態である quánshēn zhuàngshāng, shāngshì yánzhòng(全身撞伤, 伤势严重).
  ¶～傷 ōushāng(殴伤)/ zhuàngshāng(撞伤)/ shuāishāng(摔伤)/ cuòshāng(挫伤)/ dǎshāng(打伤).
- **だぼら**【駄法螺】 ¶～を吹く chuī(吹)/ chuīniú(吹牛)/ chuīniúpí(吹牛皮)/ kuā hǎikǒu(夸海口)/ shuō dàhuà(说大话).
- **たま** ¶～の休みだ, ゆっくり寝たい nánde de jiàrì, wǒ xiǎng hǎohāor shuì yí jiào(难得的假日, 我想好好儿睡一觉). ¶～には遊びに来て下さい yǒu kòng qǐng lái wánr ba(有空请来

たま【玉・珠・球・弾】 **1**〔珠 玉〕zhū(珠), yù(玉), zhūcuì(珠翠). ¶王冠には大小の〜がちりばめられている wángguān shang qiànzhe dàxiǎo zhūcuì(王冠上嵌着大小珠翠). ¶彼はひとり娘を掌中の〜と慈しんだ tā duì dúshēng nǚ'ér ài rú ˇzhǎngshàng míngzhū[zhǎngzhū](他对独生女儿爱如ˇ掌上明珠[掌珠]). ¶彼は人柄はいいがどうも忘れっぽいのが〜に傷だ tā rén hěn hǎo, zhǐ shì měizhōng-bùzú de shì hào wàng shì(他人很好, 只是美中不足的是好忘事). ¶〜をころがすような声 yóurú zhūyuán-yùrùn de shēngyīn(犹如珠圆玉润的声音). ¶〜のような男の子が生れた shēngle ge měi rú yù de nánháizi(生了个美如玉的男孩子). ¶〜磨かざれば光なし zhū bù mó bú liàng(珠不磨不亮)/ yù bù zhuó bù chéng qì(玉不琢不成器).

2〔ボール〕qiú(球). ¶〜を投げる rēng[tóu] qiú(扔[投]球). ¶〜を突く dǎ dànzi(打弹子).

3〔電球〕dēngpào(灯泡). ¶〜が切れた dēngpàosīr duàn le(灯泡丝儿断了).

4〔レンズ〕ˇyǎnjìng. ¶眼鏡の〜が割れた yǎnjìngpiàn suì le(眼镜片碎了).

5〔球状のもの〕¶額に〜の汗が流れている éshang hàn liú rú zhù(额上汗流如注). ¶糸のはしに〜をつくる xiàntóu dǎ jiézi(线头打结子). ¶算盤の〜 suànpánzǐr(算盘子儿). ¶露の〜 lùzhū(露珠). ¶目の〜 yǎnzhū(眼珠)/ yǎnzhūzi(眼珠子). ¶10円の〜 shí rìyuán tóngzǐr(十日元铜子儿).

¶ガラスの〜 bōliqiúr(玻璃球儿). 毛糸〜 máoxiàntuán(毛线团). 風船〜 qìqiú(气球).

6〔弾丸〕zǐdàn(子弹), dànwán(弹丸), qiāngzǐr(枪子儿), qiāngdàn(枪弹), pàodàn(炮弹). ¶銃に〜を zhuāng zǐdàn(装子弹). ¶〜は頭に命中した zǐdàn jīzhòngle nǎodai(子弹击中了脑袋).

たま・げる【魂消る】 xiàsǐ(吓死), xiàrén(吓人). ¶突然大きな音がしたので〜げた tūrán yì shēng jùxiǎng bǎ wǒ xiàle yí dà tiào(突然一声巨响把我吓了一大跳).

たまご【卵】 dàn(蛋), zǐ[r](子[儿]), luǎn(卵). ¶にわとりの〜 jīdàn(鸡蛋)/ jīzǐr(鸡子儿). ¶あひるの〜 yādàn(鸭蛋). ¶鮭の〜 dàmǎhāyúzǐ(大麻哈鱼子). ¶蛙の〜 qīngwāluǎn(青蛙卵). ¶蚕蛾の〜 cán'é de ˇluǎn[luǎnli](蚕蛾的ˇ卵[卵粒]). ¶〜を産む xià dàn(下蛋)/ chǎn luǎn(产卵). ¶〜を抱く bào dàn(抱蛋)/ bào wō(抱窝). ¶〜をかえす fū luǎn(孵卵). ¶〜がかえった luǎn fūhuà le(卵孵化了). ¶〜を割る dǎ jīdàn(打鸡蛋). ¶〜を焼く jiān[r] jīdàn(煎[摊]鸡蛋). ¶〜の殻 jīdànkér(鸡蛋壳儿). ¶生みたての〜 gāng xià de dàn(刚下的蛋). ¶医者の〜 wèilái de yīshēng(未来的医生).

¶〜酒 jīdànjiǔ(鸡蛋酒). 〜焼き jiānjīdàn(煎鸡蛋). 〜料理 huángcài(黄菜). いり〜 chǎojīzǐr(炒鸡子儿). 生〜 shēng jīdàn(生鸡蛋). 半熟〜 bànshú jīdàn(半熟鸡蛋). ゆで〜 zhǔjīdàn(煮鸡蛋).

たましい【魂】 hún[r](魂[儿]), línghún(灵魂), húnlíng(魂灵), húnpò(魂魄). ¶死者の〜を慰める ānwèi ˇsǐzhě de línghún[wánghún](安慰ˇ死者的灵魂[亡魂]). ¶研究に〜を打ち込む bǎ ˇxīnshén[xīnsi] qīngzhù zài yánjiūshang(把ˇ心神[心思]倾注在研究上). ¶〜が抜けたような顔をしている xiàng shì diàole húnr shìde(像是掉了魂儿似的). ¶この絵には〜が入っていない zhè huàr huàde méiyǒu línghún(这画儿画得没有灵魂). ¶その美しさに〜を奪われてしまった qí měi shǐ rén ˇshénhún diāndǎo[xīn bú zìzhǔ/ gōuhún shèpò](其美使人ˇ神魂颠倒[心不自主/ 勾魂摄魄]). ¶これからは〜を入れ替えて働きます cóngjīn yǐhòu ˇgǎiguò zìxīn[gǎixié-guīzhèng] nǔlì gōngzuò(从今以后ˇ改过自新[改邪归正]努力工作). ¶一寸の虫にも五分の〜 pǐfū bùkě duó qí zhì(匹夫不可夺其志). ¶仏作って〜を入れず huà lóng bù diǎn jīng(画龙不点睛). ¶三つ子の〜百まで bǐngxìng nán yí(禀性难移).

だましうち【騙し討】 ànsuàn(暗算), ànhài(暗害). ¶人を〜にする ànsuàn rén(暗算人).

だま・す【騙す】 piàn(骗), kuāng(诓), kuāngpiàn(诓骗), qīpiàn(欺骗), zhàpiàn(诈骗), hǒngpiàn(哄骗), měng(蒙), mēngpiàn(蒙骗), hùnong(糊弄), kēngmēng(坑蒙), kēngpiàn(坑骗). ¶客を〜して粗悪品を売る mài lièděnghuò piàn gùkè(卖劣等货骗顾客). ¶信じていた人に〜された bèi suǒ xìnlài de rén piàn le(被所信赖的人骗了). ¶私の目は〜せない nǐ kě mánbuguò wǒ de yǎnjing(你可瞒不过我的眼睛). ¶狐に〜された bèi húlijīng míhuòzhù le(被狐狸精迷惑住了). ¶調子の悪い機械を〜〜し動かす jiāngjiuzhe shǐyòng pò jīqì(将就着使用破机器).

たまたま ǒu'ěr(偶尔), ǒurán(偶然), pèngqiǎo(碰巧), gǎnqiǎo(赶巧), còuqiǎo(凑巧). ¶私は〜その事を目撃した wǒ ǒurán mùjīle nàge shìjiàn(我偶然目击了那个事件).

たまつき【玉突き】 táiqiú(台球). ¶〜をする dǎ táiqiú(打台球). ¶〜場 táiqiúfáng(台球房)/ dànzǐfáng(弹子房).

たまねぎ【玉葱】 cōngtóu(葱头), yángcōng(洋葱).

たまのこし【玉の輿】 jǐnjiào(锦轿). ¶〜を狙うんだったら、もう少し自分を磨きなさい yào xiǎng pān gāozhīr zuò guìfūrén bǎ zìjǐ zuómo zuómo ba(要想攀高枝儿做贵夫人再把自己琢磨琢磨吧).

たまのり【玉乗り】 cǎiqiú(踩球); [人] cǎiqiú yìrén(踩球艺人).

たまへん【玉偏】 wángzìpángr(王字旁儿), xiéyùpángr(斜玉旁儿).

たまむし【玉虫】 jídīngchóng(吉丁虫). ¶〜色 hū lù hū zǐ de yánsè(忽绿忽紫的颜色).

たまもの【賜】 ¶子供は天の〜だ háizi shì tiān

たまらな・い【堪らない】 shòubuliǎo (受不了), liǎobude (了不得), bùdéliǎo (不得了), gòushòu de (够受的), gòuqiáo de (够瞧的), gòuqiàng (够呛・够呛). ¶そんな使い方をされたのでは機械が～ná nàyàng shǐ, jīqì shòubuliǎo (那样使, 机器受不了). ¶こんなに忙しくては体が～i zhème máng shēnzigǔr kě chībuxiāo (这么忙身子骨儿可吃不消). ¶寒くて～い lěngde 'liǎobude[yàosǐ/yàomìng/xiéhu]' (冷得了不得[要死/要命/邪乎]). ¶嫌で嫌で～jiào rén yànfánsǐ le (叫人厌烦死了). ¶腹がへって～i ède huāng (饿得慌). ¶息子に会いたくて～i xiǎng jiàn érzi xiǎngde bùdéliǎo (想见儿子想得不得了). ¶試験の結果が心配で～i kǎoshì de jiéguǒ jiào rén dānxīnde bùdéliǎo (考试的结果叫人担心得不得了). ¶こらえていたがついに～くなって泣き出した yìzhí rěnzhe, zhōngyú rěnbuzhù kū qǐlai (一直忍着, 终于忍不住哭了起来). ¶朝の海が～く好きだ zǎochén de hǎi wǒ xǐhuande bùdéliǎo (早晨的海我喜欢得不得了).

たまりか・ねる【堪り兼ねる】 rěnbuzhù (忍不住), rěnshòu bu zhù (忍受不住), shòubuliǎo (受不了). ¶とうとう～ねて口を出した zhōngyú kàn bu xiàqù chāle zuǐ (终于看不下去插了嘴). ¶騒音に～ねて住民は立ち上がった jūmín rěnshòu bu zhù zàoyīn, qǐlai kàngyì (居民忍受不住噪音, 起来抗议).

だまりこく・る【黙りこくる】 ¶彼は何を聞かれても～っていた wèn shénme tā dōu bù zīshēng (问什么他都不吱声).

だまりこ・む【黙り込む】 ¶話がそのことになると彼は～んでしまった yí shèjí nà jiàn shì, tā jiù 'mò bù zuòshēng[bù hēng bù hā]' le (一涉及那件事, 他就˹默不作声[不哼不哈]˺了).

たまりば【溜り場】 ¶ここは学生の～だ zhèr shì xuésheng chéngduī de dìfang (这ル是学生成堆的地方).

たま・る【堪る】 ¶負けて～るか shūle hái liǎode! (输了还了得!) / nǎ néng shūgěi tā! (哪能输给他!). ¶そんなことが本当にあって～るものか nǎ yǒu zhǒng shì, nà hái liǎode (有那种事, 那还了得). ¶怖くて～らず逃げ出した wǒ hàipàde bùdéliǎo táopǎo le (我害怕得不得了逃跑了).

たま・る【溜る】 jī (积), cún (存), xù (蓄), wāng (汪), zǎn (攒). ¶雨上りで道に水が～っている yǔ tíng le, lùshang wānglè yì xiē shuǐ (雨停了, 路上汪了一些水). ¶ごみが山のように～った lājī duījī chéng shān (垃圾堆积成山). ¶これだけ仕事が～ってはなかなか片付かない gōngzuò jīyā zhème duō, zǒng pàn bu wán (工作积压这么多, 总盼不完). ¶家賃が2か月～っている fángzū jīqiànle liǎng ge yuè (房租积欠了两个月). ¶金はなかなか～らない qián kě bú yì jīzǎn (钱可不易积攒).

だま・る【黙る】 bù shuōhuà (不说话), bù yányu (不言语), bù zīshēng (不吱声), bú zuòshēng (不做声), bù yánshēngr (不言声ル), bù kēngshēngr (不吭声ル), bù kēngqìr (不吭气ル), chénmò (沉默). ¶彼女は急に～ってしまった tā tūrán 'bù shuōhuà[mò bú zuòshēng]' le (她突然˹不说话[默不作声]˺了). ¶お互いに～って座っている bǐcǐ chénmò zuòzhe (彼此沉默坐着). ¶このことは皆には～っていてほしい zhè jiàn shì xīwàng nǐ búyào gàosu dàjiā (这件事希望你不要告诉大家). ¶そんな大事なことをどうして今まで～っていたのだ nàme zhòngyào de shì wèishénme yìzhí dào xiànzài méi gēn wǒ shuō yìshēng ne? (那么重要的事为什么一直到现在没跟我说一声呢?). ¶～れ zhù 'kǒu[zuǐ]'! (住˹口[嘴]˺!) / gěi wǒ bìzuǐ! (给我闭嘴!). ¶～って私の言うことを聞きなさい nǐ bié shuō shénme, jiù tīng wǒ de huà ba (你别说什么, 就听我的话吧). ¶こんなにされてもう～ってはいられない shòu zhè zhǒng zhémo, wǒ zài yě bùnéng róngrěn le (受这种折磨, 我再也不能容忍了). ¶この品なら～っていても高く売れる yàoshi zhè ge huò, búyòng xuānchuán yě néng yǐ gāojià chūshòu (要是这个货, 不用宣传也能以高价出售). ¶～って人の物を使ってはいけない búyào suíbiàn yòng rénjia de dōngxi (不要随便用人家的东西).

たまわ・る【賜る】 1 [いただく] cìzèng (赐赠), huìzèng (惠赠). ¶～った杯 géxià suǒ cìzèng de bēizi (阁下所赐赠的杯子). ¶なにとぞ御出席を～りたく御案内致します wù qǐng guānglín (务请光临) / jǐnghòu huìlín (敬候惠临) / jìngqǐng 'guānggù[huìgù]' (敬请˹光顾[惠顾]˺).

2 [下さる] cì (赐), cìyǔ (赐予・赐与), shǎngcì (赏赐). ¶陛下から金一封を～る bìxià cìyǔ yì bǐ qián (陛下下赐予一笔钱).

たみ【民】 mín (民). ¶流浪の～ liúlàng zhī mín (流浪之民).

だみごえ【濁声】 shāyǎshēng (沙哑声).

だみん【惰眠】 ¶～をむさぼる yóushǒu-hàoxián, wú suǒ shì shì (游手好闲, 无所事事).

ダム shuǐbà (水坝), lánhébà (拦河坝), shuǐkù (水库).

たむけ【手向け】 ¶この言葉を卒業生諸君への～とする yǐ zhè huà zuòwéi xiàng bìyèshēng de línbié zèngyán (以这话作为向毕业生的临别赠言).

たむ・ける【手向ける】 gòng (供), gòngxiàn (供献), fèngxiàn (奉献). ¶仏前に花を～ける zài fóqián gòngxiàn xiānhuā (在佛前供献鲜花).

たむし【田虫】 wánxuǎn (顽癣), jīnqiánxuǎn (金钱癣).

ダムダムだん【ダムダム弾】 dámǔdàn (达姆弹).

たむろ・する【屯する】 ¶広場のあちこちに人々が～している zài guǎngchǎng de zhèr nàr rénmen sānsān-liǎngliǎng de 'jù[jùhé/jùlǒng]' zhe (在广场的这ル那ル人们三三两两地˹聚[聚合/聚拢]˺).

ため【為】 1 [利益] wèi (为). ¶祖国の～に尽す wèi zǔguó jūgōng-jìncuì (为祖国鞠躬尽瘁).

¶ 子供の〜を思ってしたことだ zhè shì wèi háizi zhuóxiǎng zuò de (这是为孩子着想做的). ¶ 余計なことはしないほうが身の〜だ bié duō guǎn xiánshì, yàobù zìshēn nánbǎo a (别多管闲事,要不自身难保啊). ¶ この本は読んで〜になる zhè běn shū kànle hěn yǒuyì (这本书看了很有益). ¶ 隠し立てをすると〜にならないぞ yàoshi yǐnmán kě duì wǒ méi hǎochu a (要是隐瞒可对你没好处啊). ¶ 誰か〜でもない君の〜に言っているのだ bú shì wèile biérén, ér shì wèile nǐ shuō de (不是为了别人,而是为了你说的). ¶ それは小うるさい議論だが是有用心の議論 (那是别有用心的议论).

2〔目的〕wèi (为). ¶ 公益の〜に尽力する wèi gōngyì chūlì (为公益而出力). ¶ 転地療養の〜に伊豆へ行く wèile yìdì liáoyǎng dào Yīdòu qù (为了易地疗养到伊豆去). ¶ 何の〜に生きているのかわからなくなる jiūjìng wèile shénme ér huózhe nòngbuqīng le (究竟为了什么而活着弄不清了). ¶ 一番列車に乗る〜に4時に起きた [wèizhe] gǎn zuò tóubān lièchē, sì diǎnzhōng jiù qǐle chuáng (为了[为着]赶坐头班列车,四点钟就起了床). ¶ 失敗しない〜には十分の注意を要する yào chōngfèn jiāyǐ zhùyì yǐmiǎn shībài (要充分加以注意以免失败).

3〔原因, 理由〕yīn (因), yīnwei (因为), yóuyú (由于). ¶ 病気の〜に会社を休む yǐn bìng xiàng gōngsī gàojià (因病向公司告假). ¶ 事故の〜列車が不通になった yóuyú fāshēng shìgù, lièchē bù tōng le (由于发生事故,列车不通了). ¶ 君の〜に損をした dōu lài nǐ, ràng wǒ chīle kuī (都赖你,让我吃了亏). ¶ 父が死んだ〜一家の生活が苦しくなった yīnwei fùqin qùshì, yìjiā de shēnghuó kùnnan le (因为父亲去世,一家的生活困难了). ¶ 頭が痛いのは換気が悪い〜だ tóutòng shì yīnwei wūzili tōngfēng bù hǎo (头痛是因为屋子里通风不好).

4〔…にとって〕¶ 彼は私の〜には叔父に当る tā duì wǒ lái shuō shì shūfu (他对我来说是叔父). ¶ 体の〜に良いことは何でもする zhǐyào duì shēntǐ yǒu hǎochu de, shénme dōu zuò (只要对身体有好处的,什么都做).

だめ【駄目】**1**〔無駄〕báifèi (白费), báidā (白搭), wúyòng (无用), bùchéng (不成). ¶ あの子にはいくら言っても〜だ duì nàge háizi zěnme shuō yě méiyòng (对那个孩子怎么说也没用). ¶ これはもう修理しても〜だろう zhège zài xiūlǐ yě báidā (这个再修理也白搭).

2〔役に立たないこと, よくない状態〕¶ 〜なやつ méi chūxi de jiāhuo (没出息的家伙). ¶ そんなやり方では〜だ nà zhǒng fāngfǎ bù dǐngshì (那种方法不顶事). ¶ 台風で作物は皆〜になった yóuyú táifēng zhuāngjia quán gěi zāota le (由于台风庄稼全给糟蹋了). ¶ 商売が〜になった mǎimai ˇhuáng[chuī] le (买卖黄[吹]了). ¶ 計画が〜になった jìhuà luòkōng le (计划落空了). ¶ 甘やかしてかえって子供を〜にした jiāoshēng-guànyǎng bǎ háizi guànhuài le (娇生惯养把孩子惯坏了). ¶ 病人はもう〜らしい kànlai bìngrén yǐjing bùxíng le (看来病人已经不行了).

3〔不可能〕bù kěnéng (不可能), bú huì (不会). ¶ 何と言われても〜なものは〜だ zài zěnme jiǎng, bànbùdào de háishi bànbudào (再怎么讲,办不到的还是办不到). ¶ 私は泳ぎはまるで〜 yóuyǒng wǒ yìdiǎnr yě bú huì (游泳我一点儿也不会).

4〔…してはいけない〕bùxǔ (不许), bùdé (不得), bùxíng (不行), bùchéng (不成), bùnéng (不能), bù kěyǐ (不可以). ¶ 来ては〜 bùxǔ lái (不许来). ¶ そんな気の弱いことを言っては〜だ bùnéng shuō nà zhǒng huīxīn-sàngqì de huà (不能说那种灰心丧气的话). ¶ あれも〜これも〜と言われては何もできない nǐ shuō zhème yě bù xíng nàme yě bù xíng, nà jiù shénme yě bànbuchéng (你说这么也不行那么也不行,那就什么也办不成).

5〔念, 注文〕¶ 何度も〜を押して確かめる zàisān xúnwèn jiāyǐ quèrèn (再三询问加以确认). ¶ 設計の段階で〜を出す zài shèjì de jiēduàn zàisān tíchū zhùyì (在设计的阶段再三提出注意).

6〔囲碁での〕¶ 〜を詰める jǐn qì (紧气).

ためいき【溜息】tànxī (叹息), tànqì (叹气). ¶ 〜をつく tàn qì (叹气)/ āishēng tànqì (唉声叹气). ¶ 出るのは〜ばかりだ zhǐ yǒu chángxū duǎntàn (只有长吁短叹)/ jiētàn bùyǐ (嗟叹不已).

ためいけ【溜池】xùshuǐchí (蓄水池), shuǐchí (水池), chítáng (池塘).

ダメージ chōngjī (冲击), dǎjī (打击). ¶ その事件が彼に与えた精神的〜は大きかった nàge shìjiàn gěi tā jīngshénshang de dǎjī tài dà le (那个事件给他精神上的打击太大了).

だめおし【駄目押し】¶ 必ず行くように〜をした zàidū zhǔfule tā yídìng yào qù (再度嘱咐了他一定要去). ¶ 〜の1点を加えた yòu jiāle juédìng shèngfù de yì fēn (又加了决定胜负的一分).

ためこ・む【溜め込む】jīcún (积存), jīzǎn (积攒), jīxù (积蓄). ¶ しこたま金を〜む jīxùle hěn duō qián (积蓄了很多钱).

ためし【例】shìlì (事例), qiánlì (前例), xiānlì (先例). ¶ かつてそのようなことが行われた〜はない wèicéng yǒuguo nà zhǒng shìlì (未曾有过那种事例). ¶ 彼はいつでも家にいない shénme shíhou qù zhǎo tā, cóng méiyǒu zàijiāguo (什么时候去找他,从没有在家过). ¶ あの人の言うことを聞いてうまくいった〜がない tā de huà cónglái méiyǒu xíngdetōng de (他的话从来没有行得通的).

ためし【試し】¶ 〜にやってみる shìshi kàn (试试看). ¶ 〜物は、使ってみよう shìqing yào zuòzuo, dōngxi yào yòngyong (事情要做做,东西要用用).

ため・す【試す】shì (试), chángshì (尝试). ¶ 刀の切れ味を〜す shìshi dāozi kuài bu kuài (试试刀子快不快). ¶ 今度のことは自分の力を〜

すよい機会だ zhè cì zhèngshì shìshi zìjǐ lìliang de hǎo jīhuì(这次正是试试自己力量的好机会). ¶性能を〜した上で買うかどうか決めよう shìshi xìngnéng zhī hòu zài juédìng mǎi bu mǎi(试试性能之后再决定买不买).

ためつすがめつ【矯めつ眇めつ】 ¶〜眺め入る zǐxì duānxiang(仔细端详).

ためら・う【躊躇う】 chóuchú(踌躇・踌躇), yóuyí(游移), yóuyù(犹豫), yóuyí(犹疑), chíyí(迟疑). ¶彼は何と答えてよいか〜っていた tā chóuchú bù zhīdào zěnme huídá hǎo(他踌躇不知道怎么回答好). ¶〜いがちに口を開いた chíyí bù jué de kāile kǒu(迟疑不决地开了口). ¶一瞬の〜いが命取りになった nà yí shùnjiān de yóuyù yàole tā de mìng(那一瞬间的犹豫要了他的命).

た・める【溜める】 jī(积), cún(存), xù(蓄), zǎn(攒). ¶バケツに雨水を〜める bǎ yǔshuǐ xùjī zài yángtiětǒnglǐ(把雨水蓄积在洋铁桶里). ¶彼は古銭を沢山〜めている tā cúnle hěn duō gǔqián(他存了很多古钱). ¶別れる時彼女は目にいっぱい涙を〜めていた líbié shí tā yǎnli wāngzhe lèishuǐ(离别时她眼里汪着泪水). ¶こつこつと金を〜める yìdiǎnr yìdiǎnr jīqián(一点儿一点儿积攒钱). ¶怠けて仕事を〜めてしまった tōule lǎn bǎ huór jīyā le(偷了懒把活儿积压了). ¶酒屋の支払をだいぶ〜めた jīqiànle jiǔdiàn bùshǎo qián(积欠了酒店不少钱).

た・める【矯める】 jiǎozhèng(矫正). ¶枝を若木のうちに〜める chèn shù xiǎo de shíhou jiǎoxíng(趁树小的时候矫形). ¶酒乱の癖を〜める gǎi fā jiǔfēng de máobing(改发酒疯的毛病).

ためん【他面】 tā fāngmiàn(他方面), qítā fāngmiàn(其他方面), lìng yì fāngmiàn(另一方面). ¶この問題は〜からも考える必要がある zhège wèntí yě yǒu cóng lìng yì fāngmiàn yánjiū de bìyào(这个问题也有从另一方面研究的必要). ¶彼は厳格だが〜なかなか思いやりがある tā suīrán hěn yánlì, dànshì yě hěn néng tǐliang rén(他虽然很严厉, 但是也很能体谅人).

ためん【多面】 duōmiàn(多面), duō fāngmiàn(多方面). ¶〜的な考察が必要だ xūyào duō fāngmiàn de kǎochá(需要多方面的考察). ¶〜体 duōmiàntǐ(多面体).

たもう【多毛】 duōmáo(多毛). ¶〜症 duōmáozhèng(多毛症).

たも・つ【保つ】 bǎochí(保持), wéichí(维持). ¶病人は小康状態を〜っている bìngrén zànshí bǎochízhe píngwěn zhuàngtài(病人暂时保持着平稳状态). ¶彼女とは一定の距離を〜って付き合ってきた wǒ gēn tā bǎochí yídìng de jùlí jiāowǎng lái(我跟她保持一定的距离交往来着). ¶家代を〜つ wéichí jiāyè(维持家业).

たもと【袂】 1【和服の】 xiùzi(袖子). ¶〜にすがる lāzhe xiùzi qǐqiú(拉着袖子乞求). ¶〜を分つ fēnjīn(分衿), fēnmèi(分袂), duànjué guānxi, gè zǒu gè de(断绝关系, 各走各的)/ chāihuǒ(拆伙), sànhuǒ(散伙). ¶〜を絞る lèi shī yījīn(泪湿衣襟).
2 ¶山の〜 shāngēn(山根)/ shānjiǎo(山脚). ¶橋の〜 qiáotóu(桥头)/ qiáotóu(桥挽).

たや・す【絶やす】 1【根絶やしにする】 miè(灭), xiāomiè(消灭), pūmiè(扑灭). ¶害虫を〜す xiāomiè hàichóng(消灭害虫). ¶禍の根を〜す bá huògēn(拔祸根)/ zhǎn cǎo chú gēn(斩草除根).
2【切らす】 ¶機械に油を〜さないように注意する zhùyì búyào shǐ jīqi duàn yóu(注意不要使机器断油). ¶火種を〜さぬようにしなさい xiǎoxīn bié bǎ huǒ nòngmiè le(小心别把火弄灭了). ¶彼女は笑顔を〜したことがない tā zǒngshì xiàoróng mǎnmiàn(她总是笑容满面).

たやす・い róngyì(容易). ¶こんな〜いことは子供にもできる zhème 'róngyì[jiǎndān] shì lián xiǎoháir yě huì zuò(这么容易[简单]的事连小孩儿也会做). ¶そう〜くは引き受けられない kě bùnéng nàme qīngyì dāying(可不能那么轻易答应).

たゆ・む【弛む】 sōngxiè(松懈). ¶10年間の〜まぬ努力が実を結んだ shí nián jiān bú xiè de nǔlì, zhōngyú jiēle guǒ(十年间不懈地努力, 终于结了果). ¶倦まず〜まず勉学に励む jiānchí-búxiè de nǔlì xuéxí(坚持不懈地努力学习).

たよう【多用】 bǎi máng(百忙). ¶御〜中恐れ入ります zài nín bǎi máng zhī zhōng, shízài bàoqiàn(在您百忙之中, 实在抱歉).

たよう【多様】 ¶この機械の用途は〜である zhè zhǒng jīqi de yòngtú shì duō fāngmiàn de(这种机器的用途是多方面的).

たより【便り】 xìn(信), yīnxìn(音信), yīnxùn(音讯), yīnhào(音耗), yīnwèn(音问). ¶田舎の姉から〜をくれた zài lǎojiā de jiějie lái xìn le(在老家的姐姐来信了). ¶あれ以来1度も〜がない cóng nà yǐhòu 'méi láiguo yì fēng xìn[méiyǒu yīnxìn/ yǎo wú yīnhào](从那以后'没来过一封信[没有音信/ 杳无音耗]). ¶彼が結婚したことは風の〜に聞いた fēngwén tā yǐjīng jiéle hūn(风闻他已经结了婚). ¶ぼつぼつ花の〜を聞く時候となりました dàole kěyǐ tīngdào gèdì kāihuā de yīnxùn de jìjié le(到了可以听到各地开花的音讯的季节了).

たより【頼り】 ¶杖を〜に歩く kàozhe guǎizhàng zǒulù(靠着拐杖走路). ¶地図だけを〜に尋ねあてた zhǐ píngzhe dìtú zhǎodào le(只凭着地图找到了). ¶老後はお前だけが〜だ wǎnnián zhǐ néng zhǐkàozhe nǐ le(晚年只能指靠着你了). ¶あなたを〜にしています quán zhǐwàngzhe nǐ le(全指望着你了). ¶いざという時〜になる人が1人もいない yídàn yǒu shì kěkào de rén yí ge yě méiyǒu(一旦有事时可靠的人一个也没有). ¶叔父を〜に上京した tóubèn shūfù láidào Dōngjīng(投奔叔父来到东京).

たよりな・い【頼りない】 ¶彼がリーダーでは〜い tā lǐngtóur kě bù láokao(他领头儿可不牢靠).

¶～い話だ jiǎnzhí shì kàobuzhù de huà (简直是靠不住的话).

たよ・る【頼る】 kào(靠)、yīkào(依靠)、zhǐ(指)、zhǐkào(指靠)、yībàng(依傍)、yītuō(依托)、yīguī(依归)、yīpíng(依凭)、yǐbàng(倚傍)、yīkào(倚靠)、yīlài(依赖)、yīlài(倚赖)、yǎnglài(仰赖)、píngjiè(凭借). ¶このうえは彼に～るしかない shì dào rújīn zhǐhǎo yīkào tā le (事到如今只好依靠他了). ¶そんな事ぐらい人に～らないで自分でしなさい nàme diǎnr shì, bié yīlài biérén, zìjǐ bàn ba (那么点儿事, 别依赖别人, 自己办吧). ¶～るべき者もない孤独な老人 wú-yī-wúkào de gūdú lǎorén (无依无靠的孤独老人)/ gūkǔ-língdīng de lǎorén (孤苦伶仃的老人). ¶友人を～って渡米する tóukào péngyou qù Měiguó (投靠朋友去美国).

たら【鳕】 xuěyú (鳕鱼)、dàtóuyú (大头鱼).

たらい【盥】 pén (盆)、pénzi (盆子).

たらいまわし【盥回し】 ¶政権の～ sīxiāng shòushòu zhèngquán (私相授受政权). ¶病院を～にされる bèi gège yīyuàn tuīlai-tuīqu (被各个医院推来推去).

だらく【堕落】 duòluò (堕落). ¶腐敗～した政治家 fǔhuà duòluò de zhèngzhìjiā (腐化堕落的政治家). ¶青少年を～させる誘惑が多い shǐ qīngshàonián "duòluò[luòshuǐ]" de yòuhuò hěn duō (使青少年"堕落[落水]"的诱惑很多).

-だらけ ¶部屋がほこり～だ wūzili mǎn shì chéntǔ (屋子里满是尘土). ¶子供達が泥～になって遊んでいる háizimen nòngchéng húnshēn shì ní wánrzhe (孩子们弄成浑身是泥玩儿着). ¶体中傷～だった biàn tǐ lín shāng (遍体鳞伤). ¶私は欠点～の人間です wǒ shì ge jìngshì quēdiǎn de rén (我是个净是缺点的人). ¶あちこち借金～で首がまわらない qiànle yì pìgu zhài, zhuǎn bu guò bózi lai (欠了一屁股债, 转不过脖子来).

だら・ける【懶散】 ¶こう暑いと気持ちで～けてくる tiānqì zhème rè, jīngshen yě lǎnsǎn le (天气这么热, 精神也懒散了). ¶～けた格好をするな bié lǎnyāngyāng de (别懒洋洋的). ¶～けてばかりいないで勉強しなさい bié jìng tōulǎn, hǎohǎo yònggōng (别净偷懒, 好好用功).

だらしな・い ¶～い生活をする guò sǎnmàn de shēnghuó (过散漫的生活). ¶彼女は～いなりをしている tā yīzhuó lālilātā de (她衣着邋里邋遢的). ¶～い彼を～くしている fángjiān lātade hěn (房间邋遢得很). ¶あの男は金に～いな rén zài jīnqián fāngmiàn hěn mǎhu (那人在金钱方面很马虎). ¶そのくらいのことでへたれるなんて～い wèi nàme diǎnr shì jiù qìněi, tài "bù zhēngqì[méi chūxi] le (为那么点儿事就气馁, 太"不争气[没出息]了). ¶酒を飲むと～がなくなる nàge jiāhuo yì hēle jiǔ, jiù méi guījǔ le (那个家伙一喝了酒, 就没规矩了).

たら・す【垂らす】 **1**[したたらす] dī (滴). ¶床に水を～してはいけない bùdé wǎng dìbǎn shang dī shuǐ (不得往地板上滴水). ¶牡蠣(蛎)にレモンの汁を～す wǎng mǔlì shang dī níngméngzhī (往牡蛎上滴柠檬汁儿). ¶洟(ˢ)を～す liú bítì (流鼻涕). ¶汗を～して働く hàn liú jiā bèi de gōngzuò (汗流浃背地工作).

2[下げる] ¶綱を上から～す cóng shàngmian bǎ shéngzi fàngxiaqu (从上面把绳子放下去). ¶縄梯子を～す chuíxià shéngtī (垂下绳梯). ¶両手をだらんと～す bǎ liǎng zhī shǒu dālāzhe (把两只手耷拉着). ¶彼女は髪を肩に～している tā de tóufa pīsàn zài jiānshang (她的头发披散在肩上).

たら・す【誑す】 gōuyǐn (勾引)、yǐnyòu (引诱). ¶女を～し込む gōuyǐn fùnǚ (勾引妇女).

-たらず【足らず】 ¶子供の舌～の話し方 xiǎoháir yàoshér kǒuchǐ bù qīng (小孩儿咬舌儿口齿不清). ¶この子は月～で生まれた zhè háizi bù zúyuè jiù chūshēng le (这孩子不足月就出生了). ¶10人～で全てを処理した rénshǒu bú dào shí ge jiù bǎ shì quán chǔlǐ le (人手不到十个就把事全处理了). ¶同志はだんだん減っていて、今いちばん～になった 10 名 zhì tóng dào hé de rén zhújiàn jiǎnshǎo, zuìhòu shèngxià de bù zú shí rén (志同道合的人逐渐减少, 最后剩下的不足十人). ¶ゆっくり歩いても 1 時間～の道のりですよ jiùshì mànmānr zǒuzhe qù yě "zhǐshì bù zú yí ge xiǎoshí de lùchéng [yòngbuliǎo yí ge xiǎoshí] (就是慢慢儿走着去也"只是不足一个小时的路程[用不了一个小时]).

たらたら ¶汗が～と流れる hàn wǎng xià zhí dī (汗往下直滴). ¶口から～とよだれを垂らす zuǐlǐ dīzhe kǒushuǐ (嘴里滴着口水). ¶彼は上役にはお世辞～だ tā duì shàngjí mǎnzuǐ fèngchenghuà (他对上级满嘴奉承话). ¶彼女はいつも文句～だ tā zǒngshì mǎnkǒu láosāo (她总是满口牢骚). ¶子供の自慢～でやりきれない zhāngkǒu jiù kuāyào zìjǐ de háizi, zhēn jiào rén nìfan (张口就夸耀自己的孩子, 真叫人腻烦).

だらだら **1**[液体が] ¶傷口から～と血が流れている xiānxuè cóng shāngkǒu dīdīdādā zhí wǎng xià liú (鲜血从伤口滴滴答答直往下流). ¶背中を汗が～流れる hàn cóng bèishang búzhùde wǎng xià tǎng (汗从背上不住地往下淌).

2[時間, 傾斜などが] ¶会議が～と続く huìyì kāide méiwán-méiliǎo (会议开得没完没了). ¶～した演説に聴衆は飽きてしまった rǒngcháng fáwèi de yǎnshuō, tīngzhòng dōu tīngnì le (冗长乏味的演说, 听众都听腻了). ¶時間が来ても～と仕事を続けている dào zhōngdiǎnr le, tā hái "tuōnǐ-dàishuǐ[tuōtuo-lālā] de zuòzhe (到钟点儿了, 他还"拖泥带水[拖拖拉拉]地做着).

¶～坂 mànpō (慢坡)/ huǎnpō (缓坡).

タラップ xiántī (舷梯). ¶～を上がる dēng xiántī (登舷梯).

たらふく ¶～食べる bǎocān[měicān] yí dùn (饱餐[美餐]一顿). ¶～飲んだり食ったりした dàchī-dàhē chīchēngle dùzi le (大吃大喝吃撑

了肚子了).

だらり ¶犬が舌を〜と出している gǒu dālazhe shétou(狗耷拉着舌头).¶両腕を〜と下げる dālazhe shuāngshǒu(耷拉着双手).¶風がないので旗が〜と垂れている yīnwei méi fēng, qízi xiàchuí yídòng-búdòng(因为没风,旗子下垂一动不动).

-たり 1【…たり…たり】¶よく…よく…(又…又…), shí…shí…(时…时…), shí'ér…shí'ér…(时而…时而…), hū…hū…(忽…忽…), hū'ér…hū'ér…(忽而…忽而…).¶見〜聞い〜した事を書き留める jìxià suǒ wén suǒ jiàn de shìqing(记下所闻所见的事情).¶飛ん〜跳ね〜大喜びだった yòu bèng yòu tiào de gāoxìng jíle(又蹦又跳地高兴极了).¶温度が上がっ〜下がっ〜する wēndù shí shēng shí jiàng(温度时升时降).¶同じ所を行っ〜来〜している zài yí ge dìfang zǒulai-zǒuqu(在一个地方走来走去).
2【例示】¶人に知られ〜しては困る ràng rén zhīdao kě jiù máfan le(让人知道可就麻烦了).

ダリア dàlìhuā(大丽花), xīfānlián(西番莲).

たりき【他力】¶何事も〜本願では駄目だ shénme shì dōu yīlài biéren shì búxíng de(什么事都依赖别人是不行的).

たりゅう【他流】¶〜試合をする yǔ qítā liúpài bǐwǔ(与其他流派比武).

たりょう【多量】¶上質の石炭を〜に産出する chūchǎn dàliàng yōuzhìméi(出产大量优质煤).¶〜の水銀が検出された huàyànchū dàliàng shuǐyín(化验出了大量水银).¶出血〜で重態に陥った yīn chūxuě guòduō, bìngwēijìng(因出血过多,病危急).

だりょく【惰力】¶エンジンを止めたら〜でなお数メートル走った yóuyú guànxìng, guānbìle fādòngjī yě huáchūle jǐ mǐ(由于惯性,关闭了发动机也滑出了几米).

た・りる【足りる】1【十分だ,間に合う】gòu(够), zúgòu(足够).¶ご飯1杯で〜りますか yì wǎn fàn jiù gòu le ma?(一碗饭就够了吗?).¶彼等に対する配慮が〜りない duì tāmen guānxīn bú gòu(对他们关心不够).¶1度で用事が〜りためしがない cónglái méiyǒu yí cì jiù néng bàntuǒ shì de(从来没有一次就能办妥事的).¶それで十分用が〜りる nà jiù gòu yòng le(那就足够用了).¶1000円で10円〜りない chà shí rìyuán yìqiān rìyuán(差十日元一千日元).¶互いに〜りないところを補う hùxiāng míbǔ búzú(互相弥补不足).¶あの人は少し〜りない nàge rén yǒudiǎnr èrbǎiwǔ(那个人有点儿二百五).¶あと1人〜りない hái quē[chà] yí ge rén(还缺[差]一个人).
2【値打がある】¶取るに〜りない事柄 wēibùzúdào de shì(微不足道的事).¶あの人は取るに〜りない奴だ nà rén bēi búzúdào(那人卑不足道).¶彼は信頼するに〜りる人物だ tā shì kěn zhíde xìnlài de rén(他是很值得信赖的人).¶彼など恐れるに〜りない tā nàge rén gēnběn yòngbuzháo hàipà(他那个人根本用不着害怕).

たる【足る】¶〜ことを知れ yào dǒngde zhī zú(要懂得知足).

たる【樽】tǒng(桶), mùtǒng(木桶).¶〜詰のワイン tǒngzhuāng de pútaojiǔ(桶装的葡萄酒).
¶ビヤ〜 píjiǔtǒng(啤酒桶).

だる・い píruǎn(疲软), píruò(疲弱), suānruǎn(酸软), suānlǎn(酸懒).¶暑いので体が〜い tiān rè, húnshēn méijìnr[yòu lǎn yòu fá](天热,浑身没劲儿[又懒又乏]).¶足が〜い tuǐ fāsuān(腿发酸).¶腕が〜い gēbo chén(胳膊沉).

たるき【垂木】chuán(椽), chuánzi(椽子).

タルタルステーキ Dádá niúròu(鞑靼牛肉).

タルト guǒxiànbǐng(果馅饼).

だるま【達磨】bùdǎoweng(不倒翁), bānbùdǎor(扳不倒儿).

たる・む【弛む】sōng(松), sōngxiè(松懈), sōngchí(松弛).¶電線が〜んでいる diànxiàn dāla xialai le(电线搭拉下来了).¶頬の肉が〜んでいる liǎngjiá de ròu sōngchí xiàchuí(两颊的肉松弛下垂).¶お前〜んでるぞ nǐ jīngshen kě tài sōngxiè le(你精神可太松懈了).

たれ【垂れ】zuòliàozhī[r](作料汁[儿]), zhī[r](汁[儿]), jiàngliàozhī[r](酱汁[儿]), tiáoliàozhī(调料汁), tiáowèizhī(调味汁), shāoròu de zuòliàozhī(烧肉的作料汁).¶〜につけて食べる zhàn zhe chī(沾汁吃).

だれ【誰】shuí・shéi(谁), shéirén(谁人), shéigè(谁个).¶そこにいるのは〜だ shuí zài nàli?(谁在那里?).¶〜の本ですか zhè shì shuí de shū?(这是谁的书?).¶彼は〜の言うこともきかない tā shuí de huà dōu bù tīng(他谁的话都不听).¶〜を尋ねて来たのですか nǐ zhǎo shuí lái de?(你找谁来的?).¶〜に聞いてもそれは間違っていると言うだろう wèn shuí, dōu shuō shì cuò de(问谁,都说是错的).¶そんなこと〜から聞いたのだ nà shì nǐ tīng shuí shuō de?(那事你听谁说的?).¶早く〜か来てくれ kuài lái rén a!(快来人啊!).¶忙しいので〜か他の人を頼んでくれないか wǒ máng bu guòlái, tuō biéren ba(我忙不过来,托别人吧).¶〜かが中の様子をうかがっている yǒu rén wǎng lǐ tōukàn(有人往里偷看).¶〜が何と言おうと嫌なことは嫌だ bùguǎn shuí shuō shénme, wǒ bú yuànyì de jiùshì bú yuànyì(不管谁说什么,我不愿意的就是不愿意).¶〜がそんな所へ行くものか shuí tāmade yuànyì qù nà zhǒng guǐdìfang(谁他妈的愿意去那种鬼地方).¶その時〜が今日の事態を予想し得たろうか dāngshí shuí liàodào huì yǒu jīntiān de zhème ge júmiàn ne?(当时谁料到会有今天的这么个局面呢?).¶〜もいないのか méi rén ma?(没人吗?).¶彼女はその知らせを〜よりも喜んでくれた tā tīngle nàge xiāoxi bǐ shuí dōu wèi wǒ gāoxìng(她听了那个消息比谁都为我高兴).¶そのことは〜にも話さないでほしい nà jiàn shì xīwàng gēn shuí dōu búyào shuō(那件事希望跟谁都不要说).¶〜しも我が身は可愛いものだ shuí dōu huì liánxī zìjǐ de

(谁都会怜惜自己的).¶当時は～も彼もおなかをすかしていた nà shí shuí dōu èzhe dùzi guò rìzi(那时谁都饿着肚子过日子).¶どこの～だか分かったものではない shuí zhīdao shì nǎ ménzi rén?(谁知道是哪门子人?).¶その話は～ひとり知らぬものはない nà jiàn shì méiyǒu rén bù zhīdào(那件事没有人不知道)/ cǐ shì shéigè bù zhī, shéigè bù xiǎo(此事谁个不知,谁个不晓).¶本日の出席者は～と～でしたか jīntiān de chūxízhě dōu shì shuí gēn shuí?(今天的出席者都是谁跟谁?).

だれかれ【誰彼】¶彼はかっとして～の見境なしに殴りかかった tā dòngle gānhuǒ, bùguǎn shì shuí cháo rén jiù dǎ(他动了肝火,不管是谁朝人就打).

たれこ・める【垂れ籠める】¶黒い雲が低く～めている wūyún ˇdīchuí[yādǐng], lǒngzhàozhe dàdì(乌云ˇ低垂[压顶],笼罩着大地).

たれさが・る【垂れ下がる】chuí(垂), dāla(耷拉·搭拉).¶凧が電線にひっかかって～っている fēngzheng guàzài diànxiàn shang dālazhe(风筝挂在电线上耷拉着).¶風がないので旗が～ったままだ yīnwei méi fēng, qízi xiàchuízhe(因为没风,旗子下垂着).

たれながし【垂れ流し】¶大小便を～ dàxiǎobiàn shījìn(大小便失禁).¶廃液を～にする suíyì páifàng fèiyè(随意排放废液).

たれまく【垂れ幕】¶市役所の壁には交通安全運動の～がかかっている shìzhèngfǔ de qiángshang xuánguàzhe jùfú jiāotōng ānquán yùndòng de biāoyǔ(市政府的墙上悬挂着巨幅交通安全运动的标语).

た・れる【垂れる】 **1**〔したたる〕liú(流), tǎng(淌), dī(滴), dīdā(滴答).¶鼻水が～ liú bítì(流鼻涕).¶傘からぽたぽたしずくが～る yǔsǎn shang de shuǐzhū zhí wǎng xià dīdā(雨伞上的水珠直往下滴答).¶よだれの～れそうな料理がならんでいる bǎizhe ràng rén kǒushuǐ de fàncài(摆着使人流口水的饭菜).

2〔下がる,下げる〕chuí(垂), dāla(耷拉·搭拉).¶しっぽを～れている犬 dālazhe wěiba de gǒu(耷拉着尾巴的狗).¶腰まで～れた長い髪 chuídào yāo jì de chángfà(垂到腰际的长发).¶舞台には紅白の幕が～れている wǔtái shang chuízhe hóngbái xiāngjiān de bùmù(舞台上垂着红白相间的布幕).¶頭を～れて黙禱する dī tóu mò'āi(低头默哀).¶釣糸を～る chuíxià diàosī(垂下钓丝).

3〔示す,与える〕chuí(垂).¶上の者が率先して範を～れるべきだ zuò lǐngdǎo de yīnggāi shuàixiān chuífàn(做领导的应该率先垂范).¶教えを～れる chuí jiào(垂教).¶憐れを～れる chuí lián(垂怜).

4〔大小便などを〕chuí(垂).¶糞を～れる lā shǐ(拉屎)/ dàbiàn(大便).¶小便を～れる sā niào(撒尿).¶屁を～れる fàng pì(放屁).

だ・れる píta(疲塌·疲沓), sōngxiè(松懈), sōngchí(松弛).¶試験が終って気分が～れた kǎoshì yì jiéshù, xīnqíng jiù sōngchí le(考试一

结束,心情就松弛了).¶議論が堂々めぐりで会議は～れてきた yìlùn dōuquānzi, huìyì píta le(议论兜圈子,会议疲塌了).¶長い演説に聞き手は～れ気味だ yóuyú cháng shíjiān de yǎnshuō, tīngzhòng yǒudiǎnr píta le(由于长时间的演说,听众有点ˇ疲塌了).

タレント¶テレビの～ diànshì yǎnyuán(电视演员).

-だろう¶だれ～ shì shuí ne?(是谁呢?).¶何～ shì shénme ne?(是什么呢?).¶この絵は北斎～ zhè fú huà shì Běizhāi de ba(这幅画是北斋的吧).¶今夜は雪になる～ jīnwǎn huì xiàxuě ba(今晚会下雪吧).¶仕事が忙しくて来られないの～ tā hái méi lái, shì yīnwei gōngzuò máng ba(他还没来,是因为工作忙吧).

タロット tǎluótèpái(塔罗特牌).

タワー tǎ(塔).¶～クレーン tǎshì qǐzhòngjī(塔式起重机)/ tǎdiào(塔吊).東京～ Dōngjīngtǎ(东京塔).

たわい 1〔正体〕¶～なく眠る chénshuì bù xǐng(沉睡不醒).¶彼は酔うとすぐ～がなくなる tā yì hē jiǔ jiù bú shì tā le(他一喝酒就不是他了).

2〔とりとめ〕¶～のないことを言う shuō háizihuà(说孩子话).

3〔手応え〕¶試合に～もなく負けた bǐsài yíxiàzi jiù shū le(比赛一下子就输了).

たわけもの【戯け者】¶この～め wángbādàn!(王八蛋!)/ nǐ zhège ˇhùnzhàng dōngxi[ˇchǔnhuò]!(你这个ˇ混账东西[ˇ蠢货]!).

たわ・ける【戯ける】 húnào(胡闹), xiànào(瞎闹).¶～けた真似はよせ bié húnào le(别胡闹了).

たわごと【戯言】 chīhuà(痴话), shǎhuà(傻话), húhuà(胡话), mènghuà(梦话), fèihuà(废话).¶～を言う húshuō-bādào(胡说八道)/ húyán-luànyǔ(胡言乱语).¶彼の～なぞ聞いてられるか nǎ yǒu xiángōngfu tīng tā fàng gǒupì!(哪有闲工夫听他放狗屁!).

たわし【束子】 chūzhou(炊帚).

たわ・む【撓む】 wān(弯).¶雪の重みで枝が～む shùzhī dōu bèi xuě yāwān le(树枝都被雪压弯了).

たわむ・れる【戯れる】¶子供達が日だまりで～れている háizimen zài xiàngyángchù wánshuǎ(孩子们在向阳处玩耍).¶蝶が花に～れる húdié zài huā jiān xìxì(蝴蝶在花间嬉戏).¶～れに言ったことを本気にされては困る zhè shì wǒ nàozhe wánr de, nǐ zěnme néng dàngzhēn ne(这是我闹着玩ˇ的,你怎么能当真呢).¶～れに詩を作る yínshí zuòlè(吟诗作乐).¶女に～れる tiáoxì fùnǚ(调戏妇女).

たわ・める【撓める】¶枝を～める bǎ shùzhī nòngwān(把树枝弄弯).

たわら【俵】《説明》装米和木炭等用稻草编的一种袋子.

たわわ¶実が枝も～になっている guǒshí léiléi, bǎ zhītou zhuìde wānwān de(果实累累,把枝头坠得弯弯的).

たん【反】 1 〖説明〗地積単位, 1 "反" 约等于 991.7 平方米.
2 〖説明〗和服布匹的长度单位, 1 "反" 约等于 10.6 米.

たん【胆】 dǎn (胆). ¶～斗の如し dǎn dà rú dǒu (胆大如斗).

たん【短】 duǎn (短). ¶長を取り～を補う qǔ rén zhī cháng, bǔ jǐ zhī duǎn (取人之长, 补己之短)/ qǔ cháng bǔ duǎn (取长补短).

たん【痰】 tán (痰). ¶～を吐く tǔtán (吐痰).
¶喉に～がからまる tán qiǎzài sǎngzi li (痰卡在嗓子里).
¶～壺 tányú (痰盂)/ tántǒng (痰桶).

たん【端】 duān (端). ¶～を開く kāi tóur (开头儿). ¶その事件に～を発して戦争が起った yǐ nàge shìjiàn fāduān bàofāle zhànzhēng (以那个事件发端爆发了战争).

タン kǒutiáo (口条). ¶～シチュー dùnniúshé (炖牛舌).

だん【団】 tuán (团). ¶罹災地へ調査～を派遣する pài diàochátuán dào zāiqū (派调查团到灾区).
¶自警～ zìwèituán (自卫团). 星雲～ xīngxìtuán (星系团). 代表～ dàibiǎotuán (代表团).

だん【段】 1〔階段〕jí (级), dèng (磴), tījí (梯级), táijiē[r] (台阶[儿]), lóutī (楼梯); 〔助数詞〕jí (级), dèng[r] (磴儿), lóují (楼级). 石の～を登る dēng shíjí (登石级). ¶あの階段は 25～ある nàge táijiē yǒu èrshíwǔ jí (那个台阶有二十五级).

2〔層〕céng (层), gé (格). ¶本棚の上の～に並べる bǎizài shūjià shàngbianr yì gé (摆在书架上边儿一格). ¶箱を 3～に積み重ねる bǎ xiāngzi lěichéng sān céng (把箱子累成三层).
¶3～式ロケット sān jí huǒjiàn (三级火箭).
¶2～ベッド shuāngcéngchuáng (双层床).

3〔印刷物の〕lán (栏). ¶1ページを 2～に組む měi yè fēn liǎng lán páibǎn (每页分两栏排版). ¶全～抜きの見出し tōnglán biāotí (通栏标题).

4〔くだり〕duàn (段). ¶文章全体を 4～に分けることができる zhěngpiān wénzhāng kěyǐ fēnchéng sì duàn (整篇文章可以分成四段).
¶ "忠臣蔵" 討入の～ "Zhōngchénzàng" bàochóu-xuěhèn zhī chǎng (《忠臣藏》报仇雪恨之场).

5〔等級〕¶双方は実力において～が違う shuāngfāng liliang xuánshū (双方力量悬殊). ¶柔道 3～ róudào sān duàn (柔道三段).

6〔場合, 次第〕¶今はそんなことを言っている～ではない xiànzài kě bú shì shuō nà zhǒng huà de shíhou (现在可不是说那种话的时候).
¶夕食を食べていざ勉強という～になると眠くなる chīwán wǎnfàn yì dǎkāi shūběn jiù fākùn le (吃完晚饭一打开书本就发困了). ¶いよいよ実行という～になって彼女は尻込みした líndào fù zhī xíngdòng tā jiù yóuyù bùjué le (临到付之行动她就犹豫不决了). ¶御無礼の～お許し下さい qǐng yuánliàng wǒ màomèi wúlǐ (请原谅我冒昧无礼).

7〔程度〕¶暑いの～ではない rède xiéxing (热得邪行).

だん【断】 ¶～を下す xià jiélùn (下结论)/ zuò juédìng (做决定)/ pāi bǎn (拍板).

だん【暖】 nuǎn (暖). ¶ストーブで～をとる shēng lúzi qǔnuǎn (生炉子取暖)/ wéi lú ˇkǎo [xiàng] huǒ (围炉ˇ烤[向]火).

だん【談】 tán (谈). ¶～はたまたま政治に及ぶ ǒu'ěr tándào zhèngzhì fāngmiàn (偶尔谈到政治方面).

だん【壇】 tán (坛), tái (台). ¶～にのぼる shàngtái (上台), dēngtái (登台).

だんあつ【弾圧】 tányā (弹压), yāzhì (压制), zhènyā (镇压). ¶政府は言論に対して～を加えた zhèngfǔ duì yánlùn jìnxíng yāzhì (政府对言论进行压制). ¶幕府は禁教令を出してキリシタンを～した mùfǔ bānbù "Jìnjiàolìng" zhènyā jīdūjiàotú (幕府颁布"禁教令"镇压基督教徒).

たんい【単位】 1〔基準数量〕dānwèi (单位).
¶メートルは長さの～である mǐ shì chángdù dānwèi (米是长度单位). ¶以前日本では重さの～は貫や斤であった yǐqián zài Rìběn zhòngliàng dānwèi shì yǐ guàn hé jīn lái jìsuàn de (以前在日本重量单位是以贯和斤来计算的).
¶各国の貨幣～ gè guó de huòbì dānwèi (各国的货币单位). ¶以下の数値は千を～とする yǐxià de shùzhí yǐ qiān wéi dānwèi biǎoshì (以下的数值以千为单位表示). ¶週～で賃金を支払う àn zhōu zhīfù gōngzī (按周支付工资). ¶一面積当りの収量 dānwèi miànjī chǎnliàng (单位面积产量)/ dānchǎn (单产).

2〔組織などの一まとまり〕dānwèi (单位). ¶クラス～で試合に参加する yǐ bān wéi dānwèi cānjiā bǐsài (以班为单位参加比赛). ¶行政～ xíngzhèng dānwèi (行政单位).

3〔学校教育の〕xuéfēn (学分). ¶卒業するには 8～を取らなければならない yào bìyè hái děi dé bā ge xuéfēn (要毕业还差八个学分). ¶外国語の～を中国語で取得する wàiyǔ de xuéfēn kě yǐ xuǎnxiū Zhōngwén lái qǔdé (外语的学分可以选修中文来取得).

たんいつ【単一】 dānyī (单一). ¶～為替レート dānyī huìlǜ (单一汇率). ¶～国家 dānyī guójiā (单一国家). ¶～神教 dānyī zhǔshénjiào (单一主神教).

たんおん【短音】 duǎnyīn (短音).
たんおんかい【短音階】 xiǎoyīnjiē (小音阶), xiǎodiào yīnjiē (小调音阶), duǎnyīnjiē (短音阶).

たんか【担架】 dānjià (担架). ¶負傷兵を～にのせて運ぶ yòng dānjià tái shāngyuán (用担架抬伤员).

たんか【単価】 dānjià (单价). ¶まとめて買う～は安くつく chéngpī gòumǎi dānjià jiù piányi (成批购买单价就便宜).

たんか【炭化】 tànhuà (炭化), méihuà (煤化); tànhuà (碳化). ¶石炭は植物が地下で～したものだ méi shì zhíwù zài dìxià tànhuà ér xíngchéng de (煤是植物在地下炭化而形成的).

¶～カルシウム tànhuàgài(碳化钙). ～水素 tànhuàqīng(碳化氢). ～物 tànhuàwù(碳化物).

たんか【啖呵】 ¶矢でも鉄砲でも持って来いと～を切った tā qì zhuàng rú niú de shuō: "qiānglín-dànyǔ, lǎozi bú pà!"(他气壮如牛地说: "枪林弹雨,老子不怕!").

たんか【短歌】 ¶三十一个音节按五、七、五、七、七格式构成的短小和歌.

だんか【檀家】 shīzhǔ(施主), tányuè(檀越).

タンカー yóuchuán(油船), yóulún(油轮).

だんかい【段階】 jiēduàn(阶段). ¶成績によって5つの～に分ける àn chéngjì fēnwéi wǔ ge děngjí(按成绩分为五个等级). ¶～を追ってやらないと無理だ bù xúnxù jiànjìn shì gǎobuhǎo de(不循序渐进是搞不好的). ¶今はまだ発表の～ではない xiànzài hái wèi dào fābiǎo de jiēduàn(现在还未到发表的阶段). ¶事態は最悪の～に立ち至った shìtài xiànyú zuì huài de dìbù(事态陷于最坏的地步). ¶話合いは第2～に入った jiāoshè jìnrù dì'èr ge jiēduàn(交涉进入第二个阶段).

だんがい【断崖】 xuányá(悬崖). ¶～絶壁 xuányá qiàobì[juébì](悬崖峭壁[绝壁]).

だんがい【弾劾】 tánhé(弹劾). ¶政府を～する tánhé zhèngfǔ(弹劾政府).
¶～演説 tánhé yǎnshuō(弹劾演说). ～裁判所 tánhé fǎyuàn(弹劾法院).

だんかいのせだい【団塊の世代】 《説明》第二次世界大战后婴儿出生高峰时期的一代.

たんかだいがく【単科大学】 dānkē dàxué(单科大学), xuéyuàn(学院).

たんがん【単眼】 dānyǎn(单眼).

たんがん【嘆願】 ¶彼の助命を～する wèi jiù tā de xìngmìng jìnxíng qǐngyuàn(为救他的性命进行请愿).
¶～書 qǐngyuànshū(请愿书).

だんがん【銃弾】 dànwán(弹丸), zǐdàn(子弹), qiāngdàn(枪弹); dànyào(弹药); pàodàn(炮弹).

たんき【単記】 ¶～投票 dānjìmíng tóupiào(单记名投票).

たんき【短気】 jíxìngzi(急性子), huǒxìngzi(火性子). ¶彼は～だ tā shì ge jíxìngzi(他是个急性子). ¶～を起すな bié jízào(别急躁). ¶～は損気 nùqì shāng gān(怒气伤肝)/ jíhuǒ gōngxīn(急火攻心)/ jíxíng wú hǎo bù(急行无好步).

たんき【短期】 duǎnqī(短期). ¶～貸付 duǎnqī dàikuǎn(短期贷款). ～大学 duǎnqī dàxué(短期大学).

だんぎ【談義】 ¶またまたお～を聞かされた yòu tīngle yí dà piān xùnhuà(又听了一大篇训话).
¶釣～を始める xiántán diàoyú(闲谈钓鱼).

たんきかん【短期間】 ¶～に仕上げる duǎn qījiān nèi wánchéng(短期间内完成). ¶工事は～のうちに完成した gōngchéng zài duǎnqī nèi wánchéng le(工程在短期内完成).

たんきゅう【探求・探究】 tànqiú(探求), tànjiū(探究). ¶真理を～する tànqiú[xúnqiú](探求[寻求]真理). ¶人生の意義を～する tànqiú rénshēng de yìyì(探求人生的意义). ¶原因を～する tànjiū yuányīn(探究原因).

だんきゅう【段丘】 duànqiū(段丘).

たんきょり【短距離】 duǎnjùlí(短距离), duǎnchéng(短程). ¶～競走 duǎnjùlí sàipǎo(短距离赛跑)/ duǎnpǎo(短跑). ～選手 duǎnpǎo xuǎnshǒu[yùndòngyuán](短跑选手[运动员]).

タンク **1**〔容器〕tǒng(筒), guàn(罐), cáo(槽), xiāng(箱). ¶～トップ duǎnbèixīn(短背心). ～車 guànchē(罐车). ～ローリー yóucáo chē(油槽车)/ yóuguànchē(油罐车). ガス～ wǎsī chǔqìguàn(瓦斯储气罐).
2〔戦車〕tǎnkè(坦克), tǎnkèchē(坦克车).

タングステン wū(钨). ¶～鋼 wūgāng(钨钢).

たんぐつ【短靴】 ǎiyaoxié(矮靿儿鞋).

たんげい【端倪】 ¶～すべからざる人物 wúfǎ chuǎiduó de rénwù(无法揣度的人物).

だんけつ【団結】 tuánjié(团结). ¶～は力なり tuánjié jiùshì lìliang(团结就是力量). ¶万国のプロレタリアートよ～せよ quánshìjiè wúchǎnzhě liánhé qilai!(全世界无产者联合起来!).
¶固くして敵に当る jiāqiáng tuánjié, gòngtóng duìdí(加强团结, 共同对敌).

たんけん【探検】 tànxiǎn(探险). ¶南極を～する dào nánjí qù tànxiǎn(到南极去探险).
¶～家 tànxiǎnjiā(探险家). ～隊 tànxiǎnduì(探险队).

たんけん【短剣】 duǎnjiàn(短剑).

たんげん【単元】 dānyuán(单元). ¶学習～ jiàoxué dānyuán(教学单元).

だんげん【断言】 duànyán(断言). ¶私はそういう事実はないと～する wǒ gǎn shuō méiyǒu nàyàng de shì(我敢说没有那样的事). ¶必ずそうなるとは～できない wǒ bùgǎn duànyán yídìng huì chéng nàyàng(我不敢断言一定会成那样).

たんご【単語】 cí(词), dāncí(单词), dānzì(单字). ¶知らない～を辞書で調べる yòng cídiǎn chá shēngcí(用辞典查生词).
¶～帳 dāncíběnr(单词本儿)/ shēngcíběnr(生词本儿).

たんご【端午】 Duānwǔ(端午・端五), Duānyáng(端阳), Chóngwǔ(重午・重五). ¶～の節句 Duānwǔjié(端午节)/ Duānjié(端节)/ Wǔyuèjié(五月节).

タンゴ tàngē(探戈), tàngēwǔ(探戈舞); tàngēwǔqǔ(探戈舞曲). ¶～を踊る tiào tàngēwǔ(跳探戈舞).

だんこ【断固】 duànrán(断然), jiānjué(坚决). ¶環境破壊に～反対する jiānjué fǎnduì pòhuài zìrán huánjìng(坚决反对破坏自然环境). ¶違反者には～たる処置をとる duì wéifǎnzhě duànrán jiāyǐ chǔfá(对违反者断然加以处罚). ¶彼は～として自説を曲げない tā wánqiáng de jiānchí zìjǐ de yìjiàn(他顽强地坚持自己的意见).

だんご【団子】 tuánzi(团子), yuánzi(圆子), wánzi(丸子). ¶花より～ hǎokàn bùrú hǎochī(好看不如好吃).
¶～鼻 suàntóu bízi(蒜头鼻子). 肉～ ròuwánzi(肉丸子).

たんこう【炭坑】 méijǐng(煤井), méikuàng kuàngkēng(煤矿矿坑).

たんこう【炭鉱】 méikuàng(煤矿). ¶～労働者 méikuàng gōngrén(煤矿工人).

だんこう【断交】 duànjiāo(断交), juéjiāo(绝交). ¶両国は～状態にある liǎngguó chǔyú duànjiāo de zhuàngtài(两国处于断交的状态). ¶経済～をする zài jīngjìshang duànjué guānxi(在经济上断绝关系).

だんこう【断行】 duànxíng(断行). ¶機構改革を～する duànxíng jīgòu gǎigé(断行机构改革).

だんごう【談合】 huìshāng(会商), shāngyì(商议), cuōshāng(磋商), chóushāng(筹商). ¶長時間～のすえ合意に達した jīngguò cháng shíjiān de cuōshāng dáchéngle xiéyì(经过长时间的磋商达成了协议). ¶～が露見する事前会商承包价格败露了).

たんこうぼん【単行本】 dānxíngběn(单行本). ¶連載小説を～として出版する liánzǎi xiǎoshuō yǐ dānxíngběn chūbǎn(连载小说以单行本出版).

たんこぶ ¶鴨居に頭をぶつけて～ができた bǎ tóu zhuàng zài ménméi shang qǐle dàbāo(把头撞在门楣上起了大包). ¶まったくあの人は目の上の～だ nàge rén zhēnshì wǒ de bànjiǎoshí(那个人真是我的绊脚石).

だんこん【男根】 yīnjīng(阴茎).
だんこん【弾痕】 dànhén(弹痕).
たんざ【端座】 duānzuò(端坐).

だんさ【段差】 gāodī chā(高低差) ¶家の中の～をなくす jiǎnshǎo fángzili de āotū bù píng(减少房子里的凹凸不平). ¶前方～あり qiánmiàn yǒu duànpō(前面有断坡).

ダンサー wǔnǚ(舞女); [舞踊家] wǔdǎo yǎnyuán(舞蹈演员).

たんさい【淡彩】 dàncǎi(淡彩). ¶～画 dàncǎihuà(淡彩画).

だんさい【断裁】 ¶返本を～する bǎ xiāobuchū de shū qiēhuǐ(把销不出的书切毁).
¶～機 qiēzhǐjī(切纸机).

だんざい【断罪】 pànzuì(判罪). ¶彼は反逆のかどで～された tā bèi pànle pànnì zhī zuì(他被判了叛逆之罪).

たんさいぼう【単細胞】 dānxìbāo(单细胞). ¶あいつは～だ nà jiāhuo tóunǎo jiǎndān(那家伙头脑简单).
¶～生物 dānxìbāo shēngwù(单细胞生物).

たんさく【単作】 dānzuò(单作). ¶米の～地帯 dàozi dānzuò dìqū(稻子单作地区).

たんさく【探索】 tànsuǒ(探索), sōusuǒ(搜索). ¶犯人を～する sōusuǒ fànrén(搜索犯人).

たんざく【短冊】 ¶～に俳句を書く zài chángtiáo shījiān shang xiě páijù(在长条诗笺上写 俳句).

たんさん【炭酸】 tànsuān(碳酸). ¶～ガス èryǎnghuàtàn(二氧化碳)/ tànsuānqì(碳酸气)/ tàngān(碳酐). ～カルシウム tànsuāngài(碳酸钙). ～水 qìshuǐ(汽水). ～ソーダ sūdá(苏打)/ tànsuānnà(碳酸钠).

たんし【端子】 duānniǔ(端钮).

だんし【男子】 1 [男の子] nánháizi(男孩子), nánháir(男孩儿). ¶～が出生した nánháizi chūshēng le(男孩子出生了).
2 [男性] nánzǐ(男子). ¶～ 200 メートル自由形 nánzǐ èrbǎi mǐ zìyóuyǒng(男子二百米自由泳). ¶～の一言金鉄の如し nánzǐhàn dàzhàngfu yì yán wéi dìng(男子汉大丈夫一言为定).
¶～校 nánxiào(男校). ～更衣室 nán gēngyīshì(男更衣室).

だんじ【男児】 →だんし.

タンジェント zhèngqiē(正切).

たんしき【単式】 dānshì(单式). ¶～簿記 dānshì bùjì(单式簿记).

だんじき【断食】 juélì(绝粒). ¶～して修行する juélì xiūxíng(绝粒修行).

たんじく【短軸】 duǎnzhóu(短轴).

だんじて【断じて】 1 [決して] jué(绝), juéduì(绝对), duànduàn(断断), duànhū(断乎), duànrán(断然). ¶そのような行為は～許さない nà zhǒng xíngwéi jué bù yǔnxǔ(那种行为绝不允许). ¶彼は～犯人ではない tā duànduàn bú shì fànrén(他断断不是犯人).
2 [断固として] juéduì(绝对), yídìng(一定). ¶僕は～遂げてみせる wǒ yídìng wánchéng(我一定完成).

たんしゃ【単車】 mótuōchē(摩托车), jīqì jiǎotàchē(机器脚踏车).

だんしゃく【男爵】 nánjué(男爵).

だんしゅ【断種】 juéyù(绝育).

たんじゅう【胆汁】 dǎnzhī(胆汁). ¶～質 dǎnzhīzhì(胆汁质).

たんじゅう【短銃】 duǎnqiāng(短枪), shǒuqiāng(手枪).

たんしゅく【短縮】 suōduǎn(缩短). ¶労働時間の～を要求する yāoqiú suōduǎn láodòng shíjiān(要求缩短劳动时间). ¶世界記録をさらに1秒～した shìjiè jìlù zàidù suōduǎnle yì miǎo(世界记录再度缩短了一秒).

たんじゅん【単純】 dānchún(单纯), jiǎndān(简单). ¶～な構造のカメラ gòuzào jiǎndān de zhàoxiàngjī(构造简单的照相机). ¶こんな～な計算も出来ないのか lián zhème jiǎndān de jìsuàn yě bú huì(连这么简单的计算也不会!). ¶私はそのことを～に考えすぎていた wǒ bǎ nà jiàn shì xiǎngde tài jiǎndān le(我把那件事想得太简单了). ¶物事は～ではない shìqing kě bù nàme dānchún(事情可不那么单纯). ¶彼は人間が～だ tā rén hěn dānchún(他人很单纯)/ tā shì ge zhítǒngzi(他是个直筒子).
¶～骨折 bìhé gǔzhé(闭合骨折). ～再生産 jiǎndān zàishēngchǎn(简单再生产).

たんしょ【短所】 duǎnchu(短处), quēdiǎn(缺点). ¶何事にも熱しやすく冷めやすいのが彼の～だ duì shénme dōu sān tiān bàn de xīnxiān shì tā de duǎnchu(对什么都三天半的新鲜是他的短处). ¶彼の長所は～をあまりある tā de chángchu zúyǐ míbǔ duǎnchu(他的长处足于弥补短处).

たんしょ【端緒】 duānxù(端绪), tóuxù(头绪), tóulù(头路). ¶真相究明の～を得た zhuāzhùle chámíng zhēnxiàng de tóuxù(抓住了查明真相的头绪). ¶それが懸案解決の～となった nà chéngle jiějué xuán'àn de duānxù(那成了解决悬案的端绪).

だんじょ【男女】 nánnǚ(男女). ¶遠くて近きは～の仲 nánnǚ guānxi shì sì yuǎn ér jìn de(男女关系是似远而近的).
¶～共学 nánnǚ héxiào(男女合校). ～同権 nánnǚ píngquán(男女平权).

たんしょう【嘆賞】 tànshǎng(叹赏).

たんじょう【誕生】 dànshēng(诞生). ¶子供の～を祝う zhùhè háizi de dànshēng(祝贺孩子的诞生). ¶～日おめでとう zhù nǐ shēngri hǎo(祝你生日好)/ xiàng nín zhùshòu(向您祝寿)/ wèi nín de huádàn kòuzhù(为您的华诞叩祝). ¶～祝いに本をプレゼントした zèng shū zuòwéi shēngri de lǐwù(赠书作为生日的礼物). ¶この子は～前に歩いた zhège háizi bú dào zhōusuì jiù huì zǒulù le(这个孩子不到周岁就会走路了). ¶新しい国が～した xīn guójiā dànshēng le(新国家诞生了).

だんしょう【談笑】 tánxiào(谈笑). ¶交渉は～のうちに行われた jiāoshè zài huānkuài yǒuhǎo de qìfēn zhōng jìnxíng(交涉在欢快友好的气氛中进行). ¶ストーブを囲んで～する wéizhe huǒlú tánxiào(围着火炉谈笑).

たんしようしょくぶつ【単子葉植物】 dānzǐyè zhíwù(单子叶植物).

たんしょうとう【探照灯】 tànzhàodēng(探照灯).

たんしょく【単色】 dānsè(单色). ¶～画 dānsèhuà(单色画). ～光 dānsèguāng(单色光).

だんしょく【男色】 jījiān(鸡奸).

だんしょく【暖色】 nuǎnsè(暖色).

たんしん【単身】 dānshēn(单身), zhīshēn(只身). ¶～敵地に潜入する zhīshēn qiánrù díqū(只身潜入敌区). ¶妻子を置いて～赴任する liúxià qīzǐ dānshēn fùrèn(留下妻子单身赴任).

たんしん【短針】 duǎnzhēn(短针).

たんす【箪笥】 guì[r](柜[儿]), chú[r](橱[儿]), guìzi(柜子), chúzi(橱子). ¶衣～ yīguì(衣柜)/ yīchú(衣橱). 整理～ wǔdǒuchú(五斗橱). 茶～ chúguì[r](橱柜[儿])/ guìchú(柜橱)/ wǎnchú(碗橱)/ wǎnguìr(碗柜儿).

ダンス wǔdǎo(舞蹈). ¶～を踊る tiào wǔ(跳舞)/ tiào wǔdǎo(跳舞蹈).
¶～パーティー wǔhuì(舞会). ～ホール wǔtīng(舞厅)/ wǔchǎng(舞场). 社交～ jiāojìwǔ(交际舞). タップ～ tītàwǔ(踢踏舞). フォーク～ jítǐwǔ(集体舞)/ mínjiān wǔdǎo(民间舞蹈).

たんすい【淡水】 dànshuǐ(淡水). ¶～魚 dànshuǐyú(淡水鱼). ～湖 dànshuǐhú(淡水湖).

だんすい【断水】 duànshuǐ(断水), tíngshuǐ(停水). ¶～に備えて汲み置きをする dǎ shuǐ cún yǐ bèi tíngshuǐ(打水贮存以备停水). ¶水道工事のため～します yóuyú xiū zìláishuǐ guǎndào duànshuǐ(由于修自来水管道断水).

たんすいかぶつ【炭水化物】 tànshuǐ huàhéwù(碳水化合物).

たんすう【単数】 dānshù(单数). ¶3人称～ dìsān rénchēng dānshù(第三人称单数).

たん・ずる【嘆ずる】〔なげく〕 tànqì(叹气), tànxī(叹息), jiētàn(嗟叹); 〔感嘆する〕 zàntàn(赞叹), tànshǎng(叹赏), gǎntàn(感叹).

だん・ずる【断ずる】 duàndìng(断定), xià duànyǔ(下断语).

だん・ずる【弾ずる】 tán(弹). ¶琴を～ずる tán qín(弹琴).

だん・ずる【談ずる】 ¶彼は共に～ずるに足りない gēn tā bù zhíde yì tán(跟他不值得一谈). 先方に乗り込んで～ずる qiángxíng zhǎo duìfāng tánpàn(强行找对方谈判).

たんしん【丹心】 jīngxīn(精心). ¶父が～した庭 fùqin jīngxīn zhàoguǎn de tíngyuán(父亲精心照管的庭园). ¶～こめて菊を作る jīngxīn péizhí júhuā(精心培植菊花).

たんせい【嘆声】 ¶思わず～を発する bùyóude fāchū chángtàn[chángxū-duǎntàn](不由得发出长叹[长吁短叹]).

たんせい【端正・端整】 duānzhèng(端正), duānzhuāng(端庄). ¶～な身のこなし jǔzhǐ duānzhuāng(举止端庄). ¶～な顔だち róngmào duānzhuāng(容貌端庄)/ wǔguān duānzhèng(五官端正).

だんせい【男声】 nánshēng(男声). ¶～合唱 nánshēng héchàng(男声合唱).

だんせい【男性】 nánxìng(男性), nánzǐ(男子), nánrén(男人). ¶岩登りは～的なスポーツだ pāndēng yánbì shì jùyǒu nánzǐ qìgài de yùndòng(攀登岩壁是具有男子气概的运动).
¶～ホルモン xióngxìng jīsù(雄性激素).

だんせい【弾性】 tánxìng(弹性). ¶～体 tánxìngtǐ(弹性体).

たんせき【旦夕】 dànxī(旦夕). ¶命(が)～に迫る mìng zài dànxī(命在旦夕).

たんせき【胆石】 dǎnshí(胆石). ¶～症 dǎnshízhèng(胆石症).

だんぜつ【断絶】 duànjué(断绝). ¶国交を～する duànjué wàijiāo guānxi(断绝外交关系). ¶一家～ jiā pò rén wáng(家破人亡). ¶世代の～ dàigōu(代沟).

たんせん【単線】 dānxiàn(单线), dānguǐ(单轨). ¶事故のため～運転をする yóuyú shìgù, gǎichéng dānxiàn yùnxíng(由于事故, 改成单线运行).

たんぜん【端然】 ¶～として座っている zhèngjīn wēi zuò(正襟危坐).

だんせん【断線】 ¶台風のため～して停電になった yóuyú táifēng guāduànle diànxiàn, tíng-

だんぜん【断然】 duànrán(断然), juéduì(绝对), jiānjué(坚决). ¶そういうことなら〜反対だ yàoshì nàyàng ˈduànrán[juéduì] fǎnduì(要是那样ˈ断然[绝对]反对). ¶何と言われようと〜実行する bùguǎn rénjia shuō shénme, ˈduànrán[jiānjué] shíxíng(不管人家说什么,ˈ断然[坚决]实行). ¶我々の方が〜優位に wǒfāng zhàn juéduì yōushì(我方占绝对优势).

たんじゅ【炭疽】 tànjū(炭疽), huángbìng(癀病).

たんそ【炭素】 tàn(碳). ¶〜鋼 tànsùgāng(碳素钢)/〜鋼 tàngāng(碳钢).

たんそう【炭層】 méicéng(煤层).

だんそう【男装】 nǚ bàn nánzhuāng de měirén(女扮男装的美人).

だんそう【断層】 duàncéng(断层). ¶地震で〜が出来た yóuyú dìzhèn zàochéngde duàncéng(由于地震造成了断层). ¶世代間に大きな〜がある liǎng dài rén zhī jiān yǒu hěn dà de géhé(两代人之间有很大的隔阂).
¶〜湖 duàncénghú(断层湖)/gòuzàohú(构造湖). 〜地震 duàncéng dìzhèn(断层地震)/gòuzào dìzhèn(构造地震). 〜撮影法 duàncéng shèyǐngfǎ(断层摄影法).

たんそく【嘆息】 tànxī(叹息), tàixī(太息). ¶天を仰いで〜する yǎng tiān tànxī(仰天叹息). ¶彼は長〜をもらした tā chángtànle yìshēng(他长叹了一声)/tā kuìrán tàixī(他喟然太息).

だんぞく【断続】 duànxù(断续). ¶爆発音が〜して聞えた duànduan-xùxù de tīngjian bàozhàyīn(断断续续地听见爆炸音). ¶〜に強く降る雨 duànxù de dàyǔ(断续的大雨).

だんそんじょひ【男尊女卑】 nán zūn nǚ bēi(男尊女卑).

だんたい【団体】 tuántǐ(团体), jítǐ(集体). ¶〜で行動する yǐ jítǐ xíngdòng(以集体行动). ¶15名以上の〜には割引がある shíwǔ míng yǐshàng de tuántǐ dǎ zhékòu(十五名以上的团体打折扣). ¶〜生活をする guò jítǐ shēnghuó(过集体生活).
¶〜競技 tuántǐ bǐsài(团体比赛). 〜交渉 láozī dàibiǎo jiāoshè(劳资代表交涉). 〜旅行 tuántǐ lǚxíng(团体旅行). 政治〜 zhèngzhì tuántǐ(政治团体). 宗教〜 zōngjiào tuántǐ(宗教团体).

だんだら【段だら】 ¶紅白〜縞の幕 hóngbái xiāngjiàn de héngtiáowén bùmù(红白相间的横条纹布幕).

たんたん【坦坦】 píngtǎn(平坦). ¶〜とした道がどこまでも続いている píngtǎn de dàolù zài yánshēnzhe(平坦的道路在延伸着).

たんたん【淡淡】 ¶彼は何事が起きても〜としている jiùshì fāshēng shénme shì tā yě quánrán búzàihu(就是发生什么事他也全然不在乎). ¶彼は〜たる口調で心境を語った tā yǔdiào píngjìng de shùshuō qí xīnjìng(他语调平静地述说其心境).

だんだん【段段】 **1**〔階段〕tījí(梯级), táijiē(台阶), lóutī(楼梯). ¶〜畑 tītián(梯田).
2〔次第に〕jiànjiàn(渐渐), zhújiàn(逐渐), zhúbù(逐步). ¶東の空が〜白くできた dōngfāng de tiānkōng jiànjiàn fābái le(东方的天空渐渐发白了). ¶上級になるにつれて〜勉強が難しくなった suízhe shēngjí gōngkè jiànjiàn nán le(随着升级功课渐渐难了).

たんち【探知】 ¶敵の動静を〜する zhēnchá dírén de dòngjìng(侦察敌人的动静).
¶電波〜器 léidá(雷达).

だんち【団地】 dà miànjī jítǐ zhùzháiqū(大面积集体住宅区), gōngrén xīncūn(工人新村).

だんちがい【段違い】 ¶2人の実力は〜だ liǎng ge rén de lìliang ˈxuánshū[chàde yuǎn](两个人的力量ˈ悬殊[差得远]). ¶彼の強さは〜だ tā qiángde wú yǔ pǐdí(他强得无与匹敌).
¶〜平行棒 gāodīgàng(高低杠).

たんちょう【単調】 dāndiào(单调). ¶〜な仕事 dāndiào de gōngzuò(单调的工作). ¶色彩が〜だ sècǎi dāndiào(色彩单调). ¶生活の〜さを打ち破る dǎpò dāndiào de shēnghuó(打破单调的生活).

たんちょう【短調】 xiǎodiào(小调), duǎndiào(短调). ¶ト〜チェロ協奏曲 g xiǎodiào dàtíqín xiézòuqǔ(g 小调大提琴协奏曲).

だんちょう【団長】 tuánzhǎng(团长).

だんちょう【断腸】 duàncháng(断肠), chángduàn(肠断). ¶あの時は〜の思いだった nà shí ˈtòng duàn gāncháng[chángcháng cùnduàn] bēitòng wànfēn(那时ˈ痛断肝肠[肠肠寸断]悲痛万分).

たんてい【探偵】 zhēntàn(侦探). ¶〜小説 zhēntàn xiǎoshuō(侦探小说). 私立〜 sīrén zhēntàn(私人侦探).

だんてい【断定】 duàndìng(断定). ¶彼の犯行と〜する duàndìng shì tā fàn de zuì(断定是他犯的罪). ¶病気が何であるかはにわかに〜出来ない shì shénme bìng yīxiàzi duàndìng bu liǎo(是什么病一下子断定不了).

ダンディー ¶うちの所長はなかなかおしゃれで〜だ wǒmen de suǒzhǎng yīzhuó shímáo yòu jiǎngjiu, shuài jíle(我们的所长衣着时髦又讲究,帅极了).

たんてき【端的】 ¶彼の主張はその文章に〜に現れている tā de zhǔzhāng qīngchu de biǎoxiàn zài nà piān wénzhāng li(他的主张清楚地表现在那篇文章里). ¶〜に言ってそれは誤りだ kāimén-jiànshān de shuō nà shì cuòwù(开门见山地说那是错误).

たんでき【耽溺】 chénnì(沉溺), chénmiǎn(沉湎). ¶酒色に〜する chénmiǎn yú jiǔsè(沉湎于酒色).

たんでん【丹田】 dāntián(丹田). ¶臍下(ぎ)〜に力をこめる zài qíxià dāntián yònglì(在脐下丹田用力)/qì chén dāntián(气沉丹田).

たんでん【炭田】 méitián(煤田).

たんとう【担当】 dāndāng(担当), dānrèn(担任), dānfù(担负); chōngdāng(充当), chōngrèn(充任). ¶会計事務を〜する fùzé kuàijì shìwù(负责会计事务). ¶音楽の〜は A 先生です jiāo yīnyuè de shì A lǎoshī(教音乐的是

¶~者 dānrènzhě(担任者)/ fùzérén(负责人).
たんとう【短刀】 duǎndāo(短刀), bǐshǒu(匕首).
だんとう【弾頭】 dàntóu(弹头). ¶核~ hédàntóu(核弹头).
だんとう【暖冬】 ¶今年は~で雪が少なかった jīndōng tiān nuǎn xuě shǎo(今冬天暖雪少).
だんどう【弾道】 dàndào(弹道). ¶大陸間~弾 zhōujì dàndào dǎodàn(洲际弹道导弹). 中距離~弾 zhōngchéng dàndào dǎodàn(中程弹道导弹).
だんとうだい【断頭台】 duàntóutái(断头台).
たんとうちょくにゅう【単刀直入】 dāndāo zhírù(单刀直入), kāimén jiànshān(开门见山), zhíjié-liǎodàng(直截了当), jiǎnjié(简捷·简截). ¶彼は~に用件を切り出した tā kāiménjiànshān de shuōchū láifǎng mùdì(他开门见山地说出来访目的).
たんどく【単独】 dāndú(单独). ¶彼は~で登頂に成功した tā dāndú chénggōng de pāndēngle dǐngfēng(他单独成功地攀登了顶峰). ¶皆と分れて~行動をとる yǔ dàjiā fēnkāi dāndú xíngdòng(与大家分开单独行动).
¶~講和 dāndú gòuhé(单独媾和). ~飛行 dāndú fēixíng(单独飞行).
たんどく【耽読】 ¶SFを~する kù'ài kēxué huànxiǎng xiǎoshuō(酷爱科学幻想小说).
だんどり【段取り】 chéngxù(程序), bùzhòu(步骤). ¶留守中の~をつけておく ānpáihǎo búzài qījiān de gōngzuò chéngxù(安排好不在期间的工作程序). ¶引越の~をする ānpái bānjiā de bùzhòu(安排搬家的步骤).
だんな【旦那】 1〔あるじ〕zhǔrén(主人), dōngjia(东家), lǎoye(老爷), lǎobǎn(老板). ¶~様は出張中です zhǔrén xiànzài zhèngzài chūchāi(主人现在正在出差).
2〔夫〕zhàngfu(丈夫), àiren(爱人), nánren(男人), xiānsheng(先生), lǎogōng(老公), lǎoyémenr(老爷们儿). ¶~様はどちらへお勤めですか nín àiren zài shénme dìfang gōngzuò a?(您爱人在什么地方工作啊?).
3〔年輩の男性〕xiānsheng(先生), lǎoye(老爷), dàren(大人). ¶~, お安くしておきますよ xiānsheng, gěi nín suàn piányi xiē(先生, 给您算便宜些).
たんなる【単なる】 zhǐshì(只是). ¶それは彼の~思いつきだ zhǐ búguò shì tā xīnxuè láicháo(那只不过是他心血来潮). ¶その話は~噂にすぎなかった nà shì zhǐshì yáoyán bàle(那事只是谣言罢了).
たんに【単に】 jǐn(仅), zhǐ(只), dān(单). ¶私は~個人の見解を述べたにすぎない wǒ zhǐ búguò shì chénshù wǒ gèrén de jiànjiě(我只不过是陈述了我个人的见解).
たんにん【担任】 dānrèn(担任). ¶1年1組はA先生が~している yī niánjí yī bān yóu A lǎoshī dānrèn bānzhǔrèn(一年级一班由A老师担任班主任).
¶学級~ bānzhǔrèn(班主任)/ jírèn(级任).

タンニン dānníng(单宁), dānníngsuān(单宁酸), róusuān(鞣酸).
だんねつ【断熱】 juérè(绝热). ¶~材 juérè cáiliào(绝热材料)/ bǎowēn cáiliào(保温材料).
たんねん【丹念】 ¶~にデータを集める xìxīn bú lòu de shōují zīliào(细心不漏地收集资料). ¶~な調査 jīngxì zhōumì de diàochá(精细周密的调查).
だんねん【断念】 sǐxīn(死心). ¶大学への進学を~した duànle shēng dàxué de niàntou(断了升大学的念头). ¶あと一歩というところまできてとても~は出来ない dàole zuìhòu yí bù zěnme yě sǐbuliǎo zhè yì tiáo xīn(到了最后一步怎么也死不了这一条心). ¶資金繰りがつかず計画は~せざるを得なかった yīn zījīn zhōuzhuǎn bu líng, zhǐhǎo bǎ jìhuà fàngqì le(因资金周转不灵, 只好把计划放弃了).
たんのう【胆嚢】 dǎnnáng(胆囊), kǔdǎn(苦胆).
たんのう【堪能】 1〔達者〕chángyú(长于), shàncháng(擅长). ¶彼は書に~だ tā chángyú shūfǎ(他长于书法).
2〔満足〕¶2人で夜通し~するまでしゃべった liǎng ge rén jìnqíng tánxīn dào tiānliàng(两个人尽情谈心到天亮).
たんぱ【短波】 duǎnbō(短波). ¶海外向け放送 duìwài duǎnbō guǎngbō(对外短波广播).
¶~受信機 duǎnbō jiēshōujī(短波接收机).
たんぱく【淡白】 1〔味、色など〕qīngdàn(清淡), dànbó(淡薄). ¶私は~な料理が好きだ wǒ ài chī qīngdàn de cài(我爱吃清淡的菜).
2〔性質など〕tiándàn(恬淡), dànbó(淡泊·澹泊). ¶金銭に~な人 duì jīnqián dànbó de rén(对金钱淡泊的人). ¶彼は人柄が~だ tā wéirén xìnggé ~(他为人性格很淡泊).
たんぱく【蛋白】 dànbái(蛋白). ¶~質 dànbáizhì(蛋白质). ~石 dànbáishí(蛋白石). ~尿 dànbáiniào(蛋白尿).
たんぱつ【単発】 dān dānyǐnqíng fēijī(单引擎飞机). ~銃 dānfāqiāng(单发枪).
だんぱつ【断髪】 ¶~の乙女 jiǎn duǎnfà de shàonǚ(剪短发的少女).
タンバリン dábǔ(达卜), shǒugǔ(手鼓), línggǔ(铃鼓).
だんぱん【談判】 tánpàn(谈判). ¶家主と~して家賃をまけさせた gēn fángdōng tǎojià-huánjià jiàngdīle fángzū(跟房东讨价还价降低了房租). ¶社長に直~に及ぶ yǔ zǒngjīnglǐ zhíjiē tánpàn(与总经理直接谈判). ¶~が決裂した tánpàn juéliè(谈判决裂).
たんび【耽美】 wéiměi(唯美), dānměi(耽美). ¶~主義 wéiměizhǔyì(唯美主义).
たんぴょう【短評】 duǎnpíng(短评).
ダンピング qīngxiāo(倾销). ¶~防止税 fǎnqīngxiāoshuì(反倾销税).
ダンプカー qīngxiè qìchē(倾卸汽车), fǎndǒu qìchē(翻斗汽车), zìxiè qìchē(自卸汽车).
たんぶん【短文】 ¶次の語を使って~を作れ yòng xiàliè cí zàojù(用下列词造句).
たんぺいきゅう【短兵急】 ¶そう~に事を運ぼうとしても無理だ nàme jíyú qiú chéng yě bù-

xíng(那么急于求成也不行).

ダンベル yǎlíng(哑铃).

たんぺん【短編】 duǎnpiān(短篇). ¶〜映画 duǎnpiàn(短片). 〜小説 duǎnpiān xiǎoshuō(短篇小说).

だんぺん【断片】 língpiàn[r](零片[儿]), suìpiàn[r](碎片[儿]), piànduàn(片断), duànpiàn(断片), piànduàn(片段). ¶土器の〜を発掘した fājuéle táoqì suìpiàn(发掘了陶器片儿). ¶記憶の〜をつなぎあわせる bǎ jìyì de piànduàn liánjiē qilai(把记忆的片断连接起来). ¶彼はその間のことを〜的に話した tā gésān-tiàoliǎng de shùshuōle nàge jīngguò(他隔三跳两地述说了那个经过).

たんぼ【田圃】 tián(田), shuǐtián(水田). ¶〜道 tiánggěng(田埂).

たんぽ【担保】 dǐyā(抵押). ¶土地を〜に金を借りる ná tǔdì zuò dǐyā jiè qián(拿土地作抵押借钱). ¶家を〜に入れる bǎ fángzi zuòwéi dǐyā(把房子作为抵押).

たんぼう【探訪】 tànfǎng(探访), cǎifǎng(采访). ¶未開社会の生活を〜する tànfǎng wèi kāihuà shèhuì de shēnghuó(探访未开化社会的生活).
¶〜記事 cǎifǎng bàodào(采访报道).

だんぼう【暖房】 nuǎnqì(暖气). ¶部屋を石油ストーブで〜する yòng méiyóu lúzi nuǎn wūzi(用煤油炉子暖屋子). ¶その部屋は〜がきいて快適だった nà jiān wūzi yǒu nuǎnqì hěn shūshì(那间屋子有暖气很舒适).
¶〜装置 cǎinuǎn shèbèi(采暖设备). 〜費 nuǎnqìfèi(暖气费)/ kǎohuǒfèi(烤火费).

だんボール【段ボール】 zhǐbǎn(纸板), wǎléngzhǐ(瓦楞纸). ¶〜箱 zhǐbǎnxiāng(纸板箱)/ zhǐxiāng(纸箱).

たんぽぽ【蒲公英】 púgōngyīng(蒲公英), huánghuā dìdīng(黄花地丁).

タンポン zhǐxuè miánqiú(止血棉球), sāizi(塞子).

たんまつ【端末】 zhōngduān(终端), mòduān shèbèi(末端设备), zhōng duān shèbèi(终端设备), zhōngduānjī(终端机).

だんまつま【断末魔】 ¶〜の苦しみ línzhōng de kǔtòng(临终的苦痛).

たんまり ¶あの仕事で彼は〜もうけた nà zhuāng mǎimai tā kě zhuànzú le(那桩买卖他可赚足了).

だんまり ¶いつまで〜をきめこむ気は nǐ yìyán bùfā jiūjìng yào dào nǎ tiān a?(你一言不发究竟要到哪天啊?)/ nǐ dào nǎ tiān cái zhāngzuǐ shuōhuà a?(你到哪天才张嘴说话啊?).

たんめい【短命】 duǎnmìng(短命), yāowáng(夭亡). ¶惜しいことにこの作家は〜だった hěn kěxī zhè wèi zuòjiā mìng duǎn(很可惜这位作家命短). ¶A内閣は極めて〜だった A nèigé jíwéi duǎnmìng(A内阁极为短命).

タンメン【湯麺】 tāngmiàn(汤面), miàntāng(面汤).

だんめん【断面】 pōumiàn(剖面), duànmiàn(断面), jiémiàn(截面), qiēmiàn(切面). ¶社会の一〜 shèhuì de yí duànmiàn(社会的一断面). ¶〜図 duànmiàntú(断面图)/ pōumiàntú(剖面图).

たんもの【反物】 héfú yīliào(和服衣料).

だんやく【弾薬】 dànyào(弹药). ¶〜庫 dànyàokù(弹药库).

だんゆう【男優】 nányǎnyuán(男演员).

たんよう【単葉】 **1**【植物の】dānyè(单叶).
2【飛行機の】dānyì(单翼). ¶〜機 dānyì fēijī(单翼飞机).

たんらく【短絡】 duǎnlù(短路); jiǎndān cǎoshuài(简单草率), wǔduàn(武断). ¶考え方が余りにも〜的だ xiǎngfa tài jiǎndān cǎoshuài le(想法太简单草率了).

だんらく【段落】 duànluò(段落). ¶この文章は4つの〜に分けられる zhè piān wénzhāng kě fēnwéi sì ge duànluò(这篇文章可分为四个段落). ¶仕事が一〜した gōngzuò gàole yíduànluò(工作告了一段落).

だんらん【団欒】 tuánjù(团聚), tuányuán(团圆). ¶夕食は一家〜のひとときです wǎnfàn shì yìjiā tuánjù zhī shí(晚饭是一家团聚之时). ¶正月には子供達が帰郷して一家〜する zài yuándàn háizimen fǎn xiāng yìjiā huānlè tuányuán(在元旦孩子们返乡一家欢乐团圆).

たんり【単利】 dānlì(单利).

だんりゅう【暖流】 nuǎnliú(暖流).

たんりょ【短慮】 **1**【浅見】qiǎnjiàn(浅见). ¶父は息子の〜を戒めた fùqin quànjiè érzi de duǎnqiǎn jiànjiě(父亲劝戒儿子的短浅见解).
2【短気】 ¶〜を起す bàozào qilai(暴躁起来).

たんりょく【胆力】 dǎnlì(胆力), dǎnliàng(胆量). ¶彼はなかなか〜のある男だ tā shì ge hěn yǒu dǎnlì de nánzǐhàn(他是个很有胆力的男子汉).

だんりょく【弾力】 tánlì(弹力), tánxìng(弹性). ¶ゴムは〜が強い xiàngjiāo tánxìng qiáng(橡胶弹性强). ¶皮膚が〜を失った pífū shīqùle tánlì(皮肤失去了弹力). ¶〜に富む考え方 fùyǒu línghuóxìng de xiǎngfa(富有灵活性的想法). ¶運用に〜をもたせる línghuó yùnyòng(灵活运用).

たんれい【端麗】 duānlì(端丽). ¶容姿〜 zīróng duānlì(姿容端丽).

たんれん【鍛練】 duànliàn(锻炼·锻练). ¶精神の〜 jīngshénshang de duànliàn(精神上的锻炼). ¶身体を〜する duànliàn shēntǐ(锻炼身体).

だんろ【暖炉】 lúzi(炉子), huǒlú(火炉), huǒtáng(火塘); bìlú(壁炉). ¶〜をたく shēng lúzi(生炉子).

だんろん【談論】 tánlùn(谈论). ¶〜風発して活発な会になった tánxiào fēngshēng, huìyì kāide shēngdòng huópō(谈笑风生, 会议开得生动活泼).

だんわ【談話】 tánhuà(谈话). ¶〜を発表する fābiǎo tánhuà(发表谈话).
¶〜室 tánhuàshì(谈话室). 首相〜 shǒuxiāng tánhuà(首相谈话).

ち

ち【血】 1〔血液〕xiě・xuè(血).¶傷口から～が出る shāngkǒu chūxuè(伤口出血).¶応急処置で～が止った yòng yìngjí chǔlǐ zhǐzhùle xiě(用应急处理止住了血).¶傷口の～がもう固まった shāngkǒu de xiě yǐjing níngɡù le(伤口的血已经凝固了).¶車の中には～が飛び散っていた chēli xiānxuè sìjiàn(车里鲜血四溅).¶その戦いで多くの人々の～が流された nà cì zhànzhēng xǔduō rén liúle xuè(那次战争许多人流了血).¶包帯に～がにじんでいた bēngdài shang shènchūle xiě(绷带上渗出了血).¶頭に～がのぼった xuè yǒngshàngle tóu(血涌上了头).¶それを聞いた時には～も凍る思いだった tīngle nà jiàn shì, wǒ juéde xiě dōu xiàng níngzhùle shìde(听了那件事,我觉得血都像凝住了似的).¶あいつは～も涙もない奴だ nà jiāhuo shì ge lěngkù wúqíng de rén(那家伙是个冷酷无情的人).¶～湧き肉躍る大活劇 shǐ rén wànfēn xīngfèn de yì chǎng dàwùxì(使人万分兴奋的一场大武戏).¶～の通った政治を望む qīwàng fùyǒu rénqíngwèi de zhèngzhì(期望富有人情味的政治).¶あわや～の雨が降るところだった chàdiǎnr xuèròu héngfēi(差点儿血肉横飞).¶彼は～の海に倒れていた tā dǎozài xuèpō zhōng(他倒在血泊中).¶彼女はいつも～の気のない顔をしている tā zǒngshì liǎnshang méiyǒu xuèsè(她总是脸上没有血色).¶彼は～の気が多いのですぐかっとなる tā huǒqì dà, dòngbudòng jiù fāhuǒ(他火气大,动不动就发火).¶君は～のめぐりが悪い nǐ nǎojīn zhēn bèn(你脑筋真笨).¶～と汗の結晶 xuè yǔ hàn de jiéjīng(血与汗的结晶).¶～に飢えた狼の群 jī yù yǐnxuè de lángqún(饥欲饮血的狼群).¶～を見たとたんに青くなった yí kànjian xiě liǎnsè jiù shuàbái le(一看见血脸色就刷白了).¶その争いはついに～を見るに至った nàge jiūfēn zhōngyú nàode liúle xuè(那个纠纷终于闹得流了血).¶～を吐く思いで子供を手放した jiù xiàng wǎndiàole xīntóuròu shìde bǎ háizi gěile rén(就像挖掉了心头肉似的把孩子给了人).

2〔血統,血縁〕xuèyuán(血缘).¶～は争われないものだ zhēn shì yǒu qí fù bì yǒu qí zǐ(真是有其父必有其子).¶～は水よりも濃い xuè bǐ shuǐ nóng(血比水浓).¶親子と言っているが～のつながりはない suīshuō shì fùzǐ, kě méiyǒu xuèyuán guānxi(虽说是父子,可没有血缘关系).¶こういう時は何と言っても～を分けた兄弟だ zhèyàng de shíhou dàodǐ shì gǔròu xiōngdì(这样的时候到底还是骨肉兄弟).¶さすが親の～を引いているだけあって筋がいい jiūjìng shì xuèmài xiāngtōng, yǒu tiānfèn(究竟是血脉相通,有天分).¶～で～を洗う争いが続いている A jiā yóuyú jìchéng yíchǎn de wèntí zhǎnkāile chǒu'è de gǔròu zhī zhēng(A家由于继承遗产的问题展开了丑恶的骨肉之争).

ち【地】 dì(地).¶K 市は～の利を得て急速に発展した K shì yīn dìlì huòdé fēisù fāzhǎn(K 市因地利获得飞速发展).¶天に昇ったか～にもぐったか杳(ǎ)として行方が知れない bù zhī fēishàng tiān háishi zuānxià dì háo wú zōngyǐng(不知飞上天还是钻下地毫无踪影).¶ポーランドとドイツは～を接している Bōlán hé Déguó jiērǎng(波兰和德国接壤).¶威信は～に墜ち wēixìn sǎodì(威信扫地).¶彼の評判は～に落ちた tā de míngshēng jiǎnzhí yí luò qiān zhàng(他的名声简直一落千丈).¶一敗～にまみれる yí bài túdì(一败涂地).¶～の果て tiān yá hǎi jiǎo(天涯海角).¶曾遊の～ céng yóu zhī dì(曾游之地).

ち【知・智】 zhī(知);zhì(智).¶～行合一 zhī xíng héyī(知行合一).~仁勇 zhì rén yǒng(智仁勇).

チアノーゼ fāgàn(发绀),qīngzǐ(青紫).

ちあん【治安】 zhì'ān(治安).¶社会の～を維持する wéichí shèhuì de zhì'ān(维持社会的治安).¶～を乱す rǎoluàn zhì'ān(扰乱治安).

ちい【地衣】 dìyī(地衣).

ちい【地位】 dìwèi(地位).¶高い～につく jiù gāo de zhíwèi(就高的职位).¶婦人の～を向上させる tígāo fùnǚ de dìwèi(提高妇女的地位).¶自動車産業は輸出産業の中で重要な～を占めている qìchē gōngyè zài shūchū chǎnyè zhōng zhànyǒu zhòngyào 'dìwèi[wèizhi](汽车工业在输出产业中占有重要'地位[位置]).¶社会的～のある人 shèhuì dìwèi gāo de rén(社会地位高的人).

ちいき【地域】 dìyù(地域),dìqū(地区);dìduàn(地段).¶洪水の被害は広大な～にわたっている hóngshuǐ de zāihài shèjí guǎngdà dìqū(洪水的灾害涉及广大地区).¶調査カードを～別に区分けする diàochá kǎpiàn àn dìyù jiāyǐ fēnlèi(调查卡片按地域加以分类).

ちいく【知育】 zhìyù(智育).

チーク yóumù(柚木).

チークダンス tiēliǎnwǔ(贴脸舞).

ちいさ・い【小さい】 xiǎo(小).¶この靴は私には～い zhè xié wǒ chuān xián xiǎo(这鞋我穿嫌小).¶洋服が～くなった yīfu xiǎo le diǎnr(衣服小了点儿).¶この子は～い割には力がある zhè háizi suī xiǎo, dàn hěn yǒu lìqi(这孩

子虽小，但很有力气）．¶彼は叱られて~くなっている tā áile shuō tái bu qǐ tóu lai (他挨了说抬不起头来)．¶3は5より~い sān bǐ wǔ xiǎo (三比五小)．¶損害は思ったより~かった sǔnshī bǐ xiǎngxiàng de yào xiǎo (损失比想像的要小)．¶もっと~い声で話しなさい xiǎo diǎnr shēng shuō (小点儿声说)．¶1000円を~くして下さい qǐng bǎ yìqiān ríyuán pòkāi (请把一千日元破开)．¶私は彼を~い時から知っていた wǒ ˇdǎ xiǎo[cóngxiǎo / qǐxiǎor] jiù rènshi tā (我〔打小〔从小 / 起小儿〕就认识他)．¶私は兄より2つ~い wǒ bǐ gēge xiǎo liǎng suì (我比哥哥小两岁)．¶~い事にこだわるな duì xiǎoshì yòngbuzháo jūnì (对小事用不着拘泥) / bówù xìgù, bùzú jìjiào (薄物细故，不足计较)．¶肝っ玉が~い dǎnzi[xīnyǎnr] xiǎo (胆子〔心眼儿〕小) / xiǎo dù jī cháng (小肚鸡肠)．¶人物が~い qìliàng xiǎo (器量小)．

チーズ【乾酪】gānlào (干酪)．
チータ lièbào (猎豹)．
チーフ shǒuxí (首席)，shǒuzhǎng (首长)；shǒulǐng (首领)，tóulǐng (头领)；lǐngbān (领班)，lǐngduì (领队)；zhǔrèn (主任)．
チーム　duì (队)．¶野球の~をつくる bàngqiúduì (成立棒球队)．¶あの~は~ワークがいい nàge duì hùxiāng pèihéde hǎo (那个队互相配合得好)．
ちうみ【血膿】nóngxuè (脓血)．
ちえ【知恵】zhìhuì (智慧)．¶彼は~のある男だ tā shì hěn yǒu zhìhuì de rén (他是很有智慧的人)．¶いい~はないものか méiyǒu ge hǎo bànfǎ ma? (没有个好办法吗?)．¶君の~を借りたい qǐng nǐ gěi wǒ chū ge zhǔyi (请你给我出个主意)．¶おまえ，誰に~をつけられたのだ zhè shì shuí gěi nǐ chū de diǎnzi? (这是谁给你出的点子?)．¶同じ手で人を騙そうなんて全く~がない xiǎng yòng tóngyàng de shǒuduàn piàn rén yě tài méi nǎozi le (想用同样的手段骗人也太没脑子了)．¶~を絞る jiǎojǐn nǎozhī (绞尽脑汁)．

~者 zhìzhě (智者) / zhìduōxīng (智多星)．~歯 zhìchǐ (智齿) / zhìyá (智牙) / jǐngēnyá (尽根牙)．~袋 zhìnáng (智囊)．猿~ xiǎocōngming (小聪明) / guǐcōngming (鬼聪明)．
チェーン liànzi (链子)，liàntiáo (链条)．¶自転車の~がはずれた zìxíngchē tuō liànzi le (自行车脱链子了)．
¶~ストア liánsuǒdiàn (连锁店)．~ソー yóujù (油锯)．
チェコ Jiékè (捷克)．
チェス guójì xiàngqí (国际象棋)．¶~をする xià guójì xiàngqí (下国际象棋)．
チェック　**1**〔格子縞〕gézi (格子)，huāgé[r] (花格[儿])．¶~のハンカチ huāgér de shǒujuàn (花格儿的手绢)．
2〔目印，検査〕¶照合済みの項目には~をつけてある héduìwán de xiàngmù dǎle jìhao (核对完的项目打了记号)．¶何か所かで~して間違いのないようにする jīng jǐ chù jiǎnyàn yǐmiǎn chū cuòr (经几处检验以免出错儿)．

~ポイント yàozhùyìdiǎn (要注意点) / jiǎnchádiǎn (检查点) / jiǎncházhàn (检查站)．
チェックアウト bàn tuìfáng shǒuxù (办退房手续)．
チェックイン bàn zhùfáng shǒuxù (办住房手续)．
チェロ dàtíqín (大提琴)．¶~を弾く lā dàtíqín (拉大提琴)．
ちえん【遅延】chíyán (迟延)，chíwù (迟误)，wùdiǎn (误点)．¶停電のため電車が30分~した yóuyú tíngdiàn diànchē chíwù sānshí fēnzhōng (由于停电电车迟误了三十分钟)．
チェンジ　jiāohuàn (交换)，gēnghuàn (更换)．¶コートを~する jiāohuàn chǎngdì (交换场地)／huànchǎng (换场)．
¶メンバー~ gēnghuàn xuǎnshǒu (更换选手)／huànrén (换人)．
チェンバロ yǔguǎn jiànqín (羽管键琴)，bōxián jiànqín (拨弦键琴)，bōxián gǔgāngqín (拨弦古钢琴)，yángqín (洋琴)．
ちか【地下】dìxià (地下)．¶電話線のケーブルを~に埋める bǎ diànhuàxiàn de diànlǎn máizài dìxià (把电话线的电缆埋在地下)．¶地上10階～3階のビル dìshàng[shàng] shí céng, ˇdìxià[xià] sān céng de dàlóu (地上[上]十层, ˇ地下[下]三层的大楼)．¶~に眠る友の霊 chángmián dìxià de péngyou zhī líng (长眠地下的朋友之灵)．¶~に潜って政治活動をする qiánrù dìxià jìnxíng zhèngzhì huódòng (潜入地下进行政治活动)．
¶~街 dìxiàjiē (地下街) / dìxià shāngchǎng (地下商场)．~資源 dìxià zīyuán (地下资源)．~組織 dìxià zǔzhī (地下组织)．~道 dìdào (地道) / dìxià kēngdào (地下坑道)．
ちか【地価】dìjià (地价)．
ちか・い【近い】**1**〔距離，時間が〕jìn (近)．¶ここは駅に~い zhèr lí chēzhàn ˇhěn jìn[bù yuǎn] (这儿离车站ˇ很近[不远])．¶学校に行くにはこの道を行った方が~い shàng xuéxiào cóng zhè tiáo dàor zǒu bǐjiào ˇjìn[jìnbian] (上学校从这条道儿走比较ˇ近[近便])．¶火事は~い huǒzāi fāshēng zài jìnchù (火灾发生在近处)．¶~い将来ここにも鉄道が敷かれるだろう bùjiǔ de jiānglái zài zhèli yě yào pūshè tiědào (不久的将来在这里也要铺设铁道)．¶彼が来たのはもう夜の10時に~い頃だった tā lái de shíhou yǐ jiāngjìn wǎnshang shí diǎnzhōng le (他来的时候已将近晚上十点钟了)．¶春はもう~い kuàiyào dào chūntiān le (快要到春天了) / chūntiān kuàiyào lái le (春天快要来了)．¶あの人は60に~い nàge rén nián jìn liùshí (那个人年近六十)．

2〔関係が〕¶私は彼女とは~い親戚だ wǒ hé tā shì jìnqīn (我和她是近亲)．¶彼はM大臣に最も~いと言われている jùshuō tā gēn M dàchén zuìwéi qīnjìn (据说他跟M大臣最为亲近)．

3〔性質，内容が〕jìnyú (近于)，jìnhu (近乎)，jìnsì (近似)．¶それは詐欺に~い行為だ nà shì jìnhu qīzhà de xíngwéi (那是近乎欺诈的行

为).¶ああなるともう狂気に~い nàyàng jiù jìnyú fāfēng le(那样就近于发疯了).¶1000人に~い申込みがあった yǒu jiāngjìn yìqiān rén bàomíng(有将近一千人报名).

4[彼女は目が~い tā yǎnjing jìnshì(她是近视眼)/tā shì jìnshìyǎn(她是近视眼).

ちかい【誓】 shì(誓), shìyán(誓言), shìcí(誓词), shìyuē(誓约).¶~のことばを述べる xuānshì(宣誓).¶禁酒の~を立てる fāshì[lìshì] jiè jiǔ(发誓[立誓]戒酒).

ちかい【地階】 dìxiàlóu(地下楼).

ちがい【違い】 chā(差), bié(别), qūbié(区别), chābié(差别), bùtóng(不同).¶両者の~を述べよ shuōmíng liǎngzhě de ˇbùtóng[qūbié](说明两者的ˇ不同[区别]).¶それとこれとは大した~はない nàge hé zhège méi shénme dà de bùtóng(那个和这个没什么大的不同).¶姉と私は7つ~です wǒ hé jiějie xiāngchà qī suì(我和姐姐相差七岁).¶2分の~で終電車に乗り損なった jǐn chà liǎng fēnzhōng méi gǎnshàng mòbān diànchē(仅差两分钟没赶上末班电车).¶月とすっぽんの~だ jiǎnzhí ˇyǒu tiānrǎng zhī bié[xiāngchà shíwàn bāqiān lǐ](简直ˇ有天壤之别[相差十万八千里]).

ちがいな・い【違いない】 yídìng(一定), kěndìng(肯定), bìdìng(必定).¶それは私がなくした に~い nà yídìng shì wǒ yíshī de dōngxi(那一定是我遗失的东西)/wǒ gǎn kěndìng nà shì wǒ diū de dōngxi(我敢肯定那是我丢的东西).¶彼は今度の試験ではよほど勉強したに~い wǒ xìn cǐ kǎoshì tā yídìng xiàle hěn dà gōngfu(为这次考试他一定下了很大功夫).

ちがいほうけん【治外法権】 zhìwài fǎquán(治外法权).

ちか・う【誓う】 qǐshì(起誓), fāshì(发誓), lìshì(立誓).¶私の言葉に嘘はないと神かけて~います wǒ xiàng lǎotiānyé qǐshì wǒ shuō de huà méiyǒu bànfen xūjiǎ(我向老天爷起誓我说的话没有半分ㄦ虚假).¶~ってそんな事はしない fāshì jué bú gàn nà zhǒng shì(发誓决不干那种事).¶2人は将来を~い合った tāmen liǎ hǎishì-shānméng, báitóu-xiélǎo(他们俩海誓山盟,白头偕老).

ちが・う【違う】 **1**[異なる] bù tóng(不同), bù yíyàng(不一样).¶見本とはまるで品が~う huò hé yàngpǐn ˇjiǎnzhí bù yíyàng[xiāngchà shíwàn bāqiān lǐ](货和样品ˇ简直不一样[相差十万八千里]).¶人それぞれ顔つきが~うように考え方も~う yóuyú rén de miànkǒng bù tóng, xiǎngfa yě gè bù xiāngtóng(犹如人的面孔不同,想法也各不相同).¶彼女は言うとすることがまったく~う tā shuō de huà de zuò de quánrán bù tóng(她说的和做的全然不同).¶習慣は土地によって~う xíguàn suí dìfang ér yì(习惯随地方而异).¶君と学が2つ~う tā bǐ nǐ xiāngchà liǎng suì(他和你相差两岁).¶それでは約束が~います nà kě jiù wéibèi nuòyán le(那可就违背诺言了).

2[正しくない] bú duì(不对), cuò(错).¶番号が~っている hàomǎ bú duì(号码不对).¶

"これはお前がしたんだろう" "~う,~う,私じゃない" "zhège shì nǐ gàn de ba?" "bù, bù, bú shì wǒ" ("这个是你干的吧?" "不,不,不是我").¶文字の書き~いが沢山ある xiěcuò de zì hěn duō(写错的字很多).

3¶首の筋が~った bójǐn niǔ le(脖筋扭了).¶気が~った fāfēng le(发疯了).

ちが・える【違える】 **1**[同じでなくする] ¶表と裏で色を~える shǐ biǎo-lǐ liǎngmiàn yánsè bùtóng(使表里两面颜色不同).

2[間違える] cuò(错), chà(差).¶どうも日を~えたらしい kànlai wǒ bǎ rìzi gěi nòngcuò le(看来我把日子给弄错了).¶慌てていたので聞き~えたのでしょう yóuyú cōngmáng yěxǔ wǒ tīngcuò le(由于匆忙也许我听错了).

3¶転んで足の筋を~えた huále yì jiāo ˇjiǎo niǔle jīn[bǎ jiǎo gěi wǎi le](滑了一跤ˇ脚扭了筋[把脚给崴了].

ちかく【近く】 **1**[近所] jìnchù(近处), fùjìn(附近), jìnpáng(近旁), jìnqián(近前), zuǒjìn(左近), cèjìn(侧近).¶~で見るとよく見える còujìn kàn hěn qīngchu(凑近看很清楚).¶ふだんの買物は~ですませる rìcháng de dōngxi jiùjìn mǎi(日常的东西就近买).¶この~に宿屋はありませんか zhè fùjìn yǒu méiyǒu lǚguǎn?(这附近有没有旅馆?).¶学校には公園がある xuéxiào fùjìn yǒu yí ge gōngyuán(学校附近有一个公园).

2[間もなく] bùjiǔ(不久), jiāngjìn(将近), zuìjìn(最近).¶A氏は~渡仏する予定です A xiānsheng yùdìng bùjiǔ dào Fǎguó qù(A先生预定不久到法国去).¶~東京に行きます bùjiǔ dào Dōngjīng qù(不久到东京去).

3[ほとんど] jìn(近), jiāngjìn(将近).¶明け方に家へ帰った línjīn límíng cái huí jiā(临近黎明才回了家).¶あれからもう3年~になる cóng nà shí yǐlái yǐjing guòle jìn sān nián le(从那时以来已经过了近三年了).¶これは5000円~した zhège huāle jiāngjìn wǔqiān rìyuán(这个花了将近五千日元).¶この本は1000ページ~ある zhè běn shū jiāngjìn yì qiān yè(这本书将近一千页).¶その町には2000人~の人が住んでいる zhège shìzhèn yǒu jiāngjìn liǎngqiān rén(这个市镇有将近两千人).

ちかく【地殻】 dìqiào(地壳).¶~変動 dìqiào yùndòng(地壳运动).

ちかく【知覚】 zhījué(知觉).¶~がなくなる shīqù zhījué(失去知觉).¶~神経 gǎnjué shénjīng(感觉神经)/zhījué shénjīng(知觉神经).

ちかく【地学】 dìxué(地学).

ちかけい【地下茎】 dìxiàjīng(地下茎).

ちかごろ【近頃】 jìnlái(近来), jìnrì(近日), zuìjìn(最近).¶彼も~めっきり老いこんだ tā jìnlái xiǎnzhù de lǎo le(他近来显著地老了).¶あんな律儀者は~珍しい nàyàng lǎoshirén jìnlái shǎoyǒu(那样老人近来少有).

ちかし・い【近しい】 qīnjìn(亲近), qīnmì(亲密).¶あの方とはごく~くしている wǒ hé tā jǐwéi qīnjìn(我和他极为亲近).¶~間柄

guānxi qīnmì(关系亲密).
ちかしつ【地下室】 dìxiàshì(地下室), dìyìnzi(地窨子).
ちかすい【地下水】 dìxiàshuǐ(地下水). ¶地下鉄工事で〜が溢れた yóuyú dìxià tiědào de gōngchéng dìxiàshuǐ gānhé le(由于地下铁道的工程地下水干涸了).
ちかちか ¶光線が強いので目が〜する guāngxiàn qiáng de cì yǎnjing(光线强得刺眼睛).
ちかぢか【近近】 bùjiǔ(不久), zuìjìn(最近). ¶〜帰郷するつもりです dǎsuàn ˇbùjiǔ[guò jǐ tiān] jiù huíxiāng(打算ˇ不久[过几天]就回乡). ¶中国京劇団が〜来日する Zhōngguó Jīngjùtuán zuìjìn jiù yào lái Rìběn fǎngwèn(中国京剧团最近就要来日本访问).
ちかづき【近付き】 ¶お〜になれて嬉しゅうございます néng ˇhé nín xiāngshí[rènshi nín] wǒ hěn gāoxìng(能ˇ和您相识[认识您]我很高兴).
ちかづ・く【近付く】 1〔近くなる〕kàojìn(靠近), kàolǒng(靠拢), āijìn(挨近), còujìn(凑近), jiējìn(接近), línjìn(临近). ¶船がゆっくり岸に〜いてきた lúnchuán mànmàn de kào'àn le(轮船慢慢地靠岸了). ¶順番が〜く kuàiyào lúndào le(快要轮到了). ¶これで一歩優勝に〜いた zhème yīlái jiù xiàng guànjūn de bǎozuò jiējìnle yí bù(这么一来就向冠军的宝座接近了一步). ¶歳末が〜いて大分気ぜわしい pòjìn niándǐ juéde mángluàn(迫近年底觉得忙乱).

2〔親しくなる〕jiējìn(接近), qīnjìn(亲近). ¶あの男には〜かない方がよい zuìhǎo bié jiējìn nàge nánrén(最好别接近那个男人). ¶あの人は〜き難い威厳をそなえている nàge rén jùyǒu ˇshǐ rén nányǐ jiējìn[bùkě xiàng'ěr] de wēiyán(那个人具有ˇ使人难于接近[不可向迩]的威严).

ちかづ・ける【近付ける】 kàojìn(靠近), jiējìn(接近), còujìn(凑近). ¶顔を〜けてよく見る bǎ liǎn còujìn xì kàn(把脸凑近细看). ¶椅子をテーブルに〜ける bǎ yǐzi kàojìn zhuōzi(把椅子靠近桌子). ¶悪い友達は〜けないようにしなさい búyào shǐ huàipéngyou jiējìn nǐ(不要使坏朋友接近你).
ちかてつ【地下鉄】 dìxià tiědào(地下铁道), dìtiě(地铁).
ちかみち【近道】 jìnlù(近路), jìndào(近道), chāodào[r](抄道[儿]); jiéjìng(捷径). ¶学校に行くにはこの道が〜だ dào xuéxiào qù zhè tiáo lù shì jìndào(到学校去这条路是近道). ¶駅に〜をして行く zǒu chāodào[chāojìnr] dào chēzhàn qù(走抄道[抄近儿]到车站去). ¶語学を学ぶに〜はない xué wàiyǔ shì méiyǒu jiéjìng de(学外语是没有捷径的).
ちかめ【近目】 jìnshìyǎn(近视眼).
ちかよ・る【近寄る】 kàojìn(靠近), āijìn(挨近), còujìn(凑近), jiējìn(接近). ¶池のほとりに〜ると危ない kàojìn chíbiān wēixiǎn(靠近池边危险). ¶不良に〜らない方がいい zuìhǎo búyào jiējìn liúmáng(最好不要接近流氓). ¶君子

危うきに〜らず jūnzǐ bú jìn wēi(君子不近危)/ zhìzhě bìwéi yú wúxíng(智者避危于无形)/ míng zhé bǎo shēn(明哲保身).

ちから【力】 lì(力), lìliang(力量), lìqi(力气), qìlì(气力), jìn[r](劲[儿]), jìntóu[r](劲头[儿]). 1〔力が〕 ¶彼は体の小さい割に〜がある tā shēntǐ suī xiǎo, dàn hěn yǒu lìqi(他身体虽小,但很有力气). ¶このモーターには 100 馬力の〜がある zhè mǎdá yǒu yìbǎi mǎlì(这马达有一百马力). ¶彼には大勢の人を動かす〜がある tā yǒu dòngyuán qúnzhòng de lìliang(他有动员群众的力量). ¶空腹で足に〜が入らない dùzi ède tuǐjiǎo shǐ bu chū jìnr lai(肚子饿得腿脚使不出劲儿来). ¶〜が余って尻餅をついた shǐjìnr guò měng shuāile ge pìgudūnr(使劲儿过猛摔了个屁股蹲儿). ¶それを聞いたとたんに体中の〜が抜けた yì tīng nàge húnshēn jiù méijìnr le(一听那个浑身就没劲儿了). ¶1字 1字に〜がこもっている yí ge zì yí ge zì dōu chōngmǎnle lìliang(一个字一个字都充满了力量). ¶彼はだいぶ中国語の〜がついてきた tā Zhōngwén de shuǐpíng dà yǒu tígāo(他中文的水平大有提高). ¶彼はゴール寸前で〜尽きて倒れた tā línjìn zhōngdiǎn hàojìnle lìliang dǎoxiaqu le(他临近终点耗尽了力量倒下去了). ¶気持は充分あるが〜が足りない xīn yǒu yú ér lì bù zú(心有余而力不足)/ xīn yǒu lì chù(心余力绌).

2〔力の〕¶〜のあらん限りやってみる zhǐyào hái yǒu yì kǒu qì yīdìng gàndàodǐ(只要还有一口气一定干到底). ¶〜の政策 shílì zhèngcè(实力政策). ¶〜の差を感ずる gǎndào lìliang xuánshū(感到力量悬殊).

3〔力に〕¶それは私の〜に余ることです nà shì wǒ ˇlì suǒ bù jí[nányú shèngrèn] de(那是我ˇ力所不及[难于胜任]的). ¶とてもあなたの〜にはなれません wǒ kě wúlì bāngzhù nǐ(我可无力帮助你).

4〔力を〕¶是非あなたのお〜をお借りしたい wǒ hěn xiǎng jièzhù nín de lìliang(我很想借助您的力量). ¶最後の〜をふりしぼる shǐchū zuìhòu de lìliang(使出最后的力量). ¶満身の〜をこめて槍を投げる shǐjìn quánshēn de lìliang tóuqiāng(使尽全身的力量投枪). ¶〜を合せて困難を克服する tóngxīn-hélì kèfú kùnnan(同心合力克服困难)/ hé zhōng gòng jì(和衷共济). ¶試験場であがってしまって十分に〜を出せなかった zài kǎochǎng yóuyú jǐnzhāng méi néng chōngfèn fāhuī zìjǐ de lìliang(在考场由于紧张没能充分发挥自己的力量). ¶彼女は息子に先立たれて〜を落としている érzi xiān sǐ le, tā shīqùle huóxiaqu de lìliang(儿子先死了,她失去了活下去的力量). ¶彼は彼女の激励に〜を得た tā shòudào tā de gǔwǔ zēngtiānle lìliang(他受到她的鼓舞增添了力量).

5〔力で〕¶蒸気の〜で機械を動かす lìyòng zhēngqì de lìliang tuīdòng jīqì(利用蒸气的力量推动机器). ¶それは人間の〜ではどうすることもない nà bú shì rén de lìliang suǒ néng

ちからいっぱい【力一杯】 ¶～頑張る jiéjìn quánlì（竭尽全力）. ¶～飲んでも抜けないよう chīnǎi de jìnr bá yě bá bu qǐlái（用吃奶的劲儿拔也拔不起来）.

ちからくらべ【力比べ】 bǐ lìqì（比力气）. ¶～をする bǐshì yíxià lìqi（比试一下力气）.

ちからこぶ【力瘤】 ¶腕に大きな～が出る gēbo shang lóngqǐle jīnròu（胳膊上隆起了筋肉）. ¶現在いちばん～を入れているのは教育です xiànzài zuì qīngzhù lìliang de shì jiàoyù（现在最倾注力量的是教育）.

ちからしごと【力仕事】 zhònghuó[r]（重活[儿]）, lìqihuó[r]（力气活[儿]）, cūhuó[r]（粗活[儿]）, bènhuór（笨活儿）, lèihuór（累活儿）, huólu（活路）, tǐlì láodòng（体力劳动）.

ちからずく【力ずく】 qiánglì（强力）. ¶弟のおもちゃを～で取り上げる píng lìqì bǎ dìdi de wánjù qiǎngguòlai（凭力气把弟弟的玩具抢过来）. ¶彼は自分の考えを～で押し通す bǎ zìjǐ de xiǎngfa qiángjiā yú rén（把自己的想法强加于人）.

ちからぞえ【力添え】 bāngzhù（帮助）, xiézhù（协助）, yuánzhù（援助）. ¶どうかよろしくお～のほどを qǐng dàlì bāngzhù（请大力帮助）. ¶これも皆さんのお陰です zhè dōu shì jièzhòng dàjiā de lìliang de jiéguǒ（这都是借重大家的力量的结果）/ zhè quán kào dàjiā de bāngzhù（这全靠大家的帮助）.

ちからだめし【力試し】 ¶～に試験を受けてみる wèi jiǎnyàn zìjǐ de nénglì yìngshì（为检验自己的能力应试）. ¶～に大きな石を持ち上げる shìshì zìjǐ de lìqi jǔqǐ dà shítou（试试自己的力气举起大石头）.

ちからづ・ける【力付ける】 gǔlì（鼓励）, gǔwǔ（鼓舞）. ¶病人を～ける gǔlì bìngrén（鼓励病人）.

ちからづよ・い【力強い】 ¶大勢の人が駆けつけてくれたので～く感じた hěn duō rén gǎnlái shǐ wǒ xīnli tāshi le（很多人赶来使我心里踏实了）. ¶選手代表が～く宣誓する xuǎnshǒu dàibiǎo qiángyǒulì de xuānshì（选手代表强有力地宣誓）. ¶～い足取り jiǎojiàn de bùfá（矫健的步伐）.

ちからぶそく【力不足】 ¶私の～でした shì zìjǐ de lìliang bú gòu（是自己的力量不够）/ shì zìjǐ 'lì suǒ bù jí[lì bù cóngxīn]（是自己力所不及[力不从心]）.

ちからまかせ【力任せ】 ¶扉を～に押した yòng quánlì tuī mén（用全力推门）.

ちからもち【力持】 dàlìshì（大力士）. ¶あの人は大変な～だ tā hěn yǒu lìqi（他很有力气）. ¶縁の下の～ wúmíng yīngxióng（无名英雄）.

ちかん【痴漢】 sèguǐ（色鬼）, sèmí（色迷）, sèqíngkuáng（色情狂）.

ちかん【置換】〔化学〕zhìhuàn（置换）, qǔdài（取代）；〔数学〕dàihuàn（代换）, biànhuàn（变换）. ¶分子中の酸素を硫黄と～する yòng liú zhìhuàn fēnzǐ zhōng de yǎng（用硫磺置换分子中的氧）.

ちき【知己】 zhījǐ（知己）. ¶初めて会ったのに百年の～のような感じだ chūcì xiāngjiàn yóurú bǎinián zhījǐ（初次相见犹如百年知己）/ zhēn shì yí jiàn rú gù（真是一见如故）.

ちき【稚気】 zhìqì（稚气）. ¶～愛すべし zhìqì kě'ài（稚气可爱）.

ちきゅう【地球】 dìqiú（地球）. ¶～科学 dìqiú kēxué（地球科学）. ～儀 dìqiúyí（地球仪）. ～サミット dìqiú shǒunǎo huìyì（地球首脑会议）/ dìqiú fēnghuì（地球峰会）. ～物理学 dìqiú wùlǐxué（地球物理学）. ～潮汐 gùtícháo（固体潮）/ dìcháo（地潮）.

ちぎょ【稚魚】 zhìyú（稚鱼）, zǐyú（子鱼·籽鱼）, yúmiáo（鱼苗）, yúhuā（鱼花）, yúyāngzi（鱼秧子）.

ちきょう【地峡】 dìxiá（地峡）. ¶パナマ～ Bānámǎ Dìxiá（巴拿马地峡）.

ちきょうだい【乳兄弟】 ¶2人は～だ tā liǎ shì tóngyī nǎiniang de xiōngdì（他俩是同一奶娘的兄弟）.

ちぎり【契り】 ¶2人は～を結んだ liǎng ge rén jiéwéi fūqī le（两个人结拜为夫妻了）. ¶義兄弟の～を結ぶ bài bǎxiōngdì（拜把兄弟）/ jiébài wéi méngxiōngdì（结拜为盟兄弟）.

ちぎ・る【契る】 ¶将来を固く～る hǎishì-shānméng, báitóu xiéláo（海誓山盟，白头偕老）.

ちぎ・る【千切る】 sī（撕）, qiā（掐）. ¶紙を細かく～る bǎ zhǐ sīsuì（把纸撕碎）. ¶ノートのページを～って書きつける cóng běijiběn shang sīxià yì zhāng zhǐ lái xiě（从笔记本上撕下一张纸来写）. ¶ボタンを～る chědiào kòuzi（扯掉扣子）. ¶花を～る zhāi[qiā] huā（摘[掐]花）.

ちぎれぢぎれ ¶～の記憶をつなぎ合せる bǎ piànduàn de jìyì liánjiē qǐlai（把片断的记忆连接起来）. ¶空には～の白い雲が浮かんでいる tiānkōng piāozhe piànpiàn báiyún（天空飘着片片白云）.

ちぎ・れる【千切れる】 ¶本の表紙が～れた fēngmiàn sīpò le（封面撕破了）. ¶紐が～れた shéngzi lāduàn le（绳子拉断了）.

チキンライス fānqiéjiàng jīròu chǎofàn（番茄酱鸡肉炒饭）.

ちく【地区】 dìqū（地区）, qū（区）. ¶文教～ wénjiàoqū（文教区）.

ちくいち【逐一】 zhúyī（逐一）, yīyī（一一）. ¶～検討する zhúyī yánjiū（逐一研究）. ¶事件の経過を一上司に報告する bǎ shìjiàn de guòchéng yīyī xiàng shàngsi huìbào（把事件的过程一一向上司汇报）.

ちぐう【知遇】 zhīyù（知遇）. ¶A氏の～を受ける shòudào A xiānsheng de zhīyù（受到A先生的知遇）.

ちくおんき【蓄音機】 liúshēngjī（留声机）, diàn-

ちくご【逐語】 条文を~的に解説する bǎ tiáowén zhúzì zhújù de jiěyǐ jiěshì(把条文逐字逐句地加以解释). ¶ ~訳 zhúzì fānyì(逐字翻译).

ちくざい【蓄財】 xù cái(蓄财). ¶ ~にたけている shànyú xù cái(善于蓄财).

ちくさん【畜産】 xùchǎn(畜产).

ちくじ【逐次】 zhúcì(逐次), yīcì(依次). ¶ 分冊にして~発行する shěn cè zhúcì fāxíng(分册逐次发行). ¶ 会議の模様については~御報告いたします guānyú huìyì de qíngkuàng zhúcì xiàng nín huìbào(关于会议的情况逐次向您汇报).

ちくしょう【畜生】 1【禽獣】chùsheng(畜生・畜生), chùlèi(畜类). ¶ そこが~の悲しさ, ものがしゃべれない bú huì shuōhuà, nà zhèngshì chùsheng de kělián zhī chù(不会说话, 那正是畜生的可怜之处). ¶ 犬~にも劣る奴だ chùsheng yě bùrú de jiāhuo!(畜生也不如的家伙!)/zhēn bú shì rénzuòde!(真不是人揍的!).

2【人】chùsheng(畜生), tùzǎizi(兔崽子). ¶ こんな~を相手にすることはない zhè zhǒng chùsheng yòngbuzháo dāli(这种畜生用不着答理). ¶ ~, 覚えていろ gǒudōngxi, děngzhe qiáo ba!(狗东西, 等着瞧吧!). ¶ こん~め tāmāde!(他妈的!).

3 ¶ ~, また失敗した māde! yòu shībài le(妈的! 又失败了).

ちくじょう【逐条】 zhútiáo(逐条). ¶ 議案を~審議する zhútiáo shěnyì yì'àn(逐条审议议案).

ちくせき【蓄積】 xùjī(蓄积), jīlěi(积累), jīxù(积蓄). ¶ 資本の~ zīběn de jīlěi(资本的积累). ¶ ~された知識 jīlěi de zhīshi(积累的知识).

ちくちく ¶ ごみが目に入って~する yǎnjingli jìnle huīchén juéde cìtòng(眼睛里进了灰尘觉得刺痛). ¶ おなかが~痛む dùzi xiàng zhēn zhā shìde téngtòng(肚子像针扎似的疼痛). ¶ セーターの襟首が~する máoyī de bóllngr cìnaode huāng(毛衣的脖领ル刺挠得慌). ¶ ~と皮肉を言う huàzhōng dàicì de wāku rén(话中带刺地挖苦人).

ちくでん【逐電】 qiántáo(潜逃), táopǎo(逃跑). ¶ 公金を横領して~した qīntūn gōngkuǎn qiántáo(侵吞公款潜逃).

ちくでん【蓄電】 xùdiàn(蓄电). ¶ ~器 diànróngqì(电容器). ~池 xùdiànchí(蓄电池).

ちくのうしょう【蓄膿症】 mànxìng bídǒuyán(慢性鼻窦炎).

ちくば【竹馬】 ¶ 彼等2人の友だ tāmen liǎ shì 'qīngméi-zhúmǎ de péngyou[zǒngjiǎo zhī jiāo](他们俩是'青梅竹马的朋友[总角之交]).

ちぐはぐ ¶ ~の靴下をはいている chuānzhe bú pèidul de wàzi(穿着不配对的袜子). ¶ 君と話しているといつも話が~になる hé nǐ jiǎnghuà zǒngshì tánbudào yí ge diǎnzi shang(和你讲话总是谈不到一个点子上). ¶ どうも~な感じがする zǒng juéde bú duìjinr(总觉得不对劲ル).

ちくび【乳首】 rǔtóu(乳头), nǎitóu[r](奶头[ル]); [哺乳瓶の] nǎizuǐ[r](奶嘴ル), nǎitóu[r](奶头[ル]).

ちくり ¶ 蜂に~刺されて腫れあがった bèi fēng zhēle yíxià zhǒngqilai le(被蜂蜇了一下肿起来了). ¶ ~嫌味を言った wākule tā yíxià(挖苦了他一下).

ちけい【地形】 dìxíng(地形). ¶ ~図 dìxíngtú(地形图).

チケット piào(票); rùchǎngquàn(入场券). ¶ 映画の~ diànyǐngpiào(电影票).

ちけむり【血煙】 ¶ ~をあげて倒れた xiānxuè fēijiàn dǎoxiaqu le(鲜血飞溅倒下去了).

ちこう【地溝】 dìqiàn(地堑).

ちこく【遅刻】 chídào(迟到). ¶ 彼女は~したことがない tā cónglái méi chídàoguo(她从来没迟到过). ¶ どうして君はいつも~するんだ nǐ zěnme lǎo chídào?(你怎么老迟到?).

ちし【地誌】 dìzhì(地志), dìlǐzhì(地理志).

ちし【致死】 zhìsǐ(致死). ¶ ~量 zhìsǐliàng(致死量). 過失~ guòshī zhìsǐ(过失致死).

ちじ【知事】 zhīshì(知事). ¶ 東京都~ Dōngjīng Dū zhīshì(东京都知事). 県~ xiàn zhīshì(县知事).

ちしお【血潮】 ¶ 若い~がたぎるのを覚える gǎndào qīngchūn de rèxuè fēiténg(感到青春的热血沸腾).

ちしき【知識】 zhīshi(知识). ¶ 彼は中国史の~が豊富だ tā Zhōngguó lìshǐ de zhīshi hěn fēngfù(他中国历史的知识很丰富). ¶ 私はその方面の~に欠けている wǒ quēfá nà fāngmiàn de zhīshi(我缺乏那方面的知识). ¶ 広く~を世界に求める xiàng shìjiè guǎng qiú zhīshi(向世界广求知识). ¶ 本の上の~だけでは役に立たない guāng shì shūběn shang de zhīshi bù dǐngshì(光是书本上的知识不顶事). ¶ 彼は~欲が旺盛だ tā qiúzhīyù hěn wàngshèng(他求知欲很旺盛). ¶ 新~の吸収に努める nǔlì xīshōu xīn zhīshi(努力吸收新知识). ¶ 予備~を持っていた方がよい zuìhǎo xiān zhǎngwò yìxiē bìyào de zhīshi(最好先掌握一些必要的知识).

¶ ~人 zhīshifènzǐ(知识分子)/ dúshūrén(读书人)/ shìrén(士人). ~階級 zhīshifènzǐ jiēcéng(知识分子阶层). 基礎~ jīchǔ zhīshi(基础知识).

ちじき【地磁気】 dìcí(地磁).

ちじく【地軸】 dìzhóu(地轴).

ちしつ【地質】 dìzhì(地质). ¶ ~学 dìzhìxué(地质学). ~探査 dìzhì kāntàn(地质勘探).

ちしつ【知悉】 shúzhī(熟知). ¶ その内情は B 氏が~している B xiānsheng shúzhī qí shì de nèiqíng(B 先生熟知其事的内情).

ちしゃ【知者】 zhìzhě(智者).

ちじょう【地上】 1 dìmiàn(地面). ¶ 大木の

根が~に露出している dàshù de gēn lùchū dìmiàn(大树的根露出地面). ¶ ~ 300 メートルの所から落下する cóng lí dìmiàn sānbǎi mǐ de gāochù luòxialai(从离地面三百米的高处落下来).

¶ ~茎 dìshàngjīng(地上茎). ~権 dìshàngquán(地上权).

2〔この世〕この地は正に~の楽園だ zhège dìfang zhēn shì rénjiān lèyuán(这个地方真是人间乐园).

ちじょう【痴情】 chīqíng(痴情).

ちじょく【恥辱】 chǐrǔ(耻辱). ¶ 公衆の面前で~を受ける zài zhòngrén miànqián méngshòu chǐrǔ(在众人面前蒙受耻辱).

ちじん【知人】 xiāngshí(相识).

ちじん【痴人】 chīrén(痴人).

ちず【地図】 dìtú(地图). ¶ ~にも載っていないような小さな部落 dìtú shang yě méi biāochū de xiǎo cūnzhuāng(地图上也没标出的小村庄). 友人の書いてくれた~を頼りに訪ねる yīzhào péngyou huà de dìtú zhǎoqu(依照朋友画的地图找去). ¶ 5万分の1の~ wǔwàn fēn zhī yī de dìtú(五万分之一的地图).

¶ ~帳 dìtúcè(地图册). 世界~ shìjiè dìtú(世界地图). 歴史~ lìshǐ dìtú(历史地图).

ちすい【治水】 zhìshuǐ(治水). ¶ ~工事 zhìshuǐ gōngchéng(治水工程).

ちすじ【血筋】 xuètǒng(血统). ¶ 父方の~を受けてなかなか頭がよい chéngxí fùqin de xuètǒng nǎozi hěn cōngming(承袭父亲的血统脑子很聪明). ¶ ~は争えない yǒu qí fù bì yǒu qí zǐ(有其父必有其子). ¶ ~が絶えた duànle hòusì(断了后嗣).

ちせい【地勢】 dìshì(地势). ¶ ~図 dìshìtú(地势图).

ちせい【治世】 zhìshì(治世). ¶ 徳川5代将軍の~の下、元禄文化は開花した zài dìwǔ dài Déchuān jiāngjūn zhìshì zhī xià Yuánlù wénhuà kāile huā(在第五代德川将军治世之下元禄文化开了花). ¶ ~20年 zhìshì èrshí nián(治世二十年).

ちせい【知性】 ¶ ~が高い zhìlì gāo(智力高). ¶ ~的な女性 hěn yǒu cáizhì de nǚrén(很有才智的女人).

ちせつ【稚拙】 ¶ ~な絵 yòuzhì zhuōběn de huà(幼稚拙笨的画).

ちそ【地租】 dìzū(地租).

ちそう【地層】 dìcéng(地层).

ちぞめ【血染め】 ¶ ~のハンカチ rǎn xiě de shǒujuàn(染血的手绢).

ちたい【地帯】 dìdài(地带), dìqū(地区). ¶ 安全~ ānquán dìdài(安全地带)/〔道路の〕ānquándǎo(安全岛). 工業~ gōngyè dìdài(工业地带) / gōngyè dìqū(工业地区) / gōngyèqū(工业区). 山岳~ shānyuè dìdài(山岳地带).

ちたい【遅滞】 chíwù(迟误), chíyán(迟延), chíhuǎn(迟缓). ¶ 期日までに~なく納品する zhǔnshí jiāo huò jué bù chíwù(准时交货绝不迟误). ¶ 本件の処置はいささかの~も許されない chǔlǐ běn jiàn bùdé yǒu shǎoxǔ chíwù(处理本件不得有少许迟误).

ちたい【痴態】 chītài(痴态). ¶ ~の限りをつくす chītài bǎichū(痴态百出).

ちだるま【血達磨】 ¶ ~になって転がり込んできた mǎnshēn shì xiě gǔnle jìnlái(满身是血滚进来了).

チタン tài(钛).

ちち【父】 **1** fùqin(父亲); jiāfù(家父), jiāyán(家严). ¶ ~は公務員です wǒ fùqin shì gōngwùyuán(我父亲是公务员). ¶ ハイドンは交響曲の~と言われている Hǎidùn bèi chēngwéi jiāoxiǎngqǔ zhī fù(海顿被称为交响曲之父).

2 →ぎふ.

ちち【乳】 **1** nǎi(奶), nǎizi(奶子), nǎishuǐ(奶水), rǔzhī(乳汁). ¶ ~がよく出る nǎishuǐ chūde hěn duō(奶水出得很多). ¶ 赤ん坊に~を飲ませる gěi wáwa 「chī「wèi」nǎi(给娃娃「吃「喂」奶)/ nǎi háizi(奶孩子). ¶ 牛の~を搾る jǐ niúnǎi(挤牛奶).

2〔乳房〕rǔfáng(乳房), nǎizi(奶子). ¶ ~が張ってしようがない rǔfáng zhàngde yàomìng(乳房胀得要命).

ちち【遅遅】 chíchí(迟迟). ¶ 審議は~として進まない shěnyì chíchí bújiàn jìnzhǎn(审议迟迟不见进展).

ちち【千千】 ¶ 心が~に乱れる xīn luàn rú má(心乱如麻).

ちちおや【父親】 fùqin(父亲). ¶ この子の声の大きいのは~譲りだ zhè háizi sǎngménr dà, xiàng tā fùqin(这孩子嗓门儿大, 像他父亲).

ちちかた【父方】 ¶ ~の親戚 fùxì qīnshǔ(父系亲属).

ちぢか・む【縮かむ】 jūluanr(拘挛儿). ¶ 寒くて指先が~ tiān lěngde shǒuzhǐ dōu jūluanr le(天冷得手指都拘挛儿了).

ちちくさ・い【乳臭い】 ¶ 赤ん坊の~いにおい yīng'ér de nǎiwèir(婴儿的奶味儿). ¶ ~い小僧のくせに生意気なことを言う奴 rǔxiù wèi gān de máoháizi jìng shuō dàhuà(乳臭未干的毛孩子竟说大话).

ちぢこま・る【縮こまる】 suō(缩), quán(蜷), quánsuō(蜷缩), quánqū(蜷曲). ¶ 小犬が~ってふるえている xiǎogǒu quánzhe shēnzi fādǒu(小狗蜷着身子发抖). ¶ 子供はこわがって部屋の隅に~っていた xiǎoháizi hàipàde quánsuō zài wūjiǎo(小孩子害怕得蜷缩在屋角). ¶ 寒いので手をポケットに入れて~って歩く tiān lěng, bǎ shǒu chuāijìn kǒudaili suōzhe jiān zǒu(天冷, 把手揣进口袋里缩着肩走).

ちぢま・る【縮まる】 suō(缩), chōu(抽), suōxiǎo(缩小), shōusuō(收缩), suōduǎn(缩短). ¶ 洗ったらズボンが~ってはけなくなった kùzi xǐle chōude chuān bu jìnqù le(裤子洗了抽得穿不进去了). ¶ 二者の差が~った liǎngzhě zhī jiān de chājù suōxiǎo le(两者之间的差距缩小了). ¶ 新幹線の開通で東京博多間の距離が~った感じだ yóuyú xīngànxiàn tōngchē, Dōngjīng yǔ Bóduō zhī jiān de jùlí suōduǎnle shìde(由于新干线通车, 东京与博多之间的距离缩短了似的).

ちぢみあが・る【縮み上がる】 ¶父にどなられて～った bèi fùqin màde huángkǒng-wànzhuàng (被父亲骂得惶恐万状).

ちぢみおり【縮織】 zhòubù (绉布), zhòuchóu (绉绸), zhòushā (绉纱).

ちぢ・む【縮む】 suō (缩), chōu (抽), suōxiǎo (缩小), shōusuō (收缩), chōusuō (抽缩), chōuchour (抽绉儿). ¶洗っているうちに～んで着られなくなった xǐle jǐ cì 'chōu [suō] de bùnéng chuān le (洗了几次'抽[缩]得不能穿了). ¶合繊のセーターは洗濯しても～まない héchéng xiānwéi de máoyī xǐ yě bù 'suōshuǐ [chōushuǐ/chōu/suō] (合成纤维的毛衣洗也不'缩水[抽水/抽/缩]). ¶年をとったせいか背丈が～んだようだ huòxǔ shàngle niánjì de yuángù, gèzi xiàng shì suōduǎn le (或许上了年纪的缘故, 个子像是缩短了). ¶ゴムが入っていて伸びたり～んだりする lǐmian yǒu sōngjǐndàir kěyǐ zìyóu shēnsuō (里面有松紧带儿可以自由伸缩). ¶あまりの恐ろしさに寿命が～んだ jiǎnzhí xiàsǐ rén le (可怕得简直吓死人了). ¶いつ見つかるかと身の～む思いだった bùzhī héshí bèi rén fāxiàn xīnli huángkǒng-wànzhuàng (不知何时被人发现心里惶恐万状).

ちぢ・める【縮める】 suō (缩), suōduǎn (缩短), quán (蜷), quánqū (蜷曲), quánsuō (蜷缩). ¶スカートの丈を～める suō[gǎi/nòng]duǎn qúnchǎng (缩[改/弄]短裙长). ¶日程を～めて早目に帰国した suōduǎn rìchéng tíqián huíguó (缩短日程提前回国). ¶世界記録を1秒～めた bǎ shìjiè jìlù suōduǎnle yì miǎo (把世界记录缩短了一秒). ¶寒いので布団の中で体を～めて寝る tiān lěng, quánzhe shēnzi shuìzài bèiwōli (天冷, 蜷着身子睡在被窝里). ¶叱られて首を～める bèi màde suōle bózi (被骂得缩了脖子).

ちちゅう【地中】 dìli (地里), dìxià (地下). ¶宝物を～に埋める bǎ bǎowù máizài dìxià (把宝物埋在地下).

ちちゅうかい【地中海】 Dìzhōnghǎi (地中海).

ちぢら・す【縮らす】髪の毛を～す quán tóufa (拳头发).

ちぢれげ【縮れ毛】 quánfà (鬈发), quánmáo (鬈毛), quánfà (拳发), quánmáo (拳毛).

ちぢ・れる【縮れる】 ¶～れた髪 quánfà (拳发). ¶毛糸を燃やすと～れる máoxiàn yì shāo jiù huì quánqū (毛线一烧就会拳曲).

ちつ【腟】 yīndào (阴道), zhì (腟).

チッキ ¶荷物を～で送る tuōyùn xíngli (托运行李).

ちっきょ【蟄居】 zhéjū (蛰居). ¶数か月～して執筆に没頭した zhéjū jǐ ge yuè máitóu xiězuò (蛰居几个月埋头写作).

ちっこう【築港】 ¶小島にしては立派な～だ suī shì ge xiǎodǎo mǎtou dào mán hǎo (虽是个小岛码头倒蛮好). ¶～工事 jiàn gǎng gōngchéng (建港工程).

ちつじょ【秩序】 zhìxù (秩序). ¶非常時の～を乱す rǎoluàn shèhuì zhìxù (扰乱社会秩序). ¶非常時にも～は保たれた jǐnguǎn zài fēicháng shíqí zhìxù réng yǒutiáo-bùwěn (尽管在非常时期秩序仍有条不紊). ¶一同は～整然と行動した dàjiā zhìxù jǐngrán de xíngdòng qilai le (大家秩序井然地行动起来了). ¶～立てて話す yǒu tiáolǐ de jiǎng (有条理地讲).

ちっそ【窒素】 dàn (氮), dànqì (氮气). ¶～化合物 dànhuàwù (氮化物). ～酸化物 hándàn yǎnghuàwù (含氮化物). ～肥料 dànféi (氮肥).

ちっそく【窒息】 zhìxī (窒息). ¶煙にまかれて～する bèi yān zhìxí (被烟窒息). ¶こんなところに勤めていたら～しそうだ zài zhèyàng de dìfang gōngzuò xiaqu jiǎnzhí 'jiào rén zhìxī [yào bièsǐ rén le] (在这样的地方工作下去简直'叫人窒息[要憋死人了]). ¶～死 zhìxī ér sǐ (窒息而死).

ちっとも →すこしも.

チップ **1** xiǎofèi (小费), xiǎozhàng[r] (小账[儿]), cháqian (茶钱), jiǔqian (酒钱), shǎngqián (赏钱). ¶～を渡す gěi xiǎofèi (给小费). **2**[野球] cābàngqiú (擦棒球), cāpāiqiú (擦拍球). **3**[木材] mùxiè (木屑), mùcái xiāopiàn (木材削片). **4**[IC等] xīnpiàn (芯片), jīngpiàn (晶片); zǔjiàn (组件). **5**[賭の] chóumǎ (筹码·筹马).

ちっぽけ ¶～な夢 miǎo bù zú dào de mèngxiǎng (渺不足道的梦想). ¶宇宙から見れば人間なんて～な存在だ cóng yǔzhòu lái kàn rén kě zhēn shì wēi bù zú dào de cúnzài (从宇宙来看人可真是微不足道的存在).

ちてい【地底】 ¶～に眠る資源 máicáng zài dì dǐxia de zīyuán (埋藏在地底下的资源).

ちてき【知的】 ¶彼女はとても～な感じがする juéde tā fùyǒu zhìhuì hé lǐzhì (觉得她富有智慧和理智). ¶～労働に従事する cóngshì nǎolì láodòng (从事脑力劳动). ¶～所有権 zhīshi chǎnquán (知识产权).

ちてん【地点】 dìdiǎn (地点). ¶先頭の車はA～を午後2時に通過した lǐngxiān de qìchē xiàwǔ liǎng diǎn tōngguòle A dìdiǎn (领先的汽车下午两点通过了A地点). ¶折返し～ fǎnhuí dìdiǎn (返回地点).

ちどうせつ【地動説】 rìxīnshuō (日心说), tàiyáng zhōngxīnshuō (太阳中心说), dìdòngshuō (地动说).

ちどめ【血止め】 zhǐxuè (止血); [薬] zhǐxuèjì (止血剂). ¶应急处置として～をする yìngjí chǔlǐ jìnxíng zhǐxuè (应急处置进行止血).

ちどり【千鳥】 héng (鸻), báihéng (白鸻).

ちどりあし【千鳥足】 ¶彼は酔っ払って～で帰ってきた tā zuìde 'jiǎobù liàngqiàng [diēdiēzhuàngzhuàng] de zǒule huílái (他醉得'脚步跟跄[跌跌撞撞]地走了回来).

ちどん【遅鈍】 chídùn (迟钝).

ちなまぐさ・い【血腥い】 xuèxīng (血腥). ¶～いにおいがする yǒu xuèxīngwèi (有血腥味). ¶～い事件 xuèxīng de shìjiàn (血腥的事件).

ちなみに【因に】¶～氏はわが郷土の出身者である fùdài de shuō tā shì wǒmen xiānglǐ chūshēn de(附带地说他是我们乡里出身的).

ちな・む【因む】¶旧正月に～む様々な行事 yǒuguān Chūnjié de zhǒngzhǒng chuántǒng huódòng(有关春节的种种传统活动). ¶生れた土地に～んでこの名をつけた yīn chūshēngdì ér qǐle zhège míngzi(因出生地而起了这个名字).

ちねつ【地熱】dìrè(地热). ～発電 dìrè fādiàn(地热发电).

ちのう【知能】zhìnéng(智能), zhìlì(智力). ¶～が高い［低い］zhìlì ″gāo[dī]″(智力″高［低］″). ¶これでは君の～程度が疑われる zhèyàng yīlái rénjiā huì huáiyí nǐ de zhìlì shuǐpíng yǒu wèntí(这样一来人家会怀疑你的智力水平有问题). ¶～検査をする jìnxíng zhìlì cèyàn(进行智力测验).
¶～指数 zhìshāng(智商)/ zhìlì shāngshù(智力商数).

ちのみご【乳飲み子】rǔ'ér(乳儿).

ちのり【血糊】¶べっとりと～のついたナイフ zhānmǎnle xiě de xiǎodāo(沾满了血的小刀).

ちはい【遅配】¶郵便物の～が続いている yóujiàn chíwù de qíngkuàng réngrán jìxùzhe(邮件迟误的情况仍然继续着). ¶給料が～になった xīnshuǐ zhīfù wùqī le(薪水支付误期了)/ gōngzī fāwǎn le(工资发晚了).

ちばし・る【血走る】¶寝不足で目が～っている shuìmián bùzú yǎnjīng ″bùmǎn xuèsī[fāhóng]″(睡眠不足眼睛″布满血丝[发红]″).

ちばなれ【乳離れ】duàn nǎi(断奶). ¶この子は～が遅い zhè háizi duàn nǎi wǎn(这孩子断奶晚).

ちび ǎizi(矮子), ǎigèr(矮个儿), cuózi(矬子), cuógèr(矬个儿);[子供] xiǎojiāhuo[r](小家伙[儿]), xiǎodōngxi(小东西), xiǎoguǐ(小鬼), xiǎobudiǎnr(小不点儿). ¶僕は～で彼のほうがでかい wǒ shì ge cuózi, tā shì ge dàgāogèr(我是个矬子,他是个大高个儿). ¶～のくせに生意気な口をきくな nǐ zhège xiǎojiāhuo bié shuō dàhuà(你这个小家伙别说大话).

ちびちび ¶彼は手酌で～酒を飲んでいた tā zì zhēn zì yǐn mànmānr de hēzhe jiǔ(他自斟自饮慢慢儿地喝着酒). ¶～と小遣銭をせびられる yìdiǎnr yìdiǎnr de xiàng wǒ yào línghuāqián(一点儿一点儿地向我要零花钱).

ちひょう【地表】dìbiǎo(地表). ¶～水 dìbiǎoshuǐ(地表水).

ち・びる【禿びる】tū(秃). ¶穂先の～びた筆 bǐjiān tūle de bǐ(笔尖秃了的笔).

ちぶ【恥部】¶日本社会の～を世界にさらけ出した事件 Rìběn shèhuì de ″yīn'ànmiàn[hēi'ànmiàn]″ bàoguāngyú shìjiè de shìjiàn(日本社会的″阴暗面[黑暗面]″曝光于世界的事件).

ちぶさ【乳房】rǔfáng(乳房), nǎizi(奶子).

チフス shānghán(伤寒). ¶～菌 shānghán gǎnjūn(伤寒杆菌). 腸～ chángshānghán(肠伤寒). 発疹～ bānzhěn shānghán(斑疹伤寒).

ちへいせん【地平線】dìpíngxiàn(地平线). ¶夕日が～に沈む xīyáng luòdào dìpíngxiàn shang(夕阳落到地平线上).

チベット【西蔵】Xīzàng(西藏).

ちへど【血反吐】¶～を吐く ǒuxuè(呕血).

ちい【地位】dìwèi(地位), wèizhi(位置). ¶彼は文壇に確固たる～を占めた tā zài wéntán zhànyǒu láogù de dìwèi(他在文坛占有牢固的地位).

ちほう【地方】dìfāng(地方), dìqū(地区). ¶この～の産物は何ですか zhège dìfāng de tǔchǎn shì shénme?(这个地方的土产是什么?).
¶～によって料理の仕方が違う suízhe dìfāng bùtóng pēngrènfǎ yě bùtóng(随着地方不同烹饪法也不同). ¶関東～の天気は晴ずっらい Guāndōng dìqū de tiānqì jiāng zhuǎn qíng(关东地区的天气将转晴). ¶～色豊かな正月の行事 fùyǔ dìfāng sècǎi de zhēngyuè qìngzhù huódòng(富于地方色彩的正月庆祝活动). ¶教師として～に赴任する zuòwéi jiàoshī dào dìfāng fùrèn(作为教师到地方赴任). ¶劇団は長期の～巡業に出た jùtuán dào dìfāng qù chángqī de xúnhuí gōngyǎn(剧团到地方做长期的巡回公演).
¶～裁判所 dìfāng fǎyuàn(地方法院). ～紙 dìfāng bàozhǐ(地方报纸). ～自治 dìfāng zìzhì(地方自治). ～税 dìfāngshuì(地方税).
～病 dìfāngbìng(地方病). ～分権 dìfāng fēnquán(地方分权).

ちほう【痴呆】chīdāi(痴呆). ¶早発性～ zǎofāxìng chīdāizhèng(早发性痴呆症).

ちぼう【知謀】zhìmóu(智谋). ¶～をめぐらす shīzhǎn zhìmóu(施展智谋).

ちまき【粽】zòngzi(粽子), jiǎoshǔ(角黍), jiǎozòng(角粽).

ちまた【巷】¶歓楽の～ xún huān zuò lè de huāhuā shìjiè(寻欢作乐的花花世界)/ huā jiē liǔ xiàng(花街柳巷). ¶～の声を聞く tīng jiētán-xiàngyì(听街谈巷议). ¶村は一瞬にして戦火の～と化した cūnzi shùnjiān huàwéi zhànchǎng(村子瞬间化为战场). ¶～の噂では jù xiǎodàor xiāoxi(据小道儿消息)/ gēnjù jiēmiànr fēngwén(根据街面儿风闻).

ちまちま ¶～した暮らし方 jīngdǎ-xìsuàn de shēnghuó(精打细算的生活). ¶～したことにこだわる性格 jūnjì xiǎojiéde xìnggé(拘泥小节的性格). ¶～とした絵を描く huà xiǎobudiǎnr de túhuà(画小不点儿的图画).

ちまつり【血祭】¶敵のスパイを～にあげる shā díjūn de jiānxì yǐ zhuàng shēngshì(杀敌军的奸细以壮声势).

ちまなこ【血眼】¶迷子になった子を～になって捜す pīnmìng xúnzhǎo zǒushīle de háizi(拼命寻找走失了的孩子). ¶歳末の商店はどこも客寄せに～になっている niándǐ měi jiā shāngdiàn dōu pīnmìng zhāolǎn gùkè(年底每家商店都拼命招揽顾客).

ちみどろ【血塗れ】¶彼は～になって倒れていた tā xiānxuè línlí dǎozài dìxia(他鲜血淋漓倒在地下).

ちまめ【血豆】xuèpào(血泡). ¶手に～ができ

た shǒushang móchūle xuèpào(手上磨出了血泡).

ちまよ・う【血迷う】 ¶～った犯人は次々と犯行を重ねた sàngxīn-bìngkuáng de zuìfàn jiēlián de xíngxiōng zuò'è(丧心病狂的罪犯接连地行凶作恶). ¶～ったことを口走る kǒu chū kuángyán(口出狂言).

ちみ【地味】 dìlì(地力). ¶この土地は～が肥えている zhè kuài dì dìlì hěn féi(这块地地力很肥).

ちみち【血道】 ¶彼女はその役者に～を上げている tā bèi nàge yǎnyuán mízhule xīnqiào, shénhún diāndǎo(她被那个演员迷住了心窍, 神魂颠倒).

ちみつ【緻密】 xìmì(细密), zhōumì(周密), zhěnmì(缜密), zhìmì(致密). ¶～な織りの布地 zhīde xìmì de bù(织得细密的布). ¶エベレスト登攀のためにの計画を立てる wèile dēng Zhūmùlǎngmǎ Fēng dìng zhōumì de jìhuà(为了攀登珠穆朗玛峰订周密的计划). ¶彼の頭脳の～なことは驚くほどだ tā tóunǎo de zhěnmì lìng rén jīngtàn(他头脑的缜密令人惊叹).

ちみどろ【血みどろ】 ¶～の死体 xiělínlín de shītǐ(血淋淋的尸体). ¶彼らは会社再建のための～の苦闘をした tāmen wèi chóngjiàn gōngsī fèn bú gù shēn de kǔzhàn(他们为重建公司奋不顾身地苦战).

ちみもうりょう【魑魅魍魎】 chīmèi-wǎngliǎng (魑魅魍魉). ¶～が跳梁跋扈(ばっこ)する chīmèi-wǎngliǎng tiàoliáng báhù(魑魅魍魉跳梁跋扈).

ちめい【地名】 dìmíng(地名).

ちめい【知名】 zhīmíng(知名). ¶～の士 zhīmíng rénshì(知名人士). ¶この商品は～度が高い zhè zhǒng huò zhīmíngdù hěn gāo(这种货知名度很高).

ちめいしょう【致命傷】 zhìmìngshāng(致命伤). ¶彼は頭に～を受けた tā tóubù shòule zhìmìngshāng(他头部受了致命伤). ¶外務大臣の失言が内閣の～となった wàiwù dàchén de shīyán chéngle nèigé de zhìmìngshāng(外务大臣的失言成了内阁的致命伤).

ちめいてき【致命的】 zhìmìngxìng(致命性). ¶敵に～な打撃を与えた gěile dírén yǐ zhìmìng de dǎjī(给了敌人以致命的打击). ¶この失敗は彼にとって～だった zhège shībài duì tā shì zhìmìngxìng de(这个失败对他是致命性的).

ちゃ【茶】 chá(茶), cháyè(茶叶), yèzi(叶子); [樹] cháshù(茶树). ¶～を摘む cǎi chá(采茶). ¶～を入れる qī[pēng/chōng/pào] chá (沏[烹/冲/泡]茶) (倒[斟]茶). ¶～を飲む hē[pǐn] chá(喝[品]茶)/ pǐn míng(品茗). ¶～を立てる diǎn chá(点茶). ¶客に～を出す xiàng kèrén jìng chá(向客人敬茶). ¶この～はもう出ない zhè chá zài yě qī bu chū wèir lai(这茶再也沏不出味ㄦ来). ¶その辺でお～でも1杯いかがですか zài fùjìn hē bēi chá zěnmeyàng?(在附近喝杯茶怎么样?). ¶いい加減にお～を濁す suíbiàn fūyan liǎoshì(随便敷衍了事)/ zǒu guòchǎng(走过场).

¶紅～ hóngchá(红茶). 花～ huāchá(花茶). 抹～ mòchá(抹茶). 緑茶 lùchá(绿茶). 茎～ gùnrchá(棍ㄦ茶).

チャーシュー chāshāoròu(叉烧肉), chāshāo (叉烧).

チャーター zū(租), bāo(包). ¶船を～する zū chuán(租船).
¶～機 bāojī(包机).

チャーハン【炒飯】 chǎofàn(炒饭).

チャイナタウン zhōngguójiē(中国街).

チャイナドレス qípáo(旗袍).

チャイム tàozhōng(套钟), biānzhōng(编钟).

チャイルドシート xiǎohái zuòxí(小孩坐席).

ちゃいろ【茶色】 chásè(茶色), zōngsè(棕色).

ちゃうけ【茶請け】 cháshí(茶食).

ちゃかす【茶化す】 ¶人がまじめな話をしているのに～すな rénjia shuō zhèngjingshì, nǐ bié dǎhāha(人家说正经事, 你别打哈哈). ¶本心を聞き出そうとしたがうまく～されてしまった běn xiǎng tànchū tā de zhēnshí xiǎngfa, què bèi tā qiǎomiào de hùnong guoqu le(本想探出他的真实想法, 却被他巧妙地糊弄过去了).

ちゃかっしょく【茶褐色】 cháhèsè(茶褐色), zōnghèsè(棕褐色).

ちゃがら【茶殻】 fá cháyè(乏茶叶).

ちゃき【茶器】 chájù(茶具).

-ちゃく【着】 **1**[到着] dàodá(到达), dǐdá(抵达). ¶東京～午後3時 xiàwǔ sān shí dàodá Dōngjīng[dǐ Jīng](下午三时⌐到达东京[抵京]). ¶当駅20時～の上り列車 èrshí shí dàodá běn zhàn de shàngxíng lièchē(二十时到达本站的上行列车).
2[到着順序] míng(名). ¶1～から3～まで日本選手だった cóng dìyīmíng dào dìsānmíng [qián sān míng] dōu shì Rìběn xuǎnshǒu(从第一名到第三名[前三名]都是日本选手).
3[衣服の数] jiàn(件), tào(套), shēn(身). ¶私はコートを3～持っている wǒ yǒu sān jiàn dàyī(我有三件大衣). ¶背広1～ yí tào xīfú (一套西服).

ちゃくい【着衣】 ¶～を汚した bǎ shēnshang de yīfu nòngzāng le(把身上的衣服弄脏了). ¶子供を助けようと～のまま飛び込んだ wèile qiāngjiù háizi méi tuō yīfu jiù tiàoxià shuǐ qu le(为了抢救孩子没脱衣服就跳下水去了). ¶遺体の～に乱れはなかった yítǐ shang de yīzhuó méiyǒu sīháo língluàn(遗体上的衣着没有丝毫零乱).

ちゃくえき【着駅】 ¶～払いの小荷物 dào zhàn fùkuǎn de tuōyùn bāoguǒ(到站付款的托运包裹).

ちゃくがん【着眼】 zhuóyǎn(着眼). ¶この現象に～して研究を始めた cóng zhè yí xiànxiàng zhuóyǎn kāishǐ jìnxíng yánjiū(从这一现象着眼开始进行研究). ¶さすがに彼の～は鋭い tā zhēn yǒu ⌐yǎnlì[yǎnguāng](他真有⌐眼力[眼光]).

¶～点 zhuóyǎndiǎn(着眼点).

ちゃくし【嫡子】 dízǐ(嫡子), dízhǎngzǐ(嫡长子).

ちゃくじつ【着実】 tāshi(踏实), zhāshi(扎实).¶あの人は～な人です tā shi ge zhāshi de rén(他是个扎实的人).¶彼の仕事ぶりは～だ tā gōngzuò ▼láokao[jiǎo tà shídì](他工作▼牢靠[脚踏实地]).¶研究は～に目標に向かって進んでいる yánjiū yí bù yí ge jiǎoyìnr cháozhe mùbiāo qiánjìnzhe(研究一步一个脚印儿朝着目标前进着).

ちゃくしゅ【着手】 zhuóshǒu(着手).¶いよいよ工事に～した zhōngyú dònggōng le(终于动工了).¶どこから～してよいかわからない zhī cóng héchù ▼zhuó[xià/dòng/rù]shǒu(不知从何处▼着[下/动/入]手).¶この計画は～が遅れている zhège jìhuà de shíshī chíwù le(这个计划的实施迟误了).

ちゃくしゅつ【嫡出】 díchū(嫡出).

ちゃくしょく【着色】 zhuósè(着色), shàngshǎi(上色).¶近頃の食品は大抵～してある jìnlái de shípǐn dà dōu shì zhesè de(近来的食品大都是着色的).¶この皿は～が素晴らしい zhège diézi shàngshǎi shàngde zhēn hǎo(这个碟子上色上得真好).¶～ガラス yǒusèbōli(有色玻璃). ～剤 zhuósèjì(着色剂). 人工～ réngōng zhuósè(人工着色).

ちゃくすい【着水】 ¶飛行艇が～した shuǐshàng fēijī jiàngluò dào shuǐmiàn shang(水上飞机降落到水面上).¶宇宙船は洋上に～した yǔzhòu fēichuán jiànluò zài hǎiyáng shang(宇宙飞船溅落在海洋上).

ちゃくせき【着席】 jiùxí(就席), jiùzuò(就坐·就座), jiùwèi(就位), rùxí(入席), rùzuò(入坐·入座), luòzuò(落座).¶皆様どうぞ御～下さい qǐng zhūwèi rùxí(请诸位入席).¶人々は思い思いに～した dàjiā gè suí jǐ yuàn jiùle zuò(大家各随己愿就了座).¶起立, 礼, ～! qǐlì, xínglǐ, zuòxia!(起立, 行礼, 坐下!).

ちゃくそう【着想】 lìyì(立意).¶奇抜な～ qítè de gòusī(奇特的构思), lìyì dútè(立意独特).¶その事件から～を得て小説を書いた cóng gāi shìjiàn dédào qǐfā xiěle xiǎoshuō(从该事件得到启发写了小说).

ちゃくち【着地】 zhuódì(着地), luòdì(落地).¶A 選手は～に失敗して減点された A xuǎnshǒu luòdì dòngzuò shībài bèi jiǎnle fēn(A 选手落地动作失败被减了分).¶宇宙船が～する yǔzhòu fēichuán zhuólù(宇宙飞船着陆).

ちゃくちゃく【着々】 zhǔnbèi gōngzuò wěnbù ér shùnlì de jìnxíngzhe(准备工作稳步而顺利地进行着).¶計画は～と実行に移された jìhuà yí bù yí ge jiǎoyìnr de zhú shíshī(计划一步一个脚印儿地付诸实施).

ちゃくなん【嫡男】 dízǐ(嫡子).

ちゃくにん【着任】 dàorèn(到任), shàngrèn(上任), dàozhí(到职).¶新しい校長が～した xīn xiàozhǎng dàorèn le(新校长到任了).¶

彼は～早々へまをやった tā ▼gānggāng zǒumǎ shàngrèn[chūlái zhàdào] jiù chūle chācuò(他▼刚刚走马上任[初来乍到]就出了差错).

ちゃくばらい【着払い】 shōulǐngrén fùkuǎn(收领人付款).

ちゃくふく【着服】 sītūn(私吞), qīntūn(侵吞), zhōngbǎo(中饱), tānwū(贪污).¶公金を～する qīntūn gōngkuǎn(侵吞公款).

ちゃくもく【着目】 ¶自動化に～する zhuóyǎn yú zìdònghuà zhè yì diǎn shang(着眼于自动化这一点上).

ちゃくよう【着用】 ¶制服制帽を～のこと bìxū chuān zhìfú dài màozi(必须穿制服戴帽子).

ちゃくりく【着陸】 zhuólù(着陆), jiàngluò(降落).¶ジェット機が飛行場に～した pēnqìshì fēijī jiàngluò zài jīchǎng(喷气式飞机降落在机场).¶飛行機は～態勢に入った fēijī zuòhǎo zhuólù zhǔnbèi(飞机做好着陆准备).¶緊急～ jǐnjí zhuólù(紧急着陆). 軟～ ruǎnzhuólù(软着陆).

ちゃくりゅう【嫡流】 díxì(嫡系), zhèngzhī(正支).¶彼は源氏の～だ tā shì Yuánshì de díxì(他是源氏的嫡系).

チャコ huàfěn(划粉).

ちゃこし【茶漉】 cháyè bìzi(茶叶篦子).

ちゃさじ【茶匙】 cháchí[r](茶匙儿).¶砂糖～1杯 báitáng yì xiǎocháchí(白糖一小茶匙).

ちゃしぶ【茶渋】 cháxiù(茶锈), cházì(茶渍).¶～のついた茶碗 zhānyǒu cháxiù de cháwǎn(沾有茶锈的茶碗).

ちゃたく【茶托】 chátuō[r](茶托儿), chádié[r](茶碟儿).

ちゃち ¶～な品物 chàjìnr de dōngxi(差劲儿的东西).¶～な議論 bùzú-guàchǐ de yìlùn(不足挂齿的议论).

チャック lāliàn(拉链), lāsuǒ[r](拉锁儿).¶～をはずす[締める] lākai[lāshàng] lāliàn(拉开[拉上]拉链).

ちゃづけ【茶漬】 ¶～にして食べる chī chápàofàn(吃茶泡饭).

ちゃっこう【着工】 dònggōng(动工), kāigōng(开工), xīnggōng(兴工).¶資金不足で～は大幅に遅れている yóuyú zījīn bùzú, kāigōng dàdà yánwù(由于资金不足, 开工大大延误).¶来月～する xiàyuè dònggōng(下月动工).

ちゃづつ【茶筒】 cháyèguàn(茶叶罐).

ちゃのま【茶の間】 qǐjūjiān(起居间).

ちゃばしら【茶柱】 ¶あ, ～が立っている, 何か良いこと有るかな āi, cháyègěngr shùzhe, yídìng huì yǒu shénme hǎoshì!(哎, 茶叶梗儿竖着, 一定会有什么好事!).

ちゃばん【茶番】 huájìjù(滑稽剧), huájìxì(滑稽戏), nàojù(闹剧), qùjù(趣剧), xiàojù(笑剧).¶こいつはとんだ～だ zhè zhēn shì yì chǎng huájìjù(这真是一场滑稽剧).

ちゃぶだい【卓袱台】 ǎi fànzhuō (矮饭桌).

チャボ ǎijī (矮鸡), yuánbǎojī (元宝鸡).

ちやほや ¶あまり子供を～するのは良くない duì háizi jiāoshēng-guànyǎng kě bù hǎo (对孩子娇生惯养可不好). ¶彼は～されるとすぐ有頂天になる tā bèi rén yī pěng, jiù déyǐ yángyáng (他被人一捧,就得意洋洋).

ちゃみせ【茶店】 chátíng (茶亭).

ちゃめ【茶目】 ¶この子は～を言って家中を笑わせる zhè háizi shuō qiàopíhuà dōu jiālirén xiào (这孩子说俏皮话逗家里人笑). ¶彼女は～っ気たっぷりだ tā hěn qiàopi (她很俏皮). ¶お～さん táoqìbāo (淘气包)/xiǎotáoqì (小淘气).

ちゃや【茶屋】 1〔葉茶屋〕cházhuāng (茶庄). 2〔茶店〕chátíng (茶亭).

ちゃらんぽらん diào'erlángdāng (吊儿郎当). ¶彼は毎日～な生活を送っている tā měitiān diào'erlángdāng bú wù zhèngyè (他每天吊儿郎当不务正业). ¶よくもあんな～を言えたものだ jìngrán nàme xiāshuō-bādào a! (竟然那么瞎说八道啊!).

チャリティー císhàn (慈善). ¶～ショー císhàn yǎnchū (慈善演出)/yìyǎn (义演). ～コンサート císhàn yīnyuèhuì (慈善音乐会).

チャルメラ suǒnà (唢呐).

ちゃわん【茶碗】〔茶の〕cháwǎn (茶碗);〔飯の〕fànwǎn (饭碗). ¶～蒸し jīdàngēng (鸡蛋羹)/dàngēng (蛋羹).

チャンス jīhuì (机会), jīyù (机遇). ¶絶好の～をつかむ zhuāzhù ˈjuéhǎo de jīhuì [liángjī] (抓住'绝好的机会 [良机]). ¶又とない～を逃した cuòguòle zài yě méiyǒu de hǎo jīhuì (错过了再也没有的好机会). ¶発言する～がなかった méiyǒu fāyán de jīhuì (没有发言的机会). ¶～到来 jīhuì dàolái (机会到来).

ちゃんちゃらおかし・い ¶あいつが委員だなんて～い tā dāng wěiyuán jiǎnzhí xiàosǐ rén le (他当委员简直笑死人了).

ちゃんちゃんこ kǎnjiān (坎肩).

ちゃんと ¶仕事を～する tātashíshí de gōngzuò (踏踏实实地工作). ¶彼は時間は～守る tā hěn shǒushí (他很守时). ¶大事な書類だから～保管しておいて下さい shì zhòngyào de wénjiàn, gěi wǒ bǎoguǎnhǎo (是重要的文件,给我保管好). ¶借金は～返した jiè de qián rúshù chánghuán le (借的钱如数偿还了). ¶君が～していないからこんなことになるのだ nǐ méi zhǔxīngǔ cái rěchūle zhè zhǒng shì (你没主心骨才惹出了这种事). ¶それには～した証拠がある nà yǒu quèzáo de zhèngjù (那有确凿的证据). ¶いつまでもぶらぶらしていないで～した職につきなさい bié nàme yóushǒu-hàoxián, zhǎo diǎn zhèngjīngshìr zuò ba (别那么游手好闲,找点儿正经事儿做吧). ¶机の上を～片付けなさい bǎ zhuōzi shang shíduōzhěng (把桌子上拾掇好). ¶2列に～並びなさい àn shùnxù páihǎo liǎng liè (按顺序排好两列). ¶用意は～出来ているか yǐjīng zhǔnbèihǎo le ma? (已经准备好了吗?). ¶隠しても～顔に出ているぞ nǐ yǐnmán yě zài liǎnshang lùzhe (你隐瞒也在脸上露着). ¶言うことだけは～言っておかなければならない gāi shuō de wǒ yào hǎohǎor jiǎngqīngchu (该说的我要好好儿讲清楚). ¶ここは～した店ですから安心です zhè shì zhèngzhèng-jīngjīng de diàn, kěyǐ fàngxīn (这是正正经经的店,可以放心).

チャンネル píndào (频道). ¶第1～に合せる duìzhǔn dìyī píndào (对准第一频道).

ちゃんばら wǔxì (武戏), wǔdòu (武斗), wǔdǎ (武打). ¶～映画 Rìběn wǔxiá yǐngpiàn (日本武侠影片).

チャンピオン guànjūn (冠军), yōushèngzhě (优胜者).

ちゃんぽん ¶酒とビールを～に飲む hē rìběnjiǔ yòu hē píjiǔ (喝日本酒又喝啤酒).

ちゆ【治癒】 zhìyù (治愈), quányù (痊愈). ¶病気は10日間で～した bìng shí tiān quányù le (病十天痊愈了). ¶～までには相当時間がかかる dào wánquán zhìyù yào xiāngdāng cháng de shíjiān (到完全治愈要相当长的时间).

ちゅう【知勇】 zhìyǒng (智勇). ¶～兼備の名将 zhìyǒng-shuāngquán de míngjiàng (智勇双全的名将).

ちゅう【宙】 ¶選手達の胴上げでコーチの体が～に舞った jiàoliàn bèi xuǎnshǒumen pāodào kōngzhōng (教练被选手们抛到空中). ¶彼は～を飛ぶように家へ帰った tā fēipǎozhe huíjiā qù le (他飞跑着回家去了). ¶資金不足で計画が～に浮いてしまった yóuyú zījīn bùzú, jìhuà hái xuánzài bànkōngzhōng ne (由于资金不足,计划还悬在半空中呢).

ちゅう【忠】 zhōng (忠). ¶君に～を尽す jìnzhōng yú jūnzhǔ (尽忠于君主).

ちゅう【注】 zhù (注), zhùjiě (注解), zhùshì (注释). ¶～をつける jiāzhù (加注).

ちゅう【中】 zhōng (中). ¶品質によって上～下に分れる àn huòzhì kěyǐ fēnwéi ˈshàng, zhōng, xià [shàngděng, zhōngděng, xiàděng] (按货色可以分为'上、中、下[上等、中等、下等]). ¶大きさは～小の3つある dàxiǎo yǒu dà, zhōng, xiǎo sān zhǒng (大小有大、中、小三种). ¶彼の学力は～以上だ tā de xuéxí zài zhōngděng yǐshàng (他的学习在中等以上). ¶生活程度は～の上です shēnghuó shuǐpíng shǔyú zhōngshàngděng (生活水平属于中上等)/ ¶～の巻 zhōngjuàn (中卷)/zhōngcè (中册)/zhōngjí (中集).

ちゅう-【駐】 zhù (驻). ¶～日中国大使 Zhōngguó zhù Rì dàshǐ (中国驻日大使).

-ちゅう【中】 1〔ある範囲のなか〕lǐ (里), (中), nèi (内). ¶空気の～酸素が足りない kōngqìlǐ de yǎngqì bùzú (空气里的氧气不足). ¶彼はクラス～で一番背が高い tā zài bānli gèzi zuì gāo (他在班里个子最高). ¶100人～10番の成績 zài yībǎi rén zhōng chéngjì jū dìshí wèi (在一百人中成绩居第十位). ¶不幸～幸い búxìng zhōng de wànxìng (不幸中的万幸).

2〔ある期間のあいだ〕¶今月～に完成する予

定だ yùdìng zài běnyuè 'li[zhī nèi/zhī zhōng] wánchéng(预定在本月'里[之内/之中]完成). ¶午前～どこに行っていたの nǐ yí shàngwǔ dào nǎli qù le?(你上午到哪里去了?).

3［…の最中］zhèng(正), zhèngzài(正在). ¶ただいま学期末の試験～です xiànzài zhèngzài jìnxíng qīmò kǎoshì(现在正在进行期末考试). ¶事件は目下捜査～だ ànjiàn zhèngzài zhēnchá zhōng(案件正在侦查中). ¶勤務～は禁煙とする gōngzuò shí bùxǔ xīyān(工作时不许吸烟). ¶それは彼が不在～の出来事だった nà shì tā búzài de shíhou fāshēng de shì(那是他不在的时候发生的事). ¶お話～ zhèng zhànxiàn(正占线).

ちゅうい【中尉】 zhōngwèi(中尉).

ちゅうい【注意】 **1**［留意, 集中］zhùyì(注意), xiǎoxīn(小心), liúyì(留心), liúshén(留神). ¶私の言う事を～して聞きなさい wǒ shuō de huà nǐ yào zhùyì tīngzhe(我说的话你要注意听着). ¶部屋の換気に～する zhùyì fángjiān de tōngfēng(注意房间的通风). ¶細心の～を払って観察する jízhōng zhùyìlì zǐxì guānchá(集中注意力仔细观察). ¶奇抜な服装で人の～を引く chuān lìqí-gǔguài de yīfu rě rén zhùyì(穿离奇古怪的衣服惹人注意). ¶事の成行きを～深く見守る zhùshì shìtài de fāzhǎn(注视事态的发展). ¶こんな間違いをしでかすのは～が足りないからだ chū zhè zhǒng cuò wánquán shì yóuyú zhùyì bú gòu(出这种错误完全是由于注意不够). ¶君の～力は散漫だ nǐ zhùyìlì bù jízhōng(你注意力不集中).

2［用心, 警戒］zhùyì(注意), xiǎoxīn(小心), liúshén(留神), dāngxīn(当心). ¶滑りますから足元に～して下さい lù huá liúshén jiǎoxià(路滑留神脚下). ¶車に～して行きなさい lùshang yào xiǎoxīn qìchē(路上要小心汽车). ¶風邪を引かないように～しなさい duō jiā zhùyì, bié gǎnmào(多加注意, 别感冒)/ xiǎoxīn bié zháoliáng(小心别着凉). ¶あの男には～した方がいい duì nàge nánrén yào dīfangzhe diǎnr(对那个男人要提防着点ㄦ).

3［忠告, 警告］gàojiè(告诫・告戒), jǐnggào(警告). ¶店員に言葉づかいを～する gàojiè diànyuán yào zhùyì huàyǔ cuòcí(告诫店员要注意语法措词). ¶医者に飲み過ぎを～された yīshēng zhōnggào wǒ búyào guòdù yǐnjiǔ(医生忠告我不要过度饮酒). ¶二度と繰り返さないよう～を与える gěiyǐ jǐnggào búyào chóng fàn(给以警告不要重犯).

チューインガム kǒuxiāngtáng(口香糖). ¶～をかむ jiáo kǒuxiāngtáng(嚼口香糖).

ちゅうおう【中央】 zhōngyāng(中央). ¶部屋の～にテーブルを置く bǎ zhuōzi fàngzài fángjiān zhōngyāng(把桌子放在房间中央). ¶町の～に広場がある chéngshì zhōngyāng yǒu yí ge guǎngchǎng(城市中央有一个广场). ¶～の指示を仰ぐ xiàng zhōngyāng qǐngshì(向中央请示).

¶～アメリカ Zhōng Měizhōu(中美洲). ～委員会 zhōngyāng wěiyuánhuì(中央委员会). ～気象台 zhōngyāng qìxiàngtái(中央气象台). ～銀行 zhōngyāng yínháng(中央银行). ～集権 zhōngyāng jíquán(中央集权). ～政府 zhōngyāng zhèngfǔ(中央政府). ～標準時 zhōngyāng biāozhǔnshí(中央标准时). ～分離帯 zhōngyāng fēnlídài(中央分离带)/ zhōngyāng fēngédài(中央分隔带). ～郵便局 yóuzhèngzǒngjú(邮政总局).

ちゅうか【中華】 Zhōnghuá(中华). ¶～そば zhōngguóshì miàntiáo(中国式面条). ～鍋 zhōngshì tiěguō(中式铁锅)/ chǎosháo(炒勺). ～料理 zhōngguócài(中国菜)/ zhōngshì fàncài(中式饭菜). ～食 zhōngcān(中餐). ～街 tángrénjiē(唐人街).

ちゅうかい【仲介】 zhōngjiè(中介). ¶～の労をとる jūzhōng wòxuán(居中斡旋)/ chuān xiàn dā qiáo(穿线搭桥)/ chuān zhēn yǐn xiàn(穿针引线). ¶A 氏の～で契約がまとまった yóu A xiānsheng cóngzhōng wòxuán qiāndìngle hétong(由 A 先生从中斡旋签订了合同).

¶～者 zhōngjièrén(中介人)/ zhōngjiānrén(中间人)/ [zhōngjiānrén](中间人).

ちゅうかい【注解】 zhùjiě(注解), zhùshì(注释). ¶詳細な～をつける jiā xiángxì de zhùjiě(加详细的注解).

ちゅうがい【虫害】 chónghài(虫害), chóngzāi(虫灾). ¶作物が～を受けた zhuāngjia zāoshòule chónghài(庄稼遭受了虫害).

ちゅうがえり【宙返り】 jīndǒu(筋斗・斤斗), gēntou(跟头), kōngfān(空翻). ¶～をする fān[dǎ] gēntou(翻[打]跟头). ¶飛行機が～をした fēijī fānle gēntou(飞机翻了跟头).

ちゅうかく【中核】 zhōngxīn(中心), héxīn(核心). ¶その組織が運動の～となった nàge zǔzhī chéngle yùndòng de héxīn(那个组织成了运动的核心).

ちゅうがくせい【中学生】 chūzhōngshēng(初中生).

ちゅうがた【中型・中型】 zhōngxíng(中型). ¶～の飛行機 zhōngxíng fēijī(中型飞机). ¶～車 zhōngxíng qìchē(中型汽车).

ちゅうがっこう【中学校】 chūjí zhōngxué(初级中学), chūzhōng(初中).

ちゅうかん【中間】 zhōngjiān(中间), zhōngjiānr(中间ㄦ). ¶A 案か B 案のどちらかでその～はない bú shì A fāng'àn jiùshì B fāng'àn, méiyǒu zhōngjiān dàolù kě zǒu(不是 A 方案就是 B 方案, 没有中间道路可走). ¶私の家は2つの駅のちょうど～です wǒ jiā zài liǎng ge chēzhàn de zhèngdāngzhōng(我家在两个车站的正当中). ¶この作品は詩と小説の～にある zhège zuòpǐn jièyú shī hé xiǎoshuō zhījiān(这个作品介于诗和小说之间). ¶調査の～報告をする huìbào diàochá de zhōngjiān jiēduàn qíngkuàng(汇报调查的中间阶段情况).

¶～管理職 zhōngcéng guǎnlǐ rényuán(中层管理人员). ～搾取 zhōngjiān bōxuē(中间剥削). ～子 jièzǐ(介子). ～試験 qīzhōng kǎo-

ちゅうき【期中】 shì(期中考试).～色 jiānsè(间色).～派 zhōngjiānpài(中间派).

ちゅうき【中気】 zhòngfēng(中风).¶～にかかる huàn zhòngfēng(患中风).

ちゅうき【中期】 zhōngqī(中期).

ちゅうき【注記】 zhù(注), fùzhù(附注).¶行間に～する zài hángjiān jiāzhù(在行间加注).

ちゅうぎ【忠義】 zhōngyì(忠义).¶～を尽す jìnzhōng(尽忠).¶～な家来 zhōngchén(忠臣).¶～立てする xiǎnshì zhōngchéng(显示忠诚).

ちゅうきゅう【中級】 zhōngjí(中级).¶初级を終えて～に進む xuéwán chūjí jìnrù zhōngjí(学完初级进入中级).

ちゅうきん【忠勤】 ¶～を励む zhōngshí ˇqínfèn[qínmiǎn](忠实ˇ勤奋[勤勉]).

ちゅうくう【中空】 **1**〔中天〕kōngzhōng(空中), bànkōngzhōng(半空中).¶びらは風に吹かれて～に舞い上がった chuándān bèi fēng chuīdào bànkōngzhōng le(传单被风吹到半空中了).¶おぼろ月が～に浮ぶ ménglóng de yuèliang xuánguà zài bànkōngzhōng(朦胧的月亮悬挂在半空中).
2〔空洞〕幹が～になった大木 kōngxīn de dàshù(空心的大树).

ちゅうぐらい【中位】 zhōngděng(中等), zhōngcháng(中常), zhōngliū(中溜ㄦ), zhōngbùliū(中不溜ㄦ).¶彼は～の成績で卒業した tā yǐ zhōngděng chéngjì bìyè le(他以中等成绩毕业了).¶背丈は～だ zhōngděng ˇgèr[shēncái](中等ˇ个ㄦ[身材]).¶大きさは～でちょうどよい dàxiǎo shìzhōng zhènghǎo(大小适中正好)/ búdà-bùxiǎo zhèng héshì(不大不小正合适).

ちゅうくんあいこく【忠君愛国】 zhōngjūn àiguó(忠君爱国).

ちゅうけい【中継】 **1**〔なかつぎ〕zhuǎnkǒu(转口), zhuǎnyùn(转运), zhōngzhuǎn(中转).¶～港 zhuǎnkǒugǎng(转口港)/ zhuǎnyùn kǒu'àn(转运口岸).～所 zhuǎnyùnzhàn(转运站)/ zhōngjìzhàn(中继站).～貿易 zhuǎnkǒu màoyì(转口贸易).
2〔中継放送〕zhuǎnbō(转播).¶全国に～放送する xiàng quánguó zhuǎnbō(向全国转播).¶事故現場からの～ yóu shìshì xiànchǎng zhuǎnbō(由失事现场转播).
¶～局 zhuǎnbōzhàn(转播站)/ zhōngjìzhàn(中继站).宇宙～ wèixīng zhuǎnbō(卫星转播).実況～ shíkuàng zhuǎnbō(实况转播).舞台～ wǔtái zhuǎnbō(舞台转播).

ちゅうけん【中堅】 zhōngjiān(中坚), gǔgàn(骨干).¶彼は会社の～として活躍している tā zài gōngsī qǐzhe zhōngjiān de zuòyòng(他在公司起着中坚的作用).
¶～幹部 gǔgàn gànbù(骨干干部).～俳優 gǔgàn yǎnyuán(骨干演员).

ちゅうげん【忠言】 zhōngyán(忠言).¶～耳に逆らう zhōngyán nì ěr(忠言逆耳).

ちゅうげん【中元】 zhōngyuánjié(中元节); zhōngyuánjié lǐpǐn(中元节礼品).

ちゅうこ【中古】 ¶～車 èrshǒuchē(二手车).～品 èrshǒuhuò(二手货).

ちゅうこく【忠告】 zhōnggào(忠告), quàngào(劝告), quànjiè(劝戒), quàndǎo(劝导).¶医者の～に従って煙草をやめる決心をした tīngcóng yīshēng de zhōnggào xià juéxīn jièyān(听从医生的忠告下决心戒烟).¶再三～したが彼は聞き入れなかった wǒ zàisān quàngào tā, dàn tā búkěn tīng(我再三劝告他,但他不肯听).

ちゅうごく【中国】 Zhōngguó(中国).¶～語 Zhōngguóhuà(中国话)/ Zhōngwén(中文)/ Hànyǔ(汉语)/ Hànwén(汉文)/ Huáyǔ(华语)/ Huáwén(华文).～人 Zhōngguórén(中国人)/ Huárén(华人).～料理 zhōngguócài(中国菜)/ zhōngcān(中餐).

ちゅうごし【中腰】 ¶～になってのぞき込む wānzhe yāo wǎng lǐ kuīshì(弯着腰往里窥视).

ちゅうさ【中佐】 zhōngxiào(中校).

ちゅうざ【中座】 ¶～したのであとのことは分らない yīnwei zhōngtú tuìle xí, yǐhòu de shìqing wǒ bù zhīdào(因为中途退了席,以后的事情我不知道).

ちゅうさい【仲裁】 tiáotíng(调停), tiáojiě(调解), shūjiě(疏解), páijiě(排解), zhòngcái(仲裁), shuōhe(说和).¶～の労をとる cóngzhōng tiáojiě(从中调解)/ jūjiān tiáotíng(居间调停).¶喧嘩を～する quànjià(劝架)/ quànjiě(劝解)/ lājià(拉架).
¶～人 tiáotíngrén(调停人)/ tiáojiěrén(调解人)/ zhòngcáirén(仲裁员)/ jūjiānrén(居间人)/ zhōngjiānrén(中间人)/ zhōngrén(中人).

ちゅうざい【駐在】 ¶北京～の特派員 zhù Běijīng tèpài jìzhě(驻北京特派记者).¶商社の～員 shāngshè de zhùwài rényuán(商社的驻外人员).
¶～所 pàichūsuǒ(派出所).

ちゅうさんかいきゅう【中産階級】 zhōngchǎnjiējí(中产阶级).

ちゅうし【中止】 zhōngzhǐ(中止).¶遠足は雨で～になった yīn yǔ jiāoyóu zhōngzhǐ le(因雨郊游中止了).¶交渉が妥結したのでストを～する tánpàn dáchéng xiéyì, ˇzhōngzhǐ[tíngzhǐ]bàgōng(谈判达成协议, ˇ中止[停止]罢工).

ちゅうし【注視】 zhùshì(注视), zhùmù(注目).¶満場の～の中に試合が始まった zài quánchǎng zhùshì xià bǐsài kāishǐ le(在全场注视下比赛开始了).

ちゅうじ【中耳】 zhōng'ěr(中耳).¶～炎 zhōng'ěryán(中耳炎).

ちゅうじつ【忠実】 zhōngshí(忠实).¶～な部下 zhōngshí de bùxià(忠实的部下).¶彼は職務に～だ tā zhōngyú zhíshǒu(他忠于职守).¶己れに～に生きる zhōngshí yú zìjǐ de xìnniàn ér shēnghuó(忠实于自己的信念而生活).¶原文に～な翻訳 zhōngshí yú yuánwén de fānyì(忠实于原文的翻译).¶小説を～に映画化する bǎ xiǎoshuō rúshí de bānshàng yínmù(把小说如实地搬上银幕).

ちゅうしゃ【注射】 zhùshè(注射), dǎzhēn(打

針). ¶私は～が大嫌いだ wǒ zuì tǎoyàn dǎzhēn(我最讨厌打针). ¶痛み止めの～をする dǎ zhǐtòngzhēn(打止痛针).

¶～液 zhùshèjì(注射剂)/ zhēnjì(针剂). ～器 zhùshèqì(注射器). ～針 zhēntóu(针头). ～筋肉へ jīròu zhùshè(肌肉注射). 予防～ yùfáng zhùshè(预防注射).

ちゅうしゃ【駐車】 tíngchē(停车). ¶この場所に～してはいけません zhèr bù kěyǐ tíngchē(这儿不可以停车).

¶～違反 wéizhāng tíngchē(违章停车). ～禁止 bùzhǔn[jìnzhǐ] tíngchē(不准[禁止]停车). ～料金 tíngchēfèi(停车费). 有料[無料]～場 shōufèi[miǎnfèi] tíngchēchǎng(收费[免费]停车场).

ちゅうしゃく【注釈】 zhùshì(注释), zhùjiě(注解). ¶《古事記》の一節を～する zhùshì 《Gǔshìjì》 de yī jié(注释《古事记》的一节). ¶～付きの本 fù zhùjiě de shū(附注解的书).

ちゅうしゅう【中秋】 zhōngqiū(中秋). ¶～の名月 zhōngqiū míngyuè(中秋明月).

ちゅうしゅつ【抽出】 tíliàn(提炼), tíqǔ(提取), chōuqǔ(抽取); chōuyàng(抽样), qǔyàng(取样). ¶ある種の有用物質を～する tíliànchū mǒuxiē yǒuyòng de wùzhí(提炼出某些有用的物质). ¶品質検査のため任意に～する wèile jiǎnyàn zhìliàng rènyì qǔyàng(为了检验质量任意抽样). ¶無作為～による統計 jū suíjī chōuyàng de tǒngjì(据随机抽样的统计).

ちゅうじゅん【中旬】 zhōngxún(中旬).

ちゅうしょう【中傷】 zhōngshāng(中伤), wūmiè(诬蔑), huǐbàng(毁谤), fěibàng(诽谤). ¶ありもしないことを言い触らして人を～する sànbù wú zhōng shēng yǒu de yáoyán zhòngshāng rén(散布无中生有的谣言中伤人). ¶それは私に対する～だ nà shì duì wǒ de èyù zhòngshāng(那是对我的恶语中伤).

ちゅうしょう【抽象】 chōuxiàng(抽象). ¶問題を～化するな bié bǎ wèntí chōuxiànghuà(别把问题抽象化). ¶彼の書くものはあまりに～のだ tā xiě de tài chōuxiàng le(他写的太抽象了). ¶～的なことばかり言っていて一向に具体性がない jìng shuō chōuxiàng de huà, háo wú jùtǐ nèiróng(净说抽象的话,毫无具体内容). ¶それは～論にすぎない nà zhǐ búguò shì chōuxiàng de yìlùn bàle(那只不过是抽象的议论罢了).

¶～概念 chōuxiàng gàiniàn(抽象概念). ～芸術 chōuxiàng yìshù(抽象艺术). ～名詞 chōuxiàng míngcí(抽象名词).

ちゅうじょう【中将】 zhōngjiàng(中将).

ちゅうじょう【衷情】 zhōngqíng(衷情). ¶～を訴える qīngsù zhōngqíng(倾诉衷情).

ちゅうしょうきぎょう【中小企業】 zhōngxiǎo qǐyè(中小企业).

ちゅうしょく【昼食】 zhōngfàn(中饭), wǔfàn(午饭), wǔcān(午餐), wǔshàn(午膳), shǎngfàn(晌饭), shǎngwǔfàn(晌午饭).

ちゅうしん【中心】 zhōngxīn(中心). ¶円の～ yuán de zhōngxīn(圆的中心)/ yuánxīn(圆心). ¶湖の～に小さい島がある hú zhōngyāng[zhōngxīn / dāngzhōng / zhèngzhōng] yǒu ge xiǎodǎo(湖中央[中心/当中/正中]有个小岛). ¶市の～部を地下鉄が通っている dìxià tiědào tōngguò shì zhōngxīn(地下铁道通过市中心). ¶太陽系の惑星は太陽を～として回転している tàiyángxì de xíngxīng huánrào tàiyáng xuánzhuàn(太阳系的行星环绕太阳旋转). ¶江戸中期まで文化のった～は京大阪だった zhídào Jiānghù shídài zhōngqī wénhuà zhōngxīn réng shì Jīngdū hé Dàbǎn(直到江户时代中期文化中心仍是京都和大阪). ¶話題の～はもっぱら彼女のことだった huàtí de zhōngxīn jìngshì guānyú tā de shì(话题的中心净是关于她的事). ¶彼はこの運動の～的な人物だ tā shì zhège yùndòng de zhōngxīn rénwù(他是这个运动的中心人物).

¶～議題 zhōngxīn yìtí(中心议题). ～人物 zhōngxīn rénwù(中心人物). ～体 zhōngxīntǐ(中心体). ～点 zhōngxīndiǎn(中心点). 自己～主義 zìwǒ[lìjǐ]zhǔyì(自我[利己]主义).

ちゅうしん【中震】 zhōngzhèn(中震).

ちゅうしん【忠臣】 zhōngchén(忠臣).

ちゅうしん【衷心】 zhōngxīn(衷心). ¶～より哀悼の意を表します zhōngxīn biǎoshì āidào (衷心表示哀悼).

ちゅうすい【虫垂】 lánwěi(阑尾). ¶～炎 lánwěiyán(阑尾炎)/ mángchángyán(盲肠炎).

ちゅうすう【中枢】 zhōngshū(中枢). ¶国家の～ guójiā zhōngshū(国家中枢).

¶～神経 zhōngshū shénjīng(中枢神经). 運動～ yùndòng zhōngshū(运动中枢).

ちゅうせい【中世】 zhōngshìjì(中世纪).

ちゅうせい【中性】 zhōngxìng(中性). ¶土壌を～にする bǎ tǔrǎng gǎizào wéi zhōngxìng (把土壤改造为中性).

¶～土壌 zhōngxìngtǔ(中性土). ～脂肪 zhōngxìng zhīfáng(中性脂肪). ～子 zhōngzǐ(中子). ～洗剤 zhōngxìng xǐyīfěn(中性洗衣粉). ～子星 zhōngzǐxīng(中子星). ～子爆弾 zhōngzǐdàn(中子弹).

ちゅうせい【忠誠】 zhōngchéng(忠诚). ¶国家に～を誓う xuānshì zhōngyú guójiā(宣誓忠于国家).

ちゅうせいだい【中生代】 zhōngshēngdài(中生代).

ちゅうせき【沖積】 chōngjī(冲积). ¶～世 chōngjīshì(冲积世). ～層 chōngjīcéng(冲积层). ～土 chōngjītǔ(冲积土). ～平野 chōngjī píngyuán(冲积平原).

ちゅうせき【柱石】 zhùshí(柱石). ¶国家の～となる chéngwéi guójiā de zhùshí(成为国家的柱石).

ちゅうせつ【忠節】 zhōngjié(忠节). ¶～の士 zhōngjié zhī shì(忠节之士).

ちゅうぜつ【中絶】 zhōngduàn(中断). ¶交渉は～したままだ tánpàn réng chǔyú zhōngduàn zhuàngtài(谈判仍处于中断状态).

¶妊娠～ réngōng liúchǎn(人工流产).

ちゅうせん【抽選】 chōuqiān[r](抽签[儿]),

chōujiǎng(抽奖).¶希望者が多いときは～で決める shēnqǐngzhě rén duō shí tōngguò chōuqiān juédìng(申请者人多时通过抽签决定).¶彼は続けて3回も～に外れた tā yìlián sān cì méi chōuzhòng(他一连三次没抽中).

ちゅうぞう【鋳造】 zhùzào(铸造).¶活字を～する zhùzào qiānzì(铸造铅字)/ zhù zì(铸字).¶鐘を～する zhùzào dàzhōng(铸造大钟).

ちゅうたい【中退】 ¶病気で大学を～する yīn bìng dàxué zhōngtú tuìxué(因病大学中途退学).¶高校を～ gāozhōng yìyè(高中肄业).

ちゅうたい【中隊】 lián(连);zhōngduì(中队).¶～長 liánzhǎng(连长).

ちゅうだん【中段】 zhōngcéng(中层).¶寝台券は～しかなかった wòpùpiào zhǐ yǒu zhōngpù(卧铺票只有中铺).

ちゅうだん【中断】 zhōngduàn(中断), zhōngchuò(中辍).¶電話のたびに彼が席を立つので話が～する diànhuà yì lái, tā biàn líkāi zuòwèi, tánhuà jiù zhōngduàn le(电话一来,他便离开座位,谈话就中断了).¶聴衆が騒いで演奏を～された tīngzhòng nàoqilai, yǎnzòu zhōngduàn le(听众闹起来,演奏中断了).

ちゅうちょ【躊躇】 chóuchú(踌躇·踌躇), yóuyù(犹豫), yóuyí(游移), chíyí(迟疑).¶中へ入ろうか入るまいと～した jìnqu háishi bú jìnqu yóuyù-bùjué(进去还是不进去犹豫不决).¶言いたいことは～なく言うべきだ yào shuō de huà yīnggāi háo bù yóuyù de shuō(要说的话应该毫不犹豫地说).¶それをするのに多少の～はあった zuò nà jiàn shì céng duōshǎo yǒudiǎnr yóuyù(做那件事曾多少有点儿犹豫).

ちゅうづり【宙吊り】 ¶足場が外れて人が～になった jiǎoshǒujià tuōluò, rén xuánzài kōngzhōng(脚手架脱落, 人悬在空中).

ちゅうてん【中点】 zhōngdiǎn(中点).¶線分ABの～をHとする xiànduàn AB de zhōngdiǎn wéi H(线段AB的中点为H).

ちゅうと【中途】 zhōngtú(中途).¶大雪にはばまれて～から引き返した wéi dàxuě suǒ zǔ "zhōngtú[túzhōng / bànlù / bàndào] fǎnhuí le(为大雪所阻"中途[途中/ 半路/ 半道]返回了).¶この本は読み出すと～ではやめられない zhè běn shū yí dúqilai jiù fàngbuxià(这本书一读起来就放不下).¶大学を～で退学した dàxué zhōngtú tuìxué le(大学中途退学了).

ちゅうとう【中東】 Zhōngdōng(中东).

ちゅうとう【中等】 zhōngděng(中等); zhōngdàng(中档).¶これは～品だ zhège shì "zhōngděnghuò[zhōnglùhuò](这个是"中等货[中路货]).¶～教育 zhōngděng jiàoyù(中等教育).

ちゅうどう【中道】 zhōngdào(中道).¶～を歩む zǒu zhōngyōng zhī dào(走中庸之道).¶～政治 zhōngyōng zhèngzhì(中庸政治).

ちゅうどく【中毒】 zhòngdú(中毒).¶モルヒネは常用すると～になる chángyòng mǎfēi huì shàngyǐn de(常用吗啡会上瘾的).¶彼はガスに～して死んだ tā "méiqì zhòngdú[zhòngle méiqì] sǐ le(他"煤气中毒[中了煤气]死了).¶自家～ zìtǐ zhòngdú(自体中毒).妊娠～症 rènshēn zhòngdúzhèng(妊娠中毒症).

ちゅうとはんぱ【中途半端】 ¶～な態度 zuǒyòu-yáobǎi(左右摇摆)/[móléng liǎngkě] de tàidu(左右不定[模棱两可]的态度).¶私は～なことはしたくない wǒ bù xiǎng zuò bàntú ér fèi de shì(我不想做半途而废的事).¶彼は何をやっても～だ tā zuò shénme shì dōu "bànban-lālā de[yǒushǐ-wúzhōng / yǒutóu-wúwěi](他做什么事都"半半拉拉的[有始无终/ 有头无尾]).

ちゅうとん【駐屯】 zhùtún(驻屯), zhùzhā(驻扎).¶村には1個小隊が～していた cūnzili yǒu yí ge pái zhùzházhe(村子里有一个排驻扎着).

チューナー tiáoxiéqì(调谐器).

ちゅうにくちゅうぜい【中肉中背】 ¶彼は～だ tā shì ge zhōngděng shēncái(他是个中等身材).

ちゅうにゅう【注入】 zhùrù(注入).¶液体を～する zhùrù yètǐ(注入液体).¶知識を～する guànshū zhīshi(灌输知识).

チューニング 1[同調] tiáoxié(调谐).2[調律] tiáoyīn(调音), dìngxián(定弦).3[整備] wéixiū(维修).¶エンジンの～がうまく行かない yǐnqíng de wéixiū bú shùnlì(引擎的维修不顺利).

ちゅうねん【中年】 zhōngnián(中年).¶～の婦人 zhōngnián fùnǚ(中年妇女).

ちゅうのう【中農】 zhōngnóng(中农).

ちゅうは【中波】 zhōngbō(中波).

チューバ dàhào(大号).

ちゅうばいか【虫媒花】 chóngméihuā(虫媒花).

ちゅうばん【中盤】 zhōngjú(中局).¶選挙は～戦に突入した xuǎnjǔ jìnrùle zhōngqī jiēduàn(选举进入了中期阶段).

ちゅうぶ【中部】 zhōngbù(中部).¶本州の～の山岳地帯 Běnzhōu zhōngbù de shānyuè dìdài(本州中部的山岳地带).

チューブ [くだ] tǒng(筒), guǎn(管);[容器] ruǎnguǎn(软管);[タイヤの] nèitāi(内胎), lǐdài(里带).¶～入りの歯磨 guǎnzhuāng yágāo(管装牙膏).¶絵具の～ yánliào de ruǎnguǎn(颜料的软管).¶ゴム～ xiàngpíguǎn(橡皮管)/ jiāopíguǎn(胶皮管).

ちゅうぶう【中風】 zhòngfēng(中风), cùzhòng(卒中).¶父は～で長い間寝たきりです fùqin huàn zhòngfēng duōnián wòbìng zài chuáng(父亲患中风多年卧病在床).

ちゅうふく【中腹】 shānyāo(山腰), bànshānyāo(半山腰).¶その家は山の～に立っている nà suǒ fángzi gàizài shānyāo shang(那所房子盖在山腰上).

ちゅうぶらりん【中ぶらりん·宙ぶらりん】 ¶凧が電線にひっかかって～になっている fēngzheng zài diànxiàn shang xuánkōng diàozhe(风筝在电线上悬空吊着).¶その計画は～になったままだ nàge jìhuà hái xuánzhe ne(那个计划还悬着呢).

ちゅうぶる【中古】 ¶～の自転車 bànxīn-bújiù de zìxíngchē(半新不旧的自行车).

ちゅうべい【中米】 Zhōng Měizhōu(中美洲).

ちゅうへん【中編】 **1** zhōngpiān(中篇).¶～の記録映画 zhōngpiān jìlù yǐngpiàn(中篇记录影片).¶～小説 zhōngpiān xiǎoshuō(中篇小说).
2〔第2編〕zhōngbiān(中编), zhōngjí(中集).¶前編を読み終えたので～を貸して下さい shàngbiān kànwán le, qǐng jiègěi wǒ zhōngbiān(上编看完了, 请借给我中编).

ちゅうぼく【忠僕】 zhōngpú(忠仆).

ちゅうみつ【稠密】 chóumì(稠密).¶人口の～な地帯 rénkǒu chóumì dìdài(人口稠密地带).

ちゅうもく【注目】 zhùmù(注目), zhùshì(注视), guānzhù(关注).¶生徒達は先生の手元に～した xuéshengmen dōu zhùshìzhe lǎoshī de shǒu(学生们都注视着老师的手).¶政界の動向に～する guānzhù zhèngjiè de dòngxiàng(关注政界的动向).¶彼女は～の的になった tā chéngwéi quánbān zhùmù de duìxiàng(她成为全班注目的对象).¶あの論文は～に価する nà piān lùnwén hěn zhíde zhùmù(那篇论文很值得注目).

ちゅうもん【注文】 **1**〔あつらえ〕dìng(定・订), dìngzuò(定做・订做), dìnggòu(定购・订购), dìnghuò(定货・订货).¶本を～する dìng shū(定书).¶料理を～する jiào[diǎn] cài(叫[点]菜).¶御～のコートができました nín dìngzuò de dàyī yǐjīng zuòdé le(您定做的大衣已经做得了).¶～が殺到して応じきれない dìnghuò yíxiàzi láile hěn duō, yìngfu bu guòlái(定货一下子来了很多, 应付不过来).¶～取りに得意先を回る dào gège zhǔgù nàli zhēngqiú dìnghuò(到各个主顾那里征求定货).
¶～伝票 dìngdān(订单).
2〔希望, 指図〕yāoqiú(要求).¶君に1つ～がある duì nǐ yǒu yí ge yāoqiú(对你有一个要求).¶それは無理な～というものだ nà kě méifǎ bàndào(那可没法去办到)/ nà zhǒng yāoqiú méiménr(那种要求没门儿).¶いちいち～をつける yīyī tíchū yāoqiú(一一提出要求).¶世の中はそう～通りに行くものではない shìshàng de shì kě bù dōu xiàng rén shùnxīn rúyì(世上的事可不都那么顺心如意).¶～が多い tiāoti de hěn(挑剔得很).

ちゅうや【昼夜】 zhòuyè(昼夜).¶～2回公演する báitian hé wǎnshang shàngyǎn liǎng cì(白天和晚上上演两次).¶～を分たず働く bù fēn zhòuyè de gōngzuò(不分昼夜地工作).¶工事は～兼行で続けられた gōngchéng "zhòuyè bùtíng[rì yǐ jì yè] de jìnxíngzhe(工程"昼夜不停[日以继夜]地进行着).¶まる一～汽車に乗りつめた zuò huǒchē zuòle zhěngzhěng yí zhòuyè(坐火车坐了整整一昼夜).

ちゅうゆ【注油】 zhù yóu(注油), diǎn yóu(点油), shàng yóu(上油).¶機械に～する gěi jīqi zhù yóu(给机器注油).

ちゅうゆう【忠勇】 zhōngyǒng(忠勇).¶～無双の兵士 zhōngyǒng wúshuāng de zhànshì(忠勇无双的战士).

ちゅうよう【中庸】 zhōngyōng(中庸).¶～の道 zhōngyōng zhī dào(中庸之道).¶彼の意見は～を得ている tā de yìjiàn bùpiān-bùyǐ hěn gōngzhèng(他的意见不偏不倚很公正).

ちゅうよう【中葉】 zhōngyè(中叶).¶20 世紀～ èrshí shìjì zhōngyè(二十世纪中叶).

ちゅうりつ【中立】 zhōnglì(中立).¶～を守る bǎochí zhōnglì(保持中立).¶この問題には～の態度で臨む duì zhège wèntí cǎiqǔ zhōnglì tàidu(对这个问题采取中立态度).
¶～国 zhōnglìguó(中立国).～主義 zhōnglìzhǔyì(中立主义).～政策 zhōnglì zhèngcè(中立政策).

チューリップ yùjīnxiāng(郁金香).

ちゅうりゅう【中流】 **1**〔川の〕zhōngyóu(中游).¶～になると川幅が広く流れがゆるやかになる dàole zhōngyóu, hémiàn kuānkuò, shuǐliú jiù biàn huǎnmàn le(到了中游, 河面宽阔, 水流就变缓慢了).
2〔社会の〕～階級 zhōngcéngjiējí(中层阶级)/ zhōngjiānjiēcéng(中间阶层).～家庭 zhōngděng jiātíng(中等家庭)/ xiǎokāng rénjiā(小康人家).

ちゅうりゅう【駐留】 zhùzhā(驻扎), liúzhù(留驻).¶外国の軍隊が～する wàiguó jūnduì zhùzhā(外国军队驻扎).
¶～軍 zhùjūn(驻军).

ちゅうりん【駐輪】 tíngfàng zìxíngchē(停放自行车).¶～場 zìxíngchē tíngfàngchǎng(自行车停放场).

ちゅうわ【中和】 zhōnghé(中和).¶酸とアルカリを～する suān hé jiǎn zhōnghé(酸和碱中和).¶毒性を～する zhōnghé dúxìng(中和毒性).
¶～剤 zhōnghéjì(中和剂).～熱 zhōnghérè(中和热).～反応 zhōnghé fǎnyìng(中和反应).

ちよ【千代】 ¶～に八千代に qiānqiū-wàndài(千秋万代).

ちょ【著】 zhù(著).¶魯迅～《中国小説史略》Lǔ Xùn zhù《Zhōngguó Xiǎoshuō Shǐluè》(鲁迅著《中国小说史略》).

ちょ【緒】 ¶工事は～についたばかりだ gōngchéng gāng jiùxù(工程刚就绪).

ちょいちょい cháng(常), chángcháng(常常), shícháng(时常).¶彼は～ここへ来る tā shícháng dào zhèlǐ lái(他时常到这里来).¶彼女は～欠勤する tā chángcháng quēqín(她常常缺勤).¶コート姿も～見かけるようになった chuān dàyī de rén yě chángjiàn le(穿大衣的人也常见了).

ちょう【庁】 tīng(厅).¶環境～ huánjìngtīng(环境厅).検察～ jiǎncháyuàn(检察院)/ jiǎnchátíng(检察厅).

ちょう【兆】 wànyì(万亿).

ちょう【町】 **1**〖説明〗土地面积单位, 1"町"约等于99.2公亩.
2〖説明〗长度单位, 1"町"约等于109米.

ちょう【長】 **1**〔かしら〕zhǎng(长), shǒuzhǎng

(首长). ¶一家の～ yì jiā zhī zhǎng(一家之长). ¶彼は人に～たる器でない tā bú shì zuò lǐngdǎo de cáiliào(他不是作领导的材料).
2【すぐれている事・点】cháng(长). ¶登山技術では彼に一日の～がある tā yǒu yí rì zhī cháng(论登山技术他有一日之长). ¶～を採り短を補う qǔ cháng bǔ duǎn(取长补短).

ちょう【腸】cháng(肠), chángzi(肠子), chángguǎn(肠管). ¶～チフス shānghán(伤寒)/chángshānghán(肠伤寒). ¶～捻転 chángniǔzhuǎn(肠扭转). ¶～閉塞 chánggěngzǔ(肠梗阻)/chángzǔsè(肠阻塞).

ちょう【蝶】húdié(蝴蝶・胡蝶), dié(蝶). ¶～よ花よと育てた娘 yóurú zhǎngshàng míngzhū yìbān yǎngdà de nǚ'ér(犹如掌上明珠一般养大的女儿).

ちょう-【超】chāo(超). ¶～満員で立錐の余地もない yōngjǐ bùkān wú chù lìzú(拥挤不堪无处立足). ¶～高層ビルが立ち並んでいる chāo gāocéng jiànzhù línlì(超高层建筑林立). ¶～音速ジェット機 chāoyīnsù[chāoshēngsù] pēnqìshì fēijī(超音速[超声速]喷气式飞机). ¶～音波 chāoshēngbō(超声波).～現実主義 chāoxiànshízhǔyì(超现实主义).～大国 chāojí dàguó(超级大国).～短波 chāoduǎnbō(超短波)/mǐbō(米波).～党派外交 chāodǎngpài wàijiāo(超党派外交).

-ちょう【丁】¶豆腐 1 ～ yí kuài dòufu(一块豆腐). ¶餃子 1 ～ yí fènr jiǎozi(一份儿饺子).

-ちょう【挺】¶機関銃 1 ～ yì tǐng jīguānqiāng(一挺机关枪). ¶銃 1 ～ yì ˇzhī[gǎn] qiāng(一ˇ枝[杆]枪). ¶鍬 1 ～ yì bǎ chú(一把锄). ¶ 2 ～櫓の船 shuāng lǔ chuán(双橹船). ¶はさみ 1 ～ yì bǎ jiǎnzi(一把剪子). ¶包丁 1 ～ yì bǎ càidāo(一把菜刀).

-ちょう【朝】cháo(朝). ¶清～ Qīng cháo(清朝). 奈良～ Nàiliáng cháo(奈良朝).

-ちょう【調】¶翻訳～の文体 fānyìshì de wéntǐ(翻译式的文体). ¶七五～のせりふ qīwǔdiào de táicí(七五调的台词). ¶ハ C diào (C 调).

ちょうあい【寵愛】chǒng'ài(宠爱). ¶両親の～を一身に集めている shuāngqīn de chǒng'ài jíyú tā yìshēn(双亲的宠爱集于他一身).

ちょうい【弔意】¶謹んで～を表します jǐn biǎo āidàoy zhī yì(谨表哀悼之意).

ちょうい【弔慰】diàowèi(吊慰), diàoyàn(吊唁), wèiyàn(慰唁). ¶～金 fǔxùjīn(抚恤金).

ちょういん【調印】qiāndìng(签订). ¶両国は平和条約に～した liǎngguó qiāndìngle héyuē(两国签订了和约). ¶やっとのことで合意に達し～の運びとなった hǎobù róngyi dáchéng xiéyì jìnrù qiānzì de jiēduàn(好不容易达成协议进入签字的阶段).

¶～式 qiāndìng yíshì(签订仪式). 仮～ cǎoqiān(草签).

ちょうえき【懲役】túxíng(徒刑). ¶～ 5 年に処する pàn túxíng wǔ nián(判徒刑五年).

¶無期～ wúqí túxíng(无期徒刑).

ちょうえつ【超越】chāoyuè(超越), chāotuō (超脱). ¶人知を～する chāochū rén de zhìhuì(超出人的智慧). ¶利害を～する lìhài zhī zhī dùwài(利害置之度外).

ちょうおん【長音】chángyīn(长音).

ちょうおんかい【長音階】dàyīnjiē(大音阶), dàdiào yīnjiē(大调音阶), chángyīnjiē(长音阶).

ちょうか【超過】chāoguò(超过). ¶規定の重量を 2 キロ～する chāoguò guīdìng de zhòngliàng[chāozhòng] liǎng gōngjīn(超过规定的重量[超重]两公斤). ¶予算を 5 万円～した chāoguò yùsuàn wǔwàn rìyuán(超过预算五万日元).

¶～勤務手当 jiābānfèi(加班费). ～利潤 chāo'é lìrùn(超额利润). 輸入～ rùchāo(入超).

ちょうかい【潮解】cháojiě(潮解).

ちょうかい【懲戒】chéngjiè(惩戒). ¶～免職になる bèi kāichú gōngzhí(被开除公职). ¶～処分を受ける shòudào gézhí chǔfèn(受到革职处分).

ちょうかく【頂角】dǐngjiǎo(顶角).

ちょうかく【聴覚】tīngjué(听觉). ¶～が鋭い tīngjué mǐnruì(听觉敏锐).

¶～器 tīngjué qìguān(听觉器官).

ちょうかん【長官】zhǎngguān(长官). ¶国税庁～ guóshuìtīng zhǎngguān(国税厅长官).

ちょうかん【鳥瞰】niǎokàn(鸟瞰). ¶～図 niǎokàntú(鸟瞰图).

ちょうかん【朝刊】chénbào(晨报); rìbào(日报).

ちょうき【弔旗】¶～をかかげる xià bànqí(下半旗).

ちょうき【長期】chángqī(长期). ¶～にわたって調査を行った jìnxíngle xiāngdāng chángqī de diàochá(进行了相当长期的调查). ¶この闘争は～戦になるだろう zhè cháng dòuzhēng jiāng chéngwéi chíjiǔzhàn(这场斗争将成为持久战). ¶冬の～予報が出た dōngjì de chángqī tiānqì yùbào fābiǎo le(冬季的长期天气预报发表了).

¶～計画 chángqī[chángchéng] jìhuà(长期[长程]计划). 借款 chángqī dàikuǎn(长期贷款).

ちょうきょう【調教】tiáojiào(调教), xùnliàn (训练), xún(驯). ¶馬を～する xún mǎ(驯马).

¶～師 xúnshòushī(驯兽师).

ちょうきょり【長距離】chángtú(长途), chángchéng(长程), chángjùlí(长距离). ¶病気あがりで～の旅行は無理だ gāng bìngyù chángtú lǚxíng kě bùxíng(刚病愈长途旅行可不行).

¶～競走 chángjùlí sàipǎo(长距离赛跑)/chángpǎo(长跑).～電話 chángtú diànhuà(长途电话), chángtú(长途).～列車 chángtú lièchē(长途列车).

ちょうきん【彫金】diāokè jīnshǔ(雕刻金属).

ちょうけい【長兄】zhǎngxiōng(长兄).

ちょうけし【帳消し】 chōngxiāo（冲销）, chōngzhàng（冲账）, dǐxiāo（抵消）. ¶これで今までの貸しは～にしてやる zhè jiù suàn ˈjiùzhàng dǐxiāo[yǐbǐ-gōuxiāo] le（这就算ˈ旧账抵消[一笔勾销]了）.

ちょうこう【兆候】 zhēnghòu（征候）, zhēngzhào（征兆）, zhēngxiàng（征象）. ¶病人には好転の～がみられる bìngrén yǒule hǎozhuǎn de zhēngzhào（病人有了好转的征兆）. ¶これは噴火の～だ zhè shì pēnhuǒ de zhēngzhào（这是喷火的征兆）.

ちょうこう【聴講】 tīngjiǎng（听讲）, tīngkè（听课）. ¶ A 教授の講義を～する tīng A jiàoshòu de kè（听 A 教授的课）.
 ¶～生 pángtīngshēng（旁听生）.

ちょうごう【調合】 pèi（配）, pèizhì（配制）, tiáopèi（调配）, tiáojì（调剂）, [カクテルなどを] gōuduì（勾兑）. ¶処方箋に従って薬を～する àn chǔfāng tiáojì（按处方调剂）/ pèifāng（配方）. ¶薬の～を誤って大変なことになった pèicuòle yào, chuǎngle huò le（配错了药，闯了祸了）.

ちょうこうぜつ【長広舌】 ¶彼は～をふるって自分の立場を弁護した tā chángpiān-dàlùn de wèi zìjǐ de lìchǎng zuòle biànhù（他长篇大论地为自己的立场做了辩护）.

ちょうこく【彫刻】 diāokè（雕刻）. ¶仏像を～する diāokè fóxiàng（雕刻佛像）.
 ¶～家 diāokèjiā（雕刻家）. ～刀 diāokèdāo（雕刻刀）. ギリシャ～ Xīlà diāokè（希腊雕刻）.

ちょうさ【調査】 diàochá（调查）. ¶海水の汚染度を～する diàochá hǎishuǐ wūrǎn de chéngdù（调查海水污染的程度）. ¶原因の～を研究所に依頼する wěituō yánjiūsuǒ diàochá yuányīn（委托研究所调查原因）. ¶～の結果事実無根と判明した jīngguò diàochá pànmíng shì méiyǒu shìshí gēnjù de（经过调查判明是没有事实根据的）. ¶その問題は目下～中である gāi wèntí mùqián zhèngzài jìnxíng diàochá（该问题目前正在进行调查）.
 ¶～報告 diàochá bàogào（调查报告）.

ちょうざい【調剤】 tiáojì（调剂）, pèi yào（配药）. ¶薬局で処方箋通りに～してもらう ràng yàofáng àn chǔfāng tiáojì（让药房按处方调剂）.

ちょうざめ【蝶鮫】 xún（鲟）, xúnyú（鲟鱼）; huáng（鳇）, huángyú（鳇鱼）.

ちょうさんぼし【朝三暮四】 zhāo sān mù sì（朝三暮四）.

ちょうし【長子】 zhǎngzǐ（长子）.

ちょうし【銚子】 jiǔhú（酒壶）; sùzi（嗉子）.

ちょうし【調子】 **1**〔音調〕 yīndiào（音调）, diàozi（调子）, shēngdiào（声调）, diàoménr（调门儿）, diàor[r]（调儿）, diàotou（调头）. ¶彼の話し声は～が高い tā shuōhuà ˈdiàoménr[shēngdiào] gāo（他说话ˈ调门儿[声调]高）.
 ¶ギターの～を合せる tiáozhǔn jítā de xián（调准吉他的弦）. ¶このピアノは～が狂っている zhè gāngqín yīndiào bù zhǔn（这钢琴音调不准）. ¶～はずれに歌う chàngzǒule ˈdiàor[qiāngr]（唱走了ˈ调儿[腔儿]）.

 2〔語調，言回し〕 yǔqì（语气）, yǔdiào（语调）, qiāngdiào（腔调）, diàozi（调子）, diàotou（调头）. ¶言葉の～がきつすぎる shuōhuà de yǔqì tài yìng（说话的语气太硬）. ¶彼はそれを皮肉な～で言った tā yǐ jiānsuān-kèbó de kǒuwěn shuō nà jù huà（他以尖酸刻薄的口吻说那句话）. ¶あの人の講演は終始同じ～なので飽きてしまう tā de yǎnjiǎng cóng tóu zhì wěi lǎoshi yí ge qiāngdiào, zhēn jiào rén nìfán（他的演讲从头至尾老是一个腔调，真叫人腻烦）. ¶彼女は電話に出ると急に声の～を変えた tā yì jiē diànhuà tūrán huànle qiāngdiào（她一接电话突然换了腔调）. ¶各国は一斉に強い～で A 国を非難した gè guó yíqí qiángliè qiǎnzé A guó（各国一齐强烈谴责 A 国）. ¶この翻訳は原文の～をこわしている zhè piān yìwén pòhuàile yuánwén de fēnggé（这篇译文破坏了原文的风格）.

 3〔具合，状態，勢い〕 jìn[r]（劲[儿]）, jìntóu[r]（劲头[儿]）. ¶今日は体の～が良い jīntiān shēntǐ hěn déjìnr（今天身体很得劲儿）. ¶最近胃の～がよくない jìnlái wèi búdà shūfu（近来胃不大舒服）. ¶お仕事は～いかがですか gōngzuò shùnlì ma?（工作顺利吗?）/ gōngzuò jìnxíngde zěnmeyàng?（工作进行怎么样?）. ¶その～，その～！ jiù zhèyàng, jiù zhèyàng!（就这样，就这样!）. ¶この～では今年中には終るまい kàn zhè yàngzi niánnèi gǎobuwán ba（看这样子年内搞不完吧）. ¶万事～よくいっていたのに běnlái yíqiè dōu nàme yì fān fēngshùn（本来一切都那么一帆风顺）. ¶彼は誰とでもうまく～を合せていける tā gēn shuí dōu néng chǔdelái（他跟谁都处得来）. ¶彼はいつもあんな～だ tā lǎoshi nàge yàngzi（他老是那个样子）/ tā zǒngshì nàme ge jìntóur（他总是那么个劲头儿）. ¶そんなに～のよいことを言って大丈夫か shuō nàme hǎotīng de huà néng xíng ma?（说那么好听的话能行吗?）. ¶～をのみこみさえすればきっとうまくいく lǐnghuìle zhège qiǎojìnr yídìng huì gǎohǎo de（领会了这个巧劲儿一定会搞好的）. ¶なかなか～が出ない bù róngyì shàngjìnr（不容易上劲儿）. ¶やっと～が出たところで終りだ hǎoróngyì láile jìntóur shìqing què wán le（好容易来了劲头儿事情却完了）. ¶ちょっとおだてたら～づいてしゃべり出した shuōle jǐ jù hǎohuà, tā jiù láile jìntóu qǐlái（说了几句好话，他就来劲儿了起来）. ¶あまり～に乗ると失敗するぞ tài déyì wàngxíng kě jiù huì diējiāo de（太得意忘形可就会跌交的）.

ちょうじ【弔辞】 āicí（哀辞）, dàocí（悼辞）. ¶～を読む zhì dàocí（致悼辞）.

ちょうじ【寵児】 chǒng'ér（宠儿）. ¶時代の～ shídài de chǒng'ér（时代的宠儿）.

ちょうじく【長軸】 chángzhóu（长轴）.

ちょうじゃ【長者】 **1**〔金持〕 fùwēng（富翁）. ¶億万～ yìwàn fùwēng（亿万富翁）.
 2〔長老〕 zhǎngzhě（长者）, zhǎnglǎo（长老）.

ちょうしゅ【聴取】 tīngqǔ（听取）; shōutīng（收

听).¶関係者から事情を～する cóng yǒuguān de rén nàli tīngqǔ qíngkuàng (从有关的人那里听取情况).¶海外放送を～する shōutīng hǎiwài guǎngbō (收听海外广播).

ちょうじゅ【長寿】 chángshòu (长寿), gāoshòu (高寿).¶～を保つ bǎochí chángshòu (保持长寿).¶不老～の薬 chángshēng bù lǎo de yào (长生不老的药).

ちょうしゅう【徴収】 zhēngshōu (征收).¶会費を～する zhēngshōu huìfèi (征收会费).

ちょうしゅう【徴集】 zhēngjí (征集).¶兵員を～する zhēngjí bīngyuán (征集兵员).

ちょうしゅう【聴衆】 tīngzhòng (听众).¶講演会には多数の～が詰めかけた jiǎngyǎnhuì yōnglái lái hěn duō tīngzhòng (讲演会拥来很多听众).

ちょうじゅう【鳥獣】 niǎoshòu (鸟兽), fēiqín zǒushòu (飞禽走兽).

ちょうしょ【長所】 chángchu (长处), yōudiǎn (优点).¶辛抱強いところが彼の～だ yǒu nàixīn shì tā de chángchu (有耐心是他的长处).

ちょうしょ【調書】 bǐlù (笔录).¶検事が容疑者から～をとる jiǎncháyuán xùnwèn xiányífàn (检察员讯问嫌疑犯).¶公判～ fǎtíng shěnpàn bǐlù (法庭审判笔录). 供述～ xùnwèn bǐlù (讯问笔录).

ちょうじょ【長女】 zhǎngnǚ (长女).

ちょうしょう【嘲笑】 cháoxiào (嘲笑).¶彼の行為は人々の～を買った tā de xíngwéi shòudào rénmen de cháoxiào (他的行为受到人们的嘲笑).

ちょうじょう【頂上】 **1**〔山頂〕dǐngfēng (顶峰), shāndǐng (山顶).¶富士山の～をきわめた dēngshàngle Fùshì Shān de dǐngfēng (登上了富士山的顶峰).
2〔絶頂〕jídiǎn (极点), dǐngdiǎn (顶点), juédǐng (绝顶).¶暑さも今が～だろう zhè rèjìnr xiànzài suànshì dào dǐngdiǎn le ba (这热劲儿现在算是到顶点了吧).

ちょうしょく【朝食】 zǎofàn (早饭), zǎocān (早餐), zǎodiǎn (早点), zǎochá (早茶), zǎoshàn (早膳).

ちょうじり【帳尻】¶何度計算しても～が合わない zhàng suànle jǐ cì yě suànbudul (账算了几次也算不对).¶～を合せる bǎ zhàng gápíng (把账轧平).

ちょうしん【長身】 gāogèzi (高个子).¶～の若者 shēncái[gèzi] gāo de niánqīngrén (身材[个子]高的年轻人).

ちょうしん【長針】 chángzhēn (长针), fēnzhēn (分针).

ちょうしん【聴診】 tīngzhěn (听诊).¶～器 tīngzhěnqì (听诊器)/ tīngtǒng (听筒).

ちょうじん【超人】 chāorén (超人).¶～的な記憶力 chāorén de jìyìlì (超人的记忆力).

ちょうしんけい【聴神経】 tīngshénjīng (听神经).

ちょうずる【長ずる】 **1**〔成長する〕zhǎngdà (长大), chéngzhǎng (成长).¶彼は～じて作家となった tā zhǎngdàle chéngle zuòjiā (他长大成了作家).
2〔すぐれている〕chángyú (长于), gōngyú (工于), shàncháng (擅长), shànyú (善于).¶彼は数学に～じている tā shàncháng shùxué (他擅长数学).

ちょうせい【調整】 tiáozhěng (调整); xiétiáo (协调).¶出発前にエンジンの～をする chūfā qián tiáozhěng fādòngjī (出发前调整发动机).¶皆の意見を～する xiétiáo dàjiā de yìjiàn (协调大家的意见).¶コンディションの～がうまくいって試合に勝った shēntǐ zhuàngtài tiáozhěngde hǎo, bǐsài yíngdéle shènglì (身体状态调整得好,比赛赢得了胜利).¶景気～策 jǐngqì tiáojié cuòshī (景气调节措施). 微～ wēitiáo (微调).

ちょうぜい【徴税】 zhēngshuì (征税), shōushuì (收税).

ちょうせき【長石】 chángshí (长石).

ちょうせつ【調節】 tiáojié (调节).¶ダムの水量を～する tiáojié shuǐkù de shuǐwèi (调节水库的水位).¶温度の～を自動化する shǐ wēndù tiáojié zìdònghuà (使温度调节自动化).

ちょうぜつ【超絶】 chāojué (超绝).¶古今に～した作品 chāojué gǔjīn de zuòpǐn (超绝古今的作品).

ちょうせん【挑戦】 tiǎozhàn (挑战).¶相手の～に応ずる jiēshou duìfāng de tiǎozhàn (接受对方的挑战).¶世界記録に～する xiàng shìjiè jìlù tiǎozhàn (向世界记录挑战).¶彼の語気には～的なところがあった tā huàli dàizhe tiǎozhàn de kǒuwěn (他话里带着挑战的口吻).¶～状を突きつける xià ˇtiǎozhànshū [zhànbiǎo] (下ˇ挑战书[战表]).¶～者 tiǎozhànzhě (挑战者).

ちょうせん【朝鮮】 Cháoxiǎn (朝鲜).¶～人参 rénshēn (人参) / cháoxiānshēn (朝鲜参) / gāolíshēn (高丽参).

ちょうぜん【超然】 chāorán (超然).¶彼は何を言われても～としていた bùguǎn rénjia shuō shénme tā zǒngshì bàozhe chāorán de tàidu (不管人家说什么他总是抱着超然的态度).

ちょうそ【彫塑】 diāosù (雕塑).

ちょうぞう【彫像】 diāoxiàng (雕像).

ちょうそく【長足】 chángzú (长足).¶20世紀に入って自然科学は～の進歩を遂げた jìnrù èrshí shìjì zìrán kēxué yǒule chángzú de jìnbù (进入二十世纪自然科学有了长足的进步).

ちょうぞく【超俗】 chāo sú (超俗).¶～の生活をする guò chāotuō shìsú de shēnghuó (过超脱世俗的生活).

ちょうだ【長蛇】 chángshé (长蛇).¶～の陣 chángshézhèn (长蛇阵).¶切符を求める人々が～の列をなしていた mǎi piào de rénmen páichéng ˇyízì chángshézhèn [yì tiáo chánglóng] (买票的人们排成ˇ一字长蛇阵[一条长龙]).

ちょうだい【頂戴】¶結構な物を～して誠に有難うございました shōudàole nín de hòulǐ shízài gǎnxiè (收到您的厚礼实在感谢).¶お褒めの言葉を～した chéngméng kuājiang (承蒙夸奖).¶父からお目玉を～した áile fùqin yí dùn shuō

(挨了父亲一顿说).¶もう十分に～致しました yǐ chīde hěn bǎo le, xièxie (已吃得很饱了,谢谢).¶おやつを～ gěi wǒ diǎnxin chī(给点心吃).¶ちょっと手伝って～ lái bāng wǒ yíxià máng(来帮我一下忙).

ちょうたいそく【長大息】 ¶天を仰いで～する yǎng tiān chángtàn(仰天长叹).

ちょうたく【彫琢】 diāozhuó(雕琢), zhuómó(琢磨).¶～を極めた文章 fǎnfù tuīqiāo zhuómó de wénzhāng(反复推敲琢磨的文章).

ちょうたつ【調達】 chóucuò(筹措), chóuhuà(筹划), chóují(筹集).¶資金の～に奔走する wèi chóucuò zījīn[chóuzī] bēnzǒu(为'筹措资金'筹资)奔走).¶注文通りの物資を～する yīzhào dìnghuò gōngyìng wùzī(依照定货供应物资). ¶現地～ dāngdì cǎigòu(当地采购).

ちょうたん【長短】 chángduǎn(长短).¶～とりまぜて10本ある chángduǎn gòng yǒu shí zhī(长短共有十枝).¶彼等は～相補っている tāmen xiānghù qǔcháng-bǔduǎn(他们相互取长补短).¶人にはそれぞれ～がある rén ge yǒu qí chángchu hé duǎnchu(人各有其长处和短处).

ちょうたん【長嘆】 chángtàn(长叹).¶彼は自分の運命を思って～した tā xiǎngdào zìjǐ de mìngyùn chángtàn bùyǐ[chángxū-duǎntàn](他想到自己的命运'长叹不已[长吁短叹]').

ちょうちょう【長調】 dàdiào(大调), chángdiào(长调).¶バイオリン協奏曲ニ～ D dàdiào xiǎotíqín xiézòuqǔ(D 大调小提琴协奏曲).

ちょうちょう【蝶蝶】 →ちょう(蝶).

ちょうちょうはっし【丁丁発止】 dīngdīng-dāngdāng duìkàn qǐlái(丁丁当当对砍起来).¶2人の間に～のやりとりが続いた liǎng ge rén nǐ yì yán wǒ yì yǔ de zhēnglùn bùxiū(两个人你一言我一语地争论不休).

ちょうちん【提灯】 dēnglong(灯笼).¶～に火をともす diǎn dēnglong(点灯笼).¶あの2人は～に釣鐘だ tāmen liǎ zhī jiān xiāngchà shíwàn bāqiān lǐ(他们俩之间相差十万八千里).¶あいつは社長の～持ちだ nà jiāhuo jìng pāi zǒngjīnglǐ de mǎpì(那家伙净拍总经理的马屁)/ nà rén jìng gěi zǒngjīnglǐ chuī lǎba, tái jiàozi(那人净给总经理吹喇叭,抬轿子).¶～行列をする dǎzhe dēnglong yóujiē(打着灯笼游街).

ちょうつがい【蝶番】 jiǎolián(铰链), héyè(合页·合叶).

ちょうづめ【腸詰】 xiāngcháng[r](香肠[儿]), làcháng[r](腊肠[儿]).

ちょうてい【朝廷】 cháotíng(朝廷).

ちょうてい【調停】 tiáotíng(调停), tiáojiě(调解), tiáochǔ(调处).¶国際紛争を～する tiáotíng guójì jiūfēn(调停国际纠纷).¶労働争議の～に乗り出す chūmiàn tiáotíng láozī jiūfēn(出面调停劳资纠纷). ¶～案 tiáotíng fāng'àn(调停方案). ～委員会 tiáojiě wěiyuánhuì(调解委员会). 国際～ guójì zhòngcái(国际仲裁)/ guójì gōngduàn(国际公断).

ちょうてん【頂点】 1〔数学の〕dǐngdiǎn(顶点).¶3角形の～ sānjiǎoxíng de dǐngdiǎn(三角形的顶点). 2〔絶頂〕dǐngdiǎn(顶点), jídiǎn(极点), juédǐng(绝顶).¶聴衆の興奮は～に達した tīngzhòng xīngfèn dàole jídiǎn(听众兴奋到了极点).

ちょうでん【弔電】 yàndiàn(唁电).¶～を打つ fā yàndiàn(发唁电)/ diànyàn(电唁).

ちょうでんどう【超伝導】 chāodǎo diànxìng(超导电性), chāodǎo(超导).

ちょうと【長途】 chángtú(长途).¶～の旅行 chángtú lǚxíng(长途旅行).

ちょうど【丁度】 1〔きっかり〕zhèng(正), zhènghǎo(正好), zhěng(整), qiàqià(恰恰).¶会は8時～に終った huìyì zhèng bā diǎn jiéshù le(会议正八点结束了).¶あれから～5年になる cóng nà shí qǐ zhěngzhěng wǔ nián le(从那时起整整五年了).¶あと100円で～1万円 chà yìbǎi zhènghǎo shì yíwàn rìyuán(差一百正好是一万日元).¶うちから駅まで～1キロある cóng wǒ jiā dào chēzhàn zhènghǎo yǒu yì gōnglǐ lù(从我家到车站正好有一公里路). 2〔ぴったり, 都合よく〕zhèng(正), zhènghǎo(正好), qiàhǎo(恰好).¶出発時間に～間に合った zhèng gǎnshàngle chūfā de shíjiān(正好赶上了出发的时间).¶～よいところへ来てくれた nǐ láide zhènghǎo[zhèngshì shíhou](你来得'正好[正是时候]').¶～君に電話をしようと思っていた wǒ zhèng xiǎng gěi nǐ dǎ diànhuà ne(我正想给你打电话呢).¶筍は今が～食べ頃だ zhúsǔn xiànzài zhèng yīngshí(竹笋现在正应时).¶～いい湯加減だ xǐzǎoshuǐ wēndù zhènghǎo(洗澡水温度正好).¶この靴は私に～いい zhè shuāng xié wǒ chuān zhèng héjiǎo(这双鞋我穿正合脚).¶～ピンポン球ぐらいの大きさ zhènghǎo shì yǒu pīngpāngqiú nàme dà(正好是有乒乓球那么大). 3〔まるで〕¶富士山は～すり鉢を伏せたような形だ Fùshì Shān hǎoxiàng shì bǎ ge yánbō kòuguolai shìde(富士山好像是把个研钵扣过来似的).

ちょうなん【長男】 zhǎngzǐ(长子).

ちょうは【長波】 chángbō(长波).

ちょうば【帳場】 zhàngfáng[r](账房[儿]), guìfáng(柜房), guìshang(柜上), guì(柜).

ちょうば【嘲罵】 cháomà(嘲骂).¶～を浴びせる dāngmiàn cháomà(当面嘲骂)/ pò kǒu dà mà(破口大骂).

ちょうはつ【長髪】 chángfà(长发), chángtóufa(长头发).

ちょうはつ【挑発】 tiǎobō(挑拨), tiáobō(调拨), tiǎoxìn(挑衅), qǐxìn(启衅·起衅), tiǎodòng(挑动), tiǎonòng(挑弄).¶敵の～に乗るな búyào shòu dírén de tiǎobō(不要受敌人的挑拨).¶～的な服装 jí yǒu tiǎodòuxìng de fúzhuāng(极有挑逗性的服装).¶戦争～者 zhànzhēng tiǎoxìnzhě(战争挑衅者).

ちょうはつ【徴発】 zhēngfā(征发). ¶食糧を～する bǎ shíliáng zhēngfā(把食粮征发).

ちょうはつ【調髪】 lǐfà(理发).

ちょうばつ【懲罰】 chéngfá(惩罚). ¶～を受け る shòu chéngfá(受惩罚).

ちょうふく【重複】 chóngfù(重复). ¶できるだ け～を避けて話す jǐnliàng bìmiǎn chóngfù shùshuō(尽量避免重复述说). ¶通知が～して来 た tōngzhī láichóngfù le(通知来重复了).

ちょうぶつ【長物】 chángwù(长物). ¶無用の～ wúyòng zhuìwù(无用赘物)/ zhuìyóu(赘疣).

ちょうぶん【弔文】 āicí(哀辞), dàocí(悼词).

ちょうぶん【長文】 ¶～の電報を打つ dǎ hěn cháng de diànbào(打很长的电报). ¶～の手紙 cháng de xìn(长信).

ちょうへい【徴兵】 zhēngbīng(征兵). ¶～忌 避 táobì bīngyì(逃避兵役). ～検査 bīngyì tǐgé jiǎnchá(兵役体格检查). ～制 zhēngbīngzhì(征兵制).

ちょうへん【長編】 chángpiān(长篇). ¶～記 録映画 chángpiān jìlùpiàn(长篇记录片). ～小説 chángpiān xiǎoshuō(长篇小说).

ちょうぼ【帳簿】 zhàngbù(账簿), zhàngběn[r] (账本[儿]), zhàngcè(账册), zhàng(账). ¶～ をつける jì zhàng(记账)/ shàng zhàng(上账). ¶売上を～に記入する bǎ xiāoshòu'é jìzài zhàngbùshang(把销售额记在账簿上).

ちょうぼ【徴募】 zhēngmù(征募), zhāomù(招募). ¶義勇兵を～する zhāomù yìyǒngbīng(招募义勇兵).

ちょうほう【重宝】 ¶このナイフはいろいろに使 えて～だ zhè xiǎodāo yǒu zhǒngzhǒng yòngtú hěn hǎoshǐ(这小刀有种种用途很好使). ¶口 は～なもので何とでも言える zuǐ dào fāngbiàn, zěnme dōu kěyǐ shuō(嘴倒方便, 怎么都可以 说). ¶～している道具 fāngbiàn de yòngjù(方便的用具). ¶彼は皆に～がられている tā yǒuqiú-bìyìng, dàjiā dōu yuànyì qiú tā(他有求必应, 大家都愿意求他).

ちょうほう【諜報】 diébào(谍报). ¶～活動 diébào huódòng(谍报活动). ～機関 diébào jīguān(谍报机关).

ちょうぼう【眺望】 tiàowàng(眺望), liàowàng(瞭望). ¶山頂からの～は素晴らしかった cóng shāndǐng tiàowàng, jǐngzhì měilǐ jíle(从山顶 眺望, 景致美丽极了). ¶山道を登りつめると～ が開ける páshàng shānpō tiàowàng, huòrán kāilǎng(爬上山坡眺望, 豁然开朗).

ちょうほうけい【長方形】 chángfāngxíng(长方形), jǔxíng(矩形).

ちょうほんにん【張本人】 zhàoshìrén(肇事人), zhàoshìzhě(肇事者). ¶彼が騒ぎの～だ tā shì nàoshì de tiāotóurénér(他是闹事的挑头儿者).

ちょうみ【調味】 tiáowèi(调味). ¶塩と胡椒で ～する yòng yán hé hújiāo tiáowèi(用盐和胡椒调味).

¶～料 tiáowèiliào(调味料)/ tiáowèipǐn(调味品)/ tiáoliào(调料)/ zuòliao(作料). 化学～料 huàxué tiáowèipǐn(化学调味品).

ちょうむすび【蝶結び】 húdiéjié(蝴蝶结). ¶リ ボンを～にする bǎ chóudài dǎchéng húdiéjié (把绸带打成蝴蝶结).

ちょうめい【長命】 chángmìng(长命), chángshòu(长寿). ¶私の家は代々～です wǒ jiā dàidài dōu shì chángshòu(我家代代都是长寿). ¶その内閣は～であった nàge nèigé shì chángmìng nèigé(那个内阁是长命内阁).

ちょうめん【帳面】 běnzi(本子), bǐjìběn(笔记本), liànxíběn(练习本);【帳簿】 zhàngbù(账簿). ¶～をつける jìzhàng(记账). ¶～面(ヅ) は合っているが金は足りない zhàngmiànshang duì, dàn qiánshù bú gòu(账面上对, 但钱数不够).

ちょうもん【弔問】 diàoyàn(吊唁), wèiyàn(慰唁). ¶遺族を～する wèiwèn sǐzhě jiāshǔ(慰问死者家属). ¶～客が絶えない diàoyànzhě luòyì bùjué(吊唁者络绎不绝).

ちょうもん【聴聞】 ¶～会 yìjiàn tīngqǔhuì (意见听取会).

ちょうもんのいっしん【頂門の一針】 dāngtóu bànghè(当头棒喝). ¶その一言は～であった nà yí jù huà zhēn shì gěile wǒ dāngtóu yí bàng(那一句话真是给了我当头一棒).

ちょうや【朝野】 cháoyě(朝野). ¶～の名士が 一堂に会する cháoyě míngshì jùshǒu yì táng (朝野名士聚首一堂).

ちょうやく【跳躍】 tiàoyuè(跳跃), tántiào(弹跳). ¶～競技 tiàoyuè yùndòng(跳跃运动). ～力 tántiàolì(弹跳力).

ちょうよう【長幼】 chángyòu(长幼). ¶～序あり zhǎngyòu yǒu xù(长幼有序).

ちょうよう【徴用】 ¶～されて飛行機工場で働 く bèi zhēngpài dào fēijī zhìzàochǎng zuògōng (被征派到飞机制造厂做工).

ちょうらく【凋落】 shuāibài(衰败), shuāituì(衰退), shuāiluò(衰落). ¶唐王朝は安史の乱 以後一の一途をたどった Táng cháo cóng Ān-Shǐ zhī luàn hòu rìqū shuāiluò le(唐朝从安史之乱后日趋衰落了).

ちょうり【調理】 pēngtiáo(烹调), pēngrèn(烹饪). ¶～の方法を工夫する yánjiū pēngrènfǎ (研究烹饪法). ¶魚をいろいろに～する bǎ yú zuòchéng gèzhǒng-gèyàng de cài(把鱼做成各种各样的菜).

¶～師 chúshī(厨师). ～場 chúfáng(厨房).

ちょうりつ【調律】 tiáoyīn(调音). ¶ピアノを ～する gěi gāngqín tiáoyīn(给钢琴调音). ¶～師 tiáoyīnshī(调音师).

ちょうりゅう【潮流】 cháoliú(潮流), hóngliú (洪流). ¶彼も時代の～には勝てなかった tā yě kàngbuguò shídài de cháoliú(他也抗不过时 代的潮流).

ちょうりょう【跳梁】 tiàoliáng(跳梁・跳踉), chāngjué(猖獗). ¶スパイが～する tèwu chāngjué(特务猖獗).

ちょうりょく【張力】 zhānglì(张力). ¶表面 ～ biǎomiàn zhānglì(表面张力).

ちょうりょく【聴力】 tīnglì(听力). ¶事故で ～を失う yóuyú shìgù ˇshīqù tīnglì[shīcōng]

(由于事故失去听力[失聪]).
ちょうるい【鳥類】 niǎolèi(鸟类).
ちょうれい【朝礼】 zhāohuì(朝会).¶今日は～がある jīntiān yǒu zhāohuì(今天有朝会).
ちょうれいぼかい【朝令暮改】 zhāo lìng xī gǎi(朝令夕改).
ちょうろう【長老】 zhǎnglǎo(长老).¶文壇の～ wéntán de tàidǒu(文坛的泰斗).¶村の～ cūnzili de zhǎnglǎo(村子里的长老).
ちょうろう【嘲弄】 cháonòng(嘲弄).¶彼は私を無能だと～した tā cháonòng wǒ shuō wǒ wúnéng(他嘲弄我说我无能).
ちょうわ【調和】 tiáohe(调和), héxié(和谐), xiéhé(谐和).¶この絨毯と壁とは～がとれている zhège dìtǎn hé qiáng pèide fēicháng tiáohe(这个地毯和墙配得非常调和).¶ピアノと三味線は音が～しない gāngqín hé sānxiánqín shēngyīn bù xiétiáo(钢琴和三弦琴声音不协调).¶彼女の服装は色の～がよくない tā de chuāndài yánsè bù héxié(她的穿戴颜色不和谐).¶彼は誰とでも～をとってやれる tā gēn shuí dōu néng hémù xiāngchǔ(他跟谁都能和睦相处).¶その考え方はクラスの～をこわす nà zhǒng xiǎngfa huì pòhuài quánbān de héxié(那种想法会破坏全班的和谐).
チョーク fěnbǐ(粉笔).
ちょきん【貯金】 cúnqián(存钱), cúnkuǎn(存款), chǔxù(储蓄), cúnkuǎn(存款).¶～が30万円ある chǔxù yǒu sānshí wàn rìyuán(储蓄有三十万日元).¶～をおろす tíqǔ cúnkuǎn(提取存款).¶毎月1万円ずつ銀行に～する měiyuè zài yínhánglǐ cún yíwàn rìyuán(每月在银行里存一万日元).
¶～通帳 cúnzhé(存折). ～箱 pūmǎn(扑满).
ちょくえい【直営】 ビール会社の～のビヤホール píjiǔ gōngsī zhíjiē jīngyíng de píjiǔdiàn(啤酒公司直接经营的啤酒店).
ちょくげき【直撃】 焼夷弾の～を受けた shòudàole shāoyídàn de zhíjiē xíjī(受到了烧夷弹的直接袭击).¶台風は東海地方を～した táifēng zhíjiē xíjīle Dōnghǎi dìqū(台风直接袭击了东海地区).
¶～弾 zhíjīdàn(直击弹).
ちょくげん【直言】 zhíyán(直言).¶上司に～する xiàng shàngsi zhíyán(向上司直言).
ちょくご【直後】 ¶通りかかったのは事故発生の～だった wǒ cóng xiànchǎng jīngguò shí, zhèngshì shìgù gāng fāshēng zhī hòu(我从现场经过时,正是事故刚发生之后).¶終戦～の混乱期 zhànzhēng gāng jiéshù hòu de hùnluànqī(战争刚结束后的混乱期).
ちょくご【勅語】 chìyù(敕语).
ちょくし【注視】 zhùshì(注视); zhèngshì(正视).¶陽光にきらめく水面はまぶしくて～できなかった yángguāng zài shuǐmiàn fǎnshè huǎngde yǎnjing zhēngbukāi(阳光在水面反射晃得眼睛睁不开).¶現実を～する zhèngshì xiànshí(正视现实).
ちょくし【勅使】 chìshǐ(敕使).
ちょくしゃ【直射】 zhíshè(直射).¶日光の～を避ける bìmiǎn yángguāng zhíshè(避免阳光直射).
¶～砲 píngshèpào(平射炮).
ちょくじょうけいこう【直情径行】 ¶～の人 zhíxìngzi de rén(直性子的人).
ちょくしん【直進】 光は～する guāng shì zhíxiàn chuánbō(光是直线传播).¶目標に向かって～する xiàng mùbiāo zhíxiàn qiánjìn(向目标直线前进).
ちょくせつ【直接】 zhíjiē(直接).¶君から～話しなさい yóu nǐ lái zhíjiē[qīnkǒu] shuō(由你来直接[亲口]说).¶それはこの議題に～の関係はない nàge hé zhè yítí méiyǒu zhíjiē de guānxi(那个和这议题没有直接的关系).¶彼からは～間接に影響を受けている zhíjiē、jiànjiē de shòule tā de yǐngxiǎng(直接,间接地受了他的影响).¶～行動に訴える cǎiqǔ zhíjiē xíngdòng(采取直接行动).
¶～税 zhíjiēshuì(直接税). ～選挙 zhíjiē xuǎnjǔ(直接选举). ～話法 zhíjiē xùshù(直接叙述).
ちょくせん【直線】 zhíxiàn(直线).¶～を引く huà zhíxiàn(画直线).
¶～距離 zhíxiàn jùlí(直线距离). ～コース zhídào(直道).
ちょくぜん【直前】 ¶発車～に飛び乗った zhèng yào kāichē de shíhou tiàoshàngle chē(正要开车的时候跳上了车).¶実施の～に待ったがかかった jíjiāng shíshī shí bèi zhōngzhǐ le(即将实施时被中止了).
ちょくそう【直送】 ¶産地から野菜を～する yóu chǎndì zhíjiē shūsòng shūcài(由产地直接输送蔬菜).
ちょくぞく【直属】 zhíshǔ(直属).¶内閣～の機関 nèigé zhíshǔ jīguān(内阁直属机关).¶～の上司 zhíshǔ de shàngsi(直属的上司)/ dǐngtóu shàngsi(顶头上司).
ちょくちょう【直腸】 zhícháng(直肠).
ちょくつう【直通】 zhíbō(直拨); zhídá(直达).¶～電話 zhíbō diànhuà(直拨电话)/ zhíxiàn diànhuà(直线电话). ～列車 zhídá lièchē(直达列车).
ちょくとう【直答】 ¶彼は～を避けた tā huíbì le dāngchǎng jiědá(他回避了当场解答).
ちょくばい【直売】 ¶自社製品を～する zhíjiē xiāoshòu zìjǐ gōngsī de chǎnpǐn(直接销售自己公司的产品).
ちょくほうたい【直方体】 chángfāngtǐ(长方体), zhí píngxíng liùmiàntǐ(直平行六面体).
ちょくめい【勅命】 chìmìng(敕命).
ちょくめん【直面】 miànlín(面临), miànduì(面对).¶困難に～する miànlín kùnnan(面临困难).
ちょくやく【直訳】 zhíyì(直译).¶これは単なる～で日本語になっていない zhè zhǐshì zhíyì, hái bú xiàng Rìyǔ(这只是直译,还不像日语).
ちょくゆ【直喩】 míngyù(明喻).
ちょくりつ【直立】 zhílì(直立), bǐtǐng(笔挺).¶～不動の姿勢 zhílì bú dòng de zīshì(直立不动的姿势).

ちょくりゅう【直流】〔電流〕zhíliú(直流), zhíliúdiàn(直流电). ¶～発電機 zhíliú fādiànjī(直流发电机).

ちょくれつ【直列】〔電気〕chuànlián(串联). ¶電池を～につなぐ chuànlián diànchí(串联电池).

ちょげん【緒言】 xùwén(序文・叙文), xùyán(序言・叙言).

ちょこ【猪口】 jiǔzhōng[r](酒盅[儿]・酒杯[儿]). ¶傘が風でお～になった yǔsǎn bèi fēng chuīde fānle gèr(雨伞被风吹得翻了个儿).

ちょこちょこ ¶子供が～出て行くので目が離せない háizi dōngyáo-xīhuàng de wǎng wài zǒu, zǒng děi dīngzhe(孩子东摇西晃地往外走, 总得盯着).

チョコレート qiǎokèlì(巧克力).

ちょこんと ¶ボールにバットを～あてる yòng qiúbàng shāo pèngle yíxià qiú(用球棒稍碰了一下球). ¶鳥が一枝にとまっている yì zhī xiǎoniǎo luòzài shùzhī shang(一只小鸟儿落在树枝上). ¶頭の上に小さな帽子を～のせている tóushàng dǐngzhe yí ge xiǎoxiǎo de màozi(头上顶着一个小小的帽子).

ちょさく【著作】 zhùzuò(著作), xiězuò(写作), zhùshù(著述). ¶彼は多年～に従事している tā duōnián cóngshì zhùzuò(他多年从事著作). ¶彼は美術史関係の～が多い tā yǒu xǔduō guānyú měishùshǐ de zhùzuò(他有许多关于美术史的著作).

¶～権 zhùzuòquán(著作权). ～者 zhùzuòzhě(著作者) / zhùzuòrén(著作人).

ちょしゃ【著者】 zhùzhě(著者).

ちょじゅつ【著述】 zhùshù(著述), zhùzuò(著作), xiězuò(写作). ¶彼は～で身を立てている tā yǐ zhùshù wéishēng(他以著述为生). ¶彼の明治維新に関する～は高く評価されている tā de guānyú Míngzhì Wéixīn de zhùzuò dédào hěn gāo de píngjià(他的关于明治维新的著作得到很高的评价).

¶～家 zhùzuòjiā(著作家).

ちょしょ【著書】 zhùshū(著书). ¶～を出版する chūbǎn zhùzuò(出版著作).

ちょすい【貯水】 xùshuǐ(蓄水). ¶ダムに～する zài shuǐkù xùshuǐ(在水库里蓄水).

¶～槽 xùshuǐcáo(蓄水槽). ～池 xùshuǐchí(蓄水池). ～量 xùshuǐliàng(蓄水量).

ちょぞう【貯蔵】 zhùcáng(贮藏), chǔcáng(储藏), chǔcún(储存), cúnchǔ(存储), zhùcún(贮存), chǔjī(储积). ¶魚を冷凍して～する bǎ yú lěngdòng qilai zhùcáng(把鱼冷冻起来贮藏).

¶～庫 chǔcángkù(储藏库).

ちょたん【貯炭】 chǔméi(储煤). ¶～場 chǔméichǎng(储煤场). ¶～量 chǔméiliàng(储煤量).

ちょちく【貯蓄】 chǔxù(储蓄), jīxù(积蓄), zhùxù(贮蓄). ¶将来に備えて～する chǔxù yǐ bèi jiānglái(储蓄以备将来). ¶～を奨励する jiǎnglì chǔxù(奖励储蓄).

ちょっか【直下】 ¶ここから学校が～に見下ろせる cóng zhèli kàn xuéxiào jiù zài jiǎodǐxia(从这里看学校就在脚底下). ¶赤道～の国 wèiyú chìdào shang de guójiā(位于赤道上的国家).

ちょっかい ¶他人の仕事に～を出すな duì tārén de gōngzuò bié duō guǎn xiánshì(对他人的工作别多管闲事). ¶横から～を入れる cóng páng chāshǒu(从旁插手).

ちょっかく【直角】 zhíjiǎo(直角). ¶～に交わる2直線 xiāngjiāo chéng zhíjiǎo de liǎng tiáo zhíxiàn(相交成直角的两条直线). ¶～3角形 zhíjiǎo sānjiǎoxíng(直角三角形) / gōugǔxíng(勾股形).

ちょっかつ【直轄】 zhíxiá(直辖). ¶文部省～の研究所 wénbùshěng zhíxiá de yánjiūsuǒ(文部省直辖的研究所).

ちょっかん【直感】 zhíjué(直觉). ¶彼は危険が迫っていることを～した tā zhíjué de gǎndào wēixiǎn pòjìn(他直觉地感到危险迫近). ¶～的に彼女が怪しいと思った zhíjué de gǎndào tā yǒudiǎnr kěyí(直觉地感到她有点儿可疑).

ちょっかん【直観】 ¶～で真理を～する zhíguān zhēnlǐ(直观真理).

チョッキ bèixīn[r](背心[儿]).

ちょっきゅう【直球】 zhíxiànqiú(直线球).

ちょっけい【直系】 zhíxì(直系); díxì(嫡系). ¶～の弟子 díxì dìzǐ(嫡系弟子).

¶～親族 zhíxì qīnshǔ(直系亲属) / díqīn(嫡亲).

ちょっけい【直径】 zhíjìng(直径). ¶～10センチの円 zhíjìng shí límǐ de yuán(直径十厘米的圆).

ちょっけつ【直結】 ¶暮しに～した問題 zhíjiē guāndào shēnghuó de wèntí(直接关系到生活的问题). ¶産地と～した仕入れ hé chǎndì zhíjiē guàgōu de cǎigòu(和产地直接挂钩的采购).

ちょっこう【直行】 ¶事務所に寄らずに工事現場に～する bú dào shìwùsuǒ zhí bèn gōngdì(不到事务所直奔工地).

ちょっこう【直航】 zhíháng(直达). ¶このタンカーはクウェートに～する zhè zhī yóuchuán zhídá Kēwēitè(这只油船直达科威特). ¶成田から～便で北京にたった yóu Chéngtián chéng zhídá fēijī dào Běijīng qù le(由成田乘直达飞机到北京去了).

ちょっと【一寸】 1〔すこし〕¶～散歩に行ってくる wǒ sànsan bù qù(我散散步去). ¶近くまで来たので～寄りました wǒ dào fùjìn lái, shāodài chuàn ge ménr(我到附近来, 捎带串个门儿). ¶～お尋ねしますが今何時でしょうか qǐng wèn, xiànzài jǐ diǎnzhōng?(请问, 现在几点钟?). ¶～これを持って下さい qǐng nǐ bǎ zhège gěi wǒ ná yíxià(请你把这个给我拿一下). ¶～この帽子をかぶってごらん nǐ dài zhè màozi shìshi(你戴这帽子试试). ¶～見ただけでは表だか裏だかわからない zhà yí kàn shì miànr háishi lǐr kàn bu chūlái(乍一看是面儿还是里儿看不出来). ¶～待てよ, 今日は博物館は休館だ ràng wǒ xiǎngxiang, jīntiān bówùguǎn

bù kāi (让我想想，今天博物馆不开). ¶彼女の～した心づかいが嬉しかった tā de xīnyì zhēn jiào rén gāoxìng (她那一番心意真叫人高兴).

2[或る程度，かなり] ¶結果がわかるまで～時間がかかりそうだ yào pànmíng qí jiéguǒ, kànlai děi yào fèi xiē shíjiān (要判明其结果，看来得要费些时间). ¶彼は～知られた登山家だ tā shì jiào zhīmíng de dēngshānjiā (他是较知名的登山家). ¶この本は～読みでがある zhè běn shū kě yǒu diǎnr kàntour (这本书可有点儿看头儿). ¶今度の仕事が～まとまった金が入った zhè cì gōngzuò jìnle yì pī kuǎn (这次工作进了一批款). ¶こんな字も読めないとは～ひどい lián zhège zì yě bú huì niàn, tài bùxiànghuà le (连这个字也不会念，太不像话了). ¶彼女の喉は～したものだ tā de sǎngzi kě zhēn búcuò (她的嗓子可真不错).

3[簡単には] ¶この雨は～止みそうもない zhè chǎng yǔ kànlai yìshí tíngbuliǎo (这场雨看来一时停不了). ¶この故障は～直らない zhège máobìng kě bù róngyì xiūlǐhǎo (这个毛病可不容易修理好). ¶彼が死んだとは～信じられない tā sǐ le, wǒ jiǎnzhí bùgǎn xiāngxìn (他死了，我简直不敢相信). ¶高過ぎて～手が出ない jiàqian tài guì mǎibuqǐ (价钱太贵买不起). ¶それは～できない相談だ nà kě bànbudào (那可办不到). ¶こんな所にあっとは～気がつかなかった zài zhèyàng de dìfang fàngzhe, zhēn méi xiǎngdào (在这样的地方放着，真没想到). ¶彼は～やそっとで音をあげるような男ではない tā kě bú shì qīngyì jiàokǔ de rén (他可不是轻易叫苦的人). ¶お前をここまで育てるのは～やそっとの苦労ではなかった bǎ nǐ yǎngdào zhème dà kě bú shì nàme róngyì a (把你养到这么大可不是那么容易啊).

4[呼びかけ] ¶～、これを落しましたよ wèi, tóngzhì! nǐ diàoxià zhège la! (喂，同志！你摔下这个啦!). ¶～、これはいくらですか tóngzhì, zhège duōshao qián? (同志，这个多少钱?). ¶～、どこへ行くの wèi, shàng nǎr qù? (喂，上哪儿去?). ¶～、手を貸してよ wèi, nǐ lái gěi bāng yíxià máng a (喂，你来给帮一下忙啊).

ちょっとみ【一寸見】 ¶～はよいが安物のだ zhà yí kàn búcuò, kě shì ge liánjiàpǐn (乍一看不错，可是个廉价品).

ちょとつ【猪突】 ¶～猛進する mángmù màojìn (盲目冒进).

ちょびひげ【ちょび髭】 ¶～を生やしている liúzhe xiǎohúzi (留着小胡子).

ちょめい【著名】 zhùmíng (著名). ¶～な物理学者 zhùmíng de wùlǐxuéjiā (著名的物理学家). ¶～の士 zhùmíng rénshì (著名人士)/wénrén (闻人).

ちょろい ¶あんな試験～もんだ nà zhǒng kǎoshì, jiǎndānde hěn [yì rú fǎnzhǎng] (那种考试，简单得很 [易如反掌]).

ちょろちょろ ¶～小川が～流れている xīshuǐ chánchán ér liú (溪水潺潺而流). ¶水道から～しか出ない zìláishuǐ zhǐ xìxì de liú (自来水只是细细地流). ¶火が～と燃えている huǒmiáo hū míng hū àn de ránzhe (火苗忽明忽暗地燃着). ¶鼠が台所を～している lǎoshǔ zài chúfáng luàn cuàn (老鼠在厨房乱窜). ¶目の前で～されるとうるさい zài yǎnqián huǎnghuǎngqu lìng rén yànfán (在眼前晃来晃去令人厌烦).

ちょろまか・す ¶何だかんだと言ってその場を～した shuō zhè shuō nà dāngchǎng tángsèle guòqù (说这说那形当场搪塞了过去). ¶店の金を～する tōuyòng pùzi de qián (偷用铺子的钱).

ちょろん【緒論】 xùlùn (绪论・序论).

ちょんぎ・る【剪掉】 jiǎndiào (剪掉). ¶枝を～る jiǎndiào shùzhī (剪掉树枝). ¶お前の舌を～ってやる wǒ fēi bǎ nǐ de shétou jiǎndiào bùkě (我非把你的舌头剪掉不可).

ちらか・す【散らかす】 ¶部屋を～す wūzili nòngde luànqībāzāo (屋子里弄得乱七八糟). ¶玩具を～しっぱなしにしないで片付けなさい bǎ luàn rēngzhe de wánjù hǎohǎo shōushi qilai (把乱扔着的玩具好好收拾起来).

ちらか・る【散らかる】 ¶道路に紙屑が～っている lùshàng mǎn shì lànzhǐ (路上满是烂纸). ¶部屋は足の踏み場もないほど～っていた wūzili nòngde luànbāzāo wúfǎ chājiǎo (屋子里弄得乱八糟无法插脚).

ちらし【散らし】 chuándān (传单). ¶～をまく fā chuándān (发传单).

ちら・す【散らす】 **1** ¶風が一夜で木の葉を～してしまった fēng yí yè jiù bǎ shùyè dōu guādiào [chuīluò] le (风一夜就把树叶都刮掉 [吹落] 了). ¶ごみを～さないようにしなさい búyào luàn rēng lājī (不要乱扔垃圾). ¶両派の間に火花を～す論戦が繰り広げられた liǎngpài zhī jiān zhǎnkāile jīliè de lùnzhàn (两派之间展开了激烈的论战). ¶子供達はくもの子を～すように逃げていった háizimen xiàng sìchù táosàn le (孩子们向四处逃散了). ¶薬で盲腸炎を～す yòng yào yǔ mángcháng xiāoyán (用药使盲肠消炎).

2[やたらに…する] ¶彼は大声でどなり～した tā pò kǒu dà mà (他破口大骂). ¶小説を読み～す bùguǎn shì shénme xiǎoshuō dōu luàn dú yíqì (不管是什么小说都乱读一气).

ちらちら ¶雪が～降ってきた piāo xuěhuā le (飘雪花了). ¶沖に漁火が～とまたたく hǎishang shǎnshuòzhe yúhuǒ (海上闪烁着渔火). ¶寝不足で目が～する shuìmián bùzú yǎnjing fāhuā (睡眠不足眼睛发花). ¶木々の間から湖が～見える cóng shùfèngli kànqu, húpō shí yǐn shí xiàn (从树缝里看去，湖泊时隐时现). ¶向いの席の人が～私を見ている zuòzài duìmiàn de nánrén bùshí de tōukàn wǒ (坐在对面的男人不时地偷看我). ¶彼の噂を～耳にする ǒu'ěr tīngdào tā de fēngwén (偶尔听到他的风闻).

ちらつ・く ¶小雪が～く xiǎoxuě piāopiāo ér xià (小雪飘飘而下). ¶遠くに人家の明りが～いている yuǎnchù shǎnshuòzhe rénjiā de dēnghuǒ (远处闪烁着人家的灯火). ¶どすを～かせ

て脅迫する huàngdòngzhe duǎndāo xiàhu rén(晃动着短刀吓唬人). ¶目の前に彼女の姿が～いて勉強に身が入らない yǎnqián bùshí fúxiànchū tā de zīróng, bùnéng zhuānxīn xuéxí(眼前不时浮现出她的姿容,不能专心学习).

ちらば・る【散らばる】 ¶全国に～っていた同級生が久しぶりに集まった fēnsàn zài quánguó de tóngbān tóngxué xiānggé duōnián jùjí zài yìqǐ le(分散在全国的同班同学相隔多年聚集在一起了). ¶～っているごみを掃き集める bǎ mǎndì de lājī sǎodào yí chù(把满地的垃圾扫到一处).

ちらほら ¶桜が～咲きはじめた yīnghuā xīxīlālā de kāi le(樱花稀稀拉拉地开了). ¶雪の便りも～聞かれるようになった jiànjiàn chuánlaile gè dì xiàxuě de xiāoxi(渐渐传来了各地下雪的消息). ¶和服姿の女性も～まじっていた chuānzhe héfú de fùnǚ yě xīngxīng-diǎndiǎn de chānzá zài rénqúnli(穿着和服的妇女也星星点点地搀杂在人群里).

ちらり ¶街角で彼女の姿を～と見かけた zài jiētóu chǒuguo tā yì yǎn(在街头瞅过她一眼). ¶垣根の隙間から～と人影が見えた tòuguò líbafèngr kànjian yǒu ge rényǐngｊ yì shǎn ér guò(透过篱笆缝ｊ看见有个人影一闪而过). ¶～とこちらを見はしたが私には気付かなかったようだ zhuǎnguò tóu lai kànle zhèbiān yì yǎn, hǎoxiàng méi fājué wǒ(转过头来看了这边一眼,好像没发觉我). ¶通りすがりに彼等の話が～と聞えた lùguò shí ǒu'ěr tīngdào yìdiǎnr tāmen suǒ tán de huà(路过时偶尔听到一点ｒ他们所谈的话).

ちり【塵】 chéntǔ(尘土), huīchén(灰尘), chénāi(尘埃); lājī(垃圾). ¶床に白く～が積っている dìbǎn shang jīle yì céng báibái de chéntǔ(地板上积了一层白白的尘土). ¶～を払う dǎn chéntǔ(掸尘土). ¶部屋はきれいに掃除されて～一つない wūzili dǎsǎode gānggānjìngjìng yì chén bù rǎn(屋子里打扫得干干净净一尘不染). ¶彼には～ほどの誠意もない tā yìxīng-bàndiǎnr de chéngyì yě méiyǒu(他一星半点ｊ的诚意也没有). ¶～も積れば山となる jī shǎo chéng duō(积少成多)/ jù shā chéng tǎ(聚沙成塔)/ jī yě chéng qiú(集腋成裘).

ちり【地理】 dìlǐ(地理). ¶彼はこの辺の～に明るい tā shúxī zhè yídài de dìlǐ(他熟悉这一带的地理). ¶～的に見てこの土地は商売に適さない cóng dìlǐshang kàn zhège dìfang bùshìyú zuò shēngyi(从地理上看这个地方不适于做生意).
¶～学 dìlǐxué(地理学). 自然～ zìrán dìlǐ(自然地理). 人文～ rénwén dìlǐ(人文地理).

チリ Zhìlì(智利). ¶～硝石 zhìlì xiāoshí(智利硝石).

ちりあくた【塵芥】 chénjiè(尘芥), cǎojiè(草芥). ¶命を～のように扱うとは! jìng bǎ shēngmìng shì rú cǎojiè!(竟把生命视如草芥!).

ちりがみ【塵紙】 wèishēngzhǐ(卫生纸), shǒuzhǐ(手纸), cǎozhǐ(草纸).

ちりちり ¶～の髪の毛 quánqū de tóufa(拳曲的头发). ¶毛糸を燃やすと～になる máoxiàn yì shāo jiù huì juǎnqū(毛线一烧就会卷曲).

ちりぢり【散り散り】 sìsàn(四散), lísàn(离散). ¶戦争で一家は～になってしまった yóuyú zhànzhēng yìjiārén dōu lísàn le(由于战争一家人都离散了). ¶コレクションは～になっている shōucángpǐn sìsàn le(收藏品四散了). ¶番人に見付かった少年達は～ばらばらになって逃げ出した bèi kānshǒu fāxiànle de shàoniánmen xiàng sìchù táosàn le(被看守发现了的少年们向四处逃散了).

ちりとり【塵取】 bòji(簸箕).

ちりば・める【鏤める】 ¶宝石を～めた王冠 xiāng[xiāngqiàn]zhe xǔduō bǎoshí de wángguān(镶[镶嵌]着许多宝石的王冠).

ちりめん【縮緬】 zhòuchóu(绉绸). ¶～皺がよっている yǒuzhe xìsuì de zhòuwén(有着细碎的绉纹).

ちゃく【知略】 zhìlüè(智略), zhìmóu(智谋). ¶～にたけた武将 zúzhì-duōmóu de wǔjiàng(足智多谋的武将).

ちりょう【治療】 zhìliáo(治疗), liáozhì(疗治), yīzhì(医治). ¶虫歯の～を受ける zhìliáo chóngyá(治疗虫牙). ¶すぐ～した方がいい zuìhǎo gǎnkuài zhìliáo(最好赶快治疗). ¶こうなってしまうはもう～のしようがない dàole zhège dìbù yǐjing wúfǎ yīzhì(到了这个地步已经无法医治).
¶～費 yīyàofèi(医药费). ～法 zhìliáo fāngfǎ(治疗方法).

ちりょく【知力】 zhìlì(智力). ¶この子は～体力ともに優れている zhè háizi zhìlì tǐlì dōu hěn hǎo(这孩子智力体力都很好).

ちりれんげ【散蓮華】 tiáogēng(调羹), gēngchí(羹匙).

ちりんちりん dīnglíng(丁零). ¶風鈴が～と音を立てる fēnglíng dīnglíngdīnglíng de xiǎng(风铃丁零丁零地响).

ち・る【散る】 **1**［離れ落ちる、飛ぶ］ ¶風で木の葉が～った shùyè bèi fēng guādiào le(树叶被风刮掉了). ¶花が～った huā luò[xiè] le(花落[谢]了). ¶岩に当ってしぶきが～る jīdǎ zài yánshí shang lànghuā sìjiàn(击打在岩石上浪花四溅). ¶火花が～る huǒxīng sìjiàn(火星四溅).

2［散らばる］ sàn(散). ¶会が終ると人々は思い思いに～っていった kāiwán huì rénmen sānsān-liǎngliǎng de sàn le(开完会人们三三两两地散了). ¶広場に紙屑が～っている guǎngchǎng shang mǎndì shì zhǐxiè(广场上满地是纸屑).

3［気などが］ ¶テレビがあると気が～って勉強できない yǒu diànshì jīngshén bù jízhōng[lǎozǒushénr], bùnéng yòngxīn xuéxí(有电视精神不集中[老走神ｒ],不能用心学习).

4［インクなどが］ yīn(洇). ¶この紙はインクが～る zhè zhǒng zhǐ mòshuǐ róngyì yīn(这种纸墨水容易洇).

5［霧などが］ sàn(散). ¶霧が～る wù sàn le(雾散了). ¶雲が～って青空が広がった wū-

yún sàn le, tiān qíng le(乌云散了，天晴了).

ちわ【痴話】 ¶あの若夫婦はまた～喧嘩をやっているよ nà xiǎoliǎngkǒur yòu zhēngfēng-chīcù chǎojià le(那小两口儿又争风吃醋吵架了).

チワワ qíwǎwǎgǒu(奇瓦瓦狗).

ちん【狆】 bāgǒu(巴儿狗), hǎbagǒu[r](哈巴狗[儿]), shīzigǒu(狮子狗).

ちんあげ【賃上げ】 zēngxīn(增薪), jiāxīn(加薪). ¶平均 1 万円の～を要求する yāoqiú píngjūn jiāxīn yíwàn rìyuán[tígāo yíwàn rìyuán de gōngzī](要求平均加薪一万日元[提高一万日元的工资]).
¶～闘争 zēng xīn dòuzhēng(增薪斗争).

ちんあつ【鎮圧】 zhènyā(镇压). ¶暴動を～する zhènyā bàodòng(镇压暴动).

ちんうつ【沈鬱】 chényù(沉郁). ¶彼は～な面持で座っていた tā shénqíng chényù de zuòzhe(他神情沉郁地坐着).

ちんか【沈下】 xiàchén(下沉), chénxiàn(沉陷), chénjiàng(沉降). ¶地盤が～する dìpán xiàchén(地基下沉)/ dìmiàn chénjiàng(地面沉降).

ちんか【鎮火】 ¶火事は明け方になってやっと～した dàhuǒ dào límíng cái xīmiè(大火到黎明才熄灭). ¶消防車 10 台が出動して～につとめた yǒu shí liàng xiāofángchē chūdòng pīnmìng de jiùhuǒ(有十辆消防车出动拼命地救火).

ちんがし【賃貸し】 chūzū(出租), chūlìn(出赁).

ちんがり【賃借り】 zūlìn(租赁), zūjiè(租借). ¶アパートを～する zūjiè gōngyù(租借公寓).

ちんき【珍奇】 xīqí(希奇・稀奇), zhēnqí(珍奇). ¶～な品 xīqí de dōngxi(希奇的东西).

チンキ【丁幾】 dīngjì(酊剂), dīng(酊). ¶ヨード～ diǎndīng(碘酊).

ちんきゃく【珍客】 xīkè(稀客).

ちんぎん【賃金・賃銀】 gōngzī(工资), gōngxīn(工薪), xīnshuǐ(薪水). ¶～を支払う[受け取る] fù[lǐng] gōngzī(付[领]工资). ¶～を上げる[下げる] tígāo[jiàngdī] gōngzī(提高[降低]工资). ¶～の差を是正する suōxiǎo gōngzī de chājù(缩小工资的差距).
¶～カット kòu gōngzī(扣工资). ¶労働者～ gùyōng láodòngzhě(雇佣劳动者).

チンゲンサイ【青梗菜】 qīngcài(青菜), xiǎobáicài[r](小白菜[儿]).

ちんこん【鎮魂】 ¶～曲 ānhúnqǔ(安魂曲)/ zhuīsīqǔ(追思曲). ¶～祭 ānhúnjì(安魂祭).

ちんざ【鎮座】 ¶この宮に～まします 2 柱の神 zhège shéngōng li gòngfèngzhe de liǎng zūn shén(这个神宫里供奉着的两尊神).

ちんさげ【賃下げ】 jiǎnxīn(减薪). ¶こう物価があがっては実質的な～だ wùjià zhèyàng shàngzhǎng, shíjìshàng bú jiùshì jiǎnxīn ma!?(物价上涨,实际上不就是减薪吗!?).

ちんし【沈思】 chénsī(沉思). ¶～黙考する chénsī mòlù(沉思默虑).

ちんじ 1【珍事】 qíshì(奇事), xīqíshì(希奇事), xīnxiānshì(新鲜事).
2【椿事】 ¶～が起る fāshēng yìwài de biàngù(发生意外的变故).

ちんじぎょう【賃仕事】 jìjiàn de jiātíng fùyè(计件的家庭副业).

ちんしゃ【陳謝】 dàoqiàn(道歉). ¶御迷惑をおかけしたことを～いたします gěi nín tiānle máfan biǎoshì qiànyì(给您添了麻烦表示歉意).

ちんしゃく【賃借】 zūjiè(租借), zūlìn(租赁). ¶～権 zūjièquán(租借权). ～人 zūjièrén(租借人).

ちんじゅつ【陳述】 chénshù(陈述). ¶冒頭～ shǒucì chénshù(首次陈述). ～書 shēnsùshū(申诉书).

ちんじょう【陳情】 qǐngyuàn(请愿). ¶市議会に託児所の設置を～する xiàng shìyìhuì qǐngyuàn shèlì tuō'érsuǒ(向市议会请愿设立托儿所).
¶～書 qǐngyuànshū(请愿书).

ちんせい【沈静】 ¶インフレは～した tōnghuò péngzhàng chénjìng xialai le(通货膨胀沉静下来了).

ちんせい【鎮静】 zhènjìng(镇静). ¶～剤 zhènjìngjì(镇静剂).

ちんせつ【珍説】 ¶～を吐く shuō qítán guàilùn(说奇谈怪论).

ちんせん【沈潜】 ¶研究に～する máitóu yú yánjiū(埋头于研究).

ちんぞう【珍蔵】 zhēncáng(珍藏). ¶～の書画を披露する pīlù zhēncáng de shūhuà(披露珍藏的书画).

ちんたい【沈滞】 chénzhì(沉滞). ¶社内の～した空気を一掃する sǎochú gōngsīli chénmèn bú zhèn de kōngqì(扫除公司里沉闷不振的空气).

ちんたい【賃貸】 chūzū(出租), chūlìn(出赁). ¶～料 zūjīn(租金)/ zūqian(租钱).

ちんたいしゃく【賃貸借】 zūyuē(租约), zūlìn qìyuē(租赁契约). ¶～契約を結ぶ qiāndìng zūyuē(签订租约).

ちんだん【珍談】 qítán(奇谈). ¶～奇談で賑わった qítán guàilùn céng chū bú jìn(奇谈怪论层出不尽).

ちんちくりん cuózi(矬子), cuógér(矬个儿), ǎigèr(矮个儿).

ちんちゃく【沈着】 chénzhuó(沉着). ¶～に行動する chénzhuó xíngdòng(沉着行动). ¶彼の態度は～さを欠いていた tā de tàidu bùgòu chénzhuó(他的态度不够沉着).

ちんちょう【珍重】 ¶中華料理では燕の巣が～される zhōngguócài yǐ yànwō wéi guì(中国菜以燕窝为贵).

ちんちょうげ【沈丁花】 →じんちょうげ.

ちんつう【沈痛】 chéntòng(沉痛). ¶彼は～な口調で語り出した tā yǐ chéntòng de yǔdiào kāile kǒu(他以沉痛的语调开了口).

ちんつう【鎮痛】 zhèntòng(镇痛), zhǐtòng(止痛). ¶～剤 zhèntòngyào(镇痛药)/ zhǐtòngpiàn(止痛片).

ちんてい【鎮定】 píngdìng(平定). ¶反乱を～する píngdìng pànluàn(平定叛乱).

ちんでん【沈殿】 chéndiàn(沉淀). ¶しばらく

置いておけば～する shāowēi fàng yíhuìr, jiù huì chéndiàn(稍微放一会ル,就会沉淀). ¶～物 chéndiàn(沉淀).

ちんどんや【ちんどん屋】《説明》沿街敲钲打鼓,吹号弹三味线的日本民间活动广告.

ちんにゅう【闖入】 chuǎngjìn(闯进). ¶賊が～した zéi chuǎngjinlai le(贼闯进来了).

ちんば【跛】 1 bǒjiǎo(跛脚), quétuǐ(瘸腿), jiǎobài(脚瘸);［人］bǒzi(跛子), quézi(瘸子), bāizi(瘸子). ¶彼は～を引きながら歩いた tā ˈquézhe tuǐ[bāizhe jiǎo] zǒu(他ˈ瘸着腿[瘸着脚]走)/ tā ˈyì quǎiyì bǒ[yì quéyì guǎi] de zǒuzhe lù(他ˈ一颠一跛[一瘸一拐]地走着路).
2 ［不揃い］ ¶子供が～の靴をはいている háizi chuānzhe bù chéngshuāng de xiézi(孩子穿着不成双的鞋子).

チンパニー dìngyīngǔ(定音鼓).

チンパンジー hēixīngxīng(黑猩猩).

ちんぴら 1［子供］xiǎotùzǎizi(小兔崽子), xiǎobudiǎnr(小不点ル).
2 ［下っぱ］ pǎolóngtào(跑龙套), xiā bīng xiè jiàng(虾兵蟹将).
3 ［不良］ āfēi(阿飞), xiǎoliúmáng(小流氓), hùnhunr(混混ル).

ちんぴん【珍品】 zhēnpǐn(珍品).

ちんぷ【陳腐】 chénfǔ(陈腐). ¶～な言葉 chénfǔ zhī yán(陈腐之言).

ちんぷんかん ¶君の言う事は～でさっぱり分らない nǐ shuō de huà jiǎnzhí bù zhuó biānjì, mòmíng-qímiào(你说的话简直不着边际,莫名其妙). ¶英語なんて私には～ぷんだ Yīngyǔ wǒ ˈquánrán bù dǒng[yíqiào-bùtōng](英语我ˈ全然不懂[一窍不通]).

ちんぼつ【沈没】 chénmò(沉没). ¶船が～した chuán chénmò le(船沉没了). ¶～船を引き揚げる dǎlāo chénchuán(打捞沉船).

ちんみ【珍味】 yìwèi(异味). ¶これは～だ zhè kě shì ˈyìwèi jiāyáo[zhēnxiū měiwèi](这可是ˈ异味佳肴[珍馐美味]). ¶山海の～ shānhǎi yìwèi(山海异味)/ shān zhēn ˈhǎi wèi-[hǎi cuò](山珍ˈ海味[海错])/ zhēncuò(珍错).

ちんみょう【珍妙】 líqí(离奇), gǔguài(古怪). ¶これはまた～な発想だ zhè shízài shì líqí-gǔguài de xiǎngfa(这实在是离奇古怪的想法). ¶～な顔をしてみせる zuò guǐliǎn(作鬼脸).

ちんむるい【珍無類】 ¶彼は～の格好をして出てきた tā chuānzhe qízhuāng-yìfú chūlai le(他穿着奇装异服出来了)/ tā dǎbande guàimúguàiyàng de chūlai le(他打扮得怪模怪样地出来了).

ちんもく【沈黙】 chénmò(沉默), jiānmò(缄默). ¶その席で彼は～を守った tā zài nà xíshang bǎochí chénmò(他在那席上保持沉默). ¶2人の間に気まずい～が続いた liǎngrén zhī jiān chíxùzhe yì zhǒng bù yúkuài de chénmò(两人之间持续着一种不愉快的沉默). ¶何故か各紙とも～している bù zhī wèishénme gè bào dōu bǎochízhe jiānmò(不知为什么各报都保持着缄默). ¶長い～を破って彼は作品を発表した tā fābiǎole zuòpǐn dǎpò chángjiǔ de chénmò(他发表了作品打破长久的沉默). ¶～は金 chénmò wéi guì(沉默为贵).

ちんれつ【陳列】 chénliè(陈列), bǎiliè(摆列). ¶美術品を～する chénliè měishùpǐn(陈列美术品).
¶～棚 chénlièjià(陈列架). ～品 chénlièpǐn(陈列品).

つ

ツアーコンダクター lǚyóu xiàngdǎo(旅游向导).

つい 1［少し,すぐ］ jiù(就). ¶～この間会ったばかりです jiù zài zuìjìn jiàn de miàn(就在最近见的面). ¶～さっきお帰りになりました tā gāng zǒu bù yíhuìr(他刚走不一会ル)/ tā ˈfāngcái[gāngcái] huíqu le(他ˈ方才[刚才]回去了). ¶私も～今しがた来たところです wǒ yě shì gānggāng lái de(我也是刚刚来的). ¶～この近所に住んでいます jiù zhùzài zhè fùjìn(就住在这附近).
2 ［思わず］ bùjìn(不禁), bùyóude(不由得), yóubude(由不得), jīnbuzhù(禁不住), bùyóu-zìzhǔ(不由自主). ¶秘密を～漏らしてしまった wúyìzhōng xièlùle mìmì(无意中泄露了秘密). ¶その金を見ると～手が出てしまった kàndào nà qián bùyóude shēnchūle shǒu(看到那钱不由得伸出了手). ¶あまりおかしくて～噴き出した huájide jīnbuzhù xiàole chūlai(滑稽得禁不住笑了出来). ¶何とかしなくてはと思っている中に～～時間がたってしまった xiǎngzhe xiǎngfǎ jiějué, kěshì shíjiān jiù bùzhī-bùjué de guòqu le(想着想法解决,可是时间就不知不觉地过去了).

つい【対】 duì(对), shuāng(双). ¶～の屏風 chéngduì de píngfēng(成对的屏风). ¶この2つは～になっている zhè liǎng ge shì yíduìr(这两个是一对ル). ¶1～の燭台 yí duì zhútái(一对烛台).

つい ¶～の住処 zuìhòu de qīshēn zhī suǒ(最后的栖身之所). ¶～の別れ zhōngtiān zhī bié(终天之别).

ツイード cūhuāní(粗花呢).

つい・える【潰える】 ¶敵はもろくも〜え去った dírén yíxiàzi bēngkuì wǎjiě le(敌人一下子崩溃瓦解了). ¶将来への夢は〜えた jiānglái de měimèng ˇpòmiè[chéngwéi pàoyǐng] le(将来的美梦ˇ破灭[成为泡影]了).

ついおく【追憶】 zhuīyì(追忆), huíyì(回忆). ¶彼は〜にふけっている tā chénjìn zài huíyì zhōng(他沉浸在回忆中).

ついか【追加】 zhuījiā(追加). ¶料理をもう一品〜する zài ˇtiān[jiā] yí ge cài(再ˇ添[加]一个菜). ¶〜予算 zhuījiā[zhuībǔ] yùsuàn(追加[追补]预算).

ついかんばん【椎間板】 zhuījiānpán(椎间盘). ¶〜ヘルニア zhuījiānpán tūchūzhèng(椎间盘突出症).

ついき【追記】 zhuījì(追记). ¶"写真を同封しました"と〜してあった xìn hòu fùjìzhe:"fùyǒu zhàopiàn"(信后附记着"附有照片").

ついきゅう【追及】 zhuījiū(追究), zhuīchá(追查). ¶きびしく責任を〜する yánlì de zhuījiū zérèn(严厉地追究责任).

ついきゅう【追求】 zhuīqiú(追求), zhuīzhú(追逐). ¶利潤を〜する zhuīqiú[zhuīzhú] lìrùn(追求[追逐]利润). ¶幸福を〜する zhuīqiú xìngfú(追求幸福).

ついきゅう【追究】 zhuīqiú(追求), zhuījiū(追究); páogēnr(刨根ル), dáogēnr(捯根ル). ¶真理を〜する zhuīqiú zhēnlǐ(追求真理). ¶原因を〜する zhuījiū yuányīn(追究原因).

ついく【対句】 duì'ǒu(对偶), duìzhàng(对仗). ¶この2句は〜をなしている zhè liǎng jù chéngwéi duì'ǒujù(这两句成为对偶句).

ついげき【追撃】 zhuījī(追击). ¶敵を〜する zhuījī dírén(追击敌人). ¶敵の〜を振り切る shuǎidiào dírén de zhuījī(甩掉敌人的追击).

ついこつ【椎骨】 zhuīgǔ(椎骨), jǐzhuīgǔ(脊椎骨).

ついし【墜死】 ¶岩場で足を滑らして〜した zài yánbì shang shīzú zhuì yá ér sǐ(在岩壁上失足坠崖而死).

ついしけん【追試験】 bǔkǎo(补考). ¶英語の〜を受ける bǔkǎo Yīngyǔ(补考英语).

ついじゅう【追従】 zhuīsuí(追随). ¶盲目的に世論に〜する mángmù de zhuīsuí yúlùn(盲目地追随舆论).

ついしょう【追従】 ¶〜を言う shuō fèngchenghuà(说奉承话)/ ēyú-féngyíng(阿谀逢迎). ¶お〜笑いをする chǎnmèi péixiào(谄媚赔笑)/ chǎnxiào(谄笑).

ついしん【追伸】 fùbǐ(附笔), yòují(又及).

ついずい【追随】 zhuīsuí(追随). ¶大国に〜する zhuīsuí dàguó(追随大国). ¶彼の独創性は他の〜を許さない tā de dúchuàngxìng biérén wúfǎ fǎngxiào(他的独创性别人无法仿效).

ついせき【追跡】 gēnzōng(跟踪), zhuīzōng(追踪). ¶〜者 wěizhuīzhě(尾追者). ¶犯人を〜する zhuīzōng zuìfàn(追踪罪犯)/ zhuībǔ táofàn(追捕逃犯). ¶〜を逃れる táotuō zhuībǔ zhuī(逃脱追捕).

ついぜん【追善】 zhuījiàn(追荐). ¶〜公演 jìniàn gōngyǎn(纪念公演).

ついぞ ¶こんな見事なものは〜見たことがない zhèyàng hǎo de dōngxi ˇcónglái méi[céngwèi/ wèicéng/ bùcéng] jiànguo(这样好的东西ˇ从来没[从未/ 未曾/ 不曾]见过).

ついそう【追想】 zhuīxiǎng(追想), zhuīsī(追思), zhuīyì(追忆). ¶往時を〜する zhuīyì wǎngshì(追忆往事).

ついたち【一日】 yī hào(一号), yī rì(一日), chūyī(初一).

ついたて【衝立】 píngfēng(屏风). ¶〜を立てて部屋を仕切る lì píngfēng lái gékāi fángjiān(立屏风来隔开房间).

ついちょう【追徴】 zhuīzhēng(追征), zhuījiǎo(追缴). ¶〜税 zhuīzhēng shuìkuǎn(追征税款).

ついて【就いて】 **1**〔…に関して〕jiù(就), guānyú(关于). ¶この件に〜御意見を伺いたい jiù zhè jiàn shì xiǎng zhēngqiú nín de yìjian(就这件事想征求您的意见). ¶《教育問題に〜》と題して講演する yǐ《guānyú jiàoyù wèntí》wéi tí zuò bàogào(以《关于教育问题》为题作报告).

2〔…ごとに〕měi(每). ¶会費は1人に〜5000円 huìfèi měi ge rén wǔqiān rìyuán(会费每个人五千日元).

ついで【序】 shùnbiàn[r](顺便[ル]), dābiàn(搭便), chènbiàn(趁便), chéngbiàn(乘便), jiùbiàn[r](就便[ル]), débiàn(得便), shāodài(捎带), shùnshǒu[r](顺手[ル]), jiùshǒu[r](就手[ル]); shùnlù[r](顺路[ル]), shùndào[r](顺道[ル]), shùnjiǎor(顺脚ル), dàishǔor(带手ル), shāodàijiǎor(捎带脚ル). ¶郵便局に行くなら〜に小包を出して来てください nǐ yàoshi qù yóujú, qǐng shùnbiàn bǎ zhège bāoguǒ gěi wǒ jìqu(你要是去邮局, 请顺便把这个包裹给我寄去). ¶〜に戸を閉めてください qǐng shùnshǒu bǎ mén guānshàng(你顺手把门关上). ¶近くまで来たので〜に立ち寄りました lùjìng fùjìn shùnlù kànwang nǐ lái le(路过附近顺路看望你来了). ¶お返しいただくのはお〜の時で結構です zài nǐ débiàn shí guīhuán wǒ jiù xíng(在你得便时归还我就行). ¶〜がなくてなかなか来られなかった méiyǒu jiùbiàn de shì yìzhí méi néng lái(没有就便的事一直没能来).

ついで【次いで】 **1**〔引続き〕jiēzhe(接着), suíhòu(随后). ¶試合が終り, 〜表彰式に移った bǐsài jiéshù, jiēzhe jǔxíng shòujiǎngshì(比赛结束, 接着举行了授奖式).

2〔次に位して〕cìyú(次于). ¶大阪は東京に〜2番目に大きい都市だ Dàbǎn shì jǐncìyú Dōngjīng de dì'èr dà dūshì(大阪是仅次于东京的第二大都市). ¶北岳は富士山に〜 Běiyuè de gāodù jǐncìyú Fùshì Shān(北岳的高度仅次于富士山).

ついては【就いては】 yīncǐ(因此), wèicǐ(为此). ¶近く発行します, 〜御推薦の辞をいただきたく存じます yùdìng jìnrì fāxíng, wèicǐ qǐng nín

ついとう【追悼】 zhuīdào(追悼). ¶～の辞を述べる zhì dàocí(致悼词). ¶～会 zhuīdàohuì(追悼会).

ついとつ【追突】 zhuīwěi(追尾). ¶トラックに～された bèi kǎchē cóng hòumian zhuīwěi zhuàng le(被卡车从后面追尾撞了). ¶～事故 zhuīwěi shìgù(追尾事故).

ついに【遂に】 zhōngyú(终于), dàodǐ(到底). ¶～成功した zhōngyú chénggōng le(终于成功了). ¶方々探して～見つけ出した dàochù xúnzhǎo zhōngyú zhǎodào le(到处寻找终于找到了). ¶2時間待ったが彼女は～現れなかった děngle liǎng ge xiǎoshí, tā dàodǐ méi lái(等了两个小时,她到底没来).

ついにん【追認】 zhuīrèn(追认), chéngrèn(承认). ¶既成事実を～する chéngrèn jìchéng shìshí(承认既成事实).

ついば・む【啄む】 zhuó(啄), qiān(鹐). ¶鳥がえさを～む niǎor zhuóshí(鸟ル啄食).

ついひ【追肥】 zhuīféi(追肥). ¶薔薇に～をする gěi méigui zhuīféi(给玫瑰追肥).

ついぼ【追慕】 zhuīniàn(追念), zhuīhuái(追怀). ¶亡き母を～する zhuīniàn wángmǔ(追念亡母).

ついほう【追放】 qūzhú(驱逐), fàngzhú(放逐), liúfàng(流放); géchú(革除). ¶町から暴力を～する xiāomiè chéngzhèn de bàolì xíngwéi(消灭城镇的暴力行为). ¶外国人犯罪者を国外に～する bǎ wàijí zuìfàn qūzhú chūjìng(把外籍罪犯驱逐出境). ¶公職から～された bèi géchúle gōngzhí(被革除了公职).

ついや・す【費やす】 fèi(费), huāfèi(花费). ¶事業に全財産を～す wèile shìyè ér qīngjiādàngchǎn(为了事业而倾家荡产). ¶作品の完成に2年の歳月を～した wèile wánchéng zuòpǐn huāfèile liǎng nián de shíjiān(为了完成作品花费了两年的时间). ¶これら口先だけでも無駄に時間を～すだけだ zài tánxiaqu zhǐshì báifèi shíjiān(再谈下去只是白费时间). ¶こんな事に精力を～すのはつまらない wèile zhè lèi shì làngfèi jīnglì tài bù zhíde(为了这类事浪费精力太不值得). ¶百万言を～しても言い尽せない jiùshì qiānyán-wànyǔ yě shuōbujìn(就是千言万语也说不尽).

ついらく【墜落】 zhuìluò(坠落). ¶飛行機が海に～した fēijī zhuìluò dào hǎizhōng(飞机坠落到海中). ¶子供がベランダから真っ逆さまに～した yí ge xiǎoháir cóng yángtái tóu cháo dì diàoxialai le(一个小孩ル从阳台头朝地掉下来了).

ツインルーム shuāngrénfáng(双人房)

つう【通】 tōng(通), jīngtōng(精通). ¶彼は歌舞伎にかけてはなかなかの～だ tā duì gēwǔjì xiāngdāng jīngtōng(他对歌舞伎相当精通). ¶あの人は中国～だ tā kě shì ge zhōngguótōng(他可是个中国通). ¶彼は～ぶっている tā chōng hángjia lǐshǒu(他充行家里手).

-つう【通】 〔手紙〕fēng(封); 〔書類〕fèn(份). ¶1～の手紙 yì fēng xìn(一封信). ¶1～の電報 yì tōng diànbào(一通电报). ¶申請書を正副2～提出する shēnqǐngshū tíchū zhèngfù liǎng fèn(申请书提出正副两份).

つういん【痛飲】 tòngyǐn(痛饮), chàngyǐn(畅饮), háoyǐn(豪饮). ¶久し振りに会った友人と一晩～した hé kuòbié duōnián de péngyou tòngyǐnle yí yè(和阔别多年的朋友痛饮了一夜).

つうか【通貨】 tōnghuò(通货). ¶～収縮 tōnghuò jǐnsuō(通货紧缩). ～膨脹 tōnghuò péngzhàng(通货膨胀).

つうか【通過】 tōngguò(通过). ¶船はマラッカ海峡を～して西へ向かった chuán tōngguò Mǎliùjiǎ hǎixiá xīháng(船通过马六甲海峡西航). ¶武漢は汽車で～しただけだ Wǔhàn zhǐshì chéng huǒchē 'jīngguò[lùguò] yì huí(武汉只是乘火车'经过[路过]一回). ¶この駅は急行は～する zhège chēzhàn kuàichē bù tíng(这个车站快车不停). ¶その法案は議会を～した gāi fǎ'àn zài yìhuì tōngguò le(该法案在议会通过了). ¶検査を～した jiǎnchá hégé le(检查合格了).

つうかい【痛快】 tòngkuai(痛快). ¶実に～な出来事だ zhēn shì yí jiàn "dà kuài rénxīn de shì[kuàishì](真是一件"大快人心的事[快事]).

つうかく【痛覚】 tòngjué(痛觉).

つうがく【通学】 shàngxué(上学), zǒudú(走读). ¶汽車で～する zuò huǒchē shàngxué(坐火车上学).
¶～生 zǒudúshēng(走读生).

つうかん【通関】 bàoguān(报关), tōngguò hǎiguān(通过海关). ¶～手続をする bàn bàoguān shǒuxù(办报关手续).

つうかん【通観】 tōngguān(通观). ¶世界情勢を～する tōngguān shìjiè xíngshì(通观世界形势).

つうかん【痛感】 tònggǎn(痛感). ¶努力の足りなさを～する tònggǎn nǔlì hái bú gòu(痛感努力还不够).

つうき【通気】 tōngqì(通气), tōngfēng(通风), tòufēng(透风), tòuqì(透气). ¶坑内の～をよくする shǐ kuàngjǐng nèi tōngfēng liánghǎo(使矿井内通风良好). ¶ナイロンによく～性がない nílóng xiānwéi tōngqìxìng chà(尼龙纤维通气性差).
¶～孔 tōngqìkǒng(通气孔)/ qìyǎn(气眼).

つうぎょう【通暁】 tōngxiǎo(通晓). ¶彼は中国の歴史に～している tā tōngxiǎo Zhōngguó lìshǐ(他通晓中国历史).

つうきん【通勤】 shàngbān(上班). ¶毎日自転車で～する měitiān qí zìxíngchē shàngbān(每天骑自行车上班). ¶～に1時間かかる shàngbān yào yí ge xiǎoshí(上班要一个小时).

つうく【痛苦】 tòngkǔ(痛苦).

つうげき【痛撃】 tòngjī(痛击). ¶敵を～する tòngjī dírén(痛击敌人).

つうこう【通行】 tōngxíng(通行). ¶この通りは工事中で～できない zhè tiáo jiē zài xiūlù, bù-

néng tōngxíng(这条街在修路,不能通行). ¶車両の～は禁ぜられている chēliàng jìnzhǐ tōngxíng(车辆禁止通行). ¶歩行者は右側～を守ること xíngrén xū zūnshǒu kào yòu xíngzǒu(行人须遵守靠右行走).
¶～券 tōngxíngzhèng(通行证). ～止め jìnzhǐ tōngxíng(禁止通行). ～人 xíngrén(行人).

つうこう【通航】 tōngháng(通航). ¶この運河は大型船舶は～できない zhè tiáo yùnhé dàxíng lúnchuán bùnéng tōngháng(这条运河大型轮船不能通航).

つうこく【通告】 tōngzhī(通知), tōnggào(通告). ¶条約の破棄を相手国に～する tōngzhī duìfāng fèichú tiáoyuē(通知对方废除条约).

つうこん【痛恨】 tònghuǐ(痛悔), tòngxīn(痛心). ¶彼の死は～に堪えない rén de sǐ zhēn lìng rén búshèng tòngxī(他的死真令人不胜痛惜). ¶一生の～事 yìshēng tònghuǐ zhī shì(一生痛悔之事).

つうさん【通算】 zǒngjì(总计), gòngjì(共计). ¶～して3度の優勝をとげた zǒngjì qǔdéle sān huí guànjūn(总计取得了三回冠军). ¶年間の輸入額は～100億円にのぼる yì nián jiān de jìnkǒu'é gòngjì dá yìbǎi yì rìyuán(一年间的进口额共计达一百亿日元).

つうし【通史】 tōngshǐ(通史).
つうじ【通じ】 ¶～がない dàbiàn bù tōng(大便不通)/méiyǒu dàbiàn(没有大便).

つうしょう【通称】 tōngchēng(通称), tōngmíng(通名). ¶筑後川は～筑紫次郎と呼ばれている Zhùhòu Chuān tōngchēng wéi Zhùzǐ Cìláng(筑后川通称为筑紫次郎).

つうしょう【通商】 tōngshāng(通商). ¶外国との～を盛んにする zhènxīng duìwài tōngshāng(振兴对外通商).
¶～協定 tōngshāng xiédìng(通商协定). ～産業省 tōngchǎnyèshěng(通产业省). ～産業大臣 tōngchǎnyè dàchén(通产业大臣).

つうじょう【通常】 tōngcháng(通常), píngcháng(平常), pǔtōng(普通). ¶夕食は～7時です wǎnfàn tōngcháng qī diǎn chī(晚饭通常七点吃). ¶授業は～通り行います zhàocháng shàngkè(照常上课).
¶～郵便物 pǔtōng yóujiàn(普通邮件). ～兵器 chángguī wǔqì(常规武器).

つう・じる【通じる】 ⇒～ずる.
つうしん【通信】 tōngxùn(通讯), tōngxìn(通信). ¶在外支社と～する yǔ guówài fēngōngsī tōngxùn liánluò(与国外分公司通讯联络). ¶船との～が途絶えた hé chuánshang de tōngxùn zhōngduàn le(和船上的通讯中断了). ¶全国に～網が張りめぐらされている tōngxùnwǎng biànbù quánguó(通讯网遍布全国).
¶～員 tōngxùnyuán(通讯员). ～衛星 tōngxìn wèixīng(通信卫星). ～教育 hánshòu jiàoyù(函授教育). ～社 tōngxùnshè(通讯社). ～販売 hángòu(函购)/yóugòu(邮购).

つうじん【通人】 tōngrén(通人), tōngcái(通才). ¶あの人はなかなかの～だ tā kě shì ge tōngdá rénqíng[tōngqíng dálǐ/liàndá lǎochéng] de rén(他可是个'通达人情[通情达理/练达老成]的人). ¶彼は中華料理にかけては～だ tā duì zhōngguócài hěn jīngtōng[kě tōngwén dáyì](他对中国菜'很精通[可通文达艺]).

つうしんぼ【通信簿】 chéngjìdān(成绩单).

つう・ずる【通ずる】 **1**〔つながる〕tōng(通). ¶何度かけても電話が～じない dǎle jǐ cì diànhuà dōu dǎbùtōng(打了几次电话都打不通). ¶この辺りも間もなく地下鉄が～ずるようになる bùjiǔ zhè yídài dìxià tiědào jiù yào tōngchē le(不久这一带地下铁道要通车了). ¶この階段は屋上に～ずる zhè tiáo tī tōngdào wūdǐng(这梯通到屋顶). ¶すべての道はローマに～ずる tiáotiáo dàlù tōng Luómǎ(条条大路通罗马).

2〔分る,分らせる〕tōng(通), lǐjiě(理解). ¶そこでは日本語が～ずる nàli Rìyǔ yě tōng(那里日语也通). ¶こちらの気持が相手に～じない wǒ de xīnyì duìfāng bùnéng lǐjiě(我的心意对方不能理解). ¶あの人にはユーモアが～じない nàge rén bù dǒng yōumò(那个人不懂幽默). ¶この文章は意味がよく～じない zhè piān wénzhāng yìsi búdà tōng(这篇文章意思不大通). ¶お手紙でお申し越しの件は先方に～じておきました láihán suǒ tí zhī shì yǐ zhuǎngào duìfāng(来函所提之事已转告对方).

3〔共通する〕¶この2つの字の意味は～じて用いられる zhè liǎng ge zì shì tōngyòng de(这两个字是通用的). ¶両者には相～ずるものがある liǎngzhě yǒu xiāngtōng zhī chù(两者有相通之处).

4〔内通する,密通する〕tōng(通). ¶敵に～じて機密を漏らす lǐ tōng dírén xièlòu jīmì(里通敌人泄漏机密). ¶情を～ずる sītōng(私通)/tōngjiān(通奸).

5〔通る,通す〕tōng(通), tōngguò(通过). ¶この鉄条網には電流が～じている zhège tiěsīwǎng tōngzhe diànliú(这个铁丝网通着电流). ¶彼とはAさんを～じて知り合った tā shì jīng A xiānsheng de jièshào rènshi de(他是经A先生的介绍认识的). ¶そのことは兄を～じて聞いています nà jiàn shì tīng gēge shuō le(那件事听哥哥说了). ¶彼の死はラジオ,テレビを～じて全世界に伝えられた tōngguò wúxiàndiàn hé diànshì xiàng quánshìjiè bàodàole tā de shìshì(通过无线电和电视向全世界报道了他的逝世).

6〔通用する〕tōng(通). ¶そんなやり方は世間に～じない nà zhǒng zuòfǎ zài shìshàng shì xíngbutōng de(那种做法在世上是行不通的). ¶全体に～ずる規則 shìyòng yú quántǐ de guīzé(适用于全体的规则).

7〔通暁する〕tōng(通), tōngxiǎo(通晓), jīngtōng(精通). ¶内部事情に～じた人 zhīxiǎo nèiqíng de rén(知晓内情的人). ¶彼は考古学に～じている tā tōngxiǎo kǎogǔxué(他通晓考古学). ¶彼は3か国語に～じている tā tōng

sān zhǒng yǔyán(他造三种语言).

8［…にわたって］ ¶日本全国を～じて認められる特色 Rìběn quánguó kěyǐ kàndào de tèsè(日本全国可以看到的特色). ¶3日間の会期を～じてその問題が真剣に話し合われた zài kāihuì de sān tiān shíjiān li, rènzhēn de tǎolùnle nàge wèntí(在开会的三天时间里,认真地讨论了那个问题). ¶この地方は一年を～じて温暖だ zhège dìfang ˇtōngnián[yì nián dào tóu] nuǎnhuo(这个地方ˇ通年[一年到头]暖和).

つうせい【通性】 gòngxìng(共性). ¶鳥類の～ niǎolèi de gòngxìng(鸟类的共性).

つうせき【痛惜】 tòngxī(痛惜). ¶友の死を～する tòngxī yǒurén zhī sǐ(痛惜友人之死).

つうせつ【通説】 ～をくつがえす tuīfān shìshàng yìbān suǒ gōngrèn de shuōfa(推翻世上一般所公认的说法).

つうせつ【痛切】 ¶これは漁民にとって～な問題だ zhè duì yúmín lái shuō shì ge qièshēn de wèntí(这对渔民来说是个切身的问题). ¶託児所の必要性を～に感ずる shēnshēn de gǎndào[tònggǎn] tuō'érsuǒ de bìyàoxìng(深深地感到[痛感]托儿所的必要性).

つうそく【通則】 tōngzé(通则).

つうぞく【通俗】 tōngsú(通俗). ¶～的な見方 yōngsú de jiǎnjiě(庸俗的见解).

¶～読物 tōngsú dúwù(通俗读物).

つうたつ【通達】 tōngdá(通达), tōnggào(通告). ¶～を発する fābù tōngzhī(发布通知).

つうち【通知】 tōngzhī(通知). ¶書面で～する yòng shūmiàn tōngzhī(用书面通知). ¶着いたらすぐ～して下さい dàole jiù qǐng tōngzhī wǒ yíxià(到了就请通知我一下). ¶採用の～を出す fā lùyòng de tōngzhī(发录用的通知). ¶彼から転居～を受け取った jiēdào tā de qiānjū tōngzhī(接到他的迁居通知).

つうちょう【通帳】 zhé[r](折[儿]), zházi(折子). ¶預金～ cúnkuǎn zházi(存款折子)/ cúnzhér(存折儿).

つうちょう【通牒】 tōngdié(通牒). ¶最後～を手渡す dìjiāo ˇzuìhòu tōngdié[āidīměidūnshū](递交ˇ最后通牒[哀的美敦书]).

つうつう【通通】 ¶あの２人は～だ tā liǎ hù tōng shēngqì(他俩互通声气).

つうどく【通読】 tōngdú(通读). ¶一通り～しただけだ zhǐ búguò tōngdúle yí biàn(只不过通读了一遍). ¶老舎の《四世同堂》を～した tōngdúle Lǎoshě de 《Sìshì Tóngtáng》(通读了老舍的《四世同堂》).

つうねん【通念】 ¶社会～ shèhuì yìbān de gòngtōng guānniàn(社会一般的共通观念).

つうば【痛罵】 tòngmà(痛骂), tòngchì(痛斥). ¶裏切り行為を～する tòngchì bèipàn xíngwéi(痛斥背叛行为).

ツーピース èrjiàntào(二件套).

つうふう【通風】 tōngfēng(通风), tōngqì(通气), tòufēng(透风), tòuqì(透气). ¶部屋の～をよくする shǐ fángjiān tōngfēng liánghǎo(使房间通风良好).

¶～孔 tōngfēngkǒng(通风孔).

つうふう【痛風】 tòngfēng(痛风).

つうぶん【通分】 tōngfēn(通分). ¶3分の2と4分の3を～する bǎ sān fēn zhī èr hé sì fēn zhī sān jiāyǐ tōngfēn(把三分之二和四分之三加以通分).

つうへい【通弊】 tōngbìng(通病). ¶それが日本人の～だ nà jiùshì Rìběnrén de tōngbìng(那就是日本人的通病).

つうほう【通報】 bàojǐng(报警). ¶消防署に火災の発生を～する xiàng xiāofángduì bàojǐng(向消防队报警). ¶市民の～により指名手配の犯人が逮捕された yóuyú shìmín de bàojǐng, tōngjī de zuìfàn bèi dàibǔ le(由于市民的报警,通缉的罪犯被逮捕了).

¶気象～ qìxiàng bàogào(气象报告).

つうぼう【痛棒】 ¶～をくらわす tòngchì tā yí dùn(痛斥他一顿).

つうやく【通訳】 fānyì(翻译), kǒuyì(口译), tōngyì(通译). ¶団長の挨拶を～する fānyì tuánzhǎng de zhìcí(翻译团长的致词). ¶～を通じて話す tōngguò ˇfānyì[yìyuán] jìnxíng jiāotán(通过ˇ翻译[译员]进行交谈).

¶同時～ tóngshēng chuányì(同声传译).

つうよう【通用】 tōngyòng(通用). ¶この言葉は世界中で～する zhège cí zài quánshìjiè tōngyòng(这个词在全世界通用). ¶この優待券はもう～しない zhè zhǒng yōudàiquàn yǐ wúxiào(这种优待券已无效). ¶そんな考えは今どき～しない nà zhǒng xiǎngfa xiànzài yǐ xíngbutōng le(那种想法现在已行不通了). ¶切符の～期間 piào de yǒuxiào qījiān(票的有效期间).

¶～門 biànmén(便门)/ biānmén(边门)/ pángmén(旁门).

つうよう【痛痒】 tòngyǎng(痛痒). ¶私はそんなことには何ら～を感じない nà zhǒng shì duì wǒ wúguān tòngyǎng(那种事对我无关痛痒).

ツーリング ¶～で日本を1周する qí zìxíngchē zhōuyóu Rìběn(骑自行车周游日本)/ jiàshǐ lǚyóu qìchē huányóu Rìběn(驾驶旅游汽车环游日本).

つうれい【通例】 tōnglì(通例). ¶創立記念日は休業とするのが～になっている zài chuànglì jìniànrì tíngyè xiūxi yì tiān shì tōnglì(在创立纪念日停业休息一天是通例). ¶運動会は～11月の第1日曜日に行われる yùndònghuì yìbān zài shíyīyuè de dìyī ge xīngqīrì jǔxíng(运动会一般在十一月的第一个星期日举行).

つうれつ【痛烈】 ¶彼は私を～に非難した tā měngliè de pēngjīle wǒ(他猛烈地抨击了我). ¶彼の政府に対する弾劾演説は～をきわめた tā duì zhèngfǔ de tánhé yǎnshuō fēicháng jīliè(他对政府的弹劾演说非常激烈). ¶政治への～な風刺 duì zhèngzhì de jiānruì fěngcì(对政治的尖锐讽刺).

つうろ【通路】 tōnglù(通路), tōngdào(通道), zǒudào(走道), guòdào(过道). ¶荷物が～をふさいでいる huòwù zǔsè zǒudào(货物阻塞走道).

つうろん【通論】 tōnglùn(通论). ¶言語学～

yǔyánxué tōnglùn(语言学通论).

つうわ【通话】 tōnghuà(通话). ¶新幹線は列車の中から～ができる xīngànxiàn kěyǐ cóng lièchēli tōnghuà(新干线可以从列车里通话). ¶1～は3分ですcì tōnghuà sān fēnzhōng(一次通话三分钟). ¶～料 diànhuàfèi(电话费).

つえ【杖】 guǎizhàng(拐杖), shǒuzhàng(手杖), guǎigùn[r](拐棍[儿]). ¶～をつく zhǔ guǎizhàng(拄拐杖). ¶～にすがって歩く fúzhe guǎigùn zǒu(扶着拐棍走). ¶～とも柱とも頼む一人息子 wéiyī yīkào de dúshēngzǐ(惟一依靠的独生子).

つか【柄】 bà[r](把[儿]), bǐng(柄). ¶刀の～ dāobàr(刀把儿)/ dāobàzi(刀把子).

つか【塚】 zhǒngtǔ(冢土); [墓] zhǒngmù(冢墓).

つが【栂】 tiěshān(铁杉).

つかい【使い】 ¶～を出して医者を呼ぶ dǎfā rén qù qǐng dàifu(打发人去请大夫). ¶子供を～にやる jiào háizi qù bàn diǎnr shì(叫孩子去办点儿事). ¶ちょっとお～に行ってくれ gěi wǒ mǎi diǎnr dōngxi qù(给我买点儿东西去).

つかい【番】 yí duì(一对), cíxióng(雌雄), gōngmǔ(公母). ¶カナリヤを～にする yǎngzhe yí duì jīnsīquè(养着一对金丝雀).

つかいかた【使い方】 yòngfǎ(用法). ¶～を間違えて機械をこわしてしまった yòngfǎ bú duì, bǎ jīqì nònghuài le(用法不对, 把机器弄坏了). ¶彼は人の～が荒い tā yòng rén hěn kēkè(他用人很苛刻).

つかいがって【使い勝手】 ¶～の悪いコピー機 bù hǎoshǐ[yòngqǐlai bù dé shǒu] de fùyìnjī(不好使[用起来不得手]的复印机). ¶この台所は～が良い zhège chúfáng yòngqǐlai déxīnyìngshǒu(这个厨房用起来得心应手).

つかいこな・す【使いこなす】 ¶最新の機械を～す cāozòng zìrú de shǐyòng zuì xīn jīqì(操纵自如地使用最新机器). ¶彼は日本語を上手に～す tā cāo yì kǒu liúlì de Rìyǔ(他操一口流利的日语). ¶半年ほどで～せるようになった huāfèi yuē bànnián de shíjiān néng yùnyòng zìrú le(花费约半年的时间能运用自如了).

つかいこ・む【使い込む】 **1** qièyòng(窃用), nuóyòng(挪用), dàoyòng(盗用). ¶公金を～む dàoyòng gōngkuǎn(盗用公款). **2** [使い慣す] yòngguàn(用惯), shǐguàn(使惯), yòngshú(用熟). ¶これは～むほど艶がでる zhège dōngxi yuè shǐ yuè fāliàng(这个东西越使越发亮). ¶～んだかんな yòngguànle de bào(用惯了的刨).

つかいすて【使い捨て】 yícìxìng(一次性). ¶～のコップ yícìxìng bēizi(用完就可作废的杯子). ¶～カメラ yícìxìng de zhàoxiàngjī(一次性的照相机). ¶～容器 yícìxìng shípǐn róngqì(一次性食品容器).

つかいだて【使い立て】 ¶つまらないことにお～し, 申し訳ありません ràng nín pǎole yí tàng, shízài hěn duìbuqǐ(一件小事麻烦您跑了一趟, 实在很对不起).

つかいて【使い手】 ¶こんなややこしい道具では～があるまい zhème fùzá de gōngjù bú huì yǒu rén yòng(这么复杂的工具不会有人用). ¶槍の～ chángmáo míngshǒu(长矛名手).

つかいて【使い手】 ¶このクリームは随分～がある zhè xuěhuāgāo zhēn jīngyòng(这雪花膏真经用). ¶今の1万円は～がない xiànzài de yíwàn rìyuán mǎibuliǎo shénme dōngxi(现在的一万日元买不了什么东西). ¶やりようで千円でも結構～がある yòngde dédàng yì qiān kuài qián yě gòu néng huā de(用得得当一千块钱也够能花的).

つかいな・れる【使い慣れる】 yòngguàn(用惯), shǐguàn(使惯). ¶～れた包丁 shǐguàn[cháng shǐ] de càidāo(使惯[常使]的菜刀). ¶～ない言葉を使ったので間違えてしまった shuō yòngbuguàn de huà, shuōcuò le(说不惯的话, 说错了).

つかいはしり【使い走り】 pǎotuǐr(跑腿儿). ¶～をして小銭を稼ぐ pǎo pǎotuǐr zhèng xiē língyòngqián(跑跑腿儿挣些零用钱).

つかいはた・す【使い果す】 yòngjìn(用尽), yòngguāng(用光), huājìn(花尽), huāguāng(花光). ¶有り金を～す bǎ suǒyǒu de qián dōu huā "guāng[gān] le(把所有的钱都花"光[干]了)/ bǎ qián huāle ge yìgān-èrjìng(把钱花了个一干二净). ¶私はこの仕事に精力を～してしまった wǒ wèi zhège gōngzuò yǐ "fèijìnle xīnlì [xīnlì] jiāo cuì](我为这个工作已"费尽了心力[心力交瘁]).

つかいふる・す【使い古す】 yòngjiù(用旧), shǐjiù(使旧). ¶～した鞄 yòngjiùle de píbāo(用旧了的皮包). ¶～された言葉 chénfǔ de huà(陈腐的话)/ sútào de huà(俗套的话).

つかいみち【使い道】 yòngtú(用途), yòngchu(用处), yòngchǎng(用场). ¶彼は金の～を知らない tā bù zhīdào zěnme yòng qián(他不知道怎么用钱). ¶せっかくもらったが～に困っている suīrán lǐngshòu le, kě wú chù kě yòng(虽然领受了, 可无处可用).

つかいもの【使い物】 ¶これは全く～にならない zhège dōngxi jiǎnzhí méiyǒu yòng(这个东西简直没有用). ¶あの男は～にならない nàge jiāhuo zhēn bù zhōngyòng(那个家伙真不中用).

つかいわ・ける【使い分ける】 ¶目的に応じて道具を～ける àn mùdì fēnbié shǐyòng gōngjù(按目的分别使用工具). ¶相手によって言葉を～ける kàn rén shuōhuà(看人说话).

つか・う【使う】 **1** [用いる] yòng(用), shǐ(使), shǐyòng(使用), shǐhuan(使唤). ¶店員を5人～っている shǐyòng wǔ ge diànyuán(使用五个店员). ¶彼は人を～のが下手だ tā bú huì yòng rén(他不会用人). ¶どんな仕事でもいいですから私を～って下さい shénme gōngzuò dōu xíng, qǐng "yòng[gùyòng] wǒ ba(什么工作都行, 请"用[雇佣]我吧). ¶スパイを～って敵情を探る pài jiàndié cìtàn díqíng(派间谍刺探敌情). ¶鉄を～って tiě "zhìzào(用铁制造). ¶野菜を多く～った料理 duō yòng qīngcài zuò de cài(多用青菜做的菜). ¶この

本を教材に～う yòng zhè běn shū zuò jiàocái(用这本书做教材). ¶ここでは火を～うように qǐng búyào zài zhèr yòng huǒ(请不要在这儿用火). ¶マイクを～って話をする yòng huàtǒng jiǎnghuà(用话筒讲话). ¶通学にバスを～っている chéng gōnggòng qìchē shàng xuéxiào(乘公共汽车上学校). ¶ペンネームを～う yòng bǐmíng(用笔名). ¶この案は～えそうだ zhège fāng'àn kànlai néng yòngdezháo(这个方案看来能用得着). ¶もっと頭を～え duō dòng diǎnr nǎojīn(多动点儿脑筋). ¶～えないやつだ zhège rén zhēn "bù déyòng[yòng-bude](这个人真"不得用[用不得]).

2〔費やす〕yòng(用), shǐyòng(使用); huā(花), huāfèi(花费). ¶月に小遣をいくら～いますか língyòngqián měiyuè huā duōshao?(零用钱每月花多少?). ¶あの人には～いきれない程の金がある tā yǒu huābujǐn de qián(他是花不尽的钱). ¶余暇を有効に～う yǒuxiào de lìyòng yèyú shíjiān(有效地利用业余时间). ¶そんなに水を～うな bié yòng nàme duō de shuǐ(别用那么多的水).

3〔手品を～う〕biàn xìfǎr(变戏法儿). ¶人形を～う shuǎ mù'ǒu(耍木偶). ¶赤ん坊に湯を～わせる gěi wáwa xǐzǎo(给娃娃洗澡). ¶うちわを～う shān tuánshàn(扇团扇).

つか・える【支える】dǔ(堵), dǔsè(堵塞), zǔsè(阻塞). ¶頭が天井に～える tóu pèng tiānhuābǎn(头碰天花板). ¶どぶが～えて流れない shuǐgōu dǔsè bù tōng le(水沟堵塞不通了). ¶御飯がのどに～えた jiào mǐfàn gěi yēzhù le(叫饭给噎住了). ¶車が～えて動けない jiāotōng zǔsè qìchē dòngbuliǎo(交通阻塞汽车动不了). ¶今日は仕事が～えているから行けない jīntiān gōngzuò jǐn, qùbuliǎo(今天工作紧, 去不了). ¶～え～えしゃべる jiējiē-bābā de shuō(结结巴巴地说). ¶胸が～えて食が進まない xīnli dǔde huāng, chī bu xiàqù(心里堵得慌, 吃不下去).

つか・える【仕える】shìfèng(侍奉), shìhòu(侍候), cìhou(伺候), fúshi(服侍・伏侍・服事). ¶親によく～える xiàoshùn de shìfèng fùmǔ(孝顺地侍奉父母). ¶神に～える巫女 shìfèng shén de nǚwū(侍奉神的女巫).

つが・える【番える】¶弓に矢を～える bǎ jiàn dāzài gōngxián shang(把箭搭在弓弦上).

つかさど・る【司る】zhízhǎng(执掌), zhǎngguǎn(掌管), guǎnlǐ(管理). ¶国務を～る zhízhǎng guówù(执掌国务). ¶大脑は運動機能を～る dànǎo zhǎngguǎn yùndòng jīnéng(大脑掌管运动机能).

つかずはなれず【付かず離れず】bù jí bù lí(不即不离). ¶～の関係 bùjí-bùlí de guānxi(不即不离的关系).

つかつか ¶～と入って来た háo bú kèqi de zǒule jìnlai(毫不客气地走了进来).

つかぬこと【付かぬ事】¶～を伺いますが hěn màomèi, xiàng nǐ dǎtīng yíxià(很冒昧, 向你打听一下).

つか・ねる【束ねる】**1**〔たばねる〕shù(束), kǔn(捆). ¶髪を～ねる shù fà(束发).

2〔こまぬく〕¶手を～ねて見ているわけにはいかない bùnéng xiùshǒu-pángguān, zhì zhī bù lǐ(不能袖手旁观, 置之不理).

つかのま【束の間】¶～の幸せ duǎnzàn de xìngfú(短暂的幸福). ¶青空が見えたのも～再び雨が降り出した lùchūle lántiān, "zhuǎnshùn [shùnxī]jiān yòu xiàqǐle yǔ(露出了蓝天, "转瞬[瞬息]间又下起了雨). ¶そのことは～も忘れられない nà shì "piànkè[piànshí] yě wàngbuliǎo(那事"片刻[片时]也忘不了).

つかま・える【摑まえる・捕まえる】zhuā(抓), zhuō(捉), dǎi(逮), jiū(揪), ná(拿). ¶袖を～えて離さない jiūzhù xiùzi bú fàng(揪住袖子不放). ¶忙しい人だからあの人を～えるのは容易なことではない tā shì ge mángrén, kě bù róngyì zhuāzhù tā(他是个忙人, 可不容易抓住他). ¶犯人を～える zhuā[zhuō/dǎi/ná/zhuōná] zuìfàn(抓[捉/逮/拿/捉拿]罪犯). ¶素手で兎を～える chìshǒu zhuō tùzi(赤手捉兔子). ¶父親を～えて"馬鹿"とは何だ duì fùqin shuō: "húndàn", jiǎnzhí búxiànghuà(对父亲说: "混蛋", 简直不像话).

つかま・せる【摑ませる】**1**〔賄賂を〕¶金を～せて口止めする wǎng shǒuli sāi qián dǔzuǐ(往手里塞钱堵嘴).

2〔偽物などを〕¶偽物を～せられた shàngdàng mǎile jiǎhuò(上当买了假货).

つかま・る【摑まる・捕まる】**1** zhuāzhù(抓住), jiūzhù(揪住), fúzhù(扶住). ¶枝に～ってぶらさがる zhuāzhù shùzhī zhuànr(抓住树枝吊着). ¶手すりに～って階段を下りる fúzhe fúshou xià lóutī(扶着扶手下楼梯).

2〔捕まえられる〕bǔhuò(捕获), zhuāhuò(抓获). ¶盗みの現行犯で～った tōu dōngxi dāngchǎng bèibǔ le(偷东西当场被捕了). ¶彼はスピード違反で警官に～った tā xíngchē chāosù jǐngchá dàizhùle tā(他行车超速警察逮住了他). ¶出掛けようとしたら彼に～ってしまった gāng yào chūmén bèi tā zhuāzhù le(刚要出门就他抓住了).

つかみあい【摑み合い】niǔdǎ(扭打). ¶口論のあげく～の喧嘩になった chǎozuǐ chǎode niǔdǎ qǐlai le(吵嘴吵得扭打起来了).

つかみかか・る【摑み掛る】¶彼はいきなり～ってきた tā lěngbufáng pūshanglai zhuāzhùle wǒ(他冷不防扑上来抓住了我).

つかみだ・す【摑み出す】¶ポケットから小銭を～す cóng yīdōu tāochū língqián lai(从衣兜掏出零钱来).

つかみどころ【摑み所】¶何とも～のない人だ zhēn shì mōbuzháo biānr de rén(真是摸不着边儿的人). ¶～のない話 mōbuzháo tóunǎo de huà(摸不着头脑的话).

つか・む【摑む】zhuā(抓), jiū(揪), zuó(捽). ¶机の上の花瓶を～んで投げつけた zhuāqǐ zhuōzi shang de huāpíng rēngle guòqu(抓起桌子上的花瓶扔了过去). ¶肩先を～んでゆさぶった jiūzhù jiānbǎng yáohuang(揪住肩膀摇晃). ¶まるで雲を～むような話だ jiǎnzhí shì

bǔfēng-zhuōyǐng de shì(简直是捕风捉影的事).　¶チャンスを~む zhuāzhù (抓住机会).　¶人の弱点を~む zhuā rén de xiǎobiànzi (抓人的小辫子).　¶これで事件のおおよそは~めた zhè jiù zhǎngwòle shìjiàn de gàikuàng(这就掌握了事件的概况).　¶彼女の本当の気持を~みかねている nòngbuqīng tā de běnyì(弄不清她的本意)/ mōbutòu tā de xīnsi(摸不透她的心思).

つか・る【浸かる・漬かる】 1〔ひたる〕 ¶大水が出て家が水に~った fā dàshuǐ fángzi bèi shuǐ pào le(发大水房子被水泡了).　¶膝まで~って川を渡る shuǐ shēn mò xī shèshuǐ guò hé(水深没膝涉水过河).　¶彼は風呂に~っている tā zhèng pàozài yùchíli(他正泡在浴池里).
2〔漬物が〕¶白菜がおいしく~った báicài yānde hěn hǎochī(白菜腌得很好吃).

つかれ【疲れ】 lèi(累), fá(乏), pífá(疲乏), kùnfá(困乏), píjuàn(疲倦), píláo(疲劳), píkùn(疲困), wěidùn(委顿).　¶夜になってどっと~が出た dàole wǎnshang gǎndào píbèi bùkān(到了晚上感到疲惫不堪).　¶一晩寝たら~がすっかりとれた shuìle yì xiǔ, wánquán jiěchúle píláo(睡了一宿, 完全解除了疲劳).　¶彼は~を知らない男だ tā shì ge bù zhīdào píjuàn de rén(他是个不知道疲倦的人).　¶一服して~を休める chōu zhī yān xiēxie(抽支烟歇歇).

つか・れる【疲れる】 lèi(累), fá(乏), pífá(疲乏), kùnfá(困乏), píjuàn(疲倦), píláo(疲劳), píkùn(疲困), wěidùn(委顿).　¶一日中働きづめでへとへとに~れた bùtíng de gànle yìzhěngtiān, bǎ wǒ lèisǐ le[nòngde wǒ jīnpí-lìjìn](不停地干了一整天,〈把我累死了〉[弄得我筋疲力尽]).　¶慣れない仕事をしたので~れた zuòle gànbuguàn de huó, lèi[fá] le(做了干不惯的活,〈累〉[乏]了).　¶細かい字を見ると目が~れる kàn xiǎozì lèi yǎnjing(看小字累眼睛).　¶~れた足をひきずって歩く tuōzhe píruǎn de tuǐ yí bù yí bù de zǒu(拖着疲软的腿一步一步地走).　¶彼女は生きるのに~れ果てたといった様子だ tā hǎoxiàng duì huózhe yǐjīng fēicháng yànjuàn le(她好像对活着已经非常厌倦了).　¶お~れさま láo nín jià le(劳您驾了)/ xīnkǔ le(辛苦了).

つか・れる【憑かれる】 rùmó(入魔), zháomó(着魔).　¶狐に~れる jiào húlíjīng fù shēn(叫狐狸精附身).　¶彼はものに~れたように制作に熱中している tā xiàng shì míle xīnqiào shìde rèzhōng yú chuàngzuò(他像是迷了心窍似的热中于创作).

つき【月】 1〔天体〕 yuè(月), yuèliang(月亮), yuèqiú(月球), tàiyīn(太阴), yuègōng(月宫), bīnglún(冰轮), chángéng(蟾宫).　¶~が出た yuèliang chūlai le(月亮出来了).　¶~が中天にかかっている yuèliang xuánguà zài tiānkōng(月亮悬挂在天空).　¶~が皎々と輝き渡る yuèguāng jiǎojiǎo(月光皎皎).　¶今夜はいい~だ jīnwǎn de yuèliang zhēn hǎokàn(今晚的月亮真好看).　¶~の明るい夜だった nà shì yí ge yuèsè mínglǎng de yèwǎn(那是一个月色明朗的夜晚).　¶~が満ちる[欠ける] yuè yíng[kuī](月）盈[亏]).　¶~とすっぽん tiānrǎng zhī bié(天壤之别).
2〔暦の〕yuè(月).　¶大[小]の~ dà[xiǎo] yuè(大[小]月).　¶~に1度研究会を開く měiyuè kāi yí cì yánjiūhuì(每月开一次研究会).　¶ひと~に1万円ずつ積み立てる měiyuè zǎn yíwàn rìyuán(每月攒一万日元).　¶~が変ったら伺います dàole xiàyuè bàifǎng nín(到了下月拜访您).　¶彼女は~満ちて男の子を生んだ tā dàole yuèzi shēngle ge nánháizi(她到了月子生了个男孩子).

つき【付】 1〔付き具合〕 ¶この糊は~が悪い zhè jiànghu bù hǎo zhān(这糨糊不好粘).　¶~の悪い炭 bù hǎo zháo de tàn(不好着的炭).
2〔幸運〕¶ようやく~が回ってきた hǎobù róngyi cái zhuǎnyùn le(好不容易才转运了)/ shí lái yùn zhuǎn le(时来运转了).　¶~に見放された yùnqi bù hǎo le(运气不好了)/ zǒu bèiyùn(走背运).

つき【付き・就き】 1〔…のために〕yīn(因), yīnwei(因为).　¶改装中に~休業します zhěngxiū nèibù, tíngzhǐ yíngyè(整修内部,停止营业).　¶雨天に~中止 yīn yǔ zhōngzhǐ(因雨中止).
2〔…に関して〕guānyú(关于), jiù(就).　¶この点に~御説明します guānyú zhè yì diǎn zuò yíxià jiěshì(关于这一点作一下解释).
3〔…ごとに〕měi(每).　¶1個に~200円の保管料 měi yí jiàn xíngli bǎoguǎnfèi èrbǎi kuài qián(每一件行李保管费二百块钱).　¶1000円に~1枚の抽選券 měi yìqiān kuài qián jì zhāng chōujiǎngquàn(每一千块钱一张抽签券).

-つき【付】 1〔この品は1年間の保証~だ zhè huò yǒu yì nián de bǎoxiūqī(这货有一年的保修期).　¶ガス, 水道の貸間 dàiyǒu[fùyǒu] wǎsī, zìláishuǐ de chūzū fángjiān(带有[附有]瓦斯,自来水的出租房间).　¶条件~で承諾する yǒu tiáojiàn de pīzhǔn(有条件地批准).
2〔所属〕¶社長~の秘書 zǒngjīnglǐ de mìshū(总经理的秘书).　¶大使館~を命ぜられた tā bèi pàidào dàshǐguǎn gōngzuò(他被派到大使馆工作).

つぎ【次】 xià(下), cì(次).　¶~はどなたですか xià yí ge shì shuí?(下一个是谁?).　¶~はA君のピアノ独奏です xià yí ge jiémù shì A tóngxué de gāngqín dúzòu(下一个节目是A同学的钢琴独奏).　¶~の展示品を御覧下さい qǐng kàn xiàmian chénliè de zhǎnpǐn(请看下面陈列的展品).　¶~の駅で降りよう zài xià yí zhàn xià chē ba(在下一站下车吧).　¶~を読んで下さい jiēzhe wǎng xià niàn(接着往下念).　¶詳細は~の如し xiángqíng rúxià(详情如下).　¶~から~へと仕事がある gōngzuò yí ge jǐnjiē yí ge de lái(工作一个紧接一个地来).　¶~の日も雪だった dì'èrtiān[cìrì] yòu xiàxuě le(第二天[次日]又下雪了).　¶数学の~に好きな学科は物理だ wǒ xǐhuan wùlǐ jǐn cìyú shùxué(我喜欢物理仅次于数学).

つぎ【継ぎ】 bǔdīng (补丁・补钉). ¶ズボンに～をする gěi kùzi bǔ bǔdīng (给裤子补补钉). ¶～の当った服 dǎ bǔdīng de yīfu (打补钉的衣服).

つきあい【付き合い】 1〔交際〕jiāowǎng (交往), jiāojì (交际), jiāoyóu (交游), láiwang (来往), wǎnglái (往来). ¶彼は～が広い tā jiāoyóu hěn guǎng (他交游很广). ¶彼の家とは家族ぐるみの～をしている wǒ jiā gēn tā yìjiāzi yǒu jiāowǎng (我家跟他一家子有交往). ¶彼女とは 10 年来の～だ gēn tā yǒu shí nián de jiāoqing (跟她有十年的交情).
2〔義理〕¶酒はほんの～で飲むくらいだ jiǔ zhǐ búguò shì yìngchou hē diǎnr (酒只不过是应酬喝点儿).

つきあ・う【付き合う】 1〔交際する〕jiāowǎng (交往), jiāojì (交际), jiāoyóu (交游), láiwang (来往), wǎnglái (往来), xiāngchǔ (相处). ¶彼とは長年～っている gēn tā ˬjiāowǎng[xiāngchǔ] duōnián (跟他˪交往[相处]多年). ¶あいつは～にくい男だ tā shì ge bù hǎo ˬdǎ jiāodao[xiāngchǔ] de rén (他是个不好˪打交道[相处]的人). ¶私は他の人とどうもうまく～えない wǒ hé biérén zǒngshì chǔbulái (我和别人总是处不来).
2〔共に行動する〕péi (陪), péibàn (陪伴). ¶1 杯～えよ péi wǒ qù hē yì bēi ba (陪我去喝一杯吧). ¶見たくもない映画を～わされた péi tā kànle bútài xiǎng kàn de diànyǐng (陪他看了不太想看的电影).

つきあた・る【突き当る】 1〔衝突する〕zhuàngshàng (撞上), pèngshàng (碰上). ¶自転車が塀に～った zìxíngchē zhuàng qiángshang le (自行车撞墙上了).
2〔行き止る〕¶～って左に曲ると 2 軒目が私の家です zǒudào tóur wǎng zuǒ guǎi dì'èr suǒ fángzi jiùshì wǒ de jiā (走到头儿往左拐第二所房子就是我的家). ¶～りの店 jìntóur de pùzi (尽头儿的铺子). ¶研究は壁に～った yánjiū pèngbì le (研究碰壁了).

つきあわ・せる【突き合せる】 1〔向かい合せる〕¶膝を～せて話す cùxī tánxīn (促膝谈心). ¶毎日顔を～せるのはうんざりだ měitiān miàn duìzhe miàn yànfánsǐ le (每天面对着面厌烦死了).
2〔照合する〕duìzhào (对照), héduì (核对), cháduì (查对). ¶在庫品を帳簿と～せる héduì zhàngbù hé cúnhuò (核对账簿和存货).

つぎあわ・せる【継ぎ合せる】 ¶この 2 本の管を～せれば長さは十分だ bǎ zhè liǎng gēn guǎnzi jiēshang jiù gòu cháng le (把这两根管子接上就够长了). ¶端切れを～せて手提袋を作る bǎ suìbù pīnqilai zuò shǒutíbāo (把碎布拼起来做手提包).

つきおくれ【月遅れ】 ¶～の雑誌 guòqī de zázhì (过期的杂志). ¶～の正月 zhēngyuè (正月)/ Chūnjié (春节).

つきおと・す【突き落す】 ¶崖から～す cóng shānyá měng tuīxiaqu (从山崖猛推下去). ¶悲しみのどん底へ～された bèi tuīdào bēi'āi de shēnyuān (被推到悲哀的深渊).

つきかえ・す【突き返す】 ¶そんな品物なんか～してしまえ nà zhǒng dōngxi gěi wǒ tuìhuíqu (那种东西给我退回去).

つきかげ【月影】 yuèguāng (月光), yuèsè (月色). ¶～さやかな夜 yuèsè míngliǎng de yèwǎn (月色明朗的夜晚).

つきかけ【月掛】 ¶保険料の払込みを～にする àn yuè fù bǎoxiǎnfèi (按月付保险费). ¶～貯金 àn yuè cúnkuǎn (按月存款).

つぎき【接木】 jiàjiē (嫁接), jiēmù (接木), zhījiē (枝接). ¶柿を～する jiàjiē shìzi (嫁接柿子).

つきき・ず【突傷】 cìshāng (刺伤), zhāshāng (扎伤).

つきぎめ【月極め】 bāoyuè (包月), lùn yuè (论月), àn yuè (按月). ¶～で車庫を借りる àn yuè zū chēkù (按月租车库).

つきくず・す【突き崩す】 ¶敵の一角を～した gōngpòle dízhèn de yìjiǎo (攻破了敌阵的一角).

つぎこ・む【注ぎ込む】 ¶彼は全財産を社会事業に～んだ tā bǎ suǒyǒu cáichǎn tóurùle gōngyì shìyè (他把所有财产投入了公益事业).

つきころ・す【突き殺す】 cìsǐ (刺死). ¶短刀で～す yòng bǐshǒu cìsǐ (用匕首刺死).

つきさ・す【突き刺す】 ¶ナイフで喉を～す yòng xiǎodāo tǒng hóulong (用小刀捅喉咙). ¶肉にフォークを～す yòng chāzi chā ròupiàn (用叉子叉肉片). ¶彼女の言葉は私の胸を～した tā de huà zhāle wǒ de xīnwōr (她的话扎了我的心窝儿)/ tā nà huà cìtòngle wǒ de xīn (她那话刺痛了我的心).

つきずえ【月末】 yuèmò (月末), yuèdǐ (月底), yuèzhōng (月终).

つきそい【付添い】 ¶～の母親 bànsuí de mǔqin (伴随的母亲). ¶この病人は～が必要だ zhège bìngrén shēnbiān xūyào yǒu rén ˬzhàogù[ˬhùlǐ] (这个病人身边需要有人˪照顾[护理]).

つきそ・う【付き添う】 péi (陪), péibàn (陪伴), bànsuí (伴随). ¶父親に～われて警察に自首する yóu fùqin péibàn qiánwǎng gōng'ānjú zìshǒu (由父亲陪伴前往公安局自首). ¶交替で病人に～う lúnliú ˬcìhou[ˬshǒuhòu / ˬkānhù] bìngrén (轮流˪伺候[守候 / 看护]病人).

つきたお・す【突き倒す】 tuīdǎo (推倒), zhuàngdǎo (撞倒). ¶後ろから～された cóng bèihòu bèi tuīdǎo le (从背后被推倒了).

つきだ・す【突き出す】 ¶窓から頭を～す cóng chuānghu ˬtàntóu[ˬshēnchū tóu lai] (从窗户˪探头[伸出头来]). ¶げんこつを～す jǔ quán xià lái (举拳下来). ¶泥棒を警察へ～す bǎ xiǎotōur niǔsòng gōng'ānjú (把小偷儿扭送公安局).

つぎた・す【継ぎ足す】 ¶縄を～して長くする bǎ shéngzi xùshàng yì jiér nòngcháng (把绳子续上一截儿弄长). ¶奥に 1 部屋～した zài wūhòu jiāgàile yì jiān wūzi (在屋后加盖了一间屋子).

つきた・てる【突き立てる】 ¶短刀を机に～てて

つきもの

おどす bǎ bǐshǒu ˇchǔ[chuō]zài zhuōshang xiàhu rén(把匕首ˇ杵[戳]在桌上吓唬人).

つきたらず【月足らず】¶赤ん坊が～で生れた yīng'ér bù zúyuè jiù shēngxialai le(婴儿不足月就生下来了).

つきづき【月月】měiyuè(每月). ¶～3万円貯金している měiyuè cún sānwàn rìyuán(每月存三万日元).

つぎつぎ【次次】¶子供たちが～にはしかにかかった háizi yígègè de déle mázhěn(孩子一个个地得了麻疹). ¶新しい本が～に出版される xīnshū lùxù chūbǎn le(新书陆续出版了). ¶～と仕事を片付けていく bǎ gōngzuò yí jiàn yí jiàn de chǔlǐwán(把工作一件一件地处理完). ¶今日は～と客があった jīntiān kèrén ˇluòyì-bùjué[jiēzhǒng ér lái / fēnzhǐ-tàlái](今天客人ˇ络绎不绝[接踵而来 / 纷至沓来]). ¶～と倒産する yì jiā jiē yì jiā de pòchǎn guānmén(一家接一家地破产关门). ¶～と情報が入ってくる yīnxùn jiē èr lián sān de chuánlái(音讯接二连三地传来)/ jiēlián búduàn de shōudào qíngbào(接连不断地收到情报).

つっきり【付きっ切り】¶～で看病する cùnbù-bùlí de kānhù bìngrén(寸步不离地看护病人).

つきつ・ける【突き付ける】¶刃物を胸元に～けておどす ná dāozi duìzhǔn duìfāng de xiōngkǒu jìnxíng wēixié(拿刀子对准对方的胸口进行威胁). ¶確かな証拠を～ける bǎichū quèzáo de zhèngjù(摆出确凿的证据). ¶抗議書を～ける dìjiāo kàngyìshū(递交抗议书).

つきつ・める【突き詰める】zhuīgēn(追根), dáogēnr(捯根ル), páogēnr(刨根ル). ¶問題をとことんまで～める duì wèntí zhuīgēn jiūdǐ(对问题追根究底). ¶彼女は～めた表情で入って来た tā chóumǔr jǐn suǒ zǒule jìnlái(她愁眉紧锁走了进来). ¶そんなに～めて考えるな búyào xiǎngde tài guòyú rènzhēn le(不要想得太过于认真了).

つき・でる【突き出る】tūchū(突出). ¶庇が通りに～出ている fángyán tūchū dào jiēdào shang(房檐突出到街道上). ¶海に～出た岬 tūrù hǎili de jiǎjiǎo(突入海里的岬角).

つきとお・る【突き通る】¶釘が裏まで～ってしまった dīngzi chuāntōngle bèimiàn(钉子穿通了背面).

つきとば・す【突き飛ばす】sǎng(搡). ¶いきなり横合いから～された tūrán cóng cèmiàn bèi měng tuīle yíxià(突然从侧面被猛推了一下).

つきと・める【突き止める】cháchū(查出), chámíng(查明). ¶やっと隠れ家を～めた zhōngyú cháchū chūcáng de dìfang(终于查出隐藏的地方). ¶真相を～める cháming zhēnxiàng(查明真相).

つきなかば【月半ば】yuèzhōng(月中). ¶～でもう小遣がなくなった yuèzhōng língyòngqián jiù méiyǒu le(月中零用钱就没有了).

つきなみ【月並】¶～な文句を並べる shuō sútàozi(说俗套子). ¶そんなしゃれは～だ nà qiǎopíhuà píngdàn wúqí(那种俏皮话平淡无奇). ¶～な発想 fánjiù de xiǎngfa(凡旧的想法)/ píngfán de gòusī(平凡的构思).

つきぬ・ける【突き抜ける】¶弾丸が鉄板を～けた zǐdàn dǎchuānle tiěbǎn(子弹打穿了铁板). ¶林を～けて行く chuānguò shùlínzi(穿过树林子).

つきの・ける【突き除ける】¶人を～けて前へ出る měng tuī rén wǎng qián jǐ(猛推人往前挤).

つきのわぐま【月の輪熊】hēixióng(黑熊), gǒuxióng(狗熊), hēixiāzi(黑瞎子).

つぎはぎ【継ぎ接ぎ】bǔding(补钉). ¶～だらけのシャツ mǎn shì bǔding de chènshān(满是补钉的衬衫). ¶～の論文 dōngpīn-xīcòu de yì piān lùnwén(东拼西凑的一篇论文).

つきはじめ【月初め】yuèchū(月初), yuètóu(月头儿). ¶～に月謝を払う yuèchū jiǎo xuéfèi(月初缴学费).

つきはな・す【突き放す】¶すがりつく子供を邪険に～す bǎ chánshanglai de háizi wúqíng de ˇtuīkai[shuǎikāi](把缠上来的孩子无情地ˇ推开[甩开]). ¶一度は～さないと彼はいつまでたっても自活できない bù bǎ tā diūkāi yí cì, tā lǎo bùnéng zì shí qí lì(不把他丢开一次,他老不能自食其力). ¶わざと～した言い方をする gùyì lěngyán-lěngyǔ de shuō(故意冷言冷语地说).

つきばらい【月払】¶本代はまとめて～にする shūfèi cuánqilai àn yuè fùkuǎn(书费攒起来按月付款). ¶～で車を買う àn yuè fùkuǎn mǎi qìchē(按月付款买汽车).

つきひ【月日】shíguāng(时光), niánguāng(年光). ¶～がたつのは早いものだ shíjiān guòde zhēn kuài(时间过得真快)/ wū fēi tù zǒu(乌飞兔走)/ rìyuè rú suō(日月如梭). ¶あれから10年の～が流れた cóng nà yǐhòu guòle shí nián de shíguāng(从那以后过了十年的时光). ¶空しく～を送る xūdù niánhuá(虚度年华).

つきへん【月偏】yuèpiānr(月字旁儿).

つぎほ【接穂】jiēsuì(接穗). ¶話の～がない huà jiēbushàng chár(话接不上碴ル). ¶話の～を探す xúnzhǎo huàtóur(寻找话头儿).

つきまと・う【付き纏う】chán〈缠〉, chánrào(缠绕), chánrǎo(缠扰), jiūchán(纠缠). ¶変な男に～われる bèi búsānbúsì de nánrén chánzhù le(被不三不四的男人缠住了). ¶最初の失敗が最後まで～う zuìchū de shībài yìzhí yǐngxiǎng dào zuìhòu(最初的失败一直影响到最后).

つきみ【月見】¶～をする shǎngyuè(赏月).

つきみそう【月見草】yuèjiàncǎo(月见草), dàixiāocǎo(待霄草).

つぎめ【継目】jiētour(接头儿). ¶管の～が離れた guǎnzi de jiētour tuōjié le(管子的接头儿脱节了). ¶服の～が分らないように繕う bǔde bújiàn féngtour(补得不见缝头儿). ¶～なしのレール wúfèng gānggǔi(无缝钢轨).

つきもの【付き物】¶学者に貧乏は～だと言われている chángyán dào pínkùn shì xuézhě de huǒbàn(常言道贫困是学者的伙伴). ¶小児

麻痺には高熱が〜だ xiǎo'ér mábìzhèng bàn yǒu gāoshāo(小儿麻痺症伴有高烧). ¶鰻には山椒が〜 kǎományú quēbuliǎo huājiāomiànr(烤鰻魚缺不了花椒面ㄦ).

つきもの【憑物】 xiéwù（邪物）, xiésuì（邪祟）, xiémó（邪魔）. ¶〜が落ちた fù tǐ xiésuì bèi gǎnzǒu le（附体邪祟被赶走了）. ¶〜を払う qūxié yāsuì（驱邪压祟）.

つきやぶ・る【突き破る】 ¶障子を〜る tǒngpò zhǐlāchuāng（捅破纸拉窗）. ¶車が塀を〜って飛びこんできた qìchē zhuàngpò qiáng chuānglē jìnlái（汽车撞破墙闯了进来）. ¶敵の囲みを〜る chōngpò[tūpò] dírén de chóngwéi（冲破[突破]敌人的重围）.

つきやま【築山】 jiǎshān（假山）, shānzi（山子）, shānzishír（山子石ㄦ）. ¶庭に〜を築く zài tíngyuànlǐ zào jiǎshān（在庭院里造假山）.

つきゆび【突指】 ¶バレーボールで〜をした dǎpáiqiú"chuō[cuò]shāngle shǒuzhǐ（打排球"戳[挫]伤了手指）.

つきよ【月夜】 yuèyè（月夜）. ¶その夜はいい〜だった nà tiān wǎnshang shì ge měilì de yuèyè（那天晚上是个美丽的月夜）.

つ・きる【尽きる】 jìn(尽), wán(完); dàotóu[r] (到头ㄦ). ¶燃料が〜きた ránliào yòngwán le（燃料用完了）. ¶とうとう力が〜きて倒れた zhōngyú jīngpí-lìjié de dǎoxia le（终于精疲力竭地倒下了）. ¶いつまで話しても名残は〜きない wúlùn tán duōjiǔ yě nán shě nán fēn（无论谈多久也难舍难分）. ¶すばらしい一語に〜きる yí jù huà "hǎode hěn"（一句话"好得很"）. ¶ふるさとへ〜きぬ思いを寄せる duì gùxiāng yǒu shuōbujìn de huáiniàn（对故乡有说不尽的怀念）. ¶少し歩いたら林が〜きた zǒu bù yíhuìr, shùlínzi jiù dàotóu le（走不一会ㄦ, 树林子就到头了）.

つきわり【月割】 ¶会費は〜にすると1000円になる huìfèi àn yuè suàn měiyuè yìqiān rìyuán（会费按月算每月一千日元）.

つ・く【付く】 **1**〔付着する〕zhān(沾). ¶手に泥が〜く shǒushang zhānle ní（手上沾了泥）. ¶ズボンに血が〜いた kùzi shang zhānle xiě（裤子上沾了血）. ¶頭に糸くずが〜いている tóushang yǒu gēn xiàntóur（头上有根线头ㄦ）. ¶この糊はよく〜く zhè jiànghu hěn nián（这糨糊很黏）.

2〔印, 跡などが〕¶運搬の途中で傷が〜いた zài bānyùn de túzhōng huále kǒuzi（在搬运的途中划了口子）. ¶変な臭いが〜いていた zhānshàngle yì gǔ guàiwèir（沾上了一股怪味ㄦ）. ¶雪の上に足跡が〜いていた xuěshang yǒu jiǎoyìn（雪上有脚印）. ¶折目の〜いていない札(⑤) méiyǒu zhéhén de chāopiào（没有折痕的钞票）.

3〔定着する〕¶挿木が〜いた chātiáo zhāgēn le（插条扎根了）. ¶知識が身に〜く zhǎngwò zhīshi（掌握知识）. ¶一度〜いた悪い癖はなかなか直らない yídàn zhānrǎn huài xíguàn hěn nán gǎi（一旦沾染坏习惯很难改）. ¶彼は近頃〜いている tā jìnlái hěn zǒuyùn（他近来很走运）.

4〔添加する, 付属する〕dài(带). ¶1ダースに1個の景品が〜く měi yì dá yǒu yí ge zèngpǐn（每一打有一个赠品）. ¶借入金には厳しい条件が〜いている jièkuǎn fùdài hěn kēkè de tiáojiàn（借款附带很苛刻的条件）. ¶あとになれば理屈はどうにでも〜く shìhòu shénme lǐyóu dōu kěyǐ jiāshangqu（事后什么理由都可以加上去）. ¶この机には引出しが〜いていない zhè zhāng zhuōzi méiyǒu chōuti（这张桌子没有抽屉）. ¶風呂の〜いたアパートを借りる zū yí tào yǒu xǐzǎojiān de gōngyù（租一套有洗澡间的公寓）.

5〔付き添う, 従う〕gēn(跟), gēnsuí(跟随). ¶我々の訪中団には通訳が〜いている wǒmen de fǎnghuátuán yǒu fānyì péitóng（我们的访华团有翻译陪同）. ¶昨夜は一晩中病人に〜いていた zuówǎn kānhùle yì xiǔ bìngrén（昨晚看护了一宿病人）. ¶俺が〜いているから心配するな yǒu wǒ"zài[gēnzhe], nǐ fàngxīn ba（有我"在[跟着], 你放心吧）. ¶父に〜いて旅行に行く gēnsuí fùqin qù lǚxíng（跟随父亲去旅行）. ¶行列の尻尾に〜く gēnzài duìwu de mòwěi（跟在队伍的末尾）. ¶ああいったやり方には私はとても〜いていけない wǒ zhǒng zuòfǎ wǒ shízài wúfǎ fǎngxiào（那种做法我实在无法仿效）. ¶どちらにも〜かず中立を守る bú zhànzài rènhé yì fāng, bǎochí zhōnglì（不站在任何一方, 保持中立）.

6〔目, 耳, 気などに〕¶珍しい骨董が目に〜いた zhēnguì de gǔdǒng yìngrù yǎnlián（珍贵的古董映入眼帘）. ¶いやな臭いが鼻に〜く chòuqi chòng bí（臭气冲鼻）. ¶隣室の話し声が耳に〜いて眠れない gébì de shuōhuàshēng lǎo zài ěrbiān xiǎng, shuìbuzháo jiào（隔壁的说话声老在耳边响, 睡不着觉）. ¶彼女はよく気の〜く人だ tā shénme dōu xiǎngde hěn zhōudào（她什么都想得很周到）. ¶気が〜いたら病院のベッドに寝かされていた sūxǐng guolai yí kàn, què tǎngzài bìngchuáng shang（苏醒过来一看, 却躺在病床上）.

7〔生ずる, 加わる〕¶もう少し肉が〜くといいのだが zài pàng diǎnr jiù hǎo le（再胖点ㄦ就好了）. ¶彼は最近めきめき中国語の力が〜いてきた jìnlái tā de Zhōngwén shuǐpíng yǒu xiǎnzhù tígāo（近来他的中文水平有显著提高）. ¶この子もだんだん知恵が〜いてきた zhè háizi jiànjiàn dǒngshì le（这孩子渐渐懂事了）. ¶彼は近頃貫禄が〜いてきた zuìjìn tā yìbiǎo xiǎnde wēiyán le（最近他仪表显得威严了）. ¶梅にはもうだいぶ蕾が〜いている méishù shang zhǎngle bùshǎo huāgǔduor（梅树上长了不少花骨朵ㄦ）.

8〔火, 明りなどが〕¶このマッチは火が〜かない zhè huǒchái bù zháo（这火柴不着）. ¶家家に明りが〜いた jiājiā dōu diǎnshàng dēng le（家家都点上灯了）. ¶ネオンが〜いたり消えたりしている níhóngdēng hū míng hū miè（霓虹灯忽明忽灭）.

9〔定まる〕¶よしこれで決心が〜いた hǎo,

zhèyàng wǒ jiù nádìng zhǔyi le(好，这样我就拿定主意了). ¶交渉がやく目鼻が〜いた jiāoshè hǎoróngyì cái yǒule méimù(交涉好容易才有了眉目). ¶これからどうなるか想像もも〜かない yǐhòu huì zěnmeyàng jiǎnzhí wúfǎ xiǎngxiàng(以后会怎么样简直无法想象). ¶本気とも冗談とも〜かぬことを言う bù zhīdào tā shuō de shì bu shì dàngzhēn(不知道他说的是不是当真). ¶あの伝説からこの地の名が〜いた gēnjù nàge chuánshuō yǒule zhège dìmíng(根据那个传说有了这个地名). ¶その絵には法外な値が〜いた nà zhāng huà gěile jùjià(那张画给了巨价).

10〔ある値段に当る〕 ¶1日の食費は3000円に〜いた yì tiān de huǒshífèi yònge sānqiān rìyuán(一天的伙食费用了三千日元). ¶出来合いを買ったほうが安く〜く mǎi xiànchéng de dào piányi(买现成的倒便宜).

つ・く【憑く】 ¶狐が〜く húlijīng fù shēn(狐狸精附身).

つ・く【就く・着く】 **1**〔身を置く〕 jiù(就), zuò(坐). ¶皆さん席に下さいや qǐng dàjiā ˇjiùzuò[luòzuò](请大家ˇ就座[落座]). ¶床に〜いたのは明け方だった tiān kuài liàng de shíhou cái shàngchuáng shuì de jiào(天快亮的时候才上床睡的觉). ¶Aチームが本年度日本一の座に〜いた A duì huòdéle běnnián Rìběn dìyī de chēnghào(A队获得了本年日本第一的称号). ¶社長の任に〜いた yǐ jiùrèn zǒngjīnglǐ(就任总经理). ¶ビクトリア女王は1837年王位に〜いた Wéiduōlìyà nǚwáng yī bā sān qī nián jí de wèi(维多利亚女王一八三七年即位). ¶彼は決まった職に〜いたことがない tā méi jiùguo gùdìng de zhíyè(他没就过固定的职业). ¶任務を終えて帰途に〜いた wánchéng rènwù hòu tàshàngle guītú(完成任务后踏上了归途).

2〔師事する〕 ¶先生に〜いて中国語を学ぶ gēn lǎoshī xué Zhōngwén(跟老师学中文). ¶彼女はA先生に〜いてピアノを習った tā bài A xiānsheng wéi shī xué tán gāngqín(她拜A先生为师学弹钢琴).

つ・く【着く】 **1**〔到着する〕 dào(到), dàodá(到达), dǐdá(抵达). ¶飛行機は10時に北京に〜く fēijī shí diǎn dàodá Běijīng(飞机十点到达北京). ¶汽車は定刻より5分遅れて〜いた huǒchē wǎndiǎn wǔ fēnzhōng dàole zhàn(火车晚点五分钟到了站). ¶船は明日神戸港に〜く予定だ lúnchuán yùdìng míngtiān dàodá Shénhù Gǎng(轮船预定明天到达神户港). ¶私達は夜遅く目的地に〜いた wǒmen shēnyè cái dàodá mùdìdì(我们深夜才到达目的地). ¶この手紙は3日までに〜くだろうか zhè fēng xìn sān hào kěyǐ jìdào ma?(这封信三号可以寄到吗?). ¶荷物はまだ〜かない xíngli hái méi dào(行李还没到).

2〔触れ届く〕 zháo(着). ¶彼は頭が天井に〜くくらい背が高い tā gèzi gāode tóu pèng dǐngpéng le(他个子高得头碰顶棚了). ¶深くて足が底に〜かない shuǐ shēnde jiǎo gòubuzháo dǐ (水深得脚够不着底). ¶彼のやり方は足が地に〜いていない tā de zuòfǎ jiǎo bù zháo dì bù tàshi(他的做法脚不着地不踏实).

つ・く【突く・撞く・衝く】 **1**〔刺す〕 cì(刺), zhā(扎), tǒng(捅). ¶槍で〜く yòng chángqiāng cì(用长枪刺). ¶針で指先を〜いた zhēn zhā zhítou(针扎了指头).

2〔打つ，押す〕 dǎ(打), zhuàng(撞). ¶鐘を〜く qiāo zhōng(敲钟)/ zhuàng zhōng(撞钟). ¶まりを〜いて遊ぶ pāi píqiú wánr(拍皮球玩儿). ¶みぞおちを〜かれて気絶した bèi jīzhòngle xiōngkǒu hūndǎo le(被击中了胸口昏倒了). ¶肩を〜いたらひっくり返った yì ˇchù[chuō] jiānbǎng, tā jiù dǎo le(一ˇ杵[戳]肩膀，他就倒了). ¶判を〜く gàizhāng(盖章).

3〔支えにする〕 zhī(支). ¶杖を〜いて歩く zhǔzhe guǎizhàng zǒu(拄着拐杖走). ¶頬杖を〜いて本を読む yòngshǒu ˇtuō[tuō]zhe xiàba kàn shū(用手ˇ支[托]着下巴看书). ¶手を〜いて身を起す yòng shǒu zhīzhe shēntǐ qǐlai(用手支着身体起来). ¶がっくり膝を〜いてしまった yì tānruǎn guìle xiàqù(一瘫软跪了下去).

4¶意気天を〜く gànjìn chōngtiān(干劲冲天). ¶雲を〜くばかりの大男 dǐng tiān dà hàn(顶天大汉). ¶風雨を〜いて進む màozhe fēngyǔ qiánjìn(冒着风雨前进). ¶つんと鼻を〜く臭いがする wéndào yì gǔ cìbí de qì wèir(闻到一股刺鼻的气味儿). ¶不意を〜く chū qí bùyì(出其不意). ¶急所を〜く jīzhòng[qièzhòng] yàohài(击中[切中]要害). ¶相手の弱点を〜く gōngjī duìfāng de ruòdiǎn(攻击对方的弱点). ¶詩の1節が口を〜いて出た yì jié shī cóng tā zuǐli suíkǒu ér chū(一节诗从他嘴里随口而出). ¶弾薬が底を〜く dànyào gàoqìng(弹药告罄).

つ・く【搗く】 dǎo(捣), chōng(舂). ¶米を〜く chōng mǐ(舂米).

つ・く【吐く】 ¶ためいきを〜く tànqì(叹气)/ āi shēng tàn qì(唉声叹气). ¶この金が入れば一息〜くことができる jìnle zhè bǐ qián jiù néng ˇchuǎn[huǎn] yī kǒu qì(进了这笔钱就能ˇ喘[缓]一口气). ¶嘘を〜く sā[shuō/dǎ] huǎng(撒[说/打]谎).

つ・く【浸く】 ¶大雨で畑に水が〜いた xiàle dà yǔ hàndì ràng shuǐ pào le(下了大雨旱地让水泡了).

つ・ぐ【次ぐ】 **1**〔続く〕 ¶地震に〜いて津波が起こった dìzhèn hòu jǐnjiēzhe láile hǎixiào(地震后紧接着来了海啸).

2〔次に位する〕 cìyú(次于). ¶大阪は東京に〜ぐ大都会だ Dàbǎn shì jǐn cìyú Dōngjīng de dà dūshì(大阪是仅次于东京的大都市).

つ・ぐ【注ぐ】 dào(倒), zhēn(斟). ¶お茶を〜ぎましょう wǒ gěi nǐ dào yì bēi chá ba(我给你倒一杯茶吧). ¶杯になみなみと酒を〜ぐ mǎnmǎn de zhēn yì bēi jiǔ(满满地斟一杯酒).

つ・ぐ【接ぐ】 jiē(接). ¶骨を〜ぐ jiēgǔ(接骨). ¶りんごの木を〜ぐ jiājiē píngguǒshù(嫁接苹果树).

つ・ぐ【継ぐ】 **1**〖継承する〗jì(继), jìchéng(继承). ¶王位を～ぐ jìchéng wángwèi(继承王位). ¶父の跡を～いで大工になる jìchéng fùqin zuò mùjiang(继承父亲做木匠). ¶師の志を～いで研究を続ける jìchéng lǎoshī de yízhì jìxù jìnxíng yánjiū(继承老师的遗志继续进行研究).
2〖つなぎ合せる〗¶この板は～いである zhè kuài mùbǎn shì pīnhé chéng de(这块木板是拼合成的). ¶工事は夜を日に～いで進められた gōngchéng yè yǐ jì rì de jìnxíng(工程夜以继日地进行).
3〖繕う〗bǔ(补), féngbǔ(缝补). ¶ズボンの破れを～ぐ bǎ kùzi pòle de dìfang féngbǔshàng(把裤子破了的地方缝补上)/ bǔ kùzi(补裤子).
4〖足す〗¶炭を～ぐ xù[tiān/jiā]tàn(续[添/加]炭).

つくえ【机】 zhuōzi(桌子), jī'àn(几案), shūzhuō(书桌), xiězìtái(写字台), bàngōngzhuō(办公桌), táizi(台子). ¶1日のうち6時間は～に向かって勉強する yì tiān lǐ liù ge xiǎoshí pāzài zhuōzi shang dúshū(一天里六个小时伏在桌子上读书). ¶～を並べて仕事をする zhuō āi zhuō de gōngzuò(桌挨桌地工作).

つくし【土筆】 wènjīng(问荆), mǎcǎo(马草), tǔmǎhuáng(土麻黄), bǐtóucǎo(笔头草).

つく・す【尽す】 **1**〖尽〗. ¶事件解決のために全力を～す wèile jiějué shìjiàn ér quánlì yǐ fù[jiéjìn quánlì](为了解决事件而全力以赴[竭尽全力]). ¶できる限りの手を～したが病人は助からなかった jìnle yíqiè kěnéng dàn zhōngyú yīzhì wúxiào(尽了一切可能但终于医治无效). ¶この文章ではまだ意を～していない zhè piān wénzhāng yǎn bú jìn yì(这篇文章言不尽意). ¶言葉を～して説得する bǎibān[kǔkǒu-póxīn]guīquàn(百般[苦口婆心]规劝). ¶害虫が新芽を食い～した hàichóng chīguāngle xīnyá(害虫吃光了新芽). ¶猛火が町を焼き～した dàhuǒ bǎ chéngzhèn shāode yìgān-èrjìng(大火把城镇烧得一干二净). ¶その問題はすでに論じ～された zhège wèntí yǐjīng cóng suǒyǒu de jiǎodù tǎolùndào le(这个问题已从所有的角度讨论到了).
2〖尽力する〗xiàoláo(效劳), xiàolì(效力). ¶国に～す wèi guó xiàoláo(为国效劳). ¶あの人は私のためによく～してくれた tā zhēn wèi wǒ jìnle xīnlì(他真为我尽了力).

つくだに【佃煮】 〖説明〗把鱼贝、海菜等用酱油、甜料酒和白糖熬煮，味较浓的一种小菜.

つくづく【熟】 ¶健康のありがたさを～感じた shēnshēn de gǎndào jiànkāng de bǎoguì(深深地感到健康的宝贵). ¶赤ん坊の顔を～眺める níngshìzhe wáwa de liǎn(凝视着娃娃的脸). ¶何もかも～嫌になった duì shénme dōu yànjuàn le(对什么都厌倦了).

つくつくぼうし【つくつく法師】 hánchán(寒蝉), hēitiáoliáo(黑蛸蟟).

つぐな・う【償う】 dǐcháng(抵偿), bǔcháng(补偿), péicháng(赔偿). ¶損失を～う péicháng sǔnshī(赔偿损失). ¶こわしたガラスの代金を～う zhàojià péicháng dǎpòle de bōli(照价赔偿打破了的玻璃). ¶罪を～う shú[dǐ]zuì(赎[抵]罪)/ zìshú(自赎). ¶約束を破った～いをする bǔcháng shīyuē(补偿失约).

つく・ねる【捏ねる】 ¶泥を～ねて団子にする yòng ní tuán níqiú(用泥抟泥球). ¶粘土を～ねて人形をつくる yòng niántǔ niē nírénr(用黏土捏泥人儿).

つくねんと 彼は～待合室に座っていた tā dāidāi de zài hòucheshì zuòzhe(他呆呆地在候车室坐着).

つぐみ【鶫】 bāndōng(斑鸫).

つぐ・む【噤む】 jìnkǒu(噤口), bìkǒu(闭口), juékǒu(绝口), zhùkǒu(住口), jiānkǒu(缄口). ¶彼は言いかけて急に口を～んだ tā gāng yào kāikǒu, mǎshàng yòu bìshangle zuǐ(他刚要开口，马上又闭上了嘴). ¶それ以来彼は口を～んでしまった cóng nà yǐhòu tā bìkǒu[jiānmò] bù yán le(从那以来他闭口[缄默]不言了)/ nà yǐhòu tā jìn ruò hánchán le(打那以后他噤若寒蝉了).

つくり【作り・造り】 ¶この家具は～がしっかりしている zhè jiāju zuòde hěn jiēshi(这家具做得很结实). ¶彼女は地味な～をしている tā dǎbande hěn pǔsu(她打扮得很朴素). ¶菊の～の名人 zāipéi júhuā de néngshǒu(栽培菊花的能手). ¶小～の女 xiǎogèr de nǚrén(小个儿的女人).

つくり【旁】 yòu páng(右旁).

つくりあ・げる【作り上げる】 ¶皆で力を合せて立派なものを～げよう dàjiā tóngxīn-xiélì gǎochū hǎo de dōngxi lai ba(大家同心协力搞出好的东西来吧). ¶とんでもない話を～げたものだ jìng néng biānzào zhè zhǒng huǎnghuà(竟能编造这种谎话).

つくりか・える【作り替える】 ¶カーテンが古くなったので～えた chuānglián jiù le, huànchéng xīn de le(窗帘旧了，换成新的了). ¶コートを上着に～える bǎ dàyī gǎichéng shàngyī(把大衣改成上衣). ¶小説を戯曲に～える bǎ xiǎoshuō gǎibiān wéi jùběn(把小说改编为剧本).

つくりかた【作り方】 zuòfǎ(做法・作法). ¶この料理の～を教えて下さい qǐng jiāogěi wǒ zhège cài de zuòfǎ(请教给我这个菜的做法).

つくりごえ【作り声】 jiǎshēng(假声), jiǎsǎng(假嗓), jiǎsǎngzi(假嗓子). ¶～で話す yòng jiǎsǎngzi shuōhuà(用假嗓子说话).

つくりごと【作り事】 niēzào(捏造), jiǎzhuāng(假装), xūgòu(虚构). ¶彼が病気だなんて全くの～だ shuō tā shēngbìng, nà wánquán shì xiāzhōu(说他生病，那完全是瞎诌).

つくりだ・す【作り出す】 ¶苦労して新しい品種を～した fèijìn xīnxuè chuàngzàochū xīn pǐnzhǒng(费尽心血创造出新品种).

つくりつけ【作り付け】 ¶～の本棚 gùdìng de shūchú(固定的书橱). ¶～の戸棚 bìchú(壁橱).

つくりなお・す【作り直す】 chóng zuò(重做). ¶気に入らないのでもう一度～す yīnwei bú

zhòngyì zài chóng zuò yí cì(因为不中意再重做一次). ¶文章を～す gǎixiě wénzhāng(改写文章).

つくりばなし【作り話】 ¶彼の話は全くの～だ tā shuō de huà quán shì ˇxiā biān de[xiāhuà](他说的话全是ˇ瞎编的[瞎话]). ¶これは～ではなく本当にあったことだ zhè bú shì xūgòu de gùshi, ér shì zhēnrén-zhēnshì(这不是虚构的故事, 而是真人真事).

つくりもの【作り物】 ¶この花はとても～とは思えない zhè huā jiǎnzhí kànbuchū shì jiǎhuā(这花简直看不出是假花).

つくりわらい【作り笑い】 jiǎxiào(假笑), gānxiào(干笑). ¶～をする qiǎng xiào(强笑)/qiǎng yán huānxiào(强颜欢笑)/pí xiào ròu bú xiào(皮笑肉不笑).

つく・る【作る・造る】 1[製作する, 製造する] zuò(做), zhì(制). ¶木で椅子を～る yòng mùtou zuò yǐzi(用木头做椅子). ¶機械を～る zào jīqì(造机器). ¶この工場ではトラクターを～っている zhè jiā gōngchǎng zhìzào tuōlājī(这家工厂制造拖拉机). ¶このスカートは私が～った zhège qúnzi shì wǒ zìjǐ zuò de(这个裙子是我自己做的). ¶大急ぎで昼食を～る jímáng zuò wǔfàn(急忙做午饭). ¶大麦でビールを～る yòng dàmài niàngzào píjiǔ(用大麦酿造啤酒). ¶カクテルを～る tiáozhì jīwěijiǔ(调制鸡尾酒).

2[築く] ¶煉瓦で家を～る yòng zhuān ˇgài[zào] fángzi(用砖ˇ盖[造]房子). ¶日本庭園を～る[xiūzào / jiànzào] Rìběnshì tíngyuán(造[修造 / 建造]日本式庭园). ¶幹線道路を～る xiūzhù[xiūjiàn / jiànzhù] gōnglù(修筑[修建 / 建筑]公路). ¶都市計画にもとづいて街を～る àn chéngshì guīhuà jiànshè chéngshì(按城市规划建设城市). ¶幸せな家庭を～って下さい xīwàng nǐmen jiànlì ge měihǎo xìngfú de jiātíng(希望你们建立个美好幸福的家庭).

3[創造する] ¶詩を～る zuò shī(作诗). ¶新曲を～る chuàngzuò xīnqǔ(创作新曲).

4[作成する] ¶規則を～る zhìdìng guīzhāng(制定规章). ¶契約書を～る xiě hétong(写合同). ¶同窓会の名簿を～る zào xiàoyǒuhuì míngcè(造校友会名册). ¶年間のスケジュールを～る biānxiě yì nián de rìchéng(编写一年的日程).

5[創設する] ¶新しい会社を～る shèlì xīn gōngsī(设立新公司). ¶テニスのクラブを～りたい wǒ xiǎng zǔzhī wǎngqiú jùlèbù(我想组织网球俱乐部).

6[形成する] ¶円陣を～って座る wéichéng ge quānzi zuòxià(围成一个圈子坐下). ¶列を～って入場を待つ páiduì děngdài rùchǎng(排队等待入场).

7[栽培する, 耕作する] ¶米を～る zhòng dàozi(种稻子). ¶野菜を～る zhòng[zāi] cài(种[栽]菜). ¶庭にいろいろな花を～っている tā zài yuànzili zāizhòngle gè zhǒng huā(他在院子里栽种了各种花). ¶1ヘクタールの畑を～る zhòng yì gōngqǐng dì(种一公顷地).

8[養成する] ¶艱難困苦で人を～る jiānnán kùnkǔ zàojiù rén(艰难困苦造就人). ¶長い間に～られた習慣 chángqī yǎngchéng de xíguàn(长期养成的习惯). ¶スポーツで丈夫な体を～る tōngguò tǐyù yùndòng liànchéng qiángjiàn de shēntǐ(通过体育运动练成强健的身体).

9[産み出す] ¶子供を～る shēng háizi(生孩子). ¶財産を～る jījù cáichǎn(积聚财产). ¶事業に失敗して莫大な借金を～った yóuyú shìyè shībài yíxià yí dà bǐ zhài(由于事业失败欠下一大笔债). ¶思わぬことから敵を～ってしまった yóuyú yìxiǎng bu dào de shìqing shùle dí(由于意想不到的事情树了敌). ¶暇を～って映画を見に行く jǐchū shíjiān qù kàn diànyǐng(挤出时间去看电影).

10[よそおう] ¶顔を～る pūfěn huàzhuāng(扑粉化妆). ¶彼女は若く～っている tā dǎbande hěn niánqīng(她打扮得很年轻).

11[わざとする] ¶彼女は悲しみをこらえて笑顔を～っていた tā rěnzhù bēitòng qiǎng zuò xiàoróng(她忍住悲痛强作笑容). ¶あまり話を～りすぎてかえって面白くない guòfèn xūgòu fǎndào méi yìsi le(过分虚构反倒没意思了). ¶口実を～って欠席する zhǎo jièkǒu quēxí(找借口缺席).

つくろ・う【繕う】 1[直す] zhuì(缀), bǔ(补), bǔzhuì(补缀), xiūbǔ(修补), xiūshàn(修缮). ¶ズボンのほころびを～う féngbǔ kùzi de pòzhàn(缝补裤子的破绽). ¶垣根を～う xiūbǔ wéiqiáng(修补围墙).

2[整えよそおう] ¶身なりを～う zhěng yī(整衣). ¶世間体を～う zhuāng ménmian(装门面). ¶その場を～って言い逃れる dāngchǎng fūyan jǐ jù yìngfu guoqu(当场敷衍几句应付过去).

つけ【付け】 1[勘定書] ¶～がまわってきた lā de zhàng[qiànzhàng] zhuǎnlai le(拉的账[欠账]转来了). ¶さぼっていた～がまわってきて, 今頃苦労している tōulǎn de jiéguǒ, xiànzài dà chī kǔtou(偷懒的结果, 现在大吃苦头).

2[帳面買い] ¶～で買う shégòu(赊购). ¶この店は～がきく zhège pùzi néng shēqiàn(这个铺子能赊欠).

-つけ【付け】 ¶いいに～悪いに～彼の影響力は大きい hǎo de yěbà, huài de yěbà, tā de yǐngxiǎng shì hěn dà de(好的也罢, 坏的也罢, 他的影响是很大的). ¶あの人にいろいろとお世話になった wǒ shìshì shòudào tā de guānzhào(我事事受到他的关照). ¶それに～ても思い出されるのは母のことだ fúxiàn zài nǎozili de zǒngshì mǔqin(浮现在脑子里的总是母亲).

つげ【黄楊】 huángyáng(黄杨).

-づけ【付】 ¶4月1日～で退職する yǐ sìyuè rì wéi qī tuìzhí(以四月一日为期退职). ¶8月3日～のお手紙拝見いたしました nín bāyuè sān rì de láihán bàiyuèle(您八月三日的来函拜阅).

つけあが・る【付け上がる】 褒めるとすぐ～る yì kuā tā jiù qiào wěiba(一夸他就翘尾巴).

つけあわせ【付け合せ】 ¶ステーキの~に野菜を添える niúpái pèishàng yìxiē qīngcài(牛排配上一些青菜).

つけい・る【付け入る】 ¶人の弱みに~っておどす zhuāzhù rénjia de xiǎobiànzi qiāo zhúgàng(抓住人家的小辫子敲竹杠). ¶先生に~するすきを与えない shǐ duìfāng wú xì kě chéng(使对方无隙可乘).

つけおち【付け落ち】 lòuzhàng(漏账). ¶帳簿に~がないかを調べる chádùi zhàngbù yǒu wú lòuzhàng(查对账簿有无漏账).

つけおと・す【付け落(と)す】 lòu(漏). ¶帳簿に電気料金を~した zhàngběn shang lòujìle diànfèi(账本上漏记了电费). ¶領収書に日付を~した shōutiáo shang lòule niányuèrì(收条上漏了年月日).

つげぐち【告げ口】 ¶~をするとは卑怯だ bèihòu shuō rén huàihuà, zhēn bēibǐ(背后说人坏话,真卑鄙). ¶先生に~する xiàng lǎoshī dǎ xiǎobàogào(向老师打小报告).

つけくわ・える【付け加える】 bǔchōng(补充), fùjiā(附加). ¶これ以上~えることはない wǒ méiyǒu zài bǔchōng de le(我没有再补充的了). ¶手紙に一言~える xìnshang fùjiā yí jù(信上附加一句).

つけこ・む【付け込む】 ¶人の不幸に~む chéng rén búxìng(乘人不幸). ¶相手の無知に~む lìyòng duìfāng de wúzhī(利用对方的无知). ¶弱みに~まれた bèi rén zuānle kòngzi(被人钻了空子).

つけた・す【付け足す】 fùjiā(附加). ¶説明を~す fùjiā shuōmíng(附加说明).

つけたり【付】 ¶これはほんの~ですが zhè zhǐ búguò shì fùdài shuō yíxià(这只不过是附带说一下). ¶視察というのは~で本当は遊びに行ったのだ shíchá zhǐ búguò shì ge jièkǒu, shíjishang yóushān-wánshuǐ qù le(视察只不过是个借口,实际上游山玩水去了).

つけとどけ【付け届け】 ¶盆暮の~をする guònián guòjié sònglǐ(过年过节送礼).

つけね【付け値】 chūjià[r](出价[儿]), kāijià[r](开价[儿]). ¶~と言い値の差が大きすぎる chūjià hé yàojià xiāngchà tài dà(出价和要价相差太大).

つけねら・う【付け狙う】 ¶すりに~われる bèi páshǒu gēnshàng(被扒手跟上). ¶命を~う sìjī shāhài(伺机杀害).

つけひげ【付け髭】 jiǎhúzi(假胡子). ¶~をつける tiē jiǎhúzi(贴假胡子).

つけまつげ【付け睫】 jiǎjiémáo(假睫毛).

つけまわ・す【付け回す】 ¶女のあとを~す zài nǚrén pìgu hòutou zhuàn(在女人屁股后头转). ¶新聞記者に~される bèi xīnwén jìzhě wěisuí(被新闻记者尾随).

つけめ【付け目】 ¶彼の人の好さがこっちの~だ tā nà lǎohǎorénjìnr zhèngshì kě zuān de kòngzi(他那老好人劲儿正是可钻的空子).

つけもの【漬物】 xiáncài(咸菜), jiàngcài(酱菜), pàocài(泡菜). ¶茄子(ヂ)の~ yān qiézi(腌茄子).

つけやきば【付け焼刃】 ¶彼の知識は~だ tā de zhīshi zhǐ búguò shì bànpíngcù(他的知识只不过是半瓶醋).

つ・ける【付ける】 1〔付着させる〕tú(涂), mǒ(抹), chá(搽), zhān(沾). ¶パンにバターを~ける gěi miànbāo tú huángyóu(给面包涂黄油). ¶手にクリームを~ける wǎng shǒushang mǒ xuěhuāgāo(往手上抹雪花膏). ¶傷に薬を~ける gěi shāngkǒu mǒ yào(给伤口抹药). ¶シーツに糊を~ける jiāng chuángdān(浆床单). ¶筆にたっぷり墨を~ける bǐtóur zhànbǎo mò(笔头儿蘸饱墨). ¶ドアに耳を~けて中の様子をうかがう bǎ ěrduo tiēzài ménbiān tōutīng(把耳朵贴在门边偷听).

2〔取り付ける〕¶ワイシャツにボタンを~ける gěi chènshān féng kòuzi(给衬衫缝扣子). ¶引出しに取手を~ける zài chōuti shang zhuāngshàng lāshou(在抽屉上装上拉手). ¶客間にクーラーを~ける zài kètīng ānzhuāng lěngqì shèbèi(在客厅安装冷气设备).

3〔印、跡などを〕¶服に染みを~けた yīfu shang zhānshànglé wūgòu(衣服上沾上了污垢). ¶大事な家具に傷を~けてしまった bǎ guìzhòng de jiājù huálé ge kǒuzi(把贵重的家具划了个口子). ¶目印を~ける zuò ge jìhao(做个记号).

4〔身に備える〕¶手に職を~けておいたほうがいい zuìhǎo xuéhuì yì mén jìshù(最好学会一门技术). ¶彼は高い教養を身に~けている tā yǒu hěn gāo de jiàoyǎng(他有很高的教养). ¶薄着の習慣を~ける yǎngchéng shǎo chuān yīfu de xíguàn(养成少穿衣服的习惯).

5〔記入する〕jì(记), xiě(写). ¶出納を帳簿に~ける bǎ shōuzhīl jìzài zhàngbùshang(把收支记在账簿上). ¶私は毎日日記を~けている wǒ měitiān xiě rìjì(我每天写日记). ¶この勘定は私に~けておいて下さい zhège zhàng gěi wǒ jìshàng ba(这个账给我记上吧).

6〔添加する〕fùshang(附上), fùjiā(附加). ¶贈物にカードを~けて届ける zài lǐpǐn shang fùshàng kǎpiàn sòngqu(在礼品上附上卡片送去). ¶図に説明を~ける zài túshang fùjiā shuōmíng(在图上附加说明). ¶条件を~けて許可する fùdài tiáojiàn pīzhǔn(附带条件批准). ¶詩にメロディーを~ける gěi shī pǔ qǔ(给诗谱曲).

7〔付き添わせる〕¶護衛を~ける pài jǐngwèiyuán hùwèi(派警卫员护卫). ¶子供に家庭教師を~ける gěi háizi qǐng ge jiātíng jiàoshī(给孩子请个家庭教师). ¶彼さえ味方に~ければもう大丈夫だ zhǐyào bǎ tā lālu wǒfāng jiù kěyǐ fàngxīn le(只要把他拉入我方就可以放心了).

8〔尾行する〕¶あとを~けて行ったが人込みで

見失った yìzhí gēnzài hòumian, què zài rénqúnli zǒushī le (一直跟在后面，却在人群里走失了). ¶あやしい車に～けられている bèi yí liàng kěyí de qìchē dīngshàngle shāo (被一辆可疑的汽车钉上了梢).

9[目，気などを] ¶早くから彼の才能に目を～けていた wǒ hěn zǎo jiù zhùyìdào tā de cáinéng (我很早就注意到他的才能). ¶その男は警察から目を～けられている nàge nánrén shòudào gōng'ānjú de zhùyì (那个男人受到公安局的注意). ¶車に気を～けなさい zhùyì[xiǎoxīn] qìchē (注意[小心]汽车).

10[生じさせる，加える] ¶彼はそのことですっかり自信を～けた tōngguò tā jiàn shì tā zēngqiáng le xìnxīn (通过那件事他增强了信心). ¶滋養のあるものを食べて精を～ける chī fùyǒu yíngyǎng de dōngxi bǔyǎng shēntǐ (吃富有营养的东西补养身体). ¶利息を～けて返す jiāshàng lìxī huánzhài (加上利息还债).

11[火，明りなどを] diǎn (点), rán (燃), diǎnrán (点燃), rándiǎn (燃点). ¶部屋の明りを～ける diǎnshàng wūzili de dēng (点上屋子里的灯). ¶薪に火を～ける diǎn cháihuo (点柴火). ¶一日中ストーブを～けっ放しにする zhěngtiān shēngzhe lúzi (整天生着炉子). ¶ラジオを～ける kāi shōuyīnjī (开收音机).

12[定める] ¶紛争に結末を～ける jiějué jiūfēn (解决纠纷). ¶金で片を～ける yòng qián liǎojié (用钱了结). ¶いい加減に見切りを～けたらどうだ chènzǎo bié gàn le (趁早别干了). ¶生れた子供に名前を～ける gěi dànshēng de háizi qǐ míngzi (给诞生的孩子起名字). ¶答案に点数を～ける gěi dájuàn dǎ fēnshù (给答卷打分数). ¶1万円の値を～けて売る biāojià yíwàn rìyuán chūshòu (标价一万日元出售).

13[…し慣れる] ¶やり～けないことはするのではないな méi gǎoguo de shì zuìhǎo bù gǎo (没搞过的事最好不搞). ¶親父にはどなられ～けている bèi fùqin màguàn le (被父亲骂惯了).

14[強意] ¶弟を叱り～けた shuō[xùn]le dìdi yí dùn (说[训]了弟弟一顿). ¶思いきり殴り～けてやった hěnhěn de zòule tā yí dùn (狠狠地揍了他一顿).

つ・ける【就ける・着ける】 1[身を置かせる] jiù (就), rù (入). ¶客を案内して席に～ける yǐndǎo bīnkè rùxí (引导宾客入席). ¶A氏を会長の地位に～ける ràng A xiānsheng jiùrèn huìzhǎng (让A先生就任会长). ¶子供をどんな仕事に～けたいか nǐ xiǎng ràng háizi zuò shénmeyàng de gōngzuò? (你想让孩子做什么样的工作?).

2[師事させる] ¶先生に～けて絵を習わせる ràng háizi gēnzhe lǎoshī xué huà huàr (让孩子跟着老师学画儿).

つ・ける【着ける】 1[衣服などを] ¶肌に～けるものはいつも清潔にしておくこと tiēshēn chuān de yīfu yào bǎochí qīngjié (贴身穿的衣服要保持清洁). ¶胸にブローチを～けている xiōngqián ˇbié[dài]zhe xiōngzhēn (胸前ˇ别[戴]着胸针).

2[乗物を] kào (靠), wān (湾). ¶船を岸壁に～ける bǎ chuán kào'àn (把船靠岸). ¶車を玄関に～けて下さい qǐng bǎ qìchē kāidào ménkǒu (请把汽车开到门口).

つ・ける【浸ける・漬ける】 1[ひたす] pào (泡), jìn (浸), jìnpào (浸泡), jìnzì (浸渍). ¶汚れ物を一晩水に～けておく bǎ zāng yīfu zài shuǐli pào yì wǎn (把脏衣服在水里泡一晚).

2[漬物を] yān (腌), yānzì (腌渍); jiàng (酱). ¶白菜を～ける yān báicài (腌白菜).

**つ・げる【告げる】 gào (告), gàosu (告诉). ¶つらいことだが事実を～げることにした suīrán bù rěnxīn, dàn wǒ háishi juéxīn bǎ shìshí gàosu tā (虽然不忍心，但我还是决心把事实告诉他). ¶その人は名前も～げずに立ち去った nàge rén míngzi yě méi shuō jiù zǒu le (那个人名字也没说就走了). ¶人々に別れを～げる xiàng dàjiā gàobié (向大家告别). ¶暁を～げる鐘の音 bàoxiǎo de zhōngshēng (报晓的钟声).

つごう【都合】 1[その時の～で変更することもある] gēnjù shíjì qíngkuàng yǒu biàngēng de kěnéng (根据实际情况有变更的可能). ¶～により本日休業いたします yīn gù jīnrì tíngyè (因故今日停业). ¶自分の～ばかり考えるな bié zhǐ tú zìjǐ de fāngbiàn (别只图自己的方便). ¶私は今日の午後はちょっと～が悪い wǒ jīntiān xiàwǔ bù fāngbiàn (我今天下午不方便). ¶万事～よく行った wànshì hēngtōng (万事亨通)/ yì fān fēng shùn (一帆风顺). ¶彼はよく在宅している zhèngháo [zhènggǔjiǎo / còuqiǎo / gǎnqiǎo] tā zàijiā (正巧[正好／凑巧／赶巧]他在家). ¶あの人は～が悪くなるとすぐ怒鳴り散らす tā ˇshì bù yóu jǐ [bú shùnlì / bú shùnxīn] shí jiù dà fā píqi (他ˇ事不由己[不顺利／不顺心]时就大发脾气).

2[融通] ¶時間の～をつけて迎えに出る ānpáichū shíjiān[chōuchū zhèngduō] qù jiē rén (安排出时间[抽出工夫]去接人). ¶明日までに車を何とか～して下さい míngtiān qǐng shèfǎ yúnchū yí liàng qìchē (明天请设法匀出一辆汽车). ¶どうしても金の～がつかない zěnme yě còubuqǐ qián (怎么也凑不齐钱). ¶今日中に10万円ほど～してもらえませんか jīntiān zhī nèi shìfǒu néng gěi wǒ tōngróng shíwàn rìyuán? (在今天之内是否能给我通融十万日元?).

3[総計] ¶経費は～20万円です fèiyong yígòng wéi èrshí wàn rìyuán (费用一共为二十万日元). ¶一行は通訳や秘書を入れて～10名になる tāmen yìxíng lián fānyì mìshū zài nèi tōnggòng wéi shí rén (他们一行连翻译秘书在内通共为十人).

つじ【辻】 1[十字路] shízì lùkǒu (十字路口), shízì jiētóu (十字街头).

2[街頭] jiētóu (街头), jiēkǒur (街口ル). ¶～芸人 màiyìde (卖艺的).

**つじつま【辻褄】 ¶うまく～を合せる qiǎomiào yuánhuǎng (巧妙圆谎)/ zì yuán qí shuō (自圆其说). ¶話の～が合ない shuō de huà qián-

つた【蔦】 páshānhǔ(爬山虎), páqiánghǔ(爬墙虎), dìjīn(地锦).
つた・う【伝う】 yán(沿), shùn(顺). ¶雨水が樋を～って流れる yǔshuǐ shùnzhe yángōu liúxiaqu(雨水顺着檐沟流下去). ¶ロープを～って登る pānzhe shéngzi páshangqu(攀着绳子爬上去). ¶尾根～いに歩く yánzhe shānjǐ zǒu(沿着山脊走).
つたえきく【伝え聞く】 tīngshuō(听说), jùshuō(据说), chuánshuō(传说), chuánwén(传闻). ¶～くところによれば彼は近々中国に留学するそうだ tīngshuō tā bùjiǔ jiù yào dào Zhōngguó liúxué qù(听说他不久就要到中国留学去).
つた・える【伝える】 1〔熱、電気、波動などを〕chuán(传), dǎo(导), chuándǎo(传导). ¶金属は電気を～える jīnshǔ dǎodiàn(金属导电). ¶銅は熱をよく～える tóng yì chuánrè(铜易传热). ¶空気は音を～える kōngqì chuánbō shēngyīn(空气传播声音).
2〔伝達する〕gàosu(告诉), gàozhī(告知), chuándá(传达), zhuǎndá(转达), zhuǎnshù(转述), chuándá mìnglìng(传达命令). ¶命令を～える chuándá mìnglìng(传达命令). ¶結果は直ちに皆に～えられた qí jiéguǒ lìkè gàozhī dàjiā le(其结果立刻告知大家了). ¶御両親によろしくお～え下さい qǐng dài wǒ xiàng nín fùmǔ wènhǎo(请代我向您父母问好)/ qǐng gěi lìngzūn lìngtáng dài ge hǎor(请给令尊令堂带个好儿). ¶御意向は必ず～えます nín de yìsi yídìng zhuǎngào(您的意思一定转告). ¶～えられるところによれば地震による死亡者は1万人を越えそうだ jùshuō yóuyú dìzhèn sǐwáng rénshù chāoguò yíwàn(据说由于地震死亡人数超过一万).
3〔伝授する, 遺す〕chuán(传), chuánshòu(传授). ¶弟子に技術を～える bǎ shǒuyì chuángěi túdi(把手艺传给徒弟). ¶家宝として～えられた名刀 zuòwéi chuánjiābǎo chuánxiàlai de bǎodāo(作为传家宝传下来的宝刀). ¶後世に名を～える míng chuán hòushì(名传后世). ¶漢字は中国から～えられた hànzì shì cóng Zhōngguó chuánlai de(汉字是从中国传来的).
つたな・い【拙い】 ¶～い文章だが真心が溢れていた wénzhāng suīrán bù hǎo, dànshí chōngmǎnle zhēnqíng(文章虽然不好, 但是充满了真情). ¶武運～く戦死した wúyùn bùjiā, zhànsǐ le(武运不佳, 战死了).
つたわ・る【伝わる】 1〔熱、電気、波動などが〕¶銅線を熱が～る rè tōngguò tóngxiàn chuándǎo(热通过铜线传导). ¶道路工事の振動が家の中まで～ってくる xiū gōnglù de zhèndòng yìzhí chuándào jiālǐ(修公路的振动一直传到家里). ¶興奮した観衆の熱気が～ってくる guānzhòng xīngfèn rèliè de qíngxù gǎnrǎnle wǒ(观众兴奋热烈的情绪感染了我).
2〔伝達される〕¶ニュースはたちまち学校中に～った xiāoxi hěn kuài jiù chuánbiànle zhěngge xuéxiào(消息很快就传遍了整个学校). ¶上部の指示が正しく下部に～っていない shàngbian de zhǐshì méi zhǔnquè de chuándádào xiàbian(上边的指示没准确地传达到下边).
3〔伝来する〕chuán(传), xiāngchuán(相传), liúchuán(流传). ¶この風習は古くから村に～っている zhège fēngsú xíguàn zìgǔ yǐlái zài wǒ cūn xiāngchuán(这个风俗习惯自古以来在我村相传). ¶祖先から～る名画 cóng zǔxiān chuánxiàlai[dàidài xiāngchuán] de mínghuà(从祖先传下来[代代相传]的名画). ¶仏教は538年に百済から～った Fójiào shì gōngyuán wǔ sān bā nián yóu Bǎijì chuánlai de(佛教是公元五三八年由百济传来的).
4 → つたう.
つち【土】tǔ(土), nítǔ(泥土); dì(地), tǔdì(土地). ¶ここの～はよく肥えている zhèr de ˇtǔ[tǔrǎng] hěn féi(这儿的ˇ土[土壤]很肥). ¶異国の～になる sǐ yú yìxiāng(死于异乡). ¶30年ぶりに祖国の～を踏んだ xiānggé sānshí nián tàshàngle zǔguó de tǔdì(相隔三十年踏上了祖国的土地). ¶～に還る huántǔ(还土).
つち【槌】lángtou(榔头·鄉头·狼头), chuízi(锤子).
つちいろ【土色】tǔhuáng(土黄). ¶顔が～だ miàn rú tǔsè(面如土色)/ liǎnsè làhuáng(脸色蜡黄).
つちか・う【培う】péiyǎng(培养), péiyù(培育), péizhí(培植). ¶長年～ったわざを試す時が来た kǎoyàn duōnián mólian de gōngfu de jīhuì zhōngyú láidào le(考验多年磨练的功夫的机会终于来到了). ¶向上心を～ péiyǎng jìnqǔ de jīngshén(培养进取的精神).
つちくれ【土塊】tǔkuài(土块).
つちけむり【土煙】chényān(尘烟). ¶車は～をあげて走り去った qìchē yángqǐ chényān fēichí ér qù(汽车扬起尘烟飞驰而去).
つちふまず【土踏まず】jiǎoxīn(脚心).
つちへん【土偏】títǔpángr(提土旁ㄦ), títǔpángr(剔土旁ㄦ).
つつ【筒】tǒng(筒), tǒngzi(筒子). ¶竹の～ zhútǒng(竹筒).
-つつ ¶働き～学ぶ bàngōng bàndú(半工半读). ¶考え～歩く biān zǒu biān xiǎng(边走边想). ¶彼は名残惜しげに振り返り～去って行った tā huítóu kànle jǐ cì, yīyī-bùshě de líqù le(他回头看了几次, 依依不舍地离去了). ¶煙草は体に悪いと知り～もやめられない míngzhī chōuyān duì shēntǐ yǒuhài zǒng jièbuliǎo(明知抽烟对身体有害总戒不了). ¶列車は駅に近づき～ある lièchē zhèng jiējìn chēzhàn(列车正接近车站).
つつうらうら【津津浦浦】¶彼の名は～にまで知れ渡っている tā de míngzi ˇchuánbiànle quánguó gè dì[jiāyù-hùxiǎo](他的名字ˇ传遍了全国各地[家喻户晓]).
つっかい ¶塀が倒れそうなので～をかう qiáng yào dǎo ná gànzi ˇqiàng[dǐng/ chēng]zhù(墙要倒拿杠子ˇ戗[顶/ 撑]住).
つっかか・る【突っ掛る】¶彼は誰にでもすぐ～

っていく tā gēn shuí dōu dǐngzhuàng(他跟谁都顶撞).

つっか・ける【突っ掛ける】 tāla(趿拉). ¶スリッパを~ける tāla tuōxié(趿拉拖鞋).

つつがなく【恙なく】 wúyàng(无恙). ¶一行は~到着した tāmen yìxíng píng'ān wúshì de dàodá le(他们一行平安无事地到达了). ¶工事が~進む gōngchéng shùnlì jìnxíng(工程顺利进行). ¶家族一同~暮しております quánjiārén ānrán wúyàng(全家人安然无恙).

つつがむし【恙虫】 yàngchóng(恙虫). ¶~病 yàngchóngbìng(恙虫病).

つづき【続き】 ¶文章の~が悪い wénzhāng qiánhòu xiánjiēde bù hǎo(文章前后衔接得不好). ¶この話の~は明日にしよう zhè jiàn shì míngtiān zài jiēzhe shuō(这件事明天再接着说). ¶前号の~を読む dú shàng qī de xùbiān(读上期的续编). ¶~番号を打つ dǎ liánhào(打连号). ¶昨日の話の~を聞かせてください zuórge nín shuō de jiēzhe gěi wǒ jiǎngjiang, hǎo ma?(昨儿个您说的接着给我讲讲，好吗?).

-つづき【続き】 ¶3年~の飢饉 liánxù sān nián de jījǐn(连续三年的饥饿). ¶日照りで水田が干上がった yóuyú jiǔ hàn bù yǔ shuǐtián quándōu gānhé le(由于久旱不雨水田全都干涸了). ¶あの家は不運~で没落した nà jiā jiēlián zāodàoà búxìng mòluò le(那家接连遭到不幸没落了). ¶幸運~で決勝戦まで勝ち進んだ xìngyùn jiēlián jiànglín jìnrù dào juésài(幸运接连降临进入到决赛). ¶隣とは庭~になっている hé línjū de yuànzi xiānglián(和邻居的院子相连).

つづきがら【続柄】 ~ yǔ hùzhǔ de qīnshǔ guānxi(与户主的亲属关系).

つづきもの【続物】 ¶~の小説 liánzǎi xiǎoshuō(连载小说). ¶~のテレビドラマ liánxù diànshìjù(连续电视剧).

つっき・る【突っ切る】 ¶畑を~って行く chuānguò zhuāngjiadì jìngzhí de qù(穿过庄稼地径直地去).

つつ・く 1 chǔ(杵), tǒng(捅), tǒngu(捅咕). ¶背中を~いて知らせる yòng shǒuzhítou chǔ tā jǐbèi jiào tā zhùyì(用手指头杵他脊背叫他注意). ¶肘で~く yòng gēbozhǒu tǒngle yíxià(用胳膊肘捅了一下). ¶鳥が餌を~く niǎo zhuóshí(鸟啄食). ¶鍋でも~きながら話そう biān chī huǒguō biān tán ba(边吃火锅边谈吧).

2 [ほじくり出す] tiāo(挑), tiāoti(挑剔). ¶やたらに人の欠点を~くのはよくない bù yīng tiāo rén de quēdiǎn(不应乱挑人的缺点). ¶そんな細かな事まで~いても仕方がない xúnchū nà zhǒng jīmáo-suànpí de shì yě méiyòng(寻出那种鸡毛蒜皮的事也没用)/ zuān nà zhǒng niújiǎojiān yě méi shénme yòng(钻那种牛角尖也没什么用).

つづ・く【続く】 1 [継続する] jìxù(继续), liánxù(连续). ¶雨が3日も~いた yǔ jiēlián xiàle sān tiān(雨接连下了三天). ¶会議は深夜まで~いた huìyì jìxù dào shēnyè(会议继续到深夜). ¶入場を待つ長い人の列が~いた děnghòu rùchǎng de rén páichéng yìtiáolóng(等候入场的人排成一条龙). ¶並木が何キロも~ている línyīndào miányán hǎo jǐ gōnglǐ(林阴道绵延好几公里). ¶どうぞ先を~けて下さい qǐng nín jiēzhe shuōxiaqu(请您接着说下去). ¶あの二人、意外と長く~いてるなあ méiyǒu xiǎngdào tā liǎ de guānxi chíxùde nàme cháng a!(没有想到他俩的关系持续得那么长啊!).

2 [後続する] jiēzhe(接着), gēnzhe(跟着). ¶電車は~いて参ります diànchē jiēzhe jiù lái(电车接着就来). ¶講演に~いて映画が上映された jiǎngyǎn hòu jǐnjiēzhe fàngyìngle diànyǐng(讲演后紧接着放映了电影). ¶彼に~け jǐn gēnshàng tā!(紧跟上他!). ¶彼は不幸が~いた tā jiē'èr-liánsān de zāodào búxìng(他接二连三地遭到不幸). ¶金が~かなくて事業は中止となった yīnwei qián jiēyìng bu shàng, shìyè zhōngzhǐ le(因为钱接应不上,事业中止了). ¶以下次号に~く xiàqī xù(下期续)/ dàixù(待续).

3 [連接する] ¶裏は麦畑に~いている wūhòu yǔ xiǎomàidì xiānglián(屋后与小麦地相连).

つづけざま【続け様】 yìlián(一连), jiēlián(接连). ¶水を3杯飲んだ yìlián hēle sān bēi shuǐ(一连喝了三杯水). ¶~にホームランを放つ jiēlián jīle běnlěidǎ(接连击了本垒打).

つづ・ける【続ける】 jìxù(继续), chíxù(持续). ¶彼は構わずに話を~けた tā háo bú jièyì de jìxù wǎng xià jiǎng(他毫不介意地继续往下讲)/ tā zhǐguǎn shuōxiaqu(他只管说下去). ¶彼女はこの仕事を10年~ている zhège gōngzuò tā chíxù[jiānchí]le shí nián(这个工作她持续[坚持]了十年). ¶半年も~けて興行した liánxù shàngyǎnle bànnián zhī jiǔ(连续上演了半年之久). ¶彼は3日眠り~けた tā shuìle zhěngzhěng sān tiān(他睡了整整三天). ¶近所に~いて3度火事があった 我家附近 jiēlián[yīlián] fāshēngle sān cì huǒzāi(我家附近接连[一连]发生了三次火灾). ¶20年間思い~けた人 èrshí-niánlái yìzhí yǐxiǎngwàng de rén(二十年来一直想望的人).

つっけんどん【突慳貪】 ¶彼女の~な態度には腹が立つ tā nà àilǐ-bùlǐ de tàidu zhēn qìrén(她那爱理不理的态度真气人). ¶~に答える lěngyán-lěngyǔ de huídá(冷言冷语地回答).

つっこみ【突っ込み】 ¶君の論文はいま一歩~が足りない nǐ de lùnwén hái yǒudiǎnr búgòu shēnrù(你的论文还有点儿不够深入).

つっこ・む【突っ込む】 1 [入れる] sāi(塞), chā(插), rǔ(擩). ¶手をポケットに~む bǎ shǒu chāzài kǒudàili(把手插在口袋里). ¶ぬかるみに片足を~んでしまった yì zhī jiǎo cǎi[chuài]zài nínìngli le(一只脚踩[踹]在泥泞里了). ¶新聞を鞄に~む bǎ bàozhǐ sāijìn píbāoli(把报纸塞进皮包里). ¶彼は何でも引出しに~んでおく tā shénme dōngxi dōu wǎng chōutili rǔ

(他什么东西都往抽屉里摆).

2〖突入する〗chōngrù (冲入), chuǎngrù (闯入). ¶敌阵に～む chōngrù dízhèn (冲入敌阵). ¶车が学童の列に～んだ qìchē chuǎngjìnle xiǎoxuéshēng de hángliè (汽车闯进了小学生的行列). ¶～め chōng a! (冲啊!) / chōngshangqu! (冲上去!) / shā! (杀!).

3〖立ち入る〗¶今日は少し～んだ話をしよう jīntiān zài shēnrù de tán ba (今天再深入地谈吧). ¶～んだ质问をする páogēn jiūdǐ de zhuīwèn (刨根究底地追问).

4〖追及する〗¶～まれるような不正はしていない méi zuò bèi rén zhǐzhāi de bú zhèngdàng de shì (没做被人指摘的不正当的事). ¶そこのところを～まれると弱い bèi zhǐzhāi nà yì diǎn jiù wúkě-nàihé le (被指摘那一点就无可奈何了).

つつさき【筒先】〖ホースの〗pēnzuǐ (喷嘴), guǎnzuǐ (管嘴), pēnguǎn (喷管), pēnkǒu (喷口); 〖铳などの〗qiāngkǒu (枪口), pàokǒu (炮口).

つつじ【躑躅】dùjuān (杜鹃), yìngshānhóng (映山红).

つつしみ【慎み】¶彼女は～が足りない tā jǔzhǐ tántǔ bùgòu qiāngòng (她举止谈吐不够谦恭). ¶～深い人 qiānxū gōngjǐn de rén (谦虚恭谨的人).

つつし・む【慎む】jiǎndiǎn (检点). ¶少し言叶を～みなさい shuōhuà jiǎndiǎn xiē! (说话检点些!) / fàng zūnzhòng xiē! (放尊重些!). ¶身を～む jǐn yán shèn xíng (谨言慎行). ¶酒を～んだ方がいい jiǔ háishi 'jiézhì [shǎo hē] diǎnr hǎo (酒还是'节制[少喝]点儿好).

つつしんで【謹んで】¶～新年のお祝いを申し上げます gōnghè xīnxǐ (恭贺新禧). ¶～お诧び致します shēn biǎo qiànyì (深表歉意).

つった・つ【突っ立つ】¶そんな所にぼんやり～っていないで手伝いなさい búyào zài nàli dāidāi de zhànzhe, guòlai bāngmáng (不要在那里呆呆地站着, 过来帮忙).

つつぬけ【筒抜け】¶そんな大きな声でしゃべると隣に～だ nàme dàshēng shuō quán jiào gébì tīngjian le (那么大声说全叫隔壁听见了). ¶こちらの秘密は誰がもらしたのか敌に～だった bù zhī shuí tōngfēng-bàoxìn, wǒfāng de mìmì dífāng yìwǔ-yìshí dōu zhīdao le (不知谁通风报信, 我方的秘密敌方一五一十都知道了).

つっぱし・る【突っ走る】¶ゴールまで一気に～る yíkǒuqì měngzhe jìnr pǎodào zhōngdiǎn (一口气猛着劲儿跑到终点). ¶若い者は思い込んだらどこまで～って行くかわからない niánqīngrén yìdàn rènwéi shì zhèyàng jiù bù zhīdào huì měngzhe dào nǎli qù (年轻人一旦认为是这样就不知道猛冲到哪里去).

つっぱ・ねる【突っ撥ねる】¶不当な要求を～ねる jiānjué jùjué wúlǐ yāoqiú (坚决拒绝无理要求).

つっぱ・る【突っ张る】¶肘を～る zhīkāi liǎngzhǒu (支开两肘). ¶筋肉が～る chōujīn (抽筋). ¶あいつは欲の皮が～っている nàge jiāhuo zhēn tān dé wú yàn (那个家伙真贪得无厌). ¶

自说を～る gùzhí jǐjiàn (固执己见).

つっぷ・す【突っ伏す】¶彼女はテーブルに～して泣き出した tā tūrán 'fú[pā]zài zhuōzi shang kūle qǐlái (她突然'伏[趴]在桌子上哭了起来).

つつまし・い【慎ましい】¶彼女は～く皆の话に耳を倾けていた tā gōnggōng-jìngjìng de tīngzhe dàjiā jiǎng de huà (她恭恭敬敬地听着大家讲的话). ¶～い暮し shēngpǔ de shēnghuó (俭朴的生活). ¶～い食事 bùyī shūshí (布衣蔬食).

つつみ【包】bāor (包儿), bāoguǒ (包裹), bāofu (包袱). ¶～を解く dǎkāi bāoguǒ (打开包裹) / jiě bāofu (解包袱). ¶电车に买ったばかりの本の～を忘れた bǎ gāng mǎi de yì bāo shū wàngzài diànchē shang le (把刚买的一包书忘在电车上了). ¶1～の菓子 yì bāo diǎnxin (一包点心). ¶～纸 bāozhǐ (包纸) / bāozhuāngzhǐ (包装纸).

つつみ【堤】dī (堤), dīfáng (堤防), dī'àn (堤岸).

つつみ【鼓】Rìběn shǒugǔ (日本手鼓).

つつみかく・す【包み隐す】¶すべてを～さず打ち明ける háo bù yǐnmán, yìwǔ-yìshí dōu shuōchulai (毫不隐瞒, 一五一十都说出来). ¶彼女は～しのできない人だ tā shì bú huì zhuāngjiǎ de (她是不会装假的).

つつみがまえ【包构え】bāozìtóur (包字儿).

つつ・む【包む】bāo (包), bāoguǒ (包裹). ¶衣类を风吕敷で～む bǎ yīfu yòng bāofu bāoqilái (把衣服用包袱包起来). ¶彼女は黑い礼服に身を～んでいた tā chuānzhe yíshēn hēi lǐfú (她穿着一身黑礼服). ¶あたりは浓い雾に～まれた fùjìn yídài bèi nóngwù lǒngzhàozhe (附近一带被浓雾笼罩着). ¶ビルはたちまち炎に～まれてしまった dàshà shàshí bèi huǒyàn bāozhù le (大厦霎时被火焰包住了). ¶彼の生活は谜に～まれている tā de shēnghuó bèi bāocáng zài shénmì zhī zhōng (他的生活被包藏在神秘之中). ¶彼女は喜びを～みきれなかった tā 'yìzhì bu zhù[jīnbuzhù] nèixīn de xǐyuè (她'抑制不住[禁不住]内心的喜悦).

つづ・める【约める】¶～めて言えば… chánghuà duǎn shuō… (长话短说…) / jiǎn ér yán zhī… (简而言之…).

つづら【葛笼】téngxiāng (藤箱).

つづらおり【葛折】¶～の山道 wānyán de shānlù (蜿蜒的山路) / qūqū-wānwān de yángcháng xiǎodào (曲曲弯弯的羊肠小道).

つづり【缀り】**1**〖书类の〗¶议事录の～を见せて下さい gěi wǒ kànkan huìyì jìlùcè (给我看会议记录册). ¶～の书类 yí fèn dìnghǎo de wénjiàn (一份订好的文件).

2〖スペリング〗pīnxiěfǎ (拼写法). ¶单语の～を间违えた dāncí pīnxiě cuò le (单词拼写错了).

つづ・る【缀る】**1**〖书类などを〗dìng (订). ¶书类を～る bǎ wénjiàn dìngqilai (把文件订起来).

2〖文章などを〗zhuì (缀). ¶文章を～る zhuì zì chéng wén (缀字成文) / zhuì wén (缀文).

3〔スペリングを〕pīn(拼), pīnxiě(拼写). ¶その単語を～どう～ nàge dāncí zěnme pīnxiě?(那个单词怎么拼写?).

つて【伝】 ménlu(门路), lùdào(道道), lùzi(路子), ménzi(门子). ¶入会を求める～ xúnzhǎo rù huì de ménlu(寻找入会的门路). ¶先輩の～で就職できた kào qiánbèi de lùzi zhǎodàole gōngzuò(靠前辈的路子找到了工作).

つど【都度】 měifēng(每逢), měidàng(每当), měi dào(每到), měicì(每次). ¶帰省の～恩師を訪ねる měifēng huíxiāng, yídìng bàifǎng ēnshī(每逢回乡,一定拜访恩师). ¶必要ならばその～渡します xūyào de shíhou suíshí jiāogěi nǐ(需要的时候随时交给你).

つどい【集い】 jíhuì(集会). ¶若人の～ niánqīngrén de jíhuì(年轻人的集会).

つとま・る【勤まる】 shèngrèn(胜任). ¶それでよく教師が～るものだ nǐ zhèyàng hái néng zuòdeliǎo jiàoshī de gōngzuò(你这样还能做得了教师的工作). ¶私にはとてもそんな大役は～らない nà zhǒng zhòngrèn wǒ kě shèngrèn bu liǎo(那种重任我可胜任不了).

つとめ【務め】 yìwù(义务), zhízé(职责). ¶親の面倒をみるのは子の～だ shànyǎng fùmǔ shì háizi de yìwù(赡养父母是孩子的义务). ¶医師としての～を果す jìn yīshēng de zhízé(尽医生的职责).

つとめ【勤め】 gōngzuò(工作). ¶高校を卒業して～に出た gāozhōng bìyè, cānjiāle gōngzuò(高中毕业,参加了工作). ¶会社が嫌になった bù xiǎng zài gōngsī gōngzuò le(不想在公司工作了).

つとめぐち【勤め口】 ¶よい～が見付かった zhǎodàole hǎo gōngzuò(找到了好工作).

つとめさき【勤め先】 ¶どちらですか nín zài ˇshénme dìfang[nǎge dānwèi]ˇ gōngzuò?(您在ˇ什么地方[哪个单位]ˇ工作?).

つとめて【努めて】 nǔlì(努力), jǐnliàng(尽量), jìnlì(尽力), jiélì(竭力). ¶～事を荒立てない jiélì shèfǎ bù shǐ shìqíng nàodà(竭力设法不使事情闹大). ¶彼女は～明るい顔をしていた tā jìnlì zhuāngchū míngláng de xiàoróng lai(她尽力装出明朗的笑容来). ¶～中国語で話す jǐnliàng yòng Zhōngwén shuō(尽量用中文说).

つとめにん【勤め人】 xīnfèng shēnghuózhě(薪俸生活者), zhíyuán(职员).

つと・める【努める】 nǔlì(努力), jìnlì(尽力). ¶話合いよる解決に～ nǔlì tōngguò xiéshāng jiějué(努力通过协商解决). ¶これまで彼女のためには随分～めてきた wǒ zhìjīn wèi tā jìnle xiāngdāng dà de lì(我至今为她尽了相当大的力).

つと・める【務める】 rèn(任), dānrèn(担任), dāndāng(担当), chōngdāng(充当), chōngrèn(充任). ¶議長を～ dāndāng huìyì zhǔxí(担当会议主席). ¶案内役を無事に～めた shùnlì de wánchénglē xiàngdǎo de rènwù(顺利地完成了向导的任务). ¶彼女はノラの役を～めることになった juédìng tā bànyǎn Nàlā de juésè(决定她扮演娜拉的角色).

つと・める【勤める】 gōngzuò(工作), zuòshì(做事). ¶彼は新聞社に～めている tā zài bàoshè gōngzuò(他在报社工作). ¶A校に15年～めた zài A xiào rènjiào shíwǔ nián(在A校任教十五年).

つな【綱】 shéng(绳), shéngzi(绳子), shéngsuǒ(绳索). ¶～をたぐって網をひく dáozhe shéngsuǒ shōu wǎng(捯着绳索收网). ¶事故現場には～が張ってあった zài shìgù xiànchǎng lāshàngle shéngzi(在事故现场拉上了绳子). ¶ボートを～で岸につなぐ yòng shéngzi bǎ xiǎochuán shuānzài ànshang(用绳子把小船拴在岸上). ¶これで最後の頼みの～も切れた zhè yìlái, zuìhòu yíxiàn xīwàng yě pòmiè le(这一来,最后一线希望也破灭了).

ツナ jīnqiāngyú(金枪鱼). ¶～缶 jīnqiāngyú guàntou(金枪鱼罐头). ～サンド jīnqiāngyú sānmíngzhì(金枪鱼三明治).

つながり【繋がり】 guānxi(关系). ¶彼とは血の～はない gēn tā méiyǒu xuèyuán guānxi(跟他没有血缘关系). ¶私はあの事件と何の～もない wǒ hé nàge ànzi háo bù xiānggān(我和那个案子毫不相干).

つなが・る【繋がる】 lián(连), jiē(接), liánjiē(连接·联接), xiánjiē(衔接), xiānglián(相连). ¶2つのビルは地下道で～っている liǎng zuò gāolóu yóu dìdào xiānglián(两座高楼由地道相连). ¶交通渋滞で車の列が～っている yóuyú jiāotōng zǔsè qìchē liánchéng yí chuàn(由于交通阻塞汽车连成一串). ¶友人のとりなしで首が～った yóu péngyou shuōqíng zǒngsuàn bǎozhùle fànwǎn(由朋友说情总算保住了饭碗). ¶彼等は利害関係で～っている tāmen yóuyú lìhài guānxi xiānglíánzhe(他们由于利害关系相连着). ¶この事件に～る人々 yǔ gāi shìjiàn xiāngguān de rén(与该事件相关的人).

つなぎ【繋ぎ】 ¶パイプの～から水が漏れる cóng guǎnzi de jiētour lòushuǐ(从管子的接头儿漏水). ¶次の幕までの～に音楽を流す wèile xiánjiē xià yí mù bōfàng mùjiān yīnyuè(为了衔接下一幕播放幕间音乐).

つなぎあわ・せる【繋ぎ合せる】 ¶ロープを2本～せる bǎ liǎng tiáo shéngzi ˇjiēshàng[liánqǐlai]ˇ(把两条绳子ˇ接上[连起来]ˇ). ¶あれこれの出来事を～せて考える bǎ fāshēng de yíqiè liánxì qǐlai kǎolǜ(把发生的一切联系起来考虑).

つな・ぐ【繋ぐ】 **1**〔結びとめる〕shuān(拴), xì(系). ¶馬を木に～ぐ bǎ mǎ shuānzài shùshang(把马拴在树上). ¶船を～ぐ xì chuán(系船). ¶彼は獄に～がれた tā bèi guānzài yùlǐ(他被关在狱里).

2〔一つに結ぶ〕jiē(接), lián(连). ¶蛇口にホースを～ぐ bǎ ruǎnguǎn jiēzài shuǐlóngtóu shang(把软管接在水龙头上). ¶手を～いで歩く shǒu ˇwǎn[qiān/lā]ˇzhe shǒu zǒu(手ˇ挽[牵/拉]ˇ着手走). ¶～いで三 qǐng jiē fēnjī èr èr sān(请接分机二二三). ¶北京と上海を鉄道で～ぐ Běijīng yǔ Shàng-

hǎi yòng tiědào liánjiē(北京与上海用铁道连接). **3**【維持する】¶木の皮草の根をかじって命を～ぐ chī cǎogēn shùpí 'wéichí shēngmìng [huómìng]'(吃草根树皮'维持生命[活命]). ¶一縷の望みを～ぐ liúxià yíxiàn xīwàng(留下一线希望).

つなひき【綱引】 báhé(拔河).
つなみ【津波】 hǎixiào(海啸). ¶沿岸一帯は～に襲われた yán'àn yídài bèi hǎixiào suǒ chōngshuā(沿岸一带被海啸所冲刷).
つなわたり【綱渡り】 zǒushéng(走绳), zǒusuǒ(走索), zǒugāngsī(走钢丝), cǎiruǎnsuǒ(踩软索). ¶そんな危ない～はやめた方がいい zuìhǎo búyào mào nà zhǒng wēixiǎn(最好不要冒那种危险).
つね【常】 ¶彼は～になく冷静さを失っていた tā bùtóng wǎngcháng shīqùle lěngjìng(他不同往常失去了冷静). ¶それが世の～というものだ nà shì rénshì zhī cháng(那是人世之常). ¶人生の～として無いとなるとよけい欲しくなる yuèshì débudào de dōngxi yuè xiǎng yào, zhè shì rén zhī chángqíng(越是得不到的东西越想要,这是人之常情). ¶彼とても世の～の人と同じだ tā yě shì yǔ shìshàng de chángrén yíyàng(他也是与世上的常人一样).
つねづね【常常】 cháng(常), chángcháng(常常), jīngcháng(经常), shícháng(时常); lǎo(老), zǒng(总). ¶お父様には～お世話になっております jīngcháng chéng nǐ fùqin guānzhào(经常承你父亲关照). ¶～彼のことは気にしていた tā de shì chángcháng guàzài xīnshang(他的事常常挂在心上). ¶お噂は～伺っております jiǔyǎng nín de dàmíng(久仰您的大名).
つねに【常に】 cháng(常), chángcháng(常常), jīngcháng(经常), shícháng(时常); lǎo(老), zǒng(总). ¶物事は～うまくいくとは限らない shìqing bú shì zǒng nàme yī fān fēng shùn de(事情不是总那么一帆风顺的). ¶健康には～気をつけている wǒ jīngcháng zhùyì jiànkāng(我经常注意健康). ¶私は彼女の言動に～注意を払っている wǒ jīngcháng zhùyì tā de yánxíng(我经常注意她的言行).
つねひごろ【常日頃】 sùcháng(素常), sùrì(素日), píngsù(平素). ¶～の心得が悪いからそんな事になるのだ píngsù shēnghuó zuòfēng bù hǎo, yǐzhì yǒu zhèyàng de jiéguǒ(平素生活作风不好,以致有这样的结果). ¶人に迷惑をかけないよう,～から言い聞かせている sùcháng jiù zhǔfu tā búyào gěi rén tiān máfan(素常就嘱咐他不要给人添麻烦).
つね・る【抓る】 qiā(掐), niē(捏), níng(拧). ¶夢ではないかとほっぺたを～ってみた wǒ qiāle yíxià zìjǐ de zuǐbāzi, zhè bú shì mèng ma?(我掐了一下自己的嘴巴子,这不是梦吗?) ¶我が身を～って人の痛さを知れ tuī jǐ jí rén(推己及人).
つの【角】 jiǎo(角), jījiao(犄角). ¶牛の～ niújiǎo(牛角)/ niú jījiao(牛犄角). ¶鹿の～ lùjiǎo(鹿角). ¶かたつむりの～ wōniú de chùjiǎo

(蜗牛的触角). ¶あの 2 人はいつも～突き合せている tā liǎ lǎo nào bièniu(他俩老闹别扭)/ tāmen liǎng rén pèng yíkuàir jiù dǐngniúr(他们两人碰一块儿就顶牛儿). ¶細君が～を出すぞ ài rén huì chīcù de(爱人会吃醋的). ¶～を矯めて牛を殺す móxiá huǐ yù(磨瑕毁玉).
つのぶえ【角笛】 hàojiǎo(号角).
つの・る【募る】 **1**【激しくなる】 ¶ますます火勢が～る huǒshì yuèláiyuè dà(火势越来越大). ¶恋しさは～るばかりだ sīmù zhī qíng 'yì tiān bǐ yì tiān lìhai'(思慕之情'一天比一天厉害'[与日俱增]). ¶不安が～る bù'ān rì shèn yí rì(不安日甚一日). **2**【募集する】 mù(募), mùjí(募集), zhāomù(招募); zhēngjí(征集). ¶広く同志を～る guǎngfàn de zhēngjí zhìtóng-dàohé de rén(广泛地征集志同道合的人). ¶寄付を～る mùjuān(募捐). ¶原稿を～る zhēng gǎo(征稿).
つば【唾】 tuòmo(唾沫), tùmo(吐沫), kǒushuǐ(口水). ¶梅干を見るだけで～が出る yí kàn xiánméi jiù liú kǒushuǐ(一看咸梅就流口水). ¶人の顔に～を引っ掛ける xiàng biéren de liǎnshang cuì tuòmo(向别人的脸上啐唾沫). ¶～を吐くのをやめる jiànzhe tuòmo xīngzi shuōhuà(溅着唾沫星子说话). ¶～を吐くのでない búyào tǔ tuòmo(不要吐唾沫). ¶他の人に取られないに～をつけておく miǎnde jiào rén qiǎngqù xiān zhànshǒu wéi jǐyòng(免得叫人抢去先沾手为己用).
つば【鍔】 〔刀の〕 hùshǒu(护手); 〔帽子の〕 màoyánr(帽檐ㄦ).
つばき【唾】 →つば(唾). ¶天を仰いで～する yǎngtiān ér tuò(仰天而唾).
つばき【椿】 shānchá(山[r]); 〔花〕 cháhuā[r](茶花[ㄦ]). ¶～油 cháyóu(茶油).
つばさ【翼】 yì(翼), yǔyǐ(羽翼), yìchì(翼翅), chìbǎng(翅膀). ¶鳥が～を広げる niǎo zhǎnkāi chìbǎng(鸟展开翅膀). ¶飛行機の～ jīyì(机翼).
つばぜりあい【鍔迫り合い】 ¶激しい～を演ずる zhǎnkāile yì cháng duǎnbīng-xiāngjiē de bódòu(展开了一场短兵相接的搏斗).
つばめ【燕】 yànzi(燕子), jiāyàn(家燕).
つぶ【粒】 lì[r](粒[ㄦ]), kē(颗), kēlì(颗粒). ¶今年の大豆は～が揃っている jīnnián de dàdòu kēlì zhěngqí(今年的大豆颗粒整齐). ¶大への雨が降ってきた diàoqǐ dà yǔdiǎnr lai le(掉起大雨点儿来了). ¶額に汗の～が光っている éshang hànzhūzi fāliàng(额上汗珠子发亮). ¶米を1～1～数える mǐ yí lì yí lì de shǔ(米一粒一粒地数). ¶このクラスの生徒は～が揃っている zhège bān de xuésheng yí ge sàiguò yí ge dōu hěn hǎo(这个班的学生一个赛过一个都很好).
つぶさに【具に】 ¶情況を～報告する yìwǔ-yìshí de huìbào qíngkuàng(一五一十地汇报情况). ¶原因を～調査する xiángxiáng-xìxì de diàochá yuányīn(详详细细地调查原因).
つぶし【潰し】 ¶このカップは～にしてもかなり

の値がする zhège jiǎngbēi jiùshì zále mài yě xiāngdāng zhíqián(这个奖杯就是砸了卖也相当值钱).¶あいつは〜が利くtā shì ge duōmiànshǒu(他是个多面手).¶こんな特殊な技術を身に付けても,〜がきかない jiùshì zhǎngwò zhè zhǒng tèshū jìshù yě bù guǎnyòng(就是掌握这种特殊技术也不管用).

つぶ・す【潰す】¶紙の箱を踏んで〜す bǎ zhǐxiāng cǎihuài(把纸箱踩坏).¶じゃが芋をゆでて〜す zhǔhǎo tǔdòu dǎosuì(煮好土豆捣碎).¶あまり高いので肝を〜した guìde xiàpòle dǎn(贵得吓破了胆).¶大声で応援して声を〜した dàshēng zhùwēi bǎ sǎngzi hǎnyǎ le(大声助威把嗓子喊哑了).¶道楽で身代を〜した chī hē wán lè qīngjiā-dàngchǎn le(吃喝玩乐倾家荡产了).¶私の顔を〜すような事はしてくれるな bié zuò diū wǒ liǎn de shì a(别做丢我脸的事啊).¶鶏を〜す shā[宰] jī(杀[宰]鸡).¶畑を〜して家を建てる huǐ tián zào wū(毁田造屋).¶映画を見て時間を〜す kàn diànyǐng 'dǎfā[xiāomó] shíjiān(看电影'打发[消磨]时间).¶ニキビを〜す jǐpò fěncì(挤破粉刺).

つぶぞろい【粒揃い】¶あのチームの選手は〜だ nàge duì de xuǎnshǒu zhēn shì yí ge sàiguò yí ge(那个队的选手真是一个赛过一个).

つぶや・く【呟く】 dūnang(嘟囔), jīgu(叽咕), gūnong(咕哝), gūjī(咕唧), nóngnong(哝哝).¶老人は何事か〜いていた lǎorén zìlǐ dūnangzhe shénme(老人嘴里嘟囔着什么).¶彼女の口から〜きが漏れた cóng tā zuǐlǐ fāchūle jiào rén tīngbujiàn de zìyán-zìyǔshēng(从她嘴里发出了耳人听不见的自言自语).

つぶら【円】¶〜な瞳 xìngzìyǎn(杏子眼)/xìngyǎn(杏眼).

つぶ・る【瞑る】 bì yǎn(闭眼), héyǎn(合眼).¶はっとして思わず目を〜った xiàle yí tiào bùyóude bìshangle yǎnjing(吓了一跳不由得闭上了眼睛).¶今回は目を〜ってくれ zhè huí qǐng nǐ zhuāngzuò méi kànjian(这次请你装作没看见).¶私はまだ目を〜るわけにはいかない xiànzài hái méifǎr qù jiàn Yánwángyé(我现在还没法儿去见阎王爷).

つぶ・れる【潰れる】¶雪崩で家が〜れた yóuyú xuěbēng fángzi yāhuài le(由于雪崩房子压坏了).¶トマトが〜れた fānqié yābiǎn le(番茄压扁了).¶胸の〜れる思いがする xīn rú dāo gē(心如刀割).¶大きな声を出し過ぎて声が〜れた dàshēng hǎnde sǎngménr yǎ le(大声喊得嗓门儿哑了).¶目が〜れる yǎnjing xiā le(眼睛瞎了).¶鋸の目が〜れて切れなくなった jùchǐ dùnle bù hǎo shǐ le(锯齿钝了不好使了).¶不況で会社が〜れた yóuyú bùjǐngqì gōngsī dǎobì le(由于不景气公司倒闭了).¶そんな事をされては私の面子が〜れてしまう gǎofǔ nà zhǒng shì wǒ jiǎnzhí jiào wǒ diūliǎn(搞乎那种事简直叫我丢脸).¶折角の休日が来客のために〜れてしまった hǎohǎo de jiàrì yóuyú kèrén láifǎng báibái guòqu le(好好的假日由于客人来访白白过去了).

つぺこぺ¶〜言うな yòngbuzháo nǐ shuō fèihuà(用不着你说废话).

ツベルクリン jiéhéjūnsù(结核菌素), jiésù(结素).¶〜反应 jiéhéjūnsù shìyàn(结核菌素试验).

つぼ【坪】【面积の单位】píng(坪).

つぼ【壺】1【容器】tán[r](坛[儿]), tánzi(坛子).
2【鍼灸の】xué(穴), xuédào(穴道), xuéwèi(穴位), shùxué(腧穴).¶〜に針を打つ zài xuédào zhāzhēn(在穴道扎针).
3【急所,図星】¶〜を押さえる zhuāzhù guānjiàn(抓住关键).¶計略が〜にはまる zhèng zhòng wǒ jì(正中我计).

つぼま・る【窄まる】¶傘が〜らない yǔsǎn shōulǒng bu liǎo(雨伞收拢不了).

つぼみ【蕾】 huālěi(花蕾), huābāo(花苞), huāgūduo[r](花骨朵[儿]), gūduor(骨朵儿), bèilěi(蓓蕾).¶〜をつける zhǎngle huāgūduo(长了花骨朵).¶桜の〜がほころび始めた yīnghuā hán bāo yù fàng(樱花含苞欲放).¶あたら〜の花を散らした kěxī shàozhuàng yāozhé(可惜少壮夭折).

つぼ・む【窄む】睡蓮の花が〜んだ shuǐlián de huār héshang le(睡莲的花儿合上了).¶先の方が〜んでいる jiānduān xì(尖端细).

つぼ・める【窄める】hélǒng(合拢), shōulǒng(收拢).¶傘を〜める bǎ sǎn shōulǒng(把伞收拢).¶口を〜めて笑う mǐnzhe zuǐ xiào(抿着嘴笑).

つま【妻】1 qīzi(妻子), àirén(爱人), nèirén(内人), nèizǐ(内子), lǎopo(老婆), nǚren(女人), póniáng(婆娘), póyí(婆姨).
2【刺身などの】qiàotou(俏头), pèitou(配头), càimǎ(菜码).

つまさき【爪先】jiǎojiān[r](脚尖[儿]).¶〜で歩く yòng jiǎojiān zǒu(用脚尖走).¶〜立つ qiāo[diǎn]zhe jiǎo(跷[踮]着脚).¶〜上がりの坂 mànpō(慢坡)/(缓坡).

つまさ・れる¶彼女の話を聞いたら身に〜れて涙が出た tīngle tā de huà liánxiǎngdào zìjǐ de shēnshì, bùyóude liúchūle yǎnlèi(听了她的话联想到自己的身世,不由得流出了眼泪).

つまし・い jiǎnpǔ(俭朴), jiéjiǎn(节俭), jiǎnshěng(俭省), shěngjiǎn(省俭), jiǎnyuē(简约), jiǎnyuē(俭约).¶〜く暮す guò rìzi shěngjiǎn(过日子俭省)/ shěngháo jiǎnyuē(生活简约).

つまず・く【躓く】 bàn(绊), bàndǎo(绊倒), dǎbēnr(打奔儿).¶石に〜いて転ぶ bèi shítou bàndǎo(被石头绊倒).¶事業に〜く shìyè zāile gēntou(事业栽了跟头).

つまはじき【爪弾き】¶仲間から〜される bèi huǒbàn 'pāoqì[páichì] zài wài(被伙伴'抛弃[排斥]在外).

つまびらか【詳らか】xiángxì(详细).¶事情を〜に述べる xiángxì de shuōmíng qíngkuàng(详细地说明情况).¶原因を〜にする bǎ yuányīn nòngqīngchu(把原因弄清楚).¶事の真

つまみ【摘み】 1〔器具などの〕niǔ(纽・钮). ¶蓋の～ gàiniǔ(盖纽). ¶ラジオの～ shōuyīnjī de xuánniǔ(收音机的旋钮).
2〔つまみ物〕jiǔcài(酒菜), jiǔyáo(酒肴). ¶チーズを～にして酒を飲む yòng gānlào xiàjiǔ(用干酪下酒).

つまみあらい【摘み洗い】 ¶ズボンの裾を～する cuōxǐ kùjiǎo(搓洗裤脚).

つまみぐい【摘み食い】 tōuchī(偷吃), tōuzuǐ(偷嘴), tōushí(偷食). ¶戸棚のお菓子を～する tōuchī guìchúli de diǎnxin(偷吃柜厨里的点心). ¶会計係の～が発覚した kuàijì nuóyòng gōngkuǎn bèi fājué le(会计挪用公款被发觉了).

つまみだ・す【撮み出す】 ¶米の中から虫を～ cóng mǐli tiāochū chóngzi(从米里挑出虫子). ¶言うことをきかない奴は～すぞ shuí bù tīnghuà, jiù bǎ shuí niǎnchuqu(谁不听话,就把谁撵出去).

つま・む【撮み・摘み】 niē(捏), jiā(夹), cuō(撮). ¶鼻を～む niē bízi(捏鼻子). ¶ピンセットでガーゼを～む yòng nièzi jiā shābù(用镊子夹纱布). ¶どうぞお菓子をお～み下さい qǐng chī kuài diǎnxin ba(请吃块点心吧). ¶まるで狐に～まれたような話だ jiǎnzhí xiàng bèi húlíjīng zhuōnòng yíyàng(简直像被狐狸精捉弄一样).

つまようじ【爪楊枝】 yáqiān[r](牙签[儿]).

つまらな・い ¶～い物ですがどうぞお納め下さい bú shì zhíqián de dōngxi, qǐng nín shōuxià ba(不是值钱的东西,请您收下吧). ¶～い人間 méiyǒu sīháo yìsi de rén(没有丝毫意思的人)／wēi bùzúdào de rén(微不足道的人). そんな～い事によくよけようる pì dà de shì tā dōu zhīdào(屁大的事他都知道). ¶あくせく働いても～い xīnxīn-kǔkǔ de gàn yě méiyòng(辛辛苦苦地干也没用). ¶今日の講演は～かった jīntiān de jiǎngyǎn zhēn méiyǒu yìsi(今天的讲演真没有意思). ¶彼は～そうに聞いている tā bù gǎn xìngqù de tīngzhe(他不感兴趣地听着).

つまり jiùshì(就是), jí(即), jiūjìng(究竟), zǒngzhī(总之). ¶その訳(わけ)は～こうだ qí lǐyóu jiùshì zhèyàng(其理由就是这样). ¶彼は父の兄~私には伯父に当る tā shì wǒ fùqin de gēge, jí wǒ de bófù(他是我父亲的哥哥,即我的伯父). ¶君は～何が言いたいのか nǐ jiūjìng xiǎng shuō shénme?(你究竟想说什么?). ¶～これは不可能だ zǒngzhī zhè shì bù kěnéng de(总之这是不可能的).

つま・る【詰る】 1〔一杯になる〕¶財布に札(さつ)がぎっしり～っている qiánbāoli chāopiào zhuāngde gǔgǔ de(钱包里钞票装得鼓鼓的). ¶来週はスケジュールが～っている xiàxīngqī rìchéng ānpáide jǐnjǐn de(下星期日程安排得紧紧的).
2〔つかえる〕¶パイプが～って流れなくなった guǎnzi sāizhù bù liú le(管子塞住不流了). ¶鼻が～って苦しい bízi ˬbù tōngqì[fānǎng] hěn nánshòu(鼻子ˬ不通气[发齉]很难受). ¶部屋が狭くて息が～りそうだ wūzi xiáxiǎo biēde jiào rén tòu bu guò qì lai(屋子狭小憋得叫人透不过气来).
3〔窮する〕¶彼女は一瞬答えに～った tā yíxiàzi dá bu shàng huà lai(她一下子答不上话来). ¶インフレで生活が～ます～ってきた yóuyú tōnghuò péngzhàng, rìzi yuèfā jǐn le(由于通货膨胀,日子越发紧了).
4〔縮まる〕suō(缩), chōu(抽). ¶洗濯したら～ってしまった xǐle yì shuǐ jiù suō le(洗了一水就缩了). ¶1位と2位の間がだんだん～ってきた dìyīmíng hé dì'èrmíng zhī jiān de jùlí yuèláiyuè suōduǎn le(第一名和第二名之间的距离越来越缩短了). ¶日も～って約束の期限まであと3日となった rìqī bījìn, lí yuēdìng de qīxiàn zhǐ yǒu sān tiān le(日期逼近,离约定的期限只有三天了).

つまるところ【詰る所】 ¶～君が悪いのだ shuō-le guīqí[guīgēn-jiédǐ] shì nǐ bù hǎo(说了归齐[归根结底]是你不好).

つみ【罪】 1 zuì(罪), zuìniè(罪孽), zuìxíng(罪行), zuìzé(罪责), zuìguo(罪过). ¶殺人の～を犯す fàn shārénzuì(犯杀人罪). ¶～を憎んで人を憎まず zēng qí zuì ér bù zēng qí rén(憎其罪而不憎其人). ¶窃盗の～に問われる bèi kònggào fàn dàoqièzuì(被控告犯盗窃罪). ¶～に服する fúzuì(服罪)／fúzuì(伏罪). ¶～を人になすりつける bǎ zuìxíng zhuǎnjià tārén shēnshang(把罪行转嫁他人身上)／jiàhuò yú rén(嫁祸于人)／wěizuì yú rén(委罪于人). ¶～を重ねる zuìxíng lěilěi(罪行累累)／lěifàn(累犯).
2〔邪気〕¶子供は～のない顔をして眠っている háizi tiānzhēn wúxié de shuìzhe jiào(孩子天真无邪地睡着觉). ¶～のない冗談だ,気にするな méiyǒu èyì de wánxiào, búyào zàiyì(没有恶意的玩笑,不要在意).
3〔無慈悲〕¶今の彼にそんな事を言うのは～だ xiànzài duì tā shuō nà zhǒng huà tài hěnxīn le(现在对他说那种话太狠心了). ¶君もずいぶん～な事をしたものだ nǐ kě tài zàoniè la(你可太造孽啦).

-づみ【積み】 ¶4トン～のトラック zàizhòng sì dūn de kǎchē(载重四吨的卡车).

つみあ・げる【積み上げる】 luò(摞), duī(堆). ¶本を～げる bǎ shū luòqilai(把书摞起来). ¶着実に実績を～げていく jiǎo tà shídì de chuàngzào chéngjì(脚踏实地地创造成绩).

つみおろし【積み降し】 zhuāngxiè(装卸). ¶～の際には破損しないように注意して下さい zhuāngxiè shí zhùyì búyào sǔnhuài(装卸时注意不要损坏).

つみか・える【積み替える】 1〔移し積む〕zhuǎnzài(转载), guòzài(过载). ¶荷物をトラックから貨車に～える bǎ huò cóng kǎchē zhuǎnzài dào huòchē shang(把货从卡车转载到货车上).
2〔積み直す〕¶軽い物が上になるように～える

chóngxīn zhuāngzài, bǎ qīng de dōngxi fàngzài shàngmian(重新装载,把轻的东西放在上面).

つみかさな・る【積み重なる】 ¶疲労が～って病気になった jīláo chéng jí(积劳成疾).

つみかさ・ねる【積み重ねる】 luò (摞), duī (堆). ¶荷物を山のように～ねる huòwù duījī rú shān(货物堆积如山). ¶地道な努力の～ねがやっと実を結んだ rìjī-yuèlěi de nǔlì zhōngyú jiēle shuòguǒ(日积月累的努力终于结了硕果).

つみき【積木】 jīmù(积木). ¶～で遊ぶ dā jīmù wánr(搭积木玩儿).

つみこ・む【積み込む】 zhuāng(装), zài(载), zhuāngzài(装载). ¶船に小麦を～む wǎng chuánshang zhuāng xiǎomài(往船上装小麦).

つみだ・す【積み出す】 zhuāngyùn(装运), zàiyùn(载运). ¶材木をトラックで～す yòng zàizhòng qìchē zhuāngyùn mùcái(用载重汽车装运木材).

つみた・てる【積み立てる】 chǔxù(储蓄), jīzǎn(积攒). ¶毎月1万円～てる měiyuè chǔxù yíwàn rìyuán(每月储蓄一万日元).
¶～て金 jīlěijīn(积累金)/ zhǔnbèijīn(准备金)/ chǔbèijīn(储备金). ～て貯金 líng cún zhěng qǔ de chǔxù(零存整取的储蓄).

つみつくり【罪作り】 zàoniè(造孽), zuòniè(作孽). ¶あんないい人をだますとはあなたも～だ nǐ jìng piàn nà zhǒng hǎorén, zhēn shì zàoniè(你竟骗那种好人,真是造孽).

つみに【積荷】 zàihuò(载货). ¶～目録 huòwù qīngdān(货物清单)/ huòdān(货单).

つみびと【罪人】 zuìrén(罪人).

つみぶか・い【罪深い】 zuìniè shēnzhòng(罪孽深重). ¶神様、～い私をお許し下さい shàngdì, qǐng ráoshù zuìniè shēnzhòng de wǒ ba(上帝,请饶恕罪孽深重的我吧).

つみほろぼし【罪滅し】 shúzuì(赎罪). ¶せめてもの～に私にその仕事をさせて下さい ràng wǒ zuò nà jiàn shì shúzuì ba(让我做那件事赎罪吧).

つ・む【詰む】 1〔つまる〕 xì(细), mì(密), mìshí (密实), xìmì(细密). ¶目の～んだ布地 mìshí de bù(密实的布).
2〔将棋で〕 jiāngsǐ(将死). ¶あと1手で～む xià yí bù qí jiù jiāngsǐ le(下一步棋就将死了).

つ・む【摘む】 1〔つまみ取る〕 cǎi(采), zhāi(摘), qiā(掐), cǎizhāi(采摘). ¶木の芽を～む qiā shùyá(掐树芽). ¶花を～む zhāi huā(摘花).
¶悪の芽は早いうちに～み取るべきだ èmiáo yào chènzǎo qiādiào(恶苗要趁早掐掉).
¶茶～み cǎi chá(采茶).
2〔切り取る〕 jiǎn(剪), ¶髪を～む jiǎnfà(剪发). ¶枝を～む jiǎn shùzhī(剪树枝).

つ・む【積む】 1〔積み重ねる〕 duī(堆), luò(摞), lěi(垒). ¶机の上に本が～んである zhuōzi shang duīzhe shū(桌子上堆着书). ¶煉瓦を～む bǎ zhuān luòqǐlai(把砖摞起来)/ qì zhuān(砌砖). ¶いくら金を～まれてもこれだけはできない jiùshì bǎ qián luòchéng duò, zhè yí diǎnr wǒ yě bùnéng dāying(就是把钱摞成垛,这一点我也不能答应). ¶彼は一代で巨万の富を～んだ tā yí dài jiù jīlěile jùwàn zhī fù(他一代就积累了巨万之富). ¶たゆまず練習を～む kǔliàn gōngfu(苦练功夫). ¶経験を～んだ人 jīlěile jīngyàn de rén(积累了经验的人).
2〔積載する〕 zhuāng(装), zài(载), zhuāngzài (装载). ¶トラックに小麦を～む bǎ xiǎomài zhuāngzài kǎchē shang(把小麦装在卡车上). ¶石炭を～んだ船 zài méi de chuán(载煤的船). ¶馬に干草を～む bǎ gāncǎo tuózài mǎshang(把干草驮在马上). ¶荷が多くて～み残してしまった huò tài duō, zhuāngbuxià le(货太多,装不下了).

つむ【錘】 fǎngchuí(纺锤), shādìng(纱锭), fǎngdìng(纺锭), dìngzi(锭子).

つむぎ【紬】 niǎnxiànchóu(捻线绸).

つむ・ぐ【紡ぐ】 fǎng(纺). ¶糸を～ぐ fǎngshā(纺纱).

つむじ【旋毛】 fàxuán(发旋), xuán[r](旋[儿]).
¶彼はすっかり～を曲げてしまった tā fàn niúbózi le(他犯牛脖子了). ¶あいつは～が曲っている tā nàge rén píqi hěn niù(他那个人脾气很拗).

つむじかぜ【旋風】 xuànfēng(旋风).

つむじまがり【旋毛曲り】 niù(拗), juè(倔), nìng(拧). ¶彼の～には手を焼く tā nà niùpíqi rén méi bànfǎ(他那拗脾气真叫人没办法). ¶あんな～は相手にするな nàge rén juè, béng lǐ tā(那个人倔,甭理他).

つむ・る【瞑る】 →つぶる

つめ【爪】 1〔人間の〕 zhǐjia・zhǐjia(指甲), zhǐjiagàir・zhǐjiagàir(指甲盖儿);〔動物の〕 zhǎo(爪), jiǎozhǎo(脚爪). ¶～が伸びた zhǐjia zhǎngcháng le(指甲长长了). ¶足の～を切る jiǎn 'jiǎozhǐjia [zhǐjiǎ] (剪〔脚指甲〔趾甲〕). ¶猫が～を研ぐ māo mó zhǎo(猫磨爪). ¶あの人の～の垢でも煎じて飲んだらどうだ yìdiǎndiǎnr yě hǎo, xiàng tā xué diǎnr hǎo ba(一丁点儿也好,向他学点儿好吧). ¶彼には思いやりなど～の垢ほどもない tā liàng rén de xīn yì diǎngdiǎnr yě méiyǒu(他体谅人的心一丁点儿也没有). ¶～に火をともすようにして暮す fēn wén yě bù shěde huā de guò rìzi(分文也不舍得花地过日子). ¶能ある鷹は～を隠す zhēn rén bú lòuxiàng(真人不露相).
2〔琴の〕 jiǎ zhǐjia(假指甲);〔マンドリンの〕 bōzi(拨子).
3〔クレーンの〕 qǐzhònggōu(起重钩);〔錨の〕 máozhǎo(锚爪);〔ラチェットの〕 jízhuǎ(棘爪).

つめ【詰】 ¶最後の～が不十分 zuìhòu de bùzhòu tài bù zhōumì(最后的步骤太不周密).

-づめ【詰】 1〔…入り〕 zhuāng(装). ¶樽～の酒 tǒngzhuāngjiǔ(桶装酒). ¶ビール1ダース～の箱 zhuāng yì dá píjiǔ de xiāngzi(装一打啤酒的箱子). ¶りんごを箱～にして送る bǎ píngguǒ zhuāngxiāng sòngqu(把苹果装箱送去). ¶400字～の原稿用紙 sìbǎi zì de gǎozhǐ(四百字的稿纸).
2〔…し続ける〕 ¶混んでいて終点まで立ち～だ

った chēli hěn yōngjǐ yīzhí zhàndào zhōngdiǎnzhàn(车里很拥挤一直坐到终点站). ¶彼女はしゃべりにしゃべった tā tāotāo-bùjué de jiǎng ge méi wán(她滔滔不绝地讲个没完).

3[…勤務] ¶本店へ～を命ぜられた bèi pàidào zǒnggōngsī gòngzhí(被派到总公司供职). ¶外務省～の記者 zhù wàijiāobù jìzhě(驻外交部记者).

つめあと【爪痕】 ¶戦争の～がまだ残っている zhànzhēng de hénjì hái yíliúzhe(战争的痕迹还遗留着).

つめあわせ【詰合せ】 ¶キャンデーの～ hézhuāng shíjǐntáng(盒装什锦糖).

つめえり【詰襟】 lìlǐng[r](立领[儿]). ¶～の学生服 lìlǐng de xuéshēng zhìfú(立领的学生制服).

つめか・える【詰め替える】 ¶煙草をシガレットケースに～える bǎ xiāngyān dàozhuāng zài yānhéli(把香烟倒装在烟盒里). ¶水筒の水を～える huàn shuǐtǒng de shuǐ(换水筒的水).

つめか・ける【詰め掛ける】 ¶現場には各社の新聞記者が～けた gè bàoshè de jìzhě yǒngdào xiànchǎng lái le(各报社的记者拥到现场来了). ¶野次馬がわんさと～けた kànrènaode fēngyōng ér lái(看热闹的蜂拥而来).

つめきり【爪切り】 zhǐjiǎdāo(指甲刀), zhǐjiǎqián(指甲钳).

つめこ・む【詰め込む】 ¶鞄に荷物を無理やり～む bǎ dōngxi pīnmìng wǎng píbāoli zhuāng(把东西拼命往皮包里装). ¶小さな部屋に10人も～まれた xiǎoxiǎo de fángjiān bèi sāijìn shí ge rén(小小的房间被塞进十个人). ¶ごちそうを腹いっぱい～む bǎ hǎochī de cài pīnmìng wǎng dùzili sāi(把好吃的菜拼命往肚子里塞). ¶知識を詰め込む guàn zhīshi(灌知识). ¶～み主義の教育 tiányāshì jiàoyù(填鸭式教育)/ mǎntángguàn(满堂灌).

つめしょ【詰所】 zhíqínfáng(值勤房).

つめた・い【冷たい】 **1**[温度が] lěng(冷), bīnglěng(冰冷), liáng(凉), bīngliáng(冰凉). ¶～い水で顔を洗う yòng lěngshuǐ xǐ liǎn(用冷水洗脸). ¶手が氷のように～い shǒu xiàng bīng yíyàng liáng(手像冰一样凉). ¶～い北風が吹きまくる lěngsōusōu de běifēng hūxiào(冷飕飕的北风呼啸). ¶発見された時は既に～くなっていた fāxiàn shí rén yǐjing bīngliáng le(发现时人已经冰凉了).

2[冷淡だ] lěngdàn(冷淡), lěngbīngbīng(冷冰冰), bīnglěng(冰冷). ¶彼は～い人だ tā shì ge lěngxīn-lěngmiàn[xīng ruò bīngshuāng] de rén(他是个冷心冷面[冷若冰霜]的人). ¶彼女は最近私に～くなった jìnlái tā duì wǒ lěngdàn le(最近她对我冷淡了)/ jìnlái tā dài wǒ lěngbīngbīng de(近来她待我冷冰冷的). ¶～い扱いを受ける shòudào lěngdàn de dàiyù(受到冷淡的待遇). ¶世間の～い目にさらされる shòu shìjiān lěngyǎn kàndài(受世间冷眼看待). ¶そんな～い事を言わないでくださいよ bié shuō nàme lěngbīngbīng de huà!(别说那么冷冰冰的话!)/ nǐ búyào shuō nàme lěngmò wúqíng de huà(你不要说那么冷漠无情的话).

つめばら【詰腹】 ¶～を切らされる bèipò cízhí(被迫辞职).

つめもの【詰物】 [料理の] tiánliào(填料), tiánxiàn(填馅); [パッキング] tiánsāiliào(填塞料), diànliào(垫料).

つめよ・る【詰め寄る】 bījìn(逼近). ¶彼は血相を変えて私に～ってきた tā biànle liǎnsè bījìn wǒ(他变了脸色逼近我).

つ・める【詰める】 **1**[押し込む] zhuāng(装), tián(填), sāi(塞), xuàn(楦). ¶スーツケースに衣類を～める bǎ yīfu zhuāng shǒutíxiānglǐ(把衣服装手提箱里). ¶パイプに煙草を～める bǎ yānsī zhuāng yāndǒuli(把烟丝装烟斗里). ¶耳に綿を～める wǎng ěrduoli sāi miántuán(往耳朵里塞棉团). ¶歯にアマルガムを～める yòng gǒnghéjīn bǔ yá(用汞合金补牙). ¶醤油を瓶に～める bǎ jiàngyóu guànjìn píngzi(把酱油灌进瓶子). ¶枕に蕎麦殻を～める wǎng zhěntouli tián qiáomàipí(往枕头里填荞麦皮). ¶込み合いますので奥へお～め下さい qǐng zhūwèi wǎng lǐ jǐ yi jǐ(车拥挤,请诸位往里挤一挤).

2[休みなく続ける] ¶一日中～めて働く zhěngtiān bùtíng de gōngzuò(整天不停地工作). ¶休み中図書館に～めて通う jiàqī zhōng měitiān dào túshūguǎn qù yònggōng(假期中每天到图书馆去用功).

3[縮める] suō(缩), suōxiǎo(缩小), suōduǎn(缩短). ¶ウエストを3センチ～めて下さい qǐng bǎ yāowéi suō sān límǐ(请把腰围缩三厘米). ¶行間を～めて書く suōxiǎo hángjù xiě(缩小行距写).

4[倹約する] shěng(省), jiéyuē(节约), jiéshěng(节省). ¶暮しを～めて本を買う jiéshěng shēnghuófèi mǎi shū(节省生活费买书). ¶経費を～める jiéyuē kāizhī(节约开支).

5[控える] ¶本部に～める zài běnbù zhíqín(在本部值勤). ¶徹夜で病人の枕もとに～める zhì bìngrén pángbiān zhěngzhěng shǒule yí yè(在病人旁边整整守了一夜).

6 ¶息を～めて事の成行きを見守る bǐngxī zhùshì shìqíng de fāzhǎn(屏息注视事情的发展). ¶話をもう少し～めておいたほうがいい zuìhǎo jìnyíbù yùnniàng yíxià(最好进一步酝酿一下).

つもり【積り】 dǎsuàn(打算). ¶来週郷里に帰る～だ dǎsuàn[zhǔnbèi] xiàxīngqī huí lǎojiā(打算[准备]下星期回老家). ¶彼女はこれからどうする～だろう tā jīnhòu dǎsuàn zěnme bàn ne?(她今后打算怎么办呢?). ¶冗談の～が本気にされた kāi wánxiào shuō de què bèi xìn yǐwéi zhēn le(开玩笑说的却被信以为真了). ¶私はこの仕事をやめる～はない wǒ méiyǒu fàngqì zhège gōngzuò de yìsi(我没有放弃这个工作的意思). ¶彼は自分が一番正しい～でいる tā zìjǐ yǐwéi shì(他自以为是)/ tā yǐwéi zìjǐ shì zuì zhèngquè de(他以为自己是最正确的). ¶自分では精一杯やった～だ wǒ rèn-

wéi zìjǐ shì jiéjìn quánlì gàn de (我认为自己是竭尽全力干的). ¶ そんな〜ではなかったた wǒ bìng bú shì nà zhǒng yìsi (我并不是那种意思). ¶ 旅行をした〜で貯金する bǎ qián zǎnqilai, zhǐdàng shì qù lǚxíngle yí tàng (把钱攒起来,只当是去旅行了一趟). ¶ 私の〜が外れた wǒ dǎ de suànpan luòkōng le (我打的算盘落空了).

つも・る【積る】 1【積み重なる】jī (积). ¶ 雪が1メートル〜った xuě jīle yì mǐ (雪积了一米)/jīxuě dá yì mǐ shēn (积雪达一米深). ¶ 棚の上にほこりが〜っている gēbǎn shang jīle yì céng chéntǔ (搁板上积了一层尘土). ¶〜る話に時のたつのも忘れた zǎnle yí dùzi huà, yì tán jiù wàngle shíjiān (攒了一肚子话,一谈就忘了时间). ¶〜る恨みを晴らす xǐxuě duōnián de jīhèn (洗雪多年的积恨). ¶ 借金が〜り〜って500万円になった zhàiwù lěijī dá wǔbǎi wàn rìyuán (债务累积达五百万日元).

2 →みつもる.

つや【艶】 guāngzé (光泽). ¶ 床を磨いて〜を出す bǎ dìbǎn dǎmó zèngguāng-wǎliàng (把地板打磨得锃光瓦亮). ¶〜を消す qùdiào guāngzé (去掉光泽). ¶ 肌に〜がある pífū guāngrùn (皮肤光润). ¶ 声に〜がある sǎngyīn hěn rùn (嗓音很润). ¶〜っぽい話 fēngliúhuà (风流话).

つや【通夜】 zuòyè (坐夜), bànsù (伴宿), shǒuyè (守夜), shǒulíng (守灵), shǒusāng (守丧).

つやけし【艶消し】 ¶〜な事を言うな bié shuō méiyǒu qíngqù de huà (别说没有情趣的话). ¶〜ガラス móshābōli (磨砂玻璃)/ máobōli (毛玻璃).

つやつや yóuliàng (油亮), yóuguāng (油光). ¶〜した髪 yóuliàng [yǒu guāngzé] de tóufa (油亮[有光泽]的头发). ¶ 雨にぬれた若葉が〜と光っている bèi yǔ lín de nènyè yóuliàng-yóuliàng de (被雨淋的嫩叶油亮油亮的).

つゆ【汁】 zhī (汁), zhīr (汁儿).

つゆ【露】 lùshuǐ (露水). ¶ 草の葉に〜がおりる cǎoyèzi shang zhānshàngle lùshuǐ (草叶子上沾上了露水). ¶〜と消える sǐ zài xíngchǎng shang (死在刑场上). ¶ 私は彼女を〜ほども疑わなかった wǒ bàn dīngdiǎnr yě méi huáiyíguo tā (我半丁点儿也没怀疑过她). ¶ そんな事とは〜知らず訪ねて行った yìdiǎnr yě bù zhī shì nàme huí shì, bàifǎng qù le (一点儿也不知是那么回事,拜访去了).

つゆ【梅雨】 méiyǔ (梅雨・霉雨), huángméiyǔ (黄梅雨); huángméijì (黄梅季), huángméitiān (黄梅天), méitiān (霉天). ¶〜に入る rùméi (入梅)/ lìméi (立梅). ¶〜が明けた chūméi (出梅)/ duànméiqī (断梅期).

つゆくさ【露草】 yāzhícǎo (鸭跖草).

つよ・い【強い】 qiáng (强). ¶ 彼は力が〜い tā lìqi dà (他力气大). ¶ 綱を引く yònglì lā shéng (用力拉绳). ¶ 子供を〜く抱きしめる jǐnjǐn de bàozhù háizi (紧紧地抱住孩子). ¶ 我が校はサッカーが〜い wǒxiào zúqiú "hěn qiáng [shì ge qiángxiàng]" (我校足球"很强[是个强项]"). ¶ 彼は最近碁が〜くなった tā jìnlái wéiqí xiàde yuèláiyuè hǎo (他近来围棋下得越来越好). ¶ 彼女は語学に〜い tā shàncháng wàiyǔ (她擅长外语). ¶ 彼は自我が〜い tā gèxìng hěn qiáng (他个性很强)/ tā xìngzi liè (他性子烈). ¶〜く生きていこうと決心する juéxīn jiānqiáng de huóxiaqu (决心坚强地活下去). ¶ 初めて会った時に〜い印象を受けた zuìchū xiāngjiàn shí gěile wǒ qiángliè de yìnxiàng (最初相见时给了我强烈的印象). ¶ 彼は相手の態度を〜い語調で非難した tā yánlì de zhǐzéle duìfāng de tàidu (他严厉地指责了对方的态度). ¶ 生徒を〜く叱る hěnhěn de pīpíng xuésheng (狠狠地批评学生). ¶ 工場の建設に住民は〜く反対した jūmín qiángliè de fǎnduì xiūjiàn gōngchǎng (居民强烈反对修建工厂). ¶ 南国の〜い日差し nánguó qiángliè de yángguāng (南国强烈的阳光). ¶ 船は〜い風に吹き流された chuán bèi qiángjìng de fēng chuīzǒu le (船被强劲的风吹走了). ¶ もう少し火を〜くしなさい bǎ huǒ zài shāodà diǎnr (把火再烧大点儿). ¶〜い酒をあおる lièjiǔ yì yǐn ér jìn (烈酒一饮而尽). ¶ この薬は副作用が〜い zhè yào fùzuòyòng hěn lìhai (这药副作用很厉害). ¶ 度の〜い眼鏡 dùshu shēn de yǎnjìng (度数深的眼镜). ¶〜い体を作る shǐ shēntǐ qiángzhuàng (使身体强壮). ¶ 酸に〜い nàisuānxìng qiáng (耐酸性强). ¶ 私は暑さに〜い wǒ bú pà rè (我不怕热).

つよがり【強がり】 chěngqiáng (逞强), chěngnéng (逞能). ¶ 今更〜を言っても駄目だ dào xiànzài zuǐlǐ chěngqiáng hái yǒu shénme yòng? (到现在嘴里逞强还有什么用?).

つよき【強気】 yìng (硬), yìngqi (硬气). ¶ 彼ははじめから〜に出た tā dǎ yì kāitóur jiù lái yìng de (他打一开头儿就来硬的).

つよごし【強腰】 ¶〜で交渉する yǐ qiángyìng de tàidu jìnxíng jiāoshè (以强硬的态度进行交涉).

つよび【強火】 dàhuǒ (大火), jíhuǒ (急火), měnghuǒ (猛火), wǔhuǒ (武火), wànghuǒ (旺火). ¶ 2,3分〜で炒める yòng jíhuǒ chǎo liǎng,sān fēnzhōng (用急火炒两,三分钟).

つよま・る【強まる】 ¶ 台風が近づくにつれて風雨が〜っている suízhe táifēng jiējìn, fēngyǔ dàqilai le (随着台风接近,风雨大起来了). ¶ 最近彼に対する非難が〜っている zuìjìn duì tā fēinàn yuèláiyuè lìhai (最近对他的非难越来越厉害).

つよみ【強み】 ¶ 彼の参加でAチームは一段と〜を増した tā de cānjiā shǐ A duì lìliang yuèfā qiáng le (他的参加使A队力量越发强了). ¶ 語学に堪能なのが彼女の〜だ jīngtōng wàiyǔ shì tā de chángchu (精通外语是她的长处).

つよ・める【強める】 zēngqiáng (增强), jiāqiáng (加强). ¶ 抵抗力を〜める zēngqiáng dǐkànglì (增强抵抗力). ¶ 彼はそこで一段と語気を〜めた tā jiǎngdào nàli yuèfā jiāzhòngle yǔqì (他讲到那里越发加重了语气).

つら【面】 liǎn (脸), miànkǒng (面孔), zuǐliǎn

(嘴脸).　¶あんな奴の～は二度と見たくない nà jiāhuo de zuǐliǎn, wǒ zài yě bù xiǎng kàn le(那家伙的嘴脸,我再也不想看了).　¶どの～下げて頼みに来たのか hái yǒu shénme liǎn lái qiú wǒ(还有什么脸来求我!).　¶芸術家を～して気取っている bǎichū yí fù yìshùjiā de miànkǒng(摆出一副艺术家的面孔).

つらあて【面当て】　¶夫への～に実家へ帰る gēn àiren dǔqì huí niángjia(跟爱人赌气回娘家).　¶～がましいことを言う shuō dàicìr de huà(说带刺儿的话).

つら・い【辛い】　**1**〔苦しい〕nánshòu(难受), bù hǎoshòu(不好受).　¶仕事が～い gōngzuò hěn xīnkǔ[chīli](工作很`辛苦[吃力]).　¶咳が出て～い késoude nánshòu(咳嗽得难受).　¶別れが～い shěbude líkāi(舍不得离开)/ yīyī bù shě(依依不舍).　¶金がなくて～い思いをする méi qián hěn bù hǎoshòu(没钱很不好受).　¶～い訓練に耐える jīngshòu jiānkǔ de xùnliàn(经受艰苦的训练).　¶今私は～い立場に置かれている xiànzài wǒ de chǔjìng hěn kùnnan(现在我的处境很困难).

2〔むごい〕¶彼は私にばかり～く当る tā jìng nánwéi wǒ(他净难为我).　¶～い仕打ちに耐えかねて飛び出した shòubuliǎo nà zhǒng wěiqu chūzǒu le(受不了那种委屈出走了).

つらがまえ【面構え】　¶大胆不敵な～ tiān bú pà dì bú pà de miànkǒng(天不怕地不怕的面孔).

つらさ【辛さ】　kǔchǔ(苦楚), kǔchu(苦处), tòngkǔ(痛苦).　¶あの時の～といったら口では言い表せない dāngshí de kǔchu yì yán nán jìn(当时的苦处一言难尽).　¶貧乏の～が骨身にしみた qièshēn gǎndào pínqióng de tòngkǔ(切身感到贫穷的痛苦).

つらだましい【面魂】　¶不敵な～ dǎndà-bāotiān de zhǎngxiàng(胆大包天的长相).

つらな・る【連なる】　**1**〔並び続く〕jiēlián(接连), liánmián(连绵), miánlián(绵联), miányán(绵延).　¶山脈が南北に～っている shānmài nánběi miángèn(山脉南北绵亘).

2〔参加する〕cānjiā(参加), lièxí(列席).　¶結婚式に～る cānjiā jiéhūn yíshì(参加结婚仪式).　¶委員の末席に～る lièwéi wěiyuán de mòwèi(列为委员的末位).

つらぬ・く【貫く】　**1**〔貫通する〕chuāntōng(穿通), guànchuān(贯穿), guàntōng(贯通).　¶弾丸が壁を～く qiāngdàn chuāntōng qiángbì(枪弹穿通墙壁).　¶川が町の南北を～いて流れている hé guànchuān jiēshì de nánběi liúzhe(河贯穿街市的南北流着).

2〔貫徹する〕guànchè(贯彻), guànyì(贯彻).　¶初志を～く guànchè chūzhì(贯彻初志)/ bù gǎi chūzhōng(不改初衷).

つら・ねる【連ねる】　¶車を～ねてパレードする qìchē páichéng yìtiáolóng yóujiē(汽车排成一条龙游街).　¶有名人が名を～ねている shèhuì míngmén míng liè yí dà chuàn(社会名人名列一大串).

つらのかわ【面の皮】　liǎnpí(脸皮), miànpí(面皮).　¶～の厚い男 liǎnpí hòu[méipí-méiliǎn/ hòuyán-wúchǐ] de rén(脸皮厚[没皮没脸/厚颜无耻]的人).　¶いつかあいつの～をひんむいてやるぞ zǒng yǒu yì tiān sīxià tā de miànpí(总有一天撕下他的面皮).　¶こっちこそいい～だ jiào wǒ diūjìnle liǎnmiàn(叫我丢尽了脸面)/ zhēn diū miànzi!(真丢面子!)/ jiào wǒ diū rén xiànle yǎn!(叫我丢人现了眼!).　¶ざまあみろ、いい～ gāi! zǎogāi xiànyǎn le(该!早该现眼了).

つらよごし【面汚し】　¶お前は一家の～だ nǐ gěi yìjiārén diūliǎn(你给一家人丢脸)/ nǐ nà shì wǎng yìjiārén liǎnshang mǒhēi(你那是往一家人脸上抹黑).

つらら【氷柱】　bīngzhuī[r](冰锥[儿]), bīngzhuīzi(冰锥子), bīngzhù(冰柱), bīngliū(冰溜), língzhuī(凌锥), língduó(凌铎).　¶～が下がっている guàzhe bīngzhuīr(挂着冰锥儿).

つり【釣】　**1**〔魚釣〕diàoyú(钓鱼), chuídiào(垂钓).　¶川へ～に行く qù hébiānr diàoyú(去河边儿钓鱼).　¶～が唯一の道楽です diàoyú shì wǒ wéiyī de lèqù(钓鱼是我唯一的乐趣).　¶～道具 diàojù(钓具).　海～ hǎidiào(海钓). 河～ hédiào(河钓).

2〔釣銭〕¶1万円でお～を下さい zhè shì yíwàn yuán, qǐng nǐ zhǎo qián ba(这是一万元,请你找钱吧).　¶300円のお～です zhǎo nín sānbǎi yuán(找您三百元).

つりあい【釣合】　pínghéng(平衡), jūnhéng(均衡).　¶～をとりながら天秤棒をかつぐ bǎochí jūnhéng tiāo biǎndan(保持均衡挑扁担).　¶～のとれた体つき hěn yúnchèn de shēncái(很匀称的身材).　¶上着とズボンの色の～がいい shàngyī hé kùzi de yánsè hěn xiāngpèi(上衣和裤子的颜色很相配).

つりあ・う【釣り合う】　**1**〔均衡する〕pínghéng(平衡), jūnhéng(均衡).　¶重さが～う zhòngliàng xiāngděng(重量相等).　¶収入と支出が～わない shōuzhī bù pínghéng(收支不平衡).

2〔調和する〕xiāngchèn(相称), xiāngpèi(相配), bǐpèi(比配).　¶洋服とネクタイがよく～っている xīzhuāng hé lǐngdài hěn xiāngchèn(西装和领带很相称).　¶あの2人は年が～わない nà liǎng ge rén suìshu bù xiāngchèn(那两个人岁数不相称).

つりあが・る【吊り上がる】　¶～った目 diàojiǎoyǎn(吊角眼).

つりあ・げる【吊り上げる】　qǐdiào(起吊), diàoqǐ(吊起).　¶クレーンで鋼材を～げる yòng qǐzhòngjī bǎ gāngcái diàoqǐlai(用起重机把钢材吊起来).　¶眉を～げて怒る diào yǎnshāo shēngqì le(吊眼梢生气了)/ héng méi shù yǎn(横眉竖眼)/ zhí méi dèng yǎn(直眉瞪眼)/ héng méi nù mù(横眉怒目).　¶相場を～げる táigāo hángqíng(抬高行情).

つりいと【釣糸】　diàosī(钓丝).　¶～を垂らす chuíxià diàosī(垂下钓丝).

つりがね【釣鐘】　diàozhōng(吊钟).

つりがねそう【釣鐘草】　fēnglíngcǎo(风铃草).

つりかわ【吊革】　¶電車の～につかまる zhuā-

つりこ・む【釣り込む】¶彼の話に~まれて時のたつのも忘れてしまった tā de huà yǐn rén rù shèng, yǐzhì shǐ rén wàngle shíjiān(他的话引人入胜,以至使人忘了时间). ¶彼女の明るい笑いに~まれて皆も笑い出した tā kuàihuo de xiàoshēng yǐnde dàjiā xiàole qǐlái(她快活的笑声引得大家笑了起来).

つりざお【釣竿】 diàogān[r]（钓竿[儿]）, diàoyúgān（钓鱼竿）, yúgān（鱼竿）.

つりばし【吊橋】 diàoqiáo（吊桥）, xuánsuǒqiáo（悬索桥）.

つりばり【釣針】 diàogōu（钓钩）, diàoyúgōu（钓鱼钩）, yúgōu（鱼钩）.

つりぼり【釣堀】 shōufèi diàoyúchí（收费钓鱼池）.

つりわ【吊輪】〔体操の〕diàohuán（吊环）.

つ・る【吊る】 1〔つるす〕diào（吊）, guà（挂）, xuán（悬）, xuánguà（悬挂）, zhāngguà（张挂）. ¶蚊帳を~る guà wénzhàng（挂蚊帐）. ¶腰にピストルを~る yāo pèi shǒuqiāng（腰佩手枪）. ¶壁に棚を~る zài qiángshang dìng gēbǎn（在墙上钉搁板）. ¶首を~って死ぬ shàngdiào zìshā（上吊自杀）, diàosǐ（吊死）.
2〔ひきつる〕¶足が~って歩けなくなった tuǐ chōujīn zǒubùdòng le（腿抽筋走不动了）. ¶縫目が~っている féngxiàn fāzhòu（缝线发皱）.

つ・る【釣る】 diào（钓）, diàoyú（钓鱼）. ¶今日は面白いように~れた jīntiān yú shànggōu shàngde búyìlèhu（今天鱼上钩上得不亦乐乎）. ¶甘言で~る yòng tiányán-mìyǔ gōuyǐn rén（用甜言蜜语勾引人）. ¶広告に~られてつい買ってしまった bèi guǎnggào xīyǐn bùyóude mǎi le（被广告吸引不由得买了）.

つる【弦】 1〔弓の〕xián（弦）, gōngxián（弓弦）.
2〔鍋, 土瓶などの〕tíliáng[r]（提梁[儿]）.

つる【蔓】 1〔植物の〕wàn[r]（蔓[儿]）, téng（藤）, téngzi（藤子）, téngwàn（藤蔓）. ¶瓜の~ guāwànr（瓜蔓儿）. ¶ぶどうの~ pútaoténg（葡萄藤）. ¶~植物 téngběn zhíwù（藤本植物）.
2〔眼鏡の〕yǎnjìngjiǎo（眼镜脚）, yǎnjìngtuǐ（眼镜腿）.

つる【鶴】 hè（鹤）, báihè（白鹤）. ¶会長の~の一声で計画は沙汰止みとなった huìzhǎng yì chuí-dìngyīn, jìhuà jiù wánquán tíngzhǐ le（会长一锤定音,计划就完全停止了）.

つるぎ【剣】 jiàn（剑）.

つるくさ【蔓草】 màncǎo（蔓草）.

つるしあ・げる【吊し上げる】¶責任者を~げる pīdōu fùzérén（批斗负责人）. ¶従業員から~げを食った áile cóngyèyuán yí dùn "zhěng[dòu]"（挨了从业员一顿"整[斗]"）.

つるしがき【吊し柿】 shìbǐng（柿饼）.

つる・す【吊す】 diào（吊）, guà（挂）, xuán（悬）, xuánguà（悬挂）. ¶とうもろこしを軒先に~す yùmǐ guàzài yánxià（把玉米挂在房檐下）. ¶天井から電灯を~す bǎ diàn diàozài tiānhuābǎn shang（把灯吊在天花板上）.

つるつる guāngliūliū（光溜溜）, guāngliu（光溜）, guānghuá（光滑）, huáliu（滑溜）. ¶彼は~に禿げている tā de tóu guāngtūtū de（他的头光秃秃的）. ¶道が凍って~滑る dàor dòngde huáliūliū de（道儿冻得滑溜溜的）.

つるはし【鶴嘴】 hèzuǐgǎo（鹤嘴镐）, yánggǎo（洋镐）, shízìgǎo（十字镐）.

つるべ【釣瓶】 diàotǒng（吊桶）, diàoshuǐtǒng（吊水桶）. ¶秋の日は~落し qiūtiān de tàiyáng luòde hěn kuài（秋天的太阳落得很快）. ¶はね~ jiégāo（桔槔）.

つるべうち【釣瓶打ち】¶彼等は鉄砲を~に打った tāmen yòng qiāng liánxù shèjī（他们用枪连续射击）.

つるりと cīliū（刺溜）, chīliū（哧溜）; chūliū（出溜）, cīliū（蹴溜）. ¶バナナの皮を踏んで~滑った cǎile xiāngjiāopí "cīliū yíxià[jiǎo yì cī]" huádǎo le（踩了香蕉皮"刺溜一下[脚一跐]"滑倒了）. ¶トマトの皮が~とむける xīhóngshì de pí yì bāo jiù diào（西红柿的皮一剥就掉）.

つれ【連れ】 bàn[r]（伴[儿]）, huǒbàn（伙伴）. ¶旅の途中で~になる zài lǚtú shang "jié[dā] de bànr"（在旅途上"结[搭]的伴儿）. ¶~を待たしてあるので失礼します tóngxíng de rén děngzhe wǒ, wǒ gàocí le（同行的人等着我,我告辞了）.

-づれ【連れ】¶家族~で旅行に行く yìjiārén yíkuàir qù lǚxíng（一家人一块儿去旅行）. ¶子供~の行楽客 dàizhe háizi de yóukè（带着孩子的游客）.

つれあい【連れ合い】 àiren（爱人）; lǎobàn[r]（老伴[儿]）.

つれこ【連れ子】¶彼の後妻には~があった tā de hòuqī yǒu qiánfū de háizi（他的后妻有前夫的孩子）.

つれこ・む【連れ込む】¶不良に暗がりに~まれた bèi liúmáng lājìn ànchù（被流氓拉进暗处）.

つれそ・う【連れ添う】¶~って10年になる jiéhūn yǐjing yǒu shí nián le（结婚已经有十年了）. ¶30年~った夫 gòngtóng shēnghuó sānshí nián de zhàngfu（共同生活三十年的丈夫）.

つれだ・す【連れ出す】¶友人を散歩に~す lā péngyou qù sànbù（拉朋友去散步）.

つれだ・つ【連れ立つ】¶友人と~って展覧会に行く hé péngyou yìqǐ qù cānguān zhǎnlǎnhuì（和朋友一起去参观展览会）.

つれづれ【徒然】¶酒を飲んで~を慰める hē jiǔ xiāoxián jiěmèn（喝酒消闲解闷）. ¶~のままに日記など書いてみる wúsuǒ shìshì, chóuxù yínghuái de xiě dōngxi jì rìjì（无所事事,愁绪萦怀地写东西记日记）.

-つれて【連れて】 suízhe（随着）. ¶時がたつに~悲しみは薄らいだ suízhe shíjiān de tuīyí, bēiāi yě jiànjiàn xiāoshī le（随着时间的推移,悲哀也渐渐消失了）.

つれな・い【冷淡】 lěngdàn（冷淡）. ¶~く断られた bèi lěngdàn de jùjué le（被冷淡地拒绝了）. ¶そんな~いことは言わないでくれ bié shuō zhè zhǒng bú jìn rénqíng de huà（别说这种不近人情的话）.

つ・れる【吊れる】 ¶首の筋が～れる bózi chōujīnr(脖子抽筋儿). ¶糸が～れている féngxiàn bù píngzhǎn(缝线不平展).

つ・れる【連れる】 dài(带), lǐng(领), dàilǐng(带领). ¶子供を動物園に～れて行く dài háizi dào dòngwùyuán qù(带孩子到动物园去). ¶生徒を～れて工場見学に行く dàilǐng xuésheng qù cānguān gōngchǎng(带领学生去参观工厂). ¶犬を～れて散歩に行く lāzhe gǒu qù sànbù(拉着狗去散步).

つわぶき【石蕗】 dàwúfēngcǎo(大吴风草).

つわもの【兵】 ¶味方は～ぞろいだ wǒfāng gègè dōu shì měngjiàng(我方个个都是猛将). ¶彼はその道ではなかなかの～だ tā shì nà fāngmiàn de lǎoshǒu(他是那方面的老手).

つわり【悪阻】 yùntù(孕吐), hàixǐ(害喜), hàikǒu(害口).

つんざ・く【劈く】 ¶耳を～くばかりの爆発音 zhèn ěr yù lóng de bàozhàshēng(震耳欲聋的爆炸声).

つんつるてん ¶子供の背丈が伸びて服が～になった háizi zhǎngdà, yīfu duǎnde lù gēbo lù tuǐ le(孩子长大, 衣服短得露胳膊露腿了).

つんと ¶彼女はいつも～すましている tā zǒngshì qiàozhe bízi bú ài dāli rén(她总是翘着鼻子不爱搭理人). ¶アンモニアのにおいが～鼻をつく āmóníyà de qìwèi hěn cìbí(阿摩尼亚的气味很刺鼻).

ツンドラ táiyuán(苔原), dòngtǔdài(冻土带).

つんのめ・る【蹈蹶】 liēqie(趔趄) ¶石につまずいて～った jiǎo bàn shítou dǎle ge liēqie(脚绊石头打了个趔趄). ¶～って倒れる shuāile ge dàmǎpā(摔了个大马趴).

つんぼ【聾】 lóng(聋); [人] lóngzi(聋子). ¶騒音で～になりそうだ zàoyīn jiǎnzhí yào bǎ ěrduo nònglóng le(噪音简直要把耳朵弄聋了).

つんぼさじき【聾桟敷】 ¶私だけ～に置かれて何も知らなかった jiù wǒ yí ge rén bèi méngzài gǔli, shénme yě bù zhīdào(就我一个人被蒙在鼓里, 什么也不知道).

て

て【手】 1 shǒu(手)〈手首から先〉; bì(臂), bìbǎng(臂膀), gēbo(胳膊), gēbei(胳臂)〈腕〉. ¶～がかじかんだ shǒu dòngjiāng le(手冻僵了). ¶右の～は左より少し長い yòubì bǐ zuǒbì shāo cháng yìdiǎnr(右臂比左臂稍长一点儿). ¶踏台がないと～が届かない méiyǒu dèngzi shǒu gòubuzháo(没有凳子手够不着). ¶そんな事をすると～が後ろに回る gàn nà zhǒng shì kě jiù yào ˈzuòláo[dài shǒukào] le(干那种事可就要ˈ坐牢[戴手铐]了). ¶既に警察の～が回っている jǐngchájú yǐ bùxià luówǎng(警察局已布下罗网). ¶祖父は 90 に～が届く zǔfù ˈkuài jiǔxún le[nián jìn jiǔ xún](祖父ˈ快九十了[年近九旬]).

¶～の切れるような 1 万円札 zhǎnxīn de yíwàn yuán chāopiào(崭新的一万元钞票). ¶～の舞い足の踏む所を知らず gāoxìngde shǒuwǔ zúdǎo(高兴得手舞足蹈).

¶鞄を～にさげる shǒuli tízhe píbāo(手里提着皮包). ¶～に汗を握って試合の成行きを見守る niēzhe yì bǎ hàn zhùshìzhe bǐsài(捏着一把汗注视着比赛). ¶～に取ってゆっくり御覧下さい qǐng názài shǒuli zǐxì kànkan ba(请拿在手里仔细看看吧). ¶隣の部屋の話し声が～に取るように聞える gébì wūli de shuōhuàshēng tīngde qīngqīng-chǔchǔ(隔壁屋里的说话声听得清清楚楚). ¶ 2 人は～に～を取って駆落ちした liǎng rén wǎnzhe shǒu sībēn le(两人手挽着手私奔了).

¶質問のある人は～をあげなさい yǒu yíwèn de rén jǔshǒu(有疑问的人举手). ¶～をあげろ jǔqǐ shǒu lái!(举起手来!)/ bǎ shǒu jǔqǐlai!(把手举起来!). ¶～を合せて拝む hézhǎng[héshí] xiàbài(合掌[合十]下拜). ¶ 50 万円で～を打つ yǐ wǔshí wàn rìyuán ˈchéngjiāo[dáchéng tuǒxié](以五十万日元ˈ成交[达成妥协]). ¶なすすべもなく～をこまぬいて傍観しているだけだった bù zhī suǒ cuò, zhǐhǎo xiùshǒu pángguān(不知所措, 只好袖手旁观). ¶創作に～を染める kāishǐ cóngshì chuàngzuò(开始从事创作). ¶先に～を出した方が悪い xiān dòngshǒu de rén bú duì(先动手的人不对). ¶～を叩いてはやしたてる pāi bāzhǎng qǐhòng(拍巴掌起哄). ¶～をついて謝る liǎngshǒu fú dì péi búshi(两手扶地赔不是). ¶この金には～をつけないでおこう zhè bǐ qián xiān gēzhe bu dòng(这笔钱先搁着不用). ¶一度も～を通していない背広 yí cì yě méi chuānguo de xīn xīfú(一次也没穿过的新西服). ¶～を取り合っておたがいの無事を喜びだ hùxiāng wòzhe shǒu wèi bǐcǐ de píng'ān ér gāoxìng(互相握着手为彼此的平安而高兴). ¶～を伸ばして本を取る shēnshǒu ná shū(伸手拿书). ¶～を離すな, しっかりつかまっていろ bié fàngshǒu! jǐnjǐn zhuāzhù!(别放手! 紧紧抓住!). ¶子供の～を引いて歩く lāzhe háizi de shǒu zǒulù(拉着孩子的手走路). ¶～を振ってさようならをする bǎishǒu zàijiàn(摆手再见)/ huīshǒu gàobié(挥手告别). ¶標本に～を触れないで下さい qǐng wù yòng shǒu chùdòng biāoběn(请勿用手触动标本)/ biāoběn qǐng wù dòng(标本请勿动).

2〔物を持つ手, 所有〕shǒu (手). ¶欲しかった切手をやっと~に入れた bǎ xiǎng yào de yóupiào hǎobù róngyì cái nòngdàoshǒu (想要的邮票好不容易才弄到手). ¶城は遂に敵の~に落ちた chéngchí zhōngyú luòdào dírén shǒu le (城池终于落到敌人手里了). ¶今まで~にしたこともない大金 shǒuli cónglái méi yǒuguo de jùkuǎn (手里从来没有过的巨款). ¶私の運命は彼の~に握られている wǒ de mìngyùn zhǎngwò zài tā shǒuli [zài tā de zhǎngxīn li] (我的命运掌握在他手里[在他的掌心里]). ¶先祖伝来の田畑が他人の~に渡った zǔchuán de tiándì luòdàole tārén shǒuli le (祖传的田地落到了他人手里了).

3〔仕事をする手, 労力, 手数〕shǒu (手). ¶今忙しくて~が離せない xiànzài mángde téngbuchū shǒu (现在忙得腾不出手). ¶~が空いたら手伝って下さい téng de chū shǒu lai de huà, bāng wǒ yīxià máng (腾得出手来的话, 帮我一下忙). ¶2人とも~がふさがっている liǎng ge rén shǒu dōu bù xiánzhe (两个人手都不闲着). ¶~がなくて困っている rénshǒu bú gòu zhèng méi bànfǎ (人手不够正没办法). ¶忙しくてとてもそこまで~が回らない mángde gùbudào nàr de (忙得顾不到这步). ¶この子は少しも~がかからない zhège háizi yìdiǎnr yě bú fèishì (这个孩子一点儿也不费事). ¶この象牙細工は~がこんでいる zhège yádiāo kě zhēn jīngqiǎo (这个牙雕可真精巧). ¶この絵は先生の~が入っている zhè fú huà yǒu lǎoshī de shǒubǐ (这幅画有老师的手笔). ¶既製品を使えば~が省ける yòng xiànchéng de dōngxi kěyǐ shěngshì (用现成的东西可以省事). ¶心配事があって仕事が~につかない xīnzhōng yǒu qiānguà bùnéng ānxīn gōngzuò (心中有牵挂不能安心工作). ¶正宗の~になる名刀 chūyú Zhèngzōng zhī shǒu de míngdāo (出于正宗之手的名刀).

¶家に~を入れたら見違えるようになった bǎ fángzi shāowēi xiūshànle yíxià jiù huànránYīxīn le (把房子稍微修缮了一下就焕然一新了). ¶ちょっと~を貸してくれ qǐng gěi dǎ bǎ shǒu (请给搭把手). ¶どこから~をつけていいか分らない bù zhī cóng nǎli zhuóshǒu cái hǎo (不知从哪里着手才好). ¶その方面の研究はまだ誰も~をつけていない nà fāngmiàn de yánjiū shuí dōu hái méi zhuóshǒu (那方面的研究谁都还没着手). ¶このビルは人に気づかれず~を抜いてある zhè zuò dàlóu zài bú yì fāxiàn de dìfang bèi tōugōng-jiǎnliào le (这座大楼在不易发现的地方被偷工减料了). ¶お前もそろそろ親の~を離れてもいい年頃だ nǐ yě dào líkāi fùmǔ zìshí-qílì de niánlíng le (你也到离开父母自食其力的年龄了). ¶これは多くの人々の~を経て出来上がったのだ zhè shì yóu hěn duō rén de shǒu cái zuòchulai de (这是经过很多人的手才做出来的). ¶新聞社に~を回して記事を差し止めさせた cǎiqǔ cuòshī zhìzhǐ bàoshè jìnxíng bàodào (采取措施制止报社进行报道). ¶あの男には散々~を焼いた nàge jiāhuo zhēn

jiào rén jíshǒu (那个家伙真叫人棘手). ¶母は縫物の~を休めて私の方を見た mǔ tíngxià zhēnxiànhuór kànle kàn wǒ (母亲停下针线活儿看了看我). ¶他人の~をわずらわす máfan rénjia (麻烦人家) / gěi rén tiān máfan (给人添麻烦). ¶猫の~も借りたい máng bu guòlái (忙不过来) / mángde bùkě kāijiāo (忙得不可开交). ¶手術はA教授の~で行われた shǒushù shì yóu A jiàoshòu zhí dāo jìnxíng de (手术是由A教授执刀进行的). ¶私は母の~一つで育てられた wǒ shì yóu mǔqin yìshǒu lāchedà de (我是由母亲一手拉扯大的).

4〔能力, 腕前〕¶試験は難しくて~も足も出なかった kǎoshì nánde jiǎnzhí wúcóng xiàshǒu (考试难得简直无从下手). ¶こんなくては~が出ない zhème guì kě mǎibuqǐ (这么贵可买不起). ¶しばらく指さなかったので~が落ちた hǎojiǔ méiyǒu xiàqí, huāngshū le (好久没有下棋, 荒疏了). ¶この子は私の~に負えなくなった zhè háizi wǒ kě guǎnbuzhù le (这孩子我可管不住了). ¶この仕事も私の~にあまる zhège gōngzuò wǒ shèngrèn bu liǎo (这个工作我胜任不了). ¶彼女はめきめきと書の~をあげた tā de shūfǎ dà yǒu jìnbù (她的书法大有进步).

5〔方法, 策略〕zhāo[r] (着[儿]), zhāoshù (着数・招数). ¶うまい~がある yí ge miàozhāor (有一个妙着儿). ¶火勢が強くてつけられなかった huǒshì xiōngměng, jiǎnzhí méifǎr duìfu [wúkě-nàihé] (火势凶猛, 简直没法儿对付[无可奈何]). ¶~のつけられない乱暴者 méifǎ zhì de bàohàn (没法治的暴汉). ¶今となっては~の施しようがない shì dào rújīn yǐ wú jì kě shī [wúfǎ wǎnhuí] (事到如今已无计可施[无法挽回]). ¶汚い~を使う yòng èdú de shǒuduàn (用恶毒的手段). ¶早くに~を打たないと大変なことになる yào bù jǐnkuài cǎiqǔ cuòshī, kě jiù bùdéliǎo le (要不尽快采取措施, 可就不得了了). ¶~を尽したが彼の命は助からなかった yòngjìn yíqiè fāngfǎ, kěshì méi néng wǎnjiù tā de shēngmìng (用尽一切方法, 可是没能挽救他的生命). ¶~を変え品を変えて口説く qiānfāng-bǎijì de jìnxíng shuōfú (千方百计地进行说服). ¶その~は食わないぞ wǒ bù chī zhè yí tào (我不吃那一套) / béng lái zhè yì shǒu (甭来这一手).

6〔関係〕¶彼とは~を切ることにした wǒ xiǎng gēn tā duànjué guānxi [yìdāo-liǎngduàn] (我想跟他 ′断绝关系 [一刀两断]). ¶私はもうその仕事から~を引いた wǒ yǐjing cóng nàge gōngzuò chèshǒu le (我已经从那个工作撤手了). ¶事業の~を広げ過ぎて失敗した bǎ shìyè kuòzhǎnde tài guǎng, jiéguǒ shībài le (把事业扩展得太广, 结果失败了). ¶我々が~を握れば成功は間違いない yàoshi wǒmen xiéqǐ shǒu lái [xiéshǒu hézuò], yídìng huì chénggōng (要是我们 ′携起手来 [携手合作], 一定会成功). ¶ひそかに敵と~を結ぶ àndìli gēn dírén gōujié (暗地里跟敌人勾结). ¶相場に~を出す gǎo tóujī mǎimai (搞投机买卖).

7〔種類〕¶この～で白はありませんか zhè zhǒng huò bái de yǒu méiyǒu?(这种货白的有没有?).¶その～の冗談はもう古い nà zhǒng wánxiào yǐjing lǎo diàole yá le(那种玩笑已经老掉牙了).

8〔筆跡〕bǐjì(笔迹).¶これは確かに父の～だ zhè díquè shì wǒ fùqin de bǐjì(这的确是我父亲的笔迹).

9〔持ち札〕¶～が悪い shǒuli de pái bù hǎo(手里的牌不好)/shǒuqì bù hǎo(手气不好).

10〔取手など〕bǐng(柄), bà(把儿), bàzi(把子), bǎshou(把手), tíliáng(提梁).¶土瓶の～が取れた cháhú de bàr diào le(茶壶的把儿掉了).¶ひしゃくの～が抜けた yǎozi bàr tuōdiào le(舀子把儿脱掉了).

11〔…する人〕¶委員のなり～がない wěiyuán méiyǒu rén dāng(委员没有人当).¶使い～の身になって作る shèshēn-chǔdì wèi shǐyòngzhě zhuóxiǎng zuò(设身处地为使用者着想做).

で〔出〕**1**〔出ること〕¶その展覧会は人の～が悪かった nàge zhǎnlǎnhuì cānguān de rén bù duō(那个展览会参观的人不多).¶今年は筍の～が遅い jīnnián zhúsǔn shàngshì shàngde wǎn(今年竹笋上市上得晚).¶月の～は何時ですか yuèchū shì jǐ diǎnzhōng?(月出是几点钟?).¶水道の～が自来水来得很冲(自来水来得很冲).¶この万年筆はインクの～が悪い zhè zhī gāngbǐ mòshuǐ chūde bú chàng(这枝钢笔墨水出得不畅).¶この品は～が鈍った zhè zhǒng huò xiāolù bú chàng le(这种货销路不畅了).¶楽屋を～を待つ zài hòutái děngdài shàngchǎng(在后台等待上场).

2〔出身〕chūshēn(出身).¶彼は貴族の～だそうだ tīngshuō tā shì guìzú chūshēn(听说他是贵族出身).¶両親とも北海道の～です fùmǔ dōu shì Běihǎidàorén(父母都是北海道人).¶我が社は A 大～の社員が多い wǒ gōngsī A dàxué bìyèshēng duō(我公司A大学毕业生多).

3〔分量〕¶～のある食べ物 yǒu chītou de dōngxi(有吃头的东西).¶駅まではちょっと歩き～がある dào chēzhàn kě gòu nǐ zǒu de(到车站可够你走的).¶1 万円札も使い～がなくなった yíwàn rìyuán piàozi yě méiyǒu huātour le(一万日元票子也没有花头儿了).

-で 1〔場所〕zài(在).¶新宿駅で～会う約束をした yuēdìng zài Xīnsù Zhàn pèngtóu(约定在新宿站碰头).¶A 校のグラウンドで～野球の試合がある zài A xiào de yùndòngchǎng jìnxíng bàngqiú bǐsài(在A校的运动场进行棒球比赛).¶日本で～一番長い川 Rìběn zuì cháng de hé(日本最长的河).¶彼は現在大学で～印度哲学を教えている tā xiànzài zài dàxué jiāo Yìndù zhéxué(他现在在大学教印度哲学).¶原因は専門委員会で～調査している yuányīn zhèng yóu zhuānmén wěiyuánhuì jìnxíng diàochá(原因正由专门委员会进行调查).

2〔時〕¶切符は 1 時間～売り切れた piào yí ge xiǎoshí jiù màiguāng le(票一小时就卖光了).¶会議は午前中～終った huìyì zài shàngwǔ jiù jiéshù le(会议在上午就结束了).¶あと 1 週間～夏休で zài guò yí ge xīngqī jiù fàng shǔjià le(再过一个星期就放暑假了).¶祖父はこの 5 月～88 歳になる yéye zhè wǔyuè jiù bāshíbā suì le(爷爷到五月就八十八岁了).¶彼女は 20 歳～結婚した tā èrshí suì jiéhūn le(她二十岁结婚了).

3〔手段, 道具, 材料〕yòng(用), ná(拿), yǐ(以).¶思想を言語～表現する yòng yǔyán biǎodá sīxiǎng(用语言表达思想).¶中国語～演説する yòng Zhōngguóhuà jiǎngyǎn(用中国话讲演).¶彼女とは友人の紹介～知り合った wǒ hé tā shì jīng péngyou de jièshào rènshi de(我和她是经朋友的介绍认识的).¶それはテレビのニュース～見た nà jiàn shì wǒ shì zài diànshì xīnwén zhōng zhīdao de(那件事我是在电视新闻中知道的).¶電話～君に知らせる dǎ diànhuà gàosu nǐ(打电话告诉你).¶船～沖縄に行く zuò chuán dào Chōngshéng qù(坐船到冲绳去).¶鉛筆～書いて下さい qǐng yòng qiānbǐ xiě(请用铅笔写).¶バター～炒める yòng huángyóu chǎo(用黄油炒).¶この壺は青銅～できている zhège hú shì yòng qīngtóng zuò de(这个壶是用青铜做的).¶海は人～いっぱいだ hǎibiān rénshān-rénhǎi de(海边人山人海的).

4〔理由, 原因〕yīn(因), yīnwei(因为), yóuyú(由于).¶病気～休んだ yīn bìng gàole jià(因病告了假).¶仕事～長崎に行く yóuyú gōngzuò qù Chángqí(由于工作去长崎).¶景徳鎮は磁器～有名だ Jǐngdézhèn yǐ cíqì wénmíng(景德镇以瓷器闻名).¶彼の反対～登山は中止になった yóuyú tā fǎnduì, zhōngzhǐle dēngshān(由于他反对,中止了登山).¶彼は交通事故～死んだ tā sǐ yú chēhuò(他死于车祸).¶地震～家が倒れた yóuyú dìzhèn fángwū dǎotā le(由于地震房屋倒塌了).¶熱～頭がふらふらする fāshāo fāde tóuhūn-nǎozhàng(发烧发得头昏脑胀).¶一杯のコーヒー～元気になった hē le yì bēi kāfēi, lái jīngshen le(喝了一杯珈琲,来精神了).

5〔条件, 状態〕¶水は零度～凍る shuǐ dào língdù jiù jiébīng(水到零度就结冰).¶時速 100 キロ～走る yǐ shísù yìbǎi gōnglǐ xíngshǐ(以时速一百公里行驶).¶1 キロ 1000 円～売る yì gōngjīn mài yìqiān rìyuán(一公斤卖一千日元).¶時間～賃金を計算する àn [lùn] shíjiān jìsuàn gōngzī(按[论]时间计算工资).¶5 人～トランプをした wǒmen wǔ ge rén dǎ pūkè wánr le(我们五个人打扑克玩儿了).¶10 対 1 ～勝つ yǐ shí bǐ yī huòshèng(以十比一获胜).¶彼はアパートに 1 人～暮している tā zài gōngyù yí ge rén shēnghuó(他在公寓里一个人生活).¶彼女は激しい口調～抗議した tā yáncí jīliè de jìnxíngle kàngyì(她言辞激烈地进行了抗议).私は自分の力～生きていく wǒ kào zìjǐ de lìliang huóxiaqu(我靠自己的力量活下去).¶外見～人を判断するな bùkě píng wàibiǎo lái kàn rén(不可凭外表来看人)/rén

bù kě màoxiàng(人不可貌相). ¶首席～大学を卒業する yǐ dìyīmíng zài dàxué bìle yè(以第一名在大学毕了业).

6〔言いさし〕 ¶あれが図書館～、こちらが講堂です nà shì túshūguǎn, zhè shì lǐtáng(那是图书馆,这是礼堂). ¶美人～働き者の奥さん piàoliang ér yòu qínkuai de tàitai(漂亮而又勤快的太太). ¶30歳以下～中国語に堪能な者 niánlíng sānshí yǐxià bìng jīngtōng Zhōngwén de rén(年龄三十以下并精通中文的人).

てあい【手合】 ¶あの～は何をしでかすか分らないから用心しろ bù zhī 'nà hàor rén/nà lù huò/nà lèi jiāhuo/nà zhǒng dōngxi] huì gànchū xiē shénme shì lái, děi hǎohǎo dīfangzhe diǎnr(不知'那路货儿/那类家伙/那种东西]会干出些什么事来,得好好提防着点儿).

てあい【出会】 xiāngyù(相遇), xiāngféng(相逢). ¶彼女との～は30年前のロマン・ロラン研究会だった gēn tā de xiāngyù shì zài sānshí nián qián Luómàn·Luólán yánjiūhuì shang(跟她的相遇是在三十年前罗曼·罗兰研究会上). ¶その1冊の本との～が私の運命を変えた zhèngshì yùdàole nà běn shū, gǎibiànle wǒ de mìngyùn(正是遇到了那本书,改变了我的命运).

てあいがしら【出会頭】 ¶～に人とぶつかった gēn rén [pītóu[yíngtóu] xiāngzhuàng le(跟人'劈头[迎头]相撞了). ¶～に刺された pītóu áile cì(劈头挨了刺).

であ・う【出会う】 pèngjiàn(碰见), pèngshàng(碰上), pèngdào(碰到), zhuàngjiàn(撞见), zhuàngshàng(撞上), yùjiàn(遇见), yùshàng(遇上), yùdào(遇到). ¶帰宅の途中ひょっこり旧友に～った zài huíjiā de lùshang ǒurán pèngshàngle lǎopéngyou(在回家的路上偶然碰上了老朋友). ¶好きな文章に～ったら書き留めることにしている kàndào zhòngyì de jùzi jiù suíshǒu chāoxiě xialai(看到中意的句子就随手抄写下来). ¶旅先で台風に～った zài lǚtú shang 'yùshàng[gǎnshàng]le táifēng(在旅途上'遇上[赶上]了台风).

てあか【手垢】 shǒuyǒugòu(手油垢), shǒuyóuní(手油泥). ¶～のついた辞書 fānhēile de cídiǎn(翻黑了的辞典).

てあし【手足】 shǒujiǎo(手脚). ¶思いっきり～を伸ばす yònglì shēnkāi shǒujiǎo(用力伸开手脚). ¶社長の～となって働く zuòwéi zǒngjīnglǐ de zuǒyòushǒu cóngshì gōngzuò(作为总经理的左右手从事工作).

であし【出足】 ¶雨で客の～が悪い yóuyú xiàyǔ gùkè láide bù duō(由于下雨顾客来得不多). ¶この車は～がよい zhège qìchē qǐdòng kuài(这个汽车起动快).

てあたりしだい【手当り次第】 ¶弟は腹を立てて～におもちゃを投げつけた dìdi fā píqi suíshǒu zhuāqǐ wánjù luàn rēng(弟弟发脾气随手抓起玩具乱扔). ¶～に読む jiàndào shénme shū jiù kàn(见到什么书就看).

てあつ・い【手厚い】 ¶彼女の～い看護を受けた shòudàole tā wú wēi bú zhì de kānhù(受到了她无微不至的看护). ¶客を～くもてなす kuǎndài kèrén(款待客人).

てあて【手当】 **1**〔報酬,本俸以外の給料〕jīntiē(津贴), bǔtiē(补贴). ¶彼は毎月5万円の～を払っている měiyuè gěi tā wǔwàn rìyuán jīntiē(每月给他五万日元津贴). ¶住宅～ fángzū jīntiē(房租津贴). 超過勤務～ chāobān jīntiē(加班津贴). 役職～ guǎnlǐ zhíwù jīntiē(管理职务津贴).

2〔治療〕zhìliáo(治疗), yīzhì(医治). ¶医務室で傷の～を受ける zài yīwùshì zhìliáo shāngkǒu(在医务室治疗伤口). ¶患者に応急～をする gěi bìngrén yǐ yìngjí zhìliáo(给病人以应急治疗).

てあぶり【手焙】 shǒulú(手炉).

てあみ【手編】 shǒu zhī(手织). ¶～のセーター shǒu zhī de máoyī(手织的毛衣).

てあら・い【手荒い】 cūbào(粗暴). ¶～いことをするな bié nàme cūbào!(别那么粗暴!). ¶そんなに～く扱うことの～ねやる cū shǒu cū jiǎo huì nònghuài de(那样粗手粗脚会弄坏的).

てあらい【手洗】 guànxǐshǒu(盥洗室), xǐshǒujiān(洗手间), cèsuǒ(厕所), biànsuǒ(便所). ¶～に行く shàng cèsuǒ(上厕所).

である・く【出歩く】 ¶昨日は一日中～いていた zuótiān yìzhěngtiān méi zàijiā chūmén le(昨天一整天没在家出门了).

てあわせ【手合せ】 ¶一局お～を願います qǐng nín gēn wǒ xià yì pán qí(请您跟我下一盘棋).

てい【丁】 dīng(丁).

てい【体】 múyàng(模样), yàng[r](样〔儿〕), yàngzi(样子). ¶職人の男 gōngjiàng múyàng de nánrén(工匠模样的男人). ¶彼はほうほうの～でその場を逃げ出した tā lángbèi bùkān de cóng nàr liūzǒu le(他狼狈不堪地从那儿溜走了). ¶彼は至極満足の～だ tā xiǎnrán jíwéi mǎnyì de yàngzi(他显然极为满意的样子). ¶さあらぬ～で切り出した zhuāngchū màn bù jīngxīn de yàngzi tíle chūlái(装出漫不经心的样子提了出来). ¶これは～のいい拒絶だ zhè zhǐshì wǎnyán jùjué(这只是婉言拒绝). ¶あり～に言えば… shuō shízài de…(说实在的…).

ていあつ【低圧】 dīyā(低压).

ていあん【提案】 tí'àn(提案), jiànyì(建议). ¶一時休戦の～をする jiànyì zànshí tínghuǒ(建议暂时停火). ¶私の～は容れられなかった wǒ de tí'àn wèi bèi cǎinà(我的提案未被采纳).

¶～者 tí'ànzhě(提案者).

ていい【帝位】 dìwèi(帝位). ¶～に即く jí dìwèi(即帝位).

ティー chá(茶). ¶～スプーン cháchí(茶匙). ～パーティー cháhuì(茶会)/cháhuàhuì(茶话会). ～バッグ dàipàochá(袋泡茶). ～ルーム cháshì(茶室)/cháguǎn(茶馆). ミルク～ jiā nǎi hóngchá(加奶红茶). レモン～ níngméngchá(柠檬茶).

ディーエヌエー【DNA】 tuōyǎng hétáng hésuān

ティーシャツ T xùshān (T 恤衫).
ディーゼル ❶〜エンジン dísāi'ěrjī (狄塞尔机) / cháiyóujī (柴油机). 〜機関車 nèirán jīchē (内燃机车).
ディーディーティー【DDT】 dīdītí (滴滴涕).
ディーラー〔販売業者〕jīngxiāoshāng (经销商);〔証券業者〕zhèngquàn jīngjìrén (证券经纪人);〔カードを配る人〕fāpáirén (发牌人), zhuāngjia (庄家).
ていいん【定員】 dìngyuán (定员), yuán'é (员额). ❶〜200人の小劇場 dìngyuán liǎngbǎi rén de xiǎojùchǎng (定员两百人的小剧场). ❶〜以上の乗客をのせるのは危険だ zàikè chāoguò dìngyuán rénshù shì wēixiǎn de (载客超过定员人数是危险的).
ていえん【庭園】 tíngyuán (庭园), tíngyuàn (庭院).
ていおう【帝王】 dìwáng (帝王). ❶〜切開 pōufǔchǎn (剖腹产) / pōugōngchǎn (剖宫产).
ていおん【低音】 dīyīn (低音).
ていおん【低温】 dīwēn (低温). ❶〜殺菌 dīwēn xiāodúfǎ (低温消毒法) / Bāshì xiāodúfǎ (巴氏消毒法).
ていおん【定温】 héngwēn (恒温). ❶室内の温度が〜を保つように調整する wèile bǎochí héngwēn tiáozhěng shìnèi wēndù (为了保持恒温调整室内温度). ❶〜動物 héngwēn dòngwù (恒温动物) / chángwēn dòngwù (常温动物) / wēnxuè dòngwù (温血动物) / rèxuè dòngwù (热血动物).
ていか【低下】 xiàjiàng (下降), jiàngdī (降低), dīluò (低落). ❶気温が〜する qìwēn xiàjiàng (气温下降). ❶水位が〜する shuǐwèi dīluò (水位低落). ❶生産力が〜する shēngchǎnlì jiàngdī (生产力降低). ❶学力が〜する xuélì xiàjiàng (学力下降).
ていか【定価】 dìngjià (定价). ❶この品の〜は5000円です zhège dōngxi de dìngjià shì wǔqiān rìyuán (这个东西的定价是五千日元). ❶〜の2割5分引で売る àn dìngjià de qīwǔ zhé mài (按定价的七五折卖).
❶〜表 dìngjiàdān (定价单).
ていがく【低額】 ❶〜所得者 dī shōurù suǒdézhě (低收入所得者).
ていがく【定額】 ❶毎月〜の収入がある měiyuè yǒu gùdìng de shōurù (每月有固定的收入).
ていがく【停学】 tíngxué (停学). ❶1週間の〜処分に処せられた shòudào yí ge xīngqī de tíngxué chǔfèn (受到一个星期的停学处分).
ていかん【定款】 guīzhāng (规章), zhāngchéng (章程). ❶会社の〜を決める zhìdìng gōngsī guīzhāng (制定公司规章).
ていき【定期】 dìngqī (定期). ❶大会を〜に開催する dìngqī zhàokāi dàhuì (定期召开大会). ❶広場には〜的に市が立つ guǎngchǎng shang dìngqī yǒu jíshì (广场上定期有集市). ❶〜便が就航する dìngqī hángbān kāishǐ hángxíng le (定期航班开始航行了).
❶〜刊行物 dìngqī kānwù (定期刊物) / qīkān (期刊). 〜券 yuèpiào (月票) / jìpiào (季票). 〜健康診断 dìngqī jiànkāng jiǎnchá (定期健康检查). 〜航路 dìngqī hángxiàn (定期航线) / bānjī (班机). 〜船 bānlún (班轮). 〜預金 dìngqī cúnkuǎn (定期存款).
ていき【提起】 tíchū (提出). ❶基本方針について問題を〜する jiù jīběn fāngzhēn tíchū wèntí (就基本方针提出问题).
ていぎ【定義】 dìngyì (定义). ❶その概念を〜するのは難しい gěi nàge gàiniàn xià dìngyì shì hěn nán de (给那个概念下定义是很难的).
ていぎ【提議】 tíyì (提议), jiànyì (建议). ❶専門委員会をつくって議論することを〜した tíyì chénglì zhuānmén wěiyuánhuì jìnxíng tǎolùn (提议成立专门委员会进行讨论). ❶人々は彼の〜に同意した rénmen tóngyì tā de tíyì (人们同意他的提议).
ていきあつ【低気圧】 dīqìyā (低气压), dīyā (低压). ❶〜が発生した fāshēngle dīqìyā (发生了低气压). ❶彼は今日は〜だ tā jīntiān nào qíngxù (他今天闹情绪).
ていきゅう【低級】 dījí (低级), dīxià (低下). ❶〜な人間 rénpǐn běixià de rén (人品卑下的人) / xiàliú de rén (下流的人). ❶あいつは趣味が〜だ nà jiāhuo qùwèi hěn dījí (那家伙趣味很低级).
ていきゅう【庭球】 wǎngqiú (网球).
ていきゅうび【定休日】 ❶当店は毎週水曜日が〜です běn diàn měi ˇxīngqīsān wéi xiūxīrì [zhōu sān xiūxi] (本店每ˇ星期三为休息日 [周三休息]).
ていきょう【提供】 tígōng (提供). ❶資料を〜する tígōng zīliào (提供资料). ❶建物を無償で〜する wúcháng tígōng jiànzhùwù (无偿提供建筑物). ❶A社の番組 A gōngsī suǒ tígōng de jiémù (A 公司提供的节目).
ていくう【低空】 dīkōng (低空). ❶〜飛行をする dīkōng fēixíng (低空飞行).
テイクオフ qǐfēi (起飞); téngfēi (腾飞).
ていけい【定型】 ❶〜詩 dìngxíngshī (定格诗).
ていけい【梯形】 tīxíng (梯形).
ていけい【提携】 hézuò (合作), xiézuò (协作). ❶A社と〜して事業を進める tóng A gōngsī hézuò bàn shìyè (同 A 公司合作办事业). ❶技術〜 jìshù hézuò (技术合作).
ていけつ【締結】 dìjié (缔结), dìnglì (订立), qiāndìng (签订). ❶両国の間に平和友好条約が〜された liǎngguó jiān dìjiéle hépíng yǒuhǎo tiáoyuē (两国间缔结了和平友好条约).
ていけん【定見】 dìngjiàn (定见), chéngjiàn (成见), zhǔjiàn (主见). ❶あの男には〜というものがない nàge nánrén méiyǒu ˇzhǔjiàn [zhǔxīngǔ] (那个男人没有ˇ主见[主心骨]) / tā duì shénme dōu yì bù yì qū (他对什么都亦步亦趋).
ていげん【低減】 jiàngdī (降低), jiǎndī (减低), xiàjiàng (下降). ❶生産力が〜した shēngchǎnlì xiàjiàng le (生产力下降了).
ていげん【逓減】 dìjiǎn (递减). ❶農村人口が〜している nóngcūn rénkǒu zài dìjiǎn (农村人

ていげん【提言】 yìjiàn(意见), jiànyì(建议). ¶機構改革を~する tíchū gǎigé jīgòu de jiànyì(提出改革机构的建议). ¶彼は部下の~に耳を貸そうとしなかった búxià de yìjiàn, tā zhì ruò wǎng wén(部下的意见,他置若罔闻).

ていこう【抵抗】 1 dǐkàng(抵抗). ¶無駄な~はよせ búyào zuò wúyì de dǐkàng(不要作无益的抵抗). ¶計画は人々の強い~にあって挫折した jìhuà shòudào rénmen wánqiáng dǐkàng ér shòucuò le(计划受到人们顽强抵抗而受挫了). ¶彼の言葉にはどうも~を感ずる duì tā de huà zǒng yǒu diǎnr fǎngǎn(对他的话总有点儿反感). ¶その魅力にはとても~しがたいna zhǒng mèilì wúfǎ dǐkàng(那种魅力无法抵抗). ¶病気に対して~力がある duì bìng jùyǒu dǐkànglì(对病具有抵抗力).
2〔物理〕zǔlì(阻力). ¶~器 diànzǔqì(电阻器). 空気~ kōngqì zǔlì(空气阻力). 電気~ diànzǔ(电阻).

ていこく【定刻】 zhǔnshí(准时), ànshí(按时), zhǔndiǎn(准点), dìngdiǎn(定点); zhèngdiǎn(正点). ¶何があろうと~には試合を始める wúlùn fāshēng shénme, bǐsài zhǔnshí kāishǐ(无论发生什么,比赛准时开始). ¶~までに半数しか集まらない dào yùdìng de shíjiān zhǐ jùjíle yíbàn de rén(到预定的时间只聚集了一半的人). ¶飛行機は~より40分遅れて着いた fēijī wǎndiǎn sìshí fēnzhōng dàodá le(飞机晚点四十分钟到达了).

ていこく【帝国】 dìguó(帝国). ¶~主義 dìguózhǔyì(帝国主义). ローマ~ Luómǎ Dìguó(罗马帝国).

ていさい【体裁】 yàngzi(样子), wàibiǎo(外表), ménmian(门面), huājiàzi(花架子), pu[r](谱〔ル〕); tǐmian(体面), tǐtǒng(体统). ¶~をつくろう zhuāng ménmian(装门面)/ nòng huājiàzi(摆花架子). ¶~など構わない、丈夫なほうがいい wàibiǎo yòngbuzháo jiǎngjiu, zuì hǎo shì jiēshi de(外表用不着讲究,最好是结实的). ¶商品を棚に~よく並べる bǎ shāngpǐn hěn hǎokàn de bǎizài huòjià shang(把商品很好看地摆在货架上). ¶開業して半年やっと~が整った kāibàn hòu guòle bànnián zǒngsuàn xiàng ge yàngzi le(开办后过了半年总算像个样子了). ¶こんな格好では~が悪い zhème ge yàngzi tài bù tǐmian(这么个样子太不体面). ¶彼は少しも~ぶらない tā yìdiǎnr yě bù bǎipǔr(他一点儿也不摆谱儿). ¶お~を言う jiǎng ménmianhuà(讲门面话). ¶落第しては~が悪い liújí yǒushī tǐmian(留级有失体面).

ていさつ【偵察】 zhēnchá(侦察). ¶敵情を~する zhēnchá díqíng(侦察敌情). ¶~隊 zhēnchàduì(侦察队). ¶~飛行 zhēnchá fēixíng(侦察飞行).

ていし【停止】 tíngzhǐ(停止). ¶踏切では車は一時~して安全を確認しなければならない zài dàokǒu qìchē bìxū děi tíng yíxià quèrèn ānquán(在道口汽车必须得停一下确认安全). 給油中はエンジンを~して下さい zài jiāyóu shí qǐng guānshàng yǐnqíng(在加油时请关上引擎). ¶その機種は現在生産を~している nàge jīzhǒng xiànzài yǐ tíngzhǐ shēngchǎn(那个机种现在已停止生产).
¶~信号 tíngzhǐ xìnhào(停止信号).

ていじ【丁字】 dīngzì(丁字). ¶~定規 dīngzìchǐ(丁字尺). ¶~路 dīngzìjiē(丁字街)/ dīngzì lùkǒu(丁字路口).

ていじ【定時】 dìngshí(定时), zhǔnshí(准时), ànshí(按时), zhǔndiǎn(准点), dìngdiǎn(定点); zhèngdiǎn(正点). ¶列車は青森駅を~に発車した lièchē zhèngdiǎn cóng Qīngsēn Zhàn kāichē le(列车正点从青森站开车了). ¶今日は~に退社した jīntiān ànshí xiàbān le(今天按时下班了).
¶~制高校 dìngshízhì gāozhōng(定时制高中).

ていじ【提示・呈示】 chūshì(出示). ¶運転免許証の~を求める yāoqiú chūshì jiàshǐ zhízhào(要求出示驾驶执照).

ていせい【低姿勢】 ¶近頃彼は~だ jìnlái tā biànde kèqi le(近来他变得客气了).

ていしつ【低湿】 ¶~地 dīshīdì(低湿地).

ていしゃ【停車】 tíngchē(停车). ¶次の駅で5分間~します zài xià yí zhàn tíngchē wǔ fēnzhōng(在下一站停车五分钟). ¶~中のトラックにタクシーが追突した chūzū qìchē cóng hòubian zhuàngshàngle tíngzhe de kǎchē(出租汽车从后边撞上了停着的卡车). ¶急~のショックでバスの乗客がころんだ yóuyú jíshāchē de chōngli gōnggòng qìchē de chéngkè shuāidǎo le(由于急刹车的冲力公共汽车的乘客摔倒了). ¶この列車は各駅~です zhè tàng lièchē shì mànchē(这趟列车是慢车).
¶~場 chēzhàn(车站).

ていしゅ【亭主】 1〔あるじ〕zhǔrén(主人), lǎobǎn(老板), dōngjia(东家), diàndōng(店东), diànjiā(店家). ¶宿屋の~ lǚguǎn de lǎobǎn(旅馆的老板).
2〔夫〕zhàngfu(丈夫), hànzi(汉子). ¶彼女は~持ちだ tā shì yǒu zhàngfu de rén(她是有丈夫的人)/ tā shì yǒu fū zhī fù(她是有夫之妇). ¶~を尻に敷く qízài zhàngfu bózi shang(骑在丈夫脖子上).
¶~関白 dànánzǐzhǔyì(大男子主义).

ていじゅう【定住】 dìngjū(定居). ¶遊牧民は一か所に~しない yóumùmín bú zài yí chù dìngjū(游牧民不在一处定居). ¶退職後は故郷を~の地とする tuìxiū hòu zài gùxiāng ānjia-luòhù(退休后在故乡安家落户).

ていしゅうは【低周波】 dīpín(低频).

ていしゅく【貞淑】 zhēnshū(贞淑). ¶~な妻 zhēnshū de qīzi(贞淑的妻子).

ていしゅつ【提出】 tíchū(提出). ¶証拠を~する tíchū zhèngjù(提出证据). ¶申請書を~する tíjiāo shēnqǐngshū(提交申请书). ¶答案を~する jiāo juànr(交卷儿).

ていじょ【貞女】 zhēnnǚ(贞女).

ていしょう【提唱】 tíchàng(提倡). ¶虚礼廃

ていしょく【定食】 kèfàn(客饭), fènrfàn(份儿饭), tàocān(套餐). ¶昼食は食堂の〜で済ます wǔfàn zài shítáng chī kèfàn liǎoshì(午饭在食堂吃客饭了事).

ていしょく【定職】 tā hǎoróngyì cái zhǎodàole gùdìng zhíyè(他好容易才找到了固定职业). ¶彼は〜がない tā méiyǒu gùdìng zhíyè(他没有固定职业).

ていしょく【抵触】 ¶この建物は建築基準法に〜している zhège jiànzhù "bù fúhé[chùfàn] jiànzhù jīzhǔnfǎ(这个建筑"不符合[触犯]建筑基准法).

ていしょく【停職】 tíngzhí(停职). ¶〜処分にする gěiyǐ tíngzhí chǔfēn(给以停职处分).

ていしん【挺身】 tǐngshēn(挺身). ¶祖国の防衛に〜する tǐngshēn bǎowèi zǔguó(挺身保卫祖国).

ていしん【艇身】 tǐngshēn(艇身). ¶2着を1〜半引き離して bǎ hé dì'èrmíng de jùlí lākāile yí ge bàn tǐngshēn(把和第二名的距离拉开了一个半艇身).

ていすい【泥酔】 nízuì(泥醉), lànzuì rú ní(烂醉如泥), mǐngdǐng-dàzuì(酩酊大醉). ¶昨夜は〜して駅のホームで寝てしまった zuówǎn hēde mǐngdǐng dà zuì zài zhàntái shuìshàng le(昨晚喝得酩酊大醉在站台睡上了).

ていすう【定数】 1 shù'é(数额), míng'é(名额), dìng'é(定额), dìngyuán(定员). ¶委員会の〜は15人である wěiyuánhuì de míng'é shì shíwǔ rén(委员会的名额是十五人). ¶立候補者は〜に満たなかった hòuxuǎnrén bùzú dìng'é(候选人不足定额).

2〔数学の〕chángshù(常数).

ディスカウント ¶〜セール jiǎnjià chūshòu(减价出售)/ dàjiǎnjià(大减价)/ dàshuǎimài(大甩卖). 〜ストア liánjià shāngdiàn(廉价商店).

ディスカッション tǎolùn(讨论). ¶全体会議から個別に〜に移る cóng quántǐ huìyì zhuǎnrù gèbié tǎolùn(从全体会议转入个别讨论).

ディスク 1 chàngpiàn(唱片); jīguāng chàngpiàn(激光唱片).

2 cípán(磁盘); guāngpán(光盘). ¶〜ドライブ cípánjī(磁盘机)/ cípán qūdòngqì(磁盘驱动器). コンパクト〜 yāyīn guāngpán(压印光盘)/ guāngpán(光盘). フロッピー〜 ruǎncípán(软磁盘)/ ruǎnpán(软盘).

3 〜ブレーキ qìchē pánshì zhìdòngqì(汽车盘式制动器).

ディスコ dísíkē(迪斯科); dísíkē wǔtīng(迪斯科舞厅), dítīng(的厅).

ディスプレー chénliè(陈列), zhǎnshì(展示); 〔コンピュータ〕xiǎnshì(显示); xiǎnshìqì(显示器).

てい・する【呈する】 1〔進呈する〕sòng(送), zèngsòng(赠送), fèngsòng(奉送), chéngxiàn(呈献). ¶自著を〜する zèngsòng zìjǐ de zhùzuò(赠送自己的著作). ¶賛辞を〜する zhì zànyǔ(致赞语)/ biǎoshì zànyáng(表示赞扬).

2〔示す〕chéngxiàn(呈现). ¶市場は活況を〜している shìchǎng yípiàn huóyuè(市场一片活跃). ¶台風の襲撃を受けて町は惨状を〜していた shòudào táifēng de xíjī, chénglǐ chéngxiàn yípiàn cǎnzhuàng(受到台风的袭击,城里呈现一片惨状).

てい・する【挺する】 ¶身を〜して難局にあたる tǐng shēn ér chū kèfú kùnnán júmiàn(挺身而出克服困难局面).

ていせい【定性】 dìngxìng(定性). ¶〜分析 dìngxìng fēnxi(定性分析).

ていせい【帝政】 dìzhì(帝制). ¶〜ロシア Dì É(帝俄)/ Shā É(沙俄).

ていせい【訂正】 dìngzhèng(订正), gēngzhèng(更正). ¶誤りを〜する dìngzhèng cuòwù(订正错误). ¶発言の〜を求める yāoqiú gēngzhèng fāyán(要求更正发言).¶〜広告 gēngzhèng qǐshì(更正启事).

ていせつ【定説】 dìngshuō(定说). ¶〜をくつがえす大発見 tuīfān dìngshuō de dàfāxiàn(推翻定说的大发现).

ていせつ【貞節】 zhēnjié(贞节). ¶〜な婦人 zhēnjié de fùnǚ(贞节的妇女).

ていせん【停船】 tíng chuán(停船). ¶検疫のため〜する wèile jiǎnyì ér tíng chuán(为了检疫而停船). ¶〜を命ずる mìnglìng tíng chuán(命令停船).

ていせん【停戦】 tíngzhàn(停战), tínghuǒ(停火). ¶3日間〜する tíngzhàn sān tiān(停战三天). ¶〜協定を結ぶ qiāndìng tíngzhàn xiédìng(签订停战协定).

ていそ【定礎】 diànjī(奠基). ¶〜式 diànjīlǐ(奠基礼).

ていそ【提訴】 tíqǐ sùsòng(提起诉讼), qǐsù(起诉). ¶相手国の不法侵入を国際連合に〜する xiàng Liánhéguó kònggù duìfāng de fēifǎ rùqīn(向联合国控诉对方的非法入侵).

ていそう【貞操】 zhēncāo(贞操).

ていぞう【逓増】 dìzēng(递增). ¶人口は年とともに〜している rénkǒu zhúnián dìzēng(人口逐年递增).

ていぞく【低俗】 dīsú(低俗), bǐsú(鄙俗), dījí(低级), díxià(低下), xiàliú(下流). ¶〜な流行歌 xiàliú de liúxíng gēqǔ(下流的流行歌曲).

ていそくすう【定足数】 fǎdìng rénshù(法定人数). ¶〜に達せず総会は成立しなかった yóuyú bú dào fǎdìng rénshù, dàhuì méi néng chénglì(由于不到法定人数,大会没能成立).

ていた・い【手痛い】 ¶冷害で農作物は〜い損害を蒙った yóuyú lěnghài zāoshòule yánzhòng de sǔnhài(由于冷害庄稼遭受了严重的损害). ¶試験で〜いミスをした zài kǎoshì zhōng yǒu zhòngdà shīwù(在考试中有重大失误).

ていたい【停滞】 tíngzhì(停滞). ¶生産が〜している shēngchǎn tíngzhì(生产停滞). ¶郵便物が山のように〜している yóujiàn jīyādé duījī rú shān(邮件积压得堆积如山).

¶〜前線 jìngzhǐfēng(静止锋)/ zhǔn jìngzhǐ-

fēng(准静止锋).

ていたく【邸宅】dǐzhái(邸宅), dìzhái(第宅), zháiyuàn(宅院); fǔdǐ(府邸), fǔdì(府第).¶大〜 shēnzhái dàyuàn(深宅大院).

ていたらく【体たらく】¶何という〜だ zhè chéng shénme tǐtǒng!(这成什么体统!).

ていだん【鼎談】¶教育問題について〜する jiù jiàoyù wèntí jìnxíng sān rén zuòtán(就教育问题进行三人座谈).

でいたん【泥炭】nítàn(泥炭), níméi(泥煤); cǎotàn(草炭), cǎoméi(草煤).

ていち【低地】dīdì(低地), wādì(洼地), dīwā dìqū(低洼地区).

ていち【定置】dìngzhì(定置).¶〜網 dìngzhìwǎng(定置网).

ていちゃく【定着】**1** ¶この職場は何故か若者が〜しない zhège dānwèi bùzhī wèishénme niánqīngrén zǒng dāibucháng(这个单位不知为什么年轻人总呆不长).¶新制度はようやく日本に〜した xīn zhìdù hǎoróngyì cái zài Rìběn zhāle gēn(新制度好容易才在日本扎了根).¶党の政策を〜させる luòshí dǎng de zhèngcè(落实党的政策).
2〔写真の〕dìngyǐng(定影).¶〜液 dìngyǐngyè(定影液).

ていちょう【丁重】zhèngzhòng(郑重).¶彼の言葉づかいは〜だ tā yáncí bīnbīn yǒulǐ(他言词彬彬有礼).¶亡骸(骸)を〜に葬る zhèngzhòng de ānzàng yíhái(郑重地安葬遗骸).

ていちょう【低調】¶〜な作品 yōngsú de zuòpǐn(庸俗的作品).¶今年の映画界は〜だった jīnnián de yǐngtán méiyǒu qǐsè(今年的影坛没有起色).

ティッシュペーパー báoshǒujīnzhǐ(薄手巾纸), báowèishēngzhǐ(薄卫生纸).

ていっぱい【手一杯】¶私は今の仕事だけで〜だ guāng xiànzài de gōngzuò wǒ jiù mángde bùkě kāijiāo le(光现在的工作我就忙得不可开交了).¶商売を〜に広げる bǎ shēngyì kuòdà dào bùnéng zài kuòdà de dìbù(把生意扩大到不能再扩大的地步).

ていてつ【蹄鉄】mǎtítiě(马蹄铁), mǎzhǎng(马掌).¶〜を打つ dìng mǎzhǎng(钉马掌).

ていてん【定点】dìngdiǎn(定点).¶〜観測 dìngdiǎn guāncè(定点观测).

ていでん【停電】tíngdiàn(停电).¶〜のため電車が止った yóuyú tíngdiàn diànchē tíng le(由于停电电车停了).

ていど【程度】chéngdù(程度).¶生活が〜が低い shēnghuó 'chéngdù[shuǐpíng] dī(生活'程度[水平]低).¶この本はこの子には〜が高過ぎる zhè běn shū duì zhè háizi lái shuō chéngdù guògāo(这本书对这孩子来说程度过高).¶いくら正直がいいといっても〜がある suīrán shuō lǎoshí hǎo, dàn yě yǒu ge xiàndù(虽然说老实好, 但也是有个限度).¶10万円で〜なら都合がつく shíwàn lái rìyuán de huà wǒ yǒu bànfǎ(十万来日元的话我有办法).¶高校卒業〜の学力を有する jùyǒu gāozhōng bìyè shuǐpíng de rén(具有高中毕业水平的人).¶君はこの〜のことも分らないのか nǐ lián zhè zhǒng shì yě bù míngbái ma?(你连这种事也不明白吗?).¶ある〜の損失はやむを得ない yídìng chéngdù de sǔnshī shì nányǐ bìmiǎn de(一定程度的损失是难以避免的).¶〜の差こそあれ皆戦争の被害者だ suīrán chéngdù bùtóng, dàn dōu shì zhànzhēng shòuhàizhě(虽然程度不同, 但都是战争受害者).¶酒はその〜にしておきなさい jiù hēdào zhèr wéizhǐ ba(酒喝到这儿为止吧).¶疲れない〜に運動した方がいい zuìhǎo zuò bú guòdù píláo de yùndòng(最好做不过度疲劳的运动).¶小学生の〜を超えた難問 chāoguò xiǎoxuéshēng chéngdù de nántí(超过小学生程度的难题).¶子供を叱るのも〜問題だ shuō háizi yě yào yǒu ge fēncun(说孩子也要有个分寸).

でいど【泥土】ní(泥), nítǔ(泥土).¶洪水で町は一面〜の海と化した huàn hóngshuǐ jiēshang huàwéi yípiàn níhǎi(闹洪水街上化为一片泥海).

ていとう【抵当】dǐyā(抵押), diǎnyā(典押), diǎndàng(典当).¶土地を〜に入れて金を借りる ná tǔdì zuò dǐyā jièkuǎn(拿土地作抵押借款).
¶〜権 dǐyāquán(抵押权).¶〜物件 dǐyāpǐn(抵押品).

ていとく【提督】jiànduì sīlìng(舰队司令).

ていとん【停頓】tíngdùn(停顿), tíngbǎi(停摆).¶新線の建設計画は〜している xīn tiědàoxiàn de fūshè jìhuà gēzhì zài nàli(新铁道线的敷设计划搁置在那里).¶両国間の交渉は〜状態にある liǎngguó jiān de jiāoshè xiànyú tíngdùn zhuàngtài(两国间的交涉陷于停顿状态).

ディナー zhèngcān(正餐).

ていねい【丁寧】**1**〔礼儀正しい〕¶〜な言葉を使いなさい shuōhuà yào yǒu lǐmào(说话要有礼貌).¶彼女は〜に挨拶した tā gōnggōngjìngjìng de xíngle wènhòu(她恭恭敬敬地行礼问好).¶これは御〜に恐縮です nín tài kèqi le, shízài bùgǎndāng(您太客气了, 实在不敢当).
2〔入念〕¶懇切〜な説明 kěnqiè xìzhì de shuōmíng(恳切细致的说明).¶あの職人は非常に〜な仕事をする nàge gōngjiàng zuòde hěn jīngxì(那个工匠做工做得很精细).¶道を聞いたら〜に教えてくれた wèn lù shí, rénjia bú yàn qí fán jǐyǔ zhǐdiǎn(问路时, 人家不厌其烦给予了指点).¶一針一針〜に縫ってある yì zhēn yì zhēn de féngde hěn jīngxì(一针一针地缝得很精细).¶書き終えると彼は原稿を〜に読み返した xiěwánle gǎozi tā cóngxīn xì kànle yí biàn(写完了稿子他从新细看了一遍).¶お前のすることは〜だ nǐ zuòshì wèimiǎn fánsuǒ(你做事未免烦琐).

でいねい【泥濘】nínìng(泥泞).

ていねん【定年・停年】tuìxiū niánlíng(退休年龄).¶〜で退職した tā dào tuìxiū niánlíng tuìxiū le(他到退休年龄退休了).¶私は来年で〜になる wǒ míngnián jiù gāi tuìxiū le

(我明年就该退休了).
¶60歳～制 liùshí suì tuìxiū zhìdù(六十岁退休制度).

ていのう【低能】 dīnéng(低能). ¶～児 dīnéng'ér(低能儿).

ていはく【停泊】 tíngbó(停泊), wānbó(湾泊).
¶神戸港に3日間～した zài Shénhù Gǎng tíngbóle sān tiān(在神户港停泊了三天).

ていはつ【剃髪】 xuēfà(削发), luòfà(落发).
¶～して仏門に入る luòfà wéi sēng(落发为僧).

デイパック xiǎobèibāo(小背包).

ていばん【定番】 ¶このレストランの～ zhège cāntīng de ˈdìnglìcài[náshǒucài](这个餐厅的ˈ定例菜[拿手菜]).

ていひょう【定評】 dìngpíng(定评). ¶その作品はすでに～がある nàge zuòpǐn yǐ yǒu dìngpíng(那个作品已有定评).

ていふ【貞婦】 zhēnfù(贞妇).

ディフェンス fángshǒu(防守), shǒubèi(守备).
¶～が固い shǒubèi qiáng(守备强). ¶～ゾーン shǒuqū(守区).

ディベート biànlùnhuì(辩论会); biànlùn bǐsài(辩论比赛).

ていへん【底辺】 dǐbiān(底边);〔社会の〕dǐcéng(底层). ¶3角形の～ sānjiǎoxíng de dǐbiān(三角形的底边). ¶社会の～に生きる人々 shēnghuó zài shèhuì dǐcéng de rénmen(生活在社会底层的人们).

ていぼう【堤防】 dī(堤), dīfáng(堤防), dībà(堤坝), dī'àn(堤岸), dīyàn(堤堰). ¶～を築く zhù dī(筑堤). ¶～が切れた dīfáng juékǒu le(堤防决口了).

ていぼく【低木】 guànmù(灌木).

ていほん【定本】 dìngběn(定本), jiàodìngběn(校定本).

ていほん【底本】 dǐběn(底本).

ていまい【弟妹】 dìmèi(弟妹).

ていめい【低迷】 ¶政界に暗雲が～している zhèngjiè ànyún dīmí(政界暗云低迷). ¶Aチームは最下位に～している A duì tíngzhì zài zuì mò yì míng(A 队停滞在最末一名). ¶市況は～している shìmiàn xiāotiáo(市面萧条).

ていめん【底面】 dǐmiàn(底面).

ていやく【定訳】 dìngzhǔn yìwén(定准译文).

ていやく【締約】 dìyuē(缔约); dìjié(缔结). ¶通商条約を～する dìjié tōngshāng tiáoyuē(缔结通商条约).
¶～国 dìyuēguó(缔约国).

ていよう【提要】 tíyào(提要). ¶論理学～ luójixué tíyào(逻辑学提要).

ていよく【体よく】 ¶君から～断ってくれ nǐ tì wǒ wǎnyán jùjué ba(你替我婉言拒绝吧). ¶玄関先で～追い返された zài ménkǒu bèi wěiwǎn de gǎnle chūlái(在门口被委婉地赶了出来).

ていらく【低落】 diēluò(跌落), xiàdiē(下跌), dīluò(低落). ¶ドルが～している měiyuán xiàdiē(美元下跌).

ていり【低利】 dīxī(低息). ¶～で金を貸す yǐ dīxī fàngkuǎn(以低息放款).

ていり【定理】 dìnglǐ(定理). ¶ピタゴラスの～ Bìdágēlāsī dìnglǐ(毕达哥拉斯定理)/ gōugǔ dìnglǐ(勾股定理).

でいり【出入り】 1〔ではいり〕chūrù(出入), jìnchū(进出). ¶裏口から～する yóu hòumén jìnchū(由后门进出). ¶そこに物を置いては～の邪魔だ dōngxi fàngzài nàr dǎngdàor, chūrù bù fāngbiàn(东西放在那儿挡道儿, 出入不方便). ¶あの家は人の～が激しい nà jiā láiwǎng de rén hěn duō(那家来往的人很多). ¶彼はよくダンスホールに～している tā chángcháng chūrù wǔchǎng(他常常出入舞场). ¶わが社への～を差し止める jìnzhǐ chūrù wǒ gōngsī, duànjué jiāoyì guānxi(禁止出入我公司, 断绝交易关系). ¶この酒屋の店は～の酒を送る顔の酒店伙計(cháng lái sòng huò de jiǔdiàn huǒji)(常来送货的酒店伙计).
¶今月は金の～が多かった běnyuè kuǎnxiàng de jìnchū pínfán(本月款项的进出频繁). ¶出席者数には多少の～があるかもしれない chūxí rénshù huòxǔ duōshǎo yǒu xiē chūrù(出席人数或许多少有些出入). ¶～の多い海岸線 quǎnyá jiāocuò de hǎi'ànxiàn(犬牙交错的海岸线).
¶～口 chūrùkǒu(出入口)/ jìnchūkǒu(进出口).

2〔もめごと〕¶昨夜近所で暴力団の～があった zuówǎn fùjìn fāshēngle hēibāng zhī jiān de chōngtū(昨晚附近发生了黑帮之间的冲突). ¶彼は女の～が絶えない tā de táosè jiūfēn búduàn fāshēng(他的桃色纠纷不断发生).

ていりつ【低率】 ¶回収率は10パーセントの～だった huíshōulǜ hěn dī jǐn dá bǎi fēn zhī shí(回收率很低仅达百分之十).

ていりつ【定率】 dìnglǜ(定率).

ていりつ【定律】 dìnglǜ(定律).

ていりつ【鼎立】 dǐnglì(鼎立). ¶三者が～している sān zú dǐnglì(三足鼎立).

ていりゅう【底流】 ¶彼の意識の～には漠然たる不安がある zài tā de qiányìshílǐ yǒu yì zhǒng shuōbuchū de bù'ān(在他的潜意识里有一种说不出的不安). ¶平和を望む人々の願いがその運動の～をなしている rénmen xīnqiú hépíng de yuànwàng chéngle gāi yùndòng de qiánzài de zhǔliú(人们希求和平的愿望成了该运动的潜在的主流).

ていりゅうじょ【停留所】 chēzhàn(车站). ¶バスの～ gōnggòng qìchēzhàn(公共汽车站).

ていりょう【定量】 dìngliàng(定量). ¶乳児に～のミルクを与える gěi yīng'ér wèi dìngliàng de nǎifěn(给婴儿喂定量的奶粉).
¶～分析 dìngliàng fēnxī(定量分析).

ていれ【手入れ】 1 xiūzhěng(修整), bǎoyǎng(保养), yǎnghù(养护), wéixiū(维修), hùlǐ(护理), shíduō(拾掇), shōushi(收拾). ¶車の～をする bǎoyǎng qìchē(保养汽车). ¶～の行き届いた庭 xiūzhěngde hěn hǎo de yuànzi(修整得很好的院子). ¶肌の～をする duì pífū jìnxíng hùlǐ(对皮肤加以护理).

2〔犯罪の〕sōubǔ(搜捕). ¶賭場の～があった duì dǔchǎng jìnxíng sōubǔ(对赌场进行了

搜捕).

ていれい【定例】 dìnglì (定例). ¶年1回親睦会を開くことが～になっている měinián kāi yí cì kěnqīnhuì yǐ chéng dìnglì (每年开一次恳亲会已成定例). ¶～閣議 lìxíng [dìnglì] nèigé huìyì (例行[定例]内阁会议).

ディレクター guǎngbō jiémù zhǔchírén (广播节目主持人).

ディレクトリ mùlù (目录).

ていれつ【低劣】 dīliè (低劣), bǐsú (鄙俗). ¶～な読物 yōngsú bùkān de dúwù (庸俗不堪的读物).

ディレッタント yèyú àihàozhě (业余爱好者); qiǎnbó shèlièzhě (浅薄涉猎者); hàoshìzhě (好事者), hàoqízhě (好奇者), hàoyìzhě (好异者).

ていれん【低廉】 dīlián (低廉).

ていろん【定論】 dìnglùn (定论).

ティンパニー dìngyīngǔ (定音鼓).

てうす【手薄】 dānbó (单薄), bóruò (薄弱). ¶～な部門に人員を増やす gěi bóruò de bùmén zēngjiā rényuán (给薄弱的部门增加人员). 防備が～な所をねらって襲撃する gōngjí shǒubèi dānbó de dìfang (攻击守备单薄的地方). ¶所持金が～になった dài de qián bù duō le (带的钱不多了).

てうち【手打】 1 ¶取引が成立して～をする jiāoyì tántuǒ, pāishǒu chéngjiāo (交易谈妥, 拍手成交). ¶この辺で～しようか dào zhèr zhézhōng liǎoshì ba (到这儿折中了事吧).

2〔うどんなど〕 ¶あの店の～うどんはうまいね háishi nà jiā ˋgǎn de miàntiáo [qiēmiàn / chēnmiàn] hǎochī (还是那家ˋ擀的面条[切面／抻面]好吃).

-デー rì (日), jié (节). ¶国際婦人～ Guójì Láodòng Fùnǚjié (国际劳动妇女节)/ Sān bā Fùnǚjié (三八妇女节)/ Fùnǚjié (妇女节).

テーゼ〔定立〕mìngtí (命题); 〔綱領〕gānglǐng (纲领).

データ zīliào (资料), cáiliào (材料); shùjù (数据). ¶～処理 shùjù chǔlǐ (数据处理). ～ベース shùjùkù (数据库).

デート yuēhuì (约会). ¶今日は彼女と～の約束がある jīntiān gēn tā yǒu yuēhuì (今天跟她有约会). ¶先週の日曜日彼は恋人と～した shàng xīngqītiān tā hé qíngrén xiānghuì (上星期天他和情人相会).

テープ 1 ¶開通式で～を切る wèi tōngchē diǎnlǐ jiǎncǎi (为通车典礼剪彩). ¶彼が1着で～を切った tā dìyī ge chōnglè xiàn (他第一个冲了线). ¶栈橋では五色の～が飛び交った zhànqiáo shang wǔcǎi bīnfēn de zhǐdài fēiwǔzhe (栈桥上五彩缤纷的纸带飞舞着).

¶紙～ zhǐdài (纸带). ガム～ jiāobùdài (胶布带). 絶縁～ juéyuándài (绝缘带)/ juéyuán jiāodài (绝缘胶布带). セロハン～ tòumíng jiāodài (透明胶带).

2〔磁気テープ〕cídài (磁带), jiāodài (胶带), yīndài (音带), dàizi (带子). ¶A 先生の話を～にとる bǎ A xiānsheng de huà yòng cídài lùxialai (把A先生的话用磁带录下来).

¶～レコーダー lùyīnjī (录音机)/ cídài lùyīnjī (磁带录音机). カセット～ héshì lùyīndài (盒式录音带)/ héshì cídài (盒式磁带带)/ hédài (盒带)/ kǎdài (卡带). ビデオ～ lùxiàngdài (录像带)/ hédài (盒带)/ kǎdài (卡带). 録音～ lùyīndài (录音带)/ yīndài (音带).

テーブル zhuōzi (桌子); cānzhuō (餐桌). ¶一同が～について食事が始まった dàjiā jiùzuò kāishǐ jìncān (大家就座开始进餐). ¶和平交渉の～につく jìnrù hépíng tánpàn (进入和平谈判).

¶～クロス zhuōbù (桌布)／ táibù (台布). ～スピーチ xíjiān zhìcí (席间致辞). ～マナー jìncān guījú (进餐规矩).

テーマ tí (题), tímù (题目), zhǔtí (主题). ¶《婦人と労働》という～で話し合う yǐ《fùnǚ yǔ láodòng》wéi tí jìnxíng tǎolùn (以《妇女与劳动》为题进行讨论). ¶この作品の～は青春だ zhège zuòpǐn de zhǔtí shì qīngchūn (这个作品的主题是青春).

¶～ソング zhǔtígē (主题歌). ～パーク zhǔtí gōngyuán (主题公园).

テールライト chēwěidēng (车尾灯)/ wěidēng (尾灯).

ておい【手負】 ¶～の獅子 shòushāng de shīzi (受伤的狮子).

ておくれ【手遅れ】 ¶癌が発見された時は既に～だった ái bèi fāxiàn shí yǐjīng zhìbuliǎo [yǐ bìng rù gāohuāng] le (癌被发现时ˋ已经治不了[已病入膏肓]了). ¶～かもしれないがするだけの事はしてみよう huòxǔ wéi shí yǐ wǎn, jìn zuì dà de nǔlì shìshi (或许为时已晚, 尽最大的努力试试). ¶～にならないうちに医者に診てもらいなさい bié bǎ bìng gěi dānge le, kuài kànbìng qù (别把病给耽搁了, 快看病去).

ておけ【手桶】 títǒng (提桶).

ておし【手押し】 ¶～車 shǒutuīchē (手推车)／ shǒuchē (手车). ～ポンプ shǒuyābèng (手压泵)/ shǒuyáobèng (手摇泵).

ておち【手落ち】 shūhu (疏忽), shūshī (疏失), shūlòu (疏漏), pīlòu (纰漏). ¶住所を確認しなかったのは私の～です méi quèrèn dìzhǐ shì wǒ de ˋshūhu [búshì] (没确认地址是我的ˋ疏忽[不是]).

ておの【手斧】 bēnzi (锛子).

ており【手織】 ¶～の布 shǒugōng fǎngzhī de bù (手工纺织的布)／ tǔbù (土布).

てかがみ【手鏡】 dàibǐng de xiǎojìngzi (带柄的小镜子), shǒu ná de jìngzi (手拿的镜子).

てがかり【手掛り】 1 ¶岩壁には～になるような物は何もなかった xuányá juébì shang méiyǒu yí chù néng yòng shǒu zhuāzhù de dìfang (悬崖绝壁上没有一处能用手抓住的地方).

2〔糸口〕xiànsuǒ (线索), tóuxù (头绪), duānxù (端绪). ¶指紋を～にして捜査を進める yǐ zhǐwén wéi xiànsuǒ jìnxíng sōuchá (以指纹为线索进行搜查). ¶問題解決の～をつかんだ lǐchūle jiějué wèntí de tóuxù (理出了解决问题的头绪).

てかぎ【手鉤】 dāgōu(搭钩). ¶～無用 wúyòng dāgōu(勿用搭钩).

てがき【手書き】 shǒushū(手书), shǒuxiě(手写). ¶～の書類 shǒuxiě de wénjiàn(手写的文件).

でがけ【出掛け】 ¶～に電話がかかってきた wǒ zhèng yào chūqu, láile diànhuà(我正要出去,来了电话). ¶～にこの手紙を出して下さい chūqu shí qǐng shùnbiàn bǎ zhè fēng xìn gěi wǒ tóudào yóutǒnglǐ(出去时请顺便把这封信给我投到邮筒里).

てが・ける【手掛ける】 ¶長年～ってきた仕事が完成した qīnshǒu cóngshìle duōnián de gōngzuò zhōngyú wánchéng le(亲手从事了多年的工作终于完成了).

でか・ける【出掛ける】 **1**〔出る〕 chūqu(出去), chūmén(出门). ¶父は只今～けております fùqin xiànzài bú zàijiā, chūmén qù le(父亲现在不在家,出门去了). ¶母はさっき買物に～けました mǔqin gāngcái chūqu mǎi dōngxi le(母亲刚才出去买东西了). ¶そろそろ～けようがい動きまし(该动身了). ¶こちらへお～の節は是非お寄り下さい dào zhèbiān lái de shíhou qǐng lái chuànménr(到这边来的时候请来串门儿).
2〔出ようとする〕 ¶～けたところへ客が来た zhèng yào chūmén yíngtóu láile kèren(正要出门迎头来了客人).

てかげん【手加減】 ¶素人だからといって～はしない jiùshì wàiháng wǒ yě bù liúqíng(就是外行我也不留情). ¶子供を叱るには～がいる shuō háizi děi liúyǒu yúdì(说孩子得留有余地).

てかご【手籠】 lánzi(篮子), tílán(提篮).

でかした【出来した】 ¶１等賞を取ったこと,そいつは～ぞ déle tóujiǎng, zhēn búlài(得了头奖,真不赖).

てかず【手数】 →すう.

てかせ【手枷】 shǒukào(手铐). ¶～をはめる dàishàng shǒukào(戴上手铐). ¶家族のために～足枷はめられて身動きもしない jiāshǔ chéngle léizhui dòngtan bude(家属成了累赘动弹不得).

でかせぎ【出稼ぎ】 ¶冬は～に行く dōngtiān dào wàidì dǎ duǎngōng(冬天到外地打短工)／dōngjì chūwài móushēng(冬季出外谋生).
¶～労働者 míngōng(民工)／línggōng(零工)／duǎngōng(短工)／dǎgōngzǎi(打工崽).

てがた【手形】 **1**〔手の形〕 shǒuzhǎngyìn(手掌印), shǒuyìn(手印). ¶赤ん坊の～をとる qǔ wáwa de shǒuzhǎngyìn(取娃娃的手掌印).
2〔有価証券〕 piàojù(票据). ¶50万円の～を振り出す kāi wǔshí wàn rìyuán de piàojù(开五十万日元的票据).
¶～交換所 piàojù jiāohuànsuǒ(票据交换所). 受取～ yīngshōu piàojù(应收票据). 空～ kōngtóu piàojù(空头票据). 為替～ huìpiào(汇票). 支払～ yīngfù piàojù(应付票据). 不渡～ jùfù piàojù(拒付票据). 約束～ qīpiào(期票). 割引～ tiēxiàn piàojù(贴现票据).

でかた【出方】 ¶相手の～を見る kàn duìfāng de tàidu(看对方的态度). ¶先方の～ひとつで問題は対方態度如何(问题在于对方态度如何).

てがた・い【手堅い】 ¶彼のやり方はなかなか～い tā de zuòfǎ hěn lǎodao(他的做法很老到). ¶～く商売を営む wěnbù láokao de zuò mǎimai(稳步牢靠地做买卖). ¶～い人物 lǎochéng chízhòng de rénwù(老成持重的人物).

デカダンス tuífèipài(颓废派); tuífèizhǔyì(颓废主义); tuífēng(颓风); tuífàng(颓放).

てかてか ¶頭がはげて～と光っている nǎodaiguā tūde fāliàng(脑袋瓜秃得发亮). ¶ポマードで～にした髪 yòng tóuyóu cháde zéiliàng-zéiliàng de tóufa(用头油搽得贼亮贼亮的头发).

でかでか ¶候補者の名前を～と書く yòng dàzì xiě hòuxuǎnrén de míngzi(用大字写候选人的名字). ¶その事件は～と報道された gāi shìjiàn bèi dàdēng-tèdēng zhuóyì bàodào(该事件被大登特登着意报道).

てがみ【手紙】 xìn(信), xìnjiàn(信件), shūxìn(书信), xìnhán(信函), hánjiàn(函件). ¶～を書く xiě xìn(写信)／xiū'shū[hán](修'书[函]). ¶息子に～を出したが返事が来ない gěi érzi qùle xìn, què méiyǒu huíyīn(给儿子去了信,却没有回音). ¶たまには～を下さい yǒu kòngxián shí qǐng lái xìn(有空闲时请来信). ¶私に～が来ていませんか méiyǒu wǒ de xìn ma?(没有我的信吗?). ¶友人に～で近况を知らせる xiě xìn gěi péngyou bàogào jìnkuàng(写信给朋友报告近况). ¶～で注文して本を買う yóugòu[hángòu] túshū(邮购[航购]图书). ¶3月3日付のお～拜見致しました sānyuè sān rì hán bài yuè(三月三日函拜阅).

てがら【手柄】 gōng(功), gōngláo(功劳). ¶戦争で～を立てる zài zhànzhēng zhōng lìgōng(在战争中立功). ¶この情報を入手したのは君の大～だ dédào zhège qíngbào shì nǐ de dàgōng(得到这个情报是你的大功). ¶彼女は～顔にいきさつを語った tā yǐ gōngchén-zìjū jiǎngle jīngguò(她以功臣自居讲了经过).

でがらし【出涸らし】 ¶このお茶はもう～だ zhè cháyè qīfá le(这茶叶沏乏了).

てがる【手軽】 jiǎndān(简单). ¶～な朝食をとる chī jiǎndān de zǎofàn(吃简单的早饭). ¶子供でも～に操作できる装置 jiùshì xiǎoháizi yě hěn róngyì cāozuò de zhuāngzhì(就是小孩子也很容易操作的装置).

てき【敵】 dírén(敌人). ¶陸と空から～を攻撃する cóng lù kōng gōngjī dírén(从陆空攻击敌人). ¶我が軍の向かう所～なし wǒjūn suǒ xiàng wúdí(我军所向无敌). ¶～味方入り乱れて戦う díwǒ hùnzhàn(敌我混战). ¶彼には～が多い tā shùdí tài duō(他树敌太多). ¶あの男を～にまわしたら恐ろしい tā yàoshi zhuǎndào dífāng kě bùdéliǎo(他要是转到敌方可不得了). ¶Aチームなどは我々の～ではない A duì jiǎnzhí bú shì wǒmen de duìshǒu(A队简直不是我们的敌手). ¶深酒は健康の～だ hē jiǔ guòduō yǒuhàiyú jiànkāng(喝酒过多有害

于健康).¶～は本能寺にあり zuìwēng zhī yì bú zài jiǔ xiē wèntí(从教育观点来看多少有些问题).¶政治～関心が足りない duì zhèngzhì guānxīn bú gòu(对政治关心不够).¶家庭～雰囲気 yóuyú jiātíng yìbān wēnnuǎn de qìfēn(犹如家庭一般温暖的气氛).¶彼の最期は悲劇～だった tā sǐde jíwéi bēicǎn(他死得极为悲惨).¶普遍～な問題 jùyǒu pǔbiànxìng de wèntí(具有普遍性的问题).¶原因を徹底～に追究する chèdǐ de zhuījiū yuányīn(彻底地追究原因).

-てき【滴】 dī(滴).¶胡麻油を2,3～たらす dī liǎng、sān dī xiāngyóu(滴两、三滴香油).¶彼は酒は一～も飲まない tā yì dī jiǔ yě bù hē(他一滴酒也不喝)/ tā dī jiǔ bù zhān(他滴酒不沾).

でき【出来】¶彼の今日の舞台は素晴らしい～だった tā jīntiān de biǎoyǎn dádàole tàn guān zhǐ yǐ de dìbù(他今天的表演达到了叹观止矣的地步).¶初めて作ったにしてはよい～だ suī shì chūcì dòngshǒu kě zuòde hái suàn búcuò(虽是初次动手可做得还算不错).¶試験の～はよくなかった kǎoshì kǎode bù hǎo(考试考得不好).¶早魃(かん)で米の～が悪い yóuyú tiānhàn dàozi de niánchéng bù hǎo(由于天旱稻子的年成不好).¶～の悪い息子をもって苦労する yǒu ge bù chéngcái de érzi shāng nǎojīn(有个不成才的儿子伤脑筋).

できあい【出来合】 xiànchéng(现成).¶～の服で間に合せる yòng chéngyī còuhe(用成衣凑合).

できあい【溺愛】 nì'ài(溺爱).¶末娘を～する nì'ài lǎoguīnǚ(溺爱老闺女).

できあが・る【出来上がる】 dé(得)、zuòdé(做得).¶～るまでどのくらい掛けりますか zuòdé děi yào duōshao tiān?(做得得要多少天?).¶家が～るのが待ち遠しい pàn fángzi kuài gàihǎo(盼房子快盖好).¶文集が立派に～った wénjí zuòde hěn piàoliang(文集做得很漂亮).

てきい【敵意】 díyì(敌意).¶～を抱く xīnhuái díyì(心怀敌意).

テキーラ lóngshélán shāojiǔ(龙舌兰烧酒)、tèkuīlājiǔ(特奎拉酒).

てきおう【適応】 shìyìng(适应).¶状況に～した対策を立てる zhìdìng shìyìng qíngkuàng de duìcè(制定适应情况的对策).¶彼はどんな環境にも～性がある tā néng shìyìng rènhé huánjìng(他能适应任何环境).

¶～症 shìyìngzhèng(适应症).

てきおん【適温】¶室内を～に保つ shìnèi bǎochí shìdàng de wēndù(室内保持适当的温度).

てきがいしん【敵愾心】 duì dírén de chóuhèn(对敌人的仇恨).¶～を燃やす ránqǐ duì dírén de chóuhèn(燃起对敌人的仇恨).

てきかく【的確】 quèqiè(确切)、zhǔnquè(准确)、zhèngquè(正确).¶情況を～に zhǔnquè de zhǎngwò qíngkuàng(准确地掌握情况).¶それは彼に対する～な批評に違いない nà shì duì tā qià rú qí fèn de píngjià(那是对他恰如其分的评价).¶この語の～な訳語を思いつかない zhège cí yìbùchū qiàdàng de cíyǔ(这个词译不出恰当的词语).

てきかく【適格】¶パイロットとして～であるかどうかを審査する shěnchá shìfǒu gòugé dāng fēixíngyuán(审查是否够格当飞行员).

てき【適宜】 1〔適当〕shìyí(适宜)、shìdàng(适当).¶～な処置を講ずる cǎiqǔ shìdàng de cuòzhì(采取适当的措置).

2〔随意〕suíbiàn(随便)、suíyì(随意).¶各班に～に解散して下さい gè bān qǐng zìxíng jiěsàn(各班请自行解散).

てきぐん【敵軍】 díjūn(敌军).

てきごう【適合】 shìhé(适合).¶その方法は現在の情況に～しない qí fāngfǎ bú shìhé yú dāngqián de qíngkuàng(其方法不适合于当前的情况).¶彼女の場合は事例1に～する de qíngkuàng fúhé yú shìlì yī(她的情况符合于事例一).¶なかなか都会生活に～できない nányú shìyìng chéngshì shēnghuó(难于适应城市生活).

てきこく【敵国】 díguó(敌国).

できごころ【出来心】¶～から盗みをした ǒufā xiéniàn〔jiàn cái qǐyì〕tōule dōngxi(偶发邪念〔见财起意〕偷了东西).

できごと【出来事】 shì(事)、shìjiàn(事件).¶その日の～を日記につける bǎ dāngtiān fāshēng de shì jìzài rìjì shang(把当天发生的事记在日记上).¶突然の～だったので慌ててしまった shìqing tū rú qí lái jiào rén zháole huāng(事情突如其来叫人着了慌).

てきざい【適材】¶彼は小学校の先生として～だ tā zuì shìhé zuò xiǎoxué jiàoyuán(他最适合做小学教员).

¶～適所 liàngcái lùyòng(量材录用)/ shìcái shìsuǒ(适材适所).

てきし【敵視】 díshì(敌视).¶彼等は互いに～している tāmen hùxiāng díshì(他们互相敌视).

てきじ【適時】 shìshí(适时).

できし【溺死】 nìsǐ(溺死)、yānsǐ(淹死).¶川に落ちて～した diàodào hélǐ yānsǐ le(掉到河里淹死了).

¶～体 nìsǐ de shītǐ(溺死的尸体)/ nìshī(溺尸).

てきしゃ【適者】 shìzhě(适者).¶～生存 shìzhě shēngcún(适者生存).

てきしゅ【敵の手】1〔敌の手〕díshǒu(敌手).¶城は～に落ちた chéngbǎo luòrù díshǒu(城堡落入敌手).

2〔相手〕díshǒu(敌手)、duìshǒu(对手).¶好～ hǎo duìshǒu(好对手).

てきしゅう【敵襲】¶～に備えて塹壕を掘る wā qiànháo yǐ bèi dírén de xíjī(挖堑壕以备敌人的袭击).

てきしゅつ【剔出】 zhāichú(摘除).¶卵巣を～する zhāichú luǎncháo(摘除卵巢).

てきしゅつ【摘出】¶砲弾の破片を～する qǔchū pàodàn suìpiàn(取出炮弹碎片).¶要点を～する zhāilù yàodiǎn(摘录要点)/ zhāiyào

(摘要). ¶誤謬を~する tiāochū cuòwù (挑出错误).

てきじょう【敵情】 díqíng (敌情). ¶~を探る cìtàn díqíng (刺探敌情).

てきじん【敵陣】 dízhèn (敌阵). ¶~を突破する tūpò dízhèn (突破敌阵).

てきず【手傷】 ¶~を負う guàcǎi (挂彩)/ guàhuā (挂花).

テキスト 〔教科書〕jiàokēshū (教科书), kèběn (课本), jiǎngyì (讲义);〔原文〕yuánwén (原文), yuánběn (原本);〔コンピューターの〕wénběn (文本) ¶~ファイル wénběn wénjiàn (文本文件).

てき・する【適する】 shìyú (适于), shìyí (适宜). ¶この水は飲用に~しない zhè shuǐ bú shìyú yǐnyòng (这水不适于饮用). ¶商売に~した場所 shìyú zuò shēngyi de dìfang (适于做生意的地方). ¶彼は新聞記者に~している tā zuò xīnwén jìzhě hěn shìyí (他作新闻记者很适宜).

てき・する【敵する】 1〔敵対する〕あの男には~し難い nányú yǔ nàge rén wéi dí (难于与那个人为敌).
2〔匹敵する〕pǐdí (匹敌). ¶それにかけては彼に~する者はいない nà fāngmiàn wú rén yǔ tā pǐdí (那一方面无人与他匹敌).

てきせい【適正】 ¶~な判断を下す xià gōngzhèng de pànduàn (下公正的判断).
¶~価格 gōngdao de jiàgé (公道的价格).

てきせい【適性】 ¶教師としての~に欠ける zuòwéi jiàoshī sùzhì qiànquē (作为教师素质欠缺).
¶~検査 shìyí nénglì cèyàn (适宜能力测验).

てきせつ【適切】 quèqiè (确切), díděng (的当), qiàdàng (恰当), qièdàng (切当), shìdàng (适当), shìyí (适宜). ¶ここにこの字を使うのは~でない zhège zì yòngzài zhèli bú quèqiè (这个字用在这里不确切). ¶~な言葉が思いつかない xiǎng bu chū qiàdàng de huà lai (想不出恰当的话来). ¶彼の指示は~だった tā de zhǐshì qièhé shíjì (他的指示切合实际).

てきぜん【敵前】 ¶~上陸を敢行する duànrán shíxíng zài dízhèn zhèngmiàn dēnglù (断然实行在敌阵正面登陆). ¶~逃亡をする línzhèn táopǎo (临阵逃跑).

できそこない【出来損ない】 ¶~のパン méi kǎohǎo de miànbāo (没烤好的面包). ¶この~め! nǐ zhège bùchéngcái de jiāhuo! (你这个不成材的家伙!)/ nǐ zhège méi chūxi de dōngxi! (你这个没出息的东西!).

てきたい【敵対】 díduì (敌对). ¶~する勢力 díduì shìlì (敌对势力).
¶~行為 díduì xíngwéi (敌对行为). ~矛盾 díwǒ máodùn (敌我矛盾).

できだか【出来高】 chǎnliàng (产量), shēngchǎnliàng (生产量), chǎn'é (产额), shēngchǎn'é (生产额), shōuhuòliàng (收获量);〔取引高〕chéngjiāo'é (成交额). ¶~で支払う gōngzī àn jìjiàn zhīfù (工资按计件支付). ¶今年の米の~は昨年を上回った jīnnián de dào-

mǐ chǎnliàng chāoguòle qùnián (今年的稻米产量超过了去年). ¶前場の~ shàngwǔ de chéngjiāo'é (上午的成交额).
¶~給 jìjiàn gōngzī (计件工资).

できたて【出来立て】 ¶~の熱いうちに食べる gāng zuòhǎo chèn rè chī (刚做好趁热吃). ¶~の肉マン gāng chū tì de ròubāozi (刚出屉的肉包子). ¶~のほやほや gāng zuòchulai rèténgténg de (刚做出来热腾腾的).

てきだんとう【擲弾筒】 zhìdàntǒng (掷弹筒).

てきち【適地】 ¶~を選んで栽培する xuǎnzé shìhé de tǔdì zāipéi (选择适合的土地栽培).

てきち【敵地】 ¶~に潜入する qiánrù díqū (潜入敌区).

てきちゅう【的中】 1〔的中〕dǎzhòng (打中), shèzhòng (射中), jīzhòng (击中). ¶弾は標的に~した zǐdàn "dǎzhòng bǎzi[zhòngdì] (子弹"打中中靶子[中的]).
2〔的中・適中〕yìngyàn (应验), liàozhòng (料中). ¶彼の予言は~した tā de yùyán guǒrán yìngyàn le (他的预言果然应验了). ¶私の予想が~した guǒrán bù chū wǒ de yùliào (果然不出我的预料).

てきど【適度】 shìdù (适度), shìdàng (适当), shìzhòng (适中). ¶~の運動と睡眠 shìdàng de yùndòng hé shuìmián (适当的运动和睡眠).
¶~に水分を与える gěi shìdù de shuǐfēn (给适度的水分).

てきとう【適当】 1〔適切, 適度〕shìdàng (适当). ¶その仕事には彼が~だ nàge gōngzuò duì tā hěn shìhé (那个工作对他很适合). ¶3万円ぐらいの~だろう sānwàn rìyuán zuǒyòu zhènghǎo ba (三万日元左右正好吧). ¶~な機会に私から話そう zhǎo ge shìdàng de jīhuì yóu wǒ lái shuō ba (找个适当的机会由我来说吧). ¶なかなか~な家が見付からない bú yì zhǎodào héshì de fángzi (不易找到合适的房子). ¶水で~な濃さに薄める jiā shuǐ shǐ nóngdù shìyí (加水使浓度适宜). ¶あなたの考えで~に処理して下さい àn nǐ de xiǎngfa gěi shìdàng de chǔlǐ ba (按你的想法给适当地处理吧).
2〔いい加減〕suíbiàn (随便). ¶あんな奴は~にあしらっておけばよい nà zhǒng rén suíbiàn yìngfu yíxià jiù suàn le (那种人随便应付一下就算了). ¶面倒なので~答えておいた xián máfan suíbiàn dáfule tā (嫌麻烦随便答复了他). ¶こんな仕事は~に片付けて遊びに行こう zhèyàng de huór zuò chàbuli jiù xíng le, zǒu, wánr qù (这样的活儿做差不离就行了, 走, 玩儿去).

てきにん【適任】 ¶この仕事には彼が一番~だ zhège gōngzuò tā zuìwéi shìyí (这个工作他最为适宜).

できばえ【出来栄え】 ¶この絵の~はかんばしくない 这 fú huà huàde bù hěn hǎo (这幅画画得不好好). ¶彼女のノラは申し分のない~だった tā yǎn de Nàlā jiào rén tàn wéi guān zhǐ (她演的娜拉叫人叹为观止).

てきぱき máli (麻利), lìluo (利落), lìsuo (利索), shuǎnglì (爽利), kuàidang (快当), cuì-

kuài（脆快）．¶仕事を～片付ける bǎ gōngzuò máli de chǔlǐwán（把工作麻利地处理完）．¶～と質問に答えた duì tíwén huídáde hěn shuǎnglì（对提问回答得很爽利）．

てきはつ【摘発】 jiēfā（举发），jiēfā（揭发），jiǎnjǔ（检举）．¶汚職を～する jiēfā tānwū（揭发贪污）．

てきひ【適否】 ¶用語の～を検討する yánjiū cuòcí shìfǒu dédàng（研究措词是否得当）．

てきびし・い【手厳しい】 yánlì（严厉）．¶彼等の行為は人々の～い批判を浴びた tāmen de xíngwéi shòudào rénmen yánlì de pīpíng（他们的行为受到人们严厉的批评）．¶彼は政府の政策を～く攻撃した tā shífēn yánlì de pīpànle zhèngfǔ de zhèngcè（他十分严厉地批判了政府的政策）．

てきひょう【適評】 ¶それはまさに～である nà zhèngshì qià rú qí fèn de píngyǔ（那正是恰如其分的评语）．

てきへい【敵兵】 díbīng（敌兵）．

てきほう【適法】 héfǎ（合法）．¶～行為 héfǎ xíngwéi（合法行为）．

てきめん【覿面】 ¶この薬は頭痛に～にきく zhè yào duì tóuténg fēicháng língyàn（这药对头疼非常灵验）．¶不勉強の報いが～に試験結果にあらわれた bú yònggōng de bàoyìng, chéngjì yí mù liǎo rán（不用功的报应,考试成绩一目了然）．

できもの【出来物】 chuāng（疮），gēda（疙瘩・疙疸）．¶顔に～ができた liǎnshang zhǎngle ge chuāng（脸上长了个疮）．

てきやく【適役】 ¶ハムレットは彼の～だ tā yǎn Hànmǔléitè zuìwéi shìyí（他演汉姆雷特最为适宜）．¶司会には彼が～だ ràng tā zuò sīyí zuì héshì（让他做司仪最合适）．

てきやく【適訳】 ¶この語の～が日本語にはない zhège cí de qiàdàng yìyì Rìyǔlǐ méiyǒu（这个词的恰当译语日语里没有）．

てきよう【摘要】 zhāiyào（摘要）．

てきよう【適用】 shìyòng（适用）．¶生活保護法の～を受ける fúhé shēnghuó bǎohùfǎ de guīdìng ér shòu bǎohù（符合生活保护法的规定而受保护）．¶刑法第235条を～する shìyòng xíngfǎ dì èrbǎi sānshíwǔ tiáo（适用刑法第二百三十五条）．

てきりょう【適量】 shìliàng（适量）．¶酒はビール1本ぐらいが～です hē yì píng píjiǔ zuìwéi shìliàng（喝一瓶啤酒最为适量）．¶～の塩を加える jiā shìliàng de yán（加适量的盐）．

で・きる【出来る】 1〔生ずる〕 ¶用事が～きて音楽会に行けなくなった yǒu shì bùnéng qù tīng yīnyuèhuì le（有事不能去听音乐会了）．¶困ったことが～きた fāshēngle kùnnan（发生了困难）/ chūle máfan（出了麻烦）．¶手に豆が～きた shǒuzhǎng shang qǐle pào（手掌上起了泡儿）．¶頭におできが～きた tóushang zhǎngle ge chuāng（头上长了个疮）．¶娘に男の子が～きた nǚ'ér shēngle ge nánháizi（女儿生了个男孩子）．¶雨で道路に水たまりが～きた xiàyǔ xiàde lùshàng yǒule shuǐwār（下雨下得路上有了水洼儿）．

2〔作られる〕 ¶駅前にデパートが～きた chēzhàn qiánbian gàiqǐle bǎihuò dàlóu（车站前边盖起了百货大楼）．¶地下鉄が～きて便利になった dìxià tiědào tōngchē hòu biànde fāngbiàn le（地下铁道通车后变得方便了）．¶組合に婦人部が～きた gōnghuìlì chénglìle fùnǚbù（工会里成立了妇女部）．¶このトランクは頑丈に～ている zhège píxiāng zuòde hěn jiēshi（这个皮箱做得很结实）．¶この辞書はとても引きやすく～きている zhè běn cídiǎn biānde búcuò, hěn róngyì chá（这本词典编得不错,很容易查）．¶彼は教師向きに～きている tā hěn héshì yú zuò jiàoshī（他很合适于做教师）．¶銅で～きた鍋 tóngzhì de guō（铜制的锅）．¶これはうちの庭で～きたトマトです zhè shì wǒ jiā yuànzili jiē de xīhóngshì（这是我家院子里结的西红柿）．¶この地方は米がよく～きる zhège dìfāng dàmǐ chǎnliàng dà（这个地方大米产量大）．¶話が～きすぎだよ,誰が信じるもんか nǎ yǒu nàme jìn shàn jìn měi de shì, wǒ bú xìn!（哪有那么尽善尽美的事,我不信!）．¶息子にやっと恋人が～きたらしい kànlái érzi hǎobù róngyi gǎoshàngle duìxiàng（看来儿子好不容易搞上了对象）．

3〔仕上がる〕 ¶このビルはいつ～きますか zhè zuò dàlóu shénme shíhou jùngōng?（这座大楼什么时候竣工?）．¶御注文の品は10日に～きます nín dìng de dōngxi shí hào zuòhǎo（您订的东西十号做好）．¶宿題が～きた zuòyè zuòwán le（作业做完了）．¶準備が～き次第出発しよう zhǔnbèi hǎole jiù dòngshēn ba（只要准备好了就动身吧）．¶"もう～きてますか?" "はい,～きてますよ" "yǐjing zuòdé le ma?" "shì, zuòhǎo le"（"已经做得了吗?" "是,做好了"）．

4〔才能・人柄がすぐれている〕 ¶彼女がクラスで一番～きる tā zài bānli xuéxí chéngjì zuì hǎo（她在班里学习成绩最好）．¶彼は数学がよく～きる tā hěn shàncháng shùxué（他擅长数学）．¶この子は勉強は～きないが手先は器用だ zhè háizi xuéxí bútài hǎo, kěshì shǒu hěn qiǎo（这孩子学习不太好,可是手很巧）．¶彼は人物が～きている tā hěn yǒu xiūyǎng（他很有修养）．

5〔可能だ〕 huì（会），néng（能），kěyǐ（可以），kěnéng（可能）．¶彼女は飛行機の操縦が～きる tā huì kāi fēijī（她会开飞机）．¶私の収入ではぜいたくは～きません nǎ wǒ zhèdiǎr shōurù kě kuòqi bude（拿我这点儿收入可阔气不得）．¶こう忙しくては新聞を読むことも～きない zhème máng lián kàn bào de gōngfu yě méiyǒu（这么忙连看报的工夫也没有）．¶私は君を許すことが～きない wǒ kě bùnéng ráo nǐ（我可不能饶你）．¶彼の言うことなら信用～きる tā de huà hǎoxiàng kěyǐ xiāngxìn（他的话信得过）．¶この文は幾通りにも解釈～きる zhège jùzi kěyǐ zuò zhǒngzhǒng jiěshì（这个句子可以作种种解释）．¶私に～きることなら何でもお手伝い致します zhǐyào shì wǒ lì suǒ néng jí de, yídìng

bāngmáng(只要是我力所能及的,一定帮忙). ¶すぐ来いと言われてもそれはできない相談だ nǐ yào wǒ mǎshàng lái, nà shì bù kěnéng de(你要我马上来,那是不可能的). ¶～きる限りの努力はした jìnle zuìdà nǔlì(尽了最大努力). ¶～きる限り急いで仕上げます wǒ jǐnkěnéng gěi nín gǎnzuò(我尽可能给您赶做). ¶～きるだけ早く帰るつもりだ wǒ jǐnliàng tízǎo[jǐnzǎo] huílai(我尽量提早[尽早]回来). ¶～きれば会議を明日に延ばして下さい kěnéng de huà, qǐng bǎ huìyì yáncqí dào míngtiān(可能的话,请把会议延期到明天).

てきれい【適齢】 shìlíng(适龄), jílíng(及龄), hūnlíng(婚龄). ¶結婚～期の女性 yǐ dá hūnlíng de nǚxìng(已达婚龄的女性).

てぎれきん【手切れ金】 ¶～を払う zhīfù shànyǎngfèi(支付赡养费).

てぎわ【手際】 ¶～が悪くて食事の支度に時間がかかった shǒu zhuō zuòfàn fèile bùshǎo gōngfu(手拙做饭费了不少工夫). ¶～よく議事を進行する yǒutiáo-bùwěn, déxīn-yìngshǒu de jìnxíng yìshì(有条不紊,得心应手地进行议事). ¶あざやかな～で鯛をおろす yǎnmíng-shǒukuài de piàn jiājíyú(眼明手快地片加级鱼).

てきん【手金】 dìngqian(定钱). ¶～を打つ fù dìngqian(付定钱).

てぐす【天蚕糸】 tiāncánsī(天蚕丝), zhāngcánsī(樟蚕丝).

てぐすね ¶彼は相手の来るのを～引いて待ち構えていた tā móquán-cāzhǎng děngdài duìshǒu láilín(他摩拳擦掌等待对手来临).

てくせ【手癖】 ¶この子は～が悪い zhè háizi shǒu bùwěn[shǒur niánzhù](这孩子"手不稳[手儿黏鉒]).

てくだ【手管】 huāzhāo[r](花招[ル]・花着[ル]), huāqiāng(花枪), huātou(花头), piànshù(骗术). ¶人を～にかける shuǎ huāzhāo piàn rén(要花招骗人).

てぐち【手口】 shǒufǎ(手法), zhāoshù(招数・着数); zhāo[r](招[ル]・着[ル]), huāzhāo[r](花招[ル]・花着[ル]), piànshù(骗术). ¶この2つの犯行は～が似ている zhè liǎng qǐ zuò'àn de shǒufǎ xiāngsì(这两起作案的手法相似). ¶これが彼のいつもの～だ zhè shì tā de lǎohuāzhāo(这是他的老花招).

でぐち【出口】 chūkǒu(出口). ¶～はこちらです chūkǒu shì zhèbian(出口是这边). ¶煙の～をつくる ānpái yāndào(安排烟道).

てくてく ¶彼は5キロの道を～歩いて帰った wǔ gōnglǐ lù tābù tíngbù de zǒuzhe huíqu le(五公里路他不停步地走着回去了).

テクニック jìqiǎo(技巧), shǒufǎ(手法), jìshù(技术);〔球技の〕 qiújì(球技), qiúyì(球艺). ¶この曲の演奏には高度の～が必要だ yǎnzòu zhè zhī qǔzi xūyào gāochāo de jìqiǎo(演奏这支曲子需要高超的技巧).

テクノクラート zhuānjiā zhèngzhìjiā(专家政治家); jìshù zhuānjiā guānyuán(技术专家官员).

テクノロジー jìshùxué(技术学); gōngyìxué(工艺学).

てくび【手首】 wàn[r](腕[ル]), wànzi(腕子), shǒuwàn[r](手腕[ル]), shǒuwànzi(手腕子), gēbo wànzi(胳膊腕子).

てくらがり【手暗がり】 ¶～になって字が書きにくい shǒu zhē guāng bù hǎo xiě zì(手遮光不好写字).

でくわ・す【出くわす】 pèngshàng(碰上), yùshàng(遇上), pèngjiàn(碰见), yùjiàn(遇见), zhuàngjiàn(撞见). ¶町で友人に～した zài jiēshang pèngshàngle péngyou(在街上碰上了朋友).

てこ【梃子】 gànggǎn(杠杆), qiàogùn(撬棍), qiàogàng(撬杠). ¶大きな石を～で動かす yòng qiàogùn qiàokāi dà shítou(用撬棍撬开大石头). ¶彼は一度こうと決めたら～でも動かない tā yídàn zuòchū juédìng zhèyàng, shuí yě dòngyáo bu liǎo tā(他一旦作出决定这样,谁也动摇不了他). ¶～の原理 gànggǎn yuánlǐ(杠杆原理).

てこいれ【梃入れ】 ¶スタッフを増強して技術部の～をする zēngjiā rényuán yǐ jiāqiáng jìshùbù(增加人员以加强技术部).

てごころ【手心】 ¶採点に～を加える pàn fēnshù shāo jiā zhàogù(判分数稍加照顾).

てこず・る ¶あの事件にはずいぶん～った zài nà jiàn shì shang kě shāngle bù zhī duōshao nǎojīn(在那件事上可伤了不知多少脑筋). ¶私も小さい頃は腕白で随分親を～らしたものだ wǒ xiǎo shí yě hěn táoqì, bù zhī gěi fùmǔ zhāole duōshao máfan(我小时也很淘气,不知给父母招了多少麻烦).

てごたえ【手応え】 ¶～があったので素早く竿を上げた gǎnjuédào yǒu yú yǎo gōu xùnsù tí gān(感觉到有鱼咬钩迅速提竿). ¶何を言っても～のない奴だ zhēn shì ge shuō shénme yě méiyǒu fǎnyìng de jiāhuo(真是个说什么也没有反应的家伙). ¶なかなか～のある質問をしたね wèn de wèntí xiāngdāng yǒu fènliang(问的问题相当有分量).

でこぼこ【凸凹】 āotū bù píng(凹凸不平), kēngkengwāwā(坑坑注洼), kǎnkě bù píng(坎坷不平), gēgedādā(疙疙瘩瘩). ¶～した道 kēngkengwāwā de lù(坑坑注洼的路). ¶このクラスの生徒は学力が～だ zhège bān de xuésheng xuélì cēncī bù qí(这个班的学生学力参差不齐).

デコレーション zhuāngshì(装饰), zhuānghuáng(装潢). ¶クリスマスの～ Shèngdànjié de zhuāngshì(圣诞节的装饰). ¶～ケーキ dàxíng dàngāo(大型蛋糕).

てごろ【手頃】 chènshǒu(称手). ¶～な棒を拾って杖にする jiǎn gēnr chèn shǒu de gùnzi dàng guǎizhàng(捡根儿称手的棍子当拐杖). ¶これなら値段も～だ rúguǒ shì zhège, jiàqian

dào tǐng héshì de(如果是这个, 价钱倒挺合适的). ¶中学生に〜な辞書 shìyí yú chūzhōngshēng de cídiǎn(适宜于初中生的词典). ¶親子5人が住むのに〜な家を探している wǒ zhèngzài zhǎo shìyú wǔ kǒu zhī jiā zhù de fángzi(我正在找适于五口之家住的房子). ¶家族連れに〜なハイキングコース shìyú yìjiā lǎoshào de jiāoyóu lùxiàn(适于一家老少的郊游路线).

てごわ・い【手強い】 qiángjìng(强劲). ¶彼は〜い相手だ tā kě shì ge qiángjìng de duìshǒu[jìngdí](他可是个'强劲的对手[劲敌]).

デザート tiánpǐn(甜品), tiánshí(甜食).

てざいく【手細工】 shǒugōngyì(手工艺).

デザイナー shèjìshī(设计师).

デザイン shèjì(设计); tú'àn(图案), túyàng(图样), shìyàng(式样), yàngshì(样式). ¶このポスターは〜が斬新だ zhè zhāng xuānchuánhuà tú'àn xīnyǐng(这张宣传画图案崭新). ¶子供服を〜する shèjì tóngzhuāng(设计童装).

でさか・る【出盛る】 ¶人の〜る頃を避けて買物に行く bìkāi rén duō de shíhou qù mǎi dōngxi(避开人多的时候去买东西). ¶今は栗のりだ xiànzài zhèngshì lìzi de wàngjì(现在正是栗子的旺季). ¶lìzi zhèng zài pènrshang(栗子正在喷上).

てさき【手先】 1 [指先] shǒuzhǐtour(手指头ル). ¶冷たくて〜の感覚がなくなった dòngde shǒuzhǐtou shīqùle gǎnjué(冻得手指头失去了感觉). ¶彼は〜が器用だ tā shǒu qiǎo(他手巧).

2 [手下] zǒuzú(走卒), zhǎoyá(爪牙), zǒugǒu(走狗), gǒutuǐzi(狗腿子), tuǐzi(腿子). ¶スパイの〜になる dāng tèwu de zǒugǒu(当特务的走狗).

できさき【出先】 qùchù(去处). ¶〜から会社に電話する cóng gōngchūdì gěi gōngsī dǎ diànhuà(从公出地给公司打电话). ¶〜機関 zhùwài jīguān(驻外机关).

てさぎょう【手作業】 shǒugōng(手工), rénshǒu(人手).

てさぐり【手探り】 mō(摸), mōsuo(摸索). ¶スイッチを〜で探す mōhēir zhǎo diànmén(摸黑ル找电门). ¶暗闇の中を〜で進む mōhēir xiàng qián zǒu(摸黑ル向前走). ¶始めたばかりなのでまだ〜の状態です gānggāng kāishǐ, hái chǔyú mōsuo de zhuàngtài(刚刚开始, 还处于摸索的状态).

てさげ【手提げ】 ¶〜籠 tílán(提篮). 〜鞄 shǒutíbāo(手提包)/ tíbāo(提包)/ línbāo(拎包). 〜金庫 shǒutí bǎoxiǎnguì(手提保险柜). 〜袋 shǒutídài(手提袋)/ tídōu(提兜).

てさばき【手捌き】 ¶軽やかな〜でカードを切る shǒutóur máli de xǐ pái(手头ル麻利地洗牌).

てざわり【手触り】 shǒugǎn(手感). ¶絹物は〜が柔らかい sīchóu shǒugǎn róuruǎn(丝绸手感柔软). ¶〜では中身はどうも靴のようだ yòng shǒu mō, lǐmian zhuāng de dōngxi hǎoxiàng shì xiézi(用手摸, 里面装的东西好像是鞋子).

でし【弟子】 dìzǐ(弟子), túdì(徒弟), ménshēng(门生), xuétú(学徒). ¶彼は A 博士の〜だ tā shì A bóshì de ménshēng(他是 A 博士的门生). ¶B 画伯に〜入りする tóu B huàjiā ménxià dāng dìzǐ(投 B 画家门下当弟子).

デシ fēn(分). ¶〜グラム fēnkè(分克). 〜メートル fēnmǐ(分米). 〜リットル fēnshēng(分升).

てしお【手塩】 ¶〜にかけて育てた娘 yìshǒu lāchedà de nǚ'ér(一手拉扯大的女儿).

てしごと【手仕事】 shǒugōng(手工), huójì(活计), shǒugōnghuó[r](手工活ル).

てした【手下】 lóuluo(喽啰·喽罗·偻偻). ¶俺には〜が大勢いる wǒ shǒuxià yǒu hěn duō lóuluo(我手下有很多喽罗). ¶〜を使って盗みを働く zhǐshǐ lóuluo tōu dōngxi(指使喽罗偷东西).

デジタル shùzì de(数字的), shùmǎ(数码), shùkòng(数控). ¶〜時計 shùzìzhōng(数字钟). 〜表示 shùzì xiǎnshì(数字显示). 〜カメラ shùzì zhàoxiàngjī(数字照相机).

てじな【手品】 xìfǎ[r](戏法ル), móshù(魔术), huànshù(幻术). ¶〜を使う biàn xìfǎr(变戏法ル). ¶〜の種を明かす liàng xìfǎ de dǐr(亮戏法的底ル).

¶〜師 biànxìfǎde(变戏法的)/ móshùshī(魔术师).

デシベル fēnbèi(分贝).

てじゃく【手酌】 shǒu zì zhēnzhuó(手自斟酌). ¶〜で飲む zì zhēn zì yǐn(自斟自饮)/ zì zhēn zì zhuó(自斟自酌).

でしゃば・る chū fēngtou(出风头), bájiān[r](拔尖ル). ¶若造のくせに〜るな nǐ zhège huángkǒu xiǎo'ér bié chěngnéng(你这个黄口小儿别逞能). ¶彼女は〜りだ tā ài chū fēngtou(她爱出风头).

てじゅん【手順】 chéngxù(程序). ¶雨で仕事の〜が狂った yīn yǔ gōngzuò chéngxù dǎluàn le(因雨工作程序打乱了). ¶〜を踏んで会見を申し込む àn yídìng de chéngxù shēnqǐng huìjiàn(按一定的程序申请会见). ¶〜よく家事を片付ける shǒujiǎo máli de liàolǐ jiāwù(手脚麻利地料理家务).

てじょう【手錠】 shǒukào(手铐), kàozi(铐子). ¶犯人に〜をかける gěi fànrén dài shǒukào(给犯人戴手铐)/ bǎ fànrén kàoqǐlai(把犯人铐起来).

てすう【手数】 ¶これは〜のかかる仕事だ zhè shì hěn 'fèishí[fèigōng] de gōngzuò(这是很'赘事[费工]的工作). ¶〜を省く shěngshì(省事)/ shěngqù máfan(省去麻烦). ¶大変お〜をおかけ致しました shǐ nín tài hěn bù máfan(给您添了很大麻烦)/ jiào nín duō fèixīn le(叫您多费心了). ¶お〜でも前もって御連絡下さい míng yùxiān gàosu wǒ yīshēng(麻烦您, 请预先告诉我一声).

てすうりょう【手数料】 shǒuxùfèi(手续费); yòngqian(佣钱), yòngjīn(佣金). ¶〜を10パーセント取られた shǒuxùfèi qùle bǎi fēn zhī shí(手续费要去了百分之十)/ yàoqùle bǎi fēn zhī shí de yòngqian(要去了百分之十的佣

てずから【手ずから】 qīnshǒu (亲手). ¶父が~植えた木 fùqin qīnshǒu zāizhòng de shù (父亲亲手栽种的树).

てすき【手透き】 ¶お~でしたらちょっと手伝って下さい rúguǒ nǐ ˮshǒu xiánzhe[yǒu xiánkòngr], qǐng bāng ge máng (如果你ˮ手闲着[有闲空儿], 请帮个忙).

てすき【手漉き】 ¶~の紙 shǒuchāozhǐ (手抄纸).

でずき【出好き】 ¶隣の奥さんは~だ gébì de tàitai hào chūmén (隔壁的太太好出门).

です・ぎる【出過ぎる】 ¶テーブルが前に~ぎている zhuōzi tài wǎng qián le (桌子太往前了). ¶万年筆のインクが~ぎる zhè zhī gāngbǐ chū shuǐ guòduō (这枝钢笔出水过多). ¶茶が~ぎて苦くなった chá qīde tài yàn biàn kǔ le (茶沏得太酽变苦了). ¶~まねをするな bié duō guǎn xiánshì! (别多管闲事!).

デスク 1【机】 bàngōngzhuō (办公桌), xiězìtái (写字台), shūzhuō (书桌).
2【新聞社の】 ¶社会部の~ shèhuìbù de biānjí fùzérén (社会部的编辑负责人).

デスクトップ zhuōmiàn (桌面). ¶~パブリッシング zhuōmiàn yìnshuā jìshù (桌面印刷技术).

てすじ【手筋】 ¶彼女の書は~がいい tā de shūfǎ hěn yǒu tiānfù (她的书法很有天赋).

テスト cèyàn (测验), shìyàn (试验), cèshì (测试). ¶エンジンの性能を~する cèshì yǐnqíng de xìngnéng (测试引擎的性能). ¶~の点が良い[悪い] cèyàn de fēnshù ˮhǎo[huài] (测验的分数ˮ好[坏]).
¶~ケース shìlì (试例). ~パイロット shìfēiyuán (试飞员). ~パターン cèshìtú (测试图). ~販売 shìxiāo (试销). 学力~ xuélì cèyàn (学力测验).

デスマスク miànxíng (面型).

てすり【手摺】 lángān (栏杆), fúshǒu (扶手). ¶~につかまって階段をのぼる fúzhe lóutī lángān shànglóu (扶着楼梯栏杆上楼).

てずり【手刷り】 ¶~の年賀状 shǒugōng yìn de hèniánpiàn (手工印的贺年片).

てせい【手製】 ¶これは母の~のジャムです zhè shì mǔqin qīnshǒu zuò de guǒjiàng (这是母亲亲手做的果酱).

てぜま【手狭】 zhǎi (窄), xiázhǎi (狭窄), júcù (局促). ¶家族が増えて家が~になった jiālirén zēngduō juéde fángwū zhǎi le (家里人增多觉得房屋窄了).

てそう【手相】 shǒuxiàng (手相), shǒuwén (手纹), zhǎngwén (掌纹). ¶~を見る kàn shǒuxiàng (看手相)/ xiàng shǒuwén (相手纹). ¶~見 kànshǒuxiàngde (看手相的)/ xiàngmiàn [suànmìng] xiānsheng (相面[算命]先生). ¶~学 xiàngshù (相术).

でそろ・う【出揃う】 ¶稲の穂が~った dàosuì chūqí le (稻穗出齐了). ¶案が~ったようなので討議に移ろう jiànyì dōu tíchulai le, kāishǐ jìnxíng tǎolùn (建议都提出来了, 开始进行讨论).

てだし【手出し】 ¶先に~した方が悪い xiāndòngshǒu de bú duì (先动手的不对). ¶余計な~はしないでくれ qǐng shǎo guǎn xiánshì (请少管闲事). ¶うっかり~すると大変なことになる yàoshi suíbiàn chāshǒu, nà kě bùdéliǎo le (要是随便插手, 那可不得了).

でだし【出出し】 kāitóu[r] (开头[儿]). ¶試合の~は好調だった bǐsài kāitóu hěn shùnlì (比赛开头很顺利). ¶コーラスの~がなかなか揃わない héchàng de kāitóu hěn bù róngyì chàngqí (合唱的开头很不容易唱齐). ¶何事も~が肝心だ fánshì kāitóu yàojǐn (凡事开头要紧).

てだすけ【手助け】 ¶この子も私の~ができるようになった zhè háizi yě néng bāng wǒ de máng le (这孩子也能帮我的忙了).

てだて【手立て】 cuòshī (措施), shǒuduàn (手段), fāngfǎ (方法), bànfǎ (办法), fǎzi (法子), ménlu (门路), méndao (门道), dàodaor (道道儿). ¶~を講ずる cǎiqǔ cuòshī (采取措施)/ xiǎng bànfǎ (想办法)/ zhǎo ménlu (找门路)/ zhǎokàn (找窍).

でたとこしょうぶ【出たことと勝負】 ¶~で試験を受ける méiyǒu zhǔnbèi jiù qù yìngshì (没有准备就去应试).

でたま【手玉】 ¶~にとる suíyì bǎibu rén (随意摆布人).

でたらめ【出鱈目】 ¶~の住所を書く xiě jiǎ dìzhǐ (写假地址). ¶~を言うな bié húshuōbādào! (别胡说八道!)/ búyào mǎnzuǐ pēnfèn! (不要满嘴喷粪!)/ húchě! (胡扯!)/ fàng gǒupì! (放狗屁!). ¶この記事は~だ zhè piān bàodào shì píngkōng niēzào de (这篇报道是凭空捏造的). ¶あいつは~な奴だ tā zhēn shì ge húlái de jiāhuo (他真是个胡来的家伙).

デタント huǎnhé (缓和).

てぢか【手近】 shǒubiān (手边), shǒutóu (手头). ¶停電に備えて懐中電灯を~な所に置いておく bǎ shǒudiàntǒng fàngzài shǒubiān yǐ fángbèi tíngdiàn (把手电筒放在手边以防备停电). ¶~な例を引いて説明する jǔ shēnbiān de lìzi lái shuōmíng (举身边的例子来说明).

てちがい【手違い】 chācuò (差错). ¶連絡が不十分で工事に~を生じた liánxìde bù hǎo, gōngchéng chūle chācuò (联系得不好, 工程出了差错). ¶こちらの~で皆様に迷惑をおかけして申訳ございません yóuyú wǒfāng de chācuò gěi dàjiā dàilai hěn duō máfan, shízài duìbuqǐ (由于我方的差错给大家带来很多麻烦, 实在对不起).

てちょう【手帳】 xiùzhēn bǐjìběn (袖珍笔记本), shǒucè (手册).

てつ【鉄】 tiě (铁). ¶彼は~の意志を持っている tā jùyǒu gāngtiě bān de yìzhì (他具有钢铁般的意志). ¶~は熱いうちに打て chèn rè dǎ tiě (趁热打铁). ¶~の鍋 tiěguō (铁锅). ¶~の肺 tiěfèi (铁肺). ¶~の規律 tiě de jìlù (铁的纪律).

てつ【轍】 ¶前車の~を踏む chóng dǎo fùzhé (重蹈覆辙).

てついろ【鉄色】 tiěsè (铁色), hónghēisè (红黑

色).

てっかい【撤回】 chèhuí(撤回), shōuhuí(收回); chèxiāo(撤销・撤消), qǔxiāo(取消). ¶提案を~する chèhuí tí'àn(撤回提案). ¶当局に処分の~を求める yāoqiú dāngjú chèxiāo chǔfèn(要求当局撤消处分). ¶ただいまの発言を~します shōuhuí gāngcái de fāyán(收回刚才的发言).

てつがく【哲学】 zhéxué(哲学). ¶あの人には自分なりの人生~がある tā yǒu tā zìjǐ de rénshēng zhéxué(他有他自己的人生哲学). ¶物事を~的に考える duì shìwù cóng zhélǐshang jiāyǐ sīkǎo(对事物从哲理上加以思考). ¶~史 zhéxuéshǐ(哲学史). ~者 zhéxuéjiā(哲学家). 実証~ shízhèngīn(实证论). スコラ~ jīngyuàn[fánsuǒ] zhéxué(经院[烦琐]哲学).

てつかず【手付かず】 ¶3題~のまま答案を出した sān dào tí méi dá jiù jiāole juàn(三道题没答就交了卷). ¶その金は~で残してある nà bǐ qián hái méi dòng liúzhe ne(那笔钱还没动留着呢).

てつかぶと【鉄兜】 tiěkuī(铁盔).

てづかみ【手摑み】 ¶~で食う yòng shǒu zhuāzhe chī(用手抓着吃). ¶魚を~にする zhuā[mō] yú(抓[摸]鱼).

てっかん【鉄管】 tiěguǎn(铁管).

てつき【手つき】 ¶アメリカ人が器用な~で箸を使っている yǒu yí ge Měiguórén língqiǎo de shǐzhe kuàizi(有一个美国人灵巧地使着筷子). ¶馴れない~で野菜を刻む shǒu zhuōbèn de qiēzhe cài(手拙笨地切着菜).

てっき【鉄器】 tiěqì(铁器). ¶~時代 tiěqì shídài(铁器时代).

デッキ 1[船の] jiǎbǎn(甲板), cāngmiàn(舱面). ¶~チェア fānbù shuǐyǐ(帆布睡椅). 2[客車の] chēmén píngtái(车门平台).

てっきょ【撤去】 chèchú(撤除), chāichú(拆除). ¶不法建築物を~する chāichú wéizhāng jiànzhù(拆除违章建筑). ¶軍事基地を~する chèchú jūnshì jīdì(撤除军事基地).

てっきょう【鉄橋】 tiěqiáo(铁桥); [鉄道の] tiělùqiáo(铁路桥).

てっきり ¶~あの人だと思ったが人違いだった wǒ mǎnyǐ wéi shì tā, jiéguǒ rèncuòle rén(我满以为是他, 结果认错了人).

てっきん【鉄筋】 gāngjīn(钢筋), gānggǔ(钢骨), tiějīn(铁筋). ¶~コンクリート gāngjīn hùnníngtǔ(钢筋混凝土) / gānggǔ shuǐní(钢骨水泥).

てつくず【鉄屑】 fèitiě(废铁), tiěxiè(铁屑).

てづくり【手作り】 zìzhì(自制). ¶~のケーキ zìzhì xīdiǎn(自制西点). ¶~の机 shǒugōng zuò de zhuōzi(手工做的桌子).

てつけ【手付】 dìngqian(定钱), dìngjīn(订金・定金), yājīn(押金), yākuǎn(押款). ¶~を打つ fù dìngqian(付定钱).

てっけん【鉄拳】 tiěquán(铁拳). ¶~制裁を加える jiāyǐ tiěquán zhìcái(加以铁拳制裁).

てっこう【手甲】 shǒubèitào(手背套).

てっこう【鉄鉱】 tiěkuàng(铁矿). ¶~石 tiěkuàngshí(铁矿石).

てっこう【鉄鋼】 gāngtiě(钢铁).

てっこうじょ【鉄工所】 tiěgōngchǎng(铁工厂).

てっこつ【鉄骨】 gānggǔ(钢骨), gāngjīn(钢筋), gāngliáng(钢梁).

てつざい【鉄材】 gāngcái(钢材).

てつざい【鉄剤】 tiějì(铁剂).

てっさく【鉄柵】 tiězhà(铁栅), tiězhàlan(铁栅栏).

てっさく【鉄索】 tiěsuǒ(铁索).

デッサン sùmiáo(素描).

てっしゅう【撤収】 chètuì(撤退), chèhuí(撤回). ¶部隊を~する chètuì bùduì(撤退部队). ¶テントを~する chèchú zhàngpeng(撤除帐篷).

てつじょうもう【鉄条網】 tiěsīwǎng(铁丝网).

てつじん【哲人】 zhérén(哲人).

てっ・する【徹する】 ¶寒風骨に~する hánfēng chègǔ(寒风彻骨). ¶その言葉が骨身に~して忘れられない nà jù huà míng zhù fèifǔ zěnme yě wàngbuliǎo(那句话铭诸肺腑怎么也忘不了). ¶人道主義に~する chèdǐ jiānchí réndàozhǔyì(彻底坚持人道主义). ¶夜を~して救助作業にあたる chèyè bù mián jìnxíng qiǎngjiù zuòyè(彻夜不眠进行抢救作业).

てっせい【鉄製】 ¶~のフライパン tiězhì píngdǐguō(铁制平底锅). ¶~品 tiězhìpǐn(铁制品).

てっせん【鉄線】 1 tiěsī(铁丝). ¶有刺~ yǒucì tiěsī(有刺铁丝) / cìtiěsī(刺铁丝). 2[植物] tiěxiànlián(铁线莲).

てっそく【鉄則】 ¶異なる意見を尊重するのが民主主義の~だ zūnzhòng bùtóng de yìjiàn shì mínzhǔzhǔyì de tiě de yuánzé(尊重不同的意见是民主主义的铁的原则).

てつだい【手伝い】 bāng(帮), bāngmáng[r](帮忙[儿]), bāngshǒu(帮手), bāngzhù(帮助), bāngchèn(帮衬); [人] bāngshou(帮手), xiàshǒu[r](下手[儿]), xiàzuo(下作). ¶引越しの~に行く qù bāng rén bānjiā(去帮人搬家). ¶何かお~することはありませんか nín shénme yào bāngmáng de shì ma?(有什么要帮忙的事吗?). ¶~がたくさん来た láile hěn duō bāngshou(来了很多帮手). ¶お~さん nǚyòngren(女用人) / nǚpú(女仆).

てったい【撤退】 chètuì(撤退). ¶敵軍は陣地を捨てて~した díjūn fàngqì zhèndì chètuì le(敌军放弃阵地撤退了).

てつだ・う【手伝う】 bāng(帮), bāngmáng[r](帮忙[儿]), bāngshǒu(帮手), dāshǒu(搭手), bāngzhù(帮助), bāngchèn(帮衬). ¶家の掃除を~う bāngzhù dǎsǎo fángzi(帮助打扫房子). ¶荷物を運ぶのを~って下さい qǐng bāng wǒ bān xíngli(请帮我搬行李). ¶卒業したら父の商売を~うことになっている bìle yè bāngzhù fùqin zuò shēngyi(毕了业帮助父亲做生意). ¶兄に宿題を~ってもらった jiào gēge bāng wǒ zuòle zuòyè(叫哥哥帮我做了作业). ¶彼女の成功には幸運も~っている tā de chénggōng yě yǒudiǎnr kào yùnqi(她的成功也

有点ㄦ靠运气).
でっち【丁稚】 xuétú(学徒), xiǎohuǒji(小伙计), xiǎodiànyuán(小店员).
でっちあ・げる niēzào(捏造), jiǎzào(假造), xūzào(虚造), biānzào(编造), páozhì(炮制). ¶彼の話は想像で～げたものだ tā nà huà shì píngkōng niēzào chulai de(他那话是凭空捏造出来的). ¶その記事は完全な～げだ nàge xiāoxi wánquán shì niēzào chulai de(那个消息完全是捏造出来的).
てっつい【鉄槌】 ¶綱紀の緩みに～を下す xiàyánlìng zhěngdùn sōngchí de gāngjì(下严令整顿松弛的纲纪).
てつづき【手続】 shǒuxù(手续). ¶入学の～をする bàn rùxué shǒuxù(办入学手续). ¶～に不備な所があった shǒuxùshang yǒu bù wánbèi de dìfang(手续上有不完备的地方). ¶大会は正式の～を踏んで開かれた dàhuì zūnxún zhèngshì shǒuxù zhàokāi le(大会遵循正式手续召开了).
てってい【徹底】 chèdǐ(彻底・澈底), guànchè(贯彻). ¶基本方針を全員に～させる xiàng quántǐ rényuán guànchè jīběn fāngzhēn(向全体人员贯彻基本方针). ¶政策が末端まで～しない zhèngcè bùnéng luòshí dào jīcéng(政策不能落实到基层). ¶けちもあそこまで～すれば大したものだ lìnse dào nà yì céng kě shízài jiào rén gān bài xiàfēng(各啬到那一层可实在叫人甘拜下风). ¶あいつは～した悪党だ nàge jiāhuo shì chètóu-chèwěi de ègùn(那个家伙是彻头彻尾的恶棍). ¶～抗戦をスローガンに闘う yǐ chèdǐ kàngzhàn wéi kǒuhào jìnxíng dòuzhēng(以彻底抗战为口号进行斗争). ¶事件の真相を～的に追究する chèdǐ zhuījiū shìjiàn de zhēnxiàng(彻底追究事件的真相). ¶私は何事も～的にやらないと気がすまない wǒ wúlùn zuò shénme shì bú zuò chèdǐ jiù xīn bù tāshi(我无论做什么事不做彻底就心不踏实).
てつどう【鉄道】 tiělù(铁路), tiědào(铁道). ¶～を敷く fūshè tiělù(敷设铁路)/ pū guǐ(铺轨). ¶私達の村にもようやく～が通じた wǒmen de cūnzhuāng yě zhōngyú tōng huǒchē le(我们的村庄也终于通火车了). ¶全国に～網が整備された tiělùwǎng biànjí quánguó(铁路网遍及全国).
¶～員 tiělù yuángōng(铁路员工)/ tiělù zhígōng(铁路职工). ¶～運賃 tiělù yùnfèi(铁路运费)（貨物の）. ¶～管理局 tiělù guǎnlǐjú(铁路管理局). ¶～公安官 lùjǐng(路警)/ chéngjǐng(乘警). ¶～線路 tiělù guǐdào(铁路轨道). ¶～輸送 tiělù yùnshū(铁路运输). ¶大陸横断～ héngguàn dàlù tiělù(横贯大陆铁路).
てっとう【鉄塔】 tiětǎ(铁塔). ¶高圧線の～ gāoyāxiàn tiětǎ(高压线铁塔).
てっとうてつび【徹頭徹尾】 chètóu-chèwěi(彻头彻尾). ¶彼は～容疑を否認した tā shǐkǒu fǒurèn qí xiányí(他矢口否认其嫌疑). ¶あいつは～エゴイストだ tā shì ge chètóu-chèwěi de lìjǐzhǔyìzhě(他是个彻头彻尾的利己主义者).
デッドヒート ¶～を繰り広げる zhǎnkāi shèngfù nánfēn de jīliè bǐsài(展开胜负难分的激烈比赛).
デッドボール sǐqiú(死球).
デッドライン zuìhòu qīxiàn(最后期限); zuìhòu de jièxiàn(最后的界限); sǐwángxiàn(死亡线).
てっとりばや・い【手っ取り早い】 ¶～く仕事を片付ける máli de gǎowán gōngzuò(麻利地搞完工作). ¶人に頼むより自分でした方が～い tuō rén bùrú zìjǐ gǎo shěngshì(托人不如自己搞省事). ¶～く言えばこういうことです jiǎndān[gāncuì] de shuō jiùshì zhèmē huí shì(简单[干脆]地说就是这么回事).
デッドロック ¶会談は～に乗り上げた huìtán xiànrù jiāngjú(会谈陷于僵局).
でっぱ【出っ歯】 bāoyá(龅牙).
てっぱい【撤廃】 fèichú(废除), fèizhǐ(废止), qǔxiāo(取消). ¶人種差別の～を求める yāoqiú fèichú zhǒngzú qíshì(要求废除种族歧视). ¶年齢による制限を～する qǔxiāo niánlíng xiànzhì(取消年龄限制).
でっぱ・る【出っ張る】 tūchū(凸出), tūchū(突出). ¶外へ～った窓 xiàng wài tūchū de chuānghu(向外凸出的窗户). ¶腹が～ってきた dùzi tūchulai le(肚子突出来了).
てっぱん【鉄板】 tiěbǎn(铁板). ¶～で肉を焼く yòng tiěbǎn kǎo ròu(用铁板烤肉).
てっぴつ【鉄筆】 chebǐ(铁笔).
てつびん【鉄瓶】 zhùtiěhú(铸铁壶).
でっぷり féipàng(肥胖), gǔnféi(滚肥), gǔnguā-liūyuán(滚瓜溜圆). ¶中年の～した男 féipàng de zhōngniánrén(肥胖的中年人).
てつぶん【鉄分】 tiě(铁). ¶～の多い食物 hán tiě duō de shíwù(含铁多的食物).
てっぺい【撤兵】 chèbīng(撤兵), chèjūn(撤军). ¶軍隊が～した jūnduì chètuì le(军队撤退了).
てっぺき【鉄壁】 tiěbì tóngqiáng(铁壁铜墙). ¶～の守り fángshǒu gù ruò jīn tāng(防守固若金汤). ¶金城～ jīnchéng tāngchí(金城汤池).
てっぺん【天辺】 dǐng[r](顶[ㄦ]), diān(颠). ¶塔の～ tǎdǐngr(塔顶ㄦ). ¶山の～に祠(ほこら)がある zài shāndiān shang yǒu zuò xiǎomiào(在山颠上有座小庙). ¶頭の～から爪先までじろじろ眺める cóng tóudǐng dào jiǎobèi, shàngshàng-xiàxià de dǎliang(从头顶到脚跟,上上下下地打量).
てつぼう【鉄棒】 tiěgùn(铁棍), tiěgàng(铁杠), tiěbàng(铁棒); [体操器具] dāngàng(单杠), gàngzi(杠子); [体操種目] dāngàng(单杠). ¶～にぶら下がる zài dāngàng shang xuánchuí(在单杠上悬垂). ¶～をする pán gàngzi(盘杠子)/ liàn dāngàng(练单杠).
てっぽう【鉄砲】 qiāng(枪), qiānggǎn(枪杆), qiānggǎnzi(枪杆子). ¶～をかつぐ káng qiāng(扛枪). ¶～を撃つ fàng qiāng(放枪)/ kāi qiāng(开枪).
¶～傷 qiāngshāng(枪伤).
てっぽうだま【鉄砲玉】 qiāngdàn(枪弹), zǐdàn(子弹), qiāngzǐr(枪子ㄦ). ¶彼は～のように

飛び出していった tā xiàng zǐdàn shìde fēibēn chuqu(他像子弹似的飞奔出去).¶あいつは出掛けると~だ nàge rén yī chūqu jiù bù zhīdào huílai(那个人一出去就不知道回来).

てづまり【手詰り】¶交渉は~の状態だ jiāoshè xiànrù jiāngjú(交涉陷入僵局)／jiāoshè chǔyú tíngzhì zhuàngtài(交涉处于停滞状态).¶~で仕入れが思うようにできない jìnhuò jǐn bùnéng rúyì cǎigòu(进货不能如意采购).

てつめんぴ【鉄面皮】 hòuliǎnpí(厚脸皮), lǎoliǎn(老脸), lǎomiànpí(老面皮).¶あいつは~にもはらぬふりをしている nà jiāhuo zhēn hòuyán-wúchǐ, jìng zhuāng bù zhīdào(那家伙真厚颜无耻,竟装不知道).

てつや【徹夜】 chèyè(彻夜), tōngxiāo(通宵), tōngyè(通夜), áoyè(熬夜), kāi yèchē(开夜车).¶昨夜は~で看病した zuóyè tōngxiāo kānhùle bìngrén(昨夜通宵看护了病人).¶~で試験の準備をする kāi yèchē zhǔnbèi kǎoshì(开夜车准备考试).¶このところ仕事が忙しくて連日~だ zhèxiē tiān gōngzuò mángde tiāntiān áoyè(这些天工作忙得天天熬夜).

てつり【哲理】 zhélǐ(哲理).

てづる【手蔓】**1**〔縁故〕 ménlu(门路), lùdào(路道), lùzi(路子), ménzi(门子).¶あの会社にはよい~がある nàge gōngsī wǒ kě yǒu ge hǎo ménlu(那个公司我可有个好门路).
2〔手掛り〕 xiànsuǒ(线索), tóuxù(头绪), duānxù(端绪).¶事件解決の~をつかんだ zhuāzhùle jiějué shìjiàn de xiànsuǒ(抓住了解决事件的线索).

てつろ【鉄路】 tiělù(铁路), tiědào(铁道).

てつわん【鉄腕】¶彼は~投手として鳴らした tā céngjīng yǐ tiěwàn tóushǒu ér chímíng(他曾经以铁腕投手而闻名).

でどころ【出所】 láilù(来路), láiyuán(来源).¶~の確かなニュース láiyuán kěkào de xiāoxi(来源可靠的消息).¶金の~を突き止める chámíng jīnqián de láilù(查明金钱的来历).

てどり【手取り】¶給料は~で15万円です shíjì nádào de gōngzī shì shíwǔ wàn rìyuán(实际拿到的工资是十五万日元).

てとりあしとり【手取り足取り】 shǒu bǎ shǒu (手把手).¶~教える shǒu bǎ shǒu de jiāo(手把手地教).

テナー nángāoyīn(男高音).

てないしょく【手内職】¶母は~をして学資をつくってくれた mǔqin zài jiālǐ zuò zhēnxiànhuór gěi wǒ còule xuéfèi(母亲在家里做针线活儿给我凑了学费).

てなおし【手直し】 xiūgǎi(修改), gǎidòng(改动).¶この計画は~の必要がある zhège jìhuà yǒu bìyào jiāyǐ xiūgǎi(这个计划有必要加以修改).¶議案を一部~して採択した bǎ yì'àn zuòle bùfen xiūgǎi tōngguò le(把议案作了部分修改通过了).

でなお・す【出直す】¶明日又~して来ます wǒ míngtiān zài lái yí cì(我明天再来一次).¶もう一度第一歩から~[と] cóng dìyī bù chóngxīn zuòqǐ(从第一步重新做起).

てながざる【手長猿】 chángbìyuán(长臂猿).

てぐさみ【手慰み】¶~にこんなものを作ってみました wèile xiāoxián jiěmèn shì zuòle zhè zhǒng wányìr(为了消闲解闷儿试做了这种玩意儿).

てなず・ける【手懐ける】¶ライオンを~ける xùn[xùnyǎng] shīzi(驯[驯养]狮子).¶日頃から部下を~けておく dǎ píngcháng jiù shǐ xiǎoēn-xiǎohuì lǒngluò bùxià(打平常就施小恩小惠笼络部下).

てなべ【手鍋】¶~下げてもいとやせぬ jiùshì guò qióngrìzi yě gānxīn(就是过穷日子也甘心).

てなみ【手並】 běnshi(本事), běnlǐng(本领), néngnai(能耐).¶お~拝見 qiáo nǐ de běnshi ba(瞧你的本事吧).

てならい【手習い】 liànzì(练字), xízì(习字).¶六十の~で中国語を始めた yǐ liùshí suì xué miáohóng de jīngshén kāishǐ xuéxí Zhōngwén(以六十岁描红的精神开始学习中文).

てな・れる【手慣れる】¶ベテラン看護婦だけあって患者の扱いは~れたものだ zhēn shì ge jīngyàn fēngfù de nǚhùshi, hùlǐ huànzhě hěn shúliàn(真是个经验丰富的女护士,护理患者很熟练).

テナント zūhù(租户), zūlìnzhě(租赁者).¶~募集中 zhèngzài zhāo zū(正在招租).

テニス wǎngqiú(网球).¶~をする dǎ wǎngqiú(打网球).¶~の試合をする jìnxíng wǎngqiú bǐsài(进行网球比赛).¶~コート wǎngqiúchǎng(网球场).

てにてに【手に手に】¶子供達は~小旗を振って女王を歓迎した xiǎoháizimen rén shǒu yì zhī de huīwǔzhe xiǎoqízi huānyíng nǚwáng(小孩子们人手一只地挥舞着小旗子欢迎女王).

デニム cū xiéwénbù(粗斜纹布).

てにもつ【手荷物】 suíshēn xíngli(随身行李).¶~はなるべく少なくしよう suíshēn xíngli jǐnliàng shǎo dài(随身行李尽量少带).¶スーツケースを~で送る bǎ píxiāng dàngzuò suíshēn xíngli tuōyùn(把皮箱当做随身行李托运).¶~取扱所 xínglichù(行李处)／xínglifáng(行李房).

てぬい【手縫い】¶~のハンドバッグ shǒugōng féng de shǒutíbāo(手工缝的手提包).

てぬかり【手抜かり】 shūshī(疏失), shūlòu(疏漏), shūhu(疏忽), pīlòu(纰漏).¶バスの時間を調べなかったのは私の~だった méi chá gōnggòng qìchē de shíjiān shì wǒ de shūhu(没查公共汽车的时间是我的疏忽).¶警備に~があった bǎo'ānshang yǒu lòudòng(保安上有漏洞).

てぬき【手抜き】 tōugōng-jiǎnliào(偷工减料).¶雨が漏るのは工事に~があったからだ lòuyǔ shì yóuyú gōngchéng tōugōng-jiǎnliào de yuángù(漏雨是由于工程偷工减料的缘故).

てぬぐい【手拭】 shǒujīn(手巾), máojīn(毛巾), miànjīn(面巾).

てぬる・い【手緩い】¶その程度の処罰では~い nà zhǒng chǔfá tài kuāndà le(那种处罚太宽

大了).
てのうち【手の内】 **1**〔勢力範囲〕shǒuxīn(手心).¶A社は今や私の～にある A gōngsī xiànzài zài wǒ shǒuxīnli(A公司现在在我手心里).
2〔心の中〕¶相手の～を読む chuāiduó duìfāng de dǎsuan(揣度对方的打算).¶彼は決して人に～を見せない tā jué bú xiàng rén liàngdǐ(他决不向人亮底).
てのうら【手の裏】→てのひら.
テノール nángāoyīn(男高音).
てのこう【手の甲】shǒubèi(手背).
てのひら【掌】shǒuzhǎng(手掌), shǒubǎn(手板), bāzhang(巴掌).¶～にのるほど小さなラジオ xiǎode kěyǐ fàngzài shǒuzhǎng shang de shōuyīnjī(小得可以放在手掌上的收音机).¶私に金が無くなったら彼は～を返すようによそよそしくなった wǒ yì méi qián tā jiù fānliǎn bú rèn rén le(我一没钱他就翻脸不认人了).
デノミネーション suōxiǎo huòbì miànzhí dānwèi(缩小货币面值单位).
てば【手羽】jīpúzi(鸡脯子), jīpúròu(鸡脯肉).
では nàme(那么), nà(那).¶～今日の講義はこれで終りますnàme jīntiān de kè jiù jiǎngdào zhèli(那么今天的课就讲到这里).¶～行ってきます nàme wǒ zǒu le(那么我走了).
-では ¶今中国～どんな歌がはやっていますか xiànzài zài Zhōngguó liúxíngzhe shénmeyàng de gēr?(现在在中国流行着什么样的歌ル?).¶現在～事情が変っている xiànzài qíngkuàng yǐjīng biàn le(现在情况已经变了).¶この様子～優勝の見込はない kàn zhè yàngzi, méiyǒu huòdé guànjūn de xīwàng(看这样子, 没有获得冠军的希望).¶喧嘩～誰にも負けない lùn dǎjià, shuí yě dǎbuguò wǒ(论打架, 谁也打不过我).¶10万円～多過ぎる shíwàn rìyuán jiù tài duō le(十万日元就太多了).¶私の時計～5時だ wǒ de biǎo shì wǔ diǎnzhōng(我的表是五点钟).
デパート bǎihuò dàlóu(百货大楼), bǎihuò gōngsī(百货公司).
てはい【手配】ānpái(安排), bùzhì(布置), pèibèi(配备).¶ホテルの～を頼む tuō rén ānpái fàndiàn(托人安排饭店).¶お車はこちらで～いたします qǐchē ràng wǒmen lái ānpái ba(汽车让我们来安排吧).¶警察は彼を犯人として全国に指名～した jǐngchá bǎ tā zuòwéi zuìfàn xiàng quánguó tōngjī(警察把他作为罪犯向全国通缉).
¶～写真 tōngjī zhàopiàn(通缉照片).
ではいり【出入り】→でいり1.
てばこ【手箱】xiázi(匣子).
てはじめ【手初め】kāishǐ(开始), kāitóu(开头), qǐtóu(起头).¶洋裁の～にスカートを縫う xué cáiféng xiān cóng féng qúnzi kāishǐ(学裁缝先从缝裙子开始).¶それを～に彼は次々と世界の高峰を征服した yǐ nà wéi kāiduān tā zhēngfúle yí ge yòu yí ge shìjiè gāofēng(以那为开端他征服了一个又一个的世界高峰).
てはず【手筈】¶出発の～が整った chūfā de zhǔnbèi zuòhǎo le(出发的准备做好了).¶彼の急病で～が狂った yóuyú tā huàn jíbìng jìhuà luànle tào(由于他患急病计划乱了套).¶祝賀会の～を決める juédìng qìngzhùhuì de chéngxù(决定庆祝会的程序).
てばた【手旗】shǒuqí(手旗).¶～信号を送る dǎ qíyǔ(打旗语).
てばな【手鼻】¶～をかむ yòng shǒu xǐng bítì(用手擤鼻涕).
ではな【出端】¶～をくじかれた dǎ yì kāitóur jiù ˇpèngle dīngzi[pèngle bì](打一开头ル就ˇ碰了钉子[碰了壁]).¶～をくじく gěi duìfāng yí ge xiàmǎwēi(给对方一个下马威).
でばな【出花】¶鬼も十八番茶も～ chǒunǚ miàolíng yě hǎokàn, cū chá chū pào yì wèi xiāng(丑女妙龄也好看, 粗茶初泡亦味香).
てばなし【手放し】¶～で息子の自慢をする dàyán bù cán de kuāyào zìjǐ de érzi(大言不惭地夸耀自己的儿子).¶農民達は豊作を～で喜ぶわけにはいかなかった nóngmín jiùshì fēngshōu yě bùnéng shǒuwǔ-zúdǎo yíwèi gāoxìng(农民就是丰收也不能手舞足蹈一味高兴).
てばな・す【手放す】¶秘蔵の絵を～す bǎ zhēncáng de huà tuōshǒu(把珍藏的画脱手).¶彼女は一人息子を～す決心がつかなかった tā shěbude jiào dúshēngzǐ líkāi zìjǐ(她舍不得叫独生子离开自己).
てばや・い【手早い】shǒukuài(手快), máli(麻利).¶～く外出の支度をととのえた hěn kuài de zuòhǎole wàichū de zhǔnbèi(很快地作好了外出的准备).¶部屋を～く片付けて客を迎え入れた máli de shōushihǎo fángjiān yíngjiēle kèrén(麻利地收拾好房间迎接了客人).
ではら・う【出払う】¶あいにく係の者は～っています bù còugiǎo guǎn zhè shì de rén dōu chūqu le(不凑巧管这事的人都出去了).¶在庫品が全部～った cúnhuò quán tuōshǒu le(存货全脱手了).
でばん【出番】¶楽屋で～を待つ zài hòutái ˇděngdài chūchǎng[hòuchǎng](在后台ˇ等待出场[候场]).
てびかえ・る【手控える】¶商品の仕入れを～る shǎo cǎigòu(少采购)/ huǎn jìnhuò(缓进货).
てびき【手引】**1**〔案内〕zhǐyǐn(指引).¶この事件は内部から～をした者がいるに違いない zhège shìjiàn yídìng shì nèibù yǒu rén zuò yǎnxiàn(这个事件一定是内部有人作眼线).
2〔手ほどき〕zhǐnán(指南), rùmén(入门).¶この本は中国を知るのによい～になる zhè běn shū duì liǎojiě Zhōngguó shì yí ge hěn hǎo de zhǐnán(这本书对了解中国是一个很好的指南).¶適当な囲碁の～はありませんか yǒu méiyǒu héshì de wéiqí rùménshū?(有没有合适的围棋入门书?).
てひど・い【手酷い】¶A社の倒産で私の工場は～い打撃を受けた yóuyú A gōngsī de dǎobì wǒ chǎng shòudào yánzhòng de dǎjī(由于A公司的倒闭我厂受到严重的打击).¶その映画は～く批判された nàge yǐngpiàn shòudào yánlì de pīpàn(那个影片受到严厉的批判).

デビュー ¶彼はこの作品で文壇に～した tā yǐ zhè bù zuòpǐn dēngshàngle wéntán (他以这部作品登上了文坛).

てびょうし【手拍子】 pāishǒu (拍手), pāi bāzhang (拍巴掌). ¶～を取って歌う pāishǒu chànggē (拍手唱歌).

てびろ・い【手広い】 ¶彼は～く商売をしている tā zuò mǎimài fànwéi fēicháng guǎng (他做买卖范围非常广).

でぶ pàngzi (胖子), dàkuàitóu (大块头). ¶あいつは～だ tā shì ge pàngzi (他是个胖子). ¶～の女 pàng nǚrén (胖女人).

てぶくろ【手袋】 shǒutào[r] (手套[儿]). ¶～をはめる[とる] dài[zhāi] shǒutào (戴[摘]手套).

でぶしょう【出無精】 ¶～の人 lǎnde chūmén de rén (懒得出门的人).

てぶそく【手不足】 ¶店が～で困る diànli rénshǒu bùzú zhēn méi bànfǎ (店里人手不足真没办法).

てふだ【手札】 ¶～型の写真 sì cùn de xiàngpiàn (四寸的相片).

でふね【出船】 ¶～のどらが鳴った kāichuán de luó xiǎng le (开船的锣响了). ¶～入船で港は賑わっている jìn-chūgǎng de lúnchuán pínfán láiwǎng, gǎngkǒu yípiàn fánróng (进出港的轮船频繁来往, 港口一片繁荣).

てぶら【手ぶら】 kōngshǒu (空手). ¶～では見舞いに行けない kōngzhe shǒu nǎ néng qù kànwang bìngrén (空着手哪能去看望病人). ¶釣りに行ったが～で帰って来た qù diàoyú yì wú suǒ huò, kōngshǒu huílai (去钓鱼一无所获, 空手回来).

てぶり【手振り】 shǒushì (手势). ¶～を交えて話す zhǐshǒu-huàjiǎo de shuō (指手画脚地说).

デフレーション tōnghuò jǐnsuō (通货紧缩).

でべそ【出臍】 gǔdùqí (鼓肚脐), qǐdùqí (气肚脐), tūdùqí (凸肚脐), tūdùjí (凸肚脐).

てへん【手偏】 tíshǒupángr (提手旁儿), tíshǒur (提手儿).

てべんとう【手弁当】 ¶候補者を～で応援する yǐ yìwù láodòng zhīyuán hòuxuǎnrén (以义务劳动支援候选人).

でほうだい【出放題】 ¶～のことを言う xìn kǒu kāi hé (信口开河).

てほどき【手解き】 ¶ピアノの～は母から受けた gāngqín shì mǔqin jiāo wǒ rùmén de (钢琴是母亲教我入门的).

てほん【手本】 **1**[書画の] zìtiè (字帖), fǎtiè (法帖), huàtiè (画帖); fànběn (范本), móběn (模本·摹本). ¶～を見ながら書道の練習をする kàn zìtiè liànzí (看字帖练字), líntiè (临帖).

2[模範] bǎngyàng (榜样), mófàn (模范), diǎnfàn (典范), yàngbǎn (样板). ¶彼こそ教師の～だ tā zhèngshì jiàoshī de **bǎngyàng**[**mófàn**] (他正是教师的*榜样*[*模范*]). ¶節約の～を示す shìfàn jiéyuē (示范节约). ¶平城京は長安を～にして造られた Píngchéng Jīng shì mófǎng Cháng'ān jiànzào de (平城京是模仿长安建造的).

てま【手間】 ¶電気洗濯機のおかげで家事の～が省けるようになった duōkuī xǐyījī jiāwù cái shěngle shì (多亏洗衣机家务才省了事). ¶お～は取らせません, ちょっと手伝って頂きたいことがあります bù dānwu nín de gōngfu, wǒ yǒu diǎnr shì qǐng nín bāngmáng (不耽误您的工夫, 我有点儿事请您帮忙). ¶さすがに～ひまかけて作っただけのことはある búkuì shì fèi gōngfu zuòchulai de (不愧是费工夫做出来的).

¶～賃 shǒugōngfèi (手工费).

デマ yáoyán (谣言), yáochuán (谣传). ¶～を飛ばす sànbō yáoyán (散播谣言) / zàoyáo (造谣).

てまえ【手前】 **1**[こちら] qián (前), gēnqián (跟前). ¶テーブルの～に引き寄せる bǎ zhuōzi lādào **gēnqián**[**yǎnqián**] (把桌子拉到跟前[眼前]). ¶郵便局の～を右に曲る cóng yóujú de gēnqián wǎng yòu guǎi (从邮局的跟前往右拐). ¶ひとつの駅で降りてしまった zài yào xià de qián yí zhàn xiàle chē (在要下的前一站下了).

2[私, お前] bì diàn (敝店), nǐ (你). ¶～共の店ではその品は扱っておりません bì diàn bù jīngshòu nà huò (敝店不经售那货). ¶俺が何をしようと～の知ったことか wǒ gàn shénme yǔ nǐ yǒu hé xiānggān (我干什么与你有何相干).

3[体裁] ¶皆の～君にだけ認めるわけにはいかない dāngzhe dàjiā bùhǎo zhǐ dāying nǐ yí ge rén (当着大家不好只答应你一个人). ¶偉そうな事を言った～今更断れない shuōle nà zhǒng dàhuà xiànzài bù hǎo jùjué le (说了那种大话现在不好拒绝了).

でまえ【出前】 ¶うどんの～を2人前頼む jiào pùzi gěi sòng liǎng wǎn miàn (叫铺子给送两碗面).

てまえみそ【手前味噌】 ¶～を並べる Lǎo Wáng mài guā zì mài zì kuā (老王卖瓜自卖自夸) / màiguāde shuō guā tián (卖瓜的说瓜甜).

でまかせ【出任せ】 húshuō (胡说), húzhōu (胡诌), xìn kǒu kāi hé (信口开河), xìn kǒu cí huáng (信口雌黄). ¶～の嘘を言う xìnkǒu sāhuǎng (信口撒谎) / shùnzuǐ húzhōu (顺嘴胡诌) / luàn shuō yíqì (乱说一气). ¶何と答えてよいかわからず～を言って切り抜けた bù zhī zěnme huídá hǎo xìnkǒu húshuō zhīwule guòqù (不知怎么回答好信口胡说支吾了过去).

てまくら【手枕】 ¶～で横になる zhěnzhe gēbo tǎngzhe (枕着胳膊躺着).

てまちん【手間賃】 gōngqian (工钱), shǒugōng (手工), láowùfèi (劳务费).

でまど【出窓】 tūchuāng (凸窗).

てまど・る【手間取る】 fèi shíjiān (费时间), fèi gōngfu (费工夫). ¶思いのほか準備に～った méi xiǎngdào zuò zhǔnbèi fèile zhèmexiē shíjiān (没想到做准备费了这些时间).

てまね【手真似】 shǒushì (手势), bǐhua (比画·比划). ¶言葉が通じないので～で話した yǔyán bùtōng yòng shǒu bǐhua jiāoliú (语言不通用手比划交流).

てまねき【手招き】 zhāoshǒu (招手). ¶子供達を～して呼び寄せる zhāoshǒu jiào háizimen guòlai (招手叫孩子们过来).

てまめ【手まめ】 shǒuqín (手勤). ¶～に洗濯する qín xǐ yīfu (勤洗衣服). ¶～に手紙を書く qín xiě xìn (勤写信).

てまり【手毬】 píqiú (皮球). ¶～をついて遊ぶ pāi píqiú wánr (拍皮球玩儿). ¶～歌 pāiqiúgē (拍球歌).

てまわし【手回し】 ¶これは又～のいいことだ zhè zhǔnbèide hǎo zhōudào a! (这准备得好周到啊!). ¶～よく冬の燃料を蓄える shìxiān chǔbèihǎo guòdōng de ránliào (事先储备好过冬的燃料).

てまわりひん【手回り品】 ¶お～に気をつけて下さい qǐng zhùyì suíshēn de dōngxi (请注意随身的东西).

でまわ・る【出回る】 shàngshì (上市), yìngshì (应市), dēngshì (登市), chūlóng (出龙). ¶苺が～り出した cǎoméi shàngshì le (草莓上市了). ¶類似品が～っている fǎngzhìpǐn chōngchì shìchǎng (仿制品充斥市场).

てみじか【手短】 jiǎnduǎn (简短), jiǎnyào (简要). ¶～に経過を報告する jiǎnyào[jiǎndānèyào] de huìbào jīngguò (简要[简单扼要]地汇报经过).

でみせ【出店】 [分店, 支店] fēndiàn (分店), fēnhào (分号), zhīdiàn (支店); [露店] tān[r] (出摊儿), huòtān[r] (货摊儿), tānzi (摊子).

てみやげ【手土産】 ¶～を持って訪問する dàizhe lǐpǐn bàifǎng (带着礼品拜访).

てむか・う【手向かう】 huánshǒu (还手), huíshǒu (回手). ¶親に～とは何事だ nǐ jìng gǎn xiàng fùmǔ huánshǒu (你竟敢向父母还手).

でむか・える【出迎える】 jiē (接), yíngjiē (迎接), yínghòu (迎候). ¶友人を飛行場に～える dào jīchǎng yínghòu péngyou (到机场迎接朋友).

でむ・く【出向く】 qiánqù (前去), qiánwǎng (前往). ¶御一報下さればこちらから～きます zhǐyào gàosu wǒ yìshēng wǒ jiù qiánqù bàifǎng (只要告诉我一声就前去拜访).

でめきん【出目金】 lóngjīngyú (龙睛鱼).

-でも 1 [例示] ¶雨が降っ～出発する jíshǐ xiàyǔ yě chūfā (即使下雨也出发). ¶たとえ成功の見込はな～～やってみよう zòngrán méiyǒu chénggōng de xīwàng yě yào shìshi (纵然没有成功的希望也要试试). ¶間に合っ～合わなくっ～行くだけは行ってみよう bùguǎn gǎndeshàng gǎnbushàng, qù yí tàng kànkan (不管赶得上赶不上, 去一趟看看). ¶いくら言い聞かせ～勉強しない zěnme shuō tā yě bù xuéxí (怎么说他也不学习). ¶働か～～暮しは楽にならない jiùshì zěnme sǐmìng gàn, rìzi yě bù hǎoguò (就是怎么死命干, 日子也不好过).

¶どこかでコーヒー～飲もうか zhǎo ge dìfang hē bēi kāfēi shénme de, zěnmeyàng? (找个地方喝杯咖啡什么的, 怎么样?). ¶日曜に～訪ねてみよう huòzhě shì xīngqītiān qù kànkan (或者是星期天去看看).

2 [‥…でも] ¶これは小学生～解ける問題だ zhè shì lián xiǎoxuéshēng yě néng jiě de wèntí (这是连小学生也能解的问题). ¶深い所～30センチほどしかない zuì shēn de dìfang yě zhǐ búguò sānshí límǐ (最深的地方也只不过三十厘米). ¶たとえ1つ～無駄にしてはいけない jiùshì yí ge yě bù kěyǐ làngfèi (就是一个也不可以浪费). ¶この仕事だけ～今日中にはできない jiùshì zhǐ zuò zhè jiàn shì, jīntiān yě wánbuchéng (就是只做这件事, 今天也完不成).

3 [それでも] ¶雨天～挙行する jiùshì xiàyǔ yě jǔxíng (就是下雨也举行). ¶今から～遅くない xiànzài yě bù wǎn (现在也不晚). ¶いくら読ん～意味が分らない kàn jǐ biàn yě bù míngbai (看了几遍也不明白).

4 [無限定] ¶誰～いいから手伝ってくれ shuí dōu kěyǐ, qǐng bāng wǒ yíxiàr ba (谁都可以, 请帮我一下儿吧). ¶いつ～来なさい shénme shíhou lái dōu xíng (什么时候来都行). ¶どれ～好きな物を取りなさい nǐ xǐhuan nǎge, jiù ná nǎge ba (你喜欢哪个, 就拿哪个吧). ¶そんな物はどこに～売っている nà zhǒng dōngxi nǎr dōu yǒu mài de (那种东西哪儿都有卖的).

デモ 1 yóuxíng (游行), shìwēi (示威). ¶戦争反対の～をする yóuxíng shìwēi fǎnduì zhànzhēng (游行示威反对战争).

¶～行進 shìwēi yóuxíng (示威游行). ~隊 yóuxíng duìwu (游行队伍).

2 [実演] biǎoyǎn (表演), yǎnshì (演示). ¶～フライト xuānchuán biǎoyǎn fēixíng (宣传表演飞行).

デモクラシー mínzhǔ (民主), mínzhǔzhǔyì (民主主义); mínzhǔ zhèngzhì (民主政治); mínzhǔ zhèngtǐ (民主政体).

てもち【手持】 ¶～の材料が底をついた shǒuli de cáiliào jiàn dǐ le (手里的材料见底了). ¶1000円しか～がない shǒuli zhǐ yǒu yìqiān rìyuán (手里只有一千日元).

¶～外貨 bǎoyǒu wàihuì (保有外汇)／wàihuì chǔbèi (外汇储备).

てもちぶさた【手持無沙汰】 ¶待ち時間が長くて～で困った děng de shíjiān tài cháng, xiánde huāng (等的时间太长, 闲得慌).

てもと【手元】 1 shǒutóu[r] (手头儿), shǒubiān[r] (手边儿), shǒuxià (手下). ¶その本は人に貸して今～にない nà běn shū jiào rén jièqu le, xiànzài bú zài shǒutóu (那本书叫人借去了, 现在不在手头). ¶お～のパンフレットを御覧下さい qǐng kàn nín shǒubiān de xiǎocèzi (请看您手边的小册子). ¶網を～に引き寄せる bǎ wǎng dāodào shēnbiān (把网捞到身边). ¶娘をいつまでも～に置いておくわけにはいか

かない zǒng bùnéng bǎ nǚ'ér lǎo liúzài shēnpáng(总不能把女儿老留在身旁).　**2**〔手さばき〕¶～が狂って指を切った yì shīshǒu bǎ shǒuzhǐtou huápò le(一失手把手指头划破了).

でもどり【出戻り】　huítóurén(回头人).　¶彼女は～だ tā shì líhūn huí niángjia lái de(她是离婚回娘家来的).

てもなく【手もなく】　¶～だまされた qīngyì de shòupiàn le(轻易地受骗了).　¶彼は全力でぶつかったが～負かされた tā suīrán jiéjìn quánlì, kěshì sānxià-liǎngxià jiù bèi dǎbài le(他虽然竭尽全力,可是三下两下就被打败了).

でもの【出物】　¶老夫婦が住むのに手頃な～を探している xúnzhǎo shìhé lǎo liǎngkǒuzi zhù de shāngpǐnfáng(寻找适合老两口子住的商品房).

デモンストレーション　→デモ.

デュエット　èrchóngchàng(二重唱); èrchóngzòu(二重奏).

でよう【出様】　→でかた.

てら【寺】　miào(庙), sìmiào(寺庙), sìyuàn(寺院), fósì(佛寺).

てら・う【衒う】　奇を～う biāo xīn lì yì(标新立异).　¶己の学識を～う xuànyào zìjǐ de xuéshí(炫耀自己的学识).　¶彼には少しも～ったところがない tā yìdiǎnr yě bú xuànyào zìjǐ(他一点儿也不炫耀自己).

てらしあわ・せる【照らし合せる】　duì(对), duìzhào(对照), bǐzhào(比照), cháduì(查对), héduì(核对).　¶原本と写しを～せる bǎ chāoběn hé yuánběn duìzhào(把抄本和原本对照).　¶友達と答を～せて間違いを探す gēn péngyou duì dá'àn zhǎo cuòwù(跟朋友对答案找错误).

てら・す【照らす】　**1**〔光をあてる〕zhào(照), zhàoliàng(照亮).　¶懐中電灯で道を～す ná shǒudiàntǒng zhào lù(拿手电筒照路).　¶青い月の光が谷川を～している hàoyuè dāngkōng zhàoliàng xījiàn(皓月当空照亮溪涧).　¶舞台の中央をスポットライトが～し出した jùguāngdēng zhàoliàng wǔtái zhōngyāng(聚光灯照亮舞台中央).　¶肝胆相～す gǎndǎn xiāngzhào(肝胆相照).

2〔参照する〕yīzhào(依照), yījù(依据).　¶規則に～して処分する yīzhào guīzhāng chǔfēn(依照规章处分).　¶被告の無罪は事実に～して明らかである bèigào wúzuì yījù shìshí shì xiǎn ér yì jiàn de(被告无罪依据事实是显而易见的).

テラス　yángtái(阳台), liángtái(凉台).

てらせん【寺銭】　tóuqián(头钱).　¶～を取る chōutóu[r](抽头[儿])/ dǎtóu[r](打头[儿]).

テラマイシン　tǔméisù(土霉素).

てり【照り】　¶夏は～が強い xiàtiān tàiyáng dú liànr tiānhàn chítáng gānhé le(连白天旱地塘干涸了).　¶～のあるべっこう yǒu guāngzé de dàimào(有光泽的玳瑁).

デリート　shānchú(删除).

てりかえ・す【照り返す】　¶アスファルトは日差しを～して焼けつくようだ bǎiyóulù bèi lièrì shàide huǒlālā de(柏油路被烈日晒得火辣辣的).　¶西日が～してまぶしい xīmiàn de yángguāng fǎnshède hěn huǎngyǎn(西面的阳光反射得很晃眼).

デリケート　wēimiào(微妙).　¶彼女は～な感情の持主だ tā shì ge gǎnqíng xiānxì de rén(她是个感情纤细的人).　¶～な外交問題 wēimiào de wàijiāo wèntí(微妙的外交问题).

てりつ・ける【照り付ける】　¶太陽が～ける tàiyáng shàide huǒlālā de(太阳晒得火辣辣的)/ chìrì yányán(赤日炎炎).

てりは・える【照り映える】　yìngzhào(映照), yìngshè(映射), huīyìng(辉映·晖映).　¶雪の頂が朝日に～えて美しい xuěfēng zài zhāoyáng yìngzhào xià hěn měilì(雪峰在朝阳映照下很美丽).

てりやき【照焼】　¶魚を～にする zhàn tángsè lái kǎo yú(沾糖色来烤鱼).

てりゅうだん【手榴弾】　shǒuliúdàn(手榴弹).　¶～を投げる zhì shǒuliúdàn(掷手榴弹).

てりょうり【手料理】　¶客を心尽しの～でもてなす nǚzhǔrén jīngxīn zuò cài, kuǎndài kèrén(亲手精心做菜, 款待客人).

て・る【照る】　**1**〔光る〕zhào(照).　¶さっきまでは日が～っていた fāngcái tàiyáng hái dāngkōng zhàozhe(方才太阳还当空照着).　¶月が皓々と～っている hàoyuè zhàoyàozhe(皓月照耀着).

2〔晴れる〕¶～る日曇る日 qíngtiān hé yīntiān(晴天和阴天).　¶降っても～っても必ず行きます bùguǎn tiān qíng xiàyǔ yídìng qù(不管天晴下雨一定去)/ fēngyǔ wú zǔ(风雨无阻).

でる【出る】　**1**〔外に行く, 去る〕¶毎朝7時に家を出る měitiān zǎoshang qī diǎn ᵛchūmén[chūqu](每天早上七点钟ᵛ出门[出去]).　¶外に出かって空気を吸う chūqu dào wàibian qù xī xīnxiān kōngqì(出去到外边去吸新鲜空气).　¶朝家を出たきりまだ帰って来ない dǎ zǎoshang cóng jiālǐ chūqu, yìzhí dào xiànzài jiù méi huílai(打早上从家里出去, 一直到现在还没回来).　¶誰も部屋から出ないように shuí yě bùxǔ zǒuchū fángjiān(谁也不许走出房间).　¶裏口からそっと出た cóng hòumén liūle chūqu(从后门溜了出去).　¶おもてに出ろ, 話をつけてやる zǒu! dào wàibian qù, hé nǐ suànzhàng!(走! 到外边去, 和你算账!).　¶母は買物に出ています mǔqin mǎi dōngxi qù le(母亲买东西去了).　¶気晴らしに2,3日旅に出ようと思う wǒ xiǎng chūmén lǚxíng liǎng, sān tiān qù xiāoqiǎn xiāoqiǎn(我想出门旅行两, 三天, 去消遣消遣).　¶明日田舎から両親が出て来る míngtiān shuāngqīn cóng jiāxiāng lái(明天双亲从家乡来).　¶会社が終ってから銀座に出た xiàbān hòu qùle Yínzuò(下班后去了银座).　¶お前みたいな奴はとっとと出て行け xiàng nǐ zhèyàng de jiāhuo, kuài gěi wǒ gǔnchuqu!(像你这样的家伙, 快给我滚出去!).　¶父とけんかをして家を出た gēn fùqin chǎole jià lí jiā

chūzǒu le(跟父亲吵了架离家出走了).¶家を出てアパート住いをする lǐkāi jiā zhù gōngyù(离开家住公寓).¶故郷を出てもう30年になる lǐkāi gùxiāng yǐjing yǒu sānshí nián le(离开故乡已经有三十年了).

2〔出発する〕¶京都行きは何番ホームから出ますか qù Jīngdū de huǒchē cóng jǐ hào yuètái fāchē?(去京都的火车从几号月台发车?).¶風が強くて船は出なかった fēng dà, chuán ˇméi néng chūháng〔tíngháng〕(风大,船ˇ没能出航〔停了航〕).¶最終バスがさっき出たところです mòbān gōnggòng qìchē gāng kāizǒu(末班公共汽车刚开走).¶今行けば間に合う xiànzài yě néng gǎndeshàng(现在去能赶上).

3〔行き着く〕¶左に行けば駅に出る xiàng zuǒ zǒu jiù kěyǐ dào chēzhàn(向左走就可以到车站).¶道に迷って谷に出てしまった míle lù zǒudào shāngǔ lái le(迷了路走到山谷来了).

4〔伸びる,突き出る〕¶あまりおいしそうなのでつい手が出た kànzhe guài hǎochī de, bùyóude shēnchūle shǒu(看着怪好吃的,不由得伸出了手).¶袖口から下着が出ている chènyī cóng xiùkǒu lùchulai le(衬衣从袖口露出来了).¶足が線から出た jiǎo tàchū xiànwài le(脚踏出线外了).¶そこに釘が出ているから気をつけなさい nàr lùzhe dīngzi, yào xiǎoxīn!(那儿露着钉子,要小心!).¶この子はおでこが出ている zhè háizi qián'é yǒudiǎnr tūchū(这孩子前额有点儿突出).¶彼は最近腹が出てきた tā zuìjìn dùzi ˇtū〔gǔ〕chulai le(他最近肚子ˇ凸〔鼓〕出来了).

5〔超える〕¶目方が1キロを少し出た fènliang yì gōngjīn duō yìdiǎnr(分量一公斤多一点儿).¶彼は40歳を少し出ている tā shì sìshí ˇkāiwài〔chūtóu〕(他四十ˇ开外〔出头〕).¶3日を出ないうちに又戻って来た bù chū sān tiān yòu huílai le(不出三天又回来了).¶予算を出ないように気をつけて下さい qǐng zhùyì búyào chāozhī(请注意不要超支).

6〔卒業する〕¶大学を出て3年になる dàxué bìyè sān nián le(大学毕业三年了).¶彼女は中学しか出ていない tā zhǐshì chūzhōng bìyè(她只是初中毕业).

7〔売れる〕¶この品はよく出る zhè zhǒng huò hěn chàngxiāo(这种货很畅销).¶このレコードは100万枚出た zhè chàngpiàn xiāole yìbǎi wàn zhāng(这唱片销了一百万张).

8〔現れる〕¶山の端に月が出た shānbiān shang yuèliang lùchūle tóu(山边上月亮露出了头).¶この山は熊が出る zhè zuò shān li yǒu gǒuxióng chūmò(这座山里有狗熊出没).¶幽霊の出そうな家だ xiàng shì huì nàoguǐ de fángzi(像是会闹鬼的房子).¶この湖底からマンモスの骨が出た cóng zhège húdǐ fāxiàn le měngmǎ de gǔtou(从这个湖底发现了猛犸的骨头).¶笑うとえくぼが出る yí xiào jiù xiànchū jiǔwōr(一笑就现出酒窝儿).¶隠しても顔に出ているよ nǐ cáng zài xīnli, kě lùzài liǎnshang le(你藏在心里,可露在脸上了).¶又いつもの悪い癖が出た lǎomáobìng yòu fàn le(老

毛病又犯了).¶ついにぼろが出た zhōngyú lòuchū mǎjiǎo lai le(终于露出马脚来了).¶事件が明るみに出る shìjiàn bàolù yú guāngtiānhuàrì zhī xià(事件暴露于光天化日之下).¶西瓜が出始めた xīguā shàngshì le(西瓜上市了).

9〔見付かる〕¶無くした腕時計は随分探したがとうとう出なかった diūle de shǒubiǎo, dàochù zhǎo yě méi zhǎodào(丢了的手表,到处找也没找到).¶盗品が出た zāngwù chūlai le(赃物出来了).

10〔出席する,出勤する,出場する,乗り出す〕¶今日の会には君も出るように jīntiān de huì nǐ yě yào cānjiā(今天的会你也要参加).¶A教授の講義に出る shàng A jiàoshòu jiǎng de kè(上A教讲的课).¶忙しいので日曜も会社に出る gōngzuò máng, xīngqīrì yě shàngbān(工作忙,星期日也上班).¶野球の試合に出る cānjiā bàngqiú bǐsài(参加棒球比赛).¶うちの子がテレビに出た wǒ jiā de háizi shàng diànshì le(我家的孩子上电视了).¶ここはお前の出る幕ではない zhè bú shì nǐ chūtóu-lùmiàn de shíhou(这不是你出头露面的时候).¶社会に出て散々苦労した bùrù shèhuì, jiānkǔ bèi cháng(步入社会,艰苦备尝).¶彼は今度の選挙で東京第1区から出るだろう zhè cì xuǎnjǔ tā shì cóng Dōngjīng dìyī qū chūmǎ ba(这次选举他是从东京第一区出马吧).¶出る所へ出て決着をつけよう bǎidào míngchù, qiúdé gōngpàn(摆到明处,求得公判).

11〔ある態度をとる〕¶随分大きく出たね kě zhēn néng shuō dàhuà a(可真能说大话啊)/nǐ kě kuāxiàle hǎikǒu(你可夸下了海口).¶彼は私を無視する態度に出た tā cǎiqǔle wúshì wǒ de tàidù(他采取了无视我的态度).

12〔力,スピードなどが〕¶病み上がりで力が出ない bìng gāng hǎo shǐ bu chū jìnr lai(病刚好使不出劲儿来).¶それを聞いて俄然ファイトが出てきた tīngle nàge huà wǒ měngrán láile jìnr(听了那个话我猛然来了劲儿).¶やっと仕事の調子が出てきた gōngzuò hǎoróngyì gàn de láijìnr(工作好容易干得来劲儿).¶この車はこれ以上スピードが出ない zhè qìchē zài yě kuàixiě bu liǎo sùdù(这汽车再也加快不了速度).

13〔出版される,掲載される〕chū(出), dēng(登).¶A社から《魯迅全集》の翻訳が出た A shè ˇchū〔chūbǎn〕le《Lǔ Xùn Quánjí》de yìběn(A社ˇ出〔出版〕了《鲁迅全集》的译本).¶私のルポルタージュが5月号に出る wǒ de bàodào zài wǔyuèhào shang ˇdēng〔dēngzǎi/kāndēng〕(我的报道在五月号上ˇ登〔登载/刊登〕).¶その言葉はこの辞書には出ていない nàge cí zài zhè běn cídiǎn shang méiyǒu(那个词在这本词典上没有).¶新聞に大きく彼の名が出ている bàozhǐ shang dàdà de dēngzhe tā de míngzi(报纸上大大地登着他的名字).

14〔結果などが〕¶検査の結果が出た jiǎnchá de jiéguǒ chūlai le(检查的结果出来了).¶1人3個ずつ配ると余りが2個出る měi rén

fēn sān ge jiù shèng liǎng ge le(每人分三个就剩两个了).¶100万円の赤字が出た chūle yìbǎi wàn rìyuán de chìzì(出了一百万日元的赤字).

15〔発生する〕¶夕方になると熱が出る yí dào bàngwǎn jiù fāshāo(一到傍晚就发烧).¶風が出てきた qǐ fēng le(起风了).¶台所から火が出た chúfáng chūhuǒ le(厨房起火了).¶チューリップの芽が出た yùjīnxiāng fāyá le(郁金香发芽了).¶その事故で多くの死傷者が出た yóuyú gāi shìgù chūle xǔduō sǐshāngzhě(由于该事故出了许多死伤者).¶近所にコレラ患者が出た jìnlín chūle huòluàn huànzhě(近邻出了霍乱患者).¶持病の神経痛が出た shénjīngtòng de lǎomáobìng yòu fàn le(神经痛的老毛病又犯了).¶よくあんな高い声が出るものだ nàme gāo de shēngyīn zhēn néng fāchulai!(那么高的声音真能发出来!).¶なかかい知恵が出ない zěnme yě xiǎng bu chū hǎo bànfǎ lai(怎么也想不出好办法来).

16〔溢れる〕¶このあたりは雨季になると水が出る zhè yídài yí dào yǔjì jiù chūshuǐ(这一带一到雨季就出水).¶温泉が出た chūle wēnquán(出了温泉).¶涙が出て困った jīnbuzhù liúlèi(禁不住流泪).

17〔産出される〕¶静岡からは茶が出る Jìnggāng ˇchǎn[chū/chūchǎn]chá(静冈ˇ产[出/出产]茶).¶この地方からはすぐれた政治家が多数出た zhège dìfang chūle hěn duō yōuxiù de zhèngzhìjiā(这个地方出了很多优秀的政治家).

18〔味などが〕¶もうこのお茶は出ない zhè chá yǐjīng qībuchū wèir le(这茶已经沏不出味ㄦ了).¶かめばかむほど味が出る yuè jǔjué yuè yǒu wèidao(越咀嚼越有味道).

19〔与えられる,供せられる〕¶今日ボーナスが出た jīntiān fāle jiǎngjīn(今天发了奖金).¶この会はA氏から資金が出ている zhège huì yóu A xiānsheng chū de zījīn(这个会由A先生出的资金).¶1位には賞金が出る dìyīmíng kěyǐ lǐngdào jiǎngjīn(第一名可以领到奖金).¶パーティーでは御馳走がたくさん出た yànhuì shang shānzhēn-hǎiwèi càiyáo fēngshèng(宴会上山珍海味菜肴丰盛).¶食後にアイスクリームが出た zhèngcān hòu shàngle bīngqílín(正餐后上了冰淇淋).¶山ほど宿題が出た liúle yí dà duī zuòyè(留了一大堆作业).¶あの先生の試験は難しい問題ばかり出た nàge lǎoshī de kǎoshì jìng chū nántí(那个老师的考试净出难题).¶やっと外出許可が出た hǎoróngyì cái dédàole wàichū de xǔkě(好容易才得到了外出的许可).¶退去命令が出た xiàdále chètuì de mìnglìng(下达了撤退的命令).

20〔由来する〕"テンプラ"という言葉はポルトガル語から出ている"tiānfùluó" zhè jù huà shì cóng Pútáoyáhuà lái de("天麸罗"这句话是从葡萄牙话来的).¶このニュースは信頼すべき筋から出ている zhège xīnwén shì cóng kěkào de fāngmiàn dédào de(这个新闻是从可靠的方面得到的).¶彼のその行為は私欲から出たことだ tā de nà zhǒng xíngwéi wánquán chūyú tā de sīyù(他的那种行为完全出于他的私欲).

デルタ sānjiǎozhōu(三角洲).¶揚子江〜Cháng Jiāng sānjiǎozhōu(长江三角洲).

てるてるぼうず【照る照る坊主】 sǎoqíngniáng(扫晴娘).

てれかくし【照れ隠し】 zhēxiū(遮羞).¶〜に笑う ná xiào lái zhēxiū(拿笑来遮羞).

てれくさ・い【照れ臭い】¶人前でほめられてひどく〜かった zài rénqián shòu biǎoyáng guài bù hǎoyìsi de(在人前受表扬怪不好意思的).¶柄が派手なので〜がって着ようとしない huāsè tài zhāyǎn, hàisàode bù yuànyì chuānchuqu(花色太扎眼,害臊得不愿意穿出去).¶彼は〜そうに壇上に座っている tā xiūsè de zài táixiang zuòzhe(他羞涩地在台上坐着).

テレタイプ diànchuán dǎzìjī(电传打字机).
テレックス yònghù diànbào(用户电报).

でれでれ¶彼女は服装も〜している tā yīzhuó yě lālilāta de(她衣着也邋里邋遢的).¶女に〜する duì nǚrén niánnián-hūhū de(对女人黏黏糊糊的).

テレパシー tōnglíngshù(通灵术), chuánxīnshù(传心术).

テレビ diànshì(电视); diànshìjī(电视机).¶〜をつける[消す] kāi[guān] diànshì(开[关]电视).¶〜を見る kàn diànshì(看电视).¶〜で実況放送する jìnxíng diànshì shíkuàng zhuǎnbō(进行电视实况转播).
¶〜アンテナ diànshì tiānxiàn(电视天线).〜カメラ diànshì shèxiàngjī(电视摄像机).〜受像機 diànshì jiēshōujī(电视接收机)/diànshìjī(电视机).〜電話 diànshì diànhuà(电视电话).〜塔 diànshìtǎ(电视塔)/diànshì fāshètǎ(电视发射塔).カラー〜 cǎisè diànshì(彩色电视)/cǎidiàn(彩电).白黒〜 hēibái diànshì(黑白电视).〜ドラマ diànshìjù(电视剧).〜ゲーム diànshì yóuxìjī(电视游戏机).

テレビンゆ【テレビン油】 sōngjiéyóu(松节油).
テレホンカード diànhuàkǎ(电话卡).

て・れる【照れる】¶彼はカメラを向けられてすっかり〜てしまった bǎ zhàoxiàngjī duìzhǔnle tā, tā xiūsède hěn(把照相机对准了他,他羞涩得很).

てれんてくだ【手練手管】 huāzhāor(花招ㄦ).¶〜を弄する shuǎ huāzhāor(耍花招ㄦ).

テロ kǒngbù(恐怖).¶赤色〜 chìsè kǒngbù(赤色恐怖). 白色〜 báisè kǒngbù(白色恐怖).
テロップ xiǎoxíng zìmù(小型字幕).
テロリスト kǒngbù fènzǐ(恐怖分子).

てわけ【手分け】 fēntóu(分头).¶皆で〜して資料を集める dàjiā fēntóu sōují zīliào(大家分头搜集资料).

てわた・す【手渡す】¶相手に直接〜す qīnshǒu jiāogěi duìfāng(亲手交给对方).¶抗議書を〜 dìjiāo kàngyìshū(递交抗议书).

てん【貂】 diāo(貂).

てん【天】 **1**〔空〕tiān(天).¶〜を仰いで唾する hán xuě pēn rén, xiān wū qí kǒu(含血喷

人，先污其己)/ **害人反害己**. ¶~一高く馬肥える秋 qiūgāo-qìshuǎng, sài shang mǎ féi (秋高气爽,塞上马肥). ¶それを聞いた時は~にも昇る心地だった tīngdàole nà huà shí, gāoxìngde xiàng shì dēngle tiān shìde (听到了那话时,高兴得像是登了天似的). ¶子供は~にも地にもかけがえがない háizi shì wú jià zhī bǎo (孩子是无价之宝).

2〔神〕tiān (天), tiāngōng (天公). ¶~の賜 tiān zhī suǒ cì (天之所赐). ¶~は二物を与えず tiān bú cì èrfú yú rén (天不赐二福于人). ¶これぞ~の助け cǐ wéi tiān zhī zhù yě (此为天之助也)/ zhè zhèngshì shàngtiān bǎoyòu (这正是上天保佑). ¶運を~に任せる tīng tiān yóu mìng (听天由命). ¶~は自ら助くる者を助く cāngtiān bú fù kǔxīn rén (苍天不负苦心人)/ tiān zhù zì zhù zhě (天助自助者).

3〔天界〕¶~にまします神 zài tiān zhī shén (在天之神). ¶魂は~に昇った línghún shēngtiān le (灵魂升天了).

てん【点】**1** diǎn[r] (点[儿]), diǎnzi (点子). ¶中心に~を打つ zài zhōngxīn diǎn yí ge diǎnr (在中心点一个点儿). ¶飛行機は小さい~となって消えた fēijī huàzuò yí ge xiǎodiǎnr, xiāoshī le (飞机化作一个小点儿,消失了). ¶住民運動を~から面へと広げていく bǎ jūmín yùndòng cóng diǎn fāzhǎn dào miàn (把居民运动从点发展到面). ¶強調の言葉に~をつける zài qiángdiào de císhang biāoshàng diǎn (在强调的词上标上点). ¶文の切れ目に~を打つ zài jù jiān jiā dòudiǎn (在句间加逗点). ¶2~を通る直線 tōngguò liǎngdiǎn de zhíxiàn (通过两点的直线). ¶1~28 yì diǎnr èr bā (一点儿二八).

2〔評点, 得点〕fēn[r] (分[儿]), fēnshù (分数). ¶~をつける píng[pàn] fēnr (评[判]分儿). ¶今度の試験では良い~をとった zhè cì kǎoshì kǎole hǎo fēnshù (这次考试考了好分数). ¶あの先生は~が甘い〔辛い〕nà wèi lǎoshī gěi fēn ˋkuān[yán] (那位老师给分ˋ宽[严]). ¶100~満~で70~をとった xiǎn fēn mǎnfēn, nále qīshí fēn (一百分满分,拿了七十分). ¶試合の前半に1~入れた zài bǐsài qiánbànchǎng déle yì fēn (在比赛前半场得了一分).

3〔箇所, こと〕diǎn (点). ¶そういう~が君のいいところだ nà zhèngshì nǐ de yōudiǎn (那正是你的优点). ¶どの~から見てもけちのつけようがない cóng nǎ fāngmiàn lái kàn dōu wúkě zhǐzhāi de (从哪方面来看都无可指摘的). ¶その~は十分注意します nà yì diǎn yídìng duōjiā zhùyì (那一点一定多加注意). ¶費用の~はどうか御心配なく fèiyong fāngmiàn qǐng búyòng dānxīn (费用方面请不用担心).

4〔助数詞〕¶衣類5~ wǔ jiàn yīfu (五件衣服). ¶油絵2~ liǎng zhāng yóuhuà (两张油画). ¶家具数~ jǐ jiàn jiājù (几件家具).

でん【伝】**1**〔伝記〕zhuàn (传). ¶トルストイ~ Tuō'ěrsītài zhuàn (托尔斯泰传).

2〔やり方〕zhāo[r] (着儿), huāzhāo[r] (花招儿). ¶あいにいつもの~でやられた yòu chīle nà jiāhuo lǎo yì zhāor de kuī (又吃了那家伙老一着儿的亏).

でんあつ【電圧】diànyā (电压). ¶~を上げる[下げる] tígāo[jiàngdī] diànyā (提高[降低]电压). ¶~が低下した diànyā jiàngdī le (电压降低了).

¶~計 fútéjì (伏特计)/ diànyājì (电压计)/ diànyābiǎo (电压表).

てんい【天意】tiānyì (天意). ¶~に従う shùn tiānyì (顺天意).

てんい【転移】zhuǎnyí (转移). ¶癌が肺に~する ái zhuǎnyí dào fèibù (癌转移到肺部).

でんい【電位】diànwèi (电位), diànshì (电势). ¶~差 diànwèichā (电位差)/ diànshìchā (电势差).

てんいむほう【天衣無縫】tiān yī wú fèng (天衣无缝). ¶~の詩 tiānyī-wúfèng de shī (天衣无缝的诗). ¶彼女は~だ tā shì tiānzhēn-lànmàn (她真是天真烂漫).

てんいん【店員】diànyuán (店员).

でんえん【田園】tiányuán (田园). ¶~詩人 tiányuán shīrén (田园诗人). ~生活 tiányuán shēnghuó (田园生活). ~風景 tiányuán fēngguāng (田园风光).

てんか【天下】tiānxià (天下), jiāngshān (江山). ¶~大いに乱れる tiānxià dà luàn (天下大乱)/ dǎ jiāngshān (打江山). ¶~を取る duó [dǎ] tiānxià (夺[打]天下). ¶~国家を論ずる yìlùn guójiā dàshì (议论国家大事)/ tánlùn guóshì (谈论国事). ¶今は民主主義の~だ xiànzài shì mínzhǔzhǔyì de tiānxià (现在是民主主义的天下). ¶彼の名は~にとどろいている tā ˋchíming[míng zhèn] tiānxià (他ˋ驰名[名震]天下)/ tā jǔshì wénmíng (他举世闻名). ¶この世は~太平だ xiàn zhèngshì tiānxià tàipíng[tàipíng zhī shì] (现正是天下太平[太平之世]). ¶2人は~晴れて夫婦となった tā liǎ xuānbù zhèngshì jié wéi fūqī le (他俩宣布正式结为夫妻了). ¶この店の料理は~一品だ zhè jiā fàndiàn de cài shì tiānxià dìyī (这家饭店的菜是天下第一). ¶~分け目の戦い dìng tiānxià de yí zhàn (定天下的一战).

¶かかあ~ lǎopo dāngjiā (老婆当家).

てんか【点火】diǎnhuǒ (点火), diǎnrán (点燃). ¶導火線に~する diǎnrán dǎohuǒxiàn (点燃导火线).

¶~プラグ huǒhuāsāi (火花塞)/ diànzuǐ (电嘴). 自動~装置 zìdòng diǎnhuǒ zhuāngzhì (自动点火装置).

てんか【添加】tiānjiā (添加). ¶薬品を~する jiātiān yàopǐn (加添药品).

¶食品~物 shípǐn tiānjiājì (食品添加剂).

てんか【転化】zhuǎnhuà (转化). ¶量から質へ~する yóu liàngbiàn zhuǎnhuà wéi zhìbiàn (由量变转化为质变).

てんか【転嫁】zhuǎnjià (转嫁), tuīxiè (推卸), tuīwěi (推委). ¶責任を人に~する bǎ zérèn zhuǎnjià gěi biéren (把责任转嫁给别人). ¶それは責任~だ nà shì tuīxiè zérèn (那是推卸责

てんが【典雅】 diǎnyǎ(典雅). ¶~な調べ diǎnyǎ de qǔdiào(典雅的曲调).

でんか【伝家】 chuánjiā(传家). ¶~の宝刀を抜く shǐchū kānjiā běnlǐng(使出看家本领)/ tānchū zuìhòu yī zhāng wángpái(摊出最后一张王牌).

でんか【殿下】 diànxià(殿下). ¶皇太子~ huángtàizǐ diànxià(皇太子殿下).

でんか【電化】 diànqìhuà(电气化). ¶鉄道を~する shǐ tiědào diànqìhuà(使铁路电气化). ¶家庭~製品 jiāyòng diànqì(家用电器)/ jiādiàn chǎnpǐn(家电产品).

でんか【電荷】 diànhè(电荷).

てんかい【展開】 zhǎnkāi(展开). ¶トンネルをぬけると眼前には広々とした田園風景が~した guòle suìdào yǎnqián ˇzhǎnkāi[zhǎnxiàn] yīpiàn guǎngkuò de tiányě(过了隧道眼前[展开[展现]一片广阔的田野). ¶行き詰った局面が~した jiāngchí de júmiàn dǎkāi le(僵持的局面打开了). ¶彼は独自な理論を~した tā fāzhǎnle zìjǐ dútè de lǐlùn(他发展了自己独特的理论). ¶両チームの間で熱戦が~された liǎngduì jiān zhǎnkāile jīliè de bǐsài(两队间展开了激烈的比赛). ¶物語は両者の対立を中心にしていった gùshi yǐ liǎngzhě de duìlì wéi zhōngxīn zhǎnkāi(故事以两者的对立为中心展开).

¶~図 biǎomiàn zhǎnkāitú(表面展开图).

てんかい【転回】 ¶船首を北から南へと~した chuánshǒu cóng běi zhuǎndào nán(把船首从北转到南). ¶彼は180度の~をして賛成にまわった tā láile ge yībǎi bāshí dù de dà zhuǎnwān, cóng fǎnduì biànwéi zànchéng(他来了个一百八十度的大转弯,从反对变为赞成).

¶空中~ kōngzhōng zhuǎntǐ(空中转体)/ kōngfān(空翻).

てんがい【天涯】 tiānyá(天涯). ¶~孤独の身だ gūdú yì rén wú qīn wú gù(孤独一人无亲无故)/ jiérán yì shēn(孑然一身).

でんかい【電解】 diànjiě(电解). ¶~液 diànjiě róngyè(电解溶液). ¶~質 diànjiězhì(电解质).

てんかふん【天花粉】 fèizǐfěn(痱子粉), pūfěn(扑粉), shuǎngshēnfěn(爽身粉).

てんから gēnběn(根本), yàgēnr(压根ㄦ), quánrán(全然), jiǎnzhí(简直), háo(毫). ¶私が何を言っても彼は~信じようとしない bùguǎn wǒ shuō shénme, tā yàgēnr bú xìn wǒ de huà(不管我说什么,他压根ㄦ不信我的话). ¶彼は~問題にされなかった tā gēnběn méi bèi fàngzài yǎnli(他根本没被放在眼里).

てんかん【転換】 zhuǎnhuàn(转换), zhuǎnbiàn(转变). ¶船はそこで方向に~した lúnchuán dào nàli zhuǎnle fāngxiàng(轮船到那里转换了方向). ¶稲作から畑作に~する cóng zhòng shuǐdào zhuǎnwéi zhòng hàntián(从种水稻转为种旱田). ¶局面の~ shèfǎ dǎkāi júmiàn(设法打开局面). ¶気分を~に外へ出る wèile sànsan xīn dào wàitou qù(为了

散散心到外头去). ¶歴史の~期 lìshǐ de zhuǎnbiàn shíqī(历史的转变时期).

てんかん【癲癇】 diānxián(癲痫), yángxiánfēng(羊痫风), yángjiǎofēng(羊角风). ¶~の発作を起す diānxián fāzuò(癲痫发作)/ fàn yángxiánfēng(犯羊痫风)/ chōufēng(抽风).

てんがん【点眼】 ¶毎朝~する měitiān zǎoshang ˇdī[diǎn] yǎnyào(每天早上 ˇ滴[点]眼药). ¶~水 yǎnyàoshuǐ(眼药水).

てんがんきょう【天眼鏡】 fàngdàjìng(放大镜).

てんき【天気】 1 [気象状態] tiān (天), tiānqì(天气). ¶今日は~が良い[悪い] jīntiān tiānqì ˇhěn hǎo[bù hǎo](今天天气 ˇ很好[不好]). ¶~が良くなる tiānqì ˇhǎozhuǎn[zhuǎn qíng](天气 ˇ好转[转晴]). ¶~が悪くなる tiānqì biàn huài(天气变坏). ¶秋は~が変わりやすい qiūtiān yì biàntiān(秋天易变天). ¶遠足だというのにあいにくの~だ yào qù jiāoyóu, piānpiān gǎnshàngle huài tiānqì(要去郊游,偏偏赶上了坏天气). ¶行くか行かぬかは~次第だ qù bu qù yào kàn tiānqì zěnmeyàng la(去不去要看天气怎么样啦). ¶お~屋 hū lěng hū rè de rén(忽冷忽热的人)/ xǐnù wúcháng de rén(喜怒无常的人).

¶~概況 tiānqì gàikuàng(天气概况). ~図 tiānqìtú(天气图). ~予報 tiānqì yùbào(天气预报).

2 [良天気] hǎo tiānqì(好天气). ¶この分だと明日は~だ kàn zhèyàng míngtiān shì hǎo tiānqì(看这样明天是好天气). ¶~になったら出掛けます tiān qíng jiù qù(转晴就去). ¶当日まで~はもつだろうか bù zhī hǎo tiānqì néngfǒu jìxù dào nà yì tiān(不知好天气能否继续到那一天). ¶お~続きで作業がはかどる tiānqì yìzhí hǎo, gōngzuò dà yǒu jìnzhǎn(天气一直好,工作大有进展).

てんき【転記】 guòzhàng(过帐). ¶伝票から元帳に~する bǎ chuánpiào guòdào zǒngzhàng shang(把传票过到总账上).

てんき【転機】 zhuǎnjī(转机). ¶世界は今~に立っている shìjiè zhèngzài miànlín lìshǐ de ˇzhuǎnzhédiǎn[zhuǎnlièdiǎn](世界正在面临历史的 ˇ转折点[转捩点]). ¶失敗を~として新しい生活に踏み出した yǐ shībài wéi zhuǎnjī tàshànqle xīn shēnghuó de dàolù(以失败为转机踏上了新生活的道路).

てんぎ【転義】 zhuǎnyì(转义), yǐnshēnyì(引伸义).

でんき【伝奇】 chuánqí(传奇). ¶~文学 chuánqí wénxué(传奇文学).

でんき【伝記】 chuánjì(传记). ¶リンカーンの~を読む dú Línkěn de zhuànjì(读林肯的传记).

でんき【電気】 diàn(电), diànqì(电气); [電灯] diàndēng(电灯). ¶この機械は~で動く zhè jīqì kào diànlì yùnzhuǎn(这机器靠电力运转). ¶化学繊維は静~が起きやすい huàxué xiānwéi róngyì chǎnshēng jìngdiàn(化学纤维容易产生静电). ¶このあたりはまだ~が来ていない zhè yídài hái méiyǒu diàndēng(这一带还没有

電灯). ¶~をつける[消す] kāi[guān] diàndēng(开[关]电灯). ¶~がついた[消えた] diàndēng ˇliàng[miè] le(电灯ˇ亮[灭]了).

¶~アイロン diànyùndǒu(电熨斗). ~椅子 diànyǐ(电椅). ~回路 diànlù(电路). ~かみそり diàndòng tìxūdāo(电动剃须刀). ~機関車 diànqì jīchē(电气机车)/ diànlì jīchē(电力机车). ~атрибут diànqì(电器). ~工学 diàngōngxué(电工学). ~コンロ diànzào(电灶)/ diànlú(电炉). ~炊飯器 diànfàn ˇguō[bāo](电饭ˇ锅[煲]). ~スタンド táidēng(台灯)/ zhuōdēng(桌灯). ~ストーブ jiāyòng diànlú(家用电炉). ~洗濯機 xǐyījī(洗衣机). ~掃除機 xīchénqì(吸尘器). ~抵抗 diànzǔ(电阻). ~伝導 dǎodiàn(导电). ~時計 diànzhōng(电钟). ~分解 diànjiě(电解). ~鍍金(ﾒｯｷ) diàndù(电镀). ~溶接 diànhú hànjiē(电弧焊接)/ diànhàn(电焊). ~冷蔵庫 diànbīngxiāng(电冰箱). ~炉 diànlú(电炉).

テンキー shùzìjiàn(数字键).

てんきゅう【天球】 tiānqiú(天球). ¶~儀 tiānqiúyí(天球仪).

でんきゅう【電球】 dēngpào[r](灯泡[儿]), dēngpàozi(灯泡子), diàndēngpào[r](电灯泡[儿]), pàozi(泡子). ¶~が切れた dēngsī shāo le(灯丝烧了).

てんきょ【典拠】 diǎnjù(典据). ¶~を示す chūshì diǎnjù(出示典据).

てんきょ【転居】 qiānjū(迁居), yíjū(移居). ¶今般下記の住所に~しました xiàn qiānjū zhì xiàjì dìzhǐ(现迁居至下记地址). ¶~先 qiānrù dìzhǐ(迁入地址).

てんぎょう【転業】 zhuǎnháng(转行), zhuǎnyè(转业), gǎiháng(改行), gǎiyè(改业). ¶花屋が喫茶店に~した huāpù gǎi kāi kāfēiguǎn(花铺改开咖啡馆). ¶新聞記者から教師に~した yóu xīnwén jìzhě gǎiháng wéi jiàoshī(由新闻记者改行为教师).

でんきょく【電極】 diànjí(电极).

てんきん【転勤】 ¶名古屋支社に~が決った juédìng ˇdiào[dào Míngˇgǔwū fēngōngsī(决定ˇ调[调职]到名古屋分公司).

てんぐ【天狗】 〖説明〗脸红鼻高、神通广大、能自由飞翔、栖息在深山老林的一种想像中的妖怪. ¶彼は釣リ~だ zìgāo diàoyú jìshù lǎozi tiānxià dìyī(自高钓鱼技术老子天下第一). ¶彼女は今度の試験で1番になったものだから少し~になっている tā zhè cì kǎo dìyī yǒudiǎn qiào wěiba le(她这次考第一有点儿翘尾巴了).

てんぐさ【天草】 shíhuācài(石花菜).

デングねつ【デング熱】 dēnggérè(登革热), duànggǔrè(断骨热); dēnggé chūxuèrè(登革出血热).

でんぐりかえし【でんぐり返し】 gǔnfān(滚翻), gēntou(跟头), jīndǒu(筋斗・斤斗). ¶~をする fān gēntou(翻跟头).

てんけい【典型】 diǎnxíng(典型). ¶彼の描いた人物はフランスブルジョアジーの~だ tā suǒ miáoxiě de rénwù shì Fǎguó zīchǎnjiējí de diǎnxíng(他所描写的人物是法国资产阶级的典型). ¶彼は~的なイギリス紳士だ tā shì diǎnxíng de Yīngguó shēnshì(他是典型的英国绅士).

てんけい【点景】 diǎnjǐng(点景). ¶田園風景の~に小牛を1頭描く wèi tiányuán fēngjǐng diǎnjǐng huà yì tóu xiǎoniú(为田园风景点景画一头小牛)/ diǎn yǐ xiǎoniú wéi tiányuán diǎnjǐng(点以小牛为田园点景).

でんげき【電撃】 shǎnjī(闪击). ¶~治療を施す shī diànxiūkè zhìliáo(施电休克治疗). ¶2人に~的に結婚を発表した tā liǎ shǎndiànshì de xuānbùle hūnyuē(他俩闪电式地宣布了婚约).

¶~作戦 shǎnjīzhàn(闪击战)/ shǎndiànzhàn(闪电战).

てんけん【天険】 tiānxiǎn(天险). ¶~に拠って敵を迎え撃つ jù tiānxiǎn yíngjī lái dí(据天险迎击来敌).

てんけん【点検】 jiǎndiǎn(检点), chádiǎn(查点), qīngdiǎn(清点), diǎnyàn(点验), jiǎnyàn(检验). ¶人員の~をする chádiǎn rénshù(查点人数). ¶就寝前に火の元を~する jiùqǐn qián jiǎndiǎn yònghuǒchù(就寝前检点用火处).

でんげん【電源】 **1** diànyuán(电源). ¶コードを~につなぐ bǎ ruǎnxiàn jiēzài diànyuán shang(把软线接在电源上). ¶~を切る qiēduàn diànyuán(切断电源).

2〖発電所など〗¶~を開発する kāifā diànlì zīyuán(开发电力资源).

てんこ【点呼】 ¶~をとる diǎnmíng(点名).

てんこう【天候】 tiānhòu(天候), tiānshí(天时), tiānqì(天气). ¶このごろ~が不順だ jìnlái tiānqì fǎncháng(近来天气反常). ¶~の回復を待って下山する děng tiānqì huīfù zài xià shān(等天气恢复再下山).

てんこう【転向】 zhuǎnxiàng(转向). ¶教師から政治家に~する yóu jiàoshī biànwéi zhèngzhìjiā(由教师变为政治家). ¶彼は左翼から右翼に~した tā yóu zuǒyì zhuǎnxiàng yòuyì(他由左翼转向右翼).

てんこう【転校】 zhuǎnxué(转学). ¶2年生の時にB校に~した èr niánjí de shíhou zhuǎnxué dào B xiào(二年级的时候转学到B校).

でんこう【電光】 diànguāng(电光). ¶~石火の早業 shǎndiàn bān de miàojì(闪电般的妙技). ¶~ニュース diànguāng píngmù xīnwén kuàixùn(电光屏幕新闻快讯).

てんこく【篆刻】 zhuànkè(篆刻), zhìyìn(治印).

てんごく【天国】 tiānguó(天国), tiāntáng(天堂). ¶霊魂は~に召された línghún bèi zhàodào tiāntáng(灵魂被召到天堂). ¶ここは子供の~だ zhèlǐ shì háizimen de tiāntáng(这里是孩子们的天堂).

でんごん【伝言】 kǒuxìn[r](口信[儿]); chuányǔ(传语), chuánhuà(传话). ¶郷里の伯父から~を頼まれた jiāxiāng de bófù yào wǒ ˇshāo[dài] kǒuxìn(家乡的伯父要我ˇ捎[带]口信).

¶彼女によろしくと〜した wǒ tuō rén xiàng tā wènhǎo (我托人向她问好).

¶〜板 liúyánbǎn (留言板)/ liúyánpái (留言牌).

てんさい【天才】 tiāncái (天才). ¶彼はバイオリンの〜だ tā shì xiǎotíqín de tiāncái (他是小提琴的天才). ¶彼は数学に〜を発揮した tā zài shùxuéshang tiānbǐng qícái (他在数学上发挥了天禀奇才).

¶〜教育 tiāncái jiàoyù (天才教育).

てんさい【天災】 tiānzāi (天灾). ¶〜にあう zāoshòu tiānzāi (遭受天灾). ¶〜と思ってあきらめた jiù dàng shì tiānzāi, wǒ sǐxīn le (就当是天灾,我死心了). ¶〜は忘れたころにやってきた tiānzāi dāng rénmen jiāng wàngle de shíhou jiù huì láilín (天灾当人们将忘了的时候就会来临).

てんさい【甜菜】 tiáncài (甜菜·菾菜), tángluóbo (糖萝卜). ¶〜糖 tiáncàitáng (甜菜糖).

てんさい【転載】 zhuǎnzǎi (转载), zhuǎndēng (转登). ¶この論文は雑誌《世界》から〜した zhè piān lùnwén shì yóu 《Shìjiè》 zázhì zhuǎnzǎi de (这篇论文是由《世界》杂志转载的). ¶無断で〜を禁ずる jìnzhǐ shànzì zhuǎnzǎi (禁止擅自转载).

てんざい【点在】 ¶S島は瀬戸内海に〜する島の一つです S dǎo shì sànbù zài Làihùnèihǎi de xiǎodǎo zhī yī (S岛是散布在濑户内海的小岛之一).

てんさく【添削】 shāngǎi (删改), xiūgǎi (修改), pīgǎi (批改), pínggǎi (评改), diǎnzuò (点窜). ¶生徒の作文を〜する pīgǎi xuéshēng de zuòwén (批改学生的作文). ¶詩の〜を乞う jìng qǐng fūzhèng bǔshī (敬请斧正卜诗).

てんさんぶつ【天産物】 tiānchǎn (天产), tiānrán chǎnwù (天然产物).

てんし【天使】 tiānshǐ (天使), ānqí'ér (安琪儿).

てんじ【点字】 mángzì (盲字), mángwén (盲文), diǎnzì (点字). ¶〜を読む dú mángwén (读盲文).

てんじ【展示】 zhǎnlǎn (展览), chénliè (陈列). ¶電気器具の見本を〜する zhǎnlǎn diànqì qìjù de yàngpǐn (展览电气器具的样品).

¶〜会 zhǎnlǎnhuì (展览会)/ zhǎnpǐn (展品). 〜品 zhǎnpǐn (展品)/ chénlièpǐn (陈列品).

でんし【電子】 diànzǐ (电子). ¶〜オルガン diànzǐqín (电子琴). 〜音楽 diànzǐ yīnyuè (电子音乐). 〜計算機 diànzǐ jìsuànjī (电子计算机). 〜顕微鏡 diànzǐ xiǎnwēijìng (电子显微镜). 〜工学 diànzǐxué (电子学).

でんじ【電磁】 diàncí (电磁). ¶〜気 diàncí (电磁). 〜波 diàncíbō (电磁波). 〜場 diàncíchǎng (电磁场). 〜誘導 diàncí gǎnyìng (电磁感应).

てんじく【天竺】 Tiānzhú (天竺). ¶〜葵 tiānzhúkúi (天竺葵)/ yángxiùqiú (洋绣球). 〜ねずみ tiānzhúshǔ (天竺鼠)/ túnshǔ (豚鼠)/ hélánzhū (荷兰猪).

でんじしゃく【電磁石】 diàncítiě (电磁铁).

てんしゃ【転写】 chāoxiě (抄写), téngxiě (誊写). ¶原本を〜する chāoxiě yuánběn (抄写原本).

でんしゃ【電車】 diànchē (电车). ¶〜に乗る zuò diànchē (坐电车).

¶〜賃 diànchēfèi (电车费). 路面〜 yǒuguǐ diànchē (有轨电车).

てんしゅ【天主】 tiānzhǔ (天主). ¶〜教 Tiānzhǔjiào (天主教).

てんしゅ【店主】 diàndōng (店东), diànjiā (店家), lǎobǎn (老板), zhǎngguì (掌柜).

てんじゅ【天寿】 tiānshòu (天寿), tiānnián (天年), tiānmìng (天命). ¶父は〜を全うした fùqin "zhōng qí tiānnián [shòu zhōng zhèng qǐn] (父亲˝终其天年[寿终正寝]).

でんじゅ【伝授】 chuánshòu (传授). ¶秘方を〜する chuánshòu mìfāng (传授秘方).

てんしゅかく【天守閣】 liàowànglóu (瞭望楼).

てんしゅつ【転出】 1〔転居〕 ¶この半年間に10世帯が他の地区に〜した zhè bànniányǒu shí hù zǔchū [diǎodòng] dào Dàbǎn fēndiàn (奉命调[调动]到大阪分店).

2〔転任〕¶大阪の支店に〜するよう命ぜられた fèngmìng diào [diàodòng] dào Dàbǎn fēndiàn (奉命调[调动]到大阪分店).

てんしょ【添書】 ¶〜をつけて果物を届けさせる fù yì fēng xìn chāi rén bǎ shuǐguǒ sòngqu (附一封信差人把水果送去). ¶〜を持ってA氏を訪問する názhe jièshàoxìn bàifǎng A xiānsheng (拿着介绍信拜访A先生).

てんしょ【篆書】 zhuànshū (篆书), zhuàntǐ (篆体).

てんじょう【天井】 1 dǐngpéng (顶棚), tiānpéng (天棚), tiānhuābǎn (天花板). ¶〜の高い部屋 tiānpéng [jǔjià] gāo de wūzi (天棚[举架]高的屋子). ¶〜裏で鼠が騒いでいる hàozi zài dǐngpéng shang nàoteng (耗子在顶棚上闹腾).

¶〜板 tiānhuābǎn (天花板)/ chéngchén (承尘). 〜クレーン tiānchē (天车)/ hángchē (行车).

2〔最高値〕jídiǎn (极点), dǐngdiǎn (顶点). ¶繊維株もどうやら〜だ xiānwéi gǔpiào kànlái zhǎngdàotóur le (纤维股票看来涨到头儿了). 物価が〜知らずに上がる wùjià háo wú zhǐjìng de bàozhǎng (物价毫无止境地暴涨).

でんしょう【伝承】 ¶この地域に昔から〜されている物語 zhège dìfang zì gǔ xiāngchuán de gùshì (这个地方自古相传的故事).

¶〜文学 kǒutóu wénxué (口头文学). 民間〜 mínjiān chuánshuō (民间传说).

てんじょういん【添乗員】 péitóng (陪同).

てんしょく【天職】 tiānzhí (天职). ¶幼児教育を〜として一生をささげた yǐ yòu'ér jiàoyù wéi tiānzhí xiànchūle zìjǐ de yīshēng (以幼儿教育为天职献出了自己的一生).

てんしょく【転職】 zhuǎnyè (转业), gǎiháng (改行), zhuǎnháng (转行), tiàocáo (跳槽), tiàoháng (跳行). ¶裁判官から弁護士に〜する yóu shěnpànyuán gǎiháng wéi lǜshī (由审判员改行为律师).

でんしょばと【伝書鳩】 xìngē(信鸽), tōngxìngē(通信鸽), chuánshūgē(传书鸽).

てんしん【転身】 ¶彼は何度も～を計ったがうまくいかない tā céng jǐ cì tiàocáo dōu méi qǔdé chénggōng(他曾几次跳槽都没取得成功).

でんしん【電信】 diànxìn(电信). ¶～が不通になった diànxìn bù tōng le(电信不通了).
¶～為替 diànhuì(电汇). ～機 diànxìnjī(电信机)/ tōngxùnjī(通讯机). ～柱 diànxiànggān(电线杆)/ diànxiàn gānzi(电线杆子)/ gāntǎ(杆塔). ～符号 diànmǎ(电码). 無線～ wúxiàndiàn(无线电).

てんしんらんまん【天真爛漫】 tiānzhēn-lànmàn(天真烂漫). ¶子供は～でいいね xiǎoháizi tiānzhēn-lànmàn duō hǎo(小孩子天真烂漫多好).

てんすい【天水】 yǔshuǐ(雨水). ¶～桶 tàipíng shuǐtǒng(太平水桶).

てんすう【点数】 **1**〔評点〕fēn[r](分[儿]), fēnshù(分数). ¶よい～を取る ná[qǔdé]gāo fēnshù(拿[取得]高分数). ¶～をつける pàn[píng]fēnshù(判[评]分数). ¶今度のことで彼は～を稼いだ yóuyú zhè jiàn shì, tā de shēnjià tígāo le(由于这件事,他的身价提高了).
¶～を稼ぐに汲汲とする jíjíyú tǎohǎo màiguāi(汲汲于讨好卖乖).
2〔品数〕jiànshù(件数). ¶今度の展示会は出品～が多い zhè cì zhǎnlǎnhuì zhǎnpǐn jiànshù hěn duō(这次展览会展品件数很多).

てん・ずる【転ずる】 zhuǎn(转), zhuǎnhuàn(转换), zhuǎnyí(转移). ¶針路を南西に～ずる bǎ hángxiàng zhuǎnwéi xīnán(把航向转为西南). ¶河はここで西へ方向を～ずる hé zài zhèli zhuǎnxiàng wǎng xī liú(河在这里转向往西流). ¶情勢はよい方向に～じた xíngshì hǎozhuǎn le(形势好转了). ¶目を他に～ずる bǎ shìxiàn xiàng bié de fāngxiàng(把视线转向别的方向). ¶話題を～ずる zhuǎnhuàn huàtí(转换话题).

てんせい【天性】 tiānxìng(天性), tiānshēng(天生), bǐngxìng(禀性). ¶彼女は～正直だ tā shēnglái lǎoshí(她生来老实). ¶彼は～の詩人である tā shì tiānshēng de shīrén(他是天生的诗人). ¶習慣は第二の～である xíguàn wéi dì'èr tiānxìng(习惯为第二天性).

てんせい【展性】 zhǎnxìng(展性). ¶金(₈)は～に富む jīn fùyǒu zhǎnxìng(金富有展性).

でんせいかん【伝声管】 chuánhuàguǎn(传话管).

てんせき【典籍】 diǎnjí(典籍).

てんせき【転籍】 ¶本籍を現住所に～した bǎ hùjí qiānyí dào xiànzài de dìzhǐ(把户籍迁移到现在的地址).

でんせつ【伝説】 chuánshuō(传说). ¶七夕にまつわる～を採集する cǎijí yǒuguān Qīxī de chuánshuō(采集有关七夕的传说). ¶～によればこの池の主は白蛇だそうだ jù chuánshuō zhège chítáng zhī zhǔ shì báishé(据传说这个池塘之主是白蛇).

てんせん【点線】 diǎnxiàn(点线), xūxiàn(虚线). ¶～の所で折り曲げる zài diǎnxiànchù zhé(在点线处折).

てんせん【転戦】 zhuǎnzhàn(转战). ¶各地を～する zhuǎnzhàn nánběi(转战南北)/ nán zhēng běi fá(南征北伐).

でんせん【伝染】 chuánrǎn(传染), chuánbō(传播). ¶ペストは町中に～した shǔyì mànyán quánshì(鼠疫蔓延全市). ¶この病気は～しません zhè bìng bù chuánrǎn(这病不传染). ¶流行性感冒の～を予防する yùfáng liúgǎn de chuánrǎn(预防流感的传染). ¶コレラの～経路を調べる diàochá huòluàn chuánbō tújìng(调查霍乱传播途径).
¶～病 chuánrǎnbìng(传染病). 空気～ kōngqì chuánrǎn(空气传染). 接触～ jiēchù chuánbō(接触传播). 法定～ fǎdìng chuánrǎnbìng(法定传染病).

でんせん【電線】 diànxiàn(电线). ¶～を引く jiàshè diànxiàn(架设电线).
¶海底～ hǎidǐ diànlǎn(海底电缆).

てんそう【転送】 zhuǎnjì(转寄). ¶郵便を弟のアパートに～してやる bǎ xìn zhuǎnjì dào dìdi de gōngyù(把信转寄到弟弟的公寓).

でんそう【伝送】 chuánzhēn(传真). ¶写真を～する yòng chuánzhēn diànbào fāsòng zhàopiàn(用传真电报发送照片).
¶～写真 chuánzhēn zhàopiàn(传真照片).

てんぞく【転属】 ¶9月から調査室に～した cóng jiǔyuè qǐ diàodào diàocháshì(从九月起调到调查室).

てんたい【天体】 tiāntǐ(天体), xīngtǐ(星体), xīngqiú(星球). ¶～観測 tiāntǐ guāncè(天体观测). ～望遠鏡 tiānwén wàngyuǎnjìng(天文望远镜).

でんたく【電卓】 táishì jìsuànqì(台式计算器).

でんたつ【伝達】 chuándá(传达). ¶文書で命令を～する yòng wénjiàn chuándá mìnglìng(用文件传达命令).
¶～事項 chuándá shìxiàng(传达事项).

デンタルフロス jiéyáxiàn(洁牙线).

てんたん【恬淡】 tiándàn(恬淡). ¶彼は俗事に～としている tā duì shìsú zhī shì tiándàn wúwéi(他对世俗之事恬淡无为).

てんち【天地】 **1** tiāndì(天地). ¶このようなことは～開闢(ᵏᵃⁱᵇʸᵃᵏᵘ)以来なかった zhè zhǒng shì kāitiān-pìdì yǐlái wèicéng yǒuguo(这种事开天辟地以来未曾有过). ¶～がひっくりかえるような大音響 yóurú 'tiānbēng dìliè[hàntiān dòngdì] shìde dà xiǎngshēng(犹如'天崩地裂[撼天动地]'似的大响声). ¶両者の間には～の差がある liǎngzhě zhī jiān yǒu 'tiānrǎng[tiānyuān/xiāorǎng]' zhī bié(两者之间有'天壤[天渊/霄壤]'之别). ¶～神明に誓う xiàng tiānshén dìqǐ fāshì(向天神地祇发誓). ¶新～を開く kāipì xīntiāndì(开辟新天地).
2〔上下〕¶～が逆になる shàngxià dàozhì(上下倒置). ¶ページの～をもう少しあける bǎ tiāndìtóu zài fàngdà xiē(把天地头再放大些).
¶～無用 qiè wù dàozhì(切勿倒置).

てんち【転地】 yìdì(易地). ¶療養のために～す

る wèile liáoyǎng huàn dìfang(为了疗养换地方).¶~療養 yìdì liáoyǎng(易地疗养).

でんち【田地】 ¶~田畑を売り払う màidiào suǒyǒu de tiándì(卖掉所有的田地).

でんち【電池】 diànchí(电池).¶~がなくなった diànchí méi diàn le(电池没电了).

てんちゅう【天誅】 ¶~を加える tì tiān xíng fá(替天行罚).

でんちゅう【電柱】 diànxiàngān(电线杆),diànxiàn gānzi(电线杆子),gāntǎ(杆塔).

てんちょう【天頂】 tiāndǐng(天顶).¶~儀 tiāndǐngyí(天顶仪).~距離 tiāndǐngjù(天顶距).

てんちょう【転調】 zhuǎndiào(转调),biàndiào(变调),yídiào(移调).

てんで jiǎnzhí(简直),gēnběn(根本),yàgēnr(压根ル).¶彼の言うことは~信じる気にならない tā shuō de jiǎnzhí nányǐ zhìxìn(他说的简直难以置信).¶子供のことなんか~頭にない háizi de shìr quánrán bú zài nǎozili(孩子的事ル全然不在脑子里).

てんてき【天敵】 tiāndí(天敌).

てんてき【点滴】 **1**〔しずく〕 diǎndī(点滴).¶~石をうがつ shuǐ dī shí chuān(水滴石穿)/ dī shuǐ chuān shí(滴水穿石).

2〔注射〕 shūyè(输液),bǔyè(补液).¶~を打つ dǎ diǎndī(打点滴).¶葡萄糖を~する dīzhù pútaotáng róngyè(滴注葡萄糖溶液).

てんてこまい【手手古舞】 ¶注文が殺到して~の忙しさ dìngdān fēnzhì·tàlái mángde tuántuánzhuàn(订货纷至沓来忙得团团转).¶急の来客で~させられた tūrán láile kèrén jiào rén shǒumáng·jiǎoluàn(突然来了客人叫人手忙脚乱).

てんてつき【転轍機】 zhuǎnzhéqì(转辙器),dàochà(道岔).

てんでに dàole shíjiān dàjiā dōu gèzì huíjiā le(到了时间大家都各自回家了).¶~勝手なことをする gè suí zì yuàn yào gàn shénme jiù gàn shénme(各随己愿要干什么就干什么).

てんてん【点点】 **1**〔あちこち〕 ¶民家の灯が~とともっている mínjiā de dēnghuǒ xīngxīng-diǎndiǎn shǎnshuòzhe(民房的灯火星星点点闪烁着).

2〔ぽたぽた〕 ¶血が~と床の上に滴っている xiě bānbān-diǎndiǎn de dīzài dìbǎn shang(血斑斑点点地滴在地板上)/ dìbǎn shang xuèjì bānbān(地板上血迹斑斑).

てんてん【転転】 ¶職業を変える zuǒ yí ge yòu yí ge biànhuàn zhíyè(左一个右一个变换职业).¶この絵は愛好家の間を~とした zhè fú huà céng zài àihàozhě zhī jiān zhuǎnláizhuǎnqu(这幅画曾在爱好者之间转来转去).¶球は~としてフェンスに達した qiú yí bèng yí tiào de gǔndào zhàlanbiānr(球一蹦一跳地滚到栅栏边ル).

てんてんはんそく【輾転反側】 zhǎnzhuǎn fǎncè(辗转反侧).¶思い悩んで明け方まで~した xīnshì nǎorén, zhǎnzhuǎn fǎncè zhí zhì tiānliàng(心事恼人,辗转反侧直至天亮).

でんでんむし【でんでん虫】 wōniú(蜗牛),shuǐniúr(水牛ル).

テント zhàngpeng(帐篷),zhàngmù(帐幕).¶~を張る dā zhàngpeng(搭帐篷).

てんとう【店頭】 ¶季節の果物を~に並べる bǎ yìngshí de shuǐguǒ bǎizài pùmiàn shang(把应时的水果摆在铺面上).¶~取引 guìtái jiāoyì(柜台交易).~販売 bǎizài diànqián língshòu(摆在店前零售).

てんとう【点灯】 diǎn dēng(点灯).

てんとう【転倒】 shuāidǎo(摔倒),diēdǎo(跌倒),zāidǎo(栽倒),zāigēntou(栽跟头).¶足を滑らせてあおむけに~した huále yì jiǎo shuāile ge yǎngmiàn cháotiān(滑了一跤摔了个仰面朝天).¶それでは本末~だ nà jiù běnmò-dàozhì le(那就本末倒置了).¶気も~せんばかりに驚いた jiǎnzhí bǎ wǒ xiàde hún bú fù tǐ(简直把我吓得魂不附体).

でんとう【伝統】 chuántǒng(传统).¶民主主義の~を守る zūnshǒu mínzhǔzhǔyì chuántǒng(遵守民主主义传统).¶~を重んずる zhòngshì chuántǒng(重视传统).¶100 年の~を誇る学校 yǐ yìbǎi nián de chuántǒng ér zìháo de xuéxiào(以一百年的传统而自豪的学校).

¶~芸術 chuántǒng yìshù(传统艺术).~芸能 chuántǒng qǔyì(传统曲艺).~工芸 chuántǒng gōngyì(传统工艺).~文化 chuántǒng wénhuà(传统文化).

でんとう【電灯】 diàndēng(电灯).¶~をつける[消す] kāi[guān] diàndēng(开[关]电灯).¶この~は暗い zhè diàndēng bú liàng(这电灯不亮).¶~が消えた diàndēng miè le(电灯灭了).

でんどう【伝道】 chuándào(传道),chuánjiào(传教),bùdào(布道).¶キリスト教を~する chuánbō Jīdūjiào(传播基督教).

¶~師 chuánjiàoshī(传教士).

でんどう【伝導】 chuándǎo(传导).¶金属は熱をよく通す jīnshǔ róngyì dǎorè(金属容易导热).

¶~体 dǎotǐ(导体).熱~ rèchuándǎo(热传导)/ dǎorè(导热).電気~ dǎodiàn(导电).

でんどう【殿堂】 diàntáng(殿堂);diànyǔ(殿宇).¶白亜の~ èbì diàntáng(垩壁殿堂).¶学問の~ xuéfǔ(学府).

でんどう【電動】 diàndòng(电动).¶このおもちゃは~式になっている zhège wánjù shì diàndòngshì de(这个玩具是电动式的).

¶~機 diàndòngjī(电动机)/ mǎdá(马达).電ぐるま diàngǔnzi(电滚子).

てんどうせつ【天動説】 dìxīnshuō(地心说),dìqiú zhōngxīnshuō(地球中心说),tiāndòngshuō(天动说),dìjìngshuō(地静说).

てんとうむし【天道虫】 piáochóng(瓢虫).

てんとして【恬として】 ¶彼は~恥じない tā tián bù zhī chǐ(他恬不知耻).

てんとりむし【点取り虫】 ¶あいつは~だ tā shì

てんにゅう【転入】 ¶札幌から仙台に~する cóng Zháhuǎng qiānyí dào Xiāntái (从札幌迁移到仙台). ¶クラスに4人~してきた yǒu sì ge rén chādào wǒ bān le (有四个人插到我班了).

てんにょ【天女】 tiānnǚ (天女), tiānxiān (天仙).

てんにん【天人】 tiānrén (天人), tiānxiān (天仙).

てんにん【転任】 diàorèn (调任), diàozhí (调职). ¶福岡支社営業部に~することになった juédìng diàorèn dào Fúgāng fēngōngsī yíngyèbù (决定调任到福冈分公司营业部).

でんねつ【電熱】 diànrè (电热). ¶~器 diànrèqì (电热器).

てんねん【天然】 tiānrán (天然). ¶~の良港 tiānrán liánggǎng (天然良港)/ tiānzào-dìshè de liánggǎng (天造地设的良港). ¶~の美 tiānrán zhī měi (天然之美).

¶~果汁 zìrán guǒzhī (自然果汁). ~ガス tiānránqì (天然气). ~記念物 tiānrán jìniànwù (天然纪念物). ~資源 tiānrán zīyuán (天然资源). 色映画 cǎisèpiàn (彩色片), wǔcǎi diànyǐng (五彩电影)/ cǎisè yǐngpiàn (彩色影片).

てんねんとう【天然痘】 tiānhuā (天花), dòu (痘), dòuchuāng (痘疮), huā (花).

てんのう【天皇】 tiānhuáng (天皇). ¶~制 tiānhuángzhì (天皇制).

でんのう【電脳】 diànnǎo (电脑).

てんのうざん【天王山】 ¶この勝負が~だ zhè chǎng bǐsài shì juédìng shèngfù de guānjiàn (这场比赛是决定胜负的关键).

てんのうせい【天王星】 tiānwángxīng (天王星).

てんば【天馬】 tiānmǎ (天马). ¶~空(くう)を行く tiānmǎ xíng kōng (天马行空).

でんば【電場】 diànchǎng (电场).

でんぱ【伝播】 chuánbō (传播). ¶波動の~ bōdòng de chuánbō (波动的传播). ¶瞬く間にその風評は~した nàge fēngshēng yíxiàzi jiù sànbōkāi le (那个风声一下子就散播开了).

でんぱ【電波】 diànbō (电波), diàncíbō (电磁波). ¶~探知器 léidá (雷达). ~妨害 diànbō gānrǎo (电波干扰). ~望遠鏡 shèdiàn wàngyuǎnjìng (射电望远镜). ~天体 shèdiànyuán (射电源).

てんばい【転売】 zhuǎnmài (转卖), zhuǎnshòu (转售). ¶土地を~する zhuǎnmài dìpí (转卖地皮).

てんばつ【天罰】 tiānfá (天罚). ¶~覿面(てきめん) tiānfá bàoyìng (天罚报应).

てんび【天日】 ¶椎茸を~に当てて干す shàigān xiānggū (晒干香菇).

てんび【天火】 kǎolú (烤炉), kǎoxiāng (烤箱).

てんびき【天引】 ¶会費は給料から~される huìfèi zhíjiē cóng xīnshui kòuchú (会费直接从薪水扣除). ¶利子を~で貸す xiān kòu lìxī dàikuǎn (先扣利息贷款).

てんびょう【点描】 ¶時の人を~する jiǎnjiè xīnwén rénwù (简介新闻人物).

でんぴょう【伝票】 dānjù (单据), chuánpiào (传票), fādān (发单), fāpiào (发票). ¶~を切る kāi chuánpiào (开传票).

¶出金~ fùkuǎn dānjù (付款单据)/ fùchū chuánpiào (付出传票). 入金~ shōukuǎn dānjù (收款单据)/ shōurù chuánpiào (收入传票).

てんびん【天秤】 1〔はかり〕 tiānpíng (天平). ¶どちらの会社に就職するか~にかける quánhéng qí lìbì juédìng zài nǎ yí ge gōngsī jiùyè (权衡其利弊决定在哪一个公司就业). ¶~座 tiānchèngzuò (天秤座).

2〔天秤棒〕 biǎndan (扁担). ¶~を肩に担ぐ dān[tiāo] dànzi (担[挑]担子).

てんぷ【天賦】 tiānfù (天赋). ¶~の才 tiānfù zhī cái (天赋之才).

てんぷ【添付】 fùjiā (附加), fùshàng (附上). ¶本文に図表を~する zài běnwén shang fùshàng túbiǎo (在本文上附上图表).

てんぷ【貼付】 tiē (贴). ¶学生証には写真を~のこと xuéshengzhèng shang wùxū tiē zhàopiàn (学生证上务须贴照片).

でんぶ【田麩】 yúròusōng (鱼肉松).

でんぶ【臀部】 túnbù (臀部).

てんぷく【転覆】 1〔乗物などの〕 fān (翻), fānfù (翻覆), diānfù (颠覆). ¶列車が脱線~した lièchē tuōguǐ fān chē le (列车脱轨翻车了). ¶ボートは大波を受けて~した zāodào dàlàng xiǎochuán fān le (遭到大浪小船翻了).

2〔政府などの〕 diānfù (颠覆), qīngfù (倾覆), tuīfān (推翻). ¶政府の~を企てる qǐtú diānfù zhèngfǔ (企图颠覆政府).

テンプラ【天麩羅】 tiānfùluó (天麸罗). ¶海老の~ ruǎnzháxiā (软炸虾).

てんぶん【天分】 tiānfèn (天分), tiānzī (天资), tiānfù (天赋). ¶彼は絵にすぐれた~を持っている tā zài huìhuàshang jùyǒu guòrén de tiānfèn (他在绘画上具有过人的天分). ¶子供たちの~を伸ばす教育 fāzhǎn háizi cáinéng de jiàoyù (发展孩子才能的教育). ¶~豊かな詩人 fùyǒu tiānfù de shīrén (富有天赋的诗人).

でんぶん【伝聞】 chuánwén (传闻), fēngwén (风闻). ¶これは~にすぎないか zhè búguò shì chuánwén (这不过是传闻). ¶~するところによれば彼は中国に留学するとのことだ jùshuō tā qù Zhōngguó liúxué (据说他去中国留学).

¶~証拠 chuánwén zhèngjù (传闻证据).

でんぶん【電文】 diànwén (电文).

でんぷん【澱粉】 diànfěn (淀粉), xiǎofěn (小粉). ¶~質の食品 diànfěnzhì de shípǐn (淀粉质的食品).

テンペラ dàncǎihuà (蛋彩画).

てんぺん【転変】 ¶~常なし biànhuà wúcháng (变化无常)/ biànhuàn wúcháng (变幻无常).

てんぺんちい【天変地異】 tiān bēng dì liè (天崩地裂).

てんぽ【店舗】 diànpù (店铺).

テンポ sùdù (速度). ¶~の早い曲 sùdù kuài

de yuèqǔ(速度快的乐曲). ¶開発の〜が早い kāifā de sùdù kuài(开发的速度快).

てんぼう【展望】 zhǎnwàng(展望), liàowàng(瞭望), yáowàng(遥望), tiàowàng(眺望), píngtiào(凭眺). ¶山頂からは相模湾一帯の〜がきく cóng shāndǐng shang kěyǐ tiàowàng Xiāngmó Wān yídài(从山顶上可以眺望相模湾一带). ¶今年の文壇を〜する zhǎnwàng jīnnián de wéntán(展望今年的文坛).
¶〜車 liàowàngchē(瞭望车). 〜台 liàowàngtái(瞭望台).

でんぽう【電報】 diànbào(电报). ¶〜を打つ dǎ[pāi] diànbào(打[拍]电报).
¶〜用紙 diànbàozhǐ(电报纸). 至急〜 jiājí diànbào(加急电报)/ jídiàn(急电).

デンマーク Dānmài(丹麦).

てんまく【天幕】 →テント.

てんません【伝馬船】 shānbǎn(舢板), sānbǎn(三板).

てんまつ【顛末】 diānmò(颠末), shǐmò(始末), yuánwěi(原委), běnmò(本末). ¶事件の〜を語る xùshù shìjiàn de shǐmò(叙述事件的始末).

てんまど【天窓】 tiānchuāng[r](天窗[儿]).

てんめい【天命】 **1**【運命】tiānmìng(天命).
¶これも〜だとあきらめる zhǐhǎo ˇtīng tiān yóu mìng[rènmìng] le(只好ˇ听天由命[认命]了). ¶人事を尽くして〜を待つ jìn rénshì tīng tiānmìng(尽人事听天命).
2→てんじゅ.

てんめつ【点滅】 ¶ネオンサインが夜空に〜している níhóngdēng zài yèkōng hū liàng hū miè(霓虹灯在夜空忽亮忽灭). ¶懐中電灯を〜して合図をする yòng shǒudiàntǒng hū míng hū àn dǎchū xìnhào(用手电筒忽明忽暗打出信号).

てんめん【纏綿】 chánmián(缠绵). ¶情緒〜 qíngyì chánmián(情意缠绵).

てんもう【天網】 tiānwǎng(天网). ¶〜恢恢疎にして漏らさず tiānwǎng huīhuī, shū ér bú lòu(天网恢恢, 疏而不漏).

てんもん【天文】 tiānwén(天文). ¶損害額は〜学的数字に達する sǔnhài'é dá tiānwén shùzì(损害额达天文数字).
¶〜学 tiānwénxué(天文学). 〜台 tiānwéntái(天文台).

でんや【田野】 tiányě(田野).

てんやく【点訳】 ¶《野火》の〜をする bǎ《Yěhuǒ》fānyì chéng mángwén(把《野火》翻译成盲文).

てんやわんや ¶町中の〜の大騒ぎだった quánzhèn nàode tiānfān-dìfù(全镇闹得天翻地覆).

てんゆう【天佑】 tiānyòu(天佑).

てんふ【天与】 tiānfù(天赋), tiāncì(天赐), tiānshòu(天授). ¶〜の才能 tiānfù zhī cái(天赋之才).

てんよう【転用】 zhuǎnyòng(转用), yíyòng(移用), nuóyòng(挪用). ¶農地を宅地に〜する bǎ zhuāngjiàdì zhuǎnyòng wéi zhùzháidì(把庄稼地转用为住宅地).

でんらい【伝来】 chuánlai(传来). ¶仏教は百済(ᔆdi)から〜した Fójiào shì cóng Bǎijì chuánlai de(佛教是从百济传来的). ¶父祖〜の田畑 zǔbèi xiāngchuán de tiándì(祖辈相传的田地).

てんらく【転落】 **1**[ころがり落ちること] gǔnxià(滚下), shuāixià(摔下), diàoxià(掉下). ¶進行中の列車から〜する cóng xíngshǐ de lièchē shang shuāile xiàlái(从行驶的列车上摔下来). ¶岩場で〜死する cóng yánbì shang gǔnxialai shuāisǐ(从岩壁上滚下来摔死).
2[おちぶれること] lúnluò(沦落). ¶人の情けを乞う身に〜した lúnluò dào xiàng rén qǐlián(沦落到向人乞怜). ¶A球団は今シーズン最下位に〜した A qiúduì zhège sàijì zhōngwéi dào shǔ dìyī(A球队这个赛季降为倒数第一).

てんらん【展覧】 zhǎnlǎn(展览). ¶教室で生徒の作品を〜する zài jiàoshì lǐ zhǎnlǎn xuésheng de zuòpǐn(在教室里展览学生的作品).
¶〜会を開く jǔxíng zhǎnlǎnhuì(举行展览会).

でんり【電離】 diànlí(电离). ¶〜層 diànlícéng(电离层).

でんりゅう【電流】 diànliú(电流). ¶〜計 ānpéijì(安培计)/ diànliújì(电流计).

でんりょく【電力】 diànlì(电力); diàngōnglù(电功率). ¶〜を消費する xiāohào diànlì(消耗电力).
¶〜計 diànbiǎo(电表)/ wǎtè xiǎoshíjì(瓦特小时计).

でんれい【伝令】 chuánlìng(传令); chuánlìngbīng(传令兵). ¶〜を出す pài chuánlìngbīng(派传令兵).

でんわ【電話】 diànhuà(电话). ¶家に〜を引いた wǒ jiā ānshàngle diànhuà(我家安上了电话). ¶〜が鳴っている diànhuàlíng xiǎngzhe(电话铃响着). ¶鈴木さんに〜をかける gěi Língmù xiānsheng dǎ ge diànhuà(给铃木先生打个电话). ¶何回〜してもお話中だ dǎle hǎo jǐ cì diànhuà dōu zhànxiàn(打了好几次电话都占线). ¶〜を切る guà diànhuà(挂电话). ¶林さんが代って〜を受けてくれた Lǎo Lín tì wǒ jiēle diànhuà(老林替我接了电话).
¶会社に〜を下さい qǐng wǎng gōngsī gěi wǒ lái ge diànhuà(请往公司给我来个电话). ¶留守中に中村さんから〜がありました nǐ búzài shí Zhōngcūn xiānsheng láile diànhuà(你不在时中村先生来了电话). ¶〜が遠くて聞きとれない diànhuà shēngyīn tài ruò, tīng bu qīngchu(电话声音太弱, 听不清楚). ¶〜が混線している diànhuà chuànxiàn(电话串线). ¶どうしても〜がつうじない diànhuà zěnme yě dǎbutōng(电话怎么也打不通). ¶すぐに知らせてきた hěn kuài jiù dǎ diànhuà lái gàosule wǒ(很快就打电话来告诉了我). ¶田中さん、お〜ですよ Tiánzhōng xiānsheng, nín de diànhuà(田中先生, 您的电话). ¶社長に一口に出てもらって〜を ˇtīng[jiē] diànhuà(请总经理ˇ听[接]电话).
¶〜機 diànhuàjī(电话机). 〜局 diànhuàjú(电话局). 〜交換機 diànhuà jiāohuànjī(电话

交换机).～交换手 huàwùyuán (话务员)/ jiēxiànyuán (接线员).～帐 diànhuàbù (电话簿).～番号 diànhuà hàomǎ (电话号码).～ボックス diànhuàtíng (电话亭). 公衆～ gōngyòng diànhuà (公用电话). 国際～ guójì diànhuà (国际电话). 呼出～ chuánhū diànhuà (传呼电话). 留守番～ zìdòng lùyīn diànhuà (自动录音电话).

と

と【戸】 mén (门), ménshàn (门扇).¶～を開ける［閉める］ kāi[guān] mén (开[关]门).¶人の口に～は立てられない rén de zuǐ shì fēngbuzhù de (人的嘴是封不住的).

と【斗】〈日本の1斗は約18リットル, 中国の1斗は10リットル〉

と【途】 tú (途).¶訪英の～につく tàshàng fǎng Yīng zhī tú (踏上访英之途)/ qǐchéng fǎng Yīng (启程访英)/ shǒutú fù Yīng (首途赴英).

-と **1**［動作の相手, 比較の基準］ hé (和), yǔ (与), gēn (跟), tóng (同).¶子供～遊ぶ gēn háizi wánr (跟孩子玩儿).¶今日 3 時に人～会う約束になっている jīntiān sān diǎnzhōng hé rén yǒu yuēhuì (今天三点钟和人有约会).¶困難～闘う yǔ kùnnan zuò dòuzhēng (与困难作斗争).¶塩を米～交換する yòng yán hé dàmǐ jìnxíng jiāohuàn (用盐和大米进行交换).¶私もあなた～同じ意見だ wǒ gēn nǐ de yìjiàn yíyàng (我跟你的意见一样).¶昔～違って生活が便利になった gēn cóngqián bù yíyàng, shēnghuó fāngbiàn duō le (跟从前不一样, 生活方便多了).

2［列挙］ hé (和), yǔ (与), tóng (同).¶兄～妹 gēge hé mèimei (哥哥和妹妹).¶バナナ～りんご～苺を買った mǎile xiāngjiāo、píngguǒ hé cǎoméi (买了香蕉、苹果和草莓).¶それ～これ～は別問題だ zhège hé nàge shì liǎng mǎ shì (这个和那个是两码事).¶1 歳と 10 か月 yí suì líng shí ge yuè (一岁零十个月).

3［結果, 帰結］¶通算成績は 7 勝 5 敗～なった zǒng chéngjī wéi qī shèng wǔ fù (总成绩为七胜五负).¶日取りは来月 10 日～決定した rìqī dìngwéi xiàyuè shí hào (日期定为下月十号).¶雨は午後から雪～なった yǔ yóu xiàwǔ zhuǎnwéi xiàxuě le (雨由下午转为下雪了).

4［様子をあらわす］¶楽々～持ち上げる qīngqīng de jǔqǐ (轻轻地举起).¶とんとん～ドアをノックする dōngdōng de qiāo mén (咚咚地敲门).

5［思考・表現・動作などの内容］¶彼はきっと来る～思う wǒ xiǎng tā yídìng lái (我想他一定来).¶"がんばれ"～大声で叫ぶ dàshēng hǎn "jiāyóu!" (大声喊"加油!").¶8 時に着く～父から電話があった fùqin lái diànhuà shuō bā diǎnzhōng dào (父亲来电话说八点钟到).¶何だろう～箱を開けてみた kànkan lǐtou yǒu shénme bǎ hézi dǎkāi le (看看里头有什么把盒子打开了).¶長男を太郎～名付けた yǔ zhǎngzǐ mìngmíng wéi Tàiláng (与长子命名为太郎)/ gěi lǎodà qǐmíngr jiào Tàiláng (给老大起名儿叫太郎).

6［仮定, 条件］¶早く帰らない～母が心配する yàoshi bù zǎodiǎnr huíqu, mǔqin huì dānxīn (要是不早点儿回去, 母亲会担心).¶これを中国語に訳す～どうなるか rúguǒ bǎ zhège yìchéng Zhōngwén, huì zěnmeyàng? (如果把这个译成中文, 会怎么样?).¶その角を曲がる～橋がある guǎile nàge jiǎor jiù yǒu zuò qiáo (拐了那个角儿就有座桥).¶彼は怒る～青くなる tā yì shēngqì jiù fāqīng (他一生气就发青).¶春が来る～花が咲く yí dào chūntiān, huā jiù kāifàng (一到春天, 花就开放).¶授業が終る～すぐ家に帰った xiàle kè jiù huíjiā qù le (下了课就回家去了).

7［…ても］¶誰が何と言おう～私は決心を変えない bùguǎn shuí shuō shénme, wǒ de juéxīn shì búbiàn de (不管谁说什么, 我的决心是不变的).¶行こう～行くまい～俺の勝手だ qù bu qù yóu wǒ, shuí guǎndezháo (去不去由我, 谁管得着).

と【度】 **1**［角度, 経緯度, 温度などの単位］ dù (度).¶90 ～の角 jiǔshí dù jiǎo (九十度角).¶北京は北緯 40 ～にある Běijīng wèiyú běiwěi sìshí dù (北京位于北纬四十度).¶セ氏 0 ～はカ氏 32 ～に当る Shèshì líng dù wéi Huáshì sānshí'èr dù (摄氏零度为华氏三十二度).¶体温は 36 ～ 8 分に下がった tǐwēn jiàngdào sānshíliù dù bā fēn (体温降到三十六度八分).¶アルコール分 43 ～のウイスキー jiǔjīng sìshísān dù de wēishìjì (酒精四十三度的威士忌).

2［度合］¶彼は～の強い眼鏡を掛けている tā dàizhe dùshu hěn shēn de yǎnjìng (他戴着度数很深的眼镜).¶透明～によって品質を見分ける àn tòumíngdù lái biànbié zhìliàng (按透明度来辨别质量).¶彼等 2 人は急速に親密の～を増した tāmen liǎ hěn kuài qīnmì qǐlai (他们俩很快亲密起来).

3［回数］ cì (次), huí (回), biàn (遍).¶1, 2 ～行ったきりだ zhǐ qùguo yìliǎng 'huí[tàng] (只去过一两'回[趟]).¶2～3 ～繰り返してればできるでしょう chóngfù[liàn] liǎng、sān

biàn jiù huì zuò le ba(重复[练]两、三遍就会做了吧). ¶1～ならず2～も遅れた bú shì yí cì, jìng chídàole liǎng cì (不是一次,竟迟到了两次). ¶3～に1～はパン食にする sān dùn fàn li chī yí dùn miànbāo (三顿饭里吃一顿面包). ¶～を重ねるに従ってだんだん上手になる chóngfù duōcì jiànjiān jiù huì shúliàn de (重复多次渐渐就会熟练的).

4〖程合い、節度〗 ¶冗談も～を過すと嫌味になる kāi wánxiào kāiguòle tóu, jiù ràng rén yàn le (开玩笑开过了头,就让人讨厌了). ¶酒も～を過ごすと体によくない hē jiǔ guòdù [yǐnjiǔ guòliàng], duì shēntǐ bù hǎo (喝酒过度[饮酒过量],对身体不好). ¶彼の突然の出現に彼女は～を失した tā de tūrán chūxiàn shǐ tā jīnghuāng shīcuò (他的突然出现使她惊慌失措).

ドア mén (门), ménshàn (门扇). 回転～ huízhuǎnmén (回转门). 自動～ zìdòngmén (自动门).

どあい〖度合〗 chéngdù (程度). ¶あの仕事とこの仕事では緊張の～が違う zhè hé nà zhǒng gōngzuò jǐnzhāng chéngdù bù tóng (这和那种工作紧张程度不同).

とあみ〖投網〗 xuánwǎng (旋网). ¶～を打つ sǎ xuánwǎng (撒旋网).

とい〖問〗 **1**〖質問〗 ¶～を発する fāwèn (发问)/ tíwèn (提问).
2〖問題〗 tí (题). ¶次の～に答えなさい huídá xiàliè tí (回答下列题).

とい〖樋〗 jiǎn (笕), yángōu (檐沟), wūjiǎn (屋笕), shuǐluò (水落), shuǐliù (水溜). ¶～で谷川の水を引く yòng jiǎn yǐn xīshuǐ (用笕引溪水). ¶雨水が～を伝わって落ちる yǔshuǐ shùnzhe yángōu liúxiàlai (雨水顺着檐沟流下来).

といあわせ〖問合せ〗 ¶～の手紙を出す qù xìn dǎtīng (去信打听). ¶お～の件,調査の結果をお知らせします guì fāng suǒ xún yí shì, jīn yǐ diàochá, tè cǐ hán fù (贵方所询一事,今已调查,特此函复).

といあわ・せる〖問い合せる〗 dǎtīng (打听), xúnwèn (询问). ¶友人の安否を～せる dǎtīng péngyou de ānwēi (打听朋友的安危). ¶使用法を製造元に～せる xiàng chǎngjiā xúnwèn shǐyòngfǎ (向厂家询问使用法).

といえども〖と雖も〗 →いえども.

といかえ・す〖問い返す〗 **1**〖聞き直す〗 ¶よく聞き取れなかったので～した méi tīngqīngchu, yòu chóng wènle yí biàn (没听清楚,又重问了一遍).
2〖反問する〗 fǎnwèn (反问). ¶なぜそんなことをきくのかと彼に～した wǒ fǎnwèn tā wèishénme wèn zhè zhǒng shì (我反问他为什么问这种事).

といか・ける〖問い掛ける〗 ¶隣の人に～けられた pángbiān de rén xiàng wǒ dǎtīng (旁边儿的人向我打听).

といき〖吐息〗 tǔqì (吐气), sōngqì (松气). ¶彼はほっとして～をついた tā bùyóude sōngle yì kǒu qì (他不由得松了一口气).

といし〖砥石〗 módāoshí (磨刀石), dǐshí (砥石), lìshí (砺石). ¶～で包丁を研ぐ yòng módāoshí mó càidāo (用磨刀石磨菜刀).
¶～車 shālún[r] (砂轮[儿])/ mólún[r] (磨轮[儿]).

といた〖戸板〗 ménbǎn (门板).

といただ・す〖問い質す〗 zhuīwèn (追问), dīngwèn (叮问). ¶不審の点を～す zhuīwèn yíhuò zhī diǎn (追问疑惑之点).

どいつ ¶～だ,こんなことをしたのは nǎge xiǎozi gànchū zhè zhǒng shì lai de (哪个小子干出这种事来的). ¶～もこいつも木偶(?)の坊ばかりだ jìngshì xiē ˈfàntǒng[fèiwù] (净是些ˈ饭桶[废物]). ¶うまそうな菓子だな,～から食おうか kànlai diǎnxin hěn hǎochī, xiān chī nǎ yí ge ne? (看来点心很好吃,先吃哪一个呢?).

ドイツ Déguó (德国), Déyìzhì (德意志).

といつ・める〖問い詰める〗 zhuīwèn (追问), bīwèn (逼问), pánwèn (盘问), zhuībī (追逼), zhuījiū (追究), pánjiū (盘究). ¶いくら～めても泥を吐かぬ wúlùn zěnme zhuīwèn yě bù zhāogòng (无论怎么追问也不招供).

トイレット xǐshǒujiān (洗手间), cèsuǒ (厕所), biànsuǒ (便所). ¶～に立つ qù jiěshǒu (去解手).
¶～ペーパー wèishēngzhǐ (卫生纸)/ shǒuzhǐ (手纸).

と・う〖問う〗 **1**〖尋ねる〗 wèn (问). ¶安否を～う wèn qí ānwēi (问其安危). ¶議会を解散して民意を～う jiěsàn yìhuì zhēngxún mínyì (解散议会征询民意). ¶～うは一時の恥,～わぬは末代の恥 wèn wéi yìshí zhī xiū, bú wèn wéi yìshēng zhī chǐ (问为一时之羞,不问为一生之耻).
2〖問題にする〗 ¶年齢を～わず参加できる bú wèn niánlíng dàxiǎo jūn kě cānjiā (不问年龄大小均可参加). ¶事の成否は～わない bú wèn shì shì chéngbài (不问事之成败).
3〖追及する〗 ¶責任を～われて辞職した bèi zhuījiū zérèn cízhí le (被追究责任辞职了). ¶殺人罪に～われる bèi kòng fàn shārénzuì (被控犯杀人罪).

と・う〖訪う〗 fǎng (访). ¶名所旧跡を～う fǎng míngshèng gǔjì (访名胜古迹).

とう〖当〗 **1**〖当該の、この〗 ¶～の相手はけろっとしている nàge rén dàoshi mǎn bú zàihu (那个人倒是满不在乎). ¶～の本人が言ってるんだから間違いはない tā běnrén shuō de, bú huì yǒu cuò er (他本人说的,不会有错儿). ¶～の品は～店では取り扱っておりません nà zhǒng huò wǒ diàn bù jīngshòu (那种货我店不经售).
2〖妥当〗 ¶これは～を得た処置だ zhè shì hěn dédàng de cuòzhì (这是很得当的措置). ¶彼を責めるのは～を失した zébèi tā shì qiān tuǒdàng de (责备他是欠妥当的).

とう〖党〗 dǎng (党). ¶～を結成する jiàn dǎng (建党)/ dìzǎo dǎng (缔造党).
¶～規約 dǎngzhāng (党章). ～大会 dǎng dàhuì (党大会).

とう〖疾う〗 zǎoyǐ (早已), zǎojiù (早就). ¶それ

は〜の昔にけりがついている nà jiàn shì zǎoyǐ liǎojié le (那件事早已了结了). ¶ 私も〜から気がついていた wǒ yě zǎojiù juéchádào le (我也早就觉察到了). ¶ みんなは〜に知っていた dàjiā zǎo zhīdao le (大家早知道了).

とう【塔】 tǎ (塔).

とう【等】 1 [ひとしい] děng (等). ¶〜距離を保つ bǎochí děngjùlí (保持等距离).
2 [など] děng (等). 靴下、シャツ、セーター〜の衣料品 wàzi, chènyī, máoyī děng yīwù (袜子、衬衣、毛衣等衣物). 牛馬〜の家畜 niúmǎ děng shēngkou (牛马等牲口).
3 [等級] děng (等). ¶ 1〜から 3〜まで入賞 dìyīmíng dào dìsānmíng déjiǎng (第一名到第三名得奖). ¶ 後ろから数えて 1〜になった年 de gè dào shǔ dìyī (得了个倒数第一). ¶ 罪一〜を減ずる jiǎn zuì yì děng (减罪一等).
¶〜一星 yīděngxīng (一等星).

とう【糖】 táng (糖). ¶ 尿の中に〜が出ている fāxiàn niào li hán táng (发现尿里含糖). ¶ 麦芽〜 màiyátáng (麦芽糖).

とう【薹】 tái (薹). ¶〜が立って固くなった油菜 chōule tái biànlǎo de yóucài (抽了薹变老的油菜). ¶ あの娘もそろそろ〜が立ってきた nà gūniang miàolíng jiāngyào guòqu (那姑娘妙龄将要过去).

とう【藤】 téng (藤), xǐngténg (省藤). ¶〜椅子 téngyǐ (藤椅).

-とう【頭】 kǒu (口), tóu (头), pǐ (匹), zhī (只). ¶ 豚 3〜 sān kǒu zhū (三口猪). 牛 2〜 liǎng tóu niú (两头牛). ¶ 馬 1 匹 yì pǐ mǎ (一匹马). ¶ ライオン 1〜 yì zhī shīzi (一只狮子).

どう zěnme (怎么), zěnyàng (怎样), zěnmeyàng (怎么样). ¶ この頃は〜ですか jìnlái zěnmeyàng? (近来怎么样?). ¶ 住み心地は〜ですか zhùzhe juéde zěnmeyàng? (住着觉得怎么样?). ¶ ひとつやってみては〜ですか bùfáng shì yi shì kàn, zěnmeyàng? (不妨试一试看, 怎么样?). ¶〜だ、参ったか zěnmeyàng, rènshū le ba (怎么样, 认输了吧). ¶〜やってもうまくいかない zěnme gǎo yě gǎobuhǎo (怎么搞也搞不好). ¶ 彼女は〜見ても 40 歳には見えない tā zěnme yě kànbuchū shì sìshí suì de rén (她怎么也看不出是四十岁的人). ¶ 君はこのことを〜見るか zhè shì nǐ zěnme kàn? (这事你怎么看?). ¶ 結果は〜なりましたか jiéguǒ zěnmeyàng le? (结果怎么样了?). ¶ あとが〜なろうと私の知ったことではない hòuguǒ rúhé yǔ wǒ háo bù xiānggān (后果如何与我毫不相干). ¶ 僕に〜しろと言うのだ nǐ yào wǒ zěnmeyàng? (你要我怎么样?). ¶ これから〜するつもりだ jīnhòu nǐ dǎsuàn zěnme bàn? (今后你打算怎么办?). ¶ そんなことをきいて〜するのか nǐ wèn zhège gàn shénme? (你问这个干什么?) ¶ 私には〜することも出来ない wǒ wú néng wéi lì (我无能为力)/ wǒ méifǎr bàn (我没法儿办). ¶ そんなことをするなんて一体〜いう料簡だ zuòchū nà zhǒng shì, jiǎnzhí bù zhī nǐ zěnme xiǎng de (做出那种事, 简直不知你怎么想的). ¶〜いう訳でやめたんだ nǐ wèishénme bú gàn le? (你

为什么不干了?). ¶ 事情が〜あっても駄目なものは駄目だ bùguǎn zěnme shuō, bùxíng jiùshì bùxíng (不管怎么说, 不行就是不行). ¶〜とも好きなようにしろ suí nǐ zìjǐ de biàn! (随你自己的便!). ¶ 彼は〜しようもない怠け者だ tā shì ge jiào rén méifǎr bàn de lǎnhàn (他是个叫人没法儿办的懒汉). ¶ いまさら〜のこうの言ってみたところで始まらない bù dào rújīn shuō zhè shuō nà yòu guǎn shénme yòng (事到如今说这说那又管什么用). ¶ "ごちそうさまでした" "〜いたしまして" "tài tāorǎo nín le" "bú kèqi" ("太叨扰您了" "不客气"). ¶ "大丈夫?" "これくらいの怪我〜ってことない" "bú àishì ma?" "zhè diǎnr shāng, suànbuliǎo shénme!" ("不碍事吗?" "这点儿伤, 算不了什么!").

どう【胴】 dòng (胴), qūgàn (躯干). ¶ 彼女は〜が長い tā qūgàn cháng (她躯干长).

どう【動】 dòng (动). ¶〜中静あり dòng zhōng yǒu jìng (动中有静).
¶ 上下〜 shàngxià zhèndòng (上下震动).

どう【堂】 táng (堂). ¶ 礼拝〜 lǐbàitáng (礼拜堂). ¶ 彼の演説はなかなか〜に入ったものだ tā de yǎnshuō táng ér huáng zhī, dàojiā le (他的演说堂而皇之, 到家了).

どう【銅】 tóng (铜). ¶〜メダル tóngpái (铜牌)/ tóngzhì jiǎngpái (铜质奖牌).

どう-【同】 ¶〜時代の作家 tóng shídài de zuòjiā (同时代的作家). ¶ この 2 つは〜系統に属する zhè liǎng ge shǔyú tóngyī xìtǒng (这两个属于同一系统). ¶ A 社は新製品を開発した、〜社ではその大量生産を計画中である A gōngsī yánzhìchūle xīnchǎnpǐn, gāi gōngsī zhèngzài chóubèi pīliàng shēngchǎn (A 公司研制出了新产品, 该公司正在筹备批量生产).

どうあげ【胴上げ】 ¶ 優勝した選手を〜する bǎ huòdé guànjūn de xuǎnshǒu pāoqilai (把获得冠军的选手抛起来).

とうあつせん【等圧線】 děngyāxiàn (等压线).

とうあん【答案】 dá'àn (答案); juàn[r] (卷[儿]), juànzi (卷子), dájuàn (答卷), shìjuàn (试卷). ¶〜を提出する jiāo juàn (交卷). ¶〜を採点する pàn juànzi (判卷子).
¶〜用紙 juànzi (卷子). 模範〜 biāozhǔn dá'àn (标准答案).

どうい【同位】 tóngwèi (同位). ¶〜角 tóngwèijiǎo (同位角). 〜元素 tóngwèisù (同位素).

どうい【同意】 1 [賛成] tóngyì (同意), zànchéng (赞成). ¶ 彼女の〜が得られない得不到她的同意). ¶ みんな彼の意見に〜した dàjiā dōu tóngyì tā de yìjiàn (大家都同意他的意见). ¶ あなたの案に〜してくれますか nǐ néngfǒu zhīchí wǒ zhège fāng'àn? (你能否支持我这个方案?).
2 [同義] tóngyì (同义). ¶〜語 tóngyìcí (同义词).

とういじょう【糖衣錠】 tángyī yàopiàn (糖衣药片).

とうそくみょう【当意即妙】 ¶〜に答える suíjī-yìngbiàn de huídá (随机应变地回答).

とういつ【統一】 tǒngyī (统一). ¶ 国家を〜す

る tǒngyī guójiā(统一国家).¶精神を～する jízhōng jīngshén(集中精神).¶出演者の服装を～する tǒngyī chūchǎng yǎnyuán de zhuózhuāng(统一出场演员的着装).¶～戦線を結成する jiéchéng tǒngyī zhànxiàn(结成统一战线).
¶～行動 tǒngyī xíngdòng(统一行动).～国家 tǒngyī de guójiā(统一的国家).

どういつ【同一】 tóngyī(同一).¶それらは皆一人の仕業であった nàxiē shì dōu shì tóng yí ge rén gàn de(那些事都是同一个人干的).¶～労働＝賃金 tóng gōng tóng chóu(同工同酬).¶ＡとＢを～に取り扱う AB tóngyàng kàndài(ＡＢ同样看待)/ AB yí shì tóng rén(ＡＢ一视同仁).¶あんな人たちと～視されては困る kě bié bǎ wǒ gēn nà zhǒng rén yíyàng kàndài[dàngchéng nà zhǒng rén](可别把我跟那种人一样看待[当成那种人]).

とういん【党員】 dǎngyuán(党员).
どういん【動員】 dòngyuán(动员).¶みんなを～して大掃除をする dòngyuán dàjiā jìnxíng dàsǎochú(动员大家进行大扫除).¶師団に～令が下った duì shītuán xiàdále dòngyuánlìng(对师团下达了动员令).

とうえい【投影】 tóuyǐng(投影).¶～図 tóuyǐngtú(投影图).
とうえい【倒影】 dàoyǐng(倒影).¶水面に映る五重の塔の～ yìngzài shuǐmiàn shang de wǔcéngtǎ de dàoyǐng(映在水面上的五层塔的倒影).

とうおう【東欧】 Dōng Ōu(东欧).
どうおん【同音】 tóngyīn(同音).¶～異義語 tóngyīn-yìyìcí(同音异义词)/ tóngyīncí(同音词).

とうおんせん【等温線】 děngwēnxiàn(等温线).
とうか【灯火】 dēnghuǒ(灯火).¶～管制 dēnghuǒ guǎnzhì(灯火管制).

とうか【投下】 **1** tóuxià(投下).¶救援物資を空から～する kōngtóu jiùyuán wùzī(空投救援物资).
¶爆弾～ tóuzhì zhàdàn(投掷炸弹).
2〔投入〕 ¶～資本 tóurù de zīběn(投入的资本).

とうか【等価】 děngjià(等价).¶～交換 děngjià jiāohuàn(等价交换).～物 děngjiàwù(等价物).
とうか【糖化】 tánghuà(糖化).
どうか 1〔なにとぞ〕 ¶～おかまいなく qǐng búyào zhāngluo(请不要张罗).¶～これだけは忘れないで下さい zhè jiàn shì nǐ kě qiānwàn búyào wàngjì(这件事你可千万不要忘记).¶ご病気が～早くよくなりますように xīwàng nǐ zǎorì huīfù jiànkāng(希望你早日恢复健康).

2〔どうにか〕 ¶あのことは～なるだろう nà shì zǒng huì yǒu bànfǎ de(那事总会有办法的).¶～こうやり終えた zǒngsuàn gǎowán le(总算搞完了).

3〔おかしい〕 ¶今日の君は～している nǐ jīntiān kě yǒudiǎnr fǎncháng(你今天可有点儿反常).¶そういうやり方は～と思う nà zhǒng zuò-

fǎ wǒ kàn yǒu wèntí(那种做法我看有问题).
¶こんなに暑いと頭が～なってしまう tiān zhème rè jiǎnzhí jiào rén yào fāfēng le(天这么热简直叫人要发疯了).

4 ¶やれるか～明日お返事します néng bu néng zuò, míngtiān dáfù nǐ(能不能做,明天答复你).¶それでいいか～彼に聞いてくれ nàyàng xíng bu xíng wèn tā ba(那样行不行问他呢).¶それが事実か～調べてみる diàochá nà shìfǒu shì shìshí(调查那是否是事实).¶～するとこの辺でも雪が降る yǒushíhou zhège dìfang yě huì xiàxuě(有时候这个地方也会下雪).

どうか【同化】 tónghuà(同化).¶移民がなかなか現地社会に～しない yímín bú yì tónghuàyú dāngdì shèhuì(移民不易同化于当地社会).
¶日本人は外来文化の～に巧みだ Rìběnrén shànyú xīqǔ wàilái de wénhuà(日本人善于吸取外来的文化).¶植物は炭酸～作用を行う zhíwù jìnxíng guānghé zuòyòng(植物进行光合作用).

どうか【銅貨】 tóngbì(铜币), tóngqián(铜钱).
どうが【動画】 dònghuàpiàn(动画片), kǎtōng(卡通).

とうかい【倒壊】 dǎotā(倒塌), tāntā(坍塌), qīngtā(倾塌).¶～家屋 2000 戸に及ぶ dǎotā fángwū dá liǎng qiān dòng(倒塌房屋达两千栋).¶多くの建物が地震で～した yóuyú dìzhèn hěn duō jiànzhù tāntā le(由于地震很多建筑坍塌了).

とうがい【当該】 gāi(该), gāiguǎn(该管).¶～官庁に申請すること xū xiàng gāiguǎn jīguān shēnqǐng(须向该管机关申请).
¶～事項 gāi shìxiàng(该事项).

とうがい【凍害】 dònghài(冻害).
とうがい【等外】 děngwài(等外).¶惜しいところで～に落ちた hěn kěxī méi néng rùxuǎn(很可惜没能入选).
¶～品 děngwàipǐn(等外品).

とうかく【倒閣】 dǎogé(倒阁).¶～運動を起す fādòng dǎogé yùndòng(发动倒阁运动).
とうかく【頭角】 tóujiǎo(头角), guījiǎo(圭角).¶～をあらわす lù tóujiǎo(露头角)/ chūlù guījiǎo(初露圭角).

どうかく【同格】 ¶2 人を～に扱う bǎ liǎng ge rén tóngděng kàndài(把两个人同等看待).

どうかせん【導火線】 dǎohuǒxiàn(导火线), yǐnhuǒxiàn(引火线), yǐnxiàn(引线), dǎohuǒsuǒ(导火索).¶その事件が戦争の～になった nàge shìjiàn chéngle zhànzhēng de dǎohuǒxiàn(那个事件成了战争的导火线).

とうかつ【統轄】 tǒngxiá(统辖).¶全軍を～する tǒngxiá quánjūn(统辖全军).
どうかつ【恫喝】 dònghè(恫吓).¶～して金を巻きあげる dònghè rén qiāozhà jīnqián(恫吓人敲诈钱).

【疾うから】 →とう(疾う).
とうがらし【唐辛子】 làjiāo(辣椒), hǎijiāo(海椒), làzi(辣子).

とうかん【投函】 ¶手紙を～する bǎ xìn tóujìn

yóutǒng(把信投进邮筒).

とうかん【等閑】 ❶長い間〜に付されていた chángqī yǐlái bèi gēzhì bù guǎn(长期以来被搁置不管). ¶この件は〜視すべきではない zhège wèntí jué bùkě děngxián shì zhī(这个问题决不可等闲视之).

とうがん【冬瓜】 dōngguā(冬瓜).

どうかん【同感】 tónggǎn(同感). ¶私もあなたと全く〜です wǒ yě hé nǐ yǒu tónggǎn(我也和你有同感). ¶〜！〜！ duì! duì!(对！对！).

どうがん【童顔】 tóngyán(童颜), wáwaxiàng(娃娃相). ¶彼は〜だ tā zhǎngde hěn hòushēng(他长得很后生).

とうき【冬季・冬期】 dōngjì(冬季). ¶〜オリンピック dōngjì Àoyùnhuì(冬季奥运会). ¶〜は運行休止 dōngjì tíngzhǐ yùnxíng(冬季停止运行).
¶〜練習 dōngxùn(冬训).

とうき【当期】 běnqī(本期). ¶〜の決算 běnqī juésuàn(本期决算).

とうき【投棄】 diūqì(丢弃), qìzhì(弃置). ¶不法〜 fēifǎ diūqì(非法丢弃)/ bùfǎ qìzhì(不法弃置).

とうき【投機】 tóujī(投机). ¶〜に手を出して大損した gǎo tóujī chīle dàkuī(搞投机吃了大亏). ¶〜心をあおる shāndòng tóujī xīnlǐ(煽动投机心理).

とうき【党紀】 dǎngjì(党纪). ¶〜を粛正する zhěngdùn dǎngjì(整顿党纪).

とうき【陶器】 táoqì(陶器).

とうき【登記】 dēngjì(登记). ¶新築家屋の〜をする bànlǐ xīn gài fángwū de dēngjì shǒuxù(办理新盖房屋的登记手续).
¶〜所 dēngjìchù(登记处). 〜簿 dēngjìbù(登记簿).

とうき【騰貴】 fēizhǎng(飞涨), téngguì(腾贵). ¶物価が〜する wùjià fēizhǎng(物价飞涨)/ bǎiwù téngguì(百物腾贵). ¶地価の〜で住宅政策は行き詰った yóuyú dìjià fēizhǎng zhùzhái zhèngcè pèngbì le(由于地价飞涨住宅政策碰壁了).

とうぎ【討議】 tǎolùn(讨论). ¶農業政策について〜する jiù nóngyè zhèngcè de wèntí jìnxíng tǎolùn(就农业政策的问题进行讨论). ¶委員会の〜に付する jiāofù wěiyuánhuì tǎolùn(交付委员会讨论).

どうき【同期】 tóngqī(同期), tóngjiè(同届).
¶昨年の〜に比較すれば輸出高はやや上昇している gēn qùnián tóngqī xiāngbǐ chūkǒu'é shāo yǒu zēngjiā(跟去年同期相比出口额稍有增加). ¶彼と私は大学の〜だ wǒ gēn tā zài dàxué tóngqī(我跟他在大学同期).
¶〜生 tóngqīshēng(同期生).

どうき【動悸】 xīntiào(心跳), xīnjì(心悸). ¶階段を上ると〜がする shàng lóutī jiù xīntiào(上楼梯就心跳). ¶水を2, 3口飲んだらやっと〜が静まった hēle liǎng, sān kǒu shuǐ xīnjì píngwěn xialai le(喝了两、三口水心悸平稳下来了).

どうき【動機】 dòngjī(动机). ¶犯行の〜は不明だ fànzuì de dòngjī bùmíng(犯罪的动机不明). ¶彼の〜は不純だ tā de dòngjī bùchún(他的动机不纯).

どうき【銅器】 tóngqì(铜器). ¶〜時代 tóngqì shídài(铜器时代).

どうぎ【同義】 tóngyì(同义). ¶この語とその語は〜だ zhège cí gēn nàge cí tóngyì(这个词跟那个词同义).
¶〜語 tóngyìcí(同义词).

どうぎ【動議】 dòngyì(动议). ¶討論終結の〜を出す tíchū jiéshù tǎolùn de dòngyì(提出结束讨论的动议). ¶緊急〜が出された tíchūle jǐnjí dòngyì(提出了紧急动议).

どうぎ【道義】 dàoyì(道义). ¶〜を重んずる zhòng dàoyì(重道义). ¶〜に背く wéibèi dàoyì(违背道义). ¶法律上どうあろうと〜上許せない bùguǎn zài fǎlǜshang zěnyàng, zài dàoyishang shì jué bù róngxǔ de(不管在法律上怎样, 在道义上是决不容许的).

とうきゅう【投球】 tóuqiú(投球). ¶1塁へ〜する xiàng yīlěi tóuqiú(向一垒投球). ¶彼は何事にも全力〜をする tā búlùn zuò shénme shì dōu quánlì yǐ fù(他不论做什么事都全力以赴).

とうきゅう【等級】 děngjí(等级), pǐnjí(品级), dàngcì(档次). ¶品質によって〜をつける àn pǐnzhì quèdìng děngjí(按品质确定等级).

とうぎゅう【闘牛】 dòuniú(斗牛). ¶〜士 dòuniúshì(斗牛士).

どうきゅう【同級】 tóngbān(同班). ¶〜生 tóngbān(同班)/ tóngbān tóngxué(同班同学).

とうきゅう【撞球】 táiqiú(台球).

とうぎょ【統御】 ¶部下を〜する jiàyù bùxià(驾驭部下).

どうきょ【同居】 tóngjū(同居). ¶結婚後も両親と〜する jiéhūn hòu yě hé shuāngqīn tóngjū(结婚后也和双亲同居). ¶3世帯が1軒に〜している sān hù rénjiā tóng zhùzài yì suǒ fángzili(三户人家同住在一所房子里). ¶彼女の中には古い考えと新しい考えが〜している tā de nǎozili tóngshí cúnzàizhe xīnjiù liǎng zhǒng sīxiǎng(她的脑子里同时存在着新旧两种思想).
¶〜人 tóngjū de rén(同居的人).

どうきょう【同郷】 tóngxiāng(同乡), lǎoxiāng(老乡). ¶〜の先輩を頼って東京に出た qiánwǎng Dōngjīng tóukào tóngxiāng qiánbèi(前往东京投靠同乡前辈).

どうぎょう【同業】 tóngyè(同业), tóngháng(同行). ¶〜者間の競争が激しい zài tóngháng zhī jiān de jìngzhēng hěn jīliè(在同行之间的竞争很激烈).

とうきょく【当局】 dāngjú(当局). ¶〜の責任を追及する zhuījiū dāngjú de zérèn(追究当局的责任). ¶学校〜 xuéxiào dāngjú(学校当局).

どうきん【同衾】 tóng qīn gòng zhěn(同衾共枕).

どうぐ【道具】 ❶ gōngjù(工具). ¶水害で家財〜が水浸しになった yóuyú shuǐzāi quánbù

jiādangr dōu yān le(由于水灾全部家当儿都淹了).¶母は裁縫＋を片付けて夕飯の支度にとりかかった mǔqin shōushile zhēnxiàn kāishǐ zuò wǎnfàn(母亲收拾了针线开始做晚饭).

¶～箱 gōngjùxiāng(工具箱).～屋 jiùhuò [diàn[shāng/tān](旧货)店[商/摊).所帯～ jiāshi(家什)/jiāju(家具).大工～ mùgōng gōngjù(木工工具).釣～ diàojù(钓具).

2〖演劇などの〗dàojù(道具).大～ dàdàojù(大道具).小～ xiǎodàojù(小道具).

3〖手段〗gōngjù(工具).¶結婚を出世の～に使う bǎ jiéhūn dàngzuò lìshēn yángmíng de gōngjù lái lìyòng(把结婚当作立身扬名的工具来利用).¶言語はコミュニケーションの～だ yǔyán shì chuándá sīxiǎng de gōngjù(语言是传达思想的工具).

どうぐだて【道具立】¶～はすべて整った yíqiè zhǔnbèihǎo le(一切准备好了).

とうくつ【盗掘】¶古墳には～の跡があった gǔfén yǒu zāo tōu de hénjì(古坟有遭盗墓的痕迹).¶埋蔵品はほとんど～されていた máicáng de dōngxi dàbùfen bèi wājué dàoqǔ le(埋藏的东西大部分被挖掘盗取了).

どうくつ【洞窟】 dòng(峒),dòng(峒),shāndòng(山洞),shídòng(石洞),dòngxué(洞穴).

とうげ【峠】 **1**〖山の〗 ¶～の茶屋で一休みする zài ʼshāntóu[lǐngtóu/lǐnggǎng] de cháting xiēxie jiǎo(在ʼ山头[岭头/岭岗]的茶亭歇歇脚).¶私の家は～をいくつも越えた山の中にある wǒ jiā zài fānguò jǐ ge shānlǐng de shānli(我家在翻过几座山岭的山里).

2〖絶頂〗¶寒さもこの2,3日が～だろう lěngtiān yě jiù zhè liǎng, sān tiān dàotóur le(冷天也就这两、三天到头儿了).¶病気は今が～です bìngshì xiàn zhèngdāng zuì wēixiǎn de guāntóu(病势现正当最危险的关头).¶忙しさも～を越した zuì máng de rìzi zǒngsuàn guòqu le(最忙的日子总算过去了).

どうけ【道化】¶とんだ～芝居だ zhēn shì yì chǎng chǒujù(真是一场丑剧).
¶～者 xiǎochǒu[r](小丑[儿])/ xiǎohuāliǎn(小花脸).～役者 chǒujué[r](丑角[儿])/chǒudàn(丑旦).

とうけい【東京】 Dōngjīng(东京).

とうけい【統計】 tǒngjì(统计).¶売上高の～をとる zuò xiāoshòué de tǒngjì(做销售额的统计).¶生産высい的に分析する duì chǎnliàng jìnxíng tǒngjì fēnxī(对产量进行统计分析).

¶～学 tǒngjìxué(统计学).

とうけい【闘鶏】 dòujī(斗鸡).

とうげい【陶芸】 táocí gōngyì(陶瓷工艺).¶～家 táocí yìshùjiā(陶瓷艺术家).

どうけい【同系】¶A社とB社とは～の資本だ A gōngsī hé B gōngsī shì tóng yí ge xìtǒng de zīběn(A公司和B公司是同一个系统的资本).¶服装と持物を～色で統一する bǎ fúzhuāng hé suíshēn de dōngxi yòng tóngyī sèdiào[tónglèisè] tǒngyī qilai(把服装和随身的东西用同一色调[同类色]统一起来).

どうけい【同慶】¶貴家益々御繁栄の段、御～の至りです guì fǔ yìfā fánróng, shèn gǎn tóngqìng zhī zhì(贵府益发繁荣,甚感同庆之至).

どうけい【憧憬】 chōngjǐng(憧憬).

とうけつ【凍結】 **1**〖氷結〗dòng(冻),dòngbīng(冻冰),shàngdòng(上冻),jiébīng(结冰),dòngjié(冻结).¶湖が～した dòngjié húle(湖水冻了).¶路面が～スリップ注意 lùmiàn dòngjié zhùyì dǎhuá!(路面冻结注意打滑!).

2〖資産などの〗 dòngjié(冻结).¶資産を～する dòngjié zīchǎn(冻结资产).

どうけつ【洞穴】 dòngxué(洞穴).

とうけん【刀剣】 dāojiàn(刀剑).¶～類の不法所持で逮捕された yǐ fēifǎ xiédài dāojiàn zhī zuì bèibǔ le(以非法携带刀剑之罪被捕了).

とうけん【闘犬】 dòuquǎn(斗犬).

どうけん【同権】 píngquán(平权).¶男女～ nánnǚ píngquán(男女平权).

とうげんきょう【桃源郷】 táohuāyuán(桃花源),táoyuán(桃源),shìwài táoyuán(世外桃源).

とうこう【投降】 tóuxiáng(投降).¶生き残った敵兵は全員～した huóxialai de dírén dōu tóuxiáng le(活下来的敌人都投降了).

とうこう【投稿】 tóugǎo(投稿).¶雑誌に～する zázhì tóugǎo(向杂志投稿).¶～歓迎 huānyíng tóugǎo(欢迎投稿).

とうこう【陶工】 táogōng(陶工),táocígōng(陶瓷工).

とうこう【登校】 shàngxué(上学).¶毎日この道を通って～している wǒ měitiān zǒu zhè tiáo lù shàngxué(我每天走这条路上学).¶新入生は当日9時までに～のこと xīnshēng xū zài gāi rì jiǔ diǎnzhōng yǐqián dào xiào(新生须在该日九点钟以前到校).

とうごう【等号】 děnghào(等号).

とうごう【統合】 hébìng(合并).¶2つの専門学校を～して大学をつくった bǎ liǎng suǒ zhuānmén xuéxiào hébìng qilai jiànlìle yì suǒ dàxué(把两所专门学校合并起来建立了一所大学).

どうこう¶いまさら～言っても始まらない shì dào rújīn shuō shénme yě wúyòng(事到如今说什么也无用).¶お前には～言う資格はない nǐ méiyǒu shuō zhè shuō nà de zīgé(你没有说这说那的资格).¶別にこれを～しようというのではない bìng bú shì yào bǎ zhège zěnmezhe(并不是要把这个怎么着).

どうこう【同好】 tónghào(同好).¶～の士 tónghào zhī shì(同好之士).
¶～会 tónghàohuì(同好会).

どうこう【同行】 tóngxíng(同行).¶～した記者の話によると… jù tóngxíng jìzhě shuō shuō…(据同行记者说…).¶警察に～を求める qǐng suítóng dào júlǐ(请随同到局里).¶～の一人が病気になった tóngxíng zhōng de yí ge rén shēngbìng le(同行中的一个人生病了).

どうこう【動向】 dòngxiàng(动向).¶政局の～をつかむ zhǎngwò zhèngjú de dòngxiàng(掌

握政局的动向). ¶ライバル会社の〜を探る kuītàn jìngzhēng gōngsī de dòngxiàng(窥探竞争公司的动向).

どうこう【瞳孔】 tóngkǒng(瞳孔), tóngrén(瞳人·瞳仁).

どうこういきょく【同工異曲】 yì qǔ tóng gōng(异曲同工), tóng gōng yì qǔ(同工异曲). ¶近頃の流行歌はどれもみな〜だ jìnlái de liúxíng gēqǔ dōu shì bànjīn-bāliǎng(近来的流行歌曲都是半斤八两).

とうこうき【投光器】 jùguāngdēng(聚光灯).

とうこうせん【等高線】 děnggāoxiàn(等高线).

とうごく【投獄】 xiàyù(下狱). ¶無実の罪で〜された yǐ mòxūyǒu de zuìmíng bèi xiàyù(以莫须有的罪名被下狱).

どうこく【慟哭】 tòngkū(恸哭).

とうこん【闘魂】 dòuzhì(斗志). ¶〜を燃やす chōngmǎn dòuzhì(充满斗志)/ dòuzhì ángyáng(斗志昂扬).

とうさ【等差】 děngchā jíshù(等差级数). ¶〜数列 děngchā shùliè(等差数列).

とうさ【踏査】 kānchá(勘查), tàkān(踏勘). ¶実地〜 shídì kānchá(实地勘查).

とうざ【当座】 ¶10万円あれば〜の間に合う yǒu shíwàn rìyuán zànshí hái néng còuhe(有十万日元暂时还能凑和). ¶借金をして〜をしのぐ jiè qián duìfu yízhèn(借钱对付一阵). ¶彼女は入社して〜は神妙にしていた tā jìn gōngsī dāngchū dào hěn lǎoshi(她进公司当初倒很老实).

¶〜預金 wǎnglái cúnkuǎn(往来存款)/ huóqī zhīpiào cúnkuǎn(活期支票存款).

どうさ【動作】 dòngzuò(动作). ¶〜が機敏だ[のろい] dòngzuò hěn mǐnjié[chídùn](动作很敏捷[迟钝]).

とうさい【搭載】 zhuāngzài(装载), zhuāngbèi(装备). ¶兵器を〜したトラック zhuāngzài jūnhuǒ de kǎchē(装载军火的卡车). ¶12インチ砲10門を〜している軍艦 zhuāngbèizhe shí mén shí'èr yīngcùn dàpào de jūnjiàn(装备着十门十二英寸大炮的军舰).

とうざい【東西】 dōngxī(东西). ¶川は平野を〜に流れている dōngxī xiàng de héliú guànchuān píngyuán(东西向的河流贯穿平原). ¶この森は〜3キロある zhè sēnlín dōngxī yǒu sān gōnglǐ cháng(这森林东西有三公里长).

¶〜文化の粋を集める jí dōngxī wénhuà de jīnghuá(集东西文化的精华).

¶〜南北 dōng xī nán běi(东西南北)/ dōng nán xī běi(东南西北).

どうざい【同罪】 ¶2人とも〜である liǎngrén tóng zuì(两人同罪). ¶お前も〜だ nǐ yě táotuō bu liǎo(你也逃脱不了).

とうさく【倒錯】 ¶性的〜 xìngyù dàocuò(性欲倒错).

とうさく【盗作】 ¶あの歌詞は〜だった nà shǒu gēcí shì piāoqiè de(那首歌词是剽窃的).

どうさつ【洞察】 dòngchá(洞察). ¶事柄の本質を〜する dòngchá shìwù de běnzhí(洞察事物的本质). ¶彼は恐るべき〜力を持っている tā jùyǒu jīngrén de dòngchálì(他具有惊人的洞察力).

とうさん【倒産】 dǎobì(倒闭). ¶不景気で企業の〜が相次いでいる yóuyú bùjǐngqì qǐyè xiāngjì dǎobì(由于不景气企业相继倒闭). ¶会社が〜して失業した gōngsī dǎobì shīle yè(公司倒闭失了业).

どうさん【動産】 dòngchǎn(动产).

どうざん【銅山】 tóngkuàng(铜矿).

とうし【投資】 tóuzī(投资). ¶株に〜する tóuzī yú gǔpiào(投资于股票). ¶土地に対する〜が地価を高騰させている duì dìpí jìnxíng de tóuzī shǐ dìjià měngzhǎng(对地皮进行的投资使地价猛涨).

¶設備〜 shèbèi tóuzī(设备投资).

とうし【凍死】 dòngsǐ(冻死). ¶冬山で遭難して〜した dōngjì zài shānli yùnàn dòngsǐ le(冬季在山里遇难冻死了).

とうし【透視】 tòushì(透视). ¶レントゲンで胃の〜をする yòng àikèsīguāng tòushì wèibù(用爱克斯光透视胃部).

¶〜画法 tòushì huàfǎ(透视画法).

とうし【闘士】 dòushì(斗士). ¶民族解放運動の〜 mínzú jiěfàng yùndòng de zhànshì(民族解放运动的战士).

とうし【闘志】 dòushì(斗志). ¶彼は今度の試合に大いに〜を燃やしている zhè cì bǐsài tā dòuzhì wàngshèng(这次比赛他斗志旺盛). ¶〜満々としてリングに上がる dòuzhì ángyáng shàngle quánjītái(斗志昂扬地上了拳击台). ¶〜が鈍る dòuzhì sōngxiè(斗志松懈).

とうじ【冬至】 dōngzhì(冬至).

とうじ【当時】 dāngshí(当时). ¶その〜は誰もそのことを知らなかった dāngshí shuí yě bù zhīdào nà jiàn shìqing(当时谁也不知道那件事情). ¶〜に比べると今はずっと生活が楽になった bǐ dāngnián xiànzài de rìzi hǎoguòde duō le(比起当年现在的日子好过得多了). ¶〜私はまだ子供だった dāngshí wǒ hái xiǎo(当时我还小).

とうじ【悼辞】 dàocí(悼词·悼辞). ¶〜を述べる zhì dàocí(致悼词).

とうじ【湯治】 ¶〜に行く qù wēnquán liáoyǎng(去温泉疗养).

とうじ【答辞】 dácí(答词). ¶〜を述べる zhì dácí(致答词).

どうし 1【同志】 tóngzhì(同志). ¶〜を募る zhāomù zhìtóng-dàohé de rén(招募志同道合的人).

2【同士】 ¶気の合った〜で旅に出る qíngtóu-yìhé de huǒbàn yìtóng qù lǚxíng(情投意合的伙伴一同去旅行). ¶当人〜でよく話し合って決めることだ yóu tāmen zìjǐ shāngliang juédìng ba(由他们自己商量决定吧). ¶男〜の約束 dàzhàngfu zhī jiān de shìyuē(大丈夫之间的誓约).

どうし【動詞】 dòngcí(动词). ¶自〜 bùjíwù dòngcí(不及物动词)/ zìdòngcí(自动词)/ nèidòngcí(内动词). 他〜 jíwù dòngcí(及物动词)/ tādòngcí(他动词)/ wàidòngcí(外动词).

どうじ【同時】 tóngshí (同时). ¶2人がやって来たのはほとんど～だった liǎng ge rén chàbuduō tóngshí dào de (两个人差不多同时到的). ¶陸と空から～に攻撃を開始した cóng lù kōng tóngshí kāishǐ jìngōng (从陆空同时开始进攻). ¶～進行するのはむずかしい tóngshí jìnxíng [qítóu bìngjìn] yǒu kùnnan (同时进行[齐头并进]有困难). ¶ピストルの音と～に選手たちは一斉に走り出した qiāngshēng yì xiǎng yùndòngyuán yìqí pǎole chūqù (枪声一响运动员一齐跑了出去). ¶地震と～に方々で火事が起った suízhe dìzhèn sìchù qǐle huǒ (随着地震四处起了火). ¶彼は厳しこと～に涙もろいところがある tā suī hěn yánlì, dàn yòu yǒu xīnruǎn de yīmiàn (他虽很严厉,但又有心软的一面). ¶計画のプラス面と～にマイナス面を検討する yánjiū jìhuà de jījí de yīmiàn yǔ cǐ tóngshí yánjiū de xiāojí de yīmiàn (研究计划的积极的一面与此同时研究它的消极的一面). ¶～通訳 tóngshēng chuányì (同声传译). ～録音 tóngqī lùyīn (同期录音).

どうしうち【同士討】 tóng shì cāo gē (同室操戈). ¶敵は混乱して～を始めた dírén dà wéi hùnluàn, jìng tóngshì-cāogē sǐdǎ qilai (敌人大为混乱,竟同室操戈厮打起来).

とうしき【等式】 děngshì (等式). ¶恒～ héngděngshì (恒等式).

とうじき【陶磁器】 táocí (陶瓷).

とうじしゃ【当事者】 dāngshìrén (当事人). ¶～の言い分を聞いた上で決める tīngqǔ dāngshìrén de yìjiàn zhī hòu zài zuò juédìng (听取当事人的意见之后再做决定).

とうしつ【等質】 jūnzhì (均质), děngzhì (等质).

とうじつ【当日】 dàngrì (当日), dàngtiān (当天). ¶～は好天に恵まれた dàngtiān gǎnshàngle hǎo tiānqì (当天赶上了好天气). ¶いよいよその～となった zhōngyú dàole zhè yì tiān (终于到了这一天). ¶～売りの切符 dàngrì chūshòu de piào (当日出售的票). ¶～限り有効 dàngrì yǒuxiào (当日有效).

どうしつ【同室】 tóngshì (同室), tóngwū (同屋). ¶彼は寮で私と～だ tā zài sùshè tā gēn wǒ tóngwū (在宿舍他跟我同屋).

どうしつ【同質】 ¶～の生地 tóngyī zhìliàng de liàozi (同一质量的料子). ¶～の手口 tóngyàng de shǒufǎ (同样的手法).

どうじつ【同日】【その日】gāi rì (该日);【同じ日】tóngrì (同日). ¶3月10日午前10時から講演会, ～午後1時から座談会 sānyuè shí rì shàngwǔ shí diǎn jǔxíng bàogàohuì, yú gāi rì xiàwǔ yī diǎn kāi zuòtánhuì (三月十日上午十点举行报告会, 于该日下午一点开座谈会). ¶彼とは同月～の生れである wǒ shì hé tā zài tóngyuè tóngrì shēng de (我是和他在同月同日生的). ¶両者の実力は～の談ではない liǎngzhě de shílì bùkě tóng rì ér yǔ (两者的实力不可同日而语).

どうして 1【どのようにして】zěnme (怎么), zěnyàng (怎样), zěnmeyàng (怎么样), zǎyàng (咋样), zěnde (怎的·怎地). ¶これから先～暮していこうか jīnhòu kào shénme guò rìzi? (今后靠什么过日子?). ¶私には～いいか分らない wǒ bù zhīdào gāi zěnme bàn cái hǎo (我不知道该怎么办才好). ¶こんなにしてしまって一体～くれるんだ gǎochéng zhèyàngr, nǐ yào wǒ zěnmezhe (搞成这样儿,你要我怎么).

2【何故】zěnme (怎么), wèishénme (为什么), gànshénme (干什么), gànma (干吗), zǎ (咋), zěnde (怎的·怎地). ¶彼は～来ないのだろう tā zěnme bù lái ne? (他怎么不来呢?). ¶彼女には～か分らなかった tā què bù zhīdào wèishénme (她却不知道为什么). ¶そんな大事なことを～今まで言わなかったのだ zhème yàojǐn de shì nǐ zěnme yìzhí bù gēn wǒ shuō ya (这么要紧的事你怎么一直不跟我说呀).

3¶彼女はおとなしそうに見えるが～なかなか気が強い tā kànzhe hěn lǎoshi, kě gèxìng hěn qiáng (她看着很老实,可个性很强). ¶～～, からきし駄目です bù, bù, wǒ zhēn bùxíng (不,不,我真不行).

どうしても ¶この戸は～閉まらない zhège mén zěnme yě guānbushàng (这个门怎么也关不上). ¶その事だけが～分らない jiù zhè jiàn shì zěnme yě gǎobudǒng (就这件事怎么也搞不懂). ¶彼は～その金を受けとらなかった tā shuō shénme yě bùkěn shōu nà bǐ qián (他说什么也不肯收那笔钱). ¶この事は～あなたに引き受けていただきたい zhè jiàn shì wúlùn rúhé děi qǐng nǐ yìngchéng xialai (这件事无论如何得请你应承下来). ¶彼は～帰るといってきかない ¶"shuō fēi [yīsǐ yào] huíqu bùkě (他"说非[一死儿要]回去不可). ¶それがないと～困る méiyǒu nàge kě méifǎr bàn (没有那个可没法儿办).

とうしゃ【謄写】 ¶資料を100枚～する yóuyìn yìbǎi fèn zīliào (油印一百份资料). ¶～版 téngxiěbǎn (誊写版).

とうしゅ【当主】 tā shì A jiā de jiāzhǎng (他是A家的家长).

とうしゅ【投手】 tóushǒu (投手).

とうしゅ【党首】 zhèngdǎng lǐngxiù (政党领袖), dǎngshǒu (党首).

どうしゅ【同種】 ¶鮒と金魚は～だ jìyú hé jīnyú tóngzhǒng (鲫鱼和金鱼同种). ¶～の犯罪が相次いで起った tóngyīlèi de fànzuì xiāngjì fāshēng (同一类的犯罪相继发生).

とうしゅう【踏襲】 yánxí (沿袭), chéngxí (承袭), dǎoxí (蹈袭), xíqǔ (袭取), xíyòng (袭用). ¶従来の方針を～する chéngxí yǐwǎng de fāngzhēn (承袭以往的方针).

とうしゅく【投宿】 tóusù (投宿). ¶山あいの宿に～した zài shāngǔ zhōng de kèdiàn tóule sù (在山谷中的客店投了宿).

どうしゅく【同宿】 ¶運悪く団体客と～することになった bùqiǎo gēn tuántǐ lǚkè tóng zhùle yì jiā lǚdiàn (不巧跟团体旅客同住了一家旅店).

とうしょ【当初】 dāngchū (当初), zuìchū (最初), kāichū (开初), chūshí (初时), qǐchū (起初). ¶～の計画ではこの春完成の予定だった

zuìchū de jìhuà shì yùdìng jīnchūn wánchéng (最初的计划是预定今春完成). ¶開店—従業員が7名に過ぎなかった kāizhāng dāngchū zhǐ yǒu qī ge cóngyè rényuán (开张当初只有七个从业人员).

とうしょ【投書】 ¶新聞に～する xiàng bàoshè tóugǎo (向报社投稿).
¶～欄 dúzhě láixìnlán (读者来信栏).

とうしょ【島嶼】 dǎoyǔ (岛屿).

とうしょう【凍傷】 dòngshāng (冻伤). ¶足が～にかかった jiǎo dòngshāng le (脚冻伤了).

とうじょう【搭乗】 dāchéng (搭乘). ¶飛行機に～する dāchéng fēijī (搭乘飞机).
¶～員 jīzǔ rényuán (机组人员)/ chéngwùyuán (乘务员)/～券 dēngjīpái (登机牌). ¶～者 chéngyuán (乘员)/～手続 dēngjī shǒuxù (登机手续).

とうじょう【登場】 dēngchǎng (登场), shàngtái (上台), dēngtái (登台), shàngchǎng (上场).
¶主役が～する zhǔjué dēngchǎng (主角登场). ¶ポーシャ～ Bàoxīyà shàng (鲍西娅上). ¶そこでA氏が～となった yúshìhū jiù yóu A xiānsheng dēngchǎng le (于是乎就由A先生登场了). ¶新製品が～した xīn zhìpǐn chūshòu le (新制品出售了).
¶～人物 dēngchǎng rénwù (登场人物)/ jùzhōngrén (剧中人).

どうじょう【同上】 tóng shàng (同上).

どうじょう【同乗】 tóngchéng (同乘), tóngzuò (同坐), tóngdā (同搭). ¶運転台に～する tóngdā zài sījīshì (同搭在司机室). ¶タクシーに～する tóngchéng yí liàng chūzūchē (同乘一辆出租车).
¶～者 tóngchēzhě (同车者)/ tónglùzhě (同路者).

どうじょう【同情】 tóngqíng (同情). ¶彼女は私に～してくれた tā hěn tóngqíng wǒ (她很同情我). ¶彼の立場は～するに値する tā de chǔjìng shì hěn zhíde tóngqíng de (他的处境是很值得同情的). ¶孤児の境遇は人々の～を集めた gū'ér de jìngyù yǐnqǐle rénmen de tóngqíng (孤儿的境遇引起了人们的同情). ¶誠に～に堪えない shízài búshèng tóngqíng (实在不胜同情). ¶何ら～の余地はない háo wú tóngqíng de yúdì (毫无同情的余地).

どうじょう【道場】 liàngōngfáng (练功房);〔仏教の〕dàochǎng (道场).

どうしょういむ【同床異夢】 tóng chuáng yì mèng (同床异梦).

どうしょくぶつ【動植物】 dòngzhíwù (动植物).

とう・じる【投じる】 →とうずる.

どう・じる【動じる】 →どうずる.

とうしん【灯心】 dēngxīn (灯心・灯芯), dēngniǎn[r] (灯捻ル), dēngniǎnzi (灯捻子).

とうしん【投身】 ¶井戸に～する tóujǐng (投井). ¶ビルの屋上から～自殺した tiàolóu zìshā le (跳楼自杀了).

とうしん【答申】 ¶外務大臣に～する dáfù wàijiāo bùzhǎng de zīxún (答复外交部长的咨询).

とうしん【等身】 děngshēn (等身). ¶～大の銅像 děngshēn tóngxiàng (等身铜像).

とうしん【等親】 →しんとう(親等).

とうじん【蕩尽】 dàngjìn (荡尽). ¶巨万の富を～する dàngjìn yíwàn zīchǎn (荡尽亿万资产).

どうしん【童心】 tóngxīn (童心). ¶～に返る tóngxīn láifù le (童心来复了).

どうじん【同人】 tóngrén (同人・同仁). ¶彼は《ほととぎす》の～だ tā shì 《Dùjuān》 de tóngrén (他是《杜鹃》的同人). ¶～雑誌 tóngrén zázhì (同人杂志).

どうしんえん【同心円】 tóngxīnyuán (同心圆).

とうすい【陶酔】 táozuì (陶醉). ¶バイオリンの美しい調べに～する bèi xiǎotíqín měimiào de qǔdiào suǒ táozuì (被小提琴美妙的曲调所陶醉). ¶～の境にひたる chénzuì [táozuì] yú qí jìng (沉醉[陶醉]于其境).

とうすい【統帥】 tǒngshuài (统帅). ¶陸海空三軍を～する tǒngshuài lù hǎi kōng sān jūn (统帅陆海空三军).
¶～権 tǒngshuàiquán (统帅权).

とうすう【頭数】 tóushù (头数). ¶牛の～を数える shǔ niú de tóushù (数牛的头数).

どうすう【同数】 ¶賛否～ zànchéng hé fǎnduì shùmù xiāngtóng (赞成和反对数目相同).

とう・ずる【投ずる】 ¶手紙を見終ると火中に～じた kànwánle xìn rēngjìnle huǒlǐ (看完了信扔进了火里). ¶彼の～じた一石は学界に波紋を生じた tā tóu zhī shí, zài xuéshùjiè jīqǐle qiān céng làng (他投之一石, 在学术界激起了千层浪). ¶A氏に1票を～じた tóu A xiānsheng yí piào (投A先生一票). ¶多額の資本を～じて新しい事業を始める tóu jù'é zīběn gǎo xīn shìyè (投巨额资本搞新事业). ¶政争の渦中に身を～ずる tóushēn dào zhèngzhì dòuzhēng de xuánwō zhōng (投身到政治斗争的旋涡中). ¶海に～じて死ぬ tóuhǎi zìjìn (投海自尽)/ tiàohǎi zìshā (跳海自杀). ¶敵に～ずる tóu dí (投敌). ¶時流に～ずる gǎn làngtou (赶浪头). ¶機に～ずる chéngjī (乘机).

どう・ずる【動ずる】 ¶一向に～ずる色を見せない miàn bù gǎisè (面不改色). ¶物に～じない yù shì bù huāngzhāng (遇事不慌张).

どうせ fǎnzheng (反正), héngshù (横竖), zuǒyòu (左右), zuǒbuguò (左不过). ¶話しても～駄目に決っている gēn tā shuō fǎnzheng yě shì báidā (跟他说反正也是白搭). ¶～行かなければならないなら早いほうがよい zǎowǎn dōu děi qù jiù bùrú zǎo qù (早晚都得去就不如早去). ¶～暇ですから一緒に行きましょう wǒ fǎnzheng xiánzhe méi shì, jiù péi nǐ zǒu yí tàng ba (我反正闲着没事, 就陪你走一趟吧). ¶～私は馬鹿ですよ fǎnzheng wǒ shì shǎguā (反正我是傻瓜). ¶～失敗は覚悟の上だ héngshù yào shībài de, gāncuì chuǎngchuang kàn (横竖要失败的, 干脆闯闯看).

とうせい【当世】 dāngjīn (当今), xiànjīn (现今). ¶そんな悠長なことは～ははやらない nàme màntiáosīlǐ de shì xiànjīn kě bù shíxīng (那么慢条斯理的事现今可不时兴). ¶～風な考え方 shíshàng de xiǎngfa (时尚的想法).

とうせい【党勢】 ¶～を拡大する kuòdà dǎng de lìliang(扩大党的力量).

とうせい【統制】 tǒngzhì(统制). ¶価格を～する duì jiàgé jìnxíng tǒngzhì(对价格进行统制). ¶あのチームはよく～がとれている nàge qiúduì jìlǜ yánmíng, xíngdòng yízhì(那个球队纪律严明,行动一致). ¶～経済 jīngjì tǒngzhì(经济统制).

どうせい【同姓】 tóngxìng(同姓). ¶あの人と私は～同名だ tā gēn wǒ tóngxìng tóngmíng (他跟我同姓同名).

どうせい【同性】 tóngxìng(同性). ¶～愛 tóngxìngliàn(同性恋).

どうせい【同棲】 tóngjū(同居); pīnjū(姘居). ¶彼等は～している tāmen tóngjūzhe(他们同居着).

どうせい【動静】 dòngjing(动静), dòngxiàng(动向), dòngtài(动态). ¶相手方の～を探る tàn duìfāng de dòngjing(探对方的动静). ¶政局の～を見守る zhùshì zhèngjú de dòngtài(注视政局的动态).

どうせい【動勢】 yìxíng(一行). ¶～20人でハイキングに行く yìxíng èrshí rén qù jiāoyóu(一行二十人去郊游).

とうせき【投石】 ¶進行中の列車に～する xiàng bēnchí de lièchē tóuzhì shítou(向奔驰的列车投掷石头).

とうせき【党籍】 dǎngjí(党籍).

とうせき【透析】 shènxī(渗析), tòuxī(透析). ¶週に3日～を受ける yì zhōu sān tiān yòng tòuxīfǎ zhìliáo(一周三天用透析法治疗).

どうせき【同席】 tóngxí(同席), tóngzuò(同座). ¶～の人々の中には夫人同伴の人が大分いた zàizuò de rénmen lǐtou yǒu bùshǎo rén dàizhe fūren(在座的人们里头有不少人带着夫人). ¶A氏の送別会で彼女と～した zài huānsòng A xiānsheng de huì shang gēn tā tóngzuò(在欢送A先生的会上跟她同座).

とうせつ【当節】 dāngjīn(当今), xiànjīn(现今). ¶～の若者は礼儀を知らぬ dāngjīn de niánqīngrén bù dǒng lǐmào(当今的年轻人不懂礼貌). ¶～は何もかも値上りする一方だ zhè niántóur shénme dōngxi dōu yígèjìnr zhǎngjià(这年月儿什么东西都一个劲儿涨价).

とうせん【当選】 dāngxuǎn(当选), zhòngxuǎn(中选). ¶あの候補は十分～の見込がある nàge hòuxuǎnrén hěn yǒu dāngxuǎn de kěnéng(那个候选人很有当选的可能). ¶A氏は最高点で～した A xiānsheng yǐ zuì duō de piàoshù dāngxuǎn(A先生以最多的票数当选). ¶～者 dāngxuǎnrén(当选人)/ zhòngxuǎnrén(中选人).

とうせん【当籤】 zhòngcǎi(中彩), zhòngjiǎng(中奖). ¶宝籤の1等に～した cǎipiào zhòngle tóujiǎng(彩票中了头奖). ¶～番号 zhòngcǎi hàomǎ(中奖号码).

とうぜん【当然】 dāngrán(当然), zìrán(自然). ¶これは～の事だ zhè shì lǐ suǒ dāngrán de(这是理所当然的). ¶彼等の勝利は～の帰結であった tāmen huòshèng shì bìrán de(他们获胜是必然的). ¶それぐらい～予想できたろう nà shì yīnggāi shì yùliào de dào de(那事应该是预料得到的). ¶こんなことをすれば怒られるのは～だ zuòchū zhè zhǒng shì ái pīpíng shì huógāi de(做出这种事挨批评是活该的). ¶それは彼女としては～の要求だ nà duì tā lái shuō shì lǐ suǒ dāngrán de yāoqiú(那对她来说是理所当然的要求).

とうぜん【陶然】 táorán(陶然). ¶1杯の酒に～となる yì bēi jiǔ jiù zuìde piāopiāorán[táorán chénzuì](一杯酒就醉得飘飘然[陶然沉醉]). ¶彼女の歌に～と聞き入る tā de gēhóu zhēn yǐn rén rù shèng(她的歌喉真引人入胜).

どうせん【同船】 tóng chuán(同船). ¶彼女と上海まで～した wǒ gēn tā tóng chuán dào Shànghǎi qù(我跟她同船到上海去).

どうせん【銅線】 tóngxiàn(铜线), tóngsī(铜丝).

どうぜん【同然】 ¶ただも～の値段で売る yǐ rútóng báigěi yíyàng de jiàqian chūmài(以如同白给一样的价钱出卖). ¶あげたも～のものを～～ったも～ jiègěi tā jiù děngyú sònggěi tā le(借给他就等于送给他了). ¶彼は詐欺～のことをやって儲けている tā jiǎnzhí shì yǐ zhàpiàn rén de shǒuduàn lái zhuànqián(他简直是以诈骗人的手段来赚钱).

どうぞ qǐng(请); yǒuqǐng(有请). ¶～こちらへ qǐng dào zhèbian lái(请到这边来). ¶～召し上がって下さい qǐng yòng cài(请用菜). ¶～お大事に qǐng duō bǎozhòng(请多保重). ¶初めまして、～よろしく chūcì jiànmiàn, qǐng duō zhǐjiào(初次见面,请多指教). ¶～よろしくお伝え下さい qǐng dài wǒ wènhòu(请代我问候). ¶"入ってもいいですか" "さあ～" "wǒ kěyǐ jìnqu ma?" "qǐng jìn"(我可以进去吗?""请进"). ¶"それを見せて下さい" "はい～" "nàge gěi wǒ kànkan" "qǐng kàn"(那个给我看看""请看").

とうそう【逃走】 táopǎo(逃跑), táozǒu(逃走). ¶犯人は車で～した zuìfàn kāichē táopǎo le(罪犯开车逃跑了).

とうそう【闘争】 dòuzhēng(斗争). ¶首切り反対に立ち上がる zhànqilai jìnxíng fǎnduì jiěgù de dòuzhēng(站起来进行反对解雇的斗争). ¶～資金を集める mùjí dòuzhēng zījīn(募集斗争资金). ¶～宣言を出す fābiǎo dòuzhēng xuānyán(发表斗争宣言). ¶～本能 dòuzhēng běnnéng(斗争本能). イデオロギー～ yìshí xíngtài de dòuzhēng(意识形态的斗争). 階級～ jiējí dòuzhēng(阶级斗争). 賃上げ～ jiāxīn dòuzhēng(加薪斗争).

どうそう【同窓】 tóngchuāng(同窗). ¶私は彼女と～だった wǒ gēn tā céng tóngguo xué(我跟她曾同过学). ¶～会 xiàoyǒuhuì(校友会). ～生 tóngchuāng(同窗)/ chuāngyǒu(窗友).

どうぞう【銅像】 tóngxiàng(铜像). ¶～を建てる lì tóngxiàng(立铜像).

とうぞく【盗賊】 dàozéi(盗贼).

どうぞく【同族】 tóngzōng(同宗), tóngzú(同

族). ¶~会社 tóngyī jiāzú ʾjīngyíng de[chígǔ] gōngsī(同一家族'经营的[持股]公司).

とうそつ【統率】 tǒngshuài(统率), tǒnglǐng(统领). ¶部下を~する tǒngshuài bùxià(统率部下). ¶彼は~力がある tā yǒu tǒngshuài nénglì(他有统率能力).

とうた【淘汰】 táotài(淘汰). ¶環境に適応しない生物を~される bú shìyìng huánjìng de shēngwù bèi táotài(不适应环境的生物被淘汰). ¶自然~ zìrán táotài(自然淘汰).

とうだい【灯台】 dēngtái(灯塔). ¶~もと暗し zhàng bā de dēngtái zhàojiàn rénjiā zhàobujiàn zìjǐ(丈八的灯台照见人家照不见自己). ¶~守 dēngtái kānshǒuyuán(灯塔看守员).

とうだい【当代】 dāngdài(当代). ¶~随一の書家 dāngdài shǒu qū yī zhǐ de shūfǎjiā(当代首屈一指的书法家).

どうたい【胴体】 dòngtǐ(胴体), qūgàn(躯干). ¶~着陸 jīfù zhuólù(机腹着陆).

どうたい【動態】 dòngtài(动态). ¶人口~ rénkǒu dòngtài(人口动态).

どうたい【導体】 dǎotǐ(导体).

とうたつ【到達】 dàodá(到达), dǐdá(抵达). ¶皆は無事に目的地に~した dàjiā píng'ān wúshì de dàodále mùdìdì(大家平安无事地到达了目的地). ¶結局前回と同じ結論に~した jiéguǒ déchūle gēn shànghuí xiāngtóng de jiélùn(结果得出了跟上回相同的结论).

とうだん【登壇】 ¶弁士が~すると会場から万雷の拍手がおこった yǎnjiǎngrén yì dēngshàng jiǎngtán, huìchǎnglǐ jiù xiǎngqǐle léimíng bān de zhǎngshēng(演讲人一登上讲坛,会场里就响起了雷鸣般的掌声).

とうち【当地】 běndì(本地), dāngdì(当地), cǐdì(此地). ¶~は只今田植の真最中です běndì zhèngzài jìnxíng chāyāng(本地正在进行插秧).

とうち【倒置】 ¶語順を~する diāndǎo cíxù(颠倒词序). ¶~法 dàozhuāng jùfǎ(倒装句法).

とうち【統治】 tǒngzhì(统治). ¶インドネシアはかつてオランダの~下にあった Yìndùníxīyà céng chǔzài Hélán de tǒngzhì zhī xià(印度尼西亚曾处在荷兰的统治之下). ¶~権 tǒngzhìquán(统治权). 信託~ tuōguǎn(托管).

とうちゃく【到着】 dàodá(到达), dǐdá(抵达). ¶京都~は午後1時の予定です yùdìng yú xiàwǔ yì diǎn dàodá Jīngdū(预定于下午一点到达京都). ¶船は定時に~した chuán zhèngdiǎn dǐdá(船正点抵达). ¶事故のため~時刻が少し遅れた yóuyú shìgù dàodá shíjiān shāo yǒu yánwù(由于事故到达时间稍有延误). ¶この手紙を~次第返事を下さい shōudào zhè fēng xìn qǐng jíkè huíxìn(收到这封信请即刻回信)/ qǐng jiàn hán jí fù(请见函即复).

どうちゃく【同着】 ¶2人が~だった liǎngrén tóngshí dàodá zhōngdiǎn(两人同时到达终点).

どうちゃく【撞着】 máodùn(矛盾). ¶君の議論は前後~している nǐ shuō de huà qiánhòu yǒu máodùn(你说的话前后有矛盾).

とうちゅう【頭注】 tóuzhù(头注). ¶~を施す jiāshàng tóuzhù(加上头注).

どうちゅう【道中】 ¶~御無事で zhù nǐ yílù píng'ān(祝你一路平安). ¶~さまざまな出来事に出会った zài lǚtú zhōng yùdàole gè zhǒng shìqing(在旅途中遇到了各种事情).

とうちょう【盗聴】 tōutīng(偷听), qiètīng(窃听). ¶電話を~する tōutīng diànhuà(偷听电话). ¶~器 qiètīngqì(窃听器).

とうちょう【登頂】 ¶エベレスト~に成功した shènglì de pāndēngle Zhūmùlǎngmǎ Fēng(胜利地攀登了珠穆朗玛峰).

どうちょう【同調】 **1**〔賛同〕zàntóng(赞同). ¶私は彼の意見に~した wǒ zàntóng tā de yìjiàn(我赞同他的意见). ¶~者 zàntóngzhě(赞同者). **2**〔受信などでの〕tiáoxié(调谐). ¶波長を北京放送に~させる bǎ bōcháng tiáodào Běijīng Guǎngbō Diàntái(把波长调到北京广播电台). ¶~回路 tiáoxié diànlù(调谐电路).

とうちょく【当直】 zhíbān(值班), zhíqín(值勤), zhírì(值日), dāngbān(当班);[人] zhíbānyuán(值班员), zhíqín rényuán(值勤人员).

とうつう【疼痛】 téngtòng(疼痛). ¶腹部に~を覚える fùbù juéde téngtòng(腹部觉得疼痛).

とうてい【到底】 ¶彼には~かなわない jiǎnzhí wúfǎ gēn tā xiāngbǐ(简直无法跟他相比). ¶今からでは~追いつけまい xiànzài qù kě méi fǎr gǎnshàng(现在去可没法儿赶上). ¶私にはそんなことは~信じられない nà zhǒng shì wǒ bùgǎn xiāngxìn(那种事我不敢相信). ¶それは~出来ない相談だ nà shì juéduì bànbúdào de shì(那是绝对办不到的事). ¶この様子では病人は~助かるまい kàn zhè yàngzi bìngrén jiùbuhuó le(看这样子病人救不活了).

どうてい【童貞】 tóngzhēn(童贞), huánghuā hòushēng(黄花后生), tóngnán(童男).

どうてい【道程】 lùchéng(路程); guòchéng(过程). ¶40キロの~を1日で歩いた sìshí gōnglǐ de lùchéng yì tiān jiù zǒuwán le(四十公里的路程一天就走完了). ¶その作品には彼女が自己に目覚める~が描かれている nà piān zuòpǐn miáoxiěle tā zìwǒ juéxǐng de guòchéng(那篇作品描写了她自我觉醒的过程).

とうてき【投擲】 tóuzhì(投掷). ¶手榴弾を~する tóuzhì shǒuliúdàn(投掷手榴弹). ¶~競技 tóuzhì bǐsài(投掷比赛).

どうてき【動的】 ¶問題を静的にではなく~にとらえなければならない bùnéng jìngzhǐ de ér yīng fāzhǎn de kàn wèntí(不能静止地而应发展地看问题).

とうてつ【透徹】 tòuchè(透彻). ¶~した論理 tòuchè de luójí fēnxī(透彻的逻辑分析).

どうでも ¶服装なんか~よい chuāndài wǒ háo bú zàihu(穿戴我毫不在乎)/ duì chuānzhuó wǒ wúsuǒwèi(对穿着我无所谓). ¶~いいようなことをくどくど言っている jīmáo-suànpí de

shì lǎo xùxù-dāodāo de(鸡毛蒜皮的事老絮絮叨叨的).¶～好きなようにしなさい nǐ ài zěnmeyàng jiù zěnmeyàng ba(你爱怎么样就怎么样吧)/suí nǐ zìjǐ de biàn(随你自己的便).¶今日は～こうでもお前を連れて帰る jīntiān ˇwúlùn rúhé[bùguǎn zěnmeyàng] wǒ fēi bǎ nǐ zhuāihuíqu bùkě(今天]无论如何[不管怎么样]我非把你拽回去不可).

とうてん【読点】 dòuhào(逗号)〈,〉.¶～を打つ dǎ dòuhào(打逗号).

どうてん【同点】 两チームの得点は～になった liǎngduì de défēn lāpíng le(两队的得分拉平了)/liǎngduì dǎpíng le(两队打平了).

どうてん【動転】 ¶気が～して口もきけない xiàde shīhún-luòpò shuō bu chū huà lai(吓得失魂落魄说不出话来).

とうど【陶土】 táotǔ(陶土).

とうと・い【尊い】 bǎoguì(宝贵), kěguì(可贵); gāoguì(高贵).¶人命は何より～い rén de xìngmìng zuìwéi bǎoguì(人的生命最为宝贵).¶それはこの子にとって～い体験であった zhè háizi lái shuō shì yí cì bǎoguì de tǐyàn(那对这孩子来说是一次宝贵的体验).

とうとう【到頭】 zhōngyú(终于), dàodǐ(到底).¶2時間待ったが彼女は～現れなかった děng tā liǎng ge zhōngtóu, tā dàodǐ méiyǒu lái(等了她两个钟头,她到底没有来).¶最後のお金も～使ってしまった zuìhòu de yìdiǎnr qián zhōngyú yòngguāng le(最后的一点儿钱终于用光了).

とうとう【滔滔】 tāotāo(滔滔).¶大河が～と流れる jiāngshuǐ tāotāo(江水滔滔).¶～と弁じ立てる tāotāo bùjué de shuō(滔滔不绝地说).

どうとう【同等】 tóngděng(同等).¶人としての権利はみな～であるべきだ zuòwéi rén qí quánlì yīnggāi shì píngděng de(作为人其权利应该是平等的).¶経験者と未経験者を～に扱うことはできない yǒu jīngyàn de hé méi jīngyàn de bùnéng tóngyàng kàndài(有经验的和没有经验的不能同样看待).¶理事と～の待遇を与える jǐyǔ hé lǐshì tóngděng de dàiyù(给予和理事同等的待遇).¶応募者は高卒または～以上の学力を有するものとする yìngmùrén xū yǒu gāozhōng bìyè huò tóngděng yǐshàng de xuélì(应募人须有高中毕业或同等以上的学力).

どうどう【同道】 tóngxíng(同行).¶母と～して病床の伯父を見舞う gēn mǔqin yìtóng qù kànwàng wòbìng zài chuáng de bófu(跟母亲一同去看望卧病在床的伯父).

どうどう【堂堂】 ¶彼は～たる風格をそなえている tā yíbiǎo tángtáng(他仪表堂堂).¶その時の彼女の態度は～としたものであった dāngshí tā de tàidu bùkǎng-bùbēi lìng rén sùrán qǐ jìng(当时她的态度不亢不卑令人肃然起敬).¶～たる邸宅 shēnzhái dàyuàn(深宅大院).

どうどうめぐり【堂堂巡り】 ¶議論が～して一向に結論が出ない yìlùn láihuí ˇdǒuquānzi[dǎ quānzi/dǎ quānquan] zǒng débuchū jiélùn(议论来回ˇ兜圈子[打圈子/打圈圈]总得不出结论).

どうとく【道徳】 dàodé(道德).¶それは～上許されないことだ zhè shì zài dàoyìshang suǒ bù róngxǔ de(这是在道义上所不容许的).¶～心 dàodé guānniàn(道德观念).商業～ shāngyè dàodé(商业道德).

とうとつ【唐突】 tūrán(突然).¶その発言は～に過ぎる nà fāyán wèimiǎn tài tūrán le(那发言未免太突然了).

とうと・ぶ【尊ぶ・貴ぶ】 ¶老人を～ぶ zūnjìng lǎoniánrén(尊敬老年人).¶名誉を～ぶ zhòng míngyù(重名誉).

とうどり【頭取】 hángzhǎng(行长).

とうなん【東南】 dōngnán(东南).¶～アジア Dōngnán Yà(东南亚).

とうなん【盗難】 shīdào(失盗), shīqiè(失窃).¶昨夜～に遭った zuówǎn ˇshīqiè[jìnle zéi](昨晚ˇ失窃[进了贼]).

とうなんとう【東南東】 dōngdōngnán(东东南).

とうに【疾うに】 →とう(疾う).

どうにか ¶～ならないか yǒu méiyǒu shénme bànfǎ?(有没有什么办法?).¶それくらいの金なら～工面がつくだろう nà diǎnr qián hái néng xiǎng bànfǎ chóucuò ba(那点儿钱还能想办法筹措吧).¶～難をまぬかれた xìngmiǎn yú nàn(幸免于难).¶～して明日届けます míngtiān xiǎngfǎ gěi nǐ sòngqu(明天想法给你送去).¶これだけあれば～こうにか食べていける yǒu zhèxiē qián miǎnqiǎng néng húkǒu(有这些钱勉强能糊口).

どうにも ¶遠くであれこれ気をもんでも～なるのではない xiāng lí hěn yuǎn dānxīn zhè nà yě wújǐyúshì(相离很远担心这那也无济于事).¶眠くて眠くて～ならない kùnde yàomìng(困得要命).¶彼の態度は～こうにも ならない tā de tàidu jiǎnzhí búxiànghuà le(他的态度简直不像话了).¶～腹が立って仕方がない qìde yàomìng(气得要命)/qìde wǒ zhí màohuǒ(气得我直冒火)/ànnà bu zhù xīnhuǒ(按捺不住心火).

とうにゅう【投入】 tóurù(投入), tóufàng(投放).¶事業に資金を～する bǎ zījīn tóurù shìyè(把资金投入事业).¶全兵力を～する tóurù quánbù bīnglì(投入全部兵力).

とうにゅう【豆乳】 dòujiāng(豆浆), dòufujiāng(豆腐浆), dòurǔ(豆乳).

どうにゅう【導入】 yǐnjìn(引进).¶新しい技術を～する yǐnjìn xīn jìshù(引进新技术).¶外資～ yǐnjìn wàizī(引进外资).

とうにょうびょう【糖尿病】 tángniàobìng(糖尿病).

とうにん【当人】 ¶～は案外けろりとしていた tā běnrén dàoshi mǎn bú zàihu(他本人倒是满不在乎).¶成功するもしないも～次第です chénggōng bu chénggōng jiù kàn tā běnrén le(成功不成功就看他本人了).

どうにん【同人】 **1**［同じ人, その人］gāi rén(该人), yì míng tóng rén(异名同人).¶～には当日のアリバイがある gāi rén yǒu dāngrì búzài fànzuì xiànchǎng de zhèngjù

(该人有当日不在犯罪现场的证据).

2 →どうじん.

とうねん【当年】 jīnnián(今年);xiànnián(现年).¶~とって60歳 xiànnián liùshí suì(现年六十岁).

どうねん【同年】 **1**〔その年, 同じ年〕tóngnián(同年).¶~4月入学 tóngnián sìyuè rùxué(同年四月入学).¶彼と私とは~の生れだ wǒ hé tā tóngnián chūshēng de(我和他同年出生的).
2〔同年齢〕tóngnián(同年), tóngsuì(同岁), tónggēng(同庚).¶私と彼とは~だ wǒ hé tā tóngnián(我和他同年).

とうは【党派】 dǎngpài(党派).¶~を超えて話し合う chāoyuè dǎngpài xiéshāng(超越党派协商).¶~を組んで争う dǎng tóng fá yì(党同伐异).
¶~心 zōngpài qíngxù(宗派情绪).

とうは【踏破】 ¶日本全国を~する zǒubiàn Rìběn quánguó(走遍日本全国).

どうはい【同輩】 tóngbèi(同辈), píngbèi(平辈).¶~のよしみで,何とか助けてくれないか kàn zài tóngrén de fènrshang, bāng wǒ yì bǎ ba(看在同人的份儿上,请帮我一把吧).

とうはつ【頭髪】 tóufa(头发).

とうばつ【討伐】 tǎofá(讨伐), zhēngtǎo(征讨).¶反乱軍を~する tǎofá pànjūn(讨伐叛军).

とうばつ【盗伐】 ¶国有林を~する dàofá guóyǒu sēnlín(盗伐国有森林).

とうはん【登攀】 pāndēng(攀登).¶モンブランに~した pāndēngle Bólǎng Fēng(攀登了勃朗峰).

とうばん【登板】 ¶N選手が~する N tóushǒu chūchǎng(N投手出场).

とうばん【当番】 dāngbān(当班), zhírì(值日), zhíbān(值班), zhíqín(值勤);〔人〕zhírì rényuán(值日人员), zhíbān rényuán(值班人员), zhíqín rényuán(值勤人员);〔生徒などの.値日生〕.¶毎週1回~がまわってくる měi zhōu lúndào zhí yí cì bān(每周轮到值一次班).
¶掃除~ qīngjié zhírì(清洁值日).

どうはん【同伴】 ¶夫人を~で出席する xiétóng fūren chūxí(偕同夫人出席).
¶~者 tóngxíngzhě(同行者)/ tóngbàn(同伴).

どうばん【銅板】 tóngbǎn(铜板).

どうばん【銅版】 tóngbǎn(铜版).¶~画 tóngbǎnhuà(铜版画).

とうひ【当否】 ¶この方法の~は早急には分らない zhège fāngfǎ shìfǒu héshì mǎshàng nányǐ duàndìng(这个方法是否合适马上难于断定).
¶事の~はさておいて… shìqíng de shìfēi zànqiě bù tí…(事情的是非暂且不提…).

とうひ【逃避】 táobì(逃避), zǒubì(走避).¶現実から~する táobì xiànshí(逃避现实).
¶~行 zǒubì tāxiāng(走避他乡).

とうひ【等比】 ¶~級数 děngbǐ jíshù(等比级数).~数列 děngbǐ shùliè(等比数列).

とうひょう【投票】 tóupiào(投票).¶委員を~で決める tóupiào juédìng wěiyuán(投票决定委员).¶議案に賛成の~をする duì gāi yì'àn tóu zànchéngpiào(对该议案投赞成票)/ tóupiào zànchéng gāi yì'àn(投票赞成该议案).¶~の結果は賛成45反対5であった tóupiào jiéguǒ zànchéng sìshíwǔ piào fǎnduì wǔ piào(投票结果赞成四十五票反对五票).¶君は誰に~するのか nǐ tóu shuí de piào?(你投谁的票?).
¶~所 tóupiàozhàn(投票站).~箱 piàoxiāng(票箱)/ tóupiàoxiāng(投票箱).~日 tóupiàorì(投票日).~率 tóupiàolǜ(投票率).

とうびょう【投錨】 pāomáo(抛锚).¶横須賀の港外に~する zài Héngxūhè Gǎng wài pāomáo(在横须贺港外抛锚).

とうびょう【闘病】 ¶彼は2年間の~生活を送った tā guòle liǎng nián yǔ jíbìng zuò dòuzhēng de shēnghuó(他过了两年与疾病作斗争的生活).

どうひょう【道標】 lùbiāo(路标).

どうびょう【同病】 ¶~相憐れむ tóng bìng xiāng lián(同病相怜).

とうひん【盗品】 zāngwù(赃物).

とうふ【豆腐】 dòufu(豆腐).¶高野~ gāndòng dòufu(干冻豆腐).胡麻~ húmá dòufu(胡麻豆腐)/ máfu(麻腐).

とうぶ【東部】 dōngbù(东部).¶彼はアメリカ~の生れだ tā shēngzài Měiguó dōngbù(他生在美国东部).

とうぶ【頭部】 tóubù(头部).

どうふう【同封】 ¶写真を~する fùjì xiàngpiàn(附寄相片).¶~の葉書で出欠をお知らせ下さい chūxí yǔ fǒu qǐng yǐ suǒ fù míngxìnpiàn cìfù(出席与否请以所附明信片赐复).

どうぶつ【動物】 dòngwù(动物).¶~園 dòngwùyuán(动物园).~界 dòngwùjiè(动物界).~学 dòngwùxué(动物学).~実験 dòngwù shíyàn(动物实验).~性宝白質 dòngwù dànbáizhì(动物蛋白质).~繊維 dòngwù xiānwéi(动物纤维).~油脂 dòngwù yóuzhī(动物油脂)/ dòngwùyóu(动物油).~極 dòngwùjí(动物极).

どうぶるい【胴震い】 ¶思わず~した bùjīn dǎlege hánzhàn(不禁打了个寒战).

とうぶん【当分】 ¶~外には出られそうもない kǒngpà yìshí chūbuliǎo mén(恐怕一时出不了门).¶この話は~おあずけだ zhè shì zànshí [zànqiě] gēzhi bù tí le(这事暂时[暂且]搁置不提了).¶~の間御辛抱下さい qǐng rěnnài yìshí ba(请忍耐一时吧).

とうぶん【等分】 píngfēn(平分), jūnfēn(均分), děngfēn(等分).¶これを皆で~に分けなさい zhè yóu dàjiā jūnfēn ba(这由大家均分吧).
¶兄弟は遺産を~した xiōngdì píngfēnle yíchǎn(兄弟平分了遗产).¶りんごを4つに~した bǎ píngguǒ jūnfēn wéi sì kuài(把苹果均分为四块).

とうぶん【糖分】 tángfēn(糖分).¶~の多い果物 tángfēn duō de shuǐguǒ(糖分多的水果).

どうぶん【同文】 ¶以下~ yǐxià tóng shàng

とうへき【盗癖】 dàoqièpǐ(盗窃癖). ¶あの子には～がある nàge háizi shǒu bùwěn(那个孩子手不稳).

とうへん【等辺】 děngbiān(等边). ¶～3角形 děngbiān sānjiǎoxíng(等边三角形).

とうべん【答弁】 dábiàn(答辩). ¶総理大臣が～に立つ zǒnglǐ dàchén jìnxíng dábiàn(总理大臣进行答辩). ¶その件については文部大臣に～させます guānyú nà jiàn shì yóu wénbù dàchén dábiàn(关于那件事由文部大臣答辩).

とうへんぼく【唐変木】 mùtóurénr(木头人ㄦ).

とうほう【当方】 wǒfāng(我方), jǐfāng(己方). ¶～に異存はありません wǒfāng méiyǒu yìyì(我方没有异议)/ wǒmen méiyǒu shénme yìjiàn(我们没有什么意见). ¶送料は～で負担します yùnfèi yóu wǒfāng fùdān(运费由我方负担).

とうほう【東方】 dōngbian(东边); dōngfāng(东方).

とうぼう【逃亡】 táopǎo(逃跑), táowáng(逃亡), táobèn(逃奔), chūtáo(出逃), chūwáng(出亡), bītáo(逋逃). ¶囚人が～を企てた qiúfàn qǐtú táopǎo(囚犯企图逃跑). ¶首謀者は国外へ～した shǒu'è táowáng guówài(首恶逃亡国外).

¶～者 táowángzhě(逃亡者).

どうほう【同胞】 tóngbāo(同胞). ¶海外の～ hǎiwài qiáobāo(海外侨胞). ¶四海の～ sìhǎi zhī nèi jiē xiōngdì(四海之内皆兄弟).

とうほく【東北】 Dōngběi. ¶～地方 Dōngběi 'dìfāng[dìqū](东北'地方[地区]).

とうほくとう【東北東】 dōngdōngběi(东东北).

とうほん【謄本】 ¶戸籍～ hùjí téngběn(户籍誊本)/ hùkǒu fùběn(户口副本).

とうほんせいそう【東奔西走】 dōng bēn xī pǎo(东奔西跑). ¶資金集めに～する wèi chóucuò zījīn dōng bēn xī pǎo(为筹措资金东奔西跑).

どうまき【胴巻】 dālian(搭裢).

どうまごえ【胴間声】 sǎngyīn cūdā zǒudiàor de chànggē(嗓音粗大走调ㄦ地唱歌).

とうみつ【糖蜜】 tángmì(糖蜜).

どうみゃく【動脈】 dòngmài(动脉). ¶東名・名神高速道路は関東と関西を結ぶ大～である Dōng-Míng, Míng-Shén gāosù gōnglù shì liánjié Guāndōng hé Guānxī de dàdòngmài(东名, 名神高速公路是联结关东和关西的大动脉).

¶～硬化 dòngmài yìnghuà(动脉硬化). ¶～瘤 dòngmàiliú(动脉瘤). 冠状～ guānzhuàng dòngmài(冠状动脉).

とうみょう【冬眠】 chángmíngdēng(长明灯).

とうみん【冬眠】 dōngmián(冬眠). ¶蛙は土の中で～する wā zài dìli dōngmián(蛙在地里冬眠).

とうめい【透明】 tòumíng(透明). ¶～なガラス tòumíng de bōli(透明的玻璃). ¶湖の～度を調べる jiǎnchá húshuǐ de tòumíngdù(检查湖水的透明度).

¶～体 tòumíngtǐ(透明体).

どうめい【同名】 tóngmíng(同名), chóngmíng[r](重名ㄦ). ¶～異人 míngtóng rén bù tóng(名同人不同).

どうめい【同盟】 tóngméng(同盟). ¶～を結ぶ jiéchéng tóngméng(结成同盟).

¶～休校 tóngméng bàkè(同盟罢课). ～国 tóngménguó(同盟国)/ méngbāng(盟邦)/ méngguó(盟国). ～条約 tóngméng tiáoyuē(同盟条约) / méngyuē(盟约). ～罷業 tóngméng bàgōng(同盟罢工). 軍事～ jūnshì tóngméng(军事同盟). 日英～ Rì-Yīng Tóngméng(日英同盟). 非～国 bùjiéméng guójiā(不结盟国家). 労農～ gōngnóng liánméng(工农联盟).

とうめん【当面】 miànlín(面临); dāngqián(当前), mùqián(目前); yǎnxià(眼下), mùxià(目下). ¶政局は危機に～した zhèngjú miànlín wēijī(政局面临危机). ¶～の任務に全力を尽す quánlì yǐ fù wánchéng dāngqián rènwu(全力以赴完成当前任务). ¶～これだけのことをしておけば間に合うだろう yǎnxià gǎodào zhè yì céng jiù kěyǐ le ba(眼下搞到这一层就可以了).

どうも 1 [どうしても] ¶～思うようにいかない shìqing zǒng bù rúyì(事情总不如意). ¶難しくて～覚えられない tài nán, zǒng jìbuzhù(太难, 总记不住).

2 [何だか] ¶あいつは～怪しい nàge rén hěn kěyí(那个人很可疑). ¶近頃胃の具合が～おかしい jìnlái wèi zǒng juéde bù shūfu(近来胃总觉得不舒服). ¶～私は彼を誤解していたようだ kànlai shì wǒ wùjiěle tā(看来是我误解了他). ¶～風邪らしい xiàng shì déle gǎnmào (像是得了感冒).

3 [まことに] ¶～ありがとう shízài gǎnxiè(实在感谢)/ duōxiè duōxiè(多谢多谢). ¶～すみません zhēn duìbuqǐ(真对不起). ¶～御苦労さま tài xīnkǔ le(太辛苦了). ¶～失礼 hěn shīlǐ(很失礼).

どうもう【獰猛】 xiōngměng(凶猛); zhēngníng(狰狞). ¶～なけだもの xiōngměng de yěshòu(凶猛的野兽). ¶～な顔つきの男 miànmù zhēngníng de hànzi(面目狰狞的汉子).

とうもく【頭目】 tóumù(头目), tóuzi(头子), tóutour(头ㄦ). ¶山賊の～ tǔfěi tóuzi(土匪头子).

とうもろこし【玉蜀黍】 yùmǐ(玉米), yùshǔshǔ(玉蜀黍), lǎoyùmǐ(老玉米), yùjiāo(玉茭), yùmài(玉麦), bāogǔ(包谷), bāomǐ(包米), bàngzi(棒子), zhēnzhūmǐ(珍珠米). ¶～の粉 yùmǐmiàn(玉米面)/ bàngzimiàn(棒子面).

とうや【陶冶】 táoyě(陶冶). ¶人格を～する táoyě qíngcāo(陶冶情操).

とうやく【投薬】 xiàyào(下药). ¶患者に～する gěi huànzhě xiàyào(给患者下药).

どうやら 1 [何とか] ¶～完成にまでこぎつけ

た zǒngsuàn gěi wánchéng le(总算给完成了).¶新しい仕事にも~慣れてきた xīn de gōngzuò zǒngsuàn shúxī le(新的工作总算熟悉了).¶~こうやら山頂にたどりついた hǎobù róngyi cái pádào shāndǐng(好不容易才爬到山顶).**2**〖何だか〗¶~彼も気がついたようだ kànlai tā yě juéchádào le(看来他也觉察到了).¶~春めいてきた zǒngsuàn xiǎnchū chūnyì lai le(总算显出春意来了).¶~雪になりそうだ kànlai yào xiàxuě(看来要下雪).

とうゆ【灯油】dēngyóu(灯油); méiyóu(煤油), huǒyóu(火油), yángyóu(洋油).

とうゆ【桐油】tóngyóu(桐油).¶~紙 yóuzhǐ(油纸).

とうよ【投与】¶新薬の~を始める kāishǐ gěi bìngrén fúyòng xīnyào(开始给病人服用新药).

とうよう【東洋】Yàzhōu(亚洲).¶~史 Yàzhōushǐ(亚洲史).~人 Yàzhōurén(亚洲人).

とうよう【盗用】dàoyòng(盗用).¶デザインを~する dàoyòng shìyàng(盗用式样).

とうよう【登用】zhuóyòng(擢用).¶新人を重要な地位に~する bǎ xīnrén zhuóyòng zài zhòngyào gǎngwèi shang(把新人擢用在重要岗位上).

どうよう【同様】tóngyàng(同样), yíyàng(一样).¶本年も昨年と~よろしくお願い致します qǐng nín jīnnián rú qùnián yíyàng duōjiā guānzhào(请您今年如去年一样多加关照).¶新品~の車を友人に譲ってもらった péngyou rànggěile wǒ yí liàng jīhū quánxīn de chē(朋友让给了我一辆几乎全新的车).¶これも~の ケースです zhè yě shì shǔyú tóng yì zhǒng qíngxing(这也是属于同一种情形).¶彼とは親戚~につきあっている wǒ gēn tā xiàng qīnqi yíyàng de hùxiāng láiwǎng(我跟他像亲戚一样地互相来往).¶"私は英語ができません""私も御~です""wǒ bú huì Yīngyǔ""wǒ yě tóngyàng bú huì"("我不会英语""我也同样不会").

どうよう【動揺】dòngyáo(动摇).¶道が悪くて車の~がひどい hù bù hǎo, qìchē diānbǒbo hěn lìhai(路不好,汽车颠簸得很厉害).¶私は内心の~を隠せなかった wǒ wúfǎ yǎnshì nèixīn de dòngyáo(我无法掩饰内心的动摇).¶災害で人心が~している yóuyú zāihài rénxīn dòngyáo(由于灾害人心动摇).

どうよう【童謡】tóngyáo(童谣), érgē(儿歌).

とうらい【到来】dàolái(到来).¶好機~ liángjī dàolái(良机到来).¶~物のワイン biéren sònggěi wǒ de pútaojiǔ(别人送给我的葡萄酒).

とうらく【当落】¶彼は~線上にある tā zài dāngxuǎn yǔ luòxuǎn de fēnjièxiàn shang(他在当选与落选的分界线上).

どうらく【道楽】**1**〖趣味〗àihào(爱好), shìhào(嗜好), lèqù(乐趣).¶彼の~は釣だ tā de shìhào shì diàoyú(他的嗜好是钓鱼).¶僕は~にこの雑誌をやっているのです wǒ cǐ wéi lèqù gǎo zhège zázhì de(我以为乐趣搞这个杂志的).¶彼は食い~だ tā jiǎngjiu chī(他讲究吃).
2〖放蕩〗¶~の限りを尽して家をつぶした chī hē piáo dǔ, fàngdàng bùjī, luòde qīng jiā dàng chǎn(吃喝嫖赌,放荡不羁,落得倾家荡产).¶~息子 huāhuāgōngzǐ(花花公子)/ bàijiāzǐr(败家子ㄦ)/ làngzǐ(浪子).~者 làngdànghàn(浪荡汉).

どうらん【胴乱】zhíwù biāoběn cǎijíxiāng(植物标本采集箱).

どうらん【動乱】dònggluàn(动乱).¶~が勃発する bàofā dòngluàn(爆发动乱).

どうり【道理】dàoli(道理); guàibude(怪不得), yuànbude(怨不得), nánguài(难怪).¶彼はよくわかった人だ tā shì ge "dǒng shìlǐ [mínglǐ/ zhīqíng-dálǐ] de ren(他是个懂事理[明理/ 知情达理]的人).¶お前のやることは~に外れている nǐ de suǒ zuò suǒ wéi jiǎnzhí bùhé qínglǐ(你的所作所为简直不合情理).¶彼の言い分にも少しは~がある tā shuō de yě yǒu jǐ fēn dàoli(他说的也有几分道理).¶私がやらなければならない~はない méiyǒu fēi yào wǒ zuò bùkě de dàoli(没有非要我做不可的道理).¶彼が怒るのも~だ nánguài tā shēngqì(难怪他生气).¶気温が 35 度とは~で暑いわけだ qìwēn yǒu sānshíwǔ dù, guàibude zhème rè(气温有三十五度,怪不得这么热).

とうりつ【倒立】dàolì(倒立), nádǐng(拿顶), nádàdǐng(拿大顶).

とうりゅう【逗留】dòuliú(逗留・逗溜), gōuliú(勾留), jīliú(稽留), bùliú(逋留).¶この地にしばらく~するつもりだ dǎsuàn zài zhèli dòuliú[tíngliú/ dāi] yí ge shíqī(打算在这里逗留[停留/ 待]一个时期).
¶長~ chángqī dòuliú(长期逗留)/ yānliú(淹留).

とうりゅうもん【登竜門】dēnglóngmén(登龙门).¶A 賞は文壇への~と言われている A jiǎng bèi chēng zhī wéi dēngshàng wéntán de lóngmén(A 奖被称之为登上文坛的龙门).

とうりょう【棟梁】dòngliáng(栋梁).¶大工の~ mùjiang shīfu(木匠师傅).

とうりょう【等量】děngliàng(等量).¶100cc の水に~の酒を加える zài yìbǎi háoshēng de shuǐ zhōng jiārù děngliàng de jiǔ(在一百毫升的水中加入等量的酒).

どうりょう【同僚】tóngshì(同事), tóngrén(同人・同仁), tóngliáo(同僚).

どうりょく【動力】dònglì(动力).¶~計 cè [dòng]lìjì(测[动]力计).~資源 dònglì zīyuán(动力资源).~炉 dònglì fǎnyìngduī(动力反应堆).

どうりん【動輪】dònglún(动轮).

とうるい【盗塁】tōulěi(偷垒).

どうるい【同類】tónglèi(同类).¶猫と虎は~である māo hé lǎohǔ shì tónglèi(猫和老虎是同类).¶あの連中は皆~だ nà bāng rén shì yì qiū zhī hé(那帮人是一丘之貉).¶~相集う wù yǐ lèi jù(物以类聚).
¶~項 tónglèixiàng(同类项).

とうれい【答礼】 dálǐ(答礼), huílǐ(回礼), huánlǐ(还礼). ¶先生は生徒に〜した lǎoshī xiàng xuésheng huílǐ(老师向学生回了礼).

どうれつ【同列】 píngliè(平列). ¶これとそれとは〜には論じられない zhège hé nàge bùnéng xiāngtí-bìnglùn(这个和那个不能相提并论).

どうろ【道路】 lù(路), dàolù(道路), mǎlù(马路), gōnglù(公路). ~工事 xiūlù gōngchéng(修路工程). ~交通法 dàolù jiāotōng guǎnlǐ guīzé(道路交通管理规则). ~地图 gōnglù dìtú(公路地图). ~標識 lùbiāo(路标). 高速~ gāosù gōnglù(高速公路). 有料~ shōufèi dàolù(收费道路).

とうろう【灯籠】 dēnglong(灯笼). ¶~流し fàng hédēng(放河灯).

とうろう【蟷螂】 tángláng(螳螂), dāoláng(刀螂). ¶~の斧 táng bì dāng chē(螳臂当车).

とうろく【登録】 dēngjì(登记), zhùcè(注册), dēnglù(登录). ¶名前を名簿に〜する bǎ míngzi dēngjì zài míngcè shang(把名字登记在名册上).

¶~番号 dēngjì[zhùcè] hàomǎ(登记[注册]号码). 金銭~器 jīnqián chūnàqì(金钱出纳器). 住民~ hùkǒu dēngjì(户口登记). 商標~ shāngbiāo zhùcè(商标注册).

とうろん【討論】 tǎolùn(讨论). ¶活発な~を展開する zhǎnkāi rèliè de tǎolùn(展开热烈的讨论). ¶時間をかけて十分~する huā shíjiān lái chōngfèn de jìnxíng tǎolùn(花时间来充分地进行讨论).

¶~会 tǎolùnhuì(讨论会). 公開~ gōngkāi tǎolùn(公开讨论).

どうわ【童話】 tónghuà(童话).

とうわく【当惑】 kùnhuò(困惑). ¶突然の招請に彼は〜した tūrán shòudào yāoqǐng tā gǎndào hěn kùnhuò(突然受到邀请他感到很困惑). ¶その返事は私を〜させた nàge huídá shǐ wǒ gǎndào kùnhuò mò jiě(那个回答使我感到困惑莫解). ¶彼は〜顔に"はあ"と言った tā xiǎnchū kùnhuò bù jiě de yàngzi zhīwule yì shēng(他显出困惑不解的样子支吾了一声).

とえはたえ【十重二十重】 ¶~に取り囲む chóngchóng bāowéi(重重包围).

とおあさ【遠浅】 ¶~の海岸 qiǎnhǎitān(浅海滩).

とお・い【遠い】 **1**[距離が] yuǎn(远). ¶私の家は駅から~い wǒ jiā lí chēzhàn hěn yuǎn(我家离车站很远). ¶そのくらいの距離ならたいして~くない nàmediǎnr lùchéng búsuàn tài yuǎn(那么点儿路程不算太远). ¶陸地がだんだん~くなる lùdì jiànjiàn yuǎnqù(陆地渐渐远去). ¶他郷で~い祖国を思う zài tāxiāng huáiniàn qiānlǐ zhī yáo de zǔguó(在他乡怀念千里之遥的祖国). ¶~いところを御苦労さまでした yuǎndào ér lái xīnkǔ le(远道而来辛苦了). **2**[時間が] yuǎn(远), jiǔ(久), jiǔyuǎn(久远). ¶その時の来るのも~くない nà yì tiān de dàolái yǐ bù hěn yuǎn le(那一天的到来已不很远了). ¶~い昔のことで正確な年は分らない niánsuì jiǔyuǎn, zhèngquè de niánfen bùmíng(年岁久远, 正确的年份不明). ¶完成にはまだ~い lí wánchéng hái yuǎn[yáoyáo-wúqī](离完成)还远[遥遥无期]).

3[関係が] ¶彼は私の~い親戚だ tā shì wǒ de yuǎnfáng qīnqī(他是我的远房亲戚). ¶~くて近きは男女の仲 qiānlǐ yīnyuán yíxiàn qiān(千里姻缘一线牵).

4[性質, 内容が] ¶彼は秀才というには~い tā hái tánbushàng shì yí ge shénme gāocáishēng(他还谈不上是一个什么高才生). ¶現状は理想から~い xiànzhuàng lí lǐxiǎng hái xiāngjù hěn yuǎn(现状离理想还相距很远).

5[耳, 目, 気などが] ¶年をとって耳が~くなった niánjì dà le, ěrduo yǒudiǎnr bèi le[zhòngtīng](年纪大了,耳朵有点儿背了[重听]). ¶電話が~くてよく聞き取れない diànhuà shēngyīn tài xiǎo tīng bu qīngchu(电话声音太小听不清楚). ¶彼女は近頃目が~くなった tā jìnlái yǎnhuā le(她近来眼花了). ¶目の前が真暗になって気が~くなった yǎnqián yì hēi jiù hūndǎo le(眼前一黑就昏倒了).

とおえん【遠縁】 yuǎnfáng(远房); yuǎnqīn(远亲). ¶彼は私の~にあたる tā shì wǒ yuǎnfáng qīnqī(他是我远房亲戚).

とおからず【遠からず】 ¶~また伺います búrì zài lái bàifǎng(不日再来拜访). ¶決断を迫られる時が~くるだろう bèipò xià juéduàn de yì tiān bùjiǔ jiù huì dàolái de(被迫下决断的一天不久就会到来的).

トーキー yǒushēngpiàn(有声片), yǒushēngpiānr(有声片儿).

とおく【遠く】 1[遠方] ¶~で汽笛の音がする cóng yuǎnchù chuánlaile qìdíshēng(从远处传来了汽笛声). ¶~の町まで買物に行く dào yuǎnchù de chéngzhèn qù mǎi dōngxi(到远处的城镇去买东西). ¶あまり~へ行かないで下さい kě búyào zǒuyuǎn le(可不要走远了).

2[遥かに] ¶家族から~離れて1人で暮している yuǎnlí qīnrén dānshēn guòhuó(远离亲人单身过活). ¶火薬の使用は~11世紀に始まる huǒyào de shǐyòng yuǎn yú gōngyuán shíyī shìjì(火药的使用远始于公元十一世纪). ¶彼の技は師に~及ばない tā de jìshù yuǎn bùrú shīfu(他的技术远不如师傅).

とおざか・る【遠ざかる】 ¶港がしだいに~る mǎtou jiànjiàn yuǎnqu le(码头渐渐远去了). ¶足音は~っていった jiǎobùshēng jiànjiàn yuǎn le(脚步声渐渐远了). ¶今は世間から~っているので様子が分らない xiànzài yǔ shì wúlí, qíngkuàng bùmíng(现在与世无离,情况不明). ¶あの事件以来彼等は~った zìcóng nàge shìjiàn yǐlái tāmen zhī jiān jiànjiàn de shūyuǎn le(自从那个事件以来他们之间渐渐地疏远了).

とおざ・ける【遠ざける】 ¶余人を~けて話す bǎ tārén zhīzǒu tánhuà(把他人支走谈话). ¶敬して~ける jìng ér yuǎn zhī(敬而远之). ¶酒や女を~ける duàn jiǔsè(断酒色).

とおし【通し】 ¶切符は札幌まで~で買った mǎile zhāng dào Zháhuǎng qù de tōngpiào(买了

张到札幌去的通票)．¶全幕～で稽古する páiliàn quánmù(排练全幕)．

¶～切符 tōngpiào(通票)/liányùnpiào(联运票)．¶番号 liánxù hàomǎ(连续号码)．

-どおし【通し】¶汽車が混んで降りるまで立ち～だった huǒchē yōngjǐ bùkān zhàndào mùdìdì(火车拥挤不堪站到目的地)．¶今日は失敗のし～だ jīntiān jìng dǎo lóuzi le(今天净捕篓子了)．¶夜～嵐が吹き荒れた fēngbào guāle zhěngzhěng yí yè(风暴刮了整整一夜)．

トーシューズ bālěiwǔxié(芭蕾舞鞋)．

とお・す【通す】 1 [通行させる、通過させる] ¶ちょっと～て下さい qǐng gěi ràng ge lù ba(请给让个路吧)/láojià ràng wǒ guòqu(劳驾让我过去)．¶怪しい者は1人も～すな kěyí de rén yí ge yě bùxǔ tōngguò(可疑的人一个也不许通过)．¶この道は車は～さない zhè tiáo lù bùxǔ tōngchē(这条路不许通车)．¶パイプに蒸気を～す wǎng guǎnzili tōng zhēngqì(往管子里通蒸气)．¶排水管の詰っていたところを～す shūtōng páishuǐguǎn dǔsè de dìfang(疏通排水管堵塞的地方)．¶熱湯に～して食べる guò yíxià kāishuǐ zài chī(过一下开水再吃)/cuān yíxià chī(余一下吃)．

2 [設置する] ¶A市とB市の間に鉄道を～す xiūtōng A B liǎngshì zhī jiān de tiědào(修通A B 两市之间的铁道)．¶全市に下水道を～す zài quánshì fūshè xiàshuǐdào(在全市敷设下水道)．

3 [部屋などに] ¶お客様をお～しなさい qǐng kèrén jìnlai(请客人进来)．¶すぐ応接間に～された lìkè bèi ràngjìn kètīngli(立刻被让进客厅里)．

4 [穴や狭いところなどを] ¶針に糸を～す chuān zhēn(穿针)、rèn zhēn(纫针)．¶パンツにゴムを～す gěi kùchǎr chuān sōngjǐndài(给裤叉儿穿松紧带)．¶オーバーを袖に～さずに羽織る bǎ dàyī pīzài shēnshang(把大衣披在身上)．

5 [裏や中まで] tòu(透)．¶ガラスは光を～す bōli néng tòu guāng(玻璃能透光)．¶ビニールは水を～さない sùliào bú tòu shuǐ(塑料不透水)．¶鉛は放射能を～さない qiān bú tòu fàngshèxiàn(铅不透放射线)．¶衣類に風を～す bǎ yīfu liànglliang(把衣服晾晾)．¶これは傷みやすいから火を～しておいたほうがいい zhè dōngxi róngyì huài, zuìhǎo guò yíxià huǒ(这东西容易坏,最好过一下火)．¶すだれ越しに中を見る gézhe zhúliánzi wǎng lǐ kàn(隔着竹帘子往里看)．

6 [伝える] ¶注文を帳場に～す bǎ dìngdān bàodào zhàngfáng(把订单报到账房)．¶あなたのことは先方に～してあります nǐ de shì yǐjing zhuǎngào duìfāng le(你的事已经转告对方了)．

7 [試験、審査などを] tōngguò(通过)．¶こんな点数では～すことは出来ない zhèyàng de fēnshù bùnéng tōngguò(这样的分数不能通过)．¶十分な審議もしないで予算を～した wèi jīng chōngfèn de shěnyì biàn tōngguòle yùsuàn(未经充分的审议便通过了预算)．

8 [容認する] ¶そんな無理な要求は～すわけにいかない nà zhǒng wúlǐ yāoqiú bùnéng tóngyì(那种无理要求不能同意)．¶今度だけは以前の言い分を～してやる jiù zhè yí cì dāying nǐ de yāoqiú(就这一次答应你的要求)．

9 [貫徹する] ¶彼女は私を～して思い通りにした tā bù tīng rén de huà àn zìjǐ de yìsi qù zuò le(她不听人的话按自己的意思去做了)．¶彼はあくまで自説を～した tā shǐzhōng jiānchíle zìjǐ de yìjiàn(他始终坚持了自己的意见)．

10 [介する] tōngguò(通过)．¶入試を～して見た若い人の傾向 tōngguò rùxué kǎoshì kàndào de niánqīngrén de qīngxiàng(通过入学考试看到的年轻人的倾向)．¶友人を～して頼んだので時間がかかった tōngguò péngyou zhuǎntuō de, děi fèi diǎnr shíjiān(通过朋友转托的,得费点儿时间)．¶申込みは窓口を～して下さい qǐng tōngguò chuāngkǒu bànlǐ shēnqǐng shǒuxù ba(请通过窗口办理申请手续吧)．¶それはテレビを～して全国に知れ渡った nà jiàn shì tōngguò diànshì chuánbiàn quánguó(那件事通过电视传遍全国)．

11 [始めから終りまで] ¶1年間を～して1日も休まない tōngnián méiyǒu gào yì tiān jià(通年没有告一天假)．¶夜を～して語り合う tōngxiāo chàngtán(通宵畅谈)．¶書類にざっと目を～す liúlǎn wénjiàn(浏览文件)/bǎ wénjiàn lüèwēi guò yíxià mù(把文件略微过一下眼)．¶この冬はストーブを～して使った zhège dōngtiān méi huǒlúzi yě guòlai le(这个冬天没火炉子也过来了)．¶彼は最後までだんまりで～した tā tā mò bú zuòshēng zhídào zuìhòu(他默不作声直到最后)．¶大冊を読み～した bǎ dàbùtóu de shū kànwán le(把大部头的书看完了)．¶42.195キロを最後まで走り～した quánchéng sìshí'èr diǎn yī jiǔ wǔ gōnglǐ jiānchí pǎole xiàlái(全程四十二点一九五公里坚持跑了下来)．

トースター kǎomiànbāoqì(烤面包器)．

トースト kǎomiànbāo(烤面包)．

とおせんぼう【通せん坊】¶両手を広げて～をする zhāngkāi liǎngshǒu dǎng rén bú ràng guòqu(张开两手挡人不让过去)．

トータル zǒngjì(总计)、gòngjì(共计)；zǒngshù(总数)、zǒng'é(总额)、zǒngliàng(总量)．

トーチカ diāobǎo(碉堡)．

とおで【遠出】¶車で～する kāi qìchē dào yuǎnchù qù(开汽车到远处去)．

トーテム túténg(图腾)．¶～ポール túténgzhù(图腾柱)．

ドーナツ yóuzhá miànbāoquān(油炸面包圈)．

トーナメント táotàisài(淘汰赛)．

とおなり【遠鳴り】¶雷の～が聞える cóng yuǎnchù chuánlaile yǐnyǐn de léishēng(从远处传来了隐隐的雷声)．

とおの・く【遠退く】 1 [離れる] ¶橇()の鈴音がしだいに～いていった xuěqiāo de língshēng jiànjiàn yuǎn le(雪橇的铃声渐渐远了)．¶危険はいったい～いた wēixiǎn yǐjīng yuǎnlí le(危险远离了)．

2 [疎遠になる] ¶家が遠くなって彼とも～いてしまった jiā bān yuǎnchù gēn tā yě shūyuǎn le

(家搬远处跟他也疏远了).

3[間遠になる] ¶砲声は～いてやがて完全に止んだ pàoshēng xīshū, bù yíhuìr quán chénmò xialai le (炮声稀疏,不一会儿全沉默下来).

とおのり【遠乗り】 ¶自転車の～をする qí zìxíngchē yuǎnyóu (骑自行车远游).

ドーパミン duōbā'àn (多巴胺), qiǎnglào'àn (羟酪胺).

とおび【遠火】 ¶～で焼く lí huǒ yuǎn yìdiǎnr kǎo (离火远一点儿烤).

ドーピング xīngfènjì (兴奋剂). ¶～で出場停止になる yóuyú shǐyòng xīngfènjì bèi qǔxiāole bǐsài zīgé (由于使用兴奋剂被取消了比赛资格). ¶～コントロール xīngfènjì jiǎnchá (兴奋剂检查).

とおぼえ【遠吠え】 ¶狼の～が聞える tīngjian láng zài yuǎnchù háojiào (听见狼在远处号叫).

とおまき【遠巻き】 ¶人々は喧嘩を～にして見ている rénmen yuǎnyuǎn de wéizhe kàn dǎjià (人们远远地围着看打架).

とおまわし【遠回し】 zhuǎnwānzi (转弯子), ràowānzi (绕弯子), ràoquānzi (绕圈子), dōuquānzi (兜圈子), zhuǎnwān-mòjiǎo (转弯抹角), guǎiwān-mòjiǎo (拐弯抹角), ràowānr (绕弯儿), ràobózi (绕脖子). ¶～でなく単刀直入に言え bié guǎiwān-mòjiǎo, dāndāo-zhírù de shuō ba (别拐弯抹角,单刀直入地说吧). ¶～に断る wǎnyán jùjué (婉言拒绝).

とおまわり【遠回り】 ràoyuǎnr (绕远儿), ràodào[r] (绕道[儿]). ¶この道はかえって～になる zhè tiáo lù kě ràoyuǎn (这条路可绕远). ¶自分の進むべき道を探し出すまでにずいぶん～した zǒule xǔduō wānlù cái zhǎodàole zìjǐ yīng zǒu de lù (走了许多弯路才找到了自己应走的路).

ドーム yuánwūdǐng (圆屋顶).

とおめ【遠目】 **1**[遠視眼] yuǎnshìyǎn (远视眼).

2[遠見] ¶～には良く見える cóng yuǎnchù kàn xiǎnde hǎokàn (从远处看显得好看). ¶彼女は～がきく tā néng kànqīng yuǎnchù de dōngxi (她能看清远处的东西).

ドーラン yóucǎi (油彩). ¶～を塗る tú yóucǎi (涂油彩).

とおり【通り】 **1**[道路] jiē (街), jiēdào (街道), dào (道), lù (路), mǎlù (马路). ¶少し行くと広い～に出る shāo wǎng qián zǒu jiùshì yì tiáo dàmǎlù (稍往前走就是一条大马路). ¶その店は～に面している nà jiā shāngdiàn lín jiē (那家商店临街).

¶銀座～ Yínzuò dàjiē (银座大街).

2[行き来] ¶人の～が少ない xíngrén shǎo (行人少) / láiwǎng de rén shǎo (来往的人少).

¶この家は風の～が悪い zhè fángzi búdà tōngfēng (这房子不大通风). ¶下水の～を良くする shūtōng xiàshuǐdào (疏通下水道).

3[声, 聞えぐあい] ¶～のいい声 hóngliàng de sǎngyīn (洪亮的嗓音). ¶彼はペンネームの方が～がいい tā háishi bǐmíng gèng wéi rén zhīxiǎo (他还是笔名更为人知晓). ¶こう言った方が世間の～がいい zhème jiǎng zài shìshàng shòutīng (这么讲在世上受听).

4[…と同じよう] ¶習った～に作る àn suǒ xué chū de yàngzi zuò (按所学的样子做). ¶いつもの～に出掛けた zhàocháng chūqu le (照常出去了). ¶私の思っていた～になった guǒrán bù chū wǒ suǒ liào (果然不出我所料). ¶まったくその～です nǐ shuōde wánquán duì (你说得完全对) / zhèng rú nǐ suǒ shuō de yìdiǎnr yě búcuò (正如你所说的一点儿也不错) / kěbushì (可不是). ¶御承知の～… rú guì fāng suǒ zhī … (如贵方所知…) / xiàng nǐ suǒ zhīdao de … (像你所知道的…). ¶時間～に発車する zhèngdiǎn kāichē (正点开车). ¶九分～完成した yǒu jiǔ chéng yǐjing wánchéng le (有九成已经完成).

5[助数詞] ¶彼の言葉は2～に解釈できる tā de huà kěyǐ yǒu liǎng zhǒng jiěshì (他的话可以有两种解释). ¶3～の品が揃えてある zhǔnbèile sān yàngr huò (准备了三样儿货). ¶幾～のやり方がありますか yǒu jǐ zhǒng zuòfǎ? (有几种做法?).

とおりあめ【通り雨】 guòyúnyǔ (过云雨), zhènyǔ (阵雨).

とおりいっぺん【通り一遍】 ¶あんな～の説明では分るはずがない nà zhǒng fúfàn de jiěshì, nǎ néng jiào rén míngbai (那种浮泛的解释,哪能叫人明白). ¶～の挨拶ですます biǎomiàn yìngchou jǐ jù liǎoshì (表面应酬几句了事).

とおりかかる【通り掛る】 ¶事故が起きた時私はたまたま現場を～った zhèng dāng shìgù fāshēng de shíhou wǒ ǒurán lùguò nàge dìfang (正当事故发生的时候我偶然路过那个地方). ¶運よく～った船に助け上げられた xìng'ér bèi guòlù de chuán dājiù shanglai (幸而被过路的船搭救上来). ¶～の人に頼んで車を呼んでもらう qiú guòlù de rén gěi jiàolái liàng chēzi (求过路的人给叫了辆车子).

とおりこ・す【通り越す】 zǒuguò (走过). ¶話に夢中になってその店に気がつかないうちに～してしまった guānggù shuōhuà, zǒuguòle nà jiā shāngdiàn dōu bù zhīdào (光顾说话,走过了那家商店都不知道). ¶苦しい時期は～した kùnnan de shíqī guòqu le (困难的时期过去了).

とおりすがり【通りすがり】 ¶～の人に道を聞く xiàng guòlù de rén wèn lù (向过路的人问路). ¶～に本屋をのぞく shùnlù dào shūdiàn qù kànkan (顺路到书店去看看).

とおりす・ぎる【通り過ぎる】 zǒuguò (走过). ¶考えまをしていて自分の家の前を～してしまった xiǎngzhe xīnshì zǒuguòle jiā ménkǒur (想着心事走过了家门口儿). ¶夕立が～ぎた zhènyǔ guòqu le (阵雨过去了). ¶危険は～がまだ用心したほうがいい wēixiǎn suī yǐ guòqu, kě hái yào duōjiā xiǎoxīn (危险虽已过去,可还要多加小心).

とおりそうば【通り相場】 ¶時給800円が～だ yì xiǎoshí bābǎi rìyuán shì yìbān de hángqíng (一小时八百日元是一般的行情). ¶ひと

とおりぬける

りっ子はわがままだというのが〜だ yìbān shuōlai dúshēngzǐ dōu hěn rènxìng(一般说来独生子都很任性).

とおりぬ・ける【通り抜ける】 chuānguò(穿过), chuānxíng(穿行), chuānyuè(穿越). ¶トンネルを〜ける chuānguò suìdào(穿过隧道). ¶この路地は〜けられません zhè tiáo hútòngr chuān bu guòqù(这条胡同儿穿不过去). ¶〜け禁止 jìnzhǐ chuānxíng(禁止穿行).

とおりま【通り魔】 ¶〜事件が多発する lánlù xíngcì shìjiàn pínfán fāshēng(拦路行刺事件频繁发生).

とおりみち【通り道】 zǒudào(走道), tōnglù(通路). ¶〜に物を置かないで下さい qǐng búyào bǎ dōngxi fàngzài zǒudào shang(请不要把东西放在走道上). ¶…だからついでに投函しておげよう zhènghǎo 'shùnlù[shùndào], wǒ gěi nǐ tóu yóutōng ba(正好'顺路[顺道], 我给你投邮筒吧).

とお・る【通る】 1〔通行する, 通過する〕tōng(通), tōngguò(通过). ¶道路の右側を〜る kào dàolù yòubianr zǒu(靠道路右边儿走). ¶マラッカ海峡は毎日たくさんの船が〜る Mǎliùjiǎ Hǎixiá měitiān yǒu hěn duō chuán 'tōngguò[chuānliú-búxī](马六甲海峡每天有很多船'通过[川流不息]). ¶道幅が狭くて車が〜れない lù hěn zhǎi, qìchē 'kāi bu guòqù[tōngbuguò](路很窄, 汽车'开不过去[通不过]). ¶あの電線には高圧電流が〜っている nàge diànxiàn tōngzhe gāoyādiàn(那个电线通着高压电). ¶何度もその前を〜りながら気付かなかった zài zhè zhī qián jīngguòle hǎo jǐ cì, kě yìzhí méi zhùyìdào(在这之前经过好几次, 可一直没注意到). ¶通用門を〜って中に入る cóng biànmén jìnqu(从便门进去). ¶シベリアを〜ってヨーロッパへ行く jīng Xībólìyà dào Ōuzhōu qù(经西伯利亚到欧洲去). ¶詰っていた鼻が〜った tōngqì de bízi tōngqì le(不通气的鼻子通气了).

2〔開通する〕tōng(通). ¶近日中に駅までバスが〜る bùjiǔ gōnggòng qìchē tōngdào huǒchēzhàn(不久公共汽车通到火车站). ¶この村はまだ水道が〜っていない zhège cūnzi hái méiyǒu zìláishuǐ(这个村子还没有自来水).

3〔部屋などに〕 ¶どうぞ奥へお〜り下さい qǐng dào lǐwū(请到里屋). ¶彼は勝手に上座へ〜った tā suíyì zǒuguoqu jiùle shàngzuò(他随意走过去就了上座).

4〔穴や狭いところなどを〕chuān(穿), chuānguò(穿过). ¶糸が太すぎて針穴に〜らない zhè xiàn tài cū chuānbuguò zhēnbír(这线太粗穿不过针鼻儿). ¶トンネルを〜って海辺へ出た tōngguò suìdào dàole hǎibiān(通过隧道到了海边). ¶心配で御飯がのどを〜らない dānxīnde fàn yě chī bu xiàqù(担心得饭也吃不下去).

5〔裏や中まで〕tòu(透). ¶明りの〜らぬカーテン bú tòuliàngr de chuānglián(不透亮儿的窗帘). ¶外套を〜る寒気 zhí tòu wàitào de hánqì(直透外套的寒气). ¶雨が肌まで〜って

838

気持が悪い bèi yǔ líntòule hěn bù shūfu(被雨淋透了很不舒服). ¶この部屋は風が〜らない zhè jiān wūzi bú tòufēng(这间屋子不透风). ¶肉に火が〜っていない zhè ròu hái qiàn diǎnr huǒhour(这肉还欠点儿火候儿).

6〔試験, 審査などを〕tōngguò(通过). ¶やっと試験に〜った hǎoróngyì cái kǎoshàng le(好容易才考上了). ¶予選を3位で〜る yǐ dì sān míng tōngguò yùsài(以第三名通过预赛). ¶法案が議会を〜った fǎ'àn zài yìhuì tōngguò le(法案在议会通过了).

7〔声や名などが〕 ¶彼の声はよく〜る tā de shēngyīn hěn hóngliàng(他的声音很洪亮). ¶発声が悪いので台詞(せりふ)が〜らない fāshēng bù hǎo, táicí tīng bu qīngchu(发声不好, 台词听不清楚). ¶世間に名の〜った人 míngwén yú shì[wénmíng tiānxià] de rén(名闻于世[闻名天下]的人).

8〔筋道などが〕 ¶筋の〜った話だ shuōde rùqíng-rùlǐ(说得入情入理). ¶彼には一本筋が〜っている zhège rén hěn yǒu gǔjí(这个人很有骨气). ¶この文はそう解釈しても〜る zhège jùzi nàyàng jiěshì yě tōng(这个句子那样解释也通).

9〔容認される, 貫徹される〕 ¶自分勝手は〜らないぞ zhǐgù zìjǐ shì xíngbutōng de(只顾自己是行不通的). ¶そんな理屈が〜ると思うかい nǐ yǐwéi nà zhǒng lǐyóu néng jiǎngdetōng ma?(你以为那种理由能讲得通吗?). ¶我々の主張が〜った wǒmen de zhǔzhāng bèi cǎinà le(我们的主张被采纳了). ¶無理が〜れば道理引っ込む ruò wúlǐ dāngdào, zhēnlǐ hé cún(若无理当道, 真理何存).

10〔通用する〕 ¶彼は世間では学者で〜っている tā zài shèhuìshang bèi rènwéi shì ge xuézhě(他在社会上被认为是个学者). ¶それは商売仲間にだけ〜る符丁だ zhè shì zhǐ zài tóngháng zhōng tōngyòng de hánghuà(这是只在同行中通用的行话).

トーン〔音の〕diàozi(调子), yīnsè(音色);〔色の〕sèdiào(色调). ¶色彩の〜が面白い sèdiào de gòuchéng hěn yǒu yìsi(色调的构成很有意思).

とか【渡河】 dù hé(渡河).

-とか 1〔例示〕 ¶肉〜野菜〜果物〜いっぱい買い込んだ ròu ya, cài ya, shuǐguǒ ya, mǎile yí dà duī(肉呀, 菜呀, 水果呀, 买了一大堆). ¶本で調べる〜人に聞く〜何か方法があるだろう chá shū huòzhě xiàng rén dǎtīng zǒng yǒu shénme bànfǎ ba(查书或者向人打听总有什么办法吧). ¶ああだ〜こうだ〜文句ばかり言っている zhè bú shì nà bú shì de jìng fā láosāo(这不是那不是地净发牢骚).

2〔不確実〕 ¶中村〜いう人から電話がありました yǒu ge jiàozuò Zhōngcūn shénme de rén láile ge diànhuà(有个叫做中村什么的人来了个电话). ¶彼は面白くない〜で会社をやめたそうだ tīngshuō shì tā duì nàge gōngsī bù mǎnyì cízhí bú gàn le(听说是他对那个公司不满意辞职不干了).

とが【咎】 cuò(错), guòcuò(过错); zuì(罪). ¶誰の～でもない私が悪いのだ bú shì shéi de cuò, quán shì wǒ bù hǎo(不是谁的错,全是我不好). ¶何の～もない子供に当たる bié xiàng wúgū de háizi fā píqi(别向无辜的孩子发脾气).

とかい【都会】 dūhuì(都会), dūshì(都市), chéngshì(城市), chéngyì(城邑). ¶大~に憧れる xiàngwǎng dàchéngshì(向往大城市). ¶彼女はいかにも～的だ tā kě zhēn shì ge chénglǐrén(她可真是个城里人). ¶地方の生活も次第に～化してきた dìfang de shēnghuó yě zhújiàn chéngshìhuà le(地方的生活也逐渐城市化了).

どがいし【度外視】 採算を～する bǎ yíngkuī zhì zhī dùwài(把盈亏置之度外).

とがき【ト書】 wǔtái tíshì(舞台提示).

とかく【兎角】 1【あれやこれや】 ¶～するうちに一月たった zuò nà zuò zhè yí ge yuè jiù guòqu le(做那做这一个月就过去了). ¶彼には～の噂がある guānyú tā yǒu zhǒngzhǒng fēngwén(关于他有种种风闻).
2 ¶固くなると～失敗しがちだ jǐnzhāng jiù róngyì shībài(紧张就容易失败). ¶～人のことは気になるものだ bù zhī wèishénme zǒng qiānguàzhe rénjia de shì(不知为什么总牵挂着人家的事). ¶～この世は住みにくい zǒngzhī zhè shìdào bù hǎoguò(总之这世道不好过).

とかげ【蜥蜴】 xīyì(蜥蜴), sìjiǎoshé(四脚蛇), shílóngzǐ(石龙子).

とか・す【梳かす】 shū(梳), lǒng(拢). ¶髪を～す shū tóufa(梳头发).

とか・す【溶かす・解かす】 huà(化). ¶雪を～して飲水にする huà xuě zuò yǐnshuǐ(化雪做饮水). ¶粉ミルクを湯に～して赤ん坊に飲ませる yòng kāishuǐ chōng nǎifěn gěi wáwa chī(用开水冲奶粉给娃娃吃). ¶絵具を油で～す yòng yóu tiáoyún yánliào(用油调匀颜料). ¶炉で鉄を～す yòng rónglú huà tiě(用熔炉化铁).

どか・す【退かす】 nuó(挪), nuókāi(挪开), nákāi(拿开). ¶その物をどかせ bǎ nàge dōngxi gěi nuó yi nuó(把那个东西给挪一挪).

どかた【土方】 zhuànggōng(壮工), xiǎogōng(小工).

どかっと ¶注文が～きた dìnghuò yíxiàzi láile yí dà pī(订货一下子来了一大批). ¶株価が～下がった gǔpiào jiàgé měngdiē(股票价格猛跌). ¶～降った xiàle yì cháng dàxuě(下了一场大雪).

どかどか ¶若者の一団が～と電車に乗り込できた yì bāng niánqīngrén dēngdēngdēngde chuǎngjìn diànchēli lái le(一帮年轻人噔噔噔地闯进电车里来了).

とがめだて【咎め立て】 zébèi(责备), zénàn(责难). ¶いちいち～をするな búyào yīyī zénàn(不要一一责难).

とが・める【咎める】 zébèi(责备), zéguài(责怪), zénàn(责难). ¶娘の無作法を～める zébèi nǚ'ér méiyǒu lǐmào(责备女儿没有礼貌). ¶皆は～めるような目で私を見た dàjiā yǐ zénàn de yǎnguāng chǒu wǒ(大家以责难的眼光瞅我). ¶黙っているのは～める bù shuō juéde kuī xīn(不说觉得亏心). ¶夜道で警官に～められた zǒu yèlù shòudào jǐngchá de zéwèn(走夜路受到警察的责问). ¶できものを～めてしまった chuāng bèi zhuānao biànde gèngjiā lìhai le(疮被抓挠变得更加厉害了).

とがら・す【尖らす】 ¶鉛筆の芯を～める bǎ bǐxīn xiāojiān(把笔芯削尖). ¶錐の先を～す bǎ zhuījiān mójiān(把锥尖磨尖). ¶彼女は不満そうに口を～した tā bùmǎn de juēle zuǐ(她不满地撅了嘴). ¶声を～してののしる táigāo sǎngménr shǔluo rén(抬高嗓门儿数落人)/jiānshēng-jiānqì de mà rén(尖声尖气地骂人). ¶彼はぴりぴりと神経を～している tā shénjīng bēngde jǐnjǐn de(他神经绷得紧紧的).

とが・る【尖る】 jiān(尖). ¶先が鋭く～している jiānr fēicháng jiān(尖儿非常尖). ¶～った顔 jiān xiàbākēr de liǎn(尖下巴颏儿的脸). ¶彼女は今神経が～っている tā xiànzài shénjīng tài guòmǐn(她现在神经太过敏). ¶だんだん声が～ってきた sǎngménr jiànjiānr gāo le(嗓门儿渐尖儿高了).

どかん hōng(轰), hōnglōng(轰隆). ¶バスとトラックが～とぶつかった gōnggòng qìchē hé kǎchē měngrán xiāng zhuàng(公共汽车和卡车猛然相撞). ¶マッチを擦ったとたん～と爆発した gāng yì huá huǒchái hōng de yì shēng jiù bàozhà le(刚一划火柴轰地一声就爆炸了). ¶親父から～と一発やられた áile fùqin yí dùn mà(挨了父亲一顿骂).

どかん【土管】 táoguǎn(陶管), gāngguǎn(缸管).

とき【時】 1【時間, 時刻】 shíjiān(时间), shíkè(时刻), shíhou(时候), shíguāng(时光), chénguāng(辰光). ¶～は金なり yí cùn guāngyīn yí cùn jīn(一寸光阴一寸金). ¶～人を待たず suì bù wǒ yǔ(岁不我与). ¶すべては～が解決してくれる shíjiān huì jiějué yíqiè de(时间会解决一切的). ¶おしゃべりに夢中で～のたつのも忘れた liáotiān liáorù shén, bù jué shíjiān yǐjing guòqu(聊天聊入了神,不觉时间已经过去). ¶そのことが～の間も忘れられない nà shì yìshí yíkè yě wàngbuliǎo(那事一时一刻也忘不了). ¶東西で～を同じくして開始された tóngshí zài dōngxī liǎngdì kāishǐ le(同时在东西两地开始了). ¶しばらく～をおいて訪ねてみる gé xiē shíhou zài qù bàifǎng kànkan(隔些时候再去拜访看看). ¶～を移さず攻撃に出る dāngjí fādòng jìngōng(当即发动进攻). ¶援軍が来るまで～を稼ぐ yíngdé shíjiān děng yuánjūn gǎndào(赢得时间等援军赶到). ¶時計がちくたくと～を刻む zhōngbiǎo de dīdā shēng shēng shíjiān guòqu le(钟表的滴答声声时间过去了). ¶鶏が～をつくる jīmíng bàoxiǎo(晨鸡报晓)/ gōngjī dǎmíng(公鸡打鸣儿). ¶始業の～を知らせるサイレン bào shàngbān shàngkè de qídí(报上班时刻的汽笛).

2【時点, 場合】 shí(时), shíhou(时候), chénguāng(辰光). ¶試験の～にあがってしまって失

敗した kǎoshì shí yìshí jǐnzhāng kǎozá le（考试时一时紧张考砸了）. ¶私が12の〜母が亡くなった wǒ shí'èr suì de shíhou mǔqin qùshì de（我十二岁的时候母亲去世的）. ¶食事〜に訪ねるのは失礼だ chīfàn de shíjiān qù bàifǎng, wèimiǎn tài shīlǐ le（吃饭的时间去拜访，未免太失礼了）. ¶気がついた〜はもう5時を過ぎていた xiǎngqǐlai de shíhou yǐjīng guò wǔ diǎn le（想起来的时候已经过五点了）. ¶家を出た〜雨はまだ降っていなかった gāng chūmén nà huìr yǔ hái méiyǒu xià w（刚出门那会儿雨还没有下呢）. ¶困っている〜はお互いさまだ kùnnan de shíhou bǐcǐ dōu yíyàng（困难的时候彼此都一样）. ¶今はそんなことをしている〜ではない xiànzài kě bú shì zuò zhè zhǒng shì de shíhou（现在可不是做这种事的时候）. ¶来〜悪い〜に来たものだ láide zhèng bú shì shíhou（来得正不是时候）. ¶〜が来れば私の正しいことが分るだろう shíjiān huì zhèngmíng wǒ shì zhèngquè de（时间会证明我是正确的）. ¶それは〜と場合による nà yào kàn shíjiān hé chǎnghé（那要看时间和场合）. ¶〜に応じて話し方を変える shuōhuà kàn fēng shǐ duò（说话看风使舵）. ¶こんな〜こそ君がしっかりしなくては zhèngshì zài zhè zhǒng shíhou cái gèng xūyào nǐ tǐngzhù（正是在这种时候才更需要你挺住）. ¶いかなる〜にも彼は落ち着いている zài rènhé qíngkuàng xià tā dōu bú dòng shēngsè（在任何情况下他都不动声色）. ¶〜が〜だから大変だ shí bú còuqiǎo gèng shì nánbàn（时不凑巧更是难办）. ¶非常の〜にはこの限りではない jǐnjí qíngkuàng ˈchúwài［bú zài cǐ xiàn］（紧急情况ˈ除外［不在此限］）. ¶国家存亡の〜 guójiā wēijí cúnwáng zhī qiū（国家危急存亡之秋）.

3〔季節，時代，時期〕shí（时），shíhou（时候），shíjié（时节），shíqī（时期）. ¶桜の〜にまたおいで下さい yīnghuā shèngkāi shíjié qǐng zài lái（樱花盛开时节请再来）. ¶それは平家全盛の〜だった nà zhèngshì Píngjiā de quánshèng shíqí（那正是平家的全盛时期）. ¶若い〜は二度と来ない qīngchūn yí qù bú fù fǎn（青春一去不复返）.

4〔好機〕shíjī（时机）. ¶話す〜は今だ xiànzài zhèngshì shuō de shíhou（现在正是说的时候）. ¶〜が来るまで待とう děngdài shíjī dàolái（等待时机到来）. ¶〜すでに遅し wéi shí yǐ wǎn（为时already）. ¶〜を得た忠告 shìshí de zhōnggào（适时的忠告）. ¶彼には〜を見る目がある tā néng kànzhǔn shíjī（他能看准时机）.

5〔その時〕dāngshí de zhèngfǔ（当时的政府）. ¶〜の政府 dāngshí de zhèngfǔ（当时的政府）. ¶〜の人 shírén（时人）/ xīnwén rénwù（新闻人物）.

とき【鴇・朱鷺】zhūhuán（朱鹮），zhūlù（朱鹭）.
どき【土器】wǎqì（瓦器），táoqì（陶器）. ¶縄文式〜 shéngwénshì táoqì（绳文式陶器）.
どき【怒気】nùqì（怒气）. ¶満面に〜をたたえる nùróng mǎnmiàn（怒容满面）. ¶〜を帯びた声 dài nùqì de shēngyīn（带怒气的声音）.
ときおり【時折】yǒushí（有时），yǒushíhou（有时候），ǒu'ěr（偶尔），jiànhuò（间或）. ¶あの人からは〜便りがある cóng tā nàr ǒu'ěr lái fēng xìn（从他那儿偶尔来封信）. ¶彼は〜思い出したようにやって来る tā yǒushíhou hūdì chuánmén lái（他有时候忽地串门来）.

とぎすま・す【研ぎ澄ます】¶〜したナイフ mókuàile de xiǎodāo（磨快了的小刀）. ¶神経を〜して敵の動静をうかがう zhújìng zhùshì kuītàn dírén de dòngjing（集中注意力窥探敌人的动静）. ¶〜された感性 mǐnruì zhuómó de gǎnxìng（敏锐琢磨的感性）.

ときたま【時たま】yǒushí（有时），yǒushíhou（有时候），ǒu'ěr（偶尔），ǒuhuò（偶或），jiànhuò（间或）. ¶〜町で彼を見かける yǒushíhou zài jiēshang kànjian tā（有时候在街上看见他）. ¶それは〜のことだ nà shì ǒu'ěr de shì（那是偶尔的事）.

どぎつ・い¶〜い色 cìyǎn de yánsè（刺眼的颜色）. ¶彼女は〜い化粧をしている tā huàzhuāng huàde guàilǐguàiqì de（她化妆化得怪里怪气的）. ¶〜く表現して関心を引く yòng cìjī de yáncí rě rén zhùyì（用峻厉的言词惹人注意）.

ときどき【時時】**1**〔折折〕yǒushí（有时），yǒushíhou（有时候），ǒu'ěr（偶尔），jiànhuò（间或）. ¶〜傷が痛む shāngchù yǒushí fāténg（伤处有时发疼）. ¶〜テニスをする ǒu'ěr dǎda wǎngqiú（偶尔打打网球）. ¶〜は家にも遊びに来て下さい yǒu kòng yě dào wǒ jiā lái wánr ba（有空时请到我家来玩儿吧）. ¶〜人が見舞に来る jiànhuò yǒu rén lái kànwàng（间或有人来看望）. ¶曇り〜晴 yīn jiān qíng（阴间晴）.

2〔その時その時〕¶〜の花をめでる xīnshǎng yìngshí de huār（欣赏应时的花儿）. ¶この絵はその〜で受ける感じが違う měicì kàn zhè zhāng huà dōu yǒu bùtóng de gǎnshòu（每次看这张画都有不同的感受）.

どきどき tūtū（突突），pēngpēng（怦怦），bēngbēng（嘣嘣），tōngtōng（嗵嗵）. ¶走って来たのでまだ胸が〜している pǎozhe lái, xīnzàng hái zhí pēngpēngtōngtōng de tiào（跑着来，心脏还直扑通扑通地跳）. ¶〜しながら発表を待つ xīnli pēngpēng de tiàozhe, děngdài gōngbù lùqǔ míngdān（心里怦怦地跳着，等待公布录取名单）.

ときならぬ【時ならぬ】¶〜雪に子供たちは大はしゃぎだ xiàle ˈbùhé jìjié［chūhū yìliào zhī wài］ de xuě, háizimen lède liǎobude（下了ˈ不合季节［出乎意料之外］的雪，孩子们乐得了不得）. ¶彼の〜訪問にあわててしまった tā tūrán wǎngfǎng wǒ jiā, jiào wǒ bù zhī suǒ cuò（他突然来访我家，叫我不知所措）.

ときに【時に】**1**〔たまに〕yǒushí（有时），ǒu'ěr（偶尔），ǒuhuò（偶或），jiànhuò（间或）. ¶彼でさえも〜間違えることがある jiùshì tā yě ǒu'ěr huì chū cuò de（就是他也偶尔会出错的）.

2〔時あたかも〕¶〜康熙55年 shízhí Kāngxī wǔshíwǔ nián（时值康熙五十五年）.

3〔ところで〕¶〜大変でしたね，〜あの件はどうなっていますか nà kě tài xīnkǔ le. ò, nà

jiàn shì zěnmeyàng le?(那可太辛苦了。哦,那件事大约怎么样了?). ¶～何かいい話はないか nǐ shuō, yǒu shénme hǎoshìr méiyǒu?(你说,有什么好事ル没有?).

ときには【時には】 yǒushí(有时), ǒu'ěr(偶尔). ¶こんな物でも～役に立つ zhège dōngxi yǒushí yě yǒuyòng(这个东西有时也有用). ¶～やさしい言葉の一つもかけておやりなさい yǒushí yě děi shuō jù tǐtiē rén de huà ba(有时也得说句体贴人的话吧).

ときのこえ【鬨の声】 nàhǎnshēng(呐喊声). ¶～をあげる nàhǎn(呐喊).

ときはな・す【解き放す】 ¶人々を因習から～す bǎ rénmen cóng jiùxísú zhōng jiěfàng chulai(把人们从旧习俗中解放出来).

ときふ・せる【説き伏せる】 shuōfú(说服). ¶彼を～せるのは容易でない shuōfú tā kě bù róngyì(说服他可不容易).

どぎまぎ ¶急に指名されて～した tūrán bèi zhǐmíng, zháole huāng(突然被指名,着了慌).

ときめかす ¶胸を～しながら手紙を開く yìzhí bu zhù nèixīn de xǐyuè chāikāile xìn(抑制不住内心的喜悦拆开了信).

ときめ・く ¶期待に胸が～く wèi qīdài ér xīngfèn(为期待而兴奋). ¶それを見て胸の～くを覚えた kànle nàge juéde xīn tūtū de tiào(看了那个觉得心突突地跳).

ときめ・く【時めく】 ¶今を～くスター shí dāng zǒuhóng de míngxīng(时当走红的明星).

どぎも【度肝】 ¶あいつのやり方には～を抜かれた nàge jiāhuo de zuòfǎ jiǎnzhí xiàpòle wǒ de dǎn(那个家伙的做法简直吓破了我的胆).

ドキュメンタリー ¶～小説 jìshí xiǎoshuō(纪实小说). ～フィルム jìlùpiàn(记录片)/ jìlùpiānr(记录片ル).

どきょう【度胸】 dǎnliàng(胆量), dǎn[r](胆[ル]), dǎnzi(胆子). ¶初めてにしてはいい～だ chūcì gàn suàn hǎo dǎdǎn(初次干算好胆量). ¶あいつは～のない奴だ nà jiāhuo dǎnxiǎo rú shǔ(那家伙胆小如鼠). ¶～をすえて出掛けていった zhuàngzhe dǎn chūqu le(壮着胆出去了). ¶なかなか～の据わった男だ zhēn shì gè dǎnlì guòrén de nánzǐhàn(真是个胆力过人的男子汉). ¶男は～女は愛嬌 nán yào gāng nǚ yào róu(男要刚女要柔).

どきょう【読経】 niànjīng(念经). ¶本堂から～の声が聞える cóng dàdiàn lǐ chuánlái niànjīng de shēngyīn(从大殿里传来念经的声音).

ときょうそう【徒競争】 sàipǎo(赛跑).

どきりと ¶図星をさされて～した bèi dàopòle xīnshì, xiàle yí tiào(被道破了心事,吓了一跳).

とぎれとぎれ duànduan-xùxù(断断续续). ¶涙で話も～だ lèiwāngwāng de huà yě shuōjù bù jiē xiàjù(泪汪汪的话也上句不接下句). ¶行列は～ながらも何キロにもわたって続いた duìwu duànduan-xùxù de yǒu jǐ gōnglǐ cháng(队伍断断续续地有几公里长). ¶隣家の話し声が～に聞こえてくる línjù de shuōhuàshēng shíduàn-shíxù de néng tīngjiàn(邻居的说话声时断时续地能听见).

とぎ・れる【途切れる】 duàn(断), zhōngduàn(中断), jiànduàn(间断), duànjué(断绝). ¶故障でテレビの音声が一時～れた chūle máobìng, diànshì de shēngyīn zànshí zhōngduàn le(出了毛病,电视的音声暂时中断了). ¶車の往来が～れなく続いている qìchē wǎnglái bùjué(汽车往来不绝)/ chēliàng chuānliú-bùxī(车辆川流不息). ¶重苦しい雰囲気に話も～れがちだ zài chényù de qìfēn zhōng huà yě yì jiànduàn(在沉郁的气氛中话也易间断).

と・く【溶く・解く】 ¶小麦粉を水で～く bǎ miànfěn yòng shuǐ tiáo(把面粉用水调). ¶ペンキをシンナーで～いて使う yóuqī yòng xīshìjì tiáoyún tǎi shǐ(油漆用稀释剂调匀来使). ¶薬を～く huò yào(和药).

と・く【解く】 **1** [ほどく] jiě(解), jiěkai(解开). ¶包の紐を～く jiěkai bāoguǒ de shéngzi(解开包裹的绳子). ¶結び目を～く jiě shéngkòur(解绳扣ル). ¶荷物を～いて中身を出す jiě[dǎ]kāi xínglǐ bǎ dōngxi nálai(解[打]开行李把东西拿来). ¶もつれた糸を～く lǐ yi lǐ luàn xiàn(理一理乱线). ¶着物を～いて仕立て直す chāi yīshang chóngxīn zài féng(拆衣裳重新再缝).

2 [解除する] jiěchú(解除). ¶外出禁止令が～かれた wàichū jìnlìng jiěchú le(外出禁令解除了). ¶相手は用心深くてなかなか警戒心を～かない duìfang hěn jǐngtì, bú yì xiāochú jièxīn(对方很警惕,不易消除戒心). ¶城の囲みを～く jiěchú duì chéngbǎo de bāowéi(解除对城堡的包围). ¶隊長の任を～く jiěchú lǐngduì de zhíwù(解除领队的职务).

3 [消し去る] xiāochú(消除). ¶警察は彼に対する疑いを～いた jǐngchá xiāochúle duì tā de huáiyí(警察消除了对他的怀疑). ¶早いうちに誤解を～いておいた方がいい zuìhǎo jǐnkuài xiāochú wùhuì(最好尽快消除误会).

4 [答を出す] jiě(解). ¶次の方程式を～きなさい jiě xiàliè fāngchéngshì(解下列方程式). ¶古代史の謎を～く jiě gǔdàishǐ zhī mí(解古代史之谜). ¶なぞなぞを～く cāi míyǔ(猜谜语).

と・く【説く】 ¶温泉の効用を～く shuōmíng wēnquán de gōngnéng(说明温泉的功能). ¶改革の必要性を～く chǎnmíng gǎigé de bìyào(阐明改革的必要). ¶道理を～く jiǎng dàoli(讲道理)/ jiǎng lǐ(讲理)/ shuō lǐ(说理).

と・く【得】 ¶同じ値段でこちらの方が～だ tóng yí gè jiàqian, zhège jīngjì shíhuì(同一个价钱,这个经济实惠). ¶暖房はガスと石油とどちらが～ですか tuǎnqì yòng méiqì hé méiyóu, nǎ ge jīngjì xiē?(暖气用煤气或煤油,哪个经济些?). ¶早く買っておいてずいぶん～をした mǎide zǎo piányile bùshǎo(买得早便宜了不少). ¶彼女は年より若く見えて～をしている tā zhǎngde shàoxiang kě zhàn piányi(她长得少相可占便宜). ¶株を売って100万円～した màile gǔpiào zhuànle yìbǎi wàn rìyuán(卖了股票赚了一百万日元). ¶彼は1文の～にもならないことを一所懸命やっている tā pīnmìng

がんばって一つ字儿も赚らないで(他拼命干着一个子儿不赚的事). ¶彼は誰からも好かれる〜な性分だ shuí dōu xǐhuan tā, kě yǒu fúqi(谁都喜欢他,可有福气).

とく【德】dé(德). ¶〜の高い人 dégāo-wàngzhòng de rén(德高望重的人). ¶氏の〜を慕って多くの人が集まった jìngyǎng tā de déwàng, xǔduō rén jùjí ér lái(敬仰他的德望,许多人聚集而来). ¶〜をもって怨みに報ゆ yǐ dé bào yuàn(以德报怨). ¶友の助力を〜とする gǎnxiè péngyou de bāngzhù(感谢朋友的帮助).

と・ぐ【研ぐ・磨ぐ】 **1**[刃物などを] mó(磨), gàng(钢). ¶包丁を砥石で〜ぐ yòng módàoshí mó càidāo(用磨刀石磨菜刀).
2[米などを] táo(淘). ¶米を〜ぐ táo mǐ(淘米). ¶〜ぎ汁 táomǐshuǐ(淘米水)/ mǐgānshuǐ(米泔水).

ど・く【退く】→のく.

どく【毒】dú(毒). ¶〜を盛る xià dúyào(下毒药)/ xià yào(下药). ¶を仰いで死ぬ fúdú ér sǐ(服毒而死). ¶全身に〜が広がる(毒性扩散到全身). ¶飲み過ぎは体に〜だ jiǔ hēguòduōle duì shēntǐ yǒuhài(酒喝过多了对身体有害). ¶こんなに素敵な洋服は若い娘には目の〜だ zhème piàoliang de yīfu shǐ niánqīng de nǚháizi 'yǎnrè[yǎnhóng](这么漂亮的衣服使年轻的女孩子'眼热[眼红]). ¶あいつは〜にも薬にもならない男だ nàge jiāhuo zhēn shì ge 'kěyǒukěwú[wú zú qīngzhòng] de rén(那个家伙真是个'可有可无[无足轻重]的人). ¶〜を食らわば皿まで yī bú zuò, èr bù xiū(一不做,二不休). ¶〜を以て〜を制す yǐ dú gōng dú(以毒攻毒).

とくい【特異】tèyì(特异). ¶彼は〜な能力を持っている tā jùyǒu tèyì de gōngnéng(他具有特异的功能). ¶〜体質 tèyìzhì(特异质).

とくい【得意】 **1**[満足,自慢] déyì(得意), zìdé(自得). ¶彼は今〜の絶頂にある tā xiànzài chūnfēng déyì dàole jídiǎn(他现在春风得意到了极点). ¶珍しいものを手に入れて〜になっている zhēnpǐn nòngdào shǒu, tā yángyáng zìdé(珍品弄到手,他扬扬自得). ¶子供はほめられて〜そうな顔をした háizi shòudào biǎoyáng, xiǎnde jiāo'ào(孩子受到表扬,显得骄傲). ¶〜気に見せびらかす zì míng déyì de gěi rén kàn(自鸣得意地给人看). ¶彼は優勝して満面だ tā déle guànjūn déyì yángyáng(他得了冠军得意扬扬).
2[得手] náshǒu(拿手), shàncháng(擅长), jiàncháng(见长). ¶彼は計算が〜だ tā shàncháng jìsuàn(他擅长计算). ¶お〜の料理で客をもてなす tā náshǒucài lái kuǎndài kèrén(他拿手菜来款待客人). ¶鉄棒はこの選手が最も〜とする種目だ dāngàng shì zhège yùndòngyuán zuì náshǒu de xiàngmù[de qiángxiàng](单杠是这个运动员'最拿手的项目[的强项]).
3[顧客] zhǔgù(主顾), gùzhǔ(顾主), kèhù(客户), gùkè(顾客). ¶あの方は手前どもの長年のお〜です nà wèi shì wǒ diàn de lǎo zhǔgù(那位是我店的老主顾). ¶この店は女性のお〜が多い zhè jiā diàn fùnǚ de zhǔgù duō(这家店妇女的主顾多). ¶〜先を訪問する zǒufǎng kèhù(走访客户).

とくいく【德育】déyù(德育).

どぐう【土偶】tǔ'ǒu(土偶).

どくうつぎ【毒空木】mǎsāng(马桑).

どくえき【毒液】dúyè(毒液).

どくえん【独演】¶《西游记》を〜する dānrén shuōchàng《Xīyóujì》(单人说唱《西游记》). ¶会議は彼の〜会に終った nàge huì chéngle tā de dújiǎoxì(那个会成了他的独角戏).

どくが【毒牙】dúyá(毒牙).

どくが【毒蛾】dú'é(毒蛾).

どくがく【笃学】dǔxué(笃学). ¶〜の士 dǔxué zhī shì(笃学之士).

どくがく【独学】zìxué(自学), zìxiū(自修). ¶〜で中国語を学ぶ zìxué Zhōngwén(自学中文).

どくガス【毒ガス】 dúqì(毒气), dúwǎsī(毒瓦斯). ¶〜弾 dújìdàn(毒剂弹)/ dúqìdàn(毒气弹)/ wǎsīdàn(瓦斯弹).

とくぎ【特技】tècháng(特长), zhuāncháng(专长), shàncháng(擅长). ¶鉄棒の〜を披露する biǎoyǎn dāngàng zuì náshǒu de jìqiǎo(表演单杠最拿手的技巧). ¶通訳になって〜を生かして通訳になる lìyòng huì Zhōngwén zhège zhuāncháng dāng fānyì(利用会中文这个专长当翻译).

どくけ【毒气】¶すっかりあいつの〜にあてられた tā de èdújìnr zhēn jiào rén shòubuliǎo(他的恶毒劲儿真叫人受不了). ¶彼はまったく〜のない人だ zhēn shì xīn wú dǎiyì de rén(他真是心无歹意的人). ¶早口にまくしたてられてすっかり〜を抜かれた tā shuǎ de nà zuǐpízi jiào rén zhāngkǒu-jiéshé(他耍的那嘴皮子叫人张口结舌).

どくけし【毒消し】jiědú(解毒); jiědújì(解毒剂).

とくさ【木贼】mùzéi(木贼).

どくさい【独裁】dúcái(独裁). ¶あの会社は社長の〜だ nà jiā gōngsī zǒngjīnglǐ zhuānhèng(那家公司总经理专横). ¶〜者 dúcáizhě(独裁者). ¶〜政治 dúcái zhèngzhì(独裁政治). プロレタリアート〜 wúchǎnjiējí zhuānzhèng(无产阶级专政).

とくさく【得策】shàngcè(上策). ¶名よりも実をとるほうが〜だ shě míng qǔ shí wéi shàngcè(舍名取实为上策). ¶いま中止するのは〜ではない xiànzài zhōngzhǐ bú shì shàngcè(现在中止不是上策).

どくさつ【毒杀】dúshā(毒杀), dúsǐ(毒死), yào(药). ¶武大は西門慶と潘金蓮に〜された Wǔ Dà bèi Xīmén Qìng hé Pān Jīnlián dúsǐ le(武大被西门庆和潘金莲毒死了).

とくさん【特産】tèchǎn(特产). ¶茅台酒は貴州の〜です Máotáijiǔ shì Guìzhōu de tèchǎn(茅台酒是贵州的特产).

¶～物 tèchǎn(特产)/ tǔchǎn(土产)/ tǔwù(土物).

とくし【特使】 tèshǐ(特使), zhuānshǐ(专使). ¶国連へ～を派遣する xiàng Liánhéguó pàiqiǎn tèshǐ(向联合国派遣特使).

どくじ【独自】 dúdào(独到), dútè(独特). ¶～の見解 dúdào de jiànjiě(独到的见解). ¶～に調査を進める dúzì jìnxíng diàochá(独自进行调查).

とくしか【篤志家】 ¶～から寄付を募る xiàng rénrén-zhìshì mùjí juānkuǎn(向仁人志士募集捐款).

とくしつ【特質】 tèzhì(特质). ¶唐代文化の～ Tángdài wénhuà de tèzhì(唐代文化的特质).

とくしつ【得失】 déshī(得失). ¶～相半ばする déshī cānbàn(得失参半). ¶策の～を論ずる lùn qí cè de déshī(论其策的得失).

とくじつ【篤実】 dǔhòu(笃实). ¶温厚～な人 dǔhòu[dǔshí dūnhòu] de rén(笃厚[笃实敦厚]的人).

とくしゃ【特赦】 tèshè(特赦). ¶～を行う jìnxíng tèshè(进行特赦).

どくしゃ【読者】 dúzhě(读者). ¶A紙は～が多い A jiā bàozhǐ dúzhě hěn duō(A家报纸读者很多). ¶この雑誌は一層が広い読者 zázhì dúzhě hěn guǎngfàn(这个杂志读者很广泛).

¶～欄 dúzhě láixìnlán(读者来信栏).

どくじゃ【毒蛇】 dúshé(毒蛇).

どくしゃく【独酌】 dúzhuó(独酌). ¶～で飲む dúzhuó zì yǐn(独酌自饮).

とくしゅ【特殊】 tèshū(特殊). ¶彼の場合は～だ tā de qíngkuàng shì tèshū de(他的情况是特殊的). ¶これには～な材料が使われている zhè shǐyòngle tèshū de cáiliào(这使用了特殊的材料). ¶彼は～技能を持っている tā jùyǒu tèshū jìnéng(他具有特殊技能). ¶それぞれの～性を考慮する kǎolǜ qí měi yí ge de tèshūxìng(考虑其每一个的特殊性).

¶～教育 tèshū jiàoyù(特殊教育). ～鋼 tèshūgāng(特殊钢). ～撮影 diànyǐng tèjì(电影特技)/ tèjì(特技).

どくしゅ【毒手】 dúshǒu(毒手). ¶敵の～にかかる zāodào dírén de dúshǒu(遭到敌人的毒手).

とくしゅう【特集】 tèjí(特辑), zhuānjí(专辑). ¶中国問題を～する tèbié jílù Zhōngguó wèntí(特别辑录中国问题).

¶～号 tèkān(特刊)/ zhuānkān(专刊)/ zhuānhào(专号).

どくしゅう【独習】 zìxué(自学), zìxiū(自修). ¶ギターを～する zìxué jítā(自学吉他).

とくしゅつ【特出】 tèchū(特出), yōuyì(优异), yóuyì(尤异). ¶～した人材 tèchū de réncái(特出的人才).

どくしょ【読書】 dúshū(读书). ¶昨日は一日～して過した zuótiān kànle yì tiān shū(昨天看了一天书). ¶秋は～の季節だ qiūtiān shì dúshū de jìjié(秋天是读书的季节). ¶彼はなかなかの～家だ tā hào dúshū juànzhì hàofán(他好读书卷帙浩繁). ¶～力をつける péiyǎng yuèdú nénglì(培养阅读能力). ¶～百遍義自ずからあらわる shū dú bǎi biàn, qí yì zì xiàn(书读百遍, 其义自现).

とくしょう【独唱】 dúchàng(独唱). ¶シューベルトの歌曲を～する dúchàng Shūbǎitè de gēqǔ(独唱舒柏特的歌曲).

¶～会 dúchànghuì(独唱会). ～者 dúchàngzhě(独唱者).

とくしょく【特色】 tèsè(特色). ¶我が校の～は課外活動が活発なことである wǒ xiào de tèsè zàiyú kèwài huódòng huóyuè(我校的特色在于课外活动活跃). ¶この新聞は文芸欄に～がある zhè bàozhǐ de tèdiǎn zàiyú wényìlán(这报纸的特点在于文艺栏). ¶各国の～を出した展示館 biǎoxiànchū gè guó tèsè de zhǎnlǎnguǎn(表现出各国特色的展览馆).

とくしん【得心】 ¶双方～のいくまで話し合う chàng suǒ yù yán dádào xīnfú-kǒufú(畅所欲言达到心服口服). ¶この点についてどうしても～がいかない guānyú zhè yì diǎn zǒng gǎobutōng(关于这一点总搞不通).

とくしん【篤信】 dǔxìn(笃信).

どくしん【独身】 dúshēn(独身), dānshēn(单身). ¶彼はまだ～だ tā hái dǎ guānggùnr(他还打光棍ル). ¶彼女は一生～を通した tā guòle yíbèizi dúshēn shēnghuó(她过了一辈子独身生活).

¶～者 dúshēnzhě(独身者);[男の] dānshēnhàn(单身汉), guānggùnr(光棍ル).

どくしんじゅつ【読心術】 dúxīnshù(读心术).

どくしんじゅつ【読唇術】 dúchúnshù(读唇术).

どく・する【毒する】 dúhài(毒害). ¶このような映画は青少年を～するものだ zhè zhǒng yǐngpiàn shì dúhài qīngshàonián de(这种影片是毒害青少年的).

とくせい【特性】 tèxìng(特性). ¶磁石は鉄を引きつける～がある císhí yǒu xī tiě de tèxìng(磁石有吸铁的特性). ¶地域の～を～分発揮 chōngfèn fāhuī dìqū de tèxìng(充分发挥地区的特性).

とくせい【特製】 tèzhì(特制). ¶当店～の菓子 wǒ diàn tèzhì de diǎnxin(我店特制的点心).

¶～品 tèzhìpǐn(特制品).

とくせい【徳性】 pǐndé(品德). ¶～を養う xiūyǎng pǐndé(修养品德).

どくせい【毒性】 dúxìng(毒性). ¶この茸は～が強い zhè zhǒng xùn dúxìng hěn lìhai(这种蕈毒性很厉害).

とくせつ【特設】 ¶会場にステージを～する zài huìchǎng shang tèbié shèzhì wǔtái(在会场上特别设置舞台).

¶～売場 tèbié kāishè de shòuhuòcháng(特别开设的售货场).

どくぜつ【毒舌】 ¶～をふるう shuō jiānsuān kèbó de huà(说尖酸刻薄的话)/ lěng cháo rè fěng(冷嘲热讽).

¶～家 jiānzuǐ-bóshé de rén(尖嘴薄舌的人).

とくせん 1【特選】 ¶美術展に～で入賞する zài měishù zhǎnlǎnhuì shang huòdé tèděng-

jiǎng(在美术展览会上获得特等奖).

2【特撰】¶〜の硯 tèbié jīngxuǎn de yàntái(特别精选的砚台).

どくせん【独占】dúzhàn(独占); lǒngduàn(垄断).¶1人で2人分の座席を〜している yí ge rén dúzhànzhe liǎng ge wèizi(一个人独占着两个位子).¶親の愛を〜する dúzhàn fùmǔ de ài(独占父母的爱).¶市場を〜する lǒngduàn[dúzhàn] shìchǎng(垄断[独占]市场).¶塩、煙草の生産と販売は政府が〜していた yán hé yān de shēngchǎn hé xiāoshòu céng yóu zhèngfǔ zhuānyíng(盐和烟的生产和销售曾由政府专营).¶〜欲の強い人 dúzhàn dúbà yùwàng hěn zhòng de rén(独占独霸欲望很重的人).

¶〜禁止法 jìnzhǐ sīrén lǒngduàn fǎ(禁止私人垄断法)/ fǎn lǒngduàn fǎ(反垄断法). 〜資本 lǒngduàn[dúzhàn] zīběn(垄断[独占]资本). 〜資本主義 lǒngduàn-zīběnzhǔyì(垄断资本主义).

どくぜん【独善】zìyǐwéishì(自以为是), zìshì(自是).¶彼の態度は〜的だ tā de tàidu tài zìyǐwéishì le(他的态度太自以为是了).

どくそ【毒素】dúsù(毒素).

どくそう【毒草】dúcǎo(毒草).

どくそう【独走】¶2位を大きく引き離して〜する tā bǎ dì'èr míng yuǎnyuǎn de pāozàihòumian, yí ge rén dāndú pǎozhe(他把第二名远远地抛在后面,一个人单独跑着).¶君だけしては困る yóu nǐ yí ge rén dúduàn-dúxíng kě bùchéng(由你一个人独断独行可不成).

どくそう【独奏】dúzòu(独奏).¶ピアノを〜する dúzòu gāngqín(独奏钢琴).

〜会 dúzòuhuì(独奏会). 〜者 dúzòuzhě(独奏者). ピアノ〜 gāngqín dúzòu(钢琴独奏).

どくそう【独創】dúchuàng(独创).¶これは彼の〜である zhè shì tā dúchuàng de(这是他独创的).¶あの人の意見は〜的だ nàge rén de jiànjiě hěn yǒu dúdào zhī chù(那个人的见解很有独到之处).¶この絵は〜性に富んでいる zhè zhāng huà "fùyǒu dúchuàngxìng[dú jù jiàngxīn](这张画"富有独创性[独具匠心]).

とくそく【督促】cuīcù(催促).¶滞納の会費を〜する cuīcù tuōqiàn de huìfèi(催促拖欠的会费).

¶〜状 cuīcùxìn(催促信).

とくだい【特大】tèdà(特大), chūhào[r](出号[儿]).¶私の靴は〜だ wǒ de xié shì tèdàhào de(我的鞋是特大号的).¶〜サイズ tèdàhào(特大号)/ tèhào(特号).

とくたいせい【特待生】shòu tèbié dàiyù de xuésheng(受特别待遇的学生).

どくたけ【毒茸】dúxùn(毒蕈).

とくだね【特種】dújiā xīnwén(独家新闻).¶〜で他紙を出し抜く yǐ dújiā xīnwén qiǎngxiān yú tā shè(以独家新闻抢先于他社).

どくだみ【蕺】jícài(戢菜), yúxīngcǎo(鱼腥草).

どくだん【独断】dúduàn(独断), wǔduàn(武断), zhuānduàn(专断).¶〜で決める dúduàn

(独断)/ dúzì juédìng(独自决定).¶それは〜的な考えだ nà zhǒng xiǎngfa tài dúduàn le(那种想法太独断了).¶彼はいつも〜専行する tā zǒngshì dúduàn zhuānxíng(他总是独断专行).

どくだんじょう【独壇場】¶今日の会は彼だった jīntiān de huì shì tā de dújiǎoxì(今天的会是他的独角戏).

とぐち【戸口】ménkǒu[r](门口[儿]).¶客を〜まで送る bǎ kèren sòngdào fángménkǒur(把客人送到房门口儿).

とくちょう【特徴】tèzhēng(特征).¶日本の夏の〜は高温多湿なことだ Rìběn xiàjì de tèzhēng shì gāowēn cháoshī(日本夏季的特征是高温潮湿).¶この漫画はA氏の〜をよくとらえている zhè zhāng mànhuà zhuāzhùle A xiānsheng de tèzhēng(这张漫画抓住了A先生的特征).¶〜のある声なのですぐ彼女だとわかった kǒuyin tèbié, yì tīng jiù zhīdao shì tā(口音特别,一听就知道是她).¶彼にはこれといった〜がない tā méiyǒu shénme zhíde yì tí de tèdiǎn(他没有什么值得一提的特点).¶武士の台頭がその時代を〜づけている wǔshì de táitóu chéngwéi nàge shídài de tèzhēng(武士的抬头成为那个时代的特征).

2【特長】tèdiǎn(特点); tècháng(特长), zhuāncháng(专长).¶これは経済的なことですzhège de hǎochu zàiyú hěn jīngjì(这个的好处在于很经济).¶各自の〜を生かして割り当てる fēnhuī měi ge rén de tècháng fēnpèi gōngzuò(发挥每个人的特长分配工作).

どくづ・く【毒づく】dúmà(毒骂), èmà(恶骂).¶頼みを断ったら彼にさんざん〜かれた jùjuéle tā de yāoqiú què bèi tā èmàle yí dùn(拒绝了他的要求却被他恶骂了一顿).

とくてい【特定】tèdìng(特定).¶〜の人にだけ知らせる zhǐ tōngzhī tèdìng de rén(只通知特定的人).¶この反応は〜の条件のもとでのみ起こる zhège fǎnyìng zhǐyǒu zài tèdìng de tiáojiàn xià cái néng fāshēng(这个反应只有在特定的条件下才能发生).

とくてん【特典】¶授業料免除の〜を与える yǔyǐ miǎn shōu xuéfèi de yōuyù(予以免收学费的优遇).¶会員には多くの〜がある huìyuán yǒu zhǒngzhǒng yōuhuì(会员有种种优惠).

とくてん【得点】fēnshù(分数), défēn(得分), bǐfēn(比分), píngfēn(评分).¶〜は15対8だった bǐfēn shì shíwǔ bǐ bā(比分是十五比八).¶我がチームは次々に〜を重ねた wǒmen duì liánxù dé fēn(我们队连续得分).¶数学の〜はよかった shùxué fēnshù hěn gāo(数学分数很高).

とくでん【特電】zhuāndiàn(专电).¶新華社〜によれば… jù Xīnhuáshè zhuāndiàn …(据新华社专电…).

とくと【篤と】¶〜考えた上でお返事します hǎohāor kǎolǜ hòu zài dáfu nǐ(好好儿考虑后再答复你).¶〜御覧下さい qǐng xì kàn(请细看).

とくとう【特等】tèděng(特等).¶A氏の書が

～になった A xiānsheng de shūfǎ huòdé tèděngjiǎng (A 先生的书法获得特等奖).

¶ ～席 tèděngxí (特等席). ～船室 tèděngcāng (特等舱).

とくとく【得意】 déyì yángyáng (得意扬扬), yángyáng déyì (扬扬得意). ¶ 彼は～として話した tā déyì yángyáng de shuō (他得意扬扬地说).

どくとく【独特】 dútè (独特), dúdào (独到). ¶ あの人の話し方は～だ nàge rén jiǎnghuà yǒu yì zhǒng dútè de kǒuqì (那个人讲话有一种独特的口气). ¶ この店の料理は一種～の味がある zhè jiā càiguǎn de cài bié yǒu fēngwèi (这家菜馆的菜别有风味). ¶ 文章には彼～の風格がにじみ出ている wénzhānglǐ xiǎnlùchū tā dútè de fēnggé (文章里显露出他独特的风格).

どくどく ¶ 傷口から血が～と流れ出た xiě cóng shāngkǒu gūdūgūdū de wǎng wài liú (血从伤口咕嘟咕嘟地往外流).

どくどくし・い【毒毒しい】 ¶ この花は～い色をしている zhè huā yánsè tài zhāyǎn (这花颜色太扎眼). ¶ 口紅を～く塗る nóngzhòng de tú kǒuhóng (浓重地涂口红). ¶ 彼は～いものの言い方をした tā shuōhuà èyán-èyǔ de (他说话恶言恶语的).

とくに【特に】 tèbié (特别), yóuqí (尤其), yóuwéi (尤为). ¶ 月末は～忙しい yuèdǐ 'tèbié [尤其/ chūqí de] máng (月底「特别[特/尤其/ 出奇的]忙). ¶ ～付け加えることはありません méiyǒu shénme tèbié jiāyǐ bǔchōng de (没有什么特别加以补充的). ¶ 私は食べ物で～嫌いな物はありません wǒ duì chī de dōngxi méiyǒu shénme tèbié bù xǐhuan de (我对吃的东西没有什么特别不喜欢的). ¶ 彼女は語学、～中国語がよくできる tā hěn huì shuō wàiguóhuà, yóuqí shì Zhōngguóhuà jiǎngde tèbié hǎo (她很会说外国话,尤其是中国话讲得非常好).

とくは【特派】 tèpài (特派). ¶ 現地に記者を～する tèpài jìzhě qiánwǎng gāi dì (特派记者前往该地).

¶ ～員 tèpài jìzhě (特派记者).

どくは【読破】 ¶ 1 年がかりで《史記》を～した yòngle yì nián de gōngfu dúwánle 《Shǐjì》(用了一年的工夫读完了《史记》).

とくばい【特売】 ¶ 売れ残った冬物を～する tèjià chūshòu zhìxiāo de dōngyī (特价出售滞销的冬衣).

¶ ～場 tèjiàpǐn shòuhuòchù (特价品售货处). ～品 tèjiàhuò (特价货)/ chǔlǐpǐn (处理品).

どくはく【独白】 dúbái (独白).

とくひつ【特筆】 ¶ 氏の業績は～に価する tā de yèjì zhíde yì shū (他的业绩值得一书). ¶ これは日本の歴史にとって～大書すべき事件である zhè zài Rìběn de lìshǐ shang shì zhíde dàshū-tèshū de shìjiàn (这在日本的历史上是值得大书特书的事件).

とくひょう【得票】 dépiào (得票). ¶ 今回の選挙では A 党の～が伸びた zhè cì xuǎnjǔ A dǎng de dépiào zēngjiā le (这次选举 A 党的得票增加了). ¶ O 候補は各地で確実に～した O hòuxuǎnrén zài gè dì jiǎo tā shídì déle piào (O 候选人在各地脚踏实地得了票).

¶ ～数 dépiàoshù (得票数). ～率 dépiàolǜ (得票率).

どくぶつ【毒物】 dúwù (毒物). ¶ 胃から～を検出した cóng wèilǐ jiǎnyànchūle dúwù (从胃里检验出了毒物).

とくべつ【特別】 tèbié (特别). ¶ ここに入るには～の許可が必要だ jìn zhèlǐ děi yǒu tèbié de xǔkě (进这里得有特别的许可). ¶ そうすることに～な理由はない nàyàng zuò bìng wú tèbié de lǐyóu (那样做并无特别的理由). ¶ あなたのことですから～にお安くしておきます shì nǐ, tèbié shǎo suàn (是你,特别少算). ¶ 今年の冬は～寒い, jīndōng tè [chūqí de] lěng (今冬「出奇]冷)/ jīnnián de dōngtiān lěngde chūqí (今年的冬天冷得出奇). ¶ 彼だけは～だ zhǐ yǒu tā shì lìwài de (只有他是例外的). ¶ 私だけ～扱いは困る dài wǒ yí ge rén tèbié kě bù hǎo (待我一个人特别可不好)/ wǒ yí ge rén chī piānfàn kě bùxíng (我一个人吃偏饭可不行).

¶ ～機 zhuānjī (专机). ～急行列車 tèbié kuàichē (特别快车)/ tèkuài (特快).

とくべつ【特報】 選挙～ jìngxuǎn tèbié bàodào (竞选特别报道).

とくぼう【徳望】 déwàng (德望). ¶ 彼は～がある tā hěn yǒu déwàng (他很有德望).

どくぼう【独房】 dānrén láofáng (单人牢房), xiǎohào (小号).

とくほん【読本】 dúběn (读本)〈テキスト〉. ¶ 英語の～ Yīngyǔ dúběn (英语读本). ¶ 文章～ wénzhāng rùmén (文章入门). 人生～ rénshēng zhǐnán (人生指南).

どくみ【毒見】 ¶ ～をする cháng xiándàn (尝咸淡).

とくむ【特務】 ¶ ～を帯びて赴く shēn fù tèbié rènwù qiánwǎng (身负特别任务前往).

¶ ～機関 tèwu jīguān (特务机关).

どくむし【毒虫】 dúchóng (毒虫). ¶ ～に刺された bèi dúchóng zhē le (被毒虫蜇了).

とくめい【匿名】 nìmíng (匿名). ¶ ～の手紙 nìmíngxìn (匿名信)/ hēixìn (黑信). ¶ ～で寄付をする nìmíng juān qián (匿名捐款).

¶ ～批評 nìmíng pínglùn (匿名评论).

とくめい【特命】 tèmìng (特命). ¶ 首相の～を受けて中東諸国を訪問する fèng shǒuxiàng tèmìng qiánwǎng Zhōngdōng gè guó jìnxíng fǎngwèn (奉首相特命前往中东各国进行访问).

¶ ～全権大使 tèmìng quánquán dàshǐ (特命全权大使).

どくや【毒矢】 dújiàn (毒箭).

とくやく【特約】 tèyuē (特约). ¶ A 社と～を結ぶ hé A gōngsī dìng tèyuē hétong (和 A 公司订特约合同).

¶ ～店 tèyuē jīngshòuchù (特约经售处).

どくやく【毒薬】 dúyào (毒药).

とくゆう【特有】 tèyǒu (特有). ¶この草には~の匂いがある zhè zhǒng cǎo yǒu dútè de qìwèi (这种草有独特的气味). ¶この病気~の症状があらわれている chūxiàn zhè zhǒng bìng tèyǒu de zhèngzhuàng (出现这种病特有的症状).

とくよう【徳用】 ¶こちらの方がお~です zhège jīngjì shíhuì xiē (这个经济实惠些).
¶~品 jīngjì shíhuì pǐn (经济实惠品).

どくりつ【独立】 dúlì (独立). ¶第2次大戦後多くの植民地が~した Dì'èr Cì Dàzhàn hòu hěn duō zhímíndì guójiā huòdé dúlì (第二次大战后很多殖民地国家获得独立). ¶~して店を構える dúlì kāibàn shāngdiàn (独立开办商店). ¶親から~して生活する bù yīkào fùmǔ zì shí qí lì (不依靠父母自食其力). ¶~独行の精神 zìlì gēngshēng de jīngshén (自力更生的精神).
¶~国 dúlìguó (独立国). ~採算制 dúlì hésuànzhì (独立核算制). ~宣言 dúlì xuānyán (独立宣言). 自主~路線 dúlì zìzhǔ de lùxiàn (独立自主的路线). 民族~運動 mínzú dúlì yùndòng (民族独立运动). ~心 zìlìxīn (自立心).

どくりょく【独力】 dúlì (独力). ¶彼はその研究を~で完成した tā dúlì wánchéngle gāi xiàng yánjiū (他独力完成了该项研究). ¶私は~でここまでやってきた wǒ dúlì gǎodào zhège dìbù de (我独立搞到这个地步的).

とくれい【特例】 tèlì (特例). ¶この場合は~として認める zhège qíngkuàng zuòwéi tèlì yǔyǐ pīzhǔn (这个情况作为特例予以批准).

とくれい【督励】 ¶部下を~する gǔlì bùxià (鼓励部下).

とぐろ ¶蛇が~を巻いている shé pánchéng yì tuán (蛇盘成一团). ¶学生達が喫茶店で~を巻いている xuéshengmen pàozài cháguǎnli (学生们泡在茶馆里).

どくろ【髑髏】 dúlóu (髑髏), kūlóu (骷髏).

とげ【刺】 cì[r] (刺[儿]), jícì (棘刺). ¶ばらの~ qiángwēi de cì (蔷薇的刺). ¶指に~が刺さる shǒuzhǐtou shang zhāle ge cì (手指头上扎了个刺). ¶~のある言葉 dàicìr de huà (带刺儿的话). ¶~抜き nièzi (镊子).

とけあ・う【溶け合う・解け合う】 ¶水平線の彼方、海と空が~うひとつになっている zài dìpíngxiàn shang fǎngfú hǎi liánzǎe tiān (在地平线上仿佛海连着天). ¶互いの心が~えない bǐcǐ de gǎnqíng bù xiāng rónghé (彼此的感情不相融合).

とけい【徒刑】 túxíng (徒刑). ¶無期~ wúqī túxíng (无期徒刑).

とけい【時計】 zhōngbiǎo (钟表); [腕時計、懷中時計など] biǎo (表); [置時計、柱時計など] zhōng (钟). ¶この~は合っていますか zhège zhōng zhǔn ma? (这个钟准吗?) ¶あなたの~では今何時ですか nǐ de biǎo xiànzài jǐ diǎnzhōng? (你的表现在几点钟?) ¶私の~は1日に2分進む[遅れる] wǒ de biǎo yì tiān kuài[màn] liǎng fēnzhōng (我的表一天快[慢]两分钟). ¶あの~は少し遅れている nàge zhōng màn yìdiǎnr (那个钟慢一点儿). ¶~の針を進ませる bǎ shízhēn bōkuài (把时针拨快). ¶~の針は3時を指している shízhēn zhǐzhe sān diǎnzhōng (时针指着三点钟). ¶~のねじを巻く shàng fātiáo (上表). ¶~を時報に合わせる àn bàoshí duì biǎo (按报时对表). ¶~が止まっている zhōng tíngzhe ne (钟停着呢). ¶~柱が~で6時を打った guàzhōng qiāole liù diǎnzhōng (挂钟敲了六点钟) / guàzhōng dǎle liù xià (挂钟打了六下). ¶彼女はしきりに~を気にしている tā bùshí kàn biǎo (她不时看表). ¶彼の生活は~のように規則正しい tā de shēnghuó xiàng zhōngbiǎo nàyàng yǒu guīlǜ (他的生活像钟表那样有规律). ¶~と反対まわりに回る fǎn shízhēn zhuàn (反时针转).
¶~台 zhōnglóu (钟楼) / tǎzhōng (塔钟). ~屋 zhōngbiǎodiàn (钟表店). 腕~ shǒubiǎo (手表). 置~ zuòzhōng (座钟). 懐中~ huáibiǎo (怀表). 掛~ guàzhōng (挂钟). 電気~ diànzhōng (电钟). 目覚~ nàozhōng (闹钟).

とけこ・む【溶け込む・解け込む】 ¶彼の姿は夕闇の中に~んでしまった tā de yǐngzi yǐnmò zài mùsè zhōng (他的影子隐没在暮色中). ¶土地の人々の間に~んで楽しく働く gēn dāngdìrén shuǐrǔ jiāoróng yúkuài de gōngzuò (跟当地人水乳交融愉快地工作).

どげざ【土下座】 ¶~して謝る guì[fú] dì kētóu péizuì (跪[伏]地磕头赔罪).

とけつ【吐血】 tùxiě (吐血), ǒuxuè (呕血). ¶多量に~した tùle dàliàng de xiě (吐了大量的血).

とげとげし・い【刺刺しい】 ¶~い言い方をする shuōde jiānsuān kèbó de (说得尖酸刻薄的) / jiān zuǐ bó shé (尖嘴薄舌). ¶あの事件以来彼等の間は~ cóng nà shìjiàn yǐlái tāmen zhī jiān de guānxi hěn jǐnzhāng (从那事件以来他们之间的关系很紧张).

と・ける【溶ける・融ける・解ける】 **1**【熱で】 huà (化), róng (融), rónghuà (融化·溶化); rónghuà (熔化), róngróng (熔融). ¶川の氷が~けた héli de bīng huà [bīngdòng kāihuà] le (河里的冰化[冰冻开化]了) / jiānghé jiě[huà / kāi] dòng le (江河解[化 / 开]冻了). ¶雪は1日で~けてしまった jīxuě yì tiān jiù rónghuà le (积雪一天就融化了). ¶鉄が~ける tiě rónghuà (铁熔化).
2【液体中に】 róng (溶), rónghuà (溶化), róngjiě (溶解). ¶塩は水に~ける yán róng yú shuǐ (盐溶于水) / yán zài shuǐli rónghuà (盐在水里溶化).

と・ける【解ける】 **1**【ほどける】 kāi (开), jiěkai (解开). ¶靴の紐が~けている xiédàir kāi le (鞋带儿开了). ¶やっと縄が~けた shéngzi hǎoróngyì cái jiěkāi le (绳子好容易才解开了). ¶糸がもつれてどうしても~けない xiàn chánráo zài yìqǐ, zǒng lǐ bu chūlái (线缠绕在一起, 总理不出来).
【除かれる】 ¶捕獲禁止令が~けた jìnbǔlìng jiěchú le (禁捕令解除了). ¶平和が戻ってさまざまの束縛が~けた huífùle hépíng, zh-

ǒngzhǒng xiànzhì jiěchú le(恢复了和平,种种限制解除了).

3〔消え去る〕¶やっと父の怒りが~けた fùqin hǎoróngyì cái xiāole nùqì(父亲好容易才消了怒气). ¶緊張が~けて思わず歌が出た jǐnzhāng xiāochú, bùyóude hēngqǐ gēr lai(紧张消除,不由得哼起歌儿来). ¶これをきっかけに2人の間の不和が~けた cóngcǐ liǎng ge rén xiāochúle géhé[jiěkāile gēda](从此两个人消除了隔阂[解开了疙瘩]).

4〔答が出る〕jiěkai(解开). ¶問題が難しくて~けない tímu hěn nán jiě bu chūlái(题目很难解不出来). ¶事件の謎が~けた shìjiàn de mí jiěkai le(事件的谜解开了). ¶多年の懸案が~けた duōnián lái de xuán'àn zhōngyú jiějué le(多年来的悬案终于解决了).

と・げる【遂げる】¶科学は長足の進歩を~げた kēxué yǒu le cháng zú de jìnbù(科学有了长足的进步). ¶ついに思いを~げた zhōngyú dádàole xīnyuàn(终于达到了心愿)/ zhōngyú rúyuàn yǐ cháng(终于如愿以偿)/ zhōngyú suìyuàn(终于遂愿). ¶壮烈な最期を~げる zhuàngliè xīshēng(壮烈牺牲).

ど・ける【退ける】→のける.

どけん【土建】tǔmù jiànzhù(土木建筑). ¶~業 tǔmù jiànzhùyè(土木建筑业). ~屋 gǎo tǔmù jiànzhù de(搞土木建筑的).

とこ【床】¶~をとる[あげる] pū[dié] bèirù(铺[叠]被褥). ¶~についてもなかなか寝付かれない shàngle chuáng lǎo yě shuìbuzháo jiào(上了床老也睡不着觉). ¶~の中で新聞を読む zài bèirùli kàn bào(在被褥里看报). ¶こう寒いと~を離れるのが辛い tiān zhème lěng lǎo líbukāi bèiwōr(天这么冷老离不开被窝ㄦ). ¶病気で長い間~についている chángqī wòbìng zài chuáng(长期卧病在床). ¶彼は臨終の~で遺言を残した tā zài línzhōng de chuángshang liúle yíyán(他在临终的床上留了遗言). ¶川~ héchuáng(河床)/ hécáo(河槽)/ héshēn(河身). 苗~ miáochuáng(苗床).

どこ【何処】nǎli(哪里), nǎr(哪儿); héchù(何处), shéibiān(谁边). ¶ここは~ですか zhèli shì nǎli?(这里是什么地方?)/ zhè shì nǎli?(这是哪里?). ¶君は~の生れですか nǐ shì nǎli de rén?(你是什么地方人?)/ nǐ shì nǎli rén?(你是哪里人?). ¶~へ行くのか nǐ shàng nǎr qù?(你上哪儿去?). ¶電話は~にありますか diànhuà zài nǎr?(电话在哪儿?)/ shénme dìfang yǒu diànhuà?(什么地方有电话?). ¶それを~で買いましたか zhège shì zài nǎli mǎi de?(这个是在哪里买的?). ¶地理に不案内で~が~だか分らない rén shēng dì bù shú bù zhī nǎr shì nǎr(人生地不熟不知ㄦ是哪ㄦ). ¶~のどいつがそんなことを言っているのだ jiūjìng shì shuí shuō de nà zhǒng huà(究竟是谁说的那种话). ¶あの日は~にも行かなかった nà tiān nǎr yě méi qù(那天哪儿也没去). ¶~にでもあるような物とは違う zhè kě bú shì shénme dìfang dōu yǒu de dōngxi(这可不是什么地方都有的东西). ¶そんな物~ででも売っている nà zhǒng dōngxi nǎli dōu yǒude mài(那种东西哪里都有的卖). ¶そういう物は今時~を探してもない nà zhǒng dōngxi rújīn dào nǎr zhǎo yě bú huì yǒu de(那种东西如今到哪儿找也不会有的). ¶~へでも行きたいところへ行きなさい nǐ xiǎng dào nǎli qù jiù dào nǎli qù ba(你想到哪里去就到哪里去吧). ¶あの人は~へともなく立ち去った nàge rén bù zhī dào nǎr qu le(那个人不知到哪ㄦ去了). ¶彼は~となく様子がおかしい tā zǒng xiǎnde yǒuxiē fǎncháng(他总显得有些反常). ¶~からでもかかってこい rèn nǐ suíbiàn dǎlai!(任你随便打来!). ¶~から手をつけたらいいか分らない bù zhī cóng hé zhuóshǒu hǎo(不知从何处着手好). ¶尾瀬のことなら~から~まで知り尽している Wěilái bùguǎn shénme dìfang wǒ dōu hěn shúxī(尾濑不管什么地方我都很熟悉). ¶試験の範囲は~から~までですか kǎoshì de fànwéi cóng nǎr dào nǎr?(考试的范围从哪儿到哪儿?). ¶彼の話は~まで信じてよいのか分らない tā de huà bù zhī kěyǐ xiāndào nǎ yì céng(他的话不知可以信到哪一层). ¶~までも知らぬ存ぜぬで通した yìkǒu-yǎodìng shuō bù zhīdào(一口咬定说不知道). ¶あいつは~までもお人好しだ tā zhēn shì ge lǎohǎorén(他真是个老好人). ¶~までも続く砂漠 wúbiān-wújì de shāmò(无边无际的沙漠). ¶私の体には~ろはない wǒ shēntǐ méiyǒu shénme bù hǎo de dìfang(我身体没有什么不好的地方). ¶~もかしこも花盛りだ dàochù dōu shèngkāizhe xiānhuā(到处都盛开着鲜花). ¶父の小言を~吹く風と聞き流す bǎ fùqin de xùnhuà dàngzuò ěrbiānfēng(把父亲的训话当做耳边风).

どご【土語】tǔzhùyǔ(土著语).

とこあげ【床上げ】¶病気が全快して~をする bìng yù lí chuáng(病愈离床).

とこう【渡航】¶アメリカへ~する chūyáng dào Měiguó qù(出洋到美国去). ¶~手続をすませる bànwán chūguó shǒuxù(办完出国手续).

どごう【怒号】nùhǒu(怒吼). ¶~のうずまく中で議長は閉会を宣した zài nùhǒushēng zhōng zhǔxí xuānbù bìhuì(在怒吼声中主席宣布闭会).

どこか【何処か】¶~ほかを探してみよう dào bié de dìfang zhǎozhao kàn(到别的地方找找看). ¶こんなに天気が良いと~へ行きたい tiānqì zhème hǎo, zhēn xiǎng dào shénme dìfang qù wánwanr(天气这么好,真想到什么地方去玩ㄦ玩ㄦ). ¶私はどこかで見たような気がする nà wǒ hǎoxiàng zài nǎli kànjianguo shìde(那我好像在哪里看见过似的). ¶その絵は~の美術館で見たことがある nà zhāng huà bùzhī zài nǎge měishùguǎnli kànguo(那张画不知在哪个美术馆里看过). ¶彼は~寂しそうだ tā zǒng xiǎnde yǒudiǎnr gūjì(他总显得有点ㄦ孤寂).

とこずれ【床擦れ】rùchuāng(褥疮). ¶長いこと寝たきりなので~ができた chángqī wòbìng

とことこ

zài chuáng, zhǎngle rùchuāng(长期卧病在床,长了褥疮).

とことこ ¶子供が~と母親のあとをついて歩く xiǎoháizi màizhe suìbù gēnzhe mǔqin hòutou zǒu(小孩子迈着碎步儿跟着母亲后头走).

とことん ¶彼は~やらねば気の済まぬただで tā zuò shénme shì bù gǎodàodǐ jué bú bàxiū(他做什么事不搞到彻底决不罢休).¶今夜は~飲むぞ!jīnwǎn fēi hē ge tòngkuai bùkě(今晚非喝个痛快不可).¶原因を~まで追究する shēnjiū[chèdǐ zhuījiū]yuányīn(深究[彻底追究]原因)/ dǎpò shāguō wèndàodǐ(打破沙锅问到底)/ páo gēn wèn dǐr(刨根问底儿).

とこなつ【常夏】 ¶~の国 sìjì cháng shǔ zhī guó(四季常暑之国).

とこのま【床の間】 bìkān(壁龛).

とこや【床屋】 lǐfàguǎn(理发馆);【人】lǐfàyuán(理发员).

ところ【所】 1〔場所〕dìfang[r](地方[儿]).

¶杭州は景色のいい~だ Hángzhōu shì fēngjǐng měilì de dìfang(杭州是风景美丽的地方). ¶部屋が狭くて机を置く~もない wūzi zhǎide lián zhuōzi dōu méi chù fàng(屋子窄得连桌子都没处放). ¶日当りのいい~に植える zhòng zài cháoyáng de dìfang(种在朝阳的地方). ¶学校は駅から10分の~にある xuéxiào zài lí chēzhàn shí fēnzhōng de dìfang(学校在离车站十分钟的地方). ¶明日は晴のち曇、~によって雨 míngtiān qíng zhuǎn yīn, yǒu xiē dìfang yǒu yǔ(明天晴转阴,有些地方有雨). ¶ポストの~で待っていなさい zài yóutǒng nàr děngzhe nǐ(在邮筒那儿等着你). ¶彼は~を得て大いに活躍している tā dé qí suǒ, dàdà fāhuī qí lìliang(他得其所,大大发挥其力量). ¶~もあろうにあんな場所で彼女と会おうとは zhēn méi xiǎngdào jìng zài nà zhǒng dìfang yùshàngle tā(真没想到竟在那种地方遇上了她). ¶部屋には~狭しと本が積み上げてある mǎn wūzi duīzhe shū jiǎnzhí méi chù chājiǎo(满屋子堆着书简直没处插脚). ¶~嫌わず痰を吐く suídì luàn tǔtán(随地乱吐痰). ¶~変れば品変る jú huà wéi zhǐ(橘化为枳)/ nán jú běi zhǐ(南橘北枳)/ bǎilǐ bùtóng fēng, qiānlǐ bùtóng sú(百里不同风,千里不同俗). ¶秋田は米の~ Qiūtián 'shì chǎnmǐqū[shèngchǎn dàmǐ](秋田▼是产米区[盛产大米]).

2〔居所, 住所, 家庭〕¶友達の~に遊びに行く dào péngyou nàli qù wánr(到朋友那里去玩儿). ¶今伯父の~に泊っています wǒ xiànzài zhùzài bófù jiāli(我现在住在伯父家里). ¶ここにお~とお名前を書いて下さい qǐng zài zhèli xiěshàng nín de zhùzhǐ hé xìngmíng(请在这里写上您的住址和姓名). ¶姉の~は子供が多い jiějie nàr háizi duō(姐姐那儿孩子多).

3〔部分〕¶靴下のかかとの~が破れた wàzi hòugēn pò le(袜子后跟破了). ¶痛い~はどこですか téng de dìfang shì nǎr? / shénme dìfang téng?(什么地方疼?).

¶この小説は初めの~が面白い zhè piān xiǎo-

shuō kāitóu hěn yǒu yìsi(这篇小说开头很有意思).

4〔場合, 局面, 丁度その時〕¶危うく車にひかれる~だった chàdiǎnr méi bèi qìchē yàsǐ(差点儿没被汽车轧死). ¶食事をしている~に客が来た zhèngzài chīfàn de shíhou láile kèren(正在吃饭的时候来了客人). ¶つまみ食いをしている~を母に見つかった zhèng tōuzuǐ jiào mǔqin kànjian le(正偷嘴叫母亲看见了). ¶ 1000円の~を 800円にまけてもらった běnlái yìqiān kuài qián, gěi wǒ shǎo suàn èrbǎi(本来一千块钱,给我少算二百). ¶今日の~は許してやる jīntiān wǒ xiān ráole nǐ(今天我先饶了你). ¶今の~病人の生命に別条はない zài mùqián bìngrén méiyǒu shēngmìng wēixiǎn(在目前病人没有生命危险). ¶これから読む~だ wǒ zhèng dǎsuàn kàn(我正打算看). ¶私も今来た~だ wǒ yě gāng lái(我也刚来).

5〔問題になる点, こと〕¶分らない~があったら遠慮なく質問しなさい yǒu bù míngbai de dìfang jǐnguǎn wèn ba(有不明白的地方尽管问吧). ¶すぐ怒る~は父親そっくりだ dòngdòng jiù shēngqì zhè gēn fùqin yìmú-yíyàng(动不动就生气这跟父亲一模一样). ¶そういう~が彼の魅力だ nà yì diǎn zhèngshì tā de mèilì(那一点正是他的魅力). ¶そこが私の悩み~なのだ nà zhèngshì wǒ shāng nǎojīn de dìfang(那正是我伤脑筋的地方). ¶まだ現れない~を見ると彼は来ないつもりらしい hái bújiàn tā, kěnéng tā bù dǎsuàn lái le(还不见他,可能他不打算来了). ¶聞く~によると彼は北海道に転勤したそうだ tīngshuō tā diàodào Běihǎi Dào qù le(听说他调到北海道去了). ¶これまで分った~では生存者は3名 xiàn yǐ pànmíng, xìngcúnzhě yǒu sān míng(现已判明,幸存者有三名). ¶本当の~は私も行きたくないのだ shuō zhēn de[bù mán nǐ shuō],wǒ yě bù xiǎng qù(说真的[不瞒你说],我也不想去). ¶それはこちらの望む~だ nà zhèngshì wǒ qiú zhī bù dé de(那正是我求之不得的). ¶感ずる~があって会社をやめた yīn yǒu suǒ gǎndiàole gōngsī de gōngzuò(因有所感,辞掉了公司的工作). ¶やがてそれは人々の知る~となった nà jiàn shì hòulái rénren jiē zhī le(那件事后来人人皆知了).

-どころ ¶酒~かお茶1杯も出なかった búyòng shuō jiǔ, jiù lián yì bēi chá yě méi nálai(不用说酒,就连一杯茶也没拿来). ¶怒られる~かほめられた méiyǒu áimà fǎndào shòudào biǎoyáng(没有挨骂反倒受到表扬). ¶子供~か大人だって夢中だ béng shuō xiǎo háizi, jiù lián dàren yě rùle mí(甭说是孩子,就连大人也入了迷). ¶この忙しいのに旅行~ではない mángde guài, hái gùdeshàng qù lǚxíng(忙得要死,还顾得上去旅行). ¶君がいなくては困る~の騒ぎじゃない quēle nǐ jiǎnzhí méiyǒu bànfǎ(缺了你简直没有办法).

ところが 1¶会員を募集した~100人も集まった mùjí huìyuán de jiéguǒ, yǒu yìbǎi rén bàole míng(募集会员的结果,有一百人报了名).

¶よかれと思って言った～かえって恨まれた wǒ shuō de huà shì wèile tā hǎo, fǎndào dézuìle tā (我说的话是为了他好，反倒得罪了他). ¶大いに期待して見に行った，～全然面白くなかった wǒ bàozhe hěn dà de qīwàng qù kàn le, dànshì jiǎnzhí méiyǒu yìsi (我抱着很大的期望去看了，但是简直没有意思).
2→ところで2.

ところがき【所書】zhùzhǐ (住址), dìzhǐ (地址).

ところで 【さて】 ¶～先日お願いしました件はどうなりましたか éi, shàngcì bàituō de shì zěnmeyàng le? (欸, 上次拜托的事怎么样了?). ¶～あの展覧会はもう見ましたか wǒ shuō, nàge zhǎnlǎnhuì nǐ yǐjing qù kàn le ma? (我说，那个展览会你已经去看了吗?).
2【…としても】¶今更悔やんだ～仕方がない xiànzài hòuhuǐ yě wújìyúshì (现在后悔也无济于事). ¶いくら本を買った～読まなければ意味がない jiùshì mǎi duōshao shū, bú kàn yìdiǎnr yě méiyòng (就是买多少书，不看一点ㄦ也没用).

ところてん shíhuācǎi liángfěn (石花菜凉粉). ¶～式に卒業させる ànbù-jiùbān de shǐ xuésheng bìyè (按部就班地使学生毕业).

ところどころ【所々】【ペンキが～はげている yǒu xiē dìfang yóuqī diào le (有些地方油漆掉了). ¶まだ～に雪が残っている zhèli yí kuài nàli yí kuài hái cánliúzhe jīxuě (这里一块那里一块还残留着积雪). ¶～聞き取れなかった yǒu xiē dìfang tīng bu qīngchu (有些地方听不清楚).

どざえもん【土左衛門】 yānsǐguǐ (淹死鬼), fúshī (浮尸).

とさか【鶏冠】 jīguān (鸡冠), jīguānzi (鸡冠子), guānzi (冠子).

どさくさ ¶引越の～で大事な手紙を無くした zài bānjiā mángluàn zhōng bǎ zhòngyào de xìn nòngdiū le (在搬家忙乱中把重要的信弄丢了). ¶～紛れに盗みを働く chéng hùnluàn tōu dōngxi (乘混乱偷东西).

とざ・す【閉す】 bì (闭), guānbì (关闭). ¶彼は固く門を～して誰とも会わない tā jǐnbì dàmén gēn shuí dōu bú jiàn (他紧闭大门跟谁都不见). ¶彼等は口を～して何も語ろうとしない tāmen bì kǒu bù shuō (他们闭口不说). ¶大きな倒木が山道を～していた dǎoxià de dàshù dǔsèle shānlù (倒下的大树堵塞了山路). ¶村は冬中雪に～されて pūtōng yì bèi dàxuě fēngzhù (村子一整冬都被大雪封住). ¶彼女の胸は不安に～された tā de xīnli chōngmǎnzhe bù'ān (她的心里充满着不安).

とさつ【屠殺】 túzǎi (屠宰), zǎishā (宰杀). ¶家畜を～する zǎishā shēngchù (宰杀牲畜).
¶～場 túzǎichǎng (屠宰场) / tāngguō (汤锅).

どさっ ¶荷物を～床におろす bǎ xíngli měng fàngzài dìbǎn shang (把行李猛放在地板上). ¶屋根の雪が～落ちてきた wūdǐng shang de xuě pūtōng yì shēng diàole xiàlái (屋顶上的雪扑通一声掉了下来). ¶～年賀状がきた yíxiàzi láile yí dà bǎ hèniánpiàn (一下子来了一大把贺年片).

どさまわり【どさ回り】 ¶～の一座 zài dìfāng xúnhuí yǎnchū de jùtuán (在地方巡回演出的剧团).

とざん【登山】 dēngshān (登山), páshān (爬山). ¶ヒマラヤを～する dēng Xǐmǎlāyǎshān (登喜马拉雅山).
¶～家 dēngshān yùndòngyuán (登山运动员). ～口 dēngshānkǒu (登山口). ～靴 dēngshānxié (登山鞋).

とし【年】**1** nián (年). ¶～が明けたらすぐ出発します guòle xīnnián jiù dòngshēn (过了新年就动身). ¶借金で～が越せない fùle yìshēn zhài guòbuliǎo niánguān (负了一身债过不了年关). ¶彼は病院で～を越した tā zài yīyuàn guòle nián (他在医院过了年). ¶～の初めに誓いを立てる zài xīnnián zhī chū qǐshì (在新年之初起誓). ¶少々無理でも～の内に片付けてしまおう jiùshì kùnnan diǎnr yě zài nián nèi gǎnwán (就是困难点ㄦ也在年内赶完). ¶これは長男が生れた～に植えた木だ zhè shì zhǎngzǐ chūshēng de nà nián zhòng de shù (这是长子出生的那年种的树). ¶～と共に記憶も薄れていった suízhe suìyuè de tuīyí jìyì yě dànbó le (随着岁月的推移记忆也淡薄了). ¶彼女は子(ね)～の生れだ tā shì shǔ shǔ de (她是属鼠的). ¶どうぞよいお～を zhù nín ▼guò ge hǎo nián [xīnnián kuàilè] (祝您▼过个好年 [新年快乐]).
2【年齢】 niánjì (年纪), niánsuì (年岁), suìshu (岁数). ¶あの人は～は幾つですか nàge rén ▼niánjì [suìshu] duō dà? (那个人▼年纪 [岁数] 多大?) / nèi wèi guìgēng? (那位贵庚?). ¶～の頃は 32, 3 の男 niánlíng sānshi'èr, sān suì de nánrén (年龄三十二，三岁的男人). ¶私は彼女と～が同じだ wǒ hé tā tóng▼suì [líng] (我和她同▼岁 [龄]). ¶あの夫婦は親子ほども～が違う nà duì fūfù suìshu xiāngchà xuánshū, yóurú fùqīn hé nǚ'ér (那对夫妇岁数相差悬殊，犹如父亲和女儿). ¶お前ももうこのくらいのことは分っていい～だ nǐ yě dàole gāi dǒng zhèxiē shì de niánjì le (你也到了该懂这些事的年纪了). ¶いい～をして恥しくないのか hǎo dà niánjì de rén bú hàisào ma? (好大年纪的人不害臊吗?). ¶彼女は～に似合わず行き届いた人だ gēn tā niánlíng bù xiāngchèn, fǎnshi xiǎngde hěn zhōudào (跟她年龄不相称，凡事想得很周到). ¶彼は～より老けて見える tā bǐ shíjì niánsuì xiǎnde lǎo (他比实际年岁显得老). ¶私ももう～だ wǒ yǐjing nián lǎo le (我已经年老了). ¶元気なようでも～には勝てない suīrán hěn yìnglang, dàodǐ niánsuì bù ráo rén (虽然很硬朗，到底年岁不饶人). ¶～だから無理はきかない shàngle niánjì le, yìngtǐng bu liǎo le (上了年纪了，硬挺不了了). ¶～のせいかこの頃物覚えが悪くなった huòxǔ niánjì dà le, jìnlái jìxìng bù hǎo le (或许年纪大了，近来记性不好了).

とし【都市】 dūshì (都市), chéngshì (城市). ¶人口が～に集中している rénkǒu jízhōng yú chéngshì (人口集中于城市).

どじ【~をを踏んだ gǎo zá le(搞砸了)/ gǎo zāo le(搞糟了)/ zá guō le(砸锅了). ¶~な奴だ zhēn shì ge chǔnhuò(真是个蠢货).
としうえ【年上】 niánzhǎng(年长); chīzhǎng(痴长). ¶私は彼より5つ~だ wǒ bǐ tā ˈdà[zhǎng/niánzhǎng/chīzhǎng] wǔ suì(我比他˙大[长/年长/痴长]五岁). ¶彼がこの中で一番~だ zài wǒmen zhōngjiān tā zuì niánzhǎng(在我们中间他最年长).
としおとこ【年男】 běnmìngnián nánzǐ(本命年男子).
としおんな【年女】 běnmìngnián nǚzǐ(本命年女子).
としがい【年甲斐】 ¶~もなくかっとなった wǒ niánjì zhème dà le jìng màole huǒ(我年纪这么大了竟冒了火).
としかさ【年嵩】 ¶~の子が皆の世話をした niánzhǎng de háizi zhàoguǎn dàjiā(年长的孩子照管大家). ¶あの人は相当の~に見える nàge rén xiǎnde niánjì hěn dà(那个人显得年纪很大).
どしかた・い【度し難い】 ¶あの男は~い tā nàge jiāhuo bùkě jiùyào(他那个家伙不可救药).
としかっこう【年格好】 ¶ちょうど君ぐらいの~の男だった nà shì yí ge niánjì gēn nǐ xiāngfǎng de nánrén(那是一个年纪跟你相仿的男人).
としご【年子】 āijiānr(挨肩儿). ¶あの兄弟は~だ tāmen gēr liǎ shì āijiānr de(他们哥儿俩是挨肩儿的).
としこしそば【年越しそば】 chúxī chī de qiáomàimiàn(除夕吃的荞麦面).
としごと【年毎】 ¶物価が上がって~に生活が苦しくなる wùjià shàngzhǎng, shēnghuó yìnián bǐ yìnián kùnnan(物价上涨,生活一年比一年困难).
とじこみ【綴込み】 ¶新聞の~ hédìng de bàozhǐ(合订的报纸).
とじこ・む【綴じ込む】 ¶書類をファイルに~む bǎ wénjiàn dìngzài wénjiànjiā li(把文件订在文件夹里).
とじこ・める【閉じ込める】 guān(关), guānyā(关押). ¶納屋に~める guānzài duīfangli(关在堆房里). ¶吹雪で終日旅館に~められた yóuyú bàofēngxuě yìzhěngtiān kùnzài lǚguǎnli(由于暴风雪一整天困在旅馆里).
とじこ・もる【閉じ籠る】 mēn(闷), wō(窝). ¶家に~って勉強する mēnzài jiāli yònggōng(闷在家里用功). ¶自分の殻に~る duǒzài zìjǐ de xiǎotiāndì li(躲在自己的小天地里)/ bì mù sè tīng(闭目塞听).
としごろ【年頃】 1〔年配〕 ¶同じ~の少女 niánjì xiāngfǎng de shàonǚ(年纪相仿的少女). ¶あの子も遊びたい~だ nàge háizi zhèng zhí tānwán de niánlíng(那个孩子正值贪玩的年龄).
 2〔適齢期〕 ¶あの娘も~だ nàge gūniang zhèng dāng miàolíng(那个闺女正当妙龄).
としした【年下】 ¶彼女は私よりずっと~だ tā bǐ wǒ niánjì xiǎode duō(她比我年纪小得多). ¶2つ~の妹 bǐ wǒ xiǎo liǎng suì de mèimei(比我小两岁的妹妹).
どしつ【土質】 tǔzhì(土质).
としつき【年月】 niányuè(年月), suìyuè(岁月). ¶それから3年の~が流れた cóng nà shí qǐ yǐjing guòle sān nián de suìyuè(从那时起已经过了三年的岁月).
-として wéi(为), zuòwéi(作为). ¶学生代表~会議に出席した zuòwéi xuésheng dàibiǎo chūxíle huìyì(作为学生代表出席了会议). ¶教授~招かれる bèi pìnwéi jiàoshòu(被聘为教授). ¶それはそれ~本題に戻りましょう nà shì gūqiě bù tí, yán guī zhèngzhuàn ba(那事姑且不提,言归正传吧). ¶日本人~は背が高い方だ àn Rìběnrén lái shuō suànshì shēncái gāo de(按日本人来说算是身材高的). ¶1人~泣かぬ者はなかった méiyǒu yí ge rén bù kū de(没有一个人不哭的). ¶1つ~気に入ったものはない méiyǒu yí ge zhòngyì de dōngxi(没有一个中意的东西).
どしどし ¶~意見を出して下さい qǐng jǐnguǎn tí yìjian ba(请尽管提意见吧).
とした・る【年取る】 nián lǎo(年老), shàng niánji(上年纪). ¶おれも~ったものだ wǒ niáng zhēn lǎo le(我娘真老了).
としなみ【年波】 ¶さすがの彼も寄る~には勝てなかった jiùshì tā yě děi fúlǎo(就是他也得服老).
としのいち【年の市】 niánjí(年集).
としのくれ【年の暮】 niándǐ(年底), suìmò(岁末), suìmù(岁暮). ¶~は何かと忙しい niándǐ zǒngshì cōngmáng(年底总是匆忙).
としのこう【年の功】 ¶亀の甲より~ shēngjiāng háishi lǎo de là(生姜还是老的辣). ¶さすがは~でまるく収めた dàodǐ shì ge lǎoqiánbèi, tā shǐ shìqing dédàole yuánmǎn de jiějué(到底是个老前辈,他使事情得到了圆满的解决).
としのせ【年の瀬】 niánguān(年关). ¶~もいよいよ押し詰まった niánguān pòjìn(年关迫近).
としは【年端】 ¶~もいかぬ子供 nián yòu de háizi(年幼的孩子).
としま【年増】 ¶~の女性 xúniáng(徐娘).
とじまり【戸締り】 ¶~を厳重にする ménhù guānyánjǐn(门户关严紧). ¶~に気をつけなさい zhùyì suǒ mén(注意锁门)/ xiǎoxīn ménhù(小心门户).
としまわり【年回り】 liúnián(流年). ¶今年は42歳で~が悪い jīnnián shì sìshi'èr suì, liúnián bùlì(今年是四十二岁,流年不利).
とじめ【綴目】 ¶~から切れてきた cóng dìngxiàn shang kāi le(从订线上开了).
としゃ【吐瀉】 tùxiè(吐泻).
どしゃ【土砂】 tǔshā(土沙), shātǔ(沙土). ¶大雨で~崩れが起きた yóuyú dàyǔ fāshēngle tāfāng(由于大雨发生了塌方).

どしゃぶり【土砂降り】 qīngpén dàyǔ（倾盆大雨）, piáo pō dàyǔ（瓢泼大雨）.

としゅ【斗酒】 dǒu jiǔ（斗酒）. ¶～なお辞せず dǒu jiǔ bù cí（斗酒不辞）.

としゅ【徒手】 túshǒu（徒手）, chìshǒu（赤手）. ¶～空拳で敵に立ち向かう chìshǒu-kōngquán tóng dírén bódòu（赤手空拳同敌人搏斗）. ¶彼は～空拳で南米へ渡った tā shuāngshǒu kōngkōng yuǎndù chóngyáng dàole Nán Měizhōu（他双手空空远渡重洋到了南美洲）. ¶～体操 túshǒu tǐcāo（徒手体操）/ túshǒucāo（徒手操）.

としょ【図書】 túshū（图书）. ¶～館 túshūguǎn（图书馆）/～室 túshūshì（图书室）/ yuèlǎnshì（阅览室）.

としょう【徒渉】 túshè（徒渉）.

とじょう【途上】 ¶帰国の～ハワイに立ち寄った guīguó túzhōng qùle Xiàwēiyí（归国途中去了夏威夷）. ¶発展～国 fāzhǎnzhōng guójiā（发展中国家）.

どじょう【泥鰌】 qiū（鳅）, níqiū（泥鳅）.

どじょう【土壌】 tǔrǎng（土壌）, nítǔ（泥土）. ¶～が肥えている tǔrǎng féiwò（土壌肥沃）. ¶そこには悪がはびこる～があった nàr yǒu zīzhǎng zuì'è de tǔrǎng（那儿有滋长罪恶的土壌）. ¶酸性～ suānxìng tǔrǎng（酸性土壌）. ～流失 shuǐtǔ liúshī（水土流失）.

どしょうぼね【土性骨】 ¶彼には一本～が通っている tā hěn yǒu gǔqì（他很有骨气）. ¶お前の～を叩き直してやる fēi bǎ nǐ zhè lièɡēnxìng bāngluolai bùkě（非把你这劣根性扳过来不可）.

としょく【徒食】 yóu shǒu hào xián（游手好闲）.

としより【年寄】 lǎorén（老人）, lǎotóur（老头儿）, lǎoniánrén（老年人）, lǎomào（老耄）. ¶～を大事にする àihù lǎorén（爱护老人）. ¶～の冷水 lǎorén bú zì liàng lì（老人不自量力）. ¶このネクタイは～くさくて嫌だ zhè zhǒng lǐngdài tài lǎoqì, wǒ bú yuànyì jì（这种领带太老气, 我不愿意系）.

と・じる【閉じる】 guān（关）, bì（闭）, guānbì（关闭）, hé（合）, hélǒng（合拢）. ¶水位が上がるとこの水門は自動的に～じる shuǐwèi shàngshēng zhè shàn shuǐmén zìdòng guānbì（水位上升这扇水门自动关闭）. ¶貝が蓋を～じる bèi bìhé jiēqiào（贝闭合介壳）. ¶目を～じて物思いにふける héshang yǎn chénsī（合上眼沉思）. ¶教科書を～じなさい bǎ kèběn héshàng（把课本合上）. ¶大会は成功裏に幕を～じた dàhuì yuánmǎn bìmù（大会圆满闭幕）. ¶赤字続きで店を～じた yóuyú liánnián kuīsǔn guānle pùzi（由于连年亏损关了铺子）.

と・じる【綴じる】 dìng（订）. ¶書類を～じる bǎ wénjiàn dìngqilai（把文件订起来）.

としん【都心】 ¶～に近づくにつれて道路が混んできた suízhe jiējìn shì zhōngxīn lùshàng yuèláiyuè yōngjǐ le（随着接近市中心路上越来越拥挤了）.

どしん ¶～と尻餅をつく pūtōng yì shēng dūn-

le ge pìgudūnr（扑通一声蹲了个屁股蹲儿）. ¶杭を打ち込む音が～と響いてくる dǎhāng de zhèndìshēng zhènzhèn zuòxiǎng（打夯的震地声阵阵作响）.

どじん【土人】 tǔrén（土人）.

トス ¶2塁に～して走者を封殺する bǎ qiú qīng pāo èrlěi fēngshā pǎolěiyuán（把球轻抛二垒封杀跑垒员）. ¶～を上げる tuōqiú（托球）.

どす duǎndāo（短刀）, bǐshǒu（匕首）, nǎngzi（攮子）. ¶ふところに～をのんでいる huáilǐ chuāizhe bǐshǒu（怀里揣着匕首）. ¶～のきいた声でおどす yòng dīchén wēixié de yǔqì dònghè rén（用低沉威胁的语气恫吓人）.

どすう【度数】 1〔回数〕 cìshù（次数）. ¶電話料金は～制になっている diànhuà àn tōnghuà cìshù shōufèi（电话按通话次数收费）. 2〔角度・温度などの数値〕dùshu（度数）.

どすぐろ・い【どす黒い】 ～い顔 wūhēi de liǎn（乌黑的脸）. ～い血 yānhóng de xiě（殷红的血）.

と・する【賭する】 ¶生命を～して戦う huōmìng ér zhàn（豁命而战）/ zuò shūsǐzhàn（作殊死战）.

とせい【渡世】 ¶石工を～にしている kào zuò shíjiang guò rìzi（靠做石匠过日子）/ yǐ shígōng wéishēng（以石工为生）. ¶～人 dǔtú（赌徒）.

どせい【土星】 tǔxīng（土星）. ¶～の環 tǔxīng de guānghuán（土星的光环）.

どせい【怒声】 ¶会場には～が乱れ飛んだ huìchǎng shang nùhǒushēng sìqǐ（会场上怒吼声四起）.

どせきりゅう【土石流】 níshíliú（泥石流）.

とぜつ【途絶】 duànjué（断绝）. ¶吹雪のため交通が～した yóuyú bàofēngxuě jiāotōng duànjué le（由于暴风雪交通断绝了）.

とそ【屠蘇】 túsū（屠苏）, túsūjiǔ（屠苏酒）.

とそう【塗装】 tú（涂）, qī（漆）, túshì（涂饰）, túmǒ（涂抹）. ¶ペンキで～する tú qī（涂漆）/ túp yóuqī（涂抹油漆）.

どそう【土葬】 tǔzàng（土葬）.

どぞう【土蔵】 huīqiáng kùfáng（灰墙库房）.

どそく【土足】 ¶男が～で上がり込んで来た yǒu ge nánrén jìng chuānzhe xié jìnlai le（有个男人竟穿着鞋进来了）. ¶～厳禁 huàn xié rù nèi（换鞋入内）.

どぞく【土俗】 ¶佐渡の～を研究する yánjiū Zuǒdù de fēngsú xíguàn（研究佐渡的风俗习惯）.

どだい【土台】 1〔基礎〕jīchǔ（基础）, dìjī（地基）, gēnjī（根基）, gēnjiao（根脚）, dìjiao（地脚）. ¶この家は～がしっかりしている zhè fángzi gēnjiao hěn láokao（这房子根脚很牢靠）. ¶会社を～から揺すぶるような大事件が起った fāshēngle dòngyáo gōngsī gēnjī de zhòngdà shìjiàn（发生了动摇公司根基的重大事件）. ¶作者の少年時代の体験がこの作品の～となっている zuòzhě shàonián shídài de tǐyàn shì zhège zuòpǐn de jīchǔ（作者少年时代的体验是这个作品

的基础).　¶～石 jīshí(基石).
　2【根本から】¶それは～無理な注文だ zhè zhǒng yāoqiú gēnběn méizhé(这种要求根本没辙).　¶全部でたった１万円とは～話にならん zǒnggòng zhǐ gěi yíwàn rìyuán jiǎnzhí bùchénghuà(总共只给一万日元简直不成话).

とだ・える【途絶える】¶ duàn(断), zhōngduàn(中断), jiànduàn(间断), duànjué(断绝).　¶夜も更けて人通りが～えた yè shēn bújiàn xíngrén láiwǎng le(夜深不见行人来往了).　¶息子からの便りがぱったりと～えた érzi de yīnxìn tūrán duàn le(儿子的音信突然断了).　¶現地からの通信が～えた tóng xiànchǎng de tōngxìn duàn le(同现场的通信断了).

とだな【戸棚】¶ chú[r](橱[儿]), guì[r](柜[儿]), chúguì(橱柜), guìchú(柜橱).　¶食器～ guìchú(柜橱)/ wǎnchú(碗橱).

どたばた　¶子供達が家中を～走りまわっている háizimen zài mǎn wūzili luàn bèng luàn tiào(孩子们在满屋子里乱蹦乱跳).　¶～喜劇 nàojù(闹剧)/ qùjù(趣剧)/ xiàojù(笑剧).

とたん【途端】¶駆け出した～石につまずいた gāng yì pǎo jiù jiào shítou bànle yí jiǎo(刚一跑就叫石头绊了一脚).　¶電車を降りたのに傘を置き忘れたのに気がついた gāng yí xià diànchē wǒ jiù fājué yǐ yǔsǎn diūzài diànchēli le(刚一下车我就发觉把雨伞丢在电车里了).　¶彼は結婚した～に威張り出した jiéle hūn tā jiù shuǎqǐ tàidu lai le(结了婚他就要起态度来了).

とたん【塗炭】¶人民は～の苦しみをなめている rénmín zhèng chǔzài shuǐshēn-huǒrè zhīzhōng(人民正处在水深火热之中)/ shēng líng tú tàn(生灵涂炭).

トタン　dùxīntiě(镀锌铁), qiāntiě(铅铁), báitiě(白铁), yángtiě(洋铁).　¶～板 báitiěpí(白铁皮).　～屋根 báitiěpí wūdǐng(白铁皮屋顶).

どたんば【土壇場】¶彼は～になって嫌だと言い出した tā dào mòliǎor shuō bú gàn le(他到末了儿说不干了).　¶我々は～に追い込まれた wǒmen bèi bīde zǒutóu-wúlù(我们被逼得走投无路).

とち【土地】　**1**【地】, tǔdì(土地); [建築用の]dìpí(地皮), dìjī(地基).　¶肥えた[やせた]～ féiwò[jíbó] de tǔdì(肥沃[瘠薄]的土地).　¶～を耕す gēngdì(耕地).　¶彼は田舎に広い～を持っている tā zài xiāngxià yǒu yí dà piàn tǔdì(他在乡下有一大片土地).　¶～を買って家を建てる mǎi yí kuài dìpí gài fángzi(买一块地皮盖房子).
¶～改良 tǔrǎng gǎiliáng(土壤改良).
　2【その所, その地方】dāngdì(当地), běndì(本地), cǐdì(此地).　¶～の人に案内を頼む qǐng dāngdìrén dàilù(请当地人带路).　¶同じ魚でも～によって名前が違う tóng yì zhǒng yú, zài bùtóng de dìfang yǒu bùtóng de jiàofǎ(同一种鱼,在不同的地方有不同的叫法).　¶犯人は～の勘のある者らしい zuìfàn kànlai shì dìtóur shú de rén(罪犯看来是地头儿熟的人).

とちがら【土地柄】¶それはこの地方の～だろう nà shì zhège dìfang de fēngtǔ rénqíng ba(那是这个地方的风土人情吧).

とちのき【栃の木】qīyèshù(七叶树).

どちゃく【土着】¶ tǔzhù(土著).　¶～民 tǔzhù(土著)/ tǔzhù jūmín(土著居民).

とちゅう【途中】zhōngtú(中途), túzhōng(途中), bàndàor(半道儿).　¶登校の～で先生に会った zài shàngxué de lùshang pèngjiànle lǎoshī(在上学的路上碰见了老师).　¶～道草を食わずに行きなさい zhíjiē qù a, kě bié zài túzhōng xiánguàng(直接去啊,可别在途中闲逛).　¶忘れ物に気がついて～から引き返した fājué wàngle dōngxi, dǎ zhōngtú zhéle huílái(发觉忘了东西,打中途折了回来).　¶～で別れた bàndào shang fēnle shǒu(半道上分了手).　¶集会から帰る～彼女はしゃべり続けたった jìhuì hòu wǎng huílái zǒu de bànlù shang tā shuō ge méiwán-méiliǎo(集会后往回走的半路上她说个没完没了).　¶名古屋で～下車する zài Mínggǔwū, zhōngtú xià chē(在名古屋,中途下车).　¶ここまでやって～でやめるのは惜しい gǎodào zhè yí bù bàntú ér fèi jiù tài kěxī le(搞到这一步半途而废就太可惜了).　¶会の～で抜け出した zài kāihuì zhōngtú tuìchūle huìchǎng(在开会中途退出了会场).　¶雨～から雪になった yǔ xiàle bànjiér chéngle xuě le(雨下了半截儿成了雪了).　¶お話の～ですが… duìbuqǐ, dǎduàn nǐ de huà…(对不起,打断你的话…).

とちょう【都庁】dūzhèngfǔ(都政府).

どちら　**1**【方向, 場所】¶窓は～に向いていますか chuānghu cháo nǎge fāngxiàng?(窗户朝哪个方向?)　¶お住いは～ですか nín zhùzài nǎli?(您住在哪里?)
　2【人】¶失礼ですが～様ですか qǐng wèn, nín ˇguìxìng[shì nǎ yí wèi]?(请问,您˚贵姓[是哪一位]?).
　3【二者の一方】¶乗ろうか歩こうか～にしようか zuò chē qù háishi zǒuzhe qù nǎge hǎo ne?(坐车去还是走着去哪个好呢?)　¶～でも結構です nǎ yí ge dōu xíng(哪一个都行).　¶～か一方に決めなければならない yào juédìng xuǎnzé nǎ yí ge(要决定选择哪一个).　¶～にしても大した変りはない bùguǎn nǎ yí ge dōu chàbuliǎo duōshao(不管哪一个都差不了多少).　¶それは～が良いとも言いかねます hěn nán shuō shì nǎ yí ge hǎo(很难说是哪一个好).　¶彼は～かといえばおっちょこちょいだ shuōqilai tā shì ge màoshīguǐ(说起来他是个冒失鬼).　¶～も負けじと戦った shuāngfāng zhēngdòu jīliè hù bù xiāngràng(双方争斗激烈互不相让).　¶駅へは～からも行ける dào chēzhàn dǎ zhèr dǎ nàr dōu néng qù(到车站打这儿打那儿都能去).

とち・る　せりふを～る shuōcuò táicí(说错台词).

とっか【特価】tèjià(特价).　¶～販売 tèjià chūshòu(特价出售).　~品 tèjiàpǐn(特价品).

どっかい【読解】yuèdú lǐjiě(阅读理解).　¶～

力 yuèdú nénglì(阅读能力).

とっかかり【取っ掛り】 tóuxù(头绪), xiànsuǒ(线索). ¶ 調べようにも〜がない yào chá yě méi ge tóuxù(要查也没个头绪).

どっかと ¶ 肩の荷物を〜おろす yìshǒu bǎ jiānshang kángzhe de xíngli měng fàngle xiàlái(一手把肩上扛着的行李猛放了下来). ¶ 椅子に〜腰を据える yípìgu zài yǐzi shang zuòxia(一屁股在椅子上坐下).

とっかん【突貫】 敵陣めがけて〜する xiàng dízhèn nàhǎn tūjī[chōngfēng](向敌阵呐喊突击[冲锋]). ¶ 〜作業で堤防を修復する yǐ tūjī fāngshì xiūfù dīfáng(以突击方式修复堤防)/ qiǎngxiū dīfáng(抢修堤防).

とっき【突起】 tūqǐ(突起). ¶ 虫様〜 lánwěi(阑尾).

とっき【特記】 ¶ 〜に値する zhídé tèshū yì bǐ(值得特书一笔).
¶ 〜事項 tèbié jìzǎi de shìxiàng(特别记载的事项).

どっき【毒気】 → どくけ.

とっきゅう【特急】 tèbié kuàichē(特别快车), tèkuài(特快). ¶ この仕事は〜で願います zhège gōngzuò jíxū wánchéng, qǐng jǐnkuài(这个工作急需完成,请尽快).
¶ 〜券 tèkuài chēpiào(特快车票)/ tèkuàipiào(特快票). 超〜 chāojí tèkuài(超级特快).

とっきゅう【特級】 tèděng(特等). ¶ 〜品 tèděngpǐn(特等品).

とっきょ【特許】 zhuānlì(专利). ¶ 新製品の〜をとった qǔdé xīn zhìpǐn de zhuānlìquán(取得新制品的专利权). ¶ 〜出願中 zhèngzài shēnqǐng zhuānlìquán(正在申请专利权).
¶ 〜権 zhuānlìquán(专利权).

ドッキング duìjiē(对接). ¶ 両宇宙船は〜に成功した liǎng zhī yǔzhòu fēichuán chénggōng de duìjiē le(两只宇宙飞船成功地对接了).

とく【疾っく】 → とう(疾っ).

とつ・ぐ【嫁ぐ】 jià(嫁), chūjià(出嫁). ¶ 姉は A 家に〜いだ jiějie jiàdàole A jiā(姐姐嫁到了 A 家). ¶ 娘を3人とも〜がせた bǎ sān ge nǚ'ér dōu jiàchuqu le(把三个女儿都嫁出去了).
¶ 〜ぎ先 pójia(婆家)/ pópojia(婆婆家).

ドック chuánwù(船坞). ¶ 修理のために船を〜に入れる wèile xiūlǐ bǎ chuán kāirù chuánwù(为了修理把船开入船坞).
¶ 浮き〜 fúchuánwù(浮船坞).

とっくみあい【取っ組み合い】 sīdǎ(厮打), niǔdǎ(扭打). ¶ しまいに〜の喧嘩になった zuìhòu sīdǎ qilai le(最后厮打起来了)/ dào mòliǎo niǔchéng yì tuán dǎqǐ jià lai le(到末了扭成一团打起架来了).

とっくり ¶ 今日は時間がありますから〜お話をうかがいましょう jīntiān yǒudeshì shíjiān hǎohǎo tīng nǐ xì shuō ba(今天有的是时间好好ㄦ听你细说吧).

とっくり【徳利】 sùzi(噻子), jiǔsùzi(酒噻子).

とっくん【特訓】 tèbié xùnliàn(特别训练). ¶ コーチの〜を受ける jiēshòu jiàoliàn de tèbié xùnliàn(接受教练的特别训练).

とっけい【特恵】 tèhuì(特惠). ¶ 〜関税 tèhuì guānshuì(特惠关税).

とつげき【突撃】 chōngfēng(冲锋), chōngjī(冲击), tūjī(突击). ¶ 敵陣に〜する xiàng dízhèn chōngfēng(向敌阵冲锋)/ xiàng dírén zhèndì fāqǐ chōngjī(向敌人阵地发起冲击). ¶ 〜! shā!(杀!)/ chōng!(冲!).
¶ 〜らっぱ chōngfēnghào(冲锋号).

とっけん【特権】 tèquán(特权). ¶ 会員には様々な〜がある huìyuán xiǎngyǒu gè zhǒng tèquán(会员享有各种特权). ¶ 冒険は若者の〜だ màoxiǎn shì niánqīngrén de tèquán(冒险是年轻人的特权).
¶ 〜意識 tèquán yìshí(特权意识). 〜階級 tèquán jiējí(特权阶级).

どっこい ¶ この俺をだます気か、〜その手は食わないぞ nǐ xiǎng piàn wǒ? wǒ kě bú shàng nǐ nàge dàng(你想骗我? 我可不上你那个当).
¶ おっと、そうは問屋がおろさない mànzhe! kě méiyǒu nàme piányi(慢着! 可没有那么便宜).

どっこいしょ hāiyō(嗨哟), hēngyō(哼唷). ¶ 〜と言いながら荷物を持ち上げる dà hǎn "hāiyō" yì shēng bǎ xíngli táile qǐlái(大喊"嗨哟"一声把行李抬了起来).

とっこう【特効】 tèxiào(特效). ¶ 〜薬 tèxiàoyào(特效药).

とっこう【徳行】 déxíng(德行).

とっさ【咄嗟】 ¶ 〜の出来事でどうしようもなかった yíchànà de shì méi shénme bànfǎ(一刹那的事情没什么办法). ¶ 彼女は〜の機転でそれを外へ放り投げた tā jí zhōng shēng zhì bǎ nà ge dōngxi rēngdào wàimian qù le(她急中生智把那个东西扔到外面去了). ¶ 〜に身をかわして車をよけた tā yì shǎnshēn duǒkaile qìchē(一闪身躲开了汽车). ¶ その男の名前を〜には思い出せなかった nàge nánrén de míngzi wǒ yìshí méi néng xiǎngqilai(那个男人的名字我一时没能想起来).

ドッジボール zhuāi qiú jī rén yóuxì(拽球击人游戏).

とっしゅつ【突出】 tūchū(突出). ¶ 海に〜した岬 tūrù hǎili de hǎijiǎ(突入海里的海岬). ¶ 海面から〜した岩 cóng hǎimiàn tūqǐ de yánshí(从海面突起的岩石). ¶ ガス〜事故が発生した fāshēngle wǎsī tūrán pēnchū de shìgù(发生了瓦斯突然喷出的事故).

とつじょ【突如】 tūrán(突然). ¶ 〜として起った大事件 tūrán fāshēng[tū rú qí lái] de dà shìjiàn(突然发生[突如其来]的大事件). ¶ 〜銃声が響いた tūrán xiǎngqǐle qiāngshēng(突然响起了枪声).

どっしり ¶ 大理石の花瓶が〜と据えられている dàlǐshí de huāpíng chéndiāndiān de bǎizhe(大理石的花瓶沉甸甸地摆着). ¶ 正面に〜と構えているのが会長だ zài zhèngmiàn zhuāngzhòng zuòzhe de shì huìzhǎng(在正面庄重坐着的是会长). ¶ 〜した人 wěnzhòng de rén(稳重的人).

とっしん【突進】 měngchōng(猛冲). ¶ 1 頭の

牛が私に向かって～して来た yǒu yì tóu niú xiàng wǒ měngchōng guolai(有一头牛向我猛冲过来).

とつぜん【突然】 tūrán(突然), hūrán(忽然), cùrán(猝然), dǒurán(陡然), zhòurán(骤然), huòrán(霍然), hūdì(忽地), tūdì(突地); lěngbufáng(冷不防), lěngbudīng(冷不丁), chōu lěngzi(抽冷子), zhàměng de(乍猛的). ¶夜中に～友達が訪ねて来た yèli yǒu yí ge péngyou tūrán lái zhǎo wǒ(夜里有一个朋友突然来找我). ¶聞かれて返事に困った tūrán bèi wèn, bǎ wǒ wènzhù le(突然被问,把我问住了). ¶～のことで驚いた shì chū tūrán chīle yì jīng(事出突然吃了一惊).
～死 cùsǐ(猝死).～変異 tūbiàn(突变).

とったん【突端】 ¶岬の～に灯台がある zài jiǎjiǎo jìntóu yǒu dēngtǎ(在岬角尽头有灯塔).

どっち ¶どちら.¶～も～だ bàn jīn bā liǎng(半斤八两).

どっちつかず móléng(模棱), yīwéi(依违). ¶～の言い方 shuōde hánhu yì cí(说得含胡其辞). ¶彼の態度は～だ tā de tàidu móléngliǎngkě(他的态度模棱两可).

どっちみち【どっち道】 fǎnzheng(反正), héngshù(横竖). ¶～行かねばならない zǎowǎn dōu děi qù(早晚都得去). ¶～今日中には終らないだろう héngshù jīntiān gǎobuwán ba(横竖今天搞不完吧).

とっち・める ¶あいつは生意気だから少し～めてやろう nà xiǎozi jiàzi tài dà, děi hǎohāor zhěngzhì tā yí dùn(那小子架子太大,得好好儿整治他一顿).

とっつき【取っ付き】 ¶彼は～は悪いが根はいい人だ tā zhà yì kāishǐ bú yì jiējìn, rén dào hěn hǎo(他乍一开始不易接近,人倒很好). ¶階段を上って～の部屋 shàng lóutī tóuyí ge fángjiān(上楼梯头一个房间).

とって【取手】 bà[r](把[儿]), bàzi(把子), lāshou(拉手), bǎshou(把手). ¶引出しの～ chōuti de lāshou(抽屉的拉手). ¶ドアの～ ménbǎr(门把儿). ¶鍋の～ guōbǎr(锅把儿).

-とって duì(对), duìyú(对于). ¶それは彼女に～不幸な出来事だった nà duìyú tā lái shuō shì yí jiàn búxìng de shìqing(那对于她来说是一件不幸的事情). ¶学費の値上げは学生に～大きな問題だ tígāo xuéfèi, duì xuésheng lái shuō shì guān zhòngdà(提高学费,对学生来说事关重大).

とってい【突堤】 ¶～を築く xiūzhù tūchū hǎizhōng de fángbōdī(修筑突出海中的防波堤).

とっておき【取って置き】 ¶～のワインで客をもてなす náchū zhēncáng de pútaojiǔ lái kuǎndài kèrén(拿出珍藏的葡萄酒来款待客人).

とってかえ・す【取って返す】 fǎnhuí(返回), zhéfǎn(折返), zhéhuí(折回). ¶忘れ物に気がついて家に～した xiǎngqǐ wàngle dōngxi fǎnhuí jiā qu(想起忘了东西返回家去).

とってかわ・る【取って代る】 qǔdài(取代). ¶彼には今の社長に～ろうという野心がある tā yǒu yěxīn xiǎng qǔdài xiànzài de zǒngjīnglǐ (他有野心想取代现在的总经理). ¶コンパクトディスクがレコードに～った chàngpiàn bèi jīguāng chàngpán qǔ ér dài zhī(唱片被激光唱片取而代之).

とってつけたよう【取って付けたよう】 ¶～なお世辞を言う jiǎxīngxing[xūqíng-jiǎyì] de shuō fèngchenghuà(假惺惺[虚情假意]地说奉承话).

どっと ¶学生達は～笑った xuéshengmen hōngrán dà xiào(学生们哄然大笑). ¶開場と同時に観客が～なだれこんだ huìchǎng yì kāimén guānzhòng jiù fēngyōng ér rù(会场一开门观众就蜂拥而入). ¶白菜が～入荷した báicài dàliàng shàngshì(白菜大量上市). ¶家に帰ると～疲れが出た yí dàole jiā pílàojiùr jiù shànglai le(一到了家疲劳劲儿就上来了).

とつとつ【訥訥】 nènè(讷讷). ¶～と語る nènè ér yán(讷讷而言).

とっとと kuài(快). ¶ぐずぐずしないで～歩け bié mómó-cèngcèng de, kuài zǒu!(别磨磨蹭蹭的,快走!). ¶～出てうせろ kuài gěi wǒ gǔndàn!(快给我滚蛋!).

ドットプリンター diǎnzhènshì dǎyìnjī(点阵式打印机).

とつにゅう【突入】 tūrù(突入), chōngrù(冲入). ¶敵陣に～する chōngrù dízhèn(冲入敌阵). ¶労働者達は24時間ストに～した gōngrénmen kāishǐ jǔxíng èrshísì xiǎoshí bàgōng(工人们开始举行二十四小时罢工).

とっぱ【突破】 tūpò(突破), chōngpò(冲破), tūchū(突出); chuǎngguān(闯关). ¶犯人は非常線を～して逃走した zuìfàn chōngpò jǐngjièxiàn táopǎo le(罪犯冲破警戒线逃跑了). ¶15倍の難関を～して合格した chuǎngguò shíwǔ bǐ yī de nánguān kǎoqǔ le(闯过十五比一的难关考取了). ¶売上が1000万円を～した xiāoshòu'é tūpòle yìqiān wàn rìyuán(销售额突破了一千万日元). ¶問題解決の～口が開けた dǎkāile jiějué wèntí de tūpòkǒu(打开了解决问题的突破口).

とっぱつ【突発】 ¶暴動が～した tūrán fāshēngle bàodòng(突然发生了暴动).
¶～事故 tūrán de shìgù(突然的事故).

とっぱん【凸版】 tūbǎn(凸版). ¶～印刷 tūbǎn yìnshuā(凸版印刷).

とっぴ【突飛】 ¶～な服装で人目を引く chuān qízhuāng-yìfú rě rén zhùyì(穿奇装异服惹人注意). ¶それは又～な考えだ nàge xiǎngfa zhēn "chūqí[líqí](那个想法真"出奇[离奇]). ¶～な行動に出る cǎiqǔ chū rén yìbiǎo de xíngdòng(采取出人意表的行动).

とっぴょうし【突拍子】 ¶～もない声を出す qí shēng guài jiào(奇声怪叫). ¶この子は時々～もないことを言い出す zhè háizi yǒushíhou shuōchū chū rén yìbiǎo de huà(这孩子有时候说出出人意表的话).

トップ dìyīmíng(第一名), shǒuwèi(首位), dìyī(第一), dǐngjiān[r](顶尖[儿]), bájiān[r] (拔尖[儿]). ¶彼は高校を～で卒業した tā zài gāozhōng yǐ dìyīmíng de chéngjì bìle yè(他

在高中以第一名的成绩毕了业).¶～との差は5メートル開いた bèi dìyīmíng lāxià wǔ mǐ (被第一名拉下五米).¶投票の結果彼女が～に躍り出た tóupiào jiéguǒ tā yuè jū bǎngshǒu (投票结果她跃居榜首).¶都内の～を切ってA校の入試が行われた A xiào zài Dōngjīng Dū nèi shǒuxiān jǔxíng rùxué kǎoshì (A 校在东京都内首先举行入学考试).¶～が交代した dìyībǎshǒu[yībǎshǒu] tìhuàn le (第一把手[一把手]替换了).¶～会談 shǒunǎo huìyì (首脑会议).¶記事 tóuhào[shǒuyào] xīnwén (头号[首要]新闻). ～ダウン zì shàng ér xià (自上而下). ～モード zuì liúxíng de shízhuāng (最流行的时装)/ zuì shímáo de shìyàng (最时髦的式样).

とっぷう【突風】 zhènfēng (阵风).¶～にあおられてヨットが転覆した fānchuán bèi zhènfēng dǎfān le (帆船被阵风打翻了).

ドップラーこうか【ドップラー効果】 duōpǔlè xiàoyìng (多普勒效应).

どっぷり¶日が～暮れた mùsè shēnchén (暮色深沉)/ tiān dà hēi le (天大黑了).

どっぷり¶筆に墨を～つける bǎ máobǐ zhànmǎnle mòshuǐ (把毛笔蘸满了墨水).¶～湯につかる quánshēn pàozài yùchíli (全身泡在浴池里).

トップレス tǎnxiōng yǒngzhuāng (袒胸泳装).

とつべん【訥弁】 ¶彼は～だ tā zhuōyú yáncí (他拙于言辞)/ tā wéirén kǒu nè (他为人口讷).¶～ながらも心を打つ話だった suī nènè ér yán dàn jiǎngde dòng rén xīnxián (虽讷讷而言但讲得动人心弦).

どっぽ【独歩】 dúbù (独步).¶彼は独立に～の人だ tā shì dúlì zìzhǔ de rén (他是独立自主的人). ¶古今～ gǔjīn wúshuāng (古今无双)/ tiānxià dúbù (天下独步).

とつめんきょう【凸面鏡】 tūmiànjìng (凸面镜), tūjìng (凸镜), fāsànjìng (发散镜).

とつレンズ【凸レンズ】 tūtòujìng (凸透镜), huìjù tòujìng (会聚透镜), fàngdàjìng (放大镜), huǒjìng (火镜).

-とて 1 […としても, …といっても] ¶泣いた～同情はされない jíshǐ kū yě bú huì dédào tóngqíng (即使哭也不会得到同情).¶逃げよう～逃がしはせぬ yào pǎo, nǐ yě pǎobuchū wǒ de shǒuxīn (要跑, 你也跑不出我的手心).¶高いから～物がよいとは限らぬ jiàqian guì, dōngxi dào bù yídìng hǎo (价钱贵, 东西倒不一定好).

2 […故に] ¶休日のこと～デパートは混んでいた yóuyú jiàrì, bǎihuò gōngsī hěn yōngjǐ (由于假日, 百货公司很拥挤).¶知らぬこと～大変失礼致しました yīnwèi bù zhīdào, tài shīlǐ le (因为不知道, 太失礼了).

3 […も]やはり ¶君～そう思うはずだ nǐ yě yídìng huì nàyàng xiǎng de (你也一定会那样想的).¶その事については私～考えないわけではない nà jiàn shì, bìng bú shì wǒ bù kǎolù (那件

事, 并不是我不考虑).

どて【土手】 dī (堤), dī'àn (堤岸), dīfáng (堤防).¶～を築く zhù dī (筑堤).

とてい【徒弟】 túdì (徒弟), xuétú (学徒), túgōng (徒工), xuétúgōng (学徒工), yìtú (艺徒).

どてっぱら【土手っ腹】 ¶～に風穴をあけてやるぞ fēi jiào nǐ báidāozi jìnqu hóngdāozi chūlai bùkě (非叫你白刀子进去红刀子出来不可).

とてつもな・い【途轍もない】 ¶彼は～いことを言い出した tā jìng shuōchūle jiào rén wúfǎ xiǎngxiàng de huà (他竟说出了叫人无法想像的话).¶～く大きな計画を立てる zhìdìng pángdà jīngrén de jìhuà (制订庞大惊人的计划).

とても 1 → とうてい.

2 [大変] hěn (很), tǐng (挺), dǐng (顶), fēicháng (非常).¶この本は～面白いから読んでごらん zhè běn shū kě yǒu yìsi jíle, nǐ kànkan (这书可有意思极了, 你看看).¶彼は～元気だ tā tǐng jīngshen de (他挺精神的).

どてら【縕袍】 héfú miánpáor (和服棉袍儿).

とど【胡蔴】 běihǎishī (北海狮).

ととう【徒党】 péngdǎng (朋党).¶～を組んで悪事を働く jiéhuǒ dābāng gàn huàishì (结伙搭帮干坏事)/ péng bǐ wéi jiān (朋比为奸).

どとう【怒涛】 nùtāo (怒涛).¶逆巻く～ nùtāo pēngpài (怒涛澎湃)/ bōtāo xiōngyǒng (波涛汹涌).¶～のごとく押し寄せる大軍 yóurú nùtāo xiōngyǒng ér lái de dàjūn (犹如怒涛汹涌而来的大军).

とど・く【届く】 1 [達する] ¶彼は鴨居に頭が～くほど背が高い tā gèzi gāode tóu pèng ménméi (他个子高得头碰门楣).¶深くて足が底に～かない shuǐ shēnde jiǎo bù zhān dǐ (水深得脚不沾底).¶椅子にのれば棚に手が～く yàoshi zhànzài yǐzi shang jiù gòudezháo gēbǎn (要是站在椅子上就够得着搁板).¶彼は40に手が～く tā 'kuài[nián jìn] sìshí le (他'快[年近]四十了).¶忙しくてそこまで手が～きません mángde gùbudào nàr (忙得顾不到那儿).¶矢が標的に～かない jiàn shèbudào bǎzi (箭射不到靶子).¶もう少しで記録に手が～きそうで～かない chà nàme yìdiǎnr néng dádào de jìlù jiù shì dábudào (差那么一点儿能达到的纪录就是达不到).¶彼のよく響く声は会場の隅々にまで～いた tā de shēngyīn hóngliàng, huìchǎng de měi ge jiǎoluò dōu néng tīngdào (他的声音洪亮, 会场的每个角落都能听到).¶願いが～いて父の病気がよくなった tiān suì wǒ yuàn, fùqin de bìng hǎo le (天遂我愿, 父亲的病好了).

2 [到着する] dào (到).¶手紙が～いた xìn dào le (信寄到了).¶荷物はまだ～かない xíngli hái méi dào (行李还没到).¶金は1週間かかって手元に～いた fèile yí ge xīngqī de gōngfu qián cái dàoshǒu (费了一个星期的工夫钱才到手).

3 [行き渡る] ¶そこまでは目が～かなかった wǒ kě méi zhùyìdào nà yī céng (我可没注意到那一层).¶娘を親の目の～く所におく ràng

nǚ'ér zhùzài fùmǔ néng zhàoguǎn de dìfang (让女儿住在父母能照管的地方).

とどけ【届】 ¶市役所に婚姻～を出す dào shìzhèngfǔ qù bànlǐ jiéhūn dēngjì (到市政府去办理结婚登记).

¶死亡～ sǐwáng dēngjì (死亡登记). 出生～ chūshēng dēngjì (出生登记).

とどけさき【届け先】 ¶お～の住所はどちらですか sònghuò dìzhǐ shì nǎr? (送货地址是哪儿?).

とど・ける【届ける】 1 sòng (送). ¶この本を先生に～けて下さい qǐng bǎ zhè běn shū gěi lǎoshī sòngqu (请把这本书给老师送去). ¶御注文の品は一両日中にお～け致します nín dìng de huò yì-liǎng tiān zhī nèi gěi nín sòngdào (您订的货一两天之内给您送到). ¶お祝いの品をデパートから～けさせる ràng bǎihuò gōngsī sòng lǐwù (让百货公司送礼物).

2 [届け出る] bào (报). ¶盗難を交番に～ける bǎ shīqiè yí shì xiàng pàichūsuǒ bào'àn (把失窃一事向派出所报案). ¶欠席を口頭で～ける yǐ kǒutóu gàojià (以口头告假). ¶子供の出生を～け出る gěi xīnshēng yīng'ér bào hùkǒu [luòhù] (给新生婴儿报户口[落户]).

とどこお・る【滞る】 ¶道路工事で車の流れが～る yóuyú xiūlù zàochéng jiāotōng zǔsè (由于修路造成交通阻塞). ¶家賃が3か月も～っている fángzū tuōqiànle sān ge yuè (房租拖欠了三个月). ¶人手が足りなくて仕事が～りがちだ rénshǒu bú gòu, gōngzuò dòngbudòng jiù jīyā (人手不够，工作动不动就积压). ¶結婚式は～りなく終った hūnlǐ yuánmǎn jiéshù le (婚礼圆满结束了).

ととの・う【整う】 1 [きちんとしている] zhěngqí (整齐), qízhěng (齐整); duānzhèng (端正), zhōuzhèng (周正). ¶隊伍が～っている duìwu hěn zhěngqí (队伍很整齐). ¶鼻立ちが～っている róngmào duānzhèng (容貌端正); méimù qīngxiù (眉目清秀). ¶～った字 gōngzhěng de zì (工整的字).

2 [備わる] qí (齐), quán (全), qíquán (齐全), qíbèi (齐备). ¶必要な材料は全部～った suǒ xūyào de cáiliào dōu ˈqíquán[yùbèiqí] le (所需要的材料都ˈ齐全[预备齐]了). ¶準備が～ったら始めよう zhǔnbèi ˈhǎo[tuǒ/tíngdang] le jiù kāishǐ ba (准备ˈ好[妥/停当]了就开始吧).

3 [まとまる] ¶両家の間に縁談が～った liǎngjiā de hūnshì shuōtuǒ le (两家的婚事说妥了). ¶協議が～った dáchénglé xiéyì (达成了协议).

ととの・える【整える】 1 [きちんとする] zhěng (整), zhěnglǐ (整理). ¶服装を～える zhěnglǐ yīshang (整理衣裳). ¶髪を～える shūlǐ tóufa (梳理头发). ¶隊列を～える zhěng duì (整队)/ zhěngdùn duìxíng (整顿队形). ¶体のコンディションを～える tiáozhěnghǎo shēntǐ zhuàngtài (调整好身体状态).

2 [備える] zhǔnbèi (准备), yùbèi (预备). ¶夕食を～える zhǔnbèi wǎnfàn (准备晚饭). ¶大会の準備を～える jìnxíng dàhuì de chóubèi gōngzuò (进行大会的筹备工作).

3 [まとめる] ¶交渉を～える shǐ jiāoshè dáchéng xiéyì (使交涉达成协议).

とどのつまり ¶～1銭ももうからなかった dàotóulai yí ge zǐr yě méi néng zhuàndào (到头来一个子ル也没能赚到). ¶～は会社を首になった dào mòliǎo zále fànwǎn (到末了砸了饭碗).

とどま・る【留まる・止まる】 1 liú (留), tíng (停), dāi (待·呆), tíngliú (停留). ¶時間は～ることなく過ぎて行く shíjiān bùtíng de guòqu (时间不停地过去). ¶現職に～る liúzhí (留职). ¶現地に～って調査を続行する liúzài dāngdì jìxù jìnxíng diàochá (留在当地继续进行调查).

2 [終る] ¶その日は報告を受けるに～った nà tiān zhǐ tīngle huìbào (那天只听了汇报). ¶地価の上昇は～るところを知らない dìjià de fēizhǎng wú zhǐjìng (地价的飞涨无止境).

とどめ【止め】 ¶敵の大将の～を刺す cì dífāng dàjiàng de yānhóu (刺敌方大将的咽喉). ¶その一言が彼の～を刺した nà yí jù huà duì tā shì zhìmìng de (那一句话对他是致命的). ¶花は桜に～を刺す yīnghuā zhī měi kěwèi wú yǔ lún bǐ (樱花之美可谓无与伦比).

とど・める【留める・止める】 1 [残す] liú (留), bǎoliú (保留). ¶名を後世に～める liúmíng yú hòushì (留名于后世)/ liúfāng bǎishì (流芳百世)/ míngchuí qīngshǐ (名垂青史). ¶町並は往時の面影を～めている jiēshang bǎoliúzhe dāngnián de miànmào (街上保留着当年的面貌).

2 [限る] ¶問題点を指摘するに～めた zhǐshì zhǐchūle wèntí de suǒzài (只是指出了问题的所在). ¶損害を最小限に～めるよう努力する wèile bǎ sǔnshī jiǎnshǎo dào zuìdī xiàndù ér nǔlì (为了把损失减少到最低限度而努力).

とどろか・す【轟かす】 ¶ジェット機が轟音をして飛び立った pēnqìshì fēijī fāchū xiàomíng qǐfēi le (喷气式飞机发出哮鸣起飞了). ¶名声を天下に～す míng zhèn tiānxià (名震天下). ¶嬉しさに胸を～す gāoxìngde xīn pūtengpūteng zhí tiào (高兴得心扑腾扑腾直跳).

とどろ・く【轟く】 hōngmíng (轰鸣), hōngxiǎng (轰响). ¶雷鳴が～く léishēng lónglóng (雷声隆隆). ¶砲声が～く pàoshēng zhèn tiān dòng dì (炮声震天动地). ¶彼の名声は天下に～いている tā míng zhèn tiānxià (他名震天下). ¶～く胸をおさえて発表を待つ yìzhù xīngfèn de xīnqíng děngdàizhe xuānbù (抑住兴奋的心情等待着宣布).

トナー sèfěn (色粉).

ドナー gōngtǐ (供体), gōngzhě (供者). ¶臓器移植の～として登録する zuòwéi yízhí nèizàng qìguān de gōngzhě jìnxíng dēngjì (作为移植内脏器官的供者进行登记).

¶～カード gōngzhěkǎ (供者卡)/ gōngtǐkǎ (供体卡).

とな・える【唱える】 1 [誦する] niàn (念). ¶念仏を～える niànfó (念佛).

2[叫ぶ] hū(呼). ¶ 万歳を～える gāohū wànsuì(高呼万岁).

3[提唱する] tíchū(提出), tíchàng(提倡), chàngdǎo(倡导). ¶ 新説を～える tíchū xīn de xuéshuō(提出新的学说). ¶ 彼の提案に異議を～える者はいなかった duì tā de tí'àn méiyǒu yí ge rén tíchū yìyì(对他的提案没有一个人提出异议).

トナカイ【馴鹿】 xúnlù(驯鹿), sìbúxiàng(四不像).

どなた【何方】 ¶ あの方は～ですか nà wèi shì shuí?(那位是谁?). ¶ ～かいらっしゃいませんか wūli méi rén ma?(屋里没人吗?). ¶ ～でも結構ですから手を貸して下さい nǎ wèi dōu xíng, qǐng bāng yíxià máng(哪位都行, 请帮一下忙).

どなべ【土鍋】 shāguō(沙锅), shāqiānr(沙浅儿), shāguōqiǎnr(沙锅浅儿).

となり【隣】 gébì(隔壁), línjū(邻居); páng(旁), pángbiān(旁边). ¶ ～の部屋の話し声が聞える tīngjian gébì fángjiān de shuōhuàshēng(听见隔壁房间的说话声). ¶ 父の～に座っているのが弟です zuòzài fùqin pángbiān de shì wǒ dìdi(坐在父亲旁边的是我弟弟). ¶ 偶然彼女と席が～合せになった ǒurán gēn tā ′lín zuò[zuòzài yíyǐ]′(偶然跟她″邻座[坐在一起]). ¶ 姉は～の村へお嫁にいった jiějie jiàdào líncūn qù le(姐姐嫁到邻村去了). ¶ ～の国と仲良くする yǔ línbāng yǒuhǎo wǎnglái(与邻邦友好往来). ¶ うちの右～は薬屋です wǒ jiā yòulín shì yàopù(我家右邻是药铺). ¶ ～の猫に魚をとられた yú jiào línjū de māo diāozǒu le(鱼叫邻居的猫叼走了). ¶ ～とはほとんどつきあいがない gēn línjū jīhū méiyǒu láiwang(跟邻家几乎没有来往). ¶ ～近所の噂になる chéngle ′zuǒlín-yòushè[sìlín/jiēfāng] de huàbǐng(成了″左邻右舍[四邻/街坊]的话柄).

どな・る【怒鳴る】 duànhè(断喝), nùchì(怒叱), nùhè(怒喝), chìhē(叱呵), chìhē(叱喝). ¶ 何度～っても返事がない zěnme dàshēng hūhǎn yě méiyǒu yīngshēng(怎么大声呼喊也没有应声). ¶ そんなに～らなくても聞える yòngbuzháo nàme dà jiào dà rǎng, wǒ yě tīngdejiàn(不着那么大叫大嚷, 我也听得见). ¶ "馬鹿野郎"と～りつける "húndàn!" dà mà yì shēng("浑蛋!"大骂一声). ¶ ピアノがうるさいと隣のおやじが～りこんできた gébì de lǎotóuzi chuǎngjìn mén nùhè gāngqín de shēngyīn tài chǎo(隔壁的老头子闯进门怒喝钢琴的声音太吵). ¶ 彼はかっとなって子供たちを～りちらした tā shàngle huǒ dà màle háizimen yí dùn(他上了火大骂了孩子们一顿).

とにかく ¶ 飯を食おう bùguǎn zěnyàng xiān chīfàn ba(不管怎样先吃饭吧). ¶ ～疲れたよ kě bǎ wǒ lèisǐ le(可把我累死了). ¶ 間に合うかどうか分らないが～行ってみよう bù zhīdào lái bu láidejí, háishi qù yí tàng shìshì(不知道来不来得及, 还是去一趟试试). ¶ 他の人は～彼女には知らせておこう tārén qiě bùguǎn,

děi xiān gàosu tā yìshēng(他人且不管, 得先告诉他一声). ¶ 結果は～君の努力は大いに買おう qí jiéguǒ zànqiě bù shuō, nǐ de nǔlì shì zhíde chōngfèn kěndìng de(其结果暂且不说, 你的努力是值得充分肯定的). ¶ それは～としてこの件はどうしましょうか nàge gūqiě bù tí, zhè jiàn shì gāi zěnme bàn?(那个姑且不提, 这件事该怎么办?). ¶ ～彼の言うようにすれば間違いはない zǒngzhī, ànzhào tā shuō de zuò bú huì yǒu cuò(总之, 按照他说的做不会有错).

どの nǎ・něi・nǎi(哪), nǎge・něige・nǎige(哪个). ¶ ～品を差し上げましょうか nín yào nǎge?(您要哪个?). ¶ K 先生は～方ですか K Lǎoshī shì nǎ wèi?(K 老师是哪位?). ¶ この辞書が～点から見ても一番優れている zhè bù cídiǎn bùguǎn cóng nǎge fāngmiàn lái kàn dōu shì zuì hǎo de(这部辞典不管从哪个方面来看都是最好的). ¶ ～面(ご)下げて帰れようか yǒu shénme liǎn huíqu a?(有什么脸回去吗?). ¶ ～ようなことが起ころうと驚きはしない bùguǎn fāshēng shénme, wǒ dōu bú huì dàjīng-xiǎoguài(不管发生什么, 我都不会大惊小怪). ¶ ～ようにされても文句は言えない jiùshì bèi rénjia zěnmeyàng yě méi huà kě shuō(就是被人家怎么样也没话可说).

どのう【土嚢】 shādài(沙袋). ¶ ～を積む lěi shādài(垒沙袋).

どのくらい【どの位】 duōshao(多少). ¶ 身長は～ありますか nǐ shēncháng yǒu duō gāo?(你身长有多高?). ¶ 応募者は～ですか yìngmù de rén yǒu duōshao?(应募的人有多少?). ¶ この部屋の広さは～ですか zhè jiān wūzi yǒu duōdà?(这间屋子有多大?). ¶ 家から学校まで～の距離がありますか xuéxiào lí nǐ jiā yǒu duōyuǎn?(学校离你家有多远?). ¶ ここに住んで～になりますか nǐ zhù zhèr yǒu duōjiǔ le?(你住这儿有多久了?). ¶ ～があれば世界一周ができるだろうか yǒu duōshao qián cái néng huánqiú lǚxíng?(有多少钱才能环球旅行?). ¶ お前のことを～心配していることか wèile nǐ kě bù zhīdào dānle duōdà de xīn a(为了你可不知道担了多大的心啊).

どのへん【どの辺】 ¶ お国は北海道の～ですか nǐ lǎojiā zài Běihǎi Dào de shénme dìfang?(你老家在北海道的什么地方?). ¶ 今ごろは～まで行っただろう xiànzài tā dàole nǎr ne?(现在他到了哪儿呢?). ¶ ～まで譲れますか nǐ néng ràngdào nǎ yí bù?(你能让到哪一步?).

どのみち【どの道】 →どっちみち.

とば【賭場】 dǔjú(赌局), dǔchǎng(赌场).

どば【駑馬】 númǎ(驽马). ¶ ～に鞭打って頑張ります wǒ suī shēngxìng yúlǔ, dàn yě yuàn búduàn qūcè zìjǐ nǔlì(我虽生性愚鲁, 但也愿不断驱策自己努力).

トパーズ huángyù(黄玉).

とはいえ【とは言え】 ¶ 春～まだ風は冷たい suīshuō shì chūntiān, fēng hái liáng(虽说是春天, 风还凉). ¶ 身から出た錆だ, ～見捨ててておけ

まい nà shì zìzuò-zìshòu, dàn yě bùnéng zhìzhī bù lǐ(那是自作自受,但也不能置之不理).
とばく【賭博】 dǔbó(赌博).¶~をする dǔbó(赌博)/ dǔqián(赌钱)/ shuǎqián(耍钱).
とば・す【飛ばす】 **1** fàng(放).¶伝書鳩を~す fàng xìngē(放信鸽).¶風船を~す fàng qìqiú(放气球).¶風に帽子を~された fēng bǎ màozi guāpǎo le(风把帽子刮跑了).¶教授のヘリコプターを~す pài zhíshēng fēijī qù jiùhù(派直升飞机去救护).¶彼は盛んに駄洒落を~した tā yígèjìnr de shuō qiàopíhuà(他一个劲儿地说俏皮话).
2〔走らす〕¶100キロのスピードで高速道路を~す yǐ shísú yìbǎi gōnglǐ zài gāosù gōnglù shang fēichí(以时速一百公里在高速公路上飞驰).¶車を~して駆けつけた kāi qìchē fēipǎo gǎnlai(开汽车飞跑赶来)/ qūchē gǎnlai(驱车赶来).
3〔伝わらす〕¶全国の同志に檄を~す xiàng quánguó de tóngzhì fā xíwén(向全国的同志发檄文).¶デマを~す sànbù yáoyán(散布谣言).
4〔飛び散らす〕jiàn(溅).¶車が泥を~して走り去った qìchē jiànqǐ níshuǐ fēichí ér guò le(汽车溅起泥水飞驰而过).¶口角泡を~して激論する tuòmò sìjiàn, zhēnglùn bùxiū(唾沫四溅争论不休).
5〔間を抜かす〕¶難しいところは~して読む bǎ nán de dìfang tiàoguoqu dú(把难的地方跳过去读).
6〔左遷する〕¶地方の支店に~された bèi wàidiào dào dìfāng zhīdiàn qù le(被外调到地方支店去了).
どはずれ【度外れ】¶~に大きな男 chūzhòng gāodà de hànzi(出众高大的汉子).¶~に大きい声 dàde chūqí de shēngyīn(大得出奇的声音).¶あいつは~た馬鹿だ nà xiǎozi hútu tòudǐng(那小子糊涂透顶).
どはつ【怒髪】¶~天を衝く nù fà chōng guān(怒发冲冠).
とばっちり¶けんかの~を食って怪我をした bèi juǎnjìnle dǎjià shòule shāng(被卷进了打架受了伤).
とばり【帳】 màn(幔), mànzhàng(幔帐), zhàngzi(帐子), wéizi(帷子), mànzi(幔子).¶あたりに夜の~がおりた yèmù lǒngzhào sìfāng(夜幕笼罩四方).
とび【鳶】 yuān(鸢), lǎoyīng(老鹰).¶~が鷹を生む wūyā wōli chū fènghuáng(乌鸦窝里出凤凰)/ dǎi zhú chū hǎo sǔn(歹竹出好笋).
どひ【土匪】 tǔfěi(土匪).
とびあが・る【飛び上がる】 tiàoqilai(跳起来), bèngqilai(蹦起来).¶彼女は知らずにみみずを踏んで~った tā bù liúshén yì jiǎo cǎile qiūyǐn xiàle yí dà tiào(她不留神一脚踩了蚯蚓吓了一大跳).¶彼は~って喜んだ tā gāoxìngde tiàole qǐlai(他高兴得跳了起来).¶注射はあるほど痛かった téngde wǒ jīhū tiàole qǐlai(打针疼得我几乎跳了起来).
とびある・く【飛び歩く】¶一日中~いて1台しか売れなかった yì zhěngtiān dōng bēn xī pǎo zhǐ tuīxiāole yí jià(一整天东奔西跑只推销了一架).
とびいた【飛板】 tiàobǎn(跳板). tiàobǎn tiàoshuǐ(跳板跳水).
とびいり【飛入り】¶~で歌をうたう línshí bàomíng chūchǎng chànggē(临时报名出场唱歌).¶今日の芸能大会には~が7人もいた jīntiān de liánhuānhuì línshí bàomíng cānjiā de jìng yǒu qī ge rén(今天的联欢会临时报名参加的竟有七个人).
とびいろ【鳶色】 cháhèsè(茶褐色).
とびうお【飛魚】 fēiyú(飞鱼).
とびお・きる【飛び起きる】¶地震に驚いて~きた dìzhèn xiàdé wǒ cóng chuáng shang tiàole qǐlai(地震吓得我从床上跳了起来).¶8時だと聞いて~きた yì tīngshuō shì bā diǎnzhōng le, yì gūlu jiù tiàoxià chuáng lai(一听说是八点钟了,一骨碌就跳下床来).
とびお・りる【飛び降りる】 tiàoxià(跳下).¶2階の窓から~りる cóng èr lóu de chuāngshang tiàoxiaqu(从二楼的窗户跳下去).¶列車がとまらぬうちに~りて大怪我をした lièchē hái méi tíngzhù jiù tiàole xiàlái, shòule zhòngshāng(列车还没停住就跳了下来,受了重伤).
とびか・う【飛び交う】¶蛍が~う yínghuǒchóng fēilai-fēiqu(萤火虫飞来飞去).¶議場に罵声が~った huìchǎngshang màshēng sìqǐ(会场上骂声四起).
とびかか・る【飛び掛る】¶ライオンは縞馬に~った shīzi xiàng bānmǎ měng pūle guòqù(狮子向斑马猛扑了过去).
とびきゅう【飛び級】 tiàojí(跳级), tiàobān(跳班).
とびきり【飛切り】 bájiān[r](拔尖[儿]), chūjiān[r](出尖[儿]), màojiān[r](冒尖[儿]), gàngjiān[r](岗尖[儿]).¶~上等のワイン shànghǎo de pútaojiǔ(上好的葡萄酒).¶~安い値段で売る màide géwài piányi(卖得格外便宜).¶~甘い gàngkǒurtián(岗儿儿甜).
とびぐち【鳶口】 yīngzhuǎ gōuzi(鹰嘴钩子), xiāofánggōu(消防钩).
とびこ・える【飛び越える】→とびこす.
とびこ・す【飛び越す】 yuèguò(越过), tiàoguò(跳过).¶小川を~す tiàoguò yì tiáo xiǎoxī(跳过一条小溪).¶ボールは塀を~して隣の庭に落ちた qiú yuè qiáng luòdào gébì de yuànzili(球越墙落到隔壁的院子里).¶先輩を~して課長になった yuèguò qiánbèi dānglе kēzhǎng(越过前辈当了科长).
とびこみ【飛込み】 **1**〔水泳の〕tiàoshuǐ(跳水).¶~台 tiàotái(跳台).高~ tiàotái tiàoshuǐ(跳台跳水).
2¶男が電車に~自殺した yí ge nánrén zhuàng diànchē zìshā le(一个男人撞电车自杀了).
とびこ・む【飛び込む】 tiàojìn(跳进), tiàorù(跳入).¶飛込み台から~む tiàoxià tiàoshuǐ tái(从跳台上跳下).¶交番に~んで助けを求めた pǎojìn pàichūsuǒ qiújiù(跑进派出所

求救).¶事件の渦中に～む tóurù shìjiàn de xuánwō (投入事件的旋涡).¶子供は走って母の胸に～んだ xiǎoháizi pǎozhe pūjìnle māma de huáilǐ (小孩子跑着扑进了妈妈的怀里).¶夕刊の締切間際に重大ニュースが～んできた wǎnbào jíjiāng jiégǎo shí zhòngdà xīnwén tūrú qí lái de dào le (晚报即将截稿时重大新闻突如其来地到了).

とびしょく【鳶職】jiǎoshǒujià gōngrén (脚手架工人), jiàzigōng (架子工).

とびだ・す【飛び出す】¶横町から子供が～して来た yí ge xiǎoháir cóng hútòng pǎochulai le (一个小孩儿从胡同跑出来了).¶大きな爆音に驚いて表に～した jùdà de bàozhàshēng xiàde wǒ pǎole chūlái (巨大的爆炸声吓得我跑了出来).¶辞表を叩きつけて会社を～した shuāixià cízhíshū, cídiàole gōngsī (摔下辞职书,辞掉了公司).¶目玉が～すほどとられた被害要にはの代价).

とびた・つ【飛び立つ】qǐfēi (起飞).¶一行を乗せたジェット機はA滑走路から～った tāmen yìxíng dāchéng de pēnqìshì fēijī cóng A pǎodào fēi qǐ le (他们一行搭乘的喷气式飞机从A跑道起飞了).¶足元から鳥が～った niǎor cóng jiǎobiānr fēile qǐlái (鸟儿从脚边儿飞了起来).

とびち・る【飛び散る】fēisàn (飞散), fēijiàn (飞溅), bèngjiàn (迸溅).¶ガラスの破片が一面に～った bōli suìpiàn xiàng sìchù fēisàn (玻璃碎片向四处飞散).¶火花が～る huǒxīngr fēijiàn (火星儿飞溅)/huǒhuā bèngjiàn (火花迸溅).

とびつ・く【飛び付く】¶玄関をあけたとたんに子供達が～いてきた yì kāimén háizimen jiù pūdào wǒ huáilǐ lái le (一开门孩子们就扑到我怀里了).¶彼女はすぐ流行に～く tā hào gǎn shímáo (她好赶时髦).¶先方はこちらの条件に～いてきた duìfāng lìjí jiēshòule wǒfāng de tiáojiàn (对方立即接受了我方的条件).

トピック huàtí (话题).

トピックス Dōngjīng zhèngquàn jiāoyìsuǒ gǔpiào jiàgéshù (东京证券交易所股票价格数).

とび・でる【飛び出る】→とびだす

とびとび【飛び飛び】¶あの本は～に読んだだけだ nà běn shū zhǐshì gésān-tiàoliǎng de kànlekàn (那本书只是隔三跳两地看了看).¶番地が～になっている ménpái hàomǎ hěn luàn (门牌号码很乱).

とびぬけて【飛び抜けて】tūchū (突出), tèchū (特出), chūzhòng (出众), chāoqún (超群), bájiānr (拔尖儿).¶彼はクラスの中で～成績がよい tā zài bānli chéngjì chūzhòng (他在班里成绩出众).

とびの・く【飛び退く】shǎnshēn (闪身), shǎnkāi (闪开), tiàokāi (跳开).¶泥水をはねかけられそうになってあわてて～いた níshuǐ chàdiǎnr jiàndàole shēnshang, jímáng shǎnkāi le (泥水差点儿溅到了身上,急忙闪开了).

とびの・る【飛び乗る】tiàoshàng (跳上).¶動き出した列車に～る tiàoshàng xúxú kāidòng de lièchē (跳上徐徐开动的列车).¶馬に～ひとむち鞭あてた zòngshēn shàng mǎ chōule yì biān (纵身上马抽了一鞭).

とびばこ【跳箱】tiàoxiāng (跳箱).

とびはな・れる【飛び離れる】¶1軒だけ～れてぽつんと建っている zhǐyǒu yì jiā fángzi gūlínglíng de gàizài nàli (只有一家房子孤零零地盖在那里).

とびひ【飛火】1¶～で火事になった yóuyú fēilái de huǒxīng qǐhuǒ le (由于飞来的火星起火了).¶事件は思わぬところに～した shìjiàn fāzhǎn dào yìwài de fāngmiàn (事件发展到意外的方面).

2〔皮膚病〕shuǐpàozhěn (水泡疹), nóngpào (脓疱), huángshuǐchuāng (黄水疮).

とびまわ・る【飛び回る】¶子供達は大喜びで野原を～っている háizimen zài yědì gāogāo-xìngxìng de pǎopao-tiàotiào (孩子们在野地高高兴兴地跑跑跳跳).¶金策に～る wèile chóukuǎn dōng bēn xī pǎo (为了筹款东奔西跑).

どひょう【土俵】〖説明〗相扑力士较量的摔交台.¶同じ～で話し合う zài duìděng de tiáojiàn xià jìnxíng xiéshāng (在对等的条件下进行协商).

とびら【扉】〔戸〕mén (门), ménshàn (门扇), ménfēi (门扉);〔本の〕fēiyè (扉页), nèifēng (内封).

どびん【土瓶】cháhú (茶壶).¶～敷 cháhúdiànr (茶壶垫儿).

とふ【塗布】túmǒ (涂抹), wàifū (外敷).¶薬を患部に～する yòng yào túmǒ huànchù (用药涂抹患处).

と・ぶ【飛ぶ・跳ぶ】1 fēi (飞).¶鳥が～ぶ niǎo fēi (鸟飞).¶蝶が～んできた húdié fēi lái le (蝴蝶飞来了).¶飛行機は今大島上空を～んでいる fēijī zhèng zài Dàdǎo shàngkōng fēixíng (飞机正在大岛上空飞行).¶台風で瓦が～んだ táifēng bǎ wǎ guāfēi le (台风把瓦刮飞了).¶ボールは塀の外まで～んでいった qiú fēidào zhàlán wàibianr qù le (球飞到栅栏外边儿去了).¶どこから弾丸が～んで来るか分からない qiāngzǐr bù zhī cóng nǎr fēilai (枪子儿不知从哪儿飞来).¶ジュースやアイスクリームが～ぶように売れた guǒzhī hé bīngqílín màide fēikuài (果汁和冰淇淋卖得飞快).¶知らせを聞いて～んできた tīngdào xiāoxi fēipǎo gǎnlai (听到消息飞跑赶来).¶新聞記者が現場に～んだ xīnwén jìzhě fēibēn dào xiànchǎng (新闻记者飞奔到现场).¶兄貴のげんこつが～んできた gēge de quántou fēiguolai (哥哥的拳头飞过来).¶観衆から野次が～んだ guānzhòng hē dàocǎi (观众喝倒彩).¶思いははるかな故郷に～んだ wǒ de xīn fēixiàng yáoyuǎn de gùxiāng (我的心飞向遥远的故乡).¶～ぶ鳥を落とす勢い shì bù kě dāng (势不可当)/zhì shǒu kě rè (炙手可热).¶～んで火に入る夏の虫 fēi'é tóu huǒ (飞蛾投火).

2〔伝わる〕¶各支部に指令が～んだ zhǐlìng fēichuán gè zhībù (指令飞传各支部).¶流言

飛語が～ぶ liúyán-fēiyǔ dàochù liúchuán (流言蜚语到处流传).
3〔跳躍する〕tiào(跳), bèng(蹦). ¶蛙が～ぶ qīngwā tiào (青蛙跳). ¶子供達は～んだり跳ねたりして喜んだ háizimen bèng ya tiào ya de hěn gāoxìng (孩子们蹦呀跳呀地很高兴). ¶A選手は5メートルのバーを～んだ A xuǎnshǒu yuèguòle wǔ mǐ hénggānr (A选手越过了五米横杆ㄦ). ¶跳箱を～ぶ tiào tiàoxiāng (跳跳箱). ¶彼女は走幅跳で5メートルを～んだ tā tiàoyuǎn tiàole wǔ mǐ (她跳远跳了五米).
4〔飛び散る〕jiàn(溅), fēijiàn(飞溅). ¶火花が～ぶ huǒxīngr luàn bèng (火星ㄦ乱迸). ¶波が～ぶ lànghuā fēijiàn (浪花飞溅). ¶ズボンにはねが～んだ kùzi jiànle ní (裤子溅了泥).
5〔切れる〕¶ヒューズが～んだ bǎoxiǎnsī shāoduàn le (保险丝烧断了). ¶万一失敗したら首を～ぶぞ wànyī shībài jiù bǎoxiǎnsī fànwǎn le (万一失败就保不住饭碗了).
6〔間が抜ける〕¶この本はページが～んでいる zhè běn shū tiào yè (这本书跳页). ¶彼の話はどこへ～ぶか分らない tā de huà bù zhī tiào nǎr méitóu-méinǎo de (他的话不知跳哪ㄦ没头没脑的).
どぶ【溝】gōu(沟), shuǐgōu(水沟). ¶～をさらう táo shuǐgōu (淘水沟).
どぶねずみ【溝鼠】hèjiāshǔ(褐家鼠), dàjiāshǔ(大家鼠), gōushǔ(沟鼠).
どぶろく rìběnzhuójiǔ(日本浊酒).
どぶん gūdōng (咕咚), pūtōng (扑通・噗通). ¶～と水に飛び込む pūtōng yì shēng tiàojìn shuǐli (扑通一声跳进水里).
どべい【土塀】níqiáng(泥墙), tǔqiáng(土墙).
とほ【徒歩】túbù(徒步), bùxíng(步行). ¶上野駅より5分 cóng Shàngyězhàn bùxíng wǔ fēnzhōng (从上野站步行五分钟).
¶～旅行 túbù lǚxíng (徒步旅行).
とほう【途方】¶彼女は夫に死なれて～に暮れた zhàngfu sǐle tā zǒutóu wú lù (丈夫死去她走投无路). ¶～もないことを言うな bié báirìlǐ shuō mènghuà (别白日里说梦话). ¶彼は～もなく大きな望みを抱いている tā bàozhe dà ér wú dàng de yuànwàng (他抱着大而无当的愿望).
どぼく【土木】tǔmù(土木). ¶～技師 tǔmù gōngchéngshī (土木工程师). ~工事 tǔmù gōngchéng (土木工程).
とぼ・ける【恍ける】zhuāngjiǎ(装假), zhuāngshǎ(装傻), zhuāngsuàn(装蒜), zhuāng hútu (装胡涂), dǎyǎngur (打佯ㄦ). ¶～けてもいい加減にしろ nǐ hái zhuāng shénme suàn? (你还装什么蒜?). ¶おじさんは自分に都合が悪くなるとすぐ～ける yéye yí dào duì zìjǐ bù fāngbiàn de shíhou jiù zhuāng hútu (爷爷一到对自己不方便的时候就装胡涂). ¶～けた仕草で人を笑わせる yǐ huájī de dòngzuò dòu rén xiào (以滑稽的动作逗人笑).
とぼし・い【乏しい】pínfá(贫乏), quēfá(缺乏). ¶資源が～い zīyuán pínfá (资源贫乏). ¶燃料が～くなった ránliào quēfá le (燃料缺乏了). ¶私はその方面の知識は～い wǒ quēfá nà fāngmiàn de zhīshi (我缺乏那方面的知识). ¶魅力に～い作品 quēfá mèilì de zuòpǐn (缺乏魅力的作品).
とぼとぼ ¶～と重い足を引きずって歩く méijīng-dǎcǎi tuōzhe chénzhòng de liǎngtuǐ zǒu (没精打采拖着沉重的两腿走).
どま【土間】〔説明〕在房子内不铺地板露出地面的部分.
トマト xīhóngshì(西红柿), fānqié(番茄). ¶～ケチャップ fānqiéjiàng (番茄酱). ~ジュース fānqiézhī (番茄汁).
とまど・う【戸惑う】kùnhuò(困惑). ¶はじめて都会に出て来るということがひ chūcì láidào dūhuì jìngshì shǐ rén gǎndào kùnhuò mò jiě de shì (初次来到都会净是使人感到困惑莫解的事). ¶何と言っていいか～い感じた shuō shénme hǎo, gǎndào kùnhuò (不知说什么好, 感到困惑).
とまりかけ【泊り掛け】¶今度は～でおいで下さい xiàcì lái qǐng zài wǒ jiā dāi jǐ tiān ba (下次来请在我家待几天吧).
とまりぎ【止り木】qīmù(栖木).
とまりきゃく【泊り客】¶～は全員避難して無事だった zhùsù de kèren dōu píng'ān wúshì tuōlí wēixiǎn (住宿的客人都平安无事脱离危险).
とまりこ・む【泊り込む】¶現場に～んで仕事をする zài xiànchǎng zhùxialai gànhuór (在现场住下来干活ㄦ).
とま・る【止る・停る・留る】**1** tíng(停), zhǐ(止), zhù(住), tíngzhù(停住), dǎzhù(打住), zhǐzhù(止住). ¶家の前で車が～った zài jiāménkǒu tíngle yí liàng qìchē (在家门口停了一辆汽车). ¶この駅には急行は～らない zhège chēzhàn kuàichē bù tíng (这个车站快车不停). ¶この電車は終点～りだ zhè tàng diànchē zhǐ kāidào Yīngmùdīng (这趟电车只开到樱木町). ¶大雪で都市の交通は～ってしまった yóuyú dàxuě chéngshìlǐ de jiāotōng quán tíng le (由于大雪城市里的交通全停了). ¶デモの行列が～った yóuxíng duìwu tíngzhǐ bù qián le (游行队伍停止不前了). ¶～れ zhànzhù! (站住!)／lìdìng! (立定!). ¶時計は8時15分で～っていた biǎo tíngzài bā diǎn yíkè shang (表停在八点一刻上). ¶エンジンが～った yǐnqíng tíngxialai le (引擎停下来了). ¶工事のため今夜水道は～ります yóuyú shīgōng jīnwǎn tíng[duàn] shuǐ (由于施工今晚停[断]水).¶出血が～らない chūxuè bùzhǐ (出血不止). ¶頭痛が～った tóu bù téng le (头不疼了).
2〔鳥, 虫などが〕tíng(停), luò(落). ¶小鳥が気の枝に～っている xiǎoniǎo luòzài shùzhī shang (小鸟落在树枝上). ¶垣根にとんぼが～っている líba shang tíngzhe yì zhī qīngtíng (篱笆上停着一只蜻蜓).
3〔固定する〕¶釘が短くて板がうまく～ない yóuyú dīngzi tài duǎn, bǎnzi dìngbuláo (由于钉子太短, 板子钉不牢).

4〔目，耳，心などに〕¶1冊の本がふと私の目に～った yǒu yì běn shū hūrán tóurù wǒ de yǎnlián (有一本书忽然投入我的眼帘). ¶目にも～らぬ早業 shǎndiàn bān de shénsù miàojì (闪电般的神速妙技). ¶そのメロディーが彼女の耳に～った nà qǔdiào hū'ér piāojìn tā ěrli (那曲调忽而飘进她耳里). ¶心に～った言葉 míngjì zài xīnli de huà (铭记在心里的话).

とま・る【泊る】 zhù (住), zhùsù (住宿). ¶旅館に～る zhù lǚguǎn (住旅馆). ¶もう遅いから～て行きな sǎi tiān wǎn le, jiù zhù yì xiǔ ba (天晚了, 就住一宿吧). ¶一晩～って実家に帰った huí niángjia qù zhùle yì wǎn (回娘家去住了一晚). ¶豪華な客船が港に～っている háohuá de kèchuán tíngbó zài gǎngkǒu (豪华的客船停泊在港口).

どまんじゅう【土饅頭】 féndūi (坟堆), féntóu (坟头).

とみ【富】 cáifù (财富). ¶彼は一代で巨万の～を築いた tā zhè yí dài jiù jīlěile jùwàn zhī fù (他这一代就积累了巨万之富).

とみに【頓に】 dùnrán (顿然). ¶最近～体力が衰えた zuìjìn tǐlì dùnrán shuāiruò le (最近体力顿然衰弱了).

ドミノ duōmǐnuò gǔpái (多米诺骨牌), xīyáng gǔpái (西洋骨牌).

と・む【富む】 fùyǒu (富有), fùyú (富于), fēngfù (丰富). ¶天然資源に～んだ国家 tiānrán zīyuán fēngfù de guójiā (天然资源丰富的国家). ¶栄養に～んだ食品 fùyú yíngyǎng de shípǐn (富于营养的食品). ¶経験に～んだ教師 jīngyàn fēngfù [fùyǒu jīngyàn] de jiàoshī (经验丰富[富有经验]的教师). ¶彼の話は示唆に～んでいた tā de huà fùyǒu qǐfāxìng (他的话富有启发性).

とむらい【弔い】 ¶～を出す bàn sāngshì (办丧事). ¶父の3周忌の～をする jìdiàn wángfù liǎng zhōunián (祭奠亡父两周年).

とむら・う【弔う】 diào (吊), píngdiào (凭吊), diàosāng (吊丧); 〔供養する〕jì (祭), diàojì (吊祭), jìdiàn (祭奠), jìsì (祭祀). ¶遺族を～う wèiwèn sǐzhě jiāshǔ (慰问死者家属)/ diàowèi yízú (吊慰遗族). ¶先祖の霊を～う jìsì zǔxiān (祭祀祖先)/ jì zǔzōng (祭祖宗).

とめがね【止金】 qiǎzi (卡子). ¶鞄の～を掛ける bǎ píbāo de qiǎhuáng [qiǎ[kòu]hǎo (把皮包的卡簧"卡[扣]好). ¶～を外す kāi qiǎzi (开卡子).

とめだて【留め立て】 ¶いらぬ～をするな yòngbuzháo nǐ zǔlán (用不着你阻拦).

とめど【止めど】 ¶彼はしゃべり出すと～がなくなる tā yì dǎkāi huàxiázi jiù méiwán-méiliǎo le (他一打开话匣子就没完没了). ¶彼女の目から～なく涙が溢れ出た lèishuǐ cóng tā yǎnli bùduàn de yǒngchū (泪水从她眼里不断地涌出)/ tā lèi rú quán yǒng (她泪如泉涌).

と・める【止める・停める・留める】 1 tíng (停), zhǐ (止), zhù (住), tíngzhù (停住), zhǐzhù (止住). ¶次の十字路で車を～めて下さい qǐng zài xià yí ge shízì lùkǒu tíngchē (请在下一个十字路口停车). ¶こんな所に車を～めてある zài zhè zhǒng dìfang tíngchē (在这种地方停着车). ¶足を～めて星空を見上げる zhǐbù[zhùzú] yǎngwàng mǎntiān xīngdǒu (止步[驻足]仰望满天星斗). ¶呼吸を～める bǐngzhe hūxī (屏着呼吸)/ bǐngqì (屏气). ¶時の流れを～めることはできない shíguāng de liúshì wúfǎ zhǐzhù (时光的流逝无法止住). ¶料金を滞納して電気を～められた tuōqiànle diànfèi, diàn bèi qiā le (拖欠了电费, 电被掐了). ¶けんかを～める lājià (拉架)/ quànjià (劝架). ¶彼は私の～めるのを聞かず飛び出して行った tā bù tīng wǒ de quànzǔ pǎochuqu le (他不听我的劝阻跑出去了). ¶注射で痛みを止める dǎzhēn zhǐtòng (打针止痛).

2〔固定する〕bié (别), dìng (钉), kòu (扣). ¶ポスターを画鋲で～める yòng túdìng dìngzhù xuānchuánhuà (用图钉钉住宣传画). ¶髪をピンで～める yòng fàqiǎ biézhù tóufa (用发卡别住头发). ¶ボタンを～める kòushàng niǔkòu (扣上纽扣).

3〔目，心など〕¶道端の草花に目を～める bǎ yǎnguāng tíngliú zài lùpáng de huācǎo shang (把眼光停留在路旁的花草上). ¶この事をしっかりと心に～めて下さい qǐng bǎ zhè jiàn shì láojì zài xīnli (请把这件事牢记在心里). ¶彼女が何をしようと彼は気にも～めなかった bùguǎn tā zuò shénme, tā dōu bú zàixīn (不管她做什么, 他都不在心).

と・める【泊める】 ¶今晩一晩～めて下さい jīnwǎn qǐng ràng wǒ zhù yì wǎn (今晚请让我住一晚).

とも【友】 yǒu (友), péngyou (朋友). ¶よき～を得る dédào hǎoyǒu (得到好友). ¶自然を～とする yǐ dàzìrán wéi yǒu (以自然为友).

とも【供・伴】 ¶昨日母のお～でデパートに行った zuótiān péizhe mǔqin dào bǎihuò gōngsī qù le (昨天陪着母亲到百货公司去了). ¶お～しましょう wǒ péitóng nín qù ba (我陪同您去吧).

とも【艫】 chuánshāo (船艄), chuánwěi (船尾).

-とも〔…ても〕¶どんなに苦しく～我慢する jiùshì yǒu duōme kǔ, wǒ yě yào rěnshòu xiaqu (就是有多么苦, 我也要忍受下去). ¶行かなく～よい bú qù yě xíng (不去也行). ¶遅く～10時までには帰る zuì wǎn yě zài shí diǎnzhōng huílai (最晚也在十点钟回来).

2〔断言〕"明日行くかい" "行く～" "míngtiān qù ma?" "dāngrán qù" ("明天去吗?" "当然去"). ¶ええ, 読みました～ āi, kànguo la (唉, 看过啦).

3 ¶大臣ともあろう者が何ということをするのだ yí ge dàchén jìng huì zuòchū zhè zhǒng shì lai (一个大臣竟会做出这种事来). ¶わざわざ見に行きたい～思わない bìng bù xiǎng tèyì qù kàn (并不想特意去看).

-とも【共】 1〔全部〕¶3 人～無事だった sān ge rén dōu píng'ān wúshì (三个人都平安无事). ¶その映画は両方～見ていない nà liǎng bù piānzi dōu méi kàn (那两部片子都没看).

2〔含めて〕¶送料～1000円 liányóufèi zài nèi yīgòng yìqiān yìyuán（连邮费在内一共一千日元）. ¶通用発売日～2日 yǒuxiàoqī zì chūshòurì qǐ liǎng rì nèi（有效期自出售日起两日内）.

ともかく →とにかく. ¶何は～無事でよかった bié de bù shuō, píng'ān wúshì jiùshì wànxìng（别的不说, 平安无事就是万幸）.

ともあれ →とにかく.

ともかせぎ【共稼ぎ】 shuāngzhígōng（双职工）. ¶彼のところは～だ tā jiā shì shuāngzhígōng（他家是双职工）.

ともぎれ【共布】 tóngyī yīliào（同一衣料）. ¶ブラウスの～でスカーフを作る yòng gēn chènshān yíyàng de liàozi zuò wéijīn（用跟衬衫一样的料子做围巾）.

ともぐい【共食い】 ¶かまきりは～をする tángláng tónglèi xiāng shí（螳螂同类相食）.

ともしび【灯火】 dēnghuǒ（灯火）.

ともしらが【共白髪】 ¶～まで添い遂げる báitóu xié lǎo（白头偕老）.

とも・す【点す】 diǎn（点）. ¶ろうそくを～す diǎn làzhú（点蜡烛）. ¶一晩中明りを～しておく zhěngyè diǎn[zhǎng]zhe dēng（整夜'点[掌]着灯）.

ともすると ¶初心者は～こんな間違いをしがちだ chūxuézhě wǎngwǎng róngyì chū zhèyàng de chācuò（初学者往往容易出这样的差错）. ¶彼女の言動は～誤解を招く tā de yánxíng róngyì zhāo rén wùhuì（她的言行容易招人误会）.

ともだおれ【共倒れ】 ¶こう同業者が増えては～になる tóngyèzhě zhème zēngjiā jiù huì tóng guī yú jìn（同业者这么增加就会同归于尽）.

ともだち【友達】 péngyou（朋友）. ¶私には～が大勢いる wǒ yǒu hěn xǔduō péngyou（我有许多朋友）. ¶彼とは読書会で～になった wǒ hé tā shì zài dúshūhuì shàng jiāo de péngyou（我和他是在读书会上交的朋友）. ¶お前は～がいないやつだ nǐ zhēn búgòu péngyou（你真不够朋友）.

ともづな【纜】 lǎn（缆）, lǎnshéng（缆绳）. ¶～を解く jiě lǎn（解缆）.

ともども【共共】 ¶息子のお礼に行く hé érzi yītóng qù dàoxiè（和儿子一同去道谢）.

ともな・う【伴う】 1〔連れる〕dài（带）, dàilǐng（带领）. ¶生徒を～って出掛ける dàilǐng xuésheng qù（带领学生去）.

2〔付随する〕bànsuí（伴随）. ¶雷を～った大雨が降った bànzhe léimíng xiàle dàyǔ（伴着雷鸣下了大雨）. ¶冬山登山には危険が～う dōngjì dēngshān nán yǒu hěn dà wēixiǎn（冬季登山冒有很大危险）. ¶その気はあるが実力が～わない suī yǒu qí yì ér wú qí lì（虽有其意而无其力）/ xīn yǒuyú ér lì bùzú（心有余而力不足）. ¶権利と義務は相～う quánlì hé yìwù shì xiāngfǔ-xiāngchéng de（权利和义务是相辅相成的）. ¶収入の増加に～って支出も増えるsuízhe shōurù de zēngjiā, zhīchū yě zēngjiā le（随着收入的增加, 支出也增加了）.

ともに【共に】 1〔一緒に, 同時に〕¶父と～A家を訪問する gēn fùqīn yìqǐ bàifǎng A jiā（跟父亲一起拜访A家）. ¶母子～元気です mǔzǐ dōu hěn jiànkāng（母子都很健康）. ¶彼とは長年起居を～した仲だ tā shì 'yìtóng shēnghuó duōnián[zhāoxī yǔgòng] de lǎopéngyou（跟他是'一同生活多年[朝夕与共]的老朋友）. ¶船長は船と運命を～した chuánzhǎng tóng chuán gòng mìngyùn（船长同船共命运）. ¶日の出と～起きて働く tiān yí liàng jiù qǐlai gànhuó（天一亮就起来干活）. ¶大音響と～火山が爆発した suízhe yì shēng jùxiǎng huǒshān bàofā le（随着一声巨响火山爆发了）. ¶それは彼にとって苦しみであると～喜びであった nà duì tā lái shuō jìshì tòngkǔ yòu shì xǐyuè（那对他来说既是痛苦又是喜悦）.

2〔つれて〕¶彼は年をとると～気短になった tā shànglè niánjì rén jiù biàn xìngjí le（他上了年纪人就变性急了）. ¶生産技術の進歩と～品質がよくなった suízhe shēngchǎn jìshù de jìnbù, zhìliàng yě tígāo le（随着生产技术的进步, 质量也提高了）.

ともばたらき【共働き】 shuāngzhígōng（双职工）.

どもり【吃り】 kǒuchī（口吃）, jiēba（结巴）, kēba（磕巴）.

とも・る【点る】 ¶家々に明りが～った jiājiāhùhù 'diǎn[zhǎng]shàng dēng le（家家户户'点[掌]上灯了）.

ども・る【吃る】 kǒuchī（口吃）, jiēba（结巴）, kēba（磕巴）. ¶～り～り言う jiējiēbābā de shuō（结结巴巴地说）.

とや【鳥屋】 jīwō（鸡窝）. ¶めんどりが～につく mǔjī fúwō（母鸡伏窝）.

とやかく ¶お前などに～言われる筋合はない yòngbuzháo nǐ shuōcháng-dàoduǎn（用不着你说长道短）. ¶世間の人は～言いたがるものだ shìrén zǒng ài shuōsān-dàosì（世人总爱说三道四）.

どやす 1〔殴る〕chuí（捶）, kēi（剋）. ¶"しっかりしろ"と背中を～された "dǎqǐ jīngshen lai!" bèishang bèi chuíle yì quán（"打起精神来!" 背上被捶了一拳）.

2〔どなりつける〕kēi（剋）, mà（骂）. ¶"若造のくせに生意気な口を利くな"と～しつけてやった wǒ dà mà tā: "rǔxiǎo wèi gān búyào shuō dàhuà!"（我大骂他: "乳臭未干不要说大话!"）.

どやどや ¶生徒達が～と教室から出てきた xuéshengmen yīwōfēng shìde cóng jiàoshìli yōngle chūlai（学生们一窝蜂似的从教室里拥了出来）.

どよう【土用】 sānfú（三伏）, fútiān（伏天）, shǔfú（暑伏）.

どよう【土曜】 xīngqīliù（星期六）, lǐbàiliù（礼拜六）.

どよめき ¶観衆の～が聞える tīngjian guānzhòng de xuānrǎngshēng（听见观众的喧嚷声）.

どよめ・く ¶空に～く歓呼の声 xiǎngchè yúnxiāo de huānhūshēng（响彻云霄的欢呼声）. ¶彼が登壇すると聴衆は一斉に～いた tā yì dēng

jiǎngtái tīngzhòng jiù hōngqilai le(他一登讲台听众就哄起来了).

とら【虎】 hǔ(虎), lǎohǔ(老虎), dàchóng(大虫). ¶ ～の威を借る狐 hú jiǎ hǔ wēi(狐假虎威). ¶ ～に翼 wèi hǔ tiān yì(为虎添翼). ¶ ～を野に放つ zòng[fàng] hǔ guī shān(纵[放]虎归山). ¶ 大酒を飲んで～になった hē jiǔ hēde[zòngjiǔ] mǐngdǐng dà zuì(喝酒喝得[纵酒]酩酊大醉).

とら【寅】 yín(寅).

どら【銅鑼】 luó(锣), tóngluó(铜锣). ¶ 船出の～が鳴る chūháng de luóshēng xiǎng le(出航的锣声响了).

どらい【渡来】 bólái(舶来). ¶ 異国から～した品 cóng yìguó bólái de dōngxi(从异国舶来的东西).

トライ ¶ ～が決まった jiāng qiú chù dì dé fēn(将球触地得分).

ドライ 1〔乾燥〕 gān(干), gānzào(干燥). ¶ ～クリーニング gānxǐ(干洗). ～フラワー gānhuā(干花).
2〔性格が〕 shuǎngkuài kāifàng de xìnggé(爽快开放的性格).

ドライアイス gānbīng(干冰).

トライアスロン sān xiàng quánnéng yùndòng(三项全能运动).

トライアングル sānjiǎolíng(三角铃).

ドライバー 1〔ねじ回し〕 gǎizhuī(改锥), luósīdāo(螺丝刀), luósīqǐzi(螺丝起子), xuánzáo(旋凿).
2〔運転者〕 sījī(司机), jiàshǐyuán(驾驶员).

ドライブ dōufēng(兜风). ¶ 箱根まで～した dào Xiānggēn dōufēng qù le(到箱根兜风去了).

ドライブイン lùpáng cāntīng(路旁餐厅).

ドライヤー gānzàojī(干燥机). ¶ ヘア～ chuīfēngjī(吹风机).

トラウマ jīngshén chuāngshāng(精神创伤), xīnlǐ chuāngshāng(心理创伤).

とらえどころ【捕え所】 ¶ 彼は～のない男だ tā shì ge mōbuzháo biān de rén(他是个摸不着边的人).

とら・える【捕える】 zhuā(抓), zhuō(捉), ná(拿), dǎi(逮), bǔ(捕), qín(擒), zhuāhuò(抓获), bǔhuò(捕获), bǔzhuō(捕捉), náhuò(拿获), qínhuò(擒获), zhuōná(捉拿), qínná(擒拿). ¶ 格闘の末賊を～えた jīng yì cháng bódòu názhule zéi(经一场搏斗拿住了贼). ¶ 機会を～えて私から話そう zhǎo ge jīhuì yóu wǒ gēn tā tántan ba(找个机会由我跟他谈谈吧). ¶ レーダーが敵機を～えた léidá ˈbǔzhuō[tàncè]dàole díjī(雷达'捕捉[探测]到了敌机). ¶ この肖像画は彼の特徴をよく～えている zhè fú xiàoxiànghuà qiǎomiào de zhuāzhùle tā de tèzhēng(这幅肖像画巧妙地抓住了他的特征). ¶ 事の本質を～える zhuāzhù shìwù de běnzhì(抓住事物的本质). ¶ 疑惑の念が彼女を～えて放さなかった yíhuò zhī niàn shǐzhōng wèi lí tā de nǎozhōng(疑惑之念始终未离她的脑中).

とらがり【虎刈り】 ¶ 子供の頭を刈ってやったら～になった gěi háizi tuītóu tuīde chángduǎn bù qí xiàng hǔwén shìde(给孩子推头推得长短不齐像虎纹似的).

トラクター tuōlājī(拖拉机), tiěniú(铁牛), huǒlí(火犁).

どらごえ【どら声】 ¶ ～を張り上げる cūshēng dà hǎn(粗声大喊).

トラスト tuōlāsī(托拉斯).

トラック 1〔貨物自動車〕 huòyùn qìchē(货运汽车), kǎchē(卡车), zàizhòng qìchē(载重汽车).
2〔陸上競技の〕 pǎodào(跑道). ¶ ～競技 jìngsài(径赛).

ドラッグ tuōyè(拖曳), tuōlā(拖拉).

どらねこ【どら猫】 yěmāo(野猫).

とらのこ【虎の子】 ¶ ～の金を盗まれた dàngzuò mìnggēnzi de qián bèi tōu le(当做命根子的钱被偷了).

とらのまき【虎の巻】 ¶ ～を見て宿題を片付ける cānkān jiědájí zuò zuòyè(参看解答集做作业).

トラブル jiūfēn(纠纷), fēngbō(风波). ¶ 家庭内に～が絶えない jiātínglǐ lǎo qǐ fēngbō(家里老起风波). ¶ 飛行機がエンジン～で引き返した fēijī yǐnqíng chūle máobìng zhōngtú fǎnhuí le(飞机引擎出了毛病中途返回了).

トラベラーズチェック lǚxíng zhīpiào(旅行支票).

トラホーム shāyǎn(沙眼). ¶ ～にかかる nào shāyǎn(闹沙眼).

ドラマ xìjù(戏剧). ¶ テレビ～ diànshìjù(电视剧).

ドラマチック xìjùxìng(戏剧性). ¶ 2人の出合は～だった liǎng ge rén de xiāngyù hěn dài yǒu xìjùxìng de(两个人的相遇很带有戏剧性的).

ドラム gǔ(鼓). ¶ ～をたたく dǎ[jī] gǔ(打[击]鼓).
¶ 磁気～ cígǔ(磁鼓).

ドラムかん【ドラム缶】 qìyóutǒng(汽油桶).

どらむすこ【どら息子】 bàijiāzǐ(败家子), làngzǐ(浪子).

とらわ・れる【捕われる・囚われる】 ¶ 因習に～れる yīnxí chéngguī(因袭陈规)/ yīnxún shǒujiù(因循守旧). ¶ 彼は目先のことに～れて先が見えない tā ˈzhǐˈ gù yǎnqián de shì[shǔmù cùnguāng] méiyǒu yuǎnjiàn(他'只顾眼前的事[鼠目寸光]没有远见). ¶ 外見に～れるな búyào bèi wàibiǎo suǒ zuǒyòu(不要被外表所左右). ¶ 彼女は激しい恐怖に～れた tā bèi qiángliè de kǒngbù suǒ kùnrǎo(她被强烈的恐怖所困扰). ¶ ～れの身となる shēn xiàn língyǔ(身陷囹圄)/ zuò jiēxiàqiú(做阶下囚).

トランク píxiāng(皮箱), tíxiāng(提箱), shǒutíxiāng(手提箱);〔自動車の〕 xínglixiāng(行李箱).

トランクス yùndòng duǎnkù(运动短裤); nányòng duǎnchènkù(男用短衬裤).

トランシーバー bùtánjī(步谈机), bùhuàjī(步话机), bùxíngjī(步行机).

トランジスター jīngtǐguǎn(晶体管). ¶~ラジオ bàndǎotǐ[jīngtǐguǎn] shōuyīnjī(半导体[晶体管]收音机).

トランジット huànchéng(换乘).

トランス biànyāqì(变压器).

トランプ pūkè(扑克), pūkèpái(扑克牌), zhǐpái(纸牌). ¶~をする dǎ pūkè(打扑克).

トランペット xiǎohào(小号).

とり[酉] yǒu(酉).

とり[鳥] niǎo[r](鸟[儿]);[鶏] jī(鸡). ¶~なき里の蝙蝠(こうもり) shān zhōng wú lǎohǔ, hóuzi chēng dàwáng(山中无老虎,猴子称大王).
¶～籠 niǎolóng(鸟笼). ¶～小屋 jīwō(鸡窝)/jīpéng(鸡棚). ¶～肉 jīròu(鸡肉).

とりあ・う[取り合う] **1**[互いに取る] ¶2人は手をつなって久しぶりの再会を喜んだ liǎng ge rén shǒu wòzhe shǒu wèi jiǔbié chóngféng xīnxǐ bùyǐ(两个人手握着手为久别重逢欣喜不已).
2[奪い合う] qiǎng(抢), zhēng(争), zhēngduó(争夺). ¶兄弟でおもちゃを～う gēr liǎ qiǎng wánjù(哥儿俩抢玩具). ¶席の～いをする qiǎng zuòwèi(抢座位).
3[相手にする] lǐ(理), lǐhuì(理会), lǐcǎi(理睬), dāli(答理・搭理). ¶私が何と言っても彼女は～わなかった bùguǎn wǒ shuō shénme, tā dōu bù lǐcǎi(不管我说什么,她都不理睬).

とりあえず[取敢えず] ¶～できることから始めよう xiān cóng néng zuò de zhuóshǒu ba(先从能做的着手吧). ¶～5万円送った xiān huìle wǔwàn rìyuán(先汇了五万日元). ¶右～御返事まで tè cǐ jiǎn fù(特此简复). ¶取るものも～病院に駆けつけた cōngcōng-mángmáng de gǎndàole yīyuàn(匆匆忙忙地赶到了医院).

とりあ・げる[取り上げる] **1**[手に] náqǐ(拿起). ¶受話器を～げてダイヤルを回す náqǐ ěrjī bō diànhuà hàomǎ(拿起耳机拨电话号码).
2[奪い取る、没収する] duó(夺). ¶暴漢の手から刃物を～げる cóng bàotú shǒuzhōng duóxià dāozi(从暴徒手上夺下刀子). ¶母に漫画の本を～げられた xiǎorénshū bèi mǔqin mòshōu le(小人书被母亲没收了). ¶借金が払えず土地を～げられた huánbuqǐ zhài, tǔdì bèi duóqu le(还不起债,土地被夺去了).
3[採用する] ¶彼の進言は社長に～げられた tā de jiànyì bèi zǒngjīnglǐ cǎinà le(他的建议被总经理采纳了).
4[問題にする] ¶それは特に～げて言うほどのことではない nà bìng bú shì zhíde yì tí de wèntí(那并不是值得一提的问题). ¶各紙はA市の汚職問題を大きく～げた gè bào dōu dàdēngtèdēng A shì de tānwū shìjiàn(各报都大登特登A市的贪污事件).
5[産児を] jiēshēng(接生), shōushēng(收生). ¶この子はあの産婆さんに～げてもらった zhège háizi shì nàge chǎnpó jiēshēng de(这个孩子是那个产婆生的).

とりあつかい[取扱い] ¶この機械は～が簡単だ zhè tái jīqì cāozuò hěn jiǎndān(这台机器操作很简单). ¶毒物につき～注意 yǒu dú wùpǐn, yánjiā guǎnlǐ(有毒物品,严加管理). ¶当局はこの問題の～に苦慮している dāngjú wèi zhège wèntí de chǔlǐ ér kǔnǎo(当局为这个问题的处理而苦恼).
¶手荷物一所 xiǎojiàn xíngli jìcúnchù(小件行李寄存处).

とりあつか・う[取り扱う] ¶割れ物ですから丁寧に～って下さい dōngxi yì suì, qǐng xiǎoxīn qīng fàng(东西易碎,请小心轻放). ¶ここでは前売券は～っておりません zhèr bù jīngshòu yùshòupiào(这儿不经售预售票). ¶大人も子供も同等に～う dàren xiǎoháir dōu yíyàng kàndài(大人小孩儿都一样看待).

とりあわせ[取合せ] pèi(配), pèihe(配合), pèidā(配搭), dāpèi(搭配). ¶このスカーフは色の～が美しい zhè wéijīn yánsè hěn pèihe hǎokàn(这围巾颜色很配合好看). ¶彼と音楽とは妙な～だ tā hé yīnyuè jiào rén juéde pèibudào yíkuàir(他和音乐叫人觉得配不到一块儿).

ドリアン liúlián(榴莲).

とりい[鳥居] 〖説明〗在神社入口立着的"开"字形大门柱.

とりいそぎ[取り急ぎ] ¶～ご報告まで zànqiě xiàng nín huǒsù bàogào(暂且向您火速报告)/jǐnsù fènggào(且速奉告).

とりい・る[取り入る] bājie(巴结), tǎohǎo(讨好), yāochǒng(邀宠), zuānménzi(钻门子), zuānyíng(钻营), zuānmóu(钻谋). ¶上役に～って昇進する tǎohǎo shàngsi[pāimǎ zuānyíng], yǐ tú gāoshēng(讨好上司[拍马钻营],以图高升).

とりいれ[取入れ] ¶稲の～が終った dàozi shōugē wán le(稻子收割完了). ¶水の～口 jìnshuǐzhá(进水闸).

とりい・れる[取り入れる] ¶干した布団を～れる bǎ shài de bèirù 'ná[shōu]jinlai(把晒的被褥'拿[收]进来). ¶新しい技術を～れる cǎiyòng xīn jìshù(采用新技术). ¶公園の建設計画には子供の意見も～れられた zài gōngyuán de xiūjiàn jìhuà zhōng háizimen de yìjiàn yě bèi cǎinà le(在公园的修建计划中孩子们的意见也被采纳了).

とりうちぼう[鳥打帽] yāshémào(鸭舌帽).

とりえ[取柄] chángchu(长处). ¶何の～もない男 yì wú kě qǔ de nánrén(一无可取的男人). ¶頑丈なところが女房の唯一の～だ shēntǐ jiēshi shì wǒ lǎopo wéiyī de chángchu(身体结实是我老婆惟一的长处). ¶ここの料理は安いのが～だ zhèr de cài hǎo jiù hǎo zài piányi(这儿的菜好就好在便宜).

とりおさえる[取り抑える] názhù(拿住), zhuōzhù(捉住), zhuāzhù(抓住). ¶暴れ馬を～える zhuōzhù lièmǎ(捉住烈马). ¶すりを～える názhù páshǒu(拿住扒手).

とりおと・す[取り落す] ¶びっくりした拍子にコップを～して割ってしまった xiàle yí tiào shīshǒu bǎ bēizi dǎsuì le(吓了一跳失手把杯子

打砕了).

とりかえし【取返し】 wǎnhuí (挽回), wǎnjiù (挽救). ¶～のつかぬ過ちをしでかした fànle wúkě wǎnhuí de cuòwù (犯了无可挽回的错误).

とりかえ・す【取り返す】 ¶行ってバットを～して来い nǐ qù bǎ qiúbàng yàohuílai (你去把球棒要回来). ¶人気を～す huīfù míngqi (恢复名气).

とりか・える【取り替える】 1 [新しいものに替える] huàn (换), gēnghuàn (更换). ¶電池を～える huàn diànchí (换电池). ¶この部品は～えがきかない zhège língjiàn bùnéng gēnghuàn (这个零件不能更换). ¶落丁本・乱丁本はお～え致します quēyè, cuòyè de shū kěyǐ tuìhuàn (缺页、错页的书可以退换).
2 [互いに替える] huàn (换), jiāohuàn (交换), diàohuàn (掉换), hùhuàn (互换). ¶妹とセーターを～えて着る gēn mèimei huàn máoyī chuān (跟妹妹换毛衣穿). ¶隣の人と席を～える gēn pángbiān de rén huàn zuòwèi (跟旁边的人换座位).

とりかか・る【取り掛る】 dòngshǒu (动手), zhuóshǒu (着手). ¶工事に～る dòng[kāi/xīng]gōng (动[开/兴]工). ¶夕食の準備に～る zhuóshǒu zuò wǎnfàn (着手做晚饭). ¶論文の執筆に～る dòngshǒu xiě lùnwén (动手写论文).

とりかこ・む【取り囲む】 wéi (围), bāowéi (包围), wéilǒng (围拢). ¶会場から出て来た委員を新聞記者が～んだ xīnwén jìzhě bǎ cóng huìchǎng chūlai de wěiyuán tuántuán wéizhù le (新闻记者把从会场出来的委员团团围住了). ¶日本は四方を海に～まれている Rìběn sìmiàn huánhǎi (日本四面环海).

とりかじ【取舵】 ¶～いっぱい! zuǒ duò! (左舵!).

とりかぶと【鳥兜】 wūtóu (乌头).

とりかわ・す【取り交す】 jiāohuàn (交换). ¶両国代表は率直に意見を～した liǎngguó dàibiǎo shuàizhí de jiāohuànle yìjiàn (两国代表率直地交换了意见). ¶契約書を～す hùhuàn hétong (互换合同).

とりき・める【取り決める】 dìng (定). ¶結婚式の日取りを～める shāngdìng hūnlǐ de rìzi (商定婚礼的日子). ¶契約を～める dìnglì [qiāndìng] hétong (订立[签订]合同). ¶それでは～めに違反することになる nàyang jiù wéifǎn xiédìng le (那样就违反协定了).

とりくず・す【取り崩す】 ¶貯金を～して家計の赤字を補う yìdiǎnr yìdiǎnr tíqǔ cúnkuǎn míbǔ jiālǐ de kuīkong (一点儿一点儿提取存款弥补家里的亏空).

とりく・む【取り組む】 ¶難問と～む zhìlì jiějué nántí (致力解决难题). ¶卒業制作に～む nǔlì wánchéng bìyè zuòpǐn (努力完成毕业作品).

とりけ・す【取り消す】 qǔxiāo (取消·取销), gōuxiāo (勾销), chèxiāo (撤销). ¶会場の予約を～す qǔxiāo huìchǎng de yùyuē (取消会场的预约). ¶処分を～す chèxiāo chǔfēn (撤销处分). ¶免許を～された zhízhào bèi diàoxiāo le (执照被吊销). ¶只今のは失言でした, 今～します zhè shì wǒ de yìshí shīyán, xiànzài xuānbù shōuhuí (这是我的一时失言, 现在宣布收回).

とりこ【虜】 fúlǔ (俘虏). ¶彼は恋の～になった tā chéngle àiqíng de fúlǔ (他成了爱情的俘虏).

とりこしぐろう【取越苦労】 ¶余計な～はするな yòngbuzháo nǐ 'méi bìng zhǎo [zìxún fánnǎo / qǐrén yōutiān]' (用不着你 '没病找病 [自寻烦恼 / 杞人忧天]').

とりこみ【取込み】 ¶お～中申訳ありません zài bǎimáng zhī zhōng dǎrǎo nín, hěn duìbuqǐ (在百忙之中打扰您, 很对不起).

とりこ・む【取り込む】 ¶今～んでいますので明日又来て下さい xiànzài zhèng mánglù zhōng, qǐng míngtiān zài lái ba (现在正忙碌中, 请明天再来吧).
2 [取り入れる] ¶洗濯物を～む shōujìn xǐ de yīfu (收进洗的衣服).

とりころ・す【取り殺す】 ¶怨霊に～される bèi yuānhún zhémòsǐ (被冤魂折磨死).

とりこわ・す【取り壊す】 chāi (拆), chāichú (拆除), chāidiào (拆掉), chāihuǐ (拆毁), pínghuǐ (平毁). ¶古い建物を～す chāichú jiù jiànzhùwù (拆除旧建筑物).

とりさ・げる【取り下げる】 chèhuí (撤回). ¶訴訟を～げる chèhuí qǐsù (撤回起诉).

とりざた【取沙汰】 ¶近所でいろいろ～されている jiēfang sìlín shuōsān-dàosì (街坊四邻说三道四). ¶世間の～など気にしない duì shìshàng de yìlùn háo bú jièyì (对世上的议论毫不介意).

とりざら【取皿】 xiǎodiézi (小碟子).

とりさ・る【取り去る】 qù (去), chú (除), chúqù (除去), qùdiào (去掉), chúdiào (除掉). ¶不純物を～る chúqù zázhí (除去杂质).

とりしき・る【取り仕切る】 zhǔshì (主事), náshì (拿事). ¶店は息子が～っている diànpù yóu érzi 'dāngjiā zhǔshì [yìshǒu zhǎngguǎn]' (店铺由儿子'当家主事 [一手掌管]').

とりしず・める【取り鎮める】 ¶騒ぎを～める píngxī sāodòng (平息骚动).

とりしまり【取締り】 qǔdì (取缔). ¶～を強化する yángjiā qǔdì (严加取缔).
¶～役 dǒngshì (董事).

とりしま・る【取り締る】 qǔdì (取缔). ¶密輸を～る qǔdì zǒusī (取缔走私). ¶交通違反を～る qǔdì wéifǎn jiāotōng guīzé de xíngwéi (取缔违反交通规则的行为).

とりしらべ【取調べ】 shěnwèn (审问), shěnxùn (审讯). ¶彼は警察で厳しい～を受けた tā zài gōng'ānjú shòudào yánlì de shěnwèn (他在公安局受到严厉的审问).

とりしら・べる【取り調べる】 shěnxùn (审讯), shěnwèn (审问). ¶容疑者を～べる xiányífàn (审讯嫌疑犯). ¶火事の原因を～べる xiángxì diàochá shīhuǒ yuányīn (详细调查失火原因).

とりすが・る【取り縋る】 ¶夫の遺体に～って泣

く zhuāzhù zhàngfu de shītǐ fàngshēng dà kū (抓住丈夫的尸体放声大哭).

とりすま・す【取り澄ます】 ¶彼女は～した顔で客を迎えた tā jiǎzhuāng sīwēn de yíngjiēle kèrén (她假装斯文地迎接了客人).

とりそこな・う【取り損なう】 ¶ボールを～う méi jiēzhù qiú (没接住球). ¶意味を～った bǎ yìsi nòngcuò le (把意思弄错了).

とりそろ・える【取り揃える】 ¶サイズはいろいろ～えてあります dàxiǎo gè hào ˇqíquán[qíbèi/yīngyǒu jìnyǒu] (大小各号ˇ齐全[齐备/应有尽有]了). ¶台所用具を～える pèiqí chúfáng yòngjù (配齐厨房用具).

とりだ・す【取り出す】 náchū (拿出), tāochū (掏出), qǔchū (取出). ¶鞄からノートを～す cóng shūbāolǐ náchū běnzi (从书包里拿出本子). ¶ポケットからハンカチを～す cóng kǒudaili tāochū shǒujuànr (从口袋里掏出手绢儿).

とりたて【取立て】 1【徴収】¶貸金の～に行く qù tǎo ˇzhàng[zhài] (去讨ˇ账[债]).
2【抜擢】¶上役の～で出世した yóuyú shàngsi de tíbá ér gāoshēng (由于上司的提拔而高升).

とりたてて【取り立てて】 ¶～言うほどのことはない bìng méiyǒu shénme kě tí de (并没有什么可提的). ¶～すすめるほどの物でもない bìng bú shì zhíde tèyì tuījiàn de dōngxi (并不是值得特意推荐的东西).

とりた・てる【取り立てる】 1【徴収する】¶税金を～てる zhēngshōu shuìkuǎn (征收税款)/zhēngshuì (征税). ¶借金を～てる tǎo zhàng (讨账) / tǎo zhài (讨债).
2【抜擢する】tíbá (提拔), táijǔ (抬举). ¶彼は課長に～てられた tā bèi tíbá wéi kēzhǎng le (他被提拔为科长了).

とりちが・える【取り違える】 ¶学校で傘を～えられた zài xuéxiào yǒu rén nácuòle wǒ de sǎn (在学校有人拿错了我的伞). ¶日を～えて展覧会を見損なった gǎocuòle rìqi, zhǎnlǎnhuì méi kànchéng (搞错了日期, 展览会没看成). ¶意味を～えた bǎ yìsi nòngcuò le (把意思弄错了).

とりちら・かす【取り散らかす】 ¶～しておりますがどうぞお上がり下さい wūzili nòngde hěn luàn, qǐng jìn wū ba (屋子里弄得很乱, 请进屋吧).

とりつぎ【取次】 zhuǎndá (转达), zhuǎngào (转告). ¶受付に A 氏への～を頼む qǐng chuándáshì zhuǎngào A xiānsheng (请传达室转告 A 先生).
¶～店 dàixiāodiàn (代销店).

とりつ・く【取り付く】 ¶久し振りに訪ねたら子供達が～いて離れない hǎojiǔ méi qù fǎngwèn, háizimen jiànle wǒ chánzhù bú fàng (好久没去访问, 孩子们见了我缠住不放). ¶ああ言われては～く島もない bèi nàme shuō jiǎnzhí méizhér (被那么说简直没辙儿). ¶狐に～かれる bèi húlijīng chánzhù (被狐狸精缠住).

トリック 1【策略】guǐjì (诡计), quāntào (圈套). ¶～にかかった zhòngle guǐjì (中了诡计) / shàngle quāntào (上了圈套).
2【映画の】tèjì (特技). ¶～撮影 tèjì shèyǐng (特技摄影).

とりつ・ぐ【取り次ぐ】 ¶A 氏が私の意向を先方に～いでくれた A xiānsheng bǎ wǒ de yìxiàng zhuǎngào gěile duìfāng (A 先生把我的意向转告给了对方). ¶社長に客の来訪を～ぐ gàosu zǒngjīnglǐ yǒu kèrén láifǎng (告诉总经理有客人来访). ¶下宿人に電話を～ぐ gěi fángkè chuánhù diànhuà (给房客传呼电话).

とりつくろ・う【取り繕う】 ¶何とか～ってその場は切り抜けた dōng bǔ xī zhuì zǒngsuàn bǎ nàge chǎngmiàn yìngfule guòqù (东补西缀总算把那个场面应付了过去). ¶人前を～う zài rénjia miànqián zhuāng ménmian (在人家面前装门面). ¶いくら～ったってぼろは出るものだ jiùshì zěnme ˇfěnshì diǎnzhuì[tú zhī mǒ fěn], zǒng yào lòu mǎjiǎo de (就是怎么ˇ粉饰点缀[涂脂抹粉], 总要露马脚的).

とりつけ【取付け】 1【備え付け】¶クーラーの～工事を行う ānzhuāng lěngqì shèbèi (安装冷气设备).
2【銀行の】jǐduì (挤兑). ¶～騒ぎが起った yínháng nàole jǐduì (银行闹了挤兑).

とりつ・ける【取り付ける】 1【装置する】ān (安), ānzhuāng (安装). ¶壁に非常ベルを～ける zài bìshang ānshang jǐnglíng (在壁上安上警铃).
2【獲得する】¶支払延期の了解を～ける qǔdé yánhuǎn fùkuǎn de tóngyì (取得延缓付款的同意).

とりで【砦】 zhài (寨・砦), chéngbǎo (城堡).

とりとめ【取留め】 ¶熱に浮かされて～のないことを口走る fāshāo shāode shuōhú húhuà (发烧烧得说胡话). ¶～のない話になってしまいました huà shuōde ˇlālazázá[ˇmànyū kōngyán/jiāqījiābā] hěn duìbuqǐ (话说得ˇ拉拉杂杂[漫谈空言/夹七夹八], 很对不起).

とりと・める【取り留める】 ¶なんとか一命を～めた zǒngsuàn bǎozhùle yì tiáo mìng (总算保住了一条命).

とりどり gèsè-gèyàng (各色各样), gèshi-gèyàng (各式各样), gèzhǒng-gèyàng (各种各样). ¶生徒達は～の服装で集まった xuéshengmen chuānzhe gèshi-gèyàng de yīfu jíhé le (学生们穿着各式各样的衣服集合了). ¶人々は彼のことを～に噂した rénmen qīzuǐ-bāshé shuō tā de xiánhuà (人们七嘴八舌说他的闲话).

とりなお・す【取り直す】 ¶彼女は気を～して又仕事にかかった tā chóngzhèn jīngshen yòu gànle qǐlai (她重新振精神又干了起来).

とりな・す【執り成す】 zhuǎnhuán (转圜), yuánchǎng (圆场), quànhé (劝和). ¶2人の間を～して仲直りさせた cóngzhōng shuōhé xiàng tāmen liǎ héhǎo le (从中说和让他们俩和好了). ¶怒っている父を母から～してくれた mǔqin tì wǒ xiàng shēngqì de fùqin shuōle qíng (母亲替我向生气的父亲说了情). ¶彼の～しでその場は収まった yóuyú tā de jūzhōng tiáotíng dāngshí zǒngsuàn yuánle chǎng le (由于他的

とりにが・す【取り逃す】¶もう少しのところで犯人を~してしまった jiù chà nàme yìdiǎn ràng zuìfàn pǎodiào le(就差那么一点儿让罪犯跑掉了). ¶惜しいチャンスを~した cuòguòle hǎo jīhuì(错过了好机会).

とりのぞ・く【取り除く】 qù(去), chú(除), chúqù(除去), chúdiào(除掉), qùdiào(去掉), xiāochú(消除), tīchú(剔除). ¶障害物を~く chúqù zhàng'ài(除去障碍). ¶人々の不安を~く xiāochú rénmen de bù'ān(消除人们的不安).

とりはから・う【取り計らう】¶彼がうまく~ってくれた tā gěi wǒ tuǒshàn chǔlǐ le(他给我妥善处理了). ¶御希望にそえるように~いましょう jǐnliàng àn nín de xīwàng ānpái(尽量按您的希望安排).

とりばし【取り箸】 gōngkuài(公筷).

とりはず・す【取り外す】 xiè(卸), chāixiè(拆卸). ¶部品を~す chāixiè língjiàn(拆卸零件). ¶このテーブルの脚は~しがきく zhè zhuōzituǐ kěyǐ chāixiè(这桌子腿可以拆卸).

とりはだ【鳥肌】 jīpí gēda(鸡皮疙瘩). ¶ぞっとして全身に~が立った xiàde wǒ húnshēn qǐle jīpí gēda(吓得我浑身起了鸡皮疙瘩).

とりはら・う【取り払う】 chāi(拆), chāichú(拆除), chāidiào(拆掉). ¶塀を~う chāi qiáng(拆墙). ¶物置を~う chāichú duīfang(拆除堆房).

とりひき【取引】 jiāoyì(交易). ¶我が社は外国の商社とも~している wǒ gōngsī yǔ wàiguó shāngshè yě yǒu jiāoyì(我公司与外国商社也有交易). ¶その店とは~がない gēn nà jiā shāngdiàn méiyǒu jiāowǎng(跟那家商店没有交易往来). ¶法案の成立をめぐって与野党間で~が行われた wéiràozhe gāi xiàng fǎ'àn de tōngguò, zhízhèngdǎng hé zàiyědǎng jìnxíngle zhèngzhì jiāoyì(围绕着该项法案的通过,执政党和在野党进行了政治交易). ¶~銀行 dàilǐ yínháng(代理银行). ~先 kèhù(客户), ~所 jiāoyìsuǒ(交易所). 空~ kōngmǎikōng(买空卖空). 現金~ xiànkuǎn jiāoyì(现款交易). 現物~ xiànhuò jiāoyì(现货交易). 先物~ qīhuò jiāoyì(期货交易). 信用~ xìnyòng jiāoyì(信用交易).

ドリブル〔サッカー・バスケットの〕dàiqiú(带球), yùnqiú(运球);〔バレーの〕liánjī(连击).

とりぶん【取り分】¶これでは俺の~が少ない zhèyàng wǒ dé de fènr tài shǎo le(这样我得的份儿太少了).

とりへん【鳥偏】 niǎozìpángr(鸟字旁儿).

とりまき【取巻き】¶彼は~連にちやほやされていい気になっている tā bèi pěngchǎng de rén pěngde déyì yángyáng(他被捧场的人捧得意扬扬).

とりまぎ・れる【取り紛れる】¶雑用に~れて彼に電話するのを忘れた yóuyú suǒshì chánshēn wàngle gěi tā dǎ diànhuà(由于琐事缠身忘了给他打电话).

とりま・く【取り巻く】 wéi(围). ¶見る見るうちに野次馬が2人を~いた bù yíhuìr kàn rènao de rén bǎ tāmen liǎng ge rén wéizhù le(不一会儿看热闹的人把他们两个人围住了). ¶美人なのでいつも若い男性に~かれている tā zhǎngde jùnqiào, zǒng yǒu niánqīng xiǎohuǒzi wéizhe tā zhuàn(她长得俊俏,总有年轻小伙子围着她转). ¶我々を~く情勢はますます厳しくなってきた wǒmen zhōuwéi de xíngshì rìyì yánjùn le(我们周围的形势日益严峻了).

とりま・ぜる【取り混ぜる】¶お菓子をあれこれ~ぜて盛る gè zhǒng gāodiǎn tángguǒ hùnzhuāng zài yìqǐ(各种糕点糖果混装在一起). ¶大小~ぜて7部屋 lián dà dài xiǎo yígòng qī jiān wūzi(连大带小一共七间屋子).

とりまと・める【取り纏める】¶皆の意見を~める guīnà[zōnghé] dàjiā de yìjiàn(归纳[综合]大家的意见). ¶全閣僚の辞表を~めて総理大臣に提出する shōují quántǐ géyuán de cíchéng dìjiāo zǒnglǐ dàchén(收集全体阁员的辞呈递交总理大臣).

とりみだ・す【取り乱す】¶彼女はその知らせを聞いて~してしまった tā tīngle nàge xiāoxi xīnhuāng-yìluàn qilai(她听了那个消息心慌意乱起来).

トリミング xiūzhěng(修整), xiūjiǎn(修剪).

とりむす・ぶ【取り結ぶ】¶売買契約を~ぶ qiāndìng mǎimai hétong(签订买卖合同). ¶上司の御機嫌を~ぶ xiàng shàngsi tǎohǎo(向上司讨好).

とりめ【鳥目】 qiǎomangyǎn(雀盲眼), quèmáng(雀盲), quèqǔ(雀瞿), yèmáng(夜盲).

とりもち【鳥黐】 zhānniǎojiāo(粘鸟胶).

とりも・つ【取り持つ】¶スキーが~の縁で2人は結ばれた yóuyú huáxuě jié de yuán, liǎng ge rén chéngle zhōngshēn bànlǚ(由于滑雪结的缘,两个人成了终身伴侣). ¶彼女は客の~ちがうまい tā hěn huì yìngchou kèren(她很会应酬客人).

とりもど・す【取り戻す】¶勉強の遅れを~す bǔshàng dānwule de gōngkè(补上耽误了的功课). ¶彼女はすっかり健康を~した tā wánquán huīfùle jiànkāng(她完全恢复了健康). ¶我が家は再び笑いを~した wǒ jiā yòu néng tīngdào xiàoshēng le(我家又能听到笑声了).

とりや・める【取り止める】 tíngzhǐ(停止). ¶仕事の都合で旅行は~めた yóuyú gōngzuòshang de guānxi bú qù lǚxíng le(由于工作上的关系不去旅行了). ¶雨のため運動会は~めになった yīn yǔ yùndònghuì tíngzhǐ le(因雨运动会停止了).

とりょう【塗料】 túliào(涂料), yóuqī(油漆).

どりょう【度量】 dùliàng(度量・肚量), qìliàng(气量). ¶あの人は~が大きい tā nàge rén dùliàng dà(qìliàng kuānhóng/húdù dàdù)(他那个人 度量大[气量宽宏/豁达大度]). ¶~の狭い人 dùliàng xiǎo[qìliàng xiáxiǎo/xiǎodù jīcháng] de rén(度量小[气量狭小]的人/小肚鸡肠).

どりょうこう【度量衡】 dùliànghéng(度量衡). ¶~制 dùliànghéngzhì(度量衡制).

どりょく【努力】 nǔlì(努力).¶多年の〜が実を結んだ duōnián de nǔlì zhōngyú jiēle shuòguǒ(多年的努力终于结了硕果).¶それは君の〜のたまものだ nà yīnggāi guīgōng yú nǐ de nǔlì(那应该归功于你的努力).¶合格するかしないかは君の〜次第だ jí bu jígé jiù kàn nǐ nǔlì rúhé le(及不及格就看你努力如何了).¶彼女は大変な〜家だ tā shì ge fēicháng nǔlì de rén(她是个非常努力的人).¶御期待にそうよう〜します wèile bù gūfù qīdài, wǒ jìn zuì dà de nǔlì(为了不辜负期待,我尽最大的努力).

とりよ・せる【取り寄せる】 xiàng chǎngjiā suǒqǔ yàngběn(向厂家索取样本).

ドリル zuàn(钻).¶電気〜 diànzuàn(电钻).ハンド〜 shǒuyáozuàn(手摇钻).

とりわけ ¶スポーツは何でもやるが〜水泳が得意だ shénme yùndòng dōu huì, yóuqí shì chángyú yóuyǒng(什么运动都会,尤其是长于游泳).¶これは一念を入れて仕上げました zhège shì tèbié jīngxīn zhìzuò de(这个是特别精心制作的).

とりわ・ける【取り分ける】 ¶料理を小皿に〜ける bǎ cài fēndào xiǎodiéerli(把菜分到小碟儿里).

と・る【取る・採る・捕る】 **1**[手に持つ,手に持って扱う] ná(拿).¶手に〜ってよく見る názài shǒuli xì kàn(拿在手里细看).¶老人の手を〜ってバスに乗せる chānzhe[chānfú] lǎoren shàng chē(搀着[搀扶]老人上车).¶ペンを〜って署名した náqǐ gāngbǐ qiānle míng(拿起钢笔签了名).¶祖国のために武器を〜れ wèile zǔguó náqǐ wǔqí!(为了祖国拿起武器!).¶船の舵を〜る zhǎngduǒ(掌舵).

2[取り除く] qù(去).¶畑の草を〜る bá dìli de cǎo(拔地里的草).¶手術をして扁桃腺を〜る dòng shǒushù qiēchú biǎntáoxiàn(动手术切除扁桃腺).¶ガーゼでこして滓を〜る yòng shābù guòlǜ qùdiào zhāzǐ(用纱布过滤去掉渣滓).¶いくら拭いても汚れが〜れない wūgòu zěnme cā yě cābudiào(污垢怎么擦也擦不掉).¶痛みを〜る薬 zhǐtòng de yào(止痛的药).¶風呂に入って疲れを〜る xǐ ge zǎo jiějie fá(洗个澡解解乏).

3[取りのけておく] ¶この酒は来客用に〜っておこう zhè jiǔ liúzhe zhāodài kèren ba(这酒留着招待客人吧).¶この雑誌は捨てずに〜っておこう zhè běn zázhì bùyào rēng bǎocún xialai(这本杂志不要扔保存下来).¶旅行の費用は〜ってある liúchūle lǚfèi(留出了旅费).¶よくこんなおもちゃが〜ってありましたね nǐ zhēn xíng, hái bǎocúnzhe zhè zhǒng wánjù(你真行,还保存着这种玩具).

4[脱ぐ,外す] tuō(脱), zhāi(摘).¶上着を〜る tuō shàngyī(脱上衣).¶帽子を〜ってお辞儀をする tuō mào xínglǐ(脱帽行礼).¶眼鏡を〜ると何も見えない zhāixià yǎnjìng jiù shénme yě kànbujiàn le(摘下眼镜就什么也看不见了).¶鍋の蓋を〜る xiān guōgài(掀锅盖).

5[奪う] ¶人の物を〜ってはならない bùxǔ tōu rénjia de dōngxi(不许偷人家的东西).¶泥棒に金を〜られた bèi xiǎotōur tōule qián(被小偷儿偷了钱).¶新しくできたデパートに客を〜られた gùkè bèi xīn kāizhāng de bǎihuò gōngsī duóqule(顾客被新开张的百货公司夺去了).¶癌に命を〜られた yīn áizhèng sàngshī shēngmìng(因癌症丧失生命)/bèi ái duóqule shēngmìng(被癌夺去了生命).

6[取って渡す,持って来る] dì(递), qǔ(取).¶すみませんが塩を〜って下さい láojià, qǐng bǎ yán dìgěi wǒ(劳驾,请把盐递给我).¶一番上の段にあるあの本を〜って下さい qǐng bǎ shūjià zuì shàngbian yì gé de nà běn shū nágěi wǒ(请把书架最上边一格的那本书拿给我).¶今から子供を〜りに行かせます xiànzài dǎfa háizi qù qǔ(现在打发孩子去取).¶預けておいた鞄を〜りに行く qù qǔ jìcún de píbāo(去取寄存的皮包).

7[捕獲する,採取する] zhuā(抓); cǎi(采).¶猫が鼠を〜る māo zhuā lǎoshǔ(猫抓老鼠).¶川で魚を〜る zài héli bǔyú(在河里捕鱼).¶山にきのこを〜りに行く shàng shān qù cǎi mógu(上山去采蘑菇).¶畑から〜ってきたばかりのトマト gānggāng cóng dìli zhāixialai de xīhóngshì(刚刚从地里摘下来的西红柿).

8[受け止める,取得する] shōu(收); dé(得), qǔdé(取得).¶使用料を〜る shōu shǐyòngfèi(收使用费).¶税金を1割〜られた bèi ˇchōu[zhēngshōu] le yì chéng de shuì(被ˇ抽[征收]了一成的税).¶高利を〜って金を貸す suǒqǔ gāo'é lìxī dàikuǎn(索取高额利息贷款)/fàng gāolìdài(放高利贷).¶部屋代のほかに電気代を〜られた chúle fángzū yǐwài hái yào fù diànfèi(除了房租以外还要付电费).¶ビール1本で5000円も〜られた hēle yì píng píjiǔ bèi yàole wǔqiān rìyuán(喝了一瓶啤酒被要了五千日元).¶礼はどうしてもお礼を〜らない tā zěnme yě bùkěn shōu xièlǐ(他怎么也不肯收谢礼).¶彼女は月給を相当〜っているらしい kànlai tā xīnshuǐ náde bùshǎo(看来她薪水拿得不少).¶休暇を〜って旅行に行く gàojià qù lǚxíng(告假去旅行).¶客の注文を〜る jiēshòu gùkè de dìnghuò(接受顾客的订货).¶看護婦の資格を〜る qǔdé hùshi de zīgé(取得护士的资格).¶彼はテストで100点を〜った tā kǎoshì déle yìbǎi fēn(他考试得了一百分).¶汽車の切符が〜れなかった méi mǎidào huǒchēpiào(没买到火车票).

9[食事,睡眠などを] ¶7時に夕食を〜る qī diǎnzhōng chī wǎnfàn(七点钟吃晚饭).¶栄養を〜る shèqǔ yíngyǎng(摄取营养).¶1日8時間睡眠を〜る yì tiān shuì bā ge xiǎoshí jiào(一天睡八个小时觉).

10[届けさせる] dìng(订), jiào(叫).¶新聞を〜る dìng bàozhǐ(订报纸).¶私はその雑誌は〜っていない wǒ méiyǒu ˇdìng[dìngyuè] nàge zázhì(我没有ˇ订[订阅]那个杂志).¶昼食にうどんを〜ろう wǔfàn jiào wǎn miàntiáo chī ba(午饭叫碗面条吃吧).¶どんな物か見本

を〜ってみよう suǒqǔ yàngběn kànkan dōngxi zěnmeyàng(索取样本看看东西怎么样).
11〔引き受ける〕¶責任は私が〜る wǒ fù wánquán zérèn(我负完全责任)/ zérèn yóu wǒ chéngdāng(责任由我承当). ¶仲介の労を〜る jūzhōng wòxuán(居中斡旋).
12〔採用する、選択する〕¶試験をして30名〜った tōngguò kǎoshì lùqǔle sānshí míng(通过考试录取了三十名). ¶新入社員を10名〜る cǎiyòng shí míng xīn zhíyuán(采用十名新职员). ¶彼は弟子は〜らない tā bù shōu túdi(他不收徒弟). ¶この中から君の好きなものを〜りなさい zhè lǐtou nǐ xǐhuan shénme jiù ná shénme ba(这里头你喜欢什么就拿什么吧). ¶私はこの作品を〜る wǒ "tiāo[xuǎn] zhège zuòpǐn(我"挑[选]这个作品). ¶〜るべき道はただ一つだ yīnggāi cǎiqǔ de bànfǎ zhǐ yǒu yí ge(应该采取的办法只有一个).
13〔取り出す、作り出す〕¶大豆から油を〜る yòng dàdòu zhà yóu(用大豆榨油). ¶オイルシェールから石油を〜る cóng yóumǔ yèyán zhōng tíqǔ shíyóu(从油母页岩中提取石油).
14〔形を作る、形を残す〕¶石膏で型を〜る yòng shígāo zuò móxíng(用石膏做模型). ¶講義のノートを〜る zuò tīngkè bǐjì(作听课笔记). ¶A氏の講演をテープに〜る bǎ A xiānsheng de jiǎnghuà yòng cídài lùxialai(把A先生的讲话用磁带录下来).
15〔解釈する〕¶この文章をその意味に〜るのは間違いだ zhè piān wénzhāng nàyang lǐjiě shì cuòwù de(这篇文章那样理解是错误的). ¶彼女は私の冗談を真面目に〜っている kànlai tā bǎ wǒ kāi de wánxiào dàngzhēn le(看来她把我开的玩笑当真了).
16〔数える、測る〕¶カウントを〜る jìfēn(计分). ¶洋服の寸法を〜る liáng xīfu de chǐcun(量西服的尺寸). ¶病人の脈を〜る gěi bìngrén ànmài(给病人按脉).
17〔占める、費やす〕¶〜る(占). ¶ピアノが場所を〜ってソファーを置けない gāngqín zhànle dìfang, gēbuxià shāfā(钢琴占了地方, 搁不下沙发). ¶先に行って席を〜っておいてくれ xiān qù gěi wǒ zhàn ge wèizi(先去给我占个位子). ¶こんな事に時間を〜られてはかなわない wèi zhè zhǒng shì fèi shíjiān zhēn shòubuliǎo(为这种事费时间真受不了).
18〔囲碁、将棋などで〕chī(吃). ¶飛車で歩を〜る ná jū chī zú(拿车吃卒).
と・る【執る】¶事務を〜る bàngōng(办公). ¶救助活動の指揮を〜る zhǐhuī rénmen jìnxíng qiǎngjiù(指挥人们进行抢救). ¶中立の態度を〜る cǎiqǔ zhōnglì tàidu(采取中立态度). ¶強硬な手段を〜る cǎiqǔ qiángyìng shǒuduàn(采取强硬手段).
と・る【撮る】¶〜る pāi(拍), zhào(照), shèyǐng(摄影). ¶記念に写真を〜る shèyǐng liúniàn(摄影留念). ¶患部のレントゲンを〜る gěi huànbù pāi àikèsīguāngpiàn(给患部拍爱克斯光片).
ドル měiyuán(美圆・美元), měijīn(美金). ¶

〜相場 měijīn hángshi(美金行市). ¶〜地域 měiyuán dìqū(美元地区). ¶箱 yáoqiánshù(摇钱树). ホンコン〜 gǎngbì(港币).
トルク zhuǎnjǔ(转矩), lìjǔ(力矩).
トルコ Tǔ'ěrqí(土耳其). ¶〜玉 lǜsōngshí(绿松石). ¶〜帽 tǔ'ěrqímào(土耳其帽).
トルソー luǒtǐ qūgàn diāoxiàng(裸体躯干雕像).
どれ【何れ】nǎ・něi・nǎi(哪), nǎge・něige・nǎige(哪个), nǎ yí ge(哪一个). ¶お前は〜が欲しいのだ nǐ yào nǎge?(你要哪个?). ¶〜が君のですか nǎge shì nǐ de?(哪个是你的?). ¶〜にしようかと迷っている bù zhī tiāo něige hǎo(不知挑哪个好). ¶〜かひとつ下さい qǐng suíbiàn gěi wǒ yí ge(请随便给我一个). ¶〜もこれも同じように見える kànqilai nǎge dōu yíyàng shìde(看起来哪个都一样似的). ¶私は〜でも構いません gěi wǒ nǎ yí ge dōu xíng(给我哪一个都行). ¶〜ひとつ取ってみても重要でない問題はない búlùn nǎ yí ge wèntí méiyǒu yí ge shì bú zhòngyào de(不论哪一个问题没有一个是不重要的).
どれ ¶〜もう一仕事しようか hǎo, zài gàn yíhuìr huór ba(好, 再干一会ㄦ活儿吧). ¶〜見せてごらん lái, jiào wǒ qiáoqiao(来, 叫我瞧瞧).
トレイ tuōpán(托盘).
どれい【奴隷】núlì(奴隶). ¶あの男はまるで金銭の〜だ nàge nánrén jiǎnzhí shì jīnqián de núlì(那个男人简直是金钱的奴隶). ¶〜解放 jiěfàng núlì(解放奴隶). ¶〜制社会 núlì shèhuì(奴隶社会). ¶〜制度 núlì zhìdù(奴隶制度). ¶〜売買 fànmài núlì(贩卖奴隶).
トレーシングペーパー miáotúzhǐ(描图纸).
トレース miáo(描), miáotú(描图). ¶図面を〜する miáo túyàng(描图样).
トレード jiāohuàn yùndòngyuán(交换运动员). ¶A選手の〜が決まる A xuǎnshǒu yǔ tā qiúduì de jiāohuàn quèdìng le(A选手与他球队的交换确定了).
¶〜マーク shāngbiāo(商标)/ biāojì(标记)・tèzhēng(特征).
トレーナー 〔服〕chángxiù yùndòngfú(长袖运动服);〔人〕jiàoliàn(教练); xùnshòushī(训兽师).
トレーニング duànliàn(锻炼), liànxí(练习), xùnliàn(训练); jiànshēn(健身). ¶〜パンツ yùndòngkù(运动裤). ¶早朝〜 chénliàn(晨练). ¶〜ジム jiànshēnfáng(健身房).
トレーラー tuōchē(拖车), tuōdǒu(拖斗), guàdǒu(挂斗), guàchē(挂车); píngbǎnchē(平板车). ¶〜バス qiānyǐnshì gōnggòng qìchē(牵引式公共汽车).
ドレス xīyángshì nǚfú(西洋式女服); nǚlǐfú(女礼服).
とれだか【取れ高】shōuhuòliàng(收获量), chǎnliàng(产量).
トレッキング túbù shānyě mànyóu(徒步山野漫游).
ドレッサー dàijìng shūzhuāngtái(带镜梳妆台).

ドレッシング sèlā tiáoliào(色拉调料), sèlā shāsī(色拉沙司). ¶フレンチ~ fǎguóshāsī(法国沙司).

どれほど【何れ程】 ¶お金は~用意しましょうか qián yào zhǔnbèi duōshao?(钱要准备多少?). ¶~言葉を尽しても言い表せない qiānyán-wànyǔ yě biǎodá bu chūlái(千言万语也表达不出来). ¶返事が来るのを~待ったかしれない duì huíxìn bù zhī yǒu duōme pànwàng(对回信不知多么盼望). ¶彼はそれから~もたたないうちにやって来た méi guò duōjiǔ tā jiù lái le(没过多久他就来了).

と・れる【取れる・捕れる】 1【離れ落ちる, 消え去る】diào(掉), tuōluò(脱落). ¶ボタンが~れた niǔkòu diào le(纽扣掉了). ¶ドアの取手が~れた ménbàr tuōluò le(门把儿脱落了). ¶表紙の~れた本 fēngmiàn tuōluòde shū(封面脱落了的书). ¶薬を飲んだら痛みが~れた chīle yào, téngtòng zhǐzhù le(吃了药, 疼痛止住了).

2【得られる】 ¶今年は米がたくさん~れた jīnnián shōule hěn duō dàozi(今年收了很多稻子). ¶この川では鮭が~れる zhè tiáo hé kěyǐ bǔlāo dàmáhǎyú(这条河可以捕捞大麻哈鱼). ¶この地方は石炭が~れる zhège dìfang chǎn[chū/chūchǎn] méi(这个地方产[出/出产]煤). ¶石油からいろいろな物が~れる cóng shíyóu zhōng néng tíqǔ gèzhǒng gèyàng de dōngxi(从石油中能提取种种有用的东西).

3【解釈できる】 ¶この文章は逆の意味にも~れる zhè piān wénzhāng yě kěyǐ lǐjiě wéi xiāngfǎn de yìsi(这篇文章也可以理解为相反的意思).

と・れる【撮れる】 ¶この写真はよく~れている zhè zhāng xiàngpiàn zhàode hěn hǎo(这张相片照得很好).

トレンチコート shuāngpáikòu jì yāodài fēngyī(双排扣系腰带风衣).

とろ【吐露】 tǔlù(吐露). ¶胸中を~する tǔlù fèifǔ(吐露肺腑).

どろ【泥】 ní(泥), níbā(泥巴). ¶ズボンの裾に~がついている kùjiǎo shang zhānzhe ní ne(裤脚上沾着泥吧). ¶車が~を跳ねかして走り去った qìchē jiànzhe ní kāiguoqu le(汽车溅着泥开过去了). ¶靴が~だらけになった xiézi shang mǎn shì ní(鞋子上满是泥). ¶よくも俺の顔に~を塗ってくれたな nǐ jìng gǎn wǎng wǒ liǎnshang mǒhēi(你竟敢往我脸上抹黑). ¶ここは私が~をかぶりましょう zhège yóu wǒ lái bēi hēiguō ba(这个由我来背黑锅吧). ¶ついに彼は~を吐いた tā zhōngyú "zhāorén[zhāogòng] le(他终于"招认[招供]了).

トロイカ sānjiàmǎ xuěqiāo(三驾马雪橇).

とろう【徒労】 túláo(徒劳). ¶彼の努力は~に終った tā de nǔlì zhōngguī túláo(他的努力终归徒劳).

どろうみ【泥海】 níhǎi(泥海). ¶洪水で町は一面の~と化した nào hóngshuǐ shìjiē chéngle yípiàn níhǎi(闹洪水市街成了一片泥海).

トロール tuōwǎng(拖网). ¶~漁業 tuōwǎng yúyè(拖网渔业). ~船 tuōwǎngchuán(拖网船).

とろか・す【蕩かす】 ¶男心を~す甘い言葉 míhuo nánrén xīn de tiányán-mìyǔ(迷惑男人心的甜言蜜语).

どろくさ・い【泥臭い】 1 tǔxīngqì(土腥气), tǔxīngwèir(土腥味儿). ¶この川魚は少し~い zhè tiáo héyú yǒu xiē tǔxīngwèir(这条河鱼有些土腥味儿).

2【やぼったい】tǔqi(土气). ¶彼の服装は~い tā de fúzhuāng hěn tǔqi(他的服装很土气)/土打扮的土里土气(他打扮得土里土气).

とろ・ける【蕩ける】 ¶熱でろうそくが~けた làzhú yù rè rónghuà le(蜡烛遇热融化了). ¶彼女は幸せで身も心も~けそうだった tā de shēnxīn hǎoxiàng rónghuà zài xìngfú zhī zhōng(她的身心好像溶化在幸福之中).

どろじあい【泥仕合】 ¶両派の論争は~の様相を呈している liǎngpài de zhēnglùn jiǎnzhí chéngle jiēduǎn-mànmà de chǒujù(两派的争论直直成了揭短漫骂的丑剧).

トロツキズム Tuōluòcíjīzhǔyì(托洛茨基主义).

トロッコ guǐdào tuīchē(轨道推车); jiǎnyì kuàngchē(简易矿车).

ドロップ shuǐguǒtáng(水果糖).

ドロップアウト tuōtáo(脱逃), tuōluò(脱落).

とろとろ chóuhūhū(稠糊糊), chóuhu(稠糊), niánhūhū(黏糊糊), niánhu(黏糊). ¶チーズを~に溶かす bǎ gānlào huàde niánhūhūr de(把干酪化得黏糊糊儿的). ¶かまどの火が~と燃えている zàozào de huǒ wēiruò de ránshāozhe(灶灶的火微弱地燃烧着). ¶~したと思ったら電話のベルで起された gānggang hūnhūn-yùshuì bèi diànhuà de língshēng jiàoxǐng le(刚刚昏昏欲睡被电话的铃声叫醒了).

どろどろ chóuhūhū(稠糊糊), chóuhu(稠糊), niánhūhū(黏糊糊), niánhu(黏糊). ¶粉を~に溶く bǎ miànfěn tiáochéng niánnian-hūhū de(把面粉调成黏黏糊糊的). ¶~のかゆ chóuhūhū de zhōu(稠糊糊的粥). ¶雨で道が~になった xiàle yǔ dàolù níníng bùkān(下了雨道路泥泞不堪).

どろなわ【泥縄】 lín zhèn mó qiāng(临阵磨枪), lín kě jué jǐng(临渴掘井). ¶~式の勉強で合格できるはずはない línzhèn-móqiāng shì de xuéxí shì jué bú huì kǎoshàng de(临阵磨枪式的学习是绝不会考上的).

どろぬま【泥沼】 nízhǎo(泥沼), nítán(泥潭), níkēng(泥坑), nítáng(泥塘). ¶争争は~にはまり込んだ fēnzhēng xiànrùle níkēng(纷争陷入了泥坑).

とろび【とろ火】 wénhuǒ(文火), wēihuǒ(微火), mànhuǒ(漫火), xiǎohuǒr(小火). ¶~で豆を煮る yòng wénhuǒ zhǔ dòuzi(用文火煮豆子).

トロフィー jiǎngbēi(奖杯), yōushèngbēi(优胜杯).

どろぼう【泥棒】 xiǎotōu(小偷), zéi(贼). ¶誰か!~だ! lái rén ya! yǒu zéi!(来人呀! 有贼!). ¶昨晩家に~が入った zuówǎn wǒ jiā "nàole zéi[jìnle xiǎotōur](昨晚我家"闹了贼

どろまみれ【泥塗れ】 ¶雨の中選手達は～になって熱戦を繰り広げた zài yǔzhōng xuǎnshǒumen nòngde húnshēn shì ní zhǎnkāile jīliè de bǐsài(在雨中选手们弄得浑身是泥展开了激烈的比赛).

とろみ ¶～をつける shǐ cài niánhūhūr de(使菜黏糊糊ル的).

どろみず【泥水】 níshuǐ(泥水).

どろよけ【泥除け】 dǎngníbǎn(挡泥板).

どろり chóuhūhū(稠糊糊), chóuhu(稠糊), niánhūhū(黏糊糊), niánhu(黏糊). ¶水溶きの片栗粉を入れて～とさせる jiā shuǐdiànfěn gōuqiàn(加水淀粉勾芡).

トロリーバス wúguǐ diànchē(无轨电车).

とろりと ¶～したら気分がよくなった dǎle ge dǔnr shēntǐ jiù shūfu le(打了个盹ル身体就舒服了). ¶口に入れると～溶ける yì gē zuǐli jiù rónghuà(一搁嘴里就融化).

とろろいも【薯蕷芋】 shǔyù(薯蓣), shānyao(山药).

どろん ¶店の金を持ったまま～を決め込む jiāng diànli de qián juǎntáo le(将店里的钱卷逃了).

どろんこ【泥んこ】 ¶ぬかるみで転んで～になった zài níníng de lùshàng huále yì jiāo nòngde mǎnshēn shì ní(在泥泞的路上滑了一跤弄得满身是泥). ¶子供達は～遊びに夢中になっている háizimen wán ní wánde rùmí(孩子们玩泥玩得入迷). ¶～道 níníng de lù(泥泞的路).

とろんと 酔っぱらいは～した目であたりを見回した zuìhàn yòng zuìyǎn dōng zhāng xī wàng(醉汉用醉眼东张西望). ¶遊び疲れて子供は箸を持ったまま～している házi wánlèile názhe kuàizi shuāngyǎn ménglóng(孩子玩累了拿着筷子双眼蒙眬).

トロンボーン chánghào(长号), lāguǎn(拉管).

とわず【問わず】 bùguǎn(不管), búlùn(不论), bú wèn(不问). ¶理由の如何を～許すことはできない bùguǎn lǐyóu rúhé jué bù xǔkě(不管理由如何绝不许可). ¶誰彼を～話しかける bùlùn shì shuí jiàn shuí gēn shuí shuōhuà(不论是谁见谁跟谁说话). ¶多少を～引き受けます bùguǎn duōshao dōu chéngbāo(不管多少都承包).

とわずがたり【問わず語り】 ¶～に身の上を語り始めた wúrén guòwèn yóu zìjǐ shuōqǐ shēnshì lai(无人过问由自己说起身世来).

どわすれ【度忘れ】 ¶～して彼の名前が出てこない yìshí xiǎng bu qǐ tā de míngzi lai(一时想不起他的名字来).

トン dūn(吨). ¶1～の鉄 yì ˇdūn[gōngdūn]tiě(一ˇ吨[公吨]铁). ¶10万～のタンカー shíwàn dūn yóuchuán(十万吨油船). ¶純～数 jìngdūnwèi(净吨位). 総～数 zǒngdūnwèi(总吨位). 載貨重量～ zàizhòng dūnwèi(载重吨位).

どん hōng(轰), hōnglōng(轰隆). ¶～と鳴って花火が開いた hōng de yì shēng fàngle yānhuǒ(轰的一声放了烟火). ¶～と胸をたたいて請け負う pāi xiōngpú bāoxiàlai(拍胸脯包下来). ¶～と来い zhǐguǎn chōnglai!(只管冲来!).

どん【鈍】 bèn(笨). ¶何と～な奴だ zhēn shì ge bèndàn(真是个笨蛋).

ドン tóunǎo(头脑), shǒulǐng(首领), kuíshǒu(魁首). ¶政界の～ zhèngjiè de kuíshǒu(政界的魁首).

どんかく【鈍角】 dùnjiǎo(钝角). ¶～3角形 dùnjiǎo sānjiǎoxíng(钝角三角形).

とんカツ【豚カツ】 zhūpái(猪排), zházhūpái(炸猪排).

どんかん【鈍感】 chídùn(迟钝). ¶今まで気がつかなかったとは君も随分～だね dào xiànzài yìzhí méi juéchá chulai, nǐ kě zhēn chídùn(到现在一直没觉察出来,你可真迟钝).

どんき【鈍器】 dùnqì(钝器). ¶死体には～で殴られたあとがあった shītǐ shang liúzhe yòng dùnqì ōudǎ de shānghén(尸体上留着用钝器殴打的伤痕).

とんきょう【頓狂】 ¶～な声を出す qí shēng guài jiào(奇声怪叫).

どんぐり【団栗】 xiàngzǐ(橡子), xiàngshí(橡实), xiàngwǎnzi(橡碗子), xiàngwǎnzi(橡碗子). ¶～の背比べ bàn jīn bā liǎng(半斤八两). ¶～眼 dàyuán-yǎnjing(大圆眼睛).

どんこう【鈍行】 mànchē(慢车).

とんざ【頓挫】 ¶資金難のため事業が～した yóuyú zījīn kùnnan shìyè zāodào cuòzhé(由于资金困难事业遭到挫折). ¶計画は一～を来した jìhuà gēqiǎn le(计划搁浅了).

どんさい【鈍才】 ¶～でも人柄がよければよい jíshǐ nǎojīn chídùn xiē, zhǐyào rén hǎo jiù xíng(即使脑筋迟钝些,只要人好就行).

とんし【頓死】 ¶彼は旅先で～した tā zài lǚtú tūrán sǐ le(他在旅途突然死了).

とんじ【遁辞】 dùncí(遁词). ¶～を弄して責任を回避する tuōcí táobì zérèn(托词逃避责任).

とんじゃく【頓着】 jièyì(介意). ¶彼女は細かい事には～しない tā duì xiǎoshì háo bú jièyì(她对小事毫不介意). ¶あの人は人の迷惑など一向に～しない tā nàge rén gēnběn bù guǎn biéren máfan bu máfan(他那个人根本不管别人麻烦不麻烦).

どんじゅう【鈍重】 ¶～な男 zhuōbèn de hànzi(拙笨的汉子).

どんす【緞子】 duànzi(缎子).

とんせい【遁世】 dùnshì(遁世), dùnjì(遁迹), bìshì(避世).

とんそう【遁走】 dùnzǒu(遁走), táodùn(逃遁), táocuàn(逃窜). ¶敵軍は一戦をも交えずして～した díjūn bù jīng yí zhàn jiù táocuàn le(敌军不经一战就逃窜了).

どんぞこ【どん底】 ¶社会の～に生きる人々 shēnghuó zài shèhuì zuì dīcéng de rénmen(生活在社会最底层的人们). ¶貧乏の～に落ちる luòdào pínkùn de shēnyuān(落到贫困的深渊)/ qióngkùn liáodǎo(穷困潦倒). ¶彼女は失意の～にある tā chǔyú shīyì juéwàng de jìngdì(她处于失意绝望的境地)/ tā qióngtú

liáodǎo(她穷途潦倒).
- **とんだ** ¶~所で友達に出会った zài yìxiǎng bu dào de dìfang pèngdàole péngyou(在意想不到的地方碰到了朋友).¶この度は~災難でしたね zhè cì nǐ shì ˈfēilái hènghuò[bèishí dǎozào] a(这次你是ˈ飞来横祸[背时倒灶]啊).¶あいつは~食わせ物だった nàge jiāhuo kě zhēn shì ge dàpiànzi(那个家伙可真是个大骗子).¶~ことになってしまった zhè xiàzi kě ˈzāo[ˈdǎoméi] le(这下子可ˈ糟[倒霉]了)/ zhè huí kě yào huóshòuzuì le(这回可要活受罪了).
- **とんち**【頓知】jīzhì(机智).¶彼はなかなか~がきく tā hěn jīzhì(他很机智).
- **とんちゃく**【頓着】→とんじゃく.
- **とんちゃんさわぎ**【どんちゃん騒ぎ】¶飲めや唱えの~を演ずる hē ya chàng ya de dà nào yí tòng(喝呀唱呀地大闹一通).
- **とんちょう**【緞帳】¶舞台の~がしずしずと上がった wǔtái de mùbù xúxú ér shàng(舞台的幕布徐徐而上了).
- **とんちんかん**【頓珍漢】¶お前の言うことは~だ nǐ shuōde ˈqiányán bù dā hòuyǔ[niútóu bú duì mǎzuǐ](你说得ˈ前言不搭后语[牛头不对马嘴]).¶~な返事をする dá fēi suǒ wèn(答非所问).¶あいつは~だ nàge jiāhuo shì ge hútuchóng(那个家伙是个糊涂虫).
- **どんつう**【鈍痛】¶腹部に~がある fùbù yǐnyǐn zuòtòng(腹部隐隐作痛).
- **どんづまり**【どん詰り】¶交渉は~に来た tánpàn dàole zuìhòu juézé de shíhou(谈判到了最后抉择的时候).
- **とんでもな·い** ¶~いことをしてくれた nǐ kě zhēn gěi wǒ chuǎngxiàle le(你可真给我闯祸了).¶人様の金に手を出すとは~い奴だ jìng gǎn tōu rénjia de qián, zhēn bú shì ge dōngxi(竟敢偷人家的钱,真不是个东西).¶探していた本が~い所から出て来た zhǎo de běn běn cóng yìxiǎng bu dào de dìfang pǎochulai le(找的那本书从意想不到的地方跑出来了).¶彼女が働き者だなんて~い shuí shuō tā rén qín de?(谁说她人勤的?)¶お礼を言われるなんて~い nǎli de huà, gēnběn búyòng xiè(哪里的话,根本不用谢).¶"随分儲かったでしょう" "~い、赤字ですよ" "nǐ zhuànle bùshǎo ba?" "nǎr yǒu de shì, péile běn"("你赚了不少吧?" "哪儿有的事,赔了本").
- **どんてん**【曇天】yīntiān(阴天).
- **どんでんがえし**【どんでん返し】¶結末は意外な~だった jiéjú chū rén yìliào, láile ge yībǎi bāshí dù de dà zhuǎnbiàn(结局出人意料,来了个一百八十度的大转变).
- **とんと** ¶その後彼からは~音沙汰がない cóng nà yǐhòu tā yǎo wú yīnxùn(从那以后他杳无音信).¶彼の話は~合点がいかぬ tā de huà jiǎnzhí jiào rén nàmènr(他的话简直叫人纳闷ル).
- **とんとん** 1〔軽くたたく音〕dōngdōng(咚咚·冬冬); gēdēnggēdēng(咯噔咯噔·格登格登), tōngtōng(嗵嗵).¶~とドアをノックする dōngdōng de qiāo mén(咚咚地敲门).¶階段を~と降りる gēdēnggēdēng de zǒuxià lóutī(咯噔咯噔地走下楼梯).

2〔順調に〕¶縁談が~とまとまった qīnshì shùnshùn-dāngdāng de dìngtuǒ le(亲事顺顺当当地订妥了).¶彼は~拍子に出世した tā fēihuáng-téngdá, píngbù-qīngyún le(他飞黄腾达,平步青云了)/ tā qīngyún-zhíshàng, guānyùn hēngtōng(他青云直上,官运亨通).

3〔同程度〕¶両者の実力は~だ liǎngzhě de shílì bù xiāng shàngxià(两者的实力不相上下).¶収支は~だ shōuzhī xiāngdǐ(收支相抵).
- **どんどん** 1〔強くたたく音〕bāngbāng(梆梆), pēngpēng(嘭嘭), dōngdōng(咚咚·冬冬).¶戸を~たたく bāngbāngbāng de qiāo mén(梆梆梆地敲门).¶~と太鼓の音が響く gǔshēng dōngdōng xiǎng(鼓声咚咚响).

2〔次々に、勢いよく〕¶仕事が~はかどる gōngzuò jìnxíngde hěn shùnlì(工作进行得很顺利).¶薪を~たく bùtíng de shāo cháihuo(不停地烧柴火).¶家が~建つ fángzi yí dòng jiē yí dòng de gàiqilai(房子一栋接一栋地盖起来).¶水嵩が~増えてくる shuǐ bùduàn de zhǎng(水不断地涨).¶物価が~上がる wùjià yígèjìnr de wǎng shàng zhǎng(物价一个劲ル地往上涨)/ wùjià fēizhǎng(物价飞涨).
- **どんな** shénme(什么), shénmeyàng(什么样), zěnyàng(怎样), zěnmeyàng(怎么样), rúhé(如何).¶~品が御入用ですか nín xiǎng yào shénmeyàng de dōngxi?(您想要什么样的东西?).¶この頃政治は~具合ですか nín jìnlái shēngyi ˈzuòde zěnmeyàng[rúhé]?(您近来生意ˈ做得怎么样[如何]?).¶あの人が~人か知らない wǒ bù zhīdào tā shì zěnyàng yí ge rén(我不知道他是怎样一个人).¶~無理難題を吹っかけてくるか分らない kě bù zhīdào tāmen huì tíchū shénme wúlǐ yāoqiú lai(可不知道他们会提出什么无理要求).¶~馬鹿でもそれくらいのことは知っている zài shǎ yě dǒngde zhè diǎn(再傻也懂得这点).¶お借りしたお金は~ことをしてもお返しします xiàng nín jiè de qián wúlùn zěnyàng yídìng yào rúshù chánghuán(向您借的钱无论怎样一定要如数偿还).¶~ことがあっても私を信じてほしい bùguǎn fāshēng shénme, qǐng xiāngxìn wǒ(不管发生什么,请相信我).¶そういう理屈は~場合にもあてはまるものではない nàyàng de dàolǐ bù yídìng zài rènhé qíngkuàng dōu shìyòng(那样的道理不一定在任何情况都适用).¶子供だけは~に苦労をしても立派に育てます zài kǔ yě yào bǎ háizi péiyǎng chéng rén(再苦也要把孩子培养成人).¶~に金がかかってもかまわない huā duōshao qián dōu méi guānxi(花多少钱都没关系).¶~に悔やんでも悔やみきりない bùguǎn zěnme hòuhuǐ yě wú jì yú shì le(不管怎么后悔也无济于事了).¶~に急いでも期日までに納入出来ない wúlùn zěnme gǎn zuò ànqī jiāobuliǎo le(无论怎么赶做按期交不了了).¶返事がくるまで~に心配したかしれない

zài méiyǒu dédào yīnxìn qián bù zhī jiào rén dānle duōshao xīn (在没有得到音信前不知叫人担了多少心). ¶〜にかお力落しのことでしょう wǒ shēnzhī nín duōme shāngxīn (我深知您多么伤心). ¶〜もんだ nǐ ˇqiáo[kàn]! zěnmeyàng! (你ˇ瞧[看]! 怎么样!).

トンネル suìdào (隧道), suìdòng (隧洞). ¶〜を掘る wā suìdào (挖隧道).
¶海底〜 hǎidǐ suìdào (海底隧道).

とんび【鳶】→とび.

ドンファン Táng Huáng (唐璜).

とんぷく【頓服】 dùnfú (頓服), yí cì fúxià de yào (一次服下的药).

どんぶり【丼】 dàwǎn (大碗). ¶〜飯を3杯ペろりと平らげた yìkǒuqì bǎ sān dàwǎn fàn chīguāng le (一口气把三大碗饭吃光了).
¶〜物 gàifàn (盖饭)/ gàijiāofàn (盖浇饭).

どんぶりかんじょう【丼勘定】 ¶〜なので正確なところは分らない yóuyú yǒu qián suíshǒu fùzhàng[yì bǐ lǒngtǒng zhàng], zhǔnquè shùzì bù qīngchu (由于有钱随手付账[一笔笼统账], 准确数字不清楚).

とんぼ【蜻蛉】 **1** qīngtíng (蜻蜓), mālang (蚂螂).
2〔とんぼがえり〕 ¶役者が〜を切る yǎnyuán fān gēndou (演员翻跟斗).

とんぼがえり【蜻蛉返り】 gēntou (跟头), gēndou (跟斗), jīndǒu (筋斗・斤斗). ¶〜をする fān gēntou (翻跟头). ¶大阪まで行って用事をすませ〜に帰って来た dàole Dàbǎn bànle shì gēnjiǎor fǎnhuilai le (到了大阪办了事跟脚ル返回来了).

とんま ¶〜なことをしてくれたものだ nǐ kě zhēn gěi wǒ tǒngle lóuzi (你可真给我捅了娄子).
¶〜な奴だ zhēn shì ge shǎguā! (真是个傻瓜!)/ shísāndiǎn! (十三点!)/ chǔnhuò! (蠢货)/ zhēn hún! (真浑!).

ドンマイ búzàihu (不在乎), méi guānxi (没关系), wúsuǒwèi (无所谓), búyàojǐn (不要紧).

とんや【問屋】 pīfāshāng (批发商), pīfādiàn (批发店). ¶呉服〜 héfú pīfāshāng (和服批发商). ¶そうは〜がおろさない kě méi nàme piányi (可没那么便宜)/ nǎ yǒu nàme rúyì de suànpan (哪有那么如意的算盘).

どんよく【貪欲】 tānyù (贪欲), tānlán (贪婪).
¶彼は〜な男だ tā shì ge ˇtān dé wú yàn[tānxīn bùzú] de jiāhuo (他是个ˇ贪得无厌[贪心不足]的家伙). ¶〜に知識を吸収する tānlán de xīshōu zhīshi (贪婪地吸收知识).

どんより yīn'àn (阴暗), yīnchén (阴沉), yīnchénchén (阴沉沉), huīchénchén (灰沉沉), huīmēngmēng (灰蒙蒙). ¶〜と曇った梅雨空 yīnchénchén de huángméitiān (阴沉沉的黄梅天). ¶〜した目 húnzhuó de yǎnjing (浑浊的眼睛).

どんらん【貪婪】 tānlán (贪婪).

な

な【名】 **1**〔名前,姓名,名称〕míng[r]（名[儿]）,míngzi（名字）; xìngmíng（姓名）.¶姓は鈴木,～は義男 xìng Língmù, míng Yìnán（姓铃木,名义男）.¶子供に～をつける gěi háizi 'qǐ[qǔ] míngzi（给孩子'起[取]名字）.¶僕は犬に"クロ"という～をつけた wǒ gěi nà tiáo gǒu qǐle ge míngr jiào "Hēizǎi"（我给那条狗起了个名儿叫"黑崽"）.¶家は息子の～にしてある fángzi yǐ érzi de míngyì dēngjì de（房子以儿子的名义登记的）.¶私の～は鈴木義男です wǒ de míngzi jiào Língmù Yìnán（我的名字叫铃木义男）/ wǒ jiào Língmù Yìnán（我叫铃木义男）.¶～を明かす dàochū xìngmíng（道出姓名）.¶しばらく～を伏せる zàn 'bú dào[bù biǎo] xìngmíng（暂'不道[不表]姓名）.¶この花の～は何ですか zhè huār jiào shénme míngzi?（这花儿叫什么名字?）/ zhè jiào shénme huār?（这叫什么花儿?）.¶会社の～で見舞金を出す yǐ gōngsī de míngyì sòng wèiwènjīn（以公司的名义送慰问金）.¶～ばかりの社長 zhǐshì 'dān ge míngr[guàmíng] de zǒngjīnglǐ（只是'担个名儿[挂名]的总经理）.¶～は体を表す míng biǎo qí shí（名表其实）.
2〔評判,名声,名誉〕míng（名）,míngqi（名气）,míngshēng（名声）,míngyù（名誉）.¶彼の～は外国にも聞えている tā chímíng yú hǎiwài（他驰名于海外）.¶世界一の～に恥じない búkuì wéi shìjiè dìyī（不愧为世界第一）.¶～を売るために大がかりな宣伝をする wèile yángmíng dàzhāng-qígǔ de jìnxíng xuānchuán（为了扬名大张旗鼓地进行宣传）.¶作家として～をなす yǐ zuòjiā chéngmíng（以作家成名）.¶彼は一躍その～をあげた tā yì jǔ chéngmíng（他一举成名）.¶歴史に～を残す zǎirù shǐcè（载入史册）/ míng chuí qīngshǐ（名垂青史）.¶～もない人々 bù wéi shìrén suǒ zhī de rénmen（不为世人所知的人们）/ wúmíng rénshì（无名人氏）.¶学校の～を傷つける diànwū xuéxiào de míngshēng（玷污学校的名声）.そんな事をしたら私の～にかかわる gàn nà zhǒng shì huì yǐngxiǎng wǒ de míngyù（干那种事会影响我的名誉）.¶彼女はその作品で画壇に～を得た tā yǐ nà fú zuòpǐn fēishēng huàtán（她以那幅作品蜚声画坛）.
3〔口実,名分〕míng（名）.¶福祉に～を借りて私利をはかる yǐ gǎo fúlì wéi míng móu sīlì（以搞福利为名谋私利）.¶～を正す zhèng míng（正名）.¶～を捨てて実を取る shě míng qǔ shí（舍名取实）.

な【菜】〔青菜〕qīngcài（青菜）;〔油菜〕yóucài（油菜）.

-な ¶騒ぐ～ bié chǎo!（别吵!）.¶そこを動く～ bùxǔ dòng!（不许动!）.¶軍国主義の復活を許す～ jué bú ràng jūnguózhǔyì fùhuó!（决不让军国主义复活!）.¶御心配下さいます～ qǐng búyào dānxīn（请不要担心）.

ナース nǚhùshi（女护士）.¶～コール hùshi hūjiào（护士呼叫）.

なあて【名宛】¶～人 shōujiànrén（收件人）.

な・い【無い】 méi（没）,méiyǒu（没有）,mǎo（有）.¶さっきここに置いた本が～い gāngcái fàngzài zhèlǐ de shū bújiàn le（刚才放在这里的书不见了）.¶机を置く場所が～い zhuōzi méiyǒu dìfang fàng（桌子没有地方放）.¶質問が～ければ先へ進みます méiyǒu wèntí de huà, jìxù wǎng xià jiǎng le（没有问题的话,继续往下讲了）.¶私にはそれを言い出す勇気が～かった wǒ méiyǒu yǒngqì shuōchū nà jiàn shì（我没有勇气说出那件事）.¶成功の望みが～いでも～い bú shì méiyǒu chénggōng de xīwàng（不是没有成功的希望）.¶今日は試験は～かった jīntiān méi kǎoshì（今天没考试）.¶買いたいが金が～い xiǎng mǎi kě méi qián（想买可没钱）.¶私には兄弟が～い wǒ méiyǒu dìxiōng jiěmèi（我没有弟兄姐妹）.¶欠席者は1人も～かった quēxí de zhě yě méiyǒu（缺席的一个也没有）.¶発車まであと3分しか～い lí kāichē zhǐ yǒu sān fēnzhōng le（离开车只有三分钟了）.¶その時の彼の慌てようといったら～かった nà shí tā zhānghuáng-shīcuò de yàngzi jiǎnzhí méifǎ xíngróng（那时他张皇失措的样子简直没法形容）.¶私は1度もゴルフをしたことが～い gāo'ěrfūqiú wǒ yí cì yě méi dǎguo（高尔夫球我一次也没打过）.¶その映画はまだ～い nà bù diànyǐng wǒ hái méi kàn（那部电影我还没看）.¶今日は学校に行きたく～い jīntiān wǒ bù xiǎng shàngxué（今天我不想上学）.¶この小説は全然面白く～かった zhè běn xiǎoshuō zhēn méiyǒu yìsi（这本小说真没有意思）.¶これはダイヤモンドでは～い zhè bú shì zuànshí（这不是钻石）.¶こんな所に金を置くのは駄目じゃ～いか bǎ qián gēzài zhèyàng de dìfang, zěnme xíng!（把钱搁在这样的地方,怎么行!）.

-な・い 1〔打ち消し〕méi（没）,méiyǒu（没有）,bù（不）.¶1か月も雨が降ら～い yí ge yuè yě méi xiàyǔ（一个月也没下雨）.¶勝つためには手段を選ば～い wèile huòshèng bù zé shǒuduàn（为了获胜不择手段）.¶もっと勉強しなければ駄目だ nǐ bú gèngjiā yònggōng kě bùxíng（你不更加用功可不行）.¶都合が悪ければ出

席し～くてもよい yàoshi bù fāngbiàn, bù chūxí yě xíng(要是不方便,不出席也行). ¶本を見～いで答えなさい búyào kàn shū huídá (不要看书回答).

2〔勧誘、願望〕 ¶君も一緒に行か～いか nǐ yě gēn wǒmen yíkuàir qù, zěnmeyàng? (你也跟我们一块儿去,怎么样?). ¶早く雪が降ら～いかなあ hái bú kuài diǎnr xiàxuě (还不快点儿下雪).

-ない【内】 nèi(内). ¶必ず期限～に提出のこと wùbì zài qīxiàn nèi jiāochū(务必在期限内交出). ¶学校～で起った事件 zài xuéxiàoli fāshēng de shìjiàn (在学校里发生的事件).

ないい【内意】 ¶社長の～を受けて交渉に当る àn zǒngjīnglǐ de yìtú jìnxíng jiāoshè(按总经理的意图进行交涉).

ナイーブ chúnzhēn (纯真), chúnpǔ (纯朴).

ないいん【内因】 nèiyīn (内因).

ないえん【内縁】 ¶～の妻 wèi bàn jiéhūn dēngjì de qīzi (未办结婚登记的妻子). ¶彼等は～関係だ tāmen shì wèi bàn fǎlǜ shǒuxù de fūqī(他们是未办法律手续的夫妻).

ないか【内科】 nèikē (内科).

ないかい【内海】 nèihǎi (内海), nèilùhǎi (内陆海).

ないがい【内外】 **1**〔内と外〕 nèiwài(内外), lǐwài(里外). ¶校舎の～は掃除が行き届いている xiàoshè lǐlǐ wàiwài dǎsǎode hěn gānjìng (校舍里里外外打扫得很干净). ¶～の情勢は非常に複雑だ nèiwài de xíngshì fēicháng fùzá (内外的形势非常复杂).
¶～記者団 nèiwài jìzhětuán (内外记者团).
2〔およそ〕 zuǒyòu (左右), shàngxià (上下), nèiwài(内外). ¶10万円～の費用ですませる huā shíwàn rìyuán shàngxià de fèiyong liǎoshì (花十万日元上下的费用了事). ¶1年～で完成するだろう yì nián zuǒyòu néng wánchéng ba (一年左右能完成吧). ¶原稿用紙30枚～ gǎozhǐ sānshí zhāng zuǒyòu (稿纸三十张左右).

ないかく【内角】 nèijiǎo (内角). ¶3角形の～の和は180度である sānjiǎoxíng de nèijiǎo zhī hé wéi yìbǎi bāshí dù (三角形的内角之和为一百八十度).

ないかく【内閣】 nèigé (内阁). ¶～を組織する zǔzhī nèigé(组织内阁)/ zǔ gé(组阁). ¶～を改造する gǎizǔ nèigé (改组内阁). ¶～が総辞職した nèigé zǒngcízhí le (内阁总辞职了).
¶～官房長官 nèigé guānfáng zhǎngguān (内阁官房长官). ～総理大臣 nèigé zǒnglǐ dàchén (内阁总理大臣).

ないがしろ【蔑ろ】 ¶親を～にする bù bǎ fùmǔ fàngzài yǎnli (不把父母放在眼里). ¶彼は先生のせっかくの好意を～にした tā quánrán búgù lǎoshī de yì fān hǎoyì (他全然不顾老师的一番好意).

ないき【内規】 ¶会社の～に触れる wéifǎn gōngsī nèibù guīzhāng (违犯公司内部规章).

ないきん【内勤】 nèiqín (内勤). ¶～職員 nèiqín rényuán (内勤人员).

ないこう【内向】 nèixiàng (内向). ¶～的な人 xìnggé nèixiàng de rén (性格内向的人).

ないこう【内攻】 ¶病気が～する jíbìng nèigōng (疾病内攻). ¶不満が～する bùmǎn yùjié zài xīnli (不满郁结在心里).

ないざい【内在】 nèizài (内在). ¶そのものに～する価値 shìwù de nèizài jiàzhí (事物的内在价值).

ないし【乃至】 **1**〔…から…まで〕 dào (到), zhì (至). ¶500～600人の観客 wǔbǎi dào liùbǎi de guānzhòng (五百到六百的观众). ¶1年～2年で完成する yǐ yì nián zhì liǎng nián wánchéng (以一年至两年完成).
2〔または〕 huò (或), huòzhě (或者). ¶万年筆～はボールペンで書くこと xū yòng gāngbǐ huòzhě yuánzhūbǐ xiě (须用钢笔或者圆珠笔写).

ないじ【内示】 ¶転勤の～を受ける jiēdào diàodòng gōngzuò[diàozhuǎn] de fēizhèngshì tōngzhī (接到 '调动工作[调转]的非正式通知).

ないじ【内耳】 nèi'ěr (内耳). ¶～炎 nèi'ěryán (内耳炎).

ないしきょう【内視鏡】 nèikuījìng (内窥镜).
¶～手術 nèikuījìngshù (内窥镜术).

ないじつ【内実】 **1**〔内幕〕 dǐlǐ (底里), dǐxì (底细), nèiqíng (内情), dǐqíng (底情). ¶～はどうなのだ dǐlǐ rúhé? (底里如何?) / nèiqíng zěnyàng? (内情怎样?).
2〔その実〕 qíshí (其实). ¶私も～困っている shuō shízài zhè wǒ yě zhèng wéinán ne (说实在的我也正为难呢).

ないじゅ【内需】 nèixū (内需).

ないしゅっけつ【内出血】 nèichūxuè (内出血).

ないしょ【内緒】 ¶この話は～にしておいて下さい zhè shì qǐng búyào gàosu biérén (这事请不要告诉别人). ¶～でお耳に入れたいことがあります wǒ yǒu shì xiǎng qiāoqiāo de gàosu nín (我有事想悄悄地告诉您). ¶皆に～でお菓子をもらった bèizhe dàhuǒr déle diǎnxin (背着大伙儿得了点心).
¶～事 yǐnmì de shì (隐秘的事). ～話 sīyǔ (私语) / sīhuà (私话) / sīfānghuà (私房话) / tiējǐhuà (贴己话) / tījǐhuà (梯己话) / qiāoqiāohuà (悄悄话).

ないじょ【内助】 nèizhù (内助). ¶彼の成功は夫人の～の功によるところが大きい tā de chénggōng déliyú fūren de nèizhù (他的成功得力于夫人的内助).

ないじょう【内情】 nèiqíng (内情), dǐqíng (底情), dǐxì (底细), dǐdi (底牌). ¶彼はその会社の～に通じている tā shēnzhī nà jiā gōngsī de dǐxì (他深知那家公司的底细) / tā duì nà gōngsī zhī gēn zhī dǐ (他对那个公司知根知底). ¶～を暴露する bàolù nèiqíng (暴露内情).

ないしょく【内職】 ¶私は～に翻訳をしている zuòwéi fùyè wǒ gǎo xiē fānyì (作为副业我搞些翻译). ¶母は仕立物の～をしている wǒ mǔqin zài jiā zuò zhēnxiànhuór zhèng xiē qián

ないしん【内心】 nèixīn(内心), xīnli(心里), xīnzhōng(心中). ¶ああは言うものの~は嬉しいのだ tā suīrán nàme shuō, kěshì nèixīn què hěn gāoxìng ne(他虽然那么说,可是内心却很高兴呢). ¶~を打ち明ける tǔlù xīnlihuà(吐露心里话). ¶彼は~穏やかでなかった tā nèixīn kě hěn bù píngjìng(他内心可很不平静).

ないしんしょ【内申書】【説明】由学校提出的报考生的学习成绩等资料.

ないしんのう【内親王】 nèiqīnwáng(内亲王).

ナイス hǎo(好), piàoliang(漂亮), bàng(棒), shuài(帅). ¶~ショット dǎde shuài!(打得帅!). ¶~キャッチ jiē qiú jiēde piàoliang!(接球接得漂亮!)/ jiēde juéle!(接得绝了!).

ないせい【内政】 nèizhèng(内政). ¶他国の~に干渉する gānshè tā guó nèizhèng(干涉他国内政).

ないせい【内省】 nèixǐng(内省). ¶その言葉は深い~から生れたものだ nà jù huà chūzì shēnkè de nèixǐng(那句话出自深刻的内省).

ないせつ【内接】 nèijiē(内接). ¶~円 nèijiēyuán(内接圆).

ないせん【内戦】 nèizhàn(内战). ¶その国は~が絶えない nàge guójiā nèizhàn búduàn(那个国家内战不断).

ないせん【内線】 nèixiàn(内线), fēnjī(分机). ¶~の308番をお願いします qǐng jiē nèixiàn sān líng bā(请接内线三零八).

ないそう【内装】 nèibù zhuāngshì(内部装饰). ¶凝った~ jīngjiu de nèibù zhuānghuáng(讲究的内部装潢).

ないぞう【内蔵】 nèizhuāng(内装). ¶露出計~のカメラ nèizhuāng pùguāngbiǎo de zhàoxiàngjī(内装曝光表的照相机). ¶現代社会の~する弊害 xiàndài shèhuì bāocáng de bìbìng(现代社会包藏的弊病).

ないぞう【内臓】 nèizàng(内脏). ¶~疾患 nèizàng jíhuàn(内脏疾患).

ナイター yèjiān bǐsài(夜间比赛).

ないだく【内諾】 ¶会長就任を~する sīxià yīngyǔn jiùrèn huìzhǎng zhī zhí(私下应允就任会长之职). ¶すでに彼の~を得ている yǐjing dédào tā fēizhèngshì de yǔnnuò(已经得到他非正式的允诺).

ナイチンゲール gēqú(歌䳌); yèyīng(夜莺).

ないつう【内通】 sītōng(私通), gōutōng(勾通). ¶敵に~する sītōng dírén(私通敌人)/ tōngdí(通敌).

ないてい【内定】 nèidìng(内定). ¶彼は局長に~している tā yǐ nèidìng wéi júzhǎng(他已内定为局长). ¶彼はA社に就職が~した tā yǐ bèi nèidìng zài A gōngsī jiùzhí(他已被内定在A公司就职).

ないてい【内偵】 cìtàn(刺探). ¶敵情を~する cìtàn díqíng(刺探敌情).

ないてき【内的】 ¶~原因 nèizài yuányīn(内在原因). ¶~生活 jīngshén shēnghuó(精神生活).

ナイト 1〔称号〕juéshì(爵士). 2〔夜間〕¶~キャップ shuìmào(睡帽). ¶~ショー yèzǒnghuì(夜总会).

ないない【内内】 sīxià(私下). ¶~で君に話したいことがある wǒ yǒu yí jiàn shì xiǎng sīxiàli gēn nǐ tántan(我有一件事想私下里跟你谈谈). ¶このことは~に願いたい zhè jiàn shì qǐng búyào xiàng wài shēngzhāng(这件事请不要向外声张).

ないねんきかん【内燃機関】 nèiránjī(内燃机).

ナイフ dāozi(刀子), xiǎodāo(小刀), cāndāo(餐刀). ¶~とフォーク cāndāo hé cānchā(餐刀和餐叉). ¶果物~ guǒdāo(果刀). バター~ huángyóudāo(黄油刀). ペーパー~ cáizhǐdāo(裁纸刀).

ないぶ【内部】 nèibù(内部). ¶洞窟の~ははかなり広い dòng lǐmian xiāngdāng kuānkuò(洞里面相当宽阔). ¶~の事情に詳しい者のしわざだ yídìng shì liǎojiě nèiqíng de rén suǒ gǎo de(一定是了解内情的人所搞的). ¶~分裂 nèibù fēnliè(内部分裂).

ないふく【内服】 nèifú(内服), kǒufú(口服). ¶~薬 nèifúyào(内服药).

ないふん【内紛】 nèihòng(内讧・内哄). ¶~が絶えない jīngcháng fāshēng nèihòng(经常发生内讧).

ないぶん【内聞】 ¶どうぞ御~に願います qǐng búyào wǎng wài shēngzhāng(请不要往外声张).

ないぶんぴつ【内分泌】 nèifēnmì(内分泌). ¶~腺 nèifēnmìxiàn(内分泌腺).

ないほう【内包】 1¶矛盾を~している bāohánzhe máodùn(包含着矛盾). 2〔論理学の〕nèihán(内涵).

ないほう【内報】 ¶発表前に入選の~があった zài fābiǎo qián jiēdàole fēizhèngshì de rùxuǎn tōngzhī(在发表前接到了非正式的入选通知).

ないみつ【内密】 sīxià(私下). ¶あなたに~の話がある nǐ yǒu jiàn shì xiǎng hé wǒ sīxiàli tántan(有一件事想和你私下里谈谈). ¶~に交渉を進める sīxiàli jìnxíng jiāoshè(私下里进行交涉).

ないめい【内命】 ¶社長の~を受けて調査に当る fèng zǒngjīnglǐ de mìlìng jìnxíng diàochá(奉总经理的密令进行调查).

ないめん【内面】 ¶~生活 nèixīn shēnghuó(内心生活). ~描写 xīnlǐ miáoxiě(心理描写).

ないものねだり【無い物ねだり】 ¶それは~というものだ nà chúncuì shì yìng yào méiyǒu de dōngxi(那纯粹是硬要没有的东西)/ nà jiǎnzhí shì 'jiào rén zuò bànbudào de shì[qiǎng rén suǒ nán](那简直是叫人做办不到的事[强人所难]).

ないや【内野】 nèichǎng(内场). ¶~手 nèichǎngshǒu(内场手).

ないやく【内約】 ¶2人の間には~があるらしい tāmen liǎ zhī jiān sìhū yǒu mòqì(他们俩之间似乎有默契).

ないゆう【内憂】 ¶~外患 nèiyōu wài huàn(内忧外患)/ nèiwài jiāokùn(内外交困).

ないよう【内容】 nèiróng(内容). ¶小包の~は何ですか bāoguǒ lǐbian de dōngxi shì shénme?(包裹里边的东西是什么?). ¶講演の~は大体以上の通りだ jiǎngyǎn de nèiróng dàzhì rúshàng(讲演的内容大致如上). ¶~のない議論 kōngdòng de zhēnglùn(空洞的争论).

ないらん【内乱】 nèiluàn(内乱). ¶~が勃発した fāshēngle nèiluàn(发生了内乱).

ないりく【内陸】 nèilù(内陆). ¶~国 nèilùguó(内陆国). ~性気候 dàlùxìng qìhòu(大陆性气候).

ナイロン jǐnlún(锦纶), nílóng(尼龙). ¶~の靴下 nílóng wàzi(尼龙袜子).

な・う【綯う】 cuō(搓). ¶縄を~う cuō shéngzi (搓绳子).

なうて【名うて】 chūmíng(出名), yǒumíng(有名). ¶~の鉄砲撃ち yǒumíng de shénqiāngshǒu(有名的神枪手).

なえ【苗】 yāng[r](秧[儿]), yāngzi(秧子), miáo[r](苗[儿]), miáozi(苗子), zāizi(栽子), yāngmiáo(秧苗). ¶トマトの~を植える zāi xīhóngshìyāngr(栽西红柿秧儿).

なえぎ【苗木】 miáomù(苗木), shùyāng[r](树秧[儿]), shùyāngzi(树秧子), shùmiáo[r](树苗[儿]), shùzāizi(树栽子).

なえどこ【苗床】 miáochuáng(苗床), yāngqí (秧畦), yāngtián(秧田), miáopǔ(苗圃).

な・える【萎える】 ¶手足が~えた shǒujiǎo tānhuàn le(手脚瘫痪了). ¶長い間の病気で体が~えてしまった chángqī wòbìng shēntǐ fāruǎn le(长期卧病身体发软了). ¶精神が~える jīngshén wěimǐ búzhèn(精神委靡不振). ¶草木が~える cǎomù kūwěi[diāowěi](草木枯萎[凋萎]).

なお【猶】 **1**〔相変らず〕 hái(还), réng(仍), shàng(尚), yóu(犹), yóuzì(犹自). ¶~若干の疑問は残る shàng yǒu ruògān yíwèn(尚有若干疑问). ¶その老人は今~健在です nàge lǎorén xiànzài réng jiànzài(那个老人现在仍健在). ¶雨は~も降り続いている yǔ hái zài bùtíng de xiàzhe(雨还在不停地下着).

2〔さらに〕 gèng(更), zài(再), hái(还). ¶~一層の努力が必要だ děi yǒu bìyào zuò gèng jìnyíbù de nǔlì(有必要作更进一步的努力). ¶~2,3日の猶予を下さい qǐng zài kuānxiàn wǒ liǎng,sān tiān(请再宽限我两、三天). ¶騙すのもよくないが盗むのは~悪い piànrén gùrán bù hǎo, tōu rénjia de gèng bù hǎo(骗人固然不好,偷人家的更不好). ¶それならば~のこと君にやってもらいたい yàoshi nàyàng jiù gèng děi tuō nǐ bàn le(要是那样就更得托你办了). ¶~明朝8時に集合のこと、弁当を忘れないように míngtiān bā diǎn jíhé, lìngwài búyào wàngle dài zhōngfàn lái(明天八点集合,另外不要忘了带中饭来).

なおさら【尚更】 gèng(更); yuè(越). ¶それなら~結構です nà gèng hǎo le(那更好了). ¶隠されると~見たくなる nǐ cángqǐlai, wǒ fǎndào xiǎng kàn le(你藏起来,我反倒想看了).

なおざり ¶それは~にできない問題だ zhè shì bùnéng hūshì de wèntí(这是不能忽视的问题)/ zhège wèntí jué bùnéng děngxián shì zhī (这个问题决不能等闲视之). ¶仕事を~にする gōngzuò mǎhu(工作马虎).

なお・す【治す】 zhì(治). ¶病気を~す zhìbìng (治病). ¶この病気を~す薬はまだない zhì zhège bìng de yào hái méiyǒu(治这个病的药还没有).

なお・す【直す】 **1**〔訂正する,矯正する〕 gǎi (改), gǎizhèng(改正), jiǎozhèng(矫正), jiūzhèng (纠正). ¶誤字を~す gǎizhèng cuòzì (改正错字). ¶生徒の作文を~す gǎi[pīgǎi] xuéshēng de zuòwén(改[批改]学生的作文). ¶先生に発音を~された bèi lǎoshī jiǎozhèng [jiūzhèng] fāyīn(被老师矫正[纠正]发音). ¶君のその癖を~しなさい nǐ nàge máobing kěyào gǎidiào(你那个毛病可要改掉).

2〔整える,もとに戻す〕 ¶ゆがみを~す bǎ wāi de nòngzhèng(把歪的弄正). ¶ネクタイを~す zhěng lǐngdài(整领带). ¶居ずまいを~す duānzhèng zīshì(端正姿势). ¶彼は機嫌を~した tā qíngxù hǎo le(他情绪好了).

3〔修理する〕 xiū(修), xiūlǐ(修理), xiūbǔ(修补). ¶靴を~す xiūlǐ píxié(修理皮鞋). ¶屋根を~す xiūqì wūdǐng(修葺屋顶).

4〔換算する,換言する〕 huànsuàn(换算), zhéhé(折合). ¶10万円をドルに~するといくらになるか shíwàn yuán rìbì zhéhé měijīn shì duōshao qián?(十万元日币折合成美元是多少钱?). ¶里をメートルに~す bǎ lǐ huànsuàn wéi mǐ(把里换算为米). ¶日本語を中国語に~す bǎ Rìwén yìchéng Zhōngwén(把日文译成中文). ¶難しい言いまわしをやさしく~す bǎ nán dǒng de cuòcí gǎichéng qiǎnxiǎn yì dǒng de shuōfa(把难懂的措词改成浅显易懂的说法).

5〔改めて…する〕 ¶祖父の着物を仕立て~す bǎ zǔfù de yīfu fānxīn(把祖父的衣服翻新). ¶もう一度読み~しなさい zài niàn yí biàn(再念一遍).

なお・る【治る】 hǎo(好), zhìhǎo(治好). ¶病気が~った bìng hǎo le(病好了). ¶風邪がいっこうに~らない gǎnmào lǎo bú jiànhǎo(感冒老不见好). ¶この傷は~るのに1か月かかる zhège shāng 'zhìhǎo[quányù] xūyào yí ge yuè(这个伤'治好[痊愈]需要一个月).

なお・る【直る】 **1**〔訂正される,矯正される〕 ¶誤植はすっかり~った wùpáizì quándōu bèi gǎiguolai le(误排字全都被改过来了). ¶言葉づかいがどうしても~らない shuō cūhuà de xíguàn zěnme yě gǎi bu guòlai(说粗话的习惯怎么也改不过来). ¶悪い癖が~った huài máobing gǎidiào le(坏毛病改掉了).

2〔整る,もとに戻る〕 ¶ゆがみが~った wāi de biàn zhèng le(歪的变正了). ¶彼の御機嫌が~った tā de qíngxù hǎo le(他的情绪好了). ¶頭(右),右、見よ! xiàng yòu kànqí, xiàng qián kàn!(向右看齐,向前看!).

3〔修理される〕 ¶くずれた道が~った tāntā de lù xiūfù le(坍塌的路修复了). ¶ラジオの

なおれ

故障が～った shōuyīnjī de máobìng xiūhǎo le (收音机的毛病修好了). ¶この車はすぐには～らない zhè liàng qìchē bùnéng mǎshàng xiūlǐhǎo (这辆汽车不能马上修理好).

なおれ【名折れ】 ¶事件が表沙汰になれば我が校の～だ shìjiàn rúguǒ biǎomiànhuà, jiù huì ˇdiànwū[bàihuài] wǒ xiào de míngyù (事件如果表面化,就会ˇ玷污[败坏]我校的名誉).

なか【中】 1[内部] lǐ (里), lǐmian (里面), lǐbian (里边), lǐtou (里头). ¶～へ入ってお掛け下さい qǐng jìn lǐbianr zuò (请进里边ㄦ坐). ¶部屋の～は真暗だ wūzili hēigulōngdōng de (屋子里黑咕隆咚的). ¶箱の～から取り出すcóng hézili náchulai (从盒子里拿出来). ¶私の心の～まで見透かされた wǒ de xīn lǐtou yě bèi kànchuān le (我的心里头也被看穿了).

2[範囲内] ¶彼女は3人の～で一番若い tā shì sān rén zhī zhōng zuì niánqīng de (她是三人之中最年轻的). ¶～には反対の者もいた lǐmian yě yǒu fǎnduì de rén (里面也有反对的人). ¶彼の姿は人込みの～へ消えた tā de shēnyǐng zài rénqún zhōng xiāoshī le (他的身影在人群中消失了). ¶それは勘定の～に入っていない nàge méiyǒu jìsuàn zài nèi (那个没有计算在内).

3[中間] ¶～を取って1500円にしましょう zhézhōng[qǔzhōng] suàn yìqiān wǔbǎi rìyuán ba (中取[取中]第一千五百日元吧). ¶両方の～を取る cǎiqǔ zhézhōng fāng'àn (采取折中方案). ¶～に入って話をまとめる jūzhōng[jūjiān] shuōhe (居中[居间]说和). ¶～1日おく zhōngjiān gé yì tiān (中间隔一天). ¶～の兄 èrgē (二哥).

4[最中] ¶雨の～を出て行く màozhe yǔ chūqu (冒着雨出去). ¶お忙しい～をお出でいただき有難うございます bǎimáng zhī zhōng chéngméng guānglín gǎnxiè bú jìn (百忙之中承蒙光临感谢不尽).

なか【仲】 ¶あの2人は～が良い[悪い] tā liǎ gǎnqíng ˇhěn hǎo[bù hǎo] (他俩感情ˇ很好[不好]). ¶夫婦の～がしっくりいかない fūfù zhī jiān xiāngchǔde bù hǎo (夫妇之间相处得不好). ¶～のいい友達 xiānghǎo[yàohǎo] de péngyou (相好[要好]的朋友). ¶2人の～を裂く chāisàn[líjiàn] liǎrén de guānxi (拆散[离间]俩人的关系). ¶2人がそんな～とは知らなかった méi xiǎngdào liǎng ge rén zhī jiān jìng yǒu nà zhǒng guānxi (没想到两个人之间竟有那种关系).

ながあめ【長雨】 línyǔ (霖雨), yínyǔ (淫雨・霪雨), kǔyǔ (苦雨), liányínyǔ (连阴雨). ¶～で洗濯物が乾かない liánrì xiàyǔ, xǐ de yīfu gānbuliǎo (连日下雨,洗的衣服干不了).

なが・い【長い】 1[距離などが] cháng (长). ¶山門から本堂までの距離が～い cóng shānmén dào zhèngdiàn yǒu hěn cháng yí duàn lù (从山门到正殿有很长一段路). ¶日本一～い川は信濃川です Rìběn zuì cháng de héliú shì Xìnnóng Chuān (日本最长的河流是信浓川). ¶人生の～い道のり rénshēng de màncháng

de dàolù (人生的漫长的道路). ¶馬の顔は～い mǎ liǎn hěn cháng (马脸很长). ¶こちらの方が3センチ～いzhège bǐ nàge cháng sān límǐ (这个比那个长三厘米). ¶丈はもう少し～くした方がよい chǐcun zuìhǎo zài fàngcháng yìxiē (尺寸最好再放长一些). ¶髪が～くなったので床屋へ行く tóufa cháng le, qù lǐ fà gè (头发长了,去理发). ¶郷里へ～い手紙を書いた gěi lǎojiā xiěle yì fēng chángxìn (给老家写了一封长信). ¶～い物には巻かれろ gēbo niǔbuguò dàtuǐ (胳膊扭不过大腿).

2[時間などが] cháng (长), chángjiǔ (长久), jiǔ (久), hǎojiǔ (好久). ¶夏は昼が～い xiàtiān báitiān cháng (夏天白天长). ¶彼とは～い付き合いだ gēn tā yǒu duōnián de jiāowǎng (跟他有多年的交往). ¶～い間にはいろいろなことがあった zài màncháng de shíjiān li, fāshēngle zhǒngzhǒng shìqing (在漫长的时间里,发生了种种事情). ¶随分～いこと待たされた ràng wǒ děngle hěn jiǔ (让我等了很久). ¶日本に～く滞在した zài Rìběn dòuliúle hěn jiǔ (在日本逗留了很久). ¶～く使わなかったのですっかり錆びてしまった hǎojiǔ méi shǐ, quándōu shēngxiù le (好久没使,全都生锈了). ¶年々寿命が～くなっている rén de shòumìng zài nián bǐ yì nián zēngzhǎng (人的寿命一年比一年增长). ¶病人はもう～くはあるまい kànlai bìngrén huóbuchǎng le (看来病人活不长了). ¶何事も～い目で見なければならない shénme shì dōu yào cóng chángyuǎn de guāndiǎn lái kàn (什么事都要从长远的观点来看). ¶話せば～くなりながら… shuōlái huà cháng… (说来话长…). ¶彼は気が～い tā xìngzi màn (他性子慢).

ながい【長居】 ¶どうも～を致しました duìbuqǐ, dājiǎode tài jiǔ le (对不起,打扰得太久了). ¶～は無用と彼は早々に立ち去った jiǔ zuò wúyì, tā hěn kuài jiù zǒu le (久坐无益,他很快就走了).

ながいき【長生き】 chángshòu (长寿), chángmìng (长命), chángshēng (长生). ¶この村の人は皆～だ zhège cūnzi de rén dōu hěn chángshòu (这个村子的人都很长寿). ¶祖母は祖父より5年～した zǔmǔ bǐ zǔfù duō huóle wǔ nián (祖母比祖父多活了五年).

ながいす【長椅子】 chángyǐzi (长椅子), chángdèngzi (长凳子), shāfā (沙发).

ながえ【轅】 yuánzi (辕子), chēyuánzi (车辕子).

なかがい【仲買】 jīngjì (经纪). ¶～人 jīngjìrén (经纪人)/ zhōngjiānrén (中间人)/ zhōngrén (中人)/ qiānshǒu (纤手)/ lāqiànde (拉纤的)/ qiánkè (掮客)/ yáháng (牙行)/ zhòngzuòrén (仲买人).

ながぐつ【長靴】 xuēzi (靴子), chángxuē (长靴). ¶ゴム～ xiàngpí xuēzi (胶皮靴子)/ chángtǒng yǔxuē (长筒雨靴).

なかごろ【中頃】 ¶去年の～ qùnián de niánzhōng (去年的年中). ¶来月～ xiàyuè zhōngxún (下月中旬). ¶郵便局は駅とデパートの～にある yóujú zài chēzhàn hé bǎihuò shāngdiàn

de zhōngjiān(邮局在车站和百货商店的中间).

ながさ【長さ】 cháng(长), chángdù(长度), chángduǎn(长短). ¶～1メートルの棒 yì mǐ cháng de gùnzi(一米长的棍子). ¶清水トンネルの～はどのくらいありますか Qīngshuǐ suìdào yǒu duō cháng?(清水隧道有多长?). ¶この紐は～が足りない zhè gēn shéngzi bùgòu cháng(这根绳子不够长).

ながし【流し】 ¶台所の～ xǐwǎnchí(洗碗池). ¶風呂の～場 xǐzǎojiān de xǐshēnchù(洗澡间的洗身处).

ながしあみ【流し網】 liúcíwǎng(流刺网).

ながしこ・む【流し込む】 jiāozhù(浇注), guànzhù(灌注), jiāoguàn(浇灌). ¶鋳型に湯を～む bǎ gāngshuǐ jiāozhù múzǐli(把钢水浇注模子里).

ながしめ【流し目】 ¶～に見る xiéyǎn piǎo(斜眼瞟). ¶～をつかって男を誘惑する sòng qiūbō yòuhuò nánrén(送秋波诱惑男人).

ながじり【長尻】 ¶あの人は～だから来られると困る nàge rén jiǔ zuò bù zǒu láile kě jiù máfan le(那个人久坐不走来了可就麻烦了).

なかす【中州】 shāzhōu(沙洲), zhōu(洲).

なか・す【流す】 **1** [流(流), fàng(放). ¶川に汚水を～す wǎng héli fàng wūshuǐ(往河里放污水). ¶涙を～して詫びる liúzhe yǎnlèi péizuì(流着眼泪赔罪). ¶祖国解放のために多くの人が血を～した wèile jiěfàng zǔguó, xǔduō rén liúle xiě(为了解放祖国,许多人流了血). ¶一風呂浴びて汗を～す xǐ ge zǎo chōngchong shēnshang de hàn(洗个澡冲冲身上的汗). ¶背中を～しましょう gěi nǐ cuōcuo bèi ba(给你搓搓背吧). ¶筏を～す fàng mùfázi(放木筏子). ¶オールを～してしまった jiǎng jiào shuǐ chōngzǒu le(桨叫水冲走了). ¶橋が豪雨で～された qiáo bèi dàyǔ chōngzǒu le(桥被大雨冲走了). ¶会場に音楽を～す zài huìchǎng shang bōfàng yīnyuè(在会场上播放音乐).

2 [広める] sànbù(散布), sànbō(散播), chuánbù(传布), chuánbō(传播). ¶デマを～す sànbù yáoyán(散布谣言)／ sànbō liúyán(散播流言). ¶この本は世に害を～すものだ zhè běn shū liúdú quánguó(这本书流毒全国). ¶ラジオを通じて津波警報を～す tōngguò wúxiàndiàn guǎngbō hǎixiào jǐngbào(通过无线电广播海啸警报).

3 [流罪にする] liúfàng(流放). ¶寛は鬼界島に～された Jùnkuān bèi liúfàng dào Guǐjiè Dǎo(俊宽被流放到鬼界岛).

4 [無効にする] ¶予算委員会を～す shǐ yùsuàn wěiyuánhuì liúhuì(使预算委员会流会). ¶買草を～した bǎ dōngxi dàngsǐ le(把东西当死了).

5 ¶ギターを抱えて盛り場を～す bàozhe jítā chuàn gè yúlèchǎng(抱着吉他串个娱乐场).

-ながせ【泣かせ】 ¶先生の悪童 shǐ lǎoshī tóutòng de wántóng(使老师头痛的顽童). ¶医者の～の病気 ràng dàifu wéinán de bìng(让大夫为难的病).

なか・せる【泣かせる】 ¶ちょっと～せる話だ

zhēn shì jiàn shǐ rén liúlèi de shìqing(真是件使人流泪的事情). ¶君は親切だなあ,本当に～せるよ nǐ zhēn qīnqiè, shízài lìng rén gǎndòng a(你真亲切,实在令人感动啊).

なかそで【長袖】 chángxiù(长袖). ¶～のシャツ chángxiù chènyī(长袖衬衣).

なかたがい【仲違い】 shīhé(失和). ¶些細なことで彼と～した wèi yìxiē xiǎoshì gēn tā ゙shīhé[nàofān] le(为一些小事跟他゙失和[闹翻]了). ¶両家は～している liǎngjiā bùhé(两家不和).

なかだち【仲立】 jūzhōng(居中), jūjiān(居间); 〔人〕 zhōngrén(中人), zhōngjiānrén(中间人). ¶友人の～で2人は結婚した péngyou jūzhōng jièshào, liǎ rén jiéle hūn(朋友居中介绍,两人结了婚). ¶取引の～をする jūzhōng jièshào mǎimai(居中介绍买卖).

なかたび【長旅】 chángtú lǚxíng(长途旅行).

なかたらし・い【長たらしい】 rǒngcháng(冗长), fánnóng(烦冗·繁冗). ¶～い説明 rǒngcháng de shuōmíng(冗长的说明).

なかだるみ【中弛み】 ¶あの映画は長すぎて～している nà bù yǐngpiàn tài cháng, yǒudiǎnr sōngsǎn(那部影片太长,有点儿松散). ¶市況は～の状態だ hángqíng chǔyú zhōngjiān sōngchí de zhuàngtài(行情处于中间松弛的状态).

ながだんぎ【長談義】 cháng piān dà lùn(长篇大论). ¶彼の～には閉口だ tā nà chángpiāndàlùn zhēn jiào rén shòubuliǎo(他那长篇大论真叫人受不了).

ながちょうば【長丁場】 ¶～の交渉となった jiāoshè chéngle chíjiǔzhàn le(交涉成了持久战了).

なかつづき【長続き】 ¶彼は何をしても～しない tā gàn shénme yě méiyǒu chángxìng(他干什么也没有长性). ¶今度の内閣は～しないだろう zhè jiè nèigé kǒngpà chángbuliǎo(这届内阁恐怕长不了).

なかでも【中でも】 yóuqí(尤其), yóuwéi(尤为). ¶私はクラシック,～モーツァルトが好きだ wǒ xǐhuan gǔdiǎn yīnyuè, yóuqí shì Mòzhātè de zuòpǐn(我喜欢古典音乐,尤其是莫扎特的作品).

なかなおり【仲直り】 héhǎo(和好). ¶2人は～した liǎ liǎ ゙héhǎo[yán guī yú hǎo] le(他俩゙和好[言归于好]).

なかなか【中中】 **1** [かなり] ¶～見どころのある奴だ hěn yǒu chūxi de jiāhuo(很有出息的家伙). ¶これは～いい柄だ zhè huāyàng zhēn hǎo(这花样真好). ¶この仕事は～大変だ zhège gōngzuò kě bù róngyì(这个工作可不容易). ¶あれは～の人物だ nà kě zhēn shì ge rénwù(那可真是个人物).

2 [なかなか…ない] ¶この本は難しくて～理解できない zhè běn shū hěn nán, bù róngyì lǐjiě(这本书很难,不容易理解). ¶そうようにいかない nán néng rúyì(难能如意). ¶彼のような男は～いない xiàng tā nàyàng de rén hěn nándé(像他那样的人很难得).

3 [まだまだ] ¶完成はまだ～だ lí wánchéng hái yuǎnzhe ne(离完成还远着呢).

なが-なが【長長】 ¶ベッドに～と横たわっている shēnkāi shǒujiǎo tǎngzài chuángshang (伸开手脚躺在床上). ¶彼はその問題を～論じた nàge wèntí tā tuōní-dàishuǐ de jiǎngle dà bàntiān (那个问题他拖泥带水地讲了大半天). ¶～とお邪魔を致しました dǎjiǎole nín hěn cháng shíjiān (打搅了您很长时间). ¶～お世話になりました jiǔ chéng guānzhào (久承关照).

なかにわ【中庭】 lǐyuàn (里院), yuànzi (院子).

ながねん【長年・永年】 duōnián (多年). ¶～の努力が実った duōnián de nǔlì yǒule chéngguǒ (多年的努力有了成果).

なかば【半ば】
1【まん中】zhōngjiān (中间). ¶9月～には出来るでしょう jiǔyuè zhōngxún jiù néng wánchéng ba (九月中旬就能完成吧). ¶橋の～に立つ zhànzài qiáo de zhōngjiān (站在桥的中间).

2【中途,最中】zhōngtú (中途). ¶志～で病に倒れた zhuàngzhì wèi chóu, zhōngtú bìngdǎo (壮志未酬, 中途病倒). ¶この仕事を～にして止めなければならないのは残念だ zhège gōngzuò bùdé bù bàntú ér fèi tài kěxí le (这个工作不得不半途而废太可惜了). ¶彼は宴～に帰ってしまった tā zài yànhuì zhōngtú huíqu le (他在宴会中途回去了).

3【半分】yíbàn[r] (一半儿). ¶ひと月の～は出張している yí ge yuè dāngzhōng yǒu yíbàn zàichūchāi (一个月当中有一半儿在出差). ¶工事は予定の～にも達していない gōngchéng hái méi dào yùdìng de yíbànr (工程还没到预定的一半儿). ¶もう～あきらめている yǐjing sǐle yíbàn de xīn (已经死了一半的心).

なかばなし【長話】 chángtán (长谈). ¶電話で～をする yòng diànhuà chángtán (用电话长谈).

ながび・く【長引く】 ¶病気が～いた bìng jiǔ zhì wèi yù (病久治未愈). ¶裁判は～きそうだ shěnpàn kànlai yào tuōxiàqu (审判看来要拖下去). ¶これ以上返事を～かせるわけにはいかない dáfù zài yě bùnéng tuōxiàqu le (答复再也不能拖下去了).

なかほど【中程】 ¶成績はクラスの～です xuéxí chéngjì zài bānli shì zhōngděng (学习成绩在班里是中等). ¶山道を～まで行って引き返した zǒule yíbàn shānlù jiù fǎnhuílai le (走了一半山路就返回来了). ¶どうぞ～へお詰め願います qǐng wǎng lǐmian jǐ yi jǐ (请往里面挤一挤). ¶試合の～から雨になった bǐsài de zhōngtú xiàqǐ yǔ lai le (比赛的中途下起雨来了).

なかま【仲間】 huǒbàn (伙伴), huǒjì (伙计), huǒyǒu (伙友), tóngbàn (同伴), tónghuǒ (同伙). ¶彼は～から信頼されている tā shòudào huǒbànmen de xìnrèn (他受到伙伴们的信任). ¶今日から皆さんの～入りをすることになりました, どうぞよろしく cóng jīntiān qǐ hé zhūwèi tóngshì, qǐng duō guānzhào (从今天起和诸位同事, 请多关照). ¶～内で解決する zài tónghuǒ lǐtou jiějué (在同伙里头解决). ¶彼は～外れにされている tā bèi huǒbànmen piēzài yìbiānr (他被伙伴们撇在一边儿). ¶～割れが起こった fāshēngle nèibù fēnliè (发生了内部分裂).

なかみ【中身】 ¶トランクを～を調べる jiǎnchá píxiāng lǐmian de dōngxi (检查皮箱里面的东西). ¶～のない話 nèiróng kōngdòng de huà (内容空洞的话).

ながめ【長め】 ¶丈はすこし～の方がいい chǐcun shāo cháng yìdiǎnr hǎo (尺寸稍长一点儿好).

ながめ【眺め】 ¶山頂からの～は素晴らしい cóng shāndǐng wàngqù, fēngjǐng zhēn hǎo (从山顶望去, 风景真好).

なが・める【眺める】 kàn (看), wàng (望), tiàowàng (眺望), liàowàng (瞭望), níngshì (凝视), zhùshì (注视). ¶車窓から移り変る風景を～める cóng chēchuāng tiàowàng yídòng biànhuànzhe de fēngjǐng (从车窗眺望移动变幻着的风景). ¶ぼんやりと外を～めている dāidāi de kànzhe wàitou (呆呆地看着外头). ¶じっと相手の顔を～める níngshì[dīngzhe] duìfāng de liǎn (凝视[盯着]对方的脸).

ながもち【長持】 tǎngguì (躺柜), guìzi (柜子), yīguì (衣柜).

ながもち【長持ち】 ¶この生地は丈夫で～がする zhè zhǒng bù yòu jiēshi yòu ˎnài[jīn]chuān (这种布又结实又ˎ耐[禁]穿). ¶これは冷蔵庫に入れておけば～する zhèige fàngzài bīngxiāngli jiù jīngjiǔ bú huài (这个放在冰箱里就经久不坏). ¶この鞄は～しなかった zhège píbāo méi yòng duōjiǔ jiù huài le (这个皮包没用多久就坏了). ¶この様子では天気は～すまい kàn yàngzi tiānqì kǒngpà bǎobuzhù ba (看样子天气恐怕保不住吧).

なかや【長屋】 dàzáyuànr (大杂院儿).

なかやすみ【中休】 zhōngxiū (中休). ¶ちょっと～しよう zán xiē yíhuìr ba (咱歇一会儿吧).

なかゆび【中指】 zhōngzhǐ (中指), zhōngmuzhǐ (中拇指), jiàngzhǐ (将指).

なかよく【仲良く】 ¶喧嘩しないで皆で～遊びなさい búyào dǎjià, dàjiā hǎohāor wánr ba (不要打架, 大家好好儿玩儿吧). ¶隣近所と～する gēn línjú hémù xiāngchǔ (跟邻居和睦相处).

なかよし【仲良し】 yàohǎo (要好), xiānghǎo (相好). ¶彼等2人は大の～だ tāmen liǎ hěn yàohǎo (他们俩很要好). ¶～の友達が大勢遊びに来た hěn duō hǎopéngyou lái wǒ jiā wánr (很多好朋友来我家玩儿).

-ながら
1[…つつ] biān…biān… (边…边…), yìbiān…yìbiān… (一边…一边…), yìmiàn…yìmiàn… (一面…一面…). ¶テレビを見～食事する yìbiān kàn diànshì, yìbiān chīfàn (一边看电视, 一边吃饭). ¶本を読み～眠ってしまった shū kànzhe kànzhe biàn shuìzháo le (书看着看着便睡着了). ¶歩き～話そう zánmen biān zǒu biān tán ba (咱们边走边谈吧). ¶彼はほほ笑み～答えた tā wēixiàozhe zuòle huídá (他微笑着作了回答).

2[…のに,…ではあるが] ¶知ってい～知らないふりをする míngmíng zhīdào què zhuāng bù zhīdào (明明知道却装不知道). ¶気にし～まだ礼状を出していない xīnli lǎo diànjìzhe, kě-

shì hái méi xiě gǎnxièxìn（心里老惦记着,可是还没写感谢信）. ¶あれほど固く約束しておき~彼は来なかった gēn tā yuēhǎo bújiàn-búsàn, kě tā què méiyǒu lái（跟他约好不见不散,可他却没有来）. ¶残念~今日は出席できません hěn yíhàn jīntiān bùnéng chūxí（很遗憾今天不能出席）.
3〔…のまま〕 ¶昔~のやり方で作る àn chuántǒng de fāngfǎ zuò（按传统的方法做）. ¶いつも~彼の話は面白い tā shuōhuà zǒngshì hěn yǒu yìsi（他说话总是很有意思）.

ながら・える【長らえる】→いきながらえる.

ながらく【長らく】 hǎojiǔ（好久）, xǔjiǔ（许久）. ¶~御無沙汰致しました hǎojiǔ méiyǒu xiàng nín wènhòu le（好久没有向您问候了）. ¶~お待たせ致しました jiào nín jiǔ děng le（叫您久等了）.

なかれ【勿れ】 mò（莫）, wù（勿）, wú（毋）. ¶驚く~,犯人は彼だった mò jīng！zuìfàn shì tā（莫惊！罪犯是他）.

ながれ【流れ】 liú（流）. ¶~をさかのぼる sù liú ér shàng（溯流而上）. ¶~を下る shùn liú ér xià（顺流而下）. ¶雨で川の~が変った yīn xià yǔ hédào gǎibiàn le（因下雨河道改变了）. ¶この川は~が急だ zhè tiáo hé shuǐliú hěn jí（这条河水流很急）. ¶車の~が激しい qìchē láiwǎng chuānliú-bùxī（汽车来往川流不息）/ chēliú tuānjí（车流湍急）. ¶人の~が続いている rénliú luòyì-bùjué（人流络绎不绝）. ¶時代の~に乗る shùnyìng shídài de cháoliú（顺应时代的潮流）/ tóu shíhào（投时好）/ suí dàliú（随大溜）. ¶アダム・スミスの~を汲む学者 Yàdāng·Sīmì liúpài de xuézhě（亚当·斯密流派的学者）.

ながらある・く【流れ歩く】 liúlàng（流浪）, liúdàng（流荡）, piāobó（漂泊）. ¶諸国を~く liúlàng gè guó（流浪各国）.

ながれこ・む【流れ込む】 liúrù（流入）. ¶この川は日本海に~んでいる zhè tiáo hé liúrù Rìběn Hǎi（这条河流入日本海）. ¶人々は仕事を求めて都会へ~んだ rénmen wèile móuqiú zhíyè liúrù dūshì（人们为了谋求职业流入都市）.

ながれさぎょう【流れ作業】 liúshuǐ zuòyè（流水作业）, liúshuǐ zuòyèfǎ（流水作业法）.

ながれだま【流弾】 liúdàn（流弹）. ¶~に当った zhòngle liúdàn（中了流弹）.

ながれつ・く【流れ着く】 ¶難破船は島に~いた shīshì de chuán piāoliú dào yí ge xiǎodǎo（失事的船漂流到一个小岛）.

ながれ・でる【流れ出る】 liúchū（流出）. ¶瓶が倒れて油が~出た píngzi dǎole liúchū yóu lai le（瓶子倒了流出油来了）. ¶傷口から血が~出た cóng shāngkǒu tǎngchū xiě lai le（从伤口淌出血来了）.

ながれぼし【流星】 liúxīng（流星）, zéixīng（贼星）.

ながれもの【流者】 liúlàngzhě（流浪者）, piāobózhě（漂泊者）.

なが・れる【流れる】 1 liú（流）. ¶町の北側を1筋の川が~れている chéngběi yǒu yì tiáo hé liúguò（城北有一条河流过）. ¶汗が滝のように~れる hàn cóng shēnshang zhí wǎng xià tǎng（汗从身上直往下淌）. ¶涙が彼女の頬を~れた lèishuǐ cóng tā liǎnshang liúxialai le（泪水从她脸上流下来了）. ¶~れるような弁舌 kǒu ruò xuán hé（口若悬河）. ¶木の葉が~れて来た shùyè shùn shuǐ piāolai le（树叶顺水漂来了）. ¶洪水で橋が~れた fā dàshuǐ, qiáo bèi chōngzǒu le（发大水,桥被冲走了）. ¶雲が~れる báiyún piāohū（白云飘忽）. ¶車がスムーズに~れている chēliàng láiwǎng chàngtōng wúzǔ（车辆来往畅通无阻）. ¶スピーカーから音楽が~れている cóng kuòyīnqìli chuánlai yīnyuè（从扩音器里传来音乐）.
2〔時が〕 ¶それから 10 年の歳月が~れた dǎ nà yǐlái shí nián de suìyuè ˈguòqu［xiāoshì］le（打那以来十年的岁月ˈ过去［消逝］了）/ cóng nà yǐlái shí nián de shíguāng liúshì le（从那以来十年的时光流逝了）.
3〔広まる〕 chuán（传）, liúchuán（流传）. ¶変な噂が~れている liúchuánzhe guài fēngshēng（流传着怪风声）.
4〔流浪する〕 liúluò（流落）, liúdàng（流荡）, liúlàng（流浪）, piāobó（漂泊）. ¶北国へ~れて行く liúluò dào běifāng（流落到北方）. ¶~れ~れて長崎にたどり着いた liúlàng a liúlàng, zuìzhōng piāobódàole Chángqí（流浪啊流浪,最终漂泊到了长崎）.
5〔ある傾向になる〕 ¶生活が怠惰に~れやすい shēnghuó yìyú dàiduò（生活易于怠惰）. ¶この書は形式に~れている zhè shūfǎ liúyú xíngshì（这书法流于形式）.
6〔無効になる〕 ¶定足数に達せず総会は~れた bùzú fǎdìng rénshù, dàhuì liúhuì le（不足法定人数,大会流会了）. ¶雨で試合が~れた yóuyú xiàyǔ, bǐsài tíngzhǐ le（由于下雨,比赛停止了）. ¶質草が~れた dàngtou ˈdàngsǐ［dàngdiào］le（当头ˈ当死［当掉］了）.

ながわずらい【長患い】 ¶~でやつれてしまった wòbìng duōnián shēntǐ xiāoshòu le（卧病多年身体消瘦了）.

なき【亡き】 wáng（亡）, gù（故）. ¶~父 wángfù（亡父）/ xiānfù（先父）. ¶~友をしのぶ huáiniàn gùyǒu（怀念故友）. ¶誰かが王を~者にしようと狙っている yǒu rén qǐtú móushā guówáng（有人企图谋杀国王）.

なき【泣き】 ¶~の一手で口説き落す ná kū de yì zhāo shǐ tā xīnruǎn dāying（拿哭的一着使他心软答应）. ¶~を入れる āigāo qiúráo（哀告求饶）. ¶そんな事をするとあとで~を見るぞ gàn nà zhǒng shì jiāo nǐ hòu huǐ yě lái bu jí ne！（干那种事叫你后悔也来不及呢！）.

なぎ【凪】 ¶海は~だ hǎishang fēngpíng-làngjìng（海上风平浪静）.

なきあか・す【泣き明かす】 ¶彼女は一晩~した tā kūle yí yè（她哭了一夜）.

なきおと・す【泣き落す】 ¶彼女に~されて承諾してしまった bèi tā kūsùde kǔde bú yìngchéng xialai（被她哭诉得不得不应承下来）. ¶こうなったら~し戦術でいくしかない dàole zhè zhǒng

dìbù, zhǐyǒu kūsù zhè yì shǒu le(到了这种地步,只有哭诉这一手了).

なきがお【泣き顔】 ¶彼女は～を見せまいと横を向いた wèile bú ràng rén kànjian tǎngmǎn lèishuǐ de liǎn, tā bǎ liǎn niǔguoqu le(为了不让人看见淌满泪水的脸,她把脸扭过去了).

なきがら【亡骸】 yítǐ〔遗体〕,yíhái〔遗骸〕,shītǐ〔尸体〕,shīshou〔尸首〕.

なきくず・れる【泣き崩れる】 ¶彼女はその場に～れた tā dāngchǎng kūdǎo zài dì(她当场哭倒在地).

なきくら・す【泣き暮す】 ¶子供を亡くして以来彼女は毎日～している zìcóng shīqùle háizi, tā ˇměirì yǐ lèi xǐmiàn[lèilèiǎn tiāntiān liú](自从失去了孩子,她ˇ每日以泪洗面[泪脸天天流]).

なきごえ【泣き声】 kūshēng(哭声). ¶赤ん坊の～が聞える tīngdào xiǎowáwá de kūshēng(听到小娃娃的哭声). ¶～で謝る kūzhe péi búshi(哭着赔不是).

なきごえ【鳴き声】 jiàoshēng(叫声),míngshēng(鸣声). ¶鳥の～が聞える tīngjian niǎojiàoshēng(听见鸟叫声).

なきごと【泣き言】 ¶～を並べる dà sù qí kǔ(大诉其苦),dà fā láosāo(大发牢骚).

なぎさ【渚】 tīng(汀).

なきさけ・ぶ【泣き叫ぶ】 háokū(号哭),háotáo(号啕・号咷・嚎啕・嚎咷). ¶あたりかまわず～ぶ bùgù yíqiè háotáo dàkū(不顾一切号啕大哭).

なきじゃく・る【泣きじゃくる】 chōuda(抽搭),chōuqì(抽噎),chōuyē(抽噎),chōuqì(抽泣),chuòqì(啜泣). ¶子供は～りながら帰って来た xiǎoháizi chōuchōu-dādā de kūzhe huílai le(小孩子抽抽搭搭地哭着回来了).

なきじょうご【泣上戸】 ¶彼は～だ tā hēzuìle jiù jiù hàokū(他喝醉了酒就好哭).

なぎたお・す【薙ぎ倒す】 ¶大鎌で草を～す yòng dàliándāo gē cǎo(用大镰刀割草). ¶強豪を次々と～として優勝した zhànshèng yígègè jìngdí huòdéle guànjūn(战胜一个个劲敌获得了冠军).

なきつ・く【泣き付く】 yāngqiú(央求),qǐqiú(乞求),āiqiú(哀求). ¶彼は金に困って私に～いて来た tā méile qián, jiù lái yāngqiú wǒ le(他没了钱,就来央求我了). ¶あの人に～けば何とかしてくれるかも知れない rúguǒ xiàng tā kǔkǔ āiqiú, yěxǔ huì gěi xiǎng ge bànfǎ(如果向他苦苦哀求,也许会给想个办法).

なきつら【泣き面】 ¶～に蜂 wū lòu gèng zāo liányè yǔ, chuán chí yòu yù dǎtóufēng(屋漏更遭连夜雨,船迟又遇打头风)/ huò bù dān xíng(祸不单行).

なきどころ【泣き所】 ¶私は彼の～を知っている wǒ zhīdao tā de ruòdiǎn(我知道他的弱点). ¶弁慶の～ yíngmiàngǔ(迎面骨)/ qiángzhě de zhìmìng ruòdiǎn(强者的致命弱点).

なぎなた【長刀】 chángbǐng dàdāo(长柄大刀).

なきねいり【泣き寝入り】 ¶子供は叱られて～してしまった nàge háizi āi shuō kūzhe shuìzháo le(那个孩子挨说哭着睡着了). ¶上からの圧力で～した shòudào shàngjí de yālì zhǐdé ˇrěnqì-tūnshēng[chī yǎbakuī](受到上级的压力只得ˇ忍气吞声[吃哑巴亏])/ gēbo nǐngbuguò dàtuǐ, zhǐhǎo bàliào(胳膊拧不过大腿,只好罢了).

なきのなみだ【泣きの涙】 ¶～で別れる sǎlèi ér bié(洒泪而别).

なきはら・す【泣き腫らす】 ¶目を～す kūzhǒngle yǎnjing(哭肿了眼睛).

なきふ・す【泣き伏す】 ¶彼女はわっと～した tā wā de yì shēng fǔ shēn tòngkū(她哇的一声俯身痛哭).

なきべそ【泣きべそ】 ¶叱られて～をかく áile mà piězuǐ yàokū(挨了骂撇嘴要哭).

なきまね【泣き真似】 ¶～をしてもだめだ zhuāng kū yě bùxíng a(装哭也不行啊).

なきむし【泣き虫】 ¶この子は～だ zhège háizi hěn hàokū(这个孩子很好哭).

なきわらい【泣き笑い】 ¶彼は顔をゆがめて～した tā niǔwāizhe liǎn yòu kū yòu xiào(他扭歪着脸又哭又笑). ¶～の人生 bēixǐ jiāogí de rénshēng(悲喜交集的人生).

な・く【泣く】 kū(哭),kūqì(哭泣),tíkū(啼哭),tìqì(涕泣). ¶赤ん坊が乳を欲しがって～く xiǎowáwá kūzhe yào chīnǎi(小娃娃哭着要喝奶). ¶彼女はわっと～き出した tā wā de yì shēng dà kūqilai(她哇的一声大哭起来). ¶母は私の無事な姿を見て喜んだ mǔqin jiàn wǒ ānrán wúshì, gāoxìngde liúle yǎnlèi(母亲见我安然无事,高兴得流了眼泪). ¶～いて謝る dàokū péi lǐ xiàng rén jiāxì(?). ¶～いても笑っても試験まであと1日だ kū yěbà, xiào yěbà, lí kǎoshì zhǐ shèng yì tiān le(哭也罢,笑也罢,离考试只剩一天了). ¶彼は～く～く田畑を人手に渡した tā rěntòng bǎ tiándì màigěile rénjia(他忍痛把田地卖给了人家). ¶こんな味では老舗(しにせ)の看板が～く zhèyàng de wèidao yǒusǔn lǎozìhào de zhāopai(这样的味道有损老字号的招牌). ¶～く子と地頭には勝てぬ gēbo niǔbuguò dàtuǐ(胳膊扭不过大腿). ¶若い時に努力しないと年を取ってから～くことになる shàonián bù nǔlì, lǎodà tú shāngbēi(少年不努力,老大徒伤悲). ¶ここはひとつあなたの方で～いて下さい zhè yì diǎn qǐng nǐ fāng ràng diǎnr bù(这一点请你方让点儿步).

な・く【鳴く】 jiào(叫),míng(鸣),míngjiào(鸣叫). ¶鳥が～く niǎo ˇjiào[míng/ tí](鸟ˇ叫[鸣/啼]). ¶蝉が～く zhīliǎo jiào(知了叫)/ chán míng(蝉鸣). ¶虫が～く chóng ˇmíng[jiào](虫ˇ鸣[叫]). ¶犬が～く gǒu ˇjiào[yǎo](狗ˇ叫[咬])/ quǎn fèi(犬吠). ¶牛が～く niú ˇjiào[hǒu](牛ˇ叫[吼]). ¶～かず飛ばずの日を過す guòzhe mòmò wú wén de rìzi(过着默默无闻的日子).

な・ぐ【凪ぐ】 ¶ようやく風が～いできた fēng jiànjiàn xiǎo le(风渐渐小了). ¶海は～いでいる hǎishang fēngpíng-làngjìng(海上风平浪静).

なぐさみ【慰み】 xiāoqiǎn(消遣),lèqù(乐趣). ¶私の～といったら盆栽いじりです yào shuō wǒ de lèqù, jiùshì bǎinòng pénjǐng(要说我的

乐趣,就是摆弄盆景). ¶お～に手品を御覧に入れましょう biàn yí ge xìfǎr, gěi zhūwèi qǔlè ba(变一个戏法儿,给诸位取乐吧). ¶女を～物にする bǎ nǚrén dàngzuò wánwù(把女人当做玩物).

なぐさ・む【慰む】 ¶山を見ていると心が～む kànzhe shān xīnlǐ jiù gǎndào xīnwèi(看着山心里就感到欣慰).

なぐさめ【慰め】 ānwèi(安慰). ¶一目会えたのがせめてもの～だ jiànle yí miàn zǒngsuàn shì yìdiǎnr ānwèi(见了一面总算是一点儿安慰). ¶彼女に～の言葉をかける kuānwèi tā jǐ jù(宽慰她几句). ¶宗教によって心の～を得る cóng zōngjiào zhōng qiúdé nèixīn de ānwèi(从宗教中求得内心的安慰).

なぐさ・める【慰める】 **1**〔いたわる〕ānwèi(安慰), fǔwèi(抚慰), quànwèi(劝慰). ¶遺族を～める fǔwèi yíshǔ(抚慰遗属).
2〔楽します〕xīnwèi(欣慰), kuānwèi(宽慰). ¶音楽が私の心を～めてくれる yīnyuè kěyǐ ānwèi wǒ de xīn(音乐可以安慰我的心). ¶公園の新緑が目を～めてくれる gōngyuán de xīnlǜ shǐ rén shǎngxīn-yuèmù(公园的新绿使人赏心悦目).

なく【亡くす】 ¶私は昨年父を～した wǒ qùnián sǐle fùqīn(我去年死了父亲). ¶幼い時に両親を～した yòushí shīqùle shuāngqīn(幼时失去了双亲).

なく・す【無くす】 **1**〔失う〕diū(丢), diūshī(丢失), diūdiào(丢掉), diūquè(丢却), shīqù(失去), shīdiào(失掉), shīluò(失落), sàngshī(丧失). ¶財布を～した diūle qiánbāo(丢了钱包). ¶事業に失敗して財産を～した shìyè shībài shīqùle cáichǎn(事业失败失去了财产). ¶自信を～した shīqùle zìxìn(失去了信心).
2〔消滅させる〕xiāochú(消除), sǎochú(扫除), qīngchú(清除), huàchú(化除), dǎxiāo(打消). ¶地上から戦争を～す cóng dìqiú shang xiāomiè zhànzhēng(从地球上消灭战争). ¶文盲を～す sǎochú wénmáng(扫盲文盲).

なくな・る【亡くなる】 qùshì(去世), shìshì(逝世), gùqù(故去), gùshì(故世), guīxī(归西), guītiān(归天). ¶母が～って3年になる mǔqin qùshì yǐjīng sān nián le(母亲去世已经三年了).

なくな・る【無くなる】 ¶僕の鞄が～った wǒ de píbāo bújiàn le(我的皮包不见了). ¶食糧が～った méiyǒu liángshi le(没有粮食了). ¶材料が～った cáiliào yòngwán le(材料用完了). ¶合格する自信が～った shīqùle kǎoqǔ de xìnxīn(失去了考取的信心).

なくもがな【無くもがな】 ¶～の発言 duōyú de fāyán(多余的发言). ¶この飾りは～だ zhège zhuāngshì méiyǒu dào hǎo(这个装饰没有倒好).

なぐりあい【殴り合い】 dǎjià(打架), sīdǎ(厮打), niǔdǎ(扭打), ōudǎ(殴打), dòu'ōu(斗殴). ¶口論のあげく～になった kǒujué de jiéguǒ dòngshǒu dǎqǐ jià lai le(口角的结果动手打起架来了).

なぐりがき【なぐり書き】 ¶～のメモ zìjì liǎocǎo de zìtiáo(字迹潦草的字条).

なぐりこみ【殴り込み】 ¶やくざが～をかける yì huǒ liúmáng gōngdǎ lìng yì huǒ liúmáng(一伙流氓攻打另一伙流氓).

なぐりころ・す【殴り殺す】 dǎsǐ(打死), zòusǐ(揍死), ōushā(殴杀). ¶素手で～す yòng quántou dǎsǐ(用拳头打死).

なぐりたお・す【殴り倒す】 dǎdǎo(打倒). ¶かっとなって相手を～した shàngle huǒ bǎ duìfāng yì quán dǎdǎo le(上了火把对方一拳打倒了).

なぐ・る【殴る】 dǎ(打), zòu(揍), kēi(剋). ¶げんこつで～る yòng quántou dǎ(用拳头打). ¶棒でひどく～られた yòng gùnzi bèi tòngdǎle yí dùn(用棍子被痛打了一顿). ¶思いきりっけてやった hěnhěn de zòule yí dùn(狠狠地揍了一顿). ¶～る蹴るの暴行を加える quándǎ-jiǎotī de luàn dǎ rén(拳打脚踢地乱打人).

なげう・つ【擲つ】 shě(舍), shěqì(舍弃). ¶財産を～って公益を図る shěqì cáichǎn móu gōngyì(舍弃财产谋公益). ¶身を～って国家に尽す shěshēn wèi guó(舍身为国).

なげうり【投売】 pāoshòu(抛售), shuǎimài(甩卖). ¶夏物を～する pāoshòu xiàyī(抛售夏衣).

なげか・ける【投げ掛ける】 ¶鈴掛の木が道に影を～けている xuánlíngmù de yǐngzi tóuzài lùshàng(悬铃木的影子投在路上). ¶疑問を～ける tíchū yíwèn(提出疑问).

なげかわし・い【嘆かわしい】 kětàn(可叹). ¶最近の彼の行状はまったく～い tā zuìjìn de xíngjìng shízài jiào rén kětàn(他最近的行径实在叫人可叹).

なげき【嘆き】 ¶一家は深い～に沈んだ yìjiārén wànfēn bēitòng(一家人万分悲痛). ¶親の～をよそに息子は遊び回っている búgù fùmǔ de āitàn érzi dàochù xún huān zuò lè(不顾父母的哀叹儿子到处寻欢作乐).

なげ・く【嘆く】〔悲しむ〕bēishāng(悲伤), bēitòng(悲痛), āitàn(哀叹), bēitàn(悲叹);〔慨嘆する〕kǎitàn(慨叹). ¶夫の死を～く wèi zhàngfu de sǐ ér bēishāng(为丈夫的死而悲伤). ¶モラルの低下を～く kǎitàn dàodé de bàihuài(慨叹道德的败坏).

なげこ・む【投げ込む】 tóujìn(投进), rēngjìn(扔进), pāojìn(抛进). ¶ボイラーに石炭を～む bǎ méi rēngjìn guōlúli(把煤扔进锅炉里). ¶窓から荷物を～む bǎ xíngli cóng chuānghu rēngjinqu(把行李从窗户扔进去).

なげす・てる【投げ捨てる】 rēng(扔), pāo(抛). ¶煙草の吸殻を～てる pāodiào yāntóu(抛掉烟头). ¶仕事を～てて遊び回る rēng[pāo]xià gōngzuò dàochù wánlè(扔[抛]下工作到处玩乐).

なげだ・す【投げ出す】 **1** rēng(扔), shuǎi(甩). ¶包みを～して逃げていった rēngxià bāofu táopǎo le(扔下包袱逃跑了). ¶衝突したとたんに車から～された měngrán xiāngzhuàng cóng chēzili bèi shuǎile chūqù(猛然相撞从车子里被甩了出去). ¶足を～して座る shēnkāi tuǐ

zuò（伸开腿坐）.

2〔差し出す〕 ¶祖国のために命を～す wèi zǔguó pāo tóulú（为祖国抛头颅）. ¶彼は私財を～して美術館を建てた tā náchū gèrén de cáichǎn xīngjiànle měishùguǎn（他拿出个人的财产兴建了美术馆）.

3〔放棄する〕 rēngxià（扔下）. ¶あまり問題が難しかったので～してしまった wèntí tài nán, wǒ gāncuì rēngxià le（问题太难，我干脆扔下了）. ¶最後まで～さずに読み通した méiyǒu bàntú ér fèi kàndào zuìhòu（没有半途而废看到最后）.

なげつ・ける【投げ付ける】 ¶犬に石を～ける rēng shítou dǎ gǒu（扔石头打狗）/ ná shízǐr zhuāi gǒu（拿石子儿拽狗）. ¶相手を地面に～ける bǎ duìfāng hěnhěn shuāizài dìshang（把对方狠狠摔在地上）. ¶互いに悔蔑の言葉を～け合った hùxiāng pò kǒu dà mà（互相破口大骂）.

なけなし ¶～の金をはたいて画集を買った bǎ jǐn yǒu de yìdiǎnr qián dōu náchulai mǎile huàjí（把仅有的一点儿钱都拿出来买了画集）.

なげなわ【投縄】 tàosuǒ（套索）.

なげやり【投げ遣り】 ¶「どうでもいいよ」と～な口調で答えた "suí nǐ de biàn" háo bú zàihu de zuòle huídá（"随你的便"毫不在乎地作了回答）. ¶～な態度 mǎhu bú fù zérèn de tàidu（马虎不负责任的态度）.

な・げる【投げる】 **1**〔ほうる〕 rēng（扔）, tóu（投）, pāo（抛）, zhì（掷）, shuǎi（甩）, zhuāi（拽）, guàn（摜）, tóuzhì（投掷）, pāozhì（抛掷）. ¶石を～げる rēng shítou（扔石头）. ¶～げられた時に骨を折った bèi shuāidǎo de shíhou, shéle gǔtou（被摔倒的时候，折了骨头）. ¶彼の優勝はスポーツ界に話題を～げた tā huòdé guànjūn gěi tǐyùjiè tígōngle huàtí（他获得冠军给体育界提供了话题）.

2〔捨てる〕 tóu（投）. ¶海に身を～げる tóu hǎi zìshā（投海自杀）. ¶彼は初めから勝負を～げてしまった tā yì kāishǐ jiù shīqùle pīn ge shèngfù de yìzhì（他一开始就失去了拼个胜负的意志）.

なこうど【仲人】 méirén（媒人）, jièshàorén（介绍人）, hóngniáng（红娘）. ¶頼まれて～をする shòutuō zuòméi（受托做媒）. ¶A さんの～で結婚した yóu A xiānsheng gěi zuò méirén wǒmen jiéle hūn（由 A 先生给做媒人我们结了婚）. ¶口きき shuō hǎohuà（说好话）.

なご・む【和む】 ¶子供の寝顔を見ていると心が～む kànzhe háizi de shuìliǎn xīnli chōngmǎnle róuqíng（看着孩子的睡脸心里充满了柔情）.

なごやか【和やか】 hémù（和睦）, yǒuhǎo（友好）. ¶～な家庭 hémù de jiātíng（和睦的家庭）. ¶会談は終始～な空気のうちに行われた huìtán shǐzhōng zài hémù yǒuhǎo de qìfēn zhōng jìnxíng（会谈始终在和睦友好的气氛中进行）. ¶一家揃って～に食事をする yìjiārén huānhuān xǐxǐ de yìqǐ jìncān（一家人欢欢喜喜地一起进餐）.

なごり【名残】 **1**〔余情，余波〕 ¶この町並は明治の～をとどめている zhè tiáo jiē hái bǎoliúzhe Míngzhì shídài de qíngdiào（这条街还保留着明治时代的情调）. ¶冬の～の雪 cándōng de xuě（残冬的雪）.

2〔惜別〕 ¶～は尽きないがお別れしましょう suīrán yīyī-bùshě, kě háishi fēnshǒu gàobié ba（虽然依依不舍，可还是分手告别吧）. ¶この世の～に一目彼女に会いたい zài yǔ shì chángcí zhī qián, wǒ xiǎng jiàn tā yí miàn（在与世长辞之前，我想见她一面）. ¶彼等は互いに手を振って～を惜しんだ tāmen hùxiāng bǎishǒu yīyī xībié（他们互相摆手依依惜别）. ¶彼女は～惜しそうに立ち去った tā yīyī-bùshě de líqù le（她依依不舍地离去了）.

なさけ【情】 ¶貧乏して人の～が身にしみた chángle qióngkǔ de wèidao, duì rén de cíbēi cái yǒu gèng shēn de tǐhuì（尝了穷苦的味道，对人的慈悲才有更深的体会）. ¶～をかけてやったのに裏切られた kěliánle tā, fǎndào bèi yǎole yì kǒu（可怜了他，反倒被咬了一口）. ¶～は人のためならず yǔ rén fāngbiàn zìjǐ fāngbiàn（与人方便自己方便）. ¶お～で卒業させてもらった kào rénjia de qíngmian cái bìle yè（靠人家的情面才毕了业）. ¶～容赦もなく借金を取り立てる háo bù liúqíng de bīzhài（毫不留情地逼债）. ¶君は何という～知らずだ nǐ zhēn shì ge wúqíng de rén（你真是个无情的人）/ nǐ tài bú jìn rénqíng le（你太不近人情了）. ¶～深い人 réncí de rén（仁慈的人）.

なさけな・い【情ない】 ¶台風で花壇は～い姿になってしまった huātán bèi táifēng zāotade bú xiàng ge yàngzi le（花坛被台风糟蹋得不像个样子了）. ¶財布の中にたった 100 円とは～い qiánbāoli zhǐ yǒu yìbǎi rìyuán, kě zhēn shì!（钱包里只有一百日元，可真是!）. ¶いくら練習しても上達しないので～くなる bùguǎn zěnme liàn yě méiyǒu jìnbù, zhēn shǐ rén xièqì（不管怎么练也没有进步，真使人泄气）. ¶こんな問題も解けないとは何と～い奴だ zhèyàng de tí yě jiě bu chūlái, kě zhēn shì ge méi chūxi de jiāhuo（这样的题也解不出来，可真是个没出息的家伙）. ¶指導の立場にある者が不正を働くとは～い yí ge chǔyú lǐngdǎo dìwèi de rén zuò'è, zhēn shì kěchǐ（一个处于领导地位的人作恶，真是可耻）.

なざし【名指し】 zhǐmíng[r]（指名儿）, diǎnmíng（点名）. ¶～で攻撃する diǎnmíng gōngjī（点名攻击）/ zhǐmíng-dàoxìng de jiāyǐ gōngjī（指名道姓地加以攻击）.

なし【梨】 lí（梨）, lízi（梨子）.

なしくずし【済し崩し】 ¶借金を～に返す yí cì yìdiǎnr de chánghuán zhàikuǎn（一次一点儿地偿还债款）. ¶～に問題を解決していく bǎ wèntí yìdiǎnr yìdiǎnr de jiāyǐ jiějué（把问题一点儿一点儿地加以解决）.

なしと・げる【成し遂げる】 wánchéng（完成）, dáchéng（达成）, dádào（达到）. ¶どんな事があってもこの仕事は～げる wúlùn fāshēng shénme shìqing, wǒ yídìng yào wánchéng zhège gōngzuò（无论发生什么事情，我一定要

完成这个工作). ¶3連勝を～げる huòdé sān cì liánshèng (获得三次连胜).
なしのつぶて【梨の礫】 yǎo wú yīnxìn (杳无音信). ¶何度も手紙を出したが～だ jìqu hǎo jǐ cì xìn, yóurú shí chén dàhǎi bújiàn huíyīn (寄去好几次信, 犹如石沉大海不见回音).
なじみ【馴染】 shú (熟), shúshi (熟识), shúxī (熟悉). ¶彼とはとても～だ gēn tā búdà ˇshú [shúxī] (跟他不大ˇ熟[熟悉]). ¶古本屋のおやじと～になった gēn jiùshūdiàn de zhǎngguì hùnshú le (跟旧书店的掌柜混熟了). ¶～の客 shúkè (熟客).
なじ・む【馴染む】 ¶彼女はすぐ新しい環境に～んだ tā bùjiǔ jiù shìyìngle xīn de huánjìng (她不久就适应了新的环境). ¶その子はなかなか私に～まなかった nàge háizi lǎo gēn wǒ chūbulái (那个孩子老跟我处不来). ¶靴が足に～まない xié bù héjiǎo (鞋不合脚).
ナショナリズム mínzúzhǔyì (民族主义); guójiāzhǔyì (国家主义).
なじ・る【詰る】 zébèi (责备), zénàn (责难). ¶彼の心変りを～る chìzé tā biànxīn (斥责他变心). ¶～るような目つき zébèi de yǎnguāng (责备的眼光).
な・す【成す】 ¶一代で産を～す yídài jiù fāle jiā (一代就发了家). ¶これでは論文としての体(ẟ)を～していない zhè jiǎnzhí bù chéng qí wéi lùnwén (这简直不成其为论文). ¶群を～して泳ぐ chéngqún de yóuyǒng (成群地游水). ¶門前市を～す méntíng ruò shì (门庭若市).
な・す【為す】 ¶これは人力の～しうる所ではない zhè bú shì rénlì suǒ néng jí de (这不是人力所能及的). ¶彼は～す術(ẟ)もなく見ていた tā shùshǒu-wúcè zhǐhǎo zài yìpáng guānwàng (他束手无策只好在一旁观望). ¶小人閑居して不善を～す xiǎorén xiánjū wéi búshàn (小人闲居为不善). ¶～せば成る yǒu zhì zhě shì jìng chéng (有志者事竟成).
なす【茄子】 qiézi (茄子).
なずな【薺】 jì (芥), jìcài (芥菜).
なず・む【泥む】 ¶旧習に～む jūnì jiùxí (拘泥旧习). ¶暮れ～む空 mùsè hūnhuáng de tiānkōng (暮色昏黄的天空).
な・する【擦る】 tú (涂), mǒ (抹), chá (搽), fū (敷). ¶顔にクリームを～る wǎng liǎnshang chá xuěhuāgāo (往脸上搽雪花膏). ¶手に軟膏を～り込む shǒushang túmǒ ruǎngāo (手上涂抹软膏). ¶責任を～りあう huxiāng ˇtuīxiè [tuīwěi] zérèn (互相ˇ推卸[推委]责任). ¶人に罪を～りつける bǎ zuìguo tuīdào biéren shēnshang (把罪过推到别人身上) / wěizuì[guīzuì / wěiguò] yú rén (委罪[归罪 / 委过]于人).
なぜ【何故】 wèishénme (为什么), wèihé (为何), zěnme (怎么), gàn shénme (干什么), gànmá (干吗). ¶～もっと早く言わなかったのか wèishénme bù zǎo yìdiǎnr shuō? (为什么不早一点ҡ说?). ¶～時間に遅れたのだ nǐ zěnme láiwǎn le? (你怎么来晚了?). ¶～潮が差し引きするのは～だろう wèishénme hǎicháo huì zhǎngluò? (为什么海潮会涨落?). ¶～だか知らない

が無性に眠い bùzhī wèishénme kùnde yàomìng (不知为什么困得要命). ¶～ならそこに山があるからだ shì yīnwei nàli yǒu shān (是因为那里有山).
なぞ【謎】 1 [なぞなぞ] míyǔ (谜语), mèir (谜ҡ), mízi (谜子). ¶～を出す chū míyǔ (出谜语). ¶～を当てる cāi[pò] mèir (猜[破]谜ҡ). ¶～遊びをする cāi míyǔ wánr (猜谜语玩ҡ). ¶この小説には～解きの面白さがある zhè běn xiǎoshuō xiàng jiě mí yíyàng, hěn yǒuqù (这本小说像解谜一样, 很有趣).
2 [ほのめかし] yǎmí (哑谜). ¶～をかけて彼女の気を引く dǎ yǎmí rě tā zhùyì (打哑谜惹她注意). ¶それは私に辞職しろという～か nà shì ràng wǒ cízhí de ànshì ma? (那是让我辞职的暗示吗?).
3 [不思議] mí (谜). ¶宇宙には多くの～が秘められている yǔzhòulǐ bāocángzhe xǔduō mí (宇宙里包藏着许多谜). ¶彼女の過去は～に包まれている tā de guòqù wánquán shì ge mí (她的过去完全是个谜). ¶～の人物 shénmì rénwù (神秘人物). ¶～めいた微笑を浮べる liǎnshang fúzhe shénmì de wēixiào (脸上浮着神秘的微笑).
なぞなぞ【謎謎】 →なぞ1.
なぞら・える【準える】 1 [擬する] bǐzuò (比作). ¶人生をマラソンに～える bǎ rénshēng bǐzuò mǎlāsōng sàipǎo (把人生比作马拉松赛跑).
2 [似せる] mófǎng (模仿). ¶その池は琵琶湖に～えて作ったものだ nàge chízi shì mófǎng Pípa Hú xiū de (那个池子是模仿琵琶湖修的).
なぞ・る miáo (描). ¶手本を～って書く miáo zìtiè (描字帖).
なた【鉈】 pīdāo (劈刀), kǎndāo (砍刀). ¶～で木の枝を払う yòng pīdāo kǎndiào shùzhī (用劈刀砍掉树枝). ¶行政の改革に大～を振う dàdāo-kuòfǔ jìnxíng xíngzhèng gǎigé (大刀阔斧进行行政改革).
なだい【名代】 ¶京都で～の染物屋 Jīngdū yǒumíng de rǎnfáng (京都有名的染坊).
なだか・い【名高い】 chūmíng (出名), yǒumíng (有名), wénmíng (闻名), chímíng (驰名), zhùchēng (著称). ¶世界的に～い学者 wénmíng yú shìjiè [jùshì wénmíng] de xuézhě (闻名于世界[举世闻名]的学者). ¶別府は温泉で～い Biéfǔ yǐ wēnquán chūmíng (别府以温泉出名).
なだたる【名だたる】 ¶～映画監督 dàmíng dǐngdǐng de diànyǐng dǎoyǎn (大名鼎鼎的电影导演). ¶その地方で～名家 nàge dìfang chūmíng de dàhù (那个地方出名的大户).
なたね【菜種】 càizǐ (菜子), yóucàizǐ (油菜子). ¶～油 càizǐyóu (菜子油) / càiyóu (菜油) / qīngyóu (清油).
なだ・める【宥める】 quàn (劝), quànjiě (劝解); hǒng (哄). ¶父の怒りを～める quàn fùqin xīnù (劝父亲息怒). ¶ぐずる子を～めたりすかしたりして歩かせる lián hǒng dài piàn de jiào nǎomó de háizi zǒulù (连哄带骗地叫闹磨的孩子走路).

なだらか **1**〔勾配が〕huǎn(缓). ¶～な坂 huǎn[màn]pō(缓[慢]坡). ¶丘は～に傾斜している shāngāng pōdù pínghuǎn(山冈坡度平缓). **2**〔なめらか〕¶～な口調で読む niànde hěn liúchàng(念得很流畅). ¶交渉が～に進む jiāoshè shùnlì jìnxíng(交涉顺利进行).

なだれ【雪崩】xuěbēng(雪崩). ¶～が起る fāshēng xuěbēng(发生雪崩). ¶～を打って敗走した yí bài rú shuǐ, kuì bù chéng jūn(一败如水,溃不成军).

なだれこ・む【雪崩込む】yōngjìn(拥进), yǒngjìn(涌进). ¶開場と同時に観衆が球場に～んだ yì kāimén guānzhòng jiù yì yōng ér rù, yǒngjìn qiúchǎng(一开门观众就一拥而入,涌进球场).

ナチス Nàcuì(纳粹).

なつ【夏】xiàtiān(夏天). ¶～が来た xiàtiān lái le(夏天来了). ¶～の暑さがこたえる xiàtiān de yánrè kě shòubuliǎo(夏天的炎热可受不了). ¶別荘で～を過す zài biéshù dù xiàtiān(在别墅度夏天).

なついん【捺印】gàiyìn(盖印), dǎyìn(打印). ¶契約書に～する zài qìyuē shang gàiyìn(在契约上盖印).

なつかし・い【懐かしい】¶学生時代が～い xuésheng shídài zhēn lìng rén huáiniàn(学生时代真令人怀念). ¶～い思い出に満ちた家 shǐ rén mǎnhuái sīniàn de fángwū(使人满怀思念的房屋).

なつかし・む【懐かしむ】huáiniàn(怀念), huáiliàn(怀恋), huáixiǎng(怀想), miǎnhuái(缅怀), miǎnxiǎng(缅想). ¶過ぎ去った青春を～む huáiniàn shìqù de qīngchūn(怀念逝去的青春).

なつがれ【夏枯れ】¶～でさっぱり売れない xiàtiān dànjì, yìdiǎnr yě mài bu chūqù(夏天淡季,一点儿也卖不出去).

なつ・く【懐く】¶彼女には子供達がよく～く tā hěn tǎo háizimen xǐhuan(她很讨孩子们喜欢). ¶この犬は私によく～く zhè tiáo gǒu fēicháng tīng wǒ de huà(这条狗非常听我的话).

なづけおや【名付親】¶祖父に～になってもらう qǐng zǔfù gěi qǐ míngzi(请祖父给起名字).

なづ・ける【名付ける】qǐmíngr(起名儿), qǐmíng(取名), mìngmíng(命名), dìngmíng(定名). ¶長男を一郎と～ける gěi zhǎngnán qǐmíngr jiào Yīláng(给长男起名儿叫一郎). ¶これを～けてアルキメデスの原理という bǎ zhège mìngmíng wéi Ājīmǐdé dìnglǜ(把这个命名为阿基米得定律).

なっせん【捺染】yìnrǎn(印染), yìnhuā[r](印花[儿]).

ナッツ jiānguǒrénr(坚果仁儿).

なってな・い【成ってない】¶彼女は言葉づかいがまるで～い tā shuōhuà jiǎnzhí méidà-méixiǎo(她说话简直没大没小). ¶彼は先生として～い tā zuòwéi lǎoshī jiǎnzhí bùchéng tǐtǒng(他作为老师简直不成体统).

ナット luómǔ(螺母), luómào(螺帽), luósīmǔ(螺丝母), luósīmào(螺帽).

なっとう【納豆】**1**〔糸引き納豆〕《説明》一种食品,使친煮熟的大豆发酵拉丝而做成.
2〔浜納豆〕dòuchǐ(豆豉).

なっとく【納得】fú(服), fúqì(服气), píngfú(平服), xīnfú(心服), xìnfú(信服), zhéfú(折服). ¶～がいくまで質問する wèndào zìjǐ kǒufú wéizhǐ(问到心服口服为止). ¶君の言うことは～できない nǐ shuō de bùnéng shǐ rén xìnfú(你说的不能使人信服). ¶私が彼を～させましょう wǒ lái shuōfú tā(我来说服他). ¶お互いに～ずくで決めた事だ zhè shì liǎngxiāngqíngyuàn juédìng de shì(这是两相情愿决定的事).

なっぱ【菜っ葉】càiyèzi(菜叶子). ¶～服 lánsè gōngzuòfú(蓝色工作服).

ナップザック jiǎnbiàn bèibāo(简便背包), jiǎnyì bèináng(简易背囊).

なつまけ【夏負け】kǔxià(苦夏), zhùxià(疰夏). ¶～で食欲がない kǔxià shíyù búzhèn(苦夏食欲不振).

なつみかん【夏蜜柑】yòuzi(柚子).

なつめ【棗】zǎo(枣), zǎoshù(枣树). ¶～の実 zǎor(枣儿)／zǎozi(枣子).

なつめやし【棗椰子】zǎoyē(枣椰), hǎizǎo(海枣).

なつもの【夏物】xiàjì yīzhuó(夏季衣着), xiàyī(夏衣), xiàzhuāng(夏装).

なつやすみ【夏休】shǔjià(暑假). ¶学校は明日から～になる xuéxiào cóng míngtiān fàng shǔjià(学校从明天放暑假).

なつやせ【夏痩せ】kǔxià(苦夏), zhùxià(疰夏). ¶私は～するたびに wǒ yí dào xiàtiān jiù shòu(我一到夏天就瘦).

なでおろ・す【撫で下ろす】¶思わずほっと胸を～す búyóude sōngle kǒu qì fàngxià xīn lai(不由得松了口气放下心来).

なでがた【撫で肩】liūjiānbǎng[r](溜肩膀[儿]).

なでぎり【撫斬り】¶敵を片っ端から～にする shā dí rú gūn guā qié cài(杀敌如滚瓜切菜).

なでしこ【撫子】qúmài(瞿麦).

なでつ・ける【撫で付ける】¶髪を～ける shūlǐ tóufa(梳理头发).

な・でる【撫でる】mō(摸), fǔmō(抚摸), fǔmó(抚摩), mósuō(摩挲), hūlu(胡噜). ¶母親が子供の頭を～る mǔqīn fǔmō háizi de tóu(母亲抚摸孩子的头). ¶傷跡を～でながら昔の悲惨な生活を語る mōzhe shāngbā sùshuō guòqù de bēicǎn shēnghuó(摸着伤疤诉说过去的悲惨生活). ¶おじいさんはひげを～でながら子供達に話をした lǎogōnggong lǚzhe húzi gěi háizimen jiǎng gùshi(老公公捋着胡子给孩子们讲故事). ¶そよ風が頬を～でる wēifēng fǔmózhe miànjiá[fú miàn](微风抚摩着面颊[拂面]). ¶中国文学をやったといっても上っ面を～でただけです shuō shì yánjiūguo Zhōngguó wénxué, zhǐ búguò shì zǒumǎ-kànhuā, fēicháng fūqiǎn(说是研究过中国文学,只不过是走马看花,非常肤浅).

-など **1**[…등]děng(等), děngděng(等等), shénme de(什么的), wǔ de(伍的). ¶被災地に寝具,衣類,食料～の救援物資を送る xiàng

zāiqū yùnsòng pūgài,yīfú,liángshi děng jiùjì wùzī(向灾区运送铺盖、衣服、粮食等救济物资). ¶お土産に筆〜を買った zuòwéi lǐwù mǎile máobǐ shénme de(作为礼物买了毛笔什么的).
2 ¶この辞書が〜適当かと思います wǒ kàn zhè zhǒng cídiǎn bǐjiào héshì(我看这种词典比较合适). ¶あいつの言う事〜信用できない nà jiāhuo suǒ shuō de xìnbude(那家伙所说的信不得). ¶私〜にはとても手が出ません wǒ kě mǎibuqǐ(我可买不起). ¶こう忙しくてはとても本〜読むひまはない zhème máng nǎ yǒu kàn shū de shíjiān(这么忙哪有看书的时间).

なとり【名取】〖説明〗继承技艺,取得艺名的人.

ナトリウム nà(钠).

ななえ【七重】 ¶〜の膝を八重に折って頼む dīshēng-xiàqì de yāngqiú(低声下气地央求).

ななくさ【七草】 ¶春の〜 chūntiān de qī zhǒng cǎo(春天的七种草).

ななころびやおき【七転び八起き】 ¶彼は〜の末,ついに成し遂げた tā bǎizhé ˈbùnáo [bù huí], zhōngyú chénggōng le(他百折ˈ不挠[不回],终于成功了). ¶人生は〜 rénshēng fúchén wú dìng(人生浮沉无定).

ななし【名無し】 wúmíng(无名). ¶〜の権兵衛 wúmíngshì(无名氏).

ななつ【七つ】 qī(七). ¶数えで〜になった xūsuì qī suì le(虚岁七岁了). ¶〜道具 xiǎotōur de quántào gōngjù(小偷ㄦ的全套工具). ¶〜の海を股にかけて荒らし回った海賊 héngxíng yú shìjiè qī dàyáng de hǎidào(横行于世界七大洋的海盗).

ななひかり【七光】 ¶親の〜で出世する zhàngzhe fùqīn de quánshì shēngguān fācái(仗着父亲的权势升官发财).

ななふしぎ【七不思議】 qī dà qíjì(七大奇迹).

ななめ【斜め】 xié(斜);wāi(歪). ¶帽子を〜にかぶる wāi dàizhe màozi(歪戴着帽子). ¶ポスターを〜に貼る xiézhe tiē xuānchuánhuà(斜着贴宣传画). ¶夕日が〜に射し込んでいる xīyáng xiézhào jìnlai(夕阳斜照进来). ¶道を〜に横切る xié chuānguòs mǎlù(斜穿过马路). ¶額が〜に傾いている huàkuàng xiézhe(画框斜着). ¶〜向かいの家 xiéduìmiàn de fángzi(斜对面的房子). ¶〜うしろの席 xiébèihòu de zuòwèi(斜背后的坐位). ¶彼は御機嫌〜だから近寄るな tā yǒudiǎnr bù gāoxìng, bié kàojìn tā a(他有点ㄦ不高兴,别靠近他啊).

なに【何】 1 shénme(什么). ¶これは〜か zhè shì shénme?(这是什么?). ¶〜をしているの zài zuò shénme?(在做什么呢?). ¶大きくなったら〜になるつもりですか nǐ zhǎngdàle dǎsuan zuò shénme?(你长大了打算做什么?). ¶敦煌は〜省にありますか Dūnhuáng zài nǎ yī shěng?(敦煌在哪一省?). ¶〜がおかしいの nǐ xiào shénme?(你笑什么?)/ yǒu shénme hǎoxiào de?(有什么好笑的?). ¶〜が愉快なもんか wǒ yǒu shénme kě yúkuài de?(我有什么可愉快的?). ¶〜が嫌いといって,蛇ほど嫌いなものはない shuō shénme zài méi bǐ shé gèng tǎoyàn de dōngxi le(说什么再没比蛇更讨厌的东西了). ¶あの人の言うことは〜がˈなんだかっさっぱり分らない tā jiūjìng shuō de ˈshénme[nǎménzi shì], yìdiǎnr yě bù míngbai(他究竟说的ˈ什么[哪门子事],一点ㄦ也不明白). ¶〜にしても体が丈夫でなければ駄目だ wúlùn zuò shénme, fēiděi shēntǐ jiànkāng búkě(无论做什么,非得身体健康不可). ¶〜ねぼけた事を言っているんだ nǐ shuō shénme mènghuà ne?(你说什么梦话呢?). ¶そんな事をして〜になる nàyàng zuò yǒu shénme yòng?(那样做又有什么用?). ¶ここには〜から〜まで揃っている zhèli yīngyǒu-jìnyǒu yào shénme yǒu shénme(这里应有尽有要什么有什么). ¶小さい時から〜不自由なく暮してきた cóngxiǎo jiù bù chóu chī chuān(从小就不愁吃穿). ¶〜をか言わんや shì dào rújīn hái yǒu shénme kě shuō de ne?(事到如今还有什么可说的呢?).

2〔驚き,反問,否定など〕 ¶〜,失敗したって zěnme, shībài le?(怎么,失败了?). ¶〜,もう一遍言ってみろ shénme[nǎménzi shì]! zài shuō yí biàn shìshi!(什么[哪门子事]!你再说一遍试试!). ¶〜,それでいいんだ méi shì, nà jiù xíng le(没什么,那就行了).

なにか shénme(什么). ¶〜人だかりがしているが〜あったんですか wéiyǒu xǔduō rén, chūle shénme shìr le ma?(围着许多人,出了什么事ㄦ了吗?). ¶〜飲物を下さい qǐng gěi wǒ diǎnr shénme hē de(请给我点ㄦ什么喝的). ¶土産には菓子か〜がいいだろう sòng xiē diǎnxin shénme de zuò lǐwù hǎo ba(送些点心什么的做礼物好吧). ¶それは〜の間違いだ nà bǎ shénme gěi nòngcuò le(那把什么给弄错了). ¶〜につけ故郷を思い出す měiféng yùdào shénme zǒng yǐnqǐ duì gùxiāng de sīniàn(每逢遇到什么总引起对故乡的思念). ¶あの子は〜というと私に相談にくる nà háizi yì yǒu shénme jiù lái zhǎo wǒ shāngliang(那孩子一有什么就来找我商量). ¶彼女は〜も〜もしら口ずさんでいる tā zuǐlǐ lǎo hēngzhe shénme gēr(她嘴里老哼着什么歌ㄦ). ¶年末になると〜しら慌ただしい dào niándǐ zǒng juéde mángmáng-lùlù de(到年底总觉得忙忙碌碌的). ¶近頃の彼は〜寂しそうだ jìnlái tā hǎoxiàng yǒudiǎnr jìmò(近来他好像有点ㄦ寂寞).

なにがし【某】 ¶木村〜 Mùcūn mǒu mǒu(木村某某). ¶10万〜の金 shíwàn lái rìyuán(十万来日元). ¶〜かの品物を与えて追い返す gěi diǎnr shénme dōngxi bǎ tā dǎfā zǒu(给点ㄦ什么东西把他打发走).

なにかと【何彼と】 ¶この頃は〜忙しい jìnlái máng máng de(近来忙这忙那的). ¶工事のため〜御迷惑をお掛けしています yóuyú shīgōng gěi zhūwèi dàilái xǔduō búbiàn, hěn duìbuqǐ(由于施工给诸位带来许多不便,很对不起).

なにがなんでも【何が何でも】 ¶〜これだけは今晩中に仕上げなくては zhèige zěnyàng, zǒngděi yídìng děi zài jīnwǎn gǎnzhì chulai(不管怎样,这些一定得在今晚赶制出来). ¶〜やり

抜くぞ wúlùn rúhé, wǒ yídìng yào gàndàodǐ! (无论如何,我一定要干到底!).

なにくそ【何糞】 ¶～、負けるものか tāmade, shuí huì shū (他妈的,谁会输). ¶～と歯をくいしばって頑張る pīn le! yǎozhe yá gàn (拼了! 咬着牙干了).

なにくれ【何くれ】 ¶彼女は～と子供の面倒を見てくれた tā zǒngshì duōfāng guānzhào wǒ háizi (她总是多方关照我孩子). ¶～となく世話を焼く wú wēi bú zhì de zhàogu (无微不至地照顾).

なにくわぬかお【何食わぬ顔】 ¶2人は～をして握手した liǎng ge rén ruò wú qí shì de wòle wò shǒu (两个人若无其事地握了握手). ¶彼女は～をしてタイプを打っていた tā zhuāngzuò méi nà yìhuíshì shìde dǎzhe zì (她装作没那一回事似的打着字).

なにげな・い【何気ない】 ¶～い風を装う zhuāngchū ruò wú qí shì de yàngzi (装出若无其事的样子). ¶彼は動揺をおさえ～い顔をして言った tā yìzhìzhù xīnli de dòngyáo, zhuāngchū quán bù zàiyì de shénqí shuō (他抑制住心里的动摇,装出全不在意的神气说). ¶～く言った言葉が彼を傷つけてしまった wǒ wúxīn shuō de huà què shānglele tā de xīn (我无心说的话却伤了他的心). ¶～く箱の蓋を開けた suíshǒu dǎkāile hégàir (随手打开了盒盖ㄦ).

なにごと【何事】 shénme shìqing (什么事情). ¶～が起ろうとびくともしない yùdào shénme shì yě háo bú dòngyáo (遇到什么事也毫不动摇). ¶～かと思って飛び出した yǐwéi chūle shénme [nǎménzi] shì, pǎole chūqù (以为出了什么[哪门子]事,跑了出去). ¶その時は～もなくすんだ nà shí shénme yě méi fāshēng jiù guòqu le (那时什么也没发生就过去了). ¶～によらず経験してみるといい wúlùn shénme shìqing, jīnglì jīnglì zǒng yǒu hǎochu (无论什么事情,经历经历总有好处). ¶親に口答えするとは～だ gēn fùmǔ dǐngzuǐ, hái liǎode! (跟父母顶嘴,还了得!).

なにしろ【何しろ】 ¶～彼が来ないことには会議は始められない zǒngzhī tā bù lái, huì shì méifǎr kāi (总之他不来,会是没法ㄦ开).

なにとぞ【何とぞ】 ¶～よろしくお願い致します qǐng duō guānzhào (请多关照). ¶～御自愛のほどを qǐng nín duōjiā bǎozhòng (请您多加保重).

なにはさておき【何は扨措き】 ¶上京すると～彼を訪ねる yí dào Dōngjīng, gēxià bié de, xiān qù zhǎo tā (一到东京,搁下别的,先去找他). ¶～酒にしよう bié de bù tí, xiān hē jiǔ ba (别的不提,先喝酒吧).

なにはともあれ【何はともあれ】 ¶～御無事で結構でした bùguǎn zěnyàng, nǐ píng'ān wúshì, nà zài hǎo búguò le (不管怎样,你平安无事,那再好不过了).

なにはなくとも【何は無くとも】 ¶～これだけは必要だ bié de kěyǒu-kěwú, dàn zhège quēshǎo bude (别的可有可无,但这个缺少不得).

なにびと【何人】 →なんぴと.

なにぶん【何分】 **1**〔どうか〕 ¶今後とも～よろしく jīnhòu qǐng nǐ duōjiā guānzhào (今后务请你多加关照).
2〔とにかく〕 ¶～子供のしたことですから許してやって下さい bìjìng shì ge háizi gàn de, qǐng nǐ duōjiā yuánliàng (毕竟是个孩子干的,请你多加原谅).
3〔なんらか〕 ¶～の御配慮を願います qǐng jǐyǔ shìdàng de zhàogu (请给予适当的照顾).

なにほど【何程】 ¶これを全部売ったところで～にもならない bǎ zhège quándōu màile yě zhíbuliǎo duōshao qián (把这个全都卖了也值不了多少钱). ¶お前たちが束になってかかってきても～のことがあろうか nǐmen tǒngtǒng shànglai yě suànbuliǎo shénme (你们统统上来也算不了什么).

なにも【何も】 **1**〔何事も,何物も〕 ¶その事については私は～聞いておりません guānyú nà jiàn shì wǒ shénme yě méi tīngshuōguo (关于那件事我什么也没听说过). ¶空腹も～忘れて仕事に没頭した máitóu gōngzuò, lián dùzi è wàng le (埋头工作,连肚子饿也忘了).
2〔特に〕 ¶～君が無理することはない yòngbuzháo nǐ miǎnqiǎng (用不着你勉强). ¶～好きでやっているわけではない bìng bú shì lèyì gàn zhè zhǒng shì de (并不是乐意干这种事的). ¶～そんなに一所懸命にすることはない yòu hébì nàme pīnmìng gàn ne? (又何必那么拼命干呢?).

なにもかも【何も彼も】 ¶火事で～失った yóuyú huǒzāi, shénme dōu méiyǒu le (由于火灾,什么都没有了). ¶～忘れて思いきり遊ぼう bǎ shénme dōu wàngdiào, jìnqíng de wánr ba (把什么都忘掉,尽情地玩ㄦ吧). ¶～言ってしまえ tǒngtǒng jiǎngchulai! (统统讲出来!).

なにもの **1**【何物】 ¶子供は～にも代え難い宝だ háizi shì rènhé dōngxi suǒ bùnéng tìdài de wújià zhī bǎo (孩子是任何东西所不能替代的无价之宝). ¶～とは愚行以外の～でもない nà wánquán shì yúchǔn de xíngwéi (那完全是愚蠢的行为).
2【何者】 shénme rén (什么人), shuí (谁). ¶あの男は一体～だろう nàge nánrén jiūjìng shì ge shénme rén ne? (那个男人究竟是个什么人呢?). ¶これは～かによって仕組まれた罠だ zhè yídìng shì shuí shèxia de quāntào (这一定是谁设下的圈套).

なにやかや【何や彼や】 zhège nàge (这个那个). ¶このところ～で忙しい zuìjìn gàn zhège gàn nàge de fēicháng máng (最近干这个干那个的非常忙). ¶～で5万円も使った wǒ zhǐ wǔ gāoxìng de shì tā duì wǒ de gǔlì (最使我高兴的是她对我的鼓励). ¶それは～の好物です nà shì wǒ bǐ买这买那地花了五万日元).

なにより【何より】 ¶お元気で～です nín hěn jiànkāng nà zài hǎo búguò le (您很健康那再好不过了). ¶健康が～大切だ jiànkāng shì zuì yàojǐn de (健康是最要紧的). ¶彼女の励ましが～も嬉しかった wǒ zhǐ wǔ gāoxìng de shì tā duì wǒ de gǔlì (最使我高兴的是她对我的鼓励). ¶それは～の好物です nà shì wǒ bǐ

shénme dōu ài chī de dōngxi(那些我比什么都爱吃的东西)．¶天気がよくて～でした gǎnshàng hǎo tiānqì tài xìngyùn le(赶上好天气太幸运了)．

なのはな【菜の花】càihuā(菜花);〔油菜〕yóucài(油菜)．

なのり【名乗】¶～を上げる zìbào xìngmíng(自报姓名)．¶A市はオリンピック開催国として～を上げた A shì zìbào zuòwéi Àolínpǐkè de jǔxíngdì(A市自报作为奥林匹克的举行地)．

なの・る【名乗る】¶田中と～る男 zìchēng Tiánzhōng de nánrén(自称田中的男人)．¶互いに名を～る hù tōng xìngmíng(互通姓名)／hù bào jiāmén(互报家门)．¶妻の姓を～る xìng qīzi de xìng(姓妻子的姓)．¶事件の目撃者を～り出た shìjiàn de mùjīzhě chūlai zuòzhèng le(事件的目击者出来作证了)．

ナパームだん【ナパーム弾】níngù qìyóudàn(凝固汽油弹)．

なびか・す【靡かす】¶髪を春風に～せて自転車で走る chūnfēng chuīfúzhe tóufa, qízhe chē fēichí qiánjìn(春风吹拂着头发,骑着车飞驰前进)．¶金で女を～す yòng jīnqián dǎdòng nǚrén de xīn(用金钱打动女人的心)．

なび・く【靡く】¶柳が風に～く liǔzhīr yíngfēng piāoyáo(柳枝儿迎风飘摇)．¶彼は金で～くような男ではない tā kě bú shì yòng jīnqián jiù néng dǎdòng de rén(他可不是用金钱就能打动的人)．¶彼女は男に口説かれて～いた bèi tā de tiányán-mìyǔ dǎdòngle xīn(她被他的甜言蜜语打动了心)．

ナビゲーター lǐngháng(领航), lǐngshuǐ(领水)．

ナプキン cānjīn(餐巾), kǒubù(口布);〔紙の〕cānjīnzhǐ(餐巾纸), cānzhǐ(餐纸);〔生理用品〕wèishēngzhǐ(卫生纸), wèishēngjīn(卫生巾)．

なふだ【名札】míngpái(名牌)．¶胸に～をつける zài xiōngpú shang biéshàng míngpái(在胸脯上别上名牌)．

ナフタリン nài(萘);〔防虫剤〕wèishēngqiú[r](卫生球[儿]), zhāngnǎowán(樟脑丸)．

なぶりごろし【嬲り殺し】¶父は地主に～にされた wǒ fùqin bèi dìzhǔ zhémósǐ le(我父亲被地主折磨死了)．¶猫が鼠を～にする māo bǎ lǎoshǔ zhéteng sǐ le(猫把老鼠折腾死了)．

なぶりもの【嬲り物】¶～される bèi rén xìnòng[wánnòng](被人戏弄[玩弄])／bèi zāojian[zuòjian/zāota](被糟践[作践/糟踏])．

なぶ・る【嬲る】¶さんざん皆に～られた bèi dàjiā jìnqíng de yúnòng(被大家尽情地愚弄)．

なべ【鍋】guō(锅), shāoguō(烧锅), guōzi(锅子), huòzi(镬子)．¶～料理 huǒguōzi(火锅子)．シチュー～ dùnguō(炖锅)．中華～ chǎosháo(炒勺)．

なべぶた【鍋蓋】**1**〔鍋の蓋〕guōgài(锅盖)．**2**〔かんむり〕diǎnhéngtóu(点横头), jiǎozìtóu(交字头), gàidǐng(盖顶)．

なま【生】shēng(生), xiān(鲜)．¶彼は野菜を～で食べるのが好きだ tā hào shēngchī qīngcài(他好生吃青菜)．¶この肉はまだ～だ zhè ròu hái shēng[bù shú](这肉还生[不熟])．¶現地の人達の～の声をきく zhíjiē qīngtīng dāngdì qúnzhòng de yìjiàn(直接倾听当地群众的意见)．

¶～演奏 xiànchǎng yǎnzòu(现场演奏)．～クリーム xiān nǎiyóu(鲜奶油)．～ゴミ chúfáng lājī(厨房垃圾)／shípǐn fèiqìwù(食品废弃物)．～ゴム shēngxiàngjiāo(生橡胶)．～コンクリート yùbànhùnníngtǔ(预拌混凝土)．～魚 shēngyú(生鱼)／xiānyú(鲜鱼)．～卵 shēng jīdàn(生鸡蛋)．～ビール xiān[shēng] píjiǔ(鲜[生]啤酒)．～放送 shíkuàng xiànchǎng zhíbō(现场直播)／zhíbō(直播)．～野菜 xiāncài(鲜菜)／shēngcài(生菜)．ワクチン huó yìmiáo(活疫苗)．

なまあくび【生欠伸】¶～を嚙み殺す rěnzhùle bàn dǎ de hēqian(忍住了半打的呵欠)．

なまあげ【生揚】hòuzháodòufu(厚片豆腐)．

なまあたたか・い【生暖かい】¶～い風が吹いてきた chuīlai bù lěng bú rè de fēng(吹来不冷不热的风)．

なまいき【生意気】¶あいつは～な奴だ nà jiāhuo tài àomàn(那家伙太傲慢)．¶小娘のくせに～だ yí ge xiǎoyātour jìng zhèyàng hèng(一个小丫头儿竟这样横)．¶～を言うな búyào kǒu chū kuángyán(不要口出狂言)．おまえは～にも親に説教する気か nǐ jìng gǎn jiàoxun fùmǔ, tài fàngsì le(你竟敢教训父母,太放肆了)．¶～盛りの少年 kuángwàngqī de shàonián(狂妄期的少年)．

なまえ【名前】→**な**(名)．**1**．¶お～は？ nín guìxìng?(您贵姓?)／nǐ xìng shénme?(你姓什么?)／nǐ jiào shénme míngzi?(你叫什么名字?)．¶～負けがする míng guò qí shí(名过其实)．

なまかじり【生嚙り】yì zhī bàn jiě(一知半解)．¶～の知識を振り回すな búyào màinong yìzhī-bànjiě[sìdǒng-fēidǒng／bàntōng-bùtōng] de zhīshi(不要卖弄一知半解[似懂非懂／半通不通]的知识)．

なまかわ【生皮】shēngpí(生皮)．

なまがわき【生乾き】¶洗濯物が～だ xǐ de yīfu shàide bàn gān(洗的衣服晒得半干)．

なまき【生木】¶～を燃やす shāo shēng[wèi gān de] mùchái(烧 生[未干的]木柴)．¶～を裂く chāisàn yuānyang(拆散鸳鸯)．

なまきず【生傷】¶うちの子はやんちゃで～が絶えない wǒ jiā háizi shì ge táogǔguǐ, shēnshang zǒngshì yǒu xīnshāng(我家孩子是个淘气鬼,身上总是有新伤)．

なまぐさ・い【生臭い】xīng(腥), xīngqì(腥气)．¶この魚は～い zhège yú tài xīng le(这个鱼太腥了)．¶彼女は～い物は食べない tā bù chī hūn[zhān hūnxīng](她不吃荤[沾荤腥])．

なまぐさぼうず【生臭坊主】huāhéshang(花和尚)．

なまくび【生首】¶～をさらす zhǎnshǒu shìzhòng(斩首示众)．

なまくら dùn(钝)．¶～刀 dùndāo(钝刀)．

なまけもの【怠け者】lǎnhàn(懒汉), lǎnchóng

(懶虫), lǎngǔtou (懶骨头). ¶あいつは～でしようがない nà jiāhuo shì lǎngǔtou méi bànfǎ (那家伙是懒骨头没办法).
なまけもの【樹懶】shùlǎn (树懒).
なま・ける【怠ける】lǎn (懒), tōulǎn (偷懒), lǎnduò (懒惰), dàiduò (怠惰). ¶～けて仕事をしない tōulǎn bú gànhuór (偷懒不干活ㄦ). ¶洗濯を～けていたらこんなにたまった lǎnde xǐ yīfu, duīle zhème duō le (懒得洗衣服,堆了这么多了). ¶学校を～けて映画を見に行く táoxué qù kàn diànyǐng (逃学去看电影). ¶休み中に～け癖がついてしまった jiàqī zhōng lǎnduò chéngxìng le (假期中懒惰成性了).
なまこ【海鼠】hǎishēn (海参). ¶～板 wǎlǒng tiěbǎn (瓦垄铁板) / bōwénbǎn (波纹板).
なまごろし【生殺し】¶まるで蛇の～のようなやり方だ jiǎnzhí shì jiào rén huóbuliǎo sǐbucheng de zuòfǎ (简直是叫人活不了死不成的做法).
なまじっか¶～同情などしてくれない方がよかった méiyǒu nàxiē fànfàn de tóngqíng dào gèng hǎo (没有那些泛泛的同情倒更好). ¶～の勉強ならしない方がよい xué jiù rènzhēn xué, yàobù jiù bié xué (学就认真学,要不就别学). ¶当面～な金では家は建たない rújīn yìxīng-bàndiǎn de qián kě qǐbuliǎo fángzi (如今一星半点的钱可起不了房子).
なます【膾】¶大根の～ cùbàn luóbosī (醋拌萝卜丝).
なまず【癜】báidiànfēng (白癜风), báibófēng (白驳风).
なまず【鯰】niányú (鲇鱼).
なまっちろ・い【生っ白い】¶～い野郎 xiǎobáiliǎnr (小白脸ㄦ).
なまつば【生唾】¶～を飲み込む yànxià chuíxián (咽下垂涎).
なまづめ【生爪】¶～をはがした zhǐjia tuōluò le (指甲脱落了).
なまなまし・い【生生しい】¶津波の恐ろしさはまだ記憶に～い hǎixiào de kǒngbù zhìjīn jìyì yóu xīn (海啸的恐怖至今记忆犹新). ¶戦争の傷跡が～く残っている zhànzhēng de shānghén lìlì kějiàn (战争的伤痕历历可见). ¶～い描写 xiělínlín[lìng rén dǎnhán] de miáoxiě (血淋淋[令人胆寒]的描写).
なまにえ【生煮え】jiāshēng (夹生). ¶御飯が～だ fàn zhǔde bànshēng-bùshú (饭煮得半生不熟).
なまぬる・い【生温い】**1**[温度が] wēntūn (温暾・温吞), wūtu (乌涂・兀秃), wēntūnshuǐ (温暾水) / wūtushuǐ (乌涂水). ¶水が～くなる shuǐ wēntūn le (水温暾了). **2**[手ぬるい]¶そんな処置ではまだ～い nàyàng chǔzhì kě tài kuānróng le (那样处置可太宽容了).
なまはんか【生半可】¶～な覚悟では成功しない bú xià hěn dà de juéxīn shì jué bú huì chénggōng de (不下很大的决心是绝不会成功的). ¶～な知識 fūqiǎn[yìzhī-bànjiě] de zhīshi (肤浅[一知半解]的知识).

なまびょうほう【生兵法】¶～は大怪我のもと yì zhī bàn jiě bì chī dà kuī (一知半解必吃大亏).
なまへんじ【生返事】¶～をする hánhu huídá (含糊回答) / hánhu qí cí (含糊其词).
なまぼし【生干し】¶かれいの～ shàide bàn gān de dié (晒得半干的鲽).
なまみ【生身】¶私だって～の人間だ,もう我慢できない wǒ yě shì xuèròu zhī qū, zài yě rěnshòu bu liǎo le (我也是血肉之躯,再也忍受不了了).
なまみず【生水】shēngshuǐ (生水), liángshuǐ (凉水), lěngshuǐ (冷水). ¶～を飲んではいけない bùdé hē shēngshuǐ (不得喝生水).
なまめかし・い【艶かしい】jiāomèi (娇媚), jiāoráo (娇娆), yāoráo (妖娆), yāoyàn (妖艳), yāoyě (妖冶). ¶彼女の～い姿が目の前にちらつく tā nà jiāomèi de shēnyǐng fúxiàn zài yǎnqián (她那娇媚的身姿浮现在眼前).
なまもの【生物】shēngxiān shípǐn (生鲜食品). ¶～ですから早く召し上がって下さい yīnwei shì shēngxiān de dōngxi, qǐng zǎodiǎnr chī (因为是生鲜的东西,请早点ㄦ吃).
なまやけ【生焼け】¶～の魚 kǎode bàn shú de yú (烤得半熟的鱼).
なまやさし・い【生易しい】¶事はそんなに～くない shìqing kě bú nàme jiǎndān (事情可不那么简单). ¶～い努力ではこの仕事は完成できない bú zuò yìhū xúncháng de nǔlì zhè xiàng gōngzuò shì wánbuchéng de (不做异乎寻常的努力这项工作是完不成的).
なまよい【生酔い】bànzuì (半醉). ¶～本性たがわず jiǔzuì rén bú zuì (酒醉人不醉).
なまり【訛】kǒuyin (口音), fāngyīn (方音), tǔyīn (土音), xiāngyīn (乡音), shēngkǒu (声口). ¶彼は東北～が強い tā Dōngběi kǒuyīn hěn zhòng (他东北口音很重). ¶お国～丸出し mǎnkǒu xiāngyīn (满口乡音).
なまり【鉛】qiān (铅). ¶～色の空 qiānhuīsè de tiānkōng (铅灰色的天空).
なま・る【訛る】¶彼は"ひばち"を"しばち"と～って発音する tā shuōhuà dài tǔyīn, bǎ "hibachi" shuōchéng "shibachi" (他说话带土音,把"hibachi"说成"shibachi").
なま・る【鈍る】dùn (钝). ¶鎌が～った liándāo dùn le (镰刀钝了). ¶腕が～る shǒuyì huāngshū le (手艺荒疏了), shǒu shēng le (手生了).
なみ【波】làng (浪), làngtóu (浪头), làngtāo (浪涛), bōlàng (波浪), bōtāo (波涛). ¶～が寄せては返す bōlàng chōngguolai yòu tuìhuiqu (波浪冲过来又退回去). ¶～が岩に砕ける hǎilàng jī yán, lànghuā sìjiàn (海浪击岩,浪花四溅). ¶～が荒い bōtāo xiōngyǒng (波涛汹涌) / làngtāo gǔngǔn (浪涛滚滚). ¶外洋に出たとたんに～が高くなった yì shǐchū wàiyáng, làngtou jiù gāo le (一驶出外洋,浪头就高了). ¶船は～を蹴立てて進んだ chuán chéngfēng-pòlàng qiánjìn (船乘风破浪前进). ¶～一つない海面 fēngpíng-làngjìng de hǎimiàn (风平浪静的海面). ¶稲の穂が黄金の～を打っている jīn-

huángsè de dàolàng fāngǔn (金黄色的稻浪翻滚). ¶ 景気の～に乗る chéng jǐngqì zhī shì (乘景气之势). ¶ 時代の～に押し流される bèi shídài cháoliú suǒ chōngzǒu (被时代潮流所冲走). ¶ 彼の成績には～がある tā de chéngjì bù wěndìng (他的成绩不稳定).

なみ【並】 1〔普通, 中ぐらい〕pǔtōng (普通), zhōngděng (中等), yībān (一般). ¶ 頭が大きくて～の帽子では合わない tóu dà, pǔtōng de màozi bù héshì (头大, 普通的帽子不合适). ¶ 彼はどこか～の人とは違っている tā de jué yǒuxiē yǔ zhòng bùtóng (他使人觉得有些与众不同). ¶ ～の牛肉を500グラム下さい zhōngděng de niúròu gěi wǒ chēng yì jīn (中等的牛肉给我称一斤).

2〔同程度〕 ¶ 部長～の待遇 yǔ bùzhǎng tóngděng de dàiyù (与部长同等的待遇). ¶ 1万円が世間～の相場だ yíwàn rìyuán shì tōngcháng de biāozhǔn (一万日元是通常的标准).

なみあし【並足】 biànbù (便步). ¶ ～で歩く biànbù zǒu (便步走). ¶ 馬を～で進める shǐ mǎ mànbù zǒu (使马慢步走).

なみ・いる【並み居る】 ¶ ～いるお偉方を前に話をした zài zàizuò de yàorén miànqián jiǎngle yì xí huà (在在座的要人面前讲了一席话).

なみうちぎわ【波打ち際】 tīng (汀).

なみう・つ【波打つ】 ¶ 湖面が風に～っている húmiàn bèi fēng chuīfúle xìlàng (湖面被风吹起了细浪). ¶ ～つ麦畑 qǐfú de màilàng (起伏的麦浪). ¶ 胸が～つ xīntiào (心跳).

なみがしら【波頭】 bōfēng (波峰), làngfēng (浪峰).

なみかぜ【波風】 1〔波と風〕fēnglàng (风浪). ¶ 今日の海は～が荒い jīntiān hǎishang fēnglàng dà (今天海上风浪大).

2〔もめごと〕fēngbō (风波), jiūfēn (纠纷). ¶ 家の中に～が立つ jiāli qǐ fēngbō[nào jiūfēn] (家里起风波[闹纠纷]).

3〔難儀〕 ¶ 世の～にもまれる bǎo jīng shèhuì de fēngshuāng (饱经社会的风霜).

なみき【並木】 xíngdàoshù (行道树), jiēdàoshù (街道树). ¶ 柳の～ jiādào de liǔshù (夹道的柳树). ¶ ～道 línyìn ˈdào [lù] (林阴ˈ道[路]).

なみじ【波路】 ¶ ～をはるかに越えて行く yuèguò qiānlǐ dàhǎi (越过千里大海).

なみせい【並製】 ¶ ～本 píngzhuāngběn (平装本).

なみだ【涙】 yǎnlèi (眼泪), lèishuǐ (泪水), lèizhū[r] (泪珠[儿]), lèihuā[r] (泪花[儿]), lèiyè (泪液), tìlèi (涕泪). ¶ 彼女の目から～が溢れた cóng tā yǎnli yìchūle lèishuǐ (从她眼里涌出了泪水)/ tā yǎnlèi duó kuàng ér chū (她眼泪夺眶而出). ¶ ～がこみあげてきた yǎnlèi yǒngle chūlái (眼泪涌了出来). ¶ 目に～を浮べる yǎnli ˈhán[qín]zhe lèishuǐ (眼里ˈ含[噙]着泪水). ¶ ぐっと～をこらえる qiǎng rěnzhù yǎnlèi (强忍住眼泪). ¶ 幼い遺児の姿が人々の～を誘った nà nián yòu yígū de yàngzi shǐ rénmen diàoxià yǎnlèi lai (那年幼遗孤的样子使人们掉下眼泪来). ¶ 彼は妻を亡くして～に暮れている tā sǐle qīzi rìyè bēiqì (他死了妻子日夜悲泣). ¶ ～にむせぶ chōuyè de kū (抽噎地哭)/ gěngyè (哽咽). ¶ 彼女は～ながらに許しを乞うた tā tòngkū liútì de qiúráo (她痛哭流涕地求饶). ¶ 聞くも～語るも～の物語 shǐ rén qīrán lèi xià de gùshi (使人凄然泪下的故事). ¶ お一頂戴の映画 zhuàn rén yǎnlèi de diànyǐng (赚人眼泪的电影).

なみたいてい【並大抵】 xúncháng (寻常). ¶ この仕事は～のことでは成就できない zhè gōngzuò bú zuò yìhū xúncháng de nǔlì shì chéngjiùliǎo shì de (这工作不做异乎寻常的努力是成不了事的). ¶ あの腕力は～ではない nà wànlì bù xúncháng (那腕力可不寻常).

なみだきん【涙金】 ¶ わずかの～で店を追い出された gěile yìdiǎn xīnkǔqián jiù bèi jiěgù le (给了一点儿辛苦钱就被解雇了).

なみだぐまし・い【涙ぐましい】 ¶ 彼の努力は見ていて～くなる tā de nǔlì shǐ rén gǎndòngde liúlèi (他的努力使人感动得流泪).

なみだぐ・む【涙ぐむ】 hánlèi (含泪). ¶ ～んだ目で見つめる hán[qín]zhe lèi níngshìzhe (含[噙]着泪凝视着).

なみだごえ【涙声】 ¶ ～で訴える dīshēng kūqì sùshuō (低声哭泣诉说)/ kūsù (哭诉).

なみだ・つ【波立つ】 qǐbō (起波), qǐlàng (起浪). ¶ 暴風でひどく～っている yóuyú guā dàfēng, húmiàn shang fāngǔnzhe bōlàng (由于刮大风, 湖面上翻滚着波浪).

なみだもろ・い【涙脆い】 ¶ 彼女は～い tā ài diào yǎnlèi (她爱掉眼泪).

なみなみ mǎnmǎn (满满), mǎnman-dāngdāng (满满当当). ¶ コップに酒を～とつぐ wǎng bēizili mǎnmǎn de zhēn jiǔ (往杯子里满满地斟酒).

なみなみ【並並】 ¶ ～の努力で成功するものか zhǐ kào xúncháng de nǔlì nǎ huì chénggōng? (只靠寻常的努力哪会成功?). ¶ 彼女の決心には～ならぬものがあった tā de juéxīn kě bù xúncháng (她的决心可不寻常). ¶ ～ならぬ御配慮を賜りありがとうございました chéngméng géwài zhàogu, shēn wéi gǎnxiè (承蒙格外照顾, 深为感谢).

なみのり【波乗り】 chōnglàng yùndòng (冲浪运动).〈スポーツ〉.

なみはず・れる【並外れる】 ¶ 彼は～れて大きい tā yìcháng gāodà (他非常高大). ¶ ～れた才能の持主だ tā shì yǒu zhuóyuè cáinéng de rén (他是有卓越才能的人)/ tā de cáixué chūgé (他的才学出格).

なみま【波間】 ¶ 小舟が～に漂っている xiǎo chuán piāofú zài bōlàng zhōng (小船飘浮在波浪中).

なむあみだぶつ【南無阿弥陀仏】 nāmó Ēmítuófó (南无阿弥陀佛).

なめくじ【蛞蝓】 kuòyú (蛞蝓), bítìchóng (鼻涕虫), ruǎntǐchóng (蜒蚰).

なめしがわ【鞣皮】 róupí (鞣皮), shúpí (熟皮).

なめ・す【鞣す】 róu (鞣), xiāo (硝). ¶ 皮を～す

なめらか

なめらか【滑らか】 1〔すべすべ〕guānghuá(光滑), huáliu(滑溜), guāngliu(光溜), pínghuá(平滑). ¶この布は手ざわりが～だ zhè liàozi mōzhe hěn huáliu(这料子摸着很滑溜). ¶石を磨いて～にする bǎ shítou móguānghuá(把石头磨光滑). ¶～な肌 xìnì guānghuá de pífū(细腻光滑的皮肤).
2〔よどみがない〕¶～な口調で話す shuōde hěn liúchàng(说得很流畅). ¶～に事が運ぶ shìqing jìnxíngde hěn shùnlì(事情进行得很顺利).

な・める【嘗める・舐める】 1〔舌で〕tiǎn(舔). ¶親猫が子猫を～める mǔmāo tiǎn xiǎomāo(母猫舔小猫). ¶唇を～める tiǎn zuǐchún(舔嘴唇). ¶味噌を～める tiǎn miànjiàng(舔面酱). ¶飴を～める hán tángguǒ(含糖果). ¶孫を～めるように可愛がる téng'ài sūnzi yóuyú lǎoniú shì dú(疼爱孙子犹如老牛舐犊). ¶炎はたちまちのうちに数十戸を～め尽した zhuǎnshùn zhī jiān jǐshí hù rénjiā huàwéi huījìn(转瞬之间几十户人家化为灰烬).
2〔経験する〕¶辛酸を～める bǎocháng xīnsuān(饱尝辛酸)/chījìn kǔtou(吃尽苦头).
3〔馬鹿にする〕xiǎokàn(小看), kànqīng(看轻), qīngkàn(轻看), qīngshì(轻视). ¶この男を～めると大変な目にあうぞ yàoshi xiǎokàn tā, kě huì chī dà kuī de(要是小看他, 可会吃大亏的). ¶生徒達はあの先生を～めている xuéshengmen kànbuqǐ nàge lǎoshī(学生们看不起那个老师). ¶～めるな别 qīren!(别欺人!). ¶相手は新人だからと最初から～めてかかる duìfāng shì xīnshǒu gēnběn bú fàngzài yǎnlǐ(对方是新手根本不放在眼里).

なや【納屋】 duīfáng(堆房), kùfáng(库房).

なやまし・い【悩ましい】 nǎorén(恼人). ¶彼女の香水の香りが～い tā shēnshang de xiāngshuǐ wèir shífēn yòuhuòrén(她身上的香水味儿十分诱人). ¶～い春の宵 nǎorén de chūnxiāo(恼人的春宵). ¶～いシーン tiǎodòu qíngyù de jìngtóu(挑逗情欲的镜头).

なやま・す【悩ます】 ¶両親の不和が彼を～している shuāngqīn de bùhé shǐ tā kǔnǎo(双亲的不和使他苦恼). ¶子供の進学問題で頭を～している wèi háizi de shēngxué wèntí dà shāng nǎojīn(为孩子的升学问题大伤脑筋). ¶一晩中雜音に～された zhěngyè bèi zàoyīn suǒ kǔ(整夜被噪音所苦). ¶痛風に～される wéi tòngfēng suǒ zhémó(为痛风所折磨).

なやみ【悩み】 kǔnǎo(苦恼), fánnǎo(烦恼). ¶～を打ち明ける shuōchū xīnli de "kǔnǎo[kǔmèn]" lai(说出心里的"苦恼[苦闷]"来). ¶この子の将来が～の種だ zhège háizi de jiānglái zhēn lìng rén fāchóu(这个孩子的将来真令人发愁). ¶彼女は何か～があるらしい kànlai tā yǒu shénme fánnǎo de shì(看来她有什么烦恼的事).

なや・む【悩む】 kǔnǎo(苦恼), fánnǎo(烦恼), fāchóu(发愁), yōuchóu(忧愁). ¶恋に～む wèi liàn'ài ér kǔnǎo(为恋爱而苦恼). ¶資金繰りに～む wèile chóucuò zījīn ér fánnǎo(为了筹措资金而烦恼). ¶神経痛に～む wéi shénjīngtòng suǒ zhémó(为神经痛所折磨).

なよなよ ¶～した女 ēnuó duō zī de nǚrén(婀娜多姿的女人).

なら【楢】 bāoshù(枹树), xiǎoxiàngshù(小橡树).

-なら ¶お前が子供～叱りはしない nǐ yàoshi shì háizi, wǒ jiù bu shuō nǐ(你要是个孩子, 我就不说你). ¶雨天～中止する xiàyǔ jiù zhōngzhǐ(下雨就中止). ¶君が行く～私も行く nǐ qù, wǒ yě qù(你去, 我也去). ¶その事～彼が詳しい nà shì tā kě shúxī(那事他可熟悉). ¶酒～茅台だ lùn jiǔ jiùshì Máotái(论酒就是茅台).

ならい【習い】 1〔習慣〕xíguàn(习惯). ¶昔からの～ zìgǔ yǐlái de xíguàn(自古以来的习惯). ¶～性となる xí yǔ xìng cháng(习以为常)/xí yǔ xìng chéng(习与性成)/xíguàn chéng zìrán(习惯成自然).
2〔常〕¶盛者必衰は世の～ shèngzhě bì shuāi nǎi shì zhī cháng yě(盛者必衰乃世之常也).

なら・う【倣う】 xué(学), xiàofǎng(效仿), fǎngxiào(仿效). ¶彼に～って英会話の勉強を始めた wǒ xiàofǎng tā kāishǐ xué Yīngyǔ le(我效仿他开始学英语了). ¶君が率先してやれば皆それに～うだろう nǐ lǐngtóu gàn, dàjiā yídìng gēnzhe gàn(你领头干, 大家一定跟着干). ¶前例に～う fǎngzhào qiánlì(仿照前例)/yányòng jiùlì(沿用旧例)/yánlì(沿例)/yuányòng chénglì(援用成例)/yánlì(援例). ¶右へ～え xiàng yòu kànqí!(向右看齐!).

なら・う【習う】 xué(学), xuéxí(学习). ¶バイオリンを～う xué tíqín(学提琴). ¶泳ぎは父に～った yóuyǒng wǒ shì gēnzhe fùqin xué de(游泳我是跟着父亲学的). ¶私は中国人に中国語を～っている wǒ gēn Zhōngguórén xué Zhōngguóhuà(我跟中国人学中国话). ¶～うより慣れよ shú néng shēng qiǎo(熟能生巧).

ならく【奈落】 1〔地獄, どん底〕dìyù(地狱), shēnyuān(深渊). ¶～の底に落ちる diàodào dìyùlǐ qù(掉到地狱里去)/zhuìrù wú dǐ shēnyuān(坠入无底深渊).
2〔劇場の〕táicāng(台仓).

なら・す【均す】 1〔平らにする〕píngzhěng(平整). ¶土地を～す píngzhěng tǔdì(平整土地)/píng dì(平地). ¶ローラーでグラウンドを～す yòng gǔnzi lái niǎnpíng yùndòngchǎng(用碌子来碾平运动场).
2〔平均する〕píngjūn(平均). ¶～せば1個100円になる píngjūn qilai yí ge yìbǎi kuài qián(平均起来一个一百块钱).

なら・す【馴す】 xùn(驯), xùnyǎng(驯养). ¶ライオンを～す xùn shī(驯狮)/xùnyǎng shīzi(驯养狮子). ¶鰐も飼い～すと可愛いものだ èyú jīngguò xùnyǎng yě shì hěn kě'ài de(鳄鱼经过驯养也是很可爱的).

なら・す【慣す】 ¶子供を新しい環境に～す shǐ háizi xíguàn yú xīn huánjìng(使孩子习惯于

新环境). ¶体を寒さに~す shǐ shēntǐ shìyìng hánlěng(使身体适应寒冷). ¶何度も聞いて耳を~す fǎnfù tīng jǐ cì lái liàn ěrduo(反复听几次来练耳朵).

なら・す【鳴らす】 1〔音を出す〕míng(鸣). ¶鐘を~す míng[qiāo/dǎ] zhōng(鸣[敲/打]钟). ¶銅鑼や太鼓を~す qiāo luó dǎ gǔ(敲锣打鼓)/ míngjīn jī gǔ(鸣金击鼓). ¶ベルを~す àn[èn/qìn] diànlíng(按[揿/撳]电铃). ¶消防車がサイレンを~して走って行った jiùhuǒchē míngzhe jǐngdí fēichí ér qù(救火车鸣着警笛飞驰而去). ¶犬が鼻をくんくん~す gǒu fāchū hēngjiàoshēng(狗发出哼叫声).

2〔言い立てる〕¶不平を~す míng bùpíng(鸣不平)/ fā láosāo(发牢骚). ¶非を~す jìnxíng fēinàn(进行非难).

3〔評判をとる〕¶昔は卓球で~したものだ guòqù céng yǐ pīngpāngqiú yángmíng tiānxià(过去曾以乒乓球扬名天下). ¶一時は~した女優 céngjīng shì hóngjí yìshí de nǚmíngxīng(曾经是红极一时的女明星).

ならずもの【ならず者】 dìpǐ(地痞), liúmáng(流氓), wúlài(无赖), làizi(赖子), tǔgùn(土棍), dǎitú(歹徒).

-ならでは fēi(非), chúfēi(除非). ¶この彫刻はあの人の~の出来栄えだ zhège diāokè chúfēi nàge rén, méi rén néng zuòde zhème piàoliang(这个雕刻除非那个人, 没人能做得这么漂亮).

-ならな・い 1〔禁止〕bùxǔ(不许), bùkě(不可), bùdé(不得), búyào(不要), bié(别). ¶この事は誰にも言っては~い zhè shì bùxǔ gēn rènhé rén shuō(这事不许跟任何人说). ¶今日は外へ出ては~い jīntiān bùxǔ wàichū(今天不许外出).

2〔義務, 必然, 必須〕děi(得), yào(要), bìxū(必须). ¶今日中にこの仕事を片付けなければ~い zài jīntiān zhī nèi děi bǎ zhège gōngzuò zuòwán(在今天之内得把这个工作做完). ¶是が非でも彼に承知させねば~い wúlùn rúhé yào jiào tā diǎntóu dāying(无论如何要叫他点头答应). ¶この患者はすぐ手術しなくては~い zhège huànzhě fēiděi mǎshàng dòng shǒushù bùkě(这个患者非得马上动手术不可). ¶彼は我が社になくては~ない人だ zài wǒ gōngsī shì juéduì bùkě quēshǎo de rén(他对我公司是绝对不可缺少的人).

3〔たまらない〕bùdéliǎo(不得了). ¶彼のことが心配で~い tā de shì jiào rén dānxīnde bùdéliǎo(他的事叫人担心得不得了). ¶合格できて嬉しくて~い kǎoshàng le, gāoxìngde bùdéliǎo(考上了, 高兴得不得了). ¶亡き母のことが思い出されて~い bùjīn xiǎngniànqǐ gùqù de mǔqin(不禁思念起故去的母亲).

4〔ほかの〕bùnéng(不能), bùkě(不可). ¶あの男は油断~い duì nàge rén kě bùnéng fàngsōng jǐngtì(对那个人可不能放松警惕). ¶もう我慢が~い zài yě kě bùnéng rěnnài le(再也不能忍耐了). ¶その言葉は聞き捨て~い nà huà bù kě qīngyì fàngguò(那句话不可轻易放过).

ならび【並び】 ¶歯の~がよい yáchǐ páiliè hěn qí(牙齿排列很齐). ¶机の~方がそろっていない zhuōzi páide bù qí(桌子排的不齐). ¶この~の4軒目の家 zhè pái fángzi de dìsì jiā(这排房子的第四家).

ならびな・い【並びない】 wúbǐ(无比). ¶世に~い学者 bácuì-bácuì[chāoqún-juélún] de xuézhě(出类拔萃[超群绝伦]的学者). ¶天下に~い美女 shìshàng wúbǐ[jǔshì wúshuāng] de měinǚ(世上无比[举世无双]的美女).

ならびに【並びに】 hé(和), yǔ(与), jí(及), yǐjí(以及). ¶住所~氏名 zhùzhǐ jí xìngmíng(住址及姓名).

なら・ぶ【並ぶ】 1〔列をつくる, 隣り合う〕pái(排), páiliè(排列). ¶1列に~ぶ páichéng yì háng(排成一行). ¶生徒を廊下に~ばせる ràng xuésheng páilie zài zǒuláng shang(让学生排列在走廊上). ¶切符を買うのに1日~んだ wèile mǎi piào páile yizhěngtiān de duì(为了买票排了一整天的队). ¶河に沿って小さな工場が~んでいる yánzhe hé'àn páilièzhe xǔduō xiǎogōngchǎng(沿着河岸排列着许多小工厂). ¶食卓には御馳走が食べきれないほど~んでいた fànzhuōzi shàng bǎimǎnle chībuwán de shèngzhuàn(饭桌子上摆满了吃不完的盛馔). ¶2人~んで座る liǎ rén bìngpái zuòzhe(俩人并排坐着). ¶彼等は当代の二大作家として~び称されている tāmen bèi bìng chēngwéi dāngdài liǎng dà zuòjiā(他们被并称为当代两大作家).

2〔匹敵する〕pǐdí(匹敌), bǐdeshàng(比得上), bǐdeguò(比得过). ¶馬を描かせたら彼に~ぶ者はいない jiào tā huàqǐ mǎ lái méiyǒu rén néng bǐdeguò[hǎn kě bǐ](叫他画起马来没有人能比得过[罕可匹敌]).

なら・べる【並べる】 1〔列にする〕pái(排), bǎi(摆), páiliè(排列). ¶2人を~べて立たせる jiào liǎng ge rén bìngpái zhànzhe(叫两个人并排站着). ¶椅子を1列に~べる bǎ yǐzi páichéng[bǎichéng] yì háng(把椅子排成[摆成]一行). ¶本をきれいに机の上に~べる bǎ shū zhěngqí de bǎizài zhuōzi shang(把书整齐地摆在桌子上). ¶いろいろなおもちゃが店先に~べてある gèzhǒng wánjù zài diànmiàn chénlie[bǎi]zhe(各种玩具在店面陈列[摆]着). ¶盤の上に駒を~べる zài qípán shang bǎi qízi(在棋盘上摆棋子).

2〔列挙する〕lièjǔ(列举), luóliè(罗列), bǎichū(摆出). ¶証拠を~べる lièjǔ zhèngjù(列举证据). ¶散々文句を~べたてる zhè bù hǎo nà bú duì de shuōle yí dà duī(这不好那不对地说了一大堆).

ならわし【習わし】 xíguàn(习惯), xísú(习俗), lǎolǐ(老例). ¶昔から~になっているのだ nà shì guòqù liúchuán xialai de fēngsú xíguàn(那是过去留传下来的风俗习惯). ¶土地の~に従って結婚式を挙げる zūnzhào dāngdì de xísú jǔxíng hūnlǐ(遵照当地的习俗举行婚礼).

なり【形】 1〔からだつき〕gèzi(个子), gèr(个

ル）．¶～は大きいがまだほんの子供だ gèzi suīrán bù xiǎo, kě hái shì ge háizi（个子虽然不小,可还是个孩子）．¶大きな～をして泣くなнаme dà gèzi hái kū（那么大个子还哭）．

2〔服装〕fúzhuāng（服装），zhuāngshù（装束），chuāndài（穿戴），dǎbàn（打扮）．¶女の～をして逃げる zhuāngbàn chéng nǚrén táopǎo（装扮成女人逃跑）．¶こんな～ではパーティーに行けない zhè shēn dǎban nǎ néng fùyàn?（这身打扮哪能赴宴?）．

なり【鳴り】¶一同～を静めて聞いた dàjiā yāquè-wúshēng de qīngtīngzhe（大家鸦雀无声地倾听着）．¶彼はしばらく～をひそめていた tā yìshí xiāoshēng-nìjì le（他一时销声匿迹了）．

-なり 1〔どれか〕¶お父さん～お母さん～に相談しなさい gēn fùqin yě hǎo gēn mǔqin yě hǎo shāngliang shāngliang ba（跟父亲也好跟母亲也好商量商量吧）．¶電話～手紙～で知らせる yòng diànhuà huòshì xiě xìn tōngzhī（用电话或是写信通知）．¶行く～行かぬ～はっきりしろ qù háishi bú qù kuài juédìng!（去还是不去快决定!）．¶どこへ～とも勝手に行け nǐ xiǎng dào nǎr qù jiù dào nǎr qù!（你想到哪儿去就到哪儿去!）．

2〔…まま〕¶服を着た～寝てしまった chuānzhe yīfu shuìzháo le（穿着衣服睡着了）．¶散歩に出た～まだ帰って来ない sànbù qùle yìzhí hái méi huílai（散步去了一直还没回来）．

3〔…やいなや〕¶朝起きる～顔も洗わず飛び出した zǎoshang yì qǐlai liǎn yě méi xǐ, jiù pǎochuqu le（早上一起来连脸也没洗,就跑出去了）．¶子供は帰って来る～わっと泣き出した háizi yì huílai jiù wā de yì shēng kūle qǐlai（孩子一回来就哇地一声哭了起来）．

4〔…とおり〕¶あの男は女房の言う～だ nàge nánrén shénme dōu shùncóng lǎopo（那个男人什么都顺从老婆）/ tā duì qīzi wéi mìng shì cóng（他对妻子惟命是从）．

5〔…相応〕¶子供には子供～の言い分がある háizi yě yǒu háizi de yijiàn（孩子也有孩子的意见）．¶私は私～に努力したつもりだ wǒ yě jìnle zìjǐ zuì dà de nǔlì（我也尽了自己最大的努力）．

なりあが・る【成り上がる】¶一介の職工から社長に～った yóu yí ge gōngrén fājì chéngle zǒngjīnglǐ（由一个工人发迹成了总经理）．¶～り者 fājìzhě（发迹者）．

なりかわ・る【成り代る】dài（代），dàitì（代替），dàilǐ（代理），dàibiǎo（代表）．¶本人に～りして御礼申し上げます wǒ dàitì tā běnrén biǎoshì gǎnxiè（我代替他本人表示感谢）．

なりき・る【成り切る】¶役に～る wánquán jìnrù juésè（完全进入角色）．

なりきん【成金】bàofāhù（暴发户）．¶戦争～ zhànzhēng bàofāhù（战争暴发户）．

なりさが・る【成り下がる】¶おちぶれて乞食に～る qióngkùn liǎodào lúnwéi qǐgài（穷困潦倒沦为乞丐）．¶女房に食わせてもらうとは俺も～ったものだ wǒ jūrán luòdàole kào lǎopo yǎnghuo de dìbù（我居然落到了靠老婆养活的地步）．

なりすま・す【成り済ます】màochōng（冒充），jiǎmào（假冒），jiǎchōng（假充），hùnchōng（混充）．¶記者に～して入り込む màochōng xīnwén jìzhě jìnqu le（冒充新闻记者进去了）．

なりたち【成立ち】**1**〔できかた〕¶会のそもそもの～から話す cóng běn huì chénglì de yuánwěi shuōqǐ（从本会成立的原委说起）．

2〔組み立て〕¶この文章の～を記せ jìshù zhè piān wénzhāng de jiégòu（记述这篇文章的结构）．

なりた・つ【成り立つ】**1**〔まとまる〕dáchéng（达成），chénglì（成立）．¶両者の間で合意が～った liǎngzhě zhī jiān dáchéngle xiéyì（两者之间达成了协议）．

2〔構成される〕gòuchéng（构成），zǔchéng（组成）．¶この本は6章から～っている zhè běn shū shì yóu liù zhāng gòuchéng de（这本书是由六章构成的）．¶委員会は12人の委員から～っている wěiyuánhuì shì yóu shí'èr míng wěiyuán zǔchéng de（委员会是由十二名委员组成的）．

3〔やっていける〕¶客が減って商売が～たない gùkè shǎode jīngyíng bu xiàqu le（顾客少得经营不下去了）．

4〔可能である〕¶次の推測が～つ kěyǐ chénglì rúxià de tuīlǐ（可以成立如下的推理）．¶そんな理屈は～たない nà zhǒng lǐyóu shì zhànbuzhù jiǎo de（那种理由是站不住脚的）．

なりは・てる【成り果てる】¶乞食に～てる lúnwéi qǐgài（沦为乞丐）．

なりひび・く【鳴り響く】xiǎngchè（响彻）．¶拍手が会場に～いた zhǎngshēng xiǎngchèle huìchǎng（掌声响彻了会场）．¶彼の名は天下に～いた tā wēimíng sì jiéyǔ（他威名四震）/ tā míng yáng tiānxià（他名扬天下）．

なりふり¶彼は～構わない男だ tā shì ge 'bùxiū-biānfú'（'bùshān-bùlǚ'）de rén（他是个'不修边幅'[不衫不履]的人）．

なりものいり【鳴物入り】dà zhāng qí gǔ（大张旗鼓）．¶～で宣伝する dàzhāng-qígǔ de jìnxíng xuānchuán（大张旗鼓地进行宣传）．

なりゆき【成行き】¶今後の捜査の～が注目される jīnhòu sōuchá jìnzhǎn rúhé yǐn rén zhùmù（今后搜查进展如何引人注目）．¶事の～を見守る zhùshì shìtài de fāzhǎn（注视事态的发展）．¶こんな～になるとは思わなかった méi xiǎngdào yǒu zhème ge jiéguǒ（没想到有这么个结果）．¶自然の～に任せる tīng qí zìrán（听其自然）．¶～次第では計画の変更もあり得る suízhe shìtài tuīyí, jìhuà yě yǒu biàngēng de kěnéng（随着事态推移,计划也有变更的可能）．

な・る【生る】jiēguǒ（结果）．¶りんごがたくさん～っている shùshang jiēle xǔduō píngguǒ（树上结了许多苹果）．

な・る【成る】**1**〔成就する〕chéng（成）．¶鉄道敷設～る tiědào pūshè gōngchéng jùngōng（铁道铺设工程竣工）．¶新装～ったホール zhuānghuáng yìxīn de dàtīng（装潢一新的大厅）．¶

連続優勝はついに～らなかった zhōngyú wèi néng lián huò guànjūn(终于未能连获冠军). ¶功～り名遂げる gōng chéng míng ˇsuì[jiù/lì](功成ˇ遂[就/立]). ¶精神一到何事か～らざらん jīngshén yí dào hé shì bù chéng(精神一到何事不成).

2〔構成される〕zǔchéng(组成), gòuchéng(构成). ¶水は水素と酸素から～る shuǐ shì yóu qīng hé yǎng gòuchéng de(水是由氢和氧构成的). ¶5章から～る論文 yóu wǔ zhāng gòuchéng de lùnwén(由五章构成的论文). ¶選考委員会は5名の委員から～る xuǎnkǎo wěiyuánhuì yóu wǔ míng wěiyuán zǔchéng(选拔委员会由五名委员组成). ¶国会は衆議院と参議院から～る guóhuì yóu zhòngyìyuàn hé cānyìyuàn gòuchéng(国会由众议院和参议院构成).

3〔ある状態に〕wéi(为), chéng(成), chéngwéi(成为). ¶氷が溶けて水に～る bīng rónghuà wéi shuǐ(冰融化为水). ¶おたまじゃくしが蛙に～る kēdǒu biànchéng wā(蝌蚪变成蛙). ¶風邪をこじらせて肺炎に～った gǎnmào jiǔ zhì bú yù, zhuǎnchéng fèiyán(感冒久治不愈, 转成肺炎). ¶お前が大人に～ったら分ることだ nǐ zhǎngdàle jiù huì míngbai de(你长大了就会明白的). ¶やっと50メートル泳げるように～った hǎoróngyì néng yóu wǔshí mǐ le(好容易能游五十米了). ¶この作品で彼は一躍有名に～った tā kào zhège zuòpǐn yì jǔ chéngmíng le(他靠这个作品一举成名了). ¶あちこち手を入れてどうにか様に～った xiūxiū-bǔbǔ zǒngsuàn hái xiàng ge yàngzi le(修修补补总算还像个样子了). ¶中国語がだんだん面白く～ってきた Zhōngwén yuè xué yuè yǒu yìsi le(中文越学越有意思了). ¶生きているのが嫌に～った bú yuànyì huóxiaqu le(不愿意活下去了). ¶顔がほんのり赤く～った liǎnshang fànchū hóngyùn(脸上泛出红晕). ¶辞書をぼろぼろに～るまで使う cídiǎn yìzhí yòngdào pòlàn bùkān de chéngdù(辞典一直用到破烂不堪的程度). ¶さわやかな秋晴れに～った chéngle qiūgāo-qìshuǎng de tiānqì(成了秋高气爽的天气). ¶今夜は雪に～りそうだ jīnwǎn kànlai yào xiàxuě(今晚看来要下雪). ¶こんなに安く売ったのでは儲けに～らない màide zhème jiàn jiù méiyǒu kě zhuàn de le(卖得这么贱就没有可赚的了). ¶一体どう～ることかとはらはらした jiūjìng huì zěnyàng jiào rén tǎntè bù'ān(究竟会怎样叫人忐忑不安). ¶～るようにしか～らない zhǐhǎo tīng qí zìrán(只好听其自然).

4〔ある身分・役・職業などに〕dāng(当), zuò(做), chéng(成), chéngwéi(成为). ¶選ばれて議長に～った bèi xuǎnwéi huìyì zhǔxí(被选为会议主席). ¶この記録でも彼はトップに～った (この記録では～るトップに～った—illegible). ¶劇でロミオに～った zhèyàng de jìlù kě dāngbuliǎo xuǎnshǒu(这样的记录可当不了选手). ¶劇でロミオに～った zài huàjùlǐ bànyǎnle Luómì'ōu(在话剧里扮演了罗密欧). ¶私はパイロットに～りたい wǒ xiǎng dāng fēijī jiàshǐyuán(我想当飞机驾驶员). ¶彼女はもう2人の子供の母親に～った tā yǐjing chéngle liǎng ge háizi de mǔqin le(她已经成了两个孩子的母亲了).

5〔ある時期・数量に〕¶12時に～ってもまだ帰って来ない dàole shí'èr diǎn hái méiyǒu huílai(到了十二点还没有回来). ¶入社して5年に～る jìnle gōngsī yǐjing yǒu wǔ nián le(进了公司已经有五年了). ¶彼女は17に～るか～ないかで結婚した tā shíqī suì jiāng mǎn wèi mǎn, jiù jiéhūn le(她十七岁将满未满, 就结婚了). ¶夏休みに～ったら旅行しませんか fàngle shǔjià, zánmen qù lǚxíng zěnmeyàng?(放了暑假, 咱们去旅行怎么样?). ¶1に2を足すと3に～る yī jiā èr ˇdé[děngyú] sān(一加二ˇ得[等于]三). ¶あと1人で10人に～る zài yǒu yí ge rén jiù shì shí ge rén le(再有一个人就十个人了). ¶合計3万円に～る zǒngjì wéi sānwàn rìyuán(总计为三万日元). ¶気温が30度に～った qìwēn dàole sānshí dù(气温到了三十度).

6〔あるものの用をする〕dàng(当). ¶この草は薬に～る zhè zhǒng cǎo kěyǐ dàng yào yòng(这种草可以当药用). ¶この箱は椅子に～る zhège xiāngzi kěyǐ dàngzuò yǐzi yòng(这个箱子可以当做椅子用). ¶そんな事をして何に～る gàn nà zhǒng shì yǒu shénme yòng?(干那种事有什么用?).

7〔我慢できる、許される〕¶もう勘弁～らん zài yě bùnéng ráoshù nǐ le(再也不能饶恕你了). ¶あんな奴に負けて～るものか nǎ néng shūgěi nàge jiāhuo(哪能输给那个家伙).

8〔将棋で〕¶步が金に～る"bù" biànchéng wéi "jīn"(步"变成为"金").

な・る【鳴る】**1**〔音がする, 響く〕míng(鸣), xiǎng(响). ¶雷が～った dǎléi le(打雷了). ¶始業のベルが～った shàngkèlíng xiǎng le(上课铃响了). ¶9時が～った zhōng ˇmíng[dǎ/qiāo]le jiǔ xià(钟ˇ鸣[打/敲]了九下). ¶汽笛が長く尾を引いて～る qìdí cháng míng(汽笛长鸣). ¶耳が～る ěrduo wēngwēng de xiǎng(耳朵嗡嗡地响). ¶腹がごろごろ～る dùzi gūlū gūlū de jiào(肚子咕噜咕噜地叫). ¶腕が～る shǒuyǎng(手痒)/jiyǎng(技痒)/yuèyue yù shì(跃跃欲试).

2〔知れ渡る〕¶勇猛をもって～る将軍 yǐ yǒngměng chímíng de jiāngjūn(以勇猛驰名的将军).

なるべく jǐnliàng(尽量), jǐnkěnéng(尽可能). ¶～安静にしていなさい yào jǐnliàng jìngwò(要尽量静卧). ¶～なら明日来ていただけませんか kěnéng de huà, qǐng nín míngtiān lái zěnmeyàng?(可能的话, 请您明天来怎么样?).

なるほど ¶～いい考えだ、早速やってみよう zhēn shì ge hǎo zhǔyi, gǎnkuài shìshi kàn(真是个好主意, 赶快试试看). ¶～君の言うとおりだ búcuò, zhèng rú nǐ shuō de(不错, 正如你说的). ¶～それなら来られない筈だ guàibude[nánguài] tā méi néng lái(怪不得[难怪]他没能来).

なれ【慣れ】shúliàn(熟练). ¶こういう仕事はある程度～だ zhè zhǒng gōngzuò zài yídìng ch-

éngdù shang yào kào shúliàn (这种工作在一定程度上要靠熟练). ¶ ～からくる油断があった yóuyú yǐ wéi cháng ér shūhu dàyi (由于习以为常而疏忽大意).

なれあい【馴合い】 ¶ ～で人をだます chuàntōng yíqì piàn rén (串通一气骗人). ¶ あの2人のけんかには～のところがある tā liǎ de zhēngchǎo hǎoxiàng chàng shuānghuáng (他俩的争吵好像唱双簧).

ナレーション jiěshuō (解说); huàwàiyīn (话外音).

ナレーター jiěshuōyuán (解说员).

なれそめ【馴初め】 ¶ それが彼等の～だった nà shì tāmen liǎ xiāng'ài de kāishǐ (那是他们俩相爱的开始).

なれっこ【慣れっこ】 xí yǐ wéi cháng (习以为常), sī kōng jiàn guàn (司空见惯). ¶ 母の愚痴には～になっている mǔqīn fā láosāo wǒ yǐ tīngguàn le (母亲发牢骚我已听惯了).

なれなれし・い【馴れ馴れしい】 xiánì (狎昵). ¶ 初対面なのにいやに～い奴だ chūcì jiànmiàn, tā jìng nàme xiánì (初次见面, 他竟那么狎昵).

なれのはて【成れの果】 ¶ あれがスターの～だ nà jiùshì míngxīng de ˇmòlù[xiàchǎng] (那就是明星的ˇ末路[下场]).

な・れる【慣れる・馴れる】 **1** guàn (惯), xíguàn (习惯). ¶ 外国の生活にもやっと～れました wàiguó de shēnghuó hǎoróngyi cái guàn le (外国的生活好不容易才惯了). ¶ 新しい環境に～れる xíguàn yú xīn de huánjìng (习惯于新的环境). ¶ ～れない手つきで箸を使う bènshǒu·bènjiǎo de shǐ kuàizi (笨手笨脚地使筷子). ¶ ～れない仕事なので疲れた gōngzuò ˇshēngshū[bù shúxī] gànzhe gànzhe jiù lèi le (工作ˇ生疏[不熟悉]干着干着就累了). ¶ ～れない土地に来て色々苦労した láidào réndì shēngshū de dìfang, chángle hěn duō kǔtou (来到人地生疏的地方, 尝了很多苦头). ¶ 彼女は客扱いに～れている tā jiēdài kèrén hěn yǒu jīngyàn (她接待客人很有经验). ¶ 旅～れた人 lǚxíng guànle de rén (旅行惯了的人). ¶ 履き～れた靴 chuānguànle de xié (穿惯了的鞋).

2〔親しくなる, なつく〕 ¶ 生徒達は新しい先生に～れた xuéshengmen gēn xīn de lǎoshī hùnshú le (学生们跟新的老师混熟了). ¶ この犬は私によく～れている zhè zhī gǒu hěn tīng de huà (这只狗很听的话).

なわ【縄】 shéng (绳), shéngzi (绳子). ¶ 荷物に～をかける yòng shéngzi kǔn xíngli (用绳子捆行李). ¶ ～を張って車の通行を遮断する lā shéngzi jìnzhǐ chēliàng tōngxíng (拉绳子禁止车辆通行). ¶ さしもの大泥棒も～にかかった dàmíng dǐngdǐng de jùdào zhōngyú bèi zhuāzhù le (大名鼎鼎的巨盗终于被抓住了).

なわしろ【苗代】 yāngtián (秧田).

なわとび【縄跳び】 tiàoshéng (跳绳). ¶ ～をして遊ぶ tiàoshéng wánr (跳绳玩儿).

なわばしご【縄梯子】 shéngtī (绳梯), ruǎntī (软梯), xuántī (悬梯).

なわばり【縄張】 dìpán (地盘). ¶ ～争いをする zhēngduó dìpán (争夺地盘).

なん【難】 **1〔災難〕** nàn (难). ¶ 旅先で～に遭う zài lǚtú yùnàn (在旅途遇难). ¶ 危うく～を免れた chà yīdiǎnr méi zāonàn (差一点儿没遭难). ¶ ～を避ける bìnàn (避难).

2〔困難〕 nán (难), kùnnan (困难). ¶ ～に当る qīnzì jiějué kùnnan (亲自解决困难). ¶ 工事 kùnnan de gōngchéng (困难的工程). 経営～ jīngyíng kùnnan (经营困难). 住宅～ fánghuāng (房荒) / zháihuāng (宅荒). 生活～ shēnghuó kùnnan (生活困难).

3〔欠点〕 ¶ ～のつけようがない wú xiē kě jī (无懈可击) / wúkě zhǐzhāi de (无可指摘的). ¶ ～を言えば … yào tiāo máobìng … (要挑毛病 …) / yào tiāotì de huà … (要挑剔的话 …).

なん-【何】 jǐ (几), duōshao (多少). ¶ ～十万 jǐ[hǎojǐ] shí wàn (几[好几]十万). ¶ ～十万 shí[jǐ[hǎojǐ] wàn (十[几[好几]万). ¶ ここから駅まで～キロありますか cóng zhèli dào chēzhàn yǒu duōshao gōnglǐ ne? (从这里到车站有多少公里呢?).

なんい【南緯】 nánwěi (南纬).

なんい【難易】 nányì (难易). ¶ 仕事の～によって報酬が違う àn gōngzuò de nányì bàochou bù tóng (按工作的难易报酬不同). ¶ 各大学の～度 gè gè dàxué de nányì chéngdù (各个大学的难易程度).

なんおう【南欧】 Nán Ōu (南欧).

なんか **1〔何か〕** →なにか.
 2 →など.

なんか【南下】 nánxià (南下). ¶ 高気圧が次第に～している gāoqìyā zhújiàn nánxià (高气压逐渐南下).

なんか【軟化】 ruǎnhuà (软化). ¶ 硬水を～する shǐ yìngshuǐ ruǎnhuà (使硬水软化). ¶ 相手の態度が～した duìfāng de tàidu ruǎnhuà le (对方的态度软化了). ¶ ～栽培 ruǎnhuà zāipéi (软化栽培).

なんかい【難解】 jiānshēn (艰深), jiānsè (艰涩). ¶ ～な文章 jiānsè de wénzhāng (艰涩的文章).

なんかげつ【何か月】 jǐ ge yuè (几个月), duōshao yuè (多少月), duōshao ge yuè (多少个月). ¶ ～かかりますか děi yào jǐ ge yuè? (得要几个月?). ¶ 彼には～も会っていない hǎo jǐ ge yuè bú jiàn tā le (好几个月不见他了).

なんがつ【何月】 jǐ yuè (几月). ¶ ～に出発なさいますか nín jǐ yuè chūfā? (您几月出发?).

なんかん【難関】 nánguān (难关). ¶ ～を切り抜ける gōngkè nánguān (攻克难关). ¶ 入学試験の～を突破する tūpò rùxué kǎoshì de nánguān (突破入学考试的难关).

なんぎ【難儀】 ¶ 大変な～が身にふりかかってきた dànàn línglín le (大难降临了). ¶ 私が～している所を彼が助けてくれた zhèngdāng wǒ zuǒyòu wéinán shí, tā bāngle wǒ máng (正当我左右为难时, 他帮了我忙). ¶ 大雪で歩くのに～する xiàle dàxuě zǒulù kě fèile jìnr (下了大雪走路可费了劲儿). ¶ 若い頃女房に～をかけた niánqīng de shíhou jiào lǎopo chīle kǔ

(年轻的时候叫老婆吃了苦).

なんきつ【難詰】 zéwèn(责问), zénàn(责难). ¶相手の態度を～する zénàn duìfāng de tàidu(责难对方的态度).

なんきゅう【軟球】 ruǎnqiú(软球).

なんぎょうくぎょう【難行苦行】 ¶～を重ねる lìjìn qiānxīn wànkǔ(历尽千辛万苦).

なんきょく【南極】 nánjí(南极). ¶～圏 nánjíquān(南极圈). ～大陸 Nánjí dàlù(南极大陆).

なんきょく【難局】 ¶～を打開する dǎkāi jiāngjú(打开僵局). ¶自ら～に当る qīnzì duìfu kùnnan júmiàn(亲自对付困难局面). ¶内閣は～に立っている nèigé chǔyú jìntuì wéi gǔ de júmiàn(内阁处于进退维谷的局面).

なんきん【軟禁】 ruǎnjìn(软禁). ¶自宅に～される bèi ruǎnjìn zài jiālǐ(被软禁在家里).

なんきんじょう【南京錠】

なんきんまめ【南京豆】 luòhuāshēng(落花生), huāshēng(花生); (皮をむいたもの) huāshēngmǐ(花生米), huāshēngrén(花生仁).

なんきんむし【南京虫】 chòuchóng(臭虫), chuángshī(床虱), bìshī(壁虱).

なんくせ【難癖】 zhǎochár(找茬儿·找碴儿), zhǎoshì(找事), xúnshì(寻事). ¶～をつける tiāoyǎn(挑眼) / zhǎochár(找碴儿) / zhǎoshì(找事) / diāonàn(刁难).

なんこう【軟膏】 ruǎngāo(软膏). ¶ペニシリン～ qīngméisù ruǎngāo(青霉素软膏).

なんこう【難航】 ¶帰路は暴風雨に遭って～した zài guītú zhōng yùdàole bàofēngyǔ, hángxíng hěn kùnnan(在归途中遇到了暴风雨,航行很困难). ¶交渉は～している jiāoshè yùdào kùnnan cùn bù nán xíng(交涉遇到困难寸步难行).

なんこうがい【軟口蓋】 ruǎn'è(软腭).

なんこうふらく【難攻不落】 ¶～の要塞 nányǐ gōngxiàn de yàosài(难以攻陷的要塞)/ jiān bù kě cuī de yàosài(坚不可摧的要塞).

なんこつ【軟骨】 ruǎngǔ(软骨). ¶～魚類 ruǎngǔyúlèi(软骨鱼类).

なんさい【何歳】 ¶あなたは今年～になりますか nín jīnnián duōdà suìshu?(您今年多大岁数?). ¶お子さんは～ですか nǐ háizi jǐ suì le?(你孩子几岁了?).

なんざん【難産】 nánchǎn(难产). ¶最初の子は～だった tóushēngr shì nánchǎn(头生儿是难产). ¶法案の成立は～が予想されるが fǎ'àn kǒngpà yào nánchǎn(法案恐怕要难产).

なんじ【何時】 jǐ diǎnzhōng(几点钟). ¶今～ですか xiànzài shì jǐ diǎnzhōng?(现在是几点钟?) / xiànzài jǐ diǎn?(现在几点?). ¶～頃が一番よろしいですか qǐngwèn, shénme shíhou zuì héshì ne?(请问,什么时候最合适呢?).

なんじ【難事】 nánshì(难事). ¶自ら進んで～に立ち向かう zìyuàn chéngdān kùnnan de gōngzuò(自愿承担困难的工作).

なんじかん【何時間】 jǐ xiǎoshí(几小时), jǐ ge xiǎoshí(几个小时), jǐ ge zhōngtóu(几个钟头). ¶そこまで歩いて行けば～かかりますか dào nàge dìfang yàoshi zǒuzhe qù, děi yào jǐ xiǎoshí?(到那个地方要是走着去,得要几小时?). ¶～も待たされた jiào wǒ děngle hǎo jǐ ge zhōngtóu(叫我等了好几个钟头).

なんしき【軟式】 ruǎnshì(软式). ¶～テニス ruǎnshì wǎngqiú(软式网球).

なんじゃく【軟弱】 ruǎn(软), ruǎnruò(软弱). ¶地盤が～だ dìjī ruǎn jībù sōngruǎn(地基松软). ¶あいつはまったく～無能だ nà jiāhuo zhēn shì ruǎnruò wúnéng(那家伙真是软弱无能). ¶政府の～外交を責める zhèngfǔ de nuòruò wàijiāo(谴责政府的懦弱外交).

なんじゅう【難渋】 ¶問題の解決は～をきわめた wèntí de jiějué jíwéi kùnnan(问题的解决极为困难).

なんしょ【難所】 nánguān(难关), tiānxiǎn(天险). ¶無事に～を越えた píng'ān wúshì de dùguòle nánguān(平安无事地渡过了难关).

なんしょく【難色】 nánsè(难色). ¶相手方が～を示し, 交渉は行き詰まっている duìfāng biǎoshì nánsè, tánpàn zànshí gēqiǎn(对方表示难色,谈判暂时搁浅).

なんすい【軟水】 ruǎnshuǐ(软水).

なんせい【南西】 xīnán(西南).

ナンセンス ¶君の言っている事は～だ nǐ shuō de gēnběn méiyǒu yòng!(你说的根本没有用!)/ nǐ nà jiǎnzhí shì fèihuà!(你那简直是废话!).

なんだ【何だ】 ¶～, 君か yuánlái[gǎnqíng] shì nǐ ya(原来[敢情]是你呀). ¶～, つまらない hāi, zhēn méiyǒu yìsi(咳, 真没有意思). ¶雨くらい～ xià diǎnr yǔ, suàndeliǎo shénme(下点儿雨,算得了什么). ¶それが～と言うんだ nà yǒu shénme liǎobuqǐ de(那有什么了不起的). ¶口答えするとは～ zěnme, nǐ jìng gǎn dǐngzuǐ(怎么,你竟敢顶嘴).

なんだい【難題】 nántí(难题). ¶～を持ち出す chū nántí(出难题). ¶無理～を吹っかける wúlǐ zǔnàn(无理阻难).

なんたいどうぶつ【軟体動物】 ruǎntǐ dòngwù(软体动物).

なんだか【何だか】 **1**〖何であるか〗 ¶中身は～分らない lǐbianr de dōngxi shì shénme bù qīngchu(里边儿的东西是什么不清楚).
2〖何となく〗 ¶今日の彼は～変だよ kàn nǐ jīntiān yǒuxiē fǎncháng a!(看你今天有些反常啊!). ¶～心配だ bù zhī wèishénme xīnli yǒuxiē bù'ān(不知为什么心里有些不安). ¶～だまされているようだ hǎoxiàng shàngle dàng shìde(好像上了当似的).

なんたん【南端】 nánduān(南端), nántóur(南头儿). ¶九州の～ Jiǔzhōu de zuì nánduān(九州的最南端).

なんちゃくりく【軟着陸】 ruǎnzhuólù(软着陆). ¶月に～する zài yuèqiú shang ruǎnzhuólù(在月球上软着陆).

なんちゅう【南中】 zhōngtiān(中天).

なんちょう【難聴】 zhòngtīng(重听).

なんでも【何でも】 **1**〖何事でも, 何物でも〗 ¶あの人は～知っている tā nàge rén shénme shì

dōu zhīdao (他那个人什么事都知道)/ tā shì bǎishìtōng (他是百事通). ¶彼はスポーツなら～ござれだ tā shénme yùndòng dōu shàncháng (他什么运动都擅长). ¶～かでも引き受ける bùguǎn shénme shì dōu lǎnzài zìjǐ shēnshang (不管什么事都揽在自己身上). ¶～好きなものを買いなさい nǐ xǐhuan shénme jiù mǎi shénme ba (喜欢什么就买什么吧).
¶～屋 wànjīnyóu (万金油) / duōmiànshǒu (多面手).

2〔どうやら〕¶～４,５日以内に来るらしい jùshuō sì,wǔ tiān nèi huì lái de (据说四、五天内会来的). ¶～そういう噂です tīngshuō yǒu nàme ge fēngshēng (听说有那个风声).

なんでもな・い〖何でもない〗¶"君どうかしたの""いや～い"“nǐ zěnme le?” “méi shénme” ("你怎么了？" "没什么"). ¶彼にとって100万円ぐらいは～い duì tā lái shuō yībǎi wàn lái kuài qián suànbuliǎo shénme (对他来说一百万来块钱算不了什么). ¶あんな奴を負かすのは～い dǎbài nàge jiāhuo róngyìde hěn (打败那个家伙容易得很). ¶あんな風に言われ～いのですか bèi rénjia nàme shuō yě búzàihu ma? (被人家那么说也不在乎吗？). ¶鶏がらからけんかになった～ yóuyú jīmáo-suànpí de shì dǎqǐ jià lai le (由于鸡毛蒜皮的事打起架来了). ¶一見～ようだが、様々な仕掛けが隠されている kànzhe bù qǐyǎnr, lǐtou yǒu gè zhǒng jīguān (看着不起眼儿,里头有各种机关).

なんてん〖南天〗nántiānzhú (南天竹), tiānzhú (天竹).

なんてん〖難点〗¶条件に～がある zài tiáojiànshang yǒu kùnnan (在条件上有困难). ¶この車は燃料を食うのが～だ zhè zhǒng qìchē de quēdiǎn jiù zàiyú tài fèi qìyóu (这种汽车的缺点就在于太费汽油). ¶彼女にはどこといって～がない tā bìng méiyǒu shénme kě tèbié zhǐzhāide (她并没有什么可特别指摘的).

なんと〖何と〗**1**〔どのように〕shénme (什么), zěnme (怎么), zěnyàng (怎样). ¶～言って断ろうかと考えている zhèngzài kǎolǜ yòng shénme huà lái xièjué (正在考虑用什么话来谢绝). ¶～お礼を申し上げてよいかわかりません bù zhīdào zěnyàng xiàng nín dàoxiè cái hǎo (不知道怎样向您道谢才好). ¶人に～思われようとかまわない biéren zěnmeyàng xiǎng, wǒ quán búzàihu (别人怎么样想,我全不在乎). ¶さて、～したものだろう gāi zěnme bàn cái hǎo ne? (该怎么办才好呢？). ¶～いっても彼の方が優れている wúlùn zěnme shuō tā yào yōuxiùde duō (无论怎么说他要优秀得多). ¶～しても これだけはやらなくては wúlùn rúhé zhèxiē děi yào gǎohǎo (无论如何这些得得搞好).

2〔感嘆〕¶～素晴らしい景色だろう duōme měilì de fēngjǐng a! (多么美丽的风景啊！). ¶あんな女に手を出すとは～いう馬鹿げ gǎo nà zhǒng nǚrén, kě zhēn shì ge shǎguā (搞那种女人,可真是个傻瓜). ¶～いうことをしてくれたのだ zěnme gěi wǒ chuǎngchūle zhè zhǒng huò lai le (怎么给我闯出这种祸来了). ¶借金が積り積って、～まあ 1000万になった zhàitái gāo zhù, jìngrán qiàn le yīqiān wàn (债台高筑,竟然欠了一千万).

なんど〖何度〗**1**〔回数〕jǐ cì (几次), duōshao cì (多少次). ¶～電話をかけても通じない diànhuà dǎle jǐ cì dōu dǎbutōng (电话打了几次都打不通). ¶～と01かくやってみたがすべて失敗した tā gǎole bù zhī duōshao cì quándōu shībài le (搞了不知多少次全都失败了). ¶その話は～聞いたかしれない nà huà bù zhī tīngle duōshao biàn (那话不知听了多少遍).

2〔温度、角度などの〕jǐ dù (几度), duōshao dù (多少度). ¶今～ありますか xiànzài wēndù yǒu duōshao dù? (现在温度有多少度?). ¶この角度は～ですか zhège jiǎodù shì duōshao dù? (这个角度是多少度?).

なんとう〖南東〗dōngnán (东南).

なんとか〖何とか〗¶来週までに～仕上げてくれないか néng bu néng shèfǎ zài xiàxīngqīlǐ gěi gǎnchulai ne? (能不能设法在下星期里给赶出来呢?). ¶まあ～なるでしょう zǒng huì yǒu bànfǎ de (总会有办法的) / chē dào shān qián bì yǒu lù (车到山前必有路). ¶彼を～助けてやりたい xiǎng shèfǎ bāngzhù tā (想设法帮助他). ¶～その場は言い逃れた dāngchǎng zǒngsuàn yīngfule guòqu (当场总算应付了过去). ¶これだけあれば～間に合います yǒule zhèxiē, zǒngsuàn còuhe de guòqu (有了这些,总算凑合得过去). ¶～命だけは取り留めた hǎodǎi bǎozhùle yì tiáo mìng (好歹保住了一条命). ¶都合が悪ければ～って言ってくれ tā bù fāngbiàn de huà, huì xiàng wǒ shuō yīshēng de (他不方便的话,会向我说一声的).

なんとなく〖何となく〗¶彼のことが～心配になってきた wǒ bùyóude guànxīn qǐ tā de shì lai le (我不由得挂念起他的事来了). ¶～気分がすぐれない juéde yǒuxiē bùdà shūfu (觉得有些不大舒服). ¶あいつは～虫が好かない bùzhī wèishénme nàge rén wǒ juéde tǎoyàn (不知为什么那个人我觉得讨厌). ¶彼女は近頃～変だ tā jìnlái zǒng yǒuxiē fǎncháng (她近来总有些反常).

なんとも〖何とも〗**1**〔全く〕¶～面目ない shízài shì méi liǎn jiànrén (实在是没脸见人). ¶～困ったことになった zhè kě zhēn jiào rén wéinán (这可真叫人为难).

2〔どうとも〕¶私の口からは～言えない cóng wǒ zuǐli zuǐzhè bùhǎo shuō shénme (从我嘴里不好说什么). ¶彼には～言えない魅力がある tā jùyǒu yī zhǒng shuōbuchū de mèilì (他具有一种说不出的魅力). ¶もはや～手の施しようがない yǐjing 〔háo wú bànfǎ〔wú jì kě shī〕le (已经〔毫无办法〔无计可施〕了). ¶嬉しくも～ない yīdiǎnr yě bù juéde gāoxìng (一点儿也不觉得高兴). ¶彼の脅かしなんか～ない tā de wēixié wǒ háo bú zàihu (他的威胁我毫不在乎). ¶そんなことは～思っていない nà shì wǒ 'yīdiǎnr yě méiyǒu guàzài xīnshang〔háo bú jièyì〕(那事我 '一点儿也没有挂在心上〔毫不介意〕). ¶向こうからはまだ～言ってこない duì-

fāng hái méiyǒu rènhé fǎnyìng(对方还没有任何反映).

なんなく【難なく】 hěn róngyì(很容易), bú fèilì(不费力), bú fèijìnr(不费劲儿), qīng ér yì jǔ(轻而易举). ¶試験問題は〜解けた **shìtí hěn róngyì de jiěchulai le**(试题很容易地解出来了). ¶彼は〜予選を通過した **tā bú fèi chuī huī zhī lì tōngguòle yùsài**(他不费吹灰之力通过了预赛).

なんなら【何なら】 yàobù(要不), zàibù(再不), yàome(要么), yàoburán(要不然). ¶ 〜にちを変えても結構です **yàome gǎi ge rìzi yě kěyǐ**(要么改个日子也可以). ¶〜もう一度お伺いします **yàobù, wǒ gǎirì dēngmén bàifǎng ba**(要不,我改日登门拜访吧).

なんなりと【何なりと】 ¶〜お好きなものを召し上がって下さい **nǐ ài chī shénme, jiù qǐng suíbiàn chī ba**(你爱吃什么,就请随便吃吧). ¶ 御用は〜お申し付け下さい **yǒu shénme shì, qǐng ˈjǐnguǎn[zhǐguǎn] fēnfu ba**(有什么事,请ˈ尽管[只管]吩咐吧).

なんなんせい【南南西】 nánxīnán(南西南).

なんなんとう【南南東】 nándōngnán(南东南).

なんなんと・する【垂んとする】 ¶3時間に〜大論戦 **jiāngjìn sān ge zhōngtóu de dàlùnzhàn**(将近三个钟头的大论战).

なんにち【何日】 **1**〔日数〕 jǐ tiān(几天), duōshao tiān(多少天). ¶仕上がるまで〜かかりますか **yào jǐ tiān néng zuòwán a?**(要几天能做完啊). ¶あれは〜も前のことだ **nà shì hǎo jǐ tiān qián de shì**(那是好几天前的事).

2〔日付〕 jǐ hào(几号), jǐ rì(几日). ¶新学期は〜からですか **xīnxuéqī shì cóng jǐ hào kāishǐ?**(新学期是从几号开始?).

なんにん【何人】 jǐ ge rén(几个人), duōshao rén(多少人), duōshao ge rén(多少个人). ¶御家族は〜ですか **nín jiāli yǒu jǐ kǒu rén?**(您家里有几口人?). ¶行きたい人は〜もいる **xiǎng qù de rén yǒudeshì**(想去的人有的是).

なんねん【何年】 jǐ nián(几年), duōshao nián(多少年). ¶〜ぐらいいるつもりですか **nǐ dǎsuan zài nàli dāi jǐ nián ne?**(你打算在那里呆几年呢?). ¶〜かかってもこれはやり遂げる **bùguǎn yòng duōshao nián, wǒ yě yào bǎ zhège wánchéng**(不管用多少年,我也要把这个完成). ¶昭和〜生れですか **nǐ shì Zhāohé ˈduōshao nián[nǎ yì nián] shēng de?**(你是昭和ˈ多少年[哪一年]生?). ¶来年は2000〜ですか **míngnián shì èr líng líng jǐ nián?**(明年是二〇〇几年?).

なんの【何の】 **1**〔何ほどの〕 ¶〜お構いも致しません **méi néng zhāodài nín shénme, hěn duìbuqǐ**(没能招待您什么,很对不起)/ **zhāodài bù zhōu, hěn bàoqiàn**(招待不周,很抱歉). ¶いくら骨折っても〜得にもならない **jiùshì zěnme fèilì yě bù tǎohǎo**(就是怎么费力也不讨好). ¶あんな奴〜役にも立たない **nà jiāhuo shénme shì dōu bù dǐngyòng**(那家伙什么事都不顶用). ¶〜ことはない,体(からだ)のよい詐欺だ **shénme dōu bú shì, zhǐ búguò shì ge ménmian hǎokàn de piànjú bàle**(什么都不是,只不过是个门面好看的骗局罢了). ¶もう紙屑同然だ,〜価値もない **zhè yǐjīng děngyú fèizhǐ háo wú jiàzhí**(这已经等于废纸毫无价值). ¶〜苦もなくやってのけた **háo bù fèilì de zuòwán le**(毫不费力地做完了). ¶〜気なしに振り返ると彼女が立っていた **wúyìzhōng huíguò tóu yí kàn, tā què zài nàli zhànzhe**(无意中回过头一看,她却在那里站着).

2〔…の何の〕 ¶痛いの〜って飛び上がるほどだ **téngde jiǎnzhí jiào rén tiàoqilai**(疼得简直叫人跳起来). ¶つらいの〜と泣き言を並べる **xīnkǔ a shénme de, jiàokǔ liántiān**(辛苦啊什么的,叫苦连天).

3〔いや〕 ¶〜これしきのこと **hāi, zhèmediǎnr shì suàndeliǎo shénme!**(咳,这么点儿事算得了什么!). ¶〜,〜, そんなご遠慮には及びません **bié zhèyàng, bié zhèyàng, yòngbuzháo kèqi**(别这样,别这样,用不着客气).

なんのその【何のその】 ¶試験なんて〜 **kǎoshì suàndeliǎo shénme**(考试算得了什么). ¶嵐なんか〜と若者たちは元気に出発した **niánqīngrén bú pà bàofēngyǔ, dòuzhì ángyáng chūfā le**(年轻人不怕暴风雨,斗志昂扬出发了).

なんぱ【難破】 shīshì(失事). ¶船は暗礁に乗り上げて〜した **chuán chùjiāo shīshì le**(船触礁失事了).

¶〜船 **shīshìchuán**(失事船)/ **yùnànchuán**(遇难船).

ナンバー **hàomǎ[r]**(号码[儿]), **hàotóu[r]**(号头[儿]). ¶原稿に〜を打つ **gěi gǎozi dǎ hàomǎ**(给稿子打号码). ¶自動車の〜プレート **qìchē de hàopái**(汽车的号牌).

ナンバーワン **tóuhào**(头号), **dìyīhào**(第一号). ¶彼は棋界の〜だ **tā zài qítán shǒu qū yì zhǐ**(他在棋坛首屈一指).

ナンバリング **hàomǎjī**(号码机).

なんばん【何番】 ¶電話番号は〜ですか **diànhuà hàomǎ shì duōshao?**(电话号码是多少?). ¶彼の成績はクラスで〜ですか **tā de chéngjì zài bānshang shǔ dì jǐ míng?**(他的成绩在班上数第几名?). ¶席は前から〜目ですか **zuòwèi dǎ qiánmian shǔ dì jǐ pái ne?**(座位打前面数第几排呢?). ¶あなたは兄弟の〜目ですか **nǐ páiháng dì jǐ?**(你排行第几?)/ **nǐ háng jǐ?**(你行几?).

なんびと【何人】 **rènhé rén**(任何人). ¶信教の自由は〜に対してもこれを保障する **duì rènhé rén de xìnjiào zìyóu dōu jǐyǔ bǎozhàng**(对任何人的信教自由都给予保障). ¶〜たりとも通行を禁ず **rènhé rén jìnzhǐ tōngxíng**(任何人禁止通行).

なんびょう【難病】 wánjí(顽疾), wánzhèng(顽症). ¶〜にかかる **huànle nán zhī zhèng**(患了难治之症).

なんぶ【南部】 nánbù(南部). ¶四国の〜で稲刈りが始まった **Sìguó dìqū de nánbù kāishǐ shōugē dàozi le**(四国地区南部开始收割稻子了).

なんぶつ【難物】 ¶彼はなかなかの〜だ **tā kě bù**

なんべい【南米】 Nán Měi(南美), Nán Měizhōu(南美洲).

なんべん【何遍】 →なんど1.

なんぽう【南方】 nánbiān(南边); nánfāng(南方). ¶はるか～に島が見える 在遥远的南边看到了一个海岛 zài yáoyuǎn de nánbiān kàndàole yí ge hǎidǎo(在遥远的南边看到了一个海岛).

なんぼく【南北】 nánběi(南北). ¶～に走る山脈 nánběi zǒuxiàng de shānmài(南北走向的山脉).

なんみん【難民】 nànmín(难民). ¶～を救済する jiùjì nànmín(救济难民). ¶～キャンプ nànmínyíng(难民营).

なんもん【難問】 nántí(难题).

なんよう【南洋】 Nányáng(南洋). ¶～諸島 Nányáng Qúndǎo(南洋群岛).

なんようび【何曜日】 xīngqījǐ(星期几), lǐbàijǐ(礼拜几). ¶今日は～ですか jīntiān shì xīngqījǐ?(今天是星期几?).

なんら【何ら】 ¶～断る理由はない háo wú jùjué de lǐyóu(毫无拒绝的理由). ¶我々は～これに束縛されない wǒmen bìng bù yīncǐ shòu rènhé shùfù(我们并不因此受任何束缚). ¶それは～重要な問題ではない nà shì wúguān jǐnyào de wèntí(那是无关紧要的问题)/ nà bìng bú shì shénme zhòngyào de wèntí(那并不是什么重要的问题).

なんらか【何らか】 ¶～の手を打たなければならない děi yào cǎiqǔ shénme cuòshī(得要采取什么措施). ¶～の説明があってしかるべきだ yīnggāi yǒu ge shénme shuōmíng(应该有个什么说明). ¶～の方法で実現したい děi xiǎng shénme bànfǎ shǐ qí shíxiàn(得想什么办法使其实现).

なんろ【難路】 ¶～に差しかかる jìnrù xiǎnlù(进入险路).

に

に【荷】 **1**〔荷物〕huò(货), huòwù(货物), xíngli(行李). ¶～を積む zhuāng huò(装货). ¶トラックから～をおろす cóng kǎchē shang xièxià huòwù(从卡车上卸下货物). ¶～をほどく xínglǐ(解开行李). ¶～を担いでいく kángzhe dōngxi zǒu(扛着东西走). ¶馬に～をつける bǎ huòwù tuózài mǎbèi shang(把货物驮在马背上).

2〔負担〕dànzi(担子). ¶これでやっと肩の～がおりた zhè cái xièxiàle wǒ jiānshang de dànzi(这才卸下了我肩上的担子). ¶その仕事は私には～が勝ちすぎる nàge gōngzuò duì wǒ lái shuō dànzi tài zhòng[wǒ nányú shèngrèn](那个工作对我来说担子太重[我难于胜任]).

に【二】 èr(二・弐・貳); liǎng(两). ¶～か月 liǎng ge yuè(两个月). ¶～年生 èr niánjí(二年级).

-に **1**〔時〕zài(在), yú(于). ¶10時～出発する shí diǎn chūfā(十点出发). ¶昼休み～散歩に行く wǔxiū shíjiān qù sànbù(午休时间去散步). ¶6歳の時～父が死んだ zài wǒ liù suì de shíhou, fùqin qùqù le(在我六岁的时候, 父亲故去了). ¶月末～はできると思います wǒ xiǎng dào yuèdǐ néng wánchéng(我想到月底能完成).

2〔場所, 方向〕zài(在), yú(于). ¶テーブルの上～花瓶がある zhuōzi shang yǒu huāpíng(桌子上有花瓶). ¶図書館は公園の中～ある túshūguǎn zài gōngyuánlǐ(图书馆在公园里). ¶両親は名古屋～住んでいる fùmǔ zhùzài Mínggǔwū(父母住在名古屋). ¶右～見える建物が国会議事堂です zài yòubian kàndào de jiànzhùwù shì guóhuì yìshìtáng(在右边看到的建筑物是国会议事堂).

3〔動作・作用の及ぶ所〕gěi(给). ¶父～手紙を出す gěi fùqin qù xìn(给父亲去信). ¶赤ん坊～ミルクを飲ませる gěi háizi wèi nǎi(给孩子喂奶). ¶君～頼みがある wǒ yǒu jiàn shì bàituō nǐ(我有件事拜托你). ¶生徒～答えさせる jiào xuésheng huídá(叫学生回答). ¶医者～診てもらう qǐng dàifu kànbìng(请大夫看病). ¶花～水をやる gěi huār jiāo shuǐ(给花浇水). ¶壁～地図を張る bǎ dìtú tiēzài qiángshang(把地图贴在墙上). ¶トラック～荷物を積む wǎng kǎchē shang zhuāng huò(往卡车上装货).

4〔目的〕wèi(为), wèile(为了). ¶デパートへ買物～行く dào bǎihuò gōngsī mǎi dōngxi qù(到百货公司买东西去). ¶忘れ物を取り～戻る huílai qǔ làxia de dōngxi(回来取落下的东西). ¶音楽の勉強～ドイツに留学する wèile xuéxí yīnyuè liúxué Déguó(为了学习音乐留学德国). ¶頭痛～よく薬 duì tóuténg yǒuxiào de yào(对头疼有效的药). ¶合格する～はもっと勉強しなければならない wèile kǎoshàng děi yào xià gèng dà de gōngfu(为了考上得要下更大的功夫).

5〔動作・作用が起る元〕 ¶彼は皆～尊敬されている tā hěn shòu dàjiā de zūnjìng(他很受大家的尊敬). ¶先生～叱られた bèi lǎoshī shuōle yí dùn(被老师说了一顿). ¶そんなことを誰～聞いたのか nà zhǒng shì nǐ tīng shuí shuō

de?(那种事你听谁说的?). ¶ドア〜手を挟まれた shǒu bèi mén yǎn le(手被门掩了).
6〔比較の基準〕 ¶この魚は見たところ鯉〜似ている zhè yú kànqilai hěn xiàng lǐyú(这鱼看起来很像鲤鱼). ¶私の家は海〜近い wǒ jiā lí hǎi hěn jìn(我家离海很近). ¶予想〜反してAチームが勝った hé yùxiǎng qiàqià xiāngfǎn A duì yíng le(和预想恰恰相反 A队赢了). ¶性能の点では日本製〜劣らない zài xìngnéngshang búyàyú Rìběn zhìpǐn(在性能上不亚于日本制品).
7〔割合〕 ¶週〜2回中国語を教えている měi xīngqī jiāo liǎng cì Zhōngwén(每星期教两次中文). ¶カードを1人〜5枚ずつ配る gěi měi ge rén fā wǔ zhāng pái(给每个人发五张牌). ¶月〜3万円払う měiyuè fù sānwàn rìyuán(每月付三万日元).
8〔原因,きっかけ〕 ¶寒さ〜震える lěngde fādǒu(冷得发抖). ¶あまりの嬉しさ〜泣き出した gāoxìngde kūle qǐlái(高兴得哭了起来). ¶「火事だ」の声〜飛び起きた tīngdào "shīhuǒ la!" de jiàoshēng cóng chuángshang tiàole qǐlái(听到"失火啦!"的叫声从床上跳了起来).
9〔…として〕 ¶入学祝〜おばさんが万年筆をくれた dàshěnr sònggěile wǒ yì zhī gāngbǐ zuòwéi rùxué de lǐwù(大婶ㄦ送给了我一支钢笔作为入学的礼物). ¶500万円を資本〜商売を始めよう yǐ wǔbǎi wàn rìyuán wéi zīběn kāishǐ zuò shēngyi(以五百万日元为资本开始做生意). ¶病気を口実〜会社をサボる yǐ shēngbìng wéi jièkǒu kuànggōng(以生病为借口旷工).
10〔…にとって〕 ¶夜更しは体〜毒だ áoyè duì shēntǐ bù hǎo(熬夜对身体不好). ¶力仕事は彼女〜は無理だ tǐlì láodòng tā kě chībuxiāo(体力劳动她可吃不消).
11〔結果,帰結〕 ¶政治家〜なる dāng zhèngzhìjiā(当政治家). ¶砂漠が良田〜なる shāmò biànchéng liángtián(沙漠变成良田). ¶売上が1億円〜ふえた xiāoshòu'é zēngdào yíyì rìyuán(销售额增到一亿日元). ¶5倍〜薄める xīshì chéng wǔ bèi(稀释成五倍).
12〔状態〕 ¶ガラスをぴかぴかに〜磨く bǎ bōlicāde zèngliàng-zèngliàng(把玻璃擦得锃亮锃亮). ¶厳重〜処罰する yánlì de chǔfá(严厉地处罚).
13〔内容〕 ¶風刺〜富んだ小説 fùyǒu fěngcìxìng de xiǎoshuō(富有讽刺性的小说). ¶地下資源〜恵まれた国 dìxià zīyuán fēngfù de guójiā(地下资源丰富的国家). ¶基礎の学力〜欠ける xuéxí jīchǔ bù hǎo(学习基础不好).
14〔強調〕 ¶練り〜練った計画 zàisān yánjiū zhìdìng de jìhuà(再三研究制定的计划). ¶待ち〜待った夏休がやってきた pànwàng yǐ jiǔ de shǔjià zhōngyú láidào le(盼望已久的暑假终于来到了). ¶彼女は泣き〜泣いた tā kū- le ge sǐqù-huólái(她哭了个死去活来).
15〔並列列〕 ¶朝食には〜トースト〜ミルクです zǎodiǎn zǒngshì kǎomiànbāo hé niúnǎi(早点总是烤面包和牛奶). ¶白マスク〜黒

眼鏡の男 dài báikǒuzhào hēiyǎnjìng de nánrén(戴白口罩黑眼镜的男人).

にあ・う【似合う】 xiāngpèi(相配), xiāngchèn(相称). ¶君にはこの色が〜う zhège yánsè gēn nǐ xiāngpèi(这个颜色跟你相配). ¶彼女は着物がよく〜う tā chuān héfú hǎokàn[piàoliang/ shuài] jíle(她穿和服 好看[漂亮/ 帅]极了). ¶顔に〜わないことを言う shuō de huà gēn zhǎngxiàng bù xiāngchèn(说的话跟长相不相称). ¶この子は年に〜わず利口だ zhè háizi niánsuī suī xiǎo, què hěn cōngming(这孩子年岁虽小,却很聪明). ¶株に手を出すとはあなたにも〜わない gǎo gǔpiào, gēn nǐ tài bù xiāngchèn le(搞股票,跟你太不相称了). ¶2人は〜いの夫婦だ tāmen liǎ shì tiānzào-dìshè de yí duìhǎo fūqī(他们俩是天造地设的一对好夫妻).

にあげ【荷揚】 qǐ'àn(起岸), xièzài(卸载・卸仪). ¶バナナを〜する xièzài xiāngjiāo(卸载香蕉). ¶〜人夫 mǎtou gōngrén(码头工人).

ニアミス yìcháng jiējìn(异常接近). ¶〜を起こす fēijī fāshēng yìcháng jiējìn pèngzhuàng de wēixiǎn(飞机发生异常接近碰撞的危险).

にいさん【兄さん】 ¶→あに.
2〔若い男〕 ¶魚屋の〜 yúdiàn de xiǎohuǒzi(鱼店的小伙子). ¶隣のお〜に英語を教えてもらっています gébì de dàgē jiāo wǒ Yīngyǔ(隔壁的大哥教我英语).

ニーズ xūyào(需要), yāoqiú(要求). ¶消費者の〜に応える mǎnzú xiāofèizhě de xūyào(满足消费者的需要).

にいづま【新妻】 xīnfù(新妇), xīnniáng(新娘), xīnniángzi(新娘子), xīnxífur(新媳妇ㄦ).

にうけ【荷受】 shōuhuò(收货), lǐnghuò(领货). ¶〜人 shōuhuòrén(收货人).

にうごき【荷動き】 ¶〜が活発である huòyùn hěn huóyuè(货运很活跃).

にえかえ・る【煮え返る】 gǔn(滚), gǔnfèi(滚沸). ¶〜った湯 gǔn[fèi] shuǐ(滚[沸]水). ¶それを聞いて腹の中が〜ようだった tīngle nà huà qìde zhùzi lǐ xiàng shāo guō yíyàng(听了那话气得肚子里像开了锅一样).

にえきらな・い【煮え切らない】 ¶彼の態度は〜い tā de tàidù 'yóuyù bùjué'[yáobǎi bùdìng](他的态度'犹豫不决'[摇摆不定]). ¶何度聞いても〜い返事しか返ってこない wènle jǐ cì, huídá lǎoshi hánhān-hūhū de(问了几次,回答老是含含糊糊的).

にえたぎ・る【煮えたぎる】 gǔnfèi(滚沸). ¶やかんのお湯が〜っている tiěhú de kāishuǐ shāode gǔnfèi(铁壶的开水烧得滚沸).

にえた・つ【煮え立つ】 zhǔkāi(煮开), gǔnkāi(滚开). ¶〜ったら火から下ろします kāile guō jiù cóng huǒshang náxialai(开了锅就从火上拿下来).

にえゆ【煮え湯】 kāishuǐ(开水), gǔnshuǐ(滚水). ¶あいつに〜を飲まされた nàge jiāhuo kěngle wǒ, nòngde wǒ hǎo kǔ(那个家伙坑了我,弄得我好苦).

に・える【煮える】 zhǔshú(煮熟), zhǔhǎo(煮好).

¶豆が~えた dòuzi zhǔshú le(豆子煮熟了). ¶まだよく~えていない hái méi zhǔhǎo(还没煮好). ¶~えすぎてくずれてしまった zhǔde guòhuǒ dōu làn le(煮得过火都烂了).

におい【匂・臭】 wèi[r](味[儿]), qìwèi(气味). ¶どんな~がしますか yǒu shénme wèir?(有什么味儿?). ¶よい~がする xiāngqì[yìxiāng] pūbí(香气[异香]扑鼻). ¶いやな~が鼻について離れない nánwén de wèir[yìwèi] lǎo chōng bízi(难闻的味儿[异味]老冲鼻子). ¶ぷんぷん酒の~をさせて入ってきた jiǔqì xūn rén de zǒulai jìnlái(酒气熏人地走了进来). ¶犬が獲物の~をかぎつけた gǒu xiùchū lièwù de qìwèi(狗嗅出猎物的气味). ¶くちなしの花が甘い~を放つ zhīzihuā fāchū zhèn zhèn fāngxiāng(栀子花发出阵阵芳香). ¶腐った魚の~ chòu yú wèir(臭鱼味儿). ¶汗くさい~ hàn chòuwèir(汗臭味儿). ¶煙草の~ yānwèir(烟味儿).

にお・う【匂う・臭う】 wénjiàn(闻见), pūbí(扑鼻), cìbí(刺鼻). ¶沈丁花が~う ruìxiāng de xiāngqì pūbí(瑞香的香气扑鼻)/ wénjiàn ruìxiāng de xiāngwèir(闻见瑞香的香味儿). ¶ガスが~う wǎsī de wèir cìbí(瓦斯的味儿刺鼻). ¶死臭が~う sǐshī chòuqì xūn rén(死尸臭气熏人).

におう【仁王】 hēnghā èr jiàng(哼哈二将). ¶~立ちになって立ちふさがる chǎ tuǐ zhànlì dǎngzhù qùlù(叉腿站立挡住去路).

におわ・す【匂わす】 ¶彼女は香水を~していた tā sànfāzhe xiāngshuǐ de fāngxiāng(她散发着香水的芳香). ¶彼に例のことをそれとなく~しておいた bǎ nà jiàn shì wǎnzhuǎn de gàosule tā(把那件事婉转地告诉了他).

にかい【二階】 èr lóu(二楼), lóushàng(楼上). ¶~へ上る shàng lóu(上楼). ¶~から降りる xià lóu(下楼). ¶~には娘夫婦が住んでいる èr lóu zhùzhe nǚ'ér fūqī liǎngkǒur(二楼住着女儿夫妻两口儿). ¶~から目薬 yuǎn shuǐ jiùbuliǎo jìn huǒ(远水救不了近火)/ wú jì yú shì(无济于事).

¶~家 èrcénglóu(二层楼)/ lóufáng(楼房).

にが・い【苦い】 **1** kǔ(苦). ¶これは~くて食べられない zhège kǔde méifǎ chī(这个苦得没法吃). ¶良薬は口に~し liángyào kǔkǒu(良药苦口).

2〔つらい、不快で〕 ¶~い経験をした yǒuguo chéntòng de jīngyàn jiàoxùn(有过沉痛的经验教训). ¶学生時代の~い思い出 xuésheng shídài tòngkǔ de huíyì(学生时代痛苦的回忆). ¶ずばり欠点を指摘されて~い顔をする bèi rén yì zhēn jiàn xiě zhǐchū quēdiǎn xiànchū mǎnliǎn de nánkān(被人一针见血指出缺点现出满脸的难堪).

にがお【似顔】 ¶友人の~をスケッチする huà péngyou de tóuxiàng sùxiě(画朋友的头像速写).

にが・す【逃す】 **1**〔放つ〕 fàngpǎo(放跑), fàngdiào(放掉). ¶小鳥を~してやる bǎ xiǎoniǎo fàngpǎo(把小鸟放跑).

2〔取り逃す〕 ¶逃げようとて~すものか nǐ xiūxiǎng táopǎo(你休想逃跑). ¶すりを~してしまった jiào páshǒu pǎodiào le(叫扒手跑掉了). ¶大事なお客を~してしまった ràng hǎo gùkè pǎodiào le(让好顾客跑掉了). ¶チャンスを~す fàngguò[cuòguò]le hǎo jīhuì(放过[错过]了好机会). ¶~した魚は大きい méi diàoshanglai de yú zǒng juéde dà(没钓上来的鱼总觉得大).

にがて【苦手】 ¶無口な人はどうも~だ duì chénmò-guǎyán de rén wǒ kě gǎndào jíshǒu(对沉默寡言的人我可感到棘手). ¶私は注射は~だ wǒ pà dǎzhēn(我怕打针). ¶私は数学が~だ wǒ bú shàncháng shùxué(我不擅长数学)/ wǒ zuì pà shùxué(我最怕数学).

にがにがし・い【苦苦しい】 ¶彼の横柄な態度を~く思う tā nà àomàn de tàidu, zhēn jiào rén ˇtǎoyàn[bù yúkuài](他那傲慢的态度, 真叫人ˇ讨厌[不愉快]). ¶老人は~げに一座を見回した lǎorén ˇèhěnhěn[ˇfǎngǎn] de sǎole zàizuò de rén yìyǎn(老人ˇ恶狠狠[反感]地扫了在座的人一眼).

にがみ【苦み】 kǔwèi(苦味), kǔtou(苦头). ¶この胡瓜(㼌)は~がある zhè húguā yǒu diǎnr kǔwèi(这胡瓜有点儿苦味).

にがむし【苦虫】 ¶~を噛みつぶしたような顔をする xiàng shì chīle huánglián shìde bǎnzhe liǎnkǒng(像是吃了黄连似的板着脸孔).

にかめいが【二化螟蛾】 èrhuàmíng(二化螟).

にかよ・う【似通う】 xiāngsì(相似), xiāngxiàng(相像). ¶やっぱり兄弟だから体つきまで~っている jiūjìng shì gēliǎr, lián tǐxíng dōu yíyàng(究竟是哥俩儿, 连体型都一样).

にがり【苦汁】 lǔshuǐ(卤水), yánlǔ(盐卤), lǔ(卤).

にがりき・る【苦り切る】 ¶~った顔をしている xiǎnchū ˇfēicháng bú yuè[jí bú tòngkuai] de shénsè(显出ˇ非常不悦[极不痛快]的神色).

にかわ【膠】 jiāo(胶), gǔjiāo(骨胶), biāojiāo(鳔胶). ¶~を煮る áo jiāo(熬胶). ¶~で付ける yòng jiāo zhānshàng(用胶粘上)/ jiāohé(胶合).

にがわせ【荷為替】 huòhuì(货汇), yāhuì(押汇). ¶~を組む jì yāhuì(寄押汇).

にがわらい【苦笑い】 kǔxiào(苦笑). ¶子供にやりこめられて思わず~した jiào háizi wènzhù, bùjīn kǔxiào(叫孩子问住, 不禁苦笑).

にがんレフ【二眼レフ】 shuānngjìngtóu fǎnguāngshì zhàoxiàngjī(双镜头反光式照相机).

にき【二期】 ¶~作 shuāngjìdào(双季稻). ~制 liǎngqīzhì(两期制).

にぎてき【二義的】 ¶それは~な問題だ nà shì cìyào de wèntí(那是次要的问题).

にきび【面皰】 cuóchuāng(痤疮), fěncì(粉刺). ¶~ができる zhǎng cuóchuāng(长痤疮). ¶~面(㖊) mǎnliǎn fěncì(满脸粉刺).

にぎやか【賑やか】 rènao(热闹), xīrǎng(熙攘). ¶この辺もだいぶ~になって大変~になった zhè yídài yě biànde hěn rènao le(这一带也变得很热闹了). ¶~な連中が集まって大騒ぎした ài rènao de rén

jùzài yìqǐ nàotengle yì fān(爱热闹的人聚在一起闹腾了一番). ¶あの家はいつも〜な笑い声が絶えない nà jiā hélè de huānxiàoshēng cóng bú jiànduàn(那家和乐的欢笑声从不间断). ¶さあ,にやりましょう lái, zánmen rènao rènao ba!(来,咱们热闹热闹吧!)

にきゅう【二級】 èr jí(二级). ¶〜品 cìhuò(次货)/ cìpǐn(次品).

にぎり【握り】 1 [取っ手] bàr(把ㄦ). ¶傘の〜 sǎnbàr(伞把ㄦ).

2 [助数詞] bǎ(把). ¶ひと〜の米 yì bǎ mǐ(一把米). ¶ひと〜の反動派 yì xiǎocuō fǎndòngpài(一小撮反动派).

にぎりこぶし【握り拳】 quántou(拳头). ¶〜を振り上げて打ちかかった jǔqǐ quántou dǎguoqu le(举起拳头打过去了). ¶〜を固める zuānjǐn[wòjǐn/niējǐn] quántou(攥紧[握紧/捏紧]拳头) / wòquán chuí(握拳捶).

にぎりし・める【握り締める】 wòzhù(握住), zuànzhù(攥住). ¶彼は私の手を〜めて離さない tā zuànzhù wǒ de shǒu bú fàng(他攥住我的手不放). ¶必死になって手綱を〜めた sǐmìng de zhuāzhù jiāngsheng(死命地抓住缰绳).

にぎりつぶ・す【握り潰す】 niēsuì(捏碎), zuànsuì(攥碎). ¶卵を〜した yòng shǒu niēsuìle jīdàn(用手捏碎了鸡蛋). ¶彼の提案は上司に〜された tā de jiànyì bèi shàngsi yāxià le(他的建议被上司压下了).

にぎりめし【握飯】 fàntuánzi(饭团子). ¶〜をこしらえる tuán fàntuánzi(团饭团子).

にぎ・る【握る】 1 wò(握), zuàn(攥); tuán(团捏). ¶こぶしを〜る zuàn quántou(攥拳头) / wòquán(握拳). ¶彼は私の手を強く〜った tā jǐnwò wǒ de shǒu(他紧握我的手). ¶手に汗〜る熱戦 ràng rén niē bǎ hàn de jīliè bǐsài(让人捏把汗的激烈比赛). ¶金を〜らせて口を封ずる yòng qián dǔzhù rén de zuǐ(用钱堵住人的嘴). ¶おむすびを〜る tuán fàntuánzi(团饭团子).

2 [掌握する,つかむ] zhǎng(掌), zhǎngwò(掌握); zhuā(抓). ¶実権は彼が〜っている shíquán zhǎngwò zài tā de shǒuli(实权掌握在他的手里) / tā ná "quán[yìnbàr]"(他拿权[印把ㄦ]). ¶動かぬ証拠を〜る zhuāzhù tiězhèng(抓住铁证). ¶あいつに弱みを〜られている bèi tā zhuāzhùle bǎbǐng(被他抓住了把柄).

にぎわ・う【賑わう】 rènao(热闹). ¶この町は夏になると登山客で〜う xiàtiān jiù yóuyú dēngshānkè de dàolái ér rènao qilai(这个镇一上到夏天就由于登山客的到来热闹起来). ¶店は客で〜っていた nà jiā shāngdiàn gùkè bùduàn, xīngwàng xuànrǎn(那家商店顾客不断,兴旺喧染).

にぎわ・す【賑わす】 ¶秋になると秋刀魚(ぎ̂)が食膳を〜す yí dào qiūtiān qiūdāoyú jiù shàngle cānzhuō(一到秋天秋刀鱼就上了餐桌). ¶2人の結婚が週刊誌を〜している tāmen de jiéhūn zài zhōukān zázhì shang dàwéi xuànrǎn(他们的结婚在周刊杂志上大为渲染).

にく【肉】 1 ròu(肉). ¶腹に〜がついた pàng-

de dùzi tūchulai le(胖得肚子凸出来了). ¶〜のしまった体 jīrou jiānshí de tǐgé(肌肉坚实的体格). ¶股(½)の〜が落ちた dàtuǐ de jīrou diào le(大腿的肌肉掉了).

¶〜色 ròusè(肉色).

2 [食用の] ròu(肉). ¶この〜は固い zhè ròu "yìng[lǎo]"(这肉硬[老]). ¶この〜は柔らかい zhè ròu nèn(这肉嫩).

¶〜団子 ròuwánzi(肉丸子). ~饅頭 ròubāozi(肉包子). ~屋 ròudiàn(肉店)/ ròupù(肉铺). ~料理 ròulèi cài(肉类菜)/ hūncài(荤菜).

3 [果肉] ¶この桃は種が大きくて〜が少ない zhè zhǒng táozi hé dà ròu shǎo(这种桃子核大肉少). ¶竜眼〜 guìyuánròu(桂圆肉).

4 [厚み] ¶〜の厚い葉 hòu yèzi(厚叶子). ¶〜の薄い板 báo bǎnzi(薄板子).

5 [印肉] yìnní(印泥), yìnsè(印色).

にく・い【憎い】 1 hèn(恨), kěhèn(可恨), kěwù(可恶). ¶あいつが〜い nà jiāhuo zhēn "kěhèn[kěwù]"(那家伙真可恨[可恶]) / wǒ hèn tā(我恨他). ¶彼は常々彼女のことを〜からず思っていた tā xīnli yìzhí "xǐhuan[sīliànzhe]" tā(他心里一直喜欢[思恋着]她).

2 [心憎い] ¶〜いほどなかなか〜い出来映えだ zuòde zhēn shuài(做得真帅). ¶こいつ〜い口をきく zhè jiāhuo huà shuōde zhēn bàng(这家伙话说得真棒).

-にく・い【難い】 ¶私の口からは言い〜い yóu wǒ zuǐli kě bùhǎo shuōchulai(由我嘴里可不好说出来). ¶ここは話し〜いのでちょっと出よう zài zhèr shuōhuà bù fāngbiàn, zán chūqu ba(在这ㄦ说话不方便,咱出去吧). ¶字が小さくて読み〜い zì xiǎode nán dú(字小得难读). ¶あいつは扱い〜い奴だ nà jiāhuo kě shì ge cìtóu(那家伙可是个刺ㄦ头). ¶この問題は解決し〜い zhège wèntí bù róngyì jiějué(这个问题不容易解决). ¶汚れ〜い生地 bú yì zāng de liàozi(不易脏的料子). ¶治り〜い病気 nán zhì de bìng(难治的病).

にくが【肉芽】 ròuyá(肉芽), ròuyá zǔzhī(肉芽组织).

にくがん【肉眼】 ròuyǎn(肉眼). ¶〜では見えない ròuyǎn kànbujiàn(肉眼看不见).

にくぎゅう【肉牛】 ròuniú(肉牛), càiniú(菜牛).

にくしみ【憎しみ】 hèn(恨), chóuhèn(仇恨), yuànhèn(怨恨), chóuyuàn(仇怨). ¶〜を抱く huáihèn zài xīn(怀恨在心)/ xīn huái chóuhèn(心怀仇恨). ¶人の〜を買う zhāo rén hèn(招人恨)/ jié yuàn(结怨).

にくしゅ【肉腫】 ròuliú(肉瘤).

にくしょく【肉食】 ròushí(肉食). ¶〜より菜食を好む bǐqǐ chīròu lái gèng xǐhuan chīsù(比起吃荤来更喜欢吃素).

¶〜動物 ròushí dòngwù(肉食动物).

にくしん【肉親】 gǔròu(骨肉), gǔxuè(骨血). ¶〜を失った悲しみ shīqù gǔròu de bēishāng(失去骨肉的悲伤). ¶〜もまたばぬ心のこもった看病 tǐtiē rù wēi shèngsì gǔròu de kānhù(体

にくずれ【荷崩れ】 zhuānghuò sōngsǎn (装货松散).

にくせい【肉声】 ¶電話の声は～と違って聞えた diànhuàlǐ de shēngyīn hé zìrán de sǎngyīn tīngqilai bù yíyàng (电话里的声音和自然的嗓音听起来不一样).

にくたい【肉体】 ròutǐ (肉体). ¶～の衰えを感ずる juéde shēntǐ shuāiruò le (觉得身体衰弱了). ¶～の苦痛を与える shījiā ròutǐ de tòngkǔ (施加肉体的痛苦). ¶～関係を結ぶ fāshēng ròutǐ guānxi (发生肉体关系).
¶～労働 tǐlì láodòng (体力劳动).

にくづき【肉月】 ròuyuèr (肉月儿).

にくづき【肉付き】 ¶～のよい顔 fēngmǎn de liǎndànr (丰满的脸蛋儿). ¶～のよい牛 biāo féi tǐ zhuàng de niú (膘肥体壮的牛).

にくづけ【肉付け】 ¶この論文はもっと～が必要だ zhè piān lùnwén nèiróng hái xūyào jiāyǐ chōngshí (这篇论文内容还须要加以充实).

にくらし・い【憎らしい】 rén xiánwù de miànkǒng (令人嫌恶的面孔).
¶彼は～げに私をにらんだ tā ˇyòng yànwù de yǎnguāng[èhěnhěn de] dèngle wǒ yìyǎn (他 ˇ用厌恶的眼光[恶狠狠地]瞪了我一眼).

にくはく【肉薄】 ¶敵陣に～する jǐn bī díyíng (紧逼敌营)/ zhí bó dízhèn (直薄敌阵). ¶1点差に～する bīdào yì fēn zhī chā (逼到一分之差).

にくばなれ【肉離れ】 ¶足の筋肉が～を起した jiǎoshang de jīròu lāshāng le (脚上的肌肉拉伤了).

にくひつ【肉筆】 shǒubǐ (手笔), shǒushū (手书), shǒuxiě (手写). ¶～の招待状 shǒushū de qǐngtiě (手书的请帖).

にくぶと【肉太】 ¶～の字 bǐdào cū de zì (笔道粗的字).

にくぼそ【肉細】 ¶～の文字 bǐdào xì de zì (笔道细的字).

にくまれぐち【憎まれ口】 ¶～をたたく shuō tǎo rén xián de huà (说讨人嫌的话)/ pínzuǐ bóshé (贫嘴薄舌).

にくまれっこ【憎まれっ子】 ¶私は子供の頃近所で有名な～だった wǒ xiǎoshíhou shì zhè yídài chūmíng de tiáopíguǐ (我小时候是这一带出名的调皮鬼). ¶～世にはばかる zhāo rén hèn de rén fǎndào yǒu quán yǒu shì (招人恨的人反倒有权有势).

にくまれやく【憎まれ役】 ¶～を買って出る zhǔdòng chéngdān zhāo rén yuàn de shì (主动承担招人怨的事).

にく・む【憎む】 hèn (恨), zēnghèn (憎恨), zēngwù (憎恶). ¶罪を～んで人を～まず hèn qí zuì ér bú hèn qí rén (恨其罪而不恨其人). ¶七つ八つは～まれざかり qī suì bā suì gǒu yě xián (七岁八岁狗也嫌).

にくめな・い【憎めない】 ¶あの人は～い人だ tā shì ge bù zhāo rén hèn de rén (他是个不招人恨的人).

にくよく【肉欲】 ròuyù (肉欲).

にくらし・い【憎らしい】 kěhèn (可恨), kěwù (可恶). ¶あいつが～くてしようがない nàge jiāhuo zhēn kěhèn (那个家伙真可恨). ¶ほんとに～い子だ zhēn shì ge tǎoyàn de háizi (真是个讨厌的孩子). ¶彼は～いほど落ち着いていた tā nà chénjìngjìnr jiào rén méiyǒu shuō de (他那沉静劲儿叫人没有说的).

にぐるま【荷車】 dàchē (大车) 〈牛馬が引く〉, pǎizichē (排子车), dàbǎnchē (大板车) 〈人が引く〉. ¶～を引く lā pǎizichē (拉排子车).

ニグロ Nígélúo rénzhǒng (尼格罗人种), hēizhǒng (黑种), hēisè rénzhǒng (黑色人种), hēizhǒngrén (黑种人), hēirén (黑人).

ニクロム nièègè héjīn (镍铬合金), nièègè nàirè héjīn (镍铬耐热合金). ¶～線 nièègè héjīnxiàn (镍铬合金线)/ nièègè diànrèsī (镍铬电热丝)/ nièègèsī (镍铬丝).

に・げ【逃げ】 ¶私も～も隠れもしない wǒ jué bù táobì (我决不逃避). ¶こうなったら～の一手だ xiànzài zhǐyǒu táopǎo zhè yì zhāor le (现在只有逃跑这一招儿了)/ sānshíliù jì, zǒu wéi shàngjì (三十六计, 走为上计). ¶彼は"近頃忙しくて"とはやばやと～を打った tā bù děng rén zhāngkǒu jiù yǐ "jìnlái hěn máng" fēngle mén (他不等人张口就以"近来很忙"封了门).

にげあし【逃げ足】 ¶～の速い男だ zhēn shì táode kuài de jiāhuo (真是逃得快的家伙).

にげう・せる【逃げ失せる】 ¶雲を霞と～せる yíliùyānr de pǎole ge zōngyǐng quán wú (一溜烟儿地跑了个踪影全无).

にげおく・れる【逃げ遅れる】 ¶子供が～れて焼け死んだ xiǎoháizi pǎochíle bèi shāosǐ le (小孩子跑迟了被烧死了).

にげぐち【逃げ口】 ¶どこにも～がない nǎli yě méiyǒu chūkǒu kě táo (哪里也没有出口可逃).

にげこうじょう【逃げ口上】 ¶そんな～は聞きたくない nà zhǒng kāituō de huà wǒ bù xiǎng tīng (那种托词的话我不想听).

にげごし【逃げ腰】 ¶彼は最初から～だった tā dǎ yì kāishǐ jiù dǎ tuìtánggǔ (他打一开始就打退堂鼓).

にげこ・む【逃げ込む】 ¶追われて空家に～んだ bèi zhuīgǎn, pǎojìnle kòngfáng (被追赶, 跑进了空房).

にげだ・す【逃げ出す】 ¶虎が檻から～した lǎohǔ cóng shòujiàn pǎo le (老虎从兽槛跑了). ¶一目散に～した sātuǐ jiù pǎo le (撒腿就跑).

にげ・びる【逃げ延びる】 ¶ここまで～びれば大丈夫だ táodào zhèli jiù suàn tuōxiǎn le (逃到这里就算脱险了).

にげば【逃げ場】 ¶～を失う wú chù kě táo (无处可逃).

にげまど・う【逃げ惑う】 ¶道は～う人々でごったがえしていた jiēshàng jìngshì ˇxiàng sìchù táocuàn[dōng táo xī cuàn] de rén hùnluàn bùkān (街上净是ˇ向四处逃窜[东逃西窜]的人乱不堪).

にげまわ・る【逃げ回る】 ¶子供はお風呂が嫌だと～った háizi rǎngzhe bù xiǎng xǐzǎo dàochù

luàn pǎo(孩子嚷着不想洗澡到处乱跑). ¶搜査の手を逃れて～る wèile bǎituō zhuībǔ sīfāng qiántáo(为了摆脱公安局的追捕四处潜逃). ¶借金取りから～る sìchù 'duǒbì tǎozhàiguǐ[duǒzhài](四处'躲避讨债鬼[躲债]).

- **にげみち**【逃げ道】 hòulù(后路), tuìlù(退路). ¶～を塞ぐ dǔzhù tuìlù(堵住退路). ¶～がある yǒu ge táotuō de hǎo bànfǎ(有个逃脱的好办法).
- **に・げる**【逃げる】 1〔逃走する, 逃亡する〕pǎo(跑), pǎodiào(跑掉), táo(逃), táopǎo(逃跑), táozǒu(逃走), liū(溜), liūzǒu(溜走). ¶～げる子供を追いかける zhuīgǎn táopǎo de háizi(追赶逃跑的孩子). ¶泥棒は裏口から～げた xiǎotōur cóng hòumén pǎo le(小偷ㄦ从后门跑了). ¶小鳥が籠から～げた xiǎoniǎo cóng lónglǐ pǎodiào le(小鸟从笼里跑掉了). ¶借金を踏み倒しても～げた qiànzhài bù huán táopǎo le(欠债不还逃跑了). ¶彼は女房に～げられた tā de lǎopo pǎo le(他的老婆跑了).

  2〔逃避する〕duǒ(躲), duǒkāi(躲开), bìkāi(避开), táobì(逃避), táotuō(逃脱). ¶～げずに私の質問に答えなさい bié huíbì, huídá wǒ de wèntí ba(别回避, 回答我的问题吧). ¶～げ切られに幹事を引き受けた méifǎ tuīcí, zhǐhǎo dāngle gànshi(没法推辞, 只好当了干事).
- **にげん**【二元】 èryuán(二元). ¶～放送 tóngshí liánbō jiémù(同时联播节目). ～方程式 èryuán fāngchéngshì(二元方程式). ～論 èryuánlùn(二元论).
- **にこごり**【煮凝り】 yúdòngr(鱼冻ㄦ).
- **にご・す**【濁す】 1〔よごす〕nònghún(弄浑), nòngzhuó(弄浊). ¶川の水を～す nònghún héshuǐ(弄浑河水).

  2〔あいまいにする〕¶言葉を～してはっきり言わない hánhu qí cí bù míngyán(含胡其辞不明言). ¶肝心な所にくると言葉を～してしまう shuōdào guānjiànchù jiù zhīwú qilai(说到关键处就支吾起来). ¶お茶を～す tángsè liǎoshì(搪塞了事)/ fūyan-sèzé(敷衍塞责).
- **ニコチン** nígǔdīng(尼古丁), yānjiǎn(烟碱). ¶～中毒 nígǔdīng zhòngdú(尼古丁中毒)/ yānjiǎn zhòngdú(烟碱中毒).
- **にこにこ** xiàoxīxī(笑嘻嘻), xiàomīmī(笑眯眯), xiàoyīnyín(笑吟吟), xiàoyīngyīng(笑盈盈). ¶あの人はいつも～している nàge rén zǒngshì xiàomīmī de(那个人总是笑眯眯的). ¶優勝して～顔で huòdéle guànjūn 'xiào zhú yán kāi[méikāi-yǎnxiào](获得了冠军'笑逐颜开[眉开眼笑]).
- **にこみ**【煮込み】 ¶もつの～ dùnzásui(炖杂碎).
- **にこ・む**【煮込む】 dùn(炖). ¶この豚肉はよく～んである zhège zhūròu dùnde hǎo(这个猪肉炖得好).
- **にこやか** ¶～に客と応対する xiàoróng mǎnmiàn jiēdài kèrén(笑容满面接待客人). ¶～な笑みをうかべている guàzhe wēixiào(挂着微笑)/ dàizhe xiàoróng(带着笑容).
- **にこり** ¶～と笑う wēiwēi yí xiào(微微一笑). ¶～ともしないでそっぽを向く xiào yě bú xiào jiù bǎ tóu niǔguoqu le(笑也不笑就把头扭过去了).
- **にごり**【濁り】 ¶この水は～がひどい zhège shuǐ húnzhuóde hěn(这个水浑浊得很).
- **にご・る**【濁る】 hún(浑·混), húnzhuó(浑浊), hùnzhuó(混浊), wūzhuó(污浊). ¶水が～っている shuǐ 'hún[húnzhuó、wū'zhuó](水'浑[浑浊、污浊]). ¶空が煤煙で～っている tiānkōng bùmǎn méiyān yípiàn húnzhuó(天空布满煤烟一片浑浊). ¶～った色 bù xiānmíng de yánsè(不鲜明的颜色). ¶音が～っている shēngyīn bù xiǎngliàng(声音不响亮). ¶心の～った人 xīnshù bú zhèng de rén(心术不正的人). ¶濁点のついた仮名は～って読む dài zhuódiǎn de jiǎmíng niàn zhuóyīn(带浊点的假名念浊音).
- **にごん**【二言】 ¶武士に～はない jūnzǐ yì yán wéi dìng(君子一言为定).
- **にざかな**【煮魚】 dùnyú(炖鱼), āoyú(熬鱼).
- **にさん**【二三】 ¶～の訂正を加える jiāyǐ shǎoxǔ de dìngzhèng(加以少许的订正)/ dìngzhèng liǎng, sān ge dìfang(订正两、三个地方).
- **にさんかたんそ**【二酸化炭素】 èryǎnghuàtàn(二氧化碳), tànsuānqì(碳酸气).
- **にし**【西】 xī(西). ¶もう日は～に傾いた tàiyáng yǐjīng 'píng[piān]xī le(太阳已经'平[偏]西了). ¶この部屋は～に向いている zhè jiān wūzi cháo xī(这间屋子朝西). ¶天気は～の方から崩れてきた tiānqì cóng xībian jiànjiàn biàn huài le(天气从西边渐渐变坏了). ¶この土地に越してきたばかりで, 東も～もわからない gāng bāndào zhège dìfang, lián dōng nán xī běi yě fēnbuqīng(刚搬到这个地方, 连东南西北也分不清).

  ¶～風 xīfēng(西风). ～半球 xībànqiú(西半球).
- **にじ**【虹】 jiàng(虹), cǎihóng(彩虹). ¶空に～が出た tiānshang 'chū jiàng[chūxiàn cǎihóng] le(天上'出虹[出现彩虹]了).
- **にじ**【二次】 ¶それは～的な要素でしかない nà zhǐshì cìyào de yīnsù(那只是次要的因素). ¶～感染 jìfā gǎnrǎn(继发感染). ～試験 fùshì(复试). ～方程式 èrcì fāngchéng(二次方程). 第二次世界大戦 Dì'èr Cì Shìjiè Dàzhàn(第二次世界大战).
- **にしき**【錦】 jǐn(锦). ¶もみじの～ fēngyè rú jǐn(枫叶如锦). ¶故郷に～を飾る yī jǐn huán xiāng(衣锦还乡)/ yī jǐn róngguī(衣锦荣归).
- **にしきへび**【錦蛇】 mǎngshé(蟒蛇), ránshé(蚺蛇).
- **にしび**【西日】 ¶この部屋は～が射し込む zhè jiān wūzi xīshài(这间屋子西晒).
- **にじます**【虹鱒】 hóngzūn(虹鳟).
- **にじみ・でる**【滲み出る】 shènchū(渗出), qìnchū(沁出). ¶額から汗が～出た éshang shènchū hànzhū(额上渗出汗珠). ¶彼の気持が行間に～出ている zìlǐ-hángjiān liúlùchū tā de zhēnqíng(字里行间流露出他的真情).
- **にじ・む**【滲む】 shèn(渗), qìn(沁), yīn(洇). ¶この紙はインクが～む zhè zhǒng zhǐ xiě zì

にしめる【煮染める】¶里芋と肉を～める yòng yùtou dùn ròu(用芋头炖肉).

にしゃたくいつ【二者択一】liǎngzhě zé yī(两者择一).

にじゅう【二重】chóng(重), chóngfù(重复); shuāngdào(双道), èrchóng(二重), liǎngchóng(两重). ¶本を～に買ってしまった bǎ shū mǎichóng le(把书买重了). ¶物が～に見える dōngxi kànchéngle shuāng yǐng(东西看成了双影). ¶新聞紙で～に包む yòng bàozhǐ bāo liǎng céng(用报纸包两层). ¶そんなことをすると～手間になる nàme gǎo yào fèi liǎng dào shì(那么搞要费两道事). ¶～する ～にする.

¶～顎 shuāngxiàba(双下巴). ～課税 èrchóng kèshuì(二重课税). ～国籍 shuāngchóng guójí(双重国籍). ～唱 èrchóngchàng(二重唱). ～人格 shuāngchóng[liǎngchóng] réngé(双重[两重]人格). ～奏 èrchóngzòu(二重奏). ～否定 liǎngchóng fǒudìng(两重否定). ～丸 shuāngquānr(双圈儿).

にじょう【二乗】píngfāng(平方), zìchéng(自乘).

にじりよ・る【躙り寄る】¶～って耳打ちした tiējìn guolai dīshēng ěryǔ(贴近过来低声耳语).

にしん【鰊】fēi(鲱), liàn(鰊), qīngyú(青鱼).

にしんほう【二進法】èrjìnzhì(二进制).

ニス qīngqī(清漆), jiǎqī(假漆). ¶～を塗る shàng qīngqī(上清漆).

にすい【二水】liǎngdiǎnshuǐr(两点水ル).

に・せ【偽】jiǎ(假). ¶～のダイヤ jiǎ zuànshí(假钻石). ¶～警官に御注意 qǐng zhùyì jiǎmào de jǐngchá(请注意冒假的警察).

にせアカシア yánghuái(洋槐), cìhuái(刺槐).

にせい【二世】èr shì(二世). ¶ハワイの日系～ Xiàwēiyí Rìběn xuètǒng jūmín de dì'èr dài(夏威夷日本血统居民的第二代). ¶～の誕生おめでとう zhùhè nǐ érzi de dànshēng(祝贺你儿子的诞生). ¶エリザベス～ Yīlìshābái èr shì(伊丽莎白二世).

にせがね【偽金】wěibì(伪币), yànbì(赝币), jiǎbì(假币). ¶～作り wěizào[jiǎzào] huòbì de(伪造[假造]货币的).

にせさつ【偽札】wěichāo(伪钞), jiǎchāo(假钞), jiǎpiàozi(假票子).

にせもの 1【偽物】jiǎhuò(假货), màopáihuò(冒牌货), wěizàopǐn(伪造品), yànpǐn(赝品). ¶本物と～の区別がつかない zhēn de hé jiǎ de[zhēnjiǎ] nányú fēnbiàn(真的和假的[真假]难于分辨). ¶この雪舟は～だ zhè zhāng Xuězhōu de huà shì jiǎ de(这张雪舟的画是假的).

2【偽者】¶～の弁護士 jiǎ lǜshī(假律师). ¶～

róngyì yīn(这种纸写字容易洇). ¶包带に血が～んでいる bēngdài shang shènchūle xiě(绷带上渗出了血). ¶血の～のような努力をする fèijìn xīnxuè(费尽心血)/ǒuxīn lìxuè(呕心沥血). ¶暑くて汗が～んでくる rède shènchū hàn lai(热得渗出汗来). ¶彼の目に涙が～んでいる tā yǎnkuànglǐ hánzhe lèishuǐ(他眼眶里含着泪水).

に・せる【似せる】xué(学), fǎngxiào(仿效), fǎngzhào(仿照), mófǎng(模仿·摹仿), (模拟), fǎngzào(仿造). ¶父親の声に～せて電話する xué fùqin de shēngdiào dǎ diànhuà(学父亲的声调打电话). ¶彼の筆跡に～せてサインする mófǎng tā de bǐjì qiānzì(摹仿他的笔迹签字).

にそう【尼僧】nígū(尼姑);[修道女]xiūnǚ(修女).

にそくさんもん【二束三文】¶こんなもの～にも売れない zhè zhǒng dōngxi mài yě bù zhí jǐ ge zǐr(这种东西卖也不值几个子ル). ¶～でたたき売る liánjià pāimài(廉价拍卖).

にそくのわらじ【二足の草鞋】¶～を履く jiǎotà liǎng zhī chuán(脚踏两只船)/yīshēn jiānrèn[duìlì de] èr zhí(一身兼任[对立的]二职).

にたき【煮炊き】¶一間(ま)しかないので～にも不便だ zhǐ yǒu yì jiān wūzi jiù lián shāohuǒ zuòfàn yě bù fāngbiàn(只有一间屋子就连烧火做饭也不方便).

に‐た・つ【煮立つ】～にえたつ。

にた・てる【煮立てる】zhǔkāi(煮开), shāogǔn(烧滚), zhǔfèi(煮沸). ¶よく～ててから醤油を入れる kāile guō, zài jiā jiàngyóu(开了锅, 再加酱油).

にたにた hēihēi(嘿嘿), xīxī(嘻嘻). ¶彼はいつも～笑って気味の悪い男だ tā nàge rén zǒngshì pí xiào tīng bù xiào de, zhēn jiào rén fāmáo(他那个人总是皮笑肉不笑的, 真叫人发毛).

にたもの【似た者】¶～夫婦 yí duì zhìqù xiāngjìn de fūqī(一对志趣相近的夫妻).

にたりよったり【似たり寄ったり】chà bu duōshao(差不多少), dà tóng xiǎo yì(大同小异), bàn jīn bā liǎng(半斤八两). ¶どの作品も～だ nǎge zuòpǐn dōu chà bu duōshao(哪个作品都差不多少). ¶どちらも実力の点では～だ liǎngzhě lùn qí shílì bù fēn shàngxià(两者论其实力不分上下).

-にち【日】[日付]rì(日), hào(号); [日数]tiān(天). ¶今日は何～ですか jīntiān shì jǐ hào ne? (今天是几号呢?). ¶展覧会は11月3日から17～までです zhǎnlǎnhuì cóng shíyīyuè sān rì dào shíqī rì(展览会从十一月三日到十七日). ¶もう1～待って下さい qǐng zài yánhuǎn yì tiān(请再延缓一天).

にちげん【日限】¶～を切って金を借りる xiàndìng guīhuán rìqī jiè qián(限定归还日期借钱).

にちじ【日時】shírì(时日). ¶～場所について追って通知します rìqī, dìdiǎn, dìdiǎn suíhòu tōngzhī(日期, 时间, 地点随后通知). ¶もっと～が必要だ xūyào gèng duō shírì(需要更多时日).

にちじょう【日常】rìcháng(日常). ¶英語は～の会話ぐらいなら話せる Yīngyǔ rìcháng huìhuà néng shuō yìxiē(英语日常会话能说一些). ¶そんな事は～茶飯事だ nà zhǒng shì shì jiācháng biànfàn(那种事是家常便饭).

¶～生活 rìcháng shēnghuó(日常生活).

にちぼつ【日没】 rìluò(日落), rìmò(日没). ¶今日の～は18時30分です jīntiān rìluò shì shíbā diǎn sānshí fēn(今天日落是十八点三十分).

にちや【日夜】 rìyè(日夜). ¶～研究に励む rìyè qínyú yánjiū(日夜勤于研究). ¶～そのことが頭を離れない nà jiàn shì rìyè zǒng líbukāi nǎozi(那件事日夜总离不开脑子).

にちよう【日用】 rìyòng(日用). ¶～雑貨 rìyòng "zápǐn〔xiǎobǎihuò〕"(日用〖杂品[小百货]〗).

にちよう【日曜】 xīngqīrì(星期日), xīngqītiān(星期天), xīngqī(星期), lǐbàirì(礼拝日), lǐbàitiān(礼拝天), lǐbài(礼拝). ¶～は休みです xīngqītiān shì xiūxirì(星期天是休息日)/ xīngqīrì xiūxi(星期日休息). ¶～もなしに働く lián xīngqīrì dōu bù xiūxi de gōngzuò(连星期日都不休息地工作).
¶～画家 yèyú huàjiā(业余画家). ~学校 zhǔrì xuéxiào(主日学校). ~版 xīngqīrì zēngkān(星期日増刊).

にっか【日課】 ¶私は朝のランニングを～にしている wǒ měitiān zǎoshang pǎobù(我每天早上跑步). ¶～表に従って生活する ànzhào zuòxī shíjiānbiǎo shēnghuó(按照作息时间表生活).

につかわし・い【似つかわしい】 xiāngchèn(相称), xiāngpèi(相配). ¶そんな仕事は君に～くない nà zhǒng gōngzuò gēn nǐ bù xiāngchèn(那种工作跟你不相称). ¶あの人なら彼女に～い yàoshi nàge rén, yǔ tā hěn xiāngpèi(要是那个人, 与她很相配).

にっかん【日刊】 rìkān(日刊). ¶～紙 rìbào(日报).

にっかん【肉感】 ¶～的な女優 fùyú ròugǎn de nǚmíngxīng(富于肉感的女明星).

にっき【日記】 rìjì(日记). ¶～をつける jì rìjì(记日记). ¶～帳 rìjìběn(日记本).

にっきゅう【日給】 rìxīn(日薪), rìgōngzī(日工资). ¶～5000円で働く yǐ rìxīn wǔqiān rìyuán láodòng(以日薪五千日元劳动). ¶給与は～～制になっている xīnshui shì rìgōngzīzhì(薪水是日工资制).

にっきん【日勤】 rìbān(日班), báibān[r](白班[儿]).

ニックネーム wàihào(外号), chuòhào(绰号), hùnmíng(诨名), hùnhào(诨号); àichēng(爱称), huīhào(徽号). ¶～をつける qǐ ge wàihào(起个外号).

にづくり【荷造】 dǎbāo(打包). ¶引越の～をする kǔn bānjiā de xíngli(捆搬家的行李). ¶しっかりと～しておきなさい bǎ xíngli "kǔnzā[bāozā]" hǎo(把行李"捆扎[包扎]"好).

にっけい【日系】 ¶～米人 Rìběn xuètǒng de Měiguórén(日本血统的美国人).

にっけい【肉桂】 ròuguì(肉桂), guì(桂). ¶～油 guìyóu(桂油).

につ・ける【煮付ける】 ¶人参を甘く～ける bǎ húluóbo zhǔchéng tián de(把胡萝卜煮成甜的).

ニッケル niè(镍). ¶～鋼 niègāng(镍钢).

にっこう【日光】 rìguāng(日光), yángguāng(阳光), tàiyángguāng(太阳光). ¶～が眩しい yángguāng huǎngyǎn(阳光晃眼). ¶～浴をする jìnxíng rìguāngyù(进行日光浴)/ shài tàiyáng(晒太阳).
¶～消毒 rìguāng xiāodú(日光消毒).

にっこり ¶彼は～笑って頭を下げた tā wǎn'ér ér xiào diǎnle tóu(他莞尔而笑点了头). ¶彼女は彼の顔を見て～した tā kànjianle tā yānrán yí xiào(她看见了他嫣然一笑).

にっさん【日参】 ¶市役所に～する měitiān dào shìzhèngfǔ qù qǐngyuàn(每天到市政府去请愿).

にっさん【日産】 rìchǎn(日产), rìchǎnliàng(日产量). ¶この自動車工場は～1000台の能力がある zhège qìchē zhìzàochǎng yǒu rìchǎn qiān tái de shēngchǎn nénglì(这个汽车制造厂有日产千台的生产能力).

にっし【日誌】 rìzhì(日志). ¶航海～ hánghǎi rìzhì(航海日志).

にっしゃびょう【日射病】 rìshèbìng(日射病), zhòngshǔ(中暑).

にっしょう【日照】 rìzhào(日照). ¶～権 rìzhàoquán(日照权). ~時間 rìzhào shíjiān(日照时间).

にっしょうき【日章旗】 Rìběn guóqí(日本国旗).

にっしょく【日食】 rìshí(日食・日蚀). ¶皆既～ rìquánshí(日全食). 部分～ rìpiānshí(日偏食).

にっしんげっぽ【日進月歩】 rì xīn yuè yì(日新月异). ¶～の世の中 rìxīn-yuèyì de shèhuì(日新月异的社会).

にっすう【日数】 rìshù(日数), tiānshù(天数). ¶完成までどれくらいの～を要しますか dào wánchéng yào duōshǎo tiān ne?(到完成要多少天呢?). ¶出席～ chūxí tiānshù(出席天数).

にっちもさっちも【二進も三進も】 ¶事業が行き詰まって～いかなくなった shìyè yùdào kùnnan "yìchóu-mòzhǎn[jìntuì wéi gǔ]"(事业遇到困难"一筹莫展[进退维谷]").

にっちゅう【日中】 rìjiān(日间), báitian(白天). ¶～は暖かいが夜は寒い báitian nuǎnhuo, yèjiān lěng(白天暖和, 夜间冷).

にっちょく【日直】 zhírì(值日).

にってい【日程】 rìchéng(日程). ¶～が詰っている rìchéng hěn jǐn(日程很紧). ¶～が狂った rìchéng dǎluàn le(日程打乱了). ¶旅行の～を組む ānpái lǚxíng rìchéng(安排旅行日程). ¶そのことも～に入った nà shì tídào rìchéngshang lái le(那事提到日程上来了).
¶工事の～表 gōngchéng de rìchéngbiǎo(工程的日程表).
¶議事～ yìshì rìchéng(议事日程).

ニット zhēnzhīwù(针织物), biānzhīwù(编织物). ¶～のセーター zhēnzhī máoyī(针织毛衣).

にっとう【日当】 rìxīn(日薪), rìgōngzī(日工资). ¶～を払う zhīfù rìxīn(支付日薪).

にっぽう【日報】 rìbào(日报). ¶作業～ zuòyè rìbào(作业日报)/ zuòyè rìzhì(作业日志).

にっぽん【日本】 →にほん.

につま・る【煮詰る】 áogān(熬干), zhǔgān(煮干). ¶スープが～って辛くなった tāng zhǔnóng yǒudiǎn xián le(汤煮浓有点咸了). ¶議論が～ったところで結論を出す gè zhǒng yìjiàn dōu chūlai hòu zài xià jiélùn(各种意见都出来后再下结论).

につ・める【煮詰める】 ¶苺を砂糖で～めてジャムを作る bǎ cǎoméi yòng shātáng áochéng guǒjiàng(把草莓用砂糖熬成果酱). ¶皆で討論して計画を～める dàjiā yìqǐ tǎolùn nǐdìng jìhuà(大家一起讨论拟定计划).

にてひなる【似て非なる】 sì shì ér fēi(似是而非). ¶民主主義に～体制 hé mínzhǔzhǔyì sì shì ér fēi de tǐzhì(和民主主义似是而非的体制). ¶この2つは～ものだ zhè liǎng ge sì shì ér fēi(这两个似是而非).

にと【二兎】 ¶～を追う者は一兎をも得ず liǎngtóu luòkōng(两头落空).

にど【二度】 liǎng cì(两次), liǎng huí(两回); zài(再), zàicì(再次). ¶週に～通っている yì xīngqī qù liǎng cì(一星期去两次). ¶青春は～と来ない qīngchūn yí qù bú fù fǎn(青春一去不复返). ¶～とない好機を逸した cuòguòle bú huì zài yǒu de hǎo jīhuì(错过了不会再有的好机会). ¶こんな過ちを～と繰り返さないように búyào chóng fàn zhè zhǒng cuòwù(不要重犯这种错误). ¶上京して～目の春 fù Jīng hòu de dì'èr ge chūntiān(赴京后的第二个春天). ¶～あることは三度ある yǒu yī zǒng yǒu èr, yǒu èr zǒng yǒu sān(有一总有二, 有二总有三)/ huò bù dān xíng(祸不单行).

にとう【二等】 èrděng(二等). ¶絵の展覧会で～を取る zài huàzhǎn zhōng qǔdéle èrděngjiǎng(在画展中取得了二等奖).
¶～車 èrděng kèchē(二等客车)/ yìngxíchē(硬席车). ～賞 èrděngjiǎng(二等奖). ～星 èrděngxīng(二等星). ～船室 èrděngcāng(二等舱).

にとうぶん【二等分】 èrděngfēn(二等分), píngfēn(平分). ¶線分ABを～せよ bǎ xiànduàn AB děng fēn(把线段AB等分). ¶～線 píngfēnxiàn(平分线).

にとうへんさんかくけい【二等辺三角形】 děngyāo sānjiǎoxíng(等腰三角形).

にどでま【二度手間】 ¶～になる fèi liǎng dào shǒu(费两道手).

ニトログリセリン xiāohuà gānyóu(硝化甘油).

ニトロセルロース xiāohuà xiānwéisù(硝化纤维素).

にな・う【担う】 dān(担), tiāo(挑), káng(扛). ¶薪を～う tiāo cháihuo(挑柴火). ¶銃を～う qiāng káng(扛枪). ¶次代を～う若者 jiānfù wèilái de qīngnián(肩负未来的青年). ¶一翼を～う dān yì fāng zhī rèn(担一方之任)/ dú dāng yí miàn(独当一面).

ににんさんきゃく【二人三脚】 liǎng rén sān jiǎo sàipǎo(两人三脚赛跑).

ににんしょう【二人称】 dì'èr rénchēng(第二人称).

にぬし【荷主】 huòzhǔ(货主), fāhuòrén(发货人).

にねん【二年】 1〔年月の〕èr nián(二年); liǎng nián(两年). ¶就職して～目です cānjiā gōngzuò jīnnián shì dì'èr nián le(参加工作今年是第二年了). ¶～生植物 èrniánshēng zhíwù(二年生植物).
2〔学校の〕èr niánjí(二年级). ¶小学校～生 xiǎoxué èr niánjí(小学二年级).

にのあし【二の足】 ¶～を踏む chóuchú bù qián(踌躇不前)/ yóuyù bùjué(犹豫不决)/ chíyí bù jué(迟疑不决).

にのうで【二の腕】 shàngbì(上臂). ¶～まで袖をまくりあげる bǎ xiùzi juǎndào shàngbì(把袖子卷到上臂).

にのく【二の句】 ¶～がつげない wú yán yǐ duì(无言以对).

にのつぎ【二の次】 ¶儲かる儲からぬは～とする zhuàn bu zhuàn qián shì cìyào de wèntí(赚不赚钱是次要的问题). ¶健康が第一, 成績は～だ jiànkāng dìyī, chéngjì dì'èr(健康第一, 成绩第二).

にのまい【二の舞】 fùzhé(覆辙). ¶～を踏む chóng dǎo fùzhé(重蹈覆辙). ¶昨年の～を演じないように注意しなさい zhùyì búyào chóng dǎo qùnián de fùzhé(注意不要重蹈去年的覆辙).

にばい【二倍】 èr bèi(二倍), liǎng bèi(两倍). ¶人口が～になった rénkǒu zēngjiā dào liǎng bèi(人口增加到两倍)/ rénkǒu zēngjiāle yí bèi(人口增加了一倍). ¶彼は私の～の収入がある tā bǐ wǒ shōurù duō yí bèi(他比我收入多一倍)/ tā de shōurù xiāngdāngyú wǒ de liǎng bèi(他的收入相当于我的两倍).

にばしゃ【荷馬車】 mǎchē(马车), dàchē(大车).

にばんせんじ【二番煎じ】 chǎo lěngfàn(炒冷饭), huàn tāng bù huàn yào(换汤不换药).
¶～のお茶 qīguo de chá(沏过的茶). ¶これは前の作品の～だ zhè shì shàngcì zuòpǐn de fānbǎn(这是上次作品的翻版).

ニヒリズム xūwúzhǔyì(虚无主义).

にぶ【二部】 èr bù(二部). ¶休憩後第～が始まった xiūxí zhīhòu dì'èr bù kāishǐ le(休息时间后第二部开始了). ¶～作の小説 èrbùqǔ de xiǎoshuō(二部曲的小说).
¶～合唱 èrbù héchàng(二部合唱). ～授業 èrbùzhì(二部制).

にぶ・い【鈍い】 dùn(钝); chídùn(迟钝), dāizhì(呆滞). ¶切れ味の～い包丁 rèn dùn de càidāo(刃钝的菜刀). ¶くたびれて頭の働きが～くなった lèide nǎozi bù hǎoshǐ le(累得脑子不好使了). ¶あいつは勘が～い nà jiāhuo nǎojīn chídùn(那家伙脑筋迟钝). ¶年をとって動作が～くなった niánjì dà, dòngzuò chídùn[bèn] le(年纪大, 动作迟钝[笨]了). ¶街灯が～い光を放っている lùdēng fāzhe àndàn de guāng(路灯发着暗淡的光). ¶柱時計が～い音で3時を告げた guàzhōng dīchén de xiǎngle sān

xià(挂钟低沉地响了三下).¶～い痛みを感ずる gǎndào yǐnyǐn zuòtòng(感到隐隐作痛).

にふだ【荷札】 huòqiān(货签), xíngliqiān(行李签).¶荷物に～をつける gěi xíngli guàshàng huòqiān(给行李挂上货签).

にぶ・る【鈍る】 ¶包丁の切れ味が～る càidāo ˇdùn[bú kuài] le(菜刀ˇ钝[不快]了).¶寝不足で頭の働きが～る shuìmián bùzú, nǎojīn bù hǎoshǐ(睡眠不足,脑筋不好使).¶腕が～る jìyì shēngshū le(技艺生疏了).¶いざとなって決心が～った líndào tóu juéxīn dòngyáo le(临到头决心动摇了).

にぶん【二分】 ¶政界を～する勢力 gējū zhèngjiè de liǎng dà shìlì(割据政界的两大势力).

にべもな・い ¶～く断る yìkǒu huíjué(一口回绝).¶～い返事をする àilǐ-bùlǐ lěngdàn de huídá(爱理不理冷淡地回答).

にぼし【煮干】 《説明》把小鱼煮后晒干的一种食品.

にほん【日本】 Rìběn(日本).¶～海 Rìběn Hǎi(日本海).～語 Rìběnyǔ(日本语)/ Rìyǔ(日语)/ Rìwén(日文).～酒 rìběnjiǔ(日本酒).～人 Rìběnrén(日本人).～脳炎 rìběn nǎoyán(日本脑炎)/ yǐxíng nǎoyán(乙型脑炎).

にまいがい【二枚貝】 shuāngqiàobèi(双壳贝).

にまいじた【二枚舌】 ¶～を使う shuō huǎnghuà(说谎话).

にまいめ【二枚目】 měinánzǐ(美男子);[役者] xiǎoshēng(小生).

にまめ【煮豆】 dùnwēi de dòucài(炖煨的豆菜).

にもうさく【二毛作】 ¶南では～が可能だ nánfāng néng yì nián liǎng ˇshú[shōu/chá]ˇ(南方能一年两ˇ熟[收/茬]ˇ).

にもかかわらず【にも拘わらず】 ¶雨天で～多くの観客が集まった jǐnguǎn shì xiàyǔtiān, háishi láile hěn duō guānzhòng(尽管是下雨天,还是来了很多观众).¶私が断った～彼は金を借りに来る wǒ jùjuéguo tā, kě tā hái lái zhǎo wǒ jiè qián(我拒绝过他,可他还来找我借钱).¶何度も注意した～彼はそれを聞き入れなかった jǐnggàoguo tā hǎo jǐ cì, kěshì tā dōu bù tīng(警告过他好几次,可是他都不听).

にもつ【荷物】 1 huò(货), huòwù(货物), xíngli(行李).¶～をまとめる dǎ xíngli(打行李).¶～を送る tuōyùn xíngli(托运行李).¶～一時預り所 xíngli cúnfàngchù(行李存放处).¶～取扱所 xíngli tuōyùnchù(行李托运处).

2〔負担〕léizhui(累赘).¶そんなもの持って行くと～になる dài nà zhǒng dōngxi, huì chéngwéi léizhui de(带那种东西,会成为累赘的).¶私の体が弱いために皆のお～になった yóuyú wǒ shēntǐ ruò, chéngle dàjiā de bāofu(由于我身体弱,成了大家的包袱).

にもの【煮物】 ～をする zhǔ cài(煮菜).

にやく【荷役】 zhuāngxiè(装卸).¶波止場で～をする zài mǎtou shang zhuāngxiè huòwù(在码头上装卸货物).

にや・ける ¶～けた男 nǚrénqì de nánrén(女人气的男人).

にやにや ¶何かいいことがあるのか一人で～している bùzhī tā yǒule shénme hǎoshì yí ge rén xiàoxīxī de(不知他有了什么好事一个人笑嘻嘻的).

にやりと ¶意味ありげに～笑った yǒu shénme yòngyì shìde xiàole yíxià(有什么用意似的笑了一下).

ニュアンス ¶翻訳では原文の～をうまく表せない fānyì shì bùnéng bǎ yuánwén de shényùn chōngfèn biǎoxiàn chulai de(翻译是不能把原文的神韵充分表现出来的).¶～の違った色合 yǒuzhe wēimiào chāyì de sèdiào(有着微妙差异的色调).

にゅういん【入院】 zhùyuàn(住院), rùyuàn(入院).¶怪我で1か月～した yóuyú shòushāng zhùle yí ge yuè yīyuàn(由于受伤住了一个月医院).¶～患者 zhùyuàn huànzhě(住院患者).～手続 rùyuàn shǒuxù(入院手续).

ニューウェーブ xīncháo(新潮), xīncháoliú(新潮流), xīnlàngcháo(新浪潮).

にゅうえい【入営】 rùwǔ(入伍).

にゅうえき【乳液】 huàzhuāng rǔyè(化妆乳液).

にゅうえん【入園】 ¶幼稚園に～する jìn yòu'éryuán(进幼儿园).¶動物園の～料 dòngwùyuán de rùchǎngfèi(动物园的入场费).

にゅうか【入荷】 dào huò(到货), jìnhuò(进货).¶茨城の栗が～した Cíchéng de lìzi dào huò le(茨城的栗子到货了).

にゅうか【乳化】 rǔhuà(乳化).¶～剤 rǔhuàjì(乳化剂).

にゅうかい【入会】 rùhuì(入会).¶中国語学会に～する jiārù Zhōngguóyǔ xuéhuì(加入中国语学会).¶～金 rùhuìfèi(入会费).

にゅうかく【入閣】 rùgé(入阁).

にゅうがく【入学】 rùxué(入学).¶彼はこの4月に高校に～した tā jīnnián sìyuè ˇrù[jìn]ˇle gāozhōng(他今年四月ˇ入[进]ˇ了高中).¶～を許可する zhǔnxǔ rùxué(准许入学).¶～願書 rùxué shēnqǐngshū(入学申请书)/ rùxué zhìyuànshū(入学志愿书).～式 rùxué diǎnlǐ(入学典礼).～試験 rùxué kǎoshì(入学考试).

にゅうがん【乳癌】 rǔ'ái(乳癌).

にゅうぎゅう【乳牛】 rǔniú(乳牛), nǎiniú(奶牛).

にゅうきょ【入居】 ¶アパートに～する bānrù gōngyù(搬入公寓).

にゅうぎょう【乳業】 rǔpǐn gōngyè(乳品工业), rǔzhìpǐn gōngyè(乳制品工业).

にゅうきん【入金】 rùkuǎn(入款), jìnxiang(进项), jìnkuǎn(进款).¶A社から30万円の～があった cóng A gōngsī zhuǎnrù sānshí wàn rìyuán de jìnkuǎn(从A公司转入三十万日元的进款).¶～伝票 shōurù chuánpiào(收入传票).

にゅうこう【入港】 rùgǎng(入港), jìngǎng(进港), jìnkǒu(进口).¶函館港に～する jìn

Hánguǎn Gǎng(进函馆港). ¶燿華号が下関港に～中だ Yàohuálún tíngbó zài Xiàguān Gǎng(耀华轮停泊在下关港).

にゅうこく【入国】 rùjìng(入境). ¶～を許可する zhǔnxǔ rùjìng(准许入境). ¶～査証 rùjìng qiānzhèng(入境签证). ～手続 rùjìng shǒuxù(入境手续).

にゅうごく【入獄】 rùyù(入狱), zuòláo(坐牢).

にゅうざい【乳剤】 rǔjì(乳剂). ¶石油～ shíyóu rǔjì(石油乳剂).

にゅうさつ【入札】 tóubiāo(投标). ¶彼はその品を～で落とした tā débiāo mǎixiàle nà huò(他得标买下了那货). ¶1億円で～する yǐ yíyì rìyuán tóubiāo(以一亿日元投标).

にゅうさん【乳酸】 rǔsuān(乳酸). ¶～飲料 rǔsuān yǐnliào(乳酸饮料). ～菌 rǔsuānjūn(乳酸菌).

にゅうし【乳歯】 rǔchǐ(乳齿), rǔyá(乳牙), nǎiyá(奶牙).

にゅうじ【乳児】 rǔ'ér(乳儿), yīng'ér(婴儿), yīngháir(婴儿儿).

ニュージーランド Xīnxīlán(新西兰).

にゅうしゃ【入社】 ¶A社に～する jìn A gōngsī(进A公司). ¶～試験 jiùyè kǎoshì(就业考试).

にゅうしゃ【入射】 rùshè(入射). ¶～角 rùshèjiǎo(入射角). ～光線 rùshèxiàn(入射线).

にゅうじゃく【柔弱】 ruǎnruò(软弱), róuruò(柔弱). ¶何となく～な感じがする男だ zǒngshì rén juéde yǒuxiē ruǎnruò de nánrén(总使人觉得有些软弱的男人).

にゅうしゅ【入手】 rùshǒu(入手), dàoshǒu(到手). ¶珍しいものを～した wǒ dédàole xīhǎn de dōngxi(我得到了稀罕的东西). ¶～経路を調べる diàochá rùshǒu tújìng(调查入手途径).

にゅうしょう【入賞】 huòjiǎng(获奖), déjiǎng(得奖). ¶競技会で１位に～した jìngsài zhōng déle dìyīmíng(在竞赛中得了第一名). ¶～作品 huòjiǎng zuòpǐn(获奖作品).

にゅうじょう【入城】 ¶1944年8月25日ドゴールはパリに～した yī jiǔ sì sì nián bāyuè èrshíwǔ rì Dàigāolè shuài jūn jìnrù Bālíchéng(一九四四年八月二十五日戴高乐率军进入巴黎城).

にゅうじょう【入場】 rùchǎng(入场). ¶選手が～する xuǎnshǒu ˉrùchǎng[chūchǎng](选手ˋ入场[出场]). ¶～券 ménpiào(门票)/rùchǎngquàn(入场券)(劇場などの);yuètáipiào(月台票)(駅の). ～式 rùchǎngshì(入场式). ～無料 miǎnfèi rùchǎng(免费入场). ～料 rùchǎngfèi(入场费).

にゅうしょく【入植】 ¶北海道の開拓地に～する dào Běihǎi Dào de kāikěndì ānjiā-luòhù(到北海道的开垦地安家落户).

にゅうしん【入信】 ¶カトリックに～した xìnyǎngle Tiānzhǔjiào(信仰了天主教).

にゅうしん【入神】 rùshén(入神), chūshén rùhuà(出神入化). ¶それは～の作であった nà shì shéngōng-guǐfǔ zhī zuò(那是神工鬼斧之作).

ニュース xīnwén(新闻), xiāoxi(消息). ¶只今から～を申し上げます xiànzài bàogào xīnwén(现在报告新闻). ¶これは耳寄りな～だ zhè zhēn shì gè zhíde yī tīng de xiāoxi(这真是个值得一听的消息). ¶この事件は～バリューがある zhège shìjiàn kě dà yǒu xīnwén jiàzhí(这个事件可大有新闻价值).

¶～映画 xīnwénpiàn(新闻片). ～キャスター xīnwén zhǔchírén(新闻主持人). ～ソース xiāoxi láiyuán(消息来源)/tígōng xiāoxi zhě(提供消息者). 臨時～ chābō xīnwén(插播新闻).

にゅうせいひん【乳製品】 rǔzhìpǐn(乳制品), rǔpǐn(乳品).

にゅうせき【入籍】 ¶養子を～する shǐ yǎngzǐ rù hù(使养子入户).

にゅうせん【入選】 rùxuǎn(入选). ¶彼の絵が展覧会に～した tā de huà zài huàzhǎn zhōng rùxuǎn le(他的画在画展中入选了). ¶～作品 rùxuǎn zuòpǐn(入选作品).

にゅうせん【乳腺】 rǔxiàn(乳腺). ¶～炎 rǔxiànyán(乳腺炎)/nǎichuāng(奶疮).

にゅうたい【入隊】 cānjūn(参军), rùwǔ(入伍).

にゅうだん【入団】 rùtuán(入团).

にゅうちょう【入超】 rùchāo(入超).

にゅうてい【入廷】 rùtíng(入廷). ¶裁判官が～する shěnpànyuán rù tíng(审判员入廷).

にゅうでん【入電】 láidiàn(来电). ¶外務省への～によれば… jù wàijiāobù de láidiàn…(据外交部的来电…).

にゅうとう【入党】 rùdǎng(入党). ¶A党に～する jiārù A dǎng(加入A党).

にゅうとう【乳糖】 rǔtáng(乳糖).

にゅうとう【乳頭】 rǔtóu(乳头).

にゅうどうぐも【入道雲】 jīyǔyún(积雨云), léiyǔyún(雷雨云).

ニュートラル zhōnglìde(中立的), zhōngjiānde(中间的);[自動車のギア] kōngdǎn(空挡).

にゅうねん【入念】 jīngxīn(精心). ¶～な仕事 jīngxì de gōngzuò(精细的工作)/shuǐmó gōngfu(水磨工夫). ¶エンジンを～に点検する xìxīn jiǎnchá yǐnqíng(细心检查引擎).

にゅうばい【入梅】 rùméi(入梅·入霉), jìnméi(进梅). ¶そろそろ～だ kuài rùméi le(快入梅了).

にゅうはくしょく【乳白色】 rǔbáisè(乳白色).

にゅうばち【乳鉢】 rǔbō(乳钵), yánbō(研钵).

にゅうぼう【乳棒】 rǔbàng(乳棒), yánbàng(研棒).

ニューメディア xīnchuánbō méijiè(新传播媒介).

にゅうもん【入門】 rùmén(入门). ¶A画伯のもとへ～する bài zài A huàshī ménxià(拜在A画师门下).

¶～書 rùménshū(入门书). 哲学～ zhéxué rùmén(哲学入门).

にゅうよう【入用】 xūyào(需要). ¶～な物があったら言って下さい yàoshi yǒu shénme xūyào

にゅうよく【入浴】 rùyù（入浴），xǐzǎo（洗澡）.
にゅうりょく【入力】 shūrù（输入），shūrù gōnglǜ（输入功率）.
にゅうわ【柔和】 róuhé（柔和）.¶ 彼女は性格が～だ tā xìnggé wēnróu（她性格温柔）/ tā xìngqíng ▼róushùn[róuhé]（她性情▼柔顺[柔和]）/ wéirén róuhé（为人柔和）.¶～な目 róuhé de mùguāng（柔和的目光）.
にゅっと ¶ 窓から首を～出す cóng chuānghuli tūrán tànchū tóu lai（从窗户里突然探出头来）.
によう【二様】 ¶ この文章は～に解釈できる zhè piān wénzhāng kěyǐ yǒu liǎng zhǒng jiěshì（这篇文章可以有两种解释）.
によう【尿】 niào（尿）.¶ 検査のため～を取る wèile jiǎnchá qǔ niào（为了检查取尿）.
にょうい【尿意】 niàoyì（尿意）.¶～を催す xiǎng xiǎobiàn（想小便）.
にょうせき【尿石】 niàolù jiéshí（尿路结石）.
にょうそ【尿素】 niàosù（尿素），niào（脲）.¶～樹脂 niàoshùzhī（脲树脂）.
にょうどう【尿道】 niàodào（尿道）.¶～炎 niàodàoyán（尿道炎）.
にょうどくしょう【尿毒症】 niàodúzhèng（尿毒症）.
にょうぼう【女房】 lǎopo（老婆），qīzi（妻子），xífur（媳妇ル），nǚren（女人），lǎoniángmenr（老娘们ル），lǎopózi（老婆子）.¶～役は楽ではない dāng zhùshǒu kě bù róngyì（当助手可不容易）.
にょきにょき ¶ 竹の子が～生える zhúsǔn yí ge jiē yí ge de zhǎngchulai le（竹笋一个接一个地长出来了）.
にょじつ【如実】 rúshí（如实）.¶ 農村の生活を～に描く rúshí de miáoxiě nóngcūn shēnghuó（如实地描写农村生活）.
にょにん【女人】 ¶～禁制 jìnzhǐ fùnǚ rù nèi（禁止妇女入内）.
にょらい【如来】 Rúlái（如来）.¶ 阿弥陀～ Ēmítuó Rúlái（阿弥陀如来）.
にょろにょろ wānyán（蜿蜒）.¶ 蛇が穴から～はい出してきた chángchong cóng dòngxuéli wānyán páchulai（长虫从洞穴里蜿蜒爬出来）.
にら【韮】 jiǔcài（韭菜）.
にらみ【睨み】 ¶ ひと～で相手を縮み上がらせる dèng yì yǎn jiù bǎ duìfāng xiàpōle dǎn（瞪一眼就把对方吓破了胆）.¶ 家では父親の～をきかせている zài jiāli fùqīn yǒu wēiyán（在家里父亲有威严）.¶ 部下に対して～がきく néng zhènzhùhǎo bùxià（能镇得住部下）.
にらみあ・う【睨み合う】 ¶2人は～って打ちこむすきをうかがっている liǎngrén xiāngchí duìshì, xún jī gōngjī（两人相持对视, 寻机攻击）.¶ 未だに両派の～いが続いている yìzhí dào xiànzài liǎng ge pàixì hái zài duìkàngzhe（一直到现在两个派系还在对抗着）.
にらみあわ・せる【睨み合せる】 ¶ 手持の金と～せて買うかどうか決める kàn shǒutóur yǒu duōshao qián juédìng mǎi bu mǎi（看手头儿有多少钱决定买不买）.
にらみつ・ける【睨み付ける】 ¶ 親父に～けられて縮み上がった bèi fùqin dèngle yìyǎn bǎ wǒ xiàhuàile（被父亲瞪了一眼把我吓坏了）.
にら・む【睨む】 1［見据える］ dèng（瞪），dīng（盯）.¶ ぐっと一座を～んだ hěnhěn de dèngle zàizuò de rén yìyǎn（狠狠地瞪了在座的人一眼）.¶ 棋士が盤面をじっと～んでいる qíshì sǐ dīngzhe qípán（棋士死盯着棋盘）.
2［目をつける］ ¶ 僕はあの先生に～まれている wǒ bèi nà wèi lǎoshī zhùshàngle（我被那位老师注意上了）.¶ あの人に～まれたら最後だ bèi tā dīngshàng le, kě jiù yào dǎoméi le（被他盯上了, 可就要倒霉了）.
3［見当をつける］ ¶ 入場者は2000人と～んでいる gūjì rùchǎng de rénshù huì yǒu liǎngqiān míng（估计入场的人数会有两千名）.
にらめっこ【睨めっこ】 ¶～をしよう zán liǎ chǒu yǎn, kàn shuí xiān xiào（咱俩瞅眼, 看谁先笑）.
にらんせいそうせいじ【二卵性双生児】 shuāngluǎn ▼shuāngtāi[shuāngshēng]（双卵▼双胎[双生]）.
にりつはいはん【二律背反】 èrlǜ bèifǎn（二律背反）.
にりゅう【二流】 èrliú（二流）.¶～の人物 èrliú rénwù（二流人物）.¶ 彼は音楽家としては～だ tā shì shì èrliú de yīnyuèjiā（他是是二流的音乐家）.
にりゅうかたんそ【二硫化炭素】 èrliúhuàtàn（二硫化碳）.
に・る【似る】 xiàng（像），xiāngxiàng（相像），xiàngsì（相似），jìnsì（近似），lèisì（类似）.¶ あの親子はよく似ている nà fùzǐ liǎ zhǎngde ▼hěn xiàng[yìmú-yíyàng]（那父子俩长得▼很像[一模一样]）.¶ 彼女は母親に似て陽気だ tā xiàng tā mǔqin xìngge hěn míngláng（她像她母亲性格很明朗）.¶ それに似た話を聞いた wǒ tīngshuōguo lèisì de shì（我听说过类似的事）.¶ 似たような意見がいくつか出た yǒule jǐ ge jìnsì de yìjiàn（有了几个近似的意见）.¶ 彼はいつもに似ず口数が少ない tā bú xiàng wǎngcháng nàyàng ài shuōhuà（他不像往常那样爱说话）.¶ 犯人は手配写真とは似ても似つかぬ写真だ fànrén shì ge gēn tōngjī zhàopiàn zhǎngde yìdiǎnr yě bú xiàng de hànzi（犯人是个跟通缉照片长得一点儿也不像的汉子）.
に・る【煮る】 zhǔ（煮），āo（熬），áo（熬）；dùn（炖），wēi（煨），mèn（焖）.¶ 里芋を煮る zhǔ yùtou（煮芋头）.¶ 大根を煮る āo luóbo（熬萝卜）.¶ 魚を煮る āo yú（熬鱼）.¶ 肉を煮る dùn ròu（炖肉）.¶ 粥㊂を煮る áo zhōu（熬粥）.¶ とろ火で煮る yòng wénhuǒ wēi（用文火煨）.¶ 煮ても焼いても食えない yìng ruǎn yìng bù chī de jiāhuo（软硬不吃的家伙）.
にれ【楡】 yúshù（榆树）.
にろくじちゅう【二六時中】 ¶～休みなく働く yì tiān dào wǎn[rìyè bùtíng de] gōngzuò（一天到晚[日夜不停地]工作）.

にわ【庭】 yuàn[r]（院[儿]），yuànzi（院子），yuànluò（院落），tíngyuàn（庭院），tíngyuán（庭园）. ¶~に木を植える zài yuànzili zhòng shù（在院子里种树）. ¶彼は~いじりが好きだ tā ài bǎinòng yuànzi de huācǎo shùmù（他爱摆弄院子的花草树木）.
¶~石 diǎnjǐngshí（点景石）. ~師 tíngyuán zhuānjiā（庭园专家）.

にわか【俄】 tūrán（突然），hūrán（忽然），jùrán（遽然）. ¶3月にはいったら~に忙しくなった dàole sānyuè yíxiàzi mánglùle qǐlái（到了三月一下子忙碌了起来）. ¶~のことで何の用意も出来なかった shìqing láide tūwù, shénme yě méi zhǔnbèi（事情来得突兀，什么也没准备）. ¶その問題は~に結論を出しがたい duì nàge wèntí nán néng jù xià jiélùn（对那个问题难能遽下结论）. ¶語学は~仕込みではだめだ wàiyǔ kě bú shì yìtiān bàntiān jiù néng xuéhuì de（外语可不是一天半天就能学会的）.

にわかあめ【俄雨】 zhènyǔ（阵雨），zhòuyǔ（骤雨），jíyǔ（急雨）.

にわとこ【接骨木】 jiēgǔmù（接骨木）.

にわとり【鶏】 jī（鸡），jiājī（家鸡），jīzi（鸡子）. ¶~を5羽飼っている yǎngzhe wǔ zhī jī（养着五只鸡）. ¶~を絞める zǎi[shā] jī（宰[杀]鸡）. ¶~小屋 jīpéng（鸡棚）/ jīwō（鸡窝）.

にん【任】 rèn（任）. ¶大会の議長の~につく jiùrèn dàhuì zhǔxí（就任大会主席）. ¶~を解く jiě ˇrèn[zhí]（解ˇ任[职]）. ¶彼が交渉の~に当った tā dānrènle bàn jiāoshè de rènwu（他担任了办交涉的任务）. ¶老齢その~に耐えず nián lǎo búshèng qí rèn（年老不胜其任）. ¶~重く道遠し rèn zhòng ér dào yuǎn（任重而道远）.

-にん【人】 ¶御家族は何~ですか nín jiā yǒu jǐ kǒu rén?（您家有几口人？）. ¶娘が3~います wǒ yǒu sān ge nǚ'ér（我有三个女儿）. ¶5万~収容できるスタジアム néng róngnà wǔwàn rén de tǐyùchǎng（能容纳五万人的体育场）.

にんい【任意】 rènyì（任意），suíyì（随意），xìnyì（信意）. ¶~の行動をとる gèzì zìyóu xíngdòng（各自自由行动）. ¶直線上の2点 zhíxiàn shang de rènyì liǎng diǎn（直线上的任意两点）.
¶~出頭 suíyì dàochǎng（随意到场）. ~抽出法 suíyì chōuyàng（随机抽样）.

にんか【認可】 pīzhǔn（批准），xǔkě（许可）. ¶法人設立の~を申請する shēnqǐng shèlì fǎrén de xǔkězhèng（申请设立法人的许可证）. ¶建築の~が下りる jiànzhù gōngchéng dédàole pīzhǔn（建筑工程得到了批准）.

にんかん【任官】 ¶1等書記官に~される bèi rènmìng wéi yī děng mìshū（被任命为一等秘书）.

にんき【人気】 **1**［評判］hóng（红），zǒuhóng（走红）. ¶彼の小説は若い層に~がある tā de xiǎoshuō zài niánqīngrén zhōng hóngde liǎobude（他的小说在年轻人中红的了不得）. ¶この俳優は最近~が出てきた zhège yǎnyuán jìnlái ˇhóngqǐlái[zǒuhóng] le（这个演员近来ˇ红起来[走红]了）. ¶このおもちゃは子供の~を集めている zhè zhǒng wánjù zài háizi dāngzhōng hěn ˇchīxiāng[chīdekāi]（这种玩具在孩子当中很ˇ吃香[吃得开]）. ¶事件以来彼はすっかり~を落した zìcóng nà jiàn shì yǐlái tā kě ˇbù chīxiāng[chībukāi] le（自从那件事以来他ˇ不吃香[可吃不开]了）. ¶彼女は一躍~歌手になった tā yí yuè chéngle ˇhěn yǒu míngqi de[hóngxīng] gēshǒu（她一跃成了ˇ很有名气的[红星]歌手）. ¶彼はクラスの~者だ tā shì bānli de hóngrén（他是班里的红人）. ¶これは政府の~取り政策だ zhè shì zhèngfǔ tǎo rén huānxīn de zhèngcè（这是政府讨人欢心的政策）. ¶~商品 rèménhuò（热门货）/ qiàohuò（俏货）/ rèhuò（热货）.
2【じんき】¶この村は~が悪い zhège cūnzi fēngqì bù hǎo（这个村子风气不好）.

にんき【任期】 rènqī（任期）. ¶~が満了した rènqī jiēmǎn（任期届满）.

にんぎょ【人魚】 měirényú（美人鱼）.

にんきょう【任侠】 xiáyì（侠义）. ¶彼は~の士だ tā shì ge xiáyì zhī shì（他是个侠义之士）.

にんぎょう【人形】 wáwa（娃娃），ǒu'rén（偶人），mù'ǒu（木偶），wán'ǒu（玩偶）. ¶~を飾る bǎi ǒu'rén（摆偶人），¶~で遊ぶ hé bùwáwa wánr（和布娃娃玩儿）.
¶~劇 mù'ǒuxì（木偶戏）/ kuǐlěixì（傀儡戏）. ~遣い mù'ǒu yìrén（木偶艺人）. 泥~ nírén（泥人）/ níwáwa（泥娃娃）. 指~ bùdài mùǒu（布袋木偶）.

にんげん【人間】 **1**［ひと］rén（人）. ¶~は考える葦である rén shì néng sīwéi de lúwěi（人是能思维的芦苇）. ¶~誰しも間違いはある rén shuí dōu bú huì méiyǒu guòcuò de（人谁都不会没有过错的）. ¶彼はあの件以来~が変った tā zìcóng nà jiàn shì yǐlái biànle ge rén（他自从那件事以来变了个人）. ¶同僚との~関係がうまくいかない gēn tóngshì de guānxi bù gǎobuhǎo（跟同事的关系不搞好）. ¶彼は~嫌いだ tā bú ài gēn rén láiwǎng（他不爱跟人来往）. ¶~並に扱ってくれ bǎ wǒ dàng rén kàndài ba（把我当人看待吧）. ¶~らしい生活をしたい xiǎng guò xiàng rényàngr de shēnghuó（想过像人样儿的生活）. ¶~不信に陥る xiànrù bù xiāngxìn yíqiè rén de zhuàngtài（陷入不相信一切人的状态）. ¶あの人は学はあるが~味に乏しい tā suīrán yǒu xuéwen, kě quēfá rénqíngwèir（他虽然有学问，可缺乏人情味）. ¶あれはとても~業とも思われぬ nányǐ xiǎngxiàng nà shì rénlì suǒ néng jí de jìyì（难以想象那是人力所能及的技艺）. ¶非~的な行為 bù réndào de xíngwéi（不人道的行为）.
¶~万事塞翁が馬 sài wēng shī mǎ, ān zhī fēi fú（塞翁失马，安知非福）.
¶~ドック quánmiàn tǐjiǎn（全面体检）.
2【人柄】¶あの人は~ができている tā wéirén hěn yǒu xiūyǎng（他为人很有修养）. ¶彼は~がよすぎて損ばかりしている tā shì lǎohǎorén, jìng chīkuī（他是老好人，净吃亏）.

にんさんぷ【妊産婦】 yùnfù yǔ chǎnfù（孕妇与

产妇).

にんしき【認識】 rènshi (认识).¶日本経済の現状を正しく〜する zhèngquè rènshi Rìběn jīngjì de xiànzhuàng (正确认识日本经济的现状).¶私もこのことで〜を新たにした jīng zhè yí jiàn shì, wǒ de rènshi yě tígāo le (经这一件事,我的认识也提高了).¶君は〜不足だ nǐ rènshi bùzú (你认识不足).
¶〜論 rènshilùn (认识论).

にんじゃ【忍者】 『説明』古时候掌握隐身法的探子.

にんじゅう【忍従】 ¶〜の生活を送る guò nìlái-shùnshòu de shēnghuó (过逆来顺受的生活).

にんじゅつ【忍術】 yǐnshēnfǎ (隐身法).¶〜を使う shǐ yǐnshēnfǎ (使隐身法).

にんしょう【人称】 rénchēng (人称).¶〜代名詞 rénchēng dàicí (人称代词).

にんしょう【認証】 rènzhèng (认证), quèrèn (确认).¶天皇は国務大臣の任免を〜する tiānhuáng rènzhèng guówù dàchén de rènmiǎn (天皇认证国务大臣的任免).

にんじょう【人情】 rénqíng (人情).¶〜に厚い人 fēicháng hòudao de rén (非常厚道的人)/热肠人 rèchángrén (热肠人).¶自分の子が可愛いのは〜だ zìjǐ de háizi zuì kě'ài, zhè shì rén zhī chángqíng (自己的孩子最可爱,这是人之常情).¶〜としてそんな事は言えない cóng rénqíngshang lái shuō nà zhǒng huà shuōbuchū kǒu (从人情上来说那种话说不出口).¶〜味あふれる言葉 yángyìzhe rénqíngwèi de huà (洋溢着人情味的话).

にんしん【妊娠】 rènshēn (妊娠), huáiyùn (怀孕), huáitāi (怀胎), zuòtāi (坐胎), shēnyùn (身孕), zhòngshēnzi (重身子).¶どうも〜したらしい xiàng shì huáiyùn le (像是怀孕了)/看来有身孕了 kànlai yǒu shēnzi le (看来有身子了).¶彼女は〜5か月だ tā rènshēn wǔ ge yuè le (她妊娠五个月了)/tā yǒu wǔ ge yuè de shēnyùn le (她有五个月的身孕了).
¶〜中絶 dǎtāi (打胎)/ duòtāi (堕胎)/ réngōng liúchǎn (人工流产).〜中毒症 rènshēn gāoxuèyā zōnghézhēng (妊娠高血压综合征)/ rèngāozhēng (妊高征)/ rènshēn zhòngdúzhèng (妊娠中毒症).

にんじん【人参】 húluóbo (胡萝卜).¶朝鮮〜 rénshēn (人参)/ gāolíshēn (高丽参)/ cháoxiānshēn (朝鲜参).

にんずう【人数】 rénshù (人数), réntóu (人头).¶〜を数える shǔ rénshù (数人数).¶〜が足りない rénshù bú gòu (人数不够).¶彼も〜の内に入っている tā yě suànzài zǒngrénshùlǐ (他也算在总人数里).¶〜に制限がある rénshùshang yǒu xiànzhì (人数上有限制).¶〜分だけ食事を用意する àn rénshù zhǔnbèi fàncài (按人数准备饭菜).

にん・ずる【任ずる】 1〔任命する〕 rèn (任), rènmìng (任命).¶文部大臣に〜ぜられる bèi rènmìng wéi wénbù dàchén (被任命为文部大臣).
2〔自負する〕 zìfēng (自封), zìmìng (自命).¶自ら学者をもって〜じている zì fēng wéi xuézhě (自封为学者)/ yǐ xuézhě zìjū (以学者自居).

にんそう【人相】 xiàngmào (相貌), miànkǒng (面孔).¶髭を生やしたらまるで〜が変わってしまった liúle húzi, xiàngmào quán biàn le (留了胡子,相貌全变了).¶〜の悪い男 miànkǒng xiōng'è de nánrén (面孔凶恶的男人).¶〜を見てもらう qǐng rén xiàngmiàn (请人相面).
¶〜見 xiàngmiànde (相面的).

にんそく【人足】 zhuànggōng (壮工), xiǎogōng[r] (小工[儿]).

にんたい【忍耐】 rěnnài (忍耐).¶〜に〜を重ねてここまでやってきた yì rěn zài rěn zhí dào jīntiān (一忍再忍直到今天).¶それは努力と〜を要する仕事である nà shì xūyào nǔlì hé nàixīn de gōngzuò (那是需要努力和耐心的工作).¶彼女は〜強い tā hěn yǒu nàixìng (她很有耐性).¶彼の〜力には驚く tā nà zhǒng rěnnàilì kě lìng rén jīngtàn (他那忍耐力可令人惊叹).

にんち【任地】 rèndì (任地).¶〜に赴く fù rèn (赴任).

にんち【認知】 rènlǐng (认领).¶嫡出でない子はその父または母がこれを〜することができる fēihūnshēng zǐnǚ kě yóu qí fùqin huò mǔqin lái rènlǐng (非婚生子女可由其父亲或母亲来认领).¶〜科学 rènzhī kēxué (认知科学).

にんてい【認定】 rènzhī (认知), rèndìng (认定).¶その申し立ては虚偽と〜された gòngcí bèi rèndìng wéi xūjiǎ (供词被认定为虚假).¶事実の〜に誤りがあった duì shìshí de rèndìng yǒu wù (对事实的认定有误).

にんにく【大蒜】 suàn (蒜), dàsuàn (大蒜).

にんぴにん【人非人】 ¶あんな〜とは思わなかった wǒ xiǎngbudào tā jìngshì nàme yí ge lángxīn-gǒufèi de jiāhuo (我想不到他竟是那么一个狼心狗肺的家伙).

にんぷ【人夫】 rénfū (人夫·人伕), fūyì (夫役·伕役), zhuànggōng (壮工), xiǎogōng (小工).

にんぷ【妊婦】 rènfù (妊妇), yùnfù (孕妇), shuāngshēnzi (双身子), zhòngshēnzi (重身子).

にんべん【人偏】 dānlìrénr (单立人儿), dānrénpángr (单人旁儿).

にんまり ¶思い通りに事が運んで〜とする àn rúyì-suànpán xíngshì zìmíng-déyì (按如意算盘行事自鸣得意).

にんむ【任務】 rènwu (任务).¶新しい〜につく dānfù xīn rènwu (担负新任务).¶〜を課する fēnpèi rènwu (分配任务).¶特別の〜を帯びて出発した jiānfù tèshū rènwu chūfā le (肩负特殊任务出发了).¶〜を果す wánchéng rènwu (完成任务).

にんめい【任命】 rènmìng (任命).¶A氏をB校の校長に〜する rènmìng A xiānsheng wéi B xiào xiàozhǎng (任命A先生为B校校长).

にんめん【任免】 rènmiǎn (任免).¶職員の〜は市長が行う zhíyuán de rènmiǎn yóu shìzhǎng zhíxíng (职员的任免由市长执行).
¶〜権 rènmiǎnquán (任免权).

にんよう【任用】 rènyòng (任用).

ぬ

ぬいぐるみ【縫いぐるみ】 ¶～の人形 bùwáwa(布娃娃). ¶その児童劇には熊の～が登場するnà chǎng értóng xìjù li yǒu xīzhuāng gǒuxióng dēngchǎng(那场儿童戏剧里有戏装狗熊登场).

ぬいこみ【縫い込み】 ¶子供服は～を多くとる tóngzhuāng yào bǎ zhébiānfèn liú dà xiē(童装要把折边份留大些).

ぬいしろ【縫代】 féngtóu(缝头), féngbiān(缝边). ¶～を2センチ取る liú èr límǐ féngtóu(留二厘米缝头).

ぬいとり【縫取り】 ¶ハンカチに花の～がしてある zài shǒujuàn shang xiùzhe huā(在手绢上绣着花).

ぬいめ【縫目】 **1**【合せ目】 féngkǒu(缝口). ¶～が綻びた féngkǒu zhànxiàn le(缝口绽线了). **2**【針目】 zhēnjiao(针脚), xiànjiǎo(线脚). ¶～が粗い[細かい] zhēnjiao **dà**[**mì**](针脚大[密]).

ぬいもの【縫物】 ¶～をして暮しを立てる kào zuò zhēnxiànhuór guò rìzi(靠做针线活儿过日子). ¶母は～が上手だ mǔqin hěn huì féng yīfu(母亲很会缝衣服). ¶～が仕上がった yīfu fénghǎo le(衣服缝好了).

ぬ・う【縫う】 **1**【針で】 féng(缝). ¶服を～ féng yīfu(缝衣服). ¶胸に名札を～い付ける bǎ míngpái féngzài xiōngqián(把名牌缝在胸前). ¶傷口を5針～った shāngkǒu fēngle wǔ zhēn(伤口缝了五针).
2 ¶木々の間を～って小道が続いている xiǎolù miányán chuānguò shùlínzi(小路绵延穿过树林子). ¶彼は人波を～って進んだ tā chuānguò rénqún zǒuqu(他穿过人群走去).

ヌード luǒtǐ(裸体).

ぬえ【鵺】 ¶彼は～のような男だ nà shì ge fēilǘ-fēimǎ de jiāhuo(那是个非驴非马的家伙).

ぬか【糠】 kāng(糠), mǐkāng(米糠). ¶あいつにはいくら意見しても～に釘だ gēn tā zěnme jiǎng yě shì dòufu shang dìng dīngzi, báidā(跟他怎么讲也是豆腐上钉钉子, 白搭).
¶～油 kāngyóu(糠油).

ヌガー xìngréntáng(杏仁糖), niújiétáng(牛结糖).

ぬかあめ【糠雨】 máomaoyǔ(毛毛雨), niúmáoyǔ(牛毛雨).

ぬか・す【吐かす】 ¶馬鹿なことを～すな bié tāmāde **húshuō**[**húchě**/**xiāchě**/**húyán-luànyǔ**](别他妈的胡说[胡扯/瞎扯/胡言乱语]). ¶何を～すか nǐ chě shénme dàn!(你扯什么淡!) / fàng nǐ de pì!(放你的屁!).

ぬか・す【抜かす】 lòu(漏), tuō(脱), tuōlòu(脱漏). ¶1行～して写した chāoxiě shí lòule yì háng(抄写时漏了一行). ¶彼は大事なところを～して読んでしまった tā bǎ zhòngyào de dìfang gěi niànlòu le(他把重要的地方给念漏了). ¶難しいところは～して読みなさい bǎ nán de dìfang tiàoguoqu wǎng xià kàn(把难的地方跳过去往下看). ¶びっくりして腰を～した xiàde zhí bu qǐ yāo lai(吓得直不起腰来).

ぬかず・く【額ずく】 kētóu(磕头), qǐshǒu(稽首). ¶神前に～く zài shénqián kētóu(在神前磕头).

ぬかみそ【糠味噌】 ¶胡瓜($\frac{3}{9}$)を～に漬ける bǎ huánggua fàngzài mǐkāng yán jiàng li yān(把黄瓜放在米糠盐酱里腌). ¶彼が歌うと～が腐る tā yí chànggē jiù jiào rén dǎo wèikou(他一唱歌就叫人倒胃口).
¶～女房 zhěngtiān cāochí jiāwù de qīzi(整天操持家务的妻子).

ぬかよろこび【糠喜び】 ¶うまくいったと思ったのも～だった yǐwéi chénggōng le, jiéguǒ kōng huānxǐle yì cháng(以为成功了, 结果空欢喜了一场).

ぬかり【抜かり】 ¶彼のすることに～はない tā zuòshì wànwú-yìshī(他做事万无一失). ¶～なく準備する wànwú-yìshī de jìnxíng zhǔnbèi(万无一失地进行准备).

ぬか・る【泥る】 nínìng(泥泞). ¶雪解けで道が～って歩きにくい huàle xuě, dàor nínìngde bù hǎozǒu(化了雪, 道儿泥泞得不好走).

ぬか・る【抜かる】 shūhu(疏忽), dàyi(大意). ¶～るな bùkě cūxīn-dàyi(不可粗心大意). ¶肝心なところで～っていた zài zhòngyào guāntóu shang wǒ shūhu le(在重要关头上我疏忽了).

ぬかるみ nínìng(泥泞). ¶～に足をとられる bèi nínìng bànzhùle jiǎo(被泥泞绊住了脚). ¶車が～にはまり込んだ qìchē xiànrù níkēngli(汽车陷入泥坑里).

ぬき【抜き】 **1** ¶堅苦しい挨拶は～にしましょう yì fān kètào miǎn le ba(一番客套免了吧). ¶冗談は～にして君の本心はどうなんだ wánxiào shì wánxiào yí chě nǐ xīnli shì zěnme xiǎng de?(玩笑是玩笑你心里是怎么想的?). ¶彼は毎日朝食～で出掛ける tā měitiān zǎoshang bù chī zǎofàn jiù chūqu(他每天早上不吃早饭就出去). ¶商売～で話そう bǎ shēngyì gēzài yìbiānr, tántan ba(把生意搁在一边儿, 谈谈吧).
2【勝ち抜き】 ¶5人～で優勝した lián shèng wǔ rén huòdéle guànjūn(连胜五人获得了冠军).

ぬきあし【抜き足】 ¶~で忍び込む nièzhe jiǎo liūjìnqu (蹑着脚溜进去). ¶~差し足で進む nièshǒu-nièjiǎo xiàng qián zǒu (蹑手蹑脚向前走).

ぬきうち【抜打ち】 chū qí búyì (出其不意), lěngbufáng (冷不防), chōulěngzi (抽冷子). ¶~に衆議院を解散する chū qí búyì de jiěsàn zhòngyìyuàn (出其不意地解散众议院). ¶今日~のテストがあった jīntiān jìnxíngle tūrán xíjī de kǎoshì (今天进行了突然袭击的考试). ¶~検査を行う lěngbufáng jìnxíng jiǎnchá (冷不防进行检查).

ぬきがき【抜書】 zhāilù (摘录), zhāijì (摘记). ¶重要なところを~する zhāilù zhòngyào de dìfang (摘录重要的地方). ¶台詞(ぜりふ)の~を作る zuò táicí zhāilù (做台词摘录).

ぬきさし【抜き差し】 ¶~ならぬところに追い込まれた bèi bīpò dào jìntuì wéi gǔ de dìbù (被逼迫到进退维谷的地步).

ぬぎす・てる【脱ぎ捨てる】 ¶入口に靴を~てて駆け込む bǎ xiézi shuǎizài ménkǒu pǎojìn wūli qu (把鞋子甩在门口跑进屋里去). ¶部屋には服が~てあった wūzili rēngzhe tuōxialai de yīfu (屋子里扔着脱下来的衣服).

ぬきずり【抜刷】 chōuyìn (抽印); chōuyìnběn (抽印本).

ぬきだ・す【抜き出す】 chōuchū (抽出), qǔchū (取出), cóng ~ chōuchū (从~抽出). ¶本棚からこの本を1冊~す cóng shūjià chōuchū yì běn shū lai (从书架抽出一本书来). ¶名簿から関係者を~す cóng míngcèli chōuchū yǒuguān rényuán (从名册里抽出有关人员). ¶要点を~す zhāilù yàodiǎn (摘录要点).

ぬきと・る【抜き取る】 **1**〔取り出す〕qǔchū (取出), chōuchū (抽出), chōuqǔ (抽取). ¶釘を~る bá dīngzi (拔钉子). ¶体内から弾丸を~る cóng shēntǐ nèi qǔchū zǐdàn (从身体内取出子弹). ¶製品の中から任意に~って検査する chéngpǐn zhōng suíyì chōuyàng jìnxíng jiǎnchá (从制品中随机抽样进行检查). ¶~り検査 chōujiǎn (抽检)/ chōuyàn (抽验)/ chōuchá (抽查).

2〔抜いて盗む〕¶封筒から現金を~られた cóng xìnfēngli bǎ xiànkuǎn gěi tōuzǒu le (从信封里把现款给偷走了).

ぬきはな・つ【抜き放つ】 ¶刀を~つ měngrán báchū dāo lái (猛然拔出刀来).

ぬきみ【抜身】 ¶~を振りまわして暴れまわる huīzhe lìrèn luàn nào (挥着利刃乱闹).

ぬきん・でる【抜きん出る】 chūzhòng (出众), chāoqún (超群), chāoyuè (超越), gāochāo (高超), bájiān[r] (拔尖[儿]), chūjiān[r] (出尖[儿]). ¶技量が衆に~でる běnlǐng chūzhòng (本领出众)/ jìyì chāojué (技艺超绝)/ gāo rén yī děng (高人一等).

ぬ・く【抜く】 **1**〔引き抜く〕bá (拔), chōu (抽). ¶刀を~く bá dāo (拔刀)/ chōu jiàn (抽剑). ¶釘を~く bá[qǐ] dīngzi (拔[起]钉子). ¶歯を~く bá yá (拔牙). ¶瓶の栓を~く bá píngsāi (拔瓶塞).

2〔取り除く〕¶風呂の水を~く bǎ xǐzǎopénli de shuǐ fàngdiào (把洗澡盆里的水放掉). ¶インクのしみを~く qù mòshuǐzì (去墨水渍). ¶籍を~く xiāo hùkǒu (销户口).

3〔省く, 減らす〕¶昼食を~いて仕事をする bù chī wǔfàn gǎn gōngzuò (不吃午饭赶工作). ¶仕事の手を~く tōu gōng (偷工). ¶肩の力を~きなさい jiānbǎng búyào yòngjìnr (肩膀不要用劲儿). ¶少しでも気を~いたら間違えるshāo yì ˇsōngxiè[sōngjìnr] jiù huì nòngcuò (稍一ˇ松懈[松劲儿]就会弄错).

4〔取り出す〕qǔchū (取出), chōuchū (抽出). ¶良さそうなのを~いておけ bǎ hǎo diǎnr de chōuchulai (把好点儿的抽出来). ¶途中で積荷を~かれた zàihòu zài zhōngtú bèi tōu le (载货在中途被偷了).

5〔追い越す〕gǎnguò (赶过), chāoguò (超过), zhuīguò (追过). ¶3人~いてゴールに飛び込んだ gǎnguò sān ge rén pǎodàole zhōngdiǎnxiàn (赶过三个人跑到了终点线). ¶車は~きつ~かれつして走った qìchē nǐ zhuī wǒ gǎn de fēishǐ (汽车你追我赶地飞驶). ¶トーナメントで5人~いて優勝した zài táotàisài zhōng dǎbàile wǔ ge rén huòdéle guànjūn (在淘汰赛中打败了五个人获得了冠军). ¶彼の成績は群を~いている tā de chéngjì chūlèi-bácuì (他的成绩出类拔萃).

6〔…しぬく〕¶最後まで頑張り~く jiānchí dào dǐ (坚持到底). ¶どんな事があっても生き~いてほしい wúlùn zěnyàng jiānnán, xīwàng jiānchí huóxiaqu (无论怎样艰难,希望坚持活下去). ¶彼もこの事には弱り~いていた duì zhè jiàn shì, tā yě shāngtòule nǎojīn (对这件事,他也伤透了脑筋).

ぬ・ぐ【脱ぐ】 tuō (脱);〔虫などが〕tuì (蜕). ¶帽子を~ぐ zhāi màozi (摘帽子). ¶靴を~ぐ tuō xié (脱鞋). ¶部屋に入ったらコートを~ぎなさい jìnle wūzili tuōxià dàyī (进了屋子里脱下大衣). ¶子供の服を~がす gěi háizi tuō yīfu (给孩子脱衣服). ¶私が一肌~ぎましょう wǒ lái zhù yí bì zhī lì (我来助一臂之力). ¶蛇が皮を~ぐ shé ˇtuō[tuì] pí (蛇ˇ脱[蜕]皮).

ぬぐ・う【拭う】 **1**〔ふき取る〕cā (擦), kāi (揩), shì (拭), mǒ (抹). ¶涙を~う shì lèi (拭泪). ¶額の汗を~う cāqù éshang de hànshuǐ (擦去额上的汗水). ¶靴の泥を~う cādiào xiéshang de nítǔ (擦掉鞋上的泥土).

2 ¶汚名を~う xǐqù wūmíng (洗去污名). ¶~うことのできない恥辱 xǐshuā bu diào de chǐrǔ (洗刷不掉的耻辱). ¶不快感を~いきれない búkuài zhī gǎn zěnme yě qùbudiào (不快之感怎么也去不掉).

ぬくぬく【布団に】~ととくるまっている nuǎnnuǎnhuóhuó de guǒzhe bèizi (暖暖和和地裹着被子). ¶社長の椅子に~と納まっている shūshūfúfú ān zuòzài zǒngjīnglǐ de jiāoyǐ shang (舒舒服服安坐在总经理的交椅上).

ぬくま・る【温まる】 →あたたまる.

ぬくみ【温み】→ぬくもり.
ぬく・める【温める】→あたためる.
ぬくもり【温もり】¶まだ布団に〜が残っている bèizi hái nuǎnhuóhuó de(被子还暖和和的).
ぬけあな【抜穴】 **1**〔煙の〕yāndào(烟道). ¶外に〜が通じている dìdào tōngdào wàibian(地道通到外边).
2〔逃れる手段〕lòudòng(漏洞). ¶法律の〜をうまく利用する qiǎomiào lìyòng fǎlǜ de lòudòng(巧妙利用法律的漏洞).
ぬけがけ【抜駆け】¶〜の功名をたてる qiǎngxiān lìgōng(抢先立功).
ぬけがら【抜殻】tuì(蜕). ¶蟬の〜 chántuì(蝉蜕). ¶彼女は失恋してから〜のようになってしまった tā zìcóng shīliàn, jiù 〝xiàng diūle hún shìde〟[hún bù shǒu shè](她自从失了恋,就〝像丢了魂似的〟[魂不守舍]).
ぬけかわ・る【抜け代る】huàn(换). ¶動物の毛が〜 dòngwù huànmáo(动物换毛). ¶子供の歯がすっかり〜った háizi quán huànle yá(孩子全换了牙).
ぬけげ【抜毛】tuōfà(脱发). ¶〜が多くて困る tóufa diàode tài duō, zhēn lìng rén fāchóu(头发掉得太多,真令人发愁).
ぬけだ・す【抜出す】liū(溜). ¶部屋をそっと〜す qiāoqiāo de liūchū fángjiān(悄悄地溜出房间). ¶会議の途中で〜す zài huìyì de zhōngtú liūchulai(在会议的中途溜出来). ¶貧困から〜す bǎituō pínkùn(摆脱贫困)/ tuōpín(脱贫). ¶絵から〜してきたような美人 xiàng shì cóng huà lǐmiàn xiànchulai de měirén(像是从画里面现出来的美人).
ぬけぬけ¶〜と嘘をつく hòuyán-wúchǐ de sāhuǎng(厚颜无耻地撒谎). ¶大それたことを言う dà yán bù cán(大言不惭).
ぬけみち【抜道】 **1** jiàndào(间道), chāodào(抄道). ¶〜して先回りする chāo dàor xiāndào(抄道儿先到)/ chāo jìndào zhànxiān(抄近道占先).
2〔逃れる手段〕tuìlù(退路), hòulù(后路). ¶あらかじめ〜を用意しておく xiān liú ge tuìlù(先留个退路).
ぬけめ【抜目】¶万事に〜なく立ち回る sìchù zuānyíng yì wú shūlòu(四处钻营一无疏漏). ¶彼は儲けることにかけては〜がない tā duìyú fācái zhuànqián hěn jīngmíng(他对于发财赚钱很精明). ¶あいつは〜のない奴だ nàge jiāhuo kě jīngle(那个家伙可精了).
ぬ・ける【抜ける】 **1**〔取れる〕diào(掉), tuō(脱), tuōdiào(脱掉), tuōluò(脱落). ¶歯が1本〜けた diàole yì kē yá(掉了一颗牙). ¶髪の毛が〜ける diào tóufa(掉头发)/ tóufa tuōluò(头发脱落). ¶栓がなかなか〜けない sāizi zěnme yě bá bu chūlái(塞子怎么也拔不出来). ¶人形の首が〜けてしまった mù'ǒu de nǎodai diào le(木偶的脑袋掉了). ¶人の重みで床が〜けた rén duō guòzhòng dìbǎn tāxiaqu le(人多过重地板塌下去了). ¶ズボンの膝が〜けた kùzi de xīgài mópò le(裤子的膝盖磨破了).

2〔なくなる, 消える〕zǒu(走), pǎo(跑), fēi(飞). ¶タイヤの空気が〜けた chētāi zǒu[pǎo]le qì le(车胎走[跑]了气了). ¶気の〜けたビールなど飲めない zǒule qì de píjiǔ kě bù hǎohē(走了气的啤酒可不好喝). ¶香がすっかり〜けてしまった xiāngwèir dōu fēi le(香味儿都飞了). ¶疲れがまだ〜けない hái xiē bu guò fá lai(还歇不过乏来). ¶それを聞いたとたん力が〜けてしまった tīng nà jiàn shì jiù tānruǎn le(听了那件事就瘫软了). ¶驚いて腰が〜けた xiàde zhí bu qǐ yāo lai(吓得直不起腰来). ¶彼はお国訛はなかなか〜けない tā zěnme yě gǎibuliǎo xiāngyīn(他怎么也改不了乡音). ¶昔からの習慣はなかなか〜けないものだ lǎoxíguàn kě bù róngyì gǎidiào(老习惯可不容易改掉).

3〔欠ける, 漏れる〕tuō(脱), tuōdiào(脱掉), tuōlòu(脱漏), là(落), diào(掉). ¶1字〜けている tuō yí ge zì(脱一个字). ¶名簿に私の名が〜けている míngdān shang lòule wǒ de míngzi(名单上漏了我的名字). ¶この本は数ページ〜けている zhè běn shū quēshǎole jǐ yè(这本书缺少了几页).

4〔知恵が〕shǎ(傻), hútu(糊涂). ¶あの男は少し〜けた野郎だ nà jiāhuo yǒudiǎnr èrbǎiwǔ(那家伙有点儿二百五). ¶あいつは何をやらせても〜けている nàge jiāhuo gàn shénme dōu yǒudiǎnr 〝hútu〟[húlihútú](那个家伙干什么都有点儿〝糊涂〟[糊里糊涂]).

5〔離脱する〕tuōlí(脱离). ¶同盟から〜ける tuōlí tóngméng(脱离同盟). ¶グループから3人が〜けた xiǎozǔli yǒu sān ge rén tuōlí le(小组里有三个人脱离了). ¶この仕事は君に〜けられると困る zhège gōngzuò méiyǒu nǐ kě jiù wéinán le(这个工作没有你可真为难了). ¶途中で〜けてくるから待っていて下さい wǒ zài zhōngtú liūchulai, qǐng nǐ děng yi děng(我在中途溜出来,请你等一等).

6〔突き通る〕guò(过), zǒuguò(走过), chuānguò(穿过). ¶この路地を〜けて行きましょう cóng zhè tiáo hútòng chuānguoqu ba(从这条胡同穿过去吧). ¶行き止りで向う側には〜けられない zhè shì sǐhútòng guòbuqù(这是死胡同过不去). ¶やっとの思いで人垣を〜けてきた hǎoróngyì cái cóng rénqúnli jǐchulai(好容易才从人群里挤出来). ¶弾は胸から背中へ〜けていた zǐdàn chuān xiōng ér chū(子弹穿胸而出).

ぬ・げる【脱げる】¶この靴は大きくてすぐ〜げてしまう zhè shuāng xié tài dà bù gēn jiǎo(这双鞋太大不跟脚).

ぬし【主】¶広場に〜のない自転車が置いてある guǎngchǎng shang fàngzhe yí liàng wú zhǔ de zìxíngchē(广场上放着一辆无主的自行车). ¶この手紙の〜に会いたい wǒ xiǎng jiànjian xiě zhè fēng xìn de rén(我想见见写这封信的人). ¶この池の〜は大鯰だといわれている chuánshuō zhège chítáng zhī zhǔ shì dàniányú(传说这个池塘之主是大鲇鱼). ¶あの先生はこの学校の〜だ tā wèi lǎoshī shì zhège xué-

ぬし【塗師】 qījiàng(漆匠), qīgōng(漆工).
ぬすびと【盗人】 xiǎotōur(小偷儿), qièzéi(窃贼), dàozéi(盗贼). ¶〜たけだけしい wéifēizuòdǎi bù yǐwéi chǐ fǎn yǐwéi róng(为非作歹不以为耻反以为荣). ¶〜に追い銭 péile fūren yòu zhébīng(赔了夫人又折兵). ¶〜にも三分の理 zuòzéi de yě yǒu sān fēn dàoli(作贼的也有三分道理). ¶〜を見て縄をなう lín zhèn mó qiāng(临阵磨枪)/ lín kě jué jǐng(临渴掘井).
ぬすびとはぎ【盗人萩】 shānmǎhuáng(山蚂蝗).
ぬすみぎき【盗み聞き】 tōutīng(偷听), qiètīng(窃听). ¶人の話を〜する tōutīng rénjia de huà(偷听人家的话).
ぬすみぐい【盗み食い】 tōuzuǐ(偷嘴), tōuchī(偷吃). ¶戸棚の中のものを〜する tōuchī chúguìli de dōngxi(偷吃橱柜里的东西).
ぬすみみ【盗み見】 tōukàn(偷看). ¶隣の人の答案を〜する tōukàn pángbiān de rén de shìjuàn(偷看旁边的人的试卷).
ぬす・む【盗む】 tōu(偷), dàoqiè(盗窃), tōudào(偷盗). ¶金を〜む tōu qián(偷钱). ¶指輪を〜まれた jièzhi bèi tōu le(戒指被偷了). ¶機密を〜む dàoqiè[dàoqǔ] jīmì(盗窃[盗取]机密). ¶〜みを働く tōu dōngxi(偷东西)/ xíngqiè(行窃). ¶人目を〜んで会う bì rén yǎnmù xiānghuì(避人眼目相会). ¶暇を〜んで映画を見に行く chōu[tōu] kòng kàn diànyǐng qù(抽[偷]空看电影去).
ぬっと ¶そこへ彼が〜入って来た zhèngzài nàge dāngr, tā jìnli zǒule jìnlái(正在那个当儿,他忽然走进了进来). ¶横から〜手を出す cóng pángbiānr tūrán shēnguò shǒu lái(从旁边儿突然伸过手来).
ぬの【布】 bù(布), bùliào(布料), bùpǐ(布匹), pǐtou(匹头). ¶〜を織る zhībù(织布).
ぬのぎれ【布切れ】 bùtóu[r](布头[儿]).
ぬのじ【布地】 yīliào(衣料), bùliào(布料), liàozi(料子), pǐtou(匹头).
ぬま【沼】 zhǎozé(沼泽).
ぬまち【沼地】 zhǎozédì(沼泽地).
ぬら・す【濡らす】 zhānshī(沾湿), jìnshī(浸湿). ¶タオルを水で〜す yòng shuǐ bǎ máojīn jìnshī(用水把毛巾浸湿). ¶にわか雨で服を〜してしまった gǎnshàng zhènyǔ yīfu dōu línshī le(赶上阵雨衣服都淋湿了).
ぬらりくらり ¶〜とはぐらかす bì zhòng jiù qīng de bǎ huà chàkāi(避重就轻地把话岔开). ¶彼にいくら問い質しても〜していて話にならない zěnme zhuīwèn tā yě shì liūhuá shǎnduǒ jiǎnzhí méi bànfǎ(怎么追问他也是溜滑闪躲简直没办法).
ぬり【塗】 ¶ペンキの〜にむらがある yóuqī túde bù yún(油漆涂得不匀). ¶お盆の〜が剝げたpánzi de qī diào le(盘子的漆掉了). ¶朱〜の椀 zhūqīwǎn(朱漆碗).
ぬりかえる【塗り替える】 ¶壁を〜える chóngxīn shuā qiáng(重新刷墙).
ぬりぐすり【塗薬】 wàifūyào(外敷药). ¶傷口に〜をつける bǎ yàogāo túzài shāngkǒu(把药膏涂在伤口).
ぬりつぶ・す【塗り潰す】 túdiào(涂掉), túqù(涂去). ¶壁を真黄色に〜す bǎ qiángquán túchéng huángsè(把墙全涂成黄色). ¶誤記の箇所を墨で〜す yòng mò túdiào xiěcuò de dìfang(用墨涂掉写错的地方). ¶紙面はオリンピック記事一色に〜された bàozhǐ shang dēngmǎnle Àoyùnhuì de xiāoxi(报纸上登满了奥运会的消息).
ぬ・る【塗る】 tú(涂), mǒ(抹), shàng(上), shuā(刷), qī(漆), chá(搽), cā(擦);[ペンキ等]yóu(油), yóuqī(油漆). ¶ペンキを〜る shuā yóuqī(刷油漆). ¶壁を白く〜る bǎ qiáng shuāchéng báisè(把墙刷成白色). ¶パンにバターを〜る miànbāo shang mǒshàng huángyóu(面包上抹上黄油). ¶傷に薬を〜る wǎng shāngkǒu tú yào(往伤口涂药). ¶顔におしろいを〜る liǎnshang cā fěn(脸上搽粉). ¶あいつは人の顔に泥を〜った tā wǎng wǒ liǎnshang mǒhēi(他往我脸上抹黑)/ tā gěi wǒ diūle liǎn le(他给我丢了脸了).
ぬる・い【温い】 wēntūn(温暾・温吞), wūtu(乌涂・兀秃). ¶〜い風呂に入って風邪をひいた xǐle bù lěng bù rè de zǎo, zháole liáng(洗了不冷不热的澡,着了凉). ¶お茶が〜くなった chá bú rè le(茶不热了).
ぬるで【白膠木】 yánfūmù(盐肤木), wǔbèizǐshù(五倍子树).
ぬるぬる huáliū(滑溜). ¶鰻は〜して摑みにくい mánli huáliū bù hǎo zhuāzhù(鳗鲡滑溜不好抓住). ¶油で手が〜になった shǒu zhānmǎnle yóu, nòngde huáliūliū de(手沾满了油,弄得滑溜溜的).
ぬるまゆ【微温湯】 wēnshuǐ(温水), wēntāng(温汤), wēntūnshuǐ(温暾水・温吞水), wūtushuǐ(乌涂水・兀秃水). ¶〜に浸かっているような毎日を送る měitiān guòzhe xiánshì ānlè de shēnghuó(每天过着闲适安乐的生活).
ぬる・む【温む】 ¶春になって水が〜む chūntiān dào, shuǐ biàn nuǎn(春天到,水变暖)/ chūnlái shuǐ nuǎn(春来水暖).
ぬれぎぬ【濡衣】 yuānwang(冤枉), qūwang(屈枉), yuānqū(冤屈). ¶〜を着せられる shòu yuānwang(受冤枉)/ bēi hēiguō(背黑锅).
ぬれて【濡手】 ¶〜で粟 bù láo ér huò(不劳而获).
ぬれねずみ【濡鼠】 luòtāngjī(落汤鸡). ¶子供は池へ落ちて〜になった háizi diàojìnle chízi, chéngle luòtāngjī(孩子掉进了池子,成了落汤鸡).
ぬ・れる【濡れる】 shī(湿), zhuó(浊), línshī(淋湿), zhuóshī(浊湿), rúshī(濡湿), jìnshī(浸湿). ¶露に〜れたらば méiguīhuā dàizhe lùzhū(玫瑰花带着露珠). ¶道路が雨に〜れている mǎlù bèi yǔ línshī le(马路被雨淋湿了). ¶服が汗でぐっしょり〜れた hànshuǐ shītòule yīfu(汗水湿透了衣服). ¶彼女の頬は涙で〜れていた tā de liǎnshang ràng yǎnlèi rúshī le(她的脸上让眼泪濡湿了).

ね

ね【子】zǐ(子).

ね【音】shēng(声), shēngyīn(声音). ¶どこからか笛の～が聞えてくる bùzhī cóng nǎli chuánlai díshēng(不知从哪里传来笛声). ¶虫の～に耳を傾ける tīng chóng míng(听虫鸣). ¶仕事が多すぎて～を上げる gōngzuò tài duō jiàokǔ liántiān(工作太多叫苦连天). ¶ぐうの～も出ない wú yán yǐ duì(无言以对)／yǎ kǒu wú yán(哑口无言).

ね【値】jià(价), jiàqian(价钱), jiàgé(价格). ¶～を上げる tígāo jiàgé(提高价格)／táijià(抬价). ¶～を下げる jiàngdī jiàgé(降低价格)／jiàngjià(降价). ¶～をつける yàojià[儿]〈卖方が〉／chū jià(出价)／gěi jià(给价)〈买手が〉. ¶～が上がる zhǎngjià(涨价). ¶～が下がる diējià(跌价)／làojià[儿](落价[儿])／diàojià[r](掉价[儿]). ¶～が張る jiàqian guì(价钱贵). ¶～が出るまで売るのはよそう děng zhǎngle jià zài mài(等涨了价再卖). ¶その品はよい～で売れた nàge dōngxi màile ge hǎo jiàqian(那个东西卖了个好价钱).

ね【根】1〔植物の〕gēn[r](根[儿]), gēnzi(根子). ¶植物は～から養分を吸収する zhíwù kào gēn xīshōu yǎngfèn(植物靠根吸收养分). ¶挿木しておいたら～がついた chātiáo zhāle gēn le(插条扎了根了). ¶この大木は相当～が深く張っている zhè kē dàshù gēn zhāde xiāngdāng shēn(这棵大树根扎得相当深). ¶その男は～が生えたかのように動かなかった nàge nánrén hǎoxiàng shēngle gēn shìde lìzài nàli yídòngbúdòng(那个男人好像生了根似的立在那里一动不动). ¶その思想は大衆の中に深く～を下ろしていった nàge sīxiǎng zài qúnzhòng zhōng shēnshēn de zhāxiàle gēn(那个思想在群众中深深地扎下了根). ¶～も葉もないデマを飛ばす sànbō wú gēn wú shēng yǒu de yáoyán(散播无中生有的谣言).

2〔もと〕gēn[r](根[儿]), gēnzi(根子). ¶腫物の～ chuāng de gēnr(疮的根儿). ¶恐怖のあまり歯の～が合わなかった hàipàde yáchǐ zhí dǎzhàn(害怕得牙齿直打战). ¶悪の～を絶つ chǎnchú zuì'è de lǎogēn(铲除罪恶的老根). ¶人前で叱られたことを～に持つ dāngzhòng ái xùn, jìhèn zài xīn(当众挨训, 记恨在心).

3〔本性〕¶彼は～は善人なのだ tā běnlái shì ge hǎorén(他本来是个好人). ¶彼は～っからの商人だ tā shēnglái jiùshì ge shāngrén(他生来就是个商人).

ね【寝】shuìmián(睡眠). ¶～が足りない shuìmián bùzú(睡眠不足).

ねあがり【値上り】zhǎngjià(涨价). ¶キロあたり50円～した yì gōngjīn zhǎngle wǔshí kuài qián(一公斤涨了五十块钱). ¶米の～は家計に対する影響が大きい mǐjià shàngzhǎng[zhǎngjià] duì shēnghuó yǐngxiǎng hěn dà(米价上涨[大米涨价]对生活影响很大).

ねあげ【値上げ】tíjià(提价), táijià(抬价). ¶郵便料金を30パーセント～する yóufèi tíjià bǎi fēn zhī sānshí(邮费提价百分之三十). ¶賃金の～を要求する yāoqiú tígāo gōngzī(要求提高工资).

ねあせ【寝汗】dàohàn(盗汗). ¶～をかく dào hàn(盗汗).

ねいき【寝息】¶子供が安らかな～を立てている háizi hūxī yúnchèn de shuìzhe(孩子呼吸匀称地睡着). ¶～をうかがう chákàn shuìzháole méiyǒu(察看睡着了没有).

ねいす【寝椅子】tǎngyǐ(躺椅).

ねいりばな【寝入り端】¶～を起された gāng shuìzháo jiù bèi jiàoxǐng le(刚睡着就被叫醒了).

ねい・る【寝入る】shuìzháo(睡着), rùshuì(入睡), chéngmián(成眠), chéngmèi(成寐). ¶子供は泣きながら～った háizi kūzhe kūzhe jiù shuìzháo le(孩子哭着哭着就睡着了). ¶彼女はぐっすり～っていた tā shuìde hěn xiāng(她睡得很香).

ねいろ【音色】yīnsè(音色), yīnpǐn(音品). ¶美しい～のバイオリン yīnsè hěn měi de xiǎotíqín(音色很美的小提琴). ¶この笛はきれいな～がする zhège dízi yīnsè hěn hǎo(这个笛子音色很好).

ねうち【値打ち】jiàzhí(价值). ¶その本は一読する～がある nà běn shū zhíde yì dú(那本书值得一读). ¶この宝石は500万円の～がある zhè kē bǎoshí zhí wǔbǎi wàn rìyuán(这颗宝石值五百万日元). ¶彼は金(㊎)の～の分らない男だ tā bù dǒngde qián shì duōme lái zhī bú yì(他不懂得钱是多么来之不易). ¶一文の～もない yì wén bù zhí(一文不值). ¶人の～は金(㊎)では計れない rén de jiàzhí yòng jīnqián shì wúfǎ héngliang de(人的价值用金钱是无法衡量的).

ねえさん【姉さん・姐さん】1→あね.

2〔若い娘〕jiějie(姐姐), dàjiě(大姐). ¶隣のお～と一緒に映画を見に行きました hé gébì de dàjiě yíkuàir kàn diànyǐng qù le(和隔壁的大姐一块儿看电影去了).

3〔料理屋などの〕xiǎojie(小姐). ¶ちょっと～, ビールを持って来て wèi, xiǎojie, lái píng píjiǔ(喂, 小姐, 来瓶啤酒).

ネーブル qíchéng(脐橙).

ネーム míngzi(名字). ¶万年筆に～を入れる zài gāngbǐ shang kèshang míngzi(在钢笔上刻上名字). ¶あの人は～バリューがある tā hěn yǒu míngqi(他很有名气)/ tā yǒu míngshēng(他有名声).
¶～プレート míngpái(名牌).

ねおき【寝起き】 **1**〔暮し〕qǐjū(起居), shēnghuó(生活). ¶これが私の～している部屋です zhè shì wǒ qǐjū de fángjiān(这是我起居的房间). ¶彼と1か月～を共にした wǒ gēn tā zài yìqǐ shēnguóle yí ge yuè(我跟他在一起生活了一个月).
2〔目覚め〕shuìxǐng(睡醒). ¶あの子は～が悪い nàge háizi shuìxǐngle jiù ài nào(那个孩子睡醒了就爱闹).

ねおし【寝押し】 ¶ズボンを～する bǎ kùzi pūzài rùzi xiàmian yāpíng(把裤子铺在褥子下面压平).

ネオン 1〔ネオンサイン〕níhóngdēng(霓虹灯), níhóngdēng guǎnggào(霓虹灯广告).
2〔元素〕nǎi(氖), nǎiqì(氖气).

ネガ dǐpiàn(底片), dǐbǎn(底版), fùpiàn(负片).

ねがい【願い】 yuànwàng(愿望), xīnyuàn(心愿), yìyuàn(意愿), xīwàng(希望). ¶やっと彼の～がかなった tā de yuànwàng zhōngyú shíxiàn le(他的愿望终于实现了)/ tā zhōngyú rúyuàn yǐ cháng le(他终于如愿以偿了)/ zhōngyú suìle tā de xīnyuàn(终于遂了他的心愿). ¶親友の～をきかないわけにはいかない lǎopéngyou de kěnqiú bùdé bù jiēshòu(老朋友的恳求不得不接受). ¶お～だから許して下さい qǐng ráoshù wǒ ba(请饶恕我吧). ¶1つお～があります wǒ yǒu yí ge qǐngqiú(我有一个请求)/ wǒ yǒu yí jiàn shì bàituō nǐ(我有一件事拜托你). ¶助力をお～にまいりました wǒ qiú nín bāngzhù lái le(我求您帮助来了).
¶休暇～ jiàtiáo(假条). 辞職～ cízhí shēnqǐngshū(辞职申请书)/ cíchéng(辞呈).

ねがいさげ【願い下げ】 ¶その話はこっちから～だ nà jiàn shì jiùshì qǐng wǒ gàn wǒ yě bú gàn(那件事就是请我干我也不干).

ねがい・でる【願い出る】 shēnqǐng(申请), chéngqǐng(呈请), qǐngqiú(请求). ¶2週間の休暇を～出る qǐng liǎng ge xīngqī de jià(请两个星期的假).

ねが・う【願う】〔望む〕xīwàng(希望), qīwàng(期望);〔頼む〕qǐng(请), qǐngqiú(请求). ¶子供の幸福を～う yuàn háizi xìngfú(愿孩子幸福). ¶私は栄達は～わない wǒ bìng bù xīwàng xiǎndá(我并不希望显达). ¶先生にご無理を～って来ていただいた máfan lǎoshī tèyì láile yí tàng(麻烦老师特意来了一趟). ¶どうぞよろしくお～いします qǐng nín duō guānzhào(请多关照), qǐng nín duōjiā bāngzhù(请您多加帮助). ¶講演をお～いしたいのですが xiǎng qǐng nín zuò yí ge bàogào(想请您做一个报告). ¶先日お～いしておきましたのはどうなったでしょうか qián xiē tiān bàituō de shì zěnmeyàng le?(前些天拜托的事怎么样了?). ¶それ

だけはご勘弁～います nàge kě qǐng nín yuánliàng(那个可请您原谅). ¶神仏に家内安全を～う qǐng shénfó dǎogào bǎoyòu yìjiā píngān(向神佛祷告保佑一家平安). ¶そうなれば～ったりかなったりだ nà jiù chènxīn-rúyì le(那就称心如意了). ¶～ってもないチャンスだ zhēn shì qiú zhī bù dé de hǎo jīhuì(真是求之不得的好机会).

ねがえ・る【寝返る】 **1**〔向きを変える〕fānshēn(翻身). ¶赤ん坊が～りを打てるようになった yīng'ér huì fānshēn le(婴儿会翻身了).
2〔裏切る〕dǎogē(倒戈). ¶敵に～る pànbiàn tóu dí(叛变投敌).

ねがお【寝顔】 shuìliǎn(睡脸). ¶無邪気な～ tiānzhēn wú xié de shuìliǎn(天真无邪的睡脸).

ねか・す【寝かす】 **1**〔眠らす〕¶赤ん坊を～しつける hōng wáwa shuìjiào(哄娃娃睡觉).
2〔横にする〕¶子供をそっと布団の上に～す bǎ háizi qīngqīng de fàngzài rùzi shang(把孩子轻轻地放在褥子上). ¶戸棚を～して運ぶ bǎ chúguì fàngdǎo bānyùn(把橱柜放倒搬运).
3〔資金, 商品を〕jīyā(积压), jīcún(积存). ¶資金を～しておく jīyā zījīn(积压资金). ¶商品を～す jīcún huòwù(存存货物). ¶酒樽に入れて3年～す fàngjìn jiǔtǒngli jiàocáng sān nián(放进酒桶里窖藏三年).

ねがわくは【願わくは】 zhù(祝), yuàn(愿), zhùyuàn(祝愿). ¶～ますますご壮健であられんことを zhù nín gèngjiā zhuàngjiàn(祝您更加壮健).

ねぎ【葱】 cōng(葱). ¶～坊主 cōnggǔduor(葱骨朵儿). 長～ dàcōng(大葱).

ねぎら・う【労う】 wèiláo(慰劳), kàoláo(犒劳). ¶御馳走して労う yòng shèng zhuàn kàolao(用盛馔犒劳). ¶～いの言葉をかける shuō wèiláo de huà(说慰劳的话).

ねぎ・る【値切る】 huánjià[r](还价[儿]), bójià[r](驳价[儿]), dǎjià[r](打价[儿]). ¶1200円の品を1000円に～る zhè yìqiān èr de dōngxi huánjià wéi yìqiān(值一千二的东西还价为一千). ¶100円～って買った shǎo suàn yìbǎi kuài qián mǎixià de(少算一百块钱买下的).

ネクタイ lǐngdài(领带). ¶～をしめる jì lǐngdài(系领带).
¶～ピン lǐngdài biézhēn(领带别针)/ lǐngjié biézhēn(领结别针). 蝶～ húdiéjié(蝴蝶结)/ lǐngjié(领结)/ língluā(领花).

ねくび【寝首】 ¶～をかく chèn rén shuìzháo shí kǎndiào tóudai(趁人睡着时砍掉头袋);〔比喩的〕qīpiàn mábì duìfāng(欺骗麻痹对方).

ねぐら【塒】 niǎowō(鸟窝), wōr(窝儿). ¶烏が～に帰る wūyā huí wōr(乌鸦回窝儿).

ネグリジェ shuìpáo(睡袍).

ねぐるし・い【寝苦しい】 ¶彼は熱のせいで～そうだ tā fāshāo, kàn yàngzi shuìbuhǎo jiào(他发烧, 看样子睡不好觉). ¶昨晩は暑くて～かった zuówǎn rède méi shuìhǎo jiào(昨晚热得

没睡好觉).

ねこ【猫】 māo(猫).¶おばあさんが孫を〜可愛がりに可愛がる nǎinai chǒng'ài sūnzi(奶奶宠爱孙子).¶〜をかぶる zhuāng lǎoshi(装老实).¶この頃の天気は〜の目のように変る zuìjìn de tiānqì biànhuàn wúcháng(最近的天气变幻无常).¶〜の額ほどの土地 bāzhang dà de dìpí(巴掌大的地皮).¶〜の手も借りたいほどだ mángde bùkě kāijiāo(忙得不可开交).¶初めのうちは借りてきた〜のようだった chū lái shí xiàng jièlai de māo shíde lǎoshi jíle(初来时像借来的猫似的老实极了).¶〜も杓子もゴルフをやりたがる Zhāng Sān Lǐ Sì dōu yào dǎ gāo'ěrfūqiú(张三李四都要打高尔夫球).¶彼には〜に小判だ gěi tā jiǎnzhí shì báidā(给他简直是白搭)/gěi tā jiù děngyú míngzhū àn tóu(给他就等于明珠暗投).¶〜に鰹節 māo zhěn dàtóuyú(猫枕大头鱼)/ràng zéi kānjiā(让贼看家).
¶雄〜 lángmāo(郎猫)/xióngmāo(雄猫).雌〜 mǔmāo(母猫)/címāo(雌猫).子〜 māo zǎir(猫崽儿)/xiǎomāor(小猫儿).

ねこいらず【猫いらず】 hàoziyào(耗子药),shāshǔyí(杀鼠剂).

ねごこち【寝心地】¶このベッドは〜がいい zhè zhāng chuáng shuìzhe hěn shūfu(这张床睡着很舒服).

ねこじた【猫舌】¶私は〜です wǒ pà chī re de(我怕吃热的).

ねこぜ【猫背】 luóguō[r](罗锅[儿]),tuóbèi(驼背).¶彼は〜だ tā yǒudiǎnr tuóbèi(他有点儿驼背).

ねこそぎ【根こそぎ】¶雑草を〜にする bǎ zácǎo liángěn bádiào(把杂草连根拔掉).¶台風で街路樹は〜された táifēng bǎ xíngdàoshù quán guādǎo le(台风把行道树全刮倒了).¶泥棒に〜盗まれた jiào zéi gěi tōude yìgān-èrjìng(叫贼给偷得一干二净)/bèi qièzéi xǐjié yì kōng(被窃贼洗劫一空).

ねごと【寝言】 mènghuà(梦话),mèngyì(梦呓),yìyǔ(呓语).¶〜を言う shuō mènghuà(说梦话)〈比喻的にも〉.

ねこなでごえ【猫撫で声】¶〜を出す fāchū chǎnmèishēng[jiāoshēng](发出谄媚声[娇声]).

ねこばば【猫糞】¶財布を拾って〜をきめこむ bǎ jiǎn de qiánbāo mèi wéi jǐ yǒu(把拣的钱包昧为己有).

ねこみ【寝込み】¶〜を襲う chèn rén shuìzhao jiào xíjī(趁人睡着觉袭击)/dǔ bèiwōr(堵被窝儿).

ねこ・む【寝込む】 1〔熟睡する〕shúshuì(熟睡).¶ぐっすり〜んでいる shuìde hěn xiāng(睡得很香).
2〔病臥する〕wòbìng(卧病).¶流感で10日間も〜んでしまった déle liúxíngxing gǎnmào tǎngle shí tiān(得了流行性感冒躺了十天).¶女房に〜まれると大変だ jiào lǎopo wòbìng zài chuáng[wòchuáng bù qǐ] kě bùdéliǎo(叫老婆卧病在床[卧床不起]可了不得了).

ねこやなぎ【猫柳】 xìzhùliǔ(细柱柳).

ねごろ【値頃】¶〜の品 jiàqian héshì de dōngxi(价钱合适的东西).

ねころ・ぶ【寝転ぶ】¶芝生の上に〜ぶ tǎngzài cǎopíng shang(躺在草坪上).¶あおむけに〜んで本を読む yǎngwòzhe kàn shū(仰卧着看书).

ねさがり【値下り】 diējià(跌价),làojià[r](落价[儿]),diàojià[r](掉价[儿]).¶食料品が〜する shípǐn diējià(食品跌价).¶物価の〜は期待できない wùjià xiàjiàng nányǐ qīdài(物价下降难以期待).

ねさげ【値下げ】 jiàngjià(降价),jiǎnjià(减价),làojià[r](落价[儿]),xuējià(削价).¶家賃の〜を要求する yāoqiú jiàngdī fángzū(要求降低房租).¶全商品を2割〜する suǒyǒu shāngpǐn de jiàgé jiǎndī bǎi fēn zhī èrshí(所有商品的价格减低百分之二十)/suǒyǒu shāngpǐn jiǎnjià èr chéng(所有商品减价二成).

ねざけ【寝酒】¶毎晩〜を飲む měitiān wǎnshang línshuì qián hē jiǔ(每天晚上临睡前喝酒).

ねざ・す【根差す】 gēnzhí(根植),zhāgēn(扎根).¶彼の文学は深く国民性に〜している tā de wénxué zhí gēn yú qí guómín de tèzhì(他的文学植根于其国民的特质).¶綿密な調査に〜した研究 jīyú zhōumì diàochá de yánjiū(基于周密调查的研究).

ねざめ【寝覚め】 shuìxǐng(睡醒).¶夜更ししたので今朝は〜が悪い áole yè,jīnzǎo xǐnglai hěn bù shūfu(熬了夜,今早醒来很不舒服).¶彼にあんな事をして〜が悪い zuòle duìbuqǐ tā de shì,zhēn guòyìbúqù(做了对不起他的事,真过意不去).

ねじ【螺子】 1 luódīng(螺钉),luósī(螺丝),luósīdīng(螺丝钉).¶〜を締める[ゆるめる] nǐngjǐn[nǐngsōng] luósī(拧紧[拧松]螺丝).¶〜で留める yòng luódīng nǐngzhù(用螺钉拧住).¶あいつは少し〜がゆるんでいる nà jiāhuo yǒudiǎnr sōngxiè(那家伙有点儿松懈).
2〔ぜんまいなどの〕¶時計の〜を巻く shàng biǎoxián(上表弦).¶たるんでるぞ,〜を巻いてやる tài sōngxiè le,gěi nǐmen jiājia mǎ(太松懈了,给你们加加码).

ねじあ・げる【捩じ上げる】¶相手の腕を〜げる nǐng duìfang de gēbo(拧对方的胳膊).

ねじき・る【捩じ切る】 nǐngduàn(拧断),niǔduàn(扭断).¶針金を〜る nǐngduàn tiěsī(拧断铁丝).¶泥棒は錠を〜って入った zéi shì niǔduànle suǒ jìnlai de(贼是扭断了锁进来的).

ねじくぎ【螺子釘】 luósī(螺丝),luósīdīng(螺丝钉),luódīng(螺钉).

ねじ・ける【拗ける】¶心の〜けた子 guāipì de háizi(乖僻的孩子).¶〜け者 nìngxìngzi(拧性子)/nìngpíqi(拧脾气).

ねじこ・む【捩じ込む】 1〔ねじなどを〕nǐngjìn(拧进),niǔjìn(扭进).¶ボルトを〜む bǎ luódīng nǐngjinqu(把螺钉拧进去).
2〔無理に入れる〕sāijìn(塞进),yējìn(掖进),

chuāijìn（揣进）．¶新聞をポケットに～む bǎ bàozhǐ sāijìn yīdàili（把报纸塞进衣袋里）．
3〔抗議する〕¶子供のけんかで親が先方に～んだ háizi dǎjià, fùmǔ chǎoshàng mén lái le（孩子打架，父母吵上门来了）．¶判定を不服として審判に～む duì cáipàn bù fú xiàng cáipànyuán tíchū kàngyì（对裁判不服向裁判员提出抗议）．

ねしずま・る【寝静まる】 ¶家族が～ってから仕事を始める děng jiārén shuìxià zài kāishǐ gōngzuò（等家人睡下再开始工作）．¶町中で～っていた yè shēn rén jìng（夜深人静）．

ねしな【寝しな】 línshuì（临睡）．¶～に1杯や línshuì hē yì bēi（临睡喝一杯）．

ねじふ・せる【捩じ伏せる】 ¶賊を～せた bǎ zéi àndǎo zài dì（把贼按倒在地）．

ねじま・げる【捩じ曲げる】 nòngwān（弄弯）; wāiqū（歪曲），qūjiě（曲解）．¶鉄の棒を～げる bǎ tiěbàng niǔwān（把铁棒扭弯）．¶真意を～げて受け取られた wǒ de běnyì bèi qūjiě le（我的本意被曲解了）．

ねじまわし【螺子回し】 luósīdāo（螺丝刀），luósī qǐzi（螺丝起子），gǎizhuī（改锥）．

ねじむ・ける【捩じ向ける】 ¶体を後ろへ～ける bǎ shēnzi niǔxiàng bèihòu（把身子扭向背后）/ niǔzhuǎn shēnzi（扭转身子）．

ねじめ【音締】 duì xián（对弦）．¶いきな～の三味線が聞える chuánlaile qīngcuì de sānwèixiàn shēng（传来了清脆的三味线声）．

ねじやま【螺子山】 luówén（螺纹）．

ねしょうがつ【寝正月】 ¶今年は一家そろって～だった jīnnián quánjiā guònián yí bù méi chūqù quán zài jiāli le（今年全家过年一步没出去全在家里了）．

ねしょうべん【寝小便】 niàochuáng（尿床），niàokàng（尿炕）．¶昨夜子供が～をした zuótiān wǎnshang háizi niàole kàng（昨天晚上孩子尿炕了）．

ねじりはちまき【捩り鉢巻】 ¶～でみこしを担ぐ tóushang gū yì tiáo níngjǐn de shǒujīn káng shénjiàozi（头上箍一条拧紧的手巾扛神轿子）．¶～で勉強する pīnmìng yònggōng（拼命用功）．

ねじ・る【捩る】 nǐng（拧），niǔ（扭）．¶体を～ niǔ shēnzi（扭身子）．¶相手の腕を～る nǐng duìfāng de gēbo（拧对方的胳膊）．¶水道の栓を～る níng shuǐlóngtóu（拧水龙头）．

ねじ・れる【捩れる】 ¶ネクタイが～れている lǐngdài wāinīng le（领带歪拧了）．

ねじろ【根城】 lǎowōr（老窝儿）．¶新宿を～に盗みを働く yǐ Xīnsù wéi lǎowōr xíngqiè（以新宿为老窝儿行窃）．

ねすご・す【寝過ごす】 shuìguòtóu（睡过头）．¶～して汽車に乗り遅れた shuìguòle tóu méi gǎnshàng huǒchē（睡过了头没赶上火车）．

ねずのばん【寝ずの番】 shǒuyè（守夜）．

ねずみ【鼠】 shǔ（鼠），lǎoshǔ（老鼠），hàozi（耗子）．¶台所に～が出る chúfángli nào hàozi（厨房里闹耗子）．¶～の穴 lǎoshǔdòng（老鼠洞）．¶袋の～ wèng zhōng zhī biē（瓮中之鳖）．¶あいつは只の～じゃない tā lái bú shì ge xúncháng de rénwù（他可不是个寻常的人物）．¶～算式に増える àn jǐhé jíshù zēngjiā（按几何级数增加）．¶～色 huīsè（灰色）．～取り bǔshǔqì（捕鼠器）．

ねぞう【寝相】 shuìxiàng（睡相）．¶～が悪い shuìxiàng bù hǎo（睡相不好）．

ねそび・れる【寝そびれる】 ¶隣室の話し声がうるさくて～れた gébì de shuōhuàshēng tài chǎo, méi shuìzháo jiào（隔壁的说话声太吵，没睡着觉）．¶～れて明け方まで起きていた cuòguòle kùnjìnr zhídào tiānliàng méi héyǎn（错过了困劲儿直到天亮没合眼）．

ねそべ・る【寝そべる】 wò（卧），tǎng（躺）．¶犬が木陰に～っている gǒu wòzài shùyīn xià（狗卧在树阴下）．

ねた **1**〔記事などの〕cáiliào（材料）．¶記事の～を探す xúnzhǎo xīnwén cáiliào（寻找新闻材料）．
2〔証拠〕zhèngjù（证据）; bǎbǐng（把柄）．¶いくら隠しても～は上がっているのだ bùguǎn zěnme yǐnmán, wǒmen zhǎngwòle zhèngjù（不管怎么隐瞒，我们掌握了证据）．¶これを～にして脅してやろう ná zhège zuò bǎbǐng lái xiàhu yíxià（拿这个做把柄来吓唬一下）．

ねだ【根太】 ¶～が抜けた dìbǎn xiàmian de héngliáng duàn le（地板下面的横梁断了）．

ねたきり【寝た切り】 lǎokàng（落炕）．¶～老人 wòchuáng bù qǐ[chánmián bìngtà] de lǎorén（卧床不起[缠绵病榻]的老人）．

ねたまし・い【妬ましい】 jìdu（忌妒），dùjì（妒忌），jídù（嫉妒）．¶友人の成績を～く思う jídù péngyou de chéngjì（嫉妒朋友的成绩）．¶姉のハンドバッグを～げに見る kàn jiějie de shǒutíbāo yǎnhóng[hóngyǎn]（看姐姐的手提包眼红[红眼]）．

ねた・む【妬む】 jìdu（忌妒），dùjì（妒忌），jídù（嫉妒）．¶友の成功を～む jìdu péngyou de chénggōng（忌妒朋友的成功）．¶人の～みを受ける zāo rén dùjì（遭人妒忌）．¶～みがましいことは言うな shǎo fàn jídù（少犯嫉妒）/ bié shuō jídù rén de huà（别说嫉妒人的话）．

ねだやし【根絶やし】 chǎnchú（铲除），gēnchú（根除），gēnjué（根绝）．¶雑草を～にする chǎnchú zácǎo（铲除杂草）/ zhǎn cǎo chú gēn（斩草除根）．¶悪の温床を～にする gēnchú zuì'è de wēnchuáng（根除罪恶的温床）．

ねだ・る【強請る】 ¶小遣を～る mózhe yào línghuāqián（磨着要零花钱）．¶子供達に～られて動物園に連れて行った jiào háizimen móde wǒ zhǐhǎo dài tāmen qù dòngwùyuán le（叫孩子们磨得我只好带他们去动物园了）．¶祝儀を～る làizhe yào jiǔqián（赖着要酒钱）．

ねだん【値段】 jiàqian（价钱），jiàgé（价格）; jiàmù（价目），jiàmǎ（价码）〈値札などの〉．¶まあその位が手頃な～だ jiàqian zhèyàng jiù chàbuduō le（价钱那样就差不多了）．¶～の折り合いがつかない jiàqian jiǎngbutuǒ（价钱讲不妥）．

¶～を聞く dǎtīng jiàqian(打听价钱).

ねちが·える【寝違える】 làozhěn(落枕). ¶首筋を～えた bózi shuìnīngle jīn(脖子睡拧了筋).

ねちねち ¶～と食い下がる sǐqìbáilài de zhuīwèn bùkěn bàxiū(死气白赖地追问不肯罢休). ¶～と嫌味を言う méiwán-méiliǎo de wākǔ rén(没完没了地挖苦人).

ねつ【熱】 **1**〔热〕rè(热), rèdù(热度). ¶～を加える jiārè(加热). ¶液体は気化する時にまわりの～を奪う yètǐ zài qìhuà shí xīshōu zhōuwéi de rè(液体在汽化时吸收周围的热). ¶ビタミンCは～に弱い wéishēngsù C pà rè(维生素C怕热).
～エネルギー rènéng(热能). ～効率 rèxiàolǜ(热效率). ～処理 rèchǔlǐ(热处理). ～伝導 rèchuándǎo(热传导)/dǎorè(导热).
2〔体温〕shāo(烧), rè(热), rèdù(热度), tǐwēn(体温). ¶～を計る liáng tǐwēn(量体温). ¶～が出る fāshāo(发烧)/fārè(发热). ¶～が上がった shāode gèng lìhai le(烧得更厉害了). ¶～が下がった shāo tuì le(烧退了). ¶昨日から～がある dǎ zuótiān yǒudiǎnr shāo(打昨天有点儿烧). ¶薬で～を抑える yòng yào tuìshāo(用药退烧). ¶40度の～が3日間続いた liánxù sān tiān fāle sìshí dù de gāoshāo(连续三天发了四十度的高烧). ¶～に浮かされてうわごとを言う fā gāoshāo fāde shuō húhuà(发高烧发得说胡话).
3〔熱意, 熱中〕 ¶～がさめる xìngtóu liáng le(兴头凉了). ¶プラモデルに～を持てる rèzhōng yú zhìzuò sùliào móxíng(热中于制作塑料模型). ¶仕事に～を入れる rèxīn yú gōngzuò(热心于工作). ¶彼の演説は次第に～を帯びてきた tā de yǎnjiǎng yuèláiyuè dàijìnr le(他的演讲越来越带劲儿了). ¶～のこもった応援 chōngmǎn rèqíng de zhùwēi(充满热情的助威). ¶ラクビーが～が盛んになった gǎnlǎnqiú fēicháng shèngxíng le(橄榄球非常盛行了). ¶旅行～をあおる xiānqǐ lǚyóurè(掀起旅游热).
¶切手収集～ jíyóu rècháo(集邮热潮).

ねつあい【熱愛】 rè'ài(热爱). ¶祖国を～する rè'ài zǔguó(热爱祖国).

ねつい【熱意】 rèchén(热忱), rèqíng(热情). ¶～が足りない rèqíng bú gòu(热情不够). 彼の～に負けてとうとう引き受けた bèi tā de rèchén dǎdòng, zhōngyú yìngchéng xiàlai(被他的热忱打动, 终于应承下来). ¶彼は仕事に対する～を失った tā duì gōngzuò sàngshīle rèqíng(他对工作丧失了热情).

ねつえん【熱演】 ¶今日のオーケストラは～だった jīntiān jiāoxiǎngyuèduì de yǎnzòu rèqíng yángyì(今天交响乐队的演奏热情洋溢). ¶孫悟空を～する qīngxīn jìnlì yǎn Sūn Wùkōng(倾心尽力演孙悟空).

ネッカチーフ wéijīn(围巾), lǐngjīn(领巾). ¶～を巻く chán wéijīn(缠围巾)/jì lǐngjīn(系领巾).

ねっから【根っから】 **1**〔生来〕shēnglái(生来). ¶彼は～の正直者だ tā shēnglái shì ge lǎoshirén(他生来是个老实人).
2〔全く〕gēnběn(根本). ¶彼は商売には～向いていない tā yàgēnr zuòbuliǎo shēngyi(他压根儿做不了生意).

ねつき【寝付き】 ¶あの子はとても～がよい nà háizi yì tǎngxia jiù zháo(那孩子一躺下就着). ¶～が悪い shuìbuzháo jiào(睡不着觉)/nányú rùshuì(难于入睡).

ねっき【熱気】 rèqì(热气). ¶炎天で～にあてられる tiānyán yánrè zhòngle shǔ(天气炎热中了暑). ¶部屋に～がこもって気分が悪い wūzǐli chōngmǎn rèqì, hěn bù shūfu(屋子里充满热气, 很不舒服). ¶会場は～がみなぎっている huìchǎngli rèqì téngténg de(会场里热气腾腾的). ¶～を帯びた議論が続いた jìnxíngle rèliè de zhēnglùn(进行了热烈的争论).

ねっきょう【熱狂】 kuángrè(狂热), fēngmó(疯魔·风魔) ¶観衆は試合に～している guānzhòng wèi zhè chǎng bǐsài ér kuángrè(观众为这场比赛而狂热). ¶聴衆を～させる shǐ tīngzhòng kuángrè qilai(使听众狂热起来). ¶～的な歓迎を受ける shòudào kuángrè de huānyíng(受到狂热的欢迎). ¶～的なファン kuángrè de chóngbàizhě(狂热的崇拜者).

ねつ·く【寝付く】 **1**〔寝入る〕zháo(着), shuìzháo(睡着), rùshuì(入睡), rùmián(入眠), chéngmián(成眠), rùmèi(入寐), chéngmèi(成寐). ¶横になるとすぐ～いてしまった yì tǎngxia jiù zháo le(一躺下就着了). ¶なかなか～かれない zěnme yě shuìbuzháo(怎么也睡不着).
2〔病気で〕wòbìng(卧病). ¶無理がたたって～いてしまった guòyú láolèi wòbìng zài chuáng(过于劳累卧病在床).

ネック píngjǐng(瓶颈). ¶資金不足が～になる zījīn bùzú chéngwéi zhàng'ài(资金不足成为障碍). ¶それが生産の～になっている nà jiùshì shēngchǎnshang de píngjǐng(那正是生产上的瓶颈).

ねづ·く【根付く】 shēnggēn(生根), zhāgēn(扎根). ¶植えた木が～いた yízhí de shù zhāgēn le(移植的树扎根了). ¶男女同権の思想が～いた nánnǚ píngquán de sīxiǎng shēnggēn le(男女平等的思想生根了).

ネックレス xiàngliàn(项链), xiàngquān(项圈).

ねっけつ【熱血】 rèxuè(热血). ¶～漢 rèxuè nán'ér(热血男儿).

ねつげん【熱源】 rèyuán(热源).

ねつざまし【熱冷まし】 tuìshāoyào(退烧药), jiěrèjì(解热剂), tuìrèjì(退热剂).

ねっしゃびょう【熱射病】 rèshèbìng(热射病).

ねつじょう【熱情】 rèqíng(热情), rèchén(热忱), chìqíng(炽情). ¶救国の～に燃える mǎnhuái jiùguó rèchén(满怀救国热忱). ¶～的な演奏 rèqíng yángyì de yǎnzòu(热情洋溢的演奏).

ねっしん【熱心】 rèxīn(热心). ¶～な顔つき rèchéng de biǎoqíng(热诚的表情). ¶～な討論

ねつれつ【熱烈】 rèliè (热烈). ¶~な歓迎を受ける shòudào rèliè de huānyíng (受到热烈的欢迎). ¶2人は~な恋愛のすえ結ばれた liǎng ge rén jīngguò rèliàn jiéle hūn (两个人经过热恋结婚). ¶~に支持する rèliè zhīchí (热烈支持).

ねつ・する【熱する】 1 [加熱する] jiārè (加热). ¶鉄を~して溶かす jiārè shǐ tiě rónghuà (加热使铁熔化). 2 [熱中する] ¶聴衆は次第に~してきた tīngzhòng jiànjiàn kuángrè qǐlai le (听众渐渐开始起来了). ¶彼は何にでも~しやすく冷めやすい tā zuò shénme dōu yǒudiǎnr lěngrèbìng (他做什么都有点儿冷热病)/ tā duì shénme dōu sān tiān bàn de xīnxiān (他对什么都三天半的新鲜).

ねっせい【熱誠】 rèchéng (热诚). ¶彼から~あふれる忠告をうけた tā mǎnqiāng rèchén de duì wǒ tíchū zhōnggào (他满腔热忱地对我提出忠告). ¶~のこもった手紙 rèqíng yángyì de xìn (热情洋溢的信).

ねっせん【熱戦】 ¶長時間にわたって~が繰り広げられた zhǎnkāile cháng shíjiān de jīliè bǐsài (展开了长时间的激烈比赛). ¶5対5の引分になった rèzhàn jiéguǒ, yǐ wǔ bǐ wǔ dǎpíng le (酣战结果, 以五比五打平了).

ねっせん【熱線】 rèxiàn (热线).

ねつぞう【捏造】 niēzào (捏造). ¶記事を~する niēzào xīnwén (捏造新闻). ¶ありもしないことを~する píngkōng niēzào (凭空捏造).

ねったい【熱帯】 rèdài (热带), huíguīdài (回归带). ¶~魚 rèdàiyú (热带鱼). ~植物 rèdài zhíwù (热带植物). ~性低気圧 rèdài dīqìyà (热带低气压).

ねったいや【熱帯夜】 《説明》最低温度超过二十五度的暑夜.

ねっちゅう【熱中】 rèzhōng (热中・热衷), rùmí (入迷), zháomí (着迷). ¶仕事に~する máitóu[zhuānxīn-zhìzhì] gōngzuò (埋头[专心致志]工作). ¶社会運動に~する rèzhōng yú shèhuì huódòng (热中于社会活动). ¶彼は物事に~するたちだ tā gǎo shénme dōu róngyì zháomí (他搞什么都容易着迷). ¶読書に~のあまり電車を乗り過ごした kàn shū kànde rùle mí, diànchē zuòguòle zhàn (看书看得入了迷, 电车坐过了站).

ねっぽ・い【熱っぽい】 ¶風邪のためか~ xīngxǔ shì gǎnmào, yǒuxiē fāshāo (兴许是感冒, 有些发烧). ¶~い口調で語る mǎnqiāng rèchén de jiǎnghuà (满腔热忱地讲话). ¶会場には~い空気があふれていた huìchǎngli yángyìzhe huóyuè rèliè de qìfēn (会场里洋溢着活跃热烈的气氛).

ねつど【熱度】 rèdù (热度).

ネット wǎng (网). ¶卓球の~を張る lāshàng pīngpāngqiúwǎng (拉上乒乓球网).
¶~イン cāwǎngxiù (擦网球). ~タッチ chùwǎng (触网). ~ワーク guǎngbōwǎng (广播网)/ diànshìwǎng (电视网)/ wǎngluò (网络).

バック~ dǎngqiúwǎng (挡球网).

ねっとう【熱湯】 kāishuǐ (开水), gǔnshuǐ (滚水), fèishuǐ (沸水). ¶~で消毒する yòng fèishuǐ xiāodú (用沸水消毒). ¶足に~を浴びてやけどした jiǎoshang jiāole gǔnshuǐ tàngshāng le (脚上烫了滚水烫伤了).

ねっとり ¶煮つめたら~してきた dùn de gōngfu cháng le, biànde chóuhu le (炖的工夫长了, 变得稠稠的了). ¶~と汗ばむ中汉肌である shēnshang niánnián-húhú de (出汗出得身上黏黏糊糊的).

ねつびょう【熱病】 rèbìng (热病).

ねっぷう【熱風】 rèfēng (热风). ¶~が吹きつける rèfēng chuīguolai (热风吹过来). ¶~で乾かす yòng rèfēng chuīgān (用热风吹干).

ねつべん【熱弁】 ¶~をふるう mǎnqiāng rèqíng de yǎnjiǎng (满腔热情地演讲).

ねつぼう【熱望】 rèwàng (热望). ¶観客の~に応えて再演する yìng guānzhòng de rèwàng zàicì shàngyǎn (应观众的热望再次上演). ¶平和を~する kěwàng hépíng (渴望和平).

ねづよ・い【根強い】 gēn shēn dì gù (根深蒂固). ¶偏見はまだ~く残っている piānjiàn hái gēnshēn-dìgù (偏见还根深蒂固). ¶住民の~い反対で工事は中止された yóuyú jūmín wánqiáng fǎnduì gōngchéng zhōngzhǐ le (由于居民顽强反对工程中止了).

ねつりょう【熱量】 rèliàng (热量). ¶4000カロリーの~ sìqiān kǎlùlǐ de rèliàng (四千卡路里的热量). ¶~を測定する cèliáng rèliàng (测量热量).

ねつるい【熱涙】 rèlèi (热泪). ¶感動のあまり~にむせぶ jīdòngde rèlèi yíng kuàng (激动得热泪盈眶).

ねてもさめても【寝ても覚めても】 ¶~その事が頭を離れない wúlùn shuìzhe xǐngzhe nà jiàn shì zǒng zài nǎozili yíngrào (无论睡着醒着那件事总在脑子里萦绕)/ shuìmèng zhōng yě wàngbuliǎo nà jiàn shì (睡梦中也忘不了那件事).

ねどこ【寝床】 chuáng (床), chuángpù (床铺). ¶~を取る pū chuáng (铺床). ¶~を上げる shōushí pūgai (收拾铺盖). ¶~に入る shàngchuáng (上床).

ねぼ・ける【寝惚ける】 →ねぼける.

ねとまり【寝泊り】 zhùsù (住宿). ¶仕事が忙しくて仕事場に~する gōngzuò mángde zhùsù zài chējiānli (工作忙得住宿在车间里).

ねと・る【寝取る】 ¶女房を~られる lǎopo bèi rén shuì le (老婆被人睡了).

ねなしぐさ【根無し草】 fúpíng (浮萍). ¶~のような生活 piāobó búdìng de shēnghuó (漂泊不定的生活).

ネパール Níbó'ěr (尼泊尔).

ねばつ・く【粘つく】 nián(黏), niánhu(黏糊).
¶やにで手が～く shǒu zhānshàng sōngzhī niánnian-hūhū de(手沾上松脂黏黏糊糊的).

ねばねば niánhu(黏糊), niánhūhū de(黏糊糊).
¶口が～して気持が悪い kǒuli niánhūhū de bù hǎoshòu(口里黏糊糊儿的不好受). ¶手に蜜がついて～する shǒu zhān fēngmì niánnian-hūhū de(手沾蜂蜜黏黏糊糊的).

ねばり【粘り】 **1** nián(黏), niánxìng(黏性).
¶この米は～が強い zhè dàmǐ hěn nián[niánxìng dà](这大米很黏[黏性大]). ¶こねているうちに～が出てきた huózhe huózhe jiù yǒu niánxìng le(和着和着就有黏性了).
2〔根気〕rènxìng(韧性). ¶あのチームには～が足りない nàge duì quēfá rènxìng(那个队缺乏韧性).

ねばりごし【粘り腰】 ¶～で交渉を続ける jiānchí bú xiè de jìnxíng jiāoshè(坚持不懈地进行交涉).

ねばりづよ・い【粘り強い】 ¶～い人 jiānrěn-bùbá de rén(坚忍不拔的人). ¶～く説得する nàixīn shuōfú(耐心说服). ¶彼の～さには感心する tā nà rènjinr zhēn jiào rén pèifu(他那韧劲儿真叫人佩服).

ねば・る【粘る】 **1**〔ねばねばする〕nián(黏), niánhu(黏糊)
2〔根気よく頑張る〕¶最後まで～った方が勝ちだ jiānchí dào dǐ jiùshí shènglì(坚持到底就是胜利). ¶～りに～ってやっと許可を取った sǐqi-báilài de yāoqiú cái dédàole xǔkě(死气白赖地要求才得到了许可). ¶喫茶店で閉店まで～る zài cháguǎn pàodào guānmén(在茶馆泡到关门).

ねはん【涅槃】 nièpán(涅槃).

ねびえ【寝冷え】 ¶～をしないように腹巻をする shuìjiào shí wéishàng wéiyāor yǐmiǎn zháoliáng(睡觉时围上围腰儿，以免着凉).

ねびき【値引き】 jiǎnjià(减价), làojià[r](落价[儿]), zhékòu(折扣). ¶100円～します jiǎnjià yìbǎi kuài(减价一百块). ¶これ以上～はできない zài bùnéng dǎ zhékòu le[shǎosuàn](再不能'打折扣[少算]). ¶2000円に～する jiǎnjià dào liǎngqiān kuài qián(减价到两千块钱).

ねぶか・い【根深い】 ¶お互いの間には感情のもつれが～く残っている xiānghù zhī jiān gǎnqíng shang de géhé shì hěn shēn de(相互之间感情上的隔阂是很深的). ¶原因はもっと～いところにある yuányīn zài lǎogēnr gèng shēnr(原因的老根儿更深). ¶～い恨み kègǔ chóuhèn(刻骨仇恨)／shēn chóu dà hèn(深仇大恨).

ねぶくろ【寝袋】 shuìdài(睡袋).

ねぶそく【寝不足】 shuìmián bùzú(睡眠不足). ¶～で頭が重い yóuyú ˇshuìmián bùzú[shuì-de bú gòu], tóu hūnchénchén de(由于'睡眠不足[睡得不够]，头昏沉沉的).

ねふだ【値札】 jiàmù biāoqiān(价目标签).

ねぶみ【値踏み】 gūjià(估价), zuòjià(作价). ¶骨董商に茶碗の～を頼む wěituō gǔwándiàn gěi nàge cháwǎn gūjià(委托古玩店给那个碗估价). ¶30万円くらいと～する gūjià wéi sānshí wàn rìyuán zuǒyòu(估价为三十万日元左右). ¶～するように人を見る yǐ diānliang de yǎnguāng kàn rén(以掂量的眼光看人).

ネフローゼ shènbìng(肾病).

ねぼう【寝坊】 shuì lǎnjiào(睡懒觉). ¶～して学校に遅れた shuìguòle tóu, shàngxué chídào le(睡过了头，上学迟到了). ¶彼は私より～だ tā bǐ wǒ hái tānshuì(他比我还贪睡).

ねぼ・ける【寝惚ける】 ¶～けてベッドから落ちた shuìde mími-húhú de cóng chuángshang diàole xiàlái(睡得迷迷糊糊的从床上掉了下来). ¶～け眼で起き出してきた shuìyǎn xīngsōng qǐlai le(睡眼惺忪起来了). ¶～け声で答えた sì shuì sì xǐng de zuòle huídá(似睡似醒地作了回答). ¶何を～けたことを言っているのだ nǐ shuō shénme mènghuà(你说什么梦话)／nǐ bié chīrén shuō mèng(你别痴人说梦).

ねほりはほり【根掘り葉掘り】 zhuīgēn(追根), páogēnr(刨根儿), zhuī gēn jiū dǐ(追根究底), páo gēn wèn dǐr(刨根问底儿). ¶～尋ねる páogēn wèndǐr(刨根问底儿).

ねまき【寝巻】 shuìyī(睡衣).

ねまわし【根回し】 ¶あらかじめ～をしておく xiàng gè fāng zuòhǎo shìqián gōngzuò(向各方做好事前工作).

ねみみ【寝耳】 ¶それは私には全く～に水だ nà duì wǒ yóurú qíngtiān-pīlì(那对我犹如晴天霹雳).

ねむ・い【眠い】 kùn(困), fākùn(发困). ¶朝早く起きたので～くてしようがない qǐ de tài zǎo, jiǎnzhí kùnde shòubuliǎo(起得太早，简直困得不得了). ¶～い目をこすりながら出てきた róuzhe xīngsōng shuìyǎn zǒule chūlái(揉着惺忪睡眼走了出来). ¶おなかがいっぱいになったら～くなった dùzi yì bǎo jiù fākùn le(肚子一饱就发困了). ¶子供が～そうな目をしている háizi yǎnjing xiǎnde hěn kùn(孩子眼睛显得很困).

ねむけ【眠気】 shuìyì(睡意). ¶～を催させるような講演だった jiǎnzhí jiào rén tīngle fākùn de(简直叫人听了发困的报告). ¶～覚しに濃いお茶を飲む hē bēi yànchá jiějie kùn(喝杯酽茶解解困).

ねむた・い【眠たい】 →ねむい.

ねむのき【合歓木】 héhuān(合欢), mǎyīnghuā(马缨花).

ねむら・す【眠らす】 **1** ¶やっと子供を～した hǎoróngyì cái jiào háizi shuìzháo le(好容易才叫孩子睡着了).
2〔殺す〕shā(杀), gàndiào(干掉). ¶あいつを～す bǎ tā gàndiào(把他干掉).

ねむり【眠り】 shuìjiào(睡觉), shuìmián(睡眠). ¶～に落ちる jìnrù shuìxiāng(进入睡乡)／rùshuì(入睡). ¶～が浅い shuìde bù shú(睡得不熟). ¶～が足りない shuìjiào shuìde bú gòu(睡觉睡得不够)／shuìmián bùzú(睡眠不足). ¶永遠の～につく chángmián dìxià(长眠地下).

ねむりぐすり【眠り薬】 ānmiányào(安眠药);

［麻酔薬］mázuìjì（麻酔剤），máyào（麻药），méngyào（蒙药）．

ねむりこ・ける【眠りこける】 ¶〜けていて全く気がつかなかった shuìde sǐsǐ de, wánquán méi juéchádào（睡得死死的，完全没觉察到）．

ねむりこ・む【眠り込む】 ¶いつの間にか〜んでいた bùzhī shénme shíhou shuìzháo le（不知什么时候睡着了）．

ねむ・る【眠る】 shuì（睡），shuìjiào（睡觉）．¶ぐっすり〜 hānshuì（酣睡）/ shúshuì（熟睡）．¶昨晚はよく〜れましたか zuówǎn shuìde hǎo ma?（昨晚睡得好吗?）．¶心配で〜れなかった lǎo xuánzhe xīn méi néng shuìzháo（老悬着心没能睡着）．¶彼女は一晩中〜らずに病人を看病した tā dàole yìwǎn bìngrén yìzhēngyè méi héyǎn（她看护病人一整夜没合眼）．¶〜ったように静かな町 jìjìng wú shēng de chéngzhèn（寂静无声的城镇）．¶地下に〜っている資源 máicáng zài dìxià de zīyuán（埋藏在地下的资源）．¶鈴木太郎ここに〜る Língmù Tàiláng chángmián yú cǐ（铃木太郎长眠于此）．

ねもと【根元】 gēn[r]（根[儿]）．¶鉢の菊が〜から折れた huāpén de júhuā cóng gēnrshang duàn le（花盆的菊花从根儿上断了）．¶木の〜に埋める máizài shù dǐxia（埋在树底下）．

ねものがたり【寝物語】 ¶昔話を〜に語って聞かせる zài zhěnbiān jiǎng gùshi hǒng háizi shuìjiào（在枕边讲故事哄孩子睡觉）．¶夫婦の〜 fūqī de sīfánghuà（夫妻的私房话）．

ねゆき【根雪】 ¶〜がとけた guòdōng de jīxuě rónghuà le（过冬的积雪融化了）．

ねらい【狙い】 1 ¶〜が外れた miáowāi le（瞄歪了）．¶〜をつけて発砲する miáozhǔn mùbiāo fàngqiāng（瞄准目标放枪）．
2［意図］yìtú（意图），yòngyì（用意），mùdì（目的），mùbiāo（目标）．¶この論文は〜がはっきりしない zhè piān lùnwén mùdì bù qīngchu（这篇论文目的不清楚）．¶彼等の〜はそんなことではない tāmen de yìtú bìng bú shì nàyàng（他们的意图并不是那样）．¶質問の〜所がよい tí de wèntí zhuóyǎndiǎn hěn hǎo（提的问题着眼点很好）．

ねらいうち【狙い撃ち】 jūjī（狙击）．¶敵を次々に〜にした yí ge jiēzhe yí ge de jūjī dírén（一个接着一个地狙击敌人）．

ねら・う【狙う】 1 [照準を合せる] miáo（瞄），miáozhǔn（瞄准）．¶弓で的を〜 yòng gōng miáo bǎzi（用弓瞄靶子）．¶敵を〜って射つ miáozhǔn dírén shèjī（瞄准敌人射击）．¶猫を〜って石を投げる zhàozhe māo rēng shítou（照着猫扔石头）．
2 [うかがう] ¶猟犬が獲物を〜っている lièqǔ dīngzhe lièwù（猎狗盯着猎物）．¶君は命を〜われている yǒu rén yào hài nǐ（有人要害你）．¶彼は社長の地位を〜っている tā kuīsì zǒnglīngli de wèizi（他窥伺总经理的位子）．¶優勝を〜 yào duóqǔ guànjūn（要夺取冠军）．¶復讐の機会を〜 sìjī bàochóu（伺机报仇）．¶彼は隙を〜って脱走する chèn kānshǒu shūhu táopǎo（趁看守疏忽逃跑）．

ねりある・く【練り歩く】 yóujiē（游街）．¶隊伍を組んで街を〜く jiéduì zài jiēshang yóuxíng（结队在街上游行）．

ねりあわ・せる【練り合せる】 ¶砂糖と味噌を〜せる bǎ shātáng hé dàjiàng chānhuo zài yìqǐ（把砂糖和大酱搅和在一起）．

ねりはみがき【練り歯磨】 yágāo（牙膏）．

ね・る【寝る】 1 [眠る] shuì（睡），shuìjiào（睡觉）．¶昨夜は何時に〜ましたか zuówǎn jǐ diǎn ˇshuì de jiào[shàng de chuáng]?（昨晚几点ˇ睡的觉［上的床］?）．¶〜る前に歯を磨く jiùqián qián shuā yá（就寝前刷牙）．¶毎日8時間〜る měitiān shuì bā xiǎoshí（每天睡八小时）．¶今日は休みだからゆっくり〜ていなさい jīntiān xiūxi, duō shuì huìr ba（今天休息，多睡会儿吧）．¶〜る間も惜しんで研究に励む fèiqǐn-wàngshí de nǔlì gǎo yánjiū（废寝忘食地努力搞研究）．¶あんな事をすればいったいようなものだが nàyàng zuò bu shì píngdì qǐ fēngbō ma?（那样做不是平地起风波吗?）．¶〜る子はよく育つ néng shuì de háizi zhǎngde zhuàng（能睡的孩子长得壮）．
2 [横になる] tǎng（躺），wò（卧）．¶地べたに〜る tǎngzài dìshang（躺在地上）．¶〜ながら本を読む tǎngzhe kàn shū（躺着看书）．
3 [病気で] wòbìng（卧病）．¶風邪で1週間〜た zháole liáng tǎngle yí ge xīngqī（着了凉躺了一个星期）．¶まだはっきりしない hái zài shí qǐ shí wò méi hǎo lìsuo（还在时起时卧没好利索）．
4 [資金，商品が] cún（存），yā（压）．¶資金が〜っている jīyā zījīn（积压资金）．¶〜ている商品を安売りする jiànmài zhìxiāohuò（贱卖滞销货）．

ね・る【練る】 1 [こねる] róu（揉），huó（和），róuhuó（揉和），chuāi（搋）．¶小麦粉を〜る róu miàn（揉面）．
2 [磨く，鍛える] ¶文章を〜る tuīqiāo wénzhāng（推敲文章）．¶技を〜る liàn gōngfu（练工夫）．¶構想を〜る gòusī（构思）．¶対策を〜る yánjiū duìcè（研究对策）．¶計画を〜り直す chóngxīn nǐdìng jìhuà（重新拟定计划）．

ネル fǎlánróng（法兰绒）．¶綿〜 mián fǎlánróng（棉法兰绒）．

ね・れる【練れる】 ¶〜れた人 jiǔ jīng fēngshuāng de rén（久经风霜的人）/ guòláirén（过来人）．¶この文章はまだ〜れていない zhè piān wénzhāng ˇtuīqiāode[zìjù chuíliàn] hái bú gòu（这篇文章ˇ推敲得[字句锤炼]还不够）．

ねわけ【根分け】 ¶あじさいを〜する bǎ xiùqiúhuā fēn zhū fánzhí（把绣球花分株繁殖）．

ねん【年】 nián（年）．¶〜に1度の里帰り yì nián yí dù de tànqīn（一年一度的探亲）．¶〜7分の利子で貸す yǐ niánlì qī lí fàngkuǎn（以年利七厘放款）．¶3〜の月日が流れた sān nián de suìyuè guòqu le（三年的岁月过去了）．¶人口はこの10〜間で2倍になった rénkǒu zài zhè shí nián zhī jiān ˇzēngjiā dào liǎng bèi [fānle yì fān]（人口在这十年之间ˇ增加到两

倍[翻了一番]).¶君は何～生れですか nǐ shì nǎ yì nián shēng de?(你是哪一年生的?).¶1979～7月20日 yī jiǔ qī jiǔ nián qīyuè èrshí hào(一九七九年七月二十日).¶中学1～ chūzhōng yī niánjí(初中一年级).

ねん【念】 **1**〔思い〕¶感謝の～でいっぱいだ chōngmǎnzhe gǎnjī de xīnqíng(充满着感激的心情).¶復讐の～に燃える xīnlǐ ránshāozhe fùchóu zhī huǒ(心里燃烧着复仇之火).¶疑惑の～を抱く gǎndào huáiyí(感到怀疑). **2**〔注意〕それについて相手に～を押す jiù nà jiàn shì dīngníng duìfāng(就那件事丁宁对方).¶特別に～を入れて作り上げた作品 tèbié jīngxīn zuò de zuòpǐn(特别精心做的作品).¶それはされは御～の入ったことで nà kě xiǎngde zhēn gòu zhōudào a!(那可想得真够周到啊!).¶～には～を入れよ yào xiǎoxīn jiā xiǎoxīn(要小心加小心).¶～のためもう一度言う wèile shènzhòng qǐjiàn, wǒ zài shuō yí biàn(为了慎重起见,我再说一遍).

ねんいり【念入り】 jīngxīn(精心), yòngxīn(用心).¶～に設計をする jīngxīn shèjì(精心设计).¶～に化粧する xìxīn dǎban(细心打扮).¶～に旅行の計画を立てる zhōumì de dìng lǚxíng jìhuà(周密地定旅行计划).

ねんえき【粘液】 niányè(黏液).¶～質 niányèzhì(黏液质).

ねんが【年賀】 hènián(贺年), bàinián(拜年).¶～の挨拶に回る dào gè jiā qù bàinián(到各家去拜年).¶～状 hèniánpiàn(贺年片).

ねんがく【年額】 ¶彼の収入は～800万円だ tā yì nián de shōurù shì bābǎi wàn rìyuán(他一年的收入是八百万日元).¶売上は～1千万円に達する xiāoshòu'é yì nián dá yìqiān wàn rìyuán(销售额一年达一千万日元).

ねんがっぴ【年月日】 niányuèrì(年月日).¶～を記入する tián niányuèrì(填年月日).

ねんがらねんじゅう【年がら年中】 yì nián dàotóu(一年到头), zhōngnián(终年).¶この商売は～忙しい zhè zhǒng mǎimai yì nián dàotóu zǒngshì máng(这种买卖一年到头总是忙)[整年不得闲](这种买卖一年到头总是忙[整年不得闲]).

ねんかん【年間】 **1**〔1年間〕¶～20日の休暇がある yì nián yǒu èrshí tiān xiūjià(一年有二十天休假).¶～計画 yìnián[quánnián] de jìhuà(一年[全年]的计划). ～所得 quánnián shōurù(全年收入). **2**〔ある年代〕niánjiān(年间).¶明治～ Míngzhì niánjiān(明治年间).

ねんかん【年鑑】 niánjiàn(年鉴).

ねんがん【念願】 xīnyuàn(心愿), sùyuàn(宿愿).¶君の成功を～してやまない zhù[yuàn] nǐ chénggōng(祝[愿]你成功).¶長年の～がかなった duōnián de yuànwàng zhōngyú shíxiàn le(多年的愿望终于实现了)/ sùyuàn déchǎng(宿愿得偿).¶日本を訪れることが私の～であった fǎngwèn Rìběn shì wǒ duōnián de xīnyuàn(访问日本是我多年的心愿).

ねんき【年季】 ¶～があける mǎnshī(满师)/ chūshī(出师)/ chūtú(出徒).¶息子を3年の～奉公に出す jiào érzi qù xué sān nián tú(叫儿子去学三年徒).¶彼の芸には～がはいっている tā de jìyì hěn yǒu gōngfu(他的技艺很有工夫).

-ねんき【年忌】 →かいき.

ねんきん【年金】 tuìxiūjīn(退休金), yǎnglǎojīn(养老金).¶20年間働けば～が付く gōngzuò èrshí nián jiù néng lǐng tuìxiūjīn(工作二十年就能领退休金).

ねんぐ【年貢】 dìzū(地租).¶地主に～を納める xiàng dìzhǔ jiǎo dìzū(向地主缴地租).¶あいつももう～の納め時だ nà jiāhuo wánrwán le(那家伙玩儿完了).¶～米 zūmǐ(租米).

ねんげつ【年月】 niányuè(年月), niánsuì(年岁), suìyuè(岁月).¶～を重ねる jī nián lěi yuè(积年累月).¶長い～を費やして完成した fèile duōnián de suìyuè cái gào wánchéng(费了多年的岁月才告完成)/ huāle chángnián de gōngfu zǒngsuàn wánchéng(花了长年的工夫总算完成).¶～がたつにつれて忘れられてしまう suízhe 'suìyuè xiāoshì[rìjiǔ tiāncháng/ niánshēn yuèjiǔ]bèi yíwàng le(随着'岁月消逝[日久天长/ 年深月久]被遗忘了).

ねんげん【年限】 niánxiàn(年限).¶日本の義務教育の～は9年 zài Rìběn yìwù jiàoyù de niánxiàn shì jiǔ nián(在日本义务教育的年限是九年).

ねんこう【年功】 ¶長年の～により表彰された yóuyú duōnián de láojì shòule biǎoyáng(由于多年的劳绩受了表扬).¶～を積んだ人 gōngzuò jīngyàn fēngfù de rén(工作经验丰富的人).¶～序列 ànzhào zīlì juédìng jíbié、dàiyù de zhìdù(按照资历决定级别、待遇的制度)/ lùn zī pái bèi(论资排辈).

ねんごう【年号】 niánhào(年号).¶～を改める gǎihuàn niánhào(改换年号)/ gǎiyuán(改元).

ねんごろ【懇ろ】 **1**〔親切、丁寧〕¶～にもてなす yīngqín de zhāodài(殷勤地招待)/ kuǎndài(款待).¶遺体を～に葬った zhèngzhòng de máizàngle yítǐ(郑重地埋葬了遗体).¶～な取扱いを受ける shòudào qīnqiè wúbǐ de jiēdài(受到亲切无比的接待). **2**〔親密〕qīnmì(亲密).¶2人は～な間柄になった tāmen liǎ biànde qīnmì wújiàn(他们俩变得亲密无间).

ねんざ【捻挫】 cuòshāng(挫伤), niǔshāng(扭伤), níngshāng(拧伤).¶スケートで足を～した huábīng bǎ jiǎo gěi 'niǔ[nǐng] le(滑冰把脚给'扭[拧]了).

ねんさん【年産】 niánchǎn(年产), niánchǎnliàng(年产量).¶1年末～は10万台にのぼる niánchǎn dádào shíwàn liàng(年产达到十万辆).

ねんし【年始】 **1**〔年頭〕niánchū(年初), suìchū(岁初).¶年末年始の休み niánchū niánjià de jiàrì(年底年初的假日)/ niánjià(年假). **2**〔年賀〕bàinián(拜年), hènián(贺年).¶

～に行く qù bàinián(去拜年).

ねんじ【年次】 niánjì(年次). ¶～報告 niándù bàogào(年度报告). ～予算 niándù yùsuàn(年度预算).

ねんしゅう【年収】 ¶彼の～は800万円だ tā de shōurù shì bābǎi wàn rìyuán(他一年的收入是八百万日元).

ねんじゅう【年中】 zhěngnián(整年), zhōngnián(终年), chángnián(常年). ¶山頂は～雪をいただいている shāndǐng zhōngnián jīxuě(山顶终年积雪). ¶彼女は～旅行している tā lǎo qù lǚxíng(她老去旅行).

¶～行事 niánzhōng lìxíng huódòng(年中例行活动). ～無休 zhōngnián bù xiē(终年不歇).

ねんしゅつ【捻出】 yúnchū(匀出), jǐchū(挤出). ¶旅費を～する shèfǎ yúnchū lǚfèi lai(设法匀出旅费来). ¶妙案を～する xiǎngchū hǎo bànfǎ lai(想出好办法来).

ねんしょ【念書】 zìjù(字据). ¶～を取る ràng duìfāng lìxià zìjù(让对方立下字据).

ねんしょう【年少】 niánqīng(年轻), niánshào(年少). ¶彼はチームで最も～だ tā zài duìli zuì niánqīng(他在队里最年轻).

¶～労働者 niánqīng de gōngrén(年轻的工人).

ねんしょう【年商】 niánxiāoshòu'é(年销售额).

ねんしょう【燃焼】 ránshāo(燃烧). ¶不完全～ bù wánquán ránshāo(不完全燃烧).

ねん・じる【念じる】 →ねんずる.

ねんすい【年数】 ¶この工事には多くの～がかかっている zhège gōngchéng huāle duōnián de shíjiān(这个工程花了多年的时间).

¶勤続～ gōnglíng(工龄).

ねん・ずる【念ずる】 ¶一心に仏を～する yìxīn niànfó(一心念佛). ¶無事御帰還を～じ上げます zhù nǐ píng'ān huílai(祝你平安回来).

ねんせい【粘性】 niánxìng(黏性).

ねんだい【年代】 niándài(年代). ¶80～の初頭に当って… dāng bāshí niándài zhī shǐ…(当八十年代之始…). ¶～順に並べる àn niándài páiliè(按年代排列). ¶～物のワイン chénnián pútaojiǔ(陈年葡萄酒).

¶～記 niándàijì(年代记).

ねんちゃく【粘着】 niánzhuó(黏着). ¶～力 niánzhuólì(黏着力).

ねんちょう【年長】 niánzhǎng(年长). ¶彼は私より8つ～だ tā bǐ wǒ dà bā suì(他比我大八岁). ¶君達のグループの最～は誰ですか nǐmen zǔli niánjì zuì dà de shì shuí?(你们组里年纪最大的是谁?).

¶～者 niánzhǎng de rén(年长的人).

ねんど【年度】 niándù(年度). ¶平成13～の計画 Píngchéng shísān niándù de jìhuà(平成十三年度的计划). ¶昨～から今～にかけて実施された調査 cóng shàng yí ge niándù dào běnniándù suǒ jìnxíng de diàochá(从上一个年度到本年度所进行的调查). ¶～替りは忙しい xīnjiù niándù zhī jiāo mángde hěn(新旧年度之交忙得很).

¶～末 niándù mòwěi(年度末尾). 会計～ kuàijì niándù(会计年度). 翌～ cìniándù(次年度)/ 第2～ dì'èr niándù(第二年度).

ねんど【粘土】 niántǔ(黏土). ¶～質の土地 niántǔzhì de tǔdì(黏土质的土地). ¶～細工の人形 yòng niántǔ zuò de nírénr(用黏土做的泥人ㄦ).

ねんとう【年初】 niánchū(年初). ¶～の挨拶をかわす hù hè xīnxǐ(互贺新禧). ¶～の所感を発表する fābiǎo xīnnián wéngào(发表新年文告).

ねんとう【念頭】 xīnli(心里), xīnshang(心上), xīntóu(心头). ¶そのことを～に置いて計画を立てる bǎ nàge fàngzài xīnshang dìng jìhuà(把那个放在心上定计划). ¶彼のことなどまるで～になかった wǒ gēnběn méi bǎ tā fàngzài xīnshang(我根本没把他放在心上). ¶ふと～に浮んだ言葉 hūrán fúxiàn zài nǎozili de huà(忽然浮现在脑子里的话). ¶子供のことがいつも～を離れない háizi de shì zǒng zài nǎozili(孩子的事总在脑子里).

ねんない【年内】 niánnèi(年内). ¶～には書き上げる niánnèi bìdìng xiěwán(年内必定写完). ¶～は休まず営業いたします niándǐ bù xiūxi zhàocháng yíngyè(年底不休息照常营业).

ねんねん【年年】 niánnián(年年); 〔年一年〕zhúnián(逐年). ¶～同じことの繰返しだ niánnián rúcǐ(年年如此). ¶～試験が難しくなる kǎoshì yì nián bǐ yì nián nán(考试一年比一年难). ¶～歳々花相似たり niánnián suìsuì huā xiāngsì(年年岁岁花相似).

ねんぱい【年配】 ¶五十～の男 wǔshí suì múyàng de rén(五十岁模样的人). ¶彼は私と同じ～だ tā gēn wǒ niánjì yíyàng dà(他跟我年纪一样大). ¶客は～の人ばかりです kèrén dōu shì niánzhǎng de rén(客人都是年长的人).

ねんばんがん【粘板岩】 bǎnyán(板岩), niánbǎnyán(黏板岩).

ねんぴ【燃費】 yóuhào(油耗), hàoyóulǜ(耗油率). ¶～が悪い yóuhào gāo(油耗高).

ねんぴょう【年表】 niánbiǎo(年表).

ねんぷ【年賦】 ¶10か年の～で償還する shí nián nèi zhúnián chánghuán(十年内逐年偿还). ¶20年～で家を買う yòng èrshí nián fēnqī fùkuǎn gòumǎi fángzi(用二十年分期付款购买房子).

ねんぷ【年譜】 niánpǔ(年谱).

ねんぶつ【念仏】 niànfó(念佛). ¶～を唱える niànfó(念佛). ¶～三昧に暮す zhuānxīn niànfó guò rìzi(专心念佛过日子). ¶馬の耳に～ dàng ěrbiānfēng(当耳边风).

ねんぽう【年俸】 niánxīn(年薪). ¶彼の～は3000万円だ tā de niánxīn shì sānqiān wàn rìyuán(他的年薪是三千万日元).

ねんぽう【年報】 niánbào(年报).

ねんまく【粘膜】 niánmó(黏膜).

ねんまつ【年末】 niánmò(年末), niánzhōng(年终), niándǐ(年底), niánwěi(年尾), niánguān(年关), niángēn[r](年根ㄦ). ¶～に帰省する niándǐ huíxiāng(年底回乡). ¶～大売出し

- **ねんらい【年来】** ¶～の宿願を果す shíxiànle duōnián de sùyuàn(实现了多年的宿愿). ¶今年は20～の大雪だ jīnnián de xuě shì èrshí nián lái zuì dà de(今年的雪是二十年来最大的).
- **ねんり【年利】** niánlì(年利), niánxī(年息). ¶9分の～で銀行から金を借りる àn niánxī jiǔ lí xiàng yínháng jièkuǎn(按年息九厘向银行借款).
- **ねんりき【念力】** ¶思う～岩をも通す jīngchéng suǒ zhì, jīnshí wèi kāi(精诚所至，金石为开).
- **ねんりょう【燃料】** ránliào(燃料). ¶～が切れた ránliào duàn le(燃料断了). ¶～を補給する bǔjǐ ránliào(补给燃料)/jiāyóu(加油). ¶～費 ránliàofèi(燃料费). 核～ héránliào(核燃料).
- **ねんりん【年輪】** niánlún(年轮).
- **ねんれい【年齢】** niánlíng(年龄), niánjì(年纪), niánsuì(年岁), suìshu[r](岁数[儿]). ¶彼は実際の～より若く見える tā bǐ shíjì niánlíng xiǎnzhe niánqīng(他比实际年龄显着年轻). ¶～的に言って彼には無理だろう cóng niánjì lái shuō tā bùxíng ba(从年纪来说他不行吧). ¶学歴～を問わず bú wèn xuélì hé niánlíng(不问学历和年龄).
¶～制限 niánlíng xiànzhì(年龄限制). 平均～ píngjūn niánlíng(平均年龄).

の

- **の【野】** yě(野), yědì(野地), tiányě(田野). ¶～の花 yěhuā(野花). ¶～にも山にも春がきた chūntiān láidàole tiányě, yě láidàole shānjiān(春天来到了田野，也来到了山间).
- **-の** **1**[所有, 場所, 性質, 状態, 関係などを表す] de(的). ¶これは誰の本ですか zhè shì shuí de shū?(这是谁的书?). ¶私はA大～学生です wǒ shì A dàxué de xuésheng(我是A大学的学生). ¶日本橋～デパートに買物に行く dào Rìběnqiáo de bǎihuò dàlóu qù mǎi dōngxi(到日本桥的百货大楼去买东西). ¶日本～夏は蒸し暑い Rìběn de xiàtiān hěn mēnrè(日本的夏天很闷热). ¶昨日～夕刊で読んだ zuótiān de wǎnbào shang kàndào de(在昨天的晚报上看到的). ¶風邪～時は寝ているに限る gǎnmào de shíhou, zuìhǎo tǎngzhe xiūxi(感冒的时候，最好躺着休息). ¶50過ぎ～男 wǔshí kāiwài de nánrén(五十开外的男人). ¶鉄筋コンクリート～家 gāngjīn hùnníngtǔ de fángzi(钢筋混凝土的房子). ¶青磁～花瓶 qīngcí huāpíng(青瓷花瓶). ¶焼き立て～パン gāng kǎohǎo de miànbāo(刚烤好的面包). ¶花模様～ワンピース dài huā de liányīqún(带花的连衣裙). ¶帰り～切符はまだ買ってない huíqu de piào hái méi mǎi(回去的票还没买). ¶彼は古代史～研究をしている tā cóngshì gǔdàishǐ de yánjiū(他从事古代史的研究). ¶これは良心～問題だ zhè shì liángxīn de wèntí(这是良心的问题). ¶友人～Aさんを紹介します jièshào yíxià wǒ de péngyou A xiānsheng(介绍一下我的朋友A先生). ¶曹雪芹～《紅楼夢》 Cáo Xuěqín de 《Hónglóumèng》(曹雪芹的《红楼梦》).
2[主語を表す] de(的). ¶桜～咲く頃 yīnghuā kāi de shíjié(樱花开的时节). ¶子供～いない家庭 méiyǒu háizi de jiātíng(没有孩子的家庭). ¶眉～濃い男 nóngméi de nánrén(浓眉的男人).
3[…もの, …こと] de(的). ¶できた～から持って来い zuòhǎo de jiù nálai(做好了的就拿来). ¶あそこに立っている～が長男です zài nàli zhànzhe de jiùshì zhǎngzǐ(在那里站着的就是长子). ¶言葉で言い表す～は難しい yòng yǔyán biǎodá shì hěn nán de(用语言表达是很难的).
4[列挙] ¶死ぬ～生きる～と言って騒ぎたてる yào sǐ yào huó de chǎo ge bùxiū(要死要活地吵个不休)/xún sǐ mì huó(寻死觅活).
- **ノイズ** zàoshēng(噪声), zàoyīn(噪音).
- **のいちご【野苺】** yěcǎoméi(野草莓).
- **ノイローゼ** shénjīngzhèng(神经症), shénjīng guānnéngzhèng(神经官能症). ¶彼は少し～気味だ tā yǒudiǎnr shénjīng shuāiruò(他有点儿神经衰弱).
- **のう【能】** **1**[能力] ¶あいつは何の～もない男だ nàge jiāhuo shénme běnshi yě méiyǒu(那个家伙什么本事也没有). ¶彼は食べるよりほかに～がない tā chúle chī yǐwài, shénme yě bú huì(他除了吃以外，什么也不会). ¶金はためるばかりが～ではない qián bú shì wèile zǎn de(钱不是为了攒的). ¶～ある鷹は爪を隠す zhēnrén bú lòuxiàng(真人不露相)/huì dǎi hàozi de māo bú jiào(会逮耗子的猫不叫). ¶～なし! fàntǒng!(饭桶!)/cǎobāo!(草包!)/fèiwù!(废物!)/nóngbāo!(脓包!).
2[能楽] néngjù(能剧).
- **のう【脳】** nǎo(脑), nǎozi(脑子), nǎojīn(脑筋). ¶高熱のため～が冒された yóuyú gāoshāo, nǎozi shòu sǔn(由于高烧，脑子受损). ¶～が弱い nǎojīn bù hǎo(脑筋不好).
¶～神経外科 nǎoshénjīng wàikē(脑神经外科). ～性小児麻痺 shénjīngxìng xiǎo'ér má-

のういけつ【脳溢血】 nǎoyìxuè(脑溢血).
のうえん【脳炎】 nǎoyán(脑炎).¶日本～ rìběn yǐxíng nǎoyán(日本乙型脑炎)/流行性乙型脑炎)/大脑炎)/ yǐnǎo(乙脑).
のうか【農家】 nónghù(农户), nóngjiā(农家).
のうがき【能書】 ¶薬の～ yàoxiào shuōmíngshū(药效说明书)/ fǎngdān(仿单).¶勝手な～ばかり並べたてる zhǐguǎn zìchuī-zìlèi(只管自吹自擂).
のうがく【農学】 nóngxué(农学).
のうかすいたい【脳下垂体】 nǎochuítǐ(脑垂体), nǎoxià chuítǐ(脑下垂体).
のうかん【納棺】 rùliàn(入殓), chéngliàn(成殓), zhuāngliàn(装殓), shōuliàn(收殓), dàliàn(大殓).
のうかんき【農閑期】 nóngxián(农闲), dōngxián(冬闲), nóngxiánqī(农闲期), nóngxián jiéjié(农闲季节).
のうき【納期】 jiǎonà rìqī(缴纳日期); jiāo huò rìqī(交货日期).
のうきぐ【農機具】 nóngyè jīxiè(农业机械), nóngjù(农具), nóngjī(农机).
のうぎょう【農業】 nóngyè(农业).¶～に従事する cóngshì nóngyè(从事农业).¶～の機械化 nóngyè jīxièhuà(农业机械化).¶～用トラクター nóngyòng tuōlājī(农用拖拉机).¶～国 nóngyèguó(农业国).
のうきん【納金】 fùkuǎn(付款), jiǎokuǎn(缴款).¶期日までに～する ànqī fùkuǎn(按期付款).
のうぐ【農具】 nóngjù(农具).
のうげい【農芸】 nóngyì(农艺).¶～化学 nóngyì huàxué(农艺化学).
のうこう【農耕】 nónggēng(农耕).¶この土地は～に適する zhè kuài tǔdì shìyú nónggēng(这块土地适于农耕).
のうこう【濃厚】 nóng(浓), nónghòu(浓厚).¶～味が～だ wèidào nónghòu(味道浓厚).¶～な匂い nóngzhòng de qìwèi(浓重的气味), nóngyù de xiāngwèi(浓郁的香味).¶～な果汁 nóng guǒzhī(浓果汁).¶～なラブシーンの一コマ qiánglièle de àiqíng jìngtóu(刺激强烈的爱情镜头).¶収賄の疑いが～になった shòuhuì de xiányí gèng dà le(受贿的嫌疑更大了).
のうこつ【納骨】 ¶～堂 gǔhuī cúnfàngsuǒ(骨灰存放所).
のうこん【濃紺】 shēnlánsè(深蓝色), zàngqīng(藏青).
のうさぎ【野兎】 yětù(野兔), yěmāo(野猫).
のうさぎょう【農作業】 nónghuó[r](农活[儿]), zhuāngjiahuó r(庄稼活儿).
のうさくぶつ【農作物】 nóngzuòwù(农作物), zuòwù(作物), zhuāngjia(庄稼).
のうさつ【悩殺】 ¶男を～する shǐ nánrén shénhún diāndǎo(使男人神魂颠倒).
のうさんぶつ【農産物】 nóngchǎnpǐn(农产品).
のうし【脳死】 nǎosǐwáng(脑死亡).¶脳死判定基準 nǎosǐwáng pàndìng biāozhǔn(脑死亡判定标准).
のうじ【農事】 nóngshì(农事).¶～試験場 nóngyè shìyànzhàn(农业试验站).
のうしゅく【濃縮】 nóngsuō(浓缩).¶～ウラン nóngsuōyóu(浓缩铀).～ジュース nóngsuō guǒzhī(浓缩果汁).
のうしゅっけつ【脳出血】 nǎochūxuè(脑出血).
のうしゅよう【脳腫瘍】 nǎoliú(脑瘤), lúnèi zhǒngliú(颅内肿瘤).
のうしょう【脳漿】 nǎojiāng(脑浆).¶～をしぼる jiǎo nǎozhī(绞脑汁).
のうじょう【農場】 nóngchǎng(农场).
のうしんとう【脳震盪】 nǎozhèndàng(脑震荡).¶～を起こして倒れた yóuyú nǎozhèndàng hūndǎo le(由于脑震荡昏倒了).
のうずい【脳髄】 nǎosuǐ(脑髓).
のうぜい【納税】 nàshuì(纳税), jiāoshuì(交税).¶国民には～の義務がある guómín yǒu nàshuì de yìwù(国民有纳税的义务).¶～額 nàshuì'é(纳税额).～者 nàshuìrén(纳税人).
のうせきずいまくえん【脳脊髄膜炎】 nǎojǐsuǐyán(脑脊髓炎).
のうぜんかずら【凌霄花】 língxiāohuā(凌霄花), zǐwěi(紫葳), guǐmù(鬼目).
のうそん【農村】 nóngcūn(农村).
のうたん【濃淡】 nóngdàn(浓淡).¶水墨画は墨の～によって描かれたものだ shuǐmòhuà shì yòng mò de nóngdàn miáohuì de(水墨画是用墨的浓淡描绘的).
のうち【農地】 tiándì(田地), nóngtián(农田), zhuāngjiadì(庄稼地), gēngdì(耕地).¶～改革 tǔdì gǎigé(土地改革).
のうちゅう【嚢中】 ¶～無一物 yāoli yí ge tóngzǐr yě méiyǒu(腰里一个铜子儿也没有)/náng kōng rú xǐ(囊空如洗).
のうてん【脳天】 tóudǐng(头顶).¶～に一撃を食らわした zhào tóudǐng hěnhěn gěile yì jī(照头顶狠狠给了一击).
のうど【脳奴】 nóngnú(农奴).
のうど【濃度】 nóngdù(浓度).
のうどう【能動】 néngdòng(能动), zhǔdòng(主动).¶～的に働き掛ける jījí de zuò duìfāng de gōngzuò(积极地做对方的工作).¶～態 zhǔdòngtài(主动态).
のうなんかしょう【脳軟化症】 nǎoruǎnhuàzhèng(脑软化症).
のうにゅう【納入】 jiāonà(交纳), jiǎonà(缴纳).¶会費を～する jiāo[jiāonà] huìfèi(交[交纳]会费).
のうのう ¶親の遺産で～と暮す kào fùmǔ de yíchǎn xiāoyáo zìzai de guò rìzi(靠父母的遗产逍遥自在地过日子).¶試験が迫っているのに～としている kǎoshì bījìn, tā què réngrán yōu zāi yóu zāi(考试逼近,他却仍然悠哉游哉).
のうは【脳波】 nǎodiànbō(脑电波), nǎodiàntú(脑电图).¶～を調べる jiǎnchá nǎodiànbō(检查脑电波).

のうはんき【農繁期】 nóngmáng(农忙), nóngmángqī(农忙期), nóngmáng jìjié(农忙季节).
のうひつ【能筆】 ¶彼はなかなかの〜だ tā hěn shàncháng shūfǎ(他很擅长书法).
のうびょう【脳病】 nǎobù jíbìng(脑部疾病).
のうひん【納品】 jiāohuò(交货). ¶明日～します míngtiān jiāohuò(明天交货).
 ¶〜書 huòdān(货单)/ jiāohuòdān(交货单)/ chūhuòdān(出货单).
のうひんけつ【脳貧血】 nǎopínxuè(脑贫血). ¶〜を起す huàn nǎopínxuè(患脑贫血).
のうふ【納付】 jiāonà(交纳), jiǎonà(缴纳). ¶税金を〜する jiǎonà shuìkuǎn(缴纳税款)/ [jiǎo] shuì(交[缴]税).
のうふ 1【農夫】 nóngfū(农夫), zhuāngjiahàn(庄稼汉).
 2【農婦】 nóngfù(农妇).
のうべん【能弁】 彼女の〜にたじたじとなった tā kǒu ruò xuán hé, shuōde wǒ wú yán kě duì(她口若悬河,说得我无言可对). ¶彼は〜だ hěn huì shuō huì dào(他能说会道)/ tā hěn yǒu kǒucái(他很有口才).
のうまく【脳膜】 nǎomó(脑膜). ¶〜炎 nǎomóyán(脑膜炎).
のうみそ【脳味噌】 nǎozi(脑子), nǎozhī(脑汁). ¶お前は〜が足りないよ nǐ méi nǎozi(你没脑子)/ nǐ nǎojīn bù hǎo(你脑筋不好). ¶さんざん〜を絞って考え出した jiǎojìn nǎozhī xiǎngchulai le(绞尽脑汁想出来了).
のうみつ【濃密】 nóngmì(浓密). ¶木犀の〜な香り nóngyù de guìhuāxiāng(浓郁的桂花香).
のうみん【農民】 nóngmín(农民), nóngrén(农人), zhuāngjiarén(庄稼人). ¶〜一揆 nóngmín qǐyì(农民起义).
のうむ【濃霧】 nóngwù(浓雾), dàwù(大雾).
 ¶〜で一寸先も見えない yóuyú nóngwù shēnshǒu bú jiàn wǔ zhǐ(由于浓雾伸手不见五指).
のうやく【農薬】 nóngyào(农药).
のうり【能吏】 gànyuán(干员).
のうり【脳裏】 nǎoli(脑里), nǎozili(脑子里), nǎohǎili(脑海里). ¶名案が〜に閃いた nǎozili shǎnchūle miàojì(脑子里闪出了妙计). ¶彼女の姿が〜に浮んでくる nǎohǎili fúxiànchū tā de yǐngzi(脑海里浮现出她的影子). ¶あの時の惨状が〜に刻み込まれて離れない nà shí de cǎnzhuàng yìnzài nǎoli nányí xiāoshī(那时的惨状印在脑子里难以消失).
のうりつ【能率】 xiàolǜ(效率). ¶〜がよい xiàolǜ gāo[hǎo](效率高[好]). ¶〜が悪い xiàolǜ dī[chà](效率低[差]). ¶〜が上がる[下がる] xiàolǜ gāo[dī] le(效率高[低]了).
 ¶仕事の〜を上げる tígāo gōngzuò xiàolǜ(提高工作效率). ¶〜的に働く yǒu xiàolǜ de gōngzuò(有效率地工作).
のうりょう【納涼】 chéngliáng(乘凉), nàiliáng(纳凉). ¶川岸へ〜に出掛ける dào hébiān qù chéngliáng(到河边去乘凉). ¶花火大会 nàliáng yànhuǒ dàhuì(纳凉焰火大会).
のうりょく【能力】 nénglì(能力). ¶彼には統率者としての〜はない tā méiyǒu lǐngdǎo nénglì(他没有领导能力). ¶それは私の〜の限界を越えた仕事だ nà shì chāoguòle wǒ nénglì xiàndù[wǒ lì bú shèngrèn] de gōngzuò(那是'超过了我能力限度[我力不胜任]的工作). ¶この自動車工場は月1000台の生産〜がある zhè jiā qìchē gōngchǎng yǒu yuèchǎn yìqiān liàng de nénglì(这家汽车工厂有月产一千辆的能力). ¶彼女には事務〜がある tā yǒu chǔlǐ shìwù gōngzuò de nénglì(她有处理事务工作的能力).
ノー bù(不). ¶イエス〜かはっきり言え dā bu dāying shuōqīngchu!(答不答应说清楚!).
 ¶答は〜だ huídá shì bù tóngyì(回答是不同意).
ノーコメント ¶その件に関しては〜だ guānyú nàge wèntí wúkě fènggào(关于那个问题无可奉告).
ノータッチ ¶その問題については〜だ nàge wèntí gēn wǒ háo bù xiānggān(那个问题跟我毫不相干).
ノート 1[ノートブック] běnzi(本子), bǐjìběn (笔记本), liànxíbù(练习簿). ¶〜パソコン bǐjìběnxíng jìsuànjī(笔记本型计算机).
 2[筆記] bǐjì(笔记). ¶講義の〜をとる zuò tīngkè bǐjì(做听课笔记). ¶要点を〜する jìxià yàodiǎn(记下要点).
ノーハウ jìshù zhīshi(技术知识), jìshù qíngbào(技术情报), jìshù qiàomén(技术窍门).
ノーベルしょう【ノーベル賞】 Nuòbèi'ěr jiǎngjīn(诺贝尔奖金).
ノーマル zhèngcháng de(正常的), zhèngguī de(正规的), biāozhǔn de(标准的).
のが・す【逃す】 cuòguò(错过), fàngguò(放过). ¶折角のチャンスを〜してしまった cuòguòle nándé de jīhuì(错过了难得的机会).
のが・れる【逃れる】 táo(逃), táopǎo(逃跑), táozǒu(逃走), táotuō(逃脱). ¶海外に〜れる táodào hǎiwài(逃到海外). ¶都会を〜れて田舎に住む bǎituō dūshì shēnghuó dào xiāngxià qù zhù(摆脱都市生活到乡下去住). ¶追手を〜れる shuǎidiào zhuībǔ(甩掉追捕). ¶兵役を〜れる táobì bīngyì(逃避兵役). ¶危うく難を〜れる chàdiǎnr zāole huò(差点儿遭了祸).
 ¶責任は〜れられないよ zérèn shì 'táotuō[táobì] bu liǎo de(责任是'逃脱[逃避]不了的).
のき【軒】 yánzi(檐子), yánr(檐儿), wūyán(屋檐), fángyán(房檐). ¶通りには本屋が〜を連ねて並んでいる dàjiē shang shūdiàn línci-zhìbǐ(大街上书店鳞次栉比).
のぎく【野菊】 yějú(野菊), yějúhuā(野菊花).
のきさき【軒先】 yántou(檐头), yánqián(檐前), yánxià(檐下). ¶〜につららが下がる yántou guàzhe bīngzhuī(檐头挂着冰锥). ¶〜を借りて雨宿りする jiè wūyánxià bì yǔ(借屋檐下避雨). ¶〜の梅の木 yánqián de méishù(檐前的梅树).
ノギス yóubiāo kǎchǐ(游标卡尺), kǎchǐ(卡尺).
のきなみ【軒並】 ¶〜に祭の提灯が下がっている

jiājiā dōu xuánguàzhe jiérì de dēnglóng(家家都悬挂着节日的灯笼)。¶ ～空巣に荒らされた hùhù dōu jìnle xiǎotōur(户户都进了小偷ル)。¶ 停電で電車は～に遅れた yóuyú tíngdiàn, měi tàng diànchē dōu wùdiǎn le (由于停电,每趟电车都误点了)。

のぎへん【ノ木偏】 hémùpángr(禾木旁ル)。

の・く【退く】 líkāi(离开),duǒkai(躲开),ràngkai(让开)。¶ 脇へ～く ràngdào pángbiān(让到旁边)。¶ 関係のない人は～いて下さい wúguān rényuán qǐng ràngkai!(无关人员请让开)。¶ ～け! ràngkai!(让开!)/zǒukai!(走开!)/shǎnkai!(闪开!)/qǐkai!(起开!)。

のけぞ・る【のけ反る】 diēle ge ˇyǎngbajiǎor[yǎngbachā](跌了个ˇ仰八脚ル[仰八叉])。

のけもの【除け者】 ¶ 世間の～になる shòudào shèhuì de páichì (受到社会的排斥)。¶ 私を～にして仲間に入れてくれない bǎ wǒ dàngzuò wàirén bú jiào wǒ dāhuǒr(把我当成外人不叫我搭伙ル)。

の・ける【退ける】 **1** nuókāi(挪开),nákāi(拿开),yíkāi(移开)。¶ 邪魔にならないように石を～ける bǎ shítou nuókāi, miǎnde àishì(把石头挪开,免得碍事)。¶ テーブルの上の物を～けなさい bǎ zhuōzishang de dōngxi nákāi(把桌子上的东西拿开)。¶ 難しい問題は～けておく nántí xiān ˇgē[fàng]zài yìpáng(难题先ˇ搁[放]在一旁)。 **2** […してのける] ¶ 悪口を面前で言って～けた jìng gǎn dāngmiàn shuō huàihuà (竟敢当面说坏话)。¶ 彼はあの仕事を一人でやって～けた tā jìngrán yí ge rén bǎ nà jiàn shì gěi wánchéng le(他竟然一个人把那件事给完成了)。

のこぎり【鋸】 jù (锯)。¶ 木を～でひく yòng jù jù mùtou(用锯锯木头)。¶ ～の目立てをする cuò jùchǐ(锉锯齿)。¶ ～の歯 jùchǐ(锯齿)。

のこ・す【残す】 liú(留),liúxià(留下),shèng(剩),shèngxia(剩下),yú(余),yúxià(余下),yíliú(遗留)。¶ 私の分を～しておいて下さい wǒ nà yí fènr, qǐng gěi wǒ liúxialai(我那一份ル,请给我留下来)。¶ 1 滴も～さず飲み干した yì dī bú shèng quán hēgān le(一滴不剩全喝干了)。¶ ～しておいて明日また食べよう liúzhe míngtiān zài chī(留着明天再吃)。¶ 食べ～してはもったいない chībuwán shèngxialai tài kěxī le(吃不完剩下来太可惜了)。¶ 学校で放課後～された fàngxué hòu bèi liúxià le(放学后被留下了)。¶ 再考の余地を～す liúxià kǎolǜ de yúdì(留下考虑的余地)。¶ その措置はあとに多くの問題を～した nàge cuòshī liúxià xǔduō wèntí(那个措施留下了许多问题)。¶ 記録に～す liúxià jìlù(留下记录)。¶ 節約して金を～す shěngchī-jiǎnyòng zǎnqián(省吃俭用攒钱)。¶ 彼は莫大な財産を～した tā yíliúxià yì bǐ jùdà de cáichǎn(他遗留下一笔巨大的财产)。¶ 彼は幼い子供を～して死んだ tā piēxia yòuxiǎo de háizi sǐ le(他撇下幼小的孩子死了)。¶ 後世に名を～す míng chuí hòushì(名垂后世)/míng chuí qiāngǔ(名垂千古)。¶ アンデルセンは多くの名作を～した Āntúshēng liúxiàle xǔduō míngzuò(安徒生留下了许多名作)。

のこのこ ¶ 彼は1時間も遅れて～やって来た tā chídào yí ge xiǎoshí què ˇruò wú qí shì[mǎn bú zàihu] de lái le(他迟到一个小时却ˇ若无其事[满不在乎]地来了)。¶ どの面(?)下げて俺の所に～やって来たのだ tián bù zǔ de, zěnme yǒu liǎn dào wǒ zhèr lái(恬不知耻,怎么有脸到我这ル来)。

のこらず【残らず】 ¶ ひとり～出掛けてしまった yí ge rén yě bú shèng quándōu chūqu le(一个人也不剩全都出去了)。¶ 知っていることは～話した zhīdào de yìwǔ-yìshí quándōu shuō le(知道的一五一十全都说了)。¶ テーブルいっぱいの料理を～食べてしまった bǎ yì zhuōzi cài dōu chīguāng le(把一桌子菜都吃光了)。¶ 家財は何もかも～灰になってしまった yíqiè jiāchǎn dōu huàwéi huījìn le(一切家什都化为灰烬了)。

のこり【残り】 shèngyú(剩余),yúshèng(余剩),yúcún(余存)。¶ 10から6を引くと～は4だ shí jiǎn liù shèng sì(十减六剩四)。¶ 昨夜の～ですが食べませんか shì zuówǎn shèngxia de, nǐ chī bu chī?(是昨晚剩下的,你吃不吃?)。¶ ～の仕事は明日やろう yúxià de huór, míngtiān zài gàn (余下的活ル,明天再干)。¶ 大分使ったので～が少なくなった yònglè xǔduō, shèngyú bù duō le(用了许多,剩余不多了)。¶ 今年も～少なになった jīnnián zhǐ shèngxia bù duō jǐ tiān le(今年只剩下不多几天了)。

のこりび【残火】 ¶ ～の不始末から火事になった yújìn méi shōushihǎo zàochéngle huǒzāi(余烬没收拾好造成了火灾)。

のこりもの【残り物】 shèngyú(剩余);shèngfàn(剩饭),xiànfàn(现饭),shèngtāng-làshuǐ(剩汤腊水)。¶ 昼食は朝の～ですました wǔfàn yòng zǎoshang de shèngfàn duìfu guoqu le(午饭用早上的剩饭对付过去了)。¶ ～には福がある zuìhòu ná de yǒu fúqi(最后拿的有福气)。

のこ・る【残る】 liú(留),liúxià(留下),yíliú(遗留);[余る]shèng(剩),yú(余),shèngxia(剩下),yúxià(余下)。¶ 頂上にはまだ雪が～っている shāndǐng hái cánliúzhe jīxuě(山顶还残留着积雪)。¶ 彼の顔には幼い頃の面影が～っている tā liǎnshang hái liúzhe xiǎoshíhou de miànyǐng(他脸上还留着小时候的面影)。¶ この土地には昔からの風習が～っている zhège dìfang bǎoliúzhe jiù yǐlái de fēngsú xíguàn(这个地方保留着自古以来的风俗习惯)。¶ 遅くまで会社に～って仕事をした liúzài gōngsī gōngzuò dào hěn wǎn(留在公司工作到很晚)。¶ 行く者も～る者も名残を惜しむだ zǒu de hé liúxià de dōu yīyī bù shě(走的和留下的都依依不舍)。¶ あの言葉がまだ耳に～っている nà yí jù huà zhìjīn hái liúzài wǒ ěrbiān(那一句话至今还留在我耳边)。¶ 後世にまで～る傑作 liúchuán hòushì de jiézuò(留传后世的杰作)。¶ 5から3引けば2～る wǔ jiǎn sān shèng èr

のさばる ¶暴力団が町に~っている liúmáng zài chéngzhèn ˇhéngxíng-bàdào[sì wú jìdàn / húzuò-fēiwéi](流氓在城镇ˇ横行霸道[肆无忌惮/胡作非为]). ¶彼は権力をかさに~っている tā zhàngzhe quánshì zhuānhèng bàdào(他仗着权势专横霸道). ¶あんな奴らを~らせておいてよいものか nándào néng jiào nà zhǒng rén chēngxióng chēngbà, wéi fēi zuò dǎi ma?(难道能叫那种人称雄称霸、为非作歹吗?).

のざらし【野晒】 ¶死体が~になっている shītǐ bèi diūzài yědìli rènpíng fēng chuī yǔ dǎ(尸体被丢在野地里任凭风吹雨打). ¶壊れた自動車を~にしておく bǎ huàile de qìchē diūzài wàibian bù guǎn(把坏了的汽车丢在外边不管).

のし【熨斗】 lǐqiānr(礼签儿). ¶こんな物を~をつけて進呈する zhèyàng de dōngxi wǒ qíngyuàn shuāngshǒu fèngsòng(这样的东西我情愿双手奉送).
¶~袋 lǐdài(礼袋).

のしあが・る【伸し上がる】 ¶あの男は重役に~った nàge jiāhuo yíbù-dēngtiān chéngle dǒngshì(那个家伙一步登天成了董事).

のしかか・る【伸し掛る】 ¶~ってきた敵を跳ね返す shǐjìn tuīkāi yāzài shēnshang de dírén(使劲推开压在身上的敌人). ¶責任が彼の肩に重く~っている zhòngdàn yāzài tā de jiānshang(重担压在他的肩上).

のじゅく【野宿】 lùsù(露宿). ¶道に迷って~した míle lù, lùsùle yí yè(迷了路,露宿了一夜).

の・す【伸す】 1〔伸ばし広げる〕 gǎn(擀). ¶麺棒でうどん粉を~す yòng gǎnmiànzhàng gǎn miàn(用擀面杖擀面).
2〔勢力などが〕 ¶反対派の勢力が最近~してきた fǎnduìpài de shìli zuìjìn dàwéi zēngqiáng(反对派的势力最近大为增强).
3〔殴り倒す〕 ¶生意気な奴だ、~してしまえ nà xiǎozi tài jiāohèng, zòu tā yí dùn(那小子太骄横,揍他一顿).

ノスタルジア xiāngchóu(乡愁), xiāngsī(乡思); huáixiāngbìng(怀乡病), sījiābìng(思家病); huáijiù(怀旧).

ノズル pēnzuǐ(喷嘴), pēnguǎn(喷管), yóuzuǐ(油嘴);〔シャワーなどの〕pēntóu(喷头), liánpengtóu(莲蓬头).

の・せる【乗せる】 1〔乗物に〕zài(载). ¶この船は1000人の客を~せることができる zhè sōu lúnchuán kěyǐ ˇdā yìqiān kèrén[zàikè yìqiān rén](这艘轮船可以ˇ搭一千客人[载客一千人]). ¶子供を乳母車に~せて買物に行く yòng yīng'érchē zài háizi mǎi dōngxi qù(用婴儿车载孩子买东西去). ¶手を貸して老人を車に~せる fú lǎorén shàng chē(扶老人上车). ¶ついでだから~せてやるよ shùnbiàn zài nǐ qù(顺便载你去).

2〔たくらみなどに〕 ¶彼は皆の悪巧みに~せられた tā zhòngle dàjiā de guǐjì(他中了大家的诡计)/ tā shàngle dàjiā de quāntào(他上了大家的圈套). ¶まんまと彼の口車に~せられてしまった wánquán shàngle tā huāyán-qiǎoyǔ de dàng(完全上了他花言巧语的当).

3〔仲間に入れる〕 ¶うまい話があったら一口~せてくれ yǒu shénme néng zhuànqián de shì, yě jiào wǒ dā ge huǒ(有什么能赚钱的事,也叫我搭个伙)/ yǒu shénme hǎoshì, yě suàn wǒ yí fènr(有什么好事,也算我一份儿).

4〔電波などに〕 ¶ただ今よりラテン音楽を電波に~せてお送りします xiànzài bōsòng Lādīng yīnyuè(现在播送拉丁音乐).

の・せる【載せる】 1〔上に置く〕fàng(放), gē(搁). ¶テーブルの上に花瓶を~せる bǎ huāpíng fàngzài zhuōzi shang(把花瓶放在桌子上). ¶荷物を網棚に~せる bǎ xíngli fàngdào xínglijià shang(把行李放到行李架上). ¶コーヒーを盆に~せて運ぶ yòng pánzi duān kāfēi(用盘子端咖啡).

2〔積む〕 zhuāng(装), zài(载), zhuāngzài(装载). ¶荷物をトラックに~せる bǎ huò zhuāngshàng kǎchē(把货装上卡车). ¶車をフェリーボートに~せて運ぶ jiàochē yòng dùlún zàiyùn(轿车用渡轮载运). ¶この船は1万トンの荷を~せられる zhè sōu chuán nénggòu zhuāngzài yíwàn dūn huòwù(这艘船能够装载一万吨货物).

3〔掲載する〕 dēng(登), zǎi(载), kāndēng(刊登), kānzǎi(刊载), dēngzǎi(登载). ¶論文を雑誌に~せる bǎ lùnwén dēngzài zázhì shang(把论文登在杂志上). ¶新聞に広告を~せる zài bàozhǐ shang kāndēng guǎnggào(在报纸上刊登广告).

のぞ・く【除く】 chú(除), chúqù(除去), chúdiào(除掉). ¶障害物を~く chúqù zhàng'àiwù(除去障碍物). ¶人々の不安を~く jiěchú[xiāochú] dàjiā de bù'ān(解除[消除]大家的不安). ¶名簿から~く cóng míngdān shang ˇchúqù[shānqu] (从名单上ˇ除去[删去]). ¶1人を~いて全員集まった chúle[chúkāi] yí ge rén dōu láiqí le(除了[除开]一个人都来齐了). ¶日曜日を~く毎日営業する chú xīngqīrì zhī wài měitiān yíngyè(除星期日之外每天营业). ¶小学生は対象から~く xiǎoxuéshēng chúwài(小学生除外).

のぞ・く【覗く】 1〔穴、透き間などから〕tōukàn(偷看), kuīshì(窥视), kuītàn(窥探), zhāngwàng(张望). ¶鍵穴から申を~く cóng suǒyǎn tōukàn(从锁眼偷看). ¶カーテンの陰から~く cóng chuānglián hòu kuīshì(从窗帘后窥视). ¶顕微鏡を~く yòng xiǎnwēijìng kàn

(用显微镜看).
2〔上から〕¶崖の上から谷底を~く cóng yáshang tànchū shēnzi fǔshì shāngǔ(从崖上探出身子俯视山谷).¶隣の人の新聞を~き込む tōukàn pángbiān de rén názhe de bào(偷看旁边的人拿着的报).¶病人の顔を~き込む fǔshēn kàn bìngrén de liǎn(俯身看病人的脸).
3〔少し見る〕¶帰りに本屋を~いてみよう huíjiā lùshang shùnbiàn dào shūdiàn qiáo yi qiáo(回家路上顺便到书店瞧一瞧).¶試験の前日に教科書をざっと~く kǎoshì qián yì tiān dàluè fānle fān jiàokēshū(考试前一天大略翻了翻教科书).
4〔少し現れる〕lùchū(露出).¶襟元から下着が~いている cóng lǐngkǒu nàli lùzhe nèiyī(从领口那里露着内衣).¶雲の切れ間から月が~いた cóng yúnxiàli lùchūle yuèliang(从云缝里露出了月亮).

のそだち【野育ち】¶~のため行儀を知らない méiyǒu jiājiào bù dǒng lǐmào(没有家教不懂礼貌).

のそのそ¶熊が~檻の中を歩き回る gǒuxióng zài tiějiànli huǎnghuàng-yōuyōu de zǒulai-zǒuqu(狗熊在铁槛里晃晃悠悠地走来走去).¶彼はこちらへと歩いて来た tā mànmanyōuyōu de duódào zhèbian lái le(他慢慢悠悠地踱到这边来了).

のぞまし・い【望ましい】¶話合いで解決することが~い zuìhǎo shì tōngguò xiéshāng lái jiějué(最好是通过协商来解决).¶~からざる人物 bú shòu huānyíng de rénwù(不受欢迎的人物).

のぞみ【望み】 xīwàng(希望), yuànwàng(愿望), qīwàng(期望), qǐwàng(企望), xīnyuàn(心愿).¶長年の~がかなった duōnián de yuànwàng zhōngyú shíxiàn le(多年的愿望终于实现了)/ sùyuàn dé cháng(宿愿得偿).¶世界一周の~を持っている huáiyǒu huánrào shìjiè yì zhōu de yuànwàng(怀有环绕世界一周的愿望).¶最後の実験に~をかける bǎ xīwàng jìtuō zài zuìhòu de shíyàn shang(把希望寄托在最后的实验上).¶まだ勝てる~はある hái yǒu xīwàng yíngdé shènglì(还有希望赢得胜利).¶まだまだ~は捨てないよ hái bú fàngqì zhège xīwàng(还不放弃这个希望).¶交渉の円満解決は~薄だ jiāoshè yuánmǎn jiějué kànlai méiyǒu xīwàng(交涉圆满解决看来没有希望).¶~の品を手に入れる bǎ xiǎngyào de dōngxi nòngdào shǒu(把想要的东西弄到手).¶お~通りに致しましょう àn nín de yìsi bàn(按您的意思办).

のぞ・む【望む】 **1**〔願う〕xīwàng(希望), qīwàng(期望), qǐwàng(企望), xījì(希冀).¶誰しもが世界の平和を~んでいる shuí dōu xīwàng shìjiè hépíng(谁都希望世界和平).¶彼は留学したいと~んでいる tā hěn xīwàng liúxué(他很希望留学).¶これ以上の援助を彼等に~むのは困難なのだ tāmen jìyǔ gèng duō de yuánzhù shì kùnnan de(希望他们给予更多的援助是困难的).¶このような状態では待

遇改善など~むべくもない zài zhè zhǒng qíngkuàng xià, gǎishàn dàiyù wúfǎ qǐjí(在这种情况下,改善待遇无法企及).¶~むらくは1日も早く戦火の収まらんことを pànwàng zhànzhēng néng zǎorì jiéshù(盼望战争能早日结束).

2〔眺める〕wàng(望), tiàowàng(眺望), liàowàng(瞭望).¶山の上から遠く大海を~む cóng shānshang tiàowàng dàhǎi(从山上眺望大海).¶西に富士を~む台地 xībian kěyǐ kàndào Fùshì Shān de táidì(西边可以看到富士山的台地).

のぞ・む【臨む】 **1**〔面する〕lín(临), miàn(面), miànxiàng(面向), miànduì(面对).¶海に~んだ別荘 lín hǎi de biéshù(临海的别墅).
2〔直面する〕miànlín(面临), miànduì(面对).¶危機に~んで勇気を奮い起す miànduì wēijī zhènfèn yǒngqì(面对危机振奋勇气).¶死に~んで言い残した言葉 línsí[línzhōng] liúxià de huà(临死[临终]留下的话).
3〔対する〕¶民衆に弾圧をもって~む yǐ zhènyā duìfu mínzhòng(以镇压对付民众).
4〔出向く〕¶来賓として式典に~む zuòwéi láibīn chūxí diǎnlǐ(作为来宾出席典礼).¶緊張した面持で試験に~んだ miàn dài jǐnzhāng shénsè cānjiā kǎoshì(面带紧张神色参加考试).

のたう・つ dǎgun[r](打滚[儿]), fāngǔn(翻滚).¶あまりの痛さに~ち回った téngde mǎndì dǎgǔnr(疼得满地打滚儿).

のたく・る〔みみずの~たような字〕xiàng qiūyǐn páxíng shìde zì(像蚯蚓爬行似的字).

のたれじに【野垂死】 dǎobì(倒毙), lùbì(路毙), lùdǎo(路倒).¶こんなところで~はしたくない bù xiǎng zài zhèyàng de dìfang bàoshī jiētóu(不想在这样的地方暴尸街头).¶彼は放浪の末~した tā sìchù liúlàng, zuìhòu lùbì tāxiāng(他四处流浪,最后路毙他乡).

のち【後】 hòu(后), zhī hòu(之后), yǐhòu(以后).¶1週間~にもう1度来てください guò yí ge xīngqī hòu qǐng zài lái yí tàng(过一个星期后请再来一趟).¶講演が終って~映画が上映された jiǎngyǎn jiéshù yǐhòu, fàngle diànyǐng(讲演结束以后,放了电影).¶晴~曇 qíng zhuǎn yīn(晴转阴).¶このことは長く~の世に伝えられるだろう zhè jiàn shì jiāng huì yǒngyuǎn liúchuán yú hòushì ba(这件事将会永远流传于后世吧).

のちぞい【後添い】 hòuqī(后妻), jìpèi(继配), jìshì(继室), tiánfang(填房).¶~を迎える xùqǔ(续娶)/ xùxián(续弦)/ hòuxù(后续).

のちのち【後後】 wǎnghòu(往后), jiānglái(将来), wèilái(未来).¶~のことを考える wèi jiānglái dǎsuan(为将来打算).

のちほど【後程】 huítóu(回头), guòhòu(过后), suíhòu(随后).¶ではまた~お目に掛りましょう nàme huítóujiàn!(那么回头见!).

ノック qiāo(敲), kòu(叩), dǎ(打), kòudǎ(叩打).¶ドアを~する qiāo mén(敲门).¶誰かが~している yǒu rén zài qiāo mén ne(有人在

敲门呢).
ノックアウト jīdǎo(击倒), dǎdǎo(打倒). ¶相手を~する jīdǎo duìfāng(击倒对方).
のっけ kāitóu(开头), qǐtóu(起头). ¶~から失敗してしまった dǎ yī kāitóu jiù zále guō(打一开头就砸了锅). ¶~から叱られた pītóu áile yí dùn mà(劈头挨了一顿骂).
のっしのっし ¶象が~と歩いてきた xiàng yí bù yòu yí bù mànman-tēngtēng de zǒuguolai le(象一步又一步慢慢腾腾地走过来了).
のっそり ¶大男が~入口に現れた yí ge dàhànzi mànyōuyōu de chūxiàn zài ménkǒu(一个大汉子慢慢悠悠地出现在门口). ¶~と立ち上がる mànman-tēngtēng de zhànle qǐlái(慢慢腾腾地站了起来).
ノット jié(节). ¶この船の速力は 30～だ zhè zhī chuán de hángsù shì sānshí jié(这只船的航速是三十节).
のっと・る【則る】 zūnzhào(遵照), zūnxún(遵循), yīzhào(依照), gēnjù(根据). ¶先例に~って処理する yīzhào xiānlì bànlǐ(依照先例办理).
のっと・る【乗っ取る】 cuànduó(篡夺), qièduó(窃夺), jiéduó(劫夺), juéduó(攫夺). ¶会社を~る bǎ gōngsī juéwéi jǐ yǒu(把公司攫为己有). ¶飛行機を~る jiéchí fēijī(劫持飞机).
のっぴきならな・い ¶~いところに追い込まれる bèi bīde jìntuì wéi gǔ(被逼得进退维谷). ¶~い用事があって欠席した yīnwei yǒu yí jiàn tuībudiào de shì, quēxí le(因为有一件推不掉的事,缺席了). ¶~い証拠を突きつける bǎichū wúfǎ fǒudìng de zhèngjù(摆出无法否定的证据).
のっぺらぼう ¶~のお化け méi bízi méi yǎn yě méi zuǐ de yāoguài(没鼻子没眼也没嘴的妖怪). ¶~な読み方をする niànde hěn píngbǎn dāndiào[píngdàn wúwèi](念得很平板单调[平淡无味]).
のっぺり ¶~した顔 biǎnpíngliǎn(扁平脸).
のっぽ dàgāo gèzi(大高个子), dàgèr(大个儿), gāogèr(高个儿), gāogèzi(高个子), xīgāotiǎor(细高挑儿), shòugāogèr(瘦高个儿).
-ので yīnwei(因为), yóuyú(由于). ¶安かった~買った yīnwei hěn piányi, wǒ cǎi mǎi de(因为很便宜,我才买的). ¶友人が手伝ってくれた~早く終った yóuyú péngyou bāngmáng, hěn kuài wánchéng le(由于朋友帮忙,很快完成了). ¶心配な~電話をした fàngxīn bú xià dǎle diànhuà(放心不下打了电话). ¶家が古い~雨漏りがする fángzi jiù, lòu yǔ(房子旧,漏雨). ¶それ以上言っても無駄な~やめた zài shuō yě méi yòng, jiù bù shuō le(再说也没用,就不说了).
のてん【野天】 lùtiān(露天). ¶~風呂 lùtiān yùchí(露天浴池).
のど【喉】 **1** hóu(喉), hóutóu(喉头), hóulong(喉咙), kǒu(口)[gān(干)](口[渴][干]了). ¶~が渇いた kǒu kě[gān] le(口渴[干]了). ¶~が腫れて痛い hóutóu zhǒngde fāténg(喉头肿得发疼). ¶~がつぶれて声を出せない sǎngzi yǎ-

le fā bu chū shēngyīn lai(嗓子哑了发不出音来). ¶魚の骨が~に引っ掛った yúcì qiǎ[gěng]zài hóulongli(鱼刺卡[鲠]在喉咙里). ¶猫がごろごろ~を鳴らしている māo hóutóu hūlūhūlū fāxiǎng(猫喉头呼噜呼噜发响). ¶心配のあまり飯が~を通らない dānxīnde fàn yě yàn bu xiàqù(担心得饭也咽不下去). ¶~まで出かかっているがどうしても名前が出て来ない míngzi dào zuǐbiānr le, zěnme yě xiǎng bu chūlái(名字到嘴边儿了,怎么也想不出来). ¶~から手が出るほど欲しい hěnbude mǎshàng nòngdàoshǒu(恨不得马上弄到手).
 2〔歌う声〕sǎngzi(嗓子), sǎngr(嗓儿). ¶なかなかいい~だ sǎngzi[géhóu] zhēn búcuò a!(嗓子[歌喉]真不错啊!). ¶~自慢大会 yèyú gēchàng bǐsài dàhuì(业余歌唱比赛大会).
のどか【長閑】 ¶~な景色 héféng lìrì de jǐngzhì(和风丽日的景致). ¶~な春の日差し chūntiān hénuǎn[héxù] de yángguāng(春天和暖[和煦]的阳光). ¶~に日を過す yōuxián[ānxián] dùrì(悠闲[安闲]度日).
のどくび【喉首】 ¶~を締める qiā bózi(掐脖子).
のどちんこ【喉ちんこ】 xiǎoshé[r](小舌[儿]), xuányōngchuí(悬雍垂).
のどぶえ【喉笛】 hóuguǎn(喉管), qìsǎng(气嗓), qìguǎn(气管).
のどぼとけ【喉仏】 jiéhóu(结喉), hóujié(喉结).
のどもと【喉元】 ¶~に短刀を突きつけて脅迫する bǎ duǎndāo duìzhe hóutóu wēixié(把短刀对着喉头威胁). ¶~過ぎれば熱さを忘れる hǎole chuāngbā wàngle shāng(好了疮疤忘了伤)/ hǎole shāngbā wàngle téng(好了伤疤忘了疼).
-のに ¶4月だという~まるで冬のような寒さだ shuō shì sìyuè jiǎnzhí xiàng dōngtiān yíyàng lěng(说是四月简直像冬天一样冷). ¶彼は知っている~教えてくれない suīrán zhīdào, dànshì bú gàosu wǒ(他虽然知道,但是不告诉我). ¶金もない~ぜいたくをするな méiyǒu qián hái xiǎng jiǎng shénme páichǎng(没有钱还想讲什么排场). ¶あれほど行くなと言った~ wǒ bú shì gàosu nǐ jiào nǐ búyào qù ma!(我不是告诉你叫你不要去嘛!). ¶一言いってくれればよかった~ shìxiān gēn wǒ shuō yìshēng bú jiù hǎo le(事先跟我说一声不就好了).
のねずみ【野鼠】 yěshǔ(野鼠), tiánshǔ(田鼠).
のの・しる【罵る】 mà(骂), mànmà(漫骂), zhòumà(咒骂), chòumà(臭骂), rǔmà(辱骂), gòumà(诟骂). ¶口をきわめて~る pòkǒu dàmà(破口大骂)/ mà bù juékǒu(骂不绝口). ¶さんざん~られた pītóu-gàiliǎn áile yí dùn mà(劈头盖脸挨了一顿骂).
のば・す【伸ばす・延ばす】 **1**〔長くする〕fàngcháng(放长), yáncháng(延长); shēnchū(伸出). ¶上着の丈を3センチ~す shàngyī de shēncháng fàng sān límǐ(上衣的身长放三厘米). ¶髭を~す liú húzi(留胡子)/ xù xū(蓄须). ¶彼女は髪を長く~している tā liúzhe

cháng tóufa(她留着长头发). ¶ 樅の木が四方に枝を～している cōngshù xiàng sìzhōu shēnchū shùzhī(枞树向四周伸出树枝). ¶ バス路線を次の村まで～す bǎ gōnggòng qìchē de lùxiàn yáncháng dào xià yí ge cūnzi(把公共汽车的路线延长到下一个村子). ¶ 思いきり手足を～して寝たい hěn xiǎng shēnkāi shǒujiǎo shuì ge jiào(很想伸开手脚睡个觉). ¶ ついでにそこまで足を～そう shùnbiàn dào nàli zǒu yí tàng ba(顺便到那里走一趟吧). ¶ 人の縄張に手を～してきた shǒu shēndào rénjia de dìpán shang lái le(手伸到人家的地盘上来了).

2〔真直ぐにする〕 ¶ 曲った針金を真直ぐに～す bǎ wān de tiěsī nòngzhí(把弯的铁丝弄直). ¶ アイロンで皺を～す yòng diànyùndǒu bǎ zhězi làopíng(用电熨斗把褶子烙平). ¶ 腰を～す shēn yāo(伸腰).

3〔時間，時期を〕yáncháng(延长); tuīchí(推迟), tuīyán(推延). ¶ 授業時間を10分～す bǎ shàngkè shíjiān yáncháng shí fēnzhōng(把上课时间延长十分钟). ¶ 出発を3日先に～す bǎ chūfā de rìqī ˇyánchí[tuīchí]sān tiān(把出发的日期ˇ延迟[推迟]三天). ¶ 返事を一日～しにする bǎ dáfù yì tiān yì tiān de tuōxiaqu(把回答复一天一天地拖下去).

4〔勢力，能力などを〕 ¶ 勢力を～す kuòzhāng[shēnzhāng]shìlì(扩张[伸张]势力). ¶ 生産を～す fāzhǎn[kuòdà/tígāo]shēngchǎn(发展[扩大/提高]生产). ¶ 彼は近頃めきめき数学の力を～してきた tā jìnlái shùxué de nénglì yǒu tígāo(他近来数学的能力大有提高). ¶ 才能を～す zēngzhǎng cáigàn(增长才干).

5〔薄める〕 ¶ 糊を水で～す chān shuǐ nòngxī jiànghu(搀水弄稀糨糊). ¶ 油絵具をテレビン油で～す yòng sōngjiéyóu tiáoyún yánliào(用松节油调匀颜料).

6〔殴り倒す〕 ¶ 言うことをきかないと～すぞ bù tīnghuà, jiù bǎ nǐ zòubiǎn le(不听话,就把你揍扁了).

のばなし【野放し】 ¶ 密輸が～状態になっている zǒusī héngxíng, chǔyú wú rén guǎn de zhuàngtài(走私横行,处于无人管的状态).

のはら【野原】 yědì(野地).

のび【伸び・延び】 **1** ¶ ～の早い草 zhǎngde hěn kuài de cǎo(长得很快的草). ¶ 最近売上の～が鈍った zuìjìn xiāoshòu'é zēngzhǎng fúdù xiǎo le(最近销售额增长幅度小了).

2〔背伸び〕 ¶ あくびまじりの～をした dǎzhe hēqiàn shēnle ge lǎnyāo(打着呵欠伸了个懒腰).

のび【野火】 yěhuǒ(野火).

のびあが・る【伸び上がる】 ¶ ～って中を見る diǎn[qiāo]qǐ jiǎo lái wǎng lǐ kàn(踮[跷]起脚来往里看).

のびちぢみ【伸び縮み】 shēnsuō(伸缩). ¶ ゴム紐の～がきかなくなった sōngjǐndài bù shēnsuō le(松紧带不伸缩了). ¶ 温度によって～する suízhe wēndù shēnsuō(随着温度伸缩).

のびなや・む【伸び悩む】 ¶ 売上が～む xiāoshòu'é bújiàn zēngjiā(销售额不见增加). ¶ 生産は～みの状態にある shēngchǎn chǔyú tíngzhì zhuàngtài(生产处于停滞状态).

のびのび【伸び伸び】 ¶ 子供達は～と育っている háizimen wújū-wúshù de chéngzhǎng(孩子们无拘无束地成长). ¶ ～と芝生に寝ころぶ shūshu-fúfú de tǎngzài cǎopíng shang(舒舒服服地躺在草坪上). ¶ 都会では もう～した生活は望めない zài chéngshì yǐ bùnéng zhǐwàng guòshàng yōuxián zìzài de shēnghuó(在城市已不能指望过上悠闲自在的生活). ¶ 試験が終って～した気分だ kǎowánle ˇshūchàng[chàngkuài]de hěn(考完了ˇ舒畅[畅快]得很).

のびのび【延び延び】 ¶ 決定が～になっている yízài tuīchí shàng wèi zuòchū juédìng(一再推迟尚未做出决定). ¶ 工期が～になっている gōngqī yì tuō zài tuō(工期一拖再拖). ¶ 約束が～になってすみませんでした yuēdìng de shì yìzhí yángé dào xiànzài, zhēn duìbuqǐ(约定的事一直延搁到现在,真对不起). ¶ ～になっていたA劇団の来日公演がやっと実現した yízài yánwù de A jùtuán de lái Rì gōngyǎn hǎobù róngyi cái shíxiàn le(一再延误的A剧团的来日公演好不容易才实现了).

の・びる【伸びる・延びる】 **1**〔長くなる〕zhǎng(长). ¶ この1年間で背が5センチ～びた zhè yì nián gèzi zhǎngle wǔ límǐ(这一年个子长了五厘米). ¶ 髭が～びた húzi zhǎngqǐlai le(胡子长起来了). ¶ 爪がだいぶ～びている zhǐjia zhǎngde hěn cháng(指甲长得很长). ¶ 雑草がどんどん～びる zácǎo zhǎngde hěn kuài(杂草长得快). ¶ 道路が国境まで～びている gōnglù yìzhí ˇyánshēn[shēnyán/yánzhǎn]dào guójìngxiàn(公路一直ˇ延伸[伸延/延展]到国境线). ¶ この頃は寿命が～びている zuìjìn shòumìng yuèfā cháng le(最近寿命越发长了).

2〔真直ぐになる〕 ¶ 皺が～びる zhěr píng le(褶儿平了).

3〔弾力を失う〕 ¶ ～びたゴム紐 sōngchíle de sōngjǐndài(松弛了的松紧带). ¶ 早く食べないとうどんが～びてしまうよ miàntiáo yào bú kuài chī kě jiù bù jīndao le(面条要不快吃可就不筋道了).

4〔時間，時期が〕yáncháng(延长); yánchí(延迟). ¶ 会期が～びる huìqī yáncháng(会期延长). ¶ 出発の時間が30分～びた chūfā shíjiān yánchíle sānshí fēnzhōng(出发时间延迟了三十分钟). ¶ 運動会はいつに～びたのか yùndònghuì yánqī dào nǎ yì tiān? (运动会延期到哪一天?).

5〔勢力,能力などが〕 ¶ 最近売上が～びてきた zuìjìn xiāoshòu'é dà yǒu zēngjiā le(最近销售额大有增加了). ¶ 英語の力がぐんと～びた Yīngyǔ de nénglì dàdà tígāo le(英语的能力大大提高了). ¶ 若手がどうも～びない niánqīng de zǒng bùjiàn xiǎnzhù de jìnbù(年轻的总不见显著的进步).

6〔よく広がる〕 ¶ クリームがよく～びる zhège xuěhuāgāo cāde yúnchèn(这个雪花膏擦得匀称).

7〔ぐったりする〕¶その一撃で~びてしまった áile nà yì quán jiù bùxǐng-rénshì le (挨了那一拳就不省人事了). ¶あまり張り切ったあとで~びるよ tài mài lìqi huítóu kě yào lèipā la (太卖力气回头可要累趴啦).

ノブ bǎshou (把手), lāshou (拉手), bàr (把儿).

の・べ【延】¶1週間で~1万人が参加した zài yí ge xīngqī nèi cānjiā de zǒnggòng yǒu yíwàn réncì (在一个星期内参加的总共有一万人次). ¶建坪は~でどれくらいになりますか zǒng jiànzhù miànjī yǒu duōshao? (总建筑面积有多少?). ¶~人員 zǒngjì rénshù (总人数). ~日数 zǒng rìshù (总日数).

の・べ【野辺】 yědì (野地). ¶~に咲く花 yědìli kāi de huā (野地里开的花). ¶~の送りをする sòngzàng (送葬).

の・つ¶今日は~人が訪ねてきた jīntiān "jiēlián búduàn [jiē'er-liánsān] " yǒu rén láifǎng (今天"接连不断[接二连三]"有人来访). ¶~幕なしにしゃべる diédié[cìcì] bùxiū (喋喋[刺刺]不休).

のべばらい【延べ払い】 yánqī fùkuǎn (延期付款).

のべぼう【延棒】 ¶金の~ jīntiáo (金条)/ jīndìng (金锭)/ huángyú (黄鱼), tiáozi (条子).

の・べる【伸べる・延べる】 ¶救いの手を~べる shēnchū jiùyuán de shǒu (伸出救援的手). ¶床(ǯ)を~べる pū chuáng (铺床).

の・べる【述べる】 chénshù (陈述), chénshuō (陈说), biǎoshù (表述), chēngshù (称述), shùshuō (述说), xùshù (叙述), xùshuō (叙说), fābiǎo (发表). ¶意見を~べる chénshù yìjiàn (陈述意见). ¶事実を詳しく~べる xiáng shù [xiáng chén] shìshí (详述[详陈]事实). ¶自分の立場を~べる shuōmíng zìjǐ de lìchǎng (说明自己的立场). ¶事件の経過を~べる xùshù shìjiàn de jīngguò (叙述事件的经过). ¶礼を~べる dàoxiè (道谢)/ zhìxiè (致谢)/ chēngxiè (称谢). ¶上に~べたように… rú shàng suǒ shù … (如上所述…). ¶次の文章の概要を~べよ chǎnshù xiàliè wénzhāng de gàiyào (阐述下列文章的概要).

のほうず【野放図】 ¶あいつは全く~な奴だ nàge jiāhuo zhēn shì sì wú jìdàn (那个家伙真是肆无忌惮). ¶事業を~に広げると危ない wú zhǐjìng de kuòzhǎn shìyè hěn wēixiǎn (无止境地扩展事业很危险).

のぼ・せる **1**〔上気する〕¶長湯をして~せてしまった xǐzǎo shíjiān cháng le, tóuyūn mùxuàn (洗澡时间长了, 头晕目眩). ¶~せて鼻血が出た shànghuǒ chūle bíxuè (上火出了鼻血).

2〔夢中になる〕mí (迷), rèzhōng (热中). ¶彼は彼女に~せている tā bèi tā mízhu le (他被她迷住了). ¶近頃ゴルフに~せている jìnlái jiào gāo'ěrfūqiú mízhule xīnqiào (近来叫高尔夫球迷住了心窍).

3〔増長する〕¶優勝したからといって~せるな búyào yīnwei dédào guànjūn jiù chōnghūnle tóunǎo (不要因为得到冠军就冲昏了头脑). ¶あいつはちょっと腕があると思って~せ上がっているよ tā zì yǐwéi yǒu diǎnr běnshi, juéde hěn liǎobuqǐ (他自以为有点儿本事, 觉得很了不起).

のぼ・せる【上せる】 ¶議事日程に~せる tídào yìchéngshang (提到议程上). ¶話題に~せる zuòwéi huàtí (作为话题).

のほほんと ¶何を言われても~している bùguǎn biéren zěnme shuō, dōu "mǎn bú zàihu [wúdòngyú zhōng/háo bú jièyì]" (不管别人怎么说, 都"满不在乎[无动于衷/毫不介意]"). ¶あの男は何の苦労も知らずに~育ってきた tā nàge rén shénme kǔ yě méi chīguo, yōurán zìdé zhǎngdà de (他那个人什么苦也没吃过, 悠然自得长大的). ¶いつまでも~はしていられない bùnéng lǎo zhème "yōuxián zìzài [bǎoshí zhōngrì], wú suǒ yòngxīn]" (不能老这么"悠闲自在[饱食终日, 无所用心]").

のぼり【上り】 **1** ¶~は2時間かかった shàng shān yòngle liǎng ge zhōngtóu (上山用了两个钟头). ¶ここからは~になる cóng zhèr kāishǐ shànglùle (从这儿开始上坡了).

2〔上り列車〕shàngxíng (上行). ¶最終の~は今発車したばかりだ zuìhòu yí tàng de shàngxíng lièchē gāng kāizǒu le (最后一趟的上行列车刚开走了).

のぼり【幟】 fān (幡).

のぼりおり【上り下り】 shàngxià (上下). ¶階段が急なので~に注意しなさい lóutī hěn dǒu, shàngxià yào zhùyì (楼梯很陡, 上下要注意).

のぼりざか【上り坂】 shàngpō (上坡), shàngpōlù (上坡路). ¶これから~になる cóng zhèr kāishǐ shàngpōr le (从这儿开始上坡儿了). ¶景気は今~だ rìqū jǐngqì (日趋景气). ¶彼は今~にある tā xiànzài zhèng zǒu shàngpōlù (他现在正走上坡路).

のぼりつめ・る【登り詰める】 ¶山道を~た所に小屋がある yánzhe zhè tiáo shānlù pádàodǐng yǒu yí ge xiǎo fángzi (沿着这条山路爬到顶有一个小房子). ¶官位を~る shēngdào zuìgāo guānwèi (升到最高官位).

のぼ・る【上る・登る・昇る】 **1**〔上へ行く〕shàng (上), pá (爬), dēng (登), pān (攀). ¶山に~る dēng shān (登山)/ pá shān (爬山). ¶木に~る pá shù (爬树)/ pān shù (攀树). ¶演壇に~る shàng[dēngshàng] jiǎngtái (上[登上]讲台). ¶鮭が海から川へ~る guīyú cóng hǎi sù hé ér shàng (鲑鱼从海溯河而上). ¶坂を~る shàng pōr (上坡儿). ¶階段を~る shàng lóutī (上楼梯).

2〔高くあがる〕shēng (升), shàngshēng (上升). ¶太陽が~ってきた tàiyáng shēngqilai le (太阳升起来了). ¶天にも~る心地がした gāoxìngde xiàng dēngle tiān yíyàng (高兴得像登了天一样). ¶気温が30度に~る qìwēn shàngshēng dào sānshí dù (气温上升到三十度).

3〔ある量に達する〕dá (达), dádào (达到). ¶負傷者は1000人に~った shòushāngzhě dá yìqiān rén (受伤者达一千人). ¶被害総額は数

億円に～るだろう sǔnshī zǒng'é kǒngpà dádào jǐyì rìyuán(损失总额恐怕达到几亿日元). **4**〖取り上げられる〗¶皆の話題に～る chéngwéi dàjiā de huàtí(成为大家的话题).¶人々の口の端に～る bèi rén dàngzuò huàbǐng(被人当作话柄).¶規約の改正が議題に～っている guīyuē de xiūgǎi tídào yìchéngshang lái le(规约的修改被提到议程上来了).¶筍が食膳に～る季節となった dào zhúsǔn shàngzhuō de jìjié le(到竹笋上桌的季节了).

のま・す〖飲ます〗¶赤ん坊に乳を～す gěi wáwa chīnǎi(给娃娃吃奶)/ nǎi háizi(奶孩子).¶子供に薬を～す gěi háizi wèi yào(给孩子喂药).¶水を1杯～して下さい qǐng gěi wǒ yì bēi shuǐ hē(请给我一杯水喝).¶皆にさんざん酒を～された yì bēi yòu yì bēi de bèi dàjiā guànzuì le(一杯又一杯地被大家灌醉了).¶相手にこちらの条件を～す jiào duìfāng jiēshòule wǒfāng de tiáojiàn(叫对方接受了我方的条件).¶家畜に水を～す gěi shēngchù shuǐ hē(给牲畜喝水)/ yìn shēngkou(饮牲口).

のみ〖蚤〗 zǎo(蚤), tiàozao(跳蚤), gèzao(虼蚤), tiàoshī(跳虱), tiàozi(跳子).¶～がはねる tiàozao tiào(跳蚤跳).¶～に食われる bèi gèzao yǎo le(被虼蚤咬了).¶～の市 tiàozao shìchǎng(跳蚤市场).¶～の夫婦 yí duìr nǚ gèr dà nán ǎixiǎo de fūfù(一对ㄦ女ㄦ大男矮小的夫妇).¶人～ rénzǎo(人蚤).犬～ gǒuzǎo(狗蚤).猫～ māozǎo(猫蚤).

のみ〖鑿〗 záozi(鑿子).

-のみ zhǐ(只), zhǐshì(只是), zhǐyǒu (只有), wéi(惟), wéiyǒu(惟有).¶全力を尽した,あとは発表を待つ～だ jiéjìn quánlì, zhǐ děng fābǎng éryǐ(竭尽全力,只等发榜而已).¶実行ある～ zhǐyǒu fù zhī shíshí(只有付之实施).

のみあか・す〖飲み明かす〗¶久し振りで会った友達と～した gēn kuòbié duōnián de péngyou tōngxiāo tòngyǐn(跟阔别多年的朋友通宵痛饮).

のみくい〖飲み食い〗 chīhēr(吃喝ㄦ).¶～に金を費やす bǎ qián huāzài ˇchīhēr[chīchi-hēhē] shang(把钱花在 ˇ吃喝ㄦ[吃吃喝喝]上).¶若者達は盛んに～した niánqīngrén dàchī-dàhē yí dùn(年轻人大吃大喝了一顿).

のみぐすり〖飲み薬〗 nèifúyào(内服药).

のみこみ〖飲み込み〗¶～が早い lǐjiěde kuài(理解得快).¶万事へ顔で うなずいた xīnlǐngshénhuì de diǎnle diǎn tóu(心领神会地点了点头).

のみこ・む〖飲み込む〗 **1**〖飲み下す〗tūnyàn(吞咽), yànxià(咽下), tūnxià(吞下).¶唾を～む yànxià tuòmo(咽下唾沫).¶飯を噛まずに～む fàn bù jiáo yànxiaqu(饭不嚼咽下去).¶喉まで出かかった言葉を～む bǎ dàole zuǐbiānr de huà yànxiaqu le(把到了嘴边ㄦ的话咽下去了).

2〖理解する〗¶こつを～んでしまえばあとは楽だ mōzháo ménr jiù hǎo bàn le(摸着门ㄦ就好办了).¶私には彼の言うことが～めなかった

wǒ méi néng lǐjiě tā shuō de huà(我没能理解他说的话)/ tā shuō de shénme yìsi, wǒ hái chībutòu(他说的什么意思,我还吃不透).¶万事は彼が～んでいる tā duì shénme shì xīnli dōu ˇyǒu dǐr[yǒushùr](他对什么事心里都 ˇ有底ㄦ[有数ㄦ]).

のみしろ〖飲み代〗 jiǔqian(酒钱), hējiǔ de qián(喝酒的钱).

のみす・ぎる〖飲み過ぎる〗¶少し～ぎました hēde shāo guòle tóu le(喝得稍过了头了).¶～ぎて頭が痛い hē jiǔ ˇguòduō[hē dàfa le] tóuténgde lìhai(喝酒ˇ过多[喝大发了]头疼得厉害).

のみち〖野道〗 yědìli de xiǎolù(野地里的小路).

のみつぶ・す〖飲み潰す〗¶彼は身代を～してしまった tā bǎ jiāchǎn gěi hēle ge jīngguāng(他把家产给喝了个精光).

のみともだち〖飲み友達〗 jiǔyǒu(酒友).

のみならず búdàn(不但), bùjǐn(不仅).¶私には力がない,～金もない wǒ búdàn méiyǒu lìliang, érqiě yòu méiyǒu qián(我不但没有力量,而且又没有钱).¶彼は中国語～英語にも堪能である tā bùjǐn hù huì shuō Zhōngwén, hái huì shuō Yīngwén(他不仅会说中文,还会说英文)/ tā jì huì shuō Zhōngwén, yòu huì shuō Yīngwén(他既会说中文,又会说英文).

のみほ・す〖飲み干す〗 hēgān(喝干), hēguāng(喝光).¶ビールを一息に～す bǎ píjiǔ yìkǒuqì hēgān(把啤酒一口气喝干).

のみみず〖飲み水〗 yǐnshuǐ(饮水), yǐnyòngshuǐ(饮用水), chīshuǐ(吃水).¶この地方は～にも不自由している zhège dìfang lián hē shuǐ dōu bù fāngbiàn(这个地方连喝水都不方便).

のみもの〖飲物〗 yǐnliào(饮料).¶～は何にしますか nǐ yào hē diǎnr shénme?(你要喝点ㄦ什么?).¶何か冷たい～はありませんか yǒu shénme lěngyǐn méiyǒu?(有什么冷饮没有?).

のみや〖飲屋〗 jiǔguǎn[r](酒馆[儿]), jiǔguǎnzi(酒馆子), jiǔdiàn(酒店), jiǔpù(酒铺).¶一杯～ xiǎojiǔguǎnr(小酒馆ㄦ).

の・む〖飲む·呑む〗 **1** hē(喝), chī(吃), yǐn(饮); yàn(咽), tūn(吞).¶水を～む hē shuǐ(喝水).¶スープを～む hē tāng(喝汤).¶コーヒーを～みたい wǒ xiǎng hē kāfēi(我想喝咖啡).¶一杯～みに行こう zánmen hē bēi jiǔ qù ba(咱们喝杯酒去吧).¶彼は酒も煙草も～まない tā jì bù hējiǔ yě bù chōuyān(他既不喝酒也不抽烟)/ tā yānjiǔ dōu bù zhān(他烟酒都不沾).¶一日中～まず食わずで山中をさまよい歩いた yìzhěngtiān méi chī méi hē páihuái zài shānzhōng(一整天没吃没喝徘徊在山中).¶この薬は～みにくい zhè zhǒng yào hěn nánchī(这种药很难吃).¶柿の種を～んでしまった bǎ shìzìhúr yànxiaqu le(把柿子核儿咽下了).¶蛇が小鳥の卵を～む shé bǎ niǎodàn gěi tūnjinqu le(蛇把鸟蛋给吞进去了).¶子供が濁流に～まれた yìzhèngháizi bèi zhuólíú tūnmò le(小孩子被浊流吞没了).¶その場のあまりのむごたらしさに思わず息を～んだ kànjian

この惨不忍睹的情景，不由得倒吸了一口冷气）．¶その光景を見て一瞬声を～んだ jiàn nà qíngjǐng yíxiàzi zuòbuliǎo shēng（见那情景一下子做不了声）．¶成行きを固唾(ｶﾀｽﾞ)を～んで見守る bǐngxī kàn qí tuīyí（屏息看其推移）．¶涙を～んであきらめた yǐnqì-tūnshēng sǐle xīn（饮泣吞声死了心）．¶恨みを～んで命令に従う rěnqì-tūnshēng fúcóng mìnglìng（忍气吞声服从命令）．

2〔圧倒する〕¶最初から相手を～んでかかる dǎ yì kāishǐ jiù bù bǎ duìfāng fàngzài yǎnli（打一开始就不把对方放在眼里）．¶相手の勢いに気を～まれる bèi duìfāng de qìshì suǒ yādǎo（被对方的气势所压倒）．¶雰囲気に～まれて実力が出せなかった bèi qìfēn suǒ yādǎo méi néng fāhuīchū shílì（被气氛所压倒没能发挥出实力）．

3〔受け入れる〕jiēshòu（接受）．¶組合の要求を～む jiēshòu gōnghuì de yāoqiú（接受工会的要求）．¶そんな条件は～めない nà zhǒng tiáojiàn kě jiēshòu bu liǎo（那种条件可接受不了）．

4〔隠し持つ〕cáng（藏），chuāi（揣）．¶ふところに匕首(ｱｲｸﾁ)を～んでいる bǎ bǐshǒu chuāizài huáilǐ（把匕首揣在怀里）．

のめ・る【】 石につまずいて～りそうになった bèi shítou bànle jiǎo dǎle ge lièqie（被石头绊了脚打了个趔趄）．¶前へ～りに倒れた xiàng qián dǎoxiaqu le（向前倒下去了）．¶悪の道に～り込む zǒushàng xiédào bùnéng zìbá（走上邪道不能自拔）．

のやま【野山】shānyě（山野）．

のら【野良】dì（地），tiándì（田地）．¶朝早くから～に出て働く zǎochén hěn zǎo xiàdì gànhuór（早晨很早下地干活ル）．¶～仕事 zhuāngjiahuór（庄稼活ル）／nónghuó[r]（农活ル）／huóchá[r]（活茬ル）．

のらいぬ【野良犬】yěgǒu（野狗）．

のらくら¶朝から晩まで～していてちっとも働かない yóushǒu-hàoxián yì tiān dào wǎn wú suǒ shì shì（游手好闲一天到晚无所事事）／zhěngtiān diào'erlángdāng, shénme dōu bú gàn（整天吊ル郎当，什么都不干）．

のらねこ【野良猫】yěmāo（野猫）．

のらりくらり **1** →のらくら．
2 →ぬらりくらり．

のり【糊】jiàngh u（糨糊），jiàngzi（糨子），jiāoshuǐ[r]（胶水ル）;〔洗濯糊〕fěnjiāng（粉浆）．¶びらを～で壁に貼る yòng jiàngzi bǎ chuándān tiēzài qiángshang（用糨子把传单贴在墙上）．¶シーツに～をつける jiāng chuángdān（浆床单）．¶～のきいたシャツ shàngjiāng de chènshān（上浆的衬衫）．

のり【海苔】gānzǐcài（甘紫菜），zǐcài（紫菜）．¶～巻き zǐcài fànjuǎnr（紫菜饭卷ル）．

-のり【乗り】¶5人～の自動車 wǔ ge zuòr de qìchē（五个座ル的汽车）．¶自転車の2人～は危険だ zìxíngchē 'dài[tuó] rén hěn wēixiǎn（自行车"带[驮]人很危险）．

のりあ・げる【乗り上げる】¶船が浅瀬に～げてしまった lúnchuán gēqiǎn le（轮船搁浅了）．¶機関車が線路を埋めた土砂に～げた jīchē kāidàole máizhù guǐdào de shātǔ shang（机车开到了埋住轨道的沙土上）．¶交渉は暗礁に～げた tánpàn 'gēqiǎn[xiànrù jiāngjú] le（谈判"搁浅[陷入僵局]）．

のりあわ・せる【乗り合せる】¶たまたま列車で～せた人と友達になった ǒurán de zài lièchē shang hé tóngzuò de rén chéngle hǎopéngyou（偶然地在列车上和同座的人成了好朋友）．

のりい・れる【乗り入れる】kāijìn（开进）．¶車を門内に～れる bǎ qìchē kāijìn yuànzili（把汽车开进院子里）．¶私鉄が市内に～れる sīyíng tiělù tōngdào shì nèi（私营铁路通到市内）．

のりうつ・る【乗り移る】**1**〔乗り換える〕huànchéng（换乘）．¶ボートから汽船に～る cóng xiǎotǐng huànchéng lúnchuán（从小艇换乘轮船）．

2〔取りつく〕fù（附）．¶神霊が巫女(ﾐｺ)に～る shénlíng fùzài nǚwū shēnshang（神灵附在女巫身上）．

のりおく・れる【乗り遅れる】¶終電車に～れた méi 'gǎnshàng[láidejí zuò] mòbān diànchē（没"赶上[来得及坐]末班电车）．¶時勢に～れる luòhòu yú xíngshì（落后于形势）．

のりおり【乗り降り】¶この駅は沢山の人が～する zhège chēzhàn shàngxià chē de rén hěn duō（这个车站上下车的人很多）．¶～はお早く願います shàngxià chē qǐng kuài diǎnr（上下车请快点ル）．

のりかえ【乗換】huànchē（换车），dǎochē（倒车）．¶奈良方面行きは当駅で～です dào Nàiliáng fāngmiàn qù de zài zhèr dǎochē（到奈良方面去的在这ル倒车）．¶このバスに乗ると～なしで駅まで行きます chéng zhè lù gōnggòng qìchē, búyòng huànchē zhíjiē dào chēzhàn（乘这路公共汽车，不用换车直接到车站）．

のりか・える【乗り換える】zhuǎn chē（转车），huàn chē（换车），dǎo chē（倒车）．¶京都で～えて米子に行く zài Jīngdū dǎochē dào Mǐzǐ（在京都倒车到米子）．¶青森で連絡船に～えて津軽海峡を渡る zài Qīngsēn huànchéng dùlún dùguò Jīnqīng Hǎixiá（在青森换乘渡轮渡过津轻海峡）．¶利回りのいい株に～える huànmǎi lìlǜ gāo de gǔpiào（换买利率高的股票）．

のりかか・る【乗り掛る】¶～った船を，やれるところまでやってみよう qí hǔ nán xià, zhǐhǎo gànxiaqu（骑虎难下，只好干下去）．

のりき【乗り気】qǐjìn[r]（起劲ル），dàijìn[r]（带劲ル）．¶彼は今度の仕事には大分～になっている tā duì zhè cì gōngzuò hěn qǐjìnr（他对这次工作很起劲ル）．¶彼女はそれにあまり～でない tā duì nà shì búdà gǎn xìngqù（她对那事不大感兴趣）．

のりき【乗り切る】chuǎngguò（闯过），dùguò（渡过）．¶ボートで急流を～った huá xiǎochuán chuǎngguòle jíliú（划小船闯过了急流）．¶みんなで力を合せて難局を～った dàjiā qíxīn xiélì chuǎngguòle nánguān（大家齐心协力闯过了难关）．¶政府は財政危機を～った zhèng-

fǔ kèfúle cáizhèng wēijī(政府克服了财政危机).

のりくみいん【乗組員】 chuányuán(船员);〔飞行机の〕jīzǔ rényuán(机组人员).

のりく・む【乗り組む】 ¶この飛行機には操縦者が2人~んでいる zhè jià fēijī yóu liǎng míng jiàshǐyuán jiàshǐ(这架飞机由两名驾驶员驾驶).

のりこ・える【乗り越える】 fānguò(翻过), yuèguò(越过); chāoguò(超过). ¶塀を~えて侵入した fān qiáng qīnrù(翻墙侵入). ¶困難を~える kèfú kùnnan(克服困难). ¶屍を~えて進む qiánpū-hòujì fènyǒng qiánjìn(前仆后继奋勇前进). ¶先人の業績を~える chāoguò qiánrén de yèjī(超过前人的业绩).

のりごこち【乗り心地】 ¶~のよい自動車 zuòzhe shūfu de qìchē(坐着舒服的汽车).

のりこ・す【乗り越す】 zuòguò zhàn(坐过站). ¶うっかりして1駅~してしまった méi liúshén zuòguòle yí zhàn(没留神坐过了一站). ¶~しの方は御精算願います zuòguò zhàn de chéngkè qǐng bǔ piào(坐过站的乘客请补票).

のりこ・む【乗り込む】 1〔乗物に〕¶迎えの自動車に~む chéngzhe lái yíngjiē de jiàochē (乗上来迎接的轿车). ¶学生の一団がどやどやと船に~んで来た yì qún xuésheng chǎochǎo-rǎngrǎng shàng chuán lái le(一群学生吵吵嚷嚷上船来了).

2〔進み入る〕¶単身敵地に~む zhīshēn chuǎngrù díqū(只身闯入敌区). ¶各国選手団が続々と開催地に~んで来た gè guó de xuǎnshǒu dàibiǎotuán lùxù láidàole bǐsài jǔbàndì (各国的选手代表团陆续来到了比赛举办地).

のりしろ【糊代】 ¶~を1センチとる liú yì límǐ de dìfang zhān jiānghú(留一厘米的地方粘糨糊).

のりす・てる【乗り捨てる】 ¶盗まれた自転車は道端に~てあった shīqièle de zìxíngchē bèi rēngzài lùpáng(失窃了的自行车被扔在路旁). ¶タクシーを町角で~てる zài jiētóu xiàle chūzū qìchē(在街头下了出租汽车).

のりだ・す【乗り出す】 1〔船などで〕chū(出). ¶小船で大海に~す yáo chuán chū dàhǎi(摇船出大海).

2〔体を出す〕tàn(探), tànchū(探出). ¶窓から体を~して外を見る cóng chuānghu tànshēn wǎng wài kàn(从窗户探身往外看). ¶膝を~して話を聞く zhùyì de tīng(移膝躬身,注意地听).

3〔進んでかかわる〕chūtóu(出头), chūmiàn(出面), chūmǎ(出马). ¶事態収拾に~す chūmiàn shōushi shìtài(出面收拾事态). ¶政界に~す tóushēn yú zhèngjiè(投身于政界).

のりつ・ぐ【乗り継ぐ】 ¶電車を~いでやっと辿り着いた liánxù dǎochéng diànchē cái dàole mùdìdì(连续倒乘电车才到了目的地).

のりつ・ける【乗り付ける】 1〔乗ったままで行く〕kāidào(开到), shǐdào(驶到). ¶玄関まで車を~ける bǎ qìchē kāidào ménkǒur(把汽车开到门口儿). ¶タクシーで会場に~ける zuò chūzū qìchē dào huìchǎng ménqián(坐出租汽车到会场门前).

2〔乗り慣れる〕zuòguàn(坐惯). ¶飛行機に~けないので心配だ wǒ zuòbuguàn fēijī yǒudiǎnr bù'ān(我坐不惯飞机有点儿不安). ¶私は船には~けているので少しも酔わなかった wǒ cháng zuò lúnchuán, yìdiǎn yě méi yùnchuán(我常坐轮船,一点也没晕船).

のりと【祝詞】 jìwén(祭文). ¶~をあげる sòng jìwén(诵祭文).

のりにげ【乗逃げ】 ¶運転手を騙して~をした qīpiàn sījī bú fù qián táopǎo le(欺骗司机不付钱逃跑了). ¶オートバイを~された mótuōchē jiào rén qípǎo le(摩托车叫人骑跑了).

のりば【乗場】 ¶遊覧船の~はどこですか yóuchuán de chéngchuánchù zài nǎr?(游船的乘船处在哪儿?).¶タクシー~ chūzū qìchēzhàn(出租汽车站).バス~ gōnggòng qìchēzhàn(公共汽车站).

のりまわ・す【乗り回す】 ¶自転車で市内を~す qízhe zìxíngchē pǎobiàn chéngli(骑着自行车跑遍城里). ¶高級車を~す zuò gāojí jiàochē dōufēng(坐高级轿车兜风).

のりもの【乗物】 jiāotōng gōngjù(交通工具). ¶~の便がよい jiāotōng hěn fāngbiàn(交通很方便). ¶私は~に酔う wǒ yí zuò chēchuán jiù yùn(我一坐车船就晕). ¶~を用意する zhǔnbèi qìchē(准备汽车). ¶~に酔う yùnchē (晕车)/ yùnchuán(晕船)/ yùnjī(晕机).

の・る【乗る】 1〔乗物に〕zuò(坐), shàng(上), dā(搭), chéng(乘), chéngzuò(乘坐). ¶馬に~る qí mǎ(骑[乗]马). ¶自転車に~る qí zìxíngchē(骑自行车). ¶ぶらんこに~る dàng[dǎ] qiūqiān(荡[打]秋千). ¶電車に~って行く zuò diànchē qù(坐电车去). ¶バスが来た、早く~りなさい qìchē lái le, kuài shàng chē ba(汽车来了,快上车吧). ¶10時30分の汽車に~れる ▽gǎnshàng [▽láideji zuò] shí diǎn sānshí fēn de huǒchē(没▽赶上[来得及坐]十点三十分的火车). ¶居眠りしていて駅を~り過ごす yóuyú dǎ kēshuì zuòguòle zhàn(由于打瞌睡坐过了站).

2〔物の上に〕¶踏台に~って取る cǎizhe jiǎodāzi ná dōngxi(踩着脚搭子拿东西). ¶屋根に~って見る shàng fángdǐng kàn(上房顶看). ¶梯子に~る dēng tīzi(登梯子).

3〔乗ずる〕¶勝ちに~って攻めたてる chéng shèng jìngōng(乘胜进攻). ¶好調の波に~る chéng shàngshēng zhī shì(乗上升之势). ¶彼はこの頃調子に~りすぎている tā zuìjìn yǒudiǎnr chōnghūnle tóunǎo(他最近有点儿冲昏了头脑).

4〔よく合う〕¶歌が三味線に~る gēr yǔ sānwèixiàn hěn héxié(歌儿与三味线很和谐). ¶快いリズムに~って踊る suízhe qīngkuài de jiézòu tiàowǔ(随着轻快的节奏跳舞). ¶マイクに~る声 màikèfēng xiétiáo de shēngyīn(跟麦克风谐调的声音).

5〔よく付く〕¶白粉がよく~った xiāngfěn cā-de hěn jūnyún(香粉擦得很均匀). ¶この紙は

インクがよく~る zhè zhǒng zhǐ hǎo shàng mò (这种纸好上墨). ¶秋刀魚(ﾎﾞ)は今が一番脂が~ってうまい qiūdāoyú xiànzài zuì féi zuì hǎochī (秋刀鱼现在最肥最好吃).

6〔相手、仲間になる〕¶私の相談に~ってくれませんか wǒ yǒu yí jiàn shì xiǎng gēn nǐ shāngliang, xíng bu xíng? (我有一件事想跟你商量,行不行?). ¶その話に一口~ろう ràng wǒ lái dā ge huǒr ba (让我来搭个伙ﾙ吧).

7〔たくらみなどに〕¶計略に~る xiànrù quāntào (陷入圈套). ¶その手には~らないぞ shuí shàng nà ménzi dàng? (谁上那门子当?). ¶口車にうかうか~って騙された qīngxìn huāyán-qiǎoyǔ, shàngle dàng (轻信花言巧语,上了当).

8〔電波などに〕¶電波に~って世界に広まる tōngguò diànbō chuánbiàn quánqiú (通过电波传遍全球). ¶歌声が風に~って聞えてきた cóng yuǎnchù suí fēng piāolai yízhèn gēshēng (从远处随风飘来一阵歌声).

の・る【載る】**1**〔上に置かれる〕fàng (放), gē (搁). ¶花瓶の~っている小さなテーブル shàngbianr fàngzhe huāpíng de cházī (上边ﾙ放着花瓶的茶几). ¶書類が机の上に~っている zhuōzi shang fàngzhe wénjiàn (桌子上放着文件). ¶ごちゃごちゃが多すぎて食卓に~りきらない cài tài duō, fànzhuō shang bǎibuxià (菜太多,饭桌上摆不下).

2〔積まれる〕fàng (放), gē (搁); zài (载), zhuāng (装). ¶車が小さいので荷物はそんなには~らない chēzi xiǎo, fàngbuxià nàme duō dōngxi (车子小,放不下那么多东西). ¶このフェリーには車が何台~りますか zhè sōu dùlún néng zài jǐ liàng qìchē? (这艘渡轮能载几辆汽车?).

3〔掲載される〕dēng (登), zǎi (载), dēngzǎi (登载). ¶私の投書が新聞に~った wǒ tóu de gǎor dēng[shàng] bào le (我投的稿ﾙ登[上]报了). ¶名簿に名前が~っている míngdān shang dēngzhe míngzi (名单上登着名字). ¶その言葉はどの辞書にも~っていない nàge cí nǎ běn cídiǎn dōu méiyǒu shōulù (那个词哪本词典都没有收录). ¶地図にも~らない小さな村 dìtú shang bújiàn qí míng de xiǎocūnzi (地图上不见其名的小村子).

ノルウェー Nuówēi (挪威).

のるかそるか【伸るか反るか】¶~やってみよう gūzhù-yízhì huōchuqu (孤注一掷豁出去).

ノルマ wánchéng dìng'é (完成定额). ¶~を達成する wánchéng dìng'é (完成定额).

のれん【暖簾】ménlián[r] (门帘[ﾙ]), ménliánzi (门帘子). ¶古い~を誇るぎ yǐ lǎozìhào ér zìháo (以老字号而自豪). ¶~をけがす gěi pùzi de zìhao mǒhēi (给铺子的字号抹黑). ¶~を分ける fēn hào (分号). ¶あいつに言ってみたところで~に腕押しだ gēn tā zěnme shuō yě shì dòufu shang dìng dīngzi, báidā (跟他怎么说也是豆腐上钉钉子, 白搭).

のろ・い【鈍い】**1**〔遅い〕màn (慢), huǎnmàn (缓慢), chíhuǎn (迟缓). ¶足が~い bùzi màn (步子慢). ¶動作が~い dòngzuò huǎnmàn (动作缓慢). ¶あいつは何をやらしても~い zuò shénme shì dōu 'mànshǒu mànjiǎo[běntóu bènnǎo] de (他做什么事都'慢手慢脚[笨头笨脑]的). ¶仕事が~い zuòshì màn (做事慢).

2〔にぶい〕bèn (笨), chǔnbèn (蠢笨), chídùn (迟钝). ¶彼は頭の働きが~い tā nǎozi bùlíng (他脑子不灵).

のろ・う【呪う】zhòu (咒), zǔzhòu (诅咒). ¶彼は世を~って死んでいった tā zǔzhòuzhe shìdào duànqì le (他诅咒着世道断气了). ¶~いを受ける shòu rén zǔzhòu (受人诅咒). ¶人を~い穴二つ zhòu rén zì zāo huò (咒人自遭祸)/hài rén yì hài jǐ (害人亦害己).

のろ・ける【惚気る】¶新妻のことを手放しで~ける jīnjīn yǒuwèi de dàntán-tètán xīnhūn qīzi de shì (津津有味地大谈特谈新婚妻子的事). ¶さんざん~けを聞かされた tīngòule tā hé tā àiren zhī jiān de fēngyuèqíng (听够了他和他爱人之间的风月情).

のろし【狼煙】lányān (狼烟), fēnghuǒ (烽火), fēngsuì (烽燧), fēngyān (烽烟). ¶~をあげて急を告げる jǔ fēnghuǒ gàojí (举烽火告急). ¶革命の~があがった ránqǐle gémìng de fēnghuǒ (燃起了革命的烽火).

のろのろ màntēngtēng (慢腾腾), mànman-tēngtēng (慢慢腾腾), màntūntūn (慢吞吞), mànman-tūntūn (慢慢吞吞), mànyōuyōu (慢悠悠), mànman-yōuyōu (慢慢悠悠). ¶~した動作 huǎnmàn de dòngzuò (缓慢的动作). ¶交通事故のあおりで電車は~運転となり shòule jiāotōng shìgù de yǐngxiǎng, diànchē tíngtíng kāikai niúbù ér xíng (受了交通事故的影响, 电车停停开开牛步而行).

のろま bèndàn (笨蛋), bènrén (笨人), bènhàn (笨汉), chǔnrén (蠢人), chǔncái (蠢材), chǔnhuò (蠢货).

のろわしい【呪わしい】¶思い出すだけでも~い 出来事 xiǎngqilai jiù zǔzhòu bùyǐ de shìqing (想起来就诅咒不已的事情).

のんき【暢気】zìzài (自在), ānxián (安闲), yōuxián (悠闲). ¶1人暮らしは~なものだ dānshēn shēnghuó kě 'zìzàide hěn [yōurán zìdé] (单身生活可'自在得很[悠然自得]). ¶そんな~なことは言っていられない kě bú shì tán xiánhuà de shíhou (可不是谈闲话的时候). ¶田舎で~に暮す zài xiāngxià yōuxián zìzài de shēnghuó (在乡下悠闲自在地生活). ¶彼は試合前だというのに~に構えている bǐsài dōu kuàiyào kāishǐ le, tā què mǎn bú zàihu (比赛都快要开始了,他却满不在乎). ¶彼は生来の~者だ tā tiānshēng wúyōu-wúlǜ (他天生无忧无虑).

ノンストップ ¶この電車は浅草・日光間を~で走る zhè bān diànchē zhōngtú bù tíng yóu Qiǎncǎo zhídá Rìguāng (这班电车中途不停由浅草直达日光).

のんだく・れる ¶朝から~れている dǎ yìzǎo jiù hē jiǔ sā jiǔfēng (打一早就喝酒撒酒疯). ¶あいつは~れだ tā shì ge jiǔguǐ (他是个酒鬼).

ノンバンク fēiyínháng jīnróng jīgòu (非银行

金融机构).
のんびり zìzài(自在), yōuxián(悠闲), ānxián(安闲), xiánshì(闲适), shūtan(舒坦). ¶余生を~送る qīngxián zìzài dùguò yúshēng(清闲自在度过余生). ¶そんなにあくせくしないで~やろうよ yòngbuzháo nàme mángmáng-lùlù de, zánmen yōuzhe lái ba(用不着那么忙忙碌碌的,咱们悠着来吧). ¶土曜日の夜は~した気分になる xīngqīliù wǎnshang xīnli jiù juéde hěn shūchàng(星期六晚上心里就觉得很舒畅).
ノンフィクション fēixūgòu de zuòpǐn(非虚构的作品).
ノンプロ fēizhíyè yùndòngyuán(非职业运动员).
のんべえ【飲兵衛】 jiǔguǐ(酒鬼), jiǔtú(酒徒).
のんべんだらり ¶~とやったのではいつまでたっても終らない màntiáosīlǐr de gàn, dào shénme shíhou yě wánbuliǎo(慢条斯理儿地干,到什么时候也完不了). ¶~と暮す yóushǒu-hàoxián[wú suǒ shì shì / diào'erlángdāng], xūdù guāngyīn(游手好闲[无所事事/吊儿郎当], 虚度光阴).

は

は【刃】 rèn[r] (刃[儿]), dāorèn[r] (刀刃[儿]), dāokǒu (刀口), dāofēng (刀锋). ¶~をつける kāi rènr (开刃儿)/ kāi kǒu (开口). ¶包丁の~がこぼれた càidāo bēng le (菜刀崩了). ¶かんなの~ bàorènr (刨刃儿)/ bàodāo (刨刀)/ bàotiě (刨铁).

は【葉】 yè[r] (叶[儿]), yèzi (叶子). ¶木の~が茂る shùyè màoshèng (树叶茂盛). ¶~が落ちる yèzi luò le (叶子落了).

は【歯】 **1** [人間, 動物の] yá (牙), yáchǐ (牙齿). ¶~が2本生えた zhǎngchū liǎng kē yá (长出两颗牙). ¶~が生えかわる huànyá (换牙). ¶~が抜けた yá diào le (牙掉了). ¶~が痛む yá téng (牙疼). ¶年とって~が悪くなった nián lǎo le, yá bù hǎo le (年老了,牙不好了). ¶パンが硬くて~が立たない miànbāo yìngde yǎobudòng (面包硬得咬不动). ¶この本は私には~が立たない zhè běn shū wǒ kě kěnbudòng (这本书我可啃不动). ¶あの人には~が立たない wǒ kě díbuguò tā (我可敌不过他). ¶寒くて~の根が合わない dòngde shàngyá dǎ xiàyá (冻得上牙打下牙). ¶あまりの恐ろしさに~の根も合わなかった kǒngjùde yáchǐ zhí dǎjià (恐惧得牙齿直打架). ¶彼は~の浮くようなお世辞を並べた tā shuō de fèngchenghuà jiǎnzhí jiào rén dǎoyá (他说的奉承话简直叫人倒牙). ¶~に衣(ぎ)着せず物を言う zhíyán-búhuì de shuō (直言不讳地说). ¶~を抜く bá yá (拔牙). ¶~を磨く shuā yá (刷牙). ¶~を食いしばって頑張る yǎojǐn yáguān jiānchí dào dǐ (咬紧牙关坚持到底).

2 [櫛, 鋸などの] chǐ[r] (齿[儿]). ¶櫛の~ shūchǐr (梳齿儿). ¶鋸の~ jùchǐr (锯齿儿). ¶歯車の~ chǐlún de chǐr (齿轮的齿儿).

は【端】 ¶月が山の~にかかる yuèliang xuánguà zài shānyāo (月亮悬挂在山腰). ¶人々の口の~にのぼる chéngwéi rénmen de huàtí (成为人们的话题).

は【派】 pàibié (派别), pàixì (派系). ¶党内に2つの~ができた dǎngnèi xíngchéngle liǎng ge pàixì (党内形成了两个派系). ¶反対~ fǎnduìpài (反对派). ロマン~ làngmànpài (浪漫派).

は【覇】 bà (霸). ¶天下に~を唱える chēngbà tiānxià (称霸天下). ¶AチームとBチームが~を競うことになった yóu A duì hé B duì zhēngduó guànjūn (由A队和B队争夺冠军).

ば【場】 **1** [場所, 場合] ¶最前列に~を取る zài zuì qiánpái zhàn wèizi (在最前排占位子). ¶あの机が~を塞いでいる nàge zhuōzi zhàn dìfang (那个桌子占地方). ¶これでは若者の活動の~がない zhèyàng jiù méiyǒu niánqīngrén fāhuī lìliang de yúdì (这样就没有年轻人发挥力量的余地). ¶私1人では~が持てない wǒ yí ge rén kě yìngfu bu liǎo chǎngmiàn (我一个人可应付不了场面). ¶私はその~にたまたま居合せた dāngshí wǒ ǒurán zàichǎng (当时我偶然在场). ¶恥しくてその~に居たたまれなかった xiūcánde wú dì zì róng (羞惭得无地自容). ¶彼の服装はその~に不釣合であった tā de chuāndài hé nàge chǎngmiàn bù xiāngchèn (他的穿戴和那个场面不相称). ¶これはこの~限りの話にしよう zhè huà zhǐ xiànzài zhèlǐ jiǎng (这话只限在这里讲). ¶その~で断った dāngchǎng jùjué le (当场拒绝了). ¶その~はそれで済んだ zài dāngshí suàn liǎole shì (在当时算了了事).

2 [演劇の] chǎng (场). ¶この劇は2幕3~である zhège jù shì èr mù sān chǎng (这个剧是二幕三场).

3 [磁気などの] ¶磁力の~ cíchǎng (磁场). ¶重力の~ zhònglìchǎng (重力场).

-ば ¶雨が降れ~運動会は中止する yàoshi xiàyǔ, yùndònghuì jiù zhōngzhǐ (要是下雨,运动会就中止). ¶結論から言え~この計画は失敗した cóng jiélùn lái shuō, zhège jìhuà shībài le (从结论来说,这个计划失败了). ¶金もなけれ~暇もない jì méiyǒu qián, yòu méiyǒu shíjiān (既没有钱,又没有时间). ¶聞け~聞くほど分らなくなる yuè tīng yuè bù dǒng (越听越糊涂不懂). ¶春になれ~花が咲き乱れる yí dào chūntiān, bǎihuā kāifàng (一到春天,百花开放).

バー **1** [棒高跳の] hénggān (横杆); [サッカーなどの] héngmù (横木). ¶~の高さは2メートルに上がった hénggān shēngdào liǎng mǐ gāo le (横杆升到两米高了).

2 [酒場] jiǔbā (酒吧), jiǔbājiān (酒吧间).

ばあ ¶じゃ, 今までの苦労は全部~ですか nàme, zhí dào jīntiān de qiānxīn-wànkǔ suàn quán méiyòng le? (那么,直到今天的千辛万苦算全没用了?). ¶1か月の儲けが1晩で~になった zhuànle yí ge yuè de qián yí ge wǎnshang jiù jīngguāng le (赚了一个月的钱一个晚上就精光了). ¶ぐう,ちょき,~ shítou, jiǎnzi, bù (石头,剪子,布).

バー biāozhǔngān (标准杆), biāozhǔn dǎshù (标准打数).

ばあい【場合】 chǎnghé (场合), qíngkuàng (情况). ¶雨の~は中止する yàoshi xiàyǔ jiù zhōngzhǐ (要是下雨就中止). ¶君の~は例外だ nǐ de qíngkuàng lìwài (你的情况例外). ¶

今はそんな事を言っている～ではない xiànzài kě bú shì zhè zhǒng huà de shíhou(现在可不是讲那种话的时候). ¶そういうことは言っていい～と悪い～がある nà zhǒng huà yě yǒu kěyǐ shuō hé bù kěyǐ shuō de chǎnghé(那种话也有可以说和不可以说的场合). ¶～が～だから仕方がない zài zhè zhǒng chǎnghé, méi bànfǎ(在这种场合, 没办法). ¶～によっては嘘も方便だ yǒushí shuōhuǎng yě shì quányí zhī jì(有时说谎也是权宜之计). ¶都合によりプログラムの一部を変更する～もある zài tèshū qíngkuàng xià bùfen jiémù yǒu biàngēng de kěnéng(在特殊情况下部分节目有变更的可能). ¶いかなる～でも中に入ってはならない zài rènhé qíngkuàng xià yě bù zhǔn jìnqu(在任何情况下也不准进去).

パーキングエリア tíngchēchǎngqū(停车场区).
パーキングメーター qìchē tíngfàng jìshíqì(汽车停放计时器), qìchē tíngfàng shōufèiqì(汽车停放收费器).
はあく【把握】zhǎngwò(掌握), bǎwò(把握). ¶情勢を～する zhǎngwò júshì(掌握局势). ¶事の本質を～する bǎwò shìqing de běnzhì(把握事情的本质). ¶内容を～する chōngfèn zhǎngwò nèiróng(充分掌握内容).
バーゲンセール dàjiànmài(大贱卖), dàshuǎimài(大甩卖), liánjià chūshòu(廉价出售), jiàngjià chǔlǐ(降价处理).
バーコード tiáoxíngmǎ(条形码).
バージョン bǎnběn(版本). ¶～アップ dēngtái(登台)/ shēngjí(升级).
バースコントロール jiézhì shēngyù(节制生育), jìhuà shēngyù(计划生育).
パーセンテージ bǎifēnshù(百分数), bǎifēnlǜ(百分率).
パーセント bǎifēnlǜ(百分率), bǎifēnbǐ(百分比); bǎifēnhào(百分号), bǎi fēn zhī …(百分之…), bǎifēndiǎn(百分点). ¶3 ～のコミッション bǎi fēn zhī sān de yòngjīn(百分之三的佣金). ¶給料を10～引き上げる xīnshui tígāo bǎi fēn zhī shí(薪水提高百分之十). ¶これなら100～の成功と言える zhèyàng kěyǐ shuō shì bǎi fēn zhī bǎi de chénggōng(这样可以说是百分之百的成功). ¶数～の誤差 jǐ ge bǎifēndiǎn de wùchā(几个百分点的误差).
パーソナリティー 1〔人格〕gèxìng(个性), réngé(人格), pǐnxìng(品性).
2〔ラジオの〕jiémù yīnyuè jiémù zhǔchírén(唱片音乐节目主持人).
バーター ¶～制で取引する yǐ yìhuò màoyì fāngshì jìnxíng jiāoyì(以易货贸易方式进行交易). ¶～貿易 yìhuò màoyì(易货贸易).
ばあたり【場当り】¶～をねらった演説 huázhòng-qǔchǒng de yǎnshuō(哗众取宠的演说). ¶～的な政策 tóutòng yī tóu, jiǎotòng yī jiǎo de zhèngcè(头痛医头, 脚痛医脚的政策).
バーチャルリアリティー xūnǐ xiànshí(虚拟现实).
パーツ língjiàn(零件), zuòjiàn(作件), bùjiàn(部件), yuánjiàn(元件), pèijiàn(配件).
パーティー 1〔会合〕wǎnhuì(晚会), jiǔhuì(酒会). ¶～を開く kāi wǎnhuì(开晚会).
¶カクテル～ jīwěijiǔhuì(鸡尾酒会). ダンス～ wǔhuì(舞会). ティー～ cháhuì(茶会).
2〔グループ〕¶5人の～でエベレストに登頂する wǔ rén xiǎoduì pāndēng Zhūmùlǎngmǎ Fēng(五人小队攀登珠穆朗玛峰).
バーテン jiǔbājiān zhāodàiyuán(酒吧间招待员).
ハート 1〔心, 心臓〕xīn(心), xīnzàng(心脏). ¶～形 xīnzàngxíng(心脏形)/ xīnxíng(心形)/ jīxīn(鸡心).
2〔トランプの〕hóngtáo(红桃).
ハード ～ウェア yìngshèbèi(硬设备)/ yìngjiàn(硬件). ～カバー yìngfēngmiànshū(硬封面书)/ jīngzhuāngběn(精装本). ～ディスク yìngcípán(硬磁盘)/ yìngpán(硬盘). ～ボイルド yìnghànpài zhēntàn xiǎoshuō(硬汉派侦探小说).
バードウォッチング guānniǎo(观鸟).
パートタイマー jìshígōng(计时工), zhōngdiǎngōng(钟点工).
パートタイム ¶～で働く zuò línshígōng(做临时工).
パートナー 〔協力者〕huǒbàn(伙伴), hézuòzhě(合作者); 〔配偶者〕bànlǚ(伴侣); 〔ダンスの〕wǔbàn[r](舞伴[儿]).
ハードル lánjià(栏架); 〔競技〕kuàlán(跨栏). ¶～を飛び越す kuà lán(跨栏)/ kuàguò lánjià(跨过栏架). ¶110メートル～競走 yìbǎi yìshí mǐ kuàlánpǎo(一百一十米跨栏跑).
¶ハイ～ gāolán(高栏). ロー～ dīlán(低栏).
バーナー pēndēng(喷灯), ránshāoqì(燃烧器). ¶ガス～ wǎsī ránshāoqì(瓦斯燃烧器).
ハーブ xīyáng xiāngcǎo(西洋香草), fāngcǎo(芳草).
ハープ shùqín(竖琴). ¶～を弾く tán shùqín(弹竖琴).
ハープシコード →チェンバロ.
バーベキュー shāokǎo(烧烤), yěwài kǎoròu(野外烤肉).
バーベル gānglíng(杠铃).
バーボン bōpáng wēishìjì(波旁威士忌).
パーマネント tàng(烫), diàntàng(电烫). ¶～をかける tàng fà(烫发)/ tàng tóu(烫头).
ハーモニー héshēng(和声). ¶美しい～を奏でる zòuchū měimiào de héshēng(奏出美妙的和声).
ハーモニカ kǒuqín(口琴). ¶～を吹く chuī kǒuqín(吹口琴).
はあり【羽蟻】yǒuchìyǐ(有翅蚁).
バール bā(巴).
バーレル tǒng(桶).
はい【灰】huī(灰). ¶煙草の～を落す tándiào yānhuī(弹掉烟灰). ¶火事で何もかも～になってしまった huǒzāi bǎ yíqiè huàwéi huījìn le(火灾把一切化为灰烬了).
はい【杯】1〔さかずき〕zhōng(盅), bēi(杯). ¶～を挙げて健康を祝う jǔ bēi zhù jiànkāng

(举杯祝健康).

2[助数詞] ¶1～の水 yì bēi shuǐ(一杯水). ¶1～の飯 yì wǎn fàn(一碗饭). ¶大さじ1～ yí dà chízi(一大匙子). ¶いか1～ yì zhī wūzéi(一只乌贼).

はい[胚] pēi(胚).

はい[肺] fèi(肺), fèizàng(肺脏). ¶～を患う huàn fèibìng(患肺病). ¶鉄の～ tiěfèi(铁肺). ¶～結核 fèijiéhé(肺结核).

はい[蠅] →はえ(蝿).

はい[是] ¶"李さん""～" "Lǎo Lǐ" "āi" ("老李""唉"). ¶"出席をとります,青木君""～" "xiànzài diǎnmíng, Qīngmù" "dào [yǒu]" ("现在点名,青木"到[有]). ¶～,承知しました shì[hǎo], wǒ yídìng zhàobàn (是[好],我一定照办). ¶"明日来れますか""～" "míngtiān néng lái ma?" "néng lái" ("明天能来吗？""能来"). ¶彼は何でも～～と安請合いをする tā duì shénme dōu "shì, shì" de suíkǒu dāying(他对什么都"是,是"地随口答应).

-はい[敗] fù(负), bài(败). ¶3勝3～の成績 sān shèng sān fù de chéngjì(三胜三负的成绩).

ばい[倍] bèi(倍). ¶予想の～の申込みがあった yìngmù de rén bǐ yùxiǎng de duōle yí bèi (应募的人比预想的多了一倍). ¶倍率100～の顕微鏡 yìbǎi bèi de xiǎnwēijìng(一百倍的显微镜). ¶生産量が去年の3～になった chǎnliàng zēngzhǎng dào qùnián de sān bèi(产量增长到去年的三倍).

パイ 1[菓子] pái(排). ¶アップル～ píngguǒpái(苹果排).
2[分け前] fēnféi(分肥).
3[字母π] pài(派).

パイ[牌] pái(牌). ¶マージャンの～ májiàngpái(麻将牌).

はいあがる[這い上がる] páshàng(爬上). ¶やっと崖を～った hǎoróngyì cái pádào shānyá shang(好容易才爬到山崖上). ¶どん底の生活から～る bǎituō qióngkǔ de shēnghuó(摆脱穷苦的生活).

バイアスロン xiàndài dōngjì liǎngxiàng(现代冬季两项).

はいあん[廃案] ¶法案は～になった fǎ'àn wèi bèi yǐjué ér fèiqì le(法案未被议决而废弃了).

はいいろ[灰色] huīsè(灰色), qiānhuī(铅灰). ¶～の空 qiānhuī de tiānkōng(铅灰的天空). ¶～の人生 huīsè de rénshēng(灰色的人生).

はいいん[敗因] ¶あのエラーが～だ nà cì jiēqiú shīwù shì shībài de yuányīn(那次接球失误是失败的原因).

ばいう[梅雨] méiyǔ(梅雨·霉雨), huángméiyǔ (黄梅雨); huángméijì(黄梅季), huángméitiān (黄梅天). ¶～前線 méiyǔfēng(梅雨锋).

はいえい[背泳] yǎngyǒng(仰泳).

はいえき[廃液] fèiyè(废液). ¶～の処理が完全でない fèiyè chǔlǐde bù wánquán(废液处理得不完全).

はいえつ[拝謁] bàiyè(拜谒), yèjiàn(谒见),
jìnjiàn(晋见·进见), cānjiàn(参见), cānyè(参谒), jìnyè(晋谒). ¶国王に～する yèjiàn guówáng(谒见国王).

ハイエナ lièqǒu(鬣狗).

はいえん[肺炎] fèiyán(肺炎).

ばいえん[煤煙] méiyān(煤烟). ¶工場の～で空気が汚れた yóuyú gōngchǎng de méiyān wūrǎnle kōngqì(由于工厂的煤烟污染了空气).

はいおく[廃屋] huāngfèi de fángwū(荒废的房屋).

バイオテクノロジー shēngwù gōngchéngxué (生物工程学).

パイオニア kāituòzhě(开拓者), xiānqū(先驱).

バイオリン xiǎotíqín(小提琴). ¶～を弾く lā xiǎotíqín(拉小提琴).
¶～奏者 xiǎotíqínshǒu(小提琴手).

はいか[配下] bùxià(部下), shǒuxià(手下), shǒudǐxià(手底下). ¶A隊長の～に属する shǔyú A duìzhǎng de bùxià(属于A队长的部下). ¶彼の～には人材が豊富だ tā shǒuxià réncái jǐnjǐ(他手下人才济济).

はいが[胚芽] pēiyá(胚芽).

ばいか[倍加] jiābèi(加倍), bèizēng(倍增). ¶労働強化で事故が～した yóuyú láodòng qiángdù de zēngjiā shìgù bèizēng(由于劳动强度的增加事故倍增).

はいかい[俳徊] páihuái(徘徊). ¶公園を～する zài gōngyuánlǐ páihuái(在公园里徘徊). ¶痴呆老人の～ chīdāi lǎorén de páihuái(痴呆老人的徘徊).

はいがい[排外] páiwài(排外). ¶～思想 páiwài sīxiǎng(排外思想). ～主義 páiwàizhǔyì (排外主义).

ばいかい[媒介] méijiè(媒介). ¶蝿は伝染病を～する cāngying shì chuánrǎn jíbìng de méijiè(苍蝇是传染疾病的媒介)/ cāngying chuánbō chuánrǎnbìng(苍蝇传播传染病).

ばいがく[倍額] ¶運賃の～をとられた bèi fále jiābèi de chēfèi(被罚了加倍的车费).

はいかつりょう[肺活量] fèihuólàng(肺活量).

ハイカラ shímào(时髦), shíxíng(时兴). ¶～な紳士 shímào de shēnshì(时髦的绅士).

はいかん[拝観] ¶仏像を～する cānbài fóxiàng (参拜佛像).
¶～料 cānbàifèi(参拜费).

はいかん[配管] ¶ガスの～工事をする ānshè méiqì de guǎndào(安设煤气的管道).

はいかん[廃刊] tíngkān(停刊). ¶A誌は7号で～になった A zázhì chūdào dìqī qī jiù tíngkān le(A 杂志出到第七期就停刊了).

はいがん[拝顔] ¶～の栄に浴する déyǐ bàiyè zūn yán(得以拜谒尊颜).

はいき[排気] páiqì(排气). ¶自動車の～ガス qìchē de páiqì [fèiqì](汽车的排气[废气]).
¶～量1500ccの自動車 páiqìliàng yìqiān wǔbǎi háoshēng de qìchē(排气量一千五百毫升的汽车).
¶～口 páiqìkǒu(排气口)/ páiqìkǒng(排气孔).

はいき[廃棄] fèiqì(废弃), fèichú(废除).

条約を～する fèichú tiáoyuē(废除条约). ¶～処分にする zuòwéi fèiqìwù chǔlǐ(作为废弃物处理)/ bàofèi(报废)/ zuòfèi(作废).
¶産業～物 gōngyè fèiliào(工业废料)/ gōngyè fèizhā(工业废渣).
はいきしゅ【肺気腫】 fèiqìzhǒng(肺气肿).
ばいきゃく【売却】 màidiào(卖掉). ¶山林を～する màidiào shānlín(卖掉山林).
はいきゅう【配給】 pèijǐ(配给), pèishòu(配售), dìngliàng gōngyìng(定量供应). ¶1人10キロずつ小麦粉を～する měi yí ge rén pèijǐ shí gōngjīn de báimiàn(每一个人配给十公斤的白面). ¶食料品が～制になった shípǐn shíxíng pèijǐhuà le(食品实行配给制了).
ばいきゅう【倍旧】 ¶～のお引き立てをお願いします qǐng jiābèi zhàogù(请加倍照顾).
はいきょ【廃墟】 fèixū(废墟). ¶大地震でB市は～と化した dàdìzhèn B shì huàwéi fèixū(由于地震B市化为废墟).
はいぎょ【肺魚】 fèiyú(肺鱼).
はいぎょう【廃業】 guānmén(关门), xiēyè(歇业). ¶営業不振のため美容院を～した yóuyú shēngyì xiāotiáo měiróngyuàn guānmén le(由于生意萧条美容院关门了). ¶彼は弁護士を～した tā bù dāng lǜshī le(他不当律师了).
はいきん【拝金】 bài jīn(拜金). ¶～主義 bàijīnzhǔyì(拜金主义).
ばいきん【黴菌】 xìjūn(细菌). ¶傷口から～が入って化膿した shāngkǒu zhānrǎnle xìjūn huànóng le(伤口沾染了细菌化脓了).
ハイキング【徒歩旅行】 jiāoyóu(郊游), túbù lǚxíng(徒步旅行). ¶友人と～に行く gēn péngyou qù jiāoyóu(跟朋友去郊游).
¶～コース jiāoyóu lùxiàn(郊游路线).
バイキング zìzhùcān(自助餐).
はいく【俳句】 páijù(俳句).
バイク mótuōchē(摩托车), jīqì jiǎotàchē(机器脚踏车).
はいぐうしゃ【配偶者】 pèi'ǒu(配偶).
はいけい【拝啓】 jìngqǐ(敬启), jǐnqǐzhě(谨启者).
はいけい【背景】 bèijǐng(背景), hòujǐng(后景). ¶湖を～に写真をとる yǐ húshuǐ wéi bèijǐng zhàoxiàng(以湖水为背景照相). ¶富士山が青空を～にくっきりと眺められた chèntuō yú lántiān xià de Fùshì Shān qīngxī kějiàn(衬托于蓝天下的富士山清晰可见). ¶舞台の～に屋根をかく zài wǔtái de bùjǐng shang huà fángdǐng(在舞台的布景上画房顶). ¶事件の社会的～を探る tànsuǒ shìjiàn de shèhuì bèijǐng(探索事件的社会背景).
はいげき【排撃】 pēngjī(抨击), páichú(排除). ¶中傷を～する duì zhòngshāng xíngwéi jiāyǐ pēngjī(对中伤行为加以抨击).
はいけつしょう【敗血病】 bàixuèbìng(败血病), bàixuèzhèng(败血症).
はいけん【拝見】 ¶お手紙～致しました kàndàole nín de láixìn(看到了您的来信)/ guì hán bài yuè(贵函拜阅). ¶貴重な書を～させていただき有難うございました bài yuè mòbǎo, bú-

shèng gǎnjī(拜阅墨宝, 不胜感激).
はいご【背後】 bèihòu(背后). ¶～から敵を襲う cóng bèihòu xíjī dírén(从背后袭击敌人)/ chāo dírén de hòulù(抄敌人的后路)/ chāoxí dírén(抄袭敌人). ¶彼等の～で誰かが後押している zài tāmen de bèihòu yǒu rén chēngyāo(在他们的背后有人撑腰). ¶事件の～関係を調べる diàochá shìjiàn de mùhòu guānxi(调查事件的幕后关系).
はいご【廃語】 ¶この言葉はもう～になっている zhège cí yǐ fèi ér bú yòng le(这个词已废而不用了).
はいこう 1【廃坑】 fèiméijǐng(废煤井), fèiméiyáo(废煤窑).
2【廃鉱】 fèikuàng(废矿).
はいごう【配合】 pèi(配), tiáo(调), tiáopèi(调配). ¶色の～がよい yánsè pèide hǎo(颜色配得好). ¶薬を～する pèi yào(配药).
¶～肥料 fùhé féiliào(复合肥料).
はいこうせい【背光性】 bèiguāngxìng(背光性).
ばいこく【売国】 màiguó(卖国). ¶～行為 màiguó xíngwéi(卖国行为). ～奴 màiguózéi(卖国贼).
はいさつ【拝察】 ¶ご心中いかばかりかと～申し上げます wǒ lǐjiě nín āitòng de xīnqíng, shēn biǎo tóngqíng(我理解您哀痛的心情, 深表同情).
はいざら【灰皿】 yānhuīdié(烟灰碟), yānhuīpán(烟灰盘), yānhuīgāng(烟灰缸).
はいざん【敗残】 ¶人生の～者 rénshēng de bàibèizhě(人生的败北者).
¶～兵 bàibīng(败兵)/ cánbīng bàijiàng(残兵败将).
はいし【廃止】 fèichú(废除), fèizhǐ(废止), qǔxiāo(取消). ¶死刑の～を訴える hūyù fèichú sǐxíng(呼吁废除死刑). ¶赤字路線を～する qǔxiāo kuīsǔn xiànlù(取消亏损线路).
はいし【廃疾】 cánjí(残疾).
ばいしつ【媒質】 jièzhì(介质), méizhì(媒质).
¶空気は音を伝える～である kōngqì shì chuánbō shēngyīn de jièzhì(空气是传播声音的介质).
はいじつせい【背日性】 bèirìxìng(背日性).
はいしゃ【配車】 diàodù chēliàng(调度车辆).
はいしゃ【敗者】 shībàizhě(失败者). ¶～復活戦 shuāngtáotàisài(双淘汰赛).
はいしゃ【歯医者】 yáyī(牙医), yákē yīshēng(牙科医生).
はいしゃく【拝借】 jiè(借). ¶電話を～したいのですが wǒ xiǎng jièyòng yíxià diànhuà kěyǐ ma?(我想借用一下电话可以吗?). ¶5000円ほど～できませんか wǒ xiǎng gēn nǐ jiè wǔqiān kuài qián, bù zhīdào nǐ fāngbiàn bu fāngbiàn(我想跟你借五千块钱, 不知道你方便不方便).
¶ちょっとお知恵を～ qǐng nǐ gěi wǒ chū ge zhǔyi(请你给我出个主意).
ばいしゃく【媒酌】 zuòméi(做媒). ¶恩師の～で結婚式を挙げる yóu ēnshī zuòméi jǔxíng hūnlǐ(由恩师做媒举行婚礼).
¶～人 méirén(媒人)/ méishuò(媒妁).

ハイジャック kōngzhōng jiéchí(空中劫持)、jiéchí fēijī(劫持飞机).

はいしゅ【胚珠】 pēizhū(胚珠).

はいじゅ【拝受】 ¶お手紙〜致しました nín de láixìn wǒ yǐ shōudào le(您的来信我已收到了)/ guì hán shōuxī(贵函收悉).

ばいしゅう【買収】 **1** shōumǎi(收买). ¶建設用地を〜する shōumǎi jiànzhù yòngdì(收买建筑用地).
2〔賄賂などで〕mǎitōng(买通)、shōumǎi(收买). ¶社員を〜して情報を集める mǎitōng zhíyuán sōují qíngbào(买通职员搜集情报).¶彼等の何人かは会社側に〜された tāmen zhōng yǒu jǐ ge rén bèi zīfāng shōumǎi le(他们中有几个人被资方收买了).

はいしゅつ【排出】 **1** páichū(排出)、páifàng(排放). ¶坑内のガスを〜する bǎ kuàngjǐng nèi de wǎsī páichuqu(把矿井内的瓦斯排出去).
2 → はいせつ.

はいしゅつ【輩出】 bèichū(辈出). ¶我が郷土からは人材が〜している wǒ de gùxiāng réncái bèichū(我的故乡人才辈出).

ばいしゅん【売春】 màichūn(卖春)、màiyín(卖淫). ¶〜婦 jìnǚ(妓女)/ chānggī(娼妓)/ yáojiěr(窑姐ル)/ yějī(野鸡). 〜宿 jìyuàn(妓院)/ yáozi(窑子).

はいじょ【排除】 páichú(排除)、bìnchú(摈除)、bìngchú(摒除). ¶障害物を〜する chúqù zhàng'àiwù(除去障碍物). ¶外部からの干渉を〜する páichú wàibù de gānshè(排除外部的干涉).

ばいしょう【賠償】 péicháng(赔偿). ¶損害〜を請求する yāoqiú péicháng sǔnshī(要求赔偿损失)/ suǒpéi(索赔). ¶権利の侵害に対して〜する duìyú quánlì de qīnhài jìnxíng péicháng(对于权利的侵害进行赔偿).
¶〜金 péikuǎn(赔款)/ péichángfèi(赔偿费).

はいしょく【配色】 pèisè(配色). ¶〜がいい pèisè pèide hǎo(配色配得好).

はいしょく【敗色】 ¶〜が濃い bài shì yǐ míng(败势已明).

はいしん【背信】 bèi xìn qì yì(背信弃义). ¶これは国民に対する〜行為だ zhè shì duì guómín bèixìn-qìyì de xíngwéi(这是对国民背信弃义的行为).

はいじん【廃人】 fèirén(废人)、cánfèi(残废).

ばいしん【陪審】 péishěn(陪审). ¶〜員 péishěnyuán(陪审员). 〜制度 péishěn zhìdù(陪审制度).

ばいじん【煤塵】 méichén(煤尘).

はいすい【排水】 páishuǐ(排水). ¶ポンプで〜する yòng bèng páishuǐ(用泵排水). ¶〜の悪い土地 bú yì páishuǐ de tǔdì(不易排水的土地). ¶〜量1万トンの船 páishuǐliàng yíwàn dūn de lúnchuán(排水量一万吨的轮船).
¶〜溝 páishuǐgōu(排水沟). 〜ポンプ páishuǐbèng(排水泵).

はいすい【廃水】 fèishuǐ(废水). ¶工業〜 gōngyè fèishuǐ(工业废水).

はいすいかん【配水管】 shuǐguǎn(水管)、pèishuǐguǎn(配水管).

はいすいのじん【背水の陣】 bèishuǐzhèn(背水阵). ¶〜を敷く bèi shuǐ bù zhèn(背水布阵)/ bèi shuǐ yí zhàn(背水一战).

ばいすう【倍数】 bèishù(倍数).

はいする【配する】 **1**〔取り合せる〕pèi(配). ¶松に梅を〜する yǐ méi pèi sōng(以梅配松).
2〔配置する〕pèizhì(配置). ¶要所に警官を〜する zài yàodì pèizhì jǐngchá(在要地配置警察). ¶庭に石を〜する bǎ shítou diǎnzhuì zài tíngyuànlǐ(把石头点缀在庭院里).

はいする【排する】 páichú(排除)、bìnchú(摈除). ¶万難を〜して参加する páichú wànnán qù cānjiā(排除万难参加).

はいする【廃する】 fèichú(废除)、fèizhǐ(废止). ¶虚礼を〜する fèichú xūlǐ(废除虚礼).

ばいする【倍する】 ¶旧に〜して御愛顧を願います qǐng jiābèi zhàogu(请加倍照顾).

はいせき【排斥】 ¶外国商品を〜する dǐzhì wàihuò(抵制外货). ¶校長〜運動が起った fāshēngle qūchú xiàozhǎng de yùndòng(发生了驱除校长的运动).

ばいせき【陪席】 péixí(陪席)、péibàn(陪伴). ¶〜の栄に浴する tiǎn péi mòxí, shífēn róngxìng(忝陪末席,十分荣幸).
¶〜裁判官 péixí tuīshì(陪席推事)/ péixí fǎguān(陪席法官).

はいせつ【排泄】 páixiè(排泄). ¶〜器官 páixiè qìguān(排泄器官). 〜物 páixièwù(排泄物).

はいせん【肺尖】 fèijiān(肺尖).

はいせん【配線】 pèixiàn(配线)、bùxiàn(布线). ¶室内の〜工事をする ānzhuāng shìnèi diànlù(安装室内电路).
¶〜図 bùxiàntú(布线图).

はいせん【敗戦】 zhànbài(战败)、bàizhàng(败仗). ¶〜国 zhànbàiguó(战败国).

はいぜん【配膳】 ¶〜をする bǎi fàncài(摆饭菜).
¶〜室 bèicānjiān(备餐间).

はいそ【敗訴】 bàisù(败诉). ¶原告の〜になる yuángào bàisù(原告败诉).

はいそう【敗走】 bàizǒu(败走)、kuìtáo(溃逃). ¶敵を〜した díjūn bàizǒu le(敌军败走了).

はいぞう【肺臓】 fèi(肺)、fèizàng(肺脏). ¶〜ジストマ fèizhī(肺蛭)/ fèixīchóng(肺吸虫).

ばいぞう【倍増】 péizēng(倍增)、jiābèi(加倍). ¶今年度は生産量が〜した běnniándù chǎnliàng fānle yì fān(本年度产量翻了一番).

はいぞく【配属】 fēnpèi(分配). ¶新入社員の〜を決める quèdìng xīnzhíyuán de gōngzuò gǎngwèi(确定新职员的工作岗位). ¶人事課に〜された bèi fēnpèi dào rénshìkē(被分配到人事科).

はいた【歯痛】 ¶〜で一晩眠れなかった yá téngde yí yè méi héyǎn(牙疼得一夜没合眼).

はいた【排他】 ¶あの組織は〜的な組織だ nàge zǔzhī shì páitāxìng de(那个组织是排他性的).

はいたい【敗退】 shīlì(失利)、gàofù(告负)、bài-

tuì(敗退). ¶Aチームは1回戦で〜したAduì zài dìyī lún bǐsài jiù ˇbèi táotai[luòmǎ] le(A队在第一轮比赛就ˇ被淘汰[落马]了)/A duì chūzhàn ˇshīlì[bàituì](A队初战ˇ失利[败退]).

ばいたい【媒体】 méijiè(媒介), méizhì(媒质), jièzhì(介质).

はいたつ【配達】 sòng(送); dìsòng(递送), yóudì(邮递), tóudì(投递). ¶新聞を〜する sòng bào(送报). ¶郵便を〜する dìsòng yóujiàn(递送邮件). ¶市内は無料で〜します shìnèi miǎnfèi sòng huò(市内免费送货).
¶〜料 yùnfèi(运费)/ sònghuòfèi(送货费).

バイタリティー 〜に富む chōngmǎn shēngqì huólì(充满生气活力).

はいち【背馳】 bèilí(背离), bèi dào ér chí(背道而驰). ¶彼の行動は会の精神に〜している tā de xíngwéi yǔ cǐ huì de jīngshén bèi dào ér chí(他的行为与此会的精神背道而驰).

はいち【配置】 pèizhì(配置), bùzhì(布置), bùshǔ(部署). ¶会場に警備員を〜する huìchǎng shang pèibèi jǐngwèiyuán(会场上配备警卫员). ¶核兵器を〜する bùshǔ héwǔqì(部署核武器). ¶家具の〜を変える gǎihuàn jiājù de bùzhì(改换家具的布置). ¶命令一下素早く〜に就く mìnglìng yí xià, xùnsù de gè jiù gè wèi(命令一下,迅速地各就各位). ¶職員の〜転換を行う diàodòng zhíyuán de gōngzuò gǎngwèi(调动职员的工作岗位).

はいちゅうりつ【排中律】 páizhōnglǜ(排中律).

はいちょう【拝聴】 御意見を〜させて下さい ràng wǒ tīngtīng nín de yìjiàn(让我听听您的意见).

ハイテク gāokējì(高科技), gāojìshù(高技术).

はい・でる【這い出る】 páchū(爬出). ¶穴から〜出る cóng dòngli páchulai(从洞里爬出来).

はいでん【拝殿】 qiándiàn(前殿).

はいでん【配電】 pèidiàn(配电). ¶〜所 pèidiànzhàn(配电站). ¶〜盤 pèidiànpán(配电盘).

ばいてん【売店】 xiǎomàidiàn(小卖店), xiǎomàibù(小卖部). ¶劇場の〜でアイスクリームを買う zài jùchǎng de xiǎomàibù mǎi bīngjilíng(在剧场的小卖部买冰激凌).

バイト zìjié(字节). ¶メガ〜 zhàozìjié(兆字节).

はいとう【配当】 huāhóng(花红), hónglì(红利). ¶1割の〜をする àn yì chéng fēnhóng(按一成分红). ¶株の〜 gǔpiào de hónglì(股票的红利)/ gǔxī(股息)/ gǔlì(股利).

はいとく【背徳】 ¶それは〜行為だ nà shì wéibèi dàodé de xíngwéi(那是违背道德的行为).

はいどく【拝読】 bài yuè(拜阅), bài dú(拜读). ¶お手紙を〜致しました guì hán yǐ bài yuè(贵函已拜阅).

ばいどく【梅毒】 méidú(梅毒), yángméichuāng(杨梅疮).

パイナップル fènglí(凤梨), bōluó(菠萝), bōluómì(菠萝蜜).

はいにゅう【胚乳】 pēirǔ(胚乳).

はいにょう【排尿】 páiniào(排尿), xiǎobiàn(小便).

はいにん【背任】 dúzhí(渎职). ¶〜罪に問われる bèi zhuīchá dúzhízuì(被追查渎职罪).

はいのう【背囊】 bèináng(背囊), bèibāo(背包). ¶〜を背負って行軍する bēizhe bèibāo xíngjūn(背着背包行军).

ばいばい【売買】 mǎimài(买卖). ¶土地を〜する mǎimài dìchǎn(买卖地产). ¶〜契約を結ぶ dìng jiāoyì hétong(订交易合同).

バイパス pánglù(旁路), yūhuí pángdào(迂回旁道). ¶〜手術 dāqiáo shǒushù(搭桥手术).

はいはん【背反】 wéibèi(违背), wéifǎn(违反). ¶命令に〜する wéibèi mìnglìng(违背命令).

はいび【配備】 pèibèi(配备), pèizhì(配置). ¶国境に守備隊を〜する zài guójīngxiàn pèibèi shǒubèi bùduì(在国境线配备守备部队).

ハイヒール gāogēnxié(高跟儿鞋).

はいびょう【肺病】 fèibìng(肺病), fèiláo(肺痨).

はいひん【廃品】 fèipǐn(废品), pòlàn(破烂). ¶〜を回収する huíshōu fèipǐn(回收废品)/ shōu pòlànr(收破烂儿).

はいふ【肺腑】 fèifǔ(肺腑). ¶人の〜をつく言葉 gǎn rén fèifǔ de huà(感人肺腑的话). ¶〜をえぐられる思いだ xīn rú dāo gē(心如刀割).

はいふ【配付・配布】 fēnfā(分发), sànfā(散发). ¶試験問題を〜する fēnfā kǎojuàn(分发考卷). ¶街頭で〜する zài jiētóu sànfā chuándān(在街头散发传单).

はいぶ【背部】 bèibù(背部), bèihòu(背后), bèimiàn(背面), bèilǐ(背里).

パイプ 1【管】 guǎn[r](管[儿]), guǎnzi(管子), guǎndào(管道). ¶〜が詰って水が流れない guǎnzi dǔzhù le, shuǐ bù liú(管子堵住了,水不流).
¶〜オルガン guǎnfēngqín(管风琴). 〜ライン guǎnxiàn(管线)/ shūyóuguǎn(输油管).
2【喫煙具】 yāndǒu(烟斗). ¶〜をくわえる diāozhe yāndǒu(叼着烟斗).

ハイファイ ¶〜のステレオ gāobǎo zhēndù de lìtǐ shōuyīnjī(高保真度的立体收音机).

はいふく【拝復】 jìngfù(敬复).

はいぶつ【廃物】 fèiwù(废物), fèipǐn(废品), fèiliào(废料). ¶〜利用 fèiwù lìyòng(废物利用).

バイブル Shèngjīng(圣经). ¶この本は言語学の〜だ zhè běn shū shì yǔyánxué de jīngdiǎn zhùzuò(这本书是语言学的经典著作).

ハイフン liánzìhào(连字号), liánzìfú(连字符).

はいぶん【配分】 fēnpèi(分配). ¶利益を公平に〜する gōngpíng fēnpèi lìrùn(公平分配利润). ¶完走できるようにペースの〜を考える wèile pǎowán quánchéng kǎolǜ fēnpèi sùdù(为了跑完全程考虑分配速度).

ばいぶん【売文】 yù wén(鬻文). ¶〜の徒 yù wén zhī tú(鬻文之徒).

はいべん【排便】 pái fèn(排粪). ¶規則正しい〜の習慣をつける yǎngchéng měitiān dàbiàn de xíguàn(养成每天定时大便的习惯).

ばいべん【買弁】 mǎibàn(买办). ¶〜资本

măibàn zīběn(买办资本).

ハイボール gāobēijiǔ(高杯酒).

はいぼく【敗北】 bàiběi(败北)、bàizhàng(败仗)、gàofù(告负). ¶~を喫した chīle bàizhàng(吃了败仗). ¶1点差で~した yǐ yì fēn zhī chā ˇbàiběi[bèi dǎbài le](以一分之差ˇ败北[被打败了]).
¶~主義 shībàizhǔyǐ(失败主义).

はいほん【配本】 ¶次回~は第3巻です xiàcì fāxíng dìsān juàn(下次发行第三卷).

ばいめい【売名】 ¶~のために寄付をする wèile gūmíng-diàoyù ér juānkuǎn(为了沽名钓誉而捐款).

はいめん【背面】 bèimiàn(背面)、bèihòu(背后). ¶~跳び bèiyuèshì tiàogāo(背越式跳高).

はいもん【肺門】 fèimén(肺门). ¶~リンパ腺 fèimén línbājié(肺门淋巴结).

ハイヤー gāodàng bāozū qìchē(高档包租汽车).

バイヤー wàiguó mǎifāng(外国买方)、wàiguó mǎizhǔ(外国买主).

はいやく【配役】 ¶~を決める juédìng bànyǎn juésè(决定扮演角色)、fēnpèi juésè(分配角色).

ばいやく【売約】 ¶"~済"の札が貼ってある tiēzhe "yǐ shòu" de tiáozi(贴着"已售"的条子).

ばいやく【売薬】 chéngyào(成药).

はいゆう【俳優】 yǎnyuán(演员). ¶~になる dāng yǎnyuán(当演员).
¶映画~ diànyǐng yǎnyuán(电影演员).

はいよう【佩用】 pèidài(佩戴). ¶勲章を~する pèidài xūnzhāng(佩戴勋章).

はいよう【胚葉】 pēiyè(胚叶)、pēicéng(胚层).

はいよう【肺葉】 fèiyè(肺叶).

ばいよう【培養】 péiyǎng(培养). ¶細菌を~する péiyǎng xìjūn(培养细菌).
¶~基 péiyǎngjī(培养基).

ハイライト ¶オリンピックの~ Àoyùnhuì zuì jīngcǎi de chǎngmiàn(奥运会最精彩的场面).

はいらん【排卵】 páiluǎn(排卵). ¶~期 páiluǎnqī(排卵期).

ばいりつ【倍率】 bèilǜ(倍率)、fàngdàlǜ(放大率). ¶~の大きい顕微鏡 gāobèi de xiǎnwēijìng(高倍的显微镜).

はいりょ【配慮】 zhàogù(照顾)、zhàoliào(照料)、guānzhào(关照). ¶彼の体の弱いことを~して軽い仕事を与える zhàogù tā shēntǐ ruò, fēnpèi qīngwēi de gōngzuò(照顾他身体弱,分配轻微的工作). ¶育児には行き届いた~が必要である fùyǔ yīng'ér yào xìxīn zhàoliào(抚育婴儿要细心照料). ¶御~有難うございます xièxie nín de ˇguānxīn[guānhuái](谢谢您的ˇ关心[关怀]). ¶被災者の感情に対する~に欠けた言動 duì yùnàn shòuzāizhě de gǎnqíng qiànquē kǎolǜ de yánxíng(对遇难受灾者的感情欠缺考虑的言行).

バイリンガル shuāngyǔ(双语); cāoshuāngyǔ(操双语).

はいる【入る】 **1**〔中に移る〕jìn(进)、rù(入). ¶部屋に~る jìn wūzi(进屋子). ¶耳に水が~った ěrduo ˇguàn[jìn] le shuǐ(耳朵ˇ灌[进]了水). ¶汽車がゆっくりホームに~って来た huǒchē húxú jìn zhàn le(火车徐徐进站了). ¶外国船が港に~った wàiguó lúnchuán ˇjìnrù gǎngkǒu[rùgǎng] le(外国轮船ˇ进入港口[入港]了). ¶水に~る前に準備運動をする xià shuǐ qián zuò zhǔnbèi huódòng(下水前做准备活动). ¶切符がないために~れない méiyǒu piào jìnbuqù(没有票进不去). ¶昨夜家に泥棒が~った zuówǎn wǒ jiā nào zéi le(昨晚我家闹贼了). ¶私の家は大通りから少し~ったところです wǒ jiā zài dàjiē shāo jìnqu yìdiǎnr de dìfang(我家在大街稍进去一点儿的地方).

2〔身を置く〕jìn(进)、rù(入). ¶息子もやっと高校に~った érzi zhǎngdà ˇjìn[rù]le gāozhōng le(儿子长大ˇ进[入]了高中了). ¶彼は卒業して新聞社に~った tā bìle yè jiù ˇjìn[rù]le bàoshè(他毕了业就ˇ进[入]了报社). ¶役人をやめて政界に~る cíle guānzhí jìnrù zhèngjiè(辞了官职进入政界). ¶テニスクラブに~る jiārù wǎngqiú jùlèbù(加入网球俱乐部).

3〔収まる〕 ¶シャツはたんすに~っています chènshān zài yīguìlǐ fàngzhe(衬衫在衣柜里放着). ¶この部屋に10人は~れない zhè jiān wūzi zuòbuxià shí ge rén(这间屋子坐不下十个人). ¶この瓶は180 ccで~る zhège píngzi kěyǐ zhuāng yìbǎi bāshí háoshēng(这个瓶子可以装一百八十毫升). ¶ポケットに~る大きさのラジオ kěyǐ zhuāngzài yīdài li nàme dà de shōuyīnjī(可以装在衣袋里那么大的收音机). ¶財布には1000円しか~っていない qiánbāoli zhǐ yǒu yìqiān kuài qián(钱包里只有一千块钱).

4〔含まれる〕 ¶その事はもう来年の予定に~っている nà shì yǐ lièrù míngnián de jìhuà(那事已列入明年的计划). ¶この値段にはサービス料も~っている zhège jiàqian bāokuòle fúwùfèi(这个价钱包括了服务费). ¶この料理は胡椒が~っている zhège cài fàngle hújiāo(这个菜放了胡椒). ¶この程度は成功の中に~らない zhème ge chéngdù kě búsuàn shì chénggōng(这么个程度可不算是成功). ¶その処置には私情が~っている nà zhǒng chǔzhì dàiyǒu sīqíng(那种处置带有私情).

5〔ある状態・時期になる〕jìnrù(进入). ¶話が佳境に~った huà jìnrù jiājìng(话进入佳境). ¶茶碗にひびが~った cháwǎn yǒule lièwén(茶碗有了裂纹). ¶それでは本題に~りましょう nàme jìnrù zhèngtí ba(那么进入正题吧). ¶夜тに~って風はおさまった dàole wǎnshang fēng píngxī le(到了晚上风平息了). ¶明日から夏休みに~る cóng míngtiān qǐ fàng shǔjià(从明天起放暑假). ¶今月に~ってから好天続きだ jìnrù zhège yuè yìzhí shì qíngtiān(进入这个月一直是晴天).

6〔手に入る〕 ¶思いがけない大金が~った jìnle yì bǐ yìwài de jùkuǎn(进了一笔意外的巨款). ¶それは今ではちょっと手に~らない逸品だ nà kě shì xiànzài bù róngyì nòngdàoshǒu

de zhēnpǐn(那可是现在不容易弄到手的珍品).¶現場から第1報が～った cóng xiànchǎng láile dìyī ge xiāoxi(从现场来了第一个消息).

7〔目, 耳, 頭などに〕¶目に～るものすべて美しかった yìngrù yǎnlián de dōngxi dōu juéde měilì(映入眼帘的东西都觉得美丽).¶噂が耳に～った tīngjian fēngshēng(听见风声).¶何を読んでも頭に～らない dú shénme dōu dú bu jìnqù(读什么都读不进去).

パイル 1 qǐróng zhīwù(起绒织物).¶～地のパジャマ qǐróng zhīwù de shuìyī(起绒织物的睡衣).

2 fǎnyìngduī(反应堆).

3 zhuāng(桩).¶コンクリート～ hùnníngtǔzhǐzhuāng(混凝土制桩).

はいれつ【配列】 páiliè(排列).¶アルファベット順に～する àn Lādīng zìmǔ de cìxù páiliè(按拉丁字母的次序排列).

パイロット 1〔飛行機の操縦者〕fēixíngyuán(飞行员), fēijī jiàshǐyuán(飞机驾驶员).¶テスト～ shìfēiyuán(试飞员).

〔水先案内人〕lǐngháng(领航), lǐnghángyuán(领航员), yǐnhángyuán(引航员), yǐnshuǐyuán(引水员), lǐnggǎng(领港), yǐngǎng(引港), lǐngjiāng(领江), lǐngshuǐ(领水).¶～ボート yǐnshuǐchuán(引水船)/ lǐnggǎngchuán(领港船).

バインダー 1〔文房具〕wénjiànjiā(文件夹), huóyèjiā(活页夹).

2〔機械〕gēkǔnjī(割捆机).

は・う【這う】 pá(爬), púfú(匍匐).¶赤ん坊が～うようになった yīng'ér huì pá le(婴儿会爬了).¶地面を～って進む zài dìshang púfú qiánjìn(在地上匍匐前进).¶蛇が庭を～って行く shé zài yuànzi páxíng(蛇在院子爬行).¶蔦(ⁿ)を壁に～わせる shǐ chángchūnténg pázài qiángshang(使常春藤爬在墙上).

ハウツーもの【ハウツー物】 shíyòng jìshù shǒucè(实用技术手册), shíyòng jìshù zhǐnán(实用技术指南).

はえ【栄え】 guāngróng(光荣).¶～ある優勝旗を手にする huòdé guāngróng de guànjūn jǐnqí(获得光荣的冠军锦旗).

はえ【蠅】 cāngying(苍蝇), yíngzi(蝇子).¶～がたかっている luòzhe cāngying(落着苍蝇).¶～を追う gǎn cāngying(赶苍蝇).¶～たたき cāngying pāizi(苍蝇拍子)/ yíngpāi(蝇拍).¶～取り紙 cāngyingzhǐ(苍蝇纸).

はえぬき【生え抜き】 dìdao(地道), tǔ shēng tǔ zhǎng(土生土长).¶彼は～の大阪人だ tā shì ge dìdao de Dàbǎnrén(他是个地道道的大阪人).

は・える【生える】 zhǎng(长), shēng(生).¶庭に草がぼうぼうと～えている yuànzili zhǎngmǎnle zácǎo(院子里长满了杂草).¶髭が～った zhǎng húzi(长胡子).¶歯が全部～え揃った yáchǐ dōu zhǎngqí le(牙齿都长齐了).¶梅雨時は黴が～えやすい zài méiyǔqī róngyì fāméi(在梅雨期容易发霉).

は・える【映える】 **1**〔輝く〕¶湖が夕日に～える xīyáng yìngzhào zài húshang(夕阳映照在湖上).

2〔引き立つ〕¶その着物では帯が～えない nà jiàn héfú kě chèntuō bu chū dàizi lai(那件和服可衬托不出带子来).

3〔目立つ〕¶これはあまり～えない仕事だ zhè shì ge bù yǐn rén zhùmù de gōngzuò(这是个不引人注目的工作).

はおと【羽音】¶耳元で蚊のぶーんという～がす wénzi zài ěrbiān wēngwēng xiǎng(蚊子在耳边嗡嗡响).¶水鳥の～ shuǐniǎo de pāichìshēng(水鸟的拍翅声).

はおり【羽織】 héfú wàiguà(和服外褂).

はお・る【羽織る】 pī(披).¶コートを～る pīshàng wàitào(披上外套).

はか【墓】 fén(坟), mù(墓), fénmù(坟墓).¶～石 mùbēi(墓碑)/ mùshí(墓石). ～掘人 juémùrén(掘墓人).

ばか【馬鹿】 **1**〔愚か者〕shǎzi(傻子), chīzi(痴子), hānzi(憨子), shǎguā(傻瓜), húndàn(浑蛋·混蛋), cāodàn(操蛋), bèndàn(笨蛋), chǔnhuò(蠢货), chǔncái(蠢材), húnqiúr(浑球儿·混球儿), gàngdà(戆大), gàngtóu(戆头), hútuchóng(糊涂虫), āmùlín(阿木林);〔愚か〕shǎ(傻), hútu(糊涂·胡涂), yúchǔn(愚蠢).¶俺だってそんなことをするような～ではない wǒ kě bú shì zuò nà zhǒng shì de shǎguā(我可不是做那种事的傻瓜).¶そんなことはできるも ta zhǒng shì shǎzi yě huì zuò(那种事傻子也会做).¶あいつは全く大～だ nà jiāhuo zhēn shì ge dàshǎguā(那家伙真是个大傻瓜).¶～だね, お前は! nǐ zhège ˈhúndàn [hùnzhàng dōngxi]!(你这个ˈ混蛋[混账东西]!).¶あいつの～さ加減にはあきれる tā nà shǎjinr jiǎnzhí jiào rén méifǎr shuō(他那傻劲儿简直叫人没法儿说).¶～みたいに突っ立っているな bié nàme ˈdāitóu-dāinǎo[shǎtóu-shǎnǎo / gàngtóu-gàngnǎo] de zhànzhe(别那么ˈ呆头呆脑[傻头傻脑 / 戆头戆脑]地站着).¶～は死ななきゃ治らない húnrén chú sǐ méifǎ zhì(浑人除死没法治)/ bìng yǒu yī, yú nán zhì(病有医, 愚难治)/ yúchǔn zhì sǐ bù kě jiù(愚蠢至死不可救).¶～につける薬はない zhì bìng yǒu yào, zhì yú wú yào(治病有药, 治愚无药)/ chǔnrén bù kě jiù yào(蠢人不可救药).¶～の一つ覚え yì tiáo dào zǒudào hēi(一条道走到黑)/ yī húlú huà piáo(依葫芦画瓢).¶～なまねをするな kě bié gàn ˈshǎshì[ˈchǔnshì](可别干ˈ傻事[蠢事]).¶～も休み休み言え shǎo shuō húhuà!(少说胡话!)/ bié xiā húché!(别瞎扯!).¶～にするな bié qiáobuqǐ rén!(别瞧不起人!).

2〔侮ること〕¶人を～にする bié yúnòng rén(别愚弄人).¶子供だからといって～にしてはいけない zài xiǎoháizi yě bùnéng xiǎokàn(就是小孩子也不能小看).¶この頃は煙草代も～にならない zuìjìn yānqián yě bùnéng xiǎokàn(最近烟钱也不能小看).

3〔つまらないこと〕¶あんなことを言って～を見た shuō nà zhǒng huà zhēn bù zhídàng(说那种话真不值当).¶正直者が～を見る lǎoshi-

rén chīkuī(老实人吃亏).
4［効かないこと］¶風邪をひいて鼻が～になった shāngle fēng bízi bùlíng le(伤了风鼻子不灵了).¶ねじが～になる luósī bùlíng le(螺丝不灵了).¶芥子(㌍)が～になった jièmo zǒule wèir le(芥末走了味儿了).
5［度外れ］¶今年は～に寒い jīnnián lěngde gòuqiàng(今年冷得够呛).¶～に機嫌がいいね nǐ zěnme zhème gāoxìng(你怎么这么高兴).¶近ごろ～に景気が良さそうだね jìnlái hǎo kuòqi a!(近来好阔气啊!).¶この2,3日～陽気が続いている zhè liǎng、sān tiān tiānqì nuǎnhuode chūqí(这两、三天天气暖和得出奇).

はかい【破壊】 pòhuài(破坏).¶敵の要塞を徹底的に～する chèdǐ cuīhuǐ dírén de yàosài(彻底摧毁敌人的要塞).¶戦争で町はほとんど～された yóuyú zhànzhēng shìzhèn jīhū quán bèi ˇpòhuài[huǐhuài] le(由于战争市镇几乎全被ˇ破坏[毁坏]了).
¶～力 pòhuàilì(破坏力).

はかいじめ【羽交締め】 ¶～にする shuāngjiān xià wò jǐng(双肩下握颈).

はがき【葉書】 míngxìnpiàn(明信片).¶～を出す jì míngxìnpiàn(寄明信片).
¶絵～ měishù míngxìnpiàn(美术明信片).往復～ wǎngfù míngxìnpiàn(往复明信片).

はかく【破格】 pògé(破格).¶～の昇進 pògé de jìnshēng(破格的晋升).¶～の安値 pòtiānhuāng de liánjià(破天荒的廉价).

ばか・げる【馬鹿げる】 ¶そんな～げた話があるか nǎ yǒu nàyàng qíyǒucǐlǐ de shì(哪有那样岂有此理的事).¶あんまり～げていてお話にならない jiǎnzhí shì húnào bú xiànghuà(简直是胡闹不像话).

ばかさわぎ【馬鹿騒ぎ】 ¶酒を飲んで～をする hē jiǔ dà nào(喝酒大闹).

ばかしょうじき【馬鹿正直】 ¶～な人 hānzhí de rén(憨直的人)/shíxīnyǎnr(实心眼儿).

はが・す【剝がす】 bāo(剥);jiē(揭).¶ポスターを～する bǎ xuānchuánhuà jiēxiàlai(把宣传画揭下来).¶生爪を～した zhǐjia tuōluò le(指甲脱落了).¶化けの皮を～する bāoxià huàpí(剥下画皮).

ばか・す【化かす】 míhuo(迷惑).¶狐に～された jiào húli míhuozhù le(叫狐狸迷惑住了).¶あいつのしていることは狐と狸の～しあいだ tāmen shuǎnòng de shì èryú-wǒzhà(他们耍弄的是尔虞我诈).¶まるで狐にでも～されたような話だ jiǎnzhí shì shòu húlijīng xìnòng shìde shìqing a!(简直是受狐狸精戏弄似的事情啊!).

ばかず【場数】 ¶～を踏む jīlěi shíjì jīngyàn(积累实际经验).

はかせ【博士】 →はくし(博士).

はがた【歯形】 yáyìn(牙印).

ばかちから【馬鹿力】 ¶～を出す shǐ niújìnr(使牛劲儿)/yòng sǐjìnr(用死劲儿).

ばかていねい【馬鹿丁寧】 ¶～にお礼を言う dàoxiè de huà shuō de yǒudiǎnr guòtóu le(道谢的话说的有点儿过头了).

はかど・る【捗る】 jìnzhǎn(进展).¶今日は仕事がだいぶ～った jīntiān gōngzuò dà yǒu jìnzhǎn(今天工作大有进展).¶交渉が一向に～らない jiāoshè háo wú jìnzhǎn(交涉毫无进展).

はかな・い【儚い】 ¶人生は～い rénshēng rú mèng(人生如梦).¶～い望みを抱く bàozhe miǎománg de xīwàng(抱着渺茫的希望).

はかな・む【儚む】 ¶世を～んで自殺する yànshì zìshā(厌世自杀).

はがね【鋼】 gāng(钢),gāngtiě(钢铁).

はかば【墓場】 féndì(坟地),mùdì(墓地),yíngdì(茔地).

はかばかし・い【捗捗しい】 ¶工事が～く進まない gōngchéng jìnzhǎnde bú shùnlì(工程进展得不顺利).¶～い進歩が見られない méiyǒu dà de jìnbù(没有大的进步).¶病状が～くない bìngqíng bú jiànhǎo(病情不见好).

ばかばかし・い【馬鹿馬鹿しい】 ¶そんなものに高い金を払うのは～い huā nàme duō qián mǎi nà zhǒng dōngxi, zhēn bù zhí(花那么多钱买那种东西,真不值).¶あんまり～くて見ていられない tài bú xiànghuà, zhēn jiào rén kàn bu xiàqù(太不像话,真叫人看不下去).¶骨を折ったのに～くて済まない fèile jìnr fǎn áimà zhēn huábùlái(费了劲儿反挨骂真划不来).

ばかばなし【馬鹿話】 shǎhuà(傻话), chīhuà(痴话).¶～をする húchě(胡扯)/xiāliáo(瞎聊).

はかま【袴】 héfú kùqún(和服裤裙).

はかまいり【墓参り】 shàngfén(上坟), sǎomù(扫墓).

はがみ【歯噛み】 qièchǐ(切齿), yǎoyá-qièchǐ(咬牙切齿).¶～して悔しがる qièchǐ tònghèn(切齿痛恨).

はがゆ・い【歯痒い】 ¶彼のなまぬるいやり方を見ていると～くなる kàn tā nà zhǒng bùtòng-bùyǎng de zuòfǎ, zhēn jíshí rén fèn(看他那种不痛不痒的作法,真急死人).¶いくら教えても分からないので～い zěnme jiāo yě bù dǒng jiào rén gānzháojí(怎么教也不懂叫人干着急).

はから・う【計らう】 chǔlǐ(处理), chǔzhì(处置).¶寛大な～いに感謝する gǎnxiè cóngkuān chǔlǐ(感谢从宽处理).¶上司の～で東京に転勤できることになった yóuyú shàngsi de ānpái néng diàodào Dōngjīng le(由于上司的安排能调到东京了).

はから・う【計らう】 chǔlǐ(处理), chǔzhì(处置), bànlǐ(办理).¶適当に～って下さい qǐngnǐ shìdàng chǔlǐ ba(请适当处理吧)/qǐng nǐ zhēnzhuó bànlǐ(请你斟酌办理).¶私の一存では何とも～いかねます wǒ gè rén nányǐ zuòzhǔ gěi nǐ bàn(我一个人难于做主给你办).

ばからし・い【馬鹿らしい】 →ばかばかしい.

はからずも【図らずも】 búliào(不料), búyì(不意).¶～2人の意見が一致した liǎng ge rén de yìjiàn bù móu ér hé(两个人的意见不谋而合).¶～こんなところでお目にかかれて嬉しゅうございます zhēn shì bù qī ér yù, zài zhèli néng jiàndào nín, wǒ hěn gāoxìng(真是不期而遇, 在这里能见到您, 我很高兴).

はかり【計り】 ¶あの店は～がいい nà jiā pùzi fēnliang zú(那家铺子分量足).

はかり【秤】 chèng(秤). ¶小包を～にかける bǎ bāoguǒ guòguo bàng(把包裹过过磅). 損得を～にかける quánhéng[héngliáng]déshī(权衡[衡量]得失). ¶～の竿 chènggǎn(秤杆).

¶竿～ gǎnchèng(杆秤). 台～ bàngchèng(磅秤)/ táichèng(台秤)/ ànchèng(案秤). 天平～ tiānpíng(天平). ばね～ tánhuángchèng(弹簧秤).

-ばかり 1〔…ほど〕lái(来), zuǒyòu(左右), shàngxià(上下). ¶10個～下さい qǐng gěi wǒ shí lái ge(请给我十来个). ¶5万円～持っている yǒu wǔwàn lái rìyuán(有五万来日元). ¶1週間～かかる děi yào yí ge xīngqī zuǒyòu(得要一个星期左右).

2〔…したて〕gāng(刚), gānggāng(刚刚), gāngcái(刚才), fāngcái(方才). ¶私も今来た～です wǒ yě shì ˈgāng dào de[chūlái zhàdào](我也是ˈ刚到的[初来乍到]). ¶会議は始まった～です huìyì gānggāng kāishǐ(会议刚刚开始). ¶聞いた～なのにもう忘れた gāng tīngdào de shì bǎ yǐjīng wàngde yìgān-èrjìng(刚听到的事已经忘得一干二净). ¶畑から抜いてきた～の大根 cái cóng dìlǐ bálai de luóbo(才从地里拔来的萝卜).

3〔ほとんど〕¶出発する～のところに客が来た gāng yào dòngshēn, láile kèrén(刚要动身, 来了客人). ¶荷物は運び出す～になっている xíngli zhǐ dài bānchuqu le(行李只待搬出去). ¶泣かん～に頼み込んだ kǔkǔ āiqiú, jīhū yào kūle chūlái(苦苦哀求,几乎要哭了出来). ¶飛び上がらん～に驚いた chījīngde jīhū tiàole qǐlái(吃惊得几乎跳了起来).

4〔ただ…だけ〕zhǐ(只), jǐn(仅), jìng(净), jìn(尽), guāng(光). ¶参加したのは女性～だった cānjiā de jūnshì yǐjìng wàngjiā shì fùnǚ(参加的净是妇女). ¶世の中悪い人～じゃない shìshàng bìng bù dōu shì huàirén(世上并不都是坏人). ¶彼は口先～達者だ tā zhǐ huì shuǎ zuǐpízi(他只会要嘴皮子). ¶毎日雨～降る měitiān zǒng xiàyǔ(每天总下雨). ¶遊で～いないで勉強しなさい búyào zhǐ tān wánr, yòng diǎnr gōng ba(不要只贪玩ル,用点ル功吧). ¶あそこの料理は高い～でおいしくない nàr de cài guāng shì guì, bù hǎochī(那ル的菜光是贵,不好吃). ¶工場とは名～のバラック míng wéi gōngchǎng, shí wéi wōpéng(名为工厂,实为窝棚). ¶物価は上がる～だ wùjià yígejìnr de zhǎng(物价一个劲ル地涨). ¶彼は中国語～でなくフランス語も話せる tā bù guāng huì shuō Hànyǔ, yě huì shuō Fǎyǔ(他不光会说汉语, 也会说法语). ¶反省しない～か口答えした búdàn bù fǎnxǐng, fǎn'ér dǐngzuǐ(不但不反省, 反而顶嘴).

5〔強調〕¶この仕事～は人に任せられない zhège gōngzuò kě wúfǎ jiāogěi biéren(这个工作可无法交给别人). ¶あの時～は本当に困った nà shí zhēn jiào wǒ wéinán(那时真叫我为难). ¶試験は明後日だと～思っていた kǎoshì wǒ yìzhí yǐwéi zài hòutiān(考试我一直以为在后天).

6〔ただ…が原因で〕¶子供に食べさせたい～にパンを盗んだ yìxīn xiǎng gěi háizi chī, tōule miànbāo(一心想给孩子吃, 偷了面包). ¶口をすべらした～に叱られた jiù yīnwei shuōzǒule zuǐ, áile mà(就因为说走了嘴, 挨了骂).

はかりうり【計り売り】 ¶油を～する lùn jīn mài yóu(论斤卖油).

はかりごと【謀】 jìmóu(计谋), jìcè(计策), móuluè(谋略). ¶～をめぐらす móu jì(谋计). ¶敵の～に陥る zhòngle dírén de jìmóu(中了敌人的计谋)/ xiànrù dírén de quāntào(陷入敌人的圈套).

はかりしれな・い【計り知れない】 bùkě gūliang(不可估量), bùkě jìliàng(不可计量). ¶～い損害を受けた shòudàole bùkě gūliang de sǔnshī(受到了不可估量的损失). ¶あの方には～い御恩を受けました tā duì wǒ de ēnhuì wúfǎ gūliang(他对我的恩惠无法估量).

はか・る【図る・謀る】 móu(谋), móuqiú(谋求), tú(图); qǐtú(企图), túmóu(图谋). ¶大衆の利益を～る wèi qúnzhòng móu lìyì(为群众谋利益). ¶計画の実現を～る móuqiú jìhuà de shíxiàn(谋求计划的实现). ¶政府要人の暗殺を～る qǐtú ànshā zhèngfǔ yàorén(企图暗杀政府要人). ¶まんまと～られた quán shàngle dàng le(全上了当了).

はか・る【計る・測る・量る】 1〔測定する〕liáng(量), chēng(称), cè(测), yāo(约), zhì(志), cèliáng(测量). ¶長さを～る cèliáng chángduǎn(量长短). ¶高さを～る liáng gāodù(量高度). ¶体温を～る liáng tǐwēn(量体温)/ shì biǎo(试表). ¶水深を～る cèliáng shuǐshēn(测量水深). ¶土地の面積を～る cèliáng tǔdì de miànjī(测量土地的面积)/ zhàngliáng tǔdì(丈量土地). ¶目方を～る yòng chèng zhòngliàng(用秤称重量)/ guòchèng(过秤)/ guòbàng(过磅). ¶時間を～る jìshí(计时).

2〔推測する〕¶人の心は～り難い rénxīn shì bùkě chuǎimó de(人心是不可揣摩的)/ rénxīn nán cè(人心难测). ¶成功の可能性を～る gūjì chénggōng de kěnéngxìng(估计成功的可能性).

はか・る【諮る】 shāngliang(商量). ¶みんなに～って決める gēn dàjiā shāngliang hòu zài juédìng(跟大家商量后再决定).

はが・れる【剝がれる】 bōluò(剥落), tuōluò(脱落). ¶ポスターが～れた zhāotiē tuōluò le(招贴脱落了).

ばかわらい【馬鹿笑い】 ¶～をする shǎxiào(傻笑)/ hānxiào(憨笑).

はがん【破顔】 ¶それを聞いて彼は～一笑した tīngle nàge huà, tā jiù pòyán-yíxiào(听了那个话, 他就破颜一笑).

はき【破棄】 fèichú(废除), fèiqì(废弃), sīhuǐ(撕毁). ¶条約を～する fèichú tiáoyuē(废除条约)/ huǐ yuē(毁约). ¶婚約を～する fèiqì hūnyuē(废弃婚约)/ tuì hūn(退婚)/ tuì qīn(退亲)/ huǐ hūn(悔婚). ¶原判決を～する

chèxiāo yuánpàn(撤销原判).

はき【覇気】 ¶あの青年は~がない nàge niánqīngrén méiyǒu ruìqì(那个年轻人没有锐气).

はぎ【萩】 húzhīzǐ(胡枝子).

はきあわ・せる【接ぎ合せる】 ¶小布を~せてクッションをつくった bǎ bùtóur pīncòu qilai fēngle ge diànzi(把布头儿拼凑起来缝了个垫子).

はき【吐き気】 ěxin(恶心)、gānyuè(干哕)、zuò'ǒu(作呕). ¶車に酔って~がする yùnchē gǎndào ěxin(晕车感到恶心). ¶あいつ等の汚いやり方には~を覚える tāmen nà zhǒng bēibǐ de shǒufǎ lìng rén zuò'ǒu(他们那种卑鄙的手法令人作呕).

はぎしり【歯軋り】 yǎoyá(咬牙). ¶夜中に~をする yèlǐ yǎoyá(夜里咬牙). ¶~して悔しがる tònghènde yǎoyá-qièchǐ(痛恨得咬牙切齿)／qièchǐ tònghèn(切齿痛恨).

パキスタン Bājīsītǎn(巴基斯坦).

はきだ・す【吐き出す】 ¶1口食べて~した chīle yì kǒu jiù tǔle chūlai(吃了一口就吐了出来). ¶"勝手にしろ"と~すように言った "suí nǐ de biàn!" tā hěnhěn de shuōdào("随你的便!"他狠狠地说道). ¶儲けを~させる ràng tā bǎ zhuàn de qián náchulai(让他把赚的钱拿出来).

はきだ・す【掃き出す】 sǎochū(扫出). ¶ごみを外へ~す bǎ lājī sǎochuqu(把垃圾扫出去).

はきだめ【掃溜め】 lājīduī(垃圾堆). ¶~に鶴 jīwōli chū fènghuáng(鸡窝里出凤凰)／hè lì jīqún(鹤立鸡群).

はきちが・える【履き違える】 ¶うっかりして人の靴と~えた bù xiǎoxīn cuòchuānle biéren de xié(不小心错穿了别人的鞋). ¶彼は自由と放縦とを~えている tā bǎ zìyóu wùjiě wéi fàngsì(他把自由误解为放纵).

はきはき ¶~と答える hěn yǒu jīngshen de huídá(很有精神地回答). ¶あの子は~している nàge háizi huópo línglì(那个孩子活泼伶俐).

はきもの【履物】 jiǎo chuān de dōngxi(脚穿的东西).

ばきゃく【馬脚】 mǎjiǎo(马脚). ¶とうとう~を現した dàodǐ lòuchū mǎjiǎo lai le(到底露出马脚来了)／zhōngyú xiànle yuánxíng(终于现了原形).

はきゅう【波及】 bōjí(波及). ¶事件は思わぬ方面に~した shìjiàn bōjídào yìxiǎng bu dào de dìfang qù le(事件波及到意想不到的地方去了).

はきょく【破局】 ¶2人の間に~が訪れた liǎng rén zhī jiān luòde ge bēicǎn de jiéjú(两人之间落得个悲惨的结局).

はぎれ【歯切れ】 ¶彼の話しぶりは~がよい tā shuōhuà "kǒuchǐ[yízǐ-yìbǎn]hěn qīngchu(他说话"口齿[一字一板]很清楚). ¶その件に関する彼の返事はどうも~が悪かった tā duì nà jiàn shì de dáfù hánhu qí cí(他对那件事的答复含糊其辞). ¶~のいい文章 duǎnxiǎo jīnghàn de wénzhāng(短小精悍的文章).

はぎれ【端切れ】 bùtóur[r](布头[儿])、bùtiáor(布条儿).

は・く【吐く】 1 tǔ(吐)、tù(吐)、ǒu(呕). ¶痰を~く tǔ tán(吐痰). ¶唾をぺっと~いた cuīle yì kǒu tuòmo(啐了一口唾沫). ¶血を~く tù xiě(吐血). ¶食べた物をみな~いてしまった bǎ chīle de dōngxi quán tù le(把吃了的东西全吐了). ¶~きそうになる yào ǒutù(要呕吐)／ěxin yào tù(恶心要吐). ¶息を~く hū qì(呼气). ¶汽車が煙を~きながら走って行く huǒchē pēnzhe yān bēnchí ér qù(火车喷着烟奔驰而去).

2【言う】 ¶広言を~く shuō dàhuà(说大话). ¶本音を~く tǔlù běnyì(吐露本意).

は・く【穿く・履く】 chuān(穿). ¶ズボンを~く chuān kùzi(穿裤子). ¶~き慣れた靴 chuānguànle de xié(穿惯了的鞋). ¶この靴は~き心地がいい zhè shuāng xié chuānzhe hěn shūfu(这双鞋穿着很舒服).

は・く【掃く】 sǎo(扫)、dǎsǎo(打扫). ¶部屋をきれいに~く bǎ fángjiān dǎsǎo gānjìng(把房间打扫干净). ¶落葉を庭の隅に~き寄せる luòyè sǎozài yuànzi de gālár(把落叶扫在院子的旮旯儿). ¶そんなものは~いて捨てるほどある nà zhǒng dōngxi yǒudeshì, bù xīnxiān(那种东西有的是, 不新鲜).

はく【箔】 bó(箔). ¶ところどころ金の~が剥げている yǒude dìfang jīnbór bōlò le(有的地方金箔儿剥落了). ¶外国に留学して~を付ける dào wàiguó liúxué dùjīn(到外国留学镀金).

-はく【泊】 ¶4~5日の旅行 wǔ tiān sì xiǔ de lǚxíng(五天四宿的旅行). ¶その日は車中で~になる nà tiān yào zài chēshang guò yì xiǔ(那天要在车上过一宿).

は・ぐ【剥ぐ】 bāo(剥)、bā(扒)；jiē(揭). ¶皮を~ぐ bāo pí(剥皮)／bā pí(扒皮)／qù pí(去皮). ¶起きないと布団を~ぐよ nǐ bù qǐlai, wǒ jiù jiē nǐ de bèizi le(你不起来,我就揭你的被子了).

ばく【貘】 mò(貘).

ばく【馬具】 mǎjù(马具). ¶~をつける tàoshàng mǎjù(套上马具).

バグ gùzhàng(故障)、cuòwù(错误).

はくあ【白亜】 bái'è(白垩)、báitǔzǐ(白土子)、dàbái(大白)、báifěn(白粉)、báishàntǔ(白善土). ¶~の殿堂 ěbì diàntáng(垩壁殿堂). ¶~館 Báigōng(白宫).

はくあい【博愛】 bó'ài(博爱). ¶~主義 bó'àizhǔyì(博爱主义).

はくい【白衣】 báisè gōngzuòfú(白色工作服). ¶~の天使 báiyī tiānshǐ(白衣天使).

ばくおん【爆音】 1【飛行機などの】 ¶~を響かせて飛行機が飛び立った hōnghōng zuòxiǎng fēijī qǐfēi le(轰轰作响飞机起飞了).

2【爆発音】 ¶閃光を見た直後~を聞いた báiguāng yì shǎn jiù chuánlaile bàozhàshēng(白光一闪就传来了爆炸声).

ばくが【麦芽】 màiyá(麦芽). ¶~糖 màiyátáng(麦芽糖).

はくがい【迫害】 pòhài(迫害). ¶政治的~を受ける shòudào zhèngzhì pòhài(受到政治迫

害)．¶信徒を～する pòhài xìntú(迫害信徒)．

はくがく【博学】 bóxué(博学)．¶～な人 bóxué duōcái de rén(博学多才的人)/ duōwén bóshì de rén(多闻博识的人)/ bǎoxué zhī shì(饱学之士)．

はくがんし【白眼視】 ¶よそ者を～する ná báiyǎn kàn wàiláirén(拿白眼看外来人)．¶村人に～される zāodào cūnlirén de báiyǎn(遭到村里人的白眼)．

はぐき【歯茎】 yáchuáng(牙床), yáchuángzi(牙床子), yágēn(牙根), yáhuā(牙花), yáhuāzi(牙花子), yáyín(牙龈), chǐyín(齿龈)．

はぐく・む【育む】 péiyǎng(培养), péiyù(培育)．¶両親の愛に～まれて成長する zài fùmǔ bùyù xià zhǎngdà chéng rén(在父母哺育下长大成人)．¶自由の精神を～む教育 péiyǎng zìyóu jīngshén de jiàoyù(培养自由精神的教育)．

ばくげき【爆撃】 hōngzhà(轰炸)．¶敵の陣地を～する hōngzhà dízhèn(轰炸敌阵)．¶絨毯～を受ける zāodào dìtǎnshì hōngzhà(遭到地毯式轰炸)．
¶～機 hōngzhàjī(轰炸机)．

ばくげきほう【迫撃砲】 pǎijīpào(迫击炮)．

はくさい【白菜】 báicài(白菜), dàbáicài(大白菜)．

はくし【白紙】 báizhǐ(白纸)．¶答案を～で出す jiāo báijuàn(交白卷)．¶人選についてはまだ～の状態だ rénxuǎn wèntí hái shì báizhǐ yì zhāng(人选问题还是白纸一张)．¶あの約束は～に返しましょう nà cì shuōdìng de suàn méi shuō(那次说定的就算没说)．
¶～委任状 kòngbái wěirènzhuàng(空白委任状)．～撤回 chèxiāo yíqiè juédìng(撤销一切决定)．～収回 shōuhuí chéngmìng(收回成命)．

はくし【博士】 bóshì(博士)．¶～課程 bóshì kèchéng(博士课程)．～号 bóshì xuéwèi(博士学位)．～論文 bóshì lùnwén(博士论文)．文学～ wénxué bóshì(文学博士)．

はくし【薄志】 ¶～弱行の徒 ruǎnruò wúnéng zhī bèi(软弱无能之辈)．

はくじ【白磁】 báicí(白瓷)．

ばくし【爆死】 zhàsǐ(炸死)．¶直撃弾を受けて～した bèi yì kē mìngzhòngdàn zhàsǐ le(被一颗命中弹炸死了)．

はくしき【博識】 bóshí(博识), bóqià(博洽)．
¶彼の～には驚く外はない tā de zhīshi yuānbó-de lìng rén jīngtàn(他的知识渊博得令人惊叹)．

はくじつ【白日】 báirì(白日)．¶彼等の悪事が～のもとにさらされた tāmen de zuìxíng bèi bàolù yú guāngtiān-huàrì zhī xià(他们的罪行被暴露于光天化日之下)．¶～夢を見る báirì zuòmèng(白日做梦)．

はくしゃ【拍車】 mǎcì(马刺)．¶馬に～を入れる yòng mǎcì cì mǎ(用马刺刺马)．¶その措置が混乱に～をかけた nàge cuòshī shǐ qí gèngjiā hùnluàn(那个措施使其更加混乱)．

はくしゃ【薄謝】 bóchóu(薄酬)．¶～を呈する fèngshàng bóchóu(奉上薄酬)．

はくしゃく【伯爵】 bójué(伯爵)．

はくじゃく【薄弱】 bóruò(薄弱)．¶意志～な人 yìzhì bóruò de rén(意志薄弱的人)．¶君の論拠は～だ nǐ de lùnjù zhànbuzhù jiǎo(你的论据站不住脚)．

はくしゅ【拍手】 gǔzhǎng(鼓掌), pāishǒu(拍手), pāi bāzhang(拍巴掌), pāizhǎng(拍掌), jīzhǎng(击掌), guājī(呱唧)．¶～して賛意を表す gǔzhǎng biǎoshì zànchéng(鼓掌表示赞成)．¶～は暫し鳴り止まなかった zhǎngshēng jīngjiǔ bùxī(掌声经久不息)．¶彼等の壮挙に心から～を送る duìyú tāmen de zhuàngjǔ zhōngxīn pāishǒu chēngzàn(对于他们的壮举衷心拍手称赞)．¶～で新入生を迎える pāishǒu huānyíng xīnshēng(拍手欢迎新生)．

ばくしゅ【麦秋】 màiqiū(麦秋)．

はくしょ【白書】 báipíshū(白皮书)．¶経済～ jīngjì báipíshū(经济白皮书)．

はくじょう【白状】 tǎnbái(坦白), jiāodài(交代); zhāogòng(招供), zhāorèn(招认), gòngrèn(供认)．¶一切を～する tǎnbái jiāodài yíqiè(坦白交代一切)．¶～した方が身のためだぞ bù jiāodài kě duì nǐ bùlì(不交代可对你不利)．

はくじょう【薄情】 bóqíng(薄情), guǎqíng(寡情)．¶私にはそんな～なことはできない wǒ kě zuòbuchū nà zhǒng bú jìn rénqíng de shì(我可做不出那种不近人情的事)．¶～な女 bóqíng[guǎqíng bóyì] de nǚrén(薄情[寡情薄意]的女人)．

ばくしょう【爆笑】 ¶観客が～した guānzhòng hōngrán dà xiào(观众哄然大笑)．

はくしょく【白色】 báisè(白色)．¶～人種 báisè rénzhǒng(白色人种)．～テロ báisè kǒngbù(白色恐怖)．～矮星 bái'ǎixīng(白矮星)．

はくしん【迫真】 bīzhēn(逼真)．¶～の演技 bīzhēn de yǎnjì(逼真的演技)．

はくじん【白人】 báirén(白人), báizhǒngrén(白种人)．

はくじん【白刃】 báirèn(白刃)．¶～を振りかざす lūnqǐ dāo lai(抡起刀来)／ huī dāo(挥刀)．¶あの人は～の下をくぐってきた人間だ tā shì lìjīng báirènzhàn de rén(他是历经白刃战的人)．

ばくしん【驀進】 ¶列車が～して来る lièchē fēibēn ér lái(列车飞奔而来)．¶勝利を目差して～する xiàngzhe shènglì dàtàbù qiánjìn(向着胜利大踏步前进)．

ばくしんち【爆心地】 bàozhà zhōngxīndì(爆炸中心地)．

はく・する【博する】 bódé(博得), huòdé(获得), bóqǔ(博取)．¶世界的名声を～する bódé guójì shēngyù(博得国际声誉)．¶巨利を～する huòdé jùdà bólì(获得巨大利益)．

はくせい【剥製】 bōzhì biāoběn(剥制标本)．¶～の虎 bōzhì de lǎohǔ biāoběn(剥制的老虎标本)．

はくせき【白晳】 báixī(白晳), báijing(白净)．

ばくぜん【漠然】 ¶印象が～としている yìnxiàng móhu(印象模糊)．¶～とした不安を感ずる yì zhǒng shuōbuchū de bù'ān(感到一种说不出的不安)．¶彼の話は～としていてつかみ所がない tā de huà jiǎnzhí mōbuzháo

biān(他的话简直摸不着边).
はくそ【歯屎】 yágòu(牙垢)、yáhuā(牙花).
ばくだい【莫大】 mòdà(莫大)、jùdà(巨大). ¶~な損害をこうむる méngshòu jùdà de sǔnshī(蒙受巨大的损失). ¶~な費用がかかる xūyào jù'é de fèiyòng(需要巨额的费用).
はくだつ【剝奪】 bōduó(剥夺)、chǐduó(褫夺). ¶権利を~する bōduó quánlì(剥夺权利).
ばくだん【爆弾】 zhàdàn(炸弹). ¶~を投下する tóu zhàdàn(投炸弹)/ tóudàn(投弹). ¶~宣言をする fābiǎo bàozhàxìng de xuānyán(发表爆炸性的宣言).
はくち【白痴】 báichī(白痴).
ばくち【博打】 dǔbó(赌博). ¶~を打つ dǔqián(赌钱)/ shuǎqián(耍钱). 大~を打つ gūzhù yí zhì(孤注一掷).
¶~打ち dǔtú(赌徒)/ dǔgùn(赌棍).
ばくちく【爆竹】 biānpào(鞭炮)、bàozhú(爆竹)、pàozhang(炮仗)、bàozhang(爆仗)、pàochong(炮铳). ¶~を鳴らす fàng biānpào(放鞭炮).
はくちゅう【白昼】 báizhòu(白昼). ¶~銀行に強盗が押し込んだ zài dàbáitiān qiángdào chuǎngjìnle yínháng(在大白天强盗闯进了银行).
¶~夢 báirìmèng(白日梦).
はくちゅう【伯仲】 bózhòng(伯仲). ¶双方の実力が~している shuāngfāng de shílì xiāng bózhòng(双方的实力相伯仲)/ shuāngfāng 'shíjūn-lìdí[qíguǐ xiāngdāng/ gōnglì xī dí](双方势均力敌[旗鼓相当/工力悉敌]).
パクチョイ【白菜】 xiǎobáicài(小白菜)、qīngcài(青菜).
はくちょう【白鳥】 tiān'é(天鹅)、hú(鹄)、hónghú(鸿鹄).
ばくちん【爆沈】 zhàchén(炸沉). ¶敵艦3隻を~した zhàchén díjiàn sān sōu(炸沉敌舰三艘).
バクテリア xìjūn(细菌).
ばくと【博徒】 dǔtú(赌徒)、bótú(博徒).
はくどう【白銅】 báitóng(白铜).
はくないしょう【白内障】 báinèizhàng(白内障).
はくねつ【白熱】 báirè(白热)、báichì(白炽). ¶~した議論が続いている jīliè de zhēnglùn réng jìxùzhe(激烈的争论仍继续着). ¶選挙戦もいよいよ~化してきた jìngxuǎn jìnrù báirèhuà de jiēduàn(竞选进入白热化的阶段).
¶~電灯 báichìdēng(白炽灯).
ばくは【爆破】 bàopò(爆破)、zhàhuǐ(炸毁)、zhà(炸). ¶鉄道線路を~する zhàhuǐ tiělù(炸毁铁路).
¶~作業 bàopò zuòyè(爆破作业).
ぱくぱく ¶金魚が水面で口を~させている jīnyú zài shuǐmiàn shang yì zhāng yì hé de bādazhe zuǐr(金鱼在水面上一张一合地吧嗒着嘴儿). ¶~食べる dà kǒu dà kǒu[lángtūnhǔyàn] de chī(大口大口[狼吞虎咽]地吃).
¶驚きの余り声も出ず口を~させている xiàde chūbuliǎo shēng liánlián xīdòngzhe zuǐ(吓得

出不了声连连翕动着嘴).
はくはつ【白髪】 báifà(白发). ¶~の老人 báifà lǎorén(白发老人).
ばくはつ【爆発】 bàozhà(爆炸)、bàofā(爆发). ¶火薬が~した huǒyào bàozhà le(火药爆炸了). ¶ボイラーが~した guōlú bàozhà le(锅炉爆炸了). ¶火山が~した huǒshān bàofā le(火山爆发了). ¶日頃の不満が一時に~した píngrì de bùmǎn yíxiàzi bàofā le(平日的不满一下子爆发了). ¶彼の新作は~的人気を呼んだ tā de zuìxīn zuòpǐn yǐnqǐle bàozhàxìng de rèliè fǎnxiǎng(他的最新作品引起了爆炸性的热烈反响).
¶~物 bàozhàwù(爆炸物). ~力 bàozhàlì(爆炸力).
はくび【白眉】 ¶あの作品は歴史小説の中の~だ nàge zuòpǐn zài lìshǐ xiǎoshuō zhōng shì chūlèi-bácuì de(那个作品在历史小说中是出类拔萃的).
はくひょう【白票】 báipiào(白票). ¶~を投ずる tóu báipiào(投白票).
はくひょう【薄氷】 ¶~を踏む思いだった yǒu rú lǚ báobīng zhī gǎn(有如履薄冰之感).
ばくふ【幕府】 mùfǔ(幕府).
ばくふ【瀑布】 pùbù(瀑布). ¶ビクトリアの大~ Wéiduōlìyà dàpùbù(维多利亚大瀑布).
ばくふう【爆風】 bàozhà qìlàng(爆炸气浪)、bàozhàbō(爆炸波)、bàozhà chōngjībō(爆炸冲击波). ¶~で窓ガラスが全部割れた bàozhà qìlàng bǎ chuānghu de bōli quán zhèn suì le(爆炸气浪把窗户的玻璃全震碎了).
はくぶつがく【博物学】 bówùxué(博物学).
はくぶつかん【博物館】 bówùguǎn(博物馆)、bówùyuàn(博物院).
はくへいせん【白兵戦】 báirènzhàn(白刃战)、ròubózhàn(肉搏战).
はくぼく【白墨】 fěnbǐ(粉笔).
はくまい【白米】 báimǐ(白米).
はくめい【薄命】 bómìng(薄命). ¶佳人~ hóngyán bómìng(红颜薄命).
ばくやく【爆薬】 zhàyào(炸药). ¶~を仕掛ける zhuāng zhàyào(装炸药).
はくらい【舶来】 ¶この時計は~だ zhè kuài biǎo shì jìnkǒuhuò(这块表是进口货). ¶~品 jìnkǒuhuò(进口货)/ wàihuò(外货)/ bóláipǐn(舶来品)/ yánghuò(洋货).
ばくらい【爆雷】 shēnshuǐ zhàdàn(深水炸弹).
はくらん・す chàkāi(岔开). ¶話を~すな búyào bǎ huà chàkāi(不要把话岔开).
はくらん【博覧】 bólǎn(博览). ¶~強記の人 bówén-qiángjì de rén(博闻强记的人).
はくらんかい【博覧会】 ¶万国~ wànguó bólǎnhuì(万国博览会).
はくり【薄利】 bólì(薄利). ¶~多売 bólì duō xiāo(薄利多销).
はくりきこ【薄力粉】 pǔtōngfěn(普通粉)、biāozhǔnfěn(标准粉).
はくりと ¶魚が餌に~食いついた yú yìkǒu yǎozhùle yú'ěr(鱼一口咬住了鱼饵).
ばくりょう【幕僚】 mùliáo(幕僚).

はくりょく【迫力】 ¶彼の演説には～がある tā de yǎnshuō lǐ yǒu qìpò rén xīnxián(他的演说扣人心弦). ¶この絵は～に欠ける zhè zhāng huà méiyǒu qìpò(这张画没有气魄).

はぐるま【歯車】 chǐlún(齿轮), yálún(牙轮).

はぐ・れる zǒusàn(走散), zǒushī(走失). ¶母親と～れて迷子になった hé mǔqin zǒusàn míle lù(和母亲走散迷了路). ¶駅で彼女と～れてしまった zài chēzhàn gēn tā zǒusàn le(在车站跟她走散了).

ばくろ【暴露】 1〔あばく〕 jiēlù(揭露), jiēfā(揭发), jiēchuān(揭穿), dōudǐ[r](兜底[儿]), dǒulou(抖搂). ¶会社の内情を～する jiēlù gōngsī de nèimù(揭露公司的内幕)／dōu gōngsī de dǐr(兜公司的底儿).
2〔露見する〕 bàilù(败露), bàolù(暴露), bìlù(毕露). ¶陰謀が～した yīnmóu bàilù le(阴谋败露了).

ばくろう【博労】 mǎfànzi(马贩子), shēngkou fànzi(牲口贩子).

はけ【刷毛】 shuāzi(刷子). ¶～で糊を塗る yòng shuāzi shuā jiàngzi(用刷子刷糨子). ¶ほこりを～で払う yòng shuāzi shuādiào chéntǔ(用刷子刷掉尘土).

はげ【禿】 tū(秃); 〔人〕tūzi(秃子). ¶頭のてっぺんに～がある tóudǐng yǒudiǎnr tū le(头顶有点儿秃了). ¶山が～になる shān tū le(山秃了).
¶～頭 tūtóu(秃头)／tūdǐng(秃顶)／tūpiáo[r](秃瓢[儿])／guāngtóu(光头).

はげいとう【葉鶏頭】 yànláihóng(雁来红).

はけぐち【捌け口】 ¶流しの～がつまる shuǐchízi de páishuǐkǒu dǔzhù le(水池子的排水口堵住了). ¶感情の～を求める xúnqiú gǎnqíng zhī fāxiè(寻求感情之发泄). ¶この品は～が広い zhè zhǒng huò xiāolù hěn guǎng(这种货销路很广).

はげし・い【激しい】 jīliè(激烈), měngliè(猛烈), qiángliè(强烈), jùliè(剧烈). ¶～い嵐をついて出掛けた màozhe kuángfēng-bàoyǔ chūqu le(冒着狂风暴雨出去了). ¶火勢が～くて近寄れない huǒshì měngliè, nányǐ kàojìn(火势猛烈, 难以靠近). ¶雨が～く降っている yǔ xiàde hěn dà(雨下得很大). ¶彼女は実に気性が～い tā zhēn shì ge lièxìngzi(她真是个烈性子). ¶気温の変化が～い qìwēn biànhuà jùliè[dà qǐ dà luò](气温变化剧烈[大起大落]).
¶～い言葉で非難する yòng jīliè de yáncí fēinàn(用激烈的言词非难). ¶～い競争に打ち勝つ jīngguò jīliè de jìngzhēng huòshèng(经过激烈的竞争获胜). ¶～い攻撃をかける fādòng měngliè de jìngōng(发动猛烈的进攻). ¶～い議論が夜を徹して行われた tōngxiāo jìnxíngle jīliè de zhēnglùn(通宵进行了激烈的争论). ¶体が弱くて～い運動はできない shēntǐ ruò, zuòbuliǎo jùliè de yùndòng(身体弱, 做不了剧烈的运动). ¶胃が～く痛む wèi tòngde hěn lìhai(胃痛得很厉害). ¶人の行き来が～い xíngrén láiwǎng pínfán(行人来往频繁).

はげたか【禿鷹】 wùyīng(兀鹰), wùjiù(兀鹫), tūjiù(秃鹫), zuòshāndiāo(坐山雕).

バケツ yángtiětǒng(洋铁桶).

ばけのかわ【化けの皮】 huàpí(画皮), jiǎmiànjù(假面具). ¶～がはがれる lòuchū mǎjiǎo(露出马脚)／yuánxíng bì lù(原形毕露). ¶～をはぐ bāoxià huàpí(剥下画皮)／sīxià jiǎmiànjù(撕下假面具).

はげま・す【励ます】 gǔlì(鼓励), miǎnlì(勉励), jīlì(激励), gǔwǔ(鼓舞). ¶病気の友人を～す gǔlì huànbìng de péngyou(鼓励患病的朋友). ¶先生に～されて勉強を続ける shòudào lǎoshī de gǔlì jìxù xuéxí(受到老师的鼓励继续学习). ¶大声で選手を～す nàhǎn jīlì yùndòngyuán(呐喊激励运动员)／dàshēng gěi yùndòngyuán dǎ qì(大声给运动员打气). ¶声をして叱りつけた lìshēng zébèile tā(厉声责备了他).

はげみ【励み】 gǔlì(鼓励), gǔwǔ(鼓舞), miǎnlì(勉励). ¶入選したのが～よい～になった yóuyú rùxuǎn shòudào hěn dà de gǔwǔ(由于入选受到很大的鼓舞). ¶叱られるよりほめられる方が～になる biǎoyáng bǐ pīpíng gèng néng jīlì rén(表扬比批评更能激励人).

はげ・む【励む】 nǔlì(努力), kèkǔ(刻苦), xīnqín(辛勤). ¶仕事に～む nǔlì gōngzuò(努力工作). ¶勉強に～む kèkǔ xuéxí(刻苦学习).

ばけもの【化物】 yāowù(妖物), guǐguài(鬼怪), yāoguài(妖怪), yāojing(妖精). ¶夜になると～が出る yí dào wǎnshang jiù "chū yāoguài"[nàoguǐ](一到晚上就"出妖怪"[闹鬼]). ¶あの新人は～だぞ nàge xīnshǒu kě shì ge "qícái"[guǐcái](那个新手可是个"奇才"[鬼才]).
¶～屋敷 xiōngzhái(凶宅).

はげやま【禿山】 tūshān(秃山), tóngshān(童山).

は・ける【捌ける】 1〔水などが〕 ¶この土地は水がよく～けない zhège dìfang bú yì páishuǐ(这个地方不易排水).
2〔品物が〕 chàngxiāo(畅销). ¶この品物は夏にはよく～ける zhè zhǒng huò xiàjì hěn chàngxiāo(这种货夏季很畅销).

は・げる【禿げる】 tū(秃), xiědǐng(歇顶). ¶若いくせに～げている niánqīngqīng de tóu yǒudiǎnr tū le(年轻轻的头有点儿秃了). ¶山頂は～げて岩肌をむき出しにしている shāndǐng tū le lùchūle yánshí(山顶秃了露出了岩石).

は・げる【剝げる】 1〔剥離する〕 bōluò(剥落). ¶ペンキが～げる yóuqī bōluò[tuōluò] le(油漆剥落[脱落]了). ¶汗で化粧が～げた hànshuǐ chōngdiàole zhīfěn(汗水冲掉了脂粉).
2〔褪せる〕 ¶色の～げたカーテン tuìle shǎi de chuānglián(退了色的窗帘).

ば・ける【化ける】 ¶白蛇が美しい娘に～ける báishé huàshēn wéi měilì de gūniang(白蛇化身为美丽的姑娘). ¶死んだら～けて出るぞ sǐle biàn guǐ zhuō nǐ(死了变鬼捉你). ¶女に～けていたが見破られた qiáozhuāng nǚrén bèi shípò le(乔装女人被识破了).

はけん【派遣】 pàiqiǎn(派遣). ¶大使を～する pàiqiǎn dàshǐ(派遣大使). ¶紛争解決のためにA氏を～した pài A xiānsheng qù jiějué fēn-

zhēng(派A先生去解决纷争).

はけん【覇権】bàquán(霸权). ¶天下の～を握る zhǎngwò tiānxià de bàquán(掌握天下的霸权). ¶我がチームが今年度の～を握った wǒ duì huòdéle běnniándù de guànjūn(我队获得了本年度的冠军).
¶～主義 bàquánzhǔyǐ(霸权主义).

ばけん【馬券】mǎpiào(马票).

はこ【箱】hé[r](盒[儿]), hézi(盒子), xiázi(匣子), xiāngzi(箱子). ¶本を～に入れる bǎ shū zhuāngzài xiāngzili(把书装在箱子里). ¶りんごを1～注文した dìngle yì xiāng píngguǒ(订了一箱苹果). ¶みかんを～で買う chéng xiāng mǎi júzi(成箱买桔子).
¶硯 ～ yànxiá(砚匣). 弁当 ～ fànhér(饭盒儿). マッチ～ huǒcháihér(火柴盒儿).

はこいりむすめ【箱入り娘】shìjiān zhīshǎo de～ bù dǒng shìgù shēn jū guīfáng de qiānjīn(不懂世故深居闺房的千金).

はごたえ【歯応え】jīndao(筋道), yǎotou(咬头), yǎojìnr(咬劲儿). ¶このピーナッツはしけて～がない zhè huāshēngmǐ píde méiyǒu yǎojìnr(这花生米皮得没有咬劲儿). ¶もっと～のある仕事をしたい xiǎng zuò diǎnr yǒu gàntou de shì(想做点儿有干头的事). ¶あいつは～のある奴だ nà jiāhuo yǒu yì gǔ jìntóur(那家伙有一股劲头儿).

はこにわ【箱庭】pénjǐng[r](盆景[儿]).

はこび【運び】1〔進め方〕¶この劇は筋の～が実に巧みだ zhè chū xì jùqíng fāzhǎn shízài qiǎomiào(这出戏剧情发展实在巧妙). ¶仕事の～が早い gōngzuò de jìnzhǎn hěn kuài(工作的进展很快). ¶筆の～に気をつける yòngxīn yùnbǐ(用心运笔). ¶足の～が遅い jiǎobù huǎnmàn(脚步缓慢).
2〔段階〕¶彼の論文集はいよいよ出版の～となった tā de lùnwénjí jíjiāng chūbǎn(他的论文集即将出版).

はこ・ぶ【運ぶ】1〔運搬する〕bān(搬), yùn(运), bānyùn(搬运). ¶荷物を～ぶ bānyùn xíngli(搬运行李). ¶部屋に抱えて～び込む bǎ zhuōzi bānjìn wūli(把桌子搬进屋里). ¶怪我人を病院に～ぶ bǎ shòushāng de rén táidào yīyuàn(把受伤的人抬到医院). ¶事務館にたびたび足を～んだ dào lǐngshìguǎn pǎole hǎo jǐ tàng(到领事馆跑了好几趟).
2〔進める, はかどる〕jìnxíng(进行). ¶段取りをつけて仕事を～ぶ yǒu jìhuà yǒu bùzhòu de jìnxíng gōngzuò(有计划有步骤地进行工作). ¶会議をうまく～ぶために苦心した wèile huìyì shùnlì jìnxíng fèile yì fān xīn(为了会议顺利进行费了一番心). ¶計画が～んだ jìhuà jìnxíngde hěn shùnlì(计划进行得很顺利). ¶すらすらと～んで交渉がまとまった jiāoshè jìnxíngde yì fān fēng shùn, tántuǒ le(交涉进行得一帆风顺, 谈妥了).

はこぶね【箱船】fāngzhōu(方舟). ¶ノアの～ Nuóyà fāngzhōu(挪亚方舟).

はこべ【繁縷】fánlǚ(繁缕), échángcǎo(鹅肠草).

バザー yìmàihuì(义卖会). ¶学校で～を開く zài xuéxiào jǔbàn yìmàihuì(在学校举办义卖会).

はざかいき【端境期】qīnghuáng bù jiē de shíjié(青黄不接的时节).

はさつおん【破擦音】sècāyīn(塞擦音), pòlièmócáyīn(破裂摩擦音).

ばさばさ ¶～した髪の毛 péngsōng[péngluàn] de tóufa(蓬松[蓬乱]的头发).

ぱさぱさ ¶～のパン gānbābā de miànbāo(干巴巴的面包).

はさま・る【挟まる】jiā(夹). ¶写真が本の間に～っていた shūli jiāzhe yì zhāng zhàopiàn(书里夹着一张照片). ¶何か歯に～った shénme dōngxi sāijìn yáfèngli le(什么东西塞进牙缝里了). ¶私は双方の間に～って困っている wǒ jiā zài dāngzhōng hěn wéinán(我夹在当中很为难).

はさみ【鋏】jiǎnzi(剪子), jiǎndāo(剪刀);〔蟹などの〕áozú(螯足). ¶この～はよく切れる zhè bǎ jiǎnzi hěn kuài(这把剪子很快). ¶～で紙を切る yòng jiǎndāo jiǎn zhǐ(用剪刀剪纸).
¶切符に～を入れる jiǎn piào(剪票). ¶蟹の～ xièr jiǎzi(螃蟹夹子).

はさみうち【挟み撃ち】jiāgōng(夹攻), jiājī(夹击), qiánjī(钳击). ¶敵を～にする jiājī dírén(夹击敌人).

はさ・む【挟む】jiā(夹). ¶しおりを本の間に～む bǎ shūqiān jiāzài shūli(把书签夹在书里).
¶パンにハムを～んで食べる bǎ huǒtuǐ jiāzài miànbāoli chī(把火腿夹在面包里吃). ¶火箸で炭を～む yòng huǒkuàizi jiā mùtàn(用火筷子夹木炭). ¶ドアに指を～んだ shǒuzhítou bèi mén yānle yíxià(手指头被门掩了一下).
¶鞄を脇に～む jiāzhe shūbāo(夹着书包). ¶机を～んで向かい合う gézhe zhuōzi xiāngduì(隔着桌子相对). ¶日曜を～んで5日間休んだ lián xīngqītiān zài nèi xiūxiele wǔ tiān(连星期天在内休息了五天). ¶その噂を小耳に～んだ ǒurán tīngjiàn nàge fēngshēng(偶然听见那个风声). ¶人の話に途中で口を～むな rénjia shuōhuà nǐ bié chāzuǐ!(人家说话你别插嘴!).
¶疑いを～む余地がない méiyǒu huáiyí de yúdì(没有怀疑的余地)/ wúkě zhìyí(无可置疑).

はさん【破産】pòchǎn(破产). ¶～宣告をする xuāngào pòchǎn(宣告破产). ¶A国の外交政策が～した A guó de wàijiāo zhèngcè pòchǎn le(A国的外交政策破产了).

はし【端】duān(端), tóu(头);〔ふち〕biān(边);〔すみ〕jiǎo(角). ¶紐の両～を結ぶ bǎ shéngzi de liǎngtóu liánjiē qilai(把绳子的两头连接起来). ¶本の～を折る zhé shūjiǎor(折书角儿). ¶紙切れの～に書き留めておく jì zài zhǐpiàn de biānshang(记在纸片的边上). ¶道の～を歩く kào mǎlùbiānr zǒu(靠马路边儿走). ¶口の～に皮肉な笑いを浮べている zuǐjiǎo guàzhe lěngxiào(嘴角挂着冷笑). ¶言葉の～をとらえる zhuā huàbǎr(抓话把儿)/ tiāo zìyǎnr(挑字眼儿). ¶木の～を集めて燃やす

shí mùtour shāohuǒ(拾木头ルル烧火).¶彼は京都のことなら～から～まで知っているyàoshì Jīngdū tā méiyǒu bù zhīdào de dìfang(要是京都他没有不知道的地方).¶聞いた～から忘れてしまうsuí tīng suí wàng(随听随忘).

はし【箸】kuàizi(筷子).¶～をつけるxià kuàizi(下筷子)/ xià zhù(下箸).¶～を置くfàngxià kuàizi(放下筷子).¶～が3膳足りないqueshǎo sān shuāng kuàizi(缺少三双筷子).¶まったく～にも棒にもかからないjiǎnzhí méi bànfǎ(简直没办法).¶～の上げおろしにも小言を言うyìjǔ-yídòng dōu yào guǎnjiào(一举一动都要管教).
¶～箱kuàizihé(筷子盒).塗～qīkuàizi(漆筷子).

はし【橋】qiáo(桥), qiáoliáng(桥梁).¶昨日の大雨で～が流されたyīnwei zuótiān xiàle dàyǔ, qiáo bèi chōngzǒu le(因为昨天下大雨, 桥被冲走了).¶～を渡るguò qiáo(过桥).¶川に～をかけるzài héshang 'jiā[dā] qiáo(在河上'架[搭]桥).¶両国間に友好の～をかけるzài liǎngguó zhī jiān jiàqǐ yí dào yǒuhǎo qiáoliáng(在两国之间架起一道友好桥梁).

はじ【恥】¶～をかくdiū liǎn(丢脸)/ diū miànzi(丢面子)/ xiànchǒu(现世)/ diū rén(丢人)/ diū chǒu(丢丑)/ lòu chǒu(露丑)/ chū chǒu(出丑)/ chū cǎi(出彩).¶あいにもいった～をかかされたnà jiāhuo ràng wǒ diūjìnle liǎn(那家伙让我丢尽了脸).¶世間に～をさらすdiūrén xiànyǎn(丢人现眼).¶～をお話しするようですがxiàng shì wài yáng jiāchǒu(这像是外扬家丑).¶～を忍んで頼むrěn rǔ xiāng qiú(忍辱相求)/ shěliǎn qiúzhù(舍脸求助).
¶～をすぐxǐxuě chǐrǔ(洗雪耻辱)/ xuěchǐ(雪耻).¶～を知れchǐ bēi!(耻吧!)/ zhēn bùshíxiū!(真不识羞!)/ tián bù zhī chǐ!(恬不知耻!).¶～の上塗りchǒushang jiā chǒu(丑上加丑)/ hǎo bù shíxiū(好不识羞).¶こうなったら～も外聞もないdàole zhè zhǒng dìbù hái gùde shénme tǐmian bu tǐmian(到了这种地步还顾得什么体面不体面).¶こんな簡単な問題ができないとは～だzhème jiǎndān de wèntí dōu bú huì, kě zhēn diūliǎn(这么简单的问题都不会, 可真丢脸).¶そんなことは知らなくても～にならないzhè zhǒng shì bù zhīdào yě bìng bù diūrén(那种事不知道也并不丢人).
¶問うは一時の～問わぬは末代の～wèn wéi yìshí zhī xiū, bú wèn nǎi zhōngshēng zhī chǐ(问为一时之羞, 不问乃终生之耻).

はじい・る【恥じ入る】xiūcán(羞惭), xiūkuì(羞愧), cánkuì(惭愧), kuìhuǐ(愧悔), kuìjiù(愧疚).¶彼はそってしばらく頭を上げられなかったtā xiūcánde bànshǎng tái bu qǐ tóu lái(他羞惭得半晌抬不起头来).

はしか【麻疹】mázhěn(麻疹·麻疹), zhěnzi(疹子), shāzi(痧子).¶～にかかるhuàn mázhěn(患麻疹).

はしがき【端書】xù(序), xùyán(序言), qiányán(前言).

はじきだ・す【弾き出す】**1**〔のけ者にする〕¶仲間から～されたbèi huǒbànmen páijǐ le(被伙伴们排挤了).
2〔算盤する, 捻出する〕¶すぐに算盤で答を～したdāngjí yòng suànpan suànchūle dá'àn(当即用算盘算出了答案).¶費用をやっと～したhǎoróngyì jǐchū fèiyong(好容易挤出费用).

はじ・く【弾く】**1** tán(弹), bōnong(拨弄), bōla(拨拉).¶おはじきを～いて遊ぶtán bōlizǐr wánr(弹玻璃ル玩ル).¶弦を～bōnong xiánzi(拨弄弦子).¶算盤を～くbōnong suànpan(拨弄算盘).¶儲かるかどうか～いてみるdǎda suànpan kàn yǒu méiyǒu zhuàntou(打打算盘看有没有赚头).¶～かれたように立ち上がったxiàng bèi shénme tánchulai shìde yì gūlu zhànle qǐlái(像被什么弹出来似的一骨碌站了起来).
2〔寄せ付けない〕¶この紙はインクを～くzhè zhǒng zhǐ bù zhān mòshuǐ(这种纸不沾墨水).¶このレーンコートはよく水を～くzhè yǔyī fángshuǐxìng hěn qiáng(这雨衣防水性很强).

はしぐい【橋杙】qiáodūn(桥墩), qiáozhuāng(桥桩), qiáojiǎo(桥脚).

はしくれ【端くれ】¶私も政治家の～だwǒ yě zǒngsuàn shì ge zhèngzhìjiā(我也总算是个政治家).

はしけ【艀】bóchuán(舨船), tuōbó(拖驳).

はしげた【橋桁】qiáohéng(桥桁).

はじ・ける【弾ける】bēng(崩), bèng(绷).¶栗の実が～けたlìzi bèngkāi le(栗子绷开了).¶大豆のさやが～けたdàdòujiá zhàkāi le(大豆荚炸开了).

はしご【梯子】tīzi(梯子).¶～をのぼる[dēng/ pá]tīzi(上[登/ 爬]梯子).¶～をおりるxià tīzi(下梯子).¶～をかける bǎ tīzi jiàdào fángdǐng(把梯子架到房顶).¶～をはずされた bèi chāi le 'bìjiǎo[táijiǎo/ táijiǎo](被拆了'壁脚[台子/ 台脚])/ bèi 'wā[tāo]le qiángjiǎo(被'挖[掏]了墙脚).
¶縄～ shéngtī(绳梯)/ ruǎntī(软梯)/ pátī(爬梯).

はしこ・い guāijué(乖觉), guāiqiǎo(乖巧), jīling(机灵), língmǐn(灵敏), mǐnjié(敏捷).¶あいつは～い奴だnà jiāhuo guāijué línglì(那家伙灵觉伶俐)/ tā shì ge jīlinggǔi(他是个机灵鬼).¶～く立ち回るshànyú zuānyíng bāmiàn línglóng(善于钻营八面玲珑).

はしござけ【梯子酒】¶～をするchuàn jiǔguǎn(串酒馆).

はしごしゃ【梯子車】yúntī jiùhuǒchē(云梯救火车).

はじさらし【恥曝し】¶～なまねはよせ búyào huó xiànshì le(不要活现世了).¶この～め zhège búyàoliǎn de dōngxi!(这个不要脸的东西!).

はじしらず【恥知らず】búyàoliǎn(不要脸), wúchǐ(无耻), hòuyán-wúchǐ(厚颜无耻), tián bù zhī chǐ(恬不知耻), guǎliǎn-xiǎnchǐ(寡廉鲜耻).¶なんという事をするのだ zhēn néng gànchū nà zhǒng búyàoliǎn de shì lai(真能干

出歩种不要脸的事来). ¶彼があんな～とは思わなかった 没想到他是个那么没皮没脸的东西 shìxiǎngbudào tā shì ge nàme méipíméiliǎn de dōngxi(没想到他是个那么没皮没脸的东西).

- **はしたがね【端金】** língqián (零钱), língzǐr (零子儿). ¶1万や2万の～ではどうしようもない yíwàn liǎngwàn de língzǐr dāng shénme yòng (一万两万的零子儿当什么用).

- **はしたな・い** ¶～い振舞 bù lǐmào de xíngwéi (不礼貌的行为). ¶～く言い争う yòng xiàliú de huà zhēngchǎo (用下流的话争吵).

- **ばじとうふう【馬耳東風】** mǎ'ěr dōngfēng (马耳东风), mǎ'ěr chūnfēng (马耳春风), mǎ'ěrfēng (马耳风), ěrbiānfēng (耳边风), ěrpángfēng (耳旁风). ¶どんなに意見しても彼には～だ wúlùn zěnme quànshuō, tā zhǐ dàng ěrbiānfēng (无论怎么劝说,他只当耳边风).

- **はしなくも【端なくも】** búliào (不料), búyì (不意). ¶彼の発言は～各方面に大きな反響を巻き起した búliào tā de fāyán zài gè gè fāngmiàn yǐnqǐle hěn dà de fǎnxiǎng (不料他的发言在各个方面引起了很大的反响).

- **はしばし【端端】** ¶彼がA氏を信頼していることは言葉の～に現れていた tā yántán de kǒuwěn zhōng liúlùzhe duì A xiānsheng de wúxiàn xìnlài (他言谈的口吻中流露着对A先生的无限信赖).

- **はしばみ【榛】** zhēn (榛), zhēnzi (榛子).

- **はじまり【始まり】** 1 [開始] kāishǐ (开始). ¶大会の～を知らせるファンファーレが高らかに鳴った xuāngào dàhuì kāishǐ de liáoliàng de hàojiǎoshēng xiǎng le (宣告大会开始的嘹亮的号角声响了). ¶いよいよスキーシーズンの～が即時到来了 huáxuě de jìjié jíjiāng dàolái le (滑雪的季节即将到来了). 2 [発端] kāiduān (开端), fāduān (发端). ¶騒ぎの～は些細な事だった nàoshì de fāduān zhǐshì zhīmá dà de xiǎoshìr (闹事的发端只是芝麻大的小事儿). ¶うそつきは泥棒の～だ shuōhuǎng shì dàoqiè de kāiduān (说谎是盗窃的开端).

- **はじま・る【始まる】** 1 kāishǐ (开始). ¶今日から新しい学年が～る cóng jīntiān qǐ xīn xuénián kāishǐ le (从今天起新学年开始了). ¶音楽会は7時に～る yīnyuèhuì qī diǎn kāiyǎn (音乐会七点开演). ¶教室に入った時はもう授業が～っていた zǒujìn jiàoshì shí zǎoyǐ shàngkè le (走进教室时早已上课了). ¶向うで何か騒ぎが～ったらしい nàbianr hǎoxiàng fāshēngle shénme luànzi le (那边儿好像发生了什么乱子了). ¶これは嫉妬から～ったことだ zhè shì yóu jídù ér yǐnqǐ de (这是由嫉妒而引起的). ¶また彼の悪い癖が～った tā nà lǎomáobing yòu shànglai le (他那老毛病又上来了). ¶両国の紛争は今に～ったことではない liǎngguó de fēnzhēng bìng bú shì xiànzài cái kāishǐ de (两国的纷争并不是现在才开始的). 2 ¶はじまらない ¶今更悔やんでも～らない shì dào rújīn hòuhuǐ yě wújìyúshì (事到如今后悔也无济于事).

- **はじめ【初め・始め】** 1 [最初] kāishǐ (开始), kāichū (开初), kāitóu[r] (开头[儿]), qǐtóu[r] (起头[儿]), dǎtóu[r] (打头[儿]), zuìchū (最初), qǐchū (起初), yuánchū (原初), qǐxiān (起先), qǐshǒu (起首), qǐgēn[r] (起根[儿]), chūshí (初时), yuánxiān (原先), xiānshì (先是). ¶～別の人かと思った zuìchū yǐwéi shì biérén (最初以为是别人). ¶～は会員がたった5人だった zuìchū zhǐ yǒu wǔ ge huìyuán (最初只有五个会员). ¶～はそうは言わなかったのに qǐxiān nǐ bú shì zhème shuō de (起先你不是这么说的). ¶物事は～が肝心だ zuò shénme shì qǐtóu yàojǐn (做什么事起头要紧). ¶～は処女の如く終りは脱兎の如し shǐ rú chǔnǚ, hòu rú tuōtù (始如处女, 后如脱兔). ¶～のうちは半信半疑だった qǐtóu bànxìn-bànyí (起头半信半疑). ¶それでは～の約束と違う nà jiù gēn zuìchū de yuēyán bù xiāngfú (那就跟最初的约言不相符). ¶～にお断りしておきますが… shǒuxiān yīnggāi shuōmíng de shì … (首先应该说明的是…). ¶年の～にあたって1年の計画を立てる zài niánchū zhì jì dìng yì nián de jìhuà (在年初之际立一年的计划). ¶～をきちんとしておかないとあとで混乱する kāitóu gǎobuhǎo, wǎnghòu jiù yào hùnluàn (开头搞不好, 往后就要混乱). ¶～から終りまで失敗ばかりだった dǎ kāishǐ dào mòliǎo jìng tǒngle lóuzi (打开始到末了净捅了娄子). ¶そんなことは～から分っていたのだ nàyàng de shì dǎ dāngchū jiù zhīdào le (那样的事打当初就知道了). ¶それが僕の煙草の吸い～だった nà shì wǒ dìyī cì chōu yān (那是我第一次抽烟). ¶正月4日が仕事～です cóng yīyuè sì hào qǐ kāishǐ shàngbān (从一月四号起开始上班). 2 ¶店主を～として店員一同皆様のお越しをお待ち致しております diànzhǔ yǐjí quántǐ diànyuán gōnghòuzhe zhūwèi gùkè de guānglín (店主以及全体店员恭候着诸位顾客的光临). ¶子供達～家中歌が好きです háizimen jí quánjiārén dōu xǐhuan chànggē (孩子们及全家人都喜欢唱歌).

- **はじめて【初めて・始めて】** 1 [最初に] chūcì (初次), tóuyī cì (头一次), dìyī cì (第一次). ¶～にお目にかかります chūcì jiànmiàn (初次见面). ¶私は中国へ行くのはこれが～です zhè shì wǒ tóuyī cì qù Zhōngguó (这是我头一次去中国). ¶それは生れて～の経験だった nà shì wǒ yǒu shēng yǐlái tóuyī cì jīnglì de (那是我有生以来头一次经历的). ¶仲間で結婚したのは彼が～だ zài huǒbànli tā shì dìyī ge jiéhūn de (在伙伴里他是第一个结婚的). 2 [ようやく] ¶病気になって～健康の有難さが分る huànbìng cái zhīdào jiànkāng de kěguì (患病才知道健康的可贵). ¶私はその時～火事の恐ろしさを知った wǒ zài nà shí cái kāishǐ zhīdao huǒzāi de kěpà (我在那时才开始知道火灾的可怕).

はじめまして【初めまして】 ¶～, 佐藤と申します chūcì jiànmiàn, wǒ jiào Zuǒténg(初次见面, 我叫佐藤).

はじ・める【始める】 kāishǐ(开始). ¶それでは早速～めましょう nàme jiù kāishǐ ba(那么就开始吧). ¶彼が来ないことには～められない tā bù lái méifǎ kāishǐ(他不来没法开始). ¶私は4月から中国語の勉強を～めた wǒ cóng sìyuè kāishǐ xué Zhōngguóhuà le(我从四月开始学中国话了). ¶彼は商売を～めた tā kāishǐ zuò shēngyi le(他开始做生意了)/ tā zuòqǐ shēngyi lai le(他做起生意来了). ¶子供がやっと歩き～めた háizi gāng kāishǐ huì zǒulù(孩子刚开始会走路). ¶雨が降り～めた yǔ xiàqilai le(雨下起来了). ¶機械が回り～めた jīqì kāishǐ yùnzhuǎn le(机器开始运转了)/ jīqī kāidòng le(机器开动了).

はしゃ【覇者】 bàzhǔ(霸主). ¶奥州の伊達政宗 Àozhōu de bàzhǔ Yīdá Zhèngzōng(奥州的霸主伊达政宗). ¶彼がマラソンの～に決った tā huòdéle mǎlāsōng sàipǎo de guànjūn(他获得了马拉松赛跑的冠军).

ばしゃ【馬車】 mǎchē(马车). ¶2頭立ての～ shuāngmǎchē(双马车). ¶～に馬をつける lā mǎ tào bǎchē(拉马套车). ¶～馬のように働く sǐmìng gànhuór(死命干活儿).

はしゃ・ぐ ¶彼は宴会でいつになく～いだ tā zài yànhuì xíshang bùtóng wǎngcháng huānshìde hěn(他在宴会席上不同往常非常欢实得很). ¶子供達が～ぎ回っている háizimen wánrde zhēn huān(孩子们玩ㄦ得真欢).

パジャマ shuìyī(睡衣).

はしゅ【播種】 bōzhǒng(播种). ¶～期 bōzhǒngqī(播种期).

はしゅつ【派出】 ¶～所 pàichūsuǒ(派出所). ¶～婦 línshí nǚyōng(临时女佣).

ばじゅつ【馬術】 mǎshù(马术).

ばしょ【場所】 dìfang[r](地方ㄦ), dìdiǎn(地点), chǎngsuǒ(场所), chùsuǒ(处所). ¶この近所には子供の遊べるような～がない zài zhèr fùjìn méiyǒu xiǎoháizi kěyǐ wánshuǎ de dìfang(在这ㄦ附近没有小孩子可以玩耍的地方). ¶部屋中散らかっていて座る～もない wūzili nòngde luànqībāzāo, lián zuò de dìfang dōu méiyǒu(屋子里弄得乱七八糟, 连坐的地方都没有). ¶元あった～に置きならない fànghuí yuánchù(放回原处). ¶この机は大きくて～を取る zhè zhuōzi tài dà, zhàn dìfang(这桌子太大, 占地方). ¶会合の～と時間を決める quèdìng kāihuì de dìdiǎn hé shíjiān(确定开会的地点和时间). ¶先に行って～を取っておいてくれ nǐ xiān qù zhàn wèizi(你先去占位子).

はじょう【波状】 bōlàngshì(波浪式). ¶～攻撃を加える jìnxíng bōlàngshì gōngjī(进行波浪式攻击).

ばしょう【芭蕉】 bājiāo(芭蕉).

はしょうふう【破傷風】 pòshāngfēng(破伤风).

ばしょがら【場所柄】 ¶～をわきまえぬ口をきく bú kàn chǎnghé shuōhuà(不看场合说话). ¶歓楽街という～夜遅くまで人出が多い zhèli shì xún huān zuò lè de dìfang, zhídào shēnyè rén dōu hěn duō(这里是寻欢作乐的地方, 直到深夜人都很多).

はしょ・る 裾を～って雨の中を走る liāoqǐ xiàbǎi zài yǔzhōng pǎo(撩起下摆在雨中跑). ¶時間がないので説明を少し～ります shíjiān yǒuxiàn, shuōmíng shāowēi jiǎnlüè yìxiē(时间有限, 说明稍微简略一些).

はしら【柱】 **1** zhùzi(柱子), zhīzhù(支柱). ¶～を立てる lì zhùzi(立柱子). ¶風でテントの～が倒れた yóuyú guāfēng zhàngpeng de zhīzhù dǎo le(由于刮风帐棚的支柱倒了). ¶彼は一家の～だ tā shì yìjiā de ˈzhīzhù[ˈdǐngliángzhù](他是一家的ˈ支柱[顶梁柱]). ¶経済政策の3本の～ jīngjì zhèngcè de sān dà zhīzhù(经济政策的三大支柱).
2【助数詞】 ¶2～の神をまつる gòngfèng liǎng zūn shénxiàng(供奉两尊神像). ¶5～の遺骨 wǔ jù yígǔ(五具遗骨).

はじら・う【恥じらう】 xiū(羞), hàixiū(害羞), hàisào(害臊), xiūsào(羞臊). ¶彼女は花も～う美しさ tā měide shǐ huā hánxiū(她美得使花含羞).

はしら・す【走らす】 **1** ¶草原に馬を～す zài cǎoyuán chí mǎ(在草原驰马). ¶帆に風を受けてヨットを～す yáng fān fēishǐ fānchuán(扬帆飞驶帆船). ¶使いを医者に～す dǎfā rén qù yǐng yīshēng(打发人去请医生). ¶死せる孔明生ける仲達を～す sǐ Zhūgé néng zǒu shēng Zhòngdá(死诸葛能生走仲达).
2【筆, 目など】¶彼はせっせとペンを～している tā máitóu fèn bǐ jí shū(他埋头奋笔疾书). ¶すばやく手紙に目を～した zài xìnshang fēikuài de sǎole yìyǎn(在信上飞快地扫了一眼).

はしらどけい【柱時計】 guàzhōng(挂钟).

はじらみ【羽虱】 yǔshī(羽虱).

はしり【走り】 shíxiān(时鲜). ¶筍の～が出た xīnsǔn shàngshì le(新笋上市了).

はしりがき【走書き】 ¶～のメモを彼に手渡した bǎ cǎocǎo de xiě de zìtiáo jiāogěile tā(把草草地写的字条交给了他).

はしりたかとび【走高跳】 tiàogāo[r](跳高ㄦ).

はしりづかい【走使い】 pǎotuǐr(跑腿ㄦ); 〔人〕pǎotuǐde(跑腿的), pǎowàide(跑外的), pǎojiē(跑街). ¶子供を～に出す jiào háizi pǎo yí tàng(叫孩子跑一趟).

はしりはばとび【走幅跳】 tiàoyuǎn[r](跳远ㄦ).

はしりまわ・る【走り回る】 ¶子供達が部屋中を～っている háizimen zài wūzili mǎnchù pǎo(孩子们在屋子里满处跑). ¶あちこち～ってバザーの品をかき集める dōng bēn xī pǎo shōují yìmài pǐn de dōngxi(东奔西跑收集义卖的东西).

はし・る【走る】 **1**【速く進む】pǎo(跑). ¶～れば間に合うかもしれない pǎozhe qù yěxǔ gǎndeshàng(跑着去也许赶得上). ¶ひとっ走り～って行ってこよう wǒ qù pǎo yí tàng ba(我去跑一趟吧). ¶ピストルの音と共に一斉に～り出し

た qiāngshēng yì xiǎng, yìqí qǐpǎo le (枪声一响,一齐起跑了). ¶マラソンで最後まで～り通したのはわずか10名だった mǎlāsōng sàipǎo pǎodàodǐ de jǐn yǒu shí gè rén (马拉松赛跑跑到底的仅有十个人). ¶汽車は北に向かってひた走りに～った huǒchē yìzhí xiàng běi ˇbēnchí[bēnpǎo]zhe (火车一直向北ˇ奔驰[奔跑]着). ¶船は30ノットの速力で～っていた chuán yǐ sānshí jié de sùdù hángxíng (船以三十节的速度航行). ¶ぴかっと稲妻が～った diànguāng shuā de yì shǎn (电光刷地一闪). ¶背筋に冷たいものが～った jǐliang fālěng (脊梁发冷).

2[逃げる, 投げる] táopǎo (逃跑), táozǒu (逃走). ¶敵は西へ～った díjūn wǎng xī táocuàn (敌军往西逃窜). ¶卑怯にも彼は敵側に～った tā bēibǐ wúchǐ de tóukào dífāng le (他卑鄙无耻地投靠敌方了). ¶彼女は恋人のもとに～った tā pǎo qíngrén nàli qù le (她跑情人那里去了).

3[通ずる] ¶山脈が南北に～っている shānmài nánběi zòngguàn (山脉南北纵贯). ¶羽田・浜松町間にモノレールが～っている Yǔtián hé Bīnsōngdīng zhī jiān tōngzhe dúguǐ tiělù (羽田和滨松町之间通着独轨铁路).

4[片寄る] ¶彼は感情に～りやすい性格だ tā róngyì dòng gǎnqíng (他容易动感情). ¶悪に～る zǒu xiélù (走邪路). ¶極端に～る zǒu jíduān (走极端).

は・じる【恥じる】 cánkuì (惭愧), cán (惭), kuì (愧). ¶己れの無知を～じる zì cán wúzhī (自惭无知)/ duì zìjǐ de wúzhī gǎndào cánkuì (对自己的无知感到惭愧). ¶これは巨匠の名に～じない作品だ zhège bùkuì shì jùjiàng de zuòpǐn (这个不愧是巨匠的作品). ¶君の行為は～すべきことだ nǐ de xíngwéi shì kěchǐ de (你的行为是可耻的).

はしわたし【橋渡し】 dāqiáo (搭桥), qiānxiàn (牵线), qiānxiàn dāqiáo (牵线搭桥). ¶売買の～をする chōngdāng zhōngrén jièshào mǎimai (充当中人介绍买卖). ¶A氏の～で両者は話合いを始めた yóu A xiānsheng jūzhōng wòxuán, shuāngfāng kāishǐ tánpàn le (由A先生居中斡旋, 双方开始谈判了).

はす【斜】 xié (斜). ¶鞄を肩から～にかける jiānshang xié kuàzhe shūbāo (肩上斜挎着书包). ¶大通りを～に横切る xié chuānguò dàdào (斜穿过大道). ¶うちの～向かいが彼女の家だ wǒ jiā ˇxiéduìguò[xiéduìmiàn] shì tā jiā (我家ˇ斜对过[斜对面]是她家).

はす【蓮】 lián (莲), hé (荷), fúróng (芙蓉), fúqú (芙蕖). ¶～の花 liánhuā (莲花)/ héhuā (荷花). ¶～の実 liánzǐ (莲子)/ liánpéngzǐr (莲蓬子ㄦ). ¶～の台(うてな) liánzuò (莲座), liántái (莲台).

はずし【照射】, **あんり【按】** ¶兄は午後5時着の列車で来る～だ zhàolǐ gēge zuò xiàwǔ wǔ diǎn dàodá de lièchē lái (照理哥哥坐下午五点到达的列车来). ¶彼はあそこにいる～です ànlǐ tā huì zài nàr de (按理他会在那ㄦ的). ¶確かに頼んだ～だが wǒ quèshí wěituō-

guo nǐ le (我确实委托过你了). ¶そのことは前に注意しておいた～だ nà shì wǒ yǐqián tíxǐngguo nǐ le (那事我以前提醒过你了). ¶なるほど彼が怒る～だ guàibude tā huì shēngqì (怪不得他会生气). ¶僕にできることが君にできない～がない wǒ néng zuò de shì méiyǒu nǐ zuòbuliǎo de dàoli (我能做的事没有你做不了的道理). ¶こんな～ではなかった liàoxiǎng bu dào huì zhèyàng (料想不到会这样).

バス 1[乗合自動車] gōnggòng qìchē (公共汽车), bāshì (巴士). ¶～ガイド gōnggòng qìchē dǎoyóuyuán (观光汽车导游员). ～停 gōnggòng qìchēzhàn (公共汽车站). 観光～ guānguāng[yóulǎn] qìchē (观光[游览]汽车). スクール～ xiàochē (校车).

2[男声の] nándīshēng (男低声).

3[風呂] ¶～タオル yùjīn (浴巾). ～タブ zǎopén (澡盆). ～ルーム yùshì (浴室)/ wèishēngjiān (卫生间). ～ローブ yùyī (浴衣).

パス 1[定期券, 通行券など] pāsī (派司). ¶通学～ xuésheng yuèpiào (学生月票). 無料～ miǎnfèi zhèng (免费证).

2[合格] tōngguò (通过), pāsī (派司). ¶試験に～した kǎoshì tōngguò le (考试通过了)/ kǎoshì jígé le (考试及格了).

3[球技の] chuánqiú (传球). ¶ボールをすばやく～する xùnsù chuánqiú (迅速传球). ¶～ボール lòujiēqiú (漏接球)/ jiēqiú shīwù (接球失误).

4[トランプの] ¶よいカードがないので1回～する méiyǒu hǎo pái, zhè huí bú yào (没有好牌, 这回不要).

はすい【破水】 pòshuǐ (破水).

はすう【端数】 língshù[r] (零数[ㄦ]), língtóu[r] (零头[ㄦ]), wěishù (尾数). ¶100円以下の～は切り捨てる yìbǎi kuài qián yǐxià de wěishù shěqù (一百块钱以下的尾数舍去).

バズーカほう【バズーカ砲】 fǎntǎnkè huǒjiàntǒng (反坦克火箭筒), bāzūkǎ (巴祖卡).

ばすえ【場末】 ¶～の居酒屋 chéngshì de piānpì dìqū de jiǔguǎn (城市的偏僻地区的酒馆).

**はすかい →す (斜).

はずかし・い【恥しい】 xiū (羞), hàixiū (害羞), hàisào (害臊), xiūsào (羞臊), nánwéiqíng (难为情), bù hǎoyìsi (不好意思). ¶失態を演じてお～い限りです chūle yángxiàng shízài ˇxiū-sǐ-le rén[bù hǎoyìsi] (出了洋相实在ˇ羞死了人[不好意思]). ¶～くて穴があれば入りたい hàisàode hènbude zuānjìn dìfeng li (害臊得恨不得钻进地缝里). ¶皆の前で歌うのは～い zài dàjiā miànqián chànggē juéde ˇhěn hàixiū[nánwéiqíng] (在大家面前唱歌觉得ˇ很害羞[难为情]). ¶彼女は～そうに話し出した tā xiūsè[xiūdādā] de kāile kǒu (她羞涩[羞答答]地开了口). ¶あまりほめられて～くなった shòule guòfèn de kuājiang juéde hěn nánwéiqíng (受了过分的夸奖觉得很难为情). ¶この作品は誰に見せても～くない出来栄えだ zhège zuòpǐn wúlùn jiào shuí kàn yě jué bú xùnsè (这个作品无论叫谁看也决不逊色). ¶大学生

として～くない行動をしなさい yìjǔ-yídòng dōu yào bùkuì shì yí ge dàxuéshēng(一举一动都要不愧是一个大学生). ¶こんなことして～くないんですか zuò zhè zhǒng shì, nǐ bù juéde xiūchǐ ma?(做这种事,你不觉得羞耻吗?). ¶何の～気もなく大声で話す mǎn bú zàihu de dàshēng shuō huà(满不在乎地大声说话)/ bù zhī xiūchǐ de gāo tán kuò lùn(不知羞耻地高谈阔论).

はずかしが・る【恥じがる】 xiū(羞), hàixiū(害羞), hàixiào(害臊). ¶彼女は～っておくに口もきかない tā hàixiūde hěn shuō bu shànglái(她害羞得话也说不上来)/ tā hánxiū bù yǔ(她含羞不语). ¶この子は～り屋だ zhè háizi pàxiū(这孩子怕羞).

はずかし・める【辱める】 1〔恥をかかせる〕wǔrǔ(侮辱), xiūrǔ(羞辱), hánchen(寒碜·寒伧). ¶人前でひどい～めを受けた dāngzhòng shòule hěn dà de wǔrǔ(当众受了很大的侮辱).
2〔名誉などを傷つける〕diànwū(玷污), diànrǔ(玷辱). ¶家名を～める diànwū jiāshēng(玷辱家声). ¶名人の名を～めない作品 bú diànwū míngjiā zhī míng de zuòpǐn(不玷污名家之名的作品).

ハスキー ¶～犬 Xībólìyà Àisījīmógǒu(西伯利亚爱斯基摩狗). ～ボイス dīchén ér sīyǎ de sǎngyīn(低沉而嘶哑的嗓音).

バスケットボール lánqiú(篮球).

はず・す【外す】 1〔離す〕 jiěkāi(解开), dǎkāi(打开). ¶ボタンを～す jiěkāi kòuzi(解开扣子). ¶ファスナーを～す lākāi lāsuōr(拉开拉锁儿). ¶掛金(鎹)を～す dǎkāi ménggōu(打开门钩). ¶ガラス戸を～す bǎ bōlichuāng xiàxialai(把玻璃窗下下来). ¶眼鏡を～す zhāixià yǎnjìng(摘下眼镜). ¶転んで肩の骨を～す shuāile ge gēntou jiānbǎng cuòle huánr le(摔了个跟头肩膀错了环儿了).
2〔除く〕 chúqù(除去), xuēchú(削除). ¶そのことは議題から～す cóng yìtí zhōng xuēchú gāi wèntí(从议题中削除该问题). ¶今回は彼をメンバーから～しておこう zhè cì zànshí cóng chéngyuánlǐ bǎ tā chúqù(这次暂时从成员里把他除去).
3〔離れる〕 ¶ちょっと席を～していただけませんか qǐng zànshí líkāi yíxià xíwèi, kě bu kěyǐ?(请暂时离开一下席位,可不可以?).
4〔そらす〕 bìkāi(避开), duǒbì(躲避). ¶相手の視線を～す bìkāi[duǒbì] duìfāng de shìxiàn(避开[躲避]对方的视线). ¶攻撃の矛先を～す bìkāi gōngjī de fēngmáng(避开攻击的锋芒).
5〔逸する〕 cuòguò(错过), fàngguò(放过). ¶この機会を～す búyào cuòguò zhège jīhuì(不要错过这个机会)/ mò shī liángjī(莫失良机). ¶取れるボールを～してしまった néng jiē de qiú shīwù le(能接的球失误了). ¶問題の本質を～してはいけない shuōhuà búyào tuōlí wèntí de běnzhì(说话不要脱离问题的本质).

はすっぱ【蓮っ葉】 qīngtiāo(轻佻). ¶～な娘 qīngtiāo de gūniang(轻佻的姑娘).

パステル sèfěnbǐ(色粉笔). ¶～画 fěnbǐhuà(粉笔画)/ fěnhuà(粉画)/ sèfěnhuà(色粉画).

バスト xiōngwéi(胸围).

パスポート hùzhào(护照).

はずみ【弾み】 1〔はね返り〕tánlì(弹力). ¶このボールは～がいい zhège qiú tánlì hěn hǎo(这个球弹力很好).
2〔勢い〕 ¶～がついているから車はすぐには止まらない yǒu chōnglì chēzi bùnéng mǎshàng tíngxialai(有冲力车子不能马上停下来). ¶仕事にますます～がついてきた gōngzuò yuè gàn yuè"shàng[qǐ] jìnr(工作越干越"上[起]劲儿). ¶急停車の～をくって座席から落ちた yóuyú jíshāchē, cóng zuòwèi shang diàole xiàlái(由于急刹车,从座位上掉了下来).
3〔なりゆき, 拍子〕 ¶ものの～でしゃべってしまった shùnkǒu bǎ nà shì shuōle chūlái(顺口把那事说了出来). ¶彼とはふとした～で知り合った gēn tā shì ǒurán xiāngshí de(跟他是偶然相识的). ¶転んだ～に財布を落した zài diēdǎo de shíhou diàole qiánbāo(在跌倒的时候掉了钱包).

はずみぐるま【弾み車】 fēilún(飞轮).

はず・む【弾む】 1〔はね返る〕 ¶このボールはよく～む zhège qiú hěn yǒu tánxìng(这个球很有弹性).
2〔調子づく〕 ¶次から次へと話が～む yí ge huàtí jiēzhe yí ge huàtí yuè shuō yuè qǐjìnr(一个话题接着一个话题越说越起劲儿). ¶その知らせを聞いて胸が～んだ tīng nàge xiāoxi wànfēn gāoxìng(听了那个消息万分高兴). ¶電話の向こうの声が～んでいる cóng diànhuàli chuánlái duìfāng xìnggāo-cǎiliè de shuōhuàshēng(从电话里传来对方兴高采烈的说话声).
3〔息などが〕 ¶彼は息を～ませて走って来た tā qìxūxū de pǎolai le(他气吁吁地跑来了).
4〔奮発する〕 ¶チップを～む duō gěi xiǎofèi(多给小费).

パズル mí(谜). ¶クロスワード～ zònghéng zìmí(纵横字谜). ジグソー～ qīqiǎobǎn(七巧板).

はずれ【外れ】 1〔端〕 ¶町の～を川が流れている zài zhèn de jìntóu yǒu yì tiáo hé(在镇的尽头有一条河). ¶村の一軒家 zài cūnbiānr de yí dòng fángzi(在村边儿的一栋房子).
2〔当らないこと〕 ¶今年の西瓜は～だ jīnnián de xīguā shōucheng bù hǎo(今年的西瓜收成不好). ¶これは～くじだ zhè shì kōngcǎi(这是空彩). ¶期待が～だった jiào rén dàwèi shīwàng(叫人大为失望). ¶そんな事を私に言うなんて的～だ gēn wǒ shuō nà zhǒng shì jiǎnzhí shì bú duìhào(跟我说那种事简直是不对号).

はず・れる【外れる】 1〔離れる〕 ¶ボタンが～れている kòuzi méi kòuzhe(扣子没扣着). ¶ねじが～れている luósīdīng tuōluò bújiàn le(螺丝钉脱落不见了). ¶引戸が～れた lāchuāng"cuòkāi[chàkāi] le(拉窗"错开[岔开]了). ¶桶のたがが～れた tǒnggūr tuōluò le(桶箍儿

脱落了). ¶あごが～れるほど笑った xiàode xiàbakēr jīhū yào diàole xiàlái (笑得下巴颏儿几乎要掉下来了). ¶肘の関節が～れた gēbozhǒur cuòle huánr (胳膊肘儿错了环儿).
2【除かれる】 ¶委員から～れる méiyǒu bèi xuǎnwéi wěiyuán (没有被选为委员).
3【それる】 ¶矢が的を～れた jiàn tuōbǎ le (箭脱靶了). ¶くじに～れる qiānr méi chōuzhòng (签儿没抽中). ¶予想が～れる hé yùxiǎng de xiāngfǎn (和预想的相反). ¶当てが～れてがっかりする zhǐwàng luòkōng, huīxīn-sàngqì (指望落空,灰心丧气). ¶規則に～れる wéifǎn guīzé (违反规则). ¶道に～れたことをしてはいけない bùnéng zuò wéibèi dàodé de shìqíng (不能做违背道德的事情). ¶ロケットは軌道を～れてしまった huǒjiàn piānlíle guǐdào (火箭偏离了轨道). ¶調子の～れた歌を大声で歌う fàngshēng gāochàng "zǒu[pǎo]le diàor de gē" (放声高唱「走[跑]了调儿的歌).

はぜ【沙魚】 xiāhǔyú (虾虎鱼).
はせい【派生】 pàishēng (派生). ¶あの事件からまた新しい問題が～した cóng nà shìjiàn yòu pàishēngchū xīn de wèntí (从那事件又派生出新的问题).
¶～語 pàishēngcí (派生词).
ばせい【罵声】 màshēng (骂声). ¶～を浴びせる pòkǒu dàmà (破口大骂).
バセドーびょう【バセドー病】 jiǎkàng (甲亢), jiǎzhuàngxiàn gōngnéng kàngjìnzhèng (甲状腺功能亢进症).
はぜのき【黄櫨】 yěqīshù (野漆树).
パセリ ōuqín (欧芹), yángqíncài (洋芹菜), hànqíncài (旱芹菜).
は・せる【馳せる】 ¶国の内外に名を～せる chímíng guónèiwài (驰名国内外). ¶故郷の妻子に思いを～せる huáiniàn gùxiāng de qīzǐ (怀念故乡的妻子).
は・ぜる【爆ぜる】 bàokāi (爆开), bèngkāi (迸开). ¶灰の中で栗が～ぜた lìzi zài huīlǐ bàokāi le (栗子在灰里爆开了).
はせん【破線】 xūxiàn (虚线).
ばぞく【馬賊】 mǎzéi (马贼).
パソコン gèrén jìsuànjī (个人计算机), gèrén diànnǎo (个人电脑). ¶ラップトップ～ xīshàngshì jìsuànjī (膝上式计算机).
はそん【破損】 pòsǔn (破损). ¶建物の～は大したことはなかった jiànzhùwù de pòsǔn bù hěn lìhai (建筑物的破损不很厉害). ¶荷は3割が～して届いた dào huò yuē yǒu bǎi fēn zhī sānshí de pòsǔn (到货约有百分之三十的破损). ¶水道管の一箇所を修理する xiūlǐ zìláishuǐguǎn de pòsǔnchù (修理自来水管的破损处).
はた【側・傍】 ¶この仕事は～で見るほど楽ではない zhège gōngzuò bú xiàng cóng páng kànzhe nàme róngyì (这个工作不像从旁看着那么容易). ¶そんな大きな音を立てては～迷惑だ nòngchū nàme dà de shēngyīn huì jiǎorǎo sìlín de (弄出那么大的声音会搅扰四邻的).
はた【旗】 qí (旗), qízi (旗子), qízhì (旗帜).

校門に～を掲げる zài xiàomén guà qí (在校门挂旗). ¶～を揚げる[下ろす] shēng [jiàng] qí (升[降]旗). ¶～を振って歓迎する huīdòng qízi huānyíng (挥动旗子欢迎). ¶彼等は～を巻いて逃げ出した tāmen juǎnqǐ qízi táopǎo le (他们卷起旗子逃跑了).
はた【端】 biān[r] (边[儿]). ¶池の～で夕涼みをする bàngwǎn zài chíbiān chéngliáng (傍晚在池边乘凉).
はた【機】 zhībùjī (织布机). ¶～を織る zhībù (织布).
はだ【肌】 **1**【皮膚】 pífū (皮肤). ¶彼女は～が美しい tā jīfū xìnì (她肌理细腻)/ tā fū rú nízhī (她肌肤如凝脂). ¶～が荒れている pífū cūcāo (皮肤粗糙). ¶寒風に～を刺す hánfēng cìgǔ (寒风刺骨). ¶事の重大さを～で感じた qièshēn gǎndào shì guān zhòngdà (切身感到事关重大). ¶～を許す yǐ shēn xiāng xǔ (以身相许).
2【表面】 ¶岩～をむき出しにした山腹 yánshí luòlù de shānyāo (岩石裸露的山腰).
3【気質】 fēngdù (风度). ¶私はどうもあの人とは～が合わない wǒ gēn tā zěnme yě hébùlái (我跟他怎么也合不来). ¶彼は芸術家～だ tā yǒu yìshùjiā de fēngdù (他有艺术家的风度).
バター huángyóu (黄油). ¶パンに～をつける zài miànbāo shang mǒ huángyóu (在面包上抹黄油).
¶～ナイフ huángyóudāo (黄油刀). ピーナッツ～ huāshēngjiàng (花生酱).
はだあい【肌合】 ¶彼は我々とは～が違う tā gēn wǒmen qìwèi bù xiāngtóu (他跟我们气味不相投).
はたあげ【旗揚げ】 ¶その団体は"芸術革新"を唱えて～した nàge tuántǐ chàngdǎo "yìshù géxīn" ér kāishǐ huódòng le (那个团体倡导"艺术革新"而开始活动了). ¶新劇団は華々しく～公演をした tā xīn jùtuán lóngzhòng de jǔxíngle shǒu cì gōngyǎn (新剧团隆重地举行了首次公演).
パターン lèixíng (类型), móshì (模式), xíngshì (形式), fāngshì (方式). ¶日本人特有の思考～ Rìběnrén suǒ tèyǒu de sīkǎo fāngshì (日本人所特有的思考方式). ¶文化の～ wénhuà de lèixíng (文化的类型).
はたいろ【旗色】 ¶～がよくない fēngsè bú duì (风色不对)/ shìtou bùmiào (势头不妙). ¶～を見る kàn ˇfēngsè[fēngtou] (看ˇ风色[风头]).
はだいろ【肌色】 ròusè (肉色), fūsè (肤色).
はだか【裸】 luǒtǐ (裸体), chìshēn (赤身), guāngshēn (光身). ¶～の背中から汗がしたたり落ちる guāngchìzhe de jǐliang dàhàn línlí (光赤着的脊梁大汗淋漓). ¶子供达は～になって水浴びをした háizimen ˇguāngzhe pìgu [tuōde guāngliūliū de] wán shuǐ (孩子们ˇ光着屁股[脱得光溜溜的]玩水). ¶木枯しが吹き荒れて木々はすっかり～になった hánfēng dàzuò, shùbiànde guāngtūtū le (寒风大作,树变得光秃秃了). ¶～になって話し合おう dǎkāi tiānchuāng

shuō liànghuà ba(打开天窗说亮话吧). ¶破産して～になった pòle chǎn chéngle qióngguāngdàn(破了产成了穷光蛋). ¶～電球 bú dài dēngsǎn de diàndēng(不带灯伞的电灯).

はだかいっかん【裸一貫】 ¶～から身を起す báishǒu qǐjiā(白手起家).

はだかうま【裸馬】 luǒmǎ(裸马), wú'ānmǎ(无鞍马). ¶～を乗りまわす kuà wú'ānmǎ zìyóu chíchěng(跨着无鞍马自由驰骋).

はたがしら【旗頭】 ~ fǎnduìpài de qíshǒu(反对派的旗手).

はだかむぎ【裸麦】 luǒmài(裸麦), kēmài(稞麦), yuánmài(元麦), qīngkē(青稞).

はたき【叩き】 dǎnzi(掸子). ¶～をかける dǎn dǎnzi(掸掸子).

はだぎ【肌着】 nèiyī(内衣), hànshān(汗衫), tiēshēnyī(贴身衣).

はた・く【叩く】 1[払う] dǎn(掸), chōuda(抽打); pāi(拍), pāida(拍打), pūdǎ(扑打). ¶ちりを～く dǎn chéntǔ(掸尘土). ¶オーバーの雪を～く pāida dàyī shang de xuě(拍打大衣上的雪).
2[たたく] dǎ(打), pāi(拍). ¶蝿を～く pāi cāngying(拍苍蝇). ¶尻を～く dǎ pìgu(打屁股).
3[使い果す] ¶有り金を～いて支払う tāochū suǒyǒu de qián lai fùzhàng(掏出所有的钱来付账). ¶彼はそれを財布の底を～いて買ったのだ tā qīng náng mǎile nàge dōngxi(他倾囊买了那个东西).

バタくさ・い【バタ臭い】 yángqì(洋气), yánglìyángqì(洋里洋气). ¶容貌が～い zhǎngxiàng yángliyángqì(长相洋里洋气).

はたけ【畑】 1 dì(地), tiándì(田地), hàndì(旱地), hàntián(旱田). ¶～を耕す gēng dì(耕地). ¶～仕事をする zuò 'nónghuór[zhuāngjiahuór](做'农活儿[庄稼活儿]).
¶段々～ tītián(梯田). 野菜～ càiyuán(菜园)/ yuántián(园田).
2[専門領域] ¶彼は法律～の人だ tā shì gǎo fǎlǜ de(他是搞法律的). ¶それは私には～違いだ nà shì duì wǒ lái shuō gézhe háng(那事对我来说隔着行).

はたけ【疥】 báixuǎn(白癣).

はだ・ける ¶胸を～けて赤ん坊に乳を飲ます chǎngzhe huái nǎi háizi(敞着怀奶孩子). ¶だらしなく前が～けている lālilāta de chǎngzhe qiánjīn(邋里邋遢地敞着前襟).

はたざお【旗竿】 qígān(旗杆).

はたさく【畑作】 hàndì zuòwù(旱地作物). ¶この一帯は～が主だ zhè yídài yǐ gēngzhòng hàntián wéi zhǔ(这一带以耕种旱田为主).

はださむ・い【肌寒い】 ¶今夜は少し～い jīnwǎn juéde yǒudiǎnr lěngsīsī de(今晚觉得有点儿冷丝丝的).

はだざわり【肌触り】 ¶この生地は～がなめらかだ zhè liàozi mōzhe tǐng huáliu[shǒugǎn róuhuá](这料子摸着挺滑溜[手感柔滑]). ¶～の柔らかい人 hé'ǎi kěqīn de rén(和蔼可亲的人). ¶～の悪い布地 shǒugǎn bùjiā de bùliào(手感不佳的布料).

はだし【跣】 guāngjiǎo(光脚), chìjiǎo(赤脚), chìzú(赤足). ¶～で歩く guāngzhe jiǎo zǒulù(光着脚走路). ¶彼の喉はくろうとが～だ tā de gēhóu shǐ hángjiā zì kuì bùrú(他的歌喉使行家自愧不如).

はたしあい【果し合い】 juédòu(决斗). ¶～をいどむ yāoqiú juédòu(要求决斗). ¶～をする jìnxíng juédòu(进行决斗).

はたしじょう【果し状】 juédòushū(决斗书), tiǎozhànshū(挑战书).

はたして【果して】 1[本当に、最後には] ¶～うまくいくだろうか shìfǒu zhēn néng gǎohǎo?(是否真能搞好?). ¶～彼女は出掛けたのだろうか tā zhēn zǒule ma?(她真走了吗?). ¶～どうなるか dàodǐ huì zěnmeyàng ne?(到底会怎么样呢?).
2[案の定] guǒrán(果然), guǒzhēn(果真). ¶彼ならと思っていたが～立派にやり遂げた wǒ xiāngxìn tā yídìng néng xíng, guǒrán chūsè de wánchéng le(我相信他一定能行, 果然出色地完成了). ¶底冷えがすると思ったら～雪が降り出した juéde tòuxīnliáng, guǒrán xiàqǐ xuě lai le(觉得透心凉, 果然下起雪来了). ¶～彼はそこにいた guǒzhēn tā zài nàr le(果真他在那儿了).

はたじるし【旗印】 qízhì(旗帜), qíhào(旗号). ¶自由と独立の～を掲げる gāojǔ zìyóu dúlì de qízhì(高举自由独立的旗帜).

はた・す【果す】 1[しとげる] wánchéng(完成), lǚxíng(履行). ¶任務を～す wánchéng rènwu(完成任务). ¶使命を～す wánchéng shǐmìng(完成使命). ¶義務を～す lǚxíng yìwù(履行义务). ¶目的を～す dádào mùdì(达到目的). ¶約束を～す lǚxíng nuòyán(履行诺言)/ lǚyuē(履约). ¶彼は長年の望みを～した tā duōnián de yuànwàng zhōngyú shíxiàn le(他多年的愿望终于实现了).
2[…し尽す] jìn(尽), guāng(光). ¶有り金を使い～す bǎ suǒyǒu de qián 'huāguāng[yòngjìn] le(把所有的钱'花光[用尽]了).

はたせるかな【果せるかな】 guǒrán(果然). ¶心配していたが～彼は失敗した yìzhí dānxīnzhe, guǒrán bù chū wǒ suǒ liào, tā shībài le(一直担心着, 果然不出我所料, 他失败了).

はたち【二十】 èrshí suì(二十岁).

はたと tūrán(突然), hūrán(忽然), hū'ér(忽而). ¶～思い当る hūrán xiǎngqǐlai le(忽然想起来了). ¶問い詰められて～行き詰った bèi jiéwènde yìshí bù zhī zěnme huídá hǎo(被诘问得一时不知怎么回答好).

はだぬぎ【肌脱ぎ】 guāng bǎngzi(光膀子), guāng jǐliang(光脊梁), chìbó(赤膊), chìbèi(赤背). ¶～になって汗をふく guāngzhe bǎngzi cā hàn(光着膀子擦汗).

ばたばた ¶廊下を～走る bādā bādā zài zǒuláng shang luàn pǎo(吧嗒吧嗒在走廊上乱跑). ¶子供が足を～させて泣きわめく xiǎoháizi bādāzhe jiǎo kūhǎn(小孩子吧嗒着脚哭喊). ¶何をそんなに～しているのだ wèishénme nàme

shǒumáng-jiǎoluàn de? (为什么那么手忙脚乱的?). ¶ 縁談が～と決った qīnshi jízhuǎn-zhíxià dìngxialai le (亲事急转直下订下来了). ¶ 中小企業が～と倒産した zhōngxiǎo qǐyè yí ge jiēzhe yí ge dǎobì le (中小企业一个接着一个倒闭了).

バタフライ diéyǒng (蝶泳).

はだみ【肌身】 ¶ ～離さず持っている zǒng tiēshēn dàizhe (总贴身带着).

はため【傍目】 ¶ ～には面白そうに見える zài júwàirén yǎnli hǎoxiàng hěn yǒu yìsi shìde (在局外人眼里好像很有意思似的). ¶ ～にも痛々しいほど悲しんでいる tā de jídù bēitòng shǐde pángbiān de rén wèi zhī nánguò (他的极度悲痛使得旁边的人为之难过). ¶ ～を気にする gùjì rényǎn (顾忌人眼).

はため・く piāodàng (飘荡), piāoyáng (飘扬), zhāozhǎn (招展). ¶ 旗が風に～いている qízi yíngfēng piāoyáng (旗子迎风飘扬).

はたらか・す【働かす】 dòng (动), kāidòng (开动). ¶ 機械をフルに～して生産を上げる zuìdà xiàndù de fāhuī jīxiè nénglì yǐ tígāo shēngchǎn (最大限度地发挥机械能力以提高生产). ¶ 頭を～せればそれくらいの事はすぐ分るはずだ dòng diǎnr nǎojīn, nàyàng de shì jiù huì dǒng de (动点ル脑筋, 那样的事就会懂的). ¶ 想像力を自由に～す ràng xiǎngxiànglì zìyóu chíchěng (让想像力自由驰骋).

はたらき【働き】 **1** ¶ 毎日工場に～に出る měitiān dào gōngchǎng qù gōngzuò (每天到工厂去工作). ¶ ～甲斐のある仕事 yǒu gàntóur de gōngzuò (有干头ル的工作). ¶ 彼の～によって商談がまとまった yóuyú tā de bēnzǒu tántuǒle yì bǐ jiāoyì (由于他的奔走谈妥了一笔交易). ¶ これが成功したのは彼の～による zhè shì huòdé chénggōng wánquán guīgōng yú tā (这事获得成功完全归功于他). ¶ 彼は立派な～をした tā lìle dàgōng (他立了大功). ¶ 彼には家族を養っていくだけの～がない tā zhèng de búgòu yìjiārén húkǒu (他挣的不够一家人餬口).

2〔機能, 作用〕jīnéng (机能), gōngnéng (功能), zuòyòng (作用). ¶ 胃腸の～が悪い chángwèi de jīnéng bù huópo (肠胃的机能不活泼). ¶ 最近頭の～が鈍って困る zuìjìn nǎozi bù hǎoshǐ, méi bànfǎ (最近脑子不好使, 没办法). ¶ 物体は引力の～で落下する wùtǐ shòu yǐnlì zuòyòng ér xiàluò (物体受引力作用而下落). ¶ 薬の～で熱が下がった yào qǐle zuòyòng, shāo tuì le (药起了作用, 烧退了).

はたらきか・ける【働き掛ける】 yùndong (运动). ¶ 各方面に～けて寄付を募る xiàng gè fāngmiàn huódong mùjuān (向各方面活动募捐).

はたらきざかり【働き盛り】 zhèngdāngnián (正当年). ¶ 彼は今や～だ tā jīnglì wàngshèng, zhèngdāngnián (他精力旺盛, 正当年).

はたらきて【働き手】 ¶ 農繁期なのに～が足りない zhèngshì nóngmáng jìjié rénshǒu bú gòu (正是农忙季节人手不够). ¶ 交通事故で一家の～を失う yóuyú jiāotōng shìgù shīqùle yìjiā de zhīzhù (由于交通事故失去了一家的支柱). ¶ 彼は我が社きっての～だ tā shì wǒ gōngsī ˈzuì nénggàn de rén[de dànéngrén] (他是我公司ˈ最能干的人[的大能人]).

はたらきもの【働き者】 ¶ うちの女房は～だ wǒ lǎopo hěn qínkuai (我老婆很勤快).

はたら・く【働く】 **1**〔仕事をする〕gōngzuò (工作), láodòng (劳动), zuògōng (做工), zuòhuór (做活ル). ¶ 1日8時間～く yì tiān gōngzuò bā ge xiǎoshí (一天工作八个小时). ¶ 父は製鉄所で25年間～いた fùqin zài gāngtiěchǎng gōngzuòle èrshiwǔ nián (父亲在钢铁厂工作了二十五年). ¶ 彼は～きながら大学を卒業した tā bàngōng-bàndú dàxué bìle yè (他半工半读大学毕了业). ¶ ～き過ぎて病気になった gōngzuò guòdù láolèi bìngdǎo le (工作过度劳累病倒了). ¶ ～かざる者食うべからず bùláodòng zhě bùdé shí (不劳动者不得食). ¶ この件に関しては君に大いに～いてもらいたい guānyú zhè jiàn shì, děi yào nǐ dà xiǎn shēnshǒu (关于这件事, 得要你大显身手).

2〔頭などが〕¶ 彼は頭のよく～く人だ tā zhēn néng dòng nǎojīn (他真能动脑筋). ¶ この話は危ないという勘が～いた zhè jiàn shì píng zhíjué gǎndào yǒu wēixiǎn (这件事凭直觉感到有危险).

3〔よくない事をする〕¶ 乱暴を～く dòngshǒu dǎ rén (动手打人)/ shuǎ yěmán (耍野蛮). ¶ 盗みを～く tōu dōngxi (偷东西). ¶ 不正を～く zuò huàishì (做坏事).

4〔作用する〕¶ 安全装置が～いて機械が止った ānquán zhuāngzhì fāshēng zuòyòng, jīqì tíngzhǐ le (安全装置发生作用, 机器停止了). ¶ 彼がその気になったのはその場の雰囲気がずいぶん～いている shǐ tā nàyàng shì yóuyú dāngshí de qìfēn qǐle hěn dà de zuòyòng (使他那样是由于当时的气氛起了很大的作用).

はたん【破綻】 pòzhan (破绽). ¶ 計画に～を生じた jìhuà lùchūle pòzhan (计划露出了破绽).

はだん【破談】 ¶ 商談を～にする bǎ tántuǒ de mǎimai qǔxiāo le (把谈妥的买卖取消了). ¶ 縁談は～になった hūnshì pòliè le (婚事破裂了).

ばたん bādā (吧嗒), guāngdāng (咣当). ¶ ドアを～と閉める pēng de[guāng de] yì shēng guānshàng mén (砰的[咣的]一声关上门).

はたんきょう【巴旦杏】 bādànxìng (巴旦杏), biǎntáo (扁桃).

はち【八】 bā (八・捌).

はち【蜂】 fēng (蜂). ¶ ～がぶんぶん飛び回る fēng wēngwēng de fēilai-fēiqu (蜂嗡嗡地飞来飞去). ¶ ～に刺された bèi fēng zhē le (被蜂蜇了). ¶ 会場は～の巣をつついたような騒ぎになった huìchǎngli rútóng tǒngle mǎfēngwō shìde luànqilai le (会场里如同捅了马蜂窝似的乱起来了).

¶ ～の巣 fēngcháo (蜂巢)/ fēngwō (蜂窝). 女王～ fēngwáng (蜂王)/ mǔfēng (母蜂). 働き～ gōngfēng (工蜂).

はち【鉢】 pén[r] (盆[ル]), pénzi (盆子). ¶ 果物をガラスの～に盛る bǎ shuǐguǒ bǎizài bōlipánli (把水果摆在玻璃盘里). ¶ 菊を～に植え

は

る bǎ júhuā zāi huāpénli(把菊花栽花盆里). ¶頭の〜が大きい tóulǐ hěn dà(头颅很大). ¶植木〜 huāpén[r](花盆[ル]). どんぶり〜 dàfànwǎn(大饭碗)/ hǎiwǎn(海碗).

ばち【罰】 bàoyìng(报应). ¶そんな事をすると〜が当るよ zuò nà zhǒng shì yídìng huì dédào yīng dé de bàoyìng(做那种事一定会得到应得的报应). ¶〜が当たった zhè shì 'bàoyìng[xiànshìbào](这是'报应[现世报]). ¶この〜当りめ nǐ zhège zāoléipīde!(你这个遭雷劈的!). ¶そんな〜当りなことを言うものではない bú yào shuō nà zhǒng zàonièe de huà!(不要说那种造孽的话!).

ばち【撥】〔弦楽器の〕bōzi(拨子);〔太鼓などの〕gǔchuíer(鼓槌ル).

はちあわせ【鉢合せ】 dǎ zhàomiànr(打照面ル). ¶廊下を曲ったとたん2人は〜した gāng yì guǎiguò zǒuláng liǎng ge rén zhuàngle ge mǎnhuái(刚一拐过走廊两个人撞了个满怀). ¶思いがけないところで旧友と〜した zài yìxiǎng bu dào de dìfang gēn lǎopéngyou dǎle ge zhàomiànr(在意想不到的地方跟老朋友打了个照面ル).

はちうえ【鉢植】pénhuā[r](盆花[ル]), pénzāi(盆栽). ¶朝顔の〜 huāpénr zāi de qiānniúhuā(花盆ル栽的牵牛花).

ばちがい【場違い】 ¶ここでそんな事を持ち出すのは〜だ zài zhè zhǒng chǎnghé tíchū nàyàng de shì lai tài bù héshì le(在这种场合提出那样的事来太不合适了).

はちき・れる【はち切れる】 chēngpò(撑破). ¶袋に〜れるほど胡桃(ふ)を詰めた kǒudaili hútáo sāide gǔgǔ de(口袋里胡桃塞得鼓鼓的). ¶食べ過ぎておなかが〜れそうだ chīde tài bǎo, jiǎnzhí yào chēngsǐ le(吃得太饱,简直要撑死了). ¶〜れんばかりの若さ chōngmǎn huólì de qīngchūn(充满活力的青春).

はちく【破竹】 pòzhú(破竹). ¶〜の勢いで進撃する yǐ pòzhú zhī shì zhǎnkāi jìngōng(以破竹之势展开进攻)/ zhuījí díjūn shì rú pòzhú(追击敌军势如破竹).

ばちくり ¶驚いて目を〜させる xiàde zhí zhǎyǎn(吓得直眨眼).

はちどり【蜂鳥】 fēngniǎo(蜂鸟).

ぱちぱち pīpā(噼啪), pīpāpā(噼啪啪), pīlīpālā(噼里啪啦). ¶小枝が〜と燃えた xiǎoshùzhī shāode pīlīpālā de xiǎng(小枝烧得噼里啪啦地响). ¶拍手の音が〜と聞こえた tīngjiànle pīpīpāpā de gǔzhǎngshēng(听见了噼噼啪啪的鼓掌声). ¶ごみが入ったので目を〜させている shāzi míle yǎn, zhí zhǎba(沙子眯了眼,直眨巴).

はちぶんめ【八分目】 ¶コップに〜水を入れる wǎng bēizili dào bā fēn shuǐ(往杯子里倒八分水). ¶腹〜に医者いらず dùzi bā fēn bǎo, yīshēng bù lái zhǎo(肚子八分饱,医生不来找).

はちまき【鉢巻】 ¶手拭で〜をする tóushang gū yì tiáo bùshǒujīn(头上箍一条布手巾).

はちみつ【蜂蜜】 fēngmì(蜂蜜), mì(蜜).

はちミリ【八ミリ】 ¶〜映画 bā háomǐ yǐngpiàn(八毫米影片). ¶〜カメラ bā háomǐ shèyǐngjī(八毫米摄影机).

はちめんろっぴ【八面六臂】 ¶彼はまさに〜の活躍をしている tā zài gè gè fāngmiàn dà xiǎn shēnshǒu(他在各个方面大显身手).

はちゅうるい【爬虫類】 páxíng dòngwù(爬行动物), páchóng(爬虫).

はちょう【波長】 bōcháng(波长).

ぱちんこ **1**【玩具】dàngōng(弹弓), běnggōngzi(绷弓子). ¶〜で雀を打つ ná dàngōng dǎ máquè(拿弹弓打麻雀).
2【遊技】dànzǐqiú(弹子球). ¶〜をする dǎ dànzǐqiú(打弹子球).

はつ【初】 ¶〜の記者会見が行われた jǔxíngle dìyī cì jìzhě zhāodàihuì(举行了第一次记者招待会). ¶それは我が国にとって〜の試みである nà duì wǒguó lái shuō shì chūcì de chángshì(那对我国来说是初次的尝试).

はつ【発】 **1** ¶15時30分東京〜の特急に乗る chéng shíwǔ shí sānshí fēn cóng Dōngjīng kāi de tèbié kuàichē(乘十五时三十分从东京开的特别快车). ¶北京〜の新華社電によると… jù Běijīng Xīnhuáshè diàn…(据北京新华社电…).
2【助数詞】kē(颗), fā(发), lì(粒). ¶100〜の弾丸 yìbǎi kē zǐdàn(一百颗子弹).

ばつ ¶〜が悪い hǎoyìsi(不好意思)/ nánwéiqíng(难为情)/ nánkān(难堪)/ gāngà(尴尬). ¶彼の話にうまく〜を合せる shùnzhe tā de huà shuōhuà(顺着他的话说话).

ばつ【跋】 bá(跋).

ばつ【罰】 fá(罚), chǔfá(处罚). ¶〜を加える chǔfá(处罚). ¶甘んじて〜を受ける qíngyuàn ái fá(情愿挨罚)/ gānxīn shòufá(甘心受罚)/ rèn fá(认罚). ¶〜として外出を禁止する fá nǐ bùxǔ wàichū(罚你不许外出).

ばつ【閥】 pàixì(派系), pàibié(派别). ¶〜を作る jiéchéng pàixì(结成派系).

はつあん【発案】 ¶この計画は彼の〜による zhège jìhuà shì tā xiǎngchulai de(这个计划是他想出来的). ¶新しい方式を〜する fāmíng xīn de fāngfǎ(发明新的方法).

はつい【発意】 tíyì(提议), chàngyì(倡议). ¶彼の〜でこの研究会が生れた yóuyú tā de chàngyì zhège yánjiūhuì dànshēng le(由于他的倡议这个研究会诞生了).

はついく【発育】 fāyù(发育). ¶〜がよい fāyùde hǎo(发育得好).
¶〜不全 fāyù bù quán(发育不全).

はつえんとう【発煙筒】 fāyāntǒng(发烟筒).

はつおん【発音】 fāyīn(发音). ¶正確に〜する zhèngquè de fāyīn(正确地发音). ¶彼は〜がいい[悪い] tā fāyīn 'hěn hǎo[bù hǎo](他发音'很好[不好]).
¶〜器官 fāyīn qìguān(发音器官). 〜記号 yīnbiāo(音标).

はっか【発火】 qǐhuǒ(起火), fāhuǒ(发火), zháohuǒ(着火). ¶黄燐は自然〜する huánglín néng zìrán(黄磷能自燃).

¶～点 fāhuǒdiǎn(发火点)/ zháohuǒdiǎn(着火点)/ rándiǎn(燃点).
はっか【薄荷】 bòhe(薄荷). ¶～入りのガム hán bòhe de kǒuxiāngtáng(含薄荷的口香糖). ¶～油 bòheyóu(薄荷油).
はつが【発芽】 fāyá(发芽), chūyá(出芽), zīyá[r](滋芽[儿]). ¶まいた種が～しない bō de zhǒngzi méi fāyá(播的种子没发芽). ¶～率 fāyálǜ(发芽率).
ハッカー hēikè(黑客), hèkè'ěr(赫克尔).
はっかく【発覚】 ¶大規模な脱税が～した dàguīmó de tōushuì bèi fājué le(大规模的偷税被发觉了). ¶陰謀が～した yīnmóu bàolù le(阴谋暴露了).
ばっかく【麦角】 màijiǎo(麦角).
はつかねずみ【二十日鼠】 xiǎojiāshǔ(小家鼠), xīshǔ(鼷鼠); [飼育種] xiǎobáishǔ(小白鼠), chēshǔ(车鼠).
はっかん【発刊】 fākān(发刊), chuàngkān(创刊). ¶雑誌を～する fāxíng zázhì(发行杂志). ¶～の辞 fākāncí(发刊词).
はっかん【発汗】 chūhàn(出汗), fāhàn(发汗). ¶高熱でひどく～した fā gāoshāo, hàn chūde hěn duō(发高烧, 汗出得很多). ¶～剤 fāhànjì(发汗剂).
はつがん【発癌】 ¶～物質 zhì'ái wùzhì(致癌物质).
はっき【発揮】 fāhuī(发挥), shīzhǎn(施展). ¶本領を～する fāhuī běnlǐng(发挥本领)/ dà xiǎn shēnshǒu(大显身手). ¶あの会社では彼は力を十分に～できない zài nàge gōngsī tā wúfǎ chōngfēn shīzhǎn cáigàn(在那个公司他无法充分施展才干).
はつぎ【発議】 jiànyì(建议), tíyì(提议). ¶委員会の設置を～する tíyì shèlì yí ge wěiyuánhuì(提议设立一个委员会).
はっきゅう【薄給】 bóxīn(薄薪), bófèng(薄俸). ¶～に甘んずる gānyú bófèng(甘于薄俸).
はっきょう【発狂】 fāfēng(发疯), fākuáng(发狂). ¶彼女は悲しみのあまり～した tā bēitòng de fāfēng le(她悲痛得发疯了).
はっきり qīngchu(清楚), qīngxī(清晰), qīngqiè(清切), xiānmíng(鲜明), míngquè(明确), míngxiǎn(明显). ¶遠くの山が～見える yuǎnyuǎn de shānfēng qīngxī kějiàn(远远的山峰清晰可见). ¶声が小さくて～聞えない shēngyīn tài xiǎo, tīng bu qīngchu(声音太小, 听不清楚). ¶昔の事なので～覚えていない hěn jiǔ yǐqián de shì yǐjing jìde bù tài qīngchu(很久以前的事已经记得不太清楚). ¶金のことは友達の間でも～させておく方がいい jīnqiánshang de shì jíshǐ shì péngyou jiān yě yě nòngqīngchu wéi hǎo(金钱上的事即使是朋友间也以弄清楚为好). ¶彼の立場は～している tā de lìchǎng hěn xiānmíng(他的立场很鲜明). ¶いずれ真相は～する zǎowǎn huì zhēnxiàng dàbái de(早晚会真相大白的)/ shìqing zǒng huì shuǐluò-shíchū de(事情总会水落石出的). ¶それとこれとでは～した区別はない nàge hé zhège méiyǒu míngxiǎn de qūbié[fēnbiàn bù qīng](那个和这个没有明显的区别[分辨不清]). ¶そんな話は～断る nà zhǒng shì wǒ duànrán jùjué(那种事我断然拒绝). ¶～言って私は不賛成だ dǎkāi tiānchuāng shuō liànghuà, wǒ bú zànchéng(打开天窗说亮话, 我不赞成). ¶この子は～した目鼻立ちをしている zhège háizi wǔguān duānzhèng[méimù qīngxiù](这个孩子五官端正[眉目清秀]). ¶今日は～した返事を聞きたい jīntiān fēiděi gěi ge míngquè de dáfù[zhǔnhuàr] bùkě(今天非得给个明确的答复[准话儿]不可). ¶よく寝たら頭が～した shuìhǎole jiào, tóunǎo yě qīngxǐng le(睡好了觉, 头脑也清醒了). ¶天気が～しない tiānqì yīnqíng búdìng(天气阴晴不定). ¶病気が～しない bìng lǎo bú jiànhǎo(病老不见好).
はっきん【白金】 bó(铂), báijīn(白金).
はっきん【発禁】 ¶～処分 jìnzhǐ fāxíng, xiāoshòu chǔfèn(禁止发行、销售处分).
ばっきん【罰金】 fájīn(罚金), fákuǎn(罚款). ¶3万円以下の～に処する chǔyǐ sānwàn rìyuán yǐxià de fákuǎn(处以三万日元以下的罚款). ¶スピード違反で～をとられた yóuyú chāosù jiàshǐ, bèi fále kuǎn(由于超速驾驶, 被罚了款).
パッキング 1 [詰め物] tiánchōngwù(填充物), tiánliào(填料).
2 [管などの] diànquān[r](垫圈[儿]). ¶水道の～が磨滅した shuǐlóngtóu de diànquān mósǔn le(水龙头的垫圈磨损了).
バック 1 [背景] bèijǐng(背景), hòujǐng(后景). ¶富士山を～にして写真をとる yǐ Fùshì Shān wéi bèijǐng zhàoxiàng(以富士山为背景照相).
2 [後楯] hòutái(后台), hòudùn(后盾), kàoshān(靠山). ¶彼には有力な～がある tā yǒu qiángyǒulì de hòutái(他有强有力的后台).
3 [後退] dàotuì(倒退), dào(倒). ¶自動車を～させる bǎ qìchē xiàng hòu dào(把汽车向后倒). ¶～オーライ hǎo, dàochē(好, 倒车).
4 ¶皆で～アップする dàjiā gěi tā chēngyāo(大家给他撑腰). ¶雑誌の～ナンバー guòqī de zázhì(过期的杂志). ¶～ボーンのある人間 yǒu gǔqì de rén(有骨气的人)/ yìnggǔtou(硬骨头).
¶～ミラー hòushìjìng(后视镜).
バッグ tíbāo(提包), shǒutíbāo(手提包), píbāo(皮包).
パック ¶～美容 miànmó měiróng(面膜美容). ～旅行 yīlǎnzi lǚxíng(一揽子旅行)/ bāojià lǚxíng(包价旅行). 真空～ zhēnkōng bāozhuāng(真空包装).
バックスキン lùpí(鹿皮).
はっくつ【発掘】 fājué(发掘). ¶遺跡を～する fājué yíjì(发掘遗迹). ¶人材を～する fājué réncái(发掘人材).
ぱっくり ¶傷口が～とあく shāngkǒu lièkāi le(伤口裂开了).
バックル dàikòu(带扣).
ばつぐん【抜群】 chūzhòng(出众), chāoqún(超

群), bájiān[r] (拔尖[儿]), chūjiān[r] (出尖[儿]). ¶彼の成績は～だ tā chéngjì chūzhòng (他成绩出众).

はっけ【八卦】 bāguà (八卦); zhānguà (占卦), suànguà (算卦). ¶当るも～当らぬも～ suànguà yě líng yě bùlíng (算卦也灵也不灵).
¶～見 zhānguàde (占卦的)/ bǔzhě (卜者).

パッケージ bāozhuāng (包装); yí tào shāngpǐn (一套商品). ¶～プログラム zǔhé chéngxù (组合程序)/ chéngxùbāo (程序包).

パッケージソフトウェア ruǎnjiànbāo (软件包).

はっけっきゅう【白血球】 báixìbāo (白细胞), báixuèqiú (白血球).

はっけつびょう【白血病】 báixuèbìng (白血病), xuè'ái (血癌).

はっけん【発見】 fāxiàn (发现). ¶ニュートンは万有引力の法則を～した Niúdùn fāxiànle wànyǒu yǐnlì dìnglǜ (牛顿发现了万有引力定律).
¶彼の死体が～された tā de shītǐ bèi fāxiàn le (他的尸体被发现了). ¶癌は早期～が何より大切である áizhèng zǎoqí fāxiàn jíwéi zhòngyào (癌症早期发现极为重要).
¶～者 fāxiànzhě (发现者).

はつげん【発言】 fāyán (发言). ¶私は思いきって～した wǒ gǔqǐ yǒngqì fāle yán (我鼓起勇气发了言). ¶出席者全員の～を求める yāoqiú quántǐ chūxízhě fāyán (要求全体出席者发言).
¶～権 fāyánquán (发言权).

ばっこ【跋扈】 báhù (跋扈). ¶暴力団が～する dǎitú bāngpài ¯fēiyáng bádào¯ [héngxíng-bàdào] (歹徒帮派"飞扬跋扈[横行霸道]).

はつこい【初恋】 chūliàn (初恋).

はっこう【発光】 fāguāng (发光). ¶蛍は自分で～する yínghuǒchóng zìshēn fāguāng (萤火虫自身发光).
¶～体 fāguāngtǐ (发光体). ～塗料 fāguāng túliào (发光涂料).

はっこう【発行】 fāxíng (发行). ¶毎月5日に雑誌を～する zázhì měiyuè wǔ rì fāxíng (杂志每月五日发行). ¶公債を～する fāxíng gōngzhài (发行公债). ¶証明書を～する fā zhèngmíngshū (发证明书). ¶この新聞は～部数が50万に達する zhège bàozhǐ fāxíngliàng dá wǔshí wàn (这个报纸发行量达五万).
¶～者 fāxíngrén (发行人). ～所 fāxíngsuǒ (发行所)/ fāxíngchù (发行处). 貨幣～額 huòbì fāxíng'é (货币发行额).

はっこう【発効】 shēngxiào (生效). ¶この条約は5月15日より～する cǐ tiáoyuē zì wǔyuè shíwǔ rì qǐ shēngxiào (此条约自五月十五日起生效).

はっこう【発酵】 fājiào (发酵). ¶ぶどうを～させてぶどう酒を作る shǐ pútao fājiào niàngzào pútaojiǔ (使葡萄发酵酿造葡萄酒).

はっこう【薄幸】 ¶～の佳人 bómìng de jiārén (薄命的佳人).

はっこつ【白骨】 báigǔ (白骨), kūgǔ (枯骨), shīgǔ (尸骨).

ばっさい【伐採】 kǎnfá (砍伐), cǎifá (采伐). ¶山林を～する kǎnfá shānlín (砍伐山林).

ばっさり ¶～枝を切る yì dāo kǎndiào shùzhī (一刀砍掉树枝). ¶予算を～と削る dà kǎn yùsuàn (大砍预算). ¶長かった髪を～と切ってしまった bǎ cháng de tóufa yíxiàzi jiǎnduǎn le (把长的头发一下子剪短了).

はっさん【発散】 ¶汗は熱を～して体温を一定に保つ hàn sànfā tǐrè yǐ bǎochí yídìng de tǐwēn (汗散发体热以保持一定的体温). ¶スポーツでエネルギーを～する gǎo tǐyù yùndòng fāsàn jīnglì (搞体育运动发散精力). ¶ストレスを～させる場所がない méiyǒu xiāochú yìngjī de chǎngsuǒ (没有消除应激的场所).

ばっし【抜糸】 chāi xiàn (拆线). ¶手術後10日で～した shǒushù hòu shí tiān chāile xiàn (手术后十天拆了线).

ばっし【抜歯】 bá yá (拔牙).

バッジ huīzhāng (徽章); zhèngzhāng (证章).
¶～をつける bié huīzhāng (别徽章).
¶記念～ jìniànzhāng (纪念章).

はっしゃ【発車】 fāchē (发车), kāichē (开车).
¶この列車はあと3分で～する zhè tàng lièchē zài guò sān fēn jiù kāichē (这趟列车再过三分就开车). ¶～まぎわに飛び乗った huǒchē zhèng yào kāi, tiàoshàngle chē (火车正要开, 跳上了车). ¶～オーライ hǎo, kāichē (好, 开车).

はっしゃ【発射】 fāshè (发射). ¶ピストルを～する kāiqiāng (开枪)/ fàngqiāng (放枪)/ dǎqiāng (打枪). ¶続けざまに砲弾を～する jiēlián búduàn de ¯fāshè pàodàn[dǎpào]¯ (接连不断地"发射炮弹[打炮]). ¶ロケットを～する fāshè huǒjiàn (发射火箭).

はっしょう【発祥】 fāxiáng (发祥), fāyuán (发源). ¶文明の～の地 wénmíng ¯fāxiāngdì[fāyuándì]¯ (文明"发祥地[发源地]).

はつじょう【発情】 fāqíng (发情). ¶～期 fāqíngqī (发情期).

ばっしょう【跋渉】 ¶山野を～する dēng shān yuè yě (登山越野).

はっしん【発信】 fābào (发报), fādiàn (发电), fāsòng (发送). ¶太平洋上の船から～する cóng Tàipíngyáng shang de chuánshang fābào (从太平洋上的船上发报).
¶～機 fābàojī (发报机)/ fāsòngjī (发送机). ～局 fābàotái (发报台)/ fābàojú (发报局). ～人 fābàorén (发报人).

はっしん【発疹】 →ほっしん(発疹).

ばっすい【抜粋】 zhāiyào (摘要), zhāilù (摘录), zhāijì (摘记). ¶論文の一部を～する zhāilù lùnwén de yíbùfen (摘录论文的一部分).

はっ・する【発する】 fāchū (发出). ¶揚子江は青海に源を～する Cháng Jiāng fāyuán yú Qīnghǎi (长江发源于青海). ¶この争いは些細な事に端を～している zhè cì fēnzhēng fāduān yú yìdiǎnr xiǎoshì (这次纷争发端于一点儿小事). ¶臭気を～する fāchū chòuqì (发出臭气). ¶奇声を～する fāchū guàishēng (发出怪声). ¶彼は一言も～しなかった tā yì yán bù fā (他一言不发). ¶声明を～する fābiǎo shēngmíng

(発表声明).
- **ハッスル** ¶彼はその事で大いに～している tā yīnwei nà jiàn shì, xiāngdāng mài lìqi (他因为那件事,相当卖力气).
- **ばっ・する【罰する】** chéngfá (惩罚), chǔfá (处罚), zhìzuì (治罪). ¶嘘をついた子供を～する chéngfá sāhuǎng de háizi (惩罚撒谎的孩子). ¶法律に背けば～せられる wéifǎn fǎlǜ, bì shòu chǔfá (违犯法律,必受处罚).
- **はっせい【発生】** fāshēng (发生). ¶伝染病の～を予防する yùfáng fāshēng chuánrǎnbìng (预防发生传染病). ¶事故が～した fāshēng shìgù (发生事故). ¶霧が～する qǐ wù (起雾). ¶果樹園に害虫が大量に～した guǒyuánlǐ hàichóng dàliàng fāshēng (果园里害虫大量发生). ¶～学 fāshēngxué (发生学).
- **はっせい【発声】** 1 fāshēng (发声). ¶～練習をする liànxí fāshēng (练习发声)/ diào[liù] sǎngzi (吊[溜]嗓子).
   ¶～器官 fāyīn qìguān (发音器官). ～法 fāshēngfǎ (发声法).
   2 [音頭] ¶社長の～で万歳を唱える yóu zǒngjīnglǐ lǐngtóu gāohū wànsuì (由总经理领头高呼万岁).
- **はっそう【発送】** fāsòng (发送). ¶小包を～する jì bāoguǒ (寄包裹). ¶書類はすでに～済みです wénjiàn yǐ fāsòng chuqu le (文件已发送出去了).
- **はっそう【発想】** ¶それはいい～だ nàge xiǎngfa hěn miào (那个想法很妙).
- **ばっそく【罰則】** fázé (罚则).
- **ばった【飛蝗】** huángchóng (蝗虫), màzha (蚂蚱), fēihuáng (飞蝗).
- **バッター** jīqiúyuán (击球员). ¶～ボックス jīqiúyuánqū (击球员区).
- **はったつ【発達】** fādá (发达), fāzhǎn (发展). ¶A国は工業が～している A guó gōngyè fādá (A国工业发达). ¶科学技術は著しい～を遂げた kēxué jìshù dédàole xiǎnzhù de fāzhǎn (科学技术得到了显著的发展). ¶子供の心身の健やかな～を願う xīwàng háizi shēnxīn jiànkāng de chéngzhǎng (希望孩子身心健康地成长). ¶～した台風が南方海上にある nánfāng hǎishang yǒu yì gǔ zēngqiángle de táifēng (南方海上有一股增强了的台风).
- **はったり** ¶～を利かせる hǔ rén (唬人). ¶あいつは～屋だ nàge jiāhuo gù nòng xuánxū zhāoyáo-zhuàngpiàn (那个家伙故弄玄虚招摇撞骗).
- **ばったり** ¶ゴールに入ると同時に～倒れた pǎodào zhōngdiǎn jiù tūrán dǎoxià le (跑到终点就突然倒下了). ¶本屋で先生と～出会った zài shūdiàn gēn lǎoshī pèngqiǎo xiāngyù[dǎle ge zhàomiànr] (在书店跟老师碰巧相遇[打了个照面儿]). ¶夜になると人通りが～絶えた yí dào wǎnshang jiù bújiàn láiwǎng xíngrén le (一到晚上就不见有往行人了). ¶彼はあれ以来～姿を見せなくなった tā cóng nà shí yǐlái zài yě bú lòumiàn le (他从那时以来再也不露面了).

- **ハッチ** shēngjiàngkǒu (升降口), cāngkǒu (舱口).
- **はっちゃく【発着】** ¶～時間を問い合せる dǎtīng kāichē[qǐfēi/ qǐháng] hé dàodá de shíjiān (打听开车[起飞/起航]和到达的时间).
- **はっちゅう【発注】** dìnghuò (订货), dìnggòu (订购). ¶部品をメーカーに～する xiàng chǎngjiā dìnggòu língjiàn (向厂家订购零件).
- **ぱっちり** ¶目もとの～した可愛い子 yǎnjing shuǐwāngwāng de kě'ài de háizi (眼睛水汪汪的可爱的孩子). ¶～と目を覚した dà zhēng liǎngyǎn xǐng le (大睁两眼醒了).
- **パッチワーク** pīnbù gōngyì (拼布工艺).
- **ばってき【抜擢】** tíbá (提拔), chāobá (超拔), zhuóshēng (擢升), zhuóyòng (擢用), bázhuó (拔擢), yuányǐn (援引). ¶彼を責任者に～する bǎ tā tíbá wéi fùzérén (把他提拔为负责人). ¶新人が主役に～された xīnrén bèi chāobá zhuóyòng wéi zhǔjué (新人被超拔提用为主角).
- **バッテリー** 1 [野球の] tóushǒu hé jiēshǒu (投手和接手).
   2 [蓄電池] diànchízǔ (电池组), xùdiànchí (蓄电池), diànpíng (电瓶). ¶～があがった xùdiànchí róngdiànliàng bùzú le (蓄电池容电量不足了).
- **はってん【発展】** fāzhǎn (发展). ¶この町の～はめざましい zhège shìzhèn de fāzhǎn hěn xiǎnzhù (这个市镇的发展很显著). ¶科学の進歩～に寄与する gòngxiàn yú kēxué de jìnbù hé fāzhǎn (贡献于科学的进步和发展). ¶事態は思わぬ方向に～した shìtài fāzhǎn dào yìwài de fāngxiàng qù le (事态发展到意外的方向去了).
   ¶～途上国 fāzhǎnzhōng guójiā (发展中国家).
- **はつでん【発電】** fādiàn (发电). ¶水力を利用して～する lìyòng shuǐlì fādiàn (利用水力发电).
   ¶～機 fādiànjī (发电机)/ diàngǔnzi (电滚子). ～所 fādiànzhàn (发电站)/ fādiànchǎng (发电厂). ¶原子炉 fādiànyòng fǎnyìngduī (发电用反应堆). 火力～ huǒlì fādiàn (火力发电).
- **ばってん【罰点】** chāzi (叉子). ¶～をつける dǎ chāzi (打叉子).
- **はっと** ¶溝に落ちそうになって～した xiǎnxiē diàojin gōuli, xiàle yí dà tiào[dàochōule yì kǒu qì] (险些掉进沟里, 吓了一大跳[倒抽了一口气]). ¶～気づく huǎngrán[fānrán] xǐngwù guolai (恍然[翻然]醒悟过来). ¶間違った説明をしたことに帰る途で～気付いた zài huílái de lùshang tūrán fājué wǒ zuòcuòle shuōmíng (在回来的路上突然发觉我做错了说明).
- **はっと【法度】** ¶その話は我が家ではご～だ nà huà li wǒjiā li shì fàn jìhuì de (那话在我家里是犯忌讳的).
- **バット** qiúbàng (球棒). ¶～を振る huī qiúbàng (挥球棒).
- **ぱっと** 1 ¶火が～燃え上がる huǒ yíxiàzi jiù ránshāo qilai le (火一下子就燃烧起来了).

風が吹いてほこりが～舞い上がった guāqǐ yízhèn fēng, chéntǔ sìqǐ (刮起一阵风,尘土四起). ¶噂が町中に～広まった yáoyán yízhèn fēng shìde chuánbiànle quánchéng (谣言一阵风似地传遍了全城). ¶部屋は～明るくなった wūzi yíxiàzi liàng le (屋子一下子亮了). ¶名案が～頭にひらめいた nǎozili hūrán shǎnchūle yí ge miàoji (脑子里忽然闪出了一个妙计). ¶金を～使う tòngkuai de huā qián (痛快地花钱).

2 【ぱっとしない】 ¶くすんだ～しない色 huī'àn bù xiǎnyǎn de yánsè (灰暗不显眼的颜色). ¶売行きは～しない xiāolù bútài hǎo (销路不太好). ¶彼は学生時代はあまり～しない存在だった tā xuéshēng shídài bútài yǐn rén zhùyì (他学生时代不太引人注意).

はつどう【発動】 ¶強権を～する xíngshǐ qiángzhì quánlì (行使强制权力). ¶災害救助法を～する shíshí zāihài jiùzhùfǎ (实施灾害救助法).

はつどうき【発動機】 fādòngjī(发动机),dònglìjī(动力机).

はつに【初荷】 ¶～が入った xīnnián de dìyī pī huò jìnlai le (新年的第一批货进来了).

はつねつ【発熱】 1 fārè (发热). ¶ニクロム線に電流を通すと～する wǎng nièɡèsī shang yì tōngdiàn jiù fārè (往镍铬丝上一通电就发热). ¶～量 fārèliàng (发热量) / rèzhí (热值).

2 【体温の】 fāshāo (发烧), fārè (发热). ¶風邪を引いて～した zháoliáng fāshāo le (着凉发烧了).

はつのり【初乗り】 ¶～料金 chūchéng shōufèi (初乘收费).

はっぱ【発破】 ¶岩石に～をかける zài yánshí shang dǎyǎn fàngpào (在岩石上打眼放炮). ¶彼はこの頃たるんでいるから～をかけてやろう tā jìnlái yǒudiǎnr sōngxiè, gěi tā dǎda qì (他近来有点儿松懈,给他打打气).

はつばい【発売】 fāshòu (发售). ¶入場券は1か月前から～される rùchǎngquàn tíqián yí ge yuè fāshòu (入场券提前一个月发售). ¶雑誌は～禁止にあった zázhì bèi jìnzhǐ fāshòu (杂志被禁止发售).

はつはる【初春】 xīnchūn (新春), xīnnián (新年). ¶～のお慶びを申し上げます zhù nín xīnnián kuàilè (祝您新年快乐).

ハッピーエンド ¶～の物語 xìngfú jiéjú de gùshi (幸福结局的故事) / dàtuányuán de gùshi (大团圆的故事).

はつひので【初日の出】 ¶～を拝む cháobài yuándàn chū shēng de tàiyáng (朝拜元旦初升的太阳).

はつびょう【発病】 fābìng (发病). ¶過労がもとで～した yóuyú guòyú láolèi fābìng le (由于劳累发病了).

はっぴょう【発表】 fābiǎo (发表). ¶意見を～する fābiǎo yìjiàn (发表意见). ¶今日合格者の～がある jīntiān fābiǎo[chūbǎng] "fǎbǎng [出榜]" (今天发榜[出榜]). ¶未～の原稿が見付かった wèi fābiǎo de yuángǎo bèi fāxiàn le (未发表的原

稿被发现了).

はっぷ【発布】 gōngbù(公布), bānbù(颁布), fābù (发布). ¶憲法を～する bānbù xiànfǎ (颁布宪法).

バッファロー shuǐniú (水牛); měizhōu yěniú (美洲野牛).

はつぶたい【初舞台】 ¶7歳で～を踏む qī suì chū dēng wǔtái (七岁初登舞台).

はっぷん【発憤】 fāfèn (发愤・发奋). ¶先生に注意されて～して勉強する shòudào lǎoshī pīpíng hòu fāfèn xuéxí (受到老师批评后发愤学习).

はっぽう【八方】 bāfāng (八方). ¶～手を尽して探す jìn yíqiè nǔlì sìmiàn-bāfāng qù xúnzhǎo (尽一切努力四面八方去寻找). ¶彼は～美人だ tā shì ge bāmiàn línglóng de rén (他是个八面玲珑的人) / tā nàge rén bāmiànyuán (他那个人八面圆圆). ¶～塞がりでどうにもならない sìmiàn Chǔgē, yìchóu-mòzhǎn (四面楚歌,一筹莫展) / zǒutóu wú lù, wú jì kě shī (走投无路,无计可施). ¶～にらみ yǎn guān liù lù, ěr tīng bā fāng (眼观六路,耳听八方).

はっぽう【発泡】 fāpào (发泡). ¶～剤 fāpàojì (发泡剂). ～スチロール pàomò běnyǐxī (泡沫苯乙烯). ～酒 qìjiǔ (汽酒).

はっぽう【発砲】 【小銃など】kāiqiāng (开枪), fàngqiāng (放枪); 【大砲など】kāipào (开炮), fāpào (发炮). ¶"撃て"の合図で～する yì shēng "dǎ!" qí kāiqiāng (一声"打!"齐开枪).

ばっぽんてき【抜本的】 ¶～な対策が必要だ xūyào cǎiqǔ zhèngběn-qīngyuán de duìcè (需要采取正本清源的对策).

はつみみ【初耳】 ¶それは～だ nà kě shì chūcì tīngshuō (那可是初次听说).

はつめい【発明】 fāmíng (发明). ¶1876年にベルは電話を～した yī bā qī liù nián Bèi'ěr fāmíngle diànhuà (一八七六年贝尔发明了电话). ¶火薬は中国で～された huǒyào shì Zhōngguó fāmíng de (火药是中国发明的). ¶～家 fāmíngjiā (发明家).

はつもうで【初詣で】 chūsuì shǒu cì cānyè (初岁首次参谒), xīnnián shǒu cì cānbài (新年首次参拜).

はつもの【初物】 shíxiān (时鲜). ¶みかんの～が店に出た zhè pùzi bǎichūle gāng shàngshì de júzi (铺子摆出了刚上市的橘子).

はつゆき【初雪】 chūxuě (初雪).

はつゆめ【初夢】 ¶よい～を見た xīnnián zuòle ge hǎo mèng (新年做了个好梦).

はつよう【発揚】 jīyáng (激扬). ¶士気を～する jīyáng shìqì (激扬士气).

はつらつ【潑剌】 ¶～とした若者 zhāoqì péngbó[jīngshen huànfā] de qīngnián (朝气蓬勃[精神焕发]的青年). ¶子供達は元気～としている háizimen jiànkāng huópo (孩子们健康活泼) / háizi gège dōu huānbèng-luàntiào de (孩子个个都欢蹦乱跳的).

はつれい【発令】 ¶濃霧警報が～された fāchūle nóngwù jǐngbào (发出了浓雾警报). ¶4月1日の～で教授に任命された sìyuè yī rì fābùle rènmìng wéi jiàoshòu de mìnglìng (四月一日

はつろ

発布了任命为教授的命令).
- **はつろう【発露】** ¶彼等の行動は友情の〜である tāmen de xíngdòng shì chūyú yǒuqíng(他们的行动是出于友情).
- **はて【果】** **1**〔終り〕zhǐjìng(止境), biānjì(边际). ¶欲望には〜がない yùwàng shì wú zhǐjìng de(欲望是无止境的). ¶彼女のおしゃべりには〜がなかった tā dǎkāi huàxiázi jiù méiwánméiliǎo le(她打开话匣子就没完没了). ¶〜には泣き出す始末だった mòliǎo jìng kūle qǐlái(末了竟哭了起来).
  2〔端〕¶世界の〜までついて行く tiānyá-hǎijiǎo yě gēnzhe qù(天涯海角也跟着去).
- **はて** ¶〜何だろう ńg, zhè shì shénme ne?(嗯, 这是什么呢?). ¶〜, これは誰の傘だろう éi, zhè shì shuí de sǎn a?(欸, 这是谁的伞啊?). ¶〜さて, これは困ったことになった āiyō, mā ya! zhè kě zhēn yàomìng(哎吆, 妈呀! 这可真要命).
- **はで【派手】** huāshao(花哨). ¶〜なネクタイをしている dǎzhe huāshao de lǐngdài(打着花哨的领带). ¶この服は私には〜だ zhè yīfu duì wǒ kě tài huāshao(这衣服对我可太花哨). ¶彼女は〜好みだ tā hǎo jiǎng páichang(她好讲排场). ¶彼は生活が〜だ tā shēnghuó hěn fúhuá(他生活很浮华). ¶〜な喧嘩をおっ始めた dà dǎqǐ jià lai le(大打起架来了)/ dàdǎ chūshǒu(大打出手). ¶〜に騒ぐ xīngshī-dòngzhòng de nàoteng(兴师动众地闹腾)/ dà chǎo dà nào(大吵大闹).
- **パテ** yóuhuī(油灰), yóunìzi(油泥子), nìzi(泥子・腻子).
- **ばてい【馬丁】** mǎfū(马夫).
- **ばてい【馬蹄】** mǎtí(马蹄). ¶〜形磁石 mǎtíxíng cítiě(马蹄形磁铁).
- **はてし【果てし】** ¶〜ない大海原 wúbiān-wújì [yíwàng-wújì / cāngmáng wúbiān] de wāngyáng dàhǎi(无边无际[一望无际 / 苍茫无边]的汪洋大海). ¶〜なく遠い道 méiyǒu jìntóu de yáoyuǎn de lù(没有尽头的遥远的路). ¶人の欲望には〜がない rén de yùwàng shì méiyǒu zhǐjìng de(人的欲望是没有止境的).
- **は・てる【果てる】** **1**〔終わりになる〕wán(完), zhōng(终). ¶宴も〜てる jiǔyàn gàozhōng(酒宴告终). ¶いつ〜てるともなく続く論争 méiwánméiliǎo [wújìn-wúxiū] de zhēnglùn(没完没了[无尽无休]的争论).
  2〔死ぬ〕¶自ら喉を突いて〜てた cì hóu zìjìn le(刺喉自尽了).
  3〔すっかり…する〕¶精も根も尽き〜てた jīng pí lì jié(精疲力竭). ¶困り〜てて相談に来た dàole zǒutóu wú lù lái zhǎo wǒ shāngliang le(到了走投无路来找我商量了).
- **ば・てる** lèi(累), fá(乏), pífá(疲乏), lèifá(累乏). ¶徹夜でずっかり〜てた kāi yèchē bǎ wǒ gěi lèipā le(开夜车把我给累趴了). ¶この頃いささか〜て気味だ zuìjìn yǒudiǎnr lèi(最近有点儿累). ¶近来有些疲乏).¶夏〜てで3日も寝込んでしまった yóuyú kǔxià tǎngle sān tiān(由于苦夏躺了三天).
- **はてんこう【破天荒】** pòtiānhuāng(破天荒). ¶〜の出来事 pòtiānhuāng de shì(破天荒的事).
- **パテント** zhuānlì(专利), zhuānlìquán(专利权).
- **はと【鳩】** gēzi(鸽子). ¶彼は〜が豆鉄砲を食ったような顔をした tā xiàde xiàng gēzi shòujīng mùdèng-kǒudāi(他吓得像鸽子受惊目瞪口呆). ¶〜小屋 gēpéng(鸽棚)/ gēfáng(鸽房)/ gēshè(鸽舍). 〜派 gēpài(鸽派). 伝書〜 xìngē(信鸽).
- **はとう【波濤】** bōtāo(波涛), làngtāo(浪涛). ¶万里の〜を越えて行く chéng chángfēng pò wànlǐlàng yuǎnháng dàhǎi(乘长风破万里浪远航大海).
- **はどう【波動】** bōdòng(波动).
- **ばとう【罵倒】** tòngmà(痛骂). ¶口を極めて〜する pòkǒu dàmà(破口大骂)/ mà bù jué kǒu(骂不绝口).
- **はとば【波止場】** mǎtou(码头). ¶船が〜に着いた chuán kào mǎtou le(船靠码头了).
- **バドミントン** yǔmáoqiú(羽毛球). ¶〜をする dǎ yǔmáoqiú(打羽毛球).
- **はとむぎ【鳩麦】** yìyǐ(薏苡); [実] yìmǐ(薏米), yìrénmǐ(薏仁米), yǐmǐ(苡米), yìrén(苡仁).
- **はとむね【鳩胸】** jīxiōng(鸡胸).
- **はどめ【歯止め】** jízhuǎ(榍爪). ¶インフレに〜をかける shāzhù tōnghuò péngzhàng(煞住通货膨胀). ¶〜がきかない shābuzhù(煞不住)/ kòngzhì bu zhù(控制不住)/ yìzhì bu liǎo(抑制不了).
- **パトロール** xúnluó(巡逻). ¶管内を〜する xúnluó guǎnxiáqū(巡逻管辖区).
  ¶〜カー xúnjǐngchē(巡警车)/ jǐngchē(警车).
- **パトロン** zīzhùzhě(资助者).
- **ハトロンし【ハトロン紙】** niúpízhǐ(牛皮纸).
- **バトン** jiēlìbàng(接力棒). ¶仕事の〜を渡す jiāodài gōngzuò(交代工作).
  ¶〜タッチ chuánlìbàng(传接棒).
- **はな【花】** **1**〔植物の〕huā[r](花[儿]), huāduǒ(花朵). ¶あんずの〜が咲いた xìnghuā kāi le(杏花开了). ¶〜が散る huā ˇluò[ˇxiè](花 ˇ落[谢]). ¶〜がしぼんだ huā niān le(花蔫了). ¶吉野の〜は今が見頃だ Jíyě de yīnghuā xiànzhèngshì guānshǎng de hǎo shíhou(吉野的樱花现正是观赏的好时候).
  ¶〜畑 huāpǔ(花圃). 〜屋 huādiàn(花店).
  2¶お前いいなあ, 両手に〜って nǐ kě zhēn xíng ya! yǒu měirén zuǒyòu xiāng bàn(你可真行呀! 有美人左右相伴). ¶言わぬが〜 bù shuō wéi miào(不说为妙). ¶若いうちが〜だ qīngchūn niánshào kěshì huājì(青春年少可是花季). ¶昔話に〜が咲く jiǎngqǐ lǎohuà lai jīnjīn yǒuwèi(讲起老话来津津有味). ¶〜の都パリ xuànlì rú jǐn de Bālí(绚丽如锦的巴黎). ¶若い者に〜を持たせる ràng niánqīngrén lòuliǎn(让年轻人露脸). ¶ひと〜咲かせようと東京に出て来た wèile lìshēn liyè dào Dōngjīng lái le(为了立身立业到东京来了). ¶〜も実もある計らい chǔlǐde qínglǐ jiān gù(处理得情理

兼顧). ¶～より団子 shě huá qiú shí(舍华求实)/ bù qiú fēngliú, zhǐ qiú shíhuì(不求风流，只求实惠)/ yǎnfú bùrú kǒufú(眼福不如口福)/ bùjiě fēng huā xuě yuè(不解风花雪月).

はな【端】 ¶～からけんかを腰だった dǎ yì kāitóu jiùshì dǎjià de jiàshi(打一开头就是打架的架式). ¶寝入り～を起された gāng rùshuì jiù bèi jiàoxǐng le(刚入睡就被叫醒了).

はな 1【鼻】 bízi(鼻子), bítou(鼻头). ¶高い～ gāo ˇbízi[bíliángr](高ˇ鼻子[鼻梁]ㄦ). ¶～が低い bíliángr tā(鼻梁ㄦ塌). ¶風邪を引いて～が利かなくなった shāngle fēng, bízi bùlíng le(伤了风，鼻子不灵了). ¶～が詰る bízi fānāng(鼻子发齉). ¶息子が出世して～が高い érzi chū rén tóu dì, juéde fēngguāng[guāngcǎi/tǐmian](儿子出人头地，觉得风光[光彩/体面]).

¶～の穴 bíkǒng(鼻孔)/ bíziyǎnr(鼻子眼ㄦ). ¶～の頭に汗をかいている bíjiānr màohàn le(鼻尖ㄦ冒汗了). ¶～の下が長い hào sè(好色).

¶彼女は大学出を～にかけている tā xuànyào zìjǐ dàxué bìyè(她炫耀自己大学毕业). ¶彼の態度はいい加減～につく tā de tàidu zhēn tǎo rén yàn(他的态度真讨人厌).

¶臭気が～を突く chòuqì ˇchòng[qiāng] bízi(臭气ˇ冲[呛]鼻子). ¶子供が～を鳴らして甘える háizi diǎshēng diǎqì de sājiāo(孩子嗲声嗲气地撒娇). ¶～をつままれても分らぬほどの闇 hēide shēnshǒu bújiàn wǔzhǐ(黑得伸手不见五指). ¶私は毎日～を突き合して仕事をしている wǒ měitiān miàn duì miàn gēn tā zài yìqǐ gōngzuò(我每天面对面跟他在一起工作).

¶得意のそうこうのそうで～をうごめかす déyàn ˇqiào bízi[shān bíchì](得意得ˇ翘鼻子[扇鼻翅]). ¶あいつの～をあかしてやった wǒ jiào nà jiāhuo ˇpèngle yì bízi huī[kūle bízi](我叫那家伙ˇ碰了一鼻子灰[哭了鼻子]). ¶あいつの～をへし折ってやる wǒ jiào tā dǒu bu qǐ wēifēng lai(我叫他抖不起威风来).

¶我々の申し出に～であしらわれた duì wǒmen tíchū de yāoqiú chī zhī yǐ bí(对我们提出的要求嗤之以鼻)/ bǎ wǒmen tíchū de yāoqiú bú dàng yìhuíshì(把我们提出的要求不当一回事).

2【洟】 bítì(鼻涕), bídīng(鼻丁). ¶風邪を引いて～が出る shāngfēng liú bítì(伤风流鼻涕). ¶あの子はいつも～を垂らしている hái-izi lǎoshi liúzhe bítì(那孩子老是流着鼻涕).

¶～をすする chōu bítì(抽鼻涕). ¶～をかむ xǐng bítì[bítì](擤ˇ鼻子[鼻涕]). ¶彼は私など～もひっかけないといった態度だ tā gēnběn bù bǎ wǒ ˇfàngzài yǎnli[dàng rén kàndài](他根本不把我ˇ放在眼里[当人看待]).

はないき【鼻息】 bíxī(鼻息). ¶馬が疲れて～が荒くなった mǎ lèide bíxí cūqilai le(马累得鼻息粗起来了). ¶彼は近頃～が荒い tā jìnlái ˇcáidà-qìcū[qìyànr-língrén/zhǐgāo-qìyáng](他近来ˇ财大气粗[盛气凌人/趾高气扬]).

¶人の～をうかがう yǎng rén bíxī(仰人鼻息).

はなうた【鼻歌】 ¶～まじりで仕事をする hēngzhe gēr zuòhuór(哼着歌ㄦ做活ㄦ).

はなお【鼻緒】 ¶～が切れた mùjīdài duàn le(木屐带断了).

はなかご【花籠】 huālán[r](花篮ㄦ).

はなかぜ【鼻風邪】 ¶～を引いた huànle qīng shāngfēng(患了轻伤风).

はながた【花形】 hóng(红), hóngrén(红人). ¶社交界の～ shèjiāojiè de hóngrén(社交界的红人). ¶一座の～ jùtuán de ˇhóngjuér[míng yǎnyuán](剧团的ˇ红角ㄦ[名演员]).

¶～産業 shímáo de chǎnyè(时髦的产业).

はながみ【鼻紙】 ¶～で鼻をかむ yòng shǒuzhǐ xǐng bítì(用手纸擤鼻涕).

はなぐすり【鼻薬】 ¶～を嗅がせる xíng xiǎohuì(行小贿).

はなくそ【鼻屎】 bíshǐ(鼻屎), bíniúr(鼻牛ㄦ), bìtì gābar(鼻涕嘎吧ㄦ), bídīng gēdar(鼻丁疙瘩ㄦ). ¶～をほじる kōu bízi(抠鼻子)/ wā bíkǒng(挖鼻孔).

はなげ【鼻毛】 bímáo(鼻毛). ¶～を読まれる bèi ˇyúnòng[shuǎnòng](被ˇ愚弄[耍弄]). ¶うっかりしていると～を抜かれるぞ bù dāngxīn kě yào shòupiàn a(不当心可要受骗啊).

はなごえ【鼻声】 ¶子供が～を出して甘える xiǎoháir nàng shēng sājiāo(小孩ㄦ齉声撒娇). ¶風邪を引いて～になった shāngle fēng, shuōhuà yǒudiǎnr nàngbír(伤了风，说话有点ㄦ齉鼻ㄦ).

はなざかり【花盛り】 shèngkāi(盛开). ¶野原は今れんげの～だ yědǐ dàochù shèngkāizhe zǐyúnyīng(野地到处盛开着紫云英). ¶今が人生の～ xiànzài zhèng zhí rénshēng de huángjīn shídài(现在正值人生的黄金时代).

はなさき【鼻先】 bíjiān[r](鼻尖ㄦ), bízijiānr(鼻子尖ㄦ). ¶～でせせら笑う chī zhī yǐ bí(嗤之以鼻). ¶証拠の品を～に突きつける bǎ píngjù bǎizài yǎnqián(把凭据摆在眼前).

はなし【話】 1【談話】 huà[r](话ㄦ), huàyǔ(话语). ¶彼は～が上手だ tā hěn huì shuōhuà(他很会说话)/ tā néngshuō-huìdào(他能说会道). ¶～がはずむ yuè shuō yuè qǐjìnr(越说越起劲ㄦ)/ yuè liáo xìngtóu yuè dà(越聊兴头越大). ¶2人は～がよく合う liǎng ge rén hěn shuōdelái(两个人很说得来)/ tā liǎ shuōde hěn tóujī(他俩说得很投机). ¶いつまで話しても2人の間に～は尽きなかった liǎng ge rén de huà zěnme tán yě tánbuwán(两个人的话怎么谈也谈不完). ¶～が横道にそれる huà lítí le(话离题了). ¶それは～がうますぎる nǎr yǒu nàme piányi de shì(哪ㄦ有那么便宜的事). ¶それでは～が違う nà jiù gēn shuō de bù yíyàng le(那就跟说的不一样了). ¶～は違うが… zhè shì lìng yì huí shì…(这是另一回事…). ¶ここだけの～だが… zhè huà kě bùnéng duì wàirén jiǎng a(这话可不能对外人讲啊). ¶彼も一つの種にその～を聞いて話だ ˇhuàbǐng[huàbàr](把他当作ˇ话柄[话把ㄦ]). ¶あんまり馬鹿げていて～にならない líqíde bù zhí yì tán(离奇得不值一谈). ¶政治の～をする

tán[jiǎng] zhèngzhì(谈[讲]政治). ¶～をそらす bǎ ˇhuàtóur[huàchár] chàkāi(把ˇ话头ㄦ[话茬ㄦ]岔开). ¶何度電話してもお～中で dǎle hǎo jǐ cì diànhuà dōu zhànxiàn(打了好几次电话都占线).

2【噂】¶町中その～でもちきりだ nà jiàn shì yǐnde mǎnchéng-fēngyǔ(那件事引得满城风雨). ¶彼女は試験に合格したという～だ tīngshuō tā kǎoshàng le(听说她考上了). ¶それがかねて～に聞いていた壺だった nà jiùshì cháng tīngshuō de hú(那就是常听说的壶).

3【物語】gùshi(故事). ¶子供に《桃太郎》の～をしてやる gěi háizi jiǎng《Táotàiláng》de gùshi(给孩子讲《桃太郎》的故事).

4【相談】¶ちょっと君に～がある wǒ yǒu shì gēn nǐ shuō(我有事跟你说). ¶私もその～に一口乗ろう hǎo! wǒ yě dā ge huǒr(好! 我也搭个伙ㄦ). ¶当事者の間で～をつけた dāngshìzhě zhī jiān ˇshuōhe[tántuǒ/ shuōtuǒ] le(当事者之间ˇ说和[谈妥/说妥]了).

5【道理, 事情】¶彼は～の分らぬ奴だ tā nàge rén zhēn jiǎngbutōng dàoli(他那个人真讲不通道理). ¶～によっては私が引け受けよう kàn shì zěnme yíhuíshì, wǒ kěyǐ chéngdān xialai(看是怎么一回事, 我可以承担下来).

-ぱなし ¶部屋を散らかしっ～で外出する bǎ wūzili nòngde luànzāozāo de bù shōushí jiù chūqu le(把屋子里弄得乱糟糟的不收拾就出去了). ¶仕事をやりっ～にする bǎ gōngzuò zuò bànjiér diūzài yìpáng bù guǎn(把工作做半截ㄦ丢在一旁不管).

はなしあい【話合い】 shāngliang(商量), shāngyì(商议), shāngtán(商谈). ¶～で問題を解決する jīngguò shāngyì lái jiějué wèntí(经过商议来解决问题). ¶両者の間で～がついた shuāngfāng shuōtuǒ le(双方说妥了)/ shuāngfāng dáchéngle xiéyì(双方达成了协议).

はなしあいて【話し相手】¶～がいない méiyǒu tánxīn de rén(没有谈心的人). ¶老人の～になる péi lǎorén ˇtántiānr[liáotiānr](陪老人ˇ谈天ㄦ[聊天ㄦ]).

はなしあ・う【話し合う】 shāngliang(商量), shāngyì(商议), shāngtán(商谈), shāngtǎo(商讨). ¶皆で～って決める jīng dàjiā shāngliang juédìng(经大家商量决定). ¶友人と将来のことを～う hé péngyou tánlùn jiānglái(和朋友谈论将来).

はなしかい【放し飼い】 fàng(放), fàngyǎng(放养), mù(牧), mùfàng(牧放), fàngmù(放牧). ¶牛を～にする fàng niú(放牛).

はなしか・ける【話し掛ける】 dāshàn(搭讪·搭赸·答讪), dāhuà(搭话), dāqiāng(搭腔·答腔). ¶見知らぬ人に～けられた bù xiāngshí de rén xiàng wǒ dāqǐ huà lai(不相识的人向我搭起话来).

はなしごえ【話し声】 huàyīn[r](话音[ㄦ]), shuōhuàshēng(说话声), tánhuàshēng(谈话声). ¶隣室の～がうるさくて眠れない gébì de shuōhuàshēng chǎode shuìbuzháo jiào(隔壁的说话声吵得睡不着觉).

はなしことば【話し言葉】 kǒutóuyǔ(口头语), kǒuyǔ(口语).

はなしこ・む【話し込む】 ¶彼女と～んでいるうちに日が暮れてしまった gēn tā tánzhe tánzhe, tiān hēi le(跟她谈着谈着,天黑了).

はなして【話し手】 ¶同じ話でも～によって与える印象が違う jiùshì tóngyàng de huà, shuō de rén bù yíyàng gěi rén de yìnxiàng jiù bù yíyàng le(就是同样的话,说的人不一样给人的印象就不一样了). ¶彼はなかなかの～だ tā shàncháng shuō huà(他擅长说话).

はなしはんぶん【話半分】 ¶彼の言うことは～に聞いておいた方がいい tā shuō de huà, zhǐ néng ˇxiāngxìn yíbàn[dǎ duìzhé lái tīng](他说的话, 只能ˇ相信一半[打对折来听]).

はなしぶり【話し振り】 kǒuqì(口气), kǒufēng(口风), kǒuwěn(口吻), huàkǒur(话口ㄦ), huàchár(话茬ㄦ). ¶あの～では彼はあまり乗り気ではないようだ kàn tā nà kǒuqì, bù zěnme gǎn xìngqù(看他那口气,不怎么感兴趣).

はなしょうぶ【花菖蒲】 huāchāngpú(花菖蒲), yùchánhuā(玉蝉花).

はなじろ・む【鼻白む】 ¶批判されて彼は～んだ shòudào pīpíng tā bàixīng le(受到批评他败兴了). ¶相手が強いと聞いて一瞬～んだ tīngdào duìshǒu hěn qiáng, yíxiàzi jiù xīnxū le(听到对手很强,一下子就心虚了).

はな・す【話す】 shuō(说), jiǎng(讲), tán(谈), shuōhuà(说话), yányu(言语), yánshēngr(言声ㄦ). ¶学校であったことを～してごらん bǎ xuéxiàoli de shì jiǎnggěi wǒ tīngting(把学校里的事讲给我听听). ¶思っていることを～す shuōchū xīnli suǒ xiǎng de(说出心里所想的). ¶誰にも～してはならない bùxǔ gēn rènhé rén shuō(不许跟任何人说). ¶この方がいつか君に～した O 先生だ zhè wèi jiùshì wǒ céngjīng gēn nǐ shuōguo de O xiānsheng(这位就是我曾经跟你说过的 O 先生). ¶中国語を上手に～す shuō Zhōngguóhuà shuōde hěn hǎo(说中国话说得很好). ¶あいつは～してみると面白い男だ tán nàge rén liáoliao, jiù zhīdao shì gè yǒu yìsi de rén(跟那个人聊聊, 就知道是个有意思的人). ¶～せば分る tánle jiù huì míngbai de(谈了就会明白的). ¶このことについて先生と一度～してみよう guānyú zhè jiàn shì gēn lǎoshī shāngliang shāngliang kàn(关于这件事跟老师商量商量看).

はな・す【放す】 fàng(放), fàngzǒu(放走), fàngdiào(放掉). ¶池に鯉を～す bǎ lǐyú fàng chízili(把鲤鱼放池子里). ¶籠の中の鳥を～してやった bǎ lóngzili de niǎor fàng le(把笼子里的鸟ㄦ放了).

はな・す【離す】 **1**【分離する】 fàng(放), fàngkāi(放开). ¶運転する時はハンドルから手を～してはいけない kāi chē shí, shǒu bùxǔ líkāi fāngxiàngpán(驾驶汽车时,手不许离开方向盘). ¶お母さんの手を～してはいけませんよ zhuāzhù māma de shǒu, kě bùxǔ fàngkāi a!(抓住妈妈的手,可不许放开啊!). ¶彼は片時も本を～さない tā zǒngshì shǒu bú shì juàn

(他总是手不释卷)/ tā lǎoshi shǒu bù lí shū (他老是手不离书).¶忙しくて手が〜せない mángde tuōbukāi shēn(忙得脱不开身).¶この道は車が多くて子供から目が〜せない zhè tiáo lù qìchē duō, děi dīngzhù háizi(这条路汽车多,得盯住孩子).¶彼は新聞から目を〜さずに"いいよ"と答えた tā yǎnjing méi lí bàozhǐ, dá le yì shēng "xíng"(他眼睛没离报纸,答了一声"行").
2〔隔てる〕gé(隔), gékāi(隔开), lākāi(拉开).¶ストーブをもっと壁から〜して置きなさい bǎ lúzi fàngde lí qiángbì yuǎn yìdiǎnr(把炉子放得离墙壁远一点儿).¶1メートルずつ〜して机を置く měi gé yì mǐ fàng yì zhāng zhuōzi(每隔一米放一张桌子).¶2位の選手は10メートル〜してゴールインした bǎ dì'èrmíng yùndòngyuán lāxià shí mǐ zhuàngle xiàn(把第二名运动员拉下十米撞了线).

はなずおう【花蘇芳】zǐjīng(紫荆), zǐzhū(紫珠).

はなすじ【鼻筋】bíliángr(鼻梁儿), bíliángzi(鼻梁子).¶〜の通った顔 tōngtiān bízi de liǎn(通天鼻子的脸).

はな・せる【話せる】¶彼は〜せる男だ tā nàge rén hǎoshuōhuàr(他那个人好说话儿)/ tā shì ge tōngqíng-dálǐ de rén(他是个通情达理的人).

はなぞの【花園】huāyuán(花园).

はなたけ【鼻茸】bíxīròu(鼻息肉).

はなたば【花束】huāshù(花束).¶〜を贈る xiàn huā(献花).

はなたれ【洟垂れ】¶〜小僧 liú bítì wázi(流鼻涕娃子).¶四十、五十は〜小僧 sìshí, wǔshí búsuàn lǎo(四十、五十不算老).

はぢ【鼻血】bíchūxuè(鼻出血), bínǜ(鼻衄).¶〜が出る bízi chūxuè(鼻子出血).

はな・つ【放つ】fàng(放).¶虎を野に〜つ fàng hǔ guī shān(放虎归山).¶矢を〜つ fàng jiàn(放箭).¶光を〜つ fàng guāng(放光)/ fàngshè guāngxiàn(放射光线).¶悪臭を〜つ fāchū èchòu(发出恶臭).¶彼は学界で異彩を〜っている tā zài xuéshùjiè zhōng dà fàng yìcǎi(他在学术界中大放异彩).¶敵中にスパイを〜つ pài jiàndié qiánrù dífāng(派间谍潜入敌方).¶城に火を〜つ huǒ shāo chéngbǎo(火烧城堡).

はなっぱしら【鼻っ柱】¶〜が強い hào chěngqiáng(好逞强).

はなつまみ【鼻摘み】¶彼女は近所の〜だ tā zài jiēfang shì ge gǒushǐduī(她在街坊是个狗屎堆).

はなづら【鼻面】bíjiān(鼻尖).¶馬の〜をなでる fǔmó mǎ de bíjiān(抚摩马的鼻尖).

バナナ xiāngjiāo(香蕉).

はなばしら【鼻柱】〔隔壁〕bízhōnggé(鼻中隔); 【鼻梁】bíliáng(鼻梁).

はなはだ【甚だ】shèn(甚), tài(太), hěn(很), fēicháng(非常), jíqí(极其), pōwéi(颇为).¶〜られて〜迷惑している yǒu rén sànbù háo wú gēnjù de yáoyán, shǐ wǒ shífēn wéinán(有人散布毫无根据的谣言,使我十分为难).¶〜遗憾に存じます shèn wéi yíhàn(甚为遗憾)/ búshèng yíhàn(不胜遗憾).

はなはだし・い【甚だしい】¶あんな事を言うとは非常識も〜い shuō nà zhǒng shì jiǎnzhí tài méiyǒu chángshí le(说那种事简直太没有常识了).¶それは〜い誤解だ nà shì tiāndà de wùhuì(那是天大的误会).¶〜きに至っては自分の名さえ書けぬ者がある shènzhìyú lián zìjǐ de míngzi yě bú huì xiě de yě yǒu(甚至于连自己的名字也不会写的也有).¶〜く名誉を傷つけられた jí dà de sǔnhài míngyù(极大地损害名誉).

はなばなし・い【華華しい】¶政界で〜い活躍をする zài zhèngjiè shēngshì xiǎnhè, dà xiǎn shēnshǒu(在政界声势显赫,大显身手).¶〜い最期を遂げる zhuàngliè xīshēng(壮烈牺牲).

はなび【花火】yānhuo(烟火), yànhuǒ(焰火), huāpào(花炮), yānhuā(烟花), lǐhuā(礼花).¶〜を打ち上げて祝う fàng yànhuǒ qìngzhù(放焰火庆祝).¶〜をする zài yuànzili fàng yānhuo(在院子里放烟火).¶〜大会 yànhuǒ dàhuì(焰火大会).

はなびえ【花冷え】dàochūnhán(倒春寒), chūnhán(春寒).

はなびら【花びら】huābàn(花瓣).

はなふだ【花札】huāzhǐpái(花纸牌).¶〜をする wánr huāzhǐpái(玩儿花纸牌).

パナマ Bānámǎ(巴拿马).〜運河 Bānámǎ Yùnhé(巴拿马运河).〜帽 bānámǎ cǎomào(巴拿马草帽).

はなみ【花見】guānhuā(观花), shǎnghuā(赏花).¶〜に行く kàn yīnghuā qù(看樱花去).

はなみず【鼻水】chōu bítì(抽鼻涕).

はなみぞ【鼻溝】rénzhōng(人中).

はなみち【花道】《说明》歌舞伎演员通过观众席上下舞台的通道.¶〜でみえを切る zài "huādào" shang liàngxiàng(在"花道"上亮相).¶引退の〜を飾る zài yù tuìzhí(载誉退职).

はなむけ【餞】jìnyí(赆仪).¶〜の言葉をおくる zhì sòngxíngcí(致送行辞).

はなむこ【花婿】xīnláng(新郎), xīngūye(新姑爷).

はなもち【鼻持ち】¶あの男のエリート意識は〜がならない nà jiāhuo zì yǐwéi gāo rén yì děng de jìntóur zhēn lìng rén tǎoyàn(那家伙自以为高人一等的劲儿真令人讨厌).¶〜ならないお世辞を並べる dà shuō ròumá de fèngchenghuà(大说肉麻的奉承话).

はなやか【華やか】huálì(华丽), huáměi(华美).¶〜に着飾た娘たち dǎban de hěn huálì de gūniangmen(打扮得很华丽的姑娘们)/ gūniangmen yígège dǎban de huāhóng-liǔlǜ(姑娘们一个个打扮得花红柳绿).¶A 氏の受賞を祝して〜なパーティーが催された wèi zhùhè A xiānsheng de shòujiǎng jǔxíngle shèngdà de yànhuì(为祝贺A先生的受奖举行了盛大的宴会).¶かつて彼は外交官として〜な存在だっ

た tā céng zuòwéi wàijiāoguān xiǎnhè yìshí(他曾作为外交官显赫一时). ¶無声映画～なりし頃 wúshēng diànyǐng shèngxíng de shídài(无声电影盛行的时代). ¶俳優としていま一つ～さが足りない zuòwéi yí ge yǎnyuán hái qiànquē huáměi jiāolì(作为一个演员还欠缺华美娇丽).

はなや・ぐ【華やぐ】 ¶～いだ雰囲気 huānkuài chìliè de qìfēn(欢快炽烈的气氛).

はなやさい【花椰菜】 huāyēcài(花椰菜), càihuā[r](菜花[儿]), huācài(花菜).

はなよめ【花嫁】 xīnniáng(新娘), xīnniángzi(新娘子), xīnfù(新妇). ¶～衣装 xīnniáng lǐfú(新娘礼服).

はならび【歯並び】 yáchǐ páiliè(牙齿排列), yáliè(牙列). ¶～がよい[悪い] yáchǐ páiliè "hěn zhěngqí[bù qí](牙齿排列"很整齐[不齐]).

はなれ【離れ】 dújiānr(独间儿).

ばなれ【場馴れ】 ¶彼は～していて少しも物怖じしない tā jīng de chǎngmiàn duō háo bú qièchǎng(他经的场面多毫不怯场).

はなれじま【離れ島】 gūdǎo(孤岛).

はなればなれ【離れ離れ】 fēnsàn(分散), lísàn(离散), shīsàn(失散). ¶一家は～になった yìjiārén 'lísàn gè dì[tiān gè yì fāng](一家人'离散各地[天各一方])/ qī lí zǐ sàn(妻离子散). ¶卒業以来～になっていた仲間が再会した yèhòu fēnsàn de tóngxuémen yòu huìjù yìtáng le(毕业后分散的同学们又会聚一堂了).

はな・れる【放れる】 ¶綱から～れた馬 tuō jiāng de mǎ(脱缰的马).

はな・れる【離れる】 lí(离), líkāi(离开), tuōlí(脱离). ¶足が地を～れた jiǎo lí dì le(脚离地了). ¶ストーブの側を～れられない líbukāi lúzi(离不开炉子). ¶親元を～れて暮す líkāi fùmǔ shēnghuó(离开父母生活). ¶国を～れてもう10年になる líkāi gùxiāng yǐjīng yǒu shí nián le(离开故乡已经有十年了). ¶教職を～れる líkāi jiàoyuán de gǎngwèi(离开教员的岗位). ¶組織を～れる tuōlí zǔzhī[tuōlí zǔzhī zǔzhī](脱离组织). ¶話が大分本筋から～れた huà tài lítí le(话太离题了). ¶人心はすでに内閣を～れた rénxīn yǐjīng bèilí xiàn nèigé(人心已经背离现内阁). ¶船は次第に岸壁を～れた chuán jiànjiàn líkāi mǎtou(船渐渐离开码头). ¶少し～れて歩け shāo líkāi diǎnr zǒu(稍离开点儿走). ¶学校は家から4キロ～れている xuéxiào lí jiā yǒu sì gōnglǐ yuǎn(学校离家有四公里远). ¶あの夫婦は年が～れている nà duì fūfù suìshu xiāngchà hěn dà(那对夫妇岁数相差很大).

はなれわざ【離れ業】 juéjì(绝技), juézhāo[r](绝招[儿]·绝着[儿]). ¶はらはらするような～を演じた biǎoyǎnle jiào rén tíxīn-diàodǎn de juéjì(表演了叫人提心吊胆的绝技).

はなわ【花輪】 huāquān(花圈), huāhuán(花环). ¶無名戦士の墓に～を捧げる xiàng wúmíng zhànshì mù xiàn huāquān(向无名战士墓献花圈).

はなわ【鼻輪】 bíhuán(鼻环). ¶牛に～をつける gěi niú dài bíhuán(给牛戴鼻环).

はにか・む hàixiū(害羞), hàisào(害臊), niǔní(扭妮), miǎntian(腼腆). ¶少女は～んで母親の陰にかくれた shàonǚ miǎntiande cángzàle mǔqin de bèihòu(少女腼腆得藏在母亲的背后).

ばにく【馬肉】 mǎròu(马肉).

パニック kǒnghuāng(恐慌). ¶経済界は～に襲われた jīngjìjiè shòudào kǒnghuāng de xíjí(经济界受到恐慌的袭击). ¶地震で町は～状態に陥った dìzhèn shǐ chéngzhèn xiànrù yípiàn kǒnghuāng(地震使城镇陷入一片恐慌).

バニラ xiāngcǎolán(香子兰), xiāngguǒlán(香果兰). ¶～エッセンス xiāngcǎolán xiāngjīng(香子兰香精).

はにわ【埴輪】 táoyǒng(陶俑).

はね【羽】 1〔羽毛〕yǔmáo(羽毛), língmáo(翎毛). ¶～が生える[抜ける] zhǎng[diào] yǔmáo(长[掉]羽毛). ¶鶏の～をむしる hāo jīmáo(薅鸡毛). ¶～布団 yāróng bèizi(鸭绒被子).

2〔翼〕chì(翅), chìbǎng(翅膀), chìzi(翅子). ¶孔雀が～を広げた kǒngquè kāi píng le(孔雀开屏了). ¶蝶の～ húdié de chìbǎng(蝴蝶的翅膀). ¶～が生えて飛ぶように売れる xiàng zhǎngle chìbǎng shìde chàngxiāo(像长了翅膀似的畅销). ¶姑の留守中ゆっくり～を伸ばすことができた pópo bú zàijiā kěyǐ wújū-wúshù le(婆婆不在家可以无拘无束了).

3〔タービンなどの〕yèpiàn(叶片). ¶タービンの～ wōlún yèpiàn(涡轮叶片). ¶扇風機の～ fēngshàn yèpiàn(风扇叶片). ¶風車の～ fēngchē yèpiàn(风车叶片).

はね【跳ね】 1〔泥〕¶ズボンのすそに～があがった kùjiǎo jiànshàngle ní(裤脚溅上了泥). ¶自動車に～をかけられた bèi qìchē jiànle yìshēn ní(被汽车溅了一身泥).

2〔終演〕¶芝居の～時は混雑する sànxì shí yōngjǐ bùkān(散戏时拥挤不堪).

ばね tánhuáng(弹簧), bēnghuáng(绷簧), fātiáo(发条). ¶ソファーの～がきかなくなった shāfā de tánhuáng bù zhōngyòng le(沙发的弹簧不中用了). ¶～仕掛のおもちゃ dài fātiáo de wánjù(带发条的玩具). ¶～のきいた跳躍 tántiàolì qiáng de tiàoyuè(弹跳力强的跳跃).

¶～秤 tánhuángchèng(弹簧秤).

はねあが・る【跳ね上がる】 ¶野菜の値段が3倍に～った shūcài de jiàqian zhǎngle liǎng bèi(蔬菜的价钱涨了两倍). ¶髭の先がぴんと～っている húzi wǎng shàng qiáozhe(胡子往上翘着). ¶彼等の行動は～っている tāmen de xíngwéi shì yǒu[r] guò(他们的行为是过激).

はねお・きる【跳ね起きる】 ¶「火事だ」の声で～きた tīngdào "shīhuǒ la!" de jiàoshēng jiù cóng chuángshang tiàole qǐlái(听到"失火啦!"的叫person从床上跳了起来).

はねかえ・す【撥ね返す】 tuīkāi(推开). ¶押え込んできた～相手を～ bǎ yāshànglai de duìshǒu tuīkāi(把压上来的对手推开). ¶敵の攻撃を～す dǐnghuí dírén de jìngōng(顶回敌人

はねかえ・る【跳ね返る】 ¶ボールは壁に当って～った qiú zhuàng qiáng, tánle huílái(球撞墙，弹了回来)．¶賃上げが物価に～る tí gōngzī yǐngxiǎng wùjià(提工资影响物价)．

はねつ・ける【撥ね付ける】 jùjué(拒绝)．¶要求を～ける jùjué yāoqiú(拒绝要求)．

はねの・ける【撥ね除ける】 **1**¶布団を足で～ける tīkāi bèizi(踢开被子)．¶差し出された手を～ける bǎ shēnguolai de shǒu tuīkai(把伸过来的手推开)．
2〔取り除く〕¶腐ったみかんを～ける bǎ huàile de júzi tiāochuqu(把坏了的橘子挑出去)．

はねばし【跳ね橋】 diàoqiáo(吊桥)；〔可動橋〕kāiqǐqiáo(开启桥)．

はねまわ・る【跳ね回る】 bèngtiào(蹦跳), huānbèng luàn tiào(欢蹦乱跳)．¶子供が喜んで家中を～る háizi gāoxìngde zài mǎnwūzi li huānbèng-luàntiào(孩子高兴得在满屋子里欢蹦乱跳)．

ハネムーン mìyuè(蜜月)．¶～を過す dù mìyuè(度蜜月)．¶～に出掛ける qù mìyuè lǚxíng(去蜜月旅行)．

は・ねる【刎ねる】 kǎn(砍)．¶首を～ねる kǎn tóu(砍头)．

は・ねる【跳ねる】 **1**〔飛び上がる〕tiào(跳), (蹦)．¶兎が～ねる tùzi tiào(兔子跳)．¶池の鯉が～ねた chízǐ de lǐyú tiào le(池子里的鲤鱼跳了)．¶馬が驚いて～ねた mǎ xiàde qián bèng hòu tiào(马吓得前蹦后跳)．
2〔飛び散る〕jiàn(溅)．¶油が～ねた yóu bèngchulai le(油迸出来了)．¶洋服に泥が～ねた yīfu jiànshàngle ní(衣服溅上了泥)．
3〔芝居などが〕sànchǎng(散场), zhōngchǎng(终场)．¶映画は9時に～ねた diànyǐng jiǔ diǎn sànchǎng le(电影九点散场了)．

は・ねる【撥ねる】 **1**〔はじき飛ばす〕¶自動車で人を～ねてしまった kāichē zhuàngle rén(开车撞了人)．¶泥水を～ねて歩く níshuǐ sìjiàn de zǒuzhe(泥水四溅地走着)．
2〔はじき出す〕¶検査で不良品を～ねる tōngguò jiǎnchá tīchú cìpǐn(通过检查剔除次品)．¶2次試験で～ねられた zài dì'èr cì kǎoshì zhōng bèi táotài le(在第二次考试中被淘汰了)．
3〔ピンはねする〕¶上前を～ねる cóngzhōng kèkòu(从中克扣)／chōutóu[r](抽头[儿])／dǎtóu[r](打头[儿])．
4〔筆先などを〕gōu(钩)．¶"干"の縦棒は～ねてはいけない "gān" zì de yí shù bù kě wǎng shàng gōu("干"字的一竖不可往上钩)．

パネル **1**〔羽目板など〕qiànbǎn(嵌板), xiāngbǎn(镶板)．
2〔画板〕yóuhuàbǎn(油画板)．

パネルディスカッション zhuāntí gōngkāi tǎolùnhuì(专题公开讨论会)．

パノラマ quánjǐnghuà(全景画)．¶山頂から町が～のように見えた cóng shāndǐng shang kěyǐ liàowàng chéngzhèn de quánjǐng(从山顶上可以瞭望城镇的全景)．

はは【母】 **1** mǔqin(母亲)；jiāmǔ(家母), jiācí(家慈)．¶～は小学校の教師です wǒ mǔqin shì xiǎoxué jiàoshī(我母亲是小学教师)．¶失敗は成功の～ shībài shì chénggōng zhī mǔ(失败是成功之母)．
2→ぎぼ．

はば【幅】 **1** kuān(宽), kuāndù(宽度), kuānzhǎi(宽窄), fúdù(幅度)．¶この川は～が200メートルある zhè tiáo hé yǒu èrbǎi mǐ kuān(这条河有二百米宽)．¶長さ25メートル～15メートルのプール yǒu èrshíwǔ mǐ cháng shíwǔ mǐ kuān de yóuyǒngchí(有二十五米长十五米宽的游泳池)．¶道の～が狭い～で車が入らない lù zhǎi chēzi guòbuqù(路窄车子过不去)．
2〔ゆとり〕shēnsuōxìng(伸缩性)．¶法の解釈に～を持たせる shǐ fǎlǜ de jiěshì jùyǒu shēnsuōxìng(使法律的解释具有伸缩性)．¶～のある態度を示す biǎoshì liú yǒu yúdì de tàidu(表示留有余地的态度)．
3〔勢力〕¶彼はこの業界に～がきく tā zài zhège hángyè hěn yǒu shìlì(他在这个行业很有势力)．

ばば【馬場】 pǎomǎchǎng(跑马场), sàimǎchǎng(赛马场)．

パパ bàba(爸爸)．

ばばあ【婆】 lǎopór(老婆儿), lǎopózi(老婆子)．¶この欲しがり～! zhège tānxīn-bùzú de lǎopózi!(这个贪心不足的老婆子!)．

パパイア fānmùguā(番木瓜)．

ははおや【母親】 mǔqin(母亲)．¶彼女は間もなく～になる tā kuài yào zuò mǔqin le(她快要做母亲了)．¶この子は～似だ zhè háizi zhǎngde xiàng mǔqin(这孩子长得像母亲)．

ははかた【母方】 ¶～の親戚 mǔxì qīnshǔ(母系亲属)．

はばかりながら【憚りながら】 ¶～申し上げます shù wǒ zhíyán(恕我直言)／ràng wǒ bú kèqi de shuō(让我不客气地说)．¶～私も歌手のはしくれだ hěn màomèi, wǒ yě suànshì ge gēshǒu(很冒昧,我也算是个歌手)．

はばか・る【憚る】 **1**〔恐れ慎む, 遠慮する〕gùjì(顾忌), jìdàn(忌惮)．¶外聞を～る pà rén tīngjian(怕人听见)．¶人前で～って言わない zài rénqián méi yǒu gùjì, suǒyǐ bù shuō(在人前有所顾忌,所以不说)．¶あたり～らず大声で話す háo bú gùjì zhōuwéi dàshēng shuōhuà(毫不顾忌周围大声说话)．¶過ちては改むるに～ること勿れ guò zé wù dàn gǎi(过则勿惮改)．¶他人の家で何の～りもなく振舞う zài biérén jiā lǐ hěn suíbiàn wú suǒ gùjì(在别人家里很随便无所顾忌)．
2〔幅をきかす〕¶憎まれっ子世に～る shòu rén hèn de rén fǎndào yǒu quán yǒu shì(受人恨的人反倒有权有势)．

ははこぐさ【母子草】 shǔqūcǎo(鼠曲草)．

はばた・く【羽撃く】 ¶鶴が～いて舞い上がる hè[pāi chì][zhèn chì] fēiqilai(鹤[拍翅][振翅]飞起来)．¶若者達は社会に向かって～こうとしている niánqīngrén jíjiāng xiàng shè-

huì màijìn dìyī bù(年轻人即将向社会迈进第一步).

はばつ【派閥】 zhèngpài(政派), pàixì(派系), pàibié(派别), zōngpài(宗派). ¶～争い pàixì dòuzhēng(派系斗争).

はばとび【幅跳び】 tiàoyuǎn(跳远). ¶立ち～ lìdìng tiàoyuǎn(立定跳远). 走り～ jíxíng tiàoyuǎn(急行跳远) / tiàoyuǎn(跳远).

ばばぬき【ばば抜き】 chōuwángbā(抽王八).

はばへん【幅偏】 jīnzìpángr(巾字旁儿).

はば・む【阻む】 zǔdǎng(阻挡), zǔzhǐ(阻止), dǎngzhù(挡住). ¶大きな川が行く手を～んでいる yǒu tiáo dà hé dǎngzhù qùlù(有条大河挡住去路). ¶敵の進撃を～む zǔzhǐ dírén de jìngōng(阻止敌人的进攻). ¶歴史の流れはいかなる力をもってしても～むことはできない lìshǐ de cháoliú shì rènhé lìliang yě zǔdǎng bu liǎo de(历史的潮流是任何力量都阻挡不了的).

はびこ・る【蔓延る】 mànyán(蔓延), zīmàn(滋蔓). ¶庭に雑草が～る yuànzili zhǎngmǎnle zácǎo(院子里长满了杂草). ¶他人のことには無関心といった風潮が世に～っている yì zhǒng gè rén zì sǎo ménqián xuě, mò guǎn tārén wǎshang shuāng de fēngqì zài shèhuìshang mànyán zīzhǎng(一种各人自扫门前雪,莫管他人瓦上霜的风气在社会上蔓延滋长). ¶汚職が～る tānwū héngxíng(贪污横行).

パフ fěnpūr(粉扑儿).

パブ dàzhòng jiǔbā(大众酒吧).

はぶ・く【省く】 shěng(省), jiéshěng(节省); shěngluè(省略), cóngluè(从略). ¶詳しい説明は～く xiángluè shuōmíng cóngluè(详细说明从略). ¶無駄を～く xiāochú làngfèi(消除浪费). ¶労力を～くために機械化する wèile jiéshěng láolì shíxíng jīxièhuà(为了节省劳力实行机械化). ¶そうすれば手数が～ける nàme bàn jiù hěn shěngshì(那么办就很省事).

はぶたえ【羽二重】 fǎngchóu(纺绸).

はブラシ【歯ブラシ】 yáshuā[r](牙刷[儿]), yáshuāzi(牙刷子).

はぶり【羽振り】 ¶彼は近頃～がいい tā jìnlái dǒuqilai le(他近来抖起来了). ¶政界で～をきかせている zài zhèngjiè yǒu quánshì(在政界有权势).

ばふん【馬糞】 mǎfèn(马粪). ¶～紙 mǎfènzhǐ(马粪纸).

はへい【派兵】 pài bīng(派兵). ¶海外に～する xiàng hǎiwài pài bīng(向海外派兵).

はへん【破片】 chár(碴儿), suìpiàn(碎片). ¶ガラスの～ bōli chár(玻璃碴儿). ¶弾丸の～ dànpiàn(弹片).

はぼたん【葉牡丹】 huābáicài(花白菜).

はほん【端本】 cánběn(残本). ¶1冊なくしたので～になってしまった yīnwei diūle yì běn, zhè tào shū cánquē le(因为丢了一本,这套书残缺了).

はま【浜】 hǎibīn(海滨), hǎibiān(海边); húbiān(湖滨).

はまき【葉巻】 xuějiā(雪茄), xuějiāyān(雪茄烟), juǎnyān(卷烟).

はまぐり【蛤】 wéngé(文蛤), géli(蛤蜊).

はまだらか【羽斑蚊】 ànwén(按蚊), nuèwén(疟蚊).

はまなす méigui(玫瑰).

はまべ【浜辺】 hǎibiān(海边); húbiān(湖边).

はまゆう【浜木綿】 wénzhūlán(文珠兰).

はま・る【嵌る】 1〔ぴったり入る,ぴったり合う〕 ¶ボタンが～らない kòuzi kòubushàng(扣子扣不上). ¶網戸がうまく～らない shāchuāng bùnéng yánsī-héféng de ānshang(纱窗不能严丝合缝地安上). ¶ハンドバッグの止金が～らない shǒutíbāo de qiǎzi qiǎbuzhù(手提包的卡子卡不住). ¶彼等は彼らの考え方しかできない tāmen zhǐ huì mòshǒu-chéngguī(他们只会墨守成规). ¶彼女は教師の職業にぴったり～っている jiàoshī zhège zhíyè duì tā zài shìhé búguò le(教师这个职业对她再适合不过了). ¶孫悟空は彼の～り役だ Sūn Wùkōng shì tā zuì náshǒu de juésè(孙悟空是他最拿手的角色).

2〔落ち込む〕 xiànjìn(陷进), xiànrù(陷入), diàojìn(掉进). ¶タイヤが溝に～った chēlún xiànjìn gōuli(车轮陷进沟里). ¶井戸に～って死ぬ diàojìn jǐngli sǐ le(掉进井里死了). ¶悪の道に～って抜けられない xiànrù xiédào bùnéng zìbá(陷入邪道不能自拔). ¶うっかり敵の計略に～る bù xiǎoxīn shàngle dírén de quāntào(不小心上了敌人的圈套).

はみ【馬銜】 mǎxián(马衔), mǎjiáozi(马嚼子).

はみがき【歯磨】 shuāyá(刷牙). ¶食後の～を励行する jiānchí fànhòu shuāyá(坚持饭后刷牙).

¶～粉 yáfěn(牙粉). 練～ yágāo(牙膏).

はみだ・す【食み出す】 lùchu(露出), jǐchū(挤出); chāochū(超出), yuèchū(越出). ¶荷物の中身が～している xínglili de dōngxi lòuchulai le(行李里的东西露出来了). ¶欄外に～ chāochū lánwài(超出栏外). ¶君の行動は世の常識から～している nǐ de xíngwéi yuèchū shèhuìshang de chánggǔī(你的行为越出社会上的常轨). ¶～し者 chūgé de rén(出格的人) / chū quānr de rén(出圈儿的人).

ハミング hēng(哼), dǐkàng(抵抗). yímiàn kuàilè de hēngzhe gēr yímiàn gōngzuòzhe(一面快乐地哼着歌儿一面工作着).

は・む【食む】 chī(吃). ¶高原で牛がのんびりと草を～んでいる niú zài gāoyuán shang zìyóuzìzài de chīzhe cǎo(牛在高原上自由自在地吃着草). ¶高給を～む lǐng gāoxīn(领高薪).

ハム 1〔食品の〕 huǒtuǐ(火腿). ¶～エッグ huǒtuǐ jīdàn(火腿鸡蛋). ～サンド huǒtuǐ sānmíngzhì(火腿三明治).

2〔アマチュア無線家〕 wúxiàndiàn àihàozhě(无线电爱好者).

はむか・う【刃向かう】 zuòduì(作对), fǎnkàng(反抗), dǐkàng(抵抗), zàofǎn(造反). ¶俺に～う気か nǐ gēn wǒ zuòduì!(你跟我作对!) / nǐ xiǎng fǎnkàng wǒ!(你想反抗我!) / nǐ xiǎng zàofǎn!(你想造反!).

はむし【羽虫】 yǔshī(羽虱).

はめ【羽目】 ¶引き受けねばならぬ～になった

zhōngyú bùdé bù chéngdān xiàlai(终于不得不承担下来). ¶苦しい～に陥る xiànrù jiǒngjìng(陷入窘境). ¶～をはずして騒ぐ yuèchū chángguǐ dàchǎo-dànào(越出常轨大吵大闹).

はめつ【破滅】 mièwáng(灭亡). ¶帝国主義は～に瀕している dìguózhǔyì bīnyú mièwáng(帝国主义濒于灭亡). ¶そんなことを暴露されたら私は～だ yàoshi nà zhǒng shì bèi jiēlù chulai, wǒ kě shēnbài-mínglièle(要是那种事被揭露出来，我可身败名裂了). ¶身の～を招く zì zhǎo sǐlù(自找死路)/zì qǔ mièwáng(自取灭亡).

は・める【嵌める】 1 [入れ込む] qiàn(嵌), xiāng(镶), ān(安), xiāngqiàn(镶嵌). ¶窓にガラスを～める bǎ bōli ānzài chuāngshang le(把玻璃安在窗上). ¶ボタンを～める kòushàng kòuzi(扣上扣子). ¶王冠には大きなルビーが～め込んである wángguān shang qiànzhe yí kuài hěn dà de hóngbǎoshí(在王冠上嵌着一块很大的红宝石).

2 [かぶせる] tào(套), dài(戴). ¶鉛筆にキャップを～める gěi qiānbǐ tàoshàng bǐtào(给铅笔套上笔套). ¶指輪を～める dàishàng jièzhi(戴上戒指). ¶手袋を～める dài shǒutào(戴手套). ¶手錠を～める shàng shǒukào(上手铐).

3 [陥れる] ¶敵を計略に～める shǐ dírén shàng quāntào(使敌人上圈套). ¶まんまといつに～められた quán shàngle tā de dàng le(全上了他的当).

ばめん【場面】 chǎngmiàn(场面). ¶あの映画は戦争の～が迫力があった nàge diànyǐng zhànzhēng de chǎngmiàn fēicháng bīzhēn(那个电影战争的场面非常逼真). ¶思いがけない～にぶつかる pèngdào yìwài de chǎngmiàn(碰到意外的场面).

はも【鱧】 hǎimán(海鳗), lángyáshàn(狼牙鳝).

はもの【刃物】 dāo(刀). ¶～を突き付けて него ná dāo kǒnghè rén(拿刀恐吓人). ¶痴情から～三昧に及んだ yóuyú chīqíng ér dòngqǐ dāo lai le(由于痴情而动起刀来了).

はもん【波紋】 bōwén(波纹). ¶水面の～がだんだん広がっていく shuǐmiàn de bōwén jiànjiàn de kuòsàn kāilai(水面的波纹渐渐地扩散开来). ¶その声明は世界に大きな～を投じた xiàng shēngmíng zài shìjiè shang yǐnqǐle hěn dà de hōngdòng(那项声明在世界上引起了很大的轰动).

はもん【破門】 pòmén(破门), géchú(革除), géchū(革出). ¶彼は師匠から～された tā bèi shīfu géchúle(他被师傅革除了). ¶背教者を～する bǎ pànjiàozhě gézhú jiàomén(把叛教者革逐教门).

はや【早】 zǎoyǐ(早已), yǐjing(已经). ¶あれから 30 年経った cóng nà shíyǐhòu zǎoyǐ guòle sānshí nián le(从那以后早已过了三十年了). ¶～日も暮れた yǐjing tiān hēi le(已经天黑了).

はやあし【早足】 kuàibù(快步). ¶～で歩く kuàibù zǒu(快步走). ¶馬を～でやる yù mǎ xiǎopǎo(驭马小跑).

はや・い【早い・速い】 1 [速度が] kuài(快). ¶プロペラ機よりジェット機の方が～い pēnqìshì fēijī bǐ luóxuánjiǎngshì fēijī kuài(喷气式飞机比螺旋桨式飞机快). ¶彼は足が～い tā zǒu[pǎo]de kuài(他走[跑]得快). ¶水の流れが～い shuǐ liúde jí(水流得急). ¶月日の経つのは～いものだ rìzi guòde zhēn kuài a(日子过得真快啊). ¶～く車に乗りなさい kuài shàng chē(快上车). ¶急用があるから～く来て下さい yǒu jíshì, qǐng gǎnkuài lái(有急事，请赶快来). ¶梅雨時は食物がいたむのが～い méiyǔ jìjié shíwù yì huài(梅雨季节食物易坏). ¶脈が～い màibó kuài(脉搏快). ¶あいつは手が～い nà jiāhuo hào dòngshǒu(那家伙好动手). ¶もう夏休みの計画とは随分気の～い人だ nǐ yǐjing dìng shǔjià de jìhuà le, kě xiǎngde zhēn yuǎn(你已经订署假的计划了，可想得真远). ¶彼女は分りが～い tā lǐjiě[lǐnghuì] de kuài(她理解[领会]得快).

2 [時刻，時期が] zǎo(早). ¶この頃は夜明けが～い jìnlái tiān liàngde zǎo(近来天亮得早). ¶朝～く起きる zǎochén zǎo qǐ(早晨早起). ¶こんな～い時間に伺っては失礼だ zhème zǎo de shíjiān lái bàifǎng hěn shīlǐ(这么早的时间来拜访很失礼). ¶予定より 2 時間～く着いた bǐ yùdìng de shíjiān zǎo dàole liǎng ge zhōngtóu(比预定的时间早到了两个钟头). ¶なるべく～く来て下さい qǐng jǐnliàng zǎo yìdiǎnr lái(请尽量早一点来). ¶～く元気になって下さい xīwàng zǎorì huīfù jiànkāng(希望早日恢复健康). ¶夕食にはまだ～い chī wǎnfàn hái zǎo ne(吃晚饭还早呢). ¶彼は～くに両親を失った tā zǎo shíhou jiù shīqùle fùmǔ(他小时候就失去了父母). ¶～い者勝ち jié zú xiān dēng(捷足先登).

3 [手っ取り早い] ¶直接会って話した方が～い dào bùrú zhíjiē miàntán shěngshì(倒不如直接面谈省事). ¶～い話が… jiǎndān shuōlai…(简单说来…)/zhíjiéliǎodàng de shuō…(直截了当地说…).

4 […が早いか] ¶聞くが～いか飛び出した yì tīng jiù pǎochuqu le(一听就跑出去了).

はやうまれ【早生まれ】 ¶彼女は～です tā shì yīyuè yī rì zhì sìyuè yī rì de shēngrén(她是一月一日至四月一日的生人).

はやおき【早起き】 zǎoqǐ(早起). ¶毎朝～して体操をする měitiān zǎoshang zǎoqǐ zuò tǐcāo(每天早上早起做体操). ¶～は三文の徳 zǎo qǐ sān zhāo dàng yì gōng(早起三朝当一工).

はやがてん【早合点】 ¶そう思ったのは私の～だった wǒ màorán rènwéi shì nàyàng(我贸然认为是那样).

はやく【端役】 lóngtào(龙套). ¶～で映画に出演する zài diànyǐngli pǎolóngtào(在电影里跑龙套).

はやくち【早口】 ¶～に話す shuōde kuài(说得快)/xiàng fàng jīguānqiāng shìde shuōhuà(像放机关枪似地说话).

¶ ～言葉 ràokǒulìng(绕口令)/ jíkǒulìng(急口令).

はやさ【早さ・速さ】 **1**〔時刻, 時期の〕¶始業の～に驚く shàngbān shíjiān zǎode zhēn lìng rén chījīng(上班时间早得真令人吃惊).

2〔速度の〕kuàimàn(快慢), sùdù(速度). ¶オートバイをすごい～で飛ばす fēikuài de kāi mótuōchē(飞快地开摩托车). ¶計算の～に驚く jìsuàn de sùdù jīngrén(计算的速度惊人). ¶計算の～を競う bǐ yi bǐ shuí suànde kuài(比一比谁算得快). ¶音の～は毎秒331メートル shēngsù měimiǎo wéi sānbǎi sānshíyī mǐ(声速每秒为三百三十一米).

はやし【林】 shùlín(树林), shùlínzi(树林子), línzi(林子). ¶唐松の～ luòyèsōng línzi(落叶松林子).

はやし【囃子】 ¶祭～が聞えてくる tīngjian jìshén de luósīshēng(听见祭神的锣鼓声).

はやじに【早死に】 yāozhé(夭折), yāowáng(夭亡). ¶子供たちは皆病気で～した háizimen dōu yīn bìng yāozhé le(孩子们都因病夭折了).

はやじまい【早仕舞】 ¶台風が来そうだから店は～しよう táifēng yào lái, suǒyǐ tíqián guānmén(台风要来, 所以提前关门).

はや・す【生やす】 ¶根を～す shēng gēn(生根) / zhā gēn(扎根). ¶髭を～す liú húzi(留胡子)/ xù xū(蓄须).

はや・す【囃す】 **1**〔奏する〕¶笛と太鼓で～す chuī dí dǎ gǔ(吹笛打鼓).

2〔調子をとる〕dǎ pāizi(打拍子). ¶手を打って～す pāizhe shǒu dǎ pāizi(拍着手打拍子).

3〔ほめる〕hècǎi(喝彩), jiàohǎo(叫好). ¶見事な演技に観衆はどっと～し立てた guānzhòng wèi jīngcǎi de biǎoyǎn dàshēng hècǎi(观众为精彩的表演大声喝彩).

4〔冷かす〕¶皆に～されて彼は真赤になった tā bèi dàhuǒr dòude mǎnliǎn tōnghóng(他被大伙儿逗得满脸通红).

はやてまわし【早手回し】 ¶～に準備しておく shìxiān zhǔnbèihǎo(事先准备好).

はやね【早寝】 zǎoshuì(早睡). ¶疲れたので昨夜は～した yīnwei lèi, zuówǎn hěn zǎo jiù shuì le(因为累, 昨晚很早就睡了). ¶～早起 zǎo shuì zǎo qǐ(早睡早起).

はやのみこみ【早吞込み】 →はやがてん.

はやばや【早早】 zǎozāor(早早儿). ¶～と食事を済ませた zǎozāor chīwánle fàn(早早儿吃完了饭).

はやばん【早番】 zǎobān(早班). ¶今日は～だ jīntiān shì zǎobān(今天是早班).

はやびけ【早引け】 zǎotuì(早退). ¶気分が悪くなって学校を～した yīnwei shēntǐ bù shūfu, cóng xuéxiào zǎotuì(因为身体不舒服, 从学校里早退).

はやぶさ【隼】 sǔn(隼), yóusǔn(游隼), hú(鹘).

はやま・る【早まる・速まる】 **1**〔はやくなる〕¶出発が1時間～った chūfā shíjiān tíqiánle yí ge xiǎoshí(出发时间提前了一个小时). ¶自然に歩調が～った bùfá zìrán'érrán de jiākuài le(步伐自然而然地加快了).

2¶～った事をするな búyào xín duǎnjiàn(不要寻短见).

はやみち【早道】 ¶会って話す方が～だ dāngmiàn tán dào shěngshì(当面谈得省事).

はやみみ【早耳】 ěrduo jiān(耳朵尖), shùnfēng'ěr(顺风耳). ¶彼は～だ tā ěrduo jiān(他耳朵尖).

はやめ【早め】 zǎodiǎnr(早点儿), zǎozāor(早早儿), tízǎo(提早), tíqián(提前). ¶いつもより～に家を出た bǐ píngcháng zǎo xiē chūmén le(比平时早些出门了). ¶仕事を～に切上げる bǎ gōngzuò tíqián jiéshù(把工作提前结束).

はや・める【早める・速める】 **1**〔速度を〕jiākuài(加快). ¶速度を～める jiākuài sùdù(加快速度). ¶足を～める jiākuài bùzi(加快步子).

2〔繰り上げる〕tíqián(提前), tízǎo(提早). ¶出発の日取りを～める bǎ chūfā rìqí tíqián(把出发日期提前). ¶店の破産が彼の死を～めた pùzi de dǎobì cuī tā zǎo sǐ le(铺子的倒闭催他早死了).

はやり【流行】 liúxíng(流行), shíxīng(时兴), shíxíng(时行); shíxīn(时新), shíyàng(时样), zuòxīng(作兴). ¶今年～の水着 jīnnián shíxīng de yóuyǒngyī(今年时兴的游泳衣). ¶～すたりが激しい shíxīngde kuài, guòshíde yě kuài(时兴得快, 过时得也快)/ tánhuā yí xiàn(昙花一现).

¶～歌 liúxínggē(流行歌)/ liúxíng gēqǔ(流行歌曲). ¶～風邪 liúxíngxìng gǎnmào(流行性感冒)/ liúgǎn(流感). ¶～目 jíxíng jiémóyán(急性结膜炎)/ hóngyǎnbìng(红眼病), hóngyǎn(红眼).

はやみ【逸る】 ¶馬が～る mǎ yù bēnyì(马欲奔逸)/ mǎ zhí chuài dì(马直踹地). ¶～る心を押える yìzhù jíqiè de xīnqíng(抑住急切的心情). ¶～る若者 xuèqì-fānggāng de qīngnián(血气方刚的青年).

はや・る【流行る】 **1**〔流行する〕xīng(兴), liúxíng(流行), shíxīng(时兴), shíxíng(时行), zuòxīng(作兴). ¶今～っているスタイル xiànzài liúxíng de shìyàngr(现在流行的式样儿). ¶海外旅行が～る chūyáng lǚxíng fēngxíng yìshí(出洋旅行风行一时). ¶風邪が～っている gǎnmào liúxíngzhe(感冒流行着).

2〔繁昌する〕xīngwàng(兴旺), xīnglóng(兴隆). ¶あの店は最近～らなくなった nàge shāngdiàn zuìjìn bù xīnglóng le(那个商店最近不兴隆了). ¶あの医者はよく～る qiú nà yīshēng kànbìng de rén hěn duō(求那医生看病的人很多).

はやわかり【早分り】 ¶税務～ jiǎnmíng shuìwù shǒucè(简明税务手册).

はやわざ【早業】 shénsù miàojì(神速妙技). ¶目にもとまらぬ～ diànguāng-shíhuǒ bān de shénsù miàojì(电光石火般的神速妙技).

はら【原】 yuányě(原野).

はら【腹】 **1** dùzi(肚子), fù(腹). ¶～がすいた dùzi è le(肚子饿了). ¶～がいっぱいになる chī-

bǎo le(吃饱了).¶～が張る dùzi fāzhàng(肚子发胀).¶～が痛い dùzi téng(肚子疼).¶～がくだる xièdù(泻肚)/lā dùzi(拉肚子).¶～が減っては軍(いくさ)ができぬ qiān sǐ gǎndāng, yí è nán rěn(千死敢当,一饿难忍).¶～をだう dùzi tiǎnqilai(肚子腆起来).¶まず～をこしらえてからにしよう xiān tiándù zi[chīle fàn] zàishuō ba(先填了肚子[吃了饭]再说吧).¶～をこわす huài[nào] dùzi(坏[闹]肚子).¶～を痛めた子 qīnshēng de háizi(亲生的孩子).¶～を抱えて笑う pěngfù dàxiào(捧腹大笑).¶おかしくて～の皮がよじれそうだ huájide jiào rén xiàopò dùpí(滑稽得叫人笑破肚皮).¶指の～で押す yòng shǒuzhǐtou dùrèn(用手指头肚ㄦ摁).

2〔心中,度量,気持〕¶彼は私を1人で行かせる～らしい kànlai tā de yìsi shì jiào wǒ yí ge rén qù(看来他的意思是叫我一个人去).¶あいつの～は見えすいている tā de yòngyì wǒ kàntòu le(他的用意我看透了).¶～の中では何を考えているかわからない bù zhīdào tā húlulǐ mài de shénme yào(不知道他葫芦里卖的什么药).¶それは～に一物あっての事だ nà shì cúnxīn gàn de(那是存心干的).¶その事とは君の～にしまっておいて外には言うな bù jiàn shì jiù cún nǐ zìjǐ dùzili ba(那件事就存你自己肚子里吧).¶～を割って話す tuīxīn-zhìfù[kāichéng-bùgōng] de tánxīn(推心置腹[开诚布公]地谈心).¶互いに相手の～を探り合う hùxiāng shìtàn duìfāng de yìtú(互相试探对方的意图).¶相手の～を読む cāiduó duìfāng de xīnsi(猜度对方的心思).¶彼等はひそかに～を合せて私をだました tāmen sīxià gōujié piànle wǒ(他们私下勾结骗了我).¶あの人は～が太い nàge rén qìliàng dà(那个人气量大).¶那个人肚子里能撑船).¶彼は～がすわっている tā yù shì cóngróng-búpò(他遇事从容不迫).¶～を決めてかかる xiàdìng juéxīn gàn(下定决心干).¶いさとなれば辞職するまでで～をくくる wǒ yǐ xiàdìng juéxīn, biyào shí bùxī cízhí(我已下定决心,必要时不惜辞职).¶やっと～が癒えた zhè cái jiěle qì(这才解了气).¶このままでは～の虫がおさまらない zhèyàng kě jiěbuliǎo wǒ de qì(这样可解不了我的气).¶彼の態度には～にすえかねる tā de tàidu jiǎnzhí jiào wǒ rěn wú kě rěn(他的态度简直叫我忍无可忍).¶そんなことで～を立てるな hébì wèi nà zhǒng shì shēng yídùzi qì(何必为那种事生一肚子气).

ばら líng(零);sǎn(散).¶～で売る língmài(零卖).¶野～ sǎn zhuāng(散装).

ばら【薔薇】 qiángwēi(蔷薇),méigui(玫瑰).¶～の刺 qiángwēi cìㄦ(蔷薇刺ㄦ).¶野～ yě

バラード xùshìshī(叙事诗);xùshìqǔ(叙事曲).

はらい【払い】 fùkuǎn(付款),fùzhàng(付账).¶あの客は～が悪い nàge gùkè lǎo tuōqiàn(那个顾客老拖欠).¶家賃の～が3か月たまった fángzū jīqiànle sān ge yuè(房租积欠了三个月).¶10回～の月賦で買う yòng shí ge yuè fēnqī fùkuǎn gòumǎi(用十个月分期付款购买).

はらい【祓い】 厄払いにお～をしてもらう qǐng rén xiāo è chú zāi(请人消厄除灾).

はらいこ・む【払い込む】 jiāonà(交纳),jiǎonà(缴纳).¶会費を～む jiāonà huìfèi(交纳会费).¶電気料金は銀行預金から自動的に～まれる diànfèi yóu yínháng cúnkuǎn zìdòng jiāonà(电费由银行存款自动交纳).

はらいさ・げる【払い下げる】 ¶国有地を～げる bǎ guóyǒudì màigěi mínjiān(把国有地卖给民间).

はらいせ【腹癒せ】 xièfèn(泄愤),xièhèn(泄恨),chūqì(出气).¶ふられた～に彼女の悪口を言いふらす sànbù tā de huàihuà yǐ xiè bèi shuǎi zhī fèn(散布她的坏话以泄被甩之愤).

はらいた【腹痛】 fùtòng(腹痛).¶食い過ぎて～を起した chīduō le, dùzi tòng le(吃多了,肚子痛了).

はらいの・ける【払い除ける】 tuīkai(推开),shuǎikāi(甩开).¶差し出された手を～ける tuīkāi shēnguolai de shǒu(推开伸过来的手).¶不吉な考えを～ける shuǎikāi bùxiáng de niàntou(甩开不祥的念头).¶邪念を～けることができない bǎituō bu liǎo[shuǎibukāi] xiéniàn(摆脱不了[甩不开]邪念).

はらいもど・す【払い戻す】 fùhuán(付还),tuìhuán(退还).¶列車延着のため急行料金を～す yóuyú lièchē wùdiǎn tuìhuán jiākuàifèi(由于列车误点退还加快费).¶預金を～す fùhuán cúnkuǎn(付还存款).

ばらいろ【薔薇色】 méiguìsè(玫瑰色).¶～の頬 fěnsè de liǎndàn(粉色的脸蛋).¶彼にとって今や人生は～だ duì tā lái jiǎng xiànzài shì rénshēng zuì měihǎo de shíkè(对他来讲现在是人生最美好的时刻).

はら・う【払う】 1〔払い除ける〕 fú(拂),dǎn(掸).¶下枝を～う kǎndiào xiàbian de shùzhī(砍掉下边的树枝).¶埃を～う fúqù huīchén(拂去灰尘)/dǎn chéntǔ(掸尘土).¶肩の雪を～う dǎndiào jiānshang de xuě(掸掉肩上的雪).¶天井のすすを～う sǎochú dǐngpéng shang de tǎhuī(扫除顶棚上的塔灰).¶足を～って倒す shǎn tuǐ shuǎidǎo(闪腿摔倒).¶～っても～っても蠅が寄って来る zěnme gǎn cāngying yě bù fēichuqu(怎么赶苍蝇也不飞出去).¶暑気を～う qū shǔ(祛暑).

2〔廃品などを〕 ¶古新聞を屑屋に～う bǎ jiùbàozhǐ màigěi shōupòlànde(把旧报纸卖给收破烂的).

3〔支払う〕 fù(付),zhīfù(支付),fùkuǎn(付款),fùzhàng(付账).¶この勘定は私が～う zhè bǐ zhàng yóu wǒ lái fù(这笔账由我来付)/zhè wǒ lái fù[huìchāo](这我来付会账[会钞]).¶月給を～う fā gōngzī(发工资).¶電気料金を～う jiǎo diànfèi(缴电费).¶部屋代を～う fù fángzū(付房租).¶借金を～う huán qián(还钱)/chánghuán zhàiwù(偿还债务).¶あまり高くて1度には～いきれない tài guì le, yí cì fùbuqīng(太贵了,一次付不清).

4 〔注意，犠牲など〕 ¶あたりに注意を～う zhùyì zhōuwéi (注意周围). ¶先輩に敬意を～う duì qiánbèi biǎoshì jìngyì (对前辈表示敬意). ¶小型軽量化に苦心を～ってた wèi xiǎoxíng-qīngliànghuà shà fèi kǔxīn (为小型轻量化煞费苦心). ¶多くの犠牲を～ってダムは完成した fùchūle jùdà de dàijià shuǐkù zhōngyú luòchéng le (付出了巨大的代价水库终于落成了).

はら・う【祓う】 fú (祓), fúchú (祓除), qūchú (祛除). ¶身の汚れを～う fú shēnxīn zhī wū (祓身心之污).

バラエティー ¶～に富んだプログラム fēngfùduōcǎi de jiémù (丰富多彩的节目). ¶～ショー zōnghé jiémù (综合节目).

はらおび【腹帯】 1 〔腹巻〕 guǒdù (裹肚), wéiyāo[r] (围腰[儿]).
2 〔妊婦の〕 fùdài (腹带).
3 〔馬具〕 dùdài (肚带).

はらかけ【腹掛け】 dōudu (兜肚), dōudou (兜兜). ¶子供に～をさせる gěi háizi dàishàng dōudou (给孩子带上兜兜).

はらぐろ・い【腹黒い】 hēixīn (黑心), hēixīncháng (黑心肠), hēixīnlàng (黑心狼), jiǎoyěxīn (狼子野心). ¶あの人は～い tā shì ge hēixīn de jiāhuo (他是个黑心的家伙)/ tā nàge rén xīn tài hēi (他那个人心太黑).

はらげい【腹芸】 ¶～に長けた政治家 yuánshú yǒu dǎnshí de zhèngzhìjiā (圆熟有胆识的政治家).

はらごなし【腹ごなし】 xiāoshí[r] (消食[儿]). ¶～に散歩する wèile xiāoshír chūqu sàn huìr bù (为了消食儿出去散会儿步).

パラシュート jiàngluòsǎn (降落伞). ¶～が開いた jiàngluòsǎn kāi le (降落伞开了). ¶～で降下する yòng jiàngluòsǎn jiàngluò (用降落伞降落)/ tiàosǎn (跳伞).
¶～部隊 jiàngluòsǎn bùduì (降落伞部队)/ sǎnbīng bùduì (伞兵部队).

はら・す【晴らす】 bào (报), xuě (雪); fāxiè (发泄), xiāoqì (消气). ¶恨みを～す xuě hèn (雪恨). ¶この恨みを～さずにおくものか wǒ yídìng bào zhège chóu, xuě zhège hèn! (我一定报这个仇,雪这个恨!). ¶憤りを～す fāxiè qìfèn (发泄气愤)/ xiè fèn (泄愤). ¶疑いを～す xiāochú yíhuò (消除疑惑).

はら・す【腫らす】 zhǒng (肿). ¶風邪を引いて喉を～した shāngle fēng sǎngzi yǎnr zhǒng le (伤了风嗓子眼儿肿了).

ばら・す 1 〔ばらばらにする〕 chāikāi (拆开), chāixiè (拆卸), chāisàn (拆散). ¶本を～す bǎ shū chāisàn (把书拆散). ¶時計を～す bǎ biǎo chāikāi (把表拆开).
2 〔殺す〕 gàndiào (干掉), shōushi (收拾), shā (杀), zǎi (宰). ¶言うことを聞かなければ～してしまうぞ yào bù tīng zǎile nǐ (要不听宰了你).
3 〔あばく〕 jiēchuān (揭穿), jiēlù (揭露). ¶秘密を～する jiēlù mìmì (揭露秘密). ¶お前の悪事を～されたくなければ金を出せ nǐ gàn de huàishì xiǎng jiào rén bù zhī, náchū qián lai! (你

干的坏事想叫人不知,拿出钱来!).

バラス 1 〔砂利〕 shíchá (石碴), dàochá (道碴).
2 〔脚荷〕 yācāngwù (压舱物).

ばらせん【ばら銭】 língqián (零钱).

パラソル hànsǎn (旱伞), yángsǎn (阳伞). ¶ビーチ～ dàzhēyángsǎn (大遮阳伞).

はらだたし・い【腹立たしい】 kěhèn (可恨), kěqì (可气), qìfèn (气愤), qìfènr (气愤儿), qìsǐ (气死). ¶近頃の世の中は～いことばかりだ jìnlái de shìdào jìnshì lìng rén qìfèn de shì (近来的世道尽是令人气愤的事). ¶～げに席を立つ qìfènfen de líle xí (气忿忿地离了席).

はらだち【腹立ち】 ¶お～もごもっともです nínqìfèn shì yīnggāi de (您气愤是应该的). ¶～まぎれに何もかもしゃべってしまった qìbùfēn yìwǔ-yìshí quán shuō le (气不忿儿一五一十全说了).

はらちがい【腹違い】 ¶～の兄 yìmǔ gēge (异母哥哥).

パラチフス fùshānghán (副伤寒).

ばらつき ¶品質に～がある zài zhìliàng shang cēncī bù qí (在质量上参差不齐).

バラック bǎnfáng (板房), bǎnpéng (板棚), wōpeng (窝棚). ¶～を建てる dā bǎnpéng (搭板棚).

ばらつ・く ¶小雨が～く diào yǔdiǎnr (掉两点儿).

はらつづみ【腹鼓】 ¶～を打つ bǎo cān gǔ dù xīn mǎn yì zú (饱餐鼓肚心满意足).

パラドックス fǎnlùn (反论).

ばらにく【ばら肉】 〔豚〕 wǔhuāròu (五花肉), wǔhuār (五花儿). 〔牛〕 yāobǎn (腰板).

はらば・い【腹這い】 pā (趴), púfú (匍匐). ¶～で進む púfú qiánjìn (匍匐前进). ¶～になって本を読む pāzhe kàn shū (趴着看书).

はらはら 1 〔落ちるさま〕 ¶涙を～こぼす yǎnlèi sùsù de wǎng xià luò (眼泪簌簌地往下落). ¶木の葉が～と落ちる shùyè piāopiāo luòxàn (树叶飘飘落下).
2 〔気をもむさま〕 ¶見ている間中～し通しだった kàn shí yìzhí niēzhe yì bǎ hàn (看时一直捏着一把汗). ¶彼の言動は～の者を～させる tā de yánxíng zhēn lìng rén dānxīn (他的言行真令人担心).

ばらばら 1 〔離れ離れ〕 ¶戦争で一家が～になる zhànzhēng gǎode yì jiā qīlí-zǐsàn [fēnlí sìsàn] (战争搞得一家妻离子散[分离四散]). ¶何度も読んだのでその本が～になった kànle bù zhī duōshao biàn, shū quándōu sǎn le (看了不知多少遍,书全都散了). ¶ラジオを～に分解する bǎ shōuyīnjī chāide qīlíng-bāluò (把收音机拆得七零八落). ¶舟は岩礁に当って～に砕けた chuán pèngzài jiāoshang zhīlí-pòsuì le (船碰在礁上支离破碎了). ¶皆の意見が～でまとまりがつかない dàjiā de yìjiàn gèzì bùtóng wúfǎ yízhì (大家的意见各自不同无法一致). ¶てんでん～に好き勝手なことをする gè xíng qí shì gè gǎo gè de (各行其是各搞各的). ¶家族の心が～だ jiālirén de xīn chéngle yì pán sǎnshā (家里人的心成了一盘散沙). ¶～死体が

発見された fāxiànle zhījiě de shītǐ(发现了支解的尸体).
2 ¶暗がりから数人の男が～と飛び出した cóng ànchù hūdì tiàochulai jǐ ge nánrén(从暗处忽地跳出来几个男人). ¶大粒の雹が～と降ってきた dà báozi xīxīlālā de xiàlai le(大雹子稀稀拉拉地下来了).

ばらばら ¶雨が～と降ってきた xīxīluòluò de xiàqǐ yǔ lai le(稀稀落落地下起雨来了). ¶塩を～とふる bālābālā de sǎ yán(叭啦叭啦地撒盐). ¶～とページをめくる bālābālā de fān shū(叭啦叭啦地翻书).

パラフィン wántīng(烷烃), shílàtīng(石蜡烃); shílà(石蜡). ¶～紙 làzhǐ(蜡纸).

はらペこ【腹ぺこ】 ¶～で帰ってきてもご飯はない èzhe dùzi huílai yě méiyǒu fàn chī(饿着肚子回来也没有饭吃).

パラボラアンテナ pāowùmiàn tiānxiàn(抛物面天线).

はらまき【腹巻】 guǒdù(裹肚), wéiyāozi(围腰子), wéiyāor(围腰儿).

ばらま・く【ばら蒔く】 sǎ(撒), sàn(散). ¶ころんでお菓子を道に～いてしまった shuāile ge gēntou bǎ diǎnxin sǎle yí dì(摔了个跟头把点心撒了一地). ¶あの候補者は選挙で大分～いたようだ kànlai, nàge hòuxuǎnrén xuǎnjǔ zhōng zài gèchù huāle bùshǎo qián(看来, 那个候选人选举中在各处花了不少钱). ¶～予算である批判を浴びる yùsuàn dàshǒu dàjiǎo shòudào pīpàn(预算大手大脚受到批判).

はら・む【孕む】 huáiyùn(怀孕), huáitāi(怀胎). ¶この犬は～んでいる zhè tiáo gǒu huái zǎi le(这条狗怀崽了). ¶帆に風を～んで船が走っている fān dōumǎnle fēng, chuán zài fēishǐ(帆兜满了风, 船在飞驶). ¶政局は危機を～んでいる zhèngjú yùnyùzhe wēijī(政局孕育着危机).

はらもち【腹持ち】 ¶餅は～が良い niángāo jīnè(年糕禁饿).

バラモン【婆羅門】 Póluómén(婆罗门). ¶～教 Póluóménjiào(婆罗门教).

パラリンピック cánjirén àoyùnhuì(残疾人奥运会), cán'àohuì(残奥会), àolínpǐkè shāngcánrén yùndònghuì(奥林匹克伤残人运动会).

はらわた【腸】 **1** cháng(肠); [臟物] nèizàng(内脏). ¶～が煮えくり返る qìde qīqiào shēng yān(气得七窍生烟). ¶～の腐った奴 xīncháng dǎidú de rén(心肠歹毒的人) / lángxīngǒufèi de jiāhuo(狼心狗肺的家伙). ¶魚の～ yú de nèizàng(鱼的内脏) / yú xiàshui(鱼下水).
2 [瓜などの] ráng[r](瓤儿), rángzi(瓤子).

はらん【波瀾】 fēngbō(风波); bōlán(波澜). ¶彼の発言は党内に～を巻き起した tā de fāyán zài dǎngnèi yǐnqǐle fēngbō(他的发言在党内引起了风波). ¶今度の会議は一一ありそうだ zhè cì huìyì kànlai huì yǒu yì cháng fēngbō(这次会议看来会有一场风波). ¶～に富んだ一生を送る dùguò bōlán qǐfú de yìshēng(度过波澜起伏的一生). ¶～万丈の物語 diēdàng

qǐfú de gùshi(跌宕起伏的故事).

バランス pínghéng(平衡). ¶平均台の上で体の～をとる zài pínghéngmù shang bǎochí shēnzi de pínghéng(在平衡木上保持身子的平衡). ¶～を失って倒れた shīqù pínghéng shuāidǎo le(失去平衡摔倒了). ¶収支の～がとれている shōuzhī pínghéng(收支平衡). ¶左右の～がよくない zuǒyòu bù píngjūn(左右不平均) / zuǒyòu bù xiāngchèng(左右不相称).
¶～シート zīchǎn pínghéngbiǎo(资产平衡表) / zīchǎn fùzhàibiǎo(资产负债表).

はり **1**【針】 zhēn(针); [蜂, さそりなどの] shìzhēn(螫针); gōuzi(钩子). ¶～に糸を通す rèn [chuān] zhēn(纫〖穿〗针). ¶傷口を～で縫う shāngkǒu féng sān zhēn(伤口缝三针). ¶あの人の言葉には～がある tā de huà dài cìr(他的话带刺儿). ¶邪険な人たちばかりで～の筵(むしろ)に座っているようだった zhōuwéi jìngshì yīnxiǎn de rén, wǒ rú zuò zhēnzhān(周围净是阴险的人, 我如坐针毡).

¶～の落ちる音が聞えるほど静かだ jìngde jīhū lián yì gēn zhēn diàozài dìmiàn shang yě néng tīngjian(静得几乎连一根针掉在地面上也能听见). ¶～を刺すという痛む xiàng bèi zhēn zhā shìde téngtòng(像被针扎似的疼痛).

¶縫い～ zhēn(针) / féngrènzhēn(缝纫针). 待ち～ dàtóuzhēn(大头针). 釣～ diàogōu(钓钩). 注射器の～ zhēntóu(针头). 磁石の～ cízhēn(磁针). 時計の～ biǎozhēn(表针).
2【鍼】 zhēn(针); [療法] zhēncì liáofǎ(针刺疗法). ¶～を打つ zhā zhēn(扎针).
¶～医 zhēnjiǔ yīshēng(针灸医生). ～麻醉 zhēncì-mázuì(针刺麻醉) / zhēnmá(针麻).

はり【梁】 liáng(梁), héngliáng(横梁), fángliáng(房梁).

はり【張り】 ¶～のある声 yǒujìnr de shēngyīn(有劲儿的声音). ¶～のない肌 gānkū de pífū(干枯的皮肤). ¶仕事に～が出る gōngzuò yǒu gàntour(工作有干头儿). ¶生きる～を失う shīqù huóxiaqu de jìntóur(失去活下去的劲儿) / méiyǒu huótour(没有活头儿).

ばり【罵詈】 ¶～雑言を浴びせる tòngmà rén(痛骂人) / pòkǒu dàmà(破口大骂).

-ばり【張り】 ¶ゴッホの絵を得た huàde yóurú Fán·Gāo shìde huà(画得犹如凡·高似的画).

はりあい【張合い】 **1**[甲斐] jìnr(劲儿), jìntóur(劲头儿), gàntour(干头儿). ¶忙しいほど～がある yuè máng yuè qǐjìnr(越忙越起劲儿). ¶相手がこう弱くては～が抜ける duìfāng zhème ruò kě zhēn xièjìnr(对方这么弱可真泄劲儿). ¶家に帰っても１人だから何の～もない huíjiā qù yě zhǐshì yí ge rén, méi shénme jìntóur(回家去也只是一个人, 没什么劲儿).
2[競争] biàojìnr(摽劲儿), jiàojìn[r](较劲〖儿〗·叫劲〖儿〗). ¶彼等はお互いに意地の～をしている tāmen zhèr liǎ nào yìqì [dòu qì](他们这儿俩闹意气〖斗气〗) / tāmen zài biàozhe jìnr(他们在摽着劲儿).

はりあ・う【張り合う】 biào(摽), biàojìnr(摽劲

ル), jiàojìn[r] (较劲[ル]・叫劲[ル]), pānbǐ (攀比). ¶互いに～～して芸を磨いた hùxiāng bǐ xué gǎn chāo móliàn jìyì (互相比学赶超磨练技艺). ¶1人の女を2人で～っている liǎng ge nánrén zhēng yí ge nǚrén (两个男人争一个女人).

はりあ・げる【張り上げる】 hǎnjiào (喊叫). ¶声を～げて歌う lākai sǎngzi dàshēng de chàng (拉开嗓子大声地唱).

バリウム bèi (钡).

はりか・える【張り替える】 ¶ギターの弦を～える huàn jítā de xián (换吉他的弦). ¶壁紙を～える chóngxīn hú qiángzhǐ (重新糊墙纸).

はりがね【針金】 tiěsī (铁丝), gāngsī (钢丝), tóngsī (铜丝).

はりがみ【張紙】 zhāotiē (招贴). ¶ドアに～をする zài ménshang tiēshàng zìtiáor (在门上贴上字条ル). ¶～禁止 bù zhǔn zhāotiē (不准招贴).

バリカン tuīzi (推子). ¶～で頭を刈る yòng tuīzi tuītóu (用推子推头). ¶電気～ diàntuīzi (电推子).

ばりき【馬力】 mǎlì (马力). ¶100～のエンジン yìbǎi mǎlì de yǐnqíng (一百马力的引擎). ¶あの男は～がある tā yǒu 'jīnglì[gànjìnr] (他有'精力[干劲ル]). ¶～をかけて仕事をする gǔzú gànjìn gǎo gōngzuò (鼓足干劲搞工作). ¶どうも～が出ない shǐ bu chū jìnr lai (使不出劲ル来).

はりき・る【張り切る】 ¶彼女はいつも～っている tā zǒngshì gànjìnr shízú (她总是干劲ル十足). ¶彼は～って出掛けた tā jīngshén bǎomǎn de chūqu le (他精神饱满地出去了).

バリケード fángzhà (防栅), jiēlěi (街垒), lùzhàng (路障). ¶～を築く zhù jiēlěi (筑街垒). ¶～戦 jiēlěizhàn (街垒战).

ハリケーン jùfēng (飓风).

はりこ【張子】 ¶帝国主義は～の虎だ dìguózhǔyì shì zhǐlǎohǔ (帝国主义是纸老虎). ¶犬～ zhǐ hú de gǒu (纸糊的狗).

はりこ・む【張り込む】 1〔見張る〕 máifu (埋伏). ¶路地に刑事が～んでいる biànyī jǐngchá máifu zài hútòngr li (便衣警察埋伏在胡同ル里).
2〔奮発する〕 ¶昼食にビフテキを～んだ zhōngfàn huōchūle qián chīle niúpá (中饭豁出了钱吃了牛扒). ¶大金を～んで着物を作る huōchūle qián zuò héfú (豁出钱做和服).

はりさ・ける【張り裂ける】 bàoliè (爆裂). ¶袋が～けるほど物を詰め込む dàizi zhuāngde yào chēngpò le (袋子装得要撑破了). ¶悲しみに胸が～けそうだ bēitòngde xīn dōu kuàiyào suì le (悲痛得心都快要碎了).

はりさし【針刺し】 zhēnzhār (针扎ル), zhēnbāor (针包ル).

はりしごと【針仕事】 zhēnxiàn (针线), zhēnxiànhuór (针线活ル). ¶～をする zuò zhēnxiànhuór (做针线活ル).

はりたお・す【張り倒す】 dǎdǎo (打倒). ¶この野郎～すぞ nǐ zhè jiāhuo, shān nǐ ge yǎngmiàn cháo tiān (你这家伙, 扇你个仰面朝天).

はりだ・す【張り出す】 1〔掲示する〕tiēchū (贴出), zhāngtiē (张贴), zhāngbǎng (张榜), gōngbù (公布), bùgào (布告), jiēshì (揭示). ¶成績を～す gōngbù chéngjì (公布成绩).
2〔出っ張る〕 shēnchū (伸出). ¶ひさしが～ている fángyán xiàng wài shēnzhe (房檐向外伸着). ¶大陸の高気圧が日本海に～している dàlù de gāoqìyā shēnzhǎn dào Rìběn Hǎi (大陆的高气压伸展到日本海).

はりつ・く【貼り着く】 ¶首相に～いて取材する tiēshēnyú shǒuxiàng jìnxíng cǎifǎng huódòng (贴身于首相进行采访活动).

はりつけ【磔】 《説明》旧时把罪人绑在柱子上用矛刺杀的一种刑罚.

ぱりっと ¶～したスーツを着ている chuānzhe yì shēn bǐtǐng zhǎnxīn de xīfú (穿着一身笔挺崭新的西服).

はりつ・める【張り詰める】 1〔緊張する〕jǐnzhāng (紧张). ¶～めていた気持がゆるんだ jǐnzhāng de xīnqíng sōngchí xialai le (紧张的心情松弛下来了).
2〔一面に張る〕 ¶湖に氷が～めた húli quán jiéle bīng (湖里全结了冰).

はりと・ばす【張り飛ばす】 ¶横っ面を～した shānle tā yí ge ěrguāngzi (扇了他一个耳光子).

バリトン nánzhōngyīn (男中音).

はりねずみ【針鼠】 wèi (猬), cìwei (刺猬).

はりばこ【針箱】 zhēnxiànhé (针线盒).

ばりばり ¶仕事を～片付ける gànjìn chōngtiān bǎ gōngzuò yí yàng jiē yí yàng chǔlǐwán (干劲冲天把工作一样接一样处理完). ¶～と煎餅を噛る gēbēng gēbēng de yǎozhe mǐbèngcuì (格崩格崩地咬着米绷脆).

ぱりぱり ¶～の背広 zhǎnxīn de xīfú (崭新的西服). ¶彼は～の江戸っ子だ tā shì ge dìdìdàodào de lǎo Dōngjīng (他是个地地道道的老东京). ¶～と煎餅を噛る gēbēng gēbēng de yǎozhe mǐbèngcuì (格崩格崩地咬着米绷脆).

はりばん【張番】 kānshǒu (看守), shǒuwèi (守卫). ¶交代で～に立つ lúnzhe kānshǒu (轮着看守). ¶～の目をかすめて逃げた bìkai shǒuwèi de jiānshì táopǎo le (避开守卫的监视逃跑了).

はりめぐら・す【張り巡らす】 ¶周りに紅白の幕を～す zhōuwéi zhāngguà hóngbái xiāngjiàn de wéimù (周围张挂红白相间的帷幕). ¶情報網が網の目のように～されている qíngbàowǎng xīngluó-qíbù (情报网星罗棋布).

は・る【張る・貼る】 1〔広がる,広げる〕 ¶この木は根が～っている zhè kē shù zhāgēnr le (这棵树扎根ル了). ¶湖に氷が～った hú 'jiébīng [dòngbīng] le (湖'结冰[冻冰]了). ¶ヨットの帆を～る zhāng fānchuán de fān (张帆船的帆). ¶テントを～る dā zhàngpeng (搭帐篷). ¶幕を～る zhāngguà wéimù (张挂帷幕). ¶バレーボールのネットを～る zhāngguà páiqiúwǎng (张挂排球网). ¶家出少年を目当てに暴力団が網を～っている liúmáng zhāngkāile wǎng lièqǔ chūzǒu shàonián (流氓张开了网猎取出走少年). ¶高気圧が勢力を～っている gāoqìyā bǎochízhe shìtou (高气压保持着势头).

2〔突き広げる〕 ¶肘を~る zhīkāi gēbozhǒu（支开胳膊肘）. ¶胸を~って歩く tǐngzhe xiōngpú zǒulù（挺着胸脯走路）.
3〔満たす〕 ¶風呂に水を~る gěi zǎopén guànmǎn shuǐ（给澡盆灌满水）.
4〔張り渡す〕 lā（拉）,bēng（绷）,dèn（扽）. ¶縄をぴんと~る bǎ shéngzi bēngzhí（把绳子绷直）. ¶電線を~る jià diànxiàn（架电线）. ¶あまり強く~ると弦が切れる xián bēngde tài jǐn huì duàn（弦绷得太紧会断）. ¶非常線を~る shèzhì jǐngjièxiàn（设置警戒线）.
5〔はりつける〕 tiē（贴）,zhān（粘）,hú（糊）,zhāntiē（粘贴）,zhāngtiē（张贴）. ¶切手を~る tiē yóupiào（贴邮票）. ¶肩に膏薬を~る zài jiānshang tiē gāoyào（在肩上贴膏药）. ¶障子を~る hú zhǐlāchuāng（糊纸拉窗）. ¶天井を~る xiāngshàng tiānhuābǎn（镶上天花板）/xiāng dǐngpéng（镶顶棚）. ¶床に白いタイルが~ってある dìshang xiāngzhe báicízhuān（地上镶着白瓷砖）. ¶壁にベニヤ板を~る wǎng qiángshang dìng jiāohébǎn（往墙上钉胶合板）.
6〔平手で打つ〕 ¶横っ面を~る shān ěrguāng（扇耳光）/dǎ zuǐba（打嘴巴）.
7〔構える〕 ¶駅前で店を~る zài chēzhàn qián ▾kāishè shāngdiàn[kāi pùzi]（在车站前▾开设商店[开铺子]）. ¶屋台を~る bǎi tānzi（摆摊子）. ¶堂々の論陣を~る bǎikāi wú xiē kě jī de biànlùn zhènshì（摆开无懈可击的辩论阵势）. ¶祝宴を~る bǎi[shè] xǐqìng yánxí（摆[设]喜庆筵席）. ¶所帯を~る chéngjiā（成家）.
8〔こわばる, 緊張する〕 ¶腹が~る dùzi fāzhàng（肚子发胀）. ¶乳が~ってきた rǔfáng fāzhàng（乳房发胀）. ¶肩が~る jiānbǎng fāyìng（肩膀发硬）. ¶その時は気が~っていたので疲れを感じなかった nà shí jīngshén jǐnzhāng méi juéde lèi（那时时精神紧张没觉得累）.
9〔押し通す, 盛んにする〕 ¶いつまでも強情を~るな bié nàme lǎo fàn ▾niújīnr[niúpíqi]（别那么老犯▾牛劲儿[牛脾气]）. ¶我を~る gùzhí（固执）/zhíniù（执拗）. ¶あいつは欲が~っている tā zhēn tānxīn（他真贪心）/tā shì ge tānxīn bùzú de rén（他是个贪心不足的人）/tā tān dé wú yàn（他贪得无厌）. ¶見えを~る zhuāng ménmian（装门面）.
10〔対抗する, 競り合う〕 ¶隣の向うを~ってピアノを買った gēn línjū bǐ kuò yě mǎile gāngqín（跟邻居比阔也买了钢琴）. ¶女を~る zhēngduó nǚrén（争夺女人）.
11〔かさむ〕 ¶この品は値はよいが値が~ります zhège dōngxi hǎo shì hǎo kě shāo guì diǎnr（这个东西是好可稍贵点儿）.
12〔見張る〕 ¶刑事が表で~っている biànyī jǐngchá zài ménwài dīngzhe（便衣警察在门外盯着）.

はる【春】 chūntiān（春天）. ¶~はもうそこまで来ている chūntiān jiù zài yǎnqián（春天就在眼前）. ¶やっと~になった chūntiān hǎoróngyì pàndào le（春天好容易盼到了）. ¶一雨ごとに~めいてきた yì cháng chūnyǔ yì fān chūnyì（一场春雨一番春意）. ¶人生の~ rénshēng de qīngchūn shídài（人生的青春时代）. ¶~の目覚め chūnqíng fādòng（春情发动）.

はるいちばん【春一番】 《説明》立春后刮来的第一阵春南强风.

はるか【遥か】 yuǎn（远）,yáoyuǎn（遥远）. ¶行く手~にエベレストが見える zài yáoyuǎn de qiánfāng kěyǐ kànjiàn Zhūmùlǎngmǎ Fēng（在遥远的前方可以看见珠穆朗玛峰）. ¶私の家は~に海を望む高台にあります wǒ jiā zài kěyǐ yuǎntiào dàhǎi de gāochù（我家在可以远眺大海的高处）. ¶これは~昔の話だ zhè shì yuǎngǔ shí de gùshi（这是远古时的故事）. ¶我々の計画の方が~にすぐれている wǒmen de jìhuà yuǎn wéi yōuyuè（我们的计划远为优越）. ¶プロの水準には~に及ばない yuǎn ▾bù jí[dábudào] zhuānyè shuǐpíng（远▾不及[达不到]专业水平）.

はるかぜ【春風】 chūnfēng（春风）. ¶~が頬をなでる chūnfēng fú miàn（春风拂面）.

バルコニー yángtái（阳台）,liángtái（凉台）,shàitái（晒台）,lùtái（露台）.

はるさき【春先】 kāichūn（开春）,zǎochūn（早春）.

はるさめ【春雨】 **1** chūnyǔ（春雨）.
2〔食品〕fěntiáo（粉条）.

パルチザン yóujīduì（游击队）.

はるばる【遥遥】 qiānlǐ tiáotiáo yuè hǎi lái Rì（千里迢迢越海来日）. ¶遠路~御苦労さまです cóng yuǎndào ér lái[bù cí yuǎnlù] shízài xīnkǔ le（从远道而来[不辞远路]实在辛苦了）.

バルブ fá（阀）,huómén（活门）,fámén（阀门）,fábàn（阀瓣）,fánr（凡尔）.

パルプ zhǐjiāng（纸浆）.

はれ【晴】 **1**〔晴天〕qíng（晴）,qíngtiān（晴天）. ¶~のち曇 qíng zhuǎn yīn（晴转阴）.
2¶裁判の結果の身となる shěnpàn de jiéguǒ déyǐ píngfǎn zhāoxuě（审判的结果得以平反昭雪）. ¶~の卒業式 lóngzhòng de bìyè diǎnlǐ（隆重的毕业典礼）.

はれ【腫れ】 zhǒng（肿）. ¶~が引いた zhǒng xiāo le（肿消了）.

ばれいしょ【馬鈴薯】 mǎlíngshǔ（马铃薯）,tǔdòu[r]（土豆儿）,shānyaodàn（山药蛋）,yángyù（洋芋）.

バレー bālěiwǔ（芭蕾舞）. ¶~ダンサー bālěiwǔ yǎnyuán（芭蕾舞演员）.

ハレーション yùnyǐng（晕影）,guāngyùn（光晕）.

パレード yóuxíng（游行）. ¶オープンカーに乗って市内を~する zuòzhe chǎngpéng qìchē zài shìnèi yóuxíng（坐着敞篷汽车在市内游行）.

バレーボール páiqiú（排球）. ¶~をする dǎ páiqiú（打排球）.

はれがまし・い【晴がましい】 ¶私はこんな~い席は苦手です wǒ bùguàn chūxí zhème lóngzhòng de chǎngmiàn（我不惯于出席这么隆重的场面）.

はれぎ【晴着】 hǎo yīshang（好衣裳）,shèngzh-

uāng(盛装). ¶正月の～ xīnnián de shèngzhuāng(新年的盛装).

はれつ【破裂】 pòliè(破裂). ¶爆弾が～した zhàdàn bàozhà le(炸弹爆炸了). ¶水道管が～した shuǐguǎn pòliè le(水管破裂了). ¶心臓が～しそうだ xīnzàng yào pòliè shìde(心脏要破裂似的).
¶～音 sèyīn(塞音)/ bàofāyīn(爆发音)/ pòliè-yīn(破裂音).

パレット tiáosèbǎn(调色板). ¶～ナイフ tiáosèdāo(调色刀).

はれて【晴れて】 彼等は～夫婦になった tā liǎ zhōngyú zhèngshì jiéwéi fūqī le(他俩终于正式结为夫妻了).

はればれ【晴晴】 shuǎngkuai(爽快), shuǎnglǎng(爽朗). ¶彼女は～とした顔でやって来た tā miànsè shuǎnglǎng de lái le(她面色爽朗地来了). ¶話してしまったら気が～した bǎ huà dǎole chūlái xīnli chàngkuài le(把话倒了出来心里畅快了).

はれぼった・い【腫れぼったい】 ¶まぶたが～い yǎnpí yǒudiǎnr zhǒngzhàng(眼皮有点儿肿胀). ¶～い顔 yǒudiǎnr zhǒngle de liǎn(有点儿肿了的脸).

はれま【晴間】 ¶～を見て出掛ける chèn zànshí tiān qíng chūqu(趁暂时天晴出去). ¶西の空に～が見えてきた xīfāng de yúnxijiān lùchū qíngtiān(西方的云隙间露出晴天).

はれもの【腫物】 gēda(疙瘩・疙疸). ¶首に～ができた bózi shang zhǎngle gēda[zhǒngqǐ yí ge bāo](脖子上长了疙瘩[肿起一个包]). ¶皆は彼女を～にさわるように扱っている dàjiā dōu xiǎoxīn yìyì de dài tā(大家都小心翼翼地待她).

はれやか【晴やか】 shuǎngkuai(爽快), shuǎnglǎng(爽朗). ¶彼女は心も～に家路をたどった tā xīnqíng shūchàng gāogāo-xìngxìng de huíjiā le(她心情舒畅高高兴兴地回家了). ¶～な笑顔 shuǎnglǎng de xiàoróng(爽朗的笑容).

バレリーナ bāléiwǔ nǚyǎnyuán(芭蕾舞女演员).

は・れる【晴れる】 **1**【天気が】qíng(晴). ¶空が～れた tiān fàngqíng le(天放晴了). ¶雨はまだ～れない yǔ hái méi zhù(雨还没住). ¶霧が～れた wù sàn le(雾散了).
2【気分,疑いなどが】¶何をしても気が～れない zuò shénme xīnqíng yě bù shūchàng(做什么心情也不舒畅). ¶盗みの疑いが～れた tōuqiè de xiányí chéngqīng le(偷窃的嫌疑澄清了).

は・れる【腫れる】 zhǒng(肿). ¶歯茎が～れて痛い yáchuáng zhǒngle hěn tòng(牙床肿了很痛). ¶蜜蜂に刺されて指が～れた jiào mìfēng bǎ shǒuzhǐ zhēzhǒng le(叫蜜蜂把手指蜇肿了).

ば・れる bàilù(败露), lòuxiànr(露馅儿). ¶秘密が～れた mìmì bàilù le(秘密败露了). ¶嘘が～れた shuō de huǎng lòuxiàn le(说的谎露馅了).

はれわた・る【晴れ渡る】 ¶～った空 wànlǐ wú yún de qīngtiān(万里无云的青天)/ qíngkōng wànlǐ(晴空万里).

ばれん【馬連】 cāshuāzi(擦刷子).

バレンタインデー Shèng Wǎlúntíng jié(圣瓦伦廷节), qíngrénjié(情人节).

はれんち【破廉恥】 wúchǐ(无耻), tián bù zhī chǐ(恬不知耻). ¶全く～な奴だ zhēn shì 'tián bù zhī chǐ[sǐbúyàoliǎn] de jiāhuo(真是'恬不知耻[死不要脸]的家伙). ¶～な行為 guǎliǎnxiǎnchǐ de xíngwéi(寡廉鲜耻的行为).
¶～罪 wéifǎn dàodé zuì(违反道德罪).

はろう【波浪】 bōlàng(波浪).

ハロゲン lǔsù(卤素).

バロック bāluókè(巴罗克). ¶～芸術 bāluókè yìshù(巴罗克艺术).

パロディー xiémó shīwén(谐模诗文), fěngcì shīwén(讽刺诗文).

バロメーター qìyǎjì(气压计); qíngyǔbiǎo(晴雨表). ¶体重は健康の～だ tǐzhòng shì jiànkāng de qíngyǔbiǎo(体重是健康的晴雨表).

パワー 住民～が行政を動かした jūmín de lìliang tuīdòng xíngzhèng dāngjú(居民的力量推动行政当局). ¶一段と～アップした jìnyíbù zēngqiáng le lìliang(进一步增强了力量)/ jiādà le 'mǎlì[dònglì](加大了'马力[动力]).

ハワイ Xiàwēiyí(夏威夷).

はわたり【刃渡り】 ¶～3寸の短刀 rèn cháng sān cùn de duǎndāo(刃长三寸的短刀).

はん【半】 bàn(半). ¶2倍～ liǎng bèi bàn(两倍半). ¶3年～ sān nián bàn(三年半). ¶10時～集合 shí diǎn bàn jíhé(十点半集合). ¶彼女は～狂乱になっている tā yǐ 'bàn fēngkuáng[bànfēng] le(她已了'半疯狂[半疯]了).

はん【判】 yìnzhāng(印章), túzhāng(图章), túshu(图书), chuòzi(戳子), shǒuchuō[r](手戳[儿]). ¶証文に～をつく zài zìjù shang gài túzhāng(在字据上盖图章). ¶誰にきいても～で押したように同じ答が返ってくる wèn shuí shuí de huídá dōu xiàng yí ge múzi dàochulai de yíyàng(问谁谁的回答都像一个模子刻出来的一样).

はん【版】 bǎn(版). ¶～を重ねる chóngbǎn(重版). ¶～を改める gǎi bǎn(改版).
¶第3～ dìsān bǎn(第三版).

はん【班】 zǔ(组), bān(班). ¶クラス全員を6つの～に分ける bǎ bānshang de quántǐ xuésheng fēnchéng liù ge zǔ(把班上的全体学生分成六个组).
¶～長 zǔzhǎng(组长)/ bānzhǎng(班长). 救護～ jiùhùbān(救护班).

はん【煩】 fán(烦), máfan(麻烦). ¶～を厭わず書き写す bù xián máfan[bú yàn qí fán] de chāoxiě(不嫌麻烦[不厌其烦]地抄写).

はん【範】 ¶～を垂れる yǐ shēn zuò zé(以身作则)/ chuífàn(垂范).

はん-【反】 fǎn(反). ¶～革命分子 fǎngémìng fènzǐ(反革命分子). ～主流派 fǎnzhǔliúpài(反主流派). ～政府活動 fǎnzhèngfǔ huódòng(反政府活动). ～日感情 fǎn-Rì qíngxù(反日情绪).

はん-【汎】 fàn(泛). ¶～アメリカニズム fàn-Měizhǔyǐ(泛美主义).

ばん【万】 wàn(万). ¶やむを得ない事情で欠席した shì wànbùdéyǐ quēxí de(是万不得已缺席的). ¶～遺漏なきを期す yǐ qī wàn wú yìshī(以期万无一失).

ばん【判】 kāiběn(开本). ¶四六～の本 sānshí'èr kāiběn de shū(三十二开本的书). ¶大～のノート dà bǐjìběn(大笔记本).

ばん【晩】 wǎnshang(晚上). ¶朝から～まで畑で働く cóngzǎo-dàowǎn zài dìli gànhuór(从早到晚在地里干活ㄦ). ¶明後日の～伺います hòutiān wǎnshang qù bàifǎng nín(后天晚上去拜访您)

ばん【盤】 1〔囲碁などの〕qípán(棋盘).
2〔レコード盤〕¶ LP～ mìwén chàngpiàn(密纹唱片).

ばん【順番】 并んで～を待つ páiduì děnghòu(排队等候). ¶なかなか～が回ってこない bù róngyì lúnzháo(不容易轮着). ¶次は誰の～ですか xià yí ge gāi shuí le?(下一个该谁了?).
2〔見張り〕¶店の～をする zhàokàn pùzi(照看铺子). ¶この犬はよく～をする zhè tiáo gǒu néng kānmén(这条狗能看门). ¶荷物の～をする kānguǎn xíngli(看管行李).

-ばん【番】 1〔順位, 順序〕¶君の成績はクラスで何～ですか nǐ de chéngjì zài bānli pái dìjǐ?(你的成绩在班里排第几?). ¶右から2～目の男 cóng yòu shǔ dì'èr ge rén(从右数第二个人). ¶3～打者 dìsān jīqiúyuán(第三击球员).
2〔番号〕hào(号). ¶1～ホーム yí hào yuètái(一号月台). ¶10～の窓口 dìshí hào chuāngkǒu(第十号窗口). ¶電話は何～ですか diànhuà hàomǎr shì duōshao?(电话号码ㄦ是多少?).
3〔勝負の回数〕jú(局), pán(盘). ¶3～勝負 duìzhèn sān jú(对阵三局). ¶何～打っても勝てない xiàle hǎo jǐ pán yě yíngbuliǎo(下了好几盘也赢不了).

パン miànbāo(面包). ¶自分の家で～を焼く zài zìjǐ jiāli kǎo miànbāo(在自己家里烤面包). ¶～を1枚焼く kǎo yí piàn miànbāo(烤一片面包). ¶～のみにて生くるものに非ず rén huózhe bú shì dān kào shíwù(人活着不是单靠食物). ～くず miànbāozhā(面包渣)/ miànbāoxiè(面包屑). ～粉 miànbāofěn(面包粉). ～屋 miànbāodiàn(面包店). 黒～ hēimiànbāo(黑面包).

はんい【範囲】 fànwéi(范围), céngmiàn(层面). ¶彼は活動の～が広い tā huódòng fànwéi [céngmiàn]hěn guǎng(他活动范围[层面]广). ¶試験の～を発表する gōngbù kǎoshì de fànwéi(公布考试的范围). ¶あなたのできる～でやって下さい qǐng zài nǐ lì suǒ néng jí de fànwéi nèi gěi bàn yíxià(请在你力所能及的范围内给办一下). ¶応用～ yìngyòng fànwéi(应用范围). 勢力～ shìlì fànwéi(势力范围).

はんいご【反意語】 fǎnyìcí(反义词).

はんえい【反映】 fǎnyìng(反映). ¶市政に住民の意思を～させる shǐ shìzhèng fǎnyìng jūmín de yìzhì(使市政反映居民的意志). ¶流行歌は世相を～する liúxíng gēqǔ fǎnyìng shìtài biànhuà(流行歌曲反映世态变化).

はんえい【繁栄】 fánróng(繁荣), xīngshèng(兴盛), chāngshèng(昌盛), chānglóng(昌隆). ¶御一家の～を祈ります zhù nín yìjiā xīngwàng(祝您一家兴旺). ¶ギリシアは紀元前5世紀ごろ～した Xīlà shì yuē zài jìyuánqián wǔ shìjǐ fánróng-chāngshèng qǐlai de(希腊是约在纪元前五世纪繁荣昌盛起来的).

はんえいきゅう【半永久的】 bànyǒngjiǔxìng(半永久性). ¶～な建物 bànyǒngjiǔxìng de jiànzhùwù(半永久性的建筑物).

はんえん【半円】 bànyuán(半圆). ¶～形に座る wéizuò chéng bànyuánxíng(围坐成半圆形).

はんおん【半音】 bànyīn(半音). ¶～高い[低い] gāo[dī] bànyīn(高[低]半音).

はんか【繁華】 fánhuá(繁华), rènao(热闹). ¶～街 fánhuá de jiēdào(繁华的街道)/ nàoshì(闹市).

はんが【版画】 bǎnhuà(版画). ¶～を彫る kè[diāo] bǎnhuà(刻[雕]版画).
¶銅～ tóngbǎnhuà(铜版画). 木～ mùbǎnhuà(木版画).

ハンガー yījià[r](衣架[ㄦ]). ¶上着を～にかける bǎ shàngyī guàzài yījià shang(把上衣挂在衣架上).

ハンガーストライキ juéshí dòuzhēng(绝食斗争).

はんかい【半壊】 ¶地震で家屋が～した yóuyú dìzhèn fángwū bàn tāntā le(由于地震房屋半坍塌了).

ばんかい【挽回】 wǎnhuí(挽回). ¶劣勢を～する wǎnhuí lièshì(挽回劣势). ¶名誉を～する huīfù míngyù(恢复名誉).

ばんがい【番外】 ¶～の余興 wàijiā de yúxìng(外加的余兴). ¶あいつは～だ nàge jiāhuo lìwài(那个家伙例外).

はんがく【半額】 bànjià(半价). ¶12歳未満の子供は～です bù mǎn shí'èr suì de xiǎoháizi shì bànjià(不满十二岁的小孩是半价). ¶最初に～納める xiān fù yíbàn qián(先付一半钱).

ばんがく【晩学】 ¶彼の中国語は～だがよく上達した tā de Zhōngguóhuà suī shì wǎnnián xué de, kě hěn yǒu jìnbù(他的中国话虽是晚年学的,可很有进步).

ハンカチ shǒujuàn[r](手绢[ㄦ]), shǒupà(手帕), juànzi(绢子), shǒujīn(手巾).

はんかつう【半可通】 bàntōng-bùtōng(半通不通), yìzhī-bànjiě(一知半解);〔人〕bànpíngcù(半瓶醋), bàndiàozi(半吊子). ¶～を振りまわす bànpíngcù huàngdang(半瓶醋乱荡).

ハンガリー Xiōngyálì(匈牙利).

バンガロー jiǎnyì kèfáng(简易客房).

はんかん【反感】 fǎngǎn(反感). ¶彼は私に～を抱いている tā duì wǒ bàoyǒu fǎngǎn(他对我抱有反感). ¶人の～を買う yǐn rén fǎngǎn(引人反感).

ばんかん【万感】 ¶～胸に迫る bǎi gǎn jiāojí(百感交集)/ gǎnkǎi wànduān(感慨万端).

はんかんはんみん【半官半民】 guānmín hébàn(官民合办), bàn guān bàn mín(半官半民), gōngsī héyíng(公私合营). ¶～の企業 guānmín hébàn de qǐyè(官民合办的企业).

はんき【反旗】 ¶～をひるがえす shù fǎnqí(竖反旗)/ zàofǎn(造反)/ fǎnpàn(反叛).

はんき【半期】 bàn qī(半期); bàn ge niándù(半个年度). ¶～ごとに決算する měi bàn ge niándù jiézhàng yí cì(每半个年度结账一次).

はんき【半旗】 bànqí(半旗). ¶～を掲げる xià[jiàng] bànqí(下[降]半旗).

はんぎ【版木】 mùbǎn(木板).

はんぎゃく【反逆】 fǎnpàn(反叛), pànnì(叛逆). ¶～を企てる móupàn(谋叛)/ móufǎn(谋反). ¶既成の秩序に～する xiàng jìchéng de zhìxù zàofǎn(向既成的秩序造反). ¶～者 fǎnpan(反叛)/ pànnì(叛逆)/ pànnìzhě(叛逆者)/ bèipànzhě(背叛者).

はんきゅう【半球】 bànqiú(半球). ¶北～ běi bànqiú(北半球). 東～ dōng bànqiú(东半球).

はんきょう【反共】 fǎngòng(反共). ¶～主義者 fǎngòngzhǔyìzhě(反共主义者).

はんきょう【反響】 fǎnxiǎng(反响). ¶声が天井に～する shēngyīn zài tiānpéng shang huíxiǎng(声音在天棚上回响). ¶彼の演説は大きな～を呼んだ tā de yǎnshuō yǐnqǐ hěn dà de fǎnxiǎng(他的演说引起很大的反响). ¶その呼びかけには何の～もなかった duì qí hūyù méiyǒu rènhé fǎnyìng(对其呼吁没有任何反应).

ばんきん【板金】 bǎnjīn(板金).

パンク bàotāi(爆胎), zhà tāi(炸胎). ¶自転車のタイヤが～した zìxíngchē de lúntāi [fàng pào] le(自行车的轮胎"炸[放炮]了). ¶食べ過ぎておなかが～しそうだ chīde tài duō dùzi yào chēngpò le(吃得太多肚子要撑破了).

ハンググライダー xuánguà huáxiáng(悬挂滑翔).

ばんぐみ【番組】 jiémù(节目); jiémùdān(节目单). ¶今日の演奏の～は次の通りです jīntiān yǎnzòu de jiémù rúxià(今天演奏的节目如下). ¶～を編成する biānzhì jiémù(编制节目). ¶娯楽～ wényú jiémù(文娱节目). テレビ～ diànshì jiémù(电视节目).

バングラデシュ Mèngjiālāguó(孟加拉国).

ハングル yànwén zìmǔ(谚文字母), Cháoxiān wénzì(朝鲜文字).

ばんくるわせ【番狂わせ】 bào lěngmén[r](爆冷门[儿]). ¶この試合にチャンピオンが負けたのは～だった zhè yì chǎng bǐsài guànjūn shū le, kě zhēn shì dà bào lěngménr(这一场比赛冠军输了,可真是大爆冷门儿).

はんけい【半径】 bànjìng(半径). ¶～10センチの円を描く huà bànjìng shí límǐ de yuán(画半径十厘米的圆). ¶爆心地から～3キロ以内 bàozhà zhōngxīn bànjìng sān gōnglǐ yǐnèi(爆炸中心半径三公里以内).

はんげき【反撃】 fǎnjī(反击), huíjī(回击), huánjī(还击). ¶敵に～を加える duì dírén yǔyǐ fǎnjī(对敌人予以反击).

はんけつ【判決】 pànjué(判决). ¶～が下った pànjué xiàlai le(判决下来了). ¶～を下す zuòchū pànjué(作出判决)/ pànchū(判处). ¶懲役1年の～を言い渡す xuāngào pànchù yì nián túxíng(宣告判处一年徒刑). ¶原～を破棄する chèxiāo yuánpàn(撤销原判). ¶～文 pànjuéshū(判决书)/ pàncí(判词).

はんげつ【半月】 ¶～形 bànyuánxíng(半圆形).

はんけん【版権】 bǎnquán(版权).

はんげん【半減】 ¶日照り続きで貯水量が～した yóuyú dà hàn zhùshuǐliàng jiǎnshǎole yíbàn(由于大旱贮水量减少了一半). ¶興味が～する xìngqù jiǎnqù yíbàn(兴趣减去一半). ¶負担を～する jiǎnqù yíbàn fùdān(减去一半负担). ¶～期 bànshuāiqī(半衰期).

ばんけん【番犬】 kānjiāgǒu(看家狗).

はんご【反語】 fǎnyǔ(反语), fǎnhuà(反话).

はんこう【反抗】 fǎnkàng(反抗). ¶親に～する fǎnkàng fùmǔ(反抗父母). ¶～的な態度をとる cǎiqǔ fǎnkàng de tàidu(采取反抗的态度). ¶～期 fǎnkàngqī(反抗期). ¶～心理 wéikàng xīnlǐ(违抗心理)/ nìfǎn xīnlǐ(逆反心理)/ nìfǎn(逆反).

はんこう【反攻】 fǎngōng(反攻). ¶～に転ずる zhuǎnrù fǎngōng(转入反攻).

はんこう【犯行】 zuìxíng(罪行), fànzuì(犯罪). ¶～を否認する fǒurèn zuìxíng(否认罪行)/ bú rènzuì(不认罪). ¶～現場 fànzuì xiànchǎng(犯罪现场).

はんごう【飯盒】 fànhé(饭盒). ¶～炊爨(さん)をする yòng fànhé zuò fàn(用饭盒做饭).

はんこう【蛮行】 ¶侵略者の～を非難する qiǎnzé qīnlüèzhě de bàoxíng(谴责侵略者的暴行).

ばんごう【番号】 hào[r](号[儿]), hàomǎ(号码), hàotóu[r](号头[儿]). ¶カードに～をつける zài kǎpiàn shang dǎshàng hàomǎ(在卡片上打上号码). ¶～順に呼び出して āi hàor jiào(挨号儿叫). ¶～! bàoshù!(报数!).
¶～案内 cháhàotái(查号台). ～札 hàopái(号牌). 電話～ diànhuà hàomǎ(电话号码). 郵便～ yóuzhèng biānmǎ(邮政编码).

ばんこく【万国】 wànguó(万国). ¶～の労働者団結せよ quán shìjiè wúchǎnzhě, liánhé qǐlai!(全世界无产者,联合起来!).
¶～旗 wànguóqí(万国旗). ～博覧会 wànguó bólǎnhuì(万国博览会). ～標準時 guójì biāozhǔnshí(国际标准时).

はんこつ【反骨】 ¶彼は～の士 tā shì ge fǎngǔ zhī shì(他是个反骨之士)/ tā shì yǒu fǎnkàng jīngshén de rén(他是有反抗精神的人).

はんごろし【半殺し】 ¶～の目に会う bèi dǎde bànsǐ-bùhuó(被打得半死不活). ¶よってたか

ってその男を～にした wéishànglai nǐ yì quán tā yì jiǎo bǎ nàge rén dǎde bànsǐ-bùhuó(围上来你一拳他一脚把那个人打得半死不活).

ばんこん【晩婚】 wǎnhūn(晚婚). ¶～だったので子供がまだ小さい yóuyú wǎnhūn háizi hái xiǎo(由于晚婚孩子还小).

はんさ【煩瑣】 fánsuǒ(烦琐·繁琐). ¶手続がまさに～だ shǒuxù tài fánsuǒ le(手续太烦琐了).

はんざい【犯罪】 fànzuì(犯罪).
¶～行為 fànzuì xíngwéi(犯罪行为). 戦争～人 zhànzhēng zuìfàn(战争罪犯)/ zhànfàn(战犯).

ばんざい【万歳】 wànsuì(万岁). ¶工事の完成を祝って～を三唱する qìngzhù gōngchéng gàojùn sān hū wànsuì!(庆祝工程告竣三呼万岁!)/ ～! wànsuì!(万岁!).

ばんさく【万策】 ¶～尽きる wú jì kě shī(无计可施).

はんざつ【煩雑·繁雑】 fánzá(繁杂·烦杂), fánrǒng(烦冗·繁冗). ¶手続が～だ shǒuxù tài fánzá(手续繁杂). ¶～な家事を片付ける liàolǐ fánzá de jiāwù(料理繁杂的家务).

ハンサム měimào(美貌), měinánzǐ(美男子).

はんさよう【反作用】 fǎnzuòyòng(反作用). ¶～が働く qǐ fǎnzuòyòng(起反作用).

ばんさん【晩餐】 wǎncān(晚餐). ¶～会 wǎncānhuì(晚餐会).

はんじ【判事】 shěnpànyuán(审判员), tuīshì(推事).

ばんし【万死】 wànsǐ(万死). ¶罪～に価する zuì gāi wànsǐ(罪该万死). ¶～に一生を得る sǐ li táoshēng(死里逃生)/ jiǔsǐ yìshēng(九死一生)/ jué chù féng shēng(绝处逢生).

ばんじ【万事】 wànshì(万事). ¶～心得ている wànshì xiōng zhōng yǒu shù(万事胸中有数). ¶そうしてもらえれば～好都合だ rúguǒ néng nàyàng nà jiù wànshì hēngtōng le(如果能那样那就万事亨通了). ¶～滞りなく終った yíqiè shùnlì jiéshù(一切顺利结束). ¶～休す xiū yǐ(万事休矣). ¶人間～塞翁が馬 rénjiān wànshì, sàiwēng shī mǎ(人间万事,塞翁失马).

パンジー sānsèjǐn(三色堇), húdiéhuā(蝴蝶花).

はんしはんしょう【半死半生】 bànsǐ-bùhuó(半死不活), bànsǐ-bànhuó(半死半活). ¶～でたどり着く hǎobù róngyi dàodá(半死半活好不容易到达).

はんじもの【判じ物】 zìmí(字谜), huàmí(画谜), cāimèir(猜谜儿). ¶～のようだ hǎoxiàng cāi zìmí shìde(好像猜字谜似的).

はんしゃ【反射】 fǎnshè(反射). ¶光が鏡に～する guāng zài jìng zhōng fǎnshè(光在镜中反射). ¶～的に立ち上がった tiáojiàn fǎnshè de zhànle qǐlái(条件反射地站了起来).
¶～鏡 fǎnshèjìng(反射镜). ～炉 fǎnshèlú(反射炉).

ばんしゃく【晩酌】 ¶～に一杯やる wǎnshang hē bēi jiǔ(晚上喝杯酒).

ばんじゃく【磐石】 pánshí(磐石·盘石). ¶～の守り fángshǒu jiān rú pánshí(防守坚如盘石).

はんしゅう【半周】 bànzhōu(半周), bànquānr(半圈儿). ¶トラックを～する rào pǎodào bànquānr(绕跑道半圈儿).

ばんしゅう【晩秋】 wǎnqiū(晚秋), mùqiū(暮秋), shēnqiū(深秋), hánqiū(寒秋).

はんじゅく【半熟】 bànshēng bànshú(半生半熟), bànshēng bù shú(半生不熟). ¶～の卵 tángxīnr jīdàn(溏心儿鸡蛋).

はんしゅつ【搬出】 bānchū(搬出). ¶会場から作品を～する cóng huìchǎng bānchū zuòpǐn(从会场搬出作品).

ばんしゅん【晩春】 wǎnchūn(晚春), mùchūn(暮春).

ばんしょ【板書】 bǎnshū(板书).

はんしょう【反証】 fǎnzhèng(反证). ¶～をあげて反論する jǔ fǎnzhèng jiāyǐ fǎnbó(举反证加以反驳).

はんしょう【半焼】 ¶家が～した fángzi shāodiàole yíbàn(房子烧掉了一半).

はんしょう【半鐘】 jǐngzhōng(警钟). ¶～を鳴らす qiāo jǐngzhōng(敲警钟).

はんじょう【半畳】 ¶～を入れる rēng xídiàn hè dàocǎi(扔席垫喝倒彩). ¶人の話に～を入れる shuō xīluòhuà dǎchà(说奚落话打岔).

はんじょう【繁盛】 xīnglóng(兴隆), xīngshèng(兴盛). ¶商売が～する shēngyì xīnglóng(生意兴隆).

ばんしょう【万障】 ¶～お繰り合せの上御出席下さい wù xī bōrǒng huìlín(务希拨冗惠临).

ばんじょう【万丈】 wànzhàng(万丈). ¶～の気を吐く qìyàn wànzhàng(气焰万丈).

はんしょく【繁殖】 fánzhí(繁殖), zīshēng(滋生·孳生). ¶鼠が～する lǎoshǔ fánzhí(老鼠繁殖). ¶～力が強い fánzhílì qiáng(繁殖力强).

はんしん【半身】 bànshēn(半身). ¶窓から～を乗り出して見る cóng chuānghu tànchū shàngshēn kàn(从窗户探出上身看). ¶脳出血で～不随になる bùsuí[piāntān] le(由于脑出血半身不遂[偏瘫]了).
¶～像 bànshēnxiàng(半身像).

はんしんはんぎ【半信半疑】 bàn xìn bàn yí(半信半疑), jiāng xìn jiāng yí(将信将疑). ¶彼女は～で聞いていた tā bànxìn-bànyí de tīngzhe(她半信半疑地听着).

はんしんろん【汎神論】 fànshénlùn(泛神论). ¶～者 fànshénlùnzhě(泛神论者).

はんすう【反芻】 fǎnchú(反刍), dǎojiào(倒嚼). ¶牛は食べ物を～する niú fǎnchú shíwù(牛反刍食物). ¶あの人の言葉を～してみるとなかなか意味深長だ fǎnfù huíwèi tā de huà, juéde yìwèi shēncháng(反复回味他的话,觉得意味深长).

はんすう【半数】 bànshù(半数). ¶出席者は定員の～に満たない chūxízhě bú dào dìngyuán de yíbàn(出席者不到定员的一半). ¶委員の

過～の賛成を必要とする xūyào guòbànshù de wěiyuán tóngyì(需要过半数的委员同意).

パンスト kùwà(裤袜).

はんズボン【半ズボン】 duǎnkù(短裤).

はん・する【反する】 **1**〔反対になる〕xiāngfǎn (相反). ¶予想に～して出席者は少なかった yǔ yùliào xiāngfǎn chūxí de rénshù hěn shǎo(与预料相反出席的人数很少). ¶彼が楽しそうなのに～して彼女は憂鬱そうだった tā hǎoxiàng hěn kuàilè, xiāngfǎn tā què hěn yōuyù shìde (他好像很快乐,相反她却很忧郁似的). ¶両者の利害は相～する shuāngfāng de lìhài shì xiāng duìlì de(双方的利害是相对立的).
2〔違反する，背く〕wéifǎn(违反), wéifàn(违犯); wéibèi(违背). ¶規則に～する wéifǎn guīzé(违反规则). ¶それは建学の精神に～する nà shì wéibèi jiànxiào jīngshén de(那是违背建校精神的). ¶モラルに～する wéibèi dàodé(违背道德).

はんせい【反省】 fǎnxǐng(反省). ¶自分の行いを～する fǎnxǐng zìjǐ de xíngwéi(反省自己的行为). ¶～を促す cùshǐ tā fǎnxǐng(促使他反省). ¶彼には一向に～の色が見えない tā méiyǒu yìdiǎnr fǎnxǐng de yàngzi(他没有一点儿反省的样子).

はんせい【半生】 bànshēng(半生). ¶彼女は孤児の救済に～を捧げた tā wèi jiùjì gū'ér xiànchū bànshēng(她为救济孤儿献出了半生).

ばんせい【蛮声】 ～を張り上げて歌う cūshēng-cūqì de chàng(粗声粗气地唱).

はんせいひん【半製品】 bànzhìpǐn(半制品), bànchéngpǐn(半成品), cūzhìpǐn(粗制品), máopī(毛坯).

ばんせつ【晩節】 wǎnjié(晚节). ¶～を汚す diànwū wǎnjié(玷污晚节). ¶～を全うする bǎochí wǎnjié(保持晚节).

はんせん【反戦】 fǎnzhàn(反战). ¶～運動 fǎnzhàn yùndòng(反战运动). ～思想 fǎnzhàn sīxiǎng(反战思想).

はんせん【帆船】 fānchuán(帆船).

はんぜん【判然】 míngliǎo(明了). ¶結果は～としている jiéguǒ shì míngmíng-báibái de(结果是明明白白的). ¶文章の意味があまり～としない wénzhāng de yìsi bú shèn liǎoliào(文章的意思不甚了了).

ばんぜん【万全】 wànquán(万全). ¶～の策を講ずる cǎiqǔ wànquán zhī cè(采取万全之策). ¶～を期する yǐ qiú wàn wú yì shī(以求万无一失).

ハンセンびょう【ハンセン病】 lài(癞), máfēng(麻风·麻疯), dàmáfēng(大麻风), Hànsēnshìbìng(汉森氏病).

はんそ【反訴】 fǎnsù(反诉). ¶被告側は～する構えだ bèigào yìfāng zhǔnbèi yào fǎnsù(被告一方准备要反诉).

はんそう【帆走】 ヨットで東京湾を～する zuòzhe fānchuán zài Dōngjīng Wān yángfān xíngshǐ(坐着帆船在东京湾扬帆行驶).

ばんそう【伴走】 bànpǎo(伴跑). ¶～車 bànpǎo qìchē(伴跑汽车).

ばんそう【伴奏】 bànzòu(伴奏). ¶ピアノの～で歌う zài gāngqín bànzòu xià chànggē(在钢琴伴奏下唱歌). ¶ギターで～する yòng jítā bànzòu(用吉他伴奏).

ばんそうこう【絆創膏】 xiàngpígāo(橡皮膏), jiāobù(胶布).

はんそく【反則】 fànguī(犯规). ¶～を犯した fànle guī(犯了规). ¶～で減点された fànguī bèi kòule fēn(犯规被扣了分).

はんそで【半袖】 duǎnxiù(短袖). ¶～のシャツ duǎnxiù chènyī(短袖衬衣).

はんだ hànliào(焊料), hànlà(焊蜡), hànxī(焊锡), xīlà(锡镴). ¶～づけにする xīhàn(锡焊). ¶～鏝(ごて) xīhàn làotiě(锡焊烙铁).

パンダ māoxióng(猫熊), xióngmāo(熊猫), dàmāoxióng(大猫熊), dàxióngmāo(大熊猫).

はんたい【反対】 **1**〔逆〕fǎn(反), xiāngfǎn(相反); dào(倒), diāndǎo(颠倒). ¶事実はまさにその～だ shìshí zhèng xiāngfǎn(事实正相反). ¶長いの～は短いです cháng de "xiāngfǎn[fǎnyìcí] shì duǎn(长的'相反[反义词]是短). ¶靴を左右に～に履く bǎ xiézi zuǒyòu chuānfǎn le(把鞋子左右穿反了). ¶叱られると思っていたら～にほめられた yǐwéi yào āimà, xiāngfǎn què shì shòudàole biǎoyáng(以为要挨骂,相反却是受到了表扬). ¶郵便局は道の～側です yóujú zài mǎlù duìmiàn(邮局在马路对面). ¶～方向に来てしまった zǒudào xiāngfǎn de fāngxiàng lái le(走到相反的方向来了). ¶～給付 děngjià péikuǎn(等价赔款). ～色 duìbǐsè(对比色). ～尋問 fǎnjié xùnwèn(反诘讯问).
2〔不賛成〕fǎnduì(反对). ¶私はその提案には～だ wǒ duìyú nàge tí'àn shì fǎnduì de(我对于那个提案是反对的). ¶～を押し切って強行採決する bùgù fǎnduì qiángxíng biǎojué (不顾反对强行表决). ¶戦争に～する fǎnduì zhànzhēng(反对战争). ¶～意見を述べる chénshù fǎnduì yìjiàn(陈述反对意见). ¶～派 fǎnduìpài(反对派).

パンタグラフ dǎodiàngōng(导电弓), jiàshì shòudiàngōng(架式受电弓). ¶～をあげる[おろす] zhīqǐ[fàngxià] shòudiàngōng(支起[放下]受电弓).

バンダナ zārǎn yìnhuā dàshǒupà(扎染印花大手帕), zārǎn yìnhuā dàtóujīn(扎染印花大头巾).

バンタムきゅう【バンタム級】 zuìqīngliàngjí(最轻量级).

はんだん【判断】 pànduàn(判断). ¶私1人では～がつかない wǒ yí ge rén *pànduàn bu liǎo [wúcóng xià pànduàn/pāibulíǎo bǎn](我一个人*判断不了[无从下判断/拍不了板]). ¶君の～に任せる quán píng nǐ zuò pànduàn(全凭你做判断). ¶公正な～を下す xià gōngzhèng de pànduàn(下公正的判断). ¶～を誤った pànduàn cuò le(判断错了). ¶君の～は正しい nǐ de pànduàn shì zhèngquè de(你的判断是正确的). ¶外見で人を～してはいけない bùdé cóng wàibiǎo lái pànduàn rén(不得从外表来

判断人)/ búyào yǐ mào qǔ rén (不要以貌取人)/ rén bùkě màoxiàng (人不可貌相).
¶～力 pànduànlì (判断力).

ばんたん【万端】 yíqiè (一切). ¶用意へ整った yíqiè zhǔnbèihǎo le (一切准备好了)/ wànshì jùbèi (万事俱备).

ばんち【番地】 ménpái (门牌). ¶お宅は何へですか nǐ jiā ménpái duōshao hào? (你家门牌多少号?). ¶彼の家は15へです tā jiā ménpái shíwǔ hào (他家门牌十五号).

パンチ 1 chuānkǒng (穿孔); [器具] chuānkǒngjī (穿孔机). ¶切符にへを入れる jiǎn piào (剪票). ¶データをへする dǎorù shùjù (导入数据).
¶～カード chuānkǒng kǎpiàn (穿孔卡片).
2 [打撃] ¶あごに強烈なへを食らわす cháo xiàbākēr ˇmēng[hěnhěn] de jīle yì quán (朝下巴颏儿ˇ猛[狠狠]地击了一拳). ¶～のきいた発言 jiǎnjié yǒulì de fāyán (简洁有力的发言).

はんちゅう【範疇】 fànchóu (范畴). ¶それは別のへに属する nà shǔyú bié de fànchóu (那属于别的范畴).

パンツ kùchǎ[r] (裤衩[儿]), nèikù (内裤), kùtóu[r] (裤头[儿]). ¶～をはく chuān kùchǎr (穿裤衩儿).

はんつき【半月】 bàn ge yuè (半个月). ¶～近く旅行した lǚxíng jiāngjìn bàn ge yuè (旅行将近半个月).

ばんづけ【番付】 ¶長寿者へ chángshòuzhě shùnxùbiǎo (长寿者顺序表).

はんてい【判定】 pàndìng (判定). ¶本人の筆跡とへする pàndìng wéi běnrén de bǐjì (判定为本人的笔迹). ¶審判のへに従う fúcóng cáipànyuán de cáipàn (服从裁判员的裁判).
¶～勝ち pàndìng déshèng (判定得胜).

パンティー sānjiǎo kùchǎ (三角裤衩).

ハンディキャップ búlì tiáojiàn (不利条件).
¶～を付ける fùjiā búlì tiáojiàn (附加不利条件). ¶～を克服する kèfú búlì tiáojiàn (克服不利条件).

はんてん【反転】 zhéhuí (折回), fǎnhuí (返回), dàozhuǎn (倒转), zhuǎnxiàng (转向). ¶北上していた船は突如へして南下した běishàngzhe de chuán tūrán zhuǎngxǔo tóu xì nánxià le (北上着的船突然转过头来南下了).

はんてん【斑点】 bāndiǎn (斑点). ¶手に赤いへができた shǒushang chūle hóng bāndiǎn (手上出了红斑点).

はんと【版図】 bǎntú (版图). ¶～を広げる kuòdà bǎntú (扩大版图).

はんと【叛徒】 pàntú (叛徒).

バント chùjī (触击), tuījī (推击). ¶送りへ chùjī xīshēngdǎ (触击牺牲打).

バンド 1 [ベルト] yāodài (腰带), pídài (皮带). ¶皮のへをしめる jì pídài (系皮带). ¶時計のへ shǒubiǎodài (手表带).
2 [楽団] yuèduì (乐队), yuètuán (乐团). ¶マスターへ yuèduì zhǐhuī (乐队指挥). ブラスへ chuīzòu yuètuán (吹奏乐团)/ guǎnyuèduì (管乐队).

はんとう【半島】 bàndǎo (半岛).

はんどう【反動】 1 [反作用] fǎnzuòyòng (反作用). ¶バスが動き出したへで乗客がよろめいた yóuyú qìchē qǐdòng shí de fǎnzuòyòng chéngkè dōng dǎo xī wāi (由于汽车起动时的反作用乘客东倒西歪). ¶この銃はへが少ない zhè zhī qiāng ˇfǎnchōnglì[zuòlì] xiǎo (这枝枪ˇ反冲力[坐力]小).
2 [保守] fǎndòng (反动). ¶あの男はへだ nà jiāhuo fǎndòngde hěn (那家伙反动得很).
¶～勢力 fǎndòng shìlì (反动势力).

ばんとう【番頭】 zhǎngguì (掌柜), zhǎngguìde (掌柜的), guǎnjiā (管家).

はんどうたい【半導体】 bàndǎotǐ (半导体).

はんとうまく【半透膜】 bàntòumó (半透膜).

はんとうめい【半透明】 bàntòumíng (半透明).

はんどく【判読】 pàndú (判读). ¶石碑が磨减して文字がへできない bēiwén mómiè bùnéng biànrèn (碑文磨灭不能辨认).

はんとし【半年】 bànnián (半年). ¶～毎に会費を払う měi bànnián jiǎo yí cì huìfèi (每半年缴一次会费).

ハンドバッグ shǒutíbāo (手提包), tíbāo (提包).

ハンドブック shǒucè (手册), shǒuběn (手本); biànlǎn (便览), zhǐnán (指南).

ハンドボール shǒuqiú (手球).

パントマイム yǎjù (哑剧). ¶～を演ずる yǎn yǎjù (演哑剧).

ハンドル 1 [取手, 柄] shǒubǐng (手柄), shǒubǎ (手把), yáobǐng (摇柄), yáobǎ (摇把), wòbǐng (握柄), wòbǎ (握把).
2 [自動車の] fāngxiàngpán (方向盘), jiàshǐpán (驾驶盘); [自転車の] chēbǎ (车把).

はんドン【半ドン】 shàng bàntiān bān (上半天班). ¶会社は土曜日はへだ gōngsī xīngqīliù shàng bàntiān bān (公司星期六上半天班).

ばんなん【万難】 wànnán (万难). ¶～を排してやり遂げる páichú wànnán jiānjué wánchéng (排除万难坚决完成).

はんにち【半日】 bàntiān (半天), bànrì (半日). ¶そこまではへの道程だ dào nàr yǒu bàntiān de lùchéng (到那儿有半天的路程).

はんにゅう【搬入】 bānrù (搬入), bānjìn (搬进). ¶展覧会場に絵をへする bǎ huìhuà bānrù zhǎnlǎnhuìchǎng (把绘画搬入展览会场).

はんにん【犯人】 fànrén (犯人), zuìfàn (罪犯).
¶～を逮捕する dàibǔ fànrén (逮捕犯人). ¶落書のへは誰だ húxiě-luàntú de xiǎozi shì shuí? (胡写乱涂的小子是谁?).

ばんにん【万人】 ¶これはへの認めるところである zhè wéi dàjiā suǒ gōngrèn (这为大家所公认). ¶～向きの読物 shìyú dàzhòng de dúwù (适于大众的读物).

ばんにん【番人】 kānshǒu (看守).

はんにんまえ【半人前】 bàndiàozi (半吊子).
¶あいつは何をさせてもへだ ràng tā zuò shénme dōu zhǐshì ge bàndiàozi (让他做什么都只是个半吊子). ¶～のくせに生意気を言うな

bàndiàozi búyào shuō dàhuà! (半吊子不要说大话!).

はんね【半値】 bànjià (半价), zhéhàn (折半), duìzhé (对折). ¶～になる diēdào bànjià (跌到半价). ¶～で売る bànjià chūshòu (半价出售)/ dǎ duìzhé (打对折)/ duìzhé chǔlǐ (对折处理).

ばんねん【晩年】 wǎnnián (晚年), yúnián (余年), cánnián (残年). ¶彼の～は不遇だった tā wǎnnián bù dézhì (他晚年不得志)/ tā wǎnjǐng bùjiā (他晚景不佳). ¶穏やかな～を過ごした dùguòle ānwēn de wǎnnián (度过了安稳的晚年).

はんのう【反応】 fǎnyìng (反应). ¶彼はいくら吐っても全く～がない zěnme pīpíng tā yě méiyǒu yìdiǎnr fǎnyìng (怎么批评他也没有一点儿反应). ¶相手の～を見ながら交渉する kàn duìfāng de fǎnyìng jìnxíng jiāoshè (看对方的反应进行交涉). ¶アルカリ性～を呈する chéngxiàn jiǎnxìng fǎnyìng (呈现碱性反应). ¶刺激に対して～する duì cìjī xiànchū fǎnyìng (对刺激现出反应).
¶化学～ huàxué fǎnyìng (化学反应). 核～ héfǎnyìng (核反应).

ばんのう【万能】 wànnéng (万能). ¶金銭必ずしも～ではない jīnqián bù yídìng shì wànnéng de (金钱不一定是万能的).
¶～選手 quánnéng yùndòngyuán (全能运动员). ～薬 wànlíngyào (万灵药)/ wànnéngyào (万能药).

はんのき【榛の木】 qímù (桤木).

パンのき【パンの木】 mùbōluó (木菠萝), miànbāoguǒ (面包果).

はんばじょう【飯場】 gōngpéng (工棚).

はんぱ【半端】 líng (零), língsuì (零碎), língxīng (零星). ¶～な時間を利用する lìyòng língsuì [língxīng] de shíjiān (利用零碎[零星]的时间). ¶～な立場 móléng-liǎngkě de lìchǎng (模棱两可的立场). ¶～物を大安売りする línghuò dàjiànmài (零货大贱卖). ¶これに費やした時間と金は～ではない wèi zhè qīngzhù de shíjiān hé jīnqián kě shì bùtóng xúncháng a! (为这个倾注的时间和金钱可是不同寻常呀!). ¶あの人の競馬好きは～ではないい nàge rén ài sàimǎ dǔqián fēi yìbānrén suǒ néng bǐ a! (那个人爱赛马赌钱非一般人所能比啊!).

バンパー huǎnchōngqì (缓冲器); fángchōngdǎng (防冲挡); [自動車] bǎoxiǎngàng (保险杠).

ハンバーガー hànbǎobāo (汉堡包).

ハンバーグ hànbǎo niúròu (汉堡牛肉), hànbǎo ròubǐng (汉堡肉饼).

はんばい【販売】 jīngxiāo (经销), jīngshòu (经售), xiāoshòu (销售), fànmài (贩卖), chushòu (出售), shòumài (售卖). ¶薬品を～する jīngxiāo yàopǐn (经销药品). ¶～網を拡充する kuòchōng xiāoshòuwǎng (扩充销售网)/ kuòdà wǎngdiǎn (扩大网点). ¶～競争が激しい jìngxiāo hěn jīliè (竞销很激烈).
¶～員 shòuhuòyuán (售货员). ～価格 xiāoshòu jiàgé (销售价格). 自動～機 zìdòng shòuhuòjī (自动售货机).

はんばく【反駁】 fǎnbó (反驳), huíbó (回驳). ¶批判に対して～する duìyú pīpàn jìnxíng fǎnbó (对于批判进行反驳). ¶～の余地がない méiyǒu fǎnbó de yúdì (没有反驳的余地).

はんばつ【反発】 páichì (排斥). ¶陽極相互に～する yángjí xiāngchù páichì (阳极相互排斥). ¶親の言う事に～する duì fùmǔ de huà yǒu fǎngǎn (对父母的话有反感). ¶彼の態度は皆の～を呼んだ tā de tàidu yǐnqǐ dàjiā de fǎngǎn (他的态度引起大家的反感).
¶～力 chìlì (斥力).

はんはん【半半】 yíbàn yíbàn (一半一半), duìbàn (对半), gèbàn (各半). ¶チョコレートを妹と～に分ける bǎ qiǎokèlì hé mèimei duìbàn fēn (把巧克力和妹妹对半分). ¶費用は～に持ちましょう fèiyong gè tān yíbàn ba (费用各摊一半吧). ¶酢と油を～に混ぜる cù yóu gèbàn jiǎohuo (醋油各半搅和). ¶賛成と反対は～だった zànchéng hé fǎnduì gě wéi yíbàn (赞成和反对各为一半). ¶良いところと悪いところと～だな hǎo de dìfang huài de dìfang wǔ wǔ kāi ba! (好的地方坏的地方五五开吧!).

ばんばん【万般】 ¶～の準備を整える yíqiè zhǔnbèi wánbì (一切准备完毕).

はんびらき【半開き】 ¶ドアが～になっている mén bànkāizhe (门半开着).

はんぴれい【反比例】 fǎnbǐlì (反比例). ¶引力は距離の自乗に～する yǐnlì hé jùlí de píngfāng chéng fǎnbǐlì (引力和距离的平方成反比例).

はんぷ【頒布】 fēnfā (分发), sànfā (散发). ¶無料でパンフレットを～する miǎnfèi fēnfā xiǎocèzi (免费分发小册子).

はんぷく【反復】 fǎnfù (反复), chóngfù (重复). ¶語学の上達には～練習が大切だ yào xuéhǎo wàiyǔ fǎnfù liànxí shì hěn zhòngyào de (要学好外语反复练习是很重要的).
¶～記号 fǎnfù jìhao (反复记号).

ばんぶつ【万物】 wànwù (万物). ¶人間は～の霊長である rén shì wànwù zhī líng (人是万物之灵).

パンフレット xiǎocèzi (小册子).

はんぶん【半分】 yíbàn[r] (一半[儿]), bànjié[r] (半截[儿]), bànge (半个), bànlǎ (半拉). ¶紙を～に切る bǎ zhǐ cáichéng liǎngbàn (把纸裁成两半). ¶水をコップに～入れる wǎng bōlibēili dào bàn bēi shuǐ (往玻璃杯里倒半杯水). ¶このみかんは～腐っている zhège júzi yíbàn làn le (这个橘子一半烂了). ¶仲よく～ずつ分ける héhǎo de gè fēn yíbànr[duìbànr] (和好地各分一半儿[对半儿]). ¶朝から歩いたのにまだ～しか来ていない cóng zǎoshang zǒudào xiànzài cái búguò zǒule yíbàn (从早上走到现在才不过走了一半儿). ¶見たい気持ちも～はある xiǎng kàn de yìsi yě yǒu yíbànr (想看的意思也有一半儿). ¶～は冗談だが～は本気のようだ yíbàn shì kāi wánxiào, yíbàn shì

shì dàngzhēn a!(一半是开玩笑,一半像是当真啊). ¶彼の言うことは話~に聞いておいた方がいい tā shuō de huà zhǐ néng xiāngxìn yíbàn(他说的话只能相信一半). ¶冗談~に言う bàn kāi wánxiào de shuō(半开玩笑地说).

ばんぺい【番兵】 gǎngshào(岗哨), shàobīng(哨兵), wèibīng(卫兵). ¶~に立つ zhàngǎng(站岗). ¶~を置く shèzhì gǎngshào(设置哨岗).

はんべつ【判別】 pànbié(判别). ¶偽物か本物か~がつかない zhēnjiǎ nányú pànbié(真假难于判别).

はんぼいん【半母音】 bànyuányīn(半元音).

はんぼう【繁忙】 fánmáng(繁忙). ¶~を極める jíwéi fánmáng(极为繁忙).

ハンマー 1〔槌〕 chuíziǐ(锤子), tiěchuí(铁锤), lángtou(榔头·狼头). ¶~を振う lūn tiěchuí(抡铁锤).
2〔競技の〕 liànqiú(链球). ¶~投げ zhìliànqiú(掷链球).

はんみ【半身】 ¶~の構え cèshēn de jiàshi(侧身的架势). ¶鰹を~買う mǎi bànbiānr jiānyú(买半边儿鲣鱼).

ばんみん【万民】 wànmín(万民), wànzhòng(万众).

はんめい【判明】 pànmíng(判明). ¶死体の身元が~した sǐzhě de shēnfen pànmíng le(死者的身分判明了). ¶結果は明朝~する jiéguǒ rúhé míngzhēn jí kějiàn fēnxiǎo(结果如何明晨即可见分晓).

ばんめし【晚飯】 wǎnfàn(晚饭).

はんめん【反面】 fǎnmiàn(反面), lìng yímiàn(另一面). ¶彼は強情だが~涙もろいところがある tā hěn juéjiàng kě yě yǒu xīnruǎn de lìng yímiàn(他很倔强可也有心软的另一面). ¶~教師 fǎnmiàn jiàoyuán(反面教员).

はんめん【半面】 yímiàn(一面). ¶彼の知られざる~を見た kàndàole tā de bù wéi rén suǒ zhī de yímiàn(看到了他的不为人所知的一面). ¶物事は~だけで判断してはいけない shìqing bùnéng zhǐ cóng yímiàn lái pànduàn(事情不能只从一面来判断).

はんも【繁茂】 fánmào(繁茂). ¶草木が~する cǎomù fánmào(草木繁茂).

はんもく【反目】 fǎnmù(反目). ¶何かにつけて2人は~している tā liǎ yù shì jiù fǎnmù(他俩遇事就反目).

ハンモック diàochuáng(吊床). ¶木陰に~を吊る zài shùyīn xià diào diàochuáng(在树阴下吊吊床).

はんもと【版元】 shūkān fāxíngchù(书刊发行处), chūbǎnshè(出版社).

はんもん【反問】 fǎnwèn(反问). ¶相手に~する fǎnwèn duìfāng(反问对方).

はんもん【斑紋】 bānwén(斑纹).

はんもん【煩悶】 kǔmèn(苦闷), kǔnǎo(苦恼). ¶犯した過ちの大きさにひとり~する tā gèrén wèi cuòwù zhī dà ér kǔnǎo(他个人为错误之大而苦恼).

パンヤ mùmián(木棉).

ばんゆう【蛮勇】 ¶流通機構の改革に~をふるう wèile gǎigé liútōng jīgòu dàdāo-kuòfǔ dà dòng shǒushù(为了改革流通机构大刀阔斧大动手术). ¶~をふるって社長に進言した bùgù yíqiè de xiàng zǒngjīnglǐ jìnyán(不顾一切地向总经理进言).

ばんゆういんりょく【万有引力】 wànyǒu yǐnlì(万有引力). ¶~の法則 wànyǒu yǐnlì dìnglǜ(万有引力定律).

はんら【半裸】 bànluǒtǐ(半裸体). ¶~で街を歩く guāngzhe shàngshēn[dǎ chìbó] guàngjiē(光着上身[打赤膊]逛街).

ばんらい【万雷】 ¶~の拍手に迎えられる shòudào huānyíng rú léi de huānyíng(受到掌声如雷的欢迎).

はんらん【反乱】 pànluàn(叛乱). ¶~が起る fāshēng pànluàn(发生叛乱)/ fādòng pànluàn(发动叛乱)/ zuòluàn(作乱). ¶~を鎮める píngdìng pànluàn(平定叛乱).

はんらん【氾濫】 fànlàn(泛滥), héngliú(横流), héngyì(横溢). ¶大雨で河川が~した yóuyú dàyǔ héchuān fànlàn(由于大雨河川泛滥). ¶市場には外国製品が~している shìchǎng shang wàiguóhuò ⸢fànlàn[chōngchì]⸣(市场上外国货⸢泛滥[充斥]⸣).

ばんり【万里】 wànlǐ(万里). ¶~の道を行く tàshàng wànlǐ chángtú(踏上万里长途). ¶~の長城 Wànlǐ Chángchéng(万里长城).

はんりょ【伴侶】 bànlǚ(伴侣), lǚbàn(侣伴), chóulǚ(俦侣). ¶終生の~ zhōngshēn bànlǚ(终身伴侣). ¶この本は旅の~として最適だ zhè běn shū shì lǚxíng shí de zuì hǎo bànlǚ(这本书是旅行时的最好伴侣).

はんれい【凡例】 fánlì(凡例).

はんれい【判例】 pànlì(判例). ¶~集 ànlì huìbiān(案例汇编).

はんろ【販路】 xiāolù(销路), xiāochǎng(销场). ¶新しい~を開拓する kāipì xīnxiāolù(开辟新销路).

はんろん【反論】 fǎnbó(反驳). ¶相手の主張に~する fǎnbó duìfāng de zhǔzhāng(反驳对方的主张). ¶~を述べる chénshù fǎnduì yìjiàn(陈述反对意见).

ひ

ひ【日】 1 〔太陽〕tàiyáng（太阳）, rìtou（日头）; 〔日光〕tàiyángguāng（太阳光）, yángguāng（阳光）. ¶～が昇る tàiyáng shēngqǐ（太阳升起）/ xùrì dōng shēng（旭日东升）. ¶～が出た tàiyáng chūlai le（太阳出来了）. ¶～が沈んだ tàiyáng luòxiaqu le（太阳落下去了）. ¶夏の～がかっと照りつける xiàtiān de tàiyáng huǒlālā de（夏天的太阳火辣辣的）. ¶雲の間から～が射してきた yángguāng cóng yúnfèng jiān shèchulai（阳光从云缝间射出来）. ¶前に高いビルが建ったので～が当らなくなった qiánbian gài qǐle gāolóu, jiànbuzháo tàiyáng le（前边盖起了高楼, 见不着太阳了）. ¶布団を～に干す shài bèirù（晒被褥）. ¶海に行って～に焼けした dào hǎibiān shàihēi le（到海边晒黑了）. ¶～の当らない分野 bù wéi rén zhùyì de lǐngyù（不为人注意的领域）/ lěngmén[r]（冷门[儿]）.
2 〔昼〕tiān（天）, rì（日）. ¶～が暮れた tiān hēi le（天黑了）. ¶～が長くなった tiān cháng le（天长了）. ¶～暮れて道遠し rì mù tú yuǎn（日暮途远）.
3 〔一日, 日時, 時期〕tiān（天）, rì（日）; rìzi（日子）. ¶～に 3 時間練習する yì tiān liànxí sān xiǎoshí（一天练习三小时）. ¶天気のよい～はここから四国が見える tiān qíng shí cóng zhèr wàngdedào Sìguó（天晴时从这儿望得到四国）. ¶ある～見知らぬ男が訪ねて来た yǒu yì tiān yí ge mòshēng de nánrén lái zhǎo wǒ（有一天一个陌生的男人来找我）. ¶改めて来ます gǎi'rì[tiān] zài lái（改'日[天]再来）. ¶今日は～がよい jīntiān shì jírì（今天是吉日）. ¶10 月 10 日は"体育の～"だ shíyuè shí hào shì"Tǐyùjié"（十月十号是"体育节"）. ¶いたずらに～を過す xūdù niánhuá（虚度年华）. ¶入社して～が浅いのでよく分らない jìn gōngsī 'rìzi hái duǎn[shíjiān hái duǎn], bú tài qīngchu（进公司"日子还浅[时间还短], 不太清楚）. ¶試験まで幾らも～がない lí kǎoshì méiyǒu duōshao tiān le（离考试没有多少天了）. ¶～がたつにつれて記憶が薄らいだ suízhe shíjiān de liúshì[rìjiǔ tiāncháng], jìyì yuèláiyuè móhu le（随着时间的流逝[日久天长], 记忆越来越模糊了）. ¶出発の～は明日と決った chūfā de rìqī dìngwéi míngtiān（出发的日期定为明天）. ¶彼の在りし～の姿が思い出されるた tā zàishì shí de shēnyǐng fúxiàn zài nǎohǎi zhōng（他在世时的身影浮现在脑海中）.

ひ【火】huǒ（火）. 1〔火が〕¶～が燃える huǒ zháozhe（火着着）. ¶折からの風にあおられて～はたちまち燃え広がった zhèng gǎnshang dàfēng, huǒ hěn kuài jiù mànyán kāilai（正赶上大风, 火很快就蔓延开来）.
2〔火の〕¶気がついたら辺り一面～の海だった xǐngguolai yí kàn sìmiàn yǐ shì huǒhǎi（醒过来一看四面已是火海）. ¶彼女がいないと家の中は～の消えたようだ tā bú zàijiā, jiālǐ biànde lěngqīngqīng de le（她不在家, 家里变得冷清清的了）. ¶赤ん坊が～のついたように泣く wáwa kūde hěn lìhai（娃娃哭得很厉害）. ¶顔から～の出る思いだった xiūde liǎnshang huǒlālā de（羞得脸上火辣辣的）. ¶～のない所に煙は立たぬ wú fēng bù qǐ làng（无风不起浪）. ¶たとえ～の中水の底 nǎpà shì 'fùtāng-dǎohuǒ[dāoshān huǒhǎi]（哪怕是'赴汤蹈火[刀山火海]）. ¶～の回りが早くて逃げ遅れた huǒ mànyánde kuài, xiǎng táo yǐjing chí le（火蔓延得快, 想逃已经迟了）. ¶～の用心! xiǎoxīn huǒzhú!（小心火烛!）/ zhùyì fánghuǒ!（注意防火!）.
3〔火に〕こちらへ来て～に当りなさい dào zhèr lái kǎokao huǒ ba（到这儿来烤烤火吧）. ¶鍋を～にかける bǎ guō zuòzài huǒshang（把锅坐在火上）. ¶そんな事をしたら～に油を注ぐようなものだ nàyàng zuò, děngyú huǒshang jiāo yóu（那样做, 等于火上浇油）.
4〔火を〕¶～をおこす shēng huǒ（生火）/ qǐ huǒ（起火）/ lóng huǒ（笼火）. ¶～を消す miè huǒ（灭火）. ¶～に当たって暖を取る shēng huǒ[lóng huǒ]qǔnuǎn（生火[笼火]取暖）. ¶ストーブの～をつける diǎn lúzi（点炉子）. ¶煙草に～をつけて一服する diǎn zhī yān xiē yíhuìr（点支烟歇一会儿）. ¶～を通してから食べた方がいい zuìhǎo zuòshú zài chī（最好做熟再吃）. ¶飛行機が～を吹いて墜落した fēijī màohuǒ diàoxialai le（飞机冒火掉下来了）. ¶城に～を放つ fànghuǒ shāo chéng（放火烧城）. ¶自分の家から～を出した cóng zìjǐ jiālǐ 'shī[qǐ] de huǒ（从自己家里'失[起]的火）. ¶結果は～を見るよりも明らかだ qí jiéguǒ rúhé shì fēicháng míngxiǎn de（其结果如何是非常明显的）.

ひ【灯】dēng（灯）, dēngguāng（灯光）, dēnghuǒ（灯火）, liàngr（亮儿）. ¶ランプの～をともす diǎn méiyóudēng（点煤油灯）. ¶部屋の～を消し忘れた wǒ wàngle guān wūzili de dēng（我忘了关屋子里的灯）. ¶灯台の～を頼りに進む jièzhe dēngtǎ de guāng hángxíng（借着灯塔的光航行）.

ひ【比】bǐ（比）. ¶円周の直径に対する～ yuánzhōu yǔ zhíjìng zhī bǐ（圆周与直径之比）. ¶世界にその～を見ない高層建築 shìjiè shang wú yǔ lúnbǐ de gāocéng jiànzhú（世界上无与伦比的高层建筑）. ¶彼の学識は私などの～ではない tā de xuéshí wǒ wúfǎ xiāngbǐ（他的学

识我无法相比).
ひ【否】 ¶～とするもの30票 bú zànchéng[fǎnduì] de yǒu sānshí piào (不赞成[反对]的有三十票).
ひ【秘】 mì (秘). ¶～中の～ mì zhōng zhī mì (秘中之秘).
¶部外～ duìwài bǎomì (对外保密). まる～文書 jīmì wénjiàn (机密文件).
ひ【碑】 bēi (碑). ¶～を建てる lì bēi (立碑).
ひ【緋】 xiānhóng (鲜红), dàhóng (大红), fēihóng (绯红).
ひ【非】 fēi (非). ¶是と～をはっきりさせる fēnqīng shìfēi (分清是非). 己の～を認める chéngrèn zìjǐ de cuòwù (承认自己的错误). 彼の行動は～の打ちどころがない tā de suǒ zuò suǒ wéi wúkě fēiyì (他的所做所为无可非议).
¶運命～なり shí guāi mìng jiǎn (时乖命蹇).
¶～はそちらの方にある "fēi" zài guìfāng ("非" 在贵方)/ zérèn zài nǐ nà yì fāng (责任在你那一方)/ wèntí zài nǐmen nàli (问题在你们那里). ¶～生産的な考え fēishēngchǎnxìng de xiǎngfǎ (非生产性的想法). ¶～協力的な態度 hěn bù hézuò de tàidù (很不合作的态度).
ひ−【非】 ¶その考えは～科学的だ nà zhǒng xiǎngfa hěn bùkēxué (那种想法很不科学).
¶～戦闘員 fēi zhàndòu rényuán (非战斗人员). ～同盟国 bùjiéméng guójiā (不结盟国家).
び【美】 měi (美). ¶自然の～を尋ねる xúnqiú zìrán de měi (寻求自然的美).
¶～的感覚 shěnměigǎn (审美感).
び【微】 ¶彼の説明は～に入り細を穿っている tā jiěshìde xìxī rùwēi (他解释得细致入微).
ひあい【悲哀】 bēi'āi (悲哀). ¶人生の～を味わった chángdàole rénshēng de xīnsuān (尝到了人生的辛酸). 幻滅の～ huànmiè de bēi'āi (幻灭的悲哀).
ひあがる【干上がる】 gānhé (干涸). ¶日照りで池が～った yóuyú tiānhàn, chízi li de shuǐ gānhé le (由于天旱, 池子里的水干涸了). この不景気ではあごが～る zhème bùjǐngqì kě wúfǎ húkǒu le (这么不景气可无法糊口了).
ひあし【日脚】 ¶冬になって～が短くなった dàole dōngtiān, báitiān duǎn le (到了冬天, 白天短了).
ピアス chuānkǒng ěrhuán (穿孔耳环).
ひあそび【火遊び】 wánhuǒ (玩火). ¶子供の～を注意する búyào jiào xiǎoháizi wánhuǒ (不要叫小孩子玩火).
ひあたり【日当り】 ¶この部屋は～がよい zhè jiān wūzi ﹃xiàngyáng[cháoyáng] (这间屋子﹃向阳[朝阳]).
ピアニスト gāngqínjiā (钢琴家).
ピアノ gāngqín (钢琴). ¶～を弾く tán gāngqín (弹钢琴).
¶アップライト～ lìshì gāngqín (立式钢琴). グランド～ sānjiǎo gāngqín (三角钢琴).
ひあぶり【火炙り】 páoluò (炮烙), huǒzhì (火炙). ¶～にする chǔ huǒshāo kùxíng (处火烧酷刑).

びい【微意】 ¶感謝の～を表する lüè biǎo xièyì (略表谢意).
ピーアール【PR】 ¶自己～をどうぞ qǐng zìwǒ xuānchuán yíxià (请自我宣传一下).
ピーエッチエス【PHS】 yídòng diànhuà (移动电话), shǒujī (手机).
ビーカー shāobēi (烧杯).
ひいき【贔屓】 piān'ài (偏爱), piānténg (偏疼).
¶あの先生は女生徒を～する nàge lǎoshī piān'ài nǚshēng (那个老师偏爱女生). ¶～のチームが勝った zìjǐ suǒ xǐ'ài de qiúduì yíng le (自己所喜爱的球队赢了). ¶日本～のアメリカ人 xǐhuan Rìběn de Měiguórén (喜欢日本的美国人). ¶父が～にしている植木屋 fùqin suǒ xǐhuan de huājiàng (父亲所喜欢的花匠). ¶毎度御～にあずかり有難うございます duōcì guānggù, zhēn shì gǎnjī bú jìn (多次光顾, 真是感激不尽). ¶どう～目に見ても優勝は無理だ bùguǎn yòng zěnme piān'ài de yǎnguāng lái kàn, yě débùliǎo guànjūn (不管用怎么偏爱的眼光来看, 也得不了冠军).
ひいく【肥育】 féiyù (肥育), yùféi (育肥), cuīféi (催肥).
ピーク zuìgāodiǎn (最高点), gāofēng (高峰), dǐngfēng (顶峰). ¶生徒数は1970年を～に漸次減少した xuésheng rénshù yī jiǔ qī líng nián dá zuìgāofēng yǐhòu jiànjiàn jiǎnshǎo (学生人数一九七〇年达最高峰以后渐渐减少). ¶通勤ラッシュの～が過ぎた yǐjīng guòle shàngxiàbān ﹃gāofēng[zuì yōngjǐ de] shíjiān (已经过了上下班﹃高峰[最拥挤的]时间). ¶帰省ラッシュの～を迎えた niándǐ huíxiāng tànqīn de gāofēng dàolái le (年底回乡探亲的高峰到来了).
ビーシージー【BCG】 kǎjièmiáo (卡介苗).
ビーズ chuànzhū (串珠).
ヒーター [暖房装置] nuǎnqì shèbèi (暖气设备); [電熱器] diànlú (电炉).
ビーだま【ビー玉】 bōliqiú (玻璃球).
ピータン pídàn (皮蛋), sōnghuā (松花), biàndàn (变蛋), sōnghuādàn (松花蛋).
ビーチパラソル hǎibīn yángsǎn (海滨阳伞).
ビーチバレー shātān páiqiú (沙滩排球).
ピーティーエー【PTA】 jiāzhǎng jiàoshī huì (家长教师会).
ひいては【延いては】 yǐzhì (以至), nǎizhì (乃至), shènzhì (甚至). ¶自分のためにもなる búdàn shì wèi zìjǐ érqiě yě duì jiēdào yǒulì (不但是为自己而且也对街道有利). ¶それは君を不幸にし, ～一家をも不幸にする nà bùjǐn shǐ nǐ gèrén búxìng, shènzhì[nǎizhì] huì shǐ nǐ yìjiārén búxìng (那不仅使你个人不幸, 甚至[乃至]会使你一家人不幸).
ひい・でる【秀でる】 ¶一芸に～でる yǒu yí jì zhī cháng (有一技之长). ¶衆に～でる chū lèi bá cuì (出类拔萃).
ビート pāi (拍), pāizi (拍子), jiépāi (节拍); [水泳の] dǎtuǐ (打腿).
ビーナス Wéinàsī (维纳斯).
ピーナッツ huāshēng (花生), huāshēngmǐ (花

生米), huāshēngrén(花生仁). ¶~バター huā-shēngjiàng(花生酱).
ビーバー hélí(河狸), hǎilí(海狸).
ぴいぴい ¶彼は年中~している tā shǒulì zǒngshì jǐnbābā de(他手里总是紧巴巴的)/ tā jīngcháng shǒutóu jiéjū(他经常手头拮据).
ピーピーエム【ppm】bǎiwàn fēnlǜ(百万分率).
ビーフ niúròu(牛肉). ¶~シチュー dùnniúròu(炖牛肉). ~ステーキ niúpái(牛排)/ niúpá(牛扒).
ピーマン tiánjiāo(甜椒), qīngjiāo(青椒).
ひいらぎ【柊】zhōngshù(柊树).
ビール píjiǔ(啤酒), màijiǔ(麦酒). ¶~を飲む hē píjiǔ(喝啤酒). ¶まるで気の抜けた~のようだ jiǎnzhí xiàng shì zǒule qì de píjiǔ(简直像是走了气的啤酒).
¶黒~ hēipíjiǔ(黑啤酒). 生~ xiānpíjiǔ(鲜啤酒).
ビールス bìngdú(病毒).
ヒーロー yīngxióng(英雄); nánzhǔréngōng(男主人公). ¶~のー gùshi de nánzhǔréngōng(故事的男主人公). ¶彼はその出来事で一躍~になった tā yóuyú nà jiàn shì yí yuè chéngwéi yīngxióng(他由于那件事一跃成为英雄).
ひうちいし【火打石】suìshí(燧石), huǒshí(火石).
ひうん【非運】èyùn(厄运), bèiyùn(背运). ¶度重なる~に泣く wèi lǚ zāo èyùn ér kūqì(为屡遭厄运而哭泣).
ひうん【悲運】¶我が身の~を嘆く wèi zìjǐ "búxìng[bēicǎn]" de mìngyùn ér bēitàn(为自己"不幸[悲惨]"的命运而悲叹)/ wèi zìjǐ mìngkǔ tànxí(为自己命苦叹息).
ひえ【稗】bàizi(稗子).
ひえこ·む【冷え込む】¶今朝はひどく~んだ jīntiān zǎoshang zhēn "lěngde lìhai[dòngde huāng]"(今天早上真"冷得厉害[冻得慌]"). ¶当分厳しい~みが続くでしょう yánhán jiāngyào chíxù yí duàn shíjiān(严寒将要持续一段时间). ¶石の上に腰を下ろしていたのでしまった zuòzài shítou shang yāo shòuliáng le(坐在石头上腰受凉了).
ひえしょう【冷性】hánzhèng(寒症). ¶彼女は~だ tā yǒu hánzhèng(她有寒症).
ひえびえ【冷え冷え】lěngbīngbīng(冷冰冰), lěngqīqī(冷凄凄), lěngsēnsēn(冷森森), lěngsōusōu(冷飕飕). ¶~とした冬の夜 lěngsēnsēn de dōngtiān de yèwǎn(冷森森的冬天的夜晚).
ヒエラルキー děngjí zhìdù(等级制度).
ひ·える【冷える】lěng(冷), liáng(凉), dòng(冻). ¶よく~えたビール liángtòude de píjiǔ(凉透了的啤酒). ¶エンジンが~えるまで待つ děngdào yǐnqíng liángxialai(等到引擎凉下来). ¶お腹が~えて下痢をした dùzi shòuliáng, xièle dùzi(肚子受凉, 泻了肚子). ¶足が~えきってしまった jiǎo dòngjiāng le(脚冻僵了). ¶夜になって~えてきた dàole yèwǎn, tiān lěng le(到了夜晚, 天冷了). ¶彼の彼女に対する愛

も今は~えてしまった tā duì tā de zhì'ài xiànzài yǐjīng lěng le(他对她的挚爱现在已经冷了). ¶両者の関係は~え切ったままだ liǎngzhě zhī jiān de guānxi réng chǔyú bīnglěng de zhuàngtài(两者的关系仍处于冰冷的状态). ¶あいつの頭が~えるのを待とう děng tā tóunǎo lěngjìng xialai zàishuō ba(等他头脑冷静下来再说吧).
ピエロ xiǎochǒu(小丑), chǒujué(丑角).
ビオラ zhōngtíqín(中提琴).
びおん【微温】¶~的な処置 bútòng-bùyǎng de chǔlǐ(不痛不痒的处理).
¶~湯 wēntūnshuǐ(温吞水).
びおん【鼻音】bíyīn(鼻音).
ひか【皮下】píxià(皮下). ¶~脂肪 píxià zǔzhī(皮下组织)/ píxià zhīfángcéng(皮下脂肪层)/ zhīmó(脂膜). ~注射 píxià zhùshè(皮下注射).
ひが【彼我】¶~の勢力が伯仲する duìfāng hé wǒfāng shìjūn-lìdí(对方和我方势均力敌).
びか【美化】měihuà(美化). ¶街の~ jiēdào de měihuà(街道的美化). ¶現実を~する měihuà xiànshí(美化现实).
ひがい【被害】shòuhài(受害); sǔnshī(损失).
¶出水による稲の~は甚大だった fā dàshuǐ shuǐdào sǔnshī shèn dà(发大水水稻损失甚大). ¶台風によって大きな~をこうむった yóuyú táifēng zāodàole hěn dà de sǔnshī(由于台风遭到了很大的损失). ¶冷害が農作物に~を及ぼした lěnghài shǐ zhuāngjia shòudào sǔnshī(冷害使庄稼受到损失).
¶~者 shòuhàizhě(受害者)/ bèihàirén(被害人). ~地 zāiqū(灾区). ~妄想 bèi pòhài wàngxiǎng(被迫害妄想).
ひかえ【控】1 [予備] ¶~の馬 bèiyòngmǎ(备用马). ¶~のピッチャー yùbèi tóushǒu(预备投手).
2 [控書き] dǐzi(底子); cúngēn(存根), cúnzhí(存执). ¶原稿の~をとる liúxià yuángǎo de dǐzi(留下原稿的底子)/ liú dǐgǎo(留底稿). ¶申込書の~はとっておいて下さい qǐng bǎ shēngǐngshū de fùběn bǎocúnhǎo(请把申请书的副本保存好). ¶手帳の~と合せてみる gēn bǐjì jì de duìzhào yíxià(跟笔记里记的对照一下).
ひかえしつ【控室】xiūxishì(休息室), děnghòushì(等候室).
ひかえめ【控え目】¶~に食べる shǎo chī(少吃). ¶~に見積っても100万円はかかる wǎng shǎoli gūjì yě yào yìbǎi wàn rìyuán(往少里估计也要一百万日元). ¶~な態度 jǐnshèn de tàidu(谨慎的态度). ¶実際の損失額より~に報告する bǐ shíjì sǔnshī'é shǎobào yìxiē(比实际损失数额少报一些).
ひかえり【日帰り】¶そこは~で行ける nàge dìfang dàngtiān néng dǎ láihuí(那个地方当天能打来回). ¶~の小旅行 dàngtiān wǎngfǎn de xiǎolǚxíng(当天往返的旅行).
ひか·える【控える】1 [抑制する] jiézhì(节制).
¶酒を~える jiézhì yǐnjiǔ(节制饮酒). ¶~

見舞はまだ～えた方がよい háishì zànshí bú qù kànwàng tā wéi hǎo（还是暂时不去看望他为好）.¶余計な口出しは～えなさい búyào duōzuǐ（不要多嘴）.

2［間近にする］（临）, miànlín（面临）.¶西に山を～えた家 xībian lín shān de fángwū（西边临山的房屋）.¶彼等は試合を明日に～え緊張している miànlín míngtiān bǐsài, tāmen yǒudiǎnr jǐnzhāng（面临明天比赛，他们有点儿紧张）.

3［書き留める］记（记）, jìxià（记下）.¶要点を～えておく bǎ zhòngdiǎn jìxialai（把重点记下来）.¶手帳に～える jìzài bǐjìběn shang（记在笔记本上）.

4［待つ］等（等）, děnghòu（等候）;［侍る］shìlì（侍立）.¶別室に～えていなさい zài biéde fángjiān děngzhe（在别的房间等着）.¶主人の後ろに～える zài zhǔrén hòumian shìlì（在主人后面侍立）.¶彼の後ろには強力な後楯が～えている tā de bèihòu yǒu qiángyǒulì de hòudùn（他的背后有强大的后盾）.

ひかく【比較】bǐ（比）, bǐjiào（比较）.¶2つのものを～する ná liǎng ge dōngxi bǐ yi bǐ（拿两个东西比一比）/ bǎ liǎng ge bǐjiào yíxià（把两个比较一下）.¶本年度の輸出は前年度に比して20パーセント減少した běnniándù de chūkǒu bǐ qùnián jiǎnshǎole bǎi fēn zhī èrshí（本年度的出口比去年减少了百分之二十）.¶彼は私が～にならないほど力が強い tā lìqi dà, wǒ jiǎnzhí méifǎr bǐ（他力气大，我简直没法儿比）.¶この仕事は～の楽だ zhège gōngzuò bǐjiào qīngsōng yìxiē（这个工作比较轻松一些）.¶今年の冬は～的暖かい jīnnián dōngtiān bǐjiào nuǎnhuo（今年冬天比较暖和）.

ひかく【皮革】pígé（皮革）.¶～製品 pígé zhìpǐn（皮革制品）.

びがく【美学】měixué（美学）.

ひかくさんげんそく【非核三原則】wúhéwǔqì sānyuánzé（无核武器三原则）.

ひかげ【日陰】bèiyīn[r]（背阴儿）, yīnliáng[r]（阴凉儿）.¶少し～で休んでいこう zài yīnliángr xiūxi yíhuìr ba（在阴凉儿休息一会儿吧）.¶～にはまだ雪が残っている zài bèiyīn de dìfang hái yǒu xuě ne（在背阴的地方还有雪呢）.¶一生～者 yíbèizi「zǒu bèizǐr [chūbude tóu] zuò hēirén（一辈子"走背字儿[出不得头]做黑人）.¶～者の身 yānmò yú shì zhě（湮没于世者）.

ひかげん【火加減】huǒhou[r]（火候儿）, huǒtóu[r]（火头儿）, huǒsè（火色）.¶～を見る kàn huǒhou（看火候）.

ひがさ【日傘】yángsǎn（阳伞）, hànsǎn（旱伞）.

ひがし【東】dōng（东）.¶太陽は～から昇る tàiyáng cóng dōngfāng shēngqǐ（太阳从东方升起）.¶東京から～へ100キロの地点 cóng Dōngjīng xiàng dōng yìbǎi gōnglǐ de dìfang（从东京向东一百公里的地方）.¶～向きの家 cháo dōng de fángzi（朝东的房子）.¶～風が吹いている chuīzhe dōngfēng（吹着东风）.¶家の～側は空地になっている fángzi de dōngbian shì kòngdì（房子的东边是空地）.¶～半球 dōngbànqiú（东半球）.

ひがた【干潟】hǎitū（海涂）.

ぴかぴか zèngliàng（锃亮）, wǎliàng（瓦亮）.¶床を～に磨く bǎ dìbǎn cāde zèngguāng wǎliàng（把地板擦得锃光瓦亮）.¶稲妻が～と光る diànguāng 'shǎnshǎn[huòhuò]（电光"闪闪[霍霍]）.

ひがみ【僻み】¶そう思うのは君の～だ nàme xiǎng shì nǐ de piānjiàn（那么想是你的偏见）.¶～根性を起す fājué（发倔）.

ひが・む【僻む】¶うちのお祖母さんはすぐ～む wǒ jiā de nǎinai 'dòngbudòng jiù shuō wāihuà[zǒngshì yǐwéi biéren kǔdài tā]（我家的奶奶'动不动就说歪话[总是以为别人亏待她]）.¶～んだ目で世の中を見る yòng piānpō de yǎnguāng kàn shèhuì（用偏颇的眼光看社会）.

ひがめ【僻目】¶偽物とみたは俺の～か zhè shì yànpǐn, nándào wǒ kàncuò le?!（这是赝品，难道我看错了?!）.¶私の～かも知れないが彼の様子は最近おかしい yěxǔ shì wǒ gèrén de gǎnjué, tā de tàidu jìnlái bùtóng xúncháng（也许是我个人的感觉，他的态度近来不同寻常）.

ひがら【日柄】¶今日は～がよい jīntiān rìzi hǎo（今天日子好）.

ひから・す【光らす】¶靴を磨いてぴかぴかに～す bǎ xié cāde zèngliàng zèngliàng（把鞋擦得锃亮锃亮）.¶すりに目を～す zhùyì jiānshì páshǒu（注意监视扒手）.

ひから・びる【干からびる】gānbiě（干瘪）, gānba（干巴）.¶～びた大根 gānbiě luóbo（干瘪萝卜）.

ひかり【光】guāng（光）.¶窓から月の～が差し込んでくる yuèguāng cóng chuānghu shèjìnlai（月光从窗户射进来）.¶～を発する植物 fāguāng de zhíwù（发光的植物）.¶前途に～を失う qiántú àndàn wú guāng（前途暗淡无光）.¶～ファイバー guāngdǎo xiānwéi（光导纤维）/ guāngxué xiānwéi（光学纤维）/ guāngxiān（光纤）.¶～ケーブル guānggǎn（光缆）. ～電池 guāngdiànchí（光电池）. ～通信 guāngxiān tōngxìn（光纤通信）.

ぴかりと¶稲妻が～光る diànguāng shǎnle yíxià（电光闪了一下）.

ひか・る【光る】**1** fāguāng（发光）, fāliàng（发亮）.¶星がきらきら～る xīngxing shǎnshǎn fāguāng（星星闪闪发光）/ xīngguāng shǎnshǎn（星光闪闪）.¶露が朝日に～っている lùshuǐzhūr bèi zhāoyáng yìngde liàngjīngjīng de（露水珠儿被朝阳映得亮晶晶的）.¶監視の目が～っているので逃げ出せない jiānshì hěn yán, wúfǎ táopǎo（监视很严，无法逃跑）.

2［すぐれて見える］¶彼の作品が断然～っている tā de zuòpǐn chūlèi-bácuì（他的作品出类拔萃）.

ひかれもの【引かれ者】¶～の小唄 chéngqiáng yìngzuǐr（逞强硬嘴儿）.

ひがわり【日替わり】yì tiān yí huàn（一天一换）.¶～ランチ rìbiàn wǔcān（日变午餐）.

ひかん【悲観】 bēiguān (悲观). ¶彼は前途を～して自殺した tā duì qiántú gǎndào bēiguān ér zìshā le (他对前途感到悲观而自杀了). ¶彼女はいつも～的な見方をする tā zǒngshì wǎng bēiguān fāngmiàn xiǎng (她总是往悲观方面想). ¶状況は～的である xíngshì duì wǒ búlì (形势对我不利). ¶そんなに～しなくてもいいのに nǐ hébì nàme bēiguān? (你何必那么悲观?).

ひかん【避寒】 bìhán (避寒). ¶～地 bìhándì (避寒地).

ひがん【彼岸】 bǐ'àn (彼岸). ¶～の中日 chūnfēn (春分)/qiūfēn (秋分).

ひがん【悲願】 ¶～を達成する sùyuàn déchǎng (夙愿得偿).

びかん【美観】 měiguān (美观). ¶町の～を損なう yǒusǔn shìróng de měiguān (有损市容的美观).

ひがんばな【彼岸花】 shísuàn (石蒜), lǎoyāsuàn (老鸦蒜).

ひき【引き】 tíbá (提拔). ¶社長の～で重役になった yóuyú zǒngjīnglǐ de tíbá dāngle dǒngshì (由于总经理的提拔当了董事).

ひき【悲喜】 bēixǐ (悲喜). ¶～こもごも至る bēi xǐ jiāo jí (悲喜交集).

-ひき【匹】 1〔獣〕 犬2～ liǎng zhī [tiáo] gǒu (两只[条]狗). ¶3～の豚 sān kǒu zhū (三口猪). ¶鰯6～ liù tiáo [wěi] shādīngyú (六条[尾]沙丁鱼). ¶蚤1～ yì zhī tiàozǎo (一只跳蚤).

びぎ【美技】 ¶観衆は選手の～に惜しみない拍手を送った guānzhòng duì xuǎnshǒu de juémiào de jìyì bàoyǐ rèliè de zhǎngshēng (观众对选手的绝妙的技艺报以热烈的掌声).

ひきあい【引合い】 1〔引例〕 ¶何も私を～に出さなくてもいいだろう hébì ná wǒ dàng lìzi ne (何必拿我出例子呢).

2〔引　，取引〕 ¶外国商社からカメラを買いたいと～があった jiēdàole wàiguó shāngshè qiàgòu zhàoxiàngjī de xúnwèn (接了外国商社洽购照相机的询问). ¶～が成立した jiāoyì dácéngle xiéyì (交易达成了协议).

ひきあ・う【引き合う】 1〔引っ張り合う〕 ¶両方で綱を～う shuāngfāng yònglì lā shéngzi (双方用力拉绳子).

2〔割に合う〕 hésuàn (合算), shàngsuàn (上算), huásuàn (划算), huádelái (划得来), gòuběn[r] (够本儿). ¶そんなに安売りしては～わない nàme jiànmài kě yào péiběnr le (那么贱卖可要赔本儿了). ¶一所懸命やって文句を言われたのでは～わない pīnmìng de gàn fǎn'ér ái shuō, nà kě huábulái (拼命地干反而挨说, 那可划不来).

ひきあ・げる【引き上げる・引き揚げる】 1〔ひっぱり上げる〕 ¶沈没船を～げる dǎlāo chénchuán (打捞沉船). ¶クレーンで機械を屋上に～げる yòng qǐzhòngjī bǎ jīqì diàodào wūdǐng shang (用起重机把机器吊到屋顶上).

2〔値上げする〕 tígāo (提高), táigāo (抬高). ¶運賃を～げる táigāo yùnfèi (抬高运费).

3〔格上げする〕 tíshēng (提升), tíbá (提拔). ¶補欠からレギュラーに～げる yóu tìbǔ duìyuán tíshēng wéi zhèngshì duìyuán (由替补队员提升为正式队员). ¶課長に～げる tíbá wéi kēzhǎng (提拔为科长).

4〔戻る, 戻す〕 ¶外国から～げる cóng wàiguó huílai (从外国回来). ¶選手達は意気揚々と～げてきた xuǎnshǒumen yìqì fēngfā kǎixuán ér guī (选手们意气风发凯旋而归). ¶軍を～げる chèhuí jūnduì (撤回军队). ¶委託品を～げる shōuhuí jìshòu de huò (收回寄售的货).

ひきあわ・せる【引き合せる】 1〔照合する〕 héduì (核对), duìzhào (对照). ¶訳文を原文と～せる bǎ yìwén hé yuánwén xiāng duìzhào (把译文和原文相对照). ¶伝票と品物の～せは済んだ huòdān hé huòwù héduìwán le (货单和货物核对完了).

2〔紹介する〕 jièshào (介绍). ¶私をAさんに～せて下さい qǐng nǐ bǎ wǒ jièshào gěi A xiānsheng (请你把我介绍给A先生). ¶2人を～せる shǐ liǎng ge rén jiànmiàn (使两个人见面). ¶神のお～せだ zhè shì lǎotiānyé chéngquán de (这是老天爷成全的).

ひき・いる【率いる】 shuài (率), lǐng (领), dài (带), dàilǐng (带领), shuàilǐng (率领), tíqié (提挈). ¶生徒を～いて山に登る lǐngzhe[dàilǐng] xuésheng qù páshān (领着[带领]学生去爬山). ¶軍を率いて戦う shuàilǐng jūnduì [dài bīng] dǎzhàng (率领军队[带兵]打仗).

ひきい・れる【引き入れる】 lārù (拉入), lājìn (拉进). ¶彼を味方に～れた bǎ tā zhēngqǔ guolai (把他争取过来). ¶無理やりに悪い仲間に～れられた yìng bèi lā rùhuǒ [tuō xiàshuǐ] (硬被拉入伙[拖下水]).

ひきう・ける【引き受ける】 ¶2人の仲人を～ける dāying wèi liǎng ge rén zuòméi (答应为两个人做媒). ¶子供のことは～けた háizi yóu wǒ lái zhàoguǎn (孩子由我来照管). ¶この件は私達が～けた zhè jiàn shì wǒmen chéngdān [bāo] xialai le (这件事我们承担[包]下来了). ¶問題が起ったら私が～ける chūle wèntí wǒ dōuzhe (出了问题我兜着). ¶身元～け人 bǎorén (保人)/bǎozhèngrén (保证人).

ひきうす【碾臼】 mò (磨), mòshàn (磨扇), mòpán (磨盘).

ひきうつし【引写し】 chāoxiě (抄写), chāoxí (抄袭). ¶この論文は他人の作の～だ zhè piān lùnwén shì chāoxí tārén de (这篇论文是抄袭他人的).

ひきおこ・す【引き起す】 yǐnqǐ (引起), dǎozhì (导致). ¶また彼が問題を～した tā yòu rě [chuǎng]le huò (他又惹[闯]了祸)/tā jìng tǒng lóuzi [mǎfēngwō] (他捅娄子[马蜂窝]). ¶連鎖反応を～す yǐnqǐ liánsuǒ fǎnyìng (引起连锁反应).

ひきおと・す【引き落とす】 ¶光熱費は月末に～される shuǐdiànfèi yuèdǐ yóu jīnróng jīguān zìdòng jiézhàng (水电费月底由金融机关自动结

ひきおろ・す【引き下ろす】 lāxià (拉下), chěxià (扯下). ¶壇上から~す cóng jiǎngtán shang lāxialai (从讲坛上拉下来).

ひきかえ・す【引き返す】 fǎnhuí (返回), zhéhuí (折回), tuìhuí (退回). ¶途中から~す bànlù fǎnhuí (半路返回).

ひきか・える【引き替える】 1〔交換する〕huàn (换), duìjiǎng (兑奖). ¶当りくじを賞金とかえる ná zhòngle de cǎipiào huànqǔ jiǎngjīn (拿中彩的彩票换取奖金). ¶代金と~えに品物を渡す shōu kuǎn jiāo huò (收款交货).
2〔…にひきかえ〕¶兄はおとなしい、それに~え弟はやんちゃだ gēge hěn lǎoshi, yǔ cǐ xiāngfǎn dìdi què hěn táoqì (哥哥很老实,与此相反弟弟却很淘气).

ひきがえる【蟇】 chánchú (蟾蜍), làihāma (癞蛤蟆), jiēháma (疥蛤蟆).

ひきがね【引金】 bānjī (扳机). ¶~を引く kòu bānjī (扣扳机); jīfā (击发). ¶その暴動が革命の~となった nàge bàodòng chéngwéi gémìng de dǎohuǒxiàn (那个暴动成为革命的导火线).

ひきぎわ【引き際】 ¶人間は~が大切だ rén yào shàn shǐ shàn zhōng (人要善始善终).

ひきげき【悲喜劇】 bēixǐjù (悲喜剧).

ひきこみせん【引込線】〔電線の〕rùhùxiàn (入户线); 〔鉄道の〕zhuānyòngxiàn (专用线).

ひきこ・む【引き込む】 yǐnrù (引入), yǐnjìn (引进), lārù (拉入), lājìn (拉进). ¶流れを庭に~んで池をつくる bǎ shuǐ yǐndào yuànzili zuò yí ge chízi (把水引到院子里做一个池子). ¶彼を仲間に~めば心強い bǎ tā lājìnlai, xīnli kě jiù yǒu dǐ le (把他拉进来,心里可就有底了).

ひきこも・る【引き籠る】 近頃彼は家に~りがちだ tā jìnlái shēnjū-jiǎnchū, zǒngshì duǒzài jiāli (他近来深居简出,总是躲在家里).

ひきころ・す【轢き殺す】 yàsǐ (轧死). ¶小犬がトラックに~された xiǎogǒu bèi kǎchē yàsǐ le (小狗被卡车轧死了).

ひきさが・る【引き下がる】 tuìchū (退出), tuìxià (退下). ¶一喝されてすごすごと~った ràng rén dà hè yì shēng chuítóu-sàngqì de tuìxialai le (让人大喝一声垂头丧气地退下来了). ¶仕事に目鼻がついたので私はこの辺で~ろう gōngzuò yǐjīng yǒule méimù le, xiànzài wǒ kěyǐ tuìchulai le ba (工作已经有了眉目了,现在我可以退出来了吧).

ひきさ・く【引き裂く】 sī (撕), chě (扯), sīchě (撕扯). ¶手紙を~く bǎ xìn sīsuì (把信撕碎). ¶恋人同士の仲を~く chāisàn xiāng'ài de qíngrén (拆散相爱的情人).

ひきさ・げる【引き下げる】 jiàngdī (降低). ¶金利を~げる jiàngdī lìlǜ (降低利率).

ひきざん【引算】 jiǎnfǎ (减法).

ひきしお【引潮】 luòcháo (落潮), tuìcháo (退潮).

ひきしぼ・る【引き絞る】 ¶弓を~る kāimǎn gōng (开满弓). ¶声を~って叫ぶ shēngsī-lìjié de jiàohǎn (声嘶力竭地叫喊).

ひきし・まる【引き締る】 ¶筋肉の~った体 jīròu fādá de tǐgé (肌肉发达的体格). ¶身の~る思いがする gǎndào shēnxīn jǐnzhāng (感到身心紧张).

ひきし・める【引き締める】 1〔強く締める〕lēijǐn (勒紧). ¶手綱を~める lēijǐn jiāngsheng (勒紧缰绳).
2〔緊張させる〕¶気持を~めて試験の準備をする jǐnzhāng qilai zhǔnbèi kǎoshì (紧张起来准备考试).
3〔緊縮する〕jǐnsuō (紧缩), suōjiǎn (缩减). ¶財政を~める jǐnsuō cáizhèng (紧缩财政).

ひぎしゃ【被疑者】 xiányífàn (嫌疑犯).

ひきずりこ・む【引き摺り込む】 zhuàijìn (拽进), tuōjìn (拖进), lājìn (拉进). ¶車の中に~む bǎ rén zhuàijìn chēli (把人拽进车里). ¶悪い仲間に~まれる bèi huàipéngyou lā xiàshuǐ (被坏朋友拉下水).

ひきず・る【引き摺る】 tuō (拖), zhuài (拽). ¶裾を~る tuōlāzhe xiàbǎi (拖拉着下摆). ¶疲れた足を~って歩く tuōzhe suānle de tuǐ zǒu (拖着酸了的腿走). ¶嫌がる子供を~って帰る yìng bǎ bú yuànyì huíqu de háizi tuōhuíqu (硬把不愿意回去的孩子拖回去).

ひきだし【引出し】 chōutì (抽屉), chōudǒu (抽斗), tìzi (屉子). ¶~をあける lākai chōuti (拉开抽屉). ¶~をしめなさい bǎ chōuti guānshàng! (把抽屉关上!).

ひきだ・す【引き出す】 1〔ひっぱり出す〕lāchū (拉出). ¶馬屋から馬を~す bǎ mǎ lāchū mǎjiù (把马拉出马厩)/ cóng mǎpéngli bǎ mǎ qiānchulai (从马棚里把马牵出来). ¶彼ならうまく話を~してくれないか nǐ néng bu néng xiǎngfǎr bǎ tā de huà tàochulai? (你能不能想法儿把他的话套出来?). ¶彼の才能を~す fāhuī tā de cáinéng (发挥他的才能).
2〔預金を〕tíqǔ (提取). ¶預金を~す tíqǔ cúnkuǎn (提取存款)/ tíkuǎn (提款)/ qǔkuǎn (取款).

ひきた・つ【引き立つ】 1〔きわだつ〕chèn (衬), chèntuō (衬托), hōngchèn (烘衬), hōngtuō (烘托). ¶満開の桜の中に松の緑が~って見える zài shèngkāi de yīnghuā zhōng, sōngshù de lǜsè gèngjiā xǐngmù (在盛开的樱花中,松树的绿色更加醒目). ¶白いドレスが彼女を一段と~たせている báisè de lǐfú gèngjiā bǎ tā de měi lai (白色的礼服更加衬托出她的美来). ¶1つまみの塩で味が~つ yì cuō yán shǐ wèidao gèng hǎo (一撮盐使味道更好).
2〔元気づく〕¶何をしても気が~たない zuò shénme yě tí bu qǐ jīngshen lai (做什么也提不起精神来).

ひきたて【引立て】 tái'ài (抬爱), táijǔ (抬举). ¶毎度お~にあずかり有難うございます duōméng tái'ài, xièxie nín (多蒙抬爱,谢谢您). ¶~役になる zuò péichèn (作陪衬).

ひきた・てる【引き立てる】 1〔ひったてる〕yā (押), yājiè (押解). ¶罪人を刑場に~てる bǎ fànrén yāfù xíngchǎng (把犯人押赴刑场).
2〔元気づける〕¶病人の気を~てる gǔlì bìngrén (鼓励病人).

3〔きわだたせる〕chèn (衬), chèntuō (衬托), hōngchèn (烘衬), hōngtuō (烘托).¶白雪が庭の紅梅を～てている báixuě bǎ yuànzili de hóngméi yìngchènde fènwài xiānyàn (白雪把院子里的红梅映衬得分外鲜艳).

4〔取り立てる〕tíbá (提拔), tíqiè (提挈).¶課長に～てる tíbá wéi kēzhǎng (提拔为科长).

ひきつ・ぐ【引き継ぐ】 〔受ける〕jiētì (接替);〔渡す〕yíjiāo (移交).¶退職者の仕事を～ぐ jiētì tuìzhízhě de gōngzuò (接替退职者的工作).¶後任に事務の～ぎをする bǎ gōngzuò yíjiāo gěi hòurèn (把工作移交给后任).¶伝統を～ぐ jìchéng chuántǒng (继承传统).¶～ぎがうまくいっていないため業務に支障を来した yóuyú jiāojiē gōngzuò méi zuòhǎo, yǐngxiǎngle yèwù (由于交接工作没做好,影响了业务).

ひきつけ【引付け】 chōufēng (抽风).¶子供が～を起す xiǎoháizi chōufēng (小孩子抽风).

ひきつ・ける【引き付ける】 **1**〔引き寄せる〕¶敵軍を根拠地に～けて撃つ bǎ díjūn yǐndào gēnjùdì jiāyǐ jiānmiè (把敌军引到根据地加以歼灭).¶彼にはどこか人を～けるところがある tā yǒu yī zhǒng shuōbuchū de xīyǐnlì (他有一种说不出的吸引力).

2〔こつける〕¶無理に～けて解釈する chuānzáo-fùhuì de jiěshì (穿凿附会地解释).

3〔痙攣する〕chōufēng (抽风).¶子供が急に～けた háizi tūrán chōuqǐ fēng lai (孩子突然抽起风来).

ひきつづき【引き続き】 jiēzhe (接着);〔続けざまに〕liánxù (连续).¶～映画を上映します jiēzhe fàngyìng diànyǐng (接着放映电影).¶5年間～豊作に恵まれた liánxù wǔ nián huòdéle fēngshōu (连续五年获得了丰收).

ひきつ・る【引き攣る】 〔筋肉が〕chōujīn[r] (抽筋[儿]); chōuchù (抽搐), chōunuò (抽搦), chùnuò (搐搦).¶水泳中に足が～った yóuyǒng shí tuǐ chōujīnr le (游泳时腿抽筋儿).¶怒りに頬を～らす qìde liǎngjiá chōuchù (气得两颊抽搐).¶顔を～らせてどなる běngzhe liǎn·má rén (绷着脸骂人).

2〔皮膚が〕¶火傷のあとが～っている huǒshāng hòu pífū jūluán (火伤后皮肤拘挛).

ひきつ・れる【引き連れる】 lǐng (领), dài (带), dàilǐng (带领), shuàilǐng (率领).¶お供を～れて視察する dàizhe suícóng jìnxíng shìchá (带着随从进行视察).

ひきでもの【引出物】 zèngpǐn (赠品), lǐpǐn (礼品).¶～を客に配る bǎ huízèng lǐwù fēnzèng gěi kèrén (把回赠礼物分赠给客人).

ひきど【引戸】 lāmén (拉门).

ひきどき【引き時】 ¶～を誤る wùle "yǐntuì [yǐntuì] de shíjī" (误了"隐退[引退]的时机).

ひきと・める【引き止める】 wǎnliú (挽留).¶客を～める wǎnliú [kuǎnliú]kèrén (挽留[款留]客人).¶友人に～められて帰りが遅くなった bèi péngyou liúzhù huíjiā wǎn le (被朋友留住回家晚了).¶走り出そうとするのを～めた lāzhù tā búyào pǎo (拉住他不要跑).

ひきと・る【引き取る】 **1**〔受け取る、引き受ける〕qǔhuí (取回), lǐnghuí (领回).¶預けた荷物を～る qǔhuí jìcún de xíngli (取回寄存的行李).¶不良品は～リます bùhégépǐn kěyǐ tuì huò (不合格品可以退货).¶弟の子供を～って育てる lǐngyǎng dìdi de háizi (领养弟弟的孩子).¶～リ手がなくて困っている wú rén lǐngshòu, méiyǒu bànfǎ (无人领受, 没有办法).

2〔引き下がる〕¶どうぞお～リ下さい qǐng huíqu ba (请回去吧).

3¶息を～る yàn qì (咽气)/ duàn qì (断气).

ビギナー chūxuézhě (初学者).¶～ズラック xīnshēng[xīnshǒu] de hǎoyùnqi (新生[新手]的好运气).

ビキニ bǐjíní (比基尼), sāndiǎnshì (三点式).

ひきにく【挽肉】 jiǎoròu (绞肉).

ひきにげ【轢き逃げ】 ¶～した車を追跡する zhuīgǎn yàle rén táopǎo de qìchē (追赶轧了人逃跑的汽车).

ひきぬ・く【引き抜く】 **1**〔抜く〕bá (拔); chōu (抽).¶大根を～く bá luóbo (拔萝卜).¶束の中から1本～いた cóng yīkǔnli chōuchū yī gēn lai le (从一捆儿里抽出一根来了).

2〔選び抜く〕chōudiào (抽调).¶優秀な人材を～いてプロジェクトチームを作る chōudiào yōuxiù réncái biān zhuānyè bānzi (抽调优秀人材编专业班子).¶よその選手を～く lā[wā] tā duì de xuǎnshǒu (拉[挖]他队的选手).

ひきのば・す【引き延ばす・引き伸ばす】 **1**〔長引かす〕tuōyán (拖延), yándàng (延宕), tuōmó (拖磨).¶議事を～す tuōyán yìchéng (拖延议程).¶～した答弁 tuīchí dáfù (推迟答复).¶～し策 tuōyán zhī cè (拖延之策).

2〔写真〕fàngdà (放大), kuòyìn (扩印), chōngkuò (冲扩).¶キャビネに～す fàngdà chéng liù cùn zhàopiàn (放大成六吋照片).¶～し写真 fàngdà zhàopiàn (放大照片).

ひきはな・す【引き離す】 **1**〔分け離す〕chāikāi (拆开), lākāi (拉开).¶2人の仲を～す yìng bǎ liǎng ge rén chāikāi (硬把两个人拆开).¶取っ組み合っている子供を～す lākai niǔzài yìqǐ dǎjià de háizi (拉开扭在一起打架的孩子).

2〔間をあける〕lāxià (拉下), lākai (拉开).¶2位を大きく～してゴールに飛び込んだ bǎ dì'èrmíng lāxià hěn yuǎn chōngdàole zhōngdiǎn (把第二名拉下很远冲到了终点).

ひきはら・う【引き払う】 ¶田舎の家を～って上京する líkāi lǎojiā bāndào Dōngjīng (离开老家搬到东京).

ひきふね【引船】 tuōchuán (拖船), tuōlún (拖轮).

ひきまわ・す【引き回す】 **1**〔張り巡らす〕¶幕を～す wéishàng wéimù (围上帷幕).

2〔連れ回す〕¶昨日は一日あの人に～された zuótiān bèi tā dōngzhuài-xīlā pǎole yī tiān (昨天被他东拽西拉跑了一天).

3〔指導する〕¶よろしくお～し下さい qǐng duōduō zhǐjiào (请多多指教).

ひきもきらず【引きも切らず】 ¶～観光客が訪れるめ yóukè "luòyì bùjué[yuányuán ér lái] (游客"络绎不绝[源源而来]).

ひきもど・す【引き戻す】 ¶両親に郷里に～される bèi fùmǔ lāhuí lǎojiā(被父母拉回老家).

ひきょう【卑怯】bēibǐ(卑鄙); nuòqiè(懦怯), dǎnqiè(胆怯). ¶敵に後ろを見せるのは～だ línzhèn tuōtáo shì kěchǐ de(临阵脱逃是可耻的). ¶～な手段を用いる yòng bēibǐ de shǒuduàn(用卑鄙的手段).

¶～者 bēibǐ de jiāhuo(卑鄙的家伙)/ nuòfū(懦夫)/ dǎnxiǎoguǐ(胆小鬼).

ひきょう【秘境】 ¶チベットの～ Xīzàng de mìjìng(西藏的秘境).

ひぎょう【罷業】bàgōng(罢工).

ひきよ・せる【引き寄せる】 ¶茶碗を手元に～せる bǎ chábēi nádào gēnqián(把茶杯拿到跟前).

ひきわけ【引分】píngjú(平局), héjú(和局); píngshǒu[r](平手[儿]), dǎ píngshǒu(打平手). ¶試合は3対3の～に終った bǐsài yǐ sān bǐ sān dǎchéng píngjú(比赛以三比三打成平局).

ひきわた・す【引き渡す】 yíjiāo(移交), jiāogěi(交给), yǐndù(引渡). ¶犯人を警察に～す fànrén jiāogěi jǐngchá(把犯人交给警察). ¶財産を債権者に～す bǎ cáichǎn jiāogěi zhàizhǔ(把财产交给债主).

ひきん【卑近】qiǎnjìn(浅近). ¶～な例をあげて説明する jǔ qiǎnjìn de lìzi shuōmíng(举浅近的例子说明).

ひきんぞくげんそ【非金属元素】fēijīnshǔ yuánsù(非金属元素).

ひ・く【引く・牽く・退く】 **1**〔引き寄せる〕lā(拉), zhuài(拽), qiān(牵). ¶綱を～く lā dàshéng(拉大绳). ¶ドアは押しても～いてもびくともしない mén tuī yě tuībukāi, lā yě lābukāi(门推也推不开,拉也拉不开).

2〔引っ張って進ませる〕lā(拉), qiān(牵), tuō(拖). ¶馬を～いて歩く qiān mǎ zǒu(牵马走). ¶老人の手を～いて階段を上る qiānzhe lǎorén de shǒu shàng lóutī(牵着老人的手上楼梯). ¶荷車を～く lā pǎizǐchē(拉排子车). ¶トナカイがそりを～いて走る xúnlù lā xuěqiāo pǎo(驯鹿拉雪橇跑). ¶機関車が20両連結の貨車を～いて通り過ぎた jīchē tuōzhe èrshí ge chēpí kāiguoqu le(机车拖着二十个车皮开过去了).

3〔引きずる〕lā(拉), tuō(拖). ¶裾を～いて歩く tuōzhe xiàbǎi zǒu(拖着下摆走). ¶びっこを～く quézhe zǒu(瘸着走)/ yì qué yì guǎi de zǒu(一瘸一拐地走).

4〔誘い寄せる〕yǐn(引), rě(惹), xīyǐn(吸引), zhāoyǐn(招引). ¶派手な身なりで人目を～く yǐ huāshao de dǎban rě rén zhùyì(以花哨的打扮惹人注意). ¶人々の同情を～く yǐn rén tóngqíng(引人同情). ¶彼女の色気を～く引起她的注意(引起她的注意). ¶シルクロードに心が～かれる sīchóu zhī lù lìng rén xiàngwǎng(丝绸之路令人向往). ¶彼女の美貌に～かれて男達が集まる wéi tā de měimào suǒ xīyǐn, nánrénmen wéile guòlái(为她的美貌所吸引,男人们围了过来). ¶客を～く zhāoyǐn

[zhāolǎn] gùkè(招引[招揽]顾客).

5〔引っ込める, 縮める, 戻る, しりぞく〕tuì(退). ¶右足を～いて構える yòutuǐ tuìhòu yí bù bǎikāi jiàshi(右腿退后一步摆开架式). ¶身を～いてボールをよける tuìshēn bìqiú(退身避开球). ¶兵を～く shōubīng(收兵); chèbīng(撤兵)/ tuìbīng(退兵). ¶潮が～く cháoshuǐ tuì le(潮水退了)/ tuìcháo(退潮); luòcháo(落潮). ¶やっと水が～いた hǎoróngyì shuǐ tuì le(好容易水退了). ¶熱が～いた shāo tuì le(烧退了)/ tuìshāo le(退烧了). ¶顔から さっと血の気が～いた liǎn yíxiàzi biànde shuàbái(脸一下子变得刷白). ¶もう一歩もあとへ～けない yí bù yě bùnéng ràng le(一步也不能让了)/ tuì wú kě tuì(退无可退). ¶～くに～けない qí hǔ nán xià(骑虎难下). ¶今年いっぱいで舞台を～く gànmǎn jīnnián tuìchū wǔtái shēngyá(干满今年退出舞台生涯). ¶会長の職を～く cíqù huìzhǎng zhíwù(辞去会长职务).

6〔抜き取る〕bá(拔); chōu(抽). ¶大根を～く bá luóbo(拔萝卜). ¶くじを～く chōuqiānr(抽签儿). ¶ジョーカーを～いた chōule dàwáng(抽了大王).

7〔差し引く〕jiǎn(减), kòu(扣), kòuchú(扣除). ¶12から3を～く cóng shí'èr jiǎnqù sān(从十二减去三); shí'èr jiǎn sān(十二减三). ¶給料から所得税を～く cóng gōngzī zhōng kòuchú suǒdéshuì(从工资中扣除所得税). ¶これ以上は一銭も～けません zài yě bùnéng shǎo suàn le(再也不能少算了).

8〔引用する〕yǐn(引), yǐnyòng(引用). ¶実例を～いて話をする jǔ shílì lái shuōmíng(举实例来说明). ¶これは聖書から～いた言葉だ zhè shì cóng《Shèngjīng》shang yǐnyòng de huà(这是从《圣经》上引用的话).

9〔辞書などを〕chá(查). ¶百科事典を～く chá bǎikē quánshū(查百科全书). ¶電話番号を電話帳で～く ná diànhuàbù chá diànhuà hàomǎ(拿电话簿查电话号码).

10〔線, 図面などを〕huà(画・划), gàng(杠), huì(绘). ¶2本棒を～いて消す huà liǎng tiáo xiàn gōudiào(画两条线勾掉)/ gàngshang liǎng tiáo gàngzi huàqu(杠上两条杠子划去). ¶紙に罫を～く zài zhǐshang dǎ gézi(在纸上打格子). ¶図面を～く huìzhì túzhǐ(绘制图纸)/ huìtú(绘图)/ huà tú(画图).

11〔引き込む〕yǐn(引), yǐn shuǐ(引水). ¶山から水を～く cóng shānshang yǐn shuǐ(从山上引水). ¶ガスを～く pūshè méiqì guǎndào(铺设煤气管道). ¶電話を～く ān diànhuà(安电话).

12〔受け継ぐ, 続く〕 ¶母方の血を～いてどの子も美人だ jìchéngle mǔqin fāngmiàn de xuètǒng, měi ge háizi dōu hěn piàoliang(继承了母亲方面的血统,每个孩子都很漂亮). ¶朱子学の系統を～く学風 jìchéng Zhūzǐ xuépài de xuéfēng(继承朱子学派的学风). ¶彼の酒はまだ～かない tā hēqǐ jiǔ lai méiwán-méiliǎo(他喝起酒来没完没了).

13〔張り渡す〕lā(拉). ¶カーテンを～いて日

をよける lāshàng chuānglián zhēzhù yángguāng(拉上窗帘遮住阳光). ¶幕を～く lā mù(拉幕).

14〔一面に塗る〕¶フライパンに油を～く wǎng píngguōli gē diǎnr yóu(往平锅里搁点儿油). ¶この紙は蠟が～いてある zhè zhǐ dǎzhe là(这纸打着蜡).

ひ・く〖挽く〗jù(锯), lājù(拉锯). ¶材木を鋸で～く yòng jù jù mùtou(用锯锯木头).

ひ・く〖碾く・挽く〗mò(磨). ¶小麦を～く mò xiǎomài(磨小麦). ¶肉を～く jiǎo ròu(绞肉).

ひ・く〖弾く〗tán(弹), lā(拉). ¶ピアノを～く tán gāngqín(弹钢琴). ¶バイオリンを～く lā xiǎotíqín(拉小提琴).

ひ・く〖轢く〗yà(轧). ¶子供が自動車に～かれた xiǎoháizi bèi qìchē yà le(小孩子被汽车轧了).

びく〖魚籠〗yúlǒu(鱼篓), yúlán(鱼篮).

ひく・い〖低い〗**1**〔物の高さ・位置が〕dī(低); ǎi(矮). ¶～い丘 ǎi de shāngāng(矮的山冈). ¶彼は背が～い tā gèzi ǎi(他个子矮)/ tā gèr xiǎo(他个儿小)/ tā shēncái duǎnxiǎo(他身材短小). ¶水は～い方へ流れる shuǐ xiàng dīchù liú(水向低处流). ¶飛行機が～く飛んでいる fēijī fēide hěn dī(飞机飞得很低). ¶頭を～く下げる dītóu(低头). ¶あの人は腰が～い tā wéirén qiāngōng yǒulǐ(他为人谦恭有礼).

2〔地位, 程度などが〕dī(低); dìxià(地下). ¶身分が～い shēnfen dī(身分低). ¶血圧が～い xuèyā dī(血压低). ¶今晩から気温が～くなるでしょう cóng jīnwǎn qǐ wēndù jiàngdī〔qìwēn yào xiàjiàng/yào jiàngwēn〕(从今晚起〔温度将要降低〕〔气温要下降〕〔要降温〕). ¶緯度の～い地方 wěidù dī de dìfang(纬度低的地方). ¶新生児の死亡率が～い xīnshēng'ér de sǐwánglǜ dī(新生儿的死亡率低). ¶見識が～い jiànshi qiǎn(见识浅). ¶不当に～く評価される bèi rén píngjiàde guòdī(被人评价得过低).

3〔音声が〕dī(低), xiǎo(小). ¶彼は声が～い tā shēngyīn dī(他声音低)/ tā shēngr xiǎo(他声儿小). ¶～い声で話す dīshēng〔xiǎoshēng〕shuōhuà(低声〔小声〕说话).

ひくつ〖卑屈〗¶～な態度 dīsān-xiàsì de tàidu(低三下四的态度). ¶～に笑う dīshēng-xiàqì de xiào(低声下气地笑). ¶誰の前に出ても～になってはいけない wúlùn zài shuí de miànqián yě búyào bēigōng-qūxī(无论在谁的面前也不要卑躬屈膝).

ひくて〖引く手〗¶あのコックは～あまただ nàge chúshī dàochù yǒu rén qǐng(那个厨师到处有人请).

びくとも ¶押しても引いても扉は～しない tuī yě hǎo, lā yě hǎo, mén yí dòng yě bú dòng(推也好, 拉也好, 门一动也不动). ¶彼はこれぐらいの事では～しない zhèmediǎnr shì, tā sīháo bú huì dòngyáo(这么点儿事, 他丝毫不会动摇).

ピクニック jiāoyóu(郊游). ¶一家そろって～に行く quánjiā dàxiǎo qù jiāoyóu(全家大小去郊游).

ひくひく chōudòng(抽动), xīdòng(翕动・噏动). ¶鼻を～させている chōudòngzhe bízi(抽动着鼻子)/ bíyí xīdòng(鼻翼翕动). ¶怒りを抑えているのか, 頬が～している yìzhìzhe nùhuǒ liǎnjiá yǐnyǐn chōunuò(抑制着怒火脸颊隐隐抽搦).

びくびく zhànzhan-jīngjīng(战战兢兢), suō tóu suō nǎo(缩头缩脑), wèi shǒu wèi wěi(畏首畏尾). ¶彼は～しながら教室に入ってきた tā zhànzhan-jīngjīng de zǒujìnle jiàoshì(他战战兢兢地走进了教室). ¶何もそんなにすることはない yòngbuzháo nàme hàipà(用不着那么害怕).

ぴくぴく ¶まぶたが～する yǎnpízi tiào(眼皮子跳)/ yǎntiào(眼跳).

ひぐま〖羆〗zōngxióng(棕熊), mǎxióng(马熊), rénxióng(人熊), pí(罴).

ひぐらし〖蜩〗rìběn yèchán(日本夜蝉).

ピクルス xīshì suāncài(西式酸菜), xīshì pàocài(西式泡菜).

ひぐれ〖日暮〗bómù(薄暮), huánghūn(黄昏), píngxī(平西), bàngwǎn(傍晚). ¶～になってやっと目的地に辿り着いた dàole huánghūn cái dàodá mùdìdì(到了黄昏才到达目的地).

びくん〖微醺〗wēixūn(微醺). ¶～を帯びる yǒu sān fēn zuìyì(有三分醉意).

ひけ〖引け〗**1**〔勤務などの〕xiàbān(下班). ¶会社の～は5時です gōngsī wǔ diǎn xiàbān(公司五点下班).

2〔おくれ〕¶私は足の速さでは誰にも～を取らない wǒ tuǐ kuài, búyúyú rènhé rén(我腿快, 不亚于任何人). ¶～をとる xiǎnde xùnsè(显得逊色)/ luòhòu(落后).

ひげ〖髭〗**1**〔人の〕húzi(胡子), húxū(胡须), zīxū(髭须), ránxū(髯须). ¶～が生える zhǎng húzi(长胡子). ¶～を剃る guā húzi(刮胡子)/ guāliǎn(刮脸). ¶～をたくわえる liú húzi(留胡子)/ xù xū(蓄须).

¶～剃り guāliǎndāo(刮脸刀).

2〔動物の〕húzi(胡子), xū(须), xūzi(须子). ¶猫の～ māo húzi(猫胡子). ¶山羊の～ shānyáng húzi(山羊胡子). ¶なまずの～ niányú xū(鲇鱼须).

ひげ〖卑下〗zìbēi(自卑). ¶何も～することはない méiyǒu shénme kě zìbēi de(没有什么可自卑的).

ひげき〖悲劇〗bēijù(悲剧). ¶シェークスピアの四大～ Shāshìbǐyà de sì dà bēijù(莎士比亚的四大悲剧). ¶一家心中の～ quánjiā zìjìn de bēijù(全家自尽的悲剧). ¶彼の末路は～った tā de xiàchang shì hěn bēicǎn de(他的下场是很悲惨的).

ひけぎわ〖引け際〗¶～になって急に仕事ができた lín xiàbān shí tūrán yòu láile gōngzuò(临下班时突然又来了工作).

ひけし〖火消〗¶紛争の～役をつとめる chōngdāng jiūfēn de tiáotíngrén(充当纠纷的调停人).

¶～壺 mièhuǒguàn(灭火罐)/ mēnhuǒguàn

(闷火罐).

ひけつ【否決】 fǒujué (否决). ¶その案は～された nàge tí'àn bèi fǒujué le (那个提案被否决了).

ひけつ【秘訣】 mìjué (秘诀), yàojué (要诀), juéqiào[r] (诀窍[儿]), qiàomén[r] (窍门[儿]), méndao (门道), ménlu (门路). ¶健康の～ yǎngshēn miàojué (养身妙诀). ¶商売の～ zuò mǎimai de qiàomén (做买卖的窍门).

ピケット jiūchá (纠察). ¶～を張る shèzhì jiūchá (设置纠察).
¶～ライン jiūcháxiàn (纠察线).

ひげづら【髭面】 ¶～の男 húzi lāchā de nánrén (胡子拉碴的男人).

ひけどき【引け時】 ¶～で電車は大変混んでいた zhènghǎo shì xiàbān shíjiān diànchē yōngjǐde hěn (正好是下班时间电车拥挤得很).

ひけめ【引け目】 1〔劣等感〕zìbēigǎn (自卑感). ¶～を感ずる gǎndào zìbēi (感到自卑).
2〔弱点〕duǎnchu (短处), duǎnr (短儿). ¶こっちも～があるので強く出られない yīnwei wǒfāng yě yǒu duǎnchu, bùhǎo cǎiqǔ qiángyìng de tàidu (因为我方也有短处,不好采取强硬的态度).

ひけらか・す xiǎnyào (显耀), xuànyào (炫耀), xuànnòng (炫弄), màinong (卖弄). ¶学問を～す màinong xuéwen (卖弄学问).

ひ・ける【引ける】 1〔勤務などが〕xià (下). ¶勤めは5時に～ける wǔ diǎn xiàbān (五点下班). ¶学校が～けてから映画を見に行った fàngxué[xiàkè] hòu kàn diànyǐng qù le (放学[下课]后看电影去了).
2〔気おくれする〕¶気が～ける juéde bù hǎoyìsi (觉得不好意思).

ひご miēpiàn (篾片), miètiáo (篾条).

ひご【庇護】 bǎohù (保护), bǎoyòu (保佑), bìyòu (庇佑). ¶親の～のもとに成長する zài fùmǔ de bǎohù xià chéngzhǎng (在父母的保护下成长). ¶神の～を願う qíqiú shén de bǎoyòu (祈求神的保佑).

ピコ wēiwēi (微微).

ひこう【非行】 ¶青少年の～を防ぐ fángzhǐ qīngshàonián de bùfǎ xíngwéi (防止青少年的不法行为).
¶～少年 āfēi (阿飞) / shàonián liúmáng (少年流氓), èshào (恶少).

ひこう【飛行】 fēixíng (飞行). ¶悪天候をついて～する búgù tiānqì èliè fēixíng (不顾天气恶劣飞行).
¶～士 fēixíngyuán (飞行员). ～機 fēijīchǎng (飞机场) / jīchǎng (机场), ～船 fēitǐng (飞艇), qìtǐng (气艇), ～艇 shuǐshàng fēijī (水上飞机). 計器～ yíbiǎo fēixíng (仪表飞行). 夜間～ yèjiān fēixíng (夜间飞行).

ひごう【非業】 ¶彼は～の死を遂げた tā sǐ yú fēimìng (他死于非命).

びこう【尾行】 dīngshāo (钉梢·盯梢), gēnshāo (跟梢), gēnzōng (跟踪), wěizhuī (尾追). ¶刑事が容疑者を～する biànyī jǐngchá gēnzōng xiányífàn (便衣警察跟踪嫌疑犯). ¶～に気づ

く fājué yǒu rén zài shēnhòu dīngshāo (发觉有人在身后钉梢). ¶～をまく shuǎidiào wěiba (甩掉尾巴).

びこう【備考】 bèikǎo (备考). ¶～欄 bèikǎolán (备考栏).

びこう【鼻孔】 bíkǒng (鼻孔), bíguàn (鼻观).

びこう【鼻腔】 bíqiāng (鼻腔).

ひこうかい【非公開】 ¶～の会議 bù gōngkāi de huìyì (不公开的会议). ¶～の刊行物 nèibù kānwù (内部刊物).

ひこうき【飛行機】 fēijī (飞机). ¶～に乗る chéng[zuò] fēijī (乘[坐]飞机).
¶～雲 fēijī lāyān (飞机拉烟) / níngjié wěijì (凝结尾迹), fēijīxíngyún (飞机行云). ¶～事故 kōngnàn (空难), fēijī shīshì (飞机失事).

ひこうしき【非公式】 fēizhèngshì (非正式). ¶～の会談 fēizhèngshì de huìtán (非正式的会谈). ¶～に見解を述べる fēizhèngshì de fābiǎo jiànjiě (非正式地发表见解).

ひごうほう【非合法】 fēifǎ (非法). ¶～の手段に訴える cǎiqǔ fēifǎ shǒuduàn (采取非法手段).
¶～活動 fēifǎ huódòng (非法活动).

ひこく【被告】 bèigào (被告). ¶～人 bèigàorén (被告人).

ひこくみん【非国民】 màiguózéi (卖国贼).

びこつ【尾骨】 wěigǔ (尾骨).

びこつ【鼻骨】 bígǔ (鼻骨).

ひごと【日毎】 yìtiāntiān (一天天), yì tiān yì tiān (一天一天). ¶～に春めいてきた yì tiān yì tiān de xiànchūle chūnyì (一天一天地现出了春意) / rì jiàn chūnyì (日见春意). ¶～夜ごと měitiān měiyè (每天每夜) / rìrìyèyè (日日夜夜).

ひこばえ【蘖】 niè (蘖).

ひごろ【日頃】 píngcháng (平常), píngshí (平时), píngsù (平素), sùrì (素日). ¶～の努力が実を結んだ píngcháng de nǔlì zhōngyú yǒule jiéguǒ (平常的努力终于有了结果). ¶～欲しいと思っていた品 yìzhí xiǎng yào de dōngxi (一直想要的东西).

ひざ【膝】 xī (膝), xīgài (膝盖). ¶～まで水につかる shuǐ shēn mò xī (水深没膝). ¶～をくずして楽にして下さい qǐng suíbiàn zuò ba, búyào jūshù (请随便坐吧,不要拘束). ¶敵の前に～を屈する xiàng dírén qūxī tóuxiáng (向敌人屈膝投降). ¶～を交えて語る cùxī tánxīn (促膝谈心). ¶思わず～を進めた jīnbuzhù wǎng qián còu (禁不住往前凑). ¶はたと～を打った měng de pāile yíxià dàtuǐ (猛地拍了一下大腿). ¶～を正す duānzuò (端坐).

ピザ qiānzhèng.

ピザ písàbǐng (皮萨饼), yìdàlì xiànbǐng (意大利馅饼).

ひさい【被災】 bèizāi (被灾), shòuzāi (受灾), bèinàn (被难). ¶～者 zāimín (灾民).

びさい【微細】 wēixì (微细), xìwēi (细微). ¶～な点まで調査した lián wēixì de dìfang dōu diàochádào le (连微细的地方都调查到了). ¶～にわたって説明する xiángxì de yīyī jiāyǐ shuōmíng (详细地一一加以说明).

びざい【微罪】 wēizuì(微罪).
ひざかけ【膝掛け】 ¶~を掛ける bǎ tǎnzi gàizài xīgài shang(把毯子盖在膝盖上).
ひざがしら【膝頭】 xīgài(膝盖).
ひざかり【日盛り】 ¶この~に出掛けなくてもよさそうなものだ tàiyáng zhèng dú[lièri dāngtóu], hébì yào chūqu ne?(太阳正毒[烈日当头],何必要出去呢?).
ひさく【秘策】 mìjì(秘计). ¶~を練る mìmóu jìcè(密谋计策). ¶~を授ける shòuyǔ mìjì(授与秘计).
ひさし【庇】 1〔家の〕 yán[r](檐[儿]), yánzi (檐子), fángyán[r](房檐[儿]), wūyán(屋檐). ¶~を貸して母屋をとられる duǒ yǔ biànwéi wūzhǔ(躲雨变为屋主)/ ēn jiāng chóu bào(恩将仇报).
2〔帽子の〕 màoyán[r](帽檐[儿]), màoshé(帽舌), màoshétou(帽舌头).
ひざし【日差し】 rìguāng(日光), yángguāng(阳光). ¶~が強い tàiyáng dú(太阳毒)/ yángguāng qiáng(阳光强). ¶春の~を浴びる mùyù chūntiān de yángguāng(沐浴春天的阳光).
ひさし・い【久しい】 hǎojiǔ(好久), xǔjiǔ(许久). ¶彼女と別れてから~い gēn tā fēnbié hǎojiǔ le(跟她分别好久了). ¶彼から~く音信がない hěn jiǔ méiyǒu tā de yīnxìn le(很久没有他的音信了).
ひさしぶり【久し振り】 hǎojiǔ(好久), xǔjiǔ(许久). ¶お~ですね shǎojiàn! shǎojiàn!(少见! 少见!)/ hǎojiǔ méi jiàn(好久没见). ¶~にデパートへ行ってみよう hǎojiǔ méi qù bǎihuò gōngsī, jīntiān qù guàngguang(好久没去百货公司,今天去逛逛). ¶~で天気になった hǎojiǔ méi jiànguo zhème hǎo de tiānqi(好久没见过这么好的天气).
ひざづめ【膝詰め】 ¶~談判をする miàn duì miàn zhíjiē tánpàn(面对面直接谈判).
ひざまくら【膝枕】 ¶子供は母の~で寝入った háizi zhěnzài mǔqin de dàtuǐ shang shuìzháo le(孩子枕在母亲的大腿上睡着了).
ひざまずく【跪く】 guìxia(跪下), guìdǎo(跪倒), xiàguì(下跪). ¶~いて祈る guìzhe qídǎo(跪着祈祷).
ひざもと【膝元】 gēnqián(跟前), shēnbiān(身边). ¶親の~を離れる líkāi fùmǔ de gēnqián(离开父母的跟前)/ líkāi shuāngqīn de xīxià(离开双亲的膝下).
ひさん【悲惨】 bēicǎn(悲惨). ¶彼女は~な最期を遂げた tā sǐde jíwéi bēicǎn(她死得极为悲惨). ¶~を極めていた shìgù xiànchǎng cǎn bù rěn dǔ(事故现场惨不忍睹).
ひし【菱】 líng(菱). ¶~の実 língjiao(菱角).
ひじ【肘】 zhǒu(肘), gēbozhǒu(胳膊肘儿), gēbo zhǒuzi(胳膊肘子). ¶~を曲げる wān zhǒu(弯肘). ¶机に~を突く bǎ gēbozhǒu zhīzài zhuōzi shang(把胳膊肘子支在桌子上). ¶~を枕にして寝る zhěnzhe gēbo shuìjiào(枕着胳膊睡觉)/ qū gōng ér zhěn(曲肱而枕).
ひじかけ【肘掛け】 kàoshǒu(靠手). ¶~椅子 jiāoyǐ(交椅)/ tàishīyǐ(太师椅).
ひしがた【菱形】 língxíng(菱形), xiàngyǎnr(象眼儿), xiéxiàngyǎnr(斜眼儿).
ひし・ぐ【拉ぐ】 ¶鬼をも~勢い shì bù kě dāng(势不可当).
ひしょくぶつ【被子植物】 bèizǐ zhíwù(被子植物).
びしてき【微視的】 wēiguān(微观). ¶~世界 wēiguān shìjiè(微观世界).
ひじでっぽう【肘鉄砲】 ¶~を食らった bèi rén shuǎi le(被人甩了).
ひしと 1〔しっかと〕 jǐnjǐn(紧紧). ¶子供を~抱きしめる bǎ háizi jǐnjǐn de lǒuzài huáili(把孩子紧紧地搂在怀里).
2〔きびしく〕 shēnshēn(深深). ¶その言葉は~身にこたえた nà jù huà shēnshēn de kèzài xīnli(那句话深深地刻在心里).
ビジネスクラス gōngwùcāng(公务舱), gōngzuòcāng(工作舱).
ビジネススクール shāngyè xuéxiào(商业学校).
ビジネスセンター shāngyè zhōngxīn(商业中心).
ビジネスホテル shāngyè lǚguǎn(商业旅馆), shāngyòng lǚguǎn(商用旅馆).
ビジネスマン shíyèjiā(实业家), jīngshāngrén(经商人), shēngyìrén(生意人), gōngsī zhíyuán(公司职员).
ビジネスライク ¶~なつきあい gōngzuòshang de jiāowǎng(工作上的交往).
ひしひし ¶敵が~と押し寄せて来る dírén yíbùbù de bījìn(敌人一步步地逼近). ¶貧乏のつらさを~感ずる shēnshēn de gǎndào pínqióng de tòngkǔ(深深地感到贫穷的痛苦). ¶違反者を~と検挙する háo bù liúqíng de zhuā wéifǎzhě(毫不留情地抓违法者). ¶弟子を~と鍛える yángé xùnliàn dìzǐ(严格训练弟子).
ひしめ・く【犇めく】 ¶入場者が狭い入口で~いている rùchǎng de rén jǐzài xiázhǎi de ménkǒu(入场的人挤在狭窄的门口). ¶狭い場所に大勢の人間が~き合って暮している zài xiázhǎi de dìfang xǔxǔ-duōduō de rén jǐzài yìqǐ guò rìzi(在狭窄的地方许许多多的人挤在一起过日子).
ひしゃく【柄杓】 yǎozi(舀子), yǎor(舀儿). ¶~で水を汲む yòng yǎozi yǎo shuǐ(用舀子舀水).
ひしゃ・げる yābiě(压瘪). ¶~げたやかん yābiěle de shuǐhú(压瘪了的水壶).
ひしゃたい【被写体】 bèishètǐ(被摄体).
ぴしゃりと ¶戸を~閉めた pēng de yì shēng guānshàngle mén(砰的一声关上了门). ¶頬を~たたく jǐ jǐ xiǎnglàngde ěrguāng(打了一记响亮的耳光). ¶相手の要求を~はねつける yīkǒu jùjué duìfāng de yāoqiú(一口拒绝对方的要求).
びしゅ【美酒】 měijiǔ(美酒), jiāniàng(佳酿), qióngjiāng(琼浆).
ひじゅう【比重】 bǐzhòng(比重). ¶~を計る

cèliáng bǐzhòng(测量比重). ¶生产費の中で人件費の占める〜は大きい zài shēngchǎn fèiyong zhōng réngōngfèi zhàn de ˇbǐzhòng[bǐlì] hěn dà(在生产费用中人工费占的ˇ比重[比例]很大).
¶〜計 bǐzhòngjì(比重计).

ひじゅつ【秘術】juézhāor(绝招ル). ¶〜を尽す shǐjìn juézhāor(使尽绝招ル).

びじゅつ【美術】měishù(美术). ¶〜館 měishùguǎn(美术馆). 〜品 měishùpǐn(美术品).

ひじゅん【批準】pīzhǔn(批准). ¶条約を〜する pīzhǔn tiáoyuē(批准条约). ¶〜書を交換する hùhuàn pīzhǔnshū(互换批准书).

ひしょ【秘書】mìshū(秘书).

ひしょ【避暑】bìshǔ(避暑), xiāoshǔ(消暑). ¶那須に〜に行く dào Nàxū qù bìshǔ(到那须去避暑).
〜地 bìshǔdì(避暑地).

びじょ【美女】měinǚ(美女), liàngnǚ(靓女).

ひじょう【非常】1【大変】fēicháng(非常). ¶〜な努力を要する xūyào fēicháng dà de nǔlì(需要非常大的努力). ¶〜に重要である fēicháng zhòngyào(非常重要).
2【異常】fēicháng(非常), jǐnjí(紧急). ¶〜の際はこのボタンを押して下さい fāshēng jǐnjí qíngkuàng shí, qǐng èn zhège diànniǔ(发生紧急情况时,请摁这个电钮). ¶〜事態を宣言する xuānbù chǔyú jǐnjí zhuàngtài(宣布处于紧急状态). ¶〜手段をとる cǎiqǔ fēicháng shǒuduàn(采取非常手段). ¶〜時に備える yǐbèi fēicháng shíqí(以备非常时期).
¶〜階段 tàipíngtī(太平梯). 〜口 tàipíngmén(太平门)/ ānquánmén(安全门). 〜線 jǐngjièxiàn(警戒线). 〜ベル jǐnglíng(警铃).

ひじょう【非情】wúqíng(无情). ¶何と〜なやり方だ gànde tài lěngkù wúqíng(干得太冷酷无情).

びしょう【微小】1【微小】wēixiǎo(微小). ¶〜な生物 wēixiǎo de shēngwù(微小的生物). ¶地殻の〜な変動を記録する jìlù dìqiào wēixiǎo de biàndòng(记录地壳微小的变动).
2【微少】shèn xiǎo(甚小), jí xiǎo(极小), yāoxiǎo(幺小). ¶損害は〜だ sǔnshī shèn xiǎo(损失甚小).

びしょう【微笑】wēixiào(微笑). ¶口許に〜を浮べる zuǐjiǎo shang dàizhe yìsī wēixiào(嘴角上带着一丝微笑).

ひじょうきん【非常勤】¶〜講師 jiānkè jiǎngshī(兼课讲师).

ひじょうしき【非常識】¶そんな事を言うなど〜も甚だしい shuō nà zhǒng huà, tài méiyǒu chángshí le(说那种话,太没有常识了). ¶彼は〜な男だ tā nàge rén tài bù dǒng shìlǐ le(他那个人太不懂事理了).

びしょく【美食】měishí(美食). ¶〜を好む jiǎngjiu měishí(讲究美食).
¶〜家 měishíjiā(美食家).

びしょぬれ【びしょ濡れ】shītòu(湿透), shīlínlín(湿淋淋), shuǐlínlín(水淋淋). ¶夕立にあって〜になった gǎnshàng zhènyǔ ˇhúnshēn shītòu le[chéngle luòtāngjī](赶上阵雨ˇ浑身湿透了[成了落汤鸡]).

びじれいく【美辞麗句】měi cí lì jù(美辞丽句).¶〜を並べる shuō xiē huāyán-qiǎoyǔ(说些花言巧语).

びしん【微震】wēizhèn(微震).

びじん【美人】měirén[r](美人[ル]).

ひすい【翡翠】fěicuì(翡翠).

ビスケット bǐnggān(饼干).

ヒスタミン zǔ'àn(组胺), zǔzhī'àn(组织胺).¶抗〜剤 kàngzǔzhī'ànyào(抗组织胺药).

ヒステリー xiēsīdǐlǐ(歇斯底里), yìzhèng(癔症), yìbìng(癔病). ¶〜を起す xiēsīdǐlǐ fāzuò(歇斯底里发作).

ヒステリック ¶〜にわめき散らす xiēsīdǐlǐ de jiàoxiāo(歇斯底里地叫嚣).

ピストル shǒuqiāng(手枪). ¶〜を撃つ kāi[fàng] shǒuqiāng(开[放]手枪).

ピストン huósāi(活塞), gōubèi(韝鞴). ¶〜輸送をする wǎngfǎn bùtíng de yùnshū(往返不停地运输).
¶〜リング huósāihuán(活塞环).

ひずみ【歪】¶板に〜ができた mùbǎnzi qiáoleng le(木板子翘棱了). ¶高度経済成長の〜 gāosù jīngjì fāzhǎn de bìbìng(高速经济发展的弊病).

ひず・む【歪む】¶〜んだ箱 biànxíng de hézi(变形的盒子).

ひ・する【秘する】yǐnmì(隐秘). ¶名を〜する yǐn xìng mái míng(隐姓埋名).

びせい【美声】jīnsǎngzi(金嗓子). ¶彼は〜の持主だ tā sǎngzi hǎo(他嗓子好). ¶聴衆は歌手の〜に魅了された tīngzhòng wéi gēshǒu měimiào de sǎngyīn suǒ mí(听众为歌手美妙的嗓音所迷).

びせいぶつ【微生物】wēishēngwù(微生物).

ひぜに【日銭】¶〜が入る měitiān yǒu xiànjīn shōurù(每天有现金收入).

ひせん【卑賎】bēijiàn(卑贱), pínjiàn(贫贱). ¶〜の身 bēijiàn zhī shēn(卑贱之身).

ひせんきょけん【被選挙権】bèixuǎnjǔquán(被选举权).

ひせんきょにん【被選挙人】bèixuǎnjǔrén(被选举人).

ひせんろん【非戦論】hépínglùn(和平论).

ひそ【砒素】shēn(砷), pī(砒).

ひそう【皮相】píxiàng(皮相). ¶〜の見(ﾝ) píxiàng zhī jiàn(皮相之见). ¶物事の〜しか見ない zhǐ kàn shìwù de biǎomiàn(只看事物的表面).

ひそう【悲壮】bēizhuàng(悲壮). ¶〜な決意を固める xià bēizhuàng de juéxīn(下悲壮的决心).

ひぞう【秘蔵】zhēncáng(珍藏). ¶〜の品 zhēncáng zhī pǐn(珍藏之品). ¶〜の弟子 déyì ménshēng(得意门生).
¶〜っ子 zhǎngshàng míngzhū(掌上明珠).

ひぞう【脾臓】pí(脾), pízàng(脾脏); shāgānr(沙肝ル).

ひそか【密か】ànzhōng(暗中), ànzì(暗自), àn-

dìli (暗地里), àndǐxia (暗底下), sīxià (私下), mìmì (秘密), tōutōu (偷偷), qiāoqiāo (悄悄). ¶～に敵陣に忍び込む tōutōu de qiánrù dízhèn (偷偷地潜入敌阵). ¶～にはかりごとをめぐらす ànzhōng móusuàn (暗中谋算). ¶～に決心する zài xīnli ànzì xià juéxīn (在心里暗自下决心).

ひぞく【卑俗】 bǐsú (鄙俗), cūsú (粗俗), cāngsú (伧俗), xiàliú (下流). ¶～な趣味 dījí qùwèi (低级趣味).

ひぞく【卑属】 ¶直系～ zhíxì hòudài (直系后代).

ひぞく【匪賊】 tǔfěi (土匪).

ひそひそ dígu (嘀咕), jīgu (叽咕・唧古), qièqiè (唧咬), qièqiè (窃窃・切切), dídigūgū (嘀嘀咕咕), jījigūgū (叽叽咕咕), jījinōngnōng (唧唧哝哝), qīqīchāchā (喊喊喳喳・嘁嘁喳喳). ¶2人で～と話をしている liǎ ge rén zài "qièqiè [qīqīchāchā]" sīyǔ (两个人在"窃窃[喊喊喳喳]"私语).
¶～話 sīyǔ (私语)/ dǎchāchā (打喳喳).

ひそ・む【潜む】 yǐncáng (隐藏), qiáncáng (潜藏), qiánfú (潜伏). ¶茂みに～む yǐncáng zài cǎocóngli (隐藏在草丛里). ¶犯人は市内に～んでいるにちがいない zuìfàn yídìng qiánfú zài shìnèi (罪犯一定潜伏在市内). ¶彼の心にはよこしまな考えが～んでいる tā xīnzhōng huáiyǒu xiéniàn (他心中怀有邪念).

ひそ・める【潜める】 yǐncáng (隐藏). ¶暗闇に身を～める bǎ shēnzi yǐncáng zài ànchù (把身子隐藏在暗处). ¶息を～めて隠れている bìezhù qì bǎ chūshēngde cángzhe (憋住气不出声地藏着). ¶声を～めてささやく dīshēng ěryǔ (低声耳语).

ひそ・める【顰める】 ¶眉を～める zhòu méitóu (皱眉头)/ zhòu méi (皱眉)/ pínméi (颦眉)/ cùméi (蹙眉)/ píncù (颦蹙).

ひだ【襞】 zhězi (褶子). ¶スカートの～ qúnzi de zhězi (裙子的褶子).

ひたい【額】 é (额), qián'é (前额), nǎoménr (脑门儿) / nǎoménr (脑门儿). ¶～の広い人 qián'é kuān de rén (前额宽的人)/ nǎoménr dà de rén (脑门儿大的人). ¶～に汗して働く hàn liú mǎnmiàn de gōngzuò (汗流满面地工作). ¶～を集めて相談する jùshǒu shāngtán (聚首商谈). ¶猫の～ほどの土地 bāzhang dà dìpí (巴掌大地皮).

ひだい【肥大】 féidà (肥大). ¶心臓が～する xīnzàng féidà (心脏肥大).

びたい【媚態】 mèitài (媚态). ¶～を示す zuò mèitài (作媚态)/ xiànmèi (献媚)/ chǎnmèi (谄媚).

びたいちもん【鐚一文】 ¶～貸すわけにはいかない jiùshì yí ge zǐr yě bùnéng jiègěi nǐ (就是一个子儿也不能借给你).

ひた・す【浸す】 jìn (浸), pào (泡). ¶谷川の水に手足をヘす bǎ shǒujiǎo jìnzài shānjiàn de shuǐ li (把手脚浸在山涧的水里). ¶タオルを冷水に～して頭を冷す bǎ jìnle lěngshuǐ de máojīn fūzài tóushang (把浸了冷水的毛巾敷在头上).

ひたすら yíwèi (一味), yígejìnr (一个劲儿); yì xīn yí yì (一心一意). ¶彼女は～泣くのみであった tā zhǐshì yígejìnr de kū (她只是一个劲儿地哭). ¶彼は～勉学に励んだ tā yìxīn-yíyì de yònggōng xuéxí (他一心一意地用功学习). ¶～夫の無事を祈る yìxīn-yíyì de qídǎo zhàngfu píng'ān wúshì (一心一意地祈祷丈夫平安无事).

ひだち【肥立ち】 **1**[成育] fāyù (发育), chéngzhǎng (成长). ¶～の早い赤ん坊 fāyù kuài de wáwa (发育快的娃娃).
2[回復] fùyuán (复原), kāngfù (康复), huīfù (恢复). ¶産後の～がよい chǎnhòu de huīfù kuài (产后的恢复快).

ひだまり【日溜り】 tàiyángdìr (太阳地儿).

ひたひた ¶波が～と舟べりを打つ bōlàng pāidazhe chuánxián (波浪拍打着船舷). ¶敵の軍勢が～と押し寄せてきた díjūn yíbùbù de bījìn (敌军一步步地逼近).

ビタミン wéishēngsù (维生素), wéitāmìng (维他命). ¶～A wéishēngsù A (维生素A).

ひたむき【真摯】 zhēnzhì (真挚). ¶～な愛情を寄せる qīngzhù zhēnzhì de àiqíng (倾注真挚的爱情).
¶～に研究に打ち込む zhuānxīn yíyì cóngshì yánjiū (专心一意从事研究).

ひだり【左】 **1** zuǒ (左), zuǒbian[r] (左边[儿]), zuǒmiàn (左面). ¶～を向く zhuǎn zuǒbianr (转左边儿). ¶最初の十字路を～曲って3軒目です zài dìyī ge shízì lùkǒu wǎng zuǒ guǎi dìsān jiā jiùshì (在第一个十字路口往左拐第三家就是). ¶～から5番目 cóng zuǒbianr shǔqǐ dìwǔ ge (从左边儿数起第五个). ¶～向け～! xiàng zuǒ zhuǎn! (向左转!).
2[左翼] zuǒ (左), zuǒpài (左派), zuǒyì (左翼). ¶彼の思想は～だ tā de sīxiǎng yǒudiǎnr zuǒ (他的思想有点儿左).

ひだりうちわ【左団扇】 ¶～で暮す bù chóu chī bù chóu chuān guò rìzi (不愁吃不愁穿过日子).

ひだりきき【左利き】 **1** zuǒpiězi (左撇子). ¶彼は～だ tā shì ge zuǒpiězi (他是个左撇子).
2[酒飲み] ài hē jiǔ de rén (爱喝酒的人).

ひだりで【左手】 **1**[左の手] zuǒshǒu (左手).
2[左側] zuǒshǒu (左首・左手), zuǒbian (左边). ¶～に見えるのが琵琶湖です zuǒshǒu wàngdejiàn de shì Pípá Hú (左首望得见的是琵琶湖).

ひだりまえ【左前】 ¶～に着物を着ている héfú zuǒyòujīn fǎn le (和服左右襟反了). ¶彼の商売は～になってきた tā de mǎimai "yào huáng [zǒu xiàpōlù]" le (他的买卖"要黄[走下坡路]"了).

ひだりまき【左巻き】 ¶朝顔の蔓は～だ qiānniúhuā de wànr shì xiàng zuǒ juǎn de (牵牛花的蔓儿是向左卷的). ¶あいつは少々～だ nàge xiǎozi yǒudiǎnr hútu (那个小子有点儿胡涂).

ひた・る【浸る】 jìn (浸), pào (泡), yān (淹), lào

（涝）．¶作物が水に～った zhuāngjia lào le（庄稼被涝了）/ zhuāngjia dōu bèi shuǐ yān le（庄稼都被水淹了）/ zhuāngjia dōu pàozài shuǐli le（庄稼都泡在水里了）．¶楽しい雰囲気に～る chénzuì yú huānlè zhī zhōng（沉醉于欢乐之中）．¶受賞の喜びに～る chénjìn[jìnchén] zài shòujiǎng de xǐyuè zhī zhōng（沉浸[浸沉]在受奖的喜悦之中）．

ひだるま【火達磨】 ¶～の男 húnshēn shì huǒ de nánrén（浑身是火的男人）．¶飛行機は～となって墜落した fēijī chéngwéi yì tuán huǒqiú zhuìluò xialai（飞机成为一团火球坠落下来）．

ひたん【悲嘆】 bēitàn（悲叹）．¶～に暮れる bēitàn bùyǐ（悲叹不已）．

びだん【美談】 měitán（美谈），jiāhuà（佳话）．

ピチカート bōzòu（拨奏）．

びちく【備蓄】 chǔbèi（储备），zhùbèi（贮备）．¶～米 chǔbèimǐ（储备米）/ cúnliáng（存粮）．

びちびち ¶小魚が～とはねる xiǎoyú huó bèng luàn tiào（小鱼活蹦乱跳）．¶～した若い娘 zhāoqì péngbó de niánqīng gūniang（朝气蓬勃的年轻姑娘）．

ひつ【櫃】 xiáguì（匣柜）；〔飯櫃〕fànxiázi（饭匣子）．

ひつう【悲痛】 bēitòng（悲痛）．¶～な叫びをあげる fāchū bēitòng de hǎnjiàoshēng（发出悲痛的喊叫声）．¶その知らせを～な思いで聞いた huáizhe bēitòng de xīnqíng tīngle nàge xiāoxi（怀着悲痛的心情听了那个消息）．

ひっか【筆禍】 bǐhuò（笔祸），wénzìyù（文字狱）．¶～を招く zhāo bǐhuò（招笔祸）．

ひっかかり【引掛り】 guānxi（关系），guānlián（关联）．¶私はあの事件とは何の～もない wǒ gēn nàge shìjiàn háo bù xiānggān[háo wú guānxi]（我跟那个事件 毫不相干[毫无关系]）．

ひっか・る【引っ掛る】 **1**〔掛〕guà（挂），qiǎ（卡）．¶凧が電線に～った fēngzheng guàzài diànxiàn shang le（风筝挂在电线上了）．¶魚の骨が喉に～った yúcì qiǎzài sǎngzili（鱼刺卡在嗓子里）．¶何かが～って引出しが開かない shénme dōngxi qiǎzhù le, chōuti lābukāi（什么东西卡住了，抽屉拉不开）．¶彼の言葉は何か心に～るものがある jiào rén juéde tā huà zhōng yǒu huà（叫人觉得他话中有话）．

2〔検査などに〕¶検閲に～った shěnchá wèi néng tōngguò（审查未能通过）．¶検品で～った zhìliàng méiyǒu tōngguò（检查质量没有通过）．

3〔掛け合う〕qiānlián（牵连），qiānlěi（牵累）．¶とんだ事件に～ってしまった gēn yìxiǎng bu dào de shìjiàn qiānliànshàng le（跟意想不到的事件牵连上了）．

4〔騙される〕¶詐欺に～る shòupiàn（受骗）．¶敵の計略にまんまと～った wánquán shàngle dírén de quāntào（完全上了敌人的圈套）．

ひっか・く【引っ掻く】 zhuā（抓）．¶猫に手を～かれた shǒu bèi māo zhuāpò le（手被猫抓破了）．

ひっかく【筆画】 bǐhuà（笔画・笔划）．

ひっか・ける【引っ掛ける】 **1** guà（挂）．¶上着を木の枝に～ける bǎ shàngyī guàzài shùzhī shang（把上衣挂在树枝上）．¶スカートを～けて鉤裂きを作ってしまった qúnzi shang guǎle ge kǒuzi（裙子上剌了个口子）．

2〔羽織る〕pī（披）．¶コートを～ける pī dàyī（披大衣）．

3〔騙す〕¶女を～ける yǐnyòu[gōuyǐn] nǚrén（引诱[勾引]女人）．¶あいつにすっかり～られた wánquán shàngle tā de dàng（完全上了他的当）．

4〔浴びせかける〕¶車に泥水を～けられた bèi qìchē jiànle níshuǐ（被汽车溅了泥水）．¶人の足に水を～けてしまった bǎ shuǐ pōzài rén jiǎoshang le（把水泼在人脚上了）．¶裏切り者に唾を～ける chòng pàntú cuì tuòmo（冲叛徒啐唾沫）．

5〔酒などを〕¶帰りに一杯～ける huíjiā túzhōng hē yì bēi（回家途中喝一杯）．

ひっかぶ・る【引っ被る】 méng（蒙）．¶布団を頭から～る yòng bèizi bǎ tóu méngshàng（用被子把头蒙上）．¶自分で責任を～る bǎ zérèn dōu lǎndào zìjǐ shēnshang（把责任都揽到自己身上）．

ひつき【火付き】 ¶湿って炭の～が悪い mùtàn cháoshī bù róngyì zháo（木炭潮湿不容易着）．

ひつぎ【柩】 guānmù（棺木），guāncai（棺材）．¶～を蓋(₍ふた₎)して知る gài guān lùn dìng（盖棺论定）．

ひっき【筆記】 bǐjì（笔记）．¶私の言うことを～しなさい bǎ wǒ shuō de jìxialai（把我说的记下来）．¶口述～する zuò kǒushù bǐjì（做口述笔记）．¶～試験 bǐshì（笔试）．～体 shǒuxiětǐ（手写体）．

ひっきょう【畢竟】 bìjìng（毕竟），zǒngzhī（总之），zǒngguī（总归）．¶～するに両者は同じ事である zǒng'éryánzhī liǎngzhě shì yíyàng de（总而言之两者是一样的）．

ひっきりなし【引切り無し】 ¶通りを自動車が～に通る jiēshang qìchē chuānliú-búxī（街上汽车川流不息）．¶～に電話がかかってくる diànhuà jiē'èr-liánsān[jiēlián búduàn] de dǎlai（电话接二连三[接连不断]地打来）．¶～にしゃべる diédié bùxiū（喋喋不休）/ cìcì bùxiū（刺刺不休）．

ひっくく・る【引っ括る】 kǔn（捆），zā（扎），bǎng（绑）．¶泥棒を～る bǎ xiǎotōur bǎngqilai（把小偷儿绑起来）．

ビッグバン yǔzhòu dàbàozhà（宇宙大爆炸）．¶～金融 jīnróng dàgǎigé（金融大改革）．

びっくり chījīng（吃惊），shòujīng（受惊）．¶本当に～した zhēn xiàsǐle rén（真吓死了人）．¶～して口もきけない xiàde shuō bu chū huà lái（吓得说不出话来）．¶～仰天する dà chī yì jīng（大吃一惊）/ xià yí dà tiào（吓一大跳）．

ひっくりかえ・す【引っ繰り返す】 fān（翻），fǎn（反），dào（倒），chōu（抽），fāndǎo（翻倒），diāndǎo（颠倒）．¶卵焼きを～す bǎ jiānjīdàn fānguolai（把煎鸡蛋翻过来）．¶ポケットを～して

探す bǎ kǒudai fānchulai zhǎo(把口袋翻出来找). ¶バケツを～してҲをこぼした nòngfān[dǎfān]le yángtiětǒng, bǎ shuǐ sǎ le(弄翻[打翻]了洋铁桶,把水洒了). ¶順序を～す bǎ cìxù diāndǎo guolai(把次序颠倒过来).

ひっくりかえ・る【引っ繰り返る】 fān(翻), fǎn(反), dào(倒), fāndǎo(翻倒), diāndǎo(颠倒). ¶車が～った chē fān le(车翻了). ¶形勢が～った xíngshì fǎnguolai le(形势反过来了)/ xíngshì qǐle yībǎi bāshí dù de biànhuà(形势起了一百八十度的变化). ¶町中～ような大騒ぎで mǎnchéng nàode tiānfān-dìfù(满城闹得天翻地覆).

ひっくる・める【引っ括める】 lǒnggòng(拢共), lǒngzǒng(拢总), zǒnggòng(总共), guīzǒng(归总), yībāozàinèi(一包在内), yītāguāzi(一塌刮子), guīlǐbāoduī(归里包堆). ¶全部～めていくらですか yībāozàinèi duōshao qián?(一包在内多少钱?) ¶水道電気代も～めて家賃は月5万円です bāokuò shuǐdiànfèi zài nèi, fángzū měiyuè wǔwàn rìyuán(包括水电费在内,房租每月五万日元).

ひつけ【火付け】 fànghuǒ(放火). ¶～の犯人 fànghuǒ de fànrén(放火的犯人).
 ¶～役 zhàoshìzhě(肇事者).

ひづけ【日付】 rìqī(日期), niányuèrì(年月日). ¶～を書き込む xiěshàng rìqī(写上日期). ¶3月10日の～の手紙 sānyuè shí rì de xìn(三月十日的信).
 ¶～変更線 rìjièxiàn(日界线)/ guójì rìqī biàngēngxiàn(国际日期变更线)/ guójì gǎirìxiàn(国际改日线).

ひっけい【必携】 ¶～の書 bì xié zhī shū(必携之书).

ピッケル bīnggǎo(冰镐).

びっこ【跛】 **1** bǒjiǎo(跛脚), quétuǐ(瘸腿); 〔人〕bǒzi(跛子), quézi(瘸子). ¶～を引く quézhe zǒu(瘸着走)/ yì qué yì guǎi de zǒu(一瘸一拐地走)/ bǒxíng(跛行).
 2〔不揃い〕¶靴が～だ xié bù chéng shuāng(鞋不成双).

ひっこう【筆耕】 ¶彼女は～で生活している tā kào chāoxiě wéishēng(她靠抄写为生).

ひっこし【引越】 bānjiā(搬家). ¶3年の間に～を5回した sān nián zhī jiān bānle wǔ cì jiā(三年之间搬了五次家).

ひっこ・す【引っ越す】 qiānyí(迁移), bānqiān(搬迁), bānjiā(搬家), qiānjū(迁居). ¶東京から千葉へ～す cóng Dōngjīng ˇbāndào[qiānyí dào]ˇ Qiānyèxiàn(从东京ˇ搬到[迁移到]ˇ千叶). ¶新居に～す bānjìn xīnjū(搬进新居).

ひっこみ【引っ込み】 ¶今となっては～がつかない yǐ dàole zhè zhǒng dìbù, kě xiàbùliǎo tái le(已到了这种地步,可下不了台了)/ shí zhì jīnrì, yù bà bùnéng(时至今日,欲罢不能).

ひっこみじあん【引っ込み思案】 ¶彼女は何事にも～だ tā duì shénme dōu wèishǒu-wèiwěi(她对什么都畏首畏尾).

ひっこ・む【引っ込む】 **1**〔へこむ〕¶頭のこぶが～んだ tóushang de bāo xiāoxiaqu le(头上的

包消下去了). ¶やせて目が～んだ shòude yǎnjīng dōu ˇkōujinqu[tāxiaqu]ˇ le(瘦得眼睛都ˇ眍进去[塌下去]ˇ). ¶海岸線の～んだ所 hǎi'ànxiàn āojìn chù(海岸线凹进处).
 2〔引き下がる〕¶彼は早々に書斎に～んだ hěn kuài jiù jìn shūfánglǐ qù le(他很快就进书房里去了). ¶店を畳んで田舎に～む xiēyè fǎn wányīr(歇业返乡). ¶へたくそ,～め shénme wányìr, gǔn xiàtái ba!(什么玩艺儿,滚下台吧!).
 3〔奥まる〕¶彼の家は大通りから～んだ所にある tā jiā zài dàjiē shāo jìnqu yìdiǎnr de dìfang(他家在大街稍进去一点儿的地方).

ひっこ・める【引っ込める】 suō(缩), suōhuí(缩回). ¶亀が首を～めた wūguī bǎ tóu suōjìnqu le(乌龟把头缩进去了). ¶手を～める bǎ shǒu suōhuilai(把手缩回来)/ suōhuí shǒu lai(缩回手来)/ chèhuí shǒu qu(掣回手去)/ suōshǒu(缩手). ¶意見を～める shōuhuí[chèhuí] yìjiàn(收回[撤回]意见).

ピッコ口 duǎndí(短笛).

ひっさ・げる【引っ提げる】 ¶白刃を～げて駆けつけた tízhe báirèn, gǎnlai zhùwēi(提着白刃,赶来助威). ¶手勢を～げて馳せ参ずる shuàilǐng bùxià gǎnlai(率领部下赶来). ¶外交問題を～げて質問する jiù wàijiāo wèntí xiàng zhèngfǔ tíchū zhìxún(就外交问题向政府提出质询). ¶老驅を～げて起つ bù gù niánlǎo, dāndāng qí shì(不顾年老,担当其事).

ひっさん【筆算】 bǐsuàn(笔算).

ひつじ【未】 wèi(未). ¶～の刻 wèishí(未时).

ひつじ【羊】 yáng(羊), miányáng(绵羊). ¶～飼い yángguānr(羊倌儿)/ mùyángrén(牧羊人)/ fàngyángde(放羊的).

ひっし【必死】 sǐmìng(死命), pīnmìng(拼命), méimíng(没命). ¶～に抵抗する sǐmìng de dǐkàng(死命地抵抗). ¶大学受験のため～になって勉強する wèile kǎoqǔ dàxué pīnmìng yònggōng(为了考取大学拼命用功).

ひっし【必至】 ¶倒産は～だ dǎobì shì bùkě bìmiǎn de(倒闭是不可避免的). ¶国会の解散は～の情勢である jiěsàn guóhuì shì bìrán qūshì(解散国会是必然趋势).

ひっしゃ【筆写】 chāoxiě(抄写), shànxiě(缮写). ¶古文書を～する chāoxiě gǔwénshū(抄写古文书).

ひっしゃ【筆者】 bǐzhě(笔者), zuòzhě(作者).

ひっしゅう【必修】 bìxiū(必修). ¶～科目 bìxiū kè(必修课)/ bìxiū kēmù(必修科目).

ひつじゅひん【必需品】 bìxūpǐn(必需品). ¶生活～ shēnghuó bìxūpǐn(生活必需品).

ひつじゅん【筆順】 bǐshùn(笔顺).

ひっしょう【必勝】 bìshèng(必胜). ¶～の信念に燃える mǎnhuái bìshèng de xìnxīn(满怀必胜的信心).

びっしょり shītòu(湿透), líntòu(淋透). ¶雨で服が～だ yīshang dōu bèi yǔ líntòu le(衣裳都被雨淋透了). ¶汗～になって働いている hàn liú jiā bèi de láodòngzhe(汗流浃背地劳动着).

びっしり ¶この通りは～と家が建ち並んでいる zhè tiáo jiēshang fángwū líncì-zhìbǐ(这条街上房屋鳞次栉比). ¶箱の中には本が一詰っている xiāngzili shū sāide mǎnmǎn de(箱子里书塞得满满的). ¶10時間～働いた bùtíng de gōngzuòle shí ge xiǎoshí(不停地工作了十个小时). ¶三枚の便箋に細かい字で～と書いてある sān zhāng xìnzhǐ yòng xiǎozì xiě de mìmi-mámá de(三张信纸用小字写得密密麻麻的).

ひっす【必須】 bìyào(必要), bìxū(必需). ¶酸素は生命の維持に～のものだ yǎng qì shì wéichí shēngmìng suǒ bì bù kě shǎo de dōngxi(氧是维持生命所不可少的东西).

ひっせい【畢生】 bìshēng(毕生). ¶～の仕事 bìshēng de gōngzuò(毕生的工作).

ひっせい【筆勢】 bǐshì(笔势).

ひっせき【筆跡】 bǐjì(笔迹), bǐtǐ(笔体), zìjì(字迹). ¶～を鑑定する jiàndìng bǐjì(鉴定笔迹).

ひつぜつ【筆舌】 ¶その壮大さは～に尽し難い qí zhuàngkuò zhēn shì bǐ nán jìn shù(其壮阔真是笔难尽述).

ひつぜん【必然】 bìrán(必然). ¶分裂は～の帰結だった fēnliè shì bìrán de jiéguǒ(分裂是必然的结果). ¶その事には何の～性もない gāi shì bìng méiyǒu shénme bìránxìng(该事并没有什么必然性). ¶～的法則 bìrán guīlǜ(必然规律).

ひっそり chénjì(沉寂), jìjìng(寂静), qiǎojì(悄寂), jìngqiāoqiāo(静悄悄). ¶家の中は～と静まりかえっている wūzili jìngqiāoqiāo de(屋子里静悄悄的). ¶山の中で～と暮す zài shānli yǐnjū dùrì(在山里隐居度日).

ひった・る【引ったくる】 qiǎng(抢), qiǎngduó(抢夺). ¶ハンドバッグを～る qiǎngduó shǒutíbāo(抢夺手提包).

ひった・てる【引っ立てる】 ¶警官が犯人を～て行った jǐngchá bǎ fànrén yāzǒu le(警察把犯人押走了).

ぴったり 1〔密着しているさま〕jǐn(紧), yánjǐn(严紧), yánmì(严密), yánshi(严实), yánsī-héfèng(严丝合缝). ¶たんすを壁に～つけて置く bǎ yīguì jǐn tiēzhe qiáng fàng(把衣柜紧贴着墙放). ¶戸が～と閉まっている mén jǐnjǐn de guānzhe(门紧紧地关着)/ mén guānde tǐng yánshi(门关得挺严实). ¶2位の選手が1位に～ついている dì'èrmíng xuǎnshǒu jǐn gēnzhe dìyīmíng(第二名选手紧跟着第一名).

2〔適中・適合するさま〕¶彼の予想が～当った guǒrán bù chū le de yùliào(果然不出他的预料). ¶勘定が～合っている zhàng suànde sīháo bú chà(账算得丝毫不差). ¶この靴は足に～と合う zhè shuāng xié zhèng 'hé[gēn] jiǎo(这双鞋正'合[跟]脚). ¶このネクタイはこの服に～だ zhè tiáo lǐngdài hěn pèi zhè jiàn yīfu(这条领带很配这件衣服). ¶その役は彼に～だ nàge juésè zài zhème héshì(那个角色正合适). ¶このたとえは正に～の比喩だ zhège bǐyù yòngde tiēqiè(这个比喻用得贴切). ¶この気持に～くる言葉が見つからない zhǎobudào biǎodá wǒ zhè xīnqíng qiàdào hǎochù de cuòcí(找不到表达我这心情恰到好处的措辞).

3〔急に止るさま〕¶終業のベルが鳴って機械が～と止った xiàbānlíngr yì xiǎng, jīqì hūdì tíngle xiàlái(下班铃ㄦ一响,机器忽地停了下来). ¶痛みが～と止った téngtòng yíxiàzi zhǐzhù le(疼痛一下子止住了). ¶～と話し声がやんだ shuōhuàshēng yíxiàzi zhù le(说话声一下子住了).

ひつだん【筆談】 bǐtán(笔谈).

ひっち【筆致】 bǐzhì(笔致), bǐchù(笔触), bǐlì(笔力), bǐdiào(笔调). ¶雄渾な～ xiónghún de bǐlì(雄浑的笔力). ¶軽妙な～ qīngsōng de bǐdiào(轻松的笔调).

ピッチ kuài(快), qiǎngduó(抢夺)¶速い～で漕ぐ jiāsù huá jiǎng(加速划桨). ¶工事の～を上げる jiākuài gōngchéng jìndù(加快工程进度).

ヒッチハイク lánchē lǚxíng(拦车旅行).

ピッチャー tóushǒu(投手).

ひっちゅう【筆誅】 ¶～を加える jiāyǐ bǐfá(加以笔伐).

ひってき【匹敵】 pǐdí(匹敌). ¶その道において彼に～する者はいない zài nà fāngmiàn wú rén néng yǔ tā pǐdí(在那方面无人能与他匹敌). ¶1台のトラクターは数十頭の馬に～する yì tái tuōlājī ˇdǐng[xiāngdāngyú] jǐshí pǐ mǎ(一台拖拉机ˇ顶[相当于]几十匹马).

ヒット 1〔野球の〕ānquándǎ(安全打). ¶～を打つ jī ānquándǎ(击安全打).

2〔大当り〕¶この映画はきっと～するだろう zhè bù diànyǐng yídìng huì ˇbódé hǎopíng[dà shòu huānyíng](这部电影一定会ˇ博得好评[大受欢迎]).

¶～ソング fēngxíng yìshí de gēqǔ(风行一时的歌曲). ～商品 chàngxiāo chǎnpǐn(畅销产品).

ビット èrjìnzhìwèi(二进制位), èrjìnzhì shùzì(二进制数字); bǐtè(比特).

ひっとう【筆頭】 1〔筆の先〕bǐtóur(笔头ㄦ), bǐtóuzi(笔头子).

2〔一番目〕kāitóu(开头), qǐtóu(起头). ¶名簿の～に彼の名が書いてある zài míngdān de kāitóu xiězhe tā de míngzi(在名单的开头写着他的名字).

¶～株主 zuìdà gǔdōng(最大股东).

ひつどく【必読】 ¶～の書 bì dú zhī shū(必读之书).

ひっぱく【逼迫】 jǐnpò(紧迫), chījǐn(吃紧); jiǒngpò(窘迫). ¶情勢が～している xíngshì jǐnpò(形势紧迫). ¶不況で人々の生活が～する yóuyú bùjǐngqì rénmín shēnghuó jiǒngpò(由于不景气人民生活窘迫). ¶財政が～する cáizhèng chījǐn(财政吃紧).

ひっぱた・く【引っぱたく】 dǎ(打), zòu(揍), chōudǎ(抽打). ¶鞭で～く yòng biānzi chōudǎ(用鞭子抽打). ¶横っ面を～く dǎ ˇyí ge zuǐba[yí jì ěrguāng](打ˇ一个嘴巴[一记耳光]).

ひっぱりだこ【引張り凧】 ¶彼女は今や方々か

ら~の人気者だ rújīn tā chéngle dàochù shòu huānyíng de hóngrén(如今她成了到处受欢迎的红人). ¶この品は若者達の間で~だ zhè zhǒng shāngpǐn hěn shòu niánqīngrén de huānyíng(这种商品很受年轻人的欢迎).

ひっぱ・る【引っ張る】 lā(拉), qiān(牵), zhuài(拽), tuō(拖), chě(扯), dèn(扽). ¶綱を~る lā shéngzi(拉绳子). ¶耳を~る lā ěrduo(揪耳朵). ¶リヤカーを~って行く lā bǎnchē zǒu(拉板车子走). ¶とうとう仲間に~り込まれた zhōngyú bèi lājìn rùhuǒ le(终于被拉进入伙了). ¶彼には我々のグループを~って行く力がない tā méiyǒu dàidòng wǒmen xiǎozǔ de nénglì(他没有带动我们小组的能力). ¶警察に~られる bèi zhuādào gōng'ānjú(被抓到公安局). ¶人の足を~る lā[chě/tuō]rénjia hòutuǐ(拉[扯/拖]人家后腿). ¶手を~って連れて行く zhuàizhù shǒu dàiqù(拽住手带去).

ヒッピー xīpíshì(嬉皮士).

ヒップ túnwéi(臀围), tún(臀), túnbù(臀部), pìgu(屁股).

ひっぽう【筆法】 yùnbǐ(运笔), bǐfǎ(笔法). ¶張旭の~を習う xué Zhāng Xù de yùnbǐ(学张旭的运笔). ¶《春秋》の~《Chūnqiū》de bǐfǎ(《春秋》的笔法). ¶万事その~でやられてはたまらない suǒyǒu de shì dōu zhào tā nàme gàn, wǒmen kě shòubuliǎo(所有的事都照他那么干, 我们可受不了).

ひづめ【蹄】 tí(蹄), tízi(蹄子). ¶~の音 mǎtíshēng(马蹄声).

ひつめい【筆名】 bǐmíng(笔名).

ひつよう【必要】 bìyào(必要), xūyào(需要). ¶登山に~な道具 dēng shān suǒ xū de yòngjù(登山所需的用具). ¶金を借りるには担保が~だ jiè qián yào yǒu dǐyā(借钱要有抵押). ¶水は生命の維持に~不可欠のものだ shuǐ shì wéichí shēngmìng suǒ bì bù kě shǎo de dōngxi(水是维持生命所必不可少的东西). ¶今我々は君を~としている xiànzài wǒmen zhèng xūyào nǐ(现在我们正需要你). ¶記者会見に社長が出て行く~はない jìzhě zhāodàihuì wúxū zǒngjīnglǐ chūtóu lòumiàn(记者招待会无须总经理出头露面). ¶彼を待つ~はない méiyǒu bìyào děng tā(没有必要等他). ¶私は~に迫られて中国語を勉強し始めた wǒ shì "wéi xūyào suǒ pò[pòyú xūyào]" kāishǐ xué Zhōngwén de(我是"为需要所迫[迫于需要]"开始学中文的). ¶仕事の~上どうしてもそれを手に入れなければならない yóuyú gōngzuòshang de xūyào, wúlùn rúhé yào bǎ nàge nòngdàoshǒu(由于工作上的需要, 无论如何要把那个弄到手). ¶彼女は~以上に気を使う tā tài fèi xīnsi le(她太费心思了). ¶~は発明の母 xūyào shì fāmíng zhī mǔ(需要是发明之母).
¶~条件 bìyào tiáojiàn(必要条件).

ひつりょく【筆力】 bǐlì(笔力), bǐshì(笔势). ¶~のある文章 bǐlì xióngjiàn de wénzhāng(笔力雄健的文章). ¶~のある書 lì tòu zhǐbèi de shūfǎ(力透纸背的书法).

ひてい【否定】 fǒudìng(否定). ¶彼はその噂を~した tā fǒudìngle nàge fēngshēng(他否定了那个风声). ¶それは何人も~できない事実である nà shì rènhé rén dōu wúfǎ fǒudìng de shìshí(那是任何人都无法否定的事实). ¶彼は何事にも~的な態度をとる tā duì shénme dōu cǎiqǔ fǒudìng de tàidu(他对什么都采取否定的态度).
¶~文 fǒudìngjù(否定句).

びていこつ【尾骶骨】 wěigǔ(尾骨).

ビデオ ¶~カメラ lùxiàng shèyǐngjī(录相摄像机). ¶~テープ lùxiàngdài(录像带). ¶~デッキ lùxiàngjī(录像机).

ひてつきんぞく【非鉄金属】 yǒusè jīnshǔ(有色金属).

ひでり【日照り】 hàn(旱), gānhàn(干旱), hàntiān(旱天). ¶~続きで作物に被害が出た jiǔ hàn bù yǔ, zhuāngjia shòudào sǔnshī(久旱不雨, 庄稼受到损失).

ひでん【秘伝】 ¶~の妙薬 zǔchuán de mìfāng(祖传的秘方). ¶~を伝える chuánshòu juéjì(传授绝技).

びてん【美点】 yōudiǎn(优点), chángchu(长处), hǎochu(好处).

ひと【人】 **1**[人間, 個々人] rén(人). ¶~は万物の霊長である rén shì wànwù zhī líng(人是万物之灵). ¶~としてなすべきことをしたまでだ zhǐshì zuòle rén suǒ gāi zuò de shì bàle(只是做了人所该做的事罢了). ¶彼は~が変ったように真面目になった tā hǎoxiàng chéngle lìng yí ge rén shìde biànde rènzhēn tāshi le(他好像成了另一个人似的变得认真踏实了). ¶君は~を見る目がない nǐ kě méiyǒu shíbié rén de yǎnlì(你可没有识别人的眼力). ¶私も~の親としてその気持はよく分る wǒ yě yǒu háizi, hěn lǐjiě nà zhǒng xīnqíng(我也有孩子, 很理解那种心情). ¶彼は長崎の~です tā shì Chángqírén(他是长崎人). ¶日曜日の行楽地は大変この~が多い xīngqīrì yóulǎndì rén kě zhēn duō(星期日游览地人可真多). ¶~によって見方が違う kànfǎ yīn rén ér yì(看法因人而异)/ rén gè yǒu gè de kànfǎ(人各有各的看法). ¶~は見かけによらぬもの rén bùkě màoxiàng(人不可貌相). ¶~を見て法を説け yīn cái shī jiào(因材施教).
2[世人, 他人] rén(人), biérén(别人), tārén(他人), rénjia(人家). ¶~の世の常 rénshì zhī cháng(人世之常). ¶~が何と言おうが~まわない bú pà biérén shuō xiánhuà(不怕别人说闲话)/ rénjia shuō shénme yě búzàihu(人家说什么也不在乎). ¶~の悪口を言う shuō biérén de huàihuà(说别人的坏话). ¶~のすることに口を出すな biérén de shì, yòngbuzháo nǐ guòwèn(别人的事, 用不着你过问). ¶~の気も知らないで勝手なことばかりしている bù zhīdào rénjia duōme wèi nǐ cāoxīn, jìng rènxìng(不知道人家多么为你操心, 净任性). ¶~を馬鹿にするのもいい加減にしろ bié tāmāde yúnòng rén le(别他妈的愚弄人了). ¶彼は~を~とも思わない tā bù bǎ rén fàngzài yǎnli

(他不把人放在眼里). ¶まったく～を食った話だ tài yúnòng rén le, zhēn qǐyǒucǐlǐ(太愚弄人了,真岂有此理). ¶彼女達は～もなげにおしゃべりしている tāmen tánxiào fēngshēng, pángruò wú rén(她们谈笑风生,旁若无人). ¶～様に迷惑をかけてはいけない búyào gěi rén tiān máfan(不要给人添麻烦). ¶～の噂も七十五日 fēngyán-fēngyǔ chángbùliǎo(风言风语长不了). ¶～の口には戸は立てられない rén de zuǐ shì fēngbuzhù de(人的嘴是封不住的). ¶～の褌で相撲をとる jiè rén zhī wù, tú jǐ zhī lì(借人之物,图己之利). ¶～を見て我が振り直せ bǎ tārén de zuòwéi dàngzuò zìjǐ de jièjiàn(把他人的作为当做自己的借鉴). ¶～を呪わば穴二つ hài rén yì hài jǐ(害人亦害己)/zhòu rén zì zāo huò(咒人自遭祸). ¶～を見たら泥棒と思え tārén bùkě qīngxìn(他人不可轻信).

3【人材】rén(人), réncái(人材). ¶部下に～を得る búxià yǒu réncái(部下有人材). ¶政界に～なし zhèngjiè wú rén(政界无人). ¶財界にその～ありといわれた A 氏 bèi chēng zhī wéi cáijiè de zhīmíng rénshì de A xiānsheng(被称之为财界的知名人士的 A 先生).

4【人】rén(人). ¶あなたも～が悪いね nǐ yě bú shì hǎorén(你也不是好人). ¶あなたは～がよすぎる nǐ zhège rén yě tài hǎo le(你这个人也太好了).

ひとあし【一足】yí bù(一步). ¶私の家は駅からほんの～の所だ wǒ jiā lí chēzhàn jiù jǐ bù yuǎn(我家离车站就几步远). ¶～お先に失礼します xiān zǒu yí bù(先走一步). ¶ほんの～違いで彼に会えなかった zhǐshì chà yí bù, méi néng jiàndào tā(只是差一步,没能见到他).

ひとあじ【一味】tā de rén de zuòpǐn yǒu yì zhǒng bùtóng de pǐnwèi(他的人的作品有一种不同的品位)/tā de zuòpǐn xiǎnde yǔzhòng-bùtóng(他的作品显得与众不同).

ひとあせ【一汗】¶毎朝ランニングで～かく měitiān zǎoshang pǎobù chū yìshēn hàn(每天早上跑步出一身汗).

ひとあたり【人当り】¶彼は～がよい tā duì rén hé'ǎi kěqīn(他对人和蔼可亲). ¶あの人は～のやわらかい人だ tā shì ge hěn héqi de rén(他是个很和气的人).

ひとあめ【一雨】¶～ごとに暖かくなる yì cháng chūnyǔ yì cháng nuǎn(一场春雨一场暖). ¶～来そうな空模様だ kàn yàngzi yào xià yízhèn yǔ(看样子要下一阵雨).

ひとあれ【一荒れ】¶この空模様では～来そうだ kàn zhè tiānqi, kǒngpà yào lái yì cháng bàofēngyǔ(看这天气,恐怕要来一场暴风雨). ¶会議は～ありそうだ kànlai huìyì jiāngyào qǐ yì cháng fēngbō(看来会议将要起一场风波).

ひとあわ【一泡】¶あいつに～吹かしてやろう jiào tā xià yí dà tiào(叫他吓一大跳).

ひとあんしん【一安心】¶ここまで済ましておけば～だ zuòdào zhèli jiù kěyǐ fàng diǎnr xīn le(做到这里就可以放点儿心了).

ひど・い【酷い】**1**〔むごい〕¶～い扱いを受ける shòudào lěngkù wúqíng de duìdài(受到冷酷无情的对待). ¶随分～いことを言う nǐ shuōde kě zhēn ˈhěn[kěbó] a!(你说得可真ˈ狠[刻薄]啊!). ¶～い目に会った jīntiān kě ˈdǎole méi[chīle kǔtou/shòuzuì/zāozuì] le(今天可ˈ倒了霉[吃了苦头/受罪/遭罪]了). **2**〔はなはだしい〕lìhai(厉害·利害), yàomìng(要命), yàosǐ(要死). ¶雨が～く降って待ったほうがいい yǔ xiàde lìhai, zuìhǎo děng yíhuìr(雨下得厉害, 最好等一会儿). ¶今日は～く疲れた jīntiān lèide ˈzhēn gòuqiàng[yàomìng/yàosǐ](今天累得ˈ真够呛[要命/要死]). ¶咳が～い késoude ˈlìhai[hěn xiōng](咳嗽得ˈ厉害[很凶]). ¶全く～い格好だ chuāndài tài ˈbú xiàngyàng[bú xiànghuà/bùchéng tǐtǒng](穿戴太ˈ不像样[不像话/不成体统]). ¶君の発音は～い nǐ de fāyīn tài zāo le(你的发音太糟了).

ひといき【一息】**1**〔一休み〕¶お茶でも飲んで～入れよう hē bēi chá xiē yíhuìr ba(喝杯茶歇一会儿吧). ¶～つく暇もない lián ˈchuǎn-[xiē]ˈ kǒu qì de gōngfu dōu méiyǒu(连ˈ喘[歇]ˈ口气的工夫都没有). ¶もう 5 万円あれば～つけるのだが zài yǒu wǔwàn kuài qián jiù kěyǐ sōng kǒu qì le(再有五万块钱就可以松口气了).

2〔一気〕yìqì(一气), yìkǒuqì(一口气), yìgǔjìnr(一股劲儿). ¶～に飲み干す yì kǒu hēgān(一口喝干)/yì jīn ér jìn(一饮而尽). ¶～に階段を駆け上がる yìkǒuqì pǎoshàng lóutī(一口气跑上楼梯). ¶あれだけの仕事をやってしまった nàme duō de huór yíqì gànwán le(那么多的活儿一气干完了).

3【ひとふんばり】¶さあ,がんばれ jiù chà nàme yìdiǎnr le, zài jiā yì bǎ jìnr!(就差那么一点儿了,再加一把劲儿!). ¶もう～というところで失敗した zhǐ chà nàme yìdiǎnr jiù chénggōng le(只差那么一点儿就成功了)/gōng kuī yí kuì(功亏一篑).

ひといきれ【人いきれ】¶車内が～でむっとする chēxiāng li rén duō mēnrède hěn(车厢里人多闷热得很).

ひといちばい【人一倍】¶私は～の寒がりです wǒ bǐ biéren pà lěng(我比别人怕冷). ¶～練習する bǐ biéren jiābèi liànxí(比别人加倍练习).

ひどう【非道】¶～な行為 cán wú réndào de xíngwéi(惨无人道的行为).

びとう【尾灯】wěidēng(尾灯), hòudēng(后灯).

びどう【微動】¶～だにせず直立している zhílì zài nàli, ˈwénsī bú dòng[wēirán bú dòng](直立在那里,ˈ纹丝不动[巍然不动]). ¶彼の表情は～だもしなかった tā miàn bù gǎisè(他面不改色).

ひとえ【一重】**1**¶隣とは壁～の隔てしかない hé línjū zhǐ gézhe yì céng qiángbì(和邻居只隔着一层墙壁). ¶～の桜 dānbàn de yīnghuā(单瓣的樱花).
¶～まぶた dānyǎnpí[r](单眼皮[儿]).

2〔ひとえもの〕dānyī（单衣）.

ひとえに【偏に】¶皆様の御協力のほど～お願い申し上げます chéngxīn-chéngyì xīwàng dàjiā bāngzhù（诚心诚意希望大家帮助）. ¶これも～努力の賜だ zhè wánquán shì nǔlì de jiéguǒ（这完全是努力的结果）.

ひとおじ【人怖じ】rènshēng（认生）, pàshēng（怕生）. ¶この子はいっこうに～しない zhè háizi yìdiǎnr yě bú rènshēng（这孩子一点儿也不认生）.

ひとおもいに【一思いに】hěnxīn（狠心）, gāncuì（干脆）. ¶崖の上から～飛び下りた hěnxīn cóng xuányá tiàole xiàqù（狠心从悬崖跳了下去）. ¶いっそ～死んでしまいたい xiǎng gāncuì sǐle hǎo（想干脆死了好）.

ひとがき【人垣】¶通りに～ができた zài jiēdào shang wéile yí dà qún rén（在街道上围了一大群人）. ¶～を掻き分けて前に出た zuānjìn rénqún jǐdào qiánmian（钻进人群挤到前面）.

ひとかげ【人影】rényǐngr（人影儿）. ¶窓に～が映っている chuāngshang yìngzhe rényǐngr（窗上映着人影儿）. ¶通りには全く～がなかった jiēshang lián ge rényǐngr yě méiyǒu（街上连个人影儿也没有）.

ひとかた【一方】¶両親は～ならず喜んだ fùmǔ gèwài gāoxìng[gāoxìngde liǎobude]（父母格外高兴[高兴得了不得]）. ¶彼には～ならぬ世話になった wǒ céng shòudàole tā tèbié de zhàogù（我曾受到他特别的照顾）.

ひとかど【一廉】¶彼は～の人物だ tā shì ge xiāngdāngde liǎobuqǐ de rénwù（他是个相当了不起的人物）. ¶子供も～の役に立つようになった háizi yě chéngle yì bǎ hǎo bāngshou（孩子也成了一把好帮手）.

ひとがら【人柄】wéirén（为人）, rénpǐn（人品）. ¶あの人は～がよい tā rén hěn hǎo（他人很好）. ¶その一言で彼の～がうかがえる cóng tā nà yí jù huà kěyǐ kànchū tā de wéirén lai（从他那一句话可以看出他的为人）.

ひとかわ【一皮】¶あいつは～むけば欲の塊だ nà jiāhuo rúguǒ bāoqù zhè céng pí, zhǐshi ge yùwàng de huàshēn（那家伙如果剥去这层皮, 只是个欲望的化身）.

ひとぎき【人聞き】¶そんな～の悪いことを言うな kě bié shuō nà zhǒng jiào rén tīngle wùjiě de huà（可别说那种叫人听了误解的话）.

ひときわ【一際】géwài（格外）, fènwài（分外）. ¶今日の彼女は～美しい jīntiān tā xiǎnde géwài piàoliang（今天她显得格外漂亮）. ¶彼の演技が～光っていた tā de yǎnjì dú fàng yìcǎi（他的演技独放异彩）. ¶あの広告は一目立つ nàge guǎnggào tèbié xǐngmù（那个广告特别醒目）.

びとく【美徳】měidé（美德）. ¶謙譲の～ qiānràng de měidé（谦让的美德）.

ひとくさり【一くさり】yí duàn（一段）, yízhèn（一阵）, yí dùn（一顿）. ¶彼は～しゃべると出て行った tā jiǎngle yízhèn huà jiù chūqu le（他讲了一阵话就出去了）. ¶～小言を言われた áile yí dùn shuō（挨了一顿说）.

ひとくせ【一癖】¶あいつは～ありそうだ kànlai nàge rén xiāngdāng juè（看来那个人相当倔）. ¶～も二癖もある奴 yòu juè yòu yìng de jiāhuo（又倔又硬的家伙）.

ひとくち【一口】**1**〔飲食〕yì kǒu（一口）. ¶～で飲み込んだ yì kǒu jiù tūnxiaqu le（一口就吞下去了）. ¶ほんの～食べた shāo chīle yì kǒu（稍吃了一口）. ¶朝から～も食べていない cóng zǎochén qǐ hái méi chīguo yì kǒu dōngxi（从早晨起还没吃过一口东西）.

2〔一言〕yí jù huà（一句话）, yì yán（一言）. ¶とても～には言えない yòng yí jù huà wúfǎ shuōqīngchu（用一句话无法说清楚）/ yì yán nán jìn（一言难尽）. ¶～にジャズといってもいろいろある chēngwéi juéshìyuè de yīnyuè lǐ yǒu gèzhǒng-gèyàng de（称为爵士乐的音乐里有各种各样的）. ¶恥ずかしくて～も口がきけなかった hàisàode yí jù huà yě shuō bu chūlái（害臊得一句话也说不出来）.

3〔一単位, 一部分〕yì gǔ（一股）, yí fèn（一份）. ¶～1000円の寄付 yì gǔ yìqiān kuài qián de juānkuǎn（一股一千块钱的捐款）. ¶僕も～のせてくれ ràng wǒ yě dā ge huǒ ba（让我也搭个伙吧）.

ひとくちばなし【一口話】xiàohua（笑话）.

ひとけ【人気】¶辺りには全く～がない zhōuwéi gēnběn bújiàn yí ge rényǐngr（周围根本不见一个人影儿）.

ひとけい【日時計】rìguǐ（日晷）, rìguī（日规）.

ひとごえ【人声】rénshēng（人声）. ¶部屋の中で～がする cóng wūli chuánlai shuōhuàshēng（从屋里传来说话声）.

ひとごこち【人心地】¶あまりの恐ろしさに～がしなかった xiàde húnfēi-pòsàn（吓得魂飞魄散）. ¶これでやっと～がついた zhè cái hǎoróngyi huǎnguò qì lai le（这才好容易缓过气来了）.

ひとこと【一言】yì yán（一言）, yí jù huà（一句话）. ¶～もしゃべらなかった tā zì shǐ zhì zhōng, "yì yán bù fā[bú zàn yì cí]"（他自始至终, 一言不发[不赞一词]）. ¶彼女に何か一二言話しかけた gēn tā dā le yì liǎng jù huà（跟她搭了一两句话）. ¶～も聞き漏らすまいと耳を傾けた yí jù bú lòu de zhùxī qīngtīng（一句不漏地注意倾听）. ¶君はいつも～多い nǐ zǒngshì huì shuō duōyú de huà（你总是会说多余的话）. ¶～で言えば… yòng yí jù huà lái shuō…（用一句话来说…）/ jiǎn ér yán zhī…（简而言之…）/ yì yán yǐ bì zhī…（一言以蔽之…）. ¶～御挨拶申し上げます qǐng yǔnxǔ wǒ jiǎng jǐ jù huà（请允许我讲几句话）.

ひとごと【人事】¶彼はそれをまるで～のように話した tā shuō nà jiàn shì jiù xiàng shuō biéren de shì yíyàng（他说那件事就像说别人的事一样）. ¶彼の不幸は～とは思えない tā de búxìng wǒ juéde bú shì shì bù guān jǐ de shì（他的不幸我觉得不是事不关己的事）.

ひとこま【一齣】¶映画の～ diànyǐng de yí ge jìngtóu（电影的一个镜头）. ¶歴史の～ lìshǐshang de yí mù（历史的一幕）.

ひとごみ【人込み】rénqún（人群）. ¶バーゲンセ

ひとところ【一頃】 ¶私は～商売をしていたことがある wǒ zuòguo yí duàn shíjiān de shēngyi(我做过一段时间的生意). ¶このスタイルは～とてもはやった zhè zhǒng shìyàng céng fēngxíng yìshí(这种式样曾风行一时). ¶彼女は～とは打って変わって明るくなった tā gēn cóngqián dà bù xiāngtóng, fēicháng kāilǎng le(她跟从前大不相同,非常开朗了).

ひところし【人殺し】 shārén(杀人); [人] shārénfàn(杀人犯). ¶昨夜近所で～があった zuówǎn zài zhè fùjìn fāshēngle shārén'àn(昨晚在这附近发生了杀人案). ¶"～"と叫ぶ声が聞えた tīngjianle "shārén la!" de jiàoshēng(听见了"杀人啦!"的叫声).

ひとさしゆび【人差指】 shízhǐ(食指), èrmuzhǐ(二拇指).

ひとさと【人里】 cūnzhuāng(村庄), cūnluò(村落). ¶熊が～に餌をあさりに来る gǒuxióng dào cūnzhuānglǐ lái shíshí(狗熊到村庄里来找食儿). ¶～離れた山の中に住む zhùzài yuǎnlí rényān de shānlǐ(住在远离人烟的山里).

ひとさらい【人攫い】 guǎidài(拐带); [人] guǎizi(拐子), guǎizishǒu(拐手). ¶娘が～にさらわれた nǚ'ér bèi guǎizishǒu guǎizǒu le(女儿被拐子手拐走了).

ひとさわがせ【人騒がせ】 ¶とんだ～だ zhēn shì ràng rén xūjīng yì cháng(真是让人虚惊一场).

ひとし・い【等しい】 xiāngděng(相等). ¶正三角形は3辺の長さが～い zhèngsānjiǎoxíng sān biān xiāngděng(正三角形三边相等). ¶それは詐欺にも～い行為だ nà jiǎnzhí shì děngyú zhàpiàn de xíngwéi(那简直是等于诈骗的行为). ¶法律がないに～い jiǎnzhí děngyú méiyǒu fǎlǜ(简直等于没有法律). ¶費用を～く分担する jūntān fèiyong(均摊费用). ¶全員～く反対 quánti rényuán yízhì fǎnduì(全体人员一致反对). ¶法の下に～く同等の権利を有する zài fǎlǜ miànqián yōngyǒu tóngděng de quánlì(在法律面前拥有同等的权利)/ fǎlǜ miànqián rénrén píngděng(法律面前人人平等).

ひとしお【一入】 fènwài(分外), géwài(格外). ¶雨あがりの庭は～美しかった yǔ hòu yuànzi xiǎnde fènwài měilì(雨后院子显得分外美丽). ¶お母様のお喜びも～でしょう nín mǔqin de xǐyuè gèng shì bùtóng xúncháng ba(您母亲的喜悦更是不同寻常吧).

ひとしきり【一頻り】 yízhèn[r](一阵[儿]), yízhènzi(一阵子), yìshí(一时). ¶雨が～降ってやんだ yǔ xiàle yízhèn jiù tíng le(雨下了一阵就停了). ¶その事件は～世間を騒がせた nàge shìjiàn zài shèhuìshang céng hōngdòng yìshí(那个事件在社会上曾轰动一时).

ひとじち【人質】 rénzhì(人质); ròupiào[r](肉票[儿]). ¶大使が～にとられた dàshǐ bèi kòuzuò rénzhì(大使被扣作人质).

ひとしれず【人知れず】 ¶～悩む yí ge rén àndìlǐ kǔnǎo(一个人暗地里苦恼). ¶彼は片田舎で～死んでいった tā zài piānpì de xiāngxià, wú shēng wú xī de sǐqu le(他在偏僻的乡下,无声无息地死去了).

ひとずき【人好き】 ¶～のする人 zhāo rén xǐhuan de rén(招人喜欢的人).

ひとすじ【一筋】 1 [1本] ¶～の煙 yì lǚ yān(一缕烟). ¶～の雲 yì sī yúncai(一丝云彩). ¶～の道 yì tiáo lù(一条路). ¶～の光明 yíxiàn guāngmíng(一线光明).

2 [いちず] 学問に～に打ち込む zhìlìyú[qiánxīn] yánjiū xuéwen(致力于[潜心]研究学问). ¶彼女は彼を～に思いつめている tā yìxīn-yíyì de xiǎngzhe tā(他一心一意地想着他).

ひとすじなわ【一筋縄】 ¶彼は～ではいかない男だ tā shì gè bú yì duìfu de jiāhuo(他是个不易对付的家伙). ¶この問題は～では解決しない zhège wèntí bú shì yòng tōngcháng de bànfǎ suǒ néng jiějué de(这个问题不是用通常的办法所能解决的).

ひとずれ【人擦れ】 ¶あの子はいやに～している nàge háizi xiàng ge lǎoyú shìgù de rén(那个孩子像个老于世故的人).

ひとだかり【人だかり】 ¶事故の現場は黒山のような～だ shìgù xiànchǎng wéizhe hēiyāyā de yí dà piàn rén(事故现场围着黑压压的一大片人).

ひとだすけ【人助け】 ¶どうか～と思って一つ買って下さい xíngxing hǎo, qǐng mǎi yí ge ba(行行好,请买一个吧). ¶～のつもりがかえって迷惑をかけた běn xiǎng bāngzhù rén, fǎn'ér bāngle dàománg(本想帮助人,反而帮了倒忙).

ひとたび【一度】 yídàn(一旦). ¶～決心したからには後へは引けない yídàn xiàle juéxīn, jué bùnéng wǎng hòu tuì(一旦下了决心,决不能往后退).

ひとだま【人魂】 línhuǒ(磷火), guǐhuǒ(鬼火).

ひとたまり【一溜り】 ¶家は猛火に包まれて～もなく焼け落ちた fángzi chànà jiān jiù běi měngliè de huǒ shāotái le(房子刹那间就被猛烈的火烧塌了). ¶多勢に無勢で～もなく負けてしまった guǎ bù dí zhòng, yíxiàzi jiù bèi dǎbài le(寡不敌众,一下子就被打败了).

ひとちがい【人違い】 ¶声をかけたら～だった zhāohule yì shēng, cái zhīdao shì rèncuòle rén(招呼了一声,才知道是认错了人). ¶～ではありませんか nín rèncuole rén le ba(您认错了人了吧).

ひとつ【一つ】 1 yī(一・壹), yí ge(一个). ¶～100円 yí ge yìbǎi kuài qián(一个一百块钱)/ yìbǎi kuài qián yí ge(一百块钱一个). ¶～は大きくもう～は小さい yí ge dà, lìngwài yí ge xiǎo(一个大,另外一个小). ¶苺を～残らず食べてしまった cǎoméi yí ge bú shèng dōu chīgānjìng le(草莓一个不剩都吃干净了). ¶言い忘れていたことがある yǒu yí jiàn shì wàngle gàosu nǐ le(有一件事忘了告诉你了). ¶兄とは～違いだ gēn gēge chà yí suì(跟哥哥

差一歩). ¶～間違えば谷底だ cuò yí bù, jiù huì zhuìrù wànzhàng shēngǔ(错一步, 就会坠入万丈深谷). ¶私のことなど～も考えてくれない duì wǒ de shì yìdiǎnr yě bù guānxīn(对我的事一点儿也不关心). ¶～にはこうも考えられる yì fāngmiàn yě kěyǐ zhèyàng xiǎng(一方面也可以这样想). ¶～には空腹のため,～には疲労のために動けなくなった yīlái píláo èlái píláo bùkān, dòngtan bu liǎo le(一来肚子饿, 二来疲劳不堪, 动弹不了了).

2〔一体,同じ〕yí ge(一个), tóng yí ge(同一个). ¶心を～にして取り組む tóngxīn-xiélì gǎo(同心协力搞). ¶海と空が～になるあたり hǎi kōng xiānglián zhī chù(海空相连之处). ¶言葉は違うが内容は～だ shuōfǎ bù yíyàng, dàn nèiróng shì yíyàng de(说法不一样, 但内容是一样的). ¶2人とも～ことを考えていた liǎng ge rén ˇxiǎngdào yíkuàir qù le(想到一块儿去了)[shì tóng yí jiàn shì](两个人ˇ想到一块儿去了[想的都是同一件事]).

3〔さえ,…だけ〕¶今年の冬は風邪へ引かなかった jīnnián dōngtiān lián gǎnmào yě méi huàngguo(今年冬天连感冒也没患过). ¶あの女は挨拶～しない nàge nǚrén lián ge zhāohu dōu bù dǎ(那个女人连个招呼都不打). ¶彼は母の手～で育てられた tā shì yóu mǔqin yí ge rén lāchèdà de(他是由母亲一个人拉扯大的).

4〔試みに,どうか〕¶～食べてみようか wǒ chī ge chángchang(我吃个尝尝). ¶～A さんに頼んでみよう bàituō yíxià A xiānsheng kànkan(拜托一下 A 先生看看). ¶～よろしくお願いします qǐng nǐ duō jiā guānzhào(请你多加关照).

ひとつあな【一つ穴】¶～のむじな yì qiū zhī hé(一丘之貉).

ひとつおぼえ【一つ覚え】¶馬鹿の～ yì tiáo dàor zǒudào hēi(一条道儿走到黑).

ひとつかい【人使い】¶～が荒い shǐhuan rén hěn lìhai(使唤人很厉害).

ひとつかみ【一摑み】yì bǎ(一把). ¶小銭を～にしてポケットに入れた zhuā yì bǎ língqián sāijìn kǒudàili(抓一把零钱塞进口袋里). ¶～の米 yì bǎ mǐ(一把米).

ひとづきあい【人付き合い】¶彼は～がよい tā hào gēn rén jiāojì(他好跟人交际). ¶～の下手な人 búshànyú jiāojì de rén(不善于交际的人).

ひとづて【人伝】¶これは～に聞いた話だ zhè shì tīng biéren shuō de(这是听别人说的).

ひとつひとつ【一つ一つ】yīyī(——), yígègè(一个个), yí ge ge(一个一个), gègè(个个), gè gè(各个). ¶～検査する zhúyī[zhúgé] jiǎnchá(逐一[逐个]检查). ¶～情況が違う yí ge [měi ge] qíngkuàng bùtóng(一个[每个]情况不同). ¶一連の事件を～究明していく bǎ shìqing de zhēnxiàng yí jiàn yí jiàn de nòngqīngchu(把事情的真相一件一件地弄清楚).

ひとつぶだね【一粒種】dúmiáo[r](独苗[儿]), dúmiáomiáo(独苗苗). 〔息子〕dúzǐ(独子), dúshēngzǐ(独生子), dúgēnmiáo(独根苗); 〔娘〕dúshēngnǚ(独生女), dúgēnnǚ(独根女).

ひとづま【人妻】¶彼女は～だ tā shì yǒu fū zhī fù(她是有夫之妇).

ひとつまみ【一撮み】yì xiǎocuō(一小撮), yì cuō(一撮). ¶塩を～ふりかける sāshàng yì cuō yán(撒上一撮盐)/ cuōle diǎnr yán(撮了点儿盐).

ひとで【人手】**1**〔他人の手〕rén(人), tārén(他人), biéren(别人). ¶引越しに～を借りる wèile bānjiā qiú rén bāngmáng(为了搬家求人帮忙). ¶～にかかって死んだ bèi rén shāsǐ le(被人杀死了). ¶先祖伝来の田畑が～に渡った zǔchuán de tiándì luòdào tārén de shǒuli(祖传的田地落到他人的手里).

2〔働き手〕rénshǒu(人手). ¶～がなくて困っている rénshǒu bú gòu, zhēn méi bànfǎ(人手不够, 真没方法). ¶～が余っている sēng duō zhōu shǎo(僧多粥少).

3〔人工〕¶～の加わらない原始林 wèi jīng réngōng zhěnglǐ de yuánshǐ sēnlín(未经人工整理的原始森林).

ひとで【人出】¶年末のデパートは大変な～だ niándǐ bǎihuò gōngsī rénshān-rénhǎi de(年底百货公司人山人海的).

ひとで【海星】hǎixīng(海星), hǎipánchē(海盘车).

ひとでなし【人でなし】¶あいつは全くの～だ nàge jiāhuo jiǎnzhí bú shì rénzuòde(那个家伙简直不是人搽的). ¶この～! nǐ zhège chùsheng!(你这个畜生!).

ひととおり【一通り】**1**〔ひとわたり〕dàgài(大概), dàlüè(大略), cūlüè(粗略), gàilüè(概略). ¶書類は～目を通しておいた wénjiàn cūkànle yí biàn(文件粗看了一遍). ¶仕事の内容を～説明する bǎ gōngzuò de nèiróng ˇgàilüè[cūlüè] de jiāyǐ shuōmíng(把工作的内容ˇ概略[粗略] 地加以说明)/ gàishù gōngzuò de nèiróng(概述工作的内容). ¶必要なものは～揃っている xūyào de dōngxi chàbuduō dōu yǒu(需要的东西差不多都有).

2〔尋常〕xúncháng(寻常), yìbān(一般). ¶この子をここまで育てるのは～の苦労ではなかった bǎ zhège háizi lāche dào zhème dà, kě zhēn bù róngyì(把这个孩子拉扯到这么大, 可真不容易). ¶彼女の喜びようは～ではなかった tā gāoxìngde bùdéliǎo(她高兴得不得了).

ひととおり【人通り】¶この通りは～が激しい zhè tiáo jiē xíngrén láiwǎng búduàn(这条街行人来往不断). ¶夜の11時を過ぎると～がばったり途絶えた yí guò wǎnshang shíyī diǎn jiù bújiàn guòwǎng xíngrén le(一过晚上十一点就不见过往行人了).

ひととき【一時】yìshí(一时), yíkè(一刻), piànkè(片刻). ¶楽しい～を過す dùguo yúkuài de shíkè(度过愉快的时刻). ¶～もそのことを忘れたことはない nà shì piànkè yě méi wàngguo(那事片刻也没忘过).

ひととなり【人となり】wéirén(为人). ¶私は

彼の〜をよく知っている wǒ hěn zhīdao tā de wéirén(我很知道他的为人).

ひととび【一飛び】 ¶東京から北京までは今や〜だ cóng Dōngjīng dào Běijīng rújīn qǐfēi jiù dào(从东京到北京如今起飞就到).

ひとなか【人中】 ¶〜で恥をかく dāngzhòng chūchǒu(当众出丑). ¶彼は〜でもまれて一人前になった tā jīngguò shèhuìshang de mólian, néng dúdāng-yímiàn le(他经过社会上的磨练，能独当一面了).

ひとなかせ【人泣かせ】 ¶そんな〜なことはするな kě bié gǎo nà zhǒng wéinán rén de shì(可别搞那种为难人的事).

ひとなつっこ・い【人懐っこい】 ¶この子はたいそう〜い zhège háizi yìdiǎnr yě bú rènshēng(这个孩子一点儿也不认生). ¶子犬が〜く寄って来た xiǎogǒu qīnnì de zǒuguolai le(小狗亲昵地走过来了).

ひとなみ【人並】 ¶〜の生活をする guò pǔtōng de shēnghuó(过普通的生活). ¶仕事は半人前のくせに〜な口をきっている huór hái méi xuéhuì, bié shuō dàhuà(活儿还没学会，别说大话). ¶彼は〜はずれて体が大きい tā shēncái géwài gāodà(他身材格外高大).

ひとなみ【人波】 ¶〜にもまれて子供とはぐれてしまった zài rénqúnli jǐde hé háizi zǒusàn le(在人群里挤得和孩子走散了).

ひとにぎり【一握り】 yì bǎ(一把). ¶〜の土 yì bǎ tǔ(一把土). ¶〜の扇動者 yì xiǎocuō shāndòngzhě(一小撮扇动者).

ひとねむり【一眠り】 ¶〜すれば元気になる shuì yíhuìr jiào jiù huì jīngshen qilai(睡一会儿觉就会精神起来).

ひとばしら【人柱】 xīshēng(牺牲). ¶多くの人がダム建設の〜となった wèile xiū shuǐkù hěn duō rén xīshēng le(为了修水库很多人牺牲了).

ひとはしり【走り】 ¶〜行ってきてくれないか nǐ kě bu kěyǐ gěi wǒ pǎo yí tàng?(你可不可以给我跑一趟?).

ひとはた【一旗】 ¶〜あげる shù qí chuàngyè(树旗创业).

ひとはだ【一肌】 ¶友人のために〜ぬぐ wèi péngyou zhù yì bì bì lì[chū yì bǎ lì](为朋友)"助一臂之力[出一把力].

ひとばらい【人払い】 ¶〜をして密談する ràng biérén zǒukāi jìnxíng mìtán(让别人走开进行密谈).

ひとばん【一晚】 yí yè(一夜), yì wǎn(一晚), yì xiǔ(一宿). ¶友達のところに〜泊った zài péngyou jiāli 'zhùle yì xiǔ[guòle yì wǎn](在朋友家里'住了一宿[过了一晚]). ¶ゆうべは〜中まんじりともしなかった zuówǎn 'zhěngyè [chéngyè][chéngxiǔ] méi néng héshàng yǎn(昨晚'整夜[成夜/成宿]没能合上眼).

ひとびと【人人】 rénrén(人人); rénmen(人们). ¶〜はみな彼をほめそやした rénrén dōu kuājiang tā(人人都夸奖他). ¶〜は口々に不満を唱えた měi ge rén dōu biǎoshì bùmǎn(每个人都表示不满). 貧しい〜 pínqióng de rén(贫

穷的人).

ひとまえ【人前】 ¶〜で恥をかかす ràng tā dāngzhòng chūchǒu(让他当众出丑). ¶彼女はいつも〜を繕う tā zǒngshì yìng chēng ménmian(她总是硬撑门面). ¶彼は〜に出たがらない tā bú ài chūtóu lòumiàn(他不爱出头露面). ¶〜もはばからず大声で泣く búgù zài rén miànqián fàngshēng dà kū(不顾在人面前放声大哭).

ひとまかせ【人任せ】 ¶彼女は何でも〜で自分でやろうとしない tā shénme shì dōu tuō rén zuò, zìjǐ què bú dòngshǒu(她什么事都托人做，自己却不动手).

ひとまく【一幕】 yí mù(一幕). ¶〜だけ見て帰った kànle yí mù jiù huílai le(看了一幕就回来了). ¶空港で父子対面という〜があった zài fēijīchǎng shang chūxiàn fùzǐ xiāngféng de chǎngmiàn(在飞机场上出现父子相逢的场面).

¶〜物 dúmùjù(独幕剧).

ひとまず【一先ず】 zànqiě(暂且), gūqiě(姑且), zànshí(暂时). ¶これで〜安心だ zhèyàng zànqiě kěyǐ fàngxīn le(这样暂且可以放心了). ¶一行は〜旅館に落ち着いた yìxíng rén zànshí xiān zhùjìn lǚguǎn(一行人暂时先住进旅馆).

ひとまとめ【一纏め】 ¶皆の荷物を〜にする bǎ dàjiā de xíngli guīdào yíkuàir(把大家的行李归到一块儿).

ひとまね【人真似】 ¶〜をする子猿 xué rén de dòngzuò de xiǎo hóuzi(学人的动作的小猴子). ¶彼は〜がうまい tā hěn shànyú mófǎng rén(他很善于模仿人). ¶〜ばかりするな bié jìng mófǎng biérén de(别净模仿别人的).

ひとまわり【一回り】 ¶〜一周 yì zhōu(一周), yì quān(一圈). ¶運動場を〜する rào yùndòngchǎng yì quān(绕运动场一圈). ¶地球が太陽を〜する dìqiú huánrào tàiyáng yì zhōu(地球环绕太阳一周). ¶市内の名所を〜して来た zhōuyóule chénglǐ de míngshèng(周游了城里的名胜).

2[十二支の] yì lún(一轮). ¶兄とは年が〜違う gēn gēge de niánlíng xiāngchà yì lún(跟哥哥的年龄相差一轮).

3[大きさの] ¶それよりこれの方が〜大きい zhège bǐ nàge dà yì quānr(这个比那个大一圈儿). ¶彼の方が人間が〜大きい tā yào bǐ wǒ dùliàng dàde duō(他要比我度量大得多).

ひとみ【瞳】 móuzǐ(眸子), tóngrén(瞳人・瞳仁). ¶〜を凝らす níngmóu(凝眸)/ níngmù zhùshì(凝目注视)/ dìngjīng xìkàn(定睛细看).

ひとみしり【人見知り】 rènshēng(认生), pàshēng(怕生), rènshēng(认生). ¶この子は〜をする zhège háizi rènshēng(这个孩子认生).

ひとむかし【一昔】 ¶十年〜 shí nián rú gé shì(十年如隔世). ¶もう〜前のことになる nà shì dàyuē shí nián yǐqián de shì le(那是大约十年以前的事啦).

ひとめ【一目】 yì yǎn(一眼). ¶彼女に〜会い

たい hěn xiǎng jiàn tā yí miàn(很想见她一面).¶私は～見てその品が気に入った nàge dōngxi wǒ yí kàn jiù zhòngyì le(那个东西我一看就中意了).¶彼女に～惚れしてしまった wǒ yí jiàn zhōngqíng, àishàng tā le(我一见钟情,爱上她了).¶塔にのぼると町が～に見下ろせる dēngshàng tǎ, yìyǎn kěyǐ tiàowàng quánchéng(登上塔,一眼可以眺望全城).

ひとめ【人目】 ¶～がうるさい shìrén yǎnjing kě wèi(世人眼睛可畏).¶～を忍んで会う bì rén yǎnmù tōutōu xiānghuì(避人眼目偷偷相会).¶彼は～を避けるようにして通って行った tā bìkāi rén de shìxiàn zǒule guòqu(他避开人的视线走了过去).¶彼女の格好は～を引く tā de chuāndài bǎn yǐn rén zhùmù(她的穿戴很引人注目).¶～につく場所にぶら下げる guàzài xiǎnyǎn de dìfang(挂在显眼的地方).

ひともうけ【一儲け】 ¶株で～する mǎimài gǔpiào zhuàn yì bǐ qián(买卖股票赚一笔钱).

ひともじ【人文字】 zǔzì(组字), rénzǔzì(人组字).

ひとやく【一役】 ¶彼にも～買ってもらおう yě ràng tā bāng ge máng(也让他帮个忙)/ yě jiào tā zhèi ge dànzi(也叫他挑一个担子).

ひとやすみ【一休み】 ¶この辺で～していこう zài zhèr xiē[xiūxi] yíhuìr ba(在这儿歇[休息]一会儿吧)/ zài zhèr xiēxie jiǎo ba(在这儿歇歇脚吧).

ひとやま【一山】 1〔ひとかたまり〕yì duī(一堆).¶～500円のみかん yì duī wǔbǎi kuài qián de júzi(一堆五百块钱的橘子).
2 ¶仕事もこれで～越した gōngzuò dào xiànzài zhōngyú chuǎngguòle yìguān(工作到现在终于闯过了一关).¶～当てた tóujī fāle cái(投机发了财).

ひとり【一人・独り】 1〔一個の人〕yí ge rén(一个人), yì rén(一人).¶10人に～の割合で選出する àn shí ge rén lǐ xuǎn yí ge de bǐlì xuǎnchulai(按十个人里选一个的比率选出来).¶～残らず出掛けてしまった rén yí ge méi liú dōu chūqu le(人一个没留都出去了).¶～として賛成する者はなかった méiyǒu yí ge rén zànchéng de(没有一个人赞成的).¶～分残しておけばいい liúxià yí fènr jiù xíng le(留下一份儿就行了).¶お客様につき一人限り yí wèi kèrén zhǐ xiàn yí ge(一位客人只限一个).
2〔自分だけ〕zìjǐ(自己), zìgěr(自个儿・自各儿).¶赤ん坊が～で歩けるようになった wáwa zìjǐ huì zǒulù le(娃娃自己会走路了).¶宿題は～でやりなさい zuòyè zìgěr wánchéng ba(作业自个儿完成吧).¶～で勝手に決める dúzì yí ge rén juédìng(独自一个人决定).
¶～旅 dānshēn lǚxíng(单身旅行).
3〔独身〕dānshēn(单身), dúshēn(独身).¶君はまだ～ですか nǐ hái shì yí ge rén ma?(你还是一个人吗?)/ nǐ hái méi ˈjiéhūn[chéngjiā]?(你还没 ˈ结婚[成家]?).
4〔単に〕zhǐshì(只是), jǐnjǐn(仅仅).¶それは～日本だけの問題でなく世界の問題だ zhè bù jǐnjǐn shì Rìběn de wèntí, ér shì quánshìjiè de wèntí(这不仅仅是日本的问题,而是全世界的问题).

ひどり【日取り】 rìzi(日子), rìqī(日期); yǒu rìzi(有日子).¶結婚式の～が決った jiéhūn de rìzi dìng le(结婚的日子定了).

ひとりあるき【一人歩き】 1 ¶この辺は物騒だから～は禁物だ zhè fùjin hěn wēixiǎn, yánjìn yí ge rén dāndú xíngzǒu(这附近很危险,严禁一个人单独行走).¶噂が～している状態で、本当のところはどうなのか誰も知らない yáoyán mǎntiān fēi, què méi rén zhīdao zhēnxiàng(谣言满天飞,却没人知道真相).
2〔独り立ち〕 ¶お前もいいかげん～が出来るようになれ nǐ yě gāi zì shí qí lì le(你也该自食其力了).

ひとりがてん【独り合点】 ¶それは君の～だ nà shì nǐ gèrén de gūjì(那是你个人的估计).¶彼は彼女が自分に好意を持っているようだと～している tā zì yǐwéi tā duì tā yǒu yìsi(他自以为她对他有意思).

ひとりぎめ【独り決め】 ¶こんな大事なことを～するとはひどい zhème zhòngyào de shìqing zìzuò zhǔzhāng tài bù yīnggāi le(这么重要的事情自作主张太不应该了).¶彼女は東京へ行けるものと～している tā zì yǐwéi shǔjià néng dào Dōngjīng qù(她自以为暑假能到东京去).

ひとりぐらし【一人暮し】 dúchù(独处), dānguò(单过).¶～は気ままだ dānshēn shēnghuó zìyóu-zìzài(单身生活自由自在).¶彼はまだ～だ tā xiànzài hái guòzhe dúshēn shēnghuó(他现在还过着独身生活).

ひとりごと【独言】 zì yán zì yǔ(自言自语).¶彼女は小さくぶつぶつ～を言っている tā zìgěr dūnang(她自个儿嘟囔)/ tā nánnan zìyǔ(她喃喃自语).¶彼は"今日も好い天気だ"と～を言った tā zìyán-zìyǔ shuō: "jīntiān yòu shì hǎo tiānqì"(他自言自语说:"今天又是好天气").

ひとりじめ【一人占め】 dúzhàn(独占), dútūn(独吞).¶利益を～する dúzhàn lìyì(独占利益)/ chī dúshí[r](吃独食[儿]).¶よい場所を～にしている bǎ hǎo de dìfang dúzhàn qu le(把好的地方独占去了).

ひとりずもう【一人相撲】 dújiǎoxì(独角戏).¶どうも私が～をとっていたようだ kànlai shì wǒ ˈyí ge rén xiā mài lìqi[chàng dújiǎoxì](看来是我 ˈ一个人瞎卖力气[唱独角戏]).

ひとりだち【独り立ち】 zìlì(自立), zì shí qí lì(自食其力).¶1日も早く～できるようになりたい xiǎng zǎorì nénggòu ˈzì shí qí lì[dúdāngyīmiàn](想早日能够 ˈ自食其力[独当一面]).

ひとりっこ【一人っ子】〔息子〕dúzǐ(独子), dúshēngzǐ(独生子);〔娘〕dúshēngnǚ(独生女).

ひとりでに【独りでに】 zìránérrán(自然而然).¶止っていた車が～動き出した tíngzhe de chē zìjǐ dòngqilai le(停着的车自己动起来了).¶このくらいの傷は～なおる zhèmediǎnr shāng zìrán huì hǎo de(这么点儿伤自然会好的).

ひとりぶたい【独り舞台】 ¶あの芝居は彼の～

だ zài nà chǎng xì tā yí ge rén dà xiǎn shēnshǒu(在那场戏我他一个人大显身手).¶山の話になると彼の～dì yì tánqǐ dēng shān de shì jiù děi tīng tā yí ge rén de(一谈起登山的事就得听他一个人的).

ひとりぼっち【独りぼっち】 gūdān(孤单)、gūshēn(孤身)、língdīng(伶仃·零丁)、dǎlíng(打零).¶～の老人 gūkǔ·língdīng[xíngdānyǐngzhī] de lǎorén(孤苦伶仃[形单影只]的老人).¶この子はいつも～で遊んでいる zhège háizi zǒngshì gūlínglíng de yí ge rén wán(这个孩子总是孤零零地一个人玩儿).¶戦争で肉親に死なれて～になった yóuyú zhànzhēng qīnrén dōu sǐqu, chéng gūshēn yì rén(由于战争亲人都死去,成了孤身一人).

ひとりもの【独り者】 dānshēnrén(单身人);〔男〕dānshēnhàn(单身汉)、guānggùnr(光棍儿).

ひとりよがり【独り善がり】 zì yǐ wéi shì(以为是)、gāng bì zìyòng(刚愎自用)、zìshì(自是)、dúshàn qí shēn(独善其身).¶それは君の～だ nà shì nǐ zìyǐwéishì(那是你自以为是).

ひとわたり【一わたり】 ¶～自己紹介が終って討論に入った dàjiā zuòwán zìwǒ jièshào hòu kāishǐle tǎolùn(大家做完自我介绍后开始了讨论).¶会場を～見渡す wǎng huìchǎng sǎoshì yìyǎn(往会场扫视一眼).

ひな【雛】 chúr(雏儿).¶つばめの～ chúyàn(雏燕)、yànchúr(燕雏儿).¶鶏の～ chújī(雏鸡)、jīhuáng(鸡黄).

ひながた【雛形】 1〔模型〕chúxíng(雏形).¶劇場の～ jùchǎng de chúxíng(剧场的雏形).2〔書式〕géshi(格式)、kuǎnshì(款式).¶申請書の～ shēnqǐngshū de géshi(申请书的格式).

ひなぎく【雛菊】 chújú(雏菊).

ひなげし【雛罌粟】 yúměirén(虞美人)、lìchūnhuā(丽春花).

ひなた【日向】 tàiyángdìr(太阳地儿)、xiàngyángchù(向阳处).¶布団を～に干す zài xiàngyángchù shài bèirù(在向阳处晒被褥).¶～ぼっこをする shàinuǎnr(晒暖儿).

ひなどり【雛鳥】 chúr(雏儿);〔鶏の〕chújī(雏鸡)、zǐjī(子鸡·仔鸡).

ひな・びる【鄙びる】 ¶～びた景色 yǒu xiāngtǔ qìxī de jǐngsè(有乡土气息的景色).

ひなまつり【雛祭】 《説明》三月三日陈列偶人,为女孩子们祈求赐福的传统节日.

ひなん【非難】 fēinàn(非难)、zénàn(责难)、zhǐzé(指责)、qiǎnzé(谴责).¶世間のごうごうたる～を浴びる shòudào yúlùn de qiángliè qiǎnzé(受到舆论的强烈谴责).¶皆の～の的になった chéngwéi "dàjiā fēinàn de mùbiāo[zhòng shǐ zhī dì]"(成为"大家非难的目标[众矢之的]").¶私は人から～される覚えはない wǒ kě méiyǒu shòu rén zénàn de dìfang(我可没有受人责难的地方).¶～すべき点は何もない tā de zuòfǎ "méiyǒu shénme kězhǐzé de"[wúkě fēiyì"(他的做法"没有什么可指责的"[无可非议]).

ひなん【避難】 bìnàn(避难)、táonàn(逃难).¶近くの港に～する zài fùjìn de gǎngkǒu bìnàn(在附近的港口避难).¶～命令を出す fāchū bìnàn mìnglìng(发出避难命令).¶～所 bìnànsuǒ(避难所).～民 nànmín(难民).

びなん【美男】 měinánzǐ(美男子)、liàngzǎi(靓仔).

ビニール yǐxī shùzhī(乙烯树脂).¶～ハウス sùliào bómópéng(塑料薄膜棚)/sùliàopéng(塑料棚)/gǒngpéng(拱棚).～袋 sùliàodài(塑料袋).

ひにく【皮肉】 fěngcì(讽刺)、xīluò(奚落)、wāku(挖苦)、jīfěng(讥讽)、cìrhuà(刺儿话).¶辛辣な～を言う yòng xīnlà de huà fěngcì(用辛辣的话讽刺)/lěng cháo rè fěng(冷嘲热讽).¶彼にさんざん～を言われた bèi tā wākǔde hěn lìhai(被他挖苦得很厉害)/jiào tā xīluòle yí dùn(叫他奚落了一顿).¶～な笑いを浮べる fúchū lěngxiào(浮出冷笑).¶～なことに今日は雨になった tiāngōng bú zuòměi, nà tiān xiàle yǔ le(天公不作美,那天下了雨了).

ひにく【髀肉】 ¶～の嘆 bìròu fùshēng(髀肉复生).

ひにく・る【皮肉る】 fěngcì(讽刺)、xīluò(奚落)、wāku(挖苦)、jīfěng(讥讽).¶漫画で世相を～る yòng mànhuà fěngcì shìdào(用漫画讽刺世道).

ひにち【日日】 1〔期日〕rìqī(日期).¶出発の～が変更になった chūfā de rìqī biàndòng le(出发的日期变动了).2〔日数〕shírì(时日)、rìzi(日子).¶完成までだいぶ～がかかる dào wánchéng hái yào xiāngdāng cháng de shírì(到完成还要相当长的时日).¶このカステラは～がたっている zhège jīdàngāo yǒu xiē rìzi le(这个鸡蛋糕有些日子了).

ひにひに【日に日に】 yì tiān yì tiān(一天一天)、yìtiāntiān(一天天)、rìyì(日益)、zhúrì(逐日).¶彼女の体は一日ごとに衰えていった tā de shēntǐ yìtiāntiān shuāiruò le(她的身体一天天衰弱了).

ひにょうき【泌尿器】 mìniàoqì(泌尿器).

ひにん【否認】 fǒurèn(否认).¶彼は犯行を～した tā fǒurènle zuìxíng(他否认了罪行).

ひにん【避妊】 bìyùn(避孕).¶～器具 bìyùn qìjù(避孕器具).～薬 bìyùnyào(避孕药).

ひにんじょう【非人情】 ¶～な人 bù tōng rénqíng de rén(不通人情的人).

ひねく・る ¶ハンカチを～る róucuo shǒujuàn(揉搓手绢).¶おもちゃを～りまわしているうちに壊してしまった gǔdao wánjùr gěi nònghuài le(鼓捣玩具给弄坏了).¶骨董を～る gǔdao gǔdǒng(鼓捣古董).¶理屈を～る qiǎng cí duó lǐ(强词夺理)/jiǎng wāilǐ(讲歪理).

ひねく・れる niù(拗)、nìng(拧).¶この子は～れている zhège háizi xìng nìng[píqi hěn niù](这个孩子"性拧[脾气很拗]").¶そんなに～れるな hébì fàn"niù[nìng](何必犯"拗[拧]).

ひねつ【比熱】 bǐrè(比热).

びねつ【微熱】 dīrè(低热), dīshāo(低烧). ¶~がある shāowēi fāshāo(稍微发烧)/ yǒu xiē dīshāo(有些低烧).

ひねりだ・す【捻り出す】 ¶頭をしぼって代案を~する jiǎojìn nǎozhī xiǎngchū qǔdài de fāng'àn lai(绞尽脑汁想出取代的方案来). ¶旅費を~す jǐchū[chóucuò] lǚfèi(挤出[筹措]旅费).

ひ・ねる ¶この大根は~ねている zhè luóbo tài lǎo le(这萝卜太老了). ¶~ねた子供 guòyú dǒng shìgu de háizi(过于懂世故的孩子).

ひね・る【捻る】 1 [指でねじる] nǐng(拧). ¶水道の栓を~る nǐng shuǐlóngtóu(拧水龙头). ¶口髭を~る niǎn húzi(捻胡子).
2 [ねじって向きを変える] ¶腰を~る niǔ[shǎn] le yāo(扭[闪]了腰). ¶滑って足首を~った jiǎo yì huá wǎile jiǎobózi le(脚一滑崴了脚脖子).
3 [趣向をこらす] ¶この問題はちょっと~って ある zhège wèntí guǎile yí ge wān(这个问题拐了一个弯). ¶この文章は~り過ぎて込 piān wénzhāng tài yǎowén-jiáozì le(这篇文章太咬文嚼字了).
4 [やっつける] ¶軽く~ってやった bú fèi chuī huī zhī lì dǎbàile duìshǒu(不费吹灰之力打败了对手). ¶あんな奴ひと~りだ nà jiāhuo yí pèng jiù dǎo(那家伙一碰就倒).

ひのいり【日の入り】 rìluò(日落), rìmò(日没).

ひのき【檜】 biǎnbǎi(扁柏).

ひのきぶたい【檜舞台】 ¶世界の~で活躍する dēngshàng shìjiè wǔtái dà xiǎn shēnshǒu(登上世界舞台大显身手).

ひのくるま【火の車】 ¶台所は~だ jiālǐ ˇnàojīhuang[jiēbukāi guō](家里ˇ闹饥荒[揭不开锅]).

ひのけ【火の気】 ¶~のない部屋 méiyǒu huǒ bīnglěng de wūzi(没有火冰冷的屋子). ¶寝る前に~に注意しなさい shàngchuáng qián yào xiǎoxīn huǒzhú(上床前要小心火烛).

ひのこ【火の粉】 huǒxīng[r](火星ˇ儿), huǒhuā(火花). ¶風上から~が飛んで来る cóng shàngfēngtou fēilai huǒxīng(从上风头飞来火星). ¶身に降りかかる~は払わねばならぬ zhānshàng shēn de huǒxīng bùnéng bú duìfu(沾上身的火星不能不对付).

ひのたま【火の玉】 1 ¶全員~となって難局に当る dàjiā níngchéng yì gǔ shéng niǔzhuǎn kùnnan júmiàn(大家拧成一股绳扭转困难局面).
2 [鬼火] línhuǒ(磷火), guǐhuǒ(鬼火).

ひので【火の手】 huǒshé(火舌), huǒlóng(火龙). ¶辰巳の方角で~が上がった cóng dōngnánfāng màochū huǒ lai le(从东南方冒出火来了). ¶折からの風で~が広がった gǎnshàng dà fēng, huǒshì mànyán kāilai(赶上大风, 火势蔓延开来). ¶攻撃の~をあげる fādòng jìngōng(发动进攻).

ひので【日の出】 rìchū(日出). ¶~の勢いで勝ち進む shènglì qiánjìn, yóurú xùrì dōng shēng(胜利前进, 犹如旭日东升).

ひのべ【日延べ】 zhǎnqī(展期), yánqī(延期). ¶出発が3日間~になった chūfā ˇyánqí/ tuīchí]sān tiān(出发ˇ延期[延迟/推迟]三天). ¶会期を1週間~する huìqī ˇzhǎnqī[yáncháng] yí ge xīngqī(会期ˇ展期[延长]一个星期).

ひのまる【日の丸】 ¶~の旗 Rìběn guóqí(日本国旗).

ひのみやぐら【火の見櫓】 huǒjǐng liàowàngtǎ(火警瞭望塔).

ひのめ【日の目】 ¶彼の作品は長い間~を見ずに埋れていた tā de zuòpǐn chángqī bèi máimò nán jiàn tiānrì(他的作品长期被埋没难见天日). ¶彼の作品がやっと~をみた tā de zuòpǐn zhōngyú ˇwènshì[wéi shìrén suǒ chéngrèn](他的作品终于ˇ问世[为世人所承认]).

ひのもと【火の元】 ¶~に御用心 xiǎoxīn huǒzhú(小心火烛).

ひばいひん【非売品】 fēimàipǐn(非卖品).

ひばく【被爆】 ¶原爆の~者 yuánzǐdàn de shòuhàizhě(原子弹的受害者).

ひばし【火箸】 huǒkuàizi(火筷子), huǒzhù(火箸).

ひばしら【火柱】 huǒzhù(火柱). ¶~が上がる huǒzhù chōngtiān(火柱冲天).

ひばち【火鉢】 huǒpén(火盆), tànpén(炭盆), huǒchí(火池).

ひばな【火花】 huǒxīng[r](火星ˇ儿), huǒhuā(火花). ¶鍬が石に当って~が散った tiěqiāo dǎzài shítou shang bèngchūle huǒxīng(铁锹打在石头上迸出了火星). ¶ショートして~が飛んだ yóuyú duǎnlù, huǒhuā luàn bèng(由于短路, 火花乱迸). ¶両チームは~を散らす熱戦を繰り広げた liǎngduì zhǎnkāile rèhuǒ cháotiān de jīliè bǐsài(两队展开了热火朝天的激烈比赛).

ひばり【雲雀】 yúnquè(云雀).

ひはん【批判】 pīpàn(批判), pīpíng(批评). ¶国の対外政策を~する pīpàn guójiā de duìwài zhèngcè(批判国家的对外政策). ¶~的態度をとる cǎiqǔ pīpàn de tàidu(采取批判的态度). ¶~的に摂取する pīpàn de xīshōu(批判地吸收).
¶自己~ zìwǒ pīpíng(自我批评).

ひばん【非番】 xiēbān[r](歇班ˇ儿). ¶今日は~だ jīntiān xiēbānr(今天歇班ˇ儿).

ひひ【狒狒】 fèifèi(狒狒).

ひび【罅】 1 wèn(璺), lièwén(裂璺), lièwén(裂纹), lièféng(裂缝), lièhén(裂痕). ¶茶碗に~が入っている wǎnshang yǒu yí dào wèn(碗上有一道璺). ¶2人の友情に~が入った liǎngrén de yǒuqíng fāshēngle lièhén(两人的友情发生了裂痕).
2 [皹] cūn(皴), jūnliè(皲裂). ¶手に~が切れた shǒu cūn le(手皴了).

ひび【日日】 měitiān(每天). ¶~の勤めに励む měitiān xīnqín gōngzuò(每天辛勤工作). ¶充実した~を送る guò chōngshí de rìzi(过充实的日子).

びび【微微】 wēixiǎo(微小), wēiwēi(微微). ¶

影響は～たるものだ yǐngxiǎng shì ˇwēixiǎo [wēi hū qí wēi]de(影响是ˇ微小[微乎其微]的).¶それは～たる問題だ nà shì wēi bù zú dào de wèntí(那是微不足道的问题).¶～た る収入 wēibó de shōurù(微薄的收入).

ひびか・せる【響かせる】 ¶靴音を～せて行進する bùfá kēngqiāng de qiánjìn(步伐铿锵地前进).¶名声を世界に～せる míng wén quánqiú(名闻全球)/ míng yáng sìhǎi(名扬四海).

ひびき【響】 ¶かすかに遠雷の～が聞える yuǎnchù de léishēng wēiwēi de chuánlai(远处的雷声微微地传来).¶電車の～が大きくて眠れない diànchē de zhèndòng tài dà, shuìbuzháo jiào(电车的振动太大,睡不着觉).¶このホールは音の～が悪い zhè yīnyuètīng yīnxiǎng xiàoguǒ bù hǎo(这音乐厅音响效果不好).¶～のよい名前を付ける qǐ hǎotīng yuè'ěr de míngzi(起好听悦耳的名字).¶物価値上げは生活の～が大きい wùjià shàngzhǎng duì shēnghuó de yǐngxiǎng hěn dà(物价上涨对生活的影响很大).

ひび・く【響く】 **1**〔鳴り渡る〕xiǎng(响).砲声が～く pàoshēng hōnglónglōng xiǎng(炮声轰隆隆响).¶歌声が空に～く gēshēng xiǎngchè yúnxiāo(歌声响彻云霄).¶彼の声はとてもよく～く tā shēngyīn hěn xiǎngliàng(他的声音很响亮).¶笑い声が部屋中に～く xiàoshēng zài wūzili huídàng(笑声在屋子里回荡).¶鐘の音が野山に～き渡る zhōngshēng xiǎngbiàn shānyě(钟声响遍山野).

2〔振動が伝わる〕 ¶ジェット機の爆音がガラス戸に～く pēnqìshì fēijī de xiàoshēng shǐ bōlichuāng chàndòng(喷气式飞机的啸声使玻璃窗颤动).¶そんなにボリュームを上げると頭に～く yīnliàng nǐng nàme dà zhèn ěrduo(音量拧那么大震耳朵).

3〔知れ渡る〕 ¶天下にその名が～いている míng zhèn tiānxià(名震天下).

4〔影響する〕yǐngxiǎng(影响).¶徹夜をすると翌日の仕事に～く áoyè huì yǐngxiǎng dì'èrtiān de gōngzuò(熬夜会影响第二天的工作).¶それは日本の経済に直接～く問題だ nà shì zhíjiē yǐngxiǎngdào Rìběn jīngjì de wèntí(那是直接影响到日本经济的问题).

ひひょう【批評】 pínglùn(评论).¶A氏の新作を～する pínglùn A xiānsheng de zuìxīn zuòpǐn(评论A先生的最新作品).¶～に値しない作品 bù zhíde pínglùn de zuòpǐn(不值得评论的作品).

¶～家 pínglùnjiā(评论家)/ pīpíngjiā(批评家).文芸～ wényì pīpíng(文艺批评).

ひびわ・れる【罅割れる】 lièfèngr(裂缝ル).¶壁に～れた qiángbì lièle fèng le(墙壁裂了缝了).¶～れたコップ yǒu ˇlièwén[lièhén]de bōlibēi(有ˇ裂纹[裂痕]的玻璃杯).

びひん【備品】 bèipǐn(备品), bèijiàn(备件), bèiyòngjiàin(备用件).

ひふ【皮膚】 pífū(皮肤), ròupír(肉皮ル).¶～が弱い pífū ruò(皮肤弱).¶～が荒れる pífū biàn cūcāo le(皮肤变粗糙了).

¶～呼吸 pífū hūxī(皮肤呼吸).～病 pífūbìng(皮肤病).

ひぶ【日歩】 chāixī(拆息).

びふう【美風】 hǎozuòfēng(好作风), hǎofēngqì(好风气).

びふう【微風】 wēifēng(微风), ruǎnfēng(软风).

ひふきだけ【火吹き竹】 chuīhuǒtǒng(吹火筒).

ひふく【被服】 yīzhuó(衣着).¶～費 yīzhuófèi(衣着费).

ひふく【被覆】 ¶絶縁テープで～する yòng jiāobù bāochán(用胶布包缠).

¶～線 píxiàn(皮线)/ hùtàoxiàn(护套线).

ひふくれ【火脹れ】 liáopào(燎泡), liáojiāngpào(燎浆泡).¶やけどして～が出来た shāoshāng qǐle liáopào(烧伤起了燎泡).

ひぶた【火蓋】 ¶戦いの～が切られた zhànzhēng de xùmù jiēkāi le(战争的序幕揭开了).¶リーグ戦の～が切って落された liánsài de xùmù zhōngyú jiēkāi(联赛的序幕终于揭开).

ビフテキ niúpái(牛排), niúpá(牛扒).

ひふん【悲憤】 bēifèn(悲愤).¶～の涙を流す liú bēifèn de yǎnlèi(流悲愤的眼泪).¶～慷慨する bēifèn kāngkǎi(悲愤慷慨).

ひぶん【碑文】 bēiwén(碑文).

びぶん【美文】 ¶～調の文章 cízǎo huálì de wénzhāng(词藻华丽的文章).

びぶん【微分】 wēifēn(微分).

ひへい【疲弊】 píbì(疲弊).¶国力が～する guólì píbì(国力疲弊).

ひへん【日偏】 rìzìpángr(日字旁ル).

ひへん【火偏】 huǒzìpángr(火字旁ル).

ひほう【秘方】 mìfāng(秘方).

ひほう【秘法】 ¶～を授ける chuánshòu mìfǎ(传授秘法).

ひほう【悲報】 èhào(噩耗).¶～に接する èhào chuánlái(噩耗传来).

ひぼう【誹謗】 fěibàng(诽谤), huǐbàng(毁谤).¶反対党を～する duì fǎnduìdǎng jìnxíng fěibàng(对反对党进行诽谤).¶それは私に対するいわれのない～だ nà shì duì wǒ wú zhōng shēng yǒu de fěibàng(那是对我无中生有的诽谤).

びほう【弥縫】 ¶～策 fūyan yìshí zhī cè(敷衍一时之策)/ bǔjiù bànfǎ(补救办法).

びぼう【美貌】 měimào(美貌).¶彼女はまれに見る～の持主だ tā měimào wúbǐ(她美貌无比).

びぼうろく【備忘録】 bèiwànglù(备忘录).

ひぼし【干乾し】 ¶腹がへって～になりそうだ ède jiǎnzhí yào biànchéng gānchái bàngzi le(饿得简直要变成干柴棒子了).

ひぼし【干干】 shàigān(晒干).¶魚を開いて～にする pōu yú shàigān(剖鱼晒干).

ひぼん【非凡】 fēifán(非凡).¶彼は～な才能を持っている tā yǒu fēifán de cáinéng(他有非凡的才能).

ひま【暇】 **1** xián(闲), kòng[r](空[ル]), xiánkòng[r](闲空[ル]), xiángōngfu[r](闲工夫[ル]), kòngxián(空闲), kòngxiá(空暇), xián-

xiá（閑暇）, xiá（暇）. ¶雜談に~をつぶす liáotiān xiánmó shíjiān（聊天儿消磨时间）. ¶彼女は~をもてあましている tā xiánde fāhuāng（她闲得发慌）. ¶~を見て本箱を作る chōukòng［chōuxián／dékòng］zuò shūguì（抽空［抽闲／得空］做书柜）. ¶休む~もない lián xiūxi de gōngfu yě méiyǒu（连休息的工夫也没有）. ¶彼は~さえあれば釣に行く tā ˇyǐ yǒu xiánkòngr［chōu kòngzi／chākòng］jiù qù diàoyú（他¹有闲空儿[抽空子／插空]就去钓鱼）. ¶今度の日曜日はお~ですか xià ge xīngqītiān nín yǒu kòngr ma?（下个星期天您有空儿吗?）. ¶商売が~だ mǎimai xiánde huāng（买卖闲得慌）. ¶~な人は手伝って下さい shǒu xiánzhe de rén, qǐng bāngmáng（手闲着的人，请帮忙）.
2［要する時間］gōngfu（工夫）, shíjiān（时间）. ¶この仕事は~がかかる zhè huór kě fèi gōngfu（这活儿可费工夫）. ¶子供が寝ている~に買物に行く chènzhe háizi shuìjiào de gōngfu qù mǎi dōngxi（趁着孩子睡觉的工夫去买东西）. ¶~を惜しんで勉強する zhēnxī shíjiān yònggōng xuéxí（珍惜时间用功学习）.

ひまご【曽孫】［男］zēngsūn（曽孙）, chóngsūn（重孙）, chóngsūnzi（重孙子）;［女］zēngsūnnǚ[r]（曽孙女儿）, chóngsūnnǚr（重孙女[儿]）.

ひまし【日増し】rìyì（日益）, rìqū（日趋）, rìzhēn（日臻）, zhúrì（逐日）, rìjiàn（日见）, rìjiàn（日渐）. ¶病気は~に快方に向かった bìngqíng rìjiàn hǎozhuǎn（病情日见好转）／bìng ˇyì tiān bǐ yì tiān［yìtiāntiān］hǎoqǐlai（病¹一天比一天[一天天]好起来）.

ひましゆ【蓖麻子油】bìmáyóu（蓖麻油）.
ひまじん【閑人】xiánrén（闲人）.
ひまつぶし【暇潰し】xiāoxián（消闲）, xiāoqiǎn（消遣）. ¶~に碁を打つ xiàqí xiāoqiǎn（下棋消遣）. ¶つまらないおしゃべりで~をしてしまった xián liáotiānr xiāomóle shíjiān（闲聊天儿消磨了时间）.

ヒマラヤ Xǐmǎlāyǎ（喜马拉雅）. ¶~杉 xuěsōng（雪松）.

ひまわり【向日葵】xiàngrìkuí（向日葵）, kuíhuā（葵花）, cháoyánghuā（朝阳花）, zhuànrìlián（转日莲）. ¶~の種 kuíhuāzǐ[r]（葵花子[儿]）.

ひまん【肥満】féipàng（肥胖）. ¶~児 féipàng értóng（肥胖儿童）. ~症 féipàngzhèng（肥胖症）.

びまん【瀰漫】mímàn（弥漫）. ¶厭戦気分が国内に~している yànzhàn qíngxù mímàn quánguó（厌战情绪弥漫全国）.

びみ【美味】měiwèi（美味）〈おいしいもの〉. ¶この魚は大変~だ zhè zhǒng yú jíqí wèi měi（这种鱼极其味美）. ¶天下の~を尽くしてもなす ˇyǐ ˇzhēnxiū měiwèi［měiwèi jiāyáo／shānzhēn-hǎicuò］kuǎndài kèrén（以¹珍馐美味[美味佳肴／山珍海错]款待客人）.

ひみつ【秘密】mìmì（秘密）. ¶~を守る bǎoshǒu mìmì（保守秘密）／bǎomì（保密）. ¶~を明かす tòulù mìmì（透露秘密）／xièmì（泄密）.

¶~が漏れた mìmì xièlòu le（秘密泄漏了）. ¶この件は~にしておかなければならない zhè jiàn shì yídìng yào bǎomì（这件事一定要保密）. ¶~裏に事を運ぶ mìmì xíngshì（秘密行事）. ¶それは公然の~だ nà shì gōngkāi de mìmì（那是公开的秘密）.

びみょう【微妙】wēimiào（微妙）. ¶両者の間には~な違いがある liǎngzhě zhī jiān yǒu wēimiào de chāyì（两者之间有微妙的差异）. ¶彼の立場は極めて~だ tā de lìchǎng hěn wēimiào（他的立场很微妙）.

ひめい【悲鳴】cǎnjiào（惨叫）, jiānjiào（尖叫）; jiàokǔ（叫苦）. ¶夜遅く女の~を聞いた shēnyè tīngjianle nǚrén de cǎnjiàoshēng（深夜听见了女人的惨叫声）. ¶あまりの痛さに思わず~をあげた tòngde bùyóude jiānjiào qǐlai（痛得不由得尖叫起来）. ¶こう忙しくては~をあげたくなる zhème máng zhēn jiào rén shòubùliǎo（这么忙真叫人受不了）. ¶相次ぐ注文に嬉しい~をあげている dìnghuò jiēlián búduàn, mángde búyìlèhū（订货接连不断, 忙得不亦乐乎）.

ひめい【美名】měimíng（美名）. ¶慈善の~にかくれて私腹をこやす yǐ císhàn de měimíng móuqǔ sīlì（以慈善的美名牟取私利）. ¶経済援助の~のもとに勢力の拡大をはかる pīzhe jīngjì yuánzhù de wàiyī［dǎzhe jīngjì yuánzhù de qíhào］, qǐtú kuòdà shìlì fànwéi（披着经济援助的外衣[打着经济援助的旗号], 企图扩大势力范围）.

ひめくり【日めくり】rìlì（日历）.
ひ・める【秘める】yǐncáng（隐藏）, yǐnmì（隐秘）. ¶彼女への思いを胸に~める bǎ duì tā de àiqíng yǐncáng zài xīnlǐ（把对她的爱情隐藏在心里）. ¶事件の真相は長い間~められていた shìjiàn de zhēnxiàng chángqí bèi yǎngàizhe（事件的真相长期被掩盖着）.

ひめん【罷免】bàmiǎn（罢免）, chùmiǎn（黜免）. ¶大臣を~する bàmiǎn dàchén（罢免大臣）. ¶~権 bàmiǎnquán（罢免权）.

ひも【紐】xìshéng（细绳）, dài[r]（带[儿]）, dàizi（带子）. ¶~でしばる yòng xìshéng kǔn（用细绳捆）. ¶靴の~を結ぶ jì xiédài（系鞋带）. ¶荷物の~をほどく jiěkai xínglǐ shang de shéngzi（解开行李上的绳子）.

ひもく【費目】jīngfèi xiàngmù（经费项目）, kāizhī xiàngmù（开支项目）.

びもく【眉目】méimù（眉目）. ¶~秀麗 méimù qīngxiù（眉目清秀）／méi qīng mù xiù（眉清目秀）.

ひもじ・い è（饿）. ¶子供に~い思いはさせられない bùnéng ràng háizi ái'è（不能让孩子挨饿）.

ひもつき【紐付き】¶~の融資はお断りだ jùjué yǒu fùdài tiáojiàn de dàikuǎn（拒绝有附带条件的贷款）. ¶~の女 yǒu qíngfū de nǚrén（有情夫的女人）.

ひもと【火元】huǒzhǔ（火主）, huǒtóu（火头）. ¶~は台所だった yóu chúfáng qǐ de huǒ（由厨房起的火）.

ひもと・く【繙く】pījuàn（披卷）, pīlǎn（披览）, pīyuè（披阅）, fānyuè（翻阅）. ¶古典を~く

fānyuè gǔjí(翻阅古籍).

ひもの【干物】 ¶ 鯵(あじ)の～ zhújièyúgān(竹荚鱼干). ¶ 貝柱の～ gānbèi(干贝).

ひや【冷や】 ¶ お～を1杯下さい qǐng gěi wǒ yì bēi liángshuǐ(请给我一杯凉水). ¶ 酒を～で飲む hē liáng jiǔ(喝凉酒).
¶ ～酒 liáng jiǔ(凉酒).

ひやあせ【冷汗】 lěnghàn(冷汗). ¶ ～をかく chū lěnghàn(出冷汗).

ひやかし【冷かし】 ¶ ～半分に口を出す bàn kāi wánxiào de dǎchà(半开玩笑地打岔). ¶ ～の客が多い dǎqù bù mǎi de kèrén duō(打趣不买的客人多).

ひやか・す【冷かす】 xìnòng(戏弄)、xìshuǎ(戏耍)、shuǎxiào(耍笑). ¶ さんざん皆から～された běi dàjiā hěnhěn de xìnòngle yí dùn(被大家狠狠地戏弄了一顿). ¶ 夜店を～す guàng yèshì(逛夜市).

ひやく【飛躍】 **1**〔勢いよく進展すること〕fēiyuè(飞跃), yuèjìn(跃进). ¶ 技術は～の発展を遂げた jìshù dédàole fēiyuè fāzhǎn(技术得到了飞跃发展).
2〔順序を踏まないこと〕 ¶ 君の論理には～がある nǐ de lùnlǐ tài tiàoyuè le, bùhé luójí(你的论理太跳跃了,不合逻辑).

ひゃく【百】 yìbǎi(一百). ¶ 数～人の学生が参加した yǒu jǐbǎi míng xuésheng cānjiā (有几百名学生参加). ¶ 勇気～倍 yǒngqì bǎibèi(勇气百倍). ¶ それくらい～も承知だ nàmediǎnr shì, wǒ shífēn qīngchu(那么点儿事,我十分清楚).

びゃくえ【白衣】 →はくい.

ひゃくがい【百害】 ¶ ～あって一利なし yǒu bǎi hài ér wú yí lì(有百害而无一利).

ひゃくじゅうきゅうばん【一一九番】 huǒjǐng diànhuà(火警电话), yāo yāo jiǔ(一一九). ¶ ～に通報する bào huǒjǐng(报火警).

ひゃくしゅつ【百出】 ¶ 議論～で紛糾した yìlùn fēnfēn bùkě shōushi(议论纷纷不可收拾).

ひゃくしょう【百姓】 nóngmín(农民), zhuāngjiarén(庄稼人); xiāngxiàrén(乡下人). ¶ 郷里へ帰って～をする huí lǎojiā zhòngtián(回老家种田)/ huíxiāng wùnóng(回乡务农).
¶ ～一揆 nóngmín qǐyì(农民起义). ¶ 仕事は～だ zhuāngjiahuó(庄稼活), jiāhuó(稼活).

ひゃくせん【百戦】 bǎi zhàn(百战). ¶ ～練磨の勇将 shēn jīng bǎi zhàn de měngjiàng(身经百战的勇将). ¶ ～百勝 bǎi zhàn bǎi shèng(百战百胜).

びゃくだん【白檀】 tánxiāng(檀香), zhāntán(旃檀·栴檀), báitán(白檀).

ひゃくとおばん【一一〇番】 fěijǐng(匪警), dàojǐng(盗警), yāo yāo líng(一一〇).

ひゃくにちぜき【百日咳】 bǎirìké(百日咳).

ひゃくねん【百年】 yìbǎi nián(一百年), bǎinián(百年), bǎizǎi(百载). ¶ 魯迅生誕～を記念する jìniàn Lǔ Xùn dànshēng yìbǎi zhōunián(纪念鲁迅诞生一百周年). ¶ 国家～の大計 guójiā bǎinián dàjì(国家百年大计). ¶ ここで会ったが～目 zài zhèli zhuàngjiàn xiūxiǎng táotuō(在这里撞见休想逃脱). ¶ ～に一人の逸材 bǎinián-búyù de qícái(百年不遇的奇材).

ひゃくパーセント【百パーセント】 bǎi fēn zhī bǎi(百分之百). ¶ アンケートを～回収した diàochábiǎo bǎi fēn zhī bǎi dōu shōuhuí le(调查表百分之百都收回了). ¶ 彼にやらせれば～大丈夫だ ràng tā gǎo, zhǔnbǎo méi cuòr(让他搞,保准没错儿). ¶ 私には～自信がある wǒ yǒu bǎi fēn zhī bǎi de bǎwò(我有百分之百的把握).

ひゃくぶん【百聞】 ¶ ～は一見に如かず bǎi wén bùrú yí jiàn(百闻不如一见).

ひゃくぶんりつ【百分率】 bǎifēnlǜ(百分率), bǎifēnbǐ(百分比).

ひゃくまんげん【百万言】 ¶ ～を費やしてもなお言い尽せない jiùshì qiānyán-wànyǔ yě shuōbujìn(就是千言万语也说不尽).

ひゃくまんちょうじゃ【百万長者】 bǎiwàn fùwēng(百万富翁).

びゃくや【白夜】 báiyè(白夜).

ひゃくやく【百薬】 bǎi yào(百药). ¶ 酒は～の長 jiǔ wéi bǎi yào zhī zhǎng(酒为百药之长).

ひゃくようばこ【百葉箱】 bǎiyèxiāng(百叶箱).

ひやけ【日焼け】 shàihēi(晒黑). ¶ ～した顔 shàihēile de liǎn(晒黑了的脸).

ヒヤシンス fēngxìnzǐ(风信子), yángshuǐxiān(洋水仙).

ひやし【冷し】 bīng(冰), zhèn(镇), bá(拔).

ひや・す【冷す】 bīng(冰), zhèn(镇), bá(拔). ¶ ビールを氷で～す bǎ píjiǔ yòng bīng zhènshàng(把啤酒用冰镇上). ¶ 西瓜を井戸水で～す bǎ xīguā fàngzài jǐngshuǐli bá yi bá(把西瓜放在井水里拔一拔). ¶ 病人の額を氷嚢で～す bìngrén de tóushang fū bīngdài, shǐ zhī tuìshāo(病人的头上敷冰袋,使之退烧). ¶ 頭を～して出直して来い tóunǎo lěngjìng shí zài lái!(头脑冷静时再来!). ¶ 胆を～した xiàpòle dǎn(吓破了胆).

ビヤだる【ビヤ樽】 píjiǔtǒng(啤酒桶).

ひゃっかじてん【百科辞典】 bǎikē cídiǎn(百科辞典), bǎikē quánshū(百科全书).

ひゃっかてん【百貨店】 bǎihuò gōngsī(百货公司), bǎihuò dàlóu(百货大楼).

ひゃっきやこう【百鬼夜行】 qún mó luàn wǔ(群魔乱舞).

ひゃっぱつひゃくちゅう【百発百中】 bǎi fā bǎi zhòng(百发百中). ¶ 彼は～の腕前だ tā shì bǎibù-chuānyáng de shénqiāngshǒu(他是百步穿杨的神枪手). ¶ 彼の予想は～だ tā de tuīcè bǎifā-bǎizhòng(他的推测百发百中).

ひやとい【日雇】 rìgōng(日工), línggōng(零工), dǎ(打零工).

ひやひや【冷や冷や】 ¶ 嘘がばれないかと～する tíxīn-diàodǎn dānxīn shuō de huǎng huì bu huì bàilù(提心吊胆担心说的谎会不会败露). ¶ 曲芸を～しながら見物する niēzhe yì bǎ hàn kàn zájì(捏着一把汗看杂技).

ビヤホール píjiǔdiàn(啤酒店).

ひやみず【冷水】 liángshuǐ(凉水), lěngshuǐ(冷水). ¶ 年寄の～ lǎorén chěngqiáng, bú zì liàng lì(老人逞强,不自量力).

ひやめし【冷飯】 liángfàn(凉饭), lěngfàn(冷饭). ¶～を食わされる zuò lěngbǎndèng(坐冷板凳).

ひややか【冷やか】 lěngdàn(冷淡), lěngbīngbīng(冷冰冰). ¶～に断る lěngyán-lěngyǔ de jùjué(冷言冷语地拒绝). ¶～なまなざしで見る lěngyǎn xiāngkàn(冷眼相看).

ひやりと ¶～する夜風 lěngsōusōu de yèfēng(冷飕飕的夜风). ¶子供を轢(ひ)きそうになって～した xiǎnxiē yàsǐ xiǎoháir, xiàchūle yìshēn lěnghàn(险些轧死小孩儿,吓出了一身冷汗). ¶叱られるかと思って～した yǐwéi yào áimà, xīnli jīlíng yíxià(以为要挨骂,心里激灵一下).

ヒヤリング tīnglì(听力); tīnglì lǐjiě(听力理解); tīngzhènghuì(听证会).

ひゆ【比喩】 bǐyù(比喻). ¶～を用いて説明する yòng bǐyù shuōmíng(用比喻的说明). ¶～的な表現 bǐyù de shuōfa(比喻的说法).

ひゅう sōu(嗖), hū(呼), cīliū(刺溜). ¶弾丸が～と耳元をかすめた zǐdàn sōu de yì shēng cóng ěrbiān cāle guòqù(子弹嗖的一声从耳边擦了过去)/ zǐdàn cóng ěrbiān hūxiào ér guò(子弹从耳边呼啸而过). ¶北風が～～と吹く běifēng hūhū de chuī(北风呼呼地吹).

びゅうけん【謬見】 miùjiàn(谬见), miùlùn(谬论).

ヒューズ bǎoxiǎnsī(保险丝). ¶～がとんだ bǎoxiǎnsī shāoduàn le(保险丝烧断了).

ピューマ měizhōushī(美洲狮).

ヒューマニスト réndàozhǔyìzhě(人道主义者).

ヒューマニズム réndàozhǔyì(人道主义).

ピューリタン qīngjiàotú(清教徒).

ひょいと **1**〔突然〕 hūdì(忽地), hū'ér(忽而), tūrán(突然), hūrán(忽然). ¶子供が路地から～飛び出して来た xiǎoháir hūrán cóng hútòngli pǎole chūlái(小孩儿忽然从胡同里跑了出来). ¶～後ろを見る hū'ér wǎng hòu kànkàn(忽而往后看了看). ¶ある考えが～浮んだ zài nǎozili shǎnguole yí ge niàntou(在脑子里闪过了一个念头).

2〔軽々と〕 qīngqīng(轻轻). ¶大きな荷物を～持ち上げた bǎ hěn dà de xíngli qīngqīng de tíle qǐlái(把很大的行李轻轻地提了起来). ¶自転車に～飛び乗って出掛けた zòngshēn tiàoshàng zìxíngchē jiù chūqu le(纵身跳上自行车就出去了).

ひよう【費用】 fèiyong(费用), huāfei(花费). ¶建築に莫大な～がかかった zài jiànzhù shang huāle jùdà de fèiyong(在建筑上花了巨大的费用). ¶旅行の～を積み立てる jīzǎn lǚxíng fèiyong(积攒旅行费用).

ひょう【雹】 báo(雹), báozi(雹子), bīngbáo(冰雹). ¶～が降る xià báozi(下雹子)/ jiàngbáo(降雹). ¶～害 báozāi(雹灾).

ひょう【表】 biǎo(表), biǎogé(表格), túbiǎo(图表). ¶毎月の生産目標を～で示す yòng túbiǎo biǎoshì měiyuè de shēngchǎn zhǐbiāo(用图表表示每月的生产指标). ¶日程～を作る zuò rìchéngbiǎo(做日程表).

ひょう【豹】 bào(豹), bàozi(豹子).

ひょう【票】 piào(票), xuǎnpiào(选票). ¶私はA氏に～を入れた wǒ tóule A xiānsheng de piào(我投了A先生的票). ¶賛成を～に投ずる tóu zànchéngpiào(投赞成票). ¶1万～の大差で当選した yǐ yíwàn piào xuǎnshū zhī chā dāngxuǎn(以一万票悬殊之差当选). ¶～数 piàoshù(票数).

びよう【美容】 měiróng(美容). ¶～院 měiróngyuàn(美容院)/ měifàtīng(美发厅). ～師 měifàshī(美发师). ～体操 měiróng tǐcāo(美容体操).

びょう【鋲】 mǎodīng(铆钉); xiédīng(鞋钉); túdīng(图钉). ¶鉄板を～で打ちつける yòng mǎodīng lái mǎojiē tiěbǎn(用铆钉来铆接铁板). ¶靴の底に～を打つ wǎng xiédǐ dìng xiédīng(往鞋底钉鞋钉). ¶～でポスターを壁にとめる yòng túdīng bǎ xuānchuánhuà dìngzài qiángshang(用图钉把宣传画钉在墙上).

びょう【秒】 miǎo(秒). ¶タイムは10－3だった jìlù shì shí miǎo sān(记录是十秒三). ¶発射3～前 fāshè qián sān miǎo(发射前三秒).

びょう【廟】 miào(庙).

ひょういつ【飄逸】 piāoyì(飘逸). ¶彼の絵には～な趣がある tā de huà yǒu piāoyì zhī qù(他的画有飘逸之趣).

ひょういもんじ【表意文字】 biǎoyì wénzì(表意文字).

びょういん【病院】 yīyuàn(医院), bìngyuàn(病院). ¶～に通う shàng yīyuàn(上医院). ¶～に入る rù yuàn(入院)/ zhù yuàn(住院). ¶救急～ jíjiù yīyuàn(急救医院).

ひょうおんもんじ【表音文字】 biǎoyīn wénzì(表音文字).

ひょうか【評価】 gūjià(估价), píngjià(评价), pínggū(评估). ¶土地の～をする pínggū dìpí jiàgé(评定地皮价格). ¶彼の作品は国外で高く～されている tā de zuòpǐn zài guówài píngjià hěn gāo(他的作品在国外评价很高). ¶この点については～されるべきである zhè yì diǎn yīnggāi dédào yīng yǒu de píngjià(这一点应该得到应有的评价).

ひょうが【氷河】 bīngchuān(冰川). ¶～時代 bīngchuān shíqí(冰川时期)/ bīngqī(冰期)/ bīnghé shídài(冰河时代).

びょうが【病臥】 wòbìng(卧病). ¶彼は～中だ tā wòbìng zài chuáng(他卧病在床).

ひょうかい【氷解】 bīngshì(冰释), xiāoshì(消释). ¶長い間の疑問が～した duōniánlái de yíhuò hǎoróngyì cái xiāochú le(多年来的疑惑好容易才消除了). ¶お互いの誤解が～した xiānghù zhī jiān de wùhuì bīngxiāo-wǎjiě le(相互之间的误会冰消瓦解了).

びょうがい【病害】 bìnghài(病害).

ひょうき【表記】 **1**〔おもて書き〕 ¶～の住所に転旨しました yǐ zhuǎndào zhǐmiàn shang suǒ xiě de dìzhǐ(迁移到纸面上所写的地址).

2〔書き表すこと〕 ¶ローマ字で～する yòng

luómǎzì shūxiě(用罗马字书写).¶~法 biǎojìfǎ(表记法).

ひょうぎ【評議】 píngyì(评议).¶~は一決した píngyì juédìng le(评议决定了).¶~に付する fù píngyì(付诸评议).¶~員 píngyìyuán(评议员).

びょうき【病気】 **1** bìng(病), jíbìng(疾病).¶~で会社を休んだ yīn bìng méi shàngbān(因病没上班).¶奥さんの~はいかがですか nǐ àiren de bìng hǎo le ma?(你爱人的病好了吗?).¶心配のあまり~になった guòyú cāoxīn 'dé bìng[bìngdǎo] le(过于操心'得病[病倒]了).¶~が重い bìng zhòng(病重).¶~が治った bìng hǎo le(病好了).¶彼女は~がちだ tā ài shēngbìng(她爱生病).¶~あがりで無理がきかない bìng gāng hǎo, bùnéng tài lèi(病刚好,不能太累).¶~見舞に行く qù kànwàng bìngrén(去看望病人).
2〔悪い癖〕máobing(毛病).¶彼の例の~が始まった tā de lǎomáobìng yòu fàn le(他的老毛病又犯了).

ひょうきん【剽軽】 huájī(滑稽).¶~なことを言う shuōhuà huájī kěxiào(说话滑稽可笑).¶~者 ài shuōxiào dǎqù de rén(爱说笑打趣的人)/ huóbǎo(活宝).

びょうきん【病菌】 bìngjūn(病菌).

ひょうぐ【表具】 ¶~師 biǎobèijiàng(裱褙匠).

びょうく【病苦】 ¶~にさいなまれる bèi jíbìng de tòngkǔ suǒ zhémó(被疾病的痛苦所折磨).

びょうく【病軀】 ¶~をおして出席する zhīchengzhe yǒu bìng de shēntǐ chūxí(支撑着有病的身体出席)/ dài bìng chūxí(带病出席).

ひょうけつ【氷結】 jiébīng(结冰), dòngbīng(冻冰).¶河が~した hé jiébīng le(河结冰了).¶氷河を~した fēnghé le(封河了).

ひょうけつ【表決】 biǎojué(表决).¶議案を~に付する bǎ yì'àn tífù biǎojué(把议案提付表决).¶~権 biǎojuéquán(表决权).

ひょうけつ【票決】 piàojué(票决).¶~に付する fù tóupiào(付投票)/ fù zhū piàojué(付诸票决).

ひょうけつ【評決】 ¶陪審員は無罪の~を下した péishěnyuán jīng píngyì rèndìng wúzuì(陪审员经评议认定无罪).

びょうけつ【病欠】 bìngjià(病假).

ひょうげん【氷原】 bīngyuán(冰原).

ひょうげん【表現】 biǎoxiàn(表现), biǎodá(表达).¶その~は適当でない nàge shuōfǎ bú tuǒdang(那个说法不妥当).¶今の私の気持は言葉では~できない wǒ xiànzài de xīnqíng shì 'yòng yányǔ biǎodá bu chūlái[bùkě yánzhuàng] de(我现在的心情是'用言语表达不出来[不可言状]的).¶~力に富む fùyú biǎodálì(富于表达力).¶文中不適切な~がありましたことをお詫びいたします duì wénzhōng cuòcí biǎodá bú dàng biǎoshì qiànyì(对文中措辞表达不当表示歉意).

びょうげん【病原】 bìngyuán(病原); bìngyuán(病源).¶~菌 bìngjūn(病菌)/ zhìbìngjūn(致病菌)/ bìngyuánjūn(病原菌).~体 bìngyuántǐ(病原体).

ひょうご【標語】 biāoyǔ(标语).

びょうご【病後】 bìng hòu(病后).¶~に無理は禁物だ bìng hòu búyào guòyú miǎnqiǎng(病后不要过于勉强).

ひょうこう【標高】 biāogāo(标高), hǎibá(海拔).

びょうこん【病根】 bìnggēn(病根).¶社会の~を断つ chǎnchú shèhuì de bìnggēn(铲除社会的病根).

ひょうさつ【表札】 ménpái(门牌), míngpái(名牌).

ひょうざん【氷山】 bīngshān(冰山).¶今回の汚職事件は~の一角にすぎない zhè cì tānwū shìjiàn zhǐ búguò shì bīngshān de yìjiǎo(这次贪污事件只不过是冰山的一角).

ひょうし【拍子】 **1**〔音楽の〕pāizi(拍子).¶~をとる dǎ pāizi(打拍子).¶4~ sì pāi(四拍).
2〔はずみ〕¶笑った~に入歯が外れた zhāngkǒu dà xiào, jiǎyá diàoxiàlái le(张口大笑,假牙掉下来了).¶転んだ~に足を挫いた shuāijiāo nà dāngr bǎ jiǎo gěi wǎi le(摔跤那当儿把脚崴了).

ひょうし【表紙】 shūpí(书皮), fēngmiàn(封面), fēngpí(封皮), fēngyī(封一).

ひょうじ【表示】 biǎoshì(表示).¶反対の意思~をする biǎomíng fǎnduì de tàidu(表明反对的态度).¶価格を~する biāojià(标价).¶薬品の成分を~する yàopǐn de chéngfen biāoshì(药品的成分标示).

ひょうじ【標示】 biāoshì(标示).¶道路の危険箇所を~する biāoshì dàolù de wēixiǎn chùsuǒ(标示道路的危险处所).

ひょうし【病死】 bìngsǐ(病死), bìnggù(病故), bìngshì(病逝).¶父は一昨年~した fùqin qiánnián bìnggù le(父亲前年病故了).

ひょうしき【標識】 biāozhì(标志・标识).¶~灯 biāodēng(标灯).道路~ jiāotōng biāozhì(交通标志)/ lùbiāo(路标)/ lùpái(路牌).

ひょうしぎ【拍子木】 bāngzi(梆子).¶~を鳴らす qiāo bāngzi(敲梆子).

びょうしつ【病室】 bìngfáng(病房), bìngshì(病室).

ひょうしぬけ【拍子抜け】 ¶その知らせを聞いて皆は~してしまった tīngle nàge xiāoxi dàjiā dōu hěn bàixìng(听了那个消息大家都很败兴).

びょうしゃ【描写】 miáoxiě(描写), miáohuì(描绘), miáohuà(描画).¶田園生活を生き生きと~した小説 shēngdòng de miáohuì tiányuán shēnghuó de xiǎoshuō(生动地描绘田园生活的小说).¶心理~ xīnlǐ miáoxiě(心理描写).

ひょうしゃく【評釈】 ¶《平家物語》を~する píngzhù《Píngjiā Wùyǔ》(评注《平家物语》).

びょうじゃく【病弱】 ¶~な体質 xūruò de tǐzhì(虚弱的体质).¶彼は生来~だ tā shēnglái tǐ ruò duō bìng(他生来体弱多病).

ひょうじゅん【標準】 biāozhǔn(标准). ¶この子の背は～より少し高い zhège háizi de shēncháng bǐ yìbān biāozhǔn gāo yìdiǎnr(这个孩子的身长比一般标准高一点儿). ¶高校生を～として作った辞書 yǐ gāozhōngshēng de chéngdù wéi biāozhǔn ér biānjí de cídiǎn(以高中生的程度为标准而编辑的词典). ¶～的な勤労者家庭 biāozhǔn de láodòngzhě jiātíng(标准的劳动者家庭).

ひょうじゅんご【標準語】 biāozhǔnyǔ(标准语).

ひょうじゅんじ【標準時】 biāozhǔnshí(标准时).

ひょうしょう【表彰】 biǎoyáng(表扬), biǎozhāng(表彰). ¶人命救助で～された yóuyú jiùle rén shòudào biǎoyáng(由于救了人受到表扬).¶～式 shòujiǎng yíshì(授奖仪式). ～状 jiǎngzhuàng(奖状).

ひょうじょう【表情】 biǎoqíng(表情), shénqíng(神情). ¶それを聞いてさっと～が変った tīngle nàge, yíxià jiù biànle liǎnsè(听了那个,一下就变了脸色). ¶～のない顔 háo wú biǎoqíng de liǎn(毫无表情的脸)／ dāibǎn de liǎn(呆板的脸). ¶～の豊かな人 fùyǒu biǎoqíng de rén(富有表情的人). ¶ユーモラスな～で語る yǐ fùyǔ yōumò de biǎoqíng wěiwěi ér tán(以富于幽默的表情娓娓而谈)

びょうしょう【病床】 bìngchuáng(病床), bìngtà(病榻). ¶長い間～に臥している jiǔ wò bìngtà(久卧病榻).

びょうじょう【病状】 bìngqíng(病情), bìngkuàng(病况). ¶～が悪化する bìngqíng èhuà(病情恶化).

びょうしん【秒針】 miǎozhēn(秒针).

びょうしん【病身】 ¶～の夫を抱えて生活に困っている yǎnghuozhe yǒu bìng de zhàngfu, shēnghuó hěn kùnnan(养活着有病的丈夫,生活很困难).

ひょう・する【表する】 biǎoshì(表示). ¶敬意を～する biǎoshì jìngyì(表示敬意)／ zhìjìng(致敬). ¶遺憾の意を～する biǎoshì yíhàn(表示遗憾).

ひょう・する【評する】 ¶人々は彼を今世紀最大の画家と～した rénmen píng tā wéi běn shìjì zuì jiéchū de huàjiā(人们评他为本世纪最杰出的画家).

びょうせい【病勢】 bìngshì(病势). ¶～が改まる bìngshì wēizhòng(病势危重).

ひょうせつ【氷雪】 bīngxuě(冰雪). ¶山野はすっかり～に閉ざれた shānyě wánquán bèi bīngxuě fēngzhù le(山野完全被冰雪封住了).

ひょうせつ【剽窃】 piāoqiè(剽窃), piāoxí(剽袭), chāoxí(抄袭). ¶あの小説はチェーホフの～だ nà bù xiǎoshuō shì piāoqiè Qìhēfū de(那部小说是剽窃契诃夫的).

ひょうぜん【飄然】 piāorán(飘然). ¶～と旅に出る piāorán chūwài yúnyóu(飘然出外云游).

ひょうそ【瘭疽】 biāojū(瘭疽).

ひょうそう【表装】 biǎo(裱), biǎobèi(裱褙), zhuāngbiǎo(装裱). ¶書を～する biǎo zìhuà(裱字画).

ひょうそう【表層】 biǎocéng(表层). ¶～雪崩 biǎocéng xuěbēng(表层雪崩).

びょうそう【病巣】 bìngzào(病灶).

ひょうそく【平仄】 píngzè(平仄).

びょうそく【秒速】 ¶光の速さは～30万キロメートルだ guāngsù měimiǎo wéi sānshí wàn gōnglǐ(光速每秒为三十万公里).

ひょうだい【表題】 biǎotí(标题), tímù(题目). ¶本の～ shūmíng(书名). ¶講演の～ jiǎngyǎn de tímù(讲演的题目). ¶～音楽 biāotí yīnyuè(标题音乐).

ひょうたん【瓢箪】 húlu(葫芦). ¶～から駒が出る shì chū yìwǎi(事出意外). ¶あの男は～鯰(なまず)だ tā nàge rén wúfǎ zhuōmō(他那个人无法捉摸).

ひょうちゃく【漂着】 ¶難破船は孤島に～した yùnànchuán piāoliú dàole gūdǎo shang(遇难船漂流到了孤岛上).

ひょうちゅう【標柱】 biāogān(标杆)〈测量用の〉.

びょうちゅうがい【病虫害】 bìngchónghài(病虫害).

ひょうてい【評定】 píngdìng(评定).

ひょうてき【標的】 biāodì(标的), bǎzi(靶子), bǎbiāo(靶标).

びょうてき【病的】 bìngtài(病态). ¶彼の太り方は～だ tā de pàng shì yì zhǒng bìngtài(他的胖是一种病态). ¶彼女の奇麗好きは～だ tā hào qīngjié yǒudiǎnr yìcháng(她好清洁有点儿异常)／ tā yǒudiǎnr jiépǐ(她有点儿洁癖).

ひょうてん【氷点】 bīngdiǎn(冰点). ¶～下3度 Shèshì língxià sān dù(摄氏零下三度).

ひょうでん【評伝】 píngzhuàn(评传).

ひょうど【表土】 biǎotǔ(表土).

びょうとう【病棟】 bìngfáng(病房). ¶一般～ pǔtōng bìngfáng(普通病房). 隔離～ gélí bìngfáng(隔离病房).

びょうどう【平等】 píngděng(平等). ¶皆に～に分ける píngfēn gěi dàjiā(平分给大家). ¶すべて国民は法の下に～である quántǐ guómín zài fǎlǜ miànqián yílǜ píngděng(全体国民在法律面前一律平等).

びょうどく【病毒】 bìngdú(病毒).

びょうにん【病人】 bìngrén(病人), bìnghào(病号), bìngyuán(病员).

ひょうのう【氷嚢】 bīngdài(冰袋), bīngnáng(冰囊).

ひょうはく【漂白】 piǎobái(漂白). ¶布を～する piǎo bù(漂布). ¶～剤 piǎobáijì(漂白剂).

ひょうはく【漂泊】 piāobó(漂泊・飘泊), piāoyóu(漂游・飘游), piāoliú(漂流・飘流), piāodàng(飘荡). ¶～の旅を続ける dàochù piāobó(到处漂泊).

ひょうばん【評判】 ¶この製品は～がよい zhège zhǐpǐn huòdé hǎopíng(这个制品获得好评). ¶あの医者は～が悪い nàge yīshēng míngshēng bù hǎo(那个医生名声不好). ¶悪い～が

立つ chuánchūle huàifēngshēng(传出了坏风声). ¶そんなことをしては店の～を落す nàme gǎo kě jiù jiàngdīle běn hào de xìnyù(那么搞可就降低了本号的信誉). ¶あの映画は～は たかった nà bù diànyǐng bìng bú xiàng chuánshuō nàyang hǎo(那部电影并不像传说那样好). ¶狭い村からすぐ～になる xiǎoxiǎo cūnzi fēngshēng chuándé hěn kuài(小小村子风声传得很快). ¶近所でも～の孝行息子 zhè yídài yǒumíng de xiàozǐ(这一带有名的孝子). ¶～の悪党 wú rén bù zhī de huàidàn(无人不知的坏蛋).

ひょうひ【表皮】 biǎopí(表皮), yóupí[r](油皮[ル]).

ひょうひょう【飄飄】 ¶あの男は～としている nàge rén xiāoyáo zìzài(那个人逍遥自在).

びょうぶ【屏風】 píngfēng(屏风). ¶～を立て fàng píngfēng(放屏风).

びょうへき【病癖】 èpǐ(恶癖).

ひょうへん【豹変】 ¶彼の態度は～した tā de tàidu tūrán quán biàn le(他的态度突然全变了).

ひょうぼう【標榜】 biāobǎng(标榜). ¶民主主義を～する biāobǎng mínzhǔzhǔyì(标榜民主主义).

びょうぼつ【病没】 bìnggù(病故), bìngmò(病殁).

ひょうほん【標本】 biāoběn(标本). ¶昆虫の～ kūnchóng biāoběn(昆虫标本). ¶彼は偽善者の～だ tā shì wěishànzhě de diǎnxíng(他是伪善者的典型).

びょうま【病魔】 bìngmó(病魔). ¶～にとりつかれる bèi bìngmó chánshēn(被病魔缠身).

ひょうめい【表明】 biǎomíng(表明), biǎobái(表白). ¶態度を～する biǎomíng tàidu(表明态度)/ biǎotài(表态).

びょうめい【病名】 bìngmíng(病名).

ひょうめん【表面】 biǎomiàn(表面), wàibiǎo(外表), dàmiànr(大面ル). ¶地球の～ dìqiú de biǎomiàn(地球的表面). ¶～はやさしそうだがなかなか頑固なところがある biǎomiàn kànqilai hé'ǎi kě qīn, kě yǒushí hěn gùzhí(表面看起来和蔼可亲, 可有时很固执). ¶彼の態度は～的にはいつも変らない tā de tàidu zài biǎomiàn shang hé wǎngcháng yíyàng(他的态度在表面上和往常一样). ¶2人の対立が～化した liǎng ge rén de duìlì biǎomiànhuà le(两个人的对立表面化了).
¶～張力 biǎomiàn zhānglì(表面张力).

びょうよみ【秒読み】 ¶宇宙ロケット発射の～が始まった fāshè yǔzhòu huǒjiàn dàoshǔ jìshí kāishǐ le(发射宇宙火箭倒数计时开始了). ¶国会の解散は～の段階に入った guóhuì jiěsàn dàodúshù jíjiāng jiěsàn de jiēduàn(国会进入倒读数即将解散的阶段).

ひょうり【表裏】 biǎo lǐ(表里). ¶～のない人 biǎo lǐ rú yī de rén(表里如一的人). ¶世の中の～を知る dǒngde shèhuì de biǎo lǐ liǎngmiàn(懂得社会的表里两面).
¶～一体 biǎolǐyī(表里相依)/ xiāng fú xiāng chéng(相辅相成).

ひょうり【病理】 bìnglǐ(病理). ¶～学 bìnglǐxué(病理学).

ひょうりゅう【漂流】 piāoliú(漂流). ¶救命ボートで～しているところを助けられた chéng jiùshēngtǐng zài hǎishang piāoliú shí, bèi rén dājiù le(乘救生艇在海上漂流时, 被人搭救了).
¶～物 piāoliúwù(漂流物).

びょうれき【病歴】 bìnglì(病历), bìng'àn(病案), bìngshǐ(病史).

ひょうろう【兵糧】 ¶あと 2, 3 日で～が尽きる zài guò liǎng sān tiān, liángshi jiù yòngjìn(再过两天, 粮食就用尽). ¶敵を～攻めにする duàn díjūn de liángdào(断敌军的粮道).

ひょうろん【評論】 pínglùn(评论). ¶～政策を～する pínglùn zhèngcè(评论政策).
¶～家 pínglùnjiā(评论家). 文芸～ wényì pínglùn(文艺评论).

ひよく【肥沃】 féiwò(肥沃). ¶～な土地 féiwò de tǔdì(肥沃的土地)/ gāoyú zhī dì(膏腴之地).

びよく【尾翼】 wěiyì(尾翼). ¶垂直～ chuízhí wěiyì(垂直尾翼). 水平～ shuǐpíng wěimiàn(水平尾面).

ひよけ【日除け】 zhēyáng(遮阳); zhēpéng(遮篷), zhēlián(遮帘). ¶～にすだれをかける wèi zhēyáng guà zhúlián(为遮阳挂竹帘).
¶～棚 liángpéng(天棚)/ liángpéng(凉棚).

ひよこ【雛】 chújī(雏鸡), xiǎojī(小鸡), zǐjī(子鸡·籽鸡), jīchú(鸡雏); chúr(雏ル), jīhuáng(鸡黄). ¶～のくせに生意気だ nǐ zhège chúr, bié ér bù liàngli(你这个雏儿, 别自不量力).

ひょこんと ¶～お辞儀をする diǎntóu xínglǐ(点头行礼).

ひょっこり ¶A 氏が～訪ねて来た A xiānsheng tū rú qí lái kànwàng wǒ(A 先生突如其来看望我). ¶道で～旧友に会った zài lùshang ǒurán pèngshàngle lǎopéngyou(在路上偶然碰上了老朋友).

ひょっと 1【不意に】 hūdì(忽地), hūrán(忽然). ¶母に買物を頼まれていたのを～思い出した hūdì xiǎngqǐle mǔqīn yào wǒ mǎi dōngxi(忽地想起了母亲要我买东西). ¶窓から兄が～顔を出した gēge hūrán cóng chuānghu tànchū tóu lai(哥哥忽然从窗户探出头来).
2【もしか】 ¶～すると今日ここへ来るかもしれない yěxǔ jīntiān huì dào zhèr lái(也许今天会到这ル来). ¶～して何か事故でもあったのではなかろうか huòxǔ shì pèngshàngle shénme shìgù le ba(或许是碰上了什么事故了吧).

ひよどり【鵯】 bēi(鹎).

ひよめき xìnmén(囟门), xìnnǎoménr(囟脑门ル).

ひより【日和】 tiānqì(天气). ¶今日はよい～だ jīntiān shì hǎo tiānqì(今天天气真好). 格好の遠足～ shìyú jiāoyóu de hǎo tiānqì(适于郊游的好天气). ¶秋～ qiū gāo qì shuǎng(秋高气爽).

ひよりみ【日和見】 ¶これ以上～は許されない zài yě bùnéng bào qíqiáng tàidù(再也不能抱

騎墻態度。¶～主義 jīhuìzhǔyì（机会主义）.

ひょろなが・い【ひょろ長い】 xìcháng（细长）. ¶彼はやせて～い tā gèzi xìcháng（他个子细长）/ tā xīgāotiǎor（他individual高挑儿）. ¶～い木 xìgāo de shù（细高的树）.

ひょろひょろ **1**〔よろよろ〕¶病気あがりで足が～する bìng gāng hǎo, jiǎogēn bùwěn（病刚好,脚跟不稳）. ¶酔っ払いが～歩いて来た yí ge zuìhàn huànghuàng-yōuyōu de zǒule guòlái（一个醉汉晃晃悠悠地走了过来）.
2〔ひ弱〕¶～の苗木 xìruò de miáomù（细弱的苗木）. ¶～した若造 shēnzi xìcháng xiānruò de niánqīngrén（身子细长纤弱的年轻人）/ xìgāotiǎor de xiǎohuǒzi（细高挑儿的小伙子）.

ひよわ【ひ弱】 dānbó（单薄）, dānruò（单弱）, xiānruò（纤弱）. ¶～な体 shēnzi dānbó（身子单薄）.

ひょんな ¶～ことから友達になった yìwài de chéngle péngyou（意外地成了朋友）.

ぴょんぴょん ¶兎が～跳ね回る tùzi tiàolái-tiàoqu（兔子跳来跳去）.

ひら【平】 pǔtōng（普通）. ¶～社員 pǔtōng zhíyuán（普通职员）/ xiǎozhíyuán（小职员）.

びら chuándān（传单）; zhāotiē（招贴）. ¶～をまく sàn chuándān（散传单）. ¶～を貼る tiē zhāotiē（贴招贴）.

ひらあやまり【平謝り】 ¶～に謝る dītóu dàoqiàn（低头道歉）.

ひらいしん【避雷針】 bìléizhēn（避雷针）.

ひらおよぎ【平泳】 wāyǒng（蛙泳）.

ひらがな【平仮名】 píngjiǎmíng（平假名）.

ひらき【開き】 **1** kāi（开）. ¶この戸は～が悪い zhège mén bù hǎo kāi（这个门不好开）. ¶今年は花の～が遅い jīnnián huā kāide wǎn（今年花开得晚）.
2〔へだたり〕jùlí（距离）, xiāngchà（相差）, chājù（差距）. ¶両者の主張にはかなりの～がある shuāngfāng de zhǔzhāng yǒu xiāngdāng de jùlí（双方的主张有相当的距离）. ¶敵と味方の力の～は大きい díwǒ lìliang xuánshū（敌我力量悬殊）.

ひらきど【開き戸】 dài héyè de mén（带合叶的门）.

ひらきなお・る【開き直る】 ¶～って問いただす tūrán zhèngsè xùnwèn（突然正色讯问）. ¶彼女は問いつめられて～った tā bèi wènzhù le, dào héngle xīn（她横下了心,倒横了心）.

ひら・く【開く】 **1**〔あく,あける〕kāi（开）, dǎkāi（打开）. ¶つぼみが～いた huāgūduor zhànkāi le（花骨朵儿绽开了）. ¶風で戸が～いた mén bèi fēng guākāi le（门被风刮开了）. ¶窓を～く dǎkāi chuānghu（打开窗户）. ¶魚を～いて干物にする bǎ yú pōukāi shàichéng yúgān（把鱼剖开晒成鱼干）. ¶10ページを～く dǎkāi dìshí yè（打开第十页）. ¶包みを～く dǎkāi bāoguǒ（打开包裹）. ¶心を～く chǎngkāi xiōngjīn（敞开胸襟）. ¶目を～いて現実を見る zhāngkāi yǎnjīng kàn xiànshí（张开眼睛看现实）.
2〔差が広がる〕¶先頭との差は～くばかりだ gēn dìyīmíng lāde yuèláiyuè yuǎn（跟第一名拉得越来越远）. ¶あの２人は年が～いている tā liǎ niánlíng chàde hěn yuǎn（他俩年龄差得很远）.
3〔始まる,始める〕kāi（开）, kāishè（开设）. ¶デパートは10時に～く bǎihuò gōngsī shí diǎnzhōng kāimén（百货公司十点钟开门）. ¶塾を～く kāishè bǔxí xuéxiào（开设补习学校）. ¶彼女は銀座に店を～いた tā zài Yínzuò kāile ge diàn（她在银座开了个店）. ¶送別会を～く jǔxíng huānsònghuì（举行欢送会）. ¶口座を～く kāi hùtóu（开户头）.
4〔切り開く〕kāi（开）, kāifā（开发）, kāikěn（开垦）, kāipì（开辟）. ¶荒地を～いて畑にする kāifā huāngdì[kāihuāng] zào tián（开发荒地[开荒]造田）. ¶彼女は自らの手で運命を～いた tā yòng shuāngshǒu kāipìle zìjǐ de dàolù（她用双手开辟了自己的道路）. ¶新しい局面を～く dǎkāi xīn júmiàn（打开新局面）.

ひら・ける【開ける】 **1**〔開通する〕kāitōng（开通）. ¶新しい鉄道路線が～けた xīn tiědào xiànlù『kāitōng[tōngchē] le（新铁道线路『开通[通车]了）. ¶解決への道が～けた dǎtōngle jiějué zhī lù（打通了解决之路）.
2〔運が〕zhuǎnyùn（转运）, zǒuyùn（走运）. ¶今に運が～けるさ bùjiǔ yào zhuǎnyùn le（不久要转运了）.
3〔広々とする〕¶トンネルから出ると急に目の前が～けた cóng suìdào chūlái, tūrán yǎnqián huòrán kāilǎng le（从隧道出来,突然眼前豁然开朗了）. ¶南の～けた家 nánmiàn kuānchang de fángzi（南面宽敞的房子）.
4〔物分りがよい〕kāimíng（开明）, kāitong（开通）. ¶あの人はなかなか～けている tā nàge rén hěn kāimíng（他那个人很开明）.
5〔開化する〕¶数年前は畑ばかりだったこの辺も最近はだいぶ～けた jǐ nián qián zhè yídài jìngshì zhuāngjiadì, jìnlái jiànshè qilai le（几年前这一带净是庄稼地,近来建设起来了）. ¶世の中が～ける shèhuì jìnbù le（社会进步了）.

ひらた・い【平たい】 **1**〔薄くて平らだ〕biǎn（扁）, biǎnpíng（扁平）. ¶～い石 biǎn shítou（扁石头）. ¶あひるはくちばしが～い yāzi zuǐ biǎn（鸭子嘴扁）. ¶粉をこねて～く伸ばす bǎ miàn huóhǎo gǎnbiǎnpíng（把面和好擀扁平）.
2〔凹凸がない〕¶～い道 píngtǎn de lù（平坦的路）. ¶～い顔 biǎnpíng de liǎn（扁平的脸）.
3〔平易だ〕qiǎnyì（浅易）, qiǎnxiǎn（浅显）, tōngsú（通俗）. ¶～く言えば… qiǎnyì de shuō…（浅易地说…）.

ひらち【平地】 píngdì（平地）.

ひらて【平手】 bāzhang（巴掌）. ¶～打ちを食わす dǎle yì bāzhang（打了一巴掌）/ guāi ěrguāng（抬耳光）/ dǎ zuǐba（打嘴巴）.

ひらに【平に】 ¶～御容赦下さい qǐng nín kuānshù wǒ ba（请您宽恕我吧）.

ひらひら piāopiāo（飘飘）. ¶旗が風に～する qízhì suí fēng piāoyáng（旗帜随风飘扬）. ¶

蝶々が～と飛んでいる húdié piānpiān fēiwǔ(蝴蝶翩翩飞舞)．¶～が一花が散る huār piāopiāo sànluò(花儿飘飘散落)．

ピラミッド jīnzìtǎ(金字塔)．

ひらめ【平目】 píng(鲆)，yáping(牙鲆)；bǐmùyú(比目鱼)，piānkǒuyú(偏口鱼)．

ひらめか・す【閃かす】 ¶白刃を～して切り込む huīwǔzhe yíngguāng shǎnshǎn de dāo chōngle jìnqù(挥舞着银光闪闪的刀冲了进去)．¶才知を～す xiǎnshì cáizhì(显示才智)．

ひらめき【閃き】 ¶稲妻の～ léidiàn de shǎnguāng(雷电的闪光)．¶あの人の話には機知の～がある nàge rén huàli tòuzhe jīzhì(那个人话里透着机智)．

ひらめ・く【閃く】 1〔きらめく〕 shǎn(闪)．¶雷鳴とともに稲妻が～いた suízhe léimíng dǎle shǎn(随着雷鸣打了闪)．
2〔不意に頭に浮ぶ〕 shǎnxiàn(闪现)．いいアイデアが～いた nǎozili shǎnchūle yí ge hǎo zhǔyi(脑子里闪出了一个好主意)．
3〔翻る〕 ¶旗が～く qízi piāoyáng(旗子飘扬)．

ひらや【平屋】 píngfáng(平房)．

ひらりと ¶～身をかわす mǐnjié duǒshǎn(敏捷躲闪)．¶～馬にまたがる zòngshēn shàng mǎ(纵身上马)．

びり ¶徒競走で～になった sàipǎo déle zuìhòu yìmíng(赛跑得了最后一名)．¶～から2番で卒業した yǐ dào shǔ dì'èrmíng de chéngjì bìleyè(以倒数第二名的成绩毕了业)．

ピリオド jùdiǎn(句点)，jùhào(句号)．¶文章の最後に～を打つ zài jùmò biāoshàng jùhào(在句末标上句号)．¶論争に～を打つ shǐ lùnzhàn gàozhōng(使论战告终)．

ひりき【非力】 wúlì(无力)．¶自分の～を痛感する tònggǎn zìjǐ méiyǒu nénglì(痛感自己没有能力)．

ひりつ【比率】 bǐlǜ(比率)，bǐlì(比例)，duìbǐ(对比)．¶5対3の～で分配する àn wǔ bǐ sān de bǐlì fēnpèi(按五比三的比例分配)．

ぴりっと ¶～した味 làbùr de wèidao(辣不唧儿的味道)．¶彼には～したところがない tā méiyǒu zhǔxīngǔr(他没有主心骨儿)．

ひりひり huǒlālā(火辣辣)．¶日に焼けて背中が～する shàide jǐbèi huǒlālā de tòng(晒得脊背火辣辣地痛)．¶唐辛子で口の中が～する chīle làjiāo, zuǐli làde huāng(吃了辣椒，嘴里辣得慌)．

ぴりぴり ¶新聞を～破る bǎ bàozhǐ sīsuì(把报纸撕碎)．¶砲声で窓ガラスが～する pàoshēng zhèndé chuāngbōli huāhuā zuòxiǎng(炮声震得窗玻璃哗哗作响)．¶電線にさわったら～ときた pèngle diànxiàn, másūsū de(碰了电线，麻酥酥的)．¶彼は神経が～している tā de shénjīng bēngde jǐnjǐn de(他的神经绷得紧紧的)．

ビリヤード táiqiú(台球)，dànzǐ(弹子)．

びりゅうし【微粒子】 wēilì(微粒)．

ひりょう【肥料】 féiliào(肥料)．¶～を施す shī féi(施肥)/ shàng féi(上肥)．

¶化学～ huàxué féiliào(化学肥料)/ huàféi(化肥)．

びりょう【微量】 wēiliàng(微量)．

びりょく【微力】 wēilì(微力)．¶～を尽す jìn wēilì(尽微力)/ jìn juān'ài zhī lì(尽涓埃之力)．¶～ながら出来るだけのことは致します wǒ yuànyì jìn wēibó de lìliang(我愿意尽微薄的力量)．

ひる【干る】 ¶潮が干る luòcháo(落潮)/ tuìcháo(退潮)．

ひる【昼】 1〔昼間〕báitian(白天)．¶春分，秋分は～と夜の長さが等しい chūnfēn hé qiūfēn zhòuyè yíyàng cháng(春分和秋分昼夜一样长)．¶～なお暗い山道 báitian yě yīn'àn de shānlù(白天也阴暗的山路)．
2〔正午〕zhèngwǔ(正午)，zhōngwǔ(中午)，wǔjiān(午间)，shǎngwu(晌午)．¶現地に着くのは～頃だ dàodá dāngdì shì zhōngwǔ ba(到达当地是中午吧)．¶～から天気は回復するでしょう wǔhòu tiānqì huì zhuǎn qíng(午后天气会转晴)．¶～過ぎにもう一度電話します guòwǔ[guòshǎng] wǒ zài gěi nǐ dǎ diànhuà(过午[过晌]我再给你打电话)．
3〔昼食〕wǔfàn(午饭)，zhōngfàn(中饭)，shǎngfàn(晌饭)．¶～はそろそろ～にしよう gāi chī wǔfàn le ba(该吃午饭了吧)．

ひる【蛭】 zhì(蛭)，mǎhuáng(蚂蟥)．

ピル kǒufú bìyùnyào(口服避孕药)．

ひるい【比類】 ¶祖国の山河は～なく美しい zǔguó de shānhé měilì wúbǐ(祖国的山河美丽无比)．

ひるがえ・す【翻す】 1〔ひっくり返す〕¶身を～して川に飛び込む zòngshēn tiàojìn héli(纵身跳进河里)．¶前言を～す tuīfān qiányán(推翻前言)．¶手のひらを～すように冷たくなる fānliǎn bú rèn rén(翻脸不认人)．
2〔なびかせる〕 piāoyáng(飘扬)．¶マストに旗を～にした船 wéigān shang piāoyángzhe qízhì de chuán(桅杆上飘扬着旗帜的船)．

ひるがえって【翻って】 ¶～今日の日本を見ると… fǎnguolai, kànkan jīntiān de Rìběn …(反过来，看看今天的日本…)．¶～自然保護の立場から言うならば… huàn ge kànfǎ, cóng bǎohù zìrán huánjìng de lìchǎng lái shuō …(换个看法，从保护自然环境的立场来说…)．

ひるがえ・る【翻る】 piāoyáng(飘扬)．¶青空にへんぽんと赤旗が～っている hóngqí zài lántiān piāoyáng(红旗在蓝天下飘扬)．

ひるがお【昼顔】 xuánhuā(旋花)．

ビルディング dàlóu(大楼)，dàshà(大厦)．¶～街 gāolóu-dàshàjiē(高楼大厦街)．

ひるね【昼寝】 wǔshuì(午睡)，wǔjiào(午觉)，shǎngjiào(晌觉)，shǎngwǔjiào(晌午觉)．¶食後に～をする fànhòu shuì wǔjiào(饭后睡午觉)．

ひるひなか【昼日中】 dàbáitian(大白天)，dàtiān-báirì(大天白日)．¶～から酒を飲んで騒ぐ dàbáitian jiù sā jiǔfēng(大白天就撒酒疯)．

ひるま【昼間】 báitian(白天)，rìtóu(日头)．

ビルマ Miǎndiàn(缅甸).

ひる・む【怯む】 dǎnqiè(胆怯), qièzhèn(怯阵), wèisuō(畏缩). ¶相手を見て一瞬～んだ kàndào duìshǒu yíshùnjiān qièzhèn le(看到对手一瞬间怯阵了). ¶どんな困難にもへまず前進する bú pà rènhé kùnnan xiàng qián jìn(不怕任何困难向前进).

ひるめし【昼飯】 wǔfàn(午饭), zhōngfàn(中饭), shǎngfàn(晌饭), shǎngwǔfàn(晌午饭).

ひるやすみ【昼休み】 wǔxiū(午休), wǔjiān xiūxi(午间休息), xiēshǎng(歇晌).

ひれ【鰭】 qí(鳍). ¶尾～ wěiqí(尾鳍). 尻～ túnqí(臀鳍). 背～ bèiqí(背鳍)／脊qí(脊鳍). 腹～ fùqí(腹鳍). 胸～ xiōngqí(胸鳍).

ヒレ lǐji(里脊).

ひれい【比例】 bǐlì(比例). ¶働きに～した報酬を払う àn láodòng de duōshao fù bàochou(按劳动的多少付报酬)／àn láo fù chóu(按劳付酬).
¶～税 bǐlì shuìzhì(比例税制).～代表制 bǐlì dàibiǎozhì(比例代表制).～配分 àn bǐlì fēnpèi(按比例分配).

ひれい【非礼】 wúlǐ(无礼).

ひれき【披瀝】 pīlì(披沥). ¶胸中を～する pī gān lì dǎn(披肝沥胆).

ひれつ【卑劣】 bēiliè(卑劣), bēibǐ(卑鄙). ¶～な手段で人を陥れる yòng bēiliè de shǒuduàn xiànhài rén(用卑劣的手段陷害人). ¶あいつは～きわまりない男だ nàge jiāhuo bēibǐ wúchǐ(那个家伙卑鄙无耻)／nà jiāhuo shì yì zhī làipígǒu(那家伙是头癞皮狗).

ひれふ・す【平伏す】 ¶神前に～して拝む zài shénqián guìbài(在神前跪拜). ¶床に～して謝る kòushǒu qiúráo(叩首求饶).

ひれん【悲恋】 ¶2人の恋は～に終った tāmen de liàn'ài yǐ bēijù gàozhōng(他们的恋爱以悲剧告终).

ひろ【尋】 yīngxún(英寻), xún(㖊); hǎixún(海寻), xún(浔).

ひろ・い【広い】 **1**[面積が] kuānguǎng(宽广), kuānkuò(宽阔), kuānchang(宽敞). ¶部屋が～い wūzi kuānchang(屋子宽敞). ¶私の学校のグラウンドは～い wǒmen xuéxiào yùndòngchǎng hěn dà(我们学校运动场很大). ¶～い公園 kuānguǎng de gōngyuán(宽广的公园).
¶～い海が目の前に広がっている guǎngkuò[liáokuò] de dàhǎi zhǎnxiàn zài wǒ yǎnqián(广阔[辽阔]的大海展现在我眼前).
2[幅が] kuān(宽). ¶川幅が～い hé hěn kuān(河很宽). ¶道を～くする bǎ lù jiākuān(把路加宽). ¶肩幅が～くてがっしりしている jiānbǎng kuān hěn zhuàngshí(肩膀宽很壮实).
3[規模、範囲などが] guǎng(广), guǎngfàn(广泛). ¶～い知識を持つ yǒu ʼguǎngbó[yuānbó] de zhīshi(有ʼ广博[渊博]的知识).
¶あの人は顔が～い tā jiāojì hěn guǎng(他交际很广). ¶その事は～く世間に知れ渡っている nà shì ʼguǎngfàn de wéi rén suǒ zhī[jiāyùhùxiǎo](那事ʼ广泛为人所知[家喻户晓]).
4[心が] kuānguǎng(宽广), kāikuò(开阔). ¶心の～い人 xīnxiōng kuānguǎng de rén(心胸宽广的人). ¶ kuānhóng-dàliàng de rén(宽宏大量的人).

ヒロイズム yīngxióngzhǔyì(英雄主义).

ひろいもの【拾物】 ¶～を交番に届ける bǎ shí de dōngxi jiāogěi pàichūsuǒ(把拾的东西交给派出所). ¶この情報は～だった zhège qíngbào kě shì ge yìwài de shōuhuò(这个情报可是个意外的收获).

ひろいよみ【拾い読み】 ¶肝心なところだけ～する zhǐ tiāo zhòngyào de dìfang kàn(只挑重要的地方看).

ヒロイン nǚzhǔréngōng(女主人公). ¶悲劇の～ bēijù de nǚzhǔréngōng(悲剧的女主人公).

ひろ・う【拾う】 shí(拾), jiǎn(捡), jiǎnshí(捡拾), shíqǔ(拾取). ¶紙くずを～ってくずかごに捨てる jiǎnqǐ fèizhǐ rēngjìn zhǐlǒu(捡起废纸扔进纸篓). ¶海岸で貝殻を～う zài hǎibiān shí bèiké(在海边拾贝壳). ¶財布を～った shíle qiánbāo(拾了钱包). ¶命を～った jiǎnle yì tiáo mìng(捡了一条命). ¶通りでタクシーを～った zài lùshang jiàole yí liàng chūzū qìchē(在路上叫了一辆出租汽车). ¶活字を～う jiǎn zì(拣字).

ひろう【披露】 ¶秘蔵のコレクションを～する zhǎnshì suǒ zhēncáng de shōucángpǐn(展示所珍藏的收藏品). ¶結婚の～宴 jiéhūn xǐyàn(结婚喜筵).

ひろう【疲労】 píláo(疲劳), pífá(疲乏), píjuàn(疲倦). ¶～が重なって倒れた jiláo chéng jí bìngdǎo le(积劳成疾病倒了). ¶心身ともに～困憊(ぱい)している shēnxīn ʼjīnpí-lìjìn[píbèi bùkān](身心ʼ筋疲力尽[疲惫不堪]).

びろう【尾籠】 ¶～な話で恐縮ですが shì cūyě de huà qǐng yuánliàng(是粗野的话请原谅).

ビロード【天鵞絨】 tiān'éróng(天鹅绒).

ひろがり【広がり】 ¶火の～を食い止める fángzhǐ huǒshì mànyán(防止火势蔓延). ¶無限の～を持つ空 wúbiān-wújì de tiānkōng(无边无际的天空).

ひろが・る【広がる】 ¶目の前には砂丘が～っている shāqiū zhǎnxiàn zài yǎnqián(沙丘展现在眼前). ¶道幅が40メートルに～った lù tuòkuān wéi sìshí mǐ le(路拓宽为四十米了). ¶火の手が～る huǒshì mànyán(火势蔓延). ¶黒雲は見る間に空一面に～った yǎnkànzhe wūyún mímànle tiānkōng(眼看着乌云弥漫了天空). ¶伝染病が～る chuánrǎnbìng mànyán qilai(传染病蔓延起来). ¶噂が日を追って～った fēngshēng rìyì chuánkāi le(风声日益传开了).

ひろ・げる【広げる】 **1**[開く] ¶包みを～げる dǎkāi bāofu(打开包袱). ¶傘を～げる chēng sǎn(撑伞). ¶新聞を～げて読む tānkāi bàozhǐ kàn(摊开报纸看). ¶孔雀が羽を～げる kǒngque kāipíng(孔雀开屏). ¶母親は両手を～げて子供を出迎えた mǔqin zhāngkāi liǎngbì rèqíng yíngjiē háizi(母亲张开两臂热情迎接孩子).

2〔広くする〕 kuòdà (扩大), kuòzhǎn (扩展), tuòkuān (拓宽), kāikuò (开阔). ¶開墾して耕地を〜げる kāikěn kuòdà gēngdì (开垦耕地). ¶道路を〜げる kuòzhǎn[tuòkuān/zhǎnkuān] mǎlù (扩展[拓宽/展宽]马路). ¶事業を〜げる kuòzhǎn shìyè (扩展事业). ¶勢力を〜げる kuòzhāng shìlì (扩张势力). ¶視野を〜げる tuòkuān shìyě (拓宽视野)／kāi[kuòdà／kāikuò] yǎnjiè (开[扩大／开阔]眼界).

3〔一面に置く〕 ¶部屋いっぱいに資料を〜げて調べをする zài wūzili bǎimǎnle zīliào chá dōngxi (在屋子里摆满了资料查东西). ¶道端に古道具の店を〜げる zài lùpáng bǎi gǔwántānr (在路旁摆古玩摊儿).

ひろさ【広さ】 miànji (面积), kuānzhǎi (宽窄), kuāndù (宽度), guǎngdù (广度). ¶耕地の〜は1ヘクタールある gēngdì miànjī yǒu yī gōngqǐng (耕地面积有一公顷). ¶間口の〜は約3メートルだ zhèngmiàn kuān sān mǐ zuǒyòu (正面宽三米左右). ¶彼の知識の〜には感心した tā zhīshi guǎngbó shǐ rén qīnpèi (他知识广博使人钦佩).

ひろば【広場】 guǎngchǎng (广场). ¶天安門〜 Tiān'ānmén Guǎngchǎng (天安门广场).

ひろびろ【広広】 guǎngkuò (广阔), kuānguǎng (宽广), kāikuò (开阔), liáokuò (辽阔), kuānchang (宽敞). ¶〜とした庭 kuānchang de yuànzi (宽敞的院子). ¶〜とした草原 liáokuò de cǎoyuán (辽阔的草原).

ひろま【広間】 tīng (厅), tīngtáng (厅堂), tīngfáng (厅房). ¶大〜 dàtīng (大厅).

ひろま・る【広まる】 pǔjí (普及); mànyán (蔓延). ¶標準語が全国に〜る biāozhǔnyǔ pǔjí dào quánguó (标准语普及到全国). ¶流感が猛烈な勢いで〜った liúgǎn xùnměng de xiàng gè dì mànyán (流感迅猛地向各地蔓延). ¶噂がぱっと〜った fēngshēng yíxiàzi chuánkāi le (风声一下子传开了).

ひろ・める【広める】 tuīguǎng (推广), chuánbō (传播), pǔjí (普及). ¶標準語を〜める tuīguǎng biāozhǔnyǔ (推广标准语). ¶科学知識を〜める chuánbō kēxué zhīshi (传播科学知识). ¶見聞を〜める zēngzhǎng jiànwén (增长见闻).

ひわ【秘話】 mìwén (秘闻). ¶第2次世界大戦の〜 Dì'èr Cì Shìjiè Dàzhàn de mìwén (第二次世界大战的秘闻).

ひわ【悲話】 ¶ロンドン塔には幾多の〜が伝えられている guānyú Lúndūntǎ xiāngchuán yǒu xǔduō bēicǎn de gùshi (关于伦敦塔相传有许多悲惨的故事).

びわ【枇杷】 pípa (枇杷).

びわ【琵琶】 pípa (琵琶). ¶〜を弾く tán pípa (弹琵琶).

ひわい【卑猥】 xiàliú (下流), wěixiè (猥亵). ¶〜な冗談 xiàliú de xiàohua (下流的笑话).

ひわり【日割】 **1**¶家賃を〜で払う àn rì jìsuàn fù fángqián (按日计算付房钱).

2〔日程〕 rìchéng (日程). ¶作業の〜を決める ānpái zuòyè de rìchéng (安排作业的日程).

ひわ・れる【干割れる】 gānliè (干裂). ¶日照り続きで地面が〜れた jiǔ hàn bù yǔ dìmiàn gānliè le (久旱不雨地面干裂了).

ひん【品】 **1**〔品位〕 pǐngé (品格), pǐnxìng (品性), yǎguān (雅观), yǎzhì (雅致), yǎdù (雅度). ¶あの人には〜がある nàge rén yǒu fēngdù[jǔzhǐ wényǎ／wēn wén ěr yǎ](那个人有风度[举止文雅／温文尔雅]). ¶〜の悪い言葉を使う shǐyòng cūyǎ de cíhuì (使用粗野的词汇).

2〔品物〕 ¶食料〜 shípǐn (食品). 舶来〜 bóláipǐn (舶来品).

びん【瓶】 píng[r](瓶[儿]), píngzi (瓶子). ¶牛乳〜 niúnǎipíng (牛奶瓶). ビール〜 píjiǔpíng (啤酒瓶).

びん【便】 **1**¶詳細は次の〜でお知らせします xiángqíng xià yī fēng xìn gàozhī (详情下一封信告知). ¶島へ渡るのは船しかない dào dǎoshang qù zhǐ yǒu kèlún (到岛上去只有客轮). ¶航空〜で送る yòng hángkōng yóujì (用航空邮寄).

2〔運航回数〕 hángbān (航班), hángcì (航次), bāncì (班次). ¶あの島には1日2〜飛んでいる dào nàge dǎo yī tiān fēi liǎng ge hángbān (到那个岛一天飞两个航班). ¶日に6〜連絡船が運航している měitiān yǒu liù bān dùlún (每天有六班渡轮). ¶バスの〜を増やす zēngjiā gōnggòng qìchē de bāncì (增加公共汽车的班次).

3〔ついで〕 ¶〜があったので荷物をことづけた shùnbiàn tuō rén bǎ dōngxi shāoqu le (顺便托人把东西捎去了).

びん【敏】 ¶彼は機を見るに〜だ tā shànyú jiànjī-xíngshì (他善于见机行事).

びん【鬢】 bìn (鬓), bìnfà (鬓发). ¶〜がほつれる bìnfà luàn le (鬓发乱了).

ピン **1**〔留め針〕 biézhēn[r](别针[儿]). ¶安全〜 biézhēn (别针). 虫〜 dàtóuzhēn (大头针).

2〔ヘアピン〕 tóufa jiāzi (头发夹子), tóufa qiǎzi (头发卡子). ¶髪を〜で留める yòng tóufa jiāzi húzhù (用头发夹子夹住).

3¶ワインといっても〜からキリまである pútaojiǔ yǒu zhìliàng gāo de, yě yǒu zhìliàng dī de (葡萄酒有质量高的,也有质量低的).

ひんい【品位】 pǐnjié (品节), pǐndù (品度), pǐngé (品格), pǐndé (品德), pǐnzhì (品质). ¶〜を保つ jié gē shēn zì hào (洁身自好).

ひんかく【品格】 pǐngé (品格). ¶あの人には〜が備わっている nàge rén pǐngé gāoshàng (那个人品格高尚).

ひんかく【賓客】 bīnkè (宾客), jiābīn (佳宾・嘉宾).

びんかつ【敏活】 mǐnjié (敏捷), línghuó (灵活). ¶頭を〜に働かす línghuó de dòng nǎojīn (灵活地动脑筋).

びんかん【敏感】 mǐngǎn (敏感), língmǐn (灵敏). ¶この子は音に対して〜だ zhè háizi duì yīnxiǎng hěn mǐngǎn (这孩子对音响很敏感). ¶この装置は煙に〜に反応する zhège zhuāngzhi duì yān fǎnyìng hěn língmǐn (这个装置对

烟反应很灵敏).
ひんきゃく【賓客】 bīnkè(宾客), jiābīn(嘉宾·佳宾), guìkè(贵客).
ひんきゅう【貧窮】 pínqióng(贫穷), pínkùn(贫困). ¶～にあえぐ kǔyú pínkùn(苦于贫困).
ひんく【貧苦】 pínkǔ(贫苦). ¶～に打ち勝つ zhànshèng pínkǔ(战胜贫苦).
ピンク fěnhóng(粉红), táohóng(桃红), táosè(桃色).
ひんけつ【貧血】 pínxuè(贫血); xuèkuī(血亏). ¶～を起して倒れた yóuyú fàn pínxuè dǎoxià le(由于犯贫血倒下了).
¶～性 pínxuè tǐzhì(贫血体质).
ひんこう【品行】 pǐnxíng(品行). ¶あの娘は～が悪い nàge nǚháizi pǐnxíng bù hǎo(那个女孩子品行不好).
¶～方正 pǐnxíng duānzhèng(品行端正).
ひんこん【貧困】 pínkùn(贫困). ¶～家庭に育つ shēngyú pínkùn de jiātíng(生于贫困的家庭). ¶創造力の～ chuàngzàolì de pínfá(创造力的贫乏).
ひんし【品詞】 cílèi(词类).
ひんし【瀕死】 bīnsǐ(濒死). ¶車にはねられて～の重傷を負った bèi qìchē zhuàngde fùle bīnsǐ zhòngshāng(被汽车撞伤负了濒死重伤). ¶～の病人 bīnwēi de bìngrén(濒危的病人).
ひんしつ【品質】 zhìliàng(质量), chéngsè(成色), pǐnzhì(品质). ¶～がよい[悪い] zhìliàng ▼hǎo[chà](质量▼好[差]).
¶～管理 zhìliàng guǎnlǐ(质量管理).
ひんじゃく【貧弱】 shòuruò(瘦弱); pínfá(贫乏). ¶彼は～な体をしている tā shēntǐ shòuruò(他身体瘦弱). ¶～な内容 pínfá de nèiróng(贫乏的内容).
ひんしゅ【品種】 pǐnzhǒng(品种). ¶～を改良する gǎiliáng pǐnzhǒng(改良品种).
ひんしゅく【顰蹙】 pícù(顰蹙). ¶人の～を買う shǐ rén zhòuméi fǎngǎn(使人皱眉反感).
ひんしゅつ【頻出】 ¶事故が～する shìgù lǚcì fāshēng(事故屡次发生). ¶～語彙リスト cháng chūxiàn de cíhuì yìlǎnbiǎo(常出现的词汇一览表).
びんしょう【敏捷】 mǐnjié(敏捷), língmǐn(灵敏), biànjié(便捷), qīngjié(轻捷). ¶動作が～だ dòngzuò mǐnjié(动作敏捷).
びんじょう【便乗】 ¶トラックに～して町まで出掛ける dā shùnbiàn de kǎchē dào chéngzhèn qù(搭顺便的卡车到城镇去). ¶時勢に～する suí dàliú(随大溜)/ shùn shuǐ tuī zhōu(顺水推舟).
¶～値上げ chènjī zhǎngjià(趁机涨价).
ヒンズーきょう【ヒンズー教】 Yìndùjiào(印度教).
ひん・する【貧する】 ¶～すれば鈍する rén qióng zhì ruò(人穷智弱).
ひん・する【瀕する】 bīnyú(濒于). ¶危機に～する bīnyú wēijīng(濒于危境). ¶死に～している bīnyú sǐwáng(濒于死亡).
ひんせい【品性】 pǐnxìng(品性), pǐnzhì(品质), pǐngé(品格). ¶～下劣な男 pǐnxìng èliè de jiāhuo(品性恶劣的家伙).
ピンセット nièzi(镊子), xiǎoqiánzi(小钳子).
びんせん【便船】 biànchuán(便船). ¶～を待つ děng biànchuán(等便船).
びんせん【便箋】 xìnzhǐ(信纸), xìnjiān(信笺), biànjiān(便笺).
ひんそう【貧相】 ¶～なりをしている tā chuāndài hěn hánsuān(他穿戴很寒酸). ¶やせて小さいので～に見える tā yòu shòu yòu ǎi xiǎnde hánsuān(他又瘦又矮显得寒酸).
びんそく【敏速】 mǐnjié(敏捷). ¶～に事務を処理する mǐnjié de chǔlǐ shìwù(敏捷地处理事务).
びんた ěrguāng(耳光), ěrguāngzi(耳光子), zuǐba(嘴巴), zuǐbazi(嘴巴子). ¶～をくう áile ge zuǐbazi(挨了个嘴巴子)/ chīle ge ěrguāng(吃了个耳光). ¶～をはる dǎ yí jì ěrguāng(打一记耳光)/ dǎ zuǐba(打嘴巴)/ dǎ zuǐ(打嘴)/ zhǎng zuǐ(掌嘴).
ピンチ ¶会社の経営が～に陥る gōngsī jīngyíng xiànyú kùnjìng(公司经营陷于困境). ¶～を切り抜ける bǎituō wēijī(摆脱危机).
びんづめ【瓶詰】 píngzhuāng(瓶装). ¶～のケチャップ píngzhuāng fānqiéjiàng(瓶装番茄酱).
ヒント qǐfā(启发), qǐshì(启示). ¶～を得る dédào qǐfā(得到启发). ¶～を与えたら彼はすぐ分った yì ▼diǎn[diǎnbō] tā jiù míngbai le(一▼点[点拨]他就明白了).
ひんど【頻度】 píndù(频度), píncì(频次), pínlǜ(频率). ¶この言葉は使われる～が高い zhège cí shǐyòng de píndù gāo(这个词使用的频度高).
びんと ¶メーターの針が～上がった yíbiǎo de zhēn měngrán shàngshēng(仪表的针猛然上升). ¶犬が耳を～立てる gǒu bǎ ěrduo shùle qǐlái(狗把耳朵竖了起来). ¶糸を～張る bǎ xiàn běngjǐn(把线绷紧). ¶彼の態度で～きた kàn tā nàge tàidu, wǒ yíxiàzi jiù míngbai le(看他那个态度, 我一下子就明白了).
ピント jiāodiǎn(焦点). ¶～を合せる duì jiāodiǎn(对焦点)/ tiáo jiāojù(调焦距)/ duì jìngtóu(对镜头). ¶この写真は～が合っていない zhè zhāng zhàopiàn jiāodiǎn méiyǒu duìzhǔn(这张照片焦点没有对准). ¶君の言う事は～がはずれている nǐ shuōde niútóu bú duì mǎzuǐ(你说得牛头不对马嘴).
ひんのう【貧農】 pínnóng(贫农).
ひんぱつ【頻発】 ¶交通事故が～する jiāotōng shìgù pín fā(交通事故频发).
ピンはね kèkòu(克扣). ¶頭を～ chōutóu[r](抽头[儿]), dǎtóu[r](打头[儿]). ¶日当を～する kèkòu rìxīn(克扣日薪).
ひんぱん【頻繁】 pínfán(频繁). ¶この通りは車の往来が～だ zhè tiáo jiē chēliàng láiwǎng pínfán(这条街车辆来往频繁). ¶土砂崩れが～に起る tāfāng lǚcì fāshēng(塌方屡次发生). ¶～に電話をかける pínfán dǎ diànhuà(频繁打电话).
ひんぴょう【品評】 pǐnpíng(品评), pǐnyì(品

議）．¶応募作品を～する pǐnyì yìngzhēng zuòpǐn（品议应征作品）．
¶～会 pǐnyìhuì（品议会）．
ひんぴん【頻頻】¶火事が～と起る huǒzāi pínpín fāshēng（火灾频频发生）．
ぴんぴん huóbèngbèng（活蹦蹦），huópōpō（活泼泼），huó bèng luàn tiào（活蹦乱跳），huān bèng luàn tiào（欢蹦乱跳），pínkùn（贫困）．¶釣り上げた魚が～はねまわる diàoshanglai de yú huóbèng-luàntiào（钓上来的鱼活蹦乱跳）．¶90歳とは思えないほど～している zhēn bùnéng xiǎngxiàng, jiǔshí suì hái zhème yìnglang（真不能想像，九十岁还这么硬朗）．
ひんぷ【貧富】 pínfù（贫富）．¶～の差が激しい pínfù xuánshū（贫富悬殊）．
びんぼう【貧乏】 qióng（穷），pínqióng（贫穷），qióngkǔ（穷苦），pínkùn（贫困）．¶彼は家が～で学校に行けなかった tā jiājìng pínqióng, méi néng shàngxué（他家境贫穷，没能上学）．¶商売に失敗して～になった shēngyi shībài, biàn qióng le（生意失败，变穷了）．¶彼女は生れた時から～したことがない tā chūshēng yǐlái cóngwèi ʼguòguo qióngrìzi［chīkǔ shòuqióng］（她出生以来从未ʼ过过穷日子［吃苦受穷］）．¶暇なし pínjiā rìyè qióngmáng（贫家日夜穷忙）．
¶～神にとりつかれる bèi qióngguǐ suǒ chán

（被穷鬼所缠）．¶～籤を引く dǎoméi（倒霉）．
¶～暮しはもう沢山だ qióngrìzi wǒ suàn guògòu le（穷日子我算过够了）．¶私は～性でこんな時でものんびりしていられない wǒ tiānshēng qióng mìng, zhèyàng de shíhou yě bùnéng qīngxián（我天生穷命，这样的时候也不能清闲）．¶～人の子沢山 qióngrén háizi duō（穷人孩子多）．¶～揺すりはやめろ bié jìng yáo tuǐ / bié yáo bōlenggài（别净摇腿/别摇波棱盖）．
ピンぼけ ¶この写真は～だ zhè zhāng zhàopiàn móhu bù qīng（这张照片模糊不清）．
ピンポン pīngpāng（乒乓），pīngpāngqiú（乒乓球）．¶～をする dǎ pīngpāng（打乒乓）．
ひんみん【貧民】 pínmín（贫民）．¶～窟 pínmínkū（贫民窟）．
ひんもく【品目】¶～別にリストを作る àn pǐnzhǒng zuò yìlǎnbiǎo（按品种作一览表）．
¶輸出～ chūkǒu shāngpǐn yìlánbiǎo（出口商品一览表）．
びんらん【便覧】→べんらん．
びんらん【紊乱】 wěnluàn（紊乱）．¶風紀～ fēngjì wěnluàn（风纪紊乱）．
びんわん【敏腕】¶～をふるう dà xiǎn shēn shǒu（大显身手）/fāhuī shǒuwàn（发挥手腕）．
¶～な新聞記者 gànliàn de xīnwén jìzhě（干练的新闻记者）．

ふ

ふ【歩】 zú（卒），bīng（兵）．¶～を進める jìn zú（进卒）．
ふ【斑】 bāndiǎn（斑点），bānwén（斑纹）．¶黒い～がある yǒu hēi bāndiǎn（有黑斑点）．¶～入り dài bānwén（带斑纹）．
ふ【府】 fǔ（府）．¶学問の～ xuéfǔ（学府）．¶京都～ Jīngdū Fǔ（京都府）．
ふ【負】 fù（负）．¶～の記号 fùhào（负号）．¶～の整数 fùzhěngshù（负整数）．
ふ【腑】 ¶彼の話はどうも～におちない tā de huà jiào rén nàmènr（他的话叫人纳闷ᵣ）．¶彼は～の抜けたような顔をしている tā xiàng diūle húnr shìde（他像丢了魂儿似的）．
ふ【譜】 pǔzi（谱子），yuèpǔ（乐谱），qǔpǔ（曲谱）．¶～を見ながらギターを弾く kànzhe yuèpǔ tán jítā（看着乐谱弹吉他）．
ぶ【分】 **1**〔長さ・体温などの単位〕¶2寸5～短くする suōduǎn èr cùn wǔ fēn（缩短二寸五分）．¶熱が8度7～もある shāodàole sānshíbā dù qī（烧到了三十八度七）．
2〔割合，利率〕¶7～3～に分ける àn sān qī kāi（按三七开）．¶桜はまだ3～ぐらいしか咲いていない yīnghuā zhǐ búguò kāile sān chéng（樱花只不过开了三成）．¶合格品は7割5～しかなかった hégépǐn zhǐ yǒu qī chéng wǔ

（合格品只有七成五）．¶利率は年6～3厘 niánlì wéi liù lí sān（年利为六厘三）．¶月1～の利息 yuèlì yì fēn（月利一分）．
3〔優劣の割合〕¶こちらに～がある wǒfāng zhàn ʼshàngfēng［yōushì］（我方占ʼ上风［优势］）．¶この試合はこっちの～が悪い zhè chǎng bǐsài wǒfāng bùlì（这场比赛我方不利）．
ぶ【武】 wǔ（武）．¶～を尚（たっと）ぶ shàngwǔ（尚武），～を練る liànwǔ（练武）．
ぶ【部】 **1**〔部分〕 bù（部）．¶3～作の小説 sānbùqǔ de xiǎoshuō（三部曲的小说）．¶夜の～は午後6時開演です xiàwǔ liù diǎnzhōng kāiyǎn（晚场六点钟开演）．¶市街の中心～ shì zhōngxīnqū（市中心区）．¶第1～ dìyī bù（第一部）．¶4～合唱 sì bù héchàng（四部合唱）．
2〔会社，組織などの〕¶放送～の～員 guǎngbō xiǎozǔ de zǔyuán（广播小组的组员）．¶執行～ lǐngdǎo jīgòu（领导机关）．総務～ zǒngwùchù（总务处）．編集～ biānjíbù（编辑部）．
3〔書物などの数〕 běn（本），cè（册），bù（部），fèn（份）．¶雑誌を10万～刷る yìnshuā shíwàn cè zázhì（印刷十万册杂志）．¶辞書を1～買う mǎi yí bù cídiǎn（买一部词典）．¶コ

ピーを3～とる fùyìn sān fèn (复印三份). ¶ 新聞1～ yí fèn bàozhǐ (一份报纸).

ファースト 1 dìyī (第一). ¶レディー～ nǚshì yōuxiān (女士优先).
2 [野球の] yīlěi (一垒). ¶ yīlěishǒu (一垒手).

ファーストクラス yīděngcāng (一等舱), tóuděngcāng (头等舱).

ファーストフード kuàicān (快餐).

ぶあい【歩合】 1 [割合] bǐlǜ (比率), bǐzhí (比值), bǐlì (比例).
2 [取引手数料] yòngjīn (佣金), yòngqián (佣钱). ¶1割の～を取る ná yì chéng yòngjīn (拿一成佣金). ¶売上げに応じて～を出す àn chūshòu'é chū yòngjīn (按出售额出佣金). ¶～制賃金 jìjiàn gōngzī (计件工资).

ぶあいそう【無愛想】 ¶あの娘は全く～だ nàge gūniang zhēn bù zhāo rén ài (那个姑娘真不招人爱). ¶～な返事をする àilǐ [àidā/dàilǐ]-bùlǐ de huídá (爱理[爱答/待理]不理地回答).

ファイト dòuzhì (斗志), gànjìnr (干劲ル).
¶激しい～で相手にぶつかる dòuzhì ángyáng de yǔ duìfāng jiàoliàng (斗志昂扬地与对方较量). ¶新しい仕事に～を燃やしている duì xīn gōngzuò jìnrǎn shízú (对新工作干劲十足). ¶～! jiāyóu! (加油!)/ jiā bǎ jìnr! (加把劲ル!).

ファイバースコープ xiānwéijìng (纤维镜), guāngxiān nèikuījìng (光纤内窥镜).

ファイル wénjiànjiā (文件夹) 《書類ばさみ》; juǎnzōng (卷宗), dàng'àn (档案);wénjiàn (文件) 《コンピューター》. ¶重要書類を～しておく bǎ zhòngyào wénjiàn guīdàng (把重要文件归档). ¶C項関係の～を整理する zhěnglǐ yǒuguān C shìxiàng de dàng'àn (整理有关C事项的档案).

ファインダー qǔjǐngqì (取景器). ¶～をのぞく yòng qǔjǐngqì kàn (用取景器看).

ファインプレー miàojì (妙技).

ファウル fànguī (犯规). ¶5回～して失格した fàn wǔ cì guī, bèi fá chūchǎng (犯五次规,被罚出场). ¶～ボール jièwàiqiú (界外球).

ファクシミリ chuánzhēn (传真).

ファゴット dàguǎn (大管), bāsōng (巴松).

ファシスト fǎxīsī fènzǐ (法西斯分子).

ファシズム fǎxīsīzhǔyì (法西斯主义).

ファスナー lāsuǒ[r] (拉锁[ル]), lāliàn[r] (拉链[ル]). ¶～を締める lāshàng lāsuǒ (拉上锁).

ぶあつ・い【分厚い】 ¶～い本 dàhòuběnr shū (大厚本ル书). ¶～い書類 hòuhòu de wénjiàn (厚厚的文件).

ファッション ¶～ショー shízhuāng biǎoyǎn (时装表演). ～ブック shízhuāng zázhì (时装杂志). ～モデル fúzhuāng mótèr (服装模特ル).

ふあん【不安】 bù'ān (不安). ¶被災者は避難先で～な一夜を明かした shòuzāizhě zài bìnànchù guòle bù'ān de yí yè (受灾者在避难处过了不安的一夜). ¶老後の生活に～を抱く duì wǎnnián de shēnghuó gǎndào bù'ān (对晚年的生活感到不安). ¶～そうな面持で医者にたずねた shénsè bù'ān de wènle yīshēng (神色不安地问了医生). ¶社会～を一掃する xiāochú shèhuì bù'ān (消除社会不安).

ファン 1 [愛好家] mí (迷). ¶あのスターには熱心な～が沢山いる nàge míngxīng yǒu bùshǎo rèxīn de chóngbàizhě [gěi tā pěngchǎng de rén] (那个明星有不少❜热心的崇拜者[给他捧场的人]). ¶野球～ bàngqiúmí (棒球迷).
2 [送風機] fēngshàn (风扇).

ファンクションキー gōngnéngjiàn (功能键).

ふあんてい【不安定】 bù āndìng (不安定), bù wěndìng (不稳定). ¶この花瓶は～だ zhège huāpíng bùwěn (这个花瓶不稳). ¶精神状態が～だ jīngshén zhuàngtài bù āndìng (精神状态不安定). ¶定収入がないので生活が～だ méiyǒu gùdìng shōurù, shēnghuó bù āndìng (没有固定收入,生活不安定). ¶政局が～だ zhèngjú bù wěndìng (政局不稳定).

ふあんない【不案内】 bù shú (不熟), bù shúxī (不熟悉), bù mōtóu (不摸头). ¶～な土地 bù shú de dìfang (不熟的地方)/ réndì shēngshū (人地生疏). ¶株のことは全く～だ duì gǔpiào wǒ yíqiào-bùtōng (对股票我一窍不通).

ファンファーレ ¶開会の～が鳴り響いた kāimù de liáoliàng de hàojiǎoshēng xiǎngchèle huìchǎng (开幕的嘹亮的号角声响彻了会场).

ふい ¶長年の努力が～になった duōnián de nǔlì luòdé yì cháng kōng [huàwéi pàoyǐng] (多年的努力落得一场空[化为泡影]). ¶絶好のチャンスを～にした fànguòle qiānzǎi nán féng de jīhuì (放过了千载难逢的机会). ¶切符を～にした piào fèi le (票废了).

ふい【不意】 búyì (不意), búliào (不料), hūrán (忽然), tūrán (突然), lěngbufáng (冷不防), chōulěngzi (抽冷子). ¶敵の～をつく chū qí búyì de xíjī dírén (出其不意地袭击敌人). ¶～の出来事に茫然としてなすすべ⒳を知らない duì tū rú qí lái de shìjiàn [cù bù jí fáng], mángrán bù zhī suǒ cuò (对突如其来的事件[猝不及防],茫然不知所措). ¶暗闇から～に人が現れた cóng ànchù hūrán chūláile yí ge rén (从暗处忽然出来了一个人). ¶～に聞かれたので答えられなかった jiào rén lěngbufáng yí wèn, huídá bù chūlái (叫人冷不防一问,回答不出来).

ブイ fúbiāo (浮标); [救命具] jiùshēngquān (救生圈).

ブイアイピー【VIP】 yàorén (要人), guìbīn (贵宾).

フィート [長さの単位] yīngchǐ (英尺), chǐ (呎).

フィードバック fǎnkuì (反馈).

フィールド tiánsàichǎng (田赛场). ¶～競技 tiánsài (田赛).

フィールドワーク shídì kǎochá (实地考察).

ふいうち【不意打ち】 ¶～をくらわす gěi duìfāng lěngbufáng (给对方冷不防). ¶敵を～する qíxí dífāng (奇袭敌方).

フィギュアスケート huāyàng huábīng (花样

滑冰).

フィクション xūgòu(虚构), xūnǐ(虚拟);[創作] xiǎoshuō(小说).

ふいご【鞴】 fēngxiāng(风箱).

ふいちょう【吹聴】 chuīxū(吹嘘), gǔchuī(鼓吹), xuānyáng(宣扬). ¶息子の大学合格を得意になって～する yángyáng déyì de chuīxū érzi kǎoshàngle dàxué(扬扬得意地吹嘘儿子考上了大学).

ぷいと ¶彼女は～横を向いてしまった tā hūdì bǎ liǎn niǔguoqu le(她忽地把脸扭过去了). ¶彼は～出て行ったきり戻って来なかった tā tūrán dàilǐ-bùlǐ de yí qù jiù bù huílai le(他突然待理不理地一去就不回来了).

フィナーレ zhōngqǔ(终曲); zhōngchǎng(终场). ¶舞台は大合唱で～を飾った yǐ dàhéchàng zhōngchǎng(以大合唱终场).

フィニッシュ ¶見事な～を決める chénggōng de wánchéngle piàoliang de ˇzuìhòu[luòdì] dòngzuò(成功地完成了漂亮的ˇ最后[落地]动作).

フィヨルド xiáwān(峡湾).

フィラメント dēngsī(灯丝), rèsī(热丝).

ふいり【不入り】 ¶どの劇場も～だ nǎge jùchǎng dōu bú shàngzuòr(哪个剧场都不上座ㄦ).

フィリピン Fēilùbīn(菲律宾).

フィルター［濾過器］lùqì(滤器), guòlùqì(过滤器);［カメラなどの］lǜguāngqì(滤光器), lǜsèjìng(滤色镜). ¶～つきの煙草 guòlǜzuǐ xiāngyān(过滤嘴香烟).

フィルム jiāojuǎn[r](胶卷[ㄦ]), jiāopiàn(胶片), ruǎnpiàn(软片), fēilín(菲林). ¶カメラに～を入れる wǎng xiàngjīli zhuāng jiāojuǎn(往相机里装胶卷).
¶カラー～ cǎisè jiāojuǎn(彩色胶卷). 白黒～ hēibái jiāojuǎn(黑白胶卷).

フィンランド Fēnlán(芬兰).

ふう【封】 fēng(封). ¶～を切る kāi[chāi] fēng(开[拆]封). ¶瓶の口に厳重に～をする fēngyán píngkǒu(封严瓶口).

ふう【風】 **1**［様式, 方式］¶都会の～に染まる rǎnshàng dūshì fēngqì(染上都市风气). ¶西洋の音楽 xīyángyuè de yīnyuè(西洋式的音乐). ¶昔～の女 lǎopài de nǚrén(老派的女人). ¶こんなに書いたらどうですか zhèyàng xiě zěnmeyàng?(这样写怎么样?).
2［様子］yàng[r](样[ㄦ]), yàngzi(样子). ¶あんな～では成功はおぼつかない zhào nàyàng méiyǒu chénggōng de xīwàng(照那样没有成功的希望). ¶私のした事をそんな～にされては心外だ wǒ zuò de shì bèi nàyàng lǐjiě shéngǎn yíhàn(我做的事被那样理解甚感遗憾). ¶知らない～をする zhuāng bù zhīdào(装不知道). ¶学生～の若い男 xuésheng múyàng de niánqīng nánzǐ(学生模样的年轻男子).

ふうあつ【風圧】 fēngyā(风压). ¶～計 fēngyājì(风压计).

ふういん【封印】 fēngyìn(封印), fēngtiáo(封条), fēngpítiáo(封皮条), fēngpí(封皮). ¶重要書類を袋に入れて～する bǎ zhòngyào wénjiàn fàngjìn dàizi jiāyǐ fēngyìn(把重要文件放进袋子加以封印). ¶～を破る jiēxià fēngtiáo(揭下封条).

ブーイング xūshēng(嘘声), xūjiàoshēng(嘘叫声). ¶お粗末な演奏に客席から～が起こった dīliè de yǎnzòu shǐ guānzhòng fāchū xūshēng(低劣的演奏使观众发出嘘声)/ yǎnzòude tài zāogāo tīngzhòng ˇjiào dǎohǎor[hè dàocǎi](演奏得太糟糕听众ˇ叫倒好ㄦ[喝倒彩]).

ふうう【風雨】 fēngyǔ(风雨). ¶～にさらされる bèi fēng chuī yǔ dǎ(被风吹雨打)/ zhì fēng mù yǔ(栉风沐雨). ¶～をおかして歩き続ける màozhe fēngyǔ qiánjìn(冒着风雨前进).

ふううん【風雲】 fēngyún(风云). ¶情勢は～急を告げている júshì gàojí(局势告急).
¶～児 fēngyún rénwù(风云人物).

ふうか【風化】 fēnghuà(风化). ¶岩肌が～する yánshí biǎomiàn fēnghuà(岩石表面风化). ¶発足時の精神は今や～した chuànglì shí de jīngshén zhùshí xiànzài yǐjīng fēnghuà le(创立时的精神柱石现在已经风化了).
¶～作用 fēnghuà zuòyòng(风化作用).

ふうが【風雅】 fēngyǎ(风雅). ¶～の人 fēngyǎ zhī shì(风雅之士).

フーガ fùgé(赋格).

ふうがい【風害】 fēnghài(风害).

ふうかく【風格】 fēnggé(风格), fēngdù(风度).
¶独特な～を備えた人物 jùyǒu dútè fēnggé de rénwù(具有独特风格的人物). ¶～のある字 pō yǒu fēnggé de zì(颇有风格的字).

ふうがわり【風変り】 qítè(奇特), gǔguài(古怪). ¶～な服装 zhuāngshù qítè(装束奇特)/ qízhuāng yífú(奇装异服). ¶いつもずいぶん～な男だ nà jiāhuo zhēn ˇshì ge guàirén[gǔguài](那家伙真ˇ是个怪人[古怪].

ふうき【風紀】 fēngjì(风纪). ¶～が乱れている fēngjì wěnluàn(风纪紊乱). ¶～を取り締る zhěngdùn fēngjì(整顿风纪).

ふうき【富貴】 fùguì(富贵).

ふうきる・る【封切る】 shàngyìng(上映), gōngyìng(公映). ¶その映画は全国を一斉に～られた nà bù diànyǐng zài quánguó gè dì tóngshí shàngyìng(那部电影在全国各地同时上映).
¶～り館 tóulún[shǒulún] diànyǐngyuàn(头轮[首轮]电影院).

ふうけい【風景】 fēngjǐng(风景), jǐngzhì(景致). ¶美しい山の～ yōuměi de shānqū fēngjǐng(优美的山区风景).
¶～画 fēngjǐnghuà(风景画). 街頭～ jiētóu jǐngzhì(街头景致).

ふうこう【風光】 fēngguāng(风光). ¶～明媚の地 fēngguāng míngmèi zhī dì(风光明媚之地).

ふうこう【風向】 fēngxiàng(风向). ¶～計 fēngxiàngbiāo(风向标)/ fēngxiàngqì(风向器).

ふうさ【封鎖】 fēngsuǒ(封锁). ¶港を～する fēngsuǒ gǎngkǒu(封锁港口). ¶海上～を行う shíxíng hǎishàng fēngsuǒ(实行海上封锁). ¶預金を～する dòngjié cúnkuǎn(冻结存款). ¶

経済～ jīngjì fēngsuǒ(经济封锁).

ふうさい【風采】 fēngcǎi(风采・丰采), yíbiǎo(仪表). ¶彼は～が立派だ tā fēngcǎi bùfán(他风采不凡). ¶～の上がらぬ男 qí mào bùyáng de rén(其貌不扬的人).

ふうし【風刺】 fēngcì(讽刺). ¶世相を～する fēngcì shìshì(讽刺世事). ¶～の利いた漫画 fùyǒu fēngcì yìwèi de mànhuà(富有讽刺意味的漫画).

ふうじこ・める【封じ込める】 fēngsuǒ(封锁), èzhì(遏制). ¶谷あいに敵を～める bǎ dírén fēngsuǒ zài shāngǔli(把敌人封锁在山谷里). ¶A国～め政策 èzhì A guó zhèngcè(遏制A国政策).

ふうしゃ【風車】 fēngchē(风车). ¶～小屋 fēngchēfáng(风车房).

ふうしゅう【風習】 fēngsú xíguàn(风俗习惯), xísú(习俗).

ふうしょ【封書】 ¶礼状は葉書ではなく～の方がよい dáxièxìn búyào yòng míngxìnpiàn, xiě yì fēng xìn hǎo(答谢信不要用明信片,写一封信好).

ふうしょく【風食】 fēngshí(风蚀).

ふう・じる【封じる】 →ふうずる

ふうしん【風疹】 fēngzhěn(风疹), fēngshā(风痧).

ふうすい【風水】 fēng shuǐ(风水). ¶～害 fēnghài shuǐhuàn(风害水患).

ふう・ずる【封ずる】 fēngzhù(封住). ¶反対派の発言を～ずる yāzhù fǎnduìpài de fāyán(压住反对派的发言). ¶金をやって彼の口を～じた yòng jīnqián fēngzhù tā de zuǐ(用金钱封住他的嘴). ¶得意の技を～ぜられた juézhāor bèi fēngzhù le(绝招ル被封住了).

ふうせつ【風雪】 fēngxuě(风雪), fēngshuāng(风霜). ¶～をしのぐ áoshòu fēngxuě(熬受风雪). ¶～20年、やっと努力が実を結んだ lìjīng èrshí nián de fēngshuāng, bú xiè de nǔlì zhōngyú huòdéle chéngguǒ(历经二十年的风霜,不懈的努力终于获得了成果).

ふうせつ【風説】 fēngshuō(风说), fēngyǔ(风语), fēngchuán(风传).

ふうせん【風船】 qìqiú(气球). ¶～をふくらます chuī qìqiú(吹气球). ¶～ガム pàopaotáng(泡泡糖). ¶ゴム～ xiàngpí qìqiú(橡皮气球).

ふうぜん【風前】 ¶彼の命は～の灯火だ tā de shēngmìng yóurú fēng zhōng zhī zhú(他的生命犹如风中之烛).

ふうそく【風速】 fēngsù(风速). ¶最大～50メートル zuìdà fēngsù wǔshí mǐ(最大风速五十米). ¶～計 fēngsùjì(风速计).

ふうぞく【風俗】 fēngsú(风俗). ¶～習慣は国によって大いに異なる fēngsú xíguàn gè guó dà bù xiāngtóng(风俗习惯各国大不相同).
¶～画 fēngsúhuà(风俗画).

ふうたい【風袋】 pí(皮), bāopí(包皮). ¶～を差し引く kòuchú pízhòng(扣除皮重). ¶～は～込みで500グラムある zhège lián pí suàn zài nèi yígòng yǒu wǔbǎi kè(这个连皮算在内一共有五百克)/zhège máozhòng yǒu wǔbǎi kè(这个毛重有五百克).

ふうち【風致】 fēngzhì(风致), fēngjǐng(风景), fēngguāng(风光). ¶公園の～を損なう yǒusǔnyú gōngyuán de fēngguāng(有损于公园的风光). ¶～地区 fǎdìng fēngjǐngqū(法定风景区).

ふうちょう【風潮】 fēngshàng(风尚), fēngqì(风气). ¶時代の～に逆らう kàngjù shídài cháoliú(抗拒时代潮流). ¶人命軽視の～がある yǒu qīngshì rén de shēngmìng cáichǎn de fēngqì(有轻视人的生命财产的风气).

ブーツ chángtǒngxuē(长统靴).

ふうてい【風体】 dǎban(打扮), chuāndài(穿戴), múyàng(模样). ¶彼女は異様な～で現れた tā yǐ qíxíng-guàizhuàng de múyàng chūxiàn le(她以奇形怪状的模样出现了).

ふうど【風土】 shuǐtǔ(水土), fēngtǔ(风土). ¶ここの～は私に合わない wǒ bù fú zhèli de shuǐtǔ(我不服这里的水土). ¶～色豊かな服装 fùyú dìfāng sècǎi de fúzhuāng(富于地方色彩的服装).
¶～病 dìfāngbìng(地方病).

ふうとう【封筒】 xìnfēng[r](信封[ル]), fēngpí(封皮), xìnpír(信皮ル). ¶手紙を～に入れる bǎ xìn zhuāngjìn xìnfēngli(把信装进信封里).

ふうどう【風洞】 fēngdòng(风洞).

ふうにゅう【封入】 zhuāng(装). ¶現金～の手紙 zhuāngyǒu xiànkuǎn de xìn(装有现款的信). ¶アルゴンガスを～した電球 chōng yà de dēngpàor(充氩的灯泡ル).

ふうは【風波】 1 [風と波] fēnglàng(风浪). ¶台風の影響で～が高くなってきた yóuyú táifēng de yǐngxiǎng, fēnglàng dàqǐlai le(由于台风的影响,风浪大起来了).
2 [もめごと] fēngbō(风波), jiūgé(纠葛), jiūfēn(纠纷). ¶家内に～が絶えない jiātínglǐ lǎo "qǐ fēngbō[nào jiūfēn](家庭里老"起风波[闹纠纷]).

ふうばいか【風媒花】 fēngméihuā(风媒花).

ふうび【風靡】 fēngmǐ(风靡). ¶一世を～する fēngmǐ[fēngxíng/shèngjí] yìshì(风靡[风行/盛极]一时).

ブービー dǎoshù dì'èrmíng(倒数第二名).

ふうひょう【風評】 fēngshēng(风声), fēngchuán(风传). ¶彼にはとかくの～がある guānyú tā nàge rén yǒu zhǒngzhǒng chuánwén(关于他那个人有种种传闻).

ふうふ【夫婦】 fūqī(夫妻), fūfù(夫妇). ¶～になる jiéwéi fūqī(结为夫妻). ¶2人は本当に～仲がよい nà liǎngkǒuzi gǎnqíng zhēn hǎo(那两口子感情真好). ¶～喧嘩は犬も食わない liǎngkǒuzi chǎojià, méi rén lǐ(两口子吵架,没人理).
¶若～ xiǎoliǎngkǒur(小两口ル).

ふうふう ¶鍋料理を～吹きながら食べる chuīzhe règnr chī huǒguōzi(吹着热气ル吃火锅子). ¶～あえぎながら階段を駆け上がって来た "hūchī zhí chuǎn[qìchuǎn xūxū] pǎoshàng lóutī lai le(他"呼哧直喘[气喘吁吁]跑上楼梯

来了). ¶彼は忙しくて～言っている tā máng de chuǎn bu guò qì lai (他忙得喘不过气来).
ぶうぶう ¶～言わず働け bié fā láosāo gànhuór ba (别发牢骚干活儿吧). ¶自動車が警笛を～鳴らす qìchē wūwū de àn lǎba (汽车呜呜地按喇叭).
ふうぶつ【風物】 fēngwù (风物). ¶自然の～ dàzìrán de jǐngwù (大自然的景物). ¶花火は夏の～詩だ yānhuo shì xiàtiān de fēngjǐngshī (烟火是夏天的风景诗).
ふうぶん【風聞】 fēngwén (风闻), fēngchuán (风传), chuánshuō (传说). ¶それは単なる～に過ぎない nà zhǐ búguò shì fēngwén éryǐ (那只不过是风闻而已).
ふうぼう【風貌】 fēngmào (风貌). ¶彼には巨匠の～が備わっている tā jùyǒu jùjiàng de fēngmào (他具有巨匠的风貌).
ふうみ【風味】 fēngwèi (风味), wèidao (味道). ¶～のよいお茶 wèidao chúnhòu de chá (味道醇厚的茶). ¶それでは～が損なわれる zhèyàng kě jiù huì zǒule wèir le (这样可就会走了味儿了).
ブーム rècháo (热潮), rè (热). ¶1946年は我が国の戦後最初の出版～だった yī jiǔ sì wǔ nián shì wǒguó zhànhòu dìyī cì chūbǎn rècháo (一九四六年是我国战后第一次出版热潮).
¶登山～ dēngshānrè (登山热).
ブーメラン fēibiāo (飞镖).
ふうらいぼう【風来坊】 liúlànghàn (流浪汉).
ふうりゅう【風流】 fēngyǎ (风雅), fēngliú (风流). ¶夏の夜の船遊びとは～なことだ xiàtiān de yèwǎn chéng chuán yóulǎn, zhēn shì fēngyǎ (夏天的夜晚乘船游览, 真是风雅).
¶～人士 fēngliú rénwù (风流人物), yǎrén (雅人).
ふうりょく【風力】 fēnglì (风力). ¶～2,快晴 fēnglì èr jí, qínglǎng wú yún (风力二级,晴朗无云).
¶～階級 fēnglì děngjí (风力等级)/ fēngjí (风级). ~発電 fēnglì fādiàn (风力发电).
ふうりん【風鈴】 fēnglíng (风铃).
プール 1〔水泳場〕yóuyǒngchí (游泳池). ¶室内～ shìnèi yóuyǒngchí (室内游泳池).
2〔ためておくこと〕chǔbèi (储备). ¶資金を～する chǔbèi zījīn (储备资金).
ふうろう【封蠟】 fēnglà (封蜡), huǒqī (火漆).
ふうん【不運】 bèiyùn (背运), búxìng (不幸), dǎoméi (倒霉·倒楣), huìqì (晦气), bèixìng (背兴), bèishí (背时·悖时), dǎoyùn (倒运), dǎozào (倒灶), chù méitóu (触霉头·触楣头). ¶身の～を嘆く bēitàn zìjǐ míng bó (悲叹自己命薄). ¶～とあきらめる zì rèn huìqì (自认晦气).
ぶうん【武運】 ¶～長久を祈る qídǎo wǔyùn chángjiǔ (祈祷武运长久). ¶～つたなく敗れ去る wǔyùn bùjiā ér bài (武运不佳而败).
ふえ【笛】 dí (笛), dízi (笛子), héngdí (横笛);〔呼子〕shàor (哨儿), shàozi (哨子). ¶～の音 díshēng (笛声). ¶～を吹く chuī dízi (吹笛子). ¶～吹けども踊らず zì chuī dízi, wú rén tiàowǔ (自吹笛子,无人跳舞).

フェア guāngmíng-zhèngdà (光明正大). ¶君のやり方は～とは言えない nǐ zhè zhǒng zuòfǎ bùnéng shuō shì guāngmíng-zhèngdà de (你这种做法不能说是光明正大的). ¶～なプレーの精神 guāngmíng-zhèngdà de jīngshén (光明正大的精神).
¶～ボール jiènèiqiú (界内球).
ふえいせい【不衛生】 bú wèishēng (不卫生). ¶あの店は～極まりない nà jiā pùzi tài bú wèishēng (那家铺子太不卫生).
フェイント xūjī (虚击), yánggōng (佯攻). ¶～をかける jìnxíng yánggōng (进行佯攻)/ zuòjiǎ dòngzuò (做假动作)/ diàoqiú (吊球).
フェーンげんしょう【フェーン現象】 fénfēng xiànxiàng (焚风现象).
ふえき【不易】 bú yì (不易). ¶万古～ wàngǔ bú yì (万古不易).
ふえき【賦役】 fùyì (赋役).
フェザーきゅう【フェザー級】 cìqīngliàngjí (次轻量级).
ふえて【不得手】 bú shàncháng (不擅长), bù náshǒu (不拿手). ¶私は絵は～だ wǒ kě bú shàncháng huà huàr (我可不擅长画画儿). ¶人前でしゃべるのは～だ búshànyú dāngzhòng shuōhuà (不善于当众说话).
フェティシズム bàiwùjiào (拜物教).
フェミニズム nǚquánzhǔyì (女权主义), nánnǚ píngquán zhǔyì (男女平权主义), nánnǚ píngděng zhǔyì (男女平等主义).
フェリーボート dùlún (渡轮), lúndù (轮渡).
ふ・える【殖える・増える】 zēngjiā (增加), zēngduō (增多), zēngzhǎng (增长). ¶だんだん会員が～えてきた huìyuán jiànjiàn de zēngduō le (会员渐渐地增多了). ¶交通事故は一方 jiāotōng shìgù yǒu zēng wú jiǎn (交通事故有增无减). ¶貯金どころか～えるのは借金ばかりだ zhài yuè gǔn yuè dà, gēn běnyǒng shuō cún qián le (债越滚越大,更不用说存钱了).
¶体重が3キロ～えた tǐzhòng zēngjiāle sān gōngjīn (体重增加了三公斤). ¶生産量が2倍に～えた chǎnliàng zēngzhǎng dào liǎng bèi (产量增长到两倍). ¶間もなく家族が1人～える bùjiǔ jiālǐ jiù huì zài tiān yí ge rén (不久家里就会再添一个人). ¶雨続きで川の水が～えた liánrì xiàyǔ, "héli zhǎng shuǐ [héshuǐ shàngzhǎng] le (连日下雨, "河里涨水[河水上涨]了).
フェルト zhānzi (毡子). ¶～帽 zhānmào (毡帽).
フェレット xuědiāo (雪貂).
ふえん【敷衍】 ¶～して説明する yǐnshēn shuōmíng (引申说明).
フェンシング jījiàn (击剑).
ぶえんりょ【無遠慮】 bú kèqi (不客气). ¶～な口をきく shuōhuà háo bú kèqi (说话毫不客气). ¶～にじろじろ見る bú kèqi de shàngxià dǎliang (不客气地上下打量).
フォアグラ féi'égān (肥鹅肝).
フォアハンド zhèngshǒu (正手), zhèngpāi (正拍).

フォーク chāzi(叉子), cānchā(餐叉); ròuchā(肉叉), càichā(菜叉), diǎnxinchā(点心叉).

フォークソング mínjiān gēqǔ(民间歌曲), fēngsúgē(风俗歌).

フォークダンス mínjiān wǔdǎo(民间舞蹈); jítǐwǔ(集体舞).

フォークリフト chāchē(叉车), chǎnchē(铲车), chǎnyùnchē(铲运车).

フォーマット géshìhuà(格式化).

フォーラム gōngkāi tǎolùnhuì(公开讨论会).

ぶおとこ【醜男】 chǒunánzǐ(丑男子), chǒubāguài(丑八怪).

フォルダ wénjiànjiá(文件夹).

フォルテ qiángyīn(强音).

フォルマリン →ホルマリン.

ふおん【不穏】 bùwěn(不稳), xiǎn'è(险恶). ¶形勢が~になる xíngshì xiǎn'è(形势险恶). ¶A地方に~な動きがある A dìqū yǒu bùwěn de dòngxiàng(A地区有不稳的动向).

フォン →ホン.

フォント zìtǐ(字体), zìxíng(字形), zìxíng(字型).

ふおんとう【不穏当】 ¶~な言葉を削る shānqù bù tuǒdàng de zìjù(删去不妥当的词句). ¶この処置は~だ zhège chǔzhì qiàntuǒ(这个处置欠妥).

ふか【鱶】 shā(鲨), shāyú(鲨鱼・沙鱼), jiāo(鲛). ¶~のひれ yúchì(鱼翅) / chìzi(翅子) / chì(翅).

ふか【不可】 bùkě(不可). ¶可もなく~もなし búsuàn hǎo yě búsuàn huài(不算好也不算坏).

ふか【付加】 fùjiā(附加). ¶規約に一項を~する zhāngchéng shang fùjiā yí xiàng(章程上附加一项). ¶~税 fùjiāshuì(附加税).

ふか【孵化】 fūhuà(孵化), fūyù(孵育). ¶人工的に~させる yòng réngōng jìnxíng fūhuà(用人工进行孵化). ¶ひよこが~した xiǎojī fūchulai le(小鸡孵出来了).
¶~器 fūluǎnqì(孵卵器).

ふか【部下】 bùxià(部下), bùshǔ(部属), shǔxià(属下), shǒudǐxià(手底下).

ふか・い【深い】 **1** shēn(深). ¶~い皿 shēn diézi(深碟子). ¶この川は大して~くない zhè tiáo hé bù zěnme shēn(这条河不怎么深). ¶雪が~く積った jīxuě shèn hòu(积雪甚厚) / xuě jī de hěn hòu(雪积得很厚). ¶山奥へ~く分け入る tàjìn shēnshān yōugǔ(踏进深山幽谷). ¶椅子に~く掛けなさい kàozhe yǐbèi zuòxia(靠着椅背坐下). ¶彼等の間の溝はますます~くなった tāmen zhī jiān de gémò yuèláiyuè dà(他们之间的隔膜越来越大). ¶この問題の根は~い zhège wèntí de gēnzi hěn shēn(这个问题的根子很深).

2[密度が] dà(大), nóng(浓). ¶草木が~く茂っている cǎomù màomì[màoshèng](草木茂密[茂盛]). ¶今夜は霧が~い jīnwǎn wù hěn dà(今晚雾很大).

3[時期, 時間が] shēn(深). ¶もう夜も~い yè yǐjing hěn shēn le(夜已经很深了) / yè lán rén jìng(夜阑人静). ¶秋が~くなった qiūsè gèngjiā nóng le(秋色更加浓了).

4[色が] shēn(深). ¶~い青 shēnlán(深蓝).

5[関係が] ¶両者の関係は~い liǎngzhě guānxi hěn shēn(两者关系很深). ¶あの2人は~い仲だ tāmen liǎ fāshēngle guānxi(他们俩发生了关系). ¶そんな事にはあまり~く係わらない方がよい nà zhǒng shì zuìhǎo búyào guò shēn de chāshǒu(那种事最好不要过深地插手).

6[十分だ, 底知れない] ¶~い知識を備えている jùyǒu yuānbó[yānbó/yuānshēn] de zhīshi(具有 渊博[淹博/渊深]的知识). ¶その絵は彼に~い印象を与えた nà zhāng huà gěi tā liúxiàle hěn shēn[shēnkè] de yìnxiàng(那张画给他留下了很深[深刻]的印象). ¶人々は~い悲しみに沈んでいる rénmen dōu bēitòng wànfēn(人们都悲痛万分). ¶~い哀愁の意を示す biǎoshì shēnqiè de āidào(表示深切的哀悼). ¶これには~い訳がある zhè lǐmian yǒu fùzá de qíngyóu(这里面有复杂的情由). ¶~い溜息をつく chángtànle yì kǒu qì(长叹了一口气). ¶あいつは欲が~い nà jiāhuo tāndéwúyàn(那家伙贪得无厌). ¶~く眠り込んでいる shuìde hěn chén(睡得很沉). ¶もっと物事を~く考えなさい shénme shì dōu yào shēnsī-shúlǜ(什么事都要深思熟虑). ¶皆様の御援助に~く感謝致します duì dàjiā de yuánzhù shēnshēn biǎoshì[shēn wéi] gǎnxiè(对大家的援助深深表示[深为]感谢). ¶キリスト教を~く信仰している qiánchéng de xìnyǎng Jīdūjiào(虔诚地信仰基督教).

ふかい【不快】 búkuài(不快). ¶人に~な思いをさせる shǐ rén gǎndào búkuài(使人感到不快).

ぶがい【部外】 wàibù(外部). ¶~秘の書類 duìwài bǎomì de wénjiàn(对外保密的文件). ¶~者立入禁止 xiánrén miǎn jìn(闲人免进) / wàirén bùzhǔn rù nèi(外人不准入内).

ふがいな・い【腑甲斐ない】 ¶それくらいのことが出来ないとは~い nǚ dǐ lián nàmediǎnr shì yě zuòbuliǎo, zhēn shì ge wōnángfèi[bù zhōngyòng](连那么点儿事也做不了, 真是个窝囊废[不中用]). ¶我ながら~いと思う lián zìjǐ yě juéde tài méi zhìqì[chūxi] le(连自己也觉得太没志气[出息]了).

ふかいり【深入り】 ¶あの件には~しない方がよい jiàn jiàn shì búyào guòfèn cānyù jinqu(那件事不要过分参与进去).

ふかおい【深追い】 ¶あまり~するな bié tài shēn zhuī le(别太深追了).

ふかかい【不可解】 bùkě lǐjiě(不可理解). ¶彼の行動は~だ tā de xíngdòng shízài lìng rén nányǐ lǐjiě(他的行动实在令人难以理解). ¶~な事件があいついで起こった jiē'èr-liánsān de fāshēngle mòmíngqímiào de shìjiàn(接二连三地发生了莫名其妙的事件). ¶彼女の心理は~だ tā de xīnlǐ wǒ yě mōbuzháo biānr(她的心理我可摸不着边儿).

ふかく【不覚】 ¶~にも相手の術中に陥ってしま

った mábì dàyì xiànrù duìfāng de quāntào(麻痹大意陷入对方的圈套). ¶彼の言葉を信じたのは一生の～だった qīngxìnle tā de huà shì wǒ yìshēng de huǐhèn(轻信了他的话是我一生的悔恨). ¶～を取った shūhu dàyì shībài le(疏忽大意失败了). ¶～の涙をこぼす bùyóude liúxià yǎnlèi(不由得流下眼泪).

ふかく【俯角】 fǔjiǎo(俯角).

ふかくだい【不拡大】 ¶～方針 bú kuòdà de fāngzhēn(不扩大的方针).

ふかくてい【不確定】 ¶～要素が多過ぎる wúfǎ quèdìng de yīnsù tài duō(无法确定的因素太多).

ふかけつ【不可欠】 bùkě quēshǎo (不可缺少). ¶空気は人間に～のものだ kōngqì duì rén shì jué bùkě quēshǎo de dōngxi(空气对人是绝不可缺少的东西). ¶～の条件 bì bùkě shǎo de tiáojiàn(必不可少的条件).

ふかこうりょく【不可抗力】 bùkěkànglì (不可抗力). ¶この事故は～によるものだ zhège shìgù shì yóuyú bùkěkànglì de yuányīn yǐnqǐ de (这个事故是由于不可抗力的原因引起的).

ふかさ【深さ】 shēn(深), shēndù(深度), shēnqiǎn(深浅). ¶湖の～を測る cè húpó de shēndù(测湖泊的深度). ¶この井戸の～は 15 メートルだ zhè kǒu jǐng yǒu shíwǔ mǐ shēn(这口井有十五米深). ¶ここの～は?(这里有多深?). ¶彼の考えの～には頭が下がる duì tā de shēnsuǒ sīkǎo shēnwéi zhéfú(对他的深邃思考甚为折服).

ふかざけ【深酒】 ¶～は体に毒だ hē jiǔ guòdù huì shānghài shēntǐ(喝酒过度会伤害身体). ¶タベは～してしまった zuówǎn yǐnjiǔ guòliàngle diǎn(昨晚饮酒过量了点儿).

ふかし【不可視】 ¶～光線 bùkějiànguāng(不可见光).

ふかしぎ【不可思議】 bùkěsīyì(不可思议). ¶～な事件 bùkěsīyì de shìjiàn(不可思议的事件).

ふかしん【不可侵】 bùkě qīnfàn(不可侵犯). ¶相互～条約を結ぶ dìjié hù bù qīnfàn tiáoyuē(缔结互不侵犯条约).

ふか・す【吹かす】 1 ¶煙草を～す chōuyān (抽烟). ¶エンジンを～す jiākuài yǐnqíng de zhuǎnsù(加快引擎的转速).

2〔誇示する〕¶先輩風を～す bǎi lǎozīge(摆老资格).

ふか・す【更かす】 ¶マージャンで夜を～した dǎ májiàng áole yè(打麻将熬了夜).

ふか・す【蒸す】 ¶餅を～す zhēng(蒸). ¶饅頭を～す zhēng bāozi(蒸包子).

ふかちろん【不可知論】 bùkězhīlùn(不可知论).

ぶかっこう【不格好】 nánkàn (难看). ¶彼の着ている服は～だ tā chuān de yīfu bú shì yàngr(他穿的衣服不是样儿).

ふかづめ【深爪】 ¶～をした zhǐjia jiǎnde tài kǔ le(指甲剪得太苦了).

ふかで【深手】 zhòngshāng(重伤). ¶～を負う shòu zhòngshāng(受重伤).

ふかのう【不可能】 bù kěnéng (不可能). ¶実現～な計画 bù kěnéng shíxiàn de jìhuà(不可能实现的计划). ¶今更そんな事は～だ shì dào rújīn, nà shì bù kěnéng de (事到如今, 那是不可能的). ¶～を可能にする bǎ bù kěnéng biànwéi kěnéng(把不可能变为可能).

ふかひ【不可避】 bùkě bìmiǎn (不可避免). ¶ストライキは～の情勢となった bàgōng yǐ chéng bùkě bìmiǎn de qūshì(罢工已成不可避免的趋势).

ぶかぶか ¶～した布団 ruǎnhūhū de bèirù(软乎乎的被褥). ¶白い～の饅頭 yòu bái yòu xuān de bāozi(又白又暄的包子).

ぶかぶか ¶痩せたのでズボンが～になってしまった shòude kùzi dōu xiǎnféi le (瘦得裤子都显肥了).

ぷかぷか ¶川に何か～浮いている héli yǒu shénme dōngxi piāolai-fúqu(河里有什么东西漂来浮去). ¶キセルを～ bādābādā de chōuzhe hànyāndài(吧嗒吧嗒地抽着旱烟袋).

ふかぶかと【深深と】 shēnshēn de(深深地). ¶ソファーに～腰をおろす bǎ shēntǐ shēnshēn de máijìn shāfāli (把身体深深地埋进沙发里). ¶高原の空気を～吸い込む yì kǒu gāoyuán de kōngqì shēnshēn de xī yìkǒu gāoyuán de kōngqì(深深地吸了一口高原的空气). ¶～頭を下げてお辞儀をした shēnshēn de jūle yì gōng(深深地鞠了一躬).

ふかぶん【不可分】 bùkě fēnkāi(不可分开), bùkě fēngē (不可分割). ¶両者は～の関係にある liǎngzhě yǒu bùkě fēngē de guānxi(两者有不可分割的关系). ¶政経～の原則 zhèngjīng bùkě fēnlí de yuánzé(政经不可分离的原则).

ふかま・る【深まる】 shēnhuà(深化), jiāshēn(加深). ¶認識が～る rènshi shēnhuà(认识深化). ¶疑惑はいっそう～った yíhuò gèng jiāshēn le (疑惑更加深了). ¶秋も～った qiūsè gèngjiā nóng le(秋色更加浓了). ¶謎は～るばかり mítuán yuèláiyuè jiěbukāi(谜团越来越解不开).

ふかみ【深み】 ¶～にはまって溺死した diàojìn shēnshuǐ yānsǐ le(掉进深水淹死了). ¶競馬に嵌ってずるずると～にはまりこんだ mídào sàimǎlǐ bùnéng zìbá(迷到赛马里不能自拔). ¶彼の文章には～がない tā de wénzhāng quēfá shēndù(他的文章缺乏深度).

ふかみどり【深緑】 shēnlù(深绿), cānglù(苍绿).

ふか・める【深める】 jiāshēn(加深). ¶討論によって理解を～める tōngguò tǎolùn ˇjiāshēn rènshi[tígáo rènshi](通过讨论ˇ加深理解[提高认识]).

ふかん【俯瞰】 fǔkàn(俯瞰), fǔshì(俯视). ¶山の上から～する cóng shānshang fǔshì shānxià(从山上俯视山下).

¶～図 fǔshìtú(俯视图)/ dǐngshìtú(顶视图).

ぶかん【武官】 wǔguān(武官).

ふかんしへい【不換紙幣】 búduìhuàn zhǐbì(不兑换纸币).

ふかんしょう【不感症】 ¶彼は何事にも~になっている tā duì rènhé shìqing dōu mò bù guānxīn (他对任何事情都漠不关心).

ふかんぜん【不完全】 bù wánquán (不完全), bù wánshàn (不完善). ¶設備が~だ shèbèi bù wánshàn (设备不完善).
¶~燃焼 bùwánquán ránshāo (不完全燃烧).

ふき【蕗】 fēngdòucài (蜂斗菜). ¶~の薹(とう) fēngdòucài de huāgěng (蜂斗菜的花梗).

ふき【不帰】 ¶治療の甲斐なく~の客となった yīzhì wǎngxiào, zhōng chéng guīrén (医治罔效, 终成归人).

ふき【付記】 ¶参考文献を~する fù cānkǎo wénxiàn (附参考文献).

ふぎ【不義】 búyì (不义). ¶~の財 búyì zhī cái (不义之财). ¶~をはたらく gǒuhé (苟合).

ぶき【武器】 wǔqì (武器). ¶~をとって戦う náqǐ wǔqì jìnxíng dòuzhēng (拿起武器进行斗争). ¶筆を~に不正と闘う yǐ bǐ wéi wǔqì xiàng bú zhèng zhī fēng zuò dòuzhēng (以笔为武器向不正之风作斗争).

ふきあ・げる【吹き上げる】 pēnfā (喷发), pēnyǒng (喷涌), chōngténg (冲腾). ¶火口から盛んに煙を~げている cóng huǒshānkǒu búduàn de pēnchū nóngyān (从火山口不断地喷出浓烟). ¶鯨が潮を~げる jīngyú pēn shuǐ (鲸鱼喷水).

ふきあ・れる【吹き荒れる】 ¶窓の外は強風が~れている chuāngwài kuángfēng dàzuò (窗外狂风大作).

ふきおろ・す【吹き下ろす】 guāxià (刮下). ¶冬になると冷たい風が山から~してくる yí dào dōngtiān jiù cóng shānshang guāxià lěngsōusōu de fēng (一到冬天就从山上刮下冷飕飕的风).

ふきかえ【吹替え】 1〔当てレコ〕pèiyīn (配音). ¶外国映画を~て放映する wàiguó diànyǐngjīng pèiyīn hòu fàngyìng (外国电影经配音后放映). ¶~映画 yìzhì yǐngpiàn (译制影片).
2〔代役〕¶危ない場面は~が演ずる wēixiǎn de chǎngmiàn yóu tìshēn yǎnyuán biǎoyǎn (危险的场面由替身演员表演).

ふきかえ・す【吹き返す】 ¶人工呼吸の末やっと息を~した jìnxíng rénggōng hūxī hǎoróngyì cái "sūxǐng guolai [fùsū] le (进行人工呼吸好容易才 "苏醒过来[复苏]了).

ふきか・ける【吹き掛ける】 1〔息などを〕hā (哈); pēn (喷), pēnsǎ (喷洒). ¶ガラスに息を~けながら磨く hāzhe qì cā bōli (哈着气擦玻璃). ¶ばらに殺虫剤を~ける gěi qiángwēi pēnsǎ shāchóngjì (给蔷薇喷洒杀虫剂).
2→ふっかける.

ふきけ・す【吹き消す】 chuīmiè (吹灭), chuīxī (吹熄). ¶蠟燭の火を一息で~した yìkǒuqì bǎ làzhú chuīmiè le (一口气把蜡烛吹灭了).

ふきげん【不機嫌】 bù gāoxìng (不高兴), bù yúkuài (不愉快), shuǎiliǎnzi (甩脸子). ¶それを見てたちまち~な顔をした tā yí kàn nà shì jiù bǎnqǐ liǎn bù gāoxìng le (他一看那事就板起脸不高兴了).

ふきこぼ・れる【吹きこぼれる】 ¶スープが~れる tāng fēi le (汤沸了).

ふきこ・む【吹き込む】 1〔風などが〕chuījìn (吹进), guājìn (刮进), guànjìn (灌进), shāojìn (潲进). ¶窓の透き間から風が~んでくる fēng cóng chuāngfèngli guànjinlai (风从窗缝儿里灌进来). ¶雨が~むから窓を閉めなさい yǔ yào shāojinlai, bǎ chuānghu guānshàng (雨要潲进来, 把窗户关上).
2〔知恵などを〕guànshū (灌输). ¶誰にそんな考えを~まれたのだ nà zhǒng xiǎngfǎ shuí guànshū gěi nǐ de? (那种想法谁灌输给你的?).
3〔録音する〕guàn (灌), guànyīn (灌音), guànzhì (灌制), lùyīn (录音), lùzhì (录制). ¶レコードに~む guàn chàngpiàn (灌唱片) / guànzhì chàngpiàn (灌制唱片). ¶只今~み中です xiànzài zhèngzài lùyīn (现在正在录音).

ふきさらし【吹き曝し】 ¶~のプラットホームで1時間待った zài sìmiàn guàn fēng de yuètái děngle yí ge xiǎoshí (在四面灌风的月台等了一个小时).

ふきすさ・ぶ【吹き荒ぶ】 ¶北風が~ぶ běifēng hūxiào (北风呼啸).

ふきそ【不起訴】 bù qǐsù (不起诉). ¶~処分にする zuòchū bù qǐsù de juédìng (做出不起诉的决定).

ふきそうじ【拭き掃除】 ¶廊下の~をする cā zǒuláng dìbǎn (擦走廊地板).

ふきそく【不規則】 bùguīzé (不规则). ¶生活が~だ shēnghuó méiyǒu guīlǜ (生活没有规律). ¶出勤時間が~だ shàngbān shíjiān bù yídìng (上班时间不一定).

ふきだ・す【吹き出す】 1〔噴出する〕pēnchū (喷出), màochū (冒出). ¶油井から石油が~す cóng yóujǐng pēnchū shíyóu lai le (从油井喷出石油来了). ¶窓から煙が~している cóng chuāngkǒu màochū yān lai le (从窗口冒出烟来了). ¶額から~た汗を拭きおうともしない éshang màochulai de hàn lián cā yě bù cā (额上冒出来的汗连擦也不擦). ¶消費者の日頃の不満が一気に~した xiāofèizhě sùrì de bùmǎn yíxiàzi bàofā le (消费者素日的不满一下子爆发了).
2〔笑い出す〕¶それを聞いて皆は思わず~した tīngle nà huà dàjiā bùyóude dōu pūchī yì shēng xiàole chūlai (听了那话大家不由得都扑哧一声笑了出来).

ふきだまり【吹き溜まり】 ¶雪の~ fēng guāchéng de xuěduī (风刮成的雪堆). ¶社会の~ shēnghuó wú zhuóluò de rén jùjí de chǎngsuǒ (生活无着落的人聚集的场所).

ふきつ【不吉】 búxiáng (不祥), bù jíxiáng (不吉祥), bù jílì (不吉利). ¶~な予感がする yǒu búxiáng de yùgǎn (有不祥的预感). ¶このところ~な夢ばかり見る zhèxiē tiān jǐn jǐnlì de mèng (这些天净做不吉利的梦).

ふきつ・ける【吹き付ける】 1〔風などが〕風が激しく~ける fēng měngliè chuīdǎzhe (风猛烈吹打着). ¶雨が窓に~けている yǔdiǎn zhí wǎng chuāngshang shào (雨点直往窗上潲).

2〔塗料などを〕pēn（喷）. ¶壁にペンキを～けるwǎng qiángshang pēn qī（往墙上喷漆）.

ふきでもの【吹き出物】 pào（疱）, xiǎochuāng（小疮）, xiǎogēda（小疙瘩）. ¶顔に～ができたliǎnshang zhǎngle xiǎochuāng（脸上长了小疮）.

ふきとば・す【吹き飛ばす】 guāpǎo（刮跑）, chuīpǎo（吹跑）. ¶台風で屋根が～された fángdǐng bèi táifēng gěi guāpǎo le（房顶被台风给刮跑了）. ¶爆弾で家は一瞬にして～された zhàdàn bǎ fángzi yíxiàzi gěi zhàhuǐ le（炸弹把房子一下子给炸毁了）. ¶その知らせは皆の不安を一した tīngdào nàge xiāoxi dàjiā de bù'ān xiāoshī le（听到那个消息大家的不安消失了）. ¶元気いっぱい寒さを～して雪合戦をした bùgù hánlěng jīngshen dǒusǒu de dǎ xuězhàng（不顾寒冷精神抖擞地打雪仗）.

ふきと・ぶ【吹き飛ぶ】 guāpǎo（刮跑）, chuīpǎo（吹跑）. ¶突風が吹いて洗濯物がみな～でしまった yízhèn fēng bǎ shài de yīfu quán gěi guāpǎo[guādiào] le（一阵风把晒的衣服全给'刮跑[刮掉]了）. ¶それを聞いて悩みは～んだ tīngle zhè jù huà, fánnǎo yíxiàzi jiù yúnxiāowùsàn le（听了这句话，烦恼一下子就云消雾散了）.

ふきと・る【拭き取る】 cādiào（擦掉）, mǒdiào（抹掉）, kāidiào（揩掉）. ¶食卓にこぼれた水を～る kāijìng sǎzài fànzhuō shang de shuǐ（揩净洒在饭桌上的水）. ¶額の汗を～る cādiào éshang de hàn（擦掉额上的汗）. ¶犯人は自分の指紋をみな～っていた zuìfàn bǎ zìjǐ de zhǐwén quán gěi mǒdiào le（罪犯把自己的指纹全给抹掉了）.

ふきながし【吹流し】 fān（幡）; fēngxiàngdài（风向袋）.

ふきぬけ【吹き抜け】 ¶ホールは～になっている dàtīng shì zhítōng wūdǐng de chuāntángr（大厅是直通屋顶的穿堂儿）.

ふきぶり【吹き降り】 ¶ますますひどい～になった fēngyǔ jiāojiā, yuèláiyuè lìhai（风雨交加，越来越厉害）.

ふきまく・る【吹き捲る】 ¶激しい風が一晩中～った kuángfēng guāle yìzhěngyè（狂风刮了一整夜）. ¶あいつはさんざん～って帰って行った nà jiāhuo dàsì chuīxū yízhèn huíqu le（那家伙大肆吹嘘了一阵回去了）.

ふきまわし【吹き回し】 ¶どういう風の～でやって来たのだ shénme fēng bǎ nǐ gěi chuīlai le?（什么风把你给吹来了?）.

ぶきみ【無気味】 ¶暗い山道を1人で歩くのはとても～だった dāndú yí ge rén zài hēi'àn de shānlù zǒu zhēn jiào rén hàipà（单独一个人在黑暗的山路走真叫人害怕）. ¶あたりは～に静まり返っていた zhōuwéi yípiàn yīnsēnsēn de jìjing（周围一片阴森森的寂静）. ¶彼の存在は～だ tā de cúnzài shǐ rén gǎndào kěpà（他的存在使人感到可怕）.

ふきや【吹矢】 chuītǒngjiàn（吹筒箭）.

ふきゅう【不朽】 bùxiǔ（不朽）. ¶彼の功績は～だ tā de gōngjì yǒng chuí bù xiǔ（他的功绩永垂不朽）. ¶～の名著 bùxiǔ de míngzhù（不朽的名著）.

ふきゅう【普及】 pǔjí（普及）. ¶今ではテレビは各家庭にほとんど～している xiànzài diànshìjī jīhū pǔjí dào měi ge jiātíng le（现在电视机几乎普及到每个家庭了）. ¶科学教育の～に力を注ぐ dàlì pǔjí kēxué jiàoyù（大力普及科学教育）. ¶～率は90パーセントに達した pǔjílǜ yǐ dá bǎi fēn zhī jiǔshí（普及率已达百分之九十）. ¶新式機械を～させる tuīguǎng xīnshì jīqì（推广新式机器）.
¶～版 pǔjíběn（普及本）.

ふきょう【不況】 bùjǐngqì（不景气）, xiāotiáo（萧条）. ¶造船界はひどい～に見舞われた zàochuánjiè chūxiànle yánzhòng de bùjǐngqì（造船界出现了严重的不景气）. ¶資本主義国は～とインフレの深刻な矛盾に悩んでいる zīběnzhǔyì guójiā dōu wèi jīngjì xiāotiáo hé tōnghuò péngzhàng de shēnkè máodùn ér kǔnǎo（资本主义国家都为经济萧条和通货膨胀的深刻矛盾而苦恼）.

ふきょう【不興】 bù gāoxìng（不高兴）. ¶上役の～を買う rě shàngsi bù gāoxìng（惹上司不高兴）/ dézuì shàngsi（得罪上司）.

ふきょう【布教】 chuánjiào（传教）, chuándào（传道）, bùdào（布道）. ¶仏教を～する chuánbù Fójiào（传布佛教）.

ぶきよう【無器用】 bèn（笨）, zhuō（拙）, zhuōbèn（拙笨）, bènzhuō（笨拙）. ¶～な手つきで鋏を使っている cūshǒu bèn jiǎo de shǐzhe jiǎnzi（粗手笨脚地使着剪子）. ¶生れつき手先が～だ shēnglái shǒu zhuō（生来手拙）. ¶彼は何をやっても～だ tā zuò shénme dōu bènshǒubènjiǎo de（他做什么都笨手笨脚的）.

ふぎょうせき【不行跡】 ¶息子の～を戒める xùnchì érzi xíngwéi bùduān（训斥儿子行为不端）.

ふきょうわおん【不協和音】 bùxiéhé yīnchéng（不协和音程）.

ぶきょく【舞曲】 wǔqǔ（舞曲）.

ふぎり【不義理】 qiànqíng（欠情）, qiàn rénqíng（欠人情）. ¶～を重ねる lǚcì qiàn rénqíng（屡次欠人情）. ¶商売がうまくいかず方々へ～が出来た shēngyì bù hǎo, gèchù qiànzhài（生意不好，各处欠债）.

ぶきりょう【不器量】 chǒu（丑）, nánkàn（难看）. ¶あの娘は～だが頭はよい nàge gūniang suī zhǎngde bù hǎokàn, kě nǎojīn hǎo（那个姑娘虽长得不好看，可脑筋好）.

ふきん【付近】 fùjìn（附近）, zuǒjìn（左近）, cèjìn（侧近）, jìnpáng（近旁）, yílìur（一溜儿）. ¶駅の～に住む zhùzài chēzhàn fùjìn（住在车站附近）. ¶この～には日用品を売る店が少ない zhè fùjìn mài rìyòngpǐn de pùzi hěn shǎo（这附近卖日用品的铺子很少）.

ふきんこう【不均衡】 bù jūnhéng（不均衡）, bù pínghéng（不平衡）. ¶輸出と輸入が～ chūkǒu hé jìnkǒu bù jūnhéng（出口和进口不均衡）.

ふきんしん【不謹慎】 ¶態度が～だ tàidu bù

yánsù (态度不严肃). ¶～なことを言う shuō fàngsì de huà (说放肆的话). ¶この席で笑うは～だ zài zhè zhǒng chǎnghé fāxiào tài méi lǐmào (在这种场合发笑太没礼貌).

ふ・く【吹く】 1〔風が〕chuī (吹), guā (刮). ¶涼しい風が～いてきた liángfēng chuīlai le (凉风吹来了). ¶潮風に～かれる bèi hǎifēng chuīzhe (被海风吹着).
 2〔息を〕chuī (吹), hū (呼). ¶熱いお茶を～きながら飲む chuīzhe qì hē rèchá (吹着气喝热茶). ¶火を～いておこす chuī huǒ shēng lúzi (吹火生炉子). ¶～けば飛ぶような男 bùzúguàchǐ de jiāhuo (不足挂齿的家伙).
 3〔吹き鳴らす〕chuī (吹). ¶口笛を～く chuī kǒushàor (吹口哨儿). ¶トランペットを～く chuī xiǎohào (吹小号).
 4〔大言する〕¶ほらを～く chuī fǎluó (吹法螺) / chuīniú (吹牛) / shuō dàhuà (说大话).
 5〔吹き出す〕pēn (喷), mào (冒). ¶火山を～く huǒshān pēn huǒ (火山喷火). ¶エンジンが火を～いた yǐnqíng màochū huǒ lai le (引擎冒出火来了). ¶銃口が一斉に火を～いた qiāng yíqì kāihuǒ le (枪一齐开火了). ¶鯨が潮を～く jīngyú pēn shuǐ (鲸鱼喷水). ¶蟹が泡を～く pángxiè tǔ báimò le (螃蟹吐白沫了). ¶額から汗が～き出る étou shang màochūle hàn (额头上冒出了汗). ¶柳が芽を～いた liǔshù chōuyá le (柳树抽芽了).

ふ・く【拭く】 cā (擦), mǒ (抹), kāi (揩), shì (拭), cāshì (擦拭), kāishì (揩拭), fúshì (拂拭). ¶顔を～く kāi liǎn (擦脸). ¶机を奇麗に～く bǎ zhuōzi cāgānjìng (把桌子擦干净). ¶この汚れはいくら～いてもとれない zhège wūgòu zěnme cā yě cābudiào (这个污垢怎么擦也擦不掉). ¶涙を～く shì lèi (拭泪).

ふ・く【葺く】 pū (铺); shàn (苫), qì (葺). ¶屋根を～く pū fángdǐng (铺房顶). ¶瓦を～く pū [] wǎ (铺[] 瓦] 瓦).

ふく【服】 1〔きもの〕yīfu (衣服), yīshang (衣裳). ¶早く～を着なさい kuài chuānshàng yīfu (快穿上衣服). ¶子供～ értóngyī (儿童衣) / tóngzhuāng (童装).
 2〔薬の〕fù (服), jì (剂). ¶一日一～ yí rì yí fù (一日一服).

ふく【副】 fù (副). ¶正・2通の書類 zhèngfùběn liǎng fèn wénjiàn (正副本两份文件). ¶～議長 fùzhǔxí (副主席) / fùyìzhǎng (副议长).

ふく【福】 fú (福). ¶笑う門(に)には～来たる xiào mén dé fú (笑门得福). ¶残り物に～あり chī zuìhòu nà yí ge yǒu fúqi (吃最后那一个有福气).

ふぐ【河豚】 hétún (河豚), tún (鲀).

ふぐ【不具】 cánfèi (残废). ¶事故で～になった yóuyú shìgù chéngle cánfèi (由于事故成了残废).

ふくあん【腹案】 fù'àn (腹案). ¶文章の～を練る dǎ fùgǎo (打腹稿). ¶機構改革の～を練る nǐ jīgòu gǎigé de fù'àn (拟机构改革的腹案).

ふくいく【馥郁】 fùyù (馥郁). ¶梅の花が～の香りを放っている méihuā sànfāzhe fùyù de xiāngqì (梅花散发着馥郁的香气). ¶～たる薫りが部屋に満ちている shìnèi chōngmǎnzhe fēnfāng (室内充满着芬芳).

ふくいん【幅員】 kuān (宽), kuāndù (宽度).

ふくいん【復員】 fùyuán (复员). ¶～軍人 fùyuán jūnrén (复员军人).

ふくいん【福音】 fúyīn (福音). ¶この薬の発見は結核患者にとって～だ zhè zhǒng yào de fāxiàn shì jiéhébìng huànzhě de fúyīn (这种药的发现是结核病患者的福音).
 ¶～書 fúyīnshū (福音书).

ふぐう【不遇】 búyù (不遇). ¶身の～をかこつ bàoyuàn zìjǐ huái cái búyù (抱怨自己怀才不遇). ¶彼は生涯～の身の上で終った tā zhōngshēng bù dézhì ér sǐ (他终生不得志而死).

ふくえき【服役】 fúxíng (服刑), fú láoyì (服劳役), fúyì (服役). ¶彼は刑務所で～中だ tā zài jiānyùli fúxíng (他在监狱里服刑).

ふくえん【復縁】 ¶女に～を迫る bī nǚrén huīfù fūqī guānxi (逼女人恢复夫妻关系).

ふくがく【復学】 fùxué (复学).

ふくがん【複眼】 fùyǎn (复眼).

ふくぎょう【副業】 fùyè (副业). ¶～に養蚕をする yǐ yǎngcán wéi fùyè (以养蚕为副业).

ふくげん【復元】 fùyuán (复原). ¶焼失した壁画を～する fùyuán shāoshī de bìhuà (复原烧失的壁画). ¶平城宮址～図 Píngchénggōngjì fùyuántú (平城宫址复原图).
 ¶～力 wěndù (稳度).

ふくこう【腹腔】 fùqiāng (腹腔).

ふくごう【複合】 fùhé (复合). ¶～語 fùhécí (复合词) / héchéngcí (合成词).

ふくこうかんしんけい【副交感神経】 fùjiāogǎn shénjīng (副交感神经).

ふくざい【服罪】 fúxíng (服刑). ¶潔く～する gānxīn fúxíng (甘心服刑).

ふくざつ【複雑】 fùzá (复杂). ¶この機械の構造は～だ zhè jī jīqì gòuzào hěn fùzá (这架机器构造很复杂). ¶それを知って私は～な気持になった zhīdaole nà jiàn shì, wǒ de xīnqíng hěn fùzá (知道了那件事,我的心情很复杂). ¶それは事態をますます～にした nà jiàn shì shǐ shìtài yuèfā fùzá le (那件事使事态越发复杂了). ¶この小説は筋が～だ zhè xiǎoshuō qíngjié fùzá (这小说情节复杂). ¶～怪奇な国際情勢 yún jué bō guǐ de guójì xíngshì (云谲波诡的国际形势).
 ¶～骨折 kāifàng gǔzhé (开放骨折).

ふくさよう【副作用】 fùzuòyòng (副作用). ¶この薬は～がない zhè yào méiyǒu fùzuòyòng (这药没有副作用).

ふくさんぶつ【副産物】 fùchǎnpǐn (副产品), fùchǎnwù (副产物).

ふくし【副詞】 fùcí (副词).

ふくし【福祉】 fúlì (福利). ¶～国家 fúlì guójiā (福利国家). ¶～事業 fúlì shìyè (福利事业). ¶～施設 fúlì shèshī (福利设施).

ふくじ【服地】 yīliào[r] (衣料[儿]), liàozi (料子).

ふくしき【複式】 fùshì (复式). ¶～学級 fùshì

biānzhì（复式编制）．～簿記 fùshì bùjì（复式簿记）．

ふくしきこきゅう【腹式呼吸】 fùshì hūxī（腹式呼吸）．

ふくじてき【副次的】 ¶それは～な問題だ nà shì cìyào de wèntí（那是次要的问题）．

ふくしゃ【複写】 fùyìn（复印），fùxiě（复写），téngxiě（誊写）．¶～を3枚とる fùyìn sān zhāng（复印三张）．¶カーボン紙で～する yòng fùxiězhǐ lái fùxiě（用复写纸来复写）．¶写真を～する fānpāi zhàopiàn（翻拍照片）．¶～機 fùyìnjī（复印机）．～紙 fùyìnzhǐ（复印纸）．

ふくしゃ【輻射】 fúshè（辐射）．¶～熱 fúshèrè（辐射热）．

ふくしゅう【復習】 fùxí（复习），wēnxí（温习）．¶習ったことはその日のうちに～する dàngtiān de gōngkè dàngtiān fùxí（当天的功课当天复习）．

ふくしゅう【復讐】 bàochóu（报仇），fùchóu（复仇）．¶～の念に燃える xiōngzhōng ránqǐ fùchóu de nùhuǒ（胸中燃起复仇的怒火）．¶殺された父の～をする wèi bèi shāhài de fùqin fùchóu（为被杀害的父亲复仇）．

ふくじゅう【服従】 fúcóng（服从）．¶上官の命令に～する fúcóng shàngjí de mìnglìng（服从上级的命令）．

ふくじゅそう【福寿草】 cèjīnzhǎnhuā（侧金盏花）．

ふくしょう【副賞】 fùjiǎng（副奖）．¶～として10万円出る fā fùjiǎng shíwàn rìyuán（发副奖十万日元）．

ふくしょう【復唱】 fùshù（复述）．¶命令を～する fùshù mìnglìng（复述命令）．

ふくしょく【服飾】 fúshì（服饰）．¶～品 fúshì yòngpǐn（服饰用品）．

ふくしょく【復職】 fùzhí（复职）．¶病気が治って～する quányù hòu fùzhí（痊愈后复职）．

ふくしょくぶつ【副食物】 fùshípǐn（副食品）．

ふくしん【副審】 fùcáipànyuán（副裁判员）．

ふくしん【腹心】 fùxīn（腹心），xīnfù（心腹），qīnxìn（亲信）．¶～の部下 xīnfù de bùxià（心腹的部下）．

ふくじん【副腎】 shènshàngxiàn（肾上腺），shènshàngtǐ（肾上体），fùshèn（副肾）．¶～皮質ホルモン shènshàng pízhì jīsù（肾上皮质激素）．

ふくすい【腹水】 fùshuǐ（腹水）．
¶～を盆に返らず fù shuǐ nán shōu（覆水难收）．

ふくすう【複数】 fùshù（复数）．¶～の者の犯行に違いない yídìng shì liǎng ge yǐshàng de rén fàn de zuì（一定是两个以上的人犯的罪）．

ふく・する【服する】 fú（服），fúcóng（服从）．¶命令に～する fúcóng mìnglìng（服从命令）．¶罪に～する fú zuì（服罪）．¶兵役に～する fú bīngyì（服兵役）．¶喪に～する fúsāng（服丧）/ shǒu xiào（守孝）．

ふく・する【復する】 huīfù（恢复）．¶事態は正常に～した shìtài huīfùle zhèngcháng（事态恢复了正常）．¶旧に～する fùjiù（复旧）．

ふくせい【複製】 fùzhì（复制）；fānyìn（翻印）．¶名画を～する fùzhì mínghuà（复制名画）．¶不許～ bùxǔ ｢fùzhì［fānyìn］(不许｢复制［翻印］)．¶～版 fānyìnbǎn（翻印版）．～品 fùzhìpǐn（复制品）．

ふくせき【復籍】 ¶実家に～する zài niángjia huīfùle hùkǒu（在娘家恢复了户口）．¶大学に～する huīfù dàxué de xuéjí（恢复大学的学籍）．

ふくせん【伏線】 fúxiàn（伏线），fúbǐ（伏笔）．¶物語の～ gùshili de fúbǐ（故事里的伏笔）．¶後々のために～を張っておいた wèi rìhòu máixià fúxiàn（为日后埋下伏线）．

ふくせん【複線】 fùxiàn（复线），shuāngguǐ（双轨）．

ふくそう【服装】 fúzhuāng（服装），yīzhuó（衣着），chuānzhuó（穿着）．¶～を整える zhěngli yīfu（整理衣服）．¶～に凝る jiǎngjiu yīzhuó（讲究衣着）．¶夏の～ xiàzhuāng（夏装）．

ふくそう【福相】 fúxiàng（福相）．¶あの人は～だ nàge rén hǎo fúxiàng（那个人好福相）．

ふくそう【輻湊】 ¶原稿が～につき来月号に回します gǎozi guòduō，zhuǎndào xiàqī（稿子过多，转到下期）．¶車が～する qìchē yúnjí ér lái（汽车云集而来）．

ふくぞう【腹蔵】 ¶～のない御意見をお聞かせ下さい xiǎng tīngting nín zhíshuài de yìjiàn（想听听您直率的意见）．¶～なく批判し合う hùxiāng jìnxíng tǎnshuài de pīpíng（互相进行坦率的批评）．

ふくそうひん【副葬品】 xùnzàngpǐn（殉葬品）．

ふくだい【副題】 fùtí（副题），fùbiāotí（副标题）．

ふぐたいてん【不俱戴天】 bú gòng dài tiān（不共戴天）．¶～の敵 bú gòng dài tiān de dírén（不共戴天的敌人）．

ふくつ【不屈】 bùqū（不屈）．¶～の精神 bùqū-búnào de jīngshén（不屈不挠的精神）．¶～の闘志 wánqiáng bùqū de dòuzhì（顽强不屈的斗志）．

ふくつう【腹痛】 fùtòng（腹痛）．¶～を起す nào dùziténg（闹肚子疼）．

ふくどく【服毒】 fúdú（服毒）．¶～自殺 fúdú zìshā（服毒自杀）/ yǎng dú zìjìn（仰毒自尽）．

ふくどくほん【副読本】 fǔzhù dúwù（辅助读物）．

ふくのかみ【福の神】 fúxīng（福星），cáishén（财神），cáishényé（财神爷）．¶～が舞い込む fúxīng línmén（福星临门）．

ふくはい【腹背】 fùbèi（腹背）．¶～に敵を受ける fùbèi shòudí（腹背受敌）．

ふくびき【福引】 ¶～を引く chōu［zhuā］cǎi（抽［抓］彩）．¶～で自転車が当った zhòngcǎi déle yí liàng zìxíngchē（中彩得了一辆自行车）．¶～券 cǎipiào（彩票）/ jiǎngquàn（奖券）．

ふくぶ【腹部】 fùbù（腹部）．

ぶくぶく 1〔泡を吹くさま〕 ¶蟹が～と泡を吹く pángxiè pūpū de tǔ pàomò（螃蟹噗噗地吐泡沫）．¶船は～と沈んでいった chuán màozhe shuǐpào chénxiaqu le（船冒着水泡沉下去了）．

2〔ふくらんでいるさま〕¶～と太った男 xūpàng〔yōngzhǒng〕de nánrén(虚胖〔臃肿〕的男人).

ふくぶくし・い【福福しい】 ¶～い顔立ちの人 zhǎngxiàng hěn yǒu fúqì de rén(长相很有福气的人)/yǒu fúxiàng de rén(有福相的人).

ふくふくせん【複複線】 shuāngfùxiàn(双复线).

ふくへい【伏兵】 fúbīng(伏兵).¶～を置く shèxià fúbīng(设下伏兵).¶思わぬ所から～が現れた zài yùxiǎng bu dào de dìfang chūxiànle fúbīng(在预想不到的地方出现了伏兵).

ふくほん【副本】 fùběn(副本).

ふくまく【腹膜】 fùmó(腹膜).¶～炎 fùmóyán(腹膜炎).

ふくまでん【伏魔殿】 mókū(魔窟), yánwangdiàn(阎王殿), sēnluódiàn(森罗殿).

ふくみ【含み】 hánxù(含蓄・涵蓄), hányùn(含蕴).¶～のある言い方をする huà shuōde hěn hánxù(话说得很含蓄).¶決定に～を持たせる shǐ juédìng liú yǒu yúdì(使决定留有余地).

ふくみわらい【含み笑い】 ¶～をする mǐnzuǐ xiào(抿嘴笑).

ふく・む【含む】 **1** hányǒu(含有), bāokuò(包括), bāohán(包含).¶苺にはビタミンCが多く～まれている cǎoméi hányǒu hěn duō wéishēngsù bǐng(草莓含有很多维生素丙).¶塩分を～んだ井戸水 hányǒu yánfèn de jǐngshuǐ(含有盐分的井水).¶この金額には税金も～まれている zhège jīn'é shuì bāokuò zài nèi(这个金额税包括在内).¶この言葉には多くの意味が～まれている zhè jù huà bāohán hěn jǐ céng yìsi(这句话包含好几层意思).¶その中には大学教授も～まれていた qízhōng yě yǒu dàxué jiàoshòu(其中也有大学教授).
2〔口に〕 xián(衔).¶水を口に～む zuǐli hánzhe shuǐ(嘴里含着水).
3〔心に〕 ¶彼女は私に何か～むところがあるらしい tā hǎoxiàng duì wǒ yǒu shénme bùmǎn shìde(她好像对我有什么不满似的).¶この事情を～んでおいて下さい zhège qíngkuàng qǐng nǐ kǎolü zài nèi(这个情况请你考虑在内).
4〔帯びる〕 hán(含), dài(带).¶笑いを～んだ口元 hánxiào de zuǐjiǎo(含笑的嘴角).¶媚(び)を～んだ目 dài mèi de yǎnshén(带媚的眼神).

ふくむ【服務】 gōngzuò(工作).¶～規程 gōngzuò jìlù(工作纪律)/láodòng guīzé(劳动规则).

ふくめい【復命】 fùmìng(复命), huíbào(回报).¶本部に～する xiàng zǒngbù huíbào(向总部回报).

ふく・める【含める】 bāokuò(包括), bāohán(包含).¶これも～めていくらですか zhè yě suànzài nèi, yígòng duōshao qián?(这也算在内,一共多少钱?)¶私も～めて参加者はたった10人だった bāokuò wǒ zài nèi, cānjiā de rén zhǐ yǒu shí ge(包括我在内,参加的人只有十个).¶嚙んで～めるように話す bāikāi róusuì de shuō(掰开揉碎地说).

ふくめん【覆面】 ¶～した強盗 méngmiàn qiángdào(蒙面强盗).¶～をとる zhāixià méngmiànjù(摘下蒙面具).

ふくも【服喪】 fúsāng(服丧).

ふくよう【服用】 fúyòng(服用), fúyào(服药), chōngfú(冲服).¶1日3回食後～のこと měitiān sān cì, fànhòu fúyòng(每天三次,饭后服用).

ふくよう【複葉】 **1**〔植物の〕 fùyè(复叶).¶～植物 fùyè zhíwù(复叶植物).
2〔飛行機の〕 shuāngyì(双翼).¶～飛行機 shuāngyì fēijī(双翼飞机).

ふくよか【豊満】 fēngmǎn(丰满).¶～な胸 fēngmǎn de xiōngbù(丰满的胸部).¶彼女はこの頃～になった tā jìnlái fāfú le(她近来发福了).¶～な香り fùyù de xiāngqì(馥郁的香气).

ふくらしこ【ふくらし粉】 fāfěn(发粉), bèifěn(焙粉), qǐzi(起子).¶～を入れて小麦粉をふくらます fàng xiǎofèn fāmiàn(放小粉发面).

ふくらはぎ【ふくら脛】 féi(腓), tuǐdùzi(腿肚子).

ふくらま・す【膨らます】 chuī(吹), gǔ(鼓).¶紙風船を～す chuī zhǐqìqiú(吹纸气球).¶頬を～して怒る gǔqǐ sāibāngzi shēngqì(鼓起腮帮子生气).¶彼女は期待に胸を～している tā mǎnhuáizhe xīwàng(她满怀着希望).

ふくら・む【膨らむ】 ¶水に浸けておいた大豆が～んだ jìn shuǐ de dàdòu pàozhàng le(浸水的大豆泡涨了).¶ポケットが～んでいる kǒudai zhuāngde gǔgǔ de(口袋装得鼓鼓的).¶桜の蕾がだいぶ～んだ yīnghuā hánbāo yù fàng(樱花含苞欲放).¶パンがどうしても～まない miànbāo zěnme yě fā bu qǐlái(面包怎么也发不起来).¶夢も～む mèngxiǎng yuèláiyuè dà(梦想越来越大).¶豊かな胸の～み fēngmǎn de rǔfěng(丰满的乳峰).

ふくり【福利】 fúlì(福利).¶～厚生 shèhuì fúlì(社会福利).～施設 fúlì shèshī(福利设施).

ふくり【複利】 fùlì(复利).¶～で計算する yǐ fùlì jìsuàn(以复利计算).

ふくれっつら【膨れっ面】 běngliǎn(绷脸), bǎnliǎn(板脸).¶彼は注意をされると～をする yì shuō tā jiù běng liǎn(一说他就绷脸).

ふく・れる【膨れる】 ¶こればかりでは腹が～れない chī zhè diǎnr dōngxi nǎ néng bǎo?(吃这点儿东西哪能饱?).¶あの娘はちょっと注意するとすぐ～れる yì shuō tā, jiù juézuǐ(一说她,她就撅嘴).¶予算はかなり～れ上がった yùsuàn xiāngdāng pángdà le(预算相当庞大了).

ふくろ【袋】 dài[r](袋[儿]), dàizi(袋子), kǒudai(口袋);〔果肉の〕 ráng[r](瓤[儿]), rángzi(瓤子), bàn[r](瓣[儿]).¶飴を～に入れる bǎ tángguǒ zhuāngzài dàizili(把糖果装在袋子里).¶1～500グラムの砂糖 yí dài wǔbǎi kè de shātáng(一袋五百克的砂糖).¶犯人は～の鼠だ zuìfàn hǎobǐ wèng zhōng zhī biē, pǎobuliǎo le(罪犯好比瓮中之鳖,跑不了了).¶蜜柑の～ júzibànr(橘子瓣儿).

ふくろう【梟】 xiāo(枭), xiūliú(鸺鹠), chīxiāo(鸱鸮・鸱枭).

ふくろこうじ【袋小路】 sǐhútòng[r](死胡同

[ル]), sǐlù(死路). ¶事態は〜に入り込んでしまった shìtài xiànrùle jiāngjú(事态陷入了僵局).

ふくろだたき【袋叩き】¶よってたかって〜にする nǐ yì quán wǒ yì quán de ōudǎ(你一拳我一拳地殴打). ¶マスコミの〜に合う chéngle yúlùnjiè de zhòngshǐ zhī dì(成了舆论界的众矢之的)/ bèi xīnwén bǎodàojiè quándǎ-jiǎotī(被新闻报导界拳打脚踢).

ふくわじゅつ【腹話術】fùyùshù(腹语术).

ぶくん【武勲】wǔgōng(武功), zhàngōng(战功). ¶〜をたてる lì wǔgōng(立武功).

ふけ【雲脂】tóupí(头皮). ¶〜が出る zhǎng tóupí(长头皮).

ぶけ【武家】wǔrén méndì(武人门第);[人] wǔshì(武士).

ふけい【父兄】jiāzhǎng(家长).

ふけい【父系】fùxì(父系). ¶〜社会 fùxì shèhuì(父系社会). 〜制 fùquánzhì(父权制).

ぶげい【武芸】wǔyì(武艺).

ふけいき【不景気】bùjǐngqì, xiāotiáo(萧条). ¶産業界は深刻な〜に見舞われている chǎnyèjiè zāoyùle yánzhòng de bùjǐngqì(产业界遭遇了严重的不景气). 会社は〜の中だ gōngsī xiànzài bùjǐngqì(公司现在不景气). ¶この頃はどこへ行っても〜な話ばかりだ jìnlái wúlùn dào nǎr jìngshì bùjǐngqì de huà(近来无论到哪儿净是不景气的话). ¶いつも〜な顔をしている lǎoshi nàme chóuméi-bùzhǎn, wújīng-dǎcǎi(老是那么愁眉不展,无精打采).

ふけいざい【不経済】bùjīngjì(不经济). ¶そんなに石鹼を使って洗濯をするのは〜だ yòng nàme duō de féizào lái xǐ yīfu zhēn bùjīngjì(用那么多的肥皂来洗衣服真不经济). ¶少しずつ買うのは結局は〜だ yìdiǎnr yìdiǎnr de mǎi guīgēn-jiédǐ shì bùjīngjì(一点儿一点儿地买归根结底是不经济). ¶君のやり方は時間の〜だ nǐ nà zhǒng zuòfǎ shì làngfèi shíjiān(你那种做法是浪费时间).

ふけつ【不潔】bù qīngjié(不清洁), bù gānjìng(不干净). ¶〜な手で物をお下さい búyào yòng zāngshǒu mō(不要用脏手摸). ¶〜にならないように気を付ける zhùyì qīngjié wèishēng(注意清洁卫生).

ふ・ける【老ける】lǎo(老), lǎomài(老迈), lǎoxiàng(老相), cānglǎo(苍老); jiànlǎo(见老). ¶彼は年より〜けて見える tā bǐ shíjì suìshu xiǎnde lǎo(他比实际岁数显得老)/ tā zhǎngde yǒudiǎnr lǎoxiàng(他长得有点儿老相).

ふ・ける【更ける】shēn(深). ¶夜が〜けて人が寝静まった夜 lán[shēn] rén jìng de yè(夜[阑]人静). ¶会が終わったのは夜もだいぶ〜けてからだった huìyì jiéshù shí yè yǐjing hěn shēn le(会议结束时夜已经很深了). ¶秋も〜けた qiūse hěn nóng le(秋色很浓了).

ふけ・る【耽る】dān(耽), chénmí(沉迷), chénnì(沉溺), chénmiàn(沉湎). ¶物思いに〜る xiànrù chénsī(陷入沉思). ¶読書に〜る máitóu dúshū(埋头读书)/ dāndú(耽读). ¶幻想に〜る dānyú huànxiǎng(耽于幻想). ¶酒色に〜る chénnì yú jiǔsè(沉溺于酒色).

ふ・ける【蒸ける】¶さつま芋が〜けた báishǔ zhēngshú le(白薯蒸熟了).

ふげん【不言】bù yán(不言). ¶〜実行の人 bù yán ér xíng de rén(不言而行的人)/ bùshēng-bùxiǎng shígàn de rén(不声不响实干的人)/ mèntóur gàn de rén(闷头儿干的人). ¶〜不語 bù yán bù yǔ(不言不语), jiān kǒu bù yǔ(缄口不语).

ふげん【付言】¶一言〜する fùdài shuō yí jù(附带说一句).

ふけんしき【不見識】méi jiànshi(没见识). ¶そのような事を言うとは〜極まりない shuō nà zhǒng huà tài méi jiànshi le(说那种话太没见识了).

ふけんぜん【不健全】bú jiànkāng(不健康). ¶彼は生活が〜だ tā shēnghuó fàngzòng(他生活放纵). ¶〜な娱楽 bú jiànkāng de yúlè(不健康的娱乐). ¶〜な思想 bú jiànkāng de sīxiǎng(不健康的思想).

ふこう【不孝】bú xiào(不孝). ¶親〜を重ねる lǚcì bú xiào(屡次不孝). ¶〜者 nìzǐ(逆子).

ふこう【不幸】**1**［ふしあわせ］búxìng(不幸). ¶親の〜な子供達 méiyǒu fùmǔ de búxìng de háizimen(没有父母的不幸的孩子们). ¶突然〜に見舞われた tūrán zāodàole búxìng(突然遭到了不幸). ¶彼女は若くして結婚間もなく夫を失った tā jiéhūn bùjiǔ búxìng shīqùle zhàngfu(她结婚不久不幸失去了丈夫). ¶〜中の幸い búxìng zhōng zhī dà xìng(不幸中之大幸).
2［親族の死］¶親戚に〜があった qīnqi jiā yǒule sāngshì(亲戚家有了丧事).

ふごう【符号】fúhào(符号), jìhao(记号). ¶〜を付ける zuò jìhao(做记号).

ふごう【符合】fúhé(符合), xiāngfú(相符), xiānghé(相合), wěnhé(吻合). ¶彼の言っていることは事実と〜している tā suǒ shuō de hé shìshí fúhé(他所说的和事实符合). ¶2人の言う事は全然〜しない liǎng ge rén suǒ shuō de dà xiāng jìngtíng(两个人所说的大相径庭).

ふごう【富豪】fùháo(富豪), fùwēng(富翁), cáizhu(财主).

ふごうかく【不合格】bù hégé(不合格); bù jígé(不及格). ¶筆記試験で〜となった bǐshì bù jígé(笔试不及格).
¶〜品 cìpǐn(次品)/ cìhuò(次货).

ふこうへい【不公平】bù gōng(不公), bù gōngpíng(不公平), bù gōngzhèng(不公正), bù gōngdào(不公道). ¶その処分は〜だ nà chǔfèn tài bù gōngzhèng le(那处分太不公正了).
¶〜のないように分配する gōngpíng hélǐ de fēnpèi(公平合理地分配).

ふごうり【不合理】bù hélǐ(不合理). ¶〜な制度を是正する gǎijìn bù hélǐ de zhìdù(改革不合理的制度). ¶彼の言う事は全く〜だ tā shuō de huà jiǎnzhí bù hélǐ(他说的话简直不合理).

ふこく【布告】bùgào(布告). ¶宣戦を〜する xuānzhàn(宣战). ¶〜を出す chū bùgào(出布告)/ chū bǎng(出榜).

ふこく【富国】 fù guó (富国). ¶～強兵策をとる cǎiqǔ fùguó-qiángbīng zhèngcè (采取富国强兵政策).

ぶこく【誣告】 wūgào (诬告). ¶～罪 wūgàozuì (诬告罪).

ふこころえ【不心得】 ¶彼の～を諭す jiàoyù tā gǎixié-guīzhèng (教育他改邪归正). ¶人が真面目に話しているのに笑うとはもほどがある wǒ shuō zhènjìnghuà nǐ què xiào, zhēn qǐyǒucǐlǐ (我说正经话你却笑,真岂有此理).

ぶこつ【無骨】 cūyě (粗野), cūlǔ (粗鲁・粗鹵). ¶～な手 cūzhuàng de shǒu (粗壮的手). ¶～者 cūrén (粗人)/ bù ān fēngyǎ de rén (不谙风雅的人).

ふさ【房】 1［糸，毛などの］ yīngzi (缨子), suìzi (穂子), suìr (穂儿), liúsū (流苏). ¶～の付いた紐 dài suìr de dàizi (带穂儿的带子). ¶カーテンに～を付ける gěi chuānglián zhuāngzhuhù suìzi (给窗帘装缨穂子). ¶帽子の～ màoyīngzi (帽缨子). ¶ひと～の髪 yì liǔr tóufa (一绺儿头发).

2［花，果実などの］ ¶バナナが～になって実っている jiēzhe yí chuàn yí chuàn de xiāngjiāo (结着一串一串的香蕉). ¶ひと～のぶどう yì dúlu pútao (一嘟噜葡萄).

ブザー fēngmíngqì (蜂鸣器). ¶開演を告げる～が鳴った xuāngào kāiyǎn de fēngmíngqì xiǎng le (宣告开演的蜂鸣器响了).

ふさい【夫妻】 fūfù (夫妇), fūqī (夫妻). ¶A氏～を招く yāoqǐng A fūfù (邀请A夫妇).

ふさい【負債】 fùzhài (负债), qiànzhài (欠债), qiànzhàng (欠帐). ¶あの会社は3億円の～がある nà jiā gōngsī yǒu sānyì rìyuán de fùzhài (那家公司有三亿日元的负债). ¶商売に失敗して多額の～を背負った shēngyi shībài, qiànle yí dà bǐ zhài (生意失败,欠了一大笔债).

¶～勘定 fùzhài kēmù (负债科目).

ふざい【不在】 búzài (不在). ¶友人を訪ねたがあいにく～だった bàifǎng péngyou, bú còuqiǎo tā búzài (拜访朋友,不凑巧他不在).

¶～地主 zàiwài dìzhǔ (在外地主). ～者投票 tíqián tóupiào (提前投票).

ぶさいく【不細工】 cūbèn (粗笨). ¶～な机 cūbèn de zhuōzi (粗笨的桌子). ¶～な顔 chǒulòu de xiàngmào (丑陋的相貌).

ふさが・る【塞がる】 1［閉じる］ guān (关), hé (合), bì (闭). ¶傷口はすぐ～った shāngkǒu hěn kuài jiù ¹yùhé[shōukǒu/hékǒu] le (伤口很快就¹愈合[收口/合口]了). ¶眠くて目が～る kùnde zhēngbukāi yǎnjing (困得睁不开眼睛). ¶あいた口が～らない mù dèng kǒu dāi (目瞪口呆).

2［詰る］ dǔ (堵), sāi (塞), dǔsè (堵塞), zǔsè (阻塞), tiánsè (填塞), gěngzǔ (梗阻), zǔgěng (阻梗). ¶ごみで下水が～った xiàshuǐdào jiào lājī dǔzhu le (下水道叫垃圾堵住了). ¶雪崩で道が～ってしまった yóuyú xuěbēng lù bèi zǔsè le (由于雪崩路被阻塞了). ¶悲しみのあまり胸が～って何も言えない bēitòng wànfēn shuō bu chū huà lai (悲痛万分说不出话来).

3［空いていない］ zhàn (占). ¶公衆電話はどれも～っていた gōngyòng diànhuà dōu bèi rén zhànyòngzhe (公用电话都被人占用着). ¶ただいま回線が～っておりますのでしばらくお待ち下さい xiànzài zhànxiàn, qǐng děng yíxià (现在占着线,请等一下). ¶その日私の時間は全部会議で～っていた nà yì tiān wǒ de shíjiān quán bèi huìyì zhànqu le (那一天我的时间全被会议占去了). ¶席は全部～っている zuòwèi dōu zuòmǎnle rén (座位都坐满了人). ¶いま体が～っている xiànzài ¹téng[chōu] bu chū shēn lai (现在¹腾[抽]不出身来).

ふさぎこ・む【塞ぎ込む】 mènmèn bú lè (闷闷不乐), yùyù bú lè (郁郁不乐). ¶彼女は叱られて一日中～んでいた tā áile mà yìzhěngtiān mènmèn bú lè (她挨了骂一整天闷闷不乐).

ふさく【不作】 qiànshōu (歉收). ¶今年はりんごが～だ jīnnián píngguǒ shōucheng bù hǎo (今年苹果收成不好). ¶～の年 qiànnián (歉年)/ qiànsuì (歉岁).

ふさ・ぐ【塞ぐ】 1［閉じる］ bì (闭), wǔ (捂). ¶彼女は思わず目を～いだ tā bù jué bìshangle yǎnjing (她不觉闭上了眼睛).

2［詰める，覆う］ dǔ (堵), sāi (塞), dǔsè (堵塞). ¶鼠の穴を～ぐ dǔ lǎoshǔdòng (堵老鼠洞). ¶紙を貼って隙間を～ぐ hú zhǐtiáo bǎ fèngr liúshàng (糊纸条把缝儿留上). ¶耳を～いで聞こうとしない sāizhù ěrduo bù tīng (塞住耳朵不听)/ chōng ěr bù wén (充耳不闻).

3［場所を取る］ zhàn (占). ¶荷物が場所を～いでいる huòwù zhànzhe dìfang (货物占着地方). ¶通路を～がないで下さい qǐng búyào dǔsè tōnglù (请不要堵塞通路).

4［気が］ ¶気が～ぐ xīnli ¹dǔde[biēde] huāng (心里¹堵得[憋得]慌)/ dǔxīn (堵心). ¶～いだ顔をしている chóu méi kǔ liǎn (愁眉苦脸).

ふざ・ける 1［戯れる］ nào (闹), xīnào (嬉闹), nàozhe wánr (闹着玩儿), xìshuǎ (戏耍), shuǎxiào (耍笑), kāi wánxiào (开玩笑). shuǎgǔtou (耍骨头). ¶子供達が庭で～ている xiǎoháizimen zài yuànzili ¹nào[wánshuǎ]zhe (小孩子们在院子里¹闹[玩耍]着). ¶初めは～ていたがそのうち本気で殴り合いを始めた kāishǐ nàozhe wánr, nàozhe nàozhe sǐdǎ qilai le (开始闹着儿,闹着闹着厮打起来了). ¶～けないで真面目に答えなさい bié kāi wánxiào, zhèngjīng huídá (别开玩笑,正经回答).

2［馬鹿にする］ ¶この野郎～けるな gǒudōngxi, biè nòng wǒ! (狗东西,戏弄我!). ¶～けた事を言うな bié fàng tāmāde pì! (别放他妈的屁!). ¶～けた真似をすると承知しないぞ shuǎ wǒ! wǒ ké bù ráo nǐ (要我! 我可不饶你).

ぶさた【無沙汰】 ¶御～しましたが皆様お変わりありませんか hǎojiǔ méi jiànmiàn, nín jiālirén dōu hǎo ma? (好久没见面,您家里人都好吗?) / jiǔ shū wènhòu, hé jiā ké hǎo? (久疏问候,阖家可好?).

ふさふさ máoróngróng (毛茸茸). ¶～した尻

尾 máoróngróng de wěiba(毛茸茸的尾巴).¶髪の毛が～している tóufa hěn mì(头发很密).

ぶさほう【無作法】méi[bù] guīju(没[不]规矩), méi[bù] lǐmào(没[不]礼貌), bùchéng tǐtǒng(不成体统).¶人前で足を投げ出すとは何という～だ dāng rén miànqián shēnzhe tuǐ zuòzhe, tài méi lǐmào le(当人面前伸着腿坐着,太没礼貌了).¶～をお許し下さい bù dǒng guīju,qǐng yuánliàng(不懂规矩,请原谅).

ぶざま【無様】¶足を滑らせてへっくり返ったhuále yì jiǎo shuāile ge yǎngbāchā(滑了一脚摔了个仰八叉).¶こんな～な格好では人前に出られない yàngzi zhème lāta, jiànbude rén(样子这么邋遢,见不得人).¶～な負け方をした shūde yìtāhútú(输得一塌糊涂).

ふさわし・い【相応しい】shìyú(适于), shìhé(适合), héshì(合适), xiāngchèn(相称).¶その場に～い音楽を演奏する yǎnzòu shìyú gāi chǎngmiàn de yīnyuè(演奏适于该场面的音乐).¶この花にはこの花瓶が～い zhè huā chāzài zhège huāpíng li zuì héshì(这花插在这个花瓶里最合适).¶教師に～からぬ行為 yǔ jiàoshī shēnfen bù xiāngchèn de xíngwéi(与教师身分不相称的行为).¶彼こそは詩人の名に～い人だ tā shì míng fù qí shí de shīrén(他是名副其实的诗人).¶彼女は君に～い伴侶だ tā shì nǐ de hǎo bànlǚ(她是你的好伴侣).

ふし【節】1〔竹や木の〕jié(节); jiēzi(节子).¶竹の～zhújié(竹节).¶この柱は～だらけだ zhè gēn zhùzi jìn shì jiēzi(这根柱子尽是节子).

2〔関節〕gǔjié(骨节), gǔtoujiér(骨头节儿), guānjié(关节).¶指の～が腫れた zhǐguānjié fāzhàng(指关节发肿).¶体の～々が痛む quánshēn de gǔjié téng(全身的骨节疼).

3〔箇所〕¶彼の行動には怪しい～がある tā de jǔdòng yǒu xiē kěyí de dìfang(他的举动有些可疑的地方).¶そういえば思い当る～がある nǐ nàme yì shuō wǒ yě xiǎngqǐle yí jiàn lèisì de shì(你那么一说我也想起了一件类似的事).

4〔旋律〕diàozi(调子), qǔdiào(曲调).¶～をつけて歌う pǔ qǔ gēchàng(谱曲歌唱).

ふし【父子】fùzǐ(父子).

ふじ【藤】zǐténg(紫藤), téngluó(藤萝).¶～の蔓(ｯ) téngluówàn(藤萝蔓).¶～色 qiǎnzǐsè(浅紫色)/ǒuhésè(藕荷色).¶～棚 téngluójià(藤萝架).

ふじ【不治】→ふち(不治).

ふじ【不時】bùshí(不时).¶～の出費に備えて貯金する chǔxù yǐ bèi bùshí zhī xū(储蓄以备不时之需).¶～の来客があった láile bú sù zhī kè(来了不速之客).

ぶし【武士】wǔshì(武士).¶～に二言なし wǔshì jué bù shíyán(武士决不食言).¶～は食わねど高楊枝 dǎzhǒng liǎn chōng pàngzi(打肿脸充胖子)/wǔshì bù lù èxiàng(武士不露饿相).

¶～道 wǔshìdào(武士道).

ぶじ【無事】píng'ān(平安), píng'ān wúshì(平安无事).¶遭難者の～を祈る qǐdǎo yùnànzhě ānrán fǎnhuí(祈祷遇难者安然返回).¶おまえの～な顔を見て嬉しい kàndào nǐ píng'ān wúshì de yàngzi wǒ hěn gāoxìng(看到你平安无事的样子我很高兴).¶30年間～に勤めきた píng'ān de gōngzuòle sānshí nián(平安地工作了三十年).¶大役を～にやりおおせた ānrán wúshì wánchéngle zhòngyào rènwù(安然无事完成了重要任务).¶式典は～に終った diǎnlǐ yuánmǎn de jiéshù le(典礼圆满地结束了).¶あの火事にも金庫は～だった jīng nà yì cháng huǒzāi, bǎoxiǎnguì háishi yuányàng wú sǔn(经那一场火灾,保险柜还是原样无损).¶道中御～で zhù nǐ yílù píng'ān(祝你一路平安).

ふしあな【節穴】¶戸の～からのぞく cóng ménbǎn shang de jiēkǒng li kuīshì(从门板上的节孔里窥视).¶俺の目は～ではないぞ wǒ kě méi xiāle yǎn!(我可没瞎了眼!)/wǒ kě bú shì xiāzi a!(我可不是瞎子啊!).

ふしあわせ【不仕合せ】búxìng(不幸).¶彼女は～な境遇に育った tā zài búxìng de jìngyù li zhǎngdà de(她在不幸的境遇里长大的).

ふしぎ【不思議】bùkěsīyì(不可思议), bùkě xiǎngxiàng(不可想象).¶オーロラは全く～な自然現象だ jíguāng zhēn shì bùkěsīyì de zìrán xiànxiàng(极光真是不可思议的自然现象).¶子供が～そうに見ている yòng jīngqí de yǎnguāng chǒuzhe(小孩子用惊奇的眼光瞅着).¶何故そうなったか～で仕方がない zěnme huì chéngle nàyàng zhēn bùkěsīyì(怎么会成了那样真不可思议)/huójiànguǐ! zěnme huì biànchéng nàge yàngzi(活见鬼!怎么回变成那个样子).¶彼の古いのに～によく当る tā suànmìng bùzhī wèishénme hěn língyàn(他算命不知为什么很灵验).¶彼女がそれを知らなかったのも～はない nánguài tā bù zhīdào nàge shìr(难怪她不知道那个事儿).¶これは別に～なことではない zhè bìng bùzú wéi qí(这并不足为奇).

ふしくれだ・つ【節くれ立つ】¶～った手 cūzhuàng de shǒu(粗壮的手).

ふしぜん【不自然】bú zìran(不自然).¶～な姿勢 bú zìran de zīshì(不自然的姿势).¶演技に～なところが見える biǎoyǎn xiǎnde bú zìran(表演显得不自然).¶彼の態度はどことなく～だった tā de tàidu yǒudiǎnr ˇbú zìran[bú zìzai](他的态度有点儿ˇ不自然[不自在]).

ふしだら huāngtáng(荒唐), fàngdàng(放荡).¶～な生活を送る guò huāngtáng de shēnghuó(过荒唐的生活).¶～な女 fàngdàng de nǚrén(放荡的女人)/bù guīju de nǚrén(不规矩的女人).

ふじちゃく【不時着】pòjiàng(迫降).¶A飛行場に～する pòjiàng zài A jīchǎng(迫降在A机场).

ふしちょう【不死鳥】bùsǐniǎo(不死鸟).

ふじつ【不実】¶男の～をなじる zéwèn nánrén bóqíng(责问男人薄情).

ぶしつけ【不躾】màomèi(冒昧).¶～な質問

ふじつぼ【富士壺】ténghú (藤壺).

ふしまつ【不始末】**1** 火の~から大火事になった duì huǒ shīyú jiǎndiǎn, niàngchéng dàhuǒzāi (对火失于检点, 酿成大火灾).
2 [不埒(らち)] bù jiǎn (不检), bù jiǎndiǎn (不检点). ¶息子の~を詫びる wèi érzi de xíngwéi bù jiǎn péizuì (为儿子的行为不检赔罪). ¶~をしでかす chuǎnghuò (闯祸).

ふしまわし【節回し】qiāng[r] (腔[儿]), qiāngdiào (腔调), xíngqiāng (行腔), chàngqiāng (唱腔). ¶~が難しくて歌いにくい qiāngr tài nán, bù hǎo chàng (腔儿太难, 不好唱). ¶彼女は~がうまい tā chàngqiāng hěn fùyú yìyáng dùncuò (她唱腔很富于抑扬顿挫).

ふしみ【不死身】¶彼は~の男だ tā shì tiědǎ de hànzi (他是铁打的汉子).

ふしめ【伏目】¶恥しそうに~になる xiūdādā de dīxià tóu qu (羞答答地低下头去). ¶彼女は~がちに話をする tā zǒngshì chuíxià shuāng yǎn shuōhuà (她总是垂下双眼说话).

ふしめ【節目】**1** [木材の] jiézi (节子), jiēbā (节疤).
2 [物事の] jiēduàn (阶段), duànluò (段落).

ふしゅ【浮腫】fúzhǒng (浮肿), shuǐzhǒng (水肿).

ふしゅ【部首】bùshǒu (部首). ¶~索引 bùshǒu suǒyǐn (部首索引).

ふじゆう【不自由】¶彼女は何~なく暮している tā guòzhe shénme dōu bù chóu de shēnghuó (她过着什么都不愁的生活). ¶金に~する shǒutóur jǐn (手头儿紧). ¶お前が辞書を持って行ってしまったので~している yīnwei nǐ bǎ cídiǎn názǒu le, wǒ hěn bù fāngbiàn (因为你把辞典拿走了, 我很不方便). ¶彼は左手が~だ tā zuǒshǒu bù hǎoshǐ (他左手不好使).

ふじゅうぶん【不十分】bú gòu (不够), bùzú (不足), bù chōngfèn (不充分). ¶それでは説明が~だ nà shuōmíng hái bú gòu (那说明还不够). ¶証拠~で釈放された yīn zhèngjù bùzú ér bèi shìfàng (因证据不足而被释放).

ふじゅつ【武術】wǔshù (武术).

ふしゅび【不首尾】¶実験は~に終った shíyàn méiyǒu chénggōng (实验没有成功).

ふじゅん【不純】bùchún (不纯). ¶動機が~だ dòngjī bùchún (动机不纯). ¶~物を含有している hányǒu zázhì (含有杂质).

ふじゅん【不順】fǎncháng (反常), bú zhèngcháng (不正常), bù tiáo (不调). ¶今年は天候が~だ jīnnián qìhòu fǎncháng (今年气候反常). ¶生理~ yuèjīng bù tiáo (月经不调).

ふじょ【扶助】fúzhù (扶助), bǔzhù (补助). ¶相互~の精神 xiānghù fúzhù de jīngshén (相互扶助的精神). ¶~料 bǔzhùfèi (补助费). 医療~ yīliáo bǔtiē (医疗补贴).

ぶしょ【部署】gǎngwèi (岗位). ¶定められた~につく dào bèi zhǐdìng de gǎngwèi (到被指定的岗位).

ふしょう【不肖】búxiào (不肖). ¶~の子 búxiào zhī zǐ (不肖之子). ¶~私が議長を務めさせていただきます bǐrén bùcái bèi wěi yǐ zhǔxí zhòngrèn (鄙人不才被委以主席重任).

ふしょう【不詳】bùxiáng (不详), bùmíng (不明). ¶身元~の死体 wúmíng shītǐ (无名尸体). ¶作者~ zuòzhě bùxiáng (作者不详).

ふしょう【負傷】fùshāng (负伤), shòushāng (受伤); guàcǎi (挂彩), guàhuā (挂花). ¶頭に~した tóushang shòule shāng (头上受了伤). ¶事故で10名の~者が出た shìgù shǐ shí rén shòushāng (事故使十人受伤).
¶~兵 shāngbīng (伤兵)/ cǎihào (彩号)/ shāngyuán (伤员)/ shānghào (伤号).

ふじょう【不浄】bù gānjìng (不干净). ¶こんな~な金は受け取れない zhè zhǒng bùyì zhī cái, wǒ bùnéng jiēshòu (这种不义之财, 我不能接受).

ふじょう【浮上】fúshàng (浮上), fúchū (浮出). ¶潜水艦が~する qiánshuǐtǐng fúchū shuǐmiàn (潜水艇浮出水面).

ぶじょう【武将】wǔjiàng (武将).

ぶしょう【無精】lǎn (懒), lǎnduò (懒惰). ¶ちょっと~したら部屋中がほこりだらけになった shāo yì tōulǎn, wūli zǎi mǎn shì huīchén le (稍一偷懒, 屋里就满是灰尘了). ¶~しないでちゃんと歯を磨きなさい bié tōulǎn, dìng yào shuā yá a!(别偷懒, 定要刷牙啊!). ¶今朝は~して顔を洗わなかった jīnzǎo lǎnde méi xǐ liǎn (今早懒得没洗脸). ¶あいつは生れつきの~者だ nà xiǎozi shì ge tiānshēng de 'lǎnhàn[lǎngǔtou] (那小子是个天生的'懒汉[懒骨头]). ¶~髭が生えた lǎnde guā, zhǎngle yì liǎn húzi (懒得刮, 长了一脸胡子).

ふしょうか【不消化】méiyǒu xiāohuà (没有消化), xiāohuà bùliáng (消化不良). ¶食べ過ぎて~を起した chīde guòduō, yǐngqǐle xiāohuà bùliáng (吃得过多, 引起了消化不良). ¶この食べ物は~だ zhège dōngxi bù róngyì xiāohuà (这个东西不容易消化). ¶~な知識をふりまわす màinong yìzhī-bànjiě de zhīshi (卖弄一知半解的知识).

ふしょうじ【不祥事】¶これは当社始まって以来の~だ zhè shì wǒ gōngsī zì chuàngjiàn yǐlái zuì bù tǐmian de shì (这是我公司自创建以来最不体面的事).

ふしょうじき【不正直】bú zhèngzhí (不正直), bù lǎoshi (不老实), bù chéngshí (不诚实).

ふしょうち【不承知】bù tóngyì (不同意), bù dāying (不答应). ¶私はこの話は~だ zhè jiàn shì wǒ bù tóngyì (这件事我不同意).

ふしょうぶしょう【不承不承】miǎnmiǎn-qiǎngqiǎng (勉勉强强). ¶~引き受ける miǎnmiǎnqiǎngqiǎng jiēshòu le (勉勉强强接受了). ¶彼は~出て行った tā bù qíngyuàn de zǒuchuqu le (他不情愿地走出去了).

ふしょうふずい【夫唱婦随】fū chàng fù suí (夫唱妇随).

ふじょうり【不条理】 bù hélǐ(不合理).
ふしょく【腐食】 fǔshí(腐蚀); xiùshí(锈蚀). ¶鉄管が～した tiěguǎn xiùshí le(铁管锈蚀了). ¶酸で銅板を～する yòng suān fǔshí tóngbǎn(用酸腐蚀铜板).
¶～剤 fǔshíjì(腐蚀剂).
ぶじょく【侮辱】 wǔrǔ(侮辱), xiūrǔ(羞辱). ¶人を～する wǔrǔ rén(侮辱人). ¶衆人環視の中で～を受けた dāngzhòng shòudào wǔrǔ[shòurǔ](当众受到侮辱[受辱]).
ふじょくど【腐植土】 fǔzhítǔ(腐殖土).
ふじょし【婦女子】 1〔女〕nǚrén(女人), fùnǚ(妇女), fùrén(妇人).
2〔女子供〕fùnǚ háizi(妇女孩子)
ふしん【不信】 huáiyí(怀疑). ¶～の目で見る yǐ huáiyí de yǎnguāng kàn rén(以怀疑的眼光看人). ¶～感を抱く bào huáiyí(抱怀疑). ¶政治～の時代 zhèngzhì bùkě zhì xìn de shídài(政治不可置信的时代).
ふしん【不振】 búzhèn(不振). ¶経営が～になる yíngyè búzhèn(营业不振)/ shēngyì bù xīngwàng(生意不兴旺). ¶食欲～ shíyù búzhèn(食欲不振).
ふしん【不審】 huáiyí(怀疑), kěyí(可疑). ¶～の念を起す qǐ yíxīn(起疑心)/ yǐn rén huáiyí(引人怀疑)/ ràng rén qǐyí(让人起疑). ¶～に思って聞いてみた juéde qíguài wènle yíxià(觉得奇怪问了一下). ¶何か御～の点がございませんか yǒu shénme yíwèn méiyǒu?(有什么疑问没有?)/ yǒu bùmíng zhī chù ma?(有不明之处吗?). ¶挙動に～の男がうろついている xíngjì kěyí de nánrén zài zǒulai-zǒuqu(形迹可疑的男人在走来走去).
ふしん【普請】 xiū(修), xiūzhù(修筑), xiūjiàn(修建). ¶家を～する gài fángzi(盖房子). ¶橋を～する xiū qiáo(修桥).
¶道～ xiūlù(修路).
ふしん【腐心】 láoxīn(劳心), cāoshén(操神), cāoláo(操劳). ¶事態の収拾に日夜～する wèile shōushi shìtài rìyè cāoláo(为了收拾事态日夜操劳).
ふじん【夫人】 fūren(夫人). ¶井上一郎氏～ Jǐngshàng Yīláng xiānsheng fūren(井上一郎先生夫人). ¶～同件で出席する xiétóng fūren chūxí(偕同夫人出席).
ふじん【婦人】 fùnǚ(妇女), fùrén(妇人). ¶御～の方どうぞこちらへ nǚshì qǐng dào zhèbian lái(女士请到这边来). ¶～用の手袋 nǚyòng shǒutào(女用手套).
¶～科 fùkē(妇科). ～解放運動 fùnǚ jiěfàng yùndòng(妇女解放运动). ～靴 kūnxié(坤鞋)/ nǚxié(女鞋). ～参政権 fùnǚ cānzhèngquán(妇女参政权). ～病 fùnǚbìng(妇女病). ～服 nǚzhuāng(女装)/ nǚfú(女服). 国際～デー Guójì Fùnǚjié(国际妇女节)/ 三八婦女节 Sān Bā Fùnǚjié(三八妇女节).
ふじん【布陣】 bùzhèn(布阵); zhènshì(阵势). ¶不敗の～を敷く bù bú bài zhī zhèn(布不败之阵).
ふしんじん【不信心】 ¶～な人 bú xìn shénfó de rén(不信神佛的人).
ふしんせつ【不親切】 ¶あの店の店員は～だ nàge shāngdiàn de shòuhuòyuán fúwù tàidu bù hǎo(那个商店的售货员服务态度不好). ¶この説明書は～だ zhège shuōmíngshū xiědé jiào rén bù róngyì dǒng(这个说明书写得叫人不容易懂).
ふしんにん【不信任】 bú xìnrèn(不信任). ¶内閣～案を提出する tíchū nèigé búxìnrèn'àn(提出内阁不信任案). ¶組合執行部を～する duì gōnghuì lǐngdǎo biǎoshì bú xìnrèn(对工会领导表示不信任).
ふしんばん【不寝番】 shǒuyè(守夜). ¶～に立つ zhàngǎng shǒuyè(站岗守夜).
ふ・す【伏す】 fú(伏), wò(卧). ¶病の床に～す wòbìng zài chuáng(卧病在床). ¶彼女は母の膝にわっと泣き～した tā wā de yì shēng fúzài mǔqīn xīshang kūqǐlai le(她哇地一声伏在母亲膝上哭起来了). ¶～してお願いいたします fú shǒu qiú zhù(伏首求助).
ふず【付図】 fùtú(附图).
ふずい【不随】 bùsuí(不遂), tānhuàn(瘫痪), fēngtān(风瘫・疯瘫). ¶半身～ bànshēn bùsuí(半身不遂)/ piāntān(偏瘫).
ふずい【付随】 ¶この事件に～して起った問題 suízhe zhège shìjiàn ér fāshēng de wèntí ¶随着这个事件而发生的问题.
ぶすい【無粋】 ¶～な事を言うな bié shuō bù zhīqù de huà(别说不知趣的话). ¶彼は～な男だ tā shì ge bù dǒng fēngyǎ de rén(他是个不懂风雅的人).
ふずいいきん【不随意筋】 bùsuíyìjī(不随意肌).
ふすう【負数】 fùshù(负数).
ぶすう【部数】 cèshù(册数), bùshù(部数), fènshù(份数). ¶初版の～は1万5000部だ dìyī bǎn yìnshù wéi yíwàn wǔqiān cè(第一版印数为一万五千册). ¶N紙の発行～は急速に伸びている N bào de fāxíng fènshù zhíxiàn shàngshēng(N报的发行份数直线上升).
ぶすっと ¶彼は機嫌を損ねて～している tā bù gāoxìng, běngzhe liǎn(他不高兴, 绷着脸). ¶ナイフを～突き刺す yòng xiǎodāo yíxiàzi zhāle jìnqù(用小刀一下子扎了进去).
ぶすぶす ¶焼跡が～とくすぶる huǒzāi hòu de fèixū màozhe yān(火灾后的废墟冒着烟). ¶陰で～言う zài bèihòu fā láosāo(在背后发牢骚).
ふすま【麩】 fūzi(麸子), fūpí(麸皮).
ふすま【襖】 géshàn(隔扇).
ふ・する【付する】 1〔付け加える〕fù(附), fùjiā(附加), fùdài(附带). ¶条件を～して許可する fùjiā yídìng tiáojiàn pīzhǔn(附加一定条件批准).
2〔委ねる〕¶案件を審議に～する bǎ yī'àn tíjiāo shěnyì(把议案提交审议). ¶事件を公判に～する bǎ ànjiàn jiāofù shěnpàn(把案件交付审判). ¶不問に～する bù jiā zhuījiū(不加追究).
ふせ【布施】 bùshī(布施), shīshě(施舍).
ふせい【不正】 bú zhèngdàng(不正当). ¶～な

ふせい

手段で金を儲ける yòng bú zhèngdàng de shǒuduàn lāoqián(用不正当的手段捞钱). ¶～を働く zuò huàishì(做坏事)/ zuò'è(作恶)/ zuòbì(作弊).
¶～行為 bú zhèngdàng de xíngwéi(不正当的行为).

ふせい【父性】 ¶～愛 fù'ài(父爱).

ふせい【風情】 1[趣] ¶ここの町並には～があるぜ zhè tiáo jiē bié yǒu fēngzhì(这条街别有风致). ¶虫の音に秋の～を感ずる chóngmíngshēng shǐ rén gǎnshòudào qiūtiān de qíngqù(虫鸣声使人感受到秋天的情趣).
2[…のような者] ¶私―にはそんな事は分りかねます wǒ zhèyàng de rén nǎ dǒng nà zhǒng shì?(我这样的人哪懂那种事?). ¶学生―に何ができるものか yí ge xuésheng néng zuòchū shénme?(一个学生能做出什么?).

ふせいかく【不正確】 bú zhèngquè(不正确), bù zhǔnquè(不准确). ¶君の地図が～だから道に迷ってしまった nǐ de dìtú bú zhèngquè, suǒyǐ mílù le(你的地图不正确,所以迷了路).

ふせいこう【不成功】 ¶その計画は～に終った nàge jìhuà yǐ shībài gàozhōng(那个计划以失败告终).

ふせいしゅつ【不世出】 ¶～の天才 xīshì zhī cái(稀世之才)/ búshìcái(不世出).

ふせいみゃく【不整脈】 jiànxiē màibó(间歇脉搏), xīnlù búqí(心律不齐).

ふせいりつ【不成立】 bù chénglì(不成立). ¶法案は～となった fǎ'àn méiyǒu tōngguò(法案没有通过). ¶定足数に達せず大会は～となった wèi dá fǎdìng rénshù dàhuì méiyǒu kāichéng(未达法定人数大会没有开成).

ふせき【布石】 bùjú(布局). ¶それは～を誤る bùjú cuò le(布局错了). ¶それは反対党を封じるための～であった nà shì wèile shùfù fǎnduìdǎng suǒ shèxià de bùjú(那是为了束缚反对党所设下的布局).

ふせ・ぐ【防ぐ】 fángzhǐ(防止), fángbèi(防备). ¶事故を～ぐ fángzhǐ shìgù(防止事故). ¶水害を～ぐ fángbèi shuǐzāi(防备水灾). ¶敵の侵入を～ぐ fángbèi dírén qīnfàn(防备敌人侵犯). ¶病虫害を～ぐ fángzhì bìngchónghài(防治病虫害). ¶寒さを～ぐ yùhán(御寒).

ふせじ【伏字】 ¶～の多い本 dàochù shì kāile tiānchuāng de shū(到处是开了天窗的书).

ふせつ【付設】 fùshè(附设). ¶工場に託児所を～する zài gōngchǎngli kāishè tuō'érsuǒ(在工厂里附设托儿所). ¶大学の研究所 dàxué fùshè de yánjiūsuǒ(大学附设的研究所).

ふせつ【符節】 fújié(符节). ¶皆の話は～を合せたように一致した dàjiā shuōfǎ wánquán yízhì(大家说法完全一致).

ふせつ【敷設】 fūshè(敷设), bùshè(布设), pūshè(铺设). ¶鉄道を～する pūshè tiělù(铺设铁路). ¶地雷を～する bùshè[mái] dìléi(布设[埋]地雷)/ bù léi(布雷).

ふせっせい【不摂生】 ¶平素の～がたたって病気になった yóuyú píngsù shēnghuó fàngzòng [bú zhùyì jiànkāng] shēngbìng le(由于平素

生活放纵[不注意健康]生病了).

ふ・せる【伏せる】 1[裏返す] kòu(扣). ¶コップを～せて置く bǎ bēizi kòuzhe fàng(把杯子扣着放). ¶カードを～せて配る kòuzhe fā zhǐpái(扣着发纸牌).
2[うつぶせる, うつむける] fú(伏). ¶床(※)に身を～せる bǎ shēntǐ fúzài dìbǎn shang(把身体伏在地板上). ¶恥しそうに目を～せた hàisàode chuíxiàle shuāngyǎn(害臊得垂下了双眼).
3[隠す] fú(伏); mán(瞒). ¶兵を後ろに～せる bǎ jūnduì máifu[fúbīng] zài hòu(把军队埋伏[伏兵]在后). ¶その事は彼女には～せておこう nà jiàn shì mánzhe tā ba(那件事瞒着她吧). ¶名前は～せる xìngmíng bú lù(姓名不露)/ bú bào xìngmíng(不报姓名)/ yǐn xìng mái míng(隐姓埋名).

ふ・せる【臥せる】 wò(卧). ¶父は只今～せっております fùqin wòbìng zài chuáng[wòchuáng bù qǐ](父亲卧病在床[卧床不起]).

ふせん【付箋】 fúqiān[r](浮签[儿]). ¶～をつける tiēshàng fúqiān(贴上浮签).

ぶぜん【憮然】 wǔrán(怃然). ¶～とした面持 miànsè wǔrán(面色忧然).

ふせんしょう【不戦勝】 ¶相手が棄権したので～となった yóuyú duìfāng qìquán, bú zhàn ér shèng(由于对方弃权,不战而胜).

ぶそう【武装】 wǔzhuāng(武装). ¶農民たちは～して立ち上がった nóngmín wǔzhuāng qilai nào fānshēn(农民武装起来闹翻身).
¶～解除 jiěchú wǔzhuāng(解除武装)/ jiǎoxiè(缴械). ～警官 wǔzhuāng jǐngchá(武装警察)/ wǔjǐng(武警). ～蜂起 wǔzhuāng qǐyì(武装起义). 非～地帯 fēijūnshì dìqū(非军事地区). 非～中立 fēiwǔzhuāng zhōnglì(非武装中立).

ふそうおう【不相応】 bù xiāngchèn(不相称). ¶身分不相応な暮しをする guò yǔ shēnfen bù xiāngchèn de shēnghuó(过与身分不相称的生活).

ふそく【不足】 1[不十分] bùzú(不足), bú gòu(不够). ¶食糧が～している shíliáng bùzú(食粮不足)/ quēliáng(缺粮). ¶時間が～だ shíjiān bú gòu(时间不够). ¶人手～で困っている rénshǒu bú gòu[quē rénshǒu] zhèng wéinán(人手不够[缺人手]正为难). ¶それは君の認識～というものだ nà shì nǐ de rènshi bùzú(那是你的认识不足). ¶説明～で誤解を招いた yán bú jìn yì yǐnqǐ wùjiě(言不尽意引起误解). ¶90歳で死んだのなら年に～はない jiǔshí suì qùshì, kānchēng gāoshòu(九十岁去世,堪称高寿).
2[不満足] bùmǎn(不满), bù mǎnyì(不满意), bù mǎnzú(不满足). ¶何が～でそんな顔をするのか qiáo nǐ zhège liǎn! hái yǒu shénme bù mǎnyì de ma?(瞧你这个脸!还有什么不满意的吗?). ¶彼なら相手にとって～はない yàoshi tā zuò wǒ de duìshǒu, wǒ jiù mǎnyì le(要是他做我的对手,我就满意了).

ふそく【不測】 búcè(不测). ¶～の事態が生じ

た fāshēng búcè shìtài(发生不测事态).

ふで【付則】fùzé(附则).

ふぞく【付属】fùshǔ(附属).¶工場に~する研究機関 fùshǔ yú gōngchǎng de yánjiū jīguān(附属于工厂的研究机关).¶大学の~病院 dàxué de fùshǔ yīyuàn(大学的附属医院).¶~品 fùshǔpǐn(附属品)/fùjiàn(附件).

ぶぞく【部族】bùzú(部族).

ふそくふり【不即不離】bù jí bù lí(不即不离),ruò jí ruò lí(若即若离).¶~の関係を保つ bǎochí bùjí-bùlí de guānxi(保持不即不离的关系).

ふぞろい【不揃い】bù qí(不齐),bùyī(不一).¶字の大きさが~だ zì de dàxiǎo bù qí(字的大小不齐).¶学生の学力が~だ xuésheng de chéngdù cēncī bù qí(学生的程度参差不齐).

ふそん【不遜】búxùn(不逊).¶~な態度 àomàn búxùn de tàidu(傲慢不逊的态度).

ふた【蓋】gài[r](盖ル),gàizi(盖子).¶箱に~をする gàishàng hégàir(盖上盒盖ル).¶インク瓶の~を取る níngkāi mòshuǐ píngɡài(拧开墨水瓶盖).¶この缶は~がよく締まっていない zhège guànzi gàizi gàibuyán(这个罐子盖子盖不严).¶さざえがぴったり~を閉ざしている róngluó jǐnjǐn de bìshang gàizi(蝾螺紧紧地闭上盖子).¶誰が当選するかは~を開けてみなければ分らない shuí dāngxuǎn kāipiào cái néng dìngduó(谁当选开票才能定夺).

ふだ【札】1 páizi(牌子); qiān[r](签ル).¶遊泳禁止の~を立てる lì jìnzhǐ yóuyǒng de gàoshipái(立禁止游泳的告示牌).¶荷物に名前を書いた~をつける wáng xíngli shang shuān xiězhe xìngmíng de qiān(往行李上拴写着姓名的签ル).
2[カルタなどの] pái(牌).¶~を配る fēn[fā] pái(分[发]牌).

ぶた【豚】zhū(猪),zhūluó(猪猡).¶~に真珠 tóu zhū yǔ zhī(投珠与豕).¶~小屋 zhūjuàn(猪圈).~肉 zhūròu(猪肉)/dàròu(大肉).子~ zhūzǎir(猪崽ル)/zǐzhū(子猪·仔猪·仔猪)/miáozhū(苗猪).

ふたい【付帯】fùdài(附带).¶~決議 fùdài juéyì(附带决议).~工事 fùdài gōngchéng(附带工程).~条件 fùdài tiáojiàn(附带条件).

ぶたい【部隊】bùduì(部队).

ぶたい【舞台】wǔtái(舞台),xìtái(戏台).¶~に立つ dēngtái(登台).¶名優の素晴らしい~に見とれる kàn míngyǎnyuán de biǎoyǎn kànde rùle mí(看名演员的表演看得入了迷).¶~は変って舞踏会の場面となった wǔtái biànchéngle tiàowǔhuì chǎngmiàn(舞台变成了跳舞会场面).¶この小説の~は北海道だ zhè piān xiǎoshuō de bèijǐng shì Běihǎi Dào(这篇小说的背景是北海道).¶世界に活躍する huóyuè zài shìjiè wǔtái shang(活跃在世界舞台上).¶~裏で画策する mùhòu cèhuà(幕后策划).
¶~裏 hòutái(后台)/mùhòu(幕后).~監督 wǔtái jiāndū(舞台监督).~稽古 cǎipái(彩排).~芸術 wǔtái yìshù(舞台艺术).~劇 wǔtáijù(舞台剧).~照明 wǔtái dēngguāng(舞台灯光)/wǔtái zhàomíng(舞台照明).~装置 wǔtái zhuāngzhì(舞台装置).~美術 wǔtái měishù(舞台美术)/wǔměi(舞美).

ふたいてん【不退転】¶~の決意 jué bú hòutuì de juéxīn(绝不后退的决心)/nìng sǐ bùqū de juéxīn(宁死不屈的决心).

ふたえ【二重】shuāng céng(双层),liǎng céng(两层).¶紐を~にかける bǎ shéngzi chán liǎng quān(把绳子缠两圈).¶~まぶた shuāngyǎnpí(双眼皮).

ふたおや【二親】fùmǔ(父母),diēniáng(爹娘),shuāngqīn(双亲).¶~そろって達者です fùmǔ dōu hěn yìnglang(父母都很硬朗).

ふたく【付託】¶議案を常任委員会に~する bǎ yì'àn jiāofù chángrèn wěiyuánhuì shěnyì(把议案交付常任委员会审议).

ふたご【双子】shuāngbāotāi(双胞胎),shuāngshēng(双生),luánshēng(孪生),shuāngbàngr(双棒ル);shuāngshēngzǐ(双生子),luánshēngzǐ(孪生子),māzǎi(孖仔).¶~の兄弟 luánshēng xiōngdì(孪生兄弟).
¶~座 shuāngzǐzuò(双子座).

ふたごころ【二心】èrxīn(二心·贰心),yìxīn(异心).¶~を抱く huáiyǒu èrxīn(怀有二心).

ふたことめ【二言目】¶父は~には勉強しろと言う fùqīn yì kāikǒu jiù shuō yào wǒ hǎohǎo xuéxí(父亲一开口就说要我好好学习).¶彼は~には金が欲しいと言う tā yì zhāngzuǐ jiù shuō yào qián(他一张嘴就说要钱).

ふたしか【不確か】bú quèshí(不确实),bù kěkào(不可靠),kàobuzhù(靠不住).¶~な情報 bù kěkào de xiāoxi(不可靠的消息).¶私の記憶は~だからもう一度調べてみます wǒ jìbuqīng le, zài chá yíxià(我记不清了,再查一下).

ふたたび【再び】zài(再); yòu(又).¶寝込んだきり~立てなかった bìngdǎo zhī hòu, zài yě bùnéng qǐlai le(病倒之后,再也不能起来了).¶病癒えて~舞台に立った bìngyù yòu chóngfǎn wǔtái(病愈又重返舞台).¶~過ちを繰り返さないよう学生に注意する tíxǐng xuésheng búyào zài fàn cuòwù(提醒学生不要再犯错误).¶二度と~日本の土を踏むまいとひそかに心に決めた xīnzhōng ànzì juédìng jué bú zài chóng tà Rìběn de tǔdì(心中暗自决定绝不再重踏日本的土地).

ふたつ【二つ】èr(二·弍·贰), liǎng(两); liǎng ge(两个).¶みかんを~ずつ取りなさい měi ge rén ná liǎng ge júzi ba(每个人拿两个橘子吧).¶荷物を~に分ける bǎ xíngli fēnwéi liǎng ge bùfen(把行李分为两个部分).¶西瓜を~に切る bǎ xīguā ˈqiēwéi liǎng fèn[yì qiē wéi èr](把西瓜ˈ切为两份[一切为二]).¶紙を~に折る bǎ zhǐ duìzhé qǐlai(把纸对折起来).
¶~とも私のです liǎng ge dōu shì wǒ de(两个都是我的).¶~とない命だから大切にしよう shēngmìng bù huì zài yǒu, hǎohǎo àixī ba(生命不会再有,好好爱惜吧).¶世に~とない宝石 jǔshì-wúshuāng de bǎoshí(举世无双的

ふだつき【札付】 ¶～の悪党 chòumíng zhāozhù de ègùn(臭名昭著的恶棍).

ふたつへんじ【二つ返事】 ¶～で承知した mǎnkǒu yìngchéng xialai(满口应承下来)/ èrhuà méi shuō jiù dāying le(二话没说就答应了).

ふだどめ【札止】 満員～の盛況 kè mǎn tíngzhǐ shòupiào de shèngkuàng(客满停止售票的盛况)/ zuò wú xū xí shòupiào yì kōng de shèngkuàng(座无虚席售票一空的盛况).

ふたば【二葉】 shuāngzǐyè(双子叶).

ふたまた【二股】 道は～に分れていた dàolù fēnchéng liǎng tiáo(道路分成两条). ¶Ａ校とＢ校に～をかけて受験する shuāng guǎn qí xià, tóngshí kǎo A xiào hé B xiào(双管齐下, 同时考A校和B校). ¶あいつは～膏薬だ tā nàge jiāhuo ⁺shì liǎngmiànpài(俚 cǎi liǎng zhī chuán)(他那个家伙⁺是两面派[脚踩两只船]). ¶～ソケット shuāngchākǒu(双插口). ～道 shuāngchàdàor(双岔道ㄦ).

ふため【二目】 ¶～と見られぬ惨状 bùrěn zài dǔ de cǎnzhuàng(不忍再睹的惨状).

ふたり【二人】 liǎng ge rén(两个人), liǎ rén(俩人), èr rén(二人). ¶私には子供が～います wǒ yǒu liǎng ge háizi(我有两个孩子). ¶一人～と帰って行って, しまいには私一人になってしまった yí ge liǎng ge de zǒu le, zuìhòu zhǐ shèngxiale wǒ yí ge rén(一个两个地走了, 最后只剩下了我一个人). ¶一人で～分の仕事をする yí ge rén zuò shuāng fèn gōngzuò(一个人做双份ㄦ工作). ¶～掛りでやっと持ち上げた liǎng ge rén cái táile qǐlái(两个人才抬了起来). ¶彼等～は同郷だ tāmen liǎ shì tóngxiāng(他们俩是同乡). ¶あんな素晴しい人は～といない nàyàng lìng rén xiǎngwàng de rén zài méiyǒu dì'èr ge(那样令人想望的人再没有第二个). ¶お～の幸福を祈ります zhù nǐmen liǎng wèi xìngfú(祝你们两位幸福). ¶公園には～連れの姿が多かった gōngyuánli yǒu hěn duō shuāngshuāng jiébàn de qínglǚ(公园里有很多双双结伴的情侣). ¶これは～だけの話にしておいて下さい zhè huà zhǐ zài nǐ wǒ zhī jiān shuō, qǐng búyào gàosu rén(这话只在你我之间说, 请不要告诉人). ¶～掛けのベンチ shuāngrénděng(双人凳).

ふたん【負担】 fùdān(负担). ¶費用は各自が～する fèiyong gèzì fùdān(费用各自负担). ¶精神的に～を感ずる sīxiǎngshang gǎndào yǒu fùdān(思想上感到有负担)/ bēi bāofu(背包袱). ¶皆で手助けして彼の仕事の～を軽くしてやろう dàjiā bāngmáng lái jiǎnqīng tā de gōngzuò fùdān ba(大家帮忙来减轻他的工作负担吧). ¶心臓にあまり～を掛けない方がいい zuìhǎo búyào jiāzhòng xīnzàng de fùdān(最好不要加重心脏的负担).

ふだん【不断】 búduàn(不断). ¶～の努力を怠らない búduàn de jìnxíng nǔlì(不断地进行努力)/ jiānchí búxiè de nǔlì(坚持不懈地努力).

ふだん【普段】 píngcháng(平常), wǎngcháng(往常), píngshí(平时), píngrì(平日), píngsù(平素), píngshēng(平生), píngxī(平昔), sùrì(素日), sùxī(素昔). ¶私は～7時に起きます wǒ píngcháng qī diǎn qǐchuáng(我平常七点起床). ¶～から体を鍛えておくべきだ zài rìcháng shēnghuó zhōng yào zhùyì duànliàn shēntǐ(在日常生活中要注意锻炼身体). ¶～の心掛けがよくない píngshí biǎoxiàn bù hǎo(平时表现不好). ¶彼に～と変った様子はなかった tā gēn wǎngcháng méiyǒu shénme liǎngyàng(他跟往常没有什么两样). ¶～のままの服装でお出で下さい qǐng zhuó ⁺biànzhuāng[biànfú] chūxí(请着⁺便装[便服]出席).

ブタン dīngwán(丁烷). ¶～ガス dīngwánqì(丁烷气).

ふだんぎ【普段着】 biànfú(便服), biànzhuāng(便装), chángfú(常服). ¶～のままで出掛けた chuānzhe biànfú chūqu le(穿着便服出去了).

ふち【淵】 yuān(渊), shēnyuān(深渊). ¶絶望の～に沈む xiànrù juéwàng de shēnyuān(陷入绝望的深渊).

ふち【縁】 biān[r](边ㄦ), biānyuán(边缘), biānyán(边沿). ¶茶碗の～が欠けた wǎnbiānr shang quēle yí kuài(碗边ㄦ上缺了一块). ¶目の～が赤い yǎnkuàngzi fāhóng(眼眶子发红). ¶崖の～に追いつめる zhuībī dào shānyábiān shang(追逼到山崖边上). ¶川の～を歩く yánzhe hébiān zǒu(沿着河边走). ¶眼鏡の～ yǎnjìng kuàngzi(眼镜框子). ¶枕カバーにレースの～取りをする zài zhěntào shang ⁺xiāng huābiān[yán biānr](在枕套上⁺镶花边[沿边ㄦ]).

ふち【不治】 búzhì(不治). ¶～の病 búzhì zhī zhèng(不治之症)/ juézhèng(绝症)/ sǐzhèng(死症).

ぶち【斑】 bān(斑). ¶黒と白の～の犬 dài hēibái huābān de gǒu(带黑白花斑的狗).

ぶちこ・む【ぶち込む】 rēngjìn(扔进). ¶そんなものごみ箱に～んでしまえ nà zhǒng dōngxi rēngjìn lājīxiānglǐ qù(那种东西扔进垃圾箱里去). ¶牢屋に～ guānjìn jiānlào(关进监牢).

ぶちこわ・す【ぶち壊す】 dǎhuài(打坏), dǎpò(打破); huàishì(坏事). ¶あんなぼろ家～してしまえ bǎ nà zhǒng pòfángzi chāi le suànle(把那种破房子拆了算了). ¶お前のおかげでせっかくの計画が～しになった jiù yīnwei nǐ, bǎ hǎohǎo de jìhuà quán gěi zá le(就因为你, 把好好的计划全给砸了).

ぶちぬ・く【ぶち抜く】 ¶弾丸が鉄板を～いた zǐdàn chuāntòu tiěbǎn(子弹穿透铁板). ¶壁を～いて1部屋にする chāidiào géqiáng gǎichéng yì jiān wūzi(拆掉隔墙改成一间屋子).

ぶちのめ・す ¶あんな奴～してしまえ nà xiǎozi fēi zòusǐ tā bùkě(那小子非揍死他不可).

プチブル xiǎozīchǎnjiējí(小资产阶级).

ぶちま・ける ¶袋の中身を～ける bǎ kǒudaili

ふちゃく【付着】 fùzhuó(附着).¶血痕の〜した衣類 dàiyǒu xuèjì de yīfu(带有血迹的衣服).

ふちゅう【不忠】 bù zhōng(不忠).

ふちゅうい【不注意】 bú zhùyì(不注意), bù xiǎoxīn(不小心), bù liúshén(不留神), shūhu(疏忽), dàyi(大意).¶この事故は運転手の〜によるものだ zhège shìgù shì yóuyú sījī de shūhu zàochéng de(这个事故是由于司机的疏忽造成的).¶〜から怪我をした yóuyú bù liúshén shòule shāng(由于不留神受了伤).

ふちょう【不調】 **1**〔不調子〕¶エンジンが〜だ yǐnqíng yùnzhuǎn bù zhèngcháng(引擎运转不正常).¶最近あの投手は〜だ zuìjìn nàge tóushǒu jìngjì zhuàngtài bù hǎo(最近那个投手竞技状态不好).¶体の〜に苦しむ yóuyú shēntǐ bù hǎo gǎndào tòngkǔ(由于身体不好感到痛苦).
2〔不成立〕¶交渉は〜に終った tánpàn zhōngyú méiyǒu dáchéng xiéyì(谈判终于没有达成协议).

ふちょう【婦長】 hùshizhǎng(护士长).

ふちょう【符丁】 ànmǎ(暗码); hánghuà(行话).¶〜で値をつける yòng ànmǎ biāojià(用暗码标价).

ぶちょうほう【無調法】 ¶何のお構いも致しませんで〜をお許し下さい zhāodài bù zhōu, hěn bàoqiàn(招待不周,很抱歉).¶とんだ〜をしでかした wǒ tài shūhu dàyi le(我太疏忽大意了).¶私は酒も煙草も〜です wǒ yānjiǔ dōu bú huì(我烟酒都不会).

ふちょうわ【不調和】 bù xiétiáo(不协调), bù tiáohé(不调和), bù héxié(不和谐).¶この2つの色は〜だ zhè liǎng zhǒng yánsè bù xiétiáo(这两种颜色不协调).¶会場の雰囲気に〜な音楽 yǔ huìchǎng de qìfēn bù tiáohé de yīnyuè(与会场的气氛不调和的音乐).

ふちん【浮沈】 fúchén(浮沉), chénfú(沉浮).¶人生には〜はつきものだ rénshēng nánmiǎn yǒu fúchén(人生难免有浮沉).¶会社の〜にかかわる重大な取引 guānxìdào gōngsī mìngyùn de zhòngyào jiāoyì(关系到公司命运的重要交易).¶〜の激しい業界 shàngxià chénfú jīliè[dà qǐ dà luò] de hángyè(上下沉浮激烈[大起大落]的行业).

ぶ・つ **1**〔打つ〕dǎ(打), chuí(捶).¶背中を〜たれた jǐbèi bèi chuíle yì quán(脊背被捶了一拳).
2¶演説を〜つ jìnxíng yí tòng yǎnshuō(进行一通演说).

ふつう【不通】 bù tōng(不通).¶電話が〜だ diànhuà dǎbutōng(电话打不通).¶土砂崩れで国道が〜になった yóuyú huápō, gōnglù bèi qiēduàn le(由于滑坡,公路被切断了).

ふつう【普通】 pǔtōng(普通), tōngcháng(通常), píngcháng(平常), xúncháng(寻常), yìbān(一般).¶〜のフィルムでは写らない yòng yìbān de jiāojuǎn zhàobuliǎo(用一般的胶卷照不了).¶私は〜6時に起きる wǒ píngcháng liù diǎn qǐchuáng(我平常六点起床).¶そんな場合は行かないが〜だ zài nà zhǒng qíngkuàng xià yìbān bú qù(在那种情况下一般不去).¶これは〜だったら1万円はする品だ zhè zhǒng huò tōngcháng zhí yíwàn rìyuán(这种货通常值一万日元).¶最近の天候は〜ではない zuìjìn tiānqì yǒudiǎnr bú zhèngcháng(最近天气有点儿不正常).¶そんなに緊張しないで〜にしていなさい bié nàme jǐnzhāng, àn píngcháng nàyàng jiù xíng(别那么紧张,按平常那样就行).¶彼の成績は〜以下だ tā de chéngjì zài yìbān shuǐpíng yǐxià(他的成绩在一般水平以下).
¶〜選挙 pǔxuǎn(普选).〜預金 huóqī cúnkuǎn(活期存款).〜列車 mànchē(慢车).

ふつか【二日】〔日付〕èr hào(二号), èr rì(二日), chū'èr(初二);〔日数〕liǎng tiān(两天).

ぶっか【物価】 wùjià(物价).¶〜が高い wùjià hěn gāo(物价很高).¶〜が上がる wùjià shàngzhǎng(物价上涨).¶〜が下がった wùjià xiàjiàng le(物价下降了).
¶〜指数 wùjià zhǐshù(物价指数).

ぶっかく【仏閣】 fósì(佛寺).¶神社〜 shénmiào fósì(神庙佛寺).

ふっか・ける【吹っ掛ける】 **1** yàohuǎng(要谎).¶高値を〜ける màntiān yàojià(漫天要价)/yào huǎngjià(要谎价).
2〔しかける〕zhǎochár(找茬儿·找查儿), zhǎoshì(找事), xúnshì(寻事);¶喧嘩を〜ける zhǎochár dǎjià(找茬儿打架).

ふっかつ【復活】 fùhuó(复活), fùshēng(复生), huīfù(恢复), fùyuán(复原).¶キリストの〜 Jīdū de fùhuó(基督的复活).¶軍国主義の〜を警戒する jǐngtì jūnguózhǔyì de fùhuó(警惕军国主义的复活).¶原案が〜した yuán'àn yòu fùhuó le(原案又复活了).¶野球の新校試合が〜した xiàojì bàngqiú bǐsài yòu chóngxīn kāishǐ le(校际棒球比赛又重新开始了).¶敗者〜戦 shuāngtáotàisài(双淘汰赛).
¶〜祭 Fùhuójié(复活节).

ふつかよい【二日酔】 sùzuì(宿醉).

ぶつか・る **1**〔突き当る〕zhuàng(撞), pèng(碰).¶自転車が電柱に〜った qìchē zhuàngzài diànxiàn gānzi shang le(汽车撞在电线杆子上了).¶飛んで来た小石が頭に〜った fēiguolai de xiǎoshítou dǎ zài tóushang le(飞过来的小石头打在头上了).¶暗闇でドアに〜った zài hēi'ànli zhuàngshàngle mén(在黑暗里撞上了门).¶波が岩に〜って砕ける bōlàng zài yánshí shàng pènglie, lànghuā sìjiàn(波浪撞击着岩石,浪花四溅).¶この事について2人の意見が〜った jiù zhè jiàn shì liǎng ge rén fāshēngle yìjiàn chōngtū(就这件事两个人发生了意见冲突).¶道が川に〜ったところで右へ曲る yán zhe tiáo lù zǒu, dào hébiān xiàng yòu guǎi

ふっかん

（沿这条路走,到河边向右拐).
2〔出会う〕 pèng(碰), yù(遇), gǎn(赶). ¶家を出たとたんに訪ねて来た友人と～った gāng yì chūmén jiù pèngshàngle láifǎng de péngyou(刚一出门就碰上了来访的朋友). ¶ラッシュに～ると大変だから早く帰ろう gǎnshàng gāofēng shíjiān jiù huài le, zǎo diǎn huíqu ba(赶上高峰时间就坏了,早点回去吧). ¶たまたま散歩していてその事件に～った sànbù shí ǒurán pèngdào nàge shìjiàn(散步时偶然碰到那个事件). ¶思いがけない困難に～った pèngshàngle yùliào bu dào de kùnnan(碰上了预料不到的困难).
3〔直接当る〕 ¶じかに先方に～った方が話は早い zhíjiē gēn duìfāng jiāoshè dào kuài(直接跟对方交涉痛快). ¶仕事に体当りで～る huōchu mìng gàn(豁出命干).
4〔かち合う〕 ¶祝日が日曜と～った jiérì gēn xīngqītiān gǎnzài yìqǐ le(节日跟星期天赶在一起了). ¶2人の予定が～らないように調整するtiáozhěng liǎng ge rén de shíjiān ānpái bú zhìyú pèngdào yìqǐ(调整两个人的时间安排不至于碰到一起).

ふっかん〔副官〕 fùguān(副官).
ふっかん〔復刊〕 fùkān(复刊). ¶A 誌が～された A zázhì fùkān le(A 杂志复刊了).
ふっき〔復帰〕 ¶原隊に～する huí yuánlái de bùduì(回原来的部队). ¶元の職場に～する huídào yuánlái de gǎngwèi(回到原来的岗位).
ぶつぎ〔物議〕 wùyì(物议). ¶～をかもす zhāozhì wùyì(招致物议).
ふっきゅう〔復旧〕 xiūfù(修复). ¶壊れた堤防を～する xiūfù tāntā de dībà(修复坍塌的堤坝). ¶不通だった東海道線が～した bùtōng de Dōnghǎidàoxiàn huīfù le(不通的东海道线恢复了).
¶～工事 xiūfù gōngchéng(修复工程).
ふつぎょう〔払暁〕 fúxiǎo(拂晓).
ぶっきょう〔仏教〕 Fójiào(佛教), Shìjiào(释教).
ぶっきらぼう ¶～に答える àilǐ-bùlǐ de huídá (爱理不理地回答). ¶彼は～だが根はやさしい男だ tā suīrán tàidu shēngyìng, dàn xīndì shànliáng(他虽然态度生硬,但心地善良).
ぶつぎり〔ぶつ切り〕 ¶鶏肉を～にする bǎ jīròu qiēchéng dàkuàir(把鸡肉切成大块儿).
ふっき・れる〔吹っ切れる〕 ¶迷いが～れた zài yě bù yóuyù le(再也不犹豫了). ¶2人の間には何か～れないものがある tā liǎ zhī jiān zǒng yǒu xiē gégé(他俩之间总有些隔阂).
ふっきん〔腹筋〕 fùjī(腹肌).
ぶつぐ〔仏具〕 fójù(佛具).
ぶつくさ ¶なにやら一言いながらも命令に従う zuǐli bù tíng gūnong shénme bù qíngyuàn de fúcóng mìnglìng(嘴里不知啥咕咕叨叨不情愿地服从命令).
ふっくら ¶～とした赤ん坊の手 hěn ròutuo de wáwa shǒu(很肉乎乎的娃娃手). ¶～した頬 pànghūhū de liǎndàn(胖乎乎的脸蛋). ¶～した御飯 zhǔde hěn sōngruǎn de mǐfàn(煮得很松软的米饭).
ぶつ・ける zhuàng(撞), pèng(碰). ¶頭を柱に～けた bǎ tóu zhuàngzài zhùzi shang le(把头撞在柱子上了). ¶犬に石を～ける ná shítou kǎn gǒu(拿石头砍狗). ¶率直に意見を～ける zhíjié-liǎodàng de tí yìjiàn(直截了当地提意见). ¶教師に不満を～ける xiàng lǎoshī chénsù bùmǎn(向老师陈诉不满).
ふっけん〔復権〕 ¶D 氏は～した D xiānsheng huīfùle ˇzhíquán[míngyù](D 先生恢复了ˇ职权[名誉]).
ぶっけん〔物件〕 wùjiàn(物件). ¶証拠～ wùzhèng(物证).
ぶっけん〔物権〕 wùquán(物权).
ふっこ〔復古〕 fùgǔ(复古). ¶～調 fùgǔ qīngxiàng(复古倾向). 王政～ wángzhèng fùbì(王政复辟).
ふつごう〔不都合〕 **1**〔差支え〕 búbiàn(不便), bù fāngbiàn(不方便). ¶彼がいなくても大した～はない méiyǒu tā yě méiyǒu shénme bù fāngbiàn de(没有他也没有什么不方便的). ¶明日に延ばしても別に～はない nuódào míngtiān yě bú àishì(挪到明天也不碍事).
2〔不届き〕 bù jiǎndiǎn(不检点). ¶～な行いがあって辞めさせた xíngwéi bù jiǎndiǎn, bǎ tā jiěgù le(行为不检点,把他解雇了). ¶彼に～な点があれば改めさせます rúguǒ tā yǒu bù jiǎndiǎn de dìfang, wǒ jiù jiào tā gǎiguolai(如果他有不检点的地方,我就叫他改过来).
ふっこう〔復興〕 fùxīng(复兴). ¶東京は灰燼の中から～した Dōngjīng shì cóng huījìn zhōng fùxīng qilai de(东京是从灰烬中复兴起来的). ¶被災地を～する fùxīng zāiqū(复兴灾区).
ふっこく〔復刻〕 ¶～本 fānyìnběn(翻印本).
ぶっさん〔物産〕 wùchǎn(物产). ¶～展 tǔtèchǎn zhǎnlǎnhuì(土特产展览会).
ぶっし〔物資〕 wùzī(物资). ¶～が豊富に出回る wùzī dàliàng de shàngshì(物资大量地上市). ¶救援～ jiùyuán wùzī(救援物资).
ぶっしき〔仏式〕 Fójiào yíshì(佛教仪式). ¶葬儀は～で執り行う zàngli àn Fójiào yíshì jǔxíng(葬礼按佛教仪式举行).
ぶっしつ〔物質〕 wùzhì(物质). ¶この鉱物には有毒な～が含まれている zhè zhǒng kuàngwù hányǒu yǒu dú de wùzhì(这种矿物含有有毒的物质). ¶彼女は～的には恵まれている tā zài wùzhì shēnghuó shang fēicháng chōngyù(她在物质生活上非常充裕). ¶あの人には～的にも精神的にも大変お世話になった zài wùzhìshang hé jīngshénshang dōu dédàole tā hěn dà de bāngzhù(在物质上和精神上都得到了他很大的帮助).
¶～文明 wùzhì wénmíng(物质文明).
プッシュホン ànjiànshì diànhuà(按键式电话).
ぶつじょう〔物情〕 wùqíng(物情). ¶～騒然としている shìqíng sāorán bù'ān(世情骚然不安).
ぶっしょう〔物証〕 wùzhèng(物证). ¶容疑者に不利な～があがった fāxiànle duì xiányífàn

ぶり **búlì** de wùzhèng(发现了对嫌疑犯不利的物证).

ふっしょく【払拭】 xiāochú(消除), jiěchú(解除), qīngchú(清除), sǎochú(扫除). ¶ 疑念を～する jiěchú yílǜ(解除疑虑). ¶ 旧弊を～する qīngchú jiùbì(清除旧弊).

ぶっしょく【物色】 wùsè(物色). ¶ 適当な人物を～する wùsè shìdàng de rén(物色适当的人). ¶ 泥棒が室内を～したあとがある wūlǐ yǒu xiǎotōur fānguo dōngxi de jìxiàng(屋里有小偷儿翻过东西的迹象).

ぶっしん【物心】 ¶ 彼には一両面で多大の援助を受けた zài wùzhì yǔ jīngshen shang dédào tā hěn dà de bāngzhù(在物质与精神上得到他很大的帮助).

ぶつぜん【仏前】 fóqián(佛前). ¶ ～に線香をあげる zài fóqián shāoxiāng(在佛前烧香).

ふっそ【弗素】 fú(氟).

ぶつぞう【仏像】 fóxiàng(佛像).

ぶっそう【物騒】 ¶ この辺りは夜になると～だ zhè yídài dàole wǎnshang jiù hěn bù ānquán(这一带到了晚上就很不安全). ¶ ～な世の中になったものだ zhēn shì chéngle ge dòngdàng bù'ān de shìdào(真是成了个动荡不安的世道). ¶ ～な物を早くしまえ nàme xià rén de dōngxi kuài gěi wǒ shōuqilai(那么吓人的东西快给我收起来).

ぶつだ【仏陀】 Fótuó(佛陀).

ぶったい【物体】 wùtǐ(物体).

ぶつだん【仏壇】 fókān(佛龛).

ぶっちょうづら【仏頂面】 ¶ ～をする běng liǎn(绷脸)/ lāxià liǎn(拉下脸)/ bǎnqǐ miànkǒng(板起面孔).

ふつつか【不束】 ¶ ～ながら司会をさせていただきます bǐrén bùcái, tǐzǎn rèn sīyí(鄙人不才,忝任司仪). ¶ ～な娘ですがよろしくお願い致します xiǎonǚ quēshǎo jiājiào, qǐng duōduō zhàoliào(小女缺少家教,请多多照料).

ぶっつけ ¶ 一本番で演ずる wèi jīng páiliàn jiù shàngyǎn(未经排练就上演). ¶ ～から紛糾した yì kāitóu jiù yǐyán duìlì yìlùn fēnfēn(一开头就意见对立议论纷纷).

ぶっつづけ【ぶっ続け】 ¶ 朝から晩まで～に働く cóng zǎo dào wǎn bùtíng de gōngzuò(从早到晚不停地工作). ¶ 昼夜～の強行軍 rìyè jiānchéng de qiángxíngjūn(日夜兼程的强行军). ¶ 一週間～で会議が開かれた jiēlián kāile yí ge xīngqī de huì(接连开了一个星期的会).

ふっつり ¶ ～と酒をやめた yíxiàzi bǎ jiǔ jì le(一下子把酒戒了). ¶ あれ以来～そのことを言わなくなった cóng nà yǐhòu tā zài bù tí nà jiàn shì le(从那以后他再也不提那件事了).

ふっつり ¶ 糸が～と切れた xiàn túrán duàn le(线突然断了). ¶ その後音信が～途絶えた dǎ nà yǐhòu yǎo wú yīnxìn le(打那以后杳无音信了).

ふってい【払底】 ¶ 木材が～して建築費が暴騰した mùcái quēhuò shǐ jiànzhùfèi bàozhǎng(木材缺货使建筑费暴涨). ¶ 人材が～している quēfá réncái(缺乏人才).

ぶってき【物的】 ¶ ～資源 wùzhì zīyuán(物质资源). ～条件 wùzhì tiáojiàn(物质条件).

ふってん【沸点】 fèidiǎn(沸点).

ぶつでん【仏殿】 fódiàn(佛殿).

ぶってん【仏典】 fódiǎn(佛典), fójīng(佛经), shìdiǎn(释典).

ふっとう【沸騰】 fèiténg(沸腾). ¶ 水はセ氏100度で～する shuǐ dào Shèshì yìbǎi dù jiù fèiténg(水到摄氏一百度就沸腾). ¶ 世論が～する yúlùn fèiténg(舆论沸腾). ¶ 今人気～中の女優 yǎnxià hóngde fāzǐ de nǚyǎnyuán(眼下红得发紫的女演员).

¶ ～点 fèidiǎn(沸点).

フットボール zúqiú(足球). ¶ ～をする tī zúqiú(踢足球). ¶ アメリカン～ měishì gǎnlǎnqiú(美式橄榄球).

フットワーク yídòng bùfǎ(移动步法), yùnqiú dòngzuò(运球动作), jiǎogōng(脚功). ¶ 軽快な～ qīngqiǎo de yùnqiú dòngzuò(轻巧的运球动作).

ぶつのう【物納】 ¶ 相続税を～する yǐ shíwù jiǎonà jìchéngshuì(以实物缴纳继承税).

ぶっぴん【物品】 wùpǐn(物品). ¶ ～税 wùpǐnshuì(物品税).

ふつふつ ¶ ～と煮え立つ gūdūgūdū de shuǐ gǔn le(咕嘟咕嘟地水滚了). ¶ ～と詩情が湧く shīqíng fèiyǒng ér lái(诗情沸涌而来).

ぶつぶつ 1 gūjī(咕叽), gūnong(咕哝), dūnang(嘟囔), dūlu(嘟噜), dáogu(叨叨), nāngnang(囔囔). ¶ 何か～つぶやいている zuǐli gūnongzhe shénme(嘴里咕哝着什么). ¶ 陰で～言わずにはっきり言いなさい bié zài bèihòu dáogu, dāngmiàn bǎ huà shuōqīngchu(别在背后叨咕,当面把话说清楚).

2【つぶつぶ】 ¶ 顔に～ができた liǎnshang qǐle hěn duō jiēzi(脸上起了很多疖子).

ぶつぶつこうかん【物物交換】 wùwù jiāohuàn(物物交换), yǐ wù huàn wù(以物换物). ¶ 毛皮と食糧を～する yǐ máopí jiāohuàn liángshi(以毛皮交换粮食).

ぶつめつ【仏滅】 hēidào xiōngchén(黑道凶辰).

ぶつもん【仏門】 fómén(佛门). ¶ ～に入る rù fómén(入佛门)/ dùnrù kōngmén(遁入空门).

ぶつよく【物欲】 wùyù(物欲). ¶ ～にとらわれる wéi wùyù suǒ mí(为物欲所迷).

ぶつり【物理】 wùlǐ(物理). ¶ ～学 wùlǐxué(物理学). ～変化 wùlǐ biànhuà(物理变化). ～療法 wùlǐ liáofǎ(物理疗法)/ lǐliáo(理疗).

ふつりあい【不釣合】 bù xiāngchèn(不相称), bù xiāngpèi(不相配). ¶ ～な縁談 bù bānpèi de qīnshì(不般配的亲事). ¶ 上着とネクタイが～だ shàngyī hé lǐngdài bù xiāngchèn(上衣和领带不相称).

ぶつりゅう【物流】 wùliú(物流). ¶ ～機構 wùliú jīgòu(物流机构)/ wùliúwǎng(物流网).

ぶつりょう【物量】 ¶ ～にものを言わせて攻め立てる yīkào xiónghòu de wùlì zhǎnkāi gōngshì(依靠雄厚的物力展开攻势).

ふで【筆】 máobǐ(毛笔), bǐ(笔). ¶ 彼はなかなか～が立つ tā bǐmò hěn hǎo(他笔墨很好)/ tā

ふてい bǐdǐxia búcuò(他笔底下不错)/ tā bǐtóur yǒu liǎngxiàzi(他笔头儿有两下子). ¶〜に任せて書く xìn bǐ ér shū(信笔而书). ¶この絵は琳の〜になる zhè fú huà shì Guānglín huà de(这幅画是光琳画的). ¶随筆を執る xiě suíbǐ(写随笔). ¶先生に原稿に〜を入れてもらった qǐng lǎoshī gěi xiūgǎile gǎozi(请老师给修改了稿子). ¶すらすらと〜を走らせる liúlì de shūxiě(流利地书写)/ zǒubǐ jí shū(走笔疾书). ¶それ以来彼は〜を断った cóng nà yǐhòu tā'bù zhíbǐ[bàbǐ] le(从那以后他'不执笔[罢笔]了). ¶これにて〜を擱(ぉ)きます dào cǐ gēbǐ(到此搁笔). ¶弘法は〜を選ばず jiàng qiǎo bú zài gōngjù jīng(匠巧不在工具精). ¶〜で書く yòng máobǐ xiě(用毛笔写).

ふてい【不定】 ¶収入が〜で生活が不安だ shōurù bú gùdìng, shēnghuó bù'ān(收入不固定，生活不安). ¶住所〜 zhùzhǐ búdìng(住址不定).

ふてい【不貞】 bù zhēn(不贞). ¶〜の妻 bù shǒu zhēncāo de qīzi(不守贞操的妻子). ¶〜を働く tōngjiān(通奸).

ふてい【不逞】 bùchěng(不逞). ¶〜の輩(やから) bùchěng zhī tú(不逞之徒).

ふていさい【不体裁】 bù hǎokàn(不好看), bù tǐmian(不体面), bùchéng yàngzi(不成样子), bùchéng tǐtǒng(不成体统). ¶私だけが何も持って行かなかったので〜だった zhǐ yǒu wǒ yí ge rén méi dài shénme lǐwù zhēn bù tǐmian(只有我一个人没带什么礼物真不体面). ¶こんな格好では〜で行けない wǒ zhège chuāndài tài bú xiàngyàngzi, zěnme néng chūqu(我这个穿戴太不像样子，怎么能出去).

ブティック fúshì shāngdiàn(服饰商店).

プディング bùdīng(布丁).

ふてき【不敵】 ¶〜な面構え wú suǒ wèijù de shéntài(无所畏惧的神态). ¶〜にも素手で立ち向かって来た dǎdǎn de chìshǒu-kōngquán pūle guòlái(大胆地赤手空拳扑了过来).

ふでき【不出来】 ¶この作品はあの人にしては〜だ zhège zuòpǐn zài tā de chuàngzuò lǐ búsuàn shì hǎo de(这个作品在他的创作里不算是好的). ¶作物の出来は〜は天候によるところが大きい zhuāngjia shōucheng de hǎohuài shòu tiānqì de yǐngxiǎng hěn dà(庄稼收成的好坏受天气的影响很大).

ふてきとう【不適当】 bù héshì(不合适), bú shìdàng(不适当), bú qiàdàng(不恰当), bù tuǒdàng(不妥当). ¶この仕事は彼には〜だ zhège gōngzuò duì tā bù héshì(这个工作对他不合适). ¶この方法は〜だ zhège fāngfǎ bú qiàdàng(这个方法不恰当).

ふてきにん【不適任】 彼は教師としては〜だ tā zuò jiàoshī bù xiāngyí(他做教师不相宜).

ふてぎわ【不手際】 ¶会議の運営が〜だ huìyì zhǎngwòde bù hǎo(会议掌握得不好). ¶事故の処理が〜で夜になってやっと復旧した shìgù chǔlǐde bù dédàng, dàole wǎnshang cái huīfù zhèngcháng(事故处理得不得当，到了晚上才恢复正常).

ふてくさ・れる【不貞腐れる】 dǔqì(赌气), òuqì(怄气), nào qíngxù(闹情绪), nào bièniu(闹别扭). ¶彼は気に入らないことがあるとすぐ〜れる tā yì bú chènxīn jiù nào qíngxù(他一不称心就闹情绪). ¶何だその〜れた態度は nǐ zhè òuqìyàngr shì shénme tàidu?(你这怄气样儿是什么态度?/ nǐ xiǎng gēn wǒ òuqì!?(你想跟我怄气!?).

ふでさき【筆先】 bǐjiān(笔尖), bǐtóu(笔头), bǐfēng(笔锋).

ふでたて【筆立て】 bǐtǒng(笔筒).

ふでづかい【筆遣い】 yùnbǐ(运笔), bǐfǎ(笔法). ¶軽妙な〜だ yùnbǐ qīngmiào(运笔轻妙).

ふってい【不徹底】 bú chèdǐ(不彻底). ¶その程度の改革では〜だ nà chéngdù de gǎigé tài bú chèdǐ le(那种程度的改革太不彻底了). ¶連絡が〜で知らない人が多かった liánxìde bù hǎo, yǒu hěn duō rén hái bù zhīdào(联系得不好，有很多人还不知道).

ふてね【不貞寝】 ¶〜をする dǔqì shuìjiào(赌气睡觉).

ふでばこ【筆箱】 bǐhé(笔盒), qiānbǐhé(铅笔盒).

ふでぶしょう【筆無精】 ¶彼は〜で少しも家に手紙をよこさない tā shǒu lǎn fēng xìn yě bù gěi jiālǐ xiě(他手懒一封信也不给家里写).

ふてぶてし・い ¶何という〜い態度だ zhēn shì yí fù mù zhōng wú rén de tàidu(真是一副目中无人的态度).

ふでまめ【筆まめ】 ¶彼女は〜でよく便りをくれる tā shǒu qín cháng gěi wǒ xiě xìn(她手勤常给我写信).

ふと hūrán(忽然), tūrán(突然); ǒu'ěr(偶尔), ǒurán(偶然). ¶〜外を見るとすっかり暗くなっていた ǒu'ěr xiàng wài yí kàn, tiān quán hēi le(偶尔向外一看，天全黑了). ¶〜目を覚すと枕許に人が立っていた hūrán xǐnglai, zhǐ jiàn zài zhěntou pángbiān yǒu rén zhànzhe(忽然醒来，只见在枕头旁边有人站着). ¶〜漏らした言葉に彼の真意があった tuō kǒu ér chū de huà duōchūle tā de zhēnyì(脱口而出的话道出了他的真意). ¶〜昔の事を思い出した hūrán xiǎngqǐ wǎngshì lái(忽然想起往事来). ¶〜思い立って旅に出た tūrán xiǎng qù lǚxíng jiù dòngshēn le(突然想去旅行就动身了). ¶彼女とは〜したことで知り合った wǒ ǒurán rènshi tā de(我偶然认识她的). ¶〜した病がもとでこの世を去った yóuyú ǒurán huànbìng ér qùshì le(由于偶然患病而去世了).

ふと・い【太い】 **1** cū(粗), cūdà(粗大). ¶〜い幹 shùgàn cūdà(树干粗大). ¶〜腕が〜くなった gēbo cū le(胳膊粗了). ¶この紐は〜すぎる zhè xiàn tài cū(这线太粗). ¶〜い声 cūshēng(粗声)/ sǎngyīn cūdà(嗓音粗大). ¶声が〜い sǎngménr cū(嗓门儿粗). ¶彼は神経が〜い tā duì xiǎoshì bú zàiyì(他对小事不在意). ¶この子はほんとに肝っ玉の〜い子だ zhège háizi dǎnzi kě zhēn dà a(这个孩子胆子可真大啊). **2**【ふてぶてしい】 ¶〜い奴だ zhēn shì ge qǐyǒuclǐ de jiāhuo(真是个岂有此理的家伙).

¶見付からなければいいというのは～い了見だ bú bèi rén fāxiàn jiù méiyǒu guānxi, zhè shì shénme xiǎngfa?(不被人发现就没有关系,这是什么想法?).

ふとう【不当】 bù hélǐ(不合理), bú zhèngdàng(不正当), búdàng(不当).¶～な要求 bù hélǐ de yāoqiú(不合理的要求).¶この判決は～だ zhège pànjué bú hélǐ(这个判决不合理).¶～に高い値をつける màntiān yàojià(漫天要价).

ふとう【不等】 bùděng(不等).¶～号 bùděnghào(不等号).~式 bùděngshì(不等式).

ふとう【埠頭】 mǎtou(码头), bùtóu(埠头).

ふどう【不同】 bùtóng(不同).¶地域によって料金は～である dìqū bùtóng fèiyong yě bùtóng(地区不同费用也不同).¶順～ bú àn cìxù(不按次序).

ふどう【不動】 ¶～の姿勢 bú dòng de zīshì(不动的姿势).¶～の地位を確立した quèlìle bùkě dòngyáo de dìwèi(确立了不可动摇的地位).¶～の信念 jiāndìng bù yí de xìnniàn(坚定不移的信念).

ふどう【浮動】 fúdòng(浮动).¶～票がAさんに集まった fúdòngpiào jízhōng zài A xiānsheng míngxià le(浮动票集中在A先生名下).

ぶとう【舞踏】 wǔdǎo(舞蹈).¶～会 wǔhuì(舞会).

ぶどう【葡萄】 pútao(葡萄).¶～色 pútaozǐ(葡萄紫).～酒 pútaojiǔ(葡萄酒).～状球菌 pútao qiújūn(葡萄球菌).～棚 pútaojià(葡萄架).～糖 pútaotáng(葡萄糖).種なし～ wú hé pútao(无核葡萄).干～ pútaogān(葡萄干).

ふとういつ【不統一】 bù tǒngyī(不统一).¶内部の意見が～だ nèibù yìjiàn bù tǒngyī(内部意见不统一).¶形が～だ xíngzhuàng bù tǒngyī(形状不统一).

ふとうこう【不凍港】 búdònggǎng(不冻港).

ふどうさん【不動産】 búdòngchǎn(不动产), héngchǎn(恒产); dìchǎn(地产), fángdìchǎn(房地产).¶～業 fángdìchǎnyè(房地产业).～金融 fángdìchǎn jīnróng(房地产金融).

ふどうたい【不導体】 fēidǎotǐ(非导体), juéyuántǐ(绝缘体).

ふどうとく【不道徳】 búdàodé(不道德), quēdé(缺德).¶～な行い búdàodé de xíngwéi(不道德的行为).

ふとうふくつ【不撓不屈】 bù qū bù náo(不屈不挠).¶～の精神 bùqū-búnào de jīngshén(不屈不挠的精神).

ふとうへんさんかくけい【不等辺三角形】 bùděngbiān sānjiǎoxíng(不等边三角形).

ふとうめい【不透明】 bú tòumíng(不透明).¶経済の先行きが～だ jīngjì qiánjǐng shàng bù míngláng(经济前景尚不明朗).

ふとく【不徳】 búdàodé(不道德).¶これは全く私の～のいたすところです zhè wánquán shì wǒ wú dé suǒ zhì(这完全是我无德所致).

ふとくい【不得意】 bú shàncháng(不擅长), bù náshǒu(不拿手).¶数学は私の一番～な課目です shùxué shì wǒ zuì bú shàncháng de yì mén kè(数学是我最不擅长的一门课).

ふとくてい【不特定】 ¶～の読者を対象とする yǐ fēi tèdìng de dúzhě wéi duìxiàng(以非特定的读者为对象).¶～多数 fēi tèdìng de duōshù(非特定的多数).

ふとくようりょう【不得要領】 bù dé yàolǐng(不得要领).¶彼の言うことは～だ tā shuōde bù dé yàolǐng(他说得不得要领).¶～な返事 móléng-liǎngkě de dáfù(模棱两可的答复).

ふところ【懐】 1 huái(怀), huáibào(怀抱).¶あの人は～が深い nàge rén dùliàng dà, néng róngrén(那个人量大,能容人).¶～に財布を入れる bǎ qiánbāo yēzài huáili(把钱包掖在怀里).¶母の～に抱かれる bàozài mǔqin de huáili(抱在母亲的怀里).¶敵の～に飛び込む qiánrù dírén de xīnzàng(潜入敌人的心脏).¶大自然の～に抱かれて育つ zài dàzìrán de huáibàolǐ zhǎngdà(在大自然的怀抱里长大).¶山～の村 qúnshān huánràozhe de cūnzhuāng(群山环绕着的村庄).

2 [所持金] shǒutóu[r](手头[儿]); yāobāo(腰包).¶この頃～が寂しい jìnlái shǒutóu jǐn(近来手头紧).¶～具合がよい shǒutóu kuānyù(手头宽裕).¶人のものをあてにするな bié zhǐkào rénjia de yāobāo(别指靠人家的腰包).¶自分の～が痛むわけではない bìng bú shì zìjǐ tāo yāobāo(并不是自己掏腰包).¶地位を利用して～を肥やす liyòng dìwèi féi zìjǐ de yāobāo(利用地位肥自己的腰包).

3 [胸中] ¶人の～を見透かす kàntòu rénjia de nèixīn(看透人家的内心).

ふところがたな【懐刀】 qīnxìn(亲信), xīnfù(心腹).¶大臣の～として活躍する zuòwéi dàchén de qīnxìn huóyuèzhe(作为大臣的亲信活跃着).

ふところで【懐手】 ¶～をして見ている xiùshǒu pángguān(袖手旁观).¶～のままで金儲けをする chuāizhe shuāngshǒu qián zàilái(揣着双手钱自来).

ふとさ【太さ】 cū(粗), cūxì(粗细).¶～2センチの縄 èr límǐ cū de shéngzi(二厘米粗的绳子).

ふとじ【太字】 cūtǐzì(粗体字).¶～用の万年筆 xiě cūtǐzì yòng de gāngbǐ(写粗体字用的钢笔).

ふとっぱら【太っ腹】 kuānhóng(宽宏·宽洪), kuānróng(宽容), dàdù(大度), hóngliàng(洪量).¶～の人 dùliàng dà de rén(度量大的人) / kuānhóng dàliàng(宽宏大量) / huòdá dàdù(豁达大度).

ふとどき【不届き】 ¶あんな～な奴はいない cónglái méi jiàndàoguo nàyàng qǐyǒucǐlǐ de jiāhuo(从来没见到过那样岂有此理的家伙).

ブトマイン shīdú(尸毒).

ふとめ【太め】 ¶～の糸 cū xiē de xiàn(粗些的线).¶～のズボン kùtuǐ shāo féi de kùzi(裤腿稍肥的裤子).

ふともも【太股】 dàtuǐ(大腿).

ふと・る【太る】 pàng(胖), féipàng(肥胖), fā-

pàng(发胖). ¶近頃3キロばかり～った jìnlái pàngle sān gōngjǐn zuǒyòu(近来胖了三公斤左右). ¶まるまると～った赤ん坊 pànghūhū de wáwa(胖乎乎的娃娃). ¶財産が～った fā le cái(发了财).

ふとん【布団】 pūgai(铺盖), bèirù(被褥). ¶～を敷く pū bèirù(铺被褥). ¶～をあげる shōushi pūgai(收拾铺盖). ¶～をたたむ dié bèirù(叠被褥). ¶～をかける gài bèizi(盖被子). ¶～にもぐりこむ zuānjìn bèiwōli(钻进被窝里).

¶掛― bèizi(被子). 敷― rùzi(褥子). ～カバー bèitào(被套)/ bèizhào(被罩).

ふな【鮒】 jìyú(鲫鱼).

ぶな【椈】 shānmáojǔ(山毛榉), shuǐqīnggāng(水清冈).

ふなあし【船足】 **1**【船の速さ】 ¶あの船は～が速い nà zhī chuán zǒude hěn kuài(那只船走得很快).
2【喫水】 chīshuǐ(吃水). ¶一杯に荷を積む zhuāng huò dào chīshuǐxiàn(装货到吃水线).

ふなあそび【船遊び】 fànzhōu(泛舟). ¶川で～をする zài héli fànzhōu(在河里泛舟).

ふない【内】 nèibù(内部). ¶～の者にちがいない zuìfàn yídìng shì nèibù de rén(罪犯一定是内部的人).

ふなうた【舟歌】 chuánfūqǔ(船夫曲), chuángē(船歌). ¶ボルガの～ Fú'ěrjiā chuánfūqǔ(伏尔加船夫曲).

ふなか【不仲】 bùhé(不和). ¶あの2人は～だ tā liǎ bùhé(他俩不和). ¶つまらぬ事から～になった wèile zhīma dà de shì nào bùhé le(为了芝麻大的事闹不和了).

ふなそこ【船底】 chuándǐ(船底).

ふなちん【船賃】 chuánqián(船钱), chuánfèi(船费).

ふなつきば【船着場】 chuánbù(船埠), mǎtou(码头), bùtóu(埠头).

ふなづみ【船積み】 zhuāng chuán(装船). ¶輸出品を～する bǎ chūkǒuhuò zhuāng chuán(把出口货装船). ¶～が遅れている zhuāng chuán chíwù le(装船迟误了).

ふなで【船出】 kāichuán(开船). ¶人々のにぎやかな見送りのうちに～した zài dàjiā rèrè-nào-nào de huānsòng zhōng kāichuán le(在大家热热闹闹的欢送中开船了).

ふなに【船荷】 cóng chuánshang xièhuò(从船上卸货).
¶～証券 chuánhuò tídān(船货提单).

ふなぬし【船主】 chuánzhǔ(船主), chuándōng(船东).

ふなのり【船乗り】 chuányuán(船员), shuǐshǒu(水手), hǎiyuán(海员).

ふなばた【船端】 chuánxián(船舷), chuánbāng(船帮). ¶波が～を洗う bōlàng chōngdǎ chuánxián(波浪冲打船舷).

ふなびん【船便】 yòng hǎiyùn yóujì shūjí(用海运邮件邮寄书籍).

ふなむし【船虫】 hǎizhāngláng(海蟑螂), hǎiqiū

(海蚯), hǎi'àn shuǐshī(海岸水虱).

ふなよい【船酔】 yùnchuán(晕船). ¶時化(しけ)に遭って～した yùshàng bàofēngyǔ, yùnchuán le(遇上暴风雨,晕船了).

ふなれ【不慣れ】 bù shú(不熟), bù shúliàn(不熟练). ¶私はこうした仕事には～だ wǒ duì zhè zhǒng gōngzuò bù shú(我对这种工作不熟). ¶洋食の作法に～なため大汗をかいた búguàn yòng dāochā chī xīcān liúle mǎntóu dà hàn(不惯用刀叉吃西餐流了满头大汗). ¶～な土地で道に迷う zài bù shúxī de dìfang mílelù(在不熟悉的地方迷了路). ¶～な交換手 bù shúliàn de huànwùyuán(不熟练的话务员).

ぶなん【無難】 ¶これならまず～な人選だ zhèyàng rénxuǎn jiào wéi tuǒdàng(这样人选较为妥当). ¶あの人には近づかないほうが～だ zuìhǎo búyào hé tā jiējìn(最好不要和他接近).

ふにょい【不如意】 bùrúyì(不如意). ¶人生はとかく～なことが多い rénshēng bùrúyì shì shí yǒu bājiǔ(人生中不如意事十有八九). ¶手元～ shǒutóu jǐn[bù kuānchuo](手头紧[不宽绰]).

ふにん【赴任】 fùrèn(赴任). ¶福岡支店へ～する dào Fúgāng fēndiàn fùrèn(到福冈分店赴任).

ふにん【不妊】 búyùn(不孕). ¶～手術をする zuò juéyù shǒushù(做绝育手术)/ jué yù(绝育). ¶～症 búyùnzhèng(不孕症).

ふにんじょう【不人情】 ¶～な仕打ちをする dàirén lěngkù wúqíng(待人冷酷无情). ¶～のようですが彼の将来のためにきっぱり断りました suīrán yǒudiǎnr bú jìn rénqíng, kěshì wèile tā de jiānglái wǒ zhǐhǎo duànrán jùjué le(虽然有点儿不近人情,可是为了他的将来我只好断然拒绝了).

ふぬけ【腑抜け】 wōnangfèi(窝囊废). ¶あんな～ではなんの役にも立たない nàge wōnangfèi jiǎnzhí shénme yě bù dǐngyòng(那个窝囊废简直什么也不顶用). ¶彼女に振られて以来～になってしまった bèi nǚpéngyou shuǎile yǐhòu, hún bù shǒu shè le(被女朋友甩了以后,魂不守舍了).

ふね【舟・船】 chuán(船). ¶～に乗る chéng[dā] chuán(乘[搭]船). ¶～を下りる xià chuán(下船). ¶～で大島に渡る zuò chuán dào Dàdǎo qù(坐船到大岛去). ¶～に酔う yùnchuán(晕船). ¶～をこぐ huá chuán(划船). ¶お婆さんがこっくりこっくり～をこいでいる lǎodàiniáng dǎzhe dǔnr(老大娘打着盹儿). ¶乗りかかった～だ,いまさら後へは引けない qí hǔ nán xià, nǎ néng zǒu huítóu lù(骑虎难下,哪能走回头路).

ふねへん【舟偏】 zhōuzìpángr(舟字旁儿).

ふねん【不燃】 ¶～ゴミ bùkěrǎnlèi lājī(不可燃类垃圾). ～住宅 fángzhái zhùzhái(防火住宅). ～性物質 bùránxìng wùzhí(不燃性物质).

ふのう【不能】 bùnéng(不能), bù kěnéng(不可能). ¶豪雪のため列車が運行～になった yóuyú dàxuě lièchē bùnéng yùnxíng le(由于大雪列车不能运行了). ¶交通事故で重傷を負い再

ふのう【富農】 fùnóng(富农).

ふのり【布海苔】 lùjiǎocài(鹿角菜)(海藻).

ふはい【不敗】 bú bài(不败). ¶ ～のバスケットチーム cháng shèng bú bài de lánqiúduì(常胜不败的篮球队).

ふはい【腐敗】 fǔbài(腐败). ¶ 夏は食物が～しやすい xiàtiān shíwù róngyì fǔbài(夏天食物容易腐败). ¶ 政治の～ zhèngzhì de fǔbài(政治的腐败). ¶ ～ 堕落した生活 fǔhuà duòluò de shēnghuó(腐化堕落的生活).

ふばい【不買】 ¶ 外国商品の～運動 jù gòu wàihuò yùndòng(拒购外货运动)／dǐzhì yánghuò yùndòng(抵制洋货运动).

ふはく【浮薄】 fúbó(浮薄). ¶ 軽佻～ qīngtiāo fúbó(轻佻浮薄).

ふはつ【不発】 ピストルは～だった shǒuqiāng bù fāhuǒ(手枪不发火). ¶ クーデターは～に終った zhèngbiàn yǐ liúchǎn gàozhōng(政变以流产告终).

¶ ～弾 yǎdàn(哑弹)／xiāpào(瞎炮).

ふばつ【不抜】 ¶ ～の精神 jiānrèn bù bá de jīngshén(坚韧不拔的精神).

ふばらい【不払い】 ¶ 給料の～が 3 か月続いている liánzhe sān ge yuè méiyǒu fā gōngzī(连着三个月没有发工资).

ふび【不備】 bù wánbèi(不完备), bù wánshàn(不完善). ¶ 書類が～で受け付けてもらえなかった yóuyú wénjiàn bù wánbèi, méiyǒu bèi shòulǐ(由于文件不完备,没有被受理). ¶ 衛生設備の～により伝染病が発生した yóuyú wèishēng shèbèi bù wánbèi, fāshēngle chuánrǎnbìng(由于卫生设备不完备,发生了传染病). ¶ 法律の～を改める xiūgǎi fǎlǜ bù wánshàn de dìfang(修改法律不完善的地方).

ふひつよう【不必要】 bù xūyào(不需要), bú bìyào(不必要). ¶ ～な家具を売り払う bǎ bù xūyào de jiāshi màidiào(把不需要的家什卖掉). ¶ ～に大声を出す bú bìyào de dàshēng hǎn(不必要地大声喊).

ふひょう【不評】 ¶ あの映画は～だった nàge diànyǐng méiyǒu dédào hǎopíng(那个电影没有得到好评). ¶ 彼の態度は人々の～を買った tā de tàidù zhāozhì rénmen de bùmǎn(他的态度招致人们的不满).

ふひょう【浮氷】 fúbīng(浮冰).

ふひょう【浮標】〔ブイ〕fúbiāo(浮标);〔うき〕fúzi(浮子).

ふびょうどう【不平等】 bù píngděng(不平等). ¶ ～条約 bùpíngděng tiáoyuē(不平等条约).

ふびん【不憫】 kělián(可怜), kěliánjiàn[r](可怜见[儿]). ¶ 両親を亡くした子を～に思って引き取った juéde shīqùle fùmǔ de háizi kělián, shōuyǎngle xiàlái(觉得失去了父母的孩子可怜,收养了下来).

ふひん【部品】 língjiàn(零件), yuánjiàn(元件), pèijiàn(配件), jījiàn(机件), bùjiàn(部件), zuòjiàn(作件), gōngjiàn(工件), zhìjiàn(制件).

ふひんこう【不品行】 ¶ ～な男 pǐnxíng bùduān de nánrén(品行不端的男人).

ぶふうりゅう【不風流】 ¶ ～な人 bù dǒng fēngyǎ de rén(不懂风雅的人).

ふぶき【吹雪】 bàofēngxuě(暴风雪), xuěbào(雪暴).

ふふく【不服】 bù fú(不服). ¶ 裁定に～を唱える duì cáidìng biǎoshì bù fú(对裁定表示不服). ¶ ～そうな顔をしている lùzhe bù fú de shénsè(露着不服的神色).

ふぶ‧く【吹雪く】 ¶ 昨夜は一晩中～いた zuówǎn guāle yìzhěngyè bàofēngxuě(昨晚刮了一整夜暴风雪).

ぶぶん【部分】 bùfen(部分). ¶ これは3つの～から成っている zhè shì yóu sān ge bùfen zǔchéng de(这是由三个部分组成的). ¶ 潰瘍の～を切除する qiēchú kuìyáng de bùfen(切除溃疡的部分). ¶ ～的に訂正する bùfen dìngzhèng(部分订正).

¶ ～食 piānshí(偏食).

ぶぶんりつ【不文律】 bùchéngwén(不成文), bùchéngwénfǎ(不成文法). ¶ 学長は3選されることができないというのが～になっている xiàozhǎng bùdé liánrèn sān jiè chéngle bùchéngwén de guīdìng(校长不得连任三届成了不成文的规定).

ふへい【不平】 láosāo(牢骚), bùmǎn(不满). ¶ ～を並べる fā láosāo(发牢骚). ¶ 彼は年中～を言っている tā yì nián dào tóu fā láosāo(他一年到头发牢骚). ¶ ～家 mǎnfù láosāo de rén(满腹牢骚的人).

ぶべつ【侮蔑】 wǔrǔ(侮辱), qīngmiè(轻蔑). ¶ 人を～する wǔrǔ rén(侮辱人). ¶ ～のまなざし qīngmiè de yǎnguāng(轻蔑的眼光).

ふへん【不変】 búbiàn(不变). ¶ これこそ～の真理だ zhè cái shì yǒnghéng de zhēnlǐ(这才是永恒的真理).

ふへん【不偏】 ¶ ～不党の立場を堅持する jiānchí bùpiān-búyǐ de lìchǎng(坚持不偏不倚的立场).

ふへん【普遍】 pǔbiàn(普遍). ¶ ～の真理 pǔbiàn zhēnlǐ(普遍真理).

¶ ～性 pǔbiànxìng(普遍性). ～妥当性 pǔbiàn shìyòngxìng(普遍适用性).

ふべん【不便】 bù biàn(不便), bù fāngbiàn(不方便). ¶ 電話がないので～だ méiyǒu diànhuà, hěn bù fāngbiàn(没有电话,很不方便). ¶ 交通の～な場所 jiāotōng búbiàn de dìfang(交通不便的地方).

ふぼ【父母】 fùmǔ(父母). ¶ ～会 jiāzhǎnghuì(家长会).

ふほう【不法】 bùfǎ(不法), fēifǎ(非法). ¶ 彼は～にも儲けを一人占めしようとした tā quán wú xìnyì qǐtú dúzhàn zhuàn de qián(他全无信义企图独占赚的钱). ～建物を～占拠する fēifǎ zhànjù jiànzhùwù(非法占据建筑物). ¶ ピストルの～所持 fēifǎ chíqiāng(非法持枪).

¶ ～監禁 fēifǎ jūjīn(非法拘禁). ～行為 bùfǎ xíngwéi(不法行为). ～就労者 fēifǎ jiùyèzhě(非法就业者). ～侵入 fēifǎ qīnrù(非法侵入).

~入国 fēifǎ rùjìng(非法入境).

ふほう【訃報】 fùgào(讣告), fùwén(讣闻・讣文), èhào(噩耗), bàosāng(报丧), sǐhào(死耗), sǐxùn(死讯), sǐxīn[r](死信[儿]). ¶恩師の~に接する jiēdào ēnshī shìshì de fùgào(接到恩师逝世的讣告).

ふほんい【不本意】 ¶私としては~出来だ bú shì zìjǐ mǎnyì de jiéguǒ(不是自己满意的结果). ¶~な結果となった jiéguǒ shì yǔ yuàn wéi(结果事与愿违). ¶~だろうがこの部署でがんばってくれ yěxǔ bù hé běnyì, xīwàng zài zhège bùmén hǎohāor gàn ba(也许不合本意，希望在这个部门好好儿干吧). ¶~ながら欠席した bùdéyǐ quēxí le(不得已缺席了).

ふま・える【踏まえる】 tà(踏). ¶大地を~えて立つ jiǎo tà dàdì zhànzhe(脚踏大地站着). ¶現実を~えた意見 lìzú yú xiànshí de yìjiàn(立足于现实的意见).

ふまじめ【不真面目】 bú rènzhēn(不认真), bù yánsù(不严肃), bú zhèngjing(不正经). ¶~な態度 bù yánsù de tàidu(不严肃的态度)／xīxīhāhā de tàidù(嘻嘻哈哈的态度).

ふまん【不満】 bùmǎn(不满), bù mǎnyì(不满意). ¶私はこの措置には~だ wǒ duì zhè xiàng cuòshī hěn bù mǎnyì(我对这项措施很不满意). ¶現状に~を抱く duì xiànzhuàng bào bùmǎn(对现状抱不满). ¶学生達の間に~がたまっている xuésheng lǐtou bùmǎn qíngxù yuèláiyuè qiáng(学生里头不满情绪越来越强).

ふまんぞく【不満足】 bù mǎnyì(不满意), mǎnzú(不满足). ¶実験は~な結果に終った shíyàn yǐ bùnéng lìng rén mǎnyì de jiéguǒ gàozhōng(实验以不能令人满意的结果告终). ¶こんな成績では~だ duì zhèyàng de chéngjì bù mǎnyì(对这样的成绩我不满意).

ふみきり【踏切】 **1** dàokǒu(道口), píngjiāodào(平交道). ¶~を渡る guò dàokǒu(过道口).
¶~一番 dàokǒu kānshǒuyuán(道口看守员).
2 [スポーツ] qǐtiào(起跳). ¶走幅跳で~に失敗した tiàoyuǎn shí, qǐtiào shībài le(跳远时，起跳失败了).
¶~板 qǐtiàobǎn(起跳板)／tàbǎn(踏板)／tiàobǎn(跳板).

ふみき・る【踏み切る】 qǐtiào(起跳), tiàoqǐ(跳起). ¶力強く~って跳ぶ yònglì qǐtiào(用力起跳). ¶なかなか実行に~れない yóuyù bùjué, lǎo bùnéng fù zhū shíxíng(犹豫不决，老不能付诸实行).

ふみこた・える【踏みこたえる】 dǐngzhù(顶住), tǐngzhù(挺住). ¶土壇場で~えた zài zuìhòu guāntóu dǐngzhùle(在最后关头顶住了).

ふみこ・む【踏み込む】 cǎijin(踩进), tàjìn(踏进). ¶ぬかるみに~んだ yì jiǎo cǎizài nílǐ(一脚踩在泥里). ¶警官に~まれた jǐngchá chuǎngjinlai le(警察闯进来了). ¶問題の核心に~む chùjí wèntí de héxīn(触及问题的核心).

ふみし・める【踏み締める】 ¶一歩一歩~めて登る yí bù yí bù zhāzhā-shíshí de pāndēng(一步一步扎扎实实地攀登). ¶祖国の地を~める tàshàngle zǔguó de dàdì(踏上了祖国的大地).

ふみだい【踏台】 jiǎodāzi(脚搭子), jiǎodèngzi(脚凳子). ¶~に乗って棚の上の物をとる zhànzài jiǎodèngzi shang qǔ jiàzi shang de dōngxi(站在脚凳子上取架子上的东西). ¶人を~にして出世する ná rén zuò diànjiǎoshí wǎng shàng pá(拿人做垫脚石往上爬).

ふみたお・す【踏み倒す】 ¶借金を~す làizhàng bù huán(赖账不还)／làizhài(赖债).

ふみだ・す【踏み出す】 màichū(迈出). ¶左足から~す yóu zuǒjiǎo màichū(由左脚迈出). ¶彼等は計画の実現に一歩を~した tāmen wèi shíxiàn jìhuà màichūle dìyī bù(他们为实现计划迈出了第一步).

ふみだん【踏段】 jiētī(阶梯)；táijiē(台阶), dèngr(凳儿).

ふみつ・ける【踏み付ける】 cǎi(踩), tà(踏). ¶なにかを~けてしまった cǎile yì jiǎo shénme dōngxi(踩了一脚什么东西). ¶~けても何とも思わない zuòjiàn rén yě háo bú zàihu(作践人也毫不在乎).

ふみとど・まる【踏み止まる】 ¶最後まで陣地に~って戦う jiānshǒu zhèndì zhàndòu dào zuìhòu(坚守阵地战斗到最后). ¶怒鳴りたいのをやっとの思いで~った hǎobù róngyi yìzhìzhùle xiǎng mà yí dùn de xīnqíng(好不容易抑制住了想骂一顿的心情).

ふみなら・す【踏み鳴らす】 duòjiǎo(跺脚). ¶足を~して騒ぐ duòjiǎo dà nào(跺脚大闹).

ふみにじ・る【踏み躙る】 jiàntà(践踏), róulìn(蹂躏), zāojian(糟践), zāota(糟蹋·糟路), zuòjian(作践). ¶花壇を~る zāota huātán(糟蹋花坛). ¶人の好意を~る gūfù rénjia de hǎoyì(辜负人家的好意). ¶人権を~る róulìn rénquán(蹂躏人权).

ふみぬ・く【踏み抜く】 ¶床を~いた cǎihuàile dìbǎn(踩坏了地板). ¶工事場で古釘を~いた zài gōngdì cǎishàngle jiùdīngzi(在工地踩上了旧钉子).

ふみはず・す【踏み外す】 cǎikōng(踩空), tàkōng(踏空)；dēngcī(登跐). ¶階段を~す zài lóutī shang cǎikōng le(在楼梯上踩空了). ¶足を~して川に落ちた shīzú[shījiǎo] diàojìn héli(失足[失脚]掉进河里). ¶人の道を~す piānlí zhèngdào(偏离正道)／zǒu xiémén wāidào(走邪门歪道).

ふみもち【不身持】 ¶夫の~に悩む yīn zhàngfu de pǐnxíng bùduān ér kǔnǎo(因丈夫的品行不端而苦恼).

ふみわ・ける【踏み分ける】 ¶やぶを~けて行く bōkāi cǎocóng qiánjìn(拨开草丛前进).

ふみん【不眠】 ¶~不休で復旧作業に当る rìyè bùtíng de gǎn xiūfù gōngchéng(日夜不停地赶修复工程).
¶~症 shīmiánzhèng(失眠症).

ふ・む【踏む】 **1** cǎi(踩), tà(踏), chuài(踹). ¶畑で麦を~む zài dìli cǎi màimiáo(在地里踩麦苗). ¶誤って人の足を~んだ bù xiǎoxīn cǎile biéren de jiǎo(不小心踩了别人的脚). ¶自転車のペダルを~む tà zìxíngchē de jiǎodēngzi(踏自行车的脚蹬子). ¶初めて中国の

土を～んだ chūcì tàshàng Zhōngguó de tǔdì (初次踏上中国的土地).¶国立劇場の舞台を～む dēng Guólì Jùchǎng de wǔtái (登国立剧场的舞台).¶薄氷を～む思い rú lǚ báo bīng (如履薄冰).

2〖経験する〗¶彼は場数(ｶｽﾞ)を～んでいる tā jīngyàn fēngfù (他经验丰富).

3〖ある過程を経る〗¶大学の課程を～む jìnxiū dàxué kèchéng (进修大学课程).¶手続を～んで願い出る àn shǒuxù shēnqǐng (按手续申请).

4〖見当をつける〗gūjì (估计).¶100万円と～む gūjià yìbǎi wàn rìyuán (估价一百万日元).¶5日あれば出来ると～む gūjì yǒu wǔ tiān néng zuòchulai (估计有五天能做出来).

5〖押韻する〗¶韻を～む yāyùn (押韵).

ふむき〖不向き〗búshì (不适), bú shìyí (不适宜), bù shìhé (不适合).¶彼は教師には～だ tā bú shìyú zuò jiàoshī (他不适于做教师).

ふめい〖不明〗**1**〖不分明〗bùmíng (不明), bù míngbai (不明白), bùxiáng (不详).¶原因～の火事 yuányīn bùmíng de huǒzāi (原因不明的火灾).¶真偽のほどは今なお～だ zhēnjiǎ xiànzài hái bù qīngchu (真假现在还不清楚).¶この部分の意味が～だ zhè yí duàn de yìsi zǒng gǎo bu míngbai (这一段的意思总搞不明白).¶差出人～の手紙 fāxìnrén bùmíng de xìn (发信人不明的信).

2〖不敏〗¶自らの～を恥じる duì zìjǐ quēfá jiànshi gǎndào cánkuì (对自己缺乏见识感到惭愧).¶それはまったく私の～の致すところです nà wánquán shì wǒ de wúnéng suǒ zhì (那完全是我的无能所致).

ふめいよ〖不名誉〗bùmíngyù (不名誉), bù tǐmian (不体面), bù guāngcǎi (不光彩).¶そんなことをすると我が社の～になる yàoshi gǎochū nà zhǒng shì lai huì sǔnhài wǒ gōngsī de míngyù (要是搞出那种事来会损害我公司的名誉).¶～な話だ zhēn shì bù tǐmian de shì (真是不体面的事).

ふめいりょう〖不明瞭〗bù míngquè (不明确), bù qīngchu (不清楚).¶発音が～で聞き取りにくい fāyīn bù qīng, tīng bu qīngchu (发音不清,听不清楚).¶ここは意味が～だ zhèli de yìsi bù míngquè (这里的意思不明确).

ふめいろう〖不明朗〗¶彼の～なやり方には皆の不満が多い duì tā bù guāngmíng-zhèngdà de zuòfǎ hěn duō rén bùmǎn (对他不光明正大的做法很多人不满).

ふめつ〖不滅〗¶歴史に～の名を残す qīngshǐ liúmíng (青史留名); yǒng chuí qīngshǐ (永垂青史).¶～の業績 bùkě mómiè de yèjì (不可磨灭的业绩).

ふめん〖譜面〗pǔzi (谱子), yuèpǔ (乐谱), qǔpǔ (曲谱).¶～台 pǔjià (谱架).

ぶめん〖部面〗fāngmiàn (方面), lǐngyù (领域).¶新しい～を開拓する kāituò xīn lǐngyù (开拓新领域).

ふめんぼく〖不面目〗méiliǎn (没脸), diūliǎn (丢脸), bù guāngcǎi (不光彩), bù tǐmian (不体面).¶まったく～な次第です zhēn jiào rén méiliǎn jiànrén (真叫人没脸见人).

ふもう〖不毛〗bùmáo (不毛).¶～の地 bùmáo zhī dì (不毛之地).¶～な論争 méiyǒu yìyì de zhēnglùn (没有意义的争论).

ふもと〖麓〗shānlù (山麓), shāngēn (山根), shānjiǎo (山脚).

ふもん〖不問〗¶～に付する bù jiā zhuījiū (不加追究).¶年齢～ niánlíng bú xiàn (年龄不限).

ぶもん〖部門〗bùmén (部门).¶彫刻～で1等になった zài diāokè bùmén huòdéle tóuděngjiǎng (在雕刻部门获得了头等奖).

ふやか・す pàozhàng (泡涨).¶大豆を一晩水で～す yòng shuǐ bǎ dàdòu pào yí yè (用水把大豆泡一夜).

ふや・ける pàozhàng (泡涨).¶豆が～ける dòuzi pàozhàng le (豆子泡涨了).¶一日中洗濯をしたので手が～けてしまった xǐle yì tiān yīfu, shǒu pàode fābái le (洗了一天衣服,手泡得发白了).¶～けた奴 bù zhēngqì de jiāhuo (不争气的家伙).

ふや・す〖殖やす・増やす〗tiān (添), jiā (加), tiānjiā (添加), zēngjiā (增加), zēngtiān (增添).¶人を～す tiān rén (添人).¶知識を～す zēngzhǎng zhīshi (增长知识).¶財産を～す zēngjiā cáifù (增加财富).

ふゆ〖冬〗dōngtiān (冬天).¶暖かい土地で～を越す zài wēnnuǎn de dìfang guòdōng (在温暖的地方过冬).¶～支度 zhǔnbèi guòdōng (准备过冬).

ふゆう〖浮遊〗piāofú (漂浮); fúyóu (浮游).¶空気中に～する塵埃(ｼﾞﾝｱｲ) piāofú zài kōngqì zhōng de huīchén (漂浮在空气中的灰尘).¶～生物 fúyóu shēngwù (浮游生物).

ふゆう〖富裕〗fùyù (富裕).¶～の家に育つ zhǎngzài fùyù de jiātíng (长在富裕的家庭).

ぶゆう〖武勇〗¶～にすぐれた人 wǔyì gāoqiáng, yǒngměng shàn zhàn de rén (武艺高强,勇猛善战的人).¶彼の酒の上での～伝はすぐ全社に伝わった tā jiǔ hòu de zhuàngjǔ mǎshàng jiù chuánbiànle quán gōngsī (他酒后的壮举马上就传遍了全公司).

ふゆかい〖不愉快〗bù yúkuài (不愉快), búkuài (不快), bù gāoxìng (不高兴), yàngrán bú yuè (怏然不悦).¶近頃は～な出来事ばかりだ jìnlái jìng fāshēng bù yúkuài de shì (近来净发生不愉快的事).¶そんな話は～になる nà zhǒng huà tīngzhe jiù lìng rén bùkuài (那种话听着就令人不快).¶いかにも～そうに顔をしていた hěn bù gāoxìng de bǎ liǎn bèiguoqu le (很不高兴地把脸背过去了).

ふゆがれ〖冬枯れ〗¶寒々とした～の野 yándōng cǎomù kūwěi de yuányě (严冬草木枯萎的原野).¶～で商売はさっぱりだ dōngtiān dànjì, méiyǒu shénme mǎimai (冬天淡季,没有什么买卖).

ふゆきとどき〖不行届〗bù zhōudào (不周到).¶親の監督が～だ fùmǔ guǎnjiào bù yán (父母管教不严).¶～の点は御容赦願います yǒu

bù zhōudào de dìfang, qǐng duōjiā yuánliàng (有不周到的地方,请多加原谅)/ shù wǒ shǎolǐ!(恕我少礼!).

ふゆごもり【冬籠り】 guòdōng(过冬), yuèdōng(越冬). ¶北国では～の支度に忙しい zài běifāng mángyú zhǔnbèi guòdōng(在北方忙于准备过冬). ¶熊は穴蔵で～する xióng zài dònglǐ dōngmián(熊在洞里冬眠).

ふゆもの【冬物】 dōngjì yīzhuó(冬季衣着), dōngyī(冬衣), dōngzhuāng(冬装).

ふゆやすみ【冬休】 hánjià(寒假), niánjià(年假).

ふよ 1【付与】 fùyǔ(赋予). ¶全権を～する fùyǔ quánquán(赋予全权).
2【賦与】 ¶～の才能 tiānfù zhī cái(天赋之才).

ぶよ【蚋】 ruì(蚋).

ふよう【不要・不用】 bú yào(不要), bù xūyào(不需要); bú yòng(不用). ¶暖かくなったのでもうストーブは～だ tiānqì nuǎnhuo le, huǒlúzi yǐjīng yòngbuzháo le(天气暖和了,火炉子已经用不着了). ¶入場料は～です miǎnfèi rùchǎng(免费入场)/ wúxū ménpiào(无须门票). ¶～品 bù xūyào de dōngxi(不需要的东西).

ふよう【扶養】 fúyǎng(扶养), shànyǎng(赡养). ¶彼は家族3人を～している tā fúyǎng yìjiā sān kǒu rén(他扶养一家三口人). ¶～家族 fúyǎng de jiāshǔ(扶养的家属).

ふよう【芙蓉】 mùfúróng(木芙蓉), fúróng(芙蓉).

ぶよう【舞踊】 wǔdǎo(舞蹈).

ふようい【不用意】 bù xiǎoxīn(不小心), bù liúxīn(不留心), bù liúshén(不留神), bú zhùyì(不注意). ¶～な言葉が彼を怒らせた shuō de yí jù huà, jiào tā shēngqì le(随便说的一句话,叫他生气了). ¶つい～に漏らしてしまった wúyìzhōng shuōzōule zuǐ(无意中说走了嘴).

ふようじょう【不養生】 ¶医者の～ xíngyī bù yǎng shēn(行医不养身).

ぶようじん【不用心】 ¶鍵をかけないとは～だ mén bú shàngsuǒ, tài mábì dàyi le(门不上锁,太麻痹大意了). ¶夜道の一人歩きは～だ yèlǐ yí ge rén zǒulù, kě wēixiǎn(夜里一个人走路,可危险).

ふようせい【不溶性】 bùróngxìng(不溶性).

ふようど【腐葉土】 fǔyètǔ(腐叶土).

ぶよぶよ ¶腐って～になった床板 làndè ruǎngunāngnāng de dìbǎn(烂得软古囊囊的地板). ¶～と太った男 xūpàng[chuáiyàng] de nánrén(虚胖[膗样]的男人)/ zhǎngzhe yìshēn nāngròu de hànzi(长着一身囊肉的汉子).

フライ 1〔料理の〕 ¶えび～ yóuzháxiā(油炸虾).
2〔野球の〕 téngkōngqiú(腾空球), gāofēiqiú(高飞球). ¶センター～ zhōngwàichǎng téngkōngqiú(中外场腾空球).

ぶらい【無頼】 wúlài(无赖). ¶～漢 wúlàihàn(无赖汉)/ wúlàizǐ(无赖子)/ làizi(赖子)/ pōpí(泼皮). 放蕩～ fàngdàng bùjī(放荡不羁).

フライきゅう【フライ級】 cìzuìqīngliàngjí(次最轻量级).

フライスばん【フライス盤】 xǐchuáng(铣床).

プライド zìzūnxīn(自尊心).

フライトレコーダー fēixíng jìlùyí(飞行记录仪), hēixiázi(黑匣子).

プライバシー yǐnsī(隐私). ¶～の権利 yǐnsīquán(隐私权). ¶～に干渉する gānshè gèrén de sīshēnghuó(干涉个人的私生活).

フライパン chángbǐng píngguō(长柄平锅).

プライベート ¶～の時間を大切にする zhēnxī gèrén de shíjiān(珍惜个人的时间).

フライング 〔陸上〕qiǎngpǎo fànguī(抢跑犯规);〔水泳〕qiǎngtiào fànguī(抢跳犯规).

ブラインド bǎiyèchuāng(百叶窗).

ブラウザー liúlǎn ruǎnjiàn(浏览软件).

ブラウス nǚchènshān(女衬衫).

ブラウンうんどう【ブラウン運動】 Bùlǎng yùndòng(布朗运动).

ブラウンかん【ブラウン管】 yīnjí shèxiàngguǎn(阴极射线管), xiǎnxiàngguǎn(显像管).

プラカード biāoyǔpái(标语牌).

ぶらく【部落】 bùluò(部落), cūnluò(村落), túnluò(屯落).

プラグ chāxiāo(插销), chātóu(插头). ¶～をコンセントに差し込む bǎ chātóu chārù chāzuò(把插头插入插座).

プラグマチズム shíyòngzhǔyì(实用主义).

ぶらさが・る【ぶら下がる】 diào(吊), xuán(悬), xuánguà(悬挂). ¶鉄棒に～る xuánzài dāngàng shang(悬在单杠上). ¶子供がお父さんの腕に～る xiǎoháir diàozài bàba de gēbo shang(小孩儿吊在爸爸的胳膊上). ¶天井からランプが～っている diàngdēng xuánguàzhe yì zhǎn yóudēng(顶棚悬挂着一盏油灯). ¶大臣の地位が目の前に～っている dàchén de dìwèi jiùzài yǎnqián(大臣的地位就在眼前).

ぶらさ・げる【ぶら下げる】 diào(吊), xuán(悬), xuánguà(悬挂). ¶軒先に植木鉢を～げる bǎ huāpén xuánguà zài fángyán xià(把花盆悬挂在房檐下). ¶籠を～げて買物に行く tí[dīliu]zhe lánzi qù mǎi dōngxi(提[提溜]着篮子去买东西). ¶胸に勲章を～げている xiōngqián guàzhe xūnzhāng(胸前挂着勋章).

ブラシ shuāzi(刷子). ¶洋服に～をかける yòng máoshuā shuā xīfú(用毛刷刷西服). ¶ヘア～ fàshuā(发刷).

ブラジャー rǔzhào(乳罩), nǎizhào(奶罩).

ブラジル Bāxī(巴西).

ふら・す【降らす】 ¶台風は四国に大雨を～した táifēng gěi Sìguó dàilái le qīngpén dàyǔ(台风给四国带来了倾盆大雨). ¶げんこつの雨を～す ná quántou luàn dǎ(拿拳头乱打). ¶血の雨を～す dǎ de xuèròu héngfēi(打得血肉横飞).

プラス 1 jiā(加). ¶10－5は15 shí jiā wǔ děngyú shíwǔ(十加五等于十五). ¶～マイナスゼロ zhèngfù xiāngdǐ děngyú líng(正负相抵等于零).
2〔正, 陽〕zhèng(正). ¶～の電極 yángjí(阳极)/ zhèngjí(正极). ¶ツベルクリン反応

は〜と出た jiéhéjūnsù shìyàn chéng yángxìng (结核菌素试验呈阳性).
3〔利益〕 ¶それによって考えられる〜の要素を検討する yánjiū yóu cǐ suǒ néng chǎnshēng de yǒu yīnsù (研究由此所能产生的有利因素). ¶集団生活の経験は私にとって非常に〜になった jítǐ shēnghuó de jīngyàn duì wǒ shì jíqí yǒuyì de (集体生活的经验对我是极其有益的).

フラスコ shāopíng (烧瓶), chángjǐngpíng (长颈瓶).
プラスチック sùliào (塑料). ¶〜製品 sùliào zhìpǐn (塑料制品).
ブラスバンド tóngguǎn yuèduì (铜管乐队).
プラズマ děngzǐtǐ (等离子体).
プラタナス xuánlíngmù (悬铃木), fǎguó wútóng (法国梧桐).
フラダンス cǎoqúnwǔ (草裙舞).
ふらち【不埒】 ¶〜な奴 qǐyǒucǐlǐ de jiāhuo (岂有此理的家伙).
プラチナ bó (铂), báijīn (白金).
ふらつ・く ¶足元が〜く jiǎobù liàngqiàng (脚步踉跄)/jiǎodǐxia dǎhuàngr (脚底下打晃ㄦ). ¶決心が〜く juéxīn dòngyáo (决心动摇).
ぶらつ・く liū (遛), liù (遛遛), liūda (遛达·蹓跶), xiányóu (闲游), xiánguàng (闲逛), guàngyou (逛游), guàngdang (逛荡), yóudàng (游荡), yóuguàng (游逛), xiándàng (闲荡). ¶友人と街を〜く gēn péngyou yìqǐ liù dàjiē (跟朋友一起遛大街).
ブラック hēi (黑), hēisè (黑色); [コーヒーの] bù jiā niúnǎi bù jiā táng de kāfēi (喝不加牛奶不加糖的咖啡).
ブラックリスト hēimíngdān (黑名单).
フラッシュ shǎnguāngdēng (闪光灯). ¶カメラの〜を浴びる mùzài yípiàn zhàoxiàngjī de shǎnguāng zhōng (沐在一片照相机的闪光中).
フラット **1**〔変記号〕 jiàngbào (降号), jiàng bànyīn jìhao (降半音记号).
2〔競技の〕 zhěng (整). ¶100メートルを11秒〜で走る yìbǎi mǐ pǎo shíyī miǎo zhěng (一百米跑十一秒整).
プラットホーム yuètái (月台), zhàntái (站台).
プラトニック bólātúshì liàn'ài (柏拉图式恋爱).
プラネタリウム tiānwénguǎn (天文馆).
フラノ fǎlánróng (法兰绒).
ふらふら ¶熱で頭が〜する fāshāo fāde tóuyūn jiǎoruǎn (发烧发得头晕脚软). ¶酔って足元が〜する zuìde ˬjiǎobù liàngqiàng [bùlǐ pánshān] (醉得˅脚步踉跄[步履蹒跚]). ¶疲れて〜だ lèide píjīng-lìjié (累得精疲力竭). ¶やっと立ち上がる huānghuang-yōuyōu de zhànle qǐlái (晃悠悠地站了起来). ¶つい〜とその品物に手を出した wúyìshí [bùzhī-bùjué] déншǒu nále nàge dōngxi (无意识[不知不觉]地伸手拿了那个东西). ¶彼はいつも考えが〜している tā zuò shénme dōu yóuyù bùjué, nábu dìng zhǔyi (他做什么都犹豫不决,拿不定主意).
ぶらぶら **1**〔揺れるさま〕 huàngyou (晃悠),

huàngdang (晃荡), yóudàng (游荡). ¶ひょうたんが〜されている húlu zài yáohuangzhe (葫芦在摇晃着). ¶腕を前後に〜させる bǎ gēbo qiánhòu bǎidòngzhe (把胳膊前后摆动着).
2〔歩くさま〕 ¶公園を一歩く zài gōngyuán liùliu (在公园遛遛). ¶〜と夜店でも覗いてこよう dào yèshì qù guàngguang ba (到夜市去逛逛吧).
3〔仕事をせずに〕 huàngdang (晃荡). ¶仕事もせずに〜している yóushǒu-hàoxián, bú wù zhèngyè (游手好闲,不务正业). ¶体の具合が悪くて家で〜している shēntǐ bù shūfu, zài jiāli dāizhe (身体不舒服,在家里待着).
フラミンゴ dàhóngguàn (大红鹳), huǒlièniǎo (火烈鸟), yànguàn (炎鹳).
プラム lǐ (李), lǐzi (李子), yánglǐ (洋李).
フラメンコ Āndálǔxīyàwǔ (安达鲁西亚舞).
プラモデル sùliào zǔzhuāng móxíng (塑料组装模型).
ふらりと ¶春風に誘われて〜家を出た chūnfēng bǎ wǒ yǐndào wàimian qù (春风把我引到外面去). ¶友人が久しぶりに〜やって来た hǎojiǔ méi lòumiàn de péngyou hūrán láifǎng le (好久没露面的朋友忽然来访了).
ふら・れる【振られる】 ¶彼は彼女に〜れた tā bèi nǚpéngyou shuǎi le (他被女朋友甩了).
ふらん【孵卵】 fūluǎn (孵卵). ¶〜器 fūluǎnqì (孵卵器).
ふらん【腐乱】 fǔlàn (腐烂). ¶〜死体 fǔlàn shītǐ (腐烂尸体).
フラン〔貨幣単位〕 fǎláng (法郎).
プラン àn (案), fāng'àn (方案), jìhuà (计划).
ブランク kòngbái (空白). ¶ノートはところどころ〜になっている bǐjìběn yǒu xiē dìfang shì kòngbái (笔记本有些地方是空白). ¶3年間の〜を埋めるのは大変だ bǔshàng sān nián de kòngbái kě bù róngyì (补上三年的空白可不容易).
プランクトン fúyóu shēngwù (浮游生物).
ぶらんこ qiūqiān (秋千). ¶〜に乗る dǎ [dàng] qiūqiān (打[荡]秋千).
フランス Fǎguó (法国).
ブランデー báilándì (白兰地).
ブランド míngpái (名牌), pǐnpái (品牌). ¶〜品 míngpáihuò (名牌货).
プラント chéngtào shèbèi (成套设备), zhěngtào shèbèi (整套设备). ¶〜を外国に輸出する xiàng guówài chūkǒu chéngtào shèbèi (向国外出口成套设备). ¶製鉄〜 liàngāng chéngtào shèbèi (炼钢成套设备).
フランネル fǎlánróng (法兰绒).
ふり【振り】 **1**〔そぶり,格好〕 yàngzi (样子). ¶人の〜見て我が〜直せ jièjiàn tǎrén, gǎizhèng zìjǐ (借鉴他人,改正自己).
2〔見せかけの様子〕 zhuāng (装), jiǎzhuāng (假装). ¶眠った〜をする jiǎzhuāng shuìzháo le (假装睡着了). ¶見て見ぬ〜をする cǎiqǔ shì ér bújiàn de tàidu (采取视而不见的态度) / zhuāngzuò méi kànjian (装作没看见).
3〔なじみでない〕 ¶〜で行ったら断られた méi

yùyuē qù bèi jùjué le(没预约去被拒绝了). ¶～の客 shēngkè(生客).
4[助数詞] bǎ(把). ¶1～の宝刀 yì bǎ bǎodāo(一把宝刀).

ふり【降り】 ¶ひどい～だ yǔ xiàde kě lìhai le(雨下得可厉害了). ¶この～で客足が鈍ったyóuyú zhè cháng yǔ gùkè shǎo le(由于这场雨顾客少了).

ふり【不利】 búlì(不利). ¶形勢が～になる xíngshì búlì le(形势不利了). ¶被告人に～な証言をする zuò duì bèigàorén búlì de zhèngcí(做对被告人不利的证词).

ぶり【鰤】 shī(鰤).

-ぶり【振り】 1[様子] ¶彼の熱心な仕事～に感心した tā nà rènzhēn de gōngzuò tàidu zhēn lìng rén pèifu(他那认真的工作态度真令人佩服). ¶工業の発展～に目を見張る gōngyè fāzhǎn zhī kuài lìng rén jīngtàn(工业发展之快令人惊叹). ¶見事な飲み～だ hē jiǔ hēde zhēn tòngkuai(喝酒喝得真痛快).
2 10時間～に坑内から救出された jīngguò shí ge xiǎoshí cái cóng kuàngjǐngli bèi jiùle chūlái(经过十个小时才从矿井里被救了出来). ¶関東地方に5年～の大雪が降った Guāndōng dìqū xiānggé wǔ nián xiàle dàxuě(关东地区相隔五年下了大雪)/ Guāndōng dìqū xiàle wǔ nián lái méi jiànguo de dàxuě(关东地区下了五年来没见过的大雪). ¶しばらく～で彼女に会った géle hǎojiǔ, yòu jiàndào tā(隔了好久, 又见到她).

ふりあ・げる【振り上げる】 lūnqǐ(抡起), huīqǐ(挥起), yángqǐ(扬起), jǔqǐ(举起). ¶棒を～げる jǔqǐ bàngzi(举起棒子). ¶げんこつを～る lūnqǐ quántou(抡起拳头).

ふりあ・てる【振り当てる】 fēnpài(分派), fēnpèi(分配). ¶部下に仕事を～てる gěi xiàjí fēnpài gōngzuò(给下级分派工作).

フリー ¶～な立場で発言する zhànzài bú shòu yuēshù de lìchǎng fāyán(站在不受约束的立场发言). ¶～ランスの記者 zìyóu jìzhě(自由记者).
¶～キック rènyìqiú(任意球). ～クライミング zìyóu pāndēng(自由攀登). ～スタイル zìyóuyǒng(自由泳)/ zìyóushì shuāijiāo(自由式摔跤). ～スタイルスキー huāyàng huáxuě(花样滑雪). ～ソフトウェア zìyóu ruǎnjiàn(自由软件). ～ダイヤル miǎnfèi diànhuà hàomǎ(免费电话号码). ～トーキング zìyóu tǎolùn(自由讨论). ～パス miǎnfèi rùchǎng(免费入场)/ tōngxíng wúzǔ(通行无阻). ～ポート zìyóugǎng(自由港).

フリーザー lěngdòngjī(冷冻机); lěngdòngkù(冷冻库).

フリージア xiǎocānglán(小苍兰), xiānglán(香兰), xiāngxuělán(香雪兰).

プリーツ zhě[r](褶[儿]), zhězi(褶子). ¶～スカート bǎizhěqún(百褶裙).

ブリーフケース gōngshìbāo(公事包), gōngwénbāo(公文包).

フリーマーケット tiàozao shìchǎng(跳蚤市场).

ふりおと・す【振り落す】 ¶トラックから～された cóng kǎchē shang shuǎixialai le(从卡车上甩下来了).

ふりおろ・す【振り下ろす】 ¶斧を～す yì fǔ kǎnxià(一斧砍下). ¶鞭を～す shuǎi[chōu] biānzi(甩[抽]鞭子).

ふりかえ【振替】 zhuǎnzhàng(转账). ¶～口座 zhuǎnzhàng hùtóu(转账户头).

ぶりかえ・す【ぶり返す】 ¶治りかけていた病気が～した jiāng hǎozhuǎn de bìng yòu chóngluo le(将好转的病又重落了). ¶また寒さが～してきた yòu lěngqilai le(又冷起来了).

ふりかえ・る【振り返る】 1[振り向く] huítóu(回头), huíshǒu(回首), huímóu(回眸), huíshēn(回身). ¶彼女は美人なので通る人がみな～る tā zhǎngde hěn piàoliang, lùguò de rén dōu huítóu kàn(她长得很漂亮, 路过的人都回头看). ¶名残惜しそうに何度も～る yīyī-bùshě de búduàn wǎng huí wàng(依依不舍地不断往回望).
2[回顧する] huígù(回顾), huíyì(回忆), huíniàn(回念), huíshǒu(回首). ¶学生時代を～って懐かしく思う huíshǒu xuésheng shídài, nàme lìng rén huáiliàn(回首学生时代, 那么令人怀恋). ¶労働運動の歴史を～る huígù gōngrén yùndòng de lìshǐ(回顾工人运动的历史).

ふりか・える【振り替える】 zhuǎn(转). ¶普通預金を定期預金に～える bǎ huóqī cúnkuǎn zhuǎnwéi dìngqī cúnkuǎn(把活期存款转为定期存款). ¶電車が不通のためバスで～え輸送する yīnwei diànchē bùtōng le, gǎiyòng gōnggòng qìchē lái yùnsòng lǚkè(因为电车不通了, 改用公共汽车来运送旅客).

ふりかか・る【降り懸る】 ¶火の粉が体に～る huǒxīng luòdào shēnshang lái(火星落到身上来). ¶身に災難が～る zāinàn líntóu(灾难临头).

ふりか・ける【振り掛ける】 sǎshàng(撒上). ¶塩を～っける sǎshàng yán(撒上盐).

ふりかざ・す【振り翳す】 ¶刀を～す bǎ dāo jǔzài tóushang(把刀举在头上). ¶権威を～す ná quánwēi xià rén(拿权威吓人).

ふりかた【振り方】 ¶身の～を考える kǎolǜ zìjǐ de móushēng zhī dào(考虑自己的谋生之道).

ふりがな【振り仮名】 ¶漢字に～をふる gěi hànzì zhùshàng jiǎmíng(给汉字注上假名).

ふりかぶ・る【振りかぶる】 ¶刀を大上段に～る bǎ dāo gāojǔ guò tóu(把刀高举过头). ¶～ってボールを投げる bǎ shǒu shuǎiguò tóudǐng tóu qiú(把手甩过头顶投球).

ブリキ dùxītiě(镀锡铁), báitiě(白铁), mǎkǒutiě(马口铁), yángtiě(洋铁).

ふりき・る【振り切る】 shuǎikāi(甩开), shuǎidiào(甩掉), shuǎituō(甩脱). ¶彼女はつかまれた手を～って逃げた tā shuǎituō zhuāzhù zìjǐ de shǒu táozǒu le(她甩脱抓住自己的手逃走了). ¶引き留めるのを～って出てきた bù tīng quànzǔ pǎochuqu le(不听劝阻跑出去了). ¶

食い下がる相手を～ってシュートする shuǎidiào sǐ yǎozhù de duìshǒu shèmén(甩掉死咬住的对手射门).

ふりこ【振子】 bǎi(摆). ¶ 時計の～ zhōngbǎi(钟摆).

ふりこう【不履行】 bù lǚxíng(不履行). ¶ 契約の～を責める zhǐzé bù lǚxíng hétong(指责不履行合同).

ふりこ・む【振り込む】 ¶ 小切手を口座に～む bǎ zhīpiào huàrù hùtóu qù(把支票划入户头去). ¶ 代金は銀行に～んで下さい qǐng bǎ huòkuǎn huìrù yínháng(请把货款汇入银行). ¶ 銀行～み yínháng zhuǎnfù(银行转付).

ふりこ・む【降り込む】 shàojìnlai(潲进来). ¶ 雨が窓から～む yǔ cóng chuānghu shàojìnlai(雨从窗户潲进来).

ふりこ・める【降り籠める】 ¶ 大雪に2日間～められた bèi dàxuě fēngzhùle liǎng tiān(被大雪封住了两天).

ふりしき・る【降り頻る】 ¶ 雨が～る dàyǔ xià ge bù tíng(大雨下个不停). ¶ ～る雪をついて出掛ける màozhe fēnfēi dàxuě chūqu(冒着纷飞大雪出去).

ふりしぼ・る【振り絞る】 ¶ 声を～って救いを求める shēngsī-lìjié de qiú jiù(声嘶力竭地求救). ¶ 最後の力を～ってゴールに駆け込んだ yòngjìn zuìhòu yìlì chōngdào zhōngdiǎn(用尽最后气力冲到终点).

ふりす・てる【振り捨てる】 diūxià(丢下), pāoxià(抛下), pāoqì(抛弃). ¶ 家族を～てて出奔する pāoxià jiāshǔ chūzǒu le(抛下家属出走了). ¶ 過去は一切～てて一からやり直す pāoqì guòqù de yíqiè, cóng líng kāishǐ(抛弃过去的一切,从零开始).

フリスビー fēidié(飞碟).

プリズム léngjìng(棱镜), sānléngjìng(三棱镜).

ふりそそ・ぐ【降り注ぐ】 ¶ 日光がさんさんと大地に～ぐ yángguāng cànlàn pǔzhào dàdì(阳光灿烂普照大地). ¶ 弾丸が雨あられと～ぐ中を前進する zài qiānglín-dànyǔ zhōng fènyǒng qiánjìn(在枪林弹雨中奋勇前进).

ふりそで【振袖】 ¶ ～の着物 chángxiù héfú(长袖和服).

ふりだし【振出】 1〔出発点〕 qǐdiǎn(起点). ¶ 彼は大蔵省を～に各省の役人をつとめた tā cóng cáizhèngbù zuòqǐ, lìrèn gè gè bù de guānyuán(他从财政部做起,历任各个部的官员). ¶ 交渉は～に戻った tánpàn yòu huídào qǐdiǎn le(谈判又回到起点了).

2〔手形などの〕 ¶ ～人 kāi[fā] piàorén(开[发]票人).

ふりだ・す【振り出す】 kāi(开). ¶ 小切手を～す bǎ zhīpiào(把支票).

ふりた・てる【振り立てる】 ¶ 牛が角を～てて向かって来た niú shùqǐ jījiǎo měngchōng guolai(牛竖起犄角猛冲过来).

ふりつけ【振付】 ¶ 踊りの～をする shèjì wǔdǎodòngzuò(设计舞蹈动作). ¶ ～師 wǔdǎo dòngzuò shèjìzhě(舞蹈动作设计者).

ブリッジ 1〔船の〕 chuánqiáo(船桥), jiànqiáo(舰桥), qiáolóu(桥楼).

2〔トランプの〕 qiáopái(桥牌). ¶ ～をする dǎ qiáopái(打桥牌).

ふりはな・す【振り放す】 shuǎikāi(甩开). ¶ 相手の手を～す bǎ duìfāng de shǒu shuǎikāi(把对方的手甩开).

ふりはら・う【振り払う】 ¶ 握手をしようと差し出した手を～う bǎ shēnchulai zhǔnbèi wòshǒu de shǒu shuǎikāi(把伸出来准备握手的手甩开).

ぶりぶり 1 ¶ ～と太った体 pànghūhū de shēntǐ(胖乎乎的身体).

2〔ぷんぷん〕 ¶ 彼女は～して口もきかない tā qìchōngchōng de lián huà dōu bùkěn shuō(她气冲冲的连话都不肯说).

プリペイドカード chǔzhíkǎ(储值卡), yùfùkǎ(预付卡).

ふりほど・く【振り解く】 zhèngtuō(挣脱), zhèngkāi(挣开). ¶ 縄を～いて逃げる zhèngkāi shéngzi táopǎo(挣开绳子逃跑).

ふりま・く【振り撒く】 ¶ 殺虫剤を～く sǎ shāchóngyào(撒杀虫药). ¶ 客に愛嬌を～く duì kèrén xiàoróng kějū(对客人笑容可掬).

プリマドンナ gējù zhǔyào nǚyǎnyuán(歌剧主要女演员).

ふりまわ・す【振り回す】 ¶ げんこつを～す huī quántou(挥拳头). ¶ 酔って刃物を～す hēzuìle shuǎ dāozi(喝醉了耍刀子). ¶ 権力を～す lànyòng quánlì(滥用权力). ¶ 肩書を～す xuànyào tóuxián(炫耀头衔). ¶ 今度のことではすっかり彼に～されてしまった zài zhè jiàn shì shang wǒ bèi tā gǎode yūntóu-zhuànxiàng(在这件事上我被他搞得晕头转向).

ふりみだ・す【振り乱す】 ¶ 髪を～す pī tóu sàn fà(披头散发).

ふりむ・く【振り向く】 huítóu(回头), huíshǒu(回首), huíshēn(回身). ¶ 名前を呼ばれて～いた tīngdào yǒu rén jiào zìjǐ de míngzi huíguò tóu qu(听到有人叫自己的名字回过头去). ¶ いったん売れなくなると～く人もない rén yídàn dǎole méi jiù méi rén dǎli le(人一倒了霉就没人搭理了). ¶ あんなに喜んでいたおもちゃを今はもう～こうともしない cóngqián nàyàng xǐhuan de wánjù, xiànzài lián mō dōu bù mō le(从前那样喜欢的玩具,现在连摸都不摸了).

ふりむ・ける【振り向ける】 nuóyòng(挪用). ¶ 被服費を食費に～ける bǎ zhuófèi nuóyòng dào huǒshífèishang lái(把衣着费挪用到伙食费上来).

ふりょ【不慮】 ¶ ～の死 búcè zhī sǐ(不测之死). ¶ ～の災難に遭う zāodào yìwài de zāinàn(遭到意外的灾难)/ zāo hènghuò(遭横祸)/ yǒu búcè zhī yōu(遇不测之忧).

ふりょ【俘虜】 fúlǔ(俘虏).

ふりょう【不良】 bùliáng(不良);〔人〕 liúmáng(流氓). ¶ ～債券 huàizhàng(坏账). ¶ 少年 xiǎo'āfēi(小阿飞)/ xiǎoliúmáng(小流氓)/ shīzú shàonián(失足少年). ¶ ～品 cìpǐn(次品)/ cánpǐn(残品). 消化～ xiāohuà bùliáng(消

ふりょう

化不良). 成績が〜 chéngjì bù hǎo(成績不好). 発育が〜 fāyù bù quán(发育不全).

ふりょう 1【不猟】¶今日は〜できっぱりだ jīntiān dǎliè háo wú shōuhuò(今天打猎毫无收获).

2【不漁】¶今年は秋刀魚(ﾏﾏ)が〜だ jīnnián qiūdāoyú bǔhuòliàng shǎo(今年秋刀鱼捕获量少).

ぶりょう【無聊】wúliáo(无聊). ¶〜をかこつ bàoyuàn wúliáo(抱怨无聊). ¶子供を相手に〜を慰める dòu háizi xiāoqiǎn(逗孩子消遣).

ふりょく【浮力】fúlì(浮力).

ぶりょく【武力】wǔlì(武力). ¶〜を行使する xíngshǐ wǔlì(行使武力). ¶〜に訴える sù zhū wǔlì(诉诸武力).
¶〜干渉 wǔzhuāng gānshè(武装干涉).

フリル zhòubiān(皱边).

ふりわ・ける【振り分ける】1【二分する】¶髪を真中から〜ける bǎ tóufa cóng dāngzhōng fēnkāi(把头发从当中分开).

2【配分する】fēnpèi(分配). ¶各人に仕事を〜ける gěi měi ge rén fēnpèi gōngzuò(给每个人分配工作).

ふりん【不倫】hūnwàiliàn(婚外恋), wàiyù(外遇).

プリン bùdīng(布丁).

プリンター dǎyìnjī(打印机), yìnshuājī(印刷机).

プリント 1【印刷】yìnshuā(印刷);【印刷物】yìnshuāpǐn(印刷品). ¶会議の決定事項を〜する yìnshuā huìyì juédìng shìxiàng(印刷会议决定事项). ¶〜配線 yìnshuā diànlù(印刷电路).

2【捺染】yìnhuā[r](印花[儿]). ¶〜地 yìnhuārbù(印花儿布).

3【焼付け】yìnxiàngpiàn(印相片), xǐyìn(洗印), kuòyìn(扩印);【映写フィルム】zhèngpiàn(正片), kǎobèi(拷贝);【写真】zhèngpiàn(正片), zhàopiàn(照片).

ふ・る【振る】1【振り動かす】huī(挥), huīdòng(挥动), yáo(摇), yáodòng(摇动), yáobǎi(摇摆). ¶手を〜って別れた huī[bǎi]shǒu gàobié(挥[摆]手告别). ¶ホームに立ってハンカチを〜る zhànzài yuètái shang huīwǔ shǒujuàn(站在月台上挥舞手绢). ¶旗を〜る huīdòng qízi(挥动旗子). ¶犬が尻尾を〜る gǒu yáo wěiba(狗摇尾巴). ¶バットを〜る lūn qiúbàng(抡球棒). ¶許可し、首を縦に〜った diǎntóu xǔkě(点头许可). ¶首を横に〜って断る yáotóu jùjué(摇头拒绝).

2【向きを変える】¶台風は進路を北に〜った táifēng wǎng běi gǎibiànle fāngxiàng(台风往北改变了方向).

3【投げる, 撒く】¶さいころを〜る zhī tóuzi(掷骰子). ¶塩を〜る sǎ yán(撒盐).

4【捨てる, 失う】¶試験を〜る fàngqì kǎoshì(放弃考试). ¶大臣の地位を〜る fàngqì dàchén de dìwèi(放弃大臣的地位). ¶あんな男は〜った方がいい nà zhǒng nánrén nǐ zuìhǎo shuǎi le(那种男人你最好甩了).

5【割り当てる】¶役を〜る fēnpài juésè(分派角色). ¶漢字に仮名を〜る gěi hànzì zhù jiǎmíng(给汉字注假名). ¶カードに番号を〜る zài kǎpiàn shang biāoshàng hàomǎ(在卡片上标上号码).

ふ・る【降る】xià(下), jiàng(降), luò(落). ¶雨が〜る xiàyǔ(下雨). ¶霜が〜る xià shuāng(下霜). ¶今にも雪が〜りそうだ yǎnkàn yào xiàxuě le(眼看要下雪了). ¶昨日は一日中〜ったり止んだりだった zuótiān zhěngtiān yǔ tíngtíng xiàxià de(昨天整天雨停停下下的).

¶〜って湧いたような幸運 cóng tiān ér jiàng de xìngyùn(自天而降的幸运). ¶縁談は〜るほどある lái tíqīn de rén duō jíle(来提亲的人多极了).

ふる【古】jiù(旧). ¶〜新聞 jiùbàozhǐ(旧报纸).

フル ¶力を〜に発揮する fāhuī quánbù lìliang(发挥全部力量). ¶〜にチャンスを利用する chōngfèn lìyòng jīhuì(充分利用机会). ¶〜スピードで車を飛ばす quánsù kāichē(全速开车).

ぶ・る 1【…を装う】¶上品〜って少ししか食べない zhuāng sīwén zhǐ chī yìdiǎnr(装斯文只吃一点儿). ¶芸術家〜る bǎi yìshùjiā de jiàzi(摆艺术家的架子). ¶えら〜る ná jiàzi(拿架子)/ nádà(拿大).

2【気取る】¶あいつは〜っている nà jiāhuo zhuāngqíngzuòshì(那家伙装腔作势).

ふる・い【古い】jiù(旧), lǎo(老), chén(陈), chénjiù(陈旧), gǔ(古), gǔlǎo(古老), gǔjiù(古旧). ¶〜い切手を集める shōují guòqù de yóupiào(收集过去的邮票). ¶〜い型の自動車 lǎoshì de qìchē(老式的汽车). ¶この魚は〜い zhè yú bù xīnxiān(这鱼不新鲜). ¶この家はもう〜くなった zhè suǒ fángzi yǐjīng hěn jiù le(这所房子已经很旧了). ¶〜い人はほとんど辞めて顔ぶれが変った lǎorénr chàbuduō cíguāng le, dōu huànle xīnrén(老人儿差不多辞光了, 都换了新人). ¶京都は〜い都で名所が多い Jīngdū shì ge gǔlǎo de dūchéng, míngshèng gǔjì duō(京都是个古老的都城, 名胜古迹多). ¶彼は私の〜い友人だ tā shì wǒ de lǎopéngyou(他是我的老朋友). ¶彼とは〜い付き合いだ gēn tā shì duōnián de lǎojiāoqing(跟他是多年的老交情). ¶この温泉はリューマチに効くで〜くから知られている zhège wēnquán duì fēngshībìng yǒuxiào zǎoyǐ wénmíng(这个温泉对风湿病有效早已闻名). ¶君は頭が〜い nǐ zhēn shì ge lǎonǎojīn(你真是个老脑筋). ¶その手はもう〜い nà zhǒng shǒufǎ yǐjīng guòshí le(那种手法已经过时了).

ふるい【篩】shāizi(筛子). ¶砂を〜にかける shāi shāzi(筛沙子). ¶多数の志願者を〜にかけて3人採用した jīngguò shāixuǎn zài zhòngduō bàomíngzhě zhōng lùqǔle sān ge rén(经过筛选在众多报名者中录取了三个人).

ぶるい【部類】bùlèi(部类). ¶〜に分ける fēn mén bié lèi(分门别类).

ふるいおこ・す【奮い起す】fènfā(奋发), fènqǐ(奋起), huànfā(焕发), gǔqǐ(鼓起), dǒuqǐ(抖

ふるいおと・す【振い落す】 dǒudiào(抖掉), dǒulou(抖搂). ¶体の雪を～す bǎ shēnshang de xuě dǒudiào(把身上的雪抖掉).

ふるいおと・す【篩い落す】 shāiqù(筛去), shāidiào(筛掉). ¶篩で泥を～す yòng shāi bǎ nítǔ shāiqù(用筛把泥土筛去). ¶筆記試験で半数を～す yǐ bǐshì táotài yíbàn(以笔试淘汰一半).

ふるいた・つ【奮い立つ】 zhènzuò(振作), zhènfèn(振奋), zhènsǒu(振刷). ¶皆の声援に～つ yóuyú dàjiā de shēngyuán ér zhènzuò qilai(由于大家的声援而振作起来). ¶人を～せるような物語 zhènfèn rénxīn de gùshi(振奋人心的故事).

ふるいつ・く【震い付く】 ¶～きたくなるような美人 lìng rén ài zhī yù kuáng de měinǚ(令人爱之欲狂的美女).

ふる・う【振う・奮う・揮う】 1〔振り動かす〕 huī(挥), lūn(抡). ¶白刃を～って敵陣に切り込む huī dāo shārù dízhèn(挥刀杀入敌阵). ¶ハンマーを～って石を砕く lūnqǐ tiěchuí dǎsuì shítou(抡起铁锤打碎石头). ¶布を～ってほこりを落す dǒudiào máotǎn shang de huīchén(抖掉毛毯上的灰尘). ¶筆を～う huī bǐ(挥笔)/ huīháo sǎmò(挥毫洒墨).
2〔発揮する〕 ¶腕を～って料理を作る náchū běnshi lai zuò cài(拿出本事来做菜). ¶暴力を～う dòngwǔ(动武)/ shībào(施暴). ¶台風が九州地方で猛威を～った táifēng zài Jiǔzhōu sìnüè(台风在九州肆虐).
3〔勇み立たせる〕 ¶勇気を～って敵に立ち向かう gǔqǐ yǒngqì yǔ dí jiàoliang(鼓起勇气与敌较量).
4〔盛んになる〕 ¶国力が大いに～った guólì dà zhèn(国力大振). ¶A国との貿易が～わない yǔ A guó de màoyì bùjǐngqì(与A国的贸易不景气). ¶そのチームは～わなかった gāi duì chéngjì bùjiā(该队成绩不佳).
5〔奇抜だ〕 ¶そいつは～った趣向だ nà zhēn shì xīnqí de huāyàngr(那真是新奇的花样儿).

ふる・う【篩う】 shāi(筛). ¶小麦粉を～う shāi miànfěn(筛面粉).

ブルース bùlǔsī(布鲁斯).
フルート chángdí(长笛).
ブルーマ dēnglongkù(灯笼裤).

ふるえ【震え】 ¶高熱で～がくる fā gāoshāo shāode duōsuo(发高烧烧得哆嗦起来). ¶手の～が止らない shǒu chàndǒu bù tíng(手颤抖不停).

ふるえあが・る【震え上がる】 duōsuo(哆嗦), fādǒu(发抖). ¶恐ろしくて～る xiàde "húnshēn zhànlì[máogǔ sǒngrán](吓得'浑身战栗[毛骨悚然]). ¶その名を聞いただけで皆～った yì tīng nàge míngzi, dàjiā bù hán ér lì(一听那个名字,大家不寒而栗). ¶あまりの寒さに～った tài lěng le, zhí dǎ duōsuo(太冷了,直打哆嗦).

ふる・える【震える】 1〔振動する〕 chàn(颤), chàndòng(颤动), zhèndòng(震动). ¶地震で窓ガラスが～えた yóuyú dìzhèn, chuāngbōli chàndòng qilai le(由于地震,窗玻璃颤动起来了).
2〔体, 声などが〕 chàn(颤), duōsuo(哆嗦), fādǒu(发抖), fāchàn(发颤), zhènchàn(震颤), chàndòu(颤抖), dǒuchàn(抖颤), dǒudòng(抖动), dǎzhàn(打战·打颤), lěngzhan(冷战·冷颤), dǎ lěngzhan(打冷战·打冷颤), chàndòng(颤动). ¶寒くてがたがた～える lěngde húnshēn dǎzhàn(冷得浑身打战). ¶中風で手がぶるぶる～える zhòngfēng shǒu zhíchàn(中风手直颤). ¶緊張のあまり声が～えた jǐnzhāngde shēngyīn fāchàn(紧张得声音发颤).

ふるがお【古顔】 ¶私もこの会社ではもう～だ wǒ zài zhège gōngsī yě suànshì ge lǎozīgé le(我在这个公司也算是个老资格了).

ふるかぶ【古株】 →ふるがお.

ブルガリア Bǎojiālìyà(保加利亚).

ふるぎ【古着】 gùyī(估衣)〈売り物の〉; jiùyīfu(旧衣服). ¶～屋 gùyīpù(估衣铺).

ふるきず【古傷】 jiùshāng(旧伤). ¶～がまた痛み出した jiùshāng yòu téngqilai le(旧伤又疼起来了). ¶人の～をあばく jiē rén de jiùshāngbā(揭人的旧伤疤).

ふるくさ・い【古臭い】 lǎodiàoyá(老掉牙), chénfǔ(陈腐), chénjiù(陈旧). ¶言うことが～い shuō de huà lǎodiàole yá(说的话老掉了牙). ¶～い考え chénjiù de xiǎngfa(陈旧的想法).

ふるさと【故郷】 gùxiāng(故乡), jiāxiāng(家乡). ¶～の山々が目に浮ぶ gùxiāng de shān fúxiàn zài yǎnqián(故乡的山浮现在眼前).

ブルジョア zīběnjiā(资本家). ¶～階級 zīchǎnjiējí(资产阶级). ～革命 zīchǎnjiējí gémìng(资产阶级革命).

ブルジョアジー zīchǎnjiējí(资产阶级), bù'ěrqiáoyà(布尔乔亚).

ふるす【古巣】 lǎocháo(老巢), lǎowōr(老窝儿). ¶つばめが～に帰ってきた yànzi huí lǎocháo lái le(燕子回老巢来了). ¶ここに来ると～へ帰ったように気が休まる dào zhèli lái, jiù hǎoxiàng huídào zìjǐ de lǎowōr nàyàng xīnli tāshi(到这里来,就好像回到自己的老窝儿那样心里踏实).

ふるだぬき【古狸】 lǎohúli(老狐狸), lǎoyóuzi(老油子), lǎoyóutiáo(老油条). ¶この～めっ! nǐ zhège lǎohúli!(你这个老狐狸!)/ nǐ zhège lǎojiān-jùhuá de jiāhuo!(你这个老奸巨猾的家伙!).

プルタブ lāhuán(拉环).

ふるって【奮って】 yǒngyuè(踊跃). ¶～御参加下さい yǒngyuè cānjiā(踊跃参加)/ qǐng yǒngyuè cānjiā(请踊跃参加).

ふるつわもの【古兵】 lǎojiàng(老将). ¶彼は百戦錬磨の～だ tā shì shēn jīng bǎi zhàn de lǎojiàng(他是身经百战的老将). ¶彼はその道にかけては～だ tā shì nà yì háng de lǎoshǒur(他是那一行的老手儿).

ふるて【古手】 ¶～の官僚 lǎo guānliáo(老官

僚)．¶～の自転車 jiù zìxíngchē(旧自行车)．
ふるどうぐ【古道具】 jiùjiāju(旧家具)．¶～屋 jiùhuòdiàn(旧货店)．
ブルドーザー tuītǔjī(推土机)．
ブルドッグ hǔtóugǒu(虎头狗)．
プルトニウム bù(钚)．
ふるとり【隹】 zhuībù(隹部)．
ふる・びる【古びる】 ¶古い．¶オーバーが～びて色が褪せた dàyī jiùde tuìshǎi le(大衣旧得退色了)．¶～びた山門 gǔjiù de shānmén(古旧的山门)．
ぶるぶる sèsè(瑟瑟), suǒsuǒ(索索)．¶恐ろしくて～と震える xiàde suǒsuǒ fādǒu(吓得索索发抖)/ hàipàde 'zhí dǎ duōsuo[húnshēn sèsuo](害怕得'直打哆嗦[浑身瑟缩])．¶手が～震えて字が書けない shǒu dǎzhàn xiěbuliǎo zì(手打战写不了字)．
ふる・ける【古ける】 ¶～けた掛時計 chénjiù de guàzhōng(陈旧的挂钟)．
ふるほん【古本】 jiùshū(旧书)．¶～をあさる xúnzhǎo jiùshū(寻找旧书)．¶～屋 jiùshūpù(旧书铺)/ jiùshūdiàn(旧书店)．
ふるまい【振舞】 **1**〔挙動〕 jǔzhǐ(举止), jǔdòng(举动), xíngwéi(行为)．¶立ち居～が落ち着いている jǔzhǐ wěnzhòng(举止稳重)．¶傍若無人の～ páng ruò wú rén de xíngwéi(旁若无人的行为)．
2〔もてなし〕 ¶～酒に酔う chīle qǐngkè de jiǔ hēzuì le(吃了请客的酒喝醉了)．
ふるま・う【振舞う】 **1**〔行動する〕 xíngdòng(行动)．¶自由に～う zìyóu-zìzài de xíngdòng(自由自在地行动)．¶彼はまるでこの家の主のように～っている tā jiǎnzhí xiàng zhège jiālǐ de zhǔrén shìde dàyáo-dàbǎi(他简直像这个家里的主人似的大摇大摆)．
2〔もてなす〕 qǐng(请), zhāodài(招待)．¶客に酒を～う qǐng kèrén hē jiǔ(请客人喝酒)．
ふるめかし・い【古めかしい】 gǔlǎo(古老), gǔjiù(古旧)．¶～い建物 gǔlǎo de jiànzhù(古老的建筑)．
ふるわ・せる【震わせる】 **1**〔振動させる〕 zhèn(震), zhèndòng(震动)．¶天地を～せる大音響 zhèntiān-dòngdì de dà xiǎngshēng(震天动地的大响声)．
2〔体, 声などを〕 fādǒu(发抖), duōsuo(哆嗦), dǎzhàn(打战·打颤), fāchàn(发颤), chàndòng(颤动), chàndǒu(颤抖)．¶彼は寒そうに体を～せていた tā lěngde zhí dǎ hánzhàn(他冷得打寒战)．¶怒りに体を～せる qìde húnshēn zhí dǎ duōsuo(气得浑身直打哆嗦)．¶声を～せながら答えた shēngyīn chàndǒuzhe huídá(声音颤抖着回答)．
フレアー yàobān(耀斑)．
フレアスカート lǎbaqún(喇叭裙)．
ぶれい【無礼】 wúlǐ(无礼)．¶～を働く zuò bù lǐmào de shì(做不礼貌的事)．¶～なことを言うな bié zhāngkǒu méi guīju(别张口没规矩)．¶～にも私に挨拶もしなかった tā háo wú lǐmào jìng bù gēn wǒ dǎ zhāohu(他毫无礼貌竟不跟我打招呼)．¶どうも御～を致しました shīlǐ le

(失礼了)/ shījìng le(失敬了)．
ぶれいこう【無礼講】 ¶今日は～でいこう jīntiān bù jiǎng shàngxià kāihuái chàngyǐn ba(今天不讲上下开怀畅饮吧)．
プレー **1**〔競技〕 ¶選手達は皆力いっぱい～した xuǎnshǒumen jìn qí quánlì jìnxíngle bǐsài(选手们尽其全力进行了比赛)．
2〔試合開始〕 ¶審判が～を宣する cáipànyuán xuānbù bǐsài kāishǐ(裁判员宣布比赛开始)．¶～ボール kāiqiú(开球)．
ブレーカー duànlùqì(断路器)．
プレーガイド shòupiào dàilǐchù(售票代理处)．
ブレーキ zhá(闸), chēzhá(车闸), zhìdòngqì(制动器), shāchē(刹车·煞车)．¶～をかける shāchē(刹车)/ cǎi zhá(踩闸)．¶自転車の～がきかない zìxíngchē de zhá bùlíng(自行车的闸不灵)．¶あいつが～になってうまくいかない tā chéngle bànjiǎoshí, shìqing wúfǎ shùnlì jìnxíng(他成了绊脚石, 事情无法顺利进行)．
¶急～ jǐnjí shāchē(紧急刹车)/ jíshāchē(急刹车)．サイド～ fùzhìdòngqì(副制动器)/ biānzhá(边闸)．
プレーヤー 〔競技者〕 xuǎnshǒu(选手);〔演奏者〕 yǎnzòuzhě(演奏者);〔レコードプレーヤー〕 diànchàngjī(电唱机), diànzhuànr(电转ル)．
ブレーン zhìnáng(智囊), cānmóu(参谋)．¶彼は私の～だ tā shì wǒ de cānmóu(他是我的参谋)．¶～トラスト zhìnángtuán(智囊团)/ zhuānjiā gùwèntuán(专家顾问团)．
ぶれこ・む【触れ込む】 ¶本邦初演と～む xuānchuán zài wǒguó shǒucì gōngyǎn(宣传在我国首次公演)．¶～みばかり立派で内容はさっぱりだ xuānchuánde tiānhuā-luànzhuì, què háo wú nèiróng(宣传得天花乱坠, 却毫无内容)．¶彼は専門家という～みだった tā zìchēng shì zhuānjiā(他自称是专家)．
ブレザー shàngzhuāng(上装), nánshì biànshàngzhuāng(男式便上装)．
プレス **1**〔工作機械〕 yācháng(压床), chōngchuáng(冲床), yālìjī(压力机)．
2〔アイロンなど〕 yùn(熨), tàng(烫)．¶ズボンを～する yùn kùzi(熨裤子)．
3〔出版, 新聞など〕 ¶公害問題について～キャンペーンを起す jiù gōnghài wèntí zài bàokān shang zhǎnkāi xuānchuán(就公害问题在报刊上展开宣传)．¶～クラブ jìzhě jùlèbù(记者俱乐部)．
ブレスレット shǒuzhuó(手镯), shǒuchuàn(手钏), bìzhuó(臂镯)．
プレゼント lǐwù(礼物)．¶子供におもちゃを～する bǎ wánjù sònggěi háizi(把玩具送给孩子)．¶クリスマス～ Shèngdànjié lǐwù(圣诞节礼物)．
フレックスタイム tánxìng gōngzuò shíjiānzhì(弹性工作时间制)．
プレッシャー jīngshén yālì(精神压力)．¶～がかかる shòudào jīngshén yālì(受到精神压力)．
プレハブ ¶～住宅 yùzhì zhuāngpèishì fángwū(预制装配式房屋)．

プレパラート qiēpiàn(切片).

ふれまわ・る【触れ回る】 xuānyáng(宣扬), zhāngyáng(张扬), wàiyáng(外扬). ¶つまらぬ事をさも大事件のように～る bǎ zhīma dà de shì xiàng gè shénme dà shìjiàn shìde dàochù xuānyáng(把芝麻大的事像个什么大事件似的到处宣扬).

プレミアム [打ち歩] shēngshuǐ(升水). ¶～付の切符 fēipiào(飞票).

ふ・れる【狂れる】 fēng(疯), fāfēng(发疯), fākuáng(发狂). ¶彼は気が～れた tā fēng le(他疯了).

ふ・れる【振れる】 ¶メーターの針が～れた yíbiǎo de zhǐzhēn bǎidòng le(仪表的指针摆动了). ¶台風の進路が～れた táifēng yídòng fāngxiàng piān xī le(台风移动方向偏西了).

ふ・れる【触れる】 1 [さわる] chù(触), chùdòng(触动), chùmō(触摸), zhānshōu(沾手). ¶手を～れないで下さい qǐng wù dòngshǒu(请勿动手). ¶枝が電線に～れる shùzhī pèngzháole diànxiàn(树枝碰着了电线). ¶直接肌に～れるものは木綿がよい tiēshēn de dōngxi háishi miánzhīpǐn hǎo(贴身的东西还是棉织品好). ¶外に出て外気に～れる dào wàimian chuīchui fēng(到外面吹吹风).

2 [目, 耳などに] ¶目に～れるものは何でも欲しがる jiàndào shénme yào shénme(见到什么要什么). ¶耳に～れる ěr wén mù dǔ(耳闻目睹).

3 [言及する] chùjí(触及), tíjí(提及). ¶ついでにそのことにも～れておく shùnbiàn tíjí nà jiàn shì(顺便提及那件事). ¶話がやっと核心に～れた huà hǎoróngyì cái chùjí héxīn(话好容易才触及核心).

4 [出会う] ¶学問の雰囲気に～れる gǎnshòudào yì gǔ xuéyuàn qìfēn(感受到一股学院风气). ¶人々の温かい心に～れて嬉しかった gǎnshòudào rénmen de wēnnuǎn, juéde fēicháng gāoxìng(感受到人们的温暖, 觉得非常高兴). ¶父の怒りに～れて勘当された chùnù fùqin bèi gǎnchūle jiā(触怒父亲被赶出了家). ¶高圧電流に～れて死んだ chùle gāoyādiàn ér sǐwáng(触了高压电而死亡).

5 [抵触する] chùfàn(触犯). ¶法律に～れる chùfàn fǎlǜ(触犯法律).

6 [広く知らせる] ¶変な噂を～れて歩く dàochù sànbù yáoyán(到处散布谣言). ¶明日の停電を町内に～れる tōngzhī jiēdào jūmín míngtiān tíngdiàn(通知街道居民明天停电).

ぶ・れる ¶カメラが～れた zhàoxiàng shí, xiàngjī wēi dòng(照相时, 相机微动).

ふれんぞくせん【不連続線】 fēngxiàn(锋线), fēng(锋).

ブレンド tiáopèi(调配), hùnhé(混合). ¶～コーヒー tiáopèi kāfēi(调配咖啡)/ hùnhé kāfēi(混合咖啡).

ふろ【風呂】 1 ¶～を立てる shāo xǐzǎoshuǐ(烧洗澡水). ¶～に入る xǐzǎo(洗澡). ¶一つ～浴びる xǐ yí ge zǎo(洗一个澡). ¶赤ん坊を～に入れる gěi wáwa xǐzǎo(给娃娃洗澡).

¶～桶 zǎopén(澡盆)/ yùpén(浴盆)/ yùgāng(浴缸). ¶一場 yùshì(浴室). 露天～ lùtiān yùchǎng(露天浴场).

2 [銭湯] zǎotáng(澡堂・澡塘), zǎotángzi(澡堂子), yùchí(浴池). ¶～に行く qù zǎotáng xǐzǎo(去澡堂洗澡). ¶～屋 zǎotángzi(澡堂子).

プロ zhíyè(职业), zhuānyè(专业). ¶彼は囲碁の～だ tā shì zhíyè wéiqíshǒu(他是职业棋手). ¶～ボクサー zhíyè quánjī yùndòngyuán(职业拳击运动员). ～野球 zhíyè bàngqiú(职业棒球).

ブロイラー xiǎoxíng ròuyòngjī(小型肉用鸡).

ふろう【不老】 ¶～長寿 chángshēng bù lǎo(长生不老).

ふろう【浮浪】 liúlàng(流浪). ¶～児 liúlàngér(流浪儿). ¶～者 liúlàngzhě(流浪者)/ liúlànghàn(流浪汉).

ふろうしょとく【不労所得】 ¶～でのうのうと暮している yǐ fēiláodòng suǒdé yōuxián zìzài de shēnghuózhe(以非劳动所得悠闲自在地生活着).

ブローカー jīngjìrén(经纪人); qiánkè(掮客); dǎoyé(倒爷), dǎoryé(倒ル爷).

ブローチ xiōngzhēn(胸针), biézhēn(别针). ¶彼女はブラウスに～をつけている tā zài chènshān shang biézhēn xiōngzhēn(她在衬衫上别着胸针).

ブロード fǔchóu(府绸).

ふろく【付録】 ¶雑誌に～がつく zázhì yǒu fùkān(杂志有附刊). ¶巻末～ fùlù(附录).

プログラマー chéngxù shèjìyuán(程序设计员), chéngxùyuán(程序员).

プログラミング chéngxù shèjì(程序设计), chéngxù biānzhì(程序编制), biānchéng(编程).

プログラム 1 [予定] chéngxù(程序); [予定表] chéngxùbiǎo(程序表).

2 [番組] jiémù(节目); jiémùdān(节目单). ¶～を買う mǎi jiémùdān(买节目单).

3 [コンピューターの] chéngxù(程序).

プロジェクト jìhuà(计划); xiàngmù(项目).

ふろしき【風呂敷】 bāofupír(包袱皮ル), bāofu(包袱). ¶本を～に包む yòng bāofupír bāo shū(用包袱皮ル包书). ¶～を広げて弁当を取り出す dǎkāi bāofu náchū fànhé(打开包袱拿出饭盒).

¶～包み bāofu(包袱).

プロダクション zhìpiànchǎng(制片厂). ¶芸能～ yǎnyuán jièshào gōngsī(演员介绍公司).

ブロック 1 [同盟] ¶～経済 jítuán jīngjì(集团经济). スターリング～ yīngbàng jítuán(英镑集团).

2 [コンクリートブロック] hùnníngtǔ kōngxīn zhuān(混凝土空心砖).

3 [区域] ¶九州～の代表チームが優勝した Jiǔzhōu dìqū de dàibiǎoduì huòdéle guànjūn(九州地区的代表队获得了冠军).

4 [スポーツ] lánzǔ(拦阻), lánjī(拦击). ス

フロックコート

パイクを～する lán wǎng(拦网). ¶～ショットをする gài mào(盖帽).
フロックコート dàlǐfú(大礼服).
ブロッコリー huājīng gānlán(花茎甘蓝).
フロッピーディスク ruǎnpán(软盘), ruǎncípán(软磁盘).
プロテクター hùjù(护具).
プロテクト bǎohù(保护).
プロテスタント Yēsūjiào(耶稣教), Xīnjiào(新教);［人］xīnjiàotú(新教徒).
プロデューサー yǎnchūzhě(演出者),［映画,テレビの］zhìpiànrén(制片人).
プロバイダー wǎngluò tígōngyèshāng(网络提供业商).
プロパガンダ xuānchuán(宣传), zhèngzhì xuānchuán(政治宣传).
プロパンガス bǐngwánqì(丙烷气).
プロフィール cèmiànxiàng(侧面像);［人物評］xiǎozhuàn(小传), rénwù jiǎnjiè(人物简介).
プロペラ luóxuánjiǎng(螺旋桨). ¶～機 luóxuánjiǎngshì fēijī(螺旋桨式飞机). ～船 luóxuán tuījìnqì chuán(螺旋推进器船)/luóxuánjiǎng chuán(螺旋桨船).
プロポーション ¶～がいい shēnduàn yōuměi(身段优美)/shēntiáo yúnchèn(身条儿匀称).
プロポーズ qiúhūn(求婚).
ブロマイド ¶映画スターの～ diànyǐng míngxīng de zhàopiàn(电影明星的照片).
プロモーションビデオ guǎnggào lùxiàng(广告录像).
プロレタリア pǔluólièt̀ǎlìyà(普罗列塔利亚), pǔluó(普罗), wúchǎnzhě(无产者). ¶万国の～団結せよ quán shìjiè wúchǎnzhě, liánhé qǐlai!(全世界无产者,联合起来!).
¶～革命 wúchǎnjiējí gémìng(无产阶级革命). ～独裁 wúchǎnjiējí zhuānzhèng(无产阶级专政).
プロレタリアート wúchǎnjiējí(无产阶级).
プロローグ kāichǎngbái(开场白); xùmù(序幕).
フロン fúlì'áng(氟利昂), tànfú huàhéwù(碳氟化合物).
ブロンズ qīngtóng(青铜). ¶～像 qīngtóngxiàng(青铜像)/tóngxiàng(铜像).
フロント ［正面］¶～ガラス dǎngfēng bōli(挡风玻璃).
2［ホテルなどの］jiésuànchù(结算处), fàndiàn fúwùtái(饭店服务台).
プロンプター tící de rén(提词的人).
プロンプト tíshìfú(提示符).
ふわ【不和】 bùhé(不和), shīhé(失和). ¶2人の仲が～になった liǎng ge rén bùhé le(两个人不和了). ¶そんなことをしたら家庭の～のもとだ gǎo nà zhǒng shì kě bù chéngle nào jiātíng fēngbō de yuányīn le ma(搞那种事可不成了闹家庭风波的原因了嘛).
ふわたり【不渡】 ¶～を出した chūxiànle kōngtóu(出现了空头).
¶～手形 jùfù piàojù(拒付票据).
ふわふわ 1［漂うさま］qīngpiāopiāo(轻飘飘).

¶白い雲が～と浮んでいる báiyún yì duǒ yì duǒ de piāofúzhe(白云一朵一朵地漂浮着).
2［軽々しいさま］fúzào(浮躁). ¶そんな～した気持では成功はおぼつかない xīnqíng zhèyàng fúzào, bú huì huòdé chénggōng de(心情这样浮躁,不会获得成功的).
3［柔らかさま］xuānténgténg(暄腾腾), ruǎnmiánmián(软绵绵). ¶～の布団 ruǎnmiánmián de miánbèi(软绵绵的棉被). ¶～した白いパン xuānténgténg de báimiànbāo(暄腾腾的白面包).
ふわらいどう【付和雷同】 suí shēng fù hè(随声附和). ¶1人が言い出したら皆が～した yǒu yí ge rén zhǎngkǒu, dàjiā dōu suíshēng-fùhè(有一个人张口,大家都随声附和).
ふわりと ¶カーテンが風で～揺れる chuānglián suí fēng wēiwēi piāodòng(窗帘随风微微飘动). ¶布団を～かける qīngqīng gàishàng bèizi(轻轻盖上被子).
ふん【分】 1［時間の］fēn(分). ¶今8時35～です xiànzài bā diǎn sānshíwǔ fēn(现在八点三十五分). ¶0時10～前 chà shí fēn líng diǎn(差十分零点). ¶12時15～過ぎ shí'èr diǎn guò yīkè(十二点过一刻). ¶1～1秒も違わない yì fēn yì miǎo yě bú chà(一分一秒也不差)/fēnmiǎo bú chà(分秒不差). ¶3～間待って下さい qǐng děng sān fēnzhōng(请等三分钟). ¶～きざみ yǐ fēnzhōng wéi dānwèi(以分钟为单位).
2［角度の］fēn(分). ¶北緯35度15～ běiwěi sānshíwǔ dù shíwǔ fēn(北纬三十五度十五分).
ふん【糞】 shǐ(屎), fèn(粪), bǎ(屄), bǎba(屄屄). ¶犬が～をする gǒu ⁺lāshǐ[ebǎ](狗⁺拉屎[屄屄]).
ぶん【文】 1［センテンス］jù(句), jùzi(句子). ¶次の2つの～をつないで1つの～にせよ jiāng xiàliè liǎng ge jùzi pīnchéng yí ge jùzi(将下列两个句子拼成一个句子). ¶～の構造 jùzi de jiégòu(句子的结构). ¶～の疑問 yíwènjù(疑问句).
2［文章］wén(文), wénzhāng(文章). ¶～中の思想をつかむ zhuāzhù wénzhāng de zhōngxīn sīxiǎng(抓住文章的中心思想). ¶映画の感想～を書く xiě diànyǐng de guānhòugǎn(写电影的观后感). ¶～は人なり wén rú qí rén(文如其人).
3［学問芸術］¶～武両道にすぐれる wénwǔ ⁺shuāngquán[quáncái](文武⁺双全[全才]).
ぶん【分】 1［分際］¶～に安んずる ān fèn shǒu jǐ(安分守己). ¶～に応じた暮しをする guò yǔ shēnfèn xiāngyìng de shēnghuó(过与身分相应的生活). ¶彼は～をわきまえている tā hěn běnfèn(他很本分).
2［本分］¶各自その～を尽す gè jìn qí běnfèn(各尽其本分).
3［割当て］fènr(份儿). ¶これは私の～だ zhè shì wǒ de yí fènr(这是我的份儿). ¶君の～まで払っておいた nǐ de wǒ yě yíkuàir fù le(你的我也一块儿付了). ¶彼の～まで怒られた

lián tā nà yí fènr mà wǒ yě ái le(连他那一份儿骂我也挨了).
4〔部分, 方〕bùfen(部分). ¶給料の増えた～は貯金する bǎ zēng xīn de bùfen chǔxù qilai(把增薪的部分储蓄起来). ¶目を通したのは別にしておく bǎ yǐ guòmù de bùfen fàngzài yìbiān(把已过目的部分放在一边).
5〔様子, 程度〕¶この～なら明日は晴れるだろう kàn zhè múyàng míngtiān huì qíng ba(看这模样明天会晴吧). ¶これだけの収入があれば1人で暮す～には困らない yǒu zhèxiē shōurù, yí ge rén shēnghuó bú huì chéng wèntí de(有这些收入,一个人生活不会成问题的).

-ぶん【分】**1**〔分量〕fènr(份儿). ¶3人～の料理を頼む jiào sān fēnr cài(叫三份儿菜). ¶仕事を2人～する zuò liǎng ge rén de gōngzuò(做两个人的工作). ¶薬を3日～もらう lǐng sān tiān de yào(领三天的药). ¶1年～の収入 yì nián de shōurù(一年的收入). ¶費用の不足～は後で送ります fèiyong de bùzú bùfen suíhòu jìqu(费用的不足部分随后寄去).
2〔成分〕fèn(分). ¶葡萄には糖～が多く含まれている pútao hányǒu xǔduō tángfèn(葡萄含有许多糖分). ¶茅台酒のアルコール～は約55度です Máotáijiǔ de jiǔjīngdù yuē bǎi fēn zhī wǔshíwǔ(茅台酒的酒精度约百分之五十五).
3〔等分〕fèn(分). ¶5万～の1の地図 wǔwàn fēn zhī yī de dìtú(五万分之一的地图). ¶利益を3～する bǎ zhuàn de qián fēnchéng sān fèn(把赚的钱分成三份).

ぶんあん【文案】wéngǎo(文稿), cǎogǎo(草稿). ¶～を練る tuīqiāo wéngǎo(推敲文稿). ¶広告の～を作る qǐcǎo guǎnggào de dǐgǎo(起草广告的底稿).

ぶんい【文意】wényì(文意). ¶～が通らない wénlǐ bù tōng(文理不通).

ふんいき【雰囲気】qìfēn(气氛), kōngqì(空气), fēnwéi(氛围·雰围). ¶会談は友好的な～の中で進められた huìtán zài qīnqiè yǒuhǎo de qìfēn li jìnxíng(会谈在亲切友好的气氛里进行). ¶職場の～が悪い gōngzuò dānwèi de qìfēn bú zhèngcháng(工作单位的气氛不正常). ¶彼は独特な～を持っている tā yǒu yì zhǒng dútè de qìpài(他有一种独特的气派).

ふんえん【噴煙】¶ここから浅間山の～が見える cóng zhèli néng kàndào Qiǎnjiān Shān pēn yān(从这里能看到浅间山喷烟).

ふんか【噴火】pēn huǒ(喷火), pēnfā(喷发). ¶阿蘇山がまた～した Āsū Shān yòu pēnfā le(阿苏山又喷发了).
¶～口 huǒshānkǒu(火山口). ～山 huǒhuǒshān(活火山).

ぶんか【分化】fēnhuà(分化). ¶階層～が激化する jiēcéng fēnhuà jiājù(阶层分化加剧). ¶器官が未～の生物 qìguān wèi fēnhuà de shēngwù(器官未分化的生物).

ぶんか【分科】¶大会は5つの～会に分れて討論した dàhuì fēnchéng wǔ ge kètízǔ jìnxíng tǎolùn(大会分成五个课题组进行了讨论).

ぶんか【文化】wénhuà(文化). ¶～の程度が高い wénhuà chéngdù gāo(文化程度高). ¶～的な生活を営む guò wénhuà shēnghuó(过文化生活). ¶江戸時代の～ Jiānghù shídài de wénhuà(江户时代的文化).
¶～遺産 wénhuà yíchǎn(文化遗产). ～交流 wénhuà jiāoliú(文化交流). ～財 wénwù(文物).

ぶんか【文科】wénkē(文科).

ふんがい【憤慨】fènkǎi(愤慨), qìfèn(气愤). ¶不公平な処置に～する duì bùgōngpíng de chǔlǐ gǎndào fènkǎi(对不公平的处理感到愤慨).

ぶんかい【分会】fēnhuì(分会).

ぶんかい【分解】**1**〔機械などの〕chāixiè(拆卸). ¶機械を～する chāixiè jīqì(拆卸机器). ¶時計を～して掃除する chāixǐ zhōngbiǎo(拆洗钟表).
2〔化合物の〕fēnjiě(分解). ¶水を酸素と水素に～する bǎ shuǐ fēnjiě chéng yǎng hé qīng(把水分解成氧和氢).
¶電気～ diànjiě(电解).
3¶文を主語と述部に～する bǎ jùzi fēnwéi zhǔyǔ hé wèiyǔ(把句子分为主语和谓语).

ぶんがく【文学】wénxué(文学). ¶～作品 wénxué zuòpǐn(文学作品). ～者 wénxuéjiā(文学家). ～部 wénxuéxì(文学系). 児童～ értóng wénxué(儿童文学). 大衆～ dàzhòng wénxué(大众文学). 中国～ Zhōngguó wénxué(中国文学).

ぶんかつ【分割】fēn(分), fēngē(分割), guāfēn(瓜分). ¶土地を～して相続する bǎ tǔdì fēnkāi jìchéng jiāchǎn(把土地分开继承家产). ¶帝国主義諸国による世界再～の闘争 dìguózhǔyǐ gè guó chóngxīn guāfēn shìjiè de dòuzhēng(帝国主义各国重新瓜分世界的斗争).
¶～払い fēnqī fùkuǎn(分期付款).

ぶんかん【文官】wénguān(文官).

ふんき【奮起】fènqǐ(奋起), fènfā(奋发). ¶皆の声援に応えて～する wèi huídá dàjiā de shēngyuán ér fènqǐ(为回答大家的声援而奋起). ¶～一番スペイン語の勉強を始めた xià juéxīn kāishǐ xué Xībānyáyǔ(下决心开始学西班牙语).

ぶんき【分岐】¶道路はここで2つに～している lù zài zhèr fēnchéng liǎng gǔ(路在这儿分成两股). ¶鉄道の～点 tiědào liánguǐdiǎn(铁道联轨点). ¶道路の～点 chàdàokǒur(岔道口儿).

ふんきゅう【紛糾】¶議論が～する zhēnglùn bùxiū(争论不休). ¶事態はますます～した shìtài yuèfā bùkě shōushí(事态越发不可收拾).

ぶんきょう【文教】wénjiào(文教). ¶～政策 wénjiào zhèngcè(文教政策). ～地区 wénjiào dìqū(文教地区).

ぶんぎょう【分業】fēngōng(分工). ¶～がうまくできている fēngōng fènde hǎo(分工分得好). ¶～して能率を上げる shíxíng fēngōng lái tígāo gōngzuò xiàolǜ(实行分工来提高工作效率).

ふんぎり【踏ん切り】¶どうも～がつかない zǒng-

shì ˈxiàbuliǎo juéxīn[yóuyù bùjué/yōuróu guǎduàn](总是˙下不了决心[犹豫不决/优柔寡断]).

ぶんけ【分家】 fēnjiā(分家), xījū(析居). ¶次男が～した lǎo'èr fēn jiā le(老二分家了).

ふんけい【刎頸】 wěnjǐng(刎颈). ¶～の交わり wěnjǐngjiāo(刎颈交)/ wěnjǐng zhī jiāo(刎颈之交).

ぶんげい【文芸】 wényì(文艺). ¶新聞の～欄 bàozhǐ shang de wényìlán(报纸上的文艺栏). ¶～評論 wényì pīpíng(文艺批评). ～復興 wényì fùxīng(文艺复兴).

ふんげき【憤激】 qìfèn(气愤), jīnù(激怒), fènjī(愤激). ¶相手の卑劣な手口に～する duì duìfāng de bēiliè shǒuduàn fēichángqì fèn(对对方的卑劣手段非常气愤). ¶彼の横柄な態度は皆の～を買った tā àomàn wúlǐ de tàidu shǐ dàjiā dàwéi jīnù(他傲慢无礼的态度使大家大为激怒).

ぶんけつ【分蘖】 fēnniè(分蘖).

ぶんけん【分遣】 ¶～隊 fēnqiǎnduì(分遣队).

ぶんけん【分権】 fēnquán(分权). ¶地方～ dìfāng fēnquán(地方分权).

ぶんけん【文献】 wénxiàn(文献); wénjiàn(文件). ¶参考～ cānkǎo wénxiàn(参考文献).

ぶんげん【分限】 ¶～をわきまえる shǒu běnfèn(守本分).

ぶんこ【文庫】 **1**〔蔵書〕 ¶金沢～ Jīnzé Wénkù(金泽文库).
2〔手箱〕 ¶手～ shǒutí wénjuànxiá(手提文卷匣).
3〔小型本〕 ¶～本がよく売れている xiùzhēnběn hěn chàngxiāo(袖珍本很畅销).

ぶんご【文語】 wényán(文言). ¶～体 wényántǐ(文言体). ～文 wényánwén(文言文).

ぶんこう【分光】 ¶～学 fēnguāng guāngdùxué(分光光度学). ～器 fēnguāngjìng(分光镜).

ぶんこう【分校】 fēnxiào(分校).

ぶんごう【文豪】 wénháo(文豪).

ぶんこつ【分骨】 ¶父の遺骨を～する fēnzàng fùqīn de gǔhuī(分葬父亲的骨灰).

ふんこつさいしん【粉骨砕身】 ¶～少しの労も惜しまない quánlì yǐ fù, bù cí láokǔ(全力以赴, 不辞劳苦).

ふんさい【粉砕】 fěnsuì(粉碎). ¶岩石を～する fěnsuì yánshí(粉碎岩石). ¶敵を～する dǎkuǎ dírén(打垮敌人).

ぶんさい【文才】 wéncái(文才). ¶～がある yǒu wéncái(有文才).

ぶんざい【分際】 ¶学生の～で車を買って乗り回すとはけしからん yí ge xuésheng jìng mǎi qìchē dōufēng tài búxiànghuà le(一个学生竟买汽车兜风太不像话了).

ぶんさつ【分冊】 fēncè(分册). ¶この全集は～では売らない zhè tào quánjí bù língshòu(这套全集不零售). ¶3～になっている fēnchéng sān fēncè(分成三分册).

ぶんさん【分散】 fēnsàn(分散). ¶各所に～していた資料を1か所に集める bǎ fēnsàn zài gèchù de zīliào shōují zài yí chù(把分散在各处的资料收集在一处). ¶5,6人ずつ～して宿泊する fēnchéng měi wǔ, liù ge rén yìhuǒ zhùsù(分成每五、六个人一伙住宿). ¶ゲリラ作戦で敵の勢力を～させる yǐ yóujīzhàn shǐ dírén shìlì fēnsàn(以游击战使敌人势力分散).

ふんし【憤死】 ¶国を憂えて～する yīn yōu guó qìfèn ér sǐ(因忧国气愤而死).

ぶんし【分子】 **1**〔化学の〕 fēnzǐ(分子). ¶水の～は2個の水素原子と1個の酸素原子からできている shuǐ fēnzǐ yóu liǎng ge qīng yuánzǐ hé yí ge yǎng yuánzǐ zǔchéng(水分子由两个氢原子和一个氧原子组成).
¶～式 fēnzǐshì(分子式). ～量 fēnzǐliàng(分子量).
2〔数学の〕 fēnzǐ(分子). ¶分母が100で～が3 fēnmǔ wéi yìbǎi, fēnzǐ wéi sān(分母为一百, 分子为三).
3〔集団の一員〕 fènzǐ(分子). ¶不平～ bùmǎn fènzǐ(不满分子).

ぶんし【文士】 xiǎoshuōjiā(小说家).

ふんしつ【紛失】 diūshī(丢失), yíshī(遗失). ¶大切な書類が～した yíshīle zhòngyào wénjiàn(遗失了重要文件).

ふんしゃ【噴射】 pēnshè(喷射). ¶ガスを～する pēnshè wǎsī(喷射瓦斯). ¶～推進式飛行機 pēnqìshì fēijī(喷气式飞机).

ぶんじゃく【文弱】 wénruò(文弱). ¶～の徒 wénruò shūshēng(文弱书生).

ぶんしゅう【文集】 wénjí(文集).

ぶんしゅく【分宿】 ¶2軒の旅館に～する fēnbié tóusù zài liǎng jiā lǚguǎn(分别投宿在两家旅馆).

ふんしゅつ【噴出】 pēnchū(喷出). ¶天然ガスが～する pēnchū tiānránqì(喷出天然气).

ぶんしょ【文書】 wénshū(文书), wénjiàn(文件), wéndú(文牍). ¶～で願い出る chéngwén shēnqǐng(呈文申请).
¶外交～ wàijiāo wénjiàn(外交文件).

ぶんしょう【文章】 wénzhāng(文章). ¶簡潔な～ jiǎnjié de wénzhāng(简洁的文章). ¶これは～になっていない zhè bù chéng wénzhāng(这不成文章).
¶～語 shūmiànyǔ(书面语).

ぶんじょう【分乗】 ¶3台のタクシーに～して行く fēnbié chéngzuò sān liàng chūzū qìchē qù(分别乘坐三辆出租汽车去).

ぶんじょう【分譲】 ¶土地を～する fēnshòu tǔdì(分售土地).
¶～住宅 shāngpǐnfáng(商品房).

ふんしょく【粉飾】 fěnshì(粉饰). ¶事実を～する fěnshì shìshí(掩饰事实).
¶～決算 fěnshì zhēnxiàng de juésuàn(粉饰真相的决算).

ふんしん【分針】 fēnzhēn(分针).

ふんじん【粉塵】 fěnchén(粉尘).

ぶんしん【分身】 huàshēn(化身). ¶子は親の～だ háizi shì fùmǔ de huàshēn(孩子是父母的化身). ¶この小説の主人公は作者の～だ zhè běn xiǎoshuō de zhǔréngōng shì zuòzhě de huàshēn(这本小说的主人公是作者的化身).

ぶんじん【文人】 wénrén(文人). ¶～画 wénrénhuà(文人画).
ふんすい【噴水】 pēnquán(喷泉).
ぶんすいれい【分水嶺】 fēnshuǐlǐng(分水岭).
ぶんすう【分数】 fēnshù(分数). ¶一式 fēnshùshì(分数式). 仮～ jiǎfēnshù(假分数). 带～ dàifēnshù(带分数).
ふん・する【扮する】 bàn(扮), bànyǎn(扮演), zhuāngbàn(装扮), shì(饰). ¶老人に～する bàn lǎotóur(扮老人儿). ¶ハムレットに～する bànyǎn Hànmǔléitè(扮演汉姆雷特).
ぶんせき【分析】 fēnxī(分析). ¶当面の政治情勢を～する fēnxī dāngqián de zhèngzhì xíngshì(分析当前的政治形势). ¶井戸水を～する huàyàn jǐngshuǐ(化验井水).
ぶんせき【文責】 wénzé(文责). ¶～在记者 wénzé yóu bǐzhě zìfù(文责由笔者自负).
ふんせん【奋战】 fēnzhàn(奋战). ¶最後まで～する fēnzhàn dàodǐ(奋战到底).
ふんぜん【愤然】 fènrán(愤然). ¶～として席を立つ fènrán tuìxí(愤然退席).
ふんぜん【奋然】 ¶～として戦う fènyǒng zhàndòu(奋勇战斗).
ぶんせん【文选】 páizì(排字), jiǎnzì(拣字). ¶～工 páizìgōng(排字工).
ふんそう【扮装】 zhuāngbàn(装扮). ¶老人の姿に～する zhuāngbàn chéng lǎorén(装扮成老人). ¶孙悟空の～で现れた yǐ Sūn Wùkōng de zhuāngbàn chūlai le(以孙悟空的装扮出来了).
ふんそう【纷争】 fēnzhēng(纷争), zhēngduān(争端), jiūfēn(纠纷). ¶～を解決する jiějué fēnzhēng(解决纷争). ¶国際間の～が絶えない guójì zhēngduān[jiūfēn] búduàn de fāshēng(国际争端[纠纷]不断地发生).
ふんぞりかえ・る【踏ん反り返る】 ¶来賓席に～る àoqì shízú de yǎngkào zài láibīnxí shang(傲气十足地仰靠在来宾席上).
ぶんたい【分隊】 bān(班). ¶～長 bānzhǎng(班长).
ぶんたい【文体】 wéntǐ(文体). ¶平易な～で書く yǐ píngyì de wéntǐ xiě(以平易的文体写). ¶漱石の～を研究する yánjiū Shùshí de wéntǐ(研究漱石的文体).
ふんだく・る qiǎngqu(抢去), qiǎngduó(抢夺). ¶有無を言わせず僕の手から鞄を～った bùróng fēnshuō, jiù bǎ wǒ shǒuli de píbāo qiǎngqu le(不容分说,就把我手里的皮包抢去了). ¶ちょっと飲んだだけで5万円～られた zhǐ hēle yìdiǎnr jiǔ jiù bèi qiāole wǔwàn rìyuán de zhúgàng(只喝了一点儿酒就被敲了五万日元的竹杠).
ふんだりけったり【踏んだり蹴ったり】 ¶それでは～だ nà bú shì qiángdǎo zhòngrén tuī ma?!(那不是墙倒众人推吗?!)/ zhè zhēn shì huò bù dān xíng(这真是祸不单行).
ふんだん ¶材料を～に使う dàliàng de shǐyòng cáiliào(大量地使用材料). ¶金は～にある qián yǒudeshì(钱有的是).
ぶんたん【分担】 fēndān(分担); fēntān(分摊)(費用の). ¶家事の～を決める guīdìng jiāwù de fēndān(规定家务的分担). ¶仕事を2人で～する gōngzuò yóu liǎng ge rén fēndān(工作由两个人分担). ¶責任を～する fēnzé zérèn(分担责任). ¶費用を3人で～する fèiyong yóu sān ge rén fēntān(费用由三个人分摊).
ぶんだん【分断】 ¶組合を～する shǐ gōnghuì fēnliè(使工会分裂). ¶敵の補給路を～する qiēduàn dírén de bǔjǐxiàn(切断敌人的补给线). ¶戦争によって国土が～された yóuyú zhànzhēng guótǔ bèi gēliè le(由于战争国土被割裂了).
ぶんだん【文壇】 wéntán(文坛).
ぶんちょう【文鳥】 héquè(禾雀).
ぶんちん【文鎮】 zhènzhǐ(镇纸), zhènchǐ(镇尺).
ぶんつう【文通】 tōngxìn(通信). ¶外国の友人と～する hé wàiguó péngyou tōngxìn(和外国朋友通信). ¶彼ともいつの間にか～が絶えた bùzhī shénme shíhou gēn tā duànle yīnxìn(不知什么时候跟他断了音信).
ぶんてん【文典】 yǔfǎshū(语法书), wénfǎshū(文法书).
ぶんと 1〔におうさま〕 ¶葉巻の香りが～匂った xuějiā xiāngwèir pūbí(雪茄香味儿扑鼻). ¶箱を開けたとたん腐った臭いが～鼻をついた yì dǎkāi xiāngzi jiù chòuqì chòng bí(一打开箱子就臭气冲鼻).
2〔怒るさま〕 ¶～ふくれる juēzuǐ shēngqì(撅嘴生气).
ふんとう【奋闘】 fèndòu(奋斗). ¶強敵を相手に～する yǔ qiángdí fènzhàn(与强敌奋战). ¶諸君の～を期待する qīwàng dàjiā nǔlì fèndòu(期望大家努力奋斗).
ふんどう【分銅】 chèngtuó(秤砣), chèngchuí(秤锤); fǎmǎ(砝码).
ぶんどき【分度器】 liángjiǎoqì(量角器).
ふんどし【褌】 dōudāngbù(兜裆布). ¶～を締める dōushàng dōudāngbù(兜上兜裆布). ¶～を締めてかかる jiā bǎ jìnr gàn(加把劲儿干).
ふんにゅう【粉乳】 nǎifěn(奶粉). ¶脱脂～ tuōzhī nǎifěn(脱脂奶粉).
ふんにょう【糞尿】 fènniào(粪尿).
ふんぬ【愤怒】 fènnù(愤怒). ¶～の形相 fènnù de shénqíng(愤怒的神情).
ぶんのう【分納】 ¶授業料を2度に～する fēn liǎng cì jiǎonà xuéfèi(分两次缴纳学费).
ぶんぱ【分派】 zhīpài(支派), pàibié(派别), pàixì(派系), zōngpài(宗派). ¶～活動 pàibié huódòng(派别活动)/ zōngpài huódòng(宗派活动).
ぶんばい【分売】 ¶この全集は～しません zhè tào quánjí bù língshòu(这套全集不零售).
ぶんぱい【分配】 fēnpèi(分配). ¶利益を皆に

~する bǎ lìrùn fēnpèi gěi dàjiā (把利润分配给大家).

ふんぱつ【奮発】 **1**〔発奮〕fènfā (奋发), fāfèn (发愤). ¶～して勉学に励む fāfèn máitóu yònggōng (发愤埋头用功).
2〔金銭などを〕 ¶～して1万円のウイスキーを買う huōchū yíwàn rìyuán mǎile wēishìjìjiǔ (豁出一万日元买了威士忌酒). ¶チップを～する duō gěi xiǎofèi (多给小费). ¶今夜はいっちょう～するか jīnwǎn lái pòfèi yìfān (今晚来破费一番).

ふんば・る【踏ん張る】 ¶倒れないように足を～る chākāi tuǐ zhàndìng, miǎnde shuāidǎo (叉开腿站定, 免得摔倒). ¶最後の～りがきかない quēshǎo zuìhòu yì bǎ jìnr (缺少最后一把劲儿). ¶あそこでよく～ったね zài nà shíjié nǐ kě zhēn yǎozhù yá le (在那时节你可真咬住牙了).

ふんぱん【噴飯】 pēnfàn (喷饭). ¶あの件は～ものだった nà jiàn shì lìng rén pēnfàn (那件事令人喷饭).

ぶんぴつ【分泌】 fēnmì (分泌). ¶胃液を～する fēnmì wèiyè (分泌胃液).
¶～物 fēnmìwù (分泌物).

ぶんぴつ【分筆】 ¶土地を～して登記する fēn dì dēngjì (分地登记).

ぶんぴつ【文筆】 bǐmò (笔墨). ¶～で立つ kào bǐmò móushēng (靠笔墨谋生)/ yǐ bǐgēng wéi yè (以笔耕为业).
¶～業 bǐmò gōngzuò (笔墨工作).

ふんびょう【分秒】 fēnmiǎo (分秒). ¶～を争う fēnmiǎo bìzhēng (分秒必争).

ぶんぶ【文武】 wénwǔ (文武). ¶～両道に秀でる wénwǔ ˬshuāngquán[quáncái] (文武双全[全才]).

ぶんぷ【分布】 fēnbù (分布). ¶この植物は広範囲に～している zhè zhǒng zhíwù fēnbù hěn guǎng (这种植物分布很广).
¶～図 fēnbùtú (分布图).

ぶんぶつ【文物】 wénwù (文物).

ふんぷん【紛紛】 fēnyún (纷纭). ¶諸説～として真相が分らない zhòngshuō fēnyún zhēnxiàng bùmíng (众说纷纭真相不明).

ぶんぶん wēngwēng (嗡嗡). ¶上空をヘリコプターが～飛びまわっている zhíshēng fēijī zài shàngkōng wēngwēng xiǎngzhe fēilái-fēiqù (直升飞机在上空嗡嗡响着飞来飞去). ¶蜂が～飛んで来た mìfēng wēngwēng de fēilai le (蜜蜂嗡嗡地飞来了).

ぷんぷん **1**〔におうさま〕 ¶にんにくの臭いが～する dàsuànwèir ˬchòng bízi[chòuhōnghōng de] (大蒜味儿ˬ冲鼻子[臭烘烘的]).
2〔ぷりぷり〕 ¶彼女は～怒って部屋を出て行った tā qìchōngchōng de cóng wūzili zǒuchuqu le (她气冲冲地从屋子里走出去了).

ふんべつ【分別】 ¶それくらいの～はあってもよさそうなものだ nà diǎnr pànbié shìfēi de nénglì gāi yǒu le (那点儿判别是非的能力该有了).
¶～くさい顔をしている dàomào-ànrán, shà yǒu yuǎnlǜ shide (道貌岸然, 煞有远虑似的).
¶～盛りの大人が何を言うか míngbai shìlǐ de dàrén zěnme shuō zhè zhǒng huà! (明白事理的大人怎么说这种话!). ¶全く～のない奴だ lián ge hǎohuài yě bù dǒng de jiāhuo! (连个好坏也不懂的家伙!)/ zhēn shì ge bù dǒng shì de rén! (真是个不懂事的人!).

ぶんべつ【分別】 fēnbié (分别), qūbié (区别). ¶ごみは～して出しましょう qǐng bǎ lājī fēnbié guīlèi hòu náchulai! (请把垃圾分别归类后拿出来!).
¶～収集 fēnlèi shōu lājī (分类收垃圾).

ふんべん【糞便】 fèn (粪).

ぶんべん【分娩】 fēnmiǎn (分娩). ¶女児を～した shēngle ge nǚhái (生了个女孩).
¶無痛～ wútòng fēnmiǎn (无痛分娩).

ふんぼ【墳墓】 fénmù (坟墓). ¶～の地を離れる líkāi zǔfén zhī dì (离开祖坟之地).

ぶんぼ【分母】 fēnmǔ (分母). ¶～を払う qù fēnmǔ (去分母).

ぶんぽう【文法】 yǔfǎ (语法), wénfǎ (文法). ¶～書 yǔfǎshū (语法书)/ wénfǎshū (文法书).

ぶんぼうぐ【文房具】 wénjù (文具). ¶～屋 wénjùdiàn (文具店).

ふんまつ【粉末】 fēnmò[r] (粉末[儿]), mò[r] (末[儿]), mòzi (末子). ¶～にする yánchéng fēnmò (研成粉末).

ぶんまつ【文末】 jùwěi (句尾), jùmò (句末). ¶～に句点をつける zài jùmò biāoshang jùhào (在句末标上句号). ¶～でその事に触れている zài wénzhāng de jiéwěi tídào nà shì (在文章的结尾提到那事).

ふんまん【憤懣】 fènmèn (愤懑). ¶～やるかたない fènmèn wú chù fāxiè (愤懑无处发泄)/ qìfèn nán píng (气愤难平).

ぶんみゃく【文脈】 shàngxiàwén (上下文). ¶この文は～がはっきりしている zhè piān wénzhāng shàngxiàwén bù qīngchu (这篇文章上下文不清楚). ¶この言葉の意味は～から判断できる cóng shàngxiàwén kěyǐ cāichū zhège cí de yìyì (从上下文可以猜出这个词的意义).

ふんむき【噴霧器】 pēnwùqì (喷雾器).

ぶんめい【文明】 wénmíng (文明). ¶～の利器 wénmíng de lìqì (文明的利器).
¶～開化 wénmíng kāihuà (文明开化). ～社会 wénmíng shèhuì (文明社会). 物質～ wùzhì wénmíng (物质文明).

ぶんめん【文面】 zìmiàn (字面). ¶手紙の～によれば… cóng xìn de zìmiàn lái kàn … (从信的字面来看…).

ふんもん【噴門】 bēnmén (贲门).

ぶんや【分野】 lǐngyù (领域), fànwéi (范围), fēnyě (分野). ¶これは自然科学の～に属する問題だ zhè shì shǔyú zìrán kēxué lǐngyù de wèntí (这是属于自然科学领域的问题). ¶本校の卒業生は社会の各～で活躍している běn xiào bìyèshēng huóyuè yú shèhuì gè gè fāngmiàn (本校毕业生活跃于社会各个方面). ¶政界の勢力～ zhèngjiè de shìlì fànwéi (政界的势力范围).

ぶんり【分離】 fēnlí (分离), fēnkāi (分开). ¶マヨネーズの油が～してしまった dànhuángjiàng

de yóu fēnlí le(蛋黄酱的油分离了)．¶不純物を～する bǎ zázhì fēnlí chulai(把杂质分离出来)．

¶政教～ zhèngjiào fēnlí(政教分离)．

ぶんりつ【分立】 fēnlì(分立)．¶三権～ sān quán fēnlì(三权分立)．

ぶんりゅう【分流】 fēnliú(分流)．¶江戸川は利根川から～して東京湾に注ぐ Jiānghù Chuān yóu Lìgēn Chuān fēnliú zhùrù Dōngjīng Wān(江户川由利根川分流注入东京湾)．

ぶんりゅう【分留】 fēnliú(分馏)．jīngliú(精留)．¶コールタールを～して軽油，中油などに分ける tōngguò fēnliú bǎ méijiāoyóu fēnlí wéi qīngyóu hé zhōngyóu děng(通过分馏把煤焦油分离为轻油和中油等)．

ぶんりょう【分量】 fènliang(分量)．¶砂糖の～を増やす zēngjiā báitáng de fènliang(增加白糖的分量)．¶一日の仕事の～を決める dìng yì tiān de gōngzuòliàng(定一天的工作量)．

ぶんるい【分類】 fēnlèi(分类)．¶採集した昆虫を～する bǎ cǎijí de kūnchóng jiāyǐ fēnlèi[fēnmén-biélèi](把采集的昆虫加以分类[分门别类])．¶大きく3種類に～される kěyǐ fēnchéng sān dà lèi(可以分成三大类)．

ふんれい【奮励】 fènmiǎn(奋勉)．¶～努力す fènmiǎn nǔlì(奋勉努力)．

ぶんれつ【分列】 fēnliè(分列)．¶～行進を行う jìnxíng fēnliè xíngjìn(进行分列行进)．¶～式 fēnlièshì(分列式)．

ぶんれつ【分裂】 fēnliè(分裂)．¶党が左右2派に～した dǎng fēnliè wéi zuǒyòu liǎngpài(党分裂为左右两派)．¶核～ héfēnliè(核分裂)．hélièbiàn(核裂变)．細胞～ xìbāo fēnliè(细胞分裂)．

へ

へ【屁】 pì(屁)．¶～をひる fàngpì(放屁)/chū xūgōng(出虚恭)．¶思わぬ tāmen yí ge liǎ de wǒ gēnběn méi fàngzài yǎnli(他们一个俩的我根本没放在眼里)．¶～でもないことを大騒ぎする wèile pì dàdiǎnr shì nàode tiānfān-dìfù(为了屁大点儿事闹得天翻地覆)．

-へ dào(到)，wǎng(往)，xiàng(向)．¶農村へ取材に行く dào nóngcūn qù cǎifǎng(到农村去采访)．¶午後10時の列車で北海道へ～たつ zuò wǎnshang shí diǎn de lièchē qiánwǎng BěihǎiDào(坐晚上十点的列车前往北海道)．¶町～本を買いに行った shàng jiēshàng mǎi shū qù le(上街上买书去了)．¶会社が引けたらまっすぐ～帰る xiàle bān jiù jìngzhí huíjiā(下了班就径直回家)．¶東～10歩，北～5歩歩け wǎng dōng zǒu shí bù, wǎng běi zǒu wǔ bù(往东走十步,往北走五步)．¶人目につかぬ所～置く gēzài bù xiǎnyǎn de dìfang(搁在不显眼的地方)．¶目標～一歩近づく xiàng mùbiāo jiējìn yí bù(向目标接近一步)．¶家～手紙を書く gěi jiāli xiě xìn(给家里写信)/xiě xìn gěi jiāli(写信给家里)．¶学問への情熱 duì xuéwèn de rèqíng(对学问的热情)．

ヘア 1 fà(发)，tóufa(头发)，máofà(毛发)．¶～スタイル fàshì(发式)/fàxíng(发型)．~スプレー fàjiāopēnjì(发胶喷剂)/fàjiāo(发胶)．~ドライヤー diànchuīfēng(电吹风)/chuīfēngjī(吹风机)．~ピン fàqiǎ(发卡)．~ネット fàwǎng(发网)．

2〔除毛〕yīnmáo(阴毛)，máo(毛)．

ペア ¶彼女と～を組む hé tā pèiduìr(和她配对儿)．¶～スケーティング shuāngrén huāyàng huábīng(双人花样滑冰)．

ベアリング zhóuchéng(轴承)．¶ボール～ gǔnzhū zhóuchéng(滚珠轴承)/qiúzhóuchéng(球轴承)．

へい【丙】 bǐng(丙)．

へい【兵】 bīng(兵)．¶～を率いる dài[lǐng/shuài] bīng(带[领/率]兵)．¶～を挙げる jǔ bīng(举兵)/qǐ bīng(起兵)．¶～は神速を貴ぶ bīng guì shén sù(兵贵神速)．¶～を談ず tán bīng(谈兵)．

へい【塀】 qiáng(墙)，wéiqiáng(围墙)．¶れんがの～を立てる qì zhuānqiáng(砌砖墙)．¶～を巡らす家 wéiqiáng huánrǎo de fángzi(围墙环绕的房子)．¶～越しに見る gézhe qiáng kàn(隔着墙看)．

へい【弊】 1〔弊害〕bì(弊)．¶積年の～を改める géchú jībì(革除积弊)．

2〔謙称〕bì(敝)．¶～社 bì gōngsī(敝公司)．~店 bì hào(敝号)．

へいあん【平安】 píng'ān(平安)．¶旅の～を祈る zhù yílù píng'ān(祝一路平安)．

へいい【平易】 qiǎnyì(浅易)，qiǎnjìn(浅近)，qiǎnxiǎn(浅显)，píngyì(平易)．¶～な言葉で話す yòng qiǎnjìn de huà shuō(用浅近的话说)．¶難しい理論を～に説く shēnrù-qiǎnchū de shuōmíng shēn'ào de lǐlùn(深入浅出地说明深奥的理论)/yán jìn zhǐ yuǎn(言近旨远)．¶～な文章 píngyì jìnrén de wénzhāng(平易近人的文章)．

へいいん【兵員】 bīngyuán(兵员)．¶～を増強する zēngjiā bīngyuán(增加兵员)．

へいえい【兵営】 bīngyíng(兵营)．

へいえき【兵役】 bīngyì(兵役)．¶～に服する fú bīngyì(服兵役)/fúyì(服役)．¶～を免除

する miǎnchú bīngyì(免除兵役).

へいおん【平穏】 píng'ān(平安), píngjìng(平静), píngwěn(平稳). ¶～な毎日を送る guò píng'ān de rìzi(过平安的日子). ¶事態はまもなく～に帰した shìtài bùjiǔ huīfùle píngjìng(事态不久恢复了平静). ¶今日も一無事に過ぎた jīntiān yě píng'ān wúshì de guòqu le(今天也平安无事地过去了).

へいか【平価】 píngjià(平价). ¶～を切り下げる biǎnzhí(贬值). ¶債券を～で発行する àn píngjià fāxíng zhàiquàn(按平价发行债券).

へいか【兵火】 bīnghuǒ(兵火), bīngxiǎn(兵燹). ¶～を免れる miǎn zāo bīnghuǒ(免遭兵火). ¶～にかかる zāo bīngxiǎn(遭兵燹).

へいか【陛下】 bìxià(陛下). ¶天皇～ tiānhuáng bìxià(天皇陛下).

へいかい【閉会】 bìhuì(闭会). ¶～の辞を述べる zhì bìhuìcí(致闭会辞). ¶国会は会期を終えて今日～した guóhuì huìqī zhōngliǎo jīntiān bìhuì le(国会会期终了今天闭会了).
¶～式 bìmùshì(闭幕式).

へいがい【弊害】 bìbìng(弊病), bìduān(弊端), bìhài(弊害). ¶～を除く chú bìbìng(除弊病). ¶それには種々の～が伴う suí zhī chǎnshēng zhǒngzhǒng bìbìng(随之产生种种弊病).

へいかん【閉館】 ¶改装のため～中 yóuyú xiūlǐ zàn tíng kāifàng(由于修理暂停开放). ¶映画館は昨年暮に～した diànyǐngyuàn qùnián niánmò guānbì le(电影院去年年末关闭了). ¶図書館は午後5時に～する túshūguǎn xiàwǔ wǔ diǎn bì guǎn(图书馆下午五点闭馆).

へいき【平気】 ¶試験に落ちても～な顔をしている méi kǎoshàng yě mǎn bú zàihu(没考上也满不在乎). ¶彼は内心ぎくっとしたが努めて～を装っていた tā xīnlǐ chīle yì jīng, dàn gù zuò zhènjìng(他心里吃了一惊,但故作镇静). ¶～で嘘をつく zhēngzhe yǎnjīng jiǎng xiāhuà(睁着眼睛讲瞎话). ¶～で人を殺す shārén bù zhǎyǎn(杀人不眨眼). ¶よくも～でそんなことが言えたものだ hái yǒu liǎn shuō nà zhǒng huà(还有脸说那种话)/ nà zhǒng huà nǐ dào zhēn néng shuō de chūlái ya(那种话你倒真能说出来呀). ¶雨なんか～だ xiàyǔ, méi shà guānxi(下雨,没啥关系). ¶人が何と言おうと彼は～の平左だ rénjia shuō shénme tā dōu "wúdòngyú zhōng[ruò wú qí shì/mǎn bú zàihu](人家说什么他都「若无其事/满不在乎]). ¶1日40キロ歩くくらい～だ yì tiān zǒu sìshí gōnglǐ lù suànbuliǎo shénme(一天走四十公里路算不了什么). ¶この袋は丈夫だから何を入れても～だ zhège kǒudai hěn jiēshi, zhuāng shénme yě bú yàojǐn(这个口袋很结实,装什么也不要紧).

へいき【兵器】 bīngqì(兵器), wǔqì(武器), jūnhuǒ(军火). ¶～庫 wǔkù(武库). 通常～ chángguī wǔqì(常规武器).

へいき【併記】 ¶少数意見を～する bǎ shǎoshù yìjiàn yíbìng lièrù jìlù(把少数意见一并列入记录).

へいきん【平均】 1 píngjūn(平均). ¶品質を～させる shǐ zhìliàng píngjūnhuà(使质量平均化). ¶1日～8時間働く yì tiān píngjūn gōngzuò bā xiǎoshí(一天平均工作八小时). ¶東京の1年の降雨量は～1500ミリメートルである Dōngjīng nián jiàngyǔliàng píngjūn wéi yìqiān wǔbǎi háomǐ(东京年降雨量平均为一千五百毫米). ¶私の成績はクラスの～より悪かった wǒ de chéngjì dīyú bānli de píngjūn shuǐpíng(我的成绩低于班里的平均水平). ¶全教科の～点を出す suànchū quánbù kēmù de píngjūn fēnshù(算出全部科目的平均分数). ¶戦後日本人の～寿命は大幅にのびた zhànhòu Rìběnrén de píngjūn shòumìng dàfúdù de yáncháng(战后日本人的平均寿命大幅度地延长). ¶わが社の～賃金は20万円である wǒ gōngsī de píngjūn gōngzī shì èrshí wàn rìyuán(我公司的平均工资是二十万日元). ¶～値は6である píngjūnzhí shì liù(平均值是六). ¶～的サラリーマン yìbān de gōngxīn jiēcéng(一般的工薪阶层).

2【平衡】 pínghéng(平衡). ¶～を失って倒れた shīdiào pínghéng dǎo le(失掉平衡倒了).
¶～台 pínghéngmù(平衡木).

へいげい【睥睨】 pìnì(睥睨). ¶四方を～する pìnì sìfāng(睥睨四方).

へいげん【平原】 píngyuán(平原).

へいこう【平行】 píngxíng(平行). ¶互いに～な2つの直線 xiānghù píngxíng de liǎng tiáo zhíxiàn(相互平行的两条直线). ¶両者の見解はついに～したままだった liǎngzhě de jiànjiě zìshǐ-zhìzhōng bù yízhì(两者的见解自始至终不一致). ¶話合いは～線をたどっている tánpàn lǎo tánbudào yìqǐ(谈判老谈不到一起).
¶～4辺形 píngxíng sìbiānxíng(平行四边形). ¶～線 píngxíngxiàn(平行线). ¶～棒 shuānggàng(双杠).

へいこう【平衡】 pínghéng(平衡). ¶～を失って平均台から落ちた shīqù pínghéng cóng pínghéngmù shang diàole xiàlái(失去平衡从平衡木上掉了下来). ¶生産と消費の～を保つ bǎochí shēngchǎn hé xiāofèi de "pínghéng[jūnhéng](保持生产和消费的"平衡[均衡]).
¶～感覚 pínghéng gǎnjué(平衡感觉)/ pínghéng; wèijué(位觉).

へいこう【並行】 bìngxíng(并行). ¶電車とバスが～して走る diànchē hé gōnggòng qìchē bìngxíng(电车和公共汽车并行). ¶2つの調査を～して行う tóngshí jìnxíng liǎng xiàng diàochá(同时进行两项调查)/ liǎng xiàng diàochá qítóu bìngjìn(两项调查齐头并进).

へいこう【閉口】 ¶この暑さには～だ zhème rè jiào rén zhēn shòubuliǎo(这么热叫人真受不了). ¶物価が高いのに～する wùjià gāode jiǎnzhí méifǎr guò le(物价高得简直没法儿过了). ¶彼女のおしゃべりには～した tā nà diédié bùxiū de yì zhāng zuǐ, zhēn jiào rén nìweisǐ le(她那喋喋不休的一张嘴,真叫人腻味死了). ¶今度のことではさすがの私も～した zhè huí shì jiù lián wǒ yě méi huà kě shuō(这回事就

連我也没话可说).

へいごう【併合】 jiānbìng (兼并), bìngtūn (并吞). ¶普仏戦争の結果プロシアはアルザスロレーヌ地方を～した Pǔ-Fǎ zhànzhēng de jiéguǒ, Pǔlùshì bìngtūnle Ā'ěrsàsī hé Luòlín liǎng dì (普法战争的结果,普鲁士并吞了阿尔萨斯和洛林两地). ¶A 社が B 社を～する A gōngsī jiānbìng B gōngsī (A 公司兼并 B 公司).

べいこく【米穀】 mǐ (米), dàmǐ (大米); [穀類] gǔlèi (谷类), gǔwù (谷物).

へいこら diǎn tóu hā yāo (点头哈腰). ¶社长に～する xiàng zǒngjīnglǐ diǎntóu-hāyāo (向经理点头哈腰)／pāi zǒngjīnglǐ de mǎpì (拍总经理的马屁).

へいさ【閉鎖】 fēngbì (封闭), guānbì (关闭). ¶入口を～する fēngbì ménkǒu (封闭门口). ¶飛行場を～する fēngbì jīchǎng (封闭机场). ¶経営不振のため支店を～する yóuyú jīngyíng bùjiā guānbì fēndiàn (由于经营不佳关闭分店). ¶ストに対抗して工場を～する gēn bàgōng xiāng duìkàng fēngbì gōngchǎng (跟罢工相对抗封闭工厂). ¶あの研究会は～的 nàge yánjiūhuì cǎiqǔ guānmén zhǔyì (那个研究会采取关门主义).

べいさく【米作】 dàozuò (稻作). ¶今年の～は平年を上回るだろう jīnnián dàozi de shōucheng kànlai bǐ chángnián hǎo yìdiǎnr ba (今年稻子的收成看来比常年好一点儿吧). ¶～地帯 dàozuò dìqū (稻作地区). ～農家 dàonóng (稻农).

へいし【兵士】 bīngshì (兵士), shìbīng (士兵).

へいじ【平時】 píngshí (平时).

へいじつ【平日】 píngrì (平日). ¶入場者は～でも 2,3 万はある rùchǎng rénshù píngrì yě yǒu liǎng,sānwàn (入场人数平日也有两,三万). ¶～通り授業を行う zhàocháng shàngkè (照常上课).

へいしゃ【兵舎】 yíngfáng (营房).

べいじゅ【米寿】 ¶～を祝う qìnghè bāshíbā shòuchén (庆贺八十八寿辰).

へいじょう【平常】 píngcháng (平常), guàncháng (惯常), zhàocháng (照常), píngshí (平时), píngsù (平素), sùrì (素日). ¶～の勉強が大切だ píngshí de xuéxí hěn zhòngyào (平素的学习很重要). ¶～の状態を保つ bǎochí píngcháng de zhuàngtài (保持平常的状态). ¶～ダイヤに戻るのは夕方になるでしょう dàgài dào bàngwǎn cái néng huīfù zhèngdiǎn yùnxíng (大概到傍晚才能恢复正点运行). ¶～通り営業する zhàocháng yíngyè (照常营业).

べいしょく【米食】 yǐ dàmǐ wéi zhǔshí (以大米为主食) ¶～民族 shímǐ mínzú (食米民族).

へいじょぶん【平叙文】 chénshùjù (陈述句), xùshìwén (叙事文).

へいしんていとう【平身低頭】 ¶～して謝る dītóu xièzuì (低头谢罪).

へいせい【平静】 píngjìng (平静), zhènjìng (镇静), lěngjìng (冷静). ¶事態はようやく～を取り戻した shìtài hǎoróngyì huīfùle píngjìng (事态好容易恢复了平静). ¶町は～を保っている jiēshàng bǎochízhe píngjìng (街上保持着平静). ¶彼女は～を失っている tā shīqùle 'píngjìng[zhènjìng/lěngjìng](她失去了 平静[镇静／冷静]). ¶～を装う gù zuò zhènjìng (故作镇静).

へいせい【兵制】 jūnzhì (军制).

へいせい【幣制】 bìzhì (币制). ¶～改革 bìzhì gǎigé (币制改革).

へいぜい【平生】 píngcháng (平常), píngshí (平时), píngsù (平素), píngshēng (平生), píngxī (平昔), sùrì (素日), sùxí (素昔). ¶～と少しも変らない gēn píngcháng háo wú liǎngyàng (跟平常毫无两样). ¶～よく養生しているからあまり病気はしない píngsù zhùyì yǎngshēng, hěn shǎo dé bìng (平素注意养生,很少得病). ¶～の心掛けが物を言う píngshí de nǔlì dào shí qǐ zuòyòng (平时的努力到时起作用). ¶～から気をつけておけばこんなことにはならなかったはずだ rúguǒ píngcháng duō jiā zhùyì, jiù bú huì zhèyàng le (如果平常多加注意,就不会这样了).

へいせき【兵籍】 jūnjí (军籍).

へいせつ【併設】 ¶小学校に幼稚園を～する zài xiǎoxuélǐ fùshè yòu'éryuán (在小学里附设幼儿园).

へいぜん【平然】 ¶困難の前で～としている miànduì kùnnan tàirán zìruò[chǔ zhī tàirán] (面对困难 泰然自若[处之泰然]). ¶あの騒ぎの中でも～と酒を飲んでいた shìqing nàode name lìhai què ruò wú qí shì de hēzhe jiǔ (事情闹得那么厉害却若无其事地喝着酒).

へいそ【平素】 →へいぜい.

へいそく【閉塞】 fēngsuǒ (封锁), bìsè (闭塞). ¶港口を～する fēngsuǒ gǎngkǒu (封锁港口). ¶腸～ chánggěngzǔ (肠梗阻)／chángǔsè (肠阻塞).

へいそつ【兵卒】 bīngzú (兵卒).

へいたい【兵隊】 bīngshì (兵士), bīngdīng (兵丁), bīngzú (兵卒), dàbīng (大兵). ¶～になる dāng bīng (当兵). ¶～あがり hángwǔ chūshēn (行伍出身).

へいたん【平坦】 píngtǎn (平坦). ¶～な道 píngtǎn de lù (平坦的路). ¶前途は～でない qiántú bú shì píngtǎn de (前途不是平坦的).

へいたん【兵站】 bīngzhàn (兵站). ¶～部 bīngzhànbù (兵站部).

へいだん【兵団】 bīngtuán (兵团).

へいち【平地】 píngdì (平地). ¶～に波瀾を起す píngdì qǐ fēngbō (平地起风波).

へいてい【平定】 píngdìng (平定), píngxī (平息), píngjìng (平靖). ¶天下を～する píngdìng tiānxià (平定天下).

へいてい【閉廷】 tuìtíng (退庭). ¶裁判長が～を宣する shěnpànzhǎng xuānbù tuìtíng (审判长宣布退庭).

へいてん【閉店】 1 [廃業] xiēyè (歇业), tíngyè (停业), tíngbì (停闭), tíngxiē (停歇), guānbì (关闭), guānmén (关门), guānbǎn[r] (关板[儿]). ¶～に追い込まれる bèi pò tíngyè (被迫停业). ¶～大安売り xiē-

へいどく【併読】 ¶2種の訳文を~する tóngshí dú liǎng zhǒng yìwén(同时读两种译文). ¶3紙を~する dìngyuè sān zhǒng bàozhǐ(订阅三种报纸).

へいどん【併呑】 bìngtūn(并吞), tūnbìng(吞并). ¶隣国を~する bìngtūn línguó(并吞邻国).

へいねつ【平熱】 zhèngcháng tǐwēn(正常体温).

へいねん【平年】 1〔閏年に対して〕píngnián(平年).
2〔普通の年〕píngnián(平年), chángnián(常年). ¶今年の米は~並の出来でしょう jīnnián de dàozi shōuchéng gēn wǎngnián yíyàng ba(今年的稻子收成跟往年一样吧).
¶~作 chángnián chǎnliàng(常年产量)/ píngchǎn(平产).

へいはつ【併発】 bìngfā(并发). ¶肺炎を~する bìngfā fèiyán(并发肺炎).

へいばん【平板】 píngbǎn(平板), dāibǎn(呆板). ¶文章が~でつまらない wénzhāng xiěde dāibǎn fáwèi(文章写得呆板乏味).

へいふう【弊風】 èsú(恶俗), èxí(恶习). ¶~を一掃する qīngchú èxí(清除恶习).

へいふく【平伏】 kòubài(叩拜). ¶王様の前に~した zài dàwáng qián kòubài(在大王前叩拜).

へいふく【平服】 biànfú(便服), biànzhuāng(便装), chángfú(常服). ¶~でご出席下さい qǐng chuān biànfú guānglín(请穿便服光临).

へいほう【平方】 píngfāng(平方); jiànfāng(见方). ¶100~メートルの土地 yíbǎi 'píngfāngmǐ[píngmǐ] de tǔdì(一百平方米[平米]的土地). ¶5メートルの空地 wǔ mǐ jiànfāng de kòngdì(五米见方的空地). ¶~根を求める qiú píngfānggēn(求平方根)/ kāi píngfāng(开平方)/ kāi fāng(开方).

へいほう【兵法】 bīngfǎ(兵法).

へいぼん【平凡】 píngfán(平凡). ¶~な人生を送る dùguò píngfán de yìshēng(度过平凡的一生). ¶~な作品 píngdàn wúwèi de zuòpǐn(平淡无味的作品). ¶~な顔 xiàngmào píngdàn wúqí(相貌平淡无奇). ¶~な意見 píngfán wúqí de yìjiàn(平凡无奇的意见). ¶~に暮す píngfán de guò rìzi(平凡地过日子).

へいまく【閉幕】 bìmù(闭幕), luòmù(落幕). ¶大会は成功裏に~した dàhuì shènglì bìmù(大会胜利闭幕).

へいみゃく【平脈】 zhèngcháng màibó(正常脉搏).

へいみん【平民】 píngmín(平民), cǎomín(草民), bǎixìng(百姓).

へいめい【平明】 píngyì qiǎnmíng de shī(平易浅明的诗).

へいめん【平面】 píngmiàn(平面). ¶~と直線は1点で交わる píngmiàn yǔ zhíxiàn zài yì diǎn xiāngjiāo(平面与直线在一点相交). ¶~的な見方 fūqiǎn de kànfǎ(肤浅的看法).
¶~幾何学 píngmiàn jǐhé(平面几何). ~鏡 píngmiànjìng(平面镜). ~図 píngmiàntú(平面图).

へいや【平野】 píngyě(平野), píngchuān(平川), píngyuán(平原), píngyuán dìdài hé shānqū(平原地带和山区). ¶関東~ Guāndōng Píngyuán(关东平原).

へいゆ【平癒】 quányù(痊愈). ¶病気が~した bìng yǐ quányù(病已痊愈). ¶病気の~を祈願する qídǎo bìngyù(祈祷病愈).

へいよう【併用】 bìng yòng(并用). ¶風邪薬と胃薬を~する gǎnmàoyào hé wèibìngyào bìng yòng(感冒药和胃病药并用).

へいりつ【並立】 bìnglì(并立). ¶2つの政権が~している liǎng ge zhèngquán bìnglìzhe(两个政权并立着).

へいりょく【兵力】 bīnglì(兵力). ¶10万の~をつぎ込む tóujìn shíwàn bīnglì(投进十万兵力). ¶~を削減する xuējiǎn bīnglì(削减兵力).

へいれつ【並列】〔電気〕bìngliàn(并联). ¶電池を~につなぐ bìnglián diànchí(并联电池).

へいわ【平和】 hépíng(和平). ¶~を守る bǎowèi hépíng(保卫和平). ¶永久の~を願う qīwàng yǒngjiǔ hépíng(期望永久和平). ¶領土問題を~的に解決する hépíng de jiějué lǐngtǔ wèntí(和平地解决领土问题). ¶原子力の~利用 hépíng lìyòng yuánzǐnéng(和平利用原子能). ¶~に暮す píng'ān guò rìzi(平安过日子). ¶家庭の~を乱す pòhuài jiātíng de hémù(破坏家庭的和睦).
¶~運動 hépíng yùndòng(和平运动). ~共存 hépíng gòngchǔ(和平共处). ~五原則 hépíng gòngchǔ wǔ xiàng yuánzé(和平共处五项原则). ~条約 hépíng tiáoyuē(和平条约).

へえ hēi(嘿), huò(嚯), ei(欸), a(啊), āiyā(哎呀). ¶~そうですか a, shì ma?(啊, 是吗?). ¶~そんなことがあったんですか āiyā, yǒu nà zhǒng shì le ma?(哎呀, 有那种事了吗?). ¶~たいしたものだね hēi, zhēn yǒu liǎngxiàzi a!(嘿, 真有两下子啊!).

ベーキングパウダー bèifěn(焙粉), fāfěn(发粉), qǐzi(起子).

ベーコン xiánròu(咸肉); làròu(腊肉).

ページ【頁】 yè(页). ¶~を繰る fān shūyè(翻书页). ¶~を追って読む āizhe yè kàn(挨着页看). ¶全部で400~ある gòng yǒu sìbǎi yè(共有四百页). ¶12~を開きなさい dǎkāi dìshí'èr yè(打开第十二页). ¶条約の締結は両国の歴史に新たな1~を加えた tiáoyuē de dìjié zài liǎngguó de lìshǐ shang zēngtiānle xīn de yí yè(条约的缔结在两国的历史上增添了新的一页). ¶ノートに~を付ける gěi bǐjìběn biāo yèmǎ(给笔记本标页码).

ベーシック【BASIC】 ¶~言語 jīběn yǔyán(基本语言)/ BASIC yǔyán(BASIC 语言).

ベージュ mǐhuáng(米黄), mǐsè(米色).

ベース 1〔基本〕jīchǔ(基础), gēnjī(根基). ¶ジンを~にしたカクテル yǐ jīnjiǔ wéi jī tiáozhì de jīwěijiǔ(以金酒为主调制的鸡尾酒). ¶~アップ tígāo gōngzī(提高工资)/ zhǎng xīn(涨薪). 2〔基地〕jīdì(基地). ¶~キャンプ dàběnyíng(大本营). 3〔野球の〕lěi(垒). ¶~ボール bàngqiú(棒球). ホーム~ běnlěi(本垒).

ペース bùzi(步子), bùdiào(步调), sùdù(速度). ¶レース後半になって~が落ちた jìngsài dàole hòubàn sùdù jiàngdī le(竞赛到了后半速度降了). ¶試合は早い~で進んだ bǐsài jìnzhǎnde jiào kuài(比赛进展得较快). ¶自分の~を守る bǎochí zìjǐ de sùdù(保持自己的速度). ¶~メーカー dàibùrén(带步人)/ lǐngpǎozhě(领跑者).

ペースト jiàng(酱), hú(糊), gāo(膏). ¶レバー~ gānjiàng(肝酱).

ペースメーカー réngōng xīnzàng qǐbóqì(人工心脏起搏器), máicángshì xīnzàng qǐbóqì(埋藏式心脏起博器).

ベータ bèitǎ(贝塔). ¶~カロチン β-húluóbosù(β-胡萝卜素). ~線 bèitǎ shèxiàn(贝塔射线·β射线)/ yǐzhǒng shèxiàn(乙种射线).

ペーハー qīnglízǐ nóngdù zhǐshù(氢离子浓度指数).

ペーパー ¶~カンパニー píbāo gōngsī(皮包公司)/ píbāoshāng(皮包商). ~テスト bǐshì(笔试). ~ナイフ cáizhǐdāo(裁纸刀). ~バックス zhǐmiànshū(纸面书).

ベール miànshā(面纱). ¶~をかぶる méng miànshā(蒙面纱). ¶~を脱ぐ zhāi miànshā(摘面纱). ¶事件は秘密の~に包まれている zhège shìjiàn bèi shénmì de miànshā zhēgàizhe(这个事件被神秘的面纱遮盖着).

-べからざる ¶それは許す~行為である nà shì bùnéng róngxǔ de xíngwéi(那是不能容忍的行为). ¶生活に欠く~品 shēnghuóshang bùkě quēshǎo de wùpǐn(生活上不可缺少的物品).

-べからず wù(勿), bùdé(不得). ¶池の魚を取る~ wù bǔ chíyú(勿捕池鱼). ¶痰を吐く~ bùdé suídì tǔtán(不得随地吐痰). ¶無用の者立ち入る~ xiánrén miǎn jìn(闲人免进).

-べき yīnggāi(应该), yīngdāng(应当). ¶君は彼女に謝る~だ nǐ yīnggāi xiàng tā dàoqiàn(你应该向她道歉). ¶言う~事ははっきり言いなさい gǎi shuō de nǐ qīngchu de shuōchulai(该说的你清楚地说出来). ¶展示品には特に見る~物はなかった zhǎnpǐn méiyǒu shénme ˇkě kàn de[zhíde kàn de](展品没有什么ˇ可看的[值得看的]).

へきえき【辟易】 ¶相手の剣幕に~して引き下がった bèi duìfāng xiōnghěn de láishì xiàtuì le(被对方凶狠的来势吓退了). ¶彼の長広舌には~した tā nà chángpiān-dàlùn wǒ suàn tīngòu le(他那长篇大论我算听够了).

へきが【壁画】 bìhuà(壁画).

へきち【僻地】 piānpì dìqū(偏僻地区), piānyuǎn dìqū(偏远地区), biānyuǎn dìqū(边远地区). ¶寒村~ qióng xiāng pì rǎng(穷乡僻壤).

へきとう【劈頭】 pītóu(劈头). ¶~から激しい論争になった pītóu jiù zhǎnkāile jīliè de zhēnglùn(劈头就展开了激烈的争论).

へきれき【霹靂】 pīlì(霹雳). ¶青天の~ qīng[qíng] tiān pīlì(青[晴]天霹雳).

-べく ¶中国文学を研究する~中国に留学する wèile yánjiū Zhōngguó wénxué dào Zhōngguó qù liúxué(为了研究中国文学到中国去留学). ¶これは起る~して起った事故だ fāshēng zhè zhǒng shìgù shì bìrán de(发生这种事故是必然的). ¶私が大金持になろうなどとは望む~もないことだ wǒ jiùshí xiǎng yào chéng dàcáizhu yě chéngbuliǎo(我就是想要成大财主也成不了).

ヘクタール〔面積の単位〕gōngqǐng(公顷).

ヘクトパスカル bǎipàsīkǎ(百帕斯卡), bǎipà(百帕).

ベクトル shǐliàng(矢量), xiàngliàng(向量).

ヘゲモニー zhǔdǎoquán(主导权). ¶~を握る zhǎngwò zhǔdǎoquán(掌握主导权).

へこた・れる xièqì(泄气), qìněi(气馁), jǔsàng(沮丧). ¶これしきの事に~れてたまるか jué bùnéng wèile zhè diǎnr shì jiù qìněi(绝不能为了这点儿事就气馁).

ぺこぺこ 1〔空腹〕 ¶おなかが~だ dùzi èˇhuài[biě] le(肚子饿ˇ坏[瘪]了). 2〔へいこら〕 ¶頭を~下げて謝る diǎntóu-hāyāo de péi búshì(点头哈腰地赔不是). ¶彼はいつも上役に~している tā zǒngshì duì shàngsì ˇliūxū-pāimǎ[dīsān-xiàsì de](他总是对上司ˇ溜须拍马[低三下四的]).

へこま・す【凹ます】 1〔くぼませる〕 ènbiě(摁瘪), nòngbiě(弄瘪). ¶車を電柱にぶっつけてボンネットを~してしまった qìchē zhuàngzài diànxiàn gānzi shang, chēhú zhàozi biě le(汽车撞在电线杆子上,车头罩子瘪了). ¶腹を~す shōu fù(收腹). 2〔やりこめる〕 ¶いつかあいつを~してやるぞ děngzhe qiáo ba! fēi yǒu yì tiān jiào tā dītóu bùkě(等着瞧吧! 非有一天叫他低头不可).

へこ・む【凹む】 1〔くぼむ〕 āo(凹), wā(洼). ¶指で押すと~む yòng shǒuzhǐtou yí èn jiù biě(用手指头一摁就瘪). ¶ところどころ道が~んでいる dàolù shang yǒu jǐ chù āoxiàn de dìfang(道路上有几处凹陷的地方). 2〔屈服する〕 dītóu(低头), fúshū(伏输·服输), rènshū(认输). ¶彼は意地っ張りで簡単には~まない tā hěn juè, bú huì qīngyì dītóu(他很倔,不会轻易低头).

へさき【舳先】 chuántóu(船头), chuánshǒu(船首).

-べし wùbì(务必). ¶全員出席す~ quántǐ chéngyuán wùbì chūxí(全体成员务必出席).

へしお・る【へし折る】 zhéduàn(折断). ¶棒を~る zhéduàn bàngzi(折断棒子). ¶高慢の鼻を~る cuò qí àoqì(挫其傲气). ¶腕の1本も~ってやる fēi dǎduàn tā yì tiáo gēbo bùkě!

(非打断他一条胳膊不可).

ベジタリアン sùshízhǔyìzhě(素食主义者).

ぺしゃんこ **1**【つぶれたさま】tā(塌), biě(癟), biǎn(扁). ¶箱が〜になった hézi yābiǎn le(盒子压扁了). ¶山崩れで家が〜になった yóuyú shānbēng fángzi quán tā le(由于山崩房子全塌了). ¶〜の鼻 tā bíliáng(塌鼻梁).
2【参ったさま】¶皆に〜にやりこめられて〜になった bèi dàjiā bódé yǎkǒu-wúyán(被大家驳得哑口无言). ¶1度失敗したくらいで〜になっちゃだめだよ shībàile yí cì jiù huīxīn-sàngqì kě bùxíng a!(失败了一次就灰心丧气可不行啊!).

ベスト 1【最良, 最高】zuì hǎo(最好). ¶〜を尽す jìn zuìdà nǔlì(尽最大努力)/ jiéjìn quánlì(竭尽全力).
¶〜コンディション zuì jiā zhuàngtài(最佳状态). 〜セラー chàngxiāoshū(畅销书). 〜テン qián shí míng(前十名). 〜ドレッサー hěn huì chuān yīshang de rén(很会穿衣裳的人).
2【チョッキ】bèixīn[r](背心[儿]).

ペスト shǔyì(鼠疫), hēisǐbìng(黑死病).

へそ【臍】qí(脐), dùqí[r](肚脐[儿]), dùqíyǎnr(肚脐眼儿). ¶〜で茶を沸かす xiàode dùpí téng(笑得肚皮疼)/ kěxiàode yàomìng(可笑得要命)/ xiàosǐrén(笑死人). ¶〜を曲げる guòbuqù(过不去)/ nào bièniu(闹别扭).

べそ ¶〜をかく kūbízi(哭鼻子).

ペソ bǐsuǒ(比索).

へそくり【臍繰り】tījǐ(梯己・体己), sīfang(私房), tījǐqián(梯己钱), sīfangqián(私房钱), sīxù(私蓄). ¶〜をためる zǎn tījǐqián(攒梯己钱).

へそのお【臍の緒】qídài(脐带).

へそまがり【臍曲り】juè(倔), niù(拗), nìng(拧). ¶あの人は〜だ tā juède hěn(他倔得很).

へた【蒂】dì(蒂).

へた【下手】**1**【拙劣】chà(差), bù hǎo(不好). ¶私は話が〜だ wǒ ˈzuǐ bèn[bèn zuǐ zhuōshé/kǒuchǐ zhuōběn](我ˈ嘴笨[笨嘴拙舌/口齿拙笨]). ¶彼は泳ぎは〜だ tā yóude bù hǎo(他游得不好). ¶なんと〜な字だ zì xiěde zhēn chà(字写得真差). ¶〜な中国語で話す yòng bù liúlì de Zhōngguóhuà shuō(用不流利的中国话说). ¶しばらく弾かなかったのでピアノが〜になった gāngqín hǎojiǔ méi tán, tánbuhǎo le(钢琴好久没弹, 弹不好了). ¶あの人の碁は〜の横好きだ tā wéiqí xiàde bù hǎo, kě xǐhuan xiā bǎinòng(他围棋下得不好, 可喜欢瞎摆弄).
2 ¶〜な事は言えない kě bùnéng suíbiàn shuōhuà(可不能随便说话). ¶相手はピストルを持っているので〜に手出しはできない duìfang dàizhe shǒuqiāng, bùkě qīngjǔ-wàngdòng(对方带着手枪, 不可轻举妄动). ¶〜をすると今日中にも帰れない nòngbuhǎo jīntiān dàobuliǎo jiā(弄不好今天到不了家). ¶彼の家には〜な図書館より本が揃っている tā jiā bǐqí yìbān de xiǎotúshūguǎn shū hái quán ne(他家

比起一般的小图书馆书还全呢).

べたいちめん【べた一面】¶壁にはポスターが〜に貼ってある qiángshang tiēmǎnle xuānchuánhuà(墙上贴满了宣传画).

へだたり【隔たり】chājù(差距), jùlí(距离). ¶そここことは5キロの〜がある nàr hé zhèr ˈxiānggé[xiāngjù] wǔ gōnglǐ(那儿和这儿ˈ相隔[相距]五公里). ¶2人の年齢には〜がありすぎる liǎng ge rén niánlíng ˈxiāngchà tài yuǎn [tài xuánshū](两个人年龄ˈ相差太远[太悬殊]). ¶彼等の見解には大きな〜がある tāmen de kànfǎ yǒu xiāngdāng dà de jùlí(他们的看法有相当大的距离). ¶夫婦の間に〜ができた fūfù zhī jiān yǒule ˈgémó[géhé](夫妇之间有了ˈ隔膜[隔阂]).

へだた・る【隔たる】xiāngjù(相距), xiānggé(相隔), jùlí(距离). ¶2つの村は互いに20キロ〜っている liǎng ge cūnzi xiānggé èrshí gōnglǐ(两个村子相隔二十公里). ¶ここは海から遠く〜っている cǐdì yǔ hǎi xiānggé yáoyuǎn(此地与海相隔遥远). ¶明治維新から1世紀も〜った今日 jù Míngzhì Wéixīn yǐ dá yí shìjì zhī jiǔ de jīntiān(距明治维新已达一世纪之久的今天). ¶2人の考えはだいぶ〜っている liǎng ge rén de kànfǎ ˈjùlí hěn dà[xiāngjù tài dà] (两个人的看法ˈ距离很大[相距太大]). ¶今では2人の仲は〜ってしまった xiànzài liǎng ge rén de guānxi shūyuǎn le(现在两个人的关系疏远了).

へだて【隔て】**1**【仕切り】¶間に〜の柵を置く zhōngjiān shèzhì zuòwéi jiàngé de zhàlán(中间设置作为间隔的栅栏).
2【差別】¶男女の〜なく登用する bù fēn nánnǚ yǔyǐ zhuóyòng(不分男女予以擢用).
3【隔意】gémó(隔膜), géhé(隔阂). ¶〜のない仲 bù fēn bǐcǐ de guānxi(不分彼此的关系). ¶あの事があって彼との間に〜ができた zìcóng nà jiàn shì yǐlái wǒ hé tā zhī jiān yǒule géhé(自从那件事以来我和他之间有了隔阂).

へだ・てる【隔てる】gé(隔), gékāi(隔开). ¶両軍は河を〜て対峙した liǎngjūn gé hé xiāng duìzhì(两军隔河相对峙). ¶10年の歳月を〜てて再会する gé shí nián chóngféng(隔十年重逢). ¶10メートルを〜てて杭を打つ měi gé shí mǐ zá yì gēn mùzhuāng(每隔十米砸一根木桩). ¶間を鉄の扉を〜てている zhōngjiān gézhe yí shàn tiěmén(中间隔着一扇铁门). ¶兄弟の仲を〜てる líjiàn dìxiong de guānxi(离间弟兄的关系).

へたば・る ¶4キロ走ったら〜った pǎole sì gōnglǐ jiù lèipā le(跑了四公里就累趴了). ¶帰り着いたとたんその場に〜った yí dào jiā jiù yí pìgu zuòle xiàlái(一到家就一屁股坐了下来).

べたべた 1【ねばつく】niánhūhū(黏糊糊), niánnian-hūhū(黏黏糊糊), niánhu(黏糊). ¶ペンキが乾かずまだ〜する yóuqī wèi gān hái fānián(油漆未干还发黏). ¶汗で体が〜する chū hàn chūde shēnshang niánhūhū de(出汗出得身上黏糊糊的).

2〔まといつくさま〕▼人前で～するな búyào dāngzhe rén ˊniánnian-húhū de[sājiāo jiūchán](不要当着人ˊ黏黏糊糊的[撒娇纠缠]). **3**〔一面に，やたらに〕▼壁にびらを～貼る mǎnqiáng tiē chuándān(满墙贴传单)/ zài qiángshang luàn tiē chuándān(在墙上乱贴传单). ▼おしろいを～塗りたくる fěn cāde hòuhòu de(粉擦得厚厚的).

ぺたぺた **1**▼素足で～歩く guāngzhe jiǎoyāzi bādābādā de zǒu(光着脚丫子吧嗒吧嗒地走). **2**〔幾つも〕▼はんこを～押す yígejǐnr de gài chuōzi(一个劲ㄦ地盖戳子). ▼ポスターを貼りつける mǎnchù tiē xuānchuánhuà(满处贴宣传画).

べたほめ【べた褒め】▼批評家達は彼の演奏を～した pínglùnjiā jiāokǒu chēngzàn tā de yǎnzòu(评论家交口称赞他的演奏).

ぺたりと▼はんこを～押す gàile yí ge chuōzi(盖了一个戳子). ▼切手を～貼る tiēshàng yóupiào(贴上邮票). ▼地面に～座る yípìgu zuòzài dìshang(一屁股坐在地上).

ペダル tàbǎn(踏板), jiǎodēngzi(脚蹬子). ▼自転車の～を踏む tà zìxíngchē de jiǎodēngzi(踏自行车的脚蹬子).

ペダンチック xuànyào xuéshí(炫耀学识), màinong xuéwen(卖弄学问).

へちま【糸瓜】 sīguā(丝瓜), 〔繊維〕sīguāluò(丝瓜络). ▼規則も～もあるものか shénme guīzé bu guīzé de?(什么规则不规则的?).

ぺちゃくちゃ▼～おしゃべりばかりしている jīliguālā shuō xiánhuà shuō ge méi wán(叽里呱啦说闲话说个没完).

ぺちゃんこ → ぺしゃんこ.

べつ【別】**1**〔別個〕bié(别), lìng(另), lìngwài(另外). ▼そのことは～の人からも聞いた nà shì cóng bié de rén nàli yě tīngshuō le(那事从别的人那里也听说了). ▼今日は～の所に行こう jīntiān dào bié de dìfang qù ba(今天到别的地方去吧). ▼今は忙しいのでまた～の日にしてもらえませんか xiànzài zhèng máng, gǎitiān zàishuō hǎo bu hǎo?(现在正忙, 改天再说好不好?). ▼卒業後はそれぞれ～の方面に進む bìyè hòu gè bèn qiánchéng(毕业后各奔前程). ▼これとは～にもう1つ作ってもらえませんか chúle zhège yǐwài, qǐng lìng gěi zuò yí ge kě bu kěyǐ?(除了这个以外, 请另给做一个可不可以?). ▼部屋代とは～に食費を払う fángzū yǐwài lìng fù huǒshífèi(房租以外另付伙食费). ▼自分の分は～にしておく bǎ zìjǐ de nà yífènr fàngzài yìbiān(把自己的那一份ㄦ放在一边). ▼それならば話は～だ yàoshi nàyàng you shì lìng yì mǎ shì la(要是那样又是另一码事啦). **2**〔区別〕bié(别). ▼学校には公立と私立の～がある xuéxiào yǒu gōnglì sīlì zhī bié(学校有公立私立之别). ▼昼夜の～なく働く bù fēn zhòuyè gōngzuò(不分昼夜工作). ▼金メダルの数を国～に合計する bǎ jīnzhì jiǎngzhāng de shùmù àn guó bié héjì(把金质奖章的数目按国别合计). ▼職業～電話番号簿 zhíbié diànhuà hàomùbù(职别电话号码簿).

3〔除外〕▼しかし君だけは～だ búguò nǐ shì lìwài(不过你是例外). ▼賭事以外ならば申し分のない男だ chúle shì dǔ yǐwài, tā shì ge wúkě tiāoti de rén(除了嗜赌以外, 他是个无可挑剔的人). ▼冗談は～として… yán guī zhèngzhuàn …(言归正传)/ xiánhuà xiū tí …(闲话休提…).

4〔特別〕tèbié(特别). ▼～に何も気がつかなかった bìng méiyǒu juéde yǒu shénme yìwài(并没有觉得有什么意外). ▼今度の日曜日は～に予定はない zhège xīngqītiān bìng méiyǒu shénme dǎsuàn(这个星期天并没有什么打算). ▼「留守中変ったことはなかったか」"～に" "wǒ búzài de shíhou yǒu shénme shì méiyǒu?" "méi shénme shì"("我不在的时候有什么事没有?" "没什么事"). ▼彼は～して数学がよくできる tā tèbié shàncháng shùxué(他特别擅长数学).

べつあつらえ【別誂え】▼～の洋服 tèbié dìngzuò de xīzhuāng(特别定做的西装).

べっかく【別格】▼～の扱いを受ける shòu pògé de dàiyù(受破格的待遇).

べっき【別記】 fùjì(附记). ▼細則は～のように定める xìzé rú fùjì suǒ guīdìng(细则如附记所规定).

べっきょ【別居】 fēnjū(分居). ▼家族と～して暮す gēn jiāshǔ fēnjū shēnghuó(跟家属分居生活). ▼夫婦は～させられている fūqī liǎ bùdé bù fēnjū(夫妻俩不得不分居).

べつくち【別口】 lìng(另), lìngwài(另外). ▼～の仕事 lìng yí xiàng gōngzuò(另一项工作). ▼～の勘定 lìngwài yì bǐ zhàng(另外一笔账).

べっけん【瞥見】 piējiàn(瞥见). ▼A氏の論文を～するに… cūlüè kànle A shì de lùnwén …(粗略看了A氏的论文…).

べっこ【別個】 lìng(另). ▼～の問題 lìng yí ge wèntí(另一个问题). ▼～に扱う lìngwài[fēnbié] chǔlǐ(另外[分别]处理). ▼A先生とは～に会見する gēn A xiānsheng gèbié huìjiàn(跟A先生个别会见).

べっこう【別項】▼手数料は～に掲げる yòngjīn lìng xiàng guīdìng(佣金另项规定).

べっこう【鼈甲】 dàimào(玳瑁). ▼～の眼鏡縁 dàimào yǎnjìngjià(玳瑁眼镜架).

べっさつ【別冊】▼本巻の他に～1巻を付す zhèngjuàn yǐwài lìng fù yí cè(正卷以外另附一册).

ペッサリー zǐgōngtuō(子宫托), zǐgōngmào(子宫帽).

べっし【別紙】▼詳細は～に記す xiángxì de jìzài lìng yì zhāng zhǐ shang(详细的记在另一张纸上).

べっし【蔑視】 mièshì(蔑视), bǐshì(鄙视), qíshì(歧视). ▼少数民族を～するな bùdé qíshì shǎoshù mínzú(不得歧视少数民族).

べっしつ【別室】▼客を～に案内する bǎ kèrén ránddào lìng yì jiān wūzili(把客人让到另一间屋子里). ▼～にはA氏の遺作が展示してある tèbié kāishè de fángjiān li zhǎnlǎnzhe A xiānsheng de yízuò(特别开设的房间里展览着

A先生的遺作).
べつじょう【別状・別条】yìcháng(异常). ¶生命に~はない méiyǒu shēngmìng wēixiǎn(没有生命危险). ¶エンジンに~はない yǐnqíng méi yìcháng(引擎没什么异常). ¶脳に~はない nǎo wú yìcháng(脑无异常). ¶~なく暮す shēnghuó rúcháng(生活如常).
べっしょう【蔑称】mièchēng(蔑称).
べつじん【別人】¶あれ以来彼は~のように真面目になった cóng nà yǐlái, tā biànde hěn rènzhēn jiǎnzhí pàn ruò liǎng rén(从那以来,他变得很认真简直判若两人). ¶彼女かと思ったら全くの~だった wǒ yǐwéi shì tā, jìngshì lìng yí ge rén(我以为是她,竟是另一个人).
べっせかい【別世界】¶そこは~のように静かだった nàr yōujìngde zhēn xiàng lìng yí ge tiāndì shìde(那儿幽静得真像另一个天地似的). ¶彼は我々とは~の人間だ tā hé wǒmen shì bùtóng shìjiè de rén(他和我们是不同世界的人).
べっそう【別荘】biéshù(别墅).
べったく【別宅】¶~を構える lìng yǒu yí chù biézhái(另有一处别宅).
べったり 1〔ねばりつくさま〕¶~貼り付いてはがれない zhānde tài láo jiē bu xiàlái(粘得太牢揭不下来). ¶彼は社長に~だ tā gēn zǒngjīnglǐ chuān yì tiáo kùzi(他跟总经理穿一条裤子).
2〔一面に〕¶細かい字で紙面一杯に~書いてある mǎnzhǐ shang xiǎozì xiěde mìmi-mámā de(满纸上小字写得密密麻麻的).
べつだん【別段】tèbié(特别). ¶~の規定ある場合 lìng yǒu guīdìng shí(另有规定时). ¶~の扱いをする gěiyǐ tèbié de dàiyù(给以特别的待遇). ¶~変った事もない bìng méiyǒu shénme biànhuà(并没有什么变化).
べってんち【別天地】dòngtiān(洞天), dòngtiān fúdì(洞天福地). ¶騒々しい都会とは違って~のようだ bú xiàng chéngli shème xuānxiāo, zhēn shì bié yǒu tiāndì(不像城里那么喧嚣,真是别有天地).
べっと【別途】¶その費用は~に支給する gāi fèiyong yóu lìng yí xiàngmù zhīfù(该费用由另一项目支付). ¶~に手段を講ずる lìngwài xiǎng bànfǎ(另外想办法).
ベッド chuáng(床), chuángwèi(床位). ¶~を作る shōushi chuángpù(收拾床铺). ¶~タウン chéngjiāo zhùzháiqū(城郊住宅区). シングル~ dānrénchuáng(单人床). ダブル~ shuāngrénchuáng(双人床). ~ルーム wòshì(卧室)/ wòfáng(卧房).
ペット chǒngwù(宠物), àiwù(爱物). ¶~を飼う sìyǎng wánshǎng de dòngwù(饲养玩赏的动物).
べつどうたい【別働隊】biédòngduì(别动队).
ペットボトル sùliàopíng(塑料瓶).
ヘッドホン ěrjī(耳机), tóudài ěrjī(头戴耳机).
べっとり ¶壁に血糊が~付いている qiángshang zhānmǎnle xiě[mǎn dōu shì xiě](墙上)[粘满了血[满都是血]). ¶~と脂汗をかく chūle yìshēn xūhàn(出了一身虚汗).

べつに【別に】→べつ4.
べつびょう【付表】fùbiǎo(附表).
へっぴりごし【屁っ放り腰】¶~で天秤棒をかつぐ wānyāo-qūbèi de tiāozhe biǎndàn(弯腰曲背地挑着扁担). ¶~で何ができるか qián pà láng hòu pà hǔ néng zuò xiē shénme?(前怕狼后怕虎能做些什么?).
べつびん【別便】¶小包を~で送る bāoguǒ lìng jì(包裹另寄).
べっぴん【別嬪】¶彼女はなかなかの~だ tā zhēn ˈpiàoliang[jùn](她真'漂亮[俊]).
べつべつ【別別】fēnbié(分别). ¶~の車に乗る chéng bùtóng de chē(乘不同的车). ¶行きは一緒で帰りは~だった qù de shíhou shì yíkuàir, fēnbié huílai de(去的时候是一块儿,分别回来的). ¶銘々に~の仕事をする gèzì cóngshì bùtóng de gōngzuò(各自从事不同的工作).
べつむね【別棟】¶研究室は~にある yánjiūshì zài lìng yí zhuàng lóufáng li(研究室在另一幢楼房里).
べつめい【別名】biémíng(别名).
べつもんだい【別問題】liǎnghuíshì(两回事), liǎngmǎshì(两码事). ¶それとこれとは~だ zhè hé nà shì liǎngmǎshì(这和那是两码事).
へつら・う【諂う】fèngcheng(奉承), fèngyíng(奉迎), bājie(巴结), féngyíng(逢迎), qūfèng(趋奉), qūfù(趋附), chǎnmèi(谄媚), chǎnyú(谄谀), ēyú(阿谀). ¶上役に~う bājie shàngsi(巴结上司)/ pāi shàngsi de mǎpì(拍上司的马屁). ¶強者に~い弱者に威張る ēfù qiángzhě, bǐshì ruòzhě(阿附强者,鄙视弱者).
べつり【別離】biélí(别离). ¶~の情に堪えない bùrěn biélí(不忍别离).
ヘディング dǐngqiú(顶球), tóuqiú(头球). ¶~シュート dǐngqiú shèmén(顶球射门).
ベテラン lǎoshǒu[r](老手[儿]), shúshǒu(熟手), lǎobǎshi(老把势・老把式), lǎohángjiā(老行家). ¶校正の~ jiàoduì de lǎoshǒu(校对的老手).
ぺてん piànjú(骗局), huójúzi(活局子), quāntào(圈套). ¶これは一芝居だ piànjú(这是一场骗局). ¶人を~にかける shǐ rén shàngdàng shòupiàn(使人上当受骗)/ shèxià quāntào(设下圈套)/ shuǎ huójúzi(耍活局子). ¶奴の~にかかって10万円取られた shàngle tā de dàng bèi piànle shíwàn rìyuán(上了他的当被骗了十万日元).
¶~師 piànzi(骗子)/ piànzishǒu(骗子手)/ chāibáidǎng(拆白党).
へど【反吐】ǒutù(呕吐), ǒutùwù(呕吐物). ¶~を吐く ǒutù(呕吐). ¶あいつの顔を見るかで~が出そうだ kànjian nàge jiāhuo de liǎn jiù ěxin zuò'ǒu(看见那个家伙的脸就恶心作呕).
ベトナム Yuènán(越南).
へとへと ¶~に疲れる píbèi bùkān(疲惫不堪). ¶もう~だ lèisǐ wǒ le(累死我了).
べとべと niánhu(黏糊), niánhūhū(黏糊糊), yóuhūhū(油乎乎). ¶~の手でさわるな búyào ná niánhūhūr de shǒu lái mō(不要拿黏糊糊

ㇽ的手来摸). ¶口のまわりを～する zuǐbiān niánnian-húhū de(嘴边黏黏糊糊的).

へどもど ¶～して答えられない jiǒngde shàngjù bù jiē xiàjù dá bu shànglái(窘得上句不接下句答不上来).

へどろ yūní(淤泥).

へなへな ¶～のブリキ板 ruǎnlībājī de báitiěpí(软里吧唧的白铁皮). ¶彼はその場に～と座りこんだ tā dāngchǎng tānruǎn yípìgu zuòxià le(他当场瘫软一屁股坐下了). ¶～野郎 ruǎngǔtou(软骨头).

ペナルティーキック fádiǎnqiú(罚点球).

ペナント jǐnbiāo(锦标), jǐnqí(锦旗). ¶～レース jǐnbiāosài(锦标赛).

べに【紅】1 [紅色] yānhóng(胭红).
2 [化粧品] yānzhi(胭脂). ¶～をつける cā yānzhi(擦胭脂)／tú kǒuhóng(涂口红).

ペニシリン qīngméisù(青霉素), pánníxīlín(盘尼西林).

ペニス yīnjīng(阴茎), diǎo(屌・鸟).

ベニヤいた【ベニヤ板】 jiāohébǎn(胶合板), sānhébǎn(三合板).

へのかっぱ【屁の河童】 ¶それぐらい～だ nàmediǎnr shì "yì rú fǎnzhǎng[bú fèi chuī huī zhī lì](那么点ㇽ事"易如反掌[不费吹灰之力]). ¶奴にどんなに怒鳴られようと～だ tā zěnme mà wǒ, wǒ yě búzàihu(他怎么骂我,我也不在乎).

ペパーミント bòhe(薄荷).

へばりつ・く ¶子供が母親に～いて離れない háizi sǐ chánzhe mǔqin bù líkāi(孩子死缠着母亲不离开). ¶一日中机に～いている zhěngtiān sǐ pāzaì zhuōzishang(整天死趴在桌子上).

へば・る ¶30分も登らないうちに～ってしまった dēng shān bú dào sānshí fēnzhōng jiù lèipá le(登山不到三十分钟就累趴了).

へび【蛇】 shé(蛇), chángchong(长虫). ¶～の胆嚢 shédǎn(蛇胆). ～毒 shédú(蛇毒).

ヘビーきゅう【ヘビー級】 zhòngliàngjí(重量级).

ヘビースモーカー yānguǐ(烟鬼).

ベビーブーム chūshēng gāofēngqī(出生高峰期).

ペプシン wèidànbáiméi(胃蛋白酶).

へべれけ ¶～に酔う hēle ge mǐngdǐng dà zuì (喝了个酩酊大醉)／hēde lànzuì rú ní(喝得烂醉如泥).

へぼ ¶～医者 yōngyī(庸医). ～詩人 dǎyóushīrén(打油诗人). ～将棋 chòuqí(臭棋). ～大工 bèn mùjiang(笨木匠).

へま 1 [まぬけ] bèn(笨), bènzhuō(笨拙), chǔn(蠢), chǔnbèn(蠢笨). ¶なんて～なんだ zhēn tāmāde bèn(真他妈的笨). ¶～な男 chǔnbèn de nánrén(蠢笨的男人).

2 [失敗] ¶～をして叱られた bǎ shìqíng gǎozá le, áile yí dùn mà(把事情搞砸了,挨了一顿骂). ¶とんだ～をしてくれたものだ nǐ kě zhēn gěi wǒ tǒngle lóuzi(你可真给我捅了娄子).

ヘモグロビン xuěhóng dànbái(血红蛋白), xuěhóngsù(血红素), xuěsèsù(血色素).

へや【部屋】 wūzi(屋子), fángjiān(房间). ¶学生に～を貸す bǎ wūzi zūgěi xuésheng(把房子租给学生). ¶ホテルに～をとってあります zài fàndiàn "yùdìng[kāi] hǎole fángjiān(在饭店"预订[开]好了房间). ¶"～は空いてますか" "いいえ" "fángjiān méi rén zhù ma?" "bù, yòngzhe ne"(房间没人使吗" "不,用着呢")／"yǒu kōngfáng ma?" "méiyǒu"(有空房吗?" "没有"). ¶～代 fángzū(房租)/fángqián(房钱). 仕事～ gōngzuòshì(工作室).

へら【篦】 guādāo(刮刀). ¶～で漆を塗る yòng guādāo tú qī(用刮刀涂漆). ¶竹～で粘土をこねる yòng zhúdāo huó niántǔ(用竹刀和黏土).

へら・す【減らす】 jiǎnshǎo(减少), jiǎnsuō(减缩), jiǎnxuē(减削), xuējiǎn(削减), suōjiǎn(缩减), cáijiǎn(裁减). ¶分量を～す jiǎnshǎo fēnliàng(减少分量). ¶人員を～す cáijiǎn rényuán(裁减人员). ¶経費を～す suōjiǎn jīngfèi(缩减经费). ¶予算を昨年度より～された yùsuàn bǐ qùnián xuējiǎn le(预算比去年削减了).

へらずぐち【減らず口】 ¶～をたたくな bié yàzi sǐle zuǐyìng!(别鸭子死了嘴硬!)／búyào shuǎ zuǐpízi!(不要耍嘴皮子!).

へらへら hēihēi(嘿嘿). ¶あいつはいつも～笑ってばかりいる nà jiāhuo lǎo hēihēi de shǎxiào (那家伙老嘿嘿地傻笑).

べらべら dīlidūlū(嘀里嘟噜). ¶～しゃべりまくる tāotāo bùjué de shuō ge méi wán(滔滔不绝地说个没完). ¶秘密の事まで～しゃべってしまう lián mìmì de shì dōu suíkǒu shuōchulai (连秘密的事都随口说出来).

ぺらぺら 1 liúlì(流利), liúchàng(流畅), kǒu ruò xuánhé(口若悬河). ¶彼は英語が～だ tā Yīngyǔ shuōde hěn liúlì(他英语说得很流利). ¶～とよくしゃべる奴だ tā zhēn néng shuǎ zuǐpízi(他真能耍嘴皮子)／jīliguālā shuō ge méi wán de jiāhuo(叽里呱啦说个没完的家伙). ¶聞かれもしないことまで～喋る lián méi wèn de shì yě shuō ge méiwán-méiliǎo(连没问的事也说个没完没了).

2 [薄っぺら] ¶～の紙 jí báo de zhǐ(极薄的纸).

べらぼう【篦棒】 1 [めちゃくちゃ] ¶～に暑い rède yàomìng(热得要命). ¶～な値段を吹っかけられた tā xiàng wǒ màntiān yào jià(他向我漫天要价). ¶そんな～な話があるものか nándào yǒu nà zhǒng qǐyǒucǐlǐ de shì!(难道有那种岂有此理的事!).

2 [馬鹿者] ¶～め, 気をつけろ húndàn, xiǎoxīn diǎnr!(浑蛋,小心点ㇽ!).

ベランダ yángtái(阳台), liángtái(凉台).

へり【縁】 biānr(边ㇽ), biānyuán(边缘). ¶カーテンの～を縫う féng chuāngliánde biānr(缝窗帘的边ㇽ). ¶レースで～をとる xiāng huābiānr(镶花边ㇽ). ¶河の～ hébiānr(河边ㇽ).

ヘリウム hài(氦), hàiqì(氦气).

ペリカン tíhú(鹈鹕), táohé(淘河).

へりくだ・る【謙る】 qiāngōng(谦恭), qiānshùn

へりくつ【屁理屈】 wāilǐ（歪理）. ¶それは〜だ nà shì ˈguǐbiàn[qiǎngcí-duólǐ]（那是ˈ诡辩[强词夺理]）. ¶〜をこねるな búyào hújiǎo mánchán（不要胡搅蛮缠）.

ヘリコプター zhíshēng fēijī（直升飞机）.

ヘリポート zhíshēng fēijī jīchǎng（直升飞机机场）.

へる【経る】 guò（过）, jīng（经）, jīngguò（经过）. ¶1か月を経ても音沙汰がない guòle yí ge yuè hái méiyǒu yīnxìn（过了一个月还没有音信）. ¶時を経るに従って記憶は薄らいだ suízhe shíjiān de tuīyí jìyì dànmò le（随着时间的推移记忆淡漠了）. ¶パリを経てロンドンへ行く jīngguò[jīngyóu] Bālí dào Lúndūn（经过[经由]巴黎到伦敦）. ¶書類が課長を経て重役に渡る wénjiàn jīng kēzhǎng zhuǎnjiāo dǒngshì（文件经科长转交董事）. ¶幾多の困難を経て成功をおさめた jīngguò xǔduō kùnnan cái huòdéle chénggōng（经过许多困难才获得了成功）.

へ・る【減る】 jiǎnshǎo（减少）. ¶体重が3キロ〜った tǐzhòng jiǎnshǎole sān gōngjīn（体重减少了三公斤）. ¶受講者が半分に〜った tīngjiǎng de rén jiǎnshǎo dào yíbànr（听讲的人减少到一半儿）. ¶腹が〜る dùzi è（肚子饿）.

ベル líng（铃）, diànlíng（电铃）. ¶始業の〜が鳴った shàngkèlíng xiǎng le（上课铃响了）. ¶玄関の〜を押す èn ménkǒu de diànlíng（摁门口的电铃）. ¶電話の〜が鳴っている diànhuàlíng xiǎngzhe（电话铃响着）.

ベルギー Bǐlìshí（比利时）.

ペルシア Bōsī（波斯）. ¶〜語 Bōsīyǔ（波斯语）. ¶〜猫 bōsīmāo（波斯猫）.

ヘルツ hèzī（赫兹）, hè（赫）.

ベルト pídài（皮带）, yāodài（腰带）, kùdài（裤带）, dàizi（带子）;[調べ帯] chuándòngdài（传动带）. ¶腰に〜をする yāoli zā yì tiáo pídài（腰里扎一条皮带）. ¶シートを外す jiěkāi zuòxí ānquándài（解开座席安全带）. ¶〜コンベヤー chuánsòngdài（传送带）. グリーン〜 lǜhuà dìdài（绿化地带）.

ヘルニア shànqì（疝气）, xiǎocháng chuànqì（小肠串气）, hènníyà（赫尼亚）. ¶椎間板〜 zhuījiānpán tūchūzhèng（椎间盘突出症）.

ベルベット lìróng（立绒）.

ヘルメット ānquánmào（安全帽）, fánghùmào（防护帽）, húmào（护帽）, màokuī（帽盔）, tóukuī（头盔）, gāngkuī（钢盔）;[防暑用] fángshǔmào（防暑帽）.

ベレーぼう【ベレー帽】 bèiléimào（贝雷帽）, biǎnyuán wúyánmào（扁圆无檐帽）.

ヘロイン hǎiluòyīn（海洛因）, báimiànr（白面儿）, báifěn（白粉）.

ぺろぺろ ¶犬が私の手を〜なめた gǒu zhí tiǎn wǒ de shǒu（狗直舐我的手）.

ぺろりと ¶2人前を〜平らげた yìkǒuqì chīguāngle liǎng fènr fàn（一口气吃光了两份儿饭）. ¶〜舌を出す shēnle shēn shétou（伸了伸舌头）.

べろんべろん ¶彼は〜になるまで飲んだ tā hēde ˈmǐngdǐng dà zuì[lànzuì rú ní]（他喝得ˈ酩酊大醉[烂醉如泥]）.

へん【辺】 1 →あたり（辺り）.
2 [多角形の] biān（边）. ¶〜の等しい3角形 liǎng biān xiāngděng de sānjiǎoxíng（两边相等的三角形）.

へん【変】 1 [正常でない] ¶近頃彼は様子が〜だ tā jìnlái kě yǒudiǎn fǎncháng（他近来可有点儿反常）. ¶あの人は〜な人だ nàge rén yǒudiǎn gǔguài（那个人有点儿古怪）. ¶〜な味がする wèir bú duìr（味儿不正）. ¶〜な男がこのあたりをうろついている yǒu yí ge ˈxíngjì kěyí de hànzi[bùsān-búsì de nánrén] zài zhèli páihuáizhe（有一个ˈ形迹可疑的汉子[不三不四的男人]在这里徘徊着）. ¶皆に〜な目で見られた dàjiā yǐ yìyàng de yǎnguāng kàn wǒ（大家以异样的眼光看我）. ¶このところ〜なことばかりが続く jìnlái jìng chū guàishì（近来净出怪事）. ¶親切にして恨まれるなんて〜な話だ hǎoxīn-hǎoyì què zhāo rén yuànhèn, zhēn shì guàishì（好心好意却招人怨恨,真是怪事）. ¶そんなことをすれば人が〜に思うだろう zuò nà zhǒng shì, rénmen huì chàyì ba（做那种事,人们会诧异吧）. ¶〜に気をまわす bié nàme duōxīn（别那么多心）/ bié yí shén yí guǐ（别疑神疑鬼）. ¶あまり暑くて頭が〜になった tiānqi rède yūntóu zhuànxiàng le（天气热得晕头转向了）. ¶忙しすぎて気が〜になりそうだ mángde jiǎnzhí yào jiào rén fāfēng le（忙得简直要叫人发疯了）. ¶今の社会,どこか〜だ xiànzài de shèhuì, zǒng juéde yǒudiǎnr bú duìjìnr（现在的社会,总觉得有点儿不对劲儿）.
2 [変事] ¶桜田門外の〜 Yīngtiánménwài zhī biàn（樱田门外之变）.
3 [音楽の] 〜記号 jiànghào（降号）/ jiàng bànyīn jìhao（降半音记号）. 〜ホ長調 jiàng E diàodiào（降 E 大调）.

へん【偏】 pángr（旁儿）, piānpáng[r]（偏旁[儿]）. ¶糸〜 jiǎosīpángr（绞丝旁儿）/ luànjiǎosīr（乱绞丝儿）. 木〜 mùzipángr（木字旁儿）. 手〜 tíshǒupángr（提手旁儿）/ tīshǒupángr（剔手旁儿）.

へん【編・篇】 1 [編集] biān（编）, biānzuǎn（编纂）. ¶A 氏の〜になる書 yóu A xiānsheng suǒ biānzuǎn de shū（由 A 先生所编纂的书）. ¶新村出〜《広辞苑》 Xīncūn Chū biān《Guǎngcíyuàn》（新村出编《广辞苑》）.
2 [書物の部分け] ¶上〜 shàng ˈpiān[cè/ juàn]（上ˈ篇[册/卷]）. ¶第1〜 dìyī piān（第一篇）.
3 [助数詞] piān（篇）. ¶1〜の論文 yì piān lùnwén（一篇论文）. ¶1〜の詩 yì shǒu shī（一首诗）.

-へん【遍】 biàn（遍）, cì（次）, huí（回）. ¶もう1〜繰り返す zài fǎnfù yí biàn（再反复一遍）. ¶その本は何〜も読んだ nà běn shū wǒ kànle hǎo jǐ biàn（那本书我看了好几遍）.

べん【弁】 1 [花弁] bànr（瓣r）[瓣儿]. ¶5〜の花 wǔ ge bànr de huār（五个瓣儿的花）.

2〔バルブ〕fábàn(阀瓣), fá(阀), fámén(阀门), huómén(活门). ¶安全〜 ānquánfá(安全阀).
3〔弁舌, 話〕¶あの人は〜が立つ nàge rén néng yán shàn biàn(那个人能言善辩). ¶大臣就任の〜 dàchén jiùrèn jiǎnghuà(大臣就任讲话).
4〔方言〕kǒuyin(口音). ¶田舎〜丸出しで mǎnkǒu xiāngxiàhuà(满口乡下话). ¶関西〜 Guānxī kǒuyin(关西口音).

べん【便】 **1**〔便利〕biànli(便利), fāngbiàn(方便). ¶客の〜をはかる wèi kèrén móu fāngbiàn(为客人谋方便) / biànli gùkè(便利顾客). ¶交通の〜がよい jiāotōng fāngbiàn(交通方便). ¶温泉地までバスの〜がある yǒu gōnggòng qìchē tōng wēnquán(有公共汽车通温泉).
2〔大小便〕biàn(便). ¶〜がやわらかい biàn ruǎn(便软).

ペン bǐ(笔), gāngbǐ(钢笔). ¶〜つけ〜で書く yòng zhànshuǐ gāngbǐ xiě(用蘸水钢笔写). ¶〜を折る tóubǐ(投笔). ¶〜は剣よりも強し bǐgǎnzi shèngyú jiàn(笔杆子胜于剑). ¶国際〜クラブ Guójì Bǐhuì(国际笔会).
¶〜先 bǐjiān[r](笔尖[儿]) / bǐtóur(笔头儿) / bǐtóuzi(笔头子). 〜軸 bǐgǎnr(笔杆儿) / bǐgǎnzi(笔杆子). 〜ネーム bǐmíng(笔名). 〜フレンド bǐyǒu(笔友).

へんあい【偏愛】 piān'ài(偏爱), piānténg(偏疼). ¶末娘を〜する piān'ài lǎogūniū(偏爱老闺女).

へんあつ【変圧】 biànyā(变压). ¶〜器 biànyāqì(变压器).

へんい【変異】〔生物〕biànyì(变异). ¶突然〜 tūbiàn(突变).

べんい【便意】 ¶〜を催す xiǎng jiěshǒur(想解手儿).

へんおんどうぶつ【変温動物】 biànwēn dòngwù(变温动物).

へんか【変化】 biànhuà(变化). ¶情勢が〜した júshì yǒule biànhuà(局势有了变化). ¶景色に〜があって面白い jǐngzhì ▼qiānbiàn-wànhuà [fùyú biànhuà] zhēn yǒu yìsi(景致千变万化[富于变化]真有意思). ¶〜に乏しい生活 píngdàn wúqí de shēnghuó(平淡无奇的生活). ¶化学〜 huàxué biànhuà(化学变化). 語尾〜 cíwěi biànhuà(词尾变化).

べんかい【弁解】 biànjiě(辩解), fēnbiàn(分辩), biànbái(辩白·辨白), shēngbiàn(声辩). ¶我ながら〜の余地がない wǒ zìjǐ yě juéde wúfǎ fēnbiàn(我自己也觉得无法分辩). ¶知らなかったと言っても〜にならない yòng bù zhīdào lái biànjiě yě bùchéng(用不知道来辩解也不成). ¶今更〜してもはじまらない shì dào rújīn biànbái yě méiyòng(事到如今辩白也没用). ¶〜がましいことを言うな hébì nàme biànjiè!(何必那么辩解!).

へんかく【変革】 biàngé(变革), gǎigé(改革). ¶制度を〜する gǎigé zhìdù(改革制度). ¶根本的な社会を〜しなければだめだ fēi cóng gēnběnshang biàngé shèhuì bùkě(非从根本上变革社会不可).

べんがく【勉学】 xuéxí(学习). ¶〜にいそしむ qínxué kǔdú(勤学苦读). ¶〜の妨げになる yǒu'ài xuéxí(有碍学习).

へんかん【返還】 guīhuán(归还). ¶1968年に小笠原諸島は我が国に〜された yī jiǔ liù bā nián Xiǎolìyuán Zhūdǎo guīhuán wǒguó(一九六八年小笠原诸岛归还我国).

へんかん【変換】 biànhuàn(变换).

べんき【便器】 biàntǒng(便桶), mǎtǒng(马桶), biànpén(便盆), biànhú(便壶).

べんぎ【便宜】 biànyí(便宜), fāngbiàn(方便). ¶人の〜をはかる gěi rén fāngbiàn(给人方便) / biànli rén(便利人). ¶〜上この件はग़을 zànqiě gēzài hòutou(作为权宜之计把这件事暂且搁在后头). ¶〜的な処置に過ぎない zhè zhǐ búguò shì quányí zhī jì(这只不过是权宜之计).

ペンキ yóuqī(油漆). ¶〜を塗る tú yóuqī(涂油漆) / yóuqī(油漆). ¶〜がはげた yóuqī bōluò le(油漆剥落了). ¶〜塗りたて yóuqī wèi gān(油漆未干).

へんきゃく【返却】 guīhuán(归还), zhìhuán(掷还), tuìhuán(退还), tuìhuí(退回). ¶図書を〜する guīhuán túshū(归还图书).

へんきょう【辺境】 biānjìng(边境), biānjiāng(边疆).

へんきょう【偏狭】 xiázhǎi(狭窄), xiá'ài(狭隘). ¶彼は実に〜な性格だ tā nàge rén xīnxiōng tài xiázhǎi(他那个人心胸太狭窄). ¶〜な愛国主義 xiá'ài de àiguózhǔyǐ(狭隘的爱国主义).

べんきょう【勉強】 **1**〔学習〕xuéxí(学习), yònggōng(用功). ¶あの子は〜がよくできる nà háizi xuéxí hǎo(那孩子学习好). ¶一夜漬の〜ではだめだ xuéxí línzhèn-móqiāng kě bùxíng(学习临阵磨枪可不行). ¶この子はよく〜する zhè háizi hěn yònggōng(这孩子很用功). ¶数学の〜をする xué shùxué(学数学). ¶社会へ出ていろいろなことを〜した jìnle shèhuì xuédàole bùshǎo dōngxi le(进了社会学到了不少东西了). ¶おかげで大変〜になりました xièxie, duì wǒ yǒule hěn dà de bāngzhù(谢谢, 对我有了很大的帮助).
2〔精励〕¶日曜も仕事とはずいぶん御〜ですね xīngqītiān yě gōngzuò, zhēn màilì ya(星期天也工作, 真卖力呀).
3〔値引き〕shǎo suàn(少算). ¶せいぜい〜しますから jǐnliàng de gěi nín ràngjià, qǐng náqu ba(尽量给您让价, 请拿去吧). ¶もう50円〜しないか zài shǎo suàn wǔshí kuài qián ba(再少算五十块钱吧).

へんきょく【編曲】 biān qǔ(编曲). ¶ムソルグスキー作曲ラベル《展覧会の絵》 Mùsuǒ'ěrsījī zuòqǔ Lāwēi'ěr gǎibiān《Túhuà Zhǎnlǎnhuì》(穆索尔斯基作曲拉威尔改编《图画展览会》). ¶バッハをジャズに〜する bǎ Bāhè de zuòpǐn gǎibiān chéng juéshìyuè(把巴赫的作

品改編成爵士乐).

へんきん【返金】 tuì qián (退钱), huán qián (还钱). ¶予約者に～する xiàng dìnghù tuì qián (向订户退钱). ¶月末に～の約束で5万円借りた shuōdìng yuèdǐ guīhuán, jiè le wǔwàn rìyuán (说定月底归还, 借了五万日元).

ペンギン qǐ'é (企鹅).

へんくつ【偏屈】 guāipì (乖僻), piānzhí (偏执), guāilì (乖戾), zuǒxìngzi (左性子), zuǒpíqi (左脾气), gǎ (玍). ¶あの人は～でつきあいにくい tā nàge rén píqi gǔguài bù hǎo xiāngchǔ (他那个人脾气古怪不好相处).

へんげ【変化】 ¶妖怪～ yāomó-guǐguài (妖魔鬼怪)/ niúguǐ-shéshén (牛鬼蛇神).

へんけい【変形】 biànxíng (变形), zǒuxíng[r] (走形儿). ¶圧力で～してしまった shòu yālì biànxíng le (受压力变形了).

へんけん【偏見】 piānjiàn (偏见). ¶～を抱く bào piānjiàn (抱偏见). ¶～を捨てる pāoqì piānjiàn (抛弃偏见).

へんげん【片言】 piànyán (片言). ¶～隻語にこだわる jūní yú piànyán-zhīyǔ (拘泥于片言只语).

へんげん【変幻】 biànhuàn (变幻). ¶～きわまりない biànhuàn mòcè (变幻莫测). ¶～自在 chūmò wúcháng (出没无常).

べんご【弁護】 biànhù (辩护). ¶被告の～を引きうける chéngdān bèigào de biànhù (承担被告的辩护). ¶窮地に立たされた時に誰も～してくれなかった wǒ chǔjìng kùnnan shí shuí yě bù bāng wǒ shuōhuà (我处境困难时谁也不帮我说话).

¶～士 lǜshī (律师). ～人 biànhùrén (辩护人).

へんこう【変更】 biàngēng (变更). ¶メンバーに～はない chéngyuán méiyǒu biàngēng (成员没有变更). ¶出発時刻を～する biàngēng chūfā shíjiān (变更出发时间). ¶計画を～する biàngēng jìhuà (变更计划). ¶プログラムに一部～を加えた duì bùfen jiémù jiāyǐ gēngdòng (对部分节目加以更动).

¶～名義 biàngēng míngyì (变更名义).

へんこう【偏向】 qīngxiàng (倾向), piānxiàng (偏向). ¶～した生方 dàiyǒu yì zhǒng qīngxiàng de kànfǎ (带有一种倾向的看法).

¶～教育 yǒu qīngxiàngxìng de jiàoyù (有倾向性的教育).

へんさ【偏差】 piānchā (偏差). ¶平均値からの～ duìyú píngjūnzhí de piānchā (对于平均值的偏差).

¶標準～ biāozhǔn piānchā (标准偏差).

へんさい【返済】 huán (还), guīhuán (归还), chánghuán (偿还), chángfù (偿付). ¶借金を～する huán zhài (还债)/ chánghuán zhàikuǎn (偿还债款). ¶～が滞っている tuōqiàn (拖欠).

¶～期限 chánghuán qīxiàn (偿还期限).

へんざい【偏在】 ¶富が～している pínfù bù jūn (贫富不均).

へんざい【遍在】 ¶神は宇宙に～している shén biànzài yǔzhòu (神遍布宇宙)/ shénxiān biàn-

yǔ (神仙遍宇)/ shén wú chù bú zài (神无处不在).

べんさい【弁済】 ¶債務を～する chánghuán zhàiwù (偿还债务)/ huán zhài (还债).

へんさん【編纂】 biānzuǎn (编纂), zuǎnxiū (纂修). ¶辞書を～する biānzuǎn cídiǎn (编纂词典).

へんし【変死】 hèngsǐ (横死). ¶原因不明の～を遂げる yuányīn bùmíng de hèngsǐ (原因不明地横死).

¶～体 hèngsǐ shītǐ (横死尸体).

へんじ【返事】 dāying (答应), yīngshēng[r] (应声[儿]), huíyìng (回应), dáhuà (答话), huídá (回答), huíhuà[r] (回话[儿]), huíyīn (回音), dáfù (答复), [返信] huíxìn (回信), fùxìn (复信), huíyīn (回音), huíshū (回书). ¶名前を呼ばれたら～をしなさい diǎndàole míngzi, dāying yì shēng (点到了名字, 答应一声). ¶いくら呼んでも～がない zěnme jiào yě méiyǒu yīngshēng (怎么叫也没有应声). ¶彼に話しかけたが～もしなかった gēn tā dǎ zhāohu, tā yě bù "kēngshēng[dáhuà] (跟他打招呼, 他也不"吭声[答话]). ¶～をきいて来なさい nǐ qù wènwen tā de huíhuà (你去问问他的回话). ¶そんなことをきかれても～に困る nǐ wèn wǒ nà zhǒng shì, wǒ kě nányú huídá (你问我那种事, 我可难于回答). ¶はっきりした～がなかった méiyǒu kěndìng de dáfù (没有肯定的答复)/ hái méi ge zhǔnhuàr (还没个准话儿). ¶承諾の～をした dāyingle rénjia (答应了人家). ¶二つの で引き受けた èrhuà bù shuō jiù dāyingle (二话不说就答应了). ¶手紙の～を出す jì huíxìn (寄回信)/ huí [fù] xìn (回[复]信). ¶折返しご～を願います qǐng jí "hánfù[huífù] (请即"函复[回复]). ¶右ご～申し上げます jǐn cǐ fèng fù (谨此奉复).

へんじ【変事】 biàngù (变故). ¶～が起る fāshēng biàngù (发生变故).

べんし【弁士】 1 yǎnjiǎngrén (演讲人), bàogàorén (报告人). ¶演説会の～ yǎnshuōhuì de yǎnjiǎngrén (演说会的演讲人). ¶無声映画の～ wúshēng diànyǐng de jiěshuōrén (无声电影的解说人).

2〔弁の立つ人〕biànshì (辩士). ¶彼はなかなかの～だ tā shì yí ge néng yán shàn biàn de rén (他是一个能言善辩的人).

へんしつ【変質】 1 biànzhì (变质). ¶金(き)は～しない huángjīn bú biànzhì (黄金不变质). ¶労働運動はすっかり～してしまった gōngrén yùndòng wánquán tuìhuà biànzhì le (该国的工人运动完全蜕化变质了).

2〔病的性質〕¶あの男には～的なところがある nàge nánrén jīngshén yǒudiǎnr bú zhèngcháng (那个男人精神有点儿不正常).

¶～者 yìchángzhě (异常者).

へんしつ【偏執】 →へんしゅう(偏執).

へんしゃ【編者】 biānzhě (编者).

へんしゅ【変種】 biànzhǒng (变种). ¶朝顔の～ qiānniúhuā de biànzhǒng (牵牛花的变种).

へんしゅう【偏執】 ¶～狂 piānzhíkuáng (偏执

狂)/ wàngxiǎngkuáng(妄想狂). ~病 piānzhíxìng jīngshénbìng(偏执性精神病).

へんしゅう【編集】 biānjí(编辑), biānjí(编集), zuǎnjí(纂辑), zuǎnjí(纂集). ¶雑誌を~する biānjí[biān] zázhì(编辑[编]杂志). ¶フィルムの~をする jiǎnjí[jiǎnjiē] yǐngpiàn(剪辑[剪接]影片).
¶~会議 biānjí huìyì(编辑会议). ~者 biānjí(编辑). ~長 zhǔbiān(主编)/ zǒngbiānjí(总编辑). ~部 biānjíbù(编辑部).

へんしょ【返書】 →へんしん(返信).

べんじょ【便所】 cèsuǒ(厕所), biànsuǒ(便所), máofáng(茅房), máosi(茅厕). ¶~に行く shàng cèsuǒ(上厕所)/ jiěshǒur qù(解手儿去). ¶~がふさがっている máofángli yǒu rén(茅房里有人).
¶公衆~ gōnggòng cèsuǒ(公共厕所)/ gōngcè(公厕). 水洗~ chōushuǐ mǎtǒng(抽水马桶).

へんじょう【返上】 fènghuán(奉还), guīhuán(归还). ¶汚名を~する xǐshuā èmíng(洗刷恶名). ¶休暇を~して働く fàngqì xiūjià gōngzuò(放弃休假工作).

べんしょう【弁償】 péicháng(赔偿), péi(赔). ¶損害を~する péicháng sǔnshī(赔偿损失).

べんしょうほう【弁証法】 biànzhèngfǎ(辩证法). ¶~的唯物論 biànzhèng wéiwùlùn(辩证唯物论).

へんしょく【変色】 biànsè(变色). ¶表紙が日に焼けて~した shūpí bèi shàide biànsè le(书皮被晒得变色了). ¶この布はめったなことでは~しない zhè zhǒng bù bú yì biànsè(这种布不易变色).

へんしょく【偏食】 piānshí(偏食). ¶~は体に悪い piānshí duì shēntǐ bù hǎo(偏食对身体不好).

へんしん【返信】 huíxìn(回信), fùxìn(复信), fùhán(复函), huíyīn(回音). ¶~を待ちこがれる pànwàng dédào huíyīn(盼望得到回音). ¶~用はがきを同封する fùjì hánfù míngxìnpiàn(附寄函复明信片).
¶~料 fùxìnfèi(复信费).

へんしん【変心】 biànxīn(变心). ¶彼には恋人の~が信じられない tā zěnme yě bùnéng xiāngxìn tā de liànrén biànle xīn(他怎么也不能相信他的恋人变了心). ¶~して同志を売る biànjié chūmài tóngzhì(变节出卖同志).

へんしん【変身】 huàxíng(化形). ¶狐が娘に~した húli huàxíng wéi shàonǚ(狐狸化形为少女).

へんじん【変人】 ¶私は人から~扱いをされている biérén bǎ wǒ dàngzuò gǔguài de rén(别人把我当做古怪的人). ¶その~ぶりは友人間でも有名だ tā nà gǔguàijìnr zài péngyou jiān yě shì chūmíng de(他那古怪劲儿在朋友间也是出名的).

ベンジン huīfāyóu(挥发油).

へんすう【変数】 biànshù(变数).

へんずつう【偏頭痛】 piāntóutòng(偏头痛).

へん・する【偏する】 piān(偏), piānxiàng(偏向). ¶進路が西に~している lùjìng piān xī diǎnr (路径偏西点儿). ¶それは一方に~した見方だ nà shì yì fāng de kànfǎ(那是偏向一方的看法).

べん・ずる【弁ずる】 1〔述べる〕chénshù(陈述). ¶一席~ずる jiǎnglùn yízhèn(讲论一阵). ¶仲間のために言葉を尽くして~じた wèile huǒbàn fèijìn chúnshé de jiāyǐ biànbái(为了伙伴费尽唇舌地加以辩白).
2〔区別する〕biàn(辨), biànbié(辨别). ¶事の是非を~ずる míngbiàn[biànbié] shìfēi(明辨[辨别]是非).

へんせい【編成・編制】 ¶予算を~する biānzhì yùsuàn(编制预算). ¶5人ずつで班を~する měi wǔ ge rén biānchéng yí ge bān(每五个人编成一个班). ¶番組の~がよい guǎngbō jiémù biānpáide hǎo(广播节目编排得好). ¶ダイヤの~替えをする biàngēng xíngchē shíkèbiǎo(变更行车时刻表). ¶10両~の電車 shí liàng biānzǔ de diànchē(十辆编组的电车). ¶戦時~の部隊 zhànshí biānzhì de bùduì(战时编制的部队).

へんせいがん【変成岩】 biànzhìyán(变质岩).

へんせいふう【偏西風】 piānxīfēng(偏西风).

へんせつ【変節】 biànjié(变节). ¶金に目がくらんで~した wéi jīnqián suǒ mí biànle jié(为金钱所迷变了节). ¶~漢 biànjié fènzǐ(变节分子).

べんぜつ【弁舌】 kǒucái(口才), kǒuchǐ(口齿). ¶~をふるう dà zhǎn biàncái(大展辩才). ¶~さわやかな人 kǒuchǐ línglì[língyá-lìchǐ] de rén(口齿伶俐[伶牙俐齿]的人).

へんせん【変遷】 biànqiān(变迁), yǎnbiàn(演变). ¶幾多の~を経て今日に至った jīngguò duōcì biànqiān dàole xiànzài(经过多次变迁到了现在). ¶言葉も時代によって~する yǔyán yě suízhe shídài ér yǎnbiàn(语言也随着时代而演变).

へんそう【返送】 tuìhuí(退回). ¶荷物を~する tuìhuí xíngli(退回行李). ¶手紙は転居先不明のため~されてきた yóuyú shōuxìnzhě bānqiān dìzhǐ bùmíng, xìn bèi tuìhuílai le(由于收信者搬迁地址不明, 信被退回来了).

へんそう【変装】 huàzhuāng(化装), gǎibàn(改扮), jiǎbàn(假扮), qiáozhuāng(乔装). ¶女に~する huàzhuāng chéng nǚrén(化装成女人). ¶~を見破る kànpò qiáozhuāng(看破乔装).

へんそく【変則】 ¶今週は~的な時間割で授業をする zhè xīngqī àn tèbié de kèchéngbiǎo shàngkè(这星期按特别的课程表上课). ¶~だがやむをえない suīrán bú zhèngguī, dànshì bùdéyǐ(虽然不正规, 但是不得已).

へんそく【変速】 biànsù(变速). ¶~装置 biànsùqì(变速器).

へんたい【変態】 1〔異常〕biàntài(变态). ¶~心理 biàntài xīnlǐ(变态心理). ¶~性欲 biàntài xìngyù(变态性欲).
2〔生物の〕biàntài(变态).

へんたい【編隊】 biānduì(编队), jīqún(机群). ¶6機~で飛ぶ yǐ liù jī biānduì fēixíng(以六

机种队飞行).

へんたつ【鞭撻】 biāncè(鞭策). ¶自らを～する biāncè zìjǐ(鞭策自己). ¶今後とも一層の御～をお願い致します yǐhòu réng qǐng duō cìjiào(以后仍请多赐教).

ペンダント chuíshì(垂饰).

へんち【辺地】 piānyuǎn dìqū(偏远地区), biānyuǎn dìqū(边远地区).

ベンチ chángyǐzi(长椅子), chángdèngzi(长凳子); [野球の] xuǎnshǒuxí(选手席).

ペンチ qiánzi(钳子), lǎohǔqián(老虎钳).

へんちょう【変調】 **1**[異常] shīcháng(失常), yìcháng(异常). ¶機械の～に気づく juéchū jīqì shīcháng(觉出机器失常). ¶体に～をきたす shēntǐ fāshēng yìcháng(身体发生异常). **2**[無線などの] tiáozhì(调制). ¶周波数～ pínlǜ tiáozhì(频率调制)/ tiáopín(调频). 振幅～ zhènfú tiáozhì(振幅调制)/ tiáofú(调幅).

へんちょう【偏重】 piānzhòng(偏重). ¶知育～ piānzhòng zhìyù(偏重智育).

べんつう【便通】 ¶～がない méiyǒu dàbiàn(没有大便).

へんてこ【変挺】 ¶～な顔をする zuòchū qíguài de liǎn(做出奇怪的脸). ¶彼の格好はまったく～だ de yàngzi zhēn qíxíng-guàizhuàng(他的样子真奇形怪状).

へんてつ【変哲】 ¶何の～もない méiyǒu shénme chūqí(没有什么出奇)/ píngdàn wúqí(平淡无奇).

へんてん【変転】 ¶～する世の中 dòngdàng búdìng de shìhuì(动荡不定的社会). ¶運命の～ mìngyùn de fúchén(命运的浮沉).

へんでん【返電】 huídiàn(回电), fùdiàn(复电). ¶～を打つ dǎ huídiàn(打回电)/ huí diàn(回电)/ fù diàn(复电).

へんでんしょ【変電所】 biàndiànsuǒ(变电所), biàndiànzhàn(变电站).

へんとう【返答】 →へんじ(返事)

へんどう【変動】 biàndòng(变动), bōdòng(波动). ¶人事に大きな～はないだろう rénshì bú huì yǒu dàbiàndòng ba(人事不会有大变动吧). ¶物価の～が激しい wùjià bōdòng hěn dà(物价波动很大). ¶～相場制 fúdòng huìlǜzhì(浮动汇率制).

べんとう【弁当】 héfàn(盒饭). ¶～を食べる chī héfàn(吃盒饭). ¶そろそろ～にしようか gāi dǎkāi fànhé le ba(该打开饭盒了吧). ¶～持参のこと wùbì zì dài fàncài(务必自带饭菜). ¶～箱 fànhér(饭盒ㄦ).

へんとうせん【扁桃腺】 biǎntáotǐ(扁桃体), biǎntáoxiàn(扁桃腺). ¶～が腫れる biǎntáotǐ fāyán(扁桃体发炎). ¶～炎 biǎntáotǐyán(扁桃体炎). ～肥大 biǎntáotǐ féidà(扁桃体肥大).

へんにゅう【編入】 biānrù(编入); [学生の] chābān(插班). ¶その町はＡ市に～された nàge shìzhèn biānrù A shì le(那个市镇编入Ａ市了). ¶予備役に～する biānrù yùbèiyì(编入预备役).

¶～試験 chābān kǎoshì(插班考试). ～生 chābānshēng(插班生).

へんねんたい【編年体】 biānniántǐ(编年体).

へんのう【返納】 guīhuán(归还). ¶運動具を倉庫に～する bǎ tǐyù yòngjù guīhuán cāngkù(把体育用具归还仓库). ¶残金を国庫に～する bǎ shèngyú kuǎnxiàng guīhuán guókù(把剩余款项归还国库).

へんぱ【偏頗】 piānpō(偏颇). ¶～な考え piānpō zhī jiàn(偏颇之见). ¶～にならぬよう公平に処理する zhùyì bù piāntǎn yì fāng gōngzhèng chǔlǐ(注意不偏袒一方公正处理).

へんばく【弁駁】 biànbó(辩驳). ¶徹底的に～する chèdǐ de jiāyǐ biànbó(彻底地加以辩驳)/ chèdǐ bódǎo (彻底驳倒).

へんぱつ【辮髪】 biànzi(辫子), fàbiàn(发辫), biànfà(辫发).

へんぴ【辺鄙】 piānpì(偏僻), lěngpì(冷僻). ¶～な所に住んでいる zhùzài piānpì de dìfang(住在偏僻的地方).

べんぴ【便秘】 biànmì(便秘).

へんぴん【返品】 tuìhuò(退货). ¶～お断り xièjué tuìhuò(谢绝退货). ¶売れない本を～する bǎ shòu bu chūqù de shū tuìhuíqu(把售不出去的书退回去).

へんぺい【扁平】 biǎnpíng(扁平). ¶～足 biǎnpíngzú(扁平足)/ píngzú(平足).

べんべつ【弁別】 biànbié(辨别), fēnbiàn(分辨). ¶是非を～する biànbié shìfēi(辨别是非). ¶本物か偽物か～がつきにくい zhēnjiǎ nányǐ biànbié(真假难以辨别).

べんべん【便便】 **1**[無駄] ¶～と日を送る xūdù shíguāng(虚度时光).

2[肥満] piánpián(便便). ¶～たる太鼓腹 dàfù piánpián(大腹便便).

ぺんぺんぐさ【ぺんぺん草】 jìcài(荠菜).

へんぼう【変貌】 biànyàng[r](变样[ㄦ]), gǎiyàng[r](改样[ㄦ]). ¶市民生活はこの2,3年で大きく～した shìmín shēnghuó zài zhè liǎng, sān nián zhī zhōng dàdà de biànle yàng(市民生活在这两、三年之中大大地变了样). ¶めざましい～を遂げる miànmào huànrán yīxīn(面貌焕然一新)/ gǎi tiān huàn dì(改天换地).

べんぽう【便法】 ¶～を講ずる cǎiqǔ biàntōng de bànfǎ(采取变通的办法). ¶これは一時の～に過ぎない zhè zhǐ búguò shì quányí zhī jì(这只不过是权宜之计).

へんぽん【翻翻】 ¶赤旗が～とひるがえる hóngqí yíngfēng ˇpiāoyáng[zhāozhǎn](红旗迎风ˇ飘扬[招展])/ hóngqí piāopiāo(红旗飘飘).

べんまく【弁膜】 bànmó(瓣膜), bàn(瓣). ¶心臓～症 xīnbànmóbìng(心瓣膜病).

へんめい【変名】 huàmíng(化名), jiǎmíng(假名). ¶～で小説を書く yòng huàmíng xiě xiǎoshuō(用化名写小说). ¶～を使って潜入する huàmíng qiánrù(化名潜入). ¶～がばれてしまった jiǎmíng bàilù le(假名败露了).

べんめい【弁明】 biànmíng(辩明), biànbái(辩白·辨白). ¶一言～させてほしい qǐng yǔnxǔ wǒ shēnbiàn yíxià(请允许我申辩一下). ¶い

くら～してみても仕方がない zěnme biànbái yě wújìyìshì(怎么辩白也无济于事). ¶何か～があってしかるべきだ yīnggāi yǒu yí jù jiěshì shuōmíng cái duì(应该有一句解释说明才对).

へんよう【変容】 biànyàng(变样). ¶街は一夜で～した jiēshì zài yíyè zhī jiān biànle yàng(街市在一夜之间变了样).

べんらん【便覧】 biànlǎn(便览). ¶ポケット旅行～ xiùzhēn lǚxíng biànlǎn(袖珍旅行便览). ¶学生～ xuésheng shǒucè(学生手册).

べんり【便利】 fāngbiàn(方便), biànlì(便利), biàndang(便当), huóbiàn(活便). ¶地下鉄ができて交通が～になった dìxià tiědào tōngchē, jiāotōng fāngbiàn le(地下铁道通车, 交通方便了). ¶ここは駅から近いので～だ zhèr lí chēzhàn jìn, hěn fāngbiàn(这儿离车站近, 很方便). ¶この辞書は携帯に～だ zhè běn cídiǎn biànyú xiédài(这本辞典便于携带). ¶この道具は～にできている zhège gōngjù yòngqilai hěn fāngbiàn(这个工具用起来很方便).

へんりん【片鱗】 ¶天才の～を示す shǎnxiàn tiāncái de fēngmáng(闪现天才的锋芒). ¶こから彼の性格の～をうかがうことができる yóu cǐ kěyǐ kuījiàn tā xìnggé de yìduān(由此可以窥见他性格的一端). ¶過去の～もとどめていない guòqù de yìlín-bànzhǎo yě méiyǒu liúxià(过去的一鳞半爪也没有留下).

へんれい【返礼】 dálǐ(答礼), huánlǐ(还礼), huílǐ(回礼). ¶いちいち～には及ばない yòngbuzháo yīyī huí lǐ(用不着一一回礼). ¶～に何を贈ろうか sòng xiē shénme hǎo ne?(回礼送些什么好呢?).

べんれい【勉励】 qínmiǎn(勤勉), qínfèn(勤奋). ¶職務に～する qínmiǎn yú zhíwù(勤勉于职务)/ gōngzuò qínfèn(工作勤奋). ¶刻苦～する kèkǔ qínfèn(刻苦勤奋).

へんれき【遍歴】 yóulì(游历), zhōuyóu(周游). ¶諸国を～する yóulì gè guó(游历各国). ¶我が読書～ wǒ de dúshū jīnglì(我的读书经历). ¶多彩な恋愛～ duō cǎi de liàn'ài jīnglì(多彩的恋爱经历).

べんろん【弁論】 biànlùn(辩论). ¶～大会 jiǎngyǎn bǐsài(讲演比赛). 最終～ zuìhòu biànlùn(最后辩论).

ほ

ほ【帆】 fān(帆), péng(篷). ¶～を上げる yáng fān(扬帆)/ chě péng(扯篷). ¶～を下ろす shōu fān(收帆)/ shōu péng(收篷). ¶～を張って走る yáng fān xíngshǐ(扬帆行驶).

ほ【穂】 suì[r](穗[儿]), suìzi(穗子). ¶～が出る chōu[tǔ/xiù]suì(抽[吐/秀]穗). ¶麦の～ màisuìr(麦穗儿).

ほ【歩】 bù(步), bùzi(步子). ¶～を運ぶ mài bù(迈步). ¶～をゆるめる fàngmàn jiǎobù(放慢脚步). ¶勝利に向かって着実に～を進める xiàngzhe shènglì yí bù yí bù de qiánjìn(向着胜利一步一步地前进). ¶3～前に出なさい xiàng qián màichū sān bù(向前迈出三步).

ほあん【保安】 bǎo'ān(保安). ¶坑内の～に万全を期する shǐ jǐngxià ānquán wànwú-yìshī(使井下安全万无一失).
¶～規程 bǎo'ān guīchéng(保安规程)/ ānquán guīchéng(安全规程). ～対策 ānquán cuòshī(安全措施).

ほい【補遺】 bǔyí(补遗).

ほいく【保育】 bǎoyù(保育). ¶～器 zǎochǎn-ér nuǎnxiāng(早产儿暖箱). ～所 tuō'érsuǒ(托儿所).

ボイコット dǐzhì(抵制), páichì(排斥), bēigé(杯葛). ¶公害企業の製品を～する liánhé dǐzhì gōnghài qǐyè de chǎnpǐn(联合抵制公害企业的产品). ¶授業を～する jùjué shàngkè(拒绝上课)/ bàkè(罢课).

ホイッスル shàor(哨儿), shàozi(哨子).

ボイラー guōlú(锅炉). ¶～をたく shāo guōlú(烧锅炉).
¶～室 guōlúfáng(锅炉房). ～マン guōlúgōng(锅炉工)/ huǒfū(火夫).

ホイル bó(箔). ¶アルミ～ lǚbó(铝箔).

ぼいん【母音】 yuányīn(元音), mǔyīn(母音).

ぼいん【拇印】 mǔyìn(拇印), shǒuyìn[r](手印[儿]), shǒumó(手模), zhǐyìn[r](指印[儿]). ¶～を押す dǎ mǔyìn(打拇印)/ àn shǒuyìn(按手印).

ポインセチア yìpǐnhóng(一品红), xīngxingmù(猩猩木).

ポイント 1【要点】 yàodiǎn(要点), guānjiàn(关键). ¶～をおさえる zhuāzhù yàodiǎn(抓住要点). ¶ここが一番大事な～だ zhè shì zuì zhòngyào de guānjiàn(这是最重要的关键).
2【点数】 fēn[r](分[儿]), fēnshù(分数). ¶～をかせぐ zhēngqǔ défēn(争取得分). ¶ワン～のリード lǐngxiān yì fēn(领先一分).
3【転轍機】 zhuǎnzhéqì(转辙器), dàochà(道岔). ¶～を切り換える bān dàochà(扳道岔).
4【活字の】 hào[r](号[儿]). ¶8～の活字 bā hào qiānzì(八号铅字).

ほう【方】 1【方向, 方面】 fāngxiàng(方向). ¶右の～に曲る wǎng yòubian guǎi(往右边拐). ¶郵便局の～へ歩いて行く xiàng yóujú nàbian zǒuqu(向邮局那边走去). ¶先生の指さす～を見る kàn lǎoshī suǒ zhǐ de fāngxiàng(看老师所指的方向). ¶静岡から西の～は雨

が降っている Jǐnggāng yǐ xī de dìqū zài xiàyǔ (静冈以西的地区在下雨). ¶彼は関西の〜に引っ越そうだ tīngshuō tā yào bāndào Guānxī (听说他要搬到关西).

2【部門，方面】fāngmiàn (方面). ¶彼は貿易の〜の仕事をしている tā cóngshì màoyì fāngmiàn de gōngzuò (他从事贸易方面的工作). ¶私は電気の〜はまるで分らない wǒ duì diànqì fāngmiàn yíqiào-bùtōng (我对电气方面一窍不通). ¶酒の〜ではひけを取らない lùn jiǔliàng wǒ kě búyàyú rènhé rén (论酒量我可不亚于任何人). ¶費用の〜は引き受けた yíqiè fèiyong yóu wǒ lái chéngdān (一切费用由我来承担). ¶車は学校の〜で用意してくれる qìchē xuéxiào gěi ānpái (汽车学校给安排).

3【どちらかの一方】¶私は魚より肉の〜が好きだ yú hé ròu bǐqilai, wǒ gèng xǐhuan chī ròu (鱼和肉比起来，我更喜欢吃肉). ¶こんな辱めを受けるくらいなら死んだ〜がましだ shòu zhè zhǒng wǔrǔ, dào bùrú sǐ (受这种侮辱，倒不如死). ¶どちらでも好きな〜を取りなさい nǐ xǐhuan nǎge ba, jiù ná nǎge ba (你喜欢哪个，就拿哪个吧). ¶早く医者に行った〜がいい zuìhǎo kuài diǎnr qù zhǎo yīshēng kànkan (最好快点儿去找医生看看).

4【部類】¶彼女はどちらかと言えば楽天的な〜だ shuōqilai tā suànshì lètiānpài (说起来她算是乐天派). ¶今日の電車はけっこう空いている〜だ jīntiān diànchē búsuàn jǐ (今天电车不算挤).

ほう【法】 **1**【法律】fǎ (法), fǎlǜ (法律). ¶〜の下の平等 fǎlǜ miànqián rénrén píngděng (法律面前人人平等). ¶〜を守る zūnshǒu fǎlǜ (遵守法律) / shǒu fǎ (守法). ¶〜を犯す wéifǎn fǎlǜ (违反法律) / fàn fǎ (犯法). ¶刑事訴訟〜 xíngshì sùsòngfǎ (刑事诉讼法). 国際〜 guójìfǎ (国际法).

2【礼儀，道理】¶〜にかなった身のこなし fúhé lǐjié de jǔzhǐ (符合礼节的举止). ¶親に向かってそんな口をきく〜があるか yǒu zhème gēn fùmǔ shuōhuà de dàoli ma? (有这么跟父母说话的道理吗?). ¶今になって断るという〜はない shì dào rújīn, jùjué shì háo wú lǐyóu de (事到如今，拒绝是毫无理由的). ¶こんなうまいものを食べないという〜はない zhème hǎochī de dōngxi nǎ yǒu bù chī de dàoli (这么好吃的东西哪有不吃的道理).

3【方法】fǎ (法), fāngfǎ (方法), fǎzi (法子). ¶〜を納得させる〜はないか yǒu méiyǒu shuōfú tā de fāngfǎ? (有没有说服他的方法?). ¶これが私の健康〜です zhè shì wǒ de jiànshēnfǎ (这是我的健身法). ¶英語上達〜 xuéhǎo Yīngyǔ de jiéjìng (学好英语的捷径).

4【仏法】fǎ (法). ¶人を見て〜を説け yīn rén shī jiào (因人施教).

ほう【砲】pào (炮), dàpào (大炮).

ほう【報】xiāoxi (消息). ¶父死去の〜に接する jiēdào fùqin qùshì de xiāoxi (接到父亲去世的消息). ¶勝利の〜に国中が沸いた jiébào chuánlái jǔguó huānténg (捷报传来举国欢腾).

ほう【某】mǒu (某). ¶〜氏 mǒu xiānsheng (某先生). ¶田中〜 Tiánzhōng mǒu (田中某). ¶〜月〜日 mǒu yuè mǒu rì (某月某日). ¶都内〜所 dū nèi mǒu chù (都内某处).

ほう【棒】 **1** gùn[r] (棍[儿]), gùnzi (棍子), bàngzi (棒子), gùnzi (杠子). ¶〜を振り回して暴れる lūnzhe gùnzi nàoteng (抡着棍子闹腾). ¶一日中足を〜にして歩いた zǒule yì-zhěngtiān lùde tuǐ dōu jiāng le (走了一整天两条腿都僵了). ¶来客のために折角の日曜日を〜に振った láile kèren, hǎohāor de yí ge xīngqīrì bái huǎngguoqu le (来了客人，好好儿的一个星期日白晃过去了). ¶君は人生を〜に振る気か nǐ xiǎng báibái duànsòng yìshēng ma? (你想白白断送一生吗?).

2【線】¶〜を引いて消す huà ▾héngxiàn [yídào gàng] gōudiào (划▾横线 [一道杠] 勾掉).

ほうあん【法案】fǎ'àn (法案).

ほうあんき【棒暗記】sǐjì yìngbèi (死记硬背). ¶公式を〜する sǐjì yìngbèi gōngshì (死记硬背公式).

ほうい【方位】fāngwèi (方位).

ほうい【包囲】bāowéi (包围). ¶三方から敵を〜する cóng sān miàn bāowéi dírén (从三面包围敌人). ¶〜を解く jiě wéi (解围). ¶〜攻撃する wéigōng (围攻).

ほうい【法衣】fǎyī (法衣).

ほうい【暴威】yínwēi (淫威). ¶ファシズムが〜を振う fǎxīsī làn shī yínwēi (法西斯滥施淫威).

ほういがく【法医学】fǎyīxué (法医学).

ぼういんぼうしょく【暴飲暴食】bào yǐn bào shí (暴饮暴食). ¶〜がたたって胃潰瘍になった bào yǐn bào shí déle wèikuìyáng (暴饮暴食得了胃溃疡).

ほうえい【放映】fàngyìng (放映). ¶テレビで映画を〜する zài diànshì shang fàngyìng yǐngpiàn (在电视上放映影片).

ぼうえい【防衛】bǎowèi (保卫), hànwèi (捍卫), fángwèi (防卫), fángshǒu (防守). ¶陣地を〜する fángshǒu zhèndì (防守阵地). ¶祖国を〜する bǎowèi [hànwèi] zǔguó (保卫 [捍卫] 祖国). ¶タイトルを〜した wèi hànwèile guànjūn chēnghào (捍卫了冠军称号) / wèimiǎn chénggōng (卫冕成功). ¶正当〜 zhèngdāng fángwèi (正当防卫).

ぼうえき【防疫】fángyì (防疫).

ぼうえき【貿易】màoyì (贸易), wàimào (外贸), duìwài màoyì (对外贸易). ¶アジアの諸国と〜する hé Yàzhōu gè guó jìnxíng màoyì (和亚洲各国进行贸易). ¶对中〜が盛んになった duì Huá màoyì yǒu fāzhǎn le (对华贸易有发展了). ¶〜の自由化 duìwài màoyì zìyóuhuà (对外贸易自由化). ¶〜外収支 fēimàoyì shōuzhī (非贸易收支). 〜収支 màoyì shōuzhī (贸易收支). バーター〜 yì huò màoyì (易货贸易). 保護〜 bǎohù màoyì (保护贸易).

ぼうえきふう【貿易風】màoyìfēng (贸易风), xìnfēng (信风).

ほうえん【砲煙】xiāoyān (硝烟). ¶〜弾雨を

くぐって進む màozhe qiānglín-dànyǔ qiánjìn (冒着枪林弹雨前进).
ほうえんきょう【望遠鏡】 wàngyuǎnjìng (望远镜).
ほうえんレンズ【望遠レンズ】 wàngyuǎn jìngtóu (望远镜头).
ほうおう【法王】 jiàohuáng (教皇). ¶ローマ〜 Luómǎ jiàohuáng (罗马教皇).
ほうおう【鳳凰】 fènghuáng (凤凰).
ほうおん【報恩】 bào'ēn (报恩).
ほうおん【忘恩】 wàng'ēn (忘恩). ¶〜の徒 wàng'ēn-fùyì zhī tú (忘恩负义之徒).
ほうおん【防音】 géyīn (隔音). ¶〜室 géyīnshì (隔音室). 〜装置 géyīn shèbèi (隔音设备).
ほうか【放火】 fànghuǒ (放火), zònghuǒ (纵火). ¶学校に誰かが〜した xuéxiào bù zhī jiào shuí fàngle huǒ (学校不知叫谁放了火). ¶昨夜の火事に〜の疑いがある zuówǎn de huǒzāi yǒu fànghuǒ de xiányí (昨晚的火灾有放火的嫌疑). 〜犯人 zònghuǒfàn (纵火犯).
ほうか【放課】 xiàkè (下课), fàngxué (放学). ¶〜後水泳の練習をする fàngxué hòu liànxí yóuyǒng (放学后练习游泳).
ほうか【法科】 fǎlǜxì (法律系).
ほうか【砲火】 pàohuǒ (炮火). ¶〜を交える jiāo zhàn (交战). ¶敵に〜を浴びせる pào hōng dírén (炮轰敌人).
ほうが【萌芽】 méngyá (萌芽). ¶悪の〜をつみとる xiāochú zuì'è de méngyá (消除罪恶的萌芽).
ほうか【防火】 fánghuǒ (防火). ¶〜装置 fánghuǒ zhuāngzhì (防火装置). 〜壁 fánghuǒqiáng (防火墙)/ fēnghuǒqiáng (风火墙). 〜用水 fánghuǒ yòngshuǐ (防火用水).
ほうが【忘我】 wàngwǒ (忘我). ¶〜の境 wàng-wǒ zhī jìng (忘我之境).
ほうかい【崩壊】 bēngtā (崩塌); bēngkuì (崩溃). ¶大地震で〜した建物 yīn dàdìzhèn bēngtā de jiànzhù (因大地震崩塌的建筑). ¶トンネルが〜した suìdào bēngtā le (隧道崩塌了). ¶ローマ帝国の〜 Luómǎ Dìguó de bēngkuì [wǎjiě] (罗马帝国的崩溃 [瓦解]).
ほうがい【法外】 ¶〜な値をつける màntiān yào jià (漫天要价). ¶先方は〜な条件を持ち出した duìfāng tíchūle wúlǐ de tiáojiàn (对方提出了无理的条件). ¶こんな〜な要求には応じられない zhèyàng guòfèn de yāoqiú, zěnme yě bù-néng jiēshòu (这样过分的要求, 怎么也不能接受).
ほうがい【妨害】 fáng'ài (妨碍), zǔ'ài (阻碍), zǔnáo (阻挠), zǔgěng (阻梗). ¶議事の進行を〜する fáng'ài yìchéng de jìnxíng (妨碍议程的进行). ¶夜中にあんな大きな音を立てられては安眠も〜だ yèli nàme dà de shēngyīn, fáng'ài shuìmián (夜里发出那么大的声音,妨碍睡眠). ¶こんな所に車を止めては交通に〜になる chēzi tíngzài zhèyàng de dìfang yǒu'ài jiāotōng (车子停在这样的地方有碍交通).
ほうがい【望外】 ¶〜のしあわせ xǐ chū wàng wài (喜出望外)/ dà xǐ guò wàng (大喜过望).
ほうかいせき【方解石】 fāngjiěshí (方解石).
ほうがく【方角】 fāngxiàng (方向), fāngwèi (方位). ¶まるで〜が分らない jiǎnzhí mōbuqīng fāngxiàng (简直摸不清方向). ¶学校の〜に火の手があがった xuéxiào nàmian qǐhuǒ le (学校那面起火了). ¶〜が悪い fēngshui bù hǎo (风水不好).
ほうがく【邦楽】 Rìběn chuántǒng yīnyuè (日本传统音乐).
ほうがく【法学】 fǎxué (法学).
ほうかつ【包括】 bāokuò (包括), zǒngkuò (总括). ¶この論文はすべての論点を〜している zhè piān lùnwén bāokuòle suǒyǒu de lùndiǎn (这篇论文包括了所有的论点). ¶〜的に述べればこうなります zǒngkuò lái shuō, jiùshì zhèyàng (总括来说, 就是这样).
ほうかん【砲艦】 pàotǐng (炮艇), pàojiàn (炮舰).
ほうがん【包含】 bāohán (包含). ¶この言葉は真理を〜している zhè jù huà bāohánzhe zhēnlǐ (这句话包含着真理).
ほうがん【砲丸】 qiānqiú (铅球)〈スポーツの〉. ¶〜投げ tuīqiānqiú (推铅球).
ほうかん【防寒】 yùhán (御寒), fánghán (防寒). ¶〜具 yùhán yòngpǐn (御寒用品). 〜服 fánghánfú (防寒服).
ぼうかん【傍観】 pángguān (旁观), guānwàng (观望). ¶その時はただ手をこまぬいて〜するより仕方がなかった nà shí shùshǒu-wúcè, zhǐhǎo zài yìpáng guānwàng (那时束手无策, 只好在一旁观望). ¶〜的な態度をとる cǎiqǔ pángguān de tàidu (采取旁观的态度). ¶〜者 pángguānzhě (旁观者).
ぼうかん【暴漢】 bàotú (暴徒), dǎitú (歹徒). ¶〜に襲われる bèi dǎitú xíjī (被歹徒袭击).
ほうがんし【方眼紙】 fānggézhǐ (方格纸), zuòbiāozhǐ (坐标纸).
ほうき【箒】 tiáozhou (笤帚), sàozhou (扫帚), sàobǎ (扫把). ¶〜で庭を掃く yòng tiáozhou sǎo yuànzi (用笤帚扫院子).
ほうき【芳紀】 fānglíng (芳龄). ¶〜まさに18歳 fānglíng shíbā (芳龄十八).
ほうき【放棄】 fàngqì (放弃). ¶権利を〜する fàngqì quánlì (放弃权利). ¶陣地を〜する fàngqì zhèndì (放弃阵地). ¶戦争を〜する fàngqì zhànzhēng (放弃战争).
ほうき【法規】 fǎguī (法规). ¶〜を守る zūnshǒu fǎguī (遵守法规). ¶交通〜 jiāotōng fǎguī (交通法规).
ほうき【蜂起】 fēngqǐ (蜂起), qǐyì (起义), bàodòng (暴动). ¶一斉に〜する tóngshí jǔxíng qǐyì (同时举行起义). ¶武装〜 wǔzhuāng qǐyì (武装起义)/ qǐshì (起事).
ほうぎ【謀議】 ¶共同〜 gòngmóu (共谋)/ tóngmóu gòngyì (同谋共议).
ほうきぐさ【箒草】 dìfū (地肤), sàozhoucài (扫帚菜).
ほうきぼし【箒星】 sàozhouxīng (扫帚星).

ほうきゃく【忘却】 wàngquè (忘却), wàngjì (忘记). ¶使命を～する wàngjì shǐmìng (忘记使命). ¶～の彼方に押しやる pāozài jiǔxiāoyún wài (抛在九霄云外).

ほうぎゃく【暴虐】 bàonüè (暴虐), bàolì (暴戾). ¶～の限りを尽す jí jìn bàonüè zhī shì (极尽暴虐之事).

ほうきゅう【俸給】 →きゅうりょう（給料）.

ほうぎょ【崩御】 jiàbēng (驾崩), yànjià (晏驾), shēngxiá (升遐).

ほうきょ【暴挙】 ¶政府与党は強行採決という～に出た zhízhèngdǎng mánhèng de qiǎngxíng biǎojué tōngguò fǎ'àn (执政党蛮横地强行表决通过法案). ¶かかる～は断じて許さない jué bù róngxǔ fāshēng zhèyàng de bàoxíng (决不容许发生这样的暴行).

ほうぎょ【防御】 fángyù (防御). ¶敵の～は固い dírén de fángyù jiāngù (敌人的防御坚固).

ほうきょう【望郷】 huáixiāng (怀乡), sīxiāng (思乡). ¶～の念やみがたい bùmiǎn huáixiāng (不免怀乡) / bùjīn yǒu sīxiāng zhī niàn (不禁有思乡之念).

ほうぎれ【棒切れ】 duǎnmùgùn (短木棍), duǎnmùbàng (短木棒).

ほうくう【防空】 fángkōng (防空). ¶～演習 fángkōng yǎnxí (防空演习). ～壕 fángkōngdòng (防空洞) / fángkōngháo (防空壕).

ほうくん【暴君】 bàojūn (暴君), bàojūn Nílù (暴君尼禄). ¶彼は家庭では相当の～だ tā zài jiālǐ kě shì ge bàojūn (他在家里可是个暴君).

ほうけい【方形】 fāngxíng (方形).

ほうけい【包茎】 bāojīng (包茎).

ほうけい【傍系】 pángxì (旁系), pángzhī (旁支). ¶～会社 pángxì gōngsī (旁系公司) / 親族 pángxì qīnshǔ (旁系亲属).

ほうげき【砲撃】 pàojī (炮击), pàohōng (炮轰), hōngjī (轰击). ¶～を加える pàohōng dízhèn (炮轰敌阵). ¶～の的になる chéngwéi pàojī mùbiāo (成为炮击目标).

ほう・ける【惚ける】 ¶病み～ける bìngde qiáocuì bùkān (病得憔悴不堪). ¶一日中遊び～ける yì tiān dào wǎn méimìng de wánr (一天到晚没命地玩儿).

ほうけん【封建】 ¶父は～的だ wǒ fùqin tóunǎo hěn fēngjiàn (我父亲头脑很封建). ¶～制の遺物 fēngjiàn ´yúniè[cányú] (封建`余孽[残余]). ¶～主義 fēngjiànzhǔyì (封建主义). ～制度 fēngjiàn zhìdù (封建制度).

ほうげん【方言】 fāngyán (方言); tǔhuà (土话), tǔyǔ (土语). ¶つい～が出てしまう bùyóude shuōchū tǔhuà lai (不由得说出土话来). ¶関西～ Guānxī fāngyán (关西方言).

ほうげん【放言】 fàngyán (放言). ¶無責任に～する bú fù zérèn de ´fàngyán gāolùn[dàfàng juécí / xìnkǒu kāihé] (不负责任地`放言高论[大放厥词 / 信口开河]). ¶大臣の～が物議をかもす dàchén de fàngyán wànglùn zhāozhìle wùyì (大臣的放言妄论招致了物议).

ほうけん【冒険】 màoxiǎn (冒险). ¶命がけの～をして手に入れた宝物 mào shēngmìng wēixiǎn huòdé de bǎowù (冒生命危险获得的宝物). ¶調査もせずに行くのは～だ bù xiān diàochá jiù qù kě yǒudiǎn màoxiǎn (不先调查就去可有点冒险).
¶～家 màoxiǎnjiā (冒险家). ～小説 màoxiǎn xiǎoshuō (冒险小说).

ほうげん【暴言】 ¶～を吐く kǒu chū kuángyán (口出狂言). ¶それは～だ nà shì cūbào wúlǐ de huà (那是粗暴无理的话).

ほうこ【宝庫】 bǎokù (宝库). ¶地下資源の一大～ dìxià zīyuán de yí dà bǎokù (地下资源的一大宝库).

ほうご【防護】 fánghù (防护). ¶～壁 fánghùqiáng (防护墙).

ほうこう【方向】 fāngxiàng (方向). ¶あなたと～は帰る～が逆だ wǒ hé nǐ huíjiā de fāngxiàng xiāngfǎn (我和你回家的方向相反). ¶彼の指さす～に塔が見えた zài tā zhǐ de fāngxiàng yǒu yí zuò gāotǎ (在他指的方向有一座高塔). ¶反対～から来た車と衝突した hé yíngmiàn lái de qìchē zhuàngshàng le (和迎面来的汽车撞上了). ¶人生の～を誤った rénshēng de dàfāngxiàng cuò le (人生的大方向错了).

ほうこう【彷徨】 pánghuáng (彷徨・旁皇). ¶ひとり浜辺を～する yí ge rén pánghuáng hǎibiān (一个人彷徨海边).

ほうこう【芳香】 fāngxiāng (芳香), xīnxiāng (馨香). ¶～を放つ sànfā fāngxiāng (散发芳香).
¶～剤 fāngxiāngjì (芳香剂). ～油 jīngyóu (精油). ～族化合物 fāngxiāngzú huàhéwù (芳香族化合物).

ほうこう【咆哮】 páoxiào (咆哮). ¶ライオンが～する shīzi páoxiào (狮子咆哮).

ほうこう【奉公】 ¶酒屋に10年～した zài jiǔdiàn dāngle shí nián xiǎohuǒjì (在酒店当了十年小伙计).
¶～人 yòngren (用人) / púren (仆人).

ほうこう【放校】 ¶素行不良のため～になった yóuyú pǐnxíng bùduān bèi xuéxiào kāichú le (由于品行不端被学校开除了).

ほうごう【縫合】 fénghé (缝合). ¶傷口を～する fénghé shāngkǒu (缝合伤口).

ほうこう【膀胱】 pángguāng (膀胱), suīpāo (尿脬・尿泡). ¶～炎 pángguāngyán (膀胱炎).

ほうこう【暴行】 ¶～をはたらく dòngshǒu dǎ rén (动手打人) / shuǎ yěmán (耍野蛮). ¶酔払いが通行人に～して捕まった zuìhàn xiàng xíngrén dòngwǔ bèi zhuā le (醉汉向行人动武被抓了).
¶婦女～事件 qiángjiān'àn (强奸案).

ほうこく【報告】 bàogào (报告), huìbào (汇报), huíbào (回报). ¶現地の状況を～する dāngdì de qíngkuàng (报告当地的情况). ¶その件に関してはまだ～を受けていない guānyú nà jiàn shì hái méi jiēdào huìbào (关于那件事还没接到汇报).
¶～者 bàogàorén (报告人). ～書 bàogào (报

告)/ huíbào(汇报).
ぼうこく【亡国】 wángguó(亡国). ¶～の民 wángguó zhī mín(亡国之民)/ wángguónú(亡国奴).
ぼうざ【砲座】 pàozuò(炮座).
ぼうさい【防災】 fángzāi(防灾). ¶～訓練 fángzāi xùnliàn(防灾训练).
ほうさく【方策】 fāngcè(方策). ¶金繰りの～が立たない chóucuò zījīn méiyǒu ménlu(筹措资金没有门路). ¶公害撲滅の～を練る yánjiū xiāomiè gōnghài de duìcè(研究消灭公害的对策).
ほうさく【豊作】 fēngshōu(丰收). ¶今年は小麦が～だった jīnnián xiǎomài fēngshōu le(今年小麦丰收了).
ほうさつ【忙殺】 ¶雑務に～される záwù mángshā rén(杂务忙杀人).
ぼうさつ【謀殺】 móushā(谋杀), móuhài(谋害). ¶彼の死は～の疑いが濃い tā de sǐ hěn yǒu kěnéng shì bèi móushā(他的死很有可能是被谋杀).
ほうさん【硼酸】 péngsuān(硼酸). ¶～水 péngsuānshuǐ(硼酸水). ～軟膏 péngsuān ruǎngāo(硼酸软膏).
ほうい【芳志】 hòuyì(厚意). ¶御～深く感謝いたします duì nín de hòuyì shēn wéi gǎnxiè(对您的厚意深为感谢).
ほうし【奉仕】 fúwù(服务). ¶社会に～する wèi shèhuì fúwù(为社会服务). ¶～の精神で行う běnzhe xiànshēn de jīngshén qù zuò(本着献身的精神去做).
～品 liánjiàpǐn(廉价品). 勤労～ yìwù láodòng(义务劳动).
ほうし【放恣】 fàngsì(放肆), fàngzòng(放纵), fàngdàng(放荡). ¶～な生活 fàngdàng de shēnghuó(放荡的生活).
ほうし【法師】 fǎshī(法师).
ほうし【胞子】 bāozǐ(孢子). ¶～体 bāozǐtǐ(孢子体).
ほうじ【法事】 fǎshì(法事), fóshì(佛事). ¶母の三周忌の～を営む wèi mǔqin de liǎng zhōunián jìrì zuò fǎshì(为母亲的两周年忌日做法事).
ぼうし【防止】 fángzhǐ(防止). ¶事故を～する fángzhǐ shìgù(防止事故). ¶危険の～のため柵を設ける shèzhì zhàlan, fángzhǐ fāshēng wēixiǎn(设置栅栏, 防止发生危险).
ぼうし【帽子】 màozi(帽子). ¶～をかぶる dài màozi(戴帽子). ¶～を脱ぐ zhāi màozi(摘帽子).
～掛 màogōu(帽钩). ～屋 màodiàn(帽店).
ほうしき【方式】 fāngshì(方式), géshì(格式). ¶新しい～の農業 xīnshì nóngyè(新式农业). ¶所定の～に従って書く ànzhào guīdìng de géshì xiě(按照规定的格式写).
ぼうしつ【防湿】 fángcháo(防潮). ¶～剤 fángcháojì(防潮剂).
ほうしゃ【放射】 fàngshè(放射). ¶太陽は莫大な熱エネルギーを～している tàiyáng fàngshèchū jùdà de rènéng(太阳放射出巨大的热能).

¶道路が塔を中心に～状にのびている yǐ tǎ wéi zhōngxīn dàolù chéng fàngshèxíng[fúshèxíng] shēnxiàng sìfāng(以塔为中心道路成放射形[辐射形]伸向四方).
ぼうじゃくぶじん【傍若無人】 páng ruò wú rén(旁若无人). ¶～の振舞 páng ruò wú rén de jǔzhǐ(旁若无人的举止).
ほうしゃせい【放射性】 fàngshèxìng(放射性). ¶～元素 fàngshèxìng yuánsù(放射性元素). ～同位元素 fàngshèxìng tóngwèisù(放射性同位素). ～廃棄物 fàngshèxìng fèiwù(放射性废物). ～物質 fàngshèxìng wùzhì(放射性物质).
ほうしゃせん【放射線】 fàngshèxiàn(放射线). ¶強い～を出す fāchū hěn qiáng de fàngshèxiàn(发出很强的放射线).
¶～療法 fàngshè zhìliáo(放射治疗)/ fàngliáo(放疗).
ほうしゃのう【放射能】 shèxiàn néngliàng(射线能量). ¶多量の～を浴びた shòule dàliàng de fàngshèxiàn zhàoshè(受了大量的放射线照射). ¶～を測定する cèdìng shèxiàn néngliàng(测定射线能量).
¶～雨 fàngshèxìngyǔ(放射性雨). ～汚染 fàngshèxìng wūrǎn(放射性污染).
ほうしゅ【砲手】 pàoshǒu(炮手).
ぼうじゅ【傍受】 敵の無電を～する zhēntīng[qiètīng] dífāng de diànxùn(侦听[窃听]敌方的电讯).
ほうしゅう【報酬】 bàochou(报酬) ¶働きに応じて～を出す àn láo fù chóu(按劳付酬). ¶～を受ける lǐngqǔ bàochou(领取报酬). ¶あれほどの苦労の～がこれだけか nàme xīnkǔ, cái zhème diǎnr bàochou(那么辛苦, 才这么点儿报酬). ¶無～で働く bù qǔ bàochou de gànhuó(不取报酬地干活).
ほうしゅう【放縦】 →ほうしょう(放縦).
ぼうしゅう【防臭】 ¶～剤 fángxiùjì(防臭剂).
ほうしゅく【奉祝】 qìngzhù(庆祝), qìnghè(庆贺). ¶～行事 qìngzhù huódòng(庆祝活动).
ほうしゅく【放縮】 fángsuō(防缩). ¶～加工 fángsuō zhěnglǐ(防缩整理).
ほうしゅつ【放出】 fāfàng(发放). ¶被災地に備蓄米を～する zài zāiqū fāfàng chǔbèi de dàmǐ(在灾区发放储备的大米). ¶軍の～物資 jūnduì suǒ chǔlǐ de wùzī(军队所处理的物资).
ほうしょ【砲所】 pàoshù(炮术).
ほうじゅん【芳醇】 xiāngchún(香醇・香纯). ¶～な酒 xiāngchún de jiǔ(香醇的酒).
ほうじょ【幇助】 ¶彼は自殺～の罪に問われた tā yǐ zhù rén zìshā bèi wènzuì(他以助人自杀被问罪). 逃走を～する bāngzhù qiántáo(帮助潜逃).
ぼうじょ【防除】 fángchú(防除), fángzhì(防治). ¶虫害を～する fángzhì chónghài(防治虫害).
ほうじょう【放縦】 fàngzòng(放纵). ¶～な生活を送る tā guòzhe fàngzòng de shēnghuó(他过着放纵的生活).

ほうしょう【報奨】 jiǎnglì(奖励), jiǎngshǎng(奖赏). ¶~金を出す chū jiǎngjīn(出奖金).

ほうしょう【報償】 bǔcháng(补偿), péicháng(赔偿). ¶~金を支払う zhīfù "péikuǎn[péichángjīn](支付"赔款[赔偿金]).

ほうしょう【褒章】 jiǎngzhāng(奖章).

ほうしょう【褒賞】 bāojiǎng(褒奖), jiājiǎng(嘉奖), jiǎngshǎng(奖赏); jiǎngpǐn(奖品).

ほうじょう【豊饒】 fēngráo(丰饶), fùráo(富饶). ¶~な土地 fùráo de tǔdì(富饶的土地).

ほうしょう【傍証】 pángzhèng(旁证). ¶~を固める sōují pángzhèng(搜集旁证).

ほうしょう【帽章】 màohuī(帽徽), màohuā[r](帽花[儿]).

ほうしょく【奉職】 gòngzhí(供职). ¶私は本校に~して20年になる wǒ zài běn xiào gòngzhí yǒu èrshí nián le(我在本校供职有二十年了).

ほうしょく【飽食】 bǎo shí(饱食). ¶~暖衣 bǎo shí nuǎn yī(饱食暖衣)/ bǎonuǎn(饱暖).

ぼうしょく【防食】 fángxiù(防锈). ¶~剤 fángxiùjì(防锈剂).

ほう・じる【焙じる】 bèi(焙), hōngbèi(烘焙). ¶茶を~じる bèi chá(焙茶)/ hōngbèi cháyè(烘焙茶叶).

ほう・じる【奉じる】 →ほうずる(奉ずる).

ほう・じる【報じる】 →ほうずる(報ずる).

ほうしん【方針】 fāngzhēn(方针). ¶はっきりした~がない méiyǒu yídìng de fāngzhēn(没有一定的方针). ¶~を立てる quèdìng fāngzhēn(确定方针). ¶すべてを一通りに進めよう一切は~通りに進める yíqiè dōu ànzhào jìdìng fāngzhēn jìnxíng(一切都按照既定方针进行). ¶施政~演説を行う fābiǎo shīzhèng fāngzhēn yǎnshuō(发表施政方针演说).

ほうしん【放心】 fàngxīn(放心). 1 ¶彼女はその知らせを聞いてしばし~の体だった tā tīngdào zhège xiāoxi, yìshí lèngzhù le(她听到这个消息,一时愣住了). ¶~したように突っ立っている mángrán ruò shī de zhílìzhe(茫然若失地直立着).

2〔放念〕fàngxīn(放心). ¶私も元気ですから御~下さい wǒ yě hěn hǎo, qǐng fàngxīn(我也很好,请放心).

ほうしん【砲身】 pàoshēn(炮身).

ほうじん【邦人】 Rìběnrén(日本人). ¶ブラジルの在留~ qiáojū Bāxī de Rìběnrén(侨居巴西的日本人).

ほうじん【法人】 fǎrén(法人). ¶~税 fǎrénshuì(法人税). 财团~ cáituán fǎrén(财团法人).

ぼうず【坊主】 1〔僧〕héshang(和尚). ¶~になる dāng héshang(当和尚)/ luòfà wéi sēng(落发为僧). ¶~憎けりゃ袈裟まで憎い zēng qí rén ér jí qí wù(憎其人而及其物)/ zēng wū jí wū(憎屋及乌).

2〔丸坊主〕¶~刈りにする tuī guāngtóu(推光头). ¶濫伐で山が~になった luàn kǎn luàn fá, shān dōu tū le(乱砍乱伐,山都秃了).

¶~頭 héshangtóu(和尚头)/ guāngtóu(光头)/ tūtóu(秃头)/ tūpiao[r](秃瓢[儿]).

3〔男の子〕¶うちの~はもう6つになった wǒ jiā xiǎozi yǐjīng liù suì le(我家小子已经六岁了). ¶このいたずら~め nǐ zhège táoqìguǐ!(你这个淘气鬼!).

ほうすい【放水】 fàng shuǐ(放水); pēn shuǐ(喷水). ¶燃え盛る家に向かって~する xiàng qǐhuǒ de fángzi pēn shuǐ(向起火的房子喷水). ¶水門を開いて~する kāi zhámén fàng shuǐ(开闸门放水).

¶~路 yìhóngdào(溢洪道)/ qúdào(渠道).

ぼうすい【防水】 fángshuǐ(防水). ¶この生地は~してある zhè bùliào shì jīng fángshuǐ chǔlǐ de(这布料是经防水处理的).

¶~時計 fángshuǐbiǎo(防水表)/~布 fángyǔbù(防雨布).

ぼうすい【紡錘】 fǎngchuí(纺锤), shādìng(纱锭), fǎngdīng(纺锭), dìngzi(锭子). ¶~形 fǎngchuíxíng(纺锤形).

ほう・ずる【奉ずる】 fèng(奉). ¶命(😊)を~ずる fèngmìng(奉命). ¶職を~ずる gòngzhí(供职).

ほう・ずる【報ずる】 1〔むくいる〕bào(报), bàoxiào(报效), bàodá(报答). ¶国に~ずる bàoguó(报国)/ bàoxiào guójiā(报效国家). ¶師恩に~ずる bàodá shī'ēn(报答师恩).

2〔知らせる〕bào(报), bàodào(报道). ¶新聞の~ずるところによれば… jù bàozhǐ de bàodào …(据报纸的报道…).

ほうせい【法制】 fǎzhì(法制).

ほうせい【砲声】 pàoshēng(炮声). ¶~がとどろ pàoshēng lónglóng(炮声隆隆).

ぼうせい【暴政】 bàozhèng(暴政), kēzhèng(苛政). ¶~に苦しむ kǔyú bàozhèng(苦于暴政).

ほうせき【宝石】 bǎoshí(宝石), zhūbǎo(珠宝). ¶~を散りばめたような星空 hǎoxiàng xiāngzhe bǎoshí shìde xīngkōng(好像镶着宝石似的星空).

¶~店 zhūbǎodiàn(珠宝店)/ hónghuòpù(红货铺)/ ~箱 bǎoshí xiázi(宝石匣子).

ぼうせき【紡績】 fǎngzhī(纺织), fǎngshā(纺纱). ¶~機械 fǎngshājī(纺纱机). ~工場 fǎngshā gōngchǎng(纺纱工厂)/ shāchǎng(纱厂).

ぼうせつ【防雪】 fángxuě(防雪). ¶~林 fángxuělín(防雪林).

ぼうせん【防戦】 dǐyù(抵御). ¶~これつとめる pīnmìng dǐyù(拼命抵御).

ぼうせん【傍線】 pángxiàn(旁线). ¶次の文の~の箇所を訳せ yì xiàwén zhōng huà pángxiàn chù(译下文中画旁线处).

ぼうぜん【呆然・茫然】 mángrán(茫然), mùrán(木然), wǎngrán(惘然). ¶とっぴな返事に皆は~とした tīngdào tā nà líqí de huídá, dàjiā dōu mùdèng-kǒudāi le(听到他那离奇的回答,大家都目瞪口呆了). ¶彼は焼跡に~と突っ立っていた tā zài huǒzāi hòu de xiànchǎng "dāi-dāi[zhèngzhèng] de zhànlì bú dòng(他在火灾后的现场"呆呆[怔怔]地站立不动). 妻子を一度に失いただ~とするばかりだ tóngshí shīqùle qīzi hé háizi, mángrán bù zhī suǒ cuò

(同時に失った妻と子、茫然不知所措）．¶〜自失する mángrán zì shī (茫然自失)/ wǎngrán ruò shī (惘然若失)．

ほうせんか【鳳仙花】 fèngxiānhuā (凤仙花), zhǐjiahuā (指甲花)．

ほうそう【包装】 bāozhuāng (包装), dǎbāo (打包), zhuānghuáng (装潢)．¶厳重に〜する yánjǐn de bāozhuāng kǔnzā (严紧地包装捆扎)．
¶〜紙 bāozhuāngzhǐ (包装纸)．

ほうそう【放送】 guǎngbō (广播), bōsòng (播送), bōfàng (播放), bōyìng (播映), bōfā (播发)．¶ニュースを〜する guǎngbō xīnwén (广播新闻)．¶オリンピックの実況〜を聞く tīng Àoyùnhuì de shíkuàng guǎngbō (听奥运会的实况广播)．
¶〜局 guǎngbō diàntái (广播电台)/ diàntái (电台)．¶〜劇 guǎngbōjù (广播剧)．¶〜大学 guǎngbō dàxué (广播大学)/ diànshì dàxué (电视大学)/ diàndà (电大)．¶〜番組 guǎngbō jiémù (广播节目)．

ほうそう【法曹】 ¶〜界 sīfǎjiè (司法界)/ fǎlǜjiè (法律界)．

ほうそう【疱瘡】 tiānhuā (天花), dòu (痘), dòuchuāng (痘疮)．

ほうそう【暴走】 ¶自動車が〜して大惨事を起した qìchē héngchōng-zhízhuàng, rěchūle dàhuò (汽车横冲直撞, 惹出了大祸)．¶一部の若者が〜する yíbùfen niánqīngrén xíngwéi yuèguǐ (一部分年轻人行为越轨)．

ほうそく【法則】 fǎzé (法则), guīlǜ (规律), dìnglǜ (定律)．¶経済の発展には〜性がある jīngjì de fāzhǎn yě yǒu guīlǜxìng (经济的发展也有规律性)．¶万有引力の〜 wànyǒu yǐnlì dìnglǜ (万有引力定律)．
¶自然〜 zìrán fǎzé (自然法则)．

ほうたい【包帯】 bēngdài (绷带)．¶指に〜をする shǒuzhǐ chánshàng bēngdài (手指缠上绷带)．
¶今日やっと〜がとれる jīntiān cái kěyǐ bǎ bēngdài qǔxialai (今天才可以把绷带取下来)．

ほうだい【放題】 ¶彼はいつも言いたい〜のことを言う tā zǒngshì xiǎng shuō shénme jiù shuō shénme (他总是想说什么就说什么)．¶食い〜に食い飲み〜に飲む dà chī dà hē (大吃大喝)．¶したい〜のことをする xiǎng zěnme jiù zěnmezhe (想怎么就怎么着)/ wéi suǒ yù wéi (为所欲为)．¶田畑は荒れ〜になっている tiándì huāngwú bùkān (田地荒芜不堪)．

ほうだい【砲台】 pàotái (炮台)．

ほうだい【膨大】 pángdà (庞大), hàodà (浩大)．¶〜な費用 pángdà de fèiyong (庞大的费用)．
¶〜な資料を読破した kànwánle duījī rú shān de zīliào (看完了堆积如山的资料)．

ほうたかとび【棒高跳】 chēnggān tiàogāo (撑竿跳高), chēnggāntiào (撑竿跳)．

ほうだち【棒立ち】 ¶無残な光景に〜となった mùdǔ cǎnjǐng, mùrán ér lì (目睹惨景, 木然而立)．

ほうだん【放談】 zòngtán (纵谈), mànhuà (漫话), màntán (漫谈)．¶新春〜 xīnchūn zòngtán (新春纵谈)．

ほうだん【砲弾】 pàodàn (炮弹)．¶〜が炸裂する pàodàn bàozhà (炮弹爆炸)．

ほうだん【防弾】 fángdàn (防弹)．¶〜ガラス fángdàn bōli (防弹玻璃)．〜チョッキ fángdàn bèixīn (防弹背心)/ fángdànyī (防弹衣)．

ほうち【放置】 ¶負傷者を路上に〜する bǎ shāngyuán ʼliàoː[rēng] zài lùshàng (把伤员撂[扔]在路上)．¶この問題は〜してはおけない zhège wèntí bùnéng zhì zhī bù lǐ (这个问题不能置之不理)．

ほうち【法治】 fǎzhì (法治)．¶〜国家 fǎzhì guójiā (法治国家)．

ほうち ¶火災〜器 huǒzāi bàojǐngqì (火灾报警器)．

ほうちく【放逐】 qūzhú (驱逐), zhúchū (逐出)．¶国外に〜する qūzhú chūjìng (驱逐出境)．

ほうちゃく【逢着】 yùdào (遇到)．¶矛盾に〜する yùdào máodùn (遇到矛盾)．

ほうちゅう【忙中】 ¶〜閑あり máng zhōng yǒu xián (忙中有闲)．

ほうちゅう【防虫】 fángzhù (防蛀)．¶〜加工 fángzhù zhěnglǐ (防蛀整理)．〜剤 fángzhùjì (防蛀剂)．

ほうちゅう【傍注】 pángzhù (旁注)．¶〜をつける jiā pángzhù (加旁注)．

ほうちょう【包丁】 càidāo (菜刀), qiēcàidāo (切菜刀)．

ほうちょう【防潮】 fángcháo (防潮)．¶〜堤 hǎidī (海堤)/ hǎitáng (海塘)．

ほうちょう【防諜】 fángtè (防特)．¶〜活動 fángtè gōngzuò (防特工作)/ fǎntè gōngzuò (反特工作)．

ほうちょう【傍聴】 pángtīng (旁听)．¶裁判を〜する pángtīng shěnpàn (旁听审判)．
¶〜席 pángtīngxí (旁听席)．〜人 pángtīngrén (旁听人)．

ほうちょう【膨張・膨脹】 péngzhàng (膨胀)．¶気体は熱で〜する qìtǐ shòurè péngzhàng (气体受热膨胀)．¶予算が年々〜する yùsuàn niánnián péngzhàng (预算年年膨胀)．¶都市が郊外へ〜していく chéngshì xiàng jiāowài kuòzhǎn (城市向郊外扩展)．
¶通貨〜 tōnghuò péngzhàng (通货膨胀)．

ほうっと ¶暑さで頭が〜なった rède yǒudiǎnr ʼtóu hūn nǎo zhàng[hūntóu-hūnnǎo] (热得有点儿 头昏脑胀[昏头昏脑])．¶遠くの方が〜かすんで見える yuǎnfāng ménglóng bù qīng (远方朦胧不清)．

ほうっと ¶彼女は頬を〜染めた tā liǎnshang fànqǐle hóngcháo (她脸上泛起了红潮)．¶彼は彼女に〜なっている tā bèi tā mízhule xīnqiào (他被她迷住了心窍)．

ほうてい【法廷】 fǎtíng (法庭)．¶証人として〜に立つ zuòwéi zhèngren chūtíng zuòzhèng (作为证人出庭作证)．¶事件を〜に持ち出す xiàng fǎyuàn gàozhuàng (向法院告状)．
¶〜闘争 fǎtíng dòuzhēng (法庭斗争)．

ほうてい【法定】 fǎdìng (法定)．¶〜貨幣 fǎ-

dìng huòbì(法定货币).～相続人 fǎdìng jìchéngrén(法定继承人).～伝染病 fǎdìng chuánrǎnbìng(法定传染病).～得票数 fǎdìng piàoshù(法定票数).

ほうていしき【方程式】 fāngchéng(方程),fāngchéngshì(方程式). ¶～を立てる lì fāngchéngshì(立方程式). ¶～を解く jiě fāngchéng(解方程).
¶化学～ huàxué fāngchéngshì(化学方程式). 2次～ èrcì fāngchéng(二次方程).

ほうてき【放擲】 pāoqì(抛弃). ¶家業を～する pāoqì jiāyè(抛弃家业).

ほうてき【法的】 ¶～措置をとる cǎiqǔ fǎlùshang de cuòshī(采取法律上的措施). ¶それには～根拠がない méiyǒu fǎlùshang de gēnjù(那没有法律上的根据).

ほうてん【法典】 fǎdiǎn(法典).

ほうでん【放電】 fàngdiàn(放电). ¶火花～ huǒhuā fàngdiàn(火花放电).

ほうてん【傍点】 zhuózhònghào(着重号),quāndiǎn(圈点). ¶～を打つ jiā zhuózhònghào(加着重号)/ quāndiǎn(圈点).

ほうと【方途】 ¶現状脱却の～に迷う duì bǎituō xiànzhuàng de tújìng gǎndào míhuo(对摆脱现状的途径感到迷惑). ¶何らかの～を講じなければならない děi yào cǎiqǔ shénme cuòshī(得要采取什么措施).

ほうと【暴徒】 bàotú(暴徒). ¶興奮した群衆は～と化した xīngfèn de rénqún xiànyú fēngkuáng de zhuàngtài(兴奋的人群陷于疯狂的状态).

ほうとう【宝刀】 bǎodāo(宝刀). ¶伝家の～を抜く shǐchū kānjiā běnlǐng(使出看家本领)/ tānchū zuìhòu yì zhāng wángpái(摊出最后一张王牌).

ほうとう【放蕩】 fàngdàng(放荡),làngdàng(浪荡). ¶～に身を持ち崩す yóuyú fàngdàng shēnbài-mínglíè(由于放荡身败名裂). ¶私もひと頃はずいぶん～した wǒ yě céng fàngdàngguo yí ge shíqí(我也曾放荡过一个时期).
¶～息子 bàijiāzǐ(败家子)/ làngzǐ(浪子)/ làngdànggōngzǐ(浪荡公子).

ほうどう【報道】 bàodào(报道),bàodǎo(报导). ¶被災地から災害の状況を～する cóng zāiqū bàodào zāihài de qíngkuàng(从灾区报道灾害的情况). ¶現地の新聞に～によれば… jù dāngdì bàodào bàodào…(据当地报纸报道…). ¶どっと一陣に取り囲まれた yíxiàzi bèi jìzhě tuántuán wéizhù le(一下子被记者团团围住了). ¶～管制をしく shíxíng xīnwén guǎnzhì(实行新闻管制).
¶～機関 bàodào jīguān(报道机关).

ほうとう【冒頭】 kāitóu(开头). ¶彼は演説の～にリンカーンの言葉を引用した tā zài yǎnshuō de kāitóu yǐnyòngle Línkěn de yí jù huà(他在演说的开头引用了林肯的一句话). ¶国会は～から荒れた guóhuì cóng yì kāishǐ jiù xiànyú hùnluàn(国会从一开始就陷于混乱).

ほうとう【暴騰】 bàozhǎng(暴涨),měngzhǎng(猛涨). ¶地価が～する dìjià bàozhǎng(地价暴涨).

ほうどう【暴動】 bàodòng(暴动). ¶各地に～が起った gè dì fāshēngle bàodòng(各地发生了暴动). ¶～を起す nào bàodòng(闹暴动).

ほうとく【冒瀆】 màodú(冒渎),xièdú(亵渎). ¶神を～する dú shén(渎神). ¶これは芸術に対する～だ zhè shì duì yìshù de xièdú(这是对艺术的亵渎).

ほうどく【防毒】 fángdú(防毒). ¶～マスク fángdú miànjù(防毒面具).

ほうにょう【放尿】 xiǎobiàn(小便),sāniào(撒尿). ¶道端で～する zài lùpáng sāniào(在路旁撒尿).

ほうにん【放任】 fàngrèn(放任). ¶子供を～する fàngrèn zǐnǚ(放任子女).
¶自由～主義 zìyóu fàngrèn zhǔyì(自由放任主义).

ほうねん【放念】 fàngxīn(放心). ¶家族一同元気でおります,何とぞ御～下さい yìjiārén dōu hěn hǎo, qǐng fàngxīn(一家人都很好, 请放心).

ほうねん【豊年】 fēngnián(丰年),shúnián(熟年). ¶今年は～だ jīnnián shì fēngshōunián(今年是丰收年).

ぼうねんかい【忘年会】 ¶今夜は～がある jīntiān wǎnshang kāi niánzhōng wèiláohuì(今天晚上开年终慰劳会).

ほうのう【奉納】 gòngxiàn(供献). ¶太刀を～する gòngxiàn dāojiàn(供献刀剑).
¶～試合 jìngshén bǐsàihuì(敬神比赛会).

ほうはい【澎湃】 péngpài(澎湃). ¶革命の潮流が～として起る gémìng de làngcháo xiōngyǒng péngpài(革命的浪潮汹涌澎湃).

ぼうばく【茫漠】 ¶～たる広野 mángmáng kuàngyě(茫茫旷野). ¶前途は～としている qiántú miǎománg(前途渺茫). ¶計画はまだ～として体をなしていない jìhuà máng wú tóuxù hái méi yí ge lúnkuò(计划茫无头绪还没一个轮廓).

ほうはつ【暴発】 zǒuhuǒ(走火). ¶ピストルが～した shǒuqiāng zǒule huǒ(手枪走了火).

ほうはてい【防波堤】 fángbōdī(防波堤).

ぼうはん【防犯】 ¶～に協力する xiézhù fángzhǐ fànzuì(协助防止犯罪).
¶～ベル fángdào jǐnglíng(防盗警铃).

ほうひ【放屁】 fàngpì(放屁),chū xūgōng(出虚恭).

ほうび【褒美】 jiǎngpǐn(奖品). ¶よく勉強したので～をもらった yònggōng dúshū, déle jiǎngpǐn(用功读书, 得了奖品). ¶御～にチョコレートをあげよう gěi nǐ qiǎokèlì zuòwéi jiǎnglì(给你巧克力作为奖励).

ぼうび【防備】 fángbèi(防备). ¶首都の～を固める gǒnggù shǒudū de fángwèi(巩固首都的防卫).

ぼうびき【棒引き】 yì bǐ gōuxiāo(一笔勾销). ¶借金を～にする bǎ qiànzhài yìbǐ-gōuxiāo(把欠债一笔勾销).

ほうふ【抱負】 bàofù(抱负). ¶新年の～を述べる tán xīnnián de bàofù(谈新年的抱负). ¶

彼は大きな〜をもってその事業を始めた tā huáizhe hěn dà de bàofù chuàngbànle nàge shìyè(他怀着很大的抱负创办了那个事业).

ほうふ【豊富】 fēngfù(丰富). ¶ あの店は品数を〜に取り揃えてある nà jiā shāngdiàn pǐnzhǒng fánduō, huāsè qíquán(那家商店品种繁多，花色齐全). ¶ この湖は魚が〜だ zhège hú yúchǎn fēngfù(这个湖产品丰富). ¶ 経験の〜な人 jīngyàn hěn fēngfù de rén(经验很丰富的人)/ fùyǒu jīngyàn de rén(富有经验的人). ¶ 自分の語彙を〜にする fēngfù zìjǐ de cíhuì(丰富自己的词汇).

ほうふ【防腐】 fángfǔ(防腐). ¶ 〜剤 fángfǔjì(防腐剂).

ほうふう【暴風】 bàofēng(暴风), kuángfēng(狂风). ¶ 〜が吹き荒れる kuángfēng nùháo(狂风怒号)/ bàofēng dàzuò(暴风大作).

ほうふうう【暴風雨】 bàofēngyǔ(暴风雨). ¶ 激しい〜に襲われる zāoyù bàofēngyǔ(遭遇暴风雨). ¶ 関東地方は今夕から〜圏に入ります bàofēngyǔ cóng jīnwǎn jìnrù Guāndōng dìqū(暴风雨从今晚进入关东地区).

ほうふうりん【防風林】 fángfēnglín(防风林).

ほうふく【報復】 bàofù(报复), huífù(回报). ¶ 敵に〜する duì dírén jiāyǐ bàofù(对敌人加以报复)/ bàofù dírén(报复敌人). ¶ 〜手段を取る cǎiqǔ bàofù shǒuduàn(采取报复手段).

ほうふくぜっとう【抱腹絶倒】 pěngfù dàxiào(捧腹大笑). ¶ 聞き手はみな〜した tīngzhòng dōu pěngfù dàxiào le(听众都捧腹大笑了).

ほうふつ【彷彿】 fǎngfú(仿佛). ¶ この頃の兄には亡父の面影が〜としている gēge jìnlái hé xiānfù de miànmào xiāng fǎngfú le(哥哥近来和先父的面貌相仿佛了)/ gēge jìn zhǎngde yuèlái yuèxiàng xiānfù le(哥哥近长得越发像先父了). ¶ あの光景は今なお〜と眼前にある nà qíngjǐng fǎngfú hái zài yǎnqián(那情景仿佛还在眼前). ¶ 往年の感を〜させるエピソードだ nà yí duàn chāqǔ shǐ rén xiǎngqǐ guòqù de tā(那一段插曲使人想起过去的他).

ほうぶつせん【放物線】 pāowùxiàn(抛物线).

ほうふら【孑孒】 jiéjué(孑孒), gēntouchóng(跟头虫). ¶ 〜が湧く shēng jiéjué(生孑孒).

ほうぶん【邦文】 Rìwén(日文). ¶ 〜タイプライター Rìwén dǎzìjī(日文打字机).

ほうぶん【法文】 fǎlìng tiáowén(法令条文). ¶ 〜の字句にのみ拘泥する zhǐ jūnì yú fǎlìng de zìjù(只拘泥于法令的字句).

ほうへい【砲兵】 pàobīng(炮兵).

ほうへき【防壁】 fángyùqiáng(防御墙). ¶ 〜を築く xiūzhù fángyùqiáng(修筑防御墙).

ほうべん【方便】 fāngbiàn(方便). ¶ それは一時の〜に過ぎぬ nà zhǐ búguò shì yìngfu yìshí de bànfǎ bàle(那只不过是应付一时的办法罢了). ¶ 嘘も〜 shuōhuǎng yě shì quányí zhī jì(说谎也是权宜之计).

ほうほう【方法】 fāngfǎ(方法), bànfǎ(办法), fǎzi(法子). ¶ 知らせようにも〜がなかった xiǎng tōngzhī yě méifǎ tōngzhī(想通知也没法通知). ¶ 目的はいいが〜に問題がある mùdì suī hǎo kěshì fāngfǎ yǒu wèntí(目的虽好可是方法有问题). ¶ 打開の〜を探る xúnqiú dǎkāi júmiàn de fāngfǎ(寻求打开局面的方法)/ xiǎngfāng shèfǎ dǎkāi lùzi(想方设法打开路子). ¶ この機械を動かって下さい qǐng jiāogěi wǒ zhège jīqì de cāozuò fāngfǎ(请教给我这个机器的操作方法).

¶ 〜論 fāngfǎlùn(方法论).

ほうほう【方々】 dàochù(到处), gèchù(各处), gè dì(各地), sìchù(四处). ¶ 昨夜は〜で火事があった zuówǎn zhèr nàr fāshēngle huǒzāi(昨晚这儿那儿发生了火灾). ¶ 〜探してやっと1冊手に入れた dōng zhǎo xī zhǎo cái zhǎodàole yì běn(东找西找才找到了一本). ¶ 彼の行為は〜から非難された tā de xíngwéi shòudào gè fāngmiàn de fēinàn(他的行为受到各方面的非难).

ほうぼう【魴鮄】 fángfú(鲂鮄).

ほうぼう ¶ 雑草が〜と生えている zácǎo péngpéng-róngróng de cóngshēng(杂草蓬蓬茸茸地丛生). ¶ 髭の〜びた máohōnghōng[máohūhū] de húliǎn(毛烘烘[毛乎乎]的胡子脸). ¶ 火が〜燃える huǒ xióngxióng ránshāo(火熊熊燃烧).

ほうほうのてい【ほうほうの体】 ¶ 〜で逃げ出す lángbèi ér táo(狼狈而逃).

ほうぼく【放牧】 fàngmù(放牧), mùfàng(牧放). ¶ 羊を〜する fàng[mù] yáng(放[牧]羊).

¶ 〜地 mùdì(牧地)/ mùchǎng(牧场).

ほうまつ【泡沫】 pàomò(泡沫).

ほうまん【放漫】 ¶ 〜な経営のため倒産した yóuyú jīngyíng mǎhǔ dǎobǐ le(由于经营马虎倒闭了). ¶ 〜財政 wěnluàn de cáizhèng(紊乱的财政).

ほうまん【豊満】 fēngmǎn(丰满), fēngyíng(丰盈), fēngyú(丰腴), chōngyíng(充盈). ¶ 〜な肉体 fēngmǎn de ròutǐ(丰满的肉体).

ほうむ【法務】 ¶ 〜省 fǎwùshěng(法务省)/ sīfǎbù(司法部). ¶ 〜大臣 fǎwù dàchén(法务大臣)/ sīfǎ bùzhǎng(司法部长).

ほうむ・る【葬る】 zàng(葬), máizàng(埋葬), zàngmái(葬埋), ānzàng(安葬). ¶ 亡骸(なきがら)を手厚く〜る zhèngzhòng de ānzàng yíhái(郑重地安葬遗骸). ¶ 事件を闇から闇に〜る bǎ shìjiàn mǐ yú wú xíng(把事件弭于无形). ¶ B氏は政界から〜られた B xiānsheng bèi cóng zhèngjiè qūzhú chuqu le(B先生被从政界驱逐出去了).

ほうめい【芳名】 fāngmíng(芳名). ¶ 〜簿 fāngmíngbù(芳名簿).

ほうめい【亡命】 wángmìng(亡命), liúwáng(流亡). ¶ 自由を求めて国外に〜する wèi xúnqiú zìyóu, wángmìng guówài(为寻求自由,亡命国外).

¶ 〜者 liúwángzhě(流亡者). 〜政権 liúwáng zhèngfǔ(流亡政府)

ほうめん【方面】 1[地域] fāngxiàng(方向). ¶ 台風は四国に向かっている táifēng zhèngcháo Sìguó fāngxiàng yídòng(台风正朝四国

方向移動).¶渋谷~にお出での方はお乗り換え下さい wǎng Sègǔ fāngxiàng qù de chéngkè qǐng huàn chē(往涩谷方向去的乘客请换车).**2**【分野】fāngmiàn(方面),céngmiàn(层面).¶将来自然科学の~に進みたい jiānglái xiǎng zhuāngōng zìrán kēxué fāngmiàn(将来想专攻自然科学方面).¶この学校の卒業生は色々な~で指導的役割を果している zhège xuéxiào de bìyèshēng zài shèhuì de gè gè ˇfāngmiàn[céngmiàn] qǐzhe gǔgàn zuòyòng(这个学校的毕业生在社会的各个ˇ方面[层面]起着骨干作用).

ほうめん【放免】 ¶無罪~となる bèi wúzuì shìfàng(被无罪释放).

ほうもう【法網】 fǎwǎng(法网).¶~をくぐって悪事を働く zuān fǎlǜ de kòngzi gàn huàishì(钻法律的空子干坏事).

ほうもつ【宝物】 bǎowù(宝物).

ほうもん【砲門】 pàokǒu(炮口).¶~を開く kāi pào(开炮).

ほうもん【訪問】 fǎngwèn(访问),bàifǎng(拜访),zàofǎng(造访).¶昨日Ａ氏の~を受けた zuótiān A xiānsheng láifǎng le(昨天Ａ先生来访了).¶人の家を~するには時間が遅すぎる xiànzài qù bàifǎng rénjia, shíjiān tài wǎn le(现在去拜访人家,时间太晚了).

 ¶~看護 jiāfǎng kànhù(家访看护).~客 láifǎng de kèrén(来访的客人).表敬~ lǐjiéxìng de bàifǎng(礼节性的拜访)/ bàifǎng(拜访)/ bàihuì(拜会).

ぼうや【坊や】 xiǎodìdi(小弟弟).¶~はよい子だ,ねんねしな guāiguāi[bǎobǎo], kuàikuāir shuìjiào(乖乖[宝宝],快快ㄦ睡觉).¶~,年はいくつ xiǎodìdi, nǐ jǐ suì le?(小弟弟,你几岁了?).

ほうやく【邦訳】 ¶この本はまだ~されていない zhè běn shū hái méiyǒu yìchéng Rìwén(这本书还没有译成日文).¶《阿Ｑ正伝》は幾つも~がある 《Ā Qiū Zhèngzhuàn》 yǒu hǎo jǐ zhǒng Rìyìběn(《阿Ｑ正传》有好几种日译本).

ほうよう【包容】 róngnà(容纳),bāoróng(包容).¶異なった意見を~する róngnà bùtóng de yìjiàn(容纳不同的意见).¶~力のある人 kuānhóng-dàliàng de rén(宽宏大量的人)/ jùyǒu róng rén zhī liàng de rén(具有容人之量的人).

ほうよう【抱擁】 yōngbào(拥抱).¶久しぶりに巡り合い2人は固く~し合った jiǔbié xiāngféng, liǎng rén rèliè yōngbào(久别相逢,两人热烈拥抱).

ほうよう【法要】 →ほうじ.

ほうよう【茫洋】 wǎngyáng(汪洋).¶~たる海原 wǎngyáng dàhǎi(汪洋大海).

ほうよみ【棒読み】 ¶詩はそんなふうに~するものではない shī bù gāi nàme ˇgānbābā[sǐbǎn] de niàn(诗不该那么ˇ干巴巴[死板]地念).¶祝辞を~する zhàoběn-xuānkē de niàn hècí(照本宣科地念贺词).

ほうらく【崩落】 bēngtā(崩塌),bēngtān(崩坍); tāfāng(塌方), tānfāng(坍方).¶トンネ

ルの入り口付近が~した suìdào rùkǒu fùjìn tāfāng le(隧道入口附近塌方了).

ほうらく【暴落】 bàodiē(暴跌),měngdiē(猛跌).¶株価が~する gǔpiào bàodiē(股票暴跌).

ほうらつ【放埓】 fàngdàng(放荡),fàngzòng(放纵),fàngsì(放肆).¶~な生活を送る guòzhe fàngdàng-bùjī de shēnghuó(过着放荡不羁的生活).

ほうり【暴利】 bàolì(暴利).¶~をむさぼる móuqǔ bàolì(牟取暴利).

ほうりあ・げる【放り上げる】 ¶ボールを高く~げる bǎ qiú gāogāor de wǎng shàng pāo(把球高高ㄦ地往上抛).¶荷物を網棚に~げる bǎ xínglǐ rēngzài xínglǐjià shang(把行李扔在行李架上).

ほうりこ・む【放り込む】 ¶紙屑を屑籠に~む bǎ fèizhǐ rēngjìn zìzhǐlǒurli(把废纸扔进字纸篓儿里).¶書類を引出しに~んだまま忘れていた bǎ rēngzài chōutìli de wénjiàn wàng le(把扔在抽屉里的文件忘了).

ほうりだ・す【放り出す】 ¶ごみを窓の外に~す bǎ lājī rēngdào chuāngwài(把垃圾扔到窗外).¶電柱に激突して車から~された zhuàngshàng diànxiàn gānzi cóng chēli shuǎile chūqù(撞上电线杆子从车里甩了出去).¶そんな所に~しておくから無くなったのだ liàozài nàyàng de dìfang zìrán huì diū de(撂在那样的地方自然会丢的).¶小さい時に親に死なれて世間に~された xiǎoshí sǐle fùmǔ, bèi pāojìnle shèhuì(小时死了父母,被抛进了社会).¶家庭を~して遊び歩く bǎ jiā ˇrēngxià[liàoshǒu] bù guǎn zài wài yóudàng(把家ˇ扔下[撂手]不管在外游荡).¶仕事を中途で~す zhōngtú pāoqì gōngzuò(中途抛弃工作); liào tiāozi(撂挑子)/ shuǎi pázi(摔耙子).

ほうりつ【法律】 fǎlǜ(法律).¶~に照らして処罰する ànzhào fǎlǜ chéngfá(按照法律惩罚).¶~に訴える dǎ guānsi(打官司)/ gàodào fǎyuàn(告到法院).¶~を守る zūnshǒu fǎlǜ(遵守法律)/ shǒufǎ(守法).¶未成年者の喫煙は~上禁じられている fǎlǜshang jìnzhǐ wèichéngniánzhě xīyān(法律上禁止未成年者吸烟).

ほうりゃく【謀略】 guǐjì(诡计),yīnmóu(阴谋).¶~をめぐらす gǎo yīnmóu-guǐjì(搞阴谋诡计); cèhuà yīnmóu(策划阴谋).¶敵の~に陥る xiànrù dírén de quāntào(陷入敌人的圈套).

ほうりゅう【放流】 ¶ダムの水を~する fàngchū shuǐkùli de shuǐ(放出水库里的水).¶川に稚魚を~する wǎng héli fàngliú yúmiáo(往河里放流鱼苗).

ほうりょう【豊漁】 yúyè fēngshōu(渔业丰收).¶秋刀魚(ﾏ)が~だ qiūdāoyú fēngshōu le(秋刀鱼丰收了).

ほうりょく【暴力】 bàolì(暴力).¶~に訴える sù zhū wǔlì(诉诸武力).¶~をふるう shuǎimán dòngwǔ(耍蛮动武)/ dòngshǒu dǎ rén(动手打人)/ shībào(施暴).

¶~革命 bàolì gémìng(暴力革命). ~团 bàolìtuán(暴力团).

ボウリング bǎolíngqiú(保龄球), dìgǔnqiú(地滚球).

ほう・る【放る】 **1**〔投げる〕rēng(扔), shuǎi(甩), pāo(抛). ¶犬に骨を~ってやる bǎ gǔtou rēnggěi gǒu(把骨头扔给狗). ¶そのボールをこっちに~って下さい qǐng bǎ nàge qiú rēnggěi wǒ ba(请把那个球扔给我吧).
2〔放棄する〕¶問題が難しくて試験を~ってしまった kǎotí tài nán, fàngqile kǎoshì(考题太难,放弃了考试).
3〔放置する〕¶それは~っておけない問題だ nà shì bùnéng gēzhì de wèntí(那是不能搁置的问题). ¶そのくらいの傷は~っておいても自然に治る nàmediǎnr shāng bù guǎn yě zìrán huì hǎo de (那么点儿伤不管也自然会好的). ¶~っておいたらあいつは何をするか分らない rúguǒ fàngrèn bù guǎn, shuōbudìng tā huì gànchū shénme lái(如果放任不管,说不定他会干出什么来). ¶彼が暮しに困っているのを~っておくわけにもいくまい kàn tā shēnghuó nàme kùnnan, bùnéng bìzhe yǎnjing bù guǎn(看他生活那么困难,不能闭着眼睛不管).

ほうるい【堡塁】 bǎolěi(堡垒).

ほうれい【法令】 fǎlìng(法令).

ほうれい【亡霊】 wánglíng(亡灵), wánghún(亡魂), yīnhún(阴魂), yōulíng(幽灵), guǐhún(鬼魂). ¶~にとりつかれる jiào guǐhún chánzhù le(叫鬼魂缠住了).

ほうれつ【放列】 ¶大砲の~をしく bǎ dàpào páichéng yì pái(把大炮排成一排). ¶カメラの~の前で記者会見が始まった zài yí dà pái shèyǐngjī qiánmiàn kāishǐle jìzhě zhāodàihuì(在一大排摄影机前面开始了记者招待会).

ほうれんそう【菠薐草】 bōcài(菠菜), bōléngcài(菠薐菜).

ほうろう【流浪】 liúláng(流浪), piāobó(漂泊), làngjì(浪迹). ¶諸国を~する dàochù liúláng(到处流浪). ¶彼は~癖がある tā liúláng chéngxìng(他流浪成性).
¶~者 liúlàngzhě(流浪者).

ほうろう【琺瑯】 fàláng(珐琅), tángcí(搪瓷), yángcí(洋瓷). ¶~引きの食器 tángcí cānjù(搪瓷餐具).
¶~質 yòuzhì(釉质)/ fàlángzhì(珐琅质).

ほうろう【望楼】 wànglóu(望楼), gǎnglóu(岗楼), liàowàngtái(瞭望塔), diāolóu(碉楼).

ほうろく【焙烙】 shāguō(沙锅).

ほうろん【暴論】 ¶~を吐く fā miùlùn(发谬论). ¶それは~だ nà huà tài mánhèng wúlǐ(那话太蛮横无理).

ほうわ【飽和】 bǎohé(饱和). ¶A市の人口は~状態に達した A shì de rénkǒu yǐjīng dádàole bǎohé zhuàngtài(A市的人口已经达到了饱和状态).
¶~点 bǎohédiǎn(饱和点). ~溶液 bǎohé róngyè(饱和溶液).

ほえづら【吠え面】 ¶そんなことを言ったあとで~かくな shuō nà zhǒng huà guòhòu kě bié kūbízi(说那种话过后可别哭鼻子).

ほ・える【吠える】 jiào(叫), hǒu(吼), háo(嗥·嚎), hǒujiào(吼叫), háojiào(嚎叫), páoxiào(咆哮). ¶犬がわんわん~える gǒu wāngwāng de jiào(狗汪汪地叫). ¶ライオンが~える shīzi hǒu(狮子吼). ¶狼が~える láng háo(狼嗥). ¶演壇で~ zài jiǎngtán shàng hǒujiào(在讲坛上吼叫).

ほお【頰】 jiá(颊), miànjiá(面颊), liǎnjiá(脸颊), liǎndànr(脸蛋儿), liǎndànzi(脸蛋子), sāi(腮), liǎnsāi(脸腮), sāijiá(腮颊), sāibāng(腮帮), sāibāngzi(腮帮子). ¶~がこける liǎngjiá xiāoshòu(两颊消瘦). ¶~が落ちそうにおいしい tiándiǎoxiē xiàba(甜掉了下巴). ¶りんごのような~の少年 liǎndànér hóngde xiàng píngguǒ shìde shàonián(脸蛋儿红得像苹果似的少年). ¶恥しさに~を赤らめる xiūde liǎnjiá fēihóng(羞得两颊绯红). ¶彼女は注意するとすぐ~をふくらます yì shuō tā, tā jiù gǔ sāibāngzi(一说她,她就鼓腮帮子). ¶涙で~をぬらす lèishuǐ rùnshīle miànjiá(泪水润湿了面颊).

ボーイ **1**〔少年〕¶~スカウト tóngzǐjūn(童子军). ~フレンド nánpéngyou(男朋友).
2〔給仕〕fúwùyuán(服务员), cháfáng(茶房), huǒjì(伙计), pǎotángde(跑堂儿的).

ほおえ・む【微笑む】 →ほほえむ.

ポーカー pūkè(扑克). ¶~をする dǎ pūkè(打扑克).
¶~フェース nányǐ zhuōmō de biǎoqíng(难以捉摸的表情).

ほおかぶり【頰被り】 ¶手拭で~をする yòng shǒujīn bǎ tóu hé liǎn bāoqilai(用手巾把头和脸包起来). ¶都合の悪いことは~で過す duì zìjǐ bùlì de shìqing jiù zhuāng hútu(对自己不利的事情就装糊涂).

ボーキサイト lǚtǔkuàng(铝土矿), lǚfántǔ(铝矾土).

ホース ruǎnguǎn(软管); 〔消火用の〕shuǐlóng(水龙), shuǐlóngdài(水龙带). ¶ゴム~ jiāopíguǎn(胶皮管)/ xiàngpíguǎn(橡皮管).

ポーズ zīshì(姿势), zītài(姿态). ¶モデルに~をつける gěi mótèr bǎi zīshì(给模特儿摆姿势). ¶わざとらしい~を作る gù zuò zītài(故作姿态)/ gùyì zuòzuo(故意做作)/ zhuāng mú zuò yàng(装模作样). ¶学者ぶった~をとる bǎichū xuézhě de "yàngzi[jiàzi]"(摆出学者的"样子[架子]").

ほおずき【酸漿】 suānjiāng(酸浆), dēnglongcǎo(灯笼草), hónggūniang(红姑娘).

ほおずり【頰擦り】 ¶子供を抱きしめて~する bàozài huáilǐ liǎn tiē liǎn de qīn háizi(抱在怀里脸贴脸地亲孩子).

ポーター bānyùngōng(搬运工), hóngmàozi(红帽子).

ボーダーライン fēnjièxiàn(分界线), jièxiàn(界线).

ポータブル shǒutíshì(手提式), biànxiéshì(便携式). ¶~ラジオ shǒutíshì shōuyīnjī(手提式收音机).

ポーチ ménqián tíngchēláng(门前停车廊).

ほおづえ【頬杖】 ¶～をついて考え込む tuō sāi [tuōzhe xiàba] chénsī(托腮[托着下巴]沉思).

ボート huázi(划子), xiǎotǐng(小艇), xiǎochuán(小船). ¶～を漕ぐ huá chuán(划船). ¶～レース huáchuán bǐsài(划船比赛)／sàitǐng(赛艇). 救命～ jiùshēngtǐng(救生艇).

ボードセーリング fānbǎn yùndòng(帆板运动).

ボーナス jiǎngjīn(奖金), hónglì(红利), huāhóng(花红). ¶3か月分の～を支給する fāgěi xiāngdāngyú sān ge yuè xīnshui de jiǎngjīn(发给相当于三个月薪水的奖金).

ほおば・る【頬張る】 ¶御飯を～る chīfàn chīde sāibāngzi gǔgǔ de(吃饭吃得腮帮子鼓鼓的). ¶一口～ったらとてもおいしかった chīle yì kǒu juéde hěn hǎochī(吃了一口觉得很好吃).

ほおひげ【頬髭】 liánbìnhúzi(连鬓胡子), luòsāihúzi(络腮胡子). ¶～をたくわえる liú liánbìnhúzi(留连鬓胡子).

ホープ 彼は日本体操界の～だ tā shì Rìběn tǐcāojiè jìyǔ hòuwàng de rén(他是日本体操界寄予厚望的人).

ほおべに【頬紅】 yānzhi(胭脂). ¶～をさす chá yānzhi(搽胭脂).

ほおぼね【頬骨】 quángǔ(颧骨). ¶～の張った人 quángǔ gāotū de rén(颧骨高突的人).

ホーム 1【施設】【老人～】jìnglǎoyuàn(敬老院)／yǎnglǎoyuàn(养老院).
2【本塁】běnlěi(本垒). ¶～ベースを踏む tàshàng běnlěi(踏上本垒). ¶3人～インした sān ge rén huídào běnlěi le(三个人回到本垒了).
¶～スチール tōu běnlěi(偷本垒).
3【プラットホーム】zhàntái(站台), yuètái(月台). ¶東京行きは何番～ですか dào Dōngjīng qù, zài jǐ hào yuètái shàng chē?(到东京去,在几号月台上车?).

ホームシック sīxiāngbìng(思乡病), huáixiāngbìng(怀乡病). ¶～にかかる hài sīxiāngbìng(害思乡病)／huàn huáixiāngbìng(患怀乡病).

ホームステイ dāngdì jiātíng shēnghuó tǐyàn huódòng(当地家庭生活体验活动).

ホームドクター jiātíng yīshēng(家庭医生).

ホームページ shǒuyè(首页), wǎngyè(网页).

ホームラン běnlěidǎ(本垒打). ¶～をかっ飛ばす jī běnlěidǎ(击本垒打). ¶満塁～ mǎnlěi běnlěidǎ(满垒本垒打).

ホームルーム bānhuì(班会). ¶この問題は～の時間に話し合おう zhège wèntí zài bānhuì shang tǎohuǒr yìqǐ tǎolùn ba(这个问题在班会上大伙儿一起讨论吧).

ポーランド Bōlán(波兰).

ボーリング 〔穿孔〕tángkǒng(镗孔), zuānkǒng(钻孔), dǎyǎn(打眼);〔試掘〕zuāntàn(钻探), shìzuān(试钻). ¶温泉が出るかどうか～する jìnxíng zuāntàn kànkan yǒu méiyǒu wēnquán(进行钻探看有没有温泉).

ホール 〔大広間〕dàtīng(大厅), lǐtáng(礼堂);〔会館〕huìtáng(会堂), huìguǎn(会馆). ¶ダンス～ wǔtīng(舞厅)／wǔchǎng(舞场). 市民～ shìmín huìtáng(市民会堂).

ボール 1【球】qiú(球), píqiú(皮球). ¶～を投げる rēng qiú(扔球). ¶～をころがす gǔn qiú(滚球). ¶～をける tī qiú(踢球). ¶～で遊ぶ ná qiú wánr(拿球玩儿).
2【野球の】huàiqiú(坏球). ¶フォア～ sì huàiqiú(四坏球).
3【鉢】bō(钵), wǎn(碗), pén(盆). ¶サラダ～ sèlā dàwǎn(色拉大碗).

ボールがみ【ボール紙】 zhǐbǎn(纸板), huángzhǐbǎn(黄纸板), mǎfènzhǐ(马粪纸).

ボールベアリング gǔnzhū zhóuchéng(滚珠轴承), qiúzhóuchéng(球轴承).

ボールペン yuánzhūbǐ(圆珠笔), yuánzǐbǐ(原子笔).

ほおん【保温】 bǎowēn(保温). ¶この容器は～がよい zhège róngqì bǎowēn liánghǎo(这个容器保温良好).

ほか【外・他】 1 bié de(别的), qítā(其他), qíyú(其余), lìngwài(另外). ¶彼女の～はみな賛成だ chú tā zhī wài dōu zànchéng(除她之外都赞成).
¶故障は何か～の原因によるらしい gùzhàng kànlai shì yóu bié de yuányīn yǐnqǐ de(故障看来是由别的原因引起的). ¶もっと～のを見せて下さい zài gěi wǒ kànkan bié de ba(再给我看看别的吧). ¶～の人の迷惑になるような事はやめなさい búyào zuò fáng'ài biéren de shì(不要做妨碍别人的事). ¶来るなら～の日にしてくれ yàoshi lái gǎitiān lái ba(要是来改天来吧). ¶～のことならこれならこれだけは御免こうむりたい bié de shì hái xíng, jiùshì zhè jiàn shì shízài duìbuqǐ(别的事还行,就是这件事实在对不起).
¶～にまだ聞きたいことがある cǐwài hái yǒu shìqing xiǎng wènwen(此外还有事情想问问). ¶～に用がなければ私は帰ります yàoshi méiyǒu bié de shì, wǒ jiù huíqu le(要是没有别的事,我就回去了). ¶この～にもまだ2,3軒寄る所がある lìngwài hái yǒu liǎng、sān ge yào qù de dìfang(另外还有两、三个要去的地方).
¶どこか～を探そう zài lìng zhǎo ge dìfang ba(再另找个地方吧)／dào biéchu zài zhǎozhao kàn(到别处再找找看).
¶青木～9名が参加した chúle Qīngmù yǐwài hái yǒu jiǔ míng cānjiā le(除了青木以外还有九名参加了).
¶その有様ときたら話の～だ nàge yàngzi jiǎnzhí bùchénghuà(那个样子简直不成话). ¶それは思案の～だった nà gēnběn méi xiǎngdào(那根本没想到)／nà zhēn chūhū yìliào(那真出乎意料).
2〔…しか〕¶釣の～に道楽はない chú diàoyú méiyǒu bié de shìhào(除钓鱼没有别的嗜好). ¶君の～に頼る人はない chúle nǐ yǐwài wǒ zài yě méiyǒu kě yīkào de rén(除了你以外我再也没有可依靠的人). ¶そんなことより～にすることはないのか nǐ chúle nà zhǒng shì yě méiyǒu kě gàn de le?(你除了那种事再也没有可干的了?). ¶こうなったら謝る～はない zhè-

ぼか ¶また～をやってしまった yòu tǒngle lòuzi(又捅了漏子)/ yòu shīwù le(又失误了)/ yòu shīle yì zhāo(又失了一着).

ほかく【捕獲】 bǔhuò(捕获). ¶鯨を～する bǔhuò jīngyú(捕获鲸鱼). ¶敵艦2隻を～した bǔhuò díjiàn èr sōu(捕获敌舰二艘).

ほかく【補角】 bǔjiǎo(补角).

ほかげ【火影】 dēngguāng(灯光), huǒguāng(火光). ¶港の～が見えてきた gǎngkǒu de dēngguāng jiànjiàn yìngrù yǎnlián(港口的灯光渐渐映入眼帘). ¶遠くで～がちらちらしている yuǎnyuānr de dēnghuǒ zài shǎnshuò(远远地灯火在闪烁).

ほかけぶね【帆掛け船】 fānchuán(帆船).

ほか・す【暈す】 1〔色などを〕 ¶色を～ bǎ sècǎi nònghú(把色彩弄淡). ¶絵の背景を～ bǎ huà de bèijǐng nòngmóhu(把画的背景弄模糊).
2〔言葉などを〕 ¶返答を～す hánhu huídá(含糊回答). ¶肝心な点になると彼はいつも話を～す tándào guānjiànchù tā zǒng hánhú qí cí(谈到关键处他总含糊其辞).

ぽかっと ¶棒で～殴ってやった gěile tā yí gùnzi(给了他一棍子).
2〔ぽっかり〕 ¶山腹に～穴があいている shānyāo shang yǒu yí ge dàdòng(山腰上有一个大洞). ¶彼女の席だけが～1つあいている zhǐ yǒu tā de zuòwèi kòngzhe(只有她的坐位空着).

ほかならな・い【他ならない】 ¶～あなたの頼みだから引き受けないわけにはいかない jìrán bú shì biéren ér shì nǐ de yāoqiú, bù dāying shì bùxíng de(既然不是别人而是你的要求,不答应是不行的). ¶今日の彼の成功は絶えざる努力の結果に～い tā jīntiān de chénggōng shì búduàn nǔlì de jiéguǒ(他今天的成功是不断努力的结果).

ほかほか ¶日に干したので布団が～になった bèizi shàide nuǎnhōnghōng de(被子晒得暖烘烘的). ¶～の肉饅頭 rètēngtēng de bāozi(热腾腾的包子).

ぽかぽか 1〔暖かく感ずるさま〕 ¶～した春先の一日 nuǎnhuóhuó de chūchūn de yì tiān(暖和和的初春的一天). ¶アルコールが入ったら体が～してきた yì bēi xiàdù, shēnzi nuǎnhuo qilai le(一杯下肚,身子暖和起来了).
2〔続けて殴るさま〕 ¶～と殴られた pīpípāpā de bèi hěn dǎle yí dùn(劈劈啪啪地被狠打了一顿).

ほがらか【朗らか】 mínglǎng(明朗), kāilǎng(开朗), shuǎnglǎng(爽朗). ¶～に晴れた空 mínglǎng de qíngkōng(明朗的晴空). ¶彼女は性格が～だ tā xìnggé hěn kāilǎng(她性格很开朗). ¶彼はいつも～な顔をしている tā zǒngshì nàme shénqíng yúkuài(他总是那么神情愉快). ¶～な笑い声が聞こえた tīngdào shuǎnglǎng de xiàoshēng(听到爽朗的笑声).

ほかん【保管】 bǎoguǎn(保管). ¶金庫に入れて厳重に～する fàngzài bǎoxiǎnguìli yánjiā bǎoguǎn(放在保险柜里严加保管).

ほかん【母艦】 mǔjiàn(母舰). ¶～に帰還する fǎnhuí mǔjiàn(返回母舰).

ぽかん lèng(愣), fālèng(发愣), dǎlèng(打愣), lèngshénr(愣神ㄦ). ¶～していないでさっさと仕事をしなさい bié lèngzhe, kuài gànhuó ba(别愣着,快干活吧). ¶彼は訳が分らず一口を開けて立っていた tā mòmíngqímiào, shǎhēhē de zhāngzhe zuǐ zhànzhe(他莫名其妙,傻呵呵地张着嘴站着).

ぼき【簿記】 bùjì(簿记). ¶複式～ fùshì bùjì(复式簿记).

ほきゅう【補給】 bǔjǐ(补给). ¶弾薬を～する bǔjǐ dànyào(补给弹药). ¶燃料を～する bǔjǐ ránliào(补给燃料)/ jiāyóu(加油). ¶～線 bǔjǐxiàn(补给线).

ほきょう【補強】 jiāgù(加固). ¶橋を～する jiāgù qiáoliáng(加固桥梁). ¶新しい選手を入れてチームを～する xīshōu xīnxuǎnshǒu zēngqiáng duì de lìliang(吸收新选手增强队的力量).

ぼきん【募金】 mùjuān(募捐). ¶道行く人に～を呼び掛ける xiàng xíngrén mùjuān(向行人募捐).

ほきんしゃ【保菌者】 dàijūnzhě(带菌者).

ぼく【僕】 wǒ(我).

ほくい【北緯】 běiwěi(北纬).

ほくおう【北欧】 Běi Ōu(北欧).

ほくげん【北限】 běixiàn(北限). ¶稲作の～ dàozuò de běixiàn(稻作的北限).

ボクサー quánjī yùndòngyuán(拳击运动员), quánshǒu(拳手).

ぼくさつ【撲殺】 dǎsǐ(打死). ¶野良犬を～する bǎ yěgǒu dǎsǐ(打死野狗).

ぼくし【牧師】 mùshi(牧师).

ぼくしゃ【牧舎】 chùlán(畜栏).

ぼくしゅ【墨守】 mòshǒu(墨守). ¶旧習を～する Mò shǒu chéngguī(墨守成规)/ yīnxún jiùxí(因循旧习).

ぼくじゅう【墨汁】 mòzhī[r](墨汁[ㄦ]), mòshuǐ[r](墨水[ㄦ]).

ほくじょう【北上】 běishàng(北上). ¶台風は～しつつある táifēng zhújiàn běishàng(台风逐渐北上).

ぼくじょう【牧場】 mùchǎng(牧场), mùdì(牧地).

ボクシング quánjī(拳击).

ほぐ・す ¶もつれた糸を～す lǐkāi[jiě kāi] luànxiàn(理开[解开]乱线). ¶肩の凝りを～す shǐ fājiāng de jiānbǎng sōngchí(使发僵的肩膀松弛). ¶緊張を～す huǎnhé jǐnzhāng de xīnqíng(缓和紧张的心情). ¶感情のもつれを～す jiěkai gǎnqíngshang de gēda(解开感情上的疙瘩).

ぼく・する【卜する】 bǔ(卜), zhānbǔ(占卜). ¶前途を～する zhānbǔ qiántú(占卜前途). ¶居を～する bǔjū(卜居).

ほくせい【北西】 xīběi(西北). ¶針路を～にとる cháo xīběi xíngshǐ(朝西北行驶).

ぼくせき【木石】 mùshí(木石). ¶人は～ではな

い rén fēi mùshí, shuí néng wúqíng(人非木石,谁能无情). ¶～腸 mùshí xīncháng(木石心肠).

ぼくそう【牧草】 mùcǎo(牧草). ¶～地 cǎochǎng(草场)/ mùchǎng(牧场)/ mùdì(牧地).

ぼくそえ・む【北叟笑む】 ànxiào(暗笑), ànxǐ(暗喜). ¶彼はしてやったりと～んだ tā juéde zhèng zhòng xiàhuái ànzì chēngkuài(他觉得正中下怀暗自称快).

ぼくたん【北端】 běiduān(北端), běitóur(北头ル). ¶日本の最～ Rìběn de zuì běiduān(日本的最北端).

ぼくちく【牧畜】 xùmù(畜牧), mùxù(牧畜). ¶～業 xùmùyè(畜牧业)/ mùyè(牧业).

ぼくとう【北東】 dōngběi(东北).

ぼくとう【木刀】 mùdāo(木刀).

ぼくどう【牧童】 mùtóng(牧童).

ぼくとせい【北斗星】 běidǒuxīng(北斗星), tiāngāng(天罡).

ぼくとつ【朴訥】 mùnè(木讷). ¶～な性格 mùnè guǎyán de xìnggé(木讷寡言的性格).

ぼくねんじん【朴念仁】 ¶おまえのような～に何が分る nǐ zhège mùtóurén dǒng shénme?(你这个木头人懂什么?).

ぼくぶ【北部】 běibù(北部). ¶東北の～に初雪が降った Dōngběi dìqū de běibù xiàle chūxuě(东北地区的北部下了初雪).

ぼくべい【北米】 Běi Měi(北美), Běi Měizhōu(北美洲).

ほくほく 1〔嬉しそうなさま〕 ¶月給が上がって皆～だ jiāle xīn, dàjiā ˇxǐyángyáng de[mǎnliǎn xǐqì/ mǎnxīn huānxǐ](加了薪,大家ˇ喜洋洋的[满脸喜气/满心欢喜]).
2〔芋など〕 ¶このさつま芋は～しておいしい zhè kuài báishǔ hěn miàn hǎochī jíle(这块白薯很面好吃极了).

ほくほくせい【北北西】 běixīběi(西北北).

ほくほくとう【北北東】 běidōngběi(东北北).

ぼくめつ【撲滅】 pūmiè(扑灭), xiāomiè(消灭). ¶蚊と蠅を～する pūmiè wén yíng(扑灭蚊蝇).

ほくよう【北洋】 běiyáng(北洋); Běi Tàipíngyáng(北太平洋).

ほぐ・れる ¶糸のもつれがやっと～れた hǎoróngyì lǐhǎole luàn xiàn(好容易理好了乱线). ¶肩の凝りがなかなか～れない fàbǎn de jiānbǎng zěnme yě sōngchí bu liǎo(发板的肩膀怎么也松弛不了). ¶話しているうちに気分が～れてきた shuōzhe shuōzhe xīnqíng jiù sōngkuaile xiē(说着说着心情就松快了些).

ほくろ【黒子】 zhì(痣), hēizhì(黑痣), wùzi(痦子), hēizǐ(黒子).

ぼけ【木瓜】 tiěgěng mùguā(贴梗木瓜).

ほげい【捕鯨】 bǔjīng(捕鲸). ¶～船 bǔjīngchuán(捕鲸船).

ぼけい【母系】 mǔxì(母系). ¶～社会 mǔxì shèhuì(母系社会). ～制 mǔxì shìzúzhì(母系氏族制)/ mǔquánzhì(母权制).

ぼけい【母型】 zìmǔ(字模), tóngmú(铜模).

ほげた【帆桁】 fānhéng(帆桁).

ほけつ【補欠】 ¶～を募集する bǔzhāo(补招).

¶～選挙 bǔquē xuǎnjǔ(补缺选举)/ bǔxuǎn(补选). ～選手 tìbǔ xuǎnshǒu(替补选手).

ぼけつ【墓穴】 mùxué(墓穴). ¶自ら～を掘る zì jué fénmù(自掘坟墓).

ポケット kǒudai[r](口袋[ル]), yīdài(衣袋), yīdài[r](衣兜[ル]), dōur(兜ル), dōuzi(兜子), chādōu(插兜), chādài(插袋). ¶～のついたスカート dài yīdài de qúnzi(带衣袋的裙子). ¶財布を～に入れる bǎ qiánbāo fàngjìn kǒudaili(把钱包放进口袋里). ¶～に手を入れて歩く bǎ shǒu chāzài dōurli zǒulù(把手插在兜ル里走路). ¶～型のカメラ xiùzhēn zhàoxiàngjī(袖珍照相机).

¶～ブック xiùzhēnběn(袖珍本). ～マネー língyòngqián(零用钱).

ぼ・ける【惚ける】 hútu(糊涂), bèihui(悖晦·背晦), móhu(模糊). ¶頭が～けた nǎojīn hútu le(脑筋糊涂了). ¶この写真はピントが～けている zhè zhāng zhàopiànr móhu bù qīng(这张照片ル模糊不清).

ほけん【保健】 bǎojiàn(保健). ¶～に留意する zhùyì bǎojiàn(注意保健).

¶～所 bǎojiànsuǒ(保健所). ～婦 nǚbǎojiànyuán(女保健员).

ほけん【保険】 bǎoxiǎn(保险). ¶～に入る jiārù bǎoxiǎn(加入保险)/ tóubǎo(投保). ¶積荷に～をかける bǎ zàihuò jiārù bǎoxiǎn(把载货加入保险). ¶～契約を結ぶ dìnglì bǎoxiǎn hétong(订立保险合同). ¶～金目当てに自宅に放火した wèile piànqǔ bǎoxiǎnjīn fànghuǒ shāole zìjǐ de zhùfáng(为了骗取保险金放火烧了自己的住房).

¶～会社 bǎoxiǎn gōngsī(保险公司). ～料 bǎoxiǎnfèi(保险费). 海上～ hǎishàng bǎoxiǎn(海上保险)/ shuǐxiǎn(水险). 火災～ huǒzāi bǎoxiǎn(火灾保险)/ huǒxiǎn(火险). 健康～ jiànkāng bǎoxiǎn(健康保险). 生命～ rénshòu bǎoxiǎn(人身保险)/ rénshòu bǎoxiǎn(人寿保险).

ほこ【矛】 máo(矛), gē(戈). ¶～をおさめる shōubīng(收兵).

ほご【反故】 zìzhǐ(字纸), fèizhǐ(废纸). ¶原稿用紙を何枚も～にした bǎ hǎo jǐ zhāng gǎozhǐ xiěhuài le(把好几张稿纸写坏了). ¶そんな証文は～同然だ nà zhǒng zìjù jiù rútóng yì zhāng fèizhǐ(那种字据就如同一张废纸). ¶約束を～にする wéibèi nuòyán(违背诺言).

ほご【保護】 bǎohù(保护). ¶国内産業を～するサングラスをかけて目を～する bǎohù guónèi chǎnyè(保护国内产业). ¶サングラスをかけて目を～する dài tàiyángjìng bǎohù yǎnjing(戴太阳镜保护眼睛). ¶大使館に～を求める yāoqiú dàshǐguǎn bǎohù(要求大使馆保护). ¶自然に心掛けるよう nǔlì bǎohù zìrán(努力保护自然).

¶～関税 bǎohù guānshuì(保护关税). ～者 bǎohùrén(保护人)/ jiānhùrén(监护人)/ jiāzhǎng(家长). ～者会 jiāzhǎnghuì(家长会). ～色 bǎohùsè(保护色). ～鳥 bǎohùniǎo(保护鸟). ～貿易 bǎohù màoyì(保护贸易).

ほご【補語】 bǔyǔ(补语).

ほこう【歩行】 bùxíng (步行), xíngzǒu (行走), bùlǔ (步履). ¶足首を捻挫して~が困難だ になった jiǎobózi, zǒulù kùnnan (扭了脚脖子, 走路困难). ¶~者天国 bùxíngjiē (步行街). ~者優先 bùxíngzhě yōuxiān (步行者优先).

ほこう【母校】 mǔxiào (母校).

ほこく【母国】 zǔguó (祖国). ¶~語 mǔyǔ (母语).

ほこさき【矛先】 máotóu (矛头), fēngmáng (锋芒). ¶~を交える jiāo fēng (交锋). ¶~を政府に向ける bǎ máotóu zhǐxiàng zhèngfǔ (把矛头指向政府). ¶批判の~をかわす bìkāi pīpíng de máotóu (避开批评的矛头).

ほこら【祠】 cí (祠).

ほこらか【誇らか】 jiāo'ào (骄傲), zìháo (自豪). ¶~に独立を宣言する jiāo'ào de xuānbù dúlì (骄傲地宣布独立). ¶~に胸を張って行進する tǐngxiōng zìháo de xíngjìn (挺胸阔步自豪地行进).

ほこらし・い【誇らしい】 jiāo'ào (骄傲), zìháo (自豪). ¶代表に選ばれて~く思う bèi xuǎnwéi dàibiǎo gǎndào jiāo'ào (被选为代表感到骄傲). ¶子供は~げに釣った魚を皆に見せた xiǎoháizi hěn déyì de bǎ zìjǐ diào de yú gěi dàjiā kàn (小孩子很得意地把自己钓的鱼给大家看).

ほこり【埃】 huī (灰), chéntǔ (尘土), huīchén (灰尘), chén'āi (尘埃), huītǔ (灰土), fúchén (浮尘). ¶机の上には~が厚く積っている zhuōzi shang jīle yì céng hòuhòu de huīchén (桌子上积了一层厚厚的灰尘). ¶~をかぶる mángshàng yì céng chéntǔ (蒙上一层尘土). ¶本の~をはたく bǎ shūshang de huī dǎndiào (把书上的灰掸掉). ¶そこらじゅう~だらけだ zhèr nàr mǎn shì chén'āi (这儿那儿满是尘埃). ¶大掃除で頭や顔が~だらけになった gǎo dàsǎochú nòngde huītóu-tǔliǎnr de (搞大扫除弄得灰头土脸儿的). ¶今日は風が強くて~っぽい jīntiān fēng dà, chénwù mímàn (今天风大, 尘雾弥漫). ¶土~が舞い上がる huītǔ fēiyáng (灰土飞扬).

ほこり【誇り】 jiāo'ào (骄傲), zìháo (自豪). ¶彼は我が国の~だ tā shì wǒguó de jiāo'ào (他是我国的骄傲). ¶このように優秀な学生を持ったことを~に思う wǒ wèi yǒu zhèyàng yōuxiù de xuésheng ér gǎndào jiāo'ào (我为有这样优秀的学生而感到骄傲). ¶自分の仕事に~を持つ wèi zìjǐ de gōngzuò ér zìháo (为自己的工作而自豪). ¶彼の言葉が彼女の~を傷つけた tā shuō de huà sǔnhàile tā de zìháogǎn (他说的话损害了她的自尊感). ¶~高き男 yǒu qìjié de hànzi (有气节的汉子).

ほこ・る【誇る】 jiāo'ào (骄傲), zìháo (自豪). ¶自分の腕を~る zìjǐ de shǒuyì (夸耀自己的手艺). ¶彼等は無敗を~っている tāmen wèi méi dǎguò bàizhàng ér zìháo (他们为没打过败仗而自豪). ¶こんなことは別段~るほどのことでもない zhèi zhǒng de shì bìng méiyǒu shénme kě kuāyào de (这种的事并没有什么可夸耀的). ¶東洋一を~る大ダム hàochēng Yàzhōu zuìdà de shuǐkù (号称亚洲最大的水库).

ほころば・せる【綻ばせる】 ¶嬉しさに口元を~せた gāoxìngde zhàn chún wēixiào (高兴得绽唇微笑).

ほころび【綻び】 pòzhan (破绽). ¶着物の~を繕う féngbǔ yīfu de pòzhan (缝补衣服的破绽). ¶党内の結束に~が見え始めた dǎngnèi de tuánjié chūxiàn le pòzhan (党内的团结出现了破绽).

ほころ・びる【綻びる】 1 [縫目が] kāizhàn (开绽), kāi xiàn (开线), tuō xiàn (脱线). ¶縫目が~びた kāi xiàn le (开线了).
2 [少し開く] ¶口元が~びる zhàn chún wēixiào (绽唇微笑). ¶桜の蕾が~び始めた yīnghuā zīzīrle (樱花滋滋嘴儿了).

ほさ【補佐】 fǔzuǒ (辅佐), fǔzhù (辅助). ¶会長を~する fǔzuǒ huìzhǎng gōngzuò (辅佐会长工作).

ほさき【穂先】 ¶麦の~ màimáng (麦芒). ¶筆の~ bǐfēng (笔锋)/ máobǐjiān (毛笔尖). ¶槍の~ qiāngjiān (枪尖).

ほざ・く ¶つべこべ~くな búyào ˮhúshuōbādào [húyán-luànyǔ] (不要「胡说八道[胡言乱语]). ¶奴はそんなことを~いたのか nà jiāhuo jìng shuō nà zhǒng húhuà (那家伙竟说那种糊涂话).

ほさつ【菩薩】 púsà (菩萨). ¶観世音~ Guānshìyīn púsà (观世音菩萨).

ボサノバ xīnbàosà yīnyuè (新鲍萨音乐).

ぼさぼさ 1 [頭髪など] ¶髪はいつも髪を~にしている tā zǒngshì tóufa luànpéngpéng de (他总是头发乱蓬蓬的).
2 [ぼさっと] ¶何をそんな所で~しているのだ nǐ zài nàr shǎ dāizhe gàn shénme? (你在那儿傻呆着干什么?).

ぼさん【墓参】 shàngfén (上坟), sǎomù (扫墓). ¶~のために帰省する wèile sǎomù ér huíxiāng (为了扫墓而回乡).

ほし【星】 1 xīng (星), xīngxing (星星), xīngchén (星辰), xīngdǒu (星斗). ¶~がいっぱい輝いている fánxīng shǎnyào (繁星闪耀). ¶~がまたたく xīngguāng shǎnshuò (星光闪烁)/ mǎntiān xīngdǒu (满天星斗). ¶~をいただいて帰る pī xīng ér guī (披星而归). ¶~移り物変る wù huàn xīng yí (物换星移). ¶~印をつける jiā xīnghào (加星号).
2 [犯人] ¶~をあげる dàibǔ zuìfàn (逮捕犯).
3 [運勢] xīngxiàng (星象), xīngxiàng (星相). ¶よい~の下に生れる zài hǎo de xīngxiàng shí dànshēng (在好的星象时诞生)/ zài jíxīng gāozhào xià dànshēng (在吉星高照下诞生).

ほじ【保持】 bǎochí (保持); chánlián (蝉联). ¶世界選手権を~する shìjiè guànjūn (蝉联世界冠军). ¶健康を~する bǎochí jiànkāng (保持健康).

ぼし【母子】 mǔzǐ (母子). ¶難産でしたが~共に元気です suīshuō nánchǎn, mǔzǐ dōu hěn jiànkāng (虽说难产, 母子都很健康).
¶~家庭 mǔzǐ jiātíng (母子家庭).

ほし【墓誌】 mùzhì(墓志), mùzhìmíng(墓志铭).

ポジ zhèngpiàn(正片), zhèngpiānr(正片儿).

ほしあかり【星明り】 xīngguāng(星光). ¶～でなんとか道が見える xīngguāng xià zǒng kěyǐ kànchū lù lai(星光下总可以看出路来).

ほし・い【欲しい】 1〔得たい〕yào(要). ¶もう少し暇が～い xīwàng zài yǒu xiē kòngxiá shíjiān(希望再有些空暇时间). ¶～いものは何でもあげよう nǐ yào shénme wǒ gěi nǐ shénme(你要什么我给你什么). ¶熱いお茶が～い xiǎng hē bēi rè chá(想喝杯热茶). ¶今日は体の調子が悪くて何も～くない jīntiān shēntǐ bù shūfu shénme dōu bù xiǎng chī(今天身体不舒服什么都不想吃). ¶～い～いと思っていた本がやっと手に入った kěwàng dédào de shū zhōngyú dàoshǒu le(渴望得到的书终于到手了). ¶金～さに盗みを働く xiǎng nòng qián ér xíngqiè(想弄钱而行窃). ¶ぜひその人を助手に～い hěn xīwàng tā zuò wǒ de zhùshǒu(很希望他做我的助手).
2〔望ましい〕xīwàng(希望). ¶早く返して～い xīwàng zǎo yìdiǎnr huángěi wǒ(希望早一点儿还给我). ¶私を連れて行って～い xīwàng dài wǒ qù(希望带我去). ¶今後はもっと気をつけて～い xīwàng jīnhòu duōjiā zhùyì ba(希望今后多加注意吧). ¶いい人だがもう少し度量が～い rén hěn hǎo, dàn xīwàng zài yǒu xiē dùliàng(人很好,但希望再有些度量).

ほしいまま【縦】 rènyì(任意), sìyì(肆意), zìyì(恣意). ¶～にふるまう sì wú jìdàn(肆无忌惮)/ wéi suǒ yù wéi(为所欲为). ¶～に略奪する rènyì lüèduó(任意掠夺). ¶権力を～にする shànquán(擅权). ¶名声を～にする jìn xiǎng míngshēng(尽享名声).

ポシェット xiùzhēn kuàbāo(袖珍挎包).

ほしがき【干柿】 shìbǐng(柿饼), shìzìgān(柿子干).

ほしかげ【星影】 xīngguāng(星光). ¶～まばらな空 xīngguāng xīshū de yèkōng(星光稀疏的夜空).

ほしが・る【欲しがる】 xiǎngyào(想要). ¶子供がお菓子を～る háizi xiǎng chī diǎnxin(孩子想吃点心). ¶会社は有能な人を～っている gōngsī kěqiú yǒu cáinéng de rén(公司渴求有才能的人).

ほしくさ【干草】 gāncǎo(干草).

ほじく・る kōu(抠), tāo(掏), tiǎo(挑), tī(剔). ¶壁を～って穴をあける zài qiángshang tāo yí ge dòng(在墙上掏一个洞). ¶鼻を～る kōu bízi(抠鼻子). ¶耳の穴を～ってよく聞け hǎohāor tāotao ěrduo tīngzhe(好好儿掏掏耳朵听着). ¶みみずを～り出す wāchū qiūyǐn lai(挖出蚯蚓来). ¶他人のあらを～り出す tiāoti biéren de máobìng(挑剔别人的毛病)/ chuī máo qiú cī(吹毛求疵).

ほしぞら【星空】 xīngkōng(星空).

ほしぶどう【干葡萄】 pútaogān[r](葡萄干[儿]).

ほしゃく【保釈】 bǎoshì(保释). ¶被告人を～する bǎoshì bèigàorén(保释被告人).
¶～金 bǎoshìjīn(保释金).

ほしゅ【保守】 1 bǎoshǒu(保守). ¶彼は～的だ tā hěn shǒujiù(他很守旧)/ tā sīxiǎng bǎoshǒu(他思想保守). ¶お前は～反動だ wán gù fǎndòng(你顽固反动). ¶行政機構の～性を打破する dǎpò xíngzhèng jīgòu de bǎoshǒuxìng(打破行政机构的保守性).
¶～主義 bǎoshǒuzhǔyì(保守主义). ～党 bǎoshǒudǎng(保守党).
2〔機械などの〕bǎoyǎng(保养), yǎnghù(养护), wéixiū(维修). ¶機械を～する bǎoyǎng jīqì(保养机器).

ほしゅ【捕手】 jiēshǒu(接手).

ほしゅう【補修】 xiūbǔ(修补), bǔlòu(补漏), wéixiū(维修). ¶家屋を～する xiūbǔ fángwū(修补房屋).

ほしゅう【補習】 bǔxí(补习), bǔkè(补课). ¶生徒に～をする gěi xuésheng bǔkè(给学生补课).

ほじゅう【補充】 bǔchōng(补充), bǔzú(补足). ¶欠員を～する bǔchōng kòng'é(补充空额)/ bǔquē(补缺). ¶エンジンオイルを～する gěi yǐnqíng bǔchōng rùnhuáyóu(给引擎补充润滑油).

ほしゅう【募集】 mùjí(募集), zhāomù(招募). ¶事務員を～する zhāomù shìwùyuán(招募事务员). ¶生徒～の広告を出す dēng zhāoshēng qǐshì(登招生启事). ¶論文を懸賞～する xuánshǎng zhēngjí lùnwén(悬赏征集论文). ¶～人員の10倍もの応募者があった bàomíngzhě dádàole zhāoshōu míng'é de shí bèi(报名者达到了招收名额的十倍).

ほじょ【補助】 bǔzhù(补助). ¶国の～を受ける shòu guójiā bǔzhù(受国家补助). ¶生活費を～する bǔzhù shēnghuófèi(补助生活费). ¶～金として毎月5万円出す zuòwéi bǔzhùfèi měiyuè fā wǔwàn rìyuán(做为补助费每月发五万日元).
¶～貨幣 bǔzhù huòbì(补助货币)/ fǔbì(辅币).

ほしょう【歩哨】 shàobīng(哨兵), bùshào(步哨), gǎngshào(岗哨). ¶～に立つ zhàn gǎng(站岗)/ fàng shào(放哨) liào shào(瞭哨).
¶～を立てる bùzhì gǎngshào(布置岗哨).

ほしょう【保証】 bǎozhèng(保证); bǎozhàng(保障). ¶彼の人物は私が～する tā de wéirén wǒ kěyǐ dānbǎo[dǎ bāopiào](他的为人我可以担保[打保票]). ¶きっとうまくいくよ,私が～する wǒ guǎnbǎo[bǎoguǎn] yídìng huì hěn shùnlì(我管保[保管]一定会很顺利). ¶結果のほどは～できない jiéguǒ huì zěnyàng wǒ bǎozhèng bu liǎo(结果会怎样我保证不了). ¶これで成功は～された zhèyàng chénggōng jiù yǒule bǎozhàng(这样成功就有了保障). ¶このカメラは1年間の～付です zhège zhàoxiàngjī bǎoxiū yì nián(这个照相机保修一年).
¶～書 bǎodān(保单). ～人 bǎozhèngrén(保证人)/ bǎorén(保人).

ほしょう【保障】 bǎozhàng(保障). ¶言論の自由は憲法によって～されている yánlùn zìyóu shòudào xiànfǎ de bǎozhàng(言论自由受到宪法的保障). ¶君の生活は私が～する wǒ bǎozhàng nǐ de shēnghuó(我保障你的生活). ¶安全～条約 ānquán bǎozhàng tiáoyuē(安全保障条约). 社会～制度 shèhuì bǎozhàng zhìdù(社会保障制度).

ほしょう【補償】 bǔcháng(补偿). ¶国家の～を要求する yāoqiú guójiā bǔcháng(要求国家补偿). ¶損害を～する bǔcháng sǔnshī(补偿损失). ¶～金 bǔchángfèi(补偿费).

ほじょう【慕情】 yí ge nián zhǎng de nǚxìng wēi huái àimù zhī qíng(对一个比自己年长的女性微怀爱慕之情). ¶年上の女性にほのかな～を寄せる duì yí ge bǐ zìjǐ

ほしょく【暮色】 mùsè(暮色). ¶～迫る頃 bómù shífēn(薄暮时分). ¶～蒼然 mùsè cāngmáng(暮色苍茫).

ほじ・る →ほじくる.

ほしん【保身】 ¶～の術にたけた人 shànyú míngzhé bǎoshēn de rén(善于明哲保身的人).

ほ・す【干す】 1 [かわかす] shài(晒), shàigān(晒干), liàng(晾), liànggān(晾干), fēnggān(风干), liàngshài(晾晒). ¶洗濯物を～す liàng xǐ de yīfu(晾洗的衣服). ¶布団を日に～す shài bèirù(晒被褥), ¶～してあったものを取り込む bǎ liàng de dōngxi nájìnlai(把晾的东西拿进来).

2 [からにする] gān(干). ¶池の水を～す bǎ chízilǐ de shuǐ nònggān(把池子里的水弄干). ¶まあ1杯～したまえ xiān gān yì bēi ba(先干一杯吧).

3 ¶あの歌手は～されている nàge gēshǒu bèi lěngluò yìpáng(那个歌手被冷落一旁).

ボス tóurén(头人), tóunǎo(头脑), tóulǐng(头领), dàhēng(大亨), tóuzi(头子), tóumù(头目), tóutour(头头儿), zhǔzi(主子), shǒulǐng(首领).

ポスター guǎnggàohuà(广告画), xuānchuánhuà(宣传画), zhāotiēhuà(招贴画), hǎibào(海报), bàozi(报子). ¶～を貼る tiē guǎnggàohuà(贴广告画).

ポスターカラー guǎnggàoshǎi(广告色).

ホステス ¶パーティーの～ wǎnhuì de nǚzhǔrén(晚会的女主人). ¶バーの～ jiǔbājiān de nǚzhāodàilì(酒吧间的女招待).

ホスト zhǔrén(主人), dōngdào(东道), dōngdàozhǔ(东道主), dōng(东). ¶～役を務める zuòdōngdàozhǔ(做东道主)／zuòdōng(做东). ¶～コンピュータ zhǔjī(主机)／sùzhǔjī(宿主机).

ポスト 1 [郵便箱] yóutǒng(邮筒), xìntǒng(信筒), xìnxiāng(信箱). ¶手紙を～に入れる bǎ xìn tóujìn yóutǒng(把信投进邮筒).

2 [地位] zhíwèi(职位), wèizhi(位置). ¶局長の～を空ける júzhǎng de wèizhi kōngzhe(局长的位置空着). ¶重要な～につく jiù zhòngyào de zhíwèi(就重要的职位). ¶～をあけておく xū wèi yǐ dài(虚位以待).

ホスピス línzhōng guānhuái yīyuàn(临终关怀医院).

ほせい【補正】 bǔchōng(补充). ¶誤差を～する bǔchōng wùchā(补充误差). ¶～予算 bǔchōng yùsuàn(补充预算).

ほせい【母性】 mǔxìng(母性). ¶～愛 mǔ'ài(母爱).

ほぜいそうこ【保税倉庫】 yánqī fù shuì cāngkù(延期付税仓库).

ほせん【保線】 yǎnglù(养路). ¶～係 yǎnglùgōng(养路工). ～工事 yǎnglù zuòyè(养路作业).

ほぜん【保全】 bǎoquán(保全), bǎohù(保护). ¶文化財の～に努める nǔlì bǎohù wénwù(努力保护文物). ¶領土を～する bǎowèi lǐngtǔ wánzhěng(保卫领土完整).

ほせん【母船】 mǔchuán(母船); jiāgōngchuán(加工船), gōngchuán(工船). ¶～式漁業 jiāgōngchuán yúyè(加工船渔业).

ほぜん【墓前】 mùqián(墓前), fénqián(坟前). ¶～に花を供える zài fénqián gòng huā(在坟前供花).

ほぞ【臍】 ¶～をかむ shì qí mò jí(噬脐莫及). ¶～を固める xiàdìng juéxīn(下定决心).

ほそ・い【細い】 xì(细); xiǎo(小). ¶～い線を引く huà xìxiàn(画细线). ¶～い首 xì de bózi(细的脖子), gēbo zhǒu hěn xì(她脖子、胳膊都很细). ¶ここから道が～くなる dǎ zhèr lù jiù zhǎi le(打这儿路就窄了). ¶目を～くして笑う mīzhe yǎnjing xiào(眯着眼睛笑). ¶彼女は声が～い tā sǎngyīn xì(她嗓音细). ¶あの子は食が～い zhè háizi fànliàng xiǎo(这孩子饭量小). ¶ガスの火を～くする bǎ méiqìzào de huǒ nòngxiǎo(把煤气灶的火弄小). ¶ろうそくの～い明りで手紙を書く jièzhe wēiruò de làzhúguāng xiě xìn(借着微弱的蜡烛光写信).

ほそう【舗装】 pūxiū(铺修). ¶アスファルトで～する yòng lìqīng pūxiū dàolù[pū lù](用沥青铺修道路[铺路]). ¶～道路 bǎiyóulù(柏油路).

ほそうで【細腕】 ¶女の～で4人の子供を育て上げた dān píng yí ge nǚrén xìruò de shǒu bǎ sì ge háizi yǎngdà chéng rén(单凭一个女人细弱的手把四个孩子养大成人).

ほそおもて【細面】 ¶～の美人 cháng liǎnpánr de měirén(长脸盘儿的美人).

ほそく【捕捉】 bǔzhuō(捕捉); zhuōmō(捉摸). ¶敵の主力を～した fāxiàn le dírén zhǔlì(发现了敌人主力). ¶真意を～しがたい hěn nán zhuōmō zhēnyì(很难捉摸真意).

ほそく【補足】 bǔchōng(补充), zhǎobu(找补). ¶今の報告に一言～します duì gāngcái de bàogào bǔchōng yí jù(对刚才的报告补充一句). ¶～説明を加える jiāyǐ bǔchōng shuōmíng(加以补充说明).

ほそじ【細字】 shòutǐzì(瘦体字), xìtǐzì(细体字). ¶～用の筆 xiǎokǎibǐ(小楷笔).

ほそっと 1 [ぼさっと] ¶彼は～そこに立っていた tā dāidāi de zài nàr zhànzhe(他呆呆地在

ほそながい

那ﾙ站着).
2〔つぶやくさま〕¶彼は〜一言言った tā dígule yí jù(他嘀咕了一句).

ほそなが・い【細長い】 xìcháng(细长), xiāncháng(纤长).¶〜い指 xiāncháng de shǒuzhǐ(纤长的手指).¶〜い顔 shòuchángliǎnr(瘦长脸ﾙ).¶この村は川に沿って〜く延びている zhège cūnzi yánzhe hé wānyán shēnzhǎn(这个村子沿着河蜿蜒伸展).¶〜い部屋 ér cháng de fángjiān(窄而长的房间).

ほそびき【細引】 xìmáshéng(细麻绳).

ほそぼそ【細細】 ¶店は〜ながら続いている pùzi hái miǎnqiǎng wéichízhe(铺子还勉强维持着).¶年金で〜と暮す kào yǎnglǎojīn húkǒu(靠养老金糊口).

ほそぼそ ¶2人は何事か〜と話している tāmen liǎ jījigūgū de bù zhī zài shuō xiē shénme(他们俩叽叽咕咕不知在说些什么).

ほそめ【細め】 ¶〜のズボン kùtuǐ shāo shòu de kùzi(裤腿稍瘦的裤子).¶〜の筆 jiào xì de máobǐ(较细的毛笔).¶戸を〜に開ける bǎ mén kāi ge fèngr(把门开个缝ﾙ).

ほそめ【細目】 ¶〜を開けてそっと見る mīzhe yǎnr tōuzhe dì kàn(眯着眼ﾙ偷偷地看).

ほそ・める【細める】 ¶おじいさんは目を〜めて孫を見ている yéye "mīfeng[mī/qū]zhe yǎnjing kànzhe sūnzi(爷爷"眯缝[眯/瞘]着眼睛看着孙子).¶ガスの火を〜める bǎ méiqìzào de huǒ nòngxiǎo(把煤气灶的火弄小).

ほそ・る【細る】 ¶心配で身も〜る思いだ dānxīnde rén dōu shòu le(担心得人都瘦了).¶夏になると食が〜る yí dào xiàtiān wèikǒu jiù xiǎo le(一到夏天胃口就小了).

ほぞん【保存】 bǎocún(保存), bǎocáng(保藏).¶遺跡を〜する bǎocún yíjì(保存遗迹).¶領収書は 5 年間〜しておくこと shōujù yào bǎocún wǔ nián(收据要保存五年).¶この絵は〜がよい zhè huà bǎocúnde hǎo(这画保存得好).¶生物(xxxx)は〜がきかない shēngxiān shípǐn bù róngyì bǎocáng(生鲜食品不容易保藏).¶〜の法則 shǒuhéng dìnglǜ(守恒定律).
¶〜食 cúnchǔ shípǐn(存储食品).

ポタージュ nóngtāng(浓汤).

ほたい【母体】 mǔtǐ(母体).¶このままでは〜が危ない zhèyàng xiàqu mǔtǐ yǒu wēixiǎn(这样下去母体有危险).¶この学校は私塾を〜にして生れた zhège xuéxiào shì cóng sīshú fāzhǎn qǐlai de(这个学校是从私塾发展起来的).¶代表の選出〜 dàibiǎo de xuǎnchū dānwèi(代表的选出单位).

ほだい【菩提】 pútí(菩提).¶〜を弔う qídǎo míngfú(祈祷冥福).
¶〜寺 jiāmiào(家庙).

ぼだいじゅ【菩提樹】 duànshù(椴树)〈しなのき〉; pútíshù(菩提树)〈インドぼだいじゅ〉.

ほだ・れる【絆される】 ¶情に〜れて承諾する àizhe qíngmian ér yīngyǔn(碍着情面而应允).¶彼のあの熱心さには〜れてしまった tā nà zhǒng rèchén shǐ wǒ xīnruǎn le(他那种热忱使我心软了).

ほたてがい【帆立貝】 shànbèi(扇贝), hǎishàn(海扇).

ぼたぼた dīdā(滴答・嘀嗒), dīda(滴答・嘀嗒), bādā(吧嗒・吧哒), bāda(吧嗒・吧哒).¶額から汗が〜流れ落ちる hànzhū cóng qián'é bādābādā de wǎng xià tǎng(汗珠从前额嘀嗒吧嗒地往下淌).¶〜と雨漏りがしている dīdīdādā de lòuzhe yǔshuǐ(滴滴答答地漏着雨水).

ぼたやま【ぼた山】 gānshíshān(矸石山).

ほたる【蛍】 yíng(萤), yínghuǒchóng(萤火虫).¶〜が光る yínghuǒchóng fāguāng(萤火虫发光).¶〜狩に行く bǔ yínghuǒchóng qù(捕萤火虫去).

ほたるいし【蛍石】 yíngshí(萤石), fúshí(氟石).

ぼたん【牡丹】 mǔdan(牡丹).¶〜雪 émáoxuě(鹅毛雪).

ボタン 1〔衣類の〕 kòu[r](扣[ﾙ]), kòuzi(扣子), niǔkòu[r](纽扣[ﾙ]), niǔzi(纽子).¶〜をかける〔外す〕 kòu[jiě] kòuzi(扣[解]扣子).¶上着の〜が外れている shàngyī kòur kāizhe(上衣扣ﾙ开着).¶シャツの〜が取れている chènshān de kòuzi diào le(衬衫的扣子掉了).¶手がかじかんで〜が掛らない shǒu dòngde kòubushàng niǔkòu(手冻得扣不上纽扣).
¶〜穴 niǔkǒng(纽孔)／kòuyǎn(扣眼).
2〔ベルなどの〕 diànniǔ(电钮), ànniǔ(按钮).¶〜を押す àn[èn](按[摁]电钮).

ぼち【墓地】 mùdì(墓地), féndì(坟地).

ホチキス dìngshūqì(订书器).¶〜の針 dìngshūdīng(订书钉).

ぽちゃぽちゃ ¶丸顔の〜した娘 liǎn dànr yuánhūhū de kě'ài de gūniang(脸蛋ﾙ圆乎乎的可爱的姑娘).

ほちゅう【補注】 bǔzhù(补注).

ほちゅうあみ【捕虫網】 bǔchóngwǎng(捕虫网).

ほちょう【歩調】 bùdiào(步调), bùfá(步伐).¶〜を揃えて歩く bùfá zhěngqí de zǒu(步伐整齐地走).¶〜を速める jiākuài 'bùfá[jiǎobù](加快'步伐[脚步]).¶〜を取れ zhèngbù zǒu!(正步走!).¶彼ひとり皆と仕事の〜が合わない jiù tā yí ge rén de gōngzuò bùdiào hé dàjiā bù hépāi(就他一个人的工作步调和大家不合拍).

ほちょうき【補聴器】 zhùtīngqì(助听器).

ぼつ【没】 1〔死没〕 mò(殁・没).¶明治 3 年〜 Míngzhì sān nián mò(明治三年殁).
2〔没書〕 ¶私の原稿は〜になった wǒ de gǎozi méi bèi cǎiyòng(我的稿子没被采用).

ほつが【没我】 wàngwǒ(忘我).¶〜の境地に達する dádào wàngwǒ de jìngdì(达到忘我的境地).¶〜の精神 wàngwǒ de jīngshén(忘我的精神).

ぼっか【牧歌】 mùgē(牧歌), tiányuánshī(田园诗).¶〜的な風景 mùgē shìde fēngjǐng(牧歌似的风景).

ぽっかり ¶空に〜雲が浮んでいる tiānkōng fúzhe yì duǒ báiyún(天空浮着一朵白云).¶地面に〜と穴があいた dìshang tāxiànchūle ge

dàkūlong(地上塌陷出了个大窟窿).

ほっき【発起】 fāqǐ(发起). ¶その会社の設立は彼の～による nà jiā gōngsī shì yóu tā fāqǐ chénglì de(那家公司是由他发起成立的). ¶一念～して煙草をやめる hěn xià juéxīn jièyān(狠下决心戒烟).
¶～人 fāqǐrén(发起人).

ほっき【勃起】 bóqǐ(勃起).

ほっきゃく【没却】 ¶本来の目的を～する wàngdiào běnlái de mùdì(忘掉本来的目的). ¶己を～して世のために尽す wàngwǒ de wèi shèhuì fúwù(忘我地为社会服务).

ほっきょく【北極】 běijí(北极). ¶～海 Běibīngyáng(北冰洋). ～熊 běijíxióng(北极熊)／báixióng(白熊). ～圏 běijíquān(北极圈). ～星 běijíxīng(北极星)／běichén(北辰).

ほっきり ¶枝が～折れた shùzhī ″gābā[bā de]yì shēng duàn le(树枝″嘎巴[吧的]一声断了). ¶ポケットには 1000 円～しか入っていなかった dōuli bùduō-bùshǎo zhǐ yǒu yīqiān rìyuán(兜里不多不少只有一千日元). ¶1000 円～の品 jiàgé yīqiān rìyuán zhěng de dōngxi(价格一日元整的东西).

ホック gōuzi(钩子);[スナップ] (子母扣儿), ènkòur(摁扣儿). ¶ズボンの～をかける kòushàng kùzi de gōur(扣上裤子的钩儿).

ぽっくり ¶心臟の発作で～死んだ yīn xīnzàngbìng fāzuò tūrán sǐ le(因心脏病发作突然死了).

ホッケー qūgùnqiú(曲棍球). ¶アイス～ bīngqiú(冰球).

ぼつご【没後】 mòhòu(殁后). ¶～10 年彼の絵はようやく世に認められた mòhòu shí nián tā de huà cái dédào shèhuì de gōngrèn(殁后十年他的画才得到社会的公认).

ぼっこう【勃興】 bóxīng(勃兴), xīngqǐ(兴起). ¶戦後新しい国家が数多く～した zhànhòu yǒu xǔduō xīn de guójiā xīngqǐ le(战后有许多新的国家兴起了).

ぼっこうしょう【没交渉】 ¶世間と～に暮す guòzhe yǔ shìjué de shēnghuó(过着与世隔绝的生活). ¶彼とはこのところ～だ jìnlái gēn tā yīzhí méiyǒu láiwang(近来跟他一直没有来往).

ぼっこん【墨痕】 mòjì(墨迹). ¶～あざやかに大書する mòjì línlí de xiě dàzì(墨迹淋漓地写大字).

ほっさ【発作】 fāzuò(发作). ¶喘息の～が起る qìchuǎn fāzuò(气喘发作). ¶～的行動 bàofāxìng de xíngdòng(暴发性的行动). ¶～的に笑い出した tūrán fāzuò shìde xiàole qǐlái(突然发作似的笑了起来).

ぼっしゅう【没収】 mòshōu(没收). ¶財産を～する mòshōu cáichǎn(没收财产).

ほっしん【発心】 1 [仏門に入ること] fāxīn(发心), chūjiā(出家).
2 [思い立つこと] lìzhì(立志), lìyì(立意), juéyì(决意). ¶～して学に励む juéyì nǔlì xuéxí(决意努力学习).

ほっしん【発疹】 pízhěn(皮疹). ¶体中に～ができる quánshēn chū pízhěn(全身出皮疹).
¶～チフス bānzhěn shānghán(斑疹伤寒).

ほっ・する【欲する】 yuànyì(愿意), xīwàng(希望). ¶自分の～する通りにやりなさい nǐ yuànyì zěnme bàn jiù zěnme bàn(你愿意怎么办就怎么办)／nǐ suí zìjǐ de xīnyuàn qù bàn ba(你随自己的心愿去办吧). ¶己の～せざる所は人に施すなかれ jǐ suǒ bú yù, wù shī yú rén(己所不欲, 勿施于人).

ぼっ・する【没する】 1 [沈む, 沈める] mò(没). ¶日が西に～する rì luò xīfāng(日落西方). ¶船が水中に姿を～した chuán chénrù shuǐzhōng(船沉入水中). ¶膝を～する流れ mò xī de héshuǐ(没膝的河水).
2 [死ぬ] mò(殁). ¶彼が～して5年になる tā qùshì yǐjīng wǔ nián le(他去世已经五年了).

ほっそく【発足】 ¶委員会は5月に正式に～する wěiyuánhuì yú wǔyuè zhèngshì chénglì kāishǐ huódòng(委员会于五月正式成立开始活动).

ほっそり xìcháng(细长), xiūcháng(修长); xìtiao(细挑·细条). ¶～と長い指 xìcháng de shǒuzhǐ(细长的手指). ¶～した美人 shēncái miáotiao de měirén(身材苗条的美人).

ほったてごや【掘っ建て小屋】 wōpeng(窝棚). ¶川ぶちに～を建てる zài hébiān shang dā ge wōpeng(在河边上搭个窝棚).

ほったらか・す diūkāi(丢开), piēkāi(撇开), rēngxià(扔下), diūxià(丢下), diūshǒu(丢手), shuǎishǒu(甩手), liàoshǒu(撂手), piēqì(撇弃), fàngzhì(放置). ¶仕事を～して遊び歩く bǎ gōngzuò ″rēngxià[liàoshǒu/shuǎishǒu]bù guǎn dàochù guàngdang(把工作″扔下[撂手/甩手]不管到处逛荡). ¶～しておけ, そのうち目が覚める yòngbuzhǎo guǎn tā, zǒng yǒu yī tiān tā huì xǐngwù guolai(用不着管他, 总有一天他会醒悟过来).

ほったん【発端】 kāiduān(开端), fāduān(发端). ¶そもそもの～から話す cóng shìqing de kāitóur shuōqǐ(从事情的开头儿说起). ¶その小さな事件が戦争の～となった xiǎoxiǎo shìjiàn chéngle zhànzhēng de dǎohuǒxiàn(那个小事件成了战争的导火线).

ぼっちゃん【坊っちゃん】 1 [他人の息子] lìngláng(令郎), gōngzǐ(公子), guìzǐ(贵子), shàoye(少爷). ¶お宅の～は何年生ですか lìngláng jǐ niánjí le?(令郎几年级了?).
2 [男の子] xiǎodìdi(小弟弟). ¶～, これをあげましょう xiǎodìdi[xiǎopéngyǒu], gěi nǐ zhège ba(小弟弟[小朋友], 给你这个吧).
3 gōngzǐger(公子哥儿), wánkù zǐdì(纨绔子弟), shàoye(少爷). ¶彼は～育ちだ tā shì ge jiāoshēng-guànyǎng de shàoye(他是个娇生惯养的少爷).

ほっと 忙しくて～する暇もない mángde lián chuǎn kǒu qì de gōngfu yě méiyǒu(忙得连喘口气的工夫也没有). ¶大任を果して～した wánchéng zhòngrèn sōngle yī kǒu qì(完成重任松了一口气). ¶全員無事の知らせを受けて～胸をなでおろした tīngdào dàjiā ānrán wú-

yàng, xīnli shūle yì kǒu qì(听到大家安然无恙,心里舒了一口气).
ぼっと　1〔ぼんやり〕¶頭が～なって何も考えられない tóunǎo ˇhūnhun-chénchén[mímí-húhū] de méifǎr jìnxíng sīkǎo(头脑ˇ昏昏沉沉[迷迷糊糊]的没法ㄦ进行思考).
2〔燃え上がるさま〕¶いぶっていた薪が～燃え上がった màoyān de mùchái yíxiàzi ránshāo qilai le(冒烟的木柴一下子燃烧起来了).
ぽっと　¶～明りがついた hūrán dēng zháo le(忽然灯着了). ¶～顔を赤らめた liǎnshang fàngʼr hóngcháo(脸上泛起红潮). ¶～なった女に～なる duì chū jiànmiàn de nǚrén yí jiàn zhōngqíng(对初见面的女人一见钟情).
ポット　nuǎnhú(暖壶)、nuǎnpíng(暖瓶)、rèshuǐpíng(热水瓶)、nuǎnshuǐpíng(暖水瓶).
ぼっとう【没頭】máitóu(埋头). ¶彼はロケットの研究に～している tā máitóu yú huǒjiàn de yánjiū(他埋头于火箭的研究)/tā qiánxīn cóngshì huǒjiàn de yánjiū(他潜心从事火箭的研究).
ホットケーキ　kǎobǐng(烤饼).
ぽっとで〔ぽっと出〕¶～の青年 gāng cóng xiāngxià lái de qīngnián(刚从乡下来的青年).
ホットドッグ　làcháng miànbāo(腊肠面包)、règǒu(热狗).
ホットプレート　fàncài diànqì jiārèbǎn(饭菜电加热板).
ホットライン　rèxiàn(热线).
ほづな【帆綱】fānsuǒ(帆索).
ぼつねん【没年】zúnián(卒年)、zhōngnián(终年). ¶母の～は38歳であった mǔqin zhōngnián sānshíbā suì(母亲终年三十八岁). ¶芥川竜之介の～は昭和2年である Jièchuān Lóngzhījiè ˇmò[zú] yú Zhāohé èr nián(芥川龙之介ˇ殁[卒]于昭和二年).
ぼっぱつ【勃発】bófā(勃发)、bàofā(爆发). ¶戦争の～する zhànzhēng bàofā(战争爆发).
ホップ　1〔植物〕píjiǔhuā(啤酒花)、hūbù(忽布)、shémá(蛇麻)、jiǔhuā(酒花).
2〔三段跳び〕dānzútiào(单足跳). ¶～、ステップ、ジャンプ dānzútiào、kuàbùtiào、tiàoyuè(单足跳、跨步跳、跳跃).
ポップアート　bōpǔ yìshù(波普艺术).
ポップス　liúxíng yīnyuè(流行音乐)、liúxíng gēqǔ(流行歌曲).
ほっぽう【北方】běibian(北边);běifāng(北方). ¶市の～6キロの所 shì běibian liù gōnglǐ de dìfang(市北边六公里的地方).
ぼつぼつ　1〔ぶつぶつ〕¶いぼのような～がある yǒu xǔduō hóuzi shìde xiǎogēda(有许多猴子似的小疙瘩).
2〔そろそろ〕¶それでは～始めましょう nàme xiànzài kāishǐ ba(那么现在开始吧). ¶～帰って来る頃だ kuàiyào huílai la(快要回来啦).
¶聴衆が～集まって来た tīngzhòng jiànjiàn de jùjí qilai(听众渐渐地聚集起来).
ぽっかと　¶頭から～湯気を立てて怒る qìde zhí màohuǒ(气得直冒火). ¶顔が～ほてる liǎnshang rèlàlā de(脸上热辣辣的).

ぼつらく【没落】mòluò(没落). ¶私は子供の頃家の～してだいぶ苦労した wǒ xiǎo shí jiādào ˇmòluò[zhōngluò] chīle bùshǎo de kǔ(我小时家道ˇ没落[中落]吃了不少的苦).
¶～貴族 mòluò guìzú(没落贵族).
ボツリヌスきん【ボツリヌス菌】ròudú gǎnjūn(肉毒杆菌).
ぽつりぽつり　¶雨が～降り出した yǔ dīdīdādā xiàqilai le(雨滴滴答答下起来了)/diàodiǎnr le(掉点ㄦ了). ¶彼女は～と身の上を話し始めた tā duànduàn-xùxù de tánqǐ zìjǐ de shēnshì(她断断续续地谈起自己的身世).
ほつ・れる　zhàn(绽)、sǎn(散). ¶セーターの袖口が～れている máoyī de xiùkǒu zhànxiàn le(毛衣的袖口绽线了). ¶～れ毛を搔き上げる bǎ sǎnluò xialai de tóufa liāoshangqu(把散落下来的头发撩上去).
ぽつんと　¶～雨が顔に当った yǔdiǎnr diàodào liǎnshang le(雨点ㄦ掉到脸上了). ¶村はずれに～建っている一軒家 cūnbiānr de gūlínglíng de yí suǒ fángzi(村边ㄦ孤零零的一所房子).
ボディーガード　hùwèi(护卫)、jǐngwèiyuán(警卫员)、bǎobiāo(保镖).
ボディービル　jiànměi yùndòng(健美运动).
ボディチェック　sōushēn(搜身)、jiǎnchá xiōngqì(检查凶器).
ポテトチップ　zhátǔdòupiàn(炸土豆片)、zhámǎlíngshǔtiáo(炸马铃薯条).
ほて・る【火照る】fārè(发热)、fāshāo(发烧).
¶海水浴で日に焼けて体が～る hǎishuǐyù shíshàide shēnzi huǒlālā de(海水浴时晒得身子火辣辣的). ¶恥しさに顔を～らせて皆の前に立った zhànzài dàjiā de miànqián hàixiūde liǎnshang rèlālā de(站在大家的面前害羞得脸上热辣辣的).
ホテル　fàndiàn(饭店)、lǚguǎn(旅馆).
ほてん【補填】tiánbǔ(填补). ¶赤字を～する tiánbǔ kuīkong(填补亏空)/míbǔ chìzì(弥补赤字).
ほど【程】1〔度合い〕¶～を過ぎぬよう飲む bú guòliàng de hē jiǔ(不过量地喝酒). ¶冗談にも～がある kāi wánxiào yě gāi yǒu ge fēncun(开玩笑也该有个分寸). ¶世間知らずにも～がある jiùshì bù dǒngshì yě děi yǒu ge xiàndù(就是不懂事也得有个限度)/tài bù dǒng shìshì le(太不懂世事了).
2〔およそ〕lái(来)、zuǒyòu(左右). ¶風邪で3日～寝込んだ dé gǎnmào tǎngle sān tiān(得感冒躺了三天). ¶話合いは1時間～で終った tánpàn yì xiǎoshí zuǒyòu jiù wán le(谈判一小时左右就完了). ¶駅からこの道を100メートル～行った所にある chēzhàn zài shùnzhe zhè tiáo lù zǒu yìbǎi lái mǐ de dìfang(车站在顺着这条路走一百来米的地方). ¶待合室には10人～客がいる hòuchēshì yǒu shí lái ge rén(候车室有十来个人).
3〔同程度〕¶こぶし～もある石が飛んできた fēilaile kuài quántou dà de shítou(飞来了块拳头大的石头). ¶泣きたい～嬉しかった wǒ gāoxìngde jiǎnzhí yào kūchulai(我高兴得简

直要哭出来).¶話が山〜ある xiǎng shuō de huà yǒu yí dà duī(想说的话有一大堆).¶今年は昨年〜暑くない jīnnián méiyǒu qùnián nàme rè(今年没有去年那么热).¶この仕事ははたで見るほど〜楽ではない zhège gōngzuò kě bú xiàng kànqilai nàyàng qīngsōng(这个工作可不像看起来那样轻松).¶試験は思った〜難しくなかった kǎoshì méiyǒu xiǎngxiàng de nàme nán(考试没有想象的那么难).¶テニス〜面白いものはない zài yě méiyǒu xiàng dǎ wǎngqiú nàme yǒu yìsi de le(再也没有象打网球那么有意思的了).¶友達〜有難いものはない méiyǒu bǐ péngyou zài kěguì de le(没有比朋友再可贵的了).¶医者に行く〜の怪我ではない bú shì zhíde qǐng yīshēng kàn de nàme zhòng de shāng(不是值得请医生看的那么重的伤).¶私には財産という〜のものはない wǒ kě méiyǒu chēngdeshang cáichǎn de dōngxi(我可没有称得上财产的东西).¶問題にする〜のこともない bù zhíde dàng yìhuíshì(不值得当一回事).

4[…ば…ほど,…するほどに] yuè … yuè …(越…越…), yuèshì … yuèshì …(越是…越是…).¶手伝いの人は多ければ〜よい bāngshou yuè duō yuè hǎo(帮手越多越好).¶思えば思う〜残念だ yuè xiǎng yuè juéde kěxī(越想越觉得可惜).¶そういう時〜落ち着いていなければならない yuè shì nà zhǒng shíhou yuèshì yào chénzhuó(越是那种时候越是要沉着).¶飲む〜に酔いがまわってきた hēzhe hēzhe jiǔjìnr mànmàn de shànglai le(喝着喝着酒劲儿慢慢地上来了).

5[有様,程度]¶真偽の〜は分らない zhēnjiǎ bù dé ér zhī(真假不得而知).¶心痛の〜が思いやられる kěyǐ xiǎngxiàng tā shì rúhé tòngxīn(可以想象他是如何痛心).¶決心の〜を語る tán zìjǐ juéxīn rúhé(谈自己决心如何).

ほどう【歩道】 rénxíngdào(人行道), biàndào(便道).¶横断〜を渡る guò rénxíng héngdào(过人行横道).

¶〜橋 guòjiē tiānqiáo(过街天桥).

ほどう【補導】 非行少年を〜する yòudǎo liúmáng shàonián(诱导流氓少年).

ほどう【舗道】 アスファルトの〜 yòng lìqīng pū de lù(用沥青铺的路)/ bǎiyóulù(柏油路).

ほどう【母堂】 lìngtáng(令堂), xuāntáng(萱堂).

ほど・く【解く】 jiěkāi(解开), chāikāi(拆开).¶結び目を〜 jiěkāi jiézi(解开结子).¶包を〜 dǎkāi bāofu(打开包袱).¶糸のもつれを〜 lǐhǎo luàn xiàn(理好乱线).¶古いオーバーを〜 chāi jiù dàyī(拆旧大衣).

ほとけ【仏】 **1**[仏陀] Fó(佛), Fótuó(佛陀), fóye(佛爷).¶〜の教え Fójiā de jiàohuì(佛祖的教诲).¶知らぬが〜 bù zhī xīn bù jiāo(不知心不焦).¶地獄に〜に会ったよう jiǔ hàn féng gānyǔ(久旱逢甘雨)/ juéchù féngshēng(绝处逢生).¶〜の顔も3度 rén de rěnnài shì yǒu xiàndù de(人的忍耐是有限度的)/ shì bú guò sān(事不过三).¶〜作って魂入れず huà lóng ér bù diǎn jīng(画龙而不点睛).

¶〜心を起す fā shànxīn(发善心).

2[故人]これでは〜が浮ばれない zhèyàng sǐzhě kě míngbuliǎo mù(这样死者可瞑不了目).

ほど・ける【解ける】 kāi(开).¶靴の紐が〜けた xiédài kāi le(鞋带开了).¶結び目が堅くて〜 jiézi jǐnde jiěbukāi(结子紧得解不开).

ほどこし【施し】 shīshě(施舍).¶私は〜など受けたくない wǒ kě bù xiǎng jiēshòu rénjia de shīshě(我可不想接受人家的施舍).

ほどこ・す【施す】 shī(施).¶策を〜す shī cuò(施措)/ yòng jì(用计).¶もはや〜す術(ず)はない yǐjīng "wú jì kě shī[yì chóu mò zhǎn]" le(已经"无计可施[一筹莫展]"了).¶彩色を〜す shàng shǎi(上色).¶恩恵を〜す shī'ēn(施恩)/ shīhuì(施惠).¶この度は大いに面目を〜す zhè cì wǒ dà lòule liǎn(这次我大露了脸).

ほどとお・い【程遠い】 ¶〜からぬ所に一寺がある zài bù yuǎn de dìfang yǒu yí zuò miào(在不远的地方有一座庙).¶完成にはまだ〜い lí wánchéng hái yuǎnzhe ne(离完成还远着呢).¶名人というには〜い gēnběn tánbushàng shì ge shèngshǒu(根本谈不上是个圣手)/ lí shèngshǒu hái chà shíwàn bāqiān lǐ(离圣手还差十万八千里).

ほととぎす【杜鵑】 xiǎodùjuān(小杜鹃), zǐguī(子规), dùyǔ(杜宇).

ほどなく【程なく】 bùjiǔ(不久), bùduōshí(不多时), wèijǐ(未几).¶父が死んで〜母も世を去った fùqin qùshì bùjiǔ mǔqin yě qùshì le(父亲去世不久母亲也故去了).

ほとばし・る【迸る】 ¶傷口から鮮血が〜 shāngkǒuli xiānxuè zhí〜(伤口里鲜血直喷).¶若い情熱が〜 bèngfāzhe qīngchūn de rèqíng(迸发着青春的热情).

ほとほと ¶これには〜困り果てた zhè bǎ wǒ nòngde shízài méi bànfǎ(这把我弄得实在没办法).¶彼女には〜愛想が尽きた tā shízài bǎ rén nìfansǐ le(她实在把人腻烦死了).¶生きているのが〜嫌になった wǒ zài yě bù xiǎng huóxiaqu le(我再也不想活下去了).

ほどほど ¶物事は何でも〜がよい shénme shì yě shǎo shìkě ér zhǐ(什么事也要适可而止)/ shuōhuà bànshì dōu děi yǒu fēncun(说话办事都得有分寸).¶うぬぼれるのも〜にしろ bié tài zìfù le!(别太自负了!).

ほとぼり ¶今はひどく興奮しているから〜がさめてから話そう tā xiànzài guòyú jīdòng, děng píngjìng xialai zài shuō ba(他现在过于激动,等平静下来再说吧).¶時間をかけて事件の〜をさます gé xiē shíhou, děng shìjiàn píngxī xialai(隔些时候,等事件平息下来).

ボトムアップ zì dǐ xiàngshàng(自底向上).

ほどよ・い【程よい】 shìzhōng(适中), shìdàng(适当), qiàhǎo(恰好), hédù(合度).¶大根を〜い大きさに切る bǎ luóbo qiēchéng shìdàng de dàxiǎo(把萝卜切成适当的大小).¶燗が〜くついた jiǔ tàngde qià dào hǎochù(酒烫得恰到好处).¶〜い時分を見計らって顔を出す

kànzhǔn shíhour lòumiàn(看准时候ㄦ露面).
- **ほとり**【辺】 pàn(畔), biān(边), pángbiān(旁边). ¶川の〜を散歩する zài hépàn sànbù(在河畔散步). ¶湖の〜 húpàn(湖畔)/ húbiān(湖边).
- **ほとんど**【殆ど】 jīhū(几乎), chàbuduō(差不多); chàdiǎnr(差点ㄦ). ¶その案には〜の人が反対している gāi fāng'àn jīhū suǒyǒu de rén dōu fǎnduì(该方案几乎所有的人都反对). ¶びっくりして〜口が利けなかった xiàde wǒ jīhū shuō bu shànghuà lai(吓得我几乎说不上话来). ¶金は〜使ってしまった qián chàbuduō huāguāng le(钱差不多花光了). ¶遭難者は〜生存の可能性がない yùxiǎnzhě shí zhī bā jiǔ méiyǒu shēngcún de xīwàng(遇险者十之八九没有生存的希望). ¶車にはねられて〜死ぬところだった bèi qìchē zhuàng le, chàdiǎnr sòngle mìng(被汽车撞了,差点ㄦ送了命).
- **ほにゅう**【哺乳】 bǔrǔ(哺乳). ¶〜動物 bǔrǔ dòngwù(哺乳动物). 〜期 bǔrǔqī(哺乳期). 〜瓶 nǎipíng(奶瓶). 〜類 bǔrǔgāng(哺乳纲)/ bǔrǔlèi(哺乳类).
- **ほにゅう**【母乳】 mǔrǔ(母乳). ¶〜で育てる yòng mǔrǔ wèiyǎng(用母乳喂养).
- **ほね**【骨】 **1** gǔtou(骨头). ¶〜が折れた gǔtou shé le(骨头折了). ¶牛の〜を犬にやる bǎ niúgǔtou rēnggěi gǒu(把牛骨头扔给狗). ¶喉に魚の〜が刺さった yúcì qiǎzài sǎngzili(鱼刺卡在嗓子里). ¶〜と皮ばかりにやせた shòude pí bāo gǔ(瘦得皮包骨)/ shòude chéngle yí fù gǔtou jiàzi(瘦得成了一副骨头架子)/ gǔ shòu rú chái(骨瘦如柴). ¶〜の髄まで寒さがしみる lěngde cìgǔ(冷得刺骨). ¶私はこの地に〜を埋めるつもりだ wǒ juéxīn bǎ gǔtou máizài zhèli(我决心把骨头埋在这里). ¶〜は拾ってやるから存分にやれ nǐ fàngshǒu qù gàn ba, shànhòu yǒu wǒ(你放手去干吧,善后有我). ¶あんな奴の下にいたら〜までしゃぶられる zài nà zhǒng jiāhuo de shǒudǐxia kě jiù yào bèi qiāogǔ-xīsuǐ(在那种家伙的手底下可就要被敲骨吸髓).
2〔傘などの〕 gǔzi(骨子). ¶傘の〜が折れた sǎngǔzi zhéduàn le(伞骨子折断了). ¶扇の〜がばらばらになった shànzigǔ sǎn le(扇子骨儿散了). ¶凧の〜 fēngzheng jiàzi(风筝架子).
3〔中核〕 ¶論文の〜になる部分 lùnwén de héxīn bùfen(论文的核心部分). ¶チームの〜になる人物 qiúduì de táizhùzi(球队的台柱子).
4〔気骨〕 ¶彼はなかなか〜のある男だ tā shì hěn yǒu gǔqì de rén(他是很有骨气的人).
5〔苦労〕 ¶この仕事はなかなか〜だ zhège gōngzuò fēicháng 'chīlì[chīzhòng/chījìn](这个工作非常'吃力[吃重/吃劲]). ¶〜を惜しまず人の面倒をみる bù cí láokǔ de zhàoliào biéren(不辞劳苦地照料别人). ¶さんざん〜を折ってやっと完成した fèile jiǔ niú èr hǔ zhī lì hǎobù róngyì wánchéng le(费了九牛二虎之力好不容易完成了).
- **ほねおしみ**【骨惜しみ】 xīlì(惜力). ¶〜ばかりするからこんなことになるのだ tā shěbude màilì huógài biànchéng nàyàng(他舍不得卖力活该变成那样). ¶〜せずに働く bù cí xīnkǔ de gōngzuò(不辞辛苦地工作)/ gànhuór bù xīlì(干活ㄦ不惜力).
- **ほねおり**【骨折り】 ¶〜った甲斐があって素晴らしい出来映えになった méi bái huāfèi xīnxuè, zuòde zhēn hǎo(没白花费心血,做得真好). ¶友達の〜りで働きにつけた yóuyú péngyou de bēnzǒu zhǎodàole gōngzuò(由于朋友的奔走找到了工作). ¶〜り損のくたびれ儲け túláo wú 'yì['gōng](徒劳无'益[功])/ fèilì bù tǎohǎo(费力不讨好).
- **ほねぐみ**【骨組】 gǔjià(骨架), gǔgé(骨骼); kuàngjià(框架). ¶〜のがっしりした男 shēnzigǔr hěn jiēshi de hànzi(身子骨儿很结实的汉子). ¶工場は〜だけ残して焼けてしまった chǎngfáng shāode yìgān-èrjìng, zhǐ shèngxiale gǔjià(厂房烧得一干二净,只剩下了骨架). ¶小説の〜はすでに出来上がっている xiǎoshuō de kuàngjià yǐjīng yǒu le(小说的框架已经有了). ¶計画は〜だけでまだ具体的になっていない jìhuà zhǐ yǒu ge kuàngjià hái búgòu jùtǐ(计划只有个框架还不够具体).
- **ほねつぎ**【骨接ぎ】 jiēgǔ(接骨).
- **ほねっぷし**【骨っ節】 **1** gǔjié(骨节), guānjié(关节), gǔtoujiér(骨头节ㄦ). ¶体中の〜が痛む húnshēn de gǔjié téng(浑身的骨节疼).
2〔気骨〕 ¶〜のある男 yǒu 'gǔqì[gǔtou] de rén(有'骨气[骨头]的人).
- **ほねっぽ・い**【骨っぽい】 **1** ¶この魚は〜くて食べにくい zhè yú cì duō hěn nánchī(这鱼刺多很难吃).
2〔気骨がある〕 ¶あいつはなかなか〜い tā hěn yǒu gǔqi(他很有骨气)/ tā shì ge yìnggǔtou(他是个硬骨头).
- **ほねなし**【骨無し】 ruǎngǔtou(软骨头). ¶あんな〜は頼りにならない nà zhǒng ruǎngǔtou kàobuzhù(那种软骨头靠不住).
- **ほねぬき**【骨抜き】 ¶議案は〜にされた yì'àn de zhòngyào nèiróng bèi chōudiào le(议案的重要内容被抽掉了). ¶結婚したらまるで〜になってしまった yì jiéhūn jiù chéngle ruǎngǔtou le(一结了婚就成了软骨头了).
- **ほねば・る**【骨張る】 ¶〜った手 shòu gǔ línxún de shǒu(瘦骨嶙峋的手).
- **ほねへん**【骨偏】 gǔzìpángr(骨字旁ㄦ).
- **ほねみ**【骨身】 ¶寒風が〜にこたえる juéde hánfēng 'cìgǔ['chègǔ](觉得寒风'刺骨[彻骨]). ¶〜を惜しまず働く bù cí xīnkǔ de láodòng(不辞辛苦地劳动). ¶〜を削る思いでためた金 xīnxīn-kǔkǔ zǎn de qián(辛辛苦苦攒的钱).
- **ほねやすめ**【骨休め】 xiē(歇), xiēxi(歇息), xiūxi(休息). ¶〜に一服する chōu kǒu yān xiēxie shǒu(抽口烟歇歇手). ¶今日は一日〜だ jīntiān xiē yì tiān xiūxi-xiūxi(今天歇一天休息休息).
- **ほのお**【炎】 huǒtóu[r](火头[ㄦ]), huǒmiáo[r](火苗[ㄦ]), huǒyàn(火焰), huǒmiáozi(火苗子), huǒshé(火舌), huǒlǎoyā(火老鸦), huǒlóng(火龙). ¶ろうそくの〜が揺れる làzhú de

huǒtóur yáohuang(蜡烛的火头ル摇晃)/ zhúguāng yáoyè(烛光摇曳). ¶気付いた時には～がすでに天井をなめていた fājué de shíhou huǒshé yǐjing mànyán dào tiānhuābǎn shang(发觉的时候火舌已经蔓延到天花板上). ¶火の手が早く家はすぐ～に包まれた huǒshì měng, fángzi yíxiàzi bèi bāozai huǒyànli(火势猛,房子一下子就包在火焰里). ¶憤怒の～を燃やす nùhuǒ zhōng shāo(怒火中烧).

ほのか【仄か】 ¶ばらが～に匂う qiángwēi sànfāzhe qīngxiāng(蔷薇散发着清香). ¶東の空が～に白み始めた dōngfāng de tiānkōng xiànchūle yúdùbái(东方的天空现出了鱼肚白)/ dōngfāng wēiwēi fābái(东方微微发白). ¶彼女は～に頬を染めた tā liǎngjiá wēiwēi fāhóng(她两颊微微发红). ¶～な恋心を抱いている wēihuái àiliàn zhī qíng(微怀爱恋之情).

ほのぐら・い【仄暗い】 hūn'àn(昏暗), àndàn(暗淡). ¶毎朝～いうちから起きて働く měitiāntiān méngménglliàng jiù qǐlai gànhuór(每天天蒙蒙亮就起来干活ル). ¶～い部屋 hūn'àn de wūzi(昏暗的屋子). ¶～い明り àndàn de dēngguāng(暗淡的灯光).

ほのぼの ¶夜が～と明けそめる tiān méngméng fāliàng(天蒙蒙发亮). ¶～とした気分を誘う shǐ rén gǎndào wēnnuǎn(使人感到温暖).

ほのめか・す【仄めかす】 shìyì(示意), ànshì(暗示). ¶辞職の決意を～す ànshì cízhí de juéxīn(暗示辞职的决心).

ホバークラフト qìdiànchuán(气垫船).

ほばく【捕縛】 ¶犯人を～する bǔnà fànrén(捕拿犯人).

ほばしら【帆柱】 wéi(桅), wéigān(桅杆), wéiqiáng(桅樯).

ほはば【歩幅】 bùfú(步幅). ¶～が広い bùfú kuān(步幅宽).

ホバリング zài kōngzhōng xuántíng(在空中悬停).

ぼひ【墓碑】 mùbēi(墓碑), mùbiǎo(墓表). ¶～銘 mùzhìmíng(墓志铭)/ mùzhì(墓志).

ポピュラー tōngsú(通俗). ¶～ソング dàzhòng gēqǔ(大众歌曲). ¶～ミュージック tōngsú yīnyuè(通俗音乐).

ぼひょう【墓標】 mùbiǎo(墓表), mùbēi(墓碑).

ほふく【匍匐】 púfú(匍匐). ¶～前進する púfú qiánjìn(匍匐前进).

ポプラ báiyáng(白杨), yáng(杨).

ポプリン fǔchóu(府绸), máogé(毛葛).

ほふ・る【屠る】 ¶決勝で強敵を～る zài juésài zhōng dǎbàile jìngdí(在决赛中打败了劲敌). ¶敵を一挙に～る yì jǔ jiānmiè dírén(一举歼灭敌人).

ほへい【歩兵】 bùbīng(步兵).

ほぼ【略】 dàzhì(大致), dàyuē(大约), dàtǐ(大体), dàdǐ(大抵), dàdōu(大都), dàluè(大略), dàyuēmo(大约摸). ¶我々は～同年輩である wǒmen niánlíng dàzhì xiāngfǎng(我们年龄大致相仿). ¶円周は直径の3倍に等しい yuánzhōu dàyuē děngyú zhíjìng de sān bèi(圆周大约等于直径的三倍). ¶仕事は～完成した gōngzuò dàtǐ gǎowán le(工作大体上搞完了).

ほぼ【保母】 jiàoyǎngyuán(教养员), bǎoyùyuán(保育员), bǎomǔ(保姆・保母).

ほほえまし・い【微笑ましい】 ¶なんとも～い光景だ kě zhēn shì shǐ rén xīnwèi de qíngjǐng(可真是使人欣慰的情景). ¶彼等の様子を見ていると～くなる kànzhe tāmen bùyóude xiào zhú yán kāi(看着他们不由得笑逐颜开).

ほほえ・む【微笑む】 wēixiào(微笑). ¶にっこり～む yānrán yí xiào(嫣然一笑)/ wǎn'ěr ér xiào(莞尔而笑). ¶彼女は～むばかりで何も言わなかった tā zhǐ hánxiào bù yǔ(她只含笑不语). ¶運命の女神はいずれに～むか wùnyùn de nǚshén xiàng nǎ fāng wēixiào?(看命运的女神向哪方微笑?). ¶～みを浮べる fúxiànchū wēixiào(浮现出微笑)/ yānrán wēixiào(嫣然微笑).

ポマード fàlà(发蜡), tóuyóu(头油). ¶～をつける cā fàlà(擦发蜡).

ほまれ【誉れ】 róngguāng(荣光), guāngróng(光荣), róngyù(荣誉). ¶このような生徒は学校の～だ zhèyàng de xuésheng shì xuéxiào de guāngróng(这样的学生是学校的光荣). ¶秀才の～が高い dà yǒu gāocái zhī shēngyù(大有高才之声誉).

ほ・める【褒める】 kuā(夸), kuājiang(夸奖), kuāzàn(夸赞), chēngzàn(称赞). ¶皆があなたのことを仕事熱心だと～ている dàjiā dōu kuā nǐ duì gōngzuò hěn rèxīn(大家都夸你对工作很热心). ¶それはあまり～めた話ではないnà kě bú shì zhíde chēngzàn de shì(那可不是值得称赞的事). ¶口を極めて～めちぎる zàn bù juékǒu(赞不绝口)/ jíkǒu chēngyáng(极口称扬). ¶口々に～めそやす bú zhùkǒu de kuājiang(不住口地夸奖)/ rénrén chēngdào(人人称道)/ jiāokǒu zànyù(交口赞誉)/ yǒu kǒu jiē bēi(有口皆碑).

ホモセクシャル tóngxìngliàn(同性恋).

ほや【火屋】 bōli dēngzhào[r](玻璃灯罩[ル]), dēngzhàozi(灯罩子).

ほや【海鞘】 hǎiqiào(海鞘).

ぼや【小火】 ¶～を出した shīle yì cháng xiǎohuǒ(失了一场小火).

ぼやかす →ぼかす.

ぼや・く gūnong(咕哝). ¶彼は仕事がうまくいかないと～いた tā gūnong shuō gōngzuò gǎobuhǎo(他咕哝说工作搞不好).

ぼや・ける ¶霧で景色が～けて見える wù shǐde jǐngsè ménglóng(雾使得景色朦胧). ¶～けた色 móhú bù qīng de yánsè(模糊不清的颜色). ¶そこで意識が～けてしまった nà shí wǒ de shénzhì móhú le(那时我的神志模糊了).

ほやほや ¶～のパン gāng chū lú de rèhūhū de miànbāo(刚出炉的热乎乎的面包). ¶2人は新婚～だ tā liǎ xīnhūn méi duōshao rìzi(他俩新婚没多少日子).

ぼやぼや ¶この忙しい時に何を～しているのだ zhème máng, mài shénme dāi(这么忙,卖什么呆).

ほゆう【保有】 bǎoyǒu (保有), yōngyǒu (拥有). ¶核兵器～国 yōngyǒu héwǔqì de guójiā (拥有核武器的国家). 外貨～高 wàihuì chǔbèi (外汇储备).

ほよう【保養】 bǎoyǎng (保养), xiūyǎng (休养), liáoyǎng (疗养). ¶温泉に～に行く dào wēnquán qù liáoyǎng (到温泉去疗养). ¶結構な目のーをさせていただきました kàndào zhème hǎo de dōngxi, zhè shízài shì wǒ de yǎnfú (看到这么好的东西,这实在是我的眼福)/ zhè kě shízài shì yì bǎo yǎnfú (这可真是一饱眼福). ¶～所 xiūyǎngsuǒ (休养所). ～地 liáoyǎngdì (疗养地).

ほら【法螺】 1 →ほらがい.
2 [大言] dàhuà (大话). ¶～を吹く chuī fǎluó (吹法螺)/ chuī niúpí (吹牛皮)/ chuīniú (吹牛)/ shuō dàhuà (说大话)/ chuīléi (吹擂)/ chuī dàqì (吹大气)/ kuākǒu (夸口)/ zuǐyìng (夺嘴)/ xiāchuī (瞎吹). ¶あの人の言うことは～ばかりだ nàge rén jìng chuīniúpí (那个人净吹牛皮).
¶～吹き niúpí dàwáng (牛皮大王)/ dàchuī fǎluó (大吹法螺).

ほら , 飛行機が飛んでいる nǐ kàn, fēijī fēizhe (你看,飞机飞着). ¶～ごらん, 私の言った通りだ nǐ qiáo, bú shì wǒ shuō de ma? (你瞧,不是我说的吗?).

ほら【鯔】 zīyú (鲻鱼).

ホラー ¶～小説 kǒngbù xiǎoshuō (恐怖小说). ¶～映画 kǒngbùpiàn (恐怖片).

ほらあな【洞穴】 dòng (洞), dòngxué (洞穴), shāndòng (山洞).

ほらがい【法螺貝】 fǎluó (法螺), hǎiluó (海螺); luóhào (螺号). ¶～を吹き鳴らす chuī luóhào (吹螺号).

ボランティア zìyuàn fèngxiàn (自愿奉献), yìwù fúwù (义务服务). ¶～活動 zìyuàn fèngxiàn huódòng (自愿奉献活动)/ yìwù láodòng (义务劳动).

ほり【堀】 qú (渠), shuǐqú (水渠); [城の] hùchénghé (护城河), chénghào (城壕). ¶2つの川を～でつなぐ yòng shuǐqú bǎ liǎng tiáo hé gōutōng (用水渠把两条河沟通). ¶城に～をめぐらす zài chéng sìzhōu wā hùchénghé (在城四周挖护城河).

ほり【彫り】 ¶これは見事な～だ zhè diāokè zhēn jīngmiào (这雕刻真精妙). ¶～の深い顔 lúnkuò xiānmíng de liǎn (轮廓鲜明的脸).

ポリープ xīròu (息肉·瘜肉). ¶喉に～ができた hóulong zhǎngle xīròu (喉咙长了息肉).

ポリエステル jùzhǐ (聚酯).

ポリエチレン jùyǐxī (聚乙烯).

ポリオ jǐsuǐ huīzhìyán (脊髓灰质炎), xiǎo'ér mábìzhèng (小儿麻痹症).

ほりさ・げる【掘り下げる】 ¶問題を～げて考える jìnyíbù shēnrù de tàntǎo wèntí (进一步深入地探讨问题).

ほりだしもの【掘出し物】 ¶骨董屋で～をあさる zài gǔdǒngdiànli xúnzhǎo zhēnpǐn (在骨董店里寻找珍品). ¶これが1000円とは～だ zhè-

ge cái yìqiān rìyuán, zhēn shì nándé de dōngxi (这个オ一千日元,真是难得的东西).

ほりだ・す【掘り出す】 ¶遺跡から人骨が沢山～された yíjìli wājuéchūle xǔduō réngǔ (遗迹里挖掘出了许多人骨). ¶古本屋で珍本を～した zài jiùshūdiàn zhǎodào zhēnběn (在旧书店找到珍本).

ほりぬきいど【掘抜き井戸】 zìliújǐng (自流井).

ポリマー jùhéwù (聚合物).

ほりゅう【保留】 bǎoliú (保留). ¶態度を～する bǎoliú tàidu (保留态度). ¶この問題は～にして討論を続けよう zhège wèntí zàn zuò bǎoliú, jìxù tǎolùn xiaqu (这个问题暂作保留, 继续讨论下去).

ほりゅう【蒲柳】 ¶～の質 púliǔ zhī zhì (蒲柳之质).

ボリューム ¶ラジオの～を上げる fàngdà shōuyīnjī de yīnliàng (放大收音机的音量). ¶～のある声 hóngliàng de shēngyīn (洪亮的声音). ¶彼女はすごい～だ tā kě zhēn pàng (她可真胖). ¶～のあるものを食べたい xiǎng chī yí dùn fēngměi de shíwù (想吃一顿丰美的食物).

ほりょ【捕虜】 fúlǔ (俘虏), zhànfú (战俘). ¶～になる dāng fúlǔ (当俘虏)/ bèifú (被俘). ¶敵兵多数を～にした fúlǔle xǔduō díbīng (俘虏了许多敌兵).
¶～収容所 zhànfú shōuróngsuǒ (战俘收容所).

ほりわり【掘割】 qú (渠), shuǐqú (水渠).

ほ・る【彫る】 kè (刻), diāo (雕), diāokè (雕刻). ¶木版画を～る mùbǎnhuà (刻木版画). ¶石で仏像を～る yòng shítou kè fóxiàng (用石头刻佛像). ¶腕に牡丹(ﾎﾟﾀﾝ)を～る bìshang cì mǔdan (臂上刺牡丹).

ほ・る【掘る】 wā (挖), jué (掘), páo (刨), zhuó (镯), wājué (挖掘), kāijué (开掘). ¶井戸を～る dǎ [jué] jǐng (打[掘]井). ¶溝を～る wā gōu (挖沟). ¶トンネルを～る kāi suìdào (开隧道). ¶石炭を～る wā méi (挖煤). ¶さつま芋を～る páo báishǔ (刨白薯). ¶遺跡があちこち～り返してある dàolù shang zhèr nàr yǒu fāntǔ de dìfang (道路上这儿那儿有翻土的地方). ¶ついに金鉱を～り当てた zhōngyú wājuédàole jīnkuàng (终于挖掘到了金矿). ¶埋もれた史実を～り起す fājué bèi máimò de shǐshí (发掘被埋没的史实).

ぼ・る qiāo (敲), qiāo zhúgàng (敲竹杠). ¶ひどく～られた bèi qiāole hěn duō qián (被敲了很多钱). ¶あの店は～るから気をつけろ nà jiā diàn qiāo zhúgàng, kě yào xiǎoxīn diǎnr (那家店敲竹杠,可要小心点儿).

ボルカ bō'ěrkǎ (波尔卡).

ボルシェビキ Bù'ěrshíwéikè (布尔什维克).

ボルシチ Éshì luósòngtāng (俄式罗宋汤).

ボルテージ ¶演説の～が上がる tā de jiǎngyǎn yù lái yù jīáng (他的讲演愈来愈激昂).

ボルト 1 [金具] luóshuān (螺栓).
2 [電圧の単位] fútè (伏特), fú (伏).

ボルドーえき【ボルドー液】 bō'ěrduōyè (波尔多

ポルトガル Pútáoyá(葡萄牙).
ポルノ ～映画 huángsè diànyǐng(黄色电影). ～小説 huángsè xiǎoshuō(黄色小说)/ sèqíng xiǎoshuō(色情小说). ～ビデオ huángsè lùxiàng(黄色录像).
ホルマリン fú'ěrmǎlín(福尔马林), jiǎquánshuǐ(甲醛水).
ホルモン jīsù(激素), hé'ěrméng(荷尔蒙). 男性[女性]～ xióng[cí] jīsù(雄[雌]激素). ～剂 jīsù zhìjì(激素制剂).
ホルン yuánhào(圆号), fǎguóhào(法国号).
ほれい【保冷】 ～車 lěngzàngchē(冷藏车).
ボレー jiéjī kōngzhōngqiú(截击空中球), língkōng duìdǎ(凌空对打).
ほれぼれ【惚れ惚れ】 chūshén(出神), shénwǎng(神往). ¶～と見とれる kànde chūshén(看得出神). ¶～するような歌声だ zhēn shì lìng rén shénwǎng de gēshēng(真是令人神往的歌声).
ほ・れる【惚れる】 kànshang(看上), kànzhòng(看中). ¶彼はその娘に～れてしまった tā kànshangle nàge gūniang(他看上了那个姑娘). ¶彼の人間に～れた kànzhòngle tā de wéirén(看中了他的为人). ¶この仕事に～れこんでいる tā kànzhòngle zhè jiàn gōngzuò(他看中了这件工作). ¶うっとり音楽に聞き～れる tīng yīnyuè tīngde chūshén(听音乐听得出神).
ほろ【幌】 chēpéng[r](车篷[儿]). ¶～をかける gàishàng chēpéngr(盖上车篷儿).
¶～馬車 dài péng mǎchē(带篷马车).
ぼろ【襤褸】 1 lánlǚ(褴褛·蓝缕), pòjiù(破旧), pòlàn[r](破烂[儿]); [布] pòbù(破布); [衣服] pòyīfu(破衣服). ¶～を隠しにコートを着る chuān dàyī zhēzhù pòjiù yīfu(穿大衣遮住破旧衣服).
¶～靴 pòjiù de xié(破旧的鞋). ～舟 pòchuán(破船).
2 [欠点] pòzhàn(破绽), lòudòng(漏洞), mǎjiǎo(马脚). ¶あんまりしゃべると～が出るよ huà shuōduōle jiù huì lùchū pòzhàn lai(话说多了就会露出破绽来)/ huà duō jiù lòu xiànr le(话多就露馅儿了).
ポロ mǎqiú(马球).
ぼろ・い ¶～い商売 yìběn-wànlì de mǎimai(一本万利的买卖). ¶～い儲けをする fā yì bǐ hèngcái(发一笔横财)/ fā yángcái(发洋财).
ぼろくそ【襤褸糞】 ¶人を～にいう bǎ rén shuōde yì wú shì chù[yì qián bù zhí](把人说得一无是处[一钱不值]).
ホログラフィー quánxī shèyǐng(全息摄影).
ホロコースト dàtúshā(大屠杀).
ポロシャツ mǎqiú chènshān(马球衬衫).
ほろにが・い【ほろ苦い】 ¶ビールの～い味 píjiǔ kǔbujìr de wèidao(啤酒苦不唧儿的味道).
ほろ・びる【滅びる】 mièwáng(灭亡), mièjué(灭绝). ¶身は～んでも名は後世に残る rén suī sǐ què míng chuí qiānqǔ(人虽死却名垂千古). ¶鵯(ᠷ)はこのままでいけば～んでしまう zhūlù zhèyàng xiàqu huì miéjué(朱鹭这样下去会灭绝). ¶かの民族は度重なる戦争で完全に～び去った gāi mínzú jīngli duōcì zhànzhēng hòu wánquán mièjué le(该民族经历多次战争后完全灭绝了).
ほろぼ・す【滅ぼす】 xiāomiè(消灭). ¶敵国を～す xiāomiè díguó(消灭敌国). ¶あの男は酒で身を～した nàge rén wèi jiǔ shēnbài-míngliè(那个人为酒身败名裂).
ぼろぼろ 1 pòlàn(破烂), pòjiù(破旧). ¶彼はいつも～の服を着ている tā lǎoshi chuānzhe pòpòlànlàn de yīfu(他老是穿着破破烂烂的衣服)/ tā zǒngshì yīshēn lánlǚ(他总是衣衫褴褛). ¶～になった本 pòpòlànlàn de shū(破破烂烂的书). ¶～の校舎 pòlàn bùkān de xiàoshè(破烂不堪的校舍).
2 [こぼれるさま] ¶涙が～とこぼれる yǎnlèi pūsùpūsù diàoxiàlai(眼泪扑簌扑簌掉下来).
¶飯粒を～こぼしながら食べる chī zhe fàn, fànlìr līlīlālā de wǎng xià diào(吃着饭, 饭粒儿哩哩啦啦地往下掉). ¶壁のペンキが～とはげ落ちる qiángshang de yóuqī bōluò le(墙上的油漆剥落了).
ほろよい【ほろ酔い】 wēi zuì(微醉), wēi xūn(微醺). ¶彼はもう一機嫌だ tā yǐjing yǒu sān fēn zuìyì le(他已经有三分醉意了).
ほろりと ¶彼の話に思わず～させられた tā shuō de huà shǐ wǒ bùjīn wèi zhī gǎndòng(他说的话使我不禁为之感动).
ほろりと ¶ボタンが～取れた niǔkòu bā de yíxià diào le(纽扣吧的一下掉了). ¶ボールがグローブから～落ちた qiú bùzhī zěnme cóng shǒutàoli gǔnluò xiàlai(球不知怎么从手套里滚落下来). ¶本音が～出た shuōzhule zuǐ tǔchū zhēnxīn(说走了嘴吐出真心).
ホワイトカラー báilǐng(白领), báilǐng jiēcéng(白领阶层).
ホワイトハウス Báigōng(白宫).
ほん【本】 1 [書物] shū(书), shūjí(书籍), shūběn(书本), běnběn(本本). ¶～を読む kàn shū(看书). ¶～に埋れて暮す máizài shūduīli shēnghuó(埋在书堆里生活). ¶～にない知識 shūběn[běnběn] li suǒ méiyǒu de zhīshi(书本[本本]里所没有的知识).
2 [この] ¶～研究所 běn yánjiūsuǒ(本研究所). ～事件 zhège shìjiàn(这个事件).
3 [助数詞] gēn[r](根[儿]), tiáo(条), zhī(支), kē(棵). ¶ここで道が2～に分れる lù cóng zhèr fēnwéi liǎng tiáo(路从这儿分为两条). ¶1日に煙草を20～吸う yì tiān chōu èrshí zhī yān(一天抽二十支烟). ¶マッチ1～ yì gēn huǒchái(一根火柴). ¶縄2～ liǎng tiáo[gēn] shéngzi(两条[根]绳子). ¶万年筆1～ yì zhī gāngbǐ(一支钢笔). ¶扇子5～ wǔ bǎ shànzi(五把扇子). ¶庭に松の木が3～植えてある yuànzili zhǒngzhe sān kē sōngshù(院子里种着三棵松树). ¶フィルム1～ yì juǎn jiāojuǎn(一卷胶卷). ¶映画を2～見た kànle liǎng bù diànyǐng(看了两部电影). ¶ビール3～ sān píng píjiǔ(三瓶啤酒).
ホン fēng(方·吩). ¶この辺は騒音が80～を超

える zhè yídài zàoyīn chāoguò bāshí fēng(这一带噪音超过八十分).
- **ぼん【盆】** 1 pán[r] (盘[ル]), pánzi (盘子), tuōpán (托盘). ¶お茶を～にのせて運ぶ bǎ chá fàngzài chápán shang duānqu(把茶放在茶盆上端去). ¶～のような月 yuányuán de yuèliang(圆圆的月亮).
  2 [盂蘭盆] yúlánpénhuì (盂兰盆会).
- **ほんあん【翻案】** gǎibiān (改编). ¶これは《リア王》の～だ zhè shì yóu《Lǐ'ěrwáng》gǎibiān de (这是由《李尔王》改编的).
- **ほんい【本位】** 1 ¶当店は品質～です wǒ diàn de yuánzé shì zhìliàng dìyī (我的店的原则是质量第一). ¶彼女のやり方はいつも自分～だ tā de zuòfǎ zǒngshì yǐ zìwǒ wéi zhōngxīn (她的作法总是以自我为中心).
  2 [貨幣制度の] běnwèi (本位). ¶～貨幣 běnwèi huòbì (本位货币)/ běnbì (本币)/ zhǔbì (主币). 金～ jīnběnwèi (金本位).
- **ほんい【本意】** běnyì (本意), yuányì (原意). ¶断るのは～ではない jùjué bú shì wǒ de běnyì (拒绝不是我的本意). ¶これでやっと～を遂げた zhè cái shíxiàn sùyuàn (这才实现夙愿).
- **ほんい【翻意】** ¶彼に～を促す quàn tā gǎibiàn zhǔyi (劝他改变主意). ¶辛抱強く説得して～させた nàixīn shuōfú shǐ tā huíxīn-zhuǎnyì (耐心说服使他回心转意).
- **ほんえい【本営】** ¶一挙に敵の～を衝く yì jǔ gōngxià dífāng dàběnyíng (一举攻下敌方大本营).
- **ほんかい【本懐】** běnyuàn (本愿), sùyuàn (夙愿). ¶男子の～ yí ge nánzǐhàn de běnyuàn (一个男子汉的本愿). ¶～を遂げる sùyuàn dé cháng (夙愿得偿).
- **ほんかく【本格】** zhèngshì (正式). ¶捜査が～化した sōuchá zhèngshì kāishǐ le (搜查正式开始了). ¶彼の釣もだんだん～的になってきた tā jiànjiàn biànchéngle diàoyú de lǎoshǒu le (他渐渐变成了钓鱼的老手了).
- **ほんかん【本館】** zhǔlóu (主楼). ¶会議室は～にある huìyìshì zài zhǔlóu (会议室在主楼).
- **ほんき【本気】** ¶君それは～か nǐ zhè huà dàngzhēn? (你这话当真?). ¶～になればあんな奴を負かすのは何でもない zhǐyào rènzhēn, dǎbài nàyàng de jiāhuo gēnběn búsuàn yìhuíshì (只要认真, 打败那样的家伙根本不算一回事). 彼は～で怒り出した tā zhēn huǒ le (他真火了). ¶私が冗談に言ったことを彼は～にした tā bǎ wǒ kāi de wánxiào dàngzhēn le (他把我开的玩笑当真了)/ wǒ shuōzhe wánr de, tā jiù rènzhēn le (我说着玩儿的, 他就认真了). ¶～で仕事をする rènzhēn gōngzuò (认真工作).
- **ほんぎ【本義】** běnyì (本义). ¶これがこの字の～である zhè shì zhège zì de běnyì (这是这个字的本义).
- **ほんぎまり【本決り】** ¶彼の海外派遣もいよいよ～になった pàiqiǎn tā dào hǎiwài de shì zhōngyú zhèngshì juédìng le (派遣他到海外的事终于正式决定了).
- **ほんきゅう【本給】** jīběn gōngzī (基本工资).
- **ほんきょ【本拠】** gēnjùdì (根据地), dàběnyíng (大本营). ¶～を東京に置く bǎ gēnjùdì ānzhì zài Dōngjīng (把根据地安置在东京). ¶ゲリラの～ yóujīduì de gēnjùdì (游击队的根据地).
- **ほんぎょう【本業】** běnháng (本行), běn zhí (本职), běnyè (本业). ¶彼の～は弁護士だ tā de běn zhí shì lǜshī (他的本职是律师).
- **ほんきょく【本局】** zǒngjú (总局). ¶郵便局の～ yóuzhèng zǒngjú (邮政总局).
- **ほんくら** hútu (糊涂・胡涂), yúchǔn (愚蠢), yúbèn (愚笨); [人] chǔnhuò (蠢货), hútuchóng (糊涂虫), èrbǎiwǔ (二百五).
- **ほんけ【本家】** ¶～の跡を継ぐ jìchéng zhǎngfáng (继承长房). ¶A 膏薬の～本元 A gāoyao de zǒng zìhao (A 膏药的总字号).
- **ほんげつ【本月】** běnyuè (本月).
- **ほんけん【本件】** běn àn (本案); gāi shì (该事). ¶～はこれで落着した běn àn yú cǐ gàozhōng (本案于此告终).
- **ぼんご【梵語】** Fànwén (梵文), Fànyǔ (梵语).
- **ほんこう【本校】** 1 zǒngxiào (总校), běnxiào (本校).
  2 [当校] běn xiào (本校), wǒ xiào (我校).
- **ほんこく【翻刻】** fānyìn (翻印), fānbǎn (翻版). ¶古書を～する fānyìn gǔjí (翻印古籍).
- **ほんごく【本国】** běnguó (本国). ¶密航者を～に送還する bǎ tōudùzhě qiǎnsòng huí běnguó (把偷渡者遣送回本国).
- **ほんごし【本腰】** ¶～を入れて勉強する rènzhēn xuéxí (认真学习). ¶～を入れてかからねば成功はおぼつかない yào bú shì qīngxià quánlì jiǎotà shídì de zuò, jiù méiyǒu chénggōng de xīwàng (要不是倾注全力脚踏实地地做, 就没有成功的希望).
- **ぼんこつ** ¶10年以上乗り回した～車 pǎole shí nián yǐshàng de pòchē (跑了十年以上的破车).
- **ホンコン【香港】** Xiānggǎng (香港).
- **ほんさい【本妻】** jiéfà qīzi (结发妻子), zhèngfáng (正房), zhèngshì (正室), dàlǎopo (大老婆).
- **ぼんさい【凡才】** yōngcái (庸才).
- **ぼんさい【盆栽】** pénzāi (盆栽), shùzhuāng pénjǐng (树桩盆景), pénjǐng[r] (盆景[ル]).
- **ほんざん【本山】** běnshān (本山). ¶天台宗の～ Tiāntáizōng de běnshān (天台宗的本山).
- **ほんし【本旨】** běnzhǐ (本旨), zōngzhǐ (宗旨). ¶それはこの運動の～にかなっている nà fúhé zhège yùndòng de zōngzhǐ (那符合这个运动的宗旨).
- **ほんしき【本式】** zhèngshì (正式). ¶～に絵を習う zhèngshì xué huà huàr (正式学画画ル).
- **ほんしつ【本質】** běnzhì (本质). ¶人間の～は何か rén de běnzhì shì shénme? (人的本质是什么?). ¶この両者は～的に異なる zhè liǎngzhě zài běnzhìshang bùtóng (这两者在本质上不同).
- **ほんじつ【本日】** běnrì (本日), jīnrì (今日). ¶～休業 jīnrì tíngyè (今日停业).
- **ほんしゃ【本社】** 1 zǒng gōngsī (总公司), zǒng-

háng(总行).
  2【当社】běn gōngsī(本公司), běnhào(本号).
ほんしょう【本性】 **1**【生れつきの性質】běnxìng(本性), běnxiàng(本相).¶彼女はとうとう～を現した tā zhōngyú ˇlùchūle zhēn miànmù[běnxiàng bìlù/xiànle yuánxíng/yuánxíng bìlù](她终于˙露出了真面目[本相毕露/现了原形/原形毕露]).
  2【正気】¶酒を飲んでも～を失わない hē le jiǔ yě bù shī lǐzhì(喝了酒也不失理智).
ほんしょく【本職】 **1**【本業】běnháng(本行), běnzhí(本职).¶それが私の～です zhè shì wǒ de běnháng(这是我的本行).
  2【玄人】hángjia(行家).¶さすが～の大工の仕事だけある dàodǐ shì zàiháng de mùjiang gàn de huór(到底是在行的木匠干的活儿).
ほんしん【本心】 **1**【本当の心】běnxīn(本心), běnyì(本意).¶～に背く wéibèi běnxīn(违背本心).¶～を打ち明ける shuōchū zhēnxīnhuà(说出真心话).¶～から出た言葉 chū zì běnxīn de huà(出自本心的话).
  2【正しい心】¶～に立ち返る gǎi xié guī zhèng(改邪归正)/fānrán huǐwù(翻然悔悟).
ほんじん【凡人】 fánrén(凡人), fánfū(凡夫).¶我々～には真似のできないことだ wǒmen fánrén shì xiàofǎng bu liǎo de(我们凡人是效仿不了的).
ほんすじ【本筋】 zhèngtí(正题), běntí(本题).¶議論が～からはずれている yìlùn líkāile zhèngtí(议论离开了正题).¶話を～にもどす bǎ huà lāhuí dào zhèngtíshang lái(把话拉回到正题上来).¶彼を通して交渉するが～だろう tōngguò tā lái jiāoshè cái shì zhènglǐ ba(通过他来交涉才是道理吧).
ほんせい【本性】 běnxìng(本性), bǐngxìng(禀性).¶水の～ shuǐ de běnxìng(水的本性).
ほんせき【本籍】 yuánjí(原籍), jíguàn(籍贯), zǔjí(祖籍).¶～は現住所と同じです yuánjí hé xiànzhùzhǐ xiāngtóng(原籍和现住址相同).
ほんせん【本線】 gànxiàn(干线).¶山陽～ Shānyáng gànxiàn(山阳干线).
ほんぜん【翻然】 fānrán(翻然).¶～と悔い改める fānrán gǎihuǐ(翻然改悔).
ほんそう【奔走】 bēnzǒu(奔走), bēnbō(奔波).¶会社設立のために～する wèi chuàngbàn gōngsī ér bēnzǒu(为创办公司而奔走).¶友人の～でどうにか就職できた yóuyú péngyou de bēnzǒu zǒngsuàn zhǎodàole gōngzuò(由于朋友的奔走总算找到了工作).
ほんそく【本則】 zǒngzé(总则).
ぼんぞく【凡俗】 fánsú(凡俗);〔人〕fánrén(凡人).¶～を超越する chāoyuè fánsú(超越凡俗).¶我々～には思いもつかぬことだ wǒmen fánfū súzǐ shì xiǎngxiàng bu dào de(我们凡夫俗子是想像不到的).
ほんぞん【本尊】 zhèngfó(正佛), zhǔfó(主佛).¶この寺の～は観音様だ zhè sìyuàn de zhèngfó shì Guānyīn dàshì(这个寺院的正佛是观音大士).¶御～は平気な顔をしている běnrén dào mǎn bú zàihu(本人倒满不在乎).

ほんたい【本体】 běntǐ(本体), zhǔjī(主机), zhǔjiàn(主件).¶計算機の～ jìsuànjī de zhǔjī(计算机的主机).
ほんたい【本隊】 **1** zhǔlìjūn(主力军)〈軍隊〉; běnduì(本队).¶～に合流する gēn zhǔlì huìhé(跟主力汇合).
  2【当隊】běn bù(本部)〈軍隊〉;běn duì(本队).
ほんだい【本題】 běntí(本题), zhèngtí(正题).¶話が～から離れすぎた huà lítí tài yuǎn le(话离题太远了).¶さて…に戻りまして… nàme zhuǎnrù zhèngtí …(那么转入正题…)/yán guī zhèng zhuàn …(言归正传…).
ほんたて【本立て】 shūdǎng(书挡).
ほんだな【本棚】 shūjià(书架).
ほんだわら【馬尾藻】 yángqícài(羊栖菜), hǎihāozi(海蒿子).
ぼんち【盆地】 péndì(盆地).
ほんちょうし【本調子】 ¶体の具合がやっと～になった shēntǐ hǎoróngyì huīfùle chángtài(身体好容易恢复了常态).¶ピッチャーはまだ～といえない tóushǒu hái méi dádào yīngyǒu de zhuàngtài(投手还没达到应有的状态).
ほんてん【本店】 **1** zǒnghào(总号), zǒngdiàn(总店)〔銀行〕zǒngháng(总行).
  2【当店】běnhào(本号), běn diàn(本店).
ほんでん【本殿】 zhèngdiàn(正殿), dàdiàn(大殿).
ほんど【本土】 běntǔ(本土).¶～と周辺諸島 běntǔ hé zhōuwéi dǎoyǔ(本土和周边岛屿).¶日本～ Rìběn běntǔ(日本本土).
ぽんと ¶～肩を叩く pāi jiānbǎng(拍肩膀).¶コルクの栓が～抜けた ruǎnmùsāi pēng de yì shēng báchulai le(软木塞砰地一声拔出来了).¶100万円～寄付した tòngkuai de juānle yìbǎi wàn rìyuán(痛快地捐了一百万日元).
ポンド **1**〔貨幣単位〕yīngbàng(英镑), bàng(镑), jīnbàng(金镑).¶5～紙幣 wǔ bàng zhǐbì(五镑纸币).¶1～ yì yīngbàng(一英镑).
  2〔重さの単位〕bàng(磅).¶バター1～ yí bàng huángyóu(一磅黄油).
ほんとう【本当】 zhēn(真), zhēnzhèng(真正).¶～かどうか確かめてみよう shì zhēn shì jiǎ wǒ chá yi chá(是真是假我查一查).¶その噂は～か nàge xiāoxi shì zhēn de ma?(那个消息是真的吗?).¶～はちゃんと筆で書くものですよ běndāng yòng máobǐ xiě(本当用毛笔写).¶思い切って～のところを言ってしまおう gāncuì dǎkāi chuānghu shuō liànghuà ba(干脆打开窗户说亮话吧)/hǎo, shíjì shí shuō ba!(好, 实打实地说吧!).¶まるで～の花のようだ hǎoxiàng zhēn huār shìde(好像真花儿似的).¶あの女の～の年は幾つだろう nàge nǚrén ˇshíjì[zhēnzhèng] de suìshu shì duōdà ne?(那个女人ˇ实际[真正]的岁数是多大呢?).¶みんな私の～の力を知らない dàjiā dōu bù zhīdào wǒ de zhēn běnshì(大家都不知道我的真本事).¶～の寒さはこれからだ shūbùzhī zhēn lěng hái zài hòutou ne(殊不知真冷还在

后头呢). ¶そんなことを言うと彼は~にするぞ nǐ nàme shuō tā huì dàngzhēn la!(你那么说他会当真啦!). ¶~を言うと首になったのさ shuō shíhuà wǒ bèi jiěgù le(说实话我被解雇了). ¶そうするのが~だ nàyàng zuò shì yīngdāng de(那样做是应当的). ¶体の具合がまだ~でない shēntǐ hái méi wánquán huīfù guolai(身体还没完全恢复过来). ¶~にきれいな娘さんだ zhēn shì ge jùnxiù de gūniang!(真是个俊秀的姑娘!). ¶この子は~にかわいい zhè háizi "zhuóshí[shízài] tǎo rén xǐhuan(这孩子▼着实[实在]讨人喜欢). ¶いや~に驚いた kě zhēn xiàsǐ wǒ le(可真吓死我了). ¶~にしようのない子だね shízài shì ge bù tīnghuà de háizi(实在是个不听话的孩子). ¶~のところはどうなっているの? shuō zhēn de, dàodǐ shì zěnme yìhuíshì?(说真的, 到底是怎么一回事?).

ほんとう【本島】 běndǎo(本岛), Chōngshéng Běndǎo(冲绳本岛). ¶~の特产品 běn dǎo tèchǎn(本岛特产).

ほんどう【本堂】 zhèngdiàn(正殿), dàdiàn(大殿).

ほんにん【本人】 běnrén(本人), běnzhǔr(本主儿). ¶~から直接事情をきく zhíjiē xiàng běnrén dǎtīng(直接向本人打听). ¶やるかやらぬかは~次第だ gàn bu gàn zàiyú běnrén(干不干在于本人).

ほんね【本音】 zhēnxīnhuà(真心话), tāoxīnhuà(掏心话). ¶なかなか~を吐かない zěnme yě bùkěn shuōchū zhēnxīnhuà(怎么也不肯说出真心话). ¶そんなところが彼の~だろう kànlai nà shì tā de zhēnxīnhuà ba(看来那是他的真心话吧).

ボンネット yǐnqínggài(引擎盖).

ほんねん【本年】 běnnián(本年).

ほんの【本の】 jǐn(仅), zhǐ(只), jǐnjǐn(仅仅), búguò(不过). ¶これは~おしるしです zhè shì wǒ de yìdiǎnr xīnyì(这只是我的一点儿心意). ¶~少しで結構です shāowēi yǒu diǎnr [yǒu yìdīngdiǎnr] jiù xíng le(稍微有点儿[有一丁点儿]就行了). ¶~一足違いで汽车に乗り遅れた jǐnjǐn yí bù zhī chā, méi gǎnshàng huǒchē(仅仅一步之差, 没赶上火车). ¶まだ~子供ですからよろしくお願いします hái shi ge háizi, qǐng duō guānzhào(还是个孩子, 请多关照). ¶会社とは~名ばかりだ zhǐ búguò shì guàmíng de gōngsī(只不过是挂名的公司).

ほんのう【本能】 běnnéng(本能). ¶~のままに振舞う suí běnnéng rènyì xíngdòng(随本能任意行动). ¶~的な危险を感じて逃げた běnnéng de gǎndào wēixiǎn pǎo le(本能地感到危险跑了).

ほんのう【烦恼】 fánnǎo(烦恼). ¶~のとりこになる bèi fánnǎo suǒ chán(被烦恼所缠).

ほんのり wēiwēi(微微), shāowēi(稍微). ¶目のふちが~と赤い yǎnquānr wēiwēi fāhóng(眼圈儿微微发红). ¶东の空が~と明るい dōngfāng méngméngliàng le(东方蒙蒙亮了).

ほんば【本场】 dìdao(地道), dàodì(道地), zhèngzōng(正宗). ¶みかんの~ júzi de zhǔyào chǎndì(橘子的主要产地). ¶~仕込みの中国语 zài dāngdì xuéhuì de dìdao Zhōngguóhuà(在当地学会的地道中国话). ¶~のフランス料理 zhèngzōng de Fǎguócài(正宗的法国菜).

ほんばこ【本箱】 shūchú(书橱), shūguì(书柜).

ほんばん【本番】 稽古はうまくいったが~で台词をとちった páiyǎn hái búcuò, kěshì zhèngshì yǎnchū shí shuōcuòle táicí(排演还不错, 可是正式演出时说错了台词).

ポンびき【ポン引き】 guǎizi(拐子); chāibáidǎng(拆白党); lākè(拉客), lāpítiáo(拉皮条).

ほんぶ【本部】 zǒngbù(总部), běnbù(本部). ¶本会は東京に~を置く běn huì zài Dōngjīng shèzhì zǒngbù(本会在东京设置总部).

ぼんぷ【凡夫】 fánrén(凡人), fánfū súzǐ(凡夫俗子).

ポンプ bèng(泵), bāngpǔ(浦甫), jītǒng(唧筒). ¶給油~ yóubèng(油泵), 空气~ qìbèng(气泵), 吸上げ~ chōushuǐjī(抽水机)/ shuǐbèng(水泵). 手押し~ shǒuyáobèng(手摇泵).

ほんぶり【本降り】 ¶雨は~になった yǔ xiàdà le(雨下大了).

ほんぶん【本分】 běnfèn(本分). ¶~を守る shǒu běnfèn(守本分). ¶~を怠る bú jìn běnfèn(不尽本分). ¶学生の~をわきまえて行動せよ bìxū ànzhào xuéshēng de běnfèn xíngdòng(必须按照学生的本分行动).

ほんぶん【本文】 zhèngwén(正文); běnwén(本文). ¶条约の~ tiáoyuē de běnwén(条约的本文). ¶~ 1000 ページの大冊 zhèngwén yìqiān yè de jù cè(正文一千页的巨册).

ボンベ gāngpíng(钢瓶). ¶酸素~ yǎngqì gāngpíng(氧气钢瓶)/ yǎngqìpíng(氧气瓶).

ほんぽう【本邦】 wǒguó(我国). ¶~初演 zài wǒguó chūcì yǎnchū(在我国初次演出).

ほんぽう【奔放】 bēnfàng(奔放). ¶自由~に生きる zìyóu bēnfàng de shēnghuózhe(自由奔放地生活着).

ボンボン jiāxīntáng(夹心糖). ¶ウイスキー~ wēishìjì jiāxīntáng(威士忌夹心糖).

ぼんぼん ¶思ったことを~言う xīnli yǒu shénme jiù bú kèqi de shuō(心里有什么就不客气地说).

ほんまつ【本末】 běnmò(本末). ¶~転倒 běnmò dàozhì(本末倒置).

ほんみょう【本名】 běnmíng(本名), zhēn míng(真名), yuánmíng(原名). ¶森鷗外は~を森林太郎という Sēn Ōuwài běnmíng jiào Sēn Líntàiláng(森鷗外本名叫森林太郎). ¶~を伪る yǐnmán zhēn míng(隐瞒真名)/ yǐn xìngmái míng(隐姓埋名).

ほんめい【本命】 ¶次期社長の~は彼だという噂だ jù fēngwén xiàqī zǒngjīnglǐ de zuì yǒulì hòubǔ shì tā(据风闻下期总经理的最有力候补是他).

¶~馬 yùliào yōushèng mǎ(预料优胜马).

ほんもう【本望】 ¶これでやっと~を遂げた zhè cái shíxiànle sùyuàn(这才实现了夙愿)/ zhōngyú sùyuàn dé cháng(终于夙愿得偿). ¶おまえの手にかかって死ねば~だ sǐ zài nǐ shǒu-

li dào xīngān-qíngyuàn le(死在你手里倒心甘情愿了). ¶これほどの栄誉が得られて〜だ nénggòu dédào zhème dà de róngyù xīnmǎnyìzú le(能够得到这么大的荣誉心满意足了).

ほんもの【本物】 zhēnhuò(真货), zhēnpǐn(真品), zhēn dōngxi(真东西). ¶まるで〜そっくりだ jiǎnzhí gēn zhēn de yíyàng(简直跟真的一样). ¶彼の腕前は〜だ tā de shǒuyì shì dìdao de(他的手艺是地道的).

ほんもん【本文】 →ほんぶん(本文).

ほんや【本屋】 shūdiàn(书店), shūpù(书铺).

ほんやく【翻訳】 fānyì(翻译), yì(译). ¶日本語の文章を中国語に〜する bǎ Rìwén de wénzhāng yìchéng Zhōngwén(把日文的文章译成中文). ¶スタンダールの小説を〜で読む kàn Sītāngdá xiǎoshuō de yìběn(看司汤达小说的译本).

ぼんやり 1〔はっきりしないさま〕móhu(模糊), yīxī(依稀). ¶霧の中に灯台が〜見える dēngtǎ zài wùzhōng yǐnyuē kějiàn(灯塔在雾中隐约可见). ¶目がかすんで何もかも〜している yǎnhuā mómóhúhú de shénme yě kàn bu qīngchu(眼花模模糊糊的什么也看不清楚). ¶二日酔で頭が〜している yóuyú sùzuì ˇtóunǎo mímí-húhú[hūntóu zhàngnǎo] de(由于宿醉ˇ头脑迷迷糊糊[昏头胀脑]的). ¶その事は〜としか覚えていない nà shì zhǐ móhu de jìde(那事只模糊地记得).
2〔ぽかんと〕¶〜していて乗り過した méi liúshén zuòguòle zhàn(没留神坐过了站). ¶〜するな,計算が間違っているぞ bié xīn bú zài yān, nǐ suàncuò le(别心不在焉,你算错了). ¶〜庭を眺めている dāidāi[chūshén] de kànzhe yuànzi(呆呆[出神]地看着院子). ¶今日も一日〜暮してしまった jīntiān yòu yì tiān wú suǒ shì shì de huànguoqu le(今天又一天无所事事地晃过去了).

ほんよう【凡庸】 píngyōng(平庸), yōnglù(庸碌), fányōng(凡庸). ¶〜な作家 píngyōng de zuòjiā(平庸的作家).

ほんらい【本来】 běnlái(本来). ¶〜の使命 běnlái de shǐmìng(本来的使命). ¶あの男も〜は正直者だ tā běnlái yě shì ge lǎoshírén(他本来也是个老实人). ¶〜の姿に立ち戻る huīfù dào yuánlái de zhuàngtài(恢复到原来的状态). ¶〜なら私が参上すべきところですが… ànlǐ wǒ yīnggāi bàifǎng nín…(按理我应该拜访您…).

ほんりゅう【本流】 gànliú(干流), zhǔliú(主流). ¶利根川の〜 Lìgēn Chuān de gànliú(利根川的干流). ¶時代思潮の〜 shídài sīcháo de zhǔliú(时代思潮的主流).

ほんりゅう【奔流】 bēnliú(奔流). ¶家は〜に押し流された fángzi bèi bēnliú chōngzǒu le(房子被奔流冲走了).

ほんりょう【本領】 běnlǐng(本领), tècháng(特长). ¶〜を十二分に発揮する chōngfèn de fāhuī zìjǐ de běnlǐng(充分地发挥自己的本领).

ほんるい【本塁】 běnlěi(本垒). ¶〜打 běnlěidǎ(本垒打).

ほんろう【翻弄】 bǎinòng(摆弄), bǎibu(摆布), bōnong(播弄). ¶ゲリラ戦で敵を〜する yòng yóujīzhàn bǎibu díjūn(用游击战摆布敌军). ¶小舟が荒波に〜される yì zhī xiǎochuán bèi jù làng suǒ bǎinòng(一只小船被巨浪所摆弄). ¶時代の波に〜される bèi shídài cháoliú suǒ bōnong(被时代潮流所摆弄)/ shòu shídài dàcháo de bǎibu(受时代大潮的摆布).

ほんろん【本論】 běnlùn(本论). ¶序論と〜 xùlùn yǔ běnlùn(序论与本论). ¶〜に入らないうちに時間切れとなった hái méi jiǎngdào zhèngtí, shíjiān yǐjing dào le(还没讲到正题,时间已经到了).

ま

ま【真】 ¶冗談を～に受ける bǎ wánxiào dàngzhēn le(把玩笑当真了).

ま【間】 **1**〔空間〕jiàngé (间隔). ¶1メートルずつ～を置いて並べる měi jiàngé yì mǐ páiliè(每间隔一米排列).

2〔時間〕shíjiān (时间), gōngfu (工夫). ¶遊ぶ～があったら勉強しなさい yǒu wánr de gōngfu jiù duō yòng diǎnr gōng ba(有玩儿的工夫就多用点儿功吧). ¶期限までにまだ2,3日～がある lí xiànqī hái yǒu liǎng,sān tiān de shíjiān(离限期还有两、三天的时间). ¶彼は結婚してまだ～がない tā jiéhūn hái bùjiǔ(他结婚还不久). ¶煙草でも吸わないと～がもたない bù diǎn zhī yān, xiǎnde tài gāngà le(不点支烟,显得太尴尬了). ¶あっという～にトンネルを抜けた zhuǎnyǎn jiān jiù tōngguòle suìdào(转眼间就通过了隧道). ¶いつの～にか雨は止んでいた bùzhī shénme shíhou yǔ tíng le(不知什么时候雨停了). ¶寝ている～もそのことが忘れられない zài shuìjiào de shíhou yě wàngbudiào nà jiàn shì(在睡觉的时候也忘不掉那件事). ¶忙しくて食事をする～もない mángde lián chīfàn de gōngfu yě méiyǒu(忙得连吃饭的工夫也没有).

3〔頃合〕¶～を見計らって話を切り出した kànzhǔn shíhou biàn bǎ nà jiàn shì tíchulai(看准时候便把那件事提出来). ¶噂をしているところへ本人が現れて～が悪かった zhèng yílùn zhe shí tā lái le, nòngde hěn gāngà(正议论他时他来了,弄得很尴尬). ¶～の悪いことに全然予習をしていなかった zhēn bú còuqiǎo, yìdiǎnr yě méiyǒu yùxí(真不凑巧,一点儿也没有预习).

4〔部屋〕fángjiān (房间), wūzi (屋子). ¶8畳の～ bā zhāng tàtàmǐ de fángjiān(八张榻榻密的房间). ¶2～しかない家 zhǐ yǒu liǎng jūshì de dānyuánfáng(只有两居室的单元房).

5¶彼女は利口なようで～が抜けている tā kànlai hěn cōngming, kě yě hěn hútu(她看来很聪明,可也很糊涂). ¶あの役者はせりふの～の取り方がうまい nàge yǎnyuán táicí de dùncuò qià dào hǎochù(那个演员台词的顿挫恰到好处).

ま【魔】 mó (魔), móguǐ (魔鬼). ¶つい～がさして人の物を盗んでしまった yìshí guǐ mí xīnqiào tōule rénjia de dōngxi(一时鬼迷心窍偷了人家的东西). ¶～の踏切で又事故が起こった zài bèi chēngwéi guǐménguān de dàokǒu yòu chūle shìgù(在被称为鬼门关的道口又出了事故).

まあ 1〔どうやら〕¶これだけあれば～足りるだろう yǒu zhèmexiē gòu le ba(有这么些够了吧). ¶～何とかなるだろう zǒng huì yǒu bànfǎ ba(总会有办法吧). ¶売行きは～～といったところです xiāolù zǒngsuàn hái kěyǐ(销路总算还可以).

2〔ともかく〕¶～おかけ下さい qǐng zuò ba(请坐吧). ¶～そう怒らないで ǎi, bié nàme shēngqì(嗳、别那么生气). ¶～食べてごらん xiān chángchang kàn(先尝尝看).

3〔あら〕¶～嬉しい zhēn jiào rén gāoxìng(真叫人高兴). ¶～どうしたの、その顔は āi! nǐ zhè fù liǎn zěnme la!(哎!你这副脸怎么啦!).

まあい【間合い】 ¶～をはかる xúnzhǎo jīhuì(寻找机会)/ xúnjī(寻机)/ xúnxì(寻隙)/ xúnsuǒ jiānjù(寻索间距).

マーカー biāojì sèbǐ(标记色笔).

マーガリン màiqílín(麦淇淋), rénzào huángyóu(人造黄油).

マーク 1〔しるし〕biāozhì (标志・标识), biāojì (标记), huījī (徽记), jìhao (记号), fúhào (符号). ¶機体に赤い星の～を描く wǎng jīshēn shang huà hóngxīng biāozhì(往机身上画红星标志). ¶襟に赤十字の～をつけている lǐngzi shang dàizhe Hóngshízìhuì de biāozhì(领子上带着红十字会的标志).

2〔注意〕¶警察に～される bèi jǐngchá zhùyìshang le(被警察注意上了). ¶相手チームの前衛を～する dīngzhù díduì de qiánfēng(钉住敌队的前锋).

3〔記録〕¶10 秒 3 を～した chuàngle shí miǎo sān de jìlù(创了十秒三的记录).

マーケット shāngchǎng (商场), shìchǎng (市场). ¶～に買物に行く dào shāngchǎng qù mǎi dōngxi(到商场去买东西). ¶～を開拓する kāipì shìchǎng(开辟市场).

¶国内～ guónèi shìchǎng(国内市场). スーパー～ chāojí shāngchǎng(超级商场)/ chāojí shìchǎng(超级市场)/ chāoshì(超市).

マーケティング shìchǎng xiāoshòu(市场销售); shìchǎng diàoyán(市场调研).

マージャン【麻雀】 májiàng (麻将), máquè (麻雀). ¶～をする dǎ májiàng(打麻将).

マージン yòngjīn (佣金), yòngqian (佣钱). ¶～をとる suǒqǔ yòngjīn(索取佣金).

まあたらし・い【真新しい】 quánxīn (全新), cùxīn (簇新), zhǎnxīn (崭新). ¶～いワイシャツを着る chuān zhǎnxīn de chènyī(穿崭新的衬衣).

マーチ jìnxíngqǔ(进行曲).

マーマレード júpí guǒjiàng(橘皮果酱).

まい【舞】 wǔ (舞), wǔdǎo (舞蹈). ¶～を舞う biǎoyǎn wǔdǎo(表演舞蹈)/ wǔdǎo (舞蹈)

/ tiàowǔ(跳舞).¶〜獅子〜 shīziwǔ(狮子舞).

-まい 1〔…ないだろう〕¶まだ雨は降る〜 hái bú huì xiàyǔ ba(还不会下雨吧).¶君にはこの役はとてもむずかしくて演じきれ〜 zhège juésè nǐ kě yǎnbuliǎo ba(这个角色你可演不了吧).¶そう心配するほどのことはある〜 yòngbuzháo nàyàng dānxīn ba(用不着那样担心吧).

2〔…ないつもりだ〕¶彼にはもう何も言う〜 wǒ zài bù gēn tā shuō shénme le(我再不跟他说什么了).¶あんな馬鹿なことは二度とす〜 nà zhǒng chǔnshì wǒ jué bú huì zài zuò(那种蠢事我决不会再做).¶彼は彼女にこの事を悟られ〜とした tā jǐnliàng bú ràng tā chájué zhè jiàn shì(他尽量不让她察觉这件事).

3〔…ではあるまいし〕¶子供ではある〜し,馬鹿なまねはよせ yòu bú shì xiǎoháizi, bié húnào(又不是小孩子,别胡闹).

4〔…うと…まいと,…うが…まいが〕¶行こうと行く〜と私の勝手だ qù bu qù yóu wǒ(去不去由我).¶食べようが食べ〜が準備だけはしておく chī yěbà, bù chī yěbà, háishí zhǔnbèi yíxià(吃也罢,不吃也罢,还是准备一下).

-まい【枚】 zhāng(张).¶紙1〜 yì zhāng zhǐ(一张纸).¶20円切手5〜 wǔ zhāng èrshí rìyuán de yóupiào(五张二十日元的邮票).¶5〜1組の皿 wǔ ge yí tào de diézi(五个一套的碟子).¶ハンカチ1〜 yí kuài shǒujuàn(一块手绢).¶田2〜 liǎng kuài[qiū] tián(两块[丘]田).¶2〜の葉っぱ liǎng piàn yèzi(两片叶子).¶シャツ3〜 sān jiàn chènshān(三件衬衫).¶掛布団1〜 yì chuáng bèizi(一床被子).

まいあが・る【舞い上がる】 fēiténg(飞腾), fēiyáng(飞扬).¶風で砂ぼこりが〜る fēng guāde chéntǔ fēiyáng(风刮得尘土飞扬).¶ひばりは鳴きながら空高く〜った yúnquè jiàozhe fēishàng tēngkōng[téngkōng ér qù](云雀叫着飞上天空[腾空而去]).

まいあさ【毎朝】 měitiān zǎochén(每天早晨).¶〜コーヒーを欠かせない měitiān zǎoshang quēbuliǎo kāfēi(每天早上缺不了咖啡).

マイカー sīrén jiàochē(私人轿车), sījiāchē(私家车).

まいかい【毎回】 měi huí(每回), měi cì(每次).¶〜ランナーを出すが得点に結びつかない měi jú yǒu pǎolěiyuán pǎodào lěishang, kěshì débudào fēn(每局有跑垒员跑到垒上,可是得不到分儿).¶〜同じ話を繰り返す měi cì dōu jiǎng yíyàng de huà(每次都讲一样的话).

まいきょ【枚挙】 méijǔ(枚举).¶このような例は〜にいとまがない zhè zhǒng lìzi bùshéng méijǔ(这种例子不胜枚举).

マイク màikèfēng(麦克风), chuánshēngqì(传声器), huàtǒng(话筒), wēiyīnqì(微音器).

マイクロ〔単位〕wēi(微);〔小さい〕wēixíng(微型), wēi(微).¶〜ウエーブ wēibō(微波).¶〜コンピューター wēixíng diànzǐ jìsuànjī(微型电子计算机)/ wēijī(微机)/ wēidiànnǎo(微电脑).¶〜バス miànbāochē(面包车).¶〜フィルム suōwēi jiāopiàn(缩微胶片).¶〜プロセッサー wēichǔlǐqì(微处理器)/ wēichǔlǐjī(微处理机).¶〜メーター fēnlíkǎ(分厘卡)/ qiānfēnchǐ(千分尺).

まいげつ【毎月】 →まいつき

まいご【迷子】¶〜を探す zhǎo diūshī de háizi(找丢失的孩子).¶動物園で子供が〜になってしまった háizi zài dòngwùyuánli zǒushī le(孩子在动物园里走失了).¶道が分りにくくて〜になった lù bù hǎozhǎo, mílè lù le(路不好找,迷了路了).

まいごう【毎号】 měi qī(每期).¶〜愛読している měi qī dōu xǐhuan dú(每期都喜欢读).

まいこ・む【舞い込む】¶窓から雪が〜む xuěhuā cóng chuānghu piāojinlai le(雪花从窗户飘进来了).¶変な奴が〜んで来た chuǎngjinlai yí ge mòmíngqímiào de rén(闯进来一个莫名其妙的人).¶思わぬ福が〜んだ bùliào fúxīng jiànglín le(不料福星降临了).

まいじ【毎時】 měi shí(每时), měi xiǎoshí(每小时).¶〜60キロの速さで走る yǐ měi xiǎoshí liùshí gōnglǐ de sùdù xíngshǐ(以每小时六十公里的速度行驶).

まいしゅう【毎週】 měi ge xīngqī(每个星期), měizhōu(每周).¶〜1回みんなで勉強会をする měige xīngqī dàjiā kāi yí cì xuéxíhuì(每个星期大家开一次学习会).¶〜水曜日に会議はある měiféng xīngqīsān kāihuì(每逢星期三开会).

まいしん【邁進】 màijìn(迈进).¶目標に向かって〜する xiàng mùbiāo màijìn(向目标迈进).

まいせつ【埋設】 máishè(埋设).¶下水管を〜する máishè xiàshuǐguǎndào(埋设下水管道).¶〜物 máishèwù(埋设物).

まいそう【埋葬】 máizàng(埋葬), zàngmái(葬埋).¶墓地に〜する máizàng zài féndìli(埋葬在坟地里).

まいぞう【埋蔵】 máicáng(埋藏), yùncáng(蕴藏), chǔcáng(储藏).¶〜文化財を保護する bǎohù máicáng zài dìxià de wénwù(保护埋藏在地下的文物).¶地下に30億トンの石炭が〜されている dìxià yùncángzhe sānshíyì dūn de méi(地下蕴藏着三十亿吨的煤).¶〜量 yùncángliàng(蕴藏量)/ chǔcángliàng(储藏量)/ chǔliàng(储量).

まいちもんじ【真一文字】¶口を〜に結ぶ jǐnbì shuāngchún(紧闭双唇)/ jǐnbìzhe zuǐ(紧闭着嘴).¶〜に突進する yǒngwǎng-zhíqián(勇往直前).

まいつき【毎月】 měiyuè(每月).¶〜1回集金に来る měiyuè lái shōu yí cì kuǎn(每月来收一次款).¶〜5の日に市が立つ měiyuè féng wǔ yǒu jí(每月逢五有集).

まいど【毎度】 měi huí(每回), měi cì(每次); lǚcì(屡次), chángcháng(常常).¶〜同じ事を言う měi cì dōu shuō tóngyàng de shì(每次都说同样的事).¶〜御ひいきにあずかり有難うございます duō méng guāngjù, fēicháng gǎnxiè(多蒙光顾,非常感谢).¶彼が遅刻するのことは tā chídào shì jiācháng biànfàn(他迟

到是家常便饭).

まいとし【毎年】→まいねん.

マイナス 1 jiǎn(减). ¶8～10はマイナス2 bā jiǎn shí wéi fù èr(八减十为负二).

2〔負，陰〕fù(负). ¶気温は午前6時に～2度だった qìwēn shàngwǔ liù shí wéi língxià èr dù(气温上午六时为零下二度). ¶～の電極 yīnjí(阴极)／fùjí(负极). ¶ツベルクリン反応は～だった jiéhéjūnsù shìyàn shì yīnxìng(结核菌素试验是阴性).
¶～符号 fùhào(负号).

3〔損失，不利〕¶差引～の勘定になる shōuzhī kuīsǔn jiéguǒ shì kuīsǔn(收支相抵结果是亏损). ¶10万円の～だ kuīsǔn shíwàn rìyuán(亏损十万日元). ¶それは君の将来にとって～だ nà duì nǐ de jiānglái búlì(那对你的将来不利). ¶～の評価 fǒudìng de píngjià(否定的评价). ¶～の要因 xiāojí yīnsù(消极因素).

まいにち【毎日】 měitiān(每天), měirì(每日), chéngtiān(成天), chéngrì(成日), jiàntiān[r](见天[ㄦ]). ¶楽しい～を送っています tiāntiān guòde yúkuài(天天过得愉快). ¶こう～忙しくてはかなわない měitiān zhème máng zhēn shòubuliǎo(每天这么忙真受不了). ¶～のように借金の催促に来る jīhū měitiān lái cuī huánzhài(几乎每天来催还债).

まいねん【毎年】 měinián(每年). ¶～1回同窓会を開く měinián kāi yí cì xiàoyǒuhuì(每年开一次校友会). ¶～夏になると北海道に行く měinián yí dào xiàtiān jiù dào Běihǎi Dào qù(每年一到夏天就到北海道去). ¶ここは～のように水が出る zhè dìfang chàbuduō měinián dōu fā dàshuǐ(这地方差不多每年都发大水).

マイノリティー shǎoshù(少数), shǎoshùpài(少数派); shǎoshù mínzú(少数民族).

まいばん【毎晩】 měitiān wǎnshang(每天晚上), měiyè(每夜). ¶～遅くまで働く měitiān wǎnshang gōngzuò dào hěn wǎn(每天晚上工作到很晚). ¶父は～のように酔っぱらって帰ってくる fùqin chàbuduō měitiān wǎnshang dōu zuìxūnxūn de huílai(父亲差不多每天晚上都醉醺醺地回来).

まいひめ【舞姫】 wǔjī(舞姬), nǚ wǔdǎo yǎnyuán(女舞蹈演员).

まいびょう【毎秒】 měi miǎo(每秒).

まいふん【毎分】 měi fēn(每分).

マイペース ¶彼は万事～だ tā shénme shì dōu àn zìjǐ de yí tào qù zuò(他什么事都按自己的一套去做)／tā zǒngshì "zì xíng qí shì[wǒ xíng wǒ sù](他总是‟自行其事[我行我素]).

マイホーム zìjǐ de fángzi(自己的房子), wǒ de jiā(我的家). ¶～主義 jiātíng zhìshàng zhǔyì(家庭至上主义).

まいぼつ【埋没】 máimò(埋没), yānmái(淹埋), yǎnmò(湮没). ¶土砂崩れで家が～した yóuyú huápō, fángwū bèi máizhù le(由于滑坡, 房屋被埋住了). ¶彼の功績を～させてはならない bùnéng ràng tā de gōngjì máimò le(不能让他的功绩埋没了). ¶日常性に～する máimò yú rìcháng suǒshì zhī zhōng(埋没于日常琐事之中).

まいもど・る【舞い戻る】 ¶元の職場に～る huídào yuán dānwèi(回到原单位).

まいゆう【毎夕】 měitiān wǎnshang(每天晚上), měiwǎn(每晚). ¶～6時開演 měiwǎn liù shí kāiyǎn(每晚六时开演).

まい・る【参る】 1〔行く，来る〕qù(去), lái(来). ¶私の方からそちらに～ります wǒ shàng nín nàli qù(我上您那里去). ¶では御一緒に～りましょう nàme wǒ péi nín qù ba(那么我陪您去吧). ¶行って～ります wǒ zǒu le(我走了). ¶お迎えの車が～りました jiēsòng de qìchē lái le(接送的汽车来了). ¶私が急いで見て～りましょう wǒ gǎnjǐn qù kàn yíxià(我赶紧去看一下).

2〔参拝する〕cānbài(参拝), cháobài(朝拝). ¶お寺に～る dào sìyuàn cháobài(到寺院朝拝). ¶お墓に～る sǎomù(扫墓).

3〔降参する〕rènshū(认输), fúshū(伏输·服输). ¶こいつは一本～った zhè huí wǒ kě fú le(这回我可伏了). ¶これでも～らないか nǐ zhè hái bù fúshū ma?(你这还不伏输吗?).

4〔閉口する〕¶こう物価が上がってはーってしまう wùjià zhème shàngzhǎng, kě zhēn shòubuliǎo(物价这么上涨, 可真受不了). ¶彼のいびきには～った tā de hānshēng kě zhēn yàomìng(他的鼾声可真要命). ¶板挟みになってほとほと～った jiāzài zhōngjiān zhēn jiào rén wéinán(夹在中间真叫人为难).

5〔弱る〕¶手術以来彼の体はすっかり～っている dòng shǒushù yǐlái tā de shēntǐ shuāiruò bùkān(动手术以来他的身体衰弱不堪). ¶息子に先立たれて彼は～っている érzi qùshì yǐhòu, tā wánquán jǔsàng le(儿子去世以后，他完全沮丧了).

6〔惚れ込む〕¶彼はあの娘にすっかり～っているようだ tā hǎoxiàng bèi nàge gūniang mízhu le(他好像被那个姑娘迷住了).

マイル yīngl(英里), lǐ(哩).

マイルド wēnhé(温和), héhuǎn(和缓). ¶～な味わい wēnhé fāngxiāng de wèidao(温和芳香的味道)／wēnxīn zhī wèi(温馨之味).

ま・う【舞う】 1 wǔdǎo(舞蹈), tiàowǔ(跳舞); piāowǔ(飘舞), fēiwǔ(飞舞). ¶獅子舞を～う tiào shīziwǔ(跳狮子舞). ¶木の葉が風に～う fēngyè suí fēng piāowǔ(树叶随风飘舞). ¶雪が～う xuěhuā fēiwǔ(雪花飞舞).

まうえ【真上】 ¶鉄パイプが～から落ちてきた tiěguǎn cóng tóudǐng shang diàoxiàlai le(铁管从头顶上掉下来了). ¶太陽は～に輝いている tàiyáng dāngtóu zhào(太阳当头照).

マウス xiǎobáishǔ(小白鼠); shǔbiāoqì(鼠标器), huáshǔ(滑鼠).

マウスピース 〔スポーツ〕hùchǐ(护齿);〔楽器〕chuīzuǐ(吹嘴), shàozuǐ(哨嘴), guǎnzuǐ(管嘴).

マウンテンバイク shāndìchē(山地车).

まえ【前】 1〔空間的〕qián(前), qiánmian[r]

(前面[ル]), qiántou (前头), qiánbian[r] (前边[ル]), tóuqián (头前), qúxiān (先先). ¶噴水の〜で待ち合せる zài pēnshuǐchí qián yuēhuì (在喷水池前约会). ¶駅の〜にデパートがある chēzhàn qiánbian yǒu yí zuò bǎihuò dàlóu (车站前边有一座百货大楼). ¶1番の方、〜に出て下さい dìyī hào, qǐng dào qiánbian lái (第一号,请到前边来). ¶〜によくよく顔を見る gǎndào qiánbian qù bǎ liǎn kànqīngchu (赶到前面去把脸看清楚). ¶机の〜に座る zuò zài zhuō qián (坐在桌前). ¶難問を〜にして頭を抱えこむ miànduì nántí bàotóu kǔxiǎng (面对难题抱头苦想). ¶まっすぐ〜を向いて歩く ángshǒu cháo qián zǒu (昂首朝前走). ¶大勢の〜で話すのは初めてだ wǒ dìyī cì dāngzhe zhòngrén miànqián jiǎnghuà (我第一次当着众人面前讲话). ¶本人の〜では言いにくい dāngzhe tā běnrén bù hǎo kāikǒu (当着他本人不好开口). ¶〜から5番目の席 cóng qiánbian shǔqǐ dìwǔ ge zuòwèi (从前边数起第五个坐位). ¶〜になり後になりして犬の〜について来る gǒu rào qián rào hòu de gēnzhe zǒu (狗绕前绕后地跟着走). ¶〜へ進め màibù zǒu!(迈步走!), qíbù zǒu! (齐步走!). ¶この事は〜の章で述べた zhè shì zài qián yì zhāng yǐ xùshùguo (这事在前一章已叙述过).
2[時間的] qián (前). ¶3時5分〜 chà wǔ fēn sān diǎn (差五分三点). ¶2日〜の新聞 liǎng tiān qián de bàozhǐ (两天前的报纸). ¶〜の日曜日 shàng ge xīngqīrì (上个星期日). ¶試合の〜前はなかなか寝つかれない bǐsài de qián yī tiān wǎnshang hěn nán rùshuì (比赛的前一天晚上很难入睡). ¶結婚〜の娘 wèi chūjià de gūniang (未出嫁的姑娘). ¶日の出〜に出発する zài rìchū zhī qián qián chūfā (在日出之前出发). ¶食事の〜に手を洗う fàn qián xǐshǒu (饭前洗手). ¶人を疑う〜に自分でよく探せ zài huáiyí biéren zhī qián, zìjǐ hǎohāor zhǎozhao (在怀疑别人之前,自己好好儿找找). ¶そこへは〜に行ったことがある nàge dìfang wǒ cóngqián qùguo (那个地方我从前去过). ¶〜にも言った通り, zhèng rú cóngqián shuō de … (正如从前说的…)/ zhèng rú wǒ shuōguo de … (正如我说过的…). ¶彼女は〜にも増して美しくなっていた tā bǐ yǐqián gèng piàoliang le (她比以前更漂亮了). ¶1週間〜から準備する yì xīngqī yǐqián kāishǐ zhǔnbèi (一星期以前开始准备). ¶50〜にどうして真白だがまだ〜にどうして真白がだがまだ hái bú dào wǔshí, tóufa quán bái le (还不到五十, 头发全白了).
3[…相当] qián (前). ¶彼は3人〜の働きをした tā gōngzuò yí ge rén dǐng sān ge rén (他工作一个人顶三个人). ¶5人〜の食事を作る zuò wǔ fēn fàn (做五份饭). ¶2人〜ぺろりと平らげた bǎ liǎng fènr yíxiàzi jiù chīguāng le (把两份儿一下子就吃光了).

まえあし【前足】 qiánzhī (前肢), qiántuǐ (前腿), qiánjiǎo[r] (前脚[ル]); qiánzhǎo (前爪); qiántí (前蹄).
まえいわい【前祝】 yùzhù (预祝). ¶卒業の〜に一杯やる yùzhù bìyè hē yì bēi (预祝毕业喝一杯).
まえうり【前売り】 yùshòu (预售). ¶寝台券は1ヵ月前から〜する wòpùpiào yí ge yuè qián jiù yùshòu (卧铺票一个月前就预售). ¶〜券 yùshòupiào (预售票).
まえおき【前置き】 yǐnzi (引子), kāichǎngbái (开场白), yǐnyán (引言). ¶〜はこれくらいにして本論に入りましょう kāichǎngbái jiù shuōdào zhèr, xiànzài jìnrù zhèngtí ba (开场白就说到这儿,现在进入正题吧). ¶"これは私見ですが"と〜して話しはじめた shuōle yí jù "zhè búguò shì gèrén kànfǎ" zuò kāichǎngbái, jiù jiǎngqǐlai le (说了一句"这不过是个人看法"做开场白,就讲起来了).
まえかがみ【前屈み】 wānyāo (弯腰), hāyāo (哈腰). ¶〜になって歩く wānzhe yāo zǒu (弯着腰走).
まえがき【前書】 xù (序), xùyán (序言), xùwén (序文), qiányán (前言), xùyán (绪言).
まえかけ【前掛け】 wéiqún (围裙). ¶〜をしめる jì wéiqún (系围裙).
まえがし【前貸し】 yùfù (预付). ¶給料を〜する yùfù gōngzī (预付工资).
まえがみ【前髪】 liúhǎir (刘海儿). ¶〜を垂らす liú liúhǎir (留刘海儿).
まえがり【前借り】 yùzhī (预支), jièzhī (借支). ¶月給から5万円〜する cóng gōngzīli yùzhī wǔwàn rìyuán (从工资里预支五万日元).
まえきん【前金】 ¶御注文は〜で願います dìnghuò xīwàng xiān fù jiàkuǎn (订货希望先付价款).
まえげいき【前景気】 ¶派手な宣伝で〜をあおる shìqián zuò yǐn rén zhùmù de xuānchuán (事前做引人注目的宣传).
まえこうじょう【前口上】 kāichǎngbái (开场白), huàbái (话白). ¶〜を述べる shuō kāichǎngbái (说开场白).
まえば【前歯】 ményá (门牙), ménchǐ (门齿), bǎnyá (板牙), dàyá (大牙).
まえばらい【前払い】 yùfù (预付). ¶代金を〜する yùfù huòkuǎn (预付货款).
まえひょうばん【前評判】 ¶その映画の〜は上々だ nà bù yǐngpiàn hěn shòu rénmen de zhùmù (那部影片很受人们的注目). ¶〜に違わぬ素晴らしい公演 zhèng rú rénmen suǒ píngjià de, yìshù shuǐpíng hěn gāo de yǎnchū (正如人们所评价的,艺术水平很高的演出).
まえぶれ【前触れ】 **1**[予告] yùgào (预告). ¶〜もなしに友人が訪ねて来た péngyou shìqián méiyǒu tōngzhī jiù lái le (朋友事前没有通知就来了). ¶A楽団の来日は〜ばかりで立消えになった A yuètuán fǎng Rì zhǐ yǒu yùgào, kě méiyǒu xiàwén (A 乐团访日只有预告,可没有下文).
2[前兆] qiánzhào (前兆), yùzhào (预兆). ¶大地震の〜 dàdìzhèn de yùzhào (大地震的预兆).
まえまえ【前前】 lǎozǎo (老早), yǐqián (以前). ¶〜からこの画集が欲しかった wǒ lǎozǎo jiù

まえむき

xiǎngyào zhè běn huàcè(我老早就想要这本画册). ¶その事は～から気になっていた nà jiàn shì hěn jiǔ yǐlái wǒ jiù yìzhí jìguàzhe(那件事很久以来我就一直记挂着).

まえむき【前向き】 ¶～の姿勢で取り組む yǐ jījí tàidu lái duìdài(以积极态度来对待).

まえもって【前以て】 yùxiān(预先), zàixiān(在先), shìxiān(事先), shìqián(事前). ¶～許可を得ておく yùxiān qǔdé xǔkě(预先取得许可).

まえわたし【前渡し】 ¶品物を～する xiān jiāo huòwù(先交货物). ¶日当を～する yùfù rìxīn(预付日薪).

まおう【魔王】 mówáng(魔王).

まおとこ【間男】 ¶～をする tōu hànzi(偷汉子).

まがい【紛い】 ¶～のダイヤ jiǎ zuànshí(假钻石). ¶水晶～のガラス細工 fǎngzào shuǐjīng de bōli zhìpǐn(仿造水晶的玻璃制品). ¶～物 fǎngzhìpǐn(仿制品).

まか・う【紛う】 ¶～う情景 yóurú mènghuàn de qíngjǐng(犹如梦幻的情景). ¶～う方なく父の筆跡だ qiānzhēn-wànquè shì fùqin de bǐjì(千真万确是父亲的笔迹).

マカオ【澳門】 Àomén(澳门).

まがお【真顔】 ¶彼は急に～になって話し出した tā tūrán zhèngyán-lìsè de jiǎngqǐ huà lai le(他突然正颜厉色地讲起话来了). ¶～で冗談を言う zhuāngzhe yìběn-zhèngjīng de yàngzi kāi wánxiào(装着一本正经的样子开玩笑).

まかし【間貸し】 ¶学生に部屋を～する xiàng xuésheng chūzū fángjiān(向学生出租房间).

まか・す【負かす】 dǎbài(打败). ¶試合でさんざん相手を～してやった zài bǐsài zhōng bǎ duìshǒu dǎde luòhuā-liúshuǐ(在比赛中把对手打得落花流水).

まかず【間数】 jiānshù(间数).

まか・せる【任せる】 jiāogěi(交给), tuōfù(托付); tīng(听), tīngpíng(听凭), tīngrèn(听任), rènpíng(任凭). ¶そのことは私に～せなさい nà jiàn shì jiāogěi wǒ ba(那件事交给我吧). ¶家のことは一切妻に～せっきりだ jiāli de shì quán yóu lǎopo zhǎngguǎn(家里的事全由老婆掌管). ¶店を息子に～せて隠居するも自分は pùzi jiāogěi érzi, zìjǐ tuìxiū(把铺子交给儿子,自己退休). ¶運を天に～せる tīng tiān yóu mìng(听天由命). ¶彼等自身の判断に～せる yóu tāmen zìjǐ qù pànduàn(由他们自己去判断). ¶後は想像に～せるよ cǐwài rènpíng nǐ xiǎngxiàng(此外任凭你想像). ¶心に～せぬことばかりだ xīn bù rúyì de shì(尽是不如意的事). ¶自然の成行きに～せよう tīng qí zìrán ba(听其自然吧). ¶足に～せて歩く xìnbù ér xíng(信步而行).

まかない【賄】 huǒshi(伙食), shànshí(膳食). ¶寮の～を引き受ける bāo zhùsùshēng de huǒshi(包住宿生的伙食). ¶～付きの下宿 bāofàn de fángjiān(包饭的住家儿).

まかな・う【賄う】 ¶大概のものは近所で～える yìbān de dōngxi zài fùjìn chàbuduō dōu nòng-dedào(一般的东西在附近差不多都弄得到). ¶50人分の昼食を～うのは大変だ gōngyìng wǔshí ge rén de wǔfàn kě bù róngyì(供应五十个人的午饭可不容易). ¶月20万円では一家を～いきれない yí ge yuè èrshí wàn rìyuán wéichí bu liǎo yì jiā de shēnghuó(一个月二十万日元维持不了一家的生活). ¶会の運営費は寄付金で～う běn huì jīngfèi yóu juānkuǎn lái wéichí(本会经费由捐款来维持).

まがり【間借】 ¶学校の近くに～する zài xuéxiào fùjìn zū fángjiān zhù(在学校附近租房间住).

まがりかど【曲り角】 **1**[道の] guǎijiǎo[r](拐角[儿]), zhuǎnjiǎo[r](转角[儿]). ¶次の～を右へ曲がってすぐです zài xià yí ge guǎijiǎo wǎng yòu guǎi jiùshì(在下一个拐角往右拐就是). **2**[転機] zhuǎnzhédiǎn(转折点), zhuǎnlièdiǎn(转捩点). ¶人生の～に立っている chǔyú rénshēng de zhuǎnzhédiǎn(处于人生的转折点).

まがりくね・る【曲りくねる】 wānqū(弯曲), huíhuán(回环), huírào(回绕), zhuǎnwān-mòjiǎo[r](转弯抹角[儿]). ¶～った道を行く zǒu wānwān-qūqū de lù(走弯弯曲曲的路).

まかりとお・る【罷り通る】 ¶こんな無茶なことが～ってよいものか zhè zhǒng bùhé dàoli de shì, nǎ néng jiào tā héngxíng?(这种不合道理的事,哪能叫它横行?). ¶不正が～る世の中 bú zhèng zhī fēng shèngxíng de shèhuì(不正之风盛行的社会).

まかりなり【罷りなり】 ¶～にも大学を卒業した dàxué miǎnmiǎn-qiǎngqiǎng bìle yè(大学勉勉强强毕了业). ¶～にも本箱ができあがった shūxiāng miǎnqiáng zuòchulai le(书箱勉强做出来了).

まかりまちが・う【罷り間違う】 ¶～えば命取りだ wànyī yǒu ge shǎnshī, kě jiù méimìng la(万一有个闪失,可就没命啦). ¶～えてもそのことは口にするな nà shì nǐ qiānwàn búyào shuō(那事你千万不要说).

まが・る【曲る】 **1**wān(弯), wānqū(弯曲). ¶暑さでレールが～った tiān rède gāngguǐ dōu wān le(天热得钢轨都弯了). ¶腰の～った老人 yāo wānle de lǎorén(腰弯了的老人). ¶道が直角に～っている lù guǎile ge zhí wānr(路拐了个直弯儿). **2**[進行方向を変える] guǎi(拐), guǎiwān[r](拐弯[儿]), zhuǎnwān[r](转弯[儿]). ¶2つ目の交差点を左に～ってまっすぐ行きなさい zài dì'èr ge shízì lùkǒu wǎng zuǒ guǎi yìzhí zǒu(在第二个十字路口往左拐一直走). **3**[傾く] wāi(歪). ¶ネクタイが～っていますよ nǐ de lǐngdài wāi le(你的领带歪了). ¶柱が～っている zhùzi wāizhe(柱子歪着). **4**[道理に外れる, ひねくれる] ¶私は～ったことが大嫌いだ wǒ kě bù xǐhuan bú zhèngdàng de shì(我可不喜欢不正当的事). ¶お前の～った根性をたたき直してやる nǐ nà zhǒng liègēnxìng fēiděi zhěngguolai bùkě(你那种劣根性非得整过来不可).

マカロニ tōngxīnfěn（通心粉），kōngxīnmiàn（空心面）.

まき【巻】 juàn（卷）.¶《万葉集》〜の一 《Wànyèjí》 juàn yī《万叶集》卷一.

まき【薪】 mùchái（木柴），pǐchai（劈柴）.¶かまどに〜をくべる wǎng zàoli tiān mùchái（往灶里添木柴）.¶斧で〜を割る ná fǔzi pī mùchái（拿斧子劈木柴）.

まきあ・げる【巻き上げる】 1 juǎnqǐ（卷起）.¶すだれを〜げる juǎnqǐ liánzi（卷起帘子）.¶ワイヤロープを〜げる juǎnshàng gānglǎn（卷上钢缆）.¶自動車が砂ぼこりを〜げて走って行く qìchē juǎnqǐ chéntǔ fēichí ér guò（汽车卷起尘土飞驰而过）.
2 ［奪う］ lèsuǒ（勒索），lèzhà（勒诈）.¶有り金全部を〜げられた suǒyǒu de qián bèi qiǎngzǒu le（所有的钱被抢走了）.¶ひとつあいつの宝を〜げてやろう hǎo, bǎ tā nàge bǎobèi lèzhà guolai（好, 把他那个宝贝勒诈过来）.

まきえ【蒔絵】 shíhuì（蒔绘），bōsǎhuà（播撒画）.

まきおこ・す【巻き起す】 xiānqǐ（掀起），yǐnqǐ（引起）.¶彼の発言は非難の渦を〜した tā de fāyán yǐnqǐle yípiàn chìzéshēng（他的发言引起了一片斥责声）.¶一大センセーションを〜した yǐnqǐle yì cháng dà hōngdòng（引起了一场大轰动）.

まきがい【巻貝】 luó（螺），hǎiluó（海螺）.

まきかえ・す【巻き返す】 wǎnhuí lièshì（挽回劣势）.¶敵を〜にしかかった dífāng kāishǐ fǎnjī le（敌方开始反击了）.

まきがみ【巻紙】 ¶〜に手紙をしたためる zài juǎnzhǐ shang xiě xìn（在卷纸上写信）.¶煙草の〜 juǎnyānzhǐ（卷烟纸）.

まきこ・む【巻き込む】 juǎnrù（卷入），juǎnjìn（卷进）.¶機械に手を〜まれて大けがをした shǒu juǎnjìn jīqìli shòule zhòngshāng（手卷进机器里受了重伤）.¶渦に〜まれて溺れ死んだ juǎnrù xuánwōli yānsǐ le（卷入旋涡里淹死了）.¶やっかいな事件に〜まれた bèi juǎnjìnle yí ge máfan de shìjiàn li（被卷进了一个麻烦的事件里）.

まきじた【巻舌】 juǎn shé（卷舌）.¶〜で発音する juǎnqǐ shétóu fāyīn（卷起舌头发音）.

まきじゃく【巻尺】 juǎnchǐ（卷尺），píchǐ（皮尺）.

まきぞえ【巻添え】 liánlěi（连累），dàilěi（带累），qiānlěi（牵累），guàlěi（挂累），tuōlěi（拖累），shòulěi（受累），qiānliánn（牵连），gānliánn（干连），tuōdài（拖带）.¶けんかの〜を食って警察に連行された shòule dǎjià de qiānlěi bèi dàidào jǐngchájú qù le（受了打架的牵累被带到警察局去了）.¶この事件は我々の会社を〜にした zhège shìjiàn bǎ wǒmen de gōngsī yě gěi qiānliánshàng le（这个事件把我们的公司也给牵连上了）.

まきた【真北】 zhèng běi（正北）.

まきタバコ【巻煙草】 1 ［紙巻］ juǎnyān（卷烟），zhǐyān（纸烟），yānjuǎnr（烟卷儿），xiāngyān（香烟）.
2 ［葉巻］ juǎnyān（卷烟），xuějiā（雪茄），xuějiāyān（雪茄烟）.

まきつ・く【巻き付く】 chán（缠），chánrǎo（缠绕）.¶豆のつるが支柱に〜いた dòuwànr chánrǎo zài zhīzhù shang（豆蔓儿缠绕在支柱上）.¶大蛇に〜かれて動けない bèi dàshé chánrǎo bùnéng dòngtan（被大蛇缠住不能动弹）.

まきとりし【巻取紙】 juǎntǒngzhǐ（卷筒纸）.

まきば【牧場】 mùchǎng（牧场），mùdì（牧地）.

まきもの【巻物】 shǒujuàn（手卷），juànzhóu（卷轴），juànzi（卷子）.

まぎら・す【紛らす】 1 ［ごまかす］ yǎnshì（掩饰）.¶悲しみを冗談に〜す kāi wánxiào lái yǎnshì zìjǐ de bēishāng（开玩笑来掩饰自己的悲伤）.
2 ［気晴らしをする］ páiqiǎn（排遣）.¶小説を読んで気を〜す kàn xiǎoshuō jiěmèn（看小说解闷）.¶酒を飲んで寂しさを〜す hē jiǔ páiqiǎn jìmò（喝酒排遣寂寞）.

まぎらわし・い【紛らわしい】 ¶この2つは〜い zhè liǎng ge róngyì hùnxiáo（这两个容易混淆）.¶〜い名称は避けた方がよい róngyì hùnxiáo de míngchēng zuìhǎo bú yòng（容易混淆的名称最好不用）.

-まぎれ【紛れ】 ¶腹立ち〜にどなりつけた qìfèn bu guò màle yí dùn（气愤不过骂了一顿）.¶酔った〜に言ってしまった jiǔzuì zhī xià tuō kǒu ér chū（酒醉之下脱口而出）.

まぎれこ・む【紛れ込む】 hùn（混），hùnjìn（混进），hùnrù（混入）.¶〜んでいないか wǒ de shū méi hùndào nǐ de shūbāo lǐmian ma?（我的书没混到你的书包里面吗?）.¶変装して敵中に〜んだ huàzhuāng hùnjìnle dírén lǐmian（化装混进了敌人里面）.

まぎれもな・い【紛れもない】 ¶それは〜い事実だ nà shì wúkě zhìyí de shìshí（那是无可置疑的事实）.¶〜く彼の声だ dídí-quèquè shì tā de shēngyīn（的的确确是他的声音）.

まぎ・れる【紛れる】 1 ［入りまじる, 区別し難い］ ¶領収証が他のものに〜れてどこかへいってしまった shōujù hùnjìn qítā dōngxi li zhǎobuzháo le（收据混进其他东西里找不着了）.¶彼の姿は雑踏に〜れて見えなくなった tā de shēnyǐng hùnrù rénqúnli bújiàn le（他的身影混入人群里不见了）.¶闇に〜れて逃げた chènzhe hēi'àn táopǎo（趁着黑暗逃跑）.¶A校と〜れやすい制服 gēn A xiào róngyì hùnxiáo de zhìfú（跟 A 校容易混淆的制服）.
2 ［気を取られて忘れる］ ¶忙しさに〜れてそのことを忘れていた mángde bǎ nà shì gěi gē tōhòu le（忙得把那事给搁脑后了）.¶何をしても悲しみが〜れない zuò shénme yě páiqiǎn bu liǎo bēishāng（做什么也排遣不了悲伤）.¶誰かとおしゃべりでもすれば気が〜れるだろう gēn shuí liáoliao tiānr huòxǔ néng jiějiě mènr ba（跟谁聊聊天儿或许能解解闷儿）.

まぎわ【間際】 ¶発車〜に飛び乗った jiùyào kāichē de shíhou tiàoshàngle huǒchē（就要开车的时候跳上了火车）.¶試験の〜にならないと勉強しない bú dào kǎoshì líntóu bú yònggōng（不到考试临头不用功）.¶死ぬ〜までその事を言っていた yìzhí dào línsǐ hái shuōzhe

なしshì(一直到临死还说着那事).

ま・く【巻く】 **1**【まるく畳む】juǎn(卷). ¶掛軸を~く juǎn guàzhóu(卷挂轴). ¶毛糸を玉に~く bǎ máoxiàn ràochéng yì tuán(把毛线绕成一团).
2【渦巻く】¶川の水が渦を~いて流れる héshuǐ dǎzhe xuán liú(河水打着旋ル流). ¶つむじが左に~いている xuán xiàng zuǒ juǎnzhe(旋ル向左卷着).
3{ねじって回す}shàng(上). ¶ぜんまいを~く shàng fātiáo(上发条). ¶時計のねじを~く gěi biǎo shàngxián(给表上弦).
4【巻きつける】chán(缠), rào(绕), chánbǎng(缠绑). ¶頭に包帯を~く zài tóushang chán bēngdài(在头上缠绷带). ¶首にマフラーを~く bózi shang wéi wéijīn(脖子上围围巾). ¶糸を糸巻に~く bǎ xiàn chánzài xiànzhóur shang(把线缠在线轴ル上).

ま・く【蒔く・播く】 sǎ(撒), bō(播), sǎbō(撒播), bōsǎ(播撒), bōzhòng(播种); xiàzhǒng(下种), bōzhòng(播种). ¶小麦を~く bōzhòng xiǎomài(播种小麦). ¶争いの種を~く bōxià jiūfēn de zhǒngzi(播下纠纷的种子). ¶~かぬ種は生えぬ bù bō zhǒngzi bù zhǎng yá(不播种子不长芽)/ chūn bú zhòng, qiū bù shōu(春不种,秋不收).

ま・く【撒く】 **1** sàn(散), sànfā(散发), sànbù(散布), sǎ(撒);{水を}sǎ(洒). ¶ビラを~いて宣伝する sànfā chuándān jìnxíng xuānchuán(散发传单进行宣传). ¶農薬を~く sǎ[bōsǎ]nóngyào(撒[播撒]农药). ¶往来に水を~く wǎng lùshang sǎ shuǐ(往路上洒水). ¶至るところでデマを~き散らす dàochù sànbō yáoyán(到处散播谣言).
2【はぐらかす】shuǎidiào(甩掉). ¶尾行の私服を駅の人込みで~いてやった zài chēzhàn de rénqúnli bǎ dīngshāo de biànyī shuǎidiào le(在车站的人群里把钉梢的便衣甩掉了).

まく【幕】 **1** mù(幕), mùbù(幕布); wéimù(帷幕), wéimàn(帷幔), mànzhàng(幔帐), wéizi(帷子), mànzi(幔子). ¶~が開く kāi mù(开幕)/ mù qǐ(幕启). ¶~が閉まる bì mù(闭幕). ¶~を引く lā mù(拉幕). ¶紅白の~を張りめぐらす zài sìzhōu zhāngguà hóngbái xiāngjiàn de wéimù(在四周张挂红白相间的帷幕). ¶舞台は大合唱で~になった wǔtái zài dàhéchàng zhōng luò mù(舞台在大合唱中落幕). ¶総選挙の~が切って落された dàxuǎn de xùmù jiēkāi le(大选的序幕揭开了). ¶半年にわたる争議も~を閉じた chíxùle bànnián de gōngcháo yě gàozhōng le(持续了半年的工潮也告终了).
2〔芝居の〕mù(幕). ¶彼は次の~に出る tā zài xià yí mù chūchǎng(他在下一幕出场). ¶この劇は3〜5場からなる zhè chū xì yóu sān mù wǔ chǎng gòuchéng(这出戏由三幕五场构成). ¶お前の出る~ではない yòngbuzháo nǐ chūtóu(用不着你出头).

まく【膜】 mó(膜). ¶牛乳に~ができる niúnǎi qǐle pí(牛奶起了皮).

まくあい【幕間】 mùjiān(幕间). ¶~に楽屋を訪ねる chènzhe mùjiān xiūxi fǎngwèn hòutái(趁着幕间休息访问后台).

まくあき【幕開き】 kāichǎng(开场), kāimù(开幕). ¶第1回の~は10時だ dìyī cì kāichǎng shì shí diǎn(第一次开场是十点). ¶いよいよスキーシーズンの~だ huáxuě jìjié jiùyào kāishǐ le(滑雪季节就要开始了).

まくぎれ【幕切れ】 ¶歌舞伎では第3幕の~は通常愁嘆場だ gēwǔjì zài dìsān mù luò mù shí, tōngcháng shì bēishāng de chǎngmiàn(歌舞伎在第三幕落幕时,通常是悲伤的场面). ¶あれだけの大事件にしてはあっけない~だった bié kàn nàyàng dà de shìjiàn, hěn jiǎndān jiù shōuchǎng le(别看那样大的事件,很简单就收场了).

まぐさ【秣】 gāncǎo(干草), cǎoliào(草料). ¶馬に~をやる gěi mǎ wèi cǎoliào(给马喂草料). ¶~桶 cáo(槽)/ cáozi(槽子). ~切り zhádāo(铡刀).

まくした・てる【捲し立てる】 ¶すごい剣幕で~てる qìshì xiōngxiōng de fā yí dùn huà(气势汹汹地发一顿话). ¶1人で~てていてはたから口を挟む余地がない jiù tā yí ge rén kǒu ruò xuán hé tāotāo bùjué, quán méiyǒu cóng páng chāzuǐ de yúdì(就他一人口若悬河滔滔不绝,全没有从旁插嘴的余地).

まぐち【間口】 kāijiān(开间). ¶~15メートル奥行20メートルの土地 zhèngmiàn kuān shíwǔ mǐ jìnshēn èrshí mǐ de tǔdì(正面宽十五米进深二十米的土地). ¶店の~を広げる jiākuān diànpù de ménmian(加宽店铺的门面). ¶そんなに商売の~を広げて大丈夫か nǐ nàyàng kuòdà shēngyi de fànwéi, bù yàojǐn ma?(你那样扩大生意的范围,不要紧吗?).

マグニチュード dìzhèn zhènjí(地震震级), zhènjí(震级).

マグネシウム měi(镁).

マグマ yánjiāng(岩浆).

まくら【枕】 zhěntou(枕头). ¶頭を~につけるやいなや寝入ってしまった tóu yī tā wèi zài zhěntou shang jiù shuìzháo le(头一挨在枕头上就睡着了). ¶肘を~に寝る zhěnzhe gēbo shuìjiào(枕着胳膊睡觉). ¶~をして寝る zhěnzhe zhěntou shuì(枕着枕头睡). ¶これでやっと~を高くして寝られる zhèyàng jiù gāo zhěn wú yōu le(这样就高枕无忧了). ¶~を並べて討死した zhěnjiè ér wáng(枕藉而亡).
¶~カバー zhěntoutào(枕头套)/ zhěntào(枕套)/ zhěnjīn(枕巾). 空気~ qìzhěn(气枕). 氷~ bīngzhěn(冰枕).

まくらぎ【枕木】 zhěnmù(枕木), mùzhěn(木枕), dàomù(道木), guǐzhěn(轨枕).

まくらもと【枕許】 zhěnbiān(枕边). ¶~に目覚し時計を置いて寝る bǎ nàozhōng fàngzài zhěnbiān shuìjiào(把闹钟放在枕边睡觉). ¶~に付き添って看病する zài zhěnbiān kānhù(在枕边看护).

ま・く・る【捲る】 **1** juǎn(卷), wǎn(挽), luō(捋). ¶ズボンの裾を~る bǎ kùjiǎor juǎnqǐlai(把裤

脚ル巻げ来る).¶袖を〜る wǎnqǐ xiùzi (挽起袖子).¶**腕を〜り上げてすごむ** luō xiùzi de wēihè (捋袖子地威吓).
2〔盛んに…する〕¶**原稿を書き〜る** yígejìnr de xiě gǎozi (一个劲儿地写稿子).¶**彼女は1人でしゃべり〜った** tā yí ge rén diédié bùxiū shuō ge méi wán (她一个人喋喋不休说个没完).¶**一晩中北風が吹き〜った** běifēng bùtíng de měng guāle yí yè (北风不停地猛刮了一夜).

まぐれ【僥倖】 jiǎoxìng (侥幸).¶**いやあ、〜ですよ** bùgǎndāng bùgǎndāng, zhè zhǐshì ˈjiǎoxìng [wāidǎ-zhèngzháor] bàle (不敢当不敢当,这只是ˈ侥幸[歪打正着儿]罢了).¶**今度の成功はほんとど〜だ** zhè huí de chénggōng jiǎnzhí shi jiǎoxìng (这回的成功简直是侥幸).¶**あてずっぽうが〜当りした** húluàn xiā cāi, méngduì le (胡乱瞎猜, 蒙对了).

まく・れる【捲れる】 juǎnqǐ (卷起).¶**風で裾が〜れる** xiàbǎi bèi fēng chuīde juǎnqǐlai (下摆被风吹得卷起来).

マクロ hóngguān (宏观).¶**〜経済学** hóngguān jīngjìxué (宏观经济学).¶**〜コスモス** hóngguān yǔzhòu (宏观宇宙).

まぐろ【鮪】 jīnqiāngyú (金枪鱼).

まくわうり【真桑瓜】 tiánguā (甜瓜), xiāngguā (香瓜).

まけ【負】 shū (输), bài (败), fù (负).¶**4対1でAチームの〜だった** A duì yǐ sì bǐ yī shū le (A队以四比一输了).¶**今引き下がるとこちらの〜だ** xiànzài ràngbù jiù suàn wǒfāng fúshū le (现在让步就算我方伏输了).

まげ【髷】 fàjì (发髻).¶**〜を結う** wǎn jì (挽髻).

まけいくさ【負戦】 bàizhàng (败仗).

まけおしみ【負け惜しみ】 bù fúshū (不伏输), bú rènshū (不认输).¶**〜の強い人** bù fúshū de rén (不伏输的人).¶**〜を言うな** bié sǐ bù fúshū (别死不伏输).

まけこ・す【負け越す】 ¶**今シーズンAチームはBチームに14勝16敗で〜した** zhè yí jìdù A duì yǐ shísì shèng shíliù fù bàiyú B duì (这一季度A队以十四胜十六负败于B队).

まけじだましい【負けじ魂】 ¶**〜にものを言わせて局面を挽回した** fāhuī wánqiáng bùqū de jīngshén wǎnhuíle júshì (发挥顽强不屈的精神挽回了局势).

まけずおとらず【負けず劣らず】 ¶**2人とも〜よく働く** gànqí huó lái, tāmen liǎng ge rén yí ge shèngguo yí ge (干起活来, 他们两个人一个胜过一个).¶**細君の方も〜せっかちらしくてご主人跟だ** gēn tā chàbulí, yě shì ge jíxìngzi (他爱人跟他差不离, 也是个急性子).

まけずぎらい【負け嫌い】 hàoqiáng (好强), yàoqiáng (要强), hàoshèng (好胜).¶**〜な性分** tiānxìng hàoqiáng (天性好强).

まげて【枉げて】 ¶**御無理とは存じますがそこを〜お願いします** wǒ zhīdao zhè shì shífēn kùnnan, dàn wúlùn rúhé qǐng nín jǐnlì (我知道这件事十分困难, 但无论如何请您尽力).

ま・ける【負ける】 **1**〔敗れる, 劣る, 屈する〕 shū (输), bài (败), fù (负), dǎbài (打败), gàofù (告负).¶**戦争に〜ける** zhàng dǎbài le (仗打败了)/ **B に負ける** dǎ bàizhàng (打败仗) ; zhànbài (战败).¶**Aチームは3点の差でBチームに〜けた** A duì yǐ sān fēn zhī chā shūgěile B duì (A队以三分之差输给了B队).¶**裁判で〜ける** guānsi dǎshū le (官司打输了).¶**〜けるが勝ち** bài zhōng yǒu shèng (败中有胜).¶**腕力では誰にも〜けない** lùn wànlì shuí yě bǐbuguò wǒ (论腕力谁也比不过我).¶**年は取ったが若い者には〜けない** suī shàngle niánjì, kě bù shū niánqīngrén (虽上了年纪, 可不输年轻人).¶**いかなる困難にも〜けないAだ** duì rènhé kùnnan dōu jué bù qūfú de rén (对任何困难都决不屈服的人).¶**君の根気には〜けた** nǐ nà gǔ jìnr wǒ gān bài xiàfēng (你那股劲儿我甘拜下风).¶**つい誘惑に〜けてしまった** jīngbuzhù yòuhuò (经不住诱惑).
2〔かぶれる〕 qī bèi qī yǎo le (被漆咬了).¶**かみそりに〜ける** jīngbuzhù guāhúzidāo guā (经不住刮胡子刀刮).
3〔大目に見る〕 ¶**本当はいけないのだが子供だから〜けてやる** běnlái shì bù xíng de, kàn nǐ shì xiǎoháir, ràng nǐ zhè yí cì ba (本来是不行的, 看你是小孩儿, 让你这一次吧).
4〔おまけする〕 ¶**500円〜けておきましょう** jiù suàn wǔbǎi rìyuán ba (就算五百日元吧).¶**1個〜けてくれた** duō gěile wǒ yí ge (多给了我一个).

ま・げる【曲げる】 **1** wān (弯).¶**針金を〜げる** bǎ tiěsī nòngwān (把铁丝弄弯).¶**一日中腰を〜げて仕事をする** zhěngtiān wānzhe yāo gànhuór (整天弯着腰干活儿).¶**ブリキ板を直角に〜げる** bǎ tiěpí wānchéng zhíjiǎo (把铁皮弯成直角).
2〔ゆがめる〕 wāiqū (歪曲).¶**事実を〜げて報道する** wāiqū shìshí bàodào (歪曲事实报道).¶**法を〜げる** wǎngfǎ (枉法).¶**節を〜げる** qūjié (屈节).¶**彼はどうしても自説を〜げない** tā zěnme yě bù gǎibiàn zìjǐ de zhǔzhāng (他怎么也不改变自己的主张).

まけんき【負けん気】 hàoqiáng (好强), hàoshèng (好胜), yàoqiáng (要强).¶**〜の強い子** hàoqiáng de háizi (好强的孩子).

まご【孫】 〔息子の男児〕 sūnzi (孙子) ; 〔息子の女児〕 sūnnǚ[r] (孙女[儿]) ; 〔娘の男児〕 wàisūn (外孙), wàisūnzi (外孙子) ; 〔娘の女児〕 wàisūnnǚ[r] (外孙女[儿]), wàishengnǚ[r] (外甥女[儿]).¶**ようやく〜ができた** hǎoróngyì cái bào sūnzi le (好容易才抱孙子了).

まご【馬子】 gǎnduòzide (赶驮子的), gǎnjiāode (赶脚的).¶**〜にも衣装** rén shì yīshang, mǎ shì ān (人是衣裳, 马是鞍) / rén shì shùzhuāng quán kào yīshang (人是树桩全靠衣裳).

まごこ【孫子】 zǐsūn (子孙).¶**〜の代まで伝えたい** wǒ xiǎng ràng zhè shì zài zǐsūn hòudài zhōng liúchuán (我想让这事在子孙后代中流传).

まごころ【真心】 zhēnxīn(真心), shíxīn(实心), zhēnchéng(真诚), chéngzhì(诚挚), chìchéng(赤诚), chìxīn(赤心), chìchén(赤忱). ¶~をこめて縫い上げる shíxīn-shíyì de féngzhì(实心实意地缝制). ¶~のこもった言葉 chéngxīn-chéngyì de huà(诚心诚意的话)／zhēnxīnhuà(真心话)／shíxīnhuà(实心话). ¶~を尽す jìnxīn jìnyì(尽心尽意).

まごつ・く ¶道が分らなくて散々~いた lù bù shú, míle yízhènzi(路不熟,迷了一阵子). ¶初めての事なので~いた yīnwei shì tóuyī cì de shì, yǒuxiē zháohuāng(因为是头一次的事,有些着慌). ¶いざという時に~かぬよう日頃から準備しておく píngcháng zuòhǎo zhǔnbèi, miǎnde jǐnjí shí zhānghuáng-shīcuò(平常作好准备,免得紧急时张皇失措).

まごでし【孫弟子】 túsūn(徒孙).

まこと【誠】 **1**〔本当〕嘘が~になる jiǎhuà chéngle zhēnshì(假话成了真事)／nòng jiǎ chéng zhēn(弄假成真).

2〔真心〕~を尽す jiéchéng(竭诚).

まことしやか【実しやか】 xiàngshà yǒu jiè shì(像煞有介事). ¶~に述べ立てた xiàngshà yǒu jiè shì de shēnshùle yí tòng(像煞有介事地申述了一通)／shuōde yǒu bízi yǒu yǎnr de(说得有鼻子有眼儿的). ¶~な噂が流れている liúchuánzhe sì zhēn shí jiǎ de fēngshēng(流传着似真实假的风声).

まことに【誠に】 zhēn(真), shízài(实在), chéngrán(诚然). ¶~申し訳ございません shízài bàoqiàn(实在抱歉). ¶~けしからん zhēn shì qǐyǒucǐlǐ(真是岂有此理).

まごのて【孫の手】 lǎotóurlè(老头儿乐), mágūsāo(麻姑搔).

まごびき【孫引き】 zhuǎnyǐn(转引). ¶史料を~する zhuǎnyǐn shǐliào(转引史料).

まごまご 〔勝手が分らず〕qíngkuàng bùmíng, shǒuzú wúcuò(情况不明, 手足无措). ¶そんな所で何を~しているのだ nǐ zài nàli mómó-cèngcèng gàn shénme? (你在那里磨磨蹭蹭干什么?). ¶~していると折角のチャンスを逸してしまう yóuyù bùjué kě jiù yào cuòguò hǎo jīhuì(犹豫不决可就要错过好机会).

まさか **1**〔よもや〕nándào(难道), mòbùshì(莫不是), mòfēi(莫非). ¶~彼が試験に落ちるとは思わなかった wànwàn xiǎngbudào tā méi kǎoshàng(万万想不到他没考上). ¶~本心ではないだろうね jué bú huì shì zhēnxīn ba(决不会是真心吧). ¶ここに置いておいても~なくなりはすまい fàngzài zhèr kě bú huì diū ba(放在这儿可不会丢吧). ¶"君、彼女と結婚するのか""~!" "nǐ gēn tā jiéhūn a?" "nǎ yǒu de shì"("你跟她结婚啊?""哪有的事")

2〔万一〕wànyī(万一). ¶~に備えて貯金しておく chǔxù diǎnr qián, yǐ bèi wànyī(储蓄点儿钱,以备万一). ¶~の用意に水を汲んでおく cún shuǐ yǐ fáng wànyī(存水以防万一).

まさかり【鉞】 bǎnfǔ(板斧).

まさき【柾】 fúfāngténg(扶芳藤), wèimáo(卫矛).

まさぐ・る bǎinòng(摆弄). ¶数珠を~る bǎinòng shùzhū(摆弄数珠).

まさしく【正しく】 zhèngshì(正是). ¶これは~飛鳥時代の仏像だ zhè shì zhēnzhèng de Fēiniǎo shídài de fóxiàng(这是真正的飞鸟时代的佛像). ¶~私のなくした時計だ zhè zhèngshì wǒ diūle de biǎo(这正是我丢了的表).

まさつ【摩擦】 **1** mócā(摩擦·磨擦). ¶~で静電気が起る mócā qǐdiàn(摩擦起电). ¶皮膚を~して抵抗力を強める mócā pífū lái jiāqiáng dǐkànglì(摩擦皮肤来加强抵抗力).

¶~音 mócāyīn(摩擦音)／cāyīn(擦音).

2〔あつれき〕mócā(摩擦·磨擦). ¶無用な~を起さないように注意する zhùyì bùyào yǐnqǐ bú bìyào de mócā(注意不要引起不必要的摩擦). ¶両者の間に感情的な~が絶えない liǎngrén zhī jiān búduàn fāshēng gǎnqíngshang de mócā(两人之间不断发生感情上的摩擦).

まさに【正に】 **1**〔間違いなく〕zhèng(正), zhèngshì(正是), zhēn(真), zhēn shì(真是). ¶君の言う通りだった zhèng rú nǐ shuō de yidiǎnr méi cuò(正如你说的一点儿没错). ¶これこそ~人生の縮図だ zhè kě zhēn shì rénshēng de suōyǐng(这可真是人生的缩影). ¶右へ領収致しました yǐshàng yǐ shōuqì(以上已收讫).

2〔当然〕¶彼こそ~罪を天下に謝すべきである zhèngshì tā yīnggāi xiàng tiānxià xièzuì(正是他应该向天下谢罪). ¶この仕事は~君が引き受けるべきだ zhège gōngzuò zhèng yīngdāng yóu nǐ chéngdān(这个工作正应当由你承担).

3〔今にも〕yào(要), jiāngyào(将要), zhèng yào(正要). ¶~見せつけられた瞬間後ろから抱きとめられた yào tiàoxià de chànà bèi rén cóng bèihòu bàozhù le(要跳下的刹那被人从背后抱住了). ¶日は~沈もうとしている tàiyáng mǎshàng jiù yào luòxiaqu le(太阳马上就要落下去了).

まざまざ ¶あの時のことが今も~と目に浮ぶ nà shí de shìqíng xiànzài hái xiānmíng de fúxiàn zài yǎnqián[lìlì zài mù](那时的事情现在还鲜明地浮现在眼前[历历在目]). ¶実力の差を~と見せつけられた lìliàng xuánshū de xiànshí yánkù de bǎizài miànqián(力量悬殊的现实严酷地摆在面前).

まさめ【柾目】 ¶桐の~ zhíwén tóngmù(直纹桐木).

まさゆめ【正夢】 ¶さては~だったか ā, zhēn shì yìngle mèng!(啊,真是应了梦!).

まさ・る【勝る】 shèng(胜). ¶実力は彼の方が~っている lùn shílì tā shèngguo wǒ(论实力他胜过我). ¶聞きしに~る美しさだ měilide shèngyú suǒ wén(美丽得胜于所闻)／bǐ tīngshuō de hái yào měi(比听说的还要美). ¶妹も姉に~るとも劣らぬ美人だ mèimei yě shì ge búyàyú jiějie de měirén(妹妹也是个不亚于姐姐的美人)／mèimei jùnqiàode gèng jiějie yì chóu(妹妹俊俏得更胜姐姐一筹). ¶事実は雄弁に~る shìshí shèngyú xióngbiàn(事

まざ・る【交ざる・混ざる】 →まじる.
まし【増し】 **1**〔増加〕zēngjiā(增加), zēngduō(增多). ¶収穫は3割～だった shōuhuò zēngjiāle sān chéng(收获增加了三成). ¶賃金の2割～を要求する yāoqiú gōngzī tígāo èr chéng(要求工资提高二成).
2〔まさっていること〕 ¶そんな事に金を使うなら捨てた方が～だ bǎ qián huāzài nà zhǒng shì shang dào bùrú rēngdiào de hǎo(把钱花在那种事上倒不如扔掉的好). ¶これっぽっちでもないより～だ jiùshì zhème yìdiǎnr yě bǐ méiyǒu qiáng(就是这么一点儿也比没有强). ¶その洋服の方がまだ～だ nà jiàn xīfú dào hái hǎo yìxiē(那件西服倒还好一些). ¶もう少し～な生活をしたいものだ xiǎng yào guò gèng hǎo yìxiē de shēnghuó(想要过更好一些的生活). ¶もうちょっと～な理由は考えられないか bù néng zài shuō xiē xiàngyàng de lǐyóu ma?(你不能再说些像样的理由吗?).
まじ・える【交える】 **1**〔まぜる〕jiāzá(夹杂), chānzá(掺杂). ¶適当に冗談を～えながら話す qià rú qí fēn de jiāzázhe xiǎotán jiǎnghuà(恰如其分地夹杂着笑谈讲话). ¶個人的な感情を～えないように注意する zhùyì bù bǎ sīrén gǎnqíng chānzá zài lǐmian(注意不把私人感情掺杂在里面). ¶本人も～えて相談する ràng tā běnrén yě cānjiā yìqǐ shāngliang(让他本人也参加一起商量).
2〔交差させる〕 ¶大木が枝を～えている dàshù shùzhī jiāochā(大树树枝交叉). ¶膝を～えて語り合う cùxī tánxīn(促膝谈心). ¶一戦を～える jiāo yí cì fēng(交一次锋).
ましかく【真四角】 zhèngfāngxíng(正方形). ¶～に切る qiēchéng zhèngfāngxíng(切成正方形).
ました【真下】 ¶飛行機の窓からのぞくと岬の灯台が～に見えた cóng fēijī xiánchuāng wǎngxiaqu, yǎndǐxia yǒu jiǎjiǎo de dēngtǎ(从飞机舷窗望下去,眼底下有岬角的灯塔).
マジック móshù(魔术), huànshù(幻术), xìfǎ(戏法). ¶～ハンド jīxièshǒu(机械手).
まして【況して】 hékuàng(何况). ¶大人でも動かせないのに～子供が動かせるものか lián dàrén yě nuòbudòng, hékuàng xiǎoháir ne(连大人也挪不动,何况小孩儿呢). ¶明日の事すら分らない、～来年の事など約束できない míngtiān de shì dōu bù qīngchu, míngnián de shì gèng bùnéng shuōdìng(明天的事都不清楚,明年的事更不能说定). ¶都会は好きではない、～今の東京では wǒ bù xǐhuan dàchéngshì, gèng hékuàng xiànzài de Dōngjīng(我不喜欢大城市,更何况现在的东京).
まじない【呪い】 fúzhòu(符咒), zhòuyǔ(咒语). ¶～で病気を治す niànzhòu huàfú zhìbìng(念咒画符治病).
まじまじ ¶そう～見られると恥じしい nǐ nàyàng jǐn dīngzhe wǒ, zhēn jiào rén bù hǎoyìsi(你那样紧盯着我,真叫人不好意思).
まじめ【真面目】 rènzhēn(认真), zhèngjing(正经), zhèngjing-bābǎi(正经八百), yìběn-zhèngjing(一本正经). ¶彼は急に～な顔になった tā tūrán zhèngyán-lìsè qilai(他突然正颜厉色起来). ¶もっと～に勉強しなさい xuéxí rènzhēn diǎnr(学习认真点儿). ¶人の話は～に聞け rénjia de huà hǎohāor de tīngzhe(人家的话好好儿地听着). ¶あの人は～な人だ tā shì ge hěn rènzhēn[lǎoshi] de rén(他是个很认真[老实]的人). ¶彼は～くさって挨拶した tā yìběn-zhèngjing de zhìle cí(他一本正经地致了辞). ¶～な態度 bú rènzhēn de tàidu(不认真的态度).
ましゃく【間尺】 ¶これでは～に合わない zhè kě huábulái[bù hésuàn](这可划不来[不合算]).
ましゅ【魔手】 móshǒu(魔手), mózhǎo(魔爪), mózhǎng(魔掌). ¶侵略者の～を伸ばす shēnchū qīnlüè de mózhǎo(伸出侵略的魔爪). ¶敵の～にかかって倒れた sǐ zài dírén de mózhǎng zhōng(死在敌人的魔掌中)/ cǎn zāo dírén de dúshǒu(惨遭敌人的毒手).
まじゅつ【魔術】 móshù(魔术), huànshù(幻术). ¶数字の～に惑わされる bèi shùzì de móshù suǒ míhuo(被数字的魔术所迷惑).
¶～師 móshùshī(魔术师).
マシュマロ guǒzhī ruǎntáng(果汁软糖).
まじょ【魔女】 mónǚ(魔女), nǚyāo(女妖).
ましょう【魔性】 ¶～の女 yāofù(妖妇)/ yāonǚ(妖女). ¶～のもの yāomó-guǐguài(妖魔鬼怪)/ chīmèi-wǎngliǎng(魑魅魍魉).
-まじり【交じり・混じり】 ¶雪～の雨が降っていた xiàzhe jiā xuě de yǔ(下着夹雪的雨). ¶白髪～の頭 bānbái de tóufa(斑白的头发). ¶ため息～に言う tànzhe qì shuō(叹着气说).
まじりけ【混じり気】 ¶～のない蜂蜜 méiyǒu chānzá de fēngmì(没有掺杂的蜂蜜). ¶～のない愛国心 chúncuì de àiguóxīn(纯粹的爱国心).
まじりもの【混じり物】 chānzáwù(掺杂物), hùnzáwù(混杂物).
まじ・る【交じる・混じる】 chān(掺), hùn(混), chānzá(掺杂), jiā(夹), jiāzá(夹杂). ¶水と油は～らない shuǐ hé yóu chānbudào yìqǐ(水和油掺不到一起). ¶中に偽札が～っていた lǐmian jiāzá jiǎ piàozi(里面夹着假票子). ¶彼女にはフランス人の血が～っている tā shēnshang yǒu Fǎguórén de xuètǒng(她身上有法国人的血统). ¶群衆に～って騒ぎ立てる hùnzài rénqúnlǐ chǎorǎng(混在人群里吵嚷).
まじろ・ぐ zhǎyǎn(眨眼). ¶～ぎもせずに見詰める yì yǎn bù zhǎ[mù bù zhuǎn jīng] de dīngzhe(一眼不眨[目不转睛]地盯着).
まじわり【交わり】 jiāowǎng(交往), láiwang(来往). ¶以後彼との～を絶った yǐhòu gēn tā duànjuéle láiwang(以后跟他断绝了来往). ¶水魚の～ yú shuǐ zhī jiāo(鱼水之交).
まじわ・る【交わる】 **1**〔交差する〕xiāngjiāo(相交), jiāochā(交叉). ¶2直線が～る点を交点という liǎng tiáo zhíxiàn xiāngjiāo de diǎn jiàozuò jiāodiǎn(两条直线相交的点叫做交点).

2〔交際する〕jiāowǎng(交往), láiwang(来往), wǎnglái(往来). ¶彼とは昔から親しくーっている gēn tā hěn zǎo jiù yǒu qīnmì de jiāowǎng(跟他很早就有亲密的交往). ¶朱にーれば赤くなる jìn zhū zhě chì, jìn mò zhě hēi(近朱者赤,近墨者黑).

ま・す【増す】zēngjiā(增加). ¶川の水かさがどんどんーしている héshuǐ búduàn de wǎng shàng zhǎng(河水不断地往上涨). ¶もっと人手をーして下さい qǐng zēngjiā rénshǒu(请增加人手). ¶1キログラムーす每に50円ずつ高くなる měi zēngjiā yì gōngjīn guì wǔshí kuài qián(每增加一公斤贵五十块钱). ¶車はぐんぐんスピードをーした qìchē yígejìnr de jiāsù(汽车一个劲ㄦ地加速). ¶紅葉は一段と濃さをーした hóngyè yuèfā hóng le(红叶越发红了). ¶子供が大きくなるにつれて親の負担もーしていく suízhe háizi zhǎngdà, fùmǔ de fùdān yě jiāzhòng(随着孩子长大,父母的负担也加重). ¶この事で彼の威信が更にーした yóuyú zhè jiàn shì, tā de wēiwàng yuèfā zēnggāo le(由于这件事,他的威望越发增高了). ¶今年は去年にもーして天候が不順だった jīnnián qìhòu bǐ qùnián hái yìcháng(今年气候比去年还异常). ¶誰にもーして心を痛めているのは bǐ shuí dōu tòngxīn(比谁都痛心).

ます【升】dǒu(斗)〈10リットルの〉; shēng(升)〈1リットルの〉; gě(合)〈0.1リットルの〉. ¶1斗ーで量る yòng dǒu liáng(用斗量).

ます【鱒】zūnyú(鳟鱼).

まず【先ず】**1**〔最初に〕xiān(先), shǒuxiān(首先). ¶あなたの御意見を伺いましょう shǒuxiān tīngting nín de yìjiàn ba(首先听听您的意见吧). ¶ーご飯を食おう,仕事はそれからだ xiān chīfàn, gōngzuò zàishuō ba(先吃饭,工作再说吧). ¶ー第一に私には金がない dìyī wǒ méiyǒu qián(第一我没有钱).
2〔何はともあれ〕¶このくらい釣れたらー上出来だ diàole zhèmexiē jiù búcuò le(钓了这么些就不错了). ¶ーは御礼まで tè biǎo xièyì(特表谢意).
3〔恐らく〕¶この分だと明日はー雨だろう kànlai míngtiān zhǔn xiàyǔ(看来明天准下雨). ¶彼の合格はー間違いない tā yídìng huì kǎoshàng de(他一定会考上的).

ますい【麻酔】mázuì(麻醉). ¶ーをかける shī mázuì(施麻醉).
¶ー薬 mázuìjì(麻醉剂)/ máyào(麻药)/ méngyào(蒙药). 局部ー júbù mázuì(局部麻醉). 全身ー quánshēn mázuì(全身麻醉). 針ー zhēncì-mázuì(针刺麻醉)/ zhēnmá(针麻).

まず・い【昧い】**1**〔味が〕nánchī(难吃), bù hǎochī(不好吃). ¶こんなーい料理が食べられるか zhème nánchī de cài zěn néng yàn de xiàqù?(这么难吃的菜怎能咽得下去?). ¶あの店は高くてーい nà jiā càiguǎn yòu guì yòu bù hǎochī(那家菜馆又贵又不好吃). ¶風邪のせいでーい shāngfēng gǎnmào chī shénme yě bù xiāng(伤风感冒吃什么也不香). ¶空腹にーいものなし dùzi èle shénme dōu juéde hǎochī(肚子饿了什么都觉得好吃).
2〔下手で〕bù hǎo(不好), zhuōliè(拙劣). ¶字がーい zì xiěde bù hǎo(字写得不好). ¶芸がーい jìyì zhuōliè(技艺拙劣). ¶議事の運営がーい yìchéng ānpáide bù hǎo(议程安排得不好).
3〔醜い〕chǒu(丑). ¶顔はーいが心は温かい suīrán liǎn chǒu, xīncháng què hǎo(虽然脸丑,心肠却好). ¶お前のようなーい面は見たくない wǒ kě bù xiǎng kàn nǐ zhè chǒubāguài(我可不想看你这丑八怪).
4〔具合が悪い〕bù hǎo(不好). ¶今話すのはーい xiànzài shuō bú qiàdàng(现在说不恰当). ¶ーいところを見られてしまった bù hǎo de shìqing ràng rén gěi kànjian le(不好的事情让人给看见了). ¶それはーいことになった nà bù hǎo bàn le(那可不好办了). ¶2人の間がーくなった liǎng ge rén de guānxi biàn huài le(两个人的关系变坏了). ¶ーいところに来たものだ zhēn shì láide bú shì shíhou(真是来得不是时候). ¶ーい人に見られてしまった jiào máfan de rén gěi kànjian le(叫麻烦的人给看见了).

マスク 1 miànjù(面具), jiǎmiànjù(假面具);〔衛生用の〕kǒuzhào[r](口罩[ㄦ]);〔保護用の〕hùmiàn(护面), miànzhào(面罩). ¶流感の予防にーをする dài kǒuzhào yùfáng liúgǎn(戴口罩预防流感). ¶アンパイヤのー cáipàn de hùmiàn(裁判的护面).
¶防毒ー fángdú miànjù(防毒面具).
2〔顔立ち〕¶あの俳優はいいーをしている nàge yǎnyuán róngmào duānzhuāng(那个演员容貌端庄).

マスゲーム tuántǐcāo(团体操).
マスコット jíxiángwù(吉祥物).
マスコミ xīnwénjiè(新闻界), bàodǎo jīguān(报导机关).

まずし・い【貧しい】**1**〔貧乏だ〕qióng(穷), pínqióng(贫穷), pínkǔ(贫苦), qióngkǔ(穷苦), qióngkùn(穷困), pínhán(贫寒), hánkǔ(寒苦). ¶ーい家に生れる shēngzài pínkùn de jiātíng li(生在贫困的家庭里). ¶ーい暮しをしている guòzhe pínqióng de shēnghuó(过着贫穷的生活). ¶ーい人 qióngrén(穷人)/ qióngkǔrén(穷苦人).
2〔乏しい〕pínfá(贫乏). ¶想像力がーい xiǎngxiànglì pínfá(想像力贫乏). ¶私のーい経験から言ってもそうだ cóng wǒ de pínfá de jīngyàn kànlai, yě shì nàyàng de(从我的贫乏的经验看来,也是那样的).

マスター 1〔主人〕lǎobǎn(老板), zhǎngguìde(掌柜的). ¶酒場のー jiǔdiàn de lǎobǎn(酒店的老板).
2〔修士〕shuòshì(硕士). ¶ーの学位を取る qǔdé shuòshì xuéwèi(取得硕士学位).
3〔熟達〕zhǎngwò(掌握), xuéhǎo(学好). ¶英語をーする zhǎngwò Yīngwén(掌握英文).

マスターキー wànnéng yàoshi(万能钥匙).
マスタード yángjièmo(洋芥末), yángjièhuáng(洋芥黄).
マスト wéi(桅), wéigān(桅杆), wéiqiáng(桅

檣). ¶3本の～の船 sān wéi fānchuán (三桅帆船).

マスプロ chéngpī shēngchǎn (成批生产), dàliàng shēngchǎn (大量生产).

ますます【益】 yuèfā (越发), yìfā (益发), yùyì (愈益), yùjiā (愈加), gèngjiā (更加). ¶都市の人口は～増える一方だ chéngshì de rénkǒu yuèfā zēngduō le (城市的人口越发增多了). ¶それを聞いて行くのが～嫌になった tīngle nà jiàn shì, jiù gèng bù xiǎng qù le (听了那件事,更更不想去了). ¶国際情勢は～複雑になってきた guójì qíngshì yuèláiyuè fùzá (国际情势越来越复杂). ¶登るにつれて道は～険しくなった yuè wǎng shàng pá, lù yuè fā xiǎnjùn (越往上爬,路越发险峻). ¶御清祥の段お慶び申し上げます jǐn zhù guì tǐ rìyì kāngjiàn (谨祝贵体日益康健).

まずまず ¶これで～安心だ zhè jiù zǒngsuàn kěyǐ fàngxīn le (这就总算可以放心了). ¶売行きは～といったところだ xiāolù hái suàn hǎo (销路还算好).

ますめ【枡目】 ¶～をごまかして売る quē jīn duǎn liǎng chūshòu (缺斤短两出售).

マスメディア xuānchuán méijiè (宣传媒介), xīnwén méijiè (新闻媒介).

まぜこぜ ¶大小～になっている dà de xiǎo de 'hùn[hùnzá] zài yìqǐ (大的小的'混[混杂]在一起). ¶しゃべっているうちに日本語と中国語が～になった shuōzhe shuōzhe, Rìběnhuà hé Zhōngguóhuà chānzá zài yìqǐ le (说着说着,日本话和中国话搀杂在一起了).

まぜっかえ・す【混ぜっ返す】 ¶人の言う事を～してはいけない bié ná rénjia de huà dǎhāha (别拿人家的话打哈哈).

ま・せる ¶～せた少女 zǎoshú de nǚháizi (早熟的女孩子). ¶～せた口を利く shuōhuà hǎoxiàng dàren shìde (说话好像大人似的).

ま・ぜる【交ぜる・混ぜる】 **1**【一緒にする】 chān (搀), chānhuo (搀和), chānduì (搀兑), huò (和). ¶酒に水を～ぜる wǎng jiǔlǐ 'chān[duì] shuǐ (往酒里'搀[兑]水). ¶小麦を～ぜて炊く dàmǐ chān dàmài yìqǐ zhǔ (大米搀大麦一起煮). ¶黄色に青を～ぜると緑になる huángsè chān lánsè biànchéng lǜsè (黄色搀蓝色变成绿色).
2【かきまぜる】 jiǎo (搅), jiǎohuo (搅和), bàn (拌), bànhe (拌和), jiǎobàn (搅拌). ¶よく～ぜないと沈殿してしまう yàoshi bù hǎohāor jiǎobàn jiù huì chéndiàn (要是不好好儿搅拌就会沉淀). ¶卵を割ってよく～ぜる bǎ jīdàn dǎkāi hǎohāor jiǎoyún (把鸡蛋打开好好儿搅匀).

マゾヒズム shòunüèyín (受虐淫), xìngshòunüèkuáng (性虐待狂).

まそん【磨損】 mósǔn (磨损), móhào (磨耗). ¶機械に～する jīqì mósǔn (机器磨损).

また【又】 **1**【別】 lìng (另), bié (别). ¶～の機会にお話ししましょう lìng zhǎo jīhuì zài shuō ba (另找机会再说吧). ¶岩木山は～の名を津軽富士という Yánmù Shān de biéchēng jiào Jīnqīng Fùshì (岩木山的别称叫津轻富士).
2【再び】 yòu (又); zài (再); hái (还). ¶実験は～失敗だった shíyàn yòu shībài le (实验又失败了). ¶今日も～雨か jīntiān yòu xiàyǔ (今天又下雨). ¶彼は～もとのように元気になった tā yòu xiàng yuánlái nàyàng jiànkāng le (他又像原来那样健康了). ¶～あいつのほらが始まった tā yòu chuīqǐ niú lai le (他又吹起牛来了). ¶あんな目に会ったのに～行くのか nǐ chīle nà zhǒng kǔtóu hái yào qù ma? (你吃了那种苦头还要去吗?). ¶どうか～お出で下さい qǐng zài lái chuànménr a! (请再来串门儿啊!). ¶いずれ～伺います gǎitiān zài lái bàifǎng (改天再来拜访).
3【同じく】 yòu (又), yě (也). ¶君も～私にたてつくのか nǐ yě fǎnkàng wǒ ma? (你也反抗我吗?). ¶それも～いいのではないか bú shì hěn hǎo ma? (那不也很好吗?). ¶彼も～人の子だった tā bìjìng yě shì rén de gǔròu (他毕竟也是人的骨肉). ¶彼女の妹が これ～美人だ tā de mèimei yě shì ge měirénr (她的妹妹也是个美人儿).
4【いずれにしても】 yòu (又). ¶～ひどく散らかしたものだ nòngde zhème luànqībāzāo! (弄得这么乱七八糟!). ¶しかし～よく飲んだものだ jìng hēde zhème duō (竟喝得这么多). ¶なんで～そんな事を言うのか nǐ zěnme shuō nà zhǒng huà? (你怎么说那种话?).
5【且つ,その上】 yòu (又), yě (也). ¶そんな事は知らないし～知りたくもない nà zhǒng shì wǒ bù zhīdào yě bù xiǎng zhīdao (那种事我不知道也不想知道). ¶彼は詩人であり～画家でもある tā shì shīrén, yòu shì ge huàjiā (他是诗人,又是个画家). ¶行けども行けども山だ 走a 走a, yí zuò shān yòu yí zuò shān (走啊走啊,一座山又一座山). ¶前進 ～前進 qiánjìn qiánjìn zài qiánjìn (前进前进再前进).

また【叉】 chà (杈), chàzi (杈子); chà (汊), chàzi (汊子); chà (岔); yābar (丫巴ル). ¶木の～ shùchàzi (树杈子) / shùyā (树桠) / yāchà (桠杈). ¶道の～ chàkǒu (岔口) / dàochà (道岔). ¶川の～ héchà (河汊).

また【股】 kuà (胯). ¶～を開く chǎkāi dàtuǐ (叉开大腿). ¶ズボンの～のところがほころびた kùdāng kāizhàn le (裤裆开绽了). ¶世界中を～にかけて仕事をする bēnbō yú shìjiè gè dì kāizhǎn shìyè (奔波于世界各地开展事业). ¶韓信の～くぐり Hán Xìn kuàxià shòurǔ (韩信胯下受辱) / Hán Xìn púfú (韩信匍匐).

まだ【未だ】 **1**【いまだ】 hái (还), shàng (尚), wèi (未). ¶彼は～来ない tā hái méi lái (他还没来). ¶彼女とは～会ったことがない gēn tā hái méiyǒu jiànguo miàn (跟她还没有见过面). ¶その時私は～生れていなかった nà shí wǒ hái méi chūshēng (那时我还没出生). ¶健康が～回復しない jiànkāng shàng wèi huīfù (健康尚未恢复). ¶君は～若い nǐ hái niánqīng (你还年轻). ¶会議は～続いている huìyì hái jìxù kāizhe (会议还继续开着). ¶～空が明るい

tiān hái liàng (天还亮)/ tiān hái méiyǒu hēi (天还没有黑). ¶～3時前には hái bú dào sān diǎn ne (还不到三点呢). ¶急げば一間に合う kuài, hái gǎndeshàng (快走, 还赶得上). ¶"もういいかい""～だよ""kěyǐ le ma?""hái bùxíng"("可以了吗?""还不行")

2〔さらに〕hái (还). ¶出発まで～10日ある lí chūfā hái yǒu shí tiān (离出发还有十天). ¶これから～寒くなる yǐhòu hái yào lěng (以后还要冷). ¶～歩けますか nǐ hái zǒudedòng ma? (你还走得动吗?).

3〔わずか〕hái (还). ¶～1分しかたっていない cái guòle yì fēnzhōng (才过了一分钟). ¶この靴は買ってから～1度しか履いていない zhè shuāng xié mǎilai hòu zhǐ chuānguo yí cì (这双鞋买来后只穿过一次). ¶頂上まで～半分も来ていない dào shāndǐng hái méi pádào yíbànr (到山顶还没爬到一半ㄦ).

4〔まだしも〕 ¶こちらの方が～ましだ zhège dào qiáng xiē (这个倒强些).

まだい【真鯛】zhēndiāo (真鲷), jiājíyú (加级鱼).

まだい【間代】fángzū (房租), fángqián (房钱).

またいとこ 1〔又従兄弟〕〔父方の〕cóngtáng xiōngdì (从堂兄弟);〔母方の〕cóngbiǎo xiōngdì (从表兄弟).
2〔又従姉妹〕〔父方の〕cóngtáng jiěmèi (从堂姐妹);〔母方の〕cóngbiǎo jiěmèi (从表姐妹).

またがし【又貸し】zhuǎnjiè (转借); zhuǎnzū (转租). ¶本を～する bǎ shū zhuǎnjiè gěi biéren (把书转借给别人). ¶部屋を～する bǎ fángjiān zhuǎnzū gěi biéren (把房间转租给别人).

またがみ【股上】lìdāng (立裆). ¶～が深い lìdāng shēn [gāo] (立裆深[高]).

またがり【又借り】zhuǎnjiè (转借); zhuǎnzū (转租). ¶この本は友達から～しているのだ zhè běn shū shì yí ge péngyou zhuǎnjiè gěi wǒ de (这本书是一个朋友转借给我的).

またが・る【跨る】**1**〔馬乗りになる〕kuà (跨), qí (骑). ¶馬に～って走る qí mǎ fēibēn (骑马飞奔). ¶子供が丸太に～って遊んでいる háizi qízhe yuánmù wánr (孩子骑着圆木玩ㄦ).
2〔わたる〕kuà (跨), héngkuà (横跨), kuàyuè (跨越), hénggèn (横亘). ¶その山は3つの県に～っている nà zuò shān héngkuà sān ge xiàn (那座山横跨三个县). ¶ロシアはヨーロッパとアジアに～る大国である Éguó shì dà kuà Ōu Yà liǎng zhōu de dàguó (俄国是地跨欧亚两洲的大国). ¶数か年に～る大工事 cháng dá [chíxù] shù nián de dà gōngchéng (长达[持续]数年的大工程).

またぎき【又聞き】¶これは～だから当てにならない zhè shì jiànjiē tīng rénjia shuō de, kàobúzhù (这是间接听人家说的, 靠不住).

また・ぐ【跨ぐ】kuà (跨). ¶溝を～いで渡る kuàguo kuāgōu (跨过水沟). ¶小さな小川は一～ぎだ zhèmediǎnr xiǎohé yì jiǎo jiù néng kuàguoqu (这么点ㄦ小河一脚就能跨过去).

まだけ【真竹】kǔzhú (苦竹).

またしても【又しても】→またまた.

まだしも【未だしも】hái (还). ¶自分が損するだけなら一気が楽だ rúguǒ zhǐshì wǒ zìjǐ chī diǎnr kuī, xīnqíng dào hái qīngsōng (如果只是我自己吃点ㄦ亏, 心情倒还轻松). ¶1人なら～5人も来られてはたまらない yí ge rén hái kěyǐ, láile wǔ ge rén hái liǎode (一个人还可以, 来了五个人还了得).

またた・く【瞬く】**1**〔まばたく〕zhǎ (眨), shǎn (眨), zhǎba (眨巴). ¶しきりに目を～く yǎnjing zhí zhǎba (眼睛直眨巴). ¶～きもせずに見詰める yì yǎn bù zhǎ de zhùshì (一眼不眨地注视). ¶彼の姿は～く間に消え失せた tā yì shǎn shēn [yì zhǎyǎn/ yì huǎngyǎn/ zhuǎnshùn zhī jiān] jiù bújiàn le (他一眨眼[一晃眼/ 一晃眼/ 转瞬之间]就不见了).
2〔きらめく〕shǎnshuò (闪烁). ¶星が～いている xīngguāng shǎnshuò (星光闪烁)/ míngxīng huánghuáng (明星煌煌).

またたび【木天蓼】mùtiānliǎo (木天蓼), gézǎo (葛枣).

またと【又と】¶～見られぬ光景 wúfǎ zài kàndào de qíngjǐng (无法再看到的情景). ¶これは～ないチャンスだ zhè shì qiānzǎi-nánféng de hǎo jīhuì (这是千载难逢的好机会). ¶～ない人を失った shīqùle bùkě dàitì de rén (失去了不可代替的人).

マタニティーウェア yùnfùfú (孕妇服).

または【又は】huò (或), huòzhě (或者), huòshì (或是), huòzé (或则). ¶君か～僕かどちらかが行かなければなるまい huòzhě nǐ huòzhě wǒ, fēi yǒu yí ge rén qù bùkě (或者你或者我, 非有一个人去不可). ¶今日の午後雨～雪が降るだろう jīntiān xiàwǔ kěnéng xiàyǔ huòzhě xiàxuě (今天下午可能下雨或者下雪).

またまた【又又】yòu (又). ¶～彼に先を越された yòu bèi tā lǐngxiān le (又被他领先了). ¶～脱線事故が起った yòu fāshēngle chūguǐ shìgù (又发生了出轨事故). ¶～お手数をわずらわし恐縮です zàisān gěi nǐ tiān máfan, shízài bàoqiàn (再三给你添麻烦, 实在抱歉).

まだまだ¶"だいぶ上手になりましたね""いえ, ～です""dà yǒu jìnbù a!""nǎli, hái chàde yuǎn ne!"("大有进步啊!""哪里, 还差得远呢!"). ¶～若い者には負けない né néng gānbài niánqīngrén de xiàféng ne (哪能甘拜年轻人的下风呢).

マダム lǎobǎnniáng (老板娘), nǚzhǔrén (女主人). ¶バーの～ jiǔbā de lǎobǎnniáng (酒吧的老板娘).
¶有閑～ yǒuxián tàitai (有闲太太).

またもや【又もや】→またまた.

まだら【斑】¶色が剥げて～になる yánsè tuōluò, bānbān-bóbó de (颜色脱落, 斑斑驳驳的). ¶雪に～に残っている地面 dìshang de xuě hái bānbān-bóbó de cánliúzhe (地上的雪还斑斑驳驳地残留着).
¶～牛 huāniú (花牛). ～模様 bānwén (斑纹).

まだるっこ・い ¶～くて見ていられない tuōní-dàishuǐ de jiào rén gānzháojí (拖泥带水的

叫人干着急).¶そんな～い手段では効き目がないだろう人を zhǒng bútòng-búyàng de zuòfǎ bú huì yǒu shénme xiàoguǒ ba (那种不痛不痒的做法不会有什么效果吧).

まだれ【麻垂】guǎngzìpángr(广字旁ㄦ).

まち 1【町】chéng(城), chéngshì(城市), jiēshì(街市), chéngzhèn(城镇), zhèn(镇), jízhèn(集镇), shìzhèn(市镇).¶農業をやめて～へ働きに行く fàngqì nóngyè dào chénglǐ gōngzuò(放弃农业到城里工作).¶～から村から大勢の人がやって来た cóng chéngzhèn hé xiāngcūn láile xǔduō rén(从城镇和乡村来了许多人).

2〔街〕jiē(街), jiēshang(街上).¶～へ買い物に行く jìn chéng[shàng jiē]qù mǎi dōngxi(进城[上街]去买东西).¶～をぶらぶら歩く liù dàjiē(遛大街)/guàng jiē(逛街).

まち【禮】わきに～を入れる kènshang bāngshàng yí kuài bù(裉上帮上一块布).

まちあいしつ【待合室】〔病院の〕hòuzhěnshì(候诊室);〔駅の〕hòucheshì(候车室);〔港の〕hòuchuánshì(候船室);〔空港の〕hòujītīng(候机厅).

まちあぐ・む【待ち倦む】¶彼は～んで帰ってしまった tā děngde bú nàifán huíqu le(他等得不耐烦回去了).

まちあわ・せる【待ち合せる】yuēhuì(约会).¶10時に駅で～せることになっている yuēdìng shídiǎn zài chēzhàn jiànmiàn(约定十点在车站见面).¶～せの時間を間違えた bǎ yuēhuì de shíjiān gěi nòngcuò le(把约会的时间给弄错了).

まちいしゃ【町医者】kāiyè yīshēng(开业医生).

まちう・ける【待ち受ける】¶子供達は父の帰りを今や今やと待っていた háizimen zhèngzài děngzhe fùqin huílai(孩子们眼巴巴地等着父亲回来).¶思わぬ災難が彼を～けていた yìxiǎng bu dào de zāinàn děngdàizhe tā(意想不到的灾难等待着他).

まちか【間近】kàojìn(靠近), línjìn(临近).¶試験が～に迫った kǎoshì pòjìn[pòlín]le(考试迫近[迫临]了).¶頂上は～だ jiùyào dào shāndǐng le(就要到山顶了).¶ここからは桜島が～に見える cóng zhèr kàn Yīngdǎo jìn zài yǎnqián(从这ㄦ看樱岛近在眼前).

まちがい【間違い】**1**〔誤り〕cuò[r](错[ㄦ]), cuòwù(错误), cuòchu(错处), búduì(不对), chācuò(差错), chāchi(差池·差迟), chāwù(差误), chàzi(岔子), pīlòu(纰漏), pīmiù(纰缪).¶計算に～が多い jìsuàn cuòwù hěn duō(计算错误很多).¶～だらけの文章 cuòwù liánpiān de wénzhāng(错误连篇的文章).¶それは何の～でしょう nà kǒngpà nòngcuò le ba(那恐怕弄错了吧).¶あんな人を信用したのが～のもとだった zhǒng cuò rén zài zhǒngxìnle nà zhǒng rén(错就错在相信了那种人).¶大変な～を犯してしまった fànle hěn dà de cuòwù(犯了很大的错误).¶～を認めて償いさえすれば許してやる nǐ wéi péi búshi jiù néng liǎojiél, nà kě jiù dàcuò-tèCuò le(你以为赔不是就能了事,那可就大错特错了).¶あの人なら～ない yàoshi tā bú huì yǒu cuò(要是他不会有错).¶これは私の自転車に～ない zhè shì wǒ de zìxíngchē méicuòr(这是我的自行车没错ㄦ).¶～なくお返しします cuòbuliǎo, yídìng huángěi nǐ(错不了,一定还给你).

2〔事故〕shì[r](事[ㄦ]), shìgù(事故), chācuò(差错), chāchi(差池·差迟), chāwù(差误), chàzi(岔子), pīlòu(纰漏).¶～を起こしてからでは遅い chūle chàzi kě jiù wǎn le(出了岔子可就晚了).¶子供がまだ帰って来ない、～でもなければよいが háizi hái méi huílai, méiyǒu chūshì jiù hǎo le(孩子还没回来,没有出事就好了).

まちが・う【間違う】¶計算が～っている jìsuàn bú duì(计算不对)/suànCuò le(算错了).¶地図が～っていたので迷ってしまった dìtú bú zhèngquè, zǒumílu(地图不正确,走迷了路).¶君の考えは～っている nǐ xiǎng cuò[zuǒ]le(你想错[左]了)/nǐ de xiǎngfa bú duìtóu(你的想法不对头).¶世の中どこか～っている zhège shìdào yǒudiǎnr bú duìtóu(这个世道有点ㄦ不对头).¶ひとつ～うととんだことになる yàoshi chū ge chācuò[wànyī yǒu ge yìchā-èrcuò], kě jiù bùdéliǎo(要是出个差错[万一有个一差二错],可就不得了).¶～っても人の物に手を出すな qiānwàn búyào tōu rénjia de dōngxi(千万不要偷人家的东西).¶機械の操作を～った jīqì cāozuò cuò le(机器操作错了).

まちが・える【間違える】nòngcuò(弄错), gǎocuò(搞错).¶割算を～えた chúcuò le(除错了).¶字を書き～える bǎ zì xiěcuò le(把字写错了).¶時間を～えて会えなかった nòngcuòle shíjiān méi néng jiànzháo(弄错了时间没能见着).¶私はよく弟と～えられる biéren chángcháng bǎ wǒ wùrènchéng wǒ dìdi(别人常常把我误认成我弟弟).¶曲り角をひとつ～えた guǎicuòle yí ge wānr(拐错了一个弯ㄦ).

まちか・ねる【待ち兼ねる】¶君を～ねていたところ wǒ yīzhí děngzhe nǐ ne(我一直等着你呢).¶～ねて先に出掛けた děngde bú nàifán xiān qù le(等得不耐烦先去了).¶お～ねの創刊号が出ました pànwàng yǐjiǔ de chuàngkānhào zhōngyú chūbǎn le le(盼望已久的创刊号终于出版了).

まちかま・える【待ち構える】¶子供の帰りを～えていたところ小言を浴びせかけた jiàn háizi huílai pītóu-gàiliǎn màle yí dùn(见孩子回来劈头盖脸骂了一顿).¶チャンスの到来を～える děngdài shíjī de dàolái(等待时机的到来).

まちこが・れる【待ち焦がれる】¶夫の手紙を～れる pànwàng zhàngfu de láixìn(盼望丈夫的来信).¶春の訪れを～れている kěwàng chūntiān dàolái(渴望春天到来).

まちどおし・い【待ち遠しい】¶夜の明けるのが～い pànwàngzhe tiānliàng(盼望着天亮).¶子供たちは夏休みを～がっている háizimen yǎnbābā de pànwàngzhe shǔjià(孩子们眼巴巴地盼望着暑假).

まちなか【町中】 jiēshang(街上). ¶～でそんな大きな声を出すな bié zài jiēshang nàme gāoshēng hǎnjiào(别在街上那么高声喊叫).

まちなみ【町並】 ¶古都の静かな～ gùdū de qīngjìng de jiēdào(故都的清静的街道).

まちにまった【待ちに待った】 ¶～卒業の日が来た děngdài yǐ jiǔ de bìyè de rìzi láidào le(等待已久的毕业的日子来到了). ¶～知らせが届いた qīdài yǐ jiǔ de tōngzhī zhōngyú jiēdào le(期待已久的通知终于接到了).

マチネー rìchǎng(日场).

まちのぞ・む【待ち望む】 pànwàng(盼望), qǐpàn(企盼), qǐwàng(期望), qiáowàng(翘望), qiáoqǐ(翘企). ¶～んでいた日がとうとうやってきた hǎoróngyì pàndàole zhège rìzi(好容易盼到了这个日子).

まちはずれ【町外れ】 ¶彼の家は～にある tā jiā zài chéngbiānr(他家在城边儿).

まちぶ・せる【待ち伏せる】 máifu(埋伏). ¶彼の帰りを～せる dǎ máifu děngzhe tā huílai(打埋伏等着他回来). ¶林の中で～せて敵を襲う zài shùlínli fújí dírén(在树林里伏击敌人).

まちぼうけ【待惚け】 bái děng(白等), shǎ děng(傻等). ¶また～を食わされた yòu jiào wǒ bái děng le(又叫我白等了). ¶～はごめんだよ nǐ bié jiào wǒ shǎ děng(你别叫我傻等).

まちまち【区区】 gè bù xiāngtóng(各不相同). ¶こう意見が～ではまとめようがない yìjiàn zhème ˇfēnqí[bù yízhì] wúfǎ déchū yí ge jiélùn lái(意见这么ˇ分歧[不一致]无法得出一个结论来). ¶帰る方向はみな～だ dàjiā huíqu de fāngxiàng gè bù xiāngtóng(大家回去的方向各不相同). ¶服装が～だ chuānzhuó xíngxíng-sèsè(穿着形形色色). ¶大きさが～だ dàxiǎo bù qí(大小不齐). ¶程度が～だ chéngdù cēncī bù qí(程度参差不齐).

まちわびる【待ち侘びる】 jíqiè de děngzhe xǐxùn(急切地等着喜讯). ¶家では子供達が母親の帰りを～びている háizimen zài jiāli jiāojí de děngzhe mǔqin huílai(孩子们在家里焦急地等着母亲回来).

ま・つ【待つ】 1 děng(等), hòu(候), dài(待), děngdài(等待), děnghòu(等候), shǒuhòu(守候). ¶ちょっとお～ち下さい qǐng děng yíxià(请等一下)／qǐng shāo hòu yíhuǐr(请稍候一会儿). ¶ここで～たせていただきます wǒ jiù zài zhèr děngzhe ba(我就在这儿等着吧). ¶お～たせしました ràng nín jiǔ děng le(让您久等了)／jiào nín shòu děng le(叫您受等了). ¶5時まで～って来なかったら先に行く děngdào wǔ diǎnzhōng, yàoshi bù lái, wǒ jiù xiān qù(等到五点钟, 要是不来, 我就先去). ¶あと1日～ってほしい xīwàng nǐ zài huǎn yì tiān(希望你再缓一天). ¶あとは当局の認可を～つだけだ zhǐ dài dāngjú de pīzhǔn jiùshì le(只待当局的批准就是了). ¶機会を～つ děngdài shíjī(等待时机)／dàijī(待机). ¶～てど暮せどやって来ない zuǒ děng yòu děng zǒng bújiàn qí shēnyǐng(左等右等总不见其身影). ¶～てば海路の日和あり běifēng yě yǒu zhuǎn nán shí(北风也有转南时). ¶時人を～たず shíjiān bù dài rén(时间不等人)／shí bú dài rén(时不待人).

2【頼みとする】 ¶あとは君の自覚に～つほかない zhǐyǒu děngdài nǐ de zìjué le(只有等待你的自觉了). ¶実験の成功は諸君の協力に～つところ大である shíyàn de chénggōng zài hěn dà chéngdù shang yǒulàiyú nǐmen de xiézhù(实验的成功在很大程度上有赖于你们的协助). ¶今更言うを～たない zì bú dài yán(自不待言).

まつ【松】 sōng(松), sōngshù(松树).

まつえい【末裔】 hòuyì(后裔), hòudài(后代).

まっか【真赤】 1 xiānhóng(鲜红), xuěhóng(血红), huǒhóng(火红), tōnghóng(通红), chìhóng(赤红), fēihóng(绯红); hóngtōngtōng(红彤彤·红通通). ¶～な血 xiānhóng de xiě(鲜红的血). ¶～なばら xiānhóng de qiángwēihuā(鲜红的蔷薇花). ¶夕焼けで空が～に染まっている tiānkōng bèi wǎnxiá rǎnde hóngtōngtōng de(天空被晚霞染得红通通的). ¶トマトが～に熟れた fānqié shúde tōnghóng(番茄熟得通红). ¶～になって怒る qìde liǎn hóng bózi cū(气得脸红脖子粗). ¶少し酒を飲むともう～になる hē diǎnr jiǔ liǎn jiù tōnghóng(喝点儿酒脸就通红).

2【まるっきり】 ¶～な偽物 shízú de yànpǐn(十足的赝品). ¶～な嘘だった nà shì mítiān dà huǎng(那是弥天大谎).

まつかさ【松毬】 sōngqiú(松球), sōngtǎr(松塔儿).

まっき【末期】 mòqī(末期), wǎnqī(晚期). ¶肺癌の～症状が現れた xiànchūle fèi'ái mòqī de zhèngzhuàng(现出了肺癌末期的症状). ¶現政府もそろそろ～的な様相を呈してきた xiàn zhèngfǔ yě jiànjiàn chéngxiànchū mòluò de zhēngxiàng lái le(现政府也渐渐呈现出没落的征象来了). ¶平安時代～ Píng'ān shídài mòqī(平安时代末期).

まっくら【真暗】 qīhēi(漆黑), qūhēi(黢黑), yǒu'àn(黝黯·黝暗), yǒuhēi(黝黑), hēiqíqí(黑漆漆), hēihūhū(黑糊糊), hēiqūqū(黑黢黢), hēidōngdōng(黑洞洞), hēiyōuyōu(黑黝黝), hēixūxū(黑魆魆), hēigulōngdōng(黑咕隆咚). ¶急にあたりが～になった hūrán sìzhōu biànde yìtuán qīhēi le(忽然四周变得一团漆黑). ¶月のない～な夜であった shì ge méiyǒu yuèliang hēiqíqí de wǎnshang(是个没有月亮黑漆漆的晚上). ¶一寸先も分らぬ～闇 hēide shēnshǒu bújiàn wǔzhǐ(黑得伸手不见五指). ¶これではお先～だ zhèyàng xiàqu qiántú yípiàn hēi'àn(这样下去前途一片黑暗).

まっくろ【真黒】 wūhēi(乌黑), qīhēi(漆黑), yǒuhēi(黝黑), qūhēi(黢黑). ¶～な髪 wūhēi[hēiyōuyōu] de tóufa(乌黑[黑油油]的头发). ¶～な雲が空をおおった wūyún zhēzhùle tiānkōng(乌云遮住了天空). ¶日焼けした顔 shàide yǒuhēile de liǎn(晒得黝黑了的脸). ¶御飯が～に焦げた fàn húde jiāohēi le(饭糊得

焦黒了). ¶朝から晩まで〜になって働く cóngzǎo-dàowǎn mǎnshēn wūhēi de láodòng(从早到晚满身污黑地劳动).

まつげ【睫】 jiémáo(睫毛), yǎnjiémáo(眼睫毛). ¶〜の長い娘 cháng jiémáo de gūniang(长睫毛的姑娘). ¶付け〜 jiǎ jiémáo(假睫毛).

まつご【末期】 línsǐ(临死), línzhōng(临终). ¶〜の水をとる sòngzhōng(送终).

まっこう【真向】 zhèngmiàn(正面), yíngmiàn(迎面), pīmiàn(劈面), pīliǎn(劈脸), yíngtóu(迎头), dāngtóu(当头). ¶北風が〜から吹いてくる běifēng yíngmiàn chuīlai(北风迎面吹来). ¶人の意見に〜から反対する zhēngfēng xiāng duì de bóchì biérén de yìjiàn(针锋相对地驳斥别人的意见). ¶2人の意見は〜から対立している liǎng ge rén de yìjiàn zhēnfēngxiāngduì(两个人的意见针锋相对).

マッサージ ànmó(按摩), tuīná(推拿). ¶運動のあと全身を〜する yùndòng hòu jìnxíng quánshēn ànmó(运动后进行全身按摩). ¶皮膚を〜する ànmó pífu(按摩皮肤).
¶〜療法 ànmó liáofǎ(按摩疗法).

まっさいちゅう【真最中】 ¶試合の〜に雨が降り出した bǐsài zhèngzài jìnxíng de shíhou xiàqǐ yǔ lái le(比赛正在进行的时候下起雨来了).

まっさお【真青】 zhànlán(湛蓝), wěilán(蔚蓝);[顔色が] cāngbái(苍白), tiěqīng(铁青). ¶空気が澄んで空が〜だ kōngqì chéngqīng, tiānkōng yípiàn wěilán(空气澄清, 天空一片蔚蓝). ¶気分が悪いのか顔が〜だ bù shūfu, liǎnsè hěn cāngbái(或许身体不舒服, 脸色很苍白). ¶〜になって怒る qìde liǎnsè tiěqīng(气得脸色铁青).

まっさかさま【真逆様】 dàozāicōng(倒栽葱). ¶飛行機が〜に墜落した fēijī yí ge dàozāicōng zhuìluò xialai(飞机一个倒栽葱坠落下来). ¶崖から〜に落ちた cóng xuányá shang shuāile ge dàozāicōng[dàozāi xialai](从悬崖上摔了个倒栽葱[倒栽下来]).

まっさき【真先】 **1**[最初] zuìxiān(最先), shǒuxiān(首先). ¶〜に彼が見舞いに来てくれた tā zuìxiān lái kànwàng wǒ(他最先来看望我). ¶旅館に着くと〜に風呂に入った dàole lǚguǎn jiù xiān xǐle ge zǎo(到了旅馆就先洗了个澡).
2[先頭] zuì qiánmian(最前面), zuì xiāntóu(最先头). ¶〜に立って案内する zài zuì qiánmian lǐnglù(在最前面领路).

まっさつ【抹殺】 **1**[抹消] gōuxiāo(勾销), gōudiào(勾掉), mǒdiào(抹掉). ¶名簿から〜する cóng míngcè shang gōudiào(从名册上勾掉).
2[無視, 否認] mǒshā(抹杀・抹煞). ¶少数意見を〜する mǒshā shǎoshù yìjiàn(抹杀少数意见).

まっしぐら ¶犬は獲物めがけて〜に走って行った gǒu xiàng lièwù měngpū guoqu(狗向猎物猛扑过去).

マッシュポテト tǔdòuní(土豆泥).

マッシュルーム yángmógu(洋蘑菇).

まっしょう【末梢】 ¶〜にこだわる jūnì yú xìjié(拘泥于细节). ¶そんなことは〜的な問題だ nà búguò shì ge xièzhī-mòjié de wèntí(那不过是个细枝末节的问题).
¶〜神経 mòshāo shénjīng(末梢神经).

まっしょう【抹消】 gōuxiāo(勾销), gōudiào(勾掉), mǒdiào(抹掉). ¶3字〜 mǒdiào sān ge zì(抹掉三个字). ¶刑の記録を〜する gōuxiāo fúxíng de jìlù(勾销刑的记录).

まっしょうじき【真正直】 gěngzhí(耿直・梗直・鲠直), gěngjiè(耿介), zhíxìng[r](直性[儿]), zhíxìngzi(直性子), zhíxīnyǎnr(直心眼儿). ¶彼は〜な男だ tā shì ge "zhíxìngrén[gěngzhírén/zhíxīnyǎnr](他是个"直性人[耿直人/直心眼儿]).

まっしょうめん【真正面】 ¶〜に富士山が見える zhèng qiánfāng kěyǐ kànjian Fùshì Shān(正前方可以看见富士山). ¶〜から論争を挑む zhèngmiàn tiǎoqǐ zhēnglùn(正面挑起争论).

まっしろ【真白】 xuěbái(雪白), jiébái(洁白), chúnbái(纯白). ¶〜な敷布 xuěbái de chuángdān(雪白的床单). ¶〜な歯を見せて笑う lùchū xuěbái de yáchǐ xiào(露出雪白的牙齿笑). ¶起きてみたら〜に雪が積っていた qǐlai yí kàn yípiàn ái'ái báixuě(起来一看一片皑皑白雪).

まっすぐ【真直ぐ】 **1**[一直線] zhí(直), bǐzhí(笔直), zhíliu(直溜), zhíliūliū(直溜溜), bǐguǎn tiáozhí(笔管条直); yìzhí(一直). ¶〜な線を引く huà bǐzhí de xiàn(画笔直的线). ¶背中を〜のばす bǎ bèi shēnzhí(把背伸直). ¶この通りを〜に行くと駅へ出る cóng zhè tiáo lù yìzhí zǒu jiù dào chēzhàn(从这条路一直走到车站).
2[直接] zhíjiē(直接), jìngzhí(径直). ¶今日は〜御帰宅ですか nǐ jīntiān zhíjiē huíjiā ma?(你今天直接回家吗?).
3[正直] zhíjiē(直接). ¶彼は〜な人間だ tā shì ge gěngzhí rén(他是个耿直人). ¶隠さず〜に言いなさい bié yǐnmán lǎoshi de shuō ba(别隐瞒老实地说吧).

まっせ【末世】 mòshì(末世).

まっせき【末席】 mòzuò(末座), mòxí(末席). ¶〜に座る zuò mòzuò(坐末座)/ jū mòxí(居末席)/ dǎhéngr(打横儿). ¶門下の〜に連なる tiǎn liè ménqiáng(忝列门墙). ¶委員の〜に連なる tiǎn zài wěiyuán zhī liè(忝在委员之列).

まった【待った】 huǐqí(悔棋), huíqí(回棋). ¶あいつの碁は〜が多い tā xià wéiqí cháng huǐqí(他下围棋常悔棋). ¶〜無しだぞ bùxǔ huǐqí(不许悔棋). ¶計画の実施に〜をかける tíngzhǐ jìhuà de shíxíng(下令停止计划的实行).

まつだい【末代】 hòushì(后世). ¶名を〜に伝える liúmíng hòushì(留名后世). ¶〜まで汚名を残す yíchòu wànnián(遗臭万年). ¶人は一代, 名は〜 rén yìshì, míng liú qiāngǔ(人一世,名留千古).

まったく【全く】 **1**[完全に, 全面的に] wánquán(完全), quánrán(全然), gēnběn(根本),

まつたけ【松茸】 sōngmó(松蘑), sōngxùn(松蕈).

まったなか【真直中】 1〔真中〕zhèngzhōng(正中). ¶敵の~に1人乗り込んで行く dānqiāng-pǐmǎ tūrù dízhèn zhōngxīn(单枪匹马突入敌阵中心).
2〔真最中〕¶彼は嵐の~を出掛けて行った tā zài bàofēngyǔ zuì měngliè de shíhou wàichū le(他在暴风雨最猛烈的时候外出了).

まったん【末端】 mòduān(末端);〔組織の〕jīcéng(基层). ¶紐の~に鈎をとりつける zài xìshéng de mòduān ānshàng yí ge gōu(在细绳的末端安上一个钩). ¶新しい方針を~にまで徹底させる bǎ xīn de fāngzhēn guànchè dào jīcéng(把新的方针贯彻到基层).

マッチ 1〔適合〕xiāngchèn(相称), xiāngpèi(相配). ¶この絵は部屋に~しない zhè zhāng huà gēn fángjiān bù xiāngchèn(这张画跟房间不相称). ¶髪型と服装が~している fàxíng hé yīfu hěn xiāngchèn(发型和衣服很相称).
2〔試合〕sài(赛). ¶タイトル~ jǐnbiāosài(锦标赛).
3〔燐寸〕huǒchái(火柴), yánghuǒ(洋火), zìláihuǒ(自来火), qǔdēnghuǒ(取灯儿). ¶~を擦る huá huǒchái(划火柴). ¶~箱 huǒcháihé(火柴盒).

マッチポイント juédìng shèngfù de zuìhòu yì fēn(决定胜负的最后一分), juéshèngfēn(决胜分).

まっちゃ【抹茶】 lǜfěnchá(绿粉茶), fěnchá(粉茶).

マッチング pǐpèi(匹配).

マット diànzi(垫子). ¶入口に~を敷く zài ménkǒu pū céng xié de diànzi(在门口铺蹭鞋的垫子). ¶~運動 diànshàng yùndòng(垫上运动).

まっとう【真当】 →まとも2.

まっとう・する【全うする】 wánchéng(完成). ¶任務を~ wánchéng rènwu(完成任务). ¶天寿を~する xiǎngjìn tiānnián yǐ zhōng(享尽天年以终).

マットレス chuángdiàn(床垫), rùdiàn(褥垫).

まつば【松葉】 sōngzhēn(松针), sōngyè(松叶), sōngshùyè(松树叶).

マッハすう【マッハ数】 mǎhèshù(马赫数). ¶~2のジェット機 mǎhè èr de pēnqìshì fēijī(马赫二的喷气式飞机).

まっぱだか【真裸】 yì sī bú guà(一丝不挂), chì shēn lù tǐ(赤身露体). ¶~で泳ぐ yìsī-búguà de yóuyǒng(一丝不挂地游泳).

まつばづえ【松葉杖】 guǎizhàng(拐杖). ¶~をついて歩く yèxià jiāzhe guǎizhàng zǒu(腋下夹着拐杖走).

まつばぼたん【松葉牡丹】 dàhuā mǎchǐxiàn(大花马齿苋).

まつび【末尾】 mòwěi(末尾). ¶~のところが特によく書けている mòwěi de bùfen xiěde tèbié hǎo(末尾的部分写得特别好). ¶~の数 zuì mòwěi de yí wèi shù(最末尾的一位数).

まつびつ【真筆】 ¶~ながら,皆様のご健康をお祈り申し上げます zài zuìhòu zhōngxīn zhùyuàn dàjiā shēntǐ jiànkāng, wànshì rúyì(在最后衷心祝愿大家身体健康, 万事如意)/ mòwěi yìbǐ zhùfú quánjiā shēntǐ jiànkāng(末笔一笔祝福全家身体健康).

まっぴら【真平】 ¶あんな所へ行くのはもう~だ nà zhǒng dìfang wǒ kě zài bú yuànyì qù(那种地方我可再不愿意去). ¶誰でもいいがあいつばかりは~御免だ shuí dōu xíng, wéidú tā wǒ kě bùgǎn lǐngjiào(谁都行, 惟独他我可不敢领教).

まっぴるま【真昼間】 dàbáitiān(大白天), dàtiān-báirì(大天白日). ¶~から酔っ払っているというすがまだ dàtiān-báirì jiù zuìxūnxūn de, chéng shénme yàngzi?(大天白日就醉醺醺的, 成什么样子?).

まっぷたつ【真二つ】 ¶~に切る qiēchéng liǎngbànr(切成两半儿). ¶党が~に割れた dǎng fēnlièchéng liǎngpài(党分裂成两派).

まつむし【松虫】 jīnpípa(金琵琶).

まつやに【松脂】 sōngzhī(松脂), sōngxiāng(松香).

まつよう【末葉】 mòyè(末叶), mòshì(末世), jìshì(季世). ¶17世紀の~ shíqī shìjì mòyè(十七世纪末叶).

まつり【祭り】 jìlǐ(祭礼), jié(节), jiérì(节日). ¶先祖の~をする jìsì zǔxiān(祭祀祖先). ¶今日は神田明神のお~だ jīntiān shì Shéntián Míngshén de sàihuì(今天是神田明神的赛会). ¶人々はお~気分で浮かれている rénmen chénjìn yú jiérì de huānlè li(人们浸沉于节日的欢乐里).
¶札幌雪~ Zháhuǎng xuějié(札幌雪节).

まつりあ・げる【祭り上げる】 ¶会長に~げられた bèi táishangqù dāngle huìzhǎng(被抬上去当了会长).

まつりゅう【末流】 hòudài(后代), hòuyì(后裔);〔流派〕mòliú(末流). ¶源氏の~ Yuánshì de hòuyì(源氏的后裔). ¶ローマン派の~ làngmànpài de mòliú(浪漫派的末流).

まつ・る【纏る】 ¶スカートの裾を~る liáohǎo qúnzi de xiàbǎi(缭好裙子的下摆).

まつ・る【祭る】 jì(祭), sì(祀), jìsài(祭赛). ¶祖先を~る jì zǔzōng(祭祖宗)/ sìzǔ(祀祖). ¶天満宮は菅原道真を~ってある

Tiānmǎngōng jìsìzhě Jiānyuán Dàozhēn(天満宮祭祀者菅原道真).

まつろ【末路】 mòlù(末路), xiàchang(下场). ¶哀れな~をたどる zǒu bēicǎn de mòlù(走悲惨的末路). ¶これが悪党の~だ zhè jiùshì dǎitú de xiàchang(这就是歹徒的下场).

まつわ・る【纏わる】 1 chán(缠), chánrào(缠绕). ¶スカートの裾が足に~って歩きにくい qúnzi de xiàbǎi chán tuǐ bù hǎozǒu(裙子的下摆缠腿不好走). ¶子供が~りついて離れない xiǎoháizi ˮchánzhe[lǎo chánmo]ˮ bùkěn líkāi(小孩子ˮ缠着[老缠磨]ˮ不肯离开).
2 [関係する] ¶彼に~る噂 yǒuguān tā de fēngshēng(有关他的风声). ¶月に~る伝説 guānyú yuèliang de chuánshuō(关于月亮的传说).

-まで 1 [時] dào(到), zhì(至), dào…wéizhǐ(到…为止). ¶4 月 10 日~有効 sìyuè shí rì yǐqián yǒuxiào(四月十日以前有效). ¶会議は午前 10 時から深夜~続いた huìyì cóng shàngwǔ shí diǎn yìzhí kāidào shēnyè(会议从上午十点一直开到深夜). ¶12 の歳~伯父の家で育った zài bófù jiā yìzhí zhǎngdào shí'èr suì(在伯父家一直长到十二岁). ¶彼が来る~待とう děng tā lái ba(等到他来吧). ¶竣工~10 年かかった dào gōngchéng wángōng fèile shí nián(到工程完工费了十年). ¶5 時~には帰っておいで wǔ diǎn yǐqián huílai a!(五点以前回来啊!). ¶前回~のあらすじ jiézhì shànghuí de gěnggài(截至上回的梗概).
2 [所] dào(到), zhì(至). ¶頂上~あと 2 キロ dào shāndǐng hái yǒu liǎng gōnglǐ(到山顶还有两公里). ¶上海から北京~汽車で行った cóng Shànghǎi dào Běijīng zuò huǒchē qù de(从上海到北京坐火车去的). ¶ここ~逃げれば大丈夫だ táodào zhèli jiù bú yàojǐn le(逃到这里就不要紧了). ¶对岸~泳いで渡る yóudào duì'àn(游到对岸). ¶はい、そこ~ hǎo, dào cǐ wéi zhǐ!(好,到此为止!).
3 [範囲, 程度] dào(到). ¶年齢は 30 歳~とする niánlíng yǐ sānshí suì wéi xiàn(年龄以三十岁为限). ¶10 万円~借りられる shíwàn rìyuán yǐnèi kěyǐ jiè(十万日元以内可以借). ¶水は膝~ある shuǐ mòdào xīgài(水没到膝盖). ¶納得のいく~質問する wèndào zìjǐ míngbai wéizhǐ(问到自己明白为止). ¶ああ~言わなくてもよいのに hébì shuōdào nà zhǒng dìbu ne!(何必说到那种地步呢!). ¶歩行できる~に回復した huīfù dào néng zǒulù de chéngdù(恢复到能走路的程度).
4 [...までもない] ¶調べる~もなくはっきりしている wúxū diàochá jiù shífēn qīngchu le(无须调查就十分清楚了). ¶医者に見せる~もあるまい yòngbuzháo qù kàn yīshēng(用不着去看医生).
5 [さえも] lián…yě[dōu] (连…也[都]), shènzhì(甚至). ¶彼は親にも見離された lián fùmǔ dōu bùlǐ tā le(连父母都不理他了). ¶夢に~見た人 mènglǐ yě xiǎng jiàn de rén(梦里也想见的人). ¶一時は自殺~考えた yí ge shíhou shènzhì yě xiǎngguo zìshā(一个时候甚至也想过自杀). ¶歓待されたうえにお土産~もらった shòudàole kuǎndài, yòu dédàole lǐwù(受到了款待,又得到了礼物).
6 [だけ] ¶こうなったら命懸けで戦う~だ shì dào rújīn zhǐ yǒu pīn le(事到如今只有拼了). ¶失敗したらもう一度やる~だ shībàile de huà, zài zuò yí cì bàle(失败了的话,再做一次罢了). ¶念のために君に聞いてみた~だ wèile shènzhòng qǐjiàn, cái wènle nǐ yíxià(为了慎重起见,才问了你一下). ¶とりあえずお礼~ jǐn cǐ zhìxiè(谨此致谢).
7 [...ないまでも] ¶完璧とは言えぬ~もかなりの水準に達している jíshǐ bú shì shíquán-shíměi, kě yě dádàole xiāngdāng de shuǐpíng(即使不是十全十美,可也达到了相当的水平). ¶承諾は得られぬ~も話ぐらいは聞いてくれるだろう jiùshì débudào tóngyì, yě huì tīngtīng wǒ de huà ba(就是得不到同意,也会听听我的话吧).

まてんろう【摩天楼】 mótiānlóu(摩天楼), mótiān dàshà(摩天大厦).

まと【的】 bǎ(靶), bǎzi(靶子), bǎbiāo(靶标). ¶~をねらう miáo bǎ(瞄靶)/miáozhǔn bǎbiāo(瞄准靶标). ¶~に当たる zhòng bǎ(中靶)/zhòngdì(中的). ¶弾は~を外れた zǐdàn tuōbǎ le(子弹脱靶了). ¶子供たちの憧れの~ O 選手 háizimen xuǎnwǎng de duìxiàng O xuǎnshǒu(孩子们所向往的对象 O 选手). ¶命を~に戦う shěmìng zhàndòu(舍命战斗). ¶彼は皆の非難の~となった tā chéngle ˮdàjiā fēinàn de bǎbiāo[zhòng shǐ zhī dì]ˮ(他成了ˮ大家非难的靶标[众矢之的]ˮ).

まど【窓】 chuāng[r](窗[儿]), chuānghu(窗户), chuāngzi(窗子). ¶~を開ける dǎkāi[kāi] chuāngkǒu(打开[开]窗口). ¶~を閉める guān chuānghu(关窗户). ¶南側に~をある zài nánmiàn kāi ge chuānghu(在南面开个窗户). ¶~から首を出す cóng chuānghu tànchū tóu(从窗户探出头). ¶世界に~を開く xiàng shìjiè kāifàng ménhù(向世界开放门户). ¶心の~を開く chǎngkāi xiōnghuái(敞开胸怀). ¶目は心の~ yǎnjing shì xīnlíng de chuāngkǒu(眼睛是心灵的窗口).

まといつ・く【纏い付く】 chán(缠), chánrào(缠绕). ¶蔦が木に~く chángchūnténg chán zài shùshang(常春藤缠绕在树上). ¶小犬が足に~く xiǎogǒu chánzhe tuǐ(小狗缠着腿).

まと・う【纏う】 chuān(穿). ¶喪服を~う chuān sāngfú(穿丧服).

まど・う【惑う】 ¶女に~う míliàn nǚrén(迷恋女人). ¶四十にして~わず sìshí ér bú huò(四十而不惑). ¶あれこれ思い~う yóuyù bùjué(犹豫不决)/nábudìng zhǔyì(拿不定主意).

まどお【間遠】 ¶2 人の間の行き来は次第に~になった liǎng ge rén zhī jiān de láiwǎng jiànjiàn shǎo le(两个人之间的来往渐渐少了). ¶波の音が~に聞える yuǎnyuǎn de tīngjian bōtāoshēng(远远地听见波涛声).

まどぐち【窓口】 chuāngkǒu (窗口). ¶2番の～へお回り下さい qǐng dào dì'èr hào chuāngkǒu (请到第二号窗口). ¶～の応対が悪い chuāngkǒu de fúwù tàidu bù hǎo (窗口的服务态度不好). ¶両国の文化交流の～になる zuòwéi liǎngguó wénhuà jiāoliú de chuāngkǒu (作为两国文化交流的窗口).

まとはずれ【的外れ】 ¶それは～の批評だ nà pínglùn jiǎnzhí shì wú dì fàng shǐ (那评论简直是无的放矢).

まとま・る【纏まる】 **1**〔集まり揃う〕 ¶皆が～って行く dàjiā jíhé qù (大家集合去). ¶今は～った金が必要だ xiànzài xūyào yì bǐ kuǎnzi (现在需要一笔款子). ¶～った注文がきた láile yì pī dìnghuò (来了一批订货). ¶色々な人がいるのでクラスが～らない yīnwei yǒu gèzhǒng-gèyàng de rén, bānshang bù qíxīn (因为有各种各样的人,班上不齐心). ¶党内の～りがつかない dǎngnèi bù tǒngyī, yì pán sǎn shā (党内不统一,一盘散沙).

2〔決りがつく〕 ¶相談が～った shìqing shāngliangtuǒ le (事情商量妥了). ¶君がいると～る話も～らなくなる yì yǒu nǐ zài, jiùshí néng tántuǒ de shì yě yào zá le (一有你在,就是能谈妥的事也要砸了). ¶縁談はうまく～った qīnshi yuánmǎn de shuōtuǒ le (亲事圆满地说妥了).

3〔整理がつく, 完結する〕 ¶私の意見はまだ～っていない wǒ de yìjiàn hái bù chéngshú (我的意见还不成熟). ¶どうやら原稿が～りそうだ kànlai gǎozi néng xiěchulai le (看来稿子能写出来了).

まとめ【纏め】 ¶資料の～にかかる zhuóshǒu zhěngľ zīliào (着手整理资料). ¶～役は彼こそ適任だ zuòwéi tiáotíngrén tā zuì héshì búguò le (作为调停人他最合适不过了).

まと・める【纏める】 **1**〔集め揃える〕 ¶紙くずは散らかさないで1か所に～めておく fèizhǐ bùyào suídì luàn rēng, guīdào yí chù (废纸不要随地乱扔,归到一处). ¶短編をいくつか～めて1冊の本にする bǎ jǐ piān duǎnpiān huìjí wéi yì běn shū (把几篇短篇汇集为一本书). ¶1年分の会費を～めて払う bǎ yì nián de huìfèi 'yí cì jiǎonà[chéngzǒngr fú/dǎzǒngr jiāo](把一年的会费'一次缴纳[成总ﾞ付/打总ﾞ交]). ¶荷物を～めて出発する shōushi xíngli dòngshēn (收拾行李动身). ¶皆の意見を～める guīnà[zǒngjié] dàjiā de yìjiàn (归纳[总结]大家的意见). ¶全部～めて五千円でどうだ quánbù suànzài yìqǐ wǔqiān kuài qián zěnmeyàng? (全部算在一起五千块钱怎么样?).

2〔決りをつける〕 ¶中にはいって話を～める jūzhōng tiáotíng bǎ shìqing shuōtuǒ (居中调停把事情说妥). ¶交渉を～める shǐ jiāoshè huòdé chénggōng (使交涉获得成功).

3〔整理をつける, 完結させる〕 ¶小説の構想を～める gòusī xiǎoshuō (构思小说). ¶論文を～める wánchéng lùnwén (完成论文).

まとも **1**〔真正面〕 ¶～にぶつかっては勝ち目がない cóng zhèngmiàn jìngōng, méiyǒu huòshèng de xīwàng (从正面进攻,没有获胜的希望). ¶風を～に受けてなかなか進めない dǐngfēng hěn nán xíngzǒu (顶风很难行走). ¶～に相手の顔を見られない bùgǎn zhèngshì duìfāng (不敢正视对方). ¶子供だと思って～に取り合ってくれない yǐwéi shì ge háizi gēnběn bù bǎ wǒ dàng yìhuíshì (以为是个孩子根本不把我当一回事).

2〔まっとう〕 zhèngjing (正经). ¶お前もそろそろ～な商売についたらどうか nǐ yě gāi zuò zhèngjingshì le (你也该做正经事了). ¶それは～な人間のすることではない nà kě bù shì zhèngjingrén suǒ zuò de shì (那可不是正经人所做的事). ¶あの男は～に仕事をしたためしがない tā cóng méiyǒu zhèngjing de zuòguo shì (他从没有正经地做过事).

まどり【間取り】 hùxíng (户型). ¶この家は～が便利にできている zhè suǒ fángzi fángjiān pèizhìde hěn fāngbiàn (这所房子房间配置得很方便).

まどろ・む dǎdǔnr (打盹ﾞ), dǎ kēshuì (打瞌睡). ¶～んだと思ったらすぐ目が覚めた gāng dǎle yíhuìr dǔnr jiù xǐng le (刚打了一会ﾞ盹ﾞ就醒了). ¶～みの夢から覚める cóng jiǎměn de mèng zhōng xǐnglai (从假寐的梦中醒来).

まどわ・す【惑わす】 gǔhuò (蛊惑・鼓惑), míhuo (迷惑), yòuhuò (诱惑), huòluàn (惑乱), yínghuò (荧惑). ¶人心を～す gǔhuò rénxīn (蛊惑人心). ¶青年を～す思想 gǔhuò qīngnián de sīxiǎng (蛊惑青年的思想). ¶甘い言葉で～す ná tiányán-mìyǔ yòuhuò rén (拿甜言蜜语诱惑人). ¶外見に～されるな búyào wéi wàibiǎo suǒ huò (不要为外表所惑).

マナー lǐmào (礼貌), lǐjié (礼节), lǐshù (礼数). ¶～がいい yǒu lǐmào (有礼貌)／dǒng guīju (懂规矩). ¶～を守る zūnshǒu guīju (遵守规矩)／jiǎng lǐmào (讲礼貌). ¶テーブル～ jiùcān lǐjié (就餐礼节).

まないた【俎板】 ànbǎn (案板), zhēnbǎn (砧板), qiēcàibǎn (切菜板), càidūn (菜墩子). ¶彼の新作を～に載せてあげつらう bǎ tā de xīnzuòpǐn fàngzài zhēnbǎn shang jiěpōu (把他的新作品放在砧板上解剖). ¶～の鯉 zǔshàngròu (俎上肉)／rén wéi dāozǔ, wǒ wéi yúròu (人为刀俎,我为鱼肉).

まなこ【眼】〔目玉〕 yǎnzhūzi (眼珠子);〔目〕 yǎnjing (眼睛). ¶観念の～を閉じた duànle niàntou (断了念头).

まなざし【眼差し】 yǎnguāng (眼光), mùguāng (目光), shìxiàn (视线). ¶軽蔑の～で見る yǐ qīngmiè de yǎnguāng kàn (以轻蔑的眼光看). ¶人々の～はこの一点に注がれた zhòngrén de shìxiàn dōu jízhōng zài zhè yì diǎn shang (众人的视线都集中在这一点上).

まなじり【眦】 zì (眦), yǎnjiǎo (眼角). ¶～を決して立ち上がった yìrán-juérán zhànqilai le (毅然决然站起来了).

まなつ【真夏】 sānfú (三伏), shèngxià (盛夏), yánxià (炎夏), shéngshǔ (盛暑), yánshǔ (炎

暑).
まなでし【愛弟子】 déyì dìzǐ（得意弟子），déyì ménshēng（得意门生）．
まな・ぶ【学ぶ】 xué（学），xuéxí（学习）．¶経済学を～ぶ xué[niàn] jīngjìxué（学[念]经济学）．¶よく～びよく遊べ hǎohāor wánshuǎ, hǎohāor xuéxí（好好ㄦ玩耍，好好ㄦ学习）．¶ピアノを先生について～ぶ gēn xiānsheng xué tán gāngqín（跟先生学弹钢琴）．¶先輩から～ぶ xiàng qiánbèi xuéxí（向前辈学习）．¶この事件によって我々は色々なことを～んだ tōngguò zhè jiàn shì, wǒmen xuédàole xǔduō dōngxi（通过这件事，我们学到了许多东西）．
まなむすめ【愛娘】 àinǚ（爱女），zhǎngzhū（掌珠），zhǎngshàngzhū（掌上珠），zhǎngzhōngzhū（掌中珠）．
マニア mí（迷）．¶切手～ jíyóumí（集邮迷）．
まにあ・う【間に合う】 **1**［時間に］gǎndeshàng（赶得上），láidejí（来得及），gǎntàngr（赶趟ㄦ），gēntàngr（跟趟ㄦ）．¶1番電車に～ように起きる zǎodiǎnr qǐlai gǎn tóubān diànchē（早点ㄦ起来赶头班电车）．¶今行けば～ xiànzài qù, hái láidejí（现在去，还来得及）．¶これからでは準備が～わない xiànzài yǐjīng láibují zhǔnbèi le（现在已经来不及准备了）．¶御指定の日限に～ように何とかしましょう jǐnliàng shèfǎ zài nín zhǐdìng de rìqī gǎnchulai（尽量设法在您指定的日期赶出来）．
2［足りる］gòu yòng（够用）；［使い物になる］dǐngyòng（顶用），dǐngshì（顶事）．¶1万円あれば十分～う yǒu yīwàn rìyuán jiù zúgòu le（有一万日元就足够了）．¶野菜は今日は～っています shūcài jīntiān hái gòu yòng（蔬菜今天还够用）．¶わざわざ買わなくてもこれで～ yòngbuzháo mǎi, zhè jiù dǐngshì（用不着买，这就顶事）．
まにあわせ【間に合せ】 ¶～に手近にある物を使う ba shǒubiān de dōngxi còuhezhe yòng（把手边的东西凑合着用）/ yòng yǎnqián de dōngxi jiāngjiù（用眼前的东西将就）．¶兄さんのお古だけど～に着ておきなさい suīrán shì gēge de jiùyīfu, nǐ duìfu[hùnong]zhe chuān ba（虽然是哥哥的旧衣服，你对付[糊弄]着穿吧）．
まにあわ・せる【間に合せる】 **1**［時間に］¶大急ぎで縫ってやっと結婚式に～せた jíjí-máng-máng de gǎn féng yīshang, zǒngsuàn méi dānwu hūnqī（急急忙忙地赶缝衣裳，总算没耽误婚期）．
2［済ます］¶農具は近所の農家から借りて～せている nóngjù shì cóng fùjìn nóngjiā jièlai de còuhezhe yòng（农具是从附近农家借来的凑合着用）．
マニキュア zhǐjiayóu（指甲油），kòudān（蔻丹）．¶～をする tú zhǐjiayóu（涂指甲油）．
まにし【真西】 zhèng xī（正西）．
まにまに ¶落葉が風の～飛んで行く luòyè suí fēng piāoqu（落叶随风飘去）．¶小舟が波の～漂っている xiǎochuán suízhe bōlàng piāodàng（小船随着波浪飘荡）．

マニュアル shǒucè（手册），zhǐnán（指南），shuōmíngshū（说明书）．¶～車 shǒudòng huàndǎng jiàochē（手动换档轿车）．
まにんげん【真人間】 xīnrén（新人）．¶改心して～になる tònggǎi qiánfēi, chóngxīn zuòrén（痛改前非，重新做人）/ xǐxīn gémiàn, chéngwéi xīnrén（洗心革面，成为新人）．
まぬか・れる【免れる】 miǎn（免），bìmiǎn（避免），bǎituō（摆脱）．¶私の家は幸いにも類焼を～れた wǒ jiā xìngmiǎn yánshāo（我家幸免延烧）．¶危機一髪の命を～れた zài jūnjūn-yīfà zhī jì miǎnyú shòunàn（在千钧一发之际免于受难）．¶言訳をして責任を～れようとする tuōcí xiǎng yào tāobī zérèn（托辞想要逃避责任）．¶理由はどうあれ教師としての責任は～れない bùguǎn lǐyóu rúhé, zuòwéi jiàoshī de zérèn shì tuīxiè bu liǎo de（不管理由如何，作为教师的责任是推卸不了的）．¶これだけのことをすれば多少の出費は～れまい zuò zhèyàng de shì huā xiē qián shì miǎnbuliǎo de（做这样的事花些钱是免不了的）．
まぬけ【間抜け】 shǎ（傻），dāi（呆），dāishǎ（呆傻），yúchǔn（愚蠢），hútu（糊涂）；［人］shǎzi（傻子），dāizi（呆子），shǎguā（傻瓜），chǔncái（蠢材），chǔnhuò（蠢货），hútuchóng（糊涂虫）．¶～な事をするな bié zuò nà zhǒng chǔnshì（别做那种蠢事）．¶お前のような～はいない wǒ méi jiànguo xiàng nǐ zhèyàng de shǎguā（我没见过像你这样的傻瓜）．
まね【真似】 **1**［模倣］xué（学），zhuāng（装），fǎng（仿），fǎngxiào（仿效），mófǎng（模仿）．¶猿が人の～をする hóuzi xué rén de dòngzuò（猴子学人的动作）．¶彼は人の～ばかりしている tā jìng mófǎng rén（他净模仿人）．¶死んだ～をする zhuāng sǐ（装死）．¶それは誰にでのできることではない nà bú shì shuí dōu néng fǎngxiào de（那不是谁都能仿效的）．
2［ばかげたまたは奇異な動作］¶別な～をするな bié gàn nà zhǒng shǎshìr（别干那种傻事ㄦ）/ bié yīshí chōngdòng（别一时冲动）．¶それは一体何の～だ nǐ zhè shì shénme yìsi?（你这是什么意思?）．
マネー jīnqián（金钱），huòbì（货币）．¶～サプライ huòbì gōnggěiliàng（货币供给量）．～ゲーム cǎogǔ（炒股）．
マネージャー ¶ホテルの～ fàndiàn de jīnglǐ（饭店的经理）．¶アイスホッケー部の～ bīngqiúduì de gànshi（冰球队的干事）．
まねき【招き】 yāoqǐng（邀请），zhāodài（招待）．¶知人の～を受ける shòudào péngyou de yāoqǐng（受到朋友的邀请）．¶お～にあずかり有難うございます chéngméng zhāodài, gǎnxiè bú jìn（承蒙招待，感谢不尽）．¶新聞社の～で来日する yìng bàoshè yāoqǐng láidào Rìběn（应报社邀请来到日本）．
マネキン réntǐ móxíng（人体模型）．¶～嬢 shízhuāng mótèr（时装模特ㄦ）．
まね・く【招く】 **1**［手招きする］zhāohu（招呼）．¶手で～く zhāohu shǒu（招手）．¶ボーイを～いて用事を頼む zhāohu fúwùyuán tuō tā bànshì（招呼服务员托他办事）．

2〔招待する，招聘する〕yāoqǐng(邀请); pìnqǐng(聘请). ¶友達を～いてパーティーをする yāoqǐng péngyou lái kāi yànhuì(邀请朋友来开宴会). ¶～かれざる客 bú sù zhī kè(不速之客)/ bú shòu huānyíng de rén(不受欢迎的人). ¶～かれて結婚式に出席した yìngyāo chūxíle hūnlǐ(应邀出席了婚礼). ¶専門家を～いて話を聞く yāo qǐngzhuānjiā lái jiǎnghuà(邀专家来讲话). ¶A大学に教授として～かれる bèi A dàxué pìnwéi jiàoshòu(被A大学聘为教授).

3〔引き起す〕rě(惹), zhāo(招), zhāozhì(招致), yǐnzhì(引致), zhāorě(招惹). ¶災を～く zhāo zāi(招灾). ¶大事を～く rěchū dàshì(惹出大事). ¶誤解を～く恐れがある yǒu yǐnqǐ wùjiě de kěnéng(有引起误解的可能). ¶自分で～いたいざこざは自分で始末しなくてはならない zìjǐ zhāorě de máfan yào yóu zìjǐ lái jiějué(自己招惹的麻烦要由自己来解决).

まねごと【真似事】¶"日本画をお描きになるようで", "いえ, ほんの一程度です" "tīngshuō nín huà Rìběnhuà?", "nǎli, nǎli!"("听说您画日本画?" "哪里, 哪里!").

ま・ねる【真似る】xué(学), mófǎng(模仿), fǎngxiào(仿效), xiàofǎng(效仿), xiàofǎ(效法). ¶本物を～ねてつくる zhào shíwù 'fǎngzhì[fǎngzào]zào(照实物'仿制[仿造]造). ¶ピカソの絵を～ねる mófǎng Bìjiāsuǒ de huà(模仿毕加索的画). ¶うぐいすの鳴き声を～ねる xué huángyīng jiào(学黄莺叫). ¶他人の長所を～しどし～ねたらよい biéren de chángchu yīnggāi dà jiā xiàofǎ(别人的长处应该大加效法).

まのあたり【目の当り】¶惨事を～にする mùdǔ[mùjī]cǎnzhuàng(目睹[目击]惨状). ¶彼の話を聞いていると故郷を～に見る思いがする tīngdào tā de huà, wǒ juéde hǎoxiàng qīnyǎn kànjianle gùxiāng(听他的话, 我觉得好像亲眼看见了故乡).

まのび【間延び】¶～のした顔 dāitóu-dāinǎo de yàngzi(呆头呆脑的样子). ¶せりふまわしが～している táicí shuōde tài sōngsǎn(台词说得太松散).

まばたき【瞬き】zhǎyǎn(眨眼), shǎnyǎn(眨眼), zhǎba(眨巴), shǎnba(眨巴). ¶彼は私に～して合図した tā xiàng wǒ zhǎyǎn shìyì(他向我眨眼示意). ¶～もせずに見守る yì yǎn bù zhǎ[mù bù zhuǎn jīng] de zhùshìzhe(一眼不眨[目不转睛]地注视着).

まばゆ・い【目映い】xuànmù(炫目), yàoyǎn(耀眼), huǎngyǎn(晃眼). ¶～い日の光 xuànmù de yángguāng(炫目的阳光). ¶～いばかりに光り輝く仏像 jīnsè yàoyǎn de fóxiàng(金色耀眼的佛像).

まばら【疎ら】xīshū(稀疏), shūluò(疏落), shūsàn(疏散), xīshǎo(稀少・希少), xīxīlālā(稀稀拉拉), xīxīluòluò(稀稀落落). ¶ひげが～に生えている zhǎngzhe xīshū de húxū(长着稀疏的胡须). ¶人通りが～になる xíngrén xīxīluòluò le(行人稀稀落落了). ¶ここまで来ると人家も～になる dàole zhèli rényān yě jiù xīshǎo le(到了这里人烟也就稀少了).

まひ【麻痺】mábì(麻痹・麻痺), mámù(麻木), tānhuàn(瘫痪). ¶手足が～して動かない shǒujiǎo mámù dòngtan bu liǎo(手脚麻木动弹不了). ¶良心が～している méiyǒu liángxīn(没有良心). ¶交通が～状態になる jiāotōng xiànyú tānhuàn zhuàngtài(交通陷于瘫痪状态). ¶顔面神経～ miànshénjīng mábì(面神经麻痹).

まひがし【真東】zhèng dōng(正东).

まびき【間引】jiànmiáo(间苗), dìngmiáo(定苗). ¶からし菜の～をする jiàn jiècàimiáo(间芥菜苗). ¶電車の～運転をする jiǎnshǎo diànchē bāncì(减少电车班次).

まび・く【間引く】jiàn(间), jiànmiáo(间苗), dìngmiáo(定苗). ¶大根を～く jiàn luóbomiáo(间萝卜苗).

まひる【真昼】zhèngwǔ(正午), shǎngwu(晌午), dàbáitiān(大白天).

マフィア hēishǒudǎng(黑手党).

まぶか【目深】¶帽子を～にかぶる bǎ màozi yìzhí dàidào yǎnméi shang(把帽子一直戴到眼眉上).

まぶし・い【眩しい】xuànmù(炫目), yàoyǎn(耀眼), huǎngyǎn(晃眼). ¶日の光が～い yángguāng huǎngyǎn(阳光晃眼). ¶～いほど美しい少女 měide lìng rén xuànmù de shàonǚ(美得令人眩目的少女). ¶～いほど白い壁 yàoyǎn de báiqiáng(耀眼的白墙).

まぶ・す ¶肉にメリケン粉を～す ròu gǔnshàng miànfěn(肉滚上面粉).

まぶた【瞼】jiǎn(睑), yǎnjiǎn(眼睑), yǎnpí[r](眼皮[儿]), yǎnpízi(眼皮子). ¶～を開く[閉じる] zhēng[bì] yǎn(睁[闭]眼). ¶子供は～を泣き腫らしている háizi yǎnpāor kūzhǒng le(孩子眼泡儿哭肿了). ¶～に浮ぶ故郷の山河 fúxiàn zài yǎnqián de gùxiāng shānhé(浮现在眼前的故乡山河). ¶その時の光景が～に焼きついている nàge guāngjǐng hái yìnzài nǎozili(那个光景还印在脑子里). ¶～の母 xīnmùzhōng de mǔqin(心目中的母亲). ¶上～ shàngyǎnjiǎn(上眼睑)/ shàngyǎnpí(上眼皮)/ yǎnpāo[r](眼泡[儿]). 一重[二重]～ dān[shuāng] yǎnpí(单[双]眼皮).

まぶち【目縁】yǎnkuàng(眼眶), yǎnkuàngzi(眼眶子), yǎnquān[r](眼圈[儿]).

まふゆ【真冬】yándōng(严冬), lóngdōng(隆冬), sānjiǔtiān(三九天).

マフラー **1**〔襟巻〕wéijīn(围巾). ¶～をする wéi wéijīn(围围巾).

2〔消音器〕xiāoyīnqì(消音器), xiāoshēngqì(消声器).

まほう【魔法】mófǎ(魔法). ¶～を使う shǐ mófǎ(使魔法). ¶～にかかる zhòngle mófǎ(中了魔法). ¶～の杖 mófǎbàng(魔法棒)/ móshùbàng(魔术棒). ¶～の絨毯 mótǎn(魔毯). ¶～使 mófǎshī(魔法师)/ wūshī(巫师).

まほうびん【魔法瓶】nuǎnshuǐpíng(暖水瓶), rèshuǐpíng(热水瓶), nuǎnhú(暖壶), nuǎnpíng(暖瓶).

マホガニー　táohuāxīnmù(桃花心木).
マホメットきょう【マホメット教】　Yīsīlánjiào(伊斯兰教), Huíjiào(回教), Qīngzhēnjiào(清真教).
まぼろし【幻】　mènghuàn(梦幻), huànyǐng(幻影). ¶母の〜が目に浮ぶ mǔqin de shēnyǐng fúxiàn zài yǎnqián(母亲的身影浮现在眼前). ¶〜のように消え失せた huànyǐng shìde xiāoshī le(幻影似的消失了). ¶この世は夢か〜か jīnshēng rú huàn rú mèng(今生如幻如梦).
まま【儘】　1〔その通りの状態〕 ¶故郷の山も川も昔の〜だった gùxiāng de shānhé yīrán rú gù(故乡的山河依然如故). ¶元の〜で少しも進歩しない háishi lǎoyàngzi háo wú jìnbù(还是老样子毫无进步). ¶見た〜を書く rúshí de xiě(如实地写). ¶本を手にした〜眠ってしまった názhe shū shuìzháo le(拿着书睡着了). ¶彼は出掛けた〜帰って来ない tā chūqu zhījīn hái méi huílai(他出去至今还没回来). ¶靴の〜部屋に入る chuānzhe xié jìn wūzili(穿着鞋进屋子里).
2〔成行き任せ〕 ¶頼まれる〜に承知した yī rén suǒ tuō ˇwúnài[bù duō xiǎng] dāyingle xiàlái(依人所托ˇ无奈[不多想]答应了下来). ¶あとは本人にまかせておく rènpíng tā zìjǐ qù zuò(任凭他自己去做). ¶足の向く〜に歩く xìnbù ér xíng(信步而行).
3〔自由〕 ¶この世は〜にならぬ zhège shìdào bù suí jǐ yuàn(这个世道不随己愿).
まま【間間】　¶そういうことが〜ある nà zhǒng shì shì cháng yǒu de(那种事是常有的).
ママ　māma(妈妈).
ままこ【継子】　〔男〕jìzǐ(继子);〔女〕jìnǚ(继女). ¶〜いじめをされた nüèdài jìzǐ(虐待继子). ¶皆から〜扱いにされた shòudào dàjiā de páichì(受到大家的排斥).
ままごと【飯事】　¶〜をして遊ぶ guòjiājiar wánr(过家家儿玩儿).
ままちち【継父】　jìfù(继父), hòufù(后父), hòudiē(后爹).
ままはは【継母】　jìmǔ(继母), hòumǔ(后母), hòuniáng(后娘), hòumā(后妈), wǎnniáng(晚娘).
ままよ　¶濡れようと〜と雨の中を駆け出した guǎn tā lín bu línshī, mào yǔ pǎoqu(管它淋不淋湿, 冒雨跑去). ¶〜, なるようになれば guǎn tā qù, ài zěnme jiù zěnme!(管它去, 爱怎么就怎么!).
まみ・える【見える】　¶敵に〜える yǔ dí duìzhì(与敌对峙). ¶2人は 20 年ぶりに相〜えた liǎngrén xiānggé èrshí nián chóngféng le(两人相隔二十年重逢了).
まみず【真水】　dànshuǐ(淡水).
まみなみ【真南】　zhèngnán(正南).
まみ・れる【塗れる】　¶汗に〜れて働く hàn liú jiā bèi de gànhuór(汗流浃背地干活儿). ¶全身血に〜れて倒れていた húnshēn shì xiě dǎozài dìshang(浑身是血倒在地上). ¶ほこりに〜れた昔の日記帳 chénfēng de xīshí de rìjìběn(尘封的昔时的日记本).

まむかい【真向い】　duìmiàn[r](对面[儿]), duìmén[r](对门[儿]), duìguò[r](对过[儿]). ¶家の〜に大きなビルが建った wǒ jiā duìmiànr xīn gàile yí zuò dàlóu(我家对面儿新盖了一座大楼). ¶A 氏の〜に座る zuòzài A xiānsheng de duìmiàn(坐在 A 先生的对面).
まむし【蝮】　fùshé(蝮蛇). ¶〜酒 fùshéjiǔ(蝮蛇酒).
まめ【豆】　1　dòu[r](豆[儿]), dòuzi(豆子). ¶〜を煎る chǎo dòuzi(炒豆子). ¶コーヒーの〜をひく mò kāfēidòu(磨咖啡豆).
2〔小型〕xiǎoxíng(小型). ¶〜電球 diànzhū(电珠). 〜本 wēixíng shūjí(微型书籍).
まめ【肉刺】　pào[r](泡[儿]). ¶脚に〜ができた jiǎoshang[ˇdǎ[qǐ]le pào(脚上ˇ打[起]了泡).
まめ【忠実】　1　qín(勤), qínkuai(勤快). ¶彼女は〜によく働く tā shǒujiǎo qínkuai(她手脚勤快). ¶日記を〜につける rìjì jìde qín(日记记得勤). ¶彼は〜に手紙を書いてよこす tā shǒu qín, chángcháng gěi wǒ xiě xìn(他手勤, 常常给我写信).
2〔達者〕¶母も〜で暮しています mǔqin hái hěn yìnglang(母亲还很硬朗).
まめかす【豆粕】　dòufěng(豆饼).
まめがら【豆幹】　dòujiē(豆秸).
まめたん【豆炭】　méiqiú(煤球).
まめつ【磨滅】　mómiè(磨灭), mósǔn(磨损), móhào(磨耗). ¶針の先が〜してしまった zhēnjiān mósǔn le(针尖磨损了). ¶石碑の文字が〜して読めない shíbēi de wénzì mómiède kàn buqīng(石碑的文字磨灭得看不清).
まめつぶ【豆粒】　dòulì[r](豆粒[儿]). ¶ここからは人が〜のように見える cóng zhèr kàn xíngrén xiǎode xiàng dòulìr shìde(从这儿看行人小得像豆粒儿似的).
まめまめし・い　qínkuai(勤快), qínkěn(勤恳). ¶〜く家事を手伝う qínkuai de bāngzhù zuò jiāwù(勤快地帮助做家务).
まもう【摩耗】　móháo(磨耗), mósǔn(磨损). ¶タイヤが〜する lúntāi mósǔn(轮胎磨损).
まもなく【間も無く】　yíhuìr(一会儿), bù yíhuìr(不一会儿), mǎshàng(马上), bùjiǔ(不久). ¶彼も〜来るでしょう tā yíhuìr jiù huì lái ba(他一会儿就会来吧). ¶〜来上がりますからお待ち下さい bù yíhuìr[búdá gōngfu] jiù dé, qǐng děng yíxià(不一会儿[不大工夫]就得, 请等一下). ¶それから〜して戦争が終った qíhòu bùjiǔ zhànzhēng jiéshù le(其后不久战争结束了).
まもの【魔物】　yāomó(妖魔), móguài(魔怪).
まもり【守り】　fángshǒu(防守), shǒuwèi(守卫), fángwèi(防卫), shǒubèi(守备). ¶敵の〜は固い dífang de shǒubèi jiāngù(敌方的守备坚固). ¶国の〜を固める gǒnggù guófáng(巩固国防). ¶A チームが〜についた A duì jìnrùle fángshǒu(A 队进入了防守).
¶〜刀 hùshēndāo(护身刀). ¶〜札 hùshēnfú(护身符). ¶〜符 hùfú(护符).
まも・る【守る】　1〔遵守する〕shǒu(守), zūnshǒu(遵守). ¶時間を〜る zūnshǒu shíjiān

(遵守时间)．¶先生の教えを〜る zūncóng lǎoshī de jiàodǎo (遵从老师的教导)．¶約束を〜る shǒu yuē (守约)/ zūnshǒu nuòyán (遵守诺言)．¶秘密を〜る bǎoshǒu mìmì (保守秘密) / bǎomì (保密).

2〔防衛する，保護する〕shǒu (守), shǒuwèi (守卫), shǒuhù (守护), fángshǒu (防守), bǎowèi (保卫), hànwèi (捍卫), bǎohù (保护), wèihù (卫护); wéihù (维护). ¶祖国を〜る bǎowèi zǔguó (保卫祖国). ¶陣地を〜る fángshǒu zhèndì (防守阵地). ¶身を〜るために武術を習う wèile fángshēn xué wǔshù (为了防身学武术). ¶〜るに易く攻めるに難い yì shǒu nán gōng (易守难攻). ¶子供を事故から〜るために柵をめぐらせる wéishàng zhàlan yǐmiǎn háizi chūshì (围上栅栏以免孩子出事). ¶人民の利益を〜る bǎowèi[wéihù] rénmín de lìyì (保卫[维护]人民的利益).

まやかし ¶彼の言うことは〜だ tā shuō de shì piànrén de huà (他说的是骗人的话). ¶この軸は〜物だ zhège huàzhóu shì yànpǐn (这个画轴是赝品).

まやく【麻薬】 máyào (麻药), dúpǐn (毒品). ¶〜中毒 xīshí dúpǐn zhòngdú (吸食毒品中毒).

まゆ【眉】 méi (眉), méimao (眉毛), yǎnméi (眼眉). ¶ほっそりとした〜 xìcháng de méimao (细长的眉毛) / liǔméi (柳眉) / liǔyèméi (柳叶眉). ¶濃い太い〜 cū hēi de méimao (粗黑的眉毛) / nóngméi (浓眉) / cūméi (粗眉). ¶〜を引く miáo méi (描眉). ¶〜を上げる héng méi shù yǎn (横眉竖眼) / zhí méi dèng yǎn (直眉瞪眼). ¶〜に火がつく huǒ shāo méimao (火烧眉毛) / rán méi zhī jí (燃眉之急) / pòyú méijié (迫于眉睫). ¶〜を開く zhǎn méi (展眉) / shūméi zhǎnyǎn (舒眉展眼). ¶〜をひそめる zhòu méitóu (皱眉头) / zhòu méi (皱眉). ¶〜に唾をつける jiā xiǎoxīn (加小心).

まゆ【繭】 jiǎn (茧). ¶〔蚕の〕cánjiǎn (蚕茧). ¶蚕が〜をかける cán zuò jiǎn (蚕作茧). ¶〜から糸をとる cóng cánjiǎn chōusī (从蚕茧抽丝) / sāosī (缫丝).

まゆげ【眉毛】 méimao (眉毛), yǎnméi (眼眉).

まゆずみ【眉墨】 méimò (眉墨), méibǐ (眉笔).

まゆつばもの【眉唾物】 ¶そいつは〜だ nà nányǐ zhìxìn (那难以置信).

まよい【迷い】 ¶〜から覚める cóng míhuò zhōng xǐngwù guolai (从迷惑中醒悟过来). ¶気の〜でそう聞えるのだ yóuyú huànjué cái tīngchéng nàyàng (由于幻觉才听成那样).

まよ・う【迷う】 **1**〔道に〕mí (迷). ¶途中で道に〜ってしまった zài zhōngtú mílù le (在中途迷了路). ¶犬が家に〜いこんできた mítú de gǒu chuǎngjìn jiā lai le (迷途的狗闯进家来了).

2〔ためらう〕yóuyù (犹豫), yóuyí (游移), chóuchú (踌躇・踌蹰). ¶どっちにしようかと〜っている xuǎn nǎ yí ge hǎo yóuyù-bùjué (选哪一个好犹豫不决). ¶去就に〜う qùjiù nábúdìng zhǔyì (去就拿不定主意). ¶一度こうと決めたら〜わずにやる yídàn xiàdìng juéxīn, jiù háo bù chóuchú de gàn (一旦下定决心, 就毫不踌躇地干).

3〔まどわされる〕mí (迷), míhuò (迷惑). ¶酒色に〜う míyú jiǔsè (迷于酒色). ¶欲に〜って悪事を働く bèi jīnqián suǒ míhuo, gàn huàishì (被金钱所迷惑, 干坏事).

まよけ【魔除】 bìxié (辟邪). ¶〜の呪文を唱える niàn bìxié de zhòu (念辟邪的咒). ¶お札を貼って〜にする tiēshàng húfú lái bìxié (贴上护符来辟邪).

まよこ【真横】 zhèng cèmiàn (正侧面). ¶〜から見る cóng zhèng cèmiàn kàn (从正侧面看). ¶私は A さんの〜に座った wǒ jiù zuòzài A xiānsheng de pángbiān (我就坐在 A 先生的旁边).

まよなか【真夜中】 wǔyè (午夜), bànyè (半夜), yèbàn (夜半), shēnyè (深夜), shēngēng-bànyè (深更半夜), bànyè-sāngēng (半夜三更), hēigēng-bànyè (黑更半夜). ¶〜に誰かが表の戸を叩く bànyèlǐ yǒu rén zài qiāo mén (半夜里有人在敲门). ¶〜となると人っ子一人通らない yèbàn lián yí ge xíngrén yě méiyǒu (夜半连一个行人也没有).

マヨネーズ dànhuángjiàng (蛋黄酱). ¶〜をかける jiāshàng dànhuángjiàng (加上蛋黄酱).

まよわ・す【迷わす】 míhuò (迷惑), gǔhuò (蛊惑). ¶そんな説明はかえって相手を〜す nà zhǒng shuōmíng dào shǐ rén míhuò (那种说明倒使人迷惑). ¶流言に〜されるな búyào bèi liúyán míhuò (不要被流言迷惑). ¶男心を〜すような美貌 shǐ nánrén zháomí de měimào (使男人着迷的美貌).

マラソン mǎlāsōng (马拉松), mǎlāsōngpǎo (马拉松跑), mǎlāsōng sàipǎo (马拉松赛跑); chángpǎo (长跑). ¶〜をして体を鍛える pǎo chángpǎo duànliàn shēntǐ (跑长跑锻炼身体).

マラリア nüèjí (疟疾), yàozi (疟子), píhán (脾寒), bǎizi (摆子), lěngrèbìng (冷热病). ¶〜にかかる huàn nüèjí (患疟疾) / fā yàozi (发疟子) / dǎ bǎizi (打摆子).

まり【毬】 qiú (球). ¶〜を投げる rēng qiú (扔球). ¶〜をつく pāi qiú (拍球).

マリファナ dàmá (大麻). ¶〜煙草 dàmá juǎnyān (大麻卷烟).

まりょく【魔力】 mólì (魔力). ¶言葉の〜に惑わされる bèi yǔyán de mólì suǒ míhuo (被语言的魔力所迷惑).

まる【丸】 **1** quān[r] (圈[儿]), quānzi (圈子), yuánquān[r] (圆圈[儿]), quānquān (圈圈); 〔正答〕duìhào[r] (对号[儿]), gōu[r] (钩[儿]), 〔画面圆圈〕. ¶答案に〜をつける zài dá'àn shang dǎ gōur (在答案上打钩儿). ¶番号を〜で囲む bǎ hàomǎ quānqilai (把号码圈起来). ¶文の終りに〜を打つ zài jùmò dǎ jùhào (在句末打句号). ¶二重〜 shuāngquān[r] (双圈[儿]).

2〔全部, 完全〕zhěnggè[r] (整个[儿]). ¶〜のまま飲み込む zhěnggèr yànxiaqu (整个儿咽下去). ¶この試験は〜暗記しても駄目だ zhè zhǒng kǎoshì jiùshì sǐjì-yìngbèi yě bùxíng (这

种考试就是死记硬背也不行). ¶参考書の答を～写しするzhàochāo cānkǎoshū de dá'àn(照抄参考书的答案). ¶発表まで～1週間ある lí fābiǎo hái yǒu zhěngzhěng yí ge xīngqī(离发表还有整整一个星期). ¶あれからもう～3年になる cóng nà shíhou qǐ yǐjing guòle zhěngzhěng sān nián le(从那时候起已经过了整整三年了).

まる・い【丸い・円い】 **1** yuán(圆). ¶～い球 yuánqiú(圆球). ¶～い柱 yuán zhùzi(圆柱子). ¶紙を～く切成した bǎ zhǐ jiǎnchéng yuánxíng(把纸剪成圆形). ¶角を削っている bǎ jiǎo xiāoyuán(把角削圆). ¶芝生の上に～くなって座る zài cǎopíng shang wéichéng yuánquān zuòxialai(在草坪上围成圆圈坐下来). ¶驚いて目を～くする xiàde mùdèng-kǒudāi(吓得目瞪口呆).
2〔円満に〕 ¶彼は人間が～くなった tā wéirén yuántōng le(他为人圆通了). ¶彼が中に立って争いを～くおさめた tā jūzhōng yuánmǎn de jiějuéle jiūfēn(他居中圆满地解决了纠纷).

まるがお【丸顔】 yuánliǎn(圆脸).

まるかかえ【丸抱え】 ¶会社の～の旅行 yóu gōngsī chéngdān quánbù fèiyong de lǚxíng(由公司承担全部费用的旅行). ¶結婚後も生活費は親が～だ shēnghuófèi jiéhūn hòu yě yóu fùmǔ dōuzhe(生活费结婚后也由父母兜着).

まるき【丸木】 dúmùqiáo(独木桥). ¶～舟 dúmùchuán(独木船)/dúmùzhōu(独木舟).

マルク mǎkè(马克).

マルクスしゅぎ【マルクス主義】 Mǎkèsīzhǔyì(马克思主义).

マルクス-レーニンしゅぎ【マルクス・レーニン主義】 Mǎkèsī-Lièníngzhǔyì(马克思列宁主义), Mǎ-Lièzhǔyì(马列主义).

まるくび【丸首】 yuánlǐng(圆领). ¶～シャツ yuánlǐng hànshān(圆领汗衫).

まるごし【丸腰】 chìshǒu kōngquán(赤手空拳).

まるごと【丸ごと】 zhěnggè[r](整个[儿]). ¶りんごを～かじる bǎ zhěnggèr píngguǒ kěnzhe chī(把整个儿苹果啃着吃). ¶ひと月分の給料を～盗まれた yí ge yuè de gōngzī zhěnggèr bèi tōuqu le(一个月的工资整个儿被偷去了).

マルサスしゅぎ【マルサス主義】 Mǎ'ěrsàsīzhǔyì(马尔萨斯主义).

まるぞん【丸損】 quán péi(全赔). ¶そんな値段で売ったら～だ yàoshi mài nàge jiàqian jiù yào quán péi le(要是卖那个价钱就要全赔了).

まるた【丸太】 yuánmù(圆木). ¶～を組んで小屋を作る bǎ yuánmù jiāochā qilai gài xiǎofáng(把圆木交叉起来盖小房).

まるだし【丸出し】 ¶子供がおしりを～にして遊んでいる xiǎoháir guāngzhe pìgu zài wánr(小孩儿光着屁股在玩儿). ¶お国訛～で話す shuōhuà mǎnkǒu xiāngyīn(说话满口乡音). ¶奴隷根性～だ lùchūle yí fù núcáixiàng(露出了一副奴才相)/núxìng shízú de jiāhuo(奴性十足的家伙)/nú yán bì xī[mèi gǔ](奴颜婢膝[媚骨]).

マルチメディア duōméitǐ(多媒体).

まるっきり wánquán(完全), quánrán(全然), jiǎnzhí(简直). ¶そのことは～忘れていた nà jiàn shì quán gěi wàng le(那件事全给忘了). ¶フランス語は～分らない Fǎwén wánquán bù dǒng[yíqiào-bùtōng](法文完全不懂[一窍不通]). ¶私はその事件と～無関係だ wǒ gēn nàge shìjiàn quánrán méiyǒu guānxi(我跟那个事件全然没有关系). ¶息子は私の言うことを～聞かない érzi quánrán bù tīng wǒ de huà(儿子全然不听我的话). ¶他人というわけでもあるまい yòu bù shì sù bù xiāngshí(又不是素不相识). ¶そこは想像とは～違っていた nàr gēn suǒ xiǎngxiàng de wánquán bù tóng(那儿跟所想像的完全不同).

まるつぶれ【丸潰れ】 ¶おかげで一日が～だ nòngde báifèile zhěngzhěng yì tiān de gōngfu(弄得白费了整整一天的工夫). ¶私は面目～だった wǒ de miànzi diūjìn le(我的面子丢尽了).

まるで **1**〔さながら〕 hǎoxiàng(好像), huóxiàng(活像), yóurú(犹如), wǎnrú(宛如), húnrú(浑如), hǎosì(好似), huósì(活似), wǎnsì(宛似), húnsì(浑似), huóhuó[r](活活[儿]). ¶～春のような陽気だ zhēn xiàng shì yángchūn de tiānqi a!(真像是阳春的天气啊!). ¶彼は～別人のように変ってしまった tā biànde jiǎnzhí xiàng lìng yí ge rén shìde(他变得简直像另一个人似的).
2 → まるっきり.

まるてんじょう【丸天井】 yuándǐng(圆顶); 〔空〕tiānkōng(天空), cāngqióng(苍穹).

まるのみ【丸呑み】 tūnshí(吞食). ¶蛇が蛙を～にする shé tūnshí qīngwā(蛇吞食青蛙). ¶人の意見を～にする bù sīsuǒ qīngxìn rénjia de yìjiàn(不假思索轻信人家的意见).

まるはだか【丸裸】 **1**〔真裸〕 yì sī bú guà(一丝不挂), chì shēn lù tǐ(赤身露体), quánshēn chìluǒ(全身赤裸). ¶～の赤ん坊 chìluǒluǒ[chìtiáotiáo] de wáwa(赤裸裸[赤条条]的娃娃). ¶着物を脱いで～になる tuōguāng yīfu chìshēn-lùtǐ(脱光衣服赤身露体).
2〔無一文〕 ¶ぺてん師にかかって～にされた shàngle piànzi de dàng chéngle yìwú-suǒyǒu de qióngguāngdàn(上了骗子的当成了一无所有的穷光蛋). ¶戦災で～になった yóuyú zhànhuǒ cáichǎn nòngde jīngguāng(由于战火财产弄得精光)/zāoshòu zhànhuò biànde yì pín rú xǐ(遭受战祸变得一贫如洗).

まるぼうず【丸坊主】 guāngtóu(光头). ¶～に刈る tuī guāngtóu(推光头). ¶濫伐で山が～になってしまった yóuyú lànfá, biànchéngle tūshān(由于滥伐, 变成了秃山).

まるぼし【丸干】 ¶鰯(いわし)の～ zhěngtiáo de shāidīngyúgān(整条的沙丁鱼干).

まるぽちゃ【丸ぽちゃ】 ¶～で可愛い娘 yuánhūhū kě'ài de gūniang(圆乎乎可爱的姑娘).

まるま・る【丸まる】 quán(蜷), quánqū(蜷曲), quánsuō(蜷缩). ¶～て寝る dòngde quánshēn shēnzi shuì(冻得蜷着身子睡). ¶虫が玉のように～った xiǎochóngzi quánsuō

chéng yí ge xiǎoqiúr(小虫子蜷缩成一个小球).

まるまる【丸丸】 **1**〔そっくり〕quánbù(全部). ¶～損した quán péi le(全赔了).
2〔ふっくら〕gǔnyuán(滚圆), yuángǔngǔn(圆滚滚), yuánhūhū(圆乎乎), tuántuán(团团), gǔnguā-liūyuán(滚瓜溜圆). ¶赤ん坊は～と太っている xiǎowáwa pànghūhū de(小娃娃胖乎乎的). ¶～した福々しい顔 tuántuán de fúxiàng(团团的福相).

まるみ【丸み】 ¶襟に～をもたせる bǎ lǐngzi zuòyuán yìdiǎnr(把领子做圆一点儿). ¶～を帯びた声 yuánrùn de shēngyīn(圆润的声音). ¶～のある人柄 wéirén yuántōng(为人圆通).

まるみえ【丸見え】 ¶ここから見るとあの家の中は～だ cóng zhèr kàn, nà suǒ fángzi de lǐmiàn quán kàndejiàn(从这儿看,那所房子的里面全看得见).

まるめこ・む【丸め込む】 **1** ¶寝巻を押入れに～む bǎ shuìyī tuánqǐlai rēngjìn bìchúlǐ(把睡衣团起来扔进壁橱里).
2〔手なずける〕lǒngluò(笼络), lālong(拉拢). ¶口先で人を～む yòng huà lǒngluò rén(用话笼络人).

まる・める【丸める】 **1**〔丸くする〕tuán(团・抟), tuánnong(团弄・抟弄). ¶粘土を団子のように～める bǎ niántǔ tuánchéng wánzi(把粘土团成丸子). ¶紙屑を～めて捨てた bǎ zìzhǐ róuchéng yì tuán rēngdiào le(把字纸揉成一团扔掉了). ¶雑誌を～めて持つ bǎ zázhì juǎnqǐlai ná(把杂志卷起来拿). ¶背中を～める wān yāo suō bèi(弯腰缩背). ¶頭を～める / 剃る tì tóu(剃头)/ tì guāngtóu(剃光头).
2→まるめこむ2.

まるもうけ【丸儲け】 ¶元手がかかっていないので～だ méi huā běnqián, mài de jiù quánzhuàn le(没花本钱,卖的就全赚了). ¶坊主～dāng héshang shì wúběn shēngyi(当和尚是无本生意).

まるやき【丸焼き】 ¶あひるの～ kǎoquányā(烤全鸭). ¶子豚の～ kǎorǔzhū(烤乳猪).

まるやけ【丸焼け】 shāoguāng(烧光). ¶家が～になった fángzi shāoguāng le(房子烧光了).

まれ【稀】 shǎoyǒu(少有), xīyǒu(稀有・希有), hǎnyǒu(罕有), hǎnjiàn(罕见), xīshì(希世・稀世). ¶こんなにすらすらいくことは～だ néng zhème shùnlì de jìnxíng shì shǎoyǒu de shì(能这么顺利地进行是少有的事). ¶彼は～にしかやって来ない tā hěn shǎo lái(他很少来). ¶～にみる天才 hǎnyǒu de tiāncái(罕有的天才)/ xīshì zhī cái(希世之才). ¶人生七十古来～なり rénshēng qīshí gǔlái xī(人生七十古来稀).

マレー ¶～半島 Mǎlái Bàndǎo(马来半岛). ～語 Mǎláiyǔ(马来语).

マレーシア Mǎláixīyà(马来西亚).

マロニエ qīyèshù(七叶树).

まろやか〔円や〕¶壺の～なふくらみ tánzi de yuánfù(坛子的圆腹). ¶このウイスキーは味が～だ zhè zhǒng wēishìjì wèidao chúnhé(这种

威士忌味道醇和).

まわしもの【回し者】 jiàndié(间谍), jiānxi(奸细), zuòtàn(坐探). ¶敵の～ dírén pàilai de jiàndié(敌人派来的间谍).

まわ・す【回す】 **1**〔回転させる〕zhuǎn(转), zhuǎndòng(转动);〔ぐるぐると〕zhuàn(转), zhuàndòng(转动). ¶ノブを～す zhuǎndòng ménbǎr(转动门把儿). ¶鍵を右に～す bǎ yàoshi wǎng yòu nǐng(把钥匙往右拧). ¶ねじを～す nǐng luósī(拧螺丝). ¶こまを～す zhuàn [chōu] tuóluó(转[抽]陀螺). ¶電話のダイヤルを～す bō diànhuà hàomǎ(拨电话号码).
2〔巻く, 囲む〕¶木箱に2重に縄を～す gěi mùxiāng kǔnshàng liǎng dào shéngzi(给木箱捆上两道绳子). ¶庭の周りに土塀を～す zài yuànzi zhōuwéi wéishàng tǔqiáng(在院子周围围上土墙).
3〔順に送る〕chuán(传), chuándì(传递). ¶杯を～す chuán bēi(传杯). ¶書類を人事課に～す bǎ cáiliào zhuǎngěi rénshìkē(把材料转给人事科). ¶電話を研究室に～す bǎ diànhuà zhuǎndào yánjiūshì(把电话转到研究室). ¶この件の討議は次回に～そう zhège wèntí nuódào xiàcì tán ba(这个问题挪到下次谈吧).
4〔差し向ける, 移す〕¶迎えの車をそちらに～します pài chē qù jiē nín(派车去接您). ¶生活費を学費に～す bǎ shēnghuófèi nuóyòng wéi xuéfèi(把生活费挪用为学费). ¶人手を忙しい部署に～す bǎ rénshǒu bōdào gōngzuò máng de bùmén(把人手拨到工作忙的部门).
5〔行き届かせる〕¶事前に手を～す shìqián zuòhǎo mùtóu gōngzuò(事前做好幕后工作). ¶そう気を～すな búyòng nàme duōxīn(不用那么多心).

まわた【真綿】 sīmián(丝绵). ¶～で首を締める ruǎndāozi shārén(软刀子杀人). ¶～に針 xiào lǐ cáng dāo(笑里藏刀)/ kǒu mì fù jiàn(口蜜腹剑).

まわり【回り・周り】 **1** ¶モーターの～が悪い mǎdá yùnzhuǎn bù hǎo(马达运转不好). ¶左～に回る nì shízhēn fāngxiàng zhuǎn(逆时针方向转). ¶近所に挨拶～に行く bàifǎng zuǒ lín yòu shè(拜访左邻右舍). ¶北極～でヨーロッパへ行く dào jīng běijí qù Ōuzhōu(道经北极去欧洲). ¶空気が乾燥したので火の～が早かった kōngqì gānzào huǒ mànyánde hěn kuài(空气干燥火蔓延得很快). ¶彼は頭の～が遅い tā nǎojīn chídùn(他脑筋迟钝).
2〔周囲〕zhōuwéi(周围), zhōuzāo(周遭). ¶口の～にジャムがついている zuǐbiānr zhānzhe guǒjiàng(嘴边儿沾着果酱). ¶生徒達は先生の～に集まった xuéshengmen jùjí zài lǎoshī zhōuwéi(学生们聚集在老师周围). ¶怪しい男が家の～をうろついている xíngjì kěyí de nánrén zài fángzi zhōuwéi zǒulaí-zǒuqu(形迹可疑的男人在房子周围走来走去). ¶少しは～の人の迷惑も考えなさい nǐ yě gāi xiǎngxiang gěi zuǒjìn de rén tiān de máfan(你也该想想给左近的人添的麻烦).
3〔年齢差〕lún(轮). ¶長兄は私より1～上

です dàge bǐ wǒ dà yì lún（大哥比我大一轮）.
4〔大きさの違い〕¶もう 1〜太い竹棒が欲しい xiǎngyào gēn zài cū yì quān de zhúgùnr（想要根再粗一圈的竹棍ㄦ）. ¶子供がひと〜大きくなった háizi zhǎngde gāo yì tóu le（孩子长得高一头了）.

まわりあわせ【回り合せ】 yùnqi（运气）. ¶〜がよい yùnqi hǎo（运气好）/ zǒuyùn（走运）. ¶〜が悪い yùnqi bù hǎo（运气不好）/ zǒu bèiyùn（走背运）. ¶妙な〜で昨日 T さんに会った zhēn shì qíyuán, zuótiān yùjiànle T xiānsheng（真是奇缘, 昨天遇见了 T 先生）.

まわりくど・い【回りくどい】 guǎiwān-mòjiǎo（拐弯抹角）, rào quānzi（绕圈子）, dōuquānzi（兜圈子）. ¶彼の話は〜い tā shuōhuà guǎiwān-mòjiǎo（他说话拐弯抹角）. ¶〜いことを言わずにはっきり言え bié dōuquānzi, zhíhuà zhíshuō ba（别兜圈子, 有话直说吧）. ¶説明が〜くて分りにくい shuōmíng shuōde tài rào quānzi bù hǎo lǐjiě（说明说得太绕圈子不好理解）.

まわりどうろう【回り灯籠】 zǒumǎdēng（走马灯）.

まわりぶたい【回り舞台】 zhuàntái（转台）.

まわりみち【回り道】 ràodào（绕道）, zhuǎndào（转道）, ràoyuǎnr（绕远ㄦ）. ¶この道はいい道だが〜だ zhè tiáo lù hěn hǎozǒu, kě jiùshì ràoyuǎnr（这条路很好走, 可就是绕远ㄦ）. ¶道が工事中なので〜をして帰る zhèngzài xiūlù, ràodào huíjiā（正在修路, 绕道回家）. ¶長い人生の間には〜をすることもある mànchǎng de rénshēng zhōng yǒushí miǎnbuliǎo zǒu wānlù（漫长的人生中有时免不了走弯路）.

まわりもち【回り持ち】 lúnliú（轮流）, lúnbān（轮班）. ¶議長を〜にする lúnliú dāng zhǔxí（轮流当主席）.

まわ・る【回る】 **1**〔回転する, 旋回する〕zhuàn（转）, zhuàndòng（转动）, xuánzhuǎn（旋转）. ¶車輪が〜 chēlún zài xuánzhuǎn（车轮在旋转）. ¶こまが〜る tuóluó zài zhuàn（陀螺在转）. ¶風車が〜っている fēngchē zài xuánzhuǎnzhe（风车在旋转着）. ¶地球は太陽の周りを〜っている dìqiú ràozhe tàiyáng zhuàndòng（地球绕着太阳转动）. ¶トラックを 5 回〜る rào pǎodào pǎo wǔ quānr（绕跑道跑五圈ㄦ）. ¶〜れ右 xiàng yòu zhuǎn!（向右转!）.
2〔順に行く〕¶得意先を〜る yijiājiā de zǒufǎng lǎokèhùgù（一家家地走访老主顾）. ¶一軒一軒〜って署名を集める yì jiā yí hù de zǒufǎng zhēngjí qiānmíng（一家一户地走访征集签名）. ¶会場内をカンパ袋が〜る juānkuǎndài zài huìchǎngnèi chuándìzhe（捐款袋在会场内传递着）. ¶書類は会計課に〜った wénshū huì zhuǎndào kuàijìkè le（文书转到会计科了）. ¶私の番が〜ってきた lúndào wǒ le（轮到我了）. ¶市内を見物して〜る cānguān shìnèi gè dì（参观市内各地）.
3〔沿って移動する〕rào（绕）. ¶ヨットは岬を〜った fānchuán rào jiǎjiǎo xíngshǐ（帆船绕岬角行驶）. ¶裏門に〜って下さい qǐng ràodào hòumén ba（请绕到后门吧）. ¶敵の背後に〜る ràodào dírén de bèihòu（绕到敌人的背后）.
4〔寄り道をする, 回り道をする〕ràodào（绕道）, zhuǎndào（转道）. ¶図書館に〜って帰る ràodào túshūguǎn zài huíqu（绕到图书馆再回去）. ¶香港を〜って上海に行く zhuǎndào Xiānggǎng qù Shànghǎi（转道香港去上海）.
5〔別の位置・立場に転ずる〕¶後方勤務に〜る zhuǎndào hòufāng gōngzuò（转到后方工作）. ¶卑怯にも彼は敵方に〜った tā bēiqiè de tóule dí（他卑怯地投了敌）.
6〔行き渡る〕¶火が家中に〜った huǒ zài jiāli mànyán qilai（火在家里蔓延起来）. ¶全身に毒が〜った dúxìng fāzuò dào quánshēn le（毒性发作到全身了）. ¶酔いが〜った jiǔjìnr shànglai le（酒劲ㄦ上来了）. ¶そんなところで手が〜らない gùbudào nà yì céng（顾不到那一层）.
7〔よく機能する〕¶よくあんなに舌が〜るものだ zhēn shì "néng yán shàn biàn [língyá-lìchǐ] a!（真是"能言善辩 [伶牙利齿] 啊!）. ¶まだ口も〜らぬ子 kǒuchǐ hái bù qīngchu de háizi（口齿还不清楚的孩子）. ¶よく頭の〜る人 zhēn shì nǎojīn línghuó de rén（真是脑筋灵活的人）.
8〔その時刻を過ぎる〕¶もう 2 時を〜った yǐjing guò liǎng diǎn le（已经过两点了）.

まん【万】 wàn（万）. ¶何〜という人が集まった jùjíle hǎo jǐ wàn rén（聚集了好几万人）. ¶〜に一つの可能性を求める zhuīqiú wàn fēn zhī yī de kěnéngxìng（追求万分之一的可能性）. ¶そんなことが〜が一にもありえない nà zhǒng shì shì wànwàn bú huì yǒu de（那种事是万万不会有的）.

まん【満】 mǎn（满）. ¶〜を持する yǐn mǎn yǐ dài（引满以待）, yǐn ér bù fā（引而不发）. ¶彼女は〜 18 歳になった tā mǎn shíbā suì le（她满十八岁了）/ tā yǐjing shíbā zhōusuì le（她已经十八周岁了）. ¶あれから〜 3 年たった dǎ nà qǐ yǐjing zhěngzhěng sān nián le（打那起已经整整三年了）.

まんいち【万一】 wànyī（万一）. ¶〜失敗したらことだぞ wànyī shībài kě bùdéliǎo le（万一失败可不得了了）. ¶〜の時にはこれを使えばよい wànyī de shíhou jiù yòng zhège hǎo le（万一的时候就用这个好了）. ¶〜の用意に多少の貯蓄をしておく chǔxù yìxiē qián yǐ bèi wànyī（储蓄一些钱以备万一）.

まんいん【満員】 kèmǎn（客满）, mǎnyuán（满员）, mǎnzuò[r]（满座ㄦ）, mǎntáng（满堂）. ¶ホテルはどこも〜だ nǎge fàndiàn dōu kèmǎn（哪个饭店都客满）. ¶〜になり次第締め切ります míng'é mǎnyuán jiù jiézhǐ（名额满员就截止）. ¶電車は〜で乗れなかった diànchē yōngjǐ bùkān chéngbushàng chē（电车拥挤不堪乘不上车）. ¶劇場は連日大入り〜だ jùchǎng "liántiān mǎnzuò [tiāntiān mǎntáng]（剧场"连天满座 [天天满堂]）.
¶〜札止め kèmǎn tíngzhǐ shòupiào（客满停止售票）.

まんえつ【満悦】 ¶彼はたいそう御～の様子だ tā mǎnxīn huānxǐ de yàngzi(他满心欢喜的样子).

まんえん【蔓延】 mànyán(蔓延). ¶伝染病が～する chuánrǎnbìng mànyán(传染病蔓延).

まんが【漫画】 mànhuà(漫画), xiǎorénshū(小人书). ¶～をかく huà mànhuà(画漫画). ¶～家 mànhuàjiā(漫画家). 時事～ shíshì mànhuà(时事漫画).

まんかい【満開】 shèngkāi(盛开). ¶信州はいま杏子(あんず)が～だ Xìnzhōu xìnghuā zhèng shèngkāi(信州杏花正盛开).

まんがん【満願】 jiéyuàn(结愿).

マンガン měng(锰). ¶～鋼 měnggāng(锰钢).

まんき【満期】 mǎnqī(满期), qīmǎn(期满), dàoqī(到期). ¶定期預金が～になる dìngqī cúnkuǎn jiù yào mǎnqī le(定期存款就要满期了). ¶保険は来月で～だ bǎoxiǎn hétong xiàyuè jiù dàoqī(保险合同下月就到期).

まんきつ【満喫】 ¶本場の広東料理を～した bǎochángle dìdao de Guǎngdōngcài(饱尝了地道的广东菜). ¶山登りの楽しさを～する dàxiǎng páshān zhī lè(大享爬山之乐).

マングース měng(獴).

マングローブ hóngshùlín(红树林).

まんげきょう【万華鏡】 wànhuātǒng(万花筒).

まんげつ【満月】 wàngyuè(望月), mǎnyuè(满月). ¶美しい～の夜 wàngyuè měilì zhī yè(望月美丽之夜). ¶今月は16日が～だ běnyuè shíliù hào shì wàngrì(本月十六号是望日).

まんげん【万言】 ¶～を費やする fèijìn qiānyánwànyǔ(费尽千言万语).

まんこう【満腔】 ¶～の謝意を表す biǎoshì yóuzhōng de xièyì(表示由衷的谢意).

マンゴー mángguǒ(杧果・芒果).

まんざ【満座】 ¶～の失笑を買う rědé quánchǎng fāxiào(惹得全场发笑). ¶～の中で恥をかかされた zài zhòngrén miànqián diūle liǎn(在众人面前丢了脸).

まんさい【満載】 mǎnzài(满载), zàimǎn(载满), zhuāngmǎn(装满). ¶船荷を～する zhuāngmǎn chuánhuò(装满船货). ¶砂利を～したトラック zàimǎn lìshí de kǎchē(载满砂砾石的卡车). ¶今月号は面白い記事が～されている běnqī dēngmǎnle yǒuqù de xīnwén(本期登满了有趣的新闻).

まんざい【漫才】 xiàngsheng(相声). ¶～をする shuō xiàngsheng(说相声).

¶～師 xiàngsheng yǎnyuán(相声演员).

まんざら【満更】 ¶彼女とは～知らない仲ではない wǒ hé tā bìng bú shì sù bù xiāngshí(我和她并不是素不相识). ¶この子の言うことは～嘘ではなさそうだ zhè háizi shuō de huà bù xiàng shuō huǎnghuà(这孩子说的并不像说谎话). ¶ほめられて彼は～でもなさそうな顔をした shòudào kuājiǎng tā xǐ xíng yú sè(受到夸奖他喜形于色). ¶～でもなさそうな様子だ zuǐli shuō bú yuànyì, kàn yàngzi dào mǎn yǒu diǎnr yìsi(嘴里说不愿意, 看样子倒满有点儿意思).

まんざん【満山】 ¶～新緑におおわれている mànshān xīnlǜ(满山新绿).

まんじ【卍】 wàn(卍). ¶～巴(ど㞢)に入り乱れて戦う quǎnyá jiāocuò de zhàndòu(犬牙交错地战斗).

まんじゅう【饅頭】 dòushā bāozi(豆沙包子). ¶肉～ ròubāozi(肉包子).

まんじゅしゃげ【曼珠沙華】 shísuàn(石蒜).

まんじょう【満場】 quánchǎng(全场), mǎntáng(满堂). ¶～の拍手を浴びる bódé quánchǎng rèliè gǔzhǎng(博得全场热烈鼓掌). ¶déle mǎntángcǎi(得了满堂彩). ¶～一致で可决する quánchǎng yízhì tōngguò(全场一致通过).

マンション gāojí gōngyù(高级公寓), jūmín dàlóu(居民大楼).

まんじり ¶～ともせずに一夜を明かした zhídào tiānliàng yě méi héyǎn(直到天亮也没合眼).

まんしん【満身】 mǎnshēn(满身), quánshēn(全身), húnshēn(浑身). ¶～の力をこめて持ち上げた shǐchū quánshēn lìliang jǔ qǐlai(使出全身力量举了起来).

¶～創痍 mǎnshēn shì shāng(满身是伤)/ biàntǐ línshāng(遍体鳞伤)/ chuāngyí mǎnmù(疮痍满目).

まんしん【慢心】 zìmǎn(自满), jiāo'ào(骄傲). ¶彼は近頃～の気味がある tā jìnlái yǒu diǎnr zìmǎn qíngxù(他近来有点儿自满情绪). ¶そればくらいのことで～するな nà me diǎnr shì kě bié jiāo'ào zìmǎn(那么点儿事可别骄傲自满).

まんすい【満水】 ¶貯水池が～になった xùshuǐchí zhùmǎnle shuǐ(蓄水池贮满了水).

まんせい【慢性】 mànxìng(慢性). ¶～にならないうちに治療する zài méi biànwéi mànxìng zhī qián jiāyǐ zhìliáo(在没变为慢性之前加以治疗). ¶不況が～化している bùjǐngqì[xiāotiáo] mànxìnghuà le(不景气[萧条]慢性化了). ¶～胃腸病 mànxìng chángwèibìng(慢性肠胃病).

まんせき【満席】 ¶午後の大阪行きの便はすべて～だ xiàwǔ dào Dàbǎn de hángbān quánbù mǎnzuò(下午到大阪的航班全部满座).

まんぜん【漫然】 ¶～とおしゃべりをする mànwú biānjì de liáotiānr(漫无边际地聊天儿). ¶～と景色を眺めている màn bù jīngxīn de kànzhe fēngjǐng(漫不经心地看着风景). ¶～と暮らす màn wú mùdì de guò rìzi(漫无目的地过日子).

まんぞく【満足】 1【完全, 十分】 ¶～なものは一つもない méiyǒu yí jiàn wánhǎo de dōngxi(没有一件完好的东西). ¶彼は手紙一つに書けない tā lián yì fēng xìn yě xiěbuhǎo(他连一封信也写不好). ¶家が貧乏で小学校にも行けなかった jiāli qióngde lián xiǎoxué yě méi néng hǎohāor de shàng(家里穷得连小学也没能好好儿地上). ¶方程式を～する x の値 mǎnzú fāngchéngshì de x zhī zhí(满足方程式的x之值). ¶五体～ wǔtǐ qíquán(五体齐全).

2〔不平不満がないこと〕mǎnzú(满足), mǎnyì(满意), qièyì(惬意). ¶現在の生活に～している duì xiànzài de shēnghuó hěn ˈmǎnzú[zhīzú](对现在的生活很ˈ满足[知足]). ¶こんな回答では～できない zhè zhǒng huídá kě bùnéng lìng rén mǎnyì(这种回答可不能令人满意). ¶彼はたいへん～そうにうなずいた tā ˈxīnmǎn-yìzú[shífēn mǎnyì] de diǎnle tóu(他ˈ心满意足[十分满意]地点了头).

まんだん【漫談】 màntán(漫谈), mànhuà(漫话); dānkǒu xiàngsheng(单口相声). ¶座興に～をした yúxìng shuōle ge dānkǒu xiàngsheng(余兴说了个单口相声).
¶文芸～ wényì màntán(文艺漫谈).

まんちょう【満潮】 gāocháo(高潮), mǎncháo(满潮).

まんてん【満天】 mǎntiān(满天). ¶～の星を仰ぐ yǎngwàng mǎntiān xīngdǒu(仰望满天星斗).

まんてん【満点】 **1**〔得点の〕mǎnfēn[r](满分[儿]). ¶～を取る dé mǎnfēn(得满分). ¶～をつける dǎ mǎnfēn(打满分). ¶100点～で50点しか取れなかった mǎnfēn yìbǎi zhǐ déle wǔshí fēn(满分一百只得了五十分). **2**〔完璧〕¶この椅子の座り心地は～だ zhè bǎ yǐzi zuòzhe mǎn shūfu(这把椅子坐着满舒服). ¶この店のサービスは～だ zhè jiā pùzi de fúwù tàidu hǎo jíle(这家铺子的服务态度好极了). ¶栄養～ yíngyǎng fēngfù(营养丰富).

まんてんか【満天下】 ¶～の耳目を驚かす zhènjīng quán shìjiè(震惊全世界)/ hōngdòng quánguó(轰动全国).

マント pīfēng(披风), dǒupeng(斗篷). ¶～を着る pī dǒupeng(披斗篷).

マンドリン mǎndélín(曼德琳), màntuólíng(曼陀铃).

マントル dìmàn(地幔).

まんなか【真中】 zhōngjiān[r](中间[儿]), dāngjiān[r](当间[儿]), dāngzhōngjiànr(当中间儿), dāngzhōng(当中), zhèngdāngzhōng(正当中), zhèngzhōng(正中), zhèngjiān(正间), zhèngzhōngjiān(正中间), dāngxīn(当心), dāngyāng(当央). ¶湖の～に小さな島がある hú de ˈzhōngxīn[zhōngyāng] yǒu yí ge xiǎodǎo(湖的ˈ中心[中央]有一个小岛). ¶～に先生が座り、まわりを生徒が取り囲んだ lǎoshī zuòzài zhōngjiān, xuéshengmen wéizài sìzhōu(老师坐在中间,学生们围在四周). ¶的の～に当る dǎzhòng bǎxīn(打中靶心). ¶紐を～から2つに切る bǎ shéngzi cóng dāngzhōng qiēchéng liǎngduàn(把绳子从当中切成两段). ¶髪を～で分ける bǎ tóufa cóng zhèngzhōng fēnkāi(把头发从正中分开). ¶道の～で転んだ zài lù zhōngjiān shuāidǎo le(在路中间摔倒了). ¶我が家の～にある wǒ jiā zài liǎng ge chēzhàn de zhèngzhōngjiān(我家在两个车站的正中间). ¶3人兄弟の～に生れた xiōngdì sān rén, wǒ pái lǎo'èr(兄弟三人,我排中).

マンネリズム qiān piān yílǜ(千篇一律), lǎo yí tào(老一套). ¶～に陥る xiànyú qiānpiān-

yílǜ(陷于千篇一律).

まんねん【万年】 ¶Aチームは～最下位だ A duì chángnián dàoshǔ dìyī(A 队常年倒数第一). ¶この頃は無精して～床下で寝る始末だ jìnlái lǎnde zǒngshì bù dié bèi(近来懒得总是不叠被). ¶～雪 wànnián jīxuě(万年积雪).

まんねんひつ【万年筆】 zìláishuǐbǐ(自来水笔), gāngbǐ(钢笔), jīnbǐ(金笔), shuǐbǐ(水笔). ¶～にインクを入れる gěi gāngbǐ guàn mòshuǐ(给钢笔灌墨水).

まんねんれい【満年齢】 zhōusuì(周岁), zúsuì(足岁). ¶～で数える àn shízú niánlíng suàn(按实足年龄算).

まんびき【万引】 ¶本を～する zài shūdiàn tōushū(在书店偷书).

まんびょう【万病】 ¶～に効く薬 wànyìng língdān(万应灵丹). ¶風邪は～のもと shāngfēng gǎnmào shì bǎi bìng zhī yuán(伤风感冒是百病之源).

まんぷく【満腹】 ¶僕はもう～だ wǒ yǐjing chībǎo le(我已经吃饱了).

まんべんなく【満遍なく】 ¶飼料を～掻き混ぜる bǎ sìliào bàn jūnyún(把饲料拌均匀). ¶全員に～仕事を割り当てる píngjūn de gěi quántǐ rényuán fēnpài gōngzuò(平均地给全体人员分派工作). ¶隅々まで～探した zhǎobiàn měige jiǎoluò(找遍每个角落). ¶全体の流れに～目を配るのは大変だ duì zhěnggè júmiàn dōu yí ge bú lòu de gùjì zhēn bù róngyi(对整个局面都一个不漏地顾及真不容易).

マンボ mànbōwǔ(蔓波舞). ¶～を踊る tiào mànbōwǔ(跳蔓波舞).

まんぽ【漫歩】 mànbù(漫步).

まんぼう【翻車魚】 fānchēyú(翻车鱼).

マンホール yǐnjǐng(窨井), shēngjiàngkǒu(升降口), gōngzuòkǒu(工作口).

まんまえ【真前】 zhèngmiàn(正面), zhèngqiánfāng(正前方). ¶人の～に立ちふさがる cóng zhèngmiàn dǎngzhù rén de qùlù(从正面挡住人的去路). ¶家の～が火事になった wǒ jiā duìmiàn fāshēngle huǒzāi(我家对面发生了火灾).

まんまく【幔幕】 wéimù(帷幕), wéimàn(帷幔).

まんまと ¶あいつに～術中にはまった wánquán shàngle nàge jiāhuo de dàng(完全上了那个家伙的当). ¶予想が～適中した pèngqiǎo cāizhòng le(碰巧猜中了). ¶計画は～成功した jìhuà shùnlì de chénggōng le(计划顺利地成功了).

まんまる【真丸】 húnyuán(浑圆), gǔnyuán(滚圆), liūyuán(溜圆), yuányuán(圆圆), dīliūryuán(滴溜儿圆). ¶～の月 yuányuán de yuèliang(圆圆的月亮). ¶目を～に見開く bǎ liǎng zhī yǎnjing zhēngde gǔnyuán gǔnyuán de(把两只眼睛睁得滚圆滚圆的).

まんまん【満満】 ¶ダムは～と水を湛えている shuǐkù xùzhe mǎnmǎn de shuǐ(水库蓄着满满的水). ¶自信～の態度 chōngmǎn zìxin[mǎnhuái xìnxīn] de tàidu(充满自信[满怀信心]的态度). ¶不平～ mǎnfù láosāo(满腹

まんめん【満面】 mǎnliǎn(满脸), mǎnmiàn(满面). ¶～に朱をそそぐ mǎnliǎn tōnghóng(满脸通红). ¶～に笑みをたたえる xiàoróng mǎnmiàn(笑容满面)/ mǎnmiàn chūnfēng(满面春风).

マンモス 1〔動物〕měngmǎ(猛犸), máoxiàng(毛象).
2〔巨大〕¶～タンカー jùxíng[chāojí] yóulún(巨型[超级]油轮). ～都市 dàxíng dūshì(大型都市).

まんゆう【漫遊】 mànyóu(漫游), làngyóu(浪游), yóuxíng(游行). ¶諸国を～する mànyóu gè guó(漫游各国). ¶世界～記 shìjiè mànyóujì(世界漫游记).

まんりき【万力】 táiqián(台钳), hǔqián(虎钳), lǎohǔqián(老虎钳).

まんりょう【満了】 jièmǎn(届满), qīmǎn(期满). ¶刑期を～する fúxíng qīmǎn(服刑期满).
¶任期～ rènqī jièmǎn(任期届满).

まんるい【満塁】 mǎnlěi(满垒). ¶～ホームラン mǎnlěi běnlěidǎ(满垒本垒打).

み

み【巳】 sì(巳). ¶～の時 sìshí(巳时).

み【身】 1〔からだ〕shēntǐ(身体), shēnzi(身子). ¶これでは～がもたない zhèyàng shēntǐ kě chībuxiāo(这样身体可吃不消). ¶～の危険を感ずる gǎndào shēnbiān yǒu wēixiǎn(感到身边有危险). ¶あの人の～に何か起ったのではあるまいか huòxǔ zài tā shēnshang fāshēngle shénme yìwài(或许在他身上发生了什么意外). 彼はいつもお守りを～につけている tā lǎo tiēshēn dàizhe hùshēnfú(他老贴身带着护身符). ¶その言葉が～にしみて嬉しかった nà jù huà zhēn shǐ wǒ gǎnjī wànfēn(那句话真使我感激万分). ¶～を切られるような思いがする xīn rú dāo gē(心如刀割)/ yǒu qièfū zhī tòng(有切肤之痛). ¶飛行服に～を固める chuāndài fēixíngfú(穿戴飞行服). ¶ひらりと～をかわす bǎ shēnzi shǎnguoqu(把身子闪过去). ¶親戚の家に～を寄せる jìjū zài qīnqī jiāli(寄居在亲戚家里) / jìshēn[tuōshēn/cúnshēn/tóukào] yú qīngpéng zhī jiā(寄身[托身/存身/投靠]于亲朋之家). ¶革命に～も心も捧げる xiànshēn yú gémìng(献身于革命). ¶男に～を任せる wěishēn yú nánrén(委身于男人). ¶恋に～を焦がす wèi liàn'ài ér xīnjiāo tòngkǔ(为恋爱而心焦痛苦).

2〔我が身, 自分〕¶恥しさに～の置き所がなかった cánkuìde wú dì zì róng(惭愧得无地自容). ¶あんな男とはつきあわない方が～のためだ gēn nà zhǒng rén jiāowǎng duì zìjǐ méiyǒu hǎochu(跟那种人交往对自己没有好处). ¶何か技術を～につけた方がいい zuìhǎo yào zhǎngwò yì zhǒng jìshù(最好要掌握一种技术). ¶そんなことは～に覚えがない wǒ méi zuòguo nà zhǒng shì(我没做过那种事)/ nà shì mòxūyǒu de shì(那是莫须有的事). ¶災難に～に降りかかる zāinàn líntóu(灾难临头). ¶彼女の話を聞いて～につまされた tīngle tā de huà yóurú shēn shòu qí kǔ(听了她的话犹如身受其苦). ¶～をもって範を示す yǐ shēn zuò zé(以身作则)/ yán chuán shēn jiào(言传身教). ¶祖国のために～を挺して戦う wèi zǔguó tǐngshēn ér zhàn(为祖国挺身而战). ¶～を殺して仁をなす shā shēn chéng rén(杀身成仁). ¶～を捨ててこそ浮ぶ瀬もあれ shěshēn cái yǒu huólù(舍身才有活路). ¶彼が～を引けばすべて円満に解決する zhǐyào tā zìdòng tuìchū jiù néng yuánmǎn jiějué(只要他自动退出就能圆满解决). ¶～も世もなく泣き崩れる bēitòng wànfēn fàng shēng dà kū(悲痛万分放声大哭). ¶～から出た錆 zì shí qí guǒ(自食其果)/ zì zuò zì shòu(自作自受)/ jiǎoshang de pào zìjǐ zǒu de(脚上的泡自己走的).

3〔身分, 立場, 生き方〕¶晴れて自由の～となった zhōngyú chéngle zìyóu zhī shēn(终于成了自由之身). ¶今回の受賞は～に余る光栄です zhè cì huò jiǎng shǐ wǒ gǎndào wúshàng guāngróng(这次获奖使我感到无上光荣). ¶親の～にもなってみろ nǐ shuō zuò fùmǔ de yòu zěnme bàn?(你说做父母的又怎么办?). ¶彼は給仕から～を起して今日のようになった tā shì cóng yí ge pǎotángrde qǐjiā de(他是从一个跑堂儿的起家的). ¶乞食に～を落す lúnwéi qǐgài(沦为乞丐). ¶～の振り方を考える kǎolǜ zìjǐ de jiānglái(考虑自己的将来). ¶お前もそろそろ～を固めなくては nǐ yě gāi jiéhūn chéngjiā le(你也该结婚成家了). ¶画家で～を立てる kào huà huàr wéichí shēnghuó(靠画画儿维持生活). ¶酒色に～を持ち崩す chénmiǎn yú jiǔsè ér shēnbài-mínglìè(沉湎于酒色而身败名裂).

4〔全身全霊〕¶最近彼は仕事に～が入らないようだ kànlai tā zuìjìn *gōngzuò bú fàngxīn [méi xīnsi gōngzuò](看来他最近▼工作不上心[没心思工作]). ¶もっと～を入れて聞け yòngxīn tīngzhe!(用心听着!).

5〔肉〕ròu(肉). ¶この魚は～がしまっている zhè yú ròu hěn císhí(这鱼肉很瓷实). ¶骨ばかりで～が少ない jìngshì gǔtou, ròu hěn shǎo

(净是骨头,肉很少).
6〔容器の〕¶～と蓋が合わない róngqì hé gàir bùhé(容器和盖儿不合).¶そう言ってしまえば～も蓋もない yàoshi nàme shuō jiù zài yě wú huà kě shuō le(要是那么说就再也无话可说了).

み【実】**1**〔果実、種子〕guǒr(果儿)、guǒzi(果子)、guǒshí(果实).¶～がなった jiē[guà]le guǒ le(结[挂]了果了).¶柿がたわわに～をつけている shìzi jiēde lián zhīzi dōu yāwān le(柿子结得连枝子都压弯了).¶綿の～ miánlíng(棉铃)／miántáo(棉桃).¶長年の努力がやっと～を結んだ duōnián de nǔlì zhōngyú jiēle guǒ(多年的努力终于结了果).
2〔内容〕¶あまり～のない話だった jiǎngde méiyǒu shénme nèiróng(讲得没有什么内容).
3〔具〕¶味噌汁の～ jiàngtāngli de cài(酱汤里的菜).

み【箕】bòji(簸箕).

みあい【見合】¶～をする xiāngqīn(相亲).¶彼等は～結婚だ tāmen shì jīng méiren jièshào jiéhūn de(他们是经媒人介绍结婚的).

みあ・う【見合う】¶労働に～う報酬を払う zhīfù hé láodòng xiāngyīng de bàochou(支付和劳动相应的报酬).¶収支が～っていない shōuzhī bù xiāngdǐ(收支不相抵).

みあ・きる【見飽きる】kànnì(看腻)、kànyàn(看厌).¶ここの景色は何度見ても～きない zhèli de fēngjǐng jiùshì kàn duōshao cì yě kànbuyàn(这里的风景就是看多少次也看不厌).

みあ・げる【見上げる】**1**〔仰ぎ見る〕yǎng(仰)、yǎngwàng(仰望).¶空を～げると満天の星だった yǎngwàng tiānkōng, mǎntiān xīngdǒu(仰望天空,满天星斗).¶その子は私を～げて笑った nà háizi yǎngqǐ tóu lai chǒu wǒ xiào le(那个孩子仰起头来瞅我笑了).¶～げるばかりの大男 shǐ rén yǎng tóu wàng de dà gāogèzi(使人仰头望的大高个子).
2〔感心する〕pèifu(佩服)、qīnpèi(钦佩).¶あの頑張りは～げたものだ tā nà gànjìnr zhēn lìng rén pèifu(他那干劲儿真令人佩服).¶実に～げた人物だ zhēn shì ge zhíde qīnpèi de rén(真是个值得钦佩的人).

みあた・る【見当る】¶私の財布が～らない wǒ de qiánbāo bújiàn le(我的钱包不见了).¶休憩するのに適当な場所が～らない xiǎng xiūxi yíhuìr kě zhǎobudào héshì de dìfang(想休息一会儿可找不到合适的地方).

みあやま・る【見誤る】kàncuò(看错)、rèncuò(认错)、yǎnchà(眼岔).¶敵を味方と～る bǎ dífāng wùrèn wéi wǒfāng(把敌方误认为我方).¶数字を～て大損した kàncuòle shùzì péile dàqián(看错了数字赔了大钱).¶あの人を木村さんと思ったのは私の～りだった yǐwéi nàge rén shì Mùcūn xiānsheng, shì wǒ kàncuò le(以为那个人是木村先生,是我看错了).¶値打ちを～て大損した kànzǒuyǎn chīle dà kuī(看走眼吃了大亏).

みあわ・せる【見合せる】**1**〔互いに見る〕¶彼等は思わず顔を～せた tāmen bù yuē ér tóng de hùxiāng kànle yìyǎn(他们不约而同地互看了一眼).¶顔を～せるばかりでよい考えが出ない miànmiàn xiāngqù xiǎngbuchū hǎo bànfǎ(面面相觑想不出好办法).
2〔差し控える〕¶明日雨なら行くのは～せる míngtiān yàoshi xiàyǔ jiù bú qù le(明天要是下雨就不去了).¶実施はしばらく～せよう zànshí tíngzhǐ shíxíng(暂时停止实行).

みいだ・す【見出す】¶やっと活路を～した hǎoróngyì cái zhǎodàole chūlù(好容易才找到了出路).¶先生は彼のすぐれた才能を～した lǎoshī fāxiànle tā bù xúncháng de cáinéng(老师发现了他不寻常的才能).¶人生の意義が～せない kànbuchū rénshēng yǒu shénme yìyì(看不出人生有什么意义).

ミイラ【木乃伊】mùnǎiyī(木乃伊)、gānshī(干尸).¶～を取りに～になる qián qù jiào rén, fǎn bèi liúzhù(前去叫人,反被留住)／qù shuōfú rén, fǎn bèi rén shuōfú(去说服人,反被人说服).

みいり【実入り】¶～のよい仕事 shōurù hǎo de gōngzuò(收入好的工作).¶この商売は～が少ない zhège mǎimai zhuàntou shǎo(这个买卖赚头少).

みい・る【見入る】¶彼女はじっとその写真に～った tā mù bù zhuǎn jīng de dīngzhe nà zhāng xiàngpiàn(她目不转睛地盯着那张相片).

みい・る【魅入る】¶悪魔に～れたようだ èmó fùle tǐ le shìde(恶魔附了体了似的).

みうけ【身請け】shúshēn(赎身).¶芸者を～する yì wèi jì shúshēn(为艺妓赎身).

みう・ける【見受ける】¶彼は非常に満足しているように～けられた kànlai tā fēicháng mǎnyì(看来他非常满意).¶お～けしたところそんなお年とは思われません kànqilai, nín bú xiàng yǒu nàme dà niánjì(看起来,您不像有那么大年纪).

みうごき【身動き】¶人がいっぱいで～できない rén jǐde dòngtan bude(人挤得动弹不得).

みうしな・う【見失う】míshī(迷失).¶方向を～う míshī fāngxiàng(迷失方向).¶人込みの中で彼の姿を～った zài rénqún li kànbudào tā de yǐngzi le(在人群里看不到他的影子了).

みうち【身内】**1**〔体中〕(全身)、húnshēn(浑身).¶責務の重大さに～が引き締る思いがする zérèn zhòngdà, quánshēn gǎndào jǐnzhāng(责任重大,全身感到紧张).¶感動に～が熱くなる gǎndòngde húnshēn huǒrè(感动得浑身火热).
2〔親類〕¶～の者だけで式を挙げた jǐn yóu jìnqīn jùxíngle hūnlǐ(仅由近亲举行了婚礼).
3〔仲間うち〕tījírén(梯己人・体己人)、zìjǐrén(自己人)、zìjiārén(自家人).¶お互いに～の者じゃないか zánmen bù dōu shì zìjǐrén ma?(咱们不都是自己人吗？).

みうり【身売り】màishēn(卖身).¶～して遊女になる màishēn qù dāng jìnǚ(卖身为妓女).¶あの会社は経営難で大企業に～した nà gōngsī yóuyú jīngyíng kùnnan tóukào dàqǐyè le(那公司由于经营困难投靠大企业了).

みえ **1**【見栄】¶～を張る bǎikuò(摆阔)/zhuāng[bǎi]ménmian[摆]门面). ¶～で高い洋服をあつらえる wèile bǎipǔr dìngzuò hěn guì de xīfu(为了摆谱儿定做很贵的西服).
2【見得】¶舞台で～を切る zài wǔtái shang liàngxiàng(在舞台上亮相).

みえがくれ【見え隠れ】 yǐnxiàn(隐现), shíyǐnshíxiàn(时隐时现). ¶月が雲間に～している yuèliang zài yúnjiān hū yǐn hū xiàn(月亮在云间忽隐忽现). ¶～にあとをつける tōutōu de zài hòumian gēnzōng(偷偷地在后面跟踪).

みえす・く【見え透く】 ¶～いた嘘をつく zhēngzhe yǎnjing shuō xiāhuà(睁着眼睛说瞎话). ¶お前の本心は～いている nǐ de yòngxīn wǒ kànlòu le(你的用心我看透了).

みえっぱり【見栄っ張り】→みえぼう.

みえぼう【見栄坊】 ¶彼は～だ tā shì ge ài xūróng de rén(他是个爱虚荣的人).

みえみえ【見え見え】 ¶彼の下心は～だよ tā nà bié yǒu yòngxīn, xiàng zhǐli bāobuzhù huǒ yíyàng, yì qīng èr chǔ(他那别有用心，像纸里包不住火一样，一清二楚).

み・える【見える】 **1**【目に映る】¶窓から公園の時計台が～える cóng chuānghu kěyǐ kànjian gōngyuán de zhōnglóu(从窗户可以看见公园的钟楼). ¶屋上に上がると海が～える dēngshàng wūdǐng kěyǐ wàngjiàn dàhǎi(登上屋顶可以望见大海). ¶後姿は闇の中に～えなくなった hòuyǐng xiāoshī zài hēi'àn zhōng(后影消失在黑暗中). ¶猫は夜でも物が～える māo zài yèli yě néng kànjian dōngxi(猫在夜里也能看见东西). ¶その星は肉眼では～えない nàge xīngxing yòng ròuyǎn kànbujiàn(那个星星用肉眼看不见).

2【見受けられる】¶雲の形が羊に～える yúncai xíngsì yáng(云彩形似羊). ¶彼は年の割に若く～える tā kànqilai bǐ shíjì suìshu niánqīng(他看起来比实际岁数年轻). ¶彼女はとても病人には～えない tā kànshangqu tā kě bú xiàng ge bìngrén(看上去她可不像个病人). ¶彼女はよほど甘い物が好きと～える tā xǐhuan tián de dōngxi tā xǐhuan jíle(看样子甜的东西她喜欢极了). ¶彼はほめられても嬉しくないと～える tā shòudào biǎoyáng hǎoxiàng bù gāoxīng shìde(他受到表扬好像不高兴似的).

3〔お出でになる〕¶先生は間もなく～えるでしょう lǎoshī bù yíhuìr jiù huì lái de(老师不一会儿就跟来的). ¶A さんがお～になりました A xiānsheng ˇlái[guānglín] le(A 先生ˇ来[光临]了).

みおくり【見送り】 ¶プラットホームは～の人でいっぱいだった zhàntái shang jǐmǎnle sòngxíng de rén(站台上挤满了送行的人). ¶お～ありがとうございました xièxie nín gěi wǒ sòngxíng(谢谢您给我送行). ¶お～は結構です búyòng sòng le(不用送了).

みおく・る【見送る】 **1**〔送る〕 sòng(送), sòngxíng(送行). ¶友人を駅まで～った bǎ péngyou sòngdào chēzhàn(把朋友送到车站). ¶飛行場で彼を～った dào jīchǎng gěi tā sòngxíng le(到机场给他送行了). ¶柩(ﾋﾂｷﾞ)を～る sòngbìn(送殡).

2〔目で追う〕 mùsòng(目送). ¶彼女の後姿が見えなくなるまで～った mùsòng yìzhí dào kànbujian tā de bèiyǐng(目送一直到看不见她的背影).

3〔そのままにする〕¶今回は～って次の機会を待とう fàngguò zhè huí, děng xiàcì jīhuì(放过这回，等下次机会). ¶ひと電車～ろう fàngguò yí tàng chē ba(放过一趟车吧).

みおさめ【見納め】 ¶これがこの世の～だ zhè shì huózài shìshang kàn zuìhòu yì yǎn le(这是活在世上看最后一眼了). ¶それが彼の～となった nà cì shì gēn tā jiàn de zuìhòu yí miàn(那次是跟他见的最后一面).

みおと・す【見落す】 kànlòu(看漏). ¶彼の名前を～してしまった bǎ tā de míngzi gěi kànlòu le(把他的名字给看漏了). ¶～しのないように見て下さい qǐng xì kàn, búyòu ˇyílòu [tuōlòu](请细看，不要有ˇ遗漏[脱漏]).

みおとり【見劣り】 jiànsè(减色), xùnsè(逊色). ¶これと比べると～する gēn zhège yì bǐ jiù xiāngxíng-jiànchù le(跟这个一比就相形见绌了). ¶これだってそんなに～はしない zhè yě bìng bú xùnsè(这也并不逊色).

みおぼえ【見覚え】 ¶私に～がありますか nǐ hái rènshi wǒ ma?(你还认识我吗?). ¶この筆跡には～がない zhège bǐjì wǒ bùcéng jiànguo(这个笔迹我不曾见过). ¶ここは～のある景色だ zhèli de fēngjǐng wǒ hǎoxiàng yǐqián kànguo(这里的风景我好像以前看过). ¶～のある顔だ zhè rén hěn yǎnshú(这人很眼熟).

みおも【身重】 shēnyùn(身孕), shēnzi(身子), zhòngshēnzi(重身子). ¶彼女は 8 か月の～だ tā yǒule bā ge yuè de shēnzi(她有了八个月的身子).

みおろ・す【見下ろす】 fǔshì(俯视), fǔkàn(俯瞰). ¶丘の上から～すと足下に小学校が見える cóng shānggāng shang wǎng xià kàn, jiǎoxià jiù yǒu xiǎoxué(从山冈上往下看，脚下就有小学). ¶町を～す小高い山 fǔkàn quánzhèn de shāngǎngzi(俯瞰全镇的山岗子).

みかい【未開】 wèi kāihuà(未开化). ¶～人 wèi kāihuà de rén(未开化的人). ～地 wèi kāihuà dìdài(未开化地带).

みかいけつ【未解決】 wèijiějué(未解决). ¶あの殺人事件はいまだに～だ nà jiàn shārén'àn zhìjīn hái wèi pò'àn(那件杀人案至今还未破案). ¶～の問題がまだ沢山ある shàng wèi jiějué de wèntí hái yǒu hěn duō(尚未解决的问题还有很多).

みかいたく【未開拓】 wèikāituò(未开拓). ¶～の原野に入植する dào wèi kāituò de yuányě kěnhuāng luòhù(到未开拓的原野垦荒落户). ¶～の研究分野 wèi kāipì de yánjiū lǐngyù(未开辟的研究领域).

みかいはつ【未開発】 wèikāifā(未开发). ¶地下に～の資源が眠っている wèi kāifā de zīyuán chénshuì zài dìxià(未开发的资源沉睡在地下).

みかえし【見返し】 huánchèn(环衬)〈本の〉．

みかえ・す【見返す】 ¶何度も〜したが間違いはありません kànle hǎo jǐ biàn, méiyǒu cuòwù(看了好几遍,没有错误)．¶私も向うの目を〜してやった wǒ yě huíjìngle duìfāng yìyǎn(我也回敬了对方一眼)．¶きっとあいつを〜してやる wǒ yídìng yào ràng nà jiāhuo bàidǎo zài wǒ jiǎodǐxia(我一定要让那家伙拜倒在我脚底下)．

みかえり【見返り】 ¶〜品 dǐyāpǐn(抵押品)．

みがき【磨き】 ¶よく〜のかかった紫檀のテーブル dǎmóde fāliàng de zǐtán zhuōzi(打磨得发亮的紫檀桌子)．¶最近彼女のバイオリンはますます〜がかかってきた jìnlái tā de xiǎotíqín gèngjiā jīngzhàn le(近来她的小提琴更加精湛了)．

みがきこ【磨き粉】 qùwūfěn(去污粉), yánmófěn(研磨粉)．

みかぎ・る【見限る】 ¶今度という今度はお前を〜った zhè yí cì wǒ zài yě bùnéng yuánliàng nǐ le, jiānjué yìdāo-liǎngduàn(这一次我再也不能原谅你了,坚决一刀两断)．¶重病で医者も〜った bìng tài zhòng, yīshēng yě shuǎishǒu le(病太重,医生也甩手了)．

みかく【味覚】 wèijué(味觉)．¶風邪をひいたので〜がなくなった shāngle fēng méiyǒu shénme wèijué le(伤了风没有什么味觉了)．¶あの匂いは〜をそそる nà xiāngwèir jiào rén kāiwèi(那香味ㄦ叫人开胃)．¶松茸は秋の〜の代表だ sōngxùn shì qiūjì měiwèi de dàibiǎo(松蕈是秋季美味的代表)．

みが・く【磨く】 **1** cā(擦), shuā(刷), mó(磨), dǎmó(打磨), yánmó(研磨)．¶靴を〜く cā[shuā] píxié(擦[刷]皮鞋)．¶歯を〜く shuā yá(刷牙)．¶ガラスを〜く cā bōli(擦玻璃)．¶レンズを〜く mó yǎnjìngpiàn(磨镜片)．¶廊下をひかぴかに〜き上げる bǎ zǒuláng cāde zèngliàng zèngliàng(把走廊擦得锃亮锃亮)．¶玉〜かざれば光なし yù bù zhuó, bù chéng qì(玉不琢,不成器)．

2〔練磨する〕liàn(练), liàn(炼), móliàn(磨炼·磨练), mólì(磨砺)．¶技を〜く liàn gōngfu(简直拿一个人开销)．¶料理の腕を〜く liàn pēngrèn de jìshù(练烹饪的技术)．

みかけ【見掛け】 wàiguān(外观), wàibiǎo(外表), wàimiàn[r](外面[ㄦ])．¶〜はよさそうだが中身はたいしたことはない wàiguān dào bú huài, nèiróng kě bù zěnmeyàng(外观倒不坏,内容可不怎么样)／huá ér bù shí(华而不实)／zhǒngkàn bù zhòngyòng(中看不中用)．¶彼は〜によらず気が小さい bié kàn tā nàyàng, dǎnzi kě xiǎor ne(别看他那样,胆子可小呢)．¶人は〜によらぬものだ rén bùkě màoxiàng(人不可貌相)．¶まったく〜倒しだ zhēn shì "xū yǒu qí biǎo"(真是"虚有其表〔一个不稻草人〕)／yínyàng làqiāngtóu(银样镴枪头)．

みか・ける【見掛ける】 chángjiàn(常见), xíjiàn(习见)．¶このごろはあまりオート三輪を〜ない sānlún qìchē zuìjìn bù chángjiàn le(三轮汽车最近不常见了)．¶図書館であの人をよく〜ける zài túshūguǎnli cháng jiàndào nàge rén(在图书馆里常见到那个人)．

みかた【見方】 **1**〔見る方法〕¶顕微鏡の〜を教える jiāo xiǎnwēijìng de yòngfǎ(教显微镜的用法)．¶この図表の〜が分らない zhège túbiǎo bù zhīdào zěnyàng kàn(这个图表不知道怎样看)．

2〔考え方〕kànfǎ(看法)．¶片寄ったものの〜 piànmiàn de kànfǎ(片面的看法)．¶〜によってはこうも言える huàn yì zhǒng kànfǎ yě kěyǐ zhèyàng shuō(换一种看法也可以这样说)．¶〜を変えて考えてみる cóng lìng yí ge jiǎodù lái xiǎngxiang kàn(从另一个角度来想想看)．

みかた【味方】 **1**〔自分の属する方〕wǒfāng(我方)．¶彼は〜だ tā shì wǒfāng de péngyou(他是我方的朋友)．¶あの男を〜にすれば安心だ bǎ nàge rén lāijìn wǒfāng jiù fàngxīn le(把那个人拉进我方就放心了)．¶真暗で敵も〜も分らない qīhēi-yìtuán dí wǒ nán biàn(漆黑一团敌我难辨)．

2〔加勢〕jiūjìng zhīchí nǎ yì fāng?(你究竟支持哪一方?)．¶弱い者の〜をする zhànzài ruòzhě yì fāng(站在弱者一方)．

みかづき【三日月】 yuèyá(月牙·月芽), xīnyuè(新月)．

みがって【身勝手】 ¶それは君の〜というものだ nà nǐ tài zìgù zìjǐ le(那你太只顾自己了)／nàyàng nǐ tài zìsī le(那样你太自私了)．¶まったく〜な男だ zhēn shì suíxīn-suǒyù de jiāhuo(真是随心所欲的家伙)．

みか・ねる【見兼ねる】 kànbuguò(看不过), kàn bu xiàqù(看不下去)．¶見るに〜ねて手を貸した jiǎnzhí kàn bu xiàqù, shēnshǒu bāngle bāng máng(简直看不下去,伸手帮了帮忙)．

みかま・える【身構える】 ¶ボールを取ろうと〜える zuòchū jiē qiú de zīshì(做出接球的姿势)．¶さあ来いと〜える bǎichū jiàshì ràng duìfāng pūlái(摆出架式让对方扑来)．

みがら【身柄】 ¶〜を拘束されたまま調べを受ける zài jūjìn zhī xià jiēshòu shěnwèn(在拘禁之下接受审问)．¶息子の〜を引取りに警察に行く dào gōng'ānjú qù lǐnghuí érzi(到公安局去领回儿子)．¶家出少年の〜を保護する quèbǎo lijiā chūzǒu de shàonián(确保离家出走的少年)．

みがる【身軽】 ¶〜に溝を飛び越えた qīngqīng de zòngshēn tiàoguole gōu(轻轻地纵身跳过了)．¶荷物を預けたので〜になった jìcúnle xíngli biànde yìshēn qīng le(寄存了行李变得一身轻了)．¶〜な服装で出掛けた shēn zhuó qīngzhuāng chūqu le(身着轻装出去了)．¶責任ある地位を離れていくらか〜になった líkāile zérèn zhòng de zhíwèi qīngsōngle diǎnr(离开了责任重的职位轻松了点儿)．¶また独り者の〜無拘束の単身漢 wújū-wúshù de dānshēnhàn(无拘无束的单身汉)．

みか・す【見交す】 ¶互いに顔を〜す xiāngduì ér shì(相对而视)．

みがわり【身代り】 tìshēn[r](替身[ㄦ]), diàn-

bèi(垫背). ¶～を立てる ná biérén zuò tìshēn(拿别人作替身). ¶私があなたの～をつとめましょう wǒ tìdài nǐ ba(我替你吧).

みかん【未完】 wèiwán(未完). ¶～の小説 wèiwán de xiǎoshuō(未完的小说). ¶彼は～の大器だ tā dàqì wèi chéng(他大器未成).

みかん【蜜柑】 júzi(橘子), mìjú(蜜橘), mìgān(蜜柑), júgān(橘柑). ¶～の皮 júzipí(橘子皮). ¶～の袋 júzibànr(橘子瓣ル).

みかんせい【未完成】 wèiwánchéng(未完成). ¶この作品は～だ zhège zuòpǐn hái wèi wánchéng(这个作品还未完成).

みき【幹】 shùgàn(树干), shùshēn(树身).

みぎ【右】 **1** yòu(右), yòubian(右边), yòumian(右面). ¶改札口を出たら～へ行きなさい chūle jiǎnpiàokǒu wǎng yòu zǒu(出了剪票口往右走). ¶それは～の引出しにしまった bǎ tā fàngzài yòubian de chōutìli le(把它放在右边的抽屉里了). ¶～へならえ, 直れ xiàng yòu kànqí! xiàng qián kàn!(向右看齐！向前看!). ¶～向け～! xiàng yòu zhuǎn!(向右转!). ¶彼は金が手に入ると～から左へ使ってしまう tā yì nádào qián jiù huāguāng(他一拿到钱就花光). ¶あいつは人が～と言えば左と言う rén shuō dōng, tā yídìng yào shuō xī(人说东, 他一定要说西). ¶弁舌にかけては彼の～に出る者はいない tā néng yán shàn biàn, "méiyǒu rén chāoguò tā[wú chū qí yòu](他能言善辩, "没有人超过他[无出其右]).

2 [前述] ¶～の通り相違ありません rúshàng wú wù(如上无误). ¶～此こ表謝意 jǐn cǐ zhìxiè(谨此致谢).

3 [右翼] yòu(右), yòupài(右派), yòuyì(右翼). ¶彼は～寄りだ tā sīxiǎng piān yòu(他思想偏右).

みぎうで【右腕】 yòu gēbo(右胳膊), [頼りになる人] zuǒyòushǒu(左右手). ¶社長の～となって働く zuòwéi zǒngjīnglǐ de zuǒyòushǒu gōngzuò(作为总经理的左右手工作).

みきき【見聞き】 ¶～することすべてが新鮮だった ěrwén-mùdǔ de shìqíng dōu juéde xīnxiān(耳闻目睹的事情都觉得新鲜).

ミキサー 1 [調理用の] jiǎoguǒzhīqì(绞果汁器). ¶りんごを～にかける bǎ píngguǒ yòng jiǎoguǒzhīqì jiǎocuì(把苹果用绞果汁器搅碎).

2 [セメントなどの] jiǎobànjī(搅拌机). ¶コンクリート～車 hùnníngtǔ jiǎobàn qìchē(混凝土搅拌汽车).

みきて【右手】 **1** [右の手] yòushǒu(右手).

2 [右側] yòubian(右边), yòushǒu(右手). ¶～に見えるのが大雪山です zài yòubian kàndào de jiùshì Dàxuě Shān(在右边看到的就是大雪山).

みきり【見切り】 ¶会社の将来に～をつけて辞めた kàndào gōngsī méiyǒu qiántú cízhí(看到公司没有前途辞了职). ¶あの男にはもう～をつけた wǒ duì tā wánquán juéwàng le(我对他完全绝望了).

¶～品 tīzhuānghuò(剔庄货)/chǔlǐpǐn(处理品).

みぎり【砌】 ¶酷暑の～御自愛下さい yánshǔ zhī jì, qǐng duō bǎozhòng(炎暑之际, 请多保重).

みき・る【見切る】 ¶季節外れの品を～って売る bǎ guò jìjié de shāngpǐn liánjià shuǎimài(把过季节的商品廉价甩卖).

みぎれい【身奇麗】 ¶彼女はいつも～にしている tā zǒngshì chuāndài hěn zhěngjié(她总是穿戴很整洁).

みきわ【汀】 shuǐbiān(水边).

みきわ・める【見極める】 kànqīng(看清). ¶情勢を～めた上で態度を決する kànqīng xíngshì zài juédìng tàidu(看清形势再决定态度). ¶事の真相を～める kànqīng shìqing de zhēnxiàng(看清事情的真相). ¶真偽の～めがつかない kànbuchū zhēnwěi(看不出真伪).

みくだ・す【見下す】 kànbuqǐ(看不起), qiáobuqǐ(瞧不起), qīngmiè(轻蔑). ¶人を～したような態度をとる cǎiqǔ kànbuqǐ rén de tàidu(采取看不起人的态度).

みくだりはん【三行半】 xiūshū(休书).

みくび・る【見縊る】 qīngshì(轻视), xiǎokàn(小看), dīgū(低估). ¶風邪を～るな shāngfēng kě xiǎokàn bude(伤风可小看不得). ¶人々は彼を子供だと～っていた rénmen yǐwéi tā shì xiǎoháir, méi bǎ tā dāng yìhuíshì(人们以为他是小孩ル, 没把他当一回事). ¶彼だって～ったものではない duì tā yě qīngshì bude(对他也轻视不得).

みぐるし・い【見苦しい】 ¶髪がぼうぼうで～い luànpéngpéng de tóufa jiào rén bùkuài(乱蓬蓬的头发叫人不快). ¶今さら弁解とは～い shì dào rújīn hái yào biànjiě zhēn búxiànghuà(事到如今还要辩解真不像话). ¶～いまねをするな búyào tài bú xiàng yàngzi(不要太不像样子).

みぐるみ【身ぐるみ】 ¶～はぎとられた chuāndài quán bèi bā le(穿戴全被扒了).

ミクロ wēiguān(微观). ¶～の世界 wēiguān shìjiè(微观世界). ¶～経済学 wēiguān jīngjìxué(微观经济学).

ミクロン wēimǐ(微米).

みけいけん【未経験】 ¶彼は集団生活は～だ tā méi jīngyànguo jítǐ shēnghuó(他没经验过集团生活). ¶～者でも構わない méiyǒu jīngyàn de rén yě kěyǐ(没有经验的人也可以).

みけつ【未決】 wèijué(未决). ¶～の書類 wèi pī de wénjiàn(未批的文件).

¶～囚 wèijuéfàn(未决犯).

みけねこ【三毛猫】 sānsèhuāmāo(三色花猫).

みけん【未見】 ¶～の書 wèi jiànguo de shū(未见过的书).

みけん【眉間】 méijiān(眉间), méiduān(眉端), méijiān(眉尖), méixīn(眉心), méitóu(眉头), yìntáng(印堂). ¶～に皺を寄せて何か考えこんでいる zhòuzhe méitóu sīlùzhe shénme(皱着眉头思虑着什么).

みこ【女】 nǚwū(女巫), wūpó(巫婆).

みこし【神輿】 《説明》祭礼时人们抬着游行的神轿. ¶～をすえて動こうともしない yí pìgu

zuòxialai dòng yě bú dòng(一屁股坐下来动也不动). ¶やっと～をあげて仕事にかかった hǎobù róngyi cái táiqǐ pìgu lai gànhuór(好不容易才抬起屁股来干活ㄦ).

みごしらえ【身拵え】 ¶厳重に～して吹雪の中へ出て行った chuānde yánjǐnshíshí de màozhe bàofēngxuě chūqu le(穿得严严实实的冒着暴风雪出去了).

みこ・す【見越す】 ¶将来の値上りを～して買い占める yùliào jiānglái shàngzhǎng ér dàliàng túnjī(预料将来上涨而大量囤积). ¶道路の混雑を～して早めに出る yùliàodào jiāotōng yōngjǐ ér tízǎo chūfā(预料到交通拥挤而提早出发).

みごたえ【見応え】 ¶なかなか～のある芝居だ zhēn shì yǒu kàntour(zhíde yíkàn] de xì(真是 "有看头ㄦ[值得一看]"的戏).

みごと【見事】 ¶これはまた～な細工だ zhè shǒugōng zuòde kě zhēn jīngqiǎo(这手工做得可真精巧). ¶今度の公演で彼は～な演技をみせた zài zhè cì gōngyǎn zhōng tā de biǎoyǎn fēicháng jīngcǎi(在这次公演中他的表演非常精彩). ¶難しい試験に彼は一度で～合格した hěn nán de kǎoshì, tā yí cì jiù chūsè de kǎozhòng le(很难的考试,他一次就出色地考中了). ¶困難な仕事を～にやってのけた bǎ kùnnan de gōngzuò chūsè de wánchéng le(把困难的工作出色地完成了). ¶期待は～に外れた xīwàng wánquán luòkōng le(希望完全落空了). ¶～に尻もちをついた shuāi le ge dà pìgudūnr(摔了个大屁股蹲ㄦ).

みごなし【身ごなし】 ¶～が軽い dòngzuò mǐnjié(动作敏捷). ¶～が優雅に jǔzhǐ fēngyǎ(举止风雅).

みこみ【見込】 1【可能性】xīwàng(希望). ¶手立てを尽くしたが助かる～はない jìnle yíqiè nǔlì dàn méiyǒu jiùhuó de xīwàng(尽了一切努力但没有救活的希望). ¶彼は～のある青年だ tā shì yǒu xīwàng de qīngnián(他是有希望的青年).
2【予想】gūjì(估计), yùjì(预计), yùliào(预料), yùdìng(预定). ¶応募者は1000名に達する～だ yìngmùzhě gūjì jiāng dádào yìqiān míng(应募者估计将达到一千名). ¶1か月以内に終る～だ yùjì zài yí ge yuè zhī nèi jiéshù(预计在一个月之内结束). ¶今のところ開通の～が立たない xiànzài méifǎ[r] gūjì shénme shíhou néng tōngchē(现在没法ㄦ估计什么时候能通车). ¶来年3月卒業の～です yùdìng míngnián sānyuè bìyè(预定明年三月毕业). ¶私の～違いでした shì wǒ gūjicuò le(是我估计错了).

みこ・む【見込む】 1【有望する】¶君を～での頼みだ xìnguò nǐ cái bàituō nǐ de(信得过你才拜托你的). ¶社長に～まれて婿になった bèi zǒngjīnglǐ kànzhòng zuòle nǚxu(被总经理看中做了女婿).
2【予想する】gūjì(估计), yùjì(预计). ¶値上りを～んで土地を買い込む gūjì jiānglái zhǎngjià ér mǎijìn dàliàng dìpí(估计将来涨价而买进大量地皮). ¶最低5000万円の利益は～まれる yùjì zuì shǎo yě wǔguǎi wàn rìyuán de jìnglì(预计最少有五千万日元的净利). ¶目減りを1割と～む sǔnhào gūjì yǒu yì chéng(损耗估计有一成). ¶退職金で返せるのを～んで借金する zhǐwàng tuìxiūjīn ér jièkuǎn(指望退休金而借款).
3【見入る】¶まるで蛇に～まれた蛙だ jiǎnzhí xiàng shì jiào shé dīngzhùle de qīngwā(简直像是叫蛇盯住了的青蛙).

みごも・る【身籠る】 shēnyùn(身孕), zhòngshēnzi(重身子), yǒu shēnzi(有身子), huáiyùn(怀孕).

みごろ【見頃】 ¶花の～は来月中頃でしょう guānshǎng yīnghuā de zuìjiā shíjì shì zài xiàyuè zhōngxún ba(观赏樱花的盛期是在下月中旬吧).

みごろし【見殺し】 ¶～にする jiàn sǐ bú jiù(见死不救). ¶彼を～にはできない bùnéng zuòshì bú jiù tā(不能坐视不救他).

みこん【未婚】 wèihūn(未婚). ¶～の女性 wèihūn nǚxìng(未婚女性).

ミサ【弥撒】 mísa(弥撒).

みさい【未済】 ¶～分を支払う chángfù wèi qīng de zhàiwù(偿付未清的债务).

ミサイル dǎodàn(导弹). ¶～基地 dǎodàn jīdì(导弹基地). 地対空～ dì duì kōng dǎodàn(地对空导弹).

みさお【操】 1【節操】jiécāo(节操). ¶彼は歴史学者としての～を固く守った tā zuòwéi yí ge lìshǐ xuézhě jiānzhēn bùqū(他作为一个历史学者坚贞不屈).
2【貞操】zhēnjié(贞节), zhēncāo(贞操). ¶彼女は～を立てて生涯再婚しなかった tā zhōngshēn shǒujié méiyǒu zàihūn(她终身守节没有再婚). ¶～を破る shīshēn(失身)/ shījié(失节).

みさかい【見境】 ¶善い悪いの～がつかない fēnbuqīng hǎodǎi(分不清好歹). ¶前後の～もなく行動する búgù hòuguǒ màomèi xíngshì(不顾后果冒昧行事). ¶誰彼の～なく殴りかかる búguǎn shì shuí jiàn rén luàn dǎ(不管是谁见人乱打).

みさき【岬】 hǎijiǎ(海岬), jiǎjiǎo(岬角).

みさ・げる【見下げる】 kànbuqǐ(看不起), qiáobuqǐ(瞧不起), qīngmiè(轻蔑). ¶人を～げたような顔つきをする liǎnshang xiànchū kànbuqǐ rén de shénsè(脸上现出看不起人的神色). ¶～げた奴だ zhēn shì ge bēibǐ de jiāhuo(真是个卑鄙的家伙).

みさだ・める【見定める】 kànzhǔn(看准). ¶天候を～めて出漁する kànzhǔn tiānqì chūhǎi bǔyú(看准天气出海捕鱼).

みじか・い【短い】 duǎn(短). ¶こちらの竿の方が～い zhè gēn gānzi duǎn yìdiǎnr(这根杆子短一点ㄦ). ¶髪を～く切った bǎ tóufa jiǎnduǎn le(把头发剪短了). ¶スカートの丈を3センチ～くする bǎ qúnzi suōduǎn sān límǐ(把裙子缩短三厘米). ¶机の上に～いメモがあった zhuōzi shang liúzhe yí ge jiǎnduǎn de zìtiáo

(桌子上留着一个简短的字条). ¶今年は梅雨が～かった jīnnián huángméijì hěn duǎn (今年黄梅季很短). ¶冬は日が～い dōngjì rì duǎn (冬季日短). ¶～い滞在だったが有意義な旅だった dòuliú de shíjiān suī duǎnzàn, dàn zhè cì lǚxíng hěn yǒu yìyì (逗留的时间虽短暂, 但这次旅行很有意义). ¶気の～い男 xìngzi zào[zàoxìng] de nánrén (性子躁[躁性]的男人).

みじかめ【短め】 ¶髪の毛を～に切る bǎ tóufa jiǎnduǎn diǎnr (把头发剪短点儿).

みじたく【身支度】 ¶外出の～に手間取った wèile chūmén de chuāndài fèile shíjiān (为了出门的穿戴费了时间). ¶旅行の～をする zhǔnbèi xíngzhuāng (准备行装).

みしみし ¶歩くと床が～鳴る zǒuqǐlái dìbǎn jiù gēzhīgēzhī de xiǎng (走起来地板就咯吱咯吱响).

みじめ【惨め】 cǎn (惨), qīcǎn (凄惨). ¶今度の試験は～な成績だった zhè cì kǎoshì chéngjì kě cǎn le (这次考试成绩可惨了). ¶～な生活をしている guòzhe qīcǎn de shēnghuó (过着凄惨的生活). ¶自分が～に思えた gǎndào zìjǐ hěn bēicǎn (感到自己很悲惨). ¶～ったらしい格好をしている chuānzhuó hánsuānde hěn (穿着寒酸得很).

みしゅう【未収】 ¶～の保険料 wèi shōu de bǎoxiǎnfèi (未收的保险费).

みじゅく【未熟】 nènshǒu (嫩手), nènsheng (嫩生), zhìnèn (稚嫩). ¶彼の運転は～だ tā chē kāide bù shúliàn (他车开得不熟练). ¶～者ですがよろしくお願いします wǒ hái nènsheng, qǐng duō zhǐjiào (我还嫩生, 请多指教).
¶～児 wèichéngshú'ér (未成熟儿) / zǎochǎn'ér (早产儿).

みしょう【未詳】 wèixiáng (未详). ¶作者～ zuòzhě wèixiáng (作者未详).

みしょう【実生】 ¶～の苗 shíshēngmiáo (实生苗).

みし・る【見知る】 rènshi (认识). ¶～らぬ街をさまよった zài réndì-shēngshū de chéngzhèn páihuái (在人地生疏的城镇徘徊). ¶～らぬ人に挨拶された yǒu yí ge mòshēngrén xiàng wǒ dǎle zhāohū (有一个陌生人向我打了招呼).

みじろき【身動き】 ¶彼等は～もせずに聞き入っている tāmen yí dòng dōu bú dòng de qīngtīngzhe (他们一动都不动地倾听着).

ミシン féngrènjī (缝纫机). ¶～をかける yòng féngrènjī féng (用缝纫机缝).

みじん【微塵】 1 [こなごな] fěnsuì (粉碎). ¶ガラスが～に砕けた bōli zá de fěnsuì (玻璃砸得粉碎). ¶玉葱を～に刻む bǎ yángcōng qiēsuì (把洋葱切碎).
2 [いささか] ¶そんな考えは～もなかった sīháo[yìdiǎnr] yě méiyǒu nà zhǒng xiǎngfǎ (丝毫[一点儿]也没有那种想法). ¶私は彼に～の疑いも抱いていない wǒ duì tā háo bù huáiyí (我对他毫不怀疑).

ミス 1 [失敗] cuòwù (错误), shīwù (失误). ¶返球を～ chuánqiú shīwù (传球失误).
2 [女性] xiǎojiě (小姐), mìsī (密斯). ¶～ユニバース shìjiè xiǎojiě (世界小姐). ～アメリカ Měiguó xiǎojiě (美国小姐).

みず【水】 shuǐ (水). ¶～を飲む hē shuǐ (喝水). ¶水道の～が出ない shuǐlóngtóu bù chū shuǐ le (水龙头不出水了). ¶この辺はよく～が出る zhè yídài cháng fā[nào] shuǐ (这一带常发[闹]水). ¶～清ければ魚棲まず shuǐ zhì qīng zé wú yú (水至清则无鱼) / shuǐ qīng wú yú (水清无鱼). ¶～の低きに就くが如し rú shuǐ zhī jiù xià (如水之就下). ¶これまでの事は～に流そう guòqù de shì dōu fù zhī liúshuǐ ba (过去的事都付之流水吧). ¶聴衆は～を打ったように静かになった tīngzhòng biànde yǎquè-wúshēng (听众变得鸦雀无声). ¶彼は～を得た魚のように生き生きとしている tā rú yú dé shuǐ biànde shēngqì bóbó (他如鱼得水变得生气勃勃). ¶2位に大きく～をあけてゴールインした bǎ dì'èr míng lāde hěn yuǎn chōngjìnle zhōngdiǎn (把第二名拉得很远冲进了终点). ¶人の話に～をさすな búyào duì biéren shuō de huà "pō[jiāo] lěngshuǐ" (不要对别人说的话"泼[浇]冷水"). ¶彼等の間は～と油だ tāmen zhī jiān shuǐhuǒ bù xiāngróng (他们之间水火不相容). ¶～も漏らさぬ警戒ぶりだ jièbèi sēnyán, shuǐ xiè bù tōng (戒备森严, 水泄不通).

みずあか【水垢】 shuǐgòu (水垢), shuǐxiù (水锈), shuǐjiǎn (水碱). ¶鉄瓶に～がついた zhùtiěhúli shēngle shuǐxiù (铸铁壶里生了水锈).

みずあげ【水揚げ】 1 [陸揚げ] ¶船荷を～する cóng chuánshang xièhuò (从船上卸货).
2 [漁獲高] ¶今年の秋刀魚の～は約50万トンであった jīnnián bǔhuò de qiūdāoyú dàyuē yǒu wǔshí wàn dūn (今年捕获的秋刀鱼大约有五十万吨).
3 [売上げ高] ¶タクシーの一日の～はどのくらいですか chūzū qìchē yì tiān néng yǒu duōshao shōurù? (出租汽车一天能有多少收入?).

みずあそび【水遊び】 ¶子供は～が大好きだ xiǎoháizi zuì xǐhuan wán shuǐ (小孩子最喜欢玩水).

みずあび【水浴び】 ¶～して汗を流す ná lěngshuǐ chōngliáng (拿冷水冲凉). ¶川に～に行く dào héli qù yóuyǒng (到河里去游泳).

みずあめ【水飴】 tángxí (糖稀).

みすい【未遂】 wèisuì (未遂). ¶クーデターは～に終った zhèngbiàn zhōngtú bàilù (政变中途败露).
¶殺人～罪 shārén wèisuìzuì (杀人未遂罪). 自殺～ zìshā wèisuì (自杀未遂).

みずいらず【水入らず】 ¶親子4人～で年を越した jīnnián Yuándàn méiyǒu wàirén, yìjiāzi sì kǒu rén huāndùle xīnnián (今年元旦没有外人, 一家子四口人欢度了新年).

みずいろ【水色】 húsè (湖色), dànqīng (淡青), qiǎnlán (浅蓝). qiǎnlánsè (浅蓝色).

みずうみ【湖】 hú (湖), húpō (湖泊).

みす・える【見据える】 ¶じっと相手を～えた dìngjīng dīngzhe duìfāng (定睛盯着对方).

みずおけ【水桶】 shuǐtǒng (水桶), shuǐshāo (水

みずおち【鳩尾】 xiōngkǒur(胸口ル), xīnkǒur(心口ル), xīnkǎn(心坎).

みずかがみ【水鏡】 ¶～に自分の姿を映して見る shuǐmiàn wéi jìng kàn zìshēn de zīróng(水面为镜看自身的姿容).

みずかき【水搔き・蹼】 pǔ(蹼).

みずかけろん【水掛け論】 ¶結局は～だ zhōngjiū shì "wúyì de zhēnglùn[táisǐgàng]"终究是"无益的论争[抬死杠]".

みずかさ【水嵩】 ¶大雨で川の～が増した xiàle dàyǔ, héli zhǎng shuǐ le(下了大雨, 河里涨水了).

みすかす【見透かす】 kànchuān(看穿), kàntòu(看透), kànpò(看破). ¶胸の中を～されたようできまりが悪い sìhū bèi rén kànchuānle xīnshi, hěn bú shì zīwèir(似乎被人看穿了心事, 很不是滋味ル).

みずがめ【水瓶】 shuǐgāng(水缸).

みずから【自ら】 qīnzì(亲自), zìjǐ(自己). ¶～手を下す qīnzì xiàshǒu(亲自下手). ¶社長～陣頭に立つ zǒngjīnglǐ qīnlín dìyīxiàn(总经理亲临第一线). ¶～の生命の危険をも顧みず火中に飛び込んだ bùgù zìjǐ de shēngmìng wēixiǎn, chuǎngjìn huǒli qù le(不顾自己的生命危险,闯进火里去了). ¶～を省みる fǎngōng zìwèn(反躬自问).

みずぎ【水着】 yóuyǒngyī(游泳衣).

ミスキャスト juésè fēnpèi búdàng(角色分配不当). ¶この俳優は明らかに～だ zhège yǎnyuán wánquán shì pèicuò le rén(这个演员完全是配错了人).

みずきり【水切り】 1【遊び】 ¶～をして遊ぶ dǎ shuǐpiāor wánr(打水漂ル玩ル). 2 ¶食器をざるにあげて～する xǐhǎo de cānjù fàngzài zhàoli shang lù shuǐ(洗好的餐具放在笊篱上漉水).

みずぎわ【水際】 ¶コレラの侵入を～で防ぐ zài "shuǐlù zhī jiè[biānjiè/jiāngjiè]" fángzhǐ huòluàn rùnrù kǒu'àn(在"水陆之界[边界/疆界]"防止霍乱进入口岸).

みずぎわだ・つ【水際立つ】 ¶～った演技 jīngcǎi juémiào de yǎnjì(精彩绝妙的演技). ¶外交交渉に～った手腕を見せた zài wàijiāo jiāoshè shang xiǎnshìle chāojué de běnlǐng(在外交交涉上显示了超绝的本领).

みずくさ【水草】 shuǐcǎo(水草).

みずくさ・い【水くさい】 jiànwài(见外), wàidao(外道). ¶困っているのに話してくれないなんて～い nǐ yǒu kùnnan bù gēn wǒ shuō, tài jiànwài le(你有困难不跟我说, 太见外了). ¶～いことを言うな bié jiànwài(别见外).

みずぐすり【水薬】 yàoshuǐ[r](药水ル).

みずけ【水気】 shuǐfèn(水分). ¶この梨は～が多い zhè lízi "shuǐ[zhīshui] hěn duō(这梨子"水[汁水]很多).

みずけむり【水煙】 ¶～があがる jiànqǐ shuǐhuā(溅起水花).

みすご・す【見過す】 ¶道路標識をうっかり～した yìshí shūhu méi kànjian lùbiāo(一时疏忽没看见路标). ¶今度だけは～してやろう zhè cì ráole nǐ(这次饶了你).

みずさいばい【水栽培】 shuǐyǎngfǎ(水养法).

みずさきあんない【水先案内】 yǐnháng(引航), lǐngháng(领航), yǐnshuǐ(引水), lǐnggǎng(引港), yǐngǎng(引港);【人】lǐngháng(领港), yǐngǎng(引港), lǐngháng(领航), yǐnshuǐyuán(引水员), lǐnghángyuán(领航员), yǐnshuǐyuán(领水). ¶船の～をする gěi lúnchuán yǐnshuǐ(给轮船引水).

みずさし【水差】 shuǐguàn(水罐), shuǐpíng(水瓶), shuǐhú(水壶);【硯の】shuǐzhù(水注), shuǐdī(水滴), yàndī(砚滴).

みずしごと【水仕事】 ¶～をして手が荒れた zuò xǐshuǐhuór, shǒu biàn cūcāo le(做洗刷活ル, 手变粗糙了).

みずしょうばい【水商売】 lǎnkè mǎimai(揽客买卖), jiǔshuǐ shēngyì(酒水生意).

みずしらず【見ず知らず】 sù bù xiāngshí(素不相识), sù mèi píngshēng(素昧平生), mòshēng(陌生). ¶～の人に命を助けられた bèi yí ge "sù bù xiāngshí de rén[mòshēngrén]" gěi jiùle mìng(被一个"素不相识的人[陌生人]"给救了命).

みずすまし【水澄し】 chǐjiǎ(豉甲), chǐchóng(豉虫).

みずぜめ【水攻め】 ¶敵を～にする shuǐyān díjūn(水淹敌军)／duàn shuǐ kùn dí(断水困敌).

みずぜめ【水責め】 ¶～にする guàn shuǐ[pào shuǐ] kǎowèn(灌水[泡水]拷问).

みずたま【水玉】 shuǐzhū[r](水珠ル). ¶～模様 shuǐzhū huāyàng(水珠花样).

みずたまり【水溜り】 shuǐkēngzi(水坑子), shuǐwāngzi(水汪子), shuǐwār(水洼ル). ¶雨が降ったらあちこちに～ができた yǔ guò hòu zhèr nàr chūxiànle shuǐkēngzi(雨过后这ル那ル出现了水坑子).

みずっぱな【水っ洟】 qīngbítì(清鼻涕). ¶～が出る liú bítì(流鼻涕).

みずっぽ・い【水っぽい】 ¶この酒は～い zhè jiǔ jiǔwèi hěn báo(这酒酒味很薄).

みずでっぽう【水鉄砲】 shuǐqiāng(水枪).

みす・てる【見捨てる】 pāoqì(抛弃). ¶家庭を～てて顧みない pāoqì jiātíng bù guǎn(抛弃家庭不管). ¶彼は親兄弟からも～てられた tā lián fùmǔ xiōngdì yě bù lǐcǎi tā(连父母兄弟也不理睬他).

みずとり【水鳥】 shuǐniǎo(水鸟), shuǐqín(水禽).

みずのあわ【水の泡】 pàoyǐng(泡影). ¶長年の苦労も～となった duōniǎn de xīnkǔ huàwéi pàoyǐng(多年的辛苦化为泡影).

みずはけ【水捌け】 páishuǐ(排水). ¶ここは～が悪い zhège dìfang páishuǐ bù hǎo(这个地方排水不好).

みずばしら【水柱】 shuǐzhù(水柱). ¶海に落ちた砲弾が炸裂して～が立った luòzài hǎili de pàodàn bàozhà chōngqǐ yí gǔ shuǐzhù(落在海里的炮弹爆炸冲起一股水柱).

みずびたし【水浸し】 ¶出水で家中～になった

fā dàshuǐ wūquán bèi shuǐ jìn le(发大水屋子全被水浸了).

みずぶくれ【水膨れ】 shuǐpào(水疱). ¶足にやけどをして~ができた jiǎo tàngshāng qǐle shuǐpào(脚烫伤起了水疱).

ミスプリント yìnshuā cuòwù(印刷错误), cuòzì(错字).

みずほうそう【水疱瘡】 shuǐdòu(水痘), shuǐhuā[r](水花[ㄦ]).

みすぼらし・い hánchen(寒碜・寒伧), hánsuān(寒酸). ¶~い身なりをしている yīzhuó hánsuān(衣着寒酸)/ yī bú bì tǐ(衣不蔽体).

みずまき【水撒き】 sǎshuǐ(洒水). ¶芝生に~をする gěi cǎopíng sǎ shuǐ(给草坪洒水).

みずまくら【水枕】 bīngdài(冰袋).

みずまし【水増し】 ¶被害額を~して報告する yǐ shǎo bào duō xūbào sǔnshī'é(以少报多虚报损失额). ¶~資本 fúbào de zīběn(浮报的资本). ~請求 xūbào fèiyòng(虚报费用)/ kāi huāzhàng(开花账).

みすま・す【見澄ます】 kànzhǔn(看准). ¶人がいないのを~してそっと忍び込んだ kànzhǔn méiyǒu rén jìn qiāoqiāo de liūle jìnqù(看准没有人就悄悄地溜了进去).

ミスマッチ ¶あの二人じゃ~だよね nà liǎng ge rén kě jiù pèidācuò le(那两个人可就配搭错了).

みすみす【見す見す】 yǎnzhēngzhēng(眼睁睁), yǎnbābā(眼巴巴), yǎnkàn(眼看). ¶~チャンスを取り逃した yǎnzhēngzhēng de cuòguòle hǎo jīhuì(眼睁睁地错过了好机会). ¶~泥棒に逃げられた yǎnkànzhe ràng xiǎotōu pǎodiào le(眼看着让小偷跑掉了). ¶~損をした yǎnbābā de chīle kuī(眼巴巴地吃了亏).

みずみずし・い【瑞瑞しい】 shuǐlíng(水灵), shuǐliang(水亮), xiānlíng(鲜灵). ¶この桃はほんとに~い zhè táor zhēn xiānlíng(这桃儿真鲜灵). ¶ボタンの花が~い mǔdānhuā kāide zhēn shuǐlíng(牡丹花开得真水灵). ¶少女の~い肌 shàonǚ xìnèn de pífū(少女细嫩的皮肤). ¶~い葉 jiāonèn de yèzi(娇嫩的叶子). ¶彼女は~い感覚の持主だ tā yǒu xīnxiān mǐnruì de gǎnjué(她有新鲜敏锐的感觉).

みずむし【水虫】 jiǎoxuǎn(脚癣), jiǎoqì(脚气). ¶足の指に~ができた jiǎozhǐ shēngle jiǎoxuǎn(脚趾生了脚癣).

みずもの【水物】 ¶勝負は~だ shèngbài wúcháng(胜败无常).

み・する【魅する】 ¶満場の聴衆が彼の演奏に~せられた tā de yǎnzòu shǐ quánchǎng de tīngzhòng dōu tīngde rùle mí le(他的演奏使全场的听众都听得入了迷了). ¶女の色香に~せられる wéi nǚsè suǒ yòuhuò(为女色所诱惑).

みずわり【水割】 ウイスキーの~ chān shuǐ de wēishìjì(掺水的威士忌).

みせ【店】 pùzi(铺子), diànpù(店铺), diàn(店), diàndiàn(店面), guìshang(柜上), guì(柜). ¶10時に~を開ける shí diǎn "kāimén[xiàbǎnr](十点"开门[下板ㄦ]). ¶~を閉める guānmén(关门)/ shàngbǎnr(上板ㄦ). ¶新宿に~を出す shāngdiàn zài Xīnsù kāizhāng(商店在新宿开张). ¶息子に~をもたせる ràng érzi kāishè yì jiā shāngdiàn(让儿子开设一家商店). ¶経営不振で~を畳む yóuyú shēngyì qīngdàn guānmén xiēyè(由于生意清淡关门歇业).

みせいねん【未成年】 wèichéngnián(未成年). ¶~者入場お断り wèichéngnián xièjué rùchǎng(未成年谢绝入场).

みせかけ【見せ掛け】 ¶~の平和 jiǎ hépíng(假和平). ¶彼の誠実さは~だ tā nà chéngshí shì jiǎzhuāng de(他那诚实是假装的). ¶~は立派だが安普請だ wàiguān suī búcuò, dàn fángzi bù zěnmeyàng(外观虽不错, 但房子不怎么样).

みせか・ける【見せ掛ける】 jiǎzhuāng(假装), zhuāngzuò(装作), zhuāng(装). ¶安物を値打物と~けて売る bǎ bù zhíqián de huò dàngzuò guìzhòng de dōngxi mài(把不值钱的货当做贵重的东西卖). ¶札束に~けた新聞紙の束 kànzhe xiàng chéngkǔn chāopiào de bàozhǐkǔn(看着像成捆钞票的报纸捆). ¶勉強していると~けて漫画を読む zhuāng yònggōng kàn mànhuà(装用功读漫画).

みせがまえ【店構え】 pùmiàn(铺面), diànmiàn(店面). ¶堂々とした~ fùlì tánghuáng de pùmiàn(富丽堂皇的铺面).

みせさき【店先】 ¶~に駐車しないで下さい qǐng bié zài pùzi qiánmian tíngchē(请别在铺子前面停车). ¶主人自ら~に立って売る lǎobǎn qīnzì zhànzài diànpù shòuhuò(老板亲自站在店铺售货). ¶~に様々な品物が並ぶ pùmiàn[diànmiàn] shang bǎizhe gè zhǒng gè yàng de huò(铺面[店面]上摆着各种各样的货).

みせじまい【店仕舞】 guānmén(关门), guānbì(关闭), xiēyè(歇业), tíngyè(停业), tíngxiē(停歇). ¶今日はこれで~だ jīntiān jiù dào zhèr guānmén ba(今天就到这ㄦ关门吧). ¶不景気で~ yóuyú bùjǐngqì guānmén xiēyè(由于不景气关门歇业).

みせしめ【見せしめ】 chéngjiè(惩戒), jǐngjiè(儆戒). ¶~のために厳重に罰する cóngyán chǔfá(从严处罚), yǐ jǐng xiàoyóu(以儆效尤). ¶これでいい~になったろう zhèyàng jiù chéng yì jǐng bǎi le ba(这样就惩一儆百了吧).

みせつ・ける【見せ付ける】 xiǎnshì(显示). ¶仲のいいところをそう~けるな dāngzhe rén kě bié nàme rèhūhū de(当着人可别那么热乎乎的). ¶彼は金のあるところを~けたいのだ tā shì yào xiǎnshì zìjǐ yǒu qián(他是要显示自己有钱).

みぜに【身銭】 ¶~を切る zìjǐ tāo yāobāo(自己掏腰包).

みせば【見せ場】 ¶ここがこの芝居の~だ zhè shì zhè chū xì zuì jīngcǎi de chǎngmiàn(这是这出戏最精彩的场面).

みせばん【店番】 ¶~をする zhàokàn pùzi(照看铺子). ¶~が誰もいない pùzi méiyǒu yí ge

みたい

zhàokàn de(铺子没有一个照看的).

みせびらかす【見せびらかす】 xiànbai(显摆・显白), kuāyào(夸耀). ¶新しいおもちゃを友達に～す xiàng péngyou xiǎnbai xīn de wánjù(向朋友摆新的玩具).

みせびらき【店開き】 kāizhāng(开张). ¶明日が～です míngtiān kāizhāng(明天开张).

みせもの【見世物】 záshuǎ[r](杂耍[儿]), zájì(杂技). ¶壇上に引き出されていい～になった bèi lādào tái shang chūle yángxiàng(被拉到台上出了洋相). ¶これは～ではない zhè kě bú shì gěi rén kàn de (这可不是给人看的). ¶～小屋 záshuǎchǎng(杂耍场).

み・せる【見せる】 1 ¶友人に家族の写真を～せる gěi péngyou kàn jiālirén de xiàngpiānr(给朋友看家里人的相片儿). ¶そのセーターを～せて下さいませんか qǐng bǎ nà jiàn máoyī gěi wǒ kàn yi kàn(请把那件毛衣给我看一看). ¶君にあの芝居を～せたかった nà chū xì wǒ zhēn xiǎng jiào nǐ kànkan(那出戏我真想叫你看看). ¶免許証を～せて下さい qǐng náchū jiàshǐ zhízhào lai(请拿出驾驶执照来). ¶この怪我は医者に～せた方がいい zhège shāng zuìhǎo ràng yīshēng kànkan(这个伤最好让医生看看). ¶その子はようやく母親に笑顔を～せた nàge háizi zhōngyú lùchūle xiàoliǎn(那个孩子终于露出了笑脸). ¶彼は小さい時から音楽にすぐれた才能を～せた tā cóngxiǎo jiù xiǎnshìchūle fēifán de yīnyuè cáinéng(他从小就显示出非凡的音乐才能). ¶自分を金持に～せようとする bǎikuò(摆阔)/ zhuāng ménmian(装门面). ¶ハイヒールをはいて背を高く～せている chuān gāogēnxié yǐ xiǎn shēn gāo(穿高跟儿鞋以显身高).

2 [分るように示す] ¶彼はそれを発音して～せた tā fā nàge yīn gěi rén shìfàn(他发那个音给人示范). ¶老人は縄をなって～せた lǎorén cuō shéngzi zuògěi biéren kàn(老人搓绳儿做给别人看).

3 [わざとする] ¶無理に笑って～せる qiǎngxiào(强笑)/ qiǎngyán huānxiào(强颜欢笑). ¶母を安心させようとか強がりを言って～せる wèile jiào mǔqin fàngxīn shuō chěngqiáng de huà(为了叫母亲放心说逞强的话).

4 [決意などを表す] ¶きっと自分の力でやり遂げて～せる wǒ yídìng yòng zìjǐ de lìliang lái wánchéng(我一定用自己的力量来完成). ¶今度の試験は100点を取って～せる zhè cì kǎoshì wǒ děng ná yìbǎi fēn(这次考试我一定拿一百分儿).

みぜん【未然】 wèirán(未然). ¶災害を～に防ぐ fáng huànhuàn wèi rán(防患未然).

みそ【味噌】 jiàng(酱), dòujiàng(豆酱), huángjiàng(黄酱), dàjiàng(大酱). ¶～を仕込む niàngzào huángjiàng(酿造黄酱). ¶～(f)～ mò jiàng(磨酱). ¶～汁を吸う hē dàjiàngtāng(喝大酱汤). ¶上役に～を擂(す)る pāi shàngsi de mǎpì(拍上司的马屁). ¶とんだ所に～をつけた zài yìxiǎng bu dào de dìfang tǒngle lòuzi(在意想不到的地方捅了漏子). ¶

～も糞も一緒にする bù fēn zàobái, yú lóng hùnzá(不分皂白, 鱼龙混杂). ¶カードを色分けしたところが～ yòng sècǎi lái qūbié kǎpiàn shì dúdào zhī chù(用色彩来区别卡片是独到之处). ¶蟹の～ xièhuángr(蟹黄儿).

みぞ【溝】 1 [水路] gōu(沟), shuǐgōu(水沟). ¶～を掘って水はけをよくする wā shuǐgōu yǐbiàn páishuǐ(挖水沟以便排水).

2 [細長いくぼみ] cáo[r](槽[儿]). ¶板に～をつける zài mùbǎn shang wā ge cáor(在木板上挖个槽儿). ¶レコードの～ chàngpiàn de cáowén(唱片的槽纹).

3 [へだたり] géhé(隔阂), gémó(隔膜). ¶2人の間に～ができた liǎngrén zhī jiān yǒule géhé(两人之间有了隔阂). ¶今更～は埋らない shì dào rújīn liènhén wúfǎ míbǔ(事到如今裂痕无法弥补).

みぞう【未曾有】 wèicéng yǒuguo(未曾有过), qián suǒ wèi yǒu(前所未有). ¶～の大地震 wèicéng yǒuguo de dà dìzhèn(未曾有过的大地震).

みぞおち【鳩尾】 xiōngkǒur(胸口儿), xīnkǒur(心口儿), xīnkǎn(心坎).

みそか【晦日】 huì(晦), huìrì(晦日).

みそこな・う【見損なう】 1 [見逃す] ¶フランス美術展を～って残念だった Fǎguó měizhǎn cuòguòle jīhuì méi néng qù kàn, shízài kěxī(法国美展错过了机会没能去看, 实在可惜).

2 [見誤る] kàncuò(看错). ¶そんなことをするとはお前を～っていた nǐ jìng huì gànchū zhè zhǒng shì lai, wǒ suànshì kàncuòle rén le(你竟会干出这种事来, 我算是看错了人了). ¶俺を～うな bié xiǎokàn wǒ(别小看我).

みそさざい【鷦鷯】 jiāoliáo(鹪鹩), qiǎofùniǎo(巧妇鸟).

みそっかす【味噌っ滓】 ¶～に球拾いをさせる jiào ˇbànlǎzi[xiǎo máoháizi] qù jiǎn qiú(叫ˇ半拉子[小毛孩子]去捡球).

みそっぱ【味噌っ歯】 hēiyá(黑牙).

みそ・める【見初める】 kànzhòng(看中), xiāngzhòng(相中). ¶あのパーティーで彼女を～めた zài nàge wǎnhuì shang duì tā yí jiàn zhōngqíng(在那个晚会上对她一见钟情).

みそら【身空】 ¶若い～で苦労をする niánqīngqīng de jiù chīkǔ(年轻轻的就吃苦).

みぞれ【霙】 yǔjiāxuě(雨夹雪), dòngyǔ(冻雨). ¶雨が～に変った yǔ biànchéng yǔjiāxuě le(雨变成雨夹雪了).

-みたい xiàng(像), hǎoxiàng(好像); shìde(似的). ¶あの2人は本当の兄弟～に仲が良い tā liǎ gǎnqíng hǎode zhēn xiàng yí duì qīnxiōngdì(他俩感情好得真像一对亲兄弟). ¶今日は寒くてまるで冬～だ jīntiān lěngde xiàng dōngtiān(今天冷得像冬天). ¶今日～な日は体の調子が悪い xiàng jīntiān zhèyàng de tiānqì shēntǐ jiù bú duìjìnr(像今天这样的天气身体就不对劲儿). ¶彼～な秀才はそんなにいない xiàng tā nàyàng yōuxiù de rén shǎoyǒu(像他那样优秀的人少有). ¶ひっそりとしていて部屋には誰もいない～だ jìngqiāoqiāo de, hǎoxiàng

wūzili méiyǒu rén(静悄悄的,好像屋子里没有人). ¶風邪を引いた～だ xiàng shì dé le gǎnmào(像是得了感冒). ¶花びらの～な唇 huābànshìde zuǐchún(花瓣似的嘴唇).

みだし【見出し】 biāotí(标题). ¶新聞の～に目を通す kàn yíxià bàoshang de biāotí(看一下报上的标题). ¶小～をつける jiāshàng xiǎobiāotí(加上小标题).
¶～語 tiáomù(条目), címù(词目).

みだしなみ【身嗜み】 ¶～のよい人 yírónɡ qízhěng de rén(仪容齐整的人). ¶それくらいは紳士の～だ nà shì zuòwéi yí ge shēnshì yīnɡ yǒu de lǐmào(那是作为一个绅士应有的礼貌).

みた・す【満たす】 **1**[一杯にする] ¶杯に酒を～す bēizili zhēnmǎn jiǔ(杯子里斟满酒). ¶雑炊で腹を～す ná càizhōu tiánbǎo dùzi(拿菜粥填饱肚子).
2[満足させる] mǎnzú(满足). ¶ひとりひとりの要求を～すことはできない bùnéng mǎnzú měi yí ge rén de yāoqiú(不能满足每一个人的要求). ¶これだけの条件を～す人はなかなかいない nénggòu mǎnzú zhèxiē tiáojiàn de rén shǎoyǒu(能够满足这些条件的人少有). ¶何か～されない気持ち xīnli zǒng juéde débudào mǎnzú(心里总觉得得不到满足).

みだ・す【乱す】 nòngluàn(弄乱), rǎoluàn(扰乱). ¶列を～さないように búyào nòngluàn hángliè(不要弄乱行列). ¶秩序を～す rǎoluàn zhìxù(扰乱秩序). ¶風紀を～す shāng fēng bài sú(伤风败俗). ¶彼はそのことに心を～された nà jiàn shì shǐ tā xīnfán-yìluàn(那件事使他心烦意乱).

みたて【見立て】 zhěnduàn(诊断); tiāoxuǎn(挑选). ¶医者の～では肝炎ということだ yīshēng de zhěnduàn shì gānyán(医生的诊断是肝炎). ¶このネクタイはどなたの～ですか zhè tiáo lǐngdài shì shuí gěi nǐ tiāoxuǎn de?(这条领带是谁给你挑选的?).

みた・てる【見立てる】 **1**[選ぶ] tiāo(挑), tiāoxuǎn(挑选). ¶良い柄を～てて下さい qǐng gěi wǒ tiāo huāyàng hǎo de(请给我挑花样好的).
2[診断する] zhěnduàn(诊断). ¶医者は全治1か月と～ている yīshēng zhěnduàn, xūyào yí ge yuè cái néng quányù(医生诊断,需要一个月才能痊愈).
3[擬する] bǐzuò(比作). ¶この庭では砂を流水に～ててある zhè tíngyuán li bǎ shāzi bǐzuò liúshuǐ(这庭园里把沙子比作流水).

みたな・い【満たない】 bù mǎn(不满). ¶定員に～かった場合は開講しない bù mǎn dìng'é shí bù kāijiǎng(不满定额时不开讲). ¶周囲4キロに～小さな島 fāngyuán bú dào sì gōnglǐ de xiǎodǎo(方圆不到四公里的小岛). ¶参加者は20名に～かった cānjiā de rén bú dào èrshí míng(参加的人不到二十名).

みため【見た目】 ¶この料理は～は悪いが味は良い zhège cài kànqilai bù hǎokàn, dàn wèidao dào búcuò(这个菜看起来不好看,但味道倒不错). ¶彼女は～にはやさしそうな人だ cóng wàimào lái kàn tā xiǎnde hěn wēnróu(从外貌来

看她显得很温柔).

みだら【淫ら】 yínhuì(淫秽), wěixiè(猥亵). ¶～な事を言う shuō yínhuì de huà(说淫秽的话).

みだり【妄り】 shàn(擅), luàn(乱). ¶そんな事は～に言うべきではない nà zhǒng huà kě bú yào luàn shuō(那种话可不要乱说). ¶～に立ち入るべからず bùzhǔn shànzì rù nèi(不准擅自入内).

みだれと・ぶ【乱れ飛ぶ】 ¶怪情報が政界に～ぶ guàidàn bù jīng de xiāoxi zài zhèngjiè mǎntiān fēi(怪诞不经的消息在政界满天飞).

みだ・れる【乱れる】 luàn(乱). ¶行進の足並が～れる xíngjìn de bùfá luàn le(行进的步伐乱了). ¶呼吸が～れてきた hūxī bú zhèngcháng le(呼吸不正常了). ¶～れた髪を整える shūlǐ pénɡluàn de tóufa(梳理蓬乱的头发). ¶秩序が～れる zhìxù wěnluàn(秩序紊乱). ¶宴席が～れてきた yànhuì luànle táo le(宴会乱了套了). ¶天下は麻の如く～れている tiānxià luàn rú má(天下乱如麻). ¶心が～れて何もできない xīnli luànde shénme yě zuò bu xiàqù(心里乱得什么也做不下去).

みち【道】 **1**[道路,進路] lù(路), dào[r](道[儿]), dàolù(道路). ¶ここから下りになる道 dào cóng zhèr kāishǐ xiàpōlù(道从这儿开始下坡路). ¶駅まで広い～がまっすぐに通じている kuānkuò de mǎlù yìzhí tōngdào chēzhàn(宽阔的马路一直通到车站). ¶途中で混んでいてひどく時間がかかった lùshang hěn yōngjǐ, dānwule hěn duō shíjiān(路上很拥挤,耽误了很多时间). ¶～幅が5メートルある lù kuān yǒu wǔ mǐ(路宽有五米). ¶山の中で～に迷った zài shānli míle lù le(在山里迷了路了). ¶～を尋ね尋ねやっと辿り着いた xiàng shìchù dǎtīng, hǎoróngyì cái zhǎodào le(向四处打听,好容易才找到了). ¶すべての～はローマに通ず tiáotiáo dàolù tōng Luómǎ(条条道路通罗马). ¶彼女の歩んだ～は決して平坦ではなかった tā zǒuguò de dàolù jué bú shì píngtǎn de(她走过的道路决不是平坦的). ¶後進に～を譲る gěi hòuláirén ràng lù(给后来人让路). ¶我が～を行く zǒu zìjǐ de lù(走自己的路)/ wǒ xíng wǒ sù(我行我素). ¶この分野の研究に～をつけたのは彼だ zài zhège lǐngyù de yánjiū shì tā kāi de dào(在这个领域的研究是他开的道).
2[途中] túzhōng(途中). ¶学校へ行く～で忘れ物に気づいた zài shàngxué de túzhōng fājué wàng dàile ge dōngxi(在上学的途中发觉忘带了个东西). ¶帰る～で土産を買った zài guītú mǎile lǐwù(在归途买了礼物).
3[道のり] lùchéng(路程). ¶村まで1時間ほどの～だ dào cūnzi dàyuē yǒu yì xiǎoshí de lùchéng(到村子大约有一小时的路程). ¶家までまだ～は遠い yànhuì luànle táo le yànhuí tiānxià... ¶家までまだ～は遠い yàng dào jiā lù hái yuǎnzhe ne(到家路还远着呢). ¶千里の～を遠しともせず bù yuǎn qiān lǐ(不远千里).
4[道理,教義] dàoli(道理), dàoyì(道义). ¶～に外れた行い xiéxíng(邪行). ¶～ならぬ恋 wéibèi dàoyì de liàn'ài(违背道义的恋爱).

¶仏の～を説く shuōfǎ(说法).
5〔専門,方面〕 ¶学問の～に打ち込む zhuānxīn-yìzhí cóngshì xuéwen(专心一志从事学问). ¶その～の人に聞いてみよう xiàng nà fāngmiàn de zhuānjiā wènwen kàn(向那方面的专家问问看). ¶その～の達人 nà fāngmiàn de gāoshǒu(那方面的高手).
6〔方法,手段〕 ¶他にとるべき～がない méiyǒu bié de lù kě zǒu(没有别的路可走). ¶生活の～を講ずる móuqiú shēnghuó de tújìng(谋求生活的途径).
みち【未知】 wèizhī(未知). ¶～の世界 wèizhī de shìjiè(未知的世界). ¶～の人から励ましの手紙をもらった sù bù xiāngshí de rén lái xìn gǔlì wǒ(素不相识的人来信鼓励我).
¶～数 wèizhīshù(未知数).
みちあんない【道案内】 xiàngdǎo(向导), dàilù(带路), lǐnglù(领路), lǐngdào[r](领道[儿]).
¶村人に～を頼む qǐng cūnlǐ de rén zuò xiàngdǎo(请村子里的人做向导).
みぢか【身近】 shēnbiān(身边), shēnpáng(身旁). ¶私達の～な暮しの問題について討論する duì wǒmen de qièshēn de shēnghuó wèntí jìnxíng tǎolùn(对我们的切身的生活问题进行讨论). ¶危険が～に迫る wēixiǎn línjìn(危险临近). ¶あなたの～に協力して下さる方はいませんか nǐ shēnbiān yǒu méiyǒu kěyǐ xiézhù wǒmen de rén?(你身边有没有可以协助我们的人?). ¶あの事以来彼が～に感じられるようになった zìcóng nà jiàn shì yǐlái wǒ juéde tā gèngjiā qīnjìn le(自从那件事以来我觉得他更加亲近了).
みちがえる【見違える】 kàncuò(看错), rèncuò(认错). ¶正札を～えた kàncuòle biāoqiān shang de jiàgé(看错了标签上的价格). ¶1年会わなかったら～えるほど大きくなった yì nián bú jiàn jìng zhǎngde jiào rén bùgǎn rèn le(一年不见竟长得叫人不敢认了). ¶ペンキを塗ったら～えるほど奇麗になった túle yóuqī, huànrán-yìxīn, jiào rén rèn bu chūlái le(涂了油漆,焕然一新,叫人认不出来了).
みちかけ【満ち欠け】 yíngkuī(盈亏). ¶月の～ yuèliang de yíngkuī(月亮的盈亏).
みちくさ【道草】 ¶～を食ってはいけません bié zài lùshang xiā zhuànyou(别在路上瞎转悠). ¶どこで～を食っているのか zài shénme dìfang pàozhe le?(在什么地方泡着了?). ¶若い頃はいろんな事に興味をもって～ずいぶん～を食った niánqīng shí duì gè zhǒng shìqing fāshēng xìngqù gěi dāngle le(年轻时对各种事情发生兴趣给耽搁了).
みちしお【満ち潮】 gāocháo(高潮), mǎncháo(满潮).
みちじゅん【道順】 lùjìng(路径). ¶駅までの～を教えて下さい qǐngwèn, dào chēzhàn qù de lù zěnme zǒu?(请问,到车站去的路怎么走?).
みちしるべ【道標】 lùbiāo(路标).
みちすがら【道すがら】 yílùshang(一路上), lùshang(路上), yánlù(沿路), yántú(沿途). ¶～彼といろいろ話をした yílùshang gēn tā tánle gè zhǒng shì(一路上跟他谈了各种事).
みちすじ【道筋】 lùjìng(路径). ¶郵便局は駅に行く～にある yóujú zài qù chēzhàn de lùshang(邮局在去车站的路上). ¶デモ行進の～ shìwēi yóuxíng de lùxiàn(示威游行的路线).
みちた・りる【満ち足りる】 ¶～りた生活 fēngyī-zúshí[fēngzú] de shēnghuó(丰衣足食[丰足]的生活). ¶～りた顔つき xīnmǎn-yìzú de liǎn bànr(在旅途中有一个男人搭了伴儿,心满意足的脸色).
みちづれ【道連れ】 lǚbàn(旅伴). ¶道中ある男と～になった zài lǚtú zhōng hé yí ge nánrén dāle bànr(在旅途中和一个男人搭了伴儿). ¶子供を～にして死ぬ dàizhe háizi yìtóng qù sǐ(带着孩子一同去死).
みちなり【道なり】 ¶～に行く shùnzhe lù zǒu(顺着路走).
みちのり【道程】 lù(路), lùchéng(路程), xíngchéng(行程), lǐchéng(里程), lùtú(路途). ¶自動車で1時間ほどの～だ zuò qìchē yǒu yí ge lái xiǎoshí de lùchéng(坐汽车有一个来小时的路程). ¶たいした～ではない lù bìng bù yuǎn(路并不太远). ¶思えば今日まで長い～だった huíxiǎng qǐlai dào jīntiān zhēn shì màncháng de lǐchéng(回想起来到今天真是漫长的路程).
みちばた【道端】 lùpáng(路旁).
みちひ【満干】 zhǎngluò(涨落). ¶潮の～が激しい cháo de zhǎngluò hěn dà(潮的涨落很大).
みちび・く【導く】 yǐn(引), yǐndǎo(引导), zhǐyǐn(指引), dǎoxiàng(导向). ¶避難する人々を安全な場所に～く bǎ bìnàn de rénmen yǐndào ānquán de dìfang(把避难的人们引到安全的地方). ¶これが事業を失敗に～いた原因だ zhè jiùshì dǎozhì shìyè shībài de yuányīn(这就是导致事业失败的原因). ¶皆様のおつきに感謝致します gǎnxiè dàjiā de zhǐyǐn(感谢大家的指引).
みちぶしん【道普請】 xiūlù(修路).
みちみち【道道】 →みちすがら.
み・ちる【満ちる】 chōngmǎn(充满). ¶自信に～た顔をしている liǎn shang chōngmǎn zìxìn(脸上充满自信). ¶会場は友好的雰囲気に～ちていた huìchǎng chōngmǎnzhe[yángyìzhe] yǒuhǎo de qìfēn(会场充满着[洋溢着]友好的气氛). ¶潮が～ちてきた zhǎngqǐ cháo lái le(涨起潮来了). ¶月が～った yuèliang yuán le(月亮圆了). ¶月～ちて玉のような男の子が生れた dào yuè shēngle yí ge měi rú báiyù de nánháizi(到月生了一个美如白玉的男孩子). ¶定員に～ちるまで募集する dào dìng'é wéizhǐ zhāomù(到定额为止招募).
みつ【密】 mì(密). ¶人口の～な所 rénkǒu chóumì[mìjí] de dìfang(人口稠密[密集]的地方). ¶これからは連絡を～にしよう yǐhòu jǐnmì liánxì ba(以后紧密联系吧). ¶計画を～にして取り掛る zhōumì jìhuà hòu dòngshǒu(周密计划后动手).
みつ【蜜】 mì(蜜), huāmì(花蜜), fēngmì(蜂蜜); 〔シロップ〕tángmì(糖蜜). ¶蝶が花の～を吸っている húdié xīzhe huāmì(蝴蝶吸着花

蜜).¶～のように甘い言葉 yóurú mì yíyàng tián de huà(犹如蜜一样甜的话)/ tián yán mì yǔ(甜言蜜语).

みっか【三日】〔日付〕sān hào(三号), sān rì(三日);〔日数〕sān tiān(三天), sān rì(三日).¶三月～ sānyuè sān hào(三月三号).¶～にあげず来る sāntiān-liǎngtóur láifǎng(三天两头儿来访).
¶～天下 wǔ rì jīngzhào(五日京兆).～坊主 sān tiān bàn de xīnxiān(三天半的新鲜)/ sān tiān dǎ yú, liǎng tiān shài wǎng(三天打鱼, 两天晒网).

みっかい【密会】 mìhuì(密会), yōuhuì(幽会).¶～を重ねる lǚcì yōuhuì(屡次幽会).

みつか・る【見付かる】 zhǎodào(找到), fāxiàn(发现).¶針を落としたがどうしても～らない zhēn diàozài dìxia, kě zěnme yě zhǎobudào(针掉在地下,可怎么也找不到).¶何かよい仕事がありましたか zhǎodàole shénme hǎo gōngzuò le ma?(找到了什么好工作了吗?).¶どうしても結論が～らない zěnme yě débuchū jiélùn(怎么也得不出结论).¶～ると大変だ bèi fāxiàn kě jiù bùdéliǎo le(被发现可就不得了了).¶誰にも～らずにうまく抜け出した méi jiào rén kàndào qiǎomiào de liūle chūlái(没叫人看到巧妙地溜了出来).

みつぎ【密議】 mìshāng(密商).¶～をこらす mìmóu(密谋).

みつぎもの【貢物】 gòngpǐn(贡品).¶～を捧げる jìngòng(进贡)/ xiàn gòngpǐn(献贡品).

みっきょう【密教】 mìjiào(密教).

みつ・ぐ【貢ぐ】¶生活費も学費も彼女が～いでくれた shēnghuófèi, xuéfèi dōu shì yóu tā gōngjǐ de(生活费、学费都是由她供给的).

みつくち【兔唇】 tùchún(兔唇), chúnliè(唇裂), huǒzuǐ[r](豁嘴[儿]), quēzuǐ[r](缺嘴[儿]).

みづくろい【身繕い】¶手早く～した hěn kuài de shūzhuāng dǎbànhǎo le(很快地梳妆打扮好了).

みつくろ・う【見繕う】¶お祝いの品を～う shìdàng de tiāoxuǎn hèlǐ(适当地挑选贺礼).

みっけい【密計】 mìmóu(密谋).¶～をめぐらす gǎo mìmóu(搞密谋).

みつげつ【蜜月】 mìyuè(蜜月).¶2人は～旅行に発った liǎngrén mìyuè lǚxíng qù le(两人蜜月旅行去了).¶両国の～時代は終った liǎngguó mìyuè shídài yǐ gàozhōng(两国蜜月时代已告终).

みつ・ける【見付ける】 1〔見出す〕zhǎo(找), zhǎochū(找出), zhǎodào(找到), fāxiàn(发现).¶一番早く～けた kànjiànle chū xiàn de xīxīng(看见了初现的夕星).¶計算の誤りを～けた fāxiànle jìsuàn zhōng de cuòwù(发现了计算中的错误).¶適当な機会を～けてまた相談しましょう zhǎo ge shìdàng de jīhuì zài shāngliang ba(找个适当的机会再商量吧).¶彼は私を～けると大急ぎでやってきた tā yí kànjian wǒ jiù gǎnjǐn chōude guòlái(他一看见我就赶紧走了过来).¶あいつを～けて次第ここに連れてこい zhǎodàole tā jiù gěi wǒ bǎ tā dàidào

zhèli lái(找到了他就给我把他带到这里来).
2〔見慣れる〕kànguàn(看惯).¶ふだん～けているので気にも留めない sīkōng jiànguàn háo bú jièyì(司空见惯毫不介意).

みつご【三子】 1¶～が生れた yì tāi shēngxiàle sān ge háizi(一胎生下了三个孩子).
2〔幼い子〕¶そんなことは～でも知っているnà zhǒng shì sān suì de háizi yě zhīdào(那种事连三岁的孩子也知道).¶～の魂百までshénhé yì gǎi, bǐngxìng nán yí(山河易改, 禀性难移).

みっこう【密航】 tōudù(偷渡).¶サンフランシスコへ～を企てる qǐtú tōudù dào Jiùjīnshān(企图偷渡到旧金山).
¶～者 tōudùzhě(偷渡者).

みっこく【密告】 mìgào(密告), mìbào(密报), gàomì(告密).¶警察に～する xiàng gōng'ānjú gàomì(向公安局告密).
¶～者 gàomìrén(告密人).

みっし【密使】 mìshǐ(密使).¶～を派遣する pàiqiǎn mìshǐ(派遣密使).

みっしつ【密室】 mìshì(密室).¶政治犯を～にかくまう bǎ zhèngzhìfàn yǐnnì zài mìshìli(把政治犯隐匿在密室里).¶～で殺人があった zài shàngsuǒ jǐnbì de fángjiān lǐ fāshēngle shārén'àn(在上锁紧闭的房间里发生了杀人案).

みっしゅう【密集】 mìjí(密集), chóumì(稠密).¶住宅～地域 zhùzhái mìjí dìqū(住宅密集地区).

みっしょ【密書】 mìjiàn(密件), mìhán(密函).

ミッションスクール jiàohuì xuéxiào(教会学校).

みっしり¶明日は予定が～詰っている míngtiān de rìchéng ānpáide jǐnjǐn de(明天的日程安排得紧紧的).¶ひとつ～仕込んで下さい qǐng yánlì jiàoyù yíxià(请严厉教育一下).¶～しぼられた bèi hěnhěn de xùnle yí dùn(被狠狠地训了一顿).

みっせい【密生】 màomì(茂密), cóngshēng(丛生).¶樹木が～している shùmù màomì(树木茂密).

みっせつ【密接】 mìqiè(密切).¶この問題は政治と～にかかわっている zhège wèntí gēn zhèngzhì yǒu mìqiè guānxi(这个问题跟政治有密切关系).¶両国の関係を更に～なものにしなくてはならない liǎngguó zhī jiān de guānxi xūyào jìnyíbù mìqiè qǐlai(两国之间的关系需要进一步密切起来).

みつぞう【密造】¶禁制品を～する mìmì zhìzào wéijìnpǐn(秘密制造违禁品).
¶～酒 sījiǔ(私酒).

みつぞろい【三揃い】¶～の背広 sān jiàn yí tào de xīfú(三件一套的西服).

みつだん【密談】 mìtán(密谈), mìyǔ(密语).¶～の内容が漏れた mìtán de nèiróng xièlòu le(密谈的内容泄漏了).

みっちゃく【密着】¶生活に～した問題 gēn shēnghuó mìqiè xiāngguān de wèntí(跟生活密切相关的问题).

¶～印画 jiēchù yìnxiàng zhàopiàn(接触印相照片).
みっちり →みっしり.
みっつう【密通】 sītōng(私通).
みってい【密偵】 mìtàn(密探), àntàn(暗探), yǎnmù(眼目), tànzi(探子), jiàndié(间谍). ¶敵中に～を放つ pài mìtàn qiánrù díyíng(派密探潜入敌营).
ミット hézhǐ shǒutào(合指手套).
みつど【密度】 mìdù(密度). ¶人口～が高い rénkǒu mìdù dà(人口密度大). ¶～の高い作品 nèiróng chōngshí de zuòpǐn(内容充实的作品).
みつどもえ【三巴】 ¶～の戦いが繰り広げられた sān zhǒng shìlì zhǎnkāile hùnzhàn(三种势力展开了混战).
みっともな・い bù chéng tǐtǒng(不成体统), bú xiàngyàng[r](不像样[儿]), bù yǎguān(不雅观), bú xiàng yàngzi(不像样子), bù tǐmiàn(不体面), hánchen(寒碜·寒伧), diūliǎn(丢脸), diūrén(丢人), nánkàn(难看). ¶人前であくびをするのは本当に～い zài rén miànqián dǎ hāqian tài bú xiàng yàngzi(在人面前打哈欠太不像样子). ¶君の年でそんな派手な服は～い nǐ zhège niánjì chuān nàme huāshao de yīfu tài nánkàn(你这个年纪穿那么花哨的衣服太难看). ¶今年も落第するとは～い jīnnián yòu liúlevel jí zhēn hánchen(今年又留了级真寒碜).
みつば【三葉】 yāqín(鸭儿芹).
みつばい【密売】 sīmài(私卖), sīfàn(私贩). ¶麻薬を～する sīmài dúpǐn(私卖毒品).
¶～品 sīhuò(私货).
みつばち【蜜蜂】 mìfēng(蜜蜂). ¶～を飼う yǎng mìfēng(养蜜蜂). ¶～の巣箱 fēngxiāng(蜂箱).
みっぷう【密封】 mìfēng(密封), mìbì(密闭), fēngbì(封闭). ¶瓶の口を～する mìfēng píngkǒu(密封瓶口).
みっぺい【密閉】 mìbì(密闭), fēngbì(封闭). ¶蠟で～を用う báilà fēngbì(用白蜡封闭). ¶部屋を～する bǎ fángjiān fēngqilai(把房间封起来).
みつぼうえき【密貿易】 zǒusī(走私).
みつまた【三又】 sānchā(三叉), sānchà(三岔). ¶河が～になっている hé fēnchéng sān gǔ(河分成三股). ¶～のところで真中の道をまっすぐ行きなさい dàole sānchà lùkǒu, cóng zhōngjiànr de lù yìzhí zǒu(到了三岔路口，从中间儿的路一直走).
みつ・める【見詰める】 dīng(盯), níngshì(凝视), zhùshì(注视). ¶彼女はじっと子供の写真を～めている tā mù bù zhuǎn jīng de kànzhe háizi de xiàngpiàn(她目不转睛地看着孩子的照片).
みつもり【見積り】 ¶建築費の～をする jìsuàn jiànzhùfèi(计算建筑费). ¶私の～ではざっと 5,6 百万円はかかる jù wǒ gūjì, dàgài xūyào wǔ, liùbǎi wàn rìyuán(据我估计，大概需要五、六百万日元).
¶～書 gūjiàdān(估价单).

みつも・る【見積る】 gū(估), gūjì(估计), gūliang(估量). ¶おおよその費用を～る gūjì dàgài de fèiyong(估计大概的费用). ¶どんなに安く～っても 100 万円はかかる zěnme dīgū yě děi yào yìbǎi wàn rìyuán ba(怎么低估也得要一百万元吧). ¶多めに～って 1 キロ買う方がいい zuìhǎo duō gū xiē, mǎi yì gōngjīn(最好多估些，买一公斤).
みつやく【密約】 mìyuē(密约), mòqì(默契). ¶～を結ぶ dìjié mìyuē(缔结密约).
みつゆ【密輸】 zǒusī(走私). ¶時計を～する zǒusī zhōngbiǎo(走私钟表). ¶武器を～出す mìmì chūkǒu wǔqì(秘密出口武器). ¶金の延べ板を～入する mìmì jìnkǒu jīntiáo(秘密进口金条).
¶～品 sīhuò(私货)/ shuǐhuò(水货).
みつりょう **1【密漁】** 鮭を～する wéijìn bǔ guīyú(违禁捕鲑鱼).
2【密猟】 ¶禁猟区で～する zài jìnlièqū wéijìn dǎliè(在禁猎区违禁打猎).
みつりん【密林】 mìlín(密林), cónglín(丛林).
みてい【未定】 wèidìng(未定). ¶会議の日取りは～です huìyì wèi dìng(会期未定).
みていこう【未定稿】 wèidìnggǎo(未定稿).
みてくれ【見てくれ】 wàimiàn[r](外面[儿]), wàibiǎo(外表), wàiguān(外观). ¶この家は～がいい zhè fángzi wàiguān hǎokàn(这房子外观好看). ¶～ばかりで性能はよくない zhǐshì wàibiǎo hǎokàn, xìngnéng hěn chà(只是外表好看，性能很差). ¶～を良くすることばかり考えるな bùnéng zhǐ qiú wàimiànrguāng(不能只求外面儿光).
みて と・る【見て取る】 ¶形勢が不利だと～と何も言わなくなった yí kàndào xíngshì duì zìjǐ bùlì, jiù mò bù zuòshēng le(一看到形势对自己不利，就默不作声了). ¶彼はその子が何を言おうとしているのかすばやく～った tā yíxiàzi jiù kànchūle nà háizi xiǎng yào shuō shénme(他一下子就看出了那孩子想要说什么).
みとう【未到】 wèidào(未到). ¶前人～の領域 qián wú qián rén dàodá[qiánrén wèi dào] de lǐngyù(前无古人到达[前人未到]的领域).
みとう【未踏】 wèità(未踏). ¶人跡～の地 rénjì wèi tà de dìfang(人迹未踏的地方).
みとおし【見通し】 **1【遠望】** ¶ここは小高い場所なので～がきく zhèli bǐjiào gāo, wàngde yuǎn xiē(这里比较高，望得远些). ¶あそこは急カーブで～がきかない nàli shì gè qīwān, wàngbudào qiánbian(那里是个急弯，望不到前边).
2【予測】 ¶～は明るい hěn yǒu xīwàng(很有希望)/ qiántú guāngmíng(前途光明). ¶将来の～が立てにくい jiānglái nányú yùcè(将来难于预测). ¶私の～が甘かった wǒ gūjìde tài lèguān le(我估计得太乐观了). ¶我が国の経済の～はどうか wǒguó de jīngjì zhǎnwàng rúhé?(我国的经济展望如何?). ¶お天道様はお～だ tiāntāiyé yǒu yǎn(老天爷有眼).
みとお・す【見通す】 **1【遠望】** ¶深くて奥の方まで～せない shēnde wàngbudào lǐbianr

(深得望不到里边ㄦ). ¶
2〔見抜く〕kànchuān(看穿), kàntòu(看透), shípò(识破), kànpò(看破). ¶相手の計略を～す kànchuān duìfāng de jìcè(看穿对方的计策). ¶腹の底まで～された yòngxīn bèi shípò le(用心被识破了).
3〔見越す〕¶10年先を～すのは難しい shí nián yǐhòu de shì nányú yùcè(十年以后的事难于予测). ¶全局を～す tōngguān quánjú(通观全局).

みとが・める【見咎める】¶誰にも～められずに抜け出した méi bèi rén fājué liūle chūlái(没被人发觉溜了出来). ¶彼は小さな間違いを～めては文句を言う tā ˇkànjian[zhuāzhù] rénjia xiǎoxiǎo de cuòwù jiù pīpíng rén(他ˇ看见[抓住]人家小小的错误就批评人).

みどく【味読】¶ハイネの詩を～する xì dú wánwèi Hǎiniè de shī(细读玩味海涅的诗).

みどころ【見所】**1**〔とりたてて～のない映画 méiyǒu shénme kàntou de diànyǐng(没有什么看头的电影). ¶この場面がこの芝居のいちばんの～だ zhège chǎngmiàn shì zhè chū xì zuì jīngcǎi de dìfang(这个场面是这出戏最精彩的地方).
2〔見込み〕¶彼は～のある青年だ tā shì ge yǒu chūxi de qīngnián(他是个有出息的青年).

みとど・ける【見届ける】¶父の最期を～ける gěi fùqīn sòngzhōng(给父亲送终). ¶彼女がバスに乗り込んだのを～けてから帰った kànzhe tā shàngle gōnggòng qìchē cái huílai(看着她上了公共汽车才回来).

みと・める【認める】**1**〔目に留める〕kàndào(看到), kànjian(看见). ¶彼女の姿はどこにも～められなかった shénme dìfang dōu kànbudào tā de yǐngzi(什么地方都看不到她的影子). ¶検査の結果異状は～められません jiǎnchá de jiéguǒ méiyǒu rènhé yìcháng(检查的结果没有任何异常).
2〔見なす〕rènwéi(认为), duàndìng(断定). ¶黙っているのは承認と～めます bú zuòshēng jiù rènwéi shì chéngnuò le(不作声就认为是承诺了). ¶これだけの証拠では犯人と～めがたい jǐn gēnjù zhèxiē zhèngjù nányú duàndìng wéi fànrén(仅根据这些证据难于断定为犯人).
3〔承認する, 許可する〕chéngrèn(承认). ¶自らの非を～める chéngrèn zìjǐ de bú duì(承认自己的不对). ¶彼の学説は学界で～められた tā de xuéshuō bèi xuéshùjiè chéngrèn le(他的学说被学术界承认了). ¶産前産後3か月の休暇が～められる chǎnqián chǎnhòu zhǔnyú qǐngjiǎ sān ge yuè(产前产后准于请假三个月). ¶あなたの発言を～めます zhǔnxǔ nǐ fāyán(准许你发言).
4〔高く評価する〕¶彼女はすでに画家として～められている tā zuòwéi huàjiā yǐ yǒu dìngpíng(她作为画家已有定评). ¶彼の仕事ぶりが皆に～められた tā de gōngzuò tàidu dédàole dàjiā de zànshǎng(他的工作态度得到了大家的赞赏).

みどり【緑】lǜ(绿), lǜsè(绿色). ¶～したたる山野 lǜyōuyōu de shānyě(绿油油的山野). ¶～の黒髪 qīhēi de tóufa(漆黑的头发).

みとりず【見取図】shìyìtú(示意图), luètú(略图), cǎotú(草图).

みと・る【看取る】kānhù(看护), shǒuhù(守护), shǒuhòu(守候). ¶父は家族に～られて死んだ fùqīn zài jiārén shǒuhòu xià qùshì le(父亲在家里人守候下去世了).

ミドルきゅう【ミドル級】zhōngliàngjí(中量级).

みと・れる【見蕩れる】¶雄大な景観にしばし～れた xióngwěi de jǐngxiàng shǐ rén kànde rùle mí le(雄伟的景象使人看得入了迷).

みな【皆】quán(全), dōu(都), quándōu(全都); dàjiā(大家), dàhuǒ(大伙ㄦ), dàjiāhuǒr(大家伙ㄦ). ¶～で考えて解決しよう dàjiā yìqǐ xiǎng bànfǎ jiějué(大家一起想办法解决). ¶物語をして～に聞かせる jiǎng gùshi gěi dàjiā tīng(讲故事给大家听). ¶私達は～その意見に反対だ wǒmen dōu fǎnduì nàge yìjiàn(我们都反对那个意见). ¶～が～持っているわけではない bú shì rénrén dōu yǒu(不是人人都有). ¶小遣銭を～使ってしまった língyòngqián quán huāguāng le(零用钱全花光了). ¶彼の言うことは～嘘だ tā shuō de quándōu shì huǎnghuà(他说的全都是谎话). ¶人数は～で18人です rénshù yígòng shì shíbā ge rén(人数一共是十八个人). ¶～でいくらになりますか zǒnggòng[gòngzǒng] duōshao qián?(总共[共总]多少钱?). ¶～さんお早う nǐmen zǎo(你们早)/dàjiā zǎochén hǎo(大家早晨好). ¶友人の～さんによろしく伝えてください péngyoumen, rèliè de huānyíng nǐmen(朋友们, 热烈地欢迎你们). ¶乗客の～様にお知らせします qǐng chéngkèmen zhùyì(请乘客们注意). ¶お宅の～様はお元気ですか fǔshang dōu hǎo ma?(府上都好吗?). ¶～様に衷心より感謝の言葉を申し述べます xiàng zhūwèi zhōngxīn biǎoshì gǎnxiè(向诸位衷心表示感谢).

みなお・す【見直す】¶原稿を～す chóngxīn xì kàn yí biàn gǎozi(重新细看一遍稿子). ¶今度の事件で彼を～した tōngguò zhè cì shìjiàn wǒ duì tā kě lìngyǎn-xiāngkàn le(通过这次事件我对他可另眼相看了). ¶行政システムの～し chóngxīn tàntǎo xíngzhèng jīzhì(重新探讨行政机制).

みなぎ・る【漲る】gāozhǎng(高涨), chōngyì(充溢), chōngmǎn(充满). ¶闘志が～る dòuzhì ángyáng(斗志昂扬). ¶体中に若さが～っている húnshēn chōngmǎnzhe qīngchūn de huólì(浑身充满着青春的活力).

みなげ【身投げ】¶昨日ここで～があった zuótiān yǒu rén zài zhèli tóuhé zìshā le(昨天有人在这里投河自杀了). ¶井戸に～する tóujǐng(投井).

みなごろし【皆殺し】shāguāng(杀光), shājué(杀绝). ¶一家を～にした bǎ yìjiārén dōu shāsǐ le(把一家人都杀死了). ¶村人は敵に～にされた cūnlǐ de rén dōu bèi dírén shāguāng le(村子里的人都被敌人杀光了).

みなしご【孤児】gū'ér(孤儿). ¶彼は6歳の時

～になった tā liù suì shí chéngwéi gū'ér(他六岁时成为孤儿).

みな・す【見做す】 shìwéi(视为), kànzuò(看做), dàngzuò(当做). ¶返事のない者は欠席と～す bú yìngdá zhě shìwéi quēxí(不应答者视为缺席). ¶未成年者は婚姻によって成年に達したものと～される wèichéngniánzhě yì jīng jiéhūn jí bèi shìwéi chéngnián(未成年者一经结婚即被视为成年).

みなと【港】 gǎng(港), gǎngkǒu(港口), gǎngbù(港埠), kǒu'àn(口岸), hǎigǎng(海港). ¶大型客船が～に停泊している jùxíng kèlún tíngbó zài mǎtou shang(巨型客轮停泊在码头上). ¶船が～に入る chuánbó jìngǎng(船舶进港). ¶～一町 shāngbù(商埠)／kǒu'àn chéngshì(口岸城市).

みなみ【南】 nán(南). ¶船はまっすぐ～へ進む chuán yìzhí wǎng nán xíngshǐ(船一直往南行驶). ¶～向きの部屋 cháo nán[xiàngyáng] de fángjiān(朝南[向阳]的房间). ¶駅の～側は公園です chēzhàn de nánmiàn shì gōngyuán(车站的南面是公园). ¶横浜は東京の～約30キロメートルのところにある Héngbīn wèiyú Dōngjīng yǐ nán yuē sānshí gōnglǐ(横滨位于东京以南约三十公里).

¶～回帰線 nánhuíguīxiàn(南回归线). ～風 nánfēng(南风). ～十字座 nánshízìzuò(南十字座). ～半球 nánbànqiú(南半球).

みなもと【源】 **1**[水源] shuǐyuán(水源), fāyuán(发源), dǎoyuán(导源), yuántóu(源头). ¶利根川の～を探る tànxún Lìgēn Chuān de shuǐyuán(探寻利根川的水源). ¶淀川は琵琶湖に～を発する Diàn Hé fāyuán yú Pípá Hú(淀河发源于琵琶湖).

2[起源] qǐyuán(起源), dǎoyuán(导源). ¶この習俗の～は仏教にある zhè xísú ˇqǐyuán[láiyuán] yú Fójiào(这习俗ˇ起源[来源]于佛教). ¶問題の～は何か wèntí chǎnshēng de gēnyuán shì shénme?(问题产生的根源是什么?).

みならい【見習い】 jiànxí(见习), xuétú(学徒). ¶彼は染物屋で3年間～をした tā zài rǎnfáng xuéle sān nián tú(他在染坊学了三年徒). ¶彼は自動車修理の～だ tā shì xiūlǐ qìchē de túgōng(他是修理汽车的徒工). ¶私はまだ～です wǒ hái shì ge jiànxíshēng(我还是个见习生).

¶～看護婦 jiànxí hùshi(见习护士). ～期間 jiànxí qījiān(见习期间). ～工 túgōng(徒工)／xuétúgōng(学徒工).

みなら・う【見習う】 xué(学). ¶彼のやり方を～ってやってごらん xuéxue tā de zuòfǎ shìshi kàn(学学他的做法试试看). ¶少しは人を～え xiàng rénjia xuézhe diǎnr(向人家学着点儿). ¶家の商売を～う xuézhe zuò zìjǐ jiāli de mǎimai(学着做自己家里的买卖).

みなり【身形】 chuānzhuó(穿着), yīzhuó(衣着), chuāndài(穿戴), dǎbàn(打扮), fúzhuāng(服装). ¶彼はいつもきちんとした～をしている tā de chuānzhuó zǒngshi hěn zhěngqí(他的穿着总是很整齐). ¶彼女は少しも～を構わない tā duì fúzhuāng yìdiǎnr yě búzàihu(她对服装一点儿也不在乎)／tā bù xiū biānfú(她不修边幅).

みな・れる【見慣れる】 kànguàn(看惯), xíjiàn(习见). ¶子供の時から～れた街並みだ cóngxiǎo jiù kànguàn le de jiēdào jǐngzhì(那从小就看惯了的街道景致). ¶彼の字は～れないと読みにくい tā de zì yàoshi méi kànguàn, kě nán rèn le(他的字要是没看惯,可难认了). ¶～れない顔がいくつかあった yǒu jǐ ge yǎnshēng de rén(有几个眼生的人).

ミニカー wēixíng qìchē(微型汽车);[模型] qìchē móxíng(汽车模型).

みにく・い【醜い】 chǒu(丑), chǒulòu(丑陋), nánkàn(难看). ¶～いあひるの子 chǒu xiǎoyār(丑小鸭儿). ¶遺産をめぐって～い争いが起こった wéiràozhe yíchǎn fāshēngle yì chǎng chǒu'è de zhēngduó(围绕着遗产发生了一场丑恶的争夺).

ミニスカート mínǐqún(迷你裙), chāoduǎnqún(超短裙).

みぬ・く【見抜く】 kànchuān(看穿), kànpò(看破), kàntòu(看透). ¶敵の計略を～けなかった méi néng kànchuān dírén de guǐjì(没能看穿敌人的诡计). ¶本心を～かれた wǒ de yòngxīn bèi kànpò le(我的用心被看破了).

みね【峰】 fēng(峰), shānfēng(山峰);[刃物の] dāobèi[r](刀背[儿]).

ミネラルウオーター kuàngquánshuǐ(矿泉水).

みの【蓑】 suō(蓑), suōyī(蓑衣). ¶～かさ suōlì(蓑笠).

みのう【未納】 wèijiāo(未交), wèijiǎo(未缴). ¶会費～の方は至急納入して下さい wèi jiāo huìfèi de ge wèi qǐng sù jiǎonà(未交会费的各位请速缴纳).

¶～授業料 xuéfèi wèi jiǎo(学费未缴).

みのうえ【身の上】 ¶～を詳しく語った tā xiángjìn de shùshuōle zìjǐ de shēnshì(他详尽地述说了自己的身世). ¶子供の～を案ずる diànzíhé háizi de jǐngkuàng(惦记着孩子的境况). ¶ほんとに気の毒な～だ zhēn shì búxìng de zāoyù(真是不幸的遭遇).

¶～相談 shēnshì[rénshēng] zhēngxún(身世[人生]咨询).

みのが・す【見逃す】 **1**[見落す] fàngguò(放过). ¶うっかりその記事を～してしまった méi zhùyì, bǎ nàge xiāoxi gěi kànlòu le(没注意,把那个消息给看漏了). ¶この映画は～せない zhège diànyǐng bùnéng fàngguò(这个电影不能放过).

2[黙認する] ráoshù(饶恕). ¶今度だけは～してやる wǒ jiù ráole nǐ zhè yì huí(我就饶了你这一回).

みのけ【身の毛】 ¶～のよだつような光景 jiào rén ˇmáogǔ-sǒngrán[bù hán ér lì] de qíngjǐng(叫人ˇ毛骨悚然[不寒而栗]的情景).

みのしろきん【身の代金】 shújīn(赎金). ¶子供を誘拐して～を要求する guǎidài háizi lèsuǒ shújīn(拐带孩子勒索赎金). ¶～を払う shú-

みのたけ【身の丈】 shēnliang(身量), shēngāo(身高). ¶～も6尺あまりの大男 shēnliang liù chǐ yǒuyú de dàhàn(身量六尺有余的大汉). ¶～に合った生活をする guò yǔ zìshēn xiāngchèn de shēnghuó(过与自身相称的生活).

みのほど【身の程】 ¶～をわきまえる yǒu zìzhī zhī míng(有自知之明). ¶少しは～をわきまえろ yào qīngchu zìjǐ shì shuí(要清楚自己是谁)/ nǐ suàn lǎo jǐ?(你算老几?). ¶全く～知らずの男だ zhēn shì ge "bú zì liànglì[bù zhī zìliàng] de jiāhuo(真是个"不自量力[不知自量]的家伙).

みのまわり【身の回り】 shēnbiān(身边). ¶～の品を整理する zhěnglǐ shēnbiān de dōngxi(整理身边的东西). ¶～のことぐらいは自分でできる shēnbiān de shìqing "zìjǐ néng zuò[néng zìlǐ](身边的事情"自己能做[能自理]).

みのむし【蓑虫】 jiécǎochóng(结草虫), suǒ'é(蓑蛾).

みのり【実り】 1 ¶今年は稲の～がよい jīnnián dàozi shōuchéng hǎo(今年稻子长得好). ¶～の秋 fēngshuò zhī qiū(丰硕之秋)/ guànjiāng jiēguǒ de qiūtiān(灌浆结果的秋天).
2【成果】 shōuhuò(收获). ¶今回は～の多い合宿だった zhè cì jíxùn shōuhuò zhēn dà(这次集训收获真大). ¶この研究会を～のあるものにしよう shǐ zhège yánjiūhuì yǒu suǒ shōuhuò ba(使这个研究会有所收获吧).

みの・る【実る】 shú(熟), chéngshú(成熟); jiē(结). ¶稲が～ると刈入れです dàozi shú le, jiù kāishǐ shōugē(稻子熟了,就开始收割). ¶柿が枝もたわわに～った shìzi jiēde lián shùzhī dōu yāwān le(柿子结得连树枝都压弯了). ¶長年の努力がやっと～った duōnián de nǔlì zhōngyú jiēle shuòguǒ(多年的努力终于结了硕果).

みば【見場】 wàibiǎo(外表), wàiguān(外观). ¶～を良くする zhuāngshì wàibiǎo(装饰外表). ¶この布地は丈夫だが～が悪い zhè liàozi hěn jiēshi, kě yàngzi bù hǎokàn(这料子很结实,可样子不好看).

みばえ【見栄え】 ¶彼はあまり～がしない tā zhège rén "bù qǐyǎnr[qí mào bùyáng](他这个人"不起眼儿[其貌不扬]). ¶この服は着ると案外～がする zhè jiàn yīfu chuānqilai xiǎnde géwài piàoliang(这件衣服穿起来显得格外漂亮).

みはからう【見計らう】 ¶時機を～って株を買う kànzhǔn shíjī mǎijìn gǔpiào(看准时机买进股票). ¶頃合を～って顔を出す kànzhǔn shíhou lòumiàn(看准时候露面).

みはてぬ【見果てぬ】 ¶～夢 wèi néng shíxiàn de lǐxiǎng(未能实现的理想). ¶～ huànxiǎng(幻想).

みはな・す【見離す】 ¶友人はみな彼を～した péngyoumen dōu bù lǐcǎi tā le(朋友们都不理睬他了). ¶医者にも～された病人 lián yīshēng yě shuǎishǒule de bìngrén(连医生也甩手了的病人).

みはらい【未払い】 xiàqiàn(下欠), wěiqiàn(尾欠), wèifù(未付). ¶代金が～になっている huòkuǎn hái wèi fù(货款还未付).

みはら・す【見晴らす】 ¶ここからは港が一望のもとに～せる zhèlǐ kěyǐ fǔkàn quángǎng(这里可以俯瞰全港). ¶彼の家は～しのよい高台にある tā jiā zài shìyǔ yuǎntiào de gāogǎng shang(他家在适于远眺的高岗上).
¶～し台 tiàowàngtái(眺望台).

みはり【見張り】 ～をする kānshǒu(看守)/ bǎshǒu(把守)/ zhàngǎng(站岗)/ fàngshào(放哨)/ bǎfēng(把风)/ wàngfēng(望风)/ guānfēng(观风)/ bǎmén(把门). ¶～が厳重だ kānshǒu hěn yán(看守很严). ¶要所に～を立てる zài yàochōng pài rén zhàngǎng fàngshào(在要冲派人站岗放哨).
¶～所 guānchásuǒ(观察哨)/ liàowàngshào(瞭望哨)/ gǎngshào(岗哨). ～番 gǎngbīng(岗兵)/ shàobīng(哨兵).

みは・る【見張る】 1【見開く】 ¶あまりの美しさに目を～った měilìde lìng rén mùdèng-kǒudāi(美丽得令人目瞪口呆). ¶そのしらせに彼は驚いて目を～った nàge xiāoxi bǎ tā xiàde chēngmù-jiéshé(那个消息把他吓得瞠目结舌).
2【監視する】 jiānshì(监视), kānshǒu(看守). ¶敵の動きを～る jiānshì dírén de dòngjìng(监视敌人的动静). ¶彼が逃げないように～っていろ kānzhù tā, búyào ràng tā pǎo le(看住他,不要让他跑了).

みびいき【身贔屓】 ¶親類縁者に～する tǎnhù[piāntǎn] qīnqi(祖护[偏袒]亲戚). ¶～が過ぎる tài piāntǎn zìjǐrén le(太偏袒自己人了).

みひつのこい【未必の故意】 jiànjiē gùyì(间接故意).

みひとつ【身一つ】 ¶～で避難した shēn wú yī wù de bìnàn qù le(身无一物地避难去了).

みひらき【見開き】 ¶～の挿図 shuāngliányè chātú(双联页插图).

みぶり【身振り】 ¶彼の～や話しぶりは父親そっくりだ tā de yányǔ jǔzhǐ fēicháng xiàng tā fùqin(他的言语举止非常像他父亲). ¶～を交えて話をする zhǐshǒu-huàjiǎo de jiǎnghuà(指手画脚地讲话). ¶～手振りでどうにか意思を通じさせた wǒ bǐshǒu-huàjiǎo de hǎoróngyì cái ràng tā míngbaile wǒ de yìsi(我比手划脚地好容易才让他明白了我的意思).

みぶるい【身震い】 hánjīn(寒噤), hánzhàn(寒战・寒颤). ¶寒さにぶるっと～した lěngde dǎle ge hánzhàn(冷得打了个寒战). ¶私はそんな話は聞いただけで～がする wǒ yī tīng nà zhǒng shì jiù dǎ duōsuo(我一听那种事就打哆嗦).

みぶん【身分】 shēnfen(身份・身分). ¶～が卑しい shēnfen bēijiàn(身分卑贱). ¶～が違う gēn tā shēnfen bù tóng(跟他身分不同). ¶～のある人 shēnfen gāo de rén(身分高的人). ¶～に相応に暮す guòzhe yǔ shēnfen xiāngchèn de shēnghuó(过着与身分相称的生活). ¶そんなぜいたくができるとはいい御～だ name kuòqi, shēnfen zhēn búlài a!(那么阔气,身分真不赖啊!).
¶～証明書 shēnfenzhèng(身分证).

みぼうじん【未亡人】 wèiwángrén（未亡人），bànbiānrén（半边人），guǎfu（寡妇）．

みほん【見本】 yàngpǐn（样品）；yàngběn（样本）．¶この品は~より落ちる zhè huò bǐ yàngpǐn chà（这货比样品差）．¶そんなにりっぱだと失敗する，彼がいい~だ nàyàng gǎofǎ zhǔn huì shībài, tā jiùshì yí ge hǎo lìzi（那样搞法准会失败，他就是一个好例子）．¶~市 shāngpǐn zhǎnlǎnjiāoyìhuì（商品展览交易会）．商品~ huòyàng（货样）．

みまい【見舞】 wèiwèn（慰问）．¶病院に田中さんの~に行く dào yīyuàn qù kànwàng Tiánzhōng xiānsheng（到医院去看望田中先生）．¶お~に花を持っていこう dài huār qù wèiwèn（带花儿去慰问）．¶罹災者に~の言葉を述べた duì zāimín biǎoshìle wèiwèn（对灾民表示了慰问）．¶火事~に行く jìnxíng huǒzāi wèiwèn（进行火灾慰问）．¶暑中のお~を申し上げます dāng shǔ xiàng nín wèn'ān（当暑向您问安）．¶一発お~するぞ jiào nǐ cháng wǒ yì quán!（叫你尝我一拳!）．¶~金 wèiwènjīn（慰问金）．~品 wèiwènpǐn（慰问品）．

みま・う【見舞う】 1〔慰問する〕kànwàng（看望），tànshì（探视），wèiwèn（慰问）．¶入院中の友人を~う qù kànwàng zhùyuàn de péngyou（去看望住院的朋友）．¶罹災者を~う wèiwèn zāimín（慰问灾民）．
2〔襲う〕ここはしょっちゅう水害に~われる zhège dìqū chángcháng zāoshòu shuǐzāi（这个地区常常遭受水灾）．¶彼は突然の不幸に~われた tā tūrán zāodàole búxìng（他突然遭到不幸）．

みまが・う【見紛う】 xuě rú xuěhuā fēi（樱花谢如雪花飞）．

みまも・る【見守る】 ¶成行きを~る zhùshì shìtài de fāzhǎn（注视事态的发展）．¶この少年たちの成長を~っていたい xīwàng rèqíng de guānhuái zhèxiē shàonián de chéngzhǎng（希望热情地关怀这些少年的成长）．

みまわ・す【見回す】 zhāngwàng（张望），guānwàng（观望），huánshì（环视），huángù（环顾）．¶あたりを~したが誰もいなかった sìxià guānwàng[jǔmù sìgù] méiyǒu yí ge rén（四下观望[举目四顾]没有一个人）．¶みんなの顔をぐるりと~した huánshìle yíxià dàjiā de miànkǒng（环视了一下大家的面孔）．

みまわ・る【見回る】 xúnchá（巡查），cháxún（查巡），xúnluó（巡逻）．¶戸締りを~る xúnchá guānmén shàngsuǒ de qíngkuàng（巡查关门上锁的情况）．¶工事の~りをする zài gōngchǎngli xúnluó（在工厂里巡逻）．¶~りの隙を見て忍び込む chéng xúnluó de jiànxì liūjìnqu（乘巡逻的间隙溜进去）．

みまん【未満】 bùzú（不足），wèimǎn（未满）．¶100~の端数は切り捨てる bùzú yìbǎi de wěishù shěqù（不足一百的尾数舍去）．¶18歳~の者入場お断り wèimǎn shíbā suì zhě xièjué rùchǎng（未满十八岁者谢绝入场）．

みみ【耳】 1 ěrduo（耳朵）．¶寒くて~がちぎれそうだ lěngde ěrduo yào diàole shìde（冷得耳朵要掉了似的）．¶彼女は~が~ěrduo hěn líng（她耳朵很灵）．¶彼は~が全然聞えない tā ěrduo yìdiǎnr yě tīngbujiàn（他耳朵一点儿也听不见）．¶年をとって~が遠くなった shàngle niánjì ěrbèi le（上了年纪耳背了）．¶彼は~が肥えている tā duì yīnyuè yǒu jiànshǎng nénglì（他对音乐有鉴赏能力）．¶~を言われると~が痛い nǐ tíqǐ nà shì wǒ xīnli yǒu kuì（你提起那事我心里有愧）．¶~の立った犬 shùzhe ěrduo de gǒu（竖着耳朵的狗）．¶恥しさに~のつけ根まで赤くなった xiūde lián ěrgēn dōu hóng le（羞得连耳根都红了）．¶~の穴をほじくってよく聞け shùqǐ ěrduo hǎohǎo de tīngzhe!（竖起耳朵好好地听着!）．
¶~に水が入った ěrduoyǎnrli jìn shuǐ le（耳朵眼儿里进水了）．¶お~に入れておきたいことがあります yǒu jiàn shìqing yào gàosu nín（有件事情要告诉您）．¶あいつの~に入ったら厄介だ chuándào tā ěrduoli kě jiù bù hǎo bàn le（传到他耳朵里可就不好办了）．¶テレビに夢中で私の言う事も~に入らない tā yìxīn kàn diànshì tīngbujìn wǒ de huà（他一心看电视听不进我的话）．¶雨垂れの音が~について眠しい yǔdī de shēngyīn bùlí ěrduo shuìbuzháo jiào（雨滴的声音不离耳朵睡不着觉）．¶あの時の父の言葉が今でも~に残っている fùqin nà shí shuō de huà xiànzài hái liúzài ěrbiān（父亲那时说的话现在还留在耳边）．¶その話は~にたこが出来るほど聞いた zhè jiànshì jiào rén tīngnìfan le（那事简直叫人听腻烦了）．¶ちょっとお~を貸して下さい qǐng nín tīng yíxià wǒ de huà（请您听一下我的话）．¶彼は私の忠告に~を貸そうとしない tā duì wǒ de zhōnggào zhì ruò wǎng wén（他对我的忠告置若罔闻）．¶大衆の声に~をふさぐ duì qúnzhòng de yìjiàn chōng ěr bù wén（对群众的意见充耳不闻）．¶学生の意見に~を傾ける qīngtīng xuésheng de yìjiàn（倾听学生的意见）．¶~をそばだてて聞く cè'ěr xì tīng（侧耳细听）．¶~を澄ましたが何も聞えない cè'ěr xì tīng dàn shénme yě tīngbujiàn（侧耳细听什么也听不见）．¶彼が犯人だと聞いて我が~を疑った tīngdào tā shì fànrén, huáiyí zìjǐ tīngcuò le（听到他是犯人，怀疑自己听错了）．¶~を聾するばかりに雷鳴が轟いた léishēng dàzuò, zhèn ěr yù lóng（雷声大作，震耳欲聋）．¶そんな話は聞く~持たぬ nà zhǒng huà wǒ kě bú yuànyì tīng（那种话我可不愿意听）．
2［取っ手］ěrzi（耳子）．¶鍋の~が取れた guō diàole ěrzi（锅掉了耳子）．
3〔端〕biān[r]（边[儿]）．¶パンの~ miànbāo biānr（面包边儿）．¶100万円を~をそろえて返せ còuqí yìbǎi wàn rìyuán yì zǐr bú chà de huánggěi wǒ（凑齐一百万日元一子儿不差地还给我）．

みみあか【耳垢】 ěrgòu（耳垢），ěrshǐ（耳屎），ěrsai（耳塞），dīngníng（耵聍）．

みみあたらし・い【耳新しい】 ¶それは~い話ではない nà zhǒng shì bìng bù zěnme xīnxiān

みみあて【耳当て】 hù'ěr (护耳).

みみうち【耳打ち】 yǎo'ěrduo (咬耳朵), ěryǔ (耳语), dǎchāchā (打喳喳). ¶そっと～する sīxià ěryǔ (私下耳语)/ zài ěrbiān chāchā sīyǔ (在耳边喳喳私语).

みみかき【耳搔き】 ěrwāzi (耳挖子), ěrwāsháor (耳挖勺儿). ¶～で耳の掃除をする yòng ěrwāzi tāo ěrgòu (用耳挖子掏耳垢).

みみがくもん【耳学問】 ¶彼は～でいろいろな事を知っている tā tōngguò ěrwén zhīdao hěn duō shì (他通过耳闻知道很多事). ¶私の知識など～に過ぎない wǒ de zhīshi zhǐ búguò shì kǒu'ěr zhī xué (我的知识只不过是口耳之学).

みみかざり【耳飾り】 ěrhuán (耳环), ěrzhuì[r] (耳坠[儿]), ěrzhuìzi (耳坠子), zhuìzi (坠子). ¶～をつける dàishàng ěrhuán (戴上耳环).

みみざと・い【耳聡い】 ěrjiān (耳尖), ěrduo jiān (耳朵尖). ¶この子はほんとに～い zhè háizi zhēn shì ěrjiān (这孩子真是耳尖). ¶彼女はその噂を～く聞きつけてきた tā ěrduo hěn jiān tīngláile nàge fēngshēng (她耳朵很尖听来了那个风声).

みみざわり【耳障り】 cì'ěr (刺耳), zhā ěrduo (扎耳朵), nántīng (难听). ¶彼の話は外国語が多くて～だ tā shuōhuà jiāzázhe hěn duō wàiguóyǔ zhēn nántīng (他说话夹杂着很多外国语真难听). ¶雑音が～だ záyīn hěn cì'ěr (杂音很刺耳).

みみず【蚯蚓】 qiūyǐn (蚯蚓), qūshàn (曲蟮), dìlóng (地龙). ¶～がのたくったような字だ zì xiě de xiàng qiūyǐn dǎgǔn shìde (字写得像蚯蚓打滚似的).

みみずく【木菟】 chīxiū (鸱鸺), māotóuyīng (猫头鹰), yèmāozi (夜猫子).

みみずばれ【蚯蚓脹れ】 xiědàozi (血道子). ¶ひっかかれたあとが～になる bèi zhuā de dìfang qǐle yì tiáo tiáo de xiědàozi (被抓的地方起了一条条的血道子).

みみたぶ【耳朶】 ěrchuí[r] (耳垂[儿]), ěrduochuír (耳朵垂儿).

みみだれ【耳垂れ】 ěrnóng (耳脓), ěrlòu (耳漏).

みみっち・い【耳っちい】 xiǎoqi (小气). ¶～いことをするな bié zuò nà zhǒng tài xiǎoqi de shì (别做那种太小气的事). ¶まったく～い話だ zhēn shì tài xiǎoqi le (真是太小气了).

みみなり【耳鳴り】 ěrmíng (耳鸣). ¶一日中～がする yìzhěngtiān ěrmíng (一整天耳鸣).

みみな・れる【耳慣れる】 ěrshú (耳熟). ¶～れた声がした chuánlai ěrshú de shēngyīn (传来耳熟的声音). ¶～れない名前の魚 méi tīngshuōguo míngzi de yú (没听说过名字的鱼).

みみへん【耳偏】 ěrzìpángr (耳字旁儿).

みみもと【耳元】 ěrbiān (耳边). ¶～でそっとささやく zài ěrbiān qièqiè sīyǔ (在耳边窃窃私语).

みみより【耳寄り】 ¶それは～な話だ nà zhēn shì zhíde yì tīng de huà (那真是值得一听的话).

みむ・く【見向く】 ¶こちらを～こうともしないで通り過ぎた lián tóu yě bù huí jiù zǒuguoqu le (连头也不回就走过去了). ¶彼は甘い物には～きもしない tā tián de dōngxi lián kàn dōu bú kàn (他甜的东西连看都不看). ¶あんなにはやっていたのに今では～きもされない céng nàme fēngxíng yìshí, kě xiànzài shuí dōu bù lǐcǎi le (曾那么风行一时,可现在谁都不理睬了).

みめ【見目】 ¶～麗しい乙女 miànmào qīngxiù de shàonǚ (面貌清秀的少女).

みめい【未明】 fúxiǎo (拂晓), língchén (凌晨).

ミモザ hánxiūcǎo (含羞草); jīnhéhuān (金合欢).

みもだえ【身悶え】 ¶～して泣く kūde zhí duōsuo (哭得直哆嗦).

みもち【身持ち】 pǐnxíng (品行). ¶あの女は～が悪い nàge nǚrén pǐnxíng bùduān (那个女人品行不端).

みもと【身元】 ¶その死体はいまだに～が不明だ nà sǐzhě zhìjīn shēnfen bùmíng (那死者至今身分不明). ¶～不明の死体 wúmíng shītǐ (无名尸体). ¶彼の～は確かだ tā de jiātíng chūshēn kěkào (他的家庭出身可靠). ¶彼女は自分の～を隠している tā yǐnmánzhe zìjǐ de chūshēn (她隐瞒着自己的出身). ¶～を調査する diàochá jīnglì hé chūshēn (调查经历和出身). ¶～保証人 bǎorén (保人)/ bǎozhèngrén (保证人).

みもの【見物】 ¶今日の～は最後の一試合だ jīntiān zuì yǒu kàntour de shì zuìhòu yì chǎng bǐsài (今天最有看头儿的是最后一场比赛). ¶それはたいした～だった nà kě shì yì chǎng hǎoxì (那可是一场好戏).

みゃく【脈】 mài (脉), màibó (脉搏), màixī (脉息). ¶～をみる zhěnmài (诊脉)/ ànmài (按脉)/ hàomài (号脉). ¶～が乱れた màibó bú zhèngcháng le (脉搏不正常了). ¶彼の口ぶりからすると～がありそうだ tīng tā nà kǒuqi, kànlai méiyǒu xīwàng le (听他那口气,看来没有希望了).

みゃくう・つ【脈打つ】 ¶彼には開拓者精神が～っている kāituòzhě de jīngshén zài tā de màibó li tiàodòng (开拓者精神在他的脉搏里跳动).

みゃくどう【脈動】 màidòng (脉动), bódòng (搏动). ¶その曲には新しい時代の精神が～している nà zhī qǔzi li bódòngzhe xīnshídài de jīngshén (那支曲子里搏动着新时代的精神).

みゃくはく【脈搏】 màibó (脉搏), màixī (脉息), mài (脉). ¶あなたの～は1分間に80です nǐ de màibó yì fēnzhōng bāshí cì (你的脉搏一分钟八十次).

みゃくみゃく【脈脈】 ¶その優れた伝統はこの作品の中にも～と流れている qí yōuliáng chuántǒng zài zhège zuòpǐn li 'dédàole jìchéng hé fāhuī'[yímài-xiāngchéng] (其优良传统在这个作品里"得到了继承和发挥"[一脉相承]).

みゃくらく【脈絡】 màiluò (脉络). ¶この文は前後の～がはっきりしない zhè piān wénzhāng qiánhòu de màiluò bù fēnmíng (这篇文章前

みやげ【土産】 ¶北京で母に～を買う zài Běijīng gěi mǔqin mǎi tǔtèchǎn(在北京给母亲买土特产). ¶～を持って訪問する názhe lǐwù qù bàifǎng(拿着礼物去拜访). ¶友達に旅行の～話をする gěi péngyou tán lǚxíng jiànwén(给朋友谈旅行见闻).

みやこ【都】 jīng(京), dū(都), jīngshī(京师), jīngchéng(京城), jīngdū(京都). ¶～に上る fù jīng(赴京)/ jìn jīng(进京). ¶ベニスは水の～といわれる Wēinísī yǒu "shuǐshàng chéngshì" zhī chēng(威尼斯有"水上城市"之称). ¶住めば～ zhùguànle jiùshì hǎodìfang(住惯了就是好地方).

みやこおち【都落ち】 ¶失業して～する yīn shīyè bèipò lí jīng(因失业被迫离京).

みやづかえ【宮仕え】 gòng zhí ¶～はつらいよ dāng chāi kě bù róngyì a!(供职当差可不容易啊!).

みやびやか【雅やか】 fēngyǎ(风雅). ¶～な舞い fēngyǎ de wǔdǎo(风雅的舞蹈).

みやぶ・る【見破る】 shípò(识破), kànpò(看破), kànchuān(看穿), kàntòu(看透). ¶彼はあの男の正体を一目で～った tā yì yǎn kànchuānle nàge rén de zhēnmiànmù(他一眼看穿了那个人的真面目). ¶さては～られたか kànlai bèi shípò le(看来被识破了).

みや・る【見遣る】 ¶はるかに山々を～る yuǎn wàng qúnshān(远望群山). ¶ものうげな目つきで彼の方を～った lǎnyāngyāng de chǒule tā yìyǎn(懒洋洋地瞅了他一眼)..

ミャンマー miǎndiàn(缅甸).

ミュージカル yīnyuèjù(音乐剧).

みょう【妙】 **1**〔普通でない〕guài(怪), qíguài(奇怪). ¶彼がまだ来ていないとは～だ zhēn qíguài, tā zěnme hái méi lái ne?(真奇怪,他怎么还没来呢?). ¶それを聞くと彼女は～な顔をした tīngdào nà jiàn shì, tā xiǎnchū yíyàng de biǎoqíng(听到那件事,她显出异样的表情). ¶～な事もあるものだ zhè shì kě zhēn guài(这事可真怪). ¶～に胸騒ぎがする bù zhī wèishénme xīnli bù'ān(不知为什么心里不安).
2〔巧妙〕miào(妙). ¶彼は話術に～を得ている tā jiǎnghuà miào bù kě yán(他讲话妙不可言). ¶言い得て～だ shuōde miào!(说得妙!).

みょう-【明】 míng(明). ¶～7日 míngtiān qī hào(明天七号).

みょうあん【妙案】 miàocè(妙策), miàojì(妙计). ¶何か～はないか yǒu shénme miàocè méiyǒu?(有什么妙策没有?).

みょうが【茗荷】 ránghé(蘘荷).

みょうか【冥加】 ¶この年まで病気一つしたことがないのですから～に余ることです huódào zhème dà niánjì méi déguo yí cì bìng, zhè kě zhēn shì zàohuà(活到这么大年纪没得过一次病,这可真是造化).

みょうぎ【妙技】 ¶彼のスキーの～にすっかり魅了された tā nà huáxuě de miàojì shǐ rén rùshén(他那滑雪的妙技使人入神).

みょうけい【妙計】 miàocè(妙策), miàojì(妙计). ¶これは～だ zhè kě zhēn shì ge gāozhāo(这可真是个高着)/ zhège bànfǎ kě zhēn miào(这个办法可真妙).

みょうごにち【明後日】 hòutiān(后天).

みょうじ【名字】 xìng(姓).

みょうしゅ【名手】 **1**〔名人〕míngshǒu(名手), hǎoshǒu(好手), gāoshǒu(高手). ¶彼はトランペットの～だ tā shì ge chuī xiǎohào de míngshǒu(他是个吹小号的名手).
2〔碁などの〕miàozhāo(妙着), gāozhāo(高着). ¶この一手は～だ zhè yí bù zhēn shì ge miàozhāo(这一步真是个妙着).

みょうしゅん【明春】 míngchūn(明春).

みょうじょう【明星】 míngxīng(明星). ¶明けの～ chénxīng(晨星)/ qǐmíng(启明). ¶宵の～ chánggēng(长庚)/ hūnxīng(昏星).

みょうだい【名代】 dàilǐ(代理). ¶校長の～で祝賀会に出席する dàibiǎo xiàozhǎng cānjiā qìngzhùhuì(代表校长参加庆祝会).

みょうちょう【明朝】 míngchén(明晨), míngzǎo(明早). ¶～5時に出発する míngchén wǔ diǎn chūfā(明晨五点出发).

みょうにち【明日】 míngrì(明日), míngtiān(明天). ¶～伺います míngtiān bàifǎng(明天拜访).

みょうねん【明年】 míngnián(明年).

みょうばん【明晩】 míngwǎn(明晚).

みょうばん【明礬】 míngfán(明矾), míngshí(明石), báifán(白矾).

みょうみ【妙味】 miàoqù(妙趣). ¶この文章には何とも言えぬ～がある zhè piān wénzhāng miào bù kě yán(这篇文章妙不可言).

みようみまね【見様見真似】 ¶輪の中に入って～で踊る jìnrù wǔquān mófǎngzhe rénjia tiàowǔ(进入舞圈模仿着人家跳舞).

みょうやく【妙薬】 miàoyào(妙药), língyào(灵药), shényào(圣药), xiāndān(仙丹), língdān miàoyào(灵丹妙药).

みょうり【冥利】 ¶この役ができるとは役者～です nénggòu bànyǎn zhège juésè, zuòwéi yí ge yǎnyuán zhēn shì zuìwéi róngxìng de shì(能够扮演这个角色,作为一个演员真是最为荣幸的事). ¶男～に尽きる shēn wéi nánzǐ gǎndào zuì dà de xìngfú(身为男子感到最大的幸福).

みょうれい【妙齢】 miàolíng(妙龄). ¶～の婦人 miàolíng de nǚrén(妙龄的女人).

みより【身寄り】 qīnshǔ(亲属), qīnrén(亲人). ¶～のない老人 wúyī-wúkào[gūkǔ-língdīng] de lǎorén(无依无靠[孤苦伶仃]的老人).

みらい【未来】 wèilái(未来). ¶～に希望を抱く bǎ xīwàng jìtuō yú wèilái(把希望寄托于未来). ¶日本農業の～像 Rìběn nóngyè de yuǎnjǐng(日本农业的远景). ¶～学 wèiláixué(未来学). ¶～派 wèiláizhǔyì(未来主义)/ wèiláipài(未来派).

ミリ háo(毫). ¶～グラム háokè(毫克). ～バール háobā(毫巴). ～メートル háomǐ(毫米). ～リットル háoshēng(毫升).

みりょう【未了】 wèiliǎo（未了）.¶審議~shěnyì wèiliǎo（审议未了）.

みりょう【魅了】 ¶彼の演奏は聴衆を~した tā de yǎnzòu shǐ tīngzhòng ▼tīngde rùle shén［wèi zhī xīnzuì］(他的演奏使听众▼听得入了神［为之心醉］).

みりょく【魅力】 mèilì（魅力）.¶この計画は私には~がある zhège jìhuà duì wǒ hěn yǒu mèilì（这个计划对我很有魅力）.¶彼女はとても~的だ tā zhēn yǒu mèilì（她真有魅力）.

みりん【味醂】 liàojiǔniàng（料酒酿）; jiǔniàng（酒酿）, mǐtiánjiǔ（米甜酒）.

みる【見る】 1 kàn（看）, qiáo（瞧）, chǒu（瞅）.¶何を見ているのですか nǐ kàn shénme ne?（你看什么呢?）.¶よく見ると私の万年筆だった zǐxì yí kàn shì wǒ zìjǐ de gāngbǐ（仔细一看是我自己的钢笔）.¶買う買わないは別として見るだけは見て下さい nǎi bu mǎi méiyǒu guānxi, qǐng kànkan ba（买不买没有关系，请看看吧）.¶西瓜はもう見るのもいやだ xīguā lián chǒu dōu bù xiǎng chǒu le（西瓜连瞅都不想瞅了）.¶見るともなく船の行き来を見ている sìkàn-fēikàn wàngzhe chuánzhī láiwǎng（似看非看望着船只来往）.¶見れば見るほど本物そっくりだ yuè qiáo yuè juéde gēn zhēn de yíyàng（越瞧越觉得跟真的一样）.¶彼女の嘆きぶりは見るも痛々しかった tā nà bēishāng de yàngzi jiào rén bùrěn kànxiaqu（她那悲伤的样子叫人不忍看下去）.¶見て見ないふりをする cǎiqǔ shì ér bú jiàn de tàidu（采取视而不见的态度）/zhuāngzuò méi kànjian（装作没看见）.¶見るに見かねて口を出した shízài kànbuguò chāle zuǐ（实在看不过插了嘴）.¶しばらく見ないうちに大きくなったね yǐshí bú jiàn, kě zhēn zhǎngdà le a!（一时不见, 可真长大了啊!）.¶展覧会を見に行く kàn zhǎnlǎnhuì qù（看展览会去）.¶あの映画は3度見た nàge diànyǐng wǒ kànle sān biàn（那个电影我看了三遍）.¶史跡を見て歩く yóulǎn shǐjì（游览史迹）.¶今朝の新聞はまだ見ていない jīnzǎo de bàozhǐ hái méi kàn ne（今早的报纸还没看呢）.¶見ると聞くとは大違い kàndào de hé tīngdào de chà yuǎn le（看到的和听到的差远了）.¶見たところ彼はとても元気そうだった kànqilai tā hěn yǒu jīngshen（看起来他很有精神）.

2〔調べる, 判断する, 評価する, 推定する〕¶湯加減をみて下さい gěi kànkan xǐzǎoshuǐ shāorèle méiyǒu?（给看看洗澡水烧热了没有?）.¶エンジンの調子をみる shìshi yǐnqíng（试试引擎）.¶形勢不利とみて退散した kàn xíngshì búlì tuìquè le（看形势不利退却了）/jiàn shìtou búmiào tuìle huílái（见势头不妙退了回来）.¶この事件をどうみますか zhè jiànshì nǐ zěnme kàn fǎ ne?（这件事你怎么个看法呢?）.¶流行歌にみる世相 liúxíng gēqǔ suǒ fǎnyìng de shìqíng（流行歌曲所反映的世情）.¶師匠に絵をみてもらう qǐng shīfu gěi kànkan zìjǐ huà de huàr（请师傅给看看自己画的画ㄦ）.¶答案を見る kàn juànzi（看卷子）.¶病院に行ってみてもらう dào yīyuàn qù kàn-

bìng（到医院去看病）.¶遭難者は全員死亡したものとみられる yùnànzhě jù gūjì quánbù sǐwáng（遇难者据估计全部死亡）.¶そこまで1時間とみておけばいい dào nàli yǒu gèbǎ xiǎoshí jiù gòu le（到那里有个把小时就够了）.

3〔世話をする, 取り扱う〕zhàokàn（照看）, zhàoliào（照料）, zhàogù（照顾）.¶子供の勉強をみてやる zhàokàn yíxià háizi de gōngkè（照看一下孩子的功课）.¶老人をみる zhàogù lǎorén（照顾老人）.¶家のことは母がみている jiāli de shì yóu mǔqin zhàoliàozhe（家里的事由母亲照料着）.¶A商店の経理をみる fùzé A shāngdiàn de kuàijì（负责A商店的会计）.

4〔経験する〕¶結局馬鹿をみたのはこっちだ dàotóulái chīkuī de jiùshì zìjǐ（到头来吃亏的就是自己）.¶倒産の憂き目をみる zāodào dǎobì pòchǎn de búxìng（遭到倒闭破产的不幸）.¶それみたことか nǐ kàn! yìngyàn le ba!（你看! 应验了吧!）.

5〔試しに…する〕¶1か月そこで働いてみることにした zài nàli gōngzuò yí ge yuè shìshi kàn（在那里工作一个月试试看）.¶もう少し待ってみよう zài děng yíhuìr qiáoqiao ba（再等一会ㄦ瞧瞧吧）.¶やれるならやってみろ nǐ shuō néng zuò, gěi wǒ zuòzuo kàn!（你说能做，给我做做看!）.

6〔…すると, …したところが〕¶いざその場になってみると何も言えなかった línchǎng shénme yě méi shuōchulai（临场什么也没说出来）.¶開けてみると金庫の中は空だった dǎkāi yí kàn, bǎoxiǎnguìli kōng wú yí wù（打开一看，保险柜里空无一物）.¶朝起きてみたら一面の銀世界だった zǎoshang qǐlai yí kàn, shì yípiàn bái'ái'ái de xuě（早上起来一看，是一片白皑皑的雪）.

みるかげもな・い【見る影もない】 ¶彼女は~やつれてしまった tā shòude jiǎnzhí bùchéng yàngzi le（她瘦得简直不成样子了）.¶庭園は~く荒れ果てていた tíngyuán huāngwúde lián yìdiǎnr guòqù de yǐngzi yě méiyǒu le（庭园荒芜得连一点ㄦ过去的影子也没有了）.

みるからに【見るからに】 ¶彼は~スポーツマンだ yí kàn jiù zhīdao tā shì ge yùndòngyuán（一看就知道他是个运动员）.¶~強そうな奴だ kànzhe guài qiángzhuàng de（看着怪强壮的）.

ミルク niúnǎi（牛奶）.¶子供に~を飲ませる gěi háizi wèi niúnǎi（给孩子喂牛奶）.¶~セーキ rǔdàn lěngyǐn（乳蛋冷饮）. 粉~ nǎifěn（奶粉）.

みるみる【見る見る】 yǎnkàn（眼看）.¶彼の顔色が~変った yǎnkàn tā liǎnsè biàn le（眼看他脸色变了）.¶~うちに火は燃え広がった kànzhe kànzhe huǒshì mànyánkāi le（看着看着火势蔓延开了）.

みれん【未練】 liúliàn（留恋）, yīliàn（依恋）.¶もう彼女に~はない duì tā yǐ háo wú liúliàn（对她已毫无留恋）.¶あとに~を残して立ち去った yīyī-bùshě de líqù（依依不舍地离去）.¶何の~もなく絵筆を捨てた méiyǒu shénme liú-

liàn de shěqìle huàbǐ(没有什么留恋地舍弃了画笔). ¶～がましく言う liànliàn-bùshě de shuō(恋恋不舍地说).

みわく【魅惑】 ¶～的な女性 yòurén de nǚrén(诱人的女人)/ mírén de nǚrén(迷人的女人).

みわけ【見分け】 biànbié(辨别), shíbié(识别), fēnbiàn(分辨), fēnqīng(分清). ¶どれが本物か～がつきますか nǎge shì zhēn de biànbié de chūlái ma?(哪个是真的辨别得出来吗?). ¶薬草と毒草の～がつかない biànbié bu chū yàocǎo hé dúcǎo(辨别不出药草和毒草). ¶誰が誰やら～がつかない kànbuchū shuí shì shuí(看不出谁是谁).

みわ・ける【見分ける】 biànbié(辨别), shíbié(识别), fēnbiàn(分辨), fēnqīng(分清), biànshí(辨识), biànrèn(辨认). ¶真偽を～ける shíbié zhēnjiǎ(识别真假). ¶是非を～ける biànbié shìfēi(辨别是非). ¶敵味方を～ける fēnqīng díwǒ(分清敌我). ¶暗くて人の顔も～けられない hēide kànbuqīng shuí shì shuí(黑得看不清谁是谁).

みわす・れる【見忘れる】 rènbude(认不得), rènbuchū(认不出). ¶私をお～れですか nín bú rènde wǒ le ma?(您不认得我了吗?).

みわた・す【見渡す】 wàng(望), zhāngwàng(张望), tiào(眺), tiàowàng(眺望). ¶～せば半島は一望のうちです jǔmù yuǎntiào, bàndǎo yí wàng jiù kě yìngrù yǎnlián(举目远眺, 半岛一望就可映入眼帘). ¶～す限りの銀世界だ yìyǎn wàngbudào biān[yí wàng wú jì] de yínbái shìjiè(一眼望不到边[一望无际]的银白世界). ¶～したところ彼の姿はなかった huánshì sìzhōu bú jiàn tā de yǐngzi(环视四周不见他的影子).

みんい【民意】 mínyì(民意). ¶～を問う zhēngxún mínyì(征询民意).

みんえい【民営】 mínyíng(民营), mínbàn(民办). ¶国営の事業を～に切り換える bǎ guóyíng shìyè gǎiwéi mínyíng(把国营事业改为民营).

みんか【民家】 mínfáng(民房), mínjū(民居), mínzhái(民宅). ¶明治時代の～を保存する bǎocún Míngzhì shídài de mínfáng(保存明治时代的民房).

みんかん【民間】 1〔世俗〕mínjiān(民间). ¶～信仰 mínjiān xìnyǎng(民间信仰). ～伝承 mínjiān chuánshuō(民间传说). ～療法 mínjiān liáofǎ(民间疗法).

2〔公的機関に属さないこと〕¶委員には～人を選ぶ wěiyuán xuǎn mínjiān rénshì(委员选民间人士).

¶～会社 sīyíng gōngsī(私营公司). ～放送 sīyíng guǎngbō(私营广播).

ミンク shuǐdiāo(水貂). ¶～のコート shuǐdiāo dàyī(水貂大衣).

みんげいひん【民芸品】 mínjiān gōngyìpǐn(民间工艺品).

みんけん【民権】 mínquán(民权). ¶～を擁護する yōnghù mínquán(拥护民权).

みんじ【民事】 mínshì(民事). ¶～事件 mínshì ànjiàn(民事案件). ～訴訟 mínshì sùsòng(民事诉讼).

みんしゅ【民主】 mínzhǔ(民主). ¶職場の～化を図る móuqiú gōngzuò dānwèi de mínzhǔhuà(谋求工作单位的民主化). ¶問題を～的に討論する duì wèntí jìnxíng mínzhǔ tǎolùn(对问题进行民主讨论).

¶～国 mínzhǔguó(民主国). ～集中制 mínzhǔ jízhōngzhì(民主集中制). ～主義 mínzhǔzhǔyì(民主主义).

みんしゅう【民衆】 mínzhòng(民众), qúnzhòng(群众). ¶～の声に耳を傾ける qīngtīng mínzhòng de yìjiàn(倾听民众的意见). ¶～の信頼を失う shīqù mínxīn(失去民心).

みんしゅく【民宿】 jiātíng lǚdiàn(家庭旅店).

みんじょう【民情】 mínqíng(民情). ¶～を視察する kǎochá mínqíng(考察民情).

みんしん【民心】 mínxīn(民心). ¶～の安定を図る móuqiú mínxīn de āndìng(谋求民心的安定). ¶～の向かう所 mínxīn suǒ xiàng(民心所向). ¶～が離反する mínxīn bèilí(民心背离).

みんせい【民生】 mínshēng(民生).

みんぞく【民俗】 mínsú(民俗). ～学 mínsúxué(民俗学).

みんぞく【民族】 mínzú(民族). ¶～の独立をかちとる huòdé mínzú dúlì(获得民族独立). ¶～意識 mínzú yìshí(民族意识). ～学 mínzúxué(民族学). ～自決 mínzú zìjué(民族自决). ～資本 mínzú zīběn(民族资本). ～主義 mínzúzhǔyì(民族主义). ～性 mínzúxìng(民族性). ～大移動 mínzú dàqiānxǐ(民族大迁徙). 漢～ Hànzú(汉族)/ Hànmínzú(汉民族). 少数～ shǎoshù mínzú(少数民族). 多～国家 duōmínzú guójiā(多民族国家).

ミント bòhe(薄荷).

みんど【民度】 ¶～が低い jūmín shēnghuó shuǐpíng, wénhuà chéngdù dī(居民生活水平, 文化程度低).

みんな【皆】→みな.

みんぺい【民兵】 mínbīng(民兵).

みんぽう【民法】 mínfǎ(民法).

みんゆう【民有】 ¶～地 sīyǒudì(私有地).

みんよう【民謡】 míngē(民歌), mínyáo(民谣).

みんわ【民話】 mínjiān gùshi(民间故事), mínjiān chuánshuō(民间传说).

む

む【無】 wú(无). ¶～から有を生ずる cóng wú shēng yǒu(从无生有). ¶ひとの好意を～にする gūfù rénjia de hǎoyì(辜负人家的好意). ¶長年の努力が～になる duōnián de nǔlì huàwéi pàoyǐng(多年的努力化为泡影). ¶～に帰する huàwéi wūyǒu(化为乌有).

むい【無為】 wúwéi(无为). ¶終日～に過す zhōngrì wú suǒ shì shì(终日无所事事).
¶～無策 wúnéng wúwéi(无能无为).

むいぎ【無意義】 wúyìyì(无意义), wúwèi(无谓). ¶～な生活を送る guò méiyǒu yìyì de shēnghuó(过没有意义的生活). ¶～な論争 wúwèi de zhēnglùn(无谓的争论).

むいしき【無意識】 wúyìshí(无意识). ¶～にしたことは思えない wǒ bú rènwéi nà shì wúyìshí de(我不认为那是无意识的). ¶～のうちに手が出た wúyìshí de shēnchūle shǒu(无意识地伸出了手).

むいちもつ【無一物】 ¶彼は賭に負けて～になった tā dǔqián shūde **jīngguāng**[yìgān-èrjìng](他赌钱输得*精光*[一干二净]).

むいちもん【無一文】 yì wén bù míng(一文不名). ¶商売に失敗して～になった mǎimai shībài luòde yìwén-bùmíng(买卖失败落得一文不名).

むいみ【無意味】 ¶～な言葉をつぶやいている dūnangzhe háo wú yìyì de huà(嘟囔着毫无意义的话). ¶～の仕事 méiyǒu yìyì de gōngzuò(没有意义的工作). ¶そんな事をしても～だ nàme zuò yě **méiyǒu yòng**[wú jì yú shì](那么做也*没有用*[无济于事]).

ムース mùsī(木斯), nǎiyóudòng(奶油冻). ¶チョコレート～ qiǎokèlì nǎiyóudòng(巧克力奶油冻).

ムード qìfēn(气氛), fēnwéi(氛围), kōngqì(空气). ¶レセプションの会場は友好的な～に包まれていた zhāodàihuì huìchǎng chōngmǎnle yǒuhǎo de qìfēn(招待会会场充满了友好的气氛).

むえき【無益】 wúyì(无益). ¶～な競争 wúyì de jìngzhēng(无益的竞争). ¶そんな事をしても～だ nàme gǎo yě túláo wúyì(那么搞也徒劳无益).

むえん【無縁】 wúyuán(无缘). ¶そんな事は私には～だ nà zhǒng shì yǔ wǒ wúyuán(那种事与我无缘).
¶～墓地 yìzhǒng(义冢).

むえんかやく【無煙火薬】 wúyān huǒyào(无烟火药).

むえんたん【無煙炭】 wúyānméi(无烟煤), yìngméi(硬煤), hóngméi(红煤), báiméi(白煤).

むが【無我】 wúwǒ(无我). ¶～の境に入る rù wúwǒ zhī jìng(入无我之境).

むかい【向い】 duìmiàn[r](对面[儿]), duìguò[r](对过[儿]); duìmén[r](对门[儿]). ¶デパートは駅の～にある bǎihuò dàlóu zài chēzhàn de duìmiàn(百货大楼在车站的对面).
¶～の家から火が出た duìguò de fángzi qǐhuǒ le(对过的房子起火了). ¶お～は何をしている家ですか duìmén shì zuò shénme de?(对门是做什么的?).

むがい【無害】 wú hài(无害). ¶人畜～ duì rénchù wú hài(对人畜无害).

むがい【無蓋】 ¶～貨車 chǎngchē(敞车).

むかいあ・う【向かい合う】 xiāngduì(相对), duìmiàn[r](对面[儿]). ¶～って座る xiāngduì ér zuò(相对而坐)／miàn duì miàn zuòzhe(面对面坐着). ¶通りを挾んで郵便局と図書館が～っている gézhe yì tiáo mǎlù yóujú hé túshūguǎn xiāngduì(隔着一条马路邮局和图书馆相对).

むかいあわせ【向い合せ】 ¶彼と～に座った wǒ hé tā xiāngduì ér zuò(我和他相对而坐). ¶～の座席 miàn duì miàn de zuòxí(面对面的坐席).

むかいかぜ【向い風】 dǐngfēng(顶风), nìfēng(逆风), qiāngfēng(戗风), dǎtóufēng(打头风).

むか・う【向かう】 **1**〔面する, 対する〕 xiàng(向), cháo(朝), duì(对), chòng(冲). ¶机に～って本を読む fǔ'àn dúshū(伏案读书). ¶鏡に～って化粧する duìzhe jìngzi huàzhuāng(对着镜子化妆). ¶～って左の建物 qiánfāng zuǒcè de jiànzhùwù(前方左侧的建筑物). ¶面と～うと気後れがする miàn duì miàn jiù yǒudiǎnr fāchù le(面对面就有点儿发憷了). ¶親に～って口答えをする hé fùmǔ dǐngzuǐ(和父母顶嘴).
2〔目指して進む〕 wǎng(往), qù(去). ¶飛行機は一路東京に～っている fēijī yílù fēiwǎng Dōngjīng(飞机一路飞往东京). ¶彼は汽車で大阪に～った tā zuò huǒchē wǎng Dàbǎn qù le(他坐火车往大阪去了). ¶ただ今そちらに～いました xiànzài nǐ nàr qù le(现在正往你那儿去了). ¶ゴールに～って走る xiàngzhe zhōngdiǎn pǎo(向着终点跑). ¶目標に～って進む cháozhe mùbiāo qiánjìn(朝着目标前进). ¶そのところ適無し suǒ xiàng wú dí(所向无敌)／wú wǎng bú shèng(无往不胜).
3〔その状態に近づく〕 ¶病気が快方に～う bìngqíng jiànhǎo(病情见好). ¶冬に～う用意をする zuò rùdōng de zhǔnbèi(作入冬的准备).
4〔手向かう〕 ¶彼は怒って私に～ってきた tā

dà nù xiàng wǒ pūlai(他大怒向我扑来).
むかえう・つ【迎え撃つ】 yíngjī(迎击); yíngzhàn(迎战). ¶敵を～つ yíngjī dírén(迎击敌人).
むかえざけ【迎え酒】 ¶～を飲む yǐ jiǔ jiě jiǔ(以酒解酒).
むか・える【迎える】 **1**〔出迎える〕jiē(接), yíngjiē(迎接). ¶笑顔で客を～える xiàoróng mǎnmiàn de yíngjiē kèren(笑容满面地迎接客人). ¶駅に友人を～える dào chēzhàn jiē péngyou(到车站接朋友). ¶駅で大勢の人に～えられた zài chēzhàn shòudào hěn duō rén de yíngjiē(在车站受到很多人的迎接). **2**〔招く、受け入れる〕¶医者を～えに行く qù qǐng dàifu(去请大夫). ¶A氏を本校の教授に～える pìnqǐng A xiānsheng wéi wǒ xiào jiàoshòu(聘请A先生为我校教授). ¶息子に嫁を～える gěi érzi qǔ xífu(给儿子娶媳妇). **3**〔迎合する〕yínghé(迎合). ¶他人の意を～える yínghé biéren de xīnyì(迎合别人的心意). **4**〔その時になる〕¶旧年を送り新年を～える sòng jiù yíng xīn(送旧迎新). ¶新しい局面を～えた miànlín xīn de júmiàn(面临新的局面).
むがく【無学】 ¶祖父は～だったが腕のいい大工だった zǔfù suīrán ˇméiyǒu wénhuà[xiōng wú diǎnmò], dàn shì ge shǒuyì gāo de mùjiang(祖父虽然ˇ没有文化[胸无点墨], 但是个手艺高的木匠). ¶私は～で目も不自由だ wǒ shì méiyǒu shòuguo jiàoyù de rén(我是没有受过教育的人)/ wǒ shì ge lǎocū[r](我是个老粗ㄦ).
むかし【昔】 cóngqián(从前), guòqù(过去), zǎonián(早年), wǎngxī(往昔), wǎngrì(往日), xīnián(昔年), xīrì(昔日), yìrì(昔日), gǔshíhou(古时候). ¶～にあそこに１つの寺があった tīngshuō cóngqián nàr yǒu yí zuò miào(听说从前那ㄦ有一座庙). ¶～～ある所に１人のおばあさんが住んでいました hěn zǎo hěn jiǔ yǐqián yǒu ge dìfang zhùzhe yí ge lǎopópo(很早很早以前有个地方住着一个老婆婆). ¶～習い覚えたことが今現役に立った cóngqián xué de dōngxi xiànzài yòngshàng le(从前学的东西现在在用上了). ¶～の友人が訪ねてきた jiùshí de péngyou láifǎng le(旧时的朋友来访了). ¶～の人はこんなものをよく考え出したものだ guòqù de rén zhēn bù jiǎndān, néng xiǎngchū zhè zhǒng dōngxi lai(过去的人真不简单, 能想出这种东西来). ¶それは遠い～のことで tā yā, dǎ cóngqián jiù rènshi(他呀, 打从前就认识). ¶～に返ることはできない guòqù shì bùnéng fǎnhuí de(过去是不能返回的). ¶～の姿をそのまま hái bǎoliúzhe wǎngrì de múyàngr(还保留着往日的模样ㄦ). ¶これは～を懐かしい味だ zhè ˇshì yǒudiǎnr shǐ rén huáijiù de wèidao(这是有点ㄦ使人怀旧的味道). ¶それは～風の建物だ nà shì ˇjiùshí[ˇlǎoshì] de jiànzhùwù(那是ˇ旧式[ˇ老式]的建筑物).
むかしかたぎ【昔気質】 lǎopài(老派). ¶～の職人 lǎopài de gōngjiàng(老派的工匠). ¶～のおやじ gǔbǎn de lǎotóuzi(古板的老头子).
むかしがたり【昔語り】 lǎohuà(老话). ¶それも今では～となった nà xiànzài yǐ chéngle lǎohuà le(那现在已成了老话了).
むかしなじみ【昔馴染】 jiùxiāngshí(旧相识), lǎoxiāngshí(老相识), lǎopéngyou(老朋友).
むかしばなし【昔話】 gùshi(故事);〔昔語り〕lǎohuà(老话). ¶子供に～をして聞かせる gěi xiǎoháir jiǎng mínjiān gùshi(给小孩ㄦ讲民间故事). ¶あの時の苦労も今は～となりました nà shí de xīnkǔ xiànzài yǐ chéngwéi lǎohuà le(那时的辛苦现在已成为老话了).
むかつ・く →むかむか.
むかっぱら【むかっ腹】 ¶彼は～を立てて怒鳴り散らした tā qìzhàle fèi luàn màqǐlai(他气炸了肺乱骂起来).
むかで【百足】 wúgōng(蜈蚣).
むかむか 1〔吐気が起るさま〕ěxin(恶心), gānyue(干哕), zuò'ǒu(作呕). ¶見ただけでも胸が～する kàn yi yǎn jiù ˇjiào rén ěxin[ˇshǐ rén yào tù](看一眼就ˇ叫人恶心[ˇ使人要吐]). **2**〔腹の立つさま〕¶相手の態度に～としたがなんとかこらえた duìfang de tàidu shǐ wǒ nù shàng xīntóu, kě háishi kèzhì xialai le(对方的态度使我怒上心头, 可还是克制下来了).
むがむちゅう【無我夢中】 →むちゅう.
むかんかく【無感覚】 ¶寒さで手も足も～になってしまった dòngde shǒujiǎo dōu méiyǒu ˇzhījué[ˇgǎnjué] le(冻得手脚都没有ˇ知觉[ˇ感觉]了).
むかんけい【無関係】 méiyǒu guānxi(没有关系), wúguān(无关), wúgān(无干). ¶これはそれらの事と～ではない zhè gēn nàxiē shì bú shì méiyǒu guānxi de(这跟那些事不是没有关系的). ¶私は事件とは～だ wǒ gēn zhège shìjiàn ˇháo bù xiāngganˉ[háo wú guānxi](我跟这个事件ˇ毫不相干[毫无关系]).
むかんしん【無関心】 bù guānxīn(不关心), mò bù guānxīn(漠不关心), wú dòng yú zhōng(无动于衷), shú shì wú dǔ(熟视无睹). ¶～を装う zhuāng bù guānxīn de yàngzi(装不关心的样子). ¶政治に～な人 duì zhèngzhì mò bù guānxīn de rén(对政治漠不关心的人). ¶私は音楽には～だ wǒ duì yīnyuè bù gǎn xìngqù(我对音乐不感兴趣).
むき【向き】 **1**〔方向〕fāngxiàng(方向), cháoxiàng(朝向). ¶この部屋は～が悪い zhè jiān wūzi cháoxiàng bù hǎo(这间屋子朝向不好). ¶体の～を変える zhuǎnshēn(转身). ¶船は～を変えて走った chuán zhuǎnxiàng shǐqu(船转向驶去). ¶風の～が西に変った fēngxiàng zhuǎn xī le(风向转西了). ¶南～の部屋 cháoyáng de wūzi(朝阳的屋子). **2**〔適すること〕¶夏～の柄 shìhé yú xiàtiān

de huāsè(适合于夏天的花色).¶日本人への味付け hé Rìběnrén kǒuwèi de wèidao(合日本人口味的味道).¶子供への本 shìhé yú értóng yuèdú de shū(适合于儿童阅读的书).¶人にはーへーがある rén gè yǒu shìyìng hé bú shìyìng de(人各有适应和不适应的).

3〖傾向，趣旨〗¶彼は何事も悲観的に見るーがある tā jīu yì zhǒng qīngxiàng, duì shénme dōu bào bēiguān tàidu(他有一种倾向，对什么都抱悲观态度).¶御用のーに応じて調製します àn gùkè de yāoqiú zhìzuò(按顾客的要求制作).

4〖人〗¶御希望のーには安くお分けします xiǎng mǎi de rén kěyǐ liánjià yúngěi(想买的人可以廉价匀给).¶賛成のーも多い zànchéng de yě hěn duō(赞成的也很多).

5〖本気〗¶相手の冗談にーになって怒る bǎ duìfāng de wánxiào dàngzhēn, shēngle qì(把对方的玩笑当真，生了气).¶彼はーになって弁解した tā sǐmìng de biànjiě(他死命地辩解).

むき〖無気〗búsòngqì(不送气).¶ー音 búsòngqì fǔyīn(不送气辅音).

むき〖無期〗wúqī(无期);wúxiànqī(无限期).¶大会はーへ延期になった dàhuì wúxiànqī de yánqī le(大会无限期地延期了).¶ー懲役 wúqī túxíng(无期徒刑).

むき〖無機〗wújī(无机).¶ー化学 wújī huàxué(无机化学).¶ー化合物 wújī huàhéwù(无机化合物).¶ー物 wújīwù(无机物).

むぎ〖麦〗mài(麦),màizi(麦子).¶ーを刈る gē màizi(割麦子).¶ー蒔(ま)きをする zhòng màizi(种麦子).¶ー踏みをする cǎi màimiáo(踩麦苗).

¶ー畑 màidì(麦地)／màitián(麦田).小ー dàmài(大麦).小ー xiǎomài(小麦).烏ー yànmài(燕麦).ライー hēimài(黑麦).

むきあ・う〖向き合う〗→かいあう.

むきげん〖無期限〗wúxiànqī(无限期).¶ーストライキに入る jìnrù wúxiànqī bàgōng(进入无限期罢工).

むきず〖無疵〗¶彼は家の下敷になったが幸いでーで助かった tā yāzài fángzi xiàmian, xìng'ér méi shòushāng(他压在房子下面，幸而没受伤).¶ーの茶碗 wú shāngsǔn de cháwǎn(无损的茶碗).

むきだし〖剥き出し〗¶ーの腕 chìlù de gēbo(赤露的胳膊).¶肩をーにした夏服 tǎn jiān lù bì de xiàzhuāng(袒肩露臂的夏装).¶彼は私に対する敵意をーにした tā háo bù yǎnshì duì wǒ de díyì(他毫不掩饰对我的敌意).¶ーに言う lùgǔ de shuō(露骨地说).

むきだ・す〖剥き出す〗lùchū(露出).¶牙をー lùchū liáoyá(露出獠牙)〈比喻的にも〉.

むきどう〖無軌道〗**1**〖無軌条〗wúguǐ(无轨).¶ー電車 wúguǐ diànchē(无轨电车).

2〖でたらめ〗fàngdàng(放荡).¶ーな若者たち fàngdàng de niánqīngrén(放荡的年轻人).¶ーぶりを発揮する fàngdàng bùjī(放荡不羁).

むきなお・る〖向き直る〗¶急にーって質問した tūrán zhuǎnguò shēnzi fāwèn(突然转过身子发问).

むきみ〖剥き身〗¶牡蠣(か)のー háobái(蚝白).¶蝦のー xiārénr(虾仁ㄦ).

むきめい〖無記名〗wújìmíng(无记名).¶ー投票 wújìmíng tóupiào(无记名投票).

むきゅう〖無休〗¶年中ー jiārì zhàocháng yíngyè(假日照常营业).年内ー niándǐ zhàocháng yíngyè(年底照常营业).

むきゅう〖無給〗¶ーで働く wúbàochóu láodòng(无报酬劳动).

むきりょく〖無気力〗¶病気をしてからーになった shēngbìng yǐhòu gàn shénme dōu méijìnr le(生病以后干什么都没劲ㄦ了).¶ーな若者 tuífèi de qīngniánrén(颓废的青年人).

むぎわら〖麦藁〗màijiē(麦秸),mǎicǎo(麦草).¶ー細工 màijiē gōngyìpǐn(麦秸工艺品)／cǎobiān(草编).ー帽 cǎomào[r](草帽[ㄦ]).

む・く〖向く〗**1**〖面する，向きを変える〗miàn(面),xiàng(向),cháo(朝).¶海にーいた窓 miàn hǎi de chuānghu(面海的窗户).¶門は東にーいている mén cháo dōng(门朝东).¶上をーく liǎn xiàng shàng(脸向上)／táitóu(抬头).¶そっぽをーく bèiguò liǎn qù(背过去)／bǎ liǎn niǔxiàng yìpáng(把脸扭向一旁).¶左ーけ左! xiàng zuǒ zhuǎn!(向左转!).¶前をーきなさい xiàng qián kàn(向前看).¶生徒の関心はもう夏休のことにーいていた xuésheng de xìngqù dōu yǐjīng zhuǎndào shǔjià de shìqing shang qù le(学生的兴趣都已经转到暑假的事情上去了).

2〖その方向に進む〗¶運がーいてきた zǒuyùn le(走运了).¶彼は気がーかないとやってくれない tā bù gāoxìng jiù bù gěi gàn(他不高兴就不给干).

3〖適する〗¶君は教師にーいている nǐ hěn shìyú dāng jiàoshī(你很适于当教师).¶この柄は若い人にはーかない zhè huāyàng hé niánqīngrén bù xiāngpèi(这花样和年轻人不相配).

む・く〖剥く〗bāo(剥);xiāo(削).¶栗の皮をーく bāo lìzipí(剥栗子皮).¶りんごの皮をーく xiāo píngguǒpí(削苹果皮).¶目をーいて怒る nùmù yuánzhēng(怒目圆睁)／chuīhúzi dèngyǎn(吹胡子瞪眼).

むく〖無垢〗¶ーな少女 chúnjié de shàonǚ(纯洁的少女).¶金のー仏像 chúnjīn de fóxiàng(纯金的佛像).¶白ーの衣装 yìshēn chúnbái de yīfu(一身纯白的衣服).

むくい〖報い〗bàoyìng(报应),huíbào(回报),huánbào(还报).¶それは前世のーだ nà shì qiánshì de bàoyìng(那是前世的报应).¶彼は当然のーを受けたのだ tā dédào yīng dé de bàoyìng(他得到应得的报应)／tā shòudàole yīng dé de chéngfá(他受到了应得的惩罚).¶善いことをすれば必ず善いーがある zuò hǎoshì bì yǒu hǎo bàoyìng(做好事必有好报应)／shàn yǒu shàn bào(善有善报).

むくいぬ〖尨犬〗chángmáo shīzigǒu(长毛狮子狗).

むく・いる〖報いる〗bào(报),bàodá(报答),bàocháng(报偿),bàoxiào(报效),huánbào(还

报), huífbào (回报), bǔbào (补报). ¶人の好意に〜いる bàodá rénjia de hǎoyì (报答人家的好意). ¶記念品を贈って彼の労に〜いた zèngsòng jìniànpǐn "chóubào [chóudá/chóuláo] tā de xīnkǔ (赠送纪念品"酬报[酬答/酬劳]他的辛苦). ¶いつかは必ず〜いられる時がくる zǒng yǒu yì tiān huì dédào bàocháng de (总有一天会得到报偿的). ¶恩を仇で〜いる yǐ yuàn bào dé (以怨报德)／ēn jiāng chóu bào (恩将仇报). ¶暴をもって暴に〜いる yǐ bào huán bào (以暴还暴). ¶一矢(ⁿ)も〜いることなく完敗した háo wú zhāojià zhī lì, dǎde yíbài-túdì (毫无招架之力,打得一败涂地).

むくげ【木槿】 mùjǐn (木槿).

むくげ【尨毛】 chángmáo (长毛). ¶〜の犬 chángmáo gǒu (长毛狗).

むくち【無口】 guǎyán (寡言). ¶彼女は〜だ tā "bú ài shuōhuà [chénmò guǎyán] (她"不爱说话[沉默寡言]).

むくどり【椋鳥】 huīliángniǎo (灰椋鸟).

むくみ【浮腫】 fúzhǒng (浮肿), shuǐzhǒng (水肿). ¶〜がひいた fúzhǒng xiāotuì (浮肿消退). ¶顔に少し〜がある liǎnshang yǒudiǎnr fúzhǒng (脸上有点儿浮肿).

むく・む【浮腫む】 fúzhǒng (浮肿). ¶手足が少し〜んできた shǒujiǎo yǒudiǎnr fúzhǒng le (手脚有点儿浮肿了). ¶顔がいくらか〜んでいる liǎnshang yǒuxiē fúzhǒng (脸上有些浮肿).

むくむく ¶夏空に入道雲が〜と湧く xiàrì de tiānkōng zhōng, jīyǔyún yù jī yù hòu (夏日的天空中,积雨云愈积愈厚). ¶変な考えが〜と頭をもたげた yì zhǒng xiéniàn hūrán chǎnshēng le (一种邪念忽然产生了). ¶〜と太った赤ん坊 pànghūhū de xiǎowáwa (胖乎乎的小娃娃).

むく・れる ¶彼女は〜れて黙ってしまった tā "běngzhe[bǎnzhe] liǎn bù shuōhuà le (她"绷着[板着] 脸不说话了). ¶そう〜れるな bié dǔqì (别赌气).

むくろ【軀】 shīshou (尸首), shītǐ (尸体), shīshēn (尸身).

-むけ【向け】 ¶外国〜の商品 xiàng wàiguó chūkǒu de shāngpǐn (向外国出口的商品). ¶海外〜の放送 duìwài guǎngbō (对外广播). ¶子供〜の番組 yǐ értóng wéi duìxiàng de jiémù (以儿童为对象的节目).

むけい【無形】 wúxíng (无形). ¶有形〜の援助を受ける shòu yǒuxíng wúxíng de yuánzhù (受有形无形的援助).

むげい【無芸】 ¶私は〜で何もできません wǒ shēn wú bójì, shénme dōu bù xíng (我身无薄技,什么都不行).

¶〜大食 shēn wú yì jì de dàfàntǒng (身无一技的大饭桶)／jiǔ náng fàn dài (酒囊饭袋).

むけつ【無血】 hépíng "yǎnbiàn[guòdù] (和平"演变[过渡]).

むげに【無下に】 ¶友人の頼みとあらば〜断るわけにもいかない jìrán shì péngyou de qǐngqiú, wǒ yě bùnéng yìkǒu-jùjué (既然是朋友的请求,我也不能一口拒绝). ¶彼のした事を〜悪い

とも言えない tāmen zuò de bùnéng yígài shuō dōu bù hǎo (他们做的不能一概说都不好).

む・ける【向ける】 1[向くようにする] zhuǎnxiàng (转向). ¶顔を前に〜けなさい liǎn cháo zhèngmiàn (脸朝正面). ¶機首を東に〜ける diàozhuǎn jītóu xiàng dōng (掉转机头向东). ¶空に〜けて銃を撃つ cháo tiān fàngqiāng (朝天放枪). ¶皆の注意が彼の方に〜けられた dàjiā de zhùyì dōu zhuǎnxiàng tā (大家的注意都转向他). ¶矛先を政府に〜ける bǎ máotóu zhǐxiàng zhèngfǔ (把矛头指向政府). ¶彼1人この計画に背を〜けている duì zhège jìhuà zhǐyǒu tā yí ge rén tàidu lěngdàn (对这个计划只有他一个人态度冷淡).

2[遣わす] 使いの者を〜ける dǎfā[pài] rén qù (打发[派]人去).

3[振り当てる] ¶交通費を食費に〜ける bǎ jiāotōngfèi nuózài huǒshífèi shang (把交通费挪在伙食费上).

む・ける【剝ける】 tuō (脱), tuōluò (脱落), bōluò (剥落). ¶木の皮が〜けた shùpí bōluò le (树皮剥落了). ¶日に焼けて背中の皮が〜けた shàide jǐbèi tuōpí le (晒得脊背脱皮了).

むげん【無限】 wúxiàn (无限). ¶前途は〜に広い qiántú wúxiàn guǎngmíng (前途无限光明). ¶家の中の仕事はやり出せば〜にある jiālǐ de shìr zuòqǐlai méiwán-méiliǎo (家里的事做起来没完没了).

¶〜軌道 lǚdài (履带). 〜大 wúqióngdà (无穷大)／wúxiàndà (无限大).

むげん【夢幻】 mènghuàn (梦幻). ¶〜の境をさまよう páihuái yú mènghuàn zhī jìng (徘徊于梦幻之境).

むこ【婿】 nǚxu (女婿); gūye (姑爷). ¶娘に〜をとる gěi nǚ'ér zhāo "nǚxu[zhuì] (给女儿招"女婿[赘]). ¶〜入りする rùzhuì (入赘).

むこ【無辜】 wúgū (无辜). ¶〜の民 wúgū bǎixìng (无辜百姓).

むご・い【惨い】 cǎn (惨), cǎndú (惨毒), hěndú (狠毒). ¶そんな〜いことを言うな bié shuō nàme hěnxīn de huà (别说那么狠心的话). ¶〜過ぎる仕打ちは nà zhǒng zuòfǎ tài cánkù wúqíng le (那种做法太残酷无情了). ¶現場は目もあてられないほど〜い有様だった xiànchǎng zhēn shì cǎn bù rěn dǔ (现场真是惨不忍睹).

むこう【向う】 1[あちら] nàr (那儿), nàbian[r] (那边[儿]), nàli (那里), nàtou[r] (那头[儿]), nàmian (那面). ¶はるか〜に見える山 yuǎn-yuǎn kěyǐ kàndào de shān (远远可以看到的山). ¶お客さんと話しているのだから〜へ行っていなさい wǒ zài gēn kèren tánhuà, dào nàbianr qù ba (我在跟客人谈话,到那边儿去吧). ¶〜の方で誰かが呼んだようだ nàbian hǎoxiàng yǒu rén jiào wǒ (那边好像有人叫我). ¶〜に着いたらすぐ手紙を書きます yí dàole nàli jiù gěi nǐ xiě xìn (一到了那里就给你写信). ¶アルプスの〜がイタリアだ Ā'ěrbēisī de nàbian jiùshì Yìdàlì (阿尔卑斯的那边就是意大利). ¶

むこう

海の～の国 hǎi nà yìbiānr de guójiā(海那一边儿的国家). ¶船で～の岸に渡る zuò chuán dào duì'àn(坐船到对岸).

2〔以降〕 ¶9月から～は忙しい jiǔyuè yǐhòu jiù hěn máng le(九月以后就很忙了). ¶～3か月の静養を必要とする cóng xiànzài qǐ xūyào jìngyǎng sān ge yuè(从现在起须要静养三个月). ¶今日から～1週間のうちにやって下さい qǐng cóng jīntiān qǐ zài yí ge xīngqī nèi zuòwán(请从今天起在一个星期内做完).

3〔相手〕 duìfāng(对方). ¶万事一次第だ yíqiè kàn duìfāng de(一切看对方了). ¶～の言い分も聞こう yě tīngtīng duìfāng de yìjiàn ba(也听听对方的意见吧). ¶彼の～を張ってもとても無理だ jiùshì gēn tā duìkàng yě dǐbuguò(就是跟他对抗也敌不过). ¶強敵を～に回して戦う yǐ jìngdí wéi duìshǒu ér zhàn(以劲敌为对手而战).

むこう【無効】 wúxiào(无效). ¶この契約は～だ zhè xiàng hétong wúxiào(这项合同无效). ¶途中で下車するとこの切符は～になる túzhōng xià chē, cǐ piào wúxiào(途中下车,此票无效). ¶期日を過ぎると～になる guòqī wúxiào[zuòfèi](过期‛无效[作废]). ¶有効投票367,～投票5 yǒuxiào piàoshù sānbǎi liùshíqī, wúxiào de wǔ piào(有效票数三百六十七,无效的五票).

むこういき【向う意気】 ¶彼は～が強い tā duì shuí dōu bùgān shìruò(他对谁都不甘示弱).

むこうがわ【向う側】 **1**〔反対側〕 nàbian[r] (那边[儿]). ¶山の～ shān nàbian(山那边). ¶学校は線路の～にある xuéxiào zài tiělù nàbian(学校在铁路那边).

2〔相手方〕 duìfāng(对方). ¶衝突事故の責任は～にある zhuàngchē shìgù de zérèn zài duìfāng(撞车事故的责任在对方).

むこうぎし【向う岸】 duì'àn(对岸).

むこうきず【向う傷】 ¶～のある男 liǎnshang yǒu shāngbā de nánrén(脸上有伤疤的男人).

むこうずね【向う脛】 yíngmiàngǔ(迎面骨). ¶相手の～を蹴った tīle duìfāng de yíngmiàngǔ(踢了对方的迎面骨).

むこうはちまき【向う鉢巻】 ¶～で威勢がよい tóushang gūzhe yì tiáo bùshǒujīn xiǎnde shēnglóng-huóhǔ(头上箍着一条布手巾显得生龙活虎).

むこうみず【向う見ず】 mǎngzhuàng(莽撞), lǔmǎng(鲁莽). ¶～なことをしたものだ zhēn shì gànle lǔmǎng de shì(真是干了鲁莽的事). ¶お前の～にはあきれる nǐ nà búgù qiánhòu de mǎngzhuàngjìnr zhēn jiào rén méi bànfǎ(你那不顾前后的莽撞劲儿真叫人没办法).

むごたらし・い【惨たらしい】 cǎn(惨). ¶交通事故で彼は～い死に方をした yóuyú chēhuò tā sǐde kě cǎn(由于车祸他死得可惨).

むこん【無根】 ¶それは事実～だ nà háo wú shìshí gēnjù(那毫无事实根据). ¶事実～のうわさが立っている liúchuánzhe "wú gēn wú jù" de yáoyán(流传着"无中生有[无根无据]"的谣言).

むごん【無言】 wúyán(无言), wúyǔ(无语). ¶～のまま頭をうなだれている mò bú zuòshēng dālazhe nǎodai(默不作声耷拉着脑袋). ¶互いに～で会釈した bǐcǐ wú yán de diǎnle xià tóu(彼此无言地点了下头). ¶2人の間には～のうちに了解ができた liǎngrén wúxíng zhī zhōng dáchénglemòqì(两人无形之中达成了默契). ¶2人は一～で対座した liǎng ge rén mòrán xiāngduì ér zuò(两个人默然相对而坐).

むざい【無罪】 wúzuì(无罪). ¶～の判決を受ける bèi xuānpàn wúzuì(被宣判无罪). ¶～放免になる wúzuì shìfàng(无罪释放).

むさく【無策】 ¶インフレに対して政府は全く～だ duì tōnghuò péngzhàng zhèngfǔ yìzhí shùshǒu wú cè(对通货膨胀政府一直束手无策).

むさくい【無作為】 ¶～抽出法 suíjī chōuyàng(随机抽样).

むさくるし・い ¶～い所ですがどうぞお上がり下さい wūzili hěn jiǎnlòu, qǐng jìnlai zuòzuo ba(屋子里很简陋,请进来坐坐吧). ¶彼は～い格好をしている tā yīzhuó lāta(他衣着邋遢).

むささび【鼯鼠】 wúshǔ(鼯鼠).

むさべつ【無差別】 ¶男女～に扱う nánnǚ píngděng duìyù(男女平等待遇). ¶～爆撃 bù jiā qūbié de hōngzhà(不加区别的轰炸).

むさぼ・る【貪る】 tān(贪), tāntú(贪图); móu(牟), móuqǔ(牟取). ¶安逸を～る tāntú ānyì(贪图安逸). ¶暴利を～る móuqǔ bàolì(牟取暴利)/ zuān qiányǎnr(钻钱眼儿). ¶肉を～り食う lángtūn-hǔyàn de chī ròu(狼吞虎咽地吃肉). ¶～るように本を読む tānlán[rújī-sìkě] de dúshū(贪婪[如饥似渴]地读书).

むざむざ báibái(白白). ¶絶好のチャンスを～逃してしまった báibái cuòguòle cuògguòle qiānzǎi-nánféng de jīhuì(白白地错过了千载难逢的机会). ¶ここまでやって～やめてしまうのは癪だ gàndào zhège dìbù qīngyì fàngqì kě zhēn jiào rén nǎohuǒ(干到这个地步轻易放弃可真叫人恼火).

むさん【無産】 ¶～運動 wúchǎn jiējí yùndòng (无产阶级运动). ～階級 wúchǎnjiējí(无产阶级). ～者 wúchǎnzhě(无产者).

むざん【無残】 cǎn(惨). ¶～な最期を遂げる sǐde tài cǎn(死得太惨). ¶私の夢は現実によって～にも打ち砕かれた wǒ de mèngxiǎng bèi xiànshí wúqíng de fěnsuì le(我的梦想被现实无情地粉碎了).

むし【虫】 chóng[r](虫[儿]), chóngzi(虫子), cǎochóng(草虫); dùyú(蠹鱼), dùchóng(蠹虫), zhùchóng(蛀虫); yīyú(衣鱼), yīé(衣蛾); mǐxiàng(米象), mǐzhùchóng(米蛀虫).

1〔虫が〕 ¶米に～がわいた dàmǐli shēng chóngzi le(大米里生虫子了). ¶～がついて作物が全滅した zháole chóngzi, zhuāngjia quán wán le(着了虫子,庄稼全完了). ¶娘に悪い～がついた gūniang yǒule yí ge búchèn fùmǔ xīn de qíngrén(姑娘有了一个不称父母心的情人). ¶腹の～が鳴る dùzi èdezhíjiào(肚子饿得直叫). ¶腹の～がおさまらない nùhuǒ

nán xī(怒火难息)/ xiāobuliǎo qì(消不了气).¶あいつはどうも～が好かない nà jiāhuo bù zhī wèishénme juéde tǎoyàn(那家伙不知为什么觉得讨厌).

2[虫]¶～の音 chóngmíng(虫鸣)/ chóngjiàoshēng(虫叫声).¶この上着には～の食ったあとがある zhè jiàn shàngyī yǒu bèi chóngzi zhù de hénjì(这件上衣有被虫子蛀的痕迹).¶その時すでに～の息だった nà shí yǐ yǎnyǎn yì xī le(那时已奄奄一息了).¶君は～のいいことばかり考えているね nǐ jìng dǎ rúyì suànpan(你净打如意算盘).¶あの時彼は～の居所が悪かったのだ nà shí tā ˈxīntóur yǒu huǒ[xīnzhōng búkuài](那时他ˈ心火儿有火[心中不快]).¶～の知らせで今日君が来るような気がした wǒ yùgǎndào nǐ jīntiān yào lái(我预感到你今天要来).

3[虫に]¶～に刺されてかゆい bèi chóngzi ˈyǎo[dīng]de guài yǎngyang de(被虫子ˈ咬[叮]得怪痒痒的).¶彼は近頃塞ぎの～にとりつかれている tā jìnlái mènmèn-búlè(他近来闷闷不乐).¶一寸の～にも五分の魂 pǐfū bùkě duó qí zhì(匹夫不可夺其志).

4[虫を]¶彼は～も殺さぬ顔をしている tā xiǎnchū yí fù réncí de miànkǒng(他显出一副仁慈的面孔).¶私は～を殺して逆らわずにいた wǒ rěnqì-tūnshēng bù fú qí yì(我忍气吞声不拂其意).

5¶彼は本の～だ tā shì ge ˈshūchóngzi[zhùshūchóng](他是个ˈ书虫子[蛀书虫]).

む し【無私】 wúsī(无私).¶公平～の人 gōngzhèng wúsī de rén(公正无私的人)/ dàgōng-wúsī de rén(大公无私的人).

む し【無視】 wúshì(无视), hūshì(忽视), mòshì(漠视).¶彼の存在を～することはできない bùnéng wúshì tā de cúnzài(不能无视他的存在).¶彼は私の忠告を～した tā mòshìle wǒ de zhōnggào(他漠视了我的忠告).¶信号を～で捕まった wúshì xìnhào ér bèi zhuāzhù le(无视信号而被抓住了).

む じ【無地】 sùshǎi(素色).¶～の布 sùshǎibù(素色布).¶紺の～のスカート bú dài huā de lán qúnzi(不带花的蓝裙子).

む しあつ・い【蒸し暑い】 mēnrè(闷热), shīrè(湿热), yùrè(郁热).¶今日はなんと～い日なんだろう jīntiān zhēn mēnrè(今天真闷热).

む しかえ・す【蒸し返す】 **1**[食べ物を] liù(馏), tēng(熥).¶固くなった肉饅頭を～す bǎ fāyìngle de ròubāozi ˈliù jì liù[chóng zhēng yí biàn](把发硬了的肉包子ˈ馏一馏[重蒸一遍]).
2[事柄を]¶今更そのことを～してみたところで何にもならない shì dào rújīn yòu bānchū nà jiàn shì lái yòu shénme yòng(事到如今又搬出那件事来有什么用).¶それはさっきの議論の～しに過ぎない nà búguò shì chóngfù gāngcái de yìlùn bàle(那不过是重复刚才的议论罢了).

む しかく【無資格】 ¶～者 wúzīgézhě(无资格者)/ méiyǒu zīgé de rén(没有资格的人).

む じかく【無自覚】 bú zìjué(不自觉).¶～な行動 bú zìjué de xíngwéi(不自觉的行为).

む しき【蒸し器】 zhēnglóng(蒸笼), lóngtì(笼屉), zhēngguō(蒸锅).

む しくい【虫食い】 chóngzhù(虫蛀), zhù(蛀).¶この栗は～だ zhè lìzi gěi chóng zhù le(这栗子给虫蛀了).¶～だらけの本 mǎn shì dùyú zhùshí de shū(满是蠹鱼蛀食的书).

む しくだし【虫下し】 qūchóngyào(驱虫药), qūchóngjì(驱虫剂), dǎchóngziyào(打虫子药).¶～を飲んで虫を下す chī qūchóngyào dǎ chóngzi(吃驱虫药打虫子).

む しけら【虫螻】 lóuyǐ(蝼蚁).¶彼から～同然に扱われた tā bǎ wǒ kànde zhū gǒu bùrú(他把我看得猪狗不如).

む しけん【無試験】 miǎnshì(免试).¶～入学 miǎnshì rùxué(免试入学).

む しこ【無事故】 ¶15年～で通した shíwǔ nián lái yìzhí méi chūguo ˈshìgù[chàzi](十五年来一直没出过ˈ事故[岔子].

む しず【虫酸】 ¶あいつを見ると～が走る yí kànjian nà jiāhuo jiù lìng rén zuò'ǒu(一看见那家伙就令人作呕).

む じつ【無実】 ¶私は～だ wǒ shì wúzuì de(我是无罪的).¶～の罪を着せられる bèi jiāshàng mòxūyǒu de zuìmíng(被加上莫须有的罪名).

む じな【狢】[あなぐま] gǒuhuān(狗獾), huān(獾); [たぬき] hé(貉), háozi(貉子), lízi(狸子).¶彼等は一つ穴の～だ tāmen shì yì qiū zhī hé(他们是一丘之貉).

む しば【虫歯】 chóngyá(虫牙), chóngchīyá(虫吃牙), zhùyá(蛀牙), zhùchǐ(蛀齿), qǔchǐ(龋齿).¶～になる zhǎng chóngyá(长虫牙).

む しば・む【蝕む】 qīnshí(侵蚀), fǔshí(腐蚀), zhùshí(蛀蚀).¶結核菌に～まれる bèi jiéhéjūn suǒ qīnshí(被结核菌所侵蚀).¶童心を～む fǔshí tóngxīn(腐蚀童心).

む しひ【無慈悲】 ¶何と～な奴だ zhēn shì ge hěnxīn de jiāhuo(真是个狠心的家伙).¶～な仕打ち hěndú de zuòfǎ(狠毒的做法).

む しぶろ【蒸風呂】 zhēngqìyù(蒸汽浴); zhēngqìyù yùshì(蒸汽浴浴室).¶まるで～に入ったような暑さだ rède jiǎnzhí xiàng zài zhēnglóng-li shìde(热得简直像在蒸笼里似的).

む しへん【虫偏】 chóngzìpángr(虫字旁儿).

む しぼし【虫干し】 ¶衣類の～をする liàng yīshang(晾衣裳).

む しむし ¶昨晩は～して寝苦しかった zuówǎn mēnrède méi shuìhǎo(昨晚闷热得没睡好).

む しめがね【虫眼鏡】 fàngdàjìng(放大镜).¶～で見る yòng fàngdàjìng kàn(用放大镜看).

む しやき【蒸焼】 gānzhēng(干蒸).¶あひるを～にする gānzhēng yāzi(干蒸鸭子).

む じゃき【無邪気】 tiānzhēn(天真).¶～な少年 tiānzhēn de shàonián(天真的少年).¶子供達は何も知らずに～に遊んでいる háizimen shénme yě bù zhīdào, hái zài tiānzhēn de wánrzhe(孩子们什么也不知道，还在天真地玩儿着).

むしゃくしゃ fánmèn(烦闷), fánzào(烦躁), biēmen(憋闷), wōbie(窝憋). ¶癪で～する òule yí dùzi qì(怄了一肚子气)/ zhēn jiào ren ˇbiēqì[wōqì](真叫人ˇ憋气[窝气]). ¶仕事がうまくいかず～する gōngzuò bú shùnlì xīnli fánzàode hěn(工作不顺利心里烦躁得很).

むしゃぶりつ・く ¶逃げようとする泥棒に夢中で～いた sǐmìng bàozhù yào pǎo de xiǎotōu bú fàng(死命抱住要跑的小偷不放). ¶子供は大声で泣きながら母親に～いた házi dàshēng kūzhe lǒuzhù mǔqin(孩子大声哭着搂住母亲).

むしゃぶるい【武者震い】 ¶試合にのぞんで～をした miànlín bǐsài, jīngshén dǒusǒu(面临比赛, 精神抖擞).

むしゃむしゃ ¶～と食べる dà kǒu dà kǒu de chī(大口大口地吃).

むしゅう【無臭】 wúxiù(无臭). ¶無色～の気体 wúsè-wúxiù de qìtǐ(无色无臭的气体).

むしゅうきょう【無宗教】 ¶私は～です wǒ bú xìnfèng zōngjiào(我不信奉宗教).

むしゅく【無宿】 ¶～者 liúlàngzhě(流浪者).

むしゅみ【無趣味】 ¶私は～な男です wǒ shì ge méiyǒu shénme ˇshìhào[àihào] de rén(我是个没有什么ˇ嗜好[爱好]的人).

むじゅん【矛盾】 máodùn(矛盾). ¶君の言うことは前後～している nǐ suǒ shuō de qiánhòu yǒu máodùn(你所说的前后有矛盾). ¶現実と理想とは～する xiànshí hé lǐxiǎng shì yǒu máodùn de(现实和理想是有矛盾的). ¶彼の話は～だらけだ tā de huà jìngshì máodùn(他的话净是矛盾).

むしょう【無償】 wúcháng(无偿). ¶～で援助を行う jìnxíng wúcháng yuánzhù(进行无偿援助). ¶作業衣は～で支給される miǎnfèi fāgěi gōngzuòfú(免费发给工作服).

¶～行為 wúcháng xíngwéi(无偿行为).

むじょう【無上】 wúshàng(无上). ¶お誉めにあずかり～の光栄に存じます méng nín kuājiǎng, juéde wúshàng guāngróng(蒙您夸奖, 觉得无上光荣).

むじょう【無常】 wúcháng(无常). ¶世の～を感ずる juéde rénshì wúcháng(觉得人世无常).

むじょう【無情】 wúqíng(无情). ¶彼は～な男だ tā tài wúqíng le(他太无情了). ¶彼は～にも困っている友を見捨てた tā wúqíng de pāoqìle shòunàn de péngyou(他无情地抛弃了受难的朋友). ¶朝から～の雨が降り続いている wúqíng de yǔ cóng zǎoshang yìzhí xià ge bù tíng(无情的雨从早上一直下个不停).

むじょうけん【無条件】 wútiáojiàn(无条件).

¶～で承諾する wútiáojiàn chéngnuò(无条件承诺).

¶～降伏 wútiáojiàn tóuxiáng(无条件投降).

むしょうに【無性に】 ¶～喉が渇く sǎngzi kěde lìhai(嗓子渴得厉害). ¶その話を聞いて～腹が立った tīngle nà huà, wúmínghuǒ qǐ sāngiǎn zhàng(听了那话, 无名火起三千丈). ¶～彼に会いたい yígejìnr de[yìxīn] xiǎng jiàn tā(一个劲ㄦ地[一心]想见他).

むしょく【無色】 wúsè(无色). ¶～透明の液体 wúsè tòumíng de yètǐ(无色透明的液体). ¶彼は政治的には～だ tā zhèngzhìshang wúdǎng-wúpài(他政治上无党无派).

むしょく【無職】 ¶彼は今～だ tā xiànzài méiyǒu zhíyè(他现在没有职业).

むしょぞく【無所属】 wúdǎngpài(无党派). ¶～の議員 wúdǎngpài yìyuán(无党派议员).

む・る【毟る】 hāo(薅). ¶雑草を～る hāo[bá] cǎo(薅[拔]草). ¶鶏の毛を～る hāo jīmáo(薅鸡毛). ¶魚の身を～る tī yúròu(剔鱼肉).

むしろ【筵・蓆】 xí[r](席[ㄦ]), xízi(席子), cǎoxí(草席). ¶～を敷いて麦を干す pūshàng cǎoxí shài màizi(铺上草席晒麦子).

むしろ【寧ろ】 ¶僕の好きな絵は～あの絵だ wǒ xǐhuan de huà dào shì nà yì fú(我喜欢的画倒是那一幅). ¶私は～このように考える wǒ dào zhèyàng xiǎng(我倒这样想). ¶彼は教師というより～学者だ yǔqí shuō tā shì jiàoshī, wúníng shuō tā shì xuézhě(与其说他是教师, 毋宁说他是学者). ¶こんな辛い目に会うくらいなら～死んでしまった方がよい yǔqí chī zhèyàng de kǔtou ˇbùrú[mòrú] sǐle dào hǎo(与其吃这样的苦头ˇ不如[莫如]死了倒好). ¶屈服するよりは～死んだ方がましだ nìngkě sǐ yě búyuàn dītóu qūfú(宁可死也不愿低头屈服)／ nìng sǐ bù qū(宁死不屈).

むしん【無心】 1【無邪気, 無想】 tiānzhēn(天真). ¶～に笑う tiānzhēn de xiào(天真地笑). ¶～に遊ぶ子供 tiānzhēn-lànmàn wánshuǎ de háizi(天真烂漫玩耍的孩子). ¶～の境地 wú xié zhī jìng(无邪之境).

2【ねだること】 ¶伯母に金の～をする xiàng bómǔ yào qián(向伯母要钱).

むじん【無人】 wúrén(无人). ¶～の荒野を行く zǒu zài wú rényān de huāngyě(走在无人烟的荒野).

¶～島 huāngdǎo(荒岛). ～飛行機 wú rén jiàshǐ fēijī(无人驾驶飞机).

むじん【無尽】 huì(会).

むしんけい【無神経】 ¶彼はあまりにも～だ tā tài bú gùjí biéren le(他太不顾及别人了)／ tā tài bù tǐliang rén le(他太不体谅人了). ¶病人の前であんな事を言うとは何と～な奴だ zài bìngrén miànqián shuō nà zhǒng huà, jiǎnzhí shì ge méiyǒu xīngān de jiāhuo(在病人面前说那种话, 简直是个没有心肝的家伙).

むじんぞう【無尽蔵】 ¶その地方は鉄鉱が～だ gāi dì de tiěkuàng qǔ zhī bú jìn, yòng zhī bù jié(该地的铁矿取之不尽, 用之不竭).

むしんろん【無神論】 wúshénlùn(无神论). ¶～者 wúshénlùnzhě(无神论者).

む・す【蒸す】 1【ふかす】 zhēng(蒸). ¶肉饅頭を～す zhēng ròubāozi(蒸肉包子).

2【むしむしする】 mēnrè(闷热). ¶今夜はひどく～して眠れない jīnwǎn hěn mēnrè, shuìbuzháo jiào(今晚很闷热, 睡不着觉).

むすう【無数】 wúshù(无数). ¶空には～の星が輝いている tiānshang ˇshǎnshuòzhe wúshù

むずかし・い【難しい】 1 [困難だ] nán (难), kùnnan (困难). ¶この問題はほんとうに～い zhège wèntí zhēn nán (这个问题真难). ¶今度の試験は～かった zhè huí kǎoshì kě nán le (这回考试可难了). ¶ドイツ語はそう～くない Déwén bù zěnme nán (德文不怎么难). ¶～い問題が山積している nántí duījī rú shān (难题堆积如山). ¶優勝は～い huò guànjūn (难获冠军)/ huò guànjūn yǒu kùnnan (获冠军有困难). ¶円満な解決は～い nányú yuánmǎn jiějué (难于圆满解决)/ yuánmǎn jiějué hěn kùnnan (很困难).
2 [理解しにくい] jiānsè (艰涩), huìsè (晦涩), nán dǒng (难懂). ¶～い文章で書いてある wénzhāng xiěde jiānsè (文章写得艰涩). ¶～い理論を並べ立てる luóliè jiānsè de lǐlùn (罗列艰涩的理论). ¶ここが～くて分らない zhèr nán, lǐjiě bu liǎo (这儿很难,理解不了).
3 [厄介だ] máfan (麻烦), fèishì (费事). ¶この申請は手続が～い zhège shēnqǐng shǒuxù hěn máfan [nánbàn] (这个申请手续很麻烦 [难办]). ¶～く考えることもない búyào xiǎngde nàme fùzá (不要想得那么复杂).
4 [直りにくい] ¶彼のは～い病気だ tā de bìng nányǐ zhìhǎo (他的病难以治好).
5 [苦情が多い] ¶あの年寄は食べ物に～い nàge lǎorén duì shíwù hào tiāoti (那个老人对食物好挑剔). ¶～い事ばかり言うな bié lǎo fā láosāo (别老发牢骚).
6 [機嫌が悪い] ¶彼女は常になく～い顔をしている tā bùtóng wǎngcháng liǎnshang xiǎnlùchū bù shéngkuài de shénsè (她不同往常脸上显露出不高兴的神色).

むずがゆ・い【むず痒い】 cìyang (刺痒), cìnao (刺挠). ¶体が～くてたまらない shēnshang cìyangde shòubuliǎo (身上刺痒得受不了).

むずか・る nàomó (闹魔), nào rén (闹人). ¶赤ん坊が～ wáwa nàomó (娃娃闹魔).

むすこ【息子】 érzi (儿子).

むずと ¶襟首を～引っつかむ yònglì qiāzhù bógěngzi (用力掐住脖颈子). ¶～組みつく měngrán bàozhù (猛然抱住).

むすびつ・く【結び付く】 ¶私の幼時の思い出はあの木と深く～いている wǒ yòunián de huíyì gēn nà kē shù jǐnjǐn xiāngliánzhe (我幼年的回忆跟那棵树紧紧相连着). ¶政治家に～いた商人 yǔ zhèngzhìjiā gōujié de shāngrén (与政治家勾结的商人).

むすびつ・ける【結び付ける】 1 [ゆわえつける] jì (系), shuān (拴). ¶荷物に名札を～ける zài xíngli shang jìshàng míngpái (在行李上系上名牌). ¶小舟を岸辺の木に～ける bǎ xiǎochuán shuānzài hé'àn de shùshang (把小船拴在河岸的树上).

2 [関係づける] ¶同じ趣味が 2 人を～けた gòngtóng de àihào bǎ tāmen liǎng ge rén jiéhé qilai le (共同的爱好把他们两个人结合起来了). ¶ 2 つの事件を～けて考える bǎ liǎng ge shìjiàn liánxì qilai kǎolǜ (把两个事件联系起来考虑).

むすびめ【結び目】 jié (结), jiézi (结子), kòu[r] (扣[儿]), kòuzi (扣子). ¶～をほどく jiě jiézi (解结子)/ bǎ kòur jiěkai (把扣儿解开). ¶～を 1 つ作る dǎ[jì/zā] ge kòur (打[系/扎]个扣儿).

むす・ぶ【結ぶ】 1 [ゆわえる] jì (系), zā (扎), jié (结), shù (束). ¶靴紐を～ぶ jì xiédài (系鞋带). ¶ネクタイを～ぶ jì lǐngdài (系领带). ¶お下げにリボンを～ぶ zài biànzi shang jì huājié (在辫子上系花结).
2 [つなぐ] liánjié (联结). ¶ 2 点を～ぶ直線 liánjié liǎng diǎn de zhíxiàn (联结两点的直线). ¶東京と北京を～ぶ航空路が開かれた liánjié Dōngjīng yǔ Běijīng de hángxiàn kāitōng le (联结东京与北京的航线开通了).
3 [関係をつくる] jiélè (结). ¶ A 家と姻戚関係を～んだ yǔ A jiā jiéle qīn (与 A 家结了亲). ¶日本はイギリスと同盟を～んでロシアと戦った Rìběn hé Yīngguó jiéchéng tóngméng gēn É-guó dǎle zhàng (日本和英国结成同盟跟俄国打了仗). ¶条約を～ぶ dìjié tiáoyuē (缔结条约). ¶二人はようやく～ばれた liǎng ge rén zhōngyú jiéwéi fūqī (两个人终于结为夫妻). ¶彼とは固い友情で～ばれている wǒ hé tā de yǒuyì shì láo bù kě pò de (我和他的友谊是牢不可破的).
4 [固く閉じる] ¶口をきりりと～ぶ jǐnbì zuǐ (紧闭嘴).
5 [締めくくる] ¶謝辞をもって文章を～ぶ yǐ gǎnxiècí jiéshù wénzhāng (以感谢词结束文章). ¶～びの言葉 jiéshùyǔ (结束语)/ jiéyǔ (结语).
6 [生ずる] jiē (结). ¶ 2000 年前の蓮が実を～んだ liǎngqiān nián yǐqián de liánzǐ kāihuā-jiēguǒle (两千年以前的莲子开花结果了). ¶長年の努力が実を～んだ duōnián de nǔlì jiēle guǒ (多年的努力结了果). ¶草の葉に露が～ぶ cǎoyè shang níngjié lùshuǐ (草叶上凝结露水). ¶像を～ぶ chéng xiàng (成像).

むずむず fāyǎng (发痒), yǎngyangr (痒痒儿). ¶鼻が～する bíyǎnr fāyǎng (鼻眼儿发痒). ¶碁を打ちたくて～する xiǎng xià wéiqí xiǎngde shǒu zhí fāyǎng (想下围棋想得手直发痒). ¶話したくて～している xiǎng shuōde yàomìng (想说得要命).

むすめ【娘】 [自分の] nǚ'ér (女儿), gūniū (闺女), gūniang (姑娘); [少女] gūniang (姑娘), gūniū (闺女). ¶私には～が 3 人おります wǒ yǒu sān ge nǚ'ér (我有三个女儿).
¶～盛り dòukòu niánhuá (豆蔻年华)/ miàolíng (妙龄).

むせい【無声】 1 wúshēng (无声). ¶～映画 wúshēng diànyǐng (无声电影)/ wúshēngpiàn (无声片)/ mòpiàn (默片).

2〔音声学〕búdàiyīn（不带音）．¶～音 qīngyīn（清音）．

むせい【夢精】mèngyí（梦遗）．

むせいげん【無制限】wúxiànzhì（无限制）．¶～に入場させる wúxiànzhì de zìyóu rùchǎng（无限制地自由入场）．¶試合の時間は～だ bǐsài shíjiān méiyǒu xiànzhì（比赛时间没有限制）．

むせいせいしょく【無性生殖】wúxìng shēngzhí（无性生殖）．

むせいふしゅぎ【無政府主義】wúzhèngfǔzhǔyì（无政府主义）．

むせいぶつ【無生物】wúshēngmìngwù（无生命物）．

むせいらん【無精卵】wújīngluǎn（无精卵），wújīngdàn（无精蛋）．

むせきついどうぶつ【無脊椎動物】wújǐzhuī dòngwù（无脊椎动物）．

むせきにん【無責任】¶～なことを言う shuō bú fù zérèn de huà（说不负责任的话）．¶途中でやめるのは～だ zuòdào bànjiér jiù liàoxia tài bú fù zérèn le（做到半截儿就撂下太不负责任了）．

むせ・ぶ【咽ぶ】1〔泣く〕gěngyè（哽咽·梗咽），yègěng（咽哽·咽梗），gěngyē（哽噎）．¶うれし涙に～ぶ gāoxìngde chōuqì qilai le（高兴得抽泣起来了）．¶～び泣く chōuyè de kū（抽噎地哭）／chuòqì（啜泣）．
2→むせる．

む・せる【噎せる】1〔水，食物などに〕qiāng（呛）．¶御飯で～せた chīfàn chīqiāng le（吃饭吃呛了）．¶お茶を飲んで～せた hē chá qiāngzháo le（喝茶呛着了）．
2〔刺激性のものに〕qiàng（呛）．¶煙に～せた yān bǎ wǒ qiàngzháo le（烟把我呛着了）／bèi yān qiàngde zhí késou le（被烟呛得直咳嗽了）．

むせん【無銭】¶～旅行をする bú dài qián qù lǚxíng（不带钱去旅行）．¶～飲食をして捕まった chī *báishí*[báifàn] jiào rén zhuāzhù le（吃*白食*[白饭]叫人抓住了）．

むせん【無線】wúxiàn（无线）．¶～操縦 wúxiàndiàn cāozòng（无线电操纵）／wúxiàndiàn yáokòng（无线电遥控）．～電信 wúxiàndiàn tōngxìn（无线电通信）．～電話 wúxiàn diànhuà（无线电话）．

むそう【無双】wúshuāng（无双），wúbǐ（无比）．¶強力～の男 lì dà wúbǐ de nánzǐhàn（力大无比的男子汉）．
¶天下～ jǔshì wúshuāng（举世无双）．

むそう【夢想】mèngxiǎng（梦想）．¶ここで彼に会うとは～だにしなかった zuòmèng yě méi xiǎngdào[mèngxiǎng bu dào] huì zài zhèr pèngjiànle tā（做梦也没想到[梦想不到]会在这儿碰见了他）．¶～にふける chénzuì yú mèngxiǎng（沉醉于梦想）．

むぞうさ【無造作】¶彼は複雑な方程式を～に解いた tā *háo bú fèilì*[qīng ér yì jǔ] de jiěchūle hěn fùzá de fāngchéngshì（他*毫不费力*[轻而易举]地解出了很复杂的方程式）．¶彼は書類を～にポケットに突っ込んだ tā suíshǒu bǎ wénjiàn yējīnle kǒudàili（他随手把文件掖进了口袋里）．¶彼女は～に髪を束ねていた tā suíbiàn zāle tóufa（她随便扎了头发）．

むだ【無駄】báidā（白搭），báifèi（白费），báiráo（白饶），kōnghào（空耗），wǎngfèi（枉费），kuàngfèi（旷费），làngfèi（浪费）．¶彼には何を言っても～だ gēn tā shuō shénme yě *méiyòng*[báidā／wǎngfèi chúnshé]（跟他说什么也*没用*[白搭／枉费唇舌]）．¶そんな本見るだけ時間の～だ kàn nà zhǒng shū děngyú báifèi shíjiān（看那种书等于白费时间）．¶安物を買って金を～にした mǎile piányihuò *bái huā*[zāota]le qián（买了便宜货*白花*[糟蹋]了钱）．¶材料の～を省く jiǎnshǎo cáiliào de làngfèi（减少材料的浪费）．¶～な心机 wǎngfèi xīnjī（枉费心机）．¶～な出費を抑える jiéyuē kāizhī, fángzhǐ mífèi（节约开支,防止糜费）．

むだあし【無駄足】báipǎo（白跑），kōngpǎo（空跑），yuānwanglù（冤枉路）．¶何度も～を踏んだ bái pǎole hǎo jǐ tàng（白跑了好几趟）／yuānwanglù zǒule hǎo jǐ tàng（冤枉路走了好几趟）．

むだい【無代】miǎnfèi（免费）．¶先着100名様～進呈 miǎnfèi zèngsòng xiān guānglín de yìbǎi wèi gùkè（免费赠送先光临的一百位顾客）．

むだい【無題】wútí（无题）．

むだぐち【無駄口】¶～をたたく chěpí（扯皮）／chědàn（扯淡）／chěsǎo（扯臊）／móyá（磨牙）／mózuǐ（磨嘴）／mó zuǐpízi（磨嘴皮子）／shuǎ pínzuǐ（耍贫嘴）．

むだづかい【無駄遣い】làngfèi（浪费）．¶～をせずに貯金する bù suíbiàn huā, bǎ qián chǔxù qilai（不随便花,把钱储蓄起来）／shěng chī jiǎn yòng, zǎnqǐ qián lai（省吃俭用,攒起钱来）．¶水を～しないように bié làngfèi shuǐ（别浪费水）．

むだばな【無駄花】huǎnghuār（谎花儿）．

むだばなし【無駄話】xiánhuà[r]（闲话[儿]），xiánpiānr（闲篇儿），xiántiānr（闲天儿），kēyá（磕牙），báihuà（白话）．¶～をする時間があったらさっさとやれ yàoshi yǒu *shuō xiánhuàr*[xiánliáo／xiántán／xiánchě／xiánkěyá／chěpí] de gōngfu, kuài gàn ba（要是有*说闲话儿*[闲聊／闲谈／闲扯／闲磕牙／扯皮]的工夫,快干吧）．

むだぼね【無駄骨】¶～を折る báifèi lìqi（白费力气）／báifèilà（白费蜡）／túláo wúgōng（徒劳无功）．¶仲介は～に終った jūjiān tiáotíng yě báidā le（居间调停也白搭了）．

むだめし【無駄飯】¶～を食う chī xiánfàn（吃闲饭）．

むだん【無断】shànzì（擅自）．¶～で借用する shànzì dòngyòng（擅自动用）．¶～で会社を休む shànzì kuànggōng（擅自旷工）．¶両親に～で学校をやめる méi gēn fùmǔ shuō shànzì tuìxué le（没跟父母说擅自退学了）．¶～使用を禁ずる bù zhǔn shànzì shǐyòng（不准擅自使用）．

むたんぽ【無担保】wú dǐyā（无抵押）．¶～で金を借りる wú dǐyā jièkuǎn（无抵押借款）．

むち【鞭】 biānzi(鞭子).¶背中を～で打つ yòng biānzi chōu bèi(用鞭子抽背).¶馬に～をあてる cè[biān] mǎ(策[鞭]马).¶～を鳴らす xiǎng biānzi(响鞭子).

むち【無知】 wúzhī(无知).¶病気に対して～であるということは恐ろしいことだ duì jíbìng wúzhī shì zuì kěpà de(对疾病无知是最可怕的).¶～蒙昧 yúmèi wúzhī(愚昧无知).

むち【無恥】 wúchǐ(无耻).¶厚顔～ hòuyán-wúchǐ(厚颜无耻).

むちうちしょう【鞭打ち症】 jīzhuàng jǐngzhuī cuòshāngzhèng(击撞颈椎挫伤症).

むちう・つ【鞭打つ】 biāndǎ(鞭打), chōudǎ(抽打), biāncè(鞭策).¶馬に～って急ぐ biān mǎ gǎnlù(鞭马赶路)/ cè mǎ fēibēn(策马飞奔).¶老いの身に～って働く qūcè lǎoruò zhī shēn láodòng(驱策老弱之身劳动).

むちつじょ【無秩序】 shì nèi xiànrù wú zhìxù zhuàngtài(市内陷入无秩序状态).

むちゃ【無茶】 ¶又そんな～を言う yòu shuō nà zhǒng húhuà(又说那种胡话)/ yòu shuō nà zhǒng bànbudào de shì(又说那种办不到的事).¶一気にやってしまおうなんて～だ yào yíqì gànwán, nà tài húnào le(要一气干完,那太胡闹了).¶あまり～をすると体をこわすよ nàme mángàn kě yào shāng shēnzi a(那么蛮干可要伤身子啊).¶全く～な話だ zhēn shì qǐyǒucǐlǐ de huà(真是岂有此理的话).¶今日の暑さは～苦茶だ jīntiān rède chūqí(今天热得出奇).¶プールは～苦茶に混んでいた yóuyǒngchí yōngjǐ bùkān(游泳池拥挤不堪).

むちゅう【夢中】 rùmí(入迷), zháomí(着迷).¶彼等は一晩～で tāmen liáotiānr liáorùle míle(他们聊天儿聊人了迷了).¶あの子は近頃野球に～だ nà háizi zuìjìn rèzhōng yú dǎ bàngqiú(那孩子最近热中于打棒球).¶彼は無我～で逃げた tā méimìng de táopǎo le(他没命地逃跑了).¶この数年～で子供を育てた zhè jǐ nián zhuānxīn yíyì de fǔyǎng háizi(这几年专心一意地抚养孩子).¶私はこの小説に～になった wǒ kàn nà běn xiǎoshuō kě zháole mí le(我看那本小说可着了迷了).¶彼はあの人に～になっている tā jìnzhí jiào tā gěi mízhu le(他简直叫她给迷住了).¶彼は何事もやり出すと～になる tā bùguǎn zuò shénme, yì zhuóshǒu jiù rùmí(他不管做什么,一着手就入迷).

むちん【無賃】 ¶～乗車 wú piào chéngchē(无票乘车)/ táopiào(逃票).

むつう【無痛】 ¶～分娩法 wútòng fēnmiǎnfǎ(无痛分娩法).

むっくり ¶10時になったら～と起き上がった yí dào shí diǎn jiù mòdì qǐlai le(一到十点就蓦地起来了).¶机にうつぶせていた人が～頭を持ち上げた fú zài zhuōzi shang de rén tūrán táiqǐ tóu lai(伏在桌子上的人突然抬起头来).

むつごと【睦言】 guīfáng sīyǔ(闺房私语), zhěnbiān sīyǔ(枕边私语).

むっちり fēngmǎn(丰满), fēngyíng(丰盈), fēngyú(丰腴).¶～とした体つき fēngmǎn de shēntǐ(丰满的身体).

むっつり ¶あの人は～しているがとてもよい人だ tā suī bú ài dāli rén, què shì ge hǎorén(他虽不爱答理人,却是个好人).¶～として口もきかない lǎo ˇbǎnzhe[bèngzhe] liǎn bù zīshēng(老ˇ板着[绷着]脸不吱声).
¶～屋 chénmò-guǎyán de rén(沉默寡言的人).

むっと 1〔怒りで〕彼は～して立ち去った tā lāxia liǎn lái jiù zǒu le(他拉下脸来就走了).¶その言葉を聞いて～した yì tīng nà jù huà jiù xīntóu huǒ qǐ(一听那句话就心头火起).
2〔熱気, 臭気で〕部屋の中が～する wūzili tài mēn le(屋子里太闷了).¶～嫌な臭いがする chòuqì xūn rén(臭气熏人).

むつまじ・い【睦まじい】 hémù(和睦), héměi(和美), hélè(和乐).¶2人はとても仲～い liǎng ge rén hěn hémù ānlè(两个人很和睦安乐).¶～く暮す héhéměiměi de guò rìzi(和和美美地过日子)/ hélè dùrì(和乐度日).

むていけん【無定見】 ¶～な政治家 méiyǒu dìngjiàn de zhèngzhìjiā(没有定见的政治家).

むていこう【無抵抗】 bù dǐkàng(不抵抗).¶～主義 bùdǐkàngzhǔyì(不抵抗主义).

むてき【無敵】 wúdí(无敌).¶天下～ tiānxià wúdí(天下无敌)/ wúdí yú tiānxià(无敌于天下).¶～艦隊 wúdí jiànduì(无敌舰队).

むてき【霧笛】 wùhào(雾号).

むてっぽう【無鉄砲】 mǎngzhuàng(莽撞), lǔmǎng(鲁莽).¶ずいぶん～なことをするやつだ nǐ zěnme nàme mángàn(你怎么那么蛮干).¶～な男 mǎnghàn(莽汉)/ lěngtóuqīng(愣头儿青).

むでん【無電】〔無線電信〕wúxiàndiàn tōngxìn(无线电通信);〔無線電話〕wúxiàn diànhuà(无线电话).

むてんか【無添加】 ¶～の食品 wútiānjiā de shípǐn(无添加的食品).

むとうひょう【無投票】 ¶～で当選する bù jīng tóupiào ér dāngxuǎn(不经投票而当选).

むとくてん【無得点】 ¶両チーム～のまま試合は終った liǎngduì bǐsài yǐ líng bǐ líng gàozhōng(两队比赛以零比零告终).¶相手チームを～に封ずる shǐ duìfāng qiúduì bùnéng dé fēn(使对方球队不能得分).

むとどけ【無届】 ¶今日彼は～欠勤だ jīntiān tā ˇméi gàojià quēqín[kuànggōng] le(今天他ˇ没告假缺勤[旷工]了).
¶～集会 wèi jīng chéngbào de jíhuì(未经呈报的集会).

むとんじゃく【無頓着】 bú jièyì(不介意), mǎn bú zàihu(满不在乎).¶彼は身なりに～だ tā ˇméi gàoyì ér jièyì[bù xiū biānfú](他ˇ对衣着不介意[不修边幅]).¶彼は他人がどう言おうと～だ biéren zěnme shuō, tā yě mǎn bú zàihu(别人怎么说,他也满不在乎).

むないた【胸板】 xiōngpú(胸脯), xiōngtáng(胸膛).

むなぎ【棟木】 jǐlǐn(脊檩), dàliáng(大梁), zh-

èngliáng(正梁).

むなくそ【胸糞】 ¶あいつを見ると〜が悪くなる nà jiāhuo zhēn lìng rén zuò'ǒu(那家伙真令人作呕). ¶〜の悪くなるような臭い jiào rén ěxin de qìwèi(叫人恶心的气味).

むなぐら【胸倉】 ¶〜をつかむ pīxiōng yì bǎ zhuāzhù(劈胸一把抓住).

むなぐるし・い【胸苦しい】 ¶何となく〜い bù zhī zěnme xiōngkǒu yǒudiǎnr dǔde huāng(不知怎么胸口有点儿堵得慌).

むなげ【胸毛】 xiōngmáo(胸毛).

むなさき【胸先】 xiōngkǒu(胸口), xīnkǒu(心口). ¶〜に刀を突きつける bǎ dāozi duìzhǔn xiōngkǒu(把刀子对准胸口).

むなさわぎ【胸騒ぎ】 ¶この数日しきりに〜がする zhè jǐ tiān wǒ yìzhí xīnxù bù níng(这几天我一直心绪不宁).

むなざんよう【胸算用】 ¶私の〜は外れてしまった wǒ de rúyì suànpan luòkōng le(我的如意算盘落空了).

むな・し・い【空しい】 **1**〔空虚だ〕kōngxū(空虚). ¶彼の言葉は〜く響いた tā de huà gěi rén yì zhǒng kōngdòng wú wù de gǎnjué(他的话给人一种空洞无物的感觉). ¶今はすべてが〜い xiànzài duì yíqiè dōu gǎndào kōngxū(现在对一切都感到空虚).

2〔甲斐がない〕 ¶彼の努力も〜かった tā de nǔlì yě luòkōng le(他的努力也落空了). ¶〜く1年を過した báibái huǎngguòle yì nián(白白晃过了一年)/ túrán de guòle yì nián(徒然地过了一年). ¶〜く歳月を送る xūdù niánhuá(虚度年华). ¶善戦〜く敗れた kōng zì shànzhàn, zhōng jìng bàiběi(空自善战，终竟败北).

むなもと【胸元】 xiōngkǒu(胸口), xīnkǒu(心口).

むに【無二】 ¶〜の親友 zuì hǎo de péngyou(最好的朋友)/ zhījiāo(知交)/ zhìhǎo(至好). ¶天下〜の宝 tiānxià dúyī-wú'èr de zhēnbǎo(天下独一无二的珍宝).

むにゃむにゃ jīligūlū(叽里咕噜), gūnong(咕哝), gūlu(咕噜), dūnang(嘟囔), dūnong(嘟哝). ¶口の中で〜言っているのではよく分らない zǐ zài zuǐli dūnang, jiào rénjia zěnme zhīdao(只在嘴里嘟囔，叫人家怎么知道).

むね 1〔旨〕yìsi(意思). ¶その〜を彼に伝えましょう wǒ bǎ zhège yìsi zhuǎngào tā ba(我把这个意思转告他吧). ¶彼から今日の会を欠席する〜電話があった tā dǎ diànhuà lái shuō jīntiān de huì tā bùnéng chūxí le(他打电话来说今天的会他不能出席了).

2〔宗〕zōngzhǐ(宗旨). ¶万事倹約を〜とする wànshì yǐ jiéyuē wéi zōngzhǐ(万事以节约为宗旨).

むね【胸】 **1** xiōng(胸), xiōngtáng(胸膛), xiōngpú[r](胸脯[儿]), xiōngpúzi(胸脯子). ¶〜を張って歩け tǐngqǐ xiōngpú[tǐngxiōng] zǒu!(挺起胸脯[挺胸]走!). ¶〜を叩いて自信のほどを見せる pāi xiōngpú biǎoshì yǒu xìnxīn(拍胸脯表示有信心). ¶その知らせを聞いて〜をなでおろした tīngdào nàge xiāoxi sōngle yì kǒu qì(听到那个消息松了一口气). ¶〜を患う huàn fèibìng(患肺病). ¶〜に手を当てて考えてごらん mōmo zìwèn ba(摸摸自问吧). ¶子供を〜に抱く bǎ háizi bàozài huáili(把孩子抱在怀里). ¶〜いっぱいに新鮮な空気を吸う shēnshēn xīrù xīnxiān de kōngqì(深深吸入新鲜的空气). ¶背広の〜のポケット xīfú xiōngqián de kǒudai(西服胸前的口袋). ¶〜がどきどきする xīn tūtū de tiào(心突突地跳)/ xīnli zhí pūteng(心里直扑腾). ¶〜が焼ける shāoxīn(烧心).

2〔心〕xīn(心), xīnli(心里). ¶嬉しくて〜が躍る xīnli gāoxìngde zhí tiào(心里高兴得直跳)/ mǎnxīn huānxǐ(满心欢喜). ¶これで〜がすっとした zhèyàng jiù dà kuài rénxīn le(这样就大快人心了)/ zhèyàng, xīnli jiù tòngkuai le(这样，心里就痛快了). ¶苦しくて〜が張り裂けそうだ tòngkǔde xīn rú dāo gē(痛苦得心如刀割). ¶悲しみで〜がつかえて食べられない xīnli nánguòde chībuxià fàn(心里难过得吃不下饭). ¶心配で〜がふさがる思いです dānxīnde jiào rén xīnjiāo(担心得叫人心焦). ¶その光景を目にして〜が痛んだ kàndào nà guāngjǐng xīnli nánguò(看到那光景心里难过). ¶〜が一杯になって何も言えなかった gǎnjīde chōngmǎn xīnjiān yí jù huà yě shuō bu chūlái(感激得充满心间一句话也说不来).

¶〜のうちを打ち明ける shuō xīnfùhuà(说心腹话)/ qīngtǔ zhōngcháng[zhōngqū](倾吐衷肠[衷曲]). ¶〜のうちは分らない cāibutòu tā de xīnsi(猜不透他的心思). ¶やっと〜のつかえがとれた hǎobù róngyi cái qùdiàole xīnli de gēda(好不容易才去掉了心里的疙瘩). ¶彼は〜に一物ある男だ nà jiāhuo jūxīn-pǒcè(那家伙居心叵测). ¶先生の言葉が〜に響いた lǎoshī de huà shēnshēn de dǎdòngle wǒ de xīnxián(老师的话深深地打动了我的心弦). ¶彼女への思いを〜に秘める bǎ duì tā de ài cángzài xīnli(把对她的爱藏在心里). ¶万感〜にせまって涙がこぼれた gǎnkǎi wànduān[bǎigǎn jiāojí] diàoxiàle yǎnlèi(感慨万端[百感交集]掉下了眼泪). ¶私の〜三寸におさめておく cángzài wǒ xīnli(藏在我心里).

¶彼の一言が〜を打った tā de yí jù huà ˇdǎdòngle wǒ de xīn[dǎzhòngle wǒ de xīnkǎn](他的一句话打动了我的心[打中了我的心坎]). ¶希望に〜をふくらませる mǎnhuái xīwàng(满怀希望).

¶彼をどうするかは私の〜ひとつだ bǎ tā zěnmeyàng zàiyú wǒ yí jù huà(把他怎么样在于我一句话).

むね【棟】 **1**〔屋根の〕wūjǐ(屋脊); 〔棟木〕jǐlǐn(脊檩), zhèngliáng(正梁), dàliáng(大梁).

2〔助数詞〕dòng(栋), suǒ(所), zhuàng(幢). ¶平屋2〜 liǎng dòng píngfáng(两栋平房). ¶火事で1〜が全焼した huǒzāi bǎ yí dòng fángzi quán shāohuǐ le(火灾把一栋房子全烧毁了).

むねあげ【棟上げ】 shàngliáng(上梁). ¶〜式

shàngliáng yíshì（上梁仪式）.
むねやけ【胸焼け】 shāoxīn（烧心）, cùxīn（醋心）, suānxīn（酸心）.
むねん【無念】 **1**【残念】huǐhèn（悔恨）, àohuǐ（懊悔）. ¶仲間の誤解を受けて~に思う bèi tónghuǒ wùhuì le, juéde hěn yíhàn（被同伙误会了,觉得很遗憾）. ¶~の涙を流す liú huǐhèn zhī lèi（流悔恨之泪）. ¶~を晴らす xuě hèn（雪恨）.
2¶~無想 wú niàn wú xiǎng（无念无想）/ wú sī wú niàn（无思无念）.
むのう【無能】 wúnéng（无能）. ¶当局の~を糾弾する qiǎnzé dāngjú de wúnéng（谴责当局的无能）. ¶~な奴 wúnéng[wúyòng] zhī bèi（无能[无用]之辈）/ méiyòng de jiāhuo（没用的家伙）.
むのうりょく【無能力】 wúnéng（无能）. ¶彼の~ぶりが暴露された tā de wúnéng bèi bàolù le（他的无能被暴露了）.
むはい【無配】 ¶今年は~だ jīnnián bù fēnpèi gǔxī（今年不分配股息）.
むひ【無比】 wúbǐ（无比）. ¶痛烈~な批判 jīliè wúbǐ de pīpàn（激烈无比的批判）. ¶彼は頑健~だ wúbǐ jiànzhuàng（无比健壮）.
むひょう【霧氷】 wùsōng（雾凇）, shùguà（树挂）, bīnghuā（冰花）.
むびょう【無病】 wúbìng（无病）. ¶~息災を祈願する qídǎo wú bìng wú zāi（祈祷无病无灾）.
むひょうじょう【無表情】 ¶それを聞いても彼は~だった tīngle nà jiàn shì, tā yě háo wú biǎoqíng（听了那件事,他也毫无表情）.
むふう【無風】 wúfēng（无风）. ¶その日は快晴~だった nà yī tiān qínglǎng wúfēng（那一天晴朗无风）. ¶政局は今~状態だ zhèngjú xiànzài píngwěn wú shì（政局现在平稳无事）. ¶~帯 wúfēngdài（无风带）.
むふんべつ【無分別】 ¶あの男は~で困る tā nàge rén bù zhī qīngzhòng, zhēn méi bànfǎ（他那个人不知轻重,真没办法）. ¶~な行いは慎みなさい búyào qīngjǔ-wàngdòng（不要轻举妄动）.
むほう【無法】 ¶なんと~なことを言うのだ nǐ zěnme shuō nà zhǒng mánhèng wúlǐ de huà?（你怎么说那种蛮横无理的话?）. ¶~地帯 wúfǎ-wútiān de dìqū（无法无天的地区）. ~者 bùguǐ zhī tú（不轨之徒）.
むぼう【無謀】 mǎngzhuàng（莽撞）. ¶それはあまりにも~だ nà tài mánggàn la（那太蛮干啦）. ¶~な計画 mángmù màojìn de jìhuà（盲目冒进的计划）. ¶~な病気の身で出掛けていった tā tuōzhe ge bìng shēnzǐ chūqu, jiǎnzhí húlái!（他拖着个病身子出去,简直胡来!）.
むほん【謀反】 zàofǎn（造反）, móufǎn（谋反）, pànbiàn（叛变）, fǎnpàn（反叛）. ¶国王に~を起す xiàng guówáng zàofǎn（向国王造反）. ¶~に加わる rùhuǒ zàofǎn（入伙造反）. ~を起す qǐle bùzúguàxǐ de móufǎnxīn（起了不足挂齿的谋反心）/ túmóu bùguǐ（图谋不轨）.

¶~人 pànluàn fènzǐ（叛乱分子）.
むみ【無味】 wúwèi（无味）. ¶~無臭の液体 wúwèi-wúxiù de yètǐ（无味无臭的液体）. ¶あの人の話は~乾燥だ tā de huà kūzào wúwèi（他的话枯燥无味）/ tā huà shuōde gānba fáwèi（他话说得干巴乏味）.
むめい【無名】 wúmíng（无名）. ¶~の作家 wúmíng[wúshēng-wúxiù de] zuòjiā（无名[无声无臭的]作家）. ¶~戦士の墓 wúmíng zhànshì zhī mù（无名战士之墓）.
¶~氏 wúmíngshì（无名氏）.
むめんきょ【無免許】 ¶~運転 wúzhào jià shǐ（无照驾驶）.
むやみ【無闇】 suíbiàn（随便）; luàn（乱）, húluàn（胡乱）, xiā（瞎）, làn（滥）. ¶あの人に~なことは言えない hé nàge rén jiǎnghuà bùnéng suíbiàn（和那个人讲话不能随便）. ¶~に人をののしってはいけない búyào luàn[suíbiàn] mà rén（不要乱[随便]骂人）. ¶~に子供を可愛がる xiāténg háizi（瞎疼孩子）. ¶~に山の木を切る lànfá shānli de shùmù（滥伐山里的树木）. ¶あの先生は~に難しい問題を出す nàge lǎoshī jìng chū nántí（那个老师净出难题）. ¶~やたらに金を使う luàn huā qián（乱花钱）.
むゆうびょう【夢遊病】 mèngxíngzhèng（梦行症）, mèngyóuzhèng（梦游症）.
むよう【無用】 **1**不要, 無益 wúxū（无须）, búbì（不必）, bú yào（不要）; wúyòng（无用）.
¶遠慮は~です búyào kèqi（不要客气）. ¶心配御~ wúxū guàniàn（无须挂念）/ qǐng búbì dānxīn（请不必担心）. ¶~の者立ち入るべからず xiánrén miǎn jìn（闲人免进）. ¶~の長物 wúyòng zhī wù（无用之物）.
2¶禁止 búyào（不要）, búkè（不可）, bùxǔ（不许）, bùdé（不得）, jìnzhǐ（禁止）. ¶他言は~に願います qǐng búyào gēn biérén shuō（请不要跟别人说）.
¶小便~ jìnzhǐ biànniào（禁止便溺）. 天地~ qiè wù dàozhì（切勿倒置）.
むよく【無欲】 ¶~な男 tiándàn de rén（恬淡的人）/ guǎyù de rén（寡欲的人）.
むら ¶品質に~がない zhìliàng jūnyún（质量均匀）. ¶染め上りが~だ rǎnde bù yún（染得不匀）. ¶壁を~なく塗る yúnjìng de fěnshuā qiángbì（匀净地粉刷墙壁）. ¶彼の成績には~がある tā de xuéxí chéngjì yǒu qǐfú（他的学习成绩有起伏）. ¶彼は気分に~があって冷めたり熱したりする tā méi zhǔnxìngzi hū lěng hū rè（他没准性子忽冷忽热）. ¶収穫は年によって~がある shōuhuòliàng yǒude niántóu gāo yǒude niántóu dī（收获量有的年头高有的年头低）.
むら【村】 cūn[r]（村[儿]）, cūnzi（村子）, zhuāngzi（庄子）, cūnzhuāng（村庄）. ¶~から若い人達が出て行ってしまった niánqīngrén dōu líkāile cūnzi（年轻人都离开了村子）. ¶~外れの一軒家 cūnbiānr de yī suǒ fángzi（村边儿的一所房子）.
¶~芝居 shèxì（社戏）. ~人 cūnmín（村民）/ cūnzili de rén（村子里的人）. ~祭 shèjì（社

むらがる

むらが・る【群がる】 jù(聚), jùjí(聚集). ¶門前に人が大勢～っている ménqián jùjizhe hěn duō rén(门前聚集着很多人). ¶羊が草原に～っている miányáng qúnjí zài cǎoyuán shang(绵羊群集在草原上). ¶蠅が食べ物に～る cāngying jùzài shíwù shang(苍蝇聚在食物上).

むらぎ【むら気】 ¶息子は～で困る wǒ érzi méi zhǔnxìngzi, shízài méi bànfǎ(我儿子没性子, 实在没办法). ¶彼はまた～を起した tā yòu ˇjiàn yì sī qiān[méi zhǔn xìngzi] le(他又ˇ见异思迁[没性子]了).

むらくも【叢雲】 ¶月に～花に風 hǎojǐng bùcháng(好景不常).

むらさき【紫】 zǐsè(紫色). ¶彼の唇は寒さで～色になった dòngde tā de zuǐchún fāqīng le(冻得他的嘴唇发青了).
¶～水晶 zǐshuǐjīng(紫水晶)/ ～石英 zǐshíyīng(紫石英).

むらざと【村里】 cūnzi(村子), zhuāngzi(庄子), cūnzhuāng(村庄). ¶猪が～まで出てきて畑を荒らす yězhū dào cūnzili zāota zhuāngjia(野猪到村子里糟蹋庄稼).

むらさめ【村雨】 zhènyǔ(阵雨).

むら・す【蒸らす】 mèn(焖). ¶御飯を～す mènfàn(焖饭).

むらはちぶ【村八分】 《説明》对违反乡约的村民实行断绝交往的惩罚.

むらむら ¶～と怒りがこみ上げてくる bùyóu de nùhuǒ yǒngshàng xīntóu(不由地怒火涌上心头). ¶～と殺意がわいた hūrán qǐle shājī(忽然起了杀机).

むり【無理】 **1**[不当] wúlǐ(无理), bù jiǎnglǐ(不讲理). ¶～が通れば道理が引っ込む xié'è dāngdào, zhènglǐ wú cún(邪恶当道, 正理不存). ¶彼が怒るのも～はない tā nàme shēngqì yě nánguài(他那么生气也难怪)/ guàibude nà shēngqì(怪不得他生气).

2[困難] ¶これ以上望むのは～だろう chāoguò zhège xiàndù de yāoqiú kǒngpà bùxíng ba(超过这个限度的要求恐怕不行吧). ¶この仕事は彼には～だろう zhège gōngzuò kǒngpà tā bànbuliǎo(这个工作恐怕他办不了). ¶それは～な注文だ nà shì wúfǎ bàndào de(那是无法办到的)/ nà bú shì gǎn yāzi shàng jià ma!(那不是赶鸭子上架吗).

3[強引] yìng(硬). ¶～がきくのは若いうちだ niánqīng shí hái kě yìngbàn(年轻时还可硬干). ¶～がたたって病気になった yóuyú guòyú láolèi bìngdǎo le(由于过于劳累病倒了). ¶～に引っ張ると切れる guòfèn yòngjìnr lā jiù huì duàn de(过分用劲儿拉就会断的). ¶～に笑顔をつくる qiǎng zuò xiàoliǎn(强作笑脸)/ qiǎng huānxiào(强颜欢笑). ¶～に酒をすすめる guàn kèrén hējiǔ(灌客人喝酒). ¶君は病み上がりだからそう～をするな nǐ de bìng gāng hǎo, bié nàme miǎnqiǎng a(你的病刚好, 别那么勉强啊). ¶少々～をすればできないこともない shāoshāo jiā bǎ jìnr, bú shì gànbuliǎo(稍稍加把劲儿, 不是干不了). ¶こんな雨の日に～をして出掛けることはない zhème ge yǔtiān yòngbuzháo yìng yào chūqu(这么个雨天用不着硬要出去).

むりおし【無理押し】 ¶批判に耳を貸さずに～をする bǎ pīpíng dàngzuò ěrbiānfēng yìnggàn(把批评当作耳边风硬干).

むりからぬ【無理からぬ】 ¶彼が家を出たのも～ことだ tā líkāi jiā yě shì bùwú dàoli de(他离开家也是不无道理的).

むりさんだん【無理算段】 ¶～してととのえた金 dōng nuó xī jiè chóucuò de qián(东挪西借筹措的钱).

むりし【無利子】 wúlìxī(无利息). ¶～で金を貸す yǐ wúlìxī dàikuǎn(以无利息贷款).

むりじい【無理強い】 qiǎngbī(强逼), bīpò(逼迫), qiǎngqiú(强求), qiǎngshǐ(强使), miǎnqiǎng(勉强). ¶酒を～する qiǎng bī rén hējiǔ(强逼人喝酒). ¶～されて承諾してしまった bèi qiǎngqiú bùdé bù dāyìng xiàlai(被强求不得不答应下来).

むりしんじゅう【無理心中】 ¶彼は恋人と～を図った tā pòshǐ qíngrén yìqǐ zìshā le(他迫使情人一起自杀).

むりすう【無理数】 wúlǐshù(无理数).

むりなんだい【無理難題】 ¶～をふっかける gùyì tíchū ˇwúlǐ yāoqiú[nántí](故意提出ˇ无理要求[难题])/ qiǎng rén suǒ nán(强人所难).

むりやり【無理矢理】 yìng(硬). ¶～病院に連れて行く yìng bǎ tā sòngjìn yīyuàn(硬把他送进医院).

むりょ【無慮】 ¶～数万の敵兵が押し寄せてきた yuē yǒu shùwàn díjūn fēngyōng ér lái(约有数万敌军蜂拥而来).

むりょう【無料】 miǎnfèi(免费). ¶～で配達たします miǎnfèi sòng huò(免费送货). ¶6歳までは～ liù suì yǐxià miǎnfèi(六岁以下免费). ¶修理代は～サービス xiūlǐ miǎnfèi(修理免费). ¶～配布 miǎnfèi fēnfā(免费分发). 入場～ miǎnfèi rùchǎng(免费入场).

むりょく【無力】 wúlì(无力). ¶私は～であなたを助けてあげることができない wǒ wúlì bāngzhù nǐ(我无力帮助你). ¶～感にうちひしがれる zìjǐ wúlì ér gǎndào tuísàng(为自己无力而感到颓丧).

むるい【無類】 ¶～のお人好し tiānzì-dìyīhào de lǎohǎorén(天字第一号的老好人). ¶彼は～の動物好きだ tā tèbié xǐ'ài dòngwù(他特别喜爱动物).

むれ【群】 qún(群). ¶人の～ rénqún(人群). ¶羊の～ yángqún(羊群). ¶蜜蜂を～をなして飛んでいる mìfēng chéngqún de fēizhe(蜜蜂成群地飞着).

む・れる【蒸れる】 **1** ¶御飯が～れた fàn mènhǎo le(饭焖好了).

2[湿気・熱気がこもる] ¶部屋が～れてやりきれない wūzi mēnrède shòubuliǎo(屋子闷热得受不了). ¶この靴は足が～れる zhè shuāng xié wǔ jiǎo(这双鞋捂脚).

むろ【室】 dìjiào(地窖), jiào(窖). ¶白菜を～

から出す cóng dìjiàoli qǔchū báicài(从地窖里取出白菜). ¶～咲きの花 huājiàoli kāi de huā(花窖里开的花).
¶氷(v)～ bīngjiào(冰窖).

むろん【無論】→もちろん.
むんむん ¶会场は人いきれで～する huìchǎng yōngjǐ bùkān, jiǎnzhí yào mēnsǐ rén(会场拥挤不堪,简直要闷死人).

め

め【目】 1 yǎn(眼), yǎnjing(眼睛). ¶彼女は～が大きい tā yǎnjing hěn dà(她眼睛很大). ¶彼は～がくぼんでいる tā shì ge kōulouyǎn(他是个眍䁖眼). ¶～が充血している mǎnyǎn xuèsī(满眼血丝)/ yǎnjing chōngxuè(眼睛充血). ¶熱病で～がつぶれてしまった huàn rèbìng yǎnjing xiā le(患热病眼睛瞎了). ¶忙しくて～が回りそうだ mángde tóuhūn-yǎnhuā(忙得头昏眼花). ¶酔いが回るにつれて～がすわってきた suízhe jiǔjìn shànglai yǎnjing fāzhí le(随着酒劲儿上来眼睛发直了). ¶ますます～がさえて眠れない yuèláiyuè yǒu jīngshen, shuìbuzháo jiào le(越来越精神,睡不着觉了). ¶彼女は甘い物に～がない tā hěn xǐhuan chī tián de dōngxi(她很喜欢吃甜的东西). ¶～は心の窓 yǎnjing shì xīnlíng zhī chuāng(眼睛是心灵之窗).

¶彼女はほっと～のふちを染めた tā yǎnquānr wēiwēi fāhóng le(她眼眶儿微微发红了). ¶彼は孫を～の中に入れても痛くないほど可愛がっている tā téng'ài sūnzi rútóng zhǎngshàngmíngzhū(他疼爱孙子如同掌上明珠). ¶彼等にとって君は～の上のたんこぶなのだ tāmen bǎ nǐ kànzuò yǎnzhōngdīng ròuzhōngcì(他们把你看作眼中钉肉中刺). ¶弟が～の色を変えて飛び込んできた dìdi shénsè huāngzhāng de chuǎngle jìnlái(弟弟神色慌张地闯了进来). ¶俺の～の黒いうちはそんな事はさせない zhǐyào wǒ huózhe jué bú ràng rén gàn nà zhǒng shì(只要我活着绝不让人干那种事). ¶これは私には～の毒です,早くしまってください zhège wǒ kànle kě yǎnchán, kuài bǎ tā shōuqilai ba(这个我看了可眼馋,快把它收起来吧). ¶見事な物を見せていただいて～の保養になりました kàndào zhème hǎo de dōngxi zhēn shì dà bǎole yǎnfú(看到这么好的东西真是大饱了眼福). ¶～の前に証拠を突きつける bǎ zhèngjù bǎizài miànqián(把证据摆在面前). ¶その知らせを聞いて～の前が真暗になった tīngdào nàge xiāoxi, yǎnqián yīpiàn qīhēi(听到那个消息,眼前一片漆黑).

¶～に涙をためている yǎnkuàngli hánzhe lèishuǐ(眼眶里含着泪水). ¶新緑が～にしみる mǎnyǎn nènlǜ(满眼嫩绿). ¶彼女の喜び顔が～に見えるようだ hǎoxiàng jiù zài yǎnqián(她那高兴的样子好像就在眼前). ¶彼女は～に見えてやせてきた tā 'míngxiǎn de[yǎnjiànde] yuèláiyuè xiāoshòu le(她明显地[眼见得]越来越消瘦了). ¶彼が失敗するのは～に見えている tā jiāngyào shībài shì hěn xiǎnrán de(他将要失败是很显然的). ¶そんな事で～に角(?)を立てるな hébì wèi nà zhǒng shì chuīhúzi-dèngyǎn(何必为那种事吹胡子瞪眼). ¶～にもの見せてやるぞ jiào nǐ chángchang wǒ de lìhai(叫你尝尝我的厉害)/ gěi nǐ yìdiǎn yánsè kànkan(给你一点颜色看看). ¶～には～を,歯には歯を yǐ yǎn huán yǎn, yǐ yá huán yá(以眼还眼,以牙还牙). ¶～に一丁字(いってい)なし mù bù shí dīng(目不识丁) / bù shí yì dīng(不识一丁).

¶～を開ける zhēngkāi yǎnjing(睁开眼睛). ¶～を閉じて考え込んでいる bìshang yǎnjing níngshén sīsuǒ(闭上眼睛凝神思索). ¶彼の行動には～をつぶっておこう duì tā de xíngjìng yángzhuāng bújiàn(对他的行径佯装不见). ¶～を細めて笑う mīfengzhe yǎnjing xiào(眯缝着眼睛笑). ¶～をつりあげてにらむ diàoqǐ yǎnjiǎor nùshì(吊起眼角儿怒视). ¶～をむいて怒る dèngyǎn shēngqì(瞪眼生气)/ nùmù yuán zhēng(怒目圆睁). ¶驚いて～を丸くする chījīngde yǎnjing dōu zhēngyuán le(吃惊得眼睛都睁圆了). ¶～を皿のようにして見る zhēngdà yǎnjing kàn(睁大眼睛看). ¶壮大な景色に～を見張る zhuàngguān de jǐngsè shǐ rén yánjīng(壮观的景色使人惊叹). 期待で～を輝かせる yǎnjīngli shǎnshuòzhe qīdài de shénsè(眼睛里闪烁着期待的神色). ¶闇に～を凝らす zài hēi'àn zhōng níngshì(在黑暗中凝视). ¶餅が喉につかえて～を白黒させる niángāo yēzháole zhí fān báiyǎn(年糕噎着了直翻白眼).

¶柱にぶつかって～から火が出た zhuàngzài zhùzi shang, yǎnli zhí mào huǒxīng(撞在柱子上,眼里直冒火星). ¶あの子は全く～から鼻へ抜けるように利口な子だ nà háizi cōngmíng línglì(那孩子聪明伶俐). ¶彼女の家は～と鼻の先だ tā jiā jǐn zài 'yǎnqián[zhǐchǐ](她家近在眼前[咫尺]).

2【目つき】 ¶～は口ほどにものを言う méimù chuánqíng shèngyú zuǐ(眉目传情胜于嘴). ¶何も言うなと～で合図する yòng yǎnsè jiào tā shénme dōu búyào shuō(使眼色叫他什么都不要说). ¶そんな～で私を見ないで下さい bié yòng nà zhǒng yǎnguāng kàn wǒ(别用那种眼

光看我). ¶人から白い～で見られる zāo rén báiyǎn(遭人白眼).

3〔見ること、見えること〕 ¶彼は～がいい tā yǎnjing hǎo(他眼睛好). ¶彼女は～が近い tā yǎnjing jìnshì(她眼睛近视). ¶最近～が悪くなった zuìjìn yǎnjing biàn huài le(最近眼睛变坏了). ¶～がかすんでよく見えない liǎngyǎn fāhuā kàn bu qīngchu(两眼发花看不清楚). ¶屋上から下を見ると～がくらむ cóng lóudǐng wǎng xià kàn tóuyūn mùxuàn(从楼顶往下看头晕目眩). ¶欲に～がくらむ lì lìng zhì hūn(利令智昏)/ lìyù xūn xīn(利欲熏心). ¶10時にやっと～が覚めた shí diǎnzhōng cái xǐngguolai(十点钟才醒过来). ¶細かいところまで～が届く xìxiǎo de shìr yě zhùyìdào(细小的事ㄦ也注意到). ¶先生の～が光っているぞ lǎoshī zài kànzhe ne(老师在看着呢). ¶子供の～に触れない所へしまっておく fàngzài háizi jiànbudào de dìfang(放在孩子见不到的地方). ¶この子はいたずらでちょっとの間も～が離せない zhège háizi táoqìde yìdiǎnr yě líbukāi yǎnr(这个孩子淘气得一点ㄦ也离不开眼). ¶皆の～が彼女に集まった dàjiā de yǎnguāng dōu jízhōng dào tā shēnshang(大家的眼光都集中到她身上).

¶恥しくて～のやり場に困った xiūde bù zhī kàn nǎr hǎo(羞得不知看哪ㄦ好). ¶ここで喫茶店を開くとは～のつけ所がいい tā dújù huìyǎn zài zhèr kāi kāfēiguǎn(他独具慧眼在这ㄦ开咖啡馆). ¶～の覚めるような鮮やかな色彩 yànlì xǐngmù de yánsè(艳丽醒目的颜色)/ xiānyàn duómù de sècǎi(鲜艳夺目的色彩).

¶～につく所にポスターを貼る bǎ xuānchuánhuà tiēzài xiǎnyǎn de dìfang(把宣传画贴在显眼的地方). ¶ある新聞記事が～に留った yǒu yì tiáo xīnwén yìngrù yǎnlián(有一条新闻映入眼帘). ¶これはよく～にする光景だ zhè shì chángjiàn de qíngjǐng(这是常见的情景). ¶子供の喜ぶ顔が～に浮ぶ háizi huānhuān-xǐxǐ de liǎn fúxiàn zài yǎnqián(孩子欢欢喜喜的脸浮现在眼前). ¶彼等の行動は～に余る tāmen de xíngjìng bùnéng róngrěn(他们的行径不能容忍). ¶お～にかかれて嬉しゅうございます néng jiàndào nín fēicháng gāoxìng(能见到您非常高兴). ¶珍しい物をお～にかけましょう gěi nín kànkan xīnqí de dōngxi ba(给您看看新奇的东西吧). ¶～にもとまらぬ早業で敵を撃ち殺した yǎnmíng-shǒukuài yì qiāng bǎ dírén dǎsǐ le(眼明手快一枪把敌人打死了).

¶ざっと～を通す lüèwēi guò yíxià ˇmù[yǎn](略微过一下ˇ目[眼]). ¶庭の花に～をやる kàn yuànzi li de huā(看院子里的花). ¶広く世界に～を向ける fàngyǎn shìjiè(放眼世界). ¶彼は思わず～をそらした tā búyóude chàkāile shìxiàn(他不由得岔开了视线). ¶私は自分の～を疑った wǒ huáiyí zìjǐ de yǎnjing(我怀疑自己的眼睛). ¶豪華な飾り付けに～を奪われた bèi háohuá de zhuāngshì xīzhùle mùguāng(被豪华的装饰吸住了目光). ¶親の～を盗んで煙草を吸う bèizhe fùmǔ chōuyān(背着父母抽烟). ¶追手の～をくらまして逃げた ménghùnguò zhuīxúnzhě de yǎnjing táopǎo le(蒙混过追寻者的眼睛逃跑了). ¶油断なく辺りに～を配る jǐngtìde sìmiàn zhāngwàng(警惕地四面张望). ¶いつも人の～を気にしている zǒng juéde rénmen de yǎnjing zài zhùshìzhe zìjǐ(总觉得人们的眼睛在注视着自己). ¶彼は私達には～をかけてくれた tā duì wǒmen zhàogude wú wēi bú zhì(他对我们照顾得无微不至).

¶彼は私などには～もくれない tā gēnběn bù bǎ wǒ fàngzài yǎnli(他根本不把我放在眼里). ¶事故現場は～もあてられぬ惨状を呈していた shìgù xiànchǎng chéngxiàn yípiàn bùrěn mùdǔ de cǎnzhuàng(事故现场呈现一片不忍目睹的惨状).

4〔眼力〕 yǎnlì(眼力)、yǎnguāng(眼光). ¶彼は美術品に～がある tā duì měishùpǐn hěn yǒu yǎnlì(他对美术品很有眼力). ¶彼は絵を見る～がなかなか肥えている tā duì huàr hěn yǒu jiànshǎnglì(他对画ㄦ很有鉴赏力). ¶これを選ぶとはお～が高い tiāoxuǎn zhège kě zhēn yǒu yǎnguāng(挑选这个可真有眼光). ¶君には人を見る～がない nǐ kě méiyǒu kàn rén de yǎnlì(你可没有看人的眼力). ¶私の～に狂いはない wǒ de yǎnjing bú huì yǒu cuò(我的眼睛不会有错).

5〔見る立場、見方〕 ¶日本人の～から見た中国 Rìběnrén yǎnlì de Zhōngguó(日本人眼里的中国). ¶親の～から見ればまだ子供だ cóng fùmǔ de yǎnli lái kàn, hái zhǐ búguò shì ge háizi(从父母的眼里来看, 还只不过是个孩子). ¶冷静な～で見ればすぐ分るはずだ lěngyǎn guānchá jiù huì míngbai(冷眼观察就会明白).

6〔経験〕 ¶今までいろんな～に会ってきた dào jīntiān wéizhǐ chángjìnle suān tián kǔ là(到今天为止尝尽了酸甜苦辣). ¶痛い～に会いたいのか nǐ yào chángchang wǒ de lìhai a!(你要尝尝我的厉害啊!)/ nǐ xiǎng chī wǒ de quántou a!(你想吃我的拳头啊!). ¶あの男のためにひどい～を見た wèile nàge jiāhuo wǒ kě chīle kǔtou(为了那个家伙我可吃了苦头). ¶自分だけいい～を見る yí ge rén ˇzhàn piányi[chīxiāng/měi](一个人ˇ占便宜[吃香/美]).

7〔網、碁盤、鋸などの〕 ¶その網は～が粗すぎる nàge wǎng wǎngyǎnr tài shū(那个网网眼儿太疏). ¶このセーターは～が詰んでいる zhè jiàn máoyī zhīde hěn mìshi(这件毛衣织得很密实). ¶～の粗い布 cūbù(粗布). ¶碁盤の～ wéiqípán de wèi(围棋盘的位). ¶さいころの～ shǎizi diǎnr(色子点ㄦ)/ tóuzi diǎnr(骰子点ㄦ). ¶鋸の～ jùchǐ(锯齿). ¶台風の～ táifēngyǎn(台风眼).

め【芽】 yá[r](芽[ㄦ]). ¶～が出る chū[chōu/ méng] yá(出[抽/ 发/ 萌] 芽)/ lòu[chū] miáo(露[出]苗). ¶柳が一斉に～を吹いた liǔshù yìqí ˇtǔ[méngfā] chūle nènyá(柳树一齐ˇ吐[萌发]出了嫩芽). ¶木の～の時になると持病が出る měifèng shù chōuyá de jìjié, lǎobìng

jiù fāzuò(每逢树抽芽的季节,老病就发作). ¶ 彼はやっと〜が出てきた tā hǎoróngyì cái lòuliǎn le(他好容易才露脸了). ¶ 悪は〜のうちに摘め chú è wù zài méngyáqī(除恶务在萌芽期).

-**め**【目】 1〔顺序〕 ¶5番〜の問題が解けなかった dìwǔ dào méi néng jiěchūlai(第五道没能解出来). ¶ 角を曲って3軒〜の家 zhuǎnguò guǎijiǎo dìsān ge fángzi(转过拐角第三个房子). ¶ 右から4番〜の人がAさんです cóng yòu shǔ dìsì ge rén shì A xiānsheng(从右数第四个人是A先生). ¶ 新宿から7つ〜の駅で降りなさい zài cóng Xīnsù qǐ dìqī ge zhàn xià chē(在新宿起第七个站下车). ¶ 北京に着いて3日〜に風邪を引いた dàole Běijīng de dìsān tiān shāngle fēng(到了北京的第三天伤了风). ¶ 1日〜 dìyī tiān(第一天)/ tóutiān(头天). ¶ 1年〜 dìyī nián(第一年)/ tóunián(头年).
2〔程度〕 ¶ 茶を濃い〜にいれる chá qī nóng xiē(茶沏浓些). ¶ 風呂に水を少なく〜に張る xǐzǎoshuǐ shǎo fàng xiē(洗澡水少放些)/ yùpén shǎo fàng diǎnr shuǐ(浴盆少放点儿水). ¶ ハムを厚く〜に切る bǎ huǒtuǐ qiē hòu yìdiǎnr(把火腿切厚一点儿). ¶ 大き〜な苺を選ぶ xuǎn dà yìdiǎnr de cǎoméi(选大一点儿的草莓).

めあたらし・い【目新しい】 xīnqí(新奇), xīnyǐng(新颖), xīnxiān(新鲜). ¶ 〜いデザイン xīnyǐng de shìyàng(新颖的式样). ¶ 〜さばかり求める zhǐ zhuīqiú xīnqí(只追求新奇).

めあて【目当て】 1〔目的〕 ¶ 財産を〜に結婚する wèi tāntú cáichǎn ér jiéhūn(为贪图财产而结婚). ¶ お〜の品はありましたか nǐ xiǎngyào de dōngxi yǒu ma?(你想要的东西有吗?).
2〔目標〕 ¶ 遠くの人家の明りを〜に歩く yǐ yuǎnchù rénjiā de dēnghuǒ wéi mùbiāo xiàng qián zǒuqu(以远处人家的灯火为目标向前走去).

めあわ・せる【妻せる】 ¶ 娘を友人の息子に〜せ bǎ nǚ'ér jiàgěi péngyou de érzi(把女儿嫁给朋友的儿子).

めい【姪】〔兄弟の娘〕zhínǚ[r](侄女[儿]);〔姉妹の娘〕wàishengnǚ(外甥女), shēngnǚ(甥女).

めい【命】 1〔命令〕mìng(命), mìnglìng(命令). ¶ 〜を奉ずる fèngmìng(奉命). ¶ 上司の〜に背く wéibèi shàngsi de mìnglìng(违背上司的命令).
2〔生命〕mìng(命), shēngmìng(生命). ¶ 〜旦夕(たんせき)に迫る mìng zài dànxī(命在旦夕).
3〔天命〕 ¶ 死生〜あり sǐshēng yǒu mìng(死生有命).

めい【明】míng(明). ¶ 人を見る〜がある yǒu shí rén zhī míng(有识人之明). ¶ 先見の〜がある xiānjiàn zhī míng(有先见之明).

めい【銘】míng(铭). ¶ 石碑に〜を刻む zài shíbēi shang kèshàng míngwén(在石碑上刻上铭文). ¶ 座右の〜 zuòyòumíng(座右铭).

めい-【名】 ¶ サッカーの〜コーチ zúqiú de míng jiàoliàn(足球的名教练). ¶ 彼は〜調子で一席ぶった tā kǒu ruò xuán hé jiǎngle yí tòng(他口若悬河讲了一通).

-**めい**【名】 1〔名前〕míng(名). ¶ 学校〜 xiàomíng(校名). チーム〜 duìmíng(队名).
2〔助数詞〕míng(名). ¶ 参加者は50〜 cānjiāzhě wǔshí míng(参加者五十名).

めいあん【名案】miàocè(妙策), miàojì(妙计), hǎo zhǔyi(好主意). ¶ 〜が浮んだ xiǎngchū yì tiáo miàojì(想出一条妙计).

めいあん【明暗】 1〔絵の〕míng'àn(明暗). ¶ この絵の〜がはっきりしない zhè zhāng huàr míng'àn biǎoxiànde bù xiānmíng(这张画儿明暗表现得不鲜明).
2 ¶ その事件が2人の〜を分けた zhège shìjiàn shǐ liǎng ge rén de mìngyùn pǐtài fēnmíng(这个事件使两个人的命运否泰分明).

めいい【名医】míngyī(名医), shényī(神医).

めいう・つ【銘打つ】 ¶ 創業100年記念と〜って大売出しをする zài jìniàn chuàngyè yìbǎi zhōunián de míngyì xià jìnxíng dàshuǎimài(在纪念创业一百周年的名义下进行大甩卖).

めいうん【命運】mìngyùn(命运), mìngtú(命途), mìngshù(命数), qìshu(气数). ¶ 〜が尽きた mìngyùn dàotóu le(命运到头了)/ qìshu yǐ jìn(气数已尽). ¶ 会社の〜を賭ける bǎ gōngsī de mìngyùn dǔshangqu(把公司的命运赌上去).

めいおうせい【冥王星】Míngwángxīng(冥王星).

めいが【名画】〔絵画〕mínghuà(名画);〔映画〕míngpiànzi(名片子), míngyǐngpiàn(名影片).

めいかい【明快】míngquè(明确), míngkuài(明快). ¶ この論文は論旨が〜だ zhè piān lùnwén de zhǔzhǐ míngkuài(这篇论文的主旨明确). ¶ 即座に〜な答えがかえってきた dāngjí yǒule míngkuài de huídá(当即有了明快的回答).

めいかく【明確】míngquè(明确). ¶ 〜に規定する míngquè de guīdìng(明确地规定). ¶ 責任の所在を〜にする míngquè zérèn suǒzài(明确责任所在).

めいがら【銘柄】páihào(牌号), páizi(牌子). ¶ どんな〜の物も揃えてあります shénme páihào de dōu yǒu(什么牌号的都有). ¶ 〜品 míngpáihuò(名牌货).

めいき【名器】míngqì(名器). ¶ このバイオリンは〜と言われている zhège xiǎotíqín bèi chēngwéi míngqì(这个小提琴被称为名器).

めいき【明記】xiěmíng(写明); zǎimíng(载明). ¶ 住所氏名を〜しなさい xiěmíng zhùzhǐ xìngmíng(写明住址姓名). ¶ この事は契約書に〜してある cǐ shì zài qìyuē zhōng zǎimíng(此事在契约中载明).

めいき【銘記】míngjì(铭记), míngkè(铭刻), qièjì(切记), jìqǔ(记取). ¶ この事を深く心に〜せよ yào bǎ zhè jiàn shì míngjì zài xīn(要把这件事铭记在心).

めいぎ【名義】míngyì(名义). ¶ 妻の〜で申し込む yòng qīzi de míngyì bàomíng(用妻子的

名义报名).¶~上は彼のものだ míngyì shàng shì tā de(名义上是他的).¶土地の~を書き替える bǎ tǔdì de suǒyǒuquán guòhù(把土地的所有权过户).¶~人 míngyìrén(名义人).

めいきゅう【迷宮】 mígōng(迷宫).¶この事件は~入りになりそうだ zhège ànzi xiàng shì yào chéng wútóu'àn le(这个案子像是要成无头案了).

めいきょく【名曲】 míngqǔ(名曲).

めいく【名句】 míngjù(名句).

めいくん 1【名君】 míngjūn(名君).¶~の誉れが高い míngjūn zhī yù mǎn tiānxià(名君之誉满天下).
2【明君】 míngjūn(明君),xiánjūn(贤君).

めいげつ 1【名月】 ¶中秋の~ zhōngqiū míngyuè(中秋明月).
2【明月】 míngyuè(明月).¶~を眺めながら独り酒を酌む guānshǎng míngyuè zì zhēn zì yǐn(观赏明月自斟自饮).

めいげん【名言】 míngyán(名言).¶~を吐く kǒu chū míngyán(口出名言).¶けだし~だ zhìlǐ míngyán!(至理名言!)/shuōde miào!(说得妙!).

めいげん【明言】 míngyán(明言),míngshuō(明说).¶~を避ける bùkěn míngshuō(不肯明说)/huíbì míngquè dáfù(回避明确答复).¶彼は約束は守ると~した tā shēngmíng zūnshǒu nuòyán(他声明遵守诺言).

めいこう【名工】 mínggōng(名工),míngjiàng(名匠).

めいさい【明細】 xiángxì(详细);xìmù(细目).¶~に報告する xiángmíng de huìbào(详明地汇报).¶品目の~は別紙にあります pǐnzhǒng de xìmù zài lìng yì zhāng zhǐ shang(品种的细目在另一张纸上).
¶~書 qīngdān(清单)/xiángdān(详单).

めいさい【迷彩】 mícǎi(迷彩).¶戦車に~を施す wǎng tǎnkè shang shī mícǎi wěizhuāng(往坦克上施迷彩伪装).
¶~服 mícǎifú(迷彩服).

めいさく【名作】 míngzuò(名作).

めいさつ【明察】 míngchá(明察),dòngchá(洞察).¶御~の通りです zhèng rú nín suǒ míngjiàn de(正如您所明鉴的).

めいさん【名産】 míngchǎn(名产).

めいし【名士】 míngshì(名士),míngliú(名流).¶各界の~が一堂に会する gèjiè míngshì jùjí yì táng(各界名士聚集一堂).

めいし【名刺】 míngpiàn[r](名片[儿]),piànzi(片子),míngcì(名刺),míngtiě(名帖).¶~を出す dìjiāo míngpiàn(递交名片).¶~を交換する jiāohuàn míngpiàn(交换名片).

めいし【名詞】 míngcí(名词).

めいじ【明示】 míngshì(明示).¶時間と場所を~する míngshì shíjiān hé dìdiǎn(明示时间和地点).¶成分を~する biāomíng chéngfèn(标明成分).

めいじつ【名実】 ¶彼は~共にあの組織の指導者だ tā shì nàge zǔzhī de míng fù qí shí de lǐngdǎorén(他是那个组织的名副其实的领导人).

めいしゃ【目医者】 yǎnkē yīshēng(眼科医生).

めいしゅ【名手】 míngshǒu(名手),gāoshǒu(高手).¶射撃の~ shèjī míngshǒu(射击名手)/shénqiāngshǒu(神枪手).

めいしゅ【盟主】 méngzhǔ(盟主).

めいしょ【名所】 míngshèng(名胜).¶この公園は桜の~として知られている zhège gōngyuán shì zhòng suǒ zhōu zhī de yīnghuā shèngdì(这个公园是众所周知的樱花胜地).¶~旧跡を訪ねる fǎng ▼míngshèng gǔjì[míngjì](访▼名胜古迹[名迹]).

めいしょう【名匠】 míngjiàng(名匠),mínggōng(名工).

めいしょう【名将】 míngjiàng(名将).

めいしょう【名称】 míngchēng(名称).¶~を改める gǎichēng(改称).

めいしょう【名勝】 míngshèng(名胜),shèngdì(胜地).

めいじょう【名状】 míngzhuàng(名状),yánzhuàng(言状).¶何とも~しがたい有様であった zhēn shì yì zhǒng nányǐ míngzhuàng de qíngjǐng(真是一种难以名状的情景).

めいしん【迷信】 míxìn(迷信).¶~を信ずる míxìn(迷信).¶~を打破する pòchú míxìn(破除迷信).

めいじん【名人】 néngshǒu(能手),míngshǒu(名手),shèngshǒu(圣手).¶菊づくりの~ yǎng júhuā de néngshǒu(养菊花的能手).¶~の域に達する dá shèngshǒu zhī jìng(达圣手之境).¶彼には~肌のところがある tā yǒu míngrén jiàngxīn dúyùn de qìzhì(他有名人匠心独运的气质).
¶~芸 shèngshǒu zhī yì(圣手之艺).

めいすう【命数】 1 shòushu(寿数);mìngshù(命数).¶~が尽きる shòushu yǐ jìn(寿数已尽).¶~とあきらめる mìngshù zhùdìng zhǐhǎo rèn le(命数注定只好认了).
2【記数】 ¶十進~法 shíjìn jìshùfǎ(十进记数法)/shíjìnzhì(十进制).

めい・する【瞑する】 míngmù(瞑目).¶もって~すべし yǐ cǐ gāi zhīzú yě(以此该知足也).

めい・ずる【命ずる】 1【命令する】 mìnglìng(命令),zélìng(责令).¶退去を~ずる mìnglìng tuìchū(命令退出).¶部下に~じて調査させる zélìng[zéchéng] bùxià diàochá(责令[责成]部下调查).¶良心の~ずるところに従う píng liángxīn bànshì(凭良心办事).
2【任命する】 rènmìng(任命).¶委員に~ぜられる bèi rènmìng wéi wěiyuán(被任命为委员).

めい・ずる【銘ずる】 míngjì(铭记),míngkè(铭刻).¶肝に~ずる míng zhū fèifǔ(铭诸肺腑).

めいせい【名声】 míngshēng(名声),shēngmíng(声名),shēngyù(声誉),shēngwàng(声望).¶~が高い míngshēng hěn gāo(名声很高)/shēngyù zhuózhù(声誉卓著).¶その発明で彼は世界的な~を博した yóuyú gāi xiàng fāmíng tā bódéle guójì shēngyù(由于该项发明他博得

めいやく

了国际声誉).

めいせき【明晰】 míngxī(明晰), qīngxī(清晰). ¶頭脳〜な人 tóunǎo qīngxī de rén(头脑清晰的人). ¶答弁は〜さを欠いている dábiàn tiáolǐ bù fēnmíng(答辩条理不分明).

めいそう【名僧】 míngsēng(名僧), gāosēng(高僧).

めいそう【瞑想】 míngxiǎng(冥想). ¶〜にふける xiànrù míngxiǎng zhōng(陷入冥想中).

めいそうしんけい【迷走神経】 mízǒu shénjīng(迷走神经).

めいだい【命題】 mìngtí(命题).

めいちゅう【命中】 dǎzhòng(打中), mìngzhòng(命中), shèzhòng(射中). ¶弾丸は標的に〜した dàn dǎzhòngle bǎzi(子弹打中了靶子).
¶〜率 mìngzhònglǜ(命中率).

めいちょ【名著】 míngzhù(名著).

めいてい【酩酊】 mǐngdǐng(酩酊). ¶昨夜はひどく〜した zuówǎn hēde mǐngdǐng dà zuì(昨晚喝得酩酊大醉).

めいてつ【明哲】 míngzhé(明哲). ¶〜保身 míngzhé bǎo shēn(明哲保身).

めいてんがい【名店街】 mínghào shāngyèjiē(名号商业街).

めいど【冥土】 míngtú(冥途), míngfǔ(冥府), míngjiān(冥间), dìfǔ(地府), yīnjiān(阴间), yīncáo(阴曹), yīnsī(阴司). ¶〜の旅に出る mìng fù huángquán(命赴黄泉).

メイド nǚyòngrén(女佣人), nǚgōng(女工), shìnǚ(侍女).

めいとう【名答】 ¶御〜! dáduì le!(答对了!).

めいどう【鳴動】 ¶大山〜して鼠一匹 léishēng dà, yǔdiǎn xiǎo(雷声大,雨点小). ¶天地が〜する tiān míng dì dòng(天鸣地动).

めいにち【命日】 jìchén(忌辰), jìrì(忌日).

めいば【名馬】 míngmǎ(名马).

めいはく【明白】 míngxiǎn(明显), míngbai(明白). ¶彼にそんな意思のなかったことは〜だ tā méiyǒu nà zhǒng yìsi shì hěn míngbai de(他没有那种意思是很明白的). ¶〜な証拠 míngzhèng(明证)/ tiězhèng(铁证).

めいび【明媚】 míngmèi(明媚). ¶風光〜の地 fēngguāng míngmèi de dìfang(风光明媚的地方).

めいびん【明敏】 jīngmíng(精明). ¶頭脳〜な人 jīngmíng de rén(精明的人).

めいふく【冥福】 míngfú(冥福). ¶〜を祈る qídǎo míngfú(祈祷冥福).

めいぶつ【名物】 1〔名産〕míngchǎn(名产). ¶土地の〜 dāngdì de míngchǎn(当地的名产).
2〔名高いもの〕¶あの人は会社の〜男だ nàge rén shì gōngsī de huóbǎo(那个人是公司的活宝). ¶上州〜空っ風 yǒumíng de Shàngzhōu gānlěngfēng(有名的上州干冷风).

めいぶん【名分】 míngfèn(名分). ¶大義〜を明らかにする chǎnmíng dàyì míngfèn(阐明大义名分). ¶〜が立つ míng zhèng yán shùn(名正言顺).

めいぶん【名文】 míngwén(名文). ¶古今の〜 gǔjīn míngwén(古今名文). ¶彼はなかなかの〜家で tā xiěde yìshǒu hǎo wénzhāng(他写得一手好文章).

めいぶん【明文】 míngwén(明文). ¶法律に〜化する zài fǎlǜshang míngwén guīdìng(在法律上明文规定).

めいぼ【名簿】 míngdān[r](名单[儿]), míngcè(名册), mínglù(名录). ¶〜を作る zào[biānzào] míngcè(造[编造]名册). ¶新会員の名前を〜に加える bǎ xīnhuìyuán de míngzi jìrù míngcè(把新会员的名字记入名册).
¶選挙人〜 xuǎnmín míngdān(选民名单)/ xuǎnjǔrén míngcè(选举人名册). 同窓会〜 tóngxuélù(同学录).

めいほう【盟邦】 méngbāng(盟邦), méngguó(盟国).

めいぼう【名望】 míngwàng(名望). ¶〜を一身に集める jí míngwàng yú yìshēn(集名望于一身).

めいみゃく【命脈】 ¶わずかに〜を保っている miǎnqiǎng wéichízhe yíxiàn shēngmìng(勉强维持着一线生命).

めいむ【迷夢】 mímèng(迷梦). ¶〜から醒める cóng mímèng zhōng xǐngwù guolai(从迷梦中醒悟过来).

めいめい【命名】 mìngmíng(命名), dìngmíng(定名). ¶長男に一郎と〜する gěi lǎodà mìngmíng wéi Yīláng(给老大命名为一郎).

めいめい【銘銘】 gèzì(各自), gège(各各). ¶荷物は〜お持ちください xíngli qǐng gèzì xiédài(行李请各自携带). ¶〜自分勝手なことをする gè gàn gè de(各干各的).
¶〜皿 xiǎodiézi(小碟子).

めいめいはくはく【明明白白】 míngmíngbáibái(明明白白). ¶これは〜な事実だ zhè shì míngmíngbáibái de shìshí(这是明明白白的事实).

めいめつ【明滅】 ¶ネオンサインが〜する níhóngdēng ˋyì shǎn yí miè[hū míng hū miè](霓虹灯˝一闪一灭[忽明忽灭]).

めいもう【迷妄】 míwàng(迷妄). ¶〜を打破する zhǐpò míjīn(指破迷津).

めいもく【名目】 míngyì(名义). ¶彼は〜だけの会長だ tā zhǐ búguò shì ge ˋmíngyìshang [guāmíng]ˊde huìzhǎng(他只不过是个˝名义上[挂名]ˊ的会长). ¶それだけの理由では〜が立たない zhǐshì nà yí ge lǐyóu bù nénggòu chéngwéi jièkǒu(只是那一个理由不能够成为借口). ¶出張という〜で観光旅行をする yǐ chūchāi wéi ˋkǒushì[míng]ˊér qù guāngguāng(以出差为˝口实[名]ˊ而去观光).
¶〜賃金 míngyì gōngzī(名义工资).

めいもく【瞑目】 míngmù(瞑目). ¶父は安らかに〜した fùqin ānrán míngmù le(父亲安然瞑目了).

めいもん【名門】 míngmén(名门), wàngmén(望门), shìjiā(世家). ¶彼は〜の出だ tā shì míngmén chūshēn(他是名门出身).
¶〜校 míngpái xuéxiào(名牌学校).

めいやく【盟約】 méngyuē(盟约). ¶〜を結ぶ

dìjié méngyuē(缔结盟约).

めいゆう【名優】 míngyǎnyuán(名演员), míngjué[r] (名角[儿]), mínglíng (名伶), míngyōu (名优).

めいゆう【盟友】 méngyǒu(盟友).

めいよ【名誉】 míngyù(名誉). ¶～を重んずる zhòng míngyù(重名誉). ¶～を傷つける diànwū míngyù(玷污名誉)/ rǔmò (辱没). ¶～を回復する huīfù míngyù (恢复名誉). ¶今回の受賞は我が校の～だ zhè cì shòujiǎng shì wǒ xiào de guāngróng (这次受奖是我校的光荣). ¶これは私の～に関する問題だ zhè shì guānxidào wǒ míngyù de wèntí (这是关系到我名誉的问题). ¶～毀損で訴える kònggào bàihuài míngyù(控告败坏名誉). ¶～教授 míngyù jiàoshòu (名誉教授). ¶～市民 míngyù[róngyù] shìmín (名誉[荣誉]市民). ¶～職 míngyù zhíwèi (名誉职位).

めいり【名利】 mínglì (名利). ¶～に汲々とする jíjíyú zhuīqiú mínglì (汲汲于追求名利).

めいりょう【明瞭】 qīngxī(清晰); míngliǎo (明了). ¶～に発音する qīngxī de fāyīn (清晰地发音). ¶事実関係を～にする nòngqīng shìshí guānxi (弄清事实关系). ¶簡単～ jiǎndān míngliǎo (简单明了).

めい・る【滅入る】 sàngqi (丧气), mēnqì (闷气). ¶一人でこんな風にしているとますます気が～ってしまう zhèyàng yí ge rén dāixiaqu, yuèláiyuè mēnqì (这样一个人待下去, 越来越闷气). ¶気の～る話 lìng rén sàngqì de huà (令人丧气的话).

めいれい【命令】 mìnglìng(命令). ¶～に従う tīngcóng mìnglìng (听从命令). ¶出撃の～を下す xiàlìng chūjī (下令出击). ¶課長の～により出張する fèng kēzhǎng de mìnglìng chūchāi (奉科长的命令出差). ¶今週中に仕上げるように～する mìnglìng zài běn zhōu nèi wánchéng (命令在本周内完成). ¶～的な言い方をするな bié yòng mìnglìngshì de kǒuqì (别用命令式的口气).

¶～文 mìnglìngjù (命令句)/ qíshǐjù (祈使句). 行政～ xíngzhèng mìnglìng (行政命令).

めいろ【迷路】 mítú (迷途), pántuólù (盘陀路). ¶～に入り込んでしまったようだ hǎoxiàng zǒujìnle mígōng shìde (好像走进了迷宫似的). ¶研究に陥る yánjiū xiànrù mítú (研究陷入迷途).

めいろう【明朗】 mínglǎng(明朗). ¶～快活な青年 mínglǎng kuàihuo de qīngnián (明朗快活的青年). ¶～な政治 guāngmíng-zhèngdà de zhèngzhì (光明正大的政治).

めいわく【迷惑】 máfan (麻烦). ¶そのことで彼は非常に～した zhè jiàn shì kě máfanle tā (这件事可麻烦了他). ¶あの人には随分～をかけた gěi tā kě tiānle bùshǎo máfan (给他可添了不少麻烦). ¶御～でしょうがこれを彼に渡して下さい máfan nín, qǐng bǎ zhège zhuǎnjiāo gěi tā (麻烦您, 请把这个转交给他). ¶私の依頼に彼女は～そうな顔をした duì wǒ de qǐngqiú tā xiǎnchū wéinán de shénsè (对我的请求她显出为难的神色). ¶そんな大きな音を出しては近所の～だ nòngchū zhème dà de shēngyīn, yào yǐngxiǎng sìlín a! (弄出这么大的声音, 要影响四邻啊!). ¶～千万な話だ zhēn ràng rén fánnǎo (真让人烦恼).

めうえ【目上】 zūnzhǎng (尊长), zhǎngbèi (长辈), qiánbèi (前辈), zhǎngshàng (长上); shàngsi (上司), shàngjí (上级). ¶～の人を敬う jìngzhòng zūnzhǎng (敬重尊长)/ zūnzhòng qiánbèi (尊重前辈).

めうし【牝牛】 mǔniú (母牛), pìnniú (牝牛), cíniú (雌牛), zìniú (牸牛).

めうつり【目移り】 ¶品物が多すぎて～がする dōngxi tài duō, zhēn jiào rén yǎnhuā-liáoluàn (东西太多, 真叫人眼花缭乱).

メーカー zhìzàochǎng(制造厂), chǎngjiā (厂家), chǎngshāng (厂商). ¶～品 míngpáihuò (名牌货). 一流～ yīliú chǎngjiā (一流厂家).

メーキャップ huàzhuāng(化妆). ¶～をする huàzhuāng (化妆). ¶～を落す xièzhuāng (卸妆).

メーター **1**〔計器〕biǎo (表), jì (计), yíbiǎo (仪表). ¶電気の～ diànbiǎo (电表). ¶水道の～ shuǐbiǎo (水表). ¶ガスの～ méiqìbiǎo (煤气表). ¶タクシーの～ yīliú chǎngjiā (计价器). ¶夏になると水道の～がぐんぐん上がる yí dào xiàtiān, shuǐbiǎo dùshu jiù zhíxiàn shàngshēng (一到夏天, 水表度数就直线上升).

2 → メートル.

メーデー Wǔyī Láodòngjié (五一劳动节), Guójì Láodòngjié (国际劳动节), Láodòngjié (劳动节), Wǔyī (五一).

メートル mǐ (米), gōngchǐ (公尺). ¶100～競走 yìbǎi mǐ sàipǎo (一百米赛跑). ¶今日は随分～が上がっていますね jīntiān hēde kě dàijìnr a (今天喝得可带劲儿啊).

¶～原器 mǐyuánqì (米原器). ～法 guójì gōngzhì (国际公制)/ gōngzhì (公制)/ mǐzhì (米制).

メール yóujiàn(邮件); diànzǐ yóujiàn (电子邮件).

メガ bǎiwàn (百万), zhào (兆). ¶～ヘルツ zhàohè (兆赫). ¶～トン級の水爆 bǎiwàn dūn jí de qīngdàn (百万吨级的氢弹).

めがお【目顔】 yǎnsè (眼色), yǎnshén (眼神). ¶～で知らせる dì yǎnsè (递眼色)/ yǐ mù shìyì (以目示意).

めがくし【目隠し】 ¶後ろから手で～をする cóng bèihòu yòng shǒu méngzhù[wǔzhù] tā de yǎnjing (从背后用手蒙住[捂住]他的眼睛). ¶～されて連行される bèi méngzhù yǎn dàizǒu (被蒙上眼带走). ¶～に木を植える zhòng shù zhēdǎng biéren de shìxiàn (种树遮挡别人的视线).

めかけ【妾】 xiǎolǎopo (小老婆), yítàitai (姨太太), qiè (妾), piānfáng (偏房). ¶～を囲う nà qiè (纳妾)/ ān wàijiā (安外家).

めが・ける【目掛ける】 ¶逃走する車を～けてピストルを発射する duìzhǔn táopǎo de qìchē kāiqiāng (对准逃跑的汽车开枪). ¶犬は犯人～

けて飛び掛た gǒu cháo zuìfàn pūqu(狗朝罪犯扑去). ¶頂上を～めて登る xiàng shāndǐng pāndēng(向山顶攀登).

めがしら【目頭】 yǎnjiǎo[r](眼角[儿]), nèizì(内眦), dàyǎnjiǎo(大眼角). ¶人々はそっと～を押えた rénmen tōutōu de cāle cā yǎnjiǎo(人们偷偷地擦了擦眼角). ¶温かい励ましの言葉を聞いて～が熱くなった tīngdào wēnnuǎn de gǔlì, gǎndòngde rèlèi yíngkuàng(听到温暖的鼓励,感动得热泪盈眶).

めか・す【粧す】 xiūshì(修饰), dǎbàn(打扮). ¶そんなに～してどこへ行くの nǐ nàme shūzhuāng dǎban dào nǎr qù?(你那么梳妆打扮到哪儿去?).

-めか・す 秘密～して言った xièlòu mìmì shìde shuōle chūlái(泄露秘密似的说了出来). ¶冗談～して言う jiǎzhuāng kāi wánxiào shuō(假装开玩笑说).

めかた【目方】 fēnliang(分量), zhòngliàng(重量). ¶～が重い［軽い］ fēnliang zhòng[qīng](分量重[轻]). ¶～が100キロある zhòngliàng yǒu yībǎi gōngjīn(重量有一百公斤). ¶～が足りない fēnliang bùzú(分量不足). ¶君の～はどのくらいありますか〔你有多重?〕／ nǐ tǐzhòng yǒu duōshao?(你体重有多少?). ¶荷物の～を量る chēng dōngxi de fēnliang(称东西的分量). ¶～で売る àn zhòngliàng mài(按重量卖).

メカニズム jīlǐ(机理), jīzhì(机制). ¶コンピューターの～ diànzǐ jìsuànjī de jīzhì(电子计算机的机制). ¶資本主義社会の～ zīběnzhǔyì shèhuì de jīzhì(资本主义社会的机制).

めがね【眼鏡】 **1**〔眼鏡〕 yǎnjìng[r](眼镜[儿]), jìngzi(镜子). ¶～の玉 yǎnjìngpiàn(眼镜片). ¶～の縁 yǎnjìngkuàngr(眼镜框儿), jìngjià(镜架). ¶～のつる yǎnjìngtuǐr(眼镜腿儿)／ yǎnjìngjiǎo(眼镜脚). ¶近視の～ jìnshì yǎnjìng(近视眼镜). ¶素通しの～ píngguāng yǎnjìng(平光眼镜). ¶～をかける dài yǎnjìng(戴眼镜). ¶～をはずす zhāi yǎnjìng(摘眼镜). ¶～入れ yǎnjìnghér(眼镜盒儿). 鼻～ jiābí yǎnjìng(夹鼻眼镜).

2〔鑑識〕 yǎnguāng(眼光). ¶彼は父の～にかなったようだ wǒ fùqin hǎoxiàng kànzhòngle tā(我父亲好像看中了他). ¶とんだ私の～の違いだった dàoliǎor shì wǒ méiyǒu yǎnguāng fàn-cuò le(到了儿是我没有眼光看错了).

メガホン chuánshēngtǒng(传声筒), lǎbatǒng(喇叭筒), huàtǒng(话筒).

めがみ【女神】 nǚshén(女神).

めきき【目利き】 jiànbié(鉴别), jiàndìng(鉴定);[人] jiànshǎngjiā(鉴赏家). ¶骨董の～を頼む qǐng rén jiànbié gǔwán(请人鉴别古玩). ¶彼は美術品の～だ tā shì měishùpǐn de jiànshǎngjiā(他是美术品的鉴赏家).

メキシコ Mòxīgē(墨西哥).

めきめき 腕前が～と上達した shǒuyì yǒule xiǎnzhù de jìnbù(手艺有了显著的进步). ¶最近～と業績を伸ばした zuìjìn xiǎnzhude chuàngzàole yèjì(最近显著地创造了业绩).

-め・く ¶ようやく春～いてきた jiànjiàn xiǎnchū- le jǐ fēn chūnyì(渐渐显出了几分春意). ¶彼の言葉には皮肉～いたところがある tā huàli hǎoxiàng dài diǎnr cìr(他话里好像带点儿刺儿).

めくじら【目くじら】 ¶そんなに～を立てることもあるまい hébì nàme chuī máo qiú cī, chuī húzi dèngyǎn(何必那么吹毛求疵,吹胡子瞪眼).

めぐすり【目薬】 yǎnyào(眼药). ¶～をさす diǎn yǎnyào(点眼药).

めくそ【目糞】 yǎnchī(眼眵), yǎnshǐ(眼屎), chīmuhū(眵目糊). ¶～鼻くそを笑う wǔshí bù xiào bǎi bù(五十步笑百步)／ wūyā luòzài zhū shēnshang(乌鸦落在猪身上).

めくばせ【目配せ】 ¶～する diū[shǐ/dì] yǎnsè(丢[使/递]眼色). ¶互いに～する bǐcǐ yǐ mù shìyì(彼此以目示意)／ huìxiāng jǐméi-nòngyǎn(互相挤眉弄眼)／ hùxiāng jǐyǎn(互相挤眼). ¶～で本人が後ろにいることを知らせる dì yǎnsè ràng duìfāng zhùyì dāngshìzhě běnrén zài bèihòu(递眼色让对方注意当事者本人在背后).

めぐま・れる【恵まれる】 ¶資源に～れている zīyuán fēngfù(资源丰富). ¶彼は経済的に～れなかった tā jīngjishang hěn kùnnan(他经济上很困难). ¶私は小さい時からずっと友人に～れている wǒ cóngxiǎo jiù yīzhí yùdào hǎopéngyou(我从小就一直遇到好朋友). ¶彼女はとても～れている tā hěn yǒu zàohua(她很有造化).

めぐみ【恵み】 ēnhuì(恩惠). ¶自然の～を受ける shòu zìrán de ēnhuì(受自然的恩惠). ¶～の雨 jíshíyǔ(及时雨)／ chútouyǔ(锄头雨)／ gānlín(甘霖).

めぐ・む【芽ぐむ】 chūyá(出芽), fāyá(发芽), chōuyá(抽芽). ¶草木が～む cǎomù méngdòng(草木萌动).

めぐ・む【恵む】 shī(施), shīshě(施舍). ¶人に金を～む bǎ qián shīshě gěi rén(把钱施舍给人). ¶食べ物を少し～んで下さい xíngxing hǎo, gěi wǒ yìdiǎnr chī de ba!(行行好,给我一点儿吃的吧!).

めくら【盲】 xiāzi(瞎子), mángrén(盲人). ¶～蛇におじず chū shēng zhī dú bú wèi hǔ(初生之犊不畏虎).

めぐら・す【巡らす】 **1**〔回転させる〕 ¶首(きう)を～す huíshǒu(回首).

2〔囲いまわす〕 quān(圈), wéi(围). ¶菜園に垣根を～す yòng líba bǎ càidì wéiqilai(用篱笆把菜地围起来). ¶四方に堀が～してある sìzhōu huánràozhe hùchénghé(四周环绕着护城河).

3〔考えを〕 ¶思案を～す xiǎng bànfǎ(想办法). ¶いろいろ方法を～す fāng shè fǎ(想方设法). ¶謀(きう)を～す chū móu huà cè(出谋划策); shèmóu(设谋).

めくらばん【盲判】 ¶～を押す mángmù gàizhāng(盲目盖章).

めくらめっぽう【盲滅法】 ¶～に撃ちまくる húluàn shèjī(胡乱射击). ¶そんな～なやり方では駄目だ zhèyàng"xiāgàn[xiāguǎo／xiāzhuā] kě bù xíng(这样"瞎干[瞎搞／瞎抓]"可不行).

めぐり【巡り】 **1**〔循環〕 xúnhuán(循环). ¶マ

ッサージをすると血の〜がよくなる ànmó shǐ xuè-yè xúnhuán liánghǎo（按摩使血液循环良好）．¶お前は血の〜が悪い nǐ nǎojīn zhēn bèn（你脑筋真笨）．

2［巡回］ ¶島〜をする xúnyóu dǎoyǔ（巡游岛屿）．¶池の周りをひと〜する zài chízǐ zhōuwéi ˇrào[zhuǎn] yì quān（在池子周围ˇ绕[转]一圈）．

めぐりあ・う【巡り合う】 xièhòu（邂逅）, xiāngyù（相遇）, xiāngféng（相逢）．¶長年別れ別れでいた兄弟が〜った kuòbié duōnián de dìxiong xièhòu xiāngyù（阔别多年的弟兄邂逅相遇）．¶10年ぶりの〜い xiānggé shí nián de jiǔbié chóngféng（相隔十年的久别重逢）．

めぐりあわせ【巡り合せ】→まわりあわせ．

め・く【捲る】 fān（翻）, xiān（掀）．¶トランプを〜る fān pūkèpái（翻扑克牌）．¶参考書を〜る fān cānkǎoshū（翻参考书）．¶カレンダーを1枚〜る bǎ yuèlì xiānguò yì zhāng（把月历掀过一张）．

め・ぐる【巡る】 **1**［循環する］ xúnhuán（循环）．¶池を〜る ràozhe chízǐ zǒu（绕着池子走）．¶本は〜り〜ってやっと私の手元に戻った shū zhuǎnlai-zhuǎnqu hǎoróngyì cái huídào wǒ shǒuli（书转来转去好容易才回到我手里）．¶今年もまた大晦日が〜ってきた jīnnián yòu dàole chúxī（今年又到了除夕）．¶因果は〜る yīnguǒ xúnhuán（因果循环）．

2［巡回する］ zhōuyóu（周游）, xúnyóu（巡游）．¶関西の名所を〜る zhōuyóu Guānxī de míngshèng gǔjī（周游关西的名胜古迹）．

3［まつわる］ wéirào（围绕）．¶彼女を〜る噂は多い guānyú tā de fēngyán-fēngyǔ hěn duō（关于她的风言风语很多）．¶彼の提案を〜って討論した wéiràozhe tā de jiànyì jìnxíngle tǎolùn（围绕着他的建议进行了讨论）．

め・げる qìněi（气馁）．¶彼はたびたびの失敗にも〜げずに研究を続けた tā jǐn cuò bù něi jiānchíle yánjiū（他屡挫不馁坚持了研究）．¶暑さに〜げず仕事に励む bú wèi kùshǔ, máitóu gōngzuò（不畏酷暑, 埋头工作）．

めこぼし【目溢し】 ¶お〜を願います qǐng nín gāo tái guì shǒu（请您高抬贵手）．¶〜にあずかる chéngméng hǎo jiù（承蒙不咎）．

めさき【目先】 **1**［目の前］ yǎnqián（眼前）．¶彼女の姿が〜にちらつく yǎnqián shǎnxiànzhe tā de shēnyǐng（眼前闪现着她的身影）．¶〜の事ばかり考えるな bié zhǐ kǎolǜ yǎnqián de shì（别只考虑眼前的事）．¶〜の利益に目を奪われる bèi yǎnqián de lìyì nònghuāle yǎn（被眼前的利益弄花了眼）．

2［見通し］ ¶彼はなかなか〜がきく tā xiāngdāng yǒu yǎnguāng（他相当有眼光）．

3［趣向］ ¶ここで一つ〜を変えてみよう dào zhèlǐ huànhuan huāyàngr ba（到这里换换花样儿吧）．

めざ・す【目差す】 ¶ゴールを〜して懸命に走る xiàngzhe zhōngdiǎn pīnmìng de pǎo（向着终点拼命地跑）．¶A大を〜して猛勉強する yǐ kǎoshàng A dàxué wéi mùbiāo ér pīnmìng yònggōng（以考上A大学为目标而拼命用功）．¶彼等の〜すところは新しい技術の開発である tāmen de mùdì zàiyú kāifā xīn jìshù（他们的目的在于开发新技术）．

めざと・い【目敏い】 yǎnjiān（眼尖）．¶彼は〜く私を見つけた tā yǎn zhēn jiān, yíxiàzi kànjian wǒ le（他眼真尖, 一下子看见我了）．¶〜く原稿の誤りを見つける yì yǎn jiù fāxiàn le yuángǎo de cuòwù（一眼就发现了原稿的错误）．

2［目が覚めやすい］ ¶年を取ると〜くなる shànglè niánjì jiù róngyì xǐng（上了年纪就容易醒）／niánjì dàle shuìjiào hěn jīngxing（年纪大了睡觉很惊醒）．

めざま・しい【目覚しい】 jīngrén（惊人）, xiǎnzhù（显著）．¶彼の日本語は〜い進歩を遂げた tā de Rìyǔ jìnbù kuàide jīngrén（他的日语进步快得惊人）．¶〜い成果をあげた qǔdéle xiǎnzhù de chéngjì（取得了显著的成绩）．¶今日の試合で彼は〜い活躍をした jīntiān de bǐsài tā gàndé hěn chūsè（今天的比赛他干得很出色）．

めざましどけい【目覚時計】 nàozhōng（闹钟）．¶〜を6時にかける bǎ nàozhōng duìdào liù diǎnzhōng（把闹钟对到六点钟）．¶〜が鳴った nàozhōng xiǎng le（闹钟响了）．

めざ・める【目覚める】 **1** xǐng（醒）, shuìxǐng（睡醒）．¶彼は7時に〜めた tā qī diǎnzhōng shuìxǐng le（他七点钟睡醒了）．¶もうお〜めですか yǐjing shuìxǐng le ma?（已经睡醒了吗?）．

2［本能が］ ¶性に〜める qíngdòu chū kāi（情窦初开）／chūnxīn chū dòng（春心初动）．

3［自覚する］ xǐngwù（醒悟）, juéxǐng（觉醒）．¶自我に〜める rènshi zìwǒ（认识自我）．¶現実に〜めた duì xiànshí yǒule rènshi（对现实有了认识）．¶政治意識に〜めた yǒule zhèngzhì juéwù（有了政治觉悟）．

めざわり【目障り】 cìyǎn（刺眼）, zhāyǎn（扎眼）, àiyǎn（碍眼）．¶あの木が〜になってよく見えない nà kē shù dǎngzhù shìxiàn, cóng zhèlǐ kàn bu qīngchu（那棵树挡住视线, 从这里看不清楚）．¶せっかくの眺めなのにあの看板が〜だ jǐngzhì zhème hǎo, zhǐyǒu nà zhāng guǎnggàopái hěn cìyǎn（景致这么好, 只有那张广告牌很刺眼）．¶あんな男にうろうろされては〜だ ràng nà zhǒng rén zài zhèr zhuǎnlai-zhuǎnqu zhēn àiyǎn（让那种人在这儿转来转去真碍眼）．

めし【飯】 **1** fàn（饭）．¶〜を炊く zhǔ fàn（煮饭）．¶〜を食う chī fàn（吃饭）．¶〜はまだか fàn hái méi hǎo ma?（饭还没好吗?）．¶早く〜にしろ kuài chīfàn a!（快上饭啊!）．¶〜だぞ chīfàn la（吃饭啦）／kāifàn le（开饭了）．¶彼は将棋が三度の〜より好きだ tā xǐhuan xià xiàngqí shèngguo yí rì sān cān（他喜欢下象棋胜过一日三餐）．¶軍隊の〜を食ったことがある chīguo jūnduì de dàguōfàn（吃过军队的大锅饭）．¶同じ釜の〜を食った仲 tóng chīguo yì guō fàn de huǒbàn（同吃过一锅饭的伙伴）．

2［生計］ ¶〜のたね fànwǎn（饭碗）．¶絵で

～を食う kào huà huàr guòhuó(靠画画儿过活). ¶この給料では～が食い上げだ gōngzī húbuliǎo kǒu(这么点儿工资馄不了口).
¶こんなことばかりしていたら～の食い上げだ jìng gǎo zhè zhǒng shì kě jiù chībushàng fàn le(净搞这种事可就吃不上饭了).

めじ【目地】 jiēfèng(接缝).
めしあが・る【召し上がる】 yòng(用). ¶どうぞお菓子を～れ qǐng yòng diǎnxin ba(请用点心吧). ¶何を～りますか nín chī shénme?(您吃什么?).
めした【目下】 wǎnbèi(晚辈), hòubèi(后辈); xiàjí(下级). ¶～の者の面倒をよく見る hào zhàogù wǎnbèi(好照顾晚辈). ¶～の者に目をかける zhàogù xiàshǔ(照顾下属).
めしつかい【召使】 púrén(仆人), yòngren(用人).
めしつぶ【飯粒】 fànlìr(饭粒儿).
めしびつ【飯櫃】 fàntǒng(饭桶).
めしべ【雌蕊】 círuǐ(雌蕊).
メジャー juǎnchǐ(卷尺). ¶～カップ liángbēi(量杯).
めじり【目尻】 yǎnjiǎo[r](眼角[儿]), wàizì(外眦), xiǎoyǎnjiǎo(小眼角), yǎnshāo(眼梢), yǎnjījiǎor(眼犄角儿). ¶笑うと～にしわが寄る yí xiào yǎnshāo jiù zhòuqǐ zhòuwén(一笑眼梢就皱起皱纹). ¶女と見れば～を下げる jiànle nǚren jiù méifēi-sèwǔ(见了女人就眉飞色舞).
めじるし【目印】 biāojì(标记), mùbiāo(目标), jìhao(记号). ¶高い煙突が遠方からの～になる gāo yāntong chéngwéi cóng yuǎnchù kàn de mùbiāo(高烟筒成为从远处看的目标). ¶～に赤いばらの花を持っています shǒu ná hóng qiángwēihuā zuò biāojì(手拿红蔷薇花做标记). ¶白墨で～をつける yòng fěnbǐ biāoshàng jìhao(用粉笔标上记号).
めじろ【目白】 xiùyǎnniǎo(绣眼鸟).
めじろおし【目白押し】 ¶～に並んでいる yí ge jǐ yí ge de āizhe(一个挤一个地挨着). ¶重要法案が～である fǎ'àn páizhe duì děngdài shěnyì(重要法案排着队等待审议).
めす【雌・牝】 mǔ(母), cí(雌), pìn(牝). ¶あひるの～ cíyā(雌鸭). ¶～犬 mǔgǒu(母狗). ¶～馬 pìnmǎ(牝马)/kèmǎ(骒马).
メス jiěpōudāo(解剖刀), shǒushùdāo(手术刀). ¶汚職事件に～を入れる duì tānwū ànjiàn dà dòng shǒushù(对贪污案件大动手术).
めずらし・い【珍しい】 xīhǎn(希罕・稀罕), xīyǒu(稀有・希有), hǎnjiàn(罕见), hǎnyǒu(罕有), shǎojiàn(少见). ¶今頃雪が降るのは～い zhè shíjié xiàxuě shì shǎoyǒu de shì(这时节下雪是少有的事). ¶今日は～く早起きをした jīntiān nándé zǎoqǐ le(今天难得早起了). ¶このような現象も～しくない zhèyàng de xiànxiàng ˈchángjiàn[lǚjiàn-bùxiān] ˈcháng jiàn[屡见不鲜](这样的现象常见[屡见不鲜]). ¶この蝶はこの辺では～くない zhè zhǒng húdié zài zhège dìfang bù xīhǎn(这种蝴蝶在这个地方不稀罕). ¶彼のような人は本当に～い tā nàyàng de rén zhēn shǎo-

jiàn(他那样的人真少见). ¶やあ, これはお～い āiyā, shǎojiàn shǎojiàn(哎呀,少见少见). ¶見るもの聞くものも皆～かった kàndào de, tīngdào de dōu gǎndào xīnqí(看到的,听到的都感到新奇). ¶～いお土産をありがとう lěixie nǐ hǎnjiàn de lǐwù(谢谢你罕见的礼物).
めせん【目線】 ¶～が高すぎて下々のことがおわかりにならない yǎn cháo shàng, bù dǒng píngmín bǎixìng de shì(眼朝上,不懂平民百姓的事).
メゾソプラノ nǚzhōngyīn(女中音).
めそめそ ¶叱られて～と泣く áile mà chōuchōudādá de kū(挨了骂抽抽搭搭地哭). ¶つまらぬ事で～するな bié wèile zhīma dà de shì kūkū-títí de(别为了芝麻大的事哭哭啼啼的).
めだか【目高】 jiāng(鳉), qīngjiāng(青鳉).
めだ・つ【目立つ】 xiǎnyǎn(显眼), xiǎnmù(显目), xǐngmù(醒目), xiǎnzhù(显著). ¶黒と黄色の縞はとても～つ hēihuáng tiáowén hěn xiǎnyǎn(黑黄条纹很显眼). ¶この色はよごれが～たない zhè zhǒng yánsè bù xiǎn zāng(这种颜色不显脏). ¶～つ所へ掲示を出す zài yǐn rén zhùmù de dìfang tiē bùgào(在引人注目的地方贴布告). ¶彼は～たない存在だ tā shì ge bù yǐn rén zhùyì de rén(他是个不引人注意的人). ¶彼女はいつも～たない服装をしている tā zǒngshì chuānzhe ˈbù dǎyǎn[sùjìng] de yīfu(她总是穿着ˈ不打眼[素静] 的衣服). ¶父は最近体が～って衰えた fùqin shēntǐ zuìjìn xiǎnzhù de shuāilǎo le(父亲身体最近显著地衰老了).
めだて【目立て】 ¶鋸の～をする cuò jùchǐ(锉锯齿)/fá jù(伐锯).
めだま【目玉】 yǎnqiú(眼球), yǎnzhūr(眼珠儿). ¶～をくりくりさせる yǎnzhūzi dīlūliūliū de zhuàn(眼珠子滴溜溜地转). ¶～が飛び出るほど高い jiàqian guìde jīngrén(价钱贵得惊人). ¶～商品 zhāolǎn gùkè de shāngpǐn(招揽顾客的商品). ～焼き hébāodàn(荷包蛋)/jiānjīdàn(煎鸡蛋).
メダリスト jiǎngpái huòdézhě(奖牌获得者), dézhǔ(得主). ¶ゴールド～ jīnpái dézhǔ(金牌得主).
メダル jiǎngzhāng(奖章), jiǎngpái(奖牌). ¶記念～ jìniànzhāng(纪念章). 金～ jīnzhì jiǎngpái(金质奖牌)/jīnpái(金牌).
メタン jiǎwán(甲烷). ¶～ガス jiǎwán qì(甲烷气)/zhǎoqì(沼气)/kēngqì(坑气).
めちゃ【目茶】 ¶部屋の中が～苦茶に荒らされている wūzili nòngde ˈyìtāhúli[yítuán-xīzāo](屋子里弄得ˈ一塌糊涂[一团稀糟]). ¶あいつのおかげでパーティーは～～になった yànhuì jiào tā gǎode yìtuánzāo(宴会叫他搞得一团糟).
メチルアルコール jiǎchún(甲醇), mùchún(木醇), mùjīng(木精).
メッカ Màijiā(麦加). ¶パリは画家の～だ Bālí shì huàjiā de xiàngwǎng zhī dì(巴黎是画家的向往之地).
めつき【目付き】 yǎnshén(眼神), yǎnguāng(眼

光).¶その子はおびえたような～をしていた nà háizi xiǎnchū hàipà shìde yǎnshén(那孩子显出害怕似的眼神).¶そんな人を疑うような～で見ないでくれ búyào yòng huáiyí de yǎnguāng kàn rén(不要用怀疑的眼光看人).¶彼は鋭い～をしている tā mùguāng ruìlì(他目光锐利).

めっき【鍍金】 dù(镀), dùjīn(镀金).¶銀～の匙 dùyín de chízi(镀银的匙).¶銅に金を～する zài tóngtāi shang dùjīn(在铜胎上镀金).¶金杯の～がはげた jīnbēi de dùjīn diào le(金杯的镀金掉了).¶偉そうなことを言っていたがついに～がはげた jìng shuō dàhuà zhōngyú lòuxiànr le(净说大话终于露馅儿了).

めっきゃく【滅却】 ¶心頭～すれば火もまた涼しmièquè xīntóu huǒ yì liáng(灭却心头火亦凉).¶自己を～する jìnrù wúwǒ zhī jìng(进入无我之境).

めっきり ¶～と涼しくなった xiǎnde liángkuai duō le(显得凉快多了).¶最近父も～老けた jìnlái fùqin yě xiǎnzhe jiànlǎo le(近来父亲也显著见老了).

メッセージ kǒuxìn(口信); shūxìn(书信).¶親善の～ biǎoshì yǒuhǎo de shūhán(表示友好的书函).

メッセンジャー ¶～ボーイ xìntóng(信童)/ dìsòngrén(递送人).

めっそう【滅相】 ¶私が大勢の前で挨拶をするなんて～もない yóu wǒ zài dàjiā miànqián zhìcí, kě tài bù xiāngchèn le(由我在大家面前致词,可太不相称了).¶私が人の物を盗むなんて～もない shuō wǒ tōu le biéren de dōngxi, nǎ huì yǒu nà zhǒng shì(说我偷了人家的东西,哪会有那种事).

めった【滅多】 1[やたら] ¶～なことでは死ない wǒ kě bùnéng jiǎndān cǎocǎo de sǐdiào(我可不能简单草草地死掉).¶あの人に～な事は言えない gēn tā bùnéng suíbiàn shuōhuà(跟他不能随便说话).¶～に冗談も言えない lián jù xiàohua yě ˬshuōbude[bù gǎn shuō](连句笑话也˧说不得[不敢说]).¶皆で寄ってたかって～打ちにする dàjiā wǒ yì quán tā yì jiǎo de luàn dǎ yí dùn(大家你一拳他一脚地乱打一顿).

2[ほとんど] ¶彼は～に手紙を寄越さない tā hěn shǎo xiě xìn lái(他很少写信来).¶彼女は～に怒らない tā bù qīngyì shēngqì(她不轻易生气).¶こういうことは～にない zhè zhǒng shìr ˬshǎoyǒu[hǎnyǒu/ shí nián jiǔ bú yù](这种事儿˧少有[罕有/十年九不遇]).

めったやたら【滅多矢鱈】 húluàn(胡乱).¶～に物を買い込む húluàn de mǎi dōngxi(胡乱地买东西).¶～に褒めちぎる mǎnkǒu kuāzàn(满口夸赞).

めつぶし【目潰し】 ¶～をくわせる shuāi shā mǐ rén yǎnjing(摔沙眯人眼睛).

めつぼう【滅亡】 mièwáng(灭亡).¶ローマ帝国の～ Luómǎ Dìguó de mièwáng(罗马帝国的灭亡).

めっぽう【滅法】 ¶奴は力が～強い nà jiāhuo kě yǒu niújìnr(那家伙可有牛劲儿).¶値段が～高い jiàqian guìde xiéhu(价钱贵得邪乎).¶今朝は～寒い jīnzǎo lěngde ˬlìhai[gòuqiàng](今早冷得˧厉害[够呛]).

めでた・い kěxǐ(可喜).¶合格して何よりー～い kǎoshàngle zhēn kěxǐ kěhè(考上了真可喜可贺).¶今日は息子が結婚する～い日だ jīntiān shì érzi jiéhūn ˬxǐqìng[dàxǐ] de rìzi(今天是儿子结婚˧喜庆[大喜]的日子).¶2人は～く結ばれた tā liǎ xìngfú de jiéhé le(他俩幸福地结合了).¶彼は～く卒業した tā kěxǐ de bìyè le(他可喜地毕业了).¶物語は～し～しで終った gùshi yǐ dàtuányuán jiéshù le(故事以大团圆结束了).

め・でる【愛でる】 shǎng(赏), xīnshǎng(欣赏).¶花を～でる shǎng huā(赏花).

めど【目処】 ¶仕事の～がついた gōngzuò yǒu pǔ le(工作有谱了).¶来月10日出発を～に計画を進める yǐ xiàyuè shí hào chūfā wéi mùbiāo tuīxíng jìhuà(以下月十号出发为目标推行计划).

めど【針孔】 zhēnbír(针鼻儿), zhēnyǎn(针眼).¶～に糸を通す rènzhēn(纫针).

めどおり【目通り】 yèjiàn(谒见), jìnjiàn(进见).¶お～がかなう bèi zhǔnxǔ yèjiàn(被准许谒见).

めと・る【娶る】 qǔ(娶), yíngqǔ(迎娶).¶妻を～る qǔ qī(娶妻)/ qǔ qīn(娶亲)/ yíng qīn(迎亲)/ tǎo qīn(讨亲)/ yíngqǔ guòmén(迎娶过门).

メドレー 1[混合曲] jíchéngqǔ(集成曲). 2[スポーツの] ¶～リレー hùnhéshì jiēlì(混合式接力)/ yìchéng jiēlì(异程接力). 個人～ gèrén hùnhéyǒng(个人混合泳).

メトロノーム jiépāiqì(节拍器).

メニエールびょう【メニエール病】 Méiní'āi'ěrshì bìng(梅尼埃尔氏病).

メニュー càidān[r](菜单[儿]), càidānzi(菜单子), càipǔ(菜谱).

メヌエット xiǎobùwǔqǔ(小步舞曲).

めぬき【目抜き】 ¶～の場所に看板を立てる zài xiǎnyǎn de dìfang lì guǎnggàopái(在显眼的地方立广告牌).¶～通りに新しい店を出す zài fánhuá dàjiē kāishè xīndiàn(在繁华大街开设新店).

めねじ【雌ねじ】 luómǔ(螺母), luómào(螺帽), luósīmǔ(螺丝母), luósīmào(螺丝帽).

めのう【瑪瑙】 mǎnǎo(玛瑙).

めのかたき【目の敵】 sǐduìtou(死对头).¶日頃から彼を～にしている zài píngcháng jiù bǎ tā dàngzuò sǐduìtou(在平常就把他当做死对头).

めばえ【芽生え】 méngyá(萌芽).¶愛の～ àiqíng de méngyá(爱情的萌芽).¶この作品にはロマン主義の～が見られる zài zhège zuòpǐn li kěkàndào làngmànzhǔyì de méngyá(在这个作品里可以看到浪漫主义的萌芽).

めば・える【芽生える】 fāyá(发芽), chūyá(出芽).¶草木が～える cǎomù fāyá(草木发芽).¶新しい思想が～える xīn sīxiǎng méngyá le(新思想萌芽了).¶2人の間に友情が～えた

liǎng ge rén zhī jiān chǎnshēngle yǒuqíng(两个人之间产生了友情).

めはし【目端】 yǎnlìjiànr(眼力见ᇉ). ¶～がきく yǒu yǎnlìjiànr(有眼力见ᇉ).

めはな【目鼻】 ¶～を描く huà méiyǎn(画眉眼). ¶仕事の～がついた gōngzuò yǒule méimu(工作有了眉目). ¶～立ちが整っている wǔguān duānzhèng(五官端正)/méimù qīngxiù(眉目清秀).

めばな【雌花】 cíhuā(雌花).

めばり【目張り】 ¶窓に～をする liù chuānghufèngr(溜窗户缝ᇉ).

めぶ·く【芽吹く】 chōuyá(抽芽), tǔyá(吐芽). ¶柳が～いてきた liǔshù tǔchūle nènyá(柳树吐出了嫩芽)/ chuíliǔ chōuqīng le(垂柳抽青了).

めぶんりょう【目分量】 ¶～で計る yòng yǎnjing gūcè(用眼睛估测).

めべり【目減り】 sǔnhào(损耗), shéhào(折耗); shéchèng(折秤), diàochèng(掉秤). ¶～分を見込む bǎ sǔnhào bùfen jìsuàn zài nèi(把损耗部分计算在内).

めへん【目偏】 mùzìpángr(目字旁ᇉ).

めぼし【目星】 ¶まだ犯人の～はついていない hái fànrén bu liǎo fànrén de xiànsuǒ(还发现不了犯人的线索). ¶学校の裏あたりだろうと～をつけて行く gūjì zài xuéxiào de hòutou, qù nàr zhǎo(估计在学校的后头, 去那ᇉ找).

めぼし·い ¶～いものはあらかた売れてしまった zhíqián de dōngxi chàbuduō dōu màiguāng le(值钱的东西差不多都卖光了). ¶あのチームには～い選手がいない nà duì li méiyǒu chūsè[yǐn rén zhùmù] de xuǎnshǒu(那队里没有出色[引人注目]的选手).

めまい【目眩】 mùxuàn(目眩), xuànyùn(眩晕), yǎnyùn(眼晕), tóuyūn(头晕). ¶頭が痛くて～がする wǒ tóutòng fāyùn(我头痛发晕). ¶道で急に～がして倒れてしまった zài lùshang hūrán hūndǎo le(在路上忽然昏倒了). ¶～がするような高さだ gāode shǐ rén *tóuyūn mùxuàn[tóuhūn-yǎnhuā](高得使人*头晕目眩[头昏眼花]).

めまぐるし·い【目まぐるしい】 ¶情勢が～く変る xíngshì shùnxī wàn biàn(形势瞬息万变).

めめし·い【女女しい】 ¶～い振舞をするな bié nàme méi gǔqì(别那么没骨气). ¶～い奴だ méi zhìqì de dōngxi(没志气的东西).

メモ jìlù(记录), bǐlù(笔录), bǐjì(笔记); zìtiáo[r](字条ᇉ), biàntiáo[r](便条ᇉ), tiáozi(条子). ¶～を取る zuò jìlù(做记录). ¶要点を～する jì yàodiǎn(记要点). ¶～用紙 biàntiáozhǐ(便条纸)/ biànjiān(便笺).

めもと【目許】 ¶～が父親にそっくりだ yǎnjing zhǎngde hé fùqin yìmú-yíyàng(眼睛长得和父亲一模一样). ¶～が涼しい méi qīng mù xiù(眉清目秀).

めもり【目盛】 kèdù(刻度). ¶～をつける kèshàng kèdù(刻上刻度). ¶～を読む kàn dùshu(看度数). ¶～を7に合せる bǎ kèdù duì zài qī shang(把刻度对在七上). ¶竿秤の～ chèngxīngr(秤星ᇉ).

メモリー cúnchǔqì(存储器), cúnzhùqì(存贮器); nèicún(内存). ¶～容量が大きい cúnzhùliàng dà(存储量大).

めやす【目安】 biāozhǔn(标准), mùbiāo(目标), zhǐbiāo(指标). ¶1人5000円を～に予算を立てる yǐ yí ge rén wǔqiān rìyuán wéi biāozhǔn dìng yùsuàn(以一个人五千日元为标准定预算). ¶完成期日のおよその～をつける dìng wánchéng de dàtǐ rìqī(定完成的大体日期).

めやに【目脂】 chī(眵), yǎnchī(眼眵), yǎnshǐ(眼屎), chīmuhū(眵目糊), chīmòhū(痴抹糊). ¶～が出る chū yǎnshǐ(出眼屎).

メラニン hēisèsù(黑色素).

めらめら ¶炎は～と燃え上がった huǒyàn xióngxióng de ránshāo qilai le(火焰熊熊地燃烧起来了).

メリーゴーラウンド xuánzhuǎn mùmǎ(旋转木马), huízhuǎn mùmǎ(回转木马).

メリケンこ【メリケン粉】 miànfěn(面粉), báimiàn(白面).

めりこ·む【減り込む】 xiànrù(陷入), xiànjìn(陷进). ¶荷物が重くて肩に～みそうだ káng de dōngxi zhòngde jiān yājìnle jiānbǎng(扛的东西重得几乎压进了肩膀). ¶車輪が泥の中に～む chēlún xiànrù nílǐ(车轮陷入泥里).

メリット yōudiǎn(优点), jiàzhí(价值), lìyì(利益), hǎochù(好处).

めりはり ¶～のきいたせりふ kēngqiāng dùncuò[yìyáng dùncuò] de táicí(铿锵顿挫[抑扬顿挫]的台词).

メリヤス ¶～のシャツ miánmáoshān(棉毛衫). ¶～のズボン下 miánmáokù(棉毛裤). ¶～製品 zhēnzhīpǐn(针织品).

メロディー xuánlǜ(旋律), qǔdiào(曲调).

メロドラマ àiqíngjù(爱情剧).

メロン tiánguā(甜瓜), xiāngguā(香瓜).

めん【面】 1〔顔〕¶彼は～と向かって私をののしった tā dāngmiàn màle wǒ yí dùn(他当面骂了我一顿). ¶面と向かっては話しにくい dāngmiàn kě bù hǎo kāikǒu(当面可不好开口).

2〔仮面〕miànjù(面具), jiǎmiànjù(假面具). ¶お～をかぶる dài jiǎmiànjù(戴假面具). ¶～を打つ diāo jiǎmiànjù(雕假面具).

3〔剣道などの〕hùmiànjù(护面具).

4〔表面〕miàn[r](面[ᇉ]). ¶この～は平らでない zhè miànr bù píng(这面ᇉ不平).

5〔方面〕miàn(面), fāngmiàn(方面). ¶あの子は乱暴だがやさしい～もある nà háizi suī hěn cūbào, dàn yě yǒu wēnhé de yímiàn(那孩子虽很粗暴, 但也有温和的一面). ¶技術の～で彼に及ぶ者はいない zài jìshù fāngmiàn méiyǒu rén bǐdeshàng tā(在技术方面没有人比得上他). ¶あらゆる～からこの問題を検討すべきだ yīnggāi cóng gè fāngmiàn tàntǎo zhège wèntí(应该从各方面探讨这个问题).

6〔助数詞〕¶そのニュースは新聞の1～を飾った nàge xiāoxi xǐngmù de dēngzài bàozhǐ

de tóubǎn shang(那个消息醒目地登在报纸的头版上). ¶ 鏡 3 〜 sān miàn jìngzi(三面镜子). ¶テニスコート 6 〜 liù ge wǎngqiúchǎng(六个网球场).

めん【綿（棉）】 mián(棉), miánhuā(棉花). ¶ 〜織物 miánzhīpǐn(棉织品). 〜花 miánhuā(棉花). 〜糸 miánshā(棉纱)/ miánxiàn(棉线). 〜製品 miánzhìpǐn(棉制品). 〜布 miánbù(棉布).

めん【麵】 miàn(面), miàntiáo(面条).

めんえき【免疫】 miǎnyì(免疫). ¶予防注射をすればこの病気に対して〜ができる dǎ yùfángzhēn jiù kěyǐ duì zhè zhǒng bìng yǒu miǎnyìlì(打预防针就可以对这种病有免疫力). ¶毎度のことなので親父の愚痴には〜になっている zǒngshì zhèyàng, fùqin de láosāo wǒ yǐjīng tīngguàn le(总是这样,父亲的牢骚我已经听惯了).

めんかい【面会】 huìmiàn(会面), wùmiàn(晤面), miànwù(面晤). ¶担当者と〜する gēn fùzérén huìmiàn(跟负责人会面). ¶社長に〜を求める yāoqiú jiàn[miànwù] zǒngjīnglǐ(要求见[面晤]总经理). ¶ 1 週間に 1 度病院に〜に行く yí ge xīngqī dào yīyuàn kànwàng yí cì(一个星期到医院看望一次). ¶部長、御〜です bùzhǎng, yǒu rén lái jiàn nín(部长,有人来见您).

¶ 〜謝絶 xièjué huìkè(谢绝会客)/ xièkè(谢客)/ dǎngjià(挡驾). ¶ 〜日 huìkèrì(会客日).

めんきつ【面詰】 ¶彼の不誠実を〜した dāngmiàn chìzé tā bù chéngshí(当面斥责他不诚实).

めんきょ【免許】 zhízhào(执照). ¶営業〜が下りた yíngyè zhízhào pīxiàla le(营业执照批下来了).

¶ 〜皆伝 chuánshòu quánbù mìjué(传授全部秘诀). 運転〜証 jiàshǐ zhízhào(驾驶执照)/ chēzhào(车照)/ běnzi(本子).

めんくら・う【面食らう】 ¶彼が中国語で話しかけてきたので〜った tā zhāngkǒu yòng Zhōngwén gēn wǒ shuōhuà, wǒ kě zhēn zhuāle xiā le(他张口用中文跟我说话,我可真抓了瞎了).

¶突然のことなので〜ってしまった shì chū tūrán, wǒ kě huāngle shénr(事出突然,我可慌了神儿).

めんこ【面子】 yánghuàwánr(洋画玩儿).

めんざい【免罪】 miǎnzuì(免罪). ¶ 〜符 shèzuìfú(赦罪符)/ shúzuìquàn(赎罪券).

めんしき【面識】 ¶私は彼と〜がある wǒ gēn tā jiànguo miàn(我跟他见过面)/ wǒ rènshi tā(我认识他). ¶私はその人とは〜がない wǒ gēn nàge rén méi jiànguo miàn(我跟那个人没见过面).

めんじゅうふくはい【面従腹背】 yáng fèng yīn wéi(阳奉阴违).

めんじょ【免除】 miǎn(免), miǎnchú(免除), huòmiǎn(豁免). ¶授業料を〜される ràng jiǎo xuéfèi(免缴学费). ¶兵役を〜される bèi miǎnchú fúyì(被免除服役).

めんじょう【免状】 zhèngshū(证书). ¶卒業〜 bìyè zhèngshū(毕业证书).

めんしょく【免職】 miǎnzhí(免职), chèzhí(撤职), jiězhí(解职), gézhí(革职), chǐzhí(褫职). ¶職務怠慢のかどで〜になる yóuyú wánhū zhíshǒu ér bèi miǎnzhí(由于玩忽职守而被免职).

¶ 〜処分 gézhí chǔfen(革职处分). 懲戒〜 géchú zhíwù(革除职务).

めん・じる【免じる】 →めんずる.

メンス yuèjīng(月经), lìjià(例假), hóngcháo(红潮), tiāngùi(天癸).

めん・する【面する】 miàn(面), miànduì(面对), miànxiàng(面向). ¶湖に〜したホテル miànduì hú de fàndiàn(面对湖的饭店).

めん・ずる【免ずる】 miǎn(免), miǎnqù(免去). ¶税を〜ずる miǎnshuì(免税). ¶部長の職を〜ずる miǎnqù bùzhǎng de zhíwù(免去部长的职务). ¶彼は職を〜ぜられた tā bèi miǎnzhí le(他被免职了). ¶君に〜じて彼を許そう kàn zài nǐ de miànshang, yuánliàng tā ba(看在你的面上,原谅他吧).

めんぜい【免税】 miǎnshuì(免税). ¶ 〜品 miǎnshuì wùpǐn(免税物品).

めんせき【免責】 miǎnchú zérèn(免除责任).

めんせき【面責】 ¶部下の無責任な態度を〜する dāngmiàn chìzé búxìn bú fù zérèn de tàidu(当面斥责部下不负责任的态度).

めんせき【面積】 miànjī(面积). ¶中国の〜はどれくらいありますか Zhōngguó de miànjī yǒu duō dà?(中国的面积有多大?). ¶この部屋は〜が 12 平方メートルある zhè jiān wūzi miànjī yǒu shí'èr píngfāngmǐ(这间屋子面积有十二平方米). ¶円の〜を求める qiú yuán de miànjī(求圆的面积). ¶土地の〜 dìjī(地积).

めんせつ【面接】 ¶受験生を〜する miànshì kǎoshēng(面试考生).

¶ 〜試験 miànshì(面试).

めんぜん【面前】 miànqián(面前). ¶公衆の〜で侮辱された zài zhòngrén miànqián shòule wǔrǔ(在众人面前受了侮辱).

めんそ【免訴】 ¶時効により〜になる yóuyú shíxiào miǎnyú qǐsù(由于时效免于起诉).

めんそう【面相】 miànxiàng(面相), miànmào(面貌), xiàngmào(相貌). ¶恐ろしい〜をしている miànmào zhēngníng kěpà(面貌狰狞可怕). ¶ひどい御〜だ zhǎngde tài chǒu le(长得太丑了).

メンタルテスト zhìlì cèyàn(智力测验).

めんだん【面談】 miàntán(面谈), miànshāng(面商), miànqià(面洽). ¶責任者と〜したい xiǎng hé fùzérén miàntán(想和负责人面谈).

¶詳しくは〜の上お話しします xiángxì qíngxing jiànmiàn zài tán(详细情形见面再谈).

¶委細〜 xiángqíng miànshāng(详情面商).

めんちょう【面疔】 miàndīng(面疔), miànchuāng(面疮).

メンツ miànzi(面子), dàmiànr(大面儿). ¶ 〜を立てる liú[kàn] miànzi(留[看]面子). ¶ 〜を失う diū[shī] miànzi(丢[失]面子)/ diàojiàr(掉价儿)/ diējiàr(跌价儿). ¶ 〜を重んずる jiǎng[yào/ ài] miànzi(讲[要/爱]面子). ¶ 〜にかかわる yǒusǔn[shāng]

miànzi(有损[伤]面子).
メンテナンス wéixiū(维修).
メンデリズム Mèngdé'ěr dìnglǜ(孟德尔定律).
めんどう【面倒】 1〔手数, 煩雑〕máfan(麻烦). ¶御～をかけます gěi nín tiān máfan(给您添麻烦)/ qǐng nǐ piānláo le(请你偏劳了). ¶御～をかけて明日電話を下さい jiào nín shōulèi, míngtiān qǐng gěi wǒ dǎ ge diànhuà(叫您受累,明天请给我打个电话). ¶～な手続が必要だ xūyào bàn fánsuǒ de shǒuxù(须要办烦琐的手续). ¶事が～になってきた shìqing biàn máfan le(事情变麻烦了)/ kànlai shìqing yǒuxiē chánshǒu(看来事情有些缠手). ¶作るのが～なので買ってきた zìjǐ zuò tài máfan, mǎilai le(自己做太麻烦,买来了). ¶彼は～くさうに返事をした tā àilǐ-bùlǐ de huídá(他爱理不理回答).
2〔世話〕zhàogù(照顾), zhàoliào(照料), zhàoguǎn(照管), zhàoying(照应). ¶子供の～をみる zhàogù háizi(照顾孩子). ¶これでは～をみきれない zhèyàng kě méifǎr zhàoyìng(这样可没法儿照管). ¶あの先生は生徒の～みがよい nà lǎoshī hěn guānxīn xuésheng(那老师很关心学生).
めんどり【雌鶏】 mǔjī(母鸡), cǎojī(草鸡), cíjī(雌鸡), pìnjī(牝鸡).
めんば【面罵】 ¶友人に～された bèi péngyou dāngmiàn màle yí dùn(被朋友当面骂了一顿).
メンバー chéngyuán(成员), yìyuán(一员), yìbǎshǒu(一把手). ¶委員会の～になる chéngwéi wěiyuánhuì de chéngyuán(成为委员会的成员). ¶～が揃わないので試合が始められない yīnwei duìyuán bù qí, bǐsài kāishǐ bu liǎo (因为队员不齐,比赛开始不了).
めんぼう【綿棒】 miánhuāgùn(棉花棍), miánqiān(棉签).
めんぼう【麺棒】 gǎnmiànzhàng(擀面杖).
めんぼく【面目】 miànmù(面目), miànzi(面子). ¶そんなことでは～が立たない zhèyàng wǒ kě méiyǒu miànmu jiànrén(这样我可没有面目见人). ¶賞を受けて大いに～を施した déle jiǎng fēicháng lòuliǎn(得了奖非常露脸)/ huòjiǎng dàwéi ˇzhǎngliǎn[zēngguāng](获奖大为长脸[增光]). ¶これでは～丸つぶれだ zhè jiù bǎ wǒ de liǎn diūguāng le(这就把我的脸丢光了). ¶期待に応えられず一次第もない gūfùle nín de qīwàng shízài méi liǎn jiàn nín (辜负了您的期望实在没脸见您). ¶駅は改装されて～を一新した chēzhàn gǎijiànde ˇmiànmù[huànrán]-yìxīn le(车站改建得ˇ面目[焕然]一新了).
めんみつ【綿密】 zhōumì(周密), xìmì(细密). ¶～な調査研究 zhōumì de diàochá yánjiū (周密的调查研究). ¶～な計画を立てる dìng zhōumì de jìhuà(定周密的计划). ¶～に分析する jìnxíng xìmì de fēnxi(进行细密的分析).
めんめん【面面】 měi ge rén(每个人), rénmen(人们). ¶一座の～ zàizuò de měi ge rén(在座的每个人).
めんめん【綿綿】 miánmián(绵绵), liánmián (连绵). ¶現在の心境を～と書きつづる bǎ xiànzài de xīnjìng miánmián búduàn de xiěchulai(把现在的心境绵绵不断地写出来). ¶話は～として尽きなかった huà miánmián bùjué (话绵绵不绝).
めんよう【綿羊】 miányáng(绵羊).

も

も【喪】 sāng(丧). ¶～に服する fúsāng(服丧)/ shǔfú(守服)/ shǒuxiào(守孝)/ chuānxiào(穿孝)/ jūsāng(居丧). ¶～が明ける mǎnfú (满服)/ mǎnxiào(满孝)/ chúfú(除服)/ fúmǎn (服满)/ chúsāng(除丧).
も【藻】 zǎo(藻), shuǐzǎo(水藻).
-も 1〔…もまた〕yě(也); yòu(又). ¶私～彼と同意見だ wǒ de yìjiàn yě hé tā yíyàng(我的意见也和他一样). ¶今日～雨だ jīntiān yòu xiàyǔ le(今天又下雨了). ¶"僕は計算は苦手だ""僕～" "wǒ bú shàncháng jìsuàn" "wǒ yě shì"("我不擅长计算""我也是").
2〔…も…も〕yě(也), yòu(又). ¶復習～予習～済んだ fùxí yě zuò le, yùxí yě zuò le(复习也做了,预习也做了). ¶私には金～なければ暇～ない wǒ méiyǒu qián, yě méiyǒu gōngfu(我没有钱,也没有闲工夫). ¶赤いの～あれば青いの～ある yǒu hóng de, yě yǒu lán de (有红的,也有蓝的). ¶あれ～これ～と欲張りすぎた zhège nàge de tài guòyú tānxīn le(这个那个的太过于贪心了). ¶見たく～あれば恐ろしく～ある yòu xiǎng kàn, yòu pà kàn(又想看,又怕看). ¶父～母～外出しています fùqin hé mǔqin dōu chūqu le(父亲和母亲都出去了).
3〔全面肯定, 全面否定〕yě(也), dōu(都). ¶料理はどれ～おいしかった wúlùn nǎge cài dōu hěn hǎochī(无论哪个菜都很好吃). ¶教室には誰～いなかった jiàoshìli lián yí ge rén yě méiyǒu(教室里连一个人也没有). ¶昨日はどこに～行かなかった zuótiān nǎr yě méi qù(昨天哪儿也没去). ¶彼とは1度～会ったことがない gēn tā yí cì yě méi jiànguo(跟他一次也没见过).
4〔…さえも〕¶彼女はさようなら～言わずに出て行った tā yě bù zhāohu yì shēng jiù zǒu le

(她也不招呼一声就走了). ¶子供に〜分るように話す shuōde jiào háizi yě néng tīngmíngbai(说得叫孩子也能听明白).

5【強調，詠嘆】 ¶雪が2メートル〜積った xuě jīle zú yǒu liǎng gōngchǐ(雪积了足有两公尺). ¶修理代に3万円〜かかった xiūlǐfèi jìng huāle sānwàn rìyuán(修理费竟花了三万日元). ¶5分〜しないうちに救急車が来た méiyǒu wǔ fēnzhōng, jiùhùchē jiù lái le(没有五分钟, 救护车就来了). ¶10個〜あれば足りる yǒu shí ge jiù gòu le(有十个就够了). ¶心配で夜〜眠れない dānxīnde lián wǎnshang jiào yě shuìbuhǎo(担心得连晚上觉也睡不好). ¶ろくに見〜しないでけなすとはけしからん yě méi hǎohāor de kàn yíxià jiù luàn jiā pīpíng, zhēn qǐyǒucǐlǐ(也没好好儿地看一下就乱加批评, 真岂有此理). ¶夜〜更けた, もう寝よう yè shēn le, gāi shuìjiào le ba(夜深了, 该睡觉了吧). ¶書き〜書いたり2000枚 xiě ya xiě ya, jìng xiěle liǎngqiān zhāng!(写呀写呀, 竟写了两千张!). ¶売る方〜売る方なら買う方〜買う方だ mài de rén tài búxiànghuà, kě jìngrán yě yǒu mǎi de, zhēnshì!(卖的人太不像话, 可竟然也有买的, 真是!).

もう 1【はや, すでに】yǐjing(已经), yǐ(已). ¶結婚して〜10年になる jiéhūn yǐjing yǒu shí nián le(结了婚已经有十年了). ¶仕事は〜済んだ gōngzuò yǐ zuòwán(工作已做完). ¶〜こんな時間だ, 帰らなくては yǐjing zhème wǎn le, wǒ děi huíqu le(已经这么晚了, 我得回去了). ¶Aさんは〜見えています A xiānsheng yǐjing lái le(A先生已经来了). ¶あんなに固く約束したのに〜忘れてしまったのか wǒ gēn nǐ shuōde hǎohāor de, nǐ zěnme jiù wàng le?(我跟你说得好好儿的, 你怎么就忘了?). ¶〜これ以上待てない zài yě bù néng děng le(再也不能等了).

2【きっと, これ以上は】 ¶〜彼女は来ないだろう tā bú huì zài lái le ba(她不会再来了吧). ¶その事は〜あきらめている nà jiàn shì zǎoyǐ xiǎngkāi le(那件事早已想开了). ¶〜何も言う事はない zài yě méiyǒu shénme kě shuō de le(再也没有什么可说的了)/ wǒ yǐjing wú huà kě shuō le(我已经无话可说了). ¶〜疑いの余地はない yǐjing méiyǒu huáiyí de yúdì le(已经没有怀疑的余地了). ¶〜その手には乗らない wǒ zài yě bù chī nǐ nà yí tào le(我再也不吃你那一套了). ¶〜嘘はつかない wǒ zài yě bù shuōhuǎng le(我再也不说谎了). ¶君の自慢話は〜たくさんだ nǐ nà zì mài zì kuā de huà, wǒ yǐjing tīngnì le(你那自卖自夸的话, 我已经听腻了). ¶〜駄目だ, 一歩も歩けない yǐjing bùxíng le, yí bù yě zǒubudòng le(已经不行了, 一步也走不动了).

3【間もなく】kuài(快), kuàiyào(快要), jiù(就), jiùyào(就要). ¶〜帰って来るだろう kuài huílai le ba(快回来了吧). ¶会議は〜すぐ終る huìyì bù jiǔ jiù kāiwán(会议不一会儿就完). ¶〜じき夏休だ kuàiyào fàng shǔjià le(快要放暑假了)/ shǔjià jiùyào dào le(暑假就要到了). ¶〜そろそろ昼だ kuài dào zhōngwǔ le(快到中午了).

4【更に】zài(再). ¶〜一杯下さい qǐng zài lái yì bēi(请再来一杯). ¶〜一度歌ってごらん zài chàng yí biàn kànkan(再唱一遍看看). ¶〜一ついかがですか qǐng zài chī yí ge ba(请再吃一个吧). ¶ミルクを〜少し下さい qǐng zài gěi wǒ lái yìdiǎnr niúnǎi(请再给我来一点儿牛奶). ¶〜少し待って下さい qǐng zài shāo děng yíhuìr(请再稍等一会儿). ¶〜少し大きな声で言って下さい qǐng zài dà yìdiǎnr shēng shuō(请再大一点儿声说). ¶〜少しで汽車に乗り遅れるところだった chà yìdiǎnr méi gǎnshàng huǒchē(差一点儿没赶上火车). ¶〜少しで死ぬところだった xiǎnxiē sòngle mìng(险些送了命).

もう【一】 ¶〜を啓(ひら)く qǐmēng(启蒙).

もう【猛】 ¶〜勉強する pīnmìng yònggōng(拼命用功). ¶〜練習する jìnxíng měngliè de liànxí(进行猛烈的练习). ¶自動車が〜スピードで走って行った qìchē jísù ér guò(汽车疾驰而过). ¶山は〜吹雪になった shānshang guāqǐle bàofēngxuě(山上刮起了暴风雪).

もうあ【盲唖】 mángyǎ(盲哑). ¶〜者 mángyǎzhě(盲哑者).

もうい【猛威】 ¶自然の〜に恐れおののく duì dàzìrán de kuángbào huángkǒng-wànzhuāng(对大自然的狂暴惶恐万状). ¶流感が〜をふるう liúxíngxìng gǎnmào chāngjué(流行性感冒猖獗).

もうか【猛火】 lièhuǒ(烈火). ¶家はたちまち〜に包まれた fángzi yíxiàzi bèi lièhuǒ bāozhù le(房子一下子被烈火包住了). ¶〜をかいくぐって子供を助け出した màozhe lièhuǒ jiùchūle háizi(冒着烈火救出了孩子).

もうか・る【儲かる】 1【金が】zhuànqián(赚钱). ¶この商売は1日2万円〜る zhège huór yì tiān kěyǐ zhuàn liǎngwàn rìyuán(这个活儿一天可以赚两万日元).

2【得をする】 ¶今日は掃除をしなくてすんだので〜た jīntiān búyòng dǎsǎo kě jiǎnle piányi le(今天不用打扫可捡了便宜了). ¶出発が延びて1日〜った chūfā yánqī tǎole yì tiān piányi(出发延期讨了一天便宜).

もうきん【猛禽】 měngqín(猛禽), zhìniǎo(鸷鸟).

もうけ【儲け】 zhuàntou(赚头). ¶〜がない méiyǒu zhuàntou(没有赚头). ¶〜は薄いが確実な商売だ suīrán lì bó, kě shì ge wěndang mǎimai(虽然利薄, 可是个稳当买卖). ¶土地を売買してひと〜した mǎimài dìpí zhuànle yí dà bǐ qián(买卖地皮赚了一大笔钱).

もうけぐち【儲け口】 ¶何かよい〜はないか yǒu shénme zhuànqián de mǎimai ma?(有什么赚钱的买卖吗?).

もうけもの【儲け物】 ¶今日は急に休校になったので〜をした気になっている jīntiān xuéxiào tūrán tíngkè, kě zhēn jiǎnle piányi(今天学校突然停课, 可真捡了便宜). ¶命が助かっただけでも〜

だ xiè tiān xiè dì, bái jiǎnle yì tiáo mìng(谢天谢地,白捡了一条命).

もう・ける【設ける】 shè(设), kāishè(开设), shèlì(设立), shèzhì(设置).¶事務所を～ける shèlì bànshìchù(设立办事处).¶新しく講座を～ける kāishè xīnjiǎngzuò(开设新讲座).¶その問題に関して特別委員会を～けた jiù nàge wèntí shèlìle tèbié wěiyuánhuì(就那个问题设立了特别委员会).¶私が一席～けましょう yóu wǒ lái bàn yì zhuō jiǔxí(由我来办一桌酒席).¶口実を～けて断る jièkǒu jùjué(借口拒绝).

もう・ける【儲ける】 1〔金を〕zhuànqián(赚钱).¶その品物を売って5万円～けた mài le nàge huò zhuànle wǔwàn rìyuán(卖了那个货赚了五万日元).¶金を～けるには苦労がいる zhuànqián yào fèi lìqi(赚钱要费力气).
2〔得をする〕xiūxi(休憩)だ,～けた xuéxiào tíngkè, jiǎnle piányí(学校停课,捡了便宜).¶相手のエラーで1点～けた yóuyú duìfāng de shīwù jiǎnle yì fēn(由于对方的失误捡了一分).
3¶一男一女を～けた dé yì nán yì nǚ(得一男一女).

もうけん【猛犬】 měngquǎn(猛犬).¶～に注意 xiǎoxīn gǒu yǎo!(小心狗咬!)/jǐnfáng gǒu yǎo!(谨防狗咬!).

もうこ【蒙古】 Měnggǔ(蒙古).¶～斑 měnggǔbān(蒙古斑)/dǐbù sèsùbān(骶部色素斑).

もうこう【猛攻】 měnggōng(猛攻).¶敵に～を加える xiàng dírén fādòng měnggōng(向敌人发动猛攻).

もうこん【毛根】 máogēn(毛根).

もうさいかん【毛細管】 máoxìguǎn(毛细管).¶～現象 máoxì xiànxiàng(毛细现象).

もうさいけっかん【毛細血管】 máoxì xuèguǎn(毛细血管), wēixuèguǎn(微血管).

もうしあ・げる【申し上げる】¶先生にお詫びを～げなさい xiàng lǎoshī dàoqiàn ba(向老师道歉吧).¶心からお礼を～げます wǒ zhōngxīn gǎnxiè nín(我衷心感谢您).¶お父様によろしく～げて下さい qǐng dài wǒ xiàng nín fùqin wènhǎo(请代我向您父亲问好).¶お待ち～げておりました kě bǎ nǐn pànlai le(可把您盼来了)/wǒmen yìzhí děngzhe nǐn ne(我们一直等着您呢).¶お慶び～げます jǐn xiàng nín biǎoshì zhùhè(谨向您表示祝贺)/xiàng nín zhùhè(向您祝贺)/zhùfú nín!(祝福您!).¶御案内～げます… xiàng zhūwèi gùkè jièshào…(向诸位顾客介绍…).

もうしあわ・せる【申し合せる】 yuēdìng(约定).¶7時半に集まるように～せた yuēdìng qī diǎn bàn jíhé(约定七点半集合).¶まるで～せたように誰も来ない hǎoxiàng quándōu yuēhǎo shìde shuí yě bù lái(好像全约好似的谁也不来).
¶～せ事項 dáchéng xiéyì shìxiàng(达成协议事项).

もうしい・れる【申し入れる】 yāoqiú(要求), tíchū(提出).¶値上げを～れる yāoqiú tígāo jiàgé(要求提高价格).¶会談を～れる yāoqiú huìtán(要求会谈).¶A社から契約延長の～れがあった A gōngsī tíchūle yáncháng hétong de yāoqiú(A公司提出了延长合同的要求).

もうしう・ける【申し受ける】¶送料は実費を～けます yùnfèi àn shíjì fèiyong shōuqǔ(运费按实际费用收取).

もうしおく・る【申し送る】¶この伝言を順々に～って下さい qǐng bǎ zhège kǒuxìn shùncì chuánxiaqu ba(请把这个口信顺次传下去吧).¶その件は後任に～りました nà jiàn shì xiàng hòurèn jiāodài le(那件事向后任交代了).¶～り事項 chuándá shìxiàng(传达事项).

もうしか・ねる【申し兼ねる】¶その件については私からは～ねます guānyú nà jiàn shì wǒ bùbiàn shuō(关于那件事我不便说).¶～ねますがもう2,3日待っていただけませんか zhēn bù hǎoyìsi shuō, kě bu kěyǐ zài děng liǎng,sān tiān?(真不好意思说,可不可以再等两、三天?).

もうしこし【申越し】¶お～の件早速に手配します nín suǒ shuō de shì lìjí ānpái(您所说的事立即安排).

もうしこみ【申込み】 bàomíng(报名), shēnqǐng(申请).¶～の受付は10月31日午後4時までです jiēshòu shēnqǐng shíjiān jiézhǐ shíyuè sānshíyī rì xiàwǔ sì diǎn wéizhǐ(接受申请时间截至十月三十一日下午四点为止).¶何時でも予約の～を受け付けます suíshí jiēshòu yùyuē(随时接受预约).¶～順に100人で締め切ります àn bàomíng shùnxù yǐ yìbǎi míng wéi xiàn(按报名顺序以一百名为限).¶～者が殺到している bàomíng de rén fēngyōng ér lái(报名的人蜂拥而来).
¶～期限 bàomíng[shēnqǐng] qīxiàn(报名[申请]期限).~用紙 bàomíngdān(报名单)/shēnqǐngshū(申请书).

もうしこ・む【申し込む】 bàomíng(报名), yāoqiú(要求), tíchū(提出), shēnqǐng(申请).¶競技会に参加を～む bàomíng cānjiā yùndònghuì(报名参加运动会).¶親善試合を～む tíyì jìnxíng yǒuyì bǐsài(提议进行友谊比赛).¶結婚を～む qiúhūn(求婚).¶会見を～む qǐngqiú huìjiàn(请求会见).

もうした・てる【申し立てる】 tíchū(提出), shēnshù(申述).¶審判に不服を～てる xiàng cáipàn tíchū yìyì(向裁判提出异议).

もうしつ・ける【申し付ける】 fēnfu(吩咐).¶御用がありましたら何なりとお～け下さい yǒu shì qǐng nín jǐnguǎn fēnfu ba(有事请您尽管吩咐吧).

もうし・でる【申し出る】¶辞任を～出る tíchū cízhí(提出辞职).¶寄付を～出る zìdòng tíchū juānxiàn(自动提出捐献).¶参加希望者は担任に～出て下さい yuànyì cānjiā de rén xiàng bānzhǔrèn bàomíng(愿意参加的人向班主任报名).¶本人からは何の～出もない tā běnrén méiyǒu biǎoshì rènhé yìxiàng(他本人没有表示任何意向).

もうしひらき【申開き】 shēnbiàn(申辩).¶～

もうしぶん

が立たない wúfǎ shēnbiàn(无法申辩)/ yǒu kǒu nán fēn(有口难分).
もうしぶん【申し分】¶この部屋なら～がない yàoshi zhè jiān wūzi, jiù méiyǒu kě shuō de le(要是这间屋子,就没有可说的了). ¶彼女ならこの役目を～なくつとめてくれるだろう yàoshi tā, zhè xiàng gōngzuò wánquán kěyǐ shēngrèn(要是她,这项工作完全可以胜任).
もうじゃ【亡者】¶彼は金(￥)の～だ tā shì kāncáinú(他是看财奴). ¶あいつは我利我利～だ tā shì ge wéilì-shìtú, tāndé-wúyàn de jiāhuo(他是个惟利是图,贪得无厌的家伙).
もうしゅう【妄執】¶～にとらわれる zhímí búwù(执迷不悟).
もうしゅう【猛襲】měngxí(猛袭). ¶敵陣を～する měng xí dízhèn(猛袭敌阵). ¶蜜蜂の大群の～を受けた shòudào dà qún mìfēng měngliè xíjī(受到大群蜜蜂猛烈袭击).
もうじゅう【盲従】mángcóng(盲从). ¶人の意見に～する mángcóng tārén de yìjiàn(盲从他人的意见).
もうじゅう【猛獣】měngshòu(猛兽). ¶～使い xúnshòuzhě(驯兽者).
もうしょ【猛暑】kùshǔ(酷暑).
もうしわけ【申訳】¶それで～が立つと思うのか nǐ zhèyàng zuò néng wèi zìjǐ shēnbiàn de liǎo ma?(你这样做能为自己申辩得了吗?). ¶何と～してよいか分らない bù zhīdào zěnme dàoqiàn cái hǎo(不知道怎么道歉才好). ¶誠に～ありません fēicháng bàoqiàn(非常抱歉)/ shízài "duìbuqǐ[guòyì bù qù/búguòyì](实在"对不起[过意不去/ 过意不]). ¶ほんの～程度に手伝ってくれた tā zhǐshì zài biǎomiànshang bāngle yìdiǎnr máng(他只是在表面上帮了一点ㄦ忙).
もうしわた・す【申し渡す】xuāngào(宣告), xuānpàn(宣判). ¶即刻立ち退くよう～す mìnglìng lìjí bānchū(命令立即搬出). ¶懲役3年の刑を～す xuānpàn sān nián túxíng(宣判三年徒刑).
もうしん【盲信】¶人の言葉を～する mángmù de xiāngxìn tārén de huà(盲目地相信他人的话). ¶権威を～する míxìn quánwēi(迷信权威).
もうしん【猛進】měngjìn(猛进). ¶目標に向かって～する xiàng mùbiāo měngjìn(向目标猛进).
もうじん【盲人】mángrén(盲人).
もう・す【申す】お礼の～しようもありません wǒ duì nín gǎnxiè bú jìn(我对您感谢不尽). ¶妹ですが,よろしくお願い～します zhè shì wǒ de mèimei, qǐng nín duōduō guānzhào(这是我的妹妹,请您多多关照).
もうせい【猛省】měngxǐng(猛醒・猛省). ¶当局の～を促す cùshǐ dāngjú měngxǐng(促使当局猛省).
もうせん【毛氈】dìtǎn(地毯), tǎnzi(毯子).
もうぜん【猛然】¶彼は相手に～と飛びかかった tā xiàng duìfāng měng pūguoqu(他向对方猛扑过去). ¶母は私の計画に～と反対した wǒ de jìhuà zāodào mǔqin de qiángliè fǎnduì(我的计划遭到母亲的强烈反对).
もうせんごけ【毛氈苔】máogāocài(茅膏菜).
もうそう【妄想】wàngxiǎng(妄想). ¶～に悩まされる yīn wàngxiǎng ér kǔnǎo(因妄想而苦恼). ¶～をたくましゅうする yíwèi de húsīluànxiǎng(一味地胡思乱想). ¶それは君の被害～だ nà shì nǐ de shòu pòhài wàngxiǎng(那是你的受迫害妄想).
¶誇大～ kuādàkuáng(夸大狂).
もうちょう【盲腸】mángcháng(盲肠); lánwěi(阑尾). ¶～炎 mángchángyán(盲肠炎)/ lánwěiyán(阑尾炎).
もう・でる【詣でる】cānbài(参拜), cháobài(朝拜). ¶熱田神宮に～でる dào Rètián shéngōng cānbài(到热田神宫参拜).
もうてん【盲点】1〔目の〕mángdiǎn(盲点).
2〔すき〕kòngzi(空子), lòudòng(漏洞). ¶そこが法の～となっている nà yì diǎn zhèngshì fǎlǜ de lòudòng(那一点正是法律的漏洞). ¶捜査の～を突いて逃げた zuān sōuchá de kòngzi táozǒu(钻搜查的空子逃走). ¶相手の議論の～を突く zhǐchū duìfāng yìlùn zhōng de lòudòng(指出对方议论中的漏洞).
もうとう【毛頭】sīháo(丝毫). ¶引退の意志は～ない sīháo yě méiyǒu yǐntuì de yìsi(丝毫也没有引退的意思). ¶君をだますつもりは～なかった wǒ yìdiǎnr yě méiyǒu piàn nǐ de yìsi(我一点ㄦ也没有骗你的意思).
もうどう【妄動】wàngdòng(妄动), mángdòng(盲动). ¶軽挙～を慎め shèn wù qīngjǔ-wàngdòng(慎勿轻举妄动).
もうどうけん【盲導犬】dǎomángquǎn(导盲犬).
もうどく【剧毒】jùdú(剧毒). ¶～を持つ蛇 jùdúshé(剧毒蛇).
もうばく【盲爆】¶市街地を～する mángmù hōngzhà shìqū(盲目轰炸市区).
もうばく【猛爆】¶飛行場を～する měngliè hōngzhà jīchǎng(猛烈轰炸机场).
もうはつ【毛髪】máofà(毛发), tóufa(头发).
もうひつ【毛筆】máobǐ(毛笔), shuǐbǐ(水笔).
もうまい【蒙昧】méngmèi(蒙昧). ¶無知～ méngmèi wúzhī(蒙昧无知).
もうまく【網膜】shìwǎngmó(视网膜), wǎngmó(网膜).
もうもう【濛濛】gǔngǔn(滚滚). ¶部屋に湯気が～と立ち込めている wūli mímànzhe rèqì(屋里弥漫着热气). ¶～たる砂塵で目も開けられない huángshā gǔngǔn(尘土飞扬)/ chéntǔ fēiyáng yěnjīng yě zhēngbukāi(黄沙滚滚[尘土飞扬]眼睛也睁不开). ¶黒い煙が～と吹き出ている hēiyān gǔngǔn màochū(黑烟滚滚冒出).
もうもく【盲目】mángmù(盲目). ¶～の歌手 mángrén gēshǒu(盲人歌手). ¶彼女は～的に彼の意見に従っている tā mángmù fúcóng tā de yìjiàn(她盲目服从他的意见). ¶～的に孫をかわいがる nì'ài sūnzi(溺爱孙子).
もうら【網羅】bāoluó(包罗). ¶この辞典は物

理学に関する用語を～している zhè bù cídiǎn bāoluóle wùlǐxué fāngmiàn suǒyǒu de shùyǔ(这部辞典包罗了物理学方面所有的术语).

もうれつ【猛烈】 měng(猛), měngliè(猛烈). ¶～なラストスパートをかける jìnxíng měngliè de zuìhòu chōngcì(进行猛烈的最后冲刺). ¶みんなの～な反対に遭った zāodào dàjiā de qiángliè fǎnduì(遭到大家的强烈反对). ¶～に働く pīnmìng de gōngzuò(拼命地工作). ¶～に腹がへった ède yàosǐ(饿得要死).

もうろう【朦朧】 ménglóng(蒙眬·朦眬). ¶意識が～となる yìshí móhu(意识模糊)/ shénzhì hūnmí(神志昏迷).
¶酔眼～ zuìyǎn ménglóng(醉眼蒙眬).

もうろく【耄碌】 ¶年のせいで彼もずいぶん～した yóuyú shàngle niánjì tā hūnkuì le(由于上了年纪他昏聩了). ¶まだそれほど～していないつもりだが wǒ juéde zìjǐ hái búzhìyú lǎode zà-me hútu(我觉得自己还不至于老得那么糊涂).

もえあが・る【燃え上がる】 ¶枯草がぼっと～った gāncǎo yíxiàzi ránshāo qilai le(干草一下子燃烧起来了). ¶人々の怒りの炎が～る qúnzhòng de nùhuǒ ránshāo qilai(群众的怒火烧起来).

もえうつ・る【燃え移る】 ¶火は隣家へ～った huǒshì mànyán dào línjū(火势蔓延到邻居).

もえがら【燃え殻】 ¶石炭の～ méizhā(煤渣).

もえぎいろ【萌葱色】 cōnglǜ(葱绿), cōngxīnlǜ(葱心绿).

もえさか・る【燃え盛る】 ¶～る炎の中に飛び込んで子供を救い出した chōngjìn lièhuǒ zhōng, bǎ háizi jiùle chūlái(冲进烈火中,把孩子救了出来).

もえさし【燃えさし】 ¶～の薪 shāoshèng de mùchái(烧剩的木柴).

もえつ・きる【燃え尽きる】 shāojìn(烧尽). ¶ろうそくが～きた làzhú shāojìn le(蜡烛烧尽了).

もえつ・く【燃え付く】 zháo(着), diǎnzháo(点着). ¶薪が湿っていてなかなか～かない mùchái shī hěn bù róngyì zháo(木柴湿很不容易着). ¶近くに積んであった干草に火が～いた duījì fùjìn de gāncǎo bèi huǒ yǐnzháo le(堆在附近的干草被火引着了).

もえひろが・る【燃え広がる】 ¶火は瞬く間に～った huǒshì xùnsù mànyán kāilai(火势迅速蔓延开来).

も・える【萌える】 ¶若草の～える季節になった dàole nènnǎo méngyá de jìjié le(到了嫩草萌芽的季节了). ¶高原の草木が一斉に～え出る gāoyuán shang de cǎomù yìqí méngyá(高原上的草木一齐萌芽).

も・える【燃える】 1〔炎が上がる〕zháo(着), ránshāo(燃烧). ¶ストーブが赤々と～えている lúzi shāode tōnghóng(炉子烧得通红). ¶黒煙を上げて学校が～えている xuéxiào màozhe hēiyān zháohuǒ le(学校冒着黑烟着火了). ¶薪は湿っていてよく～えない mùchái shīde bù hǎo shāo(木柴湿得不好烧). ¶全山～える ような紅葉に変わった biànchéng le yí piàn hóngyè hóng sì huǒ(遍山红叶红似火).

2〔気持が高まる〕¶向学心に～える若者 qiúxuéxīn hěn shèng de niánqīngrén(求学心很盛的年轻人). ¶希望に～えて社会に出る mǎnhuái xīwàng zǒuxiàng shèhuì(满怀希望走向社会). ¶彼の目は怒りに～えていた tā de yǎnjing chōngmǎnzhe nùhuǒ(他的眼睛充满着怒火). ¶復讐の念に～える xiōng zhōng ránshāozhe fùchóu de nùhuǒ(胸中燃烧着复仇的怒火).

モーション ¶彼は彼女に～をかけた tā xiàng tā biǎoshì qiú'ài(他向她表示求爱).
¶スロー～ huǎnmàn de dòngzuò(缓慢的动作)/ màndòngzuò jìngtóu(慢动作镜头).

モーター mótuō(摩托), mǎdá(马达), diàndòngjī(电动机), fādòngjī(发动机), diànjī(电机). ¶～が回る mótuō zhuǎndòng(摩托转动). ¶～を止める guānshàng fādòngjī(关上发动机).
¶～バイク jīqì jiǎotàchē(机器脚踏车)/ mótuōchē(摩托车)/ diànlǘzi(电驴子). ～ボート mótuōtǐng(摩托艇)/ qìtǐng(汽艇)/ kuàitǐng(快艇).

モーテル jiàchē lǚxíngzhě lǚguǎn(驾车旅行者旅馆).

モード kuǎn[r](款[儿]), kuǎnshì(款式), shìyàng(式样). ¶今年のニュー～ jīnnián de xīn shìyàng(今年的新式样).

モーニングコート lǐfú(礼服), chénlǐfú(晨礼服).

モーニングコール cuīxǐng diànhuà(催醒电话). ¶6時に～をお願いします qǐng liù diǎnzhōng dǎ diànhuà cuīxǐng wǒ(请六点钟打电话催醒我).

モール shìdài(饰带), shìtāo(饰绦). ¶金～ jīnxiàn shìdài(金线饰带).

モールスふごう【モールス符号】 mò'ěrsī diànmǎ(莫尔斯电码).

もが・く【踠く】 zhèng(挣), zhēngzhá(挣扎). ¶～けば～くほど藻が絡まる yuè zhēngzhá shuǐcǎo yuè chánshēn(越挣扎水草越缠身). ¶痛くて一晩中～き苦しむ chīténgle yí yè(痛得折腾了一夜). ¶苦境から脱しよと～く shèfǎ cóng kùjìng li zhèngtuō chulai(设法从苦境里挣脱出来).

もぎ【模擬】 mónǐ(模拟·摹拟). ¶～試験 mónǐ kǎoshì(模拟考试). ～店 mónǐtānr(模拟摊儿).

もぎどう【没義道】 ¶～な振舞 shāngtiān-hàilǐ de xíngjìng(伤天害理的行径).

もぎと・る【挘ぎ取る】 ¶りんごを枝から～る cóng shùzhī shang zhāixià píngguǒ(从树枝上摘下苹果). ¶彼の手から棍棒を～った cóng tā shǒuli duóguò gùnzi(从他手里夺过棍子).

もく【目】 1〔生物分類の〕mù(目). ¶食肉～ shíròumù(食肉目).

2〔囲碁の〕¶4～勝つ shèng sì mù(胜四目).

も・ぐ【挘ぐ】 zhāi(摘). ¶梨を1つ～いだ zhāile yí ge lí(摘了一个梨). ¶とうもろこしを～ぐ bāi yùmǐbàng(掰玉米棒). ¶～ぎたての桃 gāng zhāixialai de táor(刚摘下来的桃儿). ¶

彼が欠けることは手足を～がれるようだ quēle tā hǎobǐ bèi níngdiàole shǒujiǎo (缺了他好比被拧掉了手脚).

もくぎょ【木魚】 mùyú[r] (木鱼[儿]). ¶～をたたく qiāo mùyú (敲木鱼).

もくげき【目撃】 mùjī (目击), mùdǔ (目睹). ¶犯行を～する mùjī fànzuì (目击犯罪). ¶～者 mùjīzhě (目击者).

もぐさ【艾】 àiróng (艾绒).

もくざい【木材】 mùliào (木料), mùcái (木材).

もくさつ【黙殺】 ¶少数意見は～されてしまった shǎoshù yìjiàn bèi zhì zhī bù lǐ (少数意见被置之不理).

もくさん【目算】 gūjì (估计), gūliang (估量). ¶私の～では少なくとも 500 万円はかかる wǒ gūjì qǐmǎ xūyào wǔbǎi wàn rìyuán (我估计起码需要五百万日元). ¶～が立たない gūjì bu chūlái (估计不出来). ¶～がはずれた dǎsuàn luòkōng le (打算落空了).

もくし【黙視】 ¶彼の苦境は～するに忍びない tā de kǔjìng wǒ bùrěn zuòshì (他的苦境我不忍坐视).

もくじ【目次】 mùlù (目录), mùcì (目次).

もくず【藻屑】 ¶海の～と消える zàngshēn hǎidǐ (葬身海底); ¶zàngshēn yú yúfù zhī zhōng (葬身于鱼腹之中).

もく・する【目する】 ¶彼が次期委員長と～されている tā bèi "shì[mù] wéi" xià jiè wěiyuánzhǎng (他被"视[目]为"下届委员长).

もく・する【黙する】 jiānmò (缄默), jiānkǒu (缄口). ¶彼はこの事件について～して語らない tā duì zhège shìjiàn jiānkǒu bù yǔ (他对这个事件缄口不语).

もくせい【木星】 mùxīng (木星).

もくせい【木犀】 mùxi (木犀・木樨), guìhuā (桂花).

もくせい【木製】 mùzhì (木制). ¶～の箱 mùzhì xiāngzi (木制箱子).

もくぜん【目前】 yǎnqián (眼前), yǎndǐxià (眼底下), yǎnpí dǐxià (眼皮底下), yǎnpízi dǐxia (眼皮子底下). ¶その事故は私達の～で起った nà jiàn shìgù jiù zài wǒmen yǎnqián fāshēng (那件事故就在我们眼前发生). ¶試験は～に迫っている kǎoshì pòzài méijié (考试迫在眉睫). ¶卒業を～に控えている bìyè zàijí (毕业在即). ¶～の利益のみを追求する zhǐ zhuīqiú yǎnqián de lìyì (只追求眼前的利益). ¶我々の勝利を～だ wǒmen de shènglì zàiwàng (我们的胜利在望).

もくぜん【黙然】 mòrán (默然). ¶～と座っている mòrán zuòzhe (默然坐着).

もくそう【目送】 mùsòng (目送). ¶棺(ひつぎ)を～する mùsòng língjiù (目送灵柩).

もくそう【黙想】 ¶～にふける xiànyú chénsī (陷于沉思).

もくぞう【木造】 ¶私の学校は～です wǒmen xuéxiào shì mùzào de xiàoshè (我们学校是木造的校舍).

¶～家屋 mùzào fángwū (木造房屋). ～船 mùchuán (木船).

もくぞう【木像】 mù'ǒu (木偶), mùxiàng (木像), mùtou diāoxiàng (木头雕像).

もくそく【目測】 mùcè (目测). ¶煙突の高さを～する mùcè yāntong de gāodù (目测烟筒的高度). ¶～を誤る mùcè cuò le (目测错了).

もくたん【木炭】 mùtàn (木炭), tàn (炭); [絵の] mùtàntiáo (木炭条). ¶～画 mùtànhuà (木炭画)／tànhuà (炭画).

もくちょう【木彫】 mùdiāo (木雕). ¶～の仏像 mùdiāo de fóxiàng (木雕的佛像).

もくてき【目的】 mùdì (目的), mùbiāo (目标). ¶今回の来日の～は何ですか zhè cì fǎng Rì de mùdì shì shénme? (这次访日的目的是什么?). ¶本会の～は会員の健康を増進させることにあります běn huì de mùdì zàiyú zēngjìn huìyuán de jiànkāng (本会的目的在于增进会员的健康). ¶彼には弁護士になるという～がある tā yǒu dāng lǜshī de lǐxiǎng (他有当律师的理想). ¶私は日本文学を研究する～で京都に滞在しています wǒ wèile yánjiū Rìběn wénxué zhèng zài Jīngdū dòuliú (我为了研究日本文学正在京都逗留). ¶～のためには手段を選ばない wèile dádào mùdì bù zé shǒuduàn (为了达到目的不择手段). ¶これでやっと～を果した zhè cái dádàole mùdì (这才达到了目的).

¶～語 bīnyǔ (宾语). ～地 mùdìdì (目的地).

もくとう【黙祷】 mòdǎo (默祷), mò'āi (默哀), jìngmò (静默). ¶犠牲者に対して 1 分間の～をささげる xiàng yùnànzhě mò'āi yì fēnzhōng (向遇难者默哀一分钟).

もくどく【黙読】 mòdú (默读), mòsòng (默诵).

もくにん【黙認】 mòxǔ (默许), mòrèn (默认). ¶彼等の行為は～しがたい tāmen de xíngwéi nányú mòxǔ (他们的行为难于默许). ¶少々の遅刻は～されている shǎoxǔ de chídào bèi mòxǔ (少许的迟到被默许).

もくねじ【木捻子】 luódīng (螺钉), luósī (螺丝), luósīdīng (螺丝钉).

もくねん【黙然】 →もくぜん (黙然).

もくば【木馬】 mùmǎ (木马). ¶回転～ xuánzhuǎn mùmǎ (旋转木马).

もくはん【木版】 mùbǎn (木版・木板). ¶～画 mùkè (木刻)／mùbǎnhuà (木版画). ～刷り mùbǎn shuǐyìn (木版水印).

もくひ【黙秘】 jiānmò (缄默), chénmò (沉默). ¶～権を行使する xíngshǐ chénmòquán (行使沉默权).

もくひょう【目標】 mùbiāo (目标), biāozhì (标志). ¶何か～になるものがありますか yǒu shénme kěyǐ dàngzuò mùbiāo de dōngxi ma? (有什么可以当做目标的东西吗?). ¶敵の攻撃～となった chéngle dírén de gōngjī mùbiāo (成了敌人的攻击目标). ¶～を高いところにおく bǎ mùbiāo fàngzài gāochù (把目标放在高处). ¶～を定めて仕事をする dìngchū mùbiāo jìnxíng gōngzuò (定出目标进行工作). ¶すでに生産～を突破した yǐjing tūpòle shēngchǎn zhǐbiāo (已经突破了生产指标).

もくへん【木片】 suìmùpiàn (碎木片).

もくほん【木本】 mùběn (木本). ¶～植物 mù-

bén zhíwù(木本植物).

もくめ【木目】 mùlǐ(木理), mùwén(木纹). ¶〜の細かい［粗い］木 mùwén ˇxì[cū] de mùcái(木纹ˇ细[粗]的木材). ¶この木は〜が美しい zhè mùtou wénlǐ hěn hǎokàn(这木头木理很好看).

もくもく gǔngǔn(滚滚). ¶煙突から黒い煙が〜と立ち上る hēiyān cóng yāntǒngli gǔngǔn shēngténg(黑烟从烟筒里滚滚升腾). ¶入道雲が〜と湧き上がる jīyǔyún fāngǔn yǒnglai(积雨云翻滚涌来).

もくもく【黙黙】 mòmò(默默), mēntóur(闷头儿). ¶彼等は〜と働いた tāmen ˇmòmò[bùshēng-bùxiǎng][不声不响]de gōngzuòzhe(他们˙默默[不声不响]地工作着)/ tāmen mēntóur gàn(他们闷头儿干).

もぐもぐ ¶子供達は芋をほおばって〜と食べた háizimen wǎng zuǐli sāizhe gānshǔ, yígèjinr de jiáozhe(孩子们往嘴里塞着甘薯, 一个劲儿地嚼着). ¶口の中で〜言う zuǐli dūnang(嘴里嘟囔)/ zuǐli dǎzhe dūlu(嘴里打着嘟噜).

もくやく【黙約】 mòqì(默契). ¶そのことは両者の間に〜があった nà shì liǎngzhě zhī jiān yǐ yǒule mòqì(那事两者之间已有了默契).

もくよう【木曜】 xīngqīsì(星期四), lǐbàisì(礼拜四).

もくよく【沐浴】 mùyù(沐浴).

もぐら【土竜】 yǎn(鼹), yǎnshǔ(鼹鼠).

もぐり【潜り】 **1**［潜水］ qiánshuǐ(潜水).
2［無許可, 無免許］¶禁制品を〜で販売する fēifǎ fànmài wéijìnpǐn(非法贩卖违禁品). ¶〜の医者 màopái yīshēng(冒牌医生). ¶〜の営業 fēifǎ sīzì yíngyè(非法私自营业).

もぐりこ・む【潜り込む】 zuānjìn(钻进). ¶布団に〜む zuānjìn bèiwōli(钻进被窝里). ¶中枢部に〜む zuānjìn zhōngshū(钻进中枢).

もぐ・る【潜る】 **1**［潜水する］ qiánrù(潜入). ¶海に〜ってさざえを取る qiánrù hǎizhōng cǎi róngluó(潜入海中采蝾螺).
2［入り込む］ zuān(钻), zuānjìn(钻进). ¶洞穴に〜む zuānjìn dòngxuè(钻进洞穴). ¶テーブルの下に〜る zuāndào zhuōzi dǐxia(钻到桌子底下).
3［潜入する］ qiánrù(潜入). ¶地下に〜って活動する qiánrù dìxià jìnxíng huódòng(潜入地下进行活动).

もくれい【目礼】 ¶互いに〜を交す hùxiāng yǐ mù zhìyì(互相以目致意).

もくれい【黙礼】 ¶遺族に〜する xiàng yízú mòmò jìnglǐ(向遗族默默敬礼).

もくれん【木蓮】 mùlán(木兰), yùlán(玉兰).

もくろく【目録】 mùlù(目录). ¶〜を作る biānzhì mùlù(编制目录).
¶カード式〜 kǎpiàn mùlù(卡片目录). 財産〜 cáichǎn mùlù(财产目录). 蔵書〜 cángshū mùlù(藏书目录).

もくろみ【目論見】 ¶〜が外れた jìhuà luòkōng le(计划落空). ¶彼には何か別の〜があるはずだ tā yídìng lìng yǒu shénme qǐtú(他一定另有什么企图).

もくろ・む【目論む】 jìhuà(计划), chóuhuà(筹划), cèhuà(策划), móuhuà(谋划), qǐtú(企图). ¶彼はまた新しい事業を〜んでいる tā yòu jìhuàzhe xīn shìyè(他又计划着新事业). ¶彼等は一体何を〜んでいるのだ tāmen jiūjìng cèhuàzhe shénme?(他们究竟策划着什么?). ¶彼の失脚を〜む qǐtú bǎ tā làxià tái(企图把他拉下台).

もけい【模型】 móxíng(模型). ¶実物大の〜 shíwù dàxiǎo de móxíng(实物大小的模型).
¶〜飛行機 móxíng fēijī(模型飞机). 人体〜 réntǐ móxíng(人体模型).

も・げる【捥げる】 ¶人形の首が〜げた yángwáwa de nǎodai diào le(洋娃娃的脑袋掉了).

もさ【猛者】 ¶彼は柔道部の〜だ tā shì róudàobù de měngjiàng(他是柔道部的猛将).

モザイク mǎsàikè(马赛克), xiāngqiàn huāyàng(镶嵌花样).

もさく【模索】 mōsuo(摸索). ¶実験はいまだに〜の段階を出ない shíyàn hái bù chū mōsuo de jiēduàn(实验还不出摸索的阶段). ¶解決の方法としての〜 mōsuo jiějué de bànfǎ(摸索解决的办法).

もさっと ¶〜突っ立っていないで手伝え bié dāidāi de zhànzhe, kuài bāng ge máng!(别呆地站着, 快帮个忙!).

もし【若し】 rú(如), rúguǒ(如果), yào(要), yàoshi(要是), ruò(若), ruòshi(若是), jiǎrú(假如), jiǎruò(假若), jiǎshǐ(假使). ¶明日雨が降れば運動会は延期だ rúguǒ míngtiān xiàyǔ, yùndònghuì jiù yánqī(如果明天下雨, 运动会就延期). ¶〜天気がよかったらあの浜辺で行ってみよう tiānqi hǎo de huà, jiù dào nà hǎibiān zǒuzou(天气好的话, 就到那海边走走). ¶〜私があなたなら参加しない wǒ yàoshi nǐ, jiù bù cānjiā(我要是你, 就不参加). ¶〜彼等の援助が得られなかったらこの仕事は完成しなかった yào méiyǒu tāmen de bāngzhù, zhè gōngzuò shì wánbuchéng de(要没有他们的帮助, 这工作是完不成的). ¶彼が〜行かなくとも私は1人で行く jiùshì tā bú qù, wǒ yě ge rén yě qù(就是他不去, 我一个人也去). ¶私に〜もの事があったらこの手紙を読んで下さい ruòshì wǒ yǒu ge ˇchángduǎn[sānchǎng-liǎngduǎn], jiù qǐng nǐ kàn zhè fēng xìn(若是我有个ˇ长短[三长两短], 就请你看这封信).

もじ【文字】 zì(字), wénzì(文字). ¶この子はまだ〜が読めない zhè háizi hái bù shízì(这孩子还不识字).
¶〜盤 biǎopán(表盘)/ biǎomiàn(表面). ギリシア〜 Xīlàzì(希腊字).

もしか【若しか】 huòxǔ(或许), yěxǔ(也许), shuōbudìng(说不定), bèibuzhù(备不住·背不住). ¶今日か〜よると彼に会えるかもしれない jīntiān huòxǔ néng jiàndào tā(今天或许能见到他). ¶〜したら期限には間に合わない zài qīxiàn nèi hěnkěnéng wánchéng shuōbudìng(在期限内很可能完成说不定). ¶〜してその本を持っていたら貸して下さい yàoshi nǐ yǒu nà běn shū, qǐng jiègěi wǒ kàn yíxià(要是你有那本

書，请借给我看一下).

もしくは【若しくは】 huò(或), huòzhě(或者). ¶手紙・電話で知らせます xiě xìn huòzhě dǎ diànhuà tōngzhī nǐ (写信或者打电话通知你).

もじづら【文字面】 zìmiàn[r] (字面[儿]). ¶~にとらわれる bèi zìmiànshang de lǐjiě suǒ kùnzhù (被字面上的理解所困住).

もじどおり【文字通り】 ¶~解釈すればそういう意味だ àn zìmiàn jiǎng shì nàyàng de yìsi (按字面讲是那样的意思). ¶彼は~骨と皮ばかりになった tā jiǎnzhí shòude chéngle píbāogǔ le (他简直瘦得成了皮包骨了).

もじばけ【文字化け】 luànmǎ (乱码).

もしも【若しも】 →もし.

もしもし wèi (喂). ¶~、田中さんですか wèi, Tiánzhōng xiānsheng ma? (喂, 田中先生吗?). ¶~、何か落しましたよ wèi, wèi, nǐ diàole dōngxi la (喂, 喂, 你掉了东西啦).

もじもじ niǔnie (扭捏), niǔní (扭怩), nánie (拿捏). ¶女の子の前で~する zài nǚháizi miànqián xiǎnde niǔniu-níní de (在女孩子面前显得忸怩怩的). ¶彼女は~してなかなか切り出さない tā niǔnie bàntiān lǎo bù kāikǒu (她扭捏半天老不开口). ¶~していないで前へ出なさい bié niǔniu-niēnie de, shàng qiánbian lái (别扭扭捏捏的, 上前来吧).

もしや【若しや】 ¶~あなたは山田さんではありませんか qǐngwèn, nín shì Shāntián xiānsheng ma? (请问, 您是山田先生吗?). ¶君に~心当りでも… huòxǔ nǐ zhīdao …(或许你知道 …). ¶~と思っていたことが現実になった wǒ suǒ gùlǜ de què chéngle xiànshí (我所顾虑的却成了现实).

もしゃ【模写】 móxiě(摹写・模写), línmó(临摹); móběn(摹本), fùzhìpǐn(复制品). ¶馬遠を~する línmó Mǎ Yuǎn(临摹马远). ¶法隆寺壁画の~ Fǎlóngsì bìhuà de móběn(法隆寺壁画的摹本).

¶声帯~ kǒujì(口技).

もじゃもじゃ ¶髪が~になった tóufa péngluàn le (头发蓬乱了). ¶髭が~と生えている mǎnliǎn húzi lāchā de (满脸胡子拉碴的).

もしゅ【喪主】 sāngzhǔ(丧主).

もしょう【喪章】 hēishā(黑纱).

もじ・る【捩る】 ¶有名なせりふを~って題名をつける fǎngxiào wǔtái míngjù dìngmíng (仿效舞台名句定名).

もず【百舌】 bóláo (伯劳), hùbulǎ (虎不拉).

モスク qīngzhēnsì (清真寺).

もぞう【模造】 fǎngzào (仿造), fǎngzhì (仿制). ¶~ダイヤ jiǎ zuànshí (假钻石). ¶~品 fǎngzàopǐn (仿造品)／fǎngzhìpǐn (仿制品).

もぞもぞ ¶穴から~と這い出す cóng dòngli rúrú pále chūlai (从洞里蠕蠕爬了出来). ¶子供が話に飽きて~している xiǎoháizi tīngnìle zuòbuzhù le (小孩子听腻了坐不住了). ¶背中が~していかゆい yǐhu chóngzi pá shìde yǎngde huāng (脊背有虫子爬似的痒痒慌).

もだ・える【悶える】 kǔnǎo (苦恼). ¶恋に~る wèi liàn'ài ér kǔnǎo (为恋爱而苦恼). ¶痛みに身を~える tòngde quánshēn niǔdòng (痛得全身扭动).

もた・げる【擡げる】 táiqǐ (抬起), shùqǐ (竖起). ¶蛇が鎌首を~げる shé shùqǐ tóu lai (蛇竖起头来). ¶反対派が頭を~げてきた fǎnduìpài táiqǐ tóu lai le (反对派抬起头来了).

もたせか・ける【凭せ掛ける】 kào (靠). ¶体を椅子の背に~ける bǎ shēntǐ kàozài yǐbèi shang (把身体靠在椅背上). ¶柱に~けておかないと倒れてしまう bú kàozài zhùzi shang jiù huì dǎo de (不靠在柱子上就会倒的).

もたつ・く 交渉が~いている jiāoshè tíngzhì bù qián [jìnxíngde bú shùnlì] (交涉'停滞不前[进行得不顺利]).

もたもた ¶~していると遅刻するぞ mómó-cèngcèng de jiù yào chídào le (磨磨蹭蹭的就要迟到了).

もたら・す【齎す】 dàilái (带来). ¶吉報を~す dàilái xǐxùn (带来喜讯)／bàoxǐ (报喜). ¶戦争は人々に悲惨な生活を~す zhànzhēng gěi rénmen dàilái bēicǎn de shēnghuó (战争给人们带来悲惨的生活). ¶今回の台風は大きな被害を~した zhè cì táifēng zàochéng hěn dà de sǔnshī (这次台风造成很大的损失).

もた・れる【凭れる】 1〔寄りかかる〕 kào (靠), yǐkào (倚靠). ¶彼はソファーに~れて何か考え事をしている tā kàozài shāfā shang xiǎngzhe shénme (他靠在沙发上想着什么). ¶いつまでも人に~れかかっていないで自分でやれ bié lǎo yīkào rén, zìjǐ gàn ba (别老依靠人, 自己干吧).

2〔胃にたまる〕 ¶食べ過ぎて胃が~れる chīde guòduō, wèi gǎndào bù shūfu (吃得过多, 胃感到不舒服).

モダン módēng (摩登). ¶~アート xiàndài měishù (现代美术). ¶~バレー módēng bālěiwǔ (摩登芭蕾舞).

もち【持ち】 1〔所有〕 ¶彼女は衣裳~だ tā yǒu hěn duō yīshang (她有很多衣裳). ¶女~の手袋 nǚyòng shǒutào (女用手套). ¶~時間は30分 xiàndìng de shíjiān shì sānshí fēnzhōng (限定的时间是三十分钟).

2〔負担〕 ¶経費は主催者~にする jīngfèi yóu zhǔbànrén fùdān (经费由主办人负担). ¶旅費は自分~だ lǚfèi yóu zìjǐ fùdān (旅费由自己负担).

3〔耐久性〕 ¶この靴は~がいい zhè shuāng xié jīnchuān (这双鞋禁穿). ¶見た目に同じで~がずいぶん違う cóng wàibiǎo kàn yíyàng, dàn nàiyòng chéngdù dà bù xiāngtóng (从外表看一样, 但耐用程度大不相同).

もち【餅】 niángāo (年糕), nuòmǐgāo (糯米糕). ¶~を搗(つ)く dǎo niángāo (捣年糕). ¶~は~屋 zuòshì yào kào hángjiā (做事要靠行家)／gè yǒu gè de kānjiā běnlǐng (各有各的看家本领)／gè yǒu suǒ cháng (各有所长).

もち【黐】 zhānniǎojiāo (粘鸟胶), zhānchóngjiāo (粘虫胶). ¶~竿 zhānzhúgān (粘竹竿).

もちあが・る【持ち上がる】 1〔隆起する〕 lóngqǐ (隆起). ¶地震で地面が~った yóuyú dìzhèn

dìmiàn lóngqǐ le(由于地震地面隆起了).
2〔事が起る〕fāshēng(发生). ¶ 困った問題が～った fāshēngle máfan de wèntí(发生了麻烦的问题). ¶ 校長の排斥運動が～っている xiàoqīle qūchú xiàozhǎng de yùndòng(掀起了驱除校长的运动). ¶ 結婚話が～っている yǒule hūnshì(有了婚事).

もちあ・げる【持ち上げる】 **1**〔物を〕náqǐ(拿起), táiqǐ(抬起), jǔqǐ(举起). ¶ この箱を～げて下さい zhè zhī xiāngzi qǐng náqilai(这只箱子请拿起来). ¶ バールを頭の上まで～げる bǎ gànglíng jǔguò tóu(把杠铃举过头). ¶ この石はどうしても～げられない zhè kuài shítou zěnme yě táibudòng(这块石头怎么也抬不动).
2〔おだてる〕pěng(捧). ¶ 彼はみなに～げられて有頂天だ tā bèi dàjiā pěngde yángyáng-déyì(他被大家捧得扬扬得意). ¶ いくら～げられてもその手にはのらないぞ zěnme pěng wǒ yě bú shàng nàge dàng(怎么捧我也不上那个当).

もちあじ【持味】 ¶ 材料の～を損なわないように料理しなさい zuò cài búyào pòhuài cáiliào yuányǒu de fēngwèir(做菜不要破坏材料原有的风味ル). ¶ この映画は原作の～をよく出している zhège diànyǐng chōngfèn biǎoxiànle yuánzuò de fēnggé(这个电影充分表现了原作的风格). ¶ あのユーモラスなところが彼の～だ nà zhǒng yōumò jiùshì tā de tèzhēng(那种幽默就是他的特征). ¶ それぞれに自分の～を発揮させる shǐ měi ge rén fāhuīchū zìjǐ de tèchǎng(使每个人发挥出自己的特长).

もちあわ・せる【持ち合せる】 ¶ 同情心など初めから～せていない tóngqíngxīn yàgēnr jiù méiyǒu(同情心压根ル就没有). ¶ あいにく小銭の～せがない bú còuqiǎo shēnshang méiyǒu língqián(不凑巧身上没有零钱).

モチーフ zhǔtí(主题). ¶ 作品の～ zuòpǐn de zhǔtí(作品的主题).

もち・いる【用いる】 **1**〔使う, 役立てる〕yòng(用), shǐyòng(使用). ¶ ホルモン剤はあまり～いない方がよい jīsù zhìjì zuìhǎo búyào duō yòng(激素制剂最好不要多用). ¶ この方法は広く～いられている zhège fāngfǎ bèi guǎngfàn yìngyòng(这个方法被广泛应用). ¶ 私の忠告は～いられなかった wǒ de zhōnggào méi bèi cǎinà[cǎiyòng](我的忠告没被采纳[采用]).
2〔任用する〕yòng(用), rènyòng(任用). ¶ A 氏を重く～いる zhòngyòng A xiānsheng(重用 A 先生).

もちか・える【持ち替える】 dǎoshǒu(倒手). ¶ 腕がくたびれたので反対の手に～えた shǒu suān le, huàn ge shǒu ná(手酸了, 换个手拿). ¶ 右手から左手に～える cóng yòushǒu nádào zuǒshǒu(从右手拿到左手).

もちか・ける【持ち掛ける】 ¶ 彼に相談を～ける tóng tā shāngliang(同他商量). ¶ うまく～けないと断られる bù qiǎomiào kāikǒu jiù huì bèi jùjué(不巧妙开口就会被拒绝).

もちかぶ【持株】 ¶ ～を手放す fàngqì chíyǒu de gǔfèn(放弃持有的股份).

¶ ～会社 kònggǔ gōngsī(控股公司).

もちきり【持切り】 ¶ 町中どこに行ってもその話で～だ jiētóu-xiàngwěi dōu zài tánlùnzhe nà jiàn shì(街头巷尾都在谈论着那件事).

もちぐされ【持腐れ】 ¶ あれほどの機械もここでは宝の～だ nàme hǎo de jīqì zài zhèlǐ quánrán fāhuī bu liǎo zuòyòng(那么好的机器在这里全然发挥不了作用).

もちくず・す【持ち崩す】 ¶ 女に身を～す chénnì-yú nǚsè ér pǐnxíng bàihuài(沉溺于女色而品行败坏).

もちこ・す【持ち越す】 ¶ 議案の審議を明日に～す yì'àn de shěnyì yánxù dào míngtiān(议案的审议延续到明天). ¶ 疲労を翌日まで～さないようにしよう bùyào ràng pǐláo yánxù dào dì'èr tiān(不要让疲劳延续到第二天). ¶ それは数年来～しの問題だ nà shì jǐniánlái yíliú xialai de wèntí(那是几年来遗留下来的问题).

もちこた・える【持ち堪える】 jiānchí(坚持), wéichí(维持) ¶ 陣地を～える jiānshǒu zhèndì(坚守阵地). ¶ 政権を～える wéichí zhèngquán(维持政权). ¶ 不景気で工場をかつては～えられない yóuyú bùjǐngqì gōngchǎng zài yě wéichí bu xiàqù[jiàbuzhù] le(由于不景气工厂再也 维持不下去[架不住]了). ¶ 病人はこの冬を～えた bìngrén hǎoróngyì áoguòle zhè dōngtiān(病人好容易熬过了这个冬天).

もちごま【持駒】 **1**〔説明〕日本象棋中吃掉的对方棋子, 可以随时作为己方反攻使用.
2 ¶ あのチームは～が多い nà duì yǒu hěn duō yùbèi duìyuán(那队有很多预备队员).

もちこ・む【持ち込む】 **1**〔物を〕nájìn(拿进), dàijìn(带进), bānjìn(搬进). ¶ 会場にピアノを～む bǎ gāngqín bānjìn huìchǎng(把钢琴搬进会场). ¶ 飲物を～んで下さい qǐng wǒ dàijìn yǐnliào(请勿带进饮料). ¶ 外国から旅客が伝染病を～んだ lǚkè cóng wàiguó dàijìn-lai chuánrǎnbìng(旅客从外国带进来传染病).
¶ 危険物の～みお断り wēixiǎn wùpǐn jìnzhǐ dàirù(危险物品禁止带入).
2〔話などを〕 ¶ 厄介な話を～んできた dàiláile máfan de shì(带来了麻烦的事). ¶ または苦情を～まれた yòu xiàng wǒ sùkǔ(又向我诉苦).
¶ 縁談を～む tí qīnshi(提亲事).

もちごめ【糯米】 nuòmǐ(糯米), jiāngmǐ(江米).

もちだし【持出し】 **1**〔带出〕 ¶ ～厳禁 yánjìn xiéchū(严禁携出). ¶ 非常の際に～ jǐnjí shí xiédài de wùpǐn(紧急时携带的物品).
2〔负担〕 ¶ 旅費は結局一部私の～になった jiéguǒ wǒ zìjǐ fùle yíbùfen lǚfèi(结果我自己付了一部分旅费). ¶ 儲けるどころか1万円は～だ jǐn méi zhuàntour fǎn'ér tiánjìnle yíwàn rìyuán(不仅没赚ル反而填进了一万日元).

もちだ・す【持ち出す】 **1**〔外に出す〕dàichū(带出), bānchū(搬出), náchū(拿出). ¶ この書類は非常の際に～すこと zhèxiē wénjiàn jǐnjí shí xūyào bānchuqu(这些文件紧急时须要搬出去). ¶ 火の回りが早くて何も～せなかった huǒ mànyánde hěn kuài, shénme yě méi néng dàichulai(火蔓延得很快, 什么也没能带出来).
¶ 彼は会社の金を～していた tā bǎ gōngsī de

qián qiāoqiāo dàoyòng le(他把公司的钱悄悄盗用了)．**2**〔提起する〕¶こういう話は～しにくい zhèyàng de huà shízài nányú "kāikǒu[tíchulai](这样的话实在难于"开口[提出来])．¶その争いは結局法廷に～された nàge jiūfēn jiéguǒ gàodào fǎyuàn le(那个纠纷结果告到法院了)．

もちつもたれつ【持ちつ持たれつ】¶世の中は～だ rén zài shìshàng dōu shì bǐcǐ yīkào de(人在世上都是彼此依靠的)．

もちなお・す【持ち直す】¶〔持ち直す〕 hǎozhuǎn(好转)，huīfù(恢复)．¶病状が～した bìngqíng hǎozhuǎn le(病情好转了)．¶景気は～すだろう shìmiàn huì hǎozhuǎn(市面会好转)．¶天気が～してきた tiānqì hǎozhuǎn le(天气好转了)．

もちにげ【持逃げ】 juǎntáo(卷逃)．¶店員に金を～された bèi huǒjì juǎnkuǎn táozǒu le(被伙计卷款逃走了)．

もちぬし【持主】 wùzhǔ(物主)，suǒyǒuzhě(所有者)，suǒyǒuzhǔ(所有主)，yuánzhǔ[r](原主儿)，běnzhǔr(本主儿)．¶落し物が～の手に戻った shīwù huídào yuánzhǔ shǒulǐ(失物回到原主手里)／wù guī "běnzhǔr[shízhǔ](物归"本主儿[失主])．¶この土地は誰が～ですか shuí shì zhè kuài tǔdì de suǒyǒuzhě?(谁是这块土地的所有者?)．¶あの店の～が変った nà pùzi de yèzhǔ biàn le(那铺子的业主变了)．

もちば【持場】 gǎngwèi(岗位)．¶それぞれの～で仕事に励む zài gèzì de gǎngwèi shang nǔlì gōngzuò(在各自的岗位上努力工作)．¶勝手に自分の～を離れてはいけない bùdé shànzì "líkāi zìjǐ de gǎngwèi[líduì](不得擅自"离开自己的岗位[离队])．

もちはこ・ぶ【持ち運ぶ】 xiédài(携带)．¶鞄に入れて～ぶ zhuāngzài píbāoli xiédài(装在皮包里携带)．¶かさばって～びに不便だ tǐjī dà xiédài bù fāngbiàn(体积大携带不方便)．

もちぶん【持分】¶共有物にかかる費用は～に応じて負担する gòngyǒuwù de fèiyòng àn zìjǐ suǒ zhàn de bùfen fùdān(共有物的费用按自己所占的部分负担)．

もちまえ【持前】 tiānshēng(天生)，tiānxìng(天性)，shēngxìng(生性)．¶彼は～の正義感からその役を買って出た tā fùyǒu zhèngyìgǎn suǒyǐ zhǔdòng chéngdānle nàge rènwu(他富有正义感所以主动承担了那个任务)．

もちまわり【持回り】 lúnliú(轮流)．¶当番は～でやろう zhírì lúnliú lái ba(值日轮流来吧)．¶～の優勝カップ liúdòng yōushèng jiǎngbēi(流动优胜奖杯)．

もちもの【持物】¶～には名前をつけて下さい zìjǐ de dōngxi qǐng xiěshàng míngzi(自己的东西请写上名字)．¶あの土地はだれの～ですか nà kuài dìpí shì shuí de?(那块地皮是谁的?)．

もちゅう【喪中】¶～につき年賀を欠礼いたします yīn jūsāng shù bú bàinián(因居丧恕不拜年)．

もちよ・る【持ち寄る】¶情報を～って意見を交換する gèzì tíchū qíngbào lái jiāohuàn yìjian(各自提出情报来交换意见)．¶材料を～って料理をつくる dàjiā còu cáiliào lái zuò cài(大家凑材料来做菜)．

もちろん【勿論】 dāngrán(当然)．¶彼は北京語は～広東語も話せる tā Běijīnghuà bùxiāo shuō, Guǎngdōnghuà yě huì(他北京话不消说，广东话也会)．¶その計画には～反対だ duì nàge jìhuà wǒ dāngrán fǎnduì(对那个计划我当然反对)．¶～だとも dāngrán luo(当然啰)／búyòng shuō le(不用说了)．

も・つ【持つ】**1**〔手に取る〕 ná(拿)．¶両手で～ちなさい yòng liǎng zhī shǒu názhe(用两只手拿着)．¶ついでにこの本を～って行って下さい shùnbiàn bǎ zhè běn shū gěi náqu(顺便把这本书给拿去)．¶重くて～てない chéndenábudòng(沉得拿不动)．¶こんなにたくさん～ちきれない zhème duō dōngxi, wǒ nábuliǎo(这么多东西，我拿不了)．¶こぼさないように～って行きなさい bié sǎ le, hǎohǎo duānqu(别洒了，好好端去)．
2〔所持する，携帯する〕 dài(带)．¶ライターを～ですか nǐ dàizhe dǎhuǒjī ma?(你带着打火机吗?)．¶あいにく今金を～っていない bù qiǎo, wǒ shēnshang méi dài qián(不巧，我身上没带钱)．¶何かお土産を～って行こう diǎnr shénme lǐwù qù ba(带点儿什么礼物去吧)．¶雨が降りそうだから傘を～って行きなさい kàn yàngzi yào xiàyǔ, dài bǎ sǎn qù ba(看样子要下雨，带把伞去吧)．
3〔所有する〕 yǒu(有)．¶私は車は～っていない wǒ méiyǒu jiàochē(我没有轿车)．¶彼は箱根に別荘を～っている tā zài Xiānggēn yǒu yì suǒ biéshù(他在箱根有一所别墅)．¶A社が販売の権利を～っている A gōngsī yǒngyǒu xiāoshòuquán(A 公司拥有销售权)．¶よい息子を～って仕合せです yǒu ge hǎo érzi, suànshì zàohua(有个好儿子，算是造化)．¶～つべきものは友だ rénshēng guì zài yǒu zhījiāo(人生贵在有知交)．
4〔身に備える〕¶この蛇は猛毒を～っている zhè zhǒng shé yǒu jùdú(这种蛇有剧毒)．¶これは～って生れた性格だ wǒ shēngjiù zhè zhǒng píqi(我生就这种脾气)．¶彼女はすぐれた才能を～ちながら努力しない tā suīrán hěn yǒu cáinéng, dàn jiùshì bù nǔlì(她虽然很有才能，但就是不努力)．¶この祭は長い歴史を～っている zhège jìlǐ jùyǒu hěn cháng de lìshǐ(这个祭礼具有很长的历史)．
5〔心に抱く〕¶これは私に恨みを～つ者の仕業だ zhè yídìng shì duì wǒ xīn huái yuànhèn de rén gàn de(这一定是对我心怀怨恨的人干的)．¶自信を～ってこの品をおすすめします xiàng nǐ tuījiàn zhège dōngxi, wǒ gǎn dānbǎo(向你推荐这个东西，我敢担保)．¶勉強に興味が～ってない duì xuéxí méiyǒu xìngqù(对学习没有兴趣)．¶彼女は何の疑いも～たず後について行った tā háo bù huáiyí de gēnzhe tā zǒu le(她毫不怀疑地跟着他走了)．¶彼は自分の職業に誇りを～っている tā duì zìjǐ de zhíyè hěn zìháo(他对自己的职业很自豪)．
6〔負担する〕¶今日の払いは僕が～つよ jīn-

tiān de qián, wǒ lái fù（今天的钱，我来付）/ jīntiān yóu wǒ zuòdōng（今天由我做东）.¶送料は当方で～ちます yóufèi yóu wǒfāng fùdān（邮费由我方负担）.

7〖受け持つ〗¶今年は1年生を～っています jīnnián wǒ dānrèn yī niánjí（今年我担任一年级）.

8〖保たれる，維持される〗¶この鞄はよく～った píbāo kě zhēn jīngjiǔ nàiyòng（这个皮包可真经久耐用）.¶冷蔵庫に入れておけば2,3日～ちます fàngzài bīngxiānglǐ néng bǎocún liǎng, sān tiān（放在冰箱里能保存两、三天）.¶あの店は彼で～っているようなものだ nà jiā pùzi kěyǐ shuō quán yóu tā yí ge rén zhīchēngzhe（那家铺子可以说全由他一个人支撑着）.¶こう忙しくては体が～たない zhème máng, shēntǐ kě zhīchí bu zhù（这么忙，身体可支持不住）.¶病人は明日までで～つまい bìngrén tuōbuguò míngtiān le ba（病人拖不过明天了吧）.

もつ xiàshuǐ（下水）; zásuì（杂碎）〈調理したもの〉.¶とり～ jīzá[r]（鸡杂[儿]）.

もっか【目下】 mùxià（目下），shíxià（时下），yǎnxià（眼下），dāngqián（当前），mùqián（目前），mùjīn（目今）.¶～の情勢は我々に有利だ mùqián de xíngshì duì wǒmen yǒulì（目前的形势对我们有利）.¶～のところ何ら異状あり mùxià méi shénme yícháng（目下没什么异常）.¶～調查中 mùxià zhèngzài diàochá（目下正在调查）.

もっかんがっき【木管楽器】 mùguǎn yuèqì（木管乐器）.

もっきん【木琴】 mùqín（木琴）.

もっけい【黙契】 mòqì（默契）.¶両者の間には～があった shuāngfāng yǐ qǔdé mòqì（双方已取得默契）.

もっけのさいわい【物怪の幸い】 ¶ここで出会ったのが～と思った xìnghǎo zài zhèr yùjiànle tā, jiù qiú tā bāngle máng（幸好在这儿遇见了他，就求他帮了忙）.

もっこ【畚】 wǎngkuāng（网筐）.¶～をかつぐ tiāo wǎngkuāng（挑网筐）.

もっこう【木工】 ¶～細工 mùzhì gōngyìpǐn（木制工艺品）.

もっさり ¶～した男 dòngzuò chíhuǎn bù xiū biānfú de nánrén（动作迟缓不修边幅的男人）.

もったい【勿体】 ¶～をつけないで早く言え bié "mài guānzi[zhuāng yàngzi/zhuāngmú zuòyàng] le, kuài shuō ba（别＊卖关子[装样子/装模作样]了，快说吧）.¶そんなに～ぶるな bié name "zhuāngxiàngr[náqiāng-nádiào] la!（别那么*装相儿[拿腔拿调]啦!）.¶～ぶった様子で壇上にのぼった zhuāngqiāng-zuòshì de dēngshàngle jiǎngtái（装腔作势地登上了讲台）.

もったいない【勿体ない】 **1**〖惜しい〗¶まだ使えるのに捨てた～い hái néng yòng jiù rēngdiào tài kěxī le（还能用就扔掉太可惜了）.¶金を出してこんな物を買うのは～い nánài huā qián mǎi zhè zhǒng dōngxi tài zhíbude le（用钱买这种东西太不值得了）.¶こんなにのんびりやっ

ていたのでは時間が～い zhèyàng yōuxián lǎnsǎn de gàn shì làngfèi shíjiān（这样悠闲懒散地干是浪费时间）.

2〖恐れ多い〗¶これほどまでにしていただいては～い nín zhèyàng xiāngdài zhēn shì bùgāndāng（您这样相待真是不敢当）.¶私には～い話だ duì wǒ lái shuō shì tài bù xiāngchèn le（对我来说是太不相衬了）.

もって【以て】 yǐ（以）.¶一を～十を知る wén yī zhī shí（闻一知十）.¶書面を～通知する yòng shūmiàn tōngzhī（用书面通知）.¶以上の理由を～この意見に賛成します jīyú yǐshàng lǐyóu, wǒ zàncheng zhège yìjiàn（基于以上理由，我赞成这个意见）.¶3月31日を～退職する yú sānyuè sānshíyī rì tuìzhí（于三月三十一日退职）.¶彼は博識を～聞こえる tā yǐ bóshí zhīmíng（他以博识知名）.¶自ら俗物を～任ずる zìchēngwéi fánfū súzǐ（自称为凡夫俗子）.¶これを～祝辞といたします yǐ cǐ jiéshù wǒ de zhùcí（以此结束我的祝词）.

もってこい ¶この仕事は君に～だ zhè gōngzuò duì nǐ zuì wéi héshì（这工作对你最为合适）.¶釣りには～の天気だ zhèngshì diàoyú de hǎo tiānqì（正是钓鱼的好天气）.

もってのほか【以ての外】 ¶私に弁償しろなどとは～だ yào wǒ péicháng, jiǎnzhí shì qǐyǒucǐlǐ（要我赔偿，简直是岂有此理）.¶こんなに遅くまで遊んでいるなんて～だ wánrdào zhème wǎn zhēn búxiànghuà（玩儿到这么晚真不像话）.

もってまわった【持って回った】 ¶～言い方をする shuōhuà guǎiwān-mòjiǎo（说话拐弯抹角）/ shuō rào bózi de huà（说绕脖子的话）.

もっと zài（再），gèng（更），hái（还）.¶～歩こう zài zǒu yí duàn lù ba（再走一段路吧）.¶～たくさん下さい qǐng zài gěi wǒ yìxiē（请再多给我一些）.¶～安いのはありませんか méiyǒu gèng piányi de ma?（没有更便宜的吗?）.¶前よりへ悪くなった bǐ yǐqián gèng bù hǎo le（比以前更不好了）.¶来年は～不景気になるかも知れない míngnián yěxǔ "hái yào[gèngjiā] bùjǐngqì（明年也许*还要[更加]不景气）.

モットー ¶あの店は親切を～に nà shāngdiàn yǐ rèqíng fúwù wéi xíngdòng kǒuhào（那商店以热情服务为行动口号）.

もっとも【尤も】 **1**〖道理にかなう〗 yǒulǐ（有理），yǒu dàoli（有道理）.¶あなたのおっしゃることは御～です nín shuō de yǒu dàoli（您说的有道理）.¶彼の言い分にも～なところがある tā shuō de yě yǒu xiē dàoli（他说的也有些道理）.¶彼がそうするのも父親として～なことだ tā nàme bàn zuòwéi fùqin yě shì lǐ suǒ dāngrán de（他那么办作为父亲是理所当然的）.¶彼女が君に腹を立てるのも～だ tā shēng nǐ de qì, yě "nánguài[yuànbude]（她生你的气，也＊难怪[怨不得]）.

2〖とは言うものの〗 dànshì（但是），kěshì（可是），búguò（不过）.¶そうすればうまくいきます，～例外はありますが nàyàng zuò yídìng néng zuòhǎo, kěshì yě yǒu lìwài（那样做一定能做好，可是也有例外）.¶～全く意見がないわけで

はない búguò, bìng bú shì wánquán méiyǒu yìjiàn(不过,并不是完全没有意见).

もっとも【最も】 zuì(最), dǐng(顶), zuìwéi(最为). ¶世界で~人口の多い国 shìjiè shang rénkǒu zuì duō de guójiā(世界上人口最多的国家). ¶彼の作品の中ではこれが~好きだ zài tā de zuòpǐn zhōng, wǒ zuì xǐhuan zhège(在他的作品中,我最喜欢这个). ¶その点に~苦心した zhè yì diǎn shì wǒ zuì fèi xīnxuè de dìfang(这一点是我最费心血的地方). ¶この問題が~重要だ zhège wèntí 'shì zuì zhòngyào de[zuìwéi zhòngyào](这个问题'是最重要的[最为重要]).

もっともらし・い【尤もらしい】 ¶~い理由 tīngshangqu pō yǒu dàolǐ de lǐyóu(听上去颇有道理的理由). ¶~く言い立てる shuōde tóutou shì dào(说得头头是道). ¶~い顔で冗談を言う zhuāngchū yīběn-zhèngjīng de yàngzi kāiwánxiào(装出一本正经的样子开玩笑).

もっぱら【専ら】 zhuān(专), jìng(净). ¶~学習に励む zhuānxīn yíyì de xuéxí(专心一意地学习). ¶彼は余暇は~小説を読んで過す yèyú shíjiān tā jìng kàn xiǎoshuō(业余时间他净看小说). ¶彼ら2人が結婚するという~の噂だ rénmen dōu chuánshuō tā liǎ yào jiéhūn(人们都传说他俩要结婚). ¶権力を~にする dúlǎn dàquán(独揽大权).

モップ tuōbǎ(拖把), tuōbù(拖布), dūnbù(墩布).

もつ・れる【縺れる】 ¶糸が~れた xiàn nòngxiā le(线弄缠了). ¶足が~れてころげる jiǎo chán jiǎo, chàdiǎnr shuāile gēntou(脚缠脚,差点儿摔了跟头). ¶舌が~れてうまく話せない yǎoshér shuō bu qīngchu(咬舌儿说不清楚). ¶話が~れてしまった wèntí jiūchán bù qīng le(问题纠缠不清了). ¶感情の~れから仲たがいした yóuyú gǎnqíngshang de jiūgé, guānxi bù hǎo le(由于感情上的纠葛,关系不好了).

もてあそ・ぶ【弄ぶ】 bǎinòng(摆弄), shuǎnòng(耍弄), bōnòng(拨弄), wánnòng(玩弄), xìnòng(戏弄), zhuōnòng(捉弄). ¶ナイフを~のは危ない bǎinòng dāozi hěn wēixiǎn(摆弄刀子很危险). ¶女を~ぶ wánnòng nǚrén(玩弄女人). ¶彼女は数奇な運命に~ばれた tā bèi búxìng de mìngyùn suǒ zhuōnòng(她被不幸的命运所捉弄).

もてあま・す【持て余す】 ¶暇を~す xiánde fāhuāng(闲得发慌). ¶彼は仕事がなくて体を~している tā méi gōngzuò, lìqi méi chù shǐ(他没工作,力气没处使). ¶あの子は親も~している nàge háizi lián fùmǔ dōu guǎnbuliǎo(那个孩子连父母都管不了).

もてな・す【持て成す】 kuǎndài(款待), zhāodài(招待), dàicheng(待承). ¶得意の料理で客を~す zuò náshǒucài kuǎndài kèren(做拿手菜款待客人). ¶A氏を迎えて厚く~す shèngqíng zhāodài A xiānsheng(盛情招待A先生). ¶何のお~しもできませんがどうぞごゆっくり suīrán méiyǒu shénme zhāodài, qǐng duō zuò yíhuìr ba(虽然没有什么招待,请多坐一会儿吧).

もてはや・す【持て囃す】 ¶彼はコメディアンとして世界中に~されている tā zuòwéi yí ge xǐjù yǎnyuán shòudào quánshìjiè de xǐ'ài(他作为一个喜剧演员受到全世界的喜爱). ¶その型のオートバイが若い人に~されている nà zhǒng yàngshì de mótuōchē hěn shòu niánqīngrén de huānyíng(那种样式的摩托车很受年轻人的欢迎). ¶東大出というだけで~される shuō shì Dōngdà bìyè de jiù shòu rén chuīpěng(说是东大毕业的就受人吹捧).

モデム tiáozhì jiětiáoqì(调制解调器).

も・てる shòu huānyíng(受欢迎), chīdekāi(吃得开), chīxiāng(吃香). ¶彼はどこに行っても女に~てる tā dào nǎr dōu 'shòu nǚren de huānyíng[yànfú bù qiǎn](他到哪儿都'受女人的欢迎[艳福不浅]).

モデル 1[型] xíng(型); [模型] móxíng(模型). ¶~チェンジをする gēngxīn huàndài(更新换代). ¶プラ~ sùliào móxíng(塑料模型).
2[模範] mófàn(模范), diǎnxíng(典型). ¶これがいい~になる zhè kěyǐ zuòwéi yí ge hǎo diǎnxíng(这可以作为一个好典型). ¶~ケース diǎnxíng shílì(典型事例). ~スクール shíyàn xuéxiào(实验学校)/shìfàn xuéxiào(示范学校).
3[模特儿] (模特儿). ¶実在の人物を~にして小説を書く yǐ shízài de rénwù zuòwéi yuánxíng xiě xiǎoshuō(以实在的人物作为原型写小说). ¶~を使って描く yòng mótèr miáohuà(用模特儿描画). ¶ファッション~ shízhuāng mótèr(时装模特儿).

もと【下】 xià(下). ¶法の~ではみな平等だ zài fǎlǜ miànqián rénrén píngděng(在法律面前人人平等). ¶H教授の~で研究する zài H jiàoshòu zhǐdǎo xià cóngshì yánjiū(在H教授指导下从事研究). ¶一刀の~に切り倒す yì dāo kǎndǎo(一刀砍倒). ¶月末に返済するという約束の~に借り受ける zài yuèdǐ chánghuán de yuēyán zhī xià jièkuǎn(在月底偿还的约言之下借款).

もと【元・本】 1[起り] yuánběn(原本), yuánlái(原来), běnlái(本来). ¶この大学の~は私塾だ zhège dàxué yuánlái shì yì jiā sīshú(这个大学原来是一家私塾). ¶~をただせばただの炭素だ zhuībèn-qióngyuán, zhè yuánlái shì tàn(追本穷源,这原本是碳).
2[根本, 基礎] běn(本). ¶農は国の~ nóng wéi bāng běn(农为邦本)/nóngyè shì guójiā de jīchǔ(农业是国家的基础). ¶この案は住民の意見を~にして作成した zhège jìhuà shì gēnjù jūmín de yìjiàn zhìdìng de(这个计划是根据居民的意见制定的).
3[原因] ¶けんかの~と言えば金銭問題だ dǎjià qǐyīn zàiyú jīnqiánshang de wèntí(打架起因在于金钱上的问题). ¶過労から~で病気になった yóuyú guòdù láolèi ér déle bìng(由于过度劳累而得了病).

4〖元手，元值〗běn[r](本[儿]).¶商売を始めようにも～がない xiǎng zuò mǎimai, què méiyǒu běnqián(想做买卖,却没有本钱).¶5年やれば～は取れる gàn wǔ nián jiù kěyǐ lāohuí lǎoběnr(干五年就可以捞回老本儿).¶～も子も無くす péile fūren yòu zhé bīng(赔了夫人又折兵)／jī fēi dàn dǎ(鸡飞蛋打).¶～を切って売る péiběn mài(赔本卖).

5〖原料，材料〗¶かびを～にして作った薬 yǐ méijūn wéi yuánliào tíliàn de yào(以霉菌为原料提炼的药).¶この小説は実際の事件を～にして書いた zhège xiǎoshuō yǐ shíjì de shìjiàn wéi tícái xiě de(这个小说以实际的事件为题材写的).

6〖以前〗¶ここは～は荒れ地だった zhèli yuánxiān shì huāngdì(这里原先是荒地).¶辺りは～の静寂に戻った sìzhōu yòu huīfùle yuánlái de jìjìng(四周又恢复了原来的寂静).¶使ったら～の場所に戻して下さい yòngwánle, qǐng fànghuí yuánchù(用完了,请放回原处).¶～の木阿弥(\&) huídào yuánzhuàng(回到原状)／yīrán gù wǒ(依然故我).¶～住んでいた家は跡形も無くなっていた cóngqián zhùguo de fángzi lián yìdiǎnr hénjì yě méiyǒu le(以前住过的房子连一点儿痕迹也没有了).¶彼女は～小学校の教師をしていた tā céng zuòguo xiǎoxué jiàoshī(她曾做过小学教师).¶～世界チャンピオン yuán shìjiè guànjūn(原世界冠军).

もとうけ【元受け】¶～業者 yuánchéngbāoshāng(元承包商).

もどかし・い¶彼の仕事ぶりは～くて見ていられない tā nà màntēngtēng de gōngzuò jìntóur jiào rén kànzhe zhēn bú nàifán(他那慢腾腾的工作劲头儿叫人看着真不耐烦).¶うまく説明できなくて～い wǒ shuō bu qīngchu, xīnli zhēn zháojí(我说不清楚,心里真着急).¶人を待つ身の～さ děng rén zhī xīnjiāo(等人之心焦).

-もどき【擬】¶芝居～にしゃべる xiàng yǎnxì shìde shuō huà(像演戏似的说话).

もときん【元金】běnjīn(本金), běnqián(本钱), běn[r]本[儿]), lǎoběn[r](老本[儿]), mǔjīn(母金).

もとごえ【元肥】jīféi(基肥), dǐféi(底肥).

もとじめ【元締】zǒngguǎn(总管).

もど・す【戻す】**1** huán(还), tuìhuán(退还), tuìhuí(退回).¶使ったら元の所に～しておきなさい yòngwánle fànghuí yuánchù(用完了放回原处).¶あの本は持主に～しました nà běn shū huángěi yuánzhǔ le(那本书还给原主了).¶原状に～す huīfù yuánzhuàng(恢复原状).¶話を本題に～す bǎ huàtou lāhuí běntíshang lái(把话头拉回本题上来)／bǎ huàtou zhuǎnhuí zhèngtíshang lái(把话头转回正题上来).¶時計の針を5分～す bǎ biǎo wǎng huí bō wǔ fēnzhōng(把表往回拨五分钟).**2**〖吐く〗tù(吐), ǒutù(呕吐).¶～した juéde ěxin ǒutù le(觉得恶心呕吐了).

もとせん【元栓】zǒng kāiguān(总开关).

もとちょう【元帳】zǒngzhàng(总账).

もとづ・く【基づく】àn(按), ànzhào(按照), yī(依), yīzhào(依照), yījù(依据), gēnjù(根据), jīyú(基于), běnzhe(本着).¶計画に～いて行動する àn jìhuà xíngdòng(按计划行动).¶規則に～いて処理する ànzhào guīzhāng chǔlǐ(按照规章处理).¶史実に～いた小説 yījù shǐshí xiě de xiǎoshuō(依据史实写的小说).¶その争いは誤解に～いている nàge jiūfēn shì yóu wùhuì ér chǎnshēng de(那个纠纷是由误会而产生的).

もとで【元手】běnqián(本钱), běnjīn(本金), běn[r]本[儿]), lǎoběn[r](老本[儿]), xuèběn(血本).¶商売を始めたいが～がない xiǎng zuò shēngyi, dànshì méiyǒu běnqián(想做生意,但是没有本钱).¶体が～だ shēntǐ shì běnqián(身体是本钱).

もとどおり【元通り】¶町は～に復興した chéngzhèn zhào yuányàng fùxīng qilai le(城镇照原样复兴起来了).¶～に直して huīfù chéng yuánzhuàng hòu guīhuán(恢复成原状后归还).

もとね【元値】yuánjià(原价).¶～で売る àn yuánjià chūshòu(按原价出售).

もとめて【求めて】¶～損をすることはない yòngbuzháo zìjǐ zhǎo kuī chī(用不着自己找亏吃).¶彼は～苦労しているようなものだ tā hǎoxiàng zài zì tǎo kǔ chī(他好像在自讨苦吃).

もと・める【求める】**1**〖希求する〗qiú(求), xúnqiú(寻求), móuqiú(谋求).¶友人に援助を～める xiàng péngyou qiúzhù(向朋友求助).¶真理を～める xúnqiú zhēnlǐ(寻求真理).¶職を～める móuqiú zhíyè(谋求职业)／zhǎo gōngzuò(找工作).¶～めていた物が手に入った xúnzhǎo de dōngxi dàoshǒu le(寻找的东西到手了).¶名利を～めない bù qiú mínglì(不求名利).¶3角形の面積を～める qiú sānjiǎoxíng de miànjī(求三角形的面积).

2〖要求する〗yāoqiú(要求), qǐngqiú(请求).¶会社に回答を～める yāoqiú gōngsī huídá(要求公司回答).¶～めに応じて身分証明書を提示する yìng yāoqiú chūshì shēnfenzhèng(应要求出示身分证).¶許可を～める qǐngqiú xǔkě(请求许可).¶彼に意見を～められた tā zhēngqiú wǒ de yìjiàn(他征求我的意见).

3〖買う〗mǎi(买), gòumǎi(购买).¶この品は北京で～めました zhège dōngxi shì zài Běijīng mǎi de(这个东西是在北京买的).¶お早くお～め下さい qǐng jǐnzǎo gòumǎi(请尽早购买).

もともと【元元】**1**〖元来〗yuánběn(原本), běnlái(本来), yuánlái(原来), yuánxiān(原先).¶～行くつもりはなかった wǒ běnlái jiù méi dǎsuàn qù(我本来就没打算去).¶これは～私の本だったのだ zhè yuánlái shì wǒ de shū(这原来是我的书).

2〖損得なし〗¶失敗して～だ shībàile yě suànbuliǎo shénme(失败了也算不了什么).¶承知してくれればもうけもの,断られて～だ yào-

shi tā dāyīng jiù suàn jiǎnle ge dà piányi, jiùshì bèi jùjué yě bù kuī lǎoběn(要是他答应就算拣了个大便宜,就是被拒绝也不亏老本).

もとより【素より】 ¶失敗は〜覚悟の上だ duì shībài wǒ zǎoyǐ zuòle sīxiǎng zhǔnbèi(对失败我早已做了思想准备). ¶彼は英語は〜フランス語ドイツ語にも堪能だ tā Yīngyǔ búyòng shuō, Fǎyǔ hé Déyǔ dōu hěn jīngtōng(他英语不用说,法语和德语都很精通).

もと・る【悖る】 wéibèi(违背), wéifǎn(违反). ¶良心に〜る wéibèi liángxīn(违背良心). ¶人道に〜る行為だ shì wéibèi réndào de xíngwéi(是违背人道的行为).

もど・る【戻る】 huí(回), huídào(回到), fǎnhuí(返回), huífǎn(回返). ¶自分の席に〜りなさい huídào zìjǐ de wèizi shang qù(回到自己的位子上去). ¶道に迷って元の所に〜ってしまった míle lù yòu huídào yuánlái de dìfang le(迷了路又回到原来的地方了). ¶話がまた元に〜って少しも先に進まない huà yòu huídào yuánlái de dìfang lǎo bújiàn jìnzhǎn(话又回到原来的地方老不见进展). ¶郵便局は100メートルほど〜った所です yóujú jiù zài wǎng huílǐ zǒu yìbǎi lái mǐ de dìfang(邮局就在往回里走一百来米的地方). ¶父は程なく〜ります fùqīn bù yíhuìr jiù huílai(父亲不一会儿就回来). ¶なくした財布が〜った diūle de qiánbāo zhǎohuílai le(丢了的钱包找回来了). ¶病状は以前に〜ってしまった bìngqíng yòu huídào yuánlái de zhuàngtài(病情又回到原来的状态). ¶強く引っ張ったら〜らなくなった shǐjìnr yì lā, huánbuliǎo yuán le(使劲儿一拉,还不了原了). ¶あの夫婦は縒(よ)りが〜った nà duì fūfù pòjìng-chóngyuánle le(那对夫妇破镜重圆了). ¶やっと記憶が〜った hǎoróngyì huīfùle jìyìlì(好容易恢复了记忆力).

モニター ¶ラジオ番組の〜 guǎngbō jiémù de jiāntīngyuán(广播节目的监听员).

もぬけのから【蛻の殻】 ¶ベッドはすでに〜だった chuángshang yǐ jīnchán-tuōqiào, pūle kōng le(床上已金蝉脱壳,扑了个空了).

もの【物】 **1**〔物体,品物〕 dōngxi(东西). ¶道でこんな〜を拾った wǒ zài lùshàng jiǎnle zhèyàng yí ge dōngxi(我在路上捡了这样一个东西). ¶あそこで光っている〜は何だろう nàli fāliàng de dōngxi shì shénme?(那里发亮的东西是什么?). ¶何か欲しい〜はありませんか yǒu méiyǒu shénme xiǎngyào de dōngxi?(有没有什么想要的东西?). ¶〜の値段が高くなった dōngxi guì le(东西贵了)/wùjià zhǎng le(物价涨了). ¶〜を粗末にしてはいけない bùnéng zāota dōngxi(不能糟蹋东西). ¶この布地は〜がいい zhè yīliào zhìliàng hǎo(这衣料质量好).

2〔所有物〕 ¶この家は兄の〜だ zhè suǒ fángzi shì gēge de(这所房子是哥哥的). ¶全財産が彼の〜となった suǒyǒu de cáichǎn dōu guīyú tā le(所有的财产都归于他了). ¶勝利はこっちの〜だ shènglì bì shǔyú wǒ(胜利必属于我).

3〔存在,対象〕 dōngxi(东西). ¶テレビというのがなかった頃 méiyǒu diànshì zhège dōngxi de shíhou(没有电视这个东西的时候). ¶人間の欲望という〜は果てしがない rén de yùwàng shì wú zhǐjìng de(人的欲望是无止境的). ¶食べる〜がない méiyǒu dōngxi chī(没有东西吃). ¶何か読む〜はありませんか yǒu shénme dú de dōngxi méiyǒu?(有什么读的东西没有?).

4〔物事〕 ¶〜は試し,その試験を受けてみなさい fánshì chénggōng zàiyú chángshì, nàge kǎoshì nǐ kǎokao ba(凡事成功在于尝试,那个考试你考考看). ¶〜は相談だが君ひとつこの仕事をやってみないか zěnmeyàng, zhège gōngzuò nǐ lái zuòzuo(怎么样,这个工作你来做做). ¶〜の弾みで引き受けてしまった yìshí de shìtóu chéngdān xialai le(一时的势头承担下来了). ¶彼は〜の分与ぬ奴だ tā kě zhēn bù dǒng shìlǐ(他可真不懂事理). ¶彼は〜に動じない tā tiān bú pà dì bú pà(他天不怕地不怕). ¶〜には順序がある fánshì dōu yǒu shùnxù(凡事都有顺序). ¶〜は言いようで角(かど)が立つ huà yào kàn zěnme shuō, shuōde bù hǎo jiù huì dézuì rén(话要看怎么说,说得不好就会得罪人). ¶彼は〜の分かりを知らない tā jiǎnzhí tài bù dǒng lǐmào le(他简直太不懂礼貌了).

5〔取り立てて言うほどの事〕 ¶40キロの道を〜ともせず歩いて行った sìshí gōnglǐ de lù tā yě bù xián yuǎn, zǒuzhe qù le(四十公里的路他也不嫌远,走着去了). ¶あんな奴など〜の数ではない nàge jiāhuo suànbushàng shùr(那个家伙算不上数儿).

6〔物の怪〕 ¶〜に憑(つ)かれたように仕事に打ち込む xiàng zháole mí shìde pīnmìng gōngzuò(像着了迷似的拼命工作).

7〔ものにする,ものになる〕 ¶ドイツ語を〜にする bǎ Déwén xuédàoshǒu(把德文学到手). ¶いくら指導しても〜になりそうもない kànlai jiùshì zěnme zhǐdǎo yě chéngbuliǎo qì(看来就是怎么指导也成不了器). ¶この子は将来〜になりそうだ zhè háizi jiānglái huì chéng dàqì(这孩子将来会成大器).

8〔ものを言う〕 ¶この仕事は経験が〜を言う zhè zhǒng gōngzuò yào kào jīngyàn(这种工作要靠经验). ¶数に〜を言わせて強行採決した kào rén duō shì zhòng qiángxíng tōngguò le(靠人多势众强行通过了).

9〔詠嘆,強調〕 ¶彼も偉くなった〜だ tā kě zhēn yǒu chūxi le(他可真有出息了). ¶昔この川でよく泳いだ〜だ yǐwǎng wǒ cháng zài zhè tiáo hé li yóuyǒng(以往我常在这条河里游泳). ¶そんな事は言う〜ではない nà zhǒng huà kě bù gāi shuō(那种话可不该说). ¶早く見たい〜だ zhēn xiǎng zǎo yìdiǎnr kànkan(真想早一点儿看看). ¶彼の功績は顕著な〜がある tā yǒu xiǎnzhù de gōngláo(他有显著的功劳).

もの【者】 ¶回答できた〜は2人しかいなかった dádeshàng de zhǐ yǒu liǎng ge(答得上的只有

两个).¶18歳未満の～入場お断り wèimǎn shíbā suì zhě xièjué rùchǎng(未满十八岁者谢绝入场).¶彼を知らない～はいない méiyǒu yí ge bú rènshi tā de(没有一个不认识他的).¶彼ともあろう～がこんなことをしでかすとは…méi xiǎngdào tā nàge rén jìng gǎochū zhè zhǒng shì lai …(没想到他那个人竟搞出这种事来…).¶私はこの土地の～ではありません wǒ bú shì běndìrén(我不是本地人).¶私は渡辺という～です wǒ xìng Dùbiān(我姓渡边).

ものいい【物言い】 **1**【言葉遣い】¶あの人は～が柔らかだ nàge rén shuōhuà wēnhé wěiwǎn(那个人说话温和委婉).

2【異議】¶～をつける duì cáipàn tíchū yìyì(对裁判提出异议).¶工事計画に～がついた duì gōngchéng jìhuà yǒule fǎnduì yìjiàn(对工程计划有了反对意见).

ものいり【物入り】 kāixiao(开销), kāizhī(开支).¶今月は何かと～だった zhège yuè li zhèyàng nàyàng kāixiao hěn duō(这个月里这样那样开销很多).

ものう・い【物憂い】¶何をするのも～い shénme yě lǎnde zuò(什么也懒得做).¶～げに話をする lǎnyángyáng de shuōhuà(懒洋洋地说话).

ものうり【物売り】 huòláng(货郎), xiǎofàn(小贩).¶～の声が聞える chuánlai jiàomàishēng(传来叫卖声).

ものおき【物置】 duīfáng(堆房).

ものおじ【物怖じ】¶どんな場所に出ても～しない wúlùn shénme chǎnghé dōu bú wèiqiè(无论什么场合都不怯生).¶この子は～しない子だ zhè háizi yìdiǎnr yě bú qièshēng(这孩子一点ㄦ也不怯生).

ものおしみ【物惜しみ】 lìnsè(吝啬), lìnxī(吝惜).¶あの人は～をせずに何でもくれる tā yìdiǎnr yě bú lìnxī, yào shénme gěi shénme(他一点ㄦ也不吝惜,要什么给什么).

ものおと【物音】 xiǎngdong[r](响动[ㄦ]), xiǎngshēng(响声), shēngxiǎng(声响).¶しいんと静まり返って～ひとつしない jìngde yìdiǎnr xiǎngdong yě méiyǒu(静得一点ㄦ响动也没有).¶～で目が覚めた bèi xiǎngshēng jīngxǐng le(被响声惊醒了).

ものおぼえ【物覚え】 jìxing(记性).¶この子は～がいい zhè háizi jìxing hǎo(这孩子记性好).¶～が速い xuéde kuài(学得快).

ものおもい【物思い】¶彼女は何か～にふけっているようだ tā shìhū zài "sīniàn[yōulǜ]zhe shénme(她似乎在ˇ思念[忧虑]着什么).

-ものか¶あんな奴恐い～ nàge jiāhuo yǒu shénme kěpà de(那个家伙有什么可怕的).¶あいつが芸術家な～ tā suàn shénme yìshùjiā!(他算什么艺术家!).¶見舞になんか行ってやる～ shuí huì qù kànwàng tā(谁会去看望他).¶君になんか負ける～ wǒ zěnme huì shūgěi nǐ ne(我怎么会输给你呢).¶そんなことがあってたまる～ nǎr huì yǒu zhè zhǒng shì(哪ㄦ会有这种事).

ものかき【物書き】 bǐgǎnzi(笔杆子), xiějiā(写家), yǐ bǐmò wéi shēng de(以笔墨为生的), kào bǐgǎnzi chīfàn de(靠笔杆子吃饭的).

ものかげ **1**【物影】¶～の動くのを認めた kàndào yǒu ge yǐngzi shǎndòng(看到有个影子闪动).

2【物陰】¶～にじっと身を潜めていた yídòng-búdòng de cángzài yǐnbìchù(一动不动地藏在隐蔽处).

ものがたり【物語】 gùshi(故事).¶この桜の木にはこんな～が伝わっている guānyú zhè kē yīngshù yǒu zhèyàng yí ge chuánshuō(关于这棵樱树有这样一个传说).¶子供に～を話して聞かせる gěi háizi jiǎng gùshi tīng(给孩子讲故事听).

ものがた・る【物語る】 jiǎng(讲), jiǎngshù(讲述); shuōmíng(说明).¶体験を～る jiǎngshù qīnshēn tǐyàn(讲述亲身体验).¶彼の日焼けしてたくましい手足は労働の厳しさを～っていた tā nà cūzhuàng yǒuhēi de shǒujiǎo chōngfēn shuōmíngle láodòng de jiānkǔ(他那粗壮黝黑的手脚充分说明了劳动的艰苦).

ものかなし・い【物悲しい】 bēiliáng(悲凉), qīliáng(凄凉).¶～い歌声が聞えてきた chuánlaile qīliáng de gēshēng(传来了凄凉的歌声).

ものぐさ【物臭】 xián nábǎn(嫌麻烦).¶彼は～だからしないだろう tā shénme shì dōu xián máfan, yídìng bú huì gàn de(他什么事都嫌麻烦,一定不会干的).¶寒くなると～になる tiān yì lěng jiù lǎnde dòng le(天一冷就懒得动了).

ものごころ【物心】¶～がつく年頃 gāng dǒngshì de niánlíng(刚懂事的年龄).¶～のつかぬうちに母を失った wǒ hái bú jìshìr de shíhou jiù shīqùle mǔqin(我还不记事ㄦ的时候就失去了母亲).

ものごし【物腰】¶～の柔らかい人 dàirén jiēwù héǎi kě qīn de rén(待人接物和蔼可亲的人).¶落ち着いた～で応対する yìngduì jǔzhǐ dàfang(应对举止大方).

ものごと【物事】 shì(事), shìqing(事情).¶彼は～にこだわらない tā bù jūnì yú xìjié(他不拘泥于细节).¶程度というものがある fánshì dōu yǒu xiàndù(凡事都有限度).¶世の中の～はなかなか思うようにならない shìshàng de shìqing bù dōu xì nàme suìxīn rúyì de(世上的事情不都是那么遂心如意的).

ものさし【物差し】 chǐ(尺), chǐzi(尺子); chǐdù(尺度), chǐmǎ(尺码).¶～で板の幅を測る yòng chǐ liáng mùbǎn de kuāndù(用尺量木板的宽度).¶あの男は普通の～では測れない tā nàge rén yǐ yìbān de chǐdù héngliang bu liǎo(他那个人以一般的尺度衡量不了).

ものさびし・い【物寂しい】 lěngqīng(冷清), lěngjì(冷寂), qīnglěng(清冷), qīngjì(清寂), jìjìng(寂静).¶～い風景 jìjìng de jǐngzhì(寂静的景致).

ものしずか【物静か】¶～な口調で語る yǔqì pínghé de shuōhuà(语气平和地说话).

ものしり【物知り】 wànshìtōng(万事通), bǎishìtōng(百事通).¶あの～に聞いてみよう xiàng nà wèi wànshìtōng dǎtīng dǎtīng(向那

位万事通打听打听). ¶これでひとつ~になった zhè yòu zhǎngle zhīshi (这又长了知识). ¶一顔にしゃべる bǎichū yí fù wànshìtōng de miànkǒng shuō huà (摆出一副万事通的面孔说话).

ものずき【物好き】 ¶私は~でこの仕事をしているのではない wǒ bú shì yóuyú àihào cái gàn zhège gōngzuò de (我不是由于爱好才干这个工作的). ¶~にも程がある hàoshì yě tài guòhuǒ le (好事也太过火了). ¶世間には~もいるものだ shìshàng yě quèshí yǒu yǒu guàipǐ de rén a! (世上也确实有有怪癖的人啊!).

ものすごーい【物凄い】 1 [恐ろしい] ¶~い形相 xiōng'è kěpà de miànkǒng (凶恶可怕的面孔).
2 [甚だしい] ¶車が~いスピードで走って来た qìchē fēikuài de kāiguolai le (汽车飞快地开过来了). ¶歳末のデパートは~い人出だ niándǐ de bǎihuò shāngdiàn jiǎnzhí shì rénshān-rénhǎi (年底的百货商店简直是人山人海). ¶昨日の暑さは~かった zuótiān rède kě zhēn 'yàomìng [xiéhu/gòuqiàng] (昨天热得可真'要命[邪乎/够呛]).

ものたりなーい【物足りない】 ¶君が来なかったので~かった nǐ méi lái, zhēn shì měi zhōng bù zú (你没来,真是美中不足). ¶ずいぶん食べたけれどもまだ~い感じがする chīle bùshǎo, kě hái juéde yǒudiǎnr bú gòu bǎo (吃了不少, 可还觉得有点儿不够饱).

-ものなら ¶代れる~代ってやりたい yàoshi wǒ néng zuò tìshēn, wǒ jiù tì tā (要是我能做替身, 我就替他). ¶そんなことを言そう~えらいことになる yàoshi shuōchū nà zhǒng huà kě jiù bùdéliǎo le (要是说出那种话可就不得了了).

ものな・れる【物慣れる】 ¶~れた手つきでラジオを組み立てる shúliàn de zhuāngpèi shōuyīnjī (熟练地装配收音机). ¶店員は~れた態度で客と応対した diànyuán lǎoliàn de jiēdài gùkè (店员老练地接待顾客).

ものの 1 [およそ, せいぜい] ¶~3日も休めば元気になる xiūxi liǎng, sān tiān jiù huì huīfù jiànkāng de (休息两,三天就会恢复健康的). ¶~5分とたたないうちに又やって来た bú dào wǔ fēnzhōng, tā yòu lái le (不到五分钟, 他又来了).
2 [...けれども] ¶ああは言った~内心気がめる suīrán nàme shuōchūle kǒu, kěshì xīnli yǒudiǎnr kuì (虽然那么说出了口, 可是心里有点儿愧). ¶承知した~やり遂げる自信はない suīrán chéngdān xialai, dànshì méiyǒu bǎwò wánchéng (虽然承担下来, 但是没有把握完成). ¶発見が早かったからよかった~大事故になるところだった hǎozài fāxiàn zǎo, chàdiǎnr zàochéng dàshìgù (好在发现早, 差点儿造成大事故).

ものほし【物干し】 shàitái (晒台), liàngtái (晾台), píngtái (平台). ¶~ざお liàngyī gānzi (晾衣竿子).

ものほしそう【物欲しそう】 ¶~に眺めている yǎnchán de kànzhe (眼谗地看着). ¶~な顔をする xiǎnchū yǎnrè de shénsè (显出眼热的神色).

ものまね【物真似】 mófǎng (模仿). ¶彼は鳥の鳴き声の~が上手だ tā hěn huì mófǎng niǎo jiào (他很会模仿鸟叫).

ものみだかーい【物見高い】 ¶~い人々がわんさと集まった hào kàn rènao de jùjíle yí dà qún (好看热闹的聚集了一大群).

ものみゆさん【物見遊山】 ¶~に出かける qù yóu shān wán shuǐ (去游山玩水)/chūwài yóuguàng míngshān dàchuān (出外游逛名山大川).

ものめずらしーい【物珍しい】 xīhan (希罕), xīqí (奇罕). ¶当地に来たばかりなのですべてが~い gānggāng láidào cǐdì, shénme dōu juéde hěn xīhan (刚刚来到此地, 什么都觉得很希罕). ¶子供達が~そうに眺めている háizimen hěn hàoqí de kànzhe (孩子们很好奇地看着).

ものもち【物持ち】 1 [財産家] ¶彼はなかなかの~だ tā zhēn chèn dōngxi (他真趁东西).
2 ¶彼女は~がいい tā yòng dōngxi hěn àixī (她用东西很爱惜).

ものものしーい【物物しい】 ¶~い警備だ jièbèi sēnyán jíle (戒备森严极了). ¶大した山でもないのに~いいでろだ bìng bù shì páo gāoshān, zhuāngshù dào xiàng shà yǒu jiè shì (并不是爬高山, 装束倒像煞有介事).

ものもらい【物貰い】 1 [乞食] qǐgài (乞丐), huāzi (花子・化子), jiàohuāzi (叫花子・叫化子), yàofànde (要饭的), tǎofànde (讨饭的).
2 [まぶたの] màilìzhǒng (麦粒肿), zhēnyan (针眼), jiǎnxiányán (睑腺炎). ¶左の目に~ができた zuǒyǎn hàile màilìzhǒng (左眼害了麦粒肿).

ものやわらか【物柔らか】 hé'ǎi (和蔼), píngyì (平易), héyì (和易). ¶物腰が~だ hé'ǎi kěqīn (和蔼可亲)/píngyì jìn rén (平易近人). ¶~に応対する héyán-yuèsè de yìngchou rén (和颜悦色地应酬人).

モノラル fēi lìtǐshēng (非立体声); dānshēng-dào (单声道).

モノレール dānguǐ tiělù (单轨铁路).

モノローグ dúbái (独白).

ものわかり【物分り】 zhīqù (知趣), lǐnghuìde kuài (领会得快). ¶~がいい hěn zhīqù (很知趣)/zhī qíng dá lǐ (知情达理)/dǒngshì mínglǐ (懂事明理).

ものわかれ【物別れ】 juélie (决裂), pòliè (破裂). ¶話合いは~に終った tánpàn yǐ juéliè ér gàozhōng (谈判以决裂而告终)/huìtán wú guǒ ér sàn (会谈无果而散).

ものわすれ【物忘れ】 wàng shì (忘事), jiànwàng (健忘). ¶年のせいかよく~をする yěxǔ shì shàngle suìshu, hào wàng shì (也许是上了岁数, 好忘事). ¶この頃~がひどくなった jìnlái yuèfā jiànwàng le (近来越发健忘了)/jìnlái wàngxing dà le (近来忘性大了).

ものわらい【物笑い】 ¶~の種になる chéngwéi xiàobǐng (成为笑柄). ¶そんな変な格好をしたら世間の~になるぞ dǎbande nàme xīqí-gǔguài kě jiào rén xiàohua a! (打扮得那么希奇

もはや【最早】 yǐ (已), yǐjing (已经). ¶~夜も更けている yè yǐ shēn le (夜已深了). ¶~疑う余地はない yǐ háo wú huáiyí de yúdì (已毫无怀疑的余地). ¶他に作為榜样 rújīn, wéi shí yǐ wǎn (事到如今,为时已晚).

もはん【模範】 mófàn (模范), bǎngyàng (榜样), kǎimó (楷模). ¶全校生徒の~になる chéngwéi quánxiào xuéshēng de mófàn (成为全校学生的模范). ¶彼を~とする yǐ tā zuòwéi bǎngyàng (以他作为榜样). ¶人に~を示す xiàng rén shìfàn (向人示范). ¶これは~的な手紙文です zhè shì biāozhǔn de shūxìntǐ (这是标准的书信体).
¶~解答 biāozhǔn dá'àn (标准答案). ~試合 biǎoyǎnsài (表演赛).

もふく【喪服】 xiàofú (孝服), sāngfú (丧服), xiàoyī (孝衣).

モヘア mǎhǎimáo (马海毛).

もほう【模倣】 mófǎng (模仿·摹仿), móxiào (摹效·模效), fǎngxiào (仿效), xiàofǎng (效仿). ¶この絵はゴヤの~だ zhè zhāng huàr shì mófǎng Gēyǎ de (这张画儿是模仿戈雅的).

もみ【籾】 dàogǔ (稻谷), dàozi (稻子); 〔籾殻〕dàokāng (稻糠), lóngkāng (砻糠), dàoké (稻壳).

もみ【樅】 cōng (枞), lěngshān (冷杉), cōngshù (枞树).

もみあ・う【揉み合う】 ¶我勝ちに入ろうとして入口で~う zhēngxiān-kǒnghòu de xiǎng jìnqu, zài rùkǒuchù jǐzuò yì tuán (争先恐后地想进去,在入口处挤做一团).

もみあげ【揉み上げ】 bìnjiǎo[r] (鬓脚[儿]), bìnjiǎo (鬓角). ¶~を長くしている bìnjiǎo liúde chángchángde (鬓角留得长长的).

もみがら【籾殻】 dàokāng (稻糠), lóngkāng (砻糠), dàoké (稻壳). ¶~をとる lóng dàozi (砻稻子)/ qù dàoké (去掉稻壳).

もみくちゃ【揉みくちゃ】 ¶興奮してハンカチを~にした xīngfènde bǎ shǒujuàn róuzhòu le (兴奋得把手绢揉皱了). ¶満員電車で~った diànchē yōngjǐ bèi jǐde yìtāhútú (电车拥挤被挤得一塌糊涂).

もみけ・す【揉み消す】 ¶煙草の火を~す bǎ yāntóu ⌈róumiè[qiāxī]⌉(把烟头⌈揉灭[掐熄]⌉). ¶金で事件を~す yòng jīnqián bǎ ànzi mǒdiào (用金钱把案子抹掉).

もみじ【紅葉】 hóngyè (红叶); 〔かえで〕fēngshù (枫树), qìshù (槭树). ¶山へ~狩に行く dào shānshang guānshǎng hóngyè (到山上观赏红叶). ¶顔に~を散らす èrre liǎnhóng (耳热脸红).

もみで【揉み手】 ¶~で頼み込む cuōzhe shǒu xiàng rén kěnqiú (搓着手向人恳求).

もみりょうじ【揉み療治】 tuīná liáofǎ (推拿疗法), ànmó liáofǎ (按摩疗法).

も・む【揉む】 1〔手で〕 róu (揉), cuō (搓). ¶肩を~む ànmó jiānbǎng (按摩肩膀). ¶紙を~んで柔らかくする bǎ zhǐ róuruǎn (把纸揉软). ¶錐を~む yòng zhuīzi zuān yǎn (用锥子钻眼).

2〔気を〕 ¶人が気を~んでいるのに本人はのほほんとしている rénjia zhí zháojí, tā běnrén què mǎn bú zàihu (人家直着急,他本人却满不在乎). ¶この子は親に気を~ませてばかりいる zhège háizi lǎo jiào fùmǔ cāoxīn (这个孩子老叫父母操心).

3 ¶小舟は波に~まれ続けた xiǎochuán bèi làng dǎde diānbǒ búyǐ (小船被浪打得颠簸不已). ¶人波に~まれながらやっとホームにたどり着いた zài rénqún zhōng hǎoróngyì jǐdàole zhàntái (在人群中好容易挤到了站台). ¶世間に出て~まれてこい dào shèhuìshang qù duànliàn duànliàn ba (到社会上去锻炼锻炼吧). ¶あいつは生意気だから一つ~んでやれ tā tài jiāo'ào, gěi tā yì jiāhuo (他太骄傲,给他一家伙). ¶~みに~んでやっと採決にこぎつけた tōngguò jīliè de zhēnglùn hǎoróngyì cái tífù biǎojué (通过激烈的争论好容易才提付表决).

もめごと【揉め事】 jiūfēn (纠纷), jiūgé (纠葛), shìduān (事端). ¶彼の家では~が絶えない tā jiālǐ jīngcháng nào jiūfēn (他家里经常闹纠纷).

も・める【揉める】 zhēngzhí (争执), zhēngchǎo (争吵). ¶昨日の会議は~めた zuótiān kāi de huì zhēngchǎobu búxiū (昨天开的会争吵不休). ¶この雨で花が散りはすまいかと気が~める dānxīn zhè cháng yǔ huì shǐ huā xiè le (担心这场雨会使花谢了).

もめん【木綿】 ¶~の布地 miánbù (棉布).
¶~糸 miánxiàn (棉线). ~わた miánhua (棉花).

もも【股】 gǔ (股), dàtuǐ (大腿).

もも【桃】〔実〕táo[r] (桃[儿]), táozi (桃子);〔樹〕táoshù (桃树);〔花〕táohuā (桃花). ¶~色 táosè (桃色)/ táohóng (桃红)/ fěnhóngsè (粉红色).

ももひき【股引】 xiànkù (线裤), miánmáokù (棉毛裤), máokù (毛裤).

ももんが【鼯鼠】 fēishǔ (飞鼠).

もや【靄】 ǎi (霭), yān'ǎi (烟霭), yānwù (烟雾). ¶~がかかる yān'ǎi lǒngzhào (烟霭笼罩). ¶朝~ zhāo'ǎi (朝霭).

もや・う【舫う】 ¶港には数隻の船が~ってある gǎngkǒu yǒu jǐ zhī chuán lǎnzài yìqǐ (港口有几只船缆在一起). ¶~い綱 lǎn (缆)/ lǎnshéng (缆绳).

もやし【萌やし】 dòuyár (豆芽儿), dòuyácài (豆芽菜).

もや・す【燃やす】 shāo (烧). ¶火を~す shāo huǒ (烧火). ¶薪を~す shāo mùchái (烧木柴). ¶仕事に情熱を~す duì gōngzuò chōngmǎn rèqíng (对工作充满热情). ¶闘志を~す dòuzhì wàngshèng (斗志旺盛).

もやもや ¶湯気が~と立ち込める chōngmǎn shuǐzhēngqì méngméng de qīng (充满水蒸气朦胧不清). ¶~した気持がいっぺんに吹き飛んだ shūzhǎn bu kāi de xīnxù yíxiàzi bèi gǎnpǎo le (舒展不开的心绪一下子被赶跑了). ¶2人の間には~が残っている tā liǎ zhī jiān hái yǒu géhé (他俩之间还有隔阂).

もよう【模様】 1 huāyang[r]〔花样[儿]〕, huāwén[r]〔花纹[儿]〕. ¶その布地には牡丹の～がある nà kuài liàozi yǒu mǔdan de huāyang（那块料子有牡丹的花样）.

2〔様子〕qíngkuàng〔情况〕, qíngxing〔情形〕, yàngzi〔样子〕. ¶目撃者に当時の～を話してもらう qǐng mùjīzhě tántan dāngshí de qíngkuàng（请目击者谈谈当时的情况）. ¶鉄道運賃の値上げが決りそうな～だ kàn zhè yàngzi chēfèi yào zhǎngjià（看这样子车费要涨价）. ¶この～では今日中に終らないだろう kàn yàngzi jīntiān wánbuliǎo（看样子今天完不了）.

もようがえ【模様替】 ¶部屋の～をする gǎibiàn shìnèi de bùzhì（改变室内的布置）.

もよおし【催し】 ¶創業70周年を記念していろいろな～がある jìniàn chuàngbàn qīshí zhōunián yǒu gèzhǒng-gèyàng de huódòng（纪念创办七十周年有各种各样的活动）. ¶市の～で体育大会が開かれる yóu shì zhǔbàn kāi yùndòng dàhuì（由市主办开运动大会）.

もよお・す【催す】 1〔開催する〕jǔxíng〔举行〕, jǔbàn〔举办〕. ¶送別会を～す jǔxíng huānsònghuì（举行欢送会）.

2〔起す〕¶眠気を～す fākùn〔发困〕. ¶吐き気を～す juéde ěxin（觉得恶心）. ¶便意を～す xiǎng jiěshǒur（想解手儿）.

もより【最寄り】 fùjìn〔附近〕, zuǒjìn〔左近〕, jiùjìn〔就近〕. ¶詳細は～の案内所でお尋ねください xiángxì qíngkuàng qǐng xiàng fùjìn de wènxùnchù xúnwèn（详细情况请向附近的问讯处询问）.

もらいなき【貰い泣き】 ¶彼女の身の上話を聞いて思わず～した tīngle tā de shēnshì, bùyóude liúxiàle yǎnlèi（听了她的身世,不由得流下了眼泪）.

もら・う【貰う】 1〔受ける〕¶この時計は父から～った zhè kuài biǎo shì fùqin gěi wǒ de（这块表是父亲给我的）. ¶姉さんからノートを1冊～った cóng jiějie nàr dédàole yí gè běnzi（从姐姐那儿得到了一个本子）. ¶昨日彼から手紙を～った zuótiān wǒ jiē[shōu] dàole tā de xìn（昨天我接[收]到了他的信）. ¶給料を～ったら払う lǐngle gōngzī jiù fù（领了工资就付）. ¶あと3日ほど猶予を～いたい qǐng zài huǎn sān tiān（请再缓三天）. ¶子供が幼稚園で水疱瘡を～ってきた háizi zài yòu'éryuán déle shuǐdòu（孩子在幼儿园得了水痘）.

2〔迎え入れる〕¶彼は去年嫁さんを～った tā qùnián qǔle xífur（他去年娶了媳妇儿）. ¶彼のところで養女を～ったそうだ tīngshuō tā jiā shōuyǎng[bàoyǎng]le yí ge nǚháizi（听说他家收养[抱养]了一个女孩子）.

3〔…してもらう〕qǐng〔请〕. ¶医者に診て～った方がいい zuìhǎo qǐng yīshēng kànkan（最好请医生来看）. ¶彼に手伝って～お jiào tā lái bāngbang máng（叫他来帮帮忙）. ¶彼女に手紙を書いて～った qǐng tā dài wǒ xiěle fēng xìn（请她代我写了封信）. ¶君に行って～いたい xīwàng nǐ gěi wǒ pǎo yí tàng（希望你给我跑一趟）. ¶同情なんかして～いたくない wǒ bù xīwàng rénjia tóngqíng wǒ（我不希望人家同情我）. ¶そうして～えれば好都合です yàoshi néng nàyàng jiù tài hǎo le（要是能那样就太好了）.

もら・す【漏らす】 1〔漏〕. ¶子供がおしっこを～した háizi niào kùzi le（孩子尿裤子了）. ¶明りを～さぬよう注意しろ zhùyì fángzhǐ lòuchū dēngguāng（注意防止漏出灯光）.

2〔口に出す〕xiè〔泄〕, xièlòu〔泄漏・泄露〕, lòuxiè〔漏泄〕, tòulù〔透露〕, tòufēng〔透风〕, lòufēng〔漏风〕. ¶秘密を～す xièlòu mìmì〔泄漏秘密〕/ xiè mì〔泄密〕. ¶このことは誰にも～してはならぬ zhè shì bùdé xiàng rènhé rén xièlòu（这事不得向任何人泄漏）. ¶彼は辞意を～した tā tòulùchū cíxī zhī yì（他透露出辞职之意）. ¶不平を～す fā láosāo（发牢骚）.

3〔落す,抜かす〕lòu〔漏〕, yílòu〔遗漏〕. ¶彼の話を一言も～さずに耳を傾けた yì jù bù bú lòu de zhùyì de tīngzhe tā de huà（一句也不漏地注意地听着他的话）. ¶項目を1つ書き～した xièlòule yí ge xiàngmù（写漏了一个项目）.

モラル dàodé〔道德〕.

もり【盛り】 ¶飯の～がいい fàn chéngde duō（饭盛得多）.

もり【森】 sēnlín〔森林〕.

もり【銛】 yúchā〔鱼叉〕; biāoqiāng〔标枪〕. ¶～で突く yòng yúchā chā（用鱼叉叉）. ¶鯨を～を打ち込む cháozhe jīngyú fāshè biāoqiāng（朝着鲸鱼发射标枪）.

もりあが・る【盛り上がる】 1〔隆起する〕lóngqǐ〔隆起〕. ¶筋肉の～った腕 jīròu lóngqǐ de gēbo（肌肉隆起的胳膊）. ¶土が～っている tǔ lónggǔilai le（土隆起来了）.

2〔盛んになる〕¶反対運動が～る fǎnduì yùndòng péngbó gāozhǎng（反对运动蓬勃高涨）. ¶最後の幕で舞台は～った zuìhòu yí mù dádàole gāocháo（最后一幕达到了高潮）.

もりあ・げる【盛り上げる】 1〔積み上げる〕duī〔堆〕. ¶砂を高く～げる bǎ shāzi gāogāo de duīqilai（把沙子高高地堆起来）.

2〔盛んにする〕¶世論を～げる xiānqǐ yúlùn〔掀起舆论〕. ¶会場の雰囲気を～げる shǐ huìchǎng de qìfēn gāo'áng（使会场的气氛高昂）.

もりあわせ【盛り合せ】 ¶フルーツの～ shíjǐn shuǐguǒ（什锦水果）. ¶前菜の～ pīnpánr（拼盘儿）.

もりかえ・す【盛り返す】 wǎnhuí〔挽回〕. ¶勢いを～って攻撃に転ずる wǎnhuí lièshì zhuǎnwéi gōngjī（挽回劣势转为攻击）.

もりこ・む【盛り込む】 ¶住民の要望を～んだ計画 fǎnyìng jūmín de yāoqiú de jìhuà（反映了居民的要求的计划）. ¶多彩な内容を～んだ行事 nèiróng fēngfù-duōcǎi de huódòng（内容丰富多彩的活动）.

もりだくさん【盛沢山】 ¶今日のプログラムは～だ jīntiān de jiémù fēngfù-duōcǎi（今天的节目丰富多彩）.

もりた・てる【守り立てる】 ¶若い社長を～てる fǔzhù niánqīng de zǒngjīnglǐ（辅助年轻的总经理）. ¶傾きかけた会社を～てる chóngzhèn

jiāngyào pòchǎn de gōngsī(重振将要破产的公司).

もりもり ¶今日から～働くぞ dǎ jīntiān qǐ dà gàn tè gàn(打今天起大干特干). ¶生野菜を～食べる dà kǒu dà kǒu de chī xiāncài(大口大口地吃鲜菜).

も・る【盛る】 1［器に］chéng(盛). ¶飯を～ chéng fàn(盛饭). ¶果物を皿に～る bǎ shuǐguǒ bǎizài pánzili(把水果摆在盘子里).
 2［土などを］duī(堆). ¶土を～る duī tǔ(堆土).
 3［調合する］ ¶毒を～る xià dúyào(下毒药)/ xià yào(下药).

も・る【漏る】 lòu(漏). ¶天井から雨が～る tiānpéng lòu yǔ(天棚漏雨). ¶このやかんは～る zhège shuǐhú lòushuǐ(这个水壶漏水). ¶この万年筆は～る zhè zhī zìláishuǐbǐ lòushuǐ(这支自来水笔漏水).

モルタル huījiāng(灰浆), shājiāng(砂浆·沙浆). ¶～作りの家 fěnshuā huījiāng de fángzi(粉刷灰浆的房子).

モルト màiyá(麦芽).

モルヒネ mǎfēi(吗啡).

モルモット tiānzhúshǔ(天竺鼠), túnshǔ(豚鼠).

もれなく【漏れなく】 ¶全会員に～通知した quántǐ huìyuán wú yī yílòu dōu tōngzhī le(全体会员无一遗漏都通知了).

も・れる【漏れる】 1［漏る］lòu(漏). ¶桶から水が～れる shuǐtǒng lòushuǐ(水桶漏水). ¶空気が～れる lòu qì(漏气)/ shà qì(煞气). ¶ドアの透き間から明りが～れている cóng ménfèngli tòuchū dēngguāng(从门缝里透出灯光). ¶隣の部屋から話し声が～れてくる shuōhuàshēng cóng gébì chuánlái(说话声从隔壁传来). ¶彼の口からうめき声が～れた cóng tā zuǐli fāchūle shēnyínshēng(从他嘴里发出了呻吟声). ¶ガス～れ事故があった fāshēngle lòu méiqì de shìgù(发生了漏煤气的事故).
 2［知れる］xièlòu(泄漏·泄露), lòuxiè(漏泄), zǒulòu(走漏·走露), zǒufēng(走风), lòufēng(露风). ¶秘密が～れた mìmì xièlòu le(秘密泄漏了). ¶計画が未然に～れたらしい kànlai jìhuà wèi shíxíng qián jiào rén zhīdao le(看来计划未实行前叫人知道了).
 3［落ちる］lòu(漏), yílòu(遗漏). ¶彼の作品は選に～れた tā de zuòpǐn wèi bèi xuǎnshàng(他的作品未被选上). ¶名簿に私の名前が～れている míngcè shang lòule wǒ de míngzi(名册上漏了我的名字). ¶帳簿に記載～れがある zhàngshang yǒu lòujì de dìfang(账上有漏记的地方).

もろ・い【脆い】 ¶刃が～い rènr yì bēng(刃儿易崩). ¶この岩は～い zhè zhǒng yánshí hěn cuì(这种岩石很脆). ¶彼女は情に～い tā kě zhēn xīnruǎn(她可真心软). ¶～くも敗れた yíxiàzi bèi dǎbài le(一下子被打败了).

もろこし【唐黍】 gāoliang(高粱), shǔshǔ(蜀黍).

もろて【諸手】 shuāngshǒu(双手). ¶～を挙げて賛成する jǔ shuāngshǒu zànchéng(举双手赞成).

もろとも【諸共】 ¶乗組員は船～海底に沈んだ chuányuán liántóng chuán yìqǐ chénrù hǎidǐ le(船员连同船一起沉入海底了). ¶掛声～投げ飛ばした suízhe yì shēng hǎnjiào bǎ duìfāng shuāidǎo le(随着一声喊叫把对方摔倒了). ¶死なば～ sǐ, sǐ zài yìqǐ!(死,死在一起!)/ wǒ juéxīn tóng guǐ yú jìn(我决心同归于尽).

もろに【諸に】 ¶北風を～受ける zhèng yíngzhe běifēng(正迎着北风). ¶方針をめぐって彼と～ぶつかった wéiràozhe fāngzhēn gēn tā fāshēngle yíjiàn chōngtū(围绕着方针跟他发生了意见冲突).

もろは【諸刃】 liǎngrèn(两刃). ¶～の剣 liǎngrèndāo(两刃刀).

もろはだ【諸肌】 ¶～を脱ぐ guāngzhe bǎngzi(光着膀子)/［比喩的］ qīngzhù quánbù jīnglì(倾注全部精力).

もろもろ【諸諸】 zhǒngzhǒng(种种), gèzhǒng(各种). ¶～の事情があって中止した yóuyú zhǒngzhǒng yuányīn zhōngzhǐ le(由于种种原因中止了).

もん【門】 1 mén(门). ¶表～ dàmén(大门). ¶裏～ hòumén(后门). ¶～を開ける［閉める］ kāi［guān］ mén(开［关］门). ¶夜遅く～を叩く人があった bànyèli yǒu rén qiāo mén(半夜里有人敲门). ¶A氏の～に学ぶ bài A xiānsheng wéi shī(拜A先生为师). ¶狭き～を突破して大学に入る tūpò rùxué kǎoshì de nánguān jìn dàxué(突破入学考试的难关进大学).
 2［生物分類の］ mén(门). ¶脊椎動物～ jǐzhuī dòngwù mén(脊椎动物门).
 3［助数詞］ mén(门), zūn(尊). ¶高射砲8～ gāoshèpào bā mén(高射炮八门).

もん【紋】 ¶徳川家の～ Déchuānjiā de jiāhuī(德川家的家徽).

-もん【問】 tí(题). ¶3～中2～選んで解答せよ sān tí zhī zhōng xuǎndá liǎng tí(三题之中选答两题). ¶第1～ dìyī dào tí(第一道题).

もんえい【門衛】 ménjǐng(门警), ménwèi(门卫).

もんか【門下】 ménxià(门下). ¶A先生の～に入る bài A xiānsheng wéi shī(拜A先生为师).
 ¶～生 ménshēng(门生)/ ménxià(门下).

もんがいかん【門外漢】 ménwàihàn(门外汉), wàihángrén(外行人). ¶私はフランス文学については～だ Fǎguó wénxué wǒ shì ge ménwàihàn(对法国文学我是个门外汉).

もんがいふしゅつ【門外不出】 ¶～の名画 ménshǒu bù chū de mínghuà(门守不出的名画).

もんがまえ【門構え】 1 ¶～の立派な家 ménmian tánghuáng de zhùzhái(门面堂皇的住宅).
 2［部首］ménzìkuàng(门字框).

もんきりかた【紋切り型】 ¶～の挨拶 zhàoběn-xuānkē de zhìcí(照本宣科的词句).

もんく【文句】 1［語句］cíjù(词句), zìjù(字句). ¶『史記』から～を引用する yǐnyòng 《Shǐjì》 shang de zìjù(引用《史记》上的字句). ¶宣伝～につられて買ってしまった shòu guǎng-

gào jìzhù de yòuhuò mǎile dōngxi(受广告字句的诱惑买了东西).
2〔言い分〕yìjiàn(意见), láosāo(牢骚). ¶～があるなら本人に言ってくれ yǒu yìjiàn zhíjiē xiàng tā běnrén shuō ba(有意见直接向他本人说吧). ¶これには～のつけようがない duì zhège wúkě zhǐzhāi(对这个无可指摘). ¶～ばかり言って何もしない jìng fā láosāo shénme yě bú gàn(净发牢骚什么也不干). ¶君の意見に～なしに賛成だ wútiáojiàn de zàntóng nǐ de yìjiàn(无条件地赞同你的意见).

もんげん【門限】 ¶今日も～に遅れた jīntiān yòu guòle guānmén shíjiān(今天又过了关门时间).

もんこ【門戸】 ménhù(门户). ¶～を閉す ménhù jǐnbì(门户紧闭). ¶女性にも海上保安官の～が開放された "hǎishàng bǎo'ānguān" de ménhù xiàng fùnǚ kāifàng le("海上保安官"的门户向妇女开放了).
¶～開放 ménhù kāifàng(门户开放).

モンゴル Měnggǔ(蒙古). ¶～民族 Měnggǔzú(蒙古族)/Měngzú(蒙族).

もんし【門歯】 ménchǐ(门齿), ményá(门牙), bǎnyá(板牙).

もんし【悶死】 ¶良心にさいなまれて～する shòu liángxīn de zébèi yǐzhì kǔmèn ér sǐ(受良心的责备以致苦闷而死).

もんじゅ【文殊】 ¶3人寄れば～の知恵 sān ge chòupíjiang, 'sàiguò[héchéng yí ge] Zhūgé Liàng(三个臭皮匠, '赛过[合成一个]诸葛亮).

もんしろちょう【紋白蝶】 càifěndié(菜粉蝶), báifěndié(白粉蝶).

もんしん【問診】 wènzhěn(问诊).

もんじん【門人】 ménrén(门人), ménshēng(门生).

モンスーン jìfēng(季风), jìhòufēng(季候风).

もんせき【問責】 zéwèn(责问), zhǐzé(指责). ¶彼は社長の厳しい～を受けた tā shòudào zǒngjīnglǐ de yánlì zhǐzé(他受到总经理的严厉指责). ¶責任者を～する zhuījiū fùzérén de zérèn(追究负责人的责任).

もんぜつ【悶絶】 ¶痛みのあまり～した téngde hūnguoqu le(疼得昏过去了).

もんぜん【門前】 ¶～市を成す méntíng ruò shì(门庭若市). ¶～の小僧習わぬ経を読む ěr rú mù rǎn, bù xué zì huì(耳濡目染, 不学自会). ¶～払を食わす gěi rén chī bìméngēng(给人吃闭门羹).

モンタージュ méngtàiqí(蒙太奇). ¶犯人の～写真 zuìfàn méngtàiqí zhàopiàn(罪犯蒙太奇照片).

もんだい【問題】 **1**〔問い〕tí(题), tímù(题目). ¶～を出す chū tí(出题). ¶物理の～が1問解けなかった yǒu yí dào wùlǐ shìtí wǒ méi dáchulai(有一道物理试题我没答出来).
¶～集 xítíjí(习题集)/xítí huìbiān(习题编). 試験～ kǎoshì tímù(考试题目)/shìtí(试题).

2〔疑問点, 関心事, 解決すべき事柄〕wèntí(问题). ¶今それを発表するのは～だ xiànzài fābiǎo nàge kě yǒu wèntí(现在发表那个可有问题). ¶～は彼が承知するかどうかだ wèntí zàiyú tā dā bu dāying(问题在于他答不答应). ¶この計画には～点が多い zhège jìhuà wèntí hěn duō(这个计划问题很多). ¶量より質が～だ wèntí bú zàiyú shùliàng ér zàiyú zhìliàng(问题不在于数量而在于质量). ¶この際費用など～ではない xiànzài, wèntí bú zàiyú fèiyong de duōguǎ(现在, 问题不在于费用的多寡). ¶あんな奴～じゃない nà jiāhuo suàn shénme?(那家伙算什么?). ¶AチームとBチームでは～にならない A duì hé B duì gēnběn bùnéng xiāngbǐ(A队和B队根本不能相比).
¶こんな提案は～外だ zhè zhǒng tíyì bù zhí yì tán(这种提议不值一谈). ¶それは重大な国際～となった nà chéngwéi zhòngdà de guójì wèntí(那成为重大的国际问题). ¶その処置は多くの～を残した nàge cuòshī yíliúxiàle hěn duō wèntí(那个措施遗留下了很多问题). ¶事件の解決は時間の～だ shìjiàn de jiějué zhǐshì shíjiān wèntí(事件的解决只是时间问题). ¶住宅～に取り組む zhìlì yánjiū jiějué zhùzhái wèntí(致力研究解决住宅问题).

3〔話題〕¶これが～の人物だ zhège jiùshì dàjiā suǒ tán de nàge rénwù(这个就是大家所谈的那个人物). ¶今年の～作を紹介する jièshào jīnnián yǐnqǐ zhēnglùn de zuòpǐn(介绍今年引起争论的作品).

4〔面倒な事件〕wèntí(问题). ¶また女のことで～を起した yòu yīnwei nǚrén rěle shì(又因为女人惹了事). ¶それがかえって～を大きくした nà fǎndào bǎ wèntí rědà le(那反倒把问题惹大了).

もんちゃく【悶着】 ¶～を引き起す rě shì(惹事)/rě shìfēi(惹是非)/rě shì shēng fēi(惹事生非). ¶きっと一～あるに違いない yídìng huì yǐnqǐ yì cháng jiūfēn(一定会引起一场纠纷).

もんてい【門弟】 ménrén(门人), ménshēng(门生), méntú(门徒).

もんどう【問答】 wèndá(问答). ¶～を繰り返す fǎnfù jìnxíng wèndá(反复进行问答). ¶～形式で書かれた入門書 yǐ wèndá xíngshì xiě de rùménshū(以问答形式写的入门书). ¶～無用 wúxū duō yán(无须多言).

もんどり gēntou(跟头), jīndǒu(筋斗・斤斗). ¶～打って倒れる shuāi[zāi]le ge dàgēntou dǎozài dìshang(摔[栽]了个大跟头倒在地上).

もんなし【文無し】 rénwù(人物). ¶とうとう～になってしまった zhōngyú yì wén bù míng(终于一文不名).

もんばつ【門閥】 ménfá(门阀).

もんばん【門番】 ménwèi(门卫), kānménde(看门的).

もんぶ【文部】 ¶～省 wénbùshěng(文部省)/jiàoyùbù(教育部). ¶～大臣 wénbù dàchén(文部大臣)/jiàoyù bùzhǎng(教育部长).

もんもう【文盲】 wénmáng(文盲).

もんもん【悶悶】 mènmèn(闷闷). ¶～として一夜を明かした mènmèn guòle yí yè(闷闷过了一夜). ¶～の情やる方ない mènmèn bùyǐ(闷闷不已).

や

や【矢】 jiàn(箭).¶弓に～をつがえる bǎ jiàn dāzài gōngxián shang(把箭搭在弓弦上).¶～を射る shè jiàn(射箭).¶～のように飛んでいく xiàng jiàn yībān de fēiqu(像箭一般地飞去).¶～の催促をする búduàn jǐn cuī(不断紧催)/ cuīmìng(催命).¶行きたくて行きたくて～も盾もたまらない hènbude mǎshàng jiù qù(恨不得马上就去).¶光陰～の如し guāngyīn sì jiàn(光阴似箭).

や【野】 yě(野).¶～に下る xiàyě(下野).

-や【屋】 **1**〔店〕diàn(店), pù(铺).¶薬～ yàopù(药铺).魚～ yúdiàn(鱼店).本～ shūpù(书铺)/ shūdiàn(书店).
2〔人〕魚～ màiyúde(卖鱼的).¶ペンキ～ qīgōng(漆工).¶政治～ zhèngkè(政客).¶恥しがり～ ài hàisào de rén(爱害臊的人).

-や **1**〔並列〕¶新聞～テレビなどで報道する yòng bàozhǐ, diànshì děng jìnxíng bàodào(用报纸、电视等进行报道).¶手～足を動かす huódòng shǒu hé jiǎo(活动手和脚).¶今日はあれ～これ～で忙しかった jīntiān zhège nàge de mánglè yì tiān(今天这个那个忙了一天).
2〔すぐさま〕¶それを見る～彼の顔色が変った tā yí kàn nàge, liǎnsè jiù biàn le(他一看那个,脸色就变了).¶車は走る～否～飛び降りた qìchē yì tíng jiù tiàoxiàle chē(汽车一停就跳下了车).

やあ ¶～, 田中さんどちらへ tā, Tiánzhōng xiānsheng, nín dào nǎr qù ya?(啊,田中先生,您到哪儿去呀?).¶～, これはお珍しい huò[āiyā], zhè kě shǎojiàn(嗬[哎呀],这可少见).

ヤード mǎ(码).¶～ポンド法 yīngzhì(英制).

ヤール mǎ(码).

やい ¶～, 取れるものなら取ってみろ ēi, yǒu néngnai nǐ lái qiǎng(欸,有能耐你来抢).

やいのやいの ¶～と言われて仕方なく出掛けた bèi yígèjìnr de cuī, zhǐhǎo chūqu le(被一个劲儿地催,只好出去了).

やいば【刃】 dāo(刀).¶敵の～にかかる sǐ zài dírén túdāo zhī xià(死在敌人屠刀之下).

やいん【夜陰】 hēiyè(黒夜).¶～に乗じて忍び込む chéngzhe hēiyè qiánrù(乘着黑夜潜入).

やえ【八重】 ¶～桜 chóngbàn yīnghuā(重瓣樱花).¶～歯 hǔyá(虎牙).

やえい【野営】 yěyíng(野营).¶山の麓で～する zài shānjiǎo xià yěyíng[zhāyíng lùsù](在山脚下野营[扎营露宿]).
¶～地 yěyíngdì(野营地)/ lùyíngdì(露营地)/ yíngdì(营地).

やおちょう【八百長】 ¶この試合は～だ zhè chǎng bǐsài shì zì qī zì yǎn de guǐbǎxì(这场比赛是自欺欺人的鬼把戏).

やおもて【矢面】 ¶非難の～に立つ chéngwéi zhòng shǐ zhī dì(成为众矢之的).¶彼は質問の～に立たされた zhìwèn dōu jízhōngdào tā shēnshang(质问都集中到他身上).

やおや【八百屋】 shūcài shuǐguǒ shāngdiàn(蔬菜水果商店).

やおら ¶～腰を上げる bùhuāng-bùmáng[cóngróng-bùpò] de zhànqilai(不慌不忙[从容不迫]地站起来).

やかい【夜会】 wǎnhuì(晚会).¶～服 wǎnlǐfú(晚礼服)/ yèlǐfú(夜礼服).

やがい【野外】 yěwài(野外), lùtiān(露天).¶今日の2時間目は理科の～学習だ jīntiān dì'èr táng kè jìnxíng yěwài kēxué huódòng(今天第二堂课进行野外科学活动).
¶～演習 yěwài yǎnxí(野外演习). ～演奏会 lùtiān yǎnzòuhuì(露天演奏会). ～劇場 lùtiān jùchǎng(露天剧场).

やがく【夜学】 yèxiào(夜校), yèxué(夜学), yèkè(夜课).¶～生 yèxiào xuésheng(夜校学生).

やがて【軈て】 jiāng(将), jiāngyào(将要), jíjiāng(即将), xíngjiāng(行将).¶～彼も来るだろう bùjiǔ tā yě huì lái de(不久他也会来的).¶～来る冬のために燃料を貯蔵する wèile jíjiāng láilín de dōngtiān chǔbèi ránliào(为了即将来临的冬天储备燃料).¶こちらに来てから～1年になります jīdào zhèlǐ jiāngjìn yǒu yì nián le(来到这里将近有一年了).

やかまし・い【喧しい】 **1**〔騒がしい〕chǎo(吵), nào(闹), chǎonào(吵闹), cáozá(嘈杂), xiāozá(嚣杂), xuānnào(喧闹), xuānhuá(喧哗), xuānxiāo(喧嚣).¶工事の音が～くて眠れない shīgōng zàoyīn chǎode shuìbuzháo jiào(施工噪音吵得睡不着觉).¶話し声が～くてアナウンスが聞えない rénshēng cáozá, tīngbujiàn guǎngbō(人声嘈杂,听不见广播).¶～い, 静かにしろ bié chǎo! ānjìng!(别吵! 安静!).¶どうもお～うございました tài dǎjiǎo nín le(太打搅您了).
2〔厳しい, 口うるさい〕yán(严), yángé(严格), yánlì(严厉).¶警察の取締りが～い jǐngchá de qǔdì hěn yán(警察的取缔很严).¶父はしつけには～かった fùqin guǎnjiàode hěn yán(父亲管教得很严).¶返済を～く催促する cuīzhài cuīde hěn lìhai(催债催得很厉害).¶母はいつも私に勉強しろと～く言う mǔqin zǒngshì diédié-bùxiū de jiào wǒ yònggōng(母亲总是喋喋不休地叫我用功).
3〔世評などが〕¶環境汚染が～い問題になっ

てきた huánjìng wūrǎn chéngle rénmen fēnfēn yìlùn de wèntí(环境污染成了人们纷纷议论的问题). ¶世に～く取沙汰される zhāo shìrén yìlùn(招世人议论).

やから【輩】 ¶ああいう～の言う事は信用できない nà zhǒng ˇrén de huà[shǔbèi zhī yán] bùkě xìn(那种ˇ人的话[鼠辈之言]不可信). ¶無法の～ bùfǎ zhī tú(不法之徒).

やかん【夜間】 yèjiān(夜间). ¶～営業 yèjiān yíngyè(夜间营业). ～飛行 yèjiān fēixíng(夜间飞行).

やかん【薬缶】 shuǐhú(水壶). ¶～頭 tūtóu(秃头).

やき【焼】 **1**〔焼く〕 shāo(烧), kǎo(烤). ¶この肉は～が足りない zhè ròu kǎode hái bú gòu(这肉烤得还不够). ¶この花瓶は～が悪い zhège huāpíng shāozhìde bù hǎo(这个花瓶烧制得不好). **2**〔焼入れ〕 cuì(淬), zhàn(蘸). ¶～の甘い刀 cuì[zhàn] huǒ bú gòu de dāojiàn(淬[蘸]火不够的刀剑). ¶よし，俺があいつに～を入れてやろう hǎo, wǒ jiàoxun tā yí dùn(好, 我教训他一顿). ¶こんなことで失敗するとは私も～が回った lián zhè zhǒng shì dōu zágu, wǒ kě zhēn bù zhōngyòng le(连这种事都磕碰, 我可真不中用了).

やき【夜気】 ¶～にあたる jiēchù yèjiān liángqì(接触夜间凉气).

やぎ【山羊】 shānyáng(山羊). ¶めえめえと～が鳴く shānyáng miēmiē jiào(山羊咩咩叫). ¶～皮の手袋 shānyángpí shǒutào(山羊皮手套). ¶子～ shānyáng zǎizi(山羊崽子)／ xiǎoshānyáng(小山羊).

やきいも【焼芋】 kǎobáishǔ(烤白薯). ¶～屋 mài kǎobáishǔ de(卖烤白薯的).

やきいん【焼印】 làoyìn(烙印), huǒyìn(火印). ¶牛に～を押す gěi niú dǎ làoyìn(给牛打烙印).

やきうち【焼討】 huǒgōng(火攻). ¶敵の砦に～をかける huǒgōng dírén de bǎolěi(火攻敌人的堡垒).

やきき・る【焼き切る】 shāoduàn(烧断). ¶バーナーで鉄の扉を～る yòng ránshāoqì shāoduàn tiěmén(用燃烧器烧断铁门). ¶フィラメントが～れた dēngsī shāoduàn le(灯丝烧断了).

やきぐし【焼串】 qiānzi(扦子). ¶肉を～に刺して焼く bǎ ròu chuànzài qiānzi shang kǎo(把肉串在扦子上烤).

やきぐり【焼栗】 kǎolìzi(烤栗子).

やきざかな【焼魚】 kǎoyú(烤鱼).

やきそば【焼そば】 chǎomiàn(炒面).

やきつ・く【焼き付く】 ¶その時の光景が目に～いて離れない nà shíhou de qíngjǐng yìzhí yìnjì zài yǎndǐ bú huì xiāoshī(那时候的情景一直印记在眼底不会消失).

やきつけ【焼付】 ¶写真の～をする xǐyìn zhàopiàn(洗印照片)／ xǐ xiàngpiàn(洗相片).

やきつ・ける【焼き付ける】 ¶写真を～ける xǐyìn zhàopiàn(洗印照片)／ xǐ xiàngpiàn(洗相片). ¶その時の情景が脳裏に～けられた dāngshí de qíngjǐng yìnjì zài nǎohǎili(当时的情景印记在脑海里).

やきとり【焼鳥】 kǎojīròuchuàn(烤鸡肉串).

やきなおし【焼直し】 fānbǎn(翻版). ¶これは旧作の～だ zhè shì jiùzuò de fānbǎn(这是旧作的翻版).

やきにく【焼肉】 kǎoròu(烤肉).

やきはら・う【焼き払う】 shāoguāng(烧光), fénhuǐˇ(焚毁). ¶敵は村を～った dírén bǎ cūnzhuāng fénhuǐ le(敌人把村庄焚毁了).

やぎひげ【山羊鬚】 shānyánghúzi(山羊胡子).

やきぶた【焼豚】 chāshāo(叉烧), chāshāoròu(叉烧肉).

やきまし【焼増し】 jiāxǐ(加洗), jiāyìn(加印). ¶写真を10枚～する jiāyìn shí zhāng(加印十张).

やきめし【焼飯】 chǎofàn(炒饭).

やきもき zháojí(着急), jiāojí(焦急). ¶まわりの者が～しているのに当人は平気な顔で zhōuwéi de rén dōu tì tā zháojí, kě tā běnrén què háo bú zàihu(周围的人都替他着急, 可他本人却毫不在乎). ¶彼がなかなか来ないので～した lǎo bújiàn tā lái, bǎ rén jísǐ la(老不见他来, 把人急死啦). ¶ここで～と気を揉んでも始まらない zài zhèli gānzháojí yě méiyǒu yòng(在这里干着急也没有用).

やきもち【焼餅】 jídù(嫉妒), jìdu(忌妒), dùjì(妒忌). ¶弟に～を焼く jídù dìdi(嫉妒弟弟). ¶彼女は大変な～焼きで甚だ愛吃醋／ tā jídùxīn hěn zhòng(她嫉妒心很重)／ tā shì ge "cùtánzi[cùguànzi](她是个"醋坛子[醋罐子]").

やきもの【焼物】 táocíqì(陶瓷器). ¶～師 táogōng(陶工)／ táojiàng(陶匠).

やきゅう【野球】 bàngqiú(棒球). ¶～をする dǎ bàngqiú(打棒球). ¶～場 bàngqiúchǎng(棒球场). ～チーム bàngqiúduì(棒球队).

やぎゅう【野牛】 yěniú(野牛).

やぎょう【夜業】 yèbān(夜班), yèzuò(夜作), yègōng(夜工). ¶注文の殺到に連日～で対応する dìngdān yǒnglái, tiāntiān "jiā yèbān[dǎ yèzuò](定单涌来, 天天"加夜班[打夜作]).

やきん【冶金】 yějīn(冶金). ¶～学 yějīnxué(冶金学).

やきん【夜勤】 yèbān(夜班). ¶今晩私は～だ jīnwǎn wǒ ˇdǎ[shàng] yèbān(今晚我ˇ打[上]夜班). ¶～手当 yèbān jīntiē(夜班津贴).

やきん【野禽】 yěqín(野禽).

や・く【妬く】 jídù(嫉妒), jìdu(忌妒), dùjì(妒忌). ¶chīcù(吃醋). ¶他人の成功を～く jídù tārén de chénggōng(嫉妒他人的成功). ¶あいつ～いているぜ tā chīcù ne(他吃醋呢).

や・く【焼く】 **1**〔燃やす〕shāo(烧), shāohuǐˇ(烧毁). ¶ごみを～く shāo lājī(烧垃圾). ¶火事で家を～いた shīhuǒ shāohuǐle fángzi(失火烧毁了房子). ¶証拠の品を～き捨てる shāohuǐ wùzhèng(烧毁物证). ¶～く fénhuà[shāohuà] shītǐ(焚化[烧化]尸体).

2〔あぶる〕 kǎo(烤). ¶さつま芋を～く kǎo

báishǔ(烤白薯).￥肉を~く kǎo ròu(烤肉).
3〔日光で〕shàihēi(晒黑).￥砂浜で背中を~く zài shātān shang shàihēi jǐbèi(在沙滩上晒黑脊背).
4〔熱する〕￥鏝(≤)を真赤に~く bǎ làotie shāohóng(把烙铁烧红).
5〔陶磁器、炭、パンなどを〕shāozhì(烧制).￥陶器を~く shāozhì táoqì(烧制陶器).￥炭を~く shāo tàn(烧炭).￥パン屋がパンを~く miànbāo shīfu kǎo miànbāo(面包师傅烤面包).
6￥恋に身を~く wèi liàn'ài ér kǔnǎo(为恋爱而苦恼).￥あの男にはまわりの者が皆手を~いている zhōuwéi de rén duì tā dōu gǎndào jíshǒu(周围的人对他都感到棘手).￥彼女は子供の世話を~きすぎる tā duì háizi guǎnde tài duō le(她对孩子管得太多了).

やく【役】 **1**〔任務〕rènwu(任务)、zhíwù(职务).￥責任の重い~ zérén zhòngdà de rènwu(责任重大的任务).￥会長の~を退く cíqù huìzhǎng de zhíwù(辞去会长的职务).￥司会の~を務める dāng sīyí(当司仪).￥水まきは弟の~だ sǎshuǐ shì dìdi de rènwu(洒水是弟弟的任务).￥彼女に案内~を頼んだ qǐng tā zuò xiàngdǎo(请她做向导).
2〔劇などの〕juésè(角色).￥はじめて~がついた dìyī cì bànyǎn yí ge juésè(第一次扮演一个角色).￥1人2~を演ずる yí ge rén yǎn liǎng ge juésè(一个人演两个角色)/yì shēn liǎng yì(一身两役)/yì shēn èr rèn(一身二任).￥娘~ gūniang de juésè(姑娘的角色)/qīngyī(青衣).
3〔役に立つ、役に立てる〕￥彼の中国語が大いに~に立った tā de Zhōngguóhuà qǐle hěn dà de zuòyòng(他的中国话起了很大的作用).￥こんな物は何の~にも立たない zhè zhǒng dōngxi 'méi shénme yòngchu[bù dǐng shénme yòng/bù dǐngshì](这种东西'没什么用处[不顶什么用/不顶事]).￥これは根本的に~に立たない zhège gēnběn bú jìshì(这个根本不济事).￥少額ですが何かのお~に立って下さい qián hěn shǎo, suíbiàn zuò yì diǎn yòngchǎng ba(钱很少、随便派一点用场吧).￥私のような者でもお~に立てば幸いです xiàng wǒ zhèyàng de rén yě néng qǐ yìxiē zuòyòng, shífēn róngxìng(像我这样的人也能起一些作用，十分荣幸).

やく【約】 yuē(约)、dàyuē(大约).￥駅から歩いて~1時間かかります cóng chēzhàn zǒuzhe qù dàyuē yào yí ge xiǎoshí(从车站走着去大约要一个小时).￥費用は~10万円です fèiyong yuē shíwàn Rìyuán(费用约10万日元).

やく【訳】 yì(译)、fān(翻)、fānyì(翻译).￥この~はよくできている zhège fānyì hěn hǎo(这个翻译很好).￥これは~が悪い zhè fānyìde bù hǎo(这翻译得不好).￥和文中~ Rì yì Hàn(日译汉)/bǎ Rìwén yìchéng Zhōngwén(把日文译成中文).￥古典の現代語~ gǔdiǎn de jīnyì(古典今译).

ヤク【犛牛】 máoniú(牦牛).

やぐ【夜具】 bèirù(被褥)、pūgài(铺盖)、qǐnjù(寝具).

やくいん【役員】 fùzérén(负责人)、gànshi(干事)、dǒngshì(董事).￥会の~を選ぶ xuǎn huì de gànshi(选会的干事).￥会社の~ gōngsī de dǒngshì(公司的董事).
￥~会議 dǒngshìhuì(董事会)/gànshihuì(干事会).

やくがい【薬害】 yàohài(药害).

やくがく【薬学】 yàoxué(药学).

やくがら【役柄】 ￥~上私にはそんなことはできない yīnwei zhíwùshang de guānxi, wǒ bùnéng zuò nà zhǒng shì(因为职务上的关系，我不能做那种事).￥~の者 yǒu shēnfen de rén(有身分的人).

やくご【訳語】 yìcí(译词)、yìyǔ(译语)、yìwén(译文).￥適切な~をつける jiāshang shìdàng de yìyǔ(加上适当的译语).￥この言葉にはぴったりした日本語の~がない zhège cíjù méiyǒu qiàdàng de Rìyǔ yìwén(这个词句没有恰当的日语译文).

やくざ **1** wúlài(无赖)、liúmáng(流氓).
2〔博徒〕dǔtú(赌徒).￥~稼業から足を洗う bú zài zuò dǔtú ér gǎixié-guīzhèng(不再做赌徒而改邪归正).
3〔役立たず〕￥体がすっかり~になってしまった shēntǐ wánquán bù tīng shǐhuan le(身体完全不听使唤了).

やくざい【薬剤】 yàojì(药剂).￥~師 yàoshī(药师)/yàojìshī(药剂师)/sīyào(司药).

やくさつ【扼殺】 èshā(扼杀)、èsǐ(扼死)、qiāsǐ(掐死).￥彼は何者かによって~された tā bùzhī bèi shuí èsǐ le(他不知被谁扼死了).￥~死体 bèi èsǐ de shītǐ(被扼死的尸体).

やくさつ【薬殺】 yào(药)、yàosǐ(药死).￥狂犬を~する bǎ fēnggǒu yàosǐ(把疯狗药死).

やくじ【薬餌】 yào'ěr(药饵); yào(药).￥~療法 yào'ěr liáofǎ(药饵疗法).￥~に親しむ shēn bù lí yào(身不离药).

やくしゃ【役者】 yǎnyuán(演员).￥彼は望み通り~になった tā sùyuàn dé cháng dāngle yǎnyuán(他宿愿得偿当了演员).￥この役ができるとは~冥利に尽きる néng bànyǎn zhège juésè shì yí ge yǎnyuán zuì dà de xìngfú(能扮演这个角色是一个演员最大的幸福).￥これだけ~が揃えば何でもできる rénmǎ zhèbān qíquán, shénme dōu bàndédào(人马这般齐全，什么都办得到).￥彼の方が~一枚上だ tā qí gāo yì zhāo(他棋高一着儿).￥彼女はなかなかの~だ tā kě shì ge hěn yǒu xīnsuàn de rén(她可是个很有心算的人).

やくしゃ【訳者】 yìzhě(译者).

やくしゅつ【訳出】 yì(译)、fān(翻)、fānyì(翻译).￥《水滸伝》を日本語に~する bǎ《Shuǐhǔzhuàn》fānyìchéng Rìwén(把《水浒传》翻译成日文).

やくしょ【役所】 guāntīng(官厅)、guānshǔ(官署)、zhèngfǔ jīguān(政府机关).￥~に勤める zài zhèngfǔ jīguān gōngzuò(在政府机关工作).￥お~仕事は不親切だ yámen zuòfēng lěngbīngbīng de(衙门作风冷冰冰的).

¶市~ shìzhèngfǔ(市政府).
やくしょ【訳書】 yìběn(译本).
やくじょ【躍如】 ¶この文章には彼の面目が~としている zhè piān wénzhāng zhōng tā de dúdào zhī chù yuèrán zhǐshàng(这篇文章中他的独到之处跃然纸上).
やくじょう【約定】 yuēdìng(约定). ¶~済み yǐ dìngyuē(已订约).
¶~書 hétong(合同).
やくしん【躍進】 yuèjìn(跃进). ¶宇宙科学はめざましい~を遂げた yǔzhòu kēxué qǔdéle fēiyuè fāzhǎn(宇宙科学取得了飞跃发展). ¶7位から1位に~する cóng dìqīwèi yuèjū dìyīwèi(从第七位跃居第一位).
やく・す【訳す】 yì(译), fān(翻), fānyì(翻译). ¶次の日本文を中国語に~せ bǎ xiàliè Rìwén yìwéi Zhōngwén(把下列日文译为中文). ¶この言葉はうまく日本語に~せない zhège cí hěn nán fānchéng Rìyǔ(这个词很难翻成日语). ¶古典を現代語に~す bǎ gǔdiǎn fānyìchéng xiàndàiyǔ(把古典翻译成现代语)/ gǔjí jīnyì(古籍今译).
やくすう【約数】 yuēshù(约数), yīnshù(因数), yīnzǐ(因子).
やく・する【約する】 1【約束する】 yuē(约). ¶再会を~して別れた xiāngyuē zàihuì ér bié(相约再会而别).
2【つづめる】 jiǎnchēng(简称). ¶中国共産党を~して中共という Zhōngguó Gòngchǎndǎng jiǎnchēng wéi Zhōnggòng(中国共产党简称为中共).
3【約分する】 yuē(约), yuēfēn(约分). ¶この分数は~せない zhège fēnshù bùnéng yuēfēn(这个分数不能约分). ¶10分の5は2分の1に~できる shí fēn zhī wǔ kěyǐ yuēchéng èr fēn zhī yī(十分之五可以约成二分之一).
やくせき【薬石】 yàoshí(药石). ¶~効なく yàoshí wǎngxiào(药石罔效).
やくぜん【薬膳】 yàoshàn(药膳).
やくそう【薬草】 yàocǎo(药草). ¶~を煎じる jiān[áo] cǎoyào(煎[熬]草药).
やくそく【約束】 1 yuē(约), yuēhuì(约会), yuēdìng(约定). ¶折角だが今晩はほかに~がある hěn yíhàn, jīnwǎn wǒ lìng yǒu yuēhuì(很遗憾,今晚我另有约会). ¶それでは~が違う zhè kě hé yuēyán yǒu chūrù(这可和约言有出入). ¶~の時間に遅れた wùle yuēhuì de shíjiān(误了约会的时间). ¶結婚の~を交す hù xǔ zhōngshēn(互许终身). ¶~を守る shǒuyuē(守约)/ zūnshǒu nuòyán(遵守诺言). ¶~をたがえる wéibèi nuòyán(违背诺言)/ wéiyuē(违约). ¶彼は~を破って来なかった tā ˈshīyuē[shuǎngyuē] méi lái(他ˈ失约[爽约]没来).
¶まだあの時の~を果せない wǒ nà shí de nuòyán hái méi duìxiàn(我那时的诺言还没兑现).
¶そんなことを~した覚えはない wǒ kě méi gēn nǐ shuō xǔnuòguo(我可没跟你那么许诺过).
¶彼には輝かしい未来が~されている tā de guānghuī qiántú yǐjing yǒule bǎozhèng(他的光辉前途已经有了保证). ¶彼女は~通りりんごを送ってくれた tā rúyuē gěi wǒ jìlaile píngguǒ(她如约给我寄来了苹果).
2【規定】 guīzé(规则), guīzhāng(规章). ¶会の~に違反する wéibèi huìzhāng(违背会规). ¶競技の~を守る zūnshǒu jìngsài guīzé(遵守竞赛规则).
やくそくてがた【約束手形】 qīpiào(期票).
やくたい【益体】 ¶~もないことばかり言う jìng shuō fēihuà(净说废话).
やくだ・つ【役立つ】 →やく(役)3.
やくだ・てる【役立てる】 →やく(役)3.
やくちゅう【訳注】 yìzhù(译注). ¶~をつける jiā yìzhù(加译注).
やくづき【役付】 ¶~になる yǒule zhíxián(有了职衔).
やくどう【躍動】 ¶~的なリズム tiàodàng de jiézòu(跳荡的节奏). ¶会場いっぱいに若さが~する zhěngge huìchǎng chōngmǎnzhe qīngchūn de zhāoqì(整个会场充满着青春的朝气).
¶~感 dòngggǎn(动感).
やくとく【役得】 měichāi(美差), féiquē(肥缺). ¶あのポストは~が多い nàge zhíwèi ˈyóushui dà[shì ge féiquē](那个职位ˈ油水大[是个肥缺]).
やくどし【厄年】 ¶数えの42は男の~と言われている súhuà shuō xūsuì sìshí'èr shì nánrén de yìyùn zhī nián(俗话说虚岁四十二是男人的厄运之年). ¶今年は天候が不順で農民にとって~だった jīnnián tiānqì fǎncháng, duì nóngmín shì èyùn de yì nián(今年天气反常,对农民是厄运的一年).
やくにん【役人】 guānlì(官吏), guānyuán(官员). ¶彼は外務省の~です tā shì wàijiāobù de guānyuán(他是外交部的官员). ¶~風を吹かせる bǎi guānjiàzi(摆官架子)/ guānqì shízú(官气十足)/ dǎ guānqiāng(打官腔).
¶~根性 guānliáo xíqì(官僚习气).
やくば【役場】 gōngwùsuǒ(公务所). ¶村~ cūngōngsuǒ(村公所).
やくはらい【厄払い】 ¶~に神社にお参りする fúchú bùxiáng dào shénshè cānbài(祓除不祥到神社参拜).
やくび【厄日】 ¶今日はとんだ~だった jīntiān zhēn shì ge dǎoméi de rìzi(今天真是个倒霉的日子).
やくびょうがみ【疫病神】 wēnshén(瘟神). ¶彼は~のように皆に嫌われている tā xiàng shì ge wēnshén, shòu dàjiā yànwù(他像是个瘟神,受大家厌恶).
やくひん【薬品】 yàopǐn(药品). ¶化学~ huàxué yàopǐn(化学药品).
やくぶそく【役不足】 ¶あなたにこんなポストでは~だ jiào nǐ dānrèn zhè zhǒng gōngzuò shì dàcái-xiǎoyòng(叫你担任这种工作是大材小用). ¶~をかこつ bàoyuàn dàcái-xiǎoyòng(抱怨大材小用).
やくぶつ【薬物】 yàowù(药物). ¶~消毒 yàowù xiāodú(药物消毒). ~中毒 yàowù zhòngdú(药物中毒). ~療法 yàowù liáofǎ(药物疗

やくぶん【約分】 yuēfēn(约分). ¶12分の9を〜すると4分の3になる shí'èr fēn zhī jiǔ yuēfēnchéng sì fēn zhī sān(十二分之九约分成四分之三).

やくぶん【訳文】 yìwén(译文).

やくほん【訳本】 yìběn(译本).

やくまわり【役回り】 ¶私はいつも損な〜だ dǎoméi de shì zǒng lúndào wǒ(倒霉的事总轮到我).

やくみ【薬味】 zuòliao[r]・zuóliao[r](作料[儿]). ¶料理に〜をきかす cài duōjiā zuòliao(菜多加作料).

やくめ【役目】 rènwu(任务), zhíwù(职务), zhízé(职责), gōngzuò(工作). ¶〜をはたしてほっとする wánchéng rènwu sōngle yì kǒu qì(完成任务松了一口气). ¶嫌な〜を押しつけられた sāigěile wǒ dǎoméi de gōngzuò(塞给了我倒霉的工作). ¶そんなことでこの〜が勤まるのか nàyàng néng jìnzhí ma?(那样能尽职吗?). ¶全体をまとめていくのが君の〜だ tǒngyī quántǐ chéngyuán shì nǐ de zhízé(统一全体成员是你的职责).

やくよう【薬用】 yàoyòng(药用). ¶〜酒 yàoyòngjiǔ(药酒). ¶〜植物 yàoyòng zhíwù(药用植物). 〜石鹸 yàozào(药皂)/ yàoyízi(药胰子).

やくよけ【厄除け】 ¶〜のお守り bìxié de hùfú(辟邪的护符). ¶〜のまじない fúchú búxiáng de zhòuwén(祓除不祥的咒文).

やぐら【櫓】 ¶〜を組む dā táijiàzi(搭台架子). 城の〜 chénglóu(城楼)/ jiànlóu(箭楼).

やぐるまぎく【矢車菊】 shǐchējú(矢车菊), lánfúróng(蓝芙蓉).

やくろう【薬籠】 ¶彼は中国語を自家〜中のものとしている tā bǎ Zhōngwén xuédàojiā le(他把中文学到家了).

やくわり【役割】 rènwu(任务), zhízé(职责), zuòyòng(作用). ¶議長としての〜を立派に果した yuánmǎn de jìnle zhǔxí de zhízé(圆满地尽了主席的职责). ¶ラジオ、テレビは標準語の普及に大きな〜を果した wúxiàndiàn hé diànshì wèi biāozhǔnyǔ de pǔjí qǐle hěn dà de zuòyòng(无线电和电视为标准语的普及起了很大的作用). ¶彼はその事件に重要な〜を演じた tā zài nàge shìjiàn zhōng bànyǎnle zhòngyào de juésè(他在那个事件中扮演了重要的角色).

やけ【自棄】 zì bào zì qì(自暴自弃). ¶彼女は失恋して〜になっている tā yīnwei shīliàn ér zìbào-zìqì(她因为失恋而自暴自弃). ¶彼は〜を起こして酒ばかり飲んでいる tā zìbào-zìqì zhěngtiānjiǔ héjiǔ(他自暴自弃整天价喝酒). こうなったら〜のやんぱちだ dào zhè dìbù guǎn tā sānqī èrshíyī(到这地步管他三七二十一).

やけあと【焼跡】 ¶〜を片付ける qīnglǐ huǒzāi hòu de xiànchǎng(清理火灾后的现场).

やけい【夜景】 yèjǐng(夜景). ¶香港の〜は美しい Xiānggǎng de yèjǐng hěn měilì(香港的夜景很美丽).

やけい【夜警】 ¶交替で〜につく lúnbān xúnyè(轮班巡夜). ¶〜がビルを巡回する shǒuyè de rén xúnchá dàlóu(守夜的人巡查大楼).

やけいし【焼石】 ¶この程度の雨では〜に水だ xià zhème dīngdiǎnr yǔ hái búgòu shī dìpí de(下这么丁点儿雨还不够湿地皮的). ¶こればかりの金では〜に水だ zhèmediǎnr qián búguò shì bēishuǐ-chēxīn(这么点儿钱不过是杯水车薪).

やけくそ【自棄糞】 zì bào zì qì(自暴自弃). ¶えい、もう〜だ guǎn tā sānqī èrshíyī!(管他三七二十一!). ¶あいつは〜になって何をしでかすか分らない nà jiāhuo zìbào-zìqì bù zhīdào huì rěchū shénme shì lai(那家伙自暴自弃不知道会惹出什么事来).

やけこげ【焼け焦げ】 ¶煙草の火でズボンの裾に〜をつくってしまった chōuyān bǎ kùjiǎo shāo le(抽烟把裤脚烧了).

やけざけ【自棄酒】 mènjiǔ(闷酒). ¶〜をあおる hē mènjiǔ(喝闷酒).

やけださ・れる【焼け出される】 ¶火事で〜れた zāo huǒzāi, wú jiā kě guī le(遭火灾,无家可归了).

やけど【火傷】 huǒshāng(火伤), shāoshāng(烧伤), zhuóshāng(灼伤), tàngshāng(烫伤). ¶アイロンで手に〜をした jiào yùndǒu tàngle shǒu(叫熨斗烫了手). ¶火事で大〜を負った yóuyú huǒzāi shòule yánzhòng shāoshāng(由于火灾受了严重烧伤). ¶〜の跡 huǒshāng bāhén(火伤疤痕). ¶株に手を出して〜した shēnshǒu chǎo gǔpiào chīle dà kuī(伸手炒股票吃了大亏).

やけに ¶〜喉が渇く kǒu kědé yàomìng(口渴得要命). ¶今朝は〜寒い jīnzǎor lěngde gòuqiàng(今早儿冷得够呛). ¶〜雨が降る dàyǔ xià ge méiwán(大雨下个没完).

やけのがはら【焼野が原】 ¶一夜にして町全体が〜になった yí yè zhī jiān zhěnggè shìzhèn huàwéi yípiàn jiāotǔ(一夜之间整个市镇化为一片焦土).

やけぼっくい【焼け木杭】 ¶〜に火がつく liànqíng sǐ ér fùshēng(恋情死而复生)/ chóngshēng chūnqíng(重生春情).

や・ける【妬ける】 jídù(嫉妒), jidu(忌妒). ¶友人の出世が〜けて仕方がない kàndào péngyou fēihuáng-téngdá, yǎnhóngde hěn(看到朋友飞黄腾达,眼红得很). ¶彼だけがもてるなんて〜けるね zhǐyǒu tā néng tǎo nǚrén de huānxīn, zhēn jiào rén jídù(只有他能讨女人的欢心,真叫人嫉妒).

や・ける【焼ける】 1〔燃える〕shāo(烧), shāohuǐ(烧毁). ¶火事で家が〜けてしまった yóuyú shīhuǒ fángzi shāohuǐ le(由于失火房子烧毁了). ¶この一帯は〜け残った zhè yídài wèi bèi shāohuǐ(这一带未被烧毁). ¶逃げ遅れて〜け死んだ pǎochíle bèi shāosǐ le(跑迟了被烧死了).

2〔あぶられる〕kǎo(烤). ¶餅がこんがりと〜けた niángāo kǎode jiāohuáng(年糕烤得焦黄). ¶この魚はまだ〜けていない zhè tiáo yú hái méi kǎohǎo(这条鱼还没烤好).

3〔日光などで〕shài(晒).¶スキーで顔が～けた huáxuě shàihēile liǎn(滑雪晒黑了脸).¶日に～けてカーテンの色があせた chuānglián jiào yángguāng shàide tuìle shǎi(窗帘叫阳光晒得退了色).¶酒で赤く～けた鼻 jiǔzāo bízi(酒糟鼻子).

4〔熱くなる〕¶火箸が真赤に～けている huǒkuàizi shāode tōnghóng(火筷子烧得通红).¶トタン屋根が～けて部屋が暑い báitiěpí wūdǐng kǎode wūli rèsǐ rén(白铁皮屋顶烤得屋里热死人).

5〔陶磁器，パンなどが〕¶この茶碗はうまく～けた zhège wǎn shāozhìde hěn hǎo(这个碗烧制得很好).¶ビスケットが～けた bǐnggān kǎohǎo le(饼干烤好了).

6〔空が〕¶西の空が真赤に～けている xībian de tiānkōng shāode tōnghóng(西边的天空烧得通红).

7〔胸が〕¶食べすぎで胸が～ける chīde tài duō, shāoxīn(吃得太多，烧心).

¶世話の～ける人だね zhēn shì ge gěi rén tiān máfan de rén(真是个给人添麻烦的人).¶この子には全く手が～ける zhège háizi zhēn jiào rén cāoxīn(这个孩子真叫人操心).

やけん【野犬】 yěgǒu(野狗), yěquǎn(野犬).

やご shuǐchài(水虿).

やこう【夜光】 yèguāng(夜光).¶～時計 yèguāngbiǎo(夜光表).～塗料 yèguāngqī(夜光漆)/línguāngqī(磷光漆).

やこう【夜行】 **1**¶～性の動物 yèxíng dòngwù(夜行动物)/yèxíng dòngwu(夜习动物).
2〔夜行列車〕yèchē(夜车).¶10時の～で上野を発つ chéng wǎnshang shí diǎn de yèchē líkāi Shàngyě(乘晚上十点的夜车离开上野).

やごう【屋号】 zìhào(字号), páihào[r](牌号[儿]), shānghào(商号).

やこうちゅう【夜光虫】 yèguāngchóng(夜光虫).

やさい【野菜】 cài(菜), qīngcài(青菜), shūcài(蔬菜), càishū(菜蔬).¶庭で～をつくる zài yuànli zhòng cài(在院里种菜).¶～サラダ shēngcài sèlā(生菜色拉).～スープ càitāng(菜汤).～畑 càidì(菜地)/càiqí(菜畦).～品 càipǔ(菜圃)/càiyuánzi(菜园子).

やさおとこ【優男】 xiǎobáiliǎnr(小白脸儿).¶あんな～にこんな力仕事ができるものか tā nàge xiǎobáiliǎnr nǎr gàndeliǎo zhè zhǒng lìqi huór?(他那个小白脸儿哪儿干得了这种力气活儿?).

やさがし【家搜し】 ¶大事な指輪を無くして～した bǎoguì de jièzhi bújiàn le, fānxiāng-dǎoguìde zhǎobiànle wūzi(宝贵的戒指不见了，翻箱倒箧地找遍了屋子).¶家主に立退きを迫られて～をする yīnwei fángdōng bīpò bānjiā ér qù zhǎo zhùfáng(因为房东逼迫搬家而去找住房).

やさき【矢先】 ¶出掛けようとする～に来客があった zhèng yào chūmén, láile kèrén(正要出门，来了客人).¶試合を始めようとした～に雨が降り出した gāng yào kāishǐ bǐsài, tūrán xiàqǐ yǔ lái le(刚开始比赛，突然下起雨来了).

やさし・い【易しい】 jiǎndān(简单), róngyì(容易).¶こんな～い問題が解けないのか zhème jiǎndān de wèntí nǐ dōu bú huì jiě?(这么简单的问题你都不会解?).¶このテキストは～すぎる zhège kèběn tài qiǎn(这个课本太浅).¶口で言うのは～い shuō róngyì(说容易).¶～く噛み砕いて説明する píngyì qiǎnjìn de jìnxíng shuōmíng(平易浅近地进行说明).

やさし・い【優しい】 wēnhé(温和), wēnróu(温柔), wēnshùn(温顺), wēncún(温存), róuhe(柔和), hé'ǎi(和蔼), héqi(和气).¶気立ての～い娘 xìngqíng wēnróu de gūniang(性情温柔的姑娘).¶あの先生は～い nà wèi lǎoshī hé'ǎi kě qīn(那位老师和蔼可亲).¶子供の頭を～くなでる cí'ài de fǔmō háizi de tóu(慈爱地抚摩孩子的头).¶顔に似合わず～い声でしゃべる yǔ xiàngmào jiérán xiāngfǎn, huàyīn hěn róuhe(与相貌截然相反，话音很柔和).

やし【椰子】 yēzi(椰子).¶～の実 yēguǒ(椰果)/yēzi(椰子).¶～油 yēziyóu(椰子油)/yēyóu(椰油).～蟹 yēzixiè(椰子蟹).

やし【香具師】 chuǎng jiānghú de(闯江湖的), jiānghú yìrén(江湖艺人).

やじ【野次】 dàocǎi(倒彩), dàohǎor(倒好儿).¶～を飛ばす hè dàocǎi(喝倒彩)/hǎn dàohǎor(喊倒好儿).¶～がやかましくて演説が聞えない xīluōshēng sìqǐ, tīngbujiàn jiǎngyǎn(奚落声四起，听不见讲演).

やじうま【野次馬】 ¶火事場には大勢の～がつめかけた huǒzāi de xiànchǎng wéijùle hěn duō kànrènaode(失火的现场围聚了很多看热闹的).

やしき【屋敷】 zháidì(宅第), dǐzhái(邸宅), dìzhái(第宅).¶彼は大きな～に住んでいる tā zhùzài shēnzhái dàyuàn li(他住在深宅大院里).¶この辺は古くからの一町です zhè yídài shì gǔlǎo de zháidì qū(这一带是古老的邸宅区).¶家～を売り払う chūmài fángwū dìchǎn(出卖房屋地产).

やしな・う【養う】 **1**〔扶養する，世話をする〕yǎng(养), yǎnghuo(养活), fúyǎng(扶养), gōngyǎng(供养).¶家族を～う yǎnghuo yìjiāzi(养活一家子)/yǎngjiā(养家).¶幼い時から祖母に～われた cóngxiǎo yóu nǎinai lācheda de(从小由奶奶拉扯大的).¶豚を～う yǎng zhū(养猪).
2〔培う〕yǎngchéng(养成).¶幼時から良い習慣を～う cóngxiǎo yǎngchéng liánghǎo xíguàn(从小养成良好习惯).¶英気を～う yǎng jīng xù ruì(养精蓄锐).
3〔養生する〕yǎng(养).¶田舎で病を～う zài xiāngxià yǎngbìng(在乡下养病).

やしゃ【夜叉】 yèchā(夜叉), yàochā(药叉).

やしゃご【玄孫】 〔男〕xuánsūn(玄孙);〔女〕xuánsūnnǚ(玄孙女).

やしゅ【野趣】 ¶この泥人形は～にあふれている zhège nírénr chōngmǎnzhe xiāngtǔ qùwèi(这个泥人儿充满着乡土趣味).¶～に富んだ料理 fùyǒu xiāngcūn fēngwèi de cài(富有乡村风味

的菜).

やしゅう【夜襲】 yèxí(夜袭). ¶敵に~をかける yèxí dírén(夜袭敌人).

やじゅう【野獣】 yěshòu(野兽). ¶~派 yěshòupài(野兽派).

やしょく【夜食】 yècān(夜餐), yèxiāo[r](夜宵［ル］・夜消［ル］), xiāoyè(消夜).

やじり【鏃】 jiàntóu(箭头), jiànzú(箭镞).

やじ・る【野次る】 xīhuò(奚落), hè dàocǎi(喝倒彩), hǎn dàohǎor(喊倒好ル). ¶歌詞をまちがえて~られた chàngcuòle gēcí bèi hèle dàocǎi(唱错了歌词被喝了倒彩). ¶演説者を~り倒す hè dàocǎi niǎn jiǎngyǎnzhě xiàtái(喝倒彩撵讲演者下台).

やじるし【矢印】 jiàntóuxíng fúhào(箭头形符号), jiàntóu(箭头). ¶~の方向へ進む yánzhe jiàntóu zhǐyǐn de fāngxiàng zǒu(沿着箭头指引的方向走).

やしろ【社】 shénshè(神社), miàotáng(庙堂), cítáng(祠堂).

やしん【野心】 yěxīn(野心). ¶あわよくば取って代ろうとの~を抱く bào sìjī qǔ ér dài zhī de yěxīn(抱伺机取而代之的野心). ¶彼女は歌手になろうという~を持っている tā yìxīn xiǎng dāng yì míng gēshǒu(她一心想当一名歌手). ¶彼は~に燃えている tā ▽yěxīn[xióngxīn] bóbó(他▽野心[雄心]勃勃).

~家 yěxīnjiā(野心家).

やじん【野人】 yěrén(野人). ¶田夫~ yěrén(野人)/ xiāngxiàrén(乡下人)/ zhuāngjiahàn(庄稼汉)/ ¶一介の~として暮す zuòwéi yí ge zàiyě de rén shēnghuó(作为一个在野的人生活).

やす【簎】 yúchā(鱼叉). ¶魚を~で突く yòng yúchā lái chā yú(用鱼叉来叉鱼).

やすあがり【安上り】 ¶自分で作れば~になる zìjǐ zuò jiù piányi xiē(自己做就便宜些). ¶都会より地方で暮す方が~だ zài xiāngxià bǐ zài chéngshì shēnghuó ▽shěngqián[jiǎnshěng](在乡下比在城市生活▽省钱[俭省]).

やす・い【安い】 1 piányi(便宜), jià(贱), dīlián(低廉), dījiàn(低贱). ¶これが1万円とは~い zhège yíwàn rìyuán, kě zhēn piányi(这个一万日元,可真便宜). ¶この店よりあの店の方が値段が~い nà jiā diàn bǐ zhè jiā jiàqian piányi(那家铺子比这家价钱便宜). ¶思ったより~かった bǐ yùjì de piányi(比预计的便宜). ¶~かろう悪かろうでは仕方がない jià lián wù bù měi yòu yǒu shénme yòng(价廉物不美又有什么用). 奥さん、お~くしておきますよ tàitai, gěi nǐ shǎo suàn diǎnr(太太,给你少算点ル).

2〔安らか〕 ¶その知らせを~からぬ気持で聞いた tīngle nàge xiāoxi, xīnli bù píngjìng(听了那个消息,心里不平静). ¶同僚の課長昇進を~からず思う duì tóngshì tíshēng wéi kēzhǎng gǎndào hěn bú zìzài(对同事提升为科长感到很不自在).

やす・い【易い】 yì(易), róngyì(容易). ¶言うは~く行うは難し shuōqilai róngyì, zuòqilai

nán(说起来容易,做起来难). ¶ガラスはこわれ~い bōli yì pò(玻璃易破). ¶風邪ひき~い róngyì gǎnmào(容易感冒). ¶彼女は傷つき~い年頃だ tā zhèngshì xīnlíng yì shòu shānghài de niánlíng(她正是心灵易受伤害的年龄). ¶分り~く説明して下さい qǐng qiǎnxiǎn yì dǒng de shuōmíng yíxià(请浅显易懂地说明一下).

やすうけあい【安請合い】 ¶重大な事なので~はできません shì guān zhòngdà, bùnéng qīngyì dāying(事关重大,不能轻易答应). ¶彼は~する男ではない tā bú shì ge qīngnuò-guǎxìn de rén(他不是个轻诺寡信的人).

やすうり【安売り】 jiànmài(贱卖), shuǎimài(甩卖). ¶季節外れの商品は~する jiànjià chūshòu guòjìhuò(降价出售过季货). ¶これはデパートの~で買った zhège shì zài bǎihuò shāngdiàn de dàjiànmài mǎi de(这个是在百货商店的大贱卖买的).

やすうり【安普請】 ¶~の家 jiǎnlòu de fángzi(简陋的房子).

やすっぽ・い【安っぽい】 ¶ここにあるのは~い品物ばかりだ zhèr bǎi de jìngshi jiànjià cìhuò(这ル摆的净是贱价次货). ¶~い飾り付け hánchen jiālián de zhuāngshì(寒碜价廉的装饰). ¶~い男 qiǎnbó fúhuá de rén(浅薄浮华的人).

やすで【馬陸】 mǎlù(马陆).

やすね【安値】 liánjià(廉价), jiànjià(贱价). ¶こんなで売ったら~で取れない màide zhème piányi zhuàn bu huí běnr lai(卖得这么便宜赚不回本ル来).

やすぶしん【安普請】 ¶~の家 jiǎnlòu de fángzi(简陋的房子).

やすま・る【休まる】 xiūxi(休息). ¶忙しくて体の~る暇もない mángde wúxiá xiūxi(忙得无暇休息). ¶一寝入りすると体が~る shuì ge jiào, shēntǐ jiù néng xiēguolai(睡个觉,身体就能歇过来). ¶海を見ると心が~る yí kàndao dàhǎi xīnqíng jiù dédào wèijiè(一看到大海心情就得到慰藉). ¶息子のことが心配で心の~る暇もない lǎo wèi érzi cāoxīn, yíkè yě bù déxián(老为儿子操心,一刻也不得闲).

やすみ【休み・休止】 1〔休息, 休止〕 xiūxi(休息). ¶昼に1時間の~がある zhōngwǔ yǒu yì xiǎoshí de xiūxi(中午有一小时的休息). ¶~時間にピンポンをする xiūxi shíjiān dǎ pīngpāngqiú(休息时间打乒乓球). ¶少し食べてから運動をしなさい fànhòu xiē yíhuìr zài yùndòng ba(饭后歇一会ル再运动吧). ¶天気が悪いので稲刈は~だ yīnwei tiānqì bù hǎo, bù gē dàozi le(因为天气不好,不割稻子了). ¶~なく歩き続ける bù xiūxi de yìzhí zǒu(不休息地一直走). ¶雨が~なく降っている yǔ xià ge bù tíng(雨下个不停)/ búzhù de xiàyǔ(不住地下雨)/ yǔ yígejinr de xià(雨一个劲ル地下).

2〔休日, 休業, 休暇〕 jià(假), jiàrì(假日). ¶今日は学校は~です jīntiān xuéxiào fàngjià(今天学校放假). ¶あのデパートは水曜日が~だ nàge bǎihuò shāngdiàn xīngqīsān xiūxi(那个百货商店星期三休息). ¶今度の~には一緒

にピクニックに行こう zhè cì jiàrì yíkuàir qù jiāoyóu ba(这次假日一块ル去郊游吧)．¶今日から夏〜だ cóng jīntiān qǐ fàng shǔjià(从今天起放暑假)．¶忙しくて〜もとれない mángde xiēbuliǎo bānr(忙得歇不了班ル)．

3[欠勤，欠席] quēqín(缺勤); quēkè(缺课)．¶B課長は風邪で〜だ B kēzhǎng yīn gǎnmào quēqín(B科长因感冒缺勤)．¶先生，A君は〜です lǎoshī, A tóngxué qǐngjià(老师，A同学请假)．

4[睡眠] ¶お父様はもうお〜ですか nín fùqin yǐjing xiūxi le ma?(您父亲已经休息了吗?)．

やすみやすみ【休み休み】 ¶〜階段を上がっていく zǒuzou xiēxie shàng lóutī(走走歇歇上楼梯)．¶馬鹿な〜言え bié húyán-luànyǔ(别胡言乱语)/ bié húshuōbādào(别胡说八道)．

やす・む【休む】 **1**[休息する，休止する] xiūxi(休息), xiē(歇)．¶ここらでちょっと〜ろう zài zhèr xiūxi yíhuìr ba(在这ル休息一会ル吧)/ dào zhèr xiē huìr ˈjiǎo[shǒu] ba(到这ル歇会ル'脚[手]吧)．¶〜む間もなく働き続けた shǒu bù tíng de gōngzuò(手不停地工作)．¶時々〜みながら山道を登った biān zǒu biān xiē de páshàngle shān(边走边歇地爬上了山)．¶工場は昼夜〜まず操業している gōngchǎng zhòuyè-bùtíng jìnxíng shēngchǎn(工厂昼夜不停进行生产)．¶〜め shāoxī!(稍息!)．

2[休暇をとる，欠勤する，欠席する] qǐngjià(请假); quēqín(缺勤); quēkè(缺课)．¶家の都合で会社を〜んだ jiālǐ yǒu shì qǐngjià méi shàngbān(家里有事请假没上班)．¶何日か仕事を〜んで旅行したい xiǎng xiē jǐ tiān bān qù lǚxíng(想歇几天班去旅行)．¶今日気分で学校を〜んだ jīntiān yīn bìng ˈquēle kè[méi néng shàngxué](今天因病 "缺了课[没能上学])．

3[寝る] shuì(睡), shuìjiào(睡觉), xiē(歇), ānxiē(安歇)．¶ゆうべはぐっすり〜んだ zuówǎn shuìle ge hǎo jiào(昨晚睡了个好觉)．¶お〜みなさい wǎn'ān(晚安)．

やす・める【休める】 xiē(歇), xiēfá(歇乏), xiēxi(歇息), xiūxi(休息)．¶腰掛けて体を〜める zuòxialai ˈxiē yíhuìr[xiēxie jiǎo](坐下来ˈ歇一会ル[歇歇脚])．¶片時も仕事の手を〜めない piànkè bù tíngxiē de gōngzuò(片片刻不停歇地工作)．¶心を〜める xiē xīn(歇心)/ kuānxīn(宽心)/ fàngxīn(放心)．

やすもの【安物】 piányihuò(便宜货), liánjiàhuò(廉价货), dīdànghuò(低档货), jiànhuò(贱货)．¶〜の指輪 liánjià de jièzhi(廉价的戒指)．¶〜買いの銭失い tú piányi bái rēng qián(图便宜白扔钱)．

やすやす【安安】 róngyì(容易), qīngyì(轻易)．¶〜とやってのけた bú fèi chuīhuī zhī lì de gǎochulai le(不费吹灰之力地搞出来了)/ yí cù ér jiù(一蹴而就)．¶私ならそう〜とはだまされない yàoshi wǒ, kě bú nàme qīngyì shòu rén piàn(要是我，可不那么轻易受人骗)．

やすらか【安らか】 ¶世が〜に治まる shèhuì zhì'ān ānníng(社会治安安宁)．¶〜な顔をして寝ている ānxiáng de shuìzhe(安详地睡着)．¶〜に余生を送る ānxiǎng yúshēng(安享余生)．¶同志よ，〜に眠れ tóngzhì, ānxī ba!(同志，安息吧!)．

やすら・ぐ【安らぐ】 ¶心が〜ぐ xīnqíng shūchàng(心情舒畅)．

やすり【鑢】 cuò(锉), cuòdāo(锉刀)．¶〜をかける yòng cuòdāo cuò(用锉刀锉)．

やすん・ずる【安んずる】 ānyú(安于)．¶現状に〜じてはならない qiè bùkě ānyú xiànzhuàng(切不可安于现状)．¶今の地位に〜じている mǎnzú yú xiànzài de dìwèi(满足于现在的地位)．¶〜じて君に任せよう fàngxīn jiāogěi nǐ bàn(放心交给你办)．

やせい【野生】 yěshēng(野生)．¶〜の動物を飼い馴らす xúnyǎng yěshēng dòngwù(驯养野生动物)．

¶〜植物 yěshēng zhíwù(野生植物)．

やせい【野性】 yěxìng(野性)．¶〜を失った猛獣 shīqù yěxìng de měngshòu(失去野性的猛兽)．¶〜的な魅力のある人 yǒu yěxìng mèilì de rén(有野性魅力的人)．

やせうで【痩せ腕】 ¶女の〜で一家を養っている yǐ nǚrén shòuruò de shuāngshǒu yǎnghuo yìjiā dàxiǎo(以女人瘦弱的双手养活一家大小)．

やせおとろ・える【痩せ衰える】 xiāoshòu(消瘦), shòuruò(瘦弱)．¶彼は見る影もなく〜えた tā xiāoshòude bú xiàng yàngzi(他消瘦得不像样子)．

やせがまん【痩せ我慢】 ¶寒いのに〜してシャツ1枚でいる zhème dàlěngtiān yìngchēngzhe zhǐ chuān yí jiàn hànshān(这么大冷天硬撑着只穿一件汗衫)．¶そんな〜をするな bié dǎzhǒng liǎn chōng pàngzi!(别打肿脸充胖子!)．

やせぎす【痩せぎす】 gānshòu(干瘦)．¶〜の女 shòu gǔ línlín de nǚrén(瘦骨嶙峋的女人)．

やせこ・ける【痩せこける】 ¶病人は骨と皮ばかりに〜けてしまった bìngrén shòude pí bāo gǔtou le(病人瘦得皮包骨头了)/ bìngrén xiāoshòude chéngle yí fù gǔtou jiàzi le(病人消瘦得成了一副骨头架子了)．

やせさらば・える【痩せさらばえる】 ¶〜えた体をベッドに横たえている gǔ shòu rú chái de shēnzi héngtǎng zài chuángshang(骨瘦如柴的身子横躺在床上)．

やせち【痩せ地】 shòutián(瘦田), báotián(薄田), báodì(薄地), jítǔ(瘠土), jítián(瘠田)．¶〜に蕎麦を植える zài báodìli zhòng qiáomài(在薄地里种荞麦)．

やせっぽち【痩せっぽち】 shòuzi(瘦子)．¶この子は本当に〜だ zhège háizi zhēn shì ge shòuzi(这个孩子真是个瘦子)．

やせほそ・る【痩せ細る】 xiāoshòu(消瘦), shòuxuē(瘦削), chōuchour(抽抽ル)．¶彼女は心配事で〜った tā yīnwei yǒu xīnshì xiāoshòu le(她因为有心事消瘦了)．

や・せる【痩せる】 **1**[体が] shòu(瘦), shòuxuē(瘦削), xiāoshòu(消瘦)．¶病気ですっかり〜せてしまった bìngde shòu jíle(病得瘦极了)．¶彼女は〜せるためにランニングを始めた tā wèi-

le shǐ shēncái miáotiao, kāishǐ pǎobù(她为了使身材苗条,开始跑步). ¶子供のことで～せる思いだ wèi háizi cāoxīn, chībuxià fàn(为孩子操心,吃不下饭). ¶～せても枯れても男一匹 bùguǎn zěnmeyàng, wǒ shì ge nánzǐhàn(不管怎么样,我是个男子汉).

2〔土地が〕shòu(瘦), báo(薄). ¶この土地は～せていて作物が育たない zhè dì shòude shénme zhuāngjia yě zhǎngbuliǎo(这地瘦得什么庄稼也长不了).

やせん【夜戦】yèzhàn(夜战).

やせん【野戦】yězhàn(野战). ¶～病院 yězhàn yīyuàn(野战医院).

やそう【野草】yěcǎo(野草).

やたい【屋台】¶駅前の～で酒を飲む zài chēzhàn qiánmian de tānzi shang hē jiǔ(在车站前面的摊子上喝酒). ¶縁日で～が並ぶ miàohuì de rìzi huòtānzi chéngpái(庙会的日子货摊子成排).

やたいぼね【屋台骨】dǐngliángzhù(顶梁柱). ¶主人が死んで一家の～が傾いた yìjiā zhī zhǔ sǐ le, jiātíng de dǐngliángzhù dǎo le(一家之主死了,家庭的顶梁柱倒了).

やたらsuíbiàn(随便), húluàn(胡乱), xiā(瞎). ¶～なことは言うべきでない kě bùnéng suíbiàn shuōhuà(可不能随便说话). ¶彼は～に本を買い込む tā jiàn shū jiù mǎi(他见书就买).

やちょう【野鳥】yěniǎo(野鸟). ¶～を保護する bǎohù yěniǎo(保护野鸟).

やちん【家賃】fángzū(房租). ¶毎月5万円の～を払う měiyuè fù wǔwàn rìyuán de fángzū(每月付五万日元的房租). ¶～が3か月滞っている fángzū jīqiànle sān ge yuè(房租积欠了三个月).

やつ【奴】**1** jiāhuo(家伙·傢伙), xiǎozi(小子), dōngxi(东西), zǎizi(崽子). ¶本当に憎らしい～だ zhēn shì kěhèn de jiāhuo(真是可恨的家伙). ¶あんな～はほっておけ nà zhǒng rén búyào lǐ tā(那种人不要理他). ¶大きい～がいい dà de hǎo(大的好).

2〔あいつ〕¶これは～の仕業に違いない zhè yídìng shì nà 'xiǎozi[tùzǎizi] gàn de(这一定是那小子[兔崽子]干的).

やつあたり【八当り】¶彼はよく妹に～する tā chángcháng ná mèimei 'chūqì[sāqì](他常常拿妹妹'出气[撒气]). ¶仕事がうまくいかないので人に～している tā gōngzuò bú shùnlì, qiān yú rén(他工作不顺利,迁怒于人).

やっかい【厄介】**1**〔面倒〕máfan(麻烦), jíshǒu(棘手), tàngshǒu(烫手), fánsuǒ(烦琐), fèishì(费事). ¶～なことになった shìqing máfan le(事情麻烦了)/ zhè yàngr shì biànde fēicháng jíshǒu le(这件事变得非常棘手了). ¶～な問題が起った fāshēngle 'máfan[jíshǒu] de wèntí(发生了'麻烦[棘手]的问题). ¶手続が～だ shǒuxù hěn máfan(手续很麻烦). ¶病人を～者扱いする bǎ bìngrén dàngzuò léizhui(把病人当作累赘).

2〔世話〕長い間御～になりました chángqī méng nín guānzhào, gǎnxiè bú jìn(长期蒙您

关照,感谢不尽). ¶他人の～にはならない wǒ bù xiǎng yīkào biéren(我不想依靠别人). ¶ここ数年医者の～になったことがない zhè jǐ nián wǒ méi máfanguo dàifu(这几年我没麻烦过大夫).

やっかいばらい【厄介払い】¶引き止めるなよ,いい～だ. búyào quànzǔ, zǒurén zhèng qiúzhī-bùdé ne!(不要劝阻,走人正求之不得呢!).

やっかむ【妬む】jídù(嫉妒), jìhèn(忌恨), dùjì(妒忌). ¶人の仕合せを～む jídù biéren de xìngfú(嫉妒别人的幸福).

やっかん【約款】tiáokuǎn(条款).

やっき【躍起】sǐmìng(死命), pīnmìng(拼命), jiélì(竭力). ¶～になって弁解する sǐmìng biànjiě(死命辩解). ¶彼女はこの境遇を脱け出そうと～になった tā pīnmìng xiǎng bǎituō zhège jìngyù(她拼命想摆脱这个境遇).

やつぎばやに【矢継ぎ早】¶政府は～に一連の新政策を発表した zhèngfǔ jiēlián búduàn de fābiǎole yíxiliè de xīn zhèngcè(政府接连不断地发表了一系列的新政策). ¶彼は記者の～の質問に戸惑った jìzhě liánzhūpào shìde tíwèn, bǎ tā wènmēng le(记者连珠炮似的提问,把他问懵了).

やっきょう【薬莢】yàotǒng(药筒), dànké(弹壳), zǐdànkér(子弹壳儿).

やっきょく【薬局】yàofáng(药房).

やっこう【薬効】yàoxiào(药效), yàolì(药力).

やつざき【八裂き】¶あんな奴は～にしても飽き足りない nà zhǒng jiāhuo guǎle tā yě bù jiěhèn(那种家伙剐了他也不解恨).

やつ・す【窶す】**1**〔変装する〕zhuāng(装), huàzhuāng(化装). ¶乞食姿に身を～す huàzhuāng chéng yí ge jiàohuāzi(化装成一个叫花子).

2〔思い悩む, 夢中になる〕¶恋に身を～す wèi liàn'ài ér qiáocuì(为恋爱而憔悴). ¶賭事に憂き身を～す jiǎo dǔbó mile xīnqiào(叫赌博迷了心窍).

やっつけしごと【やっつけ仕事】¶時間に迫られていたので～になってしまった shíjiān jípò, gōngzuò cǎoshuài cūzāo(时间急迫,工作草率粗糙).

やっつ・ける 1〔仕事などを〕¶この仕事は今日中に～けよう zhège gōngzuò zài jīntiān gànwán ba(这个工作在今天干完吧).

2〔相手を〕zhěng(整), zhěngzhì(整治); dǎkuǎ(打垮), dǎdǎo(打倒), dǎbài(打败). ¶あいつは生意気だから～けてやろう nàge jiāhuo tài jiāo'ào, děi zhěng tā yí dùn(那个家伙太骄傲,得整他一顿). ¶激論のすえ相手を～けた jīng jīliè de zhēnglùn bódǎole duìfāng(经激烈的争论驳倒了对方). ¶3回戦のシード選手を～けた dìsān lún bǐsài dǎbàile zhǒngzǐ xuǎnshǒu(第三轮比赛打败了种子选手).

やつで【八手】bājiǎo jīnpán(八角金盘).

やっと hǎoróngyì(好容易), hǎobù róngyi(好不容易), miǎnqiǎng(勉强). ¶この部屋は机を2つ置くのが～だ zhè jiān wūzi miǎnqiǎng néng fàng liǎng zhāng zhuōzi(这间屋子勉强能放两张桌子). ¶～食べられるだけの収入しか

ない shōurù zhǐ gòu miǎnqiǎng húkǒu(收入只够勉强饲口). ¶ 〜終電に間に合わず chàdiǎnr méi gǎnshàng mòbān diànchē(差点儿没赶上末班电车). ¶ 10年の歳月を費やして〜ダムが完成した huāfèile shí nián de shíjiān, shuǐkù zhōngyú jùngōng le(花费了十年的时间,水库终于竣工了). ¶ 3度目に〜合格した dìsān cì hǎoróngyì cái kǎoshàng(第三次好容易才考上). ¶ 〜仕事が見つかった hǎobù róngyì cái zhǎodàole gōngzuò(好不容易才找到了工作). ¶ 先生の説明を聞いて〜分った tīngle lǎoshī de jiěshì cái míngbai le(听了老师的解释才明白了). ¶ 〜のことでゴールにたどり着いた hěn bù róngyì cái dàodá zhōngdiǎn(很不容易才到达终点).

やっとこ jiājiǎn(夹剪), qiánzi(钳子).
やっぱり →やはり.
やつめうなぎ【八目鰻】 qīsāimán(七鳃鳗), bāmùmán(八目鳗).
やつ・れる【窶れる】 qiáocuì(憔悴). ¶ 彼は長患いですっかり〜した tā chángqī wòbìng, qiáocuì búkàn(他长期卧病,憔悴不堪). ¶ 彼女は生活の苦労で〜れ果てた tā wèi shēnghuó bēnbō xiāoshòude búchéng yàngzi le(她为生活奔波消瘦得不成样子了). ¶ 病後の〜れた tā bìng hòu xiǎnde fènwài qiáocuì(病后显得分外憔悴).
やど【宿】 lǚdiàn(旅店), lǚguǎn(旅馆), zhànfáng(栈房), kèzhàn(客栈). ¶ 駅の近くに〜を取る zài chēzhàn fùjìn de lǚguǎn 'luòjiǎo[kāi fángjiān](在车站附近的旅馆'落脚[开房间]). ¶ 叔父の家を〜にする zài shūfù jiālǐ liúsù(在叔父家里留宿).
やといにん【雇人】 yōngrén(佣人), yōnggōng(佣工), gùgōng(雇工).
やといぬし【雇主】 gùzhǔ(雇主).
やと・う【雇う】 gù(雇), gùyòng(雇用), gùyòng(雇佣), gùqǐng(雇请). ¶ ガイドを〜 qǐng xiàngdǎo(请向导). ¶ 人に〜われて働く shòu rén gùyòng zuòshì(受人雇用做事). ¶ 車を〜 zū[gù] qìchē(租[雇]汽车).
やとう【野党】 zàiyědǎng(在野党).
やどかり【寄居虫】 jìjùxiè(寄居蟹).
やど・す【宿す】 ¶ 禍根を〜す liúxià huògēn(留下祸根). ¶ 子を〜す huáiyùn(怀孕)/ huáitāi(怀胎). ¶ 水面に影を〜している yǐngzi yìngzài shuǐmiàn shang(影子映在水面上).
やどちょう【宿帳】 lǚkè dēngjìbù(旅客登记簿).
やどちん【宿賃】 zhùsùfèi(住宿费), sùfèi(宿费).
やどなし【宿無し】 liúlànghàn(流浪汉). ¶ 私は〜になってしまった wǒ wú jiā kě guī le(我无家可归了).
やどちょう【宿屋】 lǚguǎn(旅馆), lǚdiàn(旅店), kèdiàn(客店), kèzhàn(客栈), zhànfáng(栈房). ¶ 〜に泊る zhù lǚdiàn(住旅店).
やどりぎ【宿り木】 hújìshēng(槲寄生).
やど・る【宿る】 yùyú(寓于). ¶ 健全なる精神は健全な身体に〜る jiànquán de jīngshén yùyú jiànquán de shēntǐ(健全的精神寓于健全的身体).

やな【簗】 yúliáng(鱼梁).
やなぎ【柳】 liǔ(柳). ¶ 〜に雪折れなし xuě luò yángliǔ zhébuduàn—jiānrèn(雪落杨柳折不断—坚韧). ¶ 母親の小言を〜に風と受け流す bǎ māma de xùnchì dàng ěrbiānfēng(把妈妈的训斥当耳边风). ¶ 〜の下にいつも泥鰌がいない búhuì shǒu zhū dài tù(不可守株待兔).
やなみ【家並】 ¶ この〜は昔のままだ zhè yì pái fángwū hái shì xīrì de múyàng(这一排房屋还是昔日的模样).
やに【脂】 1[木の] shùzhī(树脂), shùjiāo(树胶). ¶ 松〜 sōngzhī(松脂)/ sōngxiāng(松香).
2[煙草の] yānyóuzi(烟油子). ¶ パイプに〜が詰る yāndǒu jiào yānyóuzi sāizhù(烟斗叫烟油子塞住). ¶ 〜で歯が真黒になった chōuyānchōude mǎnyá yóuhēi(抽烟抽得满牙油黑).
やにさが・る【脂下がる】 ¶ お世辞を言われて〜る tīng rén fèngcheng, yángyáng-zìdé(听人奉承,洋洋自得).
やにょうしょう【夜尿症】 yèniàozhèng(夜尿症).
やにわに【矢庭に】 tūrán(突然), lěngbufáng(冷不防), měngbufáng(猛不防), lěngdīng(冷丁). ¶ 物も言わず〜殴りかかってきた tā shénme dōu bù shuō lěngbufáng dǎguolai le(他什么都不说冷不防打过来了).
やぬし【家主】 fángdōng(房东).
やね【屋根】 wūdǐng(屋顶), fángdǐng(房顶). ¶ 瓦で〜をふく yòng wǎ pū wūdǐng(用瓦铺屋顶). ¶ 同じ〜の下で暮す tóng zhùzài yí ge wūdǐng xià(同住在一个屋顶下). ¶ 〜伝いに逃げる shùnzhe fángdǐng táopǎo(顺着房顶逃跑). ¶ 台風で〜瓦が飛んだ wūdǐng de wǎ bèi táifēng gěi guādiào le(屋顶的瓦被台风给刮掉了). ¶ 自動車の〜 chēdǐng(车顶). ¶ パミール高原は世界の〜と言われる Pàmǐ'ěr Gāoyuán bèi chēng zhī wéi shìjiè wūjǐ(帕米尔高原被称之为世界屋脊).
やねうら【屋根裏】 ¶ 〜で鼠が騒ぐ zài tiānpéng shang lǎoshǔ luàn pǎo(在天棚上老鼠乱跑).
¶ 〜部屋 wūdǐngshì(屋顶室)/ dǐnglóu(顶楼).
やはり 1[前と同様] réng(仍), réngrán(仍然), hái(还), háishì(还是). ¶ 今でも〜鎌倉にお住いですか nín xiànzài réngrán zhùzài Liáncāng ma?(您现在仍然住在镰仓吗?). ¶ 今日も〜帰りが遅くなった jīntiān yòu huílaide wǎn le(今天又回来得晚了).
2[他と同様] yě(也). ¶ 息子も〜法律を専攻した érzi yě zhuāngōng fǎlǜ(儿子也专攻法律). ¶ 私も〜彼の意見には反対だ wǒ yě shì fǎnduì tā de yìjiàn(我也是反对他的意见).
3[案の定] guǒrán(果然), guǒzhēn(果真). ¶ 〜そうだったのか guǒrán háishì nàme huí shì(果然还是那么回事). ¶ 〜私が考えていた通りだった guǒ bù chū wǒ suǒ liào(果不出我

所料).¶彼は留学したと聞いていたが～そうだった tīngshuō tā liúxué le, guǒrán rúcǐ (听说他留学了,果然如此).

4〔結局〕háishi(还是), bìjìng(毕竟), jiūjìng(究竟).¶利口そうでも～子供は子供だ bùguǎn zěnme cōngming, háizi bìjìng shì háizi (不管怎么聪明,孩子毕竟是孩子).¶いろいろ考えたが～行くことにした zuǒsī-yòuxiǎng, mòliǎo háishi juédìng qù (左思右想,末了还是决定去).

やはん【夜半】 bànyè(半夜), yèbàn(夜半).¶台風は今～上陸するでしょう táifēng jiāng zài jīntiān bànyè dēnglù(台风将在今天半夜登陆).

やばん【野蛮】 yěmán(野蛮).¶～な振舞 yěmán xíngwéi(野蛮行为).

やひ【野卑】 xiàliú(下流).¶～な言葉 xiàliúhuà(下流话).

やぶ【藪】〔木の〕guànmùcóng(灌木丛);〔草の〕cǎocóng(草丛);〔竹の〕zhúcóng(竹丛).¶～から棒に何を言い出すんだ méitóu-méinǎo de shuō de shénme huà?!(没头没脑地说的什么话?!).

やぶいしゃ【藪医者】 yōngyī(庸医).
やぶいり【藪入り】 yíwén(逸闻).
やぶ・く【破く】→やぶる 1.
やぶさか【吝か】¶協力するに～でない hěn yuànyì xiézhù(很愿意协助).
やぶにらみ【藪睨み】 xiéyǎn(斜眼), xiéshì(斜视).
やぶへび【藪蛇】¶うっかり口を出して～になってしまった wúyì shuō de yí jù huà búliào tǒngle mǎfēngwō(无意说的一句话不料捅了马蜂窝).

やぶ・る【破る】**1**〔引き裂く〕sī(撕), sīpò(撕破).¶手紙を～る bǎ xìn sīsuì(把信撕碎).¶ノートを1枚～り取る cóng běnzi shang sīxià yí yè zhǐ(从本子上撕下一页纸).¶釘につっかけて服を～ってしまった jiào dīngzi gěi guàpòle yīfu(叫钉子给挂破了衣服).

2〔壊す〕dǎpò(打破), pòhuài(破坏).¶ガラスを～って賊が侵入した zéi nònghuài bōlichuāng jìnle wūzi(贼弄坏玻璃窗进了屋子).¶金庫を～られた bǎoxiǎnguì bèi qiàokāi le(保险柜被撬开了).¶平和を～る pòhuài hépíng(破坏和平).¶静寂を～って銃声が響いた qiāngshēng yì xiǎng dǎpòle jìjìng(枪声一响打破了寂静).¶叫び声に夢を～られた jiānjiàoshēng bǎ wǒ cóng shuìmèng zhōng jīngxǐng le(尖叫声把我从睡梦中惊醒了).¶長い間の沈黙を～って作品を発表した dǎpò chángqī de chénmò fābiǎole zuòpǐn(打破长期的沉默发表了作品).

3〔突き抜ける〕chōngpò(冲破), dǎpò(打破).¶警戒線を～る chōngpò jǐngjièxiàn(冲破警戒线).¶世界記録を～る dǎpò shìjiè jìlù(打破世界纪录).

4〔犯す〕pòhuài(破坏).¶協定を～る pòhuài xiédìng(破坏协定).¶約束を～る pòyuē(破约)/ fùyuē(负约)/ shīyuē(失约)/ shuǎng-yuē(爽约)/ bèiyuē(背约).¶交通規則を～る wéifǎn jiāotōng guīzé(违反交通规则).

5〔負かす〕dǎbài(打败), dǎkuǎ(打垮).¶敵軍を～って進む dà pò [jīkuì] díjūn qiánjìn(大破［击溃］敌军前进).¶5対0でAチームを～った yǐ wǔ bǐ líng yíngle A duì(以五比零赢了A队).

やぶれかぶれ【破れかぶれ】 pò guànzi pò shuāi (破罐子破摔).¶こうなったらもう～だ shì yǐ zhì cǐ zhǐhǎo pòguànzi-pòshuāi le(事已至此只好破罐子破摔了).

やぶ・れる【破れる】 pò(破).¶表紙が～れた shūpí pò le(书皮破了).¶はき古して靴下が～れた chuānjiùle de wàzi mópò le(穿旧了的袜子磨破了).¶ズボンの～れを繕う bǔ kùzi de pòdòng(补裤子的破洞).¶寒さで水道管が～れた tiān lěngde shuǐguǎn zhàliè le(天冷得水管炸裂了).¶彼の夢は一瞬にして～れた tā de měimèng yíshùnjiān pòmiè le(他的美梦一瞬间破灭了).¶両者の均衡が～れる shuāngfāng de shìlì shīqùle jūnhéng(双方的势力失去了均衡).

やぶ・れる【敗れる】 dǎbài(打败), dǎshū(打输).¶戦いに～れる zhànzhēng dǎbài le(战争打败了)/ zhàng dǎshū le(仗打输了).¶わがチームは緒戦に～れ去った wǒ duì tóuyīchǎng bǐsài jiù chīle bàizhàng(我队头一场比赛就吃了败仗).

やぶん【夜分】 wǎnshang(晚上), yèli(夜里).¶～お邪魔して失礼しました zhème wǎn, tài dǎjiǎo nǐ le(这么晚,太打搅你了).

やぼ【野暮】¶そんなことは聞くだけ～だ nǐ wèn nà zhǒng shì, tài bù zhīqù le(你问那种事,太不知趣了).¶君もずいぶん～ななりをしているね nǐ de chuāndài dǎbàn tài tǔqì le(你的穿戴打扮太土气了).¶あの人は全くの～だ tā nàge rén zhēn bù zhīqù(他那个人真不知趣).

やぼう【野望】 yěxīn(野心).¶～を抱く bào yěxīn(抱野心).

やま【山】**1** shān(山).¶険しい～に登る pāndēng xiǎnfēng(攀登险峰).¶その村は四方を～に囲まれている nàge cūnzhuāng sìmiàn bèi qúnshān huánbào(那个村庄四面被群山环抱).¶また～を越えて行く fān shān yuè lǐng(翻山越岭)/ yuèguò shānlǐng(越过山岭).

2〔堆積〕duī(堆).¶ごみが～になっている lājī duīchéng shān(垃圾堆成山).¶米袋を～と積む mǐdài duījī rú shān(米包堆积如山).¶仕事が～ほどたまった gōngzuò jīyāle yí dà duī(工作积压了一大堆).¶りんごを2～買う mǎi liǎng duī píngguǒ(买两堆苹果).

3〔クライマックス〕¶この映画には～がない zhège diànyǐng méiyǒu gāocháo(这个电影没有高潮).¶この仕事も～が見えた zhè jiàn gōngzuò yǐjīng kàndedào tóu le(这件工作已经看得到头了).¶どうにか交渉も～を越した jiāoshè zǒngsuàn guòle dàguān le(交涉总算过了大关了).¶彼の病気は今日いっぱいが～だ tā de bìng jīntiān shì zuì wēixiǎn de guāntóu(他的病今天是最危险的关头).

4〔山勘〕 ¶試験問題に～をかける yā kǎotí(押考題). ¶～がはずれて大損した méi yā-zhòng chīle dà kuī(没押中吃了大亏).

やまあい【山間】 shānjiān(山间), shāngōu(山沟), shāngǔ(山谷). ¶～の小さな村 shāngōu-li de xiǎo cūnzhuāng(山沟里的小村庄).

やまあらし【山荒し・豪猪】 háozhū(豪猪), jiànzhū(箭猪).

やまい【病】 bìng(病). ¶仕事半ばで～に倒れた zài gōngzuò zhōngtú bìngdǎo le(在工作中途病倒了). ¶～が改まる bìngqíng èhuà(病情恶化). ¶～は気から bìng dà xīntóu qǐ(病打心头起). ¶彼の野球熱も～膏肓(ｺｳ)に入った tā duì bàngqiú jiǎnzhí míle xīnqiào(他对棒球简直迷了心窍). ¶～膏肓に入る bìng rù gāo huāng(病入膏肓).

やまいだれ【病垂】 bìngzìpángr(病字旁儿), bìngpángr(病旁儿).

やまいも【山芋】 shǔyù(薯蓣), shānyao(山药), shǔyao(薯药).

やまおく【山奥】 shēnshān(深山).

やまおとこ【山男】 dēngshānmí(登山迷)(登山愛好者).

やまかじ【山火事】 shānhuǒ(山火). ¶～が起きた fāshēngle shānhuǒ(发生了山火).

やまがら【山雀】 zásè shānquè(杂色山雀).

やまがり【山狩】 犯人を追って～をする sōu shān zhuībǔ táofàn(搜山追捕逃犯).

やまかん【山勘】 xiācāi(瞎猜), xiāmēng(瞎蒙). ¶～が当った mēngduì le(蒙对了)/ xiācāi cāiduì le(瞎猜猜对了).

やまかんむり【山冠】 shānzìtóur(山字头儿).

やまくずれ【山崩】 shānbēng(山崩).

やまぐに【山国】 shānguó(山国); shānqū(山区). ¶～に生れ育つ zài shānqū chūshēng zhǎngdà(在山区出生长大).

やまけ【山気】 を出す qǐ màoxiǎnxīn(起冒险心). ¶～たっぷりの人 màoxiǎn[tóu-jī] de rén(好「冒险/投机]的人).

やまごえ【山越え】 ¶～をする fānshān(翻山)/ págushān(爬过山).

やまごや【山小屋】 shānzhōng xiǎofáng(山中小房).

やまざと【山里】 shāncūn(山村), shānzhuāng(山庄).

やまざる【山猿】 ¶この礼儀知らずの～め nǐ zhège bù dǒng lǐmào de tǔbāozi(你这个不懂礼貌的土包子).

やまし【山師】 **1**〔探鉱師〕 shānzhōng zhǎo kuàng de rén(山中找矿的人);〔立木売買業者〕 shānzhōng de shùfànzi(山中的树贩子). **2**〔投機家〕 tóujīshāng(投机商);〔詐欺師〕 piànzishǒu(骗子手).

やましい【疚しい】 kuīxīn(亏心), nèijiù(内疚), kuìjiù(愧疚), zìjiù(自疚). ¶私には何も～いところはない wǒ wèn xīn wúkuì(我问心无愧)/ wǒ háo wú nèijiù(我毫无内疚).

やますそ【山裾】 shānjiǎo(山脚), shāngēn[r](山根儿). ¶～に樹海が広がる shānjiǎo yípiàn línhǎi(山脚一片林海).

やまたかぼうし【山高帽子】 yuándǐng lǐmào(圆顶礼帽).

やまだし【山出し】 ¶～のままの材木 cǎifá xiàlai de yuánmù(采伐下来的原木). ¶～の娘 gāng dào chéngli lái de xiāngxià gūniang(刚到城里来的乡下姑娘).

やまつなみ【山津波】 shānhóng(山洪).

やまづみ【山積み】 ¶机の上に資料が～になっている zhuōzi shang zīliào duījī rú shān(桌子上资料堆积如山).

やまでら【山寺】 shānsì(山寺), shānmiào(山庙).

やまなみ【山並】 ¶アルプスの～が一望できる Ā'ěrbēisī de fēngluán jìnzài yí wàng zhī zhōng(阿尔卑斯的峰峦尽在一望之中).

やまなり【山鳴り】 ¶噴火の前触れか～がしている yěxǔ shì pēnhuǒ de qiánzhào, shān hōnglónglóng de xiǎngzhe(也许是喷火的前兆, 山轰隆隆地响着).

やまねこ【山猫】 shānmāo(山猫), bàomāo(豹猫). ¶～スト zìfā língxīng bàgōng(自发零星罢工).

やまのぼり【山登り】 dēngshān(登山), páshān(爬山).

やまば【山場】 ¶交渉もいよいよ～を迎えた tánpàn zhōngyú jìnrù zuì zhòngyào de guāntóu(谈判终于进入最重要的关头).

やまはだ【山肌】 shānfū(山肤). ¶地滑りで～が露出した yóuyú huápō ⸢lùchū shān de dìbiǎo[shānfū chìlù](由于滑坡⸢露出山的地表[山肤赤裸]).

やまばん【山番】 shānlín kānshǒurén(山林看守人).

やまびこ【山彦】 huíshēng(回声), huíxiǎng(回响).

やまぶき【山吹】 dìtáng(棣棠), tángdì(棠棣). ¶～色 dìtánghuáng(棣棠黄).

やまへん【山偏】 shānzìpángr(山字旁儿).

やまみち【山道】 shānlù(山路). ¶険しい～を登る dēng qíqū xiǎnzǔ de shānlù(登崎岖险阻的山路).

やまもり【山盛り】 màojiān[r](冒尖[儿]), chūjiān[r](出尖[儿]), gāngjiān[r](岗尖[儿]). ¶御飯を～によそう bǎ fàn chéngde chūjiān(把饭盛得出尖). ¶スプーンに～の砂糖 mǎnmǎn yì chízi shātáng(满满一匙子砂糖).

やまやま【山山】 買いたいのは～だが金がない wǒ hěn xiǎng mǎi, kěshì méiyǒu qián(我很想买, 可是没有钱).

やまわけ【山分け】 píngfēn(平分). ¶儲けを～する píngfēn lìyì(平分利益)/ fēnféi(分肥).

やみ【闇】 **1** hēi(黑), hēi'àn(黑暗). ¶日が落ちてあたりは次第に～に包まれた tàiyáng luòshān, sìchù jiànjiàn de ànxialai le(太阳落山, 四处渐渐地暗下来了). ¶～に紛れて逃走する chèn hēi táopǎo(趁黑逃跑). ¶事件の真相は～から～に葬られた shìjiàn de zhēnxiàng bèi zàngrù hēi'àn zhī zhōng(事件的真相被葬入黑暗之中).

2〔不正取引〕 ¶米を～で買う mǎi hēishì dà-

mǐ(买黑市大米). ¶～に流す àndìlì màigěi sīshāng(暗地里卖给私商).
¶～市 hēishì(黑市). ～ドル hēishì měiyuán(黑市美元). ～値 hēishì jiàgé(黑市价格). ～物資 hēishì huò(黑货). ～屋 hēishì shāngrén(黑市商人)/ huángniú(黄牛)/ dǎoyé(倒爷)/ dǎoryé(倒ル爷).

やみあがり【病み上り】 ¶～に無理をしてはいけない bìng gāng hǎo, bùkě láolèi(病刚好,不可劳累).

やみうち【闇討】 ¶～をかける chéng yè xíjī(乘夜袭击)/ dǎ hēiqiāng(打黑枪). ¶～に会う zāodào yìwài de xíjī(遭到意外的袭击)/ ái hēiqiāng(挨黑枪).

やみくも【闇雲】 luàn(乱), húluàn(胡乱). ¶～に突進する luàn dǎ luàn chōng(乱打乱冲).

やみじ【闇路】 hēilù(黑路), hēidào(黑道). ¶～を辿る zǒu hēilù(走黑路). ¶恋の～における chénmí zài àiqíng de shēnyuān zhī zhōng(沉迷在爱情的深渊之中).

やみつき【病み付き】 yǐn(瘾), yǐntóu[r](瘾头[ル]). ¶競馬が～になった jiào sàimǎ míle xīnqiào(叫赛马迷了心窍). ¶麻雀が～になる dǎ májiàng dǎshànglè yǐn(打麻将打上了瘾). ¶友人に教わったのが～で碁に凝りだした zìcóng péngyou jiāole wǒ, wǒ duì wéiqí zháole mí le(自从朋友教了我,我对围棋着了迷了).

やみとりひき【闇取引】 ¶～で米の売買をする zài hēishì dǎomài dàmǐ(在黑市倒卖大米). ¶それはボス同士の～で決った zhè shì yóu tóutoumen de "ànzhōng[sīxià]" jiāoyì juédìng de(这是由头头们的"暗中[私下]"交易决定的). ¶外貨の～ dǎohuì(倒汇).

やみよ【闇夜】 hēiyè(黑夜), yuèhēitiān(月黑天), yuèhēiyè(月黑夜). ¶～のつぶて hēiyè tóu shízí―dǎbuzháo(黑夜里投石子―打不着).

や・む【止む】 tíng(停), zhù(住), zhǐ(止). ¶雨が～んだ yǔ zhù le(雨住了). ¶風が～んだ fēng tíng le(风停了). ¶隣室の騒ぎはいつまでも～ない gébì fángjiān de chǎonào yǒng bù xīzhǐ(隔壁房间的吵闹永不息止). ¶倒れて後～む sǐ ér hòu yǐ(死而后已). ¶～むに～まれぬ気持から敢行した pòbùdéyǐ[wànbùdéyǐ] duànrán shíxíng le(迫不得已[万不得已]断然实行了). ¶御成功を願って～みません zhōngxīn zhùyuàn nín chénggōng(衷心祝愿您成功).

や・む【病む】 ¶あの人は久しく胸を～んでいる tā chángqī yǐlái huàn fèibìng(他长期以来患肺病). ¶そんなに気に～むことはない yòngbuzháo nàme dānyōu(用不着那么担忧)/ hébì nàme yōulǜ(何必那么忧虑).

やむなく【已むなく】 bùdéyǐ(不得已), wú kě nàihé(无可奈何), mònàihé(没奈何). ¶父が失業したため～進学をあきらめた yóuyú fùqīn shīyè, zhǐhǎo sǐle shēngxué de xīn(由于父亲失业,只好死了升学的心). ¶吹雪のため～引き返した yóuyú bàofēngxuě, bùdéyǐ fǎnhuílai(由于暴风雪,不得已返回来).

やむをえず【已むを得ず】 →やむなく.

やむをえな・い【已むを得ない】 bùdéyǐ(不得已). ¶～い用事で退席する yóuyú bùdéyǐ de shì ér tuìxí(由于不得已的事而退席). ¶このような結果になったのも～い zāodàole zhèyàng de jiéguǒ yě shízài méi bànfǎ(遭到这样的结果也实在没办法).

や・める【止める・辞める】 1 ¶ちょっと仕事を～めて私の話を聞いてくれ bǎ gōngzuò tíng yíxià, tīng wǒ shuō yí jiàn shì(把工作停一下,听我说一件事). ¶今日はこれで～めよう jīntiān dào zhèr jiéshù ba(今天到这ル结束吧)/ jīntiān dào cǐ wéizhǐ ba(今天到此为止吧). ¶あの会社とは取引を～めている gēn nàge gōngsī tíngzhǐle jiāoyì(跟那个公司停止了交易). ¶健康のために煙草を～める wèile jiànkāng jièyān le(为了健康戒烟了). ¶馬鹿の真似は～めろ bié nàme húlái(别那么胡来). ¶中途で学校を～めた zhōngtú tuìle xué(中途退了学). ¶推薦制は～めて投票制にする fèizhǐ tuījiàn zhìdù cǎiqǔ tóupiào fāngfǎ(废止推荐制度采取投票方法). ¶天気が悪いので行くのは～めにした tiānqì bù hǎo, wǒ bú qù le(天气不好,我不去了).
2 ¶職などを～める cíqù(辞去), cídiào(辞掉). ¶教師を～めて画家になる cídiào jiàoshī zhíwù dāng huàjiā(辞掉教师职务当画家). ¶組合の委員長を～める cíqù gōnghuì wěiyuánzhǎng de zhíwù(辞去工会委员长的职务).

やもうしょう【夜盲症】 yèmángzhèng(夜盲症), yèmáng(夜盲), yèmángyǎn(夜盲眼), quèméngyǎn(雀蒙眼), quèyǎn(雀眼).

やもめ 1【寡婦】 guǎfù(寡妇), bànbiānrén(半边人), kuàngnǚ(旷女). ¶～を通す shǒuguǎ(守寡).
2【鰥夫】 guānfū(鳏夫), kuàngfū(旷夫), guānggùnr(光棍ル). ¶～ぐらし dǎ guānggùnr(打光棍ル).

やもり【守宮】 bìhǔ(壁虎), xiēhǔ(蝎虎), xiēhǔzi(蝎虎子), shǒugōng(守宫).

やや shāo(稍), shāoshāo(稍稍), shāowēi(稍微), shāoxǔ(稍许), shāoxǔ(稍许); lüè(略), lüèlüè(略略), lüèwēi(略微), lüèwéi(略为). ¶こちらの方が～小さい zhège shāowēi xiǎo yìdiǎnr(这个稍微小一点ル). ¶作柄は去年より～よい niánjǐng bǐ qùnián shāo hǎo xiē(年景比去年稍好些). ¶～あって彼は口を開いた méi guò yíhuìr[bù yíhuìr], tā kāikǒu shuōhuà le(没过一会ル[不一会ル],他开口说话了).

ややこし・い fùzá(复杂), fánzá(繁杂), máfan(麻烦). ¶随分～い話だ kě zhēn shì fánsuǒ de huà(可真是烦琐的话). ¶彼がでしゃばってきたので事は～くなった tā luàn guǎn xiánshì, dào shǐ shìqing gèng máfan le(他乱管闲事,倒使事情更麻烦了). ¶～い手続が～い shǒuxù 'fùzá[fánzá](手续'复杂[繁杂]).

ややもすれば 夏は～睡眠不足になりがちだ xiàtiān róngyì shuìmián bùzú(夏天容易睡眠不足).

やゆ【揶揄】 yéyú(揶揄). ¶人を～する cháoxiào rén(嘲笑人).

-やら 1〔例示〕¶トタン～瓦～いろんな物が飛んできた tiěpí la, wǎpiàn la, gèzhǒng dōngxi fēile guòlái (铁皮啦, 瓦片啦, 各种东西飞了过来). ¶歌う～踊る～大騒ぎになった chàng ya, tiào ya, nàode tiānfān-dìfù (唱呀, 跳呀, 闹得天翻地覆).
2〔不確実〕¶誰～来たようだ hǎoxiàng yǒu rén lái le (好像有人来了). ¶彼はいつの間にか～いなくなってしまった bù zhīdào shénme shíhou tā bújiàn le (不知道什么时候他不见了). ¶何が何～分からない zhàng èr héshang—mōbuzháo tóunǎo (丈二和尚—摸不着头脑). ¶どんな物を買ってくる～ dàodǐ huì mǎi shénmeyàng de dōngxi huílái ne? (到底会买什么样的东西回来呢?).

やり【槍】chángqiāng (长枪), chángmáo (长矛). ¶～で突く yòng chángqiāng cì (用长枪刺).

やりあ・う【遣り合う】¶刃物を持って～う dòngdāo dǎjià (动刀打架). ¶今日彼と仕事のことで～った jīntiān hé tā zài gōngzuò de wèntí shang fāshēngle zhēngzhí (今天和他在工作的问题上发生了争执).

やりかえ・す【遣り返す】¶意地悪をされたのに～すこともできない bèi rén qīfu le, què bùnéng huíjī (被人欺负了, 却不能回击). ¶面罵されて負けずに～した áile mà bùgān shìruò de huánle zuǐ (挨了骂不甘示弱地还了嘴).

やりかた【遣り方】zuòfǎ (做法・作法), fāngfǎ (方法), bànfǎ (办法), fǎzi (法子). ¶～によってはできないこともなかろう kàn fāngfǎ rúhé, bù yídìng shì zuòbuliǎo de (看方法如何, 不一定是做不了的). ¶彼独特の～で成功させた yǐ tā dútè de fāngfǎ qǔdéle chénggōng (以他独特的方法取得了成功).

やりきれな・い【遣り切れない】shòubuliǎo (受不了), chībuxiāo (吃不消). ¶蒸し暑くて～い mēnrèle shòubuliǎo (闷热得受不了). ¶こう来客が多くては全く～い láike zhème duō, kě zhēn gòuqiàng (来客这么多, 可真够呛). ¶いつも彼の泣き言ばかり聞かされて～い気持ち zǒng tīng tā fā láosāo, zhēn nìsǐ rén le (总听他发牢骚, 真腻死人了).

やりくち【遣り口】zuòfǎ (做法・作法), shǒuduàn (手段), tàotào (套套). ¶これがあいつのいつもの～なのだ zhè jiùshì nà jiāhuo guànyòng de 'yí tào [lǎotàotao] (这就是那家伙惯用的'一套[老套套]). ¶彼の～は汚い tā de shǒuduàn zhēn bēibǐ (他的手段真卑鄙).

やりくり【遣り繰り】¶彼女は家計の～がうまい tā hěn shànyú qínjiā chíjiā (她很善于勤俭持家). ¶何とか～してあるものでおかずを作る xiǎng bànfǎ yòng yǐ yǒu de dōngxi zuò cài (想办法用已有的东西做菜). ¶時間を～して会に出る jíchū shíjiān cānjiā huìyì (挤出时间参加会议). ¶～算段してようやく金を揃えた dōng pīn xī còu hǎoróngyì cái chóuqí kuǎnxiàng (东拼西凑好容易才筹齐款项).

やりこな・す【遣り熟す】¶彼なら立派にこの仕事を～せる yàoshi tā, yídìng nénggòu chūsè de wánchéng zhè xiāng gōngzuò (要是他, 一定能够出色地完成这项工作).

やりこ・める【遣り込める】bódǎo (驳倒). ¶議論で彼を～めてやった tōngguò zhēnglùn, bǎ tā bódé wú yán yǐ duì (通过争论, 把他驳得无言以对).

やりすご・す【遣り過す】¶そ知らぬ顔で～しておいて後をつける jiǎzhuāng bù zhīdào, ràng guòqu érhòu gēnzōng (假装不知道, 让过去而后跟踪).

やりそこな・う【遣り損なう】zuòcuò (做错), gǎocuò (搞错), nòngcuò (弄错). ¶～ったのでもう一度初めからやる zuòcuò le, wǒ zài cóngtóur zuò (做错了, 我再从头儿做).

やりだま【槍玉】¶～にあがる bèi zhǐmíng pīpíng (被指名批评).

やりっぱなし【遣りっ放し】¶宿題を～で遊びに行ってしまった zuòyè zuòdào bànjiér jiù dào wàibian wánr qù le (作业作到半截儿就到外边玩儿去了). ¶～にしないで跡片付けをしなさい búyào zuò bànjié shì, shōushíhǎo ba (不要做半截事, 收拾好吧).

やりて【遣手】néngrén (能人), gàncái (干才), qiángshǒu (强手), yìngshǒu[r] (硬手[儿]). ¶彼女はなかなかの～で店をひとりで切り回している tā jīngmíng nénggàn, yí ge rén jīngyíngzhe pùzi (她精明能干, 一个人经营着铺子).
¶～ばば bǎomǔ (鸨母) / lǎobǎozi (老鸨子) / bǎo'ér (鸨儿).

やりと・げる【遣り遂げる】wánchéng (完成). ¶困難な任務を見事に～げた hěn chūsè de wánchéngle kùnnan de rènwu (很出色地完成了困难的任务). ¶誰の助けも借りずにひとりで～げた wúxū biérén bāngzhù, yí ge rén jiù gǎochénggōng le (无须别人帮助, 一个人就搞成功了).

やりとり【遣り取り】¶ペンフレンドと手紙の～をする hé bǐyǒu huìxiāng tōngxìn wǎnglái (和笔友互相通信往来). ¶会議は激しい言葉の～に終始した huìyì zìshǐ-zhìzhōng dōu shì jīliè yáncí de zhēngbiàn (会议自始至终都是激烈言词的争辩).

やりなお・す【遣り直す】¶何度も～したがどうしてもうまくいかない chóngxīn gǎole hǎo jǐ cì kě zǒngshì gǎobuhǎo (重新搞了好几次可总是搞不好). ¶規格に合わず仕事の～しを命ぜられた bùhé guīgé, bèi mìnglìng fǎngōng (不合规格, 被命令返工). ¶人生は～しがきかない rénshēng shì bùnéng chóngfǎn de (人生是不能重返的).

やりなげ【槍投げ】zhìbiāoqiāng (掷标枪).

やりば【遣り場】¶目の～に困る bù zhī kàn nǎr hǎo (不知看哪儿好). ¶～のない怒りに身を震わせる nùhuǒ wúchù fāxiè, qìde húnshēn fādǒu (怒火无处发泄, 气得浑身发抖).

や・る【遣る】**1**〔行かせる〕¶子供をおつかいに～る jiào [dǎfa] háizi qù mǎi dōngxi (叫[打发]孩子去买东西). ¶夏休に家族を田舎に～る shǔjià jiào qīzi érnǚ dào xiāngxià dùjià (暑假叫妻子儿女到乡下度假). ¶娘を大学に～る

ràng nǚ'ér shàng dàxué(让女儿上大学). ¶大事な本をどこかに~ってしまった bù zhī bǎ bǎoguì de shū fàng nǎr qù le(不知把宝贵的书放哪儿去了). ¶銀座まで~ってくれ gěi kāidào Yínzuò ba!(给开到银座吧!).

2〔与える〕gěi(给). ¶息子に小遣を~る gěi érzi língyòngqián huā(给儿子零用钱花). ¶これは皆君に~る zhèxiē dōu gěi nǐ(这些都给你). ¶花に水を~る gěi huā jiāo shuǐ(给花浇水). ¶鶏に餌を~る wèi jī(喂鸡).

3〔する、行う〕zuò(做), gàn(干), gǎo(搞), dǎogu(捣鼓). ¶この仕事は彼に~らせよう zhège gōngzuò jiào tā zuò ba(这个工作叫他做吧). ¶~だけのことは~った néng zuò de quándōu zuò le(能做的全都做了). ¶彼は気十分だ tā gànjìnr shízú(他干劲儿十足). ¶彼はドイツ語を~っている tā zài xué Déyǔ(他在学德语). ¶学生時代にボクシングを~っていた zài xuésheng shídài liàngxí quánjī(在学生时代练习拳击). ¶趣味に俳句を少々~ります wǒ zuòwéi àihào xiě diǎnr páijù(我作为爱好写点儿俳句). ¶酒、煙草は一切~りません wǒ bù hējiǔ yě bù chōuyān(我不喝酒也不抽烟)/jiǔyān yīlǜ bù zhān(酒烟一律不沾). ¶あの劇場では今何を~っていますか? nà jùchǎng xiànzài yǎn shénme?(那个剧场现在演什么?). ¶兄は東京で喫茶店を~っている wǒ gēge zài Dōngjīng kāi kāfēidiàn(我哥哥在东京开咖啡店). ¶この収入では~っていけない zhèmediǎnr shōurù kě shēnghuó bu liǎo(这么点儿收入可生活不了). ¶~っちまえ nà jiāhuo tài jiāohèng, zòu tā yí dùn(那家伙太骄横,揍他一顿).

4〔…してやる〕gěi(给). ¶子供に童話を読んで~る gěi háizi niàn tónghuà(给孩子念童话). ¶他言せぬと約束するなら教えて~る bú xiàng biéren shuō, wǒ jiù gàosu nǐ(你起誓不向别人说,我就告诉你). ¶今度こそすっぱぬいて~る zhè cì wǒ yídìng jiē tā de dǐ(这次我一定揭他的底). ¶毒を飲んで死んで~る wǒ hē dúyào sǐ gěi nǐ kàn!(我喝毒药死给你看!).

やるかたな・い【遣る方ない】¶彼は憤懣~いといった様子だ kànlai tā fènnù nán píng(看来他愤怒难平). ¶無念~い huǐhèn zhī jí(悔恨之极).

やるせな・い【遣る瀬ない】¶~い思いを抱いて旅に出る bàozhe yùyù-bùlè de xīnqíng tàshàng lǚchéng(抱着郁郁不乐的心情踏上旅程).

やれやれ ¶~、やっと着いた hāi! zhè cái dào le(咳! 这才到了). ¶~、また雨か āiyā! yòu xiàqǐ yǔ lái le(哎呀! 又下起雨来了).

やろう【野郎】 jiāhuo(家伙·傢伙), xiǎozi(小子), tùzǎizi(兔崽子). ¶あの~のことだからそれ位のことはやりかねない nàge jiāhuo nà zhǒng shìr huì gàn de chūlái de(那个家伙那种事儿会干得出来的). ¶この~! nǐ zhè xiǎozi!(你这小子!).

やわはだ【柔肌】¶乙女の~ shàonǚ de xìnèn pífū(少女的细嫩皮肤).

やわらか・い【柔らかい·軟らかい】ruǎn(软). ¶この肉は~い zhè ròu hěn nèn(这肉很嫩). ¶豆を~くなるまで煮る bǎ dòu zhǔ ruǎnlàn(把豆煮软烂). ¶この鉛筆は芯が~すぎる zhè zhǒng qiānbǐ xìnzi tài ruǎn(这种铅笔芯子太软). ¶~い布団にくるまって寝る guǒzài ruǎnmiánmián de bèizi li shuìjiào(裹在软绵绵的被子里睡觉). ¶彼は体が~い tā shēntǐ róuruǎn(他身体柔软). ¶あの人は頭が~い tā nǎojīn línghuó(他脑筋灵活). ¶~い春の日差し chūntiān hénuǎn de yángguāng(春天和暖的阳光). ¶彼は人当りが~い tā dài rén hé'ǎi(他待人和蔼). ¶~い話 qīngsōng de huàtí(轻松的话题).

やわら・ぐ【和らぐ】huǎnhé(缓和), huǎnjiě(缓解), hékuǎn(和缓). ¶だいぶ寒気も~いできた hánqì xiāngdāng héhuǎn le(寒气相当和缓了). ¶風が~いだ fēng xiǎole(风小了). ¶少し痛みが~いだ téngtòng shāowēi jiǎnqīng le(疼痛稍微减轻了). ¶彼女の一言でその場の空気が~いだ tā de yí jù huà shǐ dāngchǎng de qìfēn héhuǎnle xǔduō(她的一句话使当场的气氛和缓了许多). ¶両者の対立は一向に~ぐ気配がない liǎngzhě de duìlì sīháo méiyǒu huǎnhé de miáotou(两者的对立丝毫没有缓和的苗头). ¶彼の怒りは~いだ tā de nùqì xiāole xiē le(他的怒气消了些了).

やわら・げる【和らげる】huǎnhé(缓和), huǎnjiě(缓解), héhuǎn(和缓). ¶言葉を~げる bǎ huà shuō-de róuhe xiē(把话说柔和些). ¶痛みを~げるために注射を打つ wèile jiǎnqīng téngtòng, dǎzhēn(为了减轻疼痛,打针). ¶緊張を~げる ràng jǐnzhāng de qíngxù huǎnhé xialai(让紧张的情绪缓和下来).

ヤンキー Měiguólǎo(美国佬).

やんちゃ tiáopí(调皮), wánpí(玩皮), táoqì(淘气). ¶この子は~ばかりしている zhè háizi jìng tiáopí(这孩子净调皮).

¶~坊主 táoqìguǐ(淘气鬼).

やんや ¶~の喝采を浴びる dédào rèliè de hècǎi(得到热烈的喝彩).

やんわり wěiwǎn(委婉), wǎnzhuǎn(婉转). ¶~と断る wǎnyán jùjué(婉言拒绝). ¶~たしなめる wǎnzhuǎn de pīpíng(婉转地批评).

ゆ

ゆ【湯】 1 rèshuǐ(热水), kāishuǐ(开水). ¶～を沸かす shāo shuǐ(烧水). ¶～がぐらぐらたぎっている shuǐ gǔn le(水滚了). ¶～が冷めてしまった rèshuǐ liáng le(热水凉了).
2〔風呂, 銭湯〕yùchí(浴池), zǎotáng(澡堂). ¶お～に入る xǐzǎo(洗澡). ¶～に行く xǐzǎo qù(洗澡去). ¶よく～につかりなさい zài zǎopénli hǎohāor pàopao(在澡盆里好好儿泡泡). ¶～加減はいかがですか xǐzǎoshuǐ rè bu rè?(洗澡水热不热?).
¶男〔女〕～ nán〔nǚ〕yùchí(男〔女〕浴池).
3〔温泉〕wēnquán(温泉). ¶別荘に～を引く bǎ wēnquán yǐndào biéshù(把温泉引到别墅).

ゆあか【湯垢】 shuǐjiǎn(水碱), shuǐxiù(水锈), shuǐgòu(水垢). ¶やかんに～がついた shuǐhú jiéle shuǐgòu(水壶结了水垢). ¶～を落す qīngchú shuǐxiù(清除水锈).

ゆあがり【湯上り】 風呂上りのビールは何とも言えない zǎo hòu hē bēi píjiǔ shízài miào bù kě yán(澡后喝杯啤酒实在妙不可言). ¶～タオル dàyùjīn(大浴巾).

ゆあつ【油圧】 yèyā(液压), yóuyā(油压). ¶～ブレーキ yèyā zhìdòngqì(液压制动器).

ゆいいつ【唯一】 wéiyī(惟一・唯一). ¶彼の～の楽しみは山登りだ tā wéiyī de àihào shì dēngshān(他惟一的爱好是登山).
¶～無二 wéiyī-wú'èr(惟一无二)/ dúyī-wú'èr(独一无二).

ゆいがどくそん【唯我独尊】 wéi wǒ dú zūn(惟我独尊). ¶天上天下～ tiānshàng tiānxià, wéi wǒ dú zūn(天上天下, 惟我独尊).

ゆいごん【遺言】 yíyán(遗言), yízhǔ(遗嘱). ¶蔵書はすべて母校に寄付するよう～して死んだ liúxià bǎ cángshū zèngsòng mǔxiào de yízhǔ hòu sǐ le(留下把藏书赠送母校的遗嘱后死了). ¶～状 yíshū(遗书).

ゆいしょ【由緒】 yóulái(由来), lìshǐ(历史). ¶寺の～を尋ねる liǎojiě sìyuàn de yóulái(了解寺院的由来). ¶～ある家柄に生れる chūshēng yú yǒu méndì de jiātíng(出生于有门第的家庭).

ゆいしん【唯心】 wéixīn(唯心). ¶～論 wéixīnlùn(唯心论).

ゆいのう【結納】 cǎilǐ(彩礼), pìnlǐ(聘礼), dìnglǐ(定礼), cáilǐ(财礼), huāhóng(花红). ¶～を交す guòlǐ(过礼)/ nàcǎi(纳彩)/ nàlì(纳礼)/ nàpìn(纳聘).
¶～金 pìnjīn(聘金).

ゆいび【唯美】 wéiměi(唯美). ¶～主義 wéiměizhǔyì(唯美主义).

ゆいぶつ【唯物】 wéiwù(唯物). ¶～史観 wéiwù shǐguān(唯物史观). ～弁証法 wéiwù biànzhèngfǎ(唯物辩证法). ～論 wéiwùlùn(唯物论).

ゆ・う【結う】 shū(梳), shù(束). ¶髪を～う shù fà(束发). ¶お下げに～う shū〔zā〕biànzi(梳〔扎〕辫子).

ゆう【有】 1〔存在〕yǒu(有). ¶無から～を生ずる cóng wú shēng yǒu(从无生有).
2〔所有〕suǒyǒu(所有). ¶ついに我が～に帰した zhōngyú guī wǒ suǒyǒu(终于归我所有). ¶～資格者 yǒuzīgézhě(有资格者).
3〔また〕yòu(有), yòu(又). ¶十～五年の年月が経った jīngguòle shí yǒu wǔ nián de suìyuè(经过了十有五年的岁月).

ゆう【勇】 yǒng(勇), yǒngqì(勇气). ¶～を鼓して進む gǔqǐ yǒngqì〔fènyǒng〕qiánjìn(鼓起勇气〔奋勇〕前进). ¶匹夫の～ pǐfū zhī yǒng(匹夫之勇).

ゆう【雄】 xióng(雄). ¶～を争う zhēngxióng(争雄). ¶一方の～ yì fāng zhī xióng(一方之雄).

ゆう【優】 yōu(优). ¶心理学の成績は～だった xīnlǐxué de chéngjì shì yōu(心理学的成绩是优).

ゆうあい【友愛】 yǒu'ài(友爱).

ゆうい【有為】 yǒuwéi(有为). ¶前途～の青年 qiántú yǒuwéi de qīngnián(前途有为的青年).

ゆうい【優位】 yōushì(优势). ¶～に立つ zhàn yōushì(占优势)/ zhàn shàngfēng(占上风)/ zhànxiān(占先). ¶～を保つ quèbǎo yōushì(确保优势).

ゆういぎ【有意義】 yǒu yìyì(有意义). ¶夏休を～に過す yǒu yìyì de dùguò shǔjià(有意义地度过暑假).

ゆういん【誘因】 yòuyīn(诱因). ¶この些細な事件が戦争の～となった zhège xiǎo shìjiàn chéngle zhànzhēng de yòuyīn(这个小事件成了战争的诱因).

ゆううつ【憂鬱】 yōuyù(忧郁), yōumèn(忧闷), yōuchóu(忧愁), yùmèn(郁闷). ¶仕事がはかどらなくて～だ gōngzuò bú shùnlì chóusǐ rén(工作不顺利愁死人). ¶試験のことを考えると～になる yì xiǎngdào kǎoshì jiù gǎndào yōuchóu(一想到考试就感到忧愁). ¶彼は～な顔をしている tā mǎnmiàn chóuróng(他满面愁容). ¶～な天候 mèn rén de tiānqì(闷人的天气).
¶～症 yōuyùzhèng(忧郁症).

ゆうえい【遊泳】 yóuyǒng(游泳), fúshuǐ(浮水). ¶ここは～禁止です zhèli jìnzhǐ yóuyǒng(这里禁止游泳). ¶宇宙を～する tàikōng

mànbù(太空漫步).¶彼は~術に長(た)けている tā shànyú chǔshì(他善于处世).

ゆうえき【有益】 yǒuyì(有益).¶~な書物 yǒuyì de shūjí(有益的书籍).¶今日の話は~だった jīntiān de bàogào hěn yǒu yìyì(今天的报告很有意义).¶スポーツは健康に~だ yùndòng yǒuyìyú jiànkāng(运动有益于健康).

ゆうえつ【優越】 yōuyuè(优越).¶~した地位にある jūyú yōuyuè de dìwèi(居于优越的地位).¶~感を抱く bào yōuyuègǎn(抱优越感).

ゆうえんち【遊園地】 yúlèchéng(娱乐城), yóulèyuán(游乐园).

ゆうおう【勇往】 ¶~邁進(恐)する yǒng wǎng zhí qián(勇往直前).

ゆうが【優雅】 wényǎ(文雅), yōuyǎ(优雅).¶~に踊る yōuyǎ wúbǐ de tiàowǔ(优雅无比地跳舞).¶~な生活 yōuxián zìzài de shēnghuó(悠闲自在的生活).¶~な物腰 jǔzhǐ wényǎ(举止文雅)/wēn wén ěr yǎ(温文尔雅).

ゆうかい【誘拐】 guǎipiàn(拐骗), yòuguǎi(诱拐), bǎngjià(绑架).¶子供が~された háizi bèi yòuguǎi le(孩子被诱拐了).¶政府要人が~された zhèngfǔ yàorén bèi bǎngjià le(政府要人被绑架了).

ゆうかい【融解】 róngjiě(熔解), rónghuà(熔化), róngróng(熔融).¶鉄を~する bǎ tiě rónghuà(把铁熔化).

¶~点 róngdiǎn(熔点).~熱 róngjiěrè(熔解热).

ゆうがい【有害】 yǒuhài(有害).¶農作物に~な昆虫 yǒuhàiyú nóngzuòwù de kūnchóng(有害于农作物的昆虫).¶この本は子供に~である zhè běn shū duì háizi yǒuhài(这本书对孩子有害).¶煙草は健康に~だ xīyān duì jiànkāng yǒuhài(吸烟对健康有害).¶~無益 yǒuhài wúyì(有害无益).

ゆうがい【有蓋】 ¶~貨車 péngchē(篷车・棚车).

ゆうがお【夕顔】 húzi(瓠子), hùguā(瓠瓜), púguā(蒲瓜).

ゆうかく【遊郭】 yānhuāxiàng(烟花巷), huājiē liǔxiàng(花街柳巷).

ゆうがく【遊学】 yóuxué(游学).¶東京に~する dào Dōngjīng yóuxué(到东京游学).

ゆうかしょうけん【有価証券】 yǒujià zhèngquàn(有价证券).

ゆうがた【夕方】 bàngwǎn[r](傍晚[儿]), bànghēir(傍黑儿), cāhēir(擦黑儿), wǎnbàntiānr(晚半天儿), wǎnbànshǎngr(晚半晌儿).¶雨は~には上がるでしょう yǔ dào bàngwǎn jiù huì zhù ba(雨到傍晚就会住吧).

ゆうがとう【誘蛾灯】 yòu'édēng(诱蛾灯), yòuchóngdēng(诱虫灯).

ユーカリ ān(桉).

ゆうかん【夕刊】 wǎnbào(晚报).

ゆうかん【有閑】 yǒuxián(有闲).¶~階級 yǒuxiánjiējí(有闲阶级).~マダム yǒuxián jiējí de tàitai(有闲阶级的太太).

ゆうかん【勇敢】 yǒnggǎn(勇敢).¶~な兵士 yǒnggǎn de bīngshì(勇敢的兵士).¶~に戦う yǒnggǎn de zhàndòu(勇敢地战斗).

ゆうき【有気】 ¶~音 sòngqì fǔyīn(送气辅音).

ゆうき【有期】 yǒuqī(有期).¶~刑 yǒuqī túxíng(有期徒刑).

ゆうき【有機】 yǒujī(有机).¶社会は~的に結びついている shèhuì shì yǒujī de jiéhé zài yìqǐ de(社会是有机地结合在一起的).¶資本の~的構成 zīběn de yǒujī gòuchéng(资本的有机构成).

¶~化学 yǒujī huàxué(有机化学).~化合物 yǒujī huàhéwù(有机化合物).~体 jītǐ(机体)/yǒujītǐ(有机体).~物 yǒujīwù(有机物).

ゆうき【勇気】 yǒngqì(勇气).¶その事を彼女に告げる~がない wǒ méiyǒu yǒngqì gàosu tā nà jiàn shì(我没有勇气告诉她那件事).¶~を奮い起す fènyǒng(奋勇).¶~を出してやりなさい gǔgǔ yǒngqì gàn ba(鼓足勇气干吧).¶最初の失敗で彼はすっかり~を失った yóuyú zuìchū de shībài tā wánquán shīdiàole yǒngqì(由于最初的失败他完全失掉了勇气).¶彼の一言は皆を~づけた tā shuō de yí jù huà gǔwǔle dàjiā(他说的一句话鼓舞了大家).¶~のある人 yǒu yǒngqì de rén(有勇气的人).¶~百倍 yǒngqì bǎibèi(勇气百倍).

ゆうぎ【友誼】 yǒuyì(友谊).¶彼は~に厚い男だ tā shì ge qíng shēn yì hòu de rén(他是个情深谊厚的人).

¶国際~ guójì yǒuyì(国际友谊).

ゆうぎ【遊戯・遊技】 yóuxì(游戏), yóuyì(游艺).¶それは言葉の~に過ぎない nà zhǐ bùguò shì wánnòng cíjù(那只不过是玩弄词句).

¶~施設 yóuyì shèshī(游艺设施).~場 yóuyìchǎng(游艺场).室内~ shìnèi yóuxì(室内游戏).

ゆうきゅう【有給】 ¶~休暇 yǒuxīn xiūjià(有薪休假).

ゆうきゅう【悠久】 yōujiǔ(悠久).¶~の歴史 yōujiǔ de lìshǐ(悠久的历史).¶天地~ tiāndì yōujiǔ(天地悠久).

ゆうきゅう【遊休】 xiánzhì(闲置).¶~施設 xiánzhì shèshī(闲置设施).~資本 xiánzhì zīběn(闲置资本)/yóuzī(游资).

ゆうきょう【遊俠】 yóuxiá(游侠).¶~の徒 yóuxiá zhī tú(游侠之徒)/xiákè(侠客).

ゆうきょう【遊興】 ¶~にふける chénnì yú chī hē wán lè(沉溺于吃喝玩乐).

¶~飲食税 yóulè yǐnshíshuì(游乐饮食税).~費 yóulè fèiyong(游乐费用).

ゆうぐう【優遇】 yōuyù(优遇), yōudài(优待), hòuyù(厚遇), hòudài(厚待).¶経験者を~する yōuyù yǒu jīngyàn de rén(优遇有经验的人).

¶~措置 yōuhuì dàiyù(优惠待遇)/yōuyù cuòshī(优遇措施).

ユークリッドきかがく【ユークリッド幾何学】 Ōujīlǐdé jǐhéxué(欧几里得几何学).

ゆうぐれ【夕暮】 xīmù(夕暮), bómù(薄暮), chímù(迟暮), huánghūn(黄昏), bàngwǎn[r](傍晚[儿]), bànghēir(傍黑儿), cāhēir(擦黑

ゆうぐん【友軍】 yǒujūn(友军).
ゆうぐん【遊軍】 jīdòng bùduì(机动部队).
ゆうけい【有形】 yǒuxíng(有形). ¶～無形の援助を受ける shòudào yǒuxíng wúxíng de yuánzhù(受到有形无形的援助). ¶～資産 yǒuxíng zīchǎn(有形资产).
ゆうけい【雄勁】 xióngjìng(雄劲). ¶～な筆法 xióngjìng de bǐfǎ(雄劲的笔法).
ゆうげき【遊撃】 yóujī(游击). ¶～戦 yóujīzhàn(游击战). ～隊 yóujīduì(游击队).
ゆうげん【郵便】 yóupiào(邮票).
ゆうげん【有限】 yǒuxiàn(有限). ¶～会社 yǒuxiàn gōngsī(有限公司). ～責任 yǒuxiàn zérèn(有限责任). ～小数 yǒuxiàn xiǎoshù(有限小数).
ゆうげん【幽玄】 yōushēn(幽深).
ゆうけんしゃ【有権者】 yǒuxuǎnjǔquánzhě(有选举权者), xuǎnmín(选民).
ゆうこう【友好】 yǒuhǎo(友好). ¶各国と～関係を結ぶ yǔ gè guó jiànlì yǒuhǎo guānxi(与各国建立友好关系). ¶～的雰囲気の中で話合いは行われた zài yǒuhǎo de qìfēn zhōng jìnxíngle huìtán(在友好的气氛中进行了会谈).
ゆうこう【有効】 yǒuxiào(有效). ¶時間を～に使う yǒuxiào de lìyòng shíjiān(有效地利用时间). ¶当日限り～ dàngrì yǒuxiào(当日有效). ¶～な措置を講ずる cǎiqǔ yǒuxiào de cuòshī(采取有效的措施). ¶～数字 yǒuxiào shùzì(有效数字). ～成分 yǒuxiào chéngfèn(有效成分). ～投票 yǒuxiào tóupiào(有效投票).
ゆうごう【融合】 rónghé(融合・融和). ¶東西両文明の～ dōngxī liǎng zhǒng wénhuà de rónghé(东西两种文化的融合). ¶核～反応 rèhé[jùbiàn] fǎnyìng(热核[聚变]反应).
ゆうこく【幽谷】 yōugǔ(幽谷). ¶深山～ shēnshān yōugǔ(深山幽谷).
ゆうこく【憂国】 yōu guó(忧国). ¶～の情 yōu guó zhī qíng(忧国之情). ¶～の士 yōu guó zhī shì(忧国之士).
ゆうこん【雄渾】 xiónghún(雄浑). ¶～な筆致 xiónghún de bǐshì(雄浑的笔势).
ユーザー yònghù(用户).
ゆうざい【有罪】 yǒuzuì(有罪). ¶～の判決を下す pànjué yǒuzuì(判决有罪).
ゆうさんかいきゅう【有産階級】 yǒuchǎnjiējí(有产阶级).
ゆうし【有史】 yǒushǐ(有史). ¶～以来の大事件 yǒushǐ yǐlái de dàshìjiàn(有史以来的大事件). ¶～以前 yǒushǐ yǐqián(有史以前)/ shǐqián(史前).
ゆうし【有志】 ¶～の方は御参加下さい zhìyuànzhě qǐng cānjiā(志愿者请参加). ¶～を募る zhāomù zìyuànzhě(招募自愿者).
ゆうし【勇士】 yǒngshì(勇士), měngshì(猛士). ¶歴戦の～ shēn jīng bǎi zhàn de yǒngshì(身经百战的勇士).
ゆうし【勇姿】 yīngzī(英姿). ¶彼はさっそうとその～を皆の前に現した tā sàshuǎng yīngzī chūxiàn zài dàjiā miànqián(他飒爽英姿出现在大家面前).
ゆうし【雄姿】 xióngzī(雄姿). ¶富士の～を仰ぎ見る yǎngwàng Fùshì Shān de xióngzī(仰望富士山的雄姿).
ゆうし【融資】 róngzī(融资). ¶企業に～する xiàng qǐyè róngzī(向企业融资). ¶銀行から～を受ける jiēshòu yínháng de róngzī(接受银行的融资).
ゆうじ【有事】 yǒushì(有事). ¶一朝～の際 yīzhāo yǒushì zhī jì(一朝有事之际)/ yídàn yǒushì zhī shí(一旦有事之时).
ゆうしかいひこう【有視界飛行】 yǒushìjiè fēixíng(有视界飞行), mùshì fēixíng(目视飞行).
ゆうしきしゃ【有識者】 yǒushí zhī shì(有识之士).
ゆうしゃ【勇者】 yǒngshì(勇士).
ゆうしゅう【有終】 ¶～の美 shàn shǐ shàn zhōng(善始善终). ¶～を飾る yǐ wánměi gàozhōng(以完美告终).
ゆうしゅう【憂愁】 yōuchóu(忧愁). ¶～の色が濃い chōngmǎn yōushāng de qìfēn(充满忧伤的气氛). ¶～に閉ざされる yōuxīn chōngchōng(忧心忡忡).
ゆうしゅう【優秀】 yōuxiù(优秀). ¶～な成績で卒業した yǐ yōuxiù de chéngjì bìle yè(以优秀的成绩毕了业). ¶彼は～な技術者だ tā shì yōuxiù de jìshù rényuán(他是优秀的技术人员).
ゆうじゅうふだん【優柔不断】 yōuróu guǎduàn(优柔寡断). ¶彼はいつも～だ tā zǒngshì yōuróu guǎduàn(他总是优柔寡断).
ゆうしゅつ【涌出】 yǒngchū(涌出), màochū(冒出). ¶ここは温泉が～する zhèlǐ wēnquán pēnyǒng(这里温泉喷涌). ¶～量 yǒngchūliàng(涌出量).
ゆうじょ【遊女】 jìnǚ(妓女), chāngjì(娼妓), yáojiěr(窑姐儿), yānhuā(烟花).
ゆうしょう【有償】 yǒucháng(有偿). ¶物品を～で交付する shōufèi fāgěi wùpǐn(收费发给物品).
ゆうしょう【勇将】 qiángjiàng(强将), hǔjiàng(虎将), měngjiàng(猛将). ¶～の下に弱卒なし qiángjiàng shǒuxià wú ruòbīng(强将手下无弱兵).
ゆうしょう【優勝】 yōushèng(优胜); guànjūn(冠军), pěngbēi(捧杯), dìyīmíng(第一名). ¶コンクールで～する zài sàihuì shang huòdé dìyīmíng(在赛会上获得第一名). ¶野球大会で～する zài bàngqiú dàhuì shang huòdé guànjūn(在棒球比赛大会上获得冠军). ¶～カップ jiǎngbēi(奖杯). ～旗 yōushèngqí(优胜旗)/ jǐnqí(锦旗). ～チーム guànjūnduì(冠军队).
ゆうじょう【友情】 yǒuqíng(友情). ¶2人の間に～が芽生えた zài liǎng ge rén zhī jiān chǎnshēngle yǒuqíng(在两个人之间产生了友情). ¶彼は～に厚い tā qíngyì shēnhòu(他情谊深厚). ¶彼等は堅い～で結ばれている tāmen de

yǒuyì jiān rú pánshí(他们的友谊坚如磐石).

ゆうしょく【夕食】 wǎnfàn(晚饭), wǎncān(晚餐), wǎnshàn(晚膳).

ゆうしょく【有色】 ¶ ～人種 yǒusè rénzhǒng(有色人种).

ゆうじん【友人】 péngyou(朋友), yǒurén(友人). ¶彼女は私の～です tā shì wǒ de péngyou(她是我的朋友). ¶～の A 氏を御紹介します jièshào yíxià wǒ de péngyou A xiānsheng(介绍一下我的朋友 A 先生).

ゆうしんろん【有神論】 yǒushénlùn(有神论).

ゆうすう【有数】 yǒushù(有数). ¶全国でも～の大工場 zài quánguó yě shì qūzhǐ-kěshǔ de dàgōngchǎng(在全国也是屈指可数的大工厂). ¶世界一の物理学者 shìjiè yǒushù de wùlǐxuéjiā(世界有数的物理学家).

ゆうずう【融通】 →ゆうづう.

ゆうすずみ【夕涼み】 ¶川辺で～をする bàngwǎn zài hébiān chéngliáng(傍晚在河边乘凉).

ユースホステル qīngshàonián lǚxíngzhě zhāodàisuǒ(青少年旅行者招待所).

ゆう・する【有する】 yǒu(有). ¶すべて国民は教育を受ける権利を～する quántǐ guómín dōu xiǎngyǒu jiēshòu jiàoyù de quánlì(全体国民都享有接受教育的权利). ¶3月31日まで効力を～する zhì sānyuè sānshíyī rì yǒuxiào(至三月三十一日有效).

ゆうせい【有声】 dàishēng(带声), dàiyīn(带音). ¶～音 dàiyīn(带音).

ゆうせい【郵政】 yóuzhèng(邮政). ¶～省 yóuzhèngshěng(邮政省)/ yóudiànbù(邮电部). ～大臣 yóuzhèng dàchén(邮政大臣)/ yóudiàn bùzhǎng(邮电部长).

ゆうせい【遊星】 xíngxīng(行星).

ゆうせい【優性】 ¶～遺伝 xiǎnxìng xìngzhuàng(显性性状).

ゆうせい【優勢】 yōushì(优势). ¶敵軍は数においてはるかに～であった díjūn zài shùliàngshang yuǎn zhàn yōushì(敌军在数量上远占优势). ¶現在のところ A チームが圧倒的に～であるxiànzài A duì zhànzhe yādǎo yōushì(现在 A 队占着压倒优势). ¶A 候補が僅かに～を保っている A hòuxuǎnrén shāowéi zhàn yōushì(A 候选人稍为占优势).

ゆうぜい【遊説】 yóushuì(游说). ¶全国を～して回る yóushuì quánguó(游说全国). ¶地方～ xúnhuí yǎnjiǎng(巡回演讲).

ゆうせいがく【優生学】 yōushēngxué(优生学).

ゆうせいせいしょく【有性生殖】 yǒuxìng shēngzhí(有性生殖), liǎngxìng shēngzhí(两性生殖).

ゆうせん【有線】 yǒuxiàn(有线). ¶～通信 yǒuxiàn tōngxìn(有线通信). ～電話 yǒuxiàn diànhuà(有线电话). ～放送 yǒuxiàn guǎngbō(有线广播). ～テレビ bìlù diànshì(闭路电视).

ゆうせん【郵船】 yóuchuán(邮船).

ゆうせん【優先】 yōuxiān(优先). ¶乗客の安全をすべてに～させる chéngkè de ānquán yōuxiān yú yíqiè(乘客安全优先于一切). ¶～順位をつける dìng yōuxiān wèicì(定优先位次). ¶～的に受け付ける yōuxiān shòulǐ(优先受理).

¶～権 yōuxiānquán(优先权).

ゆうぜん【悠然】 yōurán(悠然), cóngróng(从容). ¶彼はいつも～と構えている tā zǒngshì yōurán zìdé(他总是悠然自得). ¶～たる態度 cóngróng-búpò de tàidu(从容不迫的态度).

ゆうそう【勇壮】 xióngzhuàng(雄壮). ¶～な音楽 xióngzhuàng de yīnyuè(雄壮的音乐).

ゆうそう【郵送】 yóu(邮), jì(寄), yóujì(邮寄). ¶書籍を～する yóujì shūjí(邮寄书籍). ¶入学願書は～でも受け付けます yóujì rùxué zhìyuànshū yì kě shòulǐ(邮寄入学志愿书亦可受理).

¶～料 yóufèi(邮费)/ yóuzī(邮资).

ユーターン diàotóu(掉头・调头). ¶～禁止 jìnzhǐ diàotóu(禁止调头). ¶故職 chéngshì fǎnhuí yuánjí jiùzhí(从城市返回原籍就职).

ゆうたい【勇退】 ¶～して後進に道を開く zìxíng tuìzhí gěi hòubèi rànglù(自行退职给后辈让路).

ゆうたい【優待】 yōudài(优待). ¶株主を～する yōudài gǔdōng(优待股东).

¶～価格 yōuhuì jiàgé(优惠价格). ～券 yōudàiquàn(优待券).

ゆうだい【雄大】 xióngwěi(雄伟), hóngwěi(宏伟), hóngdà(宏大). ¶～な眺望 xióngwěi liáokuò de jǐngzhì(雄伟辽阔的景致). ¶規模の～を世界に誇る yǐ guīmó hóngdà kuāyào yú shìjiè(以规模宏大夸耀于世界).

ゆうだち【夕立】 zhènyǔ(阵雨), léizhènyǔ(雷阵雨). ¶～に遭う yùshàng zhènyǔ(遇上阵雨).

ゆうだん【勇断】 ¶当局の～が望まれる wàng dāngjú dāng jī lì duàn(望当局当机立断).

ゆうち【誘致】 ¶村に工場を～する zhāoyǐn gōngchǎng zài běnxiāng kāishè(招引工厂在本乡开设). ¶観光客を～する zhāolái guānguāng lǚkè(招徕观光旅客).

ゆうちょう【悠長】 ¶そんな～な事を言っている時ではない xiànzài nǎ néng zhèyàng màntiáosīlǐ de(现在哪能这样慢条斯理的). ¶彼は相変らず～に構えている tā háishi nàme yōurán chǔ zhī(他还是那么悠然处之).

ゆうづう【融通】 1〔金銭などの〕róngtōng(融通), tōngróng(通融). ¶資金の～がつかない zījīn róngtōng wú mén(资金融通无门). ¶友人に50万円～してもらう gēn péngyou tōngróng wǔshí wàn rìyuán(跟朋友通融五十万日元).

¶～手形 tōngróng qīpiào(通融期票).

2〔臨機応変〕tōngróng(通融). ¶あいつは～の利かない男だ tā nàge rén bù dǒng 'tōngróng' zhège cír(他那个人不懂'通融'这个词ル)/ nàge rén shì ge sǐnǎojīn(那个人是个死脑筋). ¶お役所仕事で～性がない yámenli de shìr, yìdiǎnr yě bù tōngróng(衙门里的事ル,一点ル也不通融).

ゆうてん【融点】 róngdiǎn(熔点).

ゆうと【雄図】 xióngtú(雄图).¶〜は空しく潰えた xióngtú huàwéi pàoyǐng(雄图化为泡影).

ゆうとう【遊蕩】 yóudàng(游荡), làngdàng(浪荡), huāngtáng(荒唐), fàngdàng(放荡).¶〜にふける huāngtáng làngdàng(荒唐浪荡).¶〜児 bàijiāzǐ(败家子)/làngdànggōngzǐ(浪荡公子)/huāhuāgōngzǐ(花花公子).

ゆうとう【優等】 yōuděng(优等), yōuxiù(优秀).¶〜の成績で卒業した yǐ yōuxiù de chéngjì bìle yè(以优秀的成绩毕了业).¶〜生 yōuděngshēng(优等生)/gāocáishēng(高才生)/jiānzi(尖子).

ゆうどう【誘導】 yòudǎo(诱导), yǐndǎo(引导), zhīdǎo(制导).¶飛行機をA滑走路に〜する bǎ fēijī yǐndǎo dào A pǎodào(把飞机引导到A跑道).¶生徒達を安全な場所に〜する bǎ xuéshengmen yǐndǎo dào ānquán dìdiǎn(把学生们引导到安全地点).¶〜尋問 tàogòng(套供)/yòugòng(诱供).〜体 yǎnshēngwù(衍生物).〜弾 dǎodàn(导弹).

ゆうどうえんぼく【遊動円木】 làngmù(浪木), làngqiáo(浪桥).

ゆうとく【有徳】 yǒudé(有德).¶〜の士 yǒudé zhī shì(有德之士).

ゆうどく【有毒】 yǒudú(有毒).¶〜ガス yǒudú qìtǐ(有毒气体).〜色素 yǒudú sèsù(有毒色素).

ユートピア wūtuōbāng(乌托邦).

ゆうなぎ【夕凪】 bàngwǎn fēngpíng-làngjìng(傍晚风平浪静).

ゆうに【優に】 1 [しとやかに] ¶〜やさしい姿 wényǎ ér wēnróu de zītài(文雅而温柔的姿态).
2 [十分に] zú(足), zúzú(足足).¶彼の身長は〜180センチはある tā shēngāo zú yǒu yībǎi bāshí límǐ(他身高足有一百八十厘米).¶観衆は〜5万を越えた guānzhòng zú chāoguò wǔwàn rén(观众足超过五万人).¶家から学校まで〜2時間はかかる cóng wǒ jiā dào xuéxiào zúzú yào liǎng ge xiǎoshí(从我家到学校足足要两个小时).

ゆうのう【有能】 nénggàn(能干).¶彼は〜だ tā hěn nénggàn(他很能干)/tā shì ge néngrén(他是个能人).¶〜な人材を集める sōuluo yǒu cáigàn de rén[gàncái](搜罗有才干的人[干才]).

ゆうばえ【夕映え】 wǎnxiá(晚霞), xīzhào(夕照), huǒshāoyún(火烧云).¶〜の美しい空 wǎnxiá huīyìngzhe de měilì tiānkōng(晚霞辉映着的美丽天空).

ゆうはつ【誘発】 yǐnqǐ(引起), yǐnfā(引发), dǎofā(导发), yòufā(诱发).¶ガス爆発が落盤を〜して被害が大きくなった méiqì bàozhà yǐnqǐ tāxiàn, sǔnshī yuèfā jiādà le(煤气爆炸引起塌陷, 损失越发加大了).

ゆうひ【夕日】 xīyáng(夕阳), xiéyáng(斜阳); xīzhào(夕照), luòzhào(落照), xiézhào(斜照).¶〜が沈む xīyáng xī xià(夕阳西下).

ゆうひ【雄飛】 xióngfēi(雄飞).¶海外に〜する dào hǎiwài shīzhǎn hóngtú(到海外施展鸿图).

ゆうび【優美】 yōuměi(优美).¶〜な物腰 yōuměi de zītài(优美的姿态).

ゆうびん【郵便】 yóuzhèng(邮政); [郵便物] yóujiàn(邮件).¶〜を出す jì[yóu] xìn([邮]信)/jì yóujiàn(寄邮件).¶〜を配達する yóudì xìnjiàn(邮递信件)/sòng xìn(送信).¶君に〜が来ているよ yǒu nǐ de láixìn(有你的来信).¶ストライキで〜が遅れている yóuyú bàgōng yóujiàn chíwǔ le(由于罢工邮件迟误了).¶転居先不明で〜が戻って来た qiānyí dìzhǐ bùmíng, yóujiàn bèi tuìhuílai le(迁移地址不明, 邮件被退回来了).¶〜為替で送る cóng yóujú huìduì(从邮局汇兑).¶〜受け xìnxiāng(信箱).〜為替 yóuhuì(邮汇).〜局 yóuzhèngjú(邮政局)/yóujú(邮局).〜局員 yóujú chúnyuán(邮局职员).〜車 yóuchē(邮车).〜配達人 yóudìyuán(邮递员)/tóudìyuán(投递员)/yóuchāi(邮差).〜番号 yóuzhèng biānmǎ(邮政编码)/yóubiān(邮编).〜物 yóujiàn(邮件)/xìnjiàn(信件)/hánjiàn(函件).〜料金 yóuzī(邮资)/yóufèi(邮费); jìfèi(寄费).外国〜 guójì yóujiàn(国际邮件).航空〜 hángkōng yóujiàn(航空邮件)/hángkōngxìn(航空信).

ユーフォー【UFO】 fēidié(飞碟).

ゆうふく【裕福】 fùyù(富裕), yīnfù(殷富), yīnshí(殷实), yōuyù(优裕).¶彼は〜に暮している tā rìzi guòde tǐng fùyù(他日子过得挺富裕)/tā shēnghuó yōuyù(他生活优裕).¶彼女は〜な家庭に育った tā shēngzhǎng zài yīnshí fùzú de jiātíng li(她生长在殷实富足的家庭里).

ゆうべ【夕べ】 1 [夕方] bàngwǎn[r](傍晚[儿]).¶〜の鐘 bàngwǎn de zhōngshēng(傍晚的钟声).
2 [催物] wǎnhuì(晚会).¶映画の〜 diànyǐng wǎnhuì(电影晚会).

ゆうべ【昨夜】 zuówǎn(昨晚), zuóyè(昨夜), zuótiān wǎnshang(昨天晚上).

ゆうへい【幽閉】 yōubì(幽闭), yōujìn(幽禁).¶ロンドン塔に〜する yōujìn yú Lúndūntǎ(幽禁于伦敦塔).

ゆうべん【雄弁】 xióngbiàn(雄辩).¶聴衆を前にして〜をふるう zài tīngzhòng miànqián dà zhǎn biàncái(在听众面前大展辩才).¶この数字が事実を〜に物語っている zhège shùzì xióngbiàn de shuōmíng shìshí(这个数字雄辩地说明事实).¶〜家 xióngbiànjiā(雄辩家).

ゆうほ【遊歩】 sànbù(散步).¶〜道 sànbù zhuānyònglù(散步专用路).

ゆうほう【友邦】 yǒubāng(友邦).

ゆうぼう【有望】 ¶この会社は将来〜だ zhège gōngsī dà yǒu qiántú(这个公司大有前途).¶前途〜な青年 qiántú yǒuwéi de qīngnián(前途有为的青年).

ゆうぼく【遊牧】 yóumù(游牧).¶〜民族 yóumù mínzú(游牧民族).

ゆうみん【遊民】 yóumín(游民).

ゆうめい【有名】 yǒumíng(有名), chūmíng(出名), zhùmíng(著名).¶彼は〜な画家だ tā shì yǒumíng de huàjiā(他是有名的画家).¶彼の愛妻家ぶりは〜だ tā téng'ài qīzi shì chūmíng de(他疼爱妻子是出名的).¶吉野は桜で〜だ Jíyě yǐ yīnghuā ér zhùmíng(吉野以樱花而著名).¶受賞して一躍〜になった déle jiǎng yì jǔ chéngmíng(得了奖一举成名).¶世界的に〜な避暑地 shìjiè zhùmíng de bìshǔdì(世界著名的避暑地).
¶〜人 míngrén(名人)/ wénrén(闻人).

ゆうめい【勇名】 wēimíng(威名).¶〜を天下にとどろかす wēimíng zhèn tiānxià(威名震天下).

ゆうめい【幽明】 yōumíng(幽明).¶〜境を異にする yōumíng yì jìng(幽明异境).¶〜相隔てる yōumíng yǒng gé(幽明永隔).

ゆうめいむじつ【有名無実】 yǒu míng wú shí(有名无实), míng bù fù shí(名不副实), míng shí bú fù(名实不副).¶今やその組織は〜だ gāi zǔzhī yǐ yǒumíng-wúshí le(该组织已有名无实了).

ユーモア yōumò(幽默).¶彼の話は〜に富んでいる tā de huà fùyú yōumògǎn(他的话富于幽默感)/ tā tántǔ huīxié(他谈吐诙谐).¶〜を交えて話す chuānchāzhe yōumò wěiwěi ér tán(穿插着幽默娓娓而谈).

ゆうもう【勇猛】 yǒngměng(勇猛).¶〜果敢な兵士 yǒngměng guǒgǎn de zhànshì(勇猛果敢的战士).¶〜心を奮い起して前進する fènyǒng qiánjìn(奋勇前进).

ユーモラス yōumò(幽默).¶〜な人 yōumò de rén(幽默的人).

ゆうもん【幽門】 yōumén(幽门).

ゆうやく【勇躍】 ¶〜壮途につく yìqì fènfā, dòuzhì ángyáng[xióngjiūjiū qì'áng'áng] tàshàng qiántú(意气奋发,斗志昂扬[雄纠纠气昂昂]踏上征途).

ゆうやく【釉薬】 yòu(釉), yòuzi(釉子).

ゆうやけ【夕焼け】 wǎnxiá(晚霞), huǒshāoyún(火烧云).¶〜が空を赤く染めた wǎnxiá rǎnhóngle tiānkōng(晚霞染红了天空).

ゆうやみ【夕闇】 mùsè(暮色).¶〜の迫るころ家路についた mùsè jiāng zhì, tàshàngle guītú(暮色将至,踏上了归途).

ゆうゆう【悠悠】 cóngróng(从容), yōuyōu(悠悠), yōuxián(悠闲), yōurán(悠然).¶衆人環視の中を〜と歩いて行く zài zhòngrén huánshì xià cóngróng-búpò de zǒuqu(在众人环视下从容不迫地走去).¶今なら列車に〜に間に合う xiànzài qù wánquán gǎndeshàng huǒchē(现在去完全赶得上火车).¶〜自適の生活を送る guòzhe yōuxián zìzài de shēnghuó(过着悠闲自在的生活).

ゆうよ【猶予】 huǎn(缓), huǎnqī(缓期), huǎnxiàn(缓限), kuānxián(宽限), zhǎnqī(展期), zhǎnhuǎn(展缓), yánhuǎn(延缓).¶3日間の〜を与える huǎnqī sān tiān(缓期三天).¶支払いをしばらく〜して下さい qǐng bǎ fùkuǎnqī huǎnxiàn jǐ tiān(请把付款期缓限几天).¶もはや一刻も〜できない xiànzài yǐ kè bù róng huǎn(现在已刻不容缓).
¶執行〜 huǎnxíng(缓刑).徵兵〜 huǎnyì(缓役).

-ゆうよ【有余】 yǒuyú(有余).¶三千〜の聴衆 sānqiān yǒuyú de tīngzhòng(三千有余的听众).¶五年〜の歳月 wǔ nián yǒuyú de suìyuè(五年有余的岁月).

ゆうよう【有用】 yǒuyòng(有用).¶国家〜の人材 guójiā yǒuyòng zhī cái(国家有用之材).

ゆうよう【悠揚】 ¶〜迫らざる態度 cóngróng búpò de tàidu(从容不迫的态度).

ゆうよく【遊弋】 yóuyì(游弋).

ユーラシア Yà'ōu(亚欧).¶〜大陸 Yà'ōu dàlù(亚欧大陆)/ Ōuyà dàlù(欧亚大陆).

ゆうらん【遊覧】 yóulǎn(游览).¶市内をタクシーで〜する zuò chūzū qìchē yóulǎn shìnèi(坐出租汽车游览市内).
¶〜船 yóuchuán(游船)/ yóutǐng(游艇)/ yóufǎng(游舫).〜飛行 yóulǎn fēixíng(游览飞行).

ゆうり【有利】 yǒulì(有利).¶局面が〜に展開した júmiàn xiàng yǒulì de fāngxiàng fāzhǎn le(局面向有利的方向发展了).¶〜な条件で話がまとまった yǐ yǒulì de tiáojiàn tántuǒ le(以有利的条件谈妥了).¶形勢は我々に〜だ xíngshì duì wǒmen yǒulì(形势对我们有利).

ゆうり【遊離】 **1** tuōlí(脱离).¶民衆と〜した政治家 tuōlí qúnzhòng de zhèngzhìjiā(脱离群众的政治家).¶君の考えは現実から〜している nǐ de xiǎngfa tuōlí xiànshí(你的想法脱离现实).

2[化学] yóulí(游离).¶ある種の植物は〜している窒素を栄養源とする mǒuzhǒng zhíwù bǎ yóulídàn dàngzuò yíngyǎng(某种植物把游离氮当做营养).¶ある種の鉱物を加熱するとガスが〜する mǒuzhǒng kuàngwù jiārè hòu fēnjiěchū qìtǐ(某种矿物加热后分解出气体).

ゆうりすう【有理数】 yǒulǐshù(有理数).

ゆうりょ【憂慮】 yōulǜ(忧虑).¶財政は今や〜すべき状態にある cáizhèng xiànzài chǔyú lìng rén yōulǜ de zhuàngtài(财政现在处于令人忧虑的状态).¶彼の将来を思うと〜にたえない nǐ xiǎngdào tā de jiānglái jiù búshèng yōulǜ(一想到他的将来就不胜忧虑).

ゆうりょう【有料】 shōufèi(收费).¶この試写会は〜です zhège shìyìnghuì shì shōufèi de(这个试映会是收费的).
¶〜駐車場 shōufèi tíngchēchǎng(收费停车场).〜道路 shōufèi gōnglù(收费公路).

ゆうりょう【優良】 yōuliáng(优良).¶〜品 yōuzhìpǐn(优品).健康〜児 jiànkāng yōuliáng értóng(健康优良儿童).成績〜 chéngjì yōuliáng(成绩优良).

ゆうりょく【有力】 yǒulì(有力).¶〜な反証 yǒulì de fǎnzhèng(有力的反证).¶〜な容疑者として指名手配する zuòwéi zhǔyào xiányǐfàn tōngjī(作为主要嫌疑犯通缉).¶〜な手掛りを得た dédàole zhòngyào de xiànsuǒ(得

到了重要的线索).¶彼は最も~な候補者だ tā shì zuì yǒu xīwàng de hòuxuǎnrén(他是最有希望的候选人).¶この地方の~な新聞 běndì yǒu yǐngxiǎng de bàozhǐ(本地有影响的报纸).¶反対論が~になってきた fǎnduì lùndiào zhànle shàngfēng(反对论调占了上风).¶彼は町の~者だ tā shì zhènshang yǒu quánshì de rén(他是镇上有权势的人).

ゆうれい【幽霊】 guǐ(鬼), yāoguài(妖怪); yōulíng(幽灵), yōuhún(幽魂), guǐhún(鬼魂).¶あの家には~が出る nà jiā nàoguǐ(那家闹鬼).

¶~会社 píbāo gōngsī(皮包公司)/ píbāoshāng(皮包商). ~人口 xūbào de rénkǒu(虚报的人口). ~船 guǐchuán(鬼船).

ゆうれつ【優劣】 yōuliè(优劣), shàngxià(上下), gāoxià(高下), gāodī(高低).¶互いに~を競う hù jiào yōuliè(互较优劣). ¶両者の間に~はつけ難い liǎngzhě bù xiāng shàngxià(两者不相上下)/ liǎngzhě zhī jiān nán fēngāoxià(两者之间难分高下).

ユーロ ōuyuán(欧元).

ゆうわ【宥和】 suíjìng(绥靖).¶~政策 suíjìng zhèngcè(绥靖政策).

ゆうわ【融和】 rónghé(融和・融合).¶両国の~を図る cùjìn liǎngguó rónghé(促进两国融和).

ゆうわく【誘惑】 yòuhuò(诱惑), yǐnyòu(引诱).¶甘言で~する yòng huāyán-qiǎoyǔ yòuhuò(用花言巧语诱惑).¶~に負ける jīngbuzhù yòuhuò(经不住诱惑).¶~に負けるな dǐngzhù yǐnyòu(顶住引诱)/ yào jīngdeqǐ yòuhuò(要经得起诱惑).

ゆえ【故】 **1**〔理由〕gù(故).¶~あって家を出る yīn gù lí jiā(因故离家).¶~もなくこぼれた wúgù liúxiàle yǎnlèi(无故流下了眼泪).¶彼が怒るのも~なき事ではない tā fāhuǒ yě bìng fēi méiyǒu dàolǐ(他发火也并非没有道理).

2〔…のため〕yīn(因), yīnwei(因为).¶貧~の盗み yīn qióng ér tōu(因穷而偷).¶未熟者~よろしく御指導下さい hái bù dǒng shìgù, qǐng duōduō zhǐjiào(还不懂世故,请多多指教).¶病気~に卒業が遅れた yīn bìng dānwule bìyè(因病耽误了毕业).

ゆえに【故に】 yīncǐ(因此), yīn'ér(因而), gùcǐ(故此), gù'ér(故而), suǒyǐ(所以).¶10は2の倍数である、~10は偶数である shí shì èr de bèishù, suǒyǐ shí shì ǒushù(十是二的倍数,所以十是偶数).

ゆえん【所以】 lǐyóu(理由), suǒyǐ(所以).¶人の人たる~は… rén zhī suǒyǐ chēngwéi rén…(人之所以称为人…)/ rén hé wèi rén…(人何谓人…).¶これが私の辞退する~です zhè jiùshì wǒ tuīcí de lǐyóu(这就是我推辞的理由).

ゆえん【油煙】 yóuyān(油烟), yóuyānzi(油烟子).¶顔が~で真黒になった liǎn jiào yóuyān xūnhēi de(脸叫油烟熏得黝黑).

ゆか【床】 dìbǎn(地板), dìmiàn(地面).¶~を張る pū dìbǎn(铺地板).¶腐って~が抜けた dìbǎn fǔxiǔ tāxiaqu le(地板腐朽塌下去了).¶タイル張りの~ cízhuān dìmiàn(瓷砖地面).¶~運動 zìyóu tǐcāo(自由体操).

ゆかい【愉快】 yúkuài(愉快); yǒu yìsi(有意思).¶~な一夜を過した dùguò yúkuài de yí yè(度过愉快的一夜).¶彼は~そうに笑っている tā yúkuài de xiàozhe(他愉快地笑着).¶彼は~な男だ tā nàge rén kě zhēn yǒu yìsi(他那个人可真有意思).¶そいつは~だ nà kě zhēn yǒu yìsi(那可真有意思)/ nà kě *jiào rén kāixīn[dà kuài rénxīn](那可ᵛ叫人开心[大快人心]).

ゆかいた【床板】 dìbǎn(地板).

ゆが・く【湯搔く】 chāo(焯), zhá(炸).¶野菜を~く bǎ qīngcài chāo yíxià(把青菜焯一下).

ゆかし・い【床しい】 **1**〔奥床しい〕¶~い人柄 rénpǐn gāoshàng(人品高尚).

2〔懐かしい〕¶古式ゆい行事 sīgǔ zhī yōuqíng de yíshì(思古之幽情的仪式).

ゆかした【床下】 ¶~10センチまで水につかった shuǐ jìndào dìbǎnxià shí límǐ de dìfang le(水浸到地板下十厘米的地方了).

ゆかた【浴衣】 《说明》洗澡后或者夏天穿的布制单和服.

ゆが・む【歪む】 wāi(歪), wāixié(歪斜).¶苦痛に顔が~む téngde *liǎn dōu wāi le[zīyá-liězuǐ de](疼得ᵛ脸都歪了[龇牙咧嘴的]).¶この鏡は顔が~んで見える zhè jìngzi liǎn zhàode wāixié(这镜子脸照得歪斜).¶衝突されてバンパーが~んでしまった bèi zhuàngle chē bǎoxiǎngàng nòngde qīniǔ-bāwāi le(被撞了车保险杠弄得七扭八歪了).¶あいつは性根が~んでいる nàge jiāhuo xīnshù bú zhèng(那个家伙心术不正).

ゆが・める【歪める】 wāi(歪), wāixié(歪斜); 〔歪曲する〕wāiqū(歪曲).¶口を~める wāi zuǐ(歪嘴)/ liě zuǐ(咧嘴)/ piě zuǐ(撇嘴).¶事実を~めて報道する wāiqū shìshí bàodào(歪曲事实报道).

ゆかり【縁】 yuán(缘).¶あの人は私には縁(え)も~もない人だ nàge rén gēn wǒ yī bù zhānqīn, èr bú dàigù, háo bù xiānggān(那个人跟我一不沾亲,二不带故,毫不相干).¶仙台は魯迅に~の地である Xiāntái shì gēn Lǔ Xùn yǒuyuán de dìfang(仙台是跟鲁迅有缘的地方).

ゆかん【湯灌】 《说明》入殓前用开水擦净尸体.

ゆき【雪】 xuě(雪).¶~が降る xiàxuě(下雪).¶~が解ける xuě huà le(雪化了).¶~が30センチ積った xuě jīle sānshí límǐ hòu(雪积了三十厘米厚).¶今年は~が多い jīnnián xuě duō(今年雪多).¶7年ぶりの大~だ qīnián lái méiyǒu de dàxuě(七年来没有的大雪).¶あたり一面~で真白だ bái-mángmáng de yípiàn shì xuě(白茫茫的一片是雪).¶一片 ái-xī báixuě(一片皑皑白雪).¶車が~で立往生した qìchē yù xuě kùnzài lùshang le(汽车遇雪困在路上了).¶~が解ける báifà cāngcāng(白发苍苍).¶~を欺くような白い肌 sài xuě qī shuāng yībān de báinèn de pífū(赛雪

欺霜一般的白嫩的皮肤).¶～は豊年のきざし ruìxuě zhào fēngnián(瑞雪兆丰年).

ゆき【行き】 qù(去), qiánwǎng(前往), kāiwǎng(开往).¶～は船,帰りは飛行機にしよう zán zuò chuán qù, zuò fēijī huílai ba(咱坐船去,坐飞机回来吧).¶～の切符だけ手に入った zhǐ mǎidàole dānchéngpiào(只买到了单程票).¶青森～の列車 kāiwǎng Qīngsēn de lièchē(开往青森的列车).

ゆきあたりばったり【行き当りばったり】 ¶彼はする事なす事すべて～だ tā zuò shénme dōu shì màn wú jìhuà(他做什么都是漫无计划).

ゆきおとこ【雪男】 xuěrén(雪人).

ゆきおろし【雪下ろし】 ¶屋根に登って～をする shàngdào fángdǐng sǎoxuě(上到房顶扫雪).

ゆきおんな【雪女】 xuěxiānzi(雪仙子).

ゆきか・う【行き交う】 láiwǎng(来往), wǎnglái(往来).¶通りは～う人でにぎわっている jiēshang rén lái rén wǎng fēicháng rènao(街上人来人往非常热闹).

ゆきかえり【行き帰り】 wǎngfǎn(往返), láihuí(来回).¶学校の～によく彼に会う shàngxiàxué shí cháng yùjiàn tā(上下学时常遇见他).¶～とも列車は空いていた wǎngfǎn shí lièchē dōu hěn kòng(往返时列车都很空).

ゆきかかり【行き掛り】 ¶今までの～を捨てて仲直りしよう yǐwǎng de shì suànle, yán guī yú hǎo ba(已往的事算了,言归于好吧).¶～上引き受けざるを得なかった zài zhè zhǒng qíngkuàng xià, wǒ bùdé bù dāying(在这种情况下,我不得不答应).

ゆきかき【雪搔き】 chúxuě(除雪), sǎoxuě(扫雪); xuěpázi(雪耙子), xuěchǎn(雪铲).¶道路の～をする sǎo lùshàng de xuě(扫路上的雪).

ゆきかけ【行き掛け】 shùnlù[r](顺路[儿]), shùndào[r](顺道[儿]).¶～にこれを届けて下さい qǐng shùnlù bǎ zhège gěi shāoqu(请顺路捎把这个给捎去).¶～の駄賃 shùnshǒur lāo yì bǎ(顺手儿捞一把).

ゆきかっせん【雪合戦】 xuězhàng(雪仗).¶～をする dǎ xuězhàng(打雪仗).

ゆきき【行き来】 **1** wǎnglái(往来), láiwǎng(来往), guòwǎng(过往), láiqù(来去).¶この通りは車の～が激しい zhè tiáo lù wǎnglái de chē duō(这条路往来的车多).
2〔付き合い〕jiāowǎng(交往), láiwang(来往), wǎnglái(往来), zǒudòng(走动), láiqù(来去).¶彼とは最近～していない zuìjìn gēn tā méiyǒu láiwang(最近跟他没有来往).

ゆきぐに【雪国】 duōxuě dìdài(多雪地带).

ゆきぐも【雪雲】 xuěyún(雪云).

ゆきげしき【雪景色】 xuějǐng(雪景).

ゆきげしょう【雪化粧】 ¶富士山がうっすらと～した Fùshì Shān pīshang báobáo yínbái xuězhuāng(富士山披上薄薄银白雪妆).

ゆきけむり【雪煙】 ¶～をあげて滑り降りた yángqǐ xuě huáile xiàqù(扬起雪花了下去).

ゆきす・ぎる【行き過ぎる】 **1**〔通過する〕zǒuguò(走过).¶うっかりしていて2,3軒～ぎた bù liúshén zǒuguòle liǎng, sān jiā(不留神走过了两,三家).
2〔度を越す〕guòfèn(过分), guòhuǒ(过火), guòdù(过度).¶警備は～ぎないように jǐngjiè búyào gǎode guòtóu le(警戒不要搞得过头了).¶君のやり方は～ぎだ nǐ de zuòfǎ tài guòhuǒ le(你的做法太过火了).

ゆきずり【行きずり】 guòlù(过路).¶～の人 guòlù de rén(过路的人)/ lùrén(路人).

ゆきだおれ【行き倒れ】 dǎobì(倒毙), lùbì(路毙), lùdǎo[r](路倒[儿]).¶腹が減って～になりそうだ dùzi èdechàidào zuòle lùdǎo lou(肚子饿得差点儿做了路倒喽).¶～を収容する shōuróng lùdǎor(收容路倒儿).

ゆきだるま【雪達磨】 xuěrén[r](雪人[儿]).¶～をこしらえる duī xuěrén(堆雪人).¶家計の赤字が～式にふえる jiāyòng de kuīkong rú gǔn xuěqiú shìde yuè gǔn yuè dà(家用的亏空如滚雪球似的越滚越大).

ゆきちがい【行き違い】 ¶彼等2人は～になってしまった tāmen liǎ 'zǒuníng(zǒuchà)le(他们俩'走拧[走岔]了).¶ちょっとした言葉の～からいさかいになった yóuyú huà shuōníng chǎoqilai le(由于话说拧吵起来了).¶2人の間に感情の～が生じた líǎng ge rén zài gǎnqíngshang fāshēngle géhé(两个人在感情上发生了隔阂).

ゆきつ・く【行き着く】 dào(到).¶目的地に～く前に日が暮れた dào mùdìdì, tiān jiù hēi le(没到目的地,天就黑了).¶とうとう事態は～く所まで来てしまった shìtài zhōngyú fāzhǎndàole bùkě wǎnhuí de dìbù(事态终于发展到了不可挽回的地步).

ゆきつけ【行き付け】 ¶～のレストラン cháng qù de cānguǎn(常去的菜馆).

ゆきづま・る【行き詰る】 ¶交渉が～った jiāoshè xiànrù jiāngjú(交涉陷入僵局)/ tánpàn gěqiǎn le(谈判搁浅了).¶売行きが落ちて経営が～った xiāoshòu'è xiàjiàng mǎimai gǎo bu xiàqù le(销售额下降买卖搞不下去了).¶最近仕事に～りを感じている zuìjìn gǎndào gōngzuò méiyǒu chūlù(最近感到工作没有出路).¶～りを打開する dǎpò jiāngjú(打破僵局).

ゆきつもどりつ【行きつ戻りつ】 ¶家の前を～して様子をうかがう zài dàmén wài zǒulai-zǒuqu kuītàn dòngjing(在大门外走来走去窥探动静).

ゆきどけ【雪解け】 ¶～で川が増水する xuě rónghuà hélǐ zhǎng shuǐ le(雪融化河里涨水了).¶両国関係の～ liǎngguó guānxi de "jiědòng"(两国关系的"解冻").

ゆきとど・く【行き届く】 zhōudào(周到), zhōuquán(周全).¶細かいところまで注意が～いている lián xìxiǎo de shìqing yě zhùyìdào le(连细小的事情也注意到了).¶この庭は手入れが～いている zhè yuànzi shōushide hěn xìxīn(这院子收拾得很细心).¶～できませんで申訳ありません zhāodài bù zhōudào, qǐng yuánliàng(招待不周到,请原谅)/ màndài, màndài(慢待,慢待).¶万事に～いた人 wànshì zhōudào de rén(万事周到的人).

ゆきどまり【行き止り】 ¶この路地は～です zhè shì sǐhútòng (这是死胡同儿)/ cǐ lù bù tōng (此路不通).

ゆきなや・む【行き悩む】 ¶難路に～む pèngdào xiǎnlù (碰到险路)/ ~む措置が打開に～む dǎbukāi jiāngjú (打不开僵局). ¶仕事は～みの状態だ gōngzuò chǔyú tíngzhì bù qián de zhuàngtài (工作处于停滞不前的状态).

ゆきのした【雪の下】 hǔ'ěrcǎo (虎耳草).

ゆきば【行き場】 qùchù (去处). ¶私にはあそこより外に～がない wǒ chúle nàli méiyǒu qùchù (我除了那里没有去处). ¶苦情の持って～がない yǒu kǔ wúchù sù (有苦无处诉).

ゆきやけ【雪焼け】 ¶顔が真黒だ liǎn bèi xuěyuán fǎnshè de yángguāng shàihēi le (脸被雪原反射的阳光晒黑了).

ゆきやなぎ【雪柳】 zhēnzhūhuā (珍珠花).

ゆきわた・る【行き渡る】 ¶数が少なくて皆には～らなかった shùliàng shǎo, dàjiā méi dōu fēndào (数量少,大家没都分到). ¶民主主義の考え方が人々に～る mínzhǔzhǔyì guāndiǎn pǔjídào rénmín dàzhòng zhōng (民主主义观点普及到人民大众中).

ゆ・く【行く】 (1)[赴く, 去る] qù (去), shàng (上), wǎng (往), dào (到), zǒu (走). ¶町へ買物に～く dào jiēshàng mǎi dōngxi qù (到街上买东西去). ¶毎朝歩いて学校に～く měitiān zǎoshang zǒuzhe shàngxué qù (每天早上走着上学去). ¶横浜から船で上海に～く cóng Héngbīn zuò chuán dào Shànghǎi qù (从横滨坐船到上海去). ¶友達に会いに京都に～く dào Jīngdū jiàn péngyou (到京都见朋友). ¶途中で菓子を買って～こう zài lùshang mǎi xiē diǎnxin dàizhe qù ba (在路上买些点心带着去吧). ¶雨になりそうだから傘を持って～きなさい kànlai yào xiàyǔ, bǎ sǎn dàizhe ba (看来要下雨,把伞带着吧). ¶嫁に～く chūjià (出嫁). ¶息子は東京の大学へいっている wǒ érzi zài Dōngjīng shàng dàxué (我儿子在东京上大学). ¶そのうちお知らせ～くはずだ guò jǐ tiān huì yǒu tōngzhī de (过几天会有通知的). ¶向う へ～け zǒukāi! (走开!)/ yìbiānr qù! (一边儿去!). ¶では～こうか nàme zǒu ba (那么走吧). ¶あの人はいってしまった nàge rén zǒu le (那个人走了). ¶鍵がどこかへいってしまった yàoshi bù zhī nǎr qù le (钥匙不知哪儿去了). **2**[進む] ¶この道をまっすぐ～けば海に出る cóng zhè tiáo lù yìzhí zǒu jiù kěyǐ dào hǎibiān (从这条路一直走就可以到海边). ¶日に千里を～く rì xíng qiān lǐ (日行千里). **3**[時が過ぎる] ¶～く春を惜しむ wǎnxī chūntiān de shìqù (惋惜春天的逝去). ¶年端も～かぬ子供 niánvòu de háizi (年幼的孩子). **4**[進行する, 事を運ぶ] ¶万事計画通りにいった yíqiè rú yuánjìhuà jìnxíngde hěn shùnlì (一切如原计划进行得很顺利). ¶あの2人はうまくいってないようだ kànlai tāmen liǎ xiāngchǔde bù hǎo (看来他们俩相处得不好). ¶次もこの手で～こう xiàcì yě zǒu zhè bù qí (下次也走这步棋). ¶大分はかがいった jìnzhǎnle yí dà bù (进展了一大步). ¶今更やめるわけには～かない dàole zhè dìbù bùhǎo zài tíngxiàlai (到了这地步不好再停下来). **5**[次第に…になる, …しつづける] ¶空が明るくなって～く tiān liàngqǐlai le (天亮起来了). ¶情勢は緊迫の度を加えていった qíngshì yuèfā jǐnpò (情势越发紧迫). ¶やって～くうちに分る zuòzhe zuòzhe jiù huì míngbai de (做着做着就会明白的). ¶経験を積み重ねて～く yìdiǎn-yìdī de jīlěi jīngyàn (一点一滴地积累经验). ¶1人で暮して～く yí ge rén guòxiaqu (一个人过下去).

ゆ・く【逝く】 shìshì (逝世), chángshì (长逝). ¶巨匠ついに～く jùjiàng jìng chángshì ér qù (巨匠竟长逝而去).

ゆくえ【行方】 qùxiàng (去向), xiàluò (下落), zhuólùo (着落), xíngzōng (行踪), xíngzhǐ (行止). ¶～をくらます xiāo shēng nì jī (销声匿迹). ¶～定めぬ旅枕 yúnyóu sìhǎi (云游四海). ¶～不明 xiàluò bùmíng (下落不明)/ yǎo rú huánghè (杳如黄鹤).

ゆくさき【行く先】 qùchù (去处), qùxiàng (去向). ¶～も告げずに出かけた méi shuō qù nǎr jiù chūqu le (没说去哪儿就出去了).

ゆくすえ【行く末】 qiántú (前途), qiánchéng (前程), jiānglái (将来). ¶この子の～が思いやられる zhège háizi de jiānglái zhēn jiào rén cāoxīn (这个孩子的将来真叫人操心). ¶～長くお幸せに zhù nǐmen yǒngyuǎn xìngfú (祝你们永远幸福).

ゆくて【行く手】 qiánmian (前面), qiánbian (前边), qiánfāng (前方); qùlù (去路). ¶～に大きな湖が現れた qiánbian chūxiànle hěn dà de húpō (前边出现了很大的湖泊). ¶我々の～には幾多の困難が横たわっている zài wǒmen qiánjìn de dàolù shang yǒu xǔduō kùnnan (在我们前进的道路上有许多困难).

ゆくゆく【行く行く】 jiānglái (将来). ¶～は父の仕事を継ぐつもりだ dǎsuàn jiānglái jìchéng fùyè (打算将来继承父业).

ゆげ【湯気】 rèqì (热气), zhēngqì (蒸汽), shuǐzhēngqì (水蒸汽). ¶～の立っている料理 màozhe rèqì de cài (冒着热气的菜)/ rèqì-téngténg de cài (热气腾腾的菜). ¶風呂場に～がこもる yùshìli mímànzhe rèqì (浴室里弥漫着热气). ¶頭から～を立てて怒る qìde qīqiào-shēng yān (气得七窍生烟).

ゆけつ【輸血】 shūxuè (输血). ¶病人に～をする gěi bìngrén shūxuè (给病人输血).

ゆけむり【湯煙】 rèqì (热气), zhēngqì (蒸汽), shuǐzhēngqì (水蒸汽). ¶温泉から～が上がっている wēnquán màozhe zhēngqì (温泉冒着蒸汽).

ゆごう【癒合】 yùhé (愈合). ¶傷口が～した shāngkǒu yùhé le (伤口愈合了).

ゆさぶ・る【揺さぶる】 yáo (摇), yáodòng (摇动). ¶木をゆすってどんぐりを落す bǎ xiàngshí cóng shùshang yáoxiàlai (把橡实从树上摇下来).

¶彼の演奏は人々の心を激しく～った tā de yǎnzòu shǐ rénmen de xīn jīdòngle (他的演奏激动了人心)．¶その事件は政界を根底から～った nàge shìjiàn cóng gēnběnshang zhènhànle zhèngjiè (那个事件从根本上震撼了政界)．¶敵に～りをかける zhènshè dírén(震慑敌人)．

ゆざまし【湯冷まし】 liángbáikāi(凉白开), liángkāishuǐ(凉开水)．

ゆざめ【湯冷め】 ¶～しないうちに早く着物を着なさい xǐwán zǎo kuài chuān yīfu, miǎnde zháoliáng (洗完澡快穿衣服, 免得着凉)．

ゆさゆさ ¶巨大な体を～と揺すりながら歩いてくる nuódòngzhe jùdà shēnqū "huànghuangyōuyōu" [yáoyao-huànghuàng] de zǒulai (挪动着巨大身躯'晃晃悠悠'[摇摇晃晃]地走来)．

ゆさん【遊山】 yóu shān(游山)．¶物見～に出掛ける qù yóu shān wán shuǐ(去游山玩水)．

ゆし【油脂】 yóuzhī(油脂)．

ゆしゅつ【輸出】 chūkǒu (出口), shūchū (输出)．¶自動車を～する shūchū qìchē(输出汽车)．¶～を振興する zhènxīng chūkǒu(振兴出口)．¶～禁止を解く jiěchú chūkǒu jìnlìng(解除出口禁令)．¶～税 chūkǒushuì(出口税)．～超過 chūchāo(出超)．～品 chūkǒuhuò(出口货)/ shūchūpǐn(输出品)．小麦～国 xiǎomài shūchūguó(小麦输出国)．

ゆしゅつにゅう【輸出入】 jìnchūkǒu(进出口)．¶～のバランスをとる bǎochí jìnchūkǒu de jūnhéng(保持进出口的均衡)．

ゆず【柚子】 xiāngchéng(香橙)．

ゆす・ぐ【濯ぐ】 shuàn(涮)．¶洗濯物を～ぐ bǎ xǐ de yīfu shuàn yi shuàn(把洗的衣服涮一涮)．¶口を～ぐ shùkǒu(漱口)．

ゆすぶ・る【揺すぶる】 →ゆさぶる

ゆすり【強請】 ¶～を働く qiāozhà(敲诈)/ qiāozhà lèsuǒ(敲诈勒索)．

ゆずりあ・う【譲り合う】 xiāngràng(相让)．¶互いに席を～う xiānghù ràngzuò(相互让座)．¶～いの精神 hùràng de jīngshén(互让的精神)．

ゆす・る【揺する】 yáo (摇), yáohuang (摇晃), yáodòng (摇动)．¶体を～って高笑いする yáohuangzhe shēnzi fàngshēng dà xiào (摇晃着身子放声大笑)．¶いくら～っても起きない zěnme tuī yě tuībuxǐng (怎么推也推不醒)．¶ゆりかごを～る yáodòng yáolán (摇动摇篮)．¶木を～って実を落す bǎ guǒshí cóng shùshang yáoxialai(把果实从树上摇下来)．

ゆす・る【強請】 qiāo (敲), qiāozhà (敲诈), lèsuǒ(勒索)．¶金を～られた bèi qiāoqùle yì bǐ qián(被敲去了一笔钱)．

ゆず・る【譲る】 1 [与える] ràng (让), rànggěi (让给), zhuǎnràng (转让), chūràng (出让)．¶子供に財産を～る bǎ cáichǎn chuánggěi háizi (把财产传给孩子)．¶後進にポストを～る ràngwèi gěi hòujìn de rén(让位给后进的人)．¶老人に席を～る gěi lǎorén ràng zuò(给老人让座)．友達に車を安く～る bǎ jiàochē lián-jià chūràng gěi péngyou(把轿车廉价出让给朋友)．

2 [譲歩する] ràng (让)．¶双方自説を主張して～らない shuāngfāng dōu jiānchí zìjǐ de yìjiàn hù bù xiāngràng(双方都坚持自己的意见互不相让)．¶仮に百歩～ったとしても… jiùshì ràng yībǎi bù yě… (就是让一百步也…)．¶後から来た人に道を～る gěi hòulái de rén rànglù(给后来的人让路)．

3 [延期する] ¶結論を出すのは後日に～ろう jiélùn liúdài rìhòu zài xià ba(结论留待日后再下吧)．

ゆせい【油井】 yóujǐng(油井)．

ゆせい【油性】 yóuxìng(油性)．¶～ペイント yóuxìng túliào(油性涂料)．

ゆせん【湯煎】 ¶バターを～する yòng rèshuǐ huà nǎiyóu(用热水化奶油)．

ゆそう【油層】 yóucéng(油层)．

ゆそう【油槽】 yóucáo(油槽)．¶～船 yóuchuán(油船)/ yóulún(油轮)．

ゆそう【輸送】 yùn (运), yùnshū (运输), shūsòng (输送)．¶鮮魚をトラックで～する yòng kǎchē yùnsòng xiānyú(用卡车运送鲜鱼)．¶～機 yùnshūjī(运输机)．～船 yùnshūjiàn (运输舰)．現金～車 xiànjīn bānyùn qìchē(现金搬运汽车)．

ゆたか【豊】 fēngfù (丰富), fēngshèng (丰盛), fēngzú (丰裕), fùyù (富裕), fùzú (富足)．¶作物が～に実る wǔgǔ fēngdēng (五谷丰登)．¶生活が～になった shēnghuó fùyù le (生活富裕了)/ rìzi guòde hónghuǒ le (日子过得红火了)/ jiā jǐ rén zú (家给人足)．¶財政が～でない cáizhèng bù kuānyù (财政不宽裕)．¶～な才能に恵まれる fùyǒu cáinéng (富有才能)．¶資源の～な国 zīyuán fēngfù de guójiā (资源丰富的国家)．¶六尺～な大男 zú yǒu liù chǐ gāo de dàhàn(足有六尺高的大汉)．

ゆだ・ねる【委ねる】 wěi (委), wěituō (委托)．全権を～ねる wěiyǐ quánquán(委以全权)．すべてを司直の手に～ねる yíqiè jiāogěi sīfǎ jīguān chǔlǐ (一切交给司法机关处理)．

ユダヤ Yóutài(犹太)．¶～教 Yóutàijiào(犹太教)．～人 Yóutàirén(犹太人)．

ゆだ・る【茹だる】 ¶卵が～る jīdàn zhǔshú le (鸡蛋煮熟了)．

ゆだん【油断】 mábì (麻痺), dàyi (大意), shūhū (疏忽)．¶～すると危ない shūhu dàyi[bù xiǎoxīn] kě wēixiǎn (疏忽大意[不小心]可危险)．¶～大敵 qiānwàn bùdé mábì dàyi (千万不得麻痹大意)．¶相手の動きを～なく見守る háo bù sōngxiè de jiānshì duìfang de dòngjing (毫不松懈地监视对方的动静)．¶この世は～もすきもない zhè shìdào yíkè yě bùnéng shūhu dàyi (这世道一刻也不能疏忽大意)．¶あいつは全くへのならない奴だ dui nà jiāhuo jué bùnéng "qīngyì xiāngxìn[fàngsōng jǐngtì](对那家伙绝不能'轻易相信[放松警惕])．

ゆたんぽ【湯たんぽ】 tānghú(汤壶), tāngpózi (汤婆子)．

ゆちゃく【癒着】 [医学] zhānlián(粘连)．¶腸

ゆっくり 1 màn(慢), mànmàn(慢慢), xúxú(徐徐), huǎnmàn(缓慢), xúhuǎn(徐缓). ¶～歩こう zán mànmàn zǒu ba(咱慢慢走吧). ¶彼は～と立ち上がった tā ˇmànmàn[cóngróng-búpò] de zhànle qǐlái(他ˇ慢慢[从容不迫]地站了起来). ¶分るように～しゃべって下さい qǐng shuō màn yìdiǎnr, jiào rén néng tīng míngbai(请说慢一点儿, 叫人能听明白). ¶どうぞ～していって下さい qǐng duō zuò yíhuìr ba(请多坐一会儿吧).
2[十分] ¶この椅子は3人～座れる zhè yǐzi zuò sān ge rén yě kuānkuān de(这椅子坐三个人也宽宽的). ¶今からでも～間に合う xiànzài qù yě ˇzú néng[wánquán] gǎndeshàng(现在去也ˇ足能[完全]赶得上). ¶一晩～休めば疲れは取れる hǎohāor xiūxi yì wǎn jiù huì xiēguolai de(好好儿休息一晚就会歇过来的).

ゆったり 1[たっぷり] kuānsōng(宽松), kuānchuo(宽绰), kuānchang(宽敞). ¶～したコート kuānsōng de dàyī(宽松的大衣). ¶車内が～している chēli hěn kuānchang(车里很宽敞).
2[のびやか] ¶椅子に～と掛ける yōuxián de zuòzài yǐzi shang(悠闲地坐在椅子上). ¶温泉につかって～した気分になる pào wēnquán kuānsōng shūchàng(泡温泉宽松舒畅).

ゆでたまご【茹卵】zhǔjīdàn(煮鸡蛋), zhǔjīzǐr(煮鸡子儿).

ゆ・でる【茹でる】zhǔ(煮), chāo(焯), zhá(炸). ¶栗を～でる zhǔ lìzi(煮栗子). ¶ほうれん草を～でる bǎ bōcài chāo yíxià(把菠菜焯一下).

ゆでん【油田】yóutián(油田).

ゆどの【湯殿】xǐzǎojiān(洗澡间), yùshì(浴室).

ゆとり kuānyù(宽裕), yúyù(余裕). ¶家計に～がない jiājì bù kuānyù de(家计不宽裕). ¶まだ数に～がある shùliàngshang hái yǒuyú(数量上还有余). ¶私にはそれをする時間の～がない wǒ kě méiyǒu gǎo nàge de gōngfu(我可没有搞那个的工夫). ¶彼には音楽を楽しむ心の～がなかった tā kě méiyǒu xīnshǎng yīnyuè de xiánxīn(他可没有欣赏音乐的闲心). ¶もっと～のある生活を送りたい xiǎng guò zài kuānyù yìdiǎnr de shēnghuó(想过再宽裕一点儿的生活).

ユニーク dútè(独特), dúdào(独到). ¶彼は～な存在だ tā shì ge dútè de rénwù(他是个独特的人物). ¶～な文体 biéyǒu-fēnggé de wéntǐ(别有风格的文体).

ユニバーシアード shìjiè dàxuéshēng yùndònghuì(世界大学生运动会).

ユニホーム zhìfú(制服).

ゆにゅう【輸入】jìnkǒu(进口), shūrù(输入). ¶石油を～する jìnkǒu shíyóu(进口石油). ¶～業者 jìnkǒushāng(进口商). ～超過 rùchāo(入超). ～品 jìnkǒuhuò(进口货)/ láilùhuò(来路货).

ゆにょうかん【輸尿管】shūniàoguǎn(输尿管).

ユネスコ Liánhéguó Jiào-Kē-Wén Zǔzhī(联合国教科文组织).

ゆのし【湯熨】¶～をする yòng zhēngqì lāpíng(用蒸气拉平).

ゆのみ【湯飲み】cháwǎn(茶碗), chábēi(茶杯).

ゆば【湯葉】fǔyī(腐衣), dòufupí[r](豆腐皮[儿]), yóupí[r](油皮儿), mór(膜儿), fǔzhú(腐竹).

ゆび【指】[手の] zhǐ(指), shǒuzhǐ(手指), zhǐtou・zhítou(指头), shǒuzhǐtou(手指头); [足の] zhǐ(趾), zhǐtou(趾头), jiǎozhǐtou(脚指头), jiǎozhǐ(脚趾). ¶～を折って数える bānzhe shǒuzhǐtou shǔ(扳着手指头数)/ qūzhǐ shǔ(屈指数). ¶～を嚙らす dǎ fěizi(打榧子)/ dǎ xiǎngzhǐ(打响指). ¶～で弾く yòng zhǐtou tán(用指头弹). ¶5本の～で数えられる程しかいない qū zhǐ kě shǔ(屈指可数). ¶他人から～一本さされないよう一生懸命働く pīnmìng gōngzuò, shǐ biérén wúkě-zhǐzhāi(拼命工作, 使别人无可指摘). ¶子供が～をくわえて飴を見ている xiǎoháizi zuò shǒuzhǐ dīngzhe táng(小孩子嘬手指盯着糖).

ゆびおり【指折り】qūzhǐ(屈指). ¶～数えてその日を待つ bānzhe shǒuzhǐ pànwàngzhe nà yì tiān(扳着手指盼望着那一天). ¶日本でも～の数学者 zài Rìběn yě shì qūzhǐ-kěshǔ de shùxuéjiā(在日本也是屈指可数的数学家).

ゆびきり【指切り】lāgōu[r](拉钩[儿]). ¶～して約束する lāgōu xiāng yuē, bù fǎnhuǐ(拉钩相约, 不反悔).

ゆびさき【指先】zhǐjiān(指尖); [足の] jiǎozhǐjiān(脚趾尖). ¶～が冷たい zhǐjiān dòng(指尖冻).

ゆびさ・す【指さす】zhǐ(指). ¶彼女の～す方を見る kàn tā shǒu zhǐ de fāngxiàng(看她手指的方向).

ゆびずもう【指相撲】bānshǒuzhǐ(扳手指).

ゆびにんぎょう【指人形】bùdài mù'ǒu(布袋木偶), shǒutuō kuǐlěi(手托傀儡); [芝居] bùdàixì(布袋戏).

ゆびぬき【指貫】dǐngzhen[r](顶针[儿]), zhēn[r](针箍[儿]).

ゆびわ【指輪】jièzhi[r](戒指[儿]), liùzi(榴子), zhǐhuán(指环). ¶～をはめる dài jièzhi(戴戒指). ¶ダイヤの～ zuànjiè(钻戒). ¶結婚～ jiéhūn jièzhi(结婚戒指).

ゆぶね【湯船】zǎopén(澡盆), yùpén(浴盆), yùgāng(浴缸); [銭湯の] yùchí(浴池), chítáng(池塘), chítáng・chí:tǎng(池塘・池堂), chízi(池子). ¶～につかる pàozài zǎopénli(泡在澡盆里).

ゆぼけつがん【油母頁岩】yóumǔyèyán(油母页岩), yóuyèyán(油页岩).

ゆみ【弓】1 gōng(弓). ¶～を射る shè jiàn(射箭). ¶～を引き絞る zhāngmǎn[lāmǎn] gōng(张满[拉满]弓). ¶～折れ矢尽く jiàn jìn gōng zhé(箭尽弓折). ¶主君に～を引く zhāng gōng xiàng zhǔ(张弓向主)/ bèi zhǔ pàn jūn(背主叛君).
2[楽器の] gōngzi(弓子), gōng(弓). ¶バイオリンの～ xiǎotíqín gōngzi(小提琴弓子).

ゆみず【湯水】 ¶お金を～のように使う huī jīn rú tǔ (挥金如土)／huīhuò wúdù (挥霍无度).

ゆみなり【弓形】 gōngxíng (弓形). ¶体を～に反らせる bǎ shēntǐ wānchéng gōngxíng (把身体弯成弓形).

ゆみへん【弓偏】 gōngzìpángr (弓字旁ㄦ).

ゆみや【弓矢】 gōngjiàn (弓箭).

ゆめ ¶～を疑うなかれ qiè wù huáiyí (切勿怀疑). ¶先生の教えを～～～忘れてはいけない qiānwàn búyào wàngjì lǎoshī de jiàodǎo (千万不要忘记老师的教导).

ゆめ【夢】 mèng (梦); mèngxiǎng (梦想); lǐxiǎng (理想). ¶父の～を見た mèngjiànle fùqin (梦见了父亲). ¶幼い日の事を～に見た mèngjiànle xiǎoshíhou de shì (梦见了小时候的事). ¶怖い～を見てうなされた zuòle kěpà de mèng ér bèi yǎnzhù (做了可怕的梦而被魇住). ¶～から覚める cóng mèngzhōng xǐnglai (从梦中醒来). ¶こんな事になろうとは～にも思わなかった zuòmèng yě méi xiǎngdào huì chéng zhèyàng (做梦也没想到会成这样). ¶～にまで見たエベレスト山 mèngmèi yǐ qiú de Zhūmùlǎngmǎ Fēng (梦寐以求的珠穆朗玛峰). ¶知らせを受けて彼女は～かとばかり喜んだ jiēdào tōngzhī tā jīngxǐde jiǎnzhí yǐwéi shì zuòmèng (接到通知她惊喜得简直以为是做梦). ¶1年間は～のように過ぎた yì nián rú mèng yíyàng de guòqu le (一年如梦一样地过去了). ¶彼の言う事はまるで～のような話だ tā shuō de jiǎnzhí xiàng shì mènghuà (他说的简直像是梦话). ¶彼女は～ばかりを追っている tā zǒng zài zhuīzhú huànxiǎng (她总在追逐幻想). ¶宇宙旅行も～でなくなった qù yǔzhòu lǚxíng yǐ bú shì mèngxiǎng le (去宇宙旅行已不是梦想了). ¶将来に大きな～を抱く dui jiānglái bàoyǒu hěn dà de mèngxiǎng (对将来抱有很大的梦想). ¶結婚への～が破れた duì jiéhūn de měimèng pòmiè le (对结婚的美梦破灭了). ¶近頃の若者は～がない jìnlái de niánqīngrén méiyǒu lǐxiǎng (近来的年轻人没有理想). ¶それは私には～のまた～だ nà duì wǒ lái shuō shì mèng lǐ zuò mèng (那对我来说是梦里做梦). ¶人生は～だ rénshēng rú mèng (人生如梦). ¶いつまで～を見ているんだ、いいかげんに目を覚ませ mèng, nǐ xiǎng zuò dào nǎ yíbèizi, kuài xǐngguolai ba! (梦, 你要做到哪一辈子, 快醒过来吧!).

¶～占 yuánmèng (圆梦)／zhānmèng (占梦).

ゆめうつつ【夢現】 ¶～に話し声を聞いた zài sì mèng fēi mèng zhōng tīngjianle shuōhuàshēng (在似梦非梦中听见了说话声).

ゆめごこち【夢心地】 mèngjìng (梦境). ¶～で時を過す rú rù mèngjìng de dùguò shíjiān (如入梦境地度过时间).

ゆめじ【夢路】 ¶安らかに～をたどる ānrán rù mèng (安然入梦).

ゆめまくら【夢枕】 ¶～に立つ zài mèngzhōng chūxiàn (在梦中出现). ¶殺された父が～に立った bèi shāhài de fùqin zài zhěnbiān tuōmèng (被杀害的父亲在枕边托梦).

ゆめみ【夢見】 zuòmèng (做梦). ¶昨夜の～が悪かった zuówǎn zuòle èmèng (昨晚做了恶梦).

ゆめ・みる【夢見る】 mèngxiǎng (梦想). ¶未来を～みて上京した mèngxiǎngzhe wèilái láidào Dōngjīng (梦想着未来来到东京). ¶～ような瞳 chōngmǎn huànmèng de yǎnjing (充满幻梦的眼睛).

ゆめものがたり【夢物語】 ¶彼女の言う事は～だ tā shuōde tiānhuā-luànzhuì jiǎnzhí shì mèngzhōng de gùshi (她说得天花乱坠简直是梦中的故事). ¶それも今や一場の～となった nà yǐ huàwéi yì chǎng mèng (那已化为一场梦)／nà yǐ chéng yì zhěn huángliáng (那已成一枕黄粱).

ゆゆし・い【由由しい】 yánzhòng (严重). ¶それは～い問題だ nà shì ge yánzhòng de wèntí (那是个严重的问题).

ゆらい【由来】 yóulái (由来). ¶寺宝の～を調べる diàochá sìyù zhī bǎo de yóulái (调查寺宇之宝的由来). ¶この建築様式は中国に～している zhè zhǒng jiànzhù shìyàng láizì Zhōngguó (这种建筑式样来自中国).

ゆら・ぐ【揺らぐ】 yáohuang (摇晃), yáoyè (摇曳), huàngyou (晃悠); dòngyáo (动摇). ¶ランプの火影が～ぐ dēnghuǒ yáohuang búdìng (灯火摇晃不定)／dēngyǐng chōngchōng (灯影憧憧). ¶自信が～ぐ xìnxīn dòngyáo le (信心动摇了).

ゆらめ・く【揺らめく】 yáohuang (摇晃), yáoyè (摇曳). ¶月影が水面に～く yuèguāng zài shuǐmiàn yáoyè (月光在水面摇曳).

ゆらゆら ¶舟が波間に～揺れる xiǎochuán zài bōlàng zhōng shàngxià qǐfú (小船在波浪中上下起伏). ¶炊事の煙が～と立ちのぼる chuīyān niǎoniǎo shàngshēng (炊烟袅袅上升).

ゆらんかん【輸卵管】 shūluǎnguǎn (输卵管).

ゆり【百合】 bǎihé (百合). ¶～の花 bǎihéhuā (百合花). ¶～の根 bǎihé de línjīng (百合的鳞茎).

ゆりうごか・す【揺り動かす】 yáohuang (摇晃), yáodòng (摇动), yáohàn (摇撼), hàndòng (撼动). ¶風が木の枝を～す fēng yáohuangzhe shùzhī (风摇晃着树枝). ¶彼の発言は人々の心を～した tā de fāyán shēnshēn de gǎndòngle dàjiā (他的发言深深地感动了大家).

ゆりおこ・す【揺り起す】 yáoxǐng (摇醒), tuīxǐng (推醒). ¶車掌に～された bèi chéngwùyuán tuīxǐng le (被乘务员推醒了).

ゆりかえし【揺り返し】 yúzhèn (余震). ¶～がきた yòu yǒule yúzhèn (又有了余震). ¶自由化の～ zìyóuhuà de fǎnzuòyòng (自由化的反作用).

ゆりかご【揺り籠】 yáolán (摇篮), yáochē[r] (摇车ㄦ). ¶～から墓場まで cóng yáolán dào mùdì (从摇篮到墓地)／cóng shēng dào sǐ (从生到死).

ゆる・い【緩い】 1 sōng (松). ¶靴の紐を～く結ぶ sōng jì xiédài (松系鞋带). ¶ゴムが～くなった sōngjǐndài sōng le (松紧带松了). ¶このズボンは少し～い zhè tiáo kùzi féile yìxiē (这条

ゆるがす
裤子肥了一些).¶ねじが～くなった luósī sōng le(螺丝松了).
2【厳しくない】¶取締りが～い qǔdì bù yán(取缔不严).
3【急でない】 huǎn(缓).¶～い上り坂 huǎn[màn]pō(缓[慢]坡).¶道は左へ～くカーブしている dàor wǎng zuǒ huǎnhuǎn wānqū(道儿往左缓缓弯曲).¶流れが～い shuǐliú huǎnmàn(水流缓慢).
4【硬くない】¶～い粥(⌢) xīzhōu(稀粥).¶～い便 lànbiàn(烂便).

ゆるが・す【揺がす】 zhèndòng(震动), zhènhàn(震撼).¶天地を～す大音響 zhènhàn tiāndì de jùxiǎng(震撼天地的巨响).¶世界を～した大事件 zhènhàn shìjiè de dà shìjiàn(震撼世界的大事件).

ゆるがせ【忽せ】¶一言一句も～にしないで翻訳する yí zì yí jù jīngxīn tuīqiāo jìnxíng fānyì(一字一句精心推敲进行翻译).¶それは～にできない問題だ nà shì bùnéng hūshì de wèntí(那是不能忽视的问题).¶彼は仕事に対する責任感が強く、すこしも～にしない tā duì gōngzuò rènzhēn fùzé, yì sī bù gǒu(他对工作认真负责, 一丝不苟).

ゆるぎ【揺ぎ】¶学界に～ない地歩を占める zài xuéshùjiè zhànjù bùkě dòngyáo de dìwèi(在学术界占据不可动摇的地位).

ゆるし【許し】 yǔnxǔ(允许), zhǔnxǔ(准许), xǔkě(许可); yuánshù(宽恕), kuānráo(宽饶), kuānyòu(宽宥), shèmiǎn(赦免).¶誰の～を得てこの室へ入ったのだ dédào shuí de yǔnxǔ jìndào zhè wūli lái de?(得到谁的允许进到这屋里来的?).¶罪の～を請う qǐngqiú kuānshù(请求宽恕).

ゆる・す【許す】 1【許可する, 許容する】 xǔ(许), róng(容), yǔnxǔ(允许), xǔkě(许可), zhǔnxǔ(准许), róngxǔ(容许).¶入学を～す zhǔnxǔ rùxué(准许入学).¶発言を～す yǔnxǔ fāyán(允许发言).¶9時以降の外出は～さない jiǔ diǎn yǐhòu bùxǔ chūmén(九点以后不许出门).¶2人の結婚を～さない bù xǔ tā liǎng rén jiéhūn(不允他两人结婚).¶もはや一刻の猶予も～されない xiànzài yǐ kè bù róng huǎn(现在已刻不容缓).¶我が家の経済が大学への進学を～さない wǒ jiā de jīngjì tiáojiàn bù róngxǔ shàng dàxué(我家的经济条件不容许上大学).¶そんなぜいたくは～されない nàyàng shēchǐ(不能那样奢侈).¶時間の～す限り出席します zhǐyào shíjiān róngxǔ, jiù chūxí(只要时间容许, 就出席).¶事情が～せばそうするつもりだ rúguǒ kèguān qíngkuàng yǔnxǔ, wǒ dǎsuàn nàme bàn(如果客观情况允许, 我打算那么办).
2【容赦する】 ráo(饶), ráoshù(饶恕), yuánliàng(原谅), jiànliàng(见谅), kuānshù(宽恕), kuānyòu(宽宥); miǎn(免), shèmiǎn(赦免).¶罪を～す shèzuì(赦罪)/ miǎnzuì(免罪).¶今度だけは～してやる zhè yí cì ráoshù nǐ(这一次饶恕你).¶君の行為は～し難い nǐ de xíngwéi shì bùkě róngrěn de(你的行为是不可容忍的).¶御無礼の程お～し下さい hěn shīlǐ, qǐng jiànliàng(很失礼, 请见谅)/ shīlǐ zhī shì, shàng xī jiàn yòu(失礼之事, 尚希见宥).¶風邪気味なので今夜の出席は～して下さい wǒ yǒudiǎnr gǎnmào, qǐng yǔnxǔ jīnwǎn bù chūxí(我有点儿感冒, 请允许今晚不出席).
3【ゆるめる】¶あいつには気を～すな duì tā bùnéng sōngxiè jǐngtì(对他不能松懈警惕).¶私達は互いに心を～し合っている wǒmen hùxiāng liǎojiě, xīnxīn xiāng yìn(我们互相了解, 心心相印).
4【公認する】¶彼は自他共に～す斯界の第一人者だ tā shì rén suǒ gōngrèn de gāi jiè shǒuqū-yìzhǐ de rénwù(他是人所公认的该界首屈一指的人物).

ゆるみ【緩み】¶ウエストに～を持たせる bǎ yāowéi nòngféi yìdiǎnr(把腰围弄肥一点儿).¶ちょっとした気の～からこんな事になってしまった yóuyú yīshí shūhu dàyì, jìng zàochéngle zhèyàng de hòuguǒ(由于一时疏忽大意, 竟造成这样的后果).

ゆる・む【緩む】 sōng(松), sōngchí(松弛), sōngxiè(松懈).¶弦が～む xiánzi sōng le(弦子松了).¶ねじが～んだ luósī sōng le(螺丝松了).¶試験が終わったらすっかり気が～んだ kǎoshì yì wán, jīngshén wánquán sōngxiè le(考试一完, 精神完全松懈了).¶規律が～む jìlǜ sōngchí(纪律松弛).¶3月の声を聞いて寒さがめっきり～んできた dàole sānyuè jiù xiǎnzhù de nuǎnhuo qilai le(到了三月就显著地暖和起来了).¶便が～む xiè dùzi(泻肚子).

ゆる・める【緩める】 1 sōng(松), fàngsōng(放松), sōngxiè(松懈), sōngchí(松弛).¶ベルトを～める sōng yi sōng yāodài(松一松腰带).¶ねじを～める nǐngsōng luósī(拧松螺丝).¶まだ気を～めてはいけない hái búyào sōngjìnr(还不要松劲儿).¶朗報に思わず表情を～めるった tīngle xǐxùn bùyóude xǐxiào-yánkāi(听了喜讯不由得喜笑颜开).¶警戒を～めるな jué bùnéng fàngsōng jǐngtì(绝不能放松警惕).¶制限を～める fàngkuān xiànzhì(放宽限制).
2【のろくする】 fàngmàn(放慢).¶歩調を～める fàngmàn bùfá(放慢步伐).¶カーブにかかって列車はスピードを～めた dào wānlù lièchē fàngmànle sùdù(到弯路列车放慢了速度).

ゆるやか【緩やか】 1【急でない】 huǎn(缓), huǎnmàn(缓慢); pínghuǎn(平缓), dīhuǎn(低缓).¶～な傾斜 pínghuǎn[dīhuǎn] de qīngxié(平缓[低缓]的倾斜)/ huǎnpō(缓坡).¶海岸線は～にカーブしている hǎi'ànxiàn huǎnhuǎn wānqū(海岸线缓缓弯曲).¶汽車が～に動き出した huǒchē xúxú de kāidòng le(火车徐徐地开动了).¶川は～に流れている héshuǐ huǎnmàn de liúzhe(河水缓缓地流着).
2【厳しくない】 sōng(松), kuān(宽).¶制限が～になった xiànzhì fàngkuān le(限制放宽了).

ゆれ【揺れ】 yáohuang(摇晃), diānbǒ(颠簸); zhèndòng(震动).¶～がひどくて船酔いした yáohuangde hěn lìhai, yùnchuán le(摇晃得很厉

害,晕船了). ¶今の地震は縦~だった gāng fāshēng de dìzhèn shì shàngxià zhèndòng(刚发生的地震是上下震动).
ゆ·れる【揺れる】 huàng(晃), yáohuang(摇晃), yáobǎi(摇摆), huàngdòng(晃动), huàngyou(晃悠), hūyou(忽悠), chànyou(颤悠), yáoyè(摇曳), diānbǒ(颠簸), bǒdàng(簸荡); zhèndòng(震动). ¶梢が風に~れる shùshāo suí fēng yáohuang(树梢随风摇晃). ¶地震で家が~れた yóuyú dìzhèn fángzi huàngdòng le(由于地震房子晃动了). ¶ろうそくの炎が~れる zhúhuǒ yáohuang(烛火摇晃). ¶カーテンがそよ風に~れている chuānglián yíngzhe wēifēng

dǒudòng(窗帘迎着微风抖动). ¶時計の振子が~れる zhōngbǎi bǎidòng(钟摆摆动). ¶カーブで列車が~れた zài zhuǎnwān de dìfang lièchē huàngyoule yíxià(在转弯的地方列车晃悠了一下). ¶でこぼこ道でバスが~れる lù kēngwā bù píng, gōnggòng qìchē diānbǒde lìhai(路坑洼不平, 公共汽车颠簸得厉害). ¶心が~れる xīnli dòngyáo le(心里动摇了).
ゆわえる【結わえる】 bǎng(绑), jì(系), zā(扎). ¶紐で~える yòng shéngzi bǎng(用绳子绑).
ゆわかし【湯沸し】 shuǐhú(水壶), shāoshuǐhú(烧水壶). ¶ガス~器 wǎsī fèishuǐqì(瓦斯沸水器).

よ

よ【世·代】 **1**[世の中, 時世] shì(世), shìdào(世道), shìjiān(世间), shèhuì(社会). ¶~の辛酸をなめる bèicháng rénshuān(备尝人世辛酸). ¶~のため人のために働く wèi shèhuì wèi rénmín gōngzuò(为社会为人民工作). ¶彼の学説がようやく~にいれられた tā de xuéshuō zhōngyú wéi shèhuì suǒ chéngrèn(他的学说终于为社会所承认). ¶広く~に知られた名作 jǔshì wénmíng de míngzuò(举世闻名的名作). ¶学校を卒業して~に出る cóng xuéxiào bìyè zǒushàng shèhuì(从学校毕业走上社会). ¶正直に~を渡る guāngmíng-zhèngdà chǔshì(光明正大处世). ¶若くして~を去った niánqīngqīng de qùshì le(年轻轻地去世了). ¶~が~ならばこんな苦労はしないのに yào hái shì nàme ge shìdào jiù yòngbuzháo zhème chīkǔ le(要还是那么个世道就用不着这么吃苦了). ¶~を拗ねた人生を送る wánshì-bùgōng de dù rénshēng(玩世不恭地度人生).
2[時代] shídài(时代). ¶明治の~に生れる shēngyú Míngzhì shídài(生于明治时代).
よ【余】 yú(余). ¶10年~の歳月を費やす hàofèi shí yú nián de suìyuè(耗费十余年的岁月). ¶1万~の観衆 yíwàn yú guānzhòng(一万余观众).
よ【夜】 yè(夜), yèli(夜里), yèjiān(夜间). ¶~を徹して仕事をする chèyè gōngzuò(彻夜工作). ¶~が明けるのを待って出掛けた děngdào tiānliàng jiù chūqu le(等到天亮就出去了). ¶~を日に継いで工事を進める yè yǐ jì rì de jìnxíng shīgōng(夜以继日地进行施工). ¶彼は~を日に継いでも明けたい tā yàoshi méiyǒu jiǔ, yì tiān yě guò bu xiàqù(他要是没有酒, 一天也过不下去).
よあかし【夜明し】 ¶読書に熱中して~した máitóu dúshū tōngxiāo-dádàn(埋头读书通宵达旦).
よあけ【夜明け】 tiānliàng(天亮), tiānmíng(天明), fúxiǎo(拂晓), líming(黎明), píngdàn(平明), píngmíng(平明). ¶~まで星の観測をする guāncè xīngxing dào tiānliàng(观测星星到天亮). ¶~前に頂上に登る fúxiǎo qián dēngshàng shāndǐng(拂晓前登上山顶). ¶新しい時代の~ xīn shídài de líming(新时代的黎明).
よあそび【夜遊び】 ¶彼は毎晩~している tā měitiān wǎnshang zài wài xúnhuān zuòlè(他每天晚上在外寻欢作乐)/ tā shì ge yèyóushén(他是个夜游神).
よあるき【夜歩き】 ¶女の~は物騒だ nǚrénjiā zǒu yèlù kě wēixiǎn(女人家走夜路可危险).
よ·い【良い·善い·好い】 **1**[優れている, 良好だ] hǎo(好), yàodé(要得), diǎ(嗲). ¶これは品質が~ zhège zhìliàng hǎo(这个质量好). ¶この子は物覚えが~い zhè háizi jìxing hǎo(这孩子记性好). ¶天気が~くなった tiānqì hǎo le(天气好了). ¶今朝はとても気分が~い jīntiān zǎoshang xīnqíng hěn yúkuài(今天早上心情很愉快). ¶この薬は頭痛に~く効く zhè yào duì tóutòng hěn yǒuxiào(这药对头痛很有效). ¶~い匂だ hǎo xiāng a!(好香啊!)/ zhēn hǎowén(真好闻). ¶あの人は本当に~い人だ tā kě zhēn shì ge hǎorén(他可真是个好人). ¶子牛が~い値で売れた niúdúzi màile hǎo jià(牛犊子卖了好价). ¶この仕事は~い収入になる zhège gōngzuò shōurù hěn hǎo(这个工作收入很好). ¶彼は~いポストに就いた tā jiùrènle hǎo zhíwèi(他就任了好职位). ¶あの２人は仲が~い tāmen liǎ hěn yàohǎo(他们俩很要好).
2[正しい, …すべきだ] hǎo(好). ¶~い悪いの判断もつかないのか lián shìfēi yě bù dǒng ma?(连是非也不懂吗?). ¶そんな事をするのは~くない bùgāi zuò nà zhǒng shì(不该做那种事). ¶私はこれから先どうしたら~いのだろう jīnhòu wǒ gāi zěnme bàn hǎo ne?(今后我该

怎么办好呢?). ¶早く行った方が～い zuìhǎo kuài diǎnr qù (最好快点儿去). ¶傘を持って来れば～かった dài yǔsǎn lái jiù hǎo le (带雨伞来就好了). ¶一言そう言ってくれれば～かったのに xiān gēn wǒ shuō yì shēng, bú jiù hǎo le ma? (先跟我说一声,不就好了吗?). ¶もう少し待ってくれてもーさそうなものだ zài duō děng wǒ yíhuìr yòu yǒu shénme guānxi ne? (再多等我一会儿又有什么关系呢?).

3[美しい] hǎo (好). ¶景色の～い所で休もう zhǎo ge fēngjǐng hǎo de dìfang xiūxi ba (找个风景好的地方休息吧). ¶ああ～い月だ duōme hǎokàn de yuèliang a! (多么好看的月亮啊!). ¶彼女は～い声をしている tā de sǎngzi hěn hǎo (她的嗓子很好).

4[好ましい, 適している] hǎo (好). ¶水泳は健康に～い yóuyǒng duì jiànkāng hěn yǒu hǎochu (游泳对健康很有好处). ¶初心者に～い入門書 shìyú chūxuézhě de rùménshū (适于初学者的入门书). ¶この洋服は私にちょうど～い zhè jiàn yīfu zhèng hé wǒ shēn (这件衣服正合我身). ¶これぐらいの室温が～い zhège shìwēn zhènghǎo (这个室温正好). ¶彼は私の～い相棒だ tā shì wǒ de hǎo huǒbànr (他是我的好伙伴儿). ¶～い所へ来てくれた nǐ láide zhènghǎo (你来得正好). ¶私が黙っているのを～い事に彼は好き勝手な事をする jiàn wǒ bú guòwèn, tā jiù húlái (见我不过问, 他就胡来).

5[十分だ] hǎo (好). ¶準備は～いですか zhǔnbèi hǎo le ma? (准备好了吗?). ¶教科書を～く読みなさい hǎohāor dú kèběn ba (好好儿读课本吧). ¶私は彼を～く知っている wǒ hěn shúxī tā (我很熟悉他). ¶父に～く似た人 hěn xiàng fùqin de rén (很像父亲的人). ¶これをするには 3 日もあれば～い zuò zhè jiàn shì yǒu sān tiān jiù xíng le (做这件事有三天就行了). ¶～い年をしてこのざまはなんだ niánjì bù xiǎo le, zhè xiàng shénme yàngzi? (年纪不小了, 这像什么样子?).

6[満足だ, 安心だ] hǎo (好). ¶無事で～かった píng'ān wúshì, tài hǎo le (平安无事, 太好了). ¶間に合って～かった hǎozài gǎnshàng le (好在赶上了). ¶もっと勉強すれば～いのに duō yòng diǎnr gōng jiù hǎo le (多用点儿功就好了). ¶明日雨が降らねば～いが yàoshi míngtiān bú xiàyǔ jiù hǎo le (要是明天不下雨就好了). ¶～くいらっしゃいました nín kě lái le (您可来了)/ huānyíng! huānyíng! (欢迎! 欢迎!).

7[差支えない] kěyǐ (可以). ¶もう帰って～い nǐ kěyǐ huíqu le (你可以回去了). ¶煙草を吸っても～いですか kěyǐ chōuyān ma? (可以抽烟吗?). ¶～なら一緒に行きましょう yàoshi kěyǐ de huà, wǒmen yíkuàir qù ba (要是可以的话, 我们一块儿去吧).

8[…しやすい] hǎo (好), yì (易), róngyì (容易). ¶このペンは書き～い zhè zhī gāngbǐ hǎo xiě (这枝钢笔好写). ¶この靴は履き～い zhè shuāng xié hǎo chuān (这双鞋好穿). ¶引き

～い字引 róngyì chá de zìdiǎn (容易查的字典). ¶他人に～いように利用される jiào rén chōngdāng mǎqiánzú (叫人充当马前卒).

よい【宵】 ¶～のうちに仕事を片付けてしまおう zài bú tài wǎn de shíhou bǎ huór liàowánba (在不太晚的时候把活儿料理完吧). ¶春の～ chūnxiāo (春宵).

よい【酔】 ¶jiǔyì (酒意), zuìyì (醉意), jiǔzuì (酒醉), jiǔjìnr (酒劲儿). ¶～がまわる jiǔjìnr shànglai le (酒劲儿上来了). ¶冷たい風に当って～をさます chuī lěngfēng xǐngxing jiǔ (吹冷风醒酒). ¶いっぺんに～がさめた jiǔ yíxiàzi jiù xǐngguolai le (酒一下子就醒过来了).

よいざめ【酔め覚め】 ¶～の水は甘露の味 xǐngjiǔ zhī shuǐ yóurú gānlù (醒酒之水犹如甘露).

よいしょ hāiyō (嗨哟), hēngyō (哼唷). ¶～と重い荷物を担ぎ上げる hāiyō yì shēng kángqǐ hěn zhòng de dōngxi (嗨哟一声扛起很重的东西). ¶人を～するのがうまい shànyú gěi rén pāi mǎpì (善于给人拍马屁).

よいしれる【酔いしれる】 ¶美しい旋律に～ chénzuì yú wǎnzhuǎn yuè'ěr de xuánlù (沉醉于婉转悦耳的旋律).

よいっぱり【宵っ張り】 yèmāozi (夜猫子). ¶～の朝寝坊 yèmāozi zǎoshang shuì lǎnjiào (夜猫子早上睡懒觉).

よいつぶ‐れる【酔い潰れる】 ¶前後不覚に～る zuìde rénshì bù xǐng (醉得人事不省).

よいどれ【酔いどれ】 zuìhàn (醉汉), zuìguǐ (醉鬼).

よいのくち【宵の口】 ¶まだ～だというのに通りはひっそりとしている tiān gāng hēi, jiēshang què méiyǒu xíngrén le (天刚黑, 街上却没有行人了).

よいのみょうじょう【宵の明星】 hūnxīng (昏星), chánggēng (长庚).

よいん【余韻】 yúyīn (余音); yúyùn (余韵), yúwèi (余味). ¶鐘の音の～が耳に残る zhōngshēng de yúyīn liúzài ěrbiān (钟声的余音留在耳边). ¶詩の～を味わう pǐnwèi shī de yúyùn (品味诗的余韵).

よ‧う【酔う】 1 [酒に] zuì (醉). ¶酒に～う hē zuì le (喝醉了)/ jiǔ zuì (酒醉). ¶～って正体をなくす zuìde bù xǐng rénshì (醉得不省人事) / mǐngdǐng dà zuì (酩酊大醉), lànzuì rú ní (烂醉如泥).

2[乗物などに] yùn (晕). ¶船に～う yùnchuán (晕船). ¶彼はすぐ自動車に～う tā róngyì yùnchē (他容易晕车). ¶人込みに～う jǐde *yūntóu-zhuànxiàng* [hūnxuàn bùkān] (挤得*晕头转向*[昏眩不堪]).

3[うっとりする] táozuì (陶醉), mízuì (迷醉), chīzuì (痴醉), chénzuì (沉醉). ¶名演技に～う táozuì zài juémiào de yǎnjì zhōng (陶醉在绝妙的演技中). ¶太平に～う chénzuì yú tàipíng (沉醉于太平). ¶幸福に～いしれる táozuì yú xìngfú zhī zhōng (陶醉于幸福之中).

よう【用】 1 [用事] shì[r] (事[儿]), shìqing (事情). ¶こんなに遅く何の～ですか zhème wǎn, yǒu shénme shìr? (这么晚, 有什么事

ル?). ¶あなたに~がある yǒu shìqing gēn nǐ shāngliang(有事情跟你商量)/ yǒu shì zhǎo nǐ(有事找你). ¶御~の方はベルを押して下さい yǒu shì de rén qǐng àn diànlíng(有事的人请按电铃).
2〔働き, 用途〕yòng(用). ¶子供でも~が足りる jiùshì xiǎoháir yě dǐngshì(就是小孩儿也顶事). ¶赤ちゃん~の毛布 yīng'ér yòng tǎnzi(婴儿用毯子). ¶公共の~に供する tígōng gěi gōnggòng shǐyòng(提供给公共使用). ¶これでは鋏の~をなさない zhè hái suànshì ge jiǎnzi a?(这还算是个剪子啊?).
3〔用便〕 ¶~を足す jiěshǒu(解手).

よう【洋】~の東西を問わず búlùn dōngyáng xīyáng(不论东洋西洋).

よう【要】**1**〔かなめ〕 ¶簡にして~を得た文章 jiǎnmíng èyào[yào yán bù fán] de wénzhāng(简明扼要[要言不烦]的文章). ¶~はやり遂げることだ zhòngyào de zàiyú wánchéng(重要的在于完成).
2〔必要〕biyào(必要). ¶弁解の~はない méiyǒu biànjiě de bìyào(没有辩解的必要)/ wúxū biànbái(无须辩白). ¶彼は~注意人物だ tā shì bìxū tèbié jiāyǐ zhùyì de rénwù(他是必须特别加以注意的人物).

よう【陽】yáng(阳). ¶彼は私を陰に~にかばってくれた tā zài míngli ànli bǎohù wǒ(他在明里暗里保护我).

よう【様】**1**〔形〕 ¶ピストル~の物で脅す yòng shǒuqiāng shìde dōngxi wēixié(用手枪似的东西威胁).
〔仕方, 様子〕fāngfǎ(方法), fǎr(法儿), fǎzi(法子). ¶見つからないのは君の探し~が悪いのだ zhǎobudào shì nǐ zhǎo de fāngfǎ bú duìtóu(找不到是你找的方法不对头). ¶聞き~によっては悪口ともとられる kàn nǐ zěnme tīngfǎr le, yě kě tīngchéng shì huàihuà(看你怎么听法儿了, 也可听成是坏话). ¶これではやり~がない zhèyàng kě méifǎr gàn(这样可没法儿干). ¶彼は大変喜び~だった tā gāoxìngde liǎobude(他高兴得不得了)/ tā gāoxìngde bù zhī xiàng shénme shìde(他高兴得不知像什么似的).
3〔類似〕xiàng(像), hǎoxiàng(好像), wǎnrú(宛如), wǎnruò(宛若), wǎnsì(宛似), yóurú(犹如); yíyàng(一样), yìbān(一般), shìde(似的). ¶花びらの~な唇 huābàn shìde zuǐchún(花瓣似的嘴唇). ¶嵐の~な拍手 bàofēngyǔ bān de zhǎngshēng(暴风雨般的掌声). ¶氷の~に冷たい手 bīng yìbān lěng de shǒu(冰一般冷的手). ¶真昼の~に明るい xiàng báizhòu yíyàng míngliàng(像白昼一样明亮). ¶まるで夢を見ている~だ hǎoxiàng zài zuòmèng shìde(好像在做梦似的)/ yóurú zuòmèng(犹如做梦). ¶君の~に中国語が話せたらいいのに xiàng nǐ nàme huì shuō Zhōngguóhuà gāi duō hǎo wa!(像你那么会说中国话该多好哇!).
4〔内容の指示, 例示〕 ¶図 A で説明してある~に… rú tú A suǒ shuōmíng de nàyàng …(如图 A 所说明的那样…). ¶前記の~な条件 rúshàng suǒ shù de tiáojiàn(如上所述的条件). ¶以上の~な結果になった chūxiànle yǐshàng nàyàng de jiéguǒ(出现了以上那样的结果). ¶彼は中国にいる~に聞いています tīngshuō tā zài Zhōngguó(听说他在中国). ¶彼は決して嘘をつく~な男ではない tā jué bú shì huì shuōhuǎng de rén(他决不是会说谎的人). ¶この病気で死ぬ~なことはない zhège bìng bú huì sǐ rén de(这个病不会死人的). ¶北海道の~な北国では窓は2重になっている zài Běihǎi Dào nàyàng de běifāng, chuānghu shì shuāngcéng de(在北海道那样的北方, 窗户是双层的).
5〔推量, 婉曲な断定〕sìhū(似乎), fǎngfú(仿佛), hǎoxiàng(好像). ¶雨が上がった~だ hǎoxiàng yǔ zhù le(好像雨住了). ¶あの人とは 1 度どこかで会った~な気がする gēn tā fǎngfú yǒu nǎli jiànguo yí miàn(跟他仿佛在哪里见过一面). ¶彼は疲れている~だ kàn yàngzi tā lèi le(看样子他累了). ¶この仕事は君には荷が重すぎる~だ zhège gōngzuò duì nǐ sìhū guò zhòng le(这个工作对你似乎过重了).
6〔願望, 要求〕 ¶どうぞ合格します~に qǐng bǎoyòu kǎoshì hégé(请保佑考试合格). ¶一日も早くあなたの病気がよくなります~に zhù nǐ zǎorì huīfù jiànkāng!(祝你早日恢复健康!). ¶A さんに会議室に来る~に言って下さい qǐng jiào A xiānsheng dào huìyìshì lái yí tàng(请叫 A 先生到会议室来一趟).
7〔目的〕 ¶汽車に遅れない~に急ぐ jímáng gǎnlù yǐmiǎn wùle huǒchē(急忙赶路以免误了火车). ¶皆によく分る~に説明する qiǎnxiǎn-yìdǒng de xiàng dàjiā jiěshì(浅显易懂地向大家解释). ¶転ばない~に気をつけろ xiǎoxīn bié shuāijiǎo!(小心别摔着!).

ようい【用意】zhǔnbèi(准备), yùbèi(预备), dǎdian(打点). ¶食事の~ができました fàn quándōu zhǔnbèihǎole(饭全都准备好了). ¶~した原稿を読み上げる xuāndú yùbèihǎo de gǎozi(宣读预备好的稿子). ¶~万端整いました yíqiè dōu「zhǔnbèi[bùzhì]hǎo le(一切都「准备[布置]」好了). ¶雨具を持って来るとは~周到だね yǔjù yě dàilái le, nǐ zhǔnbèide zhēn zhōudào(雨具也带来了, 你准备得真周到). ¶万一の~にこの金はとっておこう wèile fángbèi wànyī bǎ zhè bǐ qián liúzhe(为了防备万一把这笔钱留着). ¶~, どん! gè jiù gè wèi, pǎo!(各就各位, 跑!).

ようい【容易】qīngyì(轻易), róngyì(容易), jiǎndān(简单). ¶あの仕事をやり遂げるのは~なことではない wánchéng nàge gōngzuò kě bú shì qīng ér yì jǔ de(完成那个工作可不是轻而易举的). ¶この問題は~には片付かない jiějué zhège wèntí shì bù róngyì de(解决这个问题是不容易的). ¶事態は~ならぬところまできている shìtài fāzhǎndào hěn yánzhòng de dìbù(事态发展到很严重的地步).

よういく【養育】yǎngyù(养育), fǔyǎng(抚养), fǔyù(抚育). ¶孤児を~する yǎngyù gū'ér(养育孤儿).

¶～費 fǔyǎngfèi(抚养费).

よういん【要因】 ¶この事故の～として次の点が考えられる kěyǐ rènwéi, zhè cì shìgù de zhǔyào yuányīn yǒu yǐxià jǐ diǎn(可以认为,这次事故的主要原因有以下几点). ¶いくつかの～が絡み合っている jǐ ge yīnsù jiāozhī zài yìqǐ(几个因素交织在一起).

よういん【要員】 ¶安全のために十分な～を確保せねばならない wèile ānquán, bìxū quèbǎo zúgòu de rényuán(为了安全,必须确保足够的人员).

ようえき【溶液】 róngyè(溶液).

ようえん【妖艶】 yāoyàn(妖艳), yāoráo(妖娆). ¶彼女には～な美しさがある tā yǒu yāoráo zhī měi(她有妖娆之美).

ようが【洋画】 [絵画] xīhuà(西画), xīyánghuà(西洋画);[映画] xīyáng yǐngpiàn(西洋影片).

ようが【陽画】 zhèngpiàn(正片).

ようかい【妖怪】 yāoguài(妖怪), yāomó(妖魔), yāojing(妖精). ¶～変化(ﾍﾝｹﾞ) yāomó-guǐguài(妖魔鬼怪)/ niúguǐ-shéshén(牛鬼蛇神).

ようかい【容喙】 ¶他人の～を許さない bùróng zhìhuì(不容置喙).

ようかい 1 【溶解】 róngjiě(溶解), rónghuà(溶化). ¶5 グラムの食塩を 180 cc の水に～する bǎ wǔ kè shíyán róngjiě zài yìbǎi bāshí háoshēng de shuǐ li(把五克食盐溶解在一百八十毫升的水里).
¶～熱 róngjiěrè(溶解热).
2 【溶解・熔解】 róngjiě(熔解), rónghuà(熔化). ¶鉄は摂氏 2000 度で～する tiě zài Shèshì liǎngqiān dù rónghuà(铁在摄氏两千度熔化).

ようがい【要害】 yàohài(要害). ¶～の地 xiǎnyào zhī dì(险要之地)/ dì chù yàohài(地处要害)/ yào'ài(要隘).

ようがく【洋楽】 Xīyáng yīnyuè(西洋音乐), xīyuè(西乐).

ようかん【洋館】 yángguǎn(洋馆), yánglóu(洋楼), yángfáng(洋房).

ようかん【羊羹】 yánggēng(羊羹).

ようがん【溶岩・熔岩】 róngyán(熔岩).

ようき【妖気】 yāoqì(妖气). ¶～が漂う téngqǐ yì gǔ yāoqì(腾起一股妖气).

ようき【容器】 róngqì(容器).

ようき【陽気】 1 【快活】 kuàihuo(快活), kāilǎng(开朗). ¶歌い踊り～に騒ぐ chànggē tiàowǔ jìnqíng huānnào(唱歌跳舞尽情欢闹). ¶酒は気分を～にする jiǔ shǐ rén xīnqíng chàngkuài(酒使人心情畅快). ¶～な人 kāilǎng de rén(开朗的人).
2 【時候】 tiānqì(天气), qìhòu(气候). ¶～が春らしくなってきた tiānqì nuǎnhuo, xiàng ge chūntiān de yàngzi le(天气暖和,像个春天的样子了). ¶～のせいか関節が痛む huòxǔ shì qìhòu de yuángù, guānjié téng(或许是气候的缘故,关节疼).

ようぎ【容疑】 xiányí(嫌疑). ¶収賄の～を受ける bèi rènwéi yǒu shòuhuì de xiányí(被认为有受贿的嫌疑).
¶～者 xiányífàn(嫌疑犯).

ようきゅう【要求】 yāoqiú(要求); xūqiú(需求), xūyào(需要). ¶君の～には応じられない bùnéng dāyìng nǐ de yāoqiú(不能答应你的要求). ¶賃上げ～をする yāoqiú tígāo gōngzī(要求提高工资). ¶社会は人材を～している shèhuì xūyào réncái(社会需要人材).

ようぎょ【幼魚】 yòuyú(幼鱼).

ようぎょ【養魚】 yǎngyú(养鱼). ¶～場 yǎngyúchǎng(养鱼场). ～池 yǎngyúchí(养鱼池)/ yúchí(鱼池)/ yútáng(鱼塘).

ようぎょう【窯業】 táocí gōngyè(陶瓷工业).

ようきょく【陽極】 yángjí(阳极), zhèngjí(正极).

ようぐ【用具】 yòngjù(用具). ¶掃除～ qīngsǎo yòngjù(清扫用具). 木工～ mùgōng yòngjù[gōngjù](木工用具[工具]).

ようけい【養鶏】 yǎngjī(养鸡). ¶～場 yǎngjīchǎng(养鸡场).

ようけん【用件】 shì(事), shìqing(事情). ¶差し迫った～でお会いしたい wǒ yǒu jíshì xiǎng jiàn nín(我有急事想见您). ¶御～を伺いましょう qǐngwèn yǒu hé "guìgàn[gōnggàn]"? (请问有何"贵干[公干]")/ yǒu hé jiànjiào? (有何见教?).

ようけん【要件】 1 【大切な用事】 yàoshì(要事). ¶～を処理する chǔlǐ yàoshì(处理要事). 2 【必要条件】 ¶～を具備する jùbèi bìyào tiáojiàn(具备必要条件). ¶資格～ zīgé tiáojiàn(资格条件).

ようご【用語】 yòngyǔ(用语). ¶～が不適切だ yòngyǔ[cuòcí] búdàng(用语[措辞]不当).
¶専門～ zhuānmén yòngyǔ(专门用语)/ shùyǔ(术语).

ようご【養護】 ¶～学級 tèshūbān(特殊班). ～学校 tèshū xuéxiào(特殊学校). 児童～施設 gū'éryuàn(孤儿院).

ようご【擁護】 yōnghù(拥护); wéihù(维护). ¶憲法を～する yōnghù xiànfǎ(拥护宪法). ¶人権を～する wéihù rénquán(维护人权).

ようこう【洋行】 chūyáng(出洋); [留学] liúyáng(留洋). ¶～帰りの教授 liúyáng huílai de jiàoshòu(留洋回来的教授).

ようこう【要項】 ¶学生募集～ zhāoshēng jiǎnzhāng(招生简章).

ようこう【要綱】 gāngyào(纲要). ¶研究発表の～を配る sànfā yánjiū chéngguǒ de bàogào tíyào(散发研究成果的报告提要). ¶法律学～ fǎlǜxué gāngyào(法律学纲要).

ようこう【陽光】 yángguāng(阳光), rìguāng(日光).

ようこうろ【溶鉱炉・熔鉱炉】 gāolú(高炉), gǔfēnglú(鼓风炉).

ようこそ ¶～いらっしゃいました rèliè huānyíng(热烈欢迎)/ zhōngxīn huānyíng nín de dàolái(衷心欢迎您的到来).

ようさい【洋裁】 xīshì cáiféng(西式裁缝).

ようさい【要塞】 yàosài(要塞). ¶～を築く xiūzhù yàosài(修筑要塞).

ようざい【用材】 cáiliào(材料);[木材] mùcái

(木材),mùliào(木料).¶建築～ jiànzhù cáiliào(建筑材料).
ようざい【溶剤】 róngjì(溶剂);xīliào(稀料).
ようさん【養蚕】 yǎngcán(养蚕).¶～業 yǎngcányè(养蚕业).
ようし【用紙】 ¶原稿～ yuángǎozhǐ(原稿纸)/ gǎozhǐ(稿纸).新聞～ báibàozhǐ(白报纸).答案～ juànzi(卷子).
ようし【洋紙】 yángzhǐ(洋纸).
ようし【要旨】 yàozhǐ(要旨),yàoyì(要义).¶～をまとめる guīnà yàozhǐ(归纳要旨).
ようし【容姿】 zīróng(姿容).¶～端麗な女性 zīróng duānzhuāng xiùlì de nǚzǐ(姿容端庄秀丽的女子).
ようし【陽子】 zhìzǐ(质子).
ようし【養子】 yǎngzǐ(养子).¶兄の三男を～にする bǎ gēge de sānxiǎozǐ guòjì guolai(把哥哥的三小子过继过来).¶～になる guòjì gěi biéren(过继给别人)/ chūjì(出继).¶娘～をとる zhāozhuì nǚxu(招赘女婿).
¶～縁組 guòjì(过继)/ guòfáng(过房).
ようじ【幼児】 yòu'ér(幼儿).¶～期 yòu'érqī(幼儿期).～教育 yòu'ér jiàoyù(幼儿教育)/yóujiào(幼教).
ようじ【幼時】 彼は～に両親を失った tā yòuxiǎo de shíhou shīqùle fùmǔ(他幼小的时候失去了父母).
ようじ【用事】 shì(事),shìqing(事情).¶父は急ぎの～で出掛けました fùqin yīn jíshì chūqu le(父亲因急事出去了).¶他に～はありませんか hái yǒu bié de shìqing yào zuò de ma?(还有别的事情要做的吗?).¶言い付かった～を済ませる bǎ rénjia fēnfu de shì bànwán(把人家吩咐的事办完).
ようじ【楊枝】 yáqiān[r](牙签[ル]).¶～をつかう yòng yáqiānr tī yá(用牙签ル剔牙).¶～で重箱の隅をほじくる chuī máo qiú cī(吹毛求疵)/ jīdànlǐ tiāo gǔtou(鸡蛋里挑骨头).
ようしき【洋式】 xīshì(西式).¶～のトイレ xīshì cèsuǒ(西式厕所).
ようしき【様式】 (式),fāngshì(方式).¶一定の～に従って書類を書く àn yídìng de géshì xiě wénjiàn(按一定的格式写文件).
ゴシック～ gēteshì(哥特式).生活～ shēnghuó fāngshì(生活方式).
ようしつ【洋室】 xīshì shìnèi(西式室内),xīshì fángjiān(西式房间).
ようしつ【溶質】 róngzhì(溶质).
ようしゃ【容赦】 1【勘弁】 ráo(饶),ráoshù(饶恕),kuānshù(宽恕),yuánliàng(原谅).¶それだけは御～下さい zhè kě yào qǐng nín yuánliàng(这可要请您原谅)/ nà shì qǐng bāohanzhe diǎnr(那事请包涵着点ル).¶今度見つけたら～しないぞ xià cì jiào wǒ pèngdào jué bù ráo nǐ(下次叫我碰到绝不饶你)/ xià cì zài jiào wǒ kànjian, wǒ kě jiù bú kèqi le(下次再叫我看见,我可就不客气了).
2【手加減】 ¶～なく借金を取り立てる háo bù liúqíng de bīzhài(毫不留情地逼债).¶～なく時は過ぎて行く shíguāng wúqíng de guòqu(时光无情地过去).
ようしゅ【洋酒】 xīyángjiǔ(西洋酒).
ようしょ【洋書】 xīyáng shūjí(西洋书籍).
ようしょ【要所】 yàochù(要处),yàodì(要地),yàokǒu(要口).¶～を固める gǒnggù yàodì(巩固要地).
ようじょ【幼女】 yòunǚ(幼女).
ようじょ【養女】 yǎngnǚ(养女).
ようしょう【幼少】 yòuxiǎo(幼小).¶～の頃の記憶 yòuxiǎo shí de jìyì(幼小时的记忆).
ようしょう【要衝】 yàochōng(要冲),chōngyào(冲要),jǐnyào(津要).¶軍事上の～ jūnshì yàochōng(军事要冲).¶交通の～ jiāotōng yàochōng(交通要冲).
ようじょう【洋上】 hǎishang(海上).
ようじょう【養生】 yǎngshēng(养生),jiāngyǎng(将养),jiāngxī(将息),bǎoyǎng(保养);yǎngbìng(养病),liáoyǎng(疗养).¶日頃の～が大切だ rìcháng de bǎoyǎng hěn yàojǐn(日常的保养很要紧).¶リューマチの～のために温泉に行く wèi zhìliáo fēngshībìng qù pào wēnquán(为治疗风湿病去泡温泉).¶～のいあって回復した liáoyǎng yǒuxiào, huīfùle jiànkāng(疗养有效, 恢复了健康).¶この病気は～次第で zhè zhǒng bìng zàiyú rúhé bǎoyǎng(这种病在于如何保养).
ようしょく【洋食】 xīcān(西餐),xīcài(西菜),dàcài(大菜).
ようしょく【要職】 yàozhí(要职),chōngyào(冲要),jǐnyào(津要).¶会社の～にある shēn jū gōngsī yàozhí(身居公司要职).
ようしょく【容色】 zīsè(姿色).¶～が衰える zīsè jiàn shuāi(姿色见衰).
ようしょく【養殖】 yǎngzhí(养殖).¶牡蠣(ヵ)を～する yǎngzhí mǔlì(养殖牡蛎).
¶～真珠 réngōng yǎngzhí zhēnzhū(人工养殖珍珠).
ようじん【用心】 xiǎoxīn(小心),dāngxīn(当心),zhùyì(注意),liúshén(留神),dīfang(提防).¶滑らないように～しなさい xiǎoxīn, bié shuāizháo le!(小心, 别摔着了!).¶季節の変り目は～しないと風邪をひく jìjié zhī jiāo yàoshi bú zhùyì, róngyì shāngfēng gǎnmào(季节之变要是不注意, 容易伤风感冒).¶あの人に～しなさい nàge rén kě yào "liúshénzhe[dīfang zhe] diǎnr"(那个人可要"留神着[提防着]点ル).¶～のために金を余分に持っていく shēnshang duō dài xiē qián, yǐ bèi wànyī(身上多带些钱, 以备万一).¶深い人 xiǎoxīn-jǐnshèn de rén(小心谨慎的人).¶火の～! xiǎoxīn huǒzhú!(小心火烛!).¶すりにご～ jǐnfáng páshǒu(谨防扒手).
ようじん【要人】 yàorén(要人),yàoyuán(要员).¶政府の～ zhèngfǔ yàorén(政府要人).
ようじんぼう【用心棒】 bǎobiāo(保镖).
ようす【様子】 1【ありさま】 yàngzi(样子),múyàng[r](模样[ル]),qíngkuàng(情况).¶カーテンの透き間から中の～をうかがう cóng chuānglián fèng li kuīshì lǐtou de dòngjing(从窗帘缝里窥视里头的动静).¶薬をしばらく飲んで～

ようすい 1242

を見ましょう chī yí duàn yào zhī hòu, zài kànkan qíngkuàng(吃一段药之后,再看看情况).¶ちょっと来ない間に町の～ががらりと変った zhè yízhènzi méi lái, jiēshang de yàngzi quánbiàn le(这一阵子没来,街上的样子全变了).¶引っ越して来たばかりで土地の～が分らない gānggāng bānlai, réndì shēngshū(刚刚搬来,人地生疏).
2〔気配〕yàngzi(样子), múyàng[r](模样[ル]).¶一雨来そうな～だ kàn yàngzi yào xià yízhèn yǔ(看样子要下一阵雨).¶あの家には人の住んでいる～が全くない nà suǒ fángzi quánrán méiyǒu zhù rén de jìxiàng(那所房子全然没有住人的迹象).
3〔そぶり〕yàngzi(样子).¶一向に困った～もない yìdiǎnr yě méiyǒu wéinán de yàngzi(一点ル也没有为难的样子).¶彼は私を見てびっくりした～だった tā kànjian wǒ, hǎoxiàng hěn chījīng de yàngzi(他看见我,好像很吃惊的样子).
4〔姿,格好〕yàngzi(样子), múyàng[r](模样[ル]).¶彼女は～がいい tā wàixíng hěn hǎo(她外形很好).¶先生らしい～の人 jiàoshī múyàng de rén(教师模样的人).

ようすい【用水】 yòngshuǐ(用水).¶～路 shuǐqú(水渠)/ qúdào(渠道). 灌溉～ guàngài yòngshuǐ(灌溉用水). 工業～ gōngyè yòngshuǐ(工业用水).

ようすい【羊水】 yángshuǐ(羊水).

よう・する【要する】 xū(须), yào(要), xūyào(须要), yào(需要).¶これは急を要する問題だ zhè shì jíxū jiějué de wèntí(这是急须解决的问题).¶この機械は操作に熟練を～する zhè jià jīqì xūyào shúliàn de cāozuò jìshù(这架机器需要熟练的操作技术).¶線路の復旧には時間を～する xiūfù tiělù xūyào shíjiān(修复铁路需要时间).

よう・する【擁する】 **1**〔抱える〕yōngyǒu(拥有).¶巨万の富を～する yōngyǒu jùwàn cáifù(拥有巨万财富).¶我が国は1億の人口を～している wǒguó yōngyǒu yíyì rénkǒu(我国拥有一亿人口).
2〔率いる〕¶大軍を～する shuàilǐng dàjūn(率领大军).
3〔守り立てる〕¶幼帝を～する yōnglì yòu dì(拥立幼帝).

ようするに【要するに】 zǒngzhī(总之), zǒng ér yán zhī(总而言之).¶～あの人は信用できない zǒngzhī[zǒng ér yán zhī] nàge rén bùkě xìnrèn(总之[总而言之]那个人不可信任).¶～こういうことだ jiǎn ér yán zhī, jiùshì zhème yìhuíshì(简而言之,就是这么一回事).

ようせい【夭逝】 yāoshì(夭逝).
ようせい【妖精】 xiānzi(仙子), xiānnǚ(仙女).
ようせい【要請】 yāoqiú(要求), qǐngqiú(请求).¶A氏の出馬を～する yāoqiú A xiānsheng chūmǎ(要求A先生出马).¶市民の～に応え措置 yìng shìmín qǐngqiú ér cǎiqǔ de cuòshī(应市民请求而采取的措施).
ようせい【陽性】 yángxìng(阳性).¶～を示す chéng yángxìng fǎnyìng(呈阳性反应).¶擬～ jiǎyángxìng(假阳性).

ようせい【養成】 péiyǎng(培养), péixùn(培训).¶熟練工を～する péiyǎng shúliàn gōngrén(培养熟练工人).

ようせき【容積】 **1**〔容量〕róngjī(容积), róngliàng(容量).¶～の大きい入れ物 róngliàng dà de róngqì(容量大的容器).
2〔体積〕róngjī(容积), tǐjī(体积).¶液体の～をはかる liáng yètǐ de róngjī(量液体的容积).

ようせつ【夭折】 yāozhé(夭折).
ようせつ【溶接・熔接】 hànjiē(焊接).¶～工 hàngōng(焊工). 電気～ diànhú hànjié(电弧焊接)/ diànhàn(电焊).
ようせん【用箋】 xìnzhǐ(信纸), xìnjiān(信笺).
ようそ【沃素】 diǎn(碘).
ようそ【要素】 yàosù(要素), yīnsù(因素).¶健康は幸福にとって欠くべからずの～だ jiànkāng shì xìngfú de bùkě quēshǎo de yàosù(健康是幸福的不可缺少的要素).¶生産の3～ shēngchǎn de sān yàosù(生产的三要素).

ようそう【洋装】 **1**〔服装〕xīzhuāng(西装), yángzhuāng(洋装).¶～の婦人 chuān xīzhuāng de fùnǚ(穿西装的妇女).
2〔書物〕yángzhuāng(洋装).¶～本 yángzhuāngshū(洋装书).

ようそう【様相】 qíngkuàng(情况), zhuàngkuàng(状况), qíngshì(情势).¶事態は深刻な～を呈してきた shìtài xiǎnde yuèláiyuè yánzhòng(事态显得越来越严重).

ようだい【容体】 bìngqíng(病情), bìngzhuàng(病状).¶～が急変する bìngqíng jíjù èhuà(病情急剧恶化).

ようたし【用足し】 **1**¶そこまで～に行ってくるから留守番を頼む wǒ dào fùjìn bàn diǎnr shì qù, tuō nǐ kānkan jiā(我到附近办点ル事去,托你看看家).
2〔用便〕jiěshǒu(解手).

ようだ・てる【用立てる】¶この金を学校のために～て下さい qǐng bǎ qián qíng yòngyú xuéxiào(这笔钱请用于学校).¶5万円～ててくれませんか jiègěi wǒ[gěi wǒ diàn] wǔwàn rìyuán, xíng bu xíng?(借给我[给我垫]五万日元,行不行?)

ようだん【用談】¶その件であなたと～したい wǒ xiǎng gēn nǐ shāngtán[shāngliang] nà jiàn shì(我想跟你商谈[商量]那件事).

ようち【幼稚】 yòuzhì(幼稚).¶彼の考えはまだ～だ tā de xiǎngfa hái hěn yòuzhì(他的想法还很幼稚).¶当時の技術はきわめて～だった dāngshí de jìshù jíwéi yòuzhì(当时的技术极为幼稚).

ようち【用地】¶ビルの建設～ dàlóu jiànzhù chǎngdì(大楼建筑场地).

ようち【要地】 yàochōng(要冲); yàodì(要地), zhòngdì(重地).¶交通の～ jiāotōng de yàochōng(交通的要冲).¶軍事上の～ jūnshì yàodì(军事要地).

ようちえん【幼稚園】 yòu'éryuán(幼儿园), yòu-

zhìyuán(幼稚园).
- **ようちゅう**【幼虫】 yòuchóng(幼虫).
- **ようつい**【腰椎】 yāozhuī(腰椎).
- **ようつう**【腰痛】 yāotòng(腰痛).
- **ようてん**【要点】 yàodiǎn(要点), yàoduān(要端).¶～をメモする bǎ yàodiǎn jìxialai(把要点记下来).¶かいつまんで～を話す zé qí yàodiǎn lái shuō(择其要点来说).
- **ようてん**【陽転】 ¶ツベルクリン反応が～した jiéhéjūnsù shìyàn zhuǎnwéi yángxìng(结核菌素试验转为阳性).
- **ようでんき**【陽電気】 yángdiàn(阳电), zhèngdiàn(正电).
- **ようと**【用途】 yòngtú(用途), yòngchu(用处), yòngchǎng(用场).¶この品は～が広い zhège dōngxi yòngtú hěn guǎng(这个东西用途很广).¶金の～がはっきりしない qián de yòngtú bùmíng(钱的用途不明).
- **ようとう**【羊頭】 yángtóu(羊头).¶～を懸(か)げて狗肉(く)を売る guà yángtóu, mài gǒuròu(挂羊头,卖狗肉).
- **ようどう**【陽動】 ¶～作戦をとる yánggōng(佯攻)/ shēng dōng jī xī(声东击西).
- **ようとして**【杳として】 yǎo(杳), yǎorán(杳然).¶～消息が分らない yǎo wú yīnxìn(杳无音信).
- **ようとん**【養豚】 yǎngzhū(养猪).¶～場 yǎngzhūchǎng(养猪场).
- **ようなし**【洋梨】 yánglí(洋梨), xīyánglí(西洋梨).
- **ようにん**【容認】 róngxǔ(容许), róngrěn(容忍).¶彼の身勝手な行為は～し難い tā rènxìng de xíngwéi shì bùnéng róngrěn de(他任性的行为是不能容忍的).
- **ようねん**【幼年】 yòunián(幼年), tóngnián(童年).¶～時代 yòunián shídài(幼年时代).
- **ようばい**【溶媒】 róngméi(溶媒), róngjì(溶剂).
- **ようび**【曜日】 xīngqí(星期), xīngqī(礼拜).¶例会の～は水曜と決った lìhuì dìngwéi xīngqīsān(例会定为星期三).
- **ようひん**【用品】 yòngpǐn(用品).¶事務～ bàngōng yòngpǐn(办公用品).スポーツ～ tǐyù yòngpǐn(体育用品).台所～ chúfáng yòngjù(厨房用具).
- **ようひん**【洋品】 fúshì yòngpǐn(服饰用品).¶～店 fúshì yòngpǐn shāngdiàn(服饰用品商店).
- **ようふ**【妖婦】 yāofù(妖妇), yāojing(妖精).
- **ようふ**【養父】 yǎngfù(养父).
- **ようふう**【洋風】 xīshì(西式), yángshì(洋式).¶～の建物 xīshì jiànzhù(西式建筑).
- **ようふく**【洋服】 xīfú(西服), yángzhuāng(洋装), xīzhuāng(西装).¶～を着る chuān xīfú(穿西服).
  ¶～だんす xīshì yīchú(西式衣橱)/ xīshì yīguì(西式衣柜). ～屋 xīfúdiàn(西服店)/ fúzhuāng shāngdiàn(服装商店).
- **ようぶん**【養分】 yǎngfèn(养分), yǎngliào(养料).
- **ようへい**【用兵】 yòngbīng(用兵).¶～に長ずる shànyú yòngbīng(善于用兵).
- **ようへい**【葉柄】 yèbǐng(叶柄).
- **ようへい**【傭兵】 gùyōngbīng(雇佣兵).
- **ようべん**【用便】 ¶～を足す jiěshǒu(解手儿).
- **ようぼ**【養母】 yǎngmǔ(养母).
- **ようほう**【用法】 yòngfǎ(用法).¶薬の～を間違えたら大変だ yào de yòngfǎ nòngcuòle kě bùdéliǎo(药的用法弄错了可不得了).¶言葉の～を教える jiāo cí de yòngfǎ(教词的用法).
- **ようほう**【養蜂】 yǎngfēng(养蜂).¶～業 yǎngfēngyè(养蜂业).
- **ようぼう**【要望】 xīwàng(希望), yāoqiú(要求).¶住民の～に応えて図書館をつくる yìng jūmín de yāoqiú xiūjiàn túshūguǎn(应居民的要求修建图书馆).¶委員会の民主的な運営を～する yāoqiú duì wěiyuánhuì mínzhǔ de jìnxíng guǎnlǐ(要求对委员会民主地进行管理).
- **ようぼう**【容貌】 róngmào(容貌), xiàngmào(相貌), róngyán(容颜), shēngxiàng(生相).¶～魁偉 róngmào kuíwěi(容貌魁伟).
- **ようま**【洋間】 xīshì fángjiān(西式房间).
- **ようみゃく**【葉脈】 yèmài(叶脉).
- **ようむ**【用務】 gōngzuò(工作), shìwù(事务).¶学校の～で上京する wèi xuéxiào de shìwù shàng Dōngjīng(为学校的事务上东京).¶～員 gōngyǒu(工友).
- **ようむ**【要務】 yàowù(要务).¶～を帯びて出発する fù zhòngrèn chūfā(负重任出发).
- **ようむき**【用向き】 ¶私は彼に～を尋ねた wǒ wèn tā yǒu shénme shìqing(我问他有什么事情).
- **ようめい**【幼名】 rǔmíng(乳名), nǎimíng[r](奶名儿), xiǎomíng[r](小名儿).
- **ようめい**【用命】 ¶いつでも御～に応じます suíshí dōu jiēshòu dìnggòu(随时都接受订购).¶御～の品をお届けに参りました dìnggòu de dōngxi gěi nín sònglai le(订购的东西给您送来了).
- **ようもう**【羊毛】 yángmáo(羊毛).¶～を刈る jiǎn yángmáo(剪羊毛).
- **ようもく**【要目】 yàomù(要目).
- **ようやく**【要約】 gàikuò(概括), guīnà(归纳).¶話の内容は次の3点に～される suǒ shuō de kěyǐ guīnà wéi yǐxià sān diǎn(所说的可以归纳为以下三点).¶論文の～ lùnwén de tíyào(论文的提要).
- **ようやく**【漸く】 hǎoróngyì(好容易), hǎobù róngyi(好不容易), miǎnqiǎng(勉强);〔次第に〕jiànjiàn(渐渐).¶待ちくたびれた頃へ彼が現れた děngde bú nàifán le, tā zhè cái lòumiàn(等得不耐烦了,他这才露面).¶～を承知させた hǎobù róngyi ràng tā dāying xialai(好不容易让他答应下来).¶車を飛ばして～間に合った bǎ chē kāide fēikuài cái miǎnqiǎng gǎnxào(把车开得飞快才勉强赶到).¶秋も～深まった qiūsè jiànjiàn nóng le(秋色渐渐浓了).
- **ようよう**【洋洋】 ¶～たる大海 wāngyáng dàhǎi(汪洋大海).¶君達若者の前途は～としている nǐmen niánqīngrén de ˇqiántú yuǎndà

ようよう

wúbǐ[péngchéng wànlǐ](你们年轻人的▼前途远大无比[鹏程万里]).

ようよう【揚揚】 yángyáng(扬扬・洋洋).¶意気～と凱旋する yìqì gāoyáng de kǎixuán guīlai(意气高扬地凯旋归来).

ようらん【要覧】 ¶学校～ xuéxiào gàikuàng(学校概况).業務～ yèwù gàiyào(业务概要).

ようらん【揺籃】 yáolán(摇篮).¶社会主義運動の一期 shèhuìzhǔyì yùndòng de yáolán shíqī(社会主义运动的摇篮时期).¶文明への地 wénmíng de yáolán(文明的摇篮).

ようりつ【擁立】 yōnglì(拥立), yōngdài(拥戴).¶幼帝を～する yōnglì yòudì(拥立幼帝).

ようりょう【用量】 ¶～を越えて薬を飲む fúyào guòliàng(服药过量).

ようりょう【要領】 1[要点] yàolǐng(要领).¶彼の説明はまことに～を得ている tā de shuōmíng hěn dé yàolǐng(他的说明很得要领).¶一向に～を得ない話だ yìdiǎnr yě bù dé yàolǐng de huà(一点儿也不得要领的话).
2[こつ] yàojué(要诀), qiàomén(窍门).¶なかなか～がつかみこめない lǎo zhuābuzhù qiàomén(老抓不住窍门).¶～のいい男 jīngmíng guāiqiǎo de rén(精明乖巧的人).

ようりょう【容量】 róngliàng(容量).¶～の大きい入れ物 róngliàng dà de róngqì(容量大的容器).

ようりょく【揚力】 shēnglì(升力), jǔlì(举力).

ようりょくそ【葉緑素】 yèlǜsù(叶绿素).

ようれい【用例】 lìzi(例子), lìjù(例句).¶～を挙げる jǔ lìzi(举例子).

ようろ【要路】 1[通路] yàodào(要道).¶交通の～ jiāotōng yàodào(交通要道).
2[地位] ¶～の人 shēn jū yàozhí de rén(身居要职的人)/ wèi jū yàojīn de rén(位居要津的人).

ようろう【養老】 yǎnglǎo(养老).¶～院 yǎnglǎoyuàn(养老院)/ jìnglǎoyuàn(敬老院).～年金 yǎnglǎojīn(养老金).

ヨーグルト suānniúnǎi(酸牛奶), suānnǎi(酸奶).

ヨーデル yuēdé'ěr chàngfǎ(约德尔唱法).

ヨード diǎn(碘).¶～チンキ diǎndīng(碘酊)/ diǎnjiǔ(碘酒).～ホルム diǎnfǎng(碘仿)/ huángdiǎn(黄碘).

ヨーロッパ Ōuzhōu(欧洲), Ōuluóbā(欧罗巴).

よか【余暇】 yúxiá(余暇), yúxián(余闲), yèyú(业余), gōngyú(工余), gōngxū(公余).¶仕事の～に読書する zài gōngzuò yúxiá dúshū(在工作余暇读书).¶～を上手に利用する yǒu yìyì de lìyòng yèyú shíjiān(有意义地利用业余时间).

ヨガ yújiā(瑜伽・瑜珈).

よかぜ【夜風】 yèfēng(夜风).¶～が身にしみる yèfēng cìgǔ(夜风刺骨).

よかれ【善かれ】 ¶～と思ってしたことが、却ってみんなの足を引っぱることになった chūyú yí piàn hǎoxīn zuò de shì fǎn'ér lā le dàjiā de hòutuǐ(出于一片好心做的事反而拉了大家的后腿).

よかれあしかれ ¶～もう決った事だ hǎodǎi yǐ shì juédìngle de shì(好歹已是决定了的事).

よかん【予感】 yùgǎn(预感).¶～が的中した yùgǎn yìngyàn le(预感应验了).¶不吉な～がする yùgǎndào bùxiáng(预感到不祥).

よき【予期】 yùqí(预期), yùliào(预料), yùxiǎng(预想), yùcè(预测), yìliào(意料), yìxiǎng(意想).¶～せぬ事態に彼は狼狽した shìtài chūhū yìliào zhī wài, shǐ tā gǎndào hěn lángbèi(事态出乎意料之外,使他感到很狼狈).

よぎ【余技】 ¶～として絵を描く zuòwéi yèyú de àihào huà huà(作为业余的爱好画画).

よぎしゃ【夜汽車】 yèxíng lièchē(夜行列车).

よぎな・い【余儀ない】 bùdéyǐ(不得已).¶所用で～く早退した yīnwei yǒu shì, bùdéyǐ zǎotuì le(因为有事,不得已早退了).¶～い事情で退学した le yóuyú bùdéyǐ de qíngkuàng tuìxué le(由于不得已的情况退学了).

よきょう【余興】 yúxìng(余兴).¶～に手品を披露する zuòwéi yúxìng biǎoyǎn xìfǎ(作为余兴表演戏法).

よぎ・る【過る】 ¶一抹の不安が心を～った yì sī bù'ān lüèguò xīntóu(一丝不安掠过心头).

よきん【預金】 cúnkuǎn(存款).¶銀行に10万円～する bǎ shíwàn rìyuán cúnjìn yínháng(把十万日元存进银行).¶～を引き出す tíqǔ cúnkuǎn(提取存款).
¶～通帳 cúnzhé(存折).～者 chǔhù(储户)/ hùtóu(户头).

よく 1[しばしば、ともすると] cháng(常), chángcháng(常常), jīngcháng(经常), shíbùshí(时不时); hào(好), ài(爱), róngyì(容易).¶彼は～学校をサボる tā chángcháng kuàngkè(他常常旷课).¶昔は～一緒に遊んだものだ cóngqián cháng zài yìqǐ wánr(从前常在一起玩儿).¶今年は～雨が降る jīnnián hào xiàyǔ(今年好下雨).¶私は冬になると～風邪を引く wǒ yí dào dōngtiān jiù róngyì gǎnmào(我一到冬天就容易感冒).
2[十分に、立派に] hǎohāor(好好儿).¶～考えなさい hǎohāor xiǎngxiang(好好儿想想).¶お話は～分りました nǐ shuō de wǒ hěn míngbai(你说的我很明白).¶昨夜は～眠れましたか zuówǎn nǐ shuìhǎo le ma?(昨晚你睡好了吗?).¶この肉は～煮た方がいい zhè ròu duō zhǔ yíhuìr hǎo(这肉多煮一会儿好).¶彼は困難に～打ち勝った tā chīèle de kèfúle kùnnan(他出色地克服了困难).¶彼は本当に～やる tā zhēn qínkěn kǔgàn(他真勤恳苦干).
3[よくぞ、よくも] ¶この嵐の中を～来てくれました zhème dà de bàofēngyǔ, nánwei nǐ dào zhèlǐ lái(这么大的暴风雨,难为你到这里来).¶～無事で帰れたものだ nǐ zhēn píng'ān wúshì de huílai le!(你真平安无事地回来了!).
¶～頑張ったね nǐ kě zhēn jiānchí zhù le a!(你可真坚持住了啊!).¶～…とは一言ったものだ …shuōde zhēn hǎo(…说得真好).¶そんな事～言えたものだ zhè huà zhēn kuī nǐ shuōdechū kǒu(这话真亏你说得出口).¶世の中～したものだ shìshàng wú shì bù chéngqiǎo(世上无事不成巧).

よく【欲】 yùwàng(欲望), yùniàn(欲念). ¶あいつは～が深い nà jiāhuo ˇxīn hěn tān[yù hěn nán tián](那家伙ˇ心很贪[欲壑难填]). ¶彼女は～のない人だ tā shì ge méiyǒu yùwàng de rén(她是个没有欲望的人). ¶～の皮が突っ張る tān dé wú yàn(贪得无厌). ¶～に目がくむ lì lìng zhì hūn(利令智昏)/ lìyù xūn xīn(利欲熏心). ¶～を言えばきりがない yù yào zhǐjìng(欲无止境). ¶～を言えばもう少し長いのがいい yàoshi néng zài cháng yìdiǎnr jiù gèng hǎo le(要是能再长一点儿就更好了). ¶～も得もなく眠りたかった pífbèi bùkān, zhǐ xiǎng shuìjiào(疲惫不堪,只想睡觉). ¶知識～ qiúzhīyù(求知欲). 名誉～ mínglìxīn(名利心).

よく【翼】〔鳥の〕yì(翼), chìbǎng(翅膀);〔飛行機の〕yì(翼), jīyì(机翼).

よく-【翌】 yì(翌). ¶～5日 yìrì wǔ hào(翌日五号). ¶～春 yìchūn(翌春).

よくあつ【抑圧】 yāpò(压迫), yāzhì(压制), yìzhì(抑制), yāyì(压抑), qiánzhì(钳制). ¶言論の自由を～する yāzhì yánlùn zìyóu(压制言论自由). ¶欲望を～する yìzhì yùwàng(抑制欲望).

よくうつしょう【抑鬱症】 yìyùxìng shénjīngzhèng(抑郁性神经症), yìyùzhèng(抑郁症).

よくげつ【翌月】 yìyuè(翌月), dì'èr ge yuè(第二个月).

よくし【抑止】 yìzhǐ(抑止). ¶核～戦略 héwǔqì yìzhǐ zhànlüè(核武器抑制战略).

よくしつ【浴室】 yùshì(浴室), xǐzǎojiān(洗澡间).

よくじつ【翌日】 yìrì(翌日), cìrì(次日), dì'èrtiān(第二天). ¶～も雨だった dì'èrtiān yě xiàle yǔ(第二天也下了雨).

よくしゅう【翌週】 xiàzhōu(下周), xiàxīngqī(下星期), xiàlǐbài(下礼拜).

よくじょう【浴場】 zǎotáng(澡堂), zǎotángzi(澡堂子), yùchí(浴池). ¶公衆～ gōngyòng yùchí(公共浴池).

よくじょう【欲情】 qíngyù(情欲), ròuyù(肉欲). ¶～に駆られる wéi ròuyù suǒ qūshǐ(为肉欲所驱使).

よく・する【能くする】 shànyú(善于), shàncháng(擅长). ¶文を～する shànyú xiě wénzhāng(善于写文章).

よく・する【浴する】 shòu(受), méngshòu(蒙受). ¶恩恵に～する méngshòu ēnhuì(蒙受恩惠).

よくせい【抑制】 yìzhì(抑制), píngyì(平抑), zhìzhù(制止). ¶感情の～がきかない yìzhì bu zhù gǎnqíng(抑制不住感情). ¶インフレを～する zhìzhǐ tōnghuò péngzhàng(制止通货膨胀).

よくそう【浴槽】 zǎopén(澡盆), yùpén(浴盆), yùgāng(浴缸);〔銭湯の〕yùchí(浴池), chítāng(池汤), chítáng(池堂), chízi(池子).

よくちょう【翌朝】 yìchén(翌晨).

よくど【沃土】 wòtǔ(沃土).

よくとく【欲得】 ¶～抜きで引き受けた búshì jìjiào déshī chéngdān xiàlai(不计较得失承担下来). ¶これは～ではない仕事だ zhè kě bú shì jìjiào déshī suǒ néng gǎo de gōngzuò(这可不是计较得失所能搞的工作).

よくねん【翌年】 yìnián(翌年), cìnián(次年), dì'èr nián(第二年). ¶～度 cìniándù(次年度)/ dì'èr niándù(第二年度).

よくばり【欲張り】 tānxīn(贪心), tānlán(贪婪). ¶彼の～にはあきれた tā de tānlán dàoshi jiào rén chījīng(他的贪婪叫人吃惊). ¶あいつは～だ nà jiāhuo tài tānxīn(那家伙太贪心).

よくば・る【欲張る】 tānxīn(贪心). ¶彼女はあれもこれもと～って買い込んだ tā yòu yào zhège yòu yào nàge de mǎile yí dà duī(她又要这个又要那个的买了一大堆). ¶そんなに～るな bié tānxīn bùzú(别贪心不足). ¶～るとかえって損をする tānxīn fǎn'ér huì chīkuī(贪心反而会吃亏).

よくばん【欲晩】 dì'èr tiān wǎnshang(第二天晚上).

よくぼう【欲望】 yùwàng(欲望), yùniàn(欲念). ¶～を満足させる mǎnzú yùwàng(满足欲望). ¶人間の～には限りがない rén de yùwàng shì wú zhǐjìng de(人的欲望是无止境的)/ yù hè wú tián(欲壑难填).

よくめ【欲目】 ¶親の～かもしれないがうちの子はよくできた子だ zhè huòxǔ shì zuò fùmǔ de piān'ài, wǒ jiā háizi kě zhēn búcuò(这或许是做父母的偏爱,我家孩子可真不错).

よくも jìng(竟), jìng gǎn(竟敢). ¶～そんな事が言えたものだ kuī nǐ shuōchū zhè zhǒng huà(亏你说出这种话). ¶～この俺をだましたな nǐ dǎndà-bāotiān jìng gǎn piàn wǒ(你胆大包天竟敢骗我). ¶こんな短い時間で～やり遂げたものだ jìngrán zài zhème duǎn de shíjiān li jiù wánchéng le(竟然在这么短的时间里就完成了).

よくや【沃野】 wòyě(沃野).

よくよう【抑揚】 yìyáng(抑扬). ¶～をつけて読む yìyáng-dùncuò de lǎngdú(抑扬顿挫地朗读).

よくよく 1 [念入りに] ¶～考えた上で決めた事だ jīng zàisān kǎolǜ juédìng de(经再三考虑决定的). ¶～見たら私の物ではなかった zǐxì yí kàn, bú shì wǒ de dōngxi(仔细一看,不是我的东西).
2 [よほど] ¶～嬉しかったと見える kànqilai, tā gāoxìngde bùdéliǎo(看起来,他高兴得不得了). ¶お前も～の馬鹿だ nǐ zhēn shì hútu tòudǐng(你真是糊涂透顶)/ nǐ yě zhēn gòu bèn de(你也真够笨的). ¶彼が辞退するとは～の事情があるのだろう tā tuīcí yídìng shì yǒu tèbié de qíngkuàng(他推辞一定是有特别的情况).

よくよく-【翌翌】 ¶～月 dìsān ge yuè(第三个月). ¶～日 dìsān tiān(第三天). ¶～年 dìsān nián(第三年).

よくりゅう【抑留】 jūliú(拘留), kòuliú(扣留). ¶捕虜を～する jūliú fúlǔ(拘留俘虏). ¶船を～する kòuliú chuánzhǐ(扣留船只). ¶～者 bèijūliúzhě(被拘留者).

よけい【余計】 1〔余分, 不必要〕duō(多), duōyú(多余). ¶人よりも〜に働く bǐ biéren gàndē duō(比别人干得多). ¶机が1つ〜だ zhuōzi duō chū yì zhāng(桌子多出一张). ¶〜な物は置いて行きなさい duōyú de dōngxi fàngxia ba(多余的东西放下吧). ¶〜な口を利くな búyào duōzuǐ!(不要多嘴!). ¶〜な心配をするな búyào cāo xiánxīn(不要操闲心). ¶〜なお世話だ bié duō guǎn xiánshì!(别多管闲事!). 2〔なおさら〕そんな事をすると〜に悪くなる nàme zuò huì gèngjiā èhuà de(那么做会更加恶化的). ¶行くなと言われると〜行きたくなる bú jiào qù fǎn'ér gèng xiǎng qù le(不叫去反而更想去了).

よ・ける【避ける】 duǒ(躲), duǒkai(躲开), bì(避), bìkāi(避开), shǎnkai(闪开), bìràng(避让), shǎnbì(闪避), duǒbì(躲避), duǒshǎn(躲闪). ¶道路の端に寄って車をーする kào lùbiān duǒshǎn chēzi(靠路边躲闪车子). ¶水たまりを〜けて歩く ràokāi shuǐwārル zǒu(绕开水洼ル走). ¶筵(むしろ)をかぶせて霜を〜ける gàishàng cǎodiànzi fáng shuāngdòng(盖上草垫子防霜冻).

よけん【予見】 yùjiàn(预见). ¶事態は彼の〜した通りになった shìtài zhèng rú tā suǒ 'yùjiàn[wèibǔ-xiānzhī] de nàyàng(事态正如他所'预见[未卜先知]的那样).

よげん【予言】 yùyán(预言). ¶天変地異を〜する yùyán jiāng huì tiān bēng dì liè(预言将会天崩地裂). ¶〜者 yùyánjiā(预言家).

よげん【余弦】 yúxián(余弦).

よこ【横】 1〔方向〕héng(横). ¶〜に1列に並びなさい chéng yí liè héngduì(成一列横队). ¶〜に線を引く huà héngxiàn(画横线). ¶首を〜に振る yáotóu(摇头). ¶〜の連絡を密にする jiāqiáng héng xiáng liánxì(加强横向联系). ¶〜から見ても縦から見てもさっぱり分らない héngzhe kàn shùzhe kàn, yìdiǎnル yě kàn bu míngbai(横着看竖着看, 一点ル也看不明白). ¶あいつは〜の物を縦にもしない kě bù fú(可懒得连油瓶倒了也不扶). ¶こぼれるから〜にしないで下さい róngyì sǎ, bié héngzhe fàng(容易洒, 别横着放). ¶ソファーに〜になる shūzhan shēnzi tǎngzhá shāfā shang(舒展身子躺在沙发上). ¶〜20センチ縦30センチの紙 kuān èrshí límǐ cháng sānshí límǐ de zhǐ(宽二十厘米长三十厘米的纸). ¶箱の〜に名前を書く zài xiāngzi cèmiàn xiě míngzi(在箱子侧面写名字). 2〔脇〕páng(旁), pángbiān[r](旁边[ル]). ¶彼女の〜に座る zuòzài tā pángbiān(坐在她旁边). ¶〜から口を出すな búyào cóng páng chāzuǐ(不要从旁插嘴)/bié zhī 'zuǐr[zhāor](别支 '嘴ル[着ル]). ¶話が〜にそれた huà 'lítí[chěyuǎn] le(话'离题[扯远]了). 3〔斜め〕wāi(歪). ¶帽子を〜にかぶっている wāi dàizhe màozi(歪戴着帽子). ¶額が〜に曲っている biǎn'é wāi le(匾额歪了).

よご【予後】 yùhòu(预后). ¶〜は良好だ yùhòu liánghǎo(预后良好).

よこあい【横合い】 pángbiān(旁边). ¶子供が〜から飛び出して来た xiǎoháizi cóng lùbiān pǎole chūlái(小孩子从路边跑了出来). ¶〜から干渉するな bié cóng páng gānshè(别从旁干涉).

よこいと【横糸】 wěishā(纬纱), wěixiàn(纬线).

よこう【予行】 ¶卒業式の〜演習をする jìnxíng bìyè diǎnlǐ de yùyǎn(进行毕业典礼的预演). ¶運動会の〜演習 yùndònghuì de yùyǎn(运动会的预演).

よこがお【横顔】 cèmiàn(侧面), cèyǐng(侧影). ¶彼女の〜は母親にそっくりだ tā de cèmiàn hěn xiàng mǔqin(她的侧面很像母亲). ¶A氏の〜を紹介する jièshào yíxià A xiānsheng de yí ge cèmiàn(介绍一下A先生的一个侧面).

よこがき【横書き】 héngxiě(横写). ¶手紙を〜にする xìn héngxiě(信横写). ¶〜のノート héngé bǐjìběn(横格笔记本).

よこがみやぶり【横紙破り】 ¶あいつは〜だ nà jiāhuo mánhèng wúlǐ(那家伙蛮横无理).

よこぎ・る【横切る】 héngguò(横过), héngchuān(横穿). ¶道路を〜る héngguò mǎlù(横过马路).

よこく【予告】 yùgào(预告). ¶解雇を〜する yùgào jiěgù(预告解雇). ¶彼は〜なしにやって来た tā shīxiān méi gàosu yìshēng jiù lái le(他事先没告诉一声就来了). ¶映画の〜編 yùgàopiàn(预告片). ¶新刊〜 xīnshū yùgào(新书预告).

よぐるま【横車】 héngjiā(横加), chāgàngzi(插杠子). ¶〜を押す chāgàngzi(插杠子)/héngjiā gānshè(横加干涉).

よこしま【邪】 xié(邪). ¶〜な心 xiéxīn(邪心).

よこ・す【寄越す】 1〔届ける〜を ná qián lái(拿钱来). ¶友達が手紙を〜した péngyou gěi wǒ láile xìn(朋友给我来了信). ¶誰かに手伝いを〜して下さい dǎfa ge rén lái bāngmáng(打发个人来帮忙). 2[…してよこす] ¶彼は欠席の旨電話を掛けて〜した tā dǎ diànhuà lái shuō bùnéng chūxí(他打电话来说不能出席). ¶田舎から柿を送って〜した cóng xiāngxià jìlaile shìzi(从乡下寄来了柿子).

よご・す【汚す】 nòngzāng(弄脏). ¶泥んこ遊びをして服を〜してしまった wán níbā nòngzāngle yīfu(玩泥巴弄脏了衣服).

よこずき【横好き】 ¶私の碁は下手の〜です wǒ hào xià wéiqí kě xiàde bù hǎo(我好下围棋可下得不好).

よこすべり【横滑り】 ¶A局長からB局長に〜する A júzhǎng diàorèn wéi B júzhǎng(从A局长调任为B局长). ¶〜人事 píngxíng rénshì(平行人事).

よこた・える【横たえる】 ¶地面に体を〜える píngtǎng zài dìshang(平躺在地上).

よこたおし【横倒し】 ¶急ブレーキで乗客は〜に

よこだき【横抱き】 ¶子供を～にして飛び出した bǎ háizi jiāzài gēbo dǐxia pǎochulai le(把孩子夹在胳膊底下跑出来了).

よこたわ・る【横たわる】 tǎng(躺), wò(卧). ¶ベッドに長々と～る zài chuángshang shūzhan shēnzi tǎngzhe(在床上舒展身子躺着). ¶大木が道に～っている dàshù héngdǎo zài lùshàng(大树横倒在路上). ¶我々の前途には幾多の困難が～っている wǒmen de qiántú yǒu xǔduō kùnnan(我们的前途有许多困难).

よこちょう【横町】 hútòng[r](胡同[儿]), xiàng(巷), lǐlòng(里弄), lòngtáng(弄堂). ¶この先の～を右に曲りなさい zài qiánmian dìyī tiáo hútòngr wǎng yòu guǎi(在前面第一条胡同儿往右拐).

よこづけ【横付け】 kào(靠), lǒng(拢), bàng(傍), kàolǒng(靠拢), tíngkào(停靠). ¶埠頭に船が～になった chuán kào mǎtou le(船靠码头了)/ chuán bàngle bùtou(船傍了埠头). ¶車を玄関に～にする bǎ qìchē tíngzài ménkǒu(把汽车停在门口).

よこっつら【横っ面】 zuǐba(嘴巴), zuǐbāzi(嘴巴子). ¶～を張り飛ばす dǎ zuǐba(打嘴巴)/ dǎ ěrguāng(打耳光)/ dǎ ěrguāzi(打耳刮子).

よこて【横手】 pángbiān[r](旁边[儿]). ¶公園の～に図書館がある gōngyuán pángbiān yǒu ge túshūguǎn(公园旁边有个图书馆).

よこどり【横取り】 ¶あいつに儲けを～された jiào nà jiāhuo cóng páng bǎ zhuàntou názǒu le(叫那家伙从旁把赚头拿走了). ¶友人の恋人を～する qiǎngzǒu péngyou de liànrén(抢走朋友的恋人).

よこながし【横流し】 sīmài(私卖). ¶統制品を～する sīmài tǒngzhìpǐn(私卖统制品).

よこなぐり【横殴り】 ¶～の雨 héngshào de yǔ(横梢的雨).

よこなみ【横波】 ¶ボートが～を食らって沈没した cèmiàn de làngtóu dǎlai, xiǎochuán chénmò le(侧面的浪头打来, 小船沉没了).

よこならび【横並び】 ¶各社～の一斉値上げ gè gōngsī jìngxiāng yílǜ tíjià(各公司竞相一律提价).

よこばい【横這い】 ¶蟹の～ pángxiè héngxíng(螃蟹横行). ¶相場は～だ hángshì bù zhǎng bú luò(行市不涨不落).

よこばら【横腹】 cèfù(侧腹), yāowō(腰窝). ¶～が痛い yāowō tòng(腰窝痛). ¶船の～ chuánbāng(船帮)/ chuánxián(船舷).

よこぶえ【横笛】 héngdí(横笛), dí(笛), dízi(笛子).

よこみち【横道】 chàlù(岔路), chàdào(岔道儿). ¶話を～にそらす bǎ huà chàkāi(把话岔开).

よこむき【横向き】 ¶～に座る cèzhe shēnzi zuòxia(侧着身子坐下)/ cèshēn ér zuò(侧身而坐). ¶～に寝る cèshēn tǎngxia(侧身躺下)/ cèwò(侧卧).

よこめ【横目】 xiéshì(斜视), xiépiē(斜瞥), xiédì(斜睇), xiéní(斜睨), nìshì(睨视), héngdì(横睇). ¶～でにらんだ xié[héng] le yìyǎn piǎole tā yìyǎn(瞟了她一眼). ¶彼女を～でちらりと見た piǎole tā yìyǎn(瞟了她一眼).

よこもじ【横文字】 Xīyáng wénzì(西洋文字), yángwén(洋文). ¶～は苦手だ Xīyáng wénzì wǒ kě jíshǒu(西洋文字我可棘手).

よこやり【横槍】 héngjiā(横加), chāgàngzi(插杠子). ¶～が入ってせっかくの計画も駄目になった yǒu rén héngjiā gānshè, hǎohāor de jìhuà yě chuī le(有人横加干涉, 好好儿的计划也吹了).

よご・れる【汚れる】 zāng(脏). ¶手が～れた shǒu zāng le(手脏了). ¶～れた服を洗う xǐ zāng yīfu(洗脏衣服). ¶白いシャツは～れやすい bái chènshān róngyì zāng(白衬衫容易脏). ¶風呂で体の～れを落す xǐzǎo xǐdiào shēnshang de wūgòu(洗澡洗掉身上的污垢). ¶空気の～れがひどい kōngqì wūrǎnde lìhai(空气污染得厉害).

よこれんぼ【横恋慕】 ¶友達のフィアンセに～する àishang péngyou de wèihūnqī(爱上朋友的未婚妻).

よざい【余罪】 ¶～を追及する zhuījiū qíyú de zuìxíng(追究其余的罪行).

よさん【予算】 yùsuàn(预算). ¶～を立てる dìng yùsuàn(订预算). ¶不時の支出で～が狂った yóuyú línshí de kāizhī dǎluànle yùsuàn(由于临时的开支打乱了预算). ¶増築したいが～がない xiǎng kuòjiàn fángwū kě méiyǒu yùsuàn(想扩建房屋可没有预算). ¶御～はいかほどですか nín zhǔnbèi huā duōshao qián?(您准备花多少钱?) ¶～が可決された yùsuàn tōngguò le(预算通过了).

¶～委員会 yùsuàn wěiyuánhuì(预算委员会). ¶～編成 biānzhì yùsuàn(编制预算). 国家～ guójiā yùsuàn(国家预算). 追加～ zhuījiā yùsuàn(追加预算). 補正～ bǔzhèng yùsuàn(补正预算).

よし hǎo(好), xíng(行). ¶～, わかった hǎo, míngbai le(好, 明白了). ¶～きた, 俺にまかせろ hǎo de, yóu wǒ dōuzhe(好的, 由我兜着). ¶～, 行け xíng, qù ba(行, 去吧). ¶～, もう泣くな hǎo le hǎo le, búyào kū le(好了好了, 不要哭了).

よし【由】 1 [事情] shìyóu(事由), yuányóu(缘由・原由), qíngyóu(情由), yuángù(缘故・原故). ¶彼女は何か～ありげに見える kànlai tā sìhū yǒu shénme qíngyóu(看来她似乎有什么情由). ¶事の～を伝える chuándá qíngkuàng(传达情况).

2 [手段] ¶今となっては知る～もない dàole xiànzài zài yě wúfǎ zhīdao(到了现在再也无法知道).

3 [おもむき] ¶御健勝の～何よりに存じます jǐn xī zūnti kāngjiàn, shènwéi xīnxǐn(谨悉尊体康健, 甚为欣慰). ¶その～お伝え下さい qǐng bǎ cǐ yì zhuǎngào gěi tā(请把此意转告

给他/ qǐng bǎ zhège yìsi gàosu tā(请把这个意思告诉他).

よし【葦】 lúwěi(芦苇), wěizi(苇子). ¶～の髄から天井のぞく yǐ guǎn kuī tiān (以管窥天)/ guǎn zhōng kuī bào(管中窥豹)/ guǎnkuī lícè(管窥蠡测).

よしあし【善し悪し】 hǎohuài(好坏), hǎodǎi(好歹), hǎolài(好赖). ¶品の～を見る kàn huò de hǎohuài(看货的好坏). ¶事の～もわからないのか lián ge shìqing de hǎodǎi yě bù dǒng ma?(连个事情的好歹也不懂吗?). ¶正直過ぎるのも～だ guòyú lǎoshi yě bù yídìng hǎo(过于老实也不一定好).

よじげん【四次元】 ¶～空間 sìwéi kōngjiān(四维空间).

よしず【葦簾】 wěibó(苇箔), wěilián(苇帘). ¶～張りの小屋 wěibó dāpéng(苇箔搭棚).

よじのぼ・る【攀じ登る】 pá(爬), pān(攀), pāndēng(攀登), dēngpān(登攀). ¶木に～る pá shù(爬树)/ pān shù(攀树). ¶崖を～る pāndēng shānyá(攀登山崖).

よしみ【好】 qíngyì(情谊), qíngfen(情分), jiāoqing(交情). ¶～を結ぶ jiéchéng yǒuyì(结成友谊). ¶昔の～で力を貸す kàn lǎojiāoqing jǐyǔ bāngzhù(看老交情给予帮助).

よしゅう【予習】 yùxí(预习). ¶明日の授業の～をする yùxí míngtiān de gōngkè(预习明天的功课).

よじょう【余剰】 shèngyú(剩余), yúshèng(余剩). ¶～農産物 shèngyú nóngchǎnpǐn(剩余农产品). ¶～労働力 shèngyú láodònglì(剩余劳动力)/ fùyú rényuán(富余人员).

よじ・る【捩る】 ¶身を～って笑う niǔzhe shēnzi xiào(扭着身子笑).

よじ・れる【捩れる】 ¶紐が～れた shéngzi nǐng le(绳子拧了). ¶腹の皮が～れるほど笑う xiàode dùzi dōu yào chōujīn le(笑得肚子都要抽筋了).

よしん【余震】 yúzhèn(余震).

よじん【余人】 tārén(他人), biéren(别人), wàirén(外人). ¶～を交えずに話し合う bù ràng wàirén cānjiā jìnxíng tánpàn(不让外人参加进行谈判). ¶～は知らず私は承服できない biéren wǒ bù zhīdào, wǒ bùnéng tóngyì(别人我不知道, 我不能同意).

よじん【余燼】 yújìn(余烬). ¶まだ～がくすぶっている yújìn hái màozhe yān(余烬还冒着烟).

よ・す【止す】 bié táoqì(别淘气). ¶愚痴をこぼすのはもう～そう zán bié zài fā láosāo le(咱别再发牢骚了). ¶～せばいいのに嵐の中を出て行った tā màozhe bàofēngyǔ chūqu le, hékǔ ne?(他冒着暴风雨出去了, 何苦呢?).

よすが【縁】 ¶身を寄せる～もない wú yī wú kào(无依无靠). ¶思い出す～とてもはやない yǐ wúfǎ huíyì chulai(已无法回忆出来).

よすてびと【世捨人】 yǐnshì(隐士), dùnshìzhě(遁世者), yǐndùnzhě(隐遁者), chūshì zhī rén(出世之人).

よすみ【四隅】 sìjiǎo(四角).

よせ【寄席】 shūchǎng(书场). ¶～芸人 qǔyì yǎnyuán(曲艺演员)/ shuōshū yìrén(说书艺人).

よせあつ・める【寄せ集める】 pīncòu(拼凑), zácòu(杂凑), còuda(凑搭); záhuì(杂烩), zábànr(杂拌ㄦ). ¶端切れを～めてベッドカバーをつくる bǎ suìbù pīncòu qilai féng chuángzhào(把碎布拼凑起来缝床罩). ¶彼の論文は単なる事実の～めに過ぎない tā de lùnwén zhǐ búguò shì 'bǎ shìshí dōngpīn-xīcòu[jùtǐ shìlì de dàzáhuì] éryǐ(他的论文只不过是'把事实东拼西凑[具体事例的大杂烩]而已).

よせい【余生】 yúshēng(余生). ¶静かに～を送る āndù yúshēng(安度余生).

よせい【余勢】 ¶～を駆って攻め込む chéngshì jìngōng(乘势进攻).

よせがき【寄書き】 ¶記念に～をする jítǐ qiānmíng tící zuò ge jìniàn(集体签名题词作个纪念).

よせぎざいく【寄木細工】 xiāngqiàn mùgōngyì(镶嵌木工艺).

よせつ・ける【寄せ付ける】 ¶敵を～けて迎え討つ ràng dírén kàojìn hòu yíngjī(让敌人靠近后迎击). ¶あんな連中は～けない方がいい zuìhǎo búyào ràng nà zhǒng rén zhān nǐ(最好不要让那种人沾你). ¶彼は容易に人を～けない tā shì ge bù róngyì jiējìn de rén(他是个不容易接近的人).

よせなべ【寄鍋】 huǒguōzi(火锅子).

よ・せる【寄せる】 1【近付く, 近付ける】 ¶岩に波が～せて砕ける làngtou chōngjī yánshí, lànghuā sìjiàn(浪头冲击岩石, 浪花四溅). ¶敵が～せて来た dírén fēngyōng ér lái(敌人蜂拥而来). ¶テーブルを隅に～せる bǎ cānzhuō nuódào wūjiǎo(把餐桌挪到屋角). ¶車を道路の端に～せる bǎ qìchē kàozài lùpáng(把汽车靠在路旁). ¶耳元へ口を～せる zuǐ tiējìn ěrbiān(嘴贴近耳边).

2【集める】 jù(聚). ¶机を1か所に～せて置く bǎ zhuōzi jízhōng dào yí ge dìfang(把桌子集中到一个地方). ¶額に皺を～せて考える zhòu méitóu xiǎng wèntí(皱眉头想问题).

3【託する】 ¶友人の家に身を～せる jìjū zài péngyou jiā li(寄居在朋友家里)/ jìshēn[tuōshēn] yú yǒurén zhī jiā(寄身[托身]于友人之家).

4【心などを】 ¶思いを故郷の母に～せる huáiniàn zài gùxiāng de mǔqin(怀念在故乡的母亲). ¶好意を～せる bào hǎogǎn(抱好感). ¶同情を～せる jìyǔ tóngqíng(寄予同情).

5【文章・意見などを送る】 ¶雑誌に一文を～せる xiàng zázhì tóugǎo(向杂志投稿). ¶どうか御意見をお～せ下さい qǐng tíchū bǎoguì yìjiàn(请提出宝贵意见).

よせん【予選】 yùxuǎn(预选), yùsài(预赛). ¶～を通過する tōngguò yùxuǎn(通过预选). ¶～で敗れた yùsài zhōng shībài le(预赛中失败了).

よそ【余所】 ¶ここにはない, ～を探そう zhèli méiyǒu, dào biéchù zhǎo ba(这里没有, 到别

処找吧). ¶この店は～より安い zhè jiā pùzi bǐ bié jiā piányi (这家铺子比别家便宜). ¶～の子 biéren de háizi (别人的孩子). ¶動乱を～に見る duì dòngluàn xiùshǒu-pángguān (对动乱袖手旁观). ¶母親の心配を～にうけている duì mǔqin de yōulǜ mǎn bú zàihu, tā zài wài xīxì wánlè (对母亲的忧虑满不在乎,他在外嬉戏玩乐).

よそ・う【装う】 chéng (盛). ¶御飯を～う chéng fàn (盛饭).

よそう【予想】 liàoxiǎng (料想), yùliào (预料), cāiliào (猜料), nìliào (逆料), yìliào (意料), yìxiǎng (意想), yùxiǎng (预想), yùcè (预测), yùjì (预计), chéngxiǎng (承想・成想). ¶選挙の結果を～する yùcè xuǎnjǔ de jiéguǒ (预测选举的结果). ¶～が的中した yùxiǎng yìngyàn le (预想应验了). ¶勝負はどうなるか～がつかない shèngbài nányí yùliào (胜败难以预料)/ shèngfù wèibǔ (胜负未卜). ¶大方の～に反して彼女が1位だった gēn dàduōshù rén de yùliào xiāngfǎn tā qǔdéle dìyī míng (跟大多数人的预料相反她取得了第一名). ¶～通り彼が当選した rú suǒ yùliào, tā dāngxuǎn le (如所预料,他当选了). ¶～外の出費がかさんだ yìwài de zhīchū dàwéi zēngjiā (意外的支出大为增加). ¶～以上の好成績を収めた qǔdéle yìxiǎng bu dào de hǎo chéngjì (取得了意想不到的好成绩).

よそおい【装い】 zhuāngbàn (装扮), zhuāngshì (装饰), dǎban (打扮). ¶華やかな～に身を凝らす yòng huálì de yīzhuó dǎban (用华丽的衣着打扮). ¶野山はすっかり春の～だ shānyě yǐ shì yípiàn chūnzhuāng (山野已是一片春装). ¶～も新たに開店する zhuānghuáng yìxīn kāizhāng (装潢一新开张).

よそお・う【装う】 1〔飾る〕 zhuāngbàn (装扮), zhuāngshì (装饰), dǎbàn (打扮). ¶毛皮のコートに身を～う shēn chuān pídàyī (身穿皮大衣). 2〔振りをする〕 zhuāng (装), jiǎzhuāng (假装), jiǎchōng (假充), màochōng (冒充). ¶平静を～う gù zuò zhènjìng (故作镇静). ¶社員を～って入り込む zhuāngchéng zhíyuán hùnjìnqu (装成职员混进去).

よそく【予測】 yùcè (预测). ¶経済の動向を～する yùcè jīngjì dòngxiàng (预测经济动向).

よそごと【余所事】 ¶今度の事は～とは思えない zhè huí shì bù zhǐxì tāren de shì ya (这回事不只是他人的事呀). ¶彼女はまるで～のように知らん顔をしている tā hǎoxiàng shì bù guān jǐ shìde (她好像事不关己似的).

よそながら【余所ながら】 ¶～御健康を祈ります yáo zhù jiànkāng (遥祝健康). ¶～案ずる zài sīxiàli dānxīn (在私下里担心).

よそみ【余所見】 ¶～をするな bùxǔ wǎng pángbiān kàn! (不许往旁边看!).

よそめ【余所目】 ¶あの子の～にはおとなしそうだが nà háizi zài pángrén yǎnli dào guài lǎoshi de (那孩子在旁人眼里倒怪老实的). ¶～にも気の毒なくらい気落ちしていた jiào rén kàn-zhe dōu guài kělián de nàme huīxīn-sàngqì (叫人看着都怪可怜的那么灰心丧气).

よそもの【余所者】 wàirén (外人), wàilúrén (外路人), wàixiāngrén (外乡人), wàiláihù (外来户).

よそゆき【余所行き】 ¶～の着物 chūmén chuān de yīfu (出门穿的衣服). ¶彼女は～の顔をしている tā yǐfǎn-chángtài lùchū jūjǐn de shénsè (她一反常态露出拘谨的神色). ¶～の言葉で話す shuō kètàohuà (说客套话).

よそよそし・い lěngdàn (冷淡). ¶この頃の彼女はとても～い jìnlái tā fēicháng lěngdàn (近来她非常冷淡). ¶～い態度 shūyuǎn lěngdàn de tàidu (疏远冷淡的态度).

よぞら【夜空】 yèkōng (夜空). ¶～に星がまたたく yèkōng zhōng xīngguāng shǎnshuò (夜空中星光闪烁).

よだ・つ ¶身の毛も～つような出来事 lìng rén máogǔ-sǒngrán de shìjiàn (令人毛骨悚然的事件).

よだつ【与奪】 ¶生殺～の権 shēngshā-yǔduó zhī quán (生杀予夺之权).

よたもの【与太者】 ègùn (恶棍), liúmáng (流氓), pǐzi (痞子).

よたよた ¶酒に酔って～と歩く hēzuì jiǔ ˇzǒulù yìzhuǎi-yìzhuǎi de [liàngqiàng ér xíng] (喝醉酒走路一跩一跩的[踉跄而行]).

よだれ【涎】 kǒushuǐ (口水), xiánshuǐ (涎水), niánxiánzi (黏涎子), hālázi (哈喇子). ¶～を流す liú kǒushuǐ (流口水)/ liúxián (流涎). ¶～の出そうな items走 lìng rén chánxián yù dī de cài (令人馋涎欲滴的菜). ¶～掛け wéizuǐr (围嘴ル).

よだん【予断】 yùduàn (预断). ¶～と偏見を排する páichú yùduàn hé piānjiàn (排除预断和偏见). ¶情勢は～を許さない júshì bùróng yùduàn (局势不容预断).

よだん【余談】 xiánhuà (闲话), xiántán (闲谈). ¶～はさておいて… xiánhuà xiū tí… (闲话休提…). ¶これは～ですが zhè shì tíwàihuà (这是题外话).

よち【予知】 yùzhī (预知), yùcè (预测). ¶地震を～する yùcè dìzhèn (预测地震).

よち【余地】 yúdì (余地). ¶車を止める～がない méiyǒu kòngdì tíngchē (没有空地停车). ¶その問題はまだ研究の～がある nàge wèntí hái yǒu yánjiū de yúdì (那个问题还有研究的余地). ¶疑いをはさむ～はない háo wú huáiyí de yúdì (毫无怀疑的余地)/ wúkě zhìyí (无可置疑).

よちょう【予兆】 qiánzhào (前兆), yùzhào (预兆). ¶この事件にはいくつかの～があった zhège ànzi yǒuguo jǐ cì yùzhào (这个案子有过几次预兆).

よちよち ¶赤ん坊が～歩く xiǎoháir huànghuàng-yōuyōu de zǒu (小孩ル晃晃悠悠地走).

よつ【四】 ¶難問を～に取り組む zhìlì jiějué nántí (致力解决难题).

よつかど【四角】 shízì lùkǒu (十字路口), shízì jiētóu (十字街头).

よつぎ【世継ぎ】 hòusì(后嗣),jìsì(继嗣),jìchéngrén(继承人).

よっきゅう【欲求】 yùqiú(欲求).¶すべての人の～を満たすのは難しい mǎnzú suǒyǒu rén de yùwàng hé yāoqiú shì hěn nán de(满足所有人的欲望和要求是很难的).¶～不満 yùqiú bùmǎn(欲求不满).

よつぎり【四切り】 sìkāi(四开).¶～に引き伸ばす fàngdà wéi sìkāi zhàopiàn(放大为四开照片).

よつであみ【四手網】 zēng(罾),tíwǎng(提网).

ヨット fānchuán(帆船).¶～レース fānchuán bǐsài(帆船比赛).

よっぱらい【酔払い】 zuìhàn(醉汉),zuìguǐ(醉鬼).

よっぱら・う【酔っ払う】 zuì(醉),hēzuì(喝醉).¶～って足がふらつく zuìde bùlǚ pánshān(醉得步履蹒跚).

よつゆ【夜露】 yèlù(夜露).¶～にぬれる bèi yèwǎn de lùshui rúshī(被夜晚的露水濡湿).

よつんばい【四つん這い】 dàmǎpā(大马趴),gǒuchīshǐ(狗吃屎).¶～になる pāzài dìshang(趴在地上).

よてい【予定】 yùdìng(预定).¶出発は来月の～だ yùdìng zài xià ge yuè chūfā(预定在下个月出发).¶北京には2週間滞在する～です yùdìng zài Běijīng dòuliú liǎng ge xīngqī(预定在北京逗留两个星期).¶彼がこんな調子では～の立てようがない zhào tā zhège yàngzi wúfǎ yùdìng(照他这个样子无法预定).¶それは～の行動だった nà shì yùdìng de xíngdòng(那是预定的行动).¶一行は～通り帰着した tāmen yīxíng ànzhào jìhuà guīlái le(他们一行按照计划归来了).¶ここは新校舎の建設～地だ zhèli shì yùdìng gài xīn xiàoshè de dìfang(这里是预定盖新校舍的地方).¶突然の来訪者で～が狂ってしまった tūrán yǒu rén láifǎng,shíjiān ānpái quán bèi dǎluàn le(突然有人来访,时间安排全被打乱了).¶明日何か～がありますか míngtiān yǒu shénme ānpái ma?(明天有什么安排吗?).

よとう【与党】 zhízhèngdǎng(执政党).

よどおし【夜通し】 zhěngyè(整夜),chèyè(彻夜),tōngxiāo(通宵).¶激しい風が～吹き荒れた kuángfēng guāle yí yè(狂风刮了一夜).¶～寝ないで看病する yì xiǔ méi shuì[chèyè bù mián] kānhù bìngrén(一宿没睡[彻夜不眠]看护病人).

よとく【余得】 ¶この仕事にはあまり～がない zhège gōngzuò méiyǒu duōshao yóushui(这个工作没有多少油水).

よとく【余徳】 yúyìn(余荫),yúqìng(余庆).¶先祖の～を被る méng zǔxiān de yúyīn(蒙祖先的余荫).

よどみ【淀み】 ¶～に木の葉が浮いている sǐshuǐli fúzhe shùyè(死水里浮着树叶).¶～なく一気にしゃべる kǒu ruò xuán hé jiǎngle yí tòng(口若悬河讲了一通).

よど・む【淀む】 ¶川の水が～んでいる héshuǐ bèi dǔsè yūzhì le(河水被堵塞淤滞了).¶部屋の空気が～んでいる wūli kōngqì bù liútōng(屋里空气不流通).¶水槽に泥が～んでいる shuǐcáoli yūjīle níshā(水槽里淤积了泥沙).

よなか【夜中】 bànyè(半夜),yèbàn(夜半),hòubànyè(后半夜),xiàbànyè(下半夜),yèli(夜里).¶～の2時までかかってやっと仕上げた gàndào bànyè liǎng diǎn cái wánchéng le(干到半夜两点才完成了).

よなが【夜長】 ¶秋の～ qiūtiān de chángyè(秋天的长夜).

よなき【夜泣き】 yètí(夜啼).¶赤ん坊が～をして困る wáwa yèli ài kū,zhēn méi bànfǎ(娃娃夜里受哭,真没办法).

よなべ【夜なべ】 yèzuò(夜作).¶～をして仕上げる dǎ yèzuò gǎnwán(打夜作赶完).

よな・れる【世慣れる】 ¶～れた人 lǎoyú shìgù de rén(老于世故的人).¶～れぬ若者 bù dǒng shìgù de niánqīngrén(不懂世故的年轻人).

よにげ【夜逃げ】 ¶借金が払えず～した huánbuqǐ zhài,chéng yè táopǎo le(还不起债,乘夜逃跑了).

よにも【世にも】 ¶～不思議な物語 zhēn shì bùkěsīyì de gùshi(真是不可思议的故事).¶～恐ろしい話だ zhēn shì lìng rén kǒngbù wànfēn de shì(真是令人恐怖万分的事).

よねつ【余熱】 fèirè(废热),yúrè(余热).¶～を利用する lìyòng yúrè(利用余热).

よねん【余念】 ¶彼は読書に～がない tā zhuānxīn-zhìzhì de dúshū(他专心致志地读书).

よのなか【世の中】 shìjiān(世间),shìdào(世道),shèhuì(社会),shìshàng(世上),tiāndǐxia(天底下).¶～は広いようで狭い shìjiè kànlai hěn dà,qíshí hěn xiǎo(世界看来很大,其实很小).¶～が騒然としてきた shèhuì dòngdàng qǐlai(社会动荡起来).¶つくづく～が嫌になった zhè shìdào zhēn lìng rén yànwù(这世道真令人厌恶).¶～をあっと言わせるようなことをやろう yào gànchū yí jiàn jīngdòng shìjiān de shì(要干出一件惊动世间的事).¶～を気にしていては何もできない gùlǜ shìrén de yìlùn,shénme shì yě zuòbuchéng(顾虑世人的议论,什么事也做不成).¶これからは実力の～だ jīnhòu shì kào zìjǐ de shílì de shídài(今后是靠自己的实力的时代).

よは【余波】 yúbō(余波);yǐngxiǎng(影响).¶台風の～でまだ海が荒れている yóuyú táifēng de yúbō,hǎishang hái bù píngjìng(由于台风的余波,海上还不平静).¶金融引締めの～を受けて不景気が続いている shòu jīnróng jǐnsuō de yǐngxiǎng réngrán bùjǐngqì(受金融紧缩的影响仍然不景气).

よはく【余白】 kòngbái(空白);[本の] tiāndǐtóu(天地头).¶～に書込みをする zài kòngbáichù tiānxiě(在空白处添写).¶下の方に～を残しておく xiàmian liúxià kòngbái(下面留下空白).

よび【予備】 yùbèi(预备).¶～の部品を使って修理する yòng bèijiàn xiūlǐ(用备件修理).¶～に取っておく liúxià zuòwéi bèiyòng(留下作

为备用).
¶ ～役 yùbèiyì（预备役）．～軍 yùbèiduì（预备队）/ hòubèijūn（后备军）．～知識 yùxiān bìbèi de zhīshi（预先必备的知识）．～費 jīdòngfèi（机动费）．～調査 yùxiān diàochá（预先调查）．～校 dàzhuān bǔxí xuéxiào（大专补习学校）．

よびおこ・す【呼び起す】 huànqǐ（唤起）．¶ 記憶を～す huànqǐ huíyì（唤起回忆）．¶ 人々の注意を～す huànqǐ rénmen de zhùyì（唤起人们的注意）．¶ 勉強への興味を～す jīqǐ duì xuéxí de xìngqù（激起对学习的兴趣）．

よびか・ける【呼び掛ける】 hūyù（呼吁），hàozhào（号召），zhàohuàn（召唤），hūhuàn（呼唤），zhāohu（招呼）．¶ 突然後ろから～けられた tūrán bèihòu yǒu rén dǎ zhāohu（突然背后有人打招呼）．¶ 人々に協力を～ける hūyù rénmen xiézhù（呼吁人们协助）．¶ 人々は彼の～けに応えて早急行動を起した rénmen xiǎngyìng tā de hūyù xùnsù de xíngdòng qilai（人们响应他的呼吁迅速地行动起来）．

よびかわ・す【呼び交す】 ¶ 互いに～しながら山道を行く hùxiāng zhāohuzhe pá shānlù（互相招呼着爬山路）．

よびこ【呼び子】 shàozi（哨子），shàor（哨儿），jiàozi（叫子），jǐngdí（警笛）．

よびごえ【呼び声】 1〔呼ぶ声〕 yāoheshēng（吆喝声），hūshēng（呼声）．¶ 物売りの～が近付いてきた jiàomàishēng jìn le（叫卖声近了）．
2〔評判〕 hūshēng（呼声）．¶ 彼は次期学長の～が高い tā zuò xiàjiè xiàozhǎng de hūshēng hěn gāo（他做下届校长的呼声很高）．

よびこ・む【呼び込む】 zhāolái（招徕），zhāolǎn（招揽）．¶ 客を～む zhāolǎn gùkè（招揽顾客）．

よびすて【呼捨て】 ¶ 先生を～にする zhǐ míng dào xìng de jiào lǎoshī（指名道姓地叫老师）．

よびだし【呼出】 ¶ 警察から～を受けた jiēdào jǐngchá de chuánhuàn（接到警察的传唤）．¶ お客様のお～を申し上げます zhūwèi gùkè qǐng zhùyì, xiànzài zhǎo rén（诸位顾客请注意，现在找人）．

よびだ・す【呼び出す】 ¶ 友達を喫茶店に～す bǎ péngyou jiàodào cháguǎn（把朋友叫到茶馆）．¶ 彼女を電話口に～して下さい qǐng jiào tā jiē diànhuà（请叫她接电话）．

よびつ・ける【呼び付ける】 ¶ 職員室に～けて叱る jiàodào jiàoyánshì lái pīpíng（叫到教研室来批评）．

よびと・める【呼び止める】 jiàozhù（叫住）．¶ タクシーを～める jiàozhù chūzū qìchē（叫住出租汽车）．

よびな【呼び名】 chēnghu（称呼）．¶ 又の～は…と言う yòu chēng…（又称…）/ biéhào…（别号…）．

よびみず【呼び水】 ¶ ポンプに～をする gěi shuǐbèng guàn shuǐ（给水泵灌水）．¶ 彼の一言が～となって次々に意見が飛び出した tā shuō de yí jù huà chéngle yǐnzi, dàjiā jiēlián tíchūle gè zhǒng yìjian（他说的一句话成了引子，大家接连提出了各种意见）．

よびもど・す【呼び戻す】 jiàohuí（叫回），huànhuí（唤回），zhàohuí（召回）．¶ 急用で旅先から～された yóuyú yǒu jíshì cóng lǚxíngdì bèi jiàole huílái（由于有急事从旅行地被叫了回来）．

よびもの【呼び物】 ¶ 本日の～ jīntiān zuì jīngcǎi de jiémù（今天最精彩的节目）．

よびょう【余病】 bìngfāzhèng（并发症）．¶ ～を併発する yǐnqǐ bìngfāzhèng（引起并发症）．

よびよ・せる【呼び寄せる】 ¶ 両親を東京へ～せる bǎ fùmǔ jiēdào Dōngjīng lái（把父母接到东京来）．¶ 子供達を枕許に～せる bǎ háizimen jiàodào zhěnbiān（把孩子们叫到枕边）．

よびりん【呼び鈴】 líng（铃），diànlíng（电铃）．¶ ～を鳴らす àn líng（按铃）．

よ・ぶ【呼ぶ】 1〔声を掛ける〕 jiào（叫），zhāohu（招呼），hǎn（喊）．¶ "お母さん"と子供が～んでいる "māma!" háizi hǎnzhe（"妈妈！"孩子喊着）．¶ 名前を～ばれたらすぐ返事をする jiàole nǐ de míngzi jiù mǎshàng huídá!（叫了你的名字就马上回答!）．¶ いくら～んでも返事がない zěnme jiào yě méiyǒu yīngshēng（怎么叫也没有应声）．¶ 助けを～ぶ声が聞えた tīngjian yǒu rén hūjiù（听见有人呼救）．
2〔呼び寄せる〕 jiào（叫）．¶ 早く救急車を～べ kuài jiào jiùhùchē（快叫救护车）．¶ 彼女を電話口に～んで下さい qǐng jiào tā jiē diànhuà（请叫她接电话）．¶ 社長がお～びです zǒngjīnglǐ jiào nǐ（总经理叫你）．
3〔招請する，招待する〕 yāo（邀），qǐng（请），yāoqǐng（邀请）．¶ A 先生を～んで話を聞く qǐng A xiānsheng lái jiǎngyǎn（请 A 先生来讲演）．¶ 夕食に彼女を～ぼう qǐng tā lái chī wǎnfàn（请她来吃晚饭）．¶ 友人を～んでパーティーを開く kāi yànhuì yāoqǐng péngyou（开宴会邀请朋友）．¶ 明日結婚式に～ばれている bèi yāo míngtiān cānjiā jiéhūn diǎnlǐ（被邀明天参加结婚典礼）．
4〔引き寄せる〕 ¶ 首相の発言が論議を～んだ shǒuxiàng de fāyán yǐnqǐ le yìlùn（首相的发言引起了议论）．¶ 派手な宣伝で客を～ぶ dàsì xuānchuán zhāolǎn gùkè（大肆宣传招揽顾客）．¶ この歌は今大変な人気を～んでいる zhè zhī gē xiànzài fēicháng shòu huānyíng（这支歌现在非常受欢迎）．¶ 海苔(⁹)は湿気を～びやすい zǐcài yì shòucháo（紫菜易受潮）．¶ 類は友を～ぶ wù yǐ lèi jù（物以类聚）．
5〔称する〕 chēng（称），chēnghu（称呼）．¶ 大阪は昔"難波"と～ばれた Dàbǎn cóngqián bèi chēngzuò "Nánbō"（大阪从前被称做"难波"）．¶ 孫文は中国革命の父と～ばれている Sūn Wén bèi chēngwéi Zhōngguó gémìng zhī fù（孙文被称为中国革命之父）．¶ この犬を"ク ロ"と～ぶことにした gěi zhè zhī gǒu qǐmíng jiào "Xiǎohēi"（给这只狗起名叫"小黑"）．¶ 君をどう～んだらいいですか zěnme chēnghu [jiào] nǐ hǎo?（怎么呼[叫]你好?）．

よふかし【夜更し】 áoyè（熬夜）．¶ ～は体に毒だ áoyè duì shēntǐ yǒuhài（熬夜对身体有害）．

よふけ【夜更け】 shēnyè（深夜），shēngēng-bàn-

よぶん【余分】 **1**〔余り〕shèngyú(剩余)、yúshèng(余剩).¶～が出ないようにきちんと分けなさい wèile bù chū shèngyú yào fēndé qiàhǎo(为了不出剩余要分得恰好).
2〔余計〕duō(多),duōyú(多余),fùyu(富余).¶君に～にあげよう duō gěi nǐ yìxiē ba(多给你一些吧)/私に～な金はない wǒ kě méiyǒu fùyu de qián(我可没有富余的钱).

よへい【余弊】 ¶戦争の～ zhànzhēng de liúbì(战争的流弊).¶文明の～ wénmíng de bìbìng(文明的弊病).

よほう【予報】 yùbào(预报).¶天気～ tiānqì yùbào(天气预报).

よぼう【予防】 yùfáng(预防),fángbèi(防备).¶伝染病を～する yùfáng chuánrǎnbìng(预防传染病).¶彼は仕事を押しつけられまいとしきりに～線を張った tā wèile bú ràng rénjia bǎ gōngzuò sāigěi zìjǐ,jílì shèxià fángxiàn(他为了不让人家把工作塞给自己,极力设下防线).¶～接種 yùfáng jiēzhòng(预防接种).～注射 yùfáng zhùshè(预防注射).

よぼう【輿望】 zhòngwàng(众望).¶人々の～を担って議長に就任する shēn fù zhòngwàng jiùrèn zhǔxí(身负众望就任主席).

よほど【余程】 ¶彼女は～嬉しかったのだろう kàn yàngzi tā gāoxìngde liǎobude(看样子她高兴得了不得)/kànlai tā fēicháng gāoxìng(看来她非常高兴).¶お前より也彼の方が～詳しい bǐqǐ nǐ lái tā zhīdao de duōde duō(比起你来他知道的多得多)/tā bǐ nǐ shúxīde duō(他比你熟悉得多).¶～勉強しないと追い付かない bù huā xiāngdāng de gōngfu xué bù shǎngbushàng de(不花相当的功夫学是赶不上的).¶彼は～の事がない限り弱音を吐かない chúfēi yǒu hěn bù xúncháng[bùdéyǐ]de qíngkuàng,tā jué bú huì jiàokǔ de(除非有很不寻常[不得已]的情况,他决不会叫苦的).¶一言おうと思ったが彼は言い出せなかった bēn xiǎng shuō[huà dào zuǐbiānr]kě méi néng shuōchulai(本想说[话到嘴边儿]可没能说出来).

よぼよぼ lóngzhōng(龙钟).¶～の老人 lóngzhōng de lǎorén(老态龙钟的老人).¶老婆が～と歩いて行く lǎotàipó yáoyáo-huànghuàng de zǒuzhe lù(老太婆摇摇晃晃地走着路).

よま・せる【読ませる】 ¶この小説は～せる zhège xiǎoshuō xīyǐn rén(这个小说吸引人)/zhè bù xiǎoshuō yǐn rén rù shèng(这部小说引人入胜).

よまわり【夜回り】 dǎgēng(打更),xúnyè(巡夜),cháyè(查夜);〔人〕gēngfū(更夫).¶町内を～する zài jiēshang dǎgēng(在街上打更).¶～が回って来た dǎgēngde ràoguolai le(打更的绕过来了).

よみ【黄泉】 huángquán(黄泉),jiǔquán(九泉),yīnjiān(阴间).

よみ【読み】 ¶彼女はまだこの文章の～が足りない zhè piān wénzhāng tā *dúde hái bú tòu[lǐjiěde hái bù shēn](这篇文章她*读得还不透[理解得还不深]).¶彼は先の～が深い tā kànde shēnyuǎn(他看得深远).¶ちょっと～が浅かった yǒudiǎnr gūjì bù zú(有点儿估计不足).¶辞書で漢字の～を調べる yòng zìdiǎn chá hànzi de *dúfǎ[niànfǎ/dúyīn](用字典查汉字的*读法[念法/读音]).

よみあ・げる【読み上げる】 **1**〔大声で読む〕 xuāndú(宣读).¶決議文を～げる xuāndú juéyìwén(宣读决议文).
2〔読み終える〕 kànwán(看完),dúwán(读完).¶一晩でこの本を～げた yí ge wǎnshang bǎ zhè běn shū gěi kànwán le(一个晚上把这本书给看完了).

よみあわせ【読み合せ】 ¶～で校正する duì dú jiàozhèng(对读校正)/yì rén lǎngdú yì rén jiàodú(一人朗读一人校对).¶台本の～をする duì táicí(对台词)/duì cír(对词儿).

よみおと・す【読み落す】 kànlòu(看漏).¶大事な箇所を～していた bǎ zhòngyào de dìfang gěi kànlòu le(把重要的地方给看漏了).

よみかえ・す【読み返す】 ¶手紙を何度も～した bǎ xìn fǎnfù kànle hǎo jǐ biàn(把信反复看了好几遍).

よみがえ・る【蘇る】 fùshēng(复生),sūxǐng(苏醒),chóngshēng(重生),fùsū(复苏),fùhuó(复活).¶死の床から奇跡的に～った bìng rù gāohuāng de rén qíjī bān de fùsū le(病入膏肓的人奇迹般地复苏了).¶さわやかな山の空気に～った心地がした shānshang de xīnxiān kōngqì shǐ rén xīnkuàngshényí(山上的新鲜空气使人心旷神怡).¶久し振りの雨に草木は～った jiǔ hàn hòu de gānlín shǐ cǎomù chóng huǎngguolai le(久旱后的甘霖使草木都缓过来了).¶幼い頃の記憶が～ってくる yòushí de jìyì fúxiàn chulai(幼时的记忆浮现出来).

よみかき【読み書き】 ¶～を習う xuéxí dúshū xiězì(学习读书写字)/xué wénhuà(学文化).¶彼は独りで～算盤を学んだ tā zìxuéle shí zì xiě suàn(他自学了识字写算).

よみかた【読み方】 dúfǎ(读法),niànfǎ(念法).¶この字の～が分らない zhège zì bù zhīdao zěnme niàn(这个字不知道怎么念).

よみきり【読み切り】 ¶～小説 yì qī zǎiwán de xiǎoshuō(一期载完的小说).

よみごたえ【読み応え】 kàntou(看头).¶～のある本 yǒu kàntou de shū(有看头的书).

よみこな・す【読みこなす】 ¶難しい本を～す dúdǒng shēn'ào de shū(读懂深奥的书).

よみせ【夜店】 yètānzi(夜摊子),yèshì(夜市).

よみち【夜道】 hēidào[r](黑道儿).¶～を急ぐ gǎn yèdào(赶夜道儿).

よみで【読み出】 ¶この小説はなかなか～がある zhè běn xiǎoshuō kě zhēn gòu kàn de(这本小说可真够看的).

よみとお・す【読み通す】 tōngdú(通读).¶あまり難解なので最後まで～せなかった yīnwei tài nán,méi néng dúdào zuìhòu(因为太难,没能

よみと・る【読み取る】 ¶大意を～る lǐnghuì dàyì (领会大意). ¶顔色で人の心を～る cóng shénsè kànchū biéren de nèixīn (从神色看出别人的内心).

よみふけ・る【読み耽る】 ¶時の経つのも忘れて～った kàn shū kànrùle mí, bù jué shíjiān de guòqu (看书看入了迷, 不觉时间的过去).

よみもの【読物】 dúwù (读物). ¶A氏のルポルタージュは近頃出色の～だ A shì de bàogào wénxué shì jìnlái chūsè de zuòpǐn (A氏的报告文学是近years出色的作品). ¶児童向けの～ yǐ értóng wéi duìxiàng de dúwù (以儿童为对象的读物).

よ・む【詠む】 yǒng (咏). ¶雪景色を～む yǒng xuějǐng (咏雪景). ¶和歌を～む zuò hégē (作和歌).

よ・む【読む】 **1** dú (读), niàn (念), kàn (看). ¶本を～む kàn shū (看书). ¶大声で教科書を～む dàshēng de niàn kèběn (大声地念课本). ¶病人に新聞を～んで聞かせる gěi bìngrén niàn bàozhǐ tīng (给病人念报纸听). ¶この字は何と～むのか zhège zì zěnme niàn? (这个字怎么念?). ¶彼は古典を相当～んでいる tā dú de gǔdiǎn zuòpǐn kě bùshǎo (他读的古典作品可不少). ¶～んで字の如し qí yì rú wén (其意如文). ¶グラフを～む kàn túbiǎo (看图表). ¶温度計の目盛を～む kàn wēndùjì de dùshu (看温度计的度数). ¶暗号を～む yìjiě mìmǎ (译解密码).

2【見通す】 kànchū (看出), kànpò (看破); chuǎiduó (揣度), chuǎimó (揣摩). ¶相手の出方を～む tuīcè duìfāng de xià yí bùzhòu (推测对方的下一步骤). ¶人の心を～む chuǎimó biéren de xīnlǐ (揣摩别人的心理). ¶国際情勢を～む fēnxī guójì xíngshì de qūshì (分析国际形势的趋势). ¶3手先を～む suànqīng sān zhāo biànhuà (算清三着变化).

3【数える】 shǔ (数), chádiǎn (查点). ¶票を～む shǔ piàoshù (数票数)/ gūsuàn piàoshù (估算票数). ¶入場者の数を～む gūjì rùchǎng rénshù (估计入场人数).

よめ【嫁】 xífù (媳妇), xífur (媳妇儿). ¶息子に～を取る gěi érzi qǔ xífù (给儿子娶媳妇). ¶娘を～にやる bǎ nǚ'ér jiàchuqu (把女儿嫁出去)/ jià nǚ'ér (嫁女儿). ¶彼は～さんをもらった tā qǔle xífur (他娶了媳妇儿). ¶彼女は隣村へ行った tā jiàdào líncūn qù le (她嫁到邻村去了). ¶～と姑の折り合いが悪い pópo hé érxífu bù hémù (婆婆和儿媳妇不和睦)/ póxí bùhé (婆媳不和).

よめ【夜目】 ¶峰々が～にもはっきり見える qúnfēng zài yèlǐ yě qīngchu de chéngxiàn zài yǎnqián (群峰在夜里也清楚地呈现在眼前).

よめい【余命】 yúshēng (余生). ¶いくばくもない yúshēng wújǐ (余生无几)/ fēng zhú cán nián (风烛残年).

よめいり【嫁入り】 chūjià (出嫁). ¶今日はあの娘の～だ jīntiān nàge gūniang chūjià (今天那个姑娘出嫁). ¶～前の娘 wèi chūjià de guī-

nǚ (未出嫁的闺女).
¶～支度 jiàzhuang (嫁妆・嫁装)/ péijià (陪嫁)/ zhuānglián (妆奁).

よ・める【読める】 ¶あいつの腹のうちは～めた kàntòule nà jiāhuo de xīnsi (看透了那家伙的内心). ¶それで～めた zhè cái míngbai guolai (这才明白过来). ¶この文はこうも～める zhège jùzi yě kěyǐ zhèyàng lǐjiě (这个句子也可以这样理解).

よもぎ【蓬】 ài (艾), àihāo (艾蒿), qí'ài (蕲艾).

よもすがら【夜もすがら】 ¶～と語り明かした tōngxiāo[chèyè] bù mián yǔ péngyou pāntán (通宵[彻夜]不眠与朋友攀谈).

よもや búzhìyú (不至于), wànwàn (万万), nándào (难道). ¶あれほど念を押したのだから～忘れはすまい nàme dīngzhǔ, tā nándào hái huì wàngjì le ma? (那么叮嘱, 他难道还会忘记了吗?). ¶～こんな事になろうとは思わなかった wàn méi xiǎngdào huì chéng zhè zhǒng jiéguǒ (万没想到会成这种结果).

よもやまばなし【四方山話】 ¶～をする xiánliáo (闲聊)/ xiánchě (闲扯)/ kǎn dàshān (侃大山・砍大山)/ xiánkèyá (闲磕牙)/ kēyá liáotiānr (磕牙聊天儿).

よやく【予約】 yùyuē (预约), yùdìng (预订). ¶ホテルを～する dìng fàndiàn (订饭店). ¶雑誌の購読を～する dìngyuè zázhì (订阅杂志). ¶～を取り消す qǔxiāo yùyuē (取消预约). ¶～金 yùdìngfèi (预订费)/ dìngfèi (订费).

よゆう【余裕】 yúyù (余裕), fùyu (富余), chōngyù (充裕). ¶座席に～がある zuòwèi hái yǒuyú (座位还有余). ¶私にはそれを買うがない wǒ méiyǒu fùyu de qián mǎi nàge dōngxi (我没有富余的钱买那个东西). ¶～なそんな事を考えるhaない xiànzài méiyǒu yúlì kǎolǜ nà zhǒng shì (现在没有余力考虑那种事). ¶彼は土壇場に追い込まれても～綽々(しゃく)としていた tā jiùshì bèi bīdào yánzhòng guāntóu, yě hái shì cóngróng zìruò (他就是被逼到严重关头, 也还是从容自若). ¶もう時間の～がない shèngxia de shíjiān méiyǒu duōshǎo le (剩下的时间没有多少了).

より gèng (更). ¶～多くの人に訴える gèng duō de rén hūyù (向更多的人呼吁). ¶～一層の努力をすべきだ yīnggāi gèngjiā nǔlì (应该更加努力). ¶～大きな目的に向かって邁進する xiàng gèng dà de mùbiāo màijìn (向更大的目的迈进).

より【撚り】 ¶糸に～をかける niǎn xiàn (捻线). ¶2人の～が戻った tāmen liǎ *yán guī yú hǎo [pòjìng chóngyuán] (他们俩"言归于好[破镜重圆]). ¶腕に～をかけて御馳走を作る náchū kānjiā běnlǐng zuò cài (拿出看家本领做菜).

-より **1**【場所・時間の起点】 cóng (从), zì (自). ¶東京駅～出発する cóng Dōngjīngzhàn chūfā (从东京站出发). ¶ここ～北へ30キロ行った所 cóng zhèr wǎng běi sānshí gōnglǐ de dìfang (从这儿往北三十公里的地方). ¶4月1日～施行された法律 zì sìyuè yī rì qǐ shīxíng de fǎlǜ (自四月一日起施行的法律). ¶只今～

よりあい

卒業式を行います xiànzài kāishǐ jǔxíng bìyè diǎnlǐ(现在开始举行毕业典礼)．¶5時～以後は自宅にいます wǔ diǎn yǐhòu zài jiālǐ(五点以后在家里)．

2［比較］bǐ(比)．¶鉄～硬い物質 bǐ tiě hái yìng de wùzhì(比铁还硬的物质)．¶彼は私～3つ若い tā bǐ wǒ xiǎo sān suì(他比我小三岁)．¶私は肉～魚が好きだ bǐqǐ ròu lái, wǒ gèng xǐhuan chī yú(比起肉来，我更喜欢吃鱼)．¶本で読む～実際に見た方がよく分る shíjì guānchá bǐ kàn shū gèng míngbai(实际观察比看书更明白)．¶彼は学者という～実業家だ yǔqí shuō tā shì ge xuézhě, dào bùrú shuō shì shíyèjiā(与其说他是个学者，倒不如说是实业家)．¶誰～もまず彼に相談するべきだ nǐ yīnggāi shǒuxiān gēn tā shāngliang shāngliang(你应该首先跟他商量商量)．

3［限定］¶読書～ほかに趣味はない chúle dúshū yǐwài, méiyǒu bié de àihào(除了读书以外，没有别的爱好)．¶こうする～ほか方法がない chú cǐ ér wài méiyǒu bié de bànfǎ(除此而外没有别的办法)．¶私は黙っている～った wǒ zhǐhǎo bù yányu(我只好不言语)．

よりあい【寄り合い】 jíhuì(集会)，jùhuì(聚会)．¶今晩村の～がある jīnwǎn cūnzilǐ yǒu ge jíhuì(今晚村子里有个集会)．

よりあいじょたい【寄合所帯】 ¶3家族の～ sān hù gòng jū yì suǒ fángzi(三户共居一所房子)．¶あのチームは～だ nàge qiúduì shì dōngpīn-xīcòu de(那个球队是东拼西凑的)．

よりあつま・る【寄り集まる】 jùjí(聚集)．¶同好の士が～って演劇サークルを作る àihào xiāngtóng de rén jíhé qilai zǔzhī huàjù yǎnchū xiǎozǔ(爱好相同的人集合起来组织话剧小组)．

よりいと【縒り糸】 niǎnxiàn(捻线)．

よりかか・る【寄り掛る】 kào(靠)，yǐ(倚)，yǐkào(倚靠)，yīkào(依靠)．¶壁に～って座る kào qiáng zuò(靠墙坐)．¶そういつまでも親に～っていられるものではない bùnéng lǎo zhème yīkào fùmǔ(不能老是这么依靠父母)．

よりごのみ【選り好み】 →えりごのみ．

よりすぐ・る【選りすぐる】 →えりすぐる．

よりそ・う【寄り添う】 āi(挨)，wēi(偎)，yīwēi(依偎)，wēiyǐ(偎依)，wēibàng(偎傍)．¶彼は美しい女性が～っていた tā pángbiān wēizhe yí ge měilì de nǚzǐ(他旁边偎着一个美丽的女子)．¶2人は～ようにして生きている liǎng ge rén xiāngyī wéi mìng(两个人相依为命)．

よりつ・く【寄り付く】 āijìn(挨近)，kàojìn(靠近)，jiējìn(接近)．¶彼には誰も～かなくなった shuí yě bú zài jiējìn tā le(谁也不再接近他了)．

よりどころ【拠所】 yījù(依据)，gēnjù(根据)，zhǔnshéng(准绳)，yītuō(依托)，yīkào(依靠)．¶生活の～を失う shēnghuó shīdiàole yīkào(生活失掉了依靠)．¶何を～にそんな事を言うのか nǐ gēnjù shénme zhèyàng shuō?(你根据什么这样说?)．¶心の～を求める xúnqiú jīngshenshang de yītuō(寻求精神上的依托)．

よりどり【選り取り】 ¶～見取り500円 suíyì tiāoxuǎn, dōu shì wǔbǎi kuài(随意挑选，都是五百块)．

よりぬき【選り抜き】 →えりぬき．

よりみち【寄り道】 ¶今日は～しないで真直ぐ帰る jīntiān zhōngtú bù pāomáo jìngzhí huíjiā(今天中途不抛锚径直回家)／jīntiān bú ràodào biéchù qù, yìzhí huíjiā(今天不绕到别处去，一直回家)．

よりょく【余力】 yúlì(余力)．¶2000メートル泳いでもまだ～を残している yóule liǎngqiān mǐ hái yǒu yúlì(游了两千米还有余力)．¶私には今その仕事を引き受ける～はない wǒ xiànzài méiyǒu yúlì jiēshòu nàge gōngzuò(我现在没有余力接受那个工作)．

よりわ・ける【選り分ける】 →えりわける．

よ・る【因る・依る・拠る】 1［手段とする，依存する］yòng(用)，yǐ(以)，kào(靠)，píng(凭)．¶労働に～って収入を得る kào láodòng lái zhèngqián(靠劳动来挣钱)．¶話合いに～って解決すべきだ yīnggāi tōngguò tánpàn lái jiějué(应该通过谈判来解决)．¶文書に～る回答を要求する yāoqiú shūmiàn huídá(要求书面回答)．¶辞書に～って意味を調べる yòng cídiǎn chá cíyì(用词典查词义)．¶絵画に～って思想を表現する yǐ huìhuà lái biǎodá sīxiǎng(以绘画来表达思想)．

2［根拠とする］àn(按)，jù(据)，kào(靠)．¶天険に～って敵を防ぐ jù tiānxiǎn zǔdǎng dírén(据天险阻挡敌人)．¶天気予報に～れば明日は雨だ jù tiānqì yùbào míngtiān xiàyǔ(据天气预报明天下雨)．¶基本的人権は憲法に～って保障されている jīběn rénquán shì yóu xiànfǎ suǒ bǎozhàng de(基本人权是由宪法所保障的)．¶慣例に～って執り行う ànzhào guànlì zhíxíng(按照惯例执行)．¶医師の勧めに～って転地療養する àn yīshēng de quàngào, yìdì liáoyǎng(按医生的劝告，易地疗养)．¶パガニーニの主題に～る狂想曲 Pàgéníní zhǔtí kuángxiǎngqǔ(帕格尼尼主题狂想曲)．

3［起因する］yóuyú(由于)，yīn(因)．¶昨夜の火事は漏電に～った可能性がある zuówǎn huǒzāi kěnéng shì yīn lòudiàn ér yǐnqǐ de(昨晚的火灾可能是因漏电而引起的)．¶交通事故に～る死亡者は年々増加している yīn jiāotōng shìgù ér sǐwáng de rén zhúnián zēngjiā(因交通事故而死亡的人逐年增加)．¶洪水に～って農作物は大きな被害を受けた yóuyú hóngshuǐ, zhuāngjia shòudàole hěn dà de sǔnshī(由于洪水，庄稼受到了很大的损失)．¶彼の成功は友人の助力に～るところが大きい tā de chénggōng, péngyou de bāngzhù qǐle hěn dà de zuòyòng(他的成功，朋友的帮助起了很大的作用)．

4［応ずる］¶相手の出方に～って態度を決める kàn duìfāng de tàidu juédìng wǒmen de tàidu(看对方的态度决定我们的态度)．¶所に～っては雨が降るところも有る yǒu de dìfang huì xiàyǔ(有的地方会下雨)．¶場合に～っては反対することもあり得る kàn qíngkuàng yě yǒu kěnéng fǎnduì(看情况也有可能反对)．¶親

切も時に～りけりだ yǔ rén fāngbiàn yào kàn shénme chǎnghé（予人方便要看什么场合）. ¶成功するかしないかは君の努力いかんに～る chénggōng yǔ fǒu zàiyú nǐ zìjǐ de nǔlì rúhé（成功与否在于你自己的努力如何）. ¶彼女は何事にも～らず几帳面が tā wúlùn zuò shénme dōu yìbǎn-yìyǎn, háo bù mǎhu（她无论做什么都一板一眼,毫不马虎）. **5**〔大企業〕に～る買占め dàqǐyè de túnjī（大企业的囤积）. ¶A 氏に～る編曲 yóu A xiānsheng biānqǔ（由 A 先生编曲）.

よ・る【寄る】 **1**〔近寄る〕kào（靠）, lǒng（拢）, āi（挨）, còu（凑）, kàojìn（靠近）, kàolǒng（靠拢）, āijìn（挨近）. ¶もっとストーブのそばに～りなさい zài wǎng lúbiānr kào yìxiē（再往炉边儿靠一些）. ¶近くに～って見る kàojìn yìdiǎnr kàn（靠近一点儿看）. ¶少し左に～りなさい shāo xiàng zuǒ kàokao（稍向左靠靠）. ¶交差点～りの出口 kào jiāochā lùkǒu de chūkǒu（靠交叉路口的出口）. ¶こんな事になろうとは思いも～らなかった wàn méi xiǎngdào huì chéng zhè zhǒng zhuàngtài（万没想到会成这种状态）.

2〔立ち寄る〕 ¶帰りに友人の家に～る guītú shùnbiàn dào péngyou jiā chuànménr（归途顺便到朋友家串门儿）. ¶図書館に～って本を借りる shùnlù dào túshūguǎn jiè shū（顺路到图书馆借书）.

3〔集まる〕jù（聚）, jùjí（聚集）, còu（凑）. ¶人が大勢～って騒いでいる hěn duō rén jùzài yìqǐ qǐhòng（很多人聚在一起起哄）/ rénmen còuzài yìqǐ nàoshì（聚众闹事）. ¶～ると触るとその話でもちきりだ rénmen còu zài yìqǐ zhāngzuǐ jiùshì nà jiàn shì（人们凑在一起张嘴就是那件事）. ¶～ってたかってぶん殴る jiéhuǒ dǎ rén（结伙打人）/ jiūzhòng dǎ rén（纠众打人）.

4〔重なる〕 ¶顔にしわが～る liǎnshang qǐ zhòuwén（脸上起皱纹）. ¶年波には勝てぬ niánlíng bù ráo rén（年龄不饶人）.

よ・る【選る】 tiāo（挑）, jiǎn（拣）, xuǎn（选）, tiāojiǎn（挑拣）, tiāoxuǎn（挑选）. ¶よく熟した桃を～る tiāojiǎn shúle de táozi（挑拣熟了的桃子）. ¶～りに～ってこんな日にやって来るなんて zěnme piānpiān jīntiān lái le ne?（怎么偏偏今天来了呢?）.

よ・る【縒る】 niǎn（捻）, cuō（搓）. ¶こよりを～る niǎn zhǐniǎnr（捻纸捻儿）.

よる【夜】 yèli（夜里）, yèjiān（夜间）, yèwǎn（夜晚）, wǎnshang（晚上）, wǎnjiān（晚间）, hòushang（后晌）. ¶～もだいぶ更けた yè shēn le（夜深了）. ¶冬は昼が短く～が長い dōngtiān zhòu duǎn yè cháng（冬天昼短夜长）. ¶会議は～遅くまで続いた huìyì yìzhí kāidào shēngēng-bànyè（会议一直开到深更半夜）. ¶～になってもまだ帰らない dàole wǎnshang hái méiyǒu huílai（到了晚上还没有回来）. ¶土曜日の～ xīngqīliù wǎnshang（星期六晚上）.

ヨルダン Yuēdàn（约旦）.

よるひる【夜昼】 zhòuyè（昼夜）, rìyè（日夜）. ¶工事は～の区別なく進められた gōngchéng bù fēn zhòuyè de jìnxíngzhe（工程不分昼夜地进行着）. ¶～遊び続ける báitiān-hēiyè de wánr（白天黑夜地玩儿）.

よるべ【寄る辺】 ¶～のない身 wúyī-wúkào de rén（无依无靠的人）.

よれよれ zhòubābā（皱巴巴）. ¶～のワイシャツ zhòubābā de chènshān（皱巴巴的衬衫）.

よ・れる【縒れる】 ¶ホースが～れている ruǎnguǎn nǐngwāizhe（软管拧歪着）.

よろい【鎧】 jiǎ（甲）, kǎijiǎ（铠甲）. ¶～かぶとに身を固める dǐng kuī guàn jiǎ（顶盔贯甲）/ pījiǎ（披甲）.

よろいど【鎧戸】 bǎiyèchuāng（百叶窗）.

よろく【余禄】 ¶この役職は～が多い zhège guānzhí shì ge féiquē（这个官职是个肥缺）.

よろ・ける liàngqiàng（踉跄）, pánshān（蹒跚）, dǎ lièqie（打趔趄）. ¶バスが揺れて思わず～けた gōnggòng qìchē yì diān, bùyóude dǎle ge lièqie（公共汽车一颠,不由得打了个趔趄）. ¶～けながら歩く zǒu lù zǒude līliùwāixié de（走路走得哩溜歪斜的）/ pánshān ér xíng（蹒跚而行）.

よろこび【喜び】 **1**〔嬉しさ〕xǐyuè（喜悦）, huānxǐ（欢喜）, huānlè（欢乐）, huānyuè（欢悦）. ¶彼女は～の色を隠せなかった tā yìzhí bu zhù nèixīn de xǐyuè（她抑制不住内心的喜悦）/ tā xǐ xíng yú sè（她喜形于色）. ¶彼の胸は～に躍った tā xīnhuā nùfàng（他心花怒放）.

2〔慶事〕xǐshì（喜事）. ¶近所にお～があった jiēfang yǒule xǐshì（街坊有了喜事）.

3〔祝意〕 ¶御成功,心からお～申し上げます zhōngxīn zhùhè nǐ de chénggōng（衷心祝贺你的成功）.

よろこ・ぶ【喜ぶ】 gāoxìng（高兴）, xǐhuan（喜欢）, huānxǐ（欢喜）. ¶父は私の顔を見て大変～んだ fùqin kàndào wǒ fēicháng gāoxìng（父亲看到我非常高兴）. ¶その知らせは皆を～ばせた nàge xiāoxi shǐ dàjiā gāoxìng（那个消息使大家高兴）. ¶彼は私の忠告を～ばない tā bù xǐhuan tīng wǒ de quàngào（他不喜欢听我的劝告）. ¶～んでお手伝い致します wǒ hěn gāoxìng wèi nín jìnlì（我很高兴为您尽力）. ¶彼女は～んでその役を引き受けてくれた tā lèyì de jiēshòule nàge rènwu（她乐意地接受了那个任务）. ¶彼は～び勇んで出掛けた tā xìnggāo cǎi liè de chūqu le（他兴高采烈地出去了）.

よろし・い【宜しい】 ¶緩急～きを得る huǎnjí dédàng（缓急得当）. ¶いつ伺えば～いですか shénme shíhou bàifǎng hǎo ne?（什么时候拜访好呢?）. ¶用がないから帰って～くなくて～い míngtiān méi shì, yòngbuzháo lái（明天没事,用不来）. ¶～ければ次の議題に移りましょう yàoshi kěyǐ de huà, tǎolùn xià yí ge yìtí（要是可以的话,讨论下一个议题）. ¶私はどちらでも～いです wǒ nǎge dōu xíng（我哪个都行）.

よろしく【宜しく】 ¶以後の事は～頼む yǐhòu de shì bàituō nǐ le（以后的事拜托你了）. ¶～お取り計らい下さい qǐng gěi zhàogu（请给照顾）. ¶今後とも～お願い致します jīnhòu yě

よろずや

qǐng duō guānzhào(今后也请多关照). ¶母からも～とのことです mǔqin yě xiàng nǐ wènhǎo(母亲也向你问好). ¶皆様に～ qǐng xiàng dàjiā wènhǎo(请向大家问好).

よろずや【万屋】 〔店〕záhuòdiàn(杂货店);〔人〕wànjīnyóu(万金油).

よろめ･く qiàngliàng(跄踉･踉跄), liàngqiàng(踉跄･踉跄), dǎ huàngr(打晃儿), pánshān(蹒跚), dǎ lièqie(打趔趄). ¶めまいがして～いた yǎnqián yī hēi liàngqiàngle yíxià(眼前一黑踉跄了一下). ¶～きながら歩いて行く dōngdǎo-xīwāi de zǒuzhe(东倒西歪地走着)/ yīliù-wāixié de zǒuqu(一溜歪斜地走去)/ pánshān ér xíng(蹒跚而行).

よろよろ ¶杖にすがって～と歩く fúzhe shǒuzhàng pánshān[yīliù-wāixié] de zǒu(扶着手杖蹒跚[一溜歪斜]地走).

よろん【輿論】 yúlùn(舆论). ¶法案をめぐって～が沸騰した wéiràozhe gāi xiàng fǎ'àn, yúlùn huárán(围绕着该项法案,舆论哗然). ¶新聞を通じて～に訴える tōngguò bàozhǐ sù zhū yúlùn(通过报纸诉诸舆论). ¶～を喚起する huànqǐ yúlùn(唤起舆论).

¶～調査 mínyì cèyàn(民意测验).

よわ･い【弱い】 ruò(弱). ¶エンジンの力が～い yǐnqíng de lìliang ruò(引擎的力量弱). ¶～い者いじめをする shì qiáng qī ruò(恃强欺弱). ¶近頃は気が～くなった jìnlái qìr bù nàme shèng le(近来气儿不那么盛了). ¶あいつは脳が～い nàge jiāhuo nǎojīn bèn(那个家伙脑筋笨). ¶彼は将棋は～い tā xiàngqí xiàde bù hǎo(他象棋下得不好). ¶私は数字に～い wǒ bú dà huì bǎinòng shùzi(我不大会摆弄数字). ¶～い風が吹く wēifēng chuī(微风吹). ¶～い酒 dùshu dī de jiǔ(度数低的酒). ¶火を～くしなさい bǎ huǒ nòngxiǎo(把火弄小). ¶この眼鏡は度が～い zhè fù yǎnjìng dùshu qiǎn(这副眼镜度数浅). ¶この生地は～い zhè yīliào bù jiēshi(这衣料不结实). ¶彼は生れつき体が～い tā shēnglái shēntǐ ruò(他生来身体弱). ¶アルミニウムは酸に～い lǚ bú nàisuān(铝不耐酸). ¶私は暑さに～い wǒ pà rè(我怕热). ¶私は船に～い wǒ róngyì yùnchuán(我容易晕船). ¶彼はお世辞に～い tā jīnbuqǐ rénjia gōngwei(他禁不起人家恭维).

よわき【弱気】 ruǎnruò(软弱), duǎnqì(短气). ¶君もずいぶん～だな nǐ yě tài ruǎnruò le(你也太软弱了). ¶病気をするとついへになる rén yí bìng jiù bújìn ruǎnruò xialai(人一病就不禁软弱下来). ¶勝負に～は禁物だ zhēng shèngfù zuì jì duǎnqì(争胜负最忌胆怯).

よわごし【弱腰】 ¶～になる dǎnqiè le(胆怯了)/ shìruò le(示弱了). ¶そんな～でどうする gǔtou nàme ruǎn zěnme néng xíng?(骨头那么软怎么能行?).

よわたり【世渡り】 chǔshì(处世). ¶彼は～がうまい tā hěn huì chǔshì(他很会处世).

よわね【弱音】 duǎnqì(短气). ¶このくらいの事で～を吐くな zhèmediǎnr ge shì bùxǔ shuō bù zhēngqì de huà[fúhuà/xièqìhuà](这么点儿事不许说不争气的话[泛话/泄气话]).

よわび【弱火】 wénhuǒ(文火), xiǎohuǒ(小火).

よわま･る【弱まる】 biàn ruò(变弱), jiǎnruò(减弱). ¶夜になってから風が～った dàole wǎnshang, fēng biàn ruò le(到了晚上,风变弱了).

よわみ【弱み】 ruòdiǎn(弱点); biànzi(辫子), xiǎobiànzi(小辫子), bǎbǐng(把柄). ¶人の～に付け込んで脅す zhuāzhù biéren de bǎbǐng jìnxíng wēixié(抓住别人的把柄进行威胁). ¶私は彼の～を握っている wǒ zhuāzhùle tā de xiǎobiànzi(我抓住了他的小辫子). ¶彼は決して人に～を見せない tā jué bù bǎ ruòdiǎn bàolù gěi biéren(他决不把弱点暴露给别人).

よわむし【弱虫】 dǎnxiǎoguǐ(胆小鬼), nāozhǒng(孬种). ¶そんな～では駄目だ zhèyàng de dǎnxiǎoguǐ, yǒu shénme yòng?(这样的胆小鬼,有什么用?). ¶あいつは～だ nàge jiāhuo tài nāo(那个家伙太孬).

よわ･める【弱める】 xuēruò(削弱), jiǎnruò(减弱). ¶ガスの火を～めて下さい qǐng bǎ méiqìhuǒ nòngxiǎo(请把煤气火弄小). ¶分裂は組合の力を～めた fēnliè shǐ gōnghuì de lìliang xuēruò le(分裂使工会的力量削弱了).

よわよわ･しい【弱弱しい】 wēiruò(微弱), ruǎnruò(软弱). ¶彼は見たところ～い体つきだ tā kànshangqu ruò bù jīn fēng(他看上去弱不禁风). ¶～い声で助けを求める yòng wēiruò de shēngyīn qiújiù(用微弱的声音求救).

よわりめ【弱り目】 ¶～に祟り目 wūlòu piān zāo liányīnyǔ, chuán pò yòu yù dǐngtóufēng(屋漏偏遭连阴雨,船破又遇顶头风)/ bìngguǐ pèngzháo Yánluówáng(病鬼碰着阎罗王)/ huò bù dān xíng(祸不单行).

よわ･る【弱る】 **1**【弱くなる】 ruò(弱), shuāiruò(衰弱). ¶父は最近めっきり体が～った fùqin jìnlái shēntǐ xiǎnzhù de shuāiruò le(父亲近来身体显著地衰弱了). ¶視力が～った shìlì ruò le(视力弱了). ¶年を取ったせいか足が～った huòxǔ shì shàngle niánjì, tuǐjiǎo méijìnr le(或许是上了年纪,腿脚没劲儿).

2【困る】 ¶今度ばかりは～った zhè cì kě wéinán le(这次可为难了). ¶女房に寝込まれて～ってしまった àiren bìngdǎo, nòngde wǒ jiāotóu-làn'é(爱人病倒,弄得我焦头烂额).

よんどころな･い【拠ない】 bùdéyǐ(不得已), pòbùdéyǐ(迫不得已), wànbùdéyǐ(万不得已). ¶～い事情で出席できなかった yóuyú bùdéyǐ de shì méi néng chūxí(由于不得已的事没能出席). ¶～く私がそれを引き受けることになった pòbùdéyǐ wǒ zhǐhǎo chéngdānle nà jiàn shì(迫不得已我只好承担了那件事).

よんりんくどう【四輪駆動】 sìlún qūdòng(四轮驱动).

ら

-ら【等】 men(们)〈人〉. ¶僕～ wǒmen(我们)/zánmen(咱们). ¶君～ nǐmen(你们). ¶彼～ tāmen(他们). ¶子供～ háizimen(孩子们). ¶木村氏～3名が参加した Mùcūn xiānsheng děng sān míng cānjiā le(木村先生等三名参加了). ¶これ～の問題 zhèxiē wèntí(这些问题).

ラード zhūyóu(猪油), hūnyóu(荤油), dàyóu(大油).

ラーメン tāngmiàn(汤面).

らい-【来】 xià(下). ¶～学期 xià xuéqī(下学期).

-らい【来】 lái(来), yǐlái(以来). ¶彼とは20年～の友人だ gēn tā shì èrshí-niánlái de péngyou(跟他是二十年来的朋友). ¶昨年～の懸案がやっと解決した qùnián yǐlái yìzhí cúnzài de xuán'àn hǎoróngyì cái jiějué(去年以来一直存在的悬案好容易才解决). ¶2,3日～体の調子がよくない zhè liǎng,sān tiān shēntǐ bù shūfu(这两,三天身体不舒服).

らいい【来意】 láiyì(来意). ¶～を告げる shuōmíng láiyì(说明来意).

らいう【雷雨】 léiyǔ(雷雨), léizhènyǔ(雷阵雨). ¶激しい～に遭う yùshàngle hěn dà de léiyǔ(遇上了很大的雷雨).

らいうん【雷雲】 léiyǔyún(雷雨云), jīyǔyún(积雨云). ¶～が発生した chūxiànle léiyǔyún(出现了雷雨云).

らいえん【来演】 ¶A劇団の～が決定した A jùtuán qiánlái yǎnchū yǐjing juédìng le(A剧团前来演出已经决定了).

ライオン shīzi(狮子).

らいが【来駕】 guānglín(光临), jiàlín(驾临), qūjià(屈驾). ¶御～をお待ちしております gōnghòu guānglín(恭候光临)/ gōnghòu dàjià(恭候大驾).

らいかん【来観】 ¶多数の～者があった yǒu hěn duō rén lái cānguān(有很多人来参观).

らいう【雷雲】 léiguān(雷观).

らいきゃく【来客】 láikè(来客). ¶今日は午後から～がある jīntiān xiàwǔ yǒu láikè(今天下午有来客).

らいぎょ【雷魚】 lǐ(鳢), hēiyú(黑鱼).

らいげき【雷撃】 ¶敵艦を～する yòng yúléi gōngjī díjiàn(用鱼雷攻击敌舰).

らいげつ【来月】 xiàyuè(下月), xià ge yuè(下个月). ¶～中にきっとお返しします xià ge yuè yídìng huángěi nǐ(下个月一定还给你). ¶～の末 xiàyuèdǐ(下月底).

らいさん【礼賛】 lǐzàn(礼赞), gēsòng(歌颂), sòngyáng(颂扬), zànyáng(赞扬), zànsòng(赞颂). ¶科学の進歩を～する zànsòng kēxué de jìnbù(赞颂科学的进步). ¶～者 zànshǎngzhě(赞赏者).

らいしゅう【来週】 xiàxīngqī(下星期), xiàlǐbài(下礼拜), xiàzhōu(下周). ¶～の土曜日 xià xīngqīliù(下星期六).

らいしゅう【来襲】 ¶敵機の～に備える fángbèi díjī lái xíjī(防备敌机来袭击).

らいしゅん【来春】 ¶彼女は～卒業する tā zài míngnián chūntiān bìyè(她在明年春天毕业). ¶～早々お伺いします xīnnián bàifǎng nín(新年拜访您).

らいじょう【来場】 ¶御～の皆様に感謝の意を表します xiàng dàochǎng de zhūwèi xiānsheng nǚshì biǎoshì gǎnxiè(向到场的诸位先生女士表示感谢).

らいしん【来信】 láixìn(来信), láihán(来函), láishū(来书). ¶友人から～があった péngyou lái xìn le(朋友来信了).

らいしんし【頼信紙】 diànbàozhǐ(电报纸), diànbào gǎozhǐ(电报稿纸).

らいせ【来世】 láishì(来世), láishēng(来生), zàishì(再世).

ライセンス xǔkě(许可), pīzhǔn(批准), róngxǔ(容许), xǔkězhèng(许可证), zhízhào(执照), jiǎnyànzhèng(检验证). ¶～契約 xǔkě hétong(许可合同)/ xǔkězhèng xiéyì(许可证协议)/ tèxǔquán xiéyì(特许权协议).

ライター dǎhuǒjī(打火机), zìláihuǒ(自来火). ¶ガス～ qìtǐ dǎhuǒjī(气体打火机).

らいたく【来宅】 ¶用談あり, 御～を請う yǒu shì shāngtán, qǐng lái shèxià(有事商谈,请来舍下).

らいちょう【来聴】 ¶多数の～者があった yǒu hěn duō rén lái tīng(有很多人来听).

らいちょう【雷鳥】 yánléiniǎo(岩雷鸟).

らいてん【来店】 ¶御～のお客様に御案内申し上げます xiàng guānggù běn diàn de gùkè jièshào yíxià(向光顾本店的顾客介绍一下).

らいでん【来電】 láidiàn(来电). ¶北京からの～によれば… jù Běijīng láidiàn …(据北京来电 …).

ライト dēng(灯); dēngguāng(灯光). ¶スポット～ jùguāngdēng(聚光灯). テール～ wěidēng(尾灯). フット～ jiǎodēng(脚灯). ヘッド～ qiándēng(前灯).

らいどう【雷同】 léitóng(雷同). ¶付和～する suíshēng fùhè(随声附和).

ライト級【ライト級】 qīngliàngjí(轻量级).

ライトバン kè huò liǎngyòng qìchē(客货两用汽车).

らいにち【来日】 ¶首相の特使が～した shǒuxiàng de tèshǐ láidào Rìběn(首相的特使来到日本).

らいにん【来任】 dàorèn(到任). ¶新しい工場長に～した xīn chǎngzhǎng dàorèn le(新厂长到任了).

らいねん【来年】 míngnián(明年), láinián(来年), láizī(来兹). ¶～の事を言うと鬼が笑う rén zuò qiānnián diào, guǐ jiàn pāishǒu xiào(人作千年调, 鬼见拍手笑). ¶～度 xià yī niándù(下一年度).

ライバル jìngzhēng duìshǒu(竞争对手), díshǒu(敌手). ¶2人は宿命の～だ tā liǎ shì mìngzhōng zhùdìng de duìshǒu(他俩是命中注定的对手).

らいびょう【癩病】 máfēng(麻疯·麻风), lài(癞), dàmáfēng(大麻风).

らいひん【来賓】 láibīn(来宾). ¶～祝辞 láibīn zhùcí(来宾祝辞). ～席 láibīnxí(来宾席).

ライフジャケット jiùshēng bèixīn(救生背心), jiùshēngyī(救生衣), jiùshēngfú(救生服).

ライフライン bǎohùshéng(保护绳), bǎoxiǎn shéngsuǒ(保险绳索); shēngmìngxiàn xìtǒng(生命线系统).

ライブラリー 1 túshūguǎn(图书馆), túshūshì(图书室). ¶フィルム～ túpiàn yuèlǎnshì(图片阅览室).
2 cóngshū(丛书). ¶英文学～ Yīngguó wénxué cóngshū(英国文学丛书).
3〔コンピュータ〕kù(库), chéngxùkù(程序库).

ライフルじゅう【ライフル銃】 bùqiāng(步枪), láifùqiāng(来复枪).

ライフワーク ¶これは私の～だ zhè shì wǒ bìshēng de gōngzuò(这是我毕生的工作).

らいほう【来訪】 láifǎng(来访). ¶A氏の～を受ける A xiānsheng láifǎng(A 先生来访). ¶～者名簿 láifǎngzhě míngcè(来访者名册).

ライむぎ【ライ麦】 hēimài(黑麦).

らいめい【雷名】 ¶～を天下にとどろかす míngzhèn tiānxià(名震天下).

らいめい【雷鳴】 léishēng(雷声), léimíng(雷鸣). ¶～がとどろく léishēng lónglóng(雷声隆隆). ¶～を伴って激しい夕立がやって来た bànsuízhe xiǎngléi léizhènyǔ dà xià(伴随着响雷雷阵雨大下).

らいらく【磊落】 lěiluò(磊落). ¶彼は～な人柄だ tā wéirén háofàng lěiluò(他为人豪放磊落).

ライラック zǐdīngxiāng(紫丁香).

らいれき【来歴】 láilì(来历), láilu(来路), gēnyóu(根由). ¶～を明らかにする nòngqīng láilì(弄清来历).

ライン xiàn(线);〔航路〕hángxiàn(航线). ¶グラウンドに～を引く zài yùndòngchǎng shang huà xiàn(在运动场上划线).
¶ピケ～ jiūcháxiàn(纠察线). 生産～ shēngchǎnxiàn(生产线).

ラウンジ 〔ホテルの〕xiūxītīng(休息厅);〔空港の〕hòujīting(候机厅).

ラオス Lǎowō(老挝).

ラオチュー【老酒】 lǎojiǔ(老酒), shàojiǔ(绍兴酒), shàoxīngjiǔ(绍兴酒).

らがん【裸眼】 luǒyǎn(裸眼). ¶～視力 luǒyǎn shìlì(裸眼视力).

らく【楽】 1〔安楽〕shūfu(舒服), shūshì(舒适); qīngsōng(轻松), qīngsheng(轻省). ¶早く両親に～をさせてやりたい xiǎng zǎorì jiào shuāngqīn guò ānshì de shēnghuó(想早日叫双亲过安适的生活). ¶仕事が一段落して気が～になった gōngzuò gào yíduànluò, xīnqíng qīngsōng xiē le(工作告一段落, 心情轻松些了). ¶薬が効いて大分～になった yào jiànxiào sōngkuai duō le(药见效松快多了). ¶どうぞお～にして下さい qǐng suíbiàn(请随便). ¶暮しが～になった rìzi hǎoguò le(日子好过了)/～の暮し shēnghuó kuānyù le(生活宽裕了). ¶～あれば苦あり yǒu lè jiù yǒu kǔ(有乐就有苦).
2〔容易〕róngyì(容易), qīngyì(轻易). ¶試験は思ったより～だった kǎoshì bǐ xiǎngxiàng de róngyìde duō(考试比想像的容易得多). ¶この商売も～ではない zhège mǎimai kě bù róngyì(这个买卖可不容易). ¶切符は～に手に入った piào qīngyì dàoshǒu le(票轻易到手了). ¶これぐらいなら1人で～にこなせる zhèmediǎnr shì yí ge rén zúgòu(这么点儿事一个人足够). ¶この車には5人～に乗れる zhè liàng qìchē zú néng zuò wǔ ge rén(这辆汽车足能坐五个人). ¶この分なら～に勝てそうだ zhào zhèyàng kànlai néng qīng ér jǔ jǔ de huòshèng(照这样看来能轻而易举地获胜).

らくいん【烙印】 làoyìn(烙印). ¶裏切者の～を押される bèi dǎshàng pàntú de làoyìn(被打上叛徒的烙印).

らくえん【楽園】 lèyuán(乐园). ¶この世の～ rénjiān lèyuán(人间乐园).

らくがき【落書】 ¶壁に～がしてある qiángshang húxiě-luànhuàzhe(墙上胡写乱画着).
¶～するべからず bùxǔ luàn xiě luàn huà(不许乱写乱画).

らくご【落後】 luòwǔ(落伍), diàoduì(掉队). ¶行軍の途中で～してしまった zài xíngjūn túzhōng diàoduì le(在行军途中掉队了). ¶人生の～者 rénshēng de luòwǔzhě(人生的落伍者).

らくご【落語】 luòyǔ(落语).

らくさ【落差】 luòchā(落差). ¶この滝は50メートルの～がある zhè pùbù yǒu wǔshí mǐ de luòchā(这瀑布有五十米的落差). ¶生活水準の～の解消に努める nǔlì xiāochú shēnghuó shuǐpíng de chājù(努力消除生活水平的差距).

らくさつ【落札】 débiāo(得标), zhòngbiāo(中标). ¶その工事は A 社が～した zhè xiàng gōngchéng yóu A gōngsī débiāo chéngbāo le(这项工程由 A 公司得标承包了).

らくじつ【落日】 luòrì(落日).

らくしゅ【落手】 shōudào(收到), jiēdào(接到). ¶15日付けのお手紙～しました shíwǔ rì de láixìn wǒ shōudào le(十五日的来信我收到了).

らくしょう【楽勝】 ¶1回戦に～した dìyī lún bǐsài qīngyì huòshèng(第一轮比赛轻易获胜).

らくじょう【落城】 ¶大坂城が～した Dàbǎn-

らくせい【落成】 luòchéng (落成). ¶体育館が～した tǐyùguǎn luòchéng le (体育馆落成了).
¶～式 luòchéng diǎnlǐ (落成典礼).
らくせき【落石】 ¶この山道は～が多くて危険だ zhè tiáo shāndào luò shí duō, hěn wēixiǎn (这条山道落石多,很危险). ¶彼は～で怪我をした tā yīn shítou diàoxialai ér shòushāng (他因石头掉下来而受伤).
らくせん【落選】 luòxuǎn (落选), luòbiāo (落标). ¶彼は8票差で～した tā yǐ bā piào zhī chā luòxuǎn le (他以八票之差落选了). ¶彼女の絵は～した tā de huà luòxuǎn le (她的画落选了).
らくだ【駱駝】 luòtuo (骆驼). ¶～のこぶ tuófēng (驼峰).
¶ひとこぶ～ dānfēngtuó (单峰驼). ふたこぶ～ shuāngfēngtuó (双峰驼).
らくだい【落第】 bù jígé (不及格); liújí (留级), liúbān (留班). ¶試験に～した kǎoshì "bù jígé [méiyǒu tōngguò](考试"不及格[没有通过]). ¶彼は学生時代に2度も～した tā zài xuéshēng shídài liúguò liǎng cì jí (他在学生时代留过两次级). ¶彼女は母親として～だ tā kě búpèi zuò mǔqīn (她可不配作母亲).
¶～生 liújíshēng (留级生)/ chóngdúshēng (重读生).
らくたん【落胆】 huīxīn (灰心), jǔsàng (沮丧), shīwàng (失望), sàngqi (丧气), qìněi (气馁). ¶彼は試験に失敗して～している tā méi kǎoshàng hěn huīxīn (他没考上很灰心). ¶せっかく訪ねて行ったのに不在で～した tèyì bàifǎng tā què bú zài, jiào rén shīwàng (特意拜访他却不在,叫人失望).
らくちゃく【落着】 liǎojié (了结). ¶紛争がやっと～した jiūfēn hǎoróngyì cái liǎojié (纠纷好容易才了结).
らくちょう【落丁】 quēyè (缺页). ¶～本 quēyèshū (缺页书).
らくてん【楽天】 lètiān (乐天). ¶君は物事を～的に見過ぎる nǐ kàn wèntì guòyú lèguān (你看问题过于乐观).
¶～家 lètiānpài (乐天派). ～主義 lèguānzhǔyì (乐观主义).
らくど【楽土】 lètǔ (乐土).
らくのう【酪農】 làonóng (酪农). ¶～家 làonónghù (酪农户).
らくば【落馬】 luòmǎ (落马), zhuìmǎ (坠马).
¶～して怪我をした zhuìmǎ shòushāng (坠马受伤).
らくはく【落魄】 luòbó (落泊・落魄). ¶彼は見る影もなく～していた tā luòbóde bùchéng yàngzi (他落泊得不成样子).
らくばん【落盤】 màodǐng (冒顶). ¶坑内で～事故があった kēngnèi fāshēngle màodǐng shìgù (矿里发生了冒顶事故).
ラグビー gǎnlǎnqiú (橄榄球). ¶～をする dǎ gǎnlǎnqiú (打橄榄球).
らくめい【落命】 sàngmìng (丧命). ¶不慮の事故で～した yīn yìwài de shìgù sàngle mìng (因意外的事故丧了命).
らくよう【落葉】. ¶銀杏(いちょう)は～った～した yínxìng quán luòyè le (银杏全落叶了).
¶～樹 luòyèshù (落叶树).
らくらい【落雷】 luòléi (落雷), léijī (雷击), pīléi (霹雷). ¶～で停電した yīn léijī tíngdiàn le (因雷击停电了).
らくらく【楽楽】 1 [ゆったり] ¶車内は空いていて～と座っていけた chēxiānglǐ kòngde hěn, shūshū-fúfú de zuòzhe qù le (车厢里空得很,舒舒服服地坐着去了). ¶これだけあれば2人～暮していける yǒu zhèmexiē, liǎng ge rén jiù néng shūshū-fúfú de shēnghuó xiaqu (有这么些,两个人就能舒舒服服地生活下去).
2 [たやすい] ¶彼は川を～と飛び越した tā qīngqīng de tiàoguòle hé (他轻轻地跳过了河). ¶彼はその問題を～と解いた tā háo bú fèilì de jiěchūle nà dào tí (他毫不费力地解出了那道题).
らくるい【落涙】 luòlèi (落泪). ¶彼女の話を聞いて思わず～した tīngle tā de huà bùjīn luòlèi (听了她的话不禁落泪).
ラクロス dōuwǎngqiú (兜网球).
ラケット qiúpāi (球拍), qiúpāizi (球拍子). ¶テニス～ wǎngqiú pāizi (网球拍子).
-らし・い 1 […のようだ] xiàng (像), hǎoxiàng (好像), sìhū (似乎). ¶病院～い建物 yīyuàn yàngzi de jiànzhùwù (像医院样子的建筑物). ¶箱の中身は酒～い xiāngzili hǎoxiàng shì jiǔ (箱子里好像是酒). ¶このノートはA さん～い zhège běnzi xiàng shì A xiānsheng de (这个本子像是A先生的). ¶駅でBさん～い人を見かけた zài chēzhàn kànjianle yí ge hěn xiàng B xiānsheng de rén (在车站看见了一个很像B先生的人). ¶予報では雨になる～い jù yùbào yào xiàyǔ (据预报要下雨). ¶誰か来た～い xiàng shì yǒu rén lái le (像是有人来了). ¶彼は体の調子が悪い～く元気がない kànlai tā shēntǐ bù shūfu, méiyǒu jīngshen (看来他身体不舒服,没有精神). ¶君は私の意見に反対～いね kànlai nǐ fǎnduì wǒ de yijiàn (看来你反对我的意见).
2 […にふさわしい] ¶秋～いさわやかな天気 zhēn shì qiūgāo-qìshuǎng de tiānqì (真是秋高气爽的天气). ¶部屋には家具～い家具もない wūli lián jiàn xiàngyàng de jiāju yě méiyǒu (屋里连件像样的家具也没有). ¶子供は子供～くしなさい háizi yīnggāi xiàng ge háizi de yàngzi (孩子应该像个孩子的样子).
ラジウム léi (镭). 療法 léiliáo (镭疗).
ラジエーター [放熱器] sànrèqì (散热器);[自動車の] shuǐxiāng (水箱), lěngquèqì (冷却器).
ラジオ wúxiàndiàn (无线电), shōuyīnjī (收音机), huàxiázi (话匣子), diànxiázi (电匣子).
¶～をつける kāi shōuyīnjī (开收音机). ¶～を聞く tīng "wúxiàndiàn [guǎngbō] (听"无线电[广播]). ¶～の音を大きくする kāidà shōuyīnjī de yīnliàng (开大收音机的音量).
¶～受信機 wúxiàndiàn shōuyīnjī (无线电收

音机)/ wúxiàndiàn jiēshōujī (无线电接收机).〜ゾンデ wúxiàndiàn gāokōng cèhòuqì (无线电高空测候器)/ wúxiàndiàn tànkōngyí (无线电探空仪).〜体操 guǎngbō tǐcāo (广播体操)/ guǎngbōcāo (广播操).〜ドラマ guǎngbōjù (广播剧).〜番組 guǎngbō jiémù (广播节目).〜ビーコン wúxiàndiàn xìnbiāo (无线电信标).〜放送 wúxiàndiàn guǎngbō (无线电广播).

ラジカセ shōulù liǎngyòngjī (收录两用机).

ラジコン wúxiàn cāozòng (无线操纵).¶〜カ— wúxiàn cāozòng qìchē (无线操纵汽车).

らししょくぶつ[裸子植物] luǒzǐ zhíwù (裸子植物).

ラシャ[羅紗] nízi (呢子), máoní (毛呢).

らしんばん[羅針盤] luópán (罗盘), luójīng (罗经).

ラスト zuìhòu (最后), mòwěi (末尾).¶〜シーン zuìhòu de jìngtóu (最后的镜头).〜スパート zuìhòu chōngcì (最后冲刺).

らせん[螺旋] luóxuán (螺旋), wōxuán (蜗旋).¶〜を描いて上って行く luóxuán shàngshēng (螺旋上升).¶〜階段 zhuàntī (转梯).

らたい[裸体] luǒtǐ (裸体).¶〜画 luǒtǐhuà (裸体画)/ réntǐ yìshùhuà (人体艺术画).

らち[埒]¶君が相手ではいつまでたっても〜がかない gēn nǐ tán, tándào shénme shíhou yě shì báidá (跟你谈, 谈到什么时候也是白搭).¶彼女は〜もない事ばかり言っている tā jìng shuō xiē méiyǒu yòng de huà (她净说些没有用的话).

らち[拉致] bǎngjià (绑架).¶暴漢に〜された bèi ètú zhuāizǒu le (被恶徒拽徒了).

らちがい[埒外]¶その事は私の権限の〜にある nà shì zài wǒ quánxiàn zhī wài (那事在我权限之外).

らっか[落下] luòxia (落下), zhuìxia (坠下).¶隕石が〜する yǔnshí luòxialai (陨石落下来)/ yǔnxīng zhuìluò (陨星坠落).¶滝が水しぶきをあげて〜する pùbù jiànzhe shuǐhuā luòxialai (瀑布溅着水花落下来).

ラッカー zhēnqī (真漆), pēnqī (喷漆).

らっかさん[落下傘] jiàngluòsǎn (降落伞).

らっかせい[落花生] luòhuāshēng (落花生), huāshēng (花生), rénguǒ (仁果), chángshēng guǒ (长生果); [皮をむいたもの] huāshēngmǐ (花生米), huāshēngrén (花生仁), huāshēngdòu (花生豆).

らっかん[落款] luòkuǎn[r] (落款[ル]).

らっかん[楽観] lèguān (乐观).¶情勢の推移を〜する duì júshì de tuīyí hěn lèguān (对局势的推移很乐观).¶前途を〜を許さない qiántú bùróng lèguān (前途不容乐观).¶彼は何事にも〜的だ tā duì shénme shì dōu hěn lèguān (他对什么事都很乐观).

ラッキー xìngyùn (幸运), jiǎoxìng (侥幸), zǒuyùn (走运).¶〜ボーイ xìngyùn'ér (幸运儿).

らっきょう[辣韭] xiè (薤), jiàotou (藠头).

ラッコ[猟虎] hǎitǎ (海獭), hǎilóng (海龙).

ラッシュ¶〜を避けて出掛ける bìkāi yōngjǐ shíjiān chūmén (避开拥挤时间出门).¶〜アワー shàngxiàbān ˇyōngjǐ[gāofēng] shíjiān (上下班ˇ拥挤[高峰]时间). ゴールド〜 táojīnrè (淘金热)/ táojīn rècháo (淘金热潮).

ラッセル luóyīn (罗音).¶〜が聞える tīngjian fèibù luóyīn (听见肺部罗音).

ラッセルしゃ[ラッセル車] chúxuěchē (除雪车).

らっぱ[喇叭] lǎba (喇叭), hào (号).¶〜を吹く chuī lǎba (吹喇叭)/ [比喩的] shuō dàhuà (说大话).¶サイダーを〜飲みする duìzhe píngkǒu hē qìshuǐ (对着瓶口喝汽水).¶〜手 hàoshǒu (号手)/ sīhàoyuán (司号员)/ hàobīng (号兵). 起床〜 qǐchuánghào (起床号).

ラップ bǎoxiānmó (保鲜膜).

ラップタイム¶〜を計る fēnduàn jìshí (分段计时).

らつわん[辣腕]¶経営の合理化に〜を振う zài jīngyíng hélǐhuà shang dà xiǎn shēnshǒu (在经营合理化上大显身手).¶〜家 jīngmíng-qiánggàn de rén (精明强干的人).

ラディカル 1 jījìn (激进), jíjìn (急进).¶〜な思想 jíjìn sīxiǎng (激进思想).

2 [化学] zìyóujī (自由基), yóulíjī (游离基).

ラテン Lādīng (拉丁).¶〜アメリカ Lādīng Měizhōu (拉丁美洲).〜音楽 Lādīng Měizhōu yīnyuè (拉丁美洲音乐).〜語 Lādīngyǔ (拉丁语).〜民族 Lādīng mínzú (拉丁民族).

らでん[螺鈿] luódiàn (螺钿).

らば[騾馬] luózi (骡子), mǎluó (马骡).

らふ[裸婦] luǒnǚ (裸女).¶〜像 luǒnǚxiàng (裸女像).

ラフ¶〜な格好 biànzhuāng (便装)/ suíyì zhuāngshù (随意装束).

ラブシーン liàn'ài jìngtóu (恋爱镜头), yànqíng chǎngmiàn (艳情场面).

ラブレター qíngshū (情书).

ラベル biāoqiān (标签).

ラベンダー xūnyīcǎo (薰衣草).

ラマきょう[喇嘛教] Lǎmajiào (喇嘛教).

ラム[RAM] suíjī cúnqǔ cúnchǔqì (随机存取存储器).

ラム 1 [酒] lǎngmǔjiǔ (朗姆酒), lǎomǔjiǔ (老姆酒).

2 [小羊] gāoyáng (羔羊); gāoyángròu (羔羊肉).

ラリー 1 [球技] duìdǎ (对打), huíhé (回合), sàiqián shìdǎ (赛前试打).

2 [自動車のレース] gōnglù qìchēsài (公路汽车赛), qìchē yuèyěsài (汽车越野赛), duōrìsài (多日赛), "lālī" sài ("拉力"赛).

られつ[羅列] luóliè (罗列).¶それは単なる数字の〜に過ぎない nà zhǐ búguò shì luóliè shùzì éryǐ (那只不过是罗列数字而已).

-ら・れる 1 [受身] bèi (被), jiào (叫), ràng (让).¶猫に魚を取〜れた yú bèi māo diāozǒu le (鱼被猫叨走了).¶妹に日記を見〜れた wǒ de rìjì jiào mèimei gěi kàn le (我的日记叫妹妹给看了).¶今日先生にほめ〜れた jīntiān

shòudào lǎoshī de biǎoyáng(今天受到老师的表扬). ¶人々によく知～れた歌 rénrén dōu zhīdao de gē(人人都知道的歌). ¶雨に降られてすっかりぬれた bèi yǔ línde quánshēn shītòu le(被雨淋得全身湿透了).
2〔自発〕 ¶彼の将来が案じ～れる tā de qiántú lìng rén dānxīn(他的前途令人担心). ¶彼女の熱意が感じ～れた shǐ rén gǎndào tā de rèqíng(使人感到她的热情).
3〔可能〕 néng(能), kěyǐ(可以). ¶この魚は骨まで食べ～れる zhè tiáo yú lián gǔtou yě kěyǐ chī(这条鱼连骨头也可以吃). ¶じっとしてい～れなくて表に飛び出した chénbuzhù qì, pǎochuqu le(沉不住气,跑出去了). ¶そんな質問には答え～れない zhè zhǒng wèntí bùnéng huídá(这种问题不能回答).

ラワン liǔ'ān(柳安).

らん【蘭】 lánhuā(兰花), láncǎo(兰草).

らん【欄】 lán(栏). ¶答を下の空～に記入せよ bǎ dá'àn xiěrù xiàmian de kòngbáilán nèi(把答案写入下面的空白栏内). ¶氏名～ xìngmínglán(姓名栏). 投書～ dúzhě láixìnlán(读者来信栏).

ラン【LAN】 júyùwǎng(局域网), júwǎng(局网).

らんうん【乱雲】 wūyún(乌云), yǔyún(雨云).

らんおう【卵黄】 luǎnhuáng(卵黄), dànhuáng[r](蛋黄[ル]).

らんがい【欄外】 lánwài(栏外). ¶～に書く xiězài lánwài(写在栏外).

らんかく【濫獲】 ¶鯨の～を規制する xiànzhì lànbǔ jīngyú(限制滥捕鲸鱼).

らんかん【欄干】 lángān(栏杆・阑干).

らんぎょう【乱行】 ¶酩酊して～に及ぶ xùjiǔ zīshì(酗酒滋事).

らんぎり【乱切り】 gǔnqiē(滚切), gǔnliàoqiē(滚料切).

らんきりゅう【乱気流】 tuānliú(湍流), wěnliú(紊流).

ランク míngcì(名次), dàngcì(档次), děngjí(等级), jíbié(级别), diwèi(地位). ¶彼の記録は本年度世界第2位に～された tā de jìlù bèi lièwéi běnniándù dì'èrmíng(他的记录被列为本年度第二名).

らんぐいば【乱杭歯】 páiliè bù qí de yá(排列不齐的牙).

らんくつ【濫掘】 luànjué(乱掘), luàncǎi(乱采). ¶遺跡を～する luàn jué yíjì(乱掘遗迹). ¶地下資源を～してはいけない búdé luàn cǎi dìxià zīyuán(不得乱采地下资源).

らんさく【濫作】 ¶あの作家は～のため作品の水準が落ちた nàge zuòjiā yóuyú cūzhì-lànzào, zuòpǐn de shuǐpíng xiàjiàng(那个作家由于粗制滥造,作品的水平下降).

らんざつ【乱雑】 záluàn(杂乱), língzá(凌杂), língluàn(凌乱・零乱), luànqībāzāo(乱七八糟), záluàn wúzhāng(杂乱无章). ¶彼の机の上はいつも～だ tā de zhuōzi shang zǒngshì luànqībāzāo de(他的桌子上总是乱七八糟的). ¶引出しの中が～になっている chōutili de dōngxi hěn záluàn(抽屉里的东西很杂乱).

らんし【乱視】 sǎnguāng(散光).

らんし【卵子】 luǎnzǐ(卵子).

らんしゃ【乱射】 ¶ピストルを～する luàn fàng shǒuqiāng(乱放手枪). ¶～擊 húluàn shèjī(胡乱射击).

らんじゅく【爛熟】 ¶～した文化 guò chéngshú de wénhuà(过成熟的文化). ¶～期 guòshúqí(过熟期).

らんしょう【濫觴】 lànshāng(滥觞), qǐyuán(起源). ¶学校制度の～ xuéxiào zhìdù de qǐyuán(学校制度的起源).

らんしん【乱心】 fāfēng(发疯), fākuáng(发狂). ¶悲しみのあまり～した bēitòngde fāfēng le(悲痛得发疯了).

らんせい【乱世】 luànshì(乱世). ¶～の雄 luànshì yīngxióng(乱世英雄).

らんせい【卵生】 luǎnshēng(卵生). ¶～動物 luǎnshēng dòngwù(卵生动物).

らんせん【乱戦】 hùnzhàn(混战). ¶試合は最初から～になった bǐsài yì kāishǐ jiù hùnzhàn qilai(比赛一开始就混战起来).

らんそう【卵巣】 luǎncháo(卵巢). ¶～ホルモン luǎncháo jīsù(卵巢激素).

らんぞう【濫造】 ¶粗悪品を～する lànzào lièzhìpǐn(滥造劣质品). ¶粗製～ cūzhì-lànzào(粗制滥造).

らんそううん【乱層雲】 yǔcéngyún(雨层云).

らんだ【乱打】 luàn dǎ(乱打), luàn qiāo(乱敲). ¶警鐘を～する luàn qiāo jǐngzhōng(乱敲警钟).

ランチ **1**〔食事〕 wǔcān(午餐); biàncān(便餐).
2〔小型汽船〕 qìtǐng(汽艇), diànchuán(电船).

らんちきさわぎ【乱痴気騒ぎ】 ¶飲めや歌えの～を演ずる hē ya chàng ya de dà nào yí tòng(喝呀唱呀地大闹一通).

らんちょうじ【乱丁】 cuòyè(错页), chóngyè(重页). ¶～本 cuòyèshū(错页书).

らんとう【乱闘】 ¶～になる dǎqǐ qúnjià lái(打起群架来).

らんどく【濫読】 làndú(滥读). ¶小説を～する làndú xiǎoshuō(滥读小说).

ランドセル bēinángshì píshūbāo(背囊式皮书包).

ランナー sàipǎo yùndòngyuán(赛跑运动员); 〔野球の〕 pǎolěiyuán(跑垒员).

らんにゅう【乱入】 chuǎngjìn(闯进), chuǎngrù(闯入). ¶一団の暴徒が会場に～して来た yì bāng bàotú chuǎngjìnle huìchǎng(一帮暴徒闯进了会场).

ランニング pǎobù(跑步). ¶毎朝～をする měitiān zǎochang pǎobù(每天早上跑步). ¶～シャツ bèixīn(背心)/ yùndòng bèixīn(运动背心). ～シューズ pǎoxié(跑鞋).

らんばい【乱売】 shuǎimài(甩卖), pāoshòu(抛售). ¶家庭電化製品を～する pāoshòu jiāyòng diànqì(抛售家用电器).

らんぱく【卵白】 luǎnbái(卵白), dànbái(蛋白),

dànqīng(蛋清).

らんばつ【濫伐】 lànfá(滥伐). ¶～がたたって洪水が起った lànfá de jiéguǒ, nàole dàshuǐ(滥伐的结果,闹了大水).

らんぱつ【濫発】 lànfā(滥发). ¶紙幣を～する lànfā zhǐbì(滥发纸币).

らんはんしゃ【乱反射】 mànfǎnshè(漫反射).

らんぴ【濫費】 làngfèi(浪费), lànyòng(滥用). ¶公金を～する lànyòng gōngkuǎn(滥用公款).

らんぴつ【乱筆】 túyā(涂鸦). ¶～御容赦下さい qǐng yuánliàng zìjǐ liǎocǎo(请原谅字迹潦草)/ xìnbǐ túyā jiànxiào(信笔涂鸦见笑).

らんぶ【乱舞】 ¶狂喜～する kuángxǐ de kuángwǔ qilai(狂喜得狂舞起来).

ランプ méiyóudēng(煤油灯). ¶～をつける diǎnshàng méiyóudēng(点上煤油灯). ¶～の芯 méiyóudēngxīn(煤油灯芯). ¶～の笠 méiyóudēng de dēngsǎn(煤油灯的灯伞). ¶～のほや méiyóudēng de dēngzhào(煤油灯的灯罩). ¶アルコール～ jiǔjīngdēng(酒精灯).

らんぼう【乱暴】 cūbào(粗暴), cūlǔ(粗鲁). ¶この子は～だ zhè háizi tài mán(这孩子太蛮).

¶彼女は言葉遣いが～だ tā shuōhuà tài cūlǔ(她说话太粗鲁). ¶そんなに～にドアを閉めるな búyào nàme shuāi mén(不要那么摔门). ¶～を働く shuǎ yěmán(耍野蛮)/ dòngshǒu dǎ rén(动手打人). ¶それは～な計画だ nàge jìhuà tài mǎngzhuàng le(那个计划太莽撞了).

らんまん【爛漫】 lànmàn(烂漫・烂熳・烂缦). ¶桜花～ yīnghuā lànmàn(樱花烂漫). ¶天真～ tiānzhēn lànmàn(天真烂漫).

らんみゃく【乱脈】 ¶経理が～を極めている kuàijì gōngzuò yìtāhútú(会计工作一塌糊涂).

らんよう【濫用】 lànyòng(滥用). ¶薬の～は危険だ lànyòng yàopǐn shì wēixiǎn de(滥用药品是危险的). ¶職権を～ lànyòng zhíquán(滥用职权).

らんらん【爛爛】 ¶目が～と輝いている mùguāng jiǒngjiǒng(目光炯炯).

らんりつ【乱立】 ¶ビルが～している gāolóu-dàshà cēncī bù qí de sǒnglìzhe(高楼大厦参差不齐地耸立着). ¶候補者の～した選挙区 hòuxuǎnrén fànlàn de xuǎnqū(候选人泛滥的选区).

り

り【利】 **1**[有利] lì(利). ¶戦いに～あらず zhàn ér búlì(战而不利). ¶地の～を得る dé dìlì(得地利).
2[利益] lì(利). ¶彼は～にさとい男だ tā shì cùn lì bì dé de rén(他是寸利必得的人). ¶漁夫の～を占める zuò shōu yúlì(坐收渔利)/ yúrén délì(渔人得利).
3[利子] lì(利), lìxī(利息). ¶～が～を生む lì shàng gǔn lì(利上滚利).

り【里】 lǐ(里)〈日本の1里は約3.93キロメートル, 中国の1里は0.5キロメートル〉.

り【理】 lǐ(理), dàoli(道理). ¶彼女の方に～がある lǐ zài tā nà yì biān(理在她那一边). ¶彼等の言うことは～にかなっている tāmen shuō de yǒu dàoli(他们说的有道理)/ tāmen shuō de zàilǐ(他们说得在理). ¶話が～に落ちて面白くない huà shuōde tài sǐ kǒu dàoli, méiyǒu yìsi(话说得太死扣道理, 没有意思).

-り【裏】 ¶大会は成功～に終了した dàhuì shènglì de bìmù le(大会胜利地闭幕了). ¶事は極秘～に進められている shìqing zài jí mìmì de jìnxíng(事情在极秘密地进行).

リアスしきかいがん【リアス式海岸】 lǐyàsīshìhǎi'àn(里亚斯型海岸), sānjiǎowān hǎi'àn(三角湾海岸).

リアリズム xiànshízhǔyì(现实主义).

リーグ liánméng(联盟), liánhéhuì(联合会). ¶～戦 liánsài(联赛)/ xúnhuánsài(循环赛).

リーダー 1[指導者] lǐngdǎo(领导), shǒulǐng (首领).
2[読本] dúběn(读本).

リーダーシップ ¶～をとる qǐ lǐngdǎo zuòyòng(起领导作用). ¶彼には～がない tā méiyǒu lǐngdǎo nénglì(他没有领导能力).

リード 1[指導] lǐngdǎo(领导), yǐndǎo(引导). ¶改革運動を～する lǐngdǎo gǎigé yùndòng(领导改革运动). ¶彼の～で踊る yóu tā dài wǔ(由他带舞).
2[競技などで] lǐngxiān(领先). ¶3点～する lǐngxiān sān fēn(领先三分). ¶逆転して～を奪う zhuǎn bài wéi shèng lǐngxiān le(转败为胜领先了).
3[楽器の] huáng(簧), huángpiàn(簧片).

りえき【利益】 **1**[益] lìyì(利益). ¶大衆の～をはかる móuqiú qúnzhòng de lìyì(谋求群众的利益). ¶公共の～に反する行為 wéibèi gōnggòng lìyì de xíngwéi(违背公共利益的行为).
2[もうけ] lì(利), yínglì(赢利・盈利), lìrùn(利润), lìqián(利钱), zhuàntou(赚头). ¶～を無視した事業 wúshì yínglì de shìyè(无视赢利的事业). ¶今度の取引は～が少ない zhè huí mǎimai zhuàntou shǎo(这回买卖赚头少).

りえん【離縁】 ¶妻を～する xiūqī(休妻). ¶養子を～する hé yǎngzǐ duànjué guānxi(和养子断绝关系).
¶～状 xiūshū(休书).

りか【理科】 lǐkē(理科). ¶私は～が得意だ wǒ shàncháng lǐkē(我擅长理科). ¶～と文科 lǐ-

kē hé wénkē(理科和文科).
- **りかい**【理解】 lǐjiě(理解), liǎojiě(了解). ¶この本は難しくて私には~できない zhè běn shū tài nán, wǒ lǐjiě bu liǎo(这本书太难,我理解不了). ¶相手の立場を~する tǐliang[liàngjiě] duìfāng de lìchǎng(体谅[谅解]对方的立场). ¶君の言動は~に苦しむ nǐ de yánxíng nányǐ lǐjiě(你的言行难于理解). ¶父は私がスポーツをすることに対する~がない fùqin duì wǒ gǎo tǐyù yùndòng hěn bù zhīchí(父亲对我搞体育运动很不支持).
- ¶~力 lǐjiělì(理解力).
- **りかい**【利害】 lìhài(利害), lìbì(利弊). ¶両者の~は一致する liǎngzhě de lìhài yízhì(两者的利害一致). ¶私はこの件に~関係がある wǒ hé cǐ shì yǒu lìhài guānxi(我和此事有利害关系). ¶~得失を計算する quánhéng lìhài déshī(权衡利害得失).
- **りかがく**【理化学】 lǐhuà(理化).
- **りがくりょうほう**【理学療法】 wùlǐ liáofǎ(物理疗法), lǐliáo(理疗).
- **りかん**【離間】 líjiàn(离间). ¶ひそかに両者の~をはかる qǐtú ànzhōng líjiàn liǎngzhě de guānxi(企图暗中离间两者的关系).
- ¶~策 líjiànjì(离间计).
- **りき**【力】 lìqi(力气). ¶彼はなかなか~がある tā hěn yǒu lìqi(他很有力气). ¶彼は5人~の持主だ tā yǒu wǔ ge rén de lìqi(他有五个人的力气).
- **りき**【利器】 lìqì(利器). ¶文明の~ wénmíng lìqì(文明利器).
- **りきえい**【力泳】 ¶最後まで~する quánlì yǐ fù yóudào zuìhòu(全力以赴游到最后).
- **りきがく**【力学】 lìxué(力学). ¶静~ jìnglìxué(静力学). 動~ dònglìxué(动力学).
- **りきさく**【力作】 lìzuò(力作). ¶彼は今度の展覧会に~を発表した tā zài zhè cì zhǎnlǎnhuì zhōng zhǎnchūle jīngxīn de zuòpǐn(他在这次展览会中展出了精心的作品).
- **りきせつ**【力説】 ¶託児所の必要性を~する jílì qiángdiào tuō'érsuǒ de bìyàoxìng(极力强调托儿所的必要性).
- **りきせん**【力戦】 lìzhàn(力战). ¶~むなしく敗れ去る lìzhàn ér bài(力战而败).
- **りきそう**【力走】 ¶~して1着になる yòngjìn quánlì pǎo huòdéle dìyī míng(用尽全力跑获得了第一名).
- **りきそう**【力漕】 ¶両クルーとも懸命に~した liǎng zǔ sàitǐng duìyuán dōu pīnmìng yònglì huá jiǎng(两组赛艇队员都拼命用力划桨).
- **りきてん**【力点】 zhòngdiǎn(重点); [物理]lìdiǎn(力点). ¶この船は速度に~をおいて設計された zhè zhī chuán shì yǐ sùdù wéi zhòngdiǎn shèjì chulai de(这只船是以速度为重点设计出来的).
- **りき・む**【力む】 **1** shǐjìn[r](使劲儿). ¶~でバーベルを差し上げた biēzúle jìnr bǎ gànglíng qǐlái(憋足了劲儿把杠铃举了起来). ¶~みすぎて失敗した jìnr gǔde guòfèn fǎndào shībài le(劲儿鼓得过分反倒失败了).

2〔威張る〕 ¶"あいつが何だ"と彼は~み返って言った "nà jiāhuo suàn shénme?" tā chěngqiáng de shuō("那家伙算什么?"他逞强地说).

- **りきゅう**【離宮】 lígōng(离宮). ¶桂~ Guì Lígōng(桂离宮).
- **リキュール** tiánlùjiǔ(甜露酒), lùjiǔ(露酒).
- **りきょう**【離郷】 líxiāng(离乡).
- **りきりょう**【力量】 lìliang(力量), nénglì(能力). ¶彼は指導者としての~に欠ける tā zuòwéi yí ge lǐngdǎorén nénglì bú gòu(他作为一个领导人能力不够). ¶今度の仕事で彼は~を示した tā zài zhè cì gōngzuò zhōng xiǎnshìle lìliang(他在这次工作中显示了力量).
- **りく**【陸】 lùdì(陆地). ¶船から~に上がる lí chuán shàng'àn(离船上岸).
- **りくあげ**【陸揚げ】 qǐ'àn(起岸), xièzài(卸载·卸車). ¶積荷を~する xiè zài(卸载)/ xiè huò(卸货).
- **りぐい**【利食い】 tàolì(套利). ¶~売り wèi tàolì ér zhuǎnshòu(为套利而转售).
- **りくうん**【陸運】 lùyùn(陆运). ¶~業 lùyùnyè(陆运业).
- **リクエスト** diǎnbō(点播). ¶~曲 diǎnbōqǔ(点播曲). ¶~番組 diǎnbō jiémù(点播节目).
- **りくぐん**【陸軍】 lùjūn(陆军). ¶~士官 lùjūn jūnguān(陆军军官).
- **りくじょう**【陸上】 ¶~競技 tiánjìngsài(田径赛). ¶~輸送 lùyùn(陆运).
- **りくせい**【陸生】 ¶~動物 lùqī dòngwù(陆栖动物).
- **りくせん**【陸戦】 lùzhàn(陆战). ¶海軍~隊 hǎijūn lùzhànduì(海军陆战队).
- **りくぞく**【陸続】 lùxù(陆续). ¶~と続く避難民の列 lùyǐ-bùjué de nànmín hángliè(络绎不绝的难民行列).
- **りくち**【陸地】 lùdì(陆地).
- **りくつ**【理屈】 dàoli(道理). ¶~ではそうなるが実際は違う lǐlùnshang suī shì nàyàng, shíjìshang xíngbutōng(理论上虽是那样,实际上行不通). ¶それでは全然~に合わない nà quánrán bùhé dàoli(那全然不合道理). ¶彼女は~をこねてばかりいる tā hào qiǎngcí-duólǐ(她好强词夺理). ¶何かと~をつけて仕事をしない zǒng zhǎo jièkǒu bù gànhuór(总找借口不干活儿). ¶彼は~っぽい tā hào sǐ kōu dàoli(他好死扣道理).
- **りくつづき**【陸続き】 ¶あそこへは~で行ける nàr ~[lùdì xiānglián[zǒu hànlù] zhíjiē jiù kěyǐ dào(那儿·陆地相连[走旱路]直接就可以到).
- **りくとう**【陸稲】 lùdào(陆稻), hàndào(旱稻).
- **りくふう**【陸風】 lùfēng(陆风).
- **りくろ**【陸路】 lùlù(陆路), hànlù(旱路). ¶~パリへ向かう yóu lùlù qiánwǎng Bālí(由陆路前往巴黎).
- **リケッチア** Lìkècìshìtǐ(立克次氏体).
- **りけん**【利権】 lìquán(利权). ¶政治と~が結びついている lìquán hé zhèngzhì xiānglián zài yìqǐ(政治和利权相连在一起). ¶~を漁(あさ)る zhuīzhú lìquán(追逐利权).

りこ【利己】 lìjǐ(利己). ¶彼は～的な奴だ tā shì zìsī-zìlì de jiāhuo(他是自私自利的家伙)/ nà jiāhuo tài lìjǐ(那家伙太利己). ¶～主義 lìjǐzhǔyì(利己主义).

りこう【利口】 cōngming(聪明), línglì(伶俐). ¶あの子は～だ nàge háizi hěn cōngming(那个孩子很聪明). ¶お陰でひとつ～になった duōkuī nín, wǒ yòu zhǎngle yì fēn jiànshi(多亏您,我又长了一分见识). ¶お～さんだから少し静かにしなさい hǎo guāiguāi, shāo ānjìng yíhuìr(好乖乖,稍安静一会ル). ¶～に立ち回る qiǎomiào zuānyíng, mǎiguāi tǎohǎo(巧妙钻营,卖乖讨好). ¶この犬はとても～だ zhè tiáo gǒu hěn yǒu língxìng(这条狗很有灵性).

りこう【履行】 lǚxíng(履行). ¶契約を～する lǚxíng hétong(履行合同).

りごうしゅうさん【離合集散】 líhé jùsàn(离合聚散). ¶～は世の常だ líhé jùsàn nǎi rénshì zhī cháng(离合聚散乃人世之常).

リコーダ shùdí(竖笛).

リコール ¶市長を～する jīng shìmín tóupiào bàmiǎn shìzhǎng(经市民投票罢免市长).

りこん【離婚】 líhūn(离婚), líyì(离异). ¶夫と～する gēn zhàngfu líhūn(跟丈夫离婚).

りさい【罹災】 shòuzāi(受灾), shòuhài(受害). ¶水害に～する zāo shuǐzāi(遭水灾). ¶～地へ救援に向かう dào zāiqū qù jiùyuán(到灾区去救援).
¶～者 zāimín(灾民).

りざい【理財】 lǐcái(理财). ¶～にたける shànyú lǐcái(善于理财).

リサイクル xiū jiù lì fèi(修旧利废), fèiwù zàilìyòng(废物再利用). ¶～運動 fèiwù zàilìyòng yùndòng(废物再利用运动).

リサイタル dúzòuhuì(独奏会), dúchànghuì(独唱会). ¶ピアノ～ gāngqín dúzòuhuì(钢琴独奏会).

りざや zhuǎnshǒu dǎomài[dǎomǎi zhuǎnmài] huò lì(转手倒卖[倒手转卖]获利)/ dǎomǎi dǎomài(倒买倒卖).

りさん【離散】 lísàn(离散). ¶戦争で一家は～した yóuyú zhànzhēng yìjiā lísàn le(由于战争一家离散了).

りし【利子】 lìxī(利息), lìqian(利钱), lìjīn(利金), zǐjīn(子金), zǐxī(子息). ¶この預金には年6分の～がつく zhè bǐ cúnkuǎn yì nián yǒu liù lí lìxī(这笔存款一年有六厘利息). ¶高利の金を借りたので～を払うのも大変だ jièle gāolìdài de qián, fù lìxī jiù gòuqiāng de(借了高利贷的钱,付利息就够呛的).

りじ【理事】 lǐshì(理事), dǒngshì(董事). ¶～会 lǐshìhuì(理事会). ～長 lǐshìzhǎng(理事长). 常任～国 chángrèn lǐshìguó(常任理事国).

りしゅう【履修】 xuǎnxiū(选修).

りじゅん【利潤】 lìrùn(利润), yínglì(赢利·盈利), yúlì(余利). ¶～を追求する zhuīqiú lìrùn(追求利润). ¶経営を合理化して～をあげる jīngyíng hélǐhuà tígāo lìrùn(经营合理化提高利润).

りしょく【利殖】 ¶～の道に明るい hěn dǒng shēngcái zhī dào(很懂生财之道)/ shēngcái yǒu dào(生财有道).

りしょく【離職】 lízhí(离职).

りす【栗鼠】 sōngshǔ[r](松鼠[ル]).

リスク fēngxiǎn(风险). ¶～を背負う chéngdān fēngxiǎn(承担风险).
¶ハイ～ハイリターン gāo fēngxiǎn gāo lìrùn(高风险高利润).

リスト mùlù(目录), yīlǎnbiǎo(一览表), dānzi(单子), qīngdān(清单);[名簿] míngdān(名单), míngcè(名册). ¶この品は在庫品の～に載っていない zhè huò kùcún yīlǎnbiǎo shang méiyǒu(这货库存一览表上没有). ¶応募者の～を作る biānzào bàomíngzhě míngdān(编造报名者名单).

リストアップ zào biǎo lièchū(造表列出).

リズミカル ¶～な動き jiézòu míngkuài de dòngzuò(节奏明快的动作). ¶～な文体 huólóng huóxiàn de wéntǐ(活龙活现的文体)/ míngkuài de bǐfǎ(明快的笔法)/ huópo de wénzì(活泼的文字).

リズム jiézòu(节奏). ¶タンゴの～ tàngē de jiézòu(探戈的节奏). ¶～に乗って踊る hézhe pāizi tiàowǔ(合着拍子跳舞). ¶あの事件以来生活の～が狂った zìcóng nà jiàn shì yǐlái shēnghuó guīlǜ dàluàn le(自从那件事以来生活规律打乱了).

り・する【利する】 1[益する] yǒulì(有利), yǒuyì(有益). ¶これらの施策は住民にとって少しも～するところがない zhèxiē cuòshī duì jūmín háo wú yìchù(这些措施对居民毫无益处). ¶内部紛争は敵を～するばかりだ nèibù de jiūfēn zhǐ huì yǒulìyú dírén(内部的纠纷只会有利于敌人).
2[利用する] lìyòng(利用). ¶彼は長身を～して得点を重ねた tā lìyòng zìjǐ de gāogèzi liánxù dé fēn(他利用自己的高个子连续得分).

りせい【理性】 lǐxìng(理性), lǐzhì(理智). ¶感情に走って～を失う gǎnqíng yòngshì shīqù lǐxìng(感情用事失去理性). ¶～的に話し合う lěngjìng de jìnxíng tánpàn(冷静地进行谈判).

リセット fùwèi(复位). ¶～ボタンを押す àn fùwèi ànniǔ(摁复位按扭).
¶～キー fùwèijiàn(复位键).

りそう【理想】 lǐxiǎng(理想). ¶～と現実との乖離(ガイ) lǐxiǎng yǔ xiànshí de bèilí(理想与现实的背离). ¶世界平和実現の～を抱く huáiyǒu shíxiàn shìjiè hépíng de lǐxiǎng(怀有实现世界和平的理想). ¶あの人は私の～の男性です nàge rén shì wǒ lǐxiǎngzhōng de nánxìng(那个人是我理想中的男性). ¶あそこは～的な演奏会場だ nàr shì lǐxiǎng de yǎnzòu huìchǎng(那ル是理想的演奏会场). ¶それは～論にすぎない nà búguò shì lǐxiǎngzhǔyì éryǐ(那不过是理想主义而已).
¶～郷 wūtuōbāng(乌托邦). ～主義 lǐxiǎngzhǔyì(理想主义).

リゾート dùjià shèngdì(度假胜地). ¶～開発

yóuqì shèngdì de kāifā(游憩胜地的开发).～ホテル yóulè shèngdì fàndiàn(游乐胜地饭店).～村 dùjiacūn(度假村).

りそく【利息】 →りし.

りそん【離村】 ¶ 生活苦から～する yóuyú shēnghuó kùnkǔ líkāi nóngcūn(由于生活困苦离开农村).

りた【利他】 ¶ ～的な考え shěyǐ-wèirén de xiǎngfa(舍己为人的想法). ¶ ～主義 lìtāzhǔyì(利他主义).

リターンキー fǎnhuíjiàn(返回键).

りだつ【離脱】 tuōlí(脱离). ¶ 戦列を～する líkāi zhàndòu hángliè(离开战斗行列). ¶ 国籍を～する tuōlí guójí(脱离国籍).

りち【理知】 lǐzhì(理智). ¶ ～的な人 yǒu lǐzhì de rén(有理智的人).

リチウム lǐ(锂).

りちぎ【律儀】 ¶ 長年～に勤め上げた zhōngxīn gěnggěng de gōngzuòle duōnián(忠心耿耿地工作了多年). ¶ ～に約束を守る zhōngshí de zūnshǒu nuòyán(忠实地遵守诺言).
¶ ～者 zhōnghòu lǎoshi de rén(忠厚老实的人).

りつ【率】 lǜ(率). ¶ 喫煙者は肺癌の発生する～が高いと言われている yìbān shuō xīyānzhě fèi'ái de fāshēnglǜ gāo(一般说吸烟者肺癌的发生率高). ¶ 高校への進学～は90パーセントを超える shàng gāozhōng de shēngxuélǜ chāoguò bǎi fēn zhī jiǔshí(上高中的升学率超过百分之九十).

りつあん【立案】 nǐ(拟), nǐdìng(拟订). ¶ 協会の規約を～する nǐdìng xiéhuì de guīzhāng(拟订协会的规章). ¶ 生産計画を～する nǐ shēngchǎn jìhuà(拟生产计划).

りっか【立夏】 lìxià(立夏).

りっきゃく【立脚】 lìzú(立足), lìjiǎo(立脚).
¶ 現実に～しない考え méiyǒu lìzú yú xiànshí de xiǎngfa(没有立足于现实的想法). ¶ 議論の～点を明らかにする chǎnmíng lùnjù(阐明论据).
¶ ～点 lìzúdiǎn(立足点)/ lìjiǎodiǎn(立脚点).

りっきょう【陸橋】 tiānqiáo(天桥), kuàxiànqiáo(跨线桥), lìjiāoqiáo(立交桥).

りっけん【立憲】 lìxiàn(立宪). ¶ ～君主制 jūnzhǔ lìxiànzhì(君主立宪制), ～政体 lìxiàn zhèngtǐ(立宪政体).

りっこうほ【立候補】 ¶ 市長選挙にＡ党から～した zài shìzhǎng xuǎnjǔ zhōng yóu A dǎng tímíng zuòle hòuxuǎnrén(在市长选举中由A党提名做了候选人). ¶ ～を表明する shēngmíng cānjiā jìngxuǎn(声明参加竞选).
¶ ～者 hòuxuǎnrén(候选人).

りっこく【立国】 lìguó(立国). ¶ 工業～ gōngyè lìguó(工业立国).

りっし【立志】 lìzhì(立志). ¶ ～伝中の人 lìzhì kèkǔ zhōngyú chénggōng de rénwù(立志刻苦终于成功的人物).

りっしゅう【立秋】 lìqiū(立秋).

りっしゅん【立春】 lìchūn(立春).

りっしょう【立証】 zhèngshí(证实), zhèngmíng(证明). ¶ 実験によって理論の正しさを～する yóu shíyàn lái zhèngmíng lǐlùn de zhèngquèxìng(由实验来证明理论的正确性). ¶ 彼の無罪は～された tā de wúzuì dédàole zhèngshí(他的无罪得到了证实).

りっしょく【立食】 lìcān(立餐). ¶ ～パーティー lìcān jiǔhuì(立餐酒会).

りっしん【立身】 ¶ 一介の社員から～して社長になる cóng yí ge píngfán de zhíyuán fēihuángténgdá chéngle zǒngjīnglǐ(从一个平凡的职员飞黄腾达成了总经理). ¶ ～出世する dé zhì xiǎndá(得志显达)/ fā lì biàn tài(发迹变泰)/ chū rén tóu dì(出人头地).

りっしんべん【立心偏】 shùxīnpángr(竖心旁ル), shùxīnr(竖心ル).

りっすい【立錐】 ¶ 講演会場は詰め掛けた人で～の余地もなかった jiǎngyǎn huìchǎng yōngjǐ-de méi chù chājiǎo(讲演会场拥挤得没处插脚).

りっ・する【律する】 ¶ 彼は自分を～するに厳だ tā zìlǜ shèn yán(他自律甚严)/ tā duì zìjǐ yāoqiú yángé(他对自己要求严格)/ tā yányú lǜjǐ(他严于律己). ¶ 己れをもって人を～することはできない bùnéng yǐ jǐ lǜ rén(不能以己律人)/ bùnéng ná zìjǐ héngliang rén(不能拿自己衡量人).

りつぜん【慄然】 sǒngrán(悚然), lìrán(栗然).
¶ その光景を見て～とした mùdǔ nà guāngjǐng "bù hán ér lì[máogǔ-sǒngrán](目睹那光景"不寒而栗[毛骨悚然]). ¶ 己れの罪深さに～た思いである gǎndào zìjǐ zuì'è zhī shēn, bùjué sǒngrán(感到自己罪恶之深,不觉悚然).

りったい【立体】 lìtǐ(立体). ¶ ～的にものを考える cóng duō zhǒng jiǎodù kǎolǜ shìwù(从多种角度考虑事物).
¶ ～感 lìtǐgǎn(立体感). ～幾何学 lìtǐ jǐhéxué(立体几何学). ～派 lìtǐzhǔyì(立体主义) / lìtǐpài(立体派). ～映画 lìtǐ diànyǐng(立体电影). ～音響 lìtǐshēng(立体声). ～交差 lìtǐ jiāochā(立体交叉)/ lìjiāo(立交).

りっち【立地】 ¶ ～条件に恵まれた工場 dìlǐ tiáojiàn hǎo de gōngchǎng(地理条件好的工厂).

りつどう【律動】 lǜdòng(律动). ¶ 快い～感 yúkuài de lǜdònggǎn(愉快的律动感).

りっとう【立刀】 lìdāopángr(立刀旁ル), lìdāor(立刀ル).

りっとう【立冬】 lìdōng(立冬).

りっとう【立党】 jiàndǎng(建党). ¶ ～の精神 jiàndǎng de jīngshén(建党的精神).

リットル shēng(升), gōngshēng(公升).

りっぱ【立派】 ¶ 風采の～な人 yíbiǎo fēifán de rén(仪表非凡的人) / fēngcǎi dòngrén de rén(风采动人的人). ～な態度 zhènjìng zìruò de tàidu(镇静自若的态度). ¶ しばらく見ない間に～な若者になった jǐ nián bújiàn, tā chōu chéng yí ge yīngjùn de qīngnián(几年不见,他出落成一个英俊的青年). ¶ 彼は～な指導者だ tā shì ge zhuóyuè de lǐngdǎorén(他是个卓越的领导人). ¶ ～な業績をあげ

る huòdé zhuóyuè de chéngjiù（获得卓越的成就）．¶ それだけ中国語が話せたら～なものだ！ nǐ shuō Zhōngguóhuà shuōdào zhè zhǒng chéngdù tài bù jiǎndān le（你说中国话说到这种程度太不简单了）．¶ それには～な理由がある nà yǒu chōngfèn lǐyóu（那有充分理由）．¶ 難しい仕事を～にやり遂げた chūsè de wánchéngle kùnnan de gōngzuò（出色地完成了困难的工作）．¶ 生計が～に立っていく shēngjì wánquán méi wèntí（生计完全没问题）．¶ これはまだ～に使える zhè hái chōngfèn néng yòng（这还充分能用）．¶ ～な口をきくじゃないか，それじゃお手並を拝見しよう zuǐlǐ shuō de tóutóu shì dào a! nàme zuò gěi wǒ kànkan（嘴里说的头头是道啊！那么做给我看看）/ shuōde guānmiǎn tánghuáng a! lái shīzhǎn běnshì qiáoqiao!（说得冠冕堂皇啊！来施展本事瞧瞧！）．

りっぷく【立腹】 shēngqì（生气）．¶ 彼はたいそう～している tā fēicháng shēngqì（他非常生气）．

リップサービス kǒuhuì（口惠），kōngtóu rénqíng（空头人情），kōngtóu zhīpiào（空头支票）．

りっぽう【立方】 lìfāng（立方）．¶ 8～メートル bā lìfāngmǐ[límǐ]（八立方米[立米]）．¶ 2メートル～ liǎng mǐ lìfāng（两米立方）．¶ ～に開く kāi lìfāng（开立方）．¶ ～根 lìfānggēn（立方根）．¶ 一体 lìfāngtǐ（立方体）/ zhèngfāngtǐ（正方体）/ lìfāng（立方）．

りっぽう【立法】 lìfǎ（立法）．¶ 公害問題に関して～措置をとる jiù gōnghài wèntí cǎiqǔ lìfǎ cuòshī（就公害问题采取立法措施）．¶ ～機関 lìfǎ jīguān（立法机关），～権 lìfǎquán（立法权）．

りづめ【理詰】 ¶ ～で説き伏せる yǐ lǐ fú rén（以理服人）．

りろん【立論】 lìlùn（立论）．¶ 統計資料に基づいて～する jīyú tǒngjì zīliào lìlùn（基于统计资料立论）．¶ ～の根拠 lìlùn de gēnjù（立论的根据）．

りてい【里程】 lǐchéng（里程）．¶ ～標 lǐchéngbiāo（里程标）/ lǐchéngbēi（里程碑）（比喩的にも）．

りてき【利敵】 ¶ ～行為 zīdí xíngwéi（资敌行为）．

りてん【利点】 yōudiǎn（优点），chángchu（长处）．¶ 使いやすいのがこの器具の～である biànyú shǐyòng shì zhège qìjù de chángchu（便于使用是这个器具的长处）．

りとう【離島】 gūdǎo（孤岛）．

りとう【離党】 tuōdǎng（脱党），tuìdǎng（退党）．

りとく【利得】 shōuyì（收益），lìyì（利益）．¶ 不正～ bú zhèngdàng de shōuyì（不正当的收益）．

リトグラフ shíbǎnhuà（石版画），píngbǎnhuà（平版画），píngyìn（平印），shíyìn（石印）．

リトマスしけんし[リトマス試験紙] shírěi shìzhǐ（石蕊试纸）．

リニアモーターカー cíxuánfú diàndòng chēliàng（磁悬浮电动车辆），cíxuánfú chēliàng（磁悬浮车辆），cífú tiělù（磁浮铁路）．

りにゅう【離乳】 duànnǎi（断奶）．¶ ～期 duàn-
nǎiqī（断奶期）．～食 duànnǎishí（断奶食）．

りにょう【利尿】 lìniào（利尿）．¶ ～剤 lìniàojì（利尿剂）/ lìniàoyào（利尿药）．

りにん【離任】 lírèn（离任），qùrèn（去任），lízhí（离职），qùzhí（去职）．¶ 会長の任を～する líkāi huìzhǎng de zhíwù（离开会长的职务）．

りねん【理念】 lǐniàn（理念），guānniàn（观念）．¶ 教育の～ jiàoyù lǐniàn（教育理念）．¶ ヘーゲル哲学に於ける～ Hēigé'ěr zhéxué de lǐniàn（黑格尔哲学的理念）．

りのう【離農】 ¶ ～して町で働く tuōlí nóngyè qù chéngshì móushēng（脱离农业去城市谋生）．

リノリウム yóuzhān（油毡）．

リハーサル páiyǎn（排演），páiliàn（排练）；shìyǎn（试演），yùyǎn（预演）；cǎipái（彩排）．

リバーシブル shuāngmiàn liǎng yòng（双面两用）；zhèng-fǎn liǎng chuān（正反两穿）．¶ ～のコート shuāngmiànshì dàyī（双面式大衣）．

リバイバル chóngxīn liúxíng（重新流行）．

リバウンド fǎntán（反弹）．

りはつ【利発】 cōngming（聪明），línglì（伶俐）．¶ 見るからに～そうな子だ xiǎnde cōngming línglì de háizi（显得聪明伶俐的孩子）．

りはつ【理髪】 lǐfà（理发）．¶ ～師 lǐfàyuán（理发员）．～店 lǐfàdiàn（理发店）/ lǐfàguǎn（理发馆）．

リハビリテーション kāngfù duànliàn（康复锻炼）．

りはん【離反】 bèilí（背离）．¶ 民心は現政権からすでに～している mínxīn yǐ bèilí xiàn zhèngquán le（民心已背离现政权了）．

りひ【理非】 shìfēi（是非）．¶ 物事の～をわきまえる fēnbiàn shìfēi（分辨是非）．¶ ～曲直を明らかにする nòngqīng shìfēi-qūzhí（弄清是非曲直）．

りびょう【罹病】 huànbìng（患病）．¶ この病気は～率が高い zhè zhǒng bìng huànbìnglǜ gāo（这种病患病率高）．

リフォーム ¶ 婦人服の～ fānxīn fùnǚ fúzhuāng（翻新妇女服装）．¶ 住宅の～ zhùzhái de fānxiū（住宅的翻修）．

りふじん【理不尽】 ¶ それは～な言いがかりだ nà shì qiǎngcí-duólǐ（那是强词夺理）/ nà tài bù jiǎnglǐ（那太不讲理）．¶ ～な要求 wúlǐ de yāoqiú（无理的要求）．

リフト 1 [スキー場などの] suǒdào（索道）．¶ スキー～ huáxuě diàoyǐshì suǒdào（滑雪吊椅式索道）．
2 [昇降機] shēngjiàngjī（升降机）．

リベート huíkòu（回扣），huíyòng（回佣），hǎochùfèi（好处费）．¶ メーカーから～をもらう cóng chǎngjiā ná huíkòu（从厂家拿回扣）/ chī chǎngjiā de huíkòu（吃厂家的回扣）．

りべつ【離別】 1 [別離] líbié（离别），biélí（别离）．¶ ものごころつかぬうちに両親と～した yòuxiǎo hái bù dǒngshì shí hé fùmǔ líbié le（幼小还不懂事时和父母离别了）．
2 [離婚] líhūn（离婚）．¶ 妻と～する hé qīzi líhūn（和妻子离婚）．

リベット mǎodīng（铆钉）．¶ ～を打つ mǎo

mǎodīng(铆钉钉).

りほう【理法】 ¶天の～ tiānlǐ(天理).

リボン duàndài(缎带), chóudài(绸带), sīdài(丝带). ¶～のついた帽子 dài duàndài de màozi(带缎带的帽子). ¶贈物に～をかける yòng chóudài jì lǐpǐn(用绸带系礼品).

りまわり【利回り】 ¶この株は年3分の～になる zhè gǔpiào yǒu niánlǜ sān lí de hónglì(这股票有年率三厘的红利).

リムジン dàjiàochē(大轿车), háohuá jiàochē(豪华轿车). ¶～バス jīchǎng kèchē(机场客车).

りめん【裏面】 bèimiàn(背面). ¶～の注意を読んで記入せよ kàn bèimiàn zhùyì shìxiàng tiánxiě(看背面注意事项填写). ¶政界の～をあばく jiēfā zhèngjiè de nèimù(揭发政界的内幕). ¶～工作をする gǎo mùhòu huódòng(搞幕后活动).

リモートコントロール yáokòng(遥控).

リヤカー shǒulā bǎnchē(手拉板车).

りゃく【略】 luè(略), cónglüè(从略), shěnglüè(省略), jiǎnlüè(简略). ¶以下～ yǐxià cónglüè(以下从略).

りゃくぎ【略儀】 ¶～ながら書面をもって申し上げます xiān hán zhìyì, xìng shù bù zhōu(先函致意, 幸恕不周).

りゃくご【略語】 lüèyǔ(略语).

りゃくごう【略号】 jiǎnlüè fúhào(简写符号).

りゃくじ【略字】 jiǎnhuà hànzì(简化汉字), jiǎnhuàzì(简化字), jiǎntǐzì(简体字), jiǎnbǐzì(简笔字), shǒutóuzì(手头字), jiǎnxiě(简写), jiǎntǐ(简体), jiǎnzì(简字).

りゃくしき【略式】 ¶結婚式は～で済ました jǔxíngle jiǎnlüè de hūnlǐ(举行了简略的婚礼).

りゃくじゅつ【略述】 lüèshù(略述), gàishù(概述). ¶経歴を～する lüèshù lǚlì(略述履历).

りゃくしょう【略称】 jiǎnchēng(简称), lüèchēng(略称).

りゃく・す【略す】 lüè(略), cónglüè(从略), shěnglüè(省略), jiǎnlüè(简略). ¶堅苦しい挨拶は～して乾杯しよう shěngdiào fánsuǒ de kètào, gānbēi ba!(省掉烦琐的客套, 干杯吧!). ¶字を～して書く bǎ zì jiǎnhuà lái shūxiě(把字简化来书写).

りゃくず【略図】 lüètú(略图). ¶自宅付近の～を書く huà zìjǐ jiā fùjìn de lüètú(画自己家附近的略图).

りゃくだつ【略奪】 lüèduó(掠夺), qiǎnglüè(抢掠), qiǎngduó(抢夺), qiǎngjié(抢劫), jiéduó(劫夺). ¶侵略軍は～の限りをつくした qīnlüèjūn jí jìn lüèduó de néngshì(侵略军极尽掠夺的能事). ¶金品を～する qiǎngjié cáiwù(抢劫财物).

りゃくでん【略伝】 zhuànlüè(传略).

りゃくれき【略歴】 jiǎnlì(简历).

りゃっき【略記】 ¶作品の粗筋を～する lüèshù zuòpǐn de gěnggài(略述作品的梗概).

りゆう【理由】 lǐyóu(理由). ¶私が謝らなければならない～はない wǒ kě méiyǒu bìxū dàoqiàn de lǐyóu(我可没有必须道歉的理由). ¶健康上の～で会社を辞めた yǐ jiànkāngshang de lǐyóu cíle gōngsī de zhíwù(以健康上的理由辞了公司的职务). ¶そんな事は～にならない nà bùchéng lǐyóu(那不成理由). ¶何故そうしたの～を言いなさい wèishénme zhèyàng zuò, nǐ bǎ lǐyóu jiǎngchulai(为什么这样做, 你把理由讲出来). ¶彼女は何かと～をつけて仕事を休む tā zǒng zhǎo jièkǒu xiēgōng(她总找借口歇工).

りゅう【竜】 lóng(龙).

-りゅう【流】 ¶日本～の考え方 Rìběnshì de xiǎngfa(日本式的想法). ¶三～のレストラン sānliú càiguǎn(三流菜馆).

りゅうあん【硫安】 liú'ān(硫铵).

りゅうい【留意】 liúyì(留意). ¶健康に～する zhùyì jiànkāng(注意健康). ¶この点に十分～してほしい zhè yì diǎn qǐng chōngfèn jiāyǐ liúyì(这一点请充分加以留意).

りゅういき【流域】 liúyù(流域). ¶黄河の～ Huáng Hé liúyù(黄河流域).

りゅういん【溜飲】 ¶～が下がる dàwéi chàngkuài(大为畅快)/ dà kuài rén xīn(大快人心)/ yáng méi tǔ qì(扬眉吐气)/ jiěhèn(解恨)/ chènyuàn(称愿).

りゅうか【硫化】 liúhuà(硫化). ¶～水素 liúhuàqīng(硫化氢). ～物 liúhuàwù(硫化物).

りゅうかい【流会】 liúhuì(流会). ¶出席者が定足数に満たないため～した yīn chūxízhě bùzú fǎdìng rénshù ér liúhuì le(因出席者不足法定人数而流会了).

りゅうがく【留学】 liúxué(留学). ¶中国に～する dào Zhōngguó liúxué(到中国留学)/ liúxué Zhōngguó(留学中国).
¶～生 liúxuéshēng(留学生).

りゅうがん【竜眼】 lóngyǎn(龙眼), guìyuán(桂圆). ¶～肉 lóngyǎn(龙眼)/ guìyuán(桂圆).

りゅうき【隆起】 lónggǐ(隆起). ¶地殻が～する dìqiào lónggǐ(地壳隆起). ¶～海岸 shàngshēng hǎi'àn(上升海岸).

りゅうぎ【流儀】 ¶私は何でも自分の～でやることにしている bùguǎn shénme shì wǒ dōu àn zìjǐ de zuòfǎ lái zuò(不管什么事我都按自己的做法来做). ¶母は昔～の人です wǒ mǔqin shì "lǎopài[lǎoshì] de rén(我母亲是"老派[老式]的人).

りゅうぐう【竜宮】 lónggōng(龙宫).

りゅうけい【流刑】 liúxíng(流刑), liúfàng(流放). ¶～に処せられる bèi pànchǔ liúxíng(被判处流刑).
¶～地 liúfàngdì(流放地).

りゅうけつ【流血】 liúxuè(流血). ¶～の惨事を引き起こす yǐnqǐ liúxuè cǎn'àn(引起流血惨案).

りゅうげん【流言】 liúyán(流言). ¶～飛語 liúyán fēiyǔ(流言飞语).

りゅうこ【竜虎】 lónghǔ(龙虎). ¶～相打つ lóng hǔ xiāng zhēng(龙虎相争).

りゅうこう【流行】 liúxíng(流行), shíxīng(时兴), shímáo(时髦). ¶彼女は～を追ってばかり

いる tā zǒngshì gǎn shímáo(她总是赶时髦).¶この服は最新〜のスタイルだ zhè yīfu shì zuì shímáo de shìyàng(这衣服是最时髦的式样).¶その型はもう〜遅れだ nà zhǒng shìyàng yǐ bù shíxīng(那种式样已不时兴).¶伝染病が〜する chuánrǎnbìng liúxíng(传染病流行).¶〜歌 liúxíng gēqǔ(流行歌曲).─語 liúxíngyǔ(流行语).─病 liúxíngbìng(流行病).

りゅうこうせいかんぼう【流行性感冒】 liúxíngxìng gǎnmào(流行性感冒).

りゅうこつ【竜骨】 lónggǔ(龙骨).

りゅうさん【硫酸】 liúsuān(硫酸).〜アンモニウム liúsuān'ǎn(硫酸铵).〜紙 yángpízhǐ(羊皮纸).〜銅 liúsuāntóng(硫酸铜).

りゅうざん【流産】 liúchǎn(流产), xiǎochǎn(小产), xiǎoyuè(小月)／xiǎoyuèzi(小月子).¶妊娠3か月で〜した rènshēn sān ge yuè liúchǎn le(妊娠三个月流产了).¶新会社設立の計画は〜に終った jiànlì xīn gōngsī de jìhuà liúchǎn le(建立新公司的计划流产了).

りゅうし【粒子】 lìzǐ(粒子).

りゅうしつ【流失】 ¶出水のため橋が〜した qiáo bèi dàshuǐ chōngtā le(桥被大水冲塌了).¶一家屋300戸に房屋有三百栋).被冲塌的房屋有三百栋).

りゅうしゅつ【流出】 liúchū(流出); wàiliú(外流), wàiyì(外溢).¶重油がタンカーから〜した zhòngyóu cóng yóuchuán liúchuqu le(重油从油船流出去了).¶頭脳の海外〜 zhìnáng wàiliú(智囊外流).¶金(ǎ)の国外〜 huángjīn wàiliú(黄金外流).

りゅうしょう【隆昌】 lóngshèng(隆盛), chāngshèng(昌盛), xīngshèng(兴盛).¶貴社益々御〜の段お慶び申し上げます zhí cǐ guì shè rìyì xīnglóng zhī jì jǐn zhì zhùhè(值此贵社日益兴隆之际谨致祝贺).

りゅうず【竜頭】 biǎobà(表把), biǎobǐng(表柄).

りゅうすい【流水】 liúshuǐ(流水).¶行雲〜の詩人 xíngyún liúshuǐ de shīrén(行云流水的诗人).

りゅうせい【流星】 liúxīng(流星), zéixīng(贼星).¶〜雨 liúxīngyǔ(流星雨).〜群 liúxīngqún(流星群).

りゅうせい【隆盛】 lóngshèng(隆盛), chāngshèng(昌盛), xīngshèng(兴盛).¶国家が〜におもむく guójiā qūyú fánróng chāngshèng(国家趋于繁荣昌盛).¶オスマントルコは16世紀に〜を極めた Àosīmàn Tǔ'ěrqí zài shíliù shìjì zuìwéi lóngshèng(奥斯曼土耳其在十六世纪最为隆盛).

りゅうぜつらん【竜舌蘭】 lóngshélán(龙舌兰).

りゅうせんけい【流線型】 liúxiànxíng(流线型).

りゅうたい【流体】 liútǐ(流体).¶〜力学 liútǐ lìxué(流体力学).

りゅうだん【榴弾】 liúdàn(榴弹).¶〜砲 liúdànpào(榴弹炮).

りゅうち【留置】 jūliú(拘留), jūyā(拘押), guǎnyā(管押).¶容疑者として〜される zuòwéi xiányífàn bèi jūliú(作为嫌疑犯被拘留).¶〜場 jūliúsuǒ(拘留所).

りゅうちょう【流暢】 liúlì(流利), liúchàng(流畅).¶〜な中国語を話す shuō yì kǒu liúlì de Zhōngguóhuà(说一口流利的中国话).¶彼は3か国語を〜に話せる tā néng liúchàng de shuō sān guó huà(他能流畅地说三国话).

りゅうつう【流通】 liútōng(流通).¶この部屋は空気の〜が悪い zhè jiān wūzi tōngfēng bù hǎo(这间屋子通风不好).¶〜機構を改革する gǎigé pèishòu tǐzhì(改革配售体制).¶1万円紙幣の〜高 yíwàn rìyuán zhǐbì de liútōngliàng(一万日元纸币的流通量).¶〜貨幣 liútōng huòbì(流通货币).

りゅうと ¶〜した身なりの紳士 yīguān chǔchǔ de shēnshì(衣冠楚楚的绅士).

りゅうどう【流動】 liúdòng(流动).¶情況は多分に〜的だ qíngkuàng biàndòngxìng hěn dà(情况变动性很大).¶〜資産 liúdòng zīchǎn(流动资产).〜資本 liúdòng zīběn(流动资本).〜食 liúshí(流食)／liúzhì(流质).〜体 liútǐ(流体).

りゅうとうだび【竜頭蛇尾】 hǔ tóu shé wěi(虎头蛇尾).

りゅうにゅう【流入】 liúrù(流入).¶外資の〜が激増する wàizī de liúrù jùzēng(外资的流入剧增).¶都市へ人口が〜する rénkǒu xiàng dūshì liúrù(人口向都市流入).

りゅうにん【留任】 liúrèn(留任).¶理事は全員〜した lǐshì quándōu liúrèn le(理事全都留任了).

りゅうねん【留年】 liújí(留级), liúbān(留班), jiàngjí(降级), jiàngbān(降班), dūnbān(蹲班), chóngdú(重读).¶1科目不合格で〜した yì mén kè bù jígé liújí le(一门课不及格留级了).

りゅうは【流派】 liúpài(流派).

りゅうび【柳眉】 liǔméi(柳眉), liǔyèméi(柳叶眉).¶〜を逆立てる liǔméi dào shù(柳眉倒竖).

りゅうひょう【流氷】 fúbīng(浮冰), liúbīng(流冰).

りゅうほ【留保】 bǎoliú(保留).¶回答を〜する bǎoliú dáfù(保留答复).¶発言権を〜する bǎoliú fāyánquán(保留发言权).

りゅうぼく【流木】 piāoliúmù(漂流木), fúmù(浮木).

リューマチ fēngshībìng(风湿病).

りゅうみん【流民】 liúmín(流民).

りゅうよう【流用】 nuóyòng(挪用), yíyòng(移用), dòngyòng(动用), téngnuó(腾挪).¶公金を〜する nuóyòng gōngkuǎn(挪用公款).¶図書費を旅費に〜する bǎ gòumǎi túshū de fèiyong nuóyòng zuò lǚfèi(把购买图书的费用挪用做旅费).

りゅうり【流離】 liúlí(流离).

りゅうりゅう【隆隆】 ¶彼の名声は〜たるものだ tā hèhè yǒumíng(他赫赫有名)／tā de míngshēng fēicháng xiǎnhè(他的名声非常显赫).¶彼は筋肉〜としている tā jīròu hěn fādá(他

肌肉很发达).

りゅうりゅうしんく【粒粒辛苦】 ¶～の末やっと完成させた fèijìn xīnxuè zhōngyú wánchéng le(费尽心血终于完成了).

りゅうりょう【流量】 liúliàng(流量). ¶～計 liúliàngjì(流量计).

りゅうれい【流麗】 liúlì(流丽). ¶～な書体 liúlì de shūtǐ(流丽的书体).

りゅうろ【流露】 liúlù(流露). ¶彼の手紙には真情が～している tā de xìn li liúlùzhe zhēnqíng(他的信里流露着真情).

リュックサック bēináng(背囊), bēibāo(背包).

りよう【利用】 lìyòng(利用). ¶豊富な水を～して発電する lìyòng fēngfù de shuǐliàng fādiàn (利用丰富的水量发电). ¶通勤には地下鉄を～している shàngxiàbān lìyòng dìxià tiědào (上下班利用地下铁道). ¶あらゆる機会を～して政策を訴える lìyòng yíqiè jīhuì xuānchuán zhèngcè(利用一切机会宣传政策). ¶地位を～して私腹を肥やす lìyòng dìwèi zhōngbǎo sīnáng(利用地位中饱私囊). ¶これにはまだ～価値がある zhège hái yǒu lìyòng jiàzhí(这个还有利用价值). ¶～度が低い lìyònglǜ dī(利用率低). ¶廃物～ fèiwù lìyòng(废物利用).

りよう【理容】 lǐfà měiróng(理发美容). ¶～師 lǐfàyuán(理发员).

りょう【両】 **1** liǎng(两). ¶左右～陣営 zuǒyòu liǎng zhènyíng(左右两阵营). ¶～の手 shuāngshǒu(双手)/liǎngshǒu(两手). ¶～足 liǎng tiáo tuǐ(两条腿). ¶～人 liǎ[liǎng ge] rén(俩[两个]人).
2〔助数詞〕jié(节). ¶3～目の車両 dìsān jié chēxiāng(第三节车厢). ¶貨車1～ yì jié huòchē(一节货车).

りょう【良】 **1**〔良好〕liánghǎo(良好). ¶検査の結果はおおむね～だった jiǎnchá de jiéguǒ dàzhì liánghǎo(检查的结果大致良好).
2〔評点〕liáng(良). ¶国語の成績は～だった yǔwén chéngjì shì liáng(语文成绩是良).

りょう【涼】 ¶木陰で～をとる zài shùyīn xià chéng[nà] liáng(在树阴下'乘[纳]凉).

りょう **1**〔猟〕shòuliè(狩猎), dǎliè(打猎), bǔliè(捕猎). ¶山野で～をする zài shānyě dǎliè(在山野打猎). ¶今日は～が多かった jīntiān lièwù hěn duō(今天猎物很多).
2〔漁〕bǔyú(捕鱼), dǎyú(打鱼), bǔlāo(捕捞). ¶沖へ～に出る chūhǎi dǎyú(出海打鱼). ¶かつおの～の一期 jiānyú de yúxún(鲣鱼的渔汛).

りょう【陵】 líng(陵), língmù(陵墓), língqǐn (陵寝). ¶仁徳天皇～ Réndé tiānhuáng líng (仁德天皇陵).

りょう【量】 liàng(量), shùliàng(数量). ¶仕事の～が多すぎる gōngzuòliàng tài duō(工作量太多). ¶水の～を増やす zēngjiā shuǐ de fènliang(增加水的分量). ¶食事の量を減らす jiǎnshǎo fànliàng(减少饭量). ¶～より質だ zhì zhòngyú liàng(质重于量).

りょう【寮】 sùshè(宿舍). ¶学校の～に入る jìn xuéxiào de sùshè(进学校的宿舍).

¶～生 zhùdúshēng(住读生)/jìsùshēng(寄宿生)/zhùxiàoshēng(住校生). 独身～ dānshēn sùshè(单身宿舍).

りょういき【領域】 lǐngyù(领域). ¶他国の～を侵犯する qīnfàn tāguó de lǐngyù(侵犯他国的领域). ¶それは科学の～を越えた問題だ nà shì chāochū kēxué lǐngyù de wèntí(那是超出科学领域的问题).

りょういん【両院】 liǎng yuàn(两院). ¶予算は衆参～を通過した yùsuàn zài zhòng cān liǎng yuàn tōngguò le(预算在众参两院通过了).

りょうえん【良縁】 liángyuán(良缘). ¶娘は～を得て結婚した nǚ'ér huòdé hǎo yīnyuán jiéle hūn(女儿获得好姻缘结了婚).

りょうえん【遼遠】 liáoyuǎn(辽远). ¶前途～ lùtú yáoyuǎn(路途遥远).

りょうが【凌駕】 língjià(凌驾), jiàlíng(驾凌). ¶彼の技術ははるかに他を～している tā de jìshù 'língjià yú tārén zhī shàng [chūlèi-bácuì] (他的技术'凌驾于他人之上[出类拔萃]).

りょうかい【了解】 liǎojiě(了解), liàngjiě(谅解). ¶両者の間には暗黙の～があった liǎngzhě zhī jiān yǒule mòqì(两者之间有了默契). ¶相手の～をとりつけてから事を進めるべきだ shìqing yīnggāi zài dédào duìfāng tóngyì hòu jìnxíng(事情应该在得到对方同意后进行). ¶～の事は互いに～済みだ nà shì shuāngfāng yǐjing tóngyì le(那事双方已经同意了). ¶～事項を再確認する zàidù quèrèn yǐjing qǔdé liàngjiě de shìxiàng(再度确认已经取得谅解的事项). ¶"直ちに現場に急行せよ""～" "lìkè gǎndào xiànchǎng qù" "míngbai le"("立刻赶到现场去""明白了").

りょうかい【領海】 lǐnghǎi(领海).

りょうがえ【両替】 huànqián(换钱), duìhuàn (兑换). ¶円をドルに～する bǎ rìbì duìhuàn chéng měiyuán(把日币兑换成美元). ¶1000円札を100円硬貨に～しよう qǐng bǎ yìqiān kuài de piàozi gěi duìhuàn chéng yìbǎi kuài de yìngbì(请把一千块的票子给兑换成一百块的硬币). ¶～お断り xièjué huànqián(谢绝换钱).

りょうがわ【両側】 liǎngbiān(两边), liǎngcè (两侧), liǎngmiàn(两面), liǎngpáng(两旁). ¶塀を～から支える bǎ qiáng cóng liǎngbiān zhīzhù(把墙从两边支住). ¶道の～に木を植える zài dàolù liǎngpáng zhòng shù(在道路两旁种树).

りょうかん【猟官】 ¶～運動をする lièqǔ guānzhí(猎取官职).

りょうかん【量感】 liànggǎn(量感).

りょうき【涼気】 liángqì(凉气). ¶高原の～を満喫する bǎocháng gāoyuán de liángshuǎng (饱尝高原的凉爽).

りょうき【猟奇】 lièqí(猎奇). ¶～趣味の小説 fùyǒu lièqíxìng de xiǎoshuō(富有猎奇性的小说).

りょうきょく【両極】 liǎngjí(两极). ¶プラスとマイナスの～ yīnyáng[zhèngfù] liǎngjí(阴阳[正负]两极). ¶地球の～ dìqiú liǎngjí(地球

両極).¶～に立つ2つの意見 liǎng zhǒng yìjiàn liǎng ge jíduān(两种意见两个极端).

りょうきん【料金】 fèi(费).¶電話の～を払う fù diànhuàfèi(付电话费).¶電気～ diànfèi(电费).バス～ gōnggòng qìchē fèi(公共汽车费).郵便～ yóufèi(邮费)/yóuzī(邮资).

りょうくう【領空】 lǐngkōng(领空).¶～を侵犯する qīnfàn lǐngkōng(侵犯领空).

りょうけ【良家】 liángjiā(良家).¶～の子女 liángjiā nǚzǐ(良家女子).

りょうけん【了見】 ¶いったいどういう～なのだ nǐ jiūjìng dǎ de shénme zhǔyi?(你究竟打的什么主意?).¶悪い～を起す qǐ huài niàntou(起坏念头).¶なんと～の狭い奴だ zhēn shì ▼xīnyǎn zhǎi[xīnxiōng xiázhǎi] de jiāhuo(真是▼心眼窄[心胸狭窄]的家伙).¶そんなことをするなんてとんだ～違いだ zuòchū nà zhǒng shì, nǐ wánquán xiǎngcuò le(做出那种事,你完全想错了).

りょうけん【猟犬】 lièg ǒu(猎狗), lièquǎn(猎犬).

りょうげん【燎原】 liáoyuán(燎原).¶その運動は～の火のように広がった nàge yùndòng yóurú liáoyuán lièhuǒ guǎngfàn kāizhǎn qilai(那个运动犹如燎原烈火广泛开展起来).

りょうこう【良好】 liánghǎo(良好).¶手術後の経過は極めて～だ shǒushù hòu de qíngkuàng jíwéi liánghǎo(手术后的情况极为良好).¶感度～ língmǐndù liánghǎo(灵敏度良好).

りょうこう【良港】 liánggǎng(良港).¶天然の～に恵まれる yǒu tiānfù de tiānrán liánggǎng(有天赋的天然良港).

りょうさい【良妻】 ¶～賢母 xiánqī liángmǔ(贤妻良母).

りょうさく【良策】 liángcè(良策), shàngcè(上策).

りょうさん【量産】 pīliàng shēngchǎn(批量生产).

りょうし 1【猟師】 lièrén(猎人), lièshǒu(猎手), lièhù(猎户).
2【漁師】 yúrén(渔人), yúfū(渔夫), yújiā(渔家).

りょうし【量子】 liàngzǐ(量子).¶～力学 liàngzǐ lìxué(量子力学).～論 liàngzǐlùn(量子论).

りょうじ【領事】 lǐngshì(领事).¶～館 lǐngshìguǎn(领事馆).

りょうじ【療治】 ¶温泉へ～に行く qù wēnquán liáoyǎng(去温泉疗养).

りょうしき【良識】 ¶人々の～に訴える xiàng rénmen de liángzhī hūyù(向人们的良知呼吁).¶～ある行動を望む xīwàng cǎiqǔ yǒu lǐzhì de xíngdòng(希望采取有理智的行动).

りょうしつ【良質】 yōuzhì(优质).¶～の石炭 yōuzhìméi(优质煤).

りょうしゃ【両者】 liǎngzhě(两者), shuāngfāng(双方).¶～の言い分を聞く tīng shuāngfāng de shēnshù(听双方的申述).¶～は共に当博物館の所蔵品である liǎngzhě dōu shì běn bówùguǎn suǒ cáng(两者都是本博物馆所藏).

りょうしゅ【領主】 lǐngzhǔ(领主).

りょうしゅう【領収】 ¶上記の金額正に～いたしました zī shōudào shàngshù jīn'é(兹收到上述金额).¶～書 shōujù(收据)/shōutiáo(收条)/fāpiào(发票)/fādān(发单).

りょうしゅう【領袖】 lǐngxiù(领袖).

りょうじゅう【猟銃】 lièqiāng(猎枪).

りょうしょう【了承】 ¶管理者の～を得て使用する jīng guǎnlǐyuán de tóngyì shǐyòng(经管理员的同意使用).¶お申越しの件～しました suǒ shì zhī shì shìxī(所示之事示悉).

りょうしょく【糧食】 liángshi(粮食), shíliáng(食粮).¶～を蓄える chǔbèi liángshi(储备粮食)/jī liáng(积粮).¶～を支給する fā liáng(发粮).

りょうじょく【陵辱】 língrǔ(凌辱), wǔrǔ(侮辱).¶大衆の面前で人を～する zài zhòngrén miànqián wǔrǔ rén(在众人面前侮辱人).¶婦女子を～する língrǔ fùnǚ(凌辱妇女).

りょうしん【両親】 shuāngqīn(双亲), fùmǔ(父母).

りょうしん【良心】 liángxīn(良心).¶それは私の～が許さない nà shì wǒ liángxīn suǒ bù yǔnxǔ de(那是我良心所不允许的).¶～の命ずるところに従って行動する píng liángxīn bànshì(凭良心办事).¶～の呵責に耐えかねて告白するshu liángxīn zébèi ér tǎnbái(受良心责备而坦白).¶～に悖(とう)る行い mèi liángxīn[sàngjìn-tiānliáng] de xíngwéi(昧良心[丧尽天良]的行为).¶何ら～に恥じるところはない wènxīn wúkuì(问心无愧).¶あの店は～的なのだ nà jiā diàn hěn gōngdao(那家店很公道).

りょうせい【両生】 liǎngqī(两栖).¶～類 liǎngqīlèi(两栖类)/liǎngqī dòngwù(两栖动物).

りょうせい【両性】 liǎngxìng(两性).¶婚姻は～の合意に基づかねばならない hūnyīn bìxū jīyú nánnǚ shuāngfāng de wánquán zìyuàn(婚姻必须基于男女双方的完全自愿).¶～生殖 liǎngxìng shēngzhí(两性生殖).

りょうせいばい【両成敗】 ¶けんか～ shuāngfāng gè dǎ wǔshí dà bǎn(双方各打五十大板).

りょうせん【稜線】 shānjǐ(山脊).

りょうぜん【瞭然】 liǎorán(了然).¶結果は一目～である jiéguǒ yí mù liǎorán(结果一目了然).

りょうぞく【良俗】 ¶～に反する行為 gēn liánghǎo de fēngsú xiāng dǐchù de xíngwéi(跟良好的风俗相抵触的行为).

りょうち【領地】 lǐngdì(领地).

りょうて【両手】 liǎngshǒu(两手), shuāngshǒu(双手).¶鞄を～で持つ yòng liǎngshǒu tí píbāo(用两手提皮包).¶～を合せて祈る hézhǎng qídǎo(合掌祈祷).¶～をついて謝る liǎngshǒu fú dì péi búshi(两手扶地赔不是).

りょうてい【料亭】 gāojí fànguǎn(高级饭馆), jiǔjiā(酒家).

りょうてき【量的】 ¶～には勝っているが質的に劣っている shùliàng suī duō zhìliàng bù hǎo(数量虽多质量不好).

りょうてんびん【両天秤】 ¶～をかける jiǎo tà liǎng zhī chuán (脚踏两只船).
りょうど【領土】 lǐngtǔ (领土), jiāngtǔ (疆土), jiāngyù (疆域). ¶ 日本の～ Rìběn de lǐngtǔ (日本的领土). ¶ 我が国は～的野心を持たない wǒguó méiyǒu kuòzhāng lǐngtǔ de yěxīn (我国没有扩张领土的野心).
¶～権 lǐngtǔquán (领土权).
りょうどう【糧道】 liángdào (粮道). ¶～を断つ duàn liángdào (断粮道).
りょうどうたい【良導体】 liángdǎotǐ (良导体).
りょうとうづかい【両刀遣い】 ¶ 彼は甘辛～だ tā ài chī tián de yòu hào hējiǔ (他爱吃甜的又好喝酒).
りょうば【両刃】 ¶～の安全かみそり shuāngrèn bǎoxiǎndāo (双刃保险刀).
りょうはし【両端】 liǎngduān (两端), liǎngtóu (两头).
りょうひ【良否】 hǎohuài (好坏), shàn'è (善恶), shìfēi (是非). ¶ 物の～を見分ける biànbié dōngxi de hǎohuài (辨别东西的好坏). ¶ 事の～を判断する pànduàn shìqing de shìfēi (判断事情的是非).
りょうびらき【両開き】 ¶～の戸 liǎngshànr de mén (两扇儿的门).
りょうふう【良風】 liángfēng (良风). ¶～美俗 liángfēng měisú (良风美俗).
りょうふう【涼風】 liángfēng (凉风), qīngfēng (清风).
りょうぶん【領分】 lǐngyù (领域), fànwéi (范围). ¶ 人の～を侵す qīnfàn tārén de lǐngyù (侵犯他人的领域). ¶ これは外科の～だ zhè shǔyú wàikē de fànwéi (这属于外科的范围).
りょうほう【両方】 shuāngfāng (双方), liǎngzhě (两者). ¶ 視力は～とも 1.2 だ liǎng zhī yǎnjing shìlì dōu shì yì diǎnr èr (两只眼睛视力都是一点儿二). ¶ 私はあの 2 人を～とも知っている tāmen liǎ wǒ dōu rènshi (他们俩我都认识). ¶～とも私のものだ zhè liǎng ge dōu shì wǒ de (这两个都是我的).
りょうほう【療法】 liáofǎ (疗法). ¶ 食餌～ yǐnshí liáofǎ (饮食疗法). 精神～ jīngshén liáofǎ (精神疗法). 物理～ wùlǐ liáofǎ (物理疗法)/ lǐliáo (理疗).
りょうまつ【糧秣】 liángmò (粮秣), liángcǎo (粮草).
りょうみ【涼味】 ¶～を誘う yòufā rén de liángshuǎnggǎn (诱发人的凉爽感).
りょうめ【量目】 fènliang (分量). ¶～が足りない fènliang bú gòu (分量不够)/ kuīchèng (亏秤)/ duǎnchèng (短秤).
りょうめん【両面】 liǎngmiàn (两面). ¶ 紙の～に印刷する zài zhǐ de liǎngmiàn yìnshuā (在纸的两面印刷). ¶ 物事は～を見るべきだ shìqing yào kàn zhèng-fǎn liǎngmiàn (事情要看正反两面). ¶～作戦をとる cǎiqǔ liǎngmiàn zuòzhàn (采取两面作战).
りょうやく【良薬】 liángyào (良药). ¶～は口に苦し liángyào kǔkǒu (良药苦口).
りょうゆう【両雄】 ¶～並び立たず liǎng xióng bú jù lì (两雄不俱立).
りょうゆう【領有】 lǐngyǒu (领有). ¶ 我が国が～する島々 wǒguó suǒ lǐngyǒu de dǎoyǔ (我国所领有的岛屿).
りょうよう【両用】 liǎngyòng (两用). ¶ 水陸～車 shuǐlù liǎngyòng chēliàng (水陆两用车辆)/ liǎngqī chēliàng (两栖车辆).
りょうよう【療養】 liáoyǎng (疗养). ¶ 結核の～をする liáoyǎng jiéhébìng (疗养结核病).
¶～所 liáoyǎngyuàn (疗养院). 転地～ yìdì liáoyǎng (易地疗养).
りょうよく【両翼】 liǎngyì (两翼), yícè (翼侧), cèyì (侧翼).
りょうらん【繚乱】 ¶ 百花～ bǎi huā zhēng yán (百花争妍).
りょうり【料理】 1 pēngrèn (烹饪), pēngtiáo (烹调);〔食べ物〕cài (菜), càishū (菜蔬), càiyáo (菜肴). ¶ 魚を～する zuò yú (做鱼). ¶ 彼女は～が上手だ tā hěn huì zuò cài (她很会做菜)/ tā shàncháng pēngrèn (她擅长烹饪). ¶ この店の～はうまい zhè jiā fànguǎn de cài hěn hǎochī (这家饭馆的菜很好吃).
¶～人 chúshī (厨师)/ páochú (庖厨)/ chúzi (厨子)/ chúshī (厨司)/ dàshīfu (大师傅)/ zhǎngsháorde (掌勺儿的)/ zhǎngzàorde (掌灶儿的). ～法 pēngtiáofǎ (烹调法)/ pēngrènfǎ (烹饪法). ～屋 càiguǎn (菜馆)/ cānguǎn (餐馆)/ fàndiàn (饭店). 一品～ dāndiǎncài (单点菜). 家庭～ jiāchángcài (家常菜). 郷土～ dìfāng fēngwèi de cài (地方风味的菜). 精進～ sùcài (素菜). 生魚～ hūncài (荤菜). 日本～ Rìběncài (日本菜)/ Rìběn liàolǐ (日本料理).
2〔処理〕¶ この問題はひとりではとても～できない zhège wèntí yí ge rén nányí chǔlǐ (这个问题一个人难以处理).
りょうりつ【両立】 liǎnglì (两立). ¶ 仕事と勉強を～させる shǐ gōngzuò hé xuéxí liǎng bú wù (使工作和学习两不误).
りょうりょう【両両】 ¶ 素質と精進とが～相まって今日の栄冠をもたらした tiānfèn jiā nǔlì liǎngzhě xiāngfǔ-xiāngchéng yíngdéle jīntiān de róngyù (天分加努力两者相辅相成赢得了今天的荣誉).
りょうりょう【寥寥】 liáoliáo (寥寥). ¶ 賛同者は～たるものだった zàntóngzhě liáoliáo wújǐ (赞同者寥寥无几).
りょうりん【両輪】 ¶ 彼等は車の～のようなものだ tāmen yóurú chē zhī liǎnglún quē yī bùkě (他们犹如车之两轮缺一不可).
りょかく【旅客】〔旅行者〕lǚkè (旅客);〔乗客〕chéngkè (乘客). ～運賃 lǚkè yùnfèi (旅客运费). ～機 kèjī (客机). ～列車 kèchē (客车).
りょかん【旅館】 lǚguǎn (旅馆), lǚdiàn (旅店).
¶～に泊る zhùzài lǚguǎn (住在旅馆).
りよく【利欲】 lìyù (利欲). ¶～に目がくらむ lìyù xūn xīn (利欲熏心)/ lì lìng zhì hūn (利令智昏).
りょくそう【緑藻】 lǜzǎo (绿藻).
りょくち【緑地】 lǜdì (绿地). ¶ ～帯 lǜhuà dìdài (绿化地带).

りょくちゃ【緑茶】lǜchá(绿茶).
りょくないしょう【緑内障】lǜnèizhàng(绿内障), qīngguāngyǎn(青光眼).
りょくひ【緑肥】lǜféi(绿肥).
りょくや【緑野】lǜyě(绿野).
りょけん【旅券】hùzhào(护照).
りょこう【旅行】lǚxíng(旅行), lǚyóu(旅游). ¶～のプランを立てる dìng lǚxíng de jìhuà(订旅行的计划). ¶2か月にわたって中国各地をーした zài Zhōngguó gè dì lǚxíngle liǎng ge yuè(在中国各地旅行了两个月). ¶海外へーに出掛ける qù hǎiwài lǚxíng(去海外旅行). ¶～記 yóujì(游记). ～社 lǚxíngshè(旅行社). 世界一周～ huánqiú lǚxíng(环球旅行).
りょしゅう【旅愁】lǚchóu(旅愁). ¶～にひたる jìnchén yú lǚchóu zhī zhōng(浸沉于旅愁之中).
りょじょう【旅情】lǚqíng(旅情). ¶～を慰める wèijiè lǚqíng(慰藉旅情).
りょそう【旅装】xíngzhuāng(行装). ¶～をととのえる zhěngzhě xíngzhuāng(整理行装).
りょだん【旅団】lǚ(旅). ～長 lǚzhǎng(旅长). 混成～ hùnchénglǚ(混成旅).
りょっか【緑化】lǜhuà(绿化). ¶国土をーする lǜhuà guótǔ(绿化国土). ¶～運動 lǜhuà yùndòng(绿化运动).
りょてい【旅程】lǚchéng(旅程).
りょひ【旅費】lǚfèi(旅费), chuānzī(川资), lùfèi(路费), chuānfèi(川费), pánchan(盘缠), pánfei(盘费). ¶北海道を一周するのにーはいくらかかるか zhōuyóu Běihǎi Dào de lǚfèi yào duōshao qián?(周游北海道的旅费要多少钱?)
リラックス qīngsōng(轻松), sōngkuài(松快), fàngsōng(放松). ¶～して面接に臨む fàngsōng jīngshén cānjiā miànshì(放松精神参加面试).
りりく【離陸】qǐfēi(起飞). ¶飛行機が～する fēijī qǐfēi(飞机起飞).
りり・い【凛凛しい】lǐnlǐn(凛凛). ¶～い姿 fēngzī lǐnlǐn(风姿凛凛) / sàshuǎng yīngzī(飒爽英姿).
りりつ【利率】lìlǜ(利率). ¶年6分の～ niánlìlù liù lí(年利率六厘).
リレー 1 jiēlì(接力). ¶400メートル～ sìbǎi mǐ jiēlì sàipǎo(四百米接力赛跑). ¶～式にバケツで水を運ぶ jiēlìshì de yòng shuǐtǒng chuándì shuǐ(接力式地用水桶传递水). 2[継電器] jìdiànqì(继电器), tìxùqì(替续器). ¶～回路 jìdiànqì huílù(继电器回路).
りれき【履歴】lǚlì(履历). ¶～書 lǚlìbiǎo(履历表).
りろ【理路】lǐlù(理路). ¶～整然と説明する tiáolǐ jǐngrán[lǐlù fēnmíng] de jiāyǐ shuōmíng(条理井然[理路分明]地加以说明).
りろん【理論】lǐlùn(理论). ¶～と実際とは必ずしも一致しない lǐlùn hé shíjì bìng bù yídìng yízhì(理论和实际并不一定一致). ¶私は～のなことは苦手だ gǎo lǐlùn fāngmiàn de shì, wǒ kě bú shàncháng(搞理论方面的事, 我可不擅长).

¶～家 lǐlùnjiā(理论家). ～物理学 lǐlùn wùlǐxué(理论物理学). 相対性～ xiāngduìlùn(相对论).
りん【厘】¶年6分3～の利子 niánlì wéi liù lí sān(年利为六厘三). ¶月利1～ yuèlì yì lí(月利一厘).
りん【鈴】líng(铃). ¶～が鳴っている líng xiǎngzhe(铃响着).
りん【燐】lín(磷).
-りん【輪】duǒ(朵). ¶梅1～ yì duǒ méihuā(一朵梅花).
りんか【輪禍】chēhuò(车祸). ¶～に遭う zāodào chēhuò(遭到车祸).
りんか【隣家】gébì(隔壁), línjū(邻居), línshè(邻舍).
りんかい【臨海】¶～学校 hǎibīn xiàlìngyíng(海滨夏令营). ～工業地帯 línhǎi gōngyè dìdài(临海工业地带). ～実験所 línhǎi shíyànsuǒ(临海实验所).
りんかい【臨界】¶～温度 línjiè wēndù(临界温度). ～現象 línjiè xiànxiàng(临界现象). ～状態 línjiè zhuàngtài(临界状态).
りんかく【輪郭】lúnkuò(轮廓). ¶霧の中に浅間山の～がぼんやり見える zài wùzhōng Qiǎnjiān Shān de lúnkuò yǐnyuē kějiàn(在雾中浅间山的轮廓隐约可见). ¶～の整った顔 wǔguān duānzhèng de liǎn(五官端正的脸). ¶事件の～がつかめた zhǎngwòle shìjiàn de lúnkuò(掌握了事件的轮廓).
りんがく【林学】línxué(林学), sēnlínxué(森林学).
りんかんがっこう【林間学校】 xiàlìngyíng(夏令营).
りんき【悋気】jídù(嫉妒). ¶～を起した qǐle jídùxīn(起了嫉妒心).
りんき【臨機】línjī(临机). ¶～に対処する línjī chǔzhì(临机处置) / línjī liduàn(临机立断) / biànyí xíngshì(便宜行事). ¶～応変 línjī yìngbiàn(临机应变) / suíjī yìngbiàn(随机应变) / jībiàn(机变).
りんぎょう【林業】línyè(林业).
リンク [スケート]～ huábīngchǎng(滑冰场) / bīngchǎng(冰场).
リング [ボクシングの] quánjītái(拳击台); [レスリングの] shuāijiāotái(摔交台). ¶～サイド línjìn quánjītái de xíwèi(临近拳击台的席位).
りんけい【鱗茎】línjīng(鳞茎).
りんげつ【臨月】línyuè[r](临月[ル]). ¶～が近づく jìjiāng línyuè(即将临月).
リンゲルえき【リンゲル液】 Língéyè(林格液), fùfāng lǜhuànà zhùshèyè(复方氯化钠注射液), shēnglǐ yánshuǐ(生理盐水).
りんけん【臨検】¶ビルの防火設備を～する duì dàlóu de fánghuǒ shèbèi jìnxíng xiànchǎng jiǎnchá(对大楼的防火设备进行现场检查).
りんご【林檎】píngguǒ(苹果). ¶～園 píngguǒyuán(苹果园).
りんこう【燐光】línguāng(磷光).
りんこう【燐鉱】línkuàng(磷矿).
りんごく【隣国】línguó(邻国), línbāng(邻邦).

りんさく【輪作】 lúnzuò(轮作), lúnzhòng(轮种), lúnzāi(轮栽), dǎochá(倒茬), diàochá(调茬).
りんさん【燐酸】 línsuān(磷酸). ¶～カルシウム línsuāngài(磷酸钙). ～肥料 línféi(磷肥).
りんさんぶつ【林産物】 línchǎn(林产), línyèchǎnwù(林业产物), línchǎnpǐn(林产品).
りんじ【臨時】 línshí(临时). ¶今月は～の収入があった zhège yuè yǒu xiē ⸢línshí shōurù[huóqiánr](这个月有些⸢临时收入[活钱儿]) zhè wèi hái lāole xiē ⸢wàikuài[wàicái/wàishuǐ](这月还捞了些⸢外快[外财/外水]) 忙しいので～に人を雇う yīnwei huór máng, línshí gù rén(因为活儿忙,临时雇人). ¶国会を召集する zhàokāi línshí guóhuì(召开临时国会). ¶本日～休業 běnrì línshí xiēyè(本日临时歇业).
¶～工 línshígōng(临时工)／duǎngōng(短工)／línggōng(零工)／sǎngōng(散工). ～ニュース jǐnjí xīnwén(紧急新闻). ～列車 línshí lièchē(临时列车).
りんしつ【隣室】 línshì(邻室). ¶～に誰かいるようだ gébì de fángjiān hǎoxiàng yǒu rén(隔壁的房间好像有人).
りんじゅう【臨終】 línzhōng(临终). ¶父の～に間に合わなかった méi gǎnshàng fùqin línzhōng(没赶上父亲临终).
りんしょう【輪唱】 lúnchàng(轮唱).
りんしょう【臨床】 línchuáng(临床). ¶～医学 línchuáng yīxué(临床医学). ～講義 línchuáng jiǎngshòu(临床讲授).
りんじょう【臨場】 ¶～感のある画面 shǐ rén yǒu shēn lín qí jìng zhī gǎn de huàmiàn(使人有身临其境之感的画面).
りんしょく【吝嗇】 lìnsè(吝啬). ¶～家 lìnsèguǐ(吝啬鬼)／tiěgōngjī(铁公鸡).
りんじん【隣人】 línrén(邻人), línjū(邻居).
リンス hùfàsù(护发素), rùnsī(润丝).
りんず【綸子】 língzi(绫子).

りんせき【隣席】 línzuò(邻座). ¶Aさんの～に座る zuòzài A xiānsheng de línzuò(坐在A先生的邻座).
りんせき【臨席】 chūxí(出席). ¶御～の栄を賜りたく存じます jìng qǐng guānglín(敬请光临).
りんせつ【隣接】 línjiē(邻接). ¶工場に～して緑地帯を設ける línjiē gōngchǎng shèzhì lǜhuà dìdài(邻接工厂设置绿化地带).
¶～地 línjiēdì(邻接地).
りんせん【臨戦】 línzhàn(临战). ¶～体制 línzhàn tǐzhì(临战体制).
りんぜん【凛然】 lǐnrán(凛然). ¶～たる態度 lǐnrán de tàidu(凛然的态度).
リンチ sīxíng(私刑).
りんてんき【輪転機】 lúnzhuànshì yìnshuājī(轮转式印刷机).
りんどう【竜胆】 lóngdǎn(龙胆).
りんどく【輪読】 lúnliú jiǎngdú(轮流讲读).
りんね【輪廻】 lúnhuí(轮回).
リンネル yàmábù(亚麻布).
リンパ línbā(淋巴). ¶～腺が腫れた línbājié zhǒng le(淋巴结肿了).
¶～液 línbāyè(淋巴液). ～管 línbāguǎn(淋巴管).
りんばん【輪番】 lúnliú(轮流), lúnfān(轮番), lúnbān(轮班). ¶～で教室を掃除する lúnbān dǎsǎo jiàoshì(轮班打扫教室).
¶～制 lúnbānzhì(轮班制).
りんびょう【淋病】 línbìng(淋病).
りんぷん【鱗粉】 línpiàn(鳞片).
りんらく【淪落】 lúnluò(沦落).
りんり【倫理】 lúnlǐ(伦理). ¶～学 lúnlǐxué(伦理学).
りんりつ【林立】 línlì(林立). ¶工場の煙突が～している gōngchǎng de yāncōng línlì(工厂的烟囱林立).
りんりん【凜凜】 ¶勇気～ xióngjiūjiū(雄赳赳).

る

るい【累】 ¶他人に～を及ぼす liánlěi[lěijí] biéren(连累[累及]别人).
るい【塁】 1【砦】 bǎolěi(堡垒).
2【野球】 lěi(垒). ¶ランナーが～に出る pǎolěiyuán shàng lěi(跑垒员上垒).
¶～審 sīlěi cáipànyuán(司垒裁判员). 1～手 yīlěishǒu(一垒手). 盗～ tōulěi(偷垒).
るい【類】 ¶他に～を見ないコレクション wú yǔ lúnbǐ de shōucángpǐn(无与伦比的收藏品).
¶そういうことは今までなかった nà zhǒng shì shì wèicéng yǒu de(那种事是未曾有的). ¶～は友を呼ぶ wù yǐ lèi jù(物以类聚). ¶私は果物～が大好きだ wǒ zuì xǐhuan shuǐguǒ zhī lèi de dōngxi(我最喜欢水果之类的东西). ¶羊歯(⅃)～ juélèi(蕨类).
るいぎご【類義語】 tóngyìcí(同义词).
るいけい【累計】 lěijì(累计). ¶1年間の出席日数を～する bǎ yī nián de chūxí rìshù lěijì qilai(把一年的出席日数累计起来). ¶この期間中の入場者は～10万人に達した zài zhè yì qījiān li rùchǎng rénshù lěijì dá shíwàn rén(在这一期间里入场人数累计达十万人).
るいけい【類型】 1【タイプ】 lèixíng(类型). ¶世界の民話を～によって分類する bǎ shìjiè de

民間故事按類型加以分類).

2【ありふれた型】 ¶～に堕ちた作品 qiānpiān-yīlǜ de zuòpǐn(千篇一律的作品). ¶彼の手法は～のだ tā de shǒufǎ shì píngdàn-wúqí de (他的手法是平淡无奇的).

るいじ【累次】 lěicì (累次), lǚcì (屢次). ¶～にわたって災害に見舞われた lǚcì shòuzāi(屢次受災).

るいじ【類似】 lèisì (类似). ¶この症状は癌にきわめて～している zhège zhèngzhuàng yǔ áizhèng jíwéi lèisì(这个症状与癌症极为类似). ¶両者には～点がない liǎngzhě zhī jiān méiyǒu lèisì zhī chù(两者之间没有类似之处).

るいしょ【類書】 ¶このテーマに関しては～が多い guānyú zhè fāngmiàn de kètí, tónglèi de shū hěn duō(关于这方面的课题, 同类的书很多).

るいしょう【類焼】 yánshāo (延烧). ¶大火で多くの家が～した dàhuǒ yánshāole hěn duō rénjiā(大火延烧了很多人家). ¶幸いに我が家は～を免れた xìng'ér wǒ jiā wèi bèi yánshāo (幸而我家未被延烧).

るいしん【累進】 **1**【地位】 dìshēng (递升). ¶彼は～してついに社長になった tā zhōngyú dìshēng wéi zǒngjīnglǐ(他终于递升为总经理).

2【比率】 lěijìn (累进). ¶～税 lěijìnshuì (累进税).

るいじんえん【類人猿】 lèirényuán (类人猿), rényuán (人猿).

るいすい【類推】 lèituī(类推). ¶これらのことから次のように～できる yóucǐ kěyǐ lèituī rúxià (由此可以类推如下).

るい・する【類する】 lèisì (类似). ¶これに～する風習は各地にみられる lèisì zhèyàng de fēngsú xíguàn zài gè dì dōu kěyǐ kàndào(类似这样的风俗习惯在各地都可以看到).

るいせき【累積】 lěijī (累积). ¶困難な問題が～している nántí duījī rú shān (难题堆积如山). ¶～赤字 lěijī chìzì (累积赤字).

るいせん【涙腺】 lèixiàn(泪腺). ¶～炎 lèixiànyán (泪腺炎).

るいぞう【累増】 dìzēng (递增). ¶経費の～で経営が困難になる yóuyú jīngfèi lěilěi zēngjiā jīngyíng xiànrù kùnjìng (由于经费累累增加经营陷入困境).

るいだい【累代】 lěishì (累世). ¶先祖～の墓 lìdài zǔfén (历代祖坟).

るいべつ【類別】 lèibié (类别). ¶昆虫を～して標本を作る bǎ kūnchóng fēnmén-biélèi zuò biāoběn(把昆虫分门別类做标本).

るいるい【累累】 lěilěi (累累). ¶～たる死体の山 shītǐ lěilěi, duījī rú shān (尸体累累, 堆积如山).

るいれい【類例】 ¶この事件は犯罪史上～がない gāi ànjiàn fànzuìshǐ shang méiyǒu lèisì de lìzi (该案件犯罪史上没有类似的例子).

るいれき【瘰癧】 luǒlì(瘰疬), shǔchuāng (鼠疮).

ルーキー bàngqiú xīnxiù(棒球新秀).

ルーズ ¶彼は時間に～で困る tā bù zūnshǒu shíjiān zhēn méi bànfǎ(他不遵守时间真没办法).

ルーズリーフ huóyèběn (活页本), huóyè bǐjìběn(活页笔记本).

ルーツ gēnzi(根子); yuántóu (源头).

ルート **1**【根(ミ)】 gēn(根), fānggēn(方根).

2【経路】 lùjìng (路径), tújìng (途径), qúdào (渠道). ¶密輸を調べる sōuchá zǒusī tújìng(搜查走私途径). ¶さる～から手に入れた情報 cóng mǒu zhǒng qúdào dédào de qíngbào (从某种渠道得到的情报).

ルーブル〔貨幣単位〕 lúbù (卢布).

ルーマニア Luómǎníyà (罗马尼亚).

ルームサービス sòngcān fúwù(送餐服务).

ルール guīzé (规则). ¶～に従って試合を進める àn guīzé jìnxíng bǐsài (按规则进行比赛). ¶～違反 fànguī(犯规).

ルーレット lúnpándǔ (轮盘赌).

ルクス lèikèsī (勒克斯), lè (勒).

るす【留守】 **1**【不在】 ¶旅行で1か月家を～にする qù lǚxíng yí ge yuè bù zàijiā (去旅行一个月不在家). ¶私の～中に空巣に入られた wǒ wàichū shí jìnle xiǎotōu(我外出时进了小偷). ¶あの家はいつも～ずだ nà jiā zǒng méi rén(那家总没人). ¶誰が来ても～だと言いなさい bùguǎn shuí lái dōu shuō bú zàijiā (不管谁来都说不在家). ¶遊びに夢中で勉強がお～になる wánde rùmí, bǎ xuéxí pāozài nǎohòu le(玩得入迷, 把学习抛在脑后了).

2【留守番】 kānjiā (看家), kānmén (看门). ¶母に～を頼まれた mǔqīn zhǔfù wǒ kānjiā (母亲嘱咐我看家). ¶～番がいないので出掛けられない méiyǒu rén kānjiā, bùnéng chūqu (没有人看家, 不能出去).

るつぼ【坩堝】 gānguō (坩埚). ¶会場は興奮の～と化した huìchǎng shang qúnqíng dǐngfèi (会场上群情鼎沸).

るてん【流転】 liúzhuǎn (流转); 〔輪廻〕 lúnhuí (轮回). ¶万物は～する wànwù bùtíng de yùndòng biànhuà(万物不停地运动变化).

ルネサンス wényì fùxīng (文艺复兴).

ルビ zhùyīn jiǎmíng (注音假名). ¶～をふる biāoshàng zhùyīn jiǎmíng(标上注音假名).

ルビー hóngbǎoshí (红宝石).

ルピー〔貨幣単位〕 lúbǐ (卢比).

るふ【流布】 liúchuán (流传), liúbù (流布). ¶いろいろな風説が～されている gè zhǒng fēngshēng liúchuánzhe (各种风声流传着). ¶～本 liúchuánběn (流传本).

ルポルタージュ 〔現地報告〕 bàodào (报道), cǎifǎng bàogào (采访报告); 〔記録文学〕 bàogào wénxué (报告文学).

るり【瑠璃】 liúli (琉璃).

るる【縷縷】 ¶事の顛末を～と述べる lǚshù shìjiàn de shǐmò (缕述事件的始末).

ろろう【流浪】 liúlàng (流浪), liúluò (流落), piāobó (漂泊). ¶各地を～して歩く dàochù liúlàng(到处流浪).

ルンバ lúnbāwǔ (伦巴舞), lúnbā (伦巴).

ルンペン liúlàngzhě (流浪者).

れ

れい【礼】 **1**〔礼儀〕lǐ(礼),lǐmào(礼貌),lǐjié(礼节).¶〜を尽す jìn lǐ(尽礼).¶彼女の振舞は〜を欠いている tā de jǔzhǐ méiyǒu lǐmào(她的举止没有礼貌).¶〜を厚くしてもてなす yǐ dàlǐ xiāngdài(以大礼相待).
2〔お辞儀〕xínglǐ(行礼),jìnglǐ(敬礼),jūgōng(鞠躬).¶先生に〜をする xiàng lǎoshī xínglǐ(向老师行礼).¶起立!〜! qǐlì! jìnglǐ!(起立!敬礼!).
3〔謝辞〕xiècí(谢词);〔謝礼〕xièlǐ(谢礼),chóuxiè(酬谢).¶心から〜を申し上げる zhōngxīn gǎnxiè(衷心感谢)/ zhōngxīn biǎoshì gǎnxiè(衷心表示感谢).¶お〜に食事に招待した wèile chóuxiè, qǐngkè chīfàn(为了酬谢,请客吃饭).¶A氏に5万円お〜をした sòngle A xiānsheng wǔwàn rìyuán de xièlǐ(送了A先生五万日元的谢礼).

れい【例】 **1**〔たぐい,ためし〕¶〜のない旱魃(鈔)に見舞われた zāodào shǐ wú qiánlì de hànzāi(遭到史无前例的旱灾).¶我が社もこの〜に漏れない wǒ gōngsī yě bú lìwài(我公司也不例外).¶これが先例になっては困る zhè chéngwéi xiānlì kě bù hǎo bàn(这成为先例可不好办).
2〔ならわし〕zhàolì(照例),dìnglì(定例).¶夏休みに家族そろって海へ行くのを〜としている shǔjià yìjiārén qù hǎibiān bìshǔ yǐ chéngwéi dìnglì(暑假一家人去海边避暑已成为定例).
3〔いつも〕zhàoyàng[r](照样[儿]),zhàolì(照例).¶〜によっては彼女は今朝も遅刻した jīnzǎo tā zhàolì yòu chídào le(今早,她照例又迟到了).¶〜になく彼は元気がなかった tā bùtóng wǎngcháng, méiyǒu jīngshen(他不同往常,没有精神).¶〜によって〜の如し yóurú wǎngcháng háo wú biànhuà(犹如往常毫无变化).¶3時に〜の所で待ってるよ wǒ sān diǎn zhōng zài lǎodìfang děng nǐ(我三点钟在老地方等你).
4〔見本〕lì(例),lìzi(例子).¶〜を挙げて説明する jǔlì shuōmíng(举例说明).¶これを〜にとると… yǐ cǐ wéi lì…(以此为例…).¶彼女がそのよい〜だ tā zhèngshì ge hǎo lìzi(她正是个好例子).

れい【零】 líng(零・○).¶2対〜で試合に勝つ bǐsài yǐ èr bǐ líng huòshèng(比赛以二比零获胜).

れい【霊】 líng(灵),línghún(灵魂).¶祖先の〜を祭る jìsì zǔxiān zhī líng(祭祀祖先之灵).¶死者の〜を慰める zhuīdào sǐzhě zhī líng(追悼死者之灵).

レイアウト bǎnmiàn shèjì(版面设计).¶誌面の〜をする shèjì zázhì bǎnmiàn(设计杂志版面).

れいあんしつ【霊安室】 tàipíngjiān(太平间),tínglíngshì(停灵室).

レイオフ ¶一部労働者を〜する línshí jiěgù yíbùfen gōngrén(临时解雇一部分工人).¶〜されて生活に困る bèipò xiàgǎng shēnghuó fāshēng kùnnan(被迫下岗生活发生困难).

れいか【零下】 língxià(零下).¶今朝の気温は〜10度まで下がった jīnchén qìwēn jiàngdào língxià shí dù(今晨气温降到零下十度).

れいかい【例会】 lìhuì(例会),chánghuì(常会).

れいかい【霊界】 línghún de shìjiè(灵魂的世界);〔精神界〕jīngshén shìjiè(精神世界).

れいがい【冷害】 lěnghài(冷害),dònghài(冻害).¶北海道はひどい〜に見舞われた Běihǎi Dào zāoshòule yánzhòng de lěnghài(北海道遭受了严重的冷害).

れいがい【例外】 lìwài(例外).¶いかなる〜も認めない bù róngxǔ yǒu rènhé lìwài(不容许有任何例外).¶〜のない規則はない méiyǒu wú lìwài de guīzé(没有无例外的规则).¶1人の〜もなく彼を支持した wú yí lìwài dàjiā dōu zhīchí tā(无一例外大家都支持他).

れいかん【霊感】 línggǎn(灵感).

れいき【冷気】 hánqì(寒气).¶〜が身にしみる hánqì cìgǔ(寒气刺骨).

れいぎ【礼儀】 lǐjié(礼节),lǐmào(礼貌),lǐshù(礼数).¶〜を重んずる zhòngshì lǐjié(重礼节).¶彼は〜をわきまえない tā bù dǒng lǐmào(他不懂礼貌).¶彼女は〜正しい tā hěn yǒu lǐmào(她很有礼貌).¶〜作法 lǐfǎ(礼法)/ lǐyí(礼仪).

れいきゃく【冷却】 lěngquè(冷却).¶水でエンジンを〜する yòng shuǐ lěngquè yǐnqíng(用水冷却引擎).¶〜期間が必要だ xūyào yǒu yí duàn lěngquè qījiān[jìnxíng lěngchǔlǐ](需要有一段冷却期间[进行冷处理]).¶〜器 lěngquèqì(冷却器).〜水 lěngquèshuǐ(冷却水).

れいきゅう【霊柩】 língjiù(灵柩).¶〜車 língchē(灵车).

れいきん【礼金】 lǐjīn(礼金),chóuxièjīn(酬谢金),xièlǐ(谢礼).

れいぐう【冷遇】 lěngyù(冷遇).¶〜に甘んずる gānxīn shòu rén lěngyù(甘心受人冷遇).

れいけつかん【冷血漢】 lěngkù wúqíng de rén(冷酷无情的人).

れいけつどうぶつ【冷血動物】 lěngxuè dòngwù(冷血动物).

れいげん【冷厳】 ¶～な態度で臨む yǐ lěngjìng ér yánsù de tàidu lái duìdài(以冷静而严肃的态度来对待). ¶～な事実 yánkù de shìshí(严酷的事实).

れいけん【霊験】 língyàn(灵验). ¶～あらたか língyàn fēifán(灵验非凡).

れいこう【励行】 lìxíng(厉行). ¶節約を～する lìxíng jiéyuē(厉行节约). ¶朝のラジオ体操を～する jiānchí zuò zǎochén guǎngbōcāo(坚持做早晨广播操). ¶1列～ wùbì páichéng yí liè(务必排成一列).

れいこく【冷酷】 lěngkù(冷酷). ¶彼は～な男だ tā shì ge lěngkù wúqíng[tiěshí xīncháng] de rén(他是个冷酷无情[铁石心肠]的人). ¶～に言い渡す lěngkù de xuāngbù(冷酷地宣布).

れいこん【霊魂】 línghún(灵魂).

れいさい【零細】 ¶～な土地 língxīng tǔdì(零星土地). ¶～企業 língxīng qǐyè(零星企业).

れいし【荔枝】 lìzhī(荔枝).

れいじ【例示】 ¶記入方法を～する jǔlì shuōmíng tiánxiě fāngfǎ(举例说明填写方法).

れいじ【例時】 líng diǎn(零点).

れいしょ【令書】 ¶徴税～ zhēngshuì tōngzhī(征税通知).

れいしょ【隷書】 lìshū(隶书).

れいしょう【冷笑】 lěngxiào(冷笑). ¶人々から～される zāo rén lěngxiào(遭人冷笑).

れいしょう【例証】 lìzhèng(例证). ¶～をあげる jǔchū lìzhèng(举出例证). ¶自説の正しさを～する yǐnlì zhèngmíng zìjǐ yìjiàn de zhèngquèxìng(引例证明自己意见的正确性).

れいじょう【令状】 língzhuàng(令状), lìngzhèng(证状). ¶召集～ zhēngbīng tōngzhī(征兵通知). 捜査～ sōucházhèng(搜查证). 逮捕～ dàibǔzhèng(逮捕证).

れいじょう【礼状】 gǎnxièxìn(感谢信), zhìxièxìn(致谢信), xiètiě(谢帖).

れいじょう【令嬢】 lìng'ài(令爱・令媛), nǚgōngzǐ(女公子), qiānjīn(千金).

れいすい【冷水】 lěngshuǐ(冷水). ¶～摩擦 yòng lěngshuǐ cuō shēn(用冷水搓身). ～浴 lěngshuǐyù(冷水浴).

れいせい【冷静】 lěngjìng(冷静), zhènjìng(镇静). ¶～に情況を分析する lěngjìng de fēnxī qíngkuàng(冷静地分析情况). ¶～に考えれば分るはずだ lěngjìng xiǎngxiang jiù míngbai de(冷静想想就会明白的). ¶～さを保つ bǎochí lěngjìng(保持冷静). ¶彼は～そのものだ tā shífēn lěngjìng(他十分冷静).

れいせつ【礼節】 lǐjié(礼节), lǐyí(礼仪). ¶～を尊ぶ zhòng lǐjié(重礼节).

れいせん【冷戦】 lěngzhàn(冷战).

れいぜん【霊前】 língqián(灵前). ¶～にぬかずく zài língqián kòushǒu(在灵前叩首).

れいぞう【冷蔵】 lěngcáng(冷藏). ¶食品を～する lěngcáng shípǐn(冷藏食品). ¶電気～庫 diànbīngxiāng(电冰箱)/ bīngxiāng(冰箱). ～室 lěngcángshì(冷藏室).

れいそく【令息】 lìngláng(令郎), lìnggōngzǐ(令公子), xiánláng(贤郎).

れいぞく【隷属】 lìshǔ(隶属). ¶大国に～する lìshǔ yú dàguó(隶属于大国).

れいだい【例題】 lìtí(例题). ¶～を解く jiě lìtí(解例题).

れいたん【冷淡】 lěngdàn(冷淡). ¶彼はこの仕事に対して～だ tā duì zhège gōngzuò hěn lěngdàn(他对这个工作很冷淡). ¶彼は友人に～にあしらった tā lěngdànle péngyou(他冷淡了朋友). ¶彼は～な目付きで彼女を見ている tā yòng lěngdàn de mùguāng kànzhe tā(他用冷淡的目光看着她).

れいちょう【霊長】 ¶人間は万物の～である rénshì wànwù zhī líng(人是万物之灵). ¶～目 língzhǎngmù(灵长目).

れいてつ【冷徹】 ¶～な頭脳の持主 tóunǎo lěngjìng yǎnguāng ruìmǐn de rén(头脑冷静眼光锐敏的人).

れいてん【零点】 língfēn(零分), língdàn(零蛋), yādàn(鸭蛋). ¶試験で～を取った kǎoshì 'kǎo[dé/chī]le ge 'língfēn[língdàn/yādàn](考试'考[得/吃]了个'零分[零蛋/鸭蛋]).

れいど【零度】 líng dù(零度).

れいとう【冷凍】 lěngdòng(冷冻). ¶肉を～して保存する bǎ ròu lěngdòng bǎocáng(把肉冷冻保藏). ¶～庫 lěngdòngxiāng(冷冻箱)/ bīngguì(冰柜). ～食品 lěngdòng shípǐn(冷冻食品). ～室 lěngdòngshì(冷冻室). ～船 lěngcángchuán(冷藏船).

れいねん【例年】 wǎngnián(往年). ¶今年も～通りの日程で行います jīnnián yě zhào wǎngnián de rìchéng jǔxíng(今年也照往年的日程举行). ¶今年の冬は～になく寒い jīnnián dōngtiān bǐ wǎngnián lěng(今年冬天比往年冷).

れいの【例の】 1〔いつもの〕 ¶彼等2人は最後は～ごとく口論になってしまった tāmen liǎ mòliǎo tóng wǎngcháng yíyàng yòu chǎoqǐ zuǐ lái le(他们俩末了同往常一样又吵起嘴来了). ¶～話がまた出た tā nà lǎohuà yòu lai le(他那老话又来了)/ nà jiàn shì yòu yǒu rén tíchulai le(那件事又有人提出来了). 2〔あの〕 ¶これが～本です zhè jiùshì nà běn shū(这就是那本书). ¶～話はどうなりましたか shàngcì shuō de zěnmeyàng le?(上次说的怎么样了?).

れいはい【礼拝】 lǐbài(礼拜). ¶教会で～をする zài jiàotáng zuò lǐbài(在教堂做礼拜). ¶～堂 lǐbàitáng(礼拜堂).

れいばい【霊媒】 wūshī(巫师)〔男〕; wūpó(巫婆)〔女〕.

れいひょう【冷評】 ¶新聞はこぞって彼の演奏を～した suǒyǒu bàozhǐ duì tā de yǎnzòu de píngjun dōu hěn lěngdàn(所有报纸对他的演奏的评论都很冷淡).

れいびょう【霊廟】 língmiào(灵庙).

レイプ qiángjiān(强奸).

れいふく【礼服】lǐfú(礼服).
れいぶん【例文】lìjù(例句). ¶適切な～を挙げる jǔ qiàdàng de lìjù(举恰当的例句).
れいほう【礼砲】lǐpào(礼炮). ¶21 発の～がとどろく lǐpào qímíngle èrshíyī xiǎng(礼炮齐鸣了二十一响).
れいぼう【冷房】lěngqì(冷气). ¶この部屋には～がない zhège fángjiān méiyǒu lěngqì(这个房间没有冷气). ¶～車 lěngqì chēxiāng(冷气车厢). ～装置 lěngqì shèbèi(冷气设备).
れいみょう【霊妙】¶～不可思議 shénqí bùkěsīyì(神奇不可思议).
れいめい【令名】lìngmíng(令名). ¶彼は名医として～が高い tā zuòwéi míngyī yuǎnjìn chímíng(他作为名医远近驰名).
れいめい【黎明】límíng(黎明). ¶近代日本の～ jìndài Rìběn de límíngqī(近代日本的黎明期).
れいらく【零落】lúnluò(沦落). ¶彼は～して見る影もない tā lúnluòde bùchéng yàngzi le(他沦落得不成样子了).
れいり【怜悧】línglì(伶俐). ¶～な少女 línglì de shàonǚ(伶俐的少女).
れいれいし・い【麗麗しい】¶～く着飾る dǎbande huāhuā-lùlù(打扮得花花绿绿). ¶～く名前が書いてある táng ér huáng zhī de xiězhe dàmíng(堂而皇之地写着大名).
れいろう【玲瓏】¶～たる朝空 cànlàn de chénkōng(灿烂的晨空). ¶～玉をころがすような声 línglíng yíng ěr de shēngyīn(玲玲盈耳的声音).
レーサー sàichē yùndòngyuán(赛车运动员), sàichē jiàshǐyuán(赛车驾驶员).
レーザー jīguāngqì(激光器), láisè(莱塞). ～光線 jīguāng(激光)/ láisè(莱塞). ～プリンター jīguāng yìnshuājī(激光印刷机). ～メス guāngdāo(光刀). ～ディスク jīguāng shìpán(激光视盘).
レース 1[競走, 競漕]sài(赛), bǐsài(比赛). ¶ボート～ sàitǐng(赛艇). マラソン～ mǎlāsōng sàipǎo(马拉松赛跑).
2[レース編み]huābiān[r](花边[儿]), tāozi(绦子). ¶～のテーブルクロス gōu zhī zhuōbù(钩织桌布). ¶襟に～をつけた zài lǐngzi shang xiāng huābiān(在领子上镶花边). ¶～編みをする gōuzhī(钩织), gōuhuā(钩花).
レーダー léidá(雷达).
レート lǜ(率), bǐlǜ(比率), bǐjià(比价). ¶為替～ huìlǜ(汇率)/ huìjià(汇价).
レーヨン rénzàosī(人造丝).
レール guǐ(轨), guǐdào(轨道), lùguǐ(路轨), gāngguǐ(钢轨), tiěguǐ(铁轨). ¶～を敷く pū guǐ(铺轨)/ fūshè tiědào(敷设铁轨)/ [比喻的] pūshè dàolù(铺设道路). ¶カーテン～ chuāngliánguǐ(窗帘轨).
レーンコート yǔyī(雨衣).
レオタード jǐnshēn liányīkù(紧身连衣裤).
レガッタ huátǐng jìngsài(划艇竞赛).

れきし【歴史】lìshǐ(历史). ¶この儀式には古い～がある zhège yíshì jùyǒu yōujiǔ de lìshǐ(这个仪式具有悠久的历史). ¶～に名を留めるmíng chuí shǐcè(名垂史册). ¶それは～的事件だった nà shì lìshǐxíng de shìjiàn(那是历史性的事件). ¶～的役割を果す qǐ lìshǐ zuòyòng(起历史作用). ¶～上の人物 lìshǐ rénwù(历史人物). ¶～学 lìshǐxué(历史学). ～観 lìshǐguān(历史观). ～小説 lìshǐ xiǎoshuō(历史小说).
れきし【轢死】yàsǐ(轧死). ¶～体 bèi yàsǐ de shītǐ(被轧死的尸体).
れきせん【歴戦】¶～の勇士 shēn jīng bǎi zhàn de yǒngshì(身经百战的勇士).
れきぜん【歴然】¶～たる事実 míngxiǎn de shìshí(明显的事实). ¶証拠は～としている zhèngjù shì quèzáo-búyí de(证据是确凿不移的).
れきだい【歴代】lìdài(历代), lìjiè(历届). ¶～の内閣 lìjiè nèigé(历届内阁)/ lìdài nèigé(历代内阁).
れきにん【歴任】lìrèn(历任). ¶方々の校長を～した céng lìrèn gè xiào xiàozhǎng(曾历任各校校长).
れきほう【歴訪】lìfǎng(历访). ¶東南アジア諸国を～する lìfǎng Dōngnán Yà gè guó(历访东南亚各国).
レギュラー zhèngshì(正式), zhèngguī(正规). ¶彼はバスケット部の～メンバーになった tā chéngle lánqiúduì de zhǔlì duìyuán(他成了篮球队的主力队员). ¶彼女はあの番組の～だ tā shì nàge jiémù de gùdìng chūchǎngzhě(她是那个节目的固定出场者).
レクイエム ānhúnqǔ(安魂曲), ānhún mísaqǔ(安魂弥撒曲).
レクチャー jiǎngyì(讲义), jiǎngkè(讲课), jiǎngyǎn(讲演).
レグホン láihéngjī(来亨鸡).
レクリエーション yúlè huódòng(娱乐活动), wényú huódòng(文娱活动), wéntǐ huódòng(文体活动).
レコード 1[記録]jìlù(记录·纪录). ¶～をつくる chuàng jìlù(创记录). ¶～を更新する shuāxīn jìlù(刷新记录).
2[音盤]chàngpiàn(唱片), chàngpán(唱盘), chàngpiānr(唱片儿), piānzi(片子), chàngdié(唱碟). ¶～をかける fàng chàngpiàn(放唱片). ¶～に吹き込む guàn chàngpiàn(灌唱片).
¶～コンサート chàngpiàn yīnyuè xīnshǎnghuì(唱片音乐欣赏会). ～ジャケット chàngpiàntào(唱片套). ～ジャン chàngzhēn(唱针). ～プレーヤー diànchàngjī(电唱机)/ diànzhuànr(电转儿)/ chàngjī(唱机).
レザー pí(皮), pígé(皮革); rénzàogé(人造革). ¶～クロス qībù(漆布). ～コート pídàyī(皮大衣).
レシート shōujù(收据), shōutiáo(收条).
レシーバー [受話器]shòuhuàqì(受话器), ěrjī(耳机), tīngtǒng(听筒);[受信機]jiēshōujī

レシーブ (接收机), shōubàojī (收报机).
レシーブ jiēqiú (接球).
レジスター xiànjīn chūnàjī (现金出纳机); [人] shōukuǎnyuán (收款员); [コンピューターの] jìcúnqì (寄存器).
レジャー yúxiá (余暇), yúxián (余闲).
レスキューたい [レスキュー隊] qiǎngjiùduì (抢救队), yíngjiùduì (营救队).
レストラン xīcāntīng (西餐厅), xīcānguǎn (西餐馆).
レズビアン nǚxìng tóngxìngliàn (女性同性恋).
レスリング shuāijiāo (摔跤). ¶プロ～ zhíyè shuāijiāo (职业摔跤).
レセプション zhāodàihuì (招待会), huānyínghuì (欢迎会).
レタス shēngcài (生菜), wōjù (莴苣).
れつ【列】 pái (排), háng (行), duì (队), liè (列), hángliè (行列), duìwǔ (队伍), duìliè (队列). ¶長い～をつくる pái chángduì (排长队) / páichéng yì tiáo chánglóng (排成一条长龙). ¶～を乱して我先に駆け出した dǎluàn duìliè zhēngxiān-kǒngòhu de pǎoqilai le (打乱队列争先恐后地跑起来了). ¶1～に並んで下さい qǐng páichéng yì háng (请排成一行). ¶2～になって進む páichéng liǎng liè xíngjìn (排成两列行进).
れつあく【劣悪】 èliè (恶劣). ¶～な品 lièděng huòwù (劣等货物). ¶～な環境 èliè de huánjìng (恶劣的环境). ¶住宅事情は～だ zhùzhái qíngkuàng hěn yánzhòng (住宅情况很严重).
れっか【劣化】 lǎohuà (老化), píláo (疲劳). ¶磁気テープが～する cídài fāshēng lǎohuà (磁带发生老化).
れっか【列火】 sìdiǎnr (四点儿).
れっか【烈火】 lièhuǒ (烈火). ¶～の如く怒る bàotiào rú léi (暴跳如雷) / huǒ mào sān zhàng (火冒三丈).
レッカーしゃ【レッカー車】 qiānyǐnchē (牵引车).
れっき【列記】 kāiliè (开列), kāijù (开具). ¶参考文献を～する kāiliè cānkǎo wénxiàn (开列参考文献).
れっきとした ¶彼女は～家の出だ tā de chūshēn hěn liǎobuqǐ (她的出身很了不起) / tā shì gāoguì méndì chūshēn (她是高贵门第出身). ¶ここに～証拠がある zhèr yǒu quèzáo-búyí de zhèngjù (这儿有确凿不移的证据).
れっきょ【列挙】 lièjǔ (列举). ¶罪状を～する lièjǔ zuìzhuàng (列举罪状).
れっきょう【列強】 lièqiáng (列强).
れっこく【列国】 lièguó (列国), gè guó (各国). ¶～の代表が一堂に会する gè guó dàibiǎo jùjí yìtáng (各国代表聚集一堂).
れっし【烈士】 lièshì (烈士).
れっしゃ【列車】 lièchē (列车). ¶10時発大阪行きの～に乗る chéng shí diǎn kāiwǎng Dàbǎn de lièchē (乘十点开往大阪的列车).
¶～事故 lièchē shìgù (列车事故). ¶～時刻表 lièchē shíkèbiǎo (列车时刻表). 貨物～ huò-
wù lièchē (货物列车) / huòchē (货车). 急行～ kuàichē (快车). 始発～ tóubān lièchē (头班列车). 終～ mòbān lièchē (末班列车). 特急～ tèkuài lièchē (特快列车). 上り [下り] ～ shàng [xià] xíng lièchē (上[下]行列车). 普通～ pǔtōng lǚkè lièchē (普通旅客列车) / mànchē (慢车). 夜行～ yèxíng lièchē (夜行列车) / yèchē (夜车). 臨時～ línshí lièchē (临时列车).
れつじょ【烈女】 liènǚ (烈女).
れつじょう【劣情】 ¶～を刺激する tiǎodòng qíngyù (挑动情欲).
れっしょう【裂傷】 cuòlièshāng (挫裂伤).
れっしん【烈震】 qiánglìè dìzhèn (强烈地震).
れっ・する【列する】 ¶会議の席に～する lièxí huìyì (列席会议). ¶台閣に～する míng liè nèigé (名列内阁).
れっせい【劣性】 ¶～遺伝 yǐnxìng yíchuán (隐性遗传).
れっせい【劣勢】 lièshì (劣势). ¶数における～を団結で補う yǐ tuánjié de lìliang míbǔ shùliàngshang de lièshì (以团结的力量弥补数量上的劣势). ¶前半戦の～を一挙に盛り返した yìjǔ wǎnhuíle shàngbànchǎng de lièshì (一举挽回了上半场的劣势).
れっせき【列席】 lièxí (列席), cānjiā (参加). ¶結婚式に～する cānjiā jiéhūn yíshì (参加结婚仪式).
レッテル biāoqiān (标签), shāngbiāo (商标). ¶瓶に～を貼る zài píngzi shang tiēshàng biāoqiān (在瓶子上贴上标签). ¶裏切者の～を貼られた bèi kòushàng pàntú de màozi (被扣上叛徒的帽子).
れつでん【列伝】 lièzhuàn (列传). ¶史記～ Shǐjì Lièzhuàn (史记列传).
れっとう【列島】 lièdǎo (列岛). ¶日本～ Rìběn lièdǎo (日本列岛).
れっとう【劣等】 lièděng (劣等). ¶～感 zìbēigǎn (自卑感). ¶～生 chéngjì chà de xuésheng (成绩差的学生) / chàshēng (差生). ¶～品 lièzhìpǐn (劣质品) / lièděnghuò (劣等货) / lièhuò (劣货).
レッドカード hóngpái (红牌).
れっぷう【烈風】 lièfēng (烈风).
れつれつ【烈烈】 ¶～たる意気 yìqì fēngfā (意气风发). ¶冬日～ yándōng lǐnliè (严冬凛冽).
レディー fùnǚ (妇女), nǚshì (女士). ¶～ファースト fùnǚ yōuxiān (妇女优先).
レトルト ¶～食品 ruǎnbāozhuāng fāngbiàn shípǐn (软包装方便食品) / bàn jiāgōng shípǐn (半加工食品).
レトロ huáigǔ qíngqù (怀古情趣).
レバー 1 [肝臓] gānr (肝儿). ¶豚の～ zhūgānr (猪肝儿).
2 [操作棒] gǎn (杆), bǐng (柄).
レパートリー ¶歌の～が広い yǎnchàng qǔmù duō ér guǎng (演唱曲目多而广). ¶料理の～を増す zēngjiā pēngtiáo càidiǎn zhǒnglèi (增加烹调菜点种类).
レバノン Líbānèn (黎巴嫩).
レフェリー cáipànyuán (裁判员).

レベル shuǐpíng(水平), céngcì(层次), shuǐzhǔn(水准), biāozhǔn(标准), chéngdù(程度). ¶観客の〜が高い guānzhòng de ˈcéngcì[jiànshǎng shuǐpíng] hěn gāo(观众的˹层次/鉴赏水平¹很高). ¶彼の記録はまだ世界的の〜に達しない tā de jìlù hái dábùduō shìjiè shuǐpíng(他的记录还达不到世界水平). ¶彼の学力は〜以下だ tā de xuélì dīyú yībān biāozhǔn(他的学力低于一般标准). ¶体力の〜アップをはかる tígāo tǐlì de shuǐzhǔn(提高体力的水准).

レポーター cǎifǎng jìzhě(采访记者), tōngxùnyuán(通讯员), cǎixiérén(采写人).

レポート bàogào(报告), huìbào(汇报). ¶学期末に〜を提出する zài qīmò jiāo zhuāntí bàogào(在期末交专题报告). ¶海外〜 hǎiwài bàodào(海外报道).

レモネード níngméngshuǐ(柠檬水).

レモン níngméng(柠檬). 〜ジュース níngméngzhī(柠檬汁). 〜水 níngméngshuǐ(柠檬水). 〜スカッシュ níngméng sūdáshuǐ(柠檬苏打水).

レリーフ fúdiāo(浮雕).

-れる 1〔受身〕bèi(被), jiào(叫), ràng(让). ¶首を蚊に刺された bózi jiào wénzi dīng le(脖子叫蚊子叮了). ¶そんな事をすると人に笑われる gàn nà zhǒng shì huì jiào rén xiàohua de(干那种事会叫人笑话的). ¶父に死なれて学校をやめた sǐle fùqin, tuìxué le(死了父亲, 退学了). ¶全国大会は仙台で開かれる quánguó dàhuì zài Xiāntái jǔxíng(全国大会在仙台举行).

2〔自発〕¶故郷の山河が思い出される bùjīnshǐ wǒ xiǎngqǐ gùxiāng de héshān(不禁使我想起故乡的河山). ¶彼女の返事が待たれてならない pòbùjídài de děngdàizhe tā de huíyīn(迫不及待地等待着她的回音).

3〔可能〕kěyǐ(可以), néng(能). ¶駅まで10分で来られる shí fēnzhōng jiù kěyǐ dào chēzhàn(十分钟就可以到车站). ¶隣の部屋がうるさくてなかなか眠れない gébì chǎode zěnme yě shuìbuzháo jiào(隔壁吵得怎么也睡不着觉).

れんあい【恋愛】liàn'ài(恋爱). ¶彼等は〜結婚だ tāmen liǎ shì liàn'ài jiéhūn de(他们俩是恋爱结婚的).
¶〜小説 yánqíng xiǎoshuō(言情小说)/ yànqíng xiǎoshuō(艳情小说).

れんか【廉価】liánjià(廉价). ¶〜で手に入れる liánjià mǎijìn(廉价买进).
¶〜品 liánjiàpǐn(廉价品).

れんか【連火】sìdiǎnr(四点儿).

れんが【煉瓦】zhuān(砖), zhuāntou(砖头). ¶〜を積む qì zhuān(砌砖). ¶〜造りの家 yòng zhuān qì de fángzi(用砖砌的房子). ¶〜塀 zhuānqiáng(砖墙).

れんき【連記】liánjì(连记). ¶2名〜で投票する èr míng liánjì tóupiào(二名连记投票).

れんきゅう【連休】liánxiū. ¶〜の行楽地は人でいっぱいだ zài liánxiū shí yóulǎndì rénshān-rénhǎi(在连休时游览地人山人海的).

れんぎょう【連翹】liánqiáo(连翘).

れんけい【連係】liánxì(联系). ¶互いに密接な〜を保つ hùxiāng mìqiè de bǎochí liánxì(互相密切地保持联系). ¶〜動作 xiétóng dòngzuò(协同动作).

れんけい【連携】¶〜して共同の敵に当る liánhé qilai gòngtóng duìdí(联合起来共同对敌).

れんげそう【蓮華草】zǐyúnyīng(紫云英).

れんけつ【連結】¶この列車は食堂車を〜している zhè tàng lièchē guàzhe cānchē(这趟列车挂着餐车). ¶10両の電車 shí liàng liánjiē de diànchē(十辆联接的电车).
¶〜器 chēgōu(车钩)/ guàgōu(挂钩).

れんけつ【廉潔】liánjié(廉洁). ¶〜の士 liánjié de shì(廉洁之士).

れんこう【連行】yāsòng(押送), jiěsòng(解送). ¶犯人を〜する yāsòng fànrén(押送犯人).

れんごう【連合】liánhé(联合). ¶野党が〜して内閣不信任案を提出する zàiyědǎng liánhé qilai tíchū duì nèigé búxìnrèn'àn(在野党联合起来提出对内阁不信任案).
¶〜国 tóngménguó(同盟国). 〜政権 liánhé zhèngquán(联合政权). 国際〜 Liánhéguó(联合国).

れんこん【蓮根】ǒu(藕), liáncài(莲菜).

れんさ【連鎖】liánsuǒ(连锁). ¶〜状球菌 liànqiújūn(链球菌). 〜反応 liánsuǒ fǎnyìng(连锁反应).

れんざ【連座】liánzuò(连坐), zhūlián(株连). ¶〜して刑に服する liánzuò fúxíng(连坐服刑). ¶〜罪 liánzuòzhuì(连坐罪).

れんさい【連載】liánzǎi(连载). ¶新聞に中国紀行を〜する zài bàoshang liánzǎi Zhōngguó jìxíng(在报上连载中国纪行).
¶〜小説 liánzǎi xiǎoshuō(连载小说).

れんさく【連作】liánzuò(连作), liánzhòng(连种), liánchá(连茬), chóngchá(重茬). ¶この作物は〜に適さない zhè zhǒng zhuāngjia bú shìyú liánzuò(这种庄稼不适于连作).

れんざん【連山】shānluán(山峦). ¶箱根〜 Xiānggēn fēngluán(箱根峰峦).

レンジ ガス〜 méiqìzào(煤气灶). 電子〜 wēibōlú(微波炉)/ wēibō diànzào(微波电灶).

れんじつ【連日】liánrì(连日), liántián(连天). ¶〜の雨で川が増水した yóuyú jiēlián jǐ tiān xiàyǔ héshuǐ měngzhǎng(由于接连几天下雨河水猛涨). ¶〜大入り満員が続いた liánrì kèmǎn(连日客满). ¶〜連夜 liánrì liányè(连日连夜).

れんしゅう【練習】liànxí(练习), liàn(练). ¶ピアノの〜をする liànxí tán gāngqín(练习弹钢琴). ¶彼女はよく〜を積んでいる tā xùnliàn yǒu sù(她训练有素). ¶〜不足で打率が落ちた yóuyú liànxí bùzú, jīqiúlǜ jiàngdī le(由于练习不足,击球率降低了).
¶〜試合 liànxí bǐsài(练习比赛). 〜船 jiàoliànchuán(教练船). 〜問題 liànxítí(练习题) / xítí(习题).

れんしょ【連署】liánshǔ(连署·联署). ¶保証人〜のうえ申し込むこと bǎozhèngrén liánmíng

qiānshǔ hòu jìnxíng shēnqǐng(保证人联名签署后进行申请).

れんしょう【連勝】 liánshèng(连胜). ¶我がチームは 5 ～を遂げた wǒ duì lián shèng wǔ cì(我队连胜五次).

レンズ tòujìng(透镜), jìngpiàn(镜片). ¶カメラの～ zhàoxiàngjī de jìngtóu(照相机的镜头). ¶眼鏡の～ yǎnjìng jìngpiàn(眼镜镜片). ¶凹～ āotòujìng(凹透镜), 凸～ tūtòujìng(凸透镜).

れんせん【連戦】 liánzhàn(连战). ¶～連勝する lián zhàn jiē jié(连战皆捷)/ lǔzhàn-lǔshèng(屡战屡胜). ¶ 3～ sān lián zhàn(三连战).

れんそう【連想】 liánxiǎng(联想). ¶中国といえば万里の長城を～する tíqǐ Zhōngguó jiù liánxiǎngdào Wànlǐ Chángchéng(提起中国就联想到万里长城).

れんぞく【連続】 liánxù(连续), jiēlián(接连). ¶～2か月間興行する liánxù yǎnchū liǎng ge yuè(连续演出两个月). ¶～して3回欠席した jiēlián[yìlián] sān cì quēxí(接连[一连]三次缺了席). ¶彼の人生は苦労の～だった tā de yìshēng bǎo jīng fēngshuāng(他的一生饱经风霜). ¶～殺人事件 liánxù shārén'àn(连续杀人案). ～テレビドラマ diànshì liánxùjù(电视连续剧).

れんたい【連帯】 ¶アジア各国人民に～を呼び掛ける xiàng Yàzhōu gè guó rénmín hūyù tuánjié xiélì(向亚洲各国人民呼吁团结协力). ¶～責任 liándài zérèn(连带责任). ～債務 liándài zhàiwù(连带债务).

れんたい【連隊】 tuán(团); liánduì(联队). ¶～旗 tuánqí(团旗). ～長 tuánzhǎng(团长). 歩兵～ bùbīngtuán(步兵团).

レンタカー zūlìnqìchē(租赁汽车). ¶～を借りる zūlìn qìchē(租赁汽车).

れんたつ【練達】 liàndá(练达). ¶～の士 liàndá zhī shì(练达之士).

レンタル zūlìn(租赁), chūzū(出租), chūlìn(出赁). ¶～ビデオ chūzū lùxiàngdài(出租录像带). ～ショップ zūlìndiàn(租赁店).

れんたん【練炭】 fēngwōméi(蜂窝煤), méiqiú(煤球).

れんだん【連弾】 liántán(联弹). ¶ピアノの～ gāngqín liántán(钢琴联弹).

れんち【廉恥】 liánchǐ(廉耻).

レンチ bānshou(扳手), bānzi(扳子).

れんちゅう【連中】 ¶私はいつもの～と山へ行った wǒ hé wǒmen nà huǒ rén páshān qù le(我和我们那伙人爬山去了). ¶～ときたらまったくひどい事をする nà qún jiāhuo zhēn húzuò-fēiwéi(那群家伙真胡作非为). ¶あんな～とは付き合うな bié hé nà hào[bāng] rén láiwang(别和那"号[帮]人来往).

れんちょく【廉直】 liánzhí(廉直). ¶～の士 liánzhí zhī shì(廉直之士).

れんどう【連動】 liándòng(联动). ¶露出計がシャッターに～している pùguāngbiǎo gēn kuàimén liándòng(曝光表跟快门联动). ¶～装置 liándòng[liánsuǒ] zhuāngzhì(联动[联锁]装置).

レントゲン [エックス線] àikèsī shèxiàn(爱克斯射线), lúnqín shèxiàn(伦琴射线), àikèsīguāng(爱克斯光); [単位] lúnqín(伦琴). ¶～写真を撮る zhào àikèsīguāng piàn(照爱克斯光片)/ pāi piānzi(拍片子). ¶～検査 àikèsī shèxiàn jiǎnchá(爱克斯射线检查). ～撮影 àikèsī shèxiàn shèyǐng(爱克斯射线摄影).

れんにゅう【練乳】 liànrǔ(炼乳).

れんばい【廉売】 jiànmài(贱卖). ¶流行遅れの洋服を～する liánjià chūshòu yǐ bù shíxīng de yīfu(廉价出售已不时兴的衣服).

れんぱい【連敗】 liánbài(连败). ¶我がチームは 3～した wǒ duì liánbài sān cì(我队连败三次).

れんぱつ【連発】 ¶最近事故が～している zuìjìn shìgù liánxù fāshēng(最近事故连续发生). ¶ 6～のピストル liù liánfā shǒuqiāng(六连发手枪). ¶質問を～する jiēlián fāwèn(接连发问).

れんばんじょう【連判状】 liánmíng qiānzì de gōngyuē(联名签字的公约).

れんびん【憐憫】 liánmǐn(怜悯). ¶～の情を催す yǐnqǐ liánmǐnxīn(引起怜悯心).

れんぺいじょう【練兵場】 yǎnbīngchǎng(演兵场), cāochǎng(操场).

れんぽ【恋慕】 liànmù(恋慕). ¶～の情を抱く xīn huái liànmù zhī qíng(心怀恋慕之情).

れんぽう【連邦】 liánbāng(联邦). ¶～共和国 liánbāng gònghéguó(联邦共和国).

れんぽう【連峰】 fēngluán(峰峦). ¶立山～ Lìshān fēngluán(立山峰峦).

れんま【練磨】 móliàn(磨练). ¶技術を～する móliàn jìshù(磨练技术). ¶百戦～の士 shēn jīng bǎi zhàn zhī shì(身经百战之士).

れんめい【連名】 liánmíng(联名). ¶ 2 人～で結婚披露宴の招待状を出す èr rén liánmíng fāchū hūnlǐ qǐngtiě(二人联名发出婚礼请帖).

れんめい【連盟】 liánméng(联盟), liánhéhuì(联合会). ¶国際～ Guójì Liánméng(国际联盟)/ Guó-Lián(国联). 国際陸上競技～ Guójì Tiánjìng Yùndòng Liánhéhuì(国际田径运动联合会).

れんめん【連綿】 liánmián(连绵·联绵), miányán(绵延), yánmián(延绵). ¶不撓不屈の精神は彼等の間に～と受け継がれている bùqū-bùnáo de jīngshén zài tāmen dāngzhōng miányán bùjuè de bèi jìchéngzhe(不屈不挠的精神在他们当中绵延不绝地被继承着).

れんや【連夜】 liányè(连夜).

れんらく【連絡】 liánluò(联络), liánxì(联系). ¶やっと A 氏に～がついた hǎoróngyì cái gēn A xiānsheng liánxìshàng le(好容易才跟A先生联系上了). ¶あれ以来彼女から～はない cóng nà yǐlái hé tā shīqù liánxì(从那以来和她失去联系). ¶互いに～を取りながら事を進める bǎochízhe liánxì jìnxíng chóuhuà(保持着联系进行筹划). ¶ヨットは出航後 10 日目に～を

絶った fānchuán chūháng hòu dìshí tiān liánxì duàn le(帆船出航后第十天联系断了). ¶欠席の旨電話で～した quēxí yí shì dǎ diànhuà tōngzhīle duìfāng(缺席一事打电话通知了对方). ¶詳しくは追って～します xiángqíng suíhòu tōngzhī(详情随后通知). ¶このバスは特急列車に～する zhè bān gōnggòng qìchē yǔ tèkuài lièchē xiánjiē(这班公共汽车与特快列车衔接).

¶～切符 liányùnpiào(联运票). ～事務所 liánluò bànshìchù(联络办事处). ～船 dùlún(渡轮).

れんりつ【連立】 liánhé(联合); liánlì(联立). ¶～内閣 liánhé nèigé(联合内阁). ～方程式 liánlì fāngchéng(联立方程).

れんれん【恋恋】 ¶彼はその地位に～としている tā duì nàge dìwèi hái liànliàn-bùshě(他对那个地位还恋恋不舍).

ろ

ろ【炉】 dìlú(地炉).
ろ【絽】 luó(罗). ¶～の着物 luóyī(罗衣).
ろ【櫓】 lǔ(橹). ¶～を漕ぐ yáolǔ(摇橹).
ろあく【露悪】 ¶～趣味 ài xiǎnbǎi zìjǐ de èliè pǐnxíng(爱显摆自己的恶劣品行). ¶～的に振る舞う gù zuò chǒutài(故作丑态).
ロイヤリティー zhuānlì shǐyòngfèi(专利使用费). ¶高い～を払う zhīfù gāojià zhuānlì shǐyòngfèi(支付高价专利使用费).
ロイヤルゼリー fēngwángjiāng(蜂王浆), wángjiāng(王浆).
ろう【老】 lǎo(老). ¶山田～ Shāntián lǎo(山田老). ～楽士 lǎo yuèshī(老乐师).
ろう【労】 láo(劳), láokǔ(劳苦), xīnkǔ(辛苦), xīnláo(辛劳). ¶～をいとわない bù cí xīnkǔ(不辞辛苦). ¶～をねぎらう dàofá(道乏)/ dàoláo(道劳). ¶A 氏に仲介を～とってもらった bàituō A xiānsheng cóngzhōng fèixīn(拜托 A 先生从中费心). ¶～多くして功少なし shì bèi gōng bàn(事倍功半).
ろう【牢】 láo(牢), láoyù(牢狱), láofáng(牢房), jiānláo(监牢). ¶～につながれる bèi guānzài láoyùli(被关在牢狱里)/ zuò láo(坐牢). ¶～を破る yuè yù(越狱).
ろう【蠟】 là(蜡). ¶～を引く shàng[dǎ] là(上[打]蜡).
¶～細工 là shǒugōngyì(蜡手工艺)/ làzhì gōngyìpǐn(蜡制工艺品). ～人形 làrén(蜡人)/ làxiàng(蜡像).
ろうあ【聾啞】 lóngyǎ(聋哑). ¶～教育 lóngyǎ jiàoyù(聋哑教育).
ろうえい【朗詠】 yínyǒng(吟咏). ¶詩を～する yínyǒng shī(吟咏诗).
ろうえい【漏洩】 xièlòu(泄漏), xièlù(泄露). ¶国家の機密が～した guójiā de jīmì xièlòu le(国家的机密泄露了).
ろうえき【労役】 láoyì(劳役). ¶～に服する fú láoyì(服劳役).
ろうおく【陋屋】 lòushì(陋室).
ろうか【老化】 lǎohuà(老化). ¶頭脳の～を防ぐ fángzhǐ dànǎo lǎohuà(防止大脑老化). ¶ゴムが～する xiàngjiāo lǎohuà(橡胶老化).

¶～現象 lǎohuà xiànxiàng(老化现象).
ろうか【廊下】 zǒuláng(走廊), lángzi(廊子).
ろうかい【老獪】 lǎojiān jùhuá(老奸巨猾). ¶～な手段を弄する wánnòng jiānhuá de shǒuduàn(玩弄奸猾的手段). ¶彼はなかなか～だ tā shì lǎojiān-jùhuá(他老奸巨猾)/ tā shì ge lǎohuátou(他是个老滑头).
ろうかく【楼閣】 lóugé(楼阁). ¶砂上の～ kōngzhōng lóugé(空中楼阁).
ろうがん【老眼】 lǎoshìyǎn(老视眼), lǎoguāng(老光), lǎohuāyǎn(老花眼), huāyǎn(花眼). ¶～鏡 lǎoguāng yǎnjìng(老光眼镜)/ huājìng(花镜).
ろうきゅう【老朽】 ¶施設が～化した shèshī chénjiù le(设施陈旧了). ¶～校舎 pòjiù de xiàoshè(破旧的校舍).
ろうきょう【老境】 lǎojìng(老境). ¶彼も今や～に達した tā yě yǐ rùle lǎojìng(他也已入了老境).
ろうく【老軀】 ¶～を引っさげて戦場に赴く bù cí nián lǎo, bēnfù zhànchǎng(不辞年老, 奔赴战场).
ろうく【労苦】 láokǔ(劳苦), xīnláo(辛劳). ¶多年の～が報いられた duōnián de xīnláo zhōngyú dédàole bàocháng(多年的辛劳终于得到了报偿).
ろうけつ【蠟纈】 làrǎn(蜡染).
ろうこ【牢乎】 jiāndìng(坚定). ¶～たる決意 jiāndìng de juéxīn(坚定的决心).
ろうご【老後】 wǎnnián(晚年). ¶～を安らかに送る ānlè de dùguò wǎnnián(安乐地度过晚年).
ろうこう【老巧】 lǎoliàn(老练). ¶～な政治家 lǎoliàn de zhèngzhìjiā(老练的政治家).
ろうごく【牢獄】 láoyù(牢狱), jiānláo(监牢), láofáng(牢房), dàláo(大牢).
ろうこつ【老骨】 ¶～に鞭打って働く pīnzhe lǎomìng gōngzuò(拼着老命工作).
ろうさく【労作】 ¶これは彼の～だ zhè shì tā jīngxīn chuàngzuò de zuòpǐn(这是他精心创作的作品).
ろうし【労使・労資】 láozī(劳资). ¶～の代表

者 láozī dàibiǎo(劳资代表).
¶ ～関係 láozī guānxi(劳资关系). ～協調 láozī hézuò(劳资合作).

ろうしゅう【陋習】 lòuxí(陋习). ¶ ～を打破するdǎpò lòuxí(打破陋习).

ろうしょう【朗唱】 lǎngsòng(朗诵). ¶ 詩を～する lǎngsòng shī(朗诵诗).

ろうじょう【籠城】 ¶ 敵に囲まれて～する bèi díjūn bāowéi, kùnshǒu gūchéng(被敌军包围,困守孤城). ¶ ～して執筆に励む bìmén xièkè zhuānxīn xiězuò(闭门谢客专心写作).

ろうじん【老人】 lǎorén(老人), lǎoniánrén(老年人).

ろうすい【老衰】 shuāilǎo(衰老). ¶ 彼は目に見えて～してきた tā míngxiǎn de shuāilǎo qǐlai(他明显地衰老起来)/ tā rìjiàn lǎotài lóngzhōng(他日见老态龙钟). ¶ ～で死ぬ shuāilǎo ér sǐ(衰老而死).

ろうすい【漏水】 lòushuǐ(漏水), zǒushuǐ(走水). ¶ 水道管から～する zìláishuǐguǎn lòushuǐ(自来水管漏水).

ろう・する【労する】 ¶ ～して功なし láo ér wú gōng(劳而无功). ¶ 心身を～する fèijìn xīnlì(费尽心力).

ろう・する【弄する】 shuǎ(耍), shuǎnòng(耍弄), wánnòng(玩弄), bǎinòng(摆弄). ¶ 策を～する wánnòng shǒuduàn(玩弄手段)/ shuǎ ˮhuāzhāo[bǎxì](耍"花招[把戏]). ¶ 技巧を～する màinong jìqiǎo(卖弄技巧).

ろう・する【聾する】 ¶ 耳を～する轟音 zhèn ěr yù lóng de jùxiǎng(震耳欲聋的巨响).

ろうせい【老成】 lǎochéng(老成). ¶ 彼は年の割には～している tā yǔ niánlíng xiāngbǐ xiǎnde lǎochéng(他与年龄相比显得老成).

ろうぜき【狼藉】 1〔乱雑〕lángjí(狼藉). ¶ 彼等が去った後の部屋は～を極めていた tāmen zǒule zhī hòu, wūzili jíqí lángjí(他们走了之后,屋子里狼藉). ¶ 杯盤～ bēipán lángjí(杯盘狼藉).
2〔乱暴〕¶ 山賊共は～の限りを働いた tǔfěi wéifēi-zuòdǎi, wú'è-búzuò(土匪为非作歹,无恶不作).
¶ ～者 bàotú(暴徒).

ろうそく【蠟燭】 làzhú(蜡烛). ¶ ～をともす diǎn làzhú(点蜡烛). ¶ ～の芯 làxìnr(蜡芯儿).
¶ ～立て làtái(蜡台)/ zhútái(烛台)/ làqiān(蜡扦).

ろうたい【老体】 ¶ ～ゆえ無理はきかない niánlǎo lì ruò, wúfǎ yìngtǐng(年老力弱,无法硬挺). ¶ 御～ lǎorénjiā(老人家).

ろうたいか【老大家】 qísù(耆宿). ¶ 文壇の～ wéntán de qísù(文坛的耆宿).

ろうだん【壟断】 lǒngduàn(垄断). ¶ 市場を～する lǒngduàn shìchǎng(垄断市场).

ろうちん【労賃】 gōngzī(工资), gōngqian(工钱).

ろうでん【漏電】 lòudiàn(漏电), pǎodiàn(跑电), zǒudiàn(走电), zǒuhuǒ(走火). ¶ ～から火事になった yóuyú lòudiàn qǐle huǒ(由于漏电起了火).

ろうと【漏斗】 lòudǒu(漏斗).

ろうどう【労働】 láodòng(劳动). ¶ 1日に8時間～する yí rì láodòng bā ge xiǎoshí(一日劳动八个小时). ¶ ～に応じて分配する àn láo fēnpèi(按劳分配).
¶ ～運動 gōngrén yùndòng(工人运动)/ láogōng yùndòng(劳工运动). ～協約 láodòng hétong(劳动合同). ～組合 gōnghuì(工会). ～組合員 gōnghuì huìyuán(工会会员). ～時間 láodòng shíjiān(劳动时间). ～者 láodòngzhě(劳动者)/ gōngrén(工人). ～者階級 gōngrén jiējí(工人阶级). ～省 láodòngshěng(劳动省). ～条件 láodòng tiáojiàn(劳动条件). ～争議 láodòng zhēngyì/ láozī jiūfēn(劳资纠纷)/ gōngcháo(工潮). ～大臣 láodòng dàchén(劳动大臣). ～法 láodòngfǎ(劳动法). ～力 láodònglì(劳动力)/ gōnglì(工力). 強制～ qiángzhì láodòng(强制劳动). 精神～ nǎolì láodòng(脑力劳动). 肉体～ tǐlì láodòng(体力劳动). 重～ zhòng tǐlì láodòng(重体力劳动).

ろうどく【朗読】 lǎngdú(朗读), sòngdú(诵读), lǎngsòng(朗诵). ¶ 物語を～する lǎngdú gùshi(朗读故事). 詩の～ shī lǎngsòng(诗朗诵).

ろうにゃく【老若】 ¶ ～男女 nánnǚ lǎoshào(男女老少).

ろうにん【浪人】 ¶ 会社が倒産して今は～の身の上だ gōngsī dǎobì, xiànzài shīyè(公司倒闭,现在失业). ¶ 受験に失敗して1年～した méi kǎoqǔ xuéxiào shīle yì nián xué(没考取学校失了一年学).

ろうねん【老年】 lǎonián(老年). ¶ ～になっても若々しい情熱を失わない suīrán nián lǎo, bìng méiyǒu shīqù qīngchūn de rèqíng(虽然年老,并没有失去青春的热情).

ろうのう【労農】 gōngnóng(工农). ¶ ～同盟 gōngnóng liánméng(工农联盟).

ろうば【老婆】 lǎotàipó(老太婆), lǎopór(老婆儿).

ろうばい【狼狽】 lángbèi(狼狈). ¶ 彼は図星をさされて大いに～した tā bèi yìyǔ-dàopò, dàwéi lángbèi(他被一语道破,大为狼狈).

ろうばい【蠟梅】 làméi(腊梅).

ろうはいぶつ【老廃物】 fèiwù(废物).

ろうばしん【老婆心】 ¶ ～ながら一言言っておきます yěxǔ tài pópo-māmā le, ràng wǒ shuō yí jù huà(也许太婆婆妈妈了,让我说一句话).

ろうひ【浪費】 làngfèi(浪费). ¶ 精力を～する làngfèi jīnglì(浪费精力). ¶ そんな事をしているのは時間の～だ nàme gàn shì làngfèi shíjiān(那么干是浪费时间). ¶ 彼の～癖は一向にやまない tā làngfèi de xíguàn lǎo gǎibuliǎo(他浪费的习惯老改不了).

ろうほう【朗報】 xǐbào(喜报), xǐxùn(喜讯), hǎo xiāoxi(好消息). ¶ 全員無事の～が入った chuánlái quántǐ rényuán píng'ān wúshì de xǐxùn(传来全体人员平安无事的喜讯). ¶ 合格の～を手にする jiēdào lùqǔ de xǐbào(接到录

ろうまん【浪漫】　làngmàn（浪漫）．¶～主義 làngmànzhǔyì（浪漫主义）．

ろうむ【労務】　láowù（劳务）．¶～管理 láodòng guǎnlǐ（劳动管理）．～者 zhuànggōng（壮工）．

ろうや【牢屋】　láofáng（牢房），láoyù（牢狱），dàláo（大牢），jiānláo（监牢）．

ろうらく【籠絡】　lǒngluò（笼络）．¶甘言で彼を～した yòng tiányán-mìyǔ lǒngluòle tā（用甜言蜜语笼络了他）．

ろうりょく【労力】　〔労苦〕láokǔ（劳苦），xīnkǔ（辛苦）；〔労働力〕láodònglì（劳动力），láolì（劳力）．¶～を惜しまず働く bù cí láokǔ de gōngzuò（不辞劳苦地工作）．¶～が足りない láolì bùzú（劳力不足）．

ろうれい【老齢】　lǎolíng（老龄）．¶彼は～にもかかわらずかくしゃくとして働いている tā suīrán niánjì dà, háishi hěn yìnglang de gōngzuòzhe（他虽然年纪大，还是很硬朗地工作着）．

¶～年金 yǎnglǎojīn（养老金）．

ろうれつ【陋劣】　bēibǐ（卑鄙），bēiliè（卑劣）．¶～な手段で人を陥れる yòng bēiliè de shǒuduàn xiànhài rén（用卑劣的手段陷害人）．

ろうれん【老練】　lǎoliàn（老练）．¶～な船長 lǎoliàn de chuánzhǎng（老练的船长）．

ろうろう【朗朗】　lǎnglǎng（朗朗），lángláng（琅琅）．¶～と本を読む shūshēng lǎnglǎng（书声朗朗）．

ろえい【露営】　lùyíng（露营），yěyíng（野营）．¶川の畔で～する zài hébiān lùyíng（在河边露营）．

ローカル　¶～カラー dìfāng sècǎi（地方色彩）．～線 tiělù zhīxiàn（铁路支线）．～ニュース dìfāng xiāoxi（地方消息）／dìfāng xīnwén（地方新闻）．

ローション　huàzhuāngshuǐ（化妆水）．

ロース　lǐjǐ（里脊）．

ロースト　shāokǎo（烧烤）．¶～チキン shāojī（烧鸡）．～ビーフ kǎoniúròu（烤牛肉）．

ロータリー　huánxíng jiāochā（环形交叉）．¶～クラブ Fúlún Guójì（扶轮国际）．～エンジン xuánzhuǎnshì fādòngjī（旋转式发动机）／xuánzhuǎn huóshāishì fādòngjī（旋转活塞式发动机）．

ローテーション　¶～を組む pái tìhuàn shùnxù（排替换顺序）／guīdìng lúnzhuǎn wèizhi（规定轮转位置）．

ロードショー　tèbié fàngyìng（特别放映）．

ローヒール　dīgēnxié（低跟鞋）．

ロープ　shéng（绳），suǒ（索），lǎn（缆），shéngsuǒ（绳索），lǎnshéng（缆绳），lǎnsuǒ（缆索）．¶周りに～を張る sìzhōu lā shéngzi（四周拉绳子）．

¶～ウエー suǒdào（索道）／chēxiāngshì suǒdào（车厢式索道）．

ローマ　Luómǎ（罗马）．¶～字 Luómǎzì（罗马字）／Lādīng zìmǔ（拉丁字母）．～数字 Luómǎ shùzì（罗马数字）．～帝国 Luómǎ Dìguó（罗马帝国）．～法王 Luómǎ Jiàohuáng（罗马教皇）．

ローラー　luólā（罗拉），gǔn（辊），gǔnzi（辊子）；

gǔnzhù（滚柱），gǔntǒng（滚筒）；gǔnzi（碌子）；〔ロードローラー〕yālùjī（压路机）．¶～を掛けて地ならしをする yòng gǔnzi yāpíng dìmiàn（用碌子压平地面）．¶～スケートをする huá hànbīng（滑旱冰）．

¶～スケート靴 hànbīngxié（旱冰鞋）／sìlún gūluxié（四轮轱辘鞋）．

ローン　dàikuǎn（贷款）．¶～の返済に追われる wèi chánghuán dàikuǎn ér bēnbō（为偿还贷款而奔波）．¶住宅～ zhùfáng dàikuǎn（住房贷款）．

ろか【濾過】　guòlǜ（过滤）．¶濁り水を～する guòlǜ húnshuǐ（过滤浑水）．

¶～紙 lǜzhǐ（滤纸）．～性病原体 lǜguòxìng bìngdú（滤过性病毒）．

ろかく【鹵獲】　lǔhuò（虏获），jiǎohuò（缴获）．¶多数の銃砲弾薬を～する jiǎohuòle hěn duō qiāngpào hé dànyào（缴获很多枪炮和弹药）．

¶～品 lǔhuòpǐn（虏获品）／zhànlìpǐn（战利品）／jiǎohuòpǐn（缴获品）．

ろかた【路肩】　biānpō（边坡）．

ろく　¶あいつと付き合っていると～な事はない gēn tā láiwang bú huì yǒu hǎoshì de（跟他来往不会有好事的）．¶この町には～な図書館もない zhège chéngzhèn méiyǒu ge xiàngyàng de túshūguǎn（这个城镇没有个像样的图书馆）．¶どいつもこいつも～でもない奴ばかりだ zhège jìngshì cǎobāo, yìdiǎnr yě bù dǐngshì（这个那个净是草包，一点儿也不顶事）．¶～に仕事もしないで遊んでばかりいる bù hǎohāor gànhuór, jǐng wánr（不好好儿干活儿, 净玩儿）．¶人前で～にものも言えない dāng rénmiàn lián yí jù zhèngjīnghuà yě bú huì shuō（当人面连一句正经话也不会说）．

ろく【六】　liù（六・陆）．

ログアウト　zhùxiāo（注销）．

ログイン　jìnrù（进入），zhùcè（注册）．

ろくおん【録音】　lùyīn（录音），guànyīn（灌音）．¶放送をテープに～する yòng lùyīndài bǎ guǎngbō lùxialai（用录音带把广播录下来）．

¶～機 lùyīnjī（录音机）．～テープ lùyīndài（录音带）．～放送 lùyīn guǎngbō（录音广播）．

ろくが【録画】　lùxiàng（录像），lùyǐng（录影），lùzhì（录制）．¶歌劇を～した bǎ gējù lùle xiàng（把歌剧录了像）．

ろくしょう【緑青】　tónglǜ（铜绿），tóngxiù（铜锈）．¶～が吹く shēng tóngxiù（生铜锈）．

ろくでなし　cǎobāo（草包），xióngbāo（熊包），fèiwù（废物），wōnángfèi（窝囊废），jiànhuò（贱货），jiàngǔtou（贱骨头），miùzhǒng（谬种），nǎozhǒng（孬种）．¶この～め nǐ zhège wōnángfèi!（你这个窝囊废!）

ろくぶんぎ【六分儀】　liùfēnyí（六分仪）．

ろくぼく【肋木】　lèimù（肋木）．

ろくまく【肋膜】　lèimó（肋膜），xiōngmó（胸膜）．¶～炎 xiōngmóyán（胸膜炎）．

ろくろ【轆轤】　**1**〔滑車〕lùlu（辘轳），huáchē（滑车）．

2〔轆轤台〕lùlu（辘轳），táochē（陶车），táojūn（陶钧）．

ロケーション wàijǐng pāishè (外景拍摄). ¶伊豆へ～に行く dào Yīdòu pāishè wàijǐng (到伊豆拍摄外景).

ロケット huǒjiàn (火箭). ¶～を打ち上げる fāshè huǒjiàn (发射火箭). ¶～エンジン huǒjiàn fādòngjī (火箭发动机). ～弾 huǒjiàndàn (火箭弹). ～砲 huǒjiànpào (火箭炮). 月～ yuèqiú huǒjiàn (月球火箭).

ろけん【露顕】bàilù (败露), bàolù (暴露), bìlù (毕露). ¶陰謀が～した yīnmóu bàilù le (阴谋败露了).

ロゴ wénzì tú'àn (文字图案), wénzì biāozhì (文字标志).

ロココ luòkěkě (洛可可). ¶～芸術 luòkěkě yìshù (洛可可艺术).

ろこつ【露骨】lùgǔ (露骨). ¶～な描写は避けるbìmiǎn lùgǔ de miáoxiě (避免露骨的描写). ¶君の言い方は～すぎる nǐ shuōde tài lùgǔ le (你说得太露骨了). ¶当局の干渉が～になってきた dāngjú gānshède gèngjiā lùgǔ le (当局干涉得更加露骨了).

ろじ【路地】xiǎoxiàng (小巷), hútòng[r] (胡同[儿]), lòngtáng (弄堂). ¶～裏に住む zhùzài hútòng lǐtou (住在胡同里头).

ろじ【露地】lùdì (露地). ¶～栽培 lùdì zāipéi (露地栽培).

ロシア Éluósī (俄罗斯), Éguó (俄国). ¶～革命 Éguó gémìng (俄国革命). ～語 Éyǔ (俄语)/Éwén (俄文)/Éguóhuà (俄国话).

ろしゅつ【露出】**1**〔裸出〕lùchū (露出), luǒlù (裸露). ¶鉱床が～している kuàngchuáng lùchū (矿床露出). **2**〔写真の〕bàoguāng (曝光・暴光). ¶この写真は～が不足だ zhège zhàopiàn bàoguāng bùzú (这个照片曝光不足). ¶～計 bàoguāngbiǎo (曝光表).

ろせん【路線】xiànlù (线路); lùxiàn (路线). ¶バス～ gōnggòng qìchē xiànlù (公共汽车线路). 外交～ wàijiāo lùxiàn (外交路线).

ロッカー dàisuǒ chúguì (带锁橱柜).

ろっかん【肋間】¶～神経痛 lèijiān shénjīngtòng (肋间神经痛).

ロック yáogǔnyuè (摇滚乐).

ロックアウト fēngbì gōngchǎng (封闭工厂).

ロッククライミング yánbì pāndēng (岩壁攀登).

ろっこつ【肋骨】lèigǔ (肋骨).

ロット pī (批), pīliàng (批量).

ろてい【露呈】bàolù (暴露). ¶Aチームは後半戦になってからチームワークの悪さを～した dàole xiàbànchǎng A duì pèihé bù hǎo de máobìng bàolù chulai le (到了下半场A队配合不好的毛病暴露出来了).

ろてん【露天】lùtiān (露天). ¶～風呂 lùtiān yùchí (露天浴池). ～掘り lùtiān kāicǎi (露天开采).

ろてん【露店】tānzi (摊子), tānr (摊儿). ¶～商 tānfàn (摊贩).

ろとう【路頭】¶一家の柱を失って家族は～に迷った shīqùle yìjiā de zhīzhù, jiāshǔ méiyǒu shēnghuó chūlù le (失去了一家的支柱, 家属没有生活出路了).

ロハ ¶芝居を～で見る bái kànxì (白看戏).

ろば【驢馬】lú (驴), lúzi (驴子), máolú[r] (毛驴[儿]).

ろばた【炉端】lúbiān (炉边), lúpáng (炉旁).

ロビー méntīng (门厅), dàtīng (大厅), dàtáng (大堂).

ロビイスト yuànwài huódòngzhě (院外活动者).

ろぼう【路傍】lùpáng (路旁). ¶～の石仏 lùpáng de shífó (路旁的石佛). ¶彼は私にとって～の人に過ぎない tā duì wǒ zhǐ búguò shì lùrén (他对我只不过是路人).

ロボット jīqìrén (机器人), jīxièrén (机械人). ¶あいつはただの～に過ぎない nàge jiāhuo zhǐ búguò shì ge kuǐlěi (那个家伙只不过是个傀儡).

ロマンス luómànsī (罗曼司), yànshǐ (艳史).

ロマンチスト làngmànzhǔyìzhě (浪漫主义者).

ロマンチック luómàndìkè (罗曼蒂克). ¶～な雰囲気 luómàndìkè de qìfēn (罗曼蒂克的气氛).

ロム【ROM】zhǐdú cúnchǔqì (只读存储器).

ろめい【露命】¶わずかな蓄えで～をつなぐ kào jǐn yǒu de chǔxù húkǒu (靠仅有的储蓄糊口).

ろめん【路面】lùmiàn (路面). ¶～電車 yǒuguǐ diànchē (有轨电车).

ろれつ【呂律】¶酒に酔って～が回らない hēzuìle jiǔ, yǎoshé ràozuǐ shuōbuqīng huà (喝醉了酒, 咬舌绕嘴说不清话).

ろん【論】¶これについては種々の～がある guānyú zhège wèntí yǒu gè zhǒng yìlùn (关于这个问题有各种议论). ¶その意見の正しいことは～を待たない qí yìjiàn zhèngquè shì wúkě zhēngbiàn de (其意见正确是无可争辩的). ¶～より証拠 shìshí shèngyú xióngbiàn (事实胜于雄辩). ¶進化～ jìnhuàlùn (进化论). 人生～ rénshēnglùn (人生论).

ろんがい【論外】**1** その問題はしばらく～にして先へ進もう nàge wèntí zànshí gēzài yìpáng wǎng xià tǎolùn (那个问题暂时搁在一旁往下讨论). **2**〔もっての外〕¶彼の言う事など～だ tā shuō de jiǎnzhí bù zhí yì tán (他说的简直不值一谈).

ろんかく【論客】¶彼は～だ tā shì ge ài fā yìlùn de rén (他是个爱发议论的人).

ろんぎ【論議】tǎolùn (讨论), yìlùn (议论). ¶～を尽くす chōngfèn jìnxíng tǎolùn (充分进行讨论). ¶憲法問題を～する yìlùn xiànfǎ wèntí (议论宪法问题).

ろんきゅう【論及】¶作品を批評して作家の世界観にまで～する pínglùn zuòpǐn shèjí zuòjiā de shìjièguān (评论作品涉及作家的世界观).

ろんきょ【論拠】lùnjù (论据). ¶君の意見は～が薄弱だ nǐ de yìjiàn lùnjù bùzú (你的意见论据不足).

ロング ¶～スカート chángqún (长裙). ～セラ

— chángqī chàngxiāo shāngpǐn(长期畅销商品).～ラン chángqī shàngyǎn(长期上演).

ろんこうこうしょう【論功行賞】 lùn gōng xíng shǎng(论功行赏).

ろんこく【論告】 ¶ 検事の～求刑があった yóu jiǎncháyuán jìnxíng zǒngjié, yāoqiú pànxíng(由检察员进行总结, 要求判刑).

ろんし【論旨】 ¶ ～が明快だ lùndiǎn qīngchu míngliǎo(论点清楚明了).

ろんじゅつ【論述】 lùnshù(论述), chǎnshù(阐述). ¶ 外交問題について～する jiù wàijiāo wèntí jiāyǐ lùnshù(就外交问题加以论述).

ろんしょう【論証】 lùnzhèng(论证). ¶ 多くの実例を挙げて～する jǔ hěn duō shílì lái lùnzhèng(举很多实例来论证).

ろんじん【論陣】 ¶ 堂々の～を張る bǎikāi wúxiè-kějī de biànlùn zhènshì(摆开无懈可击的辩论阵势).

ろん・ずる【論ずる】 lùnshù(论述), chǎnshù(阐述); yìlùn(议论), jiǎnglùn(讲论). ¶ この本は教育問題について～じている zhè běn shū lùnshù jiàoyù wèntí(这本书论述教育问题). ¶ その是非は一概には～ぜられない qí shìfēi bùnéng yígài ér lùn(其是非不能一概而论). ¶ 今更そんな事を～じ合っても始まらない shì dào rújīn yìlùn nàge wèntí yě wújìyúshì(事到如今议论那个问题也无济于事).

ろんせつ【論説】 lùnshuō(论说). ¶ ～委員 pínglùnyuán(评论员).～文 lùnshuōwén(论说文).

ろんせん【論戦】 lùnzhàn(论战), lùnzhēng(论争). ¶ 新しい方針について激しい～が交された guānyú xīn de fāngzhēn zhǎnkāile jīliè de lùnzhàn(关于新的方针展开了激烈的论战).

ろんそう【論争】 zhēnglùn(争论), lùnzhàn(论战), lùnzhēng(论争). ¶ 法の解釈をめぐって～した wéiráozhe fǎlǜ de jiěshì zhǎnkāile zhēnglùn(围绕着法律的解释展开了争论).

ろんだい【論題】 lùntí(论题).

ろんだん【論断】 lùnduàn(论断). ¶ それは一方的な～だ zhè shì piànmiàn de lùnduàn(这是片面的论断).

ろんだん【論壇】 lùntán(论坛).

ろんちょう【論調】 lùndiào(论调). ¶ 鋭い～で政府の方針を糾弾する yòng fēnglì de lùndiào qiǎnzé zhèngfǔ de fāngzhēn(用锋利的论调谴责政府的方针).

ろんてき【論敵】 lùndí(论敌).

ろんてん【論点】 lùndiǎn(论点). ¶ 2 人の議論は～が食い違っている liǎng ge rén de yìlùn lùndiǎn bùtóng(两个人的议论论点不同).

ロンド huíxuánqǔ(回旋曲); huíxuánwǔ(回旋舞).

ろんなん【論難】 lùnnàn(论难). ¶ 互いに～し合う hùxiāng lùnnàn(互相论难).

ろんぱ【論破】 bódǎo(驳倒). ¶ 相手の主張を片っ端から～する yīyī bódǎo duìfāng de zhǔzhāng(一一驳倒对方的主张).

ろんばく【論駁】 fǎnbó(反驳), bóchì(驳斥), lùnnàn(论难). ¶ A 氏の見解を～する fǎnbó A xiānsheng de jiànjiě(反驳 A 先生的见解).

ろんぴょう【論評】 pínglùn(评论). ¶ B 氏の著作を～する pínglùn B xiānsheng de zhùzuò(评论 B 先生的著作). ¶ ～を加えず報道する bù jiāyǐ pínglùn bàodào(不加以评论报道).

ろんぶん【論文】 lùnwén(论文). ¶ 卒業～ bìyè lùnwén(毕业论文). 博士～ bóshì lùnwén(博士论文).

ろんぽう【論法】 ¶ 彼一流の～でまくし立てた yòng tā dútè de shuōfǎ tāotāo-bùjué de shuō(用他独特的说法滔滔不绝地说). ¶ 三段～ sānduànlùnfǎ(三段法).

ろんぽう【論鋒】 ¶ ～鋭く詰め寄る lùnfēng ruìlì de zhuībī(论锋锐利地追逼).

ろんり【論理】 lùnlǐ(论理), luóji(逻辑). ¶ 彼の見方は～的でない tā de kànfǎ quēfá luójixìng(他的看法缺乏逻辑性). ¶ それは～に合わない nà bù héhū luóji(那不合乎逻辑). ¶ ～学 luójixué(逻辑学)/ lùnlǐxué(论理学)/ míngxué(名学)/ biànxué(辩学).

わ

わ【輪】〔円〕quān[r]（圈[儿]）, quānzi（圈子）, yuánquān[r]（圆圈[儿]）;〔環〕huán[r]（环[儿]）, huánzi（环子）;〔車輪〕lúnzi（轮子）. ¶ロープを～にする bǎ shéngsuǒ jìchéng quānr（把绳索系成圈儿）. ¶皆が～になって座った dàjiā wéichéng quānr zuòxialai（大家围成圈儿坐下来）. ¶踊りの～の中に入る jìnrù tiàowǔ de quānzi li（进入跳舞的圈子里）. ¶とんびが空に～を描いて飛んでいる lǎoyīng zài tiānkōng áoxiáng（老鹰在天空翱翔）. ¶～を回して遊ぶ gǔn tiěhuán wánr（滚铁环玩儿）. ¶～に～をかけて話す kuādà qí cí de shuō（夸大其词地说）/ tiānyóu-jiācù de shuō（添油加醋地说）. ¶君は私に～をかけた怠け者だ nǐ bǐ wǒ hái yào lǎnduò（你比我还要懒惰）. ¶車の～ chēlún（车轮）/ gūlu（轱辘）.

わ【和】**1** hé（和）. ¶隣国と～を結ぶ hé línguó jiǎnghé（和邻国讲和）. ¶～を乞う qiúhé（求和）. ¶人の～に欠ける qiàn rénhé（欠人和）.
2〔合計〕hé（和）, héshù（和数）. ¶2数の～を求める qiú liǎng shù zhī hé（求两数之和）. ¶2と5の～は7である èr gēn wǔ de hé shì qī（二跟五的和是七）.
3〔日本〕hé（和）. ¶～英辞典 Rì-Yīng cídiǎn（日英辞典）.
¶～菓子 Rìběn diǎnxin（日本点心）.

-わ【羽】yǔ（羽）, zhī（只）. ¶2～の雀 liǎng zhī máquè（两只麻雀）.

-わ【把】yì bǎr[r]（捆[儿]）, bǎ[r]（把[儿]）. ¶ほうれん草 1～ yì bǎr bōcài（一把儿菠菜）. ¶薪 1～ yì kǔn mùchái（一捆木柴）.

ワーカホリック gōngzuòkuáng（工作狂）, gōngzuò zhòngdú（工作中毒）.

ワーキングホリデー gōngxiūrì（工休日）, gōngxiū（工休）. ¶～でオーストラリアへ行く gōngxiūrì qù Àodàlìyà（工休日去澳大利亚）.

ワークショップ xiǎozǔ tǎolùn（小组讨论）.

ワークステーション gōngzuòzhàn（工作站）.

ワースト zuìhuài（最坏）, zuìchà（最差）.

ワードプロセッサー zìchǔlǐjī（字处理机）; zìchǔlǐ chéngxù（字处理程序）.

ワールドカップ shìjièběisài（世界杯赛）, guójì jǐnbiāosài（国际锦标赛）.

わいきょく【歪曲】wāiqū（歪曲）. ¶事実を～する wāiqū shìshí（歪曲事实）.

わいざつ【猥雑】¶～な文章 wěixiè[xiàliú] de wénzhāng（猥亵[下流]的文章）.

ワイシャツ chènshān（衬衫）, xùshān（恤衫）.

わいしょう【矮小】¶問題を～化する bǎ wèntí huà dà wéi xiǎo（把问题化大为小）.

わいせつ【猥褻】wěixiè（猥亵）, yínhuì（淫秽）. ¶～な話 wěixiè de huà（猥亵的话）/ xiàliúhuà（下流话）. ¶～な小説 huángsè xiǎoshuō（黄色小说）, sèqíng xiǎoshuō（色情小说）.

わいだん【猥談】huìyǔ（秽语）. ¶～をする shuō ˈyínhuì[xiàliú] de huà（说ˈ淫秽[下流]的话）.

ワイパー yǔguāqì（雨刮器）, yǔshuā（雨刷）.

ワイヤ gāngsī（钢丝）. ¶～ロープ gāngsīshéng（钢丝绳）/ gāngsuǒ（钢索）/ gānglǎn（钢缆）.
～レスマイク wúxiàn màikèfēng（无线麦克风）/ wúxiàn chuánshēngqì（无线传声器）. ～ゲージ xiānguī（线规）.

わいろ【賄賂】huìlù（贿赂）. ¶～を使って便宜を図ってもらう xínghuì jiào rén tōngróng（行贿叫人通融）. ¶～を取る jiēshòu huìlù（接收贿赂）/ shòuhuì（受贿）/ nàhuì（纳贿）.

わいわい ¶野次馬が～騒ぐ kàn rènao de rén dàshēng qǐhòng（看热闹的人大声起哄）. ¶～言われてやっと出掛けた jīng zàisān cuīcù cái chūqu（经再三催促才出去）.

ワイン pútaojiǔ（葡萄酒）. ¶赤～ gānhóng（干红）/ hóng pútaojiǔ（红葡萄酒）. 白～ gānbái（干白）/ bái pútaojiǔ（白葡萄酒）.

わおん【和音】héxián（和弦）.

わか【和歌】hégē（和歌）.

わが【我が】wǒ（我）, wǒmen（我们）. ¶～党の政策 wǒmen dǎng de zhèngcè（我们党的政策）. ¶～国 wǒguó（我国）. ¶～子 zìjǐ de háizi（自己的孩子）.

わか・い【若い】**1** niánqīng（年轻）. ¶～い頃はよく本を読んだものだ wǒ niánqīng de shíhou kànle bùshǎo shū（我年轻的时候看了不少书）. ¶年は～いが考えはしっかりしている suī hěn niánqīng, kě xiǎngfǎ hěn shízài（虽很年轻, 可想法很实在）. ¶年齢より～く見える bǐ niánlíng xiǎnde niánqīng（比年龄显得年轻）/ zhǎngde shàoxiang（长得少相）. ¶年を取っても気だけはいつまでも～い rén lǎo xīn bù lǎo（人老心不老）. ¶～い人 niánqīngrén（年轻人）/ qīngniánrén（青年人）.
2〔年下の〕xiǎo（小）. ¶彼女は僕より 3 つ～い tā bǐ wǒ xiǎo sān suì（她比我小三岁）.
3〔未熟だ〕¶お前の考えはまだ～い nǐ de xiǎngfǎ hái hěn yòuzhì（你的想法还很幼稚）.
4〔番号などが〕¶番号の～い人から順々にお入り下さい qǐng àn hàotóur shùnxù jìnqu（请按号头儿顺序进去）.

わかい【和解】héjiě（和解）, héhǎo（和好）. ¶当事者の間で～が成立した zài dāngshìrén zhī jiān dáchéngle héjiě（在当事人之间达成了和解）. ¶両者は歩み寄って～した liǎngzhě hùxiāng ràngbù wòshǒu yánhuān（两者互相让

歩握手言欢).

わかぎ【我が意】 ¶～を得たり zhèng hé wǒ yì(正合我意)/ zhèng zhòng xià huái(正中下怀).

わかがえ・る【若返る】 ¶若い人の間で働いているうったような気がする zài niánqīngrén dāngzhōng gōngzuò jiù yǒu fǎnlǎo-huántóng zhī gǎn(在年轻人当中工作就有返老还童之感). ¶新人を入れてチームの一ヵを図る xīshōu xīnshǒu jìnxíng yùndòngduì de xīnchén-dàixiè(吸收新手进行运动队的新陈代谢).

わかぎ【若木】 yòushù(幼树).

わかくさ【若草】 ¶～が萌(も)え出る nèncǎo chūyá(嫩草出芽).

わかげ【若気】 ¶あんなことをしたのは～の至りだったgànchū nà zhǒng shì shì yīn niánqīng mǎngzhuàng suǒ zhì(干出那种事是因年轻莽撞所致)/ shào bù gēng shì suǒ zhì(少不更事).

わかごと【我が事】 ¶彼は私が大学に合格したことを聞いて～のように喜んでくれた tīngdào wǒ kǎoshàng dàxué, tā xiàng zìjǐ de shì yíyàng de gāoxing(听到我考上大学,他像自己的事一样地高兴).

わかし【和菓子】 Rìběn diǎnxin(日本点心).

わかじに【若死】 yāozhé(夭折), yāowáng(夭亡). ¶惜しいことに彼は～した hěn kěxī, tā niánjì qīngqīng jiù sǐqu le(很可惜,他年纪轻轻就死去了).

わか・す【沸かす】 **1** shāo(烧), shāokāi(烧开). ¶湯を～す shāo shuǐ(烧水). ¶風呂を～す shāo xǐzǎoshuǐ(烧洗澡水). **2**〔熱狂させる〕¶両チームの熱戦は観衆を～した liǎngduì de jīliè de bǐsài shǐ guānzhòng kuángrè qilai(两队的激烈的比赛使观众狂热起来).

わかぞう【若僧】 xiǎozi(小子). ¶～のくせに生意気を言うな rǔxiù wèi gān bié shuō dàhuà!(乳臭未干别说大话!).

わかだんな【若旦那】 shàoye(少爷), dàshàoye(大少爷), shàodōngjia(少东家).

わか・つ【分かつ】 fēn(分), 袂(たもと)を～つ fēn dào yáng biāo(分道扬镳). ¶喜びも苦しみも共に～ち合う tóng huānlè, gòng huànnàn(同欢乐,共患难), tóng gān gòng kǔ(同甘共苦). ¶昼夜を～たず努める bù fēn zhòuyè de nǔlì(不分昼夜地努力).

わかづくり【若作り】 ¶～の女 dǎbande niánqīng de nǚrén(打扮得年轻的女人).

わかて【若手】 ¶～の音楽家 hòuqǐ de yīnyuèjiā(后起的音乐家). ¶幹部に～を起用する tíba niánqīngrén dāng gànbù(提拔年轻人当干部).

わかば【若葉】 nènyè(嫩叶).

わかまま【我儘】 rènxìng(任性), chěngxìng(逞性), shǐxìng(使性), shǐxìngzi(使性子). ¶～ばかり言う jìng shuō rènqíng shǐxìng de huà(净说任性使性的话). ¶彼は可愛がられて～いっぱいに育った tā shì cóngxiǎo bèi jiāochǒngdà de(他是从小被娇宠大的). ¶この子は～で手に負えない zhège háizi rènxìngde jiǎnzhí

méi bànfǎ(这个孩子任性得简直没办法).

わかみ【我が身】 zìjǐ(自己), zìshēn(自身). ¶～を省みる fǎn gōng zì xǐng(反躬自省)/ zìwǒ fǎnxǐng(自我反省). ¶～をつねって人の痛さを知れ tuī jǐ jí rén(推己及人). ¶明日は～ míngtiān yěxǔ zìshēn nánbǎo(明天也许自身难保).

わかめ【若布】 qúndàicài(裙带菜).

わかめ【若芽】 nènyá(嫩芽).

わかもの【若者】 niánqīngrén(年轻人), qīngniánrén(青年人), xiǎohuǒzi(小伙子), xiǎoqīngnián[r](小青年[儿]).

わかもののかお【我が物顔】 ¶他人の物を～に使う suífēn yòng rénjia de dōngxi(随便用人家的东西). ¶彼は私の家で～に振舞っている tā zài wǒ jiā dà mú dà yàng, háo bú kèqi(他在我家大模大样,毫不客气).

わかや・ぐ【若やぐ】 ¶この服を着ると～いだ気分になる chuān zhè jiàn yīfu jiù juéde zìjǐ biàn niánqīng le(穿这件衣服就觉得自己变年轻了).

わからずや【分らず屋】 ¶あんな～は見たことがない méi jiànguo nàme bù jiǎng dàoli de rén(没见过那么不讲道理的人). ¶この子は～を言って困る zhège háizi zhēn bù dǒngshì, jiào rén wéinán(这个孩子真不懂事,叫人为难).

わかり【分り】 ¶あの子は～が早い nàge háizi nǎojīn hěn líng(那个孩子脑筋很灵).

わか・る【分る】 **1**〔明らかになる〕zhīdao(知道), zhīxiǎo(知晓), míngbai(明白), xiǎode(晓得), qīngchu(清楚). ¶彼女の家はすぐ～った tā de jiā yíxiàzi jiù zhǎodào le(她的家一下子就找到了). ¶死亡した人の姓名はまだ～らない sǐwáng de xìngmíng hái méi gǎoqīngchu(死者的姓名还没搞清楚). ¶足音を聞いただけで彼だと～る yì tīng jiǎobùshēng jiù zhīdao shì tā(一听脚步声就知道是他). ¶この仕事は私に適していないことが～った wǒ míngbaile zhège gōngzuò duì wǒ bù héshì(我明白了这个工作对我不合适). ¶結果が～り次第知らせます yídàn déchūle jiéguǒ jiù tōngzhī nǐ(一旦得出了结果就通知你). ¶そうなることは初めから～っていた kāishǐ jiù zhīdao huì nòngchéng zhèyàng de(开始就知道会弄成这样的). ¶どうしたらいいか～らない bù zhī zěnme bàn cái hǎo(不知怎么办才好). ¶あの双子はよく似ていてどちらがどちらか～らない nà duì luánshēngzǐ zhǎngde yìmú-yíyàng, rènbuchū shuí shì shuí(那对孪生子长得一模一样,认不出谁是谁).

2〔理解できる〕dǒng(懂), míngbai(明白), liǎojiě(了解), lǐjiě(理解). ¶彼は中国語が～る tā dǒng Zhōngwén(他懂中文). ¶彼女にはこの洒落が～らないようだ tā sìhū bù dǒng zhège qiàopihuà(她似乎不懂这个俏皮话). ¶あなたの気持はよく～ります wǒ shífēn liǎojiě nǐ de xīnqíng(我十分了解你的心情). ¶彼の言うことが私には～らない wǒ bù míngbai tā shuō de yìsi(我不明白他说的意思). ¶もっと～りやすく説明して下さい qǐng zài qiǎnxiǎn-yìdǒng de shuōmíng yíxià(请再浅显易懂地说

明一下). ¶私には絵は～らない wǒ bù dǒng huà (我不懂画). ¶君も～らない男だね nǐ zhēn shì ge bùmíng shìlǐ de rén (你真是个不明事理的人).

わかれ【別れ】 ¶皆に～を告げる xiàng dàjiā gàobié (向大家告别). ¶～の挨拶をする zhì gàobiécí (致告别辞). ¶～の杯 línbié zhī bēi (临别之杯). ¶この世の～ yǔ shì chángcí (与世长辞)/ yǒngbié (永别). ¶夫婦の～ líhūn (离婚).

わかれみち【別れ道】 chàdào[r] (岔道[儿]), chàlù (岔路), chàzi (岔子), chàkǒu (岔口), lùkǒu[r] (路口[儿]). ¶人生の～ rénshēng de shízì lùkǒu (人生的十字路口).

わかれめ【別れ目】 ¶ここが勝負の～だ zhè shì shèngbài de guānjiàn (这是胜败的关键).

わか・れる【別れる・分れる】 **1**〔離別する〕fēnbié (分别), dàobié (道别), fēnlí (分离), fēnshǒu (分手), fēnkāi (分开), gàobié (告别), cíbié (辞别), zuòbié (作别). ¶さようならと言って～れた shuōle yì shēng zàijiàn jiù fēnbié le (说了一声再见就分别了). ¶友人とは名古屋で～れた gēn péngyou zài Mínggǔwū fēnle shǒu (跟朋友在名古屋分了手). ¶仕事の都合で妻子と～れて住んでいる yóuyú gōngzuò de guānxi hé qīzǐ fēnjū (由于工作的关系和妻子分居). ¶彼は妻と～れた tā hé qīzi líhūn le (他和妻子离婚了).

2〔分離する〕¶道が二股に～れる dàolù fēnchéng liǎng tiáo (道路分成两条). ¶この章は5節に～れている zhè yì zhāng fēnwéi wǔ jié (这一章分为五节). ¶彼と意見が～れた wǒ hé tā de kànfǎ yǒu fēnqí (我和他的看法有分歧).

わかれわかれ【別れ別れ】 ¶人込みで友達と～になった zài rénqúnli gēn péngyou zǒushī le (在人群里跟朋友走失了). ¶十数年間家族が～に暮していた yìjiārén fēnlí shí duō nián (一家人分离十多年).

わかわかし・い【若若しい】 ¶彼女は～い肌をしている tā de pífū xiǎnde hěn niánqīng (她的皮肤显得很年轻).

わんむり【ワ冠】 tūbāogàir (秃宝盖儿).

わき【脇】 **1** yèwō (腋窝), yèxià (腋下), gāzhiwō (夹肢窝·胳肢窝). ¶本をかかえる bǎ shū jiāzài yèxià (把书夹在腋下). ¶セーターの～が綻びている máoyī de yèxià kāixiàn le (毛衣的腋下开绽了).

2〔かたわら〕pángbiān (旁边). ¶彼女の～に座る zuòzài tā shēnpáng (坐在她身旁). ¶～に寄って車をよける shǎndào lùbiān duǒ chē (闪到路边躲车). ¶～から口を挟む cóng pángbiān chāzuǐ (从旁边插嘴). ¶話を～にそらす ná huà chàkāi (拿话岔开).

わき【和気】 ¶会談は～あいあいたるうちに進められた huìtán zài yǒuhǎo de qìfēn zhōng jìnxíng (会谈在友好的气氛中进行).

わぎ【和議】 héyì (和议). ¶～を結ぶ dìjié héyuē (缔结和约).

わきあが・る【沸き上がる】 ¶スタンドに大歓声が～った kàntái shang huānshēng léidòng (看台上欢声雷动).

わきおこ・る【沸き起こる】 ¶拍手が～ xiǎngqǐle rèliè de zhǎngshēng (响起了热烈的掌声).

わきが【腋臭】 yèchòu (腋臭), húchòu (狐臭·胡臭), húsāo (狐臊).

わきかえ・る【沸き返る】 **1**〔激しく沸く〕gǔnkāi (滚开), fāngǔn (翻滚). ¶湯が～っている shuǐ gǔn le (水滚了).

2〔熱狂する〕fèiténg (沸腾), huānténg (欢腾). ¶興奮した観衆 xīngfèn huānténg de guānzhòng (兴奋欢腾的观众).

わきげ【腋毛】 yèmáo (腋毛).

わきた・つ【沸き立つ】 **1**〔煮えたぎる〕gǔnkāi (滚开), fāngǔn (翻滚). ¶湯がぐらぐらと～った shuǐ gǔnkāi le (水滚开了).

2〔興奮する〕fèiténg (沸腾), huānténg (欢腾). ¶満場が～った zhěnggè huìchǎng huānténg qilai (整个会场欢腾起来). ¶～つ心 jīfèn de xīnqíng (激奋的心情).

わきで・る【湧き出る】 yǒngchū (涌出), màochū (冒出). ¶滾々(ǐ)と清水が～る quánshuǐ yuányuán yǒngchulai (泉水源源涌出来).

わきのした【脇の下】 yèxià (腋下), yèwō (腋窝), gāzhiwō (夹肢窝·胳肢窝). ¶～をくすぐる gézhi gāzhiwō (胳肢胳肢窝).

わきばら【脇腹】 ¶～が痛い yāowō tòng (腰窝痛).

わきま・える【弁える】 ¶事の善悪を～える biànbié shìfēi (辨别是非). ¶身の程を～えない高望み bùzìliàng de shēwàng (不自量的奢望). ¶場所柄を～えなさい nǐ gāi dǒngde zhèr shì shénme dìfang (你该懂得这儿是什么地方).

わきみ【脇見】 ¶あの子は授業中～ばかりしている nà háizi shàngkè shí jìng dōng kàn xī chǒu (那孩子上课时净东看西瞅).

わきみず【湧き水】 ¶～を汲んで飲む yǎo yǒngquánshuǐ hē (舀涌泉水喝). ¶～で工事がしばしば中断した yóuyú dìxiàshuǐ yǒngchū gōngchéng chángcháng zhōngduàn (由于地下水涌出工程常常中断).

わきみち【脇道】 chàlù (岔路), chàdàor (岔道儿). ¶話が～にそれた huà shuō dào pángchàr li qù le (话说到旁岔儿去了).

わきめ【脇目】 **1**〔よそ見〕¶～も振らずに歩く jǐn dīngzhe qiánfāng wǎng qián zǒu (紧盯着前方往前走). ¶～も振らずに仕事に励む quánshén-guànzhù de nǔlì gōngzuò (全神贯注地努力工作)/ máitóu gōngzuò (埋头工作).

2〔よそ目〕¶～にはよく見える pángrén kàn juéde hǎo (旁人看觉得好).

わきやく【脇役】 pèijué[r] (配角[儿]), bàngjuér (傍角儿).

わぎり【輪切り】 ¶レモンを～にする bǎ níngméng qiēchéng yuánpiàn (把柠檬切成圆片).

わ・く【沸く】 **1** kāi (开), gǔn (滚). ¶湯が～ shuǐ "kāi[gǔn]" le (水"开[滚]"了). ¶風呂が～いた xǐzǎoshuǐ shāohǎo le (洗澡水烧好了).

2〔熱狂する〕fèiténg (沸腾), huānténg (欢腾). ¶場内は爆笑で大いに～いた huìchǎngli hōng-

táng dàxiào, fèiténg qilai (会场里哄堂大笑,沸腾起来). ¶議論が～く yìlùn fēnfēn (议论纷纷).

わ・く【湧く】 **1** yǒngchū (涌出), màochū (冒出). ¶地下水が～く yǒngchū dìxiàshuǐ (涌出地下水). ¶非難が～き上がる pīpànshēng sìqǐ (批判声四起). ¶新たな勇気が～いてきた xīn de yǒngqì yǒngxiàn chulai le (新的勇气涌现出来了).
2[発生する] shēng (生). ¶蛆が～く shēng qū (生蛆). ¶しらみが～く shēng shīzi (生虱子).

わく【枠】 **1** kuàng[r] (框[儿]), kuàngzi (框子). ¶眼鏡の～ yǎnjìng kuàngzi (眼镜框子). ¶窓の～ chuāngkuàng (窗框). ¶見出しを点線の～で囲む yòng xūxiàn bǎ biāotí kuàngqilai (用虚线把标题框起来).
2[制約] fànwéi (范围). ¶法律の～に縛られる shòu fǎlǜ de shùfù (受法律的束缚). ¶予算の～内で処理する zài yùsuàn de fànwéi nèi chǔlǐ (在预算的范围内处理). ¶古い～を破る dǎpò jiù kuàngkuang (打破旧框框).

わくぐみ【枠組み】 kuàngjià (框架). ¶～を作ってセメントを流し込む zuòhǎo kuàngjià guàn shuǐní (做好框架灌水泥). ¶計画の～ができた jìhuà de lúnkuò gǎochulai le (计划的轮廓搞出来了).

わくせい【惑星】 xíngxīng (行星).

ワクチン yìmiáo (疫苗), jūnmiáo (菌苗), chóngmiáo (虫苗). ¶生～ huóyìmiáo (活疫苗).

わくでき【惑溺】 chénnì (沉溺). ¶酒色に～する chénnì yú jiǔsè (沉溺于酒色).

わくらん【惑乱】 huòluàn (惑乱), gǔhuò (蛊惑). ¶人心を～する huòluàn rénxīn (惑乱人心).

わくわく ¶胸を～させて知らせを待つ xīn pēngpēng tiào de děngzhe xiāoxi (心怦怦跳地等着消息).

わけ【訳】 **1**[意味] yìsi (意思). ¶この言葉の～が分からない zhège cí de yìsi bù míngbai (这个词的意思不明白). ¶彼の話は何の事やらさっぱり～が分らない tā shuō de shénme jiǎnzhí ràng rén mòmíngqímiào (他说的什么简直让人莫名其妙).
2[道理] dàoli (道理). ¶～のわからない事を言う人だ zhēn shì ge ˇbù jiǎng dàoli[mán bù jiǎnglǐ] de rén (真是个*不讲道理[蛮不讲理]的人). ¶そんなことがある～がない nà yàng shì jué bú huì yǒu de (那种事决不会有的). ¶それなら皆が笑う～だ guàibude dàjiā dōu xiàoqilai (怪不得大家都笑起来). ¶お茶もなしたら体をこわす～だ nàyàng yìngàn, dāngrán yào sǔnhài shēntǐ de (那样硬干, 当然要损害身体的).
3[理由] yuányóu (缘由・原由), duànyóu (端由), yuángù (缘故・原故), yuányīn (原因), yīnyou[r] (因由[儿]). ¶どういう～で遅刻したのか wèishénme chídào le ne? (你为什么迟到了呢?). ¶～をすっかり話しなさい bǎ lǐyóu yìwǔ-yìshí de shuōchulai (把理由一五一十地说出来). ¶～があって会社を休んだ yīn gù quēqín (因故缺勤). ¶～もなく涙が出るだ zhī wèishénme liúchū yǎnlèi (不知为什么流出眼泪). ¶彼ひとりが悪いという～ではない bìng bú shì tā yí ge rén de bù hǎo (并不是他一个人的不好). ¶普通の時とは～が違う xiànzài kě bùtóng xúncháng (现在可不同寻常). ¶そんなことくらい～はたやい nà zhǒng shì ˇyì rú fǎnzhǎng[qīng ér yì jǔ] (那种事*易如反掌[轻而易举]).
4[…わけにはいかない] ¶いまさら止める～にはいかない shì dào rújīn, wúfǎ quèbù (事到如今, 无法却步). ¶この仕事は君に任せる～にはいかない zhège gōngzuò bùnéng jiāogěi nǐ (这个工作不能交给你). ¶彼女に話さない～にはいかないだろう bù néng bú gàosu tā ba! (不能不告诉她吧!).

わけい・る【分け入る】 ¶獲物を追って山深く～る zhuī lièwù zuānjìnle shēnshān (追猎物钻进了深山).

わけい【話芸】 ¶巧みな～で聴衆を引きつける yǐ qiǎomiào de shuōhuà jìyì xīyǐnzhe tīngzhòng (以巧妙的说话技艺吸引着听众).

わけぎ【分葱】 fēncōng (分葱), càicōng (菜葱).

わけて【別けても】 tèbié (特别), yóuqí (尤其). ¶私は音楽を聞くのが好きだ, ～ピアノ独奏が好きだ wǒ xǐhuan tīng yīnyuè, yóuqí shì gāngqín dúzòu (我喜欢听音乐, 尤其是钢琴独奏).

わけな・い【訳ない】 ¶実際やってみたら～かった shíjì shìle shì, ˇhěn jiǎndān[jiǎndānde hěn] (实际试了试, *很简单[简单得很]). ¶このくらいの中国語なら～く訳せる fānyì zhè zhǒng chéngdù de Zhōngwén ˇqīng ér yì jǔ[bú fèi chuīhuī zhī lì] (翻译这种程度的中文*轻而易举[不费吹灰之力]).

わけへだて【別け隔て】 ¶誰に対しても～なく接する duì shuí dōu yí shì tóng rén (对谁都一视同仁).

わけまえ【分け前】 fēnrùn (分润), fēnféi (分肥); yúlì (余沥). ¶～にあずかる ná fēnxiǎng de yí fènr (拿分享的一份儿)/ fēnzhān yúlì (分沾余沥)/ qǔ fēnféi (取分肥). ¶～争いをする yóuyú fēnrùn búdàng ér zhēngchǎo (由于分润不当而争吵)/ wèi fēnféi ér zhēngdòu (为分肥而斗).

わけめ【分け目】 ¶髪の～ tóufàngr (头发缝儿). ¶天下～の戦い dìng tiānxià zhī zhàn (定天下之战)/ dìng qiánkūn zhī zhàn (定乾坤之战).

わ・ける【分ける】 **1**[分割する, 分類する] fēn (分), fēnkāi (分开). ¶株を～けて植える fēn zhū zāizhí (分株栽植). ¶髪を七三に～ける liú piānfēntóu (留偏分头). ¶3回に～けて支払う fēn sān cì fùkuǎn (分三次付款). ¶カードを色別に～ける bǎ kǎpiàn àn yánsè fēnlèi (把卡片按颜色分类). ¶生物は動物と植物に～けられる shēngwù kěyǐ fēnwéi dòngwù hé zhíwù (生物可以分为动物和植物).
2[分配する] fēn (分). ¶遺産を～ける fēn yíchǎn (分遗产). ¶この菓子を3人で～けよう

zhè diǎnxin yóu wǒmen sān ge rén lái fēn ba（这点心由我们三个人来分吧）．¶御希望の方にお～けします fēngěi xiǎng yào de rén（分给想要的人）．¶血を～けた兄弟 tóngbāo shǒuzú（同胞手足）/ gǔròu tóngbāo（骨肉同胞）．**3**〔押し分ける〕bākāi（扒开），bāla kāi（扒拉开）．¶草を～けて進む bākāi cǎo qiánjìn（扒开草前进）．¶船は波を～けて進んだ chuán pò làng qiánjìn（船破浪前进）．¶人込みの中を～けて行く bōkāi rénqún xiàng qián zǒu（拨开人群向前走）．

わごう【和合】héhé（和合），héměi（和美）．¶夫婦～ fūfù héhé（夫妇和合）．

わこうど【若人】qīngnián（青年），qīngniánrén（青年人）．

わゴム【輪ゴム】xiàngpíjīn[r]（橡皮筋[儿]），píjīnr（皮筋儿），hóupíjīnr（猴皮筋儿），hóujīnr（猴筋儿）．

ワゴン shǒutuīchē（手推车）；kèhuò liǎngyòng qìchē（客货两用汽车）．

わざ【技】gōngfu（功夫），běnshi（本事），xièshù（解数）．¶～を磨く móliàn běnshi（磨练本事）．¶～を競う bǐ gōngfu（比功夫）．

わざ【業】¶これは容易な～ではない zhè kě bú shì róngyì de shì（这可不是容易的事）．¶とうてい人間～ではない zhè jiǎnzhí bú shì rénlì suǒ néng jí de（这简直不是人力所能及的）．

わざし【業師】¶政界の～ zhèngjiè de cèshì（政界的策士）．

わざと【態と】guyì（故意）．¶彼は～気づかないふりをした tā yángzuò bù zhī（他佯作不知）．¶～やったとしか思えない yídìng shì cúnxīngàn de（一定是存心干的）．¶～難問を出して困らせる guyì chū nántí diāonàn rén（故意出难题刁难人）．¶～らしいお世辞を言う jiǎxīngxing de shuō fèngchenghuà（假惺惺地说奉承话）．

わさび【山葵】làgēn（辣根）〈西洋わさび〉．¶～の利いた皮肉 xīnlà de fěngcì（辛辣的讽刺）．

わざわい【災】huò（祸）．¶自ら～を招く rě huò shāo shēn（惹火烧身）．¶～を転じて福となす zhuǎn huò wéi fú（转祸为福）．¶利発さがえって～した cōngming fǎn bèi cōngming wù（聪明反被聪明误）．

わざわざ【特と】tèyì（特意），tèdì（特地），zhuānchéng（专诚）．¶～お出でいただいて恐縮です nín tèyì lái, shízài bùgǎndāng（您特意来，实在不敢当）．¶遠くまで～買いに行って tèdì dào yuǎnchù qù mǎi（特地到远处去买）．

わし【鷲】jiù（鹫），diāo（雕），lǎodiāo（老雕）．

わし【和紙】Rìběnzhǐ（日本纸）．

わしつ【和室】Rìběnshì fángjiān（日本式房间）．

わしづかみ【鷲摑み】¶強盗は札束を～にして逃げた qiángdào měng zhuā yì bǎ zhǐbì táopǎo le（强盗猛抓一把纸币逃跑了）．

わしばな【鷲鼻】yīnggōu bízi（鹰钩鼻子）．

わじゅつ【話術】¶彼は～に長(た)けている tā néng shuō shàn biàn（他能说善辩）/ tā shànyú cíling（他善于辞令）．

わしょく【和食】hécān（和餐），Rìběncài（日本菜）．

わずか【僅か】**1**〔少し〕jǐn（仅），shǎo（少），shāo（稍），yìdiǎnr（一点儿），yìxīngr（一星儿），yìxīngbàndiǎnr（一星半点儿），yìdīngdiǎnr（一丁点儿）．¶貯金の残りはあと～だ cúnkuǎn liáoliáo-wújǐ le（存款寥寥无几了）．¶～のことでいがみ合う wèi yìdiǎnr xiǎoshì zhēngchǎo（为一点儿小事争吵）．¶～な収入で生活している kào wēibó de shōurù dùrì（靠微薄的收入度日）．¶この辺は～1，2年ですっかり変った zhè yídài jǐnjǐn yìliǎng nián jiù wánquán biàn le（这一带仅仅一两年就完全变了）．**2**〔かろうじて〕¶～に息をしているだけだ jǐn yǒu wēiruò de hūxī（仅有微弱的呼吸）．¶その頃のことは～に覚えている dāngshí de qíngkuàng yuēluè jìde（当时的情况约略记得）．

わずらい【煩い】fánnǎo（烦恼），kǔnǎo（苦恼）．¶～の多き人の世 fánnǎo duō de rénshì（烦恼多的人世）．**2**【患い】bìng（病）．¶長(が)の～ chángqī huànbìng（长期患病）/ jiǔ bìng zài chuáng（久病在床）．

わずら·う【患う】huàn（患），hài（害）．¶若い頃肺を～った niánqīng shí huànguo fèibìng（年轻时患过肺病）．

わずらわし·い【煩わしい】nìfan（腻烦），nìwei（腻味），nìwai（腻歪）．¶何もかもが～くなった bùguǎn shénme shì dōu ràng rén nìfan（不管什么事都让人腻烦）．¶～い手続 fánsuǒ de shǒuxù（烦琐的手续）．

わずら·わす【煩わす】**1**〔悩ます〕¶つまらないことに心を～す wèi jīmáo-suànpí de shì "cāoxīn[láoshén]（为鸡毛蒜皮的事〝操心[劳神]）．**2**〔骨をかける〕máfan（麻烦），piānláo（偏劳），fèixīn（费心），fèishén（费神），láoshén（劳神）．¶あの件では随分彼を～した nà jiàn shì gěi tā tiānle hěn dà de máfan（那件事给他添了很大的麻烦）．¶お手を～して恐縮です duìbuqǐ, ràng nín láoshén le（对不起，让您劳神了）．

わ·する【和する】¶夫婦相～する fūqī xiāngqīn-xiāng'ài（夫妻相亲相爱）．¶～して同ぜず hé ér bù tóng（和而不同）．

わすれがたみ【忘れ形見】**1**〔遺品〕yíwù（遗物）．**2**〔遺児〕yígū（遗孤）．

わすれっぽ·い【忘れっぽい】wàngxing（忘性）．¶～い人 hǎo wàng shì de rén（好忘事的人）/ diū sān là sì de rén（丢三落四的人）．¶年を取ると～くなる shàngle niánjì jiù wàngxing dà le（上了年纪就忘性大了）．

わすれなぐさ【勿忘草】wùwàngcǎo（勿忘草）．

わすれもの【忘れ物】¶学校に～をした wǒ bǎ dōngxi "wàngzài[làzài] xuéxiàoli le（我把东西〝忘在[落在]学校里了）．¶雨の日は傘の～が多い yǔtiān yíwàngle de sǎn tèbié duō（雨天遗忘了的伞特别多）．

わす·れる【忘れる】**1**〔忘却する〕wàng（忘），wàngjì（忘记），wàngdiào（忘掉），yíwàng（遗忘）．¶恩を～れる wàng ēn（忘恩）．¶単語を

〜れてしまった bǎ dāncí gěi wàng le(把单词给忘了). ¶あのことは死んでも〜れない nà shì jiùshi sǐle yě wàngbuliǎo(那事就是死了也忘不了). ¶あの人のことはもう〜れない nàge rén nǐ gāncuì wàng le ba(那个人你干脆忘了吧). ¶達成の喜びに長年の苦労を〜れた chénggōng de xǐyuè shǐ rén wàngjile duōnián de xīnláo(成功的喜悦使人忘记了多年的辛劳). ¶〜れずに返事を下さい qǐng bié wàngji huíxìn(请别忘记回信). ¶うっかりして彼に言い〜れた yìshí mǎhu, wàngji gàosu tā le(一时马虎,忘记告诉他了). ¶寝食を〜れて研究に打ち込む fèiqǐn-wàngshí de zuānyán(废寝忘食地钻研). ¶本を読みふけって時のたつのも〜れた máitóu dúshū wàngle shíjiān de guòqu(埋头读书忘了时间的过去).
2〔置き忘れる〕wàng(忘), là(落). ¶傘を電車の中に〜れた bǎ sǎn wàngzài diànchēli le(把伞忘在电车里了). ¶教科書を〜れてきた kèběn wàng dàilai le(课本忘带来了).

わせ【早稲】 zǎodào(早稻).
2〔早生〕zǎoshú(早熟). ¶〜みかん zǎoshú júzi(早熟橘子).

ワセリン fánshìlín(凡士林).

わせん【和戦】 **1** ¶〜両様の構えをとる zuò zhànzhēng hé hépíng de liǎng shǒu zhǔnbèi(作战争和和平的两手准备).
2〔和睦〕¶〜条約 héyuē(和约).

わた【綿】 mián(棉), miánhua(棉花), cǎomián(草棉). ¶〜を摘む zhāi miánhua(摘棉花). ¶布団に〜を入れる gěi bèizi xù miánhua(给被子絮棉花)/ xù bèizi(絮被子). ¶〜のように疲れる lèide sǎnle jiàzi(累得散了架子).

わだい【話題】 huàtí(话题). ¶彼女は〜が豊富だ tā huàtí fēngfù(她话题丰富). ¶〜を変えよう huàn ge huàtí ba(换个话题吧). ¶新彗星の発見が人々の〜になった xīn huìxīng de fāxiàn chéngwéi rénmen de huàtí(新彗星的发现成为人们的话题).

わたいれ【綿入れ】 miányī(棉衣); mián'ǎo(棉袄). ¶〜のチョッキ miánbèixīn(棉背心).

わだかまり【蟠り】 jièdì(芥蒂), dìjiè(蒂芥), géhé(隔阂), gémó(隔膜), géxīn(隔心). ¶ようやく2人の間の〜が解けた liǎng ge rén de géhé hǎoróngyì xiāochú le(两个人之间的隔阂好容易消除了)/ liǎngrén zhōngjiān de gēda hǎoróngyì jiěkāi le(两人中间的疙瘩好容易解开了).

わだかま・る【蟠る】 ¶両者の間には悪感情が〜っている liǎngrén jiān hù huái ègǎn(两人间互怀恶感).

わたくし【私】 **1**〔自分〕wǒ(我). ¶〜は学生です wǒ shì xuésheng(我是学生). ¶これは〜が作ったものだ zhè shì wǒ zìjǐ zuò de(这是我自己做的). ¶〜をそこへ案内して下さい qǐng lǐng wǒ dào nàr ba(请领我到那儿吧). ¶〜にそれを下さい qǐng gěi wǒ nàge(请给我那个). ¶これは〜の本です zhè shì wǒ de shū(这是我的书).
2〔個人〕sī(私). ¶公(㊗)と〜との別をはっきりさせる huàqīng gōngsī jièxiàn(划清公私界线). ¶A氏は〜のない人なので信頼できるA xiānsheng shì ˈméiyǒu sīxīn[ˈwúsī] de rén, kěyǐ xìndeguò(A先生是ˈ没有私心[ˈ无私]的人,可以信得过).

わたくしごと【私事】 sīshì(私事). ¶〜だから構わないで下さい zhè shì sīshì, qǐng búyòng guǎn(这是私事,请不用管). ¶話が〜にわたって恐縮です huà shèjí sīshì, qǐng yuánliàng(话涉及私事,请原谅).

わたくし・する【私する】 ¶公金を〜する sītūn gōngkuǎn(私吞公款). ¶彼は公務員の地位を〜している tā lìyòng gōngwùyuán de dìwèi móu sīlì(他利用公务员的地位谋私利).

わたげ【綿毛】 róngmáo(绒毛). ¶たんぽぽの〜 púgōngyīng de guānmáo(蒲公英的冠毛).

わたし【私】 → わたくし1.
わたしば【渡し場】 dùkǒu(渡口), dùtóu(渡头).
わたしぶね【渡し船】 dùchuán(渡船), dùlún(渡轮).

わた・す【渡す】 **1**〔移す〕¶舟で荷を向う岸へ〜す yòng chuán bǎ huò yùndào duì'àn(用船把货运到对岸).
2〔架け渡す〕jià(架), dā(搭). ¶海峡に橋を〜す zài hǎixiá jià qiáo(在海峡架桥). ¶溝に板を〜す zài gōuqú shang dā mùbǎn(在沟渠上搭木板). ¶ビルとビルの間に綱を〜す zài liǎng zuò dàlóu zhī jiān lā shéngzi(在两座大楼之间拉绳子).
3〔手渡す, 引き渡す〕jiāo(交), dì(递). ¶手紙を彼女に〜す bǎ xìn jiāogěi tā(把信交给她). ¶代金後払いで品物を〜す hòu fùkuǎn xiān jiāohuò(后付款先交货). ¶第2走者にバトンを〜す bǎ jiēlìbàng dìgěi dì'èr pǎoshǒu(把接力棒递给第二跑手). ¶子供に小遣を〜す gěi háizi língyòngqián(给孩子零用钱). ¶家を人手に〜す破目になった xiànyú fángchǎn luòrù tārén shǒuli de jìngdì(陷于房产落入他人手里的境地).

わだち【轍】 zhé[r](辙[儿]), chēzhé(车辙), guǐzhé(轨辙).

わたゆき【綿雪】 émáoxuě(鹅毛雪).

わたり【渡り】 dùkǒu(渡口). ¶〜に船と話に乗った zhèng gǎnqiǎo wǒ yě dāle ge huǒ le(正赶巧我也搭了个伙了). ¶先方とは〜をつけてある gēn duìfāng liánxìhǎo le(跟对方联系好了).

わたりあ・う【渡り合う】 jiāofēng(交锋), jiāoshǒu(交手). ¶強敵と一歩も譲らず〜う cùn bù bú ràng de gēn qiángdí jiāoshǒu(寸步不让地跟强敌交手). ¶与野党激しく〜う zhízhèngdǎng hé zàiyědǎng jīliè de jiāofēng(执政党和在野党激烈地交锋).

わたりある・く【渡り歩く】 ¶彼はあちこちの工事現場を〜いた tā pǎobiànle gè gè gōngdì(他跑遍了各个工地). ¶世間を〜く chuǎngdàng jiānghú(闯荡江湖).

わたりどり【渡鳥】 hòuniǎo(候鸟).

わたりもの【渡者】 chuǎngjiānghude(闯江湖的).

わたりろうか【渡廊下】 zǒuláng(走廊).

わた・る【亘る】 ¶話が多岐に～った huà shèjídào xǔduō fāngmiàn(话涉及到许多方面). ¶全種目に～って好成績を収めた zài quánbù xiàngmù huòdéle hǎo chéngjì(在全部项目中获得了好成绩). ¶被害は広範囲に～った zāihài bōjí guǎngdà dìqū(灾害波及广大地区). ¶会議は延々3時間に～って行われた kāihuì cháng dá sān ge xiǎoshí(开会长达三个小时). ¶私事に～って恐縮です shèjí sīshì hěn bù hǎoyìsi(涉及私事很不好意思).

わた・る【渡る】 **1**〔越える〕 dù(渡), guò(过). ¶川を舟で～る chéng chuán "guò[dù] hé(乘船"过[渡]河). ¶橋を～ると隣の町だ guòle qiáo jiùshì línzhèn(过了桥就是邻镇). ¶横断步道を～る guò rénxíng héngdào(过人行横道). ¶調査団がアメリカに～る diàochátuán dù Měi(调查团渡美). ¶これは中国から～って来た技法だ zhè shì cóng Zhōngguó chuánlai de jìfǎ(这是从中国传来的技法). ¶春になって燕が～って来た dàole chūntiān, yànzi fēihuílai le(到了春天, 燕子飞回来了). ¶涼しい風が川面を～って来る liángfēng yóu hémiàn chuīguolai(凉风由河面吹过来).
2〔世を〕 ¶彼は世を～るのがうまい tā hěn huì chǔshì(他很会处世). ¶～る世間に鬼はない shìjiān zǒng yǒu hǎorén(世间总有好人).
3〔人の手に〕 ¶機密書類が敵の手に～った jīmì wénjiàn luòdào dírén shǒuli(机密文件落到敌人手里). ¶資料は皆さんに～りましたか dàjiā dōu nádàole zīliào ma?(大家都拿到了资料吗?). ¶数が少なくて全員に～らなかった shùliàng shǎo, méi néng fēngěi měi yí ge rén(数量少, 没能分给每一个人).

ワックス là(蜡). ¶～を塗る tú là(涂蜡)/ dǎ là(打蜡).

ワッセルマンはんのう【ワッセルマン反応】 Huáshì shìyàn(华氏试验).

わっと ¶彼女は～泣き出した tā wā de yì shēng kūle qǐlái(她哇的一声哭了起来). ¶観衆が～押し掛ける guānzhòng fēngyōng ér shàng(观众蜂拥而上).

ワット wǎ(瓦), wǎtè(瓦特). ¶100～の電球 yìbǎi wǎ de dēngpào(一百瓦的灯泡). ¶～時 wǎshí(瓦时)/ wǎtè xiǎoshí(瓦特小时).

ワッフル dànnǎi hōngbǐng(蛋奶烘饼), huáfū bǐng(华夫饼).

わとじ【和綴じ】 ¶～の本 xiànzhuāngshū(线装书).

わな【罠】 wǎngluó(网罗), quāntào(圈套), piànjú(骗局), tàozi(套子), huójúzi(活局子). ¶～を掛けて兎をとる xià wǎngluó dǎi tùzi(下网罗逮兎子). ¶敵の～に掛った luòrù[xiànrù/ shàngle] dírén de quāntào(落入[陷入/ 上了]敌人的圈套).

わなげ【輪投げ】 tàoquānr(套圏ル). ¶～をする wán tàoquānr(玩套圈ル).

わなな・く duōsuo(哆嗦), fādǒu(发抖), chàndǒu(颤抖), dǎzhàn(打战・打颤). ¶恐怖に～く kǒngbude húnshēn fādǒu(恐怖得浑身发抖). ¶小犬が寒さに～いている xiǎogǒu dòngde zhí dǎzhàn(小狗冻得直打战).

わなわな ¶唇を～させて怒る qìde zuǐchún zhí duōsuo(气得嘴唇直哆嗦). ¶手が～と震える shǒu zhí dǎchàn(手直颤).

わに【鰐】 è(鳄), èyú(鳄鱼). ¶～皮のベルト èyúpí pídài(鳄鱼皮皮带).

ワニス qīngqī(清漆), jiǎqī(假漆).

わび【詫び】 ¶お～の言葉もない shēn zhì qiànyì(深致歉意)/ shízài bàoqiànde hěn(实在抱歉得很). ¶～を入れる péilǐ(赔礼)/ péihuà(赔话)/ péizuì(赔罪)/ dàoqiàn(道歉)/ péi búshi(赔不是).

わびごと【詫び言】 ¶彼はしきりに～を言った tā yígejìnr de péilǐ dàoqiàn(他一个劲ル地赔礼道歉)/ tā zàisān dàoqiàn(他再三道歉).

わびし・い【侘しい】 **1**〔寂しい〕 ¶ひとり～く暮す yí ge rén gūdú de shēnghuó(一个人孤独地生活). ¶～い秋の夕暮 qīliáng de qiūtiān bàngwǎn(凄凉的秋天傍晚).
2〔みすぼらしい〕 ¶家具らしい家具もない～い部屋 méiyǒu yí jiàn xiàngyàng jiāju de kōngdàngdàng de fángjiān(没有一件像样家具的空荡荡的房间). ¶～い身なりをした男 yīzhuó hánsuān de nánrén(衣着寒酸的男人).

わびじょう【詫状】 ¶～を書く xiě qǐngzuìshū(写请罪书).

わびずまい【侘住い】 ¶裏長屋に～する gūkǔlíngdīng de zhùzài záyuànrli(孤苦伶仃地住在杂院ル里).

わ・びる【詫びる】 dàoqiàn(道歉), péi búshi(赔不是), péilǐ(赔礼), xièzuì(谢罪), péizuì(赔罪), shùzuì(恕罪). ¶彼女は自分の不注意を上司に～びた tā duì zìjǐ de shūhu xiàng shàngsi péizuì(她对自己的疏忽向上司赔罪). ¶御無沙汰をお～び申し上げます jiǔ shū wènhòu, shēn zhì qiànyì(久疏问候, 深致歉意).

わふう【和風】 Rìběnshì(日本式). ¶～建築 Rìběnshì jiànzhùwù(日本式建筑物).

わふく【和服】 héfú(和服). ¶～を着る chuān héfú(穿和服).

わぶん【和文】 héwén(和文), Rìwén(日文), Rìyǔ(日语). ¶～英訳 Rìwén Yīng yì(日文英译)/ ～タイプ Rìwén dǎzìjī(日文打字机).

わへい【和平】 hépíng(和平). ¶～交渉 hépíng tánpàn(和平谈判)/ yìhé(议和)/ hétán(和谈).

わほう【話法】 ¶直接～ zhíjiē yǐnyǔ(直接引语). ¶間接～ jiànjiē yǐnyǔ(间接引语).

わぼく【和睦】 héhǎo(和好), héjiě(和解). ¶敵と～する yǔ dírén héjiě(与敌人和解).

わめ・く rǎng(嚷), hǎn(喊), jiào(叫), hǎnjiào(喊叫), jiàorǎng(叫嚷). ¶そんなに～かなくても聞える búyòng nàme dàshēng shuō, wǒ yě tīngdejiàn(不用那么大声说, 我也听得见). ¶路上で酔漢が何事か～いている yí ge zuìhàn zài lùshang jiàorǎngzhe shénme(一个醉汉在路上叫嚷着). ¶子供が泣き～く háizi dàshēng kūhǎn(孩子大声哭喊). ¶あたり構わず～き散らす búgù sìzhōu "dàchǎo-dànào[xiā-

rānggrang](不顾四周'大吵大闹[瞎嚷嚷]).

わやく【和訳】 ¶中文を～する bǎ Zhōngwén fānyì chéng Rìwén(把中文翻译成日文).

わよう【和洋】 Rìběn hé Xīyáng(日本和西洋). ¶～折衷 Rì-Xī hébì(日西合璧).

わら【藁】 dàocǎo(稻草). ¶～を打って縄をなう dǎ dàocǎo cuō shéngzi(打稻草搓绳子). ¶～灰 dàocǎohuī(稻草灰)/cǎohuī(草灰). ～半紙 báibàozhǐ(白报纸). ～布団 cǎorùzi(草褥子).

わらい【笑い】 xiào(笑). ¶おかしくて～をこらえきれなかった huájide rěnbuzhù xiàole qǐlái(滑稽得忍不住笑了起来). ¶彼女は悲しみを～に紛らそうとした tā xiǎng yòng xiào lái yǎnshì zìjǐ de bēishāng(她想用笑来掩饰自己的悲伤). ¶儲かって～が止らない qián zhuànde duō, xiàode hébulǒng zuǐ(钱赚得多多, 笑得合不拢嘴).

わらいぐさ【笑い種】 xiàobǐng(笑柄), xiàoliào(笑料), xiàotán(笑谈). ¶彼がそんな事をするなんてとんだお～だ tā jìng gànchū nà zhǒng shì, jiǎnzhí xiàosǐ rén(他竟干出那种事, 简直笑死人).

わらいごえ【笑い声】 xiàoshēng(笑声). ¶明るい～が起った fāchūle shuǎnglǎng de xiàoshēng(发出了爽朗的笑声).

わらいこ‧ける【笑いこける】 ¶彼の冗談に人々は～けた tīng tā de xiàohuà, dàjiā dōu xiàode 'qiányǎng-hòuhé[qiánfǔ-hòuyǎng](听他的笑话, 大家都笑得'前仰后合[前俯后仰]).

わらいごと【笑い事】 ¶これは～ではない zhè kě bú shì 'nàozhe wánr de[kāi wánxiào](这可不是'闹着玩儿的[开玩笑]).

わらいじょうご【笑い上戸】 ¶彼女は～だ tā zhēn ài xiào(她真爱笑).

わらいばなし【笑い話】 xiàohua(笑话).

わらいもの【笑い物】 xiàobǐng(笑柄), xiàoliào(笑料), xiàotán(笑谈). ¶彼は大家の～になっている tā chéngle dàjiā de xiàoliào(他成了大家的笑料).

わら‧う【笑う】 **1** xiào(笑). ¶大声で～う dàshēng xiào(大声笑)/fàngshēng dà xiào(放声大笑). ¶腹をかかえて～う pěngfù dàxiào(捧腹大笑). ¶観客は彼の仕種(しぐさ)にどっと～った guānzhòng kàn tā zuòtài hōngtáng dàxiào(观众看他作态哄堂大笑). ¶彼女は～ってごまかした tā yòng xiào yǎnshì guoqu le(她用笑掩饰过去了). ¶あんな人の～った顔を見たことがない wǒ méi jiànguo nàge rén de xiàoliǎn(我没见过那个人的笑脸). ¶女の子が私ににっこり～いかけた yí ge xiǎo nǚháir xiàng wǒ wēiwēi yí xiào(一个小女孩儿向我微微一笑). ¶～う門には福来たる xiào mén dé fú(笑门得福). ¶来年の事を言うと鬼が～う rén zuò qiānnián diào, guǐ jiàn pāishǒu xiào(人作千年调, 鬼见拍手笑).

2〔あざわらう〕 ¶そんな事をすると人に～われるよ zuò nà zhǒng shì huì jiào rén xiàohua(做那种事可叫人笑话). ¶彼等は陰で私の失敗を～っている tāmen zài bèidili 'cháoxiào[jīxiào]

wǒ de shībài(他们在背地里'嘲笑[讥笑]我的失败).

わらじ【草鞋】 cǎoxié(草鞋). ¶2足の～をはく jiǎo tà liǎng zhī chuán(脚踏两只船).

わらび【蕨】 jué(蕨).

わらべうた【童歌】 tóngyáo(童谣), érgē(儿歌).

わらわ‧せる【笑わせる】 ¶彼はいつも冗談を言っては～せる tā cháng shuō xiàohua dòu rén xiào(他常说笑话逗人笑). ¶あいつが監督だとは～せるよ tā dāng lǐngduì 'jiǎnzhí shì xiàohua[zhēn xiàosǐ rén](他当领队'简直是笑话[真笑死人]).

わり【割】 **1**〔比率〕bǐ(比), bǐlì(比例). ¶5人に1人の～で合格した yǐ wǔ gè qǔ yí ge de bǐlì kǎoshàng le(以五个取一个的比例考上了). **2**〔損得の割合〕¶こんな～の合わない仕事はお断りだ zhème 'bú shàngsuàn[huálubái] de huór wǒ kě bú gàn(这么'不上算[划不来]的活儿我可不干). ¶この商売は～がよい zhè zhǒng mǎimai 'hésuàn[huásuàn/huádelái](这种买卖'合算[划算/划得来]). ¶今度の取引ではすっかり～を食ってしまった zhè cì jiāoyì kě 'chīle dà kuī[péile qián](这次交易可'吃了大亏[赔了钱]). **3**〔10分の1〕chéng(成). ¶流感で生徒の2～が欠席した yóuyú liúgǎn, xuésheng yǒu liǎng chéng quēkè le(由于流感, 学生有两成缺课了). ¶3～引きで売る dǎ qī zhé chūshòu(打七折出售). ¶年1～の利子 nián yì chéng de lìxī(年一成的利息).

わりあい【割合】 **1**〔比率〕bǐ(比), bǐlì(比例). ¶3日に1度の～で島に舟が来る měi sān tiān yǒu yí cì chuán dào dǎoshang lái(每三天有一次船到岛上来). ¶当選者は10人に1人の～だ shí rén zhōng yǒu yí ge rén dāngxuǎn(十人中有一个人当选). ¶これを3対2の～に分けなさい bǎ zhège àn sān bǐ èr fēnkāi(把这个按三比二分开). **2**〔比較的〕jiào(较), bǐjiào(比较). ¶仕事は～早く出来た gōngzuò jiào kuài de zuòwán le(工作较快地做完了). **3 → わりに** 2.

わりあて【割当】 fēnpèi(分配), fēntān(分摊), fēndān(分担), fēnpài(分派), fèn'é(份额). ¶予算の～に苦慮するwèi fēnpèi yùsuàn ér shāng nǎojīn(为分配预算而伤脑筋). ¶仕事の～が多過ぎる fēndān de gōngzuò tài duō(分担的工作太多). ¶～数 pèi'é(配额).

わりあ‧てる【割り当てる】 fēnpèi(分配), tānpài(摊派), fēntān(分摊), fēnpài(分派). ¶寄付金を～てる tānpài juānkuǎn(摊派捐款). ¶皆に仕事を～てる gěi dàjiā fēnpèi gōngzuò(给大家分配工作). ¶各チームに部屋を～てる gěi gè duì fēnpèi fángjiān(给各队分配房间).

わりいん【割印】 qífēngyìn(骑缝印). ¶～を押す gài qífēngyìn(盖骑缝印).

わりかん【割勘】 ¶今日の勘定は～にしよう jīntiān de zhàng dàjiā lái 'jūntān[sān yī sānshí yī fēntān](今天的账大家来'均摊[三一三十一分摊]).

わりき・る【割り切る】 ¶彼はすべてをビジネスと～って考える男だ fánshì tā dōu dàngzuò mǎimai jiāoyì kàndài(凡事他都当做买卖交易看待).

わりき・れる【割り切れる】 ¶いくら説明を聞いても～れない気持が残る jiùshì tīng duōshao biàn shuōmíng, wǒ yě xiǎngbutōng(就是听多少遍说明,我也想不通). ¶何事もそう簡単に～れるものではない shénme shìqing dōu bùnéng nàme jiǎndān de xià jiélùn(什么事情都不能那么简单地下结论). ¶6は3で～れる liù ná sān néng chúde▼kāi[jìn](六拿三能除▽开[尽]).

わりぐりいし【割栗石】 suìshí(碎石).

わりこ・む【割り込む】 ¶行列に～む jǐjìn duìlì(挤进队列)/ jiāsāir(加塞ル). ¶横から話に～む cóng páng chāzuǐ(从旁插嘴).

わりざん【割算】 chúfǎ(除法).

わりだか【割高】 ¶月賦で買うと～につく àn yuè fùkuǎn mǎi jiù guì xiē(按月付款买就贵些).

わりだ・す【割り出す】 1〔算出する〕suànchū(算出). ¶仕事に必要な人員を～す suànchū gōngzuòshang suǒ xūyào de rénshù(算出工作上所需要的人数).
2〔推断する〕身元を～す chámíng láilì(查明来历). ¶これは私の経験から～した結論だ zhè shì wǒ cóng wǒ de jīngyàn déchulai de jiélùn(这是从我的经验得出来的结论).

わりつけ【割付】 biānpái(编排), bǎnmiàn shèjì(版面设计). ¶紙面の～をする biānpái bǎnmiàn(编排版面).

わりに【割に】 1〔比較的の〕¶今朝は～暖かだった jīntiān zǎoshang bǐjiào nuǎnhuo(今天早上比较暖和). ¶彼女は～映画を見ない de diànyǐng kànde quèshí bùshǎo(她电影看得确实不少).
2〔…にしては〕¶勉強をした～は成績はよくなかった suīrán yònglè gōng, chéngjì què bù zěnme hǎo(虽然用了功,成绩却不怎么好). ¶彼女は年の～しっかりしている tā suī niánjì bú dà, rén què hěn wěnzhòng(她虽年纪不大,人却很稳重). ¶仕事がきつい～賃金が安い gōngzuò hěn fèijìnr, kě gōngzī jiào dī(工作很费劲ル,可工资较低). ¶あの店は安い～においしいものを食べさせる nàge guǎnzi suànshí shíhuì de, jiàqian bú guì kǒuwèi què hěn hǎo(那个馆子算是实惠的,价钱不贵口味却很好).

わりばし【割箸】 yícìxìng kuàizi(一次性筷子).

わりびき【割引】 zhékòu(折扣), zhétóu(折头), zhé(折), kòu(扣). ¶現金なら～する yàoshi xiànqián, dǎ zhékòu(要是现钱,打折扣). ¶2～で売る dǎ bā zhé mài(打八折卖).
¶～券 jiǎnjià yōudàiquàn(减价优待券). ¶～手形 bǎ qīpiào tiēxiàn(把期票贴现). 団体～ tuántǐ jiǎnjià(团体减价).

わりび・く【割り引く】 zhékòu(折扣), dǎ zhékòu(打折扣). ¶夏物を～いて売る xiàjì chūshòu xiàjì yīzhuó(减价出售夏季衣着). ¶彼の話は～いて聞かなければいけない tā de huà děi dǎ zhékòu lái tīng(他的话得打折扣来听).

わりびょう・す【割り票す】 ¶切符を～く bǎ qīpiào tiēxiàn(把期票贴现).

わりまえ【割前】 ¶もうけの～をもらう ná yīng dé de yí fèn lìyì(拿应得的一份利益). ¶費用の～を払う fù yīng tān de fèiyong(付应摊的费用).

わりまし【割増し】 ¶深夜は～料金になる shēnyè jiājià(深夜加价).

わりもど・す【割り戻す】 ¶会費の一部を～す tuìhuán huìfèi de yíbùfen(退还会费的一部分).

わりやす【割安】 ¶たくさん買えば～になる duō mǎi jiù jiào piányí(多买就较便宜).

わ・る【割る】 1〔割く〕¶なたで薪を～る yòng fǔzi pī mùchái(用斧子劈木柴). ¶りんごを2つに～る bǎ píngguǒ qiēchéng liǎngbàn(把苹果切成两半). ¶ビスケットを～って食べる bāi bǐnggān chī(掰饼干吃). ¶卵を～る dǎ[kē] zhī(打[磕]鸡蛋). ¶組織を～る fēnliè zǔzhī(分裂组织). ¶竹を～ったような気性の人 gāncuì shuǎngkuai de rén(干脆爽快的人).
2〔壊す〕茶碗を落して～る bǎ cháběi diàozài dìshang dǎsuì[cèi] le(把茶杯掉在地上▼打碎[碴]了). ¶窓ガラスを～ったのは誰だ dǎpò chuāngbōli de shì shuí?(打破窗玻璃的是谁?).
3〔押し分ける〕¶けんかの仲裁に～って入る cóngzhōng quànjià(从中劝架). ¶列の間に～って入る jǐjìn páizhe de duì li(挤进排着的队里).
4〔割算をする〕chú(除). ¶8～2は4だ bā chúyǐ èr dé sì(八除以二得四). ¶10は3で～り切れない shí yòng sān chúbù▼jìn[kāi](十用三除不▼尽[开]). ¶7を2で～ると3が立って1余る èr chú qī dé sān yú yī(二除七得三余一). ¶総額を頭数で～る yòng rénshù chú zǒng'é(用人数除总额).
5〔薄める〕duì(对). ¶ウイスキーを水で～る wǎng wēishìjìli duì shuǐ(往威士忌里对水).
6〔下回る〕¶投票率が5割を～る tóupiàolǜ dīyú bǎi fēn zhī wǔshí(投票率低于百分之五十). ¶入場者は1000人を～る rùchǎngzhě bù mǎn yìqiān rén(入场者不满一千人).

わるあがき【悪足掻き】 lāo dàocǎo(捞稻草). ¶今更～するのはよせ biérzài zuò túláo wúyì de zhēngzhá le(别再作徒劳无益的挣扎了).

わる・い【悪い】 1〔劣っている,不良だ〕huài(坏), chà(差), cì(次), bù hǎo(不好), nāo(孬). ¶このコートは生地が～い zhè jiàn dàyī liàozi bù hǎo(这件大衣料子不好). ¶この魚は～くなっている zhè yú huài le(这鱼坏了). ¶試験の成績が～かった kǎoshì de chéngjì bù hǎo(考试的成绩不好). ¶頭が～い nǎozi bèn(脑子笨)/ nǎojīn bù hǎo(脑筋不好). ¶発音が～い fāyīn bù hǎo(发音不好). ¶器量が～い zhǎngde▼bù hǎokàn[chǒu](长得▼不好看[丑]). ¶エンジンの調子が～い yǐnqíng yùnzhuǎn bú zhèngcháng(引擎运转不正常). ¶雪解けで道が～い xuě huà le, lù bù hǎozǒu(雪化了,路不好走). ¶天気が～いので出掛けるのをやめた yóuyú tiānqì bù hǎo, bù chūmén

le（由于天气不好，不出门了）．¶颜色が～いが どうかしましたか liǎnsè bù hǎo, zěnme le?（脸 色不好，怎么了？）．¶腹具合が～い dùzi bù hǎo（肚子不好）．¶気分が～くなった juéde yǒudiǎnr bù shūfu le（觉得有点儿不舒服了）．¶～い予感がする wǒ yǒu bùxiáng de yùgǎn（我有不祥的预感）．¶彼は評判が～い tā de míngshēng bù hǎo（他的名声不好）．¶あの2 人は仲が～い tā liǎ gǎnqíng bù hǎo（他俩感情 不好）．

2〔正しくない〕 huài（坏），bù hǎo（不好），bú duì（不对）．¶嘘をつくのは～いことだ sāhuǎng shì bù hǎo de（撒谎是不好的）．¶私が～かっ た，謝ります shì wǒ bú duì, qǐng yuánliàng （是我不对，请原谅）／shì wǒ de ˈbúshi[cuò]， hěn duìbuqǐ（是我的ˈ不是[错]，很对不起）．¶あんな～い男とは付き合うな bié gēn nà zhǒng huài nánrén láiwang（别跟那种坏男人 来往）．

3〔好ましくない，不適当だ〕 ¶夜更しは体に ～い áoyè duì shēntǐ yǒuhài（熬夜对身体有 害）．¶暗い所で本を読むのは目に～い zài guāngxiàn àn de dìfang kàn shū duì yǎnjing bù hǎo（在光线暗的地方看书对眼睛不好）．¶ これらの本は子供に～い影響を与える zhèxiē shū gěi háizimen dàilái bùliáng de yǐngxiǎng （这些书给孩子们带来不良的影响）．¶今日は都合が～いので又にしよう jīntiān bù fāngbiàn, gǎitiān ba（今天不方便，改天吧）．¶～いこと は言わないから医者に行け wǒ bú shì xià nǐ, zhǎo yīshēng kànkan ba（我不是吓你，找医生 看看吧）．¶～いことには雨まで降り出した zhēn bú còuqiǎo yǔ yě xiàqilai le（真不凑巧雨也下 起来了）．

4〔申訳ない〕 ¶～いけど先に帰ります duìbuqǐ, wǒ xiān zǒu yí bù（对不起,我先走一步）．¶ 仕事の邪魔をして～かったね dǎrǎole nǐ de gōngzuò, qǐng yuánliàng（打扰了你的工作,请 原谅）．¶あなたに～いと思っています wǒ juéde hěn duìbuqǐ nǐ（我觉得很对不起你）．¶ "今夜はこちらもちで…" "いや，～いよ" "jīnwǎn wǒ zuòdōng…" "shì ma, nà tài bù hǎoyìsi le!"（"今晚我做东…" "是嘛，那太不好意思 了！"）．

わるがしこ・い【悪賢い】 jiān（奸），huá（滑），diāo（刁），jiānhuá（奸滑·奸猾），jiǎohuá（狡 猾），diāohuá（刁滑），niānrhuài（蔫儿坏），huá tóu huá nǎo（滑头滑脑），yóu tóu huá nǎo（油 头滑脑）．¶あいつはまったく～い nàge rén ˈzhēn diāo[niānrhuài]（那个人ˈ真刁[蔫儿 坏]）．¶～い男 jiǎohuá de jiāhuo（狡猾的家 伙）．

わるぎ【悪気】 èyì（恶意），dǎiyì（歹意）．¶別に ～があってしたのではない bìng bú shì chūyú èyì zuò de（并不是出于恶意做的）．

わるくち【悪口】 huàihuà（坏话）．¶人の～を 言う shuō rénjia huàihuà（说人家坏话）．

わるさ【悪さ】 ¶～をするな bié táoqì（别淘气）．

わるずれ【悪擦れ】 ¶彼は～している tā shì ge huátóu-huánǎo de rén（他是个滑头滑脑的人）．

わるだくみ【悪巧み】 jiānjì（奸计），guǐjì（诡计）．¶ ～に引っ掛った zhòngle jiānjì（中了奸计）．

わるぢえ【悪知恵】 guǐdiǎnzi（鬼点子），huài zhǔyi（坏主意），huàidiǎnzi（坏点子），huāidiǎnzi（花点子），huāhua-chángzi（花花肠子），wāidào[r]（歪道ㄦ），wāidàodaor（歪道道儿），huàishuǐ[r]（坏水儿），yāo'ézi（幺蛾子）．¶彼は～の働き甲斐だ tā zhēn shì ge huì shǐhuài de jiāhuo（他真是个会使坏的家伙）／nà jiāhuo niānrhuài（那家伙蔫儿坏）／nà rén yí dùzi huài（那人一肚子坏）．¶～をつける chū guǐdiǎnzi（出鬼点子）／chū sōuzhǔyi（出馊主意）．

ワルツ huá'ěrzī（华尔兹），yuánwǔqǔ（圆舞曲）．¶ ～を踊る tiào huá'ěrzī（跳华尔兹）．

わるび・れる【悪びれる】 ¶その子は大勢の前で 少しも～れずに意見を発表した nàge háizi dāngzhòng háo bú qiècháng de fābiǎole zìjǐ de yìjiàn（那个孩子当众毫不怯场地发表了自己的 意见）．¶彼は～れずに自分の非を認めた tā hěn gāncuì de chéngrènle zìjǐ de cuòwù（他很 干脆地承认了自己的错误）．

わるふざけ【悪ふざけ】 èzuòjù（恶作剧）．¶～ はよせ bié èzuòjù le（别恶作剧了）．¶お前はど うして～ばかりするんだ nǐ zěnme lǎo èzuòjù（你 怎么老恶作剧）．

わるもの【悪者】 huàirén（坏人），dǎirén（歹人），èrén（恶人），huàidōngxi（坏东西），ègùn（恶 棍），huàidàn（坏蛋），huàifènzi（坏分子）．

わるよい【悪酔】 ¶安酒を飲んで～した hēle liánjià de jiǔ, zuìde hěn nánshòu（喝了廉价的 酒，醉得很难受）．

われ【我】 wǒ（我）．¶～を忘れて見とれていた kànde ˈchūshén[rùmí]（看得ˈ出神[入迷]）．¶ ～と思わん者は名乗り出よ yǒu dǎnliàng de rén, zhànchulai!（有胆量的人，站出来!）．¶ 名前を呼ばれて～に返った tīngdào jiào wǒ de míngzi cái xǐnggè guòlái（听到叫我的名字才 醒了过来）．¶～もなく取り乱してしまった shīdiào chángtài huāngle shén（失掉常态慌了 神）．¶志願者が～も～もと詰め掛けた zhìyuànzhě zhēngxiān-kǒnghòu fēngyōng ér lái（志愿 者争先恐后蜂拥而来）．¶～関せず shì bù guān jǐ（事不关己）／yǔ wǒ háo bù xiānggān （与我毫不相干）．

われがちに【我勝ちに】 zhēng xiān kǒng hòu （争先恐后）．¶"火事だ"の声に人々は～飛び 出した tīngdào yì shēng "zháohuǒ la!" dàjiā zhēngxiān-kǒnghòu de pǎochuqu le（听到一声 "着火啦！"大家争先恐后地跑出去了）．¶～ 席を争う nǐ zhēng wǒ duó qiǎng wèizi（你争 我夺抢位子）．

われがね【破鐘】 ¶～のような声で怒鳴る yòng pòluó shìde shēngyīn jiàorǎng（用破锣似的声 音叫嚷）．

われさきに【我先に】 →われがちに．

われしらず【我知らず】 bùyóude（不由得），yóubude（由不得），bù yóu zìzhǔ（不由自主），bùzhī-bùjué（不知不觉），¶～口がすべった wúyì zhōng shuōloule zuǐ（无意中说漏了嘴）．

われながら【我ながら】 ¶よくあんな事ができた

われなべ【破れ鍋】 ¶～に綴蓋(とじぶた) pò guō pèi pò gài(破锅配破盖)/ làihàn pèi chǒuqī(癞汉配丑妻).

われめ【割れ目】 lièfèng(裂缝), lièkǒu(裂口), lièxià(裂罅). ¶岩の～ yánshí de lièfèng(岩石的裂缝).

われもこう【吾木香】 dìyú(地榆).

われもの【割れ物】 ¶～注意 yìsuìpǐn, xiǎoxīn(易碎品,小心).

わ・れる【割れる】 1〔壊れる、裂ける〕¶皿が～れた diézi dǎsuì le(碟子打碎了). ¶熱湯を入れたらコップが～れた dào kāishuǐ, bēizi zhà le(倒开水,杯子炸了). ¶この花瓶は～れやすいから気をつけなさい zhège huāpíng yì suì, yào zhùyì(这个花瓶易碎,要注意). ¶会場も～れんばかりの拍手が起った huìchǎng xiǎng qǐle "léimíng[bàofēngyǔ]" bān de zhǎngshēng(会场上响起了"雷鸣[暴风雨]"般的掌声). ¶旱魃(かんばつ)で地面が～れた tiānhàn, dìmiàn "gānliè[jūnliè]" le(天旱,地面"干裂[龟裂]"了). ¶頭が～れるように痛い tóu téngde yào liè shìde(头疼得要裂似的).

2〔分れる〕¶候補者が多すぎて票が～れた hòuxuǎnrén tài duō, piàoshù fēnsàn le(候选人太多,票数分散了). ¶組合が2派に～れた gōnghuì fēnliè wéi liǎng pài(工会分裂为两派). ¶意見が～れた fāshēngle yìjiàn fēnqí(发生了意见分岐).

3〔明らかになる〕¶身元が～れた láilì[lìshǐ] chámíng le(来历[历史]查明了).

われわれ【我我】 wǒmen(我们); zánmen(咱们). ¶君が何をしようと～には関係ない nǐ gàn shénme dōu gēn wǒmen háo bù xiānggān(你干什么都跟我们毫不相干). ¶～労働者は団結して闘おう zánmen láodòngzhě yào tuánjié qilai jìnxíng dòuzhēng(咱们劳动者要团结起来进行斗争).

わん【椀・碗】 wǎn(碗).

わん【湾】 wān(湾). ¶東京～ Dōngjīngwān(东京湾).

わんきょく【湾曲】 wānqū(弯曲). ¶脊柱が～している jǐzhù wānqū(脊柱弯曲).

わんこつ【腕骨】 wàngǔ(腕骨).

わんさと ¶申込者が～押し掛けた bàomíngzhě fēngyōng ér lái(报名者蜂拥而来). ¶金は～ある qián yǒudeshì(钱有的是). ¶宿題が～ある zuòyè duōde bùdéliǎo(作业多得不得了).

わんしょう【腕章】 bìzhāng(臂章), xiùzhāng(袖章), xiùbiāo(袖标). ¶～をつける dàishàng bìzhāng(戴上臂章).

ワンタン【雲吞】 húntun(馄饨), chāoshǒu(抄手).

わんにゅう【湾入】 ¶海がゆるやかに～している hǎi'àn huǎnhuǎn de āorù lùdì(海岸缓缓地凹入陆地).

わんぱく【腕白】 táoqì(淘气), wánpí(顽皮), tiáopí(调皮). ¶この子は～盛りだ zhè háizi zhèngshì zuì táoqì de shíhour(这孩子正是最淘气的时候ル).

¶～坊主 táoqìguǐ(淘气鬼)/ gáxiǎozi(乄小子).

ワンパターン ¶大臣の～の答弁は聞き飽きた dàchén de yí ge múzi chūlái de dábiàn jiào rén tīng nìfan le(大臣的一个模子出来的答辩叫人听腻烦了). ¶作風が～ではすぐに飽きられる yàoshi fēnggé qiānpiān-yílǜ, rénmen mǎshàng jiù huì bù gǎn xìngqù le(要是风格千篇一律,人们马上就会不感兴趣了).

ワンピース liányīqún(连衣裙).

ワンマン ¶うちの社長は～だ wǒ gōngsī de zǒngjīnglǐ "dúduàn zhuānxíng[yí ge rén shuōle suàn]"(我公司的总经理"独断专行[一个人说了算]").

わんりょく【腕力】 wànlì(腕力), bìlì(臂力). ¶彼は～が強い tā wànlì dà(他腕力大). ¶～を振う dòngwǔ(动武)/ dòngshǒu(动手). ¶～沙汰に及ぶ rěqǐ jià lai(惹起架来).

わんわん ¶犬が～吠える gǒu wāngwāng de jiào(狗汪汪地叫). ¶子供が～と大声で泣く xiǎoháizi wāwā de fàngshēng dà kū(小孩子哇哇地放声大哭).

付録目次

世界の国名・首都名　　1299
世界の主要地名　　1305
世界の主要人名　　1314
日本と中国の漢字字体対照表　　1323

世界の国名・首都名

1) この表は世界の国々の正式名称と首都名を収録し、その中国語表記を示したものです。
2) 日本語の国名表記は外務省編集の「世界の国一覧表」により地域別にアイウエオ順に配列しました。

国　名	〈拼音〉	〈簡体字〉	首都名	〈拼音〉	〈簡体字〉
【アジア州】					
アゼルバイジャン共和国	Āsàibàijiāng gònghéguó	阿塞拜疆共和国	バクー	Bākù	巴库
アフガニスタン・イスラム国	Āfùhàn Yīsīlánguó	阿富汗伊斯兰国	カブール	Kābù'ěr	喀布尔
アラブ首長国連邦	Ālābó liánhé qiúzhǎngguó	阿拉伯联合酋长国	アブダビ	Ābùzhābǐ	阿布扎比
アルメニア共和国	Yàměiníyà gònghéguó	亚美尼亚共和国	エレバン	Āilǐwēn	埃里温
イエメン共和国	Yěmén gònghéguó	也门共和国	サナア	Sànà	萨那
イスラエル国	Yǐsèlièguó	以色列国	エルサレム	Yēlùsālěng	耶路撒冷
イラク共和国	Yīlākè gònghéguó	伊拉克共和国	バグダッド	Bāgédá	巴格达
イラン・イスラム共和国	Yīlǎng Yīsīlán gònghéguó	伊朗伊斯兰共和国	テヘラン	Déhēilán	德黑兰
イ　ン　ド	Yìndù gònghéguó	印度共和国	ニューデリー	Xīndélǐ	新德里
インドネシア共和国	Yìndùníxīyà gònghéguó	印度尼西亚共和国	ジャカルタ	Yǎjiādá	雅加达
ウズベキスタン共和国	Wūzībiékèsītǎn gònghéguó	乌兹别克斯坦共和国	タシケント	Tǎshígān	塔什干
オマーン国	Āmàn Sūdānguó	阿曼苏丹国	マスカット	Mǎsīkàtè	马斯喀特
カザフスタン共和国	Hāsàkèsītǎn gònghéguó	哈萨克斯坦共和国	アスタナ	Āsītǎnà	阿斯塔纳
カタール国	Kǎtǎ'ěrguó	卡塔尔国	ドーハ	Duōhā	多哈
カンボジア王国	Jiǎnpǔzhài wángguó	柬埔寨王国	プノンペン	Jīnbiān	金边
キプロス共和国	Sàipǔlùsī gònghéguó	塞浦路斯共和国	ニコシア	Níkèxīyà	尼科西亚
キルギス共和国	Jí'ěrjísī gònghéguó	吉尔吉斯共和国	ビシュケク	Bǐshíkǎikè	比什凯克
クウェート国	Kēwēitèguó	科威特国	クウェート	Kēwēitè	科威特
グルジア	Gélǔjíyà	格鲁吉亚	トビリシ	Dìbǐlìsī	第比利斯
サウジアラビア王国	Shātè Ālābó wángguó	沙特阿拉伯王国	リヤド	Lìyàdé	利雅得
シリア・アラブ共和国	Ālābó Xùlìyà gònghéguó	阿拉伯叙利亚共和国	ダマスカス	Dàmǎshìgé	大马士革
シンガポール共和国	Xīnjiāpō gònghéguó	新加坡共和国	シンガポール	Xīnjiāpō	新加坡
スリランカ民主社会主義共和国	Sīlǐlánkǎ mínzhǔ shèhuìzhǔyì gònghéguó	斯里兰卡民主社会主义共和国	スリジャヤワルダナプラコッテ	Sīlǐjiāyàwǎdénàpǔlākētí	斯里贾亚瓦德纳普拉科提
タ　イ　王　国	Tài wángguó	泰王国	バンコク	Màngǔ	曼谷
大　韓　民　国	Dàhán mínguó	大韩民国	ソウル	Hànchéng	汉城
タジキスタン共和国	Tǎjíkèsītǎn gònghéguó	塔吉克斯坦共和国	ドゥシャンベ	Dùshàngbié	杜尚别
中華人民共和国	Zhōnghuá rénmín gònghéguó	中华人民共和国	北京	Běijīng	北京
朝鮮民主主義人民共和国	Cháoxiǎn mínzhǔzhǔyì rénmín gònghéguó	朝鲜民主主义人民共和国	ピョンヤン	Píngrǎng	平壤
トルクメニスタン	Tǔkùmànsītǎn	土库曼斯坦	アシガバード	Āshíhābādé	阿什哈巴德

世界の国名・首都名

国名（日）	国名（拼音）	国名（中）	首都（日）	首都（拼音）	首都（中）
トルコ共和国	Tǔ'ěrqí gònghéguó	土耳其共和国	アンカラ	Ānkǎlā	安卡拉
日本国	Rìběnguó	日本国	東京	Dōngjīng	东京
ネパール王国	Níbó'ěr wángguó	尼泊尔王国	カトマンズ	Jiādémǎndū	加德满都
バーレーン国	Bālínguó	巴林国	マナーマ	Mànàmài	麦纳麦
パキスタン・イスラム共和国	Bājīsītǎn Yīsīlán gònghéguó	巴基斯坦伊斯兰共和国	イスラマバード	Yīsīlánbǎo	伊斯兰堡
バングラデシュ人民共和国	Mèngjiālā rénmín gònghéguó	孟加拉人民共和国	ダッカ	Dákǎ	达卡
フィリピン共和国	Fēilǜbīn gònghéguó	菲律宾共和国	マニラ	Mǎnílā	马尼拉
ブータン王国	Bùdān wángguó	不丹王国	ティンプー	Tíngbù	廷布
ブルネイ・ダルサラーム国	Wénlái Dálǔsàlánguó	文莱达鲁萨兰国	バンダルスリブガワン	Sīlǐbājiāwānshì	斯里巴加湾市
ベトナム社会主義共和国	Yuènán shèhuìzhǔyì gònghéguó	越南社会主义共和国	ハノイ	Hénèi	河内
マレーシア	Mǎláixīyà	马来西亚	クアラルンプール	Jílóngpō	吉隆坡
ミャンマー連邦	Miǎndiàn liánbāng	缅甸联邦	ネピドー	Nèibǐdū	内比都
モルディヴ共和国	Mǎ'ěrdàifū gònghéguó	马尔代夫共和国	マレ	Mǎlěi	马累
モンゴル国	Měnggǔguó	蒙古国	ウランバートル	Wūlánbātuō	乌兰巴托
ヨルダン・ハシミテ王国	Yuēdàn Hāxīmǔ wángguó	约旦哈希姆王国	アンマン	Ānmàn	安曼
ラオス人民民主共和国	Lǎowō rénmín mínzhǔ gònghéguó	老挝人民民主共和国	ビエンチャン	Wànxiàng	万象
レバノン共和国	Líbānèn gònghéguó	黎巴嫩共和国	ベイルート	Bèilǔtè	贝鲁特

【ヨーロッパ州】

国名（日）	国名（拼音）	国名（中）	首都（日）	首都（拼音）	首都（中）
アイスランド共和国	Bīngdǎo gònghéguó	冰岛共和国	レイキャビク	Léikèyǎwèikè	雷克雅未克
アイルランド	Ài'ěrlán	爱尔兰	ダブリン	Dūbólín	都柏林
アルバニア共和国	Ā'ěrbāníyà gònghéguó	阿尔巴尼亚共和国	ティラナ	Dìlānà	地拉那
アンドラ公国	Āndào'ěr gōngguó	安道尔公国	アンドララヴェリャ	Āndào'ěrchéng	安道尔城
イタリア共和国	Yìdàlì gònghéguó	意大利共和国	ローマ	Luómǎ	罗马
ウクライナ	Wūkèlán	乌克兰	キエフ	Jīfǔ	基辅
エストニア共和国	Àishāníyà gònghéguó	爱沙尼亚共和国	タリン	Tǎlín	塔林
オーストリア共和国	Àodìlì gònghéguó	奥地利共和国	ウィーン	Wéiyěnà	维也纳
オランダ王国	Hélán wángguó	荷兰王国	アムステルダム	Āmǔsītèdān	阿姆斯特丹
ギリシャ共和国	Xīlà gònghéguó	希腊共和国	アテネ	Yǎdiǎn	雅典
グレートブリテンおよび北部アイルランド連合王国	Dàbùlièdiān jí Běi'ài'ěrlán liánhéwángguó	大不列颠及北爱尔兰联合王国	ロンドン	Lúndūn	伦敦
クロアチア共和国	Kèluódìyà gònghéguó	克罗地亚共和国	ザグレブ	Sàgélèbù	萨格勒布
コソボ共和国	Kēsuǒwò gònghéguó	科索沃共和国	プリシュティナ	Pǔlǐshéndìnà	普里什蒂纳
サンマリノ共和国	Shèngmǎlìnuò gònghéguó	圣马力诺共和国	サンマリノ	Shèngmǎlìnuò	圣马力诺
スイス連邦	Ruìshì liánbāng	瑞士联邦	ベルン	Bó'ěrní	伯尔尼
スウェーデン王国	Ruìdiǎn wángguó	瑞典王国	ストックホルム	Sīdégē'ěrmó	斯德哥尔摩
スペイン	Xībānyá	西班牙	マドリード	Mǎdélǐ	马德里
スロバキア共和国	Sīluòfákè gònghéguó	斯洛伐克共和国	ブラチスラバ	Bùlādísīlāfā	布拉迪斯拉发
スロベニア共和国	Sīluòwénníyà gònghéguó	斯洛文尼亚共和国	リュブリャナ	Lúbù'ěryànà	卢布尔雅那
セルビア共和国	Sài'ěrwéiyà gònghéguó	塞尔维亚共和国	ベオグラード	Bèi'ěrgéláidé	贝尔格莱德
チェコ共和国	Jiékè gònghéguó	捷克共和国	プラハ	Bùlāgé	布拉格

デンマーク王国	Dānmài Wángguó	丹麦王国	コペンハーゲン	Gēbenhāgēn	哥本哈根
ドイツ連邦共和国	Déyìzhì liánbāng gònghéguó	德意志联邦共和国	ベルリン	Bólín	柏林
ノルウェー王国	Nuówēi wángguó	挪威王国	オスロ	Àosīlù	奥斯陆
バチカン市国	Fàndìgāng chéngguó	梵蒂冈城国	バチカン	Fàndìgāngchéng	梵蒂冈城
ハンガリー共和国	Xiōngyálì gònghéguó	匈牙利共和国	ブダペスト	Bùdápèisī	布达佩斯
フィンランド共和国	Fēnlán gònghéguó	芬兰共和国	ヘルシンキ	Hè'ěrxīnjī	赫尔辛基
フランス共和国	Fǎlánxī gònghéguó	法兰西共和国	パリ	Bālí	巴黎
ブルガリア共和国	Bǎojiālìyà gònghéguó	保加利亚共和国	ソフィア	Suǒfēiyà	索非亚
ベラルーシ共和国	Bái'éluósī gònghéguó	白俄罗斯共和国	ミンスク	Míngsīkè	明斯克
ベルギー王国	Bǐlìshí wángguó	比利时王国	ブリュッセル	Bùlǔsài'ěr	布鲁塞尔
ポーランド共和国	Bōlán gònghéguó	波兰共和国	ワルシャワ	Huáshā	华沙
ボスニア・ヘルツェゴビナ	Bōsīníyà hé Hēisàigēwéinà gònghéguó	波斯尼亚和黑塞哥维那共和国	サラエボ	Sàlārèwō	萨拉热窝
ポルトガル共和国	Pútáoyá gònghéguó	葡萄牙共和国	リスボン	Lǐsīběn	里斯本
マケドニア・旧ユーゴスラビア共和国	Mǎqídùn gònghéguó	马其顿共和国	スコピエ	Sīkēpǔlǐ	斯科普里
マルタ共和国	Mǎ'ěrtā gònghéguó	马耳他共和国	バレッタ	Wǎláitǎ	瓦莱塔
モナコ公国	Mónàgē gōngguó	摩纳哥公国	モナコ	Mónàgē	摩纳哥
モルドバ共和国	Mó'ěrduōwǎ gònghéguó	摩尔多瓦共和国	キシニョフ	Jīxīnèwū	基西讷乌
モンテネグロ	Hēishān	黑山	ポドゴリツァ	Bōdégēlǐchá	波德戈里察
ラトビア共和国	Lātuōwéiyà gònghéguó	拉脱维亚共和国	リガ	Lǐjiā	里加
リトアニア共和国	Lìtáowǎn gònghéguó	立陶宛共和国	ビリニュス	Wéi'ěrniǔsī	维尔纽斯
リヒテンシュタイン公国	Lièzhīdùnshìdēng gōngguó	列支敦士登公国	ファドゥーツ	Wǎdùzī	瓦杜滋
ルーマニア	Luómǎníyà	罗马尼亚	ブカレスト	Bùjiālèsītè	布加勒斯特
ルクセンブルグ大公国	Lúsēnbǎo dàgōngguó	卢森堡大公国	ルクセンブルグ	Lúsēnbǎo	卢森堡
ロシア連邦	Éluósī liánbāng	俄洛斯联邦	モスクワ	Mòsīkē	莫斯科

【北アメリカ州】

アメリカ合衆国	Měilìjiān hézhòngguó	美利坚合众国	ワシントン D.C.	Huáshèngdùn	华盛顿
アンティグア・バーブーダ	Āntíguā hé Bābùdá	安提瓜和巴布达	セントジョンズ	Shèngyuēhàn	圣约翰
エルサルバドル共和国	Sà'ěrwǎduō gònghéguó	萨尔瓦多共和国	サンサルバドル	Shèngsà'ěrwǎduō	圣萨尔瓦多
カ ナ ダ	Jiānádà	加拿大	オタワ	Wòtàihuá	渥太华
キューバ共和国	Gǔbā gònghéguó	古巴共和国	ハバナ	Hāwǎnà	哈瓦那
グアテマラ共和国	Wēidìmǎlā gònghéguó	危地马拉共和国	グアテマラシティ	Wēidìmǎlā	危地马拉
グ レ ナ ダ	Gélínnàdá	格林纳达	セントジョージズ	Shèngqiáozhì	圣乔治
コスタリカ共和国	Gēsīdálíjiā gònghéguó	哥斯达黎加共和国	サンホセ	Shènghésài	圣何塞
ジャマイカ	Yámǎijiā	牙买加	キングストン	Jīnsīdūn	金斯敦
セントクリストファー・ネイビス	Shèngjīcí hé Níwéisī	圣基茨和尼维斯	バセテール	Bāsītè'ěr	巴斯特尔
セントビンセント・グレナディーン	Shèngwénsēntè hé Gélínnàdīngsī	圣文森特和格林纳丁斯	キングスタウン	Jīnsīdūn	金斯敦
セントルシア	Shènglúxīyà	圣卢西亚	カストリーズ	Kǎsītèlǐ	卡斯特里
ドミニカ共和国	Duōmǐníjiā gònghéguó	多米尼加共和国	サントドミンゴ	Shèngduōmínggè	圣多明各
ドミニカ国	Duōmǐníjiāguó	多米尼加国	ロゾー	Luósuǒ	罗索

世界の国名・首都名

トリニダード・トバコ共和国	Tèlìnídá hé Duōbāgē gònghéguó	特立尼达和多巴哥共和国	ポートオブスペイン	Xībānyágǎng	西班牙港
ニカラグア共和国	Níjiālāguā gònghéguó	尼加拉瓜共和国	マナグア	Mǎnàguā	马那瓜
ハイチ共和国	Hǎidì gònghéguó	海地共和国	ポルトープランス	Tàizǐgǎng	太子港
パナマ共和国	Bānámǎ gònghéguó	巴拿马共和国	パナマ	Bānámǎchéng	巴拿马城
バハマ国	Bāhāmǎguó	巴哈马国	ナッソー	Násāo	拿骚
バルバドス	Bābāduōsī	巴巴多斯	ブリッジタウン	Bùlǐqídùn	布里奇顿
ベリーズ	Bólìzī	伯利兹	ベルモパン	Bèi'ěrmòpān	贝尔莫潘
ホンジュラス共和国	Hóngdūlāsī gònghéguó	洪都拉斯共和国	テグシガルパ	Tègǔxījiā'ěrbā	特古西加尔巴
メキシコ合衆国	Mòxīgē hézhòngguó	墨西哥合众国	メキシコシティ	Mòxīgēchéng	墨西哥城

【南アメリカ州】

アルゼンチン共和国	Āgēntíng gònghéguó	阿根廷共和国	ブエノスアイレス	Bùyínuòsī'àilìsī	布宜诺斯艾利斯
ウルグアイ東方共和国	Wūlāguī Dōng'àn gònghéguó	乌拉圭东岸共和国	モンテビデオ	Měngdéwéidìyà	蒙得维的亚
エクアドル共和国	Èguāduō'ěr gònghéguó	厄瓜多尔共和国	キト	Jīduō	基多
ガイアナ協同共和国	Guīyànà hézuò gònghéguó	圭亚那合作共和国	ジョージタウン	Qiáozhìdùn	乔治敦
コロンビア共和国	Gēlúnbǐyà gònghéguó	哥伦比亚共和国	ボゴタ	Bōgēdà	波哥大
スリナム共和国	Sūlǐnán gònghéguó	苏里南共和国	パラマリボ	Pàlàmǎlǐbó	帕拉马里博
チリ共和国	Zhìlì gònghéguó	智利共和国	サンティアゴ	Shèngdìyàgē	圣地亚哥
パラグアイ共和国	Bālāguī gònghéguó	巴拉圭共和国	アスンシオン	Yàsōngsēn	亚松森
ブラジル連邦共和国	Bāxī liánbāng gònghéguó	巴西联邦共和国	ブラジリア	Bāxīlìyà	巴西利亚
ベネズエラ共和国	Wěinèiruìlā gònghéguó	委内瑞拉共和国	カラカス	Jiālājiāsī	加拉加斯
ペルー共和国	Bìlǔ gònghéguó	秘鲁共和国	リマ	Lìmǎ	利马
ボリビア共和国	Bōlìwéiyà gònghéguó	玻利维亚共和国	ラパス	Lābāsī	拉巴斯

【アフリカ州】

アルジェリア民主人民共和国	Ā'ěrjílìyà mínzhǔ rénmín gònghéguó	阿尔及利亚民主人民共和国	アルジェ	Ā'ěrjí'ěr	阿尔及尔
アンゴラ共和国	Āngēlā gònghéguó	安哥拉共和国	ルアンダ	Luó'āndá	罗安达
ウガンダ共和国	Wūgāndá gònghéguó	乌干达共和国	カンパラ	Kǎnpàlā	坎帕拉
エジプト・アラブ共和国	Ālābó Āijí gònghéguó	阿拉伯埃及共和国	カイロ	Kāiluó	开罗
エチオピア連邦民主共和国	Āisài'ébǐyà liánbāng mínzhǔ gònghéguó	埃塞俄比亚联邦民主共和国	アディスアベバ	Yàdísīyàbèibā	亚的斯亚贝巴
エリトリア国	Èlìtèlǐyàguó	厄立特里亚国	アスマラ	Āsīmǎlā	阿斯马拉
ガーナ共和国	Jiānà gònghéguó	加纳共和国	アクラ	Ākèlā	阿克拉
カーボベルデ共和国	Fódéjiǎo gònghéguó	佛得角共和国	プライア	Pǔlāyà	普拉亚
ガボン共和国	Jiāpéng gònghéguó	加蓬共和国	リーブルビル	Lìbówéi'ěr	利伯维尔
カメルーン共和国	Kāmàilóng gònghéguó	喀麦隆共和国	ヤウンデ	Yǎwēndé	雅温得
ガンビア共和国	Gāngbǐyà gònghéguó	冈比亚共和国	バンジュール	Bānzhū'ěr	班珠尔
ギニア共和国	Jǐnèiyà gònghéguó	几内亚共和国	コナクリ	Kēnàkèlǐ	科纳克里
ギニアビサウ共和国	Jǐnèiyàbǐshào gònghéguó	几内亚比绍共和国	ビサウ	Bǐshào	比绍
ケニア共和国	Kěnníyà gònghéguó	肯尼亚共和国	ナイロビ	Nèiluóbì	内罗毕
コートジボワール共和国	Kētèdíwǎ gònghéguó	科特迪瓦共和国	ヤムスクロ	Yàmùsūkèluó	亚穆苏克罗
コモロ・イスラム連邦共和国	Kēmóluó Yīsīlán liánbāng gònghéguó	科摩罗伊斯兰联邦共和国	モロニ	Mòluóní	莫罗尼
コンゴ共和国	Gāngguǒ gònghéguó	刚果共和国	ブラザビル	Bùlācháiwéi'ěr	布拉柴维尔
コンゴ民主共和国	Gāngguǒ mínzhǔ gònghé-	刚果民主共和国	キンシャサ	Jīnshāsà	金沙萨

サントメ・プリンシペ民主共和国	Shèngduōměi hé Pǔlínxībǐ mínzhǔ gònghéguó	圣多美和普林西比民主共和国	サントメ	Shèngduōměi	圣多美
ザンビア共和国	Zànbǐyà gònghéguó	赞比亚共和国	ルサカ	Lúsàkǎ	卢萨卡
シエラレオネ共和国	Sàilāli'áng gònghéguó	塞拉利昂共和国	フリータウン	Fúlǐdūn	弗里敦
ジブチ共和国	Jíbùtí gònghéguó	吉布提共和国	ジブチ	Jíbùtí	吉布提
ジンバブエ共和国	Jīnbābùwéi gònghéguó	津巴布韦共和国	ハラレ	Hālāléi	哈拉雷
スーダン共和国	Sūdān gònghéguó	苏丹共和国	ハルツーム	Kātǔmù	喀土穆
スワジランド王国	Sīwēishìlán wángguó	斯威士兰王国	ムババーネ	Mǔbābānèi	姆巴巴内
セイシェル共和国	Sàishé'ěr gònghéguó	塞舌尔共和国	ビクトリア	Wéiduōlìyà	维多利亚
赤道ギニア共和国	Chìdàojīnèiyà gònghéguó	赤道几内亚共和国	マラボ	Mǎlābó	马拉博
セネガル共和国	Sàinèijiā'ěr gònghéguó	塞内加尔共和国	ダカール	Dákā'ěr	达喀尔
ソマリア民主共和国	Suǒmǎlǐ gònghéguó	索马里共和国	モガディシオ	Mójiādíshā	摩加迪沙
タンザニア連合共和国	Tǎnsāngníyà liánhé gònghéguó	坦桑尼亚联合共和国	ダルエスサラーム	Dálèisīsàlāmǔ	达累斯萨拉姆
チャド共和国	Zhàdé gònghéguó	乍得共和国	ンジャメナ	Ēnjiǎméinà	恩贾梅纳
中央アフリカ共和国	Zhōngfēi gònghéguó	中非共和国	バンギ	Bānjí	班吉
チュニジア共和国	Tūnísī gònghéguó	突尼斯共和国	チュニス	Tūnísī	突尼斯
トーゴ共和国	Duōgē gònghéguó	多哥共和国	ロメ	Luòměi	洛美
ナイジェリア連邦共和国	Nírìlìyà liánbāng gònghéguó	尼日利亚联邦共和国	アブジャ	Ābùjiǎ	阿布贾
ナミビア共和国	Nàmǐbǐyà gònghéguó	纳米比亚共和国	ウィントフック	Wēndéhékè	温得和克
ニジェール共和国	Nírì'ěr gònghéguó	尼日尔共和国	ニアメ	Níyàměi	尼亚美
ブルキナファソ	Bùjīnàfǎsuǒ	布基纳法索	ワガドゥグー	Wǎjiādùgǔ	瓦加杜古
ブルンジ共和国	Bùlóngdí gònghéguó	布隆迪共和国	ブジュンブラ	Bùqióngbùlā	布琼布拉
ベナン共和国	Bèiníng gònghéguó	贝宁共和国	ポルトノボ	Bōduōnuòfú	波多诺伏
ボツワナ共和国	Bócíwǎnà gònghéguó	博茨瓦纳共和国	ハボローネ	Hābóluónèi	哈博罗内
マダガスカル共和国	Mǎdájiāsījiā gònghéguó	马达加斯加共和国	アンタナナリボ	Tǎnànàlìfó	塔那那利弗
マラウイ共和国	Mǎlāwéi gònghéguó	马拉维共和国	リロングウェ	Lìlónggūi	利隆圭
マリ共和国	Mǎlǐ gònghéguó	马里共和国	バマコ	Bāmǎkē	巴马科
南アフリカ共和国	Nánfēi gònghéguó	南非共和国	プレトリア	Bǐlètuōlìyà	比勒陀利亚
南スーダン共和国	Nánsūdàn gònghéguó	南苏丹共和国	ジュバ	Zhūbā	朱巴
モーリシャス共和国	Máolǐqiúsī gònghéguó	毛里求斯共和国	ポートルイス	Lùyìgǎng	路易港
モーリタニア・イスラム共和国	Máolǐtǎníyà Yīsīlán gònghéguó	毛里塔尼亚伊斯兰共和国	ヌアクショット	Nǔwǎkèxiàotè	努瓦克肖特
モザンビーク共和国	Mòsāngbǐkè gònghéguó	莫桑比克共和国	マプト	Mǎpǔtuō	马普托
モロッコ王国	Móluògē wángguó	摩洛哥王国	ラバト	Lābātè	拉巴特
リビア	Lìbǐyà	利比亚	トリポリ	Dìlíbōlǐ	的黎波里
リベリア共和国	Lìbǐlǐyà gònghéguó	利比亚共和国	モンロビア	Ménglúowéiyà	蒙罗维亚
ルワンダ共和国	Lúwàngdá gònghéguó	卢旺达共和国	キガリ	Jījiālì	基加利
レソト王国	Láisuǒtuō wángguó	莱索脱王国	マセル	Mǎsàilú	马塞卢

【大洋州】

オーストラリア	Àodàlìyà liánbāng	澳大利亚联邦	キャンベラ	Kānpéilā	塔培拉
キリバス共和国	Jīlǐbāsī gònghéguó	基里巴斯共和国	タラワ	Tǎlāwǎ	塔拉瓦
サモア独立国	Sàmóyà	萨摩亚	アピア	Āpíyà	阿皮亚
ソロモン諸島	Suǒluómén qúndǎo	所罗门群岛	ホニアラ	Huònīyàlā	霍尼亚拉
ツバル	Túwǎlú	图瓦卢	フナフティ	Fùnàfùtí	富纳富提
トンガ王国	Tāngjiā wángguó	汤加王国	ヌクアロファ	Nǔkù'āluòfǎ	努库阿罗法
ナウル共和国	Nǎolǔ gònghéguó	瑙鲁共和国	ヤレン	Yàlúnqū	亚伦区
ニュージーランド	Xīnxīlán	新西兰	ウェリントン	Huìlíngdùn	惠灵顿

バヌアツ共和国	Wǎnǔ'ātú gònghéguó	瓦努阿图共和国	ポートビラ	Wéilāgǎng	维拉港
パプアニューギニア	Bābùyà xīnjǐnèiyà	巴布亚新几内亚	ポートモレスビー	Mò'ěrzībǐgǎng	莫尔兹比港
パラオ共和国	Pàláo gònghéguó	帕劳共和国	マルキョク	Méiláikǎi'àokè	梅莱凯奥克
東ティモール民主共和国	Dōngdìwèn mínzhǔ gònghéguó	东帝汶民主共和国	ディリ	Dìlì	帝力
フィジー共和国	Fěijǐ gònghéguó	斐济共和国	スバ	Sūwǎ	苏瓦
マーシャル諸島共和国	Mǎshào'ěr qúndǎo gònghéguó	马绍尔群岛共和国	マジュロ	Mǎzhūluó	马朱罗
ミクロネシア連邦	Mǐkèluóníxīyà liánbāng	密克罗尼西亚联邦	パリキール	Pàlìjī'ěr	帕利基尔

世界の主要地名

この表は日本と中国を除く世界の主要な地名を収録し、その中国語表記を示したものである。ただし中国の地名でも通常片仮名で表記されるものは記載した。

【ア 行】

アーカンソー　Ākěnsè(阿肯色)
アーヘン　Yàchēn(亚琛)
アイオワ　Ài'àowǎ(艾奥瓦)
アイスランド　Bīngdǎo(冰岛)
アイダホ　Àidáhé(爱达荷)
アイルランド　Ài'ěrlán(爱尔兰)
アウグスブルク　Àogésībǎo(奥格斯堡)
アウシュビッツ　Àosīwēixīn(奥斯威辛)
アクラ　Ākèlā(阿克拉)
アコンカグア山　Ākōngjiāguāshān(阿空加瓜山)
アジア　Yàzhōu(亚洲)，Yàxìyà(亚细亚)
アジスアベバ　Yàdísīyàbèibā(亚的斯亚贝巴)
アスワン　Āsīwàng(阿斯旺)
アスンシオン　Yàsōngsēn(亚松森)
アゼルバイジャン　Āsāibàijiāng(阿塞拜疆)
アゾフ海　Yàsùhǎi(亚速海)，Āsùfūhǎi(阿速夫海)
アゾレス諸島　Yàsù'ěr qúndǎo(亚速尔群岛)
アッサム　Āsàmǔ(阿萨姆)
アテネ　Yǎdiǎn(雅典)
アデレード　Ādéláidé(阿德莱德)
アデン　Yàdīng(亚丁)
アトラス山脈　Ātèlāsī shānmài(阿特拉斯山脉)
アトランタ　Yàtèlándà(亚特兰大)
アドリア海　Yàdélǐyàhǎi(亚得里亚海)
アバダン　Ābādān(阿巴丹)
アパラチア山脈　Ābālāqìyà shānmài(阿巴拉契亚山脉)
アピア　Āpíyà(阿皮亚)
アビジャン　Ābǐràng(阿比让)
アビニョン　Āwéiníwēng(阿维尼翁)
アビラ　Āwéilā(阿维拉)
アフガニスタン　Āfùhàn(阿富汗)
アブダビ　Ābùzhābǐ(阿布扎比)
アフリカ　Fēizhōu(非洲)
アペニン山脈　Yàpíngníng shānmài(亚平宁山脉)
アマゾン川　Yàmǎsūnhé(亚马孙河)
アムール川　Hēilóngjiāng(黑龙江)
アムステルダム　Āmǔsītèdān(阿姆斯特丹)
アメリカ　Měizhōu(美洲); Měiguó(美国)
アモイ　Xiàmén(厦门)
アラスカ　Ālāsījiā(阿拉斯加)
アラバマ　Yàlābāmǎ(亚拉巴马)
アラビア　Ālābó(阿拉伯)

アラフラ海　Ālāfúlāhǎi(阿拉弗拉海)
アラル海　Xiánhǎi(咸海)
アリゾナ　Yàlìsāngnà(亚利桑那)
アリューシャン列島　Āliúshēn qúndǎo(阿留申群岛)
アルザス　Ā'ěrsàsī(阿尔萨斯)
アルジェ　Ā'ěrjí'ěr(阿尔及尔)
アルジェリア　Ā'ěrjílìyà(阿尔及利亚)
アルゼンチン　Āgēntíng(阿根廷)
アルタイ山脈　Ā'ěrtài shānmài(阿尔泰山脉)
アルバニア　Ā'ěrbāníyà(阿尔巴尼亚)
アルプス山脈　Ā'ěrbēisī shānmài(阿尔卑斯山脉)
アルマアタ　Ālāmùtú(阿拉木图)
アルメニア　Yàměiníyà(亚美尼亚)
アレキサンドリア　Yàlìshāndà(亚历山大)
アレッポ　Ālèpō(阿勒颇)
アンカラ　Ānkǎlā(安卡拉)
アンカレッジ　Ānkèléiqí(安克雷奇)
アンゴラ　Āngēlā(安哥拉)
アンダマン諸島　Āndámàn qúndǎo(安达曼群岛)
アンダルシア　Āndálúxīyà(安达卢西亚)
アンデス山脈　Āndìsī shānmài(安第斯山脉)
アンドラ　Āndào'ěr(安道尔)
アントワープ　Āntèwèipǔ(安特卫普)
アンナプルナ　Ānnàbù'ěrnàfēng(安纳布尔纳峰)
アンナン　Ānnán(安南)
アンマン　Ānmàn(安曼)

イースター島　Fùhuódǎo(复活岛)
イートン　Yīdùn(伊顿)
イエナ　Yēná(耶拿)
イエメン　Yěmén(也门)
イオニア海　Yī'àoníyàhǎi(伊奥尼亚海)
イギリス　Yīngguó(英国)
イスタンブール　Yīsītǎnbù'ěr(伊斯坦布尔)
イズミル　Yīzīmī'ěr(伊兹密尔)
イスラエル　Yǐsèliè(以色列)
イスラマバード　Yīsīlánbǎo(伊斯兰堡)
イタリア　Yìdàlì(意大利)
イベリア半島　Yībǐlìyà bàndǎo(伊比利亚半岛)
イラク　Yīlākè(伊拉克)
イラワジ川　Yīluòwǎdǐjiāng(伊洛瓦底江)
イラン　Yīlǎng(伊朗)
イリノイ　Yīlìnuòyī(伊利诺伊)
イルクーツク　Yī'ěrkùcíkè(伊尔库茨克)

世界の主要地名

【イ/ウ/エ/オ 行】

イングランド　Yīnggélán(英格兰)
インスブルック　Yīnsībùlǔkè(因斯布鲁克)
インダス川　Yìndùhé(印度河)
インディアナ　Yìndì'ānnà(印第安纳)
インド　Yìndù(印度)
インドシナ半島　Zhōngnán bàndǎo(中南半岛), Yìndùzhīnà bàndǎo(印度支那半岛), Zhōngyìn bàndǎo(中印半岛)
インドネシア　Yìndùníxīyà(印度尼西亚), Yìnní(印尼)
インド洋　Yìndùyáng(印度洋)
インパール　Yīngpà'ěr(英帕尔)

ウィーン　Wéiyěnà(维也纳)
ウィスコンシン　Wēisīkāngxīng(威斯康星)
ウィンザー　Wēnshā(温莎)
ウィンチェスター　Wēnqièsītè(温切斯特)
ウィントフック　Wēndéhékè(温得和克)
ウェーク島　Wēikèdǎo(威克岛)
ウェールズ　Wēi'ěrshì(威尔士)
ウェストバージニア　Xīfújíníyà(西弗吉尼亚)
ウェストファーレン　Wēisītèfǎlún(威斯特法伦)
ウェストミンスター　Wēisīmǐnsītè(威斯敏斯特)
ウェリントン　Huìlíngdùn(惠灵顿)
ウォール街　Huá'ěrjiē(华尔街)
ウガンダ　Wūgāndá(乌干达)
ウクライナ　Wūkèlán(乌克兰)
ウズベク　Wūzībiékè(乌兹别克)
ウスリー川　Wūsūlǐjiāng(乌苏里江)
ウプサラ　Wūpǔsàlā(乌普萨拉)
ウラジオストック　Fúlādíwòsītuōkè(符拉迪沃斯托克), Hǎishēnwǎi(海参崴)
ウラル　Wūlā'ěr(乌拉尔)
ウランバートル　Wūlánbātuō(乌兰巴托)
ウルグアイ　Wūlāguī(乌拉圭)
ウルムチ　Wūlǔmùqí(乌鲁木齐)

エーゲ海　Àiqínhǎi(爱琴海)
エクアドル　Èguāduō'ěr(厄瓜多尔)
エジプト　Āijí(埃及)
エジンバラ　Àidīngbǎo(爱丁堡)
エストニア　Àishāníyà(爱沙尼亚)
エチオピア　Āisài'ébǐyà(埃塞俄比亚)
エッセン　Āisēn(埃森)
エディルネ　Āidí'ěrnèi(埃迪尔内)
エトナ山　Āitènà huǒshān(埃特纳火山)
エニセイ川　Yènísàihé(叶尼塞河)
エベレスト山　Zhūmùlǎngmǎfēng(珠穆朗玛峰)
エリー湖　Yīlìhú(伊利湖)
エルサルバドル　Sà'ěrwǎduō(萨尔瓦多)
エルサレム　Yēlùsālěng(耶路撒冷)
エルベ川　Yìběihé(易北河)

オークランド　Àokèlán(奥克兰)
オーストラリア　Àodàlìyà(澳大利亚), Àozhōu(澳洲)
オーストリア　Àodìlì(奥地利)
オーデル川　Àodéhé(奥得河)
オートボルタ　Shàngwò'ěrtè(上沃尔特)
オーマン　Āmàn(阿曼)
オクラホマ　Èkèlāhémǎ(俄克拉何马)
オスロ　Àosīlù(奥斯陆)
オセアニア　Dàyángzhōu(大洋洲)
オタワ　Wòtàihuá(渥太华)
オックスフォード　Niújīn(牛津)
オデッサ　Àodésà(敖德萨)
オハイオ　Éhài'é(俄亥俄)
オビ川　Èbǐhé(鄂毕河)
オホーツク海　Èhuòcìkèhǎi(鄂霍次克海)
オムスク　Èmùsīkè(鄂木斯克)
オランダ　Hélán(荷兰)
オルドス　È'ěrduōsī(鄂尔多斯)
オルレアン　Ào'ěrliáng(奥尔良)
オレゴン　Élègāng(俄勒冈)
オンタリオ湖　Āndàluèhú(安大略湖)

【カ 行】

ガーナ　Jiānà(加纳)
カールスルーエ　Kǎ'ěrsīlǔ'è(卡尔斯鲁厄)
ガイアナ　Guīyànà(圭亚那)
カイロ　Kāiluó(开罗)
ガザ　Jiāshā dìdài(加沙地带)
カザフ　Hāsàkè(哈萨克)
カサブランカ　Kǎsàbùlánkǎ(卡萨布兰卡)
カシミール　Kèshímǐ'ěr(克什米尔)
カシュガル　Kāshí(喀什)
カスピ海　Lǐhǎi(里海)
カタール　Kǎtǎ'ěr(卡塔尔)
カタルーニャ　Jiātàiluóníyà(加泰罗尼亚)
ガダルカナル島　Guādá'ěrkǎnà'ěrdǎo(瓜达尔卡纳尔岛)
カタロニア　→カタルーニャ
カトマンズ　Jiādémǎndū(加德满都)
カナダ　Jiānádà(加拿大)
カナリア諸島　Jiānàlì qúndǎo(加那利群岛)
カブール　Kābù'ěr(喀布尔)
カフカス山脈　Gāojiāsuǒ shānmài(高加索山脉)
カプリ島　Kǎpǔlǐdǎo(卡普里岛)
ガボン　Jiāpéng(加蓬)
カムチャツカ半島　Kānchájiā bàndǎo(堪察加半岛)
カメルーン　Kāmàilóng(喀麦隆)
カラカス　Jiālājiāsī(加拉加斯)
カラコルム山脈　Kālǎkūnlún shānmài(喀喇昆仑山脉)
カラチ　Kǎlāqí(卡拉奇)
ガラパゴス諸島　Jiālāpàgēsī qúndǎo(加拉帕戈斯群岛)
カラハリ砂漠　Kǎlāhālǐ shāmò(卡拉哈里沙漠)
カリーニングラード　Jiālǐnínggélè(加里宁格勒)
カリフォルニア　Jiālìfúníyà(加利福尼亚)
カリブ海　Jiālèbǐhǎi(加勒比海)
カリマンタン　Jiālǐmàndān(加里曼丹)
カルカッタ　Jiā'ěrgèdá(加尔各答)
カルパチア山脈　Kā'ěrbāqiān shānmài(喀尔巴阡山脉)
カレー　Jiālái(加来)
カロリン諸島　Jiāluólín qúndǎo(加罗林群岛)
カンザス　Kānsàsī(堪萨斯)

世界の主要地名

ガンジス川　Hénghé(恒河)
カンタベリー　Kǎntèbóléi(坎特伯雷)
カンヌ　Jiánà(戛纳)
カンパラ　Kǎnpàlā(坎帕拉)
ガンビア　Gāngbǐyà(冈比亚)
カンボジア　Jiǎnpǔzhài(柬埔寨)

ギアナ　Guīyànà(圭亚那)
キール　Jī'ěr(基尔)
キエフ　Jīfǔ(基辅)
キガリ　Jījiālì(基加利)
キト　Jīduō(基多)
ギニア　Jīnèiyà(几内亚)
ギニアビサウ　Jīnèiyàbǐshào(几内亚比绍)
キプロス　Sāipǔlùsī(塞浦路斯)
喜望峰　Hǎowàngjiǎo(好望角)
キャンベラ　Kānpéilā(堪培拉)
キューバ　Gǔbā(古巴)
ギリシア　Xīlà(希腊)
キリマンジャロ山　Qǐlìmǎzhāluóshān(乞力马扎罗山)
キルギス　Jí'ěrjísī(吉尔吉斯)
ギルバート諸島　Jí'ěrbótè qúndǎo(吉尔伯特群岛)
キングストン　Jīnsīdūn(金斯敦)
キンシャサ　Jīnshāsà(金沙萨)

グアテマラ　Wēidìmǎlā(危地马拉)
グアム島　Guāndǎo(关岛)
クアラルンプール　Jílóngpō(吉隆坡)
クウェート　Kēwēitè(科威特)
グダンスク　Gédànsīkè(格但斯克)
クック諸島　Kùkè qúndǎo(库克群岛)
グラスゴー　Gélāsīgē(格拉斯哥)
グラナダ　Gélānàdá(格拉纳达)
グランドキャニオン　Dàxiágǔ(大峡谷)
クリーブランド　Kèlìfúlán(克利夫兰)
グリーンランド　Gélínglán(格陵兰)
クリスマス島　Shèngdàndǎo(圣诞岛)
グリニッジ　Gélínwēizhì(格林威治)
クリミア半島　→クリム半島
クリム半島　Kèlǐmǐyà bàndǎo(克里米亚半岛)
グルジア　Gélǔjíyà(格鲁吉亚)
クルディスタン　Kù'ěrdésītǎn(库尔德斯坦)
クレタ島　Kèlǐtèdǎo(克里特岛)
グレナダ　Gélínnàdá(格林纳达)
クロアチア　Kèluódìyà(克罗地亚)

K2　Qiáogēlǐfēng(乔戈里峰)
ケープタウン　Kāipǔdūn(开普敦)
ゲッチンゲン　Gétínggēn(格廷根)
ケニア　Kěnníyà(肯尼亚)
ケベック　Kuíběikè(魁北克)
ケルン　Kēlóng(科隆)
ケンタッキー　Kěntǎjī(肯塔基)
ケント　Kěntè(肯特)
ケンブリッジ　Jiànqiáo(剑桥)

ゴア　Guǒ'ā(果阿)
紅海　Hónghǎi(红海)

コーカサス山脈　→カフカス山脈
コートジボアール　Xiàngyá hǎi'àn(象牙海岸)
コートダジュール　Lánsè hǎi'àn(蓝色海岸)
ゴーリキー　Gāo'ěrjī(高尔基)
コスタリカ　Gēsīdálíjiā(哥斯达黎加)
コソボ　Kēsuǒwò(科索沃)
黒海　Hēihǎi(黒海)
コナクリ　Kēnàkèlǐ(科纳克里)
コネチカット　Kāngnièdígé(康涅狄格)
ゴビ砂漠　Gēbì(戈壁), Gēbìtān(戈壁滩), Gēbì huāngmò(戈壁荒漠)
コブレンツ　Kēbùlúncí(科布伦茨)
コペンハーゲン　Gēběnhāgēn(哥本哈根)
コモロ　Kēmóluó(科摩罗)
ゴラン高原　Gēlán gāodì(戈兰高地)
コルシカ　Kēxījiā(科西嘉)
コルドバ　Kē'ěrduōwǎ(科尔多瓦)
コロラド　Kēluólāduō(科罗拉多)
コロンビア　Gēlúnbǐyà(哥伦比亚)
コロンボ　Kēlúnpō(科伦坡)
コンゴ　Gāngguǒ(刚果)

【サ 行】

ザール　Sà'ěr(萨尔)
ザイール　Zhāyī'ěr(扎伊尔)
サイパン島　Sàibāndǎo(塞班岛)
サウジアラビア　Shātè'ālābó(沙特阿拉伯)
サウスカロライナ　Nánkǎluóláinà(南卡罗来纳)
サウスダコタ　Nándákētā(南达科他)
ザクセン　Sàkèsēn(萨克森)
サナア　Sànà(萨那)
サバ　Shābā(沙巴)
サハラ砂漠　Sāhālā shāmò(撒哈拉沙漠)
サハリン島　Sàhālíndǎo(萨哈林岛), Kùyèdǎo(库页岛)
サマルカンド　Sāmǎ'ěrhǎn(撒马尔罕)
サモア諸島　Sàmóyà qúndǎo(萨摩亚群岛)
サラエボ　Sàlārèwō(萨拉热窝)
サラゴサ　Sàlāgēsà(萨拉戈萨)
サラワク　Shālāoyuè(沙捞越)
サルジニア島　Sādīngdǎo(撒丁岛)
ザルツブルク　Sà'ěrcíbǎo(萨尔茨堡)
サルバドル　Sà'ěrwǎduō(萨尔瓦多)
サンクト-ペテルブルグ　Shèngbǐdébǎo(圣彼得堡)
珊瑚海　Shānhúhǎi(珊瑚海)
サンサルバドル　Shèngsà'ěrwǎduō(圣萨尔瓦多)
サンジエゴ　Shèngdiégē(圣迭戈)
ザンジバル　Sāngjíbā'ěr(桑给巴尔)
サンチアゴ　Shèngdìyàgē(圣地亚哥)
サントス　Sāngtuōsī(桑托斯)
サントドミンゴ　Shèngduōmínggè(圣多明各)
サンパウロ　Shèngbǎoluó(圣保罗)
ザンビア　Zànbǐyà(赞比亚)
サンファン　Shènghú'àn(圣胡安)
サンフランシスコ　Shèngfúlǎngxīsīkē(圣弗朗西斯科), Jiùjīnshān(旧金山)
サンホセ　Shènghésài(圣何塞)
サンマリノ　Shèngmǎlìnuò(圣马力诺)
サンモリッツ　Shèngmòlǐcí(圣莫里茨)

世界の主要地名

シアトル　Xīyǎtú(西雅图)
シエナ　Xīyēnà(锡耶纳)
ジェノバ　Rènàyà(热那亚)
シエラレオネ　Sàilālì'áng(塞拉利昂)
死海　Sǐhǎi(死海)
シカゴ　Zhījiāgē(芝加哥)
シチリア島　Xīxīlǐdǎo(西西里岛)
シッキム　Xījīn(锡金)
シドニー　Xīní(悉尼)
シナイ半島　Xīnài bàndǎo(西奈半岛)
ジブチ　Jíbùtí(吉布提)
ジブラルタル　Zhíbùluótuó(直布罗陀)
シベリア　Xībólìyà(西伯利亚)
ジャカルタ　Yǎjiādá(雅加达)
ジャマイカ　Yámǎijiā(牙买加)
ジャワ島　Zhǎowādǎo(爪哇岛)
シャンパーニュ　Xiāngbīn(香槟)
ジュッセルドルフ　Dùsài'ěrduōfū(杜塞尔多夫)
シュツットガルト　Sītújiātè(斯图加特)
ジュネーブ　Rìnèiwǎ(日内瓦)
シュレジエン　Xīlǐxīyà(西里西亚)
小アジア　Xiǎoyàxīyà(小亚细亚)
ジョージア　Zuǒzhìyà(佐治亚)
ジョージタウン　Qiáozhìdūn(乔治敦)
ジョクジャカルタ　Rìrě(日惹), Zhōujiǎkǎtǎ(周贾卡塔)
シラクーザ　Xīlàkùsà(锡腊库萨)
シリア　Xùlìyà(叙利亚)
シリコンバレー　Guīgǔ(硅谷)
シレジア　→シュレジエン
シンガポール　Xīnjiāpō(新加坡)
ジンバブエ　Jīnbābùwéi(津巴布韦)

スイス　Ruìshì(瑞士)
スウェーデン　Ruìdiǎn(瑞典)
スーダン　Sūdān(苏丹)
スエズ　Sūyīshì(苏伊士)
スカンジナビア　Sīkāndìnàwéiyà(斯堪的纳维亚)
スコットランド　Sūgélán(苏格兰)
ズデーテン　Sūtáidé(苏台德)
ストックホルム　Sīdégē'ěrmó(斯德哥尔摩)
ストラスブール　Sītèlāsībǎo(斯特拉斯堡)
スバールバル諸島　Sīwǎ'ěrbā qúndǎo(斯瓦尔巴群岛)
スピッツベルゲン諸島　Sīpícìbēi'ěrgēn qúndǎo(斯匹次卑尔根群岛)
スプラトリー諸島　Nánshā lièdǎo(南沙列岛)
スペイン　Xībānyá(西班牙)
スペリオル湖　Sūbìlì'ěrhú(苏必尔湖)
スマトラ島　Sūméndálàdǎo(苏门答腊岛)
スラウェシ島　Sūlāwēixīdǎo(苏拉威西岛)
スラバヤ　Sìshuǐ(泗水), Sūlābāyà(苏腊巴亚)
スリナム　Sūlǐnán(苏里南)
スリランカ　Sīlǐlánkǎ(斯里兰卡)
スロバキア　Sīluòfákè(斯洛伐克)
スワジランド　Sīwēishìlán(斯威士兰)
スンガリ川　Sōnghuājiāng(松花江)
スンダ列島　Xùntā qúndǎo(巽他群岛)

セイロン　Xīlán(锡兰)
セーシェル　Sàishé'ěr(塞舌尔)
セーヌ川　Sàinàhé(塞纳河)
赤道ギニア　Chìdào Jīnèiyà(赤道几内亚)
セダン　Sèdāng(色当)
セネガル　Sàinèijiā'ěr(塞内加尔)
セバストポリ　Sàiwǎsītuōbō'ěr(塞瓦斯托波尔)
セビリア　Sàiwéilìyà(塞维利亚)
セルビア　Sài'ěrwéiyà(塞尔维亚)
セレベス島　→スラウェシ島
セントジョージズ海峡　Shèngqiáozhì hǎixiá(圣乔治海峡)
セントヘレナ島　Shènghèlènádǎo(圣赫勒拿岛)
セントルイス　Shènglùyìsī(圣路易斯)

ソウル　Hànchéng(汉城)
ゾーリンゲン　Suǒlíngēn(索林根)
ソールズベリ　Suǒ'ěrzībólì(索尔兹伯里)
ソチ　Suǒqì(索契)
ソビエト　Sūlián(苏联)
ソフィア　Suǒfēiyà(索非亚)
ソマリア　Suǒmǎlǐ(索马里)
ソロモン諸島　Suǒluómén qúndǎo(所罗门群岛)

【夕 行】

ダージリン　Dàjílǐng(大吉岭)
ダーダネルス海峡　Dádání'ěr hǎixiá(达达尼尔海峡)
タイ　Tàiguó(泰国)
大西洋　Dàxīyáng(大西洋)
太平洋　Tàipíngyáng(太平洋)
ダウラギリ山　Dàolājílǐfēng(道拉吉里峰)
ダカール　Dákā'ěr(达喀尔)
タクラマカン砂漠　Tǎkèlāmǎgān shāmò(塔克拉马干沙漠)
タジク　Tǎjíkè(塔吉克)
タシケント　Tǎshígān(塔什干)
タスマニア島　Tǎsīmǎníyàdǎo(塔斯马尼亚岛)
タタール　Dádá(鞑靼)
ダッカ　Dákǎ(达卡)
タナナリブ　Tǎnànàlìfó(塔那那利佛)
ダバオ　Dáwò(达沃)
タヒチ島　Tǎxītídǎo(塔希提岛)
ダブリン　Dūbólín(都柏林)
ダマスカス　Dàmǎshìgé(大马士革)
タリム盆地　Tǎlǐmù péndì(塔里木盆地)
ダルエスサラーム　Dálèisīsàlāmǔ(达累斯萨拉姆)
タンガニーカ　Tǎngáníkā(坦噶尼喀)
ダンケルク　Dūnkè'èrkè(敦刻尔克)
タンザニア　Tǎnsāngníyà(坦桑尼亚)
タンジール　Dānjí'ěr(丹吉尔)

チェコ　Jiékè(捷克)
チェチェン　Chēchén(车臣)
チェルノブイリ　Qiè'ěrnuòbèilì(切尔诺贝利)
チェンマイ　Qīngmài(清迈)
チグリス川　Dǐgélǐsīhé(底格里斯河)
チタ　Chìtǎ(赤塔)
地中海　Dìzhōnghǎi(地中海)

チベット　Xīzàng(西藏)
チボリ　Dìwòlì(蒂沃利)
チモール島　Dìwèndǎo(帝汶岛)
チャド　Zhàdé(乍得)
チューリヒ　Sūlíshì(苏黎世)
チュニジア　Tūnísī(突尼斯)
チュニス　Tūnísī(突尼斯)
チョモランマ　Zhūmùlǎngmǎfēng(珠穆朗玛峰)
チラナ　Dìlānà(地拉那)
チリ　Zhìlì(智利)
チロル　Dìluó'ěr(蒂罗尔)

ツーロン　Tǔlún(土伦)

デカン高原　Dégān gāoyuán(德干高原)
テキサス　Dékèsàsī(得克萨斯)
テグシガルパ　Tègǔxījiā'ěrbā(特古西加尔巴)
デトロイト　Dǐtèlǜ(底特律)
テニアン島　Tíní'āndǎo(提尼安岛)
テネシー　Tiánnàxī(田纳西)
テヘラン　Déhēilán(德黑兰)
テムズ川　Tàiwùshìhé(泰晤士河)
デラウェア　Tèlāhuá(特拉华)
デリー　Délǐ(德里)
テルアビブ　Tèlāwéifū(特拉维夫)
デンバー　Dānfó(丹佛)
デンマーク　Dānmài(丹麦)

ドイツ　Déguó(德国), Déyìzhì(德意志)
トーゴ　Duōgē(多哥)
ドーハ　Duōhā(多哈)
ドーバー海峡　Duōfó'ěr hǎixiá(多佛尔海峡)
ドナウ川　Duōnǎohé(多瑙河)
ドニエプル川　Dìnièbóhé(第聂伯河)
トビリシ　Dìbǐlìsī(第比利斯)
ドミニカ　Duōmǐníjiā(多米尼加)
トムスク　Tuōmùsīkè(托木斯克)
トラファルガー　Tèlāfǎ'ěrjiā(特拉法尔加)
トランシルバニア　Tèlánxīwǎníyà(特兰西瓦尼亚)
トランスバール　Délánshìwǎ(德兰士瓦)
トリエステ　Dìlǐyǎsītè(的里雅斯特)
トリニダード・トバゴ　Tèlìnídá hé Duōbāgē(特立尼达和多巴哥)
トリノ　Dūlíng(都灵)
トリポリ　Dílíbōlǐ(的黎波里)
トルクメン　Tǔkùmàn(土库曼)
トルコ　Tǔ'ěrqí(土耳其)
ドルトムント　Duōtèméngdé(多特蒙德)
ドレスデン　Délèisīdùn(德累斯顿)
トレド　Tuōláiduō(托莱多)
トロント　Duōlúnduō(多伦多)
トンガ　Tāngjiā(汤加)
ドン川　Dùnhé(顿河)

【ナ 行】
ナイアガラ滝　Níyàjiālā pùbù(尼亚加拉瀑布)
ナイジェリア　Nírìlìyà(尼日利亚)
ナイセ川　Nísīhé(尼斯河)
ナイル川　Níluóhé(尼罗河)

ナイロビ　Nèiluóbì(内罗毕)
ナウル　Nǎolǔ(瑙鲁)
ナッソー　Násāo(拿骚)
ナホトカ　Nàhuòdékǎ(纳霍德卡)
ナポリ　Nàbùlèsī(那不勒斯)
ナミビア　Nàmǐbǐyà(纳米比亚)
南極大陸　Nánjízhōu(南极洲)
ナンシー　Nánxī(南锡)
ナント　Nántè(南特)

ニアメ　Níyàměi(尼亚美)
ニース　Nísī(尼斯)
ニカラグア　Níjiālāguā(尼加拉瓜)
ニコシア　Níkēxīyà(尼科西亚)
西インド諸島　Xīyìndù qúndǎo(西印度群岛)
ニジェール　Nírì'ěr(尼日尔)
ニューイングランド　Xīnyīnggélán(新英格兰)
ニューオリンズ　Xīn'ào'ěrliáng(新奥尔良)
ニューカッスル　Niǔkǎsī'ěr(纽卡斯尔)
ニューカレドニア　Xīnkālǐduōníyà(新喀里多尼亚)
ニューギニア　Xīnjīnèiyà(新几内亚)
ニュージーランド　Xīnxīlán(新西兰)
ニュージャージー　Xīnzéxī(新泽西)
ニューデリー　Xīndélǐ(新德里)
ニューハンプシャー　Xīnhǎnbùshí'ěr(新罕布什尔)
ニューファンドランド　Niǔfēnlán(纽芬兰)
ニューブリテン島　Xīnbùlièdiāndǎo(新不列颠岛)
ニューメキシコ　Xīnmòxīgē(新墨西哥)
ニューヨーク　Niǔyuē(纽约)
ニュルンベルク　Niǔlúnbǎo(纽伦堡)

ヌアクショット　Nǔwǎkèxiàotè(努瓦克肖特)
ヌーメア　Nǔměi'ā(努美阿)

ネーデルランド　Nídélán(尼德兰)
ネッカー川　Nèikǎhé(内卡河)
ネパール　Níbó'ěr(尼泊尔)
ネバ川　Nièwǎhé(涅瓦河)
ネバダ　Nèihuádá(内华达)
ネブラスカ　Nèibùlāsījiā(内布拉斯加)
ネルチンスク　Niè'ěrqínsīkè(涅尔琴斯克),Níbùchǔ(尼布楚)

ノースカロライナ　Běikǎluóláinà(北卡罗来纳)
ノースダコタ　Běidákētā(北达科他)
ノボシビルスク　Xīnxībólìyà(新西伯利亚), Nuòwòxībǐ'ěrsīkè(诺沃西比尔斯克)
ノルウェー　Nuówēi(挪威)
ノルマンジー　Nuòmàndǐ(诺曼底)

【ハ 行】
ハーグ　Hǎiyá(海牙)
バークレー　Bókèlì(伯克利)
バージニア　Fújíníyà(弗吉尼亚)
バーゼル　Bāsài'ěr(巴塞尔)
バーデンバーデン　Bādēngbādēng(巴登巴登)
バーミンガム　Bómínghàn(伯明翰)

世界の主要地名

バーモント　Fóméngtè(佛蒙特)
パールハーバー　Zhēnzhūgǎng(珍珠港)
バーレーン　Bālín(巴林)
バイエルン　Bài'ēn(拜恩)
バイカル湖　Bèijiā'ěrhú(贝加尔湖)
ハイチ　Hǎidì(海地)
ハイデラバード　Hǎidélābā(海得拉巴)
ハイデルベルク　Hǎidébǎo(海德堡)
ハイフォン　Hǎifáng(海防)
バイロイト　Bàiluóyītè(拜罗伊特)
バギオ　Bìyáo(碧瑶)
パキスタン　Bājīsītǎn(巴基斯坦)
バクー　Bākù(巴库)
バグダッド　Bāgédá(巴格达)
白ロシア　Bái'éluósī(白俄罗斯)
バシー海峡　Bāshì hǎixiá(巴士海峡)
バスク　Bāsīkè(巴斯克)
バターン　Bādān(巴丹)
パタゴニア　Bātǎgēníyà(巴塔哥尼亚)
バチカン　Fàndìgāng(梵蒂冈)
白海　Báihǎi(白海)
バッファロー　Bùfǎluó(布法罗)
ハドソン川　Hādésūnhé(哈得孙河)
パナマ　Bānámǎ(巴拿马)
ハノイ　Hénèi(河内)
ハノーバー　Hànnuòwēi(汉诺威)
ハバナ　Hāwǎnà(哈瓦那)
ハバマ　Bāhāmǎ(巴哈马)
ハバロフスク　Hābāluófūsīkè(哈巴罗夫斯克), Bólì(伯力)
パプアニューギニア　Bābùyàxīnjīnèiyà(巴布亚新几内亚)
バマコ　Bāmǎkē(巴马科)
パミール高原　Pàmǐ'ěr gāoyuán(帕米尔高原)
バミューダ諸島　Bǎimùdà qúndǎo(百慕大群岛)
ハミルトン　Hāmì'ěrdùn(哈密尔顿)
パラオ諸島　Pàláo qúndǎo(帕劳群岛)
パラグアイ　Bālāguī(巴拉圭)
パラマリボ　Pàlāmǎlǐbó(帕拉马里博)
パリ　Bālí(巴黎)
ハリウッド　Hǎoláiwù(好莱坞)
ハリコフ　Hā'ěrkēfū(哈尔科夫)
バリ島　Bālídǎo(巴厘岛)
バルカン半島　Bā'ěrgān bàndǎo(巴尔干半岛)
バルセロナ　Bāsàiluónà(巴塞罗那)
ハルツーム　Kātǔmù(喀土穆)
バルト海　Bōluódǐhǎi(波罗的海)
バルバドス　Bābāduōsī(巴巴多斯)
バルパライソ　Wǎ'ěrpàláisuǒ(瓦尔帕莱索)
ハルビン　Hā'ěrbīn(哈尔滨)
パルマ　Pà'ěrmǎ(帕尔马)
パレスチナ　Bālèsītǎn(巴勒斯坦)
バレッタ　Wǎlàitǎ(瓦莱塔)
パレルモ　Bālèmò(巴勒莫)
バレンシア　Bālúnxīyà(巴伦西亚)
ハワイ　Xiàwēiyí(夏威夷)
ハンガリー　Xiōngyálì(匈牙利)
バンガロール　Bānjiāluó'ěr(班加罗尔)
バンギ　Bānjí(班吉)
バンクーバー　Wēngēhuá(温哥华)
バングラデシュ　Mèngjiālāguó(孟加拉国)
バンコク　Màngǔ(曼谷)
パンジャブ　Pángzhēpǔ(旁遮普)
バンジュル　Bānzhū'ěr(班珠尔)
バンドン　Wànlóng(万隆)
ハンブルク　Hànbǎo(汉堡)

ビエンチャン　Wànxiàng(万象)
東インド諸島　Mǎlái qúndǎo(马来群岛)
東シナ海　Dōnghǎi(东海), Dōngzhōngguóhǎi(东中国海)
ビキニ環礁　Bǐjīní huánjiāo(比基尼环礁)
ビクトリア　Wéiduōlìyà(维多利亚)
ピサ　Bǐsà(比萨)
ビスケー湾　Bǐsīkāiwān(比斯开湾)
ピッツバーグ　Pǐzībǎo(匹兹堡)
ヒマラヤ山脈　Xǐmǎlāyǎ shānmài(喜马拉雅山脉)
ヒューストン　Xiūsīdūn(休斯敦)
ヒューロン湖　Xiūlúnhú(休伦湖)
ビュルツブルク　Wéi'ercíbǎo(维尔茨堡)
ビュルテンベルク　Fúténgbǎo(符腾堡)
ピョンヤン　Píngrǎng(平壤)
ビルマ　Miǎndiàn(缅甸)
ピレネー山脈　Bǐlìniúsī shānmài(比利牛斯山脉)
ヒンズークシ山脈　Xīngdūkùshí shānmài(兴都库什山脉)
ヒンドスタン平原　Hénghé píngyuán(恒河平原)

フィジー　Fěijǐ(斐济)
フィラデルフィア　Fèichéng(费城)
フィリピン　Fēilǜbīn(菲律宾)
フィレンツェ　Fóluólúnsà(佛罗伦萨)
フィンランド　Fēnlán(芬兰)
ブーゲンビル島　Bùgānwéi'ěrdǎo(布干维尔岛)
ブータン　Bùdān(不丹)
ブエノスアイレス　Bùyínuòsī'àilìsī(布宜诺斯艾利斯)
プエルトリコ　Bōduōlígè(波多黎各)
フォークランド諸島　Fúkèlán qúndǎo(福克兰群岛), Mǎ'ěrwéinàsī qúndǎo(马尔维纳斯群岛)
ブカレスト　Bùjiālèsītè(布加勒斯特)
ブジュンブラ　Bùqióngbùlā(布琼布拉)
ブダペスト　Bùdàpèisī(布达佩斯)
プノンペン　Jīnbiān(金边)
フホホト　Hūhéhàotè(呼和浩特)
ブラザビル　Bùlāchàiwéi'ěr(布拉柴维尔)
ブラジリア　Bāxīlìyà(巴西利亚)
ブラジル　Bāxī(巴西)
プラハ　Bùlāgé(布拉格)
ブラマプトラ川　Bùlāmǎpǔtèlāhé(布拉马普特拉河)
フランクフルト　Fǎlánkèfú(法兰克福)
フランス　Fǎguó(法国)
ブランデンブルク　Bólándēngbǎo(勃兰登堡)
フランドル　Fólándé(佛兰德)
フリータウン　Fúlǐdūn(弗里敦)

ブリッジタウン　Bùlǐqídùn(布里奇顿)
プリマス　Pǔlìmáosī(普利茅斯)
ブリヤート　Bùlǐyàtè(布里亚特)
ブリュッセル　Bùlǔsài'ěr(布鲁塞尔)
ブルガリア　Bǎojiālìyà(保加利亚)
ブルゴーニュ　Bógèndì(勃艮第)
ブルターニュ　Bùliètǎní(布列塔尼)
ブルネイ　Wénlái(文莱)
ブルンジ　Bùlóngdí(布隆迪)
ブレーメン　Bùláiméi(不来梅)
プレトリア　Bǐlètuólìyà(比勒陀利亚)
プロバンス　Pǔluówàngsī(普罗旺斯)
フロリダ　Fóluólǐdá(佛罗里达)

ベイルート　Bèilǔtè(贝鲁特)
ベーリング海　Báilìnghǎi(白令海)
ベオグラード　Bèi'ěrgéláidé(贝尔格莱德)
ペグー　Bógù(勃固)
ベスビオ山　Wéisūwēi huǒshān(维苏威火山)
ヘッセン　Hēisēn(黑森)
ベツレヘム　Bólìhéng(伯利恒)
ベトナム　Yuènán(越南)
ペナン　Bīnchéng(槟城)
ベニス → ベネチア
ベニン　Bèiníng(贝宁)
ベネズエラ　Wěinèiruìlā(委内瑞拉)
ベネチア　Wēinísī(威尼斯)
ペルー　Bìlǔ(秘鲁)
ベルギー　Bǐlìshí(比利时)
ベルサイユ　Fán'ěrsài(凡尔赛)
ペルシア湾　Bōsīwān(波斯湾)
ヘルシンキ　Hè'ěrxīnjī(赫尔辛基)
ベルダン　Fán'ěrdēng(凡尔登)
ヘルツェゴビナ　Hēisàigēwéinà(黑塞哥维那)
ベルファスト　Bèi'ěrfǎsītè(贝尔法斯特)
ベルリン　Bólín(柏林)
ベルン　Bó'ěrní(伯尔尼)
ベローナ　Wéiluónà(维罗纳)
ペロポネソス半島　Bóluóbēnnísā bàndǎo(伯罗奔尼撒半岛)
ベンガジ　Bānjiāxī(班加西)
ベンガル　Mèngjiālā(孟加拉)
ペンシルベニア　Bīnxīfǎníyà(宾夕法尼亚)

ポー川　Bōhé(波河)
ホーチミン　Húzhìmíngshì(胡志明市)
ポーツマス　Pǔcìmáosī(朴次茅斯)
ボーデン湖　Bódēnghú(博登湖)
ポートサイド　Sàidégǎng(塞得港)
ポートモレスビー　Mò'ěrzībǐgǎng(莫尔兹比港)
ポートルイス　Lùyìgǎng(路易港)
ポーランド　Bōlán(波兰)
ボゴタ　Bōgēdà(波哥大)
ボストン　Bōshìdùn(波士顿)
ボスニア湾　Bōdíníyàwān(波的尼亚湾)
ボスポラス海峡　Bósīpǔlǔsī hǎixiá(博斯普鲁斯海峡)
北海　Běihǎi(北海)
北極海　Běibīngyáng(北冰洋)
ポツダム　Bōcítǎn(波茨坦)

ボツワナ　Bócíwǎnà(博茨瓦纳)
ホノルル　Huǒnúlǔlǔ(火奴鲁鲁)
ボヘミア　Bōxīmǐyà(波希米亚)
ポリネシア　Bōlìníxīyà(波利尼西亚)
ボリビア　Bōlìwéiyà(玻利维亚)
ボルガ川　Fú'ěrjiāhé(伏尔加河)
ボルゴグラード　Fú'ěrjiāgélè(伏尔加格勒)
ボルチモア　Bā'ěrdímó(巴尔的摩)
ボルドー　Bō'ěrduō(波尔多)
ポルトガル　Pútáoyá(葡萄牙)
ボルネオ　Póluózhōu(婆罗州)
ホルムズ海峡　Huò'ěrmùzī hǎixiá(霍尔木兹海峡)
ボローニャ　Bōluòníyà(博洛尼亚)、Bōlúnyà(波伦亚)
ボン　Bō'ēn(波恩)
ホンゲイ　Hóngjī(鸿基)
ホンコン　Xiānggǎng(香港)
ホンジュラス　Hóngdūlāsī(洪都拉斯)
ボンベイ　Mèngmǎi(孟买)
ポンペイ　Pángpéi(庞培)

【マ 行】

マーシャル諸島　Mǎshào'ěr qúndǎo(马绍尔群岛)
マイアミ　Mài'āmì(迈阿密)
マイセン　Màisēn(迈森)
マウイ島　Máoyīdǎo(毛伊岛)
マカオ　Àomén(澳门)
マサチューセッツ　Mǎsāzhūsài(马萨诸塞)
マジョルカ島　Mǎlùèkǎdǎo(马略卡岛)
マスカット　Mǎsīkātè(马斯喀特)
マゼラン海峡　Màizhélún hǎixiá(麦哲伦海峡)
マセル　Mǎsàilú(马塞卢)
マダガスカル　Mǎdájiāsījiā(马达加斯加)
マッキンリー山　Màijīnlìshān(麦金利山)
マッケンジー川　Mǎgēngxièhé(马更些河)
マッターホルン　Mǎtèfēng(马特峰)
マドラス　Mǎdélāsī(马德拉斯)
マドリード　Mǎdélǐ(马德里)
マナーマ　Màinàmǎi(麦纳麦)
マナグア　Mǎnàguā(马那瓜)
マナスル　Mǎnàsīlúfēng(马纳斯卢峰)
マニラ　Mǎnílā(马尼拉)
マプト　Mǎpǔtuō(马普托)
間宮海峡　Dádá hǎixiá(鞑靼海峡)
マラウイ　Mǎlāwéi(马拉维)
マラガ　Mǎlājiā(马拉加)
マラッカ海峡　Mǎliùjiǎ hǎixiá(马六甲海峡)
マラボ　Mǎlābō(马拉脖)
マリ　Mǎlǐ(马里)
マリアナ諸島　Mǎlǐyànà qúndǎo(马里亚纳群岛)
マルセーユ　Mǎsài(马赛)
マルタ　Mǎ'ěrtā(马耳他)
マルビナス諸島　Mǎ'ěrwéinàsī qúndǎo(马尔维纳斯群岛)
マレ　Mǎlèi(马累)
マレーシア　Mǎláixīyà(马来西亚)
マレー半島　Mǎlái bàndǎo(马来半岛)

世界の主要地名

マンダレー　Màndélè(曼德勒)
マンチェスター　Mànchèsītè(曼彻斯特)
マンハイム　Mànhǎimǔ(曼海姆)
マンハッタン　Mànhādùn(曼哈顿)

ミクロネシア　Mìkèluóníxīyà(密克罗尼西亚)
ミシガン　Mìxīegēn(密歇根)
ミシシッピ　Mìxīxībǐ(密西西比)
ミズーリ　Mìsūlǐ(密苏里)
ミッドウェー諸島　Zhōngtúdǎo(中途岛)
南シナ海　Nánhǎi(南海), Nánzhōngguóhǎi(南中国海)
ミニヤコンガ　Gònggǎshān(贡嘎山)
ミネソタ　Míngnísūdá(明尼苏达)
ミュンヘン　Mùníhēi(慕尼黑)
ミラノ　Mǐlán(米兰)
ミルウォーキー　Mì'ěrwòjī(密尔沃基)
ミンスク　Míngsīkè(明斯克)
ミンダナオ島　Miánlánlǎodǎo(棉兰老岛)

ムババネ　Mǔbābānèi(姆巴巴内)

メーン　Miǎnyīn(缅因)
メキシコ　Mòxīgē(墨西哥)
メキシコシティー　Mòxīgēchéng(墨西哥城)
メコン川　Méigōnghé(湄公河)
メジナ　Màidìnà(麦地那)
メダン　Miánlán(棉兰)
メッカ　Màijiā(麦加)
メナド　Wànyālǎo(万鸦老)
メナム川　Méinánhé(湄南河)
メラネシア　Měilāníxīyà(美拉尼西亚)
メリーランド　Mǎlǐlán(马里兰)
メルボルン　Mò'ěrběn(墨尔本)
メンフィス　Mèngfēisī(孟菲斯)

モーゼル川　Mózé'erhé(摩泽尔河)
モーリシャス　Máolǐqiúsī(毛里求斯)
モーリタニア　Máolǐtǎníyà(毛里塔尼亚)
モガディシュ　Mójiādíshā(摩加迪沙)
木曜島　Xīngqīsìdǎo(星期四岛)
モザンビーク　Mòsāngbǐkè(莫桑比克)
モスクワ　Mòsīkē(莫斯科)
モナコ　Mónàgē(摩纳哥)
モルジブ　Mǎ'ěrdàifū(马尔代夫)
モルダウ川　Fú'ěrtǎwǎhé(伏尔塔瓦河)
モルダビア　Mó'ěrdáwéiyà(摩尔达维亚)
モロッコ　Móluògē(摩洛哥)
モンゴル　Měnggǔ(蒙古)
モンタナ　Méngdànà(蒙大拿)
モンテカルロ　Méngtèkǎluò(蒙特卡洛)
モンテネグロ　Hēishān(黑山)
モンテビデオ　Méngdéwéidìyà(蒙得维的亚)
モンテレー　Méngtèléi(蒙特雷)
モンテローザ　Méngtèluósàfēng(蒙特罗萨峰)
モントゴメリー　Ménggēmǎlì(蒙哥马利)
モントリオール　Méngtèlì'ěr(蒙特利尔)
モンバサ　Méngbāsà(蒙巴萨)
モンブラン　Bólǎngfēng(勃朗峰)
モンマルトル　Méngmǎtè(蒙马特)

モンロビア　Ménglúowéiyà(蒙罗维亚)

【ヤ 行】
ヤウンデ　Yǎwēndé(雅温得)
ヤクーツク　Yǎkùcífkè(雅库茨克)
ヤクート　Yǎkùtè(雅库特)
ヤルタ　Yǎ'ěrtǎ(雅尔塔)
ヤンゴン　Yǎngguāng(仰光)

ユーゴスラビア　Nánsīlāfū(南斯拉夫)
ユーコン川　Yùkōnghé(育空河)
ユーフラテス川　Yòufālādǐhé(幼发拉底河)
ユーラシア　Yà'ōu dàlù(亚欧大陆), Ōuyà dàlù(欧亚大陆)
ユエ　Shùnhuà(顺化)
ユカタン半島　Yóukǎtǎn bàndǎo(尤卡坦半岛)
ユタ　Yóutā(犹他)
ユトレヒト　Wūdélèzhī(乌得勒支)
ユングフラウ　Shàonǚfēng(少女峰)

ヨーク　Yuēkè(约克)
ヨークシャー　Yuēkèjùn(约克郡)
ヨーロッパ　Ōuzhōu(欧洲), Ōuluóbā(欧罗巴)
ヨハネスバーグ　Yuēhànnèisībǎo(约翰内斯堡)
ヨルダン　Yuēdàn(约旦)

【ラ 行】
ライデン　Láidùn(莱顿)
ライプチヒ　Láibǐxī(莱比锡)
ライン川　Láiyīnhé(莱茵河)
ラオス　Lǎowō(老挝)
ラゴス　Lāgèsī(拉各斯)
ラサ　Lāsà(拉萨)
ラスパルマス　Lāsīpà'ěrmǎsī(拉斯帕尔马斯)
ラスベガス　Lāsīwéijiāsī(拉斯韦加斯)
ラップランド　Lāpǔlán(拉普兰)
ラテンアメリカ　Lādīng Měizhōu(拉丁美洲)
ラトビア　Lātuōwéiyà(拉脱维亚)
ラバウル　Lābāo'ěr(拉包尔)
ラパス　Lābāsī(拉巴斯)
ラバト　Lābātè(拉巴特)
ラプラタ　Lāpǔlātǎ(拉普拉塔)
ラブラドル　Lābùlāduō(拉布拉多)
ラホール　Lāhé'ěr(拉合尔)
ラワルピンジ　Lāwǎ'ěrpǐndì(拉瓦尔品第)
ランカシャー　Lánkāixià(兰开夏)
ランカスター　Lánkāisītè(兰开斯特)

リーブルビル　Lìbówéi'ěr(利伯维尔)
リール　Lǐ'ěr(里尔)
リエージュ　Lièrì(列日)
リオデジャネイロ　Lǐyuērènèilú(里约热内卢)
リガ　Lǐjiā(里加)
リスボン　Lǐsīběn(里斯本)
リッチモンド　Lǐshìmǎn(里士满)
リトアニア　Lìtáowǎn(立陶宛)
リバプール　Lìwùpǔ(利物浦)
リビア　Lìbǐyà(利比亚)
リビエラ　Lǐwéi'āilā(里维埃拉)
リヒテンシュタイン　Lièzhīdūnshìdēng(列支

敦士登)
リベリア Lìbǐlǐyà(利比里亚)
リマ Lìmǎ(利马)
リヤド Lìyǎdé(利雅得)
リューベック Lǔbèikè(吕贝克)
リヨン Lǐ'áng(里昂)
リロングウェ Lìlóngguī(利隆圭)

ルアーブル Lè'āfú'ěr(勒阿弗尔)
ルアンダ Luó'āndá(罗安达)
ルアンプラバン Lángbólābāng(琅勃拉邦)
ルイジアナ Lùyìsī'ānnà(路易斯安那)
ルーアン Lǔ'áng(鲁昂)
ルーマニア Luómǎníyà(罗马尼亚)
ルール Lǔ'ěr(鲁尔)
ルクセンブルク Lúsēnbǎo(卢森堡)
ルクソル Lúkèsuǒ(卢克索)
ルサカ Lúsàkǎ(卢萨卡)
ルソン島 Lǔsòngdǎo(吕宋岛)
ルツェルン Lúsài'ēn(卢塞恩)
ルワンダ Lúwàngdá(卢旺达)

レイキャビク Léikèyǎwèikè(雷克雅未克)
レイテ島 Láitèdǎo(莱特岛)
レソト Láisuǒtuō(莱索托)
レナ川 Lènáhé(勒拿河)
レバノン Líbānèn(黎巴嫩)

レマン湖 Rìnèiwǎhú(日内瓦湖), Láimánghú (莱芒湖)

ロアール川 Lúwǎ'ěrhé(卢瓦尔河)
ローザンヌ Luòsāng(洛桑)
ロードシア Luódéxīyà(罗得西亚)
ロードアイランド Luódédǎo(罗得岛)
ロードス Luódé(罗得)
ローヌ川 Luónèhé(罗讷河)
ローマ Luómǎ(罗马)
ロサンゼルス Luòshānjī(洛杉矶)
ロシア Éguó(俄国), Éluósī(俄罗斯)
ロストフ Luósītuōfū(罗斯托夫)
ロッキー山脈 Luòjī shānmài(落基山脉)
ロッテルダム Lùtèdān(鹿特丹)
ロブノール Luóbùpō(罗布泊)
ロメ Luòměi(洛美)
ロレーヌ Luòlín(洛林)
ロングビーチ Chángtān(长滩)
ロンドン Lúndūn(伦敦)

【ワ 行】

ワイオミング Huái'émíng(怀俄明)
ワガドーグー Wǎjiādùgǔ(瓦加杜古)
ワシントン Huáshèngdùn(华盛顿)
ワルシャワ Huáshā(华沙)

世界の主要人名

この表は日本と中国を除く、世界の主要人名ならびに神話や文学作品に現れる主な人名を収録し、その中国語表記を示したものである.

【ア 行】

アークライト　Ākèlàitè（阿克赖特）
アービング　Ōuwén（欧文）
アームストロング　Āmǔsītèlǎng（阿姆斯特朗）
アーレント　Hànnà・Ālúntè（汉娜・阿伦特）
アイスキュロス　Āisīkùluósī（埃斯库罗斯）
アイゼンハウアー　Àisēnháowēi'ěr（艾森豪威尔）
アイソポス　Yīsuǒ（伊索）
アインシュタイン　Àiyīnsītǎn（爱因斯坦）
アウグスティヌス　Àogǔsīdīng（奥古斯丁）
アウグストゥス　Àogǔsīdū（奥古斯都）
アウンサンスーチー　Ángshānsùjì（昂山素季）
アガサ・クリスティー　Ājiāshā・Kèlǐsīdì（阿加莎・克里斯蒂）
アギナルド　Ākuínàduō（阿奎纳多）
アキノ　Ājīnuò（阿基诺）
アキレウス　Ākāliúsī（阿喀琉斯）
アクバル　Ākèbā（阿克巴）
アジェンデ　Āliándé（阿连德）
アシモフ　Āxīmòfū（阿西莫夫）
アショカ王　Āyùwáng（阿育王）
アダム　Yàdāng（亚当）
アダム・シャール　→シャル・フォン・ベル
アダム・スミス　Yàdāng・Sīmì（亚当・斯密）
アッティラ　Ātílā（阿提拉）
アデナウアー　Ādēngnà（阿登纳）
アトリー　Àidélǐ（艾德礼）
アドルノ　Āduōnuò（阿多诺）
アナクレオン　Ānàkèlǐwēng（阿那克里翁）
アナトール・フランス　Fǎlǎngshì（法朗士）
アヌイ　Ānǔyī（阿努伊）
アフロディテ　Āfóluòdítè（阿佛洛狄忒）
アボガドロ　Āfújiādéluó（阿伏伽德罗）
アポロン　Ābōluó（阿波罗）
アムンゼン　Āméngsēn（阿蒙森）
アラゴン　Ālāgòng（阿拉贡）
アラジン　Ālādīng（阿拉丁）
アラファト　Ālāfǎtè（阿拉法特）
アリストテレス　Yàlǐshìduōdé（亚里士多德）
アリストファネス　Ālǐsītuōfēn（阿里斯托芬）
アルキメデス　Ājīmǐdé（阿基米得）
アルチュセール　Ā'ěrtúsài（阿尔图塞）
アレクサンドル1世　Yàlìshāndà yīshì（亚历山大一世）
アレクサンドロス大王　Yàlìshāndà dàdì（亚历山大大帝）
アングル　Āngé'ěr（安格尔）
アンクル・トム　Tāngmǔ shūshu（汤姆叔叔）
アンジェリコ　Ānjílìkē（安吉利科）
アンデルセン　Āntúshēng（安徒生）
アントニウス　Āndōngní（安东尼）
アンナ・カレーニナ　Ānnà・Kǎliènínà（安娜・卡列尼娜）

イーグルトン　Yīgē'ěrdùn（伊格尔顿）
イーゴリ　Yīgē'ěr（伊戈尔）
イーデン　Àidēng（艾登）
イェーツ　Yèzhī（叶芝）
イェーリング　Yēlín（耶林）
イエス・キリスト　Yēsū（耶稣）
イェリネック　Yēlìnèikè（耶利内克）
イサベラ　Yīsàbólā（伊萨伯拉）
イザヤ　Yǐsàiyà（以赛亚）
イソクラテス　Yīsuǒkèlādǐ（伊索克拉底）
イソップ　→アイソポス
イブ　Xiàwá（夏娃）
イプセン　Yìbǔshēng（易卜生）
イブン・サウド　Yīběn・Shātè（伊本・沙特）
イヨネスコ　Yóunàisīkù（尤奈斯库）
イワン4世[雷帝]　Yīfán sìshì[léidì]（伊凡四世[雷帝]）
インノケンティウス3世　Yīngnuòsēn sānshì（英诺森三世）

ウィクリフ　Wēikèlìfū（威克利夫）
ウィトゲンシュタイン　Wéitègēnsītǎn（维特根斯坦）
ウィリアム1世[征服王]　Wēilián zhēngfúzhě（威廉征服者）
ウィルソン　Wēi'ěrxùn（威尔逊）
ウィルヘルム1世　Wēilián yīshì（威廉一世）
ウィルヘルム・テル　Wēilián・Tuì'ěr（威廉・退尔）
ヴェイユ　Wèi'ěr（魏尔）
ウェード　Wēituǒmǎ（威妥玛）
ウェーバー　Wéibó（韦伯）
ウェゲナー　Wèigénà（魏格纳）
ウェッブ　Wéibó（维伯）
ウェブスター　Wéibósītè（韦伯斯特）
ウェルギリウス　Wéijí'ěr（维吉尔）
ウェルズ　Wēi'ěrsī（威尔斯）
ウェルテル　Wéitè（维特）
ウォーホル　Wòhuò'ěr（沃霍尔）
ウォーラーステイン　Wòlèsītǎn（沃勒斯坦）
ウ・タント　Wúdān（吴丹）
ウルフ　Wò'ěrfú（沃尔芙）

ウルブリヒト　Wūbùlìxī（乌布利希）

エイゼンシュテイン　Àisēnsītǎn（爱森斯坦）
エウリピデス　Ōulǐbǐdésī（欧里庇得斯）
エーコ　Āikē（埃科）
エールリヒ　Āi'ěrlìxī（埃尔利希）
エカテリーナ　Yèkǎjiélínnà（叶卡捷琳娜）
エジソン　Àidíshēng（爱迪生）
エストラダ　Āisītèlādá（埃斯特拉达）
エディプス　→オイディプス
エドワード3世　Àidéhuá sānshì（爱德华三世）
エバ　→イブ
エピクロス　Yībìjiūlǔ（伊壁鸠鲁）
エマーソン　Àimòshēng（爱默生）
エラスムス　Yīlāsīmó（伊拉斯谟）
エリオット　Àiluètè（爱略特）
エリザベス1世　Yīlìshābái yīshì（伊丽莎白一世）
エリツィン　Yèlìqīn（叶利钦）
エレミヤ　Yēlìmǐ（耶利米）
エロシェンコ　Àiluóxiānkē（爱罗先珂）
エンクルマ　Ēnkèlǔmǎ（恩克鲁玛）
エンゲルス　Ēngésī（恩格斯）

オイディプス　Édípǔsī（俄狄浦斯）
オーウェル　Àowēi'ěr（奥威尔）
オーウェン　Ōuwén（欧文）
オースチン　Àosīdīng（奥斯丁）
オー・ヘンリー　Ōu・Hēnglì（欧・亨利）
オーム　Ōumǔ（欧姆）
オキーフ　Àojīfū（奥基夫）
オクタヴィアヌス　Wūdàwéi（屋大维）
オストロフスキー　Àosītèluòfūsījī（奥斯特洛夫斯基）
オセロー　Àosàiluó（奥赛罗）
オッカム　Àokǎmǔ（奥卡姆）
オット1世［大帝］　Ètú yīshì[dàdì]（鄂图一世[大帝]）
オッフェンバック　Àofēnbāhè（奥芬巴赫）
オッペンハイマー　Àoběnhǎimò（奥本海默）
オデュッセウス　Àodéxiūsī（奥德修斯）
オニール　Àoní'ěr（奥尼尔）
オルテガ・イ・ガセット　Ào'ěrtèjiā・Yī・Jiāsàitè（奥尔特加・伊・加塞特）

【**カ 行**】
ガーシュイン　Géshíwēn（格什温）
カーソン　Kǎxùn（卡逊）
カーター　Kǎtè（卡特）
カートライト　Kǎtèlàitè（卡特赖特）
カーネギー　Kǎnèijī（卡内基）
カーライル　Kǎlái'ěr（卡莱尔）
カール1世［大帝］　Chálǐ dàdì（查理大帝）
カールグレン　Gāoběnhàn（高本汉）
ガイガー　Gàigé（盖革）
カイヨワ　Kǎyīwǎ（卡约瓦）
ガウス　Gāosī（高斯）
ガウディ　Gāodí（高迪）
カエサル　Kǎisā（恺撒）

ガガーリン　Jiājiālín（加加林）
カザルス　Kǎsà'ěrsī（卡萨尔斯）
カストロ　Kǎsītèluó（卡斯特罗）
ガタリ　Guātǎlǐ（瓜塔里）
カッシーラー　Kǎxīlè（卡西勒）
カトー(大)　Dàjiātú（大加图）
カトー(小)　Xiǎojiātú（小加图）
カニシカ　Jiānìsèjiā（迦腻色迦）
カブール　Jiāfù'ěr（迦富尔）
カフカ　Kǎfūkǎ（卡夫卡）
カポネ　Kǎpéng（卡彭）
カミュ　Jiāmiù（加缪）
カメハメハ　Kǎmàihāmàihā（卡麦哈麦哈）
ガモフ　Jiāmòfū（伽莫夫）
カラマーゾフ　Kǎlāmǎzuòfū（卡拉马佐夫）
ガリバー　Gélièfó（格列佛）
ガリバルディ　Jiālǐbōdì（加里波第）
ガリレイ　Jiālǐlüè（伽利略）
カルヴィーノ　Kǎ'ěrwéinuò（卡尔唯诺）
ガルシア・マルケス　Jiāxīyà・Mǎ'ěrkèsī（加西亚・马尔克斯）
ガルシア・ロルカ　Jiāxīyà・Luò'ěrjiā（加西亚・洛尔伽）
ガルシン　Jiā'ěrxún（加尔洵）
カルネ　Kǎ'ěrnèi（卡尔内）
カルビン　Jiā'ěrwén（加尔文）
ガルブレイス　Jiā'ěrbùléisī（加尔布雷思）
カルメン　Kǎmén（卡门）
ガンジー　Gāndì（甘地）
カンディンスキー　Kāngdìngsījī（康定斯基）
カント　Kāngdé（康德）

キーツ　Jìcí（济慈）
キェルケゴール　Kè'ěrkǎiguō'ěr（克尔恺郭尔）
キケロ　Xīsàiluó（西塞罗）
ギゾー　Jīzuǒ（基佐）
キッシンジャー　Jīxīngé（基辛格）
キップリング　Jíbǔlín（吉卜林）
ギボン　Jíběn（吉本）
ギャバン　Ràng・Jiāběn（让・加本）
ギャラップ　Gàiluòpǔ（盖洛普）
キューピッド　Qiūbǐtè（丘比特）
キュリー　Jūlǐ（居里）
キリコ　Jīlǐkē（基里柯）
キルヒホフ　Jī'ěrhuòfū（基尔霍夫）
キング（マーチン・ルーサー）　Mǎdīng・Lùdé・Jīn（马丁・路德・金）
ギンズバーグ　Jīnsībǎo（金斯堡）

グーテンベルク　Gǔdēngbǎo（谷登堡）
クーパー　Gǔbó（古柏）
クーベルタン　Gùbàidàn（顾拜旦）
クールベ　Kù'ěrbèi（库尔贝）
クーロン　Kùlún（库仑）
クーン　Kù'ēn（库恩）
クック　Kēkè（科克）
グノー　Gǔnuò（古诺）
クラーク　Kèlākè（克拉克）
クライスト　Kèláisītè（克莱斯特）
クラウゼヴィッツ　Kèláosàiwéicí（克劳塞维

世界の主要人名　1316

グラス　Gélāsī（格拉斯）
グラッドストン　Géláisīdùn（格莱斯顿）
グラムシ　Gělánxī（葛兰西）
グラント　Gélántè（格兰特）
グリーク　Gélǐgé（格里格）
グリーン　Gélín（格林）
グリム　Gélín（格林）
クリムト　Kèlǐmǔtè（克里姆特）
グリンカ　Gélínkǎ（格林卡）
クリントン　Kèlíndùn（克林顿）
クルーブスカヤ　Kèlǔpǔsīkǎyà（克鲁普斯卡娅）
グルック　Gélǔkè（格鲁克）
クルップ　Kèlǔbǒ（克虏伯）
クレー　Kèlì（克利）
クレオパトラ　Kèlóubātèlā（克娄巴特拉）
グレコ　Āi'ěr・Géliēkē（埃尔・格列柯）
グレゴリウス7世　Géliègāolì qīshì（格列高利七世）
グレシャム　Géléishāmǔ（格雷沙姆）
クレッチマー　Kèláiqímǎ'ěr（克莱奇玛尔）
クレマンソー　Kèlièmèngsuō（克列孟梭）
クレメンテ　Kèláiméndì（克莱门蒂）
クロポトキン　Kèlǔpàotèjīn（克鲁泡特金）
グロムイコ　Gěluómǐkē（葛罗米柯）
クロムウェル　Kèlúnwēi'ěr（克伦威尔）

ケインズ　Kǎi'ēnsī（凯恩斯）
ゲーテ　Gēdé（歌德）
ケナン　Kǎinán（凯南）
ケニヤッタ　Kěnyǎtǎ（肯雅塔）
ケネー　Kuínài（魁奈）
ケネディ　Kěnnídí（肯尼迪）
ゲバラ　Géwǎlā（格瓦拉）
ケプラー　Kāipǔlè（开普勒）
ケマル・アタチュルク　Kǎimò'ěr（凯末尔）
ケラー　Kǎilè（凯勒）
ゲルツェン　Hè'ěrcén（赫尔岑）
ケレンスキー　Kèlúnsījī（克伦斯基）

ゴーガン　Gāogēng（高更）
ゴーゴリ　Guǒgēlǐ（果戈里）
ゴーリキー　Gāo'ěrjī（高尔基）
ゴールズワージー　Gāo'ěrsīhuásuí（高尔斯华绥）
ゴールドスミス　Gē'ěrsīmì（哥尔斯密）
コールリッジ　Kēlèlǜzhì（柯勒律治）
コクトー　Kēkètuō（科克托）
コズロフ　Kēzīluòfū（科兹洛夫）
コダーイ　Kēdáyī（科达伊）
コッホ　Kēhè（科赫）
ゴッホ　Fán・Gāo（凡・高）
コナン・ドイル　Kēnándào'ěr（柯南道尔）
コペルニクス　Gēbáiní（哥白尼）
ゴムルカ　Gēmù'ěrkǎ（哥穆尔卡）
ゴメス　Gēmàisī（戈麦斯）
コメニウス　Kuāméiniǔsī（夸美钮斯）
ゴヤ　Gēyǎ（戈雅）
コルネーユ　Gāonǎiyī（高乃依）

ゴルバチョフ　Gē'ěrbāqiáofū（戈尔巴乔夫）
コルベール　Kē'ěrpéi'ěr（柯尔培尔）
コレット　Kēláitè（科莱特）
コロー　Kēluó（柯罗）
コロンブス　Gēlúnbù（哥伦布）
ゴンクール　Gōnggǔ'ěr（龚古尔）
コンスタンチヌス1世［大帝］　Jūnshìtǎndīng dàdì（君士坦丁大帝）
ゴンチャロフ　Gāngcháluòfū（冈察洛夫）
コント　Kǒngdé（孔德）

【サ行】
サイード　Sàyìdé（萨义德）
サダト　Sàdátè（萨达特）
サッカレー　Sàkèlěi（萨克雷）
サッチャー　Sāqiè'ěr（撒切尔）
サッフォー　Sàfú（萨福）
サティ　Sàdì（萨蒂）
サド　Dé・Sàdé（德・萨德）
ザトペック　Zhātuōpèikè（扎托佩克）
ザビエル　Fāngjìgè・Shāwùluè（方济各・沙勿略）
サマランチ　Sàmǎlánqí（萨马兰奇）
サミュエルソン　Sàmiù'ěrsēn（萨缪尔森）
ザメンホフ　Cháiménhuòfū（柴门霍甫）
サラサーテ　Sàlāsàdì（萨拉萨蒂）
サルティコフ・シチェドリン　Sà'ěrdìkèfū-Xièdélín（萨尔蒂科夫-谢德林）
サルトル　Sàtè（萨特）
サロメ　Shālèměi（莎乐美）
サンガー　Sānggé（桑格）
サン・サーンス　Shèng-Sāng（圣-桑）
サン・シモン　Shèngxīmén（圣西门）
サン・マルティン　Shèngmǎdīng（圣马丁）

シアヌーク　Xīhānǔkè（西哈努克）
ジークフリート　Qígéfúlǐdé（齐格弗里德）
シーザー　→カエサル
ジード　Jìdé（纪德）
シートン　Sàidùn（塞顿）
シーボルト　Xībó'ěrdé（西博尔德）
ジーメンス　Xīménzǐ（西门子）
シーレ　Xílè（席乐）
シェークスピア　Shāshìbǐyà（莎士比亚）
ジェームズ　Zhānmǔsī（詹姆斯）
シェーレ　Shèlè（舍勒）
シェーンベルク　Xūnbógé（勋伯格）
ジェファーソン　Jiéfúxùn（杰弗逊）
シェヘラザード　Shānlǔzuǒdé（山鲁佐德）
シェリー　Xuělái（雪莱）
シェリング　Xièlín（谢林）
シェワルナゼ　Xièwǎ'ěrdénàzé（谢瓦尔德纳泽）
シェンキエビッチ　Xiǎnkèwēizhī（显克微支）
ジェンナー　Qínnà（琴纳）
シベリウス　Xībèiliǔsī（西贝柳斯）
シャーロック・ホームズ　Fú'ěrmósī（福尔摩斯）
シャガール　Xiàjiā'ěr（夏加尔）
ジャクソン　Jiékèxùn（杰克逊）

世界の主要人名

ジャッキー・チェン　Chéng Lóng（成龙）
ジャック・ロンドン　Jiékè・Lúndūn（杰克・伦敦）
シャトーブリアン　Xiàduōbólì'áng（夏多勃里昂）
シャネル　Xiànèi'ěr（夏内尔）
シャバンヌ　Shāwǎn（沙畹）
シャルダン　Xià'ěrdān（夏尔丹）
シャル-フォン-ベル　Tāngruòwàng（汤若望）
シャルル4世　Chálǐ sìshì（查理四世）
ジャン・クリストフ　Yuēhàn・Kèlìsīduǒfū（约翰・克利斯朵夫）
ジャン・ジュネ　Ràng・Rìnài（让・日奈）
ジャンヌ-ダルク　Zhēndé（贞德）
シューベルト　Shūbótè（舒伯特）
シューマン　Shūmàn（舒曼）
ジュール　Jiāo'ěr（焦耳）
シュトラウス　Shītèláosī（施特劳斯）
シュニッツラー　Shīnícílè（施尼茨勒）
シュバイツァー　Shīwèicè'ěr（施魏策尔）
ジュピター　→ユピテル
シュペングラー　Shīběngélè（施本格勒）
シュミット　Shīmìtè（施密特）
シュライエルマッハー　Shīlái'ěrmǎhè（施莱尔马赫）
シュライデン　Shīláidēng（施莱登）
シュリーマン　Xièlǐmàn（谢里曼）
シュレーディンガー　Xuēdìng'è（薛定谔）
シュンペーター　Xióngbǐtè（熊彼特）
ジョイス　Qiáo'āisī（乔埃斯）
ジョージ1世　Qiáozhì yīshì（乔治一世）
ショーペンハウエル　Shūběnhuá（叔本华）
ショーロホフ　Xiāoluòhuòfū（肖洛霍夫）
ショスタコビッチ　Xiāosītǎkēwéiqí（肖斯塔科维奇）
ジョットー　Qiáotuō（乔托）
ショパン　Xiāobāng（肖邦）
ジョリオ-キュリー　Yuēlǐ'ào-Jūlǐ（约里奥-居里）
ジョルジオーネ　Qiáo'ěrqiáoniè（乔尔乔涅）
ジョルジュ・サンド　Qiáozhìsāng（乔治桑）
ジョンソン　Yuēhànxùn（约翰逊）
シラー　Xílè（席勒）
シラク　Xīlākè（希拉克）
シラノ-ド-ベルジュラック　Xīlānuò・Dé・Bèi・ěrrèlākè（西拉诺・德・贝尔热拉克）
シンガー　Xīngé（辛格）
ジンギスカン　Chéngjísīhán（成吉思汗）
シンデレラ　Huīgūniang（灰姑娘）
シンドバッド　Xīnbódá（辛伯达）
ジンメル　Qíměi'ěr（齐美尔）

スウィフト　Sīwēifūtè（斯威夫特）
スーザ　Sūzé（苏泽）
スカルノ　Sūjiānuò（苏加诺）
スコット　Sīgètè（司各特）
スターリン　Sīdàlín（斯大林）
スタイン　Sītǎnyīn（斯坦因）
スタインベック　Sītǎnbèikè（斯坦贝克）
スタニスラフスキー　Sītǎnnísīlāfūsījī（斯坦尼斯拉夫斯基）
スタンダール　Sītāngdá（司汤达）
スタンリ　Sītǎnlì（斯坦利）
スティーブンソン（ジョージ）　Sīdìfēnsūn（斯蒂芬孙）
スティーブンソン（ロバート）　Sīdìwénshēng（斯蒂文生）
ストウ　Sītuō（斯托）
ストラビンスキー　Sītèlāwénsījī（斯特拉文斯基）
ストリンドベリ　Sītèlínbǎo（斯特林堡）
ストロング　Sītèlǎng（斯特朗）
スノー　Sīnuò（斯诺）
スパルタクス　Sībādákè（斯巴达克）
スハルト　Sūhātuō（苏哈托）
スピノザ　Sībīnnuòshā（斯宾诺莎）
スペンサー　Sībīnsài（斯宾塞）
スメタナ　Sīměitǎnà（斯美塔那）
スメドレー　Shǐmòtèlái（史沫特莱）

ゼウス　Zhòusī（宙斯）
セザンヌ　Sàishàng（塞尚）
セシル・ローズ　Luódésī（罗得斯）
セネカ　Sàinièkǎ（塞涅卡）
ゼノン　Zhīnuò（芝诺）
セルバンテス　Sàiwàntísī（塞万提斯）

ソールズベリ　Suǒ'ěrzībólǐ（索耳兹伯里）
ソクラテス　Sūgélādǐ（苏格拉底）
ソシュール　Suǒxù'ěr（索绪尔）
ソフォクレス　Suǒfúkèlèsī（索福克勒斯）
ゾラ　Zuǒlā（左拉）
ソレル　Suǒliè'ěr（索列尔）
ソロー　Suǒluò（梭洛）
ソロモン　Suǒluómén（所罗门）

【タ　行】
ダーウィン　Dá'ěrwén（达尔文）
ターザン　Tàishān（泰山）
ターナー　Tòunà（透纳）
タキトゥス　Tǎxītuó（塔西佗）
タゴール　Tàigē'ěr（泰戈尔）
ダヌンチオ　Dèngnánzhē（邓南遮）
ダビデ　Dàwèi（大卫）
ダラディエ　Dálādí（达拉第）
ダランベール　Dálánbèi'ěr（达兰贝尔）
ダリ　Dálì（达利）
タルコフスキー　Tǎ'ěrkēfūsījī（塔尔柯夫斯基）
タルチュフ　Dá'ěrdùfú（达尔杜弗）
タレス　Tàilèsī（泰勒斯）
ダレス　Dùlèsī（杜勒斯）
ダンカン　Dèngkěn（邓肯）
ダンテ　Dàndīng（但丁）
ダントン　Dāndōng（丹东）

チェーホフ　Qìhēfū（契河夫）
チェルニー　Chē'erní（车尔尼）
チェルヌィシェフスキー　Chē'erníxuěfūsījī（车尔尼雪夫斯基）
チェンバレン　Zhāngbólún（张伯伦）

チトー　Tiětuō（铁托）
チマブエ　Qìmǎbù'āi（契马布埃）
チムール　Tiēmù'ér（帖木儿）
チャーチル　Qiūjí'ěr（丘吉尔）
チャールズ1世　Chálǐ yīshì（查理一世）
チャイコフスキー　Cháikēfūsījī（柴可夫斯基）
チャップリン　Zhuóbiélín（卓别林）
チャドウィック　Chádéwēikè（查德威克）
チャペック　Qiàbǐkè（恰彼克）
チャンドラー　Qiándélè（钱德勒）
チャンドラグプタ　Zhāntuóluójíduō（旃陀罗笈多）
チュルゴー　Dù'ěrgē（杜尔哥）
チョーサー　Qiáosǒu（乔叟）
チョムスキー　Qiáomǔsījī（乔姆斯基）

ツヴァイク　Cíwēigé（茨威格）
ツウィングリ　Cíwēnlì（茨温利）
ツキジデス　Xiūxīdǐdé（修昔底德）
ツタンカーメン　Tútǎnkǎméng（图坦卡蒙）
ツルゲーネフ　Túgénièfū（屠格涅夫）

ディアギレフ　Jiājílièfū（佳吉列夫）
ディーゼル　Dísài'ěr（狄塞尔）
ディケンズ　Dígēngsī（狄更斯）
ディズニー　Dísīní（迪斯尼）
ディズレーリ　Dísīlěilǐ（迪斯累里）
ティツィアーノ　Tíxiāng（提香）
ディドロ　Dídéluó（狄德罗）
ティントレット　Dīngtuōliètuō（丁托列托）
テオドシウス1世　Dí'àoduōxī yīshì（狄奥多西一世）
デカルト　Díkǎ'ěr（笛卡儿）
デ・シーカ　Dé・Xīkǎ（德・西卡）
テニスン　Dīngnísheng（丁尼生）
デフォー　Difú（笛福）
デモクリトス　Démókèlìtè（德谟克利特）
デモステネス　Démósītíní（德摩斯梯尼）
デューイ　Dùwēi（杜威）
デューラー　Diūlè（丢勒）
デューリング　Dùlín（杜林）
デュナン　Dínán（迪南）
デュマ（父）　Dàzhòngmǎ（大仲马）
デュマ（子）　Xiǎozhòngmǎ（小仲马）
デュルケム　Dí'ěrkèmǔ（迪尔克姆）
デリダ　Délǐdá（德里达）
テレマン　Tàilèmàn（泰勒曼）

ドイッチャー　Duōyīchè（多伊彻）
トインビー　Tāngyīnbǐ（汤因比）
ドゥルーズ　Délèzé（德勒泽）
ドーデー　Dūdé（都德）
トーマス・モア　Tuōmǎsī・Mò'ěr（托马斯・莫尔）
ドーミエ　Dùmǐ'āi（杜米埃）
ドールトン　Dào'ěrdùn（道尔顿）
ドガ　Déjiā（德加）
トクビル　Tuōkèwéi'ěr（托克维尔）
ド・ゴール　Dàigāolè（戴高乐）
トスカニーニ　Tuōsīkǎníní（托斯卡尼尼）
トスカネリ　Tuōsīkǎnèilì（托斯卡内利）
ドストエフスキー　Tuósītuǒyēfūsījī（陀思妥耶夫斯基）
ドナテロ　Duōnàtàiluó（多那太罗）
ドビュッシー　Débiāoxī（德彪西）
ドブロリューボフ　Dùbóluóliúbōfū（杜勃罗留波夫）
ドボルザーク　Déwòxiàkè（德沃夏克）
トマス・アクィナス　Tuōmǎsī・Ākuínà（托马斯・阿奎那）
ドラクロア　Délākèluòwǎ（德拉克洛瓦）
ドラン　Délán（德兰）
トリチェリ　Tuōlǐchāilì（托里拆利）
トルーマン　Dùlǔmén（杜鲁门）
トルストイ　Tuō'ěrsītài（托尔斯泰）
トレルチ　Tèláochì（特劳赤）
トロツキー　Tuōluòcíjī（托洛茨基）
ドン・キホーテ　Tángjíhēdé（堂吉诃德）
ドン・ファン　Tánghuáng（唐璜）

【ナ 行】
ナイチンゲール　Nándīnggé'ěr（南丁格尔）
ナギブ　Nàjíbù（纳吉布）
ナセル　Nàsài'ěr（纳赛尔）
ナボコフ　Nàbókēfū（纳博柯夫）
ナポレオン　Nápólún（拿破仑）
ナルキッソス　Nàkāsuǒsī（那喀索斯）
ナルシス　→ナルキッソス
ナンセン　Nánsēn（南森）

ニーダム　Lǐ Yuèsè（李约瑟）
ニーチェ　Nícǎi（尼采）
ニクソン　Níkèsōng（尼克松）
ニコライ2世　Nígǔlā èrshì（尼古拉二世）
ニジンスキー　Nírénsījī（尼任斯基）
ニュートン　Niúdùn（牛顿）

ヌルハチ　Nǔ'ěrhāchì（努尔哈赤）

ネーウィン　Wúnàiwēn（吴奈温）
ネクラーソフ　Nièkèlāsuǒfū（涅克拉索夫）
ネルー　Níhèlǔ（尼赫鲁）
ネルソン　Nà'ěrxùn（纳尔逊）
ネロ　Nílù（尼禄）

ノア　Nuóyà（挪亚）
ノイマン　Nuòyīmàn（诺伊曼）
ノヴァーリス　Nuòwǎlìsī（诺瓦利斯）
ノーベル　Nuòbèi'ěr（诺贝尔）
ノーマン　Nuòmàn（诺曼）
ノラ　Nàlā（娜拉）

【ハ 行】
ハーヴェー　Hāwéi（哈维）
バークリー　Bèikèlái（贝克莱）
ハーディー　Hādài（哈代）
バード　Bódé（伯德）
バーナード・ショー　Xiāobónà（萧伯纳）
ハーバーマス　Hābèimǎsī（哈贝马斯）
パール・バック　Sàizhēnzhū（赛珍珠）

世界の主要人名

バーンシュタイン　Bó'ēnsītǎn（伯恩斯坦）
ハイエク　Hāyēkè（哈耶克）
ハイゼンベルク　Hǎisēnbǎo（海森堡）
ハイデッガー　Hǎidégé'ěr（海德格尔）
ハイドン　Hǎidùn（海顿）
ハイネ　Hǎiniè（海涅）
バイロン　Bàilún（拜伦）
ハインリヒ4世　Hēnglì sìshì（亨利四世）
ハウプトマン　Huòpǔtèmàn（霍普特曼）
パウロ　Bǎoluó（保罗）
パオダイ　Bǎodài（保大）
パガニーニ　Pàgéníní（帕格尼尼）
バクーニン　Bākūníng（巴枯宁）
パスカル　Pàsīkǎ（帕斯卡）
バスコ・ダ・ガマ　Dá・Jiāmǎ（达・伽马）
パスツール　Bāsīdé（巴斯德）
ハタミ　Hātǎmǐ（哈塔米）
ハチャトゥリアン　Hāqiàtúliáng（哈恰图良）
バツ　Bádū（拔都）
ハックスリー　Hèxūlí（赫胥黎）
バッハ　Bāhè（巴赫）
ハッブル　Hābó（哈勃）
パデレフスキー　Pàdàiléifūsījī（帕岱莱夫斯基）
パニヤン　Bānyáng（班扬）
バブーフ　Bābèifū（巴贝夫）
バフチン　Bāhèjīn（巴赫金）
バブロフ　Bāfúluòfū（巴甫洛夫）
ハマーショルド　Hāmǎshè'ěrdé（哈马舍尔德）
ハムラビ　Hànmùlābǐ（汉穆拉比）
ハムレット　Hāmǔléitè（哈姆雷特）
バラク　Bālākè（巴拉克）
バルガス-リョサ　Bā'ěrjiāsī・Luèsà（巴尔加斯・略萨）
バルザック　Bā'ěrzhākè（巴尔扎克）
バルト　Bātè（巴特）
バルトーク　Bātuōkè（巴托克）
ハレー　Hālěi（哈雷）
バレリー　Wǎlěilǐ（瓦勒里）
バンダラナイケ　Bāndálānàikè（班达拉奈克）
ハンニバル　Hànníbá（汉尼拔）

ピアス　Bǐ'ěrsī（比尔斯）
ピアズリー　Bǐyàzīlái（比亚兹莱）
ピアリ　Bǐlì（彼利）
ピーター・パン　Bǐdé・Pān（彼得・潘）
ビーナス　Wéinàsī（维纳斯）
ピカソ　Bìjiāsuǒ（毕加索）
ビクトリア女王　Wéiduōlìyà nǚwáng（维多利亚女王）
ピサロ（カミーユ）　Bìshāluó（毕沙罗）
ピサロ（フランシスコ）　Písàluó（皮萨罗）
ビスコンティ　Wéisīkāngdì（维斯康蒂）
ビスマルク　Bǐsīmài（俾斯麦）
ビゼー　Bǐcái（比才）
ピタゴラス　Bìdágēlāsī（毕达哥拉斯）
ヒチコック　Xīqūkēkè（希区柯克）
ピット（大）　Lǎopítè（老皮特）
ピット（小）　Xiǎopítè（小皮特）
ヒトラー　Xītèlè（希特勒）

ビバルディ　Wéifá'ěrdì（维伐尔地）
ヒポクラテス　Xībōkèlādǐ（希波克拉底）
ヒューム　Xiūmó（休谟）
ピュリッツァー　Pǔlìcè（普利策）
ピョートル1世［大帝］　Bǐdé yīshì［dàdì］（彼得一世［大帝］）
ビヨン　Wéilóng（维龙）
ヒラリー　Xīlālǐ（希拉里）
ピランデッロ　Pílándélóu（皮兰德娄）
ビル・ゲイツ　Gàicí（盖茨）
ヒルティ　Xī'ěrtí（希耳提）
ピンチョン　Píngqín（平软）
ヒンデンブルク　Xīngdēngbǎo（兴登堡）

ファーブル　Fǎbù'ěr（法布尔）
ファーラービー　Fǎlābǐ（法拉比）
ファウスト　Fúshìdé（浮士德）
ファノン　Fǎnnóng（凡农）
ファラデー　Fǎlādì（法拉第）
ファリャ　Fǎlǐyà（法里雅）
ファン・アイク　Fán・Àikè（凡・爱克）
ファン・ダイク　Fán・Dàikè（凡・戴克）
フィールディング　Fēi'ěrdīng（菲尔丁）
フィッシャー-ディスカウ　Fēishè'ěr・Dísīkǎo（菲舍尔・迪斯考）
フィッツジェラルド　Fēicíjiélādé（菲茨杰拉德）
フィヒテ　Fèixītè（费希特）
フィリップ4世［美王］　Féilì sìshì［měinánzǐ］（腓力四世［美男子］）
フーコー　Fúkē（福柯）
プーシキン　Pǔxījīn（普希金）
ブース　Bùsī（布斯）
プーチン　Pǔjīng（普京）
ブーバー　Mǎdīng・Bùbèi'ěr（马丁・布贝尔）
フーリエ　Fùlìyè（傅立叶）
フェアバンク　Fèizhèngqīng（费正清）
フェノロサ　Fēnnuòluòsà（芬诺洛萨）
フェリペ2世　Féilì èrshì（腓力二世）
フェルマー　Fèi'ěrmǎ（费尔马）
フェルミ　Fèimì（费密）
フェルメール　Wéimǐ'ěr（维米尔）
フォイエルバッハ　Fèi'ěrbāhā（费尔巴哈）
フォークナー　Fúkènà（福克纳）
フォード　Fútè（福特）
フォーレ　Fúlái（福莱）
フォスター　Fúsītè（福斯特）
プガチョフ　Pǔjiāqiáofū（普加乔夫）
フサーク　Húsàkè（胡萨克）
フス　Húsī（胡斯）
フセイン　Hóusàyīn（侯塞因）
プチャーチン　Pǔjiājīng（普佳京）
フッサール　Húsài'ěr（胡塞尔）
プッチーニ　Pǔqíní（普契尼）
プット　Bùtuō（布托）
プトレマイオス　Tuōlèméi（托勒玫）
ブハーリン　Bùhālín（布哈林）
フビライ　Hūbìliè（忽必烈）
ブラームス　Bólāmǔsī（勃拉姆斯）
ブラウニング　Bùlǎngníng（布朗宁）

世界の主要人名

ブラック Bùlākè（布拉克）
ブラトン Bólātú（柏拉图）
フランク Fúlánkè（弗兰克）
プランク Pǔlǎngkè（普朗克）
フランクリン Fùlánkèlín（富兰克林）
フランコ Fólánggē（佛朗哥）
フランチェスコ Fǎlánxīsī（法兰西斯）
ブラント Wéilì Bólántè（维利·勃兰特）
フリードリヒ2世［大王］ Fúlǐdélǐxī èrshì [dàdì]（弗里德里希二世［大帝］）
ブリューゲル Bólǔgài'ěr（勃鲁盖尔）
プルースト Pǔlǔsītè（普鲁斯特）
ブルース・リー Lǐ Xiǎolóng（李小龙）
ブルートゥス Bùlǔtú（布鲁图）
ブルーノ Bùlǔnuò（布鲁诺）
フルシチョフ Hèlǔxiǎofū（赫鲁晓夫）
プルタルコス Pǔlútǎkè（普卢塔克）
ブルックナー Bùlǔkènà（布鲁克纳）
ブレア Bùlái'ěr（布莱尔）
ブレーク Bùláikè（布莱克）
フレーベル Fúlùpéi'ěr（福禄培尔）
ブレジネフ Bólièrìnièfū（勃列日涅夫）
プレスリー Pǔléisīlì（普雷斯利）
プレハーノフ Pǔlièhànnuòfū（普列汉诺夫）
ブレヒト Bùláixītè（布莱希特）
フレミング Fúláimíng（弗莱明）
フロイト Fúluòyīdé（弗洛伊德）
フローベール Fúlóubài（福楼拜）
プロコフィエフ Pǔluókēfēiyēfū（普罗科菲耶夫）
ブロッホ Bùluòhè（布洛赫）
フロム Fúluómǔ（弗罗姆）
プロメテウス Pǔluómǐxiūsī（普罗米修斯）
ブロンテ Bólǎngtè（勃朗特）
フンセン Hóngsēn（洪森）
ブンゼン Běnshēng（本生）
フンボルト Hóngbǎo（洪堡）

ベイユ →ヴェイユ
ヘーゲル Hēigé'ěr（黑格尔）
ベーコン Péigēn（培根）
ベートーベン Bèiduōfēn（贝多芬）
ベーブ・ルース Lǔsī（鲁斯）
ベーリング Báilìng（白令）
ベケット Bèikètè（贝克特）
ベサリウス Wéisàlì（维萨里）
ヘシオドス Hèxī'édé（赫西俄德）
ペスタロッチ Péisītàiluòqí（裴斯泰洛齐）
ベチューン Báiqiú'ēn（白求恩）
ヘッセ Hǎisài（海赛）
ヘディン Sīwénhǎidìng（斯文海定）
ペテロ Bǐdé（彼得）
ペトラルカ Bǐtèlākè（彼特拉克）
ベネディクト Běnnídíkètè（本尼迪克特）
ヘボン Píngwén（平文）
ヘミングウェイ Hǎimíngwēi（海明威）
ヘラクレイトス Hèlākèlìtè（赫拉克利特）
ヘラクレス Hèlākèlèsī（赫拉克勒斯）
ベラスケス Wěilāsīkǎizī（委拉斯开兹）
ペリー Péilǐ（培理）

ペリオ Bóxīhé（伯希和）
ペリクレス Bólǐkèlì（伯里克利）
ベリンスキー Biélínsījī（别林斯基）
ベル Bèi'ěr（贝尔）
ベルグソン Bógésēn（柏格森）
ベルジャーエフ Bié'ěrjiāyēfū（别尔嘉也夫）
ヘルダーリン Hé'ěrdélín（荷尔德林）
ベルッチ Bā'ěrcí（巴尔茨）
ベルディ Wēi'ěrdì（威尔地）
ベルナール（クロード） Bèi'ěrnà（贝尔纳）
ベルナール（サラ） Bó'ēnhàtè（伯恩哈特）
ベルヌ Fán'ěrnà（凡尔纳）
ベルヌーイ Bónǔlì（伯努利）
ヘルムホルツ Hè'ěrmǔhuòcí（赫尔姆霍茨）
ベルリオーズ Bóliáozī（柏辽兹）
ベルレーヌ Wèi'ěrlán（魏尔兰）
ヘロドトス Xīluóduōdé（希罗多德）
ペロン Bǐlóng（庇隆）
ベンサム Biānqìn（边沁）
ヘンデル Hēngdé'ěr（亨德尔）
ベンヤミン Běnyàmíng（本亚明）
ヘンリー4世 Hēnglì sìshì（亨利四世）

ボアソナード Bùwǎsuǒnàdé（布瓦索纳德）
ポアンカレ（アンリ） Pángjiālái（庞加莱）
ポアンカレ（レイモンド） Pǔ'ēnjiālái（普恩加来）
ホイジンガー Hèyījīnhā（赫伊津哈）
ホイッスラー Huìsīlè（惠司勒）
ホイットマン Huìtèmàn（惠特曼）
ホイヘンス Huìgēngsī（惠更斯）
ボイル Bōyì'ěr（玻意耳）
ボヴァリー夫人 Bāofǎlì fūren（包法利夫人）
ポー Àilún・Pō（爱伦・坡）
ボーア Bō'ěr（玻尔）
ホーソーン Huòsāng（霍桑）
ホー・チミン Húzhìmíng（胡志明）
ボードリヤール Bódélìyà（博德里亚）
ボードレール Bōdélái'ěr（波德莱尔）
ボーボワール Bōfúwā（波伏娃）
ホーマー →ホメロス
ボッカチオ Bójiāqiū（薄伽丘）
ボッシュ Bósī（博斯）
ボッティチェリ Bōtíqièlì（波提切利）
ホッブス Huòbùsī（霍布斯）
ボナール Bónà'ěr（勃纳尔）
ホメイニ Huòméiní（霍梅尼）
ホメロス Hémǎ（荷马）
ホラティウス Hèlāsī（贺拉斯）
ボリス・ゴドノフ Bōlìsī・Gēdōngnuòfū（波利斯・戈东诺夫）
ボリバル Bōliwǎ'ěr（玻利瓦尔）
ボルタ Fúdǎ（伏打）
ボルテール Fú'ěrtài（伏尔泰）
ホルバイン Hè'ěrbāyīn（贺尔拜因）
ボルヘス Bó'ěrhèsī（博尔赫斯）
ボルブト Bō'ěrbùtè（波尔布特）
ボロディン Bàoluódīng（鲍罗丁）
ポンピドー Péngpídù（蓬皮杜）

ポンペイウス　Pángpéi（庞培）

【マ 行】
マーク・トウェーン　Mǎkè・Tǔwēn（马克・吐温）
マーラー　Mǎlè（马勒）
マイヨール　Mǎyuē'ěr（马约尔）
マカレンコ　Mǎkǎliánkē（马卡连柯）
マキアベリ　Mǎjīyǎfúlì（马基雅弗利）
マクドナルド　Màikètángnà（麦克唐纳）
マクベス　Màikèpèisī（麦克佩斯）
マクミラン　Màikèmǐlún（麦克米伦）
マクルーハン　Màikèlǔhàn（麦克鲁汉）
マザーテレサ　Tèlǐshā Xiūnǚ（特里莎修女）
マゼラン　Màizhélún（麦哲伦）
マタイ　Mǎtài（马太）
マチス　Mǎdìsī（马蒂斯）
マッカーサー　Màikè'āsè（麦克阿瑟）
マッチーニ　Mǎzhìní（马志尼）
マテオ・リッチ　Lìmǎdòu（利玛窦）
マネ　Mǎnài（马奈）
マハティール　Mǎhādì'ěr（马哈蒂尔）
マホメット　Mùhǎnmòdé（穆罕默德）
マヤコフスキー　Mǎyǎkěfūsījī（马雅可夫斯基）
マラー　Mǎlā（马拉）
マラルメ　Mǎlāměi（马拉美）
マリア　Mǎlìyà（马利亚）
マリア・テレジア　Mǎlìyà・Tèlěixīyà（玛丽亚・特蕾西亚）
マリー・アントアネット　Mǎlì・Āntuōwǎnèitè（玛丽・安托瓦内特）
マルクーゼ　Mǎ'ěrkùsài（马尔库赛）
マリリン・モンロー　Mǎlìlián・Mènglù（玛丽莲・梦露）
マルクス　Mǎkèsī（马克思）
マルクス-アウレリウス　Mǎkě・Àolèliú（马可・奥勒留）
マルコーニ　Mǎkění（马可尼）
マルコ・ポーロ　Mǎkě・Bōluó（马可・波罗）
マルサス　Mǎ'ěrsàsī（马尔萨斯）
マルタン・デュ・ガール　Mǎdīng・Dù・Jiā'ěr（马丁・杜・加尔）
マルピーギ　Mǎ'ěrbǐjī（马尔比基）
マルロー(アンドレ)　Āndélìe・Mǎ'ěrluó（安德烈・马尔罗）
マン(トーマス)　Tuōmǎsī・Màn（托马斯・曼）
マン(ハインリヒ)　Hēnglìxī・Màn（亨利希・曼）
マンデラ　Màndélā（曼德拉）
マンハイム　Mànhǎimǔ（曼海姆）

ミケランジェロ　Mǐkāilǎngqíluó（米开朗琪罗）
ミチューリン　Mǐqiūlín（米丘林）
ミッチェル　Mǐqiè'ěr（米切尔）
ミッテラン　Mìtèlǎng（密特朗）
ミラボー　Mǐlābō（米拉波）
ミラン・クンデラ　Mǐlán・Kūndélā（米兰・昆德拉）
ミル　Mùlè（穆勒）
ミルトン　Mí'ěrdùn（弥尔顿）
ミレー　Mǐlè（米勒）
ミロシェビッチ　Mǐluòshěwéiqí（米洛舍维奇）

ムソルグスキー　Mùsuǒ'ěrsījī（穆索尔斯基）
ムッソリーニ　Mòsuǒlǐní（墨索里尼）
ムベキ　Mǔbèijī（姆贝基）
ムリリョ　Móulìluó（牟利罗）
ムンク　Méngkè（蒙克）

メアリー・スチュアート　Mǎlì・Sītúyàtè（玛丽・斯图亚特）
メイラー　Nuòmàn・Méilè（诺曼・梅勒）
メージャー　Méijié（梅杰）
メーテルリンク　Méitèlínkè（梅特林克）
メガワティ　Méijiāwǎdì（梅加瓦蒂）
メチニコフ　Méiqìníkèfú（梅契尼科夫）
メッテルニヒ　Méitèniè（梅特涅）
メリメ　Méilǐměi（梅里美）
メルヴィル　Mài'ěrwéi'ěr（麦尔维尔）
メルロ・ポンティ　Měiluò・Pángdì（梅洛・庞蒂）
メンデル　Mèngdé'ěr（孟德尔）
メンデルスゾーン　Méndé'ěrsōng（门德尔松）
メンデレーエフ　Ménjiélièfū（门捷列夫）

モーガン　Mó'ěrgēn（摩尔根）
モーゼ　Móxī（摩西）
モーツァルト　Mòzhātè（莫扎特）
モーパッサン　Mòbósāng（莫泊桑）
モーム　Máomǔ（毛姆）
モーリアック　Mòlǐyàkè（莫里亚克）
モールス　Mò'ěrsī（莫尔斯）
モナ・リザ　Mònà・Lìsà（莫娜・丽萨）
モネ　Mònài（莫奈）
モハメッド・アリ　Mùhǎnmòdé・ālǐ（穆罕默德・阿里）
モラビア　Mòlāwéiyà（莫拉维亚）
モリエール　Mòlǐ'āi（莫里哀）
モルトケ　Máoqí（毛奇）
モンタン　Yīfū・Měngdāng（伊夫・蒙当）
モンテーニュ　Méngtián（蒙田）
モンテスキュー　Mèngdésījiū（孟德斯鸠）
モンテッソリ　Měngtáisuōlì（蒙台梭利）
モンロー　Ménluó（门罗）

【ヤ 行】
ヤコブ　Yǎgè（雅各）
ヤスパース　Yǎsībèisī（雅斯贝斯）

ユークリッド　Ōujǐlǐdé（欧几里得）
ユーゴー　Yǔguǒ（雨果）
ユスティニアヌス1世　Cháshìdīngní yīshì（查士丁尼一世）
ユダ　Yóudà（犹大）
ユトリロ　Yùtèlǐluó（郁特里罗）
ユピテル　Zhūbìtè（朱庇特）
ユルスナール　Yóusènà（尤瑟纳）
ユング　Rónggé（荣格）

ヨハネ　Yuēhàn（约翰）

【ラ 行】
ライシャワー　Làixiāo'ěr（赖肖尔）
ライト兄弟　Láitè xiōngdì（莱特兄弟）
ライプニッツ　Láibùnící（莱布尼茨）
ラカン　Lākāng（拉康）
ラサール　Lāsà'ěr（拉萨尔）
ラザフォード　Lúsèfú（卢瑟福）
ラシーヌ　Lāxīn（拉辛）
ラスキ　Lāsījī（拉斯基）
ラスキン　Luósījīn（罗斯金）
ラッセル　Luósù（罗素）
ラティモア　Lātiěmó'ěr（拉铁摩尔）
ラファイエット　Lāfěidé（拉斐德）
ラファエロ　Lāfěi'ěr（拉斐尔）
ラ-フォンテーヌ　Lāfēngdān（拉封丹）
ラフマニノフ　Lāhèmǎnínuòfū（拉赫玛尼诺夫）
ラプラス　Lāpǔlāsī（拉普拉斯）
ラブレー　Lābólěi（拉伯雷）
ラベル　Lāwēi'ěr（拉威尔）
ラボアジエ　Lāwǎxī（拉瓦锡）
ラマルク　Lāmǎkè（拉马克）
ラム　Lánmǔ（兰姆）
ランケ　Lánkè（兰克）
ランボー　Lánbō（兰波）

リーガン　Lǐgēn（里根）
リークワンユー　Lǐ Guāngyào（李光耀）
リード　Lǐdé（里德）
リービヒ　Lǐbǐxī（李比希）
リープクネヒト　Lǐbǔkènèixī（李卜克内西）
リーマン　Límàn（黎曼）
リオタール　Lì'àotǎ（利奥塔）
リカード　Lǐjiātú（李嘉图）
リシュリュー　Lísàiliú（黎塞留）
リスト　Lǐsītè（李斯特）
リチャード1世　Lǐchá yīshì（理查一世）
リットン　Lǐdùn（李顿）
リヒトホーフェン　Lǐxīhuòfēn（李希霍芬）
リビングストン　Lìwénsītōng（利文斯通）
リムスキー-コルサコフ　Lǐmǔsījī-Kēsàkēfū（里姆斯基-科萨科夫）
リリエンタール　Lǐlíndá'ěr（李林达尔）
リルケ　Lǐ'ěrkè（里尔克）
リンカーン　Línkěn（林肯）
リンドバーグ　Líndébógé（林德伯格）
リンネ　Línnài（林耐）

ルイ14世　Lùyì shísì（路易十四）
ルイセンコ　Lǐsēnkē（李森科）
ルイ-フィリップ　Lùyì-Fēilìpǔ（路易-菲力普）
ルイ-ブラン　Lùyì-Bólǎng（路易-勃朗）
ルーズベルト　Luósīfú（罗斯福）
ルーベンス　Lǔběnsī（鲁本斯）
ルオー　Lǔ'ào（鲁奥）
ルカーチ　Lúkǎqí（卢卡奇）
ルクセンブルク　Lúsēnbǎo（卢森堡）
ルソー　Lúsuō（卢梭）
ルター　Mǎdīng-Lùdé（马丁-路德）
ルナール　Liènà'ěr（列那尔）
ルノアール　Léinuò'ā（雷诺阿）
ルビッチ　Liúbiéqiān（刘别谦）
ルムンバ　Lúméngbā（卢蒙巴）

レヴィ-ストロース　Lièwéi-Sītèláosī（列维-斯特劳斯）
レーニン　Lièníng（列宁）
レーピン　Lièbīn（列宾）
レールモントフ　Láiméngtuōfū（莱蒙托夫）
レオナルド-ダ-ビンチ　Fēnqí（芬奇），Dá-Fēnqí（达-芬奇）
レセップス　Léisàibù（雷赛布）
レッシング　Láixīn（莱辛）
レマルク　Léimǎkè（雷马克）
レントゲン　Lúnqín（伦琴）
レンブラント　Lúnbólǎng（伦勃朗）

ロイド-ジョージ　Láohé-Qiáozhì（劳合-乔治）
ロートレック　Luòtèléikè（洛特雷克）
ローランサン　Luòlǎngsēn（洛朗森）
ローレンス　Láolúnsī（劳伦斯）
ロジェストウェンスキー　Luórìjiésītèwénsījī（罗日杰斯特文斯基）
ロスタン　Luósīdān（罗斯丹）
ロスチャイルド　Luósīchái'ěrdé（罗思柴尔德）
ロセッティ　Luósàidì（罗赛蒂）
ロダン　Luódān（罗丹）
ロチ　Luòdì（洛蒂）
ロック　Luòkè（洛克）
ロックフェラー　Luòkèfēilè（洛克菲勒）
ロッシーニ　Luóxīní（罗西尼）
ロビンソン-クルーソー　Lǔbīnsūn（鲁滨孙）
ロビン-フッド　Luóbīnhàn（罗宾汉）
ロベスピエール　Luóbósībǐ'ěr（罗伯斯比尔）
ロマン-ロラン　Luómàn-Luólán（罗曼-罗兰）
ロヨラ　Luóyàolā（罗耀拉）
ロレンツォ-デ-メディチ　Luóléngzuǒ-Měidìqí（罗棱佐-美第奇）
ロングフェロー　Lǎngfèiluó（朗费罗）

【ワ 行】
ワーグナー　Wǎgénà（瓦格纳）
ワーズワース　Huázīhuásī（华兹华斯）
ワイスマン　Wèisīmàn（魏斯曼）
ワイダ　Wǎyīdá（瓦依达）
ワイツゼッカー　Hè'ěrzuǒkè（赫尔佐克）
ワイルダー　Huái'ěrdé（怀尔德）
ワイルド　Wáng'ěrdé（王尔德）
ワシントン　Huáshèngdùn（华盛顿）
ワックスマン　Wǎkèsīmàn（瓦克斯曼）
ワット　Wǎtè（瓦特）
ワヒド　Wǎxīdé（瓦希德）
ワルトハイム　Wǎ'ěrdéhǎimǔ（瓦尔德海姆）
ワルラス　Wǎ'ěrlā（瓦尔拉）

日本と中国の漢字字体対照表

1) この表は日本で普通に用いられる漢字のうち，その字体が中国の字体と異なるものを，対照して表示したものである．
2) 配列は日本語の字音による五十音順とした．ただし，字音の分かりにくいものは字訓によった．
3) 中国では，この表で*印を付した簡体字と表末に掲げる簡体字ならびに簡化偏旁は，一般にこれらを構成要素として持つあらゆる漢字に適用される．この表にない漢字についても，この原則を応用されたい．

【ア行】		エン	円 圆		懐 怀		歓 欢		
ア	亜 *亚		沿 沿	かい	貝 *贝		監 *监		
アイ	愛 *爱		淵 渊		櫂 棹		還 还		
	穢 秽		園 园	ガイ	凱 凯		環 环		
アク	悪 恶		煙 烟		蓋 盖		艱 艰		
アツ	圧 压		遠 远		鎧 铠		観 观		
			塩 盐	かえで	楓 枫		鹹 咸		
イ	囲 围		厭 *厌	カク	角 *角		艦 舰		
	為 *为		縁 缘		拡 扩		鑑 鉴		
	異 异		艶 艳		殻 *壳		願 愿		
	偉 伟				劃 划	ガン			
	彙 *汇	**オ**	汚 污		確 确		机 几		
	葦 苇	**オウ**	応 应		獲 获	**キ**	気 *气		
	違 违		桜 樱		嚇 吓		鬼 *鬼		
	緯 纬		鶯 莺		穫 获		帰 归		
いえども	雖 虽		鷗 鸥		攪 搅		亀 *龟		
イチ	壱 壹	**オク**	億 亿	ガク	楽 *乐		幾 几		
イツ	逸 逸		憶 忆	かける	掛 挂		棄 弃		
イン	陰 *阴		臆 臆		鎌 镰		器 器		
	隠 隐		虞 虞	かまど	竈 灶		機 机		
	韻 韵	おそれ		かめ	甕 瓮	ギ	偽 伪		
		オン	穏 稳	カン	缶 罐		義 *义		
		【カ行】			巻 *卷		儀 仪		
ウ	烏 *乌	**カ**	仮 假		姦 奸		戯 戏		
うし	丑 丑		価 价		陥 陷		擬 拟		
ウツ	鬱 郁		華 *华		乾 干 乾		犠 牺		
ウン	運 运		菓 果				蟻 蚁		
	雲 *云		渦 涡		喚 唤		議 议		
			過 *过		換 换	キツ	喫 吃		
エイ	栄 荣		禍 祸		渙 涣	キュウ	宮 宫		
	泄 泄		箇 个		勧 劝		窮 *穷		
	営 营		画 *画		幹 干	キョ	拠 据		
	詠 咏	ガ	臥 卧		漢 汉		挙 举		
	叡 叡	カイ	開 开		煥 焕		魚 *鱼		
	衛 卫		階 阶		関 关	ギョウ	夾 夹		
エキ	駅 驿		塊 块		敢 敢		協 协		
えび	蝦 虾		壊 坏						

日中漢字字体対照表

(Rightmost column group)

読み	日	中
	炉	炉
	熾	炽
	諮	咨
ジ	児	儿
	時	时
	磁	磁
	瓷	瓷
シキ	識	识
シツ	執	*执
	質	质
ジツ	実	实
シャ	写	写
	車	车
	舎	*舍
	捨	舍
	瀉	泻
シャク	釈	释
シュ	腫	肿
	種	种
	鬚	须
ジュ	呪	咒
	樹	树
シュウ	収	收
	習	习
	週	周
	臭	*臭
	衆	众
	繍	绣
	襲	袭
	讐	仇
ジュウ	從	从
	渋	涩
	獣	兽
	縦	纵
シュク	肅	肃
シュツ	術	术
	述	述
	筍	笋
ジュン	準	准
ショ	処	处
	書	书
	昇	升
ショウ	將	*将
	勝	胜
	焼	烧
	粧	妆
	傷	伤
	奬	奖
	称	称
	廠	厂

(Second column group)

読み	日	中
	購	购
	剛	刚
ゴウ	麦	麦
	曲	曲
コウジ	麹	*麴
コク	黒	黑
	穀	*谷
コツ	骨	骨
コン	墾	垦
	懇	恳

【サ行】

読み	日	中
サ	査	查
	差	差
サイ	才	才
	災	灾
	砕	碎
	採	采
	済	济
	斎	斋
	歳	岁
	際	际
ザイ	剤	剂
サク	搾	榨
	菌	菌
サツ	冊	*册
	殺	杀
ザツ	雑	*杂
サン	参	*参
	桟	栈
	産	*产
	傘	伞
	盞	盏
	賛	赞
	燦	灿
	鑽	钻
ザン	残	残
	慙	惭
	竄	窜
	懺	忏
	讒	谗
シ	糸	丝
	姉	姊
	屍	尸
	師	师
	歯	齿
	誌	*志
	幟	帜

(Third column group)

読み	日	中
ゲイ	芸	艺
	劇	剧
ゲキ	撃	击
	欠	欠
ケツ	缺	缺
	決	决
	傑	杰
	潔	洁
ケン	見	见
	県	县
	倹	俭
	剣	剑
	巻	卷
	牽	牵
	険	险
	堅	坚
	検	检
	権	权
	憲	宪
	賢	贤
	瞼	睑
	繭	茧
	顕	显
	験	验
	懸	悬
ゲン	減	减
	厳	*严
コ	戸	*户
	個	个
	壺	壶
	誇	夸
	顧	顾
	呉	吴
ゴ	後	后
	娯	娱
	碁	棋
	誤	误
	護	护
コウ	広	广
	効	*效
	岡	冈
	溝	沟
	鉱	矿
	構	构
	綱	纲
	膠	胶
	興	兴
	鋼	钢
	講	讲

(Leftmost column group)

読み	日	中
	況	况
	脅	胁
	脇	胁
	強	强
	郷	*乡
	卿	卿
	喬	*乔
	僑	侨
	嬌	娇
	鞏	巩
	橋	桥
	矯	矫
	競	竞
キョウ	響	响
	饗	飨
	驚	惊
	驕	骄
ギョウ	尭	*尭
	暁	晓
	業	*业
	僥	侥
キョク	極	极
キン	勤	勤
	僅	仅
	緊	紧
	謹	谨
ク	懼	惧
くし	櫛	栉
くぼ	窪	洼
クン	勲	勋
	燻	熏
グン	軍	军
ケイ	径	径
	茎	茎
	係	系
	勁	劲
	恵	惠
	啓	启
	渓	溪
	蛍	萤
	経	经
	脛	胫
	痙	痉
	軽	轻
	慶	庆
	頸	颈
	繋	系
	鶏	鸡

日中漢字字体対照表

Column 1 (rightmost)

読み	日本	中国
ツイ	墜	坠
ティ	低	底
	邸	邸
	逓	递
	鄭	郑
テキ	適	适
	敵	敌
	擲	掷
	覿	觌
テツ	徹	彻
	転	转
	霑	沾
	顛	颠
	纏	缠
デン	伝	传
	電	电
	澱	淀
ト	妬	妒
	兎	兔
	塗	涂
トウ	東	东
	島	岛
	湯	汤
	稲	稻
	撓	挠
	蕩	荡
	頭	头
	謄	誊
	闘	斗
	鄧	邓
ドウ	動	*动
	導	导
トク	徳	德
	瀆	渎
	読	读
ドン	曇	昙

【ナ 行】

読み	日本	中国
なつめ	棗	枣
なべ	鍋	锅
なまず	鯰	鲇
ナン	難	*难
ニ	弐	贰
ニン	認	认
ネイ	寧	*宁

Column 2

読み	日本	中国
ゾク	続	续
ソン	孫	*孙
	遜	逊

【タ 行】

読み	日本	中国
ダ	駄	驮
タイ	対	*对
	帯	*带
	隊	*队
	滞	滞
	態	态
タク	択	择
	沢	泽
	卓	卓
	托	托
ダク	濁	*浊
ダツ	達	*达
	奪	夺
	竪	竖
タン	単	单
	炭	炭
	嘆	叹
ダン	団	团
	壇	坛
チ	値	值
	恥	耻
	遅	迟
	置	置
	緻	致
チク	築	筑
チャク	着	着
チョ	貯	贮
	吊	吊
チョウ	庁	*厅
	長	*长
	彫	雕
	鳥	*鸟
	腸	肠
	徴	征
	暢	畅
	聴	听
	懲	惩
	寵	宠
チョク	直	直
	勅	敕
チン	沈	沉

Column 3

読み	日本	中国
	棲	栖
	勢	势
	聖	*圣
	製	制
	臍	脐
セキ	隻	只
	跡	迹
	積	积
セツ	摂	摄
	節	*节
	褻	亵
セン	専	*专
	浅	浅
	船	船
	戦	战
	羨	羡
	践	践
	箋	笺
	銭	钱
	線	线
	賎	贱
	遷	*迁
	薦	*荐
	繊	纤
	殲	歼
	籤	签
ソ	疎	疏
	礎	础
	蘇	苏
ソウ	怱	匆
	荘	庄
	倉	仓
	捜	搜
	挿	插
	掃	扫
	窓	窗
	創	*创
	喪	丧
	層	层
	総	总
	聡	聪
	蒼	苍
	叢	*丛
	騒	骚
ゾウ	象	*象
	蔵	藏
	臓	脏

Column 4 (leftmost)

読み	日本	中国
	漿	浆
	衝	冲
	償	偿
	檣	樯
	篠	筱
	醤	酱
	鐘	钟
ジョウ	乗	乘
	浄	净
	剰	剩
	場	场
	畳	叠
	嬲	嫐
	縄	绳
	嬢	娘
	擾	扰
	譲	让
	醸	酿
	饒	饶
ショク	嗇	*啬
	燭	烛
	織	织
	職	职
	贖	赎
しわ	皺	皱
シン	進	*进
	真	*真
	甚	*甚
	嗔	嗔
	審	审
	瀋	沈
	親	*亲
ジン	尋	寻
	腎	肾
	塵	尘
ズ	図	图
スイ	帥	帅
	粋	粹
	酔	醉
	穂	穂
ズイ	髄	髓
スウ	芻	刍
	趨	*趋
せ	畝	亩
	瀬	濑
セイ	斉	*齐

日中漢字字体対照表

読み	日	中
ネツ	熱	热
ネン	粘	粘
	黏	
ノウ	悩	恼
	脳	脑
	農	*农
	濃	浓
	膿	脓
のみ	蚤	*蚤

【ハ行】

読み	日	中
ハ	覇	霸
バ	馬	*马
	罵	骂
ハイ	拝	拜
	廃	废
	憊	惫
バイ	売	卖
	買	*买
	黴	霉
はえ	蠅	蝇
ハク	剝	剥
ハツ	発	*发
	髪	发
	撥	拨
バツ	抜	拔
ハン	反	*反
	氾	泛
	汎	泛
	範	范
バン	晩	晚
	盤	盘
ヒ	飛	飞
	痺	痹
	罷	罢
ビ	備	备
	微	微
ヒツ	畢	*毕
	筆	*笔
ひな	雛	雏
ひのき	檜	桧
ひめ	姫	姬
ヒョウ	氷	冰
	標	标
ビョウ	廟	庙
	浜	滨
ヒン	賓	*宾

読み	日	中
フ	婦	妇
	膚	肤
	憮	怃
	撫	抚
フウ	風	*风
フク	復	复
	複	复
	払	拂
フツ	仏	佛
ブツ	墳	坟
フン	奮	奋
	糞	粪
ヘイ	併	并
	並	并
	幣	币
	斃	毙
ペーじ	頁	*页
ヘキ	闢	辟
ヘン	辺	边
	変	变
ベン	弁	弁
	辯	辩
	瓣	瓣
	辦	办
ホ	歩	*步
	補	补
	舗	铺
ホウ	包	*包
	胞	胞
	做	仿
	砲	炮
	報	报
	豊	*丰
	鳳	凤
ボク	僕	仆
	撲	扑

【マ行】

読み	日	中
マイ	毎	*每
	邁	迈
マン	満	满
	瞞	瞒
ミャク	脈	脉
ム	務	务
	無	*无
	夢	梦
	霧	雾
メツ	滅	灭
メン	免	*免
	麵	面
モウ	網	网
モン	門	*门

【ヤ行】

読み	日	中
ヤ	爺	爷
ヤク	訳	译
	薬	药
	躍	跃
ユ	癒	愈
ユウ	郵	邮
	湧	涌
	猶	犹
	遊	游
	憂	忧
	優	优
ヨ	与	*与
	予	予
	預	预
	豫	豫
ヨウ	揺	摇
	遥	遥
	揚	扬
	葉	叶
	陽	阳
	傭	佣
	楊	杨
	瘍	疡
	窯	窑
	養	养
	擁	拥
	謡	谣

【ラ行】

読み	日	中
ラ	羅	*罗
ライ	頼	赖
ラン	嵐	岚
	覧	览
	濫	滥
	藍	蓝
	蘭	兰
	襤	褴
	欄	栏
	爛	烂
リ	裡	里
	裏	里
	離	*离
リク	陸	陆
	栗	栗
リツ	慄	栗
リュウ	竜	龙
	隆	隆
リョ	呂	吕
	侶	侣
	虜	*虏
	慮	*虑
リョウ	両	*两
	涼	凉
	猟	猎
	輛	辆
	療	疗
	瞭	了
	糧	粮
リン	倫	伦
	淪	沦
	輪	轮
	燐	磷
	隣	邻
	臨	临
ル	瑠	琉
ルイ	涙	泪
	壘	垒
	類	类
レイ	令	*令
	靈	*灵
	隷	隶
	嶺	岭
	麗	*丽
	暦	历
レキ	歴	历
レン	煉	炼
	練	练
	憐	怜
	鍊	炼
	簾	帘
ロ	鹵	*卤

盧	*卢	ロウ	労	劳	ロク	録	*录	ワン	椀	碗
濾	滤		蠟	蜡	ロン	論	论		彎	弯
蘆	芦		籠	笼						
驢	驴		聾	聋	【ワ行】					

<偏旁としても用いられる簡体字>　尝(嘗)，虫(蟲)，当(當・噹)，党(黨)，断(斷)，尔(爾)，国(國)，汇(匯・彙)，会(會)，戋(戔)，尽(盡・儘)，来(來)，刘(劉)，娄(婁)，仑(侖)，麦(麥)，黾(黽)，聂(聶)，岂(豈)，佥(僉)，区(區)，寿(壽)，属(屬)，双(雙)，条(條)，万(萬)，韦(韋)，献(獻)

<簡化偏旁>　讠(言)，饣(食)，𤣩(易)，纟(糸)，ㄨ(臤)，𭕄(𤇾)，⺁(臨)，只(戠)，钅(金)，⺌(睉)，𠬤(睪)，圣(巠)，䜌(䜌)，呙(咼)

第二版に際して

　本辞典の第一版を発行した際，小川環樹，岡崎嘉平太，井上靖，團伊玖磨，輿水優，平山久雄諸先生方が，この辞典の出版のために書いてくださった推薦の言葉は，暖かい励ましにあふれており，この編纂作業に参加した者に大きな幸せを感じさせてくれたことであった．

　呂叔湘先生が本書に序文を寄せてくださったのも無上の光栄であった．呂先生のもとに刷り上がった初版の本辞典をお届けした際，先生が会心の笑みをうかべられたことは私の今もなお忘れられない光景である．

　いま非常に心が痛むことは，呂先生，小川先生，岡崎先生，井上先生がその後相次いで不帰の客となられたことである．先生方の教えを忘れることなく胸に刻み，一層の努力を重ねることを心の中で強く誓うものである．

　第一版の発行以来，多くの反響があり，様々な方面の方々から多くの励ましや望外の評価を得た．その中で，中国社会科学院語言研究所の若き研究者陸尊梧氏は「1冊の特色ある辞書《岩波日中辞典》」と題する，5ページにわたる本辞典の詳しい分析を，中国の《辞書研究》(1984年1期)上に発表された．また，劉堅先生からも語言研究所の便箋上に端正な楷書体，細かい小さな字でビッシリとしたためられた5枚にもおよぶご指摘をいただいた．両先生がこの辞典によせられた厚い情誼を今も忘れられない．

　1991，92年の2年間，私は幸運にも北京に滞在し，学ぶ機会を得た．中国社会科学院語言研究所と語言文字応用研究所の心暖かい配慮ととりはからいを得て，実りある在外研修生活を過ごすことができた．この間に，呂叔湘，周有光，羅竹風，李栄，王均，孫徳宣，陳次園諸先生と接触する機会を得，薫陶を受けられたことはなによりであった．また，劉堅，侯精一，賀巍，劉慶隆，単耀海，曹先擢，傅永和，陳章太，李行健諸先生との言語研究，伝統文化，言語の規範化，辞書づくり，食文化等をめぐっての交流はまことに有意義で楽しいものであった．多くのお教えを受け，多くのことを学ぶことができた．

　このまたとない機会をとらえ，現代中国の日常の言語生活の中において，耳で聞いてすぐわかる生きたことばの採集に力を注ぎ，多くの時間を費やした．半年間の綿密な打ち合わせと下準備をして，91年の秋から4年間にわたって5万余りの日常用語と21万枚にもおよぶ資料カードを収集した．これは国家語言文字工作委員会，語言文字応用研究所の支援のもとに，語言文字応用研究所の若い研究者や，第一線から引退された高等学校の国語の老先生たちの熱意と全面協力でできたことである．この貴重な資料が今回の改訂のひとつの基礎になっている．

　本辞典の改訂に着手して以来，曹先擢，劉慶隆両先生のご指導を仰ぎ，私の新しく書いた原稿の一つ一つに目を通していただき，今回の改訂の質を確かなものにしていただいた．また，改訂の過程で，幸運にも馮芳，徐方両女史の協力を得て，日常生活でのことばの使い回しの微妙な違い，数々の疑問・難問について知識と知恵を出していただいた．

　きびしい条件の下で，こうしてようやく完成をみたのであるが，ここまで到達できたのは，壽老素子さんの終始かわらぬ熱意と惜しみない貢献があったからである．

第一版と同様，第二版もこのようにして世に問うことができるについては，私の勤務する一橋大学の教職員の方々が暖かく見守ってくれていたのも大きな励ましであった．

　また，日中関係の第一線で活躍されておられる多くの方々に様々な形で援助をいただいたことも忘れることができない．

　このようにふりかえってみると，第一版と同じく，今回の改訂作業もどれだけの多くの方々のお陰をこうむっていることか，この場を借りて心からお礼を申し上げたい．

　岩波書店が，日本の出版事業が大きな困難に直面している情況の下で，決断を下し改訂改版を行ったことは，日中両国の真の相互理解と真の文化交流を念願してやまない同書店創業以来の脈々たる理念によるものであろう．

　20世紀の最後にあたって，この第二版が，果たして倉石先生が常に言われた「学問の"真"の世界」に，どれだけ近づくことができたかを危ぶむと同時に，先生が記された「われわれが"真"に徹するかぎり，決して恐れることはない．むしろ自分たちの努力が足りないことを恥じなければならないのです」ということばを肝に銘じ，一層邁進していく決意である．

　　　　2000年12月

　　　　　　　　　　　　　　　　　　　　　　　　　　折敷瀬　興

あとがき（第一版）

　倉石武四郎先生は，わが国に日中辞典がまだ存在せず，そのことが中国語の学習，ひいては日中両国の相互理解に大きな障害となっていることを憂慮され，1965年の夏，日中辞典の編纂に着手された．しかし，さまざまの困難をともなうこの事業は，多くの力を結集しなければとうてい実現不可能であった．この事業を推進するために，広く各界有志のお力添えを得て，「日中辞典刊行協力会」が設けられ，刊行協力の募金が呼びかけられた．会長は当時廖承志・高碕達之助（LT貿易）事務所代表の岡崎嘉平太氏であった．各方面から多大の御援助をいただいたが，所期の目標を十全には達しえず，以後辞典編纂の事業は岩波書店の全面的協力の下に行われることとなった．

　爾来，鋭意その業に励まれていた倉石先生は，不幸にも志半ばにして病に倒れられ，1975年，ついに不帰の客となられた．残された私は，悲しみを力に変え，先生の遺志を継いで辞典完成に一層の努力を重ねるよりほかなかった．

　倉石先生亡きあと，故竹内好先生，松枝茂夫先生，故小野忍先生など多くの先生方が日中辞典の編纂室を訪ねてくださり，ねぎらい，力づけてくださった．それは私にとってこの上ない励ましであった．

　さらに木山英雄・菊田正信両氏ならびに平山久雄氏は，原稿の作成に御援助をたまわったほか，完成まで終始よき相談相手となって私を支えてくださった．

　編纂の作業期間は幾たびか大幅に延び，今日まで実に18年の歳月を要するに至った．これは岩波書店にとって大きな負担であったにちがいない．それにもかかわらず，辛抱強く見守り，最後まで協力してくださったのは，日中両国の真の文化交流を念願してやまない，同書店創業以来の脈々たる理念によるものであろう．

　1981年9月，私は中国社会科学院言語研究所の招きで訪中する機会を得た．折しも日中辞典の編纂作業は校正の真最中であり，私は心をはずませてその校正刷りを携え，研究所を訪れた．2週間足らずの短い期間ではあったが，諸先生方との辞典をめぐっての交流はまことに楽しいものであった．研究所長の呂叔湘先生からは親しく御自宅にお招きを受け，倉石先生の思い出話に一時を過ごした．その時呂先生からいただいた励ましの言葉は，すべての力を傾注して最後の仕上げに立ち向かおうとしていた私にとって，何よりのものであった．

　1982年8月，私は再び語言研究所を訪ねた．諸先生方は，私が長年抱いていた数々の難問を解決するために，ひとつひとつ，知識と知恵を出しあって助けてくださった．その上，中国語言学会会長になられていた呂叔湘先生は，本辞典に序文までお寄せくださった．

　今日，こうしてようやく完成をみたのであるが，ここまで到達できたのは，本間史，林弘明，小池敏明，英愛子，福井朋子，古屋昭弘，池本和夫君等の並々ならぬ熱意と惜しみない協力があったからである．彼らのこの熱意と協力なくしては，私はとうてい，この仕事を完成させることはできなかったであろう．

　この辞典の内容をここまで整えるについては，ほかにもなお多くの方々の御援助をいただいた．特に下記の方々には，あるいは専門の語について御校閲を仰ぎ，あるいは中国語について御教示をたまわり，あるいは原稿の作成・整理ならびに校正そのほかにつ

あとがき

いて御助力をいただいた．

相浦杲, 芦田茂幸, 安宅和子, 有田忠弘, 井芹貞夫, 伊地智善継, 今西凱夫, 遠藤恭子, 大石志げ子, 緒方一男, 小原秀雄, 加福竹一郎, 草野陽子, 小島麗逸, 小竹紘子, 小西正泰, 駒林麻理子, 坂田節子, 笹川昭雄, 佐藤保, 沢山晴三郎, 故庄村忠良, 杉本達夫, 高橋均, 竹島金吾, 竹田晃, 田中信行, 土淵知之, 津波真一, 伝田章, 戸川芳郎, 中野実, 那須清, 保住八重子, 前川文夫, 前芝誠一, 前田利昭, 牧田英二, 丸山昇, 宮田一郎, 寄藤明.

卞民岩, 陈耐轩, 董薰, 高临渡, 贾凤池, 李嗣明, 李秀清, 林芳, 凌星光, 刘书卿, 刘玉梅, 罗漾明, 骆为龙, 梅韬, 钱端礼, 佟永平, 王鄂, 严安生, 杨名时, 袁行霈, 曾士才, 詹伯慧, 张昌德, 周瓛.

長年にわたる岩波書店辞典編集部の御苦労も並大抵ではなかった．ともすると遅れがちになる編纂作業を細かく点検しつつ，すべてが円滑に進行するよう心を砕いてくださった．内容の面でも編者の足りないところをよく補ってくださった．

なお，校正が出る度におびただしい量の朱を入れたにもかかわらず，見事に活字を組み替えてくださった精興社の方々のことも忘れることができない．

思えば，一冊の辞典を作り上げるのにどれだけの方々のお蔭をこうむっていることか，この場を借りて心からお礼を申し上げたい．

あれほどこの辞典の完成に心血を注いでおられた倉石先生に，今日の姿をお目にかけられないのはまことに残念である．本来なら「まえがき」も「あとがき」も，倉石先生がお書きになるはずのものであった．本書を御霊前に捧げ，謹んで御冥福をお祈りする．

1982年12月

折敷瀬 興

岩波 日中辞典 第二版

	1983年2月25日　第1版 第1刷発行
	2001年3月21日　第2版 第1刷発行Ⓒ
	2012年6月11日　第2版 第2刷発行
編　者	倉石武四郎　折敷瀬　興
発行者	山口昭男
発行所	株式会社　岩波書店
	〒101-8002　東京都千代田区一ツ橋2-5-5
電　話	案内 03-5210-4000
	http://www.iwanami.co.jp/

印刷・凸版印刷　函・精興社　製本・松岳社

ISBN4-00-080100-7　　Printed in Japan